JURISPRUDENCE GÉNÉRALE.

RÉPERTOIRE

MÉTHODIQUE ET ALPHABÉTIQUE

DE LÉGISLATION,

DE DOCTRINE ET DE JURISPRUDENCE

EN MATIÈRE DE DROIT CIVIL, COMMERCIAL, CRIMINEL, ADMINISTRATIF.
DE DROIT DES GENS ET DE DROIT PUBLIC.

TOME XLII. — Iʳᵉ PARTIE.

Tout exemplaire de cet ouvrage dont les tomes 1er et 2me ne porteraient pas la signature du Directeur de la Jurisprudence générale sera réputé contrefait.

PARIS. — IMPRIMERIE P. MOUILLOT, 13, QUAI VOLTAIRE — 20354

JURISPRUDENCE GÉNÉRALE

PARAISSANT PÉRIODIQUEMENT

RÉPERTOIRE

MÉTHODIQUE ET ALPHABÉTIQUE

DE LÉGISLATION

DE DOCTRINE ET DE JURISPRUDENCE

EN MATIÈRE DE DROIT CIVIL, COMMERCIAL, CRIMINEL, ADMINISTRATIF,
DE DROIT DES GENS ET DE DROIT PUBLIC.

NOUVELLE ÉDITION,

CONSIDÉRABLEMENT AUGMENTÉE ET PRÉCÉDÉE D'UN ESSAI SUR L'HISTOIRE GÉNÉRALE DU DROIT FRANÇAIS;

Par M. D. DALLOZ Aîné,

Ancien Député,

Avocat à la Cour d'appel de Paris, ancien Président de l'Ordre des Avocats au Conseil d'État et à la Cour de Cassation,
Officier de la Légion d'honneur, Membre de plusieurs Sociétés savantes,

avec la collaboration

DE M. ARMAND DALLOZ, SON FRÈRE,

Avocat à la Cour d'appel de Paris, Auteur du Dictionnaire général et raisonné de Législation, de Doctrine et de Jurisprudence,
Chevalier de la Légion d'honneur,

et celle de plusieurs jurisconsultes.

TOME QUARANTE-DEUXIÈME. — 1re PARTIE.

A PARIS

AU BUREAU DE LA JURISPRUDENCE GÉNÉRALE

RUE DE LILLE, N° 19

—

1861

JURISPRUDENCE GÉNÉRALE.

RÉPERTOIRE

MÉTHODIQUE ET ALPHABÉTIQUE

DE LÉGISLATION, DE DOCTRINE

ET DE JURISPRUDENCE.

TABAC. — V. Impôts indirects, nᵒˢ 545 à 610. — V. aussi vⁱᵉ Acte de com., nᵒˢ 120 et suiv.; Enregistr., nᵒ 5296; Garde champêtre, nᵒ 54; Gendarme, nᵒˢ 26, 56; Impôts, nᵒ 43; Industrie, nᵒ 207; Instruct. crim., nᵒ 295; Jour férié, nᵒˢ 85, 87-5°; Marchés de fournit., nᵒˢ 18, 57; Patente, nᵒ 129; Procès-verb., nᵒˢ 47-4°, 584, 489 et suiv., 550; Question préjud., nᵒ 91; Vente, nᵒ 480.

TABELLION. — On nommait ainsi autrefois des officiers publics qui dans quelques provinces et juridictions pouvaient seuls grossoyer les contrats et les mettre en forme exécutoire. Un édit d'Henri IV du mois de mai 1597 supprima les tabellions et réunit leurs fonctions à celles des notaires royaux; mais il paraît que certains tabellions n'ayant pas été remboursés de leur finance, le tabellionage continua d'être exercé dans plusieurs provinces par des officiers particuliers. Les tabellions de Normandie furent supprimés ensuite par un édit de juillet 1677, et enfin un autre édit de fév. 1761 supprima tous les tabellionages des justices et domaines du roi; mais cette suppression n'eut pour objet que les tabellions royaux; les seigneurs qui avaient droit de tabellionage y furent maintenus jusqu'à la loi du 29 sept. 1791 qui organisa le notariat sur de nouvelles bases. — V. Notaire, nᵒˢ 5 et suiv., et Denisart, Collect. de décis., vᵒ Tabellion.

TABLE DES ACTES DE L'ÉTAT CIVIL. — V. Actes de l'état civil, nᵒˢ 17, 24, 69.

TABLE DE MARBRE. — La table de marbre était autrefois une juridiction très-considérable dont on ne connaît pas bien l'origine. — V. Forêts, nᵒˢ 46 et suiv., et Denisart, hoc. vᵒ.

TABLEAU. — On appelle ainsi la feuille sur laquelle sont écrits soit les noms des personnes qui composent une compagnie ou qui se trouvent dans une situation déterminée, soit certaines indications le plus souvent par ordre de liste ou d'énumération.— Sous le premier rapport, on peut citer : 1° le tableau des noms des agents de change (V. Bourse de comm., nᵒˢ 107, 158); — 2° Le tableau sur lequel sont inscrits les noms des agents de change destitués ou suspendus (V. Bourse de comm., nᵒ 160) : l'un et l'autre sont affichés à la bourse; — 5° Le tableau sur lequel sont inscrits les avocats selon l'ordre de leur réception (V. Avocat, nᵒˢ 24, 27, 75, 151 et suiv., 151 et suiv.; V. aussi vᵒ Appel civ., nᵒˢ 551 et suiv., 466); — 4° Celui contenant les noms des conseillers municipaux (V. Commune, nᵒ 247); — 5° Celui des jurés (V. Instruct. crim., nᵒˢ 1750 et suiv., 1781 et suiv., 1890 et suiv.); — 6° Le tableau des juges dans l'ordre de leur nomination (V. Organisation judiciaire) : c'est suivant l'ordre de ce tableau que sont appelés les juges départiteurs (V. Jugement, nᵒˢ 109 et suiv.); — 7° Le tableau des gardes nationaux appelés à faire partie du conseil de discipline (V. Garde nat., nᵒˢ 554 et suiv.); — 8° Le tableau des médecins et pharmaciens (V. Médecine, nᵒˢ 12 et s., 120); — 9° Les tableaux des interdits, lesquels doivent être affichés dans l'auditoire des tribunaux et dans les études de notaires (V. Interdict., nᵒˢ 123 et suiv.; Notaire, nᵒ 312). — Sous le second rapport, on connaît : 10° Le tableau des marchandises que les courtiers peuvent vendre aux enchères, lequel est affiché à la bourse (V. Bourse de com., nᵒ 124; Vente publ. de march., nᵒ 9); — 11° Le tableau existant dans chaque bureau de conservation et qui contient les noms des communes de l'arrondissement et des anciens arrondissements dont elles faisaient partie (V. Priviléges et hypoth., nᵒ 2896); — 12° Le tableau sur lequel sont inscrits les demandes en séparation de biens : ce tableau est affiché dans l'auditoire des tribunaux civils de première instance (V. Contr. de mar., nᵒ 1732); — 13° Le tableau placé dans les chambres de discipline des notaires, et destiné à l'exposition des extraits de demandes en séparation de biens, des jugements portant séparation de corps et de biens, des contrats de mariage des commerçants, etc. (V. Notaire, nᵒ 695); — 14° Le tableau affiché dans les boutiques des marchands et fabricants d'objets d'or ou d'argent, qui contient les articles de la loi de brumaire an 6 (V. Matières d'or et d'argent, nᵒˢ 100, 155-5°). — Les notaires sont quelquefois obligés d'insérer des tableaux dans leurs actes : ces tableaux, lorsqu'ils ne sont que pour ordre et en dehors des stipulations des parties, ne sont pas soumis aux prescriptions de l'art. 13 de la loi du 25 vent. an 11 relatives à l'obligation d'écrire en toutes lettres les sommes et les dates, ou à la prohibition des abréviations (V. Obligations, nᵒˢ 5405 et suiv.).

TABLEAUX. — Ouvrages de peinture sur une table de bois, de cuivre, etc., ou sur de la toile. — V. Biens, nᵒ 228; Domaine de la cour., nᵒ 39; Obligations, nᵒˢ 121, 135; Propriété littér., nᵒˢ 85 et suiv.; Vente, nᵒˢ 125 et suiv., 665; Vente de march. neuves, nᵒ 42.

TACITE RÉCONDUCTION. — C'est une continuation de jouissance de la part du fermier ou du locataire, fondée sur un renouvellement présumé du louage.—V. Louage, nᵒˢ 18, 92, 555 et suiv., 717 et suiv., 855 et suiv., 881; Louage à cheptel, nᵒˢ 55 et suiv.; Louage à colon part., nᵒ 59; Louage à dom. cong., nᵒˢ 54 et suiv.; Louage emphytéotique, nᵒ 29; Louage d'ouvr., nᵒˢ 55 et suiv. —V. aussi Action poss., nᵒ 531; Exception, nᵒ 371; Loi, nᵒ 285.

TAILLANDIER. — V. Commerçant, nᵒˢ 27, 33; Industrie, nᵒ 203; Poids et mesures, nᵒ 27.

TAILLE. — Stature du corps. — V. Garde nation., nᵒˢ 102, 182; Gendarme, nᵒ 14; Organisation militaire. — Sous l'ancienne monarchie, on appelait *taille* une certaine imposition de deniers qui se levait sur toutes les personnes qui n'étaient pas nobles, ecclésiastiques, ou jouissant de quelque exception. Celui qui était sujet à la taille se nommait *taillable* (V. Impôts, nᵒˢ 1, 27 et suiv.; Impôts dir., nᵒ 2; Propriété féodale, nᵒˢ 89 et suiv.,

100, 105 et suiv.). — On donne encore le nom de *taille* à un petit bâton fendu en deux sur les deux parties duquel, rapprochées l'une de l'autre, on fait des coches ou entailles pour constater la quantité de marchandises fournies (V. Obligation, n°° 4262 ets uiv.).

TAILLEUR. —V. Acte de com., n° 113; Commerçant, n° 33; Patente, n° 130; Poids et mes., n° 27.

TAILLEUR DE PIERRES. — V. Acte de comm., n° 85; Commerçant, n°° 33 et suiv.

TAILLIS. — Bois que l'on taille, que l'on coupe de temps en temps. — V. Domaines engagés, n°° 61, 64; Forêts, n°° 715, 737-3°, 740; Impôts dir., n° 22.

TAILLON. — Imposition de deniers qui se levait autrefois comme la taille. — V. Impôts, n° 29.

TALION. — La peine du talion consiste à faire subir à un coupable le même mal qu'il a causé à un autre : œil pour œil, dent pour dent. — V. Contr. de mar., n° 2429.

TALUS. — Inclinaison latérale et extérieure donnée à un mur, à une terrasse. — V. Domaine publ., n° 18; Places de guerre, n° 10; Servitudes, n° 576.

TAMBOUR. —V. Attroupement, n° 20; Commissaire-priseur, n° 53; Commune, n°° 644 et suiv.; Garde nationale, 590; Huissier, n° 32-3°; Règlements administr., n° 86.

TANNERIE. — V. Manufactures, n°° 74, 83 et suiv.

TANNEUR. — V. Commerçant, n° 21.

TANTE. — La sœur du père ou de la mère. — V. Mariage, n° 227; Parenté, n° 12.

TAPAGE. — V. Boulanger, n° 28; Garde nat., n° 351.

TAPAGES ET BRUITS INJURIEUX OU NOCTURNES.

— **1.** Il a été traité de la répression des bruits et tapages injurieux ou nocturnes, et de tout ce qui se rattache à l'application de l'art. 479, n° 8, c. pén., v° Contravention, n°° 463 et suiv. Sans revenir sur cette matière, dont les principes ont été exposés avec développement, nous croyons utile d'indiquer ici, comme complément, quelques questions d'un intérêt véritablement pratique qui n'ont été résolues que depuis la publication de notre précédent travail.

2. Le *bruit nocturne*, avons-nous dit v° Contravention, n° 477, n'a le caractère de contravention lorsqu'il provient d'un fait volontaire et personnel. L'application de cette règle présente quelques difficultés dans trois cas que nous nous proposons d'examiner spécialement : 1° bruits nocturnes faits par des animaux dont on est possesseur ; 2° bruits faits dans l'exécution d'un travail de nuit; 3° bruits occasionnés par un bal privé.

3. Les aboiements des chiens, les chants du coq, les beuglements des animaux de boucherie déposés dans l'intérieur de la ville, les bruits de toute nature faits par les animaux amenés par les cultivateurs qui se rendent de bonne heure au marché, ont été principalement l'objet des plaintes des habitants troublés dans leur sommeil. Ces bruits peuvent-ils donner lieu à des poursuites de police contre les propriétaires des animaux ? — La règle qui paraît devoir être suivie à cet égard, c'est qu'en l'absence de toute prohibition réglementaire, les propriétaires ne peuvent être déclarés en faute. Ils n'ont fait, en possédant les animaux dont leurs voisins se plaignent, qu'user d'un droit auquel l'autorité locale n'a pas apporté de restriction. Si le bruit s'est produit sans aucune excitation de leur part, on ne peut raisonnablement rien leur reprocher. C'est ce qui a été décidé à propos d'une poursuite exercée contre un propriétaire, à raison d'un tapage nocturne que son chien avait fait spontanément par des aboiements prolongés (Crim. rej. 15 avr. 1853, aff. Gazaretti, D. P. 60, 5° part., v° Tapage nocturne). Peut-être n'est-il pas suffisant de réserver le cas où le chien aurait été excité par son maître ou par un tiers; et devrait-on considérer comme tapage imputable au maître, celui résultant du défaut de précautions prises par lui pour soustraire son chien à l'excitation résultant des moindres bruits de la rue. Mais on comprend qu'il est délicat d'intervenir dans un fait qui se passe à l'intérieur du domicile, et qui n'est, d'ailleurs, que

l'exercice du droit qu'on doit reconnaître à chacun de faire garder sa propriété par un chien, lorsqu'il le juge nécessaire.

4. Pour les animaux, autres que le chien, dont la possession à l'intérieur des villes, n'est justifiée par aucune nécessité réelle, on admet généralement que les bruits nocturnes par lesquels ils troublent la tranquillité des habitants, peuvent motiver les prohibitions que l'autorité municipale croirait devoir édicter. C'est ainsi, que le maire d'une ville ayant fait un règlement pour défendre aux habitants de nourrir dans leurs maisons des porcs, pigeons, lapins, et autres animaux qui peuvent causer de l'infection ou troubler le repos public, il a été jugé qu'on devait poursuivre pour infraction à ce règlement, et condamner aux peines prononcées par l'art. 471, n° 15, l'habitant convaincu d'avoir conservé dans sa cave des veaux dont les beuglements troublaient le repos public (Crim. cass. 23 nov. 1849, aff. Claine, D. P. 51. 5. 22). — Le même prévenu était poursuivi, dans l'espèce à laquelle se rapporte cet arrêt, pour un fait de possession de coqs ; sur ce chef spécial de la prévention, la cour a approuvé l'acquittement, en se fondant sur ce que le règlement ne prohibait pas nommément la possession de coqs dans les maisons comprises dans la ville, et sur ce que ces animaux ne se trouvent pas non plus implicitement compris dans la défense que nous avons fait connaître plus haut ; mais il est présumable que la cour aurait considéré la prohibition comme légale, si elle avait été formulée dans le règlement.

5. Les maires peuvent, dans le but de protéger le repos des habitants, exiger le musèlement des bêtes de somme (des ânes et mulets notamment) amenées en ville par les cultivateurs les jours de marché. Bien qu'une telle mesure ne paraisse avoir pour objet que d'empêcher les bruits nocturnes, si le maire ne s'en était pas expliqué, il n'appartiendrait pas au juge de police d'y suppléer, et de limiter à certaines heures de la journée l'obligation du musèlement indiqué par le règlement; c'est ce que la cour de cassation a décidé, par le motif qu'il n'appartenait qu'au préfet dans le cas indiqué d'apprécier si la mesure dépassait ce qu'exige l'intérêt général, et si elle comprenait le musèlement, en dehors de l'empêchement qu'il doit apporter aux bruits nocturnes, peut aussi avoir été prescrit en vue de garantir la sûreté, et la commodité de la voie publique (Crim. cass. 28 janv. 1859, aff. Perès et autres, D. P. 59. 5. 26).

6. Les bruits nocturnes, produits comme moyen d'avertissement, pour l'utilité d'un travail effectué pendant la nuit, sont considérés par la jurisprudence comme tombant sous la prohibition de l'art. 479, n° 8, c. pén. Il en est ainsi, notamment, du fait de produire des sons aigus avec une corne pour marquer les heures pendant la nuit à des mineurs ou à des ouvriers occupés dans des forges (Crim. cass., 8 janv. 1859, aff. Antoine, D. P. 60, 5° part., v° Tapage nocturne) ; ou encore du fait d'un conducteur de diligence de sonner de la trompe à l'intérieur d'une ville pendant la nuit (Crim. cass., 21 août 1857, aff. Dantard, D. P. 57. 1. 413). L'exercice d'une profession ne saurait, dit ce dernier arrêt, justifier un bruit qui dégénérerait en tapage nocturne. Il va sans dire que cette jurisprudence ne s'applique pas aux bruits et avertissements exigés par les règlements eux-mêmes dans un intérêt public, tels que les coups de sifflet que doivent produire les conducteurs de trains sur les chemins de fer.

7. La prohibition, qui atteint sans contredit les bruits faits pour l'utilité d'un travail de nuit, atteint-elle ce travail lui-même, s'il est bruyant de sa nature? La cour de cassation a hésité, avec raison, à admettre une solution affirmative. Ce serait placer ceux qui exercent des professions de ce genre dans une situation très-défavorable, que de les obliger, en toutes saisons, à cesser leur travail à la chute du jour. C'est à l'autorité municipale à faire la part des légitimes exigences du repos public, et des nécessités de certaines professions. Il a été jugé que le fait par un chaudronnier d'avoir fait un travail de son état après onze heures du soir, ne peut nécessairement être considéré comme un trouble apporté à la tranquillité des habitants, s'il n'existe pas de règlement local fixant une heure pour la cessation des travaux de cette sorte (Crim. rej. 26 mai 1854, aff. Delahaye, D. P. 54. 5. 756). Au surplus le jugement qui a renvoyé le prévenu, par le motif qu'il n'était pas suffisamment prouvé que le travail de celui-ci ait eu l'inconvénient signalé, ne peut être attaqué devant la cour de cassation, par le ministère public, si le fait n'était rapporté que par un agent de police, dont la dénonciation ne fait pas foi jusqu'à preuve contraire (même arrêt). — Nous n'insistons ni sur cette solution ni sur le droit de l'autorité municipale de faire des règlements pour fixer les heures où doivent cesser les travaux bruyants; ces points ont été établis vᵗ Commune, nᵒˢ 1044 et s., et Contravention, nᵒ 477. Nous rappellerons seulement que l'infraction, n'étant plus qu'une violation de règlement, tombe sous l'application de l'art. 471, nᵒ 15. Mais il est un troisième point sur lequel il importe d'insister; c'est que la jurisprudence ne reconnaît le droit de l'autorité municipale de réglementer l'exercice des professions bruyantes qu'en ce qui concerne le travail de nuit. Le bruit causé par le travail de jour, ne peut être considéré que comme une incommodité pouvant, dans certains cas, faire ranger un établissement industriel dans la classe des établissements et ateliers incommodes; et les restrictions à apporter, dans ce cas, à l'exercice des professions, ne peuvent être arrêtées que par l'autorité administrative supérieure. — Il a été jugé en ce sens, 1ᵒ que l'autorité municipale ne peut soumettre les ouvriers travaillant avec bruit à ne s'établir dans une boutique ou atelier qu'après en avoir obtenu l'autorisation sur l'avis des voisins (Crim. rej. 9 janv. 1857, aff. Vastel, D. P. 57. 5. 202; V. aussi Commune, nᵒ 1045-2ᵒ); — 2ᵒ Que les attributions conférées à l'autorité municipale par la loi des 16-24 août 1790 pour le maintien de la tranquillité publique lui permettent bien de réglementer les heures de travail des professions bruyantes pour empêcher l'incommodité du travail de nuit, mais non de soumettre l'exercice de ces professions, relativement au travail de jour, à des conditions incompatibles avec le principe de la liberté de l'industrie; que, spécialement, elle ne peut imposer aux propriétaires des ateliers de chaudronnerie, l'obligation de ne faire travailler au marteau que dans des locaux clos de murs en maçonnerie et prenant jour sur la voie publique exclusivement par des ouvertures vitrées et hermétiquement closes,... sauf au cas où ces ateliers, bien que non compris parmi les établissements incommodes, paraîtraient susceptibles d'y être classés, le droit pour le préfet de prendre à leur égard telle les mesures autorisées par l'art. 5 de l'ord. du 14 janv. 1815 (Crim. cass. 29 janv. 1858, D. P. 58. 1. 294). — V. Manufactures insalubres, nᵒˢ 193 et suiv.

8. Quant aux bruits nocturnes causés par des fêtes privées, la jurisprudence ne fournit pas de solution bien précise. Dans une espèce où il s'agissait de la célébration de fiançailles faite dans une maison particulière avec l'accompagnement de chants et de cris en usage dans la localité, la cour de cassation a jugé que ces bruyantes réjouissances constituaient un tapage nocturne prohibé (Crim. cass. 3 nov. 1859, aff. Casanova et autres, D. P. 59. 5. 366);—Dans une autre espèce où des poursuites avaient été exercées contre un habitant qui avait donné chez lui un bal dont le bruit s'entendait du dehors, la même cour a refusé de reconnaître l'existence de la contravention, par le motif qu'il s'agissait ici d'un tapage provenant de l'exercice d'un droit légitime, tous les citoyens ayant le droit d'avoir dans leurs maisons des réunions privées ou des bals (Crim. rej. 28 avr. 1859, aff. Bouquet, D. P. 59. 5. 367). — Nous considérons comme erroné le motif donné à l'appui de cette seconde solution, sans cela il faudrait accorder également l'impunité aux célébrations bruyantes de fiançailles qui sont dans les habitudes des habitants des campagnes. Nous croyons qu'une limite existe même pour l'exercice du droit de s'amuser et de se réunir en famille et la cour le reconnaît elle-même dans un arrêt du 26 août 1848 (V. Contravention, nᵒ 466). Que le bruit ait seulement pour effet d'incommoder quelques voisins, il ne constitue pas une contravention parce que la loi n'intervient que lorsque le *public* lui-même est lésé. Mais si le mode de réjouissance employé a pour effet de produire un bruit assez intense pour que l'incommodité soit considérée comme existant même pour le public, ainsi que cela a lieu dans le cas où celui qui donne un bal fait danser au son d'instruments de cuivre, alors la contravention paraît certaine. A l'appui de cette distinction on peut invoquer deux arrêts jugeant, l'un, que le bruit causé par le jet violent de bûches sur un parquet n'est pas un tapage punissable (Crim. rej. 27 août 1858, aff. Perlat, D. P. 58. 5. 348), l'autre que le fait de sonner du cor la nuit dans un parc est un tapage nocturne punissable et qu'il y a lieu dans ce

cas de condamner comme complice le maître de la maison (Crim· cass. 27 déc. 1858, aff. Rojon, D. P. *eod.*).

9. Ce qui a été dit du *tapage injurieux*, vᵒ Contravention, nᵒ 467, peut être considéré, comme étant encore, à l'époque où nous rédigeons ce second travail, l'expression du dernier état de la jurisprudence. La cour de cassation a persévéré depuis, dans la doctrine qui considère comme tapage injurieux les scènes d'injures entre particuliers qui ont lieu sur la voie publique, et même celles qui ont lieu à l'intérieur des habitations quand elles sont entendues du dehors; ainsi elle a jugé : 1ᵒ que la contravention de tapage injurieux, prévue par l'art. 479, § 8, c. pén., peut résulter d'invectives échangées entre époux dans l'intérieur de leur domicile. — ... Et c'est à tort que le tribunal de police devant lequel de telles invectives sont poursuivies comme constituant la contravention dont il s'agit, refuse de leur reconnaître ce caractère, en décidant, en droit, que des scènes de cette nature, alors qu'elles se passent en plein jour, n'ont rien d'offensant pour personne et ne causent pas à la tranquillité publique le trouble dont parle la loi, encore bien qu'elles auraient été entendues du dehors et qu'elles auraient attiré l'attention des voisins et des passants.—... Et c'est aussi à tort que ce tribunal rejette, par suite, comme étant sans objet, la preuve testimoniale, offerte par le ministère public, du caractère de publicité et de trouble à la tranquillité des habitants, que présenteraient les faits incriminés (Crim. cass. 8 août 1856, aff. Rapebach. D. P. 56. 1. 380);—2ᵒ Que le fait par deux femmes de s'être adressé des injures sur la voie publique doit être réprimé comme tapage injurieux, lorsqu'il est constaté que la tranquillité publique en a été troublée (Crim. rej., 19 nov 1858, aff. Moineau et Texereau, D. P. 58. 5. 350). — On doit, sous certains rapports, s'applaudir de l'existence de cette jurisprudence, car elle permet à l'autorité d'intervenir dans des scènes domestiques qui sans un scandale pour des voisins, et qui pourraient, en l'absence de toute répression, dégénérer en méfaits sérieux.

10. Les cris et les chants politiques peuvent être séditieux ; mais ils ne sont pas toujours injurieux. Il a été jugé, d'une part, sous le régime républicain, que le fait de chanter la *Marseillaise* à une fenêtre, sans cris séditieux pendant le jour, ne constitue ni délit, ni contravention (Crim. cass. 28 mai 1851, D. P. 52. 5. 523); d'autre part, que les individus prévenus d'avoir proféré bruyamment durant la nuit dans les rues d'une ville, des chants ayant pour refrain *« A bas les blancs »* ne peuvent être relaxés des poursuites sous prétexte que de tels chants ne seraient point injurieux et ne troubleraient pas la tranquillité des habitants, le cri *« A bas les blancs »* ayant le caractère d'une injure pour la catégorie de citoyens ainsi désignés, et la circonstance que des chants sont injurieux et nocturnes emportant présomption légale qu'ils troublent la tranquillité des habitants (Crim. cass., 2 août 1850, aff. Rossillon, D. P. 50. 5. 437).

TAPISSIER. — V. Patente, nᵒ 131.

TARE. — Déchet, diminution soit sur la quantité, soit sur la qualité. — V. Douanes, nᵒˢ 119 et suiv.

TARIF. — Tableau ou rôle qui marque le prix de certaines denrées ou marchandises, les droits d'entrée, de sortie ou de passage que chaque sorte de marchandises doit payer, ou enfin les droits dus pour la confection des actes judiciaires. — V. Affiche, nᵒˢ 64, 79; Aliéné, nᵒ 54; Avocat, nᵒˢ 257 et suiv.; Bois et charbons, nᵒˢ 12, 51, 88; Boucher, nᵒ 87; Bourse de comm., nᵒˢ 108, 404 et suiv., 524 et suiv.; Commis.-priseur, nᵒˢ 4, 49 et suiv.; Commune, nᵒ 501; Compét. admin., nᵒ 63; Compétence crim., nᵒ 368; Concession, nᵒ 98; Consul, nᵒ 20; Guite, nᵒ 657; Douanes, nᵒˢ 26, 83 à 131, 551, 762 et suiv.; Enregist., nᵒˢ 22, 51, 77 et suiv.; Eau, nᵒ 193 et suiv., 60 et suiv.; Eaux minér., nᵒˢ 8, 22, 29; Expropr. publ., nᵒˢ 847 et suiv.; Faux, nᵒ 269; Frais, nᵒˢ 12 et suiv., 23, 151 et s.; Greffier, nᵒˢ 137 et suiv., 145, 147 et suiv.; Halles, nᵒˢ 44 et suiv., 60 et suiv., 66; Honoraires, nᵒˢ 4, 7, 9 et suiv.; Huissier, nᵒ 9-11ᵒ; Impôts dir., nᵒˢ 90 et suiv., 322, 336 et suiv.; Industrie, nᵒ 240; Notaire, nᵒˢ 473 et suiv.; Responsabilité, nᵒ 178; Taxe.

TASQUE. — V. Propriété féodale, nᵒˢ 204, 229.

TAUX DES INTÉRÊTS. — V. Prêt à intérêts, nᵒˢ 164 et

suiv. ; Rentes constit., n°s 32 et suiv. ; Rente viagère , n°s 69 et suiv.

TAXES. — 1. Les taxes, en matière fiscale, se distinguent tout à la fois des impôts directs et des perceptions. Les *impôts directs*, impôts dont le recouvrement doit être autorisé chaque année par une loi, sont le prix du service permanent que l'État rend à l'individu, pour la protection de sa personne et de ses propriétés, par les garanties au moyen desquelles il lui assure le libre exercice de ses droits et la libre pratique de sa profession. De là la dénomination de *contribution* ou de *cotisation* qu'on donne ordinairement à l'impôt direct, pour mieux exprimer que cet impôt est la somme pour laquelle chacun est appelé à prendre sa part des charges publiques (V. Impôt, n°s 1 et 52).
— Les *taxes* sont tout autres ; à raison de leur objet qui est toujours spécial, elles atteignent un fait, une situation particulière. Par exemple, un droit a été établi sur le fait établi d'une translation de biens ; pour obtenir des établissements de mainmorte l'équivalent de ce droit, on a créé la taxe des biens de mainmorte, qui est spéciale à une classe d'individus. De même, la taxe sur les chiens dont l'objet est d'amener une diminution des chiens, frappe un fait isolé. Mais les faits atteints par les taxes présentent toujours un certain caractère de permanence et de périodicité. — Les *perceptions*, nom sous lequel il faut comprendre une foule de droits divers, tels que les droits d'enregistrement, de douane, d'octroi, de péage, de stationnement, etc., n'atteignent qu'un fait accidentel et transitoire (V. Commune, n° 744). Si les droits que nous venons de nommer sont l'objet d'une perception irrégulière comme les faits qui y donnent lieu, il n'en est pas de même des taxes qui sont annuelles comme les contributions directes, exigibles par termes égaux, et recouvrables d'après les règles établies pour la perception des contributions. — Toutefois, il importe de remarquer que, dans la pratique, la dénomination de *taxes* est étendue quelquefois aux perceptions, et que certaines de ces perceptions établies de manière à atteindre tous les citoyens, sont de véritables contributions. Il a été traité de ces dernières v° Contributions indirectes.

2. Nous avons à traiter ici principalement : 1° de la taxe des biens de mainmorte ; 2° de la taxe sur les chiens. Accessoirement, nous reviendrons sur la matière des taxes municipales, déjà exposée dans notre Traité des communes, n°s 469 et suiv., 604 et suiv. 744 et suiv., et sur les taxes diverses assimilées aux contributions directes, dont nous avons dû nous occuper avec développement à propos des matières spéciales auxquelles elles se rattachent.

Art. 1. — *Taxe des biens de mainmorte.*

3. La taxe, connue sous le nom de *taxe des biens de mainmorte* ne doit pas être confondue avec le droit d'amortissement qui était perçu, sous l'ancienne législation, sur les biens de mainmorte. On sait que par le mot *mainmorte* on désignait autrefois et on désigne encore aujourd'hui les corporations et établissements qui, par une sorte de succession perpétuelle, sont censés ne pas mourir, et dont les biens ne donnent lieu à aucune mutation par décès. Nous n'avons pas à nous occuper ici d'une seconde acception du mot *mainmorte* qui intéresse exclusivement le droit féodal (V. à cet égard V^{is} Mainmorte et Propriété féodale, n°s 88 et suiv.).

4. Le droit d'amortissement autrefois établi sur les biens

de mainmorte, et dont l'abolition fut prononcée en 1789, avait pour objet soit de « combattre la tendance des gens de mainmorte à acquérir des fonds naturellement destinés à la subsistance et à la conservation des familles, » soit de « dédommager le souverain de la perte que souffraient l'État et le public de la sortie des biens du commerce. » C'est sur les mêmes considérations que s'appuie la taxe des biens de mainmorte, créée soixante ans plus tard par la loi du 20 février 1849. Le rapporteur de la loi disait à cet égard : « Les établissements de mainmorte, dont l'existence se perpétue par une subrogation successive de personnes, acquièrent souvent, aliènent rarement et ne meurent jamais. Leurs biens, dont la masse va sans cesse augmentant, sont retirés du commerce, au grand préjudice de la richesse nationale, du trésor public, de la masse des contribuables. Au préjudice de la richesse nationale : car, d'une part, ces biens ne fournissent aucun aliment au mouvement fécondant des transactions ; et, d'autre part, ils restent, sous le rapport de la production, dans un état d'infériorité tel, que les immeubles productifs, possédés des gens de mainmorte, quoique représentant une contenance de 4,983,127 hectares, c'est-à-dire le dixième de toutes les propriétés imposables de France, ne rendent cependant qu'un revenu de 64,209,456 fr., c'est-à-dire le trente et unième du revenu général. Au préjudice du trésor public : car ces biens, immobilisés aux mains des propriétaires, ne fournissent rien à l'impôt des mutations. Au préjudice de la masse des contribuables : car les biens de mainmorte, ne produisant pas le tiers de ce que produisent les autres biens, ne contribuent à l'impôt direct que dans cette proportion affaiblie, ce qui surcharge d'autant les biens des particuliers..... Depuis l'abolition du droit d'amortissement, en 1789, l'équité réclamait une disposition législative qui établît sur les immeubles passibles de la contribution foncière, et appartenant aux établissements de mainmorte, une taxe représentative des droits de transmission entre-vifs et par décès. — Tel est l'objet du projet de loi que vous nous avez chargés d'examiner. Votre commission en adopte pleinement le principe. Elle y voit un hommage rendu à la règle fondamentale en matière d'impôt, l'égalité ; un terme apporté à une violation préjudiciable de cette règle. »

5. Si la taxe des biens de mainmorte s'explique par les mêmes motifs que l'impôt dont ces biens étaient grevés avant 1789, elle diffère complètement de cet impôt par son assiette et son mode de perception. « L'ancien droit d'amortissement, dit le même rapport, était fixé tantôt à une ou plusieurs années des revenus de la propriété amortie, tantôt au sixième ou au cinquième de cette propriété » (V. le Traité du domaine de Lefebvre et le dictionnaire des domaines, Paris, 1775, v° Amortissement). La nouvelle taxe est annuelle et se perçoit comme la contribution foncière.

6. Tout ce qui concerne la taxe des biens de mainmorte est réglé par la loi du 20 février 1849, reproduite D. P. 49. 4. 48, avec les observations du rapporteur. Cette loi ne se compose que de trois articles, et encore le dernier ne renferme-t-il qu'une disposition transitoire. La jurisprudence doit donc tenir une large place dans le sujet que nous avons à traiter. Nous indiquerons : 1° quels sont les biens passibles de la taxe ; 2° comment la taxe est calculée ; 3° comment elle est recouvrée.

§ 1. — *Des biens passibles de la taxe.*

7. Dans son article 1, la loi du 20 fév. 1849 énonce ce qui suit : « Il sera établi, à partir du 1er janvier 1849, sur les biens immeubles passibles de la contribution foncière, appartenant aux départements, communes, hospices, séminaires, fabriques, congrégations religieuses, consistoires, établissements de charité, bureaux de bienfaisance, sociétés anonymes, et tous établissements publics légalement autorisés, une taxe annuelle représentative des droits de transmission entre-vifs et par décès... » — Il résulte de cette disposition, ainsi que le fait remarquer M. Serrigny, (Questions et traités du droit administratif, v° Contributions directes, n° 168), que trois conditions doivent se réunir pour constituer la taxe imposable exigée par la loi. Il faut : 1° que les biens soient immeubles ; 2° qu'ils soient passibles de la contribution foncière ; 3° qu'ils appartiennent à l'*un* des établissements énumérés dans la loi du 20 février 1849. — M. Reverchon, dans un Traité de la taxe des biens de mainmorte, publié en 1855, dans le Bulletin des contributions directes et du cadastre, mentionne quatre conditions; mais il ne fait, en réalité, que décomposer la troisième en deux propositions qu'il énonce ainsi : Il faut que les biens appartiennent aux établissements qu'il s'agit d'imposer; l'établissement qu'il s'agit d'imposer doit être compris dans l'énumération faite par l'art. 1er de la loi.

8. 1° *Il faut que les biens soient immeubles.* — Nous n'aurons donc pas à nous occuper des valeurs mobilières possédées par les établissements de mainmorte. Le législateur a pensé que, si les valeurs mobilières échappent au droit de mutation par décès, leur mobilité les soumet du moins au droit de transmission entre-vifs; que les éléments manqueraient pour déterminer la taxe avec précision, et qu'en tout cas la perception en serait pleine de difficultés et d'inconvénients (V. le rapport déjà cité). — Il paraît rationnel de prendre ici l'expression *immeubles* dans son sens le plus rigoureux, et de refuser par suite d'appliquer la taxe soit aux objets considérés comme immeubles par destination, à moins que la taxe ne vienne les atteindre comme accessoire et partie en quelque sorte intégrante d'un immeuble principal soumis à cet impôt, soit les biens qui, aux termes de l'art. 526 c. nap., sont immeubles par l'objet auquel ils s'appliquent, tels que l'usufruit des choses immobilières, les droits servitutaires, etc. (Conf. M. Reverchon, n° 5).—Il y a plus de difficultés pour ce qui concerne certains objets considérés comme meubles par les articles 519 et 531 c. nap., et cependant imposés aux contributions foncière et des portes et fenêtres par l'art 2. de la loi de finances du 18 juill. 1856, à savoir les moulins non fixés sur pilotis, les bains sur bateaux, etc. (V. Impôts directs, n° 46). Mais là encore le sens rigoureux doit l'emporter; car l'assimilation admise dans un intérêt fiscal par la loi de 1856, est une dérogation au droit commun, qui ne saurait être étendue à une matière nouvelle que par une disposition expresse. C'est aussi ce que décident MM. Serrigny, n° 169; Reverchon, n° 5.

9. S'il est nécessaire, pour qu'un bien soit passible de la taxe des biens de mainmorte, qu'il soit avant tout un immeuble, il importe peu, la loi n'ayant rien précisé à cet égard, qu'il soit destiné à rester la propriété permanente de l'établissement de mainmorte, et que la présomption servant de base à l'établissement de la taxe soit ainsi d'accord avec les faits. La circonstance que l'immeuble devrait être revendu dans un délai plus ou moins prochain, ne ferait donc pas obstacle à l'imposition.—Il a été jugé en ce sens : 1° que les immeubles des établissements de mainmorte (des sociétés anonymes, par exemple), sont soumis à la taxe sans distinction entre ceux qui n'ont été achetés que pour être revendus dans un délai déterminé, et ceux que ces établissements ont acquis ou possèdent dans le but de les conserver (cons. d'Et. 28 déc. 1850, aff. caisse hypoth., D. P. 51. 3. 59; 28 juin 1851, aff. papeteries des Marais et de Sainte-Marie, D. P. eod.; 12 déc. 1851, aff. Société de la Vieille-Montagne, *infrà*, n° 41); — 2° Qu'il en est de même des immeubles légués à des établissements ou personnes de mainmorte, avec charge ou faculté de les revendre (cons. d'Et. 13 août 1851, aff. ville d'Avignon); — 3° Que, lorsqu'une maison expropriée par une commune pour l'ouverture d'une voie publique, n'a été démolie qu'en partie, l'édifice nouveau obtenu au moyen de l'appropriation de la partie conservée, et que la commune exploite en attendant de la revendre, est passible de la taxe des biens de mainmorte aussi bien que de la contribution foncière (cons. d'Et. 16 mars 1859, aff. ville de Paris, D. P. 59. 3. 59). — Toutefois, une commune n'est pas imposable à la taxe des biens de mainmorte à raison de maisons acquises par voie d'expropriation, par cela seul qu'à l'époque de l'ouverture de l'exercice, elle n'en aurait pas encore fait opérer la démolition, s'il est constant que ces maisons doivent être démolies pour leur sol être réuni au domaine public (cons. d'Et. 14 janv. 1858, aff. min. des fin. C. ville de Paris, D. P. 58. 3. 50).—Dans ce dernier cas, en effet, l'acquisition n'est qu'une formalité pour arriver à la suppression de constructions atteintes par une mesure d'intérêt public; elle ne confère nullement le droit de revendre à des tiers et de tirer de l'immeuble les profits ordinaires de la propriété.

10. 2° *Il faut que les biens soient passibles de la contribution foncière.* — Remarquons avec M. Reverchon, n° 6, que la loi de 1849 ne parle pas d'immeubles *imposés* à la contribution foncière, mais seulement d'immeubles *passibles* de cette contribution. Dès lors, c'est avec raison que l'administration des contributions directes, dans une circulaire du 10 mars 1849, a prescrit aux contrôleurs de « vérifier si, dans les articles concernant les établissements désignés en l'art. 1er de la loi de 1849, il n'existe pas des propriétés, et notamment des maisons, qu'on aurait à tort considérées comme exemptes de la contribution foncière. Ces propriétés, ajoute la circulaire, s'il s'en rencontre, seront évaluées dans la même proportion que les autres propriétés de la commune, et leur revenu sera compris dans le relevé. » L'interprétation de l'administration a été sanctionnée par le conseil d'État dans une espèce où les biens pour lesquels on demandait décharge de la taxe des biens de mainmorte, n'avaient pas été imposés à la contribution foncière, mais où il était reconnu qu'ils étaient passibles de cette contribution (cons. d'Et. 1er mai 1851, aff. ville de Brest, M. Maigne, rap.). — Par les mêmes motifs, M. Reverchon estime, *loc. cit.*, que le défaut de réclamation contre la contribution foncière, ne rend pas non recevable à réclamer la décharge de la taxe des biens de mainmorte, si le délai n'est pas expiré, parce que des immeubles frappés au fait d'une imposition à la contribution foncière peuvent, sans qu'il y ait violation de la chose jugée, être reconnus en droit n'être pas passibles de cette contribution. La difficulté a été soumise au conseil d'État par l'administration, qui opposait une fin de non recevoir à un pourvoi formé en cette matière; mais le conseil, se bornant à statuer au fond, ne s'est pas expliqué sur la question (cons. d'Et. 28 mai 1852, aff. congrég. des Dames de Flines).

11. Puisqu'un immeuble n'est imposable à la taxe des biens de mainmorte qu'autant qu'il est passible de la contribution foncière, il résulte que l'exemption de cette contribution entraîne l'exemption de la taxe des biens de mainmorte. Il serait superflu de rappeler ici les cas d'exemption de la contribution foncière, sur lesquels des indications très-détaillées ont été données v° Impôts directs, n°s 49 et suiv. Quelques indications suffiront pour compléter l'exposé de la jurisprudence, dans ses points principaux.

12. On sait que l'art. 105 de la loi du 3 frim. an 7 exempte de la contribution foncière les domaines nationaux non productifs, réservés pour un service national, les arsenaux, magasins casernes, fortifications, *et autres établissements dont la destination a pour objet l'utilité générale.* De cet article il faut rapprocher un décret du 11 août 1808, non inséré au Bulletin des lois, et dont l'existence n'a même été définitivement constatée qu'à une époque récente (V. à ce sujet un article de M. Reverchon dans la Revue critique, t. 3, p. 181, et une note de M. Aucoc dans le Recueil des arrêts du conseil d'État, 1856, p. 463). Ce décret se borne, du reste, à disposer, dans son art. 4, que « les lieux occupés par les préfectures et sous-préfectures et appartenant à l'État, aux départements, ou à l'arrondissement, ou à la ville, cesseront d'être portés au rôle de la contribution foncière.»Il faut en rapprocher enfin le texte, beaucoup plus étendu de l'art. 103 du recueil méthodique des lois et règlements sur le cadastre, approuvé en 1811 par le ministre des finances (V. MM. Reverchon et L. Aucoc, *loc. cit.*).—Cette législation, un peu vague, un peu confuse, n'a pas toujours été entendue et appliquée d'une manière uniforme par le conseil d'État. En 1851, par exemple, il était allé jusqu'à accorder l'exemption à des maisons d'éducation tenues par des communautés religieuses ou par les frères de la doctrine chrétienne (cons. d'Et., 26 avr. 1851, aff. écoles chrétiennes de Vannes, et 13 août 1851, aff. écoles chrétiennes d'Auray, D. P. 52. 3. 2). — Mais dès l'année suivante, il est revenu sur cette jurisprudence, et l'on peut désormais tenir pour certain qu'il subordonne l'exemption à ces trois conditions : 1° qu'il s'agisse d'immeubles non productifs de revenus; 2° que ces immeubles soient affectés à une destination d'utilité générale; 3° qu'ils appartiennent, soit à l'État, soit aux départements, soit aux communes ou à certaines administrations communales, telles que les fabriques et les bureaux de bienfaisance. Aujourd'hui, c'est-à-dire depuis 1855, le conseil d'État a pris l'habitude de traduire la dernière de ces conditions par l'expression « *propriété publique* », qui n'a peut-être pas par elle-même une signification parfaitement précise, mais qui a évidemment pour objet d'embrasser et de résumer la doctrine antérieure. — Ainsi, il a été jugé : 1° qu'une maison dans laquelle l'institut des frères de l'école chrétienne a établi une école, ne peut être exemptée de la contribution foncière, et, par suite, de la taxe des biens de mainmorte, représentative des droits de transmission, sur le motif que cette maison est affectée à un service public, si elle n'est pas une propriété publique, mais appartient à cet institut (cons. d'Et. 7 janv. 1857, aff. Fournier, D. P. 57. 3. 59; 22 avr. 1857, aff. écoles chrétiennes de Nolay, D. P. 58. 3. 19); — 2° Que l'exemption de l'impôt foncier, établie par l'art. 105 de la loi du 3 frim. an 7 et par le décret du 11 août 1808, est limitée aux immeubles qui, en même temps qu'ils sont affectés à un service public et ne sont pas productifs de revenus, constituent des propriétés publiques; et, par suite qu'une maison appartenant à une caisse d'épargne ne peut, quoiqu'elle soit occupée par les bureaux de cette caisse, profiter de l'exemption dont il s'agit : et, en effet, encore bien qu'elle ne soit pas dans ce cas productive de revenus, et à supposer qu'elle puisse être considérée comme affectée à un service public, elle n'est pas une propriété publique (cons. d'Et. 21 mars 1860, aff. caisse d'épargne de Montpellier, D. P. 60. 3. 23).

Pour que l'affectation à un objet d'utilité générale, et par exemple à un service public, doive être prise en considération en cette matière, il n'est pas nécessaire que cette affectation soit imposée par la loi.—Il a été jugé, à cet égard, que, bien que ce soit exclusivement en vertu d'une convention avec le ministre de la guerre et en échange de la cession d'autres bâtiments, qu'une commune se trouve engagée à affecter des bâtiments lui appartenant à l'établissement définitif du quartier général d'une division militaire, cette commune n'en est pas moins fondée à réclamer, pour ces bâtiments, l'exemption de la taxe des biens de mainmorte parce que l'exemption de la contribution foncière leur est dans ce cas applicable (cons. d'Et. 29 juill. 1857) (1).

13. L'affectation à un objet d'utilité générale ne suffit pas, on vient de le voir, pour faire acquérir à un immeuble le bénéfice de l'exemption de la contribution foncière et de la taxe des biens de mainmorte; il faut encore que l'immeuble soit non productif de revenus. — Par ce motif il a été jugé : 1° que, si les terrains cédés par un département pour l'établissement soit d'un marché aux bestiaux, soit d'une pépinière départementale, sont exempts de la contribution foncière et par suite de la taxe des biens de mainmorte, il n'en est pas de même des dépendances de ces terrains qui, laissées en dehors du marché ou de la pépinière, seraient productives de revenus perçus par le département, et par exemple seraient plantées en bois (cons. d'Et. 18 fév. 1854, aff. départ. des Pyrén.-Orient., D. P. 54. 3. 45); — 2° Que l'exemption de la contribution foncière, accordée aux jardins des hospices, ne peut être étendue aux jardins cultivés ou productifs de revenus qu'un département a affectés à son dépôt de mendicité, alors même que les travaux de culture seraient faits par des per-

sonnes admises dans l'établissement (cons. d'Et. 5 janv. 1858, aff. départ. de la Corrèze, D. P. 58. 3. 45). — Réciproquement la non-production de revenus n'a pas pour effet de donner droit à l'exemption dont il s'agit, si l'immeuble n'est pas affecté à un objet d'utilité générale; il en est ainsi spécialement d'un canal de desséchement établi dans l'intérêt de propriétaires associés et qui est leur propriété collective (cons. d'Et. 10 déc. 1856, aff. commiss. des Wateringues, D. P. 57. 3. 44).—Quant à la question de savoir comment on doit apprécier si l'immeuble affecté à un objet d'utilité générale, est ou non productif de revenus, il a été jugé : 1° que l'adjudication des droits de place, de pesage, de mesurage et autres dans une halle constitue un revenu de cette propriété communale, et fait, dès lors, obstacle à l'exemption de l'impôt foncier (cons. d'Et. 11 fév. 1857, aff. ville de Mortagne, D. P. 57. 3. 75); — 2° Qu'une meunerie d'un hospice ne peut profiter de l'exemption, lorsqu'elle fonctionne non-seulement pour le service de l'hospice, mais aussi pour celui des boulangers de la ville et du public (cons. d'Et. 21 sept. 1859, aff. hosp. de Saint-Omer, D. P. 60. 3. 70); — 3° Que le corps de bâtiment dans lequel l'administration d'un hospice public loge des vieillards pensionnaires, n'est pas excepté, sous prétexte qu'il serait ainsi productif de revenus, du bénéfice de l'exemption de la contribution foncière, alors, d'ailleurs, que cette admission, moyennant rétribution, n'est que l'exercice d'une faculté reconnue par la loi (cons. d'Et. 10 fév. 1858, aff. hosp. de Rouen, D. P. 58. 3. 51). Cette dernière solution ne saurait être étendue, cela va sans dire, aux maisons de retraite particulières. — V. Impôts directs, n° 57.

14. Les droits d'usage forestiers sont exempts de la taxe des biens de mainmorte, parce que, avons-nous dit n° 8, ce ne sont pas des immeubles proprement dits. Ils le sont aussi parce qu'ils ne sont pas passibles de la contribution foncière. Ce point, d'ailleurs, a été résolu formellement par le législateur lui-même. Le gouvernement, lors de la présentation de la loi de 1849, objectait que l'art. 63 c. for. permet de racheter ces droits d'usage par la voie du cantonnement, et que la valeur de ces droits représente ainsi une partie de la propriété; il demandait, en conséquence, qu'ils fussent compris parmi les valeurs imposables. Mais la disposition proposée à cet effet, a été écartée sur les observations de la commission. «Considérés dans leur nature, a dit le rapporteur, les droits d'usage sont une servitude; considérés dans leur émolument, ils sont un revenu mobilier; sous aucun de ces deux aspects, ils ne peuvent être atteints par un impôt destiné à frapper seulement les propriétés immobilières. Aussi est-il digne de remarque qu'ils ne sont pas soumis à la contribution foncière. Ils sont d'ailleurs incessibles; comment pourraient-ils être passibles d'un impôt qui prend sa source dans la transmission? Au surplus, cet impôt est déjà supporté, soit par les forêts soumises aux droits d'usage,soit par les habitants auxquels ils sont attachés. Il n'y a donc aucune raison d'assujettir la taxe les droits d'usage en bois, plutôt que les droits de pacage, de panage, ou toute autre servitude. »

15. 3° *Il faut que les biens appartiennent à l'un des établis-*

---

(1) (Ville de Lyon.) — NAPOLÉON, etc.; — Vu le recours de notre ministre des finances, tendant à ce qu'il nous plaise annuler un arrêté du 12 déc. 1856, par lequel le conseil de préfecture du Rhône a accordé à la ville de Lyon décharge de la taxe dite des biens de mainmorte, assise, pour l'année 1856 sur une maison dont elle est propriétaire, et qui est affectée au quartier général de la dix-neuvième division militaire; — Ce faisant ordonner que la cotisation dont le conseil de préfecture a prononcé la décharge, sera rétablie sur le rôle, au nom de la ville de Lyon, attendu qu'aucune loi n'impose aux villes l'obligation de loger les commandants des divisions militaires, et que, si la ville de Lyon est tenue d'affecter une maison au quartier général de la division, c'est comme condition de la cession qui lui a été faite des bâtiments dits de la Déserte, par décret des 27 mess. an 12, 19 vent. an 13 et 4 mars 1808;... — Vu les conventions intervenues, à la date du 1er fév. 1821 et du 13 mai suivant, entre la ville de Lyon et l'intendant de la dix-neuvième division militaire, représentant le ministre de la guerre, par lesquelles la ville de Lyon, en échange de la cession qui lui a été faite par l'Etat des bâtiments dits de la Déserte, prend l'engagement d'acquérir l'hôtel Varisson, sis rue Boissac, et de l'affecter à perpétuité à l'établissement définitif du quartier général de la dix-neuvième division militaire; lesdites conventions approuvées par ordonnance royale du 4 juill. 1821 ; — Vu la loi

du 3 frim. an 7 (art. 105), le décret du 11 août 1808, le recueil méthodique des lois et règlements sur le cadastre, approuvé par le ministre des finances (405 et 404), et la loi du 16 avr. 1816, art. 29 ; — Vu la loi du 20 fév. 1849 ; — Vu l'ordonnance royale du 26 déc. 1827, relative aux logements des officiers d'état-major;

Considérant qu'aux termes de la loi du 20 fév. 1849, ne peuvent être imposés à la taxe des biens de mainmorte que les immeubles passibles de la contribution foncière ;

Considérant que, d'après les dispositions des lois et règlements ci-dessus visés, sont exempts de la contribution foncière les immeubles non productifs de revenus, qui sont la propriété de l'Etat, des départements ou des communes, et qui sont affectés à un service public; que les bâtiments que la ville de Lyon est tenue d'affecter au quartier général de la dix-neuvième division militaire sont la propriété de cette ville, et qu'ils sont affectés à un service public; que, dès lors, d'après les dispositions ci-dessus rappelées, ils ne sont pas passibles de la contribution foncière, et qu'ainsi, c'est avec raison que le conseil de préfecture a prononcé la décharge de la taxe des biens de mainmorte, inscrite au nom de la ville de Lyon, à raison de ces bâtiments ; — Art. 1. Le recours de notre ministre des finances est rejeté.

Du 29 juill. 1857.-C. d'Et.-MM. de Belbeuf, rap.-De Forcade, concl.

sements énumérés dans la loi du 20 février 1849. — Et d'abord quel sens la loi de 1849 a-t-elle entendu attacher au mot *appartenir*? La question s'est présentée devant le conseil d'État, pour les immeubles dont les établissements de mainmorte n'ont que la nue propriété, et pour ceux qu'ils ont donnés à emphytéose. Le conseil d'État a admis l'exigibilité de la taxe dans l'un et l'autre cas. — Dans le premier, on objectait que l'immeuble n'est pas passible de la contribution foncière pour le nu propriétaire, puisque le payement de cette contribution est mis par l'art. 608 c. nap., à la charge de l'usufruitier. Mais le conseil d'État s'est attaché à ce motif que la retenue de l'usufruit n'empêche pas l'acquéreur d'être propriétaire (cons. d'Ét. 28 déc. 1850, aff. bur. de bienf. de Chapelle-des-Bois, D. P. 51. 3. 59). — Quant au point de savoir si la taxe des biens de mainmorte doit, comme la contribution foncière, retomber en définitive à la charge de l'usufruitier, le conseil d'État a décidé qu'il n'appartient pas à l'autorité administrative de la résoudre, mais que la loi de 1849 autorise l'inscription de cette taxe au nom du propriétaire (cons. d'Ét. 13 août 1851, aff. hosp. d'Alby). — Dans le second cas, celui d'immeubles donnés à emphytéose, on objectait que le domaine utile appartient tout entier au preneur, qu'il peut même vendre la chose, sauf résolution dans le cas où le bailleur ne ratifierait pas à l'expiration de l'emphytéose. Mais le contrat n'en est pas moins un bail; le conseil d'État a donc décidé que la propriété entraîne ici encore l'obligation de supporter la taxe des biens de mainmorte (cons. d'Ét. 13 août 1851, aff. hosp. de Château-du-Loir, M. Maigne, rap.; 3 mars 1852, aff. ville de Vic, M. Daverne, rap.; 3 fév. 1853, aff. ville de Bordeaux, D. P. 53. 3. 39). — Toutefois, cette jurisprudence ne paraît applicable qu'au cas d'emphytéose temporaire, c'est-à-dire constituée pour 99 ans au plus, car, dans le cas d'emphytéose perpétuelle, le preneur en quelque sorte propriétaire, puisqu'il peut s'affranchir du droit de retour, en rachetant la rente (Conf. MM. Serrigny, n° 189; Reverchon, n° 8). — V. Louage emphéotique, n° 15.

16. Dans le cas où l'établissement de mainmorte n'est qu'usufruitier, on ne peut dire que l'immeuble lui appartienne, la taxe ne peut donc être exigée. Du reste, elle atteindrait ici un droit distinct de l'immeuble, et il a été expliqué n° 8, que la loi n'a voulu en autoriser la perception que relativement aux immeubles proprement dits (Conf. MM. Serrigny, n° 172; Reverchon, n° 7).

17. Il en est de même, lorsque l'établissement ne détient qu'en vertu d'une concession du gouvernement, comme dans le cas de concession d'un chemin de fer ou d'un canal. Toutefois, il s'est élevé à ce sujet une très-vive controverse. La perception de la taxe sur les chemins de fer et les canaux aurait augmenté considérablement le produit du nouvel impôt; et on comprend que l'administration des contributions directes ait insisté pour obtenir une solution favorable à l'imposition. Elle faisait valoir que les chemins de fer sont des biens immobiliers, qu'ils sont passibles de la contribution foncière; qu'enfin la compagnie a, pour la durée de son exploitation, tout le domaine utile des terrains et des bâtiments, et en outre le domaine direct de la voie de fer et du matériel d'exploitation qui est immeuble par destination. Ce système a été victorieusement combattu par M. Cornudet, chargé de conclure devant le conseil d'État la première fois que ce conseil a été saisi de la question (V. l'analyse de ces conclusions D. P. 51. 3. 49). — Le conseil d'État s'est prononcé constamment contre l'imposition. Voici l'énumération de ses décisions : 1° en ce qui concerne les chemins de fer, cons. d'Ét. 8 fév. 1851, chem. de fer de Paris à Rouen et autres, D. P. *loc. cit.*; 22 mars 1851, chem. du Centre; 26 juill. 1851, chem. de Strasbourg, D. P. 51. 3. 68; 29 nov. 1851, chem. d'Amiens; 14 sept. 1852, chem. du Nord, D. P. 53. 3. 12; 2 juin 1853, chem. de Saint-Étienne, D. P. 54. 3. 1; — 2° En ce qui concerne les canaux, cons. d'Ét. 22 mars 1851, canal d'Orléans et autres, D. P. 51. 3. 49; 24 mai 1851, canal du Midi, D. P. *eod.* Cette jurisprudence est fondée sur ce que les terrains occupés par les chemins de fer et les canaux, bien que soumis à la contribution foncière, font partie du domaine public et n'appartiennent pas par conséquent aux compagnies dans le sens de la loi du 20 fév. 1849; c'est là, en effet, un point généralement reconnu

(cons. d'Ét. 27 avr. 1826, aff. Berlier *C.* canal de Givors, v° Eau, n° 162; Civ. rej. 22 août 1837, aff. d'Harcourt *C.* comp. du canal de Briare, v° Domaine pub., n° 47-49; Merlin, Rép., v° Canal; Proudhon, du Domaine public, t. 3, p. 797; MM. Daviel, des Cours d'eau, t. 1, n° 33, et Dufour, Droit admin., 2° éd., t. 3, chap. 5, et t. 4, n° 291). — V. Domaine public, n° 25, et Eau, n° 162.

18. A cette jurisprudence, M. Serrigny objecte, dans une dissertation publiée par la Revue crit., t. 1, p. 477, et reproduite dans les Quest. de droit admin., v° Contribut. dir., n°° 194 et suiv., « que si les chemins de fer et les canaux sont dans le domaine public, il ne s'ensuit nullement que ces voies de communication n'appartiennent pas aux compagnies concessionnaires. Cela s'explique et se concilie, suivant cet auteur, au moyen de la distinction suivante : elles sont du domaine public quant à l'usage auquel elles sont soumises, quant à l'imprescriptibilité qui les protége, quant au régime de la grande voirie et aux lois et règlements de police qui les régissent; elles sont dans la propriété des compagnies quant aux produits utiles qu'elles peuvent procurer. Les compagnies concessionnaires, quant à tous ces produits utiles, sont *loco domini*; elles exercent tous les droits du maître, soit à perpétuité, si la concession est perpétuelle, soit à temps, si la concession est temporaire. »—L'honorable professeur soutient donc, comme conséquence, que le sol des chemins de fer et des canaux doit être assujetti à la taxe des biens de mainmorte, aussi bien que les autres immeubles appartenant aux autres compagnies concessionnaires. — Mais ne peut-on pas répondre, en faveur de la jurisprudence du conseil d'État, que pour payer la taxe, il ne suffit pas d'être *loco domini*, ou, en d'autres termes, de se trouver investi du domaine utile ou d'un droit de jouissance plus ou moins étendu, et qu'il faut avoir sur la chose une propriété proprement dite, par la raison que la taxe dont il s'agit représente un droit dû pour les mutations qui eussent porté sur la propriété même, laquelle, dès lors, doit être d'une nature susceptible d'aliénation? Dans le système de M. Serrigny, au contraire, la taxe établie par la loi de 1849 deviendrait en quelque sorte une charge des fruits, et c'est ce que le conseil n'a pas voulu admettre. L'argumentation de M. Serrigny a été l'objet, de la part de M. Reverchon, n° 9 de son Traité, d'une réfutation développée, présentée avec d'autant plus d'autorité que l'honorable jurisconsulte a été chargé d'exposer la question comme rapporteur devant le conseil d'État, et qu'ainsi aucun de ses aspects n'a dû lui échapper.

19. On a vu plus haut quel sens doit être entendue dans notre matière l'expression *appartenir*; passons maintenant à l'indication des établissements qui seuls peuvent être atteints par la taxe des biens de mainmorte. Ce sont, d'après l'art. 1, transcrit plus haut, « les départements, les communes, hospices, séminaires, fabriques, congrégations religieuses, consistoires, établissements de charité, bureaux de bienfaisance, sociétés anonymes et tous établissements publics légalement autorisés. » — Quelques-unes des personnes morales comprises dans cette énumération ont donné lieu à des difficultés. — Il est à remarquer que l'énumération qui précède, commence par les départements et les communes, sans faire mention de l'État, qui est la plus considérable des personnes de mainmorte. On doit en conclure que les propriétés de l'État sont affranchies de la taxe, l'État ne pouvant d'ailleurs être rangé parmi les établissements publics légalement autorisés (Conf. M. Serrigny, n° 179).

20. En ce qui concerne les congrégations religieuses, il paraît résulter des termes mêmes de l'art. 1, lequel est applicable seulement aux établissements publics légalement autorisés, que les congrégations religieuses non autorisées ne doivent pas supporter la taxe des biens de mainmorte. On objecte qu'il est assez singulier de voir une association tirer un bénéfice de l'irrégularité de son existence et d'une sorte de fraude aux principes d'ordre public. « L'association est déjà punie de cette fraude, répond avec raison M. Reverchon, n° 14, en ce qu'elle ne peut ni acquérir ni posséder comme être moral, et en supposant même que cette répression dût paraître insuffisante au législateur, du moins il n'y a là aucune fraude à l'intérêt fiscal, en vue duquel a été établie la taxe des biens de mainmorte; car une communauté de ce genre ne possède pas en son nom, elle possède sous ie nom d'un particulier, et lorsque ce particulier meurt, le fisc perçoit les droits de mutation ; le fisc est donc parfaitement désintéressé à ce point de vue, le seul qui doive être considéré en cette matière » (Conf. M. Serrigny, n° 178). — Il a été jugé en ce sens, et contrairement à l'opinion émise par l'administration des contributions directes dans une circulaire du 10 mars 1849, que les congrégations religieuses ne doivent la taxe des biens de mainmorte que lorsqu'elles ont été légalement autorisées, alors d'ailleurs que la propriété des immeubles dont elles jouissent, repose sur la tête de tels ou tels de leurs membres qui les ont acquis en leur nom personnel (cons. d'Et. 14 juin 1851, M. Maigne, rap., aff. Hureau ; 15 déc. 1852, M. Lemarié, rap., aff. dames Gremeret et autres ; 28 déc. 1853, aff. dames Carmélites de Libourne, D. P. 56. 3. 14). — V. Culte, n° 679 et suiv.

21. Parmi les établissements religieux que l'art. 1 de la loi du 20 fév. 1849 désigne spécialement comme soumis à la taxe des biens de mainmorte, figurent, à côté des congrégations religieuses, les fabriques, les consistoires et les séminaires. Relativement aux séminaires, il faut prendre garde que les bâtiments affectés au logement et aux exercices des élèves, échappent à la taxe des biens de mainmorte, comme étant formellement exemptés de la contribution foncière, par le décret du 11 août 1808 (V. Imp. dir., n° 52). Quelques difficultés s'étaient élevées à l'égard des petits séminaires ou écoles secondaires ecclésiastiques (V. eod., n° 34) ; mais le conseil d'Etat s'est prononcé, en dernier lieu, en faveur de l'exemption (cons. d'Et. 6 juin 1856, aff. Asseline, D. P. 57. 3. 11). — De même, pour ce qui concerne les propriétés des fabriques, la taxe des biens de mainmorte n'est pas due pour les bâtiments servant de presbytère et les jardins y attenant, de même décret de 1808 exempte de l'impôt foncier. On limiterait à tort l'exemption, au cas où les bâtiments à usage de presbytère appartiennent aux communes (cons. d'Et. 12 déc. 1851, aff. fabr. de Frelinghien, D. P. 52. 3. 28).

22. Aux établissements religieux qu'on vient de nommer, il faut ajouter, d'après la désignation finale du même art. 1, tous les établissements du même genre qui existent en vertu d'une autorisation légale. Tels sont, en ce qui concerne le culte catholique, les cures, les menses épiscopales et les chapitres cathédraux (décr. 6 nov. 1813 ; Conf. M. Reverchon, n° 14). — Il a été jugé, à cet égard, que la destination de presbytère donné par l'évêque à une propriété de l'évêché, n'a pour effet de soustraire cet immeuble, ni à l'impôt foncier, ni à la taxe des biens de mainmorte (cons. d'Et. 31 mars 1859, aff. archev. de Bordeaux, D. P. 59. 3. 73). En effet, cette destination ne fait pas que la propriété privée de l'évêché, puisse être considérée comme une propriété publique. Or, cette dernière condition, on l'a rappelé plus haut, est indispensable pour qu'il y ait lieu à exemption. — V. n° 12.

23. Les sociétés anonymes sont nommées spécialement dans l'énumération des établissements qui doivent la taxe des biens de mainmorte. Lors de la discussion de la loi, un député proposa d'affranchir de la taxe les sociétés créées pour une durée de moins de vingt années. Cet amendement ayant été rejeté, il est bien établi qu'on n'a pas à tenir compte, en ce qui concerne l'obligation de supporter la taxe, de la durée assignée à l'existence de la société. On a vu, du reste, au n° 9, que la jurisprudence ne tient aucun compte de la circonstance que l'immeuble appartenant à un établissement de mainmorte, serait destiné à être revendu dans un temps plus ou moins court.

24. Il n'y a pas, non plus, à prendre en considération l'objet pour lequel la société anonyme a été constituée, l'expression générale de la loi ne permettant pas de distinction. — Il a été jugé 1° que les sociétés anonymes, telles que celle constituée sous le nom de caisse hypothécaire, qui n'achètent des immeubles que dans certains cas donnés, et en vue de les revendre le plus tôt possible, ne sont pas affranchies de la taxe des biens de mainmorte (cons. d'Et. 28 déc. 1850, aff. caisse hypoth., D. P. 51. 3. 59 ; conf. Cons. d'Et. 28 juin 1851, aff. papeterie des Marais, D. P. eod. ; 7 mai 1852, MM. Louyer-Villermay, rap., Reverchon, concl., aff. Caisse hyp.) ; — 2° Que les sociétés anonymes, concessionnaires des chemins de fer, doivent la taxe des biens de

mainmorte, pour les immeubles qu'elles possèdent en dehors de la voie ferrée et de ses dépendances (cons. d'Et. 6 janv. 1853, aff. chemin de fer du Nord, D. P. 54. 3. 1), et, à cet égard, il y a lieu de classer parmi les dépendances non soumises à la taxe, les locaux affectés dans les gares aux buffets des stations (cons. d'Et. 22 août 1853, aff. chemin de fer d'Orléans, D. P. 54. 3. 76). — Pour l'indication des conditions auxquelles est soumis l'établissement des sociétés anonymes, nous devons renvoyer à notre traité des Sociétés, n°s 1449 et s. Disons cependant qu'il a été jugé qu'une société ne peut être qualifiée de société anonyme, par cela seul qu'elle n'a pas de nom social et que sa durée peut être prorogée au delà du temps fixé dans l'acte constitutif ; par suite, elle serait à tort, si au fond elle a le caractère de société civile, imposée à la taxe des biens de mainmorte (cons. d'Et. 26 juill. 1854, aff. soc. de Marseillette, D. P. 55. 3. 80).

25. Les sociétés anonymes étant seules, parmi les sociétés, désignées comme passibles de la taxe des biens de mainmorte, la jurisprudence a dû déclarer non assujetties à cette taxe les sociétés civiles ou commerciales, que le gouvernement n'est pas appelé à autoriser (c. com. art. 37). Peu importe, ainsi que nous l'avons déjà indiqué (v° Imp. dir., n° 4), que ces sociétés aient été constituées par actions, qu'elles aient des gérants, et qu'elles se rapprochent par leur objet, leur importance et leur durée, des sociétés anonymes ; le texte de la loi est trop précis pour autoriser les assimilations. — D'après ces motifs, l'administration a été déclarée non fondée à réclamer la taxe : 1° à une compagnie non anonyme, concessionnaire de mines (cons. d'Et. 7 juin 1851, aff. mines de Douchy, D. P. 51. 3. 60 ; 14 juin 1852, aff. comp. des mines de la Loire) ; — 2° A une association de propriétaires réunis pour l'exploitation de moulins indivis entre eux (cons. d'Et. 6 juill. 1851, aff. Izernes et autres, D. P. 51. 3. 68), ou pour l'exploitation de salins (cons. d'Et. 28 juin 1851, aff. Salins de Frontignan, D. P. 51. 3. 60), ou encore pour le dessèchement d'un marais (cons. d'Et. 15 déc. 1852, aff. Rousseau, D. P. 53. 3. 22) ; — 3° A une compagnie non anonyme, concessionnaire d'une entreprise d'éclairage au gaz (cons. d'Et. 7 juin 1851, aff. comp. du gaz de Laval, D. P. 51. 3. 60 ; et 9 fév. 1854, aff. comp. du gaz de Nevers, D. P. 54. 3. 54). — La même taxe a été appliquée à la société du canal du Midi (qui existe en vertu d'un décret impérial, mais dont l'universalité des actionnaires, aux termes des statuts, forme une société en commandite) ; quant à celles de ses propriétés qui ne sont pas une dépendance du canal, les autres étant affranchies à un autre titre (cons. d'Et. 13 août 1852, aff. soc. du canal du Midi). — V. Société, n°s 249 et suiv.

26. Les sociétés anonymes étrangères peuvent-elles être soumises à la taxe des biens de mainmorte pour les immeubles qu'elles possèdent en France ? La difficulté que présente cette question provient de ce que ces sociétés ne sont pas des sociétés autorisées par le gouvernement français. Nous croyons qu'il suffit, pour que la taxe puisse être réclamée, que l'existence de la société propriétaire d'immeubles en France, réunisse, dans le pays aux lois duquel elle est soumise, les conditions que la loi de 1849 a prévues pour les sociétés françaises, conditions qui ont pour effet de soustraire l'immeuble aux éventualités de mutations dont les auteurs de la loi de 1849 se sont préoccupés en créant la taxe des biens de mainmorte. Déjà la législation fait aux sociétés étrangères la même situation qu'aux sociétés françaises quand il s'agit de l'impôt de la patente, dont les droits à percevoir sur les immeubles (V. Patente, n° 312, et Transmission). Les mêmes raisons se présentent pour exiger d'elles, dans les mêmes cas, la taxe des biens de mainmorte (Contra, M. Reverchon, n° 18). — Ce qui est dit ici des sociétés anonymes, est applicable, par les mêmes considérations, aux hospices et autres établissements publics étrangers autorisés à accepter le don d'immeubles situés en France. Et il nous semble qu'il n'est pas nécessaire, pour arriver à cette conclusion, de se référer, ainsi que le fait M. Reverchon, à la jurisprudence qui reconnaît dans ce cas la nécessité d'une autorisation émanée du gouvernement français, car l'autorisation d'un acte isolé ne saurait conférer à l'établissement un caractère qu'il ne peut emprunter qu'à l'acte autorisant sa constitution même.

27. L'énumération de l'art. 1 de la loi de 1849 se termine par cette dénomination générale « *et tous établissements publics légalement autorisés.* » Nous avons dit, v° Etablissement public, qu'il fallait comprendre sous cette désignation les établissements civils et religieux qui ont pour objet l'utilité morale ou matérielle des citoyens. Ajoutons avec M. Reverchon, n° 19, qu'il faut qu'il s'agisse d'établissements élevés à l'état d'êtres moraux, de personnes civiles, par la loi ou par un acte du gouvernement. Il ne paraît pas qu'il y ait lieu de distinguer, en cette matière, entre les établissements publics proprement dits et les établissements d'utilité publique. Les uns et les autres sont d'ailleurs confondus par la législation pour ce qui concerne l'application de certaines règles importantes, telles que la nécessité d'une autorisation du gouvernement pour accepter des libéralités (V. Dispositions entrevifs et testamentaires, n°s 1496 et suiv.). —Un objet se rapportant dans une certaine mesure à l'utilité publique, ne suffit pas pour donner à une société le caractère d'établissement public dans le sens de la loi de 1849; il en est ainsi dans le cas même où cette société aurait eu besoin de l'approbation de l'administration, si cette approbation n'a pas pour but d'en faire un être moral ou une personne civile. — Il a été jugé, d'après ces principes, qu'un institut musical, constitué sous forme de société civile, et dont le but est de propager, dans la ville où il a été organisé, le goût de l'art musical, n'est pas un établissement public et ne peut, par suite, être déclaré soumis à la taxe des biens de mainmorte (cons. d' Et. 22 déc. 1852, M. Robert, rap., aff. Institut musical d'Orléans).

§ 2. — Calcul de la taxe.

28. La disposition finale de l'art. 1 de la loi du 20 fév. 1849 porte que « la taxe sera calculée à raison de 62 centimes et demi pour franc du principal de la contribution foncière. »—Ce mode de fixation a pour avantage de donner à la taxe une base déjà connue et hors de discussion. Il serait sans intérêt de reproduire ici les raisonnements à l'aide desquels se justifie le chiffre de 62 centimes et demi que l'administration a proposé et fait adopter à la suite de calculs particuliers. On peut consulter à ce sujet l'exposé des motifs de la loi (Moniteur de 1848, p. 3002). Qu'il suffise d'indiquer que la taxe établie sur les biens de mainmorte équivaut environ à 5 p. 100 du revenu de ces biens (V. rapport de M. Grévy, D. P. 49. 4. 48). La taxe ainsi fixe comme le principal de la contribution foncière et ne supporte pas de centimes additionnels, ainsi que le fait remarquer M. Serrigny, n° 181.

29. Le chiffre total de la taxe peut-il être demandé par l'administration, dans le cas où l'immeuble est grevé d'usufruit ? Le conseil d'État ne l'a pas pensé; il a considéré que, d'après le droit commun et les dispositions de la loi du 22 frim. an 7, l'usufruit, lorsque le prix n'en a pas été déterminé par l'acte même de transmission, représente pour la perception des droits de mutation, la moitié de la propriété pleine et entière; que dans le même cas, à l'égard de la nue propriété, c'est la première mutation, lors de laquelle il est toujours payé un droit proportionnel calculé sur la valeur entière de l'immeuble, les mutations entre-vifs ou par décès ne sont soumises qu'à un droit proportionnel calculé sur la moitié de la valeur de la pleine propriété ; et il a décidé, pour ces motifs, que c'est seulement sur la moitié des biens grevés d'usufruit que doit être établie la taxe des biens de mainmorte (cons. d'Ét. 13 août 1851, aff. hosp. d'Alby, MM. Daverne, rap., Cornudet, concl.). Cette solution est approuvée par M. Serrigny, n° 187.—Pour le cas où les biens seraient grevés, non d'un usufruit, mais de charges temporaires ou indéfinies, telles que des droits d'usage, une

rente viagère, etc., il faudrait, d'après M. Reverchon, n° 21, se référer aux règles consacrées par la jurisprudence en ce qui touche la perception des droits ordinaires de mutation de la propriété. — V. Enregist., n°s 441 et suiv.

30. Que décider du cas où l'immeuble appartenant à l'établissement de mainmorte, est affermé par bail emphytéotique ? La question s'est présentée devant le conseil d'État. « Il nous semble, a dit M. Reverchon, chargé de conclure comme commissaire du gouvernement, qu'on peut arriver à deux solutions. D'abord on peut prendre pour base la contribution foncière à laquelle l'emphytéote et le bailleur sont respectivement assujettis, puisque la taxe de mainmorte est calculée d'après cette contribution. Or, il a été décidé, par un avis du conseil d'État, du 2 fév. 1809, approuvé par l'empereur : 1° que les contributions imposées sur les propriétés tenues à bail emphytéotique doivent être à la charge de l'emphytéote, lors même qu'il n'a point été astreint expressément à ce payement par l'acte de bail (V. cet avis v° Imp. dir., p. 265; V. aussi conf. Cons. d'Ét. 14 juin 1855, aff. Hautay, D. P. 56. 3. 2); 2° que l'emphytéote est autorisé à la retenue du cinquième sur le montant de la redevance, pour représenter la contribution due par le bailleur, à moins que le contraire n'ait été expressément stipulé. De là on serait autorisé à conclure avec M. Troplong, du Louage, n° 39, que, de droit, l'emphytéote est tenu du payement des impôts, sauf le cinquième, qui reste à la charge du propriétaire. De là, par voie de suite, il résulterait encore que la taxe de mainmorte due par l'établissement bailleur d'un immeuble emphytéosé devrait être fixé à 62 centimes et demi par franc du cinquième de la contribution foncière assise sur cet immeuble. — En second lieu, on peut puiser une autre solution dans l'art. 2 de la loi du 3 frim. an 7 sur la contribution foncière, aux termes duquel la répartition de cette contribution est faite par égalité proportionnelle sur toutes les propriétés foncières, à raison de leur revenu net imposable. Il s'agirait, dans ce système, de déterminer conformément aux art. 3 et 4 de la même loi le revenu net imposable de cette copropriété foncière qui, dans l'état actuel de la jurisprudence judiciaire, constitue le droit du bailleur, et de fixer la taxe à 62 centimes et demi par franc de la contribution à laquelle ce revenu donnerait lieu. » — M. Reverchon se prononçait pour le premier procédé comme étant d'une application plus facile et conduisant à un résultat plus conforme à l'équité. Mais le conseil d'État a décidé qu'aucune réduction de taxe, ne pouvait, dans le silence de la loi, être accordée à l'établissement propriétaire de l'immeuble loué par bail emphytéotique (cons. d'Ét. 13 août 1851 (1); 5 mars 1852, aff. Ville de Vic, et 13 fév. 1853, aff. Ville de Bordeaux).

31. Cette jurisprudence du conseil d'État a été justement critiquée par MM. Serrigny, n° 190, et Reverchon, n° 22. Le premier de ces auteurs fait remarquer que, lorsqu'un établissement de mainmorte a donné un immeuble en emphytéose, les droits de transmission perdus par le trésor pendant la durée de cet emphytéose sont uniquement ceux portant sur la valeur du droit retenu par le bailleur, et nullement ceux portant sur la valeur du droit dont jouit le premier, lequel est dans le commerce et subit toutes les mutations des biens immeubles ordinaires. Le conseil d'État, du reste, s'est lui-même fondé dans plusieurs espèces sur cette circonstance du payement des droits de mutation par un tiers, pour refuser de soumettre à la taxe celui que l'administration prétendait assimiler au propriétaire ordinaire (V. notamment Conseil d'État, 12 décembre 1851, *infrà*, n° 38). — Nous sommes moins touchés de cette considération énoncée par M. Serrigny, que la taxe étant calculée d'après la contribution foncière dont le chiffre s'accroît,

(1) (Hospice de Château-du-Loir.)—NAPOLÉON, etc. ; — Considérant que la loi du 20 fév. 1849 a créé sur les biens immeubles passibles de la contribution foncière, appartenant aux hospices, une taxe annuelle représentative des droits de transmission entre-vifs et par décès ; que cette loi n'a pas excepté de ses dispositions les biens dont la propriété appartient à un hospice, mais sur lesquels est établi un bail emphytéotique ; que, quel que soit le caractère de l'emphytéose, aucune disposition de loi n'a prescrit, en ce qui touche les biens loués par bail emphytéotique, qu'un départ serait fait entre le propriétaire et le locataire, quant à la perception des droits de mutation entre-vifs et par décès, sui-

vant que la perception aurait lieu du chef de l'un ou de l'autre, ni établi les bases d'après lesquelles serait fait ce départ; qu'il n'appartient pas au conseil de suppléer au silence de la loi et d'accorder arbitrairement une réduction de taxes que les lois n'autorisent pas ; que dès lors c'est à tort que le conseil de préfecture a accordé décharge à l'hospice de Château-du-Loir de la taxe de biens de mainmorte à laquelle il a été imposé, pour 1849, à raison de l'immeuble dont il s'agit ; — Art. 1. L'arrêté... est annulé. — Art. 2. L'hospice de Château-du-Loir sera rétabli... au rôle des biens de mainmorte. Du 13 août 1851.-Cons. d'Ét.-M. Maigne, rap.

en raison des améliorations, faites par le preneur, pourra absorber, et au delà, le loyer stipulé par le bailleur; en effet, le véritable avantage que le bailleur retire du contrat, consiste bien moins dans ce loyer purement nominal, que dans la certitude de profiter, à l'échéance, d'une mise en valeur dont il n'aura pas fait les frais. Or, le jour où le bailleur sera appelé à recueillir la propriété des constructions et améliorations faites par le bailleur, il n'aura aucun droit spécial à débourser. La taxe, à ce point de vue, ne peut donc absorber tout le profit que le bailleur retire du contrat. — Cependant, il y a dans la double perception des droits de mutation à l'égard des successeurs du preneur, et de la taxe de mainmorte, telle que le conseil d'État entend qu'elle soit calculée, un véritable double emploi qui est évidemment contraire à l'esprit sinon à la lettre de la loi du 20 fév. 1849. Il y avait lieu, ce semble, de raisonner ici comme dans le cas où l'établissement de mainmorte est propriétaire d'un immeuble grevé d'un droit d'usufruit. En refusant une réduction, le conseil d'État a mérité le reproche qui lui a été adressé de s'être mis en contradiction avec sa propre jurisprudence. — V. Louage emphytéotique, n°ˢ 6 et suiv., et Enregistr., n°ˢ 5031 et suiv., et 4639.

§ 3. — *Recouvrement de la taxe.*

32. Nous aurons peu d'observations à présenter sur ce point. La loi du 20 fév. 1849 dispose, en effet, dans son art. 2, que « les formes prescrites pour l'assiette et le recouvrement de la contribution foncière seront suivies pour l'établissement et la perception de la nouvelle taxe. » Les règles consacrées à l'égard de la contribution foncière doivent donc recevoir ici leur application; on les trouvera exposées vᵒ Impôts directs, n°ˢ 416 et suiv.

33. D'abord qui doit l'impôt? En principe, c'est le propriétaire et non le locataire, fermier ou emphytéote. C'est ce que la loi de 1849 a reconnu implicitement dans une disposition transitoire ainsi conçue : « Art. 3. La taxe annuelle établie par cette loi sera à la charge du propriétaire seul, pendant la durée des baux actuels, nonobstant toutes stipulations contraires. » En tout cas, c'est au nom du propriétaire que la taxe doit être inscrite; et il a été jugé, dans une espèce où le propriétaire demandait qu'il fût déclaré que la taxe serait supportée en définitive par l'usufruitier, qu'il n'appartenait pas à l'autorité administrative de statuer sur cette question (cons. d'Et. 13 août 1851, aff. hosp. d'Alby). — Le droit de l'administration de demander le payement de l'impôt foncier au fermier doit être étendu, en vertu de l'assimilation admise par l'art. 2, transcrit plus haut, à la taxe des biens de mainmorte; mais dans le cas où le fermier acquitte la taxe, ce n'est qu'une avance qu'il fait à la décharge du propriétaire, et il a le droit d'en retenir le montant sur ses fermages, à moins qu'une convention spéciale postérieure à la loi n'ait mis à sa charge le payement de la taxe. — V. Impôts directs, n°ˢ 140 et suiv.

34. L'impôt est dû à partir de l'exercice qui suit celui dans le cours duquel l'immeuble est devenu la propriété de l'établissement de mainmorte. Une circulaire du 10 mars 1849 dit à cet égard : « Les biens qui, dans le cours de l'année, deviendront passibles de la taxe représentative de droits de mutation, ne seront imposés à cette taxe qu'à partir du 1ᵉʳ janvier de l'année suivante.» — Lorsque l'acquisition exige l'intervention du gouvernement, l'impôt est dû à partir de l'année qui suit celle dans laquelle l'autorisation exigée a été obtenue. — Il a été jugé, en ce sens, que l'immeuble acquis par une congrégation religieuse régulièrement établie, par suite, par exemple, d'une rétrocession à elle consentie par un de ses membres, n'est passible de la taxe

des biens de mainmorte qu'à partir du moment où l'acquisition a été l'objet d'une autorisation spéciale du gouvernement (cons. d'Et. 14 juin 1858, aff. dames de l'Assomption, D. P. 58. 3. 50).

35. La taxe des biens de mainmorte est établie au commencement de l'année pour l'année entière ; en conséquence, elle est due intégralement nonobstant la vente en cours d'exercice des immeubles qui y sont assujettis (cons. d'Et. 13 avr. 1853, aff. égl. réf. de Nîmes, D. P. 53. 3. 52). — La taxe continue à être due, malgré la mise en liquidation de la société propriétaire de l'immeuble qui en était passible (cons. d'Et. 28 déc. 1850, aff. caisse hypoth., D. P. 51. 3. 59, et 7 mai 1852, aff. caisse hypoth.). — M. Serrigny, n° 186, distingue le cas d'une mise en liquidation volontaire ou après faillite de celui où il y a dissolution de la société ou extinction par l'un des modes prévus par la loi. Dans ce dernier cas, M. Serrigny estime que la taxe cesse d'être due, par la raison que le droit de mutation devient exigible sur les cessions d'actions postérieures à la dissolution de la société. Cette interprétation est rejetée par M. Reverchon, n° 17.

36. Le droit de réclamer contre la taxe appartient, cela va sans dire, à l'établissement propriétaire, sous le nom duquel la taxe a été inscrite, puisqu'il est le véritable intéressé. Mais il est refusé au fermier ou locataire, à moins qu'il ne justifie d'un pouvoir spécial du propriétaire (cons. d'Et. 26 avr. 1851, aff. Lachaud). — C'est, du reste, ce qui a été admis par la jurisprudence en matière de réclamation contre la contribution foncière (V. Impôts directs, n° 443-3ᵉ), et cette solution est appliquée même au cas où le payement de la contribution a été mis à la charge du fermier par l'une des clauses du bail (cons. d'Et. 7 janv. 1857, aff. Herculan, D. P. 57. 3. 59). — Par les mêmes motifs, le droit de réclamation doit être refusé aux tiers avec lesquels le propriétaire n'a que des rapports de subordination ; ainsi, à l'époque où l'administration croyait pouvoir comprendre les congrégations religieuses non autorisées parmi les établissements de mainmorte, et imposait les immeubles appartenant à des membres de ces congrégations, il a été jugé que c'est à ceux-ci qu'il appartenait de réclamer, et non au supérieur de la congrégation (cons. d'Et. 3 mai 1851, aff. dame Justine, et 15 avr. 1852, aff. sœurs de Saint-Joseph).

37. Il peut arriver que l'immeuble n'appartienne pas ou n'appartienne plus à l'établissement de mainmorte sous le nom duquel la taxe est inscrite ; le véritable propriétaire, non désigné au rôle, peut-il réclamer ? — Sur ce point, l'administration objecte qu'il n'a aucun intérêt à réclamer, puisque l'impôt ne peut être demandé qu'au contribuable désigné par le rôle ; s'il arrivait que le percepteur dirigeât ses poursuites contre le véritable propriétaire, bien que la taxe ne fût pas inscrite à son nom, celui-ci pourrait exercer un recours contre l'établissement imposé. Mais on répond, avec raison, que le droit d'exercer un recours en garantie ne suffit pas pour faire perdre à celui à qui appartient ce recours le droit de réclamer directement ; il est certain, au contraire, qu'il y a pour lui un principe suffisant d'action dans l'avantage d'échapper aux avances et aux embarras qu'entraîne un recours en garantie. D'ailleurs le véritable propriétaire a toujours intérêt à la suppression d'une imposition qui crée en faveur d'un tiers des présomptions de propriété, ces présomptions pouvant lui susciter des difficultés dans les contestations fiscales ou autres où il se trouverait engagé. Le conseil d'État s'est prononcé pour le droit de réclamation ; mais il exige lorsque celui qui se prétend propriétaire n'est pas propriétaire apparent et n'est pas désigné comme tel au rôle de la contribution foncière, qu'il fasse préalablement la preuve de sa qualité par les voies de droit ordinaire (cons. d'Et. 3 mars 1852) (1). — Ces principes sont également appliqués en matière de contribution

(1) *Espèce :* — (Richard et consorts.) — Les sieurs Richard et autres, habitants d'une section de la commune de Saint-Maurice-de-Vantalon ont formé une réclamation contre la taxe de biens de mainmorte inscrite au rôle de cette commune au nom de la section du Traubat et des Enfruits. Ils se prétendaient propriétaires *ut singuli* des biens pour lesquels les habitants *ut universi*, autrement dit la section, étaient portés au rôle de la contribution foncière, et avaient été par suite imposés à la taxe de mainmorte. — Sans qu'il soit besoin de statuer sur la question de savoir si les sieurs Olivier Richard et consorts avaient qualité pour réclamer, *ut singuli*, la décharge de la taxe des biens de mainmorte, inscrite au rôle de la commune de Saint-Maurice-de-Ventalon, sous le nom des habitants du Traubat et des Enfruits ; — Considérant qu'aux termes de l'art. 2 de la loi du 20 fév. 1849, les formes prescrites pour l'assiette et le recouvrement de la contribution foncière doivent être suivies pour l'établissement et la perception de la taxe des biens de mainmorte ; — Considérant qu'il résulte de l'instruction que les immeubles, objet de la contestation, sont inscrits au rôle de la contribution foncière de la commune de Saint-Maurice-de-Ventalon, sous le nom de Traubat et des Enfruits, et que les sieurs Olivier Richard et

Napoléon, etc. ;

foncière; la réclamation du véritable propriétaire tendant à obtenir le redressement des mentions inexactes du rôle est déclarée recevable, alors même qu'il n'en peut résulter, à son profit, aucun dégrèvement d'impôt (cons. d'Ét. 21 avr. 1858, aff. Taupin, D. P. 59. 3. 14). — Pour le cas où l'immeuble imposé a cessé, avant l'ouverture de l'exercice, d'être la propriété de l'établissement, sous le nom duquel la taxe est inscrite, le conseil d'Etat reconnaît, de même, que le nouveau propriétaire a intérêt et qualité pour demander décharge de la taxe (cons. d'Ét. 31 janv. 1856, aff. Guérin, D. P. 56. 3. 69). — V. toutefois Impôts dir., n° 443-5°.

38. Quelle est l'autorité compétente pour décider, en cas de contestation, si l'imposé est ou non propriétaire? La solution de cette difficulté paraît dépendre des circonstances dans lesquelles elle se présente. Si la propriété se trouve, par suite des prétentions d'un tiers, incertaine entre celui-ci et l'établissement imposé, il paraît conforme aux principes que l'autorité administrative s'abstienne de prononcer sur ces prétentions et renvoie le tiers qui les élève en faire reconnaître préalablement le bien fondé devant les tribunaux, ainsi que cela a eu lieu dans l'espèce jugée par l'arrêt du 5 mars 1852 (V. le n° qui précède). Mais si la contestation n'existe qu'entre l'administration et l'établissement imposé, s'il s'agit simplement d'apprécier et de qualifier des droits sur l'importance et l'étendue desquels les parties sont d'accord, la juridiction administrative semble compétente pour faire cette appréciation, d'autant plus qu'elle ne peut le faire qu'à un point de vue purement fiscal. (Conf. M. Reverchon, n° 8). C'est ainsi que dans une espèce où un terrain communal avait été partagé sous cette condition que chaque lot serait attaché à une maison et ne pourrait être aliéné qu'avec elle, le conseil d'État a repoussé l'appréciation de l'administration tendant à faire considérer ces terrains comme continuant d'appartenir à la commune sous la charge d'un usufruit perpétuel, et a refusé de les déclarer passibles de la taxe de mainmorte représentative des droits des transmissions entre-vifs et par décès : « Attendu, a-t-il expliqué, qu'il n'est pas contesté par le ministre des finances que les habitants de la commune ont la pleine et entière disposition des immeubles dont il s'agit dans l'espèce, et que chaque détenteur, en cas de transmission par actes entre-vifs ou par décès, a constamment acquitté les droits de mutation afférents auxdites transmissions » (cons. d'Ét. 12 déc. 1851, aff. comm. de Schaffhausen et de Hatmatt, M. Pascalis, rap.).

39. Lorsqu'une commune ou une section de commune, portée au rôle de la taxe de mainmorte à raison d'un immeuble lui appartenant, n'élève aucune réclamation, les habitants peuvent-ils, ut singuli, exercer le droit de réclamer? Cette question a été soulevée devant le conseil d'État, dans l'affaire Richard rapportée au n° 37; le conseil d'État l'a écartée, les réclamants

ayant agi dans l'espèce, non comme habitants, mais comme prétendus propriétaires. Pour nous, il nous semble qu'elle doit être résolue affirmativement, par application de l'art. 49 du 18 juill. 1837, aux termes duquel « tout contribuable inscrit au rôle de la commune, a le droit d'exercer, à ses frais et risques, avec l'autorisation du conseil de préfecture, les actions qu'il croirait appartenir à la commune ou section, etc. »

40. Le délai des réclamations est, en cette matière, comme en matière de contribution foncière, de trois mois à partir de la publication des rôles; présentée en dehors de ce délai, la réclamation doit être déclarée non recevable (cons. d'Ét., 22 mars 1851, aff. comp. canal du Midi, M. Maigne, rap.; 13 déc. 1854)(1). — Et il n'est pas même nécessaire, pour que la déchéance puisse être prononcée contre le réclamant retardataire, que la date de la publication du rôle ait été indiquée sur l'avertissement à lui remis par l'administration (cons. d'Ét. 13 avr. 1853, aff. Izernes). — Les règles sur l'instruction et le jugement des réclamations relatives à la contribution foncière étant applicables aux réclamations contre l'imposition à la taxe de mainmorte, le conseil d'Etat a maintes fois jugé que le recours contre les décisions rendues par les conseils de préfecture sur les réclamations de cette dernière sorte, doit être jugé sans frais, qu'il ne peut soulever des questions sur lesquelles le juge du premier degré n'aurait pas été appelé à statuer, etc. Il est inutile d'insister sur ces points et autres analogues sur lesquels est passée en jurisprudence dans la matière du contentieux des contributions directes. — V. Impôts directs, n°s 454 et suiv.

41. La perte ou le défaut de production de revenus ne sont, en ce qui concerne la taxe de mainmorte, pas plus qu'en matière de contribution foncière, des causes de réduction ou de décharge de l'imposition (cons. d'Ét. 12 déc. 1851)(2).—Ainsi les vacances de maisons, les chômages d'usine ne sauraient donner aux contribuables le droit de contester le bien fondé de l'imposition. —Mais ces circonstances peuvent-elles servir de bases à des demandes de remises totales ou partielles de la taxe par la voie gracieuse? Et, d'abord, si de telles demandes pouvaient être admises, ce serait au préfet seul qu'il appartiendrait d'en connaître, et le conseil de préfecture excéderait ses pouvoirs en accordant des remises (cons. d'Ét. 17 juin 1852, aff. soc. des moulins d'Albarède, M. Robert, rap.). — Suivant l'administration, il n'y a pas lieu d'accorder des remises ou modérations sur la taxe des biens de mainmorte pour la raison qu'il n'existe pas de fonds de non-valeurs pour cet objet, et que l'assemblée législative a rejeté un amendement qui en proposait la création. Le conseil d'État, ainsi que le fait remarquer M. Reverchon, n° 23, n'a pas eu l'occasion de s'expliquer sur cette doctrine; il n'a pas à intervenir dans le jugement des demandes qui sont du ressort de la voie gracieuse. C'est ainsi que, le ministre des finances ayant

consorts n'ont élevé aucune réclamation sur cette inscription : que dans ces circonstances, et jusqu'à ce que les réclamants aient établi, s'il y a lieu, par les voies de droit, qu'ils sont propriétaires des immeubles dont il s'agit, la taxe des biens de mainmorte doit être maintenue et recouvrée sous le nom desdits habitants du Traubat et des Enfruits; — Art. 1. La requête, etc. est rejetée.

Du 5 mars 1852.-Cons. d'Et.-M. Daverne, rap.

(1) (Gorrant.) — Napoléon, etc. — Vu les lois des 3 juill. 1846, 21 avr. 1852, 4 août 1844 et 20 fév. 1849; — Considérant qu'aux termes de l'art. 2 de la loi du 20 fév. 1849, les formes prescrites pour l'assiette et le recouvrement de la contribution foncière doivent être suivies pour l'établissement et la perception de la taxe annuelle représentative des droits de transmission entre-vifs ou par décès; qu'il suit de là que les demandes en décharge ou réduction de cette taxe doivent, comme les réclamations relatives à la contribution foncière, être présentées dans le délai de trois mois à partir de la publication des rôles, par application de l'art. 28 de la loi du 21 avr. 1832 et de l'art. 8 de la loi du 4 août 1844; — Considérant que le sieur Gorrant reconnaît n'avoir formé sa réclamation que plus de trois mois à partir de la publication dans la commune du rôle sur lequel le bureau de bienfaisance d'Orléans était imposé à la taxe des biens de mainmorte pour 1853; que, dès lors, c'est avec raison que le conseil de préfecture du département du Loiret a rejeté, pour cause de déchéance, sa demande en décharge de ladite taxe; — Art. 1er. La requête est rejetée.

Du 15 déc. 1854.-Cons. d'État.-M. Boudet, rap.

(2) (Société de la Vieille-Montagne.) — Au nom du peuple français ; — Le conseil d'Etat, section du contentieux; — Vu la loi du 20

février 1849; — Considérant que la loi du 20 fév. 1849 a établi sur les immeubles passibles de la contribution foncière et appartenant aux sociétés anonymes une taxe annuelle et représentative des droits de transmission entre-vifs et par décès, et que cette loi n'a établi aucune exception, ni en faveur des immeubles que les sociétés anonymes auraient l'intention d'aliéner, ni en faveur des usines appartenant aux mêmes sociétés, et qui, par suite de chômage, se trouveraient momentanément non productives de revenus; — Considérant qu'il n'est pas contesté que la totalité des immeubles à raison desquels la société anonyme dite de la Vieille-Montagne avait été imposée, en 1849, à la taxe précitée, faisaient partie, dans la commune de Valcanville, sont passibles de la contribution foncière, et qu'ils appartenaient à cette société; qu'en admettant que ceux de ces immeubles à raison desquels le conseil de préfecture de la Manche a accordé à ladite société une réduction de 176 fr. 25 c. soient destinés à être aliénés, et qu'ils aient été, en 1849, non productifs de revenus, ils n'en sont pas moins compris dans la catégorie de ceux auxquels s'applique la loi susvisée; qu'ainsi c'est à tort que le conseil de préfecture a accordé à la Société anonyme dite de la Vieille-Montagne une réduction de 176 fr. 25 c. sur la taxe des biens de mainmorte à laquelle elle avait été imposée au rôle de la commune de Valcanville;

Art. 1. L'arrêté du conseil de préfecture de la Manche, du 26 avr. 1850, est annulé. — Art. 2. La société anonyme dite de la Vieille-Montagne sera rétablie, pour 1849, au rôle de la taxe des biens de mainmorte de la commune de Valcanville, pour la somme totale de 210 fr. 25 cent.

Du 12 déc. 1851.-Cons. d'Et.-M. de Bussierre, rap.

refusé d'admettre un état de cotes irrecouvrables, comprenant la taxe de mainmorte imposée à des propriétaires de moulins, le conseil d'Etat a décidé que cette décision n'était pas susceptible d'un recours contentieux (cons. d'Et. 13 avr. 1853, aff. Izernes et autres, M. de Belbeuf, rap.). Mais la question s'étant présentée à propos de la taxe des prestations en nature pour laquelle les lois spéciales n'ont pas établi également de fonds de non valeurs, le conseil d'Etat n'a pas hésité à la résoudre négativement, en se fondant sur ce que l'assimilation de cette taxe aux contributions pour le recouvrement ne pouvait avoir pour effet d'autoriser l'administration à accorder des remises (cons. d'Et. 28 déc. 1858, aff. Géraud, D. P. 59. 3. 52).

Art. 2. — Taxe sur les chiens.

42. La taxe sur les chiens est un impôt de création moderne. Etabli d'abord en Angleterre, en Belgique, en Hollande, en Suisse, et dans plusieurs états allemands, notamment dans la Prusse, la Bavière, la Saxe, le Wurtemberg et le Grand-Duché de Bade, cet impôt n'a été accepté en France qu'après une longue et vive résistance. Proposé infructueusement en 1844 à l'occasion de la loi sur la chasse, et successivement en 1845, 1846, 1847 et 1850, il ne fut consacré par une loi qu'en 1855. Les divers avantages que le rapporteur de la commission chargée de l'examen de la loi projetée, fit valoir devant le corps législatif pour le rendre favorable au nouvel impôt, consistent principalement en ceci, que la diminution du nombre des chiens que l'application de la taxe ne peut manquer de produire, doit amener, comme conséquence, la diminution proportionnelle des accidents de tout genre occasionnés par les chiens sur la voie publique, et, ce qui importe le plus, la diminution du chiffre des victimes humaines de la rage, puis la restitution à l'alimentation des populations d'une somme de substances alimentaires dont le rapporteur croit pouvoir évaluer l'importance annuelle à trente millions environ, enfin la création d'une nouvelle source de revenus pour le trésor si modeste de la commune.

43. Les avantages indiqués par les partisans de la loi ont été vivement contestés. En échange d'une nourriture peu coûteuse, pour laquelle on utilise ordinairement les déchets de l'alimentation domestique, le chien, même chez ceux qui ne l'ont accueilli que dans un but d'agrément, rend de ces services inattendus, dont la statistique n'a jamais songé à faire le recensement, et qui méritent cependant d'être pris en sérieuse considération. S'il était vrai qu'à la diminution du nombre des chiens correspondît, dans les classes où le chien a été répudié comme objet de luxe, un accroissement des attentats contre les personnes, des suicides et des accidents domestiques, il faudrait douter du principe qui a servi de base à la loi de 1855, car une loi de police aurait suffi pour amener la destruction des chiens errants et prévenir en grande partie les dangers résultant de l'abandon des chiens.—Quoi qu'il en soit, il importe de retenir que la loi, votée par le corps législatif le 2 mai 1855, a été proposée plutôt comme loi de police et d'hygiène que comme loi fiscale (V. le rapport, D. P. 55. 4. 54). Ce n'est nullement, a-t-on dit, une loi somptuaire. — Et, à ce propos, il n'est pas sans intérêt de rappeler ici qu'une loi établissant une taxe analogue sur les chevaux et les voitures des particuliers, a été, après avoir été votée par le corps législatif, écartée par le sénat, qui l'a considérée comme contraire aux principes de notre législation fiscale, en ce qu'elle aurait le caractère d'une loi somptuaire. Dans la forme, la loi dont la promulgation a été repoussée par le sénat, méritait peut-être le reproche qui lui a été adressé; mais, au fond, on comprend que les grandes villes, obligées d'augmenter considérablement les frais de voirie pour parer aux inconvénients d'une circulation de voitures toujours croissante, insistent pour l'obtention d'une taxe qui n'est que le prix d'un service rendu. Dans notre législation sur les chemins vicinaux, on a reconnu ce principe, lorsqu'on a exigé soit des prestations en nature à raison des chevaux et des voitures possédés par les chefs d'établissement, soit des subventions spéciales à raison des dégradations extraordinaires causées pour les transports industriels. D'ailleurs, comme le faisait observer M. le préfet de la Seine dans l'exposé du budget municipal de 1860, les habitants peu aisés qui recou-

rent au transport en commun, payent déjà indirectement un impôt de circulation, que les compagnies d'omnibus et de voitures de place recouvrent sur eux; c'est donc revenir au principe de l'égalité de l'impôt que d'exiger une taxe équivalente de ceux qui circulent sur les mêmes voies dans des voitures leur appartenant.

44. La législation relative à la taxe sur les chiens ne comprend, outre la loi du 2 mai 1855 (D. P. 55. 4. 54), qu'un règlement d'administration publique du 4 août 1855 (D. P. 55. 4. 82), pris pour l'exécution de cette loi. Les tarifs des taxes à percevoir, lesquels peuvent être révisés à l'expiration de chaque période triennale, ont été arrêtés pour la première fois, pour les communes des quatre-vingt-six départements, par un décret du 9 janvier 1856 (D. P. 56. 4. 11). — Nous aurons à traiter: 1° de l'assiette de la taxe et des déclarations imposées aux propriétaires de chiens; 2° du recouvrement de la taxe.

§ 1. — De l'assiette de la taxe. — Des déclarations imposées aux possesseurs de chiens.

45. La taxe sur les chiens, dont le projet se bornait à autoriser l'établissement dans les communes, est, aux termes de la loi du 2 mai 1855, obligatoire dans toutes les communes. Ce qui a été laissé à l'initiative des communes, ce n'est pas même le droit de fixer le chiffre de la taxe, mais seulement celui de le proposer. La fixation doit être faite par un décret rendu en conseil d'Etat après avis des conseils généraux. A défaut de présentation de tarifs par la commune, ou d'avis émis par le conseil général, il est statué d'office, sur la proposition du préfet (art. 2 de la loi).

46. Les auteurs de la loi ont cru nécessaire de fixer eux-mêmes les chiffres maximum et minimum entre lesquels la taxe pourrait varier. Ils ont décidé que cette taxe ne pourra excéder 10 fr., ni être inférieure à 1 fr. (art. 2 de la loi). Sous le bénéfice de cette fixation, il a été expliqué par le rapporteur que non-seulement l'impôt était obligatoire pour toutes les communes, mais encore qu'il devait porter sur tous les chiens (V. rapport, D. P. 55. 4. 54, nos 4 et 7). — « Les répartiteurs ne perdront pas de vue, dit une circulaire, qu'il n'y a point pour la taxe municipale, comme pour quelques-unes des contributions directes, à tenir compte des facultés des redevables; tous, même l'indigent, devront, ainsi que le porte l'art. 2 du décret du 4 août 1855, être imposés pour les chiens qu'ils posséderont au 1er janvier..... Cette absence de toute distinction entre les redevables rendra plus facile la rédaction de l'état-matrice » (circ. min. fin. 26 sept. 1855).

47. Tout en décidant que la taxe doit atteindre tous les chiens dans chaque commune, le législateur n'a cependant pas voulu qu'elle fût la même pour tous. C'est ce que l'art. 3 de la loi du 2 mai 1855 exprime indirectement, en disant que les décrets rendus en conseil d'Etat fixeront, non pas la taxe, mais les tarifs à appliquer dans chaque commune. Le rapport dit à cet égard : « Les chiens moins utiles payeront plus, les plus utiles payeront moins, quelle que soit la fortune de leurs propriétaires; tel est le sens et tel le résultat de notre échelle de taxation.» —Un tarif trop détaillé pouvait avoir des inconvénients, à cause de la difficulté qu'il y aurait à répartir exactement les chiens dans des classes présentant des différences suffisamment tranchées. Le gouvernement, dans le règlement du 4 août 1855, pris pour l'exécution de la loi, a donc cru devoir décider que « les tarifs pour l'établissement de l'impôt qui doit être perçu sur les chiens, ne peuvent comprendre que deux taxes dans les limites de l'art. 2 de la loi du 2 mai 1855. La taxe la plus élevée porte sur les chiens d'agrément ou servant à la chasse. La taxe la moins élevée porte sur les chiens de garde, comprenant ceux qui servent à guider les aveugles, à garder les troupeaux, les habitations, magasins, ateliers, etc., et, en général, sur tous ceux qui ne sont pas compris dans la catégorie précédente. Les chiens qui peuvent être classés dans la première ou dans la seconde catégorie, sont rangés dans celle dont la taxe est la plus élevée » (art. 1er du décret). On a vu, au n° 44, que les tarifs des taxes à percevoir dans les communes des quatre-vingt six départements ont été édictés pour la première période triennale, par un décret du 9 janv. 1856 (D. P. 56. 4. 11). Ces tarifs, à défaut de modifications, continuent à être en vigueur pour les périodes suivantes.

48. Le signe caractéristique qui doit exclusivement servir de guide pour la répartition des chiens dans l'une ou l'autre catégorie, c'est l'usage auquel chaque chien est destiné par son maître. Le décret du 4 août 1855 l'indique suffisamment, lorsqu'il exige, dans son art. 5, que cet usage soit signalé par le possesseur de chien dans la déclaration annuelle à laquelle il est tenu. Ainsi donc il n'y a pas lieu de se préoccuper de la race à laquelle appartient le chien du contribuable; l'indication de la race pourra seulement servir de renseignement secondaire dans les cas litigieux (Conf. M. Aucoc, Ecole des communes, 1856, p. 291.) Par là, on le comprend, le travail relatif à la confection des rôles se trouve considérablement simplifié. C'est donc à tort que les auteurs du Code formulaire du possesseur de chiens posent comme règle, dans leurs observations sur l'art. 1 du décret, que telles et telles races de chiens sont chiens de chasse ou d'agrément, et telles autres chiens de garde, sauf au possesseur à prouver le fait d'un emploi contraire à la présomption résultant de cette classification. Dans le système du décret, la déclaration de l'usage, émanée du possesseur, fait foi jusqu'à preuve contraire à l'égard de l'administration. C'est à elle à rapporter la preuve d'un usage différent; et il ne lui suffit pas pour cela de faire connaître que le chien déclaré pour tel usage appartient à une race qui n'y est pas ordinairement destinée.

49. C'est le lieu de définir, avec le secours de la jurisprudence, les désignations comprises dans chacune des deux catégories établies par le décret du 4 août 1855. — La première catégorie comprend les chiens d'agrément ou servant à la chasse.

50. La désignation de *chien d'agrément* est par elle-même assez vague, et ne se comprend bien que par opposition avec les autres désignations du décret. On verra quel sens particulier est attaché par le conseil d'État à la désignation dont il s'agit, lorsqu'il sera question de cette classe de chiens, en quelque sorte mixtes, qui pouvant être classés dans la première ou dans la seconde catégorie, sont soumis par le décret à la taxe la plus élevée.—Le chien que son maître tient habituellement dans l'intérieur de son habitation, et dont il se fait accompagner dans ses promenades, est par excellence le chien d'agrément (cons. d'Et. 22 avr. 1857) (1).—Mais d'autres chiens peuvent être rangés dans cette catégorie, bien que l'agrément qu'ils procurent à leur maître soit plus que contestable. Tels sont les chiens que leur état de vieillesse et d'infirmité met hors d'état de servir à la chasse ou à la garde des habitations, et même de se mouvoir, mais que leurs maîtres cependant ne peuvent se décider à faire abattre. Ces chiens conservés par pitié, et qui rappellent le vieil Argus d'Ulysse, doivent être des chiens d'agrément (cons. d'Et. 22 avr. 1857, aff. Caron, M. de Belbeuf, rap.). Le motif de droit sur lequel le conseil d'État fonde cette décision, n'est pas à l'abri de critique; ainsi le conseil d'État répond à un contribuable malheureux qui demandait à conserver, moyennant la taxe de la seconde catégorie, un vieux chien infirme, son compagnon de

misère : — « Considérant qu'il est reconnu par le requérant que son chien n'est destiné ni à la garde de sa propriété, ni à aucun autre usage qui puisse le faire classer dans la deuxième catégorie; que, dès lors, c'est avec raison qu'il a été rangé dans la première catégorie » (cons. d'Et. 22 avr. 1857, aff. Boitard; M. David, rap.). C'est renverser le raisonnement même du décret du 4 août 1855. L'art. 1 de ce décret, après avoir limité la première catégorie aux chiens d'agrément ou de chasse, dispose que la seconde catégorie comprendra, outre les chiens de garde, en général tous ceux qui ne sont pas compris dans la catégorie précédente. Le conseil d'État devait donc affirmer positivement que le vieux chien du requérant était un chien d'agrément ; sans cela, il retombait de droit dans la deuxième catégorie. Il est vrai qu'un chien infirme est inutile; mais en revanche, s'il ne peut se mouvoir, il n'est pas dangereux ou incommode pour le public.

51. La désignation de *chien servant à la chasse*, appliquée à la seconde division des chiens de la première catégorie, est beaucoup plus précise que celle de *chien d'agrément*. Il faut bien se garder de la confondre avec la désignation de *chien de chasse* que l'on applique à toutes les races de chiens propres à la chasse. C'est la destination effective, on le répète, qui détermine le classement (V. n° 48).—Conformément à cette règle, il a été décidé qu'un chien employé par son maître à la chasse, bien que n'appartenant pas à la race proprement dite des chiens de chasse, avait été compris avec raison par les répartiteurs dans la première catégorie (cons. d'Et. 24 juin 1857) (2) ; et que, réciproquement, le possesseur d'un chien appartenant à la race des chiens de chasse, qui prouve qu'il ne s'en est pas employé par lui que comme chien de garde, est fondé à réclamer contre son imposition à la taxe de première catégorie (cons. d'Et. 8 déc. 1857, aff. Debout; M. David, rap.).—L'emploi effectif à la chasse n'est pas nécessaire, suivant un arrêt, pour justifier l'imposition à la taxe de première catégorie, contrairement à la déclaration du possesseur; il suffit qu'il y ait destination établie. Il a été jugé qu'un chien abattu le 20 janvier, et que son maître alléguait avoir tenu à l'attache depuis le jour de la déclaration, n'en devait pas moins être compris dans la première catégorie, contrairement à la déclaration qu'il en a faite, du moment où l'instruction établissait que c'était un chien courant *destiné* à la chasse (cons. d'Et. 5 oct. 1857, aff. Michel, M. du Bodan, rap.).—Les chiens que les lieutenants de louveterie emploient exclusivement à la poursuite et à la destruction des animaux nuisibles, doivent-ils être compris dans la première catégorie, par assimilation avec les chiens de chasse, ou dans la seconde, par assimilation avec les chiens de garde? — V. *infrà*, n° 60.

52. Dans la seconde catégorie sont placés, en première ligne, *les chiens de garde*. Sous cette désignation, le décret comprend notamment, aux termes de l'art. 1 du décret du 4 août 1855, « les chiens servant à guider les aveugles, à guider les troupeaux, les habitations, magasins, ateliers, etc. » Pour bien comprendre le sens de l'énumération incomplète présentée par le

---

(1) (Poincelet.) — NAPOLÉON, etc. ; — Vu la requête présentée par le sieur Poincelet, menuisier, tendant à ce qu'il nous plaise décider que le chien du requérant étant destiné à la garde de son habitation, il doit être considéré comme chien de garde ; — Vu notamment le rapport de l'inspecteur du 17 janv. 1857, duquel il résulte que la maison du sieur Poincelet, étant située au milieu du village, et dont les toutes parts environnée d'autres habitations n'exige pas, comme le prétend le sieur Poincelet, la présence d'un chien pour la garder; que, d'ailleurs, celui qui fait l'objet de sa réclamation est un chien de petite taille, qui est habituellement dans l'intérieur de la maison, et qui accompagne son maître dans ses promenades à l'extérieur ; Vu les observ. de notre min. de l'int.; — Vu la loi du 2 mai 1855 et le décret du 4 août suivant;

Considérant qu'il résulte de l'instruction que le requérant tient habituellement son chien dans l'intérieur de son habitation et se fait accompagner par lui dans ses promenades, que, dans ces circonstances, c'est avec raison que ce chien a été classé par les répartiteurs dans la première catégorie, que le sieur Poincelet, qui l'avait déclaré comme chien de garde, a été considéré comme ayant fait une déclaration inexacte et par suite a été imposé à la double taxe, par application de l'art. 10 du décret ci-dessus visé ; — Art. 1. La requête est rejetée.

Du **22** avr. 1857.-Cons. d'Et.-MM. Walkenaër, rap.-De Forcade, concl.

(2) (Auzoux.) — NAPOLÉON, etc. ; — Vu la requête présentée par le sieur Auzoux, tendant à ce qu'il nous plaise, attendu que, par sa nature, le chien du requérant ne peut être considéré comme un chien de chasse, décider qu'il doit être rangé dans la 2e catégorie; qu'ainsi, la déclaration faite à la mairie en exécution de l'art. 5 du décret du 4 août 1855, était exacte; que, dès lors, le sieur Auzoux doit être rangé comme simple pour un chien de la 2e catégorie; — Vu la loi du 2 mai 1855 et le décret du 4 août suivant

Considérant qu'aux termes de l'art. 1 du décret ci-dessus visé, la taxe la plus élevée porte sur les chiens servant à la chasse; et que, d'après l'art. 10 du même décret, dans le cas de déclaration incomplète ou inexacte, cette taxe sera doublée; — Considérant qu'il résulte de l'instruction et qu'il n'est pas contesté par le sieur Auzoux qu'en 1856, il s'est servi pour la chasse du chien qui fait l'objet de la réclamation ; que, dans ces circonstances, c'est avec raison que, pour ladite année et par application de l'art. 1 du décret ci-dessus visé, le chien du sieur Auzoux a été classé dans la 1re catégorie, quelle que fût sa race; et que, par application de l'art. 10 du même décret, ledit sieur Auzoux a été imposé à une double taxe;

Art. 1. La requête du sieur Auzoux est rejetée.

Du 24 juin 1857.-Cons. d'Et.-MM. de Reneponi, rap.-De Lavenay, concl.

décret, il faut se rappeler cette indication du rapport : « Les chiens les plus utiles payeront moins » (V. n° 47). L'impôt devant peser plus légèrement en raison de l'utilité, le bénéfice du classement dans la seconde catégorie doit être accordé, suivant nous, à tous les chiens qui sont pour leur maître un véritable auxiliaire. Il ne faut pas perdre de vue, en effet, que le but de la création de la taxe a été d'amener une réduction portant seulement sur les chiens considérés comme les moins utiles, et que la loi n'a pas voulu pousser les contribuables à se priver d'un secours qui serait pour eux, à raison de leur faiblesse ou des nécessités de leur profession, d'une utilité bien évidente. Les chiens dont la possession s'explique par de tels motifs devaient, d'après les projets primitifs, être exceptés de la taxe. Ils n'y ont été soumis qu'à contre-cœur, et parce que le législateur a pensé que des exceptions dans lesquelles rentrerait nécessairement le plus grand nombre des chiens, empêcheraient immanquablement la loi d'atteindre son but.

52. Le décret nomme les chiens d'aveugles. On a élevé la question de savoir si le chien donné à une personne sourde pour la prévenir de l'arrivée des personnes qui entrent dans sa maison, doit être classé, comme le chien d'aveugle, dans la seconde catégorie. L'affirmative nous paraît la seule solution possible : un tel chien est un auxiliaire d'une utilité permanente, il diminue pour son maître les effets d'une triste infirmité ; pour ce motif, il doit être rangé dans la catégorie que la loi atteint le moins fortement. Il faut remarquer que le décret, en ne complétant pas l'énumération, a laissé la porte ouverte à toutes les analogies. Malgré ces raisons, le conseil d'État, tout en ne contestant pas l'utilité de la possession du chien, s'est prononcé pour la négative (cons. d'Et. 18 mars 1857) (1) ; il est vrai que, dans l'espèce, le chien appartenait à la femme d'un notaire, mais la position du maître ne doit pas être prise en considération en cette matière ; sans cela la taxe dégénèrerait, contrairement à l'intention du législateur, en un véritable impôt somptuaire.

54. Parmi les chiens de garde proprement dits, le décret désigne les chiens qui gardent les troupeaux, les habitations, les magasins ou les ateliers.— « Sont aussi chiens de garde, disent les auteurs du code du possesseur de chiens, note 13, les chiens de boucher, ceux servant à garder les voitures sous lesquelles ils sont attachés ou les impériales de diligences. » — Il faut en dire autant des chiens préposés sur la voie publique à la garde des marchandises, pendant que leurs maîtres font des livraisons à l'intérieur des habitations ; tels sont, à Paris surtout, les chiens des camionneurs, et, dans plusieurs villes, les chiens des boulangers. Le conseil d'État a considéré, comme ayant été à bon droit déclarés comme chiens de garde : ...le chien employé par un loueur de chevaux à la garde de ses écuries (cons. d'Et. 8 déc. 1857, aff. ville de Pau C. Mirat, M. du Bodan, rap.); ...le chien affecté à la garde des marchandises que son maître, marchand ambulant, transporte dans les foires et marchés (cons. d'Et. 14 fév. 1857, aff. David, M. Cabarrus, rap.); ...le chien affecté par un receveur d'octroi à la garde de son bureau (cons. d'Et. 11 fév. 1857, aff. Portié, M. Cabarrus. rap.); ...le chien employé à la garde de l'habitation de son maître et des bestiaux qu'il conduit au marché (cons. d'Et. 29 juill. 1857, aff. Dauvin, M. Lechanteur, rap.).

55. Il faut comprendre parmi les chiens de garde, non-seulement ceux qui sont préposés à la garde des choses, mais aussi ceux qui protègent les personnes ; il a été jugé, comme application de ce principe, qu'il y a lieu de ranger dans la seconde catégorie le chien qui accompagne son maître dans les voyages de nuit que sa profession (celle de préposé des convois civils et militaires) l'oblige d'entreprendre (cons. d'Et. 17 mars 1858, aff. Moussus, D. P. 58. 5. 68), ... ou encore le chien qui passe la nuit auprès de son maître chargé, comme garde-vente, de faire une surveillance dans les bois (cons. d'Et. 5 oct. 1857, aff. Laury). —Cette solution nous paraît applicable aux chiens des marchands et industriels qui font de fréquents voyages entre les grandes villes et les petites localités où ils sont établis, voyages qui les exposent aux attaques de nuit des malfaiteurs de la banlieue ; tels sont les chiens des blanchisseurs, des marchands de fruits et de légumes, ceux des cultivateurs se rendant au marché, etc. — Cette solution s'applique aussi, cela ne peut faire difficulté, aux chiens qui servent tout à la fois à la garde de l'habitation et à celle de la personne (cons. d'Et. 18 mars 1857, aff. Everchard, M. Tarbé, rap.). — Doit-on considérer comme chien de garde le chien dont un médecin de campagne se fait accompagner dans ses excursions? Dans une espèce où la question se présentait, le médecin prétendait faire considérer son chien comme nécessaire à l'exercice de sa profession. Si on consulte l'usage, on est obligé de convenir que les médecins des petites localités, obligés d'aller visiter les habitations les plus isolées, ne peuvent, pour la sûreté de leur personne se passer d'un chien. Mais, dans l'espèce dont il s'agit, le chien taxé avait servi autrefois à la chasse ; il est vrai que le contribuable alléguait un changement de destination remontant à trois années. Cependant le conseil d'État a maintenu l'imposition à la taxe de première catégorie, se fondant sur ce que le chien du réclamant avait servi à la chasse (cons. d'Et. 5 oct. 1857, aff. Goux, M. du Bodan, rap.). Ce motif est insuffisant si on se réfère à la désignation du décret, « chien servant à la chasse. » — V. n° 51.

56. Ici encore se représente la règle que la race ne détermine pas le classement. Le chien est utile à la garde des habitations et des personnes, non-seulement par les efforts qu'il fait pour repousser les malfaiteurs, mais aussi par ses aboiements, qui jettent l'alarme et déconcertent les tentatives criminelles. Sous ce dernier rapport, les petits chiens, qui ne sont pas les moins criards, peuvent rendre autant de services que les gros. Suivant la situation des habitations ou le genre de dangers dont l'éventualité est redoutée, les individus qui veulent se garder se procurent des chiens vigoureux et portés à la férocité, ou des chiens dont les allures puissent se concilier avec leurs habitudes et les exigences de leur situation. Il faut donc poser comme principe que tout chien peut être chien de garde, et que la race est, au point de vue de la taxe, à peu près indifférente. Par suite, doit être annulée la décision dans laquelle le conseil de préfecture, tout en reconnaissant que le chien est affecté à la garde de l'habitation, se fonde sur la nature de la race à laquelle il appartient pour le classer dans la première catégorie (cons. d'Et. 27 mai 1857) (2).

57. Si la race est indifférente, il en est de même de la taille. Le conseil d'État a donc rejeté le recours formé par une commune, contre un arrêté maintenant à la seconde catégorie un

---

(1) (Déliane.) — NAPOLÉON, etc.; — Vu la requête présentée par le sieur Déliane..., notaire à Saint-Laurent-d'Olt, et tendant à ce qu'il nous plaise annuler un arrêté du 27 sept. 1856, par lequel le conseil de préfecture de l'Aveyron a rejeté sa demande en réduction de la double taxe à laquelle il a été imposé, pour l'année 1856, sur le rôle de la commune de Saint-Laurent-d'Olt, pour un chien de la 1re catégorie; — Ce faisant, décider que le chien qui fait l'objet de la réclamation du requérant doit être considéré comme chien de garde, attendu qu'il renferme habituellement dans l'appartement de sa femme qui est atteinte de surdité, et qu'il avertit de la présence des étrangers ; que dès lors, la déclaration faite à la mairie, en exécution du décret du 4 août 1855, était exacte, et en conséquence, ordonner que le sieur Déliane sera imposé à la taxe simple pour un chien de la 2e catégorie ; — Vu la loi du 2 mai 1855 et le décret du 4 août 1855, portant règlement d'administration publique pour l'exécution de cette loi ; — Considérant que si la dame Déliane est atteinte d'une infirmité qui peut rendre utile pour elle la présence d'un chien dans son appartement,

il ne résulte pas de là que ce chien puisse être considéré comme chien de garde, aux termes de l'art. 1 du décret du 4 août 1855 ; que, dès lors, c'est avec raison qu'il a été rangé dans la première catégorie, conformément aux dispositions de l'art. 1 du décret susvisé ;

Art. 1. La requête du sieur Déliane est rejetée.

Du 18 mars 1857.-Cons. d'Et.-MM. Lechanteur, rap.-E. Baroche, concl.

(2) (Delhoste.) — NAPOLÉON, etc.; — Vu la requête du sieur Delhoste, marchand de bois, demeurant à Montauban, tendant à ce qu'il nous plaise décider que le chien du requérant doit être classé dans la seconde catégorie, quelle que soit sa race, attendu qu'il est reconnu par les agents de l'administration et par le conseil de préfecture qu'il est destiné à la garde des magasins établis dans la maison que le sieur Delhoste occupe avec le sieur Pécourt, son beau-frère, qui exerce les professions de filateur et de teinturier ; — Vu l'arrêté motivé sur ce que le chien du sieur Delhoste, quelle que soit sa destination, ne peut être

chien déclaré comme chien de garde par le desservant, et que le maire estimait devoir, en raison de sa petite taille, être rangé dans la première catégorie (cons. d'Ét., 5 janv 1858, aff. maire de Ménil-Scelleur C. abbé Chollet, M. Tarbé, rap.; Conf., cons. d'Ét. 17 mai 1859, aff. ville d'Alençon C. Gonnet, M. Walkenaër, rap.).— La circonstance que le chien ne serait pas tenu constamment à l'attache, ne saurait, non plus, lui enlever le caractère de chien de garde qui lui appartiendrait à raison de sa destination. Cela est évident, s'il s'agit de chien préposé à la garde de la personne ou de marchandises déposées sur la voie publique; il serait également dans le cas où le chien est affecté à la garde d'une propriété rurale. « Il est facile d'apercevoir, dit le Bulletin des contributions directes, 1858, p. 134, que souvent la surveillance que les chiens de garde ont à exercer, exige précisément qu'ils ne soient pas constamment à l'attache, même pendant le jour. » C'est ce qui est admis par une jurisprudence constante (cons. d'Ét. 11 fév. 1857, aff. David et autres; 18 mars 1857, aff. Éverchard; 22 avr. 1857, aff. Avoinne et aff. Dufestel; 4 juill. 1857, aff. Yrvoix; 8 déc. 1857, aff. Debout; 5 janv. 1858, aff. maire de Ménil-Scelleur C. abbé Chollet; Conf. M. Aucoc, École des communes, 1857, p. 78).

58. La réalité de la destination de chien de garde ne peut être méconnue par l'administration, dans les cas où, à raison de sa situation, le possesseur du chien est dans l'obligation de se garder; tel est le cas où la maison du possesseur de chien se trouve isolée (cons. d'Ét. 11 fév. 1857, aff. Gaudé, M. Cabarrus, rap.; 4 juill. 1857, aff. Yrvoix, M. David, rap.; 4 mai 1859, aff. Thépant, M. du Bodan, rap.), ou encore le cas où elle est située à proximité d'une forêt (cons. d'Ét. 29 juill. 1857, aff. Legriel, M. du Bodan, rap.).—Mais ce n'est pas à dire pour cela que l'administration ait le droit de subordonner le classement du chien dans la seconde catégorie, nonobstant la destination effective, à la nécessité reconnue par elle où serait le contribuable d'avoir un chien de garde. Le contribuable est, en effet, le meilleur juge de l'utilité plus ou moins grande qu'il peut avoir à se faire garder par un chien, et il suffit que le chien possédé par lui soit effectivement employé comme chien de garde, pour que le droit au classement dans la seconde catégorie ne puisse lui être dénié (cons. d'Ét. 22 avr. 1857) (1).

59. L'art. 1 du décret du 4 août 1855 place dans la seconde catégorie au même titre que les chiens de garde « en général, tous les chiens qui ne sont pas compris dans la catégorie précédente, » c'est-à-dire qui ne sont pas « chiens d'agrément ou servant à la chasse. » En se pénétrant de la pensée qui a fait admettre le classement en deux catégories, et que le rapporteur de la loi du 2 mai 1855 résumait ainsi : « Faire que les chiens plus utiles payent moins, » il convient de ranger dans la seconde division des chiens de la seconde catégorie, tous les chiens qui rendent des services de nature à faire considérer leur destruction plutôt comme une perte que comme un bienfait. Les auteurs du Code formulaire du possesseur de chiens citent, à ce sujet, *les chiens travailleurs*, ceux dont les services ou l'instinct sont appliqués à des travaux industriels ou autres. La question s'est présentée devant le conseil d'État au sujet des chiens dressés pour chercher des truffes, et le conseil l'a résolue négativement (cons. d'Ét. 2 mars 1858, aff. Tesson, M. du Bodan, rap.).

Nous ne saurions approuver cette solution. Ce n'est certainement pas à propos de ces chiens qui font entrer dans la circulation une denrée de prix, que le rapporteur de la loi du 2 mai 1855 s'est étendu sur les avantages économiques que la suppression des chiens inutiles procurerait au point de vue de l'alimentation des classes pauvres. Ce sont des chiens nécessaires ou utiles à une profession; l'impôt doit donc les atteindre plus légèrement. — Sur la même ligne que les chiens travailleurs, nous placerions les chiens *sauveteurs*, c'est-à-dire ces chiens de Terre-Neuve, que les propriétaires de bateaux à laver et autres industriels établis près des rivières, possèderaient dans le but de porter secours aux personnes en danger de se noyer. Une telle destination est de celles qui doivent être encouragées par l'application de la taxe de seconde catégorie. Mais ce serait aller trop loin que d'accorder ce bénéfice aux chiens de Terre-Neuve en général, comme le font les auteurs du Code que le possesseur de chiens, en considération d'un instinct admirable dont le maître n'est pas toujours préoccupé de tirer parti.

60. Dans cette seconde division semblerait encore devoir naturellement prendre place les chiens de louveterie, dont les services profitent à des communes entières. La question, cependant, a été résolue en sens contraire (cons. d'Ét., 6 janv. 1858, aff. de la Chapelle, D. P. 58. 3. 42). Une telle solution nous paraît entièrement contraire à l'esprit et à la lettre de la loi. On ne doit ici désirer que la taxe amène la diminution des chiens de louveterie, car la possession de ces chiens est recommandée par l'administration qui nomme les lieutenants de louveterie, et leur nombre est fixé par les règlements eux-mêmes. Mais, dit-on, les chiens de louveterie sont des chiens de chasse. Cette objection n'est pas fondée; tandis que la chasse est considérée par la loi comme un plaisir qu'il faut seulement tolérer et ne pas laisser dégénérer en braconnage, la destruction des animaux nuisibles est regardée, au contraire, comme une nécessité, comme l'exercice d'un droit de défense appartenant, dans certains cas, même à ceux auxquels la chasse est interdite (V. Chasse, n° 193). Les chiens de louveterie, alors surtout qu'ils sont exclusivement affectés à la poursuite des animaux nuisibles, comme cela se rencontrait dans l'affaire ci-dessus citée, doivent être assimilés à ces chiens de garde qui protègent les troupeaux et la volaille contre les loups et les renards. Mieux que cela encore, ils protègent les personnes et délivrent les petites localités de bêtes fauves dangereuses même pour l'homme. N'y a-t-il pas inconséquence à ce que les communes perçoivent l'impôt le plus élevé sur des chiens dont la suppression leur serait si préjudiciable ?

61. « Les chiens qui peuvent être classés dans la première ou dans la seconde catégorie, sont rangés dans celle dont la taxe est la plus élevée (art. 1, n° 4, du décr. du 4 août 1855). Cette disposition, simple au premier abord, est cependant, dans la pratique, d'une application difficile. Voici, ce nous semble, dans quel sens elle doit être entendue : entre les deux classes de chiens nettement désignées par le décret, se place une classe en quelque sorte mixte, de chiens n'ayant pas une destination déterminée ; leurs possesseurs ne sont préoccupés sérieusement ni de l'utilité ni de l'agrément qu'ils peuvent en retirer, en sorte que, considérés sous le rapport de l'agrément, qui peut se trouver douteux, ces chiens paraissent devoir être exclus de la première caté-

---

rangé dans la deuxième catégorie à raison de sa race ; — Vu le procès-verbal d'expertise, etc.; Vu la loi du 2 mai 1855 et le décret du 4 août de la même année, notamment les art. 1 et 10 ; — Considérant qu'il résulte de l'instruction, et notamment du procès-verbal ci-dessus visé, que le chien du requérant est destiné à la garde de ses magasins et de ceux du sieur Pécourt, son beau-frère; que, dès lors, il doit être rangé dans la première catégorie, conformément à l'art. 1 du décret du 4 août 1855; qu'il suit de là que le sieur Delhoste est fondé à se plaindre que son chien ait été rangé dans la première catégorie et qu'on l'ait imposé à la double taxe pour déclaration inexacte; — Art. 1. L'arrêté est annulé (Imposition à la deuxième catégorie. Décharge de la différence).
Du 27 mai 1857.-Cons. d'Ét.-M. David, rap.
(1) (Roizard-Hutel.) — NAPOLÉON, etc.; — Vu la requête présentée par le sieur Roizard-Hutel, tendant à ce qu'il nous plaise accorder au requérant la réduction par lui demandée, attendu que le chien qui fait l'objet de sa réclamation est un chien de l'espèce dite des Alpes, destinée à la garde de son habitation, laquelle est située dans un quartier peu

fréquenté, le long du quai et entouré d'une clôture facile à franchir ; — Vu notamment le rapport du 30 janv. 1857, dans lequel l'inspecteur reconnaît que le chien du sieur Roizard-Hutel est destiné à son habitation et à donner l'éveil, ne me paraît pas apte à une autre destination, mais estime que, dans une maison renfermant trois ménages et située dans un quartier aggloméré, un chien ne peut être considéré comme étant de nécessité absolue pour la garde, et n'est qu'un auxiliaire de simple convenance;
Vu la loi du 2 mai 1855 et le décret du 4 août 1855 ; — Considérant que le chien qui fait l'objet de la réclamation du sieur Roizard-Hutel a été déclaré comme chien de garde ; que cette déclaration n'est pas infirmée par l'instruction; qu'au contraire, il résulte du rapport ci-dessus visé de l'inspecteur des contributions directes, que ce chien est destiné à la garde de l'habitation du requérant ; que, dès lors, celui-ci est fondé à demander à n'être imposé qu'à raison d'un chien de la deuxième catégorie ; — Art. 1. L'arrêté du cons. de préf. est annulé (Imposition à la deuxième catégorie).
Du 22 avr. 1857.-Cons. d'Ét.-M. Walkenaër, rap.

gorie pour être classés dans la seconde, mais, considérés sous le rapport de leur utilité, qui est également contestable, ces mêmes chiens semblent, avec plus de raison, devoir être rejetés dans la classe des chiens dont la loi de mai 1855 a voulu provoquer la diminution par l'application de la taxe la plus élevée. C'est cette dernière considération qui l'a emporté; et le décret du 4 août 1855 a dû décider que de tels chiens devaient être exclus du bénéfice du classement dans la seconde catégorie.

62. Mais bien différente est l'interprétation consacrée par la jurisprudence du conseil d'État. Il suffit, suivant cette jurisprudence, qu'un chien ait la double destination de chien de garde et de chien d'agrément, pour qu'il doive nécessairement être rangé dans la première catégorie. Entendre ainsi la disposition finale de l'art. 1er du décret, c'est méconnaître à la fois la lettre de l'article, et l'esprit de la loi. D'une part, en effet, l'article ne désigne pas, comme cela devrait être dans le système du conseil d'État, les chiens qui peuvent être classés tout à la fois dans la première *et* dans la seconde catégorie, mais ceux qui peuvent être classés dans la première *ou* dans la seconde catégorie, indication qui se rapporte plutôt au cas d'une destination incertaine et intermédiaire, qu'au cas d'une double destination; d'autre part, il faut se rappeler que la taxe a été créée surtout contre les chiens ne rendant pas de services, et non contre les chiens utiles, que primitivement on voulait complètement affranchir du nouvel impôt. Or, qu'un chien nécessaire à son maître dans l'habitation duquel il remplit l'office de chien de garde, serve en même temps à l'agrément de la famille, en quoi cela peut-il lui faire perdre le bénéfice de n'être atteint que·par la taxe la moins élevée? Devient-il pour cela un de ces chiens dont la suppression, non dommageable pour le possesseur, peut importer à la sécurité publique? Évidemment non. En fait, la taxe, dans le cas dont il s'agit, n'amènera pas la suppression du chien, puisque le possesseur est sérieusement intéressé à utiliser ses services; or, en frappant en elle-même la destination accessoire de chien d'agrément sans tenir compte d'une destination qui légitime la possession du chien au plus haut degré, on fait dégénérer cette taxe en un impôt somptuaire, résultat contre lequel le législateur avait cependant protesté d'avance lorsqu'il acceptait le principe de la loi.

63. Quoi qu'il en soit, l'intérêt vivement excité des communes, appelées à profiter seules du produit de la taxe, a fait incliner vers l'interprétation la plus favorable au rendement de l'impôt. Il en est résulté entre les contribuables et l'administration des divergences d'appréciation très-tranchées, au milieu desquelles le maintien de l'interprétation indiquée plus haut, semblait avoir un caractère vexatoire qui est bien loin évidemment des préoccupations de l'administration. Les contribuables, ne sachant se résoudre à admettre que des chiens dont ils ne pouvaient se passer, dussent payer la taxe élevée établie pour la diminution des chiens inutiles, persistaient à déclarer ces chiens comme chiens de garde. Leur bonne foi leur attirait l'imposition d'accroissements de taxe qu'ils ne comprenaient pas avoir encourus. Vainement, plus tard, ont-ils offert de se rapporter à l'administration pour le classement de leurs chiens. Cette offre, qui n'a eu d'autre conséquence que de faire considérer leur déclaration comme incomplète, a motivé également l'imposition d'un nouvel accroissement de taxe, à titre de répression d'un fait qu'ils ont été tout surpris de voir traiter comme une contravention. De là des malentendus bien propres à rendre la taxe impopulaire.

64. L'interprétation que nous critiquons n'est pas seulement contraire à l'esprit de la loi; elle établit aussi entre les contribuables qui ont besoin de chiens de garde, des distinctions condamnées par l'équité, et elle va directement contre le but que le législateur s'est proposé d'atteindre. — Le chien de garde n'est pas un type unique; ses allures varient suivant les circonstances dans lesquelles il est·appelé à remplir son office. Que dans le voisinage des forêts et pour la garde des propriétés rurales isolées, il soit un animal féroce, presque constamment tenu à l'attache, cela se conçoit; mais dans l'intérieur des villes, pour la garde des magasins, ateliers et dépôts de marchandises, cette férocité serait un inconvénient; bien plus, il est des individus, tels que les notaires, les greffiers, les comptables, les bijoutiers, les changeurs, qui ayant besoin d'un chien pour garder la nuit

les valeurs dont ils sont dépositaires dans l'intérieur de leur habitation ou dans leur boutique, ne peuvent avoir pour chiens de garde que des chiens d'agrément, non hostiles aux personnes qu'ils reçoivent pendant le jour, et n'ayant d'ailleurs d'autre mission que de donner l'éveil pendant la nuit. La loi et la jurisprudence doivent tenir compte de ces nécessités et de ces habitudes. Or qu'est-il arrivé? C'est que le classement dans la seconde catégorie a été constamment refusé aux chiens de garde de cette dernière espèce. Par là l'équité est blessée, car le bijoutier qui a autant besoin de se garder que le propriétaire de récoltes, est obligé, dans la même situation, de payer une taxe plus élevée, bien qu'il paye dans la ville des impôts de toute nature beaucoup plus onéreux. Par là aussi, le but de la loi, qui est une loi d'hygiène, est méconnu, car l'application de la taxe la plus élevée aux chiens de garde qui sont aussi chiens d'agrément, doit avoir pour effet d'encourager les contribuables à leur substituer dans l'intérieur des villes, ces chiens dont l'instinct n'est pas adouci par le contact de la famille, et qui sont dangereux non-seulement pour les malfaiteurs, mais aussi pour les gens inoffensifs.

65. Les explications qui précèdent, dispensent de donner une analyse détaillée des nombreuses décisions rendues relativement à l'imposition des chiens qui sont tout à la fois chiens de garde et d'agrément. Il résulte de l'ensemble de ces décisions que, pour pouvoir être classé dans la seconde catégorie, ce n'est pas assez que la destination principale du chien pour lequel on demande l'application de la taxe la moins élevée soit d'être chien de garde, il faut qu'il soit chien de garde *exclusivement* (Conf. M. Aucoc, École des communes, 1856, p. 291). Toutes les fois qu'il est établi par l'instruction que le chien déclaré comme chien de garde, ne sert pas exclusivement à la garde de l'habitation, ou qu'il sert aussi à l'agrément de son maître, ou qu'il sert autant à l'agrément qu'à la garde (ce sont les diverses formules des arrêts), l'imposition à la taxe de première catégorie et à un accroissement de taxe pour déclaration inexacte, a été, suivant le conseil d'État, faite à bon droit par l'administration. La destination accessoire de chien d'agrément se rencontre principalement, d'après ces mêmes arrêts, lorsque le chien accompagne habituellement son maître à la promenade (cons. d'Ét. 22 avr. 1857, aff. Hoffmann, M. Cabarrus, rap.; 12 août 1859, aff. Gouzot, M. Vidal de Léry, rap.; 14 déc. 1859, aff. Laballe, M. Réalier-Dumas, rap.), lorsque le chien est laissé habituellement avec les enfants du maître (cons. d'Ét. 18 mars 1857, aff. de Palys, M. Lechanteur, rap.), ou encore lorsqu'il est admis habituellement dans les appartements et les bureaux de celui-ci (cons. d'Ét. 22 avr. 1857, aff. Chauveau, conservateur des hypothèques, M. Walkenaër, rap.).

66. La règle que la distinction accessoire de chiens d'agrément emporte l'imposition à la taxe la plus élevée, a été appliquée 1° à des chiens gardant des troupeaux (cons. d'Ét. 2 fév. 1859, aff. Baranger, M. Vidal de Léry, rap.);—2° à des chiens gardant des fermes ou des métairies (cons. d'Ét. 30 juin 1858, aff. Loichot, et 25 août 1858, aff. Leblond, M. Flandin, rap.); —3° à des chiens gardant des propriétés isolées ou situées dans le voisinage des forêts (cons. d'Ét. 18 mars 1857, aff. Mary, M. de Reneport, rap.; et 8 déc. 1857, aff. Chabran, M. du Bodan, rap.);—4° à des chiens destinés à la garde des magasins séparés des habitations (cons. d'Ét. 2 mars 1858, aff. Roussel, M. du Bodan, rap.);—5° à des chiens préposés à la garde de caisses ou de valeurs déposées (cons. d'Ét. 5 janv. 1858, aff. Denain, greffier; et 19 janv. 1859, aff. Giraud, payeur du trésor public, M. Vidal de Léry, rap.);—6° à des chiens faisant l'office de chiens de garde pendant la nuit (cons. d'Ét. 22 avr. 1857, aff. Bertin, M. du Bodan, rap.; et 30 juin 1858, aff. Martin, M. Vidal de Léry, rap.).—Ces applications, dans lesquelles l'utilité de la possession du chien était évidente et où la destination accessoire de chien d'agrément prouvait seulement que le chien n'appartenait pas à la classe des animaux nuisibles, démontrent le mal fondé de l'extension donnée par l'interprétation du conseil d'État aux limites de la première catégorie. Il va sans dire qu'il en est de la destination accessoire de chien de chasse comme de celle de chien d'agrément (cons. d'Ét. 5 mars 1858, aff. Duval, M. Flandin, rap.). Nous devons nous abstenir de mentionner les nombreux arrêts qui ont classé dans la première catégorie des chiens qui, servant accessoirement de chiens d'agrément ou de chiens de chasse, étaient destinés à la garde de magasins ou d'habitations.

67. Les termes généraux de l'art. 1 de la loi du 2 mai 1855, expliqués d'ailleurs par le rapporteur de la commission législative, se refusaient à l'établissement de toute exemption de taxe (V. n° 46); cependant lors de la rédaction du décret d'administration publique, pris pour la mise à exécution de la loi, on s'est vu dans la nécessité d'admettre une sorte d'exemption temporaire pour des chiens qui seraient encore nourris par leur mère, à l'époque où naîtrait au possesseur l'obligation de payer l'impôt (décr. 4 août 1855, art. 3). Le chien nourri par sa mère n'a pas encore de destination appréciable, et ne peut par suite être classé dans l'une ou l'autre des catégories établies; de plus, pour ne pas pousser à une destruction inintelligente, il convient de laisser au possesseur de la mère le temps de disposer des jeunes chiens qu'il n'aurait pas l'intention de garder. Les considérations qui précèdent ont amené à décider : 1° que le fait de l'allaitement par la mère à l'époque où naîtrait l'obligation d'acquitter la taxe, suffit pour donner lieu à l'exemption temporaire, sans qu'il y ait à rechercher si à cette époque l'allaitement aurait pu sans inconvénient être supprimé (cons. d'Ét. 21 avr. 1858, aff. Maizière, D. P. 59. 3. 55);—2° Que la cessation de l'allaitement par la mère avant l'époque susdésignée, lorsqu'il est le résultat d'un accident, ne prive pas le possesseur du jeune chien du bénéfice de l'exemption temporaire, si à cette époque le jeune chien se trouvait encore dans le cas d'être nourri par sa mère et a dû être soumis à un allaitement artificiel (cons. d'Ét. 7 avr. 1858, aff. Nennig, M. Walkenaër, rap.).— Ces décisions doivent être prises pour règles, car, tandis qu'il est difficile de déterminer avec précision l'âge des jeunes chiens, il est toujours possible au contribuable et à l'administration de faire constater, en temps utile, le fait de l'allaitement par la mère ou celui de l'allaitement artificiel.

68. *Des déclarations.* — Ordinairement l'impôt a pour assiette le résultat des constatations de l'administration, sauf au contribuable à demander les rectifications auxquelles il croirait avoir droit. C'est le contraire qui a lieu en matière de taxe sur les chiens : le contribuable fait une déclaration qui sert de base à l'imposition, sauf à l'administration à faire des rectifications, rectifications qui ne sont admises, en cas de réclamation de la part du contribuable, qu'autant qu'elles sont appuyées de preuves justificatives.—Voici en quels termes l'art. 5 du décret du 4 août 1855 s'explique relativement aux déclarations : « Du 1er oct. de chaque année au 15 janv. de l'année suivante, les possesseurs de chiens devront faire à la mairie une déclaration indiquant le nombre de leurs chiens et les usages auxquels ils sont destinés, en se conformant aux distinctions établies en l'art. 1 du présent décret. Ceux qui auront fait cette déclaration avant le 1er janv. doivent la rectifier s'il est survenu quelque changement dans le nombre ou la destination de leurs chiens. » Il convient de rechercher successivement : 1° à quelles personnes incombe l'obligation de faire la déclaration; 2° quelles indications cette déclaration doit contenir; 3° dans quel délai elle doit être faite; 4° dans quel lieu.

69. Avant d'aborder ces diverses questions, il importe de faire remarquer que, d'après les termes du décret, les déclarations sont annuelles; c'est ce qui résulte clairement de ces expressions : « Du 1er octobre de *chaque* année au 15 janvier de l'année suivante, les possesseurs de chiens devront faire une déclaration, etc. »—La déclaration à laquelle tout possesseur de chiens est tenu, doit donc être renouvelée chaque année, dans le cas même où il n'est survenu aucun changement depuis la dernière déclaration. Le défaut de renouvellement de la déclaration, eût-il pour excuse la bonne foi du possesseur de chiens, n'en donnerait pas moins lieu à l'accroissement de taxe édicté contre le défaut de déclaration (Cons. d'Ét., 2 mars 1858, aff. Refluveille et aff. Millet-Bertrand; 25 août 1858, aff. ville de Rouen C. Doutreleau et autres; 16 déc. 1858, aff. ville de Rouen C. Prével; 29 janv. 1859, aff. Renvoyé, D. P. 59. 3. 68).

70. Sur le point de savoir à quelles personnes incombe l'obligation de faire la déclaration relative à un chien, le décret

répond que c'est à celui qui en est possesseur, ajoutons « qui en est possesseur au 1er janvier, » car c'est le fait de la possession au 1er janv. qui fait naître l'obligation d'acquitter l'impôt. Le décret dit *possesseur* et non pas *propriétaire*; de là il résulte que si le propriétaire d'un chien, habitant la ville, par exemple, laisse son chien en la possession d'un parent de toute autre personne dans une localité rurale, c'est à celle-ci qu'incombe l'obligation d'en faire la déclaration, car c'est dans cette localité que la taxe est due; peu importe donc que le propriétaire du chien en ait fait la déclaration au lieu de son domicile, car là où il ne possède pas il n'a rien à déclarer (V. n° 79); et l'administration est dès lors fondée à s'en prendre du défaut de déclaration à la personne chez laquelle le chien est habituellement (Cons. d'Ét. 28 déc. 1859, aff. Lardiley, M. Réalier-Dumas, rap.). Cette jurisprudence détruit l'un des obstacles que pourrait rencontrer le recouvrement de la taxe, car, si la constatation de la propriété peut donner lieu à des difficultés et à des difficultés qui seraient de la compétence des tribunaux, il n'en est pas de même de la possession, fait apparent que l'autorité administrative peut faire établir au moyen d'une instruction.

71. La possession supposant une répétition ou continuité de faits, autrement dit une habitude, on ne saurait confondre avec elle la détention qui est un fait accidentel et passager. Ainsi, l'obligation de faire la déclaration d'un chien n'incomberait pas à celui qui en serait détenteur au 1er janvier; et, en cas d'imposition d'office, le détenteur devrait obtenir sa décharge sur la preuve par lui rapportée que le chien appartient à un tiers qui en a fait la déclaration dans le lieu de sa résidence (cons. d'Ét. 30 juin 1858, aff. Obitz, M. du Bodan, rap.). Cette solution doit s'appliquer notamment au cas où des chiens ont été momentanément empruntés à leurs propriétaires à l'époque des déclarations, pour une partie de chasse, par exemple (cons. d'Ét. 17 mai 1859, aff. Magrenon, M. Réalier-Dumas, rap.).

72. La cessation du fait de la possession avant l'ouverture d'un nouvel exercice, exempte l'ancien possesseur l'obligation de déclarer. Par suite, l'ancien possesseur qui prouve avoir vendu ou cédé son chien avant le 1er janvier, doit obtenir décharge de la taxe qui lui aurait été imposée d'office par l'administration. C'est ce qui a été jugé dans une espèce où le fait de la vente du chien était attesté par un certificat du maire (cons. d'Ét. 22 juin 1858, aff. Cautet, M. du Bodan, rap.).—La décharge doit être accordée, à plus forte raison, si le réclamant établit qu'une déclaration a été faite par le nouveau possesseur du chien (cons. d'Ét. 5 oct. 1857, aff. Leliépault, M. Walckenaër, rap.). —Peu importe que l'ancien possesseur ait remplacé plus tard le chien par lui cédé avant le 1er janvier; si ce remplacement a eu lieu après l'expiration du délai assigné aux déclarations, il n'a pu donner lieu à une imposition d'office pour défaut de déclaration (cons. d'Ét. 16 mars 1859, aff. Mommeja, D. P. 59. 3. 68). — Ce qui est décidé du cas de vente du chien avant le 1er janvier, s'applique également au cas d'abatage du chien à la même époque (cons. d'Ét. 22 juin 1858, aff. Boinet). Il faut étendre également cette solution au cas où le chien a été perdu avant le 1er janvier. — Quelques difficultés se présentent lorsque le chien qu'on croyait perdu est rentré au domicile de son maître. Si le retour du chien survient au délai de déclaration, c'est-à-dire au 15 janvier, le possesseur n'est pas en faute pour n'avoir pas fait de déclaration, et n'a pu, par suite, être imposé d'office (cons. d'Ét. 16 mars 1859, aff. ville de Niort C. Longuefosse, D. P. 59. 3. 68).—Il y a, dans le cas dont il s'agit, un nouveau fait de possession qui, étant postérieur à l'ouverture de l'exercice, n'a pu faire naître l'obligation d'acquitter la taxe pour ce même exercice. Si le chien avait été retrouvé avant le 15 janvier, le contribuable, se trouvant encore dans le délai, devrait faire la déclaration, car la possession n'aurait pas subi une interruption de nature à faire disparaître l'obligation d'acquitter la taxe. Quant à la perte survenue après le 1er janvier et avant l'expiration du délai des déclarations, elle ne peut dispenser, alors surtout qu'une déclaration a été faite, de l'obligation de payer la taxe, en vertu de ce principe que la taxe est annuelle et due pour l'année entière. — V. n° 86.

73. La déclaration imposée au possesseur de chiens, doit porter sur deux points : 1° le nombre des chiens, 2° les usages aux-

5

quels ils sont destinés. — Dans le nombre des chiens à déclarer, il n'y a pas lieu de comprendre, comme nous l'avons dit n° 67, ceux qui, étant nourris par leur mère au 1er janvier, ne sont pas encore passibles de la taxe. A cet égard, il a été jugé que, dans le cas où il y a eu imposition d'office pour un chien excédant le nombre indiqué, s'il est déclaré par le possesseur que ce chien était, à l'époque des déclarations, encore nourri par la mère, il n'y a lieu de maintenir l'imposition qu'autant que le fait contraire est établi par l'administration (cons. d'Et. 5 juill. 1859, M. Walckenaër, rap., aff. Abadie). Toutefois, il paraît plus prudent que le possesseur déclare même les chiens qui sont dans cette situation, en faisant connaître qu'ils sont encore nourris par la mère. La déclaration ainsi faite n'aura pas seulement pour effet de prévenir les erreurs ; elle met l'administration en demeure de contrôler et de rapporter, dans le cas où elle imposerait d'office, une preuve contraire devenue d'autant plus nécessaire qu'il y aurait déclaration positive tendant à l'obtention de l'exemption temporaire.

7 4. La déclaration des usages auxquels les chiens sont destinés, présente des difficultés délicates, depuis l'établissement de la jurisprudence adoptée par le conseil d'État relativement au classement des chiens qui, affectés à l'office de chien de garde, servent accessoirement à l'agrément de la famille (V. n° 65) Le contribuable qui, s'en tenant à la lettre de l'art. 5 du décret, déclarerait seulement la *destination*, serait en défaut. C'est malheureusement ce qui arrive chaque année, il ne vient pas à l'esprit d'un grand nombre de contribuables qu'un chien dont ils se servent comme chien de garde pendant la nuit seulement, doive être déclaré comme chien de la première catégorie, par l'unique raison que ce chien communiquerait librement avec la famille pendant les heures où son office de gardien ne serait pas nécessaire. Plusieurs de ces contribuables, persistant à ne pas vouloir déclarer comme chiens de la première catégorie des chiens qui, suivant eux, ne peuvent être considérés que comme chiens de garde, ont cru échapper à un accroissement de taxe en laissant à l'administration le soin de déterminer elle-même la destination du chien déclaré. Cette abstention n'a eu d'autre résultat que de faire traiter leur déclaration comme déclaration incomplète (V. *infrà*, n° 93).

7 5. Le possesseur de chiens n'est pas recevable, du moins après le délai accordé pour les rectifications des déclarations, à revenir sur ce qu'il a déclaré. Il a été jugé que l'imposition basée sur la déclaration par lui faite, ne peut être attaquée par le possesseur de chiens, sous prétexte que l'indication qu'il a donnée pour le classement, serait inexacte et aurait pour conséquence de lui faire payer une taxe plus élevée que celle qu'il doit réellement (cons. d'Et. 18 mars 1857, aff. Taupin, D. P. 57. 3. 85).—Bien plus, si le possesseur, en déclarant son chien comme chien de la première catégorie afin de ne pas s'exposer à un accroissement de taxe, s'est réservé de faire établir par la voie des réclamations, après l'émission des rôles, que ce chien n'est passible que de la taxe de la seconde catégorie, le conseil de préfecture, suivant une jurisprudence constante, ne peut avoir aucun égard à ces réserves et doit tenir la déclaration pour définitive (cons. d'Et. 18 mars 1857, aff. Poirson, D. P. 57. 3. 85 ; Conf. cons. d'Et. 17 mai 1859, aff. Letournel et aff. Lelièvre, M. Walckenaër, rap.). — Ainsi, le possesseur de chiens, non-seulement ne doit pas s'écarter des interprétations de la jurisprudence dans la déclaration de la destination de ses chiens s'il ne veut pas encourir un accroissement de taxe, mais encore il est obligé, dans le cas controversés, de faire par prudence une déclaration entraînant l'application de la taxe la plus élevée, et cela sans remède ; car l'administration, dans le contrôle des déclarations, ne fait et ne peut faire que les rectifications de nature à augmenter l'imposition et non les rectifications favorables aux contribuables. De telles conséquences sont bien propres, en l'état actuel de la jurisprudence, à attirer des critiques sérieuses au système des déclarations établi par le décret. Ces déclarations, sanctionnées par des pénalités en cas d'inexactitudes, ne sont concevables qu'avec un classement assez précis pour rendre les erreurs impossibles et donner la certitude que la mauvaise foi seule sera atteinte par les accroissements de taxe. Mais avec la possibilité qui existe aujourd'hui de faire passer dans la première catégorie tout chien, quelle que soit sa destination, s'il a été vu avec son maître ou dans son appartement, il eût mieux valu une taxe unique, ainsi que le proposaient plusieurs membres du corps législatif. — V. sur ce point le rapport, D. P. 55. 4. 54, n° 4.

7 6. Le délai accordé pour les déclarations se divise en deux parties. Du 1er octobre de chaque année jusqu'au 31 décembre, le contribuable peut faire une déclaration anticipée et provisoire ; mais comme c'est l'état de choses existant au 1er janvier de l'année à laquelle se rapporte l'imposition qui doit être pris en considération pour le calcul de la taxe, le contribuable, si cet état de choses est devenu différent de celui qu'il a indiqué, doit faire une déclaration nouvelle rectifiant la précédente. A défaut de rectification, la déclaration antérieure au 1er janvier est tacitement confirmée. — Il a été jugé, lorsqu'un contribuable s'est présenté pour faire sa déclaration après le 15 janvier (et par exemple, le 19), si cette déclaration a été reçue et soumise à l'appréciation des répartiteurs qui n'avaient pas encore rédigé l'état matrice, il n'y a pas lieu d'imposer ce contribuable à un accroissement de taxe, car dans ce cas on ne peut considérer le contribuable comme n'ayant pas fait de déclaration (cons. d'Et. 14 déc. 1859, aff. Sargis, M. Boussigné, rap.). — Il est à remarquer que la faculté de rectifier leur déclaration n'est accordée qu'à ceux qui ont fait une déclaration avant le 1er janvier. Quant à ceux qui ont fait leur déclaration depuis le 1er janvier, ils sont réputés avoir entendu déclarer l'état de choses existant au 1er janvier ; ils n'ont donc rien à rectifier, car les changements postérieurs ne peuvent donner lieu à une diminution de taxe (V. n° 86). Toutefois, si pour éviter un accroissement de taxe, un contribuable, après avoir, dans une déclaration postérieure au 1er janvier, indiqué son chien comme chien de garde, revenait avant le 15 janvier sur cette indication et déclarait ce même chien comme chien de chasse ou d'agrément, cette rectification, dont l'effet est d'amener l'imposition à une taxe supérieure, devrait être accueillie, l'administration n'ayant aucun intérêt à la contester.

7 7. Relativement au lieu dans lequel la déclaration doit être faite, l'art. 5 du décret du 4 août 1855 se borne à cette simple indication : « les possesseurs de chiens devront faire à la mairie une déclaration, etc. » — Mais à quelle mairie ? C'est ce qu'il importait d'indiquer avec précision, d'abord dans l'intérêt des communes appelées à recueillir le produit de la taxe, ensuite et surtout dans l'intérêt des contribuables qu'on ne manquerait pas d'imposer dans chacune des résidences où ils se feraient accompagner de leurs chiens pendant l'année, et qui ont d'autant plus d'intérêt à n'être pas pris en défaut qu'il s'agit pour eux d'éviter l'application d'une triple taxe. — V. n° 94.

7 8. Nous allons essayer de dégager de l'ensemble des décisions rendues sur la question quelques règles pratiques de nature à concilier les intérêts opposés des communes et des contribuables. Il faut remarquer, tout d'abord, qu'il n'existe pas de difficulté sérieuse lorsque le possesseur de chiens n'a, en réalité, qu'une résidence habituelle. C'est au lieu de cette résidence qu'il servira principalement de ses chiens ; c'est donc là qu'il doit payer l'impôt qu'il doit, par suite, faire la déclaration exigée. — Il a été décidé, en ce sens, que la déclaration qui peut seule éviter au possesseur de chiens une surtaxe n'est pas celle faite dans la commune où l'impôt est dû ; on estimerait à tort qu'il peut y être suppléée par une déclaration faite dans une autre commune où le possesseur aurait été appelé accidentellement pour l'exercice de sa profession (cons. d'Et. 14 janv. 1858, aff. Gaches, D. P. 58. 3. 58).—Cette solution ne saurait faire difficulté ; le contribuable, s'il n'est pas sur les lieux à l'époque où va expirer le délai des déclarations, peut toujours faire déclarer ses chiens par un fondé de pouvoirs, et le délai accordé pour remplir cette formalité est assez long pour qu'il soit mal venu à invoquer l'excuse de la force majeure. —Au reste, dans l'espèce, le contribuable paraît n'avoir fait sa déclaration en dehors de son domicile, que pour payer une taxe moins élevée que celle portée au tarif de sa commune.

7 9. Tout contribuable a une résidence habituelle et principale, et ne peut prétendre au privilège de faire sa déclaration à la mairie de la commune qu'il lui plaira de choisir : il n'y a, à cet égard, aucune exception au profit des militaires. — Il a donc été jugé, avec raison, que le militaire qui se fait accompagner d'un chien dont il est possesseur, doit en faire la déclaration à la mairie du lieu où il se trouve en garnison au 1er janvier ; la déclaration faite en tout autre lieu ne saurait y suppléer, alors surtout que le déclarant n'y a ni habitation, ni domicile (cons. d'Et. 19 janv. 1859, aff. Chapuy, D. P. 60. 3. 11). — Mais la règle n'est plus la même lorsque le contribuable n'ayant qu'une résidence principale, n'a pas dans cette résidence le chien dont il est propriétaire et est, par exemple, dans l'habitude de laisser ce chien chez son père, lequel habiterait une autre commune. Dans ce cas, le contribuable ne satisferait pas à la loi en faisant une déclaration faite à la mairie de son domicile, puisqu'il ne peut pas se dire possesseur d'un chien dans cette localité. La commune dans laquelle le chien se trouve habituellement, est en droit de le comprendre parmi les chiens passibles d'une taxe à son profit; et, à défaut d'une déclaration du propriétaire, l'impôt peut être réclamé avec l'accroissement encouru pour défaut de déclaration, à la personne qui, étant détenteur du chien d'une manière permanente, en est le possesseur apparent. — V. suprà, n° 70.

80. L'hésitation n'est possible que dans le cas où un contribuable ayant plusieurs résidences qu'il habite successivement dans l'année, se fait accompagner dans chacune d'elles par les chiens dont il est possesseur. Ce qui n'est pas contestable, c'est que, l'impôt n'étant dû qu'une fois, la déclaration ne doit être faite que dans la commune de l'une de ces résidences ; mais quelle est cette commune? Là est la difficulté, car il est évident que ce ne peut être indifféremment l'une ou l'autre, au choix du possesseur de chiens.—Plusieurs situations peuvent se présenter : 1° le contribuable peut avoir deux résidences d'une égale importance, du moins au point de vue particulier de la matière, une résidence d'hiver et une résidence d'été ; 2° le contribuable peut avoir une résidence habituelle et principale et d'autres résidences d'une importance secondaire dans lesquelles les séjours ne seraient qu'accidentels et d'une durée variable ; 3° enfin il peut arriver qu'un contribuable possède des chiens de chasse, n'aille chasser que dans l'une des résidences qu'il habite successivement dans le courant de l'année. Ces diverses situations sont susceptibles de donner lieu à des solutions différentes.

81. Dans une espèce appartenant à la première situation, le conseil d'Etat a décidé que le possesseur de chiens qui a des habitations dans plusieurs communes, et s'y fait accompagner par ses chiens, doit acquitter la taxe, et, par suite, faire sa déclaration dans celle des communes où il réside au 1er janvier, c'est-à-dire dans le lieu de sa résidence d'hiver (cons. d'Et. 11 fév. 1858, aff. Armand, D. P. 58. 3. 58). Cette décision, qui a été, par exception, rendue en séance publique, bien qu'aucun avocat n'eût été chargé de soutenir le pourvoi, paraît appelée à faire jurisprudence. Précédemment le conseil d'Etat avait jugé que le contribuable imposé par suite de sa déclaration dans la commune où il se trouvait à l'époque des déclarations, et où il a une habitation à laquelle il vient périodiquement, est fondé à demander décharge de la taxe à laquelle il avait été imposé d'office, à raison du même chien, dans une autre commune où il possédait également son habitation (cons. d'Et. 11 fév. 1857, aff. Lebrun, D. P. 57. 3. 74). — La première décision est beaucoup plus affirmative. On y lit que « si pour l'assiette de la taxe, les possesseurs de chiens sont appelés, par l'art. 3 du décret du 4 août 1855, à faire leur déclaration du 1er octobre de chaque année au 1er janvier de l'année suivante, ceux qui auront fait cette déclaration avant le 1er janvier doivent, d'après le même article, la rectifier, s'il est survenu quelque changement dans la situation de leurs chiens ; qu'il suit de là que c'est d'après la situation au 1er janvier que la taxe doit être établie et que les rôles doivent être dressés, et qu'en conséquence les contribuables qui ont des habitations dans plusieurs communes, et qui s'y font accompagner par leurs chiens, doivent faire leur déclaration dans la commune où est située l'habitation qu'ils occupent au 1er janvier. » — Cette solution est la seule qui soit conforme aux principes. En matière d'impôt, on ne peut prendre en considération que le fait qui est certain, c'est-à-dire dans l'espèce, la situation au 1er janvier, et non les prévisions qui peuvent ne pas se réaliser. — Conformément à la règle qui pré-

cède, il a été jugé que le contribuable qui, au lieu de déclarer ses chiens dans la commune où il les possédait au 1er janvier, et où il a d'ailleurs sa résidence habituelle et principale, en a fait la déclaration dans une autre commune où il a une résidence secondaire, est avec raison imposé d'office dans la première résidence, et avec accroissement de taxe (cons. d'Et. 30 juin 1858, aff. Ibos, M. de Renepont, rap.; 11 sept. 1858, aff. Cabaret, M. du Bodan, rap.).

82. Pour les cas rentrant dans la seconde situation, la règle est celle-ci : Lorsqu'un contribuable a une résidence habituelle et principale dans laquelle il habite avec des chiens pendant la plus grande partie de l'année, c'est véritablement dans ce lieu que se produit le fait de possession qui donne naissance à l'impôt; la circonstance qu'au 1er janvier il aurait été absent de cette résidence, et en aurait momentanément emmené ses chiens, n'a pas pu transporter dans une autre commune l'obligation de faire la déclaration à laquelle il est tenu. — Il a donc été jugé ; 1° que le séjour fait dans une commune durant le mois de janvier par un habitant qui mène avec lui son chien, ne l'oblige à y faire la déclaration prescrite que dans le cas où ce séjour a un caractère permanent; en cas contraire, la déclaration est régulièrement faite dans la commune où l'habitant réside habituellement et où il passe, par exemple, dix mois de l'année (cons. d'Et. 7 avr. 1858, aff. Noël, D. P. 58. 3. 73); — 2° Que la présence dans une commune, au 1er janvier, d'un contribuable accompagné par un chien, dont il est possesseur, n'a pu, dans le cas où il était venu accidentellement y surveiller ses plantations, le rendre passible de la taxe dans cette commune, alors qu'il avait déjà fait une déclaration dans la commune où il a son domicile, et où il réside pendant l'hiver (cons. d'Et. 16 mars 1859, aff. Lebrun, M. de Renepont, rap.). Ces décisions sont en harmonie avec celles analysées supra, n°s 78 et 79. — Il faut, d'ailleurs, se préoccuper en cette matière bien plus de justifier le contribuable qui a fait une déclaration, que de le trouver en faute. L'objet principal de la loi n'a pas été de créer pour les communes une ressource nouvelle, mais de faire payer au possesseur de chiens une taxe qui puisse l'engager à se défaire de ses chiens, s'ils ne lui sont pas indispensables. Quand une déclaration a été faite et qu'elle n'a pas été combinée de manière à soustraire le contribuable à une partie de la taxe à laquelle il est imposable, il faut admettre que cette déclaration, qu'elle ait été faite au lieu de la résidence au 1er janvier ou au lieu de la résidence principale, remplit légitimement le vœu de la loi. Le contribuable a pu, en faisant sa déclaration dans un lieu plutôt que dans tel autre, se déterminer d'après les projets de résidence qu'il avait arrêtés dans le moment. Si, plus tard, usant d'une liberté qu'on ne saurait lui contester, il va résider plus ou moins longtemps dans une autre commune où il a une habitation, il ne faut pas présumer facilement qu'il a imaginé une manœuvre dont le but serait d'obtenir de payer la taxe dans une autre commune que celle où elle serait due. — La position du contribuable, on le répète, est plus digne de faveur que celle de la commune.

83. La troisième situation offre cette particularité que si le contribuable possède ses chiens pendant la plus grande partie de l'année dans une de ses résidences, c'est dans une autre qu'il en jouit avec la destination de chiens de chasse qu'il a déclarée, et qui a servi de base au chiffre de l'imposition. Les deux communes dans lesquelles les chiens résident alternativement, élèvent toutes deux ordinairement des prétentions au bénéfice de l'imposition. La commune dans laquelle les chiens sont employés à la chasse, a des raisons sérieuses pour croire que c'est chez elle que la taxe doit être payée ; c'est sur son territoire, en effet, qu'a lieu l'usage frappé d'une certaine défaveur par la loi, c'est elle, par conséquent, qui ressent les inconvénients les plus réels de la possession des chiens ; d'ailleurs, c'est presque toujours pendant le délai accordé pour les déclarations, que les chiens sont amenés sur son territoire pour y prendre part aux chasses organisées par leur possesseur. Il semblerait qu'en règle générale les chiens de chasse devraient être déclarés dans la commune où ils sont le plus habituellement employés à la chasse ; cette commune recueille déjà le bénéfice d'une partie des amendes prononcées contre les chasseurs pour délits commis sur son territoire (V. Chasse, n° 394), elle profiterait également du produit de la taxe due par les chasseurs à raison tant de la possession de leurs chiens que de leur emploi comme auxiliaires à la chasse. Cette règle n'a pas été écrite dans le décret; il n'est pas possible de la suppléer : elle serait, au surplus, d'une application difficile, car, lorsqu'un contribuable possède des chiens de chasse, il n'y a de certain, au 1er janvier, que le fait de la possession et celui de la résidence du possesseur. La destination des chiens est connue, il est vrai; mais il n'est pas toujours possible de dire dans quel lieu le possesseur s'en servira pour la chasse; il pourra d'ailleurs s'en servir dans plusieurs communes, ou même ne pas chasser du tout dans le courant de l'année. Ce sont là de simples éventualités qui ne sauraient être prises en considération, surtout lorsqu'il peut y avoir lieu à la prononciation d'accroissement de taxes contre le possesseur de chiens.

84. Ces considérations ont sans doute amené le conseil d'Etat à soumettre les possesseurs de chiens de chasse aux règles qui ont été indiquées dans les deux hypothèses précédemment examinées.—Ainsi, d'une part, il a été jugé que le possesseur qui a déclaré ses chiens dans la commune où il a son domicile et où il a en même temps établi le chenil de ceux-ci, est fondé à réclamer contre la taxe formant double emploi à laquelle il a été imposé dans une autre commune où il se rend avec ces mêmes chiens seulement pendant le temps des chasses (cons. d'Et. 25 août 1858, aff. d'Osmond, D. P. 58. 3. 67); — Et qu'il en est ainsi, alors même qu'il se serait trouvé dans cette dernière commune au 1er janvier, si d'ailleurs il n'y a résidé qu'accidentellement et surtout s'il est rentré à sa résidence principale avant même l'expiration du délai des déclarations (cons. d'Et. 7 janv. 1859, M. Walckenaër, rap., aff. Leprieur).—Et, d'autre part, il a été décidé que le contribuable qui passe une grande partie de l'année dans la commune où il a l'habitude de chasser, a pu régulièrement y déclarer au mois de janvier ses chiens de chasse, et que, par suite, il est fondé à réclamer contre la taxe à laquelle il a été imposé pour ces mêmes chiens à sa résidence de ville (cons. d'Et. 30 juin 1858, M. Vidal de Lery, rap., aff. Maurensane). — Ces diverses décisions reposent sur des appréciations de faits ; les premières espèces appartenaient, comme on le voit, à la première situation que nous avons indiquée, et la dernière semble appartenir en même temps à la première et à la seconde.

85. Une quatrième situation peut encore se présenter. Le domicile du possesseur peut être dans une commune et le chenil des chiens dans une autre. En ce cas, dans quelle commune la taxe est-elle due et la déclaration doit-elle être faite? La solution dépend, ce semble, du point de savoir si le lieu où se trouve le chenil des chiens est une dépendance de la résidence du possesseur ou s'il en est complètement distinct. Il n'y a pas lieu de reconnaître aux chiens une sorte de domicile, distinct de celui du maître, dans lequel seul l'impôt serait régulièrement acquitté; la situation du chenil n'est qu'une circonstance secondaire pouvant être prise en considération dans les cas douteux pour déterminer le lieu dans lequel un individu jouit le plus habituellement de ses chiens.—Il a été jugé qu'un possesseur a pu déclarer ses chiens à la mairie de la commune où il habite, bien que le chenil de ses chiens fût sur des dépendances de sa propriété comprises dans le territoire de la commune voisine ; et qu'il est, dès lors, fondé à réclamer contre la taxe formant double emploi à laquelle il a été imposé dans celle-ci (cons. d'Et. 5 mai 1858, aff. com. de Fontenilles C. de Gennes, D. P. 59. 3. 14).— Il a même été décidé que la déclaration d'un possesseur devait être tenue pour régulière du moment où elle avait été faite au lieu de son domicile habituel, et qu'une commune prétendant que le gîte habituel du chien se trouve sur son territoire, n'est pas fondée à demander le maintien de la taxe formant double emploi qui aurait été inscrite sur ses rôles au nom de ce possesseur à raison du même chien (cons. d'Et. 22 juin 1858, M. Réalier-Dumas, rap., aff. com. de Chaudesaigues C. Bout de Marnhac).—Mais il arrive que des chasseurs possédant de fortes meutes les laissent en dépôt pendant la plus grande partie de l'année, comprenant le temps des déclarations, dans une commune où ils n'ont pas de résidence, et chez un habitant, propriétaire d'un chenil, qu'ils chargent du soin de payer la taxe. Dans une espèce où les choses s'étaient passées ainsi, il a été jugé que la commune dans laquelle se trouve le gîte de ces chiens n'est pas fondée, sous le prétexte

que la meute serait ordinairement plus forte que celle qui a été déclarée, à demander le maintien de la taxe imposée au détenteur de la meute pour un nombre de chiens supplémentaire, si elle n'établit pas que ces chiens ont été également laissés dans le chenil de celui-ci (cons. d'Et. 21 sept. 1859, M. Boussigné, rap., aff. com. de Litteau C. Thierry).

86. Après avoir fait connaître les règles relatives au classement des chiens et aux déclarations imposées aux possesseurs, il ne reste, pour compléter l'exposé des matières de ce paragraphe, qu'à mentionner ce principe que, l'obligation de payer la taxe étant née par le seul fait de la possession au 1er janvier, cette taxe est due pour l'année entière, quels que soient les changements survenus (décr. 4 août 1855, art. 2), et qu'en revanche, tout fait de possession ou de changement de destination du chien, qui a commencé après le 1er janvier, ne peut donner à une imposition au moyen d'un rôle supplémentaire.—Ainsi, il a été jugé : 1° que la déclaration d'un chien faite le 8 janvier ne pouvait être retirée à raison de la perte de ce chien survenue deux jours après, bien que le délai accordé pour les rectifications de déclarations ne fût pas encore expiré (cons. d'Et. 18 mars 1857, M. Flandin, rap., aff. Dumond);—2° Qu'un contribuable ayant vendu son chien dans le courant de janvier seulement est, avec raison, imposé avec surtaxe pour défaut de déclaration, alors, d'ailleurs, qu'il ne justifie pas que le chien par lui cédé ait été déclaré par le nouveau possesseur (cons. d'Et. 17 mai 1859, M. Walckenaër, rap., aff. com. de Graimbosq C. Vivien). — Les auteurs du Code des possesseurs de chiens enseignent à tort, p. 6, note 11, que la perte survenue entre le 1er et le 15 janvier donnerait au possesseur la faculté de retirer sa déclaration jusqu'au moment où expire le délai des rectifications. — Par application du principe énoncé ci-dessus, on devrait décider que la preuve de l'inexactitude de la déclaration faite relativement à un chien de garde ne saurait résulter de ce seul fait que, dans le courant de l'année, ce chien aurait été employé comme chien de chasse ou d'agrément, s'il avait pendant l'année précédente la destination exclusive de chien de garde, et s'il n'est pas prouvé contre le possesseur que le chien n'avait déjà plus cette destination au 1er janvier. Autrement, ce serait méconnaître le droit d'un contribuable de changer la destination de son chien, et comprendre dans l'assiette de la taxe un fait nouveau ou un changement pour lequel le décret n'impose aucune rectification de déclaration.

§ 2. — *Du recouvrement de la taxe.*

87. Les opérations préparatoires à la perception de l'impôt, sont décrites dans le décret du 4 août 1855, de la manière suivante : « Les déclarations prescrites aux possesseurs de chiens sont inscrites sur un registre spécial. Il en est donné reçu aux déclarants ; les récépissés font mention des noms et prénoms du déclarant, de la date de la déclaration, du nombre et de l'usage des chiens déclarés » (art. 7). — « Du 15 au 31 janvier, le maire et les répartiteurs, assistés des percepteurs des contributions directes, rédigent un état-matrice des personnes imposables. — L'état-matrice présente les noms, prénoms et demeures des imposables, le nombre de chiens qu'ils possèdent et la catégorie à laquelle chaque animal appartient. — L'état-matrice relate, en outre, les déclarations faites par les possesseurs de chiens, avec les détails nécessaires pour permettre d'apprécier les différences entre les déclarations et les faits constatés. — Du 1er au 15 février, le percepteur adresse au directeur des contributions directes les états-matrices rédigés conformément aux prescriptions ci-dessus, pour servir de base à la confection des rôles. Il est procédé pour cette confection, pour la mise à exécution et la publication des rôles, la distribution des avertissements et le recouvrement des taxes, comme en matière de contributions directes » (art. 6 de la loi du 2 mai 1855 ; art. 7, 8 et 9 du décret du 4 août 1855). Ces prescriptions sont claires et n'ont pas besoin de commentaires. Le maire reçoit les déclarations sans les discuter ; les répartiteurs en contrôlent l'exactitude et ils consignent le résultat de leurs investigations dans des annotations portées à l'état-matrice en face des déclarations; enfin le directeur des contributions directes applique, en se fondant sur les renseignements fournis par les répartiteurs, les accroissements de taxes prononcés par le décret du 4 août 1855. — Les rôles de perception de la taxe ne sont pas assujettis au timbre (V. Timbre).

88. Les accroissements de taxes prononcés, à titre de peine, contre les possesseurs de chiens pour infractions aux dispositions concernant les déclarations, ont été fixés ainsi qu'il suit : « Sont passibles d'un accroissement de taxe, 1° celui qui possédant un ou plusieurs chiens, n'a pas fait de déclaration ; 2° celui qui a fait une déclaration incomplète ou inexacte. — Dans le premier cas, la taxe sera triplée, et, dans le second, elle sera doublée pour les chiens non déclarés ou portés avec une fausse désignation. — Lorsqu'un contribuable aura été soumis à un accroissement de taxe et que, pour l'année suivante, il ne fera pas la déclaration exigée, ou fera une déclaration incomplète ou inexacte, la taxe sera quadruplée dans le premier cas, et triplée dans le second. — Lorsque les faits pouvant donner lieu à des accroissements de taxe n'ont pas été constatés en temps utile pour entrer dans la formation du rôle primitif, il est dressé, dans le cours de l'année, un rôle supplémentaire conformément aux dispositions du présent règlement » (art. 10 et 11).

89. Quelques règles ont été établies par la jurisprudence relativement à l'application des accroissements de taxe. La première, c'est que les déclarations étant réputées exactes jusqu'à preuve contraire, l'application d'un accroissement de taxe ne peut être maintenue, en cas de réclamation du contribuable, qu'autant que la prétendue inexactitude qui l'a motivée est établie par l'administration. « Dans le cas où l'administration municipale, dit M. Aucoc, École des communes (1857, p. 78), prétend qu'un chien déclaré comme chien de garde peut être en même temps considéré comme chien d'agrément, c'est à elle à établir la double destination. Le contribuable a fait sa déclaration à ses risques et périls, c'est à l'administration, qui soutient que cette déclaration est inexacte, à faire la preuve de ce qu'elle avance. » — De nombreux arrêts accordant des dégrèvements d'accroissements de taxe imposés par l'administration, sont motivés sur ce que « en fait, il ne résulte pas de l'instruction que la déclaration faite par le contribuable, soit inexacte. » Le dégrèvement a été accordé notamment dans une espèce où la déclaration du contribuable était conforme à sa déclaration de l'année antérieure, que l'administration avait accepté sans contestation (cons. d'Et. 8 déc. 1857) (1). — En revanche, dans le cas où il y a eu imposition d'office à raison d'un chien non déclaré, la situation change complètement. Il ne suffit pas au contribuable de nier, il doit produire des observations contraires et

---

(1) (Thidric-Chouvert). — NAPOLÉON, etc. ; — Vu la requête du sieur Thidric-Chouvert,... tendant à ce qu'il nous plaise... accorder au requérant la réduction par lui réclamée, attendu qu'il n'a été fourni dans l'instruction aucune preuve pour établir l'inexactitude de sa déclaration ; que cette déclaration était d'ailleurs conforme à celle qui avait été acceptée sans contestation pour l'année 1856, et que son chien n'avait pas changé de destination ; — Vu la loi du 2 mai 1855 et le décret du 4 août de la même année ; Considérant qu'il ne résulte pas de l'instruction que la déclaration faite à la mairie par le sieur Chouvert, en exécution de l'art. 5 du décret du 4 août 1855, soit inexacte ; que, dès lors, ledit sieur Chouvert est fondé à réclamer contre le classement de son chien dans la première catégorie et contre la double taxe à laquelle il a été imposé par déclaration inexacte ; — Art. 1. L'arrêté du cons. de préf. du dép. de la Meurthe, en date du 25 juin 1857, est annulé... (Imposition à la deuxième catégorie. Décharge de la différence.) Du 8 déc. 1857.—Cons. d'Et.-MM. du Bodan, rap.-Leviez, concl.

(2) (Bachelu). — NAPOLÉON, etc ; —Vu la requête du sieur Bachelu, tendant à ce qu'il nous plaise... accorder au requérant le décharge demandée, attendu qu'au 1er janv. 1857, il ne possédait aucun chien dans la commune de Montmirey-le-Château ;—Vu le certificat du sous-préfet de l'arrondissement de Dôle du 27 sept. 1857, constatant que le dossier est resté déposé pendant quinze jours aux bureaux de la sous-préfecture, et que le requérant, mis en demeure d'en prendre connaissance, n'a pas pris communication et n'a fait aucune expertise ; — Vu la loi du 2 mai 1855 et le décret du 4 août suivant ;... Considérant que, pour l'assiette de la taxe municipale sur les chiens, la loi du 2 mai 1855 et le décret du 4 août susvisé assujettissent les contribuables à l'obligation de déclarer les chiens dont ils sont possesseurs ; qu'une triple taxe est imposée à ceux qui n'ont pas fait cette déclaration ; — Considérant que le maire, les répartiteurs et les agents des contributions directes ont déclaré dans l'instruction que le sieur Bachelu

---

provoquer une expertise. S'il se borne à faire, à l'appui de sa réclamation, une déclaration négative, cette réclamation est rejetée comme non justifiée (cons. d'Et. 3 mars 1858 (2) ; Conf. cons. d'Et. 13 juill. 1858, M. Vidal de Léry, rap., aff. Michelle).

90. Une seconde règle, qui s'explique par l'importance considérable que la jurisprudence attache aux déclarations, c'est que les accroissements imposés pour omissions ou inexactitudes, lorsque ces omissions ou inexactitudes sont établies par le résultat de l'instruction, ne peuvent pour aucun motif être l'objet d'un dégrèvement par la voie contentieuse. —Il a été décidé qu'il y a lieu de maintenir l'accroissement de taxe imposé pour omission de déclaration, encore bien que cette omission aurait pour cause l'absence du contribuable pendant le délai des déclarations (cons. d'Et. 16 mars 1859, M. Vidal de Léry, rap., aff. Ducros), ...ou son état de maladie et son ignorance de la loi (cons. d'Et. 19 janv. 1859, même rap., aff. Lefrand) ; —Que de même doit être maintenu l'accroissement de taxe imposé pour inexactitude de la déclaration, bien que cette inexactitude tienne à une difficulté de classement qui, soulevée déjà à l'occasion de la déclaration précédente, n'aurait pas encore été vidée par arrêt du conseil d'Etat au moment du renouvellement des déclarations (cons. d'Et. 3 mars 1858) (3).

91. Le conseil d'Etat n'a pas même fait d'exception pour le cas où l'infraction imputée au contribuable proviendrait d'une erreur commune. C'est ainsi que, la seconde année de l'application de la loi, un grand nombre de contribuables du département de la Seine-Inférieure, estimant que la déclaration faite la première année n'avait pas besoin d'être renouvelée, s'étaient abstenus de faire en 1857 la déclaration exigée. L'administration leur imposa une triple taxe ; mais le conseil d'Etat leur accorda décharge de l'accroissement, par le motif que « si la loi oblige le possesseur d'un chien à en faire la déclaration du 1er octobre de chaque année au 15 janvier de l'année suivante, il est de notoriété et il faut reconnaître que l'opinion généralement accréditée dans le département, est qu'il n'était pas nécessaire de renouveler cette déclaration quand aucun changement n'était survenu dans l'état de choses, tel qu'il existait lors de la déclaration exacte faite l'année précédente; que, pour ce motif, il est équitable d'admettre, pour la présente année seulement, que les réclamants aient cru, comme beaucoup d'autres, qu'ils pouvaient se dispenser de faire une nouvelle déclaration, pour 1857, des chiens qu'ils avaient déclarés en 1856 ;... » Les arrêtés rendus à cette occasion furent annulés sur le recours de la ville de Rouen (cons. d'Et. 23 août 1858 (4); 11 sept. 1858,

---

possédait au 1er janv. 1857, dans la commune de Montmirey-le-Château, un chien de première catégorie ; que, mis en demeure de prendre communication du dossier en cas de réclamer l'expertise, ledit sieur Bachelu n'a pas usé de ce moyen de vérification, et qu'il se borne à une simple dénégation ; que, dans ces circonstances, il y a lieu de maintenir la triple taxe à laquelle il a été imposé, pour l'année 1857, sur le rôle de la commune de Montmirey-le-Château ;—Art. 1. La requête du sieur Bachelu est rejetée.

Du 3 mars 1858.—Cons. d'Et.-MM. Flandin, rap.-de Lavenay, concl.

(3) (Caron.) — NAPOLÉON, etc. ; — Vu la requête du sieur Caron, tendant à ce qu'il nous plaise... décider que le sieur Caron sera imposé à la simple taxe pour un chien de la première catégorie, attendu qu'il était de bonne foi quand il a déclaré son chien comme appartenant à la deuxième catégorie ; que c'est seulement par un décret du 22 avril 1857 qu'il a été décidé définitivement que son chien devait être rangé dans la première catégorie ; — Vu la loi du 2 mai 1855 et le décret du 4 août suivant ;... Considérant que le sieur Caron ne conteste pas que le chien qu'il a déclaré comme appartenant à la deuxième catégorie doit être classé dans la première ; qu'il demande seulement qu'en considération de sa bonne foi il lui soit accordé décharge de la taxe à laquelle il a été assujetti par application de l'art. 10 ci-dessus visé ; — Considérant que les dispositions de cet article sont impératives et n'admettent pas qu'il puisse être accordé dégrèvement par la voie contentieuse des augmentations de taxe qui s'ont établies, en cas d'infraction par les contribuables des règles relatives aux déclarations ;... — Rejet.

Du 3 mars 1858.—Cons. d'Et.-MM. du Bodan, rap.-Lavenay, concl.

(4) (Ville de Rouen C. Doutreleau, etc.) — NAPOLÉON, etc. ; — Vu la loi du 2 mai 1855 et le décret du 4 août suivant ;... — Considérant que, pour l'assiette de la taxe municipale sur les chiens, la loi du 2 mai 1855 et le décret du 4 août suivant assujettissent les contribuables à faire chaque année, à la mairie, une déclaration indiquant le nombre de

M. David, rap., aff. Rollin et autres; 16 déc. 1858, MM. Flandin rap. et Michaux-Bellaire, av., aff. Prével).— Et il a été jugé qu'il n'y avait pas lieu de tenir compte, à cet égard, de ce que l'autorité locale n'aurait publié aucun avis relatif à l'obligation de renouveler les déclarations (cons. d'Et. 25 août 1858, M. Flandin, rap., aff. Concédieu). — Cette jurisprudence est peut-être susceptible de critique, car quelquefois les tribunaux attribuent à l'erreur commune les mêmes effets qu'à la force majeure (V. Obligat., n°s 5060 et suiv.). Quoi qu'il en soit, il importe de remarquer que, d'après les termes de l'arrêt rapporté sous le numéro qui précède, le conseil d'Etat ne voit d'obstacle légal qu'au dégrèvement par la voie contentieuse ; il semblerait donc que le dégrèvement pourrait être utilement sollicité du préfet, par la voie d'une demande en modération de taxe.

92. Une troisième règle à citer sur le même sujet, c'est que, la taxe étant annuelle, la déclaration du contribuable relativement à la destination de son chien, doit être appréciée en elle-même et sans relation aucune avec la destination admise pour l'imposition de l'année précédente. C'est ainsi que, lorsque s'établit la jurisprudence suivant laquelle tout chien de garde servant accessoirement à l'agrément de son maître doit être classé dans la première catégorie, divers contribuables du département de la Seine-Inférieure furent imposés à une double taxe pour déclaration inexacte de leurs chiens, bien que la destination déclarée eût été admise sans contestation l'année précédente ; le conseil de préfecture, tout en admettant que le classement devait être changé, avait cru pouvoir exonérer les contribuables de l'accroissement de taxe en leur tenant compte de leur bonne foi, mais ses décisions furent annulées conformément à la jurisprudence indiquée aux deux numéros qui précèdent (cons. d'Et. 25 août 1858, MM. Flandin, rap., et E. Baroche, concl., aff. ville de Rouen C. divers habitants de cette ville). — Toutefois, la conformité de la déclaration du contribuable avec sa déclaration de l'année antérieure peut être relevée comme circonstance favorable à celui-ci, lorsque l'administration n'établit pas suffisamment l'existence des faits différents qu'elle a pris pour base de l'imposition (V. n° 89); de plus, lorsqu'il y a eu omission de déclaration, si l'imposition effectuée d'office admet un classement différent de celui de l'année antérieure, le conseil d'Etat décide qu'il y a lieu de revenir à un classement conforme à l'ancienne déclaration du contribuable. à défaut de preuve par l'administration que cette déclaration ait été inexacte (cons. d'Et. 25 août 1858, M. Walckenaër, rap., aff. Levaux-Moret).

93. Ainsi que cela a été indiqué n° 88, l'accroissement de taxe est gradué suivant l'importance de l'infraction commise par le possesseur de chiens. La taxe double frappe les déclarations incomplètes ou inexactes, et la taxe triple frappe l'absence de déclaration. — Une déclaration est incomplète quand elle ne fait connaître qu'une partie des chiens passibles de la taxe ; elle est inexacte quand elle attribue à ces chiens une destination donnant lieu à une taxe moindre que celle qui est due. D'après cette définition, nous ne considérons pas comme incomplète la déclaration dans laquelle le contribuable se bornant à faire connaître le nombre de ses chiens, aurait indiqué s'en rapporter, quant à leur classement, à l'appréciation de l'administration. En effet, le classement dans la deuxième catégorie est un bénéfice qu'il faut revendiquer formellement, si on veut l'obtenir, et qu'il ne faut revendiquer que lorsqu'on y a droit, si on ne veut s'exposer à payer double taxe. Lors donc qu'un contribuable s'abstient, dans le doute, de demander le classement dans la seconde catégorie, l'administration n'a pas besoin d'être plus scrupuleuse que lui et d'accorder d'office ce qui ne lui est pas demandé. Elle doit donc se borner à la taxe de première catégorie sans doubler la taxe, puisqu'il n'y a eu aucune tentative de fraude et que la commune à laquelle revient le pro-

duit de la taxe n'a été exposée à aucun préjudice. L'imposition ainsi faite, est à l'abri de toute contestation, puisque le contribuable s'est interdit d'avance toute réclamation. La même solution s'applique au cas où le contribuable s'est abstenue simplement d'indiquer la destination de son chien, car son silence est une adhésion tacite au classement dans la première catégorie et il ne peut être opposé comme fin de non-recevoir dans le cas où il prétendrait, après l'émission du rôle, avoir droit au bénéfice du classement plus avantageux qu'il s'était abstenu de demander dans sa déclaration. — Mais telle n'est pas l'interprétation du conseil d'Etat, qui maintient l'imposition à la double taxe (ou la triple taxe s'il y a récidive) même lorsqu'il y a eu déclaration de s'en rapporter à l'administration sur le classement des chiens déclarés (cons. d'Et. 24 mars 1859, M. Flandin, rap., aff. Gien).

94. Doit-on assimiler à l'omission de déclaration, le fait du contribuable d'avoir déclaré son chien dans une commune autre que celle où la taxe est due? — Cette question est délicate; en prononçant contre l'abstention du contribuable l'imposition à la triple taxe, le décret a voulu punir un acte de rébellion; mais on ne saurait assimiler à un acte de rébellion une simple erreur, surtout lorsque cette erreur ne doit procurer au contribuable aucun bénéfice. Il semble donc que, dans ce cas, il n'y a lieu à l'application d'aucune peine, et que le risque de payer la taxe tout à la fois au lieu où le chien a été déclaré et au lieu où il aurait dû l'être, est un stimulant suffisant pour déterminer le contribuable à mieux remplir à l'avenir l'obligation qui lui est imposée. Tout au plus devrait-on considérer la déclaration comme inexacte, en ce qu'elle provoquerait l'application d'un tarif autre que celui applicable. Mais les choses ne sont pas envisagées à ce point de vue par le conseil d'Etat; et sa jurisprudence assimile la déclaration dans un lieu autre que celui où se produit le fait de la possession continue du chien, à l'absence totale de déclaration (cons. d'Et. 24 mars 1859, aff. Lespare, D. P. 59. 3. 60; V. n° 81, *in fine*). Il est vrai que le fait du contribuable d'avoir fait la déclaration ailleurs que dans le lieu de la possession réelle du chien, peut cacher un calcul, et tendre, soit à l'application d'un tarif moins élevé, soit à l'exclusion de tout contrôle; mais, dans beaucoup d'espèces, la présomption de fraude sera démentie par les circonstances.

95. Le décret du 4 août 1855, dans les dispositions répressives des infractions aux prescriptions concernant les déclarations, prévoit la récidive et prononce contre elle un accroissement de taxe plus élevé. Si le contribuable, déjà frappé d'un accroissement de taxe, s'abstenait l'année *suivante* de faire la déclaration exigée, il est puni par l'application d'une quadruple taxe, et s'il fait une déclaration inexacte, il encourt seulement l'imposition à la triple taxe. Le décret ne s'explique pas sur la nature de l'infraction antérieure composant le premier élément de la récidive. Un conseil de préfecture, ayant à statuer sur un cas de récidive, a décidé que la quadruple taxe ne peut atteindre que l'absence de déclaration commise après une infraction semblable, réprimée l'année précédente, et que la triple taxe est seule encourue si le contribuable, convaincu de l'omission de déclaration, n'a été frappé antérieurement d'un accroissement de taxe qu'à raison d'une déclaration inexacte; mais cette interprétation a été improuvée par le conseil d'Etat, qui repousse toute distinction fondée sur la nature de l'infraction ayant donné lieu au précédent accroissement de taxe (cons. d'Et. 25 août 1858, M. Flandin, rap., aff. ville de Rouen C. Chanu). — La récidive n'existe, en cette matière, qu'autant que les deux infractions se suivent immédiatement. C'est ce qui résulte assez clairement des termes de l'art. 10 du décret.

96. Lorsque le rôle contenant les impositions arrêtées par l'administration et augmentées des accroissements de taxe encourus, a été rendu exécutoire, il est procédé pour la distribution et la mise en recouvrement *comme en matière de contribu-*

chiens et l'usage auquel ils sont destinés, et qu'un triple taxe est imposée à ceux qui n'ont pas fait cette déclaration ; — Considérant que ces dispositions sont impératives, et que le fait seul de n'avoir pas déclaré les chiens qui leur appartenaient rend les contribuables passibles de la triple taxe ;

Considérant que le conseil de préfecture de la Seine-Inférieure a reconnu que les contribuables ci-dessus dénommés n'ont pas déclaré,

en 1857, les chiens qui leur appartenaient, et qu'il leur a accordé décharge de la triple charge par le motif qu'ils avaient pu croire qu'une déclaration nouvelle de leurs chiens n'était pas nécessaire chaque année ; qu'en statuant ainsi, ledit conseil a méconnu les dispositions de la loi précitée... (Arrêtés annulés. Contribuables rétablis à la triple taxe).

Du 25 août 1858.-Cons. d'Et.-MM. Flandin, rap.-E. Baroche, concl.

tions directes (V. Impôts directs, n°° 416 et suiv.). Le receveur municipal a seul qualité pour opérer le recouvrement de la taxe, à l'exclusion du percepteur des contributions directes (circ. de la compatibilité gén. des fin. 2 oct. 1855). Les frais d'impression relatifs à l'assiette de la taxe sur les chiens, ceux de la confection des rôles, de la confection et de la distribution des avertissements sont à la charge des communes (art. 12 du décr. du 4 août 1855). — Les imposés acquittent leurs taxes par portions égales en autant de termes qu'il reste de mois à courir à dater de la publication des rôles, ainsi que cela est prescrit pour les patentés par l'art. 24 de la loi du 25 avr. 1844 (art. 9 du même décret). — Lorsque le contribuable décède dans le cours de l'année, il ne peut demander que la portion de taxe non encore acquittée. En cas de déménagement du contribuable hors du ressort de la perception, la taxe est immédiatement exigible pour la totalité de l'année courante (art. 3 et 4 du même décret). — Dans le cas où un contribuable cède son chien dans le courant de l'année, il ne peut demander que la portion non encore acquittée de la taxe soit mise, par voie de mutation de cote, à la charge du nouveau possesseur du chien. Cela ne peut faire difficulté : le droit de demander une mutation de cote se comprend dans les matières, comme celle des patentes, où le contribuable succédant à un autre peut être imposé personnellement par un rôle supplémentaire; la mutation de cote fait alors obstacle à une imposition qui ferait double emploi. Mais, en matière de taxe sur les chiens, le nouveau possesseur n'est pas exposé à être imposé par un rôle supplémentaire, et le point de savoir qui de l'ancien ou du nouveau propriétaire payera les termes non échus de la taxe unique à laquelle donne lieu la possession du chien, est une question qui doit être réglée entre eux au moment du contrat ou décidée par les tribunaux.

97. *Des réclamations.* — Le droit de réclamer n'appartient qu'au contribuable; la commune ne peut donc demander que l'imposition soit modifiée au détriment du contribuable, et par exemple que le conseil de préfecture applique un accroissement de taxe que l'administration se serait abstenue de prononcer (cons. d'Et. 12 janv. 1860, aff. maire de Coulanges C. d'Osmond, D. P. 60. 3. 69).—Ce droit ne peut être exercé utilement qu'autant que le contribuable se conforme aux conditions auxquelles les réclamations sont soumises en matière de contributions directes (V. Impôts directs, n°° 432 et suiv.). Ainsi, il y a déchéance si la réclamation est postérieure de plus de trois mois après la publication du rôle (cons. d'Et. 11 sept. 1858, M. Walckenaër, rap., aff. Patreau); le contribuable n'est pas admis à alléguer, pour justifier son retard, que l'avertissement ne lui serait pas parvenu en temps utile, si d'ailleurs il réside dans la commune où le rôle a été publié (cons. d'Et. 21 avr. 1858, M. Walckenaër, rap., aff. Barde); et, dans le cas où il ne réside pas dans la localité, la déchéance peut encore être prononcée si la réclamation est postérieure de trois mois à l'époque où le contribuable a eu connaissance de l'imposition, et, par exemple, à l'époque où il a fait un premier versement pour l'acquittement de la taxe contre laquelle il réclame (cons. d'Et. 21 avr. 1858, M. Tarbé, rap., aff. Gauthier). — Au cas de double emploi, le point de départ du délai semble nécessairement déplacé, car l'intérêt que le contribuable peut avoir à réclamer n'a dû naître pour lui qu'au moment où il a su qu'il était exposé à payer dans deux localités; dans une telle situation, le conseil d'Etat suppose que l'imposition dans le lieu du domicile, est connue du contribuable par le seul fait de la publication du rôle, et il décide que la réclamation est tardive si elle est postérieure de plus de trois mois à l'époque où le contribuable a connu son imposition pour le même chien dans une commune différente (cons. d'Et. 18 mai 1858, M. de Renepont, rap., aff. Rossignol). Au reste, il ne suffit pas de réclamer dans le délai, il faut encore, si on a été imposé dans deux départements différents, que la réclamation soit faite dans celui des deux où l'imposition n'était pas fondée; sans cela, au cas de rejet de la réclamation, le contribuable ne pourra plus réclamer utilement dans l'autre département, si le délai des réclamations est expiré (cons. d'Et. 11 fév. 1858, M. Walckenaër, rap., aff. Armand).

98. Le contribuable doit réclamer par lui-même ou par un fondé de pouvoirs. Ainsi le maire dans la commune duquel un habitant est imposé comme possesseur de chien, n'a pas qualité pour réclamer d'office contre la taxe, formant double emploi, à laquelle cet habitant a été imposé dans une autre commune à raison du même chien. — Cette réclamation ne peut être faite dans l'intérêt de l'habitant qu'en vertu d'un mandat spécial; mais si le mandat avait été donné et n'a pas été produit devant le conseil de préfecture, il peut encore en être justifié pour la première fois devant le conseil d'Etat, sur le pourvoi formé contre la décision qui a rejeté la pétition pour défaut de qualité du réclamant (cons. d'Et. 7 avr. 1858, aff. Noël, D. P. 58. 3. 75). — Lorsque l'imposition dont le contribuable demande la réduction ou la décharge, excède, par suite des circonstances, le chiffre de 30 fr., et dans ce cas-là seulement, la pétition doit être présentée sur timbre (V. Timbre). Cette pétition doit être accompagnée des quittances des termes échus; à défaut de cette production, la réclamation est déclarée non recevable. Toutefois, comme c'est surtout le fait du payement avant la réclamation que la loi a eu en vue, s'il est justifié pour la première fois devant le conseil d'Etat que ce payement avait été fait à l'époque exigée, la réclamation est l'objet d'un jugement au fond devant la jaridiction du second degré (cons. d'Et. 16 mars 1857, M. de Renepont, rap., aff. Lebrun).

99. L'instruction de la réclamation suit les erremens ordinaires. La réclamation est soumise à une commission de répartiteurs qui donne son avis. Si l'avis a été délibéré et signé par un nombre de répartiteurs inférieur à cinq, la nullité de l'instruction doit être prononcée, ainsi que cela a lieu en matière de contributions directes (cons. d'Et. 7 avr. 1858, aff. Vallier, D. P. 58. 3. 76). — Y a-t-il également nullité si la commission des répartiteurs appelée à donner son avis sur la réclamation comprenait plus de sept membres, contrairement aux dispositions de la loi du 3 frim. an 7? La question a été soumise au conseil d'Etat dans une espèce où la réclamation était en état d'être jugée au fond. — Il a donc été décidé que dans cette situation, il n'y avait lieu de statuer sur le moyen tiré de l'irrégularité prétendue de l'instruction (cons. d'Et. 18 mai 1858, aff. Rossignol). — Lorsque l'instruction est terminée, le dossier est déposé pendant dix jours à la sous-préfecture, où le contribuable peut en prendre communication; dans une espèce, où le réclamant prétendait n'avoir pas été informé de la formalité du dépôt, le conseil d'Etat a décidé que c'était à lui à établir qu'il n'avait pas été invité à prendre communication du dossier (cons. d'Et. 30 juin 1858, M. de Renepont, rap., aff. Ibos). — Cette décision est assez singulière, car elle tend à exiger la preuve d'un fait négatif; il serait plus simple de s'en tenir, pour l'éclaircissement de l'objet contesté, aux notes qui doivent exister dans le dossier quant à l'envoi de l'invitation.

100. Le contribuable, après avoir pris connaissance du dossier, peut présenter des observations contraires à l'avis défavorable dont sa réclamation aurait été l'objet, et demander une expertise. S'il s'abstient d'user de ce droit, sa réclamation, dans le cas où elle est dirigée contre une imposition d'office, est nécessairement rejetée (V. n° 89). — Mais l'expertise demandée ne doit pas forcément être ordonnée dans tous les cas. D'une part, il peut arriver que les faits articulés par le contribuable soient suffisans pour servir de base à la décision du conseil de préfecture, et alors il est évident que le conseil de préfecture peut, sans commettre aucune nullité, s'abstenir d'ordonner l'expertise demandée (cons. d'Et. 3 oct. 1857, aff. Forquot, D. P. 58. 3. 66 ; Conf. cons. d'Et. 22 avr. 1857, M. Walckenaër, rap., aff. Maurouard); d'autre part, l'expertise ne paraît utile que lorsqu'il s'agit de vérifier des faits pouvant servir à déterminer le classement du chien qui fait l'objet de la réclamation; donc, si la difficulté porte, non sur le classement, mais sur le fait de la possession, c'est le cas d'ordonner un supplément d'instruction au lieu d'une expertise, et en procédant ainsi, le conseil de préfecture ne commet aucune nullité (cons. d'Et. 16 mai 1857, M. Walckenaër, rap., aff. Famy).

101. Lorsque la décision rendue par le conseil de préfecture est défavorable au réclamant, celui-ci peut se pourvoir devant le conseil d'Etat; mais son recours n'est recevable qu'autant qu'il est formé dans les trois mois de la notification de la décision (cons. d'Et. 16 mars 1859, M. Réalier-Dumas, rap., aff. Lebret). Il peut être formé sans frais par l'entremise du préfet (décis. min., Bulletin offic., 1850, n° 59; V. Impôts directs, n° 650). — Lorsqu'au contraire la décision a admis la réclamation en tout ou en partie, l'imposition peut être défendue dans l'intérêt de la commune appelée à en recueillir le profit, au moyen d'un recours au conseil d'Etat. Le droit de former ce recours ne saurait être reconnu aux répartiteurs, aucune loi ne leur accordant le droit d'action en matière de contentieux des contributions directes (cons. d'Et. 14 déc. 1859, M. Roussigné, rap., aff. répartiteurs de Quercy-Baise C. Devivaise); ce droit appartient à la commune représentée par son maire, et son exercice est soumis aux règles du droit commun. — Il a été jugé que le maire peut se pourvoir contre l'arrêté du conseil de préfecture qui prononce la décharge ou la réduction de la taxe qui a été imposée dans la commune à un possesseur de chiens, mais sous la condition expresse de justifier qu'il a été autorisé par délibération du conseil municipal (cons. d'Et. 13 janv. 1858, aff. maire de Deyrauzon C. Dugrit, D. P. 58. 3. 69, et 7 avr. 1858. aff. maire de Coulanges, D. P. 58. 5. 98, n° 10). — Toutefois, le pourvoi ne peut plus être formé lorsque l'arrêté, après avoir été notifié par le maire, a reçu son exécution au moyen du remboursement de la taxe au contribuable, alors surtout qu'il s'est écoulé plus de trois mois depuis cette notification (cons. d'Et. 13 janv. 1858, aff. ville de Rouen C. Guillebert, D. P. 58. 3. 69). — V. Commune, n°s 494 et suiv., et Impôts directs, n° 448.

102. Les receveurs municipaux peuvent, s'il y a lieu, former des états de cotes indûment imposées et des états de cotes irrécouvrables (circ. min. des fin. 26 sept. 1855). Le mode de procéder à cet égard est tracé dans une circulaire de la comptabilité générale du 2 oct. 1855 (V. Impôts directs, n° 398 et suiv.).— Le préfet est-il investi du droit d'accorder, par la voie gracieuse, des remises ou modérations de taxe? Oui, à notre avis. Cela découle implicitement des circulaires et paraît admis par le conseil d'Etat (V. n° 91, in fine); on ne peut objecter ici le défaut d'établissement d'un fonds spécial de non-valeurs, puisqu'il ne s'agit pas d'un impôt de répartition (V. n° 41). Les auteurs du Code formulaire des possesseurs de chiens se prononcent dans le même sens, note 16, en se fondant sans doute sur l'assimilation établie, quant au mode de recouvrement, entre les taxes sur les chiens et les contributions directes. — « En général, disent-ils, tout autre qu'un aveugle qui demandera une remise ou modération de taxe ne pourra être accueilli, par l'administration, qu'autant que le chien aura été préalablement abattu. Le chien est un danger et un sujet de dépense; il faut que ces inconvénients cessent pour espérer obtenir une remise. » Nous ne saurions nous associer à une conclusion aussi sévère, qui justifierait en grande partie les reproches adressés à la loi. Pour l'homme affligé par l'indigence, le chien ne saurait être considéré comme un luxe inutile; plus l'homme est délaissé par ses semblables, plus la société du chien a de prix à ses yeux, plus elle lui est nécessaire. La commune fera donc sagement, en prenant au besoin à sa charge le payement de la taxe, de laisser leurs chiens à ces quelques malheureux qu'il faut préserver du désespoir et des sentiments de haine à l'égard de la société.

Art. 3. — *Des taxes assimilées aux contributions directes.*

103. Il a été traité v° Commune, n°s 469 et suiv., 744 et suiv., des taxes communales assimilées aux contributions directes, mais seulement en ce qui concerne la confection du budget communal et les mesures que l'autorité municipale peut prendre pour assurer leur perception. Nous devons ajouter ici quelques indications relatives à l'établissement et au mode de recouvrement de ces taxes.

104. Une observation qui s'applique d'une manière générale à toutes les taxes, c'est que, lorsque le fait à l'occasion duquel se perçoit la taxe est laissé au libre arbitre des habitants, il ne saurait appartenir au maire de contraindre ceux-ci à se placer dans la situation qui peut rendre la taxe exigible. En vertu de ce principe, il a été jugé, conformément à l'avis exprimé dans l'affaire par M. le ministre de l'intérieur, que lorsque, dans l'autorisation accordée à une commune pour l'exploitation d'un établissement

de bains de mer, il a été réservé par le ministre que cette exploitation ne privera point les particuliers de la faculté de prendre des bains sur la plage en se soumettant aux mesures de police, le maire ne peut, sans excès de pouvoir, imposer aux individus usant de cette faculté l'obligation de payer la taxe, dite *cachet de cabane*, exigible seulement des baigneurs qui s'habillent et se déshabillent dans l'établissement communal (cons. d'Et. 19 mars 1858, aff. Vernes, D. P. 59. 3. 51).—Il importe de remarquer que, dans l'espèce, il ne s'agissait nullement d'une mesure prise en vue de la décence publique, ou, en d'autres termes, d'une mesure de police proprement dite, car les réclamants étaient des propriétaires riverains de la plage, ayant l'habitude de se vêtir chez eux du costume exigé, et de se rendre à la mer enveloppés d'un manteau de flanelle qu'ils donnaient à garder jusqu'à leur sortie du bain; la disposition condamnée par le conseil d'Etat avait pour objet, non d'exiger que tous les baigneurs se rendissent à l'établissement, mais seulement qu'ils acquittassent tous la taxe.

105. Il arrive quelquefois, et cette circonstance rend la solution de la question beaucoup plus délicate, que les mesures prises pour contraindre à l'acquittement de la taxe sont de véritables mesures de police. Cela se rencontre surtout dans les cas où l'obligation d'acquitter la taxe ne pourrait pas être imposée directement. La possibilité que l'exécution de certaines mesures de police puisse contribuer à accroître d'une manière notable le produit de telle taxe ou de telle perception, a déterminé, dans les cas dont il s'agit, l'autorité municipale à édicter des mesures dans un intérêt communal plutôt que dans un intérêt public. Les mesures prises dans de telles circonstances sont-elles légales? Ici se présentent de sérieuses difficultés; lorsque des mesures ont pour objet d'assurer le recouvrement de taxes communales, elles rentrent dans les attributions des conseils municipaux qui doivent délibérer sur les tarifs et *règlements de perception* de tous les revenus communaux (L. 18 juill. 1837, art. 19). — Que si l'on objecte que ces mesures sont en la forme des mesures de police, il faut répondre que c'est là un véritable danger. Il importe que les mesures de police soient dégagées nettement de toute relation avec la gestion des intérêts communaux, afin que le maire conserve pleinement le pouvoir de les modifier ou de les retirer suivant les besoins de l'intérêt public. Si ces mesures sont la condition secrète d'un traité avantageux conclu avec un particulier, celui-ci est en droit d'exiger, pendant la durée du contrat, le maintien des garanties sous le bénéfice desquelles il s'est engagé. A tous les points de vue la situation est regrettable, car, ou le maire sera lié par des engagements de la commune dans une matière qui touche à l'ordre public, ou la commune pourra impunément se soustraire à des engagements qu'a contractés.

106. La question a été portée devant la cour de cassation par les particuliers qui souffraient de mesures prises pour maintenir des monopoles ou accroître des perceptions formant l'objet de traités consentis par la commune. La cour de cassation a répondu que les arrêtés pris par l'autorité municipale sont légaux et obligatoires du moment où ils ont pour objet de régler une matière placée dans ses attributions, sans que les tribunaux aient à rechercher les rapports qui peuvent exister entre les mesures prescrites et l'exécution des traités consentis par la commune au profit d'entreprises particulières, ni les conséquences qui peuvent en résulter relativement à l'exercice de certaines industries; et, spécialement, que la défense faite aux entrepreneurs de voitures d'omnibus, autres que ceux autorisés à cet effet, de s'arrêter sur la voie publique pour y prendre et déposer des voyageurs, est légale en elle-même en tant qu'elle a pour but d'assurer la sécurité de la circulation, encore bien qu'elle consacrerait en réalité, au profit d'un entrepreneur unique qui aurait traité à cet effet avec l'autorité municipale, le monopole du transport en commun des voyageurs dans l'enceinte de la ville (Ch. réun.,cass. 24 fév. 1858, aff. Anjouvin et autres, D. P. 58. 1. 256 et suiv.).—La décision, comme il est facile de le remarquer, serait la même dans l'hypothèse où les mesures de police auraient pour objet indirect d'étendre la perception d'une taxe. — L'arrêt ci-dessus analysé réserve aux intéressés le droit d'attaquer devant l'autorité supérieure celles des dispositions de l'arrêté qui leur portent préjudice. Cette autorité supérieure ne peut être, en cette matière, que le ministre, à moins que l'arrêté n'ait évidemment pour objet de régler la perception d'une taxe (cons d'Et. 7 janv. 1858, aff. Arrachard, D. P. 58. 3. 59 , et 8 avr. 1858, aff. Délus, D. P. 58. 3. 76).—Toutefois, nous pensons que le conseil d'État, dans le cas où le règlement serait attaqué comme ayant indirectement pour objet de statuer sur la perception d'une taxe, ne pourrait pas, comme l'autorité judiciaire, décliner sa compétence quant au droit de rechercher les rapports qui pourraient exister entre les mesures édictées et l'exécution de traités consentis en ville, et de décider si l'autorité municipale, en arrêtant ces mesures, est restée dans la limite de ses pouvoirs.

107. Pour qu'une mesure touchant en la forme à un intérêt de police et au fond à un intérêt purement financier, soit reconnue obligatoire par les tribunaux jusqu'à ce que les intéressés en aient obtenu le retrait ou la réformation par décision de l'autorité supérieure, il faut que l'intérêt de police, qui est son objet apparent, soit complètement justifié. Ainsi, lorsque l'autorité municipale ordonne l'apport à la halle de toutes les denrées entrant en ville, il importe peu que cette mesure ait pour effet d'assurer la location des places de la halle, car elle se justifie par le droit qu'a l'autorité municipale de soumettre les denrées à une inspection préalable destinée à vérifier leur salubrité ; il y a donc lieu de condamner le marchand qui introduit directement dans son magasin des denrées non apportées préalablement à la halle (Crim. rej. 22 juill. 1859, aff. Mallet, D. P. 59. 1. 426).—Toutefois, ce qui peut être imposé aux marchands de denrées ou comestibles, c'est seulement l'apport préalable à la halle et non la vente. Il est vrai que, le plus souvent, l'apport des denrées à la halle sera suivi de la vente sur les mêmes lieux pour éviter de nouveaux déplacements, et que l'entrepôt pour la vérification donnera lieu, comme l'entrepôt pour la vente, à la perception d'un droit de place. — Lorsqu'il s'agit de marchandises non alimentaires, l'apport préalable à la halle n'a plus de raison d'être; et, dès lors, l'arrêté qui en impose l'obligation à tous les marchands du dehors, leur contestant le droit de vendre ces marchandises dans des boutiques louées par eux, est illégal, comme portant au principe de la liberté de l'industrie une atteinte que n'est autorisée par aucune loi (Crim. cass. 5 fév. 1859, aff. Guérin, et Crim. rej. 1er juill. 1859, même affaire, D. P. 59. 1. 429). — Cette décision doit s'appliquer aux marchands forains comme aux marchands domiciliés (Conf. M. Chauveau, Journ. de dr. adm., 1860, p. 48). Le dernier des arrêts cités semble contester cette assimilation; mais en examinant ses motifs plus attentivement, nous croyons plus probable que l'arrêt a entendu simplement dénier aux marchands forains le droit d'occuper, pour la vente de leurs marchandises, en dehors de la halle, un magasin *public* loué spécialement pour une foire ou un marché, ce qui serait une concurrence frauduleuse à la location des places dans les halles.

108. Une seconde observation applicable également à toutes les taxes communales, c'est que les règlements pris pour assurer leur perception ne sont pas, comme les règlements de police, sanctionnés par l'application de l'art. 471, n° 15, c. pén., au moins quant à celles de leurs dispositions ayant trait directement au payement de ces taxes (Conf. M. Serrigny, Questions et traités de droit administratif, v° Règlem. municip., n° 87). — Cette règle est étendue, d'ailleurs, par la jurisprudence, à la mise à exécution de tous règlements statuant sur un intérêt privé ou communal. —V. Règlements administratifs, n° 105.

109. Relativement au mode de recouvrement des taxes communales, l'art. 44 de la loi du 18 juill. 1837 sur l'administration communale dispose : « Les taxes particulières dues par les habitants aux propriétaires en vertu des lois et des usages locaux, sont réparties par délibération du conseil municipal, approuvée par le préfet. »—Il a été jugé que les habitants et propriétaires sont fondés à demander la décharge de taxes qui leur ont été imposées au moyen d'un rôle dressé par le maire seul, et que l'approbation donnée à ce rôle par le conseil municipal durant l'instance élevée par leurs réclamations, ne couvre pas l'irrégularité dont il est vicié (cons d'Et. 12 août 1859, aff. Lacave et autres C. ville de Bourges, D. P. 60. 3. 69). — Le

même art. 44 ajoute : « Ces taxes seront perçues suivant les formes établies pour le recouvrement des contributions publiques. » Pour résumer la pensée exprimée dans cette disposition, l'usage s'est établi, en matière de perceptions, de désigner les taxes communales sous le nom de *taxes assimilées*. Les taxes assimilées comprennent d'autres taxes que celles dont il est question au titre 3 de la loi du 18 juill. 1837 : telles sont la taxe des biens de mainmorte et la taxe sur les chiens, dont la création est postérieure à cette loi, et diverses autres dont le tableau a été présenté v° Impôts directs, n° 348 et suiv. Il a été traité avec développement ce qui concerne les deux premières taxes, des conséquences de l'assimilation (V. *suprà*, n° 3 et suiv., 87 et suiv.). Il suffira d'ajouter ici quelques indications spéciales aux taxes communales proprement dites.

110. Il a été jugé que les frais dus par les particuliers aux sociétés chargées de l'entreprise du pavé de Paris, pour raccordement de pavé à la suite de fouilles, tranchées ou dégradations pratiquées dans leur intérêt, devant, en vertu du principe de l'art. 44 de la loi du 18 juill. 1837, être recouvrés comme en matière de contributions directes, il suit : 1° que c'est au conseil de préfecture à statuer sur les réclamations qui y sont relatives (L. 28 pluv. an 8, art. 4) ; 2° que le jugement de ces réclamations doit avoir lieu sans frais ; 3° que l'action en recouvrement desdites taxes de pavage est prescrite à défaut de poursuites dans les trois ans à partir du jour où ont été rendus exécutoires les états sur lesquels elles ont été portées, par application de l'art. 149 de la loi du 3 frim. an 7 (cons. d'Et. 22 fév. 1855, aff. Piollet C. Lemaire, D. P. 55. 3. 67).

111. La compétence du conseil de préfecture a été également proclamée par la jurisprudence en ce qui concerne le jugement des réclamations élevées en matière de taxes de curage et de taxes d'arrosage (V. Eaux, n° 229).—Relativement à ces dernières on s'est demandé si des taxes d'arrosage, par cela seul qu'elles ont été imposées au profit du propriétaire d'un canal d'irrigation en vertu d'un rôle rendu exécutoire par le préfet, et dont le recouvrement en aurait été confié à un percepteur des contributions directes, peuvent être considérées comme taxes assimilées à des contributions publiques. Sans s'expliquer sur cette question qui était controversée entre l'administration des finances et celle des travaux publics, le conseil d'État a décidé que la décharge de celles de ces taxes qui sont signalées comme indûment imposées, ne peut être prononcée par le conseil de préfecture sur une réclamation d'office du percepteur, parce que les dispositions relatives à la distribution du fonds de non-valeurs sont spéciales aux contributions directes (cons. d'Et. 22 fév. 1855, aff. Pagès C. Sales, D. P. 55. 3. 65). Cette décision paraît applicable à toutes les taxes assimilées (Conf. M. Serrigny, Quest. et traités de droit admin., v° Contrib. dir., n° 471 et suiv.). —V. *suprà*, n° 102, et Impôts directs, n° 341 et suiv.

112. La conséquence la plus importante à tirer de cette règle que le recours contre les décisions rendues en matière de taxes assimilées a lieu sans frais, c'est que les parties ne sont pas tenues de se faire assister d'un avocat au conseil d'État; elles peuvent se pourvoir par l'entremise du préfet. Ce fonctionnaire ne pourrait se dispenser de transmettre le dossier, sous prétexte qu'il y manquerait des pièces indispensables (décis. min. int., Bull. off., 1853, n° 64 ; Conf. M. Chauveau, Journ. de dr. admin., 1860, p. 94). — V. Impôts directs, n° 639.

113. Quant aux perceptions communales qui ne sont pas l'objet d'un recouvrement par voie de taxation comme en matière de contributions directes, les difficultés qui les concernent ne sont pas de la compétence de l'autorité administrative. Cela a été reconnu par le conseil d'État en matière de recouvrement des droits de stationnement sur les rivières (cons. d'Et. 2 août 1854, aff. Brettmayer C. com. de la Guillotière, D. P. 55. 3. 36), et par la cour de cassation, en matière de recouvrement des droits de place dans les marchés, des droits d'octroi, des droits de péage et autres semblables. — V. Commune, n° 497 et 500, Octroi et Voirie.

114. Relativement aux difficultés auxquelles peuvent donner lieu les poursuites exercées pour le recouvrement des taxes assimilées, il a été posé en principe, par la jurisprudence du conseil d'État, notamment en matière de taxes pour contribution à des frais d'endiguement et de taxes de curage, que l'autorité administrative, seule compétente pour connaître des réclamations des imposés, est aussi seule compétente, à l'exclusion des tribunaux, pour décider si la réclamation peut ou doit avoir pour effet de suspendre, à l'égard du réclamant, l'exécution du rôle de taxation (Cons. d'Et. 9 déc. 1858, assoc. synd. de Charonne, et 21 déc. 1858, aff. Pebernard et cons., D. P. 59. 3. 43).

115. Mais c'est au tribunal qu'il appartient de connaître des actes de procédure judiciaire auxquels donnent lieu les poursuites exercées pour le recouvrement des mêmes taxes. Ce point, qui est constant en doctrine et en jurisprudence (V. Imp. dir., n° 633), a été rappelé dans les motifs de la décision précitée du 9 déc. 1858 (Conf. M. Serrigny, Organis. et compét. admin., t. 1, n° 523). — Cette compétence est restreinte par toutes les autorités aux difficultés concernant les actes postérieurs au commandement; elle ne s'applique nullement aux actes antérieurs dépendant des poursuites purement administratives (V. Compét. admin., n° 366; Impôts directs, loc. cit.—Conf. MM. Dufour, Dr. admin., 2e édit., t. 4, n° 222; Serrigny, n° 524, in fine). — Toutefois, il résulte d'un arrêt que, bien que les taxes municipales prévues par l'art. 44 de la loi du 18 juill. 1837 soient recouvrées dans les formes établies pour les contributions directes, et que, en cette matière, il appartienne à l'autorité administrative de connaître des difficultés qui s'élèvent sur la validité ou la régularité des poursuites, jusques et y compris les contraintes délivrées par les agents de l'administration, il ne saurait en être ainsi d'une contrainte décernée seulement pour le fermier de taxes de pâturage et visée par le juge de paix, un tel acte ayant un caractère judiciaire; par suite, les tribunaux sont seuls compétents pour statuer sur les moyens de nullité opposés soit à cet acte, soit au commandement qui l'a accompagné ou suivi (cons. d'Et. 13 mars 1860, aff. Galy-Mouras, D. P. 60. 3. 27). Cette décision aurait une importance considérable si l'on devait y voir l'indice d'une intention du conseil d'Etat de revenir sur sa jurisprudence antérieure; mais, ainsi que l'indique l'annotation qui accompagne cet arrêt dans notre Recueil périodique, il convient de le considérer, non comme une décision de principe, mais comme une décision d'espèce réservant les règles établies.

116. Nous avons dû nous borner à mentionner, dans la dernière partie de ce travail, les règles communes à toutes les taxes assimilées. Pour la connaissance des règles spéciales à chacune d'elles, on devra se reporter au traité consacré à la matière à laquelle elle se rattache. Cette observation s'applique, notamment, aux taxes de curage (V. Travaux publics), aux taxes pour contribution aux frais d'endiguement (V. Travaux publics), ou aux frais d'entretien de travaux d'assèchement de marais (V. Marais, n° 63), aux taxes ou redevances en matière de mines (V. Mines, n° 426 et suiv.), aux taxes pour la vérification des poids et mesures (V. Poids et mesures, n° 101 et suiv.), aux taxes établies à titre d'impôts indirects (V. Douanes, Impôts indirects, Sel, n° 46, 52 et suiv.; Sucre, n° 10 et suiv., etc.), aux taxes établies en matière de bois et charbons (V. Bois et charbons, n° 50 et suiv., 95 et suiv.), aux taxes concernant les brevets d'invention (n° 109 et suiv., 117, 156, 163, 204 et suiv., 257 et suiv.), aux taxes en remplacement des prestations en nature et aux taxes de péage (V. Voirie), aux taxes désignées sous le nom de rétributions universitaires ou scolaires (V. Organis. de l'instr. public.), aux taxes de pâturage (V. Servitude, n° 955 et 959), etc. — Relativement aux perceptions excédant les taxes autorisées, V. Actes de l'état civil, n° 110; Postes, n° 30; Peine, n° 370-2°, et Voirie (chemin de fer).

c., 111 c.	—11 fév. 13 c., 54,	—24 juin 51.	—15 janv. 101 c.	—7 avr. 67-2°,82-	84, 99.	1859. 19 janv. 66-	—1er juill. 107 c.
—2 mai 45 s.	57, 58, 81 c.	—4 juill. 57, 58.	—14 janv. 9-3° c.,	1° c., 98 c., 99c.,	—13 juill. 89.	5°, 79 c., 90.	—5 juill. 75.
—11 juin 30-1° c.	—14 fév. 54.	—29 juill. 12, 54,	78 c.	101 c.	—23 août 66-2°,	—29 janv. 69 c.	—22 juill. 107.
—4 août 44 s.	—16 mars 98.	58.	—10 fév. 13-3° c.	—8 avr. 106 c.	69, 91, 92 c., 95.	—2 fév. 66-1°.	—12 août65,109 c.
—26 sept. 46, 102.	—18 mars 53, 55,	—5 oct. 100 c.	—11 fév. 81 c., 97.	—21 avr. 37 c., 67	—23 août 84 c., 91,	—5 fév. 107 c.	—21 sept. 13 c.,
—2 oct. 96, 102.	57, 65, 66-5°,	—5 oct. 51, 55, 72.	—24 fév. 106 c.	c., 97.	92.	—16 mars 9-5° c.,	85.
1856. 9 janv. 44 c.	75 c., 86-1°.	—8 déc. 51,54,57,	—2 mars 59, 66-4°,	—5 mai 85 c.	—11 sept. 81, 91,	72c.,82,90,101.	—14 déc. 65, 76,
—51 janv. 37 c.	—22 avr. 12-1° c.,	66-3°, 89.	69.	—18 mai 97, 99.	97.	—24 mars 95, 94 c.	101.
—6 juin 21 c.	80, 57, 58, 65,	1858. 5 janv. 15-2°	—3 mars 66-6°, 89,	—14 juin 54 c.	—9 déc. 114 c.	—31 mars 22 c.	—28 déc. 70.
—10 déc. 15-2° c.	66-6°, 100.	c., 57, 66-5°.	90.	—22 juin 72, 85.	—16 déc. 69.	—4 mai 58.	1860. 12 janv. 97s.
1857. 7 janv. 12-1°	—15 mai 100.	—6 janv. 60 c.	—17 mars 53 c.	—30 juin 66-2°,	—21 déc. 114 c.	—17 mai 57, 71,	—13 mars 13 c.
c., 56 c.	—27 mai 56.	—7 janv. 106 c.	—19 mars 104 c.	66-6°, 71, 81,	—28 déc. 41 c.	73, 86-2°,	—21 mars 13-2° c.

TAXES ASSIMILÉES. — V. Taxes, nos 103 et suiv.

TAXES COMMUNALES. — V. Taxes, eod.

TAXE DE DENRÉES.—MERCURIALES. — 1. Par *taxe* on doit entendre ici la fixation périodique par l'autorité municipale du prix de certaines denrées. L'autorité publique, en France, a tenté plusieurs fois d'intervenir dans la fixation du prix des denrées; l'expérience a démontré que cette intervention ne pouvait avoir que de fâcheuses conséquences (V. Economie polit., nos 22 ; Industrie, nos 238 et suiv.). La taxe des denrées, nous le rappelons ici, n'est permise aujourd'hui qu'en ce qui concerne le pain et la viande, et il est défendu aux maires, sous peine de destitution, de l'étendre, en aucun cas, sur le vin, sur le blé, les autres grains ni autres espèces de denrées (L. 19-22 juill. 1791, art. 50).—V. Commune, no 1251.

2. Il a été traité vo Boulanger, nos 53 et suiv., de la taxe du pain, avec des développements suffisants pour qu'il n'y ait aucune utilité à revenir sur ce sujet. Disons seulement que la taxe n'est pas un obstacle aux progrès que la libre concurrence entre les boulangers autorisés pourrait réaliser pour la solution du problème de la fabrication du pain à bon marché, et qu'il a été jugé, conformément à l'interprétation que nous avions donnée vo Boulanger, no 53, à diverses décisions de la cour de cassation sur les ventes en surtaxe, que le pain peut être vendu au-dessous de la taxe (Crim. rej. 28 juin 1851, aff. Etienne, D. P. 51. 5. 53; même date, aff. Michel, D. P. 52. 5. 57; 11 mars 1852, aff. Mathieu, D. P., eod.). — La taxe n'oblige pas seulement le boulanger à ne pas vendre au-dessus du tarif, elle l'oblige aussi à délivrer le pain qu'il a en boutique, toutes les fois que le prix de la taxe lui est offert. Le refus de vendre opposé à un consommateur offrant le prix de la taxe, tombe, aussi bien que le fait de vendre à un prix supérieur à la taxe, sous l'application de l'art. 479, § 6, et 480 c. pén. (Crim. cass. 20 juin 1846, aff. Courraud, D. P. 46. 4. 44; 13 août 1847, aff. Mengus, D. P. 47. 4. 48, no 8; 12 mai 1851, aff. Sauzet, D. P. 54. 1. 209). — A Paris, pour obtenir dans les temps de cherté du grain, une taxe inférieure à celle qui résulterait des chiffres des mercuriales, le gouvernement a créé l'institution dite Caisse de la boulangerie, dont l'objet, étranger à notre matière, est déterminé par les décrets du 27 déc. 1853 (D. P. 54. 4. 25) et du 7 janv. 1854 (D. P. 54. 4. 26).

3. La taxe de la viande, à l'époque à laquelle s'imprimait notre travail sur la profession de boucher, semblait avoir été complètement abandonnée (V. Boucher, nos 73 et 128). Mais depuis, et surtout à partir de 1854, des plaintes générales sur l'élévation soudaine et excessive du prix de la viande amenèrent dans plusieurs localités le rétablissement de la taxe. Des doutes furent exprimés sur la légalité des arrêtés pris à cet effet, et l'on opposa au nouveau régime l'abrogation par désuétude des dispositions de la loi de 1791 qui permettaient de taxer la viande. — Mais il a été jugé que les arrêtés municipaux fixant le prix de la viande au kilogramme sont légaux et obligatoires (Crim. cass. 18 mai et 25 mai 1855, aff. Masson et aff. Bacarisse, D. P. 55. 1. 224). Il résulte de cette jurisprudence et des règles exposées en matière de boulangerie sur les ventes en surtaxe, s'appliquent, en raison de l'identité des situations, en matière de boucherie (V. Boucher, no 74, et Boulanger, nos 62 et suiv.). — Il a été décidé spécialement : 1° que la taxe de la viande fixée par arrêté municipal étant d'ordre public, toute vente faite à un prix supérieur constitue, de la part du boucher, une contravention, alors même que l'acheteur y aurait consenti pour obtenir un morceau de choix ou pour faire écarter les os que le boucher se-

rait autorisé à livrer en surpoids (mêmes arrêts du 18 et du 25 mai 1855); — 2° Que le refus par un boucher de vendre de la viande au prix de la taxe offert par l'acheteur, tombe sous l'application de l'art. 479, § 6, c. pén. qui punit les ventes en surtaxe (Crim. cass. 2 août 1856, aff. Drevelle, D. P. 56. 1. 379). — Le régime de la taxe entraîne comme conséquence l'obligation pour le boucher d'avoir un approvisionnement suffisant (V. Boucher, no 29). Toutefois, l'infraction à cette obligation, dans les cas où elle a été imposée formellement par un règlement municipal, ne doit pas être assimilée au refus de vendre au prix de la taxe; c'est alors l'art. 471, no 15, c. pén., qui est fort l'art. 479, no 6, que le tribunal de police doit appliquer (Crim. cass. 12 juin 1856, aff. Gay, D. P. 56. 1. 381, et 26 déc. 1857, aff. Plaigne et autres, D. P. 58. 1. 143).—V. Commune, no 1257.

4. Le régime de la taxe mis en vigueur à Paris pendant plus de trois ans, fit place à un régime nouveau antérieurement essayé et abandonné, celui de la liberté complète du commerce de la boucherie ; la limitation du nombre des bouchers, l'institution de la caisse de Poissy, la taxe périodique de la viande, tout cela fut supprimé par le décret du 24 fév.-4 mars 1858 (D. P. 58. 4. 16); et les réclamations des bouchers pourvus d'états achetés sous le régime du monopole, à l'effet de se faire indemniser par le gouvernement, furent écartées comme dépourvues de fondement (cons. d'Et. 50 juin 1859, aff. bouchers de Paris C. l'Etat, D. P. 60. 3. 10).—Comme l'expérience nouvelle n'est peut-être pas définitive, il y a quelque intérêt à indiquer comment fut organisée, à Paris, la vente de la viande à la taxe, et comment furent résolues les difficultés qui avaient précédemment fait écarter ce régime (V. Boucher, no 128). — Les règlements de police, se fondant sur le mode de diviser la viande établi à Paris par un long usage, classèrent les morceaux en diverses catégories à chacune desquelles correspondait un prix particulier. Les bouchers étaient obligés de placer sur les morceaux des étiquettes indicatives de la catégorie à laquelle ils appartenaient, et de délivrer à l'acheteur un bulletin faisant connaître la catégorie du morceau vendu, son poids et le prix perçu. Défense était faite de vendre en surpoids des os non adhérents à la viande, qu'on désigne dans le commerce de la boucherie sous le nom de réjouissances; ces os devaient être achetés librement et à prix débattu ; enfin quelques morceaux spéciaux ou parés étaient exceptés de la taxe. — Ces dispositions, dont quelques-unes sont fort sages, ont été toutes abandonnées sous le nouveau régime, et cela est à regretter. En supprimant la fixation du prix de la viande par l'autorité, on pouvait du moins obliger chaque boucher à afficher dans sa boutique le tarif de ses prix et à s'y conformer; par ce moyen on conservait la division des morceaux en catégories, ainsi que les bulletins dont l'emploi servait à empêcher un grand nombre de fraudes, et principalement celle consistant à abuser de l'ignorance de l'acheteur pour lui vendre un morceau pour un autre ; on laissait aux maîtres la facilité de contrôler les achats faits par leurs préposés, et on conservait des éléments précieux pour constater soit le prix moyen de la viande, soit les fluctuations de ce prix.

5. Les raisons qui ont fait abandonner le régime de la taxe ont été indiquées dans le rapport imprimé à la suite du décret du 24 fév. 1858. La principale, c'est que les bouchers n'ayant plus un intérêt personnel et direct à baisser le prix du bétail, la taxe devenait la base obligée des transactions du marché et contribuait ainsi à perpétuer la cherté. Une autre raison, que n'indique pas le rapport ni aux à son importance, c'est que la taxe étant la même pour des animaux de qualités différentes, l'éleveur n'avait plus aucun intérêt à chercher à produire des animaux donnant une viande plus recherchée, et ainsi les types d'animaux de boucherie tendaient à dégénérer à cause de la difficulté où l'on se trouvait de rémunérer par un prix plus élevé la livraison d'une qualité de viande supérieure à la qualité commune. La persistance de la cherté a démontré que l'établissement de la taxe entrait pour peu de chose dans le mal dont on a cru avoir trouvé le remède en 1858 ; des études nouvelles sont faites pour la solution du difficile problème d'arrêter le surenchérissement du prix de la viande, et les améliorations proposées paraissent avoir pour objet désormais de supprimer le plus possible les intermédiaires entre le producteur et le consommateur, et de diminuer les frais de transport et autres qui précèdent l'abatage des animaux. — Relativement aux achats de denrées taxées, V. Vente, n° 574, et aux ventes en surtaxe, V. Boulanger, n°ˢ 40, 75, etc.

6. *Mercuriales.* — L'étude des règles relatives à la taxe des denrées exige, comme complément indispensable, quelques indications sur les mercuriales, documents qui fournissent les éléments à l'aide desquels s'établit la taxe. — On appelle *mercuriales* des registres tenus dans les mairies, sur lesquels l'autorité municipale constate les prix courants des principaux grains et des denrées comestibles. Ces constatations ne doivent pas être confondues avec la taxe, car elles ne contiennent pas comme elle des fixations de prix obligatoires. On donnait autrefois aux registres susmentionnés le nom de *registres des gros fruits;* ils étaient tenus au greffe de la juridiction ordinaire du lieu du marché. L'ordonnance de François Iᵉʳ d'avril 1539 contenait, à ce sujet, des dispositions détaillées qui ont été refondues dans le tit. 30 de l'ord. d'avril 1667, qui ordonne que dans les villes et bourgs où il y a marché, les marchands de blé et autres espèces de gros fruits et les mesureurs doivent nommer deux ou trois d'entre eux pour faire rapport chaque semaine, sous serment et sans salaire, de la valeur et estimation commune des fruits. Ces dispositions sont transcrites dans le Répertoire de M. Merlin, vᵒ Registre de gros fruits, n° 1. — L'usage des mercuriales s'est étendu à des pays autres que la France. Les procédés signalés par les économistes comme donnant les résultats les plus sûrs, sont ceux adoptés par l'Angleterre pour la rédaction des mercuriales à l'époque où l'échelle mobile était en vigueur, et ceux qui sont encore appliqués en Belgique pour la constatation périodique du prix moyen des denrées agricoles vendus sur les principaux marchés du royaume. — V. Dictionn. du commerce, vᵒ Mercuriales.

7. Aujourd'hui ce sont les municipalités qui sont chargées de faire dresser les mercuriales à chaque foire ou marché qui se tient dans la commune, et de les inscrire, date par date, sur le registre spécialement destiné à cet usage. Ces mercuriales sont désignées dans la pratique sous le nom de *mercuriales générales* pour les distinguer des mercuriales dites *spéciales,* arrêtées chaque mois par le ministre de l'agriculture et du commerce. Mais de ce que les mercuriales sont dans les attributions des municipalités, il ne s'ensuit pas que l'autorité administrative soit compétente pour appliquer, en cas de contestation, les évaluations constatées sur les registres aux redevances en fruits dues aux communes et aux établissements publics ; c'est alors l'autorité judiciaire qui doit prononcer quant aux prisées applicables aux choses du contrat (cons. d'Et. 22 déc. 1819, aff. Daulos *C.* hospices de Lille ; V. le Répertoire de M. Merlin, vᵒ *cit.*, n° 2).

8. L'hectolitre, avec ses fractions, étant la mesure usuelle de capacité qui sert pour la vente des grains sur tous les marchés, doit être adopté comme unité fondamentale pour la rédaction des mercuriales. Les mercuriales doivent être arrêtées immédiatement après la clôture des ventes. Les résultats en sont adressés le 15 et le 30 de chaque mois par les maires aux sous-préfets de leurs arrondissements respectifs chargés de les faire parvenir sans délai avec leur visa aux préfets. La rédaction des mercuriales se fait d'après les déclarations des marchands ou de leurs factures, dont le maire constate le résultat (circ. du min. de l'int. du 30 therm. an 8). — Le tableau des mercuriales, suivant un modèle annexé à la même circulaire, est divisé en quatre colonnes : la première indique la nature des grains, légumes, ou denrées ; la deuxième, la quantité d'hectolitres vendus ; la troisième, le prix moyen de l'hectolitre de chaque espèce de

grains ou denrées ; la quatrième est destinée aux observations.

9. La rédaction des mercuriales a été l'objet d'autres prescriptions énoncées dans une circulaire postérieure du 1ᵉʳ avril 1817. Ce sont les maires des communes où se tiennent les marchés qui seuls doivent dresser des mercuriales et délivrer des certificats attestant le taux du cours. Ils doivent observer de ne pas fixer le prix moyen d'après les qualités supérieures ou des qualités trop inférieures, et de ne jamais comprendre dans leurs mercuriales les prix du cours du commerce, parce que le plus souvent les grains vendus ainsi et hors des marchés le sont sur échantillon, et que les prix convenus ne peuvent être qu'un taux fictif. La manière de rédiger les mercuriales, qui paraît la meilleure au ministre rédacteur de la circulaire, consiste à multiplier chaque quantité vendue par son prix et à diviser la somme des produits par la totalité des ventes. On est assuré, en suivant cette opération, que le prix des plus fortes parties exerce son influence, tandis qu'il n'en serait pas ainsi si l'on se bornait à diviser, comme on le fait souvent, la somme des prix par le nombre d'articles vendus. On procède d'une manière analogue pour connaître le prix moyen du kilogramme de viande, donné par le relevé des ventes faites sur les marchés de bestiaux. — V. Dict. du comm., vᵒ Mercuriales.

10. L'utilité des mercuriales n'est pas restreinte à la détermination de la taxe ; on a vu, d'ailleurs, qu'elle s'applique à des grains autres que le blé. (La législation concernant le commerce des grains a été exposée vᵒ Grains, n°ˢ 20 et s.)—Dans les contestations judiciaires elles sont appelées à jouer un rôle qui leur imprime un caractère légal ; l'art. 129 c. pr. dispose : « Les jugements qui condamneront à une restitution de fruits ordonneront qu'elle sera faite en nature pour la dernière année, et pour les années précédentes, suivant les mercuriales du marché le plus voisin, eu égard aux saisons et aux prix communs de l'année ; sinon à dire d'experts, à défaut de mercuriales. Si la restitution en nature pour la dernière année est impossible, elle se fera comme pour les années précédentes. » — Il a été jugé que, lorsque les mercuriales paraissent aux tribunaux ne pas renseigner le prix des grains vendus à une certaine époque avec assez de détails pour qu'ils puissent en faire l'application aux différends sur lesquels ils ont à prononcer, ils doivent, assimilant ce cas à celui où il y a défaut absolu de mercuriales, ordonner un rapport d'experts conformément à l'art. 129 ci-dessus transcrit, et non renvoyer les parties à l'autorité administrative supérieure pour réparer les lacunes des mercuriales (décr. 23 janv. 1815, aff. Daulos *C.* hosp. de Lille). — V. le Répertoire de M. Merlin, vᵒ *cit.*, n° 3.

11. En matière administrative, les mercuriales servent à régler le prix des fournitures faites ou à faire aux divers services publics, surtout en ce qui concerne les fournitures faites de gré à gré et les fournitures supplémentaires (V. Marché de fournit., n°ˢ 23 et 52). Il arrive souvent d'ailleurs, pour les fournitures mises en adjudication, que l'adjudicataire s'engage à livrer à tant pour cent au-dessous de la mercuriale ; la mercuriale du jour des offres sert alors de base au règlement du prix (V. *vᵒ cit.*, n° 117-4ᵒ). — En matière d'impôt, les mercuriales des deux premiers marchés du mois et du dernier marché du mois précédent servent à établir le tableau du prix moyen des grains, publié tous les mois par le gouvernement, et qui a pour but de déterminer les taxes d'importation et d'exportation des céréales ; ces mercuriales indiquées par ce tableau sont celles qu'on appelle mercuriales *spéciales* (V. Douanes, n°ˢ 587 et 590). — Enfin, en matière d'enregistrement, les mercuriales servent à déterminer la valeur des stipulations en nature. — V. Enreg., n°ˢ 4683 et suiv.

TAXE DES DOUANES. — V. Douanes.

TAXE DES FRAIS ET DÉPENS. — V., pour ce qui concerne les frais civils, criminels et administratifs, vᵒ Frais, n°ˢ 270 et suiv., 1047 et suiv., 1217 et suiv., et pour ce qui concerne l'appel des jugements rendus en matière de taxe, vᵒ Appel civil, n°ˢ 337 et suiv., 454. — V. aussi Acquiescement, n° 124 ; Affiche, n° 107 ; Agréé, n° 63 ; Appel civil, n°ˢ 1280 et 1289 ; Avoué, n°ˢ 129 et suiv. ; Avocat, n° 27 ; Cassation, n° 93 ; Copie de pièces, n°ˢ 13, 19 et 53 ; Désistement, n° 190 ; Enregistr., n° 5810 ; Greffier, n° 115 ; Huissier, n°ˢ 48 et 52 ; Jugement, n° 698 ; Prud'homme, n° 109 ; Matières sommaires, n° 12, 63 et suiv., 77 ; Vente publ. d'imm., n° 100, 1662 et suiv., 1900, 2091 et 2136.

TAXE DES HONORAIRES. — V. Honoraires. — Relativement aux honoraires des notaires, V. Notaire, n° 484 et s., et Compulsoire, n° 49 et suiv. — Relativement aux honoraires des avocats, avoués, etc., V. Avocat, n° 258 et suiv. ; Avoué, n° 118 et suiv., et les renvois indiqués à la table du mot Frais.

TAXE DES LETTRES ET DÉPÊCHES. — V. Postes, n° 22 et suiv., et Télégraphe, n° 78 et suiv.

TAXE DES PAUVRES. — V. Economie politique, n° 21 ; Secours publics, n° 2 ; Théâtre.

TEINTURIER. — V. Acte de comm., n° 83 ; Commerçant, n° 34 ; Patente, n° 83 ; Prud'hommes, n° 20, 24.

TÉLÉGRAPHIE. — 1. La télégraphie (τῆλε, de loin, γράφειν, écrire) est l'art de correspondre ou de transmettre rapidement sa pensée à de grandes distances au moyen de signaux.

Division.

SECT. 1. — Historique et législation (n° 2).

SECT. 2. — Etablissement des lignes télégraphiques (n° 47).

Art. 1. — Etablissement des lignes télégraphiques de l'Etat (n° 48).

§ 1. — Télégraphie électrique (n° 48).

§ 2. — Télégraphie optique ou aérienne (n° 61).

Art. 2. — Etablissement de lignes télégraphiques par les particuliers (n° 70).

SECT. 3. — Usage des lignes télégraphiques (n° 75).

Art. 1. — Dépêches politiques et administratives (n° 75).

Art. 2. — Dépêches privées (n° 78).

§ 1. — Règles relatives aux dépêches privées transmises à l'intérieur de l'empire (n° 78).

§ 2. — Dépêches internationales (n° 104).

§ 3. — Tarifs intérieurs dans les divers Etats de l'Europe (n° 111).

§ 4. — Documents statistiques sur les dépêches privées (n° 122).

SECT. 4. — Police des lignes télégraphiques (n° 125).

Art. 1. — Répression des transmissions télégraphiques non autorisées (n° 125).

Art. 2. — Atteintes portées aux lignes télégraphiques légalement établies (n° 131).

Art. 3. — Mode de réparation des dommages causés aux lignes. — Destination des amendes et des réparations civiles (n° 140).

Art. 4. — Constatation des contraventions, délits et crimes relatifs aux lignes télégraphiques (n° 145).

SECT. 5. — Organisation de l'administration et du service des lignes télégraphiques (n° 156).

Art. 1. — Organisation du service dans la métropole (n° 157).

Art. 2. — Organisation du service en Algérie (n° 187).

SECT. 1. — HISTORIQUE ET LÉGISLATION.

2. La transmission prompte et fidèle des dépêches est l'une des premières conditions d'un bon gouvernement. Aussi a-t-on cherché à toutes les époques à utiliser dans ce but, soit la vitesse du son, soit la transmission de la lumière. Mais l'art de la télégraphie, imparfait dans son origine comme tous les produits de l'intelligence humaine, ne consistait d'abord qu'à placer de distance en distance des vigies qui transmettaient les nouvelles au moyen de la voix ou à montrer des objets voyants et à allumer des feux dont la vue exprimait un avis déterminé à l'avance. Aujourd'hui, par un miracle devant lequel on reste encore confondu, on peut, au moyen du télégraphe, correspondre à des centaines de lieues aussi promptement qu'avec la parole elle-même.

3. L'art de la *télégraphie aérienne* remonte à la plus haute antiquité. On se rappelle les voiles blanches et noires de Thésée, lors de son expédition dans l'île de Crète, et la mort d'Egée, trompé par la négligence du pilote. Homère raconte que Palamède employait des signaux de feu pour correspondre au loin,

et Eschyle, dans sa tragédie d'Agamemnon, nous apprend que la nouvelle de la prise de Troie fut annoncée à Clytemnestre, qui résidait à Argos, au moyen de feux allumés sur le mont Ida, au promontoire d'Hermès, dans l'île de Lemnos, sur le mont Jupiter, sur les rochers de Maciste, à Messape, aux bords de l'Euripe, sur les monts Cithéron, Egyplancte et Arachné, et dernier mont voisin d'Argos. — L'usage des signaux de feu se multiplia dans les âges suivants : Thucydide décrit des fanaux attachés à l'extrémité de hautes perches dont on se servait pour le siége des villes, et il ajoute qu'on en fit un grand usage dans la guerre du Péloponèse et à la bataille de Salamine. Un Sidonien proposa à Alexandre d'établir au moyen de signaux, entre tous les points de son immense empire, des communications tellement rapides, qu'il pourrait faire parvenir en cinq jours des nouvelles de Pella dans l'Inde.—Aristote parle des *observateurs de signaux* établis de son temps. Pausanias mentionne également l'emploi de ce mode de communication. Tite-Live, Polybe et Plutarque rapportent que ce moyen de correspondance était mis en usage par les Carthaginois dans leurs nombreuses campagnes en Sicile et pendant les guerres puniques.

4. Jusque vers le quatrième siècle avant Jésus-Christ, l'art des signaux télégraphiques n'était encore parvenu qu'à transmettre celles des nouvelles que l'on avait pu prévoir et pour lesquelles on avait arrêté à l'avance un signal déterminé destiné à les faire connaître. Enée, le tacticien, s'efforça bien de remédier à cet inconvénient, mais il ne put parvenir qu'à trouver le moyen de faire connaître un plus grand nombre d'avis déterminés. — Il était réservé à Cléoxène et à Démoclite, qui vivaient au troisième siècle avant l'ère chrétienne, de découvrir les premiers le moyen de transmettre par signaux *toute espèce de nouvelles.*—Ce moyen consistait, selon Polybe, à partager toutes les lettres de l'alphabet en cinq groupes contenant chacun cinq lettres. L'indication du groupe de lettres à consulter et de la lettre de ce groupe avait lieu au moyen de fanaux. Ainsi pour annoncer, par exemple, que *cent Crétois avaient déserté*, on élevait d'abord un fanal pour marquer à celui qui recevait la nouvelle que c'était le premier groupe qu'il devait examiner ; puis trois fanaux lui faisaient connaître que c'était la troisième lettre de ce groupe, c'est-à-dire un *c* qu'il devait écrire. Puis un fanal, suivi bientôt de cinq fanaux, indiquait la lettre *e* qui est dans le premier groupe et la cinquième de ce groupe, et ainsi de suite. — Ce système fit faire un pas décisif à la télégraphie. Philippe, père de Persée, roi de Macédoine, l'employa en grand dans toutes ses expéditions militaires et principalement dans la guerre qu'il soutint contre Aratus.

5. L'Inde et la Chine avaient aussi leurs signaux, signaux ignés formés de matières résineuses et dont l'éclat persistait dans toutes les conditions atmosphériques. Dès l'époque de l'établissement de leur grande muraille, c'est-à-dire environ deux siècles avant l'ère chrétienne, les Chinois allumaient sur son couronnement des feux brillants que n'éteignaient ni le vent ni la pluie, pour signaler à toute la frontière les incursions des Tartares.

6. L'art de la télégraphie ne s'introduisit que tardivement chez les Romains, qui l'apprirent des Carthaginois au temps des guerres puniques. — César se servit de signaux de feu dans la guerre des Gaules pour diriger la marche de ses armées, et c'est seulement par leur emploi qu'on peut se rendre compte de la rapidité et de la sûreté de ses mouvements. — Du haut des rochers de Caprée, Tibère observait lui-même les signaux qui lui apportaient, à défaut de ses courriers ordinaires, les nouvelles de tous les points de son vaste empire : *Speculabundus ex attissima rupe identidem, signa, quæ ne nuncii morarentur, ut quidquid foret factum, mandaverat* (Suétone, vie de Tibère). — Plus tard les Romains firent élever de distance en distance, sur leurs principales voies de communication, des tours destinées à transmettre des signaux. On voit encore sur les bas-reliefs de la colonne Trajane l'image d'un poste télégraphique. — Dans les Gaules, les tours des villes et des châteaux étaient surmontées de longues perches de bois, au moyen desquelles on pouvait correspondre : *Aliquanti in castellorum aut urbium turribus appendunt trabes quibus, aliquando erectis, aliquando depositis, indicant quæ geruntur* (Institutions militaires de Végèce, liv. 3, n° 50). Il existe encore à Uzès, à Bellegarde, à Arles, à Nîmes, à Besançon, etc., des traces de postes télégraphiques. — Hector Boëce, historien écossais du seizième siècle, rapporte qu'on se servait autrefois dans la Grande-Bretagne d'un moyen de correspondance analogue, et qu'on voyait encore de son temps les restes de quelques mâts élevés en divers lieux, au sommet desquels on plaçait des barils de poix et de résine dont la flamme servait de signaux d'avertissement.

7. Au moyen âge, l'art de la télégraphie, comme beaucoup d'autres branches des connaissances humaines, paraît avoir été fort négligé. Les procédés télégraphiques imaginés par les Grecs et les Romains finirent même par tomber dans l'oubli. Cependant les Grecs du Bas-Empire, les Maures en Espagne et les Espagnols se servirent quelquefois de signaux au moyen du feu ou d'objets voyants, tels que des étendards. — En 1340, une ordonnance royale, publiée par Fadrigue, grand amiral de Castille, fit connaître la forme et le but d'un grand nombre de signaux à employer à bord d'une flotte de vingt galères et de quarante autres navires qui venait d'être équipée contre le royaume d'Aragon. —Tamerlan, ce conquérant barbare, employait aussi les signaux pour diriger la marche de ses armées. Si les moyens de correspondance dont il se servit ne méritent aucune mention spéciale, il n'en est pas de même de son vocabulaire télégraphique qui était d'un laconisme effrayant. Il n'employait que trois signes pour faire connaître ses volontés aux villes qu'il assiégeait. Le premier était un drapeau blanc qui signifiait : *Rendez-vous, Tamerlan usera de clémence.* Le second, qui était un drapeau rouge, exprimait qu'il fallait du sang, que le commandant de la place et ses principaux officiers payeraient de leur tête le temps qu'ils lui avaient fait perdre. Le troisième et dernier signal était un drapeau noir; il signifiait que tout serait mis à feu et à sang et que la ville prise d'assaut ou rendue, serait détruite de fond en comble.

8. En Angleterre le fils de l'évêque de Bath, en 1557, et l'évêque de Chester en 1641, firent de nombreuses recherches sur l'art télégraphique ancien. Vers la fin du dix-septième siècle, le docteur Hook, physicien anglais très-distingué, proposa une machine télégraphique composée d'un certain nombre d'appareils d'un grosseur suffisante pour être aperçus au loin et qui correspondaient chacun à une lettre de l'alphabet.

9. L'art des signaux aériens, pour se développer et s'étendre, devait emprunter aux progrès de l'optique le secours de ses instruments merveilleux. Un de nos plus illustres académiciens, Amontons, imagina le premier d'observer les signaux au moyen de télescopes dont on devait se servir dans une série de postes successifs. Les différents signaux étaient autant de lettres d'un alphabet dont on n'avait la clef qu'au point de départ et au point d'arrivée. Mais les expériences qui eurent lieu ne ratifièrent point les espérances du savant académicien. — Plus tard et vers la fin du dix-huitième siècle, le journaliste Linguet, enfermé à la Bastille, employa les loisirs de sa captivité, à trouver un mode de correspondance télégraphique facile à mettre en pratique, et, croyant l'avoir trouvé, proposa au gouvernement de lui en dévoiler le secret pour prix de sa liberté. Cette proposition ne fut point accueillie. — En 1788, une machine télégraphique fut établie sur l'une des maisons de Belleville, habitée par François Dupuis, l'auteur de l'*Origine des Cultes.* Ce savant l'y avait fait placer pour correspondre avec un de ses amis qui habitait à trois lieues de là et qui devait avoir dans sa résidence une machine semblable. — Dans le même temps un savant de Hanau, Bergstrasser, consacrait toutes ses forces à la science de la télégraphie et s'occupait tout à la fois de l'invention de nouveaux appareils et de perfectionner le langage télégraphique.

10. Mais l'art de la télégraphie aérienne n'a pris un corps et n'est véritablement passé de la théorie dans la pratique avec une valeur réelle et incontestable que depuis 1792. — Le 22 mars de cette année, Claude Chappe, neveu du célèbre abbé de ce nom, fut introduit à la barre de l'assemblée nationale et lui fit hommage d'une découverte dont l'objet était de communiquer rapidement à grandes distances tout ce qui peut faire le sujet d'une correspondance. Il assurait que la vitesse de cette correspondance serait telle que le corps législatif pourrait faire parvenir ses ordres à nos frontières et en recevoir la réponse pendant la durée d'une

même séance. — Cette communication souleva de nombreux applaudissements. A la suite d'un essai qui fut très-satisfaisant l'assemblée nationale décréta l'établissement d'une ligne télégraphique de Paris à Lille et les autres places de la frontière du nord. —Le 30 therm. an 2 (18 août 1794), Barrère monta à la tribune et apprit à l'assemblée que la nouvelle de la reprise du Quesnoy avait été apportée à Paris au moyen de cette ligne une heure après que la garnison y était entrée.—Le 30 nov. suivant Carnot lut à la convention une missive laconique arrivée par le télégraphe et ainsi conçue : « Condé est rendue à la république, la reddition a eu lieu ce matin à six heures. » — La convention décréta que l'armée du nord continuait à bien mériter de la patrie et que ce décret lui serait porté par le télégraphe. Avant la fin de la séance la convention avait sous les yeux une dépêche expédiée de Lille à Paris et par laquelle on lui annonçait la réception de ce décret. Que l'on se reporte au temps où l'on n'était point accoutumé aux merveilles de la télégraphie et l'on comprendra l'enthousiasme qui éclata au sein de la convention. — L'avenir de la télégraphie était dès lors assuré.

11. Le télégraphe Chappe se compose d'une grande pièce nommée *régulateur,* et de deux petites appelées *indicateurs.*— Le régulateur est un rectangle allongé, traversé dans son milieu par un axe sur lequel il tourne librement et peut décrire un cercle dont le plan est vertical. On pourrait ainsi, au moyen de cette seule pièce, donner autant de signaux qu'elle pourrait prendre de positions distinctes. Mais, pour éviter toute confusion, Chappe a réduit avec raison ces positions télégraphiques à quatre, la verticale, l'horizontale, l'oblique de gauche à droite et l'oblique de droite à gauche, ces deux dernières inclinées l'une et l'autre de quarante-cinq degrés sur l'horizontale et sur la verticale. — Les deux indicateurs sont également deux rectangles, d'une longueur chacun du tiers environ du régulateur, fixés par l'une de leurs extrémités aux extrémités du régulateur, de manière à décrire un cercle dont le plan est vertical et parallèle au plan du cercle que peut décrire le régulateur. Chaque indicateur prend, par rapport au régulateur, huit positions télégraphiques distinctes, dont l'une, celle qui forme le prolongement du régulateur, n'est pas usitée parce qu'elle n'est pas suffisamment visible.

En combinant ensemble les sept positions des deux indicateurs par rapport au régulateur dans une position télégraphique quelconque, on obtient quarante-neuf signaux. Mais comme le régulateur peut prendre quatre positions différentes, le nombre des signaux possibles, au moyen de ce mécanisme, peut donc s'élever à cent quatre-vingt-seize.—En affectant un certain nombre de ces signaux à la représentation des lettres de l'alphabet et des chiffres qui servent de base à la numération, on peut ainsi, par cette méthode appelée *alphabétique,* exprimer toutes les idées et tous les nombres imaginables.—Mais comme il faut au moins un signal pour exprimer chaque lettre et que le temps est, en télégraphie, l'élément qu'il faut le plus ménager, les frères Chappe ont cherché un moyen plus prompt de transmission. Ils ont consacré à cet effet quatre-vingt-douze signes à exprimer les nombres depuis un jusqu'à quatre-vingt-douze, et composé un vocabulaire de *mots* de quatre-vingt-douze pages, contenant chacune quatre-vingt-douze mots. Un premier signal indique la page du vocabulaire, un second signal indique le numéro du mot de cette page que l'on veut faire connaître : de telle sorte qu'on peut, par deux signaux, exprimer huit mille quatre cent soixante-quatre mots. — Ils ont fait en outre un vocabulaire *phrasique* formé également de quatre-vingt-douze pages contenant chacune quatre-vingt-douze phrases, ce qui donne huit mille quatre cent soixante-quatre phrases, lesquelles s'appliquent particulièrement à la marine et à la guerre. L'usage de ce vocabulaire nécessite un signe de plus pour indiquer l'emploi du vocabulaire phrasique.—Ils ont établi, enfin, un troisième vocabulaire, appelé *géographique,* qui contient des noms de lieux et renferme également huit mille quatre cent soixante-quatre numéros. —Depuis 1830, l'administration du télégraphe a fait refondre en un seul ces trois vocabulaires qui ont d'ailleurs été fort étendus.

12. Le gouvernement s'empressa de mettre au service des armées un auxiliaire aussi précieux. En 1798, on prolongea la ligne du Nord de Lille à Dunkerque, et l'on construisit la ligne de Strasbourg qui fut bientôt étendue jusqu'à Huningue. Dans la même année on décréta la ligne de Paris à Brest avec ramification sur Saint-Brieuc. L'année suivante, le Directoire commença la ligne du Midi, qui s'arrêta à Dijon et ne fut point mise immédiatement en activité. En 1803, la ligne du Nord fut prolongée à Boulogne et à Bruxelles, en 1809, à Anvers et Flessingues, et en 1810, à Amsterdam. En 1805, Napoléon décréta la ligne de Paris à Milan, qui fut continuée jusqu'à Venise en 1810, avec un embranchement sur Mantoue. La Restauration construisit celle de Lyon à Toulon et de Paris à Bayonne. Enfin le gouvernement de 1830 termina le vaste réseau de télégraphes aériens qui couvrait la France avant l'application du système électrique. Ce réseau se composait de cinq grandes lignes qui, partant de Paris, aboutissaient, la première à Lille, Calais et Boulogne; la seconde à Brest; la troisième à Bayonne et à la frontière d'Espagne; la quatrième à Toulon, et la cinquième à Strasbourg. La ligne de Paris à Toulon avait un embranchement de Dijon à Besançon. Celle de Paris à Brest, un embranchement d'Avranches à Cherbourg, et un autre d'Avranches à Rennes et à Nantes. Enfin une ligne secondaire joignait Bordeaux à Toulouse et à Narbonne, et se bifurquait de ce dernier point sur Perpignan, d'une part, et, de l'autre, sur Montpellier, Nîmes et Avignon où elle rejoignait la ligne principale de Paris à Toulon.

13. La télégraphie n'a pas tout d'abord été employée en Algérie, et ce n'est qu'au commencement de 1837 qu'une ligne télégraphique aérienne fut improvisée par le génie militaire entre Alger et le camp de Bouffarik, qui était alors notre poste le plus avancé.—A mesure que la conquête s'étendit et que les colonnes expéditionnaires poussèrent leurs opérations au delà de l'Atlas, on sentit le besoin d'appliquer ce moyen de correspondance. En 1842, le ministre de la guerre fit étudier l'établissement de lignes définitives destinées à mettre Alger en communication avec les principales places de la province, ainsi que l'organisation d'un personnel spécial pour les desservir. Cette étude eut pour résultat de faire appliquer à toute l'Algérie le système télégraphique de France simplifié. Aujourd'hui ce système est encore en usage concurremment avec celui du télégraphe électrique employé principalement le long des côtes.

14. La vitesse de transmission des dépêches par le télégraphe Chappe variait suivant la distance. On pouvait passer, en moyenne, pour la correspondance ordinaire, quatre signaux par minute qui, formés au point de départ, étaient répétés aussitôt et successivement par tous les postes de la ligne. Un signal transmis de Paris arrivait à Lille en six minutes par vingt-deux télégraphes, à Strasbourg en onze minutes par quarante-quatre télégraphes, à Brest en quatorze minutes par cinquante télégraphes, à Toulon en vingt-cinq minutes par cent télégraphes. Ces signaux, groupés deux à deux ou quatre à quatre représentaient des mots et principalement des phrases entières que le compositeur de la dépêche trouvait toujours dans le vocabulaire, qui offrait à cet effet les ressources les plus variées.

15. L'invention du télégraphe Chappe fit une grande sensation en Europe ; ses résultats extraordinaires, publiés par les journaux, étaient commentés en divers sens.—Ce n'était, selon les uns, qu'une ruse du gouvernement de la République pour détourner l'attention des projets importants qu'elle méditait. D'autres, au contraire, exaltèrent avec enthousiasme cette découverte. Mais là où elle était contestée, aussi bien que là où elle était admirée, elle eut pour effet de stimuler partout la recherche de procédés télégraphiques plus parfaits que ceux dont on s'était servi jusqu'alors.—C'est en Suède que les travaux dirigés dans ce but furent les premiers couronnés de succès; mais c'est surtout en Angleterre que la découverte de Chappe émut les esprits. Les Anglais, toujours si prompts à adopter tout ce qui peut les servir dans leurs projets, ne perdirent pas de temps pour faire des établissements analogues. De nombreux postes télégraphiques furent bientôt construits de Déal à Portsmouth, de Portsmouth à Falmouth, et de ces deux points à Londres. Aucun bâtiment ne pouvait se montrer aux deux extrémités de la Manche sans que l'avis en parvînt sur-le-champ à l'amirauté de Londres. —Les Anglais surveillaient ainsi pendant les premières guerres de la République tout ce qui se passait sur les côtes de France. C'est ce moyen de communication qui, après leur avoir rendu

depuis le commencement de la guerre des services innombrables, servit si bien l'amiral Duncan en l'avertissant à point nommé de la sortie de l'escadre hollandaise et du moment où il fallait envelopper le brave et malheureux Winter.

16. La découverte de Chappe ne fut appliquée que dans une partie de l'Allemagne. La Prusse fit choix d'un autre procédé qu'elle employa pour la première fois en 1832, entre Berlin et Trèves. — Le gouvernement russe chercha sans succès pendant plus de trente années un mode de correspondance télégraphique. C'est seulement à la suite de la révolution de juillet, qu'un employé de l'administration des télégraphes français vint doter l'empire du Czar de la découverte cherchée depuis si longtemps. Bientôt après deux lignes télégraphiques, établies d'après le système Chappe légèrement modifié, relièrent Saint-Pétersbourg à Cronstadt et à Varsovie. — Vers 1830, le gouvernement ottoman fit demander au gouvernement français un modèle du télégraphe Chappe. Ce modèle ne fut jamais employé, et la Turquie a toujours été privée de télégraphes aériens. — Une semblable demande, faite quelque temps après par le vice-roi d'Égypte, Méhémet-Ali, ne resta pas stérile. Une ligne télégraphique en tout semblable aux lignes établies en France, fut construite en 1840 entre le Caire et Alexandrie.—Le bey de Tunis a suivi cet exemple, et voulu, lui aussi, avoir ses lignes télégraphiques. En 1847, un employé du gouvernement français fut autorisé à aller en diriger l'établissement, et la régence tunisienne jouit depuis ce moment de ce moyen de communication.

17. Le télégraphe Chappe, naguère si actif sur toute l'étendue de la France, n'est plus aujourd'hui qu'un simple appareil historique. Il domine encore quelques tours de Paris et les monts voisins, mais son rôle mystérieux est fini. La pensée de l'homme a cessé d'agiter ses ailes, et s'il se survit encore, ce n'est plus que par le souvenir de ses triomphes passés. — Inventé depuis un demi-siècle à peine, le télégraphe aérien avait reçu cependant de grands perfectionnements; il était même sur le point de voir doubler son utilité et ses services par l'adoption de signaux de nuit. Mais, en même temps que l'invention des chemins de fer venait d'ouvrir ses communications rapides, l'application de l'électricité à la télégraphie, en dotant la pensée humaine d'une voie de transmission incomparablement supérieure, est venue arrêter ce nouveau développement.

18. Bien que Thalès de Milet ait découvert, il y a plus de vingt-quatre siècles, l'existence du fluide électrique, l'électricité est une science toute moderne. La première machine électrique fut construite vers la fin du dix-septième siècle par Otto de Guérich, bourguemestre de Magdebourg, et c'est seulement de cette époque que date l'étude des phénomènes de l'électricité. — En 1746, Lemonnier, de l'Académie des sciences, découvre la transmission instantanée de l'électricité à travers un fil de fer d'une très-grande étendue. L'année suivante, les expériences de Watson, sur un fil de fer de 4 milles anglais de longueur, confirment cette découverte. Muschembroeck construit la bouteille de Leyde. Franklin découvre au sein de l'atmosphère la présence de l'électricité libre. Dufay excite l'admiration publique en faisant jaillir, comme des conducteurs d'une machine électrique, des étincelles du corps humain.

19. La rapidité avec laquelle le fluide électrique circule dans ses conducteurs devait amener naturellement les physiciens à découvrir le moyen de l'appliquer à la transmission de la pensée. — Ce fut en Angleterre qu'eurent lieu les premiers essais tentés dans ce but. Le docteur Watson fit en 1747 plusieurs expériences dans lesquelles on se servit pour correspondre, à la distance de 2 milles anglais, de la décharge de batteries électriques. — Vers 1760, Lesage, savant de Genève, mais d'origine française, imagina de représenter toutes les lettres de l'alphabet au moyen d'une machine électrique à laquelle étaient adaptés autant de fils conducteurs qu'il y a de lettres. Ce projet fut réalisé en 1774. En faisant passer la décharge à travers tel ou tel fil, on produisait à l'autre extrémité de ce fil, quelle qu'en fût la longueur, un signal qui désignait la lettre correspondante. — Arthur Yung, dans la relation de son voyage en France, vers 1787, décrit une expérience faite devant ui par le mécanicien Lomond, et dont le but était de correspondre au loin par le fluide électrique. — En 1794, Reiser, en Allemagne, propose d'éclairer à distance, au moyen d'une décharge électrique, les diverses lettres de l'alphabet découpées d'avance sur des carreaux de verre. — Déjà en 1787, Bétancourt, en Espagne, avait tenté d'appliquer aux signaux la décharge de bouteilles de Leyde dans des fils métalliques placés entre Aranjuez et Madrid. Neuf années plus tard, le docteur dom François Salva établit, d'après l'idée de Reiser, un télégraphe électrique qui fut expérimenté en présence du prince de la Paix et du roi d'Espagne.

20. Il fallait connaître l'électricité d'une manière plus approfondie pour plier cet agent aux besoins de la télégraphie. Le dix-huitième siècle ne découvrit que l'électricité *statique*, force terrible, mais ingouvernable, que l'homme peut arracher au ciel, mais ne peut discipliner à son gré. Les phénomènes de cet agent inconstant, capricieux, inégal, pénible à engendrer, difficile à contenir, étaient impuissants à fonder un bon système télégraphique. — Mais bientôt la physique va s'enrichir d'admirables conquêtes et l'électricité révéler des propriétés inattendues. Dès lors, la télégraphie électrique va prendre son essor et marcher à pas de géant dans la voie qui doit la conduire au point où elle est aujourd'hui. — Galvani en 1789, Volta en 1800, découvrent les données fondamentales sur lesquelles repose ce nouveau mode de communication. La pile voltaïque, en fournissant une sorte d'électricité constante et sans tendance à abandonner ses conducteurs, offre le moyen d'émettre d'une manière continue ce fluide à de grandes distances sans déperdition sensible pendant le trajet.

21. En 1811, le physicien bavarois Sœmmering proposa un système complet de télégraphie, fondé sur la décomposition de l'eau par la pile de Volta. Son appareil consistait en trente-cinq circuits voltaïques formés au moyen d'une seule pile. Les fils de ces circuits étaient isolés par une enveloppe de soie et réunis ensuite en faisceau. Le fluide électrique pouvait agir ainsi isolément dans chacun de ces fils. La pile était placée à l'endroit d'où l'on voulait transmettre la dépêche. Les fils partant de l'un des pôles de cette pile venaient se rendre dans des vases d'eau placés à l'endroit où cette dépêche devait être reçue. Chaque vase désignait l'une des vingt-cinq lettres de l'alphabet et les dix chiffres de la numération. Les fils revenaient ensuite à la station de départ se rattacher à l'autre pôle de la pile pour fermer le circuit. Le passage du courant électrique dans l'un quelconque de ces circuits décomposait l'eau du vase correspondant, et pouvait ainsi faire connaître successivement toutes les lettres de la dépêche. — Déjà une année auparavant, le professeur Coxe, de Philadelphie, avait conçu un projet analogue, en proposant d'appliquer la pile de Volta à la télégraphie par la décomposition de l'eau ou des sels métalliques.

22. Mais l'action de la pile, manifestée par des décompositions chimiques, ne pouvait pas procurer, au moyen de l'appareil du physicien bavarois, un bon système de correspondance, et l'on dut poursuivre la solution du problème en cherchant à faire produire au courant un effet mécanique. — La découverte d'OErsted, en 1819, remplit heureusement cette condition. On sait qu'une aiguille aimantée, placée horizontalement sur un pivot de manière à pouvoir tourner librement autour de son centre de gravité, prend d'elle-même une direction constante, sensiblement du nord au sud. — OErsted observa le premier que si l'on approche une aiguille aimantée d'un fil conducteur parcouru par le fluide électrique, cette aiguille dévie de sa position et tend à se mettre en croix sur le courant. Il constata, en outre, cette particularité plus remarquable encore de ce phénomène, que le sens de la déviation change en même temps que la direction du courant, et pour un même courant, selon que le fil dans lequel il a lieu est au-dessus ou au-dessous de l'aiguille. On a donné à l'action qu'exerce ainsi le courant d'une pile sur l'aiguille aimantée le nom de force *électro-magnétique*. — Ampère entrevit aussitôt la possibilité d'appliquer ce phénomène à la télégraphie, et il adressa dans ce but un rapport à l'Académie des sciences.

23. Une autre découverte fournit bientôt le moyen de donner à l'action du courant sur l'aiguille aimantée un effet beaucoup plus énergique. — Schweiger observa que si on replie un grand nombre de fois le fil conducteur autour d'une aiguille aimantée, cette aiguille est soumise aux actions déviatrices de toutes les parties du fil, que toutes ces parties tendent à faire dévier le fil dans le même sens, de telle sorte que si elles forment cent tours elles produisent un effet cent fois plus grand qu'un fil d'un seul tour, pourvu toutefois que le fluide électrique parcoure toutes les circonvolutions du fil sans passer latéralement d'un contour à l'autre. — L'instrument qui repose sur la découverte de Schweiger porte le nom de multiplicateur ou galvanomètre.

24. L'action d'un courant voltaïque sur l'aiguille aimantée, multipliée par l'emploi du galvanomètre, ne tarda pas à être appliquée à la télégraphie. — En 1832, le baron Shilling construisit en Russie un appareil fondé sur ce double principe. Il n'employait cinq fils ou cinq circuits dans lesquels il dirigeait le courant au moyen d'un clavier composé de cinq touches. A la station d'arrivée ces fils étaient en rapport chacun avec un galvanomètre. Chaque aiguille aimantée fournissait deux signes selon le sens de la déviation qu'on lui imprimait. Les dix mouvements imprimés aux cinq aiguilles désignaient les dix premiers chiffres de la numération dont les combinaisons, données par un dictionnaire spécial, permettaient d'exprimer toutes les idées possibles. — En 1837, Alexander, d'Edimbourg, mit au jour un appareil à peu près semblable, mais beaucoup plus compliqué. Il employait trente fils ou circuits. A la station d'arrivée l'aiguille des galvanomètres, en déviant par l'impulsion du courant, découvrait la lettre ou le chiffre qui lui correspondait. — Vers la même époque M. Wheatstone établit des communications électriques permanentes sur le chemin de fer de Londres à Liverpool. Au moyen de cinq fils conducteurs agissant sur cinq aiguilles dont les mouvements se combinaient deux à deux ou trois à trois, M. Wheatstone pouvait indiquer de l'une à l'autre ville les différentes lettres de l'alphabet à raison de vingt lettres par minute. Plus tard, il réduisit successivement à quatre, à trois, à deux, et même à un seul le nombre de ces fils conducteurs, et parvint à établir un appareil télégraphique très-simple et très-pratique.

25. Mais tandis que ces savants et parmi eux, M. Wheatstone surtout, cherchent à simplifier le mécanisme des transmissions au moyen de l'action du courant sur l'aiguille aimantée, d'autres poursuivent la solution du problème en s'appuyant sur de nouvelles propriétés de l'électricité dynamique récemment observées. — Dans l'année même où OErsted avait publié sa découverte, Arago, répétant l'expérience du savant suédois, découvrit le premier les propriétés magnétisantes des courants électriques. Il remarqua d'abord que si l'on plonge dans de la limaille de fer une portion du fil qui joint les deux pôles d'une pile, la limaille s'enroule autour du fil et y reste adhérente tant que le courant passe. — Il reconnut ensuite, dans une série d'expériences faites en commun avec Ampère, que l'électricité circulant autour d'une tige de fer doux, c'est-à-dire de fer parfaitement pur, communique à ce métal les propriétés de l'aimant. — Il remarqua, enfin, que si l'on suspend le courant électrique, le fer doux cesse aussitôt d'être aimanté pour revenir à son état naturel, que si le courant est rétabli, l'aimantation se reproduit instantanément pour cesser instantanément s'il est de nouveau interrompu, de telle sorte que dans l'espace d'une seule seconde les alternatives d'aimantation et de non-aimantation peuvent se reproduire un très-grand nombre de fois. — Cette découverte était plus importante et plus riche d'avenir pour la télégraphie que le fait de la déviation de l'aiguille, remarquée par OErsted. C'est en effet sur l'aimantation temporaire produite sur le fer doux par les courants électriques, que sont établis la plupart des appareils de télégraphie électrique aujourd'hui en usage.

26. Une dernière découverte était encore nécessaire à la solution du problème. — On sait qu'un circuit complet est essentiel à l'existence d'un courant électrique. Il semble donc, d'après ce qui précède, que le fil de fer qui va de l'un des pôles de la pile, placée au point de départ, se rendre à la station d'arrivée, doit revenir se rattacher à l'autre pôle de la pile; en sorte qu'il faudrait une *paire* de fils dont l'un serait la moitié *retournante* de l'autre. — Or il n'en est pas ainsi. — En 1837, Steinhel, savant bavarois, observa qu'on peut se dispenser de la partie *retournante* du fil, et que la terre remplit la fonction de cette partie, en formant la moitié du circuit. Il fit voir que si l'on met en communication les deux pôles d'une pile avec les extrémités de deux fils dont les deux autres extrémités sont plongées dans la terre, le courant s'établit dans ces deux fils tout comme dans un fil unique qui relierait entre eux les deux pôles de la pile. — La découverte de ce phénomène encore inexpliqué, mais irrécusable, a beaucoup simplifié le problème. On a pu, dès lors, établir un courant électrique entre deux localités, quelque grande que fût leur distance, au moyen d'un fil unique, à la seule condition de plonger ses deux extrémités dans le sol convenablement préparé à cet effet, c'est-à-dire suffisamment humide.

27. Nous n'avons pas à décrire ici tous les procédés imaginés pour appliquer l'électro-magnétisme à la transmission des signaux. Mais nous ferons connaître comment cette force a été utilisée dans l'appareil connu sous le nom d'*appareil Morse*, aujourd'hui en usage dans presque toute l'Europe et l'Amérique. — Supposons que de Paris on veuille faire parvenir une dépêche à Londres. — Voici dans toute leur simplicité les appareils qui vont servir à cette transmission. — A Paris est la pile qui doit fournir le courant électrique. — Là aussi est le manipulateur chargé de transmettre. — Le manipulateur se compose d'une petite planchette en bois munie d'un bouton métallique et d'un levier en cuivre dont le marteau peut frapper à volonté sur ce bouton. — Le fil de fer qui unit Paris à Londres et qu'on appelle *fil de ligne*, est mis en contact, par-dessous la planchette, avec le pivot du levier. — Un second fil, mis de même, par l'une de ses extrémités, en rapport avec le bouton métallique de la planchette, aboutit de l'autre à l'un des pôles de la pile. C'est le *fil de pile*. — Un troisième fil, partant de l'autre pôle de la pile plonge dans le sol. C'est le *fil de terre*. — Tels sont les appareils de transmission.

A Londres, l'appareil chargé de reproduire la dépêche se compose de trois parties : 1° D'un électro-aimant, c'est-à-dire d'une tige de fer doux entourée d'une bobine de fil de cuivre recouvert de soie; 2° d'un levier métallique armé, à l'une de ses bouts, celui qui regarde l'électro-aimant, d'une plaque de fer doux, à l'autre bout, d'un poinçon; 3° et, enfin, d'un cylindre autour duquel est enroulée une bande de papier large de 15 à 20 millim., sur laquelle le poinçon du levier peut venir adhérer. Un mouvement d'horlogerie fait mouvoir à volonté ce cylindre qui, en tournant, laisse dérouler la bande de papier avec une vitesse constante et uniforme. — Le fil de ligne est mis en contact avec l'une des extrémités du fil de la bobine, dont l'autre extrémité est en rapport avec le fil de fer qui va plonger dans la terre et qui est le *second fil de terre*. — Tels sont les appareils de réception.

28. Au moyen des deux fils de terre et en vertu du phénomène observé et mis au jour par Steinhel, un circuit continu peut donc facilement unir l'un à l'autre, en passant par le manipulateur et le récepteur, les deux pôles de la pile de Paris. Une seule solution de continuité existe, en effet, dans le circuit. Elle se trouve dans le manipulateur entre le bouton de cuivre et le marteau du levier. Mais elle cesse lorsque ce levier, auquel correspond le fil de ligne, frappe le bouton, auquel aboutit le fil de pile.—Ainsi, toutes les fois que le marteau du levier vient frapper sur le bouton, il ferme le circuit et le courant passe. Il cesse de passer dès que le marteau du levier, cessant d'être en contact avec le bouton, interrompt le circuit.—Quand le courant passe, il va dans l'appareil récepteur, à Londres, aimanter le fer doux de l'électro-aimant, qui, en attirant à lui la plaque du levier, imprime un mouvement de bascule à ce levier, dont le poinçon vient marquer sa trace sur la bande de papier que déroule le cylindre. — Quand le courant cesse de passer, le fer doux de l'électro-aimant, perdant instantanément son aimantation, n'attire plus la plaque du levier, qui, reprenant aussitôt sa position normale, cesse d'imprimer la trace de son poinçon sur la bande de papier.

29. Le principe des transmissions télégraphiques repose tout entier sur les alternatives d'émission et de non-émission du courant électrique, ainsi que sur la durée des émissions. Une émission brève produit entre le poinçon du levier et la bande de papier un contact bref, et par conséquent une trace brève, un point. Une émission moins brève produisant un contact d'une durée

plus longue, laisse sur la bande une trace allongée, un petit trait, un tiret. — Or c'est par la combinaison de points et de traits que l'appareil Morse forme les différentes lettres de l'alphabet et les dix premiers chiffres de la numération. Ainsi la lettre *a* est représentée par un point et un trait; la lettre *b* par un trait et trois points; la lettre *c* par un trait, un point, un trait et un point; la lettre *d* par un trait suivi de deux points; la lettre *e* par un point, etc., etc.—Pour imprimer au moyen de ces signes conventionnels la dépêche sur la bande de papier du récepteur de Londres, il suffit donc à l'employé de Paris de réunir par des contacts d'une durée calculée le marteau du levier au bouton du manipulateur. — Tel est le mécanisme des transmissions télégraphiques.

30. On n'est pas d'accord sur la vitesse du courant électrique. M. Wheatstone, qui a fait un grand nombre d'expériences à cet égard, l'évalue à 460,000 kilom. par seconde. MM. Fizeau et Gounelle sont arrivés à un résultat beaucoup plus faible : ils ont trouvé que la vitesse de l'électricité dans un fil de fer de 4 millimètres de diamètre était d'environ 100,000 kilom. par seconde, et dans un fil de cuivre de 2 millim. 1/2 de diamètre, de 160,000 kilom. MM. Burnouf et Guillemin ont obtenu 180,000 kilom. Elle serait, sur les fils de fer ordinaire des télégraphes, de 46,000 kilom. d'après le professeur Mitchell des Etats-Unis, et de 23,000 kilom. seulement, selon le professeur Walker. La différence considérable de ces résultats ne peut s'expliquer que par l'influence qu'exerce sur la propagation du fluide la position du conducteur par rapport aux corps environnants. — Quoi qu'il en soit, la vitesse de l'électricité est prodigieuse et surpasse l'imagination. Comme la lumière, l'électricité franchit l'espace sans moment appréciable, si l'on se place au point de vue des distances terrestres. Pendant la durée d'une seule pulsation du cœur elle ferait plusieurs fois le tour de la terre. La transmission d'un signal électrique doit donc être considérée comme instantanée. — Mais on n'en doit pas conclure que la transmission des dépêches au moyen de l'électricité soit également instantanée. L'expression de chaque lettre exige plusieurs signaux ne peuvent être transmis que successivement et doivent être séparés par un certain intervalle de temps. — Dans la pratique la vitesse de transmission dépend de l'habileté de l'agent qui transmet, de l'attention, de l'activité de l'agent qui reçoit, de l'instrument employé pour la transmission, de l'instrument employé pour la réception, de la distance à laquelle est transmis le message, de l'isolement plus ou moins parfait des fils de la ligne, et enfin de l'état du temps. Ces diverses circonstances causent des variations souvent fort considérables dans la vitesse des transmissions. Aussi les évaluations faites à cet égard sont loin d'être les mêmes. D'après M. Turnbull, la vitesse moyenne du télégraphe Morse est de 135 à 150 lettres par minute. Selon M. O'Reilly, directeur de l'une des plus grandes compagnies de New-York, elle est seulement de 20 à 25 mots, soit 100 à 115 lettres par minute. — Mais nous avons tout lieu de croire qu'il y a de l'exagération dans ces chiffres. En France on ne transmet, en moyenne, par cet appareil, que 65 lettres ou 12 mots par minute, soit 700 mots environ par heure. — Il est certain que d'ici à peu d'années le télégraphe électrique aura fait de grands progrès au point de vue de la vitesse des transmissions. De grands efforts ont déjà été tentés dans ce but. Plusieurs appareils semblaient même avoir résolu le problème d'une manière tout à fait merveilleuse. Malheureusement la pratique n'a pas confirmé les espérances que l'on avait conçues d'abord. Mais on est fondé à espérer que dans un avenir prochain les recherches, continuées de toutes parts, seront enfin couronnées de succès.

31. L'Angleterre, dont le commerce appelait cette voie rapide de communication, s'est bientôt livrée avec ardeur à la construction d'un réseau électrique complet, dont le développement est aujourd'hui d'environ 20,000 kilomètres. — Les Etats-Unis, dont la première ligne télégraphique fut inaugurée en 1844, entre Washington et Baltimore, possède un réseau qui couvre leur immense territoire et dont l'étendue n'est pas moindre de 60,000 kilomètres. — Les divers Etats de l'Allemagne ont bientôt marché sur ces traces, et ils sont aujourd'hui, ainsi que la Belgique, la Hollande et la Suisse, couverts d'un réseau électrique complet. — La Suède, la Norwège, le Danemark, la Rus sie, l'Italie, l'Espagne, le Portugal et la Turquie ont suivi cet exemple et se couvrent de lignes électriques.

32. Ce fut en 1844, alors que le problème était loin encore d'être résolu pratiquement d'une manière satisfaisante, que l'on résolut en France de faire un essai de télégraphie électrique. Le ministre de l'intérieur, frappé des avantages que nos établissements télégraphiques pourraient retirer de leur transformation, si elle était reconnue praticable sur de longues lignes, nomma une commission spéciale chargée de lui présenter un rapport sur la valeur de ce nouveau système, ses avantages et la possibilité de son application.

À la suite de ce rapport, une ordonnance royale du 23 nov. 1844 ouvrit un crédit extraordinaire de 240,000 fr. destiné à pourvoir aux frais d'un essai de télégraphie électrique sur une ligne dont la longueur serait d'au moins 12 myriam. Cet essai eut lieu entre Paris et Rouen. Il réussit parfaitement.—Deux années plus tard on construisit la ligne de Paris à Lille et à la frontière de Belgique. — Le malaise politique et économique qui se produisit dans le cours de l'année 1847 et surtout la révolution de 1848 vinrent retarder l'essor qu'allait prendre l'application de ce nouveau système. En 1849, on décréta l'ouverture de sept nouvelles lignes, et en 1851 de dix autres lignes. — Le gouvernement de l'empereur a imprimé la plus vive impulsion à la construction des lignes électriques dont le réseau a aujourd'hui un développement de près de 23,000 kilomèt. Il ne reste plus que 5 à 6,000 kilomèt. à établir pour compléter définitivement ce réseau.

33. En Algérie, la télégraphie électrique vit côte à côte avec la télégraphie aérienne, employée surtout dans l'intérieur des terres pour les expéditions militaires (V. n° 13). Toute la côte d'Afrique, depuis Oran jusqu'à Bone, est desservie par un réseau de lignes électriques qui relient entre elles les villes les plus importantes du littoral.

34. La télégraphie électrique permet d'établir des communications instantanées non-seulement entre des localités situées sur le même continent, mais encore entre des pays séparés par l'immensité des mers. — Isolés des autres nations, les Anglais furent les premiers intéressés à chercher aussi à rendre aussi faciles que sur la terre ferme les communications électriques entre le continent et l'Angleterre. — Le premier essai de ce genre eut lieu au mois de janvier 1849, entre Londres et Folkstone, au moyen d'un fil de cuivre recouvert de gutta-percha. Il réussit pleinement : des dépêches furent transmises aussi facilement que si ce fil au lieu de reposer au fond des eaux eût été établi en l'air sur des poteaux.—Dans le cours de la même année, le gouvernement français autorisa la compagnie anglaise Brett à établir une ligne électrique sous-marine entre les côtes de France et d'Angleterre. — Après avoir complétement échoué une première fois dans la pose du câble, cette compagnie parvint au mois de septembre 1852 à relier télégraphiquement Douvres à Calais. — Une ligne sous-marine semblable fut bientôt après établie entre l'Irlande et l'Angleterre, et deux autres entre l'Angleterre d'une part, et la Hollande et la Belgique, d'autre part.

35. Le succès de ces entreprises fit bientôt penser à relier par les mêmes moyens la France avec l'Afrique et le Levant. En 1853, les gouvernements de France et de Sardaigne accordèrent à la compagnie anglaise Brett la concession d'un télégraphe sous-marin méditerranéen qui, partant de la pointe sud du golfe de la Spezzia, devait aller toucher au cap Corse, traverser cette île, franchir le détroit de Bonifacio, passer à travers la Sardaigne pour atteindre le cap Teulada, et de là aboutir à la Galle près Bone, en s'appuyant, au besoin, sur l'îlot de Galita. La compagnie s'engagea à parfaire cette grande entreprise dans le délai de deux années. Elle s'engagea, en outre, à construire, dans le délai d'une année, une ligne électrique terrestre, de la Calle à la frontière de Tunis, où elle devait être mise en rapport avec la ligne partant de Tunis pour aller en Egypte et dans les Indes.— Les deux portions du câble entre la Spezzia et la Corse, et entre la Corse et la Sardaigne, ont été déposées heureusement dans le cours de l'année 1854. Mais la compagnie a fait, pendant les années 1855 et 1856, deux tentatives infructueuses pour relier la Sardaigne à l'Afrique. Une troisième tentative, faite en 1857, a été couronnée d'un plein succès, et jusqu'à ces derniers temps

on pouvait communiquer par le télégraphe de France en Algérie et réciproquement. Mais la partie de la ligne comprise entre la Sardaigne et l'Algérie s'est rompue il y a quelques mois et ne fonctionne plus aujourd'hui. — On a tenté tout récemment (septembre 1860) de déposer un câble direct entre la France et l'Algérie. L'opération n'a pas réussi. En attendant le résultat d'un nouvel essai on va utiliser la partie de ce câble qui a pu être déposée entre Alger et les îles Majorque et Minorque en la rattachant au réseau électrique espagnole.

36. On sait que pendant la campagne militaire de Crimée les gouvernements de France et d'Angleterre pouvaient obtenir presque instantanément des nouvelles du théâtre de la guerre au moyen du câble électrique submergé dans la mer Noire entre Varna et Balaklava. Ce câble, qui n'existe plus aujourd'hui, avait près de 600 kilomètres de longueur. — Le gouvernement turc a concédé à une autre compagnie anglaise une ligne sous-marine entre les Dardanelles, Alexandrie et les Indes. — Des câbles jetés entre Reggio et Messine, Jersey et Coutances, Jersey et Portland réunissent la Péninsule italique à la Sicile, et les îles de la Manche à la France et à l'Angleterre. Beaucoup d'autres lignes sous-marines sont établies, en voie d'exécution ou projetées. — Toutes les nations de l'Europe qui sont déjà reliées télégraphiquement entre elles et avec l'Algérie, sans aucune solution de continuité, seront donc bientôt unies plus étroitement encore au moyen de nouvelles lignes sous-marines. Celles qui doivent aboutir à Alexandrie permettront de communiquer avec l'Afrique, et bientôt après avec les Indes, presque aussi vite qu'avec les localités les plus voisines. Quelle impulsion et quelles facilités ne donneront pas au commerce ces lignes qui feront ainsi correspondre entre elles, avec la rapidité de la pensée, l'Europe, l'Asie et l'Afrique?

37. L'Amérique établit également des câbles sous-marins entre toutes les contrées de son territoire que sont séparées par des mers. Le grandiose projet de la pose d'un câble sous-marin entre les deux mondes, à travers l'océan, d'Irlande à Terre-Neuve, a été exécuté il y a deux ans. Malheureusement le câble, après avoir transmis quelques messages, a éprouvé au fond des eaux des avaries graves qui ont rendu désormais impossibles les communications. Une autre compagnie avait obtenu l'autorisation d'établir une seconde ligne transatlantique qui, partant de Bordeaux, irait toucher, par mer, au cap Finistère en Espagne, se prolongerait par terre jusqu'à Lisbonne, d'où elle s'élancerait à travers les profondeurs océaniques dans la partie la plus occidentale du groupe des Açores et aboutirait à Boston. Mais cette compagnie n'a pu tenir ses obligations. — Une nouvelle compagnie anglaise s'est engagée cette année même (1860) à établir une ligne semblable entre la France et les Etats-Unis d'Amérique et touchant à l'une des îles Saint-Pierre et Miquelon (Terre-Neuve). Espérons que cet engagement pourra être tenu.

38. La substitution du télégraphe électrique au télégraphe aérien n'a point eu lieu sans difficultés ni débats. — En 1840, lors de la demande d'un crédit de 30,000 fr. à la chambre des députés pour un essai de télégraphie de nuit, M. Arago, qui entrevoyait parfaitement l'avenir prochain du télégraphe électrique, se prononça contre l'allocation de ce crédit par le motif que l'on était à la veille de voir disparaître, non-seulement les télégraphes de nuit, mais encore les télégraphes de jour alors en usage, et qu'il valait mieux faire des expériences de télégraphie au moyen de l'électricité. — Mais M. Pouillet, qui était rapporteur du projet de loi de ce crédit, était loin de partager les vues de M. Arago sur l'application prochaine de ce mode de communication. « Pour ce qui regarde la télégraphie électrique, disait-il (V. Mon. 5 juin 1842), cette question n'a pas échappé à la commission spéciale de la chambre des députés ; et quant à présent, il nous aurait paru peu convenable, peu rationnel de demander des fonds pour faire des expériences de télégraphie électrique. » Et après avoir énuméré les difficultés pratiques que présenteraient, selon lui, ce moyen de correspondance, il concluait en disant qu'il était sage d'attendre et d'exclure, quant à présent, la télégraphie électrique.

Six années plus tard, et alors que la ligne de Paris à Rouen fonctionnait déjà depuis plus d'une année, le docteur Jules Guyot, dans un rapport adressé à la chambre des députés le 30 avril

1846, faisait les plus grands efforts pour combattre l'établissement des télégraphes électriques. « Autant, disait-il, comme étude de physique, comme application de grand luxe à quelques besoins de vastes établissements, la télégraphie électrique est intéressante, autant elle est ridicule comme moyen de gouvernement..., car fonctionnât-elle dans la perfection, ce qui est loin d'être démontré, elle est sans protection possible et laisse le pouvoir à la merci des plus légères excitations populaires et des moindres caprices du premier mauvais sujet venu... Ayez donc en ce moment une télégraphie électrique dont les fils traversent les environs de Saint-Etienne ou de Lyon, comme le fait la ligne (aérienne) de Paris à Toulon ! Ayez donc à soutenir une guerre vendéenne, une invasion quelconque ! Ayez à suivre les opérations d'une armée, soit qu'elle avance, soit qu'elle recule ! Avec la télégraphie aérienne, vous suivrez vos dépêches de clocher en clocher, de postes en postes ; jamais le gouvernement ne manquera de communication avec les foyers d'incendie ou les théâtres de guerre. Mais que peut-on attendre de *misérables* fils dans de pareilles circonstances ?... Aussitôt que l'importance de la télégraphie électrique sera connue, beaucoup de jeunes fous, beaucoup d'ivrognes, beaucoup de vagabonds couperont, arracheront, tortilleront les fils, entraînés par le penchant naturel aux esprits incultes ou indisciplinés de produire de grands effets par de petits moyens. Mais à ce grand nombre il faut ajouter les individus isolés, agissant dans un but déterminé ; les réfractaires, les banqueroutiers frauduleux, les criminels de toute nature échappant par la rapidité du chemin de fer à la vindicte publique et s'assurant une avance sur la justice par la section des fils télégraphiques ; les individus isolés agissant par vengeance contre les vexations administratives méritées ou non méritées ; enfin les individus agissant sous des préoccupations politiques, espérant nuire au gouvernement ou servir le pays. » Et le docteur Jules Guyot concluait en disant qu'il ne pourrait s'empêcher de regarder comme un acte déplorable, comme un acte d'*idiotisme*, le remplacement de la télégraphie aérienne par la télégraphie électrique.

Les mêmes idées ont été exprimées, les mêmes craintes éprouvées par M. l'abbé Moigno dans la seconde édition de son remarquable Traité de télégraphie électrique publié en 1852. Dans la première édition de son ouvrage, cet auteur avait pensé cependant que la télégraphie électrique devait remplacer la télégraphie aérienne comme télégraphie gouvernementale. Il est curieux d'entendre avec quel accent de regret ce savant revient sur cette pensée : « C'était une illusion, dit-il, que j'ai fait partager à d'autres ; mais je reconnais franchement que je m'étais grandement trompé. Si je pouvais croire que mon enthousiasme pour la télégraphie électrique pût être pour quelque chose dans la destruction violente et inconsidérée des lignes de télégraphie anciennes, je me le reprocherais comme un malheur... Ce serait commettre de sang-froid une faute énorme, irréparable que de supprimer les lignes de télégraphie aérienne et de répudier complètement la grande œuvre de Chappe pour établir la télégraphie électrique. » Et plus loin : « 9 mars 1851 ! L'acte d'*idiotisme* est consommé ! L'abdication est signée ! La télégraphie aérienne de Paris à la frontière du nord n'existe plus ! Le télégraphe Chappe a cessé de couronner la tour de l'administration centrale ! »

L'expérience a démontré combien étaient fausses les prévisions de ces savants. Le télégraphe électrique n'est pas seulement intéressant comme étude de physique ; il s'est plié à toutes les exigences de la pratique : esclave souple et docile, il s'est aveuglément plié à la volonté de l'homme et rend des services bien autrement grands que l'ancien télégraphe aérien. — Les craintes manifestées pour sa conservation n'étaient pas moins exagérées. Les lignes électriques couvrent de leur immense réseau tout le territoire de l'empire ; elles traversent Lyon, Saint-Etienne, les centres les plus populeux, et jamais elles n'ont été l'objet des atteintes que l'on redoutait tant pour elles. — Quant au cas de guerre et d'invasion, la destruction des postes d'une ligne aérienne par l'ennemi serait non moins facile que celle d'une ligne électrique et bien autrement irrémédiable. Le bris des fils électriques, même en plusieurs endroits, serait promptement réparé et la communication bientôt rétablie. Détruisez, au contraire, un seul poste aérien, la ligne tout entière est frappée de paralysie.

39. Naguère encore l'usage du télégraphe était exclusivement réservé au gouvernement, et ce n'est que très-récemment que l'industrie et le commerce ont réclamé et obtenu le bénéfice de ce mode de communication. — La question de savoir si l'on devait permettre aux particuliers d'établir librement des télégraphes, se présenta pour la première fois en France en 1833. Jusqu'alors, aucune disposition législative n'avait interdit aux particuliers la transmission de signaux télégraphiques. La convention, l'empire, la restauration elle-même n'en avait pas senti le besoin. Ces gouvernements s'étaient contentés d'un monopole de fait que personne n'aurait osé leur contester. Mais après 1830, il en fut autrement : des entreprises particulières revendiquèrent cette faculté qui n'était déniée formellement aucune loi et établirent des télégraphes privés.

En présentant le projet de loi du 2 mai 1837, destinée à réprimer ces entreprises et à assurer le monopole légal de l'Etat, le ministre disait qu'au gouvernement seul appartenir l'usage des signaux télégraphiques ; que si des compagnies particulières pouvaient user de ce mode de communication, les factieux y puiseraient bientôt le moyen de réaliser leurs projets ; qu'à la vérité les nouvelles transmises jusqu'alors par ces compagnies avaient été purement commerciales et que la politique était restée étrangère à ces essais. Mais qui peut assurer, ajoutait-il, qu'il en sera toujours ainsi ? Comment ne pas craindre qu'elle ne s'empare de ce levier puissant dont les fils qu'il aura été créé ? Examinant ensuite s'il ne serait pas possible de concilier les intérêts de l'ordre public avec ceux de l'industrie en organisant auprès des télégraphes particuliers une surveillance propre à rassurer le gouvernement, le ministre déclarait que ce contrôle était impossible. — Les considérations sur lesquelles le ministre se fondait tendaient à établir que la nature même des choses s'opposait pour toujours à ce que l'usage du télégraphe fût accordé au public. Il y avait évidemment de l'exagération dans cette thèse : nous voyons, en effet, par ce qui se passe aujourd'hui, qu'on pouvait parfaitement concilier, en conférant cet usage, la sûreté publique avec les intérêts privés. Aussi une grave objection fut présentée contre ce projet de loi. Si l'on refuse, a-t-on dit, l'usage du télégraphe aux particuliers, on doit, pour être conséquent, appliquer le même principe à tous les moyens de communication, aux routes, aux chemins de fer, à la poste ; car ces moyens de communication sont ouverts à tous les adversaires du gouvernement ; la poste est au service de tout le monde ; elle porte les instructions des sociétés secrètes pêle-mêle avec la correspondance des préfets. Pourquoi en serait-il autrement des télégraphes ?

Le ministre n'a pas voulu laisser cette objection sans réponse. Les raisons qu'il a fait valoir pour la combattre n'étaient pas spécieuses au point de vue de l'usage de ce moyen de communication que le gouvernement aurait pu, dès ce moment et sans aucun danger ni pour lui ni pour la libre concurrence du commerce, mettre à la disposition du public (1). Mais alors, comme aujourd'hui, elles étaient parfaitement fondées, ainsi que nous le verrons tout à l'heure, en tant qu'elles avaient pour objet de refuser aux particuliers le droit d'établir eux-mêmes des télégraphes sans autorisation. « Les voies ordinaires de communication sont ouvertes à tout le monde, disait-il ; il y a ici libre concurrence. Les intérêts peuvent lutter à armes égales contre les intérêts ; les nouvelles peuvent contrôler les nouvelles, la vérité et le mensonge, le poison et le contre-poison peuvent arriver en même temps. Mais le télégraphe ne se prête pas à cette liberté, à cette égalité, à cette simultanéité d'action ; il repousse cette concurrence ; par lui-même et nécessairement, le télégraphe est un monopole, monopole parce qu'il est difficile que plusieurs lignes puissent s'établir et se soutenir sur une même direction, monopole parce qu'une ligne ne peut transmettre dans un seul jour qu'un nombre fort limité de signaux, monopole surtout parce que ces signaux se succèdent et que la seconde nouvelle ne peut arriver que quand la première a déjà produit tout son effet. Les intérêts d'ordre privé eux-mêmes, ajoutait-il, seraient compromis par la prétendue liberté qu'on revendique

(1) C'est ainsi que le gouvernement de Suède a ouvert au public des 1857, la ligne télégraphique aérienne de Stockolm à Furnsund.

en leur faveur. Les avantages du télégraphe sont d'une telle nature qu'ils doivent être réservés au gouvernement, seul représentant de tous les intérêts généraux. Les priviléges dont il jouit
ne sont pas des priviléges, car le gouvernement c'est tout le
monde, et l'on peut dire sans paradoxe que le seul moyen d'empêcher le monopole, c'est de l'attribuer au gouvernement. » —
Conformément à cette pensée, les chambres adoptèrent la disposition qui forme l'article unique de la loi du 2 mai 1837 et qui
punissait d'un emprisonnement d'un mois à un an et d'une
amende de 1,000 fr. à 10,000 fr. quiconque aurait transmis
sans autorisation des signaux d'un lieu à un autre, soit à l'aide
de machines télégraphiques, soit par tout autre moyen. —
Aussitôt après la promulgation de cette loi, les télégraphes privés existants n'ayant pas été autorisés, durent être et furent en
effet supprimés.

40. Mais depuis l'invention des chemins de fer et de la télégraphie au moyen de l'électricité, on a regardé dans tous les
pays les communications électriques comme le complément obligé
des voies ferrées. D'une part, en effet, la possibilité de faire connaître instantanérent aux distances les plus éloignées les accidents arrivés sur la voie de fer et de signaler toutes les circonstances de la marche des convois, devaient singulièrement
contribuer à la sécurité des voyageurs. D'autre part, les compagnies de chemins de fer ont regardé à bon droit le correspondance télégraphique comme un moyen assuré d'obtenir une plus
grande régularité et une plus grande économie dans leur service.
Elles ont donc demandé et obtenu successivement l'autorisation
d'établir des appareils de transmissions électriques dans l'intérêt
de la circulation.

41. Cette concession n'était pas suffisante. L'usage du télégraphe était devenu pour les populations une nécessité du
temps. Depuis plusieurs années déjà, le commerce de l'Angleterre et des Etats-Unis jouissait des avantages que procurent ces
correspondances rapides. En priver plus longtemps le commerce
français, n'était-ce pas le laisser dans un état d'infériorité relative et le rendre tributaire des deux nations les plus commerçantes du globe? L'exemple de l'Angleterre et des Etats-Unis,
suivi déjà par la Prusse et l'Autriche, devait être imité successivement par toutes les autres nations de l'Europe. La France
ne pouvait rester ainsi isolée et l'administration conserver pour
elle seule et les compagnies de chemins de fer le monopole des
transmissions télégraphiques.

42. L'attention du gouvernement n'a pas tardé à être frappée
de ce besoin nouveau. Il a bientôt compris que depuis le nouvel
état de choses résultant de la création des voies ferrées, il était
indispensable de ne pas priver plus longtemps le commerce et
l'industrie des bienfaits de ce mode de correspondance ; il a compris que les inconvénients de livrer au public l'usage du télégraphe pourraient bien n'être pas aussi grands qu'on le craignait
et qu'on l'avait imaginé d'abord, et qu'au moyen de certaines
garanties cet usage n'offrirait pas plus de dangers que celui des
chemins de fer et des instruments de progrès en général. — En
conséquence le ministre de l'intérieur, dans l'exposé des motifs
du projet de la loi de crédit du 8 fév. 1850, annonça l'intention
de mettre les télégraphes électriques à la disposition du public.
Un projet préparé dans ce but fut bientôt soumis à l'assemblée
qui nomma une commission pour l'examiner. Quelques membres
de cette commission s'élevèrent avec force contre le principe de
ce projet. Les considérations et les objections qu'ils firent valoir
se résumaient toutes dans l'inopportunité de la mesure proposée,
en présence de la situation que présentait alors le pays. Mais la
majorité de la commission n'a pas pensé que la mise à exécution
du projet de loi dût entraîner les conséquences déplorables que
l'on redoutait. Il lui a paru avec raison que la paix publique pouvait être garantie des inconvénients de la vulgarisation de
l'emploi du télégraphe, par des mesures convenables, en armant
l'autorité d'un droit de contrôle sur la transmission des dépêches, et qu'il ne serait pas d'une sage administration de priver
le pays d'une des plus grandes inventions modernes. Elle a pensé
qu'en présence de la liberté accordée au public dans les autres
contrées du monde de se servir du télégraphe, il était impossible de à refuser à France la jouissance des avantages de cette
correspondance et de a laisser plus longtemps en arrière de c

grand mouvement. L'assemblée législative a partagé cet avis, et
par la loi du 29 nov. 1850 elle a mis la télégraphie électrique
au service des intérêts privés.

43. Mais là devaient s'arrêter les concessions de l'Etat aux
besoins de l'époque. Dans tous les temps les gouvernements se
sont réservé la disposition exclusive des objets qui, tombés en
des mains malfaisantes, pouvaient menacer la sûreté publique
ou privée. Cette vérité, qui avait été reconnue en fait et législativement par la loi de 1837 pour les télégraphes aériens, était
bien autrement manifeste et irrécusable pour les télégraphes
électriques dont les transmissions instantanées, s'exécutant de
jour comme de nuit, indépendamment des vicissitudes atmosphériques, constituent un moyen d'action d'une puissance incomparablement supérieure. Aussi a-t-elle été consacrée par la
décret du 27 déc. 1851 dont l'art. 1 dispose qu'aucune ligne télégraphique ne peut être établie ou employée à la transmission
des correspondances que par le gouvernement ou avec son autorisation.

44. Dans tous les autres pays du continent européen, les lignes de télégraphie électrique sont régies comme celles de France.
Toutefois, en Angleterre, elles sont l'objet d'un monopole concédé à des compagnies comme les chemins de fer en France. Il
existe aussi exceptionnellement en Hollande, en Danemark et
dans quelques pays allemands quelques lignes télégraphiques de
chemins de fer exploitées, comme en Angleterre, par des compagnies particulières. Aux Etats-Unis le moyen de communication forme une industrie particulière exploitée par des compagnies nombreuses qui ne relèvent en rien, pour leur administration, ni du gouvernement central, ni de celui des Etats. Tout
individu a le droit d'établir d'un point à un autre des lignes électriques à la seule condition de se soumettre aux règlements relatifs à l'établissement des fils dans les villes, sur les routes, sur
les chemins de fer ou sur les propriétés publiques et privées. La
situation politique et sociale de ce pays, qui est si différente de
celle des nations de l'ancien continent, a permis à cet égard une
liberté qui serait excessive en Europe.

45. Les relations politiques et commerciales de la France
avec les divers autres pays de l'Europe appelaient nécessairement un échange régulier des correspondances télégraphiques.
Plusieurs conventions passées avec ces pays ont réglé la transmission des dépêches d'un pays à l'autre. On trouvera l'indication de ces conventions n° 104 et suiv.

46. Tel est l'historique sommaire des transformations et des
progrès de la télégraphie. Comme il arrive pour toutes les
grandes découvertes, son succès a été rapide et immense : il est
d'un usage universel au double point de vue des intérêts publics
et privés. — Dans les relations des gouvernements entre eux et
dans l'administration des Etats, ses avantages sont inappré-
ciables. En simplifiant les rapports diplomatiques, il est une garantie pour la bonne entente des nations civilisées. — Si la
guerre éclate, il permet d'expédier sur-le-champ et partout des
ordres pour préparer l'entrée en campagne et protéger les frontières. — La campagne ouverte, il donne aux généraux le moyen
de faire manœuvrer tous leurs corps d'armée avec la plus grande
précision. — A l'intérieur, il est devenu la sécurité des Etats
et l'une de leurs plus grandes forces administratives. Avec lui
les gouvernements peuvent connaître instantanément ce qui se
passe aux points les plus éloignés de leur empire, et font dirigée eux-
mêmes tous les grands événements. — En cas de grandes tem-
pêtes et d'orages menaçants, il en donne avis immédiatement
aux contrées qui ont à redouter des désastres. — En cas d'incendie, il demande des secours immédiats. — En cas d'inonda-
tion, il la signalo aux riverains inférieurs pour qu'ils prennent
les mesures propres à les garantir de tout dommage. — En cas
de crime, il dénonce partout le coupable avant qu'il ait pu se
mettre à l'abri des coups de la justice. — Sur les chemins de fer,
son emploi est des plus précieux : en signalant à l'avance les
divers mouvements qui se produisent sur toute la ligne, le départ, le passage, l'arrivée des convois aux stations, il conjure
la plupart des dangers dont la vie est menacée sur ces voies
rapides.

Le télégraphe électrique rend à la science des services signalés et dont le nombre ne fera que grandir de jour en jour. — Il

a été tout d'abord employé à la détermination des différences de longitude et à la transmission du temps moyen. — Il est appliqué aussi presque partout aux observations météorologiques. En France, l'administration a organisé un système complet d'observations de cette nature dont les résultats, expédiés immédiatement par le télégraphe à l'observatoire de Paris, sont publiés chaque jour dans les journaux. Ce système s'est étendu à toute l'Europe : la plupart des Etats transmettent tous les jours à Paris, en échange d'une communication semblable, des bulletins météorologiques de leurs principales villes.

Au point de vue commercial et industriel son rôle n'est pas moins grand : il est appelé à produire une révolution complète dans le commerce du monde et dans les rapports privés. Grâce à lui, les commerçants de l'un et l'autre hémisphère peuvent connaître presque instantanément le départ et l'arrivée des navires dans les ports de mer, les mercuriales, le prix des diverses marchandises du littoral et de l'intérieur, la hausse et la baisse des fonds publics des divers Etats. Tous les jours, dans les principales places de l'Europe, les nouvelles les plus importantes relativement aux affaires commerciales et industrielles sont expédiées sur les différents points des deux continents et publiées dans les journaux. En France, les chambres de commerce, les syndicats d'agents de change et de courtiers de commerce se font adresser quotidiennement par le télégraphe le cours des valeurs et marchandises des grandes villes de l'empire. A Paris, pendant la durée de la bourse, on reçoit et l'on affiche deux fois le cours du même jour de la bourse de Londres qui se tient aux mêmes heures.

Lorsque le globe entier sera couvert de fils électriques, quand les côtes maritimes des deux mondes seront parcourues par des lignes télégraphiques auxquelles viendront se rattacher les lignes établies dans l'intérieur des terres, quand partout les pays séparés par des mers seront reliés entre eux par des câbles sous-marins, l'importance du mouvement commercial et industriel qui s'opérera entre les nations sera telle, qu'il est presque impossible aujourd'hui de s'en rendre compte. L'entrée dans le même tourbillon de tous les peuples correspondant entre eux avec la rapidité de la pensée, ne peut manquer d'exercer une influence immense sur le mouvement de la production générale et de la consommation.

Le télégraphe électrique, en un mot, est destiné à modifier profondément les relations sociales et à faire faire un grand pas au bien-être moral et matériel de l'humanité.

TABLEAU DE LA LÉGISLATION RELATIVE AUX TÉLÉGRAPHES.

2 juill. 1793. — Décret qui prescrit des mesures pour la conservation du télégraphe du citoyen Chappe.

29 mess. an 3 (17 juill. 1795). — Décret qui ordonne l'établissement d'un télégraphe dans l'enceinte du palais national.

26 fruct. an 6 (12 sept. 1798). — Loi qui rapporte le précédent décret.

19 oct.-1er nov. 1830. — Ordonnance portant que le service des lignes télégraphiques continuera à être placé dans les attributions du directeur général des ponts et chaussées et sera administré par un administrateur et deux administrateurs adjoints (art. 2). Le premier est nommé par le roi et le seconds par le ministre de l'intérieur sur la présentation du directeur des ponts et chaussées (art. 3). Les autres emplois sont à la nomination du directeur des ponts et chaussées, après avoir entendu l'administrateur des lignes télégraphiques.

28 mai-11 juin 1831. — Ordonnance qui place l'administration des lignes télégraphiques dans les attributions du président du conseil des ministres.

24 août-11 sept. 1833. — Ordonnance portant règlement sur le service de la télégraphie. — Nota. Cette ordonnance qui, par suite de la substitution des télégraphes électriques aux télégraphes aériens, ne peut plus recevoir d'application, déterminait les fonctions et attributions des divers employés, le mode de nomination et d'avancement, les traitements, frais de tournée et congés, les destitutions, suspensions, changements de résidence, l'uniforme des divers employés.

24-25 mai 1834. — Loi qui punit de la détention ceux qui dans un mouvement insurrectionnel auront brisé ou détruit des télégraphes, envahi des bureaux ou intercepté des correspondances télégraphiques (art. 9). — V. Armes, n° 27, p. 252, note.

12 juin-1er juill. 1835. — Ordonnance qui maintient les logements accordés à divers fonctionnaires et employés de l'administration des lignes télégraphiques.

2-6 mai 1837. — Loi sur les lignes télégraphiques.

Article unique. Quiconque transmettra, sans autorisation, des signaux d'un lieu à un autre, soit à l'aide de machines télégraphiques, soit par tout autre moyen, sera puni d'un emprisonnement d'un mois à un an, et d'une amende de 1,000 à 10,000 fr. — L'art. 463 c. pén. est applicable aux dispositions de la présente loi. — Le tribunal ordonnera la destruction des postes, des machines ou moyens de transmission.

11-17 juin 1842. — Loi qui accorde un crédit extraordinaire pour dépenses relatives aux essais d'une télégraphie de nuit.

4-27 déc. 1843. — Loi qui ouvre un nouveau crédit pour le même objet.

11 août 1844-28 mai 1845. — Ordonnance du roi portant que les quatre cinquièmes des places vacantes d'élèves-inspecteurs des lignes télégraphiques seront accordés à des élèves de l'école polytechnique (D. P. 45. 5. 123).

3-10 juill. 1846. — Loi relative à l'établissement d'une ligne de télégraphie électrique de Paris à Lille et à la frontière de Belgique, et de Douai à Valenciennes (D. P. 46. 3. 117).

16 oct.-5 nov. 1846. — Ordonnance qui ouvre un crédit extraordinaire pour l'établissement d'une ligne télégraphique de Bayonne à la frontière d'Espagne (D. P. 47. 3. 7).

10 août 1849. — Décret qui autorise M. Jacob Brett à établir un câble télégraphique sous-marin entre les côtes de France et d'Angleterre.

11-24 mai 1850. — Décret qui autorise l'établissement d'une ligne de télégraphie électrique entre Bordeaux et le Verdon, pour la transmission des nouvelles exclusivement relatives au commerce maritime (D. P. 50. 4. 94).

12-29 nov. 1850. — Décret qui autorise une compagnie à établir une ligne télégraphique électrique entre Nantes, Paimbœuf, Saint-Nazaire et le Croisic, pour la transmission des dépêches exclusivement relatives au commerce maritime (D. P. 50. 4. 204).

29 nov.-8 déc. 1850. — Loi sur la correspondance télégraphique privée (D. P. 50. 4. 204).

19-27 déc. 1850. — Décret qui autorise l'établissement d'un télégraphe électrique sous-marin entre les côtes de France et d'Angleterre (D. P. 51. 4. 16).

25 fév.-2 mars 1851. — Loi qui ouvre des crédits extraordinaires pour le service de la correspondance télégraphique privée (D. P. 51. 4. 43).

21 oct. 1851. — Décret qui autorise lord de Mauley et autres à établir un câble télégraphique sous-marin entre les côtes de France et d'Angleterre.

27 déc. 1851-10 janv. 1852. — Décret sur les lignes télégraphiques (D. P. 52. 4. 24).

26 mars-6 avr. 1852. — Décret portant que la ligne de télégraphie électrique de Paris à Grenoble sera prolongée jusqu'à la frontière sarde (D. P. 52. 4. 102).

17-23 juin 1852. — Décret portant règlement sur le service de la correspondance télégraphique privée (D. P. 52. 4. 165).

28 mai-1er juin 1853. — Loi sur la correspondance télégraphique privée (D. P. 53. 4. 89).

10-18 juin 1853. — Loi relative à l'exécution de la ligne de télégraphie électrique entre la France et l'Algérie (D. P. 53. 4. 155).

9 sept.-9 nov. 1853. — Décret relatif aux cautionnements des directeurs de télégraphe et des chefs du service télégraphique chargés de la perception des taxes (D. P. 53. 4. 252).

28 oct. 1853-2 fév. 1854. — Décret impérial portant que le service des lignes télégraphiques formera une direction du ministère de l'intérieur (D. P. 54. 4. 23).

1er juin-1er juill. 1854. — Décret sur l'organisation de l'administration des lignes télégraphiques (D. P. 54. 4. 126).

4 juin-1er juill. 1854. — Décret qui fixe le traitement, les frais de route et de séjour, et l'uniforme des fonctionnaires et agents du service télégraphique (D. P. 54. 4. 126).

22-26 juin 1854. — Loi sur la télégraphie privée (D. P. 54. 4. 122).

28 nov. 1854. — Décret qui autorise la compagnie du chemin de fer Grand-Central à prolonger jusqu'à Rodez la ligne de télégraphie électrique de Montauban à Marcillac.

6-23 déc. 1854. — Décret impérial qui modifie l'organisation de l'administration des lignes télégraphiques (D. P. 55. 4. 5).

21 mars 1855. — Décret portant organisation du service télégraphique en Algérie.

17-19 juill. 1855. — Loi qui élève de 4 à 5 p. 100 l'intérêt garanti par la convention du 2 mai 1855, passée avec M. Brett pour la construction du télégraphe sous-marin de la Méditerranée (D. P. 55. 4. 96).

25-29 déc. 1855. — Décret portant règlement sur le service des appareils télégraphiques destinés à transmettre les signaux nécessaires pour la sûre.é et la régularité de l'exploitation des chemins de fer de l'Ouest et d'Orléans (D. P. 56. 4. 3).

23 fév. 1856. — Décret modificatif du décr. du 21 mars 1855 relatif à l'organisation du service télégraphique de l'Algérie.

21 mars-25 avr. 1856. — Décret qui porte le nombre des inspecteurs généraux des lignes télégraphiques à cinq (D. P. 56. 4. 49).

13-21 juin 1856. — Loi qui ouvre un crédit pour établir de nouvelles lignes télégraphiques aériennes et pour transporter sur chemins de fer des lignes actuellement construites sur routes, et pour établir des lignes télégraphiques souterraines dans Paris.

21-26 juill. 1856. — Loi qui modifie le tarif existant pour les dépêches télégraphiques privées (D. P. 56. 4. 119).

29 sept. 1856. — Décret qui complète et modifie le décr. du 1er juin 1854 relatif à l'organisation de l'administration des lignes télégraphiques.

28 janv.-27 fév. 1857. — Décret relatif au personnel de l'administration des lignes télégraphiques (D. P. 57. 4. 51).

19 mai-7 sept. 1857. — Décret qui autorise l'établissement d'une ligne télégraphique sous-marine destinée à relier la France et l'Amérique (D. P. 57. 4. 178).

15-22 juin 1857. — Décret qui approuve la convention additionnelle intervenue le 8 mai 1857, entre le ministre de l'intérieur et M. Brett, pour l'exécution de la ligne télégraphique de France en Algérie (D. P. 57. 4. 86).

24 juin 1857. — Décret qui supprime les fonctions de directeur général des lignes t légraphiques : ce service, placé sous les ordres directs du ministre de l'intérieur, forme une simple direction de l'administration centrale.

19 déc. 1857-20 janv. 1858. — Décret qui approuve une convention ayant pour objet l'établissement d'une ligne télégraphique sous-marine entre la France continentale et l'île de Corse (D. P. 58. 4. 9).

26 avr.-29 sept. 1858. — Décret portant modification des cautionnements, des directeurs et chefs des stations télégraphiques (D. P. 58. 4. 154).

18-26 mai 1858. — Loi portant réduction de la taxe pour les dépêches télégraphiques privées échangées entre deux bureaux d'un même département ou de deux départements limitrophes (D. P. 58. 4 55).

29 juill.-11 août 1858. — Décret impérial portant réduction de la taxe des dépêches télégraphiques privées circulant en Algérie (D. P. 58. 4. 149).

13-28 oct. 1858. — Décret impérial qui supprime le titre de stationnaire aérien dans le service télégraphique d'Algérie, et le remplace par celui de surveillant (D. P. 58. 4. 165).

29 nov. 1858-15 fév. 1859. — Décret sur l'organisation de l'administration des lignes télégraphiques, qui règle le cadre du personnel (tit. I), les fonctions et attributions (tit 2), les nominations et avancements (tit. 5), les traitements et frais de tournée (tit. 4), les cautionnements (tit. 5), les congés (tit. 6), la discipline (tit. 7), la commission consultative (tit. 8), l'uniforme (tit. 9), et qui contient quelques dispositions transitoires (tit. 10) (D. P. 59. 4. 10).

12 janv. 1859. — Décret portant approbation de la convention intervenue le 2 janv. 1859, entre le ministre de l'intérieur et la compagnie du télégraphe sous-marin entre la France et l'Angleterre.

6 août 1859. — Décret qui approuve la convention passée entre l'État et MM. Guillemaut, Despecher et Gisborn, pour l'établissement d'une ligne télégraphique directe entre la France et l'Algérie.

16 août 1859. — Décret relatif à la réorganisation du service télégraphique en Algérie.

10-29 oct. 1859. — Décret relatif aux dépêches échangées, par la voie des services britanniques, entre la France et les établissements français dans l'Inde (D. P. 59. 4. 84).

29 oct.-1er déc. 1859. — Décret fixant à 2,000 fr. le cautionnement des directeurs divisionnaires (D. P. 59. 4. 119).

18 juin-17 juill. 1860. — Décret portant règlement d'administration publique relatif au mode de surveillance à exercer sur l'exploitation et la comptabilité de la compagnie du télégraphe sous-marin de la Méditerranée (D. P. 60. 4. 88).

25 juin 1860. — Décret qui alloue un supplément de traitement de 200 fr. ou de 400 fr. aux fonctionnaires et agents du service télégraphique d'Algérie qui connaissent la langue arabe.

28 juin-12 juill. 1860. — Décret qui déclare applicables aux nouveaux départements de la Savoie, de la Haute-Savoie et des Alpes-Maritimes, les lois et décrets relatifs au service des lignes télégraphiques de l'empire français (D. P. 60. 4. 83).

14-19 juill. 1860.—Loi qui approuve les art. 9 et 11 d'une convention passée entre le ministre de l'intérieur et les sieurs Glass, Elliot et compagnie, pour l'établissement d'une ligne télégraphique directe entre la France et l'Algérie, et qui ouvre, en conséquence, au ministre de l'intérieur un crédit extraordinaire de 1,900,000 fr., et annule le crédit de 1 million ouvert par le décr. du 24 fév. 1860 pour le payement de la dépense d'un câble télégraphique entre la France et l'Algérie (D. P. 60. 4. 89).

21 juill. 1860. — Décret impérial portant approbation d'une convention passée entre le ministre de l'intérieur et les sieurs Glass, Elliot et compagnie, pour l'établissement d'une ligne télégraphique directe entre la France et l'Algérie.

21 juill. 1860. — Décret impérial portant approbation d'une convention passée entre le ministre de l'intérieur et les sieurs Glass, Elliot et compagnie, pour l'établissement d'une ligne télégraphique directe entre la France et la Corse.

28 juill. 1860. — Loi relative à l'établissement d'une ligne télégraphique sous-marine entre la France et les Etats-Unis d'Amérique en touchant à l'une des îles Saint-Pierre et Miquelon (Terre-Neuve).

SECT. 2. — ÉTABLISSEMENT DES LIGNES TÉLÉGRAPHIQUES.

47. Aux termes de l'art. 1 du décret du 27 déc. 1851, aucune ligne télégraphique ne peut être établie ou employée à la transmission des correspondances que par le gouvernement ou avec son autorisation. — Le gouvernement se réserve ainsi, comme par le passé, l'établissement et l'usage des lignes télégraphiques, autorisations particulières qu'il peut concéder. — Il est inutile d'insister sur les raisons d'utilité générale qui commandaient l'attribution de ce privilège à l'État. — La liberté accordée à tout le monde d'établir des lignes de télégraphie électrique, eût présenté de graves inconvénients pour l'ordre public et même pour les intérêts privés. Il était indispensable d'empêcher des entreprises qui se seraient formées de toutes parts et qui, libres de tout frein, pouvaient être véritablement dangereuses.

ART. 1. — *Établissement des lignes télégraphiques de l'État.*

§ 1. — *Télégraphie électrique.*

48. Les lignes de télégraphie électrique sont terrestres ou sous-marines.—Les lignes sous-marines qui atterrissent sur les côtes de France ont été jusqu'ici l'objet de concessions, comme les chemins de fer. — Le réseau de lignes qui couvrent le territoire de l'empire, a été, au contraire, exécuté directement par l'État. — Les conventions relatives aux concessions de lignes sous-marines sont approuvées par des décrets rendus dans les formes prescrites pour les règlements d'administration publique. Mais lorsque ces concessions ont pour condition des engagements ou des subsides du trésor, le crédit est accordé ou l'engagement ratifié par une loi avant la mise à exécution (sénatus-consulte du 30 déc. 1852, art. 34).—L'établissement des lignes terrestres, dont les travaux doivent être exécutés pour le compte de l'État, est décrété également par le chef de l'État dans les mêmes formes, et les dépenses qui en résultent doivent être votées par le corps législatif. Toutefois, les crédits relatifs à ces dépenses peuvent être ouverts, en cas d'urgence, suivant les formes prescrites pour les crédits extraordinaires : ces crédits sont soumis au corps législatif dans sa plus prochaine session (même article).

49. L'établissement des lignes télégraphiques a lieu, soit sur l'une des voies publiques ordinaires, routes impériales ou départementales, chemins vicinaux et communaux, soit sur la limite séparative de ces mêmes voies et des propriétés riveraines, soit sur le sol même des propriétés privées, soit enfin sur le sol et le long des chemins de fer et des canaux.

50. Le budget des dépenses projetées pour le service des lignes télégraphiques est dressé par le directeur de l'administration. Une commission consultative dont nous verrons plus bas, no 161, la composition, donne son avis sur ce budget, sur les projets d'établissement de lignes nouvelles, et sur la création de nouveaux postes télégraphiques (décret du 29 nov. 1858, art. 34). — Les autres opérations préparatoires à l'exécution des lignes télégraphiques sont communes aux autres travaux publics en général et comprennent l'autorisation des travaux publics, l'ouverture des crédits, la rédaction des projets et des cahiers de charges (V. Travaux publics). — Il faut en excepter toutefois l'enquête administrative préalable prescrite par l'art. 3 de la loi du 3 mai 1841 et dont les formes sont celles prescrites par l'ord. du 18 fév. 1834. Les prescriptions de cette loi sont en fait inapplicables et en droit inapplicables aux travaux des lignes télégraphiques dont l'établissement n'a pas pour objet spécial ni principal le développement du commerce et de l'industrie du pays, mais constitue surtout un des principaux moyens de gouvernement, de sûreté et de sécurité publiques.

51. Les inspecteurs chargés de l'établissement des lignes télégraphiques demandent aux préfets des arrêtés qui autorisent à la fois l'étude et l'exécution des travaux. Ces arrêtés sont pris sur l'avis des ingénieurs ou agents-voyers dans les attributions desquels sont placées les routes ou autres voies qui doivent être suivies par la ligne télégraphique. — Les constructeurs après s'être rendu compte d'une manière générale de la situation et de l'état de la voie à suivre, doivent donc se concerter directement soit avec les ingénieurs, soit avec les agents de la petite voirie. Ils discutent avec eux les conditions du tracé et les diverses mesures à prendre pour l'élagage ou l'abatage des arbres ou des buissons, la plantation des poteaux, les tranchées, la pose des consoles d'appui, etc. Les arrêtés préfectoraux doivent contenir des dispositions spéciales à chacun de ces points. — Nous donnons ci-dessous le modèle de ces arrêtés, tel qu'il a été rédigé par l'administration (1).

52. Quand la ligne est construite, il est nécessaire de pourvoir à son entretien. Les mesures qui sont prises à cet effet, telles, par exemple, que la coupe des branches d'arbres ou des arbres voisins qui viendraient à troubler le service des transmissions, doivent être l'objet d'un arrêté spécial du préfet, quand l'arrêté primitif qui a autorisé l'établissement de la ligne n'a pas imposé aux riverains l'obligation de supporter ces élagages pendant toute la durée de cet établissement. Toutefois, si, dans certains cas qui ne peuvent être que fort rares, des plantations venaient tout à coup compromettre le service télégraphique, l'agent préposé à la garde de ce service serait suffisamment autorisé par là même, et pour éviter l'interruption des communications, à faire disparaître d'urgence les branches d'arbres, et même à abattre les arbres qui menaceraient ruine sur les fils, mais il devrait en rendre compte au directeur divisionnaire qui en informerait à son tour le préfet.

53. Les travaux et fournitures relatifs à l'établissement des

lignes télégraphiques ont lieu généralement au moyen de marchés passés de gré à gré, par suite de la faculté laissée à cet égard à l'administration dans certains cas déterminés par l'ordonnance du 31 mai 1838. Ces marchés sont passés par le ministre de l'intérieur, et, par délégation, par le directeur de l'administration, ou par les directeurs divisionnaires des lignes télégraphiques. — Ils ont lieu, soit sur un engagement souscrit à la suite d'un cahier de charges, soit par une convention synallagmatique. — Dans chaque ministère, des règlements spéciaux déterminent les formalités à suivre pour la passation des marchés qui intéressent les divers services publics, les charges et les conditions à imposer aux entrepreneurs, les causes de résiliation, les avances qui peuvent leur être faites, le mode et les époques de liquidation et de payement, etc., etc. — Rien de semblable n'existe encore pour régler les rapports de l'administration des lignes télégraphiques avec ses entrepreneurs et fournisseurs. Les cahiers de charges des entreprises, ainsi que les principes généraux en matière de travaux publics et de marchés de fournitures, forment donc le code unique des droits et des devoirs des deux parties, relativement à ces entreprises. — V. Travaux publics et Marchés de fournitures.

54. L'établissement des lignes télégraphiques sur le sol de concession des voies de fer et des canaux soulève encore aujourd'hui, sinon en fait, du moins en droit, une difficulté qu'il importe d'examiner. — Lorsque le gouvernement, convaincu de la supériorité du mode de transmission des dépêches par l'électricité, s'est décidé à substituer la télégraphie électrique à la télégraphie aérienne, il a inséré dans tous les cahiers de charges de concession des chemins de fer une clause par laquelle il se réservait la faculté d'établir sur le sol et le long de la voie des appareils électriques pour le service de l'Etat. — Nous rapportons ci-dessous en note le texte de cette clause qui se trouve notamment dans le cahier des charges imposées aux compagnies des chemins de fer de l'Est et de l'Ouest, lequel a été homologué par le décret du 11 juin 1859 (2). — Mais déjà un

(1) Voici ce modèle :
PRÉFECTURE de... — Etablissement de la ligne télégraphique de... à... — Le préfet du département de... — Vu : — La demande formée par M... inspecteur des lignes télégraphiques, chargé de la ligne de... à...; — Le rapport de M. l'ingénieur en chef des ponts et chaussées en date du...; — Les lois des 28 pluv. an 8 et 16 sept. 1807; — L'art. 459 c. pén.; — La loi du 5 mai 1841 et le décret du 27 déc. 1851; — Arrête :
Art. 1. — L'inspecteur des lignes télégraphiques et les agents sous ses ordres sont autorisés à procéder, dans la traversée du département de..., à toutes les opérations nécessaires à l'établissement de la ligne de... à...; — A pénétrer dans les propriétés closes ou non closes, selon que l'exigeront leurs études ou leurs travaux; — A faire le long des fossés ou talus des routes les dépôts du matériel nécessaire pour l'établissement ou l'entretien de la ligne.
2. Les poteaux à placer le long de la route... (impériale ou départementale), n°... seront établis à... (droite ou gauche), selon que l'inspecteur le jugera convenable, sur l'arête... (extérieure ou intérieure) du fossé ou du talus, et à... l'accotement.
3. Les propriétaires riverains sont mis en demeure de couper et d'élaguer les plantations qui, sur une hauteur de 7 mèt. 50 c. au-dessus du sol de la route, présenteraient des branches en saillie sur l'arête extérieure du fossé ou des talus, ou pourraient toucher au fil (a).
4. Dix jours après la notification du présent arrêté, il sera procédé d'office, par les soins de l'administration des ponts et chaussées et aux frais de celle des lignes télégraphiques, à l'élagage et à la coupe des plantations mentionnées à l'article précédent.
5. Dans les parties de la route bordées de maisons, les poteaux seront placés à 1 mèt. 20 c. en avant des constructions, et dans celles bordées de simples murs de clôture, ils seront plantés le plus près possible de ces murs.
6. Dans les villes et villages, afin de ne pas obstruer la voie par des poteaux, il pourra être établi sur les maisons et constructions particulières, partout où cela sera jugé nécessaire, des supports ou tous autres points d'appui destinés à soutenir les fils électriques, sauf à réparer les dégradations et sans préjudice de tous droits et indemnités à faire valoir ou à réclamer par les propriétaires ou les tiers intéressés.
7. La hauteur minimum des fils dans les villes et villages ou dans les

passages de voies transversales, sera de 6 mèt. 50 c. au-dessus de la chaussée.
8. Si, pour l'établissement de la ligne télégraphique, il est nécessaire de modifier les ponts, murs de soutenement et autres ouvrages d'art de la route, ces ouvrages ne peuvent être effectués que de concert avec M. l'ingénieur en chef du département, et, en cas de contestation, que d'après une décision préfectorale. Dans tous les cas, l'inspecteur des lignes télégraphiques s'entendra, pour l'exécution des travaux, avec MM. les ingénieurs des ponts et chaussées.
9. Les fils électriques et tout le matériel de la ligne, dans l'étendue du département, sont mis sous la protection de MM. les maires, de la gendarmerie, des cantonniers et de tous autres agents de l'administration.
10. Le présent arrêté sera immédiatement notifié aux propriétaires riverains de la route... n°..., inséré au Recueil des actes administratifs et affiché en placard dans les communes traversées. MM. les maires, M. l'ingénieur en chef des ponts et chaussées, le commandant de la gendarmerie, et M. l'inspecteur des lignes télégraphiques sont chargés, chacun en ce qui le concerne, d'en assurer l'exécution.
(2) Cette clause est ainsi conçue : « Le gouvernement se réserve la faculté de faire, le long des voies, toutes les constructions, de poser tous les appareils nécessaires à l'établissement d'une ligne télégraphique, sans nuire au service du chemin de fer. — Sur la demande de l'administration des lignes télégraphiques, il sera réservé, dans les gares des villes et des localités qui seront désignées ultérieurement, le terrain nécessaire à l'établissement de maisonnettes destinées à recevoir le bureau télégraphique et son matériel. — La compagnie concessionnaire sera tenue de faire garder par ses agents les fils et les appareils des lignes électriques, de donner aux employés télégraphiques connaissance de tous les accidents qui pourraient survenir, et de leur en faire connaître les causes. En cas de rupture des fils télégraphiques, les employés de la compagnie auront à accrocher provisoirement les bouts séparés, d'après les instructions qui leur seront données à cet effet. — Les agents de la télégraphie voyageant pour le service de la ligne électrique auront le droit de circuler librement dans les voitures du chemin de fer. — En cas de rupture du fil télégraphique ou d'accidents graves, une locomotive sera mise immédiatement à la disposition de l'inspecteur télégraphique de la ligne pour le transporter au lieu de l'accident, avec les hommes et les matériaux nécessaires à la réparation. Ce transport sera gratuit, et il devra être effectué dans des conditions telles qu'il ne puisse entraver en rien la circulation publique. — Dans le cas où des déplacements de fils, appareils ou poteaux deviendraient nécessaires par suite de travaux exécutés sur le chemin, ces déplacements auraient lieu aux frais de la

(a) Cette disposition n'exclut pas, pour l'inspecteur, le droit de faire exécuter tous autres élagages, en dehors de la route, sauf indemnité aux propriétaires intéressés, à régler à l'amiable ou devant le conseil de préfecture.

grand nombre de concessions de chemins de fer avaient été accordées, dans lesquelles cette réserve n'avait point été introduite. Toutefois, pour la plupart de ces chemins, cette faculté a été imposée après coup aux compagnies lorsqu'elles ont demandé et obtenu soit de se fusionner entre elles, soit de nouvelles concessions. — Quant aux canaux, le canal latéral à la Garonne est le seul pour lequel l'Etat ait stipulé le droit d'établir sur ses bords une ligne de télégraphie électrique. — Il y a lieu de se demander à l'égard des chemins de fer et des canaux dont les cahiers de charges ne renferment pas la réserve au profit de l'Etat d'établir une ligne télégraphique sur le sol de la concession, si le gouvernement peut néanmoins procéder malgré les compagnies à cet établissement. — Pour résoudre cette question importante, il est nécessaire de rechercher quelle est la nature du droit de concession des chemins de fer et des canaux, et notamment si ces compagnies sont ou non propriétaires du sol de ces voies et de leurs dépendances. — Sur cette dernière question, le conseil d'Etat s'est, on le sait, prononcé pour la négative : il a décidé que les chemins de fer n'appartenaient point aux compagnies et qu'ils faisaient partie du domaine public (cons. d'Et. 8 fév. 1851, aff. Grand-Central, V. Voirie). — Le droit qui résulte de la concession faite aux compagnies consiste donc simplement dans le monopole, sur la voie de fer concédée, du transport des voyageurs et des marchandises. Il est de la même nature que celui qui est conféré aux concessionnaires des ponts à péage, et de même que ce dernier ne comporte nullement la propriété du pont sur lequel le péage est perçu, de même la concession d'un chemin de fer n'emporte pas davantage la propriété du sol sur lequel la voie est établie. — D'un autre côté, comme l'Etat n'est tenu, aux termes du cahier des charges, de respecter et de garantir aux compagnies, que le droit de percevoir à leur profit le péage pour les voyageurs et les prix de transport pour les marchandises, ce n'est qu'autant qu'une atteinte est portée à ce droit que les compagnies peuvent être fondées à se plaindre, et seulement dans la mesure du préjudice qui en est la suite. — Si donc l'administration supérieure vient à occuper temporairement ou même définitivement une partie quelconque du sol de la concession, la compagnie n'est fondée à réclamer que si le fait d'occupation est de nature à réduire les produits ou à augmenter les charges de l'exploitation. Les compagnies ne peuvent pas échapper à l'empire de la maxime que l'intérêt est la mesure des actions, et leur intérêt ne peut naître que d'un dommage éprouvé dans la jouissance du droit de percevoir les prix de transport qui leur a été concédé. — Il résulte de là que lorsque dans les cahiers de concession des chemins de fer ou des canaux, le gouvernement ne s'est pas réservé le droit d'établir une ligne télégraphique sur le sol de la concession, il peut néanmoins procéder à cet établissement malgré les compagnies, et que ces dernières ne sont fondées à se plaindre que si le fait d'occupation préjudicie à leurs droits et seulement dans la mesure du préjudice causé.

55. Il arrive quelquefois qu'une ligne télégraphique doit être déplantée et replantée par suite des travaux exécutés sur les routes par l'administration des ponts et chaussées, ou sur les chemins de fer par les compagnies concessionnaires. Dans ce cas, par qui doivent être supportés les frais de cette double opération? — La

question est résolue aujourd'hui pour les lignes établies le long des voies ferrées : les cahiers de charges de concessions, ou des conventions particulières, ont mis ces frais à la charge des compagnies. — Mais il n'en saurait être ainsi pour les lignes établies sur les voies de communications ordinaires : la plantation des poteaux sur le sol des routes ne peut avoir pour effet de gêner les changements, ou de rendre plus onéreuses les réparations à faire à ces routes. C'est donc à l'administration des lignes télégraphiques à supporter la part de dépenses des travaux relatifs à la ligne électrique qui sont la conséquence de ceux que l'administration des ponts et chaussées croit devoir faire dans l'intérêt de la grande voirie.

56. L'établissement des lignes de télégraphie électrique, même sur le sol des propriétés privées, ne donne pas lieu, en général, à l'application de la loi du 3 mai 1841 sur l'expropriation pour cause d'utilité publique : il ne comporte pas, en effet, une véritable dépossession, mais de simples dommages temporaires ou permanents. — On sait qu'une controverse des plus graves s'est élevée sur le point de savoir à quelle autorité, judiciaire ou administrative, il appartient de statuer sur l'action en réparation des dommages permanents. Cette controverse, qui a sa base dans l'art. 4 de la loi du 28 pluv. an 8, sera exposée v° Travaux publics. — Disons seulement ici qu'il a été jugé à l'occasion de l'établissement de lignes télégraphiques : 1° que la juridiction ordinaire est incompétente pour connaître d'une action en garantie exercée contre l'Etat par le propriétaire d'une maison auquel le locataire réclamait une indemnité à raison du préjudice résultant pour lui de la vibration des fils d'une ligne de télégraphie électrique appuyée contre cette maison (Angers, 25 juill. 1855, aff. Budan, D. P. 56. 2. 25); — 2° Que les dommages, même permanents, résultant de l'exécution des lignes télégraphiques, ne doivent jamais donner lieu à l'application des dispositions législatives relatives à l'expropriation pour cause d'utilité publique, et notamment à l'art. 545 c. nap., aux termes duquel nul ne peut être contraint de céder sa propriété pour cause d'utilité publique, que moyennant une juste et *préalable* indemnité (Douai, 31 déc. 1856) (1); — 3° Et que les demandes qui ont pour objet de s'opposer à des travaux entrepris pour cause d'utilité publique sont de la compétence exclusive de l'autorité administrative, et, par exemple, que le juge du référé ne peut, sans violer les règles qui interdisent à l'autorité judiciaire de porter atteinte à l'autorité administrative, ordonner la suspension de travaux relatifs à l'établissement d'une ligne télégraphique autorisée (même arrêt).

57. Les torts et dommages dont peuvent avoir à se plaindre les particuliers à l'occasion de l'établissement des lignes de télégraphie électrique, résultent principalement, lors des études préalables, du passage sur les propriétés, des travaux de piquetage et de sondage, des brèches faites aux clôtures, haies ou murs en pierre, de l'arrachement ou de l'élagage des arbres. Lors de l'exécution de la ligne, ils résultent de la plantation des poteaux et de la servitude de passage dans les propriétés closes ou non closes, de l'abatage ou de l'élagage des arbres et autres plantations, de la pose des fils dans des tranchées creusées dans le sol, lorsque la ligne électrique doit être établie souterrainement, du passage des fils ou de la plantation des poteaux au droit des ou-

---

compagnie par les soins de l'administration des lignes télégraphiques. — La compagnie pourra être autorisée et, au besoin, requise par le ministre de l'agriculture, du commerce et des travaux publics, agissant de concert avec le ministre de l'intérieur, d'établir à ses frais les fils et appareils télégraphiques destinés à transmettre les signaux nécessaires pour la sûreté et la régularité de son exploitation. — Elle pourra, avec l'autorisation du ministre de l'intérieur, se servir des poteaux de la ligne télégraphique de l'Etat, lorsqu'une semblable ligne existera le long de la voie. — La compagnie sera tenue de se soumettre à tous les règlements d'administration publique concernant l'établissement et l'emploi de ces appareils, ainsi que l'organisation, aux frais de la compagnie, du contrôle de ce service par les agents de l'Etat. »

(1) (Rault, etc.) — LA COUR; — Attendu que les intimés n'ont pas constitué avoué quoique dûment assignés; — Donne défaut contre eux, et pour le profit; — Attendu qu'il s'agissait en l'espèce de travaux publics régulièrement ordonnés par l'autorité administrative; — Que les tribunaux ne peuvent en pareille matière, ni entraver, ni suspendre les mesures prescrites par les fonctionnaires compétents; — Attendu

qu'il est suffisamment justifié que l'inspecteur Faure opérait en vertu de pouvoirs et d'instructions émanant de ses supérieurs hiérarchiques; — Attendu que les intimés se sont prévalus à tort du défaut de règlement touchant une indemnité préalable; qu'il n'apparaît pas dans les faits de la cause, que la question de propriété fût ici engagée, puisque les travaux commencés n'entraînaient aucune expropriation ou dépossession d'immeubles; — Qu'ainsi l'autorité judiciaire était incompétente pour statuer sur la réclamation des intimés, et qu'en ordonnant la cessation de ces travaux, le président du tribunal de Boulogne a méconnu les principes sur la séparation des pouvoirs et l'ordre des juridictions et formellement violé l'art 13, titre 2 de la loi du 16-24 août 1790, en date du 16 fruct. an 3; — Sur ces motifs : — La cour réforme l'ordonnance de référé rendue par le président du tribunal de première instance de Boulogne le 5 nov. dernier; — Déclare l'autorité judiciaire incompétente.

Du 31 déc. 1856.—C. de Douai

Nota. — Sur l'opposition formée contre cet arrêt, la cour, par une seconde décision, en a purement et simplement maintenu les dispositions.

vertures des maisons de manière à en diminuer la jouissance, du bruit causé par la vibration des fils dans le voisinage des habitations, et enfin de la pose de consoles d'appui contre les maisons pour soutenir les fils électriques.

58. On a prétendu que si la plantation des poteaux télégraphiques sur les propriétés privées et la pose des consoles contre les maisons des particuliers devaient avoir une durée indéfinie, elles constitueraient une servitude qui, aux termes de l'art. 649 c. nap., ne pourrait être établie que par une loi. — Cette opinion ne paraît pas fondée. En admettant que l'exécution des travaux dont il s'agit doive constituer de véritables servitudes, une loi spéciale n'est nullement nécessaire pour les établir : elles ne constituent d'ailleurs qu'un simple dommage permanent, donnant lieu à indemnité, mais qui n'exige nullement l'intervention du pouvoir législatif. — On peut, au reste, invoquer à l'appui de cette opinion la jurisprudence du conseil d'Etat, laquelle, par interprétation des lois des 28 pluv. an 8 et 16 sept. 1807, décide constamment que les propriétés privées sont obligées de supporter les dommages qu'elles sont exposées à éprouver par suite de l'exécution des travaux publics, sauf recours en indemnité contre l'Etat, par voie administrative. — La loi du 16 sept. 1807 autorise donc en principe l'établissement de la servitude ou du dommage dont il est question, et il suffit qu'un arrêté préfectoral intervienne pour constater l'application de ce principe aux travaux d'établissement des lignes télégraphiques.—Les arrêtés préfectoraux qui autorisent l'établissement des lignes télégraphiques prévoient toujours le cas où il serait nécessaire de planter des poteaux dans les propriétés privées et de poser des consoles d'appui contre les maisons des particuliers. Mais cette prévision n'eût-elle pas lieu, que le droit de l'administration serait le même. L'administration, en effet, puise son droit dans la loi du 16 sept. 1807 et non dans l'arrêté préfectoral qui ne fait que le constater. — Il suffirait donc que cet arrêté autorisât d'une manière générale l'exécution de tous les travaux nécessaires à l'établissement de la ligne télégraphique, pour que l'administration fût fondée à faire exécuter tous ceux qui ne donneraient pas lieu à une expropriation proprement dite.

59. Dans la pratique les indemnités dues pour dommages sont réglées généralement de gré à gré entre le propriétaire lésé et l'inspecteur des lignes télégraphiques au moyen d'une convention sous seings privés qui réserve l'approbation ministérielle. — Lorsque l'administration et les particuliers ne parviennent pas à s'entendre pour le règlement des dommages causés tant par les études que par suite de l'exécution des lignes télégraphiques, ces derniers doivent se pourvoir devant le conseil de préfecture du département dans lequel les travaux ont eu lieu. Le conseil ordonne une expertise pour constater l'importance de ces dommages. L'un des experts est choisi par la partie lésée et l'autre par le préfet sur la proposition de l'inspecteur des lignes télégraphiques. Par analogie et par application de l'art. 56 de la loi du 16 sept. 1807, on doit décider que le tiers expert, s'il en est besoin, est de droit l'ingénieur en chef du département. — Dans le cas où les offres de l'administration sont jugées suffisantes, les frais de l'expertise sont mis à la charge du réclamant ; dans le cas contraire ils sont supportés par elle, bien qu'en principe l'administration ne puisse pas être condamnée aux dépens, même lorsqu'elle succombe. — V. Travaux publics.

60. *Etablissement des bureaux de télégraphie électrique.* — Parmi les bureaux télégraphiques établis dans l'intérieur de l'empire, les uns ont été ouverts directement par l'Etat, sans le concours des départements et des communes. Les frais de location de ces bureaux sont supportés en entier par l'administration. — L'ouverture des autres bureaux n'a eu lieu que sur la demande des villes, des départements et quelquefois des bourses et des chambres de commerce, moyennant la charge de fournir gratuitement et indéfiniment un local convenable pour le bureau télégraphique et de parfaire chaque année à l'Etat la somme nécessaire pour couvrir les frais de personnel et de matériel du bureau en cas d'insuffisance des recettes de la télégraphie privée. — Aujourd'hui les villes dépourvues de bureaux télégraphiques, et qui sont traversées par une ligne électrique, peuvent en obtenir un, s'il y a utilité à cet établissement, en s'engageant à four-

nir gratuitement un local convenablement approprié et en garantissant à l'Etat un minimum de recettes de 2,000 fr. par an.

§ 2. — *Télégraphie optique ou aérienne.*

61. La plupart des lignes du réseau télégraphique aérien qui couvrait la France avant l'établissement du service électrique sont aujourd'hui supprimées, et les derniers vestiges de la télégraphie aérienne en France se composent seulement d'un certain nombre de postes dans l'intérieur de Paris et dans les départements de la Seine et de Seine-et-Oise. Ces postes sont destinés à relier entre elles toutes les lignes électriques aux abords de la capitale dans le cas où le service de ces lignes viendrait à être arrêté. — Mais la télégraphie de Chappe est encore appliquée en Afrique, dans l'intérieur des terres.

62. La plupart des anciens postes aériens avaient été établis, soit sur les tours des églises, soit sur des points culminants appartenant ou aux communes ou aux particuliers. — Il ne paraît pas qu'il y ait jamais eu lieu de recourir à cet effet à la voie de l'expropriation pour cause d'utilité publique : l'Etat est toujours parvenu à s'entendre à l'amiable pour cet établissement. — L'établissement des postes sur les clochers a eu lieu généralement à la charge par l'Etat d'entretenir de toutes réparations locatives la partie de la tour appropriée au service télégraphique, et de remettre les lieux dans leur état primitif s'il arrivait que ce service vînt à prendre fin. Rarement une indemnité pécuniaire était stipulée au profit de la commune. — Lorsque la télégraphie aérienne fut supprimée, la plupart des communes dont les clochers des églises supportaient des télégraphes aériens ont demandé l'exécution de cette dernière clause et la restauration de ces édifices dans leur ancien état. Presque toutes ces demandes ont été accueillies favorablement, et le débat, lorsqu'il en a été soulevé, n'a porté que sur la question de savoir quel était précisément l'état ancien des clochers, ou sur le chiffre de l'indemnité à allouer, lorsque les communes consentaient à se charger elles-mêmes et sous leur propre responsabilité des travaux à faire à cet effet. Il s'est élevé, cependant, une difficulté de principe pour quelques postes créés avant le concordat et établis sur les clochers à une époque où les églises étaient une propriété nationale. Les communes intéressées ont demandé, comme les autres, à ce que l'Etat enlevât les constructions des postes télégraphiques et rétablît les clochers de leurs églises dans leur état primitif. Ces demandes n'ont point été et ne pouvaient être accueillies. Quelle que soit la solution que l'on donne à la question de savoir à qui des communes ou de l'Etat appartient la propriété des églises, dès que les postes ont été établis à une époque où les églises étaient incontestablement une propriété nationale, la remise de ces églises entre les mains des communes conformément à l'art. 12 du concordat du 18 germ. an 10, n'a pu avoir lieu que dans l'état où ces édifices se trouvaient alors, c'est-à-dire avec la servitude résultant de l'établissement du poste télégraphique.

63. L'établissement des postes aériens sur des terrains communaux ou privés a eu lieu moyennant une indemnité une fois payée ou une redevance annuelle. Il était généralement stipulé que le terrain sur lequel les postes étaient établis, ainsi que les matériaux de construction de ces postes, feraient retour aux propriétaires ou à leurs ayants droit, si le service venait à cesser. Cette dernière clause devait être et a été en effet interprétée dans ce sens qu'à la cessation du service de la ligne aérienne, ces constructions devenaient la propriété de celui qui possédait le terrain sur lequel ils se trouvaient, sauf le droit de lui appliquer les prescriptions de l'art. 545 c. nap., et de lui faire payer la valeur des matériaux employés. Quant au matériel télégraphique proprement dit servant directement ou indirectement à la transmission des signaux, il devait être remis à l'administration des domaines chargée d'en opérer la vente au profit de l'Etat.

64. Les règles qui président aujourd'hui à l'établissement et à l'entretien des postes télégraphiques aériens sont données par le décret du 27 déc. 1851. Elles ont surtout pour but d'assurer la régularité du service télégraphique aérien et de protéger ce service contre les interruptions que pourraient occasionner des obstacles accidentellement élevés sur le sol. — Les lignes de télégraphes aériens sont composées de postes placés à une distance moyenne de 8 à 10 kil. environ, et établis de manière que le rayon visuel, qui va de l'un à l'autre, ne soit arrêté par aucun obstacle. Cette condition assure un bon service tant qu'elle est remplie, et elle l'est toujours lorsqu'on construit une ligne. Mais avec le temps plusieurs obstacles peuvent s'interposer ou être interposés et entraver ou même empêcher le passage des signaux. Il importait donc de procurer à l'administration le moyen de rétablir promptement les communications télégraphiques en faisant disparaître les obstacles aussi rapidement que le permet tout le respect et les ménagements dus aux droits privés. L'art. 9 du décret du 27 déc. 1851 assure à l'administration ce droit pour l'enlèvement des obstacles qui surviennent sur les lignes de télégraphie aérienne déjà établies. — Ainsi, d'après cet article, lorsque, sur une ligne de télégraphie aérienne déjà établie, la transmission des signaux est empêchée ou gênée, soit par des arbres, soit par l'interposition d'un objet quelconque placé à demeure, un arrêté du préfet prescrit les mesures nécessaires pour faire disparaître l'obstacle, à la charge de payer l'indemnité qui est fixée par le juge de paix. Cette indemnité est consignée préalablement à l'exécution de l'arrêté du préfet. Si l'objet est mobile et n'est point placé à demeure, un arrêté du maire suffit pour en ordonner l'enlèvement (décret du 27 déc. 1851, art. 9). — Il résulte de l'objet même de cette disposition, que l'administration en doit être restreinte aux empêchements qui se manifestent postérieurement à l'établissement de ces lignes.

65. L'art. 9 précité du décret de 1851 distingue trois espèces d'obstacles : les constructions d'une nature permanente et qui ne sont pas susceptibles d'être déplacées ; les arbres et les objets placés à demeure, mais susceptibles d'être déplacés ; enfin les objets mobiles. Les premiers ne peuvent disparaître qu'en employant la voie ordinaire de l'expropriation pour cause d'utilité publique. En cas d'existence d'obstacles de cette nature, il est donc, en général, préférable de déplacer les postes télégraphiques. Les seconds, c'est-à-dire les objets placés à demeure, mais susceptibles d'être déplacés, qui peuvent faire obstacle à la visibilité des postes aériens, sont : les fours à briques, les hangars, les abris pour bestiaux, les tentes, les arbres, les mâts, et enfin toutes les constructions légères qui peuvent être déplacées sans détérioration réelle et sans priver le propriétaire ou le fermier du service qu'il en retirait (instr. min. du 25 nov. 1852). — Lorsqu'il y a lieu de faire disparaître des obstacles placés dans cette seconde catégorie, les inspecteurs des lignes télégraphiques adressent un rapport au préfet pour lui indiquer le lieu où existe l'obstacle et les circonstances qui le rendent nuisible, ainsi que les efforts tentés pour obtenir du propriétaire qu'il consente à le faire disparaître. Sur ce rapport le préfet fait, s'il y a lieu, sommer administrativement le propriétaire de l'objet formant obstacle d'en opérer le déplacement, et, sur son refus, il prescrit, par un arrêté, les mesures nécessaires pour le faire déplacer ou disparaître. L'inspecteur des lignes télégraphiques ou l'un des agents de surveillance de ce service peut être chargé de l'exécution de cet arrêté préfectoral (même instr.).

66. L'arrêté préfectoral doit, toujours aux termes mêmes du décret, réserver le payement préalable de l'indemnité. En cas de désaccord sur le chiffre de cette indemnité, des offres réelles devront être faites par voie administrative, par analogie à la sommation administrative, c'est-à-dire par l'arrêté préfectoral qui enjoint de faire disparaître l'obstacle à la partie intéressée, laquelle sera tenue de formuler ses prétentions dans un délai déterminé. En cas de refus, le conseil de préfecture, saisi par le préfet, statuera d'urgence (même instruct.).

67. Les obstacles de la troisième catégorie, c'est-à-dire les objets mobiles, tels que les meules à foin, les tas de pailles, les voitures remisées, etc., etc., peuvent être déplacés par arrêté des maires. — Le motif de la différence qui existe à cet égard entre les objets de la seconde catégorie est sensible ; le législateur n'a pas voulu que pour l'enlèvement ou le déplacement, sans aucune importance, d'un objet placé temporairement dans un lieu pour quelques jours, pour quelques heures peut-être, le service télégraphique subît une interruption prolongée par la nécessité de recourir à l'autorité du préfet. Dans les cas où l'intérêt d'un service important d'utilité publique n'est aux prises avec aucun intérêt particulier sérieux, un simple arrêté du maire doit suffire, en effet, pour autoriser une semblable mesure. — Le déplacement des objets mobiles peut être demandé par les stationnaires des postes dont la visibilité est compromise. Ils font à cet effet une réquisition au maire des communes sur le territoire desquelles sont établis les postes. Si le maire se refuse à ordonner l'enlèvement d'un objet mobile faisant obstacle, il y a lieu de recourir devant le préfet, qui prescrit ce que de droit (même instruction).

68. L'instruction ministérielle du 25 nov. 1852 porte que toutes les fois qu'il y a lieu à indemnité, elle doit être consignée *préalablement* à l'enlèvement de l'obstacle. Il en résulterait que pour les objets de la troisième catégorie, leur enlèvement, en cas de dommage, ne pourrait avoir lieu que sous la condition du payement *préalable* de l'indemnité. Cette disposition nous paraît extensive de la disposition, déjà exceptionnelle, du décret qui n'impose la condition du payement préalable que pour les objets de la seconde catégorie, et il nous semble qu'elle ne doit pas être suivie dans la pratique : à cet égard on doit appliquer *es* règles relatives aux simples dommages causés par l'exécution des travaux publics. — V. *suprà*, n° 56.

69. Les art. 678 et suiv. c. nap., relatifs aux ouvertures ou vues droites sur les propriétés voisines, sont-ils applicables aux postes aériens, bâtis sur le sol des voies publiques jusqu'à la limite séparative de ces voies avec les propriétés riveraines ? La question a été soulevée pour le poste aérien de Saint-Michel (Seine-et-Oise), bâti sur le sol du chemin de fer d'Orléans, mais elle n'a pas été résolue en principe. Le propriétaire d'un terrain sur lequel une ouverture de ce poste avait ouvert à une distance moindre que celle fixée par l'art. 678 c. nap., a élevé la prétention de la faire boucher. Cette prétention n'était pas fondée selon nous : les règles des art. 675 et suiv. c. nap. ne sont applicables que lorsqu'il s'agit de deux propriétés privées ; elles ne peuvent être invoquées lorsqu'une des deux propriétés fait partie de la grande voirie, et par suite du domaine public. Ainsi, de même que le riverain d'une route impériale, par exemple, peut, après avoir obtenu un alignement, bâtir sur la limite séparative des deux propriétés publique et privée et prendre néanmoins des vues sur la voie publique, l'État peut, dans un intérêt public, élever des constructions sur la même limite et prendre des jours sur les propriétés riveraines. Cette faculté résulte implicitement, mais nécessairement, des lois et règlements relatifs à la grande voirie qui soumettent les propriétés riveraines à toutes les servitudes reconnues d'utilité publique. Or, aux termes des art. 1, 2 et 3 de la loi du 15 juill. 1845 les chemins de fer font partie de la grande voirie, et les propriétés qui les bordent sont soumises à toutes les servitudes imposées par les lois et règlements sur la grande voirie. D'ailleurs le service télégraphique considéré en lui-même constitue une sorte de voirie aérienne qui doit jouir des mêmes priviléges et recevoir la même protection que la voirie ordinaire.

Art. 2. — *Établissement de lignes télégraphiques par les particuliers.*

70. Les compagnies de chemins de fer ont les premières demandé et obtenu successivement l'autorisation d'établir des lignes de télégraphie électrique dans l'intérêt de la circulation. — Depuis quelques années les cahiers de charges de concession imposent même aux compagnies l'obligation de procéder à cet établissement sur la réquisition de l'administration. On lit, en effet, dans les cahiers de charges annexés aux décrets des 2 mai 1855, relatifs aux chemins de fer grand central et normands et bretons, 20 juin 1855, chemins de fer d'Orléans et ses prolongements, 14 juill. 1855, chemins de fer des mines d'Onguey au canal du Rhône au Rhin et au chemin de Dijon à Besançon, et 23 avr. 1856, chemin de fer de Saint-Gobain à Chauny, on lit, disons-nous, une clause ainsi conçue :—« La compagnie pourra être autorisée et au besoin requise par le ministre de l'agriculture, du commerce et des travaux publics, agissant de concert avec le ministre de l'intérieur, d'établir à ses frais les fils et appareils télégraphiques destinés à transmettre les signaux nécessaires pour la sûreté et la régularité de son exploitation. Elle pourra, avec l'autorisation du ministre de l'intérieur, se servir des poteaux de la ligne télégraphique de l'Etat, lorsqu'une semblable ligne existera le long de la voie. — Un règlement d'administration publique déterminera les conditions d'établissement et d'emploi de ces appareils télégraphiques, ainsi que l'organisation aux frais de la compagnie du contrôle de ce service par les agents de l'Etat. » — Des autorisations semblables ont été accordées à diverses sociétés commerciales et industrielles. C'est ainsi que, 1° deux compagnies ont été autorisées à établir une ligne télégraphique entre Bordeaux et le Verdon et une autre ligne entre Nantes, Paimbœuf, Saint-Nazaire et le Croisic, pour la transmission des nouvelles exclusivement relatives au commerce maritime (décrets des 24 mai et 29 nov. 1850); — 2° Une compagnie anglaise, la compagnie Brett, a été autorisée à établir un télégraphe électrique sous-marin entre les côtes de France et d'Angleterre et aboutissant à Calais et à Douvres (décrets des 10 août 1849 et 27 déc. 1850); — 3° La même compagnie a obtenu la concession d'une ligne semblable entre la France et l'Algérie, en passant par la Corse et la Sardaigne (L. du 10 juin 1853); — 4° La compagnie du service maritime des messageries impériales a été autorisée à correspondre télégraphiquement entre le siége de sa direction à Marseille et le port de la Joliette (arr. min. 15 janv. 1856); — 5° La compagnie de l'éclairage au gaz de la ville de Marseille, à établir une correspondance analogue entre le siége de sa direction, son usine à gaz et ses fonderies (arr. min. des 20 nov. 1856 et 13 fév. 1857); — 6° La compagnie Glower, à aterrir près de Bordeaux un câble télégraphique transatlantique destiné à relier la France aux Etats-Unis d'Amérique (décret du 19 mai 1857); —7° La chambre de commerce du Havre à correspondre télégraphiquement entre le Havre, le cap de la Hève et Bléville, pour annoncer l'arrivée sur rade des navires et communiquer avec eux (décis. min. 22 janv. 1857);—8° Le baron de Rothschild, à établir une ligne télégraphique entre son château de Ferrières et Ozouer-la-Ferrières, station du chemin de fer du Nord (arr. min. 20 juill. 1857);—9° Le sieur Balestrini, à aterrir sur les côtes de France une ligne télégraphique sous-marine partant de Marseille, touchant aux îles d'Hyères et aboutissant à Calvi en Corse (décr. du 19 déc. 1857); — 10° Une compagnie anglaise, à établir une nouvelle ligne sous-marine entre la France et l'Angleterre, et aboutissant à Boulogne et Folkestone (décr. du 12 janv. 1859); — 11° La société anonyme des hauts fourneaux, fonderies et forges de Franche-Comté, une ligne télégraphique sur le chemin de fer des mines d'Onguey au chemin de fer de Dijon à Besançon (arr. min. du 8 juill. 1859); — 12° La société anglaise Guillemant, Despecher et Gisborn, une ligne télégraphique sous-marine directe entre la France et l'Algérie (décr. du 6 août 1859); — 13° La compagnie des glaces et produits chimiques de Saint-Gobain, Chauny et Cirey, une ligne télégraphique sur le chemin de fer de Chauny à Saint-Gobain (arr. min. du 25 nov. 1859); — 14° La compagnie des houillères, forges, fonderies et ateliers de constructions du Creuzot, une ligne télégraphique entre le

Creuzot et le canal du Centre pour le service de son exploitation (arr. min. du 5 mars 1860); — 15° Les sieurs Glass, Elliot et comp., à établir une ligne télégraphique sous-marine directe entre la France et l'Algérie (décr. du 21 juill. 1860); — 16° La même compagnie, à établir une autre ligne sous-marine directe entre la France et la Corse (décr. du 21 juill. 1860); — 17° Enfin la compagnie Rowet, Conneau, Trotter et Curtis à aterrir sur les côtes de France une ligne télégraphique sous-marine aboutissant aux Etats-Unis d'Amérique, en touchant à l'une des îles Saint-Pierre et Miquelon (Terre-Neuve) (L. 28 juill. 1860).

71. Les *formalités* relatives aux demandes d'établissement de lignes télégraphiques par les particuliers ont été réglées par une circulaire du ministre de l'intérieur, en date du 25 nov. 1852. Ces demandes doivent être faites et sont accordées suivant les distinctions suivantes : — Lorsqu'il s'agit de demandes se rapportant à l'établissement de signaux télégraphiques, soit dans une même usine, soit entre deux localités situées dans le même canton, l'autorisation peut être accordée par arrêté du préfet, après une enquête faite par le maire du principal lieu où la ligne doit être établie, et sur un rapport du sous-préfet. Il doit être donné connaissance au ministre de l'intérieur des autorisations accordées. — Lorsque la demande a pour but l'établissement d'une ligne devant s'étendre sur plusieurs cantons d'un même département, l'enquête doit être faite par le préfet, qui prend, en outre, s'il y a lieu, l'avis, soit de la chambre de commerce, soit des sous-préfets. L'autorisation ne peut être accordée, dans ce cas, que par un arrêté du ministre de l'intérieur, rendu sur la proposition du directeur des lignes télégraphiques. — Quand la ligne doit s'étendre sur plusieurs départements, la demande d'autorisation doit être adressée au ministre de l'intérieur. — Telles sont les dispositions de la circulaire précitée. Mais dans la pratique les préfets n'accordent aucune autorisation en cette matière. La concession des lignes de peu d'importance est donnée par des arrêtés du ministre de l'intérieur. Quant aux autres lignes, les conventions y relatives sont approuvées par un décret, et celles de leurs dispositions qui contiennent des engagements pour le trésor sont promulguées par une loi.

72. Les compagnies de chemins de fer auxquelles l'Etat peut, aux termes des cahiers de charges, imposer l'obligation d'établir une ligne télégraphique pour la sûreté et la régularité de leur exploitation, sont soumises à des *conditions* qui doivent être déterminées, ainsi que nous l'avons vu, par un règlement d'administration publique. Jusqu'à ce jour le seul règlement de cette nature qui soit intervenu est le décret du 25 déc. 1855, relatif au réseau des chemins de fer d'Orléans et ses prolongements et au réseau des chemins de fer normands et bretons. Ce décret a été inséré D. P. 56. 4. 3, et il suffit d'y renvoyer. — Les conditions auxquelles les autres compagnies de voies ferrées obtiennent l'autorisation de se servir du télégraphe sont généralement les mêmes et se trouvent reproduites dans un arrêté ministériel du 14 oct. 1857, qui concède cette autorisation à la compagnie des chemins de fer de l'Est. Nous rapportons ci-dessous les dispositions de cet arrêté (1). — Les conditions impo-

(1) 14 oct. 1857. — Arrêté ministériel qui autorise la compagnie des chemins de fer de l'Est à établir des fils télégraphiques pour le service de son exploitation.
Art. 1. La compagnie des chemins de fer de l'Est est autorisée à conserver et à établir, dans toute l'étendue du réseau qui lui a été concédé, deux fils télégraphiques pour le service de son exploitation. Ces fils seront placés sur les poteaux qui supportent les lignes de l'Etat, de manière à ne pas gêner le service du gouvernement. La compagnie sera tenue d'employer, pour l'isolement de ces fils, les appareils adoptés par la direction des lignes télégraphiques. — L'achat, la pose des fils et des appareils, la construction des postes, en un mot toutes les dépenses nécessaires pour l'établissement de la correspondance spéciale du chemin de fer, seront à la charge de la compagnie. — Les travaux auront lieu par les soins des agents de la direction des lignes télégraphiques, mais payés par la compagnie, conformément aux règlements du ministre de l'intérieur. — Si, pour ses propres constructions ou pour toute autre cause, la compagnie, a besoin de faire déplacer les fils ou les poteaux du télégraphe électrique sur quelques points de la ligne, les déplacements demandés seront également exécutés par les agents de la direction des lignes télégraphiques, mais aux frais de la compagnie.
2. Les locaux affectés au service télégraphique dans les gares devront

être disposés de manière à donner au public un libre et facile accès.
3. Les stations seront divisées en trois catégories. — La première catégorie comprendra les postes de A, B, C, dont les appareils seront exclusivement manœuvrés par les employés de la direction des lignes télégraphiques, dont le traitement sera remboursé par l'Etat à la compagnie. — La seconde catégorie comprendra les postes de X, Y, Z, qui seront desservis par deux agents de l'Etat, un chef de station et un simple stationnaire. Le traitement de ce dernier sera remboursé à l'Etat par la compagnie. Si un ou plusieurs employés étaient reconnus indispensables pour assurer le service du chemin de fer, leur traitement serait aussi à la charge de la compagnie. — Outre les dépêches de la compagnie, les postes de la deuxième catégorie transmettront des dépêches privées au moyen des appareils et des fils de l'Etat, et à son profit. — La troisième catégorie comprendra les stations du chemin de fer autres que celles dénommées ci-dessus, où la compagnie, après en avoir obtenu l'autorisation, jugerait utile d'installer des appareils télégraphiques. Elle y assurera le service au moyen de ses propres agents. — La direction des lignes télégraphiques aura, à toute époque, le droit d'ouvrir ces stations au public, en y mettant deux employés de l'Etat qui feraient à la fois le service du chemin de fer et celui du gouvernement, aux conditions fixées pour la seconde catégorie.

sées aux diverses compagnies qui se sont constituées pour l'établissement de lignes télégraphiques sous-marines, résultent des conventions annexées aux lois des 10 juin 1855, 19 juill. 1855, 7 sept. 1857, 22 juin 1857, 14 juill. 1860, et aux décrets des 10 août 1849, 27 déc. 1850, 24 oct. 1851, 20 janv. 1858, 12 janv. 1859, 6 août 1859, 16 août 1859, 18 juin 1860 et 21 juill. 1860 (deux décrets à cette date), ainsi que de ces lois et décrets auxquels nous renvoyons. — Enfin les obligations auxquelles l'État astreint les différentes compagnies industrielles autorisées à établir des correspondances télégraphiques sont indiquées dans l'arrêté du ministre de l'intérieur en date du 5 mars 1860, dont nous donnons ci-dessous les dispositions (1) et qui autorise la compagnie des houillères, forges, fonderies et ateliers du Creuzot à établir une ligne électrique entre le Creuzot et le canal du Centre.

73. Le *retrait* des autorisations d'établir des lignes télégraphiques peut être exercé pour inexécution des conditions imposées. La condition résolutoire est toujours, en effet, sous-entendue dans les contrats synallagmatiques pour le cas où l'une des parties ne satisfait pas à ses engagements (c. nap. 1184). — Dans les cahiers de charges de concessions de cette nature, il est stipulé quelquefois que les contestations qui pourront s'élever entre les concessionnaires et l'administration au sujet de l'exécution ou de l'interprétation des clauses de la concession, seront jugées administrativement par le conseil de préfecture, sauf recours au conseil d'État. Cette disposition est conforme aux principes en matière de compétence puisque les concessions de cette nature doivent être considérées comme des marchés de travaux publics. — Disons, en terminant, que sur une demande en dommages-intérêts intentée contre l'État par un sieur Ferrier, qui

à construire ultérieurement sur le chemin de fer ou sur les routes venant aboutir au chemin de fer de Paris à Mulhouse.

(1) 5 mars 1860.—Arrêté ministériel qui autorise la compagnie des houillères, forges, fonderies et ateliers de constructions du Creuzot à établir une ligne télégraphique entre le Creuzot et le canal du Centre.

Art. 1. La compagnie des houillères, forges, fonderies et ateliers de constructions du Creuzot est autorisée à établir une ligne télégraphique à deux fils pour les besoins de son exploitation entre le Creuzot et le canal du Centre. — L'achat et la pose des poteaux et des fils, la fourniture des appareils, ainsi que toutes les dépenses nécessaires pour l'établissement de la correspondance télégraphique seront à la charge de la compagnie. — Les poteaux qui supporteront les fils seront établis dans des conditions de solidité convenables ; aux passages à niveau les poteaux auront 9 mèt. 50 c. de hauteur et au moins 20 cent. de diamètre à la base : ils seront enfoncés de 2 mèt. dans le sol.

2. L'État se réserve de poser sur les poteaux de cette ligne un ou plusieurs fils pour son usage, sans payer aucune indemnité à la compagnie.

3. Les fils établis par la compagnie serviront à la transmission, entre le Creuzot et le canal du Centre, de dépêches exclusivement relatives à la marche et au service des trains de la compagnie, ainsi qu'à l'exploitation des houillères, forges, fonderies et ateliers de constructions.

4. La compagnie choisira les appareils destinés à la transmission de ses dépêches, mais elle devra préalablement les soumettre à l'acceptation de la direction des lignes télégraphiques.

5. La compagnie sera libre de faire manœuvrer ses appareils par ses propres employés dans les stations du Creuzot et du canal du Centre ; elle ne pourra ouvrir d'autres stations sans en avoir au préalable demandé l'autorisation à la direction des lignes télégraphiques.

6. Toutes les dépêches transmises par les postes de la compagnie devront être inscrites sur un registre spécial, où elles figureront avec un numéro d'ordre et par date. Ce registre pourra être examiné et contrôlé par tous les agents pour ce délégués par la direction des lignes télégraphiques. Dans la station du Creuzot, il sera fait chaque jour une copie de toutes les dépêches reçues et expédiées, cette copie sera adressée sous bandes croisées, à M. le ministre de l'intérieur (direction des lignes télégraphiques).

7. La compagnie fera connaître à la direction des lignes télégraphiques les noms et qualités des personnes qui sont autorisées à transmettre télégraphiquement.

8. La faculté de correspondre télégraphiquement accordée par les articles précédents sera retirée si un usage illicite en était fait, en transmettant des dépêches ou nouvelles étrangères à la marche des trains ou à l'exploitation des houilles, forges, fonderies et ateliers de constructions de la compagnie. La suspension aura lieu sans indemnité et sans diminution des droits accordés à la direction des lignes télégraphiques.

9. Le gouvernement aura le droit de transmettre ses dépêches sur la ligne du Creuzot au canal du Centre pendant la durée du service tel qu'il aura été réglé par la compagnie. Cette transmission sera faite gratuitement par les fils et les agents de la compagnie. Les dépêches du gouvernement auront la priorité sur toutes autres transmissions.

10. Les agents et les ouvriers de la direction des lignes télégraphiques voyageant pour les besoins du service de l'État auront le droit de circuler librement dans les wagons du chemin de fer de la compagnie. Des permis gratuits seront délivrés à cet effet aux agents suivant leur grade, sur la présentation de leur lettre de service signée par le directeur des lignes télégraphiques.

11. La compagnie effectuera, sur la demande de la direction des lignes télégraphiques et sur les points de la ligne qui lui seront indiqués, le transport gratuit de tous les matériaux nécessaires à l'entretien de la ligne électrique. Ce même transport gratuit aura lieu également pour les matériaux nécessaires à l'établissement ou à l'entretien des lignes à construire ultérieurement sur le chemin de fer et sur les routes venant aboutir au chemin de fer de la compagnie.

4. Si un service de nuit paraît nécessaire à la compagnie dans les stations des deux premières catégories , il sera fait par les agents de l'État, qui recevront chacun une indemnité annuelle de 200 fr. en sus de leur traitement. — Les frais du service de nuit seront entièrement à la charge de la compagnie. — Dans le cas où la compagnie n'établirait pas de service de nuit dans tous ces postes , la communication directe sera établie tous les soirs de manière que les postes où l'on fera le service de nuit soient toujours en rapport entre eux.

5. Si la direction des lignes télégraphiques retirait ses employés d'une ou plusieurs stations de la deuxième catégorie, la compagnie deviendrait libre d'y continuer son service au moyen de ses propres agents.

6. La compagnie pourra transmettre gratuitement par ses fils et ses appareils toutes les dépêches concernant la sûreté des voyageurs et la sécurité de l'exploitation , et relatives à la marche et à la composition des trains , au service de la voie et du personnel, au mouvement du matériel et des marchandises, ainsi que les réclamations concernant les bagages et les marchandises enregistrés. — Les autres dépêches intéressant le service du chemin de fer et qui ne seront pas dans la catégorie de celles énumérées ci-dessus , seront transmises également par les appareils de la compagnie , mais elles seront soumises à une taxe réduite à titre d'abonnement au tiers de celle perçue pour les dépêches privées. — Les sommes dues par la compagnie , en vertu de la disposition précédente , seront l'objet d'un compte mensuel.

7. Dans le cas où le service télégraphique du chemin de fer serait interrompu , les dépêches relatives à la sûreté de l'exploitation seront transmises gratuitement par les fils et les appareils de l'État. — Dans toutes les stations où il n'existera pas d'appareils télégraphiques de l'État, la compagnie sera tenue de faire transmettre et recevoir par ses agents toutes les dépêches du gouvernement.

8. Toutes les transmissions seront inscrites dans chaque station d'arrivée et de départ sur un registre spécial où elles figureront avec numéro d'ordre et par date. — Ces registes pourront être examinés et contrôlés par tous les fonctionnaires pour ce délégués par la direction des lignes télégraphiques.

9. La compagnie notifiera à la direction des lignes télégraphiques la liste des agents qu'elle autorise à correspondre par le télégraphe. Les dépêches présentées par ces agents et signées par eux seront immédiatement transmises dans l'ordre de leur dépôt , à moins que le chef de gare ne donne par écrit l'ordre d'intervertir le rang des transmissions. — Dans toutes les gares , les dépêches du gouvernement seront transmises immédiatement après les dépêches concernant la sécurité des trains. — Dans les stations où le service sera fait à frais communs de l'État et de la compagnie, les dépêches de la compagnie auront la priorité sur les dépêches privées.

10. La compagnie fournira les piles et les appareils dans les stations desservies par les employés de l'État. — Les inspecteurs des lignes télégraphiques seront seuls chargés de veiller à l'entretien de ce matériel.

11. Les agents de l'État détachés dans les gares ne relèvent que de la direction des lignes télégraphiques. Leur traitement est celui de la classe à laquelle ils appartiennent. — Les sommes dues à l'État par la compagnie pour solde des traitements mis à sa charge, en vertu de l'art. 3 du présent arrêté , seront versées annuellement à la caisse centrale du trésor.

12. Les agents et les ouvriers de la direction des lignes télégraphiques voyageant pour le service de l'État auront le droit de circuler librement dans les diligences ou wagons du chemin de fer. — Des permis gratuits de première et de seconde classe seront délivrés à cet effet aux agents suivant leur grade sur la présentation d'une lettre de service signée par le directeur des lignes télégraphiques.

13. La compagnie effectuera , sur la demande de la direction des lignes télégraphiques et sur les points de la ligne qui lui seront indiqués, le transport gratuit de tous les matériaux nécessaires à l'entretien de la ligne électrique. Ce même transport gratuit aura également lieu pour tous les matériaux nécessaires à l'établissement et à l'entretien des lignes

avait formé une société pour l'exploitation d'un système de télégraphie diurne et nocturne entre Paris et Rouen, et qui prétendait que cette entreprise, tombée en 1834, n'avait eu ce sort funeste que par suite des entraves multipliées de l'administration et finalement par suite de la loi de 1837, qui a établi pour la première fois législativement le monopole télégraphique du gouvernement, le conseil d'État a rejeté la requête au motif que le réclamant ayant, dès 1834, cessé d'exploiter la ligne dont il s'agit, il n'était pas dès lors fondé à réclamer une indemnité pour raison de la mise à exécution de la loi de 1837 (cons. d'Ét. 6 août 1852, M. de Bernon, rap., aff. Ferrier). — Ajoutons à ce motif que le préjudice allégué par le sieur Ferrier, eût-il été réel, la loi de 1837 eût-elle eu pour effet de supprimer son industrie, le recours n'eût pas été mieux fondé. On sait, en effet, que lorsqu'une loi, qui supprime une industrie, garde le silence sur le droit à l'indemnité, ce droit n'existe pas ; car la question d'indemnité ne peut passer inaperçue du législateur. S'il veut accorder la réparation du préjudice que doivent causer ses prescriptions, il ne manque pas de le dire. S'il ne le dit pas, la présomption est qu'il ne l'a pas voulu. Telle est la jurisprudence formelle du conseil d'État sur ce point. — V. Impôts indirects, nos 605 et suiv.; V. aussi cons. d'Ét. 26 fév. 1857, aff. Cohen, D. P. 57. 3. 81.

74. Quant à la question de savoir si le retrait des concessions de lignes télégraphiques peut avoir lieu par suite d'expropriation pour cause d'utilité publique, nous renvoyons au mot Expropriation, nos 40 et suiv., où se trouve traitée la question de savoir si l'expropriation s'applique non-seulement aux immeubles, mais encore aux propriétés mobilières et droits incorporels, et spécialement aux droits résultant de la concession d'établissement de chemins de fer et de canaux.

SECT. 3.—USAGE DES LIGNES TÉLÉGRAPHIQUES.

ART. 1. — *Dépêches politiques et administratives.*

75. Le droit de transmettre les dépêches gouvernementales ou administratives est circonscrit dans le cercle d'un certain nombre de fonctionnaires déterminés. Ce droit est réglé aujourd'hui par les arrêtés du ministre de l'intérieur en date des 19 avril, 19 août et 9 déc. 1859, 14 fév. et 10 juill. 1860, et par une instruction du 17 sept. 1859.

La franchise télégraphique illimitée appartient à S. M. l'impératrice, à leurs AA. II. le prince Napoléon, la princesse Clotilde et la princesse Mathilde.

La correspondance des fonctionnaires publics exclusivement relative au service de l'État est seule transmise gratuitement par le télégraphe.

Les fonctionnaires et agents ci-après dénommés sont autorisés à requérir directement de l'administration des lignes télégraphiques la transmission gratuite de leurs dépêches administratives : 1° Le grand maréchal du palais ; — 2° Le grand chambellan ; — 3 Le grand maître des cérémonies ; — 4° Le chef du cabinet de l'empereur ; — 5° L'aide de camp de service ; — 6° Le chambellan de service ; — 7° Tout dignitaire ou officier en mission spéciale pour le service de Sa Majesté (ces dignitaires et officiers font partie de la maison de l'empereur) ; — 8° Les ministres ; — 9° Les maréchaux commandants supérieurs ; — 10° Les préfets ; — 11° Les sous-préfets ; — 12° Le maire de Calais ; — 13° Les généraux commandant les divisions militaires ; — 14° Les généraux commandant les subdivisions (en résidence ou non au chef-lieu de la division, mais les généraux subdivisionnaires résidant au chef-lieu de la division sont tenus de faire viser leurs dépêches par les généraux commandant les divisions) ; — 15° Les généraux commandant un corps d'armée ; — 16° Les commandants militaires (c'est-à-dire les commandants de place de guerre ; ceux-ci et les chefs de légion de gendarmerie ont droit à la franchise télégraphique lorsque dans leur résidence il n'y a pas d'officier général) ; — 17° Les intendants militaires ; — 18° Les sous-intendants (dans les villes où il n'y a pas d'intendant ; quand il y a plusieurs sous-intendants dans la même ville, la franchise n'appartient qu'au plus ancien, qui vise alors les dépêches de ses collègues) ; — 19° Les préfets maritimes ; —

20° Les commissaires maritimes, chefs de service, etc., etc. (dans les villes où il n'y a pas de préfet maritime) ; — 21° Le syndic des gens de mer à Saint-Nazaire, mais seulement avec le commissaire de marine à Nantes ; — 22° Les commandants d'escadre ; — 23° Les procureurs généraux ; — 24° Les procureurs impériaux (dans les villes où il n'y a pas de procureur général); —25° Le directeur général des postes ; — 26° Les agents diplomatiques à l'étranger ; — 27° L'agent des affaires étrangères à Marseille ; — 28° Le directeur de la santé à Marseille, mais avec le ministre du commerce seulement ; — 29° Les premiers présidents des cours impériales, avec les ministres ; — 30° Les receveurs généraux des finances, avec les ministres ; — 31° Les archevêques et évêques, avec les ministres ; — 32° Les recteurs avec les ministres ; — 33° Le président de la commission des monnaies de Paris, avec le directeur de la monnaie de Strasbourg ; — 34° Le directeur des postes de Calais, avec le directeur général des postes ; — 35° Le commissaire spécial du port de Calais avec les ministres de l'intérieur et des affaires étrangères ; — 36° Les commissaires spéciaux de police sur les chemins de fer, A, avec le ministre de l'intérieur ; B, avec leurs collègues résidant sur une même ligne de chemin de fer ; C, avec les inspecteurs de police placés sous leurs ordres ; — 37° Les ingénieurs, commissaires, sous-commissaires et autres agents préposés à la surveillance administrative des compagnies de chemins de fer, avec le ministre des travaux publics pour les dépêches relatives aux accidents sur les voies ferrées ; — 38° Les maires, dans les villes où il n'y a pas de sous-préfet, et seulement avec le préfet ou le sous-préfet et le procureur impérial de l'arrondissement ; — 39° Les chefs des bureaux ambulants de l'administration des postes, qui sont autorisés à transmettre en franchise par les fils et appareils des compagnies de chemins de fer les dépêches qui intéressent leur service ; — 40° Le préposé des postes à la gare de Saint-Rambert, qui est également autorisé à requérir gratuitement le télégraphe de la compagnie du Dauphiné pour signaler au directeur des postes de Grenoble les retards du train-poste de Marseille ; — 41° Les inspecteurs et sous-inspecteurs des douanes, qui sont autorisés à transmettre gratuitement, mais seulement par les fils des compagnies, les dépêches relatives aux escortes des convois de transit international circulant sur les voies ferrées de l'Est, des Ardennes et du Nord ; — 42° Les ingénieurs et agents des ponts et chaussées de tous grades qui sont autorisés à transmettre en franchise leurs dépêches relatives aux crues des cours d'eau et échangées, soit entre eux, soit avec les préfets, sous-préfets et maires, dans l'étendue du bassin fluvial où leur résidence est fixée ; — 43° L'ingénieur en chef chargé du service du Rhône, pour la correspondance de même nature qu'il pourra avoir à échanger avec le directeur de l'observatoire de Genève ; — 44° Les commissaires de surveillance administrative près les compagnies de chemins de fer, pour leur correspondance avec le préfet du département, le procureur impérial du ressort et l'ingénieur en chef du contrôle, en cas d'accidents suivis de mort ou de blessures graves ; —45° Les officiers supérieurs de la marine chargés de l'inspection des fournitures de charbon de terre, pour leur correspondance concernant ce service, soit entre eux, soit avec, A, le ministre de la marine ; B, les premiers et deuxièmes maîtres mécaniciens de la marine, chargés de la recette et de la surveillance des fournitures de charbon; C, les préfets maritimes ; D, les commissaires généraux de la marine ; E, les commissaires aux approvisionnements ; F, les chefs de service de la marine dans les sous-arrondissements ; G, les directeurs des établissements impériaux de la marine à Guérigny et à Indret, et réciproquement ; — 46° Les premiers et deuxièmes maîtres mécaniciens de la marine, chargés de la surveillance et de la recette des fournitures de charbon de terre, pour leur correspondance concernant ce service avec : A, le ministre de la marine ; B, les officiers supérieurs de la marine chargés de l'inspection des fournitures de charbon de terre ; C, les commissaires généraux de la marine ; D, les commissaires aux approvisionnements ; E, les chefs du service de la marine dans les sous-arrondissements ; F, les directeurs des établissements impériaux de la marine à Guérigny et à Indret, et réciproquement ; — 47° Les fonctionnaires et agents des lignes télégraphiques, lorsque l'intérêt du service exige qu'ils correspondent entre eux par le télégraphe ; — 48° Enfin, aux termes de divers arrêtés ministériels, toutes les compagnies de chemins de fer peuvent transmettre gratuitement par leurs fils et appareils, et en cas d'empêchement par les fils et appareils de l'État, toutes les dépêches concernant la sûreté des voyageurs et la sécurité de l'exploitation, et relatives à la marche et à la composition des trains, au service de la voie et du personnel, au mouvement du matériel et des marchandises, ainsi que les réclamations concernant les bagages et les marchandises enregistrés.

A Paris, le droit à la franchise télégraphique n'appartient qu'aux ministres et à leurs délégués ; cette restriction n'est pas applicable aux dignitaires et officiers de la maison de l'empereur.

76. Tout fonctionnaire autre que ceux ci-dessus dénommés ne peut requérir la transmission gratuite d'une dépêche relative au service de l'administration à laquelle il appartient, qu'autant que cette dépêche a été préalablement revêtue du visa de l'autorité dont il relève. L'ordre de répondre par le télégraphe équivaut au visa. — Les dépêches des officiers de gendarmerie peuvent être visées indistinctement par l'autorité militaire, civile ou judiciaire. — Nul ne peut viser une dépêche s'il n'est autorisé lui-même à correspondre en franchise. — L'abus du droit de franchise télégraphique dans un intérêt privé donne lieu à une répétition de taxe, conformément aux tarifs en vigueur. Les dépêches de service transmises sans utilité par les fonctionnaires et agents des lignes télégraphiques sont également soumises à la taxe.

77. La correspondance télégraphique de l'État a la priorité sur le service des dépêches des particuliers (L. du 29 nov. 1850, art. 1, § 2). — Toutefois les dépêches relatives au service des chemins de fer qui intéressent la sécurité des voyageurs, peuvent, dans tous les cas, obtenir la priorité sur toutes les autres dépêches (même loi, art. 10, § 4).

Art. 2. — Dépêches privées.

§ 1. — Règles relatives aux dépêches privées transmises à l'intérieur de l'empire.

78. Les règles relatives à la transmission des dépêches à l'intérieur de l'empire ont été établies successivement par la loi du 29 nov. 1850, par le décret du 17 juin 1852 et par les lois des 28 mai 1853, 22 juin 1854, 21 juill. 1856 et 18 mai 1858. — La taxe des dépêches transmises à l'intérieur de l'Algérie a été fixée par le décret du 29 juill. 1858. — Quant aux dépêches échangées entre la France et l'Algérie, comme ces dépêches empruntent aujourd'hui dans leur parcours un territoire étranger, elles suivent les règles du tarif international. — V. infrà, nos 104 et suiv.

79. Ouverture des bureaux.—Le ministre de l'intérieur fixe les heures d'ouverture et de fermeture des bureaux télégraphiques (décret du 17 juin 1852, art. 1). — Les bureaux télégraphiques sont ouverts tous les jours, y compris les fêtes et dimanches, du 1er avr. au 1er oct., de sept heures du matin à neuf heures du soir, et du 1er oct. au 1er avr., de huit heures du matin à neuf heures du soir. — Par exception, 1° le service est permanent de nuit comme de jour dans les villes suivantes : Paris, Calais, Lille, Nancy, Strasbourg, Dijon, Lyon, Marseille, Montpellier, Toulouse, Bordeaux, Nantes, Narbonne et Tours ; 2° le service n'a lieu, dans un certain nombre de bureaux de dernier ordre, que de neuf heures du matin à midi et de deux heures à sept heures du soir. — Les heures d'ouverture et de fermeture sont affichées à la porte de chaque bureau. — L'heure de tous les bureaux télégraphiques de l'empire est l'heure du temps moyen pris à l'observatoire de Paris.

80. Formalités imposées à la correspondance.—Il est permis à toute personne dont l'identité est établie de correspondre au moyen du télégraphe électrique de l'État, par l'entremise des fonctionnaires de l'administration télégraphique : les dépêches ne peuvent être reçues qu'autant que l'expéditeur établit son identité ou que le directeur du bureau télégraphique a été mis à même de constater la sincérité de la signature apposée par l'expéditeur au bas de la dépêche. — L'identité peut être établie,

soit par l'attestation de témoins connus, soit par la production de passe-ports, feuilles de route ou toutes autres pièces dont l'ensemble sera jugé suffisant par le directeur du télégraphe. — La sincérité de la signature mise au bas de la dépêche peut aussi être constatée par un visa des préfets ou sous-préfets, du président du tribunal civil, des juges de paix, notaires, maires et commissaires de police. Elle peut l'être, en outre, pour les commerçants patentés, par le président ou les juges du tribunal de commerce, par les agents de change et les courtiers d'assurances et de commerce, et pour les militaires et marins en activité de service, par les fonctionnaires de l'intendance militaire et par les commissaires ou sous-commissaires de marine. — Les conditions qui précèdent doivent être exigées d'autant moins rigoureusement que la dépêche à transmettre a moins d'importance.

81. On peut faire transmettre les dépêches par l'intermédiaire d'un mandataire. Mais lorsqu'une personne se présente comme fondée de pouvoir d'une autre, elle doit prouver qu'elle a qualité pour le faire, et cette preuve doit être donnée par acte authentique ou privé, par témoignage ou par tout autre moyen dont le directeur est juge.

82. Les dépêches doivent être écrites lisiblement, en langage ordinaire et intelligible, sans aucune abréviation de mots, datées et signées des personnes qui les envoient. L'administration reçoit et transmet les dépêches chiffrées, et par conséquent secrètes, qui sont présentées par les agents diplomatiques. Ces dépêches doivent porter le cachet de ces agents.

83. Les dépêches qui font connaître les cours de la bourse peuvent être acceptées sans dénomination des valeurs cotées ; mais l'expéditeur doit, dans ce cas, déposer une dépêche type, contenant les noms des valeurs dont il veut transmettre les cours. Cette faculté peut être retirée en cas d'abus.

84. Restrictions imposées à la correspondance.— Le directeur du télégraphe peut, dans l'intérêt de l'ordre public et des bonnes mœurs, refuser de transmettre les dépêches. En cas de réclamation, il en est référé à Paris, au ministre de l'intérieur, et, dans les départements, au préfet ou au sous-préfet, ou à tout autre agent délégué par le ministre. Cet agent, sur le vu de la dépêche, statue d'urgence (L. 29 nov. 1850, art. 3). — Lorsque le directeur refuse de transmettre la dépêche, soit parce que l'identité du déposant ne lui paraît pas établie (V. n° 80), soit par tout autre motif, il énonce sur la minute la cause du son refus, signe et remet la pièce au déposant. — Si à l'arrivée au lieu de destination, le directeur estime que la communication d'une dépêche peut compromettre la tranquillité publique, il en réfère à l'autorité administrative, qui a le droit de retarder ou d'interdire la remise de la dépêche (L. 29 nov. 1850, art. 3). — Quelques difficultés se sont élevées au sujet du plus ou moins d'extension à donner à ce contrôle. Le ministre de l'intérieur, dans une circulaire adressée aux préfets, a décidé que « les fonctionnaires et agents de l'administration des lignes télégraphiques, étant responsables du secret des dépêches, ne peuvent les communiquer à l'autorité administrative que dans les circonstances prévues par la loi, ou sur la représentation d'une réquisition écrite se rapportant à certaines dépêches, dont la connaissance paraîtrait indispensable au point de vue de la sûreté publique. » Ainsi, en dehors des cas prévus par la loi, aucune dépêche privée ne peut être communiquée aux préfets et aux sous-préfets sans une réquisition écrite et spéciale de leur part (circ. 2 janv. 1855). — Le gouvernement peut même, s'il le juge convenable, suspendre pour des motifs d'ordre public la correspondance télégraphique privée, soit sur une ou plusieurs lignes séparément, soit sur toutes les lignes à la fois (même loi, art. 4).

85. Le gouvernement laisse ainsi aux transmissions télégraphiques privées toute la liberté compatible avec les exigences de la tranquillité publique et des bonnes mœurs. Mais il est à remarquer que les dépêches télégraphiques privées, acceptées dans les bureaux du télégraphe, sont transmises sous la responsabilité personnelle de leurs auteurs, et que les dépêches contenant des nouvelles fausses ou favorisant des spéculations illicites pourraient donner lieu à des poursuites correctionnelles.

86. La justice a-t-elle le droit de requérir la communication des dépêches télégraphiques privées? Cette question a été déjà soulevée plusieurs fois dans la pratique. — Dans la recherche des crimes et délits, les procureurs impériaux sont autorisés à faire au domicile des prévenus la perquisition des objets qu'ils jugent utiles à la manifestation de la vérité, et à se saisir des papiers ou effets qui peuvent servir à conviction ou à décharge (art. 36 et 37 c. inst. crim.). — Les juges d'instruction sont pareillement autorisés à se transporter dans le domicile des prévenus ainsi que dans les autres lieux, pour y faire perquisition des papiers, effets et généralement de tous les objets qui sont jugés utiles à la manifestation de la vérité (art. 87 et 88 *ibid.*). — Or le mot *papiers* s'entend de tous titres, actes et pièces quelconques qui peuvent servir à la découverte de la vérité, et comprend même les lettres missives. Il est constant, en effet, en jurisprudence, que les lettres confiées à la poste peuvent être saisies entre les mains des préposés de cette administration (V. Inst. crim., n°* 348 et s.; Lettres missives, n° 31). — Le même droit a été reconnu appartenir aux préfets de département et aux préfets de police dans les villes où il en existe (Ch. réun., cass. 21 nov. 1833, aff. de Coëllogon, D. P. 53. 1. 279). — Il résulte de là que les procureurs impériaux, les juges d'instruction, les préfets de département et les préfets de police ont à plus forte raison le droit de réquérir, dans les bureaux télégraphiques, la communication des dépêches privées qu'ils présument renfermer des indications utiles à la découverte des crimes et délits dont ils poursuivent la répression. Rien, en effet, ne doit échapper aux investigations de la justice (circ. 25 fév. 1858).

87. Les dépêches télégraphiques adressées au failli doivent-elles, de même que les lettres missives (art. 471 c. com.), être remises aux syndics? L'affirmative a été décidée par un jugement de référé rendu par le président du tribunal civil de Rouen, à la date du 27 avr. 1858. Mais le même jugement reconnaît au failli le droit de transmettre, sans l'assistance des syndics, des dépêches par le télégraphe. — Bien plus, il a été jugé que les syndics étaient fondés à se faire remettre, en la présence du failli ou lui dûment appelé, copies des dépêches télégraphiques commerciales reçues et expédiées pour et par lui antérieurement à l'époque de sa mise en faillite (trib. de Morlaix, 26 juill. 1859) (1). — Voici au surplus les instructions adressées à cet égard par l'administration supérieure aux directeurs du télégraphe. Ces instructions portent que toutes les dispositions par lesquelles la loi déroge à l'inviolabilité du secret des lettres missives doivent être étendues, par analogie, aux dépêches télégraphiques. Elles prescrivent en conséquence de remettre au syndic, sur sa demande, les dépêches télégraphiques adressées au failli, à son domicile commercial. Mais lorsque la demande du syndic porte sur les dépêches télégraphiques adressées au failli, hors de son domicile commercial, la remise de ces dépêches au syndic n'a lieu que sur ordonnance du président du tribunal du domicile du failli. Lorsque le syndic élève la prétention de s'opposer à la transmission des dépêches présentées par un failli, cette prétention, pour être accueillie, doit être appuyée d'une ordonnance conforme du président du même tribunal.

88. *Irresponsabilité de l'État dans la transmission des dépêches.*—La disposition de l'art. 1384 c. nap., sur la responsabilité des commettants à l'égard de leur préposé, s'étend en général aux administrations publiques à l'égard de leurs agents; elles sont responsables du dommage causé par le fait de ces derniers dans l'exercice de leurs fonctions, sauf le recours contre eux (V. Responsab., n°* 253 et s., 658 et s.). — Une pareille responsabilité ne pouvait être édictée en matière de transmission de dépêches télégraphiques privées sans être une cause de ruine pour l'État. L'administration apporte la plus grande sollicitude à la transmission prompte et fidèle des dépêches; mais dans l'état actuel de la science,

avec les moyens et les appareils en usage, cette transmission ne peut s'accomplir avec la sûreté et la régularité que l'on peut exiger pour la remise d'un objet matériel par la voie des transports ordinaires. Aussi l'art. 6 de la loi du 29 nov. 1850 déclare-t-il expressément que l'État n'est soumis à aucune responsabilité à raison du service de la correspondance privée par la voie télégraphique. Malgré le texte formel de cet article, un recours formé contre l'État devant le tribunal de la Seine à l'occasion de ce service, a donné lieu à un arrêté de conflit qui a été confirmé (cons. d'État, 6 déc. 1853, aff. Gloxin, D. P. 59. 3. 35). — En cas de retard dans la remise des dépêches, de même qu'en cas d'erreur dans la transmission, ni l'expéditeur ni le destinataire ne seraient donc fondés à intenter un recours en dommages-intérêts contre l'État. Tout ce que l'expéditeur peut obtenir, c'est le remboursement de la taxe qu'il a payée pour son expédition. L'art. 23 du décret du 17 juin 1852 dispose, en effet, que les sommes payées pour la transmission d'une dépêche télégraphique sont remboursées à l'expéditeur quand la dépêche a été remise tardivement au destinataire, soit par un accident survenu sur la ligne, soit par le fait de l'exprès ou de l'estafette. Le remboursement a également lieu : 1° quand le texte de la dépêche a été dénaturé par des fautes qui la rendent impropre à remplir l'objet pour lequel elle a été expédiée; 2° quand l'autorité administrative du lieu de destination en a interdit la remise.

89. Des erreurs commises dans la transmission des dépêches télégraphiques ont donné lieu à des débats judiciaires entre l'expéditeur et le destinataire. Il a été jugé que l'erreur commise dans une dépêche de bourse portant ordre d'acheter une quantité de valeurs déterminées, devait toujours être supportée par l'expéditeur et non par le destinataire, auquel l'erreur télégraphique ne saurait porter préjudice, puisque l'expéditeur a choisi le mode dans lequel la transaction a eu lieu (trib. de com de la Seine, 28 mai 1856 ; Paris, ... janv. 1858).— D'un autre côté, il a été décidé que le défaut de recommandation d'une dépêche télégraphique n'a pas pour effet, dans le cas où cette dépêche a été inexactement transmise au destinaire, de rendre l'expéditeur responsable des suites de l'erreur commise, alors que l'usage ne lui faisait pas une obligation de cette précaution. En pareil cas, la responsabilité ne pourrait retomber que sur les agents de l'administration des télégraphes, s'ils n'avaient pas été déclarés irresponsables par la loi (Amiens, 11 mai 1854, aff. Aubanel, D. P. 59. 2. 147).

90. *Violation du secret de la correspondance télégraphique.* — Les dépêches expédiées par le télégraphe ne jouissent pas sans doute du secret des correspondances échangées par la poste; mais ce serait une erreur de croire qu'elles reçoivent par le fait seul de leur expédition une quasi-publicité. Aux termes des art. 23 de l'ord. du 24 août 1853, 14 de la constit. du 14 janv. 1852 et 16 du sénatus-consulte du 25 déc. 1852, les fonctionnaires et agents des lignes télégraphiques doivent, avant d'entrer en fonctions prêter le serment suivant : « Je jure obéissance à la constitution et fidélité à l'empereur. Je jure, en outre, de garder inviolablement le *secret* des dépêches qui me seront confiées et de ne donner connaissance des documents télégraphiques à qui que ce soit, sans un ordre écrit du ministre de l'intérieur. » Tout fonctionnaire public qui est entré en exercice de ses fonctions sans avoir prêté ce serment, peut être poursuivi et, en cas de poursuite, puni d'une amende de 16 fr. à 150 fr. (c. pén., art. 196).

91. La loi du 29 nov. 1850 a réprimé sévèrement la violation de ce serment. D'après l'art. 5 de cette loi, tout fonctionnaire public qui viole le secret de la correspondance télégraphique est puni des peines portées en l'art. 187 c. pén. (V. Poste, n°* 137 et

<hr/>

(1) (Synd. Lenaour.) — Le tribunal ; — Considérant que les demandeurs syndics de la faillite Lenaour déclarent n'avoir trouvé aucune trace de la correspondance qui doit avoir été suivie depuis deux ans entre le failli et son commis, à Morlaix, bien qu'un mouvement de plus de 200,000 fr. ait eu lieu dans cet intervalle entre la maison de cette ville et celle de Paris ; — Considérant qu'aux fins des diverses obligations qui leur sont imposées, notamment de l'obligation de rechercher les causes et circonstances principales de la faillite, il importe au syndic de combler s'il se peut cette lacune ; — Considérant d'ailleurs que si les dispositions de l'art. 8 c. com. avaient été observées, les dépêches dont ils demandent aujourd'hui des copies se-

raient trouvées et leur auraient été remises à la levée des scellés au domicile de Lenaour ; qu'ainsi ces dépêches ne sont en réalité que des documents relatifs et appartenant à la faillite ; — Par ces motifs, dit et juge qu'en présence de Lenaour ou lui dûment appelé copies seront remises aux demandeurs des dépêches commerciales reçues et expédiées pour et par ledit Lenaour à Morlaix , depuis la création des lignes télégraphique de cette ville jusqu'au 2 avr. dernier, date de la mise en faillite ; — Dit également que les demandeurs des qualités seront tenus d'acquitter les frais desdites copies ainsi que l s dépens de l'instance.

Du 26 juill. 1859.—Trib. de Morlaix.

suiv.). — En outre et par application de l'art. 1382 c. nap., l'auteur du délit pourrait être actionné civilement en réparation du préjudice que la divulgation de la dépêche aurait pu occasionner tant à l'expéditeur qu'au destinataire.

92. L'art. 187 c. pén. ne punit que le fonctionnaire, que l'agent du gouvernement ou de l'administration qui a commis ou facilité la violation. D'où il suit que le même fait, commis par tout autre individu ne constituerait aucun délit et resterait dans la classe des faits immoraux que la loi n'a pas voulu punir. Le simple particulier qui publierait des dépêches télégraphiques dont il serait parvenu à avoir connaissance, n'encourrait pas la peine édictée par cet article ni aucune autre peine, sauf l'action en responsabilité à laquelle il pourrait être soumis en vertu de l'art. 1382 c. nap.

93. *De la taxe.* — Depuis dix années que les intérêts privés jouissent en France des avantages de la correspondance télégraphique, l'initiative du gouvernement s'est portée déjà à quatre reprises différentes sur la taxe des dépêches, pour lui faire subir une réduction progressive (L. 29 nov. 1850, modifiée successivement par les lois des 28 mai 1853, 22 juin 1854, 21 juill. 1856 et 18 mai 1858). — Deux systèmes absolus pouvaient être appliqués aux tarifs de la télégraphie privée : une taxe fixe et uniforme, ou un droit complétement proportionnel aux distances parcourues. — Notre législation consacre le principe de la taxe fixe et uniforme pour l'échange des dépêches entre deux localités situées dans le même département et dans des départements limitrophes. Elle applique dans tous les autres cas un régime neutre ou intermédiaire qui emprunte une portion du tarif à chacun des deux systèmes. — Une taxe fixe ne pouvait devenir la règle exclusive qu'à la condition d'être peu élevée et de provoquer une multiplicité de dépêches qui en compensât le bas prix. Ce système, dont l'adoption a été possible dans un service analogue, celui des postes, est et sera peut-être encore longtemps inapplicable aux correspondances télégraphiques. Les longues lignes sont, en effet, encombrées de dépêches, tandis que les fils qui correspondent entre des localités voisines sont souvent inoccupés. D'ailleurs, les correspondances échangées à de grandes distances répondent presque toujours à de puissants intérêts qui ne reculent pas devant un prix relativement élevé. Au contraire, celles qui sont échangées entre des villes voisines ne desservent le plus souvent que des intérêts d'un ordre secondaire. Aussi le principe de la taxe fixe et réduite n'a été appliqué qu'à ces dernières. Une réduction analogue pour les dépêches à grandes distances ne peut suivre les constructions nouvelles et ne doit appeler un surcroît de correspondances que lorsque les lignes seront prêtes à les recevoir.

94. Les dépêches télégraphiques privées sont soumises, dans *l'intérieur de l'empire*, à la taxe suivante : — Pour une dépêche d'un à quinze mots, il est perçu un droit fixe de 2 fr., plus 10 cent. par myriamètre. — Au-dessus de quinze mots, la taxe précédente est augmentée d'un dixième pour chaque série de cinq mots ou fraction de série excédant (L. 21 juill. 1856, art. 1). — Les distances servant de base au calcul des taxes sont prises à vol d'oiseau, depuis le bureau de départ jusqu'au bureau d'arrivée (L. 22 juin 1854, art. 1). Toute fraction de myriamètre est comptée comme un myriamètre (L. 29 nov. 1854, art. 7). — Par exception : 1° les dépêches d'un à quinze mots échangées entre deux bureaux de deux départements limitrophes sont soumises à la taxe fixe de 1 fr. 50 cent. ; les mêmes dépêches, échangées entre deux bureaux d'un même département, sont soumises à une taxe fixe de 1 fr. Dans l'un et l'autre cas, cette taxe est augmentée d'un dixième pour chaque série de cinq mots ou fraction de série excédant (L. 18 mai 1858, art. 1, 2 et 3). — Il est accordé l'adresse de chaque dépêche de un à cinq mots qui ne sont pas comptés. Au-dessus de cinq mots, l'excédant est compté et taxé avec le corps de la dépêche. — Le lieu de départ et la date sont transmis d'office (L. 21 juill. 1856, art. 1) ; mais si ces indications sont fournies dans le corps de la dépêche, elles sont taxées. L'expéditeur a donc tout intérêt à ne pas les donner. — La signature de l'expéditeur est comptée dans le nombre des mots soumis à la taxe.

95. En Algérie, les dépêches d'un à quinze mots échangées entre deux bureaux d'une même province sont soumises à une taxe fixe de 1 fr., quelle que soit la distance (décr. 29 juill. 1858, art. 1). — Les dépêches d'un à quinze mots échangées entre deux bureaux de deux provinces limitrophes sont soumises à la taxe fixe de 1 fr. 50 c., quelle que soit la distance (*ibid.*, art. 2). — Les dépêches d'un à quinze mots échangées entre deux bureaux de provinces non limitrophes sont soumises à la taxe fixe de 2 fr., quelle que soit la distance (*ibid.*, art. 3). — Dans l'un et l'autre cas, la taxe est augmentée d'un dixième pour chaque série de cinq mots ou fraction de série excédant (*ibid.*, art. 4). — Nous avons dit que la taxe des dépêches échangées entre la France et l'Algérie était déterminée conformément aux règles du tarif international (V. *infrà*, nos 104 et suiv.).

96. Les dépêches de nuit entre des stations télégraphiques où il existe un service de nuit (V. n° 79) ne donnent lieu à aucune surtaxe ; mais la taxe est doublée pour les dépêches transmises pendant la nuit dans toutes les autres stations (L. 21 juill. 1856, art. 3). Sont considérées comme dépêches de nuit celles qui sont déposées de neuf heures du soir à huit heures du matin en hiver, et de neuf heures du soir à sept heures du matin en été (arr. min. 18 fév. 1851).

97. Lorsque la même dépêche est communiquée par plusieurs bureaux sur la même ligne télégraphique, la taxe est la somme de toutes les taxes partielles du point de départ au premier bureau, du premier bureau au deuxième, etc., etc., en supprimant à partir de chaque bureau les mots et l'adresse devenus inutiles (circ., n° 1, art. 26). — Lorsqu'une dépêche est adressée à plusieurs personnes dans la même ville, la taxe n'est acquittée qu'une fois ; il est perçu, pour frais de copie, autant de fois 50 cent. qu'il y a de destinataires moins un (L. 28 mai 1853, art. 4). — L'expéditeur ou le destinataire qui veut obtenir copie d'une dépêche par lui envoyée ou reçue, paye un droit de 50 cent.

98. Le port des dépêches à domicile est gratuit. — Néanmoins, lorsqu'un expéditeur demande qu'il soit délivré une copie de sa dépêche à plusieurs domiciles dans la même ville, il paye 50 cent. de port pour chaque copie, moins une, indépendamment du droit de copie dont il a été parlé au numéro précédent (L. 21 juill. 1856, art. 4). — Lorsque l'expéditeur veut connaître l'heure d'arrivée d'une dépêche, soit au bureau télégraphique d'arrivée, soit au domicile du destinataire, il doit acquitter en sus le quart de la taxe ordinaire (L. 28 mai 1853, art. 3). — La taxe est doublée si l'expéditeur demande le collationnement de sa dépêche, c'est-à-dire une vérification qui consiste à faire répéter la dépêche par le bureau destinataire (L. 29 nov. 1850, art. 8). — La réponse à une dépêche peut être payée d'avance. L'expéditeur consigne, dans ce cas, le prix d'une dépêche simple pour cette réponse qui, si elle contient plus de quinze mots, n'est remise que moyennant l'acquit du supplément de taxe (décr. 17 juin 1852, art. 26).

99. Quand le destinataire d'une dépêche ne réside pas dans la localité où est situé le bureau télégraphique d'arrivée, l'expéditeur doit indiquer le mode d'envoi, et cette indication compte dans les mots taxés. — S'il est payé, savoir : pour l'envoi par la poste, 40 cent. pour affranchissement et chargement ; — Pour l'envoi par exprès, 1 fr. pour le premier kilomètre et 50 cent. pour chacun des suivants sans liquidation, c'est-à-dire que si le directeur traite avec un exprès à un prix moindre, comme il doit le faire quand c'est possible, la différence est acquise au trésor ; pour estafette, 3 fr. 75 cent. pour une distance moindre ou égale à un myriamètre. Au delà on ajoute 37 cent. et demi par chaque kilomètre en sus (L. 29 nov. 1850, art. 9, et décr. 17 juin 1852, art. 17 et 24). — Nous avons vu plus haut que les sommes payées pour la transmission d'une dépêche sont remboursées à l'expéditeur quand cette dépêche a été remise tardivement, ou quand elle a été dénaturée, ou quand l'autorité en a interdit la remise. — Dans le cas où une dépêche déposée à un bureau est ensuite retirée de la transmission par l'expéditeur, la taxe perçue n'est pas remboursée, sauf ce qui aurait été payé, soit pour droit de lettres, soit pour frais d'exprès ou d'estafette (décr. 17 juin 1852, art. 12).

100. *Abonnement ou réduction des taxes.* — Le ministre de l'intérieur est autorisé à concéder des abonnements à prix réduits pour la transmission des nouvelles qui se rapportent au service des chemins de fer (L. 29 nov. 1850, art. 7).—Cette disposition ne s'applique pas aux dépêches concernant la sûreté des voyageurs et la sécurité de l'exploitation et relatives à la marche et à la composition des trains, au service de la voie et du personnel, au mouvement du matériel et des marchandises, ainsi que les réclamations concernant les bagages et les marchandises enregistrés : nous avons vu, *suprà*, n° 75, *in fine*, que ces dépêches étaient transmises gratuitement. Mais, aux termes de nombreux arrêtés ministériels, elle s'applique à toutes les autres dépêches intéressant le service du chemin de fer. La taxe relative à ces dépêches est généralement réduite, à titre d'abonnement, au tiers de celle perçue pour les dépêches privées. — Les sommes dues par la compagnie, en vertu de cette disposition, sont l'objet d'un compte mensuel. — Toutes les transmissions des compagnies sont inscrites dans chaque station d'arrivée et de départ sur un registre spécial où elles figurent avec numéro d'ordre et par date. Ces registres peuvent être examinés et contrôlés par tous les fonctionnaires à ce délégués par la direction des lignes télégraphiques. — La compagnie notifie à la direction des lignes télégraphiques la liste des agents qu'elle autorise à correspondre par le télégraphe. Les dépêches présentées par ces agents et signées par eux, sont immédiatement transmises dans l'ordre de leur dépôt, à moins que le chef de gare ne donne par écrit l'ordre d'intervertir le rang des transmissions.

101. Le ministre de l'intérieur est pareillement autorisé à concéder des abonnements à prix réduits aux chambres de commerce, aux syndicats des agents de change et aux syndicats des courtiers de commerce sous la condition que les dépêches sont immédiatement rendues publiques dans les formes déterminées par le ministre (L. 28 mai 1853, art. 5). — Conformément à cette disposition, plusieurs arrêtés ministériels ont concédé aux chambres de commerce de Bordeaux, Mulhouse et Nantes, aux syndicats des agents de change de Bordeaux, Lyon, Marseille, Toulouse et Paris, aux syndicats des courtiers de commerce du Havre et d'Arras, l'autorisation d'expédier ou de recevoir certaines dépêches déterminées, moyennant une taxe réduite à la moitié de celle fixée pour les dépêches privées ordinaires.

102. Le bénéfice de l'abonnement à prix réduit pourrait-il aussi être accordé aux journaux pour la transmission des nouvelles qui leur sont adressées? L'affirmative semble résulter de l'art. 7 de la loi du 29 nov. 1850, tel qu'il a été voté lors de la troisième lecture. Le dernier paragraphe de cet article était, en effet, ainsi conçu : « Le ministre de l'intérieur est autorisé à concéder des abonnements à prix réduits pour la transmission des nouvelles *destinées aux journaux* ou de celles qui se rapportent au service des chemins de fer. » Dans la reproduction de ce texte au Bulletin des lois, tout ce qui se rapporte à la transmission des nouvelles destinées aux journaux a été omis. La concession à prix réduit des taxes télégraphiques étant facultative pour l'administration, la question n'offre par là même aucun intérêt.

103. *Manière de compter les mots.* —Ne sont comptés que pour un seul mot : 1° les noms composés formant à ce titre un article séparé dans le Dictionnaire de l'Académie.— Exemple : chef-d'œuvre, un mot; qu'en dira-t-on (substantif), un mot; — 2° les noms géographiques, les noms de famille formés de plusieurs mots, mais non compris, pour ces derniers, les prénoms et les titres nobiliaires. — Exemple : le Havre, un mot; Ille-et-Vilaine (département), un mot; Regnault de Saint-Jean-d'Angély, un mot; comte Regnault de Saint-Jean-d'Angély, deux mots (décr. 17 juin 1852, art. 22, et instruct. 1er sept. 1854, art. 20). — Il ne faut pas confondre avec les noms de famille composés les raisons sociales de sociétés, qui comptent pour autant de mots qu'elles en contiennent. — Exemple : Laffitte, Caillard et comp., quatre mots. — Les nombres écrits en toutes lettres comptent pour autant de mots qu'il en faut pour les exprimer (même instruction). — Les nombres en chiffres comptent pour un mot jusqu'au maximum de cinq chiffres. Les nombres de plus de cinq chiffres représentent autant de mots qu'ils contiennent de fois cinq chiffres, plus un mot pour l'excédant. Les virgules et les barres de divisions sont comptées pour un chiffre. — Exemple : 327, 50, deux mots; 52 1/4, un mot; 432 1/4, deux mots.— Les signes ordinaires de ponctuation n'en-

trent pas dans le compte des mots, mais le souligné, le guillemet et la parenthèse sont comptés chacun pour deux mots. Les autres signes particuliers sont comptés pour autant de mots qu'il en faut pour les exprimer (même décret et instruction). — Quant aux dépêches d'État chiffrées, qui ne sortent pas du territoire français, tous les chiffres sont additionnés et le quotient de la division par cinq donne le nombre des mots soumis à la taxe.

§ 2. — *Dépêches internationales.*

104. L'échange des dépêches télégraphiques entre la France et l'Algérie, d'une part, et les autres États du continent européen, d'autre part, est réglé par diverses conventions approuvées par les décrets des 5 janv. 1859, 15 fév. 1859, 1er mars 1859 (trois décrets à cette date) 25 janv. et 18 janv. 1860, et par quelques décisions spéciales prises provisoirement et de concert entre les différentes administrations télégraphiques. — L'échange des mêmes correspondances entre l'Angleterre et les autres États du continent est réglé en fait par des conventions intervenues entre la compagnie du télégraphe sous-marin de la Manche et les diverses administrations télégraphiques.

105. Les règles relatives à l'ouverture des bureaux, aux formalités et aux restrictions imposées à la correspondance internationale, celles relatives soit à l'irresponsabilité des États contractants à raison de cette correspondance, soit au secret des dépêches télégraphiques, sont généralement les mêmes que pour les dépêches expédiées dans l'intérieur de l'empire. — Les dépêches internationales sont transmises suivant les cas, en français, en anglais, en allemand, en italien, en espagnol, en hollandais ou en portugais. — Toutes doivent être écrites en caractères romains. — Quant à la manière de compter les mots, elle diffère en plusieurs points de celle qui est admise pour les dépêches de l'intérieur. Ainsi, tout ce que l'expéditeur écrit sur sa minute pour être transmis : l'adresse, la date, les indications sur le mode de transport au delà des lignes (poste, exprès ou estafette), la légalisation de la signature, et les mots *réponse payée...*, entre dans le compte des mots soumis à la taxe. — Les mots réunis par un trait d'union ou séparés par une apostrophe, les noms géographiques, les noms de lieux, places, boulevards, etc., les titres, prénoms, particules et qualifications quelconques, sont comptés pour le nombre de mots employés à les exprimer. — Ex. : *MM. Heiman*, négociants, *Francfort-sur-Mein*, six mots; *aujourd'hui*, deux mots; *c'est-à-dire*, quatre mots. — Les noms de famille composés, les raisons sociales comptent pour autant de mots qu'elles en contiennent : *Wagner, Schœmann et comp.*, quatre mots. — Tout mot ayant plus de sept syllabes est taxé pour deux mots.—Tout mot composé écrit en un seul mot sans trait d'union ni apostrophe et ne dépassant pas sept syllabes, n'est compté que pour un mot : *aujourd'hui* deux mots; *aujourdhui*, un mot; *arrière-petit-fils* trois mots; *arrièrepetitfils*, un mot. — Les signes de ponctuation ne comptent pas. — Le souligné est le seul signe qui soit taxé pour deux mots : *affaire recommandée*, quatre mots. — Les autres signes, alinéa, parenthèses, etc., ne sont pas comptés. — Les nombres écrits en chiffres ou en lettres sont comptés et taxés comme en France. — Il en est de même des lettres isolées ou par groupes. — Quant aux dépêches d'État chiffrées, tous les chiffres sont additionnés et le quotient de la division par trois donne le nombre des mots soumis à la taxe. — L'accusé de réception d'une dépêche, c'est-à-dire l'indication fournie à l'expéditeur de l'heure à laquelle sa dépêche a été remise au destinataire, donne lieu à une surtaxe équivalente à la taxe d'une dépêche simple pour le même parcours.

106. Les dépêches internationales sont taxées généralement suivant la distance mesurée à vol d'oiseau, et suivant une progression décroissante. A cet effet, les bureaux français et étrangers sont classés dans un certain nombre de catégories ou de zones déterminées par leur distance respective des frontières. Tous les bureaux d'une même zone sont traités de la même manière. Ce classement s'obtient en mesurant, en ligne droite, sur la carte officielle des divers États, la distance du lieu de départ et du lieu d'arrivée de la dépêche au point d'intersection de la ligne électrique avec la frontière la plus voisine; ce qui détermine la zone dans laquelle se trouve placé chacun de ces lieux par rapport à cette frontière. — Le même mode est suivi pour les dépêches internationales qui doivent transiter dans un État : seulement on a à déterminer, en outre, le nombre de zones comprises entre les deux frontières de cet État. — En France, en Belgique, en Piémont, en Espagne et en Portugal, la largeur de la première zone est de 100 kilomètres ; celle de la seconde de 150 kil., celle de la troisième de 200 kil., et ainsi de suite en suivant la même loi, chaque zone excédant de 50 kil. la largeur de celle qui la précède. — Dans les États de l'Union austro-allemande, de la Russie, du Danemark et de la Turquie, la largeur de la première zone n'est que de 75 kil.; celle de la seconde, de 115 kil. ; celle de la troisième, de 155 kil., et ainsi de suite en suivant la même loi, chaque zone excédant de 40 kil. la largeur de celle qui la précède. — Toute dépêche internationale simple, c'est-à-dire d'un à vingt mots, coûte 1 fr. 50 cent. par chaque zone. La taxe française d'une dépêche simple s'obtient ainsi en multipliant 1 fr. 50 cent. par le numéro de la zone du bureau français par rapport à la frontière. La taxe étrangère de la même dépêche s'obtient également en multipliant 1 fr. 50 cent. par le numéro de la zone du bureau étranger par rapport à la même frontière. En sorte que la taxe totale d'une dépêche internationale simple est égale à 1 fr. 50 c. multipliés par la somme des numéros des deux zones française et étrangère. Si la dépêche transitait par un État, on devrait, en outre, ajouter à cette somme, ainsi que nous l'avons dit plus haut, le nombre de zones comprises entre les deux frontières de cet État. — Pour chaque série de dix mots, ou fraction de série de dix mots en sus de vingt mots, la taxe additionnelle est de 75 cent. par chaque zone.

107. Il existe plusieurs exceptions aux règles qui précèdent. — 1° L'art. 4 de la loi du 22 juin 1854, dont l'objet est de faciliter le passage par le territoire français de la correspondance privée étrangère, autorise le ministre de l'intérieur à réduire la taxe de cette correspondance et à déterminer le taux de la réduction. — Conformément à cette disposition, le ministre de l'intérieur a, par arrêté du 15 juill. 1854, réduit de 25 pour 100 la taxe de toutes les dépêches expédiées de ou pour l'Angleterre, et qui transitent en France par la frontière de la Prusse rhénane, de la Bavière ou du grand-duché de Bade. — Postérieurement, et à partir du 1er janv. 1855, le bénéfice de cette réduction a été étendu à toutes les dépêches de ou pour l'Angleterre transitant en France par Calais et par un point quelconque des frontières de terre entre Dunkerque et la Méditerranée. Le même bénéfice a été accordé aux dépêches de ou pour l'Angleterre transitant en France par un point quelconque des frontières franco-espagnoles. Enfin la réduction est de moitié pour les dépêches transitant par la France entre les frontières franco-suisses et franco-sardes, et réciproquement. — 2° Toutes les fois que deux bureaux télégraphiques frontières appartenant l'un à la France et l'autre à la Belgique, la Bavière, le grand-duché de Bade, la Prusse, la Suisse, la Sardaigne, ou à l'Espagne, ne sont pas éloignés l'un de l'autre de plus de 50 kilomètres en ligne directe, la taxe à appliquer aux dépêches de vingt mots pour le parcours sur les deux territoires voisins n'est que de 1 fr. 50 cent. Chaque série de dix mots ou fraction de série de dix mots en sus donne lieu à une surtaxe de 75 cent. — 3° Les dépêches de vingt mots à destination des États romains et du royaume des Deux-Siciles, sont taxées jusqu'à la frontière de ces deux États conformément aux règles du tarif international ; mais à partir de cette frontière elles donnent lieu uniformément à une taxe fixe pour leur parcours dans ces États : cette taxe est de 5 fr. pour les États romains, et de 4 fr. 50 cent. pour le royaume de Naples et la Sicile. Elle est de 7 fr. 50 cent. pour l'île de Malte, qui est reliée par un câble sous-marin avec la Sicile. Chaque série de dix mots ou fraction de série de dix mots au delà de vingt mots acquitte moitié de ces taxes en sus. — 4° Il en est de même pour le Danemark, où la même dépêche acquitte un droit fixe de 2 fr. 85 cent. pour son parcours dans l'intérieur du royaume. — 5° Les bureaux de la Suède, de la Norwége et de la Grèce ne sont pas classés suivant les règles qui précèdent : dans ces trois pays la largeur des zones a été déterminée arbitrairement.

108. La taxe des dépêches télégraphiques échangées entre le continent européen et l'Angleterre, est en partie fixe et en partie proportionnelle. L'Angleterre est reliée avec le continent par plusieurs câbles dont six aboutissent à Coutances, Boulogne, Calais, Ostende et la Haye.

De Boulogne, Calais et Ostende en Angleterre, et réciproquement, cette taxe est, pour une dépêche de vingt mots, de 6 fr. si la dépêche vient de France ou est à destination de la France, et de 4 fr. 25 cent. si elle vient des autres États de l'Europe, ou si elle est à destination de ces États. De Coutances aux îles de la Manche (Jersey, Guernesey et Origny) et réciproquement, elle n'est que de 5 fr. Chaque série ou fraction de série de dix mots au delà de vingt mots donne lieu à la moitié de ces taxes fixes en sus. — De Coutances, Boulogne, Calais ou Ostende, au point de départ ou d'arrivée, la taxe de la dépêche est proportionnelle et s'établit conformément aux règles du tarif international exposées plus haut.

109. Les dépêches de nuit à destination de l'étranger ne sont soumises à aucune augmentation de taxe. — Les dépêches adressées en dehors des localités où existent des bureaux télégraphiques sont mises à la poste ou portées par exprès ou estafettes. — L'affranchissement des dépêches mises à la poste est de 1 fr. pour toutes les destinations de l'Europe, et de 2 fr. 50 c. pour les autres parties du monde. L'exprès ne peut être employé dans un rayon de plus de 15 kilom.; il coûte 3 fr. — Le prix à déposer pour l'emploi de l'estafette, quand ce mode d'expédition est possible, est fixé à 1 fr. par myriamètre.

110. Les dépêches à destination de l'Amérique septentrionale sont transmises jusqu'à Liverpool, d'après les règles qui précèdent, puis réexpédiées par les paquebots réguliers qui partent deux fois par mois de cette ville pour Halifax, New-York ou Québec. Elles reprennent ensuite la voie télégraphique jusqu'à destination. Une dépêche de vingt mots coûte, de Liverpool à Boston, 22 fr. 70 cent. ou 15 fr. 65 cent., selon qu'elle est transmise par la voie d'Halifax ou de New-York. — La même dépêche pour New-Orleans coûte 54 fr. 80 c. ou 48 fr. 75 c., selon qu'elle est transmise par la voie de New-York ou par celle d'Halifax.

§ 3. — Tarifs intérieurs dans les divers États de l'Europe.

111. *Angleterre.* — La taxe de la dépêche simple, qui est de vingt mots, varie par zone. — 1re zone, de 1 à 50 milles (66 kil.), 1 shilling 6 pence (1 fr. 87 c.). — 2e zone, de 50 milles à 100 milles (66 à 133 kil.), 2 shillings (2 fr. 50 c.). — 3e zone, depuis 100 milles (133 kil.), 4 shillings (5 fr.). — Pour les plus grandes distances, le tarif reste uniforme et égal à 4 shillings, excepté, toutefois, pour les dépêches à destination de l'Irlande. — Pour Dublin la taxe est de 5 shillings, et pour l'intérieur de l'Irlande 6 shillings. — Pour chaque série de dix mots en plus, l'augmentation est de la moitié d'une taxe simple.

112. *États sardes, Espagne, Portugal.* — La taxe de la dépêche simple de vingt mots varie également par zone. — 1re zone, 1 à 100 kil., 1 fr. 50 c.; — 2e zone, 100 à 250 kil., 5 fr. ; — 3e zone, 250 à 450 kil., 4 fr. 50 c. ; — 4e zone, 450 à 700 kil., 6 fr. ; — 5e zone, 700 à 1,000 kil., 7 fr. 50 c. — Pour chaque série de dix mots en plus, le prix augmente de la moitié d'une taxe simple.

113. *Belgique.* — La taxe de la dépêche simple, qui est également de vingt mots, est indépendante de la distance : elle est de 1 fr. 50 c. Augmentation de moitié, soit 75 c., pour chaque série de dix mots en sus.

114. *Russie.* — La taxe de la dépêche simple de vingt-cinq mots, plus, cinq mots d'adresse, varie par zone. — 1re zone, de 1 à 75 kil., 2 fr. 50 c.; — 2e zone, de 75 à 190 kil., 5 fr.; — 3e zone, de 190 à 340 kil., 7 fr. 50 c. ; — 4e zone, de 340 à 540 kil., 10 fr.; — 5e zone, de 540 à 775 kil., 12 fr. 50 c.; — 6e zone, de 775 à 1,000 kil., 15 fr. — Taxe double pour cinquante mots, triple pour cent cinq. Au delà, les mots forment une nouvelle dépêche.

115. *Danemark.* —La taxe de la dépêche simple, de vingt mots, est indépendante de la distance : elle est de 60 skillings danois (1 fr. 68 c.). — Augmentation de 3 skillings (0 fr. 084) pour chaque mot en sus.—Il y a une exception en faveur des dépêches de Hambourg à Altona, dont la taxe est, pour vingt mots, de 16 skillings (46 c.).

116. *Suède, Norwége.* — La taxe de la dépêche simple de vingt mots est indépendante de la distance : elle est de 2 thalers de Suède (2 fr. 82 c.). — Augmentation de moitié du prix de la dépêche simple pour chaque série de dix mots en plus.

117. *Suisse.* — La taxe de la dépêche simple de vingt mots est indépendante de la distance : elle est de 1 fr. — Augmentation de 25 cent. pour chaque série de dix mots en sus.

118. *États de l'Église et royaume de Naples.* — La dépêche simple est de trente mots (vingt-cinq mots, plus cinq mots pour l'adresse). La taxe est indépendante de la distance : elle est de 5 fr. —Taxe double pour cinquante-cinq mots, et triple pour cent cinq. Au delà de cent cinq, les mots forment une nouvelle dépêche.

119. *Allemagne.* — La correspondance télégraphique entre tous les États de l'Allemagne est réglée par un traité spécial, auquel ont adhéré plusieurs puissances : la Hollande, la Turquie, les principautés danubiennes, etc., etc. — Les bases de ce tarif sont les suivantes : — Dépêche simple de vingt mots. Taxe variant par zone. — 1re zone, 1 à 75 kil., 1 fr. ; — 2e zone, 75 kil. à 190 kil., 3 fr. ; — 3e zone, 190 à 340 kil., 4 fr. 50 c. ; — 4e zone, 340 à 540 kil., 6 fr. ; — 5e zone, 540 à 775 kil., 7 fr. 50 c. ; — 6e zone, 775 à 1,009 kil., 9 fr. — Pour chaque dizaine de mots en plus, le prix augmente d'une demi-taxe simple.

120. Chaque État de l'Allemagne possède, en outre, un tarif particulier pour les dépêches intérieures, à l'exception de l'Autriche de la Turquie et des principautés danubiennes qui ont adopté le tarif ci-dessus.—Pour la Prusse et la Bavière, il est changé uniquement en ce qui concerne la taxe correspondante à chaque zone qui est de 1 fr. 25 c., en Prusse et de 75 c. en Bavière, au lieu de 1 fr. 50 c. — Dans tous les autres États, la dépêche simple reste encore fixée à vingt mots, et l'augmentation pour chaque dizaine de mots à une demi-taxe ; mais la taxe est indépendante de la distance. — Pour la Saxe, le prix de la dépêche simple est de 8 groschen (80 c.) ; le Wurtemberg, de 20 kreutzers (70 c.) ; le Hanovre, de 10 gros (1 fr. 25 c.) ; le Mecklembourg, 7 gros 1/2 (94 c.) ; le duché de Bade, 30 kreuzers (1 fr. 7 c.) ; la Hollande, 50 cents (1 fr.).

121. Il existe dans tous les pays allemands une catégorie de bureaux secondaires appartenant aux compagnies de chemins de fer, et pour lesquels le tarif est augmenté d'un droit fixe.

La comparaison de ces différentes taxes est assez difficile : on ne pourrait les comparer exactement qu'en établissant une série de tableaux qui donneraient les prix des dépêches pour des nombres de mots variant d'une manière continue.

§ 4. — *Documents statistiques sur les dépêches privées.*

122. Il n'est pas sans intérêt de présenter quelques données statistiques relativement aux dépêches télégraphiques transmises par les particuliers. — Le tableau suivant fait connaître, pour chaque année, depuis le moment où le télégraphe électrique a été mis à la disposition du public jusqu'à ce jour, le nombre de stations ouvertes, le nombre des dépêches transmises, leur produit, le nombre de kilomètres exploités et enfin le produit moyen par kilomètre.

ANNÉES.	NOMBRE de stations ouvertes.	NOMBRE de dépêches.	PRODUIT des dépêches.	NOMBRE de kilomètres exploités.	PRODUIT moyen par kilomètre.
1851	17	9,034	76,722f 00c	2,133	359f 60c
1852	45	48,105	542,891 58	3,458	157 00
1853	75	126 000	1,511,901 57	7,175	210 72
1854	128	256,000	2,061,983 71	9,244	223 58
1855	149	279,206	2,487,159 21	10,502	256 83
1856	167	369,299	3,191,102 01	11,265	285 27
1857	177	413,616	3,533,693 74	11,450	291 66
1858	193	465,973	3,516,653 70	13,050	269 89
1859	240	598,701	4,022,799 78	16,049	230 63

D'après leur objet les 598,701 dépêches transmises pendant l'année 1859 se décomposent de la manière suivante :

	Dépêches des stations de Paris.	Dépêches des stations des départements.	TOTAUX.	SOIT p. 100.
A.— *Service intérieur.* — *Dépêches de France pour France.*				
Affaires de famille et d'intérêt privé.	35,750	127,549	162,919	35 88
Publicité et journaux.	10,201	2,374	12,575	2 77
Commerce des céréales.	2,740	22,239	24,979	5 50
Commerce général et industrie.	32,226	168,787	201,013	44 27
Affaires de bourse.	15,379	33,896	49,275	10 85
Affaires diverses.	698	2,539	3,237	0 73
Totaux.	96,814	357,184	453,998	100 00
B. — *Service international.* *Dépêches de France pour l'étranger.*				
Affaires administrativ. et diplomat.	6,351	1,068	7,419	5 15
Affaires de famille et d'intérêt privé.	18,211	13,270	31,481	21 76
Publicité et journaux.	13,097	885	13,982	9 65
Commerce des céréales.	412	6,581	6,993	4 85
Commerce général et industrie.	13,520	37,226	50,746	35 07
Affaires de bourse.	30,794	2,819	33,613	23 23
Affaires diverses.	328	0,141	469	0 33
Totaux.	82,713	61,990	144,703	100 00

On voit par le tableau précédent que sur les 598,701 dépêches transmises en 1859, 453,998 ont été expédiées à destination de l'intérieur de l'empire, et 144,703 à l'étranger, — Ces 453,998 dépêches se classent à un double point de vue de la manière suivante :

	DÉPÊCHES des stations		TOTAUX.	SOIT p. 100.
1re *Destination.*	de Paris.	des départem.		
Du département pour le même département.	835	67,274	68,107	15 00
De département à département limitrophe.	4,464	88,021	89,685	20 00
Pour le reste de la France.	91,517	201,889	296,206	65 00
Totaux.	96,814	357,184	453,998	100 00
2° *Nombre de mots des dépêches.*				
De 1 à 15 mots.	56,823	228,882	285,705	62 95
De 16 à 20 mots.	15,235	60,943	76,176	16 79
De 21 à 25 mots.	8,518	51,195	59,713	8 75
De 26 à 50 mots.	11,469	32 370	43,839	9 65
De 51 à 100 mots.	5,584	5,374	6,958	1 55
Au-dessus de 100 mots.	1,187	420	1,607	0 35
Totaux.	96,814	357,184	453,998	100 00

Enfin le produit moyen par dépêche a été en 1858 et 1859, savoir :

	1858	1859
Dépêche française.	5 12	4 56
Dépêche internationale.	15 09	13 47

SECT. 4. — POLICE DES LIGNES TÉLÉGRAPHIQUES.

123. Lorsque le réseau des lignes télégraphiques commença à prendre quelque développement, on s'aperçut qu'il devenait indispensable, en revisant et en complétant la législation relative à la transmission des signaux télégraphiques, de protéger ces lignes contre les dégradations involontaires ou les entreprises malveillantes dont elles pouvaient être l'objet. Cette nécessité était d'autant plus impérieuse que les appareils électriques sont plus accessibles à la destruction et qu'ils desservent de graves intérêts publics et privés. C'est à cette nécessité qu'a pourvu le décret législatif du 27 déc. 1851, qui réprime les contraventions, délits et crimes relatifs à la police des lignes télégraphiques.

124. Les infractions prévues par ce décret se divisent en deux catégories : la première comprend la répression des transmissions télégraphiques non autorisées ; la seconde, celle des atteintes portées aux lignes télégraphiques légalement établies,

Art. 1. — *Répression des transmissions télégraphiques non autorisées.*

125. Les principaux moyens de correspondre à de grandes distances se rapportent à des procédés soit électriques, soit acoustiques, soit optiques. — Les procédés électriques ne pouvant être employés qu'au moyen d'une ligne continue, et les procédés acoustiques nécessitant l'emploi de sons d'une assez grande intensité, peuvent être assez facilement découverts. — Les procédés optiques, par la diversité de leurs moyens, sont plus aisément dissimulés. Pendant la nuit on ne peut guère, il est vrai, faire usage que de feux; mais dans le jour, on peut se servir de pavillons, de globes, de perches surmontées d'objets de couleur voyante, dont il est plus difficile de découvrir la véritable destination. Cependant, comme ces différents signaux optiques doivent le plus souvent être exécutés sur une ligne de points culminants, on parviendra toujours, en faisant explorer les lignes transversales des hauteurs où l'on a lieu de croire qu'une correspondance clandestine est établie, à s'assurer de son existence.

126. Quiconque transmet sans autorisation des signaux d'un lieu à un autre, soit à l'aide de machines télégraphiques, soit par tout autre moyen, est puni d'un emprisonnement d'un mois à un an et d'une amende de 1,000 fr. à 10,000 fr. (L. 2 mai 1837; décr. du 27 déc. 1851, art. 1). Cette peine peut paraître sévère; mais l'admission de circonstances atténuantes et l'application de l'art. 463 c. pén. peuvent en diminuer considérablement l'intensité.

127. Lors de la discussion de la loi du 2 mai 1837, qui prohibait déjà l'établissement, sans autorisation, de télégraphes particuliers, M. Portalis, rapporteur de la commission à la chambre des députés, s'était demandé si, à raison de la généralité des termes de la loi, les signaux les plus indifférents seraient proscrits ou incriminés, si, par exemple, le fait d'avoir hissé un pavillon dans un village pour convoquer au marché ou à la fête les habitants des hameaux voisins devrait être considéré comme punissable, et si la possession de pigeons voyageurs porteurs de la correspondance la plus innocente, n'exposerait pas à des poursuites celui qui les dresserait à ce manége. — Relativement à cette dernière hypothèse, M. le rapporteur a pensé que l'emploi de pigeons voyageurs pour la transmission des nouvelles ne pouvait s'être considéré comme équivalant à un *signal* et puni comme tel. Il a pensé qu'une pareille assimilation était impossible, et que la loi, ne parlant que de signaux, la valeur grammaticale des mots se refusait à une pareille interprétation. — Quant à la première hypothèse, elle devait, suivant lui, tomber devant l'application de la loi. « La loi, disait-il, permet à tous d'employer la voie des signaux et même celle du télégraphe, moyennant une autorisation préalable dont le gouvernement se réserve, il est vrai, de juger l'opportunité. Assurément la commune ou les particuliers qui feraient des signaux un usage utile et innocent ne balanceront pas à solliciter cette permission, et ceux qui se refuseraient à la demander seraient justement soupçonnés de vouloir abuser de ces moyens; ils n'auraient d'ailleurs qu'à s'en prendre à eux-mêmes, s'ils se trouvaient privés par ce refus de la faculté de recourir à ce genre de transmission. » — Ainsi, d'après M. Portalis, la prohibition de transmettre des signaux télégraphiques sans autorisation, devait comprendre toutes les transmissions possibles, quels que fussent les moyens employés pour les faire passer d'un lieu à un autre et quelque innocentes que fussent ces transmissions. Et, en effet, M. Portalis ajoutait : « Il faut qu'une loi de la nature de celle qui nous occupe (la loi de 1837) se serve de termes clairs et précis; car c'est une loi prohibitive : elle crée des délits, des contraventions qui ne laissent pas au juge la liberté de rechercher l'intention de leurs auteurs, mais seulement le soin de vérifier le fait de la désobéissance; elle constitue illicite un acte qui de sa nature et considéré en lui-même peut être parfaitement innocent. Votre commission vous propose de remédier à cet inconvénient par un amendement qui a pour but de donner au juge la faculté d'adoucir, selon les cas, la peine portée par la loi. »

Cette interprétation semble bien étroite. Le ministre de l'intérieur lui-même n'a pas pensé, sous l'empire de la législation actuelle, que la prohibition de transmettre des signaux télégraphiques dût être entendue d'une manière aussi inflexible : ce serait faire, selon lui, une application trop rigoureuse du décret précité que d'empêcher les signaux qui sont entrés dans la vie habituelle et qui se rapportent aux travaux des champs ou de l'industrie (circul. min. intér. du 25 nov. 1852).

128. Dans la discussion de cette même loi de 1837, un amendement fut proposé au sein de la commission pour faire ajouter après ces mots *quiconque transmettra*, ceux-ci : *ou fera transmettre*. Cet amendement fut repoussé par le motif que le particulier qui ferait transmettre un message par la voie des signaux, sans y être autorisé, le ferait, ou pour faciliter l'accomplissement de projets coupables, et dans ce cas serait auteur ou complice d'un crime ou d'un délit plus grave que celui que punit la loi et serait poursuivi et puni comme tel, ou qu'il userait de ce genre de communication pour une correspondance innocente et sans s'informer si la permission de se servir du télégraphe et des signaux a été ou non accordée, et que dans ce cas il pourrait avoir commis une imprudence, mais non un délit punissable par la loi, puisque son action ne présenterait pas de gravité.— « Mais il en serait toujours autrement, ajoutait le rapporteur, de celui ou de ceux qui auraient établi une ligne télégraphique non autorisée. Par le seul fait de cet établissement ils se rendraient passibles des mêmes peines que celui qui transmet les signaux, puisqu'ils lui auraient fourni les instruments nécessaires à la perpétration du délit, et, dès lors, ils ne pourraient se soustraire à l'application des peines prononcées en cas de complicité. » — « Toutefois, dit M. Duvergier, Rec. des lois, t. 37, p. 112, en note, il y a une remarque importante à faire sur ce dernier point : sans doute si une ligne télégraphique est établie sans autorisation et si l'on s'en sert pour transmettre des signaux, ceux qui auront formé cet établissement seront punissables comme ceux qui en auront fait usage. Mais si l'on s'est borné à établir la ligne, aucune peine ne serait applicable avant qu'on l'ait mise en mouvement. La loi dit : *Quiconque transmettra des signaux à l'aide de machines télégraphiques*, et non pas *quiconque établira des machines télégraphiques*. Il n'est pas vraisemblable que des machines de ce genre soient établies pour rester oisives. Cependant si des poursuites étaient commencées avant qu'elles n'eussent été mises en activité, aucune peine ne serait applicable. »

129. Lorsqu'il intervient une condamnation relative à la transmission de signaux télégraphiques non autorisés, le gouvernement peut ordonner la destruction des appareils et machines électriques (décr. du 27 déc. 1851, art. 1). — La disposition du décret de 1851 doit être complétée en ce sens qu'elle s'applique également aux appareils et machines autres que les appareils et machines électriques. Cela résulte nécessairement de ce que la prohibition de transmettre des signaux sans autorisation est applicable aux signaux transmis par les machines *télégraphiques* en général, et *même par tout autre moyen* (même article). La disposition dont il s'agit est donc incomplète et doit être généralisée. — Le préfet du département dans lequel est situé le tribunal qui a prononcé le jugement fait procéder à une enquête pour savoir s'il y a lieu d'ordonner la destruction des appareils. Les résultats de l'enquête sont constatés dans un rapport sur le vu duquel le ministre statue (circ. min. int. 25 nov. 1852).

130. La loi du 2 mai 1837, à la différence du décret de 1851, imposait au tribunal saisi du délit l'obligation d'ordonner, dans tous les cas, la destruction des moyens de transmission; mais aujourd'hui et depuis l'établissement des voies ferrées, il peut arriver que tout en réprimant la contravention, il n'y ait pas lieu, il y ait même danger d'ordonner la destruction des appareils illégalement établis ou employés. Ainsi, par exemple, si les compagnies de chemins de fer, qui ont été successivement autorisées à établir des communications télégraphiques pour le service de leur exploitation, venaient à transmettre des signaux pour un autre usage, l'intérêt de la circulation sur ces voies publiques s'opposerait à la destruction des appareils qui auraient servi aux transmissions prohibées; il suffirait que les contrevenants fussent ramenés, par l'application de la pénalité qu'ils auraien encourue, dans le cercle des transmissions autorisées. Le gouvernement pouvait donc seul juger de l'opportunité de la destruction ou de la conservation des appareils, et c'est à lui que la solution de cette question, essentiellement administrative, devait être déférée, pour en faire l'usage que lui conseillent les intérêts généraux dont la tutelle lui est confiée.

ART. 2. — *Atteintes portées aux lignes télégraphiques légalement établies.*

131. *Des contraventions.*— Quiconque, par imprudence ou involontairement, a commis un fait matériel pouvant compromettre le service de la télégraphie électrique ; quiconque a dégradé ou détérioré, de quelque manière que ce soit, les appareils des lignes de télégraphie électrique ou les machines des télégraphes aériens, est puni d'une amende de 16 fr. à 300 fr. (décret du 27 déc. 1851, art. 2). — Cette pénalité est sévère si l'on considère qu'il s'agit là d'une simple contravention punissable, bien qu'elle ait été commise sans intention coupable ; mais l'importance des intérêts que l'on avait à sauvegarder explique le taux élevé de l'amende. D'ailleurs, pour ôter à cette disposition ce qu'elle pourrait avoir de trop rigoureux si elle était strictement appliquée, le ministre de l'intérieur, dans une instruction publiée à la date du 25 nov. 1852 pour l'exécution du décret précité, recommande aux préfets de ne poursuivre les contrevenants que lorsque l'imprudence est manifeste, comme d'attacher des animaux aux supports des lignes, de pratiquer des affouillements au pied des poteaux, d'appuyer sur les appareils de la ligne des pièces de bois ou d'autres objets pesants capables de les rompre ou de les ébranler, enfin de placer sur les fils des corps étrangers pouvant établir des communications entre eux ou interrompre le courant électrique. — Les détériorations prévues consistent principalement, aux termes de la même instruction, dans la dégradation des poteaux, le bris des appareils par le jet de pierres, la rupture des fils par imprudence, les dégâts causés aux lignes électriques souterraines par des travaux faits sans précaution dans le sol où elles sont placées.

132. Le législateur a cru devoir ranger dans une catégorie particulière les contraventions commises par les concessionnaires ou fermiers de chemins de fer et de canaux, lorsqu'elles ont occasionné l'interruption du service télégraphique. Beaucoup de lignes électriques placées le long des chemins de fer sont en contact presque immédiat avec le mouvement qu'entraînent ces grandes exploitations. Il fallait protéger ces lignes d'une manière spéciale contre les dangers que la circulation sur ces voies pouvait leur faire courir, et empêcher les compagnies d'abuser de leur position et de compromettre cet important service administratif. — D'un autre côté, les concessionnaires et fermiers de chemins de fer et de canaux sont liés envers l'Etat par des engagements spéciaux résultant de leurs cahiers de charges, et ils sont d'ailleurs investis de la confiance de l'administration des lignes télégraphiques qui non-seulement associe leurs agents à la surveillance des lignes, mais encore concède aux compagnies le droit d'établir un ou plusieurs fils électriques pour les besoins de leur exploitation. — Ces circonstances particulières ont paru devoir réclamer le classement des concessionnaires ou fermiers de chemins de fer et de canaux dans une catégorie spéciale, en ce qui concerne les peines à leur appliquer pour les contraventions qu'ils commettent relativement à la police des lignes télégraphiques. « Lorsque sur la ligne d'un chemin de fer ou d'un canal concédé ou affermé par l'Etat, porte l'art. 6 du décret du 27 déc. 1851, l'interruption du service télégraphique aura été occasionnée par l'inexécution, soit des clauses du cahier des charges et des décisions rendues en exécution de ces clauses, soit des obligations imposées aux concessionnaires ou fermiers, ou par l'inobservation des règlements de la police des chemins de fer. » Les contraventions dont il s'agit sont punies d'une amende de 300 fr. à 3,000 fr. (même décret, art. 8). — Ces dispositions pénales ont été empruntées presque tex-

tuellement à la loi du 15 juill. 1845 sur la police des chemins de fer, qui renferme également un titre distinct pour les contraventions de grande voirie commises par les concessionnaires ou fermiers. — V. Voirie par chem. de fer.

133. On a prétendu que ces dispositions ne devaient pas être rendues applicables aux compagnies qui ont traité avec l'Etat antérieurement à l'établissement des lignes électriques le long des voies ferrées, ou plutôt antérieurement à la promulgation du décret qui édicte ces pénalités. Pour ces compagnies, a-t-on dit, les cahiers des charges de la concession constituent des droits acquis, et ces droits ne sont susceptibles d'aucune modification qui ne serait pas librement consentie. Et l'on a cru pouvoir conclure que des dispositions pénales attachées rétroactivement à l'inexécution des clauses de ces traités devaient être considérées comme une atteinte illégale portée aux contrats de concession. — Ces motifs n'ont aucun fondement. Les lois de police et de sûreté obligent tous les citoyens sans distinction aucune du jour de leur publication ; il n'y a pas de droits acquis contre les lois pénales. — D'ailleurs, les chemins de fer font partie de la grande voirie (loi du 15 juill. 1845, art. 1), et l'Etat, en concédant aux compagnies leur droit d'exploitation, n'a entendu ni pu renoncer au droit d'établir sur leur parcours les lois de police que pouvait exiger l'intérêt général ou exonérer les compagnies de leur observation.

134. L'interruption du service télégraphique par la faute des compagnies est due quelquefois à des déraillements de wagons. Lorsque ce déraillement peut être attribué à l'inobservation des règlements ou arrêtés imposés à la compagnie, il y a lieu d'appliquer la peine spéciale édictée par l'art. 8 du décret du 27 déc. 1851, c'est-à-dire à une amende de 300 fr. à 3,000 fr. — Mais lorsque l'interruption est due à une cause purement accidentelle et que tous les règlements de police relatifs à l'exploitation ont été scrupuleusement observés, il ne peut donner lieu qu'à l'application des peines de l'art. 2 relatif aux contraventions communes, c'est-à-dire d'une amende de 16 fr. à 300 fr. Cette distinction résulte implicitement, mais nécessairement, des termes mêmes de l'art. 8.

135. *Des délits et des crimes.* — Les dispositions législatives dont nous avons maintenant à nous occuper sont relatives aux faits *volontaires* qui peuvent causer l'interruption de la correspondance télégraphique électrique ou aérienne, entraver le service et menacer la sûreté personnelle des inspecteurs ou agents préposés à la surveillance des lignes. Pour les atteintes de cette nature, l'intensité de la répression doit se mesurer à la gravité des conséquences que le délit peut produire et à la facilité qui préside à sa perpétration. Or les conséquences de l'interruption du service télégraphique peuvent être désastreuses, surtout sur les chemins de fer, et rien malheureusement n'est plus facile que l'exécution d'un tel délit sur les appareils de télégraphie électrique. Ces considérations suffisent pour démontrer que la répression qui résulte des dispositions dont nous allons présenter l'analyse n'a rien d'excessif, alors surtout que l'admission de circonstances atténuantes peut la mitiger considérablement pour ceux que les tribunaux croiraient dignes de quelque indulgence.

136. Quiconque par la rupture des fils, par la dégradation des appareils ou par tout autre moyen, a *volontairement* causé l'interruption de la correspondance télégraphique électrique ou aérienne, est puni d'un emprisonnement de trois mois à deux ans et d'une amende de 100 fr. à 1,000 fr. Cette peine peut être mitigée par l'admission de circonstances atténuantes (décret du 27 déc. 1851, art. 3 et 13).

137. Sont punis de la détention et d'une amende de 1,000 fr. à 3,000 fr., sans préjudice des peines que pourrait entraîner leur complicité avec l'insurrection, les individus qui, dans un mouvement insurrectionnel, ont détruit ou rendu impropres au service un ou plusieurs fils d'une ligne de télégraphie électrique ; ceux qui ont brisé ou détruit un ou plusieurs télégraphes, ou qui ont envahi à l'aide de violences ou de menaces un ou plusieurs postes télégraphiques, ou qui ont intercepté par tout autre moyen, avec violences et menaces, les communications ou la correspondance télégraphique entre les divers dépositaires de l'autorité publique, ou qui s'opposent avec violences ou menaces au rétablissement d'une ligne télégraphique. Cette pénalité, comme celles qui précèdent, peut d'ailleurs être mitigée par l'admission de circonstances atténuantes (décret du 27 déc. 1851, art. 4 et 13). — On sait que la loi du 25 mai 1834 sur les détenteurs d'armes ou de munitions de guerre, avait prévu et réprimé par son art. 9 les agressions factieuses dirigées contre des postes télégraphiques. Cette disposition dont l'expérience avait démontré l'absolue nécessité, et qui, dans la loi de 1834, ne s'appliquait qu'aux télégraphes aériens, les seuls connus à cette époque, devait trouver nécessairement place dans une loi qui avait pour objet de réglementer la police des lignes de télégraphie électrique. Il est facile, en effet, de prévoir que les efforts d'une sédition, si le pays est condamné à en voir renaître, se porteront à l'attaque des lignes télégraphiques électriques avec une ardeur proportionnée tout à la fois à la facilité de leur destruction sur un point quelconque de leur parcours et à la grandeur des avantages qu'un moyen de communication d'une telle puissance procure au gouvernement pour sa défense et celle de l'ordre public qu'il a mission de protéger. — Il était donc impérieusement nécessaire d'édicter des dispositions pénales contre les faits d'agression qui, dans le cours d'un mouvement insurrectionnel, viendraient à se produire contre les établissements télégraphiques, et il était naturel, malgré la protection spéciale ménagée déjà aux télégraphes aériens, de réunir dans un article commun et sous l'égide d'une pénalité identique, les dispositions tutélaires de ces deux instruments de communication dont la conservation est si essentielle à l'ordre public.

138. La loi devait, enfin, assurer aux fonctionnaires et agents de surveillance des lignes télégraphiques le respect et la sécurité dont ils ont besoin dans l'exercice de leurs fonctions, et étendre sur eux les garanties que le code pénal donne aux agents de la police administrative ou judiciaire agissant pour l'exécution des lois. Toute attaque, toute résistance avec violence et voies de fait envers les inspecteurs et les agents de surveillance des lignes télégraphiques électriques ou aériennes dans l'exercice de leurs fonctions, est punie des peines appliquées à la rébellion suivant les distinctions établies au code pénal (décr. du 27 déc 1851, art. 5).—V. Rébellion.

139. La diffamation, l'injure ou l'outrage commis à leur égard ne resterait pas non plus impuni. Il résulte, en effet, de la disposition précitée que ces fonctionnaires et agents, par cela même qu'ils sont appelés à veiller à la garde des lignes électriques, sont de véritables représentants de l'autorité publique, et que la diffamation et l'injure dont ils seraient l'objet, l'outrage qui leur serait fait par paroles, gestes ou menaces dans l'exercice et à l'occasion de l'exercice de leurs fonctions, tomberaient sous l'application des lois des 17 mai 1819, art. 16, et 25 mars 1822, art. 5 et 6, soit de l'art. 224 c. pén. Ces articles s'appliquent, en effet, aussi bien aux simples agents de l'autorité publique qu'aux dépositaires de la force publique. Cela ressort de l'ensemble des dispositions sur cette matière, et notamment de l'art. 224 c. pén. avec lequel il faut combiner l'art. 230 du même code qui édicte des pénalités infligées en cas de violences dirigées contre... un agent de la force publique ou un citoyen chargé d'un ministère de service public. — V. Presse-outrage, n°s 709 et suiv., 902 et suiv., 938 et suiv.

Art. 3. — Mode de réparation des dommages causés aux lignes télégraphiques. —Destination des amendes et des réparations civiles.

140. La réparation des dommages causés aux lignes télégraphiques a lieu administrativement ou par voie amiable. L'administration peut prendre immédiatement toutes les mesures provisoires pour faire cesser les dommages résultant des crimes, délits et contraventions à la police des lignes télégraphiques, et le recouvrement des frais qu'entraîne l'exécution de ces mesures est poursuivi administrativement ainsi qu'il est procédé en matière de grande voirie (décr. du 27 déc. 1851, art. 12), c'est-à-dire à la diligence du receveur général du département et dans la forme établie pour la rentrée des contributions publiques (décr. du 16 déc. 1811, art. 116).

141. Il arrive quelquefois, comme nous l'avons déjà dit

n° 134, que les convois qui circulent sur les voies de fer cansent des dérangements aux lignes électriques établies le long de ces voies sans qu'on puisse imputer ce fait à une imprudence ou à l'inobservation des règlements. Il arrive aussi que, en dehors des cas prévus par les art. 2 et 6 du décret du 27 déc. 1851, les compagnies de chemins de fer ou les particuliers causent des avaries au matériel de l'administration soit en brisant accidentellement des poteaux destinés aux lignes électriques, soit en détruisant, dans les mêmes circonstances, tout autre objet appartenant à cette administration. Presque toujours les auteurs de ces accidents offrent spontanément la réparation du préjudice causé, et dans bien des cas, il est plus avantageux à l'administration d'accepter ces offres que de déférer aux tribunaux l'appréciation de ce préjudice. Pour répondre à ce besoin et à l'esprit qui a dicté l'instruction ministérielle du 23 nov. 1852, le ministre des finances a, sur la demande de l'administration des lignes télégraphiques, adopté un mode de règlement de nature à donner satisfaction à tous les intérêts.

Lorsque la réparation amiable du préjudice causé dans les circonstances précitées est offerte ou consentie, les directeurs divisionnaires des lignes télégraphiques apprécient et arrêtent, contradictoirement avec le représentant de la compagnie ou le contrevenant, le chiffre du dommage par une convention sous seing privé rédigée sur papier timbré, et aux termes de laquelle ce dernier s'engage à en verser le montant entre les mains, soit du receveur des finances de l'arrondissement, soit du percepteur le plus voisin. Les frais de timbre sont acquittés par les controvenants. Cet acte n'est pas soumis à la formalité de l'enregistrement. Lorsque l'auteur du dommage ne sait pas signer, l'administration, pour lui éviter les frais d'un acte notarié, l'autorise à présenter une personne solvable et sachant signer, qui se porte fort pour lui et prend elle-même l'engagement de verser à son défaut au trésor le chiffre du dommage. Les conventions de cette nature sont adressées à l'administration pour être approuvées par le ministre ; elles sont ensuite renvoyées aux directeurs divisionnaires, qui les transmettent au receveur particulier des finances de l'arrondissement dans lequel est domicilié l'auteur du préjudice, pour qu'il en fasse opérer le recouvrement.

142. Destination des amendes. — Pour assurer la répression des délits administratifs, le décret du 16 déc. 1811, art. 115, alloue une part de l'amende à l'agent qui a dressé le procès-verbal. Cette récompense pécuniaire est toujours fort modique à raison de la modicité des amendes prononcées. En cas d'amnistie, la remise de l'amende la fait disparaître.

143. Aux termes de l'article 115 précité, les amendes de grande voirie appartiennent pour un tiers à l'agent qui a constaté le délit, le second tiers à la commune du lieu de la contravention, et le dernier tiers au trésor public. Les condamnations intervenues en matière de police des lignes télégraphiques étant aux termes du décret du 27 décembre 1851, art. 2, 7 et 12, assimilées aux condamnations rendues en matière de grande voirie, doit-on en conclure que le partage des amendes de police des lignes télégraphiques doit avoir lieu conformément aux dispositions de l'art. 115 précité? Nous ne le pensons pas. Il est clair, en effet, que si la répartition des amendes de grande voirie est équitable en ce qu'elle accorde un tiers à la commune du lieu de la contravention, cette allocation n'est nullement justifiée lorsqu'il s'agit de dommages causés aux fils et poteaux du télégraphe, appareils qui ne sont pas affectés, comme les routes impériales destinées à un usage local, et dont l'établissement et l'entretien n'imposent aucune charge aux communes traversées. D'un autre côté, le décret du 27 déc. 1851 ne s'est pas occupé de la destination des amendes qu'il prononce, et l'on ne saurait suppléer à son silence par des analogies ou des inductions tirées de dispositions relatives à d'autres matières. L'art. 2 de ce décret porte, il est vrai, que les infractions qu'il prévoit seront poursuivies et jugées comme en matière de grande voirie ; mais cette assimilation a évidemment et pour but, et ne saurait avoir d'autre effet que de régler une question de compétence et un mode déterminé d'instruction. Elle ne peut mettre obstacle, notamment, à ce que, faute d'attribution spéciale des amendes dont il s'agit, il leur soit fait application des principes généraux de la matière. Dans l'état présent de la législation, les amendes prononcées par les conseils de préfecture pour contravention à la police des lignes télégraphiques appartiennent donc exclusivement au trésor, comme celles résultant en matière criminelle de condamnations émanant de l'autorité judiciaire. — Quant aux amendes prononcées par les tribunaux correctionnels en cette matière, elles sont affectées au fonds commun mis à la disposition des préfets. — Cette double interprétation est, au surplus, conforme à une décision du ministre des finances en date du 29 janvier 1856.

144. *Destination des réparations civiles.* — Soit que la réparation des dommages ait lieu administrativement, soit qu'elle ait lieu amiablement, le trésor encaisse une somme équivalente à l'importance de ces dommages. Mais au profit de quel budget ce recouvrement est-il opéré? Le ministre des finances avait d'abord décidé, sur la demande qui lui en avait été faite, que, par application et par analogie de l'art. 17 de l'ordonnance du 31 mai 1838, sur les reversements de fonds, les sommes dont il s'agit rentreraient au crédit du budget des lignes télégraphiques. Mais d'après un nouvel examen, il a été reconnu qu'il ne pouvait être établi régulièrement aucune compensation entre les recettes et les dépenses publiques; que cette règle ne pouvait comporter qu'une seule exception autorisée par l'art. 16 de l'ordonnance précitée et concernant les ventes d'objets et approvisionnements sans destination du ministère de la guerre, et que tout autre reprise de recette se trouve formellement interdite par le premier paragraphe du même article, portant que les ministres ne peuvent accroître par aucune ressource particulière le montant des crédits affectés à leurs services respectifs. Pour motiver davantage cette décision prise à la date du 29 oct. 1855, conformément à cette interprétation, le ministre des finances ajoutait les considérations suivantes : « Quant à l'art. 17 de la même ordonnance (l'art. 17 précité), il est à remarquer qu'en permettant de rétablir au crédit des ministres les *reversements faits sur les dépenses*, pendant la durée de l'exercice, il se borne à autoriser l'annulation d'opérations sans objet. En effet, les reversements ne sont pas une recette proprement dite; ils n'ont lieu que pour effacer des payements faits à tort ou des dépenses qui au fond n'existent pas. Autant il est rationnel, dans ce cas, de ramener les payements à leur chiffre réel et seul justifiable, autant il serait irrégulier de faire disparaître des dépenses effectives, inscrites et justifiées dans les comptes des payeurs, au moyen de recettes qui, en résultat, peuvent les couvrir, mais qui ne les suppriment pas.—J'ajouterais, s'il en était besoin, qu'au point de vue de l'exécution et attendu que le montant des indemnités pour dommages involontaires est versé aux receveurs des finances, tandis que celui des condamnations encourues l'est aux receveurs des domaines, il y aurait des difficultés pour les reprises de l'espèce, les écritures de ces derniers comptables ne fournissant pas les détails nécessaires pour contrôler chaque versement. La responsabilité de l'agent qui effectue les virements serait donc engagée, en cette matière, tant sur le fond que sur la forme. » Il résulte de cette décision que la réparation des dommages causés aux lignes télégraphiques doit avoir lieu au moyen des crédits de ce service, sauf, s'il est nécessaire et en cas d'insuffisance constatée, à recourir à un supplément de crédit qui serait couvert et naturellement justifié par la recette correspondante dont le budget général aurait profité.

Art. 4. — *Constatation des contraventions, délits et crimes relatifs aux lignes télégraphiques.*

145. La police judiciaire, qui a pour objet de rechercher les délits, d'en rassembler les preuves et d'en livrer les auteurs aux tribunaux chargés de la répression, a besoin de manifester son action avec promptitude et énergie. Le mode de constatation des crimes, délits et contraventions à la police des lignes télégraphiques, qui a été emprunté presque textuellement à la loi du 15 juill. 1845 sur la police des chemins de fer, répond parfaitement à ce besoin.—Les crimes, délits et contraventions dont il s'agit sont constatés par des procès-verbaux dressés concurremment par les officiers de police judiciaire, les commissaires et sous-commissaires préposés à la surveillance des chemins de fer, les inspecteurs de lignes télégraphiques, les agents de surveillance nommés ou agréés par l'administration et dûment assermentés. Ces procès-verbaux font foi jusqu'à preuve contraire. (décr. du 27 déc. 1851, art. 10). — Les officiers de police judiciaire que ce décret a entendu appeler à verbaliser en cette matière sont seulement les officiers auxiliaires du procureur impérial, c'est-à-dire les juges de paix, les officiers de gendarmerie, les maires et les commissaires de police. — Une décision du ministre de l'intérieur est intervenue pour régler l'exécution de l'art. 10 du décret précité de 1851, et le mode à suivre pour la confection des procès-verbaux à rédiger par les surveillants des lignes télégraphiques (instruct. 25 mars 1855) (1). Les

---

(1) 25 mars 1855. — *Instruction aux surveillants pour la constatation des contraventions, délits et crimes prévus par le décret du* 27 déc. 1851.

Art. 1. Les crimes, délits et contraventions prévus par le décret du 27 déc. 1851, sur la police des lignes télégraphiques, doivent être constatés par les soins des surveillants. Cette constatation est faite par un procès-verbal.

2. Les surveillants doivent mettre la plus grande exactitude dans cette partie de leur service, et verbaliser à l'occasion de tout fait de nature à porter atteinte quelconque au service télégraphique, quand bien même ce fait ne fait pas être le résultat de la malveillance : dans aucun cas, ils n'ont à se préoccuper de l'intention de l'auteur du fait répréhensible.

5. L'action en répression des contraventions, délits et crimes, ne se prescrit que par un an, trois ans et dix ans (c. inst. crim., art. 637, 638, 640). Les surveillants devront donc verbaliser à l'occasion des faits répréhensibles anciens qui auraient échappé à leur connaissance, lors de leur perpétration.

4. La validité d'un procès-verbal dépend de trois catégories de conditions : — 1° Des qualités légales inhérentes à la personne de l'agent qui instrumente; — 2° De la rédaction et de la teneur des procès verbaux; — 3° Des formalités exigées après la rédaction du procès-verbal pour lui faire produire effet.

5. Les conditions d'état civil et d'âge se rencontrent chez tous les surveillants, puisque ces conditions sont exigées pour leur nomination.

6. Ils doivent, en outre, être assermentés devant le tribunal de l'arrondissement dans lequel ils résident. L'accomplissement de cette formalité doit être mentionnée sur leurs commissions. — Après avoir prêté un premier serment conformément à la loi, les surveillants ne sont pas assujettis à prêter un nouveau serment lorsque, changeant de résidence, ils passent d'un arrondissement ou d'un département dans un autre. Mais ils doivent faire viser leur commission au greffe du tribunal de leur nouvelle résidence.

7. Dans plusieurs service, deux agents sont nécessaire pour verbaliser.

En matière de grande voirie, dans laquelle rentre la police de lignes télégraphiques, il suffit d'un seul agent.

8. Le port du costume, c'est-à-dire des insignes de la fonction, dont les surveillants doivent toujours être revêtus, aux termes du règlement sur leur service, n'est pas indispensable à la validité du procès-verbal.

9. Les procès-verbaux doivent être datés et signés. La date doit comprendre l'indication de l'année, du jour de la semaine, du quantième du mois et de l'heure du matin ou du relevé. — Ils doivent indiquer en tête les nom, prénoms, qualité et résidence de l'agent rédacteur; s'il est commissionné et assermenté; le lieu où les procès-verbaux sont dressés; constater l'existence et le corps de la contravention, du délit ou du crime; en spécifier la nature, le lieu, le temps, les circonstances; en recueillir les indices, les présomptions, les preuves; faire connaître le plaignant, les témoins, s'il y en a, l'inculpé, les déclarations faites spontanément ou sur interpellation par toutes les personnes présentes ou appelées, en indiquant leurs noms, prénoms, professions et domiciles; en un mot, tous les documents propres à servir à la manifestation de la vérité.

10. Il n'est pas indispensable que l'écriture du procès-verbal soit de la main de l'agent qui verbalise. Si donc un surveillant se trouve accidentellement dans l'impossibilité d'écrire, il peut dicter son procès-verbal à un tiers; mais il doit, dans ce cas, le signer, à peine de nullité.

11. Les procès-verbaux dressés par les surveillants font foi jusqu'à preuve contraire. Mais les agents qui verbalisent doivent bien distinguer, en rédigeant les procès-verbaux, les faits matériels qui s'offrent à leurs sens, ce qu'ils ont vu ou entendu, ce qui s'est fait, ce qui s'est passé, et les inductions qu'ils croiront pouvoir tirer des faits et circonstances, mais qui ne formeraient qu'une opinion personnelle de leur part : les circonstances matérielles seront seules prouvées par le procès-verbal jusqu'à la preuve contraire.

12 Un procès-verbal dans lequel l'agent rédacteur constate des faits qu'il n'a pas vus, mais qui lui ont été simplement rapportés, suffit pour motiver une condamnation dans le cas où l'auteur de ces faits s'en est reconnu coupable, comme aussi dans le cas où la contravention à sa charge

sous-officiers de gendarmerie et les simples gendarmes sont également aptes à rechercher et à constater les délits dont il s'agit. — L'art. 313 du décr. du 1er mars 1854 sur la gendarmerie les charge, en effet, de dresser des procès-verbaux de contravention, comme en matière de grande voirie, contre quiconque, par imprudence ou involontairement, a dégradé ou détérioré de quelque manière que ce soit les appareils de télégraphie électrique ou les machines de télégraphie aérienne.

146. En principe les attributions des fonctionnaires, à quelque administration qu'ils appartiennent, étant limitées dans l'étendue de la circonscription confiée à leurs soins, les fonctionnaires et agents ci-dessus dénommés ne sont compétents pour constater les crimes, délits et contraventions relatifs aux lignes télégraphiques, que sur le territoire où ils sont appelés à exercer respectivement leurs fonctions. Le projet présenté au conseil d'État, qui est devenu depuis le décret du 27 déc. 1851, contenait un paragraphe qui conférait aux agents de surveillance des lignes télégraphiques le droit de verbaliser *sur toute la ligne*. Le conseil d'État a supprimé ce paragraphe. Il lui a paru que cette disposition, dérogatoire au principe qui limite la compétence et les attributions des fonctionnaires et agents dans la circonscription qui leur est confiée, n'avait pas de raison d'être particulière. — Toutefois, et par exception, il résulte de l'art 1 du décr. du 1er mars 1854 que les officiers de gendarmerie, les sous-officiers de gendarmerie et les simples gendarmes sont autorisés à verbaliser, non-seulement dans la circonscription du département, de l'arrondissement ou de la brigade où ils résident, mais dans toute l'étendue de l'empire.

147. Les fonctionnaires et agents des lignes télégraphiques ont un costume légal et des signes distinctifs de leurs fonctions, qu'ils doivent revêtir dans certaines circonstances. Certains officiers de police judiciaire, tels, par exemple, que les gendarmes, ne sont réputés être dans l'exercice de leurs fonctions que lorsqu'ils sont revêtus de leur uniforme (ord. 29 oct. 1820, art. 251; Crim. cass. 3 brum. an 14, aff. N..., V. Gendarmes, n° 63); d'où l'on peut conclure qu'ils ne seraient pas aptes à verbaliser s'ils ne portaient pas cet uniforme. — Mais il a été jugé en principe que bien qu'il soit convenable que les officiers publics soient revêtus, lorsqu'ils rédigent des procès-verbaux, du costume que la loi leur attribue, aucune disposition ne subordonne la validité du procès-verbal à la condition que son rédacteur soit porteur des insignes de sa fonction (Crim. cass. 14 fév. 1840, aff. Lemarchand, V. Procès-verbal, n° 57-3°). A plus forte raison la validité des procès-verbaux des surveillants des lignes télégraphiques, lesquels ne sont astreints à porter leur costume que par un règlement d'administration intérieure, n'est pas soumise à cette condition.

148. Dans plusieurs services, deux agents sont nécessaires pour constater le même fait et verbaliser. Il n'en est pas de même en cette matière : un seul agent suffit pour la constatation régulière de l'infraction commise (instr. 25 mars 1855, art. 7, rapportée sous le n° 145).

149. Les fonctionnaires et agents ci-dessus dénommés ne doivent jamais, dans la constatation des infractions, se préoccuper de l'intention de leurs auteurs. Ils doivent verbaliser à l'occasion de tout fait de nature à porter une atteinte quelconque, quelque légère qu'elle soit, au service télégraphique, quand

même ce fait leur paraîtrait ne pas être ou ne serait pas le résultat de la malveillance. On sait, en effet, que l'existence des simples contraventions est indépendante de toute intention criminelle, de toute volonté malveillante. D'ailleurs ce n'est pas aux agents de surveillance, mais bien à l'administration, qu'il appartient de décider si le fait dommageable ne présente pas un caractère suffisant de gravité pour donner lieu à des poursuites contre son auteur. Ils doivent, en outre, verbaliser non-seulement à l'occasion des faits qu'ils ont vus, mais encore à l'occasion de ceux qu'ils n'ont pas vus, mais qui leur ont été rapportés; cette constatation a, en effet, pour motiver une condamnation, dans le cas où l'auteur de ces faits s'en reconnaît coupable, comme aussi dans le cas où le délit à sa charge est ultérieurement établi par l'instruction (inst. 25 mars 1855, art. 12, V. *suprà*, sous le n° 145).

150. La formalité de la prestation de serment des fonctionnaires et agents chargés de verbaliser en matière de police des lignes télégraphiques n'offre rien de particulier. Toutefois on pourrait croire, au premier abord, d'après la rédaction de l'art. 10 du décr. du 27 déc. 1851, que les inspecteurs des lignes télégraphiques ne sont pas astreints, pour verbaliser, à satisfaire à cette formalité : les mots *dûment assermentés*, qui terminent cet article, ne se rapportent évidemment qu'aux agents de surveillance nommés ou agréés par l'administration; d'où il semblerait résulter que les inspecteurs qui font partie des fonctionnaires énumérés par l'art. 10 peuvent dresser des procès-verbaux sans prêter serment. Mais cette interprétation est inadmissible. La rédaction de l'article précité se justifie par cette considération qu'il était utile et même indispensable que la loi s'exprimât sur la nécessité du serment des simples surveillants, nommés ou agréés en vertu de lois ou de règlements qui n'imposent pas à ces agents l'obligation de cette formalité, tandis que les inspecteurs sont obligés, au contraire, par les décrets qui les instituent, de prêter un serment professionnel avant d'entrer en fonctions. Il n'était pas nécessaire que le décret précité rappelât l'obligation du serment à ces fonctionnaires, non plus qu'aux officiers de police judiciaire, aux commissaires et sous-commissaires de surveillance des voies de fer.

151. La loi du 22 frim. an 7, qui a fixé les droits de prestation de serment, ne pouvait, à raison de l'époque éloignée où elle a été rendue, ni prévoir ni tarifer nominativement le droit de prestation de serment des surveillants des lignes télégraphiques. Aussi ces prestations avaient été soumises d'abord à un droit d'enregistrement de 15 fr., au principal, non compris le décime, par application de l'art. 68, § 4-6° de ladite loi. Mais, sur la demande du ministre de l'intérieur, le ministre des finances, considérant que l'art. 68, § 3-3° de cette loi a tarifé à 3 fr. le droit d'enregistrement dû pour les actes de prestation de serment des greffiers, huissiers, gardes de douanes, gardes champêtres et forestiers, et qu'il existe une parfaite analogie entre les fonctions de ces divers agents et celle des surveillants, chargés les uns et les autres d'une surveillance relative à un service public, a décidé, à la date du 3 fév. 1855, que les actes constatant la prestation de serment des surveillants des lignes télégraphiques ne seraient plus assujettis qu'au droit fixe de 3 fr., par application de l'art. 68, § 3-3° précité.

152. Les procès-verbaux qui ont été dressés par des agents

---

serait ultérieurement établi par l'instruction. Les surveillants devront donc constater, en verbalisant, non-seulement ce qu'ils auront vu, entendu, ce dont ils auront eu, en un mot, connaissance par leurs propres sens, mais encore les témoignages et les renseignements des personnes qu'ils auront entendues, et surtout les explications, déclarations et aveux de l'auteur même de la contravention.

13. La présence du contrevenant à la rédaction du procès-verbal n'est pas nécessaire; mais, s'il est présent, il doit lui en être donné lecture, et il doit être interpellé de le signer.

14. Les procès-verbaux doivent être rédigés immédiatement et sans désemparer, s'il est possible. En conséquence, les surveillants seront toujours porteurs de formules de ces actes. Cependant il peut arriver que la rédaction d'un procès-verbal exige plusieurs vacations : dans ce cas, les surveillants auront bien soin d'indiquer l'heure d'ouverture et de clôture de chacune des vacations.

15. Les renvois, ratures, surcharges et interlignes doivent être approuvés : les procès-verbaux dont les énonciations substantielles auraient été surchargées ou interlignées sans approbation seraient incontestablement déclarés nuls. L'approbation par un simple parafe est valable, mais il est préférable de signer le nom entier.

16. Les procès-verbaux seront affirmés, à peine de nullité, dans les trois jours de leur clôture, soit devant le juge de paix ou le maire de la résidence de l'agent rédacteur, soit devant le juge de paix ou le maire du lieu de la contravention. Dans le cas où les procès-verbaux ont été rédigés en plusieurs vacations, le délai de l'affirmation ne court qu'à partir de la dernière vacation. Le jour de l'échéance du délai est compris dans ce délai; mais le jour qui sert de point de départ ne doit pas être compté : ainsi un procès-verbal rédigé le 5 du mois peut être valablement affirmé les 5, 6, 7 et 8 du même mois.

17. Les procès-verbaux devront être ensuite, dans le délai de quatre jours de leur date, visés pour timbre et enregistrés en débet.

18. Aussitôt après l'accomplissement de ces formalités, les surveillants devront transmettre leurs procès-verbaux à l'inspecteur dont ils relèvent.

de surveillance assermentés doivent être affirmés, à peine de nullité, dans les trois jours, devant le juge de paix ou le maire, soit du lieu du délit ou de la contravention, soit de la résidence de l'agent (décr. du 27 déc. 1851, art. 11; instr. 25 mars 1855, art. 16, *suprà*, n° 145). Il semblerait résulter de cet article que les procès-verbaux des agents de surveillance sont seuls soumis à la formalité de l'affirmation, et que ceux de tous les autres fonctionnaires et agents énumérés dans l'art. 10 en seraient dispensés. A cet égard, il faut distinguer. L'affirmation n'est obligatoire, il est vrai, que pour certains fonctionnaires ou agents auxquels la loi impose cette formalité d'une manière expresse : partout où la loi est restée muette, partout où elle ne s'est pas formellement expliquée sur l'affirmation, cette formalité n'est pas nécessaire (V. Procès-verbal, n°s 105, 296). Ainsi elle n'est pas nécessaire pour les procès-verbaux des officiers de police judiciaire en général (Crim. cass. 15 nov. 1839, aff. Vacheron, V. *eod.*, n° 224-1°). Mais malgré le silence du décret du 27 déc. 1851 à cet égard, il n'en est pas de même pour les procès-verbaux dressés par les inspecteurs des lignes télégraphiques. La même question a été soulevée en matière de police des chemins de fer à l'égard des ingénieurs. Mais bien que la formalité de l'affirmation soit considérée généralement et justement, en fait, comme superflue aujourd'hui, il faut reconnaître que cette formalité est obligatoire pour les inspecteurs des lignes télégraphiques, de même que pour les ingénieurs des chemins de fer : en effet, en matière de police des lignes télégraphiques, comme en matière de police des chemins de fer, la loi, loin de déroger aux règlements de la grande voirie qui prescrivent expressément la formalité de l'affirmation des procès-verbaux, déclare, au contraire, formellement cette législation applicable aux lignes télégraphiques (décr. du 27 déc. 1851, art. 2, et loi du 15 juill. 1845, art. 11). D'ailleurs, les inspecteurs des lignes télégraphiques, de même que les ingénieurs, bien que fonctionnaires administratifs d'un ordre élevé, ne sont pas moins des agents de surveillance véritables dans le sens générique de l'expression, et à ce titre leurs procès-verbaux sont soumis par la loi sur la matière à la formalité de l'affirmation. — Disons enfin qu'une loi récente, la loi du 17 juill. 1856, a affranchi les procès-verbaux des gendarmes de cette formalité.

153. Les procès-verbaux relatifs à la police des lignes télégraphiques doivent être, dans le délai de quatre jours de leur date, visés pour timbre et enregistrés en débet (décr. du 27 déc. 1851, art. 11). Toutefois, certains procès-verbaux sont affranchis de cette double formalité : l'art. 493 du décr. du 1er mars 1854, relatif à l'organisation de la gendarmerie, en dispense expressément les procès-verbaux que les gendarmes sont autorisés à dresser pour les contraventions de grande voirie. Or il doit en être de même lorsqu'ils verbalisent en matière de police des lignes télégraphiques. Lorsqu'une disposition légale impose, en effet, à certains fonctionnaires ou agents, l'obligation de sortir du cercle habituel de leurs fonctions et d'instrumenter dans des matières pour lesquelles ils n'ont pas été principalement institués, ils ne doivent pas être astreints, dans ces cas exceptionnels, à se conformer aux règles et aux formes d'un service qui n'est pas le leur et qu'ils ne sont censés connaître : pour apprécier la légalité de leurs actes, c'est d'après les règles propres de leur service habituel qu'il faut les considérer et les juger.

154. Les procès-verbaux dressés pour contraventions commises par les concessionnaires ou fermiers de chemins de fer ou de canaux doivent être, dans les quinze jours de leur date, notifiés administrativement au domicile élu par lesdits concessionnaires ou fermiers, à la diligence du préfet, et transmis, dans le même délai, au conseil de préfecture du lieu de la contravention (décr. 27 déc. 1851, art. 7). Mais, dans tous les autres cas, aucune disposition de loi ou de règlement ne prescrit la notification du procès-verbal (cons. d'Et. 18 nov. 1842, et Jillon).

155. Les procès-verbaux dressés par les surveillants des lignes télégraphiques sont adressés par eux, aussitôt après qu'ils ont été régularisés, au directeur divisionnaire dont ils relèvent. Quand ces procès-verbaux sont relatifs à de simples contraventions, ils ne sont transmis au préfet que sur l'ordre de l'administration supérieure; quand, au contraire, ils constatent des faits qui constituent des crimes et délits aux termes des art. 5,

4 et 5 du décret du 27 déc. 1851, ils sont adressés immédiatement au procureur impérial du ressort, et avis de cette transmission est donnée tant au préfet du département qu'à l'administration supérieure (inst. min. du 26 mars 1855). Le motif de cette distinction dans la poursuite est facile à saisir et s'explique par la différence de nature des infractions. Beaucoup de contraventions ne causent, en réalité, aucun dommage aux lignes, et c'est pourquoi l'administration a voulu rester seule juge, en cette matière, de l'opportunité de la poursuite; mais il n'en pouvait être ainsi pour les crimes et délits, dont il importe de poursuivre sans délai la répression.

SECT. 5.— ORGANISATION DE L'ADMINISTRATION ET DU SERVICE DES LIGNES TÉLÉGRAPHIQUES.

156. Le service des lignes télégraphiques de France est placé dans les attributions du ministère de l'intérieur dont il forme une direction. Son organisation administrative est réglée par le décret du 29 nov. 1858. — L'organisation du service télégraphique en Algérie est réglée par le décret du 16 août 1859.

Art. 1. — *Organisation du service dans la métropole.*

157. 1° *Cadres du personnel.* — Aux termes de l'art. 1 du décret du 29 nov. 1858, le personnel de ce service comprend : — Un directeur de l'administration au ministère de l'intérieur; — Des inspecteurs généraux divisés en deux classes; — Des directeurs divisionnaires divisés en trois classes; — Des inspecteurs divisés en trois classes; — Des élèves inspecteurs; — Des directeurs de station divisés en trois classes; — Des receveurs, *id.*; — Des traducteurs, *id.*; — Des stationnaires, *id.*; — Des stationnaires surnuméraires; — Des expéditionnaires divisés en trois classes; — Des gardes-magasins, *id.*; — Des chefs mécaniciens, *id.* — Des mécaniciens, *id.*; — Des surveillants, *id.*; — Des piétons, *id.*

158. Le nombre de ces divers fonctionnaires et agents n'est pas limité; il est déterminé par les besoins du service qui s'accroissent de jour en jour. — Aujourd'hui les inspecteurs généraux sont au nombre de douze.—Le nombre des directions divisionnaires est de cinquante-deux dont les chefs-lieux sont : Agen, Alais, Amiens, Angoulême, Avignon, Bastia, Bayonne, Bordeaux, Boulogne, Brest, Caen, Chambéry, Clermont-Ferrand, Digne, Dijon, Draguignan, la Rochelle, le Mans, Lille, Limoges, Lorient, Lyon, Marseille, Metz, Montpellier, Nancy, Nantes, Narbonne, Orléans, Paris, qui est le siége de neuf directions divisionnaires Reims, Rennes, Rodez, Rouen, Saint-Etienne, Saint-Malo, Saint-Quentin, Strasbourg, Tarbes, Toulouse, Tours, Tulle, Valence, Vesoul (décis. min. des 27 mars, 5 et 22 juin 1860). — Chaque direction divisionnaire comprend au moins une inspection. Les directions divisionnaires de Bordeaux, Brest, Clermont-Ferrand, Dijon, la Rochelle, Lorient, Marseille, Nantes, Paris n° 5, Paris, n° 6, Paris, n° 7, Rodez, Rouen et Toulouse, comprennent deux inspections. Celles de Caen, Lyon et Paris n° 5 en contiennent trois (décis. du 27 mars 1860).

Le réseau des lignes électriques a aujourd'hui un développement de 17,000 kilomètres en nombre rond; le nombre des bureaux télégraphiques en activité est de deux cent-soixante, non compris ceux cents gares de chemins de fer dans lesquelles il existe un service de télégraphie privée.

159. 2° *Fonctions et attributions.* — Le directeur de l'administration exerce ses fonctions sous l'autorité immédiate et directe du ministre de l'intérieur (décr. 29 nov. 1858, art. 2). — Il est spécialement chargé : 1° de régler et diriger le travail des bureaux de l'administration centrale des lignes télégraphiques; — 2° De dresser le budget des dépenses; — 3° De soumettre à l'approbation du ministre les marchés et les baux, les projets concernant la création et la suppression des lignes et des postes télégraphiques, les circonscriptions télégraphiques des directeurs, divisionnaires et des inspecteurs, les règlements généraux de service, l'avancement des fonctionnaires et agents nommés par le ministre, et le changement de résidence des directeurs divisionnaires et inspecteurs; — 4° De notifier aux fonctionnaires et agents les décisions du ministre; — 5° De prescrire les tour

nées et les missions spéciales ; — 6° De donner aux fonctionnaires et agents, sous sa responsabilité, les ordres utiles au bien
du service ; — 7° De fixer la résidence des fonctionnaires et
agents autres que les inspecteurs généraux, les directeurs divisionnaires et les inspecteurs (même article).

Les fonctions des inspecteurs généraux s'étendent à toutes les
parties du service télégraphique. Ils rendent compte, par écrit,
au directeur de l'administration, de leurs tournées ordinaires
et des missions spéciales dont il les a chargés (art. 3).

Les directeurs divisionnaires dirigent et contrôlent, d'après
les règlements et les ordres du directeur de l'administration,
toutes les parties du service télégraphique dans l'étendue de leur
circonscription, et lui rendent compte, par écrit, de l'état du
service (art. 4).

Les inspecteurs sont chargés, sous les ordres des directeurs
divisionnaires, de visiter les lignes et les stations comprises
dans leur circonscription, et de veiller à la bonne exécution de
toutes les parties du service. Ils rendent compte de leurs tournées aux directeurs divisionnaires, et, en cas d'urgence, au directeur de l'administration (art. 5).

Les directeurs de station sont chargés, sous l'autorité des
inspecteurs et des directeurs divisionnaires, de traduire, de transmettre et d'expédier les dépêches officielles et privées, et de tenir la comptabilité en ce qui concerne les dépêches privées. Ils
manœuvrent les appareils lorsque les besoins du service l'exigent
(art. 6).

Dans les lieux où il en est établi, les receveurs sont chargés,
sous le contrôle immédiat du directeur de station, de la perception des taxes et de la tenue des registres de comptabilité (art. 7).
Le nombre de ces agents est aujourd'hui de dix-huit. Ils sont
répartis dans les bureaux les plus importants, tels que ceux de
Paris, Lyon, Bordeaux et Marseille.

Les traducteurs sont chargés de la traduction des dépêches
transmises en France en langues étrangères.

Les stationnaires sont soumis à l'autorité immédiate des directeurs de station (art. 8). Ces agents sont chargés de la manipulation des appareils de transmission.

Les surveillants sont chargés, sous les ordres des inspecteurs,
d'entretenir en bon état les lignes auxquelles ils sont affectés
(art. 9).

Les piétons sont chargés du port des dépêches à domicile.

160. Pour l'exercice de leurs attributions, les fonctionnaires
et agents des lignes télégraphiques sont, aux termes d'arrêtés
du ministre des finances en date des 6 juin et 6 sept. 1859 et
13 fév. 1860, autorisés à correspondre en franchise par la poste,
savoir :

1° Les directeurs divisionnaires des lignes télégraphiques
avec : — Les directeurs divisionnaires, dans toute l'étendue de
l'empire ;—Les préfets des départements, les receveurs généraux
et les receveurs particuliers des finances, les inspecteurs des
lignes télégraphiques, les directeurs de station des lignes télégraphiques, les stationnaires des lignes télégraphiques chargés
d'un service, les surveillants des lignes télégraphiques dans le
ressort de leur circonscription ;

2° Les inspecteurs des lignes télégraphiques avec :—Les directeurs divisionnaires dont ils relèvent ;—Les directeurs de station ;
les stationnaires chargés d'un service, les surveillants, dans le
ressort de leur circonscription ;

3° Les directeurs de station des lignes télégraphiques avec :—
Le directeur divisionnaire et l'inspecteur dont ils relèvent ;—Le
receveur général ou particulier des finances de l'arrondissement
dans lequel est situé le bureau télégraphique ; — Les directeurs
de station et les stationnaires chargés d'un service, dont les bureaux sont limitrophes ;

4° Les stationnaires des lignes télégraphiques chargés d'un
service avec :—Le directeur divisionnaire et l'inspecteur dont ils
relèvent ; — Le receveur général ou particulier des finances de
l'arrondissement dans lequel est situé le bureau télégraphique ;
—Les directeurs de station et les stationnaires chargés d'un service, dont les bureaux sont limitrophes ;

5° Les surveillants des lignes télégraphiques avec : le directeur divisionnaire et l'inspecteur dont ils relèvent.

La correspondance échangée entre ces fonctionnaires et agents

est expédiée sous bandes ou sous plis fermés en cas de nécessité. Toutefois, celle qui est destinée aux receveurs des finances
doit être transmise exclusivement sous bandes (mêmes arrêtés).

Les directeurs divisionnaires et les inspecteurs des lignes télégraphiques en tournée peuvent correspondre en franchise, dans
toute l'étendue de leur circonscription, avec les fonctionnaires
et agents désignés ci-dessus, mais ils ne peuvent déléguer leur
contre-seing à aucune personne au siége de leur résidence (*ibid.*).

161. Il est institué à l'administration centrale des lignes télégraphiques une *commission consultative* composée du directeur
de l'administration, des inspecteurs généraux de première classe
et d'un secrétaire désigné par le ministre de l'intérieur (décr. 29
nov. 1858, art. 32). — La commission est présidée par le ministre, à son défaut par le directeur de l'administration, et,
en cas d'empêchement de ce dernier, par l'inspecteur général le
plus ancien en grade. En cas de partage, la voix du président
est prépondérante (art. 33).

La commission consultative donne son avis sur : 1° le
budget dressé par le directeur de l'administration ; — 2° Les
projets d'établissement de lignes nouvelles ; — 3° La création
de nouveaux postes télégraphiques et la suppression des postes
existants ; — 4° Les règlements généraux de service ;—5° Et généralement toutes les questions qui lui sont déférées par le ministre de l'intérieur (art. 34).

162. Deux professeurs, choisis parmi les directeurs divisionnaires ou inspecteurs, sont chargés de diriger les études des
élèves inspecteurs et de faire un cours théorique et pratique de
télégraphie électrique, obligatoire pour les directeurs de station
et stationnaires exerçant leurs fonctions à Paris (art. 35).

163. 3° *Nominations et avancement.*—Le directeur de l'administration est nommé par l'empereur (décr. 29 nov. 1858,
art. 10). — Les inspecteurs généraux, directeurs divisionnaires,
inspecteurs, élèves inspecteurs, directeurs de station, stationnaires, receveurs, traducteurs et stationnaires surnuméraires
sont nommés par le ministre de l'intérieur, sur la proposition
du directeur de l'administration (*ibid.*). — Les autres employés
et agents sont nommés et révoqués par le directeur de l'administration (*ibid.*).

164. Nul ne peut être admis dans le personnel de l'administration des lignes télégraphiques s'il a moins de vingt ans révolus et plus de vingt-huit ans. Les candidats comptant sept années de service militaire peuvent être admis jusqu'à trente ans
(art. 11). Cette double disposition n'est point applicable aux
agents dont la nomination est réservée au directeur de l'administration (*ibid.*).

165. Nul ne peut être promu à un grade supérieur s'il ne
compte au moins quatre ans de service dans le grade immédiatement inférieur (art. 12). — Nul ne peut être promu à une classe
supérieure qu'après deux ans révolus de service dans la classe
immédiatement inférieure (*ibid.*).

166. Les titulaires des emplois suivants sont choisis, savoir : — Les inspecteurs généraux, parmi les directeurs divisionnaires de première ou de deuxième classe, ou parmi les
fonctionnaires d'un grade équivalent dans l'ordre administratif ; — Les directeurs divisionnaires, parmi les inspecteurs de
première et de deuxième classe ; — Les inspecteurs, parmi les
directeurs de station de première ou de deuxième classe, et
parmi les élèves inspecteurs nommés depuis trois ans au moins,
et ayant rempli pendant un an les fonctions d'inspecteur ; —
Les élèves-inspecteurs, parmi les élèves de l'école polytechnique
déclarés admissibles dans les services publics ; — Les directeurs,
parmi les stationnaires de première ou de deuxième classe ; —
Les stationnaires, parmi les stationnaires surnuméraires ayant
rempli pendant quatre mois au moins les fonctions de stationnaire et parmi les surveillants ; — Les receveurs, parmi les expéditionnaires (art. 13). — Un tiers au moins des emplois d'inspecteur est réservé aux élèves-inspecteurs. Les deux tiers au
moins des emplois de surveillants ou de piétons sont accordés
aux anciens militaires (art. 14).—Les employés de l'administration centrale des lignes télégraphiques peuvent être appelés dans
le service extérieur après un intervalle de cinq années passées
dans les bureaux (art. 29).

167. Dans les emplois divisés en deux classes, la prem...

ne peut comprendre plus de la moitié du nombre total des emplois. Dans les emplois divisés en trois classes, le nombre des titulaires de première et de deuxième classe ne dépassera en aucun cas, dans chacune de ces classes, les trois dixièmes du nombre total des emplois (art. 17).

168. Les directeurs de station ne sont nommés inspecteurs, les surveillants ne sont nommés stationnaires et les surnuméraires ne sont admis qu'après avoir été reconnus aptes à la suite d'un examen dont le programme est arrêté par le ministre de l'intérieur (art. 15).

169. Les conditions de l'examen destiné à constater l'aptitude des directeurs de station aux fonctions d'inspecteur sont réglées par un arrêté ministériel du 27 mai 1859. — L'ouverture de l'examen qui a lieu à Paris aux époques fixées par le directeur de l'administration est annoncée au moins trois mois à l'avance par un avis adressé aux directeurs divisionnaires et inséré au recueil administratif des lignes télégraphiques (arrêté 27 mai 1859, art. 1 et 3). — Nul n'est admis à concourir s'il a dépassé l'âge de quarante-cinq ans (même arrêté, art. 4). — Les directeurs de station qui désirent se présenter à l'examen en demandant l'autorisation par la voie hiérarchique au directeur de l'administration (même arrêté, art. 5). — L'examen porte sur les matières suivantes : 1° arithmétique ; 2° algèbre ; 3° géométrie ; 4° application de la géométrie au levé des plans ; 5° trigonométrie rectiligne ; 6° mécanique ; 7° physique et principalement sur l'électricité, le magnétisme et l'optique ; 8° chimie ; 9° géographie ; 10° enfin composition française, dessin linéaire, lavis des plans, connaissances complètes du service de directeur de station et de celui de stationnaire (même arrêté, art. 6).

L'examen se divise en épreuves orales et en épreuves écrites. Les épreuves orales peuvent rouler sur toutes les matières ci-dessus indiquées. Les épreuves écrites, au nombre de quatre, comprennent : la première, l'arithmétique, l'algèbre et la géométrie ; la seconde, la mécanique, la physique et la chimie ; la troisième, la géographie, le dessin linéaire, le levé et le lavis des plans ; la quatrième, la composition française (art. 7). — A l'ouverture de chaque examen, le directeur de l'administration désigne, parmi les inspecteurs généraux et les directeurs divisionnaires, cinq fonctionnaires pour remplir les fonctions d'examinateurs (art. 8). — Trois examinateurs au moins sont chargés de chaque épreuve orale ; ils sont les mêmes, autant que possible, pour les candidats, qui sont interrogés pendant vingt minutes au plus, par chaque examinateur (art. 9). — Tous les directeurs de station admis à se présenter aux examens peuvent assister à toutes les épreuves orales (art. 10).

A la clôture des examens, les examinateurs dressent, par ordre de mérite, une liste d'admissibilité aux fonctions d'inspecteur. Nul directeur de station ne peut être nommé inspecteur s'il n'est pas porté sur cette liste (art. 11).

170. Les conditions d'admission des surnuméraires stationnaires dans le service télégraphique de France sont réglées par un arrêté ministériel du 24 mai 1859. Aux termes de cet arrêté, l'examen des candidats a lieu dans les villes de Paris, Bordeaux, Toulouse, Marseille, Lyon, Strasbourg, Lille et Nantes (arrêté 24 mai 1859, art. 1er). — Un avis inséré au *Moniteur universel* indique l'époque à laquelle un examen est ouvert (art. 2). — Tout candidat doit justifier préalablement de sa qualité de Français, de sa libération du service militaire, par un acte de naissance, ainsi qu'un certificat de bonne vie et de mœurs délivré par le maire de son dernier domicile (art. 3). — Les aspirants doivent se faire inscrire à la Préfecture du département où ils résident ; ils déposent en même temps une demande accompagnée des pièces à produire et indiquant la ville dans laquelle ils désirent concourir. Dans le département de la Seine, l'inscription et le dépôt des pièces ont lieu au ministère de l'intérieur (bureau du personnel des lignes télégraphiques) (art. 4). — Les registres d'inscription ouverts dans les préfectures et à Paris, sont clos six semaines avant l'époque fixée pour l'examen. Les demandes d'admission à concourir sont transmises par les préfets au ministre de l'intérieur, quinze jours au plus tard après avoir été déposées à la préfecture ; elles sont accompagnées de renseignements sur la moralité des candidats et sur les garanties qu'ils présentent (art. 5). — Les candidats sont informés

individuellement de leur admission ou non-admission, dix jours au moins avant l'époque fixée pour l'ouverture de l'examen (art. 6). — L'examen a lieu dans une des salles de la préfecture ou de la mairie (art. 7). — Les candidats doivent justifier des connaissances suivantes : 1° une écriture très-lisible ; 2° une rédaction très-correcte ; 3° le dessin linéaire ; 4° l'arithmétique jusqu'à et y compris les proportions ; 5° des notions élémentaires de géométrie, de physique et de chimie en ce qui concerne seulement la composition des piles électriques ; 6° la géographie terrestre (art. 8). — La connaissance de l'une ou plusieurs des langues suivantes : l'allemand, l'anglais, l'italien et l'espagnol, est prise en considération pour le classement des candidats (*ibid.*). — Les épreuves consistent en compositions écrites, qui sont faites sous la surveillance d'un directeur divisionnaire, assisté d'un inspecteur et de deux directeurs de station (art. 9). — Six jours sont consacrés aux épreuves. Il y a deux séances par jour, de neuf heures à midi, et de deux heures à cinq heures (art. 10). — Les sujets de composition sont envoyés au directeur divisionnaire chargé de la présidence de l'examen, sous un pli cacheté à la cire, et qui ne peut être ouvert qu'en présence des candidats, au commencement de chaque séance (art. 11). — Les compositions, signées par les candidats, sont remises, à la fin de chaque séance, aux fonctionnaires chargés de la surveillance, qui apposent leur visa sur chaque feuille. Elles sont réunies immédiatement et transmises le même jour au ministre de l'intérieur, avec un procès-verbal constatant la régularité des opérations (art. 12). — Les compositions sont soumises au jugement d'une commission composée d'un inspecteur général, président, d'un directeur divisionnaire, de quatre inspecteurs et de deux directeurs de station (art. 13). — Si les examinateurs reconnaissent que, malgré la surveillance exercée, des compositions ont été faites l'une sur l'autre, les signataires des deux compositions sont exclus du concours (art. 14).

171. Les conditions de l'examen destiné à constater l'aptitude des surveillants aux fonctions de stationnaire sont déterminées par un arrêté ministériel du 20 juin 1859. Il a lieu aux époques fixées par le directeur de l'administration, au chef-lieu de la direction divisionnaire à laquelle les surveillants appartiennent (arr. 20 juin 1859, art. 1). — Les surveillants qui désirent se présenter à l'examen en demandent l'autorisation par la voie hiérarchique au directeur de l'administration. En transmettant ces demandes, les directeurs divisionnaires y joignent leur avis motivé et tous les renseignements propres à constater que les candidats réunissent, sous le rapport du travail, de la conduite et de la bonne tenue, les conditions voulues pour bien faire le service de stationnaire (art. 2). — Aucun surveillant n'est admis à se présenter à l'examen s'il a dépassé l'âge de quarante-cinq ans (art. 3).

L'examen porte sur les matières ci-après : 1° écriture très-lisible, orthographe ; 2° Rédaction correcte ; 3° Addition, soustraction, multiplication et division des nombres entiers ; 4° Définition des fractions ordinaires et des nombres décimaux, système métrique ; 5° Notions de géographie, principalement en ce qui concerne l'Europe et l'Algérie (art. 4). — Les sujets de composition sont envoyés aux directeurs divisionnaires sous un pli cacheté, qui ne doit être ouvert qu'au moment de l'examen (art. 5). — Les compositions, datées et signées par les candidats, sont remises à la fin de la séance au directeur divisionnaire, qui appose son visa sur chaque feuille et les transmet le même jour au directeur de l'administration pour être soumises au jugement de la commission établie pour l'examen des surnuméraires stationnaires (art. 6).

La commission dresse la liste, par ordre de mérite, des surveillants reconnus aptes à être nommés stationnaires. Suivant les besoins du service ces surveillants sont attachés à une station télégraphique pour s'y exercer à la manipulation des appareils et prendre part à tous les détails du travail intérieur du bureau, jusqu'à ce qu'ils soient déclarés en état d'exercer les fonctions de stationnaire (art. 7). — Si après trois mois d'instruction les surveillants ne sont pas reconnus capables de remplir les fonctions de stationnaire, ils peuvent être immédiatement rappelés à reprendre leur service de surveillant (art. 8). — Les surveillants autorisés à s'instruire ou appelés à faire fonctions de stationnaires, conservent le titre et le traitement de surveillant jusqu'à ce qu'ils soient nommés stationnaires (art. 9).

172. 4° *Traitements et frais de tournées.*—Les traitements, frais de route et de séjour des fonctionnaires et agents télégraphiques sont fixés par l'art. 18 du décr. du 29 nov. 1858, ainsi qu'il suit :

GRADES.	TRAITEMENT.				FRAIS		
	Classe unique.	1re classe.	2e classe.	3e classe.	de route.	p. myriam.	de séjour.
	fr.	fr.	fr.	fr.	fr. c.		fr.
Directeur de l'administration....	20,000	»	»	»	10 00		25
Inspecteurs généraux......	»	10,000	9,000	»	6 00		12
Directeurs divisionnaires.....	»	7,000	6,000	5,000	4 00		8
Inspecteurs...........	»	4,000	3,500	3,000	3 00		6
Élèves-inspecteurs faisant fonctions d'inspecteurs.........	2,000	»	»	»	»		»
Élèves-inspecteurs........	1,500	»	»	»	2 50		4
Directeurs de station...... } Receveurs........... } Traducteurs........... }	»	3,000	2,500	2,000	2 50		4
Stationnaires...........	»	1,800	1,500	1,200	1 50		2
Surnuméraires faisant fonctions de stationnaires........	900	»	»	»	1 50		2
Expéditionnaires.........	»	2,000	1,800	1,500	1 50		2
Gardes-magasins.........	»	3,000	2,500	2,000	2 50		4
Chefs mécaniciens........	»	3,000	2,500	2,000	2 50		4
Mécaniciens...........	»	1,800	1,500	1,200	1 50		3
Surveillants chefs d'atelier.....	»	1,200	1,100	1,000	1 50		4
Surveillants...........	»	1,200	1,100	1,000	1 50		3
Piétons...........	»	1,000	900	800	1 50		2

Les directeurs divisionnaires et les inspecteurs n'ont pas droit aux frais de route et de séjour pour les tournées périodiques qu'ils font dans l'étendue de leur circonscription. Des indemnités spéciales peuvent leur être accordées par le ministre (même décr. art. 19). Conformément à cette dernière disposition, un arrêté ministériel en date du 30 mai 1859, que nous rapportons en note (1), a accordé à ces fonctionnaires des indemnités spéciales pour frais de tournée.—Les fonctionnaires et agents chargés d'une construction touchent les frais de séjour pendant la durée des travaux, et n'ont droit aux frais de route que pour l'aller et le retour (art. 20).

—Les fonctionnaires et agents changés de résidence ont droit aux frais de route énoncés dans l'article précédent. Il ne leur est rien alloué si le changement de résidence a lieu sur leur demande ou par suite d'avancement (art. 21). — Les allocations pour frais de route sont réduites à la moitié lorsque les trajets ont lieu en chemin de fer, et au quart lorsque les fonctionnaires ou agents ont reçu un permis de circulation (art. 22).

173. 5° *Cautionnements.* — Les cautionnements dont la quotité n'est pas déterminée par la loi sont fixés par un décret rendu sur le rapport du ministre compétent de concert avec le ministre des finances (loi 8 août 1847, art. 14, D. P. 47, 3, 164). Les cautionnements à fournir par des fonctionnaires et agents du service télégraphique pour la sûreté de la gestion des fonds et du matériel, sont déterminés par des décrets. Ils sont réalisés en numéraire au trésor public (décr. du 29 nov. 1858, art. 25.)

174. Les inspecteurs généraux, les inspecteurs, les rece-

(1) 30 mai 1859. — Arrêté ministériel qui accorde aux directeurs divisionnaires et aux inspecteurs des lignes télégraphiques des indemnités spéciales pour frais de tournée.

Art. 1. Une indemnité spéciale calculée à raison de 3 fr. par myriamètre de ligne établie sur route, et de 1 fr. par myriamètre de ligne établie sur chemin de fer, est accordée aux directeurs divisionnaires des lignes télégraphiques, pour couvrir des frais occasionnés pour chacune des tournées auxquelles ils sont astreints par le règlement du 5 avr. 1859.

2. Pour les inspecteurs, l'indemnité pour les deux tournées à faire par mois, conformément au règlement du 6 avr. 1859, sera de 2 fr. 50 c. par myriamètre de ligne établie sur route, et de 1 fr. par myriamètre de ligne établie sur chemin de fer.

3. Une fraction de myriamètre sera comptée pour un myriamètre.

4. Lorsqu'un directeur divisionnaire ou un inspecteur aura omis ou aura été empêché par une cause quelconque de faire la tournée obliga-

veurs, stationnaires, mécaniciens, surveillants et piétons n'étan[t] jamais appelés à une gestion de fonds ou de matériel, ne sont pas astreints à fournir un cautionnement.

175. Les directeurs divisionnaires fournissent, pour garantie de leur gestion, un cautionnement en numéraire dont la quotité est fixée à 2,000 fr. (décr. 29 oct. 1859, art. 1). — Cette obligation s'applique également aux inspecteurs appelés à remplir d'une manière permanente les fonctions de directeur divisionnaire (ib., art. 2).

176. Les cautionnements des directeurs ou chefs de stations télégraphiques de l'État, chargés de la perception des taxes, sont déterminés à chaque mutation, d'après les bases suivantes :
1° Lorsque la recette mensuelle dépasse 1,000 fr., le cautionnement est égal, pour les stations des départements, à la recette moyenne réalisée pendant quatre jours; pour celles de Paris, à la recette moyenne réalisée pendant deux jours, sans pouvoir, dans les deux cas, être inférieur à 1,000 fr. (décr. 1858 art. 1). — 2° Pour les stations dont la recette annuelle dépasse 1,000 fr. et dont la recette mensuelle est moindre que 1,000 fr., le cautionnement est égal à la recette moyenne d'un mois, sans pouvoir être inférieur à 500 fr. (ibid.). — 3° Il n'est pas exigé de cautionnement pour les bureaux dont la recette annuelle est inférieure à 1,000 fr. (ibid.).— Le ministre de l'intérieur, sur la proposition du directeur de l'administration, fixe, chaque année, le cautionnement des diverses stations conformément aux dispositions ci-dessus et d'après les recettes réalisées pendant l'année précédente (art. 3.)

177. Le taux du cautionnement des gardes-magasins est fixé d'après l'importance du matériel confié à leurs soins.

178. 6° *Congés.* — En cas d'absence ou d'empêchement, le directeur de l'administration est remplacé par un fonctionnaire du service télégraphique, désigné par le ministre de l'intérieur (décr. 29 nov. 1858, art. 26.) — Les congés ne dépassant pas un mois sont accordés par le directeur de l'administration. Les congés pour un terme plus long ou la prolongation d'un congé d'un mois sont soumis à l'approbation du ministre (ibid., art. 27). Le directeur de l'administration statue sur les mutations de traitement suivant les règles existantes (ibid.). V. Traitement.

Les fonctionnaires du service télégraphique peuvent être autorisés par le ministre à prendre du service à l'étranger. Il leur est accordé un congé spécial, dont la durée ne peut excéder cinq ans. Leurs droits à l'avancement sont suspendus. Ils conservent leurs droits à la retraite, à la charge pour eux de verser les retenues exigées par la loi relative aux pensions civiles (art. 28.)

179. 7° *Mise en disponibilité.* — La mise en disponibilité des fonctionnaires et agents des lignes télégraphiques ne peut avoir lieu que pour défaut ou suppression d'emploi. C'est ce qui résulte implicitement de la disposition de l'art. 23 du décret du 29 nov. 1858, aux termes de laquelle les fonctionnaires et agents en disponibilité pour défaut ou suppression d'emploi peuvent être admis à jouir, pendant deux ans au plus, de la moitié du traitement affecté à leur grade.

180. 8° *Mise à la retraite.* — Les inspecteurs généraux, les directeurs divisionnaires, les directeurs de station et les stationnaires ayant soixante-cinq ans révolus, et les inspecteurs ayant soixante-deux ans, sont admis à faire valoir leurs droits à la retraite (même décret, art. 16).

toire à l'époque fixée par les règlements, l'indemnité spéciale ne lui sera pas payée.

5. Si la tournée a été incomplète, l'indemnité pourra être réduite proportionnellement aux longueurs de lignes non visitées.

6. Un inspecteur chargé provisoirement d'assurer le service de deux inspections, ne sera assujetti qu'à une seule tournée mensuelle sur chacune de ces inspections, et l'indemnité spéciale sera calculée sur le parcours le plus long, soit sur route, soit sur chemin de fer.

7. Les tournées faites pour assurer le service en dehors de celles prescrites par les règlements ne donneront lieu à aucune indemnité.

8. La liquidation des dépenses occasionnées par les dispositions qui précèdent sera faite dans le premier mois de chaque trimestre pour le trimestre précédent, au moyen d'états justificatifs établis et certifiés par les directeurs divisionnaires.

9. Le directeur de l'administration des lignes télégraphiques est chargé de l'exécution du présent arrêté.

181. 9° *Discipline.* —Les peines disciplinaires qui peuvent être infligées aux fonctionnaires et agents des lignes télégraphiques sont : l'avertissement, la réprimande, la suspension pendant un mois, le retrait d'emploi, la révocation (décret du 29 novembre 1858, art. 30). — Ces peines sont appliquées par le ministre aux agents dont la nomination lui appartient. A l'égard des agents dont la nomination est réservée au directeur de l'administration, elles sont prononcées par ce dernier (*ibid.*). — Le directeur peut, en outre, exercer sur le traitement des fonctionnaires et agents, autres que les inspecteurs généraux, les directeurs divisionnaires et les inspecteurs, une retenue qui ne peut excéder quinze jours (*ibid.*). — La suspension et le retrait d'emploi donnent lieu à la retenue du traitement intégral pendant leur durée (art. 31).

182. 10° *Uniforme.* — L'uniforme des différents fonctionnaires télégraphiques est réglé ainsi qu'il suit : habit en drap bleu de roi, semblable, quant au dessin de la broderie, à celui des ingénieurs des ponts et chaussées. Les broderies sont en argent, sur drap bleu flore; pantalon bleu avec bandes d'argent; chapeau français à plumes noires pour le directeur de l'administration, les inspecteurs généraux et directeurs divisionnaires; chapeau français uni pour les inspecteurs et directeurs; épée à garde argentée, boutons à l'aigle;—Pour le directeur de l'administration, broderie sur le collet et les parements, à l'écusson, sur les poches et autour de l'habit;—Pour les inspecteurs généraux, broderie sur le collet, à l'écusson, sur les parements et poches, baguette autour de l'habit;—Pour les directeurs divisionnaires, broderie sur le collet, à l'écusson, et sur les parement;—Pour les inspecteurs, broderie sur le collet et les parements;—Pour les directeurs de station et élèves-inspecteurs, broderie sur le collet et baguette dentelée aux parements ;—Pour les stationnaires, broderie sur le collet seulement;—Pour les surveillants, blouse en toile bleue, collet en drap bleu rabattu, pantalon de drap bleu sans bande pour l'hiver, pantalon de coutil bleu à raies pour l'été; ceinture avec plaque portant ces mots : *Lignes télégraphiques, surveillant*; casquette de drap bleu avec *tour* en drap bleu flore;—Pour les piétons, tunique d'infanterie en drap bleu de roi, collet et parements en drap bleu flore, casquette sans broderie. Les boutons d'uniforme portent l'aigle avec l'exergue : *Administration des lignes télégraphiques.*

183. *Dispositions diverses.* — Les fonctionnaires et agents des lignes télégraphiques ont été exemptés du service de la garde nationale par la loi du 22 mars 1831, art. 28, § 5.— Plus tard, la loi du 13 juin 1851 a cru devoir placer dans la réserve ces agents, qui, à ce titre, étaient dispensés des services d'ordre et de sûreté, des exercices et des revues et ne pouvaient être appelés qu'extraordinairement, en vertu d'un ordre du préfet (art. 11 et 12). Le décret du 11 janv. 1852, qui a réorganisé la garde nationale sur des bases nouvelles, a abrogé la loi du 13 juin 1851 (à l'exception du titre relatif à la discipline), ainsi que toutes les lois antérieures, et resté muet sur les exemptions et n'a pas conservé la réserve. Cependant il n'est pas douteux que les dispositions de cette loi relatives aux incompatibilités et aux dispenses sont encore aujourd'hui applicables, et que les citoyens placés par elle dans la réserve sont dispensés du service de la garde nationale.

184. La loi du 4 juin 1853, sur la composition du jury, déclare dans son art. 3 que les fonctions de juré sont incompatibles avec celles des fonctionnaires ou préposés de l'administration des télégraphes.

185. Le décret du 24 mess. an 12, sur les préséances des fonctionnaires dans les cérémonies publiques, ne fait pas mention des employés des lignes télégraphiques; mais le ministre de l'intérieur, par une dépêche en date du 15 sept. 1852, a prescrit aux préfets de placer les fonctionnaires de cette administration, dans leurs présentations et par ordre, après les ingénieurs des ponts et chaussées, en attendant qu'il soit statué à leur égard par un nouveau décret sur les préséances.

186. Les fonctionnaires et agents des lignes télégraphiques ne sont pas au nombre de ceux qui sont exonérés par l'art. 50 de la loi du 6 frim. an 7, relative au régime, à la police et à l'administration des bacs et bateaux, du payement des droits de

péage sur les ponts concédés; mais, depuis 1837, cette lacune a cessé d'exister : à partir de cette époque, les cahiers des charges de toutes les concessions de cette nature les dispensent nommément de l'acquit de ces droits lorsqu'ils voyagent pour l'exercice de leurs fonctions.

ART. 2. — *Organisation du service en Algérie.*

187. L'organisation du service télégraphique en Algérie est réglée par le décret du 16 août 1859.
Cadre du personnel et organisation du service. — Aux termes de l'art. 1er de ce décret, le personnel de la télégraphie en Algérie se compose de fonctionnaires et agents du service télégraphique de France, mis à cet effet par le ministre de l'intérieur à la disposition du ministre de l'Algérie et des colonies. Il comprend : un directeur divisionnaire, résidant à Alger, chargé de diriger et de contrôler toutes les parties du service selon les conditions et dans les limites déterminées par les instructions et règlements émanés du département de l'Algérie et des colonies;—Un inspecteur, chef du bureau central, résidant également à Alger, et qui prend la direction du service en cas d'absence ou d'empêchement du directeur divisionnaire;— Des inspecteurs, directeurs de station, stationnaires, receveurs expéditionnaires, surveillants, piétons, en nombre suffisant pour les besoins du service et remplissant les fonctions qui sont attribuées aux agents du même grade dans la métropole.—Le directeur divisionnaire correspond directement avec le ministre de l'Algérie et des colonies, chargé de transmettre au ministre de l'intérieur celles des affaires qui se rattachent exclusivement au service télégraphique (art. 2).
Les fonctionnaires et agents de la télégraphie, employés en Algérie, sont considérés comme détachés pour un service public des cadres de la métropole, dans lesquels ils sont aptes à rentrer avec leur grade, après cinq ans de service en Algérie. Toutefois, la rentrée en France peut également avoir lieu pour raison de santé, ou par suite d'avancement, quelle que soit d'ailleurs la durée du séjour en Afrique (art. 3).

188. *Nominations et avancement.* — Les fonctionnaires et agents de la télégraphie en Algérie sont nommés conformément aux règles établies pour le service de la métropole. Ils exercent en vertu de commissions délivrées par le ministre de l'Algérie et des colonies (art. 4). — Un examen a lieu à Alger pour l'admission des surnuméraires stationnaires dans le service d'Algérie. Les candidats résidant dans cette ville remettent directement à la direction divisionnaire leurs demandes et les pièces dont elles doivent être accompagnées. Ceux qui résident dans les localités de l'intérieur les remettent soit aux inspecteurs, soit aux directeurs de station, pour être transmises aux inspecteurs; ceux-ci, après avoir recueilli sur les lieux tous les renseignements nécessaires, font parvenir à la direction divisionnaire à Alger. — Les registres d'inscription sont clos deux mois avant l'époque fixée pour l'examen. Les demandes sont examinées de concert entre le département de l'Algérie et des colonies et celui de l'intérieur (arr. min. Alg. et col. du 20 déc. 1859, art. 1, 3 et 4). — Les matières de cet examen sont les mêmes qu'en France et l'admission est prononcée conformément aux règles établies pour la métropole (même arrêté, V. n° 170). — Les surveillants du service télégraphique d'Algérie peuvent aussi être appelés aux fonctions de stationnaires, comme les surveillants résidant en France, en satisfaisant à un examen dont les conditions sont les mêmes que celles qui sont imposées aux surveillants de la métropole. Les demandes sont examinées de concert entre le département d'Algérie et des colonies et celui de l'intérieur, et l'examen a lieu au chef-lieu de la circonscription d'inspection à laquelle les surveillants appartiennent (arr. min. Alg. et col. du 17 déc. 1859).
Les emplois de surveillants sont, jusqu'à concurrence des deux tiers, conférés sur la désignation du ministre de l'Algérie et des colonies, à des sous-officiers libérés du service, dont l'aptitude a été préalablement reconnue par un surnumérariat dont la durée est au moins de six mois. Les autres emplois de surveillants sont accordés aux candidats mis à la disposition du département de l'Algérie et des colonies par le ministre de l'intérieur (art. 5).

Les propositions d'avancement, de récompenses ou de rentrée en France, sont adressées par le directeur divisionnaire au ministre de l'Algérie et des colonies, qui se concerte avec le ministre de l'intérieur. L'avancement est soumis en Algérie aux conditions déterminées pour la métropole (art. 6).

189. *Traitements et frais de tournées.* — Les fonctionnaires et agents des lignes télégraphiques employés en Algérie reçoivent, selon leurs grades et emplois, les traitements déterminés pour ceux de la métropole, avec un quart en sus, à titre d'indemnité coloniale. Toutefois il est fait exception à cette règle en faveur des surnuméraires qui reçoivent en Afrique une indemnité coloniale fixe de 1,200 fr. pour les surnuméraires stationnaires, et de 1,000 fr. pour les surnuméraires surveillants. Ces fonctionnaires et agents reçoivent, en outre, les frais de route et de séjour déterminés pour ceux de la métropole (art. 7). Enfin ceux de ces fonctionnaires et agents qui connaissent la langue arabe ont droit à un supplément particulier de traitement. Ce supplément est de 200 ou 400 fr. suivant que les fonctionnaires ou agents justifient devant la commission spéciale instituée par le décret du 4 déc. 1849, de connaissances équivalentes à celles qui sont réclamées des interprètes militaires de troisième ou de première classe (décr. 25 juin 1860, art. 1).

190. Le directeur divisionnaire n'a pas droit aux frais de route et de séjour pour les tournées ou déplacements qu'il accomplit sans avoir reçu préalablement un ordre spécial du ministre. Les inspecteurs n'ont pas droit non plus aux frais de route et de séjour pour les tournées périodiques qu'ils font dans l'étendue de leur circonscription. Des indemnités spéciales peuvent être accordées à ces fonctionnaires par le ministre (art. 8.) — Les fonctionnaires et agents chargés d'une construction touchent les frais de séjour pendant la durée des travaux, et n'ont droit aux frais de route que pour l'aller et le retour (art. 9). — Les fonctionnaires et agents changés de résidence ont droit aux frais de route, lorsque le changement de résidence n'a pas lieu sur leur demande ou par suite d'avancement (art. 10). — Les fonctionnaires et

agents chargés de faire un intérim hors de leur circonscription ou de leur résidence, ont droit à des frais de route en sus des frais de séjour. Les surnuméraires appelés temporairement hors de leur résidence pour remplacer un stationnaire ou surveillant empêché, ou suppléer à l'insuffisance du personnel d'une station, ont droit également aux frais de route et de séjour (art. 11). — Les allocations pour frais de route sont réduites à la moitié pour tous les trajets faits par chemins de fer; par exception cette allocation, pour les agents dont les frais de route sont fixés à 1 fr. 50 cent. par myriamètre, est réduite dans ce cas à 1 fr. (art. 12). — Il n'est accordé aucune indemnité à titre de frais de route et de séjour pendant le séjour des agents à bord des bâtiments appartenant à l'État ou subventionnés par l'État (art. 13).

191. *Discipline.* — Les peines disciplinaires édictées pour les fonctionnaires et agents de la métropole sont applicables aux fonctionnaires et agents, en Algérie, de la manière suivante : — L'avertissement, la réprimande et la suspension pendant un mois sont prononcés par le ministre de l'Algérie et des colonies. Toutefois, en cas d'urgence et pour des motifs graves, le directeur divisionnaire, chef du service, peut suspendre provisoirement les fonctionnaires sous ses ordres, à la condition d'en rendre compte immédiatement au ministre (art. 14). — En outre le directeur divisionnaire est autorisé à exercer sur le traitement des stationnaires, surveillants et piétons, pour fautes éventuelles dans le service, et sur la proposition des inspecteurs, des retenues qui ne peuvent excéder quinze jours par mois (art. 15). — Le retrait d'emploi ou la révocation sont prononcés par le ministre de l'intérieur, sur la proposition du ministre de l'Algérie et des colonies (art. 14).

192. *Uniforme.* — L'uniforme des fonctionnaires et agents du service télégraphique d'Algérie est le même qu'en France. Les surveillants et piétons nommés en Algérie reçoivent, lors de leur entrée en fonctions, une indemnité de première mise d'habillement. Ils doivent entretenir et renouveler cet habillement à leurs frais (art. 16).

Table sommaire des matières.

Table chronologique des lois, décrets, arrêts, etc.

TÉMOIGNAGE. — V. Enquête, Oblig., n°° 4601 et s.; Preuve, n°° 9 et s.; Récusation, n° 81; Témoignage faux, Témoins.

TÉMOIGNAGE FAUX. — **1.** C'est, dans un sens général la déposition d'un témoin faite mensongèrement en justice. — Mais si nous examinons le faux témoignage uniquement au point de vue de la loi criminelle, il peut alors être défini : la déposition mensongère que fait une personne sur un fait qu'il s'agit de constater devant un tribunal criminel, correctionnel ou de police, soit contre l'accusé ou le prévenu, soit en sa faveur, ou bien devant un tribunal civil, lorsque cette déposition est de nature à porter préjudice à l'une ou à l'autre des parties.

Division.

Art. 1. — Historique et législation. — Droit comparé (n° 2).

Art. 2. — Nature et caractère juridique du faux témoignage en matière criminelle, correctionnelle et de police (n° 8).

Art. 3. — Du faux témoignage en matière civile. Son caractère spécial (n° 45).

Art. 4. — De la subornation des témoins (n° 53).

Art. 5. — Action, procédure, compétence (n° 76).

Art. 6. — Du renvoi à une autre session ; — De la révision par suite de faux témoignage (n° 99).

Art. 7. — Peines (n° 110).

ART. 1. — *Historique et législation. — Droit comparé.*

2. Les docteurs ont toujours considéré le faux témoignage comme un des crimes les plus graves qui puissent jeter le trouble dans la société. — Farinacius (Quæst. 67, num. 1, et Lois canon.), y voit réunis trois crimes distincts : Contre Dieu, dont le témoin parjure le nom ; contre le juge qu'il trompe ; contre les hommes, qu'il rend victimes d'une injustice : *Detestabile falsi testis crimen est. Deo , judici, et hominibus obnoxius est , triplicemque facit deformitatem, perjurii, injustitiæ et mendacii.* — Le même auteur dit encore : *Falsi testes pejores sunt latronibus.*—Julien Clarus (Pratic. crimin., Quæst. 52, num. 7), et Danhouderius (cap. 121, n° 4, p. 485), déclarent qu'il n'y a pas d'action qui porte un plus grand préjudice à la chose publique : *Arbitror nullum est crimen perniciosius publica:.* — Les auteurs modernes expriment les mêmes pensées : « La fausse déposition, disent MM. Chauveau et Hélie (t. 4, p. 424) est une arme cachée à l'aide de laquelle l'agent dépouille ses victimes, les déshonore ou les assassine ; ce crime participe donc, tantôt du vol, tantôt de la calomnie, tantôt de l'assassinat ; quelquefois il n'a pour but que de voiler le crime pour dérober le coupable à la peine, et c'est la société entière qui se trouve lésée par cette déplorable faiblesse. Ainsi le faux témoignage parcourt, pour ainsi dire, tout le cercle de la criminalité, suivant le but qu'il se propose, suivant la nature du crime qu'il veut accomplir. »

3. Les anciennes, comme les nouvelles législations, parfaitement d'accord avec la doctrine, ont toujours frappé le crime de faux témoignage de peines très-graves. — La loi de Moïse appliquait au coupable de faux témoignage la loi du talion, c'est-à-dire le mal que ce faux témoignage avait causé à sa victime : *Animam pro animâ, oculum pro oculo, dentem pro dente, manum pro manu, pedem pro pede exiges* (Deuteronom., cap. 19, § 21). — Chez les Romains, tout faux témoin devait être précipité du haut de la roche tarpéienne : *Si quis falsum testimonium dixerit, saxo tarpeio præceps dejicitur* (Paraphrase de Jacques Godefroy). — Le texte de cette loi, indiqué par Aulu-Gelle, l. 20, c. 1, n'a pas été conservé. — Plus tard, on appliqua au faux témoignage les peines prévues par la loi Cornélia (l. 1, *in pr.* D., *De lege Cornelia de falsis*; l. 1, § 2, eod.; l. 16, D., *De testibus*). Ces peines étaient la déportation avec confiscation des

biens, si le coupable était de condition libre, et la mort, s'il était esclave (l. 1, § 13, D. *De leg. Corn.*).—La peine était même capitale dans tous les cas, si le faux témoignage porté en matière criminelle avait pu entraîner cette même peine contre l'accusé : *Lege Cornelia de sicariis tenetur... qui falsum testimonium dolo malo dixerit quo quis publico judicio rei capitalis damnaretur* (t. 1, D. *Ad leg. Corn. de sicariis*).—Mais la rigueur du châtiment diminua insensiblement à mesure que les mœurs s'adoucirent. Comme l'opinion publique répugnait à la peine de mort, la répression alors fut laissée, dans certains cas toutefois, à l'arbitraire du juge, et l'on accorda à la partie lésée une action en dommages-intérêts, en même temps que le juge poursuivait la répression du crime (l. 13, C. *De testibus*).

4. Les peines appliquées au faux témoignage ont varié extrêmement en France. — Les capitulaires de Charlemagne punissaient dans tous les cas, si le faux témoignage de la perte de la main : *Si quis convictus fuit perjurii, perdat manum aut redimat* (Capit. Car. Mag., l. 2, c. 10). — Saint Louis, dans ses Etablissements, ne prononçait qu'une amende arbitraire (Anc. lois franç., t. 2, p. 373).—François Ier, reconnaissant les dangers de cette faiblesse dans les peines, en raison de l'augmentation du nombre des faux témoins, établit la peine de mort pour tous les cas (Ord. de mars 1531 ; L. crim., p. 264). Toutefois l'ordonnance disait : « Ordonnons que tous ceux qui seront atteints et convaincus par justice avoir fait et passé faux contrats, et porté *faux témoignage en justice*, seront punis et exécutés à la peine de mort, *telle que les juges l'arbitreront suivant l'exigence des cas*. » Cette dernière phrase laisse supposer que le juge était libre de prononcer une peine abandonnée à son arbitraire, si le cas ne lui paraissait pas assez grave. — Les effets de cette loi parurent tellement salutaires, que les édits de mars 1680, nov. 1709, et la déclaration de 1720, confirmèrent l'ordonnance de François Ier. — Toutefois Muyart de Vouglans déclare que la peine n'était pas rigoureusement appliquée. — « Suivant notre jurisprudence, dit-il (L. crim., p. 264), on a cru devoir moins s'arrêter à la lettre qu'à l'esprit de ces lois ; et les cours ne sont plus dans l'usage de prononcer la peine de mort que dans le seul cas où le crime imputé par le faux témoin serait lui-même de nature à faire condamner l'accusé à cette peine, s'il en était convaincu, c'est-à-dire que nous avons retenu sur ce point la peine du talion établie par le droit romain. »—Papon (liv. 22, tit. 13, n° 1) ; Leprêtre (Cent. 1, chap. 56) ; Jousse (t. 3, p. 448) ; Julius Clarus (§ *Falsum*, n° 4), confirment l'opinion de Muyart de Vouglans. — « La peine des faux témoins, en matière civile, dit Jousse, était laissée à l'arbitraire du juge ; il en était de même à l'égard des faux témoins dans une accusation non capitale ; la peine la plus ordinaire était alors les galères, ou le bannissement, avec amende honorable ; la peine de mort était réservée pour les faux témoignages portés dans une accusation capitale. » — Et cette jurisprudence était, suivant nous, en harmonie parfaite avec les termes de l'ordonnance de François Ier sagement entendue.

5. Le code pén. de 1791 (tit. 2, 2e sect.) admit les mêmes distinctions. Il portait : — Art 47. « Quiconque sera convaincu du crime de faux témoignage en matière civile sera puni de la peine de six ans de gêne. — Art. 48. Quiconque sera convaincu du même crime dans un procès criminel sera puni de la peine de vingt années de fers, et de la peine de mort, *s'il est intervenu condamnation à mort contre l'accusé* dans le procès duquel aura été entendu un témoin. » D'après la loi du 16 sept. 1791, 2e part., tit. 12, art. 13, les plaintes en faux devaient être portées devant des jurés spéciaux d'accusation : on se demanda si le faux témoignage ne devait pas être assimilé au crime de faux, et si, en conséquence, il ne devait pas être de la connaissance des jurés spéciaux ; la négative fut décidée par le décret du 7 frim. an 2 (1). — Le code pénal de 1791 dont nous

---

1) 7 frim. an 2 (27 nov. 1793). — Décret portant qu'il n'y a pas lieu à délibérer sur la question si les actes d'accusation de faux témoignage doivent être portés devant des jurés spéciaux.

La convention nationale, après avoir entendu le rapport de son comité de législation proposée par le tribunal criminel du département de la Côte-d'Or, si les actes d'accusation de faux témoignage doivent être portés devant des jurés spéciaux ; — Considérant que la disposition de l'art. 5, tit. 12 de la seconde partie de la loi du 16 sept.

1791 annonce clairement, par sa liaison avec l'article qui le suit, que le faux qui s'exerce par des actes manuels est le seul dont la connaissance soit réservée à des jurés spéciaux, qu'ainsi il n'est besoin d'aucune loi interprétative pour attribuer aux jurés ordinaires le droit de prononcer sur les accusations de faux témoignage; décrète qu'il n'y a pas lieu à délibérer. — Le présent décret ne sera point imprimé ; il sera seulement inséré au Bulletin. Le ministre de la justice en adressera une expédition manuscrite au tribunal criminel du département de la Côte-d'Or.

venons de citer les art. 47 et 48, présentait des lacunes qui furent complétées par la loi du 5 pluv. an 2 (1). Cette loi étendit la disposition de l'art. 48 précité au cas où les accusés d'un crime entraînant une peine capitale auraient été acquittés, et abaissa la peine à vingt années de fers dans le cas où la fausse déposition aurait été faite à la décharge de l'accusé.—Quelque blâmable que soit l'action du faux témoin, il est évidemment moins coupable moralement, lorsque sa déposition fausse a pour but de faire acquitter un coupable, que lorsqu'elle a pour résultat la condamnation d'un innocent. La peine devait donc être diminuée pour être en rapport avec le délit. — La loi de l'an 2 prononçait aussi la peine de mort au cas où les accusations capitales sur lesquelles il aurait été déposé à décharge auraient pour objet des crimes contre-révolutionnaires; cette loi révèle parfaitement le despotisme liberticide de cette grande, mais terrible phase de notre histoire. —Chose étonnante, et qui prouve combien le législateur procède souvent avec une légèreté blâmable, toutes ces lois gardaient le silence sur le faux témoignage en matière correctionnelle et en

matière de simple police. Les tribunaux alors, dans le silence du législateur, appliquèrent aux faux témoins les peines édictées pour le faux témoignage en matière civile (V. n° 112).

6. Le code pénal de 1810 a réparé les lacunes de la législation précédente ; il présente une échelle graduée de peines plus en rapport avec la gravité des circonstances dans lesquelles le faux témoignage peut s'effectuer. Toutefois cette pénalité était encore, en certains points, trop sévère, aussi a-t-elle été abaissée par la loi du 28 avr. 1832, portant révision du code pénal. Le faux témoignage est prévu et puni par les art. 361 à 364 ; la subornation de témoins, que ni la loi de 1791 ni celle de l'an 2 n'avaient prévue, par l'art. 365.—Nous ne parlons pas ici de l'art. 366 qui punit le faux serment : cette matière, qui ne touche en rien au faux témoignage, est expliqué v° Obligation, n° 99. — Nous rapportons ci-dessous les art. 361 à 365 tels qu'ils ont été modifiés par la loi de 1832, en les accompagnant des discours des orateurs du gouvernement qui les ont expliqués (2).

7. *Droit comparé.* — Après avoir rendu compte des diverses

---

(1) 5 pluv. an 2 (24 janv. 1794). — Décret relatif aux faux témoins.
Art. 1. La peine de mort prononcée par l'art. 48, sect. 2, tit. 2, de la seconde partie du code pénal, contre les faux témoins entendus sur des accusations capitales, aura lieu quoique les accusés à la charge desquels ils auront déposé aient été acquittés.
2. Les faux témoins qui auront déposé à décharge, soit que les accusés de crimes, même capitaux, aient été acquittés ou condamnés, seront punis de vingt années de fers, conformément à la première partie de l'article du code pénal ci-dessus mentionnée.
3. Si néanmoins les accusations capitales sur lesquelles il aura été déposé à décharge ont pour objet des crimes contre-révolutionnaires, les faux témoins seront punis de mort, comme s'ils avaient déposé à charge.
4. Le présent décret sera lu publiquement aux témoins assignés pour déposer dans chaque procès, immédiatement après l'acte d'accusation.
5. Le décret rendu dans la séance d'hier sur le **crime de faux témoignage**, est rapporté.
(2) Extrait du code pénal, liv. 3, tit. 2, chap. 1, sect. 7.— § 1. Faux témoignage.
361. Quiconque sera coupable de faux témoignage en matière criminelle, soit contre l'accusé, soit en sa faveur, sera puni de la peine des travaux forcés à temps. — Si néanmoins l'accusé a été condamné à une peine plus forte que celle des travaux forcés à temps, le faux témoin qui a déposé contre lui subira la même peine. — V. Exposé et rapport n° 1, 6 et suiv.
362 (a). Quiconque sera coupable de faux témoignage en matière correctionnelle, soit contre le prévenu, soit en sa faveur, sera puni de la réclusion. — Quiconque sera coupable de faux témoignage en matière de police, soit contre le prévenu, soit en sa faveur, sera puni de la dégradation civique ou de la peine de l'emprisonnement pour un an au moins et cinq ans au plus. — V. n° 2, 9.
363 (b). Le coupable de faux témoignage, en matière civile sera puni de la peine de la réclusion. — V. n° 2, 9.
364 (c). Le faux témoin en matière correctionnelle ou civile, qui aura reçu de l'argent, une récompense quelconque ou des promesses, sera puni des travaux forcés à temps. — Le faux témoin en matière de police, qui aura reçu de l'argent, une récompense quelconque ou des promesses, sera puni de la réclusion. — Dans tous les cas, ce que le faux témoin aura reçu sera confisqué. — V. n° 2, 10.
365 (d). Le coupable de subornation de témoins sera passible des mêmes peines que le faux témoin, selon les distinctions contenues dans les art. 361, 362, 363 et 364. — V. n° 2, 10.
Extrait de l'exposé des motifs de la loi contenant le chap. 1 du tit. 2 du liv. 3 du code des délits et des peines, par M. le conseiller d'État Faure (séance du 7 févr. 1810).
1. Le faux témoignage est un crime qui, dans tous les temps, a été puni des

peines les plus sévères. L'édit de 1551, qui portait la peine de mort contre toute espèce de faux, comprenait en termes exprès le faux témoignage commis en justice. Cet édit fut modifié par celui de 1680, qui n'ordonna la peine de mort que pour les faux commis dans l'exercice d'une fonction publique, et autorisa les juges, pour les autres cas où il s'agirait de faux, à prononcer telle peine qu'ils jugeraient convenable, même celle de mort, suivant les circonstances. Les rédacteurs de la loi de 1791 ne voulurent pas abandonner à l'arbitraire la faculté de disposer ainsi de la vie des accusés. — Un des articles de cette loi porte que le faux témoin en matière criminelle sera puni de la peine de vingt ans de fers, et qu'il sera puni de mort s'il est intervenu condamnation à mort contre l'accusé dans le procès duquel aura été entendu le faux témoin.
2. Le nouveau code s'est conformé à l'esprit qui a dicté cette disposition, et n'a fait d'autres changements que celui qui était nécessité par le nouvel ordre de peines ; il ne distingue pas non plus si le faux témoin a été corrompu par argent ; c'est un crime extrêmement grave, quel qu'en ait été le motif, que de faire perdre à un innocent l'honneur et la liberté, quelquefois même la vie, ou de faire rentrer dans la société un coupable qui, enhardi par l'impunité même, commettra bientôt de nouveaux forfaits : ainsi, en matière criminelle, la loi n'a nul égard aux ressorts qui ont pu faire mouvoir le faux témoin. Quant au faux témoignage dans toute autre matière, le nouveau code prononce la réclusion ; mais il punit plus sévèrement le faux témoin qui s'est laissé corrompre par argent, par une récompense quelconque, ou par des promesses : il prononce contre lui le minimum de la peine que doit subir le faux témoin en matière criminelle, c'est-à-dire celle des travaux forcés à temps.
3. Quant à la subornation de témoins en quelque matière que ce soit, les coupables seront condamnés à une peine d'un degré supérieur à celles que subiront les faux témoins dans la même affaire ; les uns et les autres ne seront condamnés à la même peine que lorsque les faux témoins devront être punis de mort. Cette subornation est une espèce de provocation si dangereuse, qu'on a pensé que le coupable devait être puni plus sévèrement que la personne provoquée.
Extrait du rapport fait au corps législatif par M. Monseignat, membre de la commission de législation, sur le chap. 1 du tit. 2 du liv. 3 c. des dél. et pein. (séance du 17 févr. 1810).
4. *Faux témoignage.* — Les personnes peuvent non-seulement être frappées matériellement ; mais leur existence et leur repos peuvent être troublés ou compromis par le faux témoignage, la calomnie, les injures. — Les crimes et les délits produits par ce nouveau genre d'agression doivent trouver leur place dans le projet de loi qui traite de tous les attentats contre les personnes, et cette discussion terminera les observations que je suis chargé de vous présenter.
5. Le faux témoignage ne peut avoir lieu que de la part de ceux qui sont interpellés en justice ou en vertu de ses ordonnances. Toute déclaration extrajudiciaire, si elle n'est pas conforme à la vérité, est une assertion fausse, mais n'est pas un faux témoignage.
6. Comme les personnes peuvent être interpellées en justice, en matière civile, criminelle, correctionnelle ou de police, elles peuvent, dans ces diverses circonstances, se rendre coupables de ce genre de crime. — En matière criminelle, le témoin, d'après l'ordonnance de 1670, pouvait varier et corriger sa déposition au récolement ; ce n'était qu'à sa confrontation avec l'accusé que sa persévérance dans le mensonge pouvait motiver contre lui une poursuite. La formalité du récolement des témoins n'existe pas dans notre nouvelle instruction criminelle. C'est le débat public qui tient lieu de confrontation, c'est la déposition orale des témoins qui peut seule varier ou jurés ; c'est aussi la seule qui peut être argüée de fausseté, et donner ouverture à l'action en faux témoignage. Il est puni, en matière criminelle, des travaux forcés à temps, soit qu'il ait été proféré en faveur de l'accusé ou contre lui. On ne trouvera pas cette peine trop sévère quand on la comparera à celle qui est portée par les législations antérieures et qu'on considérera les suites effrayantes d'une déclaration mensongère faite en justice.
7. Il semblerait, au premier aperçu, que celui qui tromperait les magistrats pour arracher un criminel au supplice, serait moins coupable que celui qui mentirait aux tribunaux, pour charger un innocent des apparences du crime, et le livrer le juste à la mort ou à l'infamie. Le projet de loi défère en partie à ce sentiment général, et prononce la peine de mort ou celle des travaux forcés à perpétuité, dans le cas seulement où la déposition fausse aurait été dirigée contre un accusé condamné à une de ces deux peines : mais si l'accusé est acquitté, le faux témoin, quoiqu'ayant déposé contre lui, ne sera puni que de la peine ordinaire du faux témoignage ou des travaux forcés à temps. A cette seule exception près, la peine ne varie pas, soit que le faux témoin ait déposé en faveur de l'accusé ou contre lui. En convenant que les deux crimes ne présentent pas la même gravité dans leurs résultats, il faut reconnaître aussi qu'ils tendent au même but, qu'ils induisent également la justice en erreur et qu'ils renferment tous deux un parjure.

(a) *Ancien article abrogé par la loi de ce jour :* 362. Quiconque sera coupable de faux témoignage en matière correctionnelle ou de police, soit contre le prévenu, soit en sa faveur, sera puni de la réclusion.
(b) *Ancien article abrogé par la loi de ce jour :* 363. Le coupable de faux témoignage en matière civile sera puni de la peine portée au précédent article.
(c) *Ancien article abrogé par la loi de ce jour :* 364. Le faux témoin en matière correctionnelle, de police ou civile, qui aura reçu de l'argent, une récompense quelconque ou des promesses, sera puni de la peine des travaux forcés à temps. — Dans tous les cas, ce que le faux témoin aura reçu sera confisqué.
(d) *Ancien article abrogé par la loi de ce jour :* 365. Le coupable de subornation de témoins sera condamné à la peine des travaux forcés à temps, si le faux témoignage qui on a été l'objet emporte la peine de la réclusion ; aux travaux forcés à perpétuité, lorsque le faux témoignage emportera la peine des travaux forcés à temps ou celle de la déportation, et à la peine de mort, lorsqu'il emportera celle des travaux forcés à perpétuité ou la peine capitale.

phases qui se sont succédé dans la législation pénale concernant ces crimes et délits, jetons un coup d'œil rapide sur les législations étrangères.

Le code pénal de *Bavière* qualifie de *calomnie judiciaire* le faux témoignage porté en justice, et il distingue, selon qu'elle a eu lieu, avec ou sans prestation de serment. Les témoins non assermentés qui, dans une affaire criminelle, déposent faussement contre un accusé, sont assimilés aux faux dénonciateurs et punis des mêmes peines (art. 289), c'est-à-dire : 1° de 3 à 6 ans de maison de travail, si le crime imputé à l'accusé emportait la peine de la maison de force ou une peine plus forte ; 2° de 1 à 3 ans de maison de travail, si ledit crime était puni de la maison de travail (art. 288). — Si le témoin a déposé faussement sous la foi du serment, il est puni de la peine du parjure édictée par l'art. 269, à moins qu'il n'encoure une peine plus grave, et il encourt une peine plus grave lorsqu'il a prêté un faux serment dans une affaire criminelle pour faire condamner un innocent (art. 290, 291). S'il n'y a eu qu'un seul témoin, la peine ne s'élève jamais au-dessus de celle des fers, lors même que l'accusé a été condamné à mort et a subi sa peine, par suite de la fausse déposition (art. 291). Mais l'art. 292 ajoute que, si par suite du faux témoignage et du parjure de plusieurs individus, un innocent a été puni de mort, les faux témoins parjures qui se sont entendus pour commettre le crime, et pareillement le tiers qui les aura apostés, seront punis de mort. Cette disposition est ainsi expliquée par le commentaire officiel du code bavarois : « D'après le code de procédure criminelle, il faut deux témoignages concordants pour constituer une preuve. De là, il suit que si l'accusé est condamné et qu'il n'y ait eu qu'un faux témoin, celui-ci n'a pas été la cause unique de la condamnation, puisque sa voix seule ne suffisait pas pour faire prononcer la sentence de mort. Au contraire, si *deux* ou plusieurs individus se sont concertés pour rendre un faux témoignage contre un accusé et que celui-ci ait subi le dernier supplice, les faux témoins pourront être considérés comme de véritables assassins ; ils ont motivé la sentence capitale par la combinaison de leurs dépositions. »

Le code pénal du *Brésil* ne contient qu'un article sur le faux témoignage ; mais la disposition de cet article est remarquable en ce qu'elle fait une distinction entre le faux témoignage porté contre l'accusé et celui porté en sa faveur. Le faux témoin qui, dans une affaire criminelle, a déposé en faveur de l'accusé, n'est puni que de la prison avec un travail de deux mois à deux ans et d'une amende égale à la moitié de la durée de la peine. Mais si le témoignage est contre le coupable, l'art. 169 établit des peines plus sévères et fait une nouvelle distinction. L'affaire est-elle capitale, le faux témoin est puni des galères perpétuelles pour le degré *le plus grave* ; de la prison avec travail pendant quinze ans pour le degré *moyen*, et pendant huit ans pour le degré *le moins grave*. L'affaire n'est pas capitale, la peine est plus de la prison avec travail de trois à neuf ans, et une amende égale à la moitié de la durée de la peine.

Le code pénal des *Deux-Siciles* s'occupe du faux témoignage dans les art. 187 à 195. Il distingue, comme notre code, le faux témoignage en matière criminelle, correctionnelle et de police. Le témoin qui, dans une instance sur un crime, a déposé faussement soit contre l'accusé, soit en sa faveur, est puni du premier degré de fers ; mais si l'accusé a été condamné à une peine plus grave, le faux témoin qui a déposé contre lui subit la même peine (art. 188). En matière correctionnelle, de police, ou civile, la peine est plus sévère pour le faux témoin qui a reçu de l'argent, une récompense ou une promesse quelconque (art. 191). Quant au coupable de subornation de témoins, il doit être con-

damné au maximum de la peine du faux témoignage, et si le faux témoin a été puni du maximum de la peine, le suborneur est puni du degré supérieur de la peine, en remontant inclusivement jusqu'à la mort (art. 192). Enfin les art. 193 et 195 abaissent la peine quand le faux témoin s'est rétracté avant la décision ou la sentence, ou quand il n'a pas prêté serment.

Le code pénal *espagnol* édicte les peines différentes contre le faux témoignage, selon qu'il a eu lieu en matière de délit *grave*, de délit *moins grave*, de contravention, et selon qu'il a eu lieu contre l'accusé ou en sa faveur. L'accusé d'un délit grave a-t-il été condamné et a-t-il subi la peine par suite du faux témoignage porté contre lui, le faux témoin est puni de la même peine ; il n'est puni que de la peine immédiatement inférieure, à celle de la peine, et de la peine inférieure de deux degrés à celle qui serait applicable au délit imputé, si le jugement n'a pas été confirmé ou qu'il y ait eu absolution (art. 241). En tout cas, il résulte de ce même art. 241, n° 4, que la peine ne doit jamais descendre au-dessous de celle de galère majeure ou délit *grave*, de 50 à 500 duros (250 à 2500 fr.). S'agit-il d'un délit *moins grave* ou d'une contravention, l'art. 242 établit une peine uniforme, sans tenir compte des diverses situations où peut se trouver l'accusé ; il en est de même quand le faux témoignage a été porté en faveur de l'accusé (art. 243). Nous signalerons aussi l'art. 246 aux termes duquel : « Lorsque la fausse déclaration du témoin aura été faite à la suite de subornation, les peines seront celles immédiatement supérieures en degré à celles qui sont respectivement édictées par les articles précédents, en leur infligeant de plus l'amende égale ou triple de la valeur de la promesse ou du don. » Enfin d'après l'art. 249, celui qui présente sciemment en justice de faux témoins est puni comme coupable de faux témoignage.

ART. 2. — *Nature et caractères du faux témoignage.*

8. Le faux témoignage peut se commettre par des faits, par des écrits et par des paroles. — Il se commet par des paroles en faisant de fausses dépositions, tant en matière criminelle, correctionnelle et de police, qu'en matière civile, dans le cas des art. 361 et suiv. c. pén.

9. Le code pénal n'a pas défini le faux témoignage. Les art. 361 et 362 punissent quiconque sera *coupable de faux témoignage* sans expliquer en quoi consiste ce crime.—Mais le sens naturel des mots indique suffisamment qu'un faux témoignage est une déposition faite en justice sous la foi du serment et qui est reconnue mensongère. Le premier et principal caractère du faux témoignage est donc que le faux témoignage soit contraire à la vérité.

10. Mais si l'altération de la vérité ne portait que sur des circonstances secondaires du délit, aurait-elle le caractère d'un faux témoignage au point de vue de la loi pénale? — Il est admis par tous les docteurs que, pour constituer le faux témoignage, il faut que l'altération de la vérité porte sur des circonstances essentielles, et non pas seulement sur des faits secondaires ; car, dans ce dernier cas, elle cesse d'être nuisible, et il devient très-difficile de discerner l'erreur de la mauvaise foi.—Cette distinction entre les circonstances essentielles et les circonstances accessoires a sa source dans l'ancien droit.—Julius Clarus enseigne que la peine du faux témoin est applicable au témoin quand il altère le fait principal, ou les circonstances substantielles du ce fait : *Quando testis falsum deposuit circa factum principale vel qualitates substantiales*; mais qu'il en est autrement quand il n'altère que des circonstances accessoires : *Secus au-*

---

8. A l'exemple de l'assemblée constituante, les auteurs du projet de loi ont dû se montrer également sévères dans les deux cas, pour tenir une juste balance entre l'intérêt de la société et celui des individus, et pour prévenir aussi les effets d'une trop commune tendance à sauver un accusé aux dépens de la vérité, et à redresser par la crainte des châtiments cette fausse direction d'une sensibilité aussi déplacée que dangereuse.

9. Le faux témoignage en matière civile, correctionnelle et de police, tient à peu près aux mêmes causes, il produit les mêmes effets ; il doit être soumis à la même peine.

10. *Subornation de témoins.* — Mais il est, en cette matière, une autre espèce de coupable, artisan secret et moteur ordinaire du faux témoignage, c'est le suborneur. Il n'était pas signalé d'une manière spéciale dans le code de 1791. Dans

celui qui vous est soumis, il est frappé d'une peine d'un degré plus élevé que le faux témoin qui a été l'objet de la subornation. Cette aggravation est motivée sur le rôle même du suborneur, qui est plus qu'un complice ordinaire, puisque c'est pour son intérêt seul que le crime est ourdi et consommé ; dans sa main, le faux témoin n'est qu'un instrument docile et corrompu. — Mais, pour que la subornation puisse être punie, il est nécessaire que le faux témoignage qui en est l'objet ait été réalisé ; le suborneur peut, jusqu'à la déclaration, arrêter ou désavouer le faux témoin. D'ailleurs, la provocation au faux témoignage ne peut être confondue avec la tentative de ce crime : celle-ci est toujours personnelle au témoin, et quand ce dernier est innocent, le suborneur n'est coupable que d'un projet criminel sans commencement d'exécution ; condamné par sa conscience, il ne saurait l'être par les tribunaux.

tem si circa alia extrinseca, *nam eo casu non dicitur falsus* (*Practica crim.* quæst. 53, num. 9), et il justifie son opinion par ces mots : *Sufficit enim quod testes in facto principali conveniant, et dum modo in eo sunt concordes, non nocet quod sint varii vel contrarii in accessoriis.* (Conf. Farinacius, quæst. 67, num. 154 et seq.).—Jousse est d'accord complétement avec ces auteurs.—«Les témoins, dit-il, qui changent ou rétractent leur déposition en justice, doivent être punis comme faux témoins, sauf les cas suivants : 1° si la variation ne tombe pas sur les circonstances essentielles ; 2° si la première déclaration avait été faite par erreur.—En général, les témoins qui varient et changent leurs dépositions cessent d'être punissables de la peine ordinaire du faux, lorsque ce changement ne tombe pas sur le fait principal. » — Ce principe avait été implicitement consacré par l'art. 11 du tit. 15 de l'ord. d'août 1670 qui porte : — « Les témoins qui, depuis le récolement, rétracteront leurs dépositions ou les changeront dans des circonstances *essentielles* seront poursuivis et punis comme faux témoins. » On lit dans les procès-verbaux de cette ordonnance, que M. le premier président de Lamoignon avait proposé de n'appliquer cet article qu'à ceux qui se rétracteraient absolument, et non à ceux qui ne feraient que varier dans quelques circonstances qui ne seraient pas tout à fait essentielles. M. Pussort répondit que ces mots : *Circonstances essentielles* se trouvaient dans l'article et satisfaisaient à tout (Procès-verbal des Conférences, t. 2, p. 178). — Dans le droit moderne, MM. Chauveau et Hélie, t. 4, p. 430, enseignent les mêmes principes.—V. aussi motif, Crim. cass. 16 janv. 1807, aff. Gallini, n° 28.

11. On est d'accord sur le principe en lui-même, mais la division entre les docteurs se manifeste lorsqu'on veut arriver à décider quelles sont les circonstances essentielles, quelles sont les circonstances accessoires d'une accusation criminelle.—Baïardus (*ad Julium Clarum, § Falsum annotationis*, num. 55) considérait les circonstances du lieu et du temps comme des circonstances essentielles.—Jousse (t. 3, p. 421) regardait, au contraire, comme un fait accessoire *si les témoins se trompaient sur le jour où le crime est arrivé.* « Il suffit, dit-il, qu'ils s'accordent sur le fait principal. » — Il pense encore que la déposition porte sur des faits accessoires, si dans un homicide les témoins se trompent sur le genre des armes de l'agresseur, et si l'un dépose avoir vu l'accusé avec un poignard à la main, et l'autre avec une épée. —Nous pensons qu'on ne peut poser à cet égard une règle générale. Le jour, le lieu, la nature des armes peuvent être des circonstances essentielles, si de la constatation de ces circonstances découle la preuve du crime.—Les circonstances essentielles ou accessoires peuvent donc varier à l'infini comme les faits et accidents qui environnent le crime, et nous croyons qu'il faut dire avec MM. Chauveau et Hélie, t. 4, p. 432, que les circonstances essentielles sont, en général, celles qui établissent la preuve du fait principal et des circonstances aggravantes de ce fait.

12. Il a même été jugé que la fausse déclaration faite aux débats suffirait pour constituer le faux témoignage, lors même que la fausseté porterait sur un fait étranger à l'accusation, s'il pouvait en résulter une impression favorable ou défavorable à l'accusé (Crim. rej. 1er juill. 1808, aff. N...). — Il s'agissait, dans l'espèce, d'une prévention de viol, et le témoin, après avoir déclaré ne rien savoir de relatif au fait de l'accusation, avait ajouté qu'il était à sa connaissance, ce qui fut prouvé faux, l'accusé avait commis le même crime dans une autre occasion. Il est bien certain que ce fait, bien que complétement étranger à l'accusation, portait néanmoins préjudice à l'accusé, en ce sens qu'il

pouvait exercer une grande influence sur la décision du jury. Aussi est-ce avec raison que la peine du faux témoignage a été appliquée.

13. Y a-t-il altération d'une circonstance essentielle, et par suite crime de faux témoignage de la part de celui qui, étant assigné comme témoin, prend un faux nom et déclare, au moyen de cette substitution de nom, qu'il n'y a pas de parenté entre lui et l'accusé, quoiqu'il en existe une ? La raison de douter, dit M. Bourguignon, sur l'art. 361 c. pén., est que l'art. 317 c. inst. distingue expressément la *déposition* des *déclarations* qui la précèdent sur les noms, prénoms, etc. des témoins, et que l'art. 361 c. pén. suppose que le faux témoignage porte essentiellement sur le fond de la déposition. — On peut répondre que la raison de décider est, que la déclaration préalable sur les noms, professions, parentés, etc., est d'une telle importance, qu'elle est exigée à peine de nullité des débats ; qu'elle se lie nécessairement avec la déposition sur le fond ; qu'elle en est inséparable ; qu'elle s'identifie avec elle ; enfin qu'elle sert à fixer le degré de confiance que la déposition mérite ; d'où il suit que le faux, dans cette déclaration, tendant, comme le faux dans la déposition, à induire en erreur les juges et les jurés au préjudice de l'accusé ou de la société, doit être puni comme faux témoignage. — Cette dernière opinion, que nous avions émise dans notre première édition, a été repoussée depuis par MM. Chauveau et Hélie, t. 4, p. 433, qui adoptent l'avis de M. Bourguignon. — Il n'y a pas, disent ces auteurs, altération d'une circonstance essentielle de la part du témoin qui déguise son nom, sa qualité, sa parenté avec l'accusé. Ces fausses déclarations n'altèrent point la vérité sur le fond du procès, sur les faits à apprécier, mais seulement sur une circonstance accessoire, savoir : le degré de confiance que peut mériter le témoin. Bien plus, elles ne font pas partie de la déposition, laquelle ne commence qu'après les réponses préalables faites aux interpellations faites au témoin. C'est ce qui résulte de l'art. 317 c. inst. crim., lequel, après avoir prescrit ces interpellations, ajoute : « Cela fait, les témoins déposeront oralement. » Or, les peines du faux témoignage ne s'apliquent qu'à la déposition sur le fond, ainsi qu'on le voit par les termes mêmes de l'art. 361 c. pén., qui n'inculpe que le faux témoignage soit contre l'accusé, soit en sa faveur. Après examen nouveau de la question, c'est cette dernière opinion que nous croyons devoir préférer aujourd'hui. — M. Bourguignon cite un arrêt de la cour de cassation, du 17 juin 1811, rendu en sens contraire (V. aussi dict. de Delaporte, v° Faux témoignage) ; mais nous n'avons pu découvrir cet arrêt.

14. Pour qu'il y ait crime de faux témoignage, il faut, en second lieu, une intention coupable : une parelle intention, en effet, est essentielle à l'existence du faux témoignage, comme à celle de tout autre crime. Farinacius pose pour règle, que : *in dubio præsumitur testem falsum deposuisse potius per errorem et ignorantiam quam dolo.* Baïardus émet un sentiment contraire. L'innocence dans le doute doit toujours se présumer (Conf. MM. Chauveau et Hélie, t. 4, p. 450.

15. Un jury ne pourrait donc pas déclarer en même temps que l'accusé a commis un faux témoignage, et qu'il ne l'a pas commis avec le dessein de nuire à autrui : car ces deux déclarations seraient contradictoires et inconciliables ; l'une détruirait l'autre, puisque un faux témoignage est toujours essentiellement criminel (Crim. cass. 19 mai 1808 ; 3 janv. 1811) (1). — Suivant le second de ces arrêts, la circonstance que la déposition a

---

(1) **1re** *Espèce :* — (Intérêt de la loi. — Peulvé.) — LA COUR ; — Vu les art. 424 et 425 de la loi du 5 brum. an 4 ; — Attendu que la déclaration du jury de jugement porte que le nommé Pierre Peulvé a commis un faux témoignage ; — Qu'il est également décidé qu'il n'a pas commis ce faux témoignage dans le dessein de nuire ; — Que ces deux déclarations sont contradictoires et inconciliables ; que l'une détruit l'autre, puisqu'un faux témoignage est toujours essentiellement criminel, et ne peut être accompagné d'aucune circonstance qui lui ôte ce caractère ; — Que cette déclaration ne pouvait donc servir de base légale à une ordonnance d'acquittement ; qu'un rendant cette ordonnance en faveur du dit Pierre Peulvé, la cour de justice criminelle de l'Eure a fait une fausse application des art. 424 et 425 du code du 5 brum. an 4, et a

commis un excès de pouvoir ; — Casse, dans l'intérêt de la loi seulement. Du 19 mai 1808.- C. C., sect. crim. -MM. Barris, pr.—Oudot, rap.

2e *Espèce :* — (Min. pub. C. Mandrite.) — Joseph Mandrite, prévenu de faux témoignage, a été poursuivi criminellement et convaincu d'avoir déclaré faussement dans un procès civil pendant devant le juge de paix de Dronero, que Moretino avait vendu à Ramonda une génisse, sous promesse qu'elle était pleine, tandis que cette promesse n'avait pas été donnée ; — Par arrêt du 27 nov. 1810, la cour de justice criminelle de la Stura, après avoir déclaré constant le faux témoignage, a néanmoins acquitté Mandrite, sous prétexte que sa déposition n'avait pas été faite à dessein de nuire. — Pourvoi. — Arrêt.

été faite *sciemment* contre la vérité renferme essentiellement une intention criminelle, et, par suite, constitue par là même le crime de faux témoignage, mais nous croyons que cette proposition est beaucoup trop absolue.

16. D'un autre côté, le crime de faux témoignage ne peut exister que de la part de ceux qui ont le caractère de témoins, c'est-à-dire qui sont appelés à déposer avec prestation de serment. D'où il suit qu'aucune poursuite pour faux témoignage ne peut être exercée contre les personnes qui ne sont appelées en justice que pour donner des renseignements, et qui sont entendues sans prestation de serment, comme les condamnés à la dégradation civique ou à l'interdiction de certains droits civils, et les personnes qui ne sont entendues qu'en vertu du pouvoir du président des assises (C. inst. crim., 34, 42, 269) : la loi ne les considère point comme des témoins (MM. Legraverend, t. 1, **p.** 296; Chauveau et Hélie, Théor. du c. pén., t. 4, p. 425). — Sans doute, si la déclaration de la personne appelée en vertu du pouvoir discrétionnaire du président est fausse, celui qui l'a faite commet un acte immoral, mais dès qu'il n'y a pas de serment, il n'a pas trahi la foi jurée, et par conséquent, aux yeux de la loi, il n'y a pas faux témoignage.

17. Toutefois si la personne appelée, en vertu du pouvoir discrétionnaire, a prêté serment, sans opposition de l'accusé (V. Témoins, n° 586), elle devient témoin dans la cause, et par suite, peut être poursuivie pour faux témoignage, si ses dépositions sont contraires

à la vérité. Et il en serait ainsi alors même que ce témoin serait un de ceux dont la loi prohibe le témoignage en justice : il ne peut évidemment trouver une excuse dans sa propre infamie. — Il a été jugé, en effet, que bien que l'individu qui a encouru la dégradation civique ne puisse déposer en justice sous la foi du serment, néanmoins, si en celant cette incapacité, il se fait admettre à être entendu comme témoin sous la foi du serment, il porte contre l'accusé ou en sa faveur un témoignage contraire à la vérité, il se rend coupable du crime de faux témoignage (Cr. rej. 29 juin 1843) (1). — V. cependant M. Legraverend, t. 1, p. 296.

18. Une autre conséquence du même principe, c'est que les prévenus et les accusés qui, dans leur propre cause, font de fausses déclarations, ne sont jamais exposés à être poursuivis comme coupables de faux témoignage; d'après le principe du droit romain, admis en France, *nullus in re sua testis intelligitur* (L. 10, Dig., *De testibus*) : nul ne peut être réputé témoin dans sa propre cause. — Il a été jugé, conformément à cette règle, que les témoignages ne peuvent s'entendre que des dépositions faites en la cause d'autrui ; les déclarations mensongères faites par une personne *dans sa propre cause* n'établissent donc qu'un parjure, et ne sont pas susceptibles des peines portées par la loi contre les faux témoignages (Crim. cass., 22 pluv. an 11) (2).—V. aussi MM. Chauveau et Hélie, t. 4, p. 427.

19. Mais ici s'élève une question grave. Y a-t-il faux témoi-

LA COUR ;—Vu l'art. 47 de la 2ᵉ sect., tit. 2 c. pén. de 1791 ; — Et attendu que par l'arrêt du 17 nov. dernier, la cour de justice criminelle de la Stura avait déclaré que Joseph Mandrite avait rendu un faux témoignage dans une affaire pendante devant le juge de paix du canton de Dronero entre Jean-Baptiste Moretino et Constant Ramon !a; quo, sur cette déclaration, il y avait nécessairement lieu à l'application de l'art. 47 ci-dessus cité du c. pén.; que cet article ne pouvait pas être éludé, par le motif essentiellement faux que la déposition de Mandrite n'avait pas été faite à dessein de nuire ; que l'intention criminelle est essentiellement inhérente à une déposition faite sciemment contre la vérité ; qu'ainsi, en acquittant Joseph Mandrite, la cour de justice criminelle de la Stura a commis une violation de l'art. 47, sect. 2, tit. 2, c. pén.; — Casse, etc. Du 5 janv. 1811.-C. C., sect. crim.-MM. B rris, pr., Favard, rap.

(1) (Lapeyre C. min. pub.) — LA COUR; — Sur le moyen tiré de la violation prétendue des art. 28 et 54, § 5, c. pén., en ce que l'arrêt attaqué a qualifié crime le fait imputé au demandeur d'avoir porté un faux témoignage devant une cour d'assises, alors que, condamné, le 31 mars 1852, par la cour d'assises du département du Tarn, à la peine des travaux forcés à temps, il se trouvait, par suite de cette condamnation, en vertu des art. 28 et 54, n° 5, c. pén., frappé de l'incapacité de déposer en justice, autrement que pour y donner de simples renseignements, et que la déclaration par lui faite devant la cour d'assises du département du Tarn, le 26 déc. 1812, bien qu'elle ait eu lieu après prestation du serment prescrit par l'art. 517 c. inst. crim., n'a pu, en supposant qu'elle fût contraire à la vérité, avoir le caractère de faux témoignage, puisque le serment irrégulièrement et illégalement prêté ne saurait avoir eu pour effet de donner à cette déclaration une valeur que la loi lui refusait : Attendu, en droit, que l'incapacité de déposer en justice autrement que pour y donner de simples renseignements est dans laquelle se trouvent, en vertu du n° 5 de l'art. 54, c. pén., les individus qui ont été condamnés aux peines énumérées dans l'art. 28 dudit code, a pour but de prémunir les juges, les jurés, les accusés, contre les déclarations de ces individus auxquelles il serait dangereux d'accorder autant de confiance qu'aux dépositions des témoins irréprochables entendus sous la foi du serment ; que c'est par ce motif que la loi a voulu que ces individus ne fussent entendus en justice qu'à titre de renseignements et sans prestation de serment; — Attendu que l'incapacité de la part de ces individus de prêter le serment de témoin avant de faire leur déclaration, n'est point absolue, de sa nature, puisque la procédure ne se trouve pas entachée de nullité, soit lorsque ce serment a été prêté sans opposition de la part du ministère public ou de l'accusé, soit lorsque l'incapacité du témoin n'a pas été connue ; — Attendu qu'il est nécessaire, pour que les déclarations faites par ces individus puissent être appréciées à leur juste valeur, que l'incapacité existante en leur personne soit connue de la justice, afin que les magistrats ne procèdent pas vis-à-vis d'eux comme à l'égard des témoins idoines ; Attendu qu'il ne peut dépendre de l'individu frappé de l'incapacité dont il s'agit de se soustraire à la poursuite en faux témoignage lorsque, après avoir celé cette incapacité, il s'est fait admettre à être entendu comme témoin sous la foi du serment, et a porté, contre un accusé ou en faveur de cet accusé, un témoignage contraire à la vérité, puisqu'en agis-

sant ainsi il a donné à une déclaration qui ne devait avoir que la valeur d'un simple renseignement l'apparence et la force réelle d'une déposition de témoin irréprochable, faite sous la foi du serment, et qu'il a introduit de cette manière, dans les débats, un élément de conviction propre à égarer et à tromper la justice; que ce fait, a, par conséquent, tous les caractères du faux témoignage dont la criminalité se compose de la violation de la foi du serment, de l'altération volontaire de la vérité, et de la possibilité d'un préjudice; Attendu, en fait, qu'il résulte de l'extrait en forme authentique du procès-verbal des débats de la cour d'assises du département du Tarn qu'à l'audience du 26 déc. 1842 de ladite cour, Isaac Lapeyre, avant sa déposition, a prêté le serment de parler sans haine et sans crainte, de dire toute la vérité et rien que la vérité ; — Attendu qu'il n'apparaît pas de l'extrait dudit procès-verbal qu'avant de prêter serment et d'être admis à déposer comme témoin devant ladite cour d'assises, Isaac Lapeyre ait fait connaître au président de la cour d'assises l'incapacité existante en la personne dudit Lapeyre d'être entendu en justice comme témoin, sous la foi du serment, par suite de la condamnation aux travaux forcés subie antérieurement par ledit Lapeyre ; — Attendu qu'en cet état, l'arrêt attaqué, en déclarant qu'il résultait de l'instruction charges suffisantes contre Isaac Lapeyre d'avoir, le 26 déc. 1842, devant la cour d'assises du département du Tarn, porté un faux témoignage en matière criminelle contre l'accusé, crime prévu par l'art. 561 c. pén., n'a pas violé les art. 28 et 54, n° 5, c. pén.; — Rejette. Du 29 juin 1843.-C. C., ch. crim -MM. Crouseilhes, pr.-de Haussy, r.

(2) Espèce : — (Fring, etc. C. min. pub.) — Les demandeurs avaient répondu devant la justice de paix du canton de Lissendorf, aux questions qui leur avaient été posées sur la demande formée contre eux à fins civiles. La fausseté prétendue de leurs réponses avait été dénoncée au commissaire du gouvernement près le directeur du jury, et poursuite criminelle suivie jusqu'à jugement définitif sur la prévention de faux témoignage en matière civile. — Le délit de fausseté en affirmation dans la défense personnelle ayant toujours été distinct de celui de faux témoignage, et ce dernier délit ayant seul caractérisé crime, il y avait fausse application de l'art. 47 c. pén. à un délit non prévu par cet article. — Jugement.

LE TRIBUNAL; —Vu l'art. 47, tit. 115, sect. 2, deuxième partie c. pén.; et l'art. 456, § 1, c. des dél. et des peines ; — Attendu que le sens et l'étendue des expressions contenues au code pénal doivent être déterminés par les définitions que les lois pénales, les décisions judiciaires et les opinions des jurisconsultes ont adoptées ; - Attendu qu'il résulte des anciennes lois que en fait de témoignage on ne peut que des dépositions faites en la cause d'autrui ; que la loi 16, ff. de testibus, portant : Qui falsa vel varia testimonia dixerunt vel utrique parti prodiderunt..... puniuntur, ne peut s'appliquer au délit commis par celui qui altère la vérité dans sa propre cause, la loi 10 C. de testibus n'admettant pas le témoignage de personne en sa cause : Omnibus in re proprià dicendi testimonii facultatem juris submoverunt ; que le parjure, qui comprenait les affirmations mensongères faites en justice, a toujours été distingué du crime de faux témoignage ; que les ordonnances des empereurs, celle des rois de France, particulièrement les capitulaires de l'an de 1452 et 1531, ont maintenu cette distinction ; que cette dernière ordonnance prononçait la peine capitale contre les faux témoins, tandis que la peine du parjure, d'abord afflictive, puis modifiée, et restreinte à des amendes et restitutions, était

gnage punissable dans la déposition mensongère d'un témoin sur un fait qui l'incrimine? On peut dire d'un côté que le sens et l'étendue des expressions contenues au code pénal doivent être déterminées par les définitions que les lois anciennes, les décisions judiciaires et les opinions des jurisconsultes ont adoptées; qu'il résulte des anciennes lois que les témoignages ne peuvent s'entendre que des dépositions faites en la cause d'autrui : que la loi 16, D. *de testibus*, portant : *Qui falsa vel varia testimonia dixerunt vel utrique parti prodiderunt puniuntur*, ne peut s'appliquer au délit commis par celui qui altère la vérité dans sa propre cause, la loi 10, C. *de test.* n'admettant pas le témoignage d'une personne en sa cause, *omnibus in re propriâ dicendi testimonii facultatem jura submoverunt*; que le parjure, qui comprenait les affirmations mensongères faites en justice, a toujours été distingué du crime de faux témoignage; que les ordonnances des empereurs, celles des rois de France, particulièrement les capitulaires, et les ordonnances de 1452 et 1531, ont maintenu cette distinction; que cette dernière ordonnance prononçait la peine capitale contre les faux témoins, tandis que la peine du parjure, d'abord afflictive, puis modifiée et restreinte à des amendes, était devenue arbitraire; que les arrêts recueillis par Boniface, Papon et le Journal des Audiences, ainsi que les opinions des criminalistes, attestent également la distinction de ces deux genres de délits; Baïardus notamment disait : *Testis deponens falsum de aliquo delicto in quo sit socius criminis, non debet puniri de falso nec aliquâ pœna* (Add. ad Julium Clarum § falsum n° 262).—Jousse, t. 3, p. 434, dit aussi : « Le témoin qui dépose faux pour sa défense ou dans une cause où il a intérêt, devient excusable, et ne doit pas être puni de la peine ordinaire du faux. »—Dans cet état de la jurisprudence, le code pénal ayant placé seulement le faux témoignage au nombre des crimes, ce crime seul est maintenant susceptible de la poursuite criminelle, qui n'est plus applicable au parjure.

Les auteurs modernes se sont également prononcés en ce sens. — Ainsi, M. Bourguignon, Juridiction des codes criminels, art. 362 c. pén., pense qu'un témoin appelé à s'expliquer sur un fait qui l'incrimine, ne doit pas être considéré comme témoin, suivant la maxime *nullus in re suâ testis intelligitur*; le serment qu'il a prêté ne peut se rapporter qu'aux faits sur lesquels il peut réellement témoigner, et non sur ceux qui sont à sa charge. La loi le dispense de déposer comme témoin contre son père, son fils, sa femme, son frère; comment pourrait-il être obligé de déposer contre lui-même? Il est si vrai que son serment prêté ne peut se rapporter aux faits qui l'incriminent, que les *prévenus eux-mêmes* sont affranchis du serment, par les art. 12 et 13 de la loi des 1er et 9 oct. 1791. Ne doit-on pas en conclure que si le témoin commet une action immorale en dissimulant un fait à sa charge, il ne se rend pas cependant coupable, par cette simple réticence, du crime de faux témoignage? — MM. Chauveau et Hélie, t. 4, p. 428, disent également : Le témoin qui falsifie les faits qui l'inculpent personnellement commet une action immorale, mais non le crime de faux témoignage. De témoin, il devient prévenu, dès que sa déposition pourrait le faire accuser. Ce n'est pas pour nuire, mais pour se défendre, qu'il dissimule les faits.—V. dans le même sens MM. Carnot, C. pén., t. 2, p. 188; Rauter, Dr. crim., n° 490. — Et il a été jugé, conformément aux opinions qui précèdent, qu'une personne appelée en témoignage devant la justice, ne se rend pas coupable de faux témoignage en altérant la vérité sur des faits qui l'accusent elle-même, à raison desquels elle serait passible de poursuites criminelles (Grenoble, 21 fév. 1844 (1); V. aussi Colmar, 3 août 1824, aff. Conrad, arrêt cassé le 27 août 1824, au numéro suivant).

20. Mais, dans un système complètement opposé, on répond qu'après avoir prêté serment de dire la vérité, un témoin ne peut impunément violer ce serment, même sous prétexte qu'il ne peut dire la vérité sans se nuire; que le témoignage est un terme générique qui comprend la déposition faite par un témoin en sa cause, c'est-à-dire sur un fait qui peut l'incriminer personnellement, comme la déposition faite en la cause d'autrui; que le code pénal, qui déclare le faux témoignage punissable, ne fait aucune exception; que la sainteté du serment n'en comporte aucune, et que par cela seul qu'un individu a pris la divinité à témoin de ses paroles et de sa déposition, il ne peut être dispensé par aucune considération personnelle de remplir les devoirs sacrés que le serment lui impose. — La cour de cassation s'est formellement prononcée à plusieurs reprises en faveur de cette opinion.— Ainsi, elle a décidé 1° que celui qui a prêté serment en matière criminelle est obligé, sous peine de faux témoignage, de déclarer même les faits qui l'accusent personnellement : il ne peut être acquitté sous le prétexte que ces faits l'exposent à une action en complicité (Crim. cass. 27 août 1824) (2).

devenue arbitraire; que les arrêts recueillis par Boniface, Papon et le Journal des audiences, ainsi que les opinions des criminalistes, attestent également la distinction de ces deux genres de délits; — Que, dans cet état de la jurisprudence, le code pénal ayant placé seulement le faux témoignage au nombre des crimes, ce délit est maintenant susceptible de la poursuite criminelle, qui n'est plus applicable au parjure; — Attendu que dans l'espèce il s'agissait d'une prévention de fausseté dans les réponses des demandeurs, appelés comme défendeurs devant la justice de paix du canton de Lissendorf, que le serment avait été déféré auxdits prévenus en vertu de l'art. 342 du règlement sur l'ordre judiciaire et qu'il ne constituait pas même le serment *litis decisorium*, puisqu'il a été accordé par le juge un délai pour chercher les preuves ultérieures; qu'ainsi la prévention résultant du procès-verbal de la justice de paix sus-énoncée ne pouvait porter les caractères de celle de faux témoignage prévu par l'art. 47 du code ci-dessus cité; qu'ainsi il y a eu par là poursuite criminelle relative à un délit non prévu par le code pénal, et fausse application des dispositions dudit code et de celles de la loi du 3 brumaire qui en sont la conséquence; — Casse.

Du 22 pluv. an 11.–C. C., sect. crim.-MM. Seignette, pr.-Borel, rap.

(1) (Min. pub. C. Bernard.) — LA COUR; — Attendu qu'il résulte de la procédure que Pierre Bernard est coauteur du délit forestier imputé à Michel Roman, aux audiences du tribunal correctionnel d'Embrun, des 25 janv. dernier et 8 fév. courant, auxquelles le faux témoignage qui lui est imputé aurait eu lieu ; — Attendu que Pierre Bernard soutenant contrairement à la vérité n'avoir pas tenu les propos qui lui étaient attribués et qui étaient constatés par divers témoignages, on doit admettre qu'il a moins eu l'intention de faire une déclaration fausse, favorable au prévenu Michel Roman, qu'il n'a été entraîné par la pensée de se soustraire aux poursuites dont il aurait été l'objet, en révélant les auteurs (au nombre desquels il était compris) du délit qui faisait l'objet des investigations de la justice ; — Attendu que s'il est vrai que la sainteté du serment oblige toute personne assignée en témoignage, qui a pris la divinité à témoins de ses paroles et de sa déposition, à tous les devoirs sacrés que le serment lui impose, cette règle doit recevoir une exception, lorsqu'un témoin est appelé à déposer sur des faits qui l'ac-

cusent, et à raison desquels il devrait être traduit devant un tribunal de répression; qu'il doit cesser alors d'être regardé comme témoin, lorsque le serment qu'il a prêté ne pouvant se rapporter qu'aux faits sur lesquels il peut réellement témoigner, et non sur ceux qui l'inculpent ; — Attendu qu'une personne citée en témoignage et qui se trouve dans une position pareille cesse véritablement d'être témoin ; qu'elle change de rôle, qu'elle devient prévenu, qu'elle ne peut révéler certains faits, sans appeler sur elle-même des peines correctionnelles ; que, dès lors, elle doit jouir des privilèges de l'accusé ou du prévenu, qui peuvent sans encourir aucune peine, nier les faits de nature à compromettre leur vie ou leur liberté ; — Attendu que Pierre Bernard, en niant aux audiences des 25 janv. dernier et 8 fév. courant, auxquelles il était assigné comme témoin, et après avoir prêté serment, des propos qu'il avait réellement tenus, mais qui l'accusaient personnellement, n'a fait qu'user du droit de défense, toujours sacré, puisque celui que soit la position dans laquelle se trouve le coupable ; que, dès lors, tout en commettant un acte immoral et blâmable, il ne s'est pas rendu coupable de faux témoignage; — Annulant l'ordonnance de prise de corps, etc.

Du 21 fév. 1844.-C. de Grenoble, ch. d'acc.-M. du Boys, pr.

(2) *Espèce* : — (Min. pub. C. Conrad.) — Un déserteur fut traduit devant le conseil de guerre de la 5e division militaire à Strasbourg. Comme il avait été arrêté dans le délai de grâce, il ne fut pas jugé pour le crime de désertion, mais seulement comme prévenu du délit de soustraction d'effets militaires. Devant le conseil, il avoua que, pour consommer son projet de désertion, il avait déposé son équipement chez Georges Conrad, garçon meunier à Strasbourg, et qu'il avait reçu de lui des vêtements bourgeois; un témoin fit une déclaration conforme. — Conrad, appelé comme témoin, déclara, après avoir prêté serment, que ces aveux étaient mensongers; que ces individus n'étaient point venus chez lui, et que les habits qu'on lui représentait n'étaient pas les siens.— Sur cette déposition, le président du conseil de guerre fit arrêter Conrad, en vertu du pouvoir que lui conférait la loi du 14 germ. an 2, et le renvoya en état d'arrestation, comme inculpé de faux témoignage. — Le 3 août 1824, arrêt de la chambre d'accusation de la cour de Colmar, qui ordonna la mise en liberté de Conrad en

— Il s'agit dans l'espèce d'une affaire correctionnelle, mais il n'y a aucune distinction à établir à cet égard entre les poursuites criminelles ou correctionnelles ; — 2° Que le témoin qui rend un faux témoignage est passible de l'application de l'art. 361 c. pén., dans le cas même où il ne pouvait dire la vérité sans s'exposer lui-même au danger d'une poursuite criminelle (Crim. rej. 22 avr. 1847, aff. Vincent-D'Ecquevilley, D. P. 47. 1. 180; 23 déc. 1847, aff. de Beauvallon, D. P. 48. 1. 29; 22 mars 1850, aff. Gardes, D. P. 50. 5. 459. — V. dans un sens conforme à ces arrêts les conclusions de M. le procureur général Dupin, D. P. 47. 1. 180);— 3° Que de ce qu'un témoin entendu dans des débats annulés depuis, a été plus tard mis en accusation pour complicité du crime qui faisait l'objet de ces débats, il ne s'ensuit point qu'il ne puisse pas être également accusé de faux témoignage à raison de sa déposition dans ces mêmes débats : à ce cas ne s'applique pas le principe que le même individu ne peut être accusé et témoin dans la même affaire en cas de simultanéité de poursuites (Crim. rej. 20 juin 1856, aff. Camboulives, D. P. 56. 1. 374).

Malgré le concours d'opinions qui s'élève contre cette jurisprudence, c'est à la doctrine qui a prévalu devant la cour de cassation que nous croyons devoir nous rallier.—L'un des arguments qu'on lui oppose consiste, comme on l'a vu, à assimiler le témoin à un accusé ou à l'individu qui dépose dans sa propre cause. Il est cependant manifeste qu'un témoin n'a pas le rôle d'un prévenu : la jurisprudence même de la cour s'élève contre l'analogie qu'on chercherait à établir entre le témoin et l'individu directement intéressé dans l'affaire où il dépose (V. Crim. cass. 22 pluv. an 11, aff. Fring, n° 18). D'autres arguments reposent sur cette considération qu'il est rigoureux d'imposer à un individu le respect de son serment au péril de lui-même. Cette objection est sérieuse, sans doute, mais elle doit fléchir en présence de la nécessité sociale qui fait un impérieux devoir de placer la sainteté du témoignage au-dessus des intérêts personnels. On ne doit pas oublier que la preuve testimoniale est l'élément ordinaire et presque toujours unique de l'instruction criminelle ; les jugements qui décident de l'honneur, de la vie, de la fortune des citoyens, dépendent de la sincérité de cette preuve; et la justice humaine n'a pas cru pouvoir mieux faire que de mettre le témoignage sous la garantie de la Divinité même. Ces idées peuvent-elles être conciliées avec un système de réticences qui ferait que le cœur désavouerait en silence le serment que la bouche aurait prononcé.—Que l'on pénètre d'ailleurs dans l'application d'une pareille théorie. Dès qu'on admet que la crainte d'un péril pour soi-même autorise la violation du serment, dans quelles limites circonscrira-t-on cette immunité mentale? La crainte qu'un péril inspire varie suivant la constitution physique, le sexe, la force morale, la culture d'esprit du sujet ; l'imagination souvent en exagère l'importance. Il faudra donc abandonner au libre arbitre de chaque individu le soin de décider s'il se trouve, ou non, dans l'obligation de faire une déposition véridique. On n'a pas,

d'ailleurs, défini sur quoi doit porter le péril dont on parle, s'il faut le restreindre à celui qui toucherait directement la personne du témoin, ou si l'on ne pourrait pas voir un motif suffisant pour autoriser la violation du serment, dans le péril qui menacerait les intérêts matériels de ce témoin, ses affections, sa vanité, ses penchants. M. Rauter, dont on a cité l'opinion, a compris que le témoignage perdrait trop de son autorité si l'on admettait qu'un péril quelconque pût en permettre la falsification, et il a indiqué quelques restrictions : « Du reste, a-t-il dit, loc. cit., ce n'est qu'un péril aussi grave qu'une poursuite criminelle ou correctionnelle qui puisse motiver l'exception dont il s'agit. Ainsi le danger pour l'intérêt pécuniaire ne pourrait la motiver. » Mais pourquoi la crainte de compromettre sa fortune, sa considération et celle de sa famille ne suffirait-elle pas aussi bien pour justifier une fausse déposition, que la crainte de s'exposer à une action correctionnelle, à une pénalité qui peut être modérée au taux d'une amende de quelques francs? Si l'on admettait la théorie des réticences légales, il faudrait donner au juge le moyen de ne point confondre un témoignage d'une véracité garantie, avec celui dont la véracité ne serait que facultative. Alors viendrait sans doute la nécessité de créer de nouvelles catégories de témoins, de nouvelles causes de reproche ou d'indignité, de tracer une sphère d'action plus ample au pouvoir discrétionnaire des magistrats. — Tout le système actuel de la preuve testimoniale serait altéré par de telles innovations, et quelque précaution que prenne le législateur pour en atténuer le danger, on doute qu'avec un principe aussi vicieux que celui qu'on voudrait introduire dans le droit criminel, l'autorité même de la preuve orale ne finisse par succomber promptement.— La jurisprudence de la cour suprême, malgré sa rigueur, est plus morale et plus juridique que la doctrine qu'on lui oppose et contre laquelle nous croyons devoir nous élever. C'est à l'application qu'il appartient de corriger ce que cette jurisprudence a de trop absolu (V. v° Témoin, nos 63, 64).

21. Le refus de déposer ne peut jamais constituer un faux témoignage : il ne peut qu'entraîner l'application de l'art. 304 c. inst. crim. — Il en est de même d'une simple réticence, fût-elle même liée à la déposition, à moins qu'elle n'ait pour effet de lui donner un sens contraire à la vérité (MM. Hélie et Chauveau, t. 4, p. 434).— Il a été jugé, conformément à cette décision, « que les dénégations et les réticences d'un témoin assermenté entendu aux débats ne sont le caractère de faux témoignage que lorsqu'elles équivalent à l'expression d'un fait positif contraire à la vérité, soit en faveur, soit au préjudice de l'accusé » (Cass. 1er sept. 1814, M. Audier-Massillon, rap., aff. min. pub. C. N...).

22. Il a été décidé pareillement, sous le code du 3 brum. an 4, qu'une réticence simple, quand elle n'est pas liée à la déclaration dont elle altère le sens et le résultat, ne peut constituer seul un faux témoignage, puisqu'elle est alors un simple refus de répondre (Crim. cass. 20 mai 1808) (1).

---

ces termes : « Considérant que les questions adressées au prévenu, étant par lui répondues affirmativement, auraient constitué de sa part l'aveu d'un délit de complicité qui, d'après la loi, aurait provoqué des poursuites et des condamnations contre lui ; qu'en cet état de choses, il ne pouvait être tenu de s'avouer coupable, sous peine d'être considéré comme faux témoin ; qu'ainsi on ne peut reconnaître, au cas particulier, les éléments ni le caractère d'un faux témoignage.»

Pourvoi de la part du procureur général à la cour de Colmar. L'arrêt dénoncé, a-t-il dit, contient violation de l'art. 362 c. pén., qui déclare punissable, sans exception, quiconque aura prêté un faux témoignage en matière correctionnelle dans la cause d'autrui. Conrad n'a point parlé dans sa propre cause, puisqu'il n'était pas prévenu, et ne pouvait jamais le devenir devant le conseil de guerre. C'est donc à tort que l'arrêt porte qu'en le disant la vérité, il faisait l'aveu d'un délit de complicité ; Conrad n'était pas en présence de ses juges naturels ; et plus tard, devant ceux-ci, on n'aurait pu se prévaloir juridiquement contre lui de sa déposition au conseil de guerre ; car les qualités de témoin et de prévenu restent distinctes ; il aurait pu, dans la dernière, adopter sans contradiction légale tel système qu'il aurait voulu, et ses juges y ajouter foi. Non-seulement Conrad ne s'exposait pas nécessairement à des condamnations en témoignant ; mais c'est également à tort que l'arrêt dénoncé porte qu'il s'exposait nécessairement à des poursuites, les juges devant lesquels le conseil de guerre l'aurait renvoyé n'étant pas liés par ce renvoi à l'obligation de le mettre

en jugement. — Conrad était donc témoin; il a prêté serment, en cette qualité, de dire la vérité; dès lors la véracité de sa déposition devenait un élément nécessaire pour former la conviction des juges; et, en déposant sciemment contre la vérité, au lieu de la dire ou de refuser le ser) ment, il a prêté un faux témoignage. — Arrêt.

LA COUR. — Attendu qu'aux termes de l'art. 362 c. pén. quiconque sera coupable de faux témoignage en matière correctionnelle, sera puni de la réclusion; — Que l'arrêt attaqué a déclaré que Conrad ne pouvait être obligé, sous peine de faux témoignage, à déclarer un fait qui l'in criminait; ou, en d'autres termes, qu'après avoir prêté serment de dire la vérité, il pouvait impunément violer ce serment, sous prétexte qu'il ne pouvait dire la vérité sans se nuire; — Que la loi ne fait aucune exception; que la sainteté du serment n'en comporte aucune; que par cela seul que Conrad a pris la divinité à témoin de ses paroles et de sa déposition, il ne pouvait être dispensé, par aucune considération personnelle, de remplir les devoirs sacrés que le serment lui imposait;— Par ces motifs, casse.

Du 27 août 1824.-C. C., sect. crim.-MM. Portalis, pr.-Ollivier, rap.

(1) Espèce : — (Boisard, etc. C. min. pub.) — Joseph Boisard, Pierre Duteil, François Coubart et Louis Niceron étaient prévenus du crime de faux témoignage en matière civile. L'acte d'accusation faisait résulter le délit de déclarations faites par trois des prévenus, comme témoins, et par Boissard, prévenu de les avoir subornés, et de réticences qui dén~~~ient ces déclarations. — Ils ont été

23. Mais la déclaration accompagnée de réticences qui la dénaturent et lui donnent un sens et un résultat contraires à la vérité du fait général qui en est l'objet, constitue un faux témoignage. — MM. Hélie et Chauveau donnent un exemple qui fait bien saisir la difficulté. — « On ne doit pas hésiter à penser, disent-ils (p. 435), que le témoin qui déposerait d'un fait imputé par erreur à un autre que le véritable coupable, et qui par haine contre cet individu ne déclarerait pas quoiqu'il le sût, qu'il n'est pas le coupable, pourrait être poursuivi en faux témoignage ; car sa réticence a précisément pour objet de donner à sa déposition un sens contraire à la vérité, en faisant peser cette déposition sur la personne innocente assise au banc des accusés. »

24. Les variations dans les déclarations d'un témoin n'impliquent pas nécessairement un faux témoignage ; elles peuvent s'expliquer par le trouble de l'esprit, la confusion de la mémoire ; mais si les dernières assertions du témoin révèlent l'intention d'altérer les faits, et s'il y persiste, elles peuvent donner lieu à des poursuites.

25. La déposition négative est celle par laquelle le témoin nie avoir vu, avoir entendu les faits sur lesquels il est appelé à donner son témoignage (MM. Chauveau et Hélie, t. 4, p. 456). —Cette déposition constitue-t-elle un faux témoignage? Suivant Farinacius la peine du faux témoignage est applicable au témoin qui prétend ne pas savoir ce qu'il *sait réellement: in teste qui dicit se nescire id quod reverà scit, tum enim negando veritatem, nedum illam tacendo eò magis de falso punitur* (Quæst. 67, num. 223 et 227). Damhouderius s'explique plus nettement encore : *testis item in judicium aut apud commissarium accitus, ibique veritatem quæsitam non clarè et plenè justà interrogationem factam deponens et contestans, aut eam tacens, is quoque crimen falsi committit* (cap. 124, n° 5, p. 395). Il en était ainsi à l'égard de celui qui prétendait ne pas se ressouvenir : *etiam in illo teste qui dicit se non recordari de eo quod vel certum est ipsum recordari; nam et hunc testem de falso puniendum* (mêmes auteurs, *eod.*).—Mais le principe ainsi posé paraît trop absolu : il faut faire une distinction. La déposition négative ne constituera pas le crime de faux témoignage, s'il n'en résulte point un fait contraire à la vérité, de nature à infirmer les preuves existant aux débats, car, disent MM. Chauveau et Hélie (t. 4, p. 457), la négation d'un fait vrai peut n'avoir aucune influence sur le procès. Mais une pareille déposition devra être considérée comme un faux témoignage, si elle a pour but de détruire les faits qui sont l'objet du procès.— La jurisprudence présente des applications de cette double règle.— Ainsi il a été jugé d'une part qu'une déclaration négative, qui n'exclut pas le fait affirmatif déclaré constant, par l'individu qui dépose qu'il n'a pas vu tel fait déclaré constant, n'est pas nécessairement un faux témoin : le fait peut être vrai et le témoin ne pas l'avoir vu (Crim. cass. 10 janv. 1812) (1).

26. Et, d'autre part, il a été décidé que, s'il est vrai qu'une disposition simplement négative ne constitue pas essentiellement et par elle-même le faux témoignage, parce qu'il est possible qu'un témoin n'ait point vu ni entendu ce qu'il avait été en situation de voir ou d'entendre, il est cependant évident qu'une déposition de ce genre constitue ce crime, lorsqu'elle est faite de mauvaise foi et dans une intention criminelle, c'est-à-dire dans le but d'infirmer la preuve ou l'évidence du fait incriminé, et de se mettre en contradiction avec la vérité (Crim. rej. 17 mars 1827) (2).—Spécialement, qu'un individu qui a dénoncé à l'autorité des voies de fait d'un fils sur son père, et dont il aurait été témoin, déclare pendant l'instruction qu'il ne l'a point vu les commettre, se rend coupable de faux témoignage (même arrêt).

27. Il a été jugé encore, par application des mêmes principes, qu'il suffit que les dépositions de témoins, faites en matière criminelle pour ou contre l'accusé, aient été déclarées fausses et mensongères pour qu'il ait dû être fait application de l'art. 361 c. pén., s'il est constant qu'elles étaient tout à la fois

---

soumis à un jury de jugement. — Dans la 2e question, la prévention s'est trouvée réduite au fait simple de la réticence, sans qu'on ait rappelé la déclaration avec laquelle elle devait nécessairement être liée pour constituer un faux témoignage. — Il en résulte que ce crime, qui faisait l'objet de l'acte d'accusation, n'a pas été soumis au jury avec les circonstances qui seules pouvaient le caractériser ; — Et que le fait, déclaré constant par le jury, ne présentant qu'un refus de répondre, il a été fait une fausse application de la loi pénale, par l'arrêt de la cour de justice criminelle de la Sarthe, du 19 mars dernier. — Arrêt.

LA COUR; — Considérant que de l'acte d'accusation il résultait une prévention réelle de faux témoignage qui se constituait de déclarations faites par trois des prévenus, comme témoins, et par Boisard plaignant, comme suborneur de ces témoins, lesquelles déclarations étaient accompagnées de réticences qui les dénaturaient et leur donnaient un sens et un résultat contraires à la vérité du fait général qui en était l'objet ; — Que néanmoins la 2e question soumise au jury, explicative de la première, posée sur le fait général de faux témoignage, a réduit la prévention de ce fait à une réticence simple, sans parler de la déclaration qui devait y être liée pour constituer le faux témoignage ; — Qu'une réticence simple, quand elle n'est pas liée à la déclaration dont elle altère le sens et le résultat, ne peut constituer seule le faux témoignage, puisqu'elle se réduit alors à un simple refus de répondre ; que de ce vice dans la position des questions il est résulté que le délit qui faisait l'objet de l'acte d'accusation n'a pas été soumis au jury, et qu'en appliquant la peine du faux témoignage au fait déclaré par ce jury, il a été fait une fausse application de la loi pénale : — Par ces motifs, vu les art. 373, 374 et 380 du code des délits et des peines, et l'art. 456, §§ 1 et 2 du même code, casse et annule la position des questions présentées au jury, par suite la déclaration du jury et l'arrêt qui a suivi. Du 20 mai 1808.-C. C. ; arrêt. crim.-MM. Barris, pr.-Lefessier, rap.

(1) *Espèce :* — (Galetti C. min. pub.) — Une dispute s'était engagée entre Angelotti et Torti, et des coups avaient été portés. Galletti, qui avait assisté à la dispute, fut appelé en témoignage devant le tribunal correctionnel de Frosinone. Interrogé s'il avait vu Angelotti frapper Torti, il répondit négativement : mais plusieurs témoins déclarèrent qu'Angelotti avait frappé Torti. Poursuivi comme faux témoin, Galletti fut condamné, par arrêt du 7 nov. 1811 de la cour spéciale extraordinaire de Rome, à cinq ans de réclusion, comme convaincu de faux témoignage dans une affaire correctionnelle. — Pourvoi pour fausse application de la loi pénale, et violation des règles de compétence. — Arrêt. LA COUR; — Vu l'art. 410 c. inst. crim.; — Attendu, 1° qu'il résulte nécessairement de cet article qu'il y a lieu à cassation, lorsqu'une loi pénale a été appliquée à un fait qui ne contenait ni un crime ni un délit; — Attendu, 2° que Barthélemy Galietti a été condamné par application de l'art. 362 c. pén., comme convaincu de faux témoignage; — Que néanmoins la déposition dudit Galletti, à laquelle la cour spéciale extraordinaire de Rome a reconnu le caractère de faux témoignage, ne présentait qu'une déclaration négative qui n'excluait pas le fait affirmatif déclaré constant par le tribunal correctionnel de Frosinone; que cette déclaration n'étant donc pas en contradiction absolue et nécessaire avec la vérité de ce fait; qu'elle ne pouvait donc constituer un faux témoignage; — D'après ces motifs, casse. Du 10 janv. 1812.-C. C., sect. crim.-MM. Barris, pr.-Benvenuti, r.

(2) *Espèce :* — (Gérard C. min. pub.) — Gérard avait dénoncé à l'autorité locale des voies de fait, dont il aurait été témoin, exercées par un fils sur son père. — Mais ensuite, durant les débats, il déclara n'avoir pas vu que le fils maltraitait son père, et il signale même deux des témoins à charge, comme auteurs des mauvais traitements essuyés par ce dernier. — Gérard, accusé de faux témoignage, fait l'aveu de son crime, et revient à sa première déclaration. Condamné à cinq ans de travaux forcés, par arrêt de la cour d'assises de la Moselle, du 6 fév. 1827, il se pourvoit en cassation pour fausse application de l'art. 361 c. pén. — Arrêt. LA COUR; — Attendu que, s'il est vrai qu'une déposition simplement négative ne constitue pas essentiellement, et par elle-même, le crime de faux témoignage, parce qu'il est possible qu'un témoin n'ait point vu ni n'ait point entendu ce qu'il avait été en situation de voir ou d'entendre, il est cependant évident qu'une déposition de ce genre constitue ce crime, lorsqu'elle est faite de mauvaise foi et dans une intention criminelle, c'est-à-dire dans le but d'infirmer la preuve ou l'évidence du fait incriminé, et de se mettre en contradiction avec la vérité ; — Attendu qu'il appartient aux chambres d'accusation et au jury d'examiner les circonstances dans lesquelles le témoin s'est trouvé, d'apprécier sa bonne foi et l'influence qu'il se proposait d'exercer sur le sort de l'accusation à l'occasion de laquelle il a déposé; — Attendu que, dans l'espèce, le jury a déclaré le demandeur coupable de faux témoignage en faveur de l'accusé Bourgogne, pour avoir déposé, devant la cour d'assises, qu'il n'avait point vu l'accusé exercer des violences sur son père; qu'il résulte de cette déclaration que la déposition négative, faite par le demandeur en accusation, était contraire à la vérité; qu'elle avait été faite de mauvaise foi, et qu'elle constituait un faux témoignage; que, d'après une pareille déclaration du jury, la cour d'assises a justement appliqué au demandeur les peines prescrites par l'art. 361 c. pén., contre ceux qui se rendent coupables de faux témoignage; — Rejette. Du 17 mars 1827.-C. C., ch. crim.-MM. Portalis, pr.-Mangin, rap.

négatives et affirmatives : spécialement, la déclaration par un témoin qu'il n'a pas vu porter un coup, et que si le coup avait été porté il aurait dû nécessairement le voir, constitue un faux témoignage, si le fait du coup vient à être reconnu constant (C. sup. de Bruxelles, 31 oct. 1831) (1).

28. La partie offensée qui, après avoir déclaré à la justice que l'accusé l'a blessé avec une intention criminelle, se rétracte et soutient que la blessure a été l'effet d'un hasard malheureux, ne peut être punie comme faux témoin, les variations qui lui sont reprochées ne tombant pas sur un fait matériel, mais sur les circonstances du fait, ou plutôt sur le jugement qu'elle a porté sur la volonté de celui qui l'a blessée (Crim. cass., 16 janv. 1807) (2).

29. Il n'est pas absolument nécessaire, pour que le faux témoignage existe, qu'il y ait un préjudice, il suffit que le préjudice puisse se réaliser. — « Il faut, dit Jousse (Mat. crim., t. 3, p. 425), pour qu'une personne puisse être punie d'un faux témoignage, que sa déposition cause du préjudice à quelqu'un, ou du moins *qu'elle lui puisse nuire*; car, si elle ne peut causer un préjudice, le sentiment général est qu'elle n'est pas punissable. » — La possibilité d'un préjudice quelconque, disent aussi MM. Chauveau et Hélie, t. 4, p. 439, est un élément essentiel du faux témoignage, comme du faux en écriture; la loi n'incrimine que les actes préjudiciables à la société et aux intérêts privés. Ainsi la seule possibilité d'une lésion suffit pour qu'il puisse y avoir faux témoignage. Du reste, la loi n'exige pas que l'existence du préjudice fasse l'objet d'une question au jury. — Du reste, il a été jugé, sous le code pénal de 1791, que le faux témoignage existe et mérite punition, par cela seul qu'il nuit à l'exercice de l'action publique, quoiqu'il n'en puisse résulter aucun dommage privé envers un individu (Crim. rej. 19 nov. 1807, aff. Lorrain, V. n° 37).

30. Mais le préjudice ou la possibilité du préjudice n'existe que lorsque la déposition est devenue définitive et irrévocable; jusque-là, elle n'est, suivant l'expression de MM. Chauveau et Hélie, p. 441, qu'un acte préparatoire du crime, ce n'est pas le crime encore (V. n° 56). — Cette doctrine, qui laisse sagement au témoin la faculté de revenir sans danger sur une fausse déclaration par lui faite dans l'instruction préparatoire, est conforme à l'art. 361 c. pén., puisqu'il n'admet, comme faux témoignage, que celui porté pour ou contre l'accusé (V. n°° 33 et s.), et conséquemment après l'arrêt de mise en accusation. — Elle est d'ailleurs sanctionnée par la jurisprudence (V. n°° 36 et s.).

31. Sous l'empire du code pénal de 1791, le faux témoignage en matière criminelle se formait par une fausse déposition *dans un procès criminel.* — En conséquence, n'était pas réputé faux témoin celui qui avait fait une fausse déclaration soit devant *l'officier de police*, soit devant le *directeur du jury*, soit devant le *président de la cour criminelle*; car ce fait ne constituait pas un faux témoignage *dans un procès criminel*, lequel ne commençait que lorsque la cour criminelle avait été saisie par suite d'une accusation admise. Cela résultait des termes mêmes de la loi, qui aggravait les peines, dans le cas où il était intervenu condamnation à mort contre l'accusé, *dans le procès duquel le faux témoin avait été entendu*; cela résultait encore des précautions que prenait la loi pour assurer la vérité des déclarations faites devant la cour criminelle, puisqu'elle exigeait la prestation du serment devant la cour, formalité qu'elle n'exigeait pas pour les déclarations faites dans l'instruction préparatoire. — En conséquence, il a été décidé, par application de la loi de 1791 : 1° que la fausse déclaration devant un directeur du jury, avant l'accusation admise, ne constituait pas un faux témoignage dans un procès criminel (Crim. cass. 19 mess. an 8; 3 therm. an 11 (3); 16 vent. an 9, M. Schwendt, rap., aff. Pierre Cuq; 22 mess.

<hr/>

(1) (Delact et Vanvoorde C. min. pub.) — LA COUR ; — ...Sur le deuxième moyen : — Violation de l'art. 361 c. pén.; — Attendu qu'en admettant qu'une déposition négative, donnée devant une cour d'assises à charge ou à décharge d'un accusé, ne serait pas de nature à constituer le crime de faux témoignage, aux termes de l'art. 361 c. pén., néanmoins comme il conste dans l'espèce que les dépositions du demandeurs étaient tout à la fois négatives et affirmatives, une fois déclarées fausses et mensongères, elles ont dû entraîner l'application dudit art. 361; — Sur le troisième moyen : — Violation du prédit art. 361 c. pén., et excès de pouvoir; — Attendu que l'art. 361 c. pén. n'ordonne pas de surseoir à l'instruction et à la prononciation de l'arrêt sur faux témoignage, jusqu'à ce qu'il soit statué sur le sort de l'accusé dans la procédure principale; — Qu'au contraire, l'art. 351 c. inst. crim., autorise le ministère public, ainsi que l'accusé, à requérir, et la cour à ordonner même d'office le renvoi de l'affaire principale à la session suivante; — ...Rejette, etc.
Du 31 oct. 1831.-C. sup. de Bruxelles, ch. crim.-MM. Deswerte, rap.-Decuyper, av. gén., c. conf.

(2) Espèce : — (Gallini C. min. pub.) — Forcherio fut poursuivi pour avoir tiré un coup de fusil sur Gallini. Gallini avait été blessé grièvement, avait été malade soixante-dix jours, avait déclaré que le coup de fusil avait été tiré volontairement. — Mais après sa guérison, et ayant été indemnisé, il fit une nouvelle déclaration, dans laquelle il reconnut « que le coup de fusil était parti par hasard en se débattant avec Forcherio, et que s'il n'avait pas été guéri de sa blessure dans quarante jours, c'était l'effet de son inconduite avant sa maladie, et des excès de boire et de manger durant la maladie. » — M. le procureur général impérial près la cour spéciale des départements de Marengo et de la Sésia vit dans la nouvelle déclaration de Gallini un faux témoignage, à dessein de soustraire un coupable à la justice, et poursuivit Gallini, comme faux témoin en matière criminelle. En vain Gallini répondit qu'il n'avait fait qu'énoncer deux opinions différentes sur l'intention de Forcherio, et encore avoir simplement énoncé une opinion sur les causes de sa maladie; qu'il pouvait certainement bien avoir changé d'opinion; que nul être au monde ne pouvait avoir la certitude contraire. — Il fut condamné. — Pourvoi pour fausse application de l'art. 58, sect. 2, part. 2 c. pén. — Arrêt.
LA COUR; — Vu l'art. 456 c. des dél. et des peines, n°° 1 et 6 ; — Attendu que les variations reprochées à Bernard Gallini et pour lesquelles il a été accusé, poursuivi et condamné à vingt ans de fers, ne tombaient pas sur un fait matériel, mais sur les circonstances du fait, ou plutôt sur le jugement que Gallini a porté sur la volonté et l'intention de celui qui l'avait blessé, et sur les causes qui ont pu retarder l'effet de sa blessure ; — Que Gallini n'était pas seulement un simple témoin dans la procédure instruite contre Forcherio; qu'il était en outre la partie of-

fensée ; — Que l'intérêt de la justice exige que l'offensé puisse revenir sur le jugement qu'il a porté dans le moment même de l'offense, sur l'intention de l'agresseur, qu'il puisse reconnaître et avouer des circonstances atténuantes qui ont pu lui échapper dans sa première déclaration, surtout lorsqu'il l'a faite étant grièvement blessé, et pouvant être accablé par la douleur et par la maladie; — Que la variation de Gallini sur le point de savoir si le coup de fusil qui l'avait blessé avait été tiré volontairement, était d'autant plus excusable, qu'il conste par le procès-verbal dressé par le maire, d'abord après l'action, que les témoins présents ont été dans l'incertitude à cet égard ; — Qu'on ne peut pas aussi faire un crime à Gallini de s'être trompé sur la cause de la durée de sa maladie, et d'avoir imputé à son inconduite et à des imprudences à lui personnelles, le retard de sa guérison, que les médecins n'attribuaient qu'à la blessure et à d'autres accidents naturels; — Que ces déclarations ne présentaient pas le caractère de gravité nécessaire pour constater un crime de faux témoignage, donner lieu à la poursuite criminelle, et à l'application de la peine de vingt ans de fers, portée par l'art. 48, sect. 2, tit. 2, partie 2 c. pén.; et par conséquent qu'il y avait dans le jugement et dans toute la procédure incompétence et abus du pouvoir ; — Casse, etc.
Du 16 janv. 1807.-C.C., sect. crim.-MM. Barris, pr.-Audier-Massillon, rap.-Thuriot, subst. c. conf.

(3) 1re Espèce : — (Petermann C. min. pub.) — LE TRIBUNAL; — ...Vu l'art. 48, sect. 2, tit. 2. 2e part. à la loi du 5 pluv. an 2 ; — Et considérant que l'art. 48 c. pén. précité ne s'applique qu'à l'auteur du faux témoignage donné dans le cours d'une procédure criminelle; que, dans l'espèce, l'application en a été faite à Petermann, encore bien qu'il ne soit prévenu que d'avoir porté un faux témoignage devant le directeur du jury de Colmar, procédant comme officier de police judiciaire, en exécution des art. 140 et 142 cc. dél. et des peines; que l'art. 48 c. pén. ne s'appliquant qu'aux faux témoins entendus dans les procès criminels, on doit avoir sa disposition que tant qu'une affaire est dans la poursuite de l'officier de police, tant que le directeur n'a pas traduit le prévenu devant le jury d'accusation, il n'y a pas matière à poursuite en procès criminel, et conséquemment lieu à l'application de l'article précité du code pénal, non plus d'autant plus de raison que les déclarations de témoins ne sont pas, comme l'a reconnu formellement la loi en forme d'instruction du 20 sept. 1791, destinées à faire charge au procès; — Que la loi du 5 pluv. an 2, interprétative de l'art. 48 c. pén., n'applique de peine qu'aux faux témoins entendus sur des accusations capitales, pour qu'il en doit conclure que, pour qu'il y ait lieu à poursuite pour faux témoignage, il faut qu'il soit intervenu une accusation, et que le faux témoignage ait été donné postérieurement à l'admission de l'acte d'accusation; que, dans l'espèce, le faux témoignage dont est prévenu Jean-Pierre

an 13, MM. Seignette, pr., Lamarque, rap., aff. Bauchat); — 2° Qu'il en était de même de la déclaration faite devant le magistrat de sûreté avant l'accusation admise (Crim. cass. 19 brum. an 12) (1); — 3° Que le délit de fausse dénonciation n'était pas puni par les lois pénales, et ne pouvait être assimilé au faux témoignage, lequel n'existe qu'autant qu'il est fait à l'audience (Crim. cass. 19 prair. an 8, aff. Bourricau, V. Dénonciation calomnieuse, n° 8).

32. Sous l'empire du code pénal de 1810, comme sous celui du code pénal de 1791, le faux témoignage se forme par une fausse déposition dans le débat, et non par une fausse déclaration dans l'instruction préparatoire.—Il est vrai que le code de 1810, ne se sert pas de l'expression de la loi 1791, *dans un procès criminel*; il parle seulement du faux témoignage *en matière criminelle*. Mais, malgré cette différence de rédaction, les deux lois doivent être entendues dans le même sens. — C'est ce qui ressort de la combinaison des art. 361, 362, 363 et 363, qui n'impriment à une fausse déposition le caractère de crime que lorsqu'elle est faite dans les débats, d'après lesquels il doit être prononcé définitivement sur le fait auquel la déposition se rapporte; de l'esprit de la loi, qui l'a ainsi sagement établi, afin que les témoins qui, dans la première instruction, où leurs dépositions ne servent que de renseignements, auraient pu s'écarter

de la vérité, ne fussent point induits à persévérer dans le mensonge, par la crainte d'être poursuivis comme faux témoins; enfin du rapport de M. Monseignat (V. *suprà* sous le n° 6; Conf. MM. Chauveau et Hélie, t. 4, p. 441 et suiv.). — C'est conformément à ces principes qu'il a été jugé qu'une déposition fausse ne constitue le crime de faux témoignage, que lorsqu'elle est faite dans le débat d'après lequel il doit être définitivement prononcé; qu'en conséquence les dépositions faites devant le magistrat chargé de l'instruction, fussent-elles fausses, ne sont point punissables (Crim. cass., 18 fév. 1813; 26 avr. 1816 (2); 14 sept. 1826, aff. Delpeux, V. n° 58-1°; 30 sept. 1826, aff. Beuf, V. n° 58-2°; Req. 31 janv. 1839, aff. Delporte, D. P. 39. 1. 439).

33. Après avoir déterminé les caractères du faux témoignage, il est nécessaire de rechercher comment il devient crime aux yeux de la loi, c'est-à-dire de connaître les modes de sa perpétration, en matière criminelle. — Le faux témoignage a lieu soit dans les matières criminelles proprement dites, soit en matière correctionnelle, soit en matière de police. Dans ces trois cas, le faux témoignage est soumis à une règle commune : pour constituer, en cette matière, un crime ou un délit, il faut qu'il soit porté, *soit contre l'accusé ou le prévenu, soit en sa faveur*. Telle est le principe consacré par les dispositions des art. 361 et 362 c. pén.— « Art. 361. Quiconque sera coupable de faux témoignage

---

Petermann a eu lieu devant le directeur du jury de Colmar, procédant comme officier de police judiciaire; que le sieur Schwend d'Heaummer et autres, contre lesquels le faux avait été fabriqué, n'ont pas même été traduits devant le jury d'accusation, et qu'ils ont été mis en liberté, avant qu'il y eût même à leur égard un commencement de procès criminel; — Casse, etc.
Du 19 mess. an 8.-C. C., sect. crim.-M. Liger-Verdigny, rap.
2° *Espèce :*—(Beaussard C. min. pub.)—Le tribunal;—Vu l'art. 228 c. des dél. et des peines; — Et l'art. 48 de la 2° sect. du tit. 2 de la 2° partie du code pénal; — Attendu que le fait imputé aux réclamants, et pour lequel ils ont été condamnés à la peine de 20 années de fers par le jugement attaqué, était d'avoir fait une fausse déclaration devant un directeur du jury, procédant sur une dénonciation d'un prétendu empoisonnement de bestiaux; — Mais que le fait ne constitue pas un faux témoignage dans un procès criminel, qui ne commence que lorsque le tribunal criminel a été saisi par suite d'une accusation admise; — Que cela résulte évidemment des termes mêmes de la loi, qui aggrave la peine qu'elle prononce dans le cas où il serait intervenu condamnation à mort contre l'accusé dans le procès duquel le faux témoin aurait été entendu; — Que dans l'espèce, la circonstance de la déclaration des frères Beaussard avait été faite et reçue sous le sceau du serment, ne changerait rien à la nature du fait, puisque la loi n'autorisait pas le directeur du jury à faire observer cette formalité, à la différence des dépositions à faire devant le jury de jugement et le tribunal criminel, où les témoins appelés et entendus sont assujettis formellement à donner une garantie de la vérité de leurs dépositions; — Attendu aussi qu'il ne peut, sous peine de nullité, être dressé d'acte d'accusation que pour délit emportant peine afflictive ou infamante; et qu'aucune disposition de loi ne prononce une peine de cette nature, en cas de fausseté d'une déclaration devant un officier de police judiciaire ou directeur du jury; — Par ces motifs, casse et annule l'ordonnance de traduction des frères Beaussard au jury d'accusation, et tout ce qui a suivi, pour contravention à l'art. 228 c. des dél. et des peines; casse spécialement le jugement rendu par le tribunal criminel du département de Seine-et-Marne, le 9 flor. dernier, pour fausse application de la loi pénale.
Du 5 therm. an 11.-C. C., sect. crim.-MM. Viellart, pr.-Rataud., rap.
(1) (Vignier C. min. pub.)—Le tribunal;—Vu l'art. 228 c. des dél. et des peines; — Vu l'art. 48 de la 2° sect. du tit. 2 de la 2° partie du code pénal; —Attendu que le fait imputé à Guillaume Vignier est d'avoir engagé un ami, décédé depuis, à se présenter devant le magistrat de sûreté, et à déclarer à ce magistrat qu'il avait vu Vignier acheter des souliers, qu'il était au contraire prévenu d'avoir volés; déclaration que le magistrat de sûreté refusa de recevoir, et qui ne constituait pas un faux témoignage dans un procès criminel, qui ne commence que lorsque le tribunal criminel est saisi par une accusation admise; que, par conséquent, Vignier ne pouvait être réputé provocateur du faux témoignage dans un procès criminel; — Que ceci résulte évidemment des termes mêmes de la loi, qui aggrave les peines dans le cas où serait intervenu condamnation à mort contre l'accusé dans le procès duquel le faux témoignage aurait été rendu; — Que cela résulte encore des précautions que prend la loi pour assurer la vérité des déclarations devant le tribunal criminel, puisqu'elle exige la prestation de serment devant ce tribunal; formalité qu'elle n'exige point pour les déclarations faites dans l'instruction préparatoire; — Casse.
Du 19 brum. an 12.-C. C., sect. crim.-MM. Viellart, pr.-Seignette, rap.

(2) 1re *Espèce :*—(Simon Manem C. min. pub.)—La cour; —Vu les art. 229 et 299 c. inst. crim.; — Considérant que le fait de subornation de témoins, considéré isolément, ne constitue point un crime; qu'il forme seulement un moyen de complicité (par provocation) du crime de faux témoignage; que la subornation de témoins ne peut donc être punissable qu'autant qu'elle se rattache à un faux témoignage réellement commis, ou à une tentative criminelle de faux témoignage; — Considérant qu'une déposition fausse ne peut constituer le crime de faux témoignage que lorsqu'elle est faite dans le débat d'après lequel il doit être prononcé définitivement sur le fait auquel la déposition se rapporte ; que ce principe est la conséquence de la combinaison des deux dispositions de l'art. 361 c. pén.; qu'il a été sagement établi, afin que les témoins qui, dans la première instruction auraient pu s'écarter de la vérité, ne fussent pas induits à persévérer dans le mensonge, par la crainte d'être poursuivis comme faux témoins; — Considérant, dans l'espèce, que les témoins que Simon Manem est prévenu d'avoir subornés, n'ont fait leurs déclarations que devant le juge de paix délégué par le directeur du jury de Riberac, dans l'instruction d'un procès criminel; que ces déclarations, fussent-elles fausses, ne pourraient pas constituer le crime de faux témoignage; qu'ainsi, la subornation, qui forme l'objet unique de la prévention, ne peut non plus constituer un fait punissable par la loi; que, néanmoins, la cour impériale devait ordonner la mise en liberté du prévenu, aux termes de l'art. 229 c. inst. crim.; — Que néanmoins ladite cour a, par son arrêt du 22 déc. 1812, renvoyé le prévenu devant la cour d'assises; d'où il suit que la demande en nullité de cet arrêt est fondée sur la juste application de l'art. 299, même code; — Casse, etc.
Du 18 fév. 1813.-C. C., sect. crim.-MM. Barris, pr.-Busschop, r.
2° *Espèce :*—(Hérisson, etc. C. min. pub.)—La cour;—Vu les art. 361, 362, 363 et 365 c. pén.; — Vu également l'art. 299 c. inst. crim.; — Considérant, en premier lieu, qu'il résulte de la combinaison des articles précités du code pénal, et notamment du rapprochement des deux dispositions de l'art. 361 avec l'art. 365, qu'une déposition fausse ne peut constituer le crime de faux témoignage que lorsqu'elle est faite dans les débats d'après lesquels il doit être prononcé définitivement sur le fait auquel la déposition se rapporte; — Que la loi l'a ainsi sagement établi, afin que les témoins qui, dans la première instruction, où leurs dépositions ne servent que de renseignements, auraient pu s'écarter de la vérité, ne fussent point induits à persévérer dans le mensonge, par la crainte d'être poursuivis comme faux témoins; — Considérant, en second lieu, que la subornation de témoins n'étant qu'un fait de complicité du crime principal de faux témoignage, il s'ensuit que là où il n'y a pas de crime de faux témoignage, il ne peut y avoir de crime de subornation; — Considérant, dans l'espèce, que le fait de prévention imputé à Brafin, Hérisson, Picquet et la fille Leroux, est d'avoir, dans la poursuite criminelle intentée contre les nommés Doullay et Fournier, fait une fausse déposition, soit devant le juge d'instruction chargé de ladite poursuite, soit devant les juges de paix par lui délégués; que la prévention contre Thibout est d'avoir suborné lesdits témoins;— Qu'aucun de ces faits n'étant réprimé par les lois pénales, ne pouvait donner lieu à une poursuite criminelle; d'où il suit que la demande en nullité formée par lesdits Brafin, Hérisson, Picquet, Leroux et Thibout, contre l'arrêt qui a prononcé leur renvoi devant la cour d'assises, est fondée sur la juste application de l'art. 299 précité c. inst. crim.; — D'après ces motifs, faisant droit sur ladite demande en nullité, casse, etc.
Du 26 avr. 1816.-C. C., sect. crim.-MM. Barris, pr., Busschop, r.

en matière criminelle, *soit contre l'accusé, soit en sa faveur*, sera puni de la peine des travaux forcés à temps. — Art. 362. Quiconque sera coupable de faux témoignage en matière correctionnelle, *soit contre le prévenu, soit en sa faveur*, sera puni de la réclusion. » — Dans quel ordre d'idées cette disposition prend-elle sa source? écoutons la cour suprême dans son arrêt du 25 fév. 1836 (V. n° 34-2°). — « Ce qui est, dit-elle, essentiellement constitutif de la criminalité du faux témoignage, c'est qu'il ait porté sur des faits relatifs à la prévention au sujet duquel il a été émis; cette circonstance élémentaire ne résulte pas suffisamment de la solution affirmative d'une question qui se borne à énoncer un *faux témoignage* (dans l'espèce en matière criminelle) sans spécifier, comme l'a voulu la loi, la relation de cette déclaration mensongère avec la personne du prévenu, ou le fait de la prévention; qu'en effet un témoin dans une instance correctionnelle (ou criminelle) a pu en imposer à la justice sur des points étrangers à la cause, et sans influence possible sur la décision du juge; que ce n'est point là le faux témoignage prévu par le législateur, et dont il a mesuré la peine à la gravité de l'atteinte portée, soit à l'intérêt des prévenus, soit à celui de la société; qu'ainsi la cour d'assises en refusant d'ajouter aux questions par elle posées les mots compris dans l'arrêt de renvoi et dans l'acte d'accusation, *en faveur des prévenus* a violé l'art. 362 (Cr. cass., 25 fév. 1836, aff. Schaumbourg, V. n° 34-2°).

34. Ainsi, pour que le crime de faux témoignage soit caractérisé en matière criminelle, correctionnelle ou de police, il faut d'après les termes formels de l'art. 361, et de l'art. 362, qu'il ait été rendu *contre* l'accusé ou le prévenu, ou *en sa faveur*; et cette circonstance doit être formellement déclarée constante par le jury, afin qu'il puisse y avoir lieu à condamnation. — En conséquence, lorsqu'il qui est déclaré simplement coupable de faux témoignage aux audiences d'une cour d'assises, d'un tribunal correctionnel ou d'un tribunal de police, ne peut être condamné aux peines portées par les art. 361 et 362 c. pén., parce qu'il n'a pas été déclaré coupable dans les termes et avec les circonstances énoncées dans ces articles, ce qu'il n'est pas dit si son faux témoignage est contre l'accusé ou le prévenu, ou en

sa faveur, et qu'ainsi il ne présente pas le caractère de criminalité déterminé par la loi. La raison en est que le faux témoignage peut tomber sur un fait indifférent et qu'alors il ne saurait être criminel (Conf. MM. Hélie et Chauveau, t. 4, p. 451). — Il a été jugé dans ce sens : 1° que le faux témoignage, pour être caractérisé, devant être rendu contre l'accusé ou en sa faveur, cette circonstance doit être déclarée formellement constante par le jury : en effet, le faux témoignage peut tomber sur un fait indifférent, et alors il ne saurait être criminel (Crim. cass. 4 juill. 1825; 21 sept. 1827 (1); 29 nov. 1816, MM. Barris, pr., Lecoutour, rap., aff. Lescauf; 30 janv. 1823, M. Aumont, rap., aff. Champion; 19 juin 1823, MM. Barris, pr., Gaillard, rap., aff. Mangin; 7 août 1825, aff. Roger et autres C. min. publ.; 10 août 1827, MM. Portalis, pr., Merville, rap., aff. Garaux; 4 janv. 1834, MM. de Bastard, pr., Rocher, rap., aff. Petit);— 2° Que les cours d'assises doivent, lorsqu'il s'agit d'une accusation de faux témoignage, spécifier, dans les questions qu'elles posent, si le faux témoignage a pour objet de favoriser un accusé ou de lui porter préjudice; d'où il suit que la solution affirmative d'une question qui se bornerait à énoncer un faux témoignage en matière correctionnelle n'aurait pas pour effet de purger l'accusation (Crim. cass. 25 fév. 1836) (2).

35. MM. Chauveau et Hélie, t. 4, p. 452, critiquent la législation qui n'établit aucune différence entre deux cas qui sont loin d'être identiques. Le faux témoignage en faveur du prévenu, disent-ils, n'est le plus souvent qu'un acte de faiblesse ou de fausse humanité; le faux témoignage qui se commet au préjudice du prévenu a un caractère tout différent, il ne peut être que l'œuvre de la haine ou de la vengeance; c'est un assassinat moral, c'est le plus lâche et le plus odieux des crimes... Ils concluent de là que la même peine ne devrait pas atteindre des faits très-différents, et ils citent les codes de Sardaigne (art. 378), de Prusse (art. 1412), du Brésil (art. 169), qui n'ont pas établi pour ces deux cas la même peine. — Ces observations sont très-graves sans doute, mais l'orateur au corps législatif les avait prévues. « En convenant, disait-il, que ces crimes ne présentent pas la même atrocité dans le résultat, il faut cependant convenir

---

(1) 1re *Espèce* : — (Rolland, etc. C. min. pub.) — LA COUR; — Vu l'art. 362 c. pén., et l'art. 410 c. inst. crim.; — Attendu que Marie-Joséphine Rolland, Jeanne-Marie Guilloux, Marie Gargam, femme Tourond, Mélanie-Désirée Doublé, femme Legoff, étaient accusées, par arrêt de la chambre des mises en accusation de la cour royale de Rennes, du 14 avril dernier, du crime de faux témoignage en matière correctionnelle, crime qualifié par l'art. 362 c. pén.; et Étienne-Antoine Doublé, d'avoir également commis le même crime de faux témoignage en matière correctionnelle, après qu'il aurait reçu des promesses pour le commettre, crime aggravé par cette dernière circonstance, d'après l'art. 364 c. pén.; — Attendu que les faits énoncés dans cet arrêt il résultait que le faux témoignage qui formait l'objet de l'accusation et du renvoi avait été porté en faveur de la prévenue, que ce crime était ainsi explicitement fixé et déterminé dans le résumé de l'acte d'accusation; que cependant le président de la cour d'assises n'a présenté au jury que la seule question, séparément pour chacun des accusés, s'il était coupable d'avoir porté un faux témoignage en matière de police correctionnelle, sans faire mention s'il avait eu lieu contre ou contre la prévenue, et qu'ainsi la question était incomplète; qu'elle ne présentait pas le fait de l'art. 362 c. pén.; que cependant, sur les réponses du jury conformes aux questions, la cour d'assises a prononcé contre les accusés la peine portée dans ledit article; en quoi elle a faussement appliqué au lit pénale; — D'après ces motifs, casse et annule les questions et les réponses du jury, ainsi que l'arrêt du conseil du 4 janvier dernier.
Du 4 juill. 1825.-C. C., sect. crim.-MM. Barris, pr.-Brière, rap.

2° *Espèce* : — (Ventejoux, etc. C. min. pub.) — LA COUR; — Attendu que, d'après l'art. 361 c. pén., il n'y a de faux témoignage en matière criminelle, passible de la peine prononcée par cet article, que celui qui est porté contre un accusé ou en sa faveur, que si la déclaration fausse faite devant la justice, mais non accompagnée de l'une de ces circonstances, est réprouvée par la morale, néanmoins elle n'est pas punie par la loi; que, par conséquent, elle rentre dans la classe des faits, à raison desquels les cours d'assises doivent, d'après l'art. 364 c. inst. crim., prononcer l'absolution de l'accusé; qu'ainsi, dans l'espèce, où les demandeurs étaient déclarés coupables d'un faux témoignage en matière criminelle, sans s'expliquer si ce faux témoignage était porté contre les accusés ou en leur faveur, la cour d'assises, en les condamnant aux travaux forcés à temps, au lieu de prononcer leur absolution, a violé l'art. 364 c. inst. crim. et faussement appliqué l'art. 361 c. pén.; Mais attendu que, dans l'exposé des faits, l'acte d'accusation ne rela-

tait pas la circonstance de la perpétration du faux témoignage en faveur des prévenus, énoncée dans les considérants de l'arrêt de renvoi; que, par cette omission, il a violé les dispositions du n° 2 de l'art. 241 c. inst. crim.; que, par suite, les faits et les circonstances de l'accusation énoncés dans le considérant de l'arrêt et qui sont constitutifs de l'accusation, n'ont pas formé la matière de la position des questions et de la déclaration du jury; que, dès lors, l'accusation n'a pas été purgée, d'où résulte la nécessité d'ordonner, par suite de la cassation de l'arrêt et de celle de l'acte d'accusation, qu'il soit procédé à un nouvel acte d'accusation et à de nouveaux débats; — Casse l'arrêt de la cour d'assises du département de la Corrèze, du 21 août dernier, etc.
Du 21 sept. 1827.-C. C., ch. crim.-MM. Ollivier, pr.-Clausel, rap.

(2) (De Schaumbourg C. min. pub.) — LA COUR; — Vu l'art. 363 c. pén., modifié par l'art. 80 de la nouvelle promulgation, dans la colonie de la Martinique, de la loi du 28 avr. 1832; — Attendu que si, aux termes de cet article, le faux témoignage présente la même gravité pénale, soit qu'il ait eu lieu en faveur d'un accusé, soit qu'il ait eu pour but lui porter préjudice, il n'y a, il s'ensuit pas, comme l'a prétendu l'arrêt incident rendu par la cour d'assises du Fort-Royal, le 23 nov. 1835, qu'il soit inutile d'appeler sur ce point la décision de la juridiction répressive;—Attendu, au contraire, que ce qui est essentiellement constitutif de la criminalité du faux témoignage, c'est qu'il ait porté sur des faits relatifs à la prévention au sujet de laquelle il a été émis; que cette circonstance élémentaire ne résulte pas suffisamment de la solution affirmative d'une question qui se borne à énoncer un faux témoignage en matière correctionnelle, sans spécifier, comme l'a voulu la loi, et comme l'avaient indiqué, dans l'espèce, le dispositif de l'arrêt de renvoi et le résumé de l'acte d'accusation, la relation de cette déclaration mensongère avec la personne du prévenu ou le fait de la prévention;— Attendu, en effet, qu'un témoin, dans une instance correctionnelle, a pu en imposer à la justice sur des points étrangers à la cause et sans influence possible sur la décision du juge; que ce n'est point là le faux témoignage prévu par l'article précité et dont il a mesuré la peine à la gravité de l'atteinte portée soit à l'intérêt du prévenu, soit à celui de la société, qu'ainsi, la cour d'assises du Fort-Royal de la Martinique, en refusant d'ajouter, aux questions par elle posées, ces mots compris dans l'arrêt de renvoi et dans l'acte d'accusation: en faveur des prévenus Prévoteau, a violé ledit art. 362; et que, par suite, l'accusation n'a point été purgée;— Casse.
Du 25 fév. 1836.-C. C., ch. crim.-MM. Bastard, pr.-Rocher, rap.

10

qu'ils tendent au même but, qu'ils induisent également la justice en erreur et qu'ils renferment le même parjure. A l'exemple de l'assemblée constituante, les auteurs du projet ont dû se montrer également sévères dans les deux cas pour tenir une juste balance entre l'intérêt de la société et celui des individus, et pour ne pas prévenir les effets d'une trop commune tendance à sauver un accusé aux dépens de la vérité, et redresser par la crainte des châtiments cette fausse direction d'une sensibilité aussi déplacée que dangereuse. » — L'orateur signale en effet ici la maladie de notre époque en fait de témoignage. La sainteté du serment ayant perdu la plus grande partie de sa puissance, la plupart des témoins cèdent le plus souvent à des considérations personnelles; ils se félicitent de pouvoir être indulgents, et rendre un service à un malheureux, quelquefois plus imprudent que coupable; de là ces nombreuses capitulations de conscience dans les dépositions. Néanmoins, si l'on arrivait à une révision du code pénal, nous pensons, comme MM. Chauveau et Hélie, qu'il y aurait lieu d'établir une différence dans la peine, en raison de celle qui existe dans la criminalité.

36. Une tentative de faux témoignage est-elle punissable comme le crime consommé? — Non; car tant que les débats ne sont pas clos, le témoin peut rétracter sa déposition; la déposition d'abord fausse s'évanouit tout entière au moment de la rétractation avant la clôture des débats : il ne peut donc pas exister de tentative en pareille matière. Les débats fermés, ce n'est plus une tentative qu'on a à poursuivre, c'est le crime même, lequel est punissable, non comme tentative, mais comme crime, s'il est prouvé (Conf. MM. Hélie et Chauveau, t. 4, p. 443, 447).— Les différentes parties d'une déposition constituent un tout indivisible. Comment donc apprécier, disent MM. Chauveau et Hélie (eod.), comment incriminer une partie d'une déposition qui n'est pas terminée; le témoin ne pouvait-il, en l'achevant, revenir sur cette partie, l'expliquer, la modifier? Pour inculper son témoignage, il faut qu'il soit complet, il faut que sa pensée soit définitivement formulée.

(1) 1re *Espèce* : — (Verdon, etc. —Intérêt de la loi.)—Verdon, Sorin et Grellier ont été envoyés sous l'accusation de crime de faux témoignage, devant la cour d'assises de la Haute-Vienne, par arrêt de la chambre d'accusation de la cour de Limoges, rendu le 26 juin 1858, dans les circonstances et par les motifs que voici :—« Attendu qu'une déposition faite sciemment contre la vérité, en faveur de l'accusé, dans le cours des débats, ou contre lui, constitue le crime de faux témoignage (ainsi jugé le 5 janv. 1811, au rapport de M. Favard de Langlade);— Attendu que, à l'audience du 11 mai 1858, de la cour d'assises de la Haute-Vienne, où Jean Perrochain était accusé d'assassinat sur la personne de son beau-père et de sa belle-sœur, et de vol, Louis Verdon, Auguste Robin, François Sorin et Alexandre Grellier ont persisté à soutenir, ainsi qu'ils l'avaient déposé devant le juge d'instruction, que le jeudi 18 mai 1857, ils avaient connaissance, d'une manière certaine, que ledit Jean Perrochain était resté à Bation, lieu de son domicile, pendant toute la journée;— Attendu qu'ils ont rapporté plusieurs faits, plusieurs circonstances, dont quelques-unes semblaient incriminer le caractère de Perrochain afin de rendre leurs dépositions plus vraisemblables sur le fait capital de l'alibi invoqué par l'accuse; qu'en vain M. le président des assises, M. l'avocat général, le défenseur lui-même, ont cherché, par tous les moyens légitimes, à les porter à dire la vérité; en vain cette vérité, sortie de la bouche d'un grand nombre de témoins justifiant que Perrochain, le même jour 18 mai 1857, était à la foire de Saint-Pierre-du-Chemin, à une distance de 4 lieues de son habitation, et y était resté une partie de la journée; que les témoins Verdon et consorts ont persévéré avec une désespérante opiniâtreté à soutenir la fausseté de leurs dépositions faites aux jurés; que c'est en cet état de choses que, sur les réquisitions du ministère public, M. le président de la cour d'assises, usant des pouvoirs qui lui sont conférés par l'art. 350 c. inst. crim., a ordonné successivement que les témoins Verdon, Sorin, Robin et Grellier seraient mis en état d'arrestation;

« Attendu que, dès l'instant où ce mandat d'arrêt ou de dépôt a été lancé contre ces individus, il n'a plus été au pouvoir de M. le président des assises d'ordonner leur mise en liberté; car ce mandat doit être considéré comme un acte d'instruction qui, aux termes de l'art. 300 ci-dessus indiqué, doit être continué à la requête du procureur-général et par les soins de M. le président ou du conseiller par lui commis pour remplir à l'égard des inculpés les fonctions de juge instructeur; que c'est la cour royale qui est désormais saisi de cette procédure, et qu'à elle seule il appartenait de statuer sur la mise en accusation d'après les termes du dernier alinéa de l'art. 350 précité; qu'à la vérité il est facultatif au président d'ordonner ou de ne pas ordonner l'arrestation

Il a été jugé en ce sens que la déposition mensongère faite même dans le cours des débats ne constitue pas le faux témoignage, si elle a été rétractée avant la clôture des débats. — « Attendu, dit la cour de cassation, que les différentes parties d'une déposition forment un tout indivisible ; qu'elle ne doit être considérée comme complète et irrévocable que lorsque les débats de l'affaire à laquelle elle se rapporte ont été définitivement clos;— Attendu qu'en rétractant une déclaration mensongère avant qu'elle ait porté à la société, ou au prévenu, un préjudice irréparable, le témoin qui l'a émise en a volontairement détruit l'effet;—Attendu que la loi, dans ses dispositions sur le faux témoignage, n'a point séparé cet acte des conséquences qui y sont attachées; qu'il ressort de la corrélation des deux paragraphes de l'art. 361 c. pén., qu'elle ne le répute faux qu'autant qu'il devient un élément de la décision à intervenir; qu'ainsi, lorsque la volonté qui l'a produit, en prévient les résultats en temps utile, les deux caractères essentiels du crime de faux témoignage, savoir : le fait d'avoir trompé la justice, et la possibilité du dommage résultant de ce fait, ont également cessé d'exister ;— Et attendu que, dans l'espèce, la cour royale de Rennes, chambre des mises en accusation, en déclarant qu'il ne ressortait pas de la procédure des charges et indices suffisants pour accuser Jean Beaucé de s'être rendu coupable de faux témoignage en matière correctionnelle, en faveur d'un prévenu, à l'audience du tribunal de première instance de Fougères, du 2 mai 1833, parce que ce témoin s'était rétracté avant le jugement, n'a violé aucune loi, et s'est, au contraire, conformée aux principes sur la matière ; — Rejette (Crim. rej., 4 juill. 1833, MM. Bastard, pr., Rocher, rap., aff. min. pub. C. Beaucé).

37. Et il en est ainsi, bien que cette rétractation ait eu lieu après la mise en arrestation du témoin, et à une audience postérieure à celle où la fausse déposition a été faite (Cr. cass. 19 avr. 1839 ; 22 juill. 1843 (1) ; Paris, ch. d'acc. 15 mars 1858, aff. min. pub. C. Colson).

38. Toutefois, il a été décidé : 1º sous le code de l'an 4,

requise par le ministère public ; mais, si cette mesure a été ordonnée, une instruction qui ne peut plus être appréciée définitivement que par la cour royale, chambre des mises en accusation ; — Que l'art. 351 met de plus en plus cette doctrine en évidence, puisqu'il permet que l'affaire sur le fait principal soit renvoyée aux prochaines assises pendant l'instruction sur le faux témoignage;
» Attendu que, le lendemain de leur incarcération, les inculpés Verdon, Robin, Sorin et Grellier ont déclaré à la cour d'assises que, la veille, ils n'avaient pas dit la vérité; que ce n'était pas le jeudi 18 mai 1857, jour de la foire de Saint-Pierre-du-Chemin, qu'ils avaient vu Jean Perrochain à son domicile pendant toute la journée, mais bien la veille mercredi 17 mai, et qu'ils ont allégué pour motifs de ce mensonge les uns, un défaut de mémoire, les autres, la crainte que leur inspirait le caractère violent de l'accusé; — Attendu que cette rétractation ne saurait effacer le caractère de criminalité qui s'attache à la fausseté de leurs dépositions soutenues avec une persévérante audace à l'audience de la veille, que ce n'est pas volontairement et de bonne foi que cette contradiction dans leurs témoignages a eu lieu; qu'ils ont cédé soit à la crainte d'une poursuite criminelle déjà commencée, soit à l'effroi du châtiment qui pourrait en être la suite, soit même au désespoir de ne pouvoir, malgré leurs coupables efforts, soustraire à la justice un grand coupable, qu'alors le crime de faux témoignage était consommé; qu'il avait frappé la cour et le public d'un grand scandale;
» Attendu qu'on ne saurait admettre que, tant que le débat n'est pas clos définitivement, les témoins peuvent toujours varier dans leurs dépositions avec impunité ; que la loi condamne une maxime aussi absolue ; que la loi 16, D. *De testibus*, porte : *Qui falsè vel variè testimonia dixerunt à judicibus competentibus puniantur* ; que des dépositions faites, en différents temps, sur des faits différents et contraires entre eux, et sous des influences diverses, ne constituent pas les parties d'une seule et même déposition qui soit indivisible, mais bien des dépositions distinctes et dissemblables ; que la rétractation d'un témoignage mensonger n'en efface pas toujours l'effet, puisqu'il porte nécessairement le trouble dans la marche de la justice, et le scandale dans la société ; qu'il ne suffit pas que le prévenu ou la société puissent en éviter les funestes effets pour que le faux témoignage ne soit pas punissable, car le système contraire favoriserait ouvertement la fraude et l'immoralité; qu'à la vérité, d'après l'art. 361 c. pén., la condamnation de l'accusé peut bien, en certains cas, devenir une circonstance qui fasse aggraver la peine contre le faux témoin, mais que l'absence de cette circonstance ne fait pas disparaître la criminalité du faux témoignage ; que le crime de faux témoignage existe du moment où le faux témoignage a été

que la rétractation du témoin qui a fait une déposition fausse

porté, quoique le jugement sur le fait principal n'ait pas été rendu ;
» Attendu que, si la déposition d'un témoin est l'œuvre de l'erreur
que celui-ci vient spontanément et librement rectifier devant la justice,
on conçoit qu'une pareille rétractation puisse ôter le caractère de criminalité à son témoignage, mais qu'il n'en a pas été ainsi de la part
des inculpés Verdon, Robin, Sorin et Grellier ; qu'ils n'ont mis ni bonne
foi ni bonne volonté à changer leurs dépositions, et que le retour tardif
et contraint à la vérité ne peut leur être plus favorable que ne serait
la restitution de la chose volée de la part du voleur poursuivi par la
justice ; — Attendu que le crime de faux témoignage attaque l'ordre
social dans ses fondements ; qu'il se multiplie d'une manière effrayante,
et que les magistrats doivent s'armer d'une juste sévérité pour en prévenir autant que possible les effets désastreux et en réprimer les auteurs. »
En exécution de cet arrêt, les accusés ont été traduits devant la
cour d'assises de la Haute-Vienne, qui les a condamnés, par arrêt du
8 mai 1858, à deux et trois ans de prison.
Les condamnés ne se sont pas pourvus contre cet arrêt.—Mais M. le
procureur-général à la cour de cassation, sur l'ordre formel qui lui a
été donné par M. le ministre de la justice, a dénoncé à la chambre criminelle l'arrêt de la cour d'assises de la Vienne comme contraire à la
loi.— Arrêt (apr. long. délib. en ch. du cons.).
La cour ; — Vu l'art. 441 c. inst. crim. ;— Vu aussi l'ordre formel
donné par M. le garde des sceaux, ministre de la justice, en date du 7
mars 1859, au procureur général près la cour, pour qu'il dénonce à la
chambre criminelle l'arrêt de la chambre des mises en accusation de la
cour royale de Limoges, du 26 juin 1858, et l'arrêt de la cour d'assises
du département de la Haute-Vienne, du 8 août de la même année, et
pour qu'il requière l'annulation de ces arrêts, comme contenant une
fausse interprétation et une fausse application de l'art. 361 c. pén. ; —
Vu le réquisitoire du procureur général du roi, présenté conformément
audit ordre du ministre de la justice, et tendant à la cassation desdits
arrêts ;
En ce qui touche la demande en cassation de l'arrêt de la chambre
des mises en accusation de la cour royale de Limoges, du 26 juin 1858 ;
— Attendu, en fait, que ledit arrêt a reconnu et déclaré qu'il est établi
que Louis Verdon, Auguste Robin, François Sorin et Alexandre Grellier
ont constamment persisté à soutenir, à l'audience du 11 mai 1858 de
la cour d'assises de la Haute-Vienne, qu'ils avaient vu l'accusé Perrochain pendant toute la journée du jeudi 13 mai 1857 dans sa demeure,
à Bation, tandis qu'il a été prouvé que, ce jour-là même, Perrochain
était allé à la foire de Saint-Pierre-du-Chemin, à 4 lieues de son domicile, avait couché chez son beau-père, dont la demeure se trouve sur
le trajet de Bation à Saint-Pierre, et n'est rentré que le lendemain
chez lui, après avoir commis le crime dont il a été convaincu ; — Qu'ils
ont persisté dans ce mensonge criminel, malgré les exhortations les plus
pressantes, les plus propres à leur faire reconnaître leur faute et à les
porter à se rétracter ;— Que ce n'est qu'après que des mandats d'arrêt
ont été lancés contre eux, que sous l'impression de la crainte des châtiments qu'ils avaient encourus, et désespérant d'égarer la justice et de
lui soustraire un grand coupable, qu'ils ont déclaré le lendemain, après
avoir passé la nuit en prison, que c'était le mercredi 17 mai 1857, et
non le 18 mai jeudi, qu'ils avaient vu Perrochain rester chez lui toute
la journée ;—Qu'il ressort de toutes les circonstances qui ont environné
cette rétractation qu'il n'y a eu de la part de Verdon, Robin, Sorin et
Grellier ni bonne foi ni bonne volonté à la faire ;
Attendu que se fondant sur les faits ci-dessus énoncés, l'arrêt attaqué a renvoyé lesdits Verdon, Robin, Sorin et Grellier, devant la
cour d'assises du département de la Haute-Vienne, comme coupables de
faux témoignage en matière criminelle à l'audience du 11 mai 1858 de
la cour d'assises de la Haute-Vienne, jugeant l'affaire Perrochain, pour
avoir déposé qu'ils avaient vu Perrochain, pendant toute la journée dans
sa demeure à Bation, tandis qu'il a été prouvé que, ce jour-là même,
Perrochain était allé à la foire de Saint-Pierre-du-Chemin, à 4 lieues
de son domicile, avait couché chez son beau-père, dont la demeure
se trouve sur le trajet de Bation à Saint-Pierre, et n'était rentré que
le lendemain chez lui, après avoir commis le crime dont il a été convaincu ;
Attendu qu'il résulte de l'arrêt attaqué, ainsi que du procès-verbal
des débats dressé dans l'affaire Perrochain que la rétractation des dépositions fausses faites par Verdon, Robin, Sorin et Grellier, ont eu lieu
le lendemain même du jour où ces dépositions avaient été faites, et
avant la clôture des débats ; que néanmoins malgré cette rétractation faite en temps utile, ledit arrêt a renvoyé les individus susnommés devant la cour d'assises de la Haute-Vienne, comme accusés de
faux témoignage en matière criminelle, crime prévu par l'art. 361
c. pén.,
Attendu, en droit, qu'on ne peut considérer comme constituant le
crime de faux témoignage en matière criminelle, prévu par l'art. 361 c.
pén., la déposition contraire à la vérité faite volontairement par un

ne constitue qu'un cas d'excuse qui motive une atténuation de

témoin devant une cour d'assises, s'il a rétracté cette déposition avant
la clôture des débats ;— Qu'en effet, les différentes parties d'une déposition forment un tout indivisible qui ne peut être considéré comme
complet, et recevoir la qualification légale de témoignage, qu'autant
qu'il est devenu irrévocable, c'est-à-dire lorsque les débats de l'affaire,
à laquelle cette déposition se rapporte, ont été définitivement clos ; parce
qu'en rétractant une déposition mensongère avant qu'elle ait porté à la
société ou à l'accusé un préjudice irréparable, le témoin, par son retour à la vérité, a volontairement effacé les conséquences funestes que
sa déposition fausse aurait pu avoir ; — Qu'il serait aussi difficile que
dangereux d'examiner si cette rétractation a été l'effet de la crainte
des peines portées par la loi contre le faux témoignage, ou si elle a été
le résultat d'un remords salutaire ou du souvenir recueillis et coordon-
nés avec plus de maturité et de réflexion, et qu'il suffit que la rétractation de la fausse déclaration ait été faite en temps utile pour que le
crime de faux témoignage n'existe pas ;
Attendu qu'en jugeant le contraire, l'arrêt de la cour royale de Limoges (chambre des mises en accusation), et en renvoyant les nommés
Verdon, Robin, Sorin et Grellier devant la cour d'assises de la Haute-
Vienne, comme accusés du crime de faux témoignage en matière criminelle, cet arrêt a faussement interprété l'art. 361 c. pén., et en a fait
une fausse application ; que, par conséquent, il doit être annulé ;
En ce qui touche la demande en cassation de l'arrêt de la cour d'assises du département de la Haute-Vienne, du 8 août 1858 ;— Attendu
que ledit arrêt portant condamnation à trois années d'emprisonnement
contre Louis Verdon, et à deux ans de la même peine contre Auguste
Robin, François Sorin et Alexandre Grellier, comme coupables de faux
témoignage en matière criminelle, en faveur de l'accusé Perrochain,
mais avec des circonstances atténuantes, est fondé sur les réponses
affirmatives du jury aux questions qui lui avaient été posées en conformité de l'arrêt de mise en accusation pour crime de faux témoignage ;
— Qu'il se trouve par conséquent entaché de la même erreur de droit
et du même vice d'illégalité que ledit arrêt de mise en accusation, en
ce qu'il a fait aux accusés une fausse application de l'art. 361 c. pén. ;
— Qu'il doit donc être cassé, ainsi que la position des questions, l'acte
d'accusation et les réponses du jury qui ont servi de base à cet arrêt;
— ... Par ces motifs, casse.
Du 10 avr. 1859.-C. C., ch. crim.-MM. Bastard, pr.-Dehaussy, rap.
Nota que la même arrêt, la cour déclare que la cassation profitera
aux condamnés (V. Cassation, n° 1059).
2° Espèce : — (Perrot et autres.) — La cour ; — En ce qui concerne
le pourvoi formé par le procureur général contre l'arrêt susdaté, et le
moyen tiré de la violation prétendue des art. 362 et 365 c. pén. ; —
Sur le chef relatif au faux témoignage ; — Attendu qu'il résulte des faits
déclarés par l'arrêt attaqué que Jean-Claude Perrot, dit Balin, et Jean
Vienet, ont, à l'audience du tribunal correctionnel de Besançon du
1er juin 1845 dans une affaire de police correctionnelle suivie contre
Joseph Perrot, fait, sous la foi du serment, une déposition fausse en faveur dudit Perrot ; que cette déposition suspectée de fausseté, ayant
donné lieu à leur arrestation, les débats de l'affaire dans laquelle ils
avaient déposé ayant été continués au 18 juin, ces deux témoins rétrac-
tèrent, le 1er et le 22 juin, les dépositions par eux faites, et avouèrent
qu'ils n'avaient pas dit la vérité à l'audience correctionnelle du 1er juin,
et que c'était aux pressantes sollicitations et aux promesses de Joseph
Perrot, dit Dégagé, qu'ils auraient cédé en faisant une déposition contraire à la vérité ; qu'à l'audience du 10 juin, à laquelle la continuation
des débats avait été indiquée et qui était la dernière, ils ont répété leurs
aveux contenant rétractation des faits par eux affirmés à l'audience du
1er juin ; que ces rétractations ont eu lieu avant la clôture des débats
sur l'action correctionnelle en répression d'un outrage public à la pudeur
commis par Joseph Perrot, dit Dégagé, lequel a été condamné le même
jour, 10 juin, à quatre mois d'emprisonnement ;
Attendu, en droit, qu'il est de principe que les différentes parties
d'une déposition forment un tout indivisible ; qu'elle ne doit être considérée comme complète et irrévocable que lorsque les débats de l'affaire à
laquelle elle se rapporte, ont été définitivement clos ; — Qu'en
rétractant une déclaration mensongère avant qu'elle ait porté à la société
ou au prévenu un préjudice irréparable, le prévenu en a
volontairement détruit l'effet ; — Attendu que la loi dans ses dispositions sur le faux témoignage n'a pas séparé cet acte des conséquences
qui y sont attachées ; — Qu'il ressort de la corrélation des deux paragraphes de l'art. 361 c. pén., qu'elle ne le répute criminel qu'autant
qu'il devient un élément de la décision à intervenir ; qu'ainsi, lorsque
la volonté qui l'a produit en prévient les résultats en temps utile, les
deux caractères essentiels du crime de faux témoignage, savoir, le fait
d'avoir trompé la justice et la possibilité du dommage résultant de ce
fait, ont également cessé d'exister ; — Attendu qu'il résulte de cette doctrine que la chambre des mises en accusation de la cour royale de Besançon, en déclarant que les faits imputés à Jean-Claude Perrot, dit
Balin, et à Jean-Pierre Vienet, n'avaient pas le caractère légal de faux

]a peine (Crim. rej. 19 nov. 1807) (1) ; — 2° Sous le code d'instruction criminelle, que le fait seul du faux témoignage suffit pour entraîner l'application des peines portées par les art. 362 et suiv. du code pénal, bien que le jugement sur le principal n'ait pas été rendu, et que l'accusé ait spontanément reconnu avoir fait une fausse déposition (Paris, 16 août 1836, aff. Ferrey, V. n° 66.) ; —3° Que la rétractation d'un faux témoignage est tardive, lorsqu'elle n'intervient qu'après que des poursuites ont été ordonnées contre le témoin, et cela encore bien que les débats sur le fait principal n'aient pas été définitivement clos, et qu'il ait été seulement sursis pendant l'instruction sur le faux témoignage (c. pén. 361; c. inst. crim. 330, 331). ...Il n'en est pas de cette hypothèse comme de celle où la rétractation intervient spontanément, avant toute poursuite (Liége, 10 juill. 1856, aff. min. pub. C. Lamarche, D. P. 57. 2. 169). — Mais cette doctrine, enseignée aussi par plusieurs auteurs (V. Merlin, Rép., v° Faux témoignage, n° 12 ; Carnot, c. pén., art. 361, n° 25 ; Bourguignon, même art., n° 5 ; Legraverend, t. 1, p. 124 ; Le Sellyer, t. 1, n° 33), ne saurait prévaloir contre la jurisprudence si fortement motivée de la cour de cassation.

39. Y aurait-il faux témoignage dans le cas où le témoin tomberait en défaillance avant d'avoir terminé sa déposition ? — M. Legraverend, *loc. cit.*, considère ce fait comme une simple tentative, et comme il admet que la tentative de faux témoignage est punie comme le crime lui-même, il enseigne, en conséquence, que dans le cas prévu, les peines des art. 361 et suiv. devront être appliquées. — A ce point de vue l'opinion de M. Legraverend n'est pas acceptable, en raison des considérations émises au numéro précédent. — Mais ne devrait-on pas regarder, dans

l'espèce, la déposition interrompue par la défaillance comme un faux témoignage entièrement consommé? Nous ne le pensons pas. S'il paraît hors de doute que le témoin qui, *après avoir achevé* sa déposition mensongère, est obligé, par une cause quelconque, de quitter l'audience, et perd par là la faculté de se rétracter, ne cesse pas pour cela d'être punissable, il semble qu'il faut décider autrement, lorsque le témoin est tombé en défaillance *avant* d'avoir fini sa fausse déposition ; car, dans ce cas, le crime n'a pas été consommé, et la fausseté du témoignage ne peut être suffisamment appréciée (Conf. MM. Hélie et Chauveau, t. 4, p. 446).—Toutefois, il a été jugé, contrairement à cette opinion, que le témoin qui fait devant un tribunal correctionnel une fausse déclaration avec discernement et dans l'intention de favoriser le prévenu, commet un faux témoignage, et il ne peut être acquitté sous le prétexte qu'avant d'avoir achevé sa déposition il était tombé en défaillance (Crim. cass. 28 fév. 1811) (2).

40. En tout cas, le crime doit être réputé consommé lorsque le faux témoignage n'a pas été rétracté avant que la cour d'assises, soupçonnant la sincérité de la déposition, ait prononcé le renvoi de l'affaire à une autre session, conformément aux art. 330 et 331 c. inst. crim. (MM. Hélie et Chauveau, t. 4, p. 448).

— Décidé, en ce sens, que le faux témoin dont le témoignage était *favorable* à l'accusé peut être mis en accusation, jugé et condamné avant même le jugement de l'accusation originaire qui a été renvoyé à une autre session par la cour d'assises : vainement on dirait que le faux témoin aurait pu rétracter sa première déclaration dans les nouveaux débats (Crim. rej. 18 fév. 1841) (3).

41. Le faux témoignage commis à l'audience est également

---

témoignage parce que ces témoins s'étaient rétractés avant la clôture des débats, n'a violé aucune loi ; — Sur le chef de prévention de subornation de témoins à l'égard de Joseph Perrot, dit Dégagé ; — Attendu que la subornation de témoins n'étant qu'un fait de complicité du crime principal de faux témoignage, il ne peut y avoir de crime de subornation, là où il n'y a pas de faux témoignage ; — Que, par conséquent, l'arrêt attaqué, en déclarant que l'absence de criminalité dans les actes de Jean-Claude Perrot, dit Balin, et de Jean-Pierre Vienet, mettant obstacle à toutes poursuites pour complicité de subornation contre Joseph Perrot, dit Dégagé, et en prononçant, en conséquence qu'il n'y avait lieu à suivre lui, n'a pas violé l'art. 365 c. pén., et en a fait au contraire une juste application ; — Rejette, etc.

Du 22 juill. 1843.-C. C., ch. crim.-MM. Crouseilhes, pr.-Dehaussy, r.

(1) *Espèce* — (Lorrain C. min. publ.) — Le 25 juill. 1807, Marguerite Ferron, femme de Joseph Lorrain, est condamnée à trois jours d'emprisonnement par jugement par défaut du tribunal de police de Joinville. — Elle forme opposition à ce jugement et produit pour témoin Thiery, qui, suborné par les promesses de Joseph Lorrain, dépose à décharge. Sur les observations du juge de paix, il se rétracte. — Procès-verbal est dressé par le juge de paix ; — Thiery et Joseph Lorrain sont mis en accusation, le premier comme faux témoin, le second comme l'ayant suborné. Ils sont traduits devant la cour de justice criminelle de la Haute-Marne. Arrêt du 15 oct. 1807, qui, attendu, 1° que Thiery est convaincu d'avoir fait un faux témoignage à l'audience de police tenue par le juge de paix du canton de Joinville ; 2° qu'il est constant qu'à la même audience il a rétracté ce faux témoignage ; 3° que cette rétractation le rend excusable ; 4° que Joseph Lorrain est convaincu d'avoir provoqué par dons et promesses le faux témoignage de Thiery ; condamne Thiery à quinze mois d'emprisonnement, d'après l'art. 356 c. 5 brum. an 4, et Lorrain à six années de gêne, lui appliquant l'art. 47 c. pén., relatif au faux témoignage en matière civile. — Lorrain se pourvoit en cassation, et prétend : 1° que l'art. 47 c. pén. ne parlant que du faux témoignage en matière civile, ne peut être étendu aux matières de simple police ; 2° que le faux témoignage porté par Thiery, n'ayant nui à personne, n'a pu donner lieu aux poursuites du ministère public ; 3° que la question intentionnelle n'a pas été posée par la cour de justice criminelle, et que, dès lors, il y a violation de l'art. 575 c. 3 brum. an 4 ; 4° enfin, que l'excuse admise en faveur de Thiery, accusé principal, a dû nécessairement être étendue à lui Lorrain, qui par sa provocation ne s'était rendu que son complice. — Arrêt.

La cour ; — Attendu, 1° que le faux témoignage devant un tribunal de police rentre dans l'application des dispositions du code pénal sur le faux témoignage ; — Que ce crime existe et mérite punition, par cela seul qu'il nuit à l'exercice de l'action publique, quoiqu'il n'en puisse résulter aucun dommage privé envers un individu ; — Attendu, 2° qu'il n'y a lieu à la position de la question intentionnelle que lorsqu'elle résulte de la nature même du délit ou de la défense de l'accusé ; mais que

la moralité criminelle est intrinsèque à la provocation d'un faux témoignage ; — Attendu, 5° que si la peine a été modifiée, dans l'espèce actuelle, en faveur de l'accusé principal, c'est qu'il a été déclaré un fait d'excuse qui lui était personnel, et qui, ne pouvant s'étendre à son complice, rendait nécessairement différente la culpabilité des deux accusés ; —Attendu, 4° que l'acte d'accusation a été dressé conformément à la loi ; que la procédure est régulière et que la peine a été justement appliquée ; — Rejette, etc.

Du 19 nov. 1807.-C. C., sect. crim.-MM. Barris, pr.-Guieu, rap.

(2) (Min. pub. C. Chieza.) — La cour ; — Vu l'art. 456 du code du 5 brum. an 4, et l'art. 42, tit. 2, c. pén. de 1791 ; — Attendu qu'il résulte de l'arrêt attaqué que, dans l'affaire de Trompeo, sous-préfet d'Alba, Maurice Chieza avait fait, devant le tribunal de police correctionnelle de Coni, une fausse déclaration avec discernement et dans l'intention de favoriser Trompeo ; — Que cette déclaration ainsi faite constitue nécessairement un faux témoignage passible des peines portées par la loi ; — Que cependant la cour de justice criminelle de la Stura s'est déterminée à acquitter ledit Chieza, par des circonstances qui ne pouvaient pas changer le caractère du crime, dès qu'il était déclaré constant ; et que dès lors l'arrêt contient un excès de pouvoir et une violation de l'art. 47, tit. 2, sect. 2, part. 2, c. pén.; — Par ces motifs, casse, etc.

Du 28 fév. 1811.-C. C., sect. crim.-MM. Barris, pr.-Favard, rap.- Giraud, av. gén., c. conf.

(3) (Geniu C. min. pub.) — La cour (apr. délib. en ch. du cons.) ; — Sur le moyen, tiré de ce que le faux témoignage n'a pas été consommé au profit de l'accusé, puisqu'il n'a été porté que sur un débat demeuré sans résultat par le renvoi de l'affaire à une autre session, et puisque l'accusation de faux témoignage a été jugée par la cour d'assises, avant le jugement de l'affaire qui y avait donné naissance : — Attendu que le renvoi prononcé par la cour d'assises a eu lieu à l'occasion d'un témoignage *favorable à l'accusé* ; qu'ainsi, il s'échet d'examiner si, dans le cas prévu par le 2e alinéa de l'art. 361 c. pén., ou dans les cas prévus par les art. 445 et suiv. c. inst. crim., relatifs à l'un des cas de révision, l'accusation de faux témoignage ne devrait être purgée qu'après l'accusation qui aurait donné lieu à cette seconde accusation ;—Attendu que les individus prévenus de faux témoignage, à l'audience du 10 août 1840, dans le procès de Louis Chavenit, n'ont point demandé à rectifier, modifier, ou rétracter les dépositions par eux faites et suspectées de fausseté, même après leur arrestation, et que l'audience a été close immédiatement, ce qui a paru à la cour d'assises nécessiter la suspension du jugement du procès criminel dont elle était saisie ; — Qu'ainsi, le principe de l'indivisibilité du témoignage demeure sans application ; — Que l'art. 331 c. inst. crim. donnait à la cour d'assises le droit d'ordonner le renvoi de l'affaire à une autre session, et de donner cours, comme elle l'a fait, à la prévention de faux témoignage sur lequel il est intervenu postérieurement un arrêt de mise en accusation contre les prévenus de faux *témoignage* ; — Attendu qu'aucune disposi-

punissable, alors même que les débats auraient été terminés par une déclaration d'incompétence (Crim. cass. 30 juin 1847, aff. Prevost, D. P. 47. 1. 329; 11 sept. 1831, aff. Rigogne, D. P. 51. 5. 509).

42. On peut, contre cette décision et celle qui est rappelée au n° 40, dire que les débats ne doivent pas être considérés comme clos, lorsque ces débats sont renvoyés à une autre session, ou lorsque le tribunal, ou la cour, se déclarant incompétente, les débats sont en quelque sorte non encore ouverts, ou tout au moins ne sont pas clos. — Il faut reconnaître cependant qu'elle est conforme aux principes de la matière, car le faux témoignage a été consommé, autant qu'il pouvait dépendre de la volonté de l'agent. Dès lors la criminalité ne peut pas dépendre des événements et du sort ultérieur de la procédure.

43. Pareillement, la cassation d'un arrêt de cour d'assises ne fait pas disparaître le faux témoignage qui a précédé cet arrêt. — Jugé dans ce sens, que l'annulation des débats dans lesquels un témoin a été entendu, ne fait pas obstacle à ce que ce témoin soit poursuivi pour faux témoignage (Crim. rej. 20 juin 1856, aff. Camboulives, D. P. 56. 1. 374). — Cette décision est conforme à l'opinion de MM. Chauveau et Hélie (t. 4, p. 445 et 448) : « Si le témoin, disent-ils, peut se rétracter pendant le débat, c'est que sa déposition n'est close, n'est acquise au procès qu'à la clôture de ce débat; mais dès qu'il laisse devenir définitive la fausse déclaration, dès qu'elle peut devenir un élément d'un jugement, le faux témoignage est complet, quelles que soient ces suites, et lors même que le jugement serait annulé par suite de quelque recours. »

44. De même aussi, le témoin qui, en matière correctionnelle, aurait fait une fausse déposition devant les premiers juges, ne serait point à l'abri de poursuites, bien qu'il se fût rétracté en appel. Cette circonstance ne serait qu'une cause d'atténuation de la peine par lui encourue. Le faux témoignage a été consommé par le défaut de rétractation avant le jugement de première instance; il ne saurait disparaître par l'effet d'un appel, c'est-à-dire d'un fait extérieur étranger à l'agent (MM. Hélie et Chauveau, t. 4, p. 444).— Jugé dans ce sens, que la rétractation d'un faux témoignage devant un tribunal correctionnel est tardive lorsqu'elle a lieu après la clôture des débats, et, à plus forte raison, lorsqu'elle n'est faite qu'en appel (Cass. 3 juin 1846, aff. Besson, D.P. 46. 1. 267).

ART. 3. — *Du faux témoignage en matière civile;*
son caractère spécial.

45. Les caractères du faux témoignage en matière civile diffèrent en quelques points des caractères du faux témoignage en matière criminelle. — En matière criminelle, le faux témoignage n'existe pas légalement, n'il n'est rendu, soit contre l'accusé, soit en sa faveur. Les art. 561 et 562 sont positifs à cet égard (V. n°s 33 s.). Mais l'art. 365 n'exige pas que le faux témoignage soit rendu pour ou contre l'une des parties; il se borne à dire : « Le coupable de faux témoignage en matière civile sera puni de la reclusion. » — De sorte que le législateur ne paraît pas prendre en considération ici le préjudice réel ou même éventuel qui

peut être porté par le faux témoin à l'une ou à l'autre des parties ; la loi semble n'envisager qu'une seule chose : Y a-t-il une déclaration contraire à la vérité? — Il a été jugé dans ce sens, qu'il n'est pas prescrit, à peine de nullité, pour qu'il y ait lieu à condamnation pour faux témoignage en matière civile, qu'il soit déclaré par le jury que le faux témoignage ait causé un dommage à autrui (Crim. rej. 14 juill. 1827) (1). —La cour suprême déclare que l'art. 365 c. pén. n'impose pas la condition qu'il ait été ou non porté préjudice à un tiers pour que la peine du faux témoignage soit applicable.

46. Mais elle a jugé depuis que le faux témoignage, en matière civile comme en matière criminelle, ne constitue le crime puni par l'art. 365 c. pén., qu'autant qu'il a causé ou pu causer un préjudice (Crim. cass. 19 juin 1857, aff. Bazerque, D. P. 57. 1. 572). — Ainsi la cour décide, contrairement à l'arrêt de 1827, qu'il faut au moins, pour qu'il existe un faux témoignage, que le fait ait pu éventuellement causer un préjudice. — Elle assimile ainsi le faux témoignage en matière civile au faux témoignage en matière criminelle (Conf. MM. Chauveau et Hélie, t. 4, p. 439). — Nous pensons que ce dernier arrêt contient la véritable doctrine. En thèse générale et en matière de crimes de faux ordinaires, lorsqu'il n'y a préjudice ni présent ni éventuel (V. v° Faux, n° 147 et suiv.), il n'y a pas de crime. Il doit en être de même en matière de faux témoignage. — Ajoutons que le code, en matière criminelle, ne reconnaît de faux témoignage que lorsqu'il a lieu, soit contre l'accusé, soit en sa faveur, ce qui suppose un préjudice causé à l'accusé ou à la société. Il n'y a pas de raison pour ne pas appliquer ce principe au faux témoignage en matière civile, puisqu'il constitue également un crime. Sans doute, il n'est pas nécessaire que le juge s'explique, comme en matière criminelle, sur cette circonstance que le témoignage faux a été porté soit pour, soit contre les parties, mais la question du préjudice présent ou éventuel n'en doit pas moins exister, et la preuve résulte du jugement. — « Comment, d'ailleurs, disent MM. Chauveau et Hélie (t. 4, p. 410), la déposition qui ne peut ni profiter à son auteur, ni nuire à personne, serait-elle punie à raison de sa seule fausseté? Comment admettre que la loi aurait voulu punir le simple mensonge devant les tribunaux civils, tandis qu'elle ne punissait pas le mensonge préjudiciable devant les tribunaux criminels? » —Nous ne croyons pas devoir insister sur cette question, qui, suivant nous, ne peut plus faire l'objet d'un doute, depuis surtout le dernier arrêt de la cour de cassation.

47. Du reste, le préjudice existe en ce qui concerne le complice par provocation du faux témoignage, par cela seul que cette provocation a été suivie d'effet et que le faux témoignage a été consommé (Crim. cass. 19 juin 1857, aff. Bazerque, D. P. 57. 1. 572).

48. En matière criminelle, jusqu'à la clôture des débats, le faux témoin peut revenir à la vérité, et le crime cesse d'exister légalement; en matière civile, au contraire, le crime est consommé du moment où la déposition est reçue et signée devant le juge : le témoin, disent MM. Chauveau et Hélie, t. 4, p. 454, ne jouit d'aucun délai pour se repentir et l'effacer. Cela nous paraît exact, lorsqu'il s'agit, par exemple, de déposer dans une

---

tion de la loi ne soumet l'événement de cette accusation à l'audition ou à la non-audition des individus prévenus de faux témoignage dans le débat du procès, que la justice a cru devoir renvoyer à une autre session ; — qu'il peut arriver, comme dans l'espèce, que l'accusé ne juge pas à propos de faire entendre à sa décharge les individus prévenus ou accusés de faux témoignage en tant qu'il ne les appelle pas en témoignage; — Que, dans ce cas, les accusés de faux témoignage ne sont plus à même de rétracter le témoignage poursuivi ; que c'est donc d'après les faits antérieurement consommés que doit être appréciée l'accusation de faux témoignage ; — Que, s'il en était autrement, l'arrêt de renvoi demeurerait sans solution ; ou il dépendrait des accusés. dans tous les cas, de faire échouer cette accusation, par une rétractation simulée; que la sincérité des témoignages, en matière criminelle, ne peut être abandonnée à de telles éventualités;

Attendu que ceux qui sont appelés à témoigner en justice, ne peuvent imputer qu'à eux-mêmes le danger auquel ils s'exposent; que leur faux témoignage, quand il se manifeste dans le débat qui précède le jugement, a, sur le sort des accusés ou au préjudice de la so-

ciété, des effets bien autrement dangereux que celui qui aurait eu lieu dans l'instruction écrite; — D'où il suit que, dans l'espèce, le nommé Genin légalement prévenu de faux témoignage, dans le débat du 10 août 1840, a pu être mis en accusation et jugé de ce chef, indépendamment du sort du procès originaire; que le jury a donc été régulièrement interrogé sur l'existence d'un faux témoignage en faveur de Louis Chavent; que la réponse affirmative du jury, sur ce chef, a dû servir de base à l'application de la loi pénale; que l'art. 361 c. pén. a été légalement appliqué au crime de faux témoignage déclaré constant par le jury ; — Rejette.

Du 18 fév. 1841.-C. C., ch: crim.-MM. Bastard, pr.-Isambert, rap.

(1) (Fauvel C. min. pub.) LA COUR ; — Attendu que la question soumise au jury l'a été conformément à l'art. 365 c. pén.; que sa réponse est claire, précise et concordante; que cet art. 365, en infligeant une peine au coupable de faux témoignage en matière civile, n'impose pas la condition, pour que cette peine soit applicable, qu'il ait été ou non porté préjudice à un tiers; que, dès lors, il n'existe aucune violation des dispositions de l'article précité ; — Rejette.

Du 14 juill. 1827.-C. C., ch. cr.-MM. Portalis, pr. Merville, rap.

enquête; dans ce cas, la signature du témoin clôt pour lui le débat, et il ne peut plus être admis à revenir contre sa déposition. — Jugé dans ce sens qu'en matière civile, la fausse déposition constitue le faux témoignage consommé, dès l'instant de la clôture du procès-verbal d'enquête (Crim. rej. 3 mars 1842, M. Vincens-Saint-Laurent, rap., aff. Durand). — Mais lorsque le débat a lieu à l'audience, comme cela se pratique dans les affaires sommaires, nous ne voyons pas pourquoi le témoin ne pourrait pas modifier sa déposition jusqu'à la clôture de l'enquête (Conf. MM. Chauveau et Hélie, t. 4, p. 444, note 2). — En effet, tous les témoins sont entendus successivement, et lorsque le président fait remarquer à l'un des témoins dont il peut soupçonner la véracité, qu'il est en contradiction avec telle autre déposition, il nous paraît de toute évidence que le témoin soupçonné a le droit de modifier sa déposition, sans qu'on puisse l'inculper de faux témoignage. Il a pu se tromper de bonne foi, être éclairé par le débat et rentrer dans le vrai, sans avoir eu l'intention de manquer à son serment. Car, en toute matière, et surtout en matière de témoignage, où il est si facile d'errer, c'est l'intention coupable qui constitue le crime. V. n° 14.

49. Nous avons dit qu'une fausse déposition, faite *devant un tribunal civil* et susceptible de porter préjudice à autrui, constitue un véritable faux témoignage. — Mais en est-il de même d'une déclaration mensongère faite volontairement et hors procès devant un *officier public*, ayant caractère pour la recevoir? Cette question se présenta sous le code pénal de 1791, et elle fut résolue affirmativement. On appuya cette solution sur la généralité de l'art. 47 dudit code, au titre des crimes et délits contre les propriétés, qui punissait de six années de gêne le crime de faux témoignage *en matière civile*; et sur ce qu'il n'était pas nécessaire qu'une déclaration, dont les suites peuvent devenir dangereuses pour quelqu'un, ou préjudiciables à l'ordre public, ait été faite dans le cours d'une instance liée; qu'il suffisait que cette déclaration eût acquis un caractère public devant un officier ayant caractère pour la recevoir, pour qu'elle dût être considérée comme un faux témoignage en matière civile. — On répondit : « Lorsque la loi a parlé de faux témoignage, elle n'a pu l'entendre que de la déposition qui serait faite judiciairement par des témoins appelés, c'est-à-dire, 1° dans une contestation soumise aux tribunaux sur la provocation des parties litigantes; 2° devant l'autorité compétente. — Toute déclaration spontanée, extrajudiciaire, ne peut être qualifiée témoignage, et ne peut lier son auteur de manière à l'empêcher de se rétracter par la suite. — Un témoin est celui qui atteste, soit positivement, soit négativement, un fait sur lequel il y a un doute légitimement élevé.

Celui qui fait une déclaration sur un fait qui n'est pas légitimement contredit, ne donne qu'une assertion, et non point un témoignage. — Une telle déclaration n'est donc point un témoignage; et quoiqu'elle paraisse mensongère, elle ne peut être réputée faux témoignage. — Mais ces raisons ne prévalurent point, et la cour de cassation décida qu'une déclaration mensongère *volontaire et hors procès*, devant un officier public (un juge de paix) ayant caractère pour la recevoir, constituait un faux témoignage (Crim. rej. 6 nov. 1806) (1). —V. aussi Merlin, rap., v° Faux témoignage.

MM. Hélie et Chauveau (t. 4, p. 455) critiquent cet arrêt. Suivant ces auteurs, de fausses déclarations faites devant les officiers publics compétents pour les constater, constituent un faux en écritures publiques, et non un faux témoignage, ce dernier crime ne pouvant résulter que d'une déposition faite en justice. « Le faux témoignage, a dit l'orateur du corps législatif, ne peut avoir lieu que de la part de ceux qui sont interpellés en justice, ou en vertu de ses ordonnances : toute déclaration extrajudiciaire, si elle n'est pas conforme à la vérité, est une assertion fausse, mais n'est pas un faux témoignage. » — L'arrêt de 1806 est encore erroné, disent ces auteurs, en ce qu'il a mal à propos considéré le juge de paix comme compétent pour recevoir la déclaration dont il s'agissait.

50. La question s'est représentée sous le code d'instruction criminelle, et a donné lieu à des décisions contradictoires. — D'une part, il a été jugé que l'affirmation sous serment, faite par un matelot, de la sincérité du rapport présenté par un capitaine de navire devant le juge du lieu où il a fait naufrage, conformément aux art. 246 et 247 c. com., doit être qualifiée de faux témoignage en matière civile, si cette affirmation est reconnue mensongère (Crim. cass. 17 sept. 1836, aff. Courpron, V. Organisat. marit. commerciale). — Mais on ne voit pas que, dans cette espèce, la cour ait essayé de résoudre la difficulté en droit, elle se borne à dire : — « Attendu que les faits contenus dans le rapport fait par le patron Chauvet devant le président du tribunal de commerce de la Rochelle, sont en opposition manifeste avec ceux que l'arrêt attaqué déclare être le résultat de la procédure; que cependant ils ont été affirmés sincères et véritables par Courpron et Desbordes, sous la foi du serment; que cette déclaration porterait donc le caractère d'un faux témoignage en matière civile; que, néanmoins, la chambre d'accusation a omis de lui donner cette qualification, en quoi elle a violé tout à la fois les art. 221 et 231 c. inst. crim., l'art. 363 c. pén., et les règles de sa compétence. »

51. Mais, d'autre part, il a été formellement jugé dans le sens de l'opinion de MM. Hélie et Chauveau, et contrairement

---

(1) (Thiberti C. min. pub.) — En l'an 10, Thiberti, accompagné d'Angélique-Marie Mansueti, femme Asso, se présente devant le juge de paix de Villefranche, près Nice, et requiert acte de ce qu'il déclare avec serment s'être trouvé, après le combat naval d'Aboukir, à l'hôtel militaire d'Alexandrie, couché à côté d'un homme qui lui dit se nommer Antoine Asso, marié à Villefranche, où résidaient encore son épouse et son enfant; que ce nommé Asso était atteint d'une maladie scorbutique, et que lui Thiberti l'a vu expirer. — Munie de cette déclaration, la femme Asso convola à de seconde noces. — Mais bientôt Asso reparaît. — Thiberti est poursuivi comme prévenu de faux témoignage en matière civile, et la cour spéciale de Nice, lui appliquant l'art. 47 c. pén., le condamna à six années de gêne.

Pourvoi de Thiberti pour violation de l'art. 47 c. pén. — Lorsque la loi a parlé de faux témoignage, a-t-il dit, elle n'a pu l'entendre que de la déposition qui serait faite judiciairement par des témoins appelés, c'est-à-dire, 1° dans une contestation soumise aux tribunaux, sur la provocation des parties litigantes; — 2° Devant l'autorité compétente. — Toute déclaration spontanée, extrajudiciaire, ne peut être qualifiée témoignage et ne peut lier son auteur, de manière à l'empêcher de se rétracter par la suite. — Un témoin est celui qui atteste, soit positivement, soit négativement, un fait sur lequel il y a un doute légitimement élevé : celui qui fait une déclaration sur un fait qui n'est pas légitimement contredit, ne fait qu'une assertion et non point un témoignage. — La simple déclaration de Thiberti n'est donc point un témoignage; quoiqu'elle paraisse mensongère, elle ne peut donc être réputée faux témoignage. — Et quand on pourrait lui attribuer le caractère de témoignage, elle n'aurait pu, bien que faite avec serment, avoir comme telle aucun effet, car elle était faite devant un juge qui n'était point compétent pour la recevoir. — Le juge de paix est un juge d'exception; ses

---

facultés sont limitées. Il n'a le droit de recevoir des enquêtes que dans les affaires de sa compétence, ou lorsque le pouvoir lui en est expressément délégué par la loi. Hors de ces cas, les déclarations, quoique assermentées, faites devant un juge de paix, ne sont point des dépositions légales proprement dites. De telles déclarations, présentées sous un tribunal civil, dans une cause civile, sont regardées comme actes privés, et ne peuvent la recevoir. — S'il est donc constant que la déclaration de Thiberti n'eût point servi, produite en justice, à établir comme vrai un fait faux; si les juges, dans une contestation, n'eussent eu y avoir égard; si elle eût été sans effet, nulle en un mot, on ne peut raisonnablement lui reprocher le caractère de fausseté. Qu'importe, en effet, qu'une déposition soit fausse ou vraie? Et comment peut-on avancer qu'un dire qui est censé n'être pas, constitue un délit; qu'une déclaration qui n'est pas un témoignage soit un faux témoignage? — Arrêt.

La cour; — Considérant que l'art. 47 c. pén., au titre des crimes et délits contre les propriétés, veut que le crime de faux témoignage, en matière civile, soit puni de six années de gêne; — Qu'on ne peut mettre de restriction à la généralité de cette disposition; qu'il n'est pas nécessaire qu'une déclaration dont les suites peuvent devenir dangereuses pour quelqu'un ou préjudiciables à l'ordre public, ait été faite dans le cours d'une instance liée; qu'il suffit que cette déclaration mensongère ait acquis un caractère public devant un officier ayant caractère pour la recevoir, pour qu'elle doive être considérée comme un faux témoignage en matière civile, et qu'elle appelle sur son auteur la peine que la loi prononce; qu'il est dès lors évident que le moyen invoqué par Paul-Bonaventure Thiberti, qui voudrait faire résulter de la fausse application de la loi, doit être écarté; — Rejette, etc.

Du 6 nov. 1806.-C. C., sect. crim.-MM. Barris, pr.-Minier, rap.

aux conclusions du procureur général près la cour de Poitiers, qui s'était pourvu en cassation contre un arrêt rendu par la chambre d'accusation de cette cour, que la déclaration mensongère et assermentée faite dans le procès-verbal d'apposition des scellés après faillite, par les personnes habitant la maison du

---

(1) (Min. pub. C. Gallut et Ganier.) — « Le procureur général près la cour royale de Poitiers expose qu'il s'est pourvu en cassation, par déclaration faite au greffe, le 30 juill. dernier, contre un arrêt de la chambre des mises en accusation de cette cour, du 26 du même mois, qui a déclaré n'y avoir lieu à suivre contre Jacques Ganier et Jean-Mathieu Gallut, prévenus de faux serment en matière civile.

» En fait, après la faillite des sieurs Ragganeau et Médeville, le juge de paix du canton de Montlieu se transporta au domicile des faillis pour y apposer les scellés. Avant de clore son procès-verbal, pour obéir aux prescriptions de l'art. 914 c. pr., il fit prêter serment, entre autres personnes, à Gallut, beau-frère, et à Ganier, pensionnaire des faillis, que, *ni par eux, ni par personne, à leur connaissance, il n'avait été rien pris, soustrait, ni détourné, directement ni indirectement, des effets mobiliers appartenant aux faillis*. Cependant, une poursuite en banqueroute frauduleuse ayant été dirigée contre Médeville et Ragganeau, pour avoir détourné, au préjudice de leurs créanciers, une partie de leur mobilier, la preuve fut acquise que les prévenus avaient eu connaissance du détournement ; ils furent contraints même de l'avouer devant le juge d'instruction. En conséquence, il fut rendu contre eux, au tribunal de Jonzac, une application de l'art. 366 c. pén., une ordonnance de mise en prévention, pour faux serment prêté devant le juge de paix. La même ordonnance prononçait le renvoi devant la chambre d'accusation des époux Ragganeau et Médeville, et d'un sieur Marchais, pour banqueroute frauduleuse et complicité de ce crime. La chambre d'accusation confirma l'ordonnance sur le chef de banqueroute ; mais elle l'infirma, quant à celui relatif au faux serment, par les motifs que voici : — Attendu que le faux serment imputé aux femmes Ragganeau et Médeville, à René Marchais, à Jacques Ganier et à Jean-Mathieu Gallut, n'est pas, s'il rentre dans l'espèce du faux serment judiciaire prévu et qualifié crime par l'art. 366 c. pén. ; que ce code ne classe ni parmi les crimes, ni parmi les délits, le faux serment fait dans tout autre cas que celui prévu par ledit art. 366 ; qu'en matière criminelle, il ne peut y avoir lieu d'assimiler un fait non prévu par la loi à un fait prévu, et puni par elle ; — Que le faux serment dont il s'agit dans l'espèce ne peut, sous aucun rapport, être assimilé au faux témoignage dont parle l'art. 365, notamment en ce qui concerne les femmes Ragganeau et Médeville et René Marchais, prévenus d'avoir détourné et aidé à détourner partie du mobilier des faillis, au préjudice de leurs créanciers, lesquels prévenus n'ont pu être tenus de rendre témoignage contre eux-mêmes.

» Le soussigné ne s'est pas pourvu contre la partie de l'arrêt qui concerne les femmes Médeville et Ragganeau et le nommé Marchais ; mais il n'a pas cru pouvoir se dispenser de déférer à la censure de la cour la décision intervenue en faveur des deux autres, décision qui se trouve condamnée d'avance par deux arrêts de cassation des 6 nov. 1806 et 17 sept. 1836, rendus dans des espèces analogues, et le dernier sur le pourvoi même du soussigné.

» L'exposant commencera par reconnaître, avec la chambre d'accusation, que les premiers juges avaient faussement invoqué contre les prévenus l'art. 366 c. pén. ; cet article, en effet, est conçu dans des termes limitatifs qui ne permettent pas de l'appliquer hors du cas spécial pour lequel il a été fait. Aussi, devant la chambre d'accusation, l'exposant se prévalait-il de l'art. 365, et non point de l'art. 366.

» Il faut donc voir, dans les termes mêmes de cet art. 365, quelle est sa portée. « Le coupable de faux témoignage, en matière civile, sera puni de la réclusion. » Voilà tout ce que dit l'article. On voudrait expliquer cette disposition et la restreindre au cas où il y aurait instance liée et enquête ordonnée par le juge pour vérifier certains faits du procès ; mais le texte de la loi ne comporte pas cette restriction ; car il est de principe que les dispositions pénales ne doivent point être étendues d'un cas prévu à un cas non prévu, il est également de règle que le juge ne doit pas distinguer là où la loi ne distingue pas. La différence de rédaction que l'on remarque entre les art. 361 et 362 et l'art. 365 ne pourrait-elle pas servir aussi à interpréter ce dernier article ? Le législateur n'ignorait pas qu'en matière civile, il y a deux sortes de juridictions, l'une volontaire et l'autre contentieuse ; et, comme il ne pouvait, sous peine d'inconséquence, édicter une pénalité sévère contre le faux témoignage dans un cas, et le laisser entièrement impuni dans l'autre, il a fait choix d'une rédaction qui s'appliquât à tous les deux.

» Mais, pour mieux saisir la pensée du législateur, il faut rapprocher la législation actuelle de celle qu'elle a remplacée. Le code pénal de 1791 s'exprimait ainsi sur le faux témoignage : « Quiconque sera convaincu de faux témoignage, en matière civile, sera puni de la peine de six années de gêne (part. 2, tit. 2, sect. 2, art. 47). »—« Quiconque sera convaincu du crime de faux témoignage, dans un procès criminel, sera puni de la peine de vingt ans de fers, et de la peine de mort s'il est intervenu condamnation à mort contre l'accusé dans le procès duquel aura

---

failli, que, ni par elles, ni par personne, à leur connaissance, il n'a été rien pris, soustrait ni détourné, directement ni indirectement, des effets mobiliers appartenant au failli, ne constitue pas le faux témoignage en matière civile que prévoit et punit l'art. 365 c. pén. (Crim. rej. 7 déc. 1838) (1). La cour de cassation a

été entendu le faux témoin (art. 48). »—*En matière civile*, dit l'art. 47 ; *dans un procès criminel*, porte l'art. 48 : n'y a-t-il pas quelque induction à tirer de la différence de ces expressions ? et les auteurs de la loi de 1791 n'auraient-ils pas dit, *dans un procès civil*, s'ils n'eussent voulu atteindre que le faux témoignage fait en justice ?

» Cependant on voulut élever sur cet art. 47 le même doute qu'on a élevé depuis sur l'art. 365 c. pén. En l'an 10, un nommé Thiberti s'était présenté, dans l'intérêt d'une femme Asso, qui voulait convoler à de secondes noces, devant un juge de paix, pour y faire la déclaration qu'il avait été témoin du décès du sieur Asso, le mari de cette femme, déclaration qu'il affirma par serment, et par suite de laquelle la prétendue veuve Asso fut autorisée à se remarier. Asso ayant reparu plus tard, Thiberti fut poursuivi pour faux témoignage en matière civile, et condamné, par la cour de Nice, à six années de gêne, en vertu de l'art. 47 ci-dessus transcrit. Thiberti se pourvut en cassation ; mais son pourvoi fut rejeté par l'arrêt précité du 6 nov. 1806 (V. l'arrêt qui précède), par cette considération que la disposition de l'art. 47 est générale ; qu'il n'est pas nécessaire qu'une déclaration, dont les suites peuvent devenir dangereuses pour quelqu'un ou préjudiciables à l'ordre public, ait été faite dans le cours d'une instance liée ; qu'il suffit que cette déclaration mensongère ait acquis un caractère public devant un officier ayant caractère pour la recevoir, pour qu'elle doive être considérée comme un faux témoignage en matière civile.

» Le sens de l'art. 47 ayant été ainsi fixé, la question ne se présenta plus. Mais il s'en éleva une autre, qui fut celle de savoir si les peines du faux témoignage pouvaient être appliquées aux déclarations mensongères faites par une partie dans sa propre cause ? — Les sieurs Frings et Gener avaient été assignés devant le juge de paix à fins civiles. Le serment leur avait été déféré sur certains faits à raison desquels le juge avait toutefois fait réserve de preuves ultérieures. Leurs réponses ayant paru fausses, ils furent poursuivis et condamnés, pour faux témoignage en matière civile, aux peines du l'art. 47. Mais, sur leur pourvoi, le jugement fut cassé par arrêt du 22 pluv. an 11. La cour considéra que le témoignage ne pouvait s'entendre que d'un témoin faisant, dans la cause d'autrui, d'après la règle *nullus in re sud testis intelligitur* (L. 10, ff., *De test.*) ; que le parjure, qui comprenait les affirmations mensongères faites en justice, avait toujours été distingué du crime de faux témoignage ; que les ordonnances des empereurs, celles des rois de France, particulièrement les Capitulaires, et les ordonnances de 1452 et 1531, avaient maintenu cette distinction ; que cette dernière ordonnance prononçait la peine capitale contre le faux témoin, tandis que la peine du parjure, d'abord afflictive, puis modifiée et restreinte à des amendes et restitutions, était devenue arbitraire ; que les arrêts recueillis par Boniface, Papon et le Journal des audiences, ainsi que l'opinion des criminalistes, attestaient également la distinction de ces deux genres de délit ; que, dans cet état de la jurisprudence, le code pénal ayant placé seulement le faux témoignage au nombre des crimes, ce délit était maintenant susceptible de la poursuite criminelle qu'il était plus applicable au parjure ; qu'ainsi, dans l'espèce, il y avait eu poursuite criminelle relative à un délit non prévu par le code pénal (de 1791) et fausse application des dispositions dudit code (V. *suprà*, n° 19).

» Telle était la jurisprudence, quand intervint le code pénal de 1810. Les auteurs de ce code la connaissaient si bien, qu'ils ont ajouté au nouveau code pénal l'art. 366 pour combler la lacune que la cour de cassation avait signalée dans la loi de 1791. Et, puisqu'ils ont reproduit à peu près textuellement l'art. 47 de cette loi, c'est donc qu'ils ont entendu maintenir l'interprétation donnée à cet article par l'arrêt Thiberti. Ainsi l'avait compris M. Merlin. Dans l'article Faux témoignage de son Répertoire, après avoir rapporté les art. 361 et suiv. c. pén., il se fait cette question : Mais qu'entend cette loi par faux témoignage en matière civile ? Doit-on considérer comme telle la déclaration mensongère que fait une personne, devant un officier public (qui a caractère pour la recevoir), sur un fait qu'il s'agit de constater à toute autre fin que de statuer sur une instance liée en justice ? » Et, pour toute réponse, il rapporte l'arrêt Thiberti. — La cour a persisté, dans sa doctrine de 1810, dans la doctrine consacrée par cet arrêt. Elle a, en effet, décidé, le 17 sept. 1836 (aff. Courpron et Desbordes, V. n° 50), que la déclaration mensongère faite par un patron de navire, en conformité des art. 246 et 247 c. com., dans un procès-verbal du lieu où il a fait naufrage, constitue le faux témoignage prévu et puni par l'art. 365 c. pén.

» Or, ce que la cour a jugé par l'arrêt Thiberti et par l'arrêt Courpron, comment ne le jugerait-elle pas dans l'espèce actuelle ? Il y a identité de raison. Le juge de paix n'avait pas seulement qualité pour recevoir l'affirmation des deux prévenus qu'ils n'avaient détourné, ni vu, ni su qu'il eût été détourné aucun des effets mobiliers des faillis, la loi lui prescrivit d'exiger leur serment sur ce point. Et si leur déclaration desoin de dire que l'on ne doit considérer comme témoin en matière civile, que les individus appelés *judiciairement* par une partie, pour déclarer et attester sous la foi du serment les faits qu'il lui importe d'établir pour les fins de sa *demande.*

Lors de notre première édition, nous avions pensé que la solution émise par la cour suprême, par application de la loi de 1791, devrait être également suivie sous le code pénal, par ce motif que les termes de l'art. 363 de ce code sont aussi généraux que ceux de l'art. 47 de la loi précédente. Cette opinion, il faut le reconnaître, peut se soutenir à l'aide de motifs spécieux. D'une part, en effet, le texte de la loi semble lui être favorable, et, d'autre part, on comprend difficilement qu'une déclaration assermentée, faite par un tiers devant un officier public, conformément aux prescriptions de la loi, soient autre chose qu'un véritable témoignage (V. aussi les considérations pleines de force développées dans l'espèce précédente par M. le procureur général à la cour de Poitiers à l'appui de son pourvoi). — Mais après un examen nouveau de la question, nous croyons devoir nous ranger à la dernière solution de la cour de cassation. — L'arrêt du 6 nov. 1806 pouvait se justifier sous la loi de 1791, à raison de la différence de rédaction que présentaient les art. 47 et 48 de cette loi. L'art. 47 punissait le faux témoignage *en matière civile,* et l'art. 48, le faux témoignage *dans un procès criminel.* En rapprochant ces diverses expressions l'une de l'autre on était amené presque nécessairement à attribuer à l'art. 47 un sens fort large. — Mais une étude attentive des diverses dispositions du code pénal en matière de faux témoignage fait aisément reconnaître qu'une pareille interprétation ne doit plus être admise aujourd'hui, bien que l'art. 363 reproduise les termes mêmes de l'art. 47 de la loi de 1791. En effet, si l'on compare cet article aux dispositions précédentes, on voit que l'art. 361 punit le faux témoignage *en matière criminelle,* l'art. 362, le faux témoignage *en matière correctionnelle, en matière de simple police,* enfin l'art. 363, *en matière civile.* Comment admettre que ces expressions uniformes puissent avoir un sens différent? Si ces termes, *en matière criminelle, en matière correctionnelle,* etc., des art. 361, 362, veulent dire, *dans un procès criminel, dans un procès correctionnel,* ce qui ne peut pas être douteux; n'est-il pas exact de soutenir que ces mots de l'art. 363, *en matière civile,* signifient de même, *dans un procès civil,* alors surtout qu'il est de règle que les lois pénales doivent toujours être entendues dans un sens restreint. Et ce qui donne un appui considérable à cette interprétation, c'est l'opinion, quasi officielle, exprimée par l'orateur du gouvernement, et dont MM. Hélie et Chauveau se sont étayés pour combattre l'arrêt de 1806 (V. n° 49). — Mais si les déclarations mensongères, faites par un tiers devant un officier public, ne peuvent constituer un faux témoignage, doit-on au moins les considérer, ainsi que l'ont fait

---

vait porter d'abord sur un fait propre à chacun d'eux, elle devait porter également sur le fait d'autrui; et sous ce rapport au moins, elle constituait un véritable témoignage. A quel résultat bizarre n'arriverait-on pas par la doctrine que veut faire prévaloir l'arrêt attaqué? Supposé qu'au civil le détournement fût dénié par les faillis; que les créanciers offrissent d'en administrer la preuve; qu'ils fissent citer comme témoins les sieurs Ganier et Gallut, et que ceux-ci renouvelassent devant le tribunal la fausse déclaration par eux faite devant le juge de paix; ils pourraient donc, à raison de cette seconde déclaration, être poursuivis en faux témoignage, tandis que, pour la première, ils seraient à l'abri de toute recherche. Où serait la raison de cette différence? Serait-ce que, la première déclaration n'étant point un obstacle à l'action des créanciers, ne leur cause en réalité aucun dommage, et qu'il n'y a de fait punissable que celui qui blesse l'intérêt privé ou l'ordre public? Mais on pourrait en dire autant dans l'affaire Courpron et Desbordes, puisque l'art. 247 c. com. réserve aux parties la preuve des faits contraires à ceux énoncés au rapport vérifié du capitaine ou patron : dans cette affaire, pourtant, l'art. 363 c. pén. a été reconnu applicable. Est-il vrai d'ailleurs, pour ne pas sortir de la cause, que la déclaration mensongère, imputée à Gallut et à Ganier, ne pût être d'aucun préjudice pour les créanciers de la faillite? Ne pouvait-il pas arriver que ceux-ci n'eussent d'autre moyen de prouver le détournement que le témoignage même de ces deux individus habitant la même maison que les faillis? Si cette déclaration d'ailleurs eût été chose si indifférente, pourquoi la loi l'eût-elle exigée? pourquoi l'eût-elle environnée surtout de la solennité du serment? Prodigue-t-elle sans nécessité cette ressource extrême? Où serait enfin la sanction d'une disposition qui peut conduire au parjure? Et le parjure est-il un délit si léger que le législateur puisse le prévoir et le laisser impuni?

» Dirait-on encore que la déclaration assermentée faite devant le juge de paix, dans le cas prévu par l'art. 914 c. pr., n'est qu'une déclaration provisoire, comme celle qui est faite, en matière criminelle, devant un juge d'instruction, et qu'il est de jurisprudence que celle-ci n'entraîne jamais les peines du faux témoignage? L'assimilation n'est rien moins que juste. Pourquoi la déposition mensongère faite devant un juge d'instruction n'autorise-t-elle pas des poursuites en faux témoignage? C'est que l'information à laquelle procède ce magistrat est purement préparatoire; qu'elle est toujours (sauf le cas de contumace) suivie d'un débat oral; c'est que le juge doit puiser, dans la déclaration, les éléments de sa conviction; c'est qu'enfin (et c'est la raison vraiment décisive) l'intérêt de l'accusé demande que le témoin, s'il a pu céder un moment à des sentiments de haine ou à des suggestions coupables, soit libre de se rétracter plus tard, ce qu'il ne ferait pas si cette rétractation devait l'exposer aux peines du faux témoignage. Ces raisons manquent tout à fait dans l'autre cas, puisqu'il n'y a pas d'instance civile qui doive suivre nécessairement l'affirmation donnée devant le juge de paix, et offrir ainsi à l'individu qui a fait un faux serment l'occasion de revenir à la vérité et de réparer le mal que sa première déclaration a pu faire.

» L'exposant, du reste, en raisonnant comme il vient de le faire, s'est placé au point de vue le plus favorable aux prévenus; car le droit rigoureux conduirait peut-être à voir, dans le fait qui leur est imputé, un véritable faux en écriture publique plutôt qu'un faux témoignage. L'art. 147, en effet, qualifie faux en écriture publique toute altération, dans un acte authentique, de déclarations ou de faits que cet acte avait pour objet de recevoir et de constater. Or, si le procès-verbal du juge de paix avait pour objet principal de constater le fait de l'apposition des scellés sur les effets mobiliers des faillis, il avait pour objet aussi de recevoir la déclaration des personnes habitant la maison des faillis qu'elles n'avaient rien détourné ni vu détourner; cette déclaration se liait intimement au procès-verbal; elle en était une des formalités essentielles, et la loi même y mettait une si grande importance, qu'elle exigeait qu'elle fût faite sous la foi du serment. Il en est à peu près de ce cas, comme de l'acte de notoriété prescrit par l'art. 70 c. civ. pour suppléer à l'acte de naissance. Les témoins qui vont déposer devant le juge de paix des nom et prénoms du futur époux, de ceux de ses père et mère, du lieu et de l'époque de sa naissance, s'ils font une déclaration mensongère et frauduleuse, ne seront pas poursuivis pour faux témoignage, mais pour faux en écriture publique, parce que l'acte de notoriété a précisément pour objet de constater les faits sur lesquels ils sont appelés à déposer.

» Si l'on veut donc que, si l'on veut entendre l'art. 363 dans un sens restrictif; si l'on prétend que, par sa relation avec les articles qui précèdent et qui suivent, par l'idée qu'on attache communément au faux témoignage, cet article ne doit s'appliquer qu'aux fausses déclarations des témoins qui sont appelés à déposer dans un procès, ces fausses déclarations prendront le caractère de faux, du moment où elles auront été consignées dans les actes où la loi a voulu expressément qu'elles fussent relatées.

» Sous tous les rapports donc, l'arrêt dénoncé, qui n'a vu dans le fait imputé aux prévenus ni crime ni délit, ne saurait échapper à la cassation, et l'exposant croit devoir, par ces motifs, persister dans son pourvoi. » Fait au parquet le 7 nov. 1858. — Pour le procureur général, l'avocat général, *Signé* Flandin. — Arrêt (ap. délib. en ch. du cons.).

LA COUR; — Vu le mémoire produit à l'appui du pourvoi ; — Sur le moyen tiré de la violation prétendue de l'art. 363 c. pén. : — Attendu, en fait, qu'il résulte des faits relevés par l'arrêt attaqué que, le 19 mai 1858, dans le procès-verbal d'apposition de scellés, dressé par le juge de paix du canton de Montlieu, agissant en vertu de l'art. 449 c. com., et conformément à l'art. 914 c. pr., Jean-Mathieu Gallut et Jacques Ganier ayant été requis, par ledit juge de paix, de jurer et affirmer que, ni par eux, ni par personne, à leur connaissance, il n'a été rien pris, soustrait, ni détourné, directement ni indirectement, des effets mobiliers appartenant aux faillis, ils l'ont, à l'instant, juré, la main levée ; — Attendu, en droit, que l'art. 363 c. pén., portant « le coupable de faux témoignage, en matière civile, sera puni de la peine de la reclusion, » il y a lieu d'examiner ce qui constitue, aux termes dudit article, le faux témoignage en matière civile;—Attendu qu'on ne peut considérer comme faux témoignage en matière civile que la déclaration faite judiciairement par la partie pour déclarer et attester, sous la foi du serment, les faits qu'il lui importe d'établir pour les fins de sa demande; — D'où il suit que la déclaration exigée par le juge de paix procédant en vertu des art. 449 c. com. et 914 c. pr. ne constitue pas, lorsqu'elle est contraire à la vérité, le crime de faux témoignage en matière civile, prévu par l'art. 363 c. pén. ; — Que, par conséquent, la déclaration qu'il n'y avait lieu à suivre contre lesdits Gallut et Ganier, l'arrêt attaqué n'a méconnu ni violé ledit article ; — Rejette.

Du 7 déc. 1858.-C. C., ch. crim.-MM. de Bastard, pr.-De Haussy, rap.-Hello, av. gén.

MM. Hélie et Chauveau, comme un faux en écriture authentique? —M. le procureur général, près la cour de Poitiers, dans l'espèce citée n° 51, avait admis l'affirmative. Mais ce moyen n'a pas été examiné par la cour de cassation, ou du moins elle a omis de s'en expliquer dans son arrêt. Ne pourrait-on pas dire qu'elle l'a implicitement rejeté, puisqu'elle n'eût pas manqué sans doute, s'il lui eût paru fondé, de casser l'arrêt dénoncé et de renvoyer devant une autre cour pour faire statuer sur un fait qu'elle eût jugé punissable? — Mais ce n'est là qu'une induction qui nous paraît reposer sur une base peu solide. Car la question n'ayant pas été jugée par l'arrêt qui lui était soumis, la cour n'était pas appelée à la résoudre, et d'ailleurs son silence à cet égard ne pouvait en aucune façon entraver les poursuites ultérieures du ministère public : son arrêt ne peut donc avoir d'autorité sur le point qui nous occupe. — Quant à nous, il nous semble que la question ne peut être résolue d'un manière générale. Une déclaration mensongère peut sans doute constituer le crime de faux; mais elle ne le constitue pas nécessairement. Il faut pour cela qu'elle présente les caractères attribués par la loi au crime de faux, et qu'elle rentre dans les cas que la loi a prévus (V., à cet égard, ce qui est dit v° Faux, n°° 108 et s.).

52. En supposant qu'on adopte l'opinion que nous avons exprimée au numéro précédent, conformément à celle de MM. Hélie et Chauveau, que décider pour le cas où les déclarations mensongères faites devant un officier public ont lieu en vertu d'un jugement? — Il a été jugé que la fausseté des déclarations faites dans l'acte de notoriété qui a pour but de faire, en vertu d'un jugement, prononcer la rectification d'un acte de l'état civil, ne peut avoir le caractère d'un faux, mais seulement celui d'un faux témoignage (Crim. cass. 24 nov. 1808) (1). — Cette décision est juridique : « La vérification d'un acte de l'état civil (ordonnée par justice) forme une instance, disent très-bien MM. Hélie et Chauveau, t. 4, p. 458, et les dépositions des témoins qui viennent certifier le fait rectificatif sont reçues en vertu d'une délégation de la justice ; ce sont donc de véritables témoignages, et leur fausseté dès lors doit être incriminée comme un faux témoignage. »

ART. 4. — De la subornation des témoins.

53. La subornation, en général, est la séduction par laquelle on engage quelqu'un à faire quelque chose contre son devoir. — Spécialement, c'est la corruption qu'on exerce sur des témoins, pour les déterminer à certifier ou déposer quelque chose contre la vérité (Merlin, Rép., v° Subornation). — L'art. 365 c. pén. de 1810 punissait la subornation de témoins d'une peine d'un degré plus élevé que le crime de faux témoignage. Mais lors de la révision du code en 1832, cette pénalité, trouvée trop sévère, a été abaissée. « Le coupable de subornation de témoins, porte le nouvel art. 365, sera passible des mêmes peines que le faux témoin, selon les distinctions contenues dans les art. 361, 362, 363 et 364. »

54. Quel est le caractère du crime de subornation de témoins? Est-ce un crime principal et indépendant? ou n'est-ce qu'un crime accessoire, un fait de complicité du faux témoignage? — Tous les auteurs et une jurisprudence considérable

ne lui reconnaissent que ce dernier caractère. — En effet, la subornation de témoins n'est qu'une provocation, une excitation au faux témoignage : or, il n'y a de complicité criminelle et passible de peine, que là où il y a eu crime commis ou tenté. La subornation de témoins ne peut donc rentrer dans l'application de l'art. 365 c. pén., que lorsque les témoins subornés ont déposé contre la vérité.—La rédaction de l'art. 365, avant qu'elle eût été modifiée par la loi de 1832, eût pu cependant faire naître du doute sur ce point ; car cet article punissant le suborneur et le faux témoin de peines différentes, on pouvait supposer qu'il avait été dans l'intention du législateur d'ériger la subornation de témoins en crime spécial. — Néanmoins, cette interprétation n'a jamais été admise par la jurisprudence. On ne voyait dans l'article 365 qu'une dérogation à l'art. 59 c. pén., quant aux témoins dont le suborneur, ou, en d'autres termes, le complice du faux témoin, devait être frappé. Et bien que le nouvel art. 365 ait modifié cette pénalité, rien n'autorise à penser que le législateur ait entendu introduire aussi dans l'article révisé une modification, quant au caractère même de la subornation. En présence de la jurisprudence qui s'était formée sous le code de 1810, il eût fallu une disposition des plus formelles, pour qu'on pût attribuer à la subornation de témoins un caractère différent de celui que cette jurisprudence lui avait reconnu. —Non-seulement il n'en est pas ainsi, mais la pensée contraire ressort des discussions aux chambres législatives, lors de la révision du code pénal en 1832. A la chambre des pairs, le rapporteur disait : « Le système du code pénal que la commission avait cru adopter était de punir le suborneur de témoins d'une peine supérieure à celle qui était appliquée au faux témoin. Le projet du gouvernement, au contraire, est de punir le suborneur de la même peine que le faux témoin. Après avoir examiné cette question avec attention, la commission est revenue à l'avis du gouvernement que *considère le suborneur du témoin comme un complice*. Or, dans le système du code pénal, le crime de complicité étant toujours puni comme le crime même, il n'a pas paru à votre commission qu'il fût nécessaire de déroger à ce principe, et elle a pensé qu'il valait mieux y rentrer » (V. en ce sens soit avant, soit depuis la loi de 1832, MM. Legraverend, t. 1, p. 121; Berriat, Dr. crim., p. 13; Carnot, C. pén., t. 2, p. 192, n° 2; Bourguignon, Jur. des C. crim., t. 3, p. 340; Merlin, Rép., v° Subornat., n° 7; Duverger, Juge d'inst., t. 1, n° 15; Chauveau et Hélie, t. 4, p. 465; Le Sellyer, Inst. crim., 1, n° 27).

Cette théorie a cependant été contestée ; le faux témoignage, a-t-on dit, ne constitue pas le crime du suborneur ; il n'en est que le but. Or, ce n'est pas le succès qui fait l'immoralité d'une action. Ainsi, la loi n'attend pas que le voleur ait réussi pour le châtier. De même, elle prononce des peines contre la provocation publique aux crimes ou délits, quoiqu'elle n'ait pas été suivie d'effet (V. C. pén., art. 102 ; la loi du 17 mai 1819, art. 1 et suiv., et la loi du 9 sept. 1835). — La provocation au faux témoignage qui demeure, dans l'ombre, ses fruits et promesses, ne présente pas moins de dangers pour la société. Elle est, avec le faux témoignage, une des plaies de notre époque. Si donc le législateur a rédigé un article spécial pour punir la subornation des témoins, n'est-ce pas parce qu'elle lui a paru avoir ses ca-

(1) *Espèce:* — (N. Falq, etc. C. min. publ.) — Jean Falq, conscrit de 1808, ne se présenta pas au cartel d'appel. Des poursuites furent exercées contre son père, Nicolas Falq. Pour s'y soustraire, celui-ci résolut de faire réputer son fils mort. A cet effet, il présenta une requête au tribunal civil d'Espalion. Il y exposait que Jean Falq, son fils, était décédé depuis dix ans, et qu'on avait négligé d'inscrire son décès sur les registres de l'état civil. — Il fut admis à faire preuve du décès de son fils. — Des témoins furent en conséquence entendus ; et, d'après le résultat de l'enquête, le tribunal d'Espalion ordonna qu'il serait fait mention sur les registres de l'état civil, du décès de Jean Falq. — La rectification ordonnée eut lieu. — Mais, depuis, la fraude fut découverte ; et Nicolas Falq ayant été arrêté sur la prévention de faux, Jean Falq, son fils, se présenta volontairement pour aller joindre son corps. — Le père et les témoins ont, comme prévenus du crime de faux, été traduits devant la cour spéciale de l'Aveyron, et cette cour s'est déclarée incompétente pour connaître de cette prévention. — Pourvoi. — Arrêt (ap. dél. en ch. du cons.).

LA COUR ; — Vu l'art. 456 du code du 3 brum. an 4; et l'art. 100

c. civ. ; — Attendu qu'il résulte de la disposition de ce dernier article que la rectification faite sur les registres de l'état civil par suite d'un jugement qui l'a ordonnée, ne peut être assimilée à un acte reçu par l'officier de l'état civil ; qu'elle peut être modifiée ou détruite sans qu'il soit nécessaire que la partie intéressée, qui ne l'a pas requise, ou qui n'y a pas été appelée, emploie contre elle la voie extraordinaire de l'inscription de faux; qu'elle n'a, à son égard, que la force et l'effet que la loi attribue aux jugements; que la fausseté des dépositions qui en ont été les éléments n'a donc pas le caractère d'un faux, mais seulement d'un faux témoignage ; qu'ainsi, en se déclarant compétente pour instruire comme prévenus du crime prévenus d'un faux dans un acte de notoriété, d'après lequel avait été rendu un jugement qui avait ordonné une rectification et transcription sur les registres de l'état civil, la cour spéciale de l'Aveyron, et contre ceux qui pouvaient avoir provoqué ces fausses dépositions, la cour spéciale de l'Aveyron a violé les règles de compétence établies par la loi, et excédé ses pouvoirs ; — Casse, etc.

Du 24 nov. 1808.-C. C., sect. crim.-MM. Barris, pr.-Schwendt, rap.

ractères propres, et constituer un crime distinct; c'est donc à tort qu'on l'a considérée comme une complicité pure et simple du faux témoignage.

Mais on peut répondre avec la cour de cassation : lorsque le législateur a voulu soumettre à des peines la provocation au crime, quoiqu'elle n'ait été suivie d'aucun effet, et qu'aucun crime n'ait été commis ou tenté, il s'en est expliqué d'une manière formelle, et il a eu soin, dans ce cas, d'établir une peine différente, selon que le crime a ou n'a pas été commis, et, dans ce dernier cas, la peine est toujours abaissée d'un ou de plusieurs degrés (V. c. pén. 102, 179; L. 17 mai 1819, art. 2, 3; 7 juin 1848, art. 6). — Or, s'il en est ainsi, n'est-ce pas raisonner contre l'esprit du code que d'appliquer la disposition de l'art. 365 à la subornation de témoins qui n'a produit aucun effet, puisqu'alors le suborneur subirait une peine, non pas moins, mais aussi sévère, que si le faux témoignage avait été porté, et (si l'on se reporte à l'ancienne rédaction de l'art. 365, d'après laquelle on doit nécessairement raisonner), plus sévère même que celle du témoin qui aurait réellement fait une fausse déposition. L'art. 365 disait : le coupable de subornation de témoins sera condamné à la peine des travaux forcés à temps, *si le faux témoignage qui en a été l'objet emporte la peine de la réclusion*, ...ne suppose-t-il pas évidemment qu'il y a dans la même affaire subornation de témoins et faux témoignage? Tant que le faux témoignage n'a pas été consommé, il n'y a à imputer au suborneur qu'une intention coupable, un projet dont il peut empêcher de son propre mouvement l'exécution, et qui ne saurait devenir un délit, ou un crime, que d'après une disposition expresse de la loi ; or, cette disposition ne se rencontre que dans l'art. 365 (V. Crim. cass. 16 nov. 1821, aff. Girardin, n° 55). — Sans doute le fait de celui qui cherche à séduire des témoins et les excite à déposer contre la vérité est profondément immoral, quand même cette séduction n'aurait pas été suivie d'effet.

Mais pour le magistrat chargé d'appliquer la loi pénale, ce n'est pas là la question. Il s'agit uniquement de savoir, lorsqu'il y a lieu de prononcer une peine, si le fait incriminé a été légalement prévu. Or, nous venons de démontrer par des raisonnements qui nous paraissent à l'abri de toute critique, que la provocation à un faux témoignage non suivie d'effet n'est pas entrée dans les prévisions de la loi. Que l'on fasse appel au législateur, si l'on croit que la société est autorisée à la punition du suborneur, lorsque le faux témoignage n'a pas été commis, mais que l'on ne demande pas au juge de se porter en réformateur des lois.

La cour de cassation, tout en consacrant le principe que nous venons de soutenir, fait cependant une distinction entre la subornation et la provocation au faux témoignage. La subornation serait un mode de complicité spécial du faux témoignage, prévu et puni par l'art. 365 c. pén., et la provocation au faux témoignage ne serait qu'un cas de complicité ordinaire, dont la sanction se trouve uniquement dans l'art. 60 c. pén. Cette distinction trouve dans la jurisprudence d'assez fréquentes applications; nous y reviendrons plus loin, V. n°° 66, 69.

55. De ce principe, que la subornation de témoins n'est qu'un fait de complicité du faux témoignage, il suit, comme nous l'avons déjà dit, que le suborneur ne peut être puni que si le faux témoignage a été réellement porté. En effet, il n'y a pas de complicité, là où il n'y a pas de crime commis ou tenté (V. Complicité, n°° 48 et suiv.), la loi pénale ne contenant aucune disposition qui punisse la tentative de complicité (V. *eod.*, n° 77).— Il a été jugé, en ce sens, sous la loi de 1791, comme sous le code pénal de 1810 et la loi de 1832 : 1° que la subornation de témoins n'étant que la complicité du faux témoignage, le suborneur ne peut être poursuivi et n'encourt aucune peine si le crime de faux témoignage n'a pas été commis (Crim. cass. 23 vend. an 8, 4 déc. 1812; 16 nov. 1821 (1); Conf. Crim. cass. 9 mars 1809, M. Bauchau, rap., aff. Jardin; Crim. rej. 9 nov. 1815, aff.

---

(1) 1re *Espèce :* — (Femmes Riollay, Didier et Pirion C. min. publ.) —Le tribunal ;—...Vu les art. 228, 252 et 578 c. délits et peines;— Et attendu qu'il résulte de la disposition des art. 228 et 252 ci-dessus, qu'il ne peut être dressé d'acte d'accusation que pour des faits emportant peine afflictive ou infamante, faits qui, conséquemment, doivent être prévus par nos lois pénales; que, dans tout le contexte de nos lois criminelles, on n'aperçoit aucune peine applicable à la tentative de la complicité du crime, moins que, tant le code pénal que la loi du 22 prair. an 4, ne contiennent des dispositions pénales que contre la tentative du crime même, tentative qui se rapporte à l'auteur et non au complice du crime, et n'en prononcent aucune contre la tentative de la complicité; — Que la tentative d'un témoin qui a prêté faux témoignage en justice n'est autre chose que la complicité du faux témoignage, qu'une provocation du crime par dons, promesses, ordres et menaces, provocation qui est punie comme le crime même si, de fait, il a été commis; que c'est à la complicité que se borne la sévérité de la loi, qui ne renferme aucune disposition extensive à la tentative de la complicité; — Que de là il résulte que la loi défendant de dresser acte d'accusation contre tout autre délit que ceux emportant peine afflictive ou infamante, et ne pouvant être posé aux débats aucune question que sur des faits portés audit acte, il est, par une conséquence toute naturelle, défendu de proposer au jury de jugement des questions sur des délits non prévus par nos lois pénales ; — Que, dans l'espèce, les jurés de jugement ont été interrogés sur la question de savoir « s'il est constant qu'on ait tenté de suborner quelques témoins, par promesses d'argent, pour déposer, etc.; » où cette question, qui se rattache à un fait qui n'importe aucune peine ni afflictive ni infamante, est infectée d'une double nullité résultant des articles ci-dessus, et parce que le fait de cette tentative n'est pas porté en l'acte d'accusation, et parce qu'il n'est puni d'aucune peine, ce qui entraîne encore une fois la cassation des questions ; — Casse. Du 23 vend. an 8.-C. C., sect. crim.-MM. Méaulle, pr.-Ritter, rap. 2e *Espèce :* — (Int. de la loi.—Borger.) — La cour ; — Vu les art. 59, 60 et 365 c. pén.; — Attendu que la subornation des témoins n'est qu'une provocation au faux témoignage; qu'elle est donc un des faits de complicité qui ont été déterminés dans l'art. 60 ci-dessus cité ; — Qu'il n'y a de complicité criminelle et passible de peine que là où il y a eu un crime commis ou tenté ; — Que la subornation de témoins ne peut donc rentrer dans l'application de l'art. 365 que lorsque les témoins subornés ont déposé ou tenté de déposer contre la vérité ; — Que ledit art. 365 n'a pas fait de la subornation un crime principal ; qu'il a seulement voulu modifier l'art. 59, qui punit le complice de la peine prononcée par la loi contre l'auteur du crime, en prononçant contre le complice du faux témoignage par subornation une peine plus grave que celle qui avait été fixée par les articles précédents contre le faux

témoignage ; — Attendu que la cour de Trèves a méconnu ces principes, violé et faussement appliqué les dispositions ci-dessus rappelées, en mettant en accusation et en renvoyant devant la cour d'assises du département de la Sarre la femme Borger, Anne-Marie Scheid et Louis Ocus, comme prévenus : les deux premiers, d'avoir tenté de suborner la femme Henugen en lui offrant de l'argent pour la déterminer à rendre un faux témoignage en faveur de ladite Scheid, qui était traduite en police; et le troisième, d'avoir participé à ladite tentative ; — Que cette mise en accusation ne serait régulière et conforme à la loi qu'autant que, par l'effet de la subornation, la femme Henugen aurait porté le faux témoignage auquel elle aurait été provoquée, ce qui n'est nullement énoncé dans l'arrêt de ladite cour; de sorte qu'il paraît que ladite femme n'a pas déposé du tout, ou qu'elle n'a fait qu'une déposition conforme à la vérité; qu'ainsi il n'y a eu ni crime commis, ni tentative effectuée, ni conséquemment point de complicité ; — Casse, etc. Du 4 déc. 1812.-C. C., sect. crim.-MM. Barris, pr.-Chasle, rap. 3e *Espèce.* — (Girardin.) — Jean Girardin avait été traduit devant le juge d'instruction de l'arrondissement de Saint-Yrieix, comme prévenu de faux témoignage et de subornation de témoins. — La chambre du conseil, ne voyant de fait criminel que dans le faux témoignage, n'avait motivé que sur la prévention de ce crime le renvoi de Girardin devant la chambre d'accusation. Cette chambre, étendant au contraire le caractère de crime à la subornation de témoins comme au faux témoignage, a renvoyé Girardin à la cour d'assises, pour y être jugé sur le faux témoignage et sur la subornation de témoins. — Pourvoi. — Arrêt. La cour ; — Vu les art. 59 et 60 c. pén.; — Attendu que la subornation de témoins n'est qu'une provocation au faux témoignage; qu'elle est donc un des faits de complicité déterminés par l'art. 60 c. pén. ; — Qu'il n'y a de complicité criminelle et punie par la loi que là où il y a eu un crime commis ou tenté ; — Que la subornation de témoins ne peut donc rentrer dans l'application de l'art. 365 c. pén., que lorsque les témoins subornés ont déposé ou tenté de déposer contre la vérité ; — Que ledit art. 365 n'a pas fait de la subornation de témoins un crime principal; qu'il a seulement modifié l'art. 59, qui punit le complice de la même peine que l'auteur du crime, en prononçant contre le complice du faux témoignage, résultat de la subornation, une peine plus grave que celle qui est prononcée contre le faux témoin par les articles précédents ; — Que la différence de peines établie par l'art. 365, entre le suborneur et le faux témoin, s'oppose d'autant moins à ce que la subornation soit réputée complicité du faux témoignage, que, loin de faire de l'identité de peines du complice du crime et de son auteur un principe absolu et sans aucune exception, l'art. 59 ajoute à la disposition qui prononce cette identité, sauf les cas où la loi en aurait disposé autrement;

Petit, V. n° 69; Crim. cass. 26 avr. 1818, aff. Hérisson, V. n° 52; Crim. rej. 20 août 1819, aff. Jourdan, V. n° 91; Poitiers, ch. d'acc. 21 nov. 1819, aff. Roblin; Crim. cass. 14 sept. 1826, aff. Delpeux, V. n° 58; Crim. rej. 8 juill. 1830, aff. Lépine, V. n° 58-2°; Crim. cass. 15 sept. 1836, aff. Ferey, V. n° 58-4°; 11 oct. 1839, aff. Vérité, V. n° eod.; Crim. rej. 22 juill. 1843, aff. Perrot, V. n° 37; 26 avr. 1851, aff. Pavie, D. P. 51. 5. 132); — 2° Que la fausse déposition faite devant le magistrat chargé de l'instruction ne constituant pas un faux témoignage (V. n° 32), l'individu accusé d'avoir suborné ce témoin n'est passible d'aucune peine (Crim. cass. 18 fév. 1813, aff. Manom, V. n° 32; 26 avr. 1816, aff. Hérisson, eod.); — 3° Que la subornation de témoins n'est pas punissable si le témoin, après avoir déposé contrairement à la vérité, s'est rétracté avant la clôture des débats (Crim. rej. 22 juill. 1843, aff. Perrot, V. n° 37).

56. Plusieurs de ces arrêts semblent dire dans leurs motifs que la subornation de témoins serait punissable, non-seulement dans le cas où le faux témoignage aurait été accompli, mais aussi dans le cas où il aurait été tenté. Il résulte cependant de ce qui a été dit, n° 36, qu'il ne peut exister de tentative en pareille matière, la rétractation du témoin, avant le jugement, faisant évanouir la fausse déposition. Or, comme il n'y a de complicité que là où il y a un crime principal, il faut en conclure, contrairement aux arrêts précités, qu'en cas de simple tentative de faux témoignage, la subornation des témoins n'est pas punissable. On doit reconnaître, du reste, que dans les arrêts précités, la cour de cassation n'a exprimé la proposition que nous venons de combattre que d'une manière incidente et comme simple considération.

57. Il est de principe, en matière de complicité, que l'acquittement de l'accusé principal ne fait pas obstacle à la condamnation du complice (V. Complicité, n°s 28, 33 et suiv.). Il en est de même à l'égard de la subornation de témoins. — Toutefois, il y a lieu de faire ici les distinctions qui ont toujours été admises en matière de complicité ordinaire.—Si l'acquittement est motivé sur ce que le faux témoignage n'a pas été porté, ou sur ce que le fait n'est pas constant, il résulte des principes qui viennent d'être exposés, que le suborneur n'encourt aucune condamnation.—Mais si le fait du faux témoignage étant reconnu constant, l'acquittement du faux témoin est fondé sur une exception qui lui est personnelle, en raison, par exemple, du défaut d'intention criminelle de sa part, l'accusé de subornation n'en reste pas moins passible de la peine. Il suffit, quant à lui, qu'il y ait eu un faux témoignage réellement porté; peu importe que le faux témoin ait agi de bonne foi. Ces diverses propositions, qui ne nous paraissaient pas susceptibles d'être contestées, ont été établies avec le développement qu'elles comportent, v° Complicité, loc. cit.

58. Toutefois quelques difficultés se présentent lorsque le jury se borne à déclarer l'accusé de faux témoignage non coupable, cette expression laissant incertain le point de savoir si la non-culpabilité provient de ce que le fait incriminé n'a pas été commis, ou bien de ce qu'il a été commis, mais sans intention criminelle. — Il est bien évident que la déclaration du jury, négative à l'égard de l'accusé de faux témoignage, et affirmative quant au suborneur, ne s'explique pas sur l'existence matérielle d'une déclaration mensongère, aucune condamnation ne peut s'ensuivre, puisque la subornation ne peut exister et n'est punissable qu'autant qu'il y a eu un faux témoignage, au moins matériel. — Il a été jugé en ce sens : 1° que le suborneur ne peut être condamné comme tel, lorsque le jury a déclaré les accusés de faux témoignage non coupables de ce crime (Crim. cass. 14 sept. 1826; 30 juill. 1851 (3)); — 2° Que la déclaration du jury, négative quant à l'accusé de faux témoignage, et affirmative quant au suborneur, est contradictoire et ne peut motiver l'application d'aucune peine (Crim. cass. 30 sept.

Que, quand le législateur a voulu soumettre à des peines la provocation au crime, quoiqu'elle n'eût été suivie d'aucun effet, ou quand le crime n'eût été commis ou tenté, il s'en est expliqué d'une manière formelle; que c'est ainsi qu'après avoir dit dans son premier paragraphe, que «ceux qui, soit par discours tenus dans des lieux ou réunions publics, soit par placards affichés, soit par des écrits imprimés, auront excité directement les citoyens ou habitants à commettre les crimes ou complots mentionnés dans la sect. 2, tit. 1, liv. 3 c. pén., seront punis comme coupables de ces crimes,» l'art. 102 de ce code dit, dans son deuxième paragraphe : «Néanmoins, dans les cas où lesdites provocations n'auraient été suivies d'aucun effet, leurs auteurs seront simplement punis du bannissement;» — Que si, par l'art. 179 du même code pénal, la tentative de corruption des fonctionnaires publics est punie, lors même qu'elle n'a été suivie d'aucun effet, elle ne l'est que comme délit, dont la peine ne peut pas même s'élever au-dessus d'un emprisonnement de six mois et d'une amende de 300 fr.; tandis que, quand la corruption a été effectuée, la peine du corrupteur est égale à celle du fonctionnaire corrompu, et ne peut pas, d'après l'art. 177, être moindre que la peine infamante du carcan; — Que la loi du 17 mai 1819, qui, par son dernier article, abroge plusieurs dispositions du code pénal, notamment l'art. 102, n'a pas établi un autre système sur la manière de punir la provocation au crime, lorsqu'elle n'a été suivie d'aucun effet, puisque son art. 2 ne punit que de peines correctionnelles d'emprisonnement et d'amende celui qui a provoqué sans succès à des crimes qui, s'ils avaient été consommés ou tentés, eussent soumis leurs auteurs à des peines afflictives ou infamantes; — Que les art. 112 et 179 c. pén. les seuls qui s'occupent de la provocation au crime non suivie d'effet, ne la punissent que de peines beaucoup moins graves que celle dont la consommation ou la tentative du crime a été le résultat, c'est évidemment raisonner contre l'esprit de ce code, que d'appliquer la disposition de l'art. 365 à la subornation de témoins qui n'a produit aucun effet, puisque alors le suborneur, c'est-à-dire celui qui a provoqué au faux témoignage, subirait une peine non moins, mais aussi sévère que si le faux témoignage avait été porté, et plus sévère que celle du témoin qui aurait réellement fait une fausse déposition; — Que c'est cet art. 365 dit que «le coupable de subornation de témoin sera condamné à la peine des travaux forcés à temps, si le faux témoignage qui en a été l'objet emporte la peine de la réclusion, etc...;» qu'ainsi il suppose qu'il y a dans le même affaire subornation de témoins et faux témoignage; que c'est dans cette hypothèse qu'il imprime au premier fait le caractère de crime, et qu'il le punit d'une peine supérieure d'un degré à celle qu'il prononce contre le second; — Que tant que le faux témoignage n'a pas été consommé ou tenté, il n'y a à imputer au suborneur qu'une intention coupable, un projet dont il peut empêcher de son propre mouvement l'exécution, et qui ne saurait devenir un crime ou un délit et être susceptible de peines, que d'après une disposition expresse de la loi ; que cette disposition n'est ni dans l'art. 365 c. pén., ni dans aucun autre ; que l'interprétation de cet article par l'arrêt dénoncé n'est pas plus conforme à la lettre qu'à l'esprit du code, ni ne peut être admise ;

Attendu, en fait, qu'il est reconnu par l'arrêt de la chambre des mises en accusation de la cour royale de Limoges, que la tentative de subornation de témoins imputée à Girardin a manqué son effet par des circonstances indépendantes de la volonté de son auteur; que de là il s'ensuit qu'il n'a point été porté de faux témoignage par les individus que Girardin était prévenu d'avoir voulu suborner; que dès lors la mise en accusation dudit Girardin, à raison de ce fait, a été une violation des principes et des lois de la matière, et notamment une fausse application des art. 59, 60 et 365 c. pén.

D'après ces motifs, casse et annule l'arrêt de la cour royale de Limoges, chambre des mises en accusation, du 3 octobre dernier, en tant qu'il renvoie Girardin devant la cour d'assises du département de la Haute-Vienne, comme accusé du crime de tentative de subornation de témoins; maintient le renvoi prononcé contre ledit Girardin à raison du crime de faux témoignage dont il est également accusé, et ordonne que, sur ce chef, cet arrêt recevra son exécution; — Et pour être statué conformément à la loi sur le fait de subornation de témoins compris dans le réquisitoire du ministère public sur lequel est intervenu l'arrêt annulé. — Renvoie la cause devant la cour royale de Bourges, chambre des mises en accusation.

Du 16 nov. 1821.-C. C., sect. crim.-MM. Barris, pr.-Aumont, rap.

(1) 1re Espèce : (Françoise Delpeux C. min. pub.) — LA COUR;— Attendu, sur le premier chef de condamnation, qu'aux termes de l'art. 361 c. pén., il ne peut exister de faux témoignage que devant une cour ou tribunal chargé de prononcer sur le sort d'un accusé ou d'un prévenu; — Que les déclarations faites devant un juge d'instruction forment, si elles sont fausses, un parjure, mais ne peuvent constituer le faux témoignage prévu et puni par le code pénal ; — Que la demanderesse n'a cependant été déclarée coupable que d'un faux témoignage dans une instruction suivie devant un tribunal d'arrondissement, sur plainte en faux principal, par conséquent devant un juge d'instruction; — Attendu, sur le second chef d'accusation, qu'il est évident que le crime de subornation ne peut exister, s'il n'y a pas eu faux témoignage, puisque le suborneur ne peut être considéré que comme complice, par provocation, du faux témoin ; que, dans l'espèce, il a été déclaré par le jury et par les juges composant la cour d'assises, que les femmes Lavelle et Bradoux, accusées de faux témoignage, ne s'en sont point rendues coupables ; et que, néanmoins, la demanderesse a été condamnée aux peines

1826; Crim. rej. 8 juill. 1830)(1); — 3° Que si l'acquittement du témoin suborné ne fait pas nécessairement obstacle à la condamnation du suborneur, au moins faut-il pour que cette condamnation puisse être régulièrement prononcée, que le jury déclare constant le fait d'une déposition mensongère (Crim. cass. 16 janv. 1835; 5 fév. 1846 (2); 16 janv. 1845, M. Laplagne-Barris, pr., Mérilhou, rap., aff. Gazaille. Ce dernier arrêt est conçu dans des termes presque identiques à ceux de l'arrêt du 5 fév. 1846);—4° Que la déclaration négative du jury à l'égard de l'accusé de faux témoignage ne faisant pas connaître si elle a été déterminée par l'existence du faux témoignage ou seulement par le défaut d'intention criminelle des accusés, la déclaration affirmative, à l'égard du suborneur, qui laisse incertaine la question de savoir si la déposition fausse a été consommée, ne peut être la base d'une condamnation (Crim. cass. 15 sept. 1836 (3); 29 août 1844, aff. Advenier, D. P. 45. 4. 498; 26 avr. 1851, aff. Pavie, D. P. 55. 5. 152);— 5° Et qu'il en est ainsi, alors même que l'accusé de faux témoignage aurait été déclaré non coupable

---

portées en l'art. 365, c. pén., pour avoir suborné les femmes Lavelle et Bradoux : — Par ces motifs, casse et annule l'arrêt de la cour d'assises du Puy-de-Dôme du 21 août dernier, pour fausse application de la loi pénale ; — Et attendu que les faits dont la demanderesse a été déclarée coupable ne présentent ni crime, ni délit punissables par la loi, et qu'il n'y a point de partie civile, en exécution de l'art. 429 c. inst. crim.— Déclare qu'il n'y a pas lieu à renvoi, etc. »

Du 14 sept. 1826.-C. C., ch. crim.-MM. Portalis, pr.-Gaillard, rap.

2° Espèce : — (Salvayre C. min. pub.) — LA COUR ; — Vu les art. 365 c. pén. et 429 c. inst. crim.; — Attendu que l'application des dispositions par lesquelles l'art. 365 c. pén. prononce des peines contre la subornation, est subordonnée à l'existence du faux témoignage qui a été l'objet de la subornation, et que là où il n'y a pas crime de faux témoignage, ne peut se rencontrer crime de subornation de témoins ; — Attendu que, dans l'espèce, Picard et Gaubert avaient été précédemment déclarés non coupables de faux témoignage par le jury ; et que, dès lors, la décision par laquelle Salvayre a été déclaré coupable d'avoir suborné lesdits Picard et Gaubert, ne pouvait servir de base légale à l'application de l'art. 365 c. pén.; — Attendu, toutefois, que la cour d'assises de l'Ariège a prononcé contre Salvayre les peines portées en cet article, en quoi elle a fait une fausse application dudit art. 365 c. pén.; — Par ces motifs, casse l'arrêt de la cour d'assises de l'Ariège, du 27 juin 1851.

Du 50 juill. 1851.-C. C., ch. crim.-MM. Bastard, pr.-Crouseilhes, r.

(1) 1re Espèce :—(Antoine Beuf C. min. pub.)— LA COUR ;—Attendu que la subornation de témoins n'étant qu'un fait de complicité du crime principal de faux témoignage, il s'ensuit que là où il n'y a pas crime de faux témoignage, il ne peut y avoir de crime de subornation ; — Attendu, dans l'espèce, que le jury a déclaré que Joseph Beuf et Jean-Pierre Régibaud, accusés de faux témoignage en matière civile, n'étaient pas coupables ; qu'à la vérité, il a déclaré aussi qu'Antoine Beuf, accusé d'avoir suborné lesdits Joseph Beuf et Jean-Pierre Régibaud, par dons ou promesses, était coupable ; — Mais attendu que cette déclaration contradictoire, et dont la seconde partie détruisait la première, ne pouvait entraîner l'application d'une peine, puisqu'il n'y avait point de crime reconnu constant ; — Que néanmoins la cour d'assises du département des Basses-Alpes a appliqué au demandeur la peine portée par l'art. 165 c. pén.; d'où il suit qu'elle a fait une fausse application de cet article, — Casse et annule l'arrêt de la cour d'assises du département des Basses-Alpes, en date du 22 août dernier ; — Ordonne qu'Antoine Beuf sera sur-le-champ mis en liberté, s'il n'est retenu pour autre cause, etc. »

Du 50 sept. 1826.-C. C., ch. crim.-MM. Portalis, pr.-Merville, rap.

2° Espèce : — (Min. pub. C. Lépine.) — LA COUR ; — Attendu que la subornation de témoins n'est qu'un fait de complicité ou provocation du crime de faux témoignage, et qu'il s'ensuit que là où il n'y a pas crime de faux témoignage, il ne peut se rencontrer crime de subornation de témoins ; — Que la provocation exercée envers des individus pour faire un faux témoignage, lorsqu'elle n'a été suivie d'aucune exécution, ni d'aucun commencement d'exécution criminel, n'est un acte immoral, mais qui n'est passible légalement d'aucune peine ; — Attendu que, dans l'espèce, les individus accusés de faux témoignage ont été déclarés non coupables par le jury, et, par suite acquittés ; qu'en conséquence, la déclaration affirmative du jury de subornation de témoins contre F. Lépine dit Fieux, étant en contradiction manifeste avec les précédentes, ne pouvait servir de base à l'application d'aucun peine, puisqu'il n'y avait pas de crime reconnu constant ; — Que dès lors, la cour d'assises du département de l'Oise, en renvoyant ledit François Lépine absous de l'accusation portée contre lui, n'a violé aucune loi, mais a fait, au contraire, une juste application des principes sur la complicité ; — Rejette.

Du 8 juill. 1830.-C. C., ch. crim.-MM. Bastard, pr.-Brière, rap.

(2) 1re Espèce : — (Chapelier C. min. pub.) — LA COUR ; — Vu les art. 362, 1er alinéa et 365 c. pén. et 364 c. inst. crim. : — Attendu que le crime de subornation de témoins n'est qu'un fait de complicité du crime de faux témoignage, et ne peut, par conséquent, exister que lorsqu'il y a faux témoignage ; que si l'acquittement du témoin suborné, dont la cause peut être le défaut d'intention criminelle de la part de ce témoin, ne fait pas nécessairement obstacle à la condamnation du suborneur ; il faut au moins, pour que cette condamnation puisse être régulièrement prononcée, que le jury déclare constant le fait d'une déposition mensongère faite à l'audience contre l'accusé ou le pr-

venu, ou en sa faveur ; — Et attendu que, dans l'espèce, l'existence du faux témoignage n'est constatée ni par la première partie de la déclaration du jury qui est simplement négative du crime de faux témoignage imputée à Pagès, ni par sa seconde partie qui est simplement affirmative du fait de subornation, sans que la question à laquelle elle se rapporte énumère les circonstances constitutives du faux témoignage en matière correctionnelle ; — Que, cependant la cour d'assises du Gard, au lieu de prononcer l'absolution de l'accusé, comme l'art. 364 c. inst. crim. lui en faisait un devoir, a prononcé contre lui les peines déterminées par les art. 362, 1er alinéa et 365 c. pén.; que par là elle a violé ledit art. 364 et faussement appliqué lesdits art. 362 et 365 ; — Casse, etc., sans renvoi.

Du 16 janv. 1835.-C. C., ch. crim.-MM. Choppin, pr.-Vincens, rap.

2° Espèce : — (Gachier C. min. pub.) — LA COUR ; — Vu les art. 362 et 365 c. pén.; — Attendu qu'il résulte de ces articles combinés avec l'art. 60 c. pén. que le crime de subornation de témoins est un mode de complicité de celui de faux témoignage ; — Que, quoiqu'il puisse être perpétré par des moyens non spécifiés dans ledit art. 60, son assimilation avec la complicité résulte de la connexion de la subornation avec le faux témoignage, qui en est le résultat, et qui seul constitue le dommage causé à la société, et qu'elle résulte pareillement de l'identité de la peine prononcée pour les deux crimes ; — Attendu que, dès lors, pour qu'il y ait subornation de témoins prévue par la loi pénale, il faut qu'il y ait eu un faux témoignage produit, et judiciairement constaté et déclaré ; — Attendu toutefois que l'acquittement des individus accusés de faux témoignage n'empêche pas la culpabilité et la condamnation du suborneur, puisque l'acquittement du faux témoin peut tenir à des motifs à lui personnels, et n'est pas nécessairement incompatible avec l'existence matérielle du faux témoignage ; — Attendu, en fait, que Deschamps, que Gachier était accusé d'avoir suborné, a été acquitté par le jury du crime de faux témoignage, et que la question soumise au jury à l'égard de Gachier était celle de subornation de témoins en matière correctionnelle : 1° pour avoir engagé ledit Deschamps à faire en preuve du prévenu la fausse déclaration ci-dessus spécifiée ; 2° pour avoir donné des instructions pour commettre ce crime ; — Attendu que l'affirmation sur cette question n'implique pas nécessairement que le faux témoignage dont s'agit ait été émis ; d'où il suit que la peine appliquée contre Gachier a été appliquée à un fait qui manquait d'un des caractères constitutifs du crime de subornation, et que les art. 362 et 365 c. pén. ont été faussement appliqués et l'art. 364 c. inst. crim. a été violé ;

Attendu que l'arrêt de renvoi, conforme à l'acte d'accusation, ayant articulé contre Gachier le fait de subornation de témoins pour un faux témoignage véritablement émis, et le jury n'ayant pas été interrogé sur le fait du faux témoignage d'une manière indépendante de la culpabilité du faux témoin, l'accusation contre Gachier n'a pas été purgée, et par conséquent il y a lieu à le renvoyer à de nouveaux débats;—Casse.

Du 5 fév. 1846.-C. C., ch. crim.-MM. Laplagne-Barris, pr.-Mérilhou, rap.-Quénault, av. gén., c. conf.

(3) (Ferey C. min. pub.) — LA COUR (ap. délib. en ch. du cons.);— Vu les art. 362, 1er alin., et 365 c. pén.; — Attendu que la subornation de témoins n'est qu'un fait de complicité du crime de faux témoignage, bien qu'il puisse être perpétré par des moyens autres que ceux spécifiés en l'art. 60 c. pén., c'est-à-dire sans qu'il y ait eu dons ou promesses ; que cette assimilation résulte de l'identité de peine prononcée par l'art. 365 du même code, avec celle établie par l'art. 362, contre les faux témoins ; — Que ce crime de subornation ne peut donc exister que lorsque le faux témoignage a été porté ; — Que, si l'acquittement des individus accusés de faux témoignage, qui a pu résulter du défaut d'intention criminelle qui a suffi pour déterminer la non-culpabilité de ces accusés, ne fait pas absolument obstacle à la culpabilité de celui qui est accusé de subornation, il faut au moins, pour que la condamnation repose sur une base légale, que le jury soit interrogé et qu'il réponde affirmativement sur l'existence de la subornation, en même temps que sur la fausseté du fait soumis à un débat judiciaire ; — Que rien ne peut suppléer à cette affirmation pour établir la certitude judiciaire ; — Et attendu que, dans l'espèce, cette affirmation ne peut résulter de la première déclaration du jury, sur la question relative aux quatre individus accusés de s'être rendus coupables de faux témoignage, en matière correctionnelle, en faveur de Nicolas Ferrey, puisque cette déclaration négative ne fait pas connaître si elle a été déterminée par l'inexistence du faux témoignage, ou seulement par le défaut d'intention

par suite d'une exception toute personnelle (Crim. cass. 11 oct. 1839) (1).—Il faut, en effet, une question spéciale pour le suborneur (V. n° 74).—« On ne doit pas perdre de vue, disent aussi MM. Chauveau et Hélie, t. 4, p. 470, que le fait matériel d'un faux témoignage, ou du moins d'une déposition mensongère à l'audience, est indispensable pour l'existence du crime de subornation; car si la culpabilité du témoin s'évanouit à raison de sa bonne foi, le faux témoignage est le crime principal dont la subornation n'est qu'un acte de complicité, il faut donc que le *fait matériel* de ce crime soit constaté par la déclaration du jury, il faut qu'il soit constaté avec toutes les circonstances qui lui impriment un caractère criminel. »

59. En présence d'une semblable déclaration du jury, quelle est la marche que doit suivre la cour d'assises? Elle ne peut prononcer de condamnation, nous venons de le dire, mais doit-elle prononcer l'absolution de l'accusé de subornation? ou bien doit-elle poser une nouvelle question et renvoyer les jurés à délibérer sur cette question?—La jurisprudence semble présenter quelque incertitude sur ce point.—En effet, elle a décidé, d'une part, que bien que le jury déclare coupable l'accusé de subornation, si l'existence du faux témoignage n'est pas constatée par les autres déclarations du jury, la cour doit prononcer l'absolution de l'accusé (Crim. cass. 16 janv. 1835, aff. Chapelier, V. n° 58-5°.—On peut invoquer dans le même sens les arrêts des 14 et 30 sept. 1826, V. n° 58-1°, 2°, qui cassent sans renvoi et ordonnent la mise en liberté de l'accusé) ;—Et qu'en conséquence, si la cour a prononcé l'absolution du prétendu suborneur, son arrêt doit être maintenu (Crim. rej. 8 juill. 1830, aff. Lépine, V. n° 58-2° ; 26 avr. 1851, aff. Pavie, D. P. 51. 5. 132). — Mais, dans d'autres espèces, la cour de cassation décide que l'arrêt de renvoi devant le jury et l'acte d'accusation ayant saisi expressément la cour d'assises de la question de savoir si le faux témoignage avait été porté, les déclarations incomplètes du jury n'ont pas purgé l'accusation; en conséquence, elle casse l'arrêt qui a prononcé la condamnation des accusés de subornation sur des déclarations incomplètes et les renvoie devant un autre jury (Crim. cass. 15 sept. 1836, aff. Ferey, V. n° 58-4° ; 11 oct. 1839, aff. Vérité, V. n° 58-5° ; 16 janv. 1845, aff. Gazaille, V. n° 58-5° ; 5 janv. 1846, aff. Gachier, *eod.* ; 27 juin 1846, aff. Naffrechoux, D. P. 46. 1. 524).

60. On a prétendu que cette différence entre les arrêts de la cour suprême provenait d'un changement dans sa jurisprudence ; mais ce n'est pas là notre avis. Nous croyons que la contradiction apparente que présentent ces arrêts peut trouver sa justification. Remontons aux principes.—L'arrêt de renvoi est la base de l'accusation, laquelle n'est purgée que si le jury a été interrogé sur tous les faits et circonstances qui y sont énoncés. Les questions posées par le président au jury doivent donc reproduire tous ces faits et circonstances. — Si les questions sont conformes à l'arrêt de renvoi, la déclaration du jury, lorsqu'elle a été affir-

mée et lue, qu'elle est claire et qu'elle a prononcé sur toutes les questions et circonstances, est irrévocable; elle a consommé les pouvoirs du jury; elle ne peut plus être restreinte ni étendue ; on ne peut y rien ajouter, comme en rien retrancher (Crim. cass. 23 juill. 1836, aff. Thouret, V. Inst. crim., n° 3244-4°). — De même encore, s'il est permis au président de poser des questions sur des faits non compris dans l'arrêt de renvoi, mais qui résultent des débats, ces questions ne peuvent plus être posées lorsque la déclaration régulière du jury a été lue aux accusés (Crim. cass. 16 mars 1826, aff. Courtaud, V. Complicité, n° 113). — Enfin, l'omission ne peut non plus être réparée, bien qu'elle porte sur un fait rappelé dans l'arrêt de renvoi, si ce fait n'est qu'une circonstance accidentelle du crime (arrêt précité du 23 juill. 1836).—Ces décisions ne sont que l'application de l'art. 350 c. inst. crim., portant que la déclaration du jury ne sera soumise à aucun recours.—Mais si l'omission commise par le président dans la position des questions porte sur l'un des éléments constitutifs du crime, tel qu'il est déterminé dans l'arrêt de renvoi, la déclaration du jury, rendue en conséquence, ne saurait purger l'accusation ; dans ce cas, dès que l'erreur est reconnue, fût-ce même après la lecture des déclarations aux accusés, les questions résultant de l'arrêt de mise en accusation, et qui avaient été d'abord omises, doivent être posées, et le jury doit être renvoyé à délibérer sur ces nouvelles questions : la cour justifie cette décision par ce motif que l'art. 350 ne peut s'entendre que d'une déclaration purgeant l'accusation (Crim. cass. 7 nov. 1850 aff. Labouille, D. P. 50. 5. 103; V. aussi sur tous ces points, v° Inst. crim., n°s 5241 et suiv.; 5361 et suiv., et M. F. Hélie, Inst. crim., t. 9, p. 16 et suiv., 148, 248 et suiv.).

Cet exposé de principes peut servir à expliquer la divergence que paraissent présenter les arrêts que l'on vient de citer. — D'une part, en effet, on peut supposer que, dans les espèces où la cour de cassation se prononce en faveur de l'accusé de subornation, les questions posées au jury rappelaient les termes mêmes de l'arrêt de mise en accusation. Dans une telle occurrence, la cour d'assises ne pouvant trouver dans ces déclarations une base légale de condamnation, et ne pouvant non plus interroger le jury sur une circonstance qui n'était pas relevée dans l'arrêt de renvoi, n'avait plus évidemment qu'à prononcer l'absolution de l'accusé. D'une autre part, il est encore possible que l'accusation elle-même révèle l'inexistence d'un faux témoignage (V. comme exemple d'une pareille circonstance l'arrêt du 14 sept. 1826, n° 58-1°) : dans ces cas, évidemment, l'absolution est inévitable, et si la condamnation a été prononcée, il y a lieu de casser sans renvoi.—Dans les espèces, au contraire, où la cour de cassation renvoie l'accusé de subornation devant une nouvelle cour d'assises, le fait sur lequel le jury ne s'était pas expliqué, avait été expressément formulé dans l'arrêt de renvoi : l'accusation n'était donc pas purgée.

61. Des principes précédemment exposés, il suit encore que

criminelle des accusés ; — Attendu qu'elle ne résulte pas davantage de la seconde réponse affirmative du jury, sur la question de savoir si Ferrey avait engagé lesdits témoins à déposer à l'audience « que Ferrey, à un jour déterminé, ne portait pas de moustaches, tandis que ce fait était faux, et s'était ainsi rendu coupable de subornation de témoins en matière correctionnelle, » puisqu'il est incertain si la déposition fausse a été consommée en faveur de Ferrey, et si le jury n'a pas attaché la criminalité de subornation au seul fait d'avoir engagé les témoins à se parjurer ; — D'où il suit que la condamnation prononcée contre le demandeur, par application de l'art. 365 c. pén., manque de base certaine ;

Mais attendu que l'arrêt de la chambre d'accusation avait saisi la cour d'assises de la question de savoir si le faux témoignage avait été réellement porté ; d'où il suit que la question posée, après la solution négative de la question relative aux individus accusés de ce faux témoignage sur la subornation, était insuffisante, et que sa solution incomplète n'a pas purgé l'accusation; — Par ces motifs, la question posée au jury, relative à Nicolas Ferrey, la réponse du jury et l'arrêt de condamnation rendu par la cour d'assises du département de l'Aube, le 26 août dernier.

Du 15 sept. 1836.-C.C., ch. crim.-MM. Bastard, pr.-Isambert, rap.

(1) (Vérité C. min. pub.) — LA COUR ; — Vu les art. combinés 362 et 365 c. pén. ; — Attendu, en droit, que la subornation des témoins est un mode de complicité du crime de faux témoignage ; — Que, dès lors, elle ne saurait donner lieu à l'application de l'art. 365 précité.

qu'autant que les témoins subornés ont déposé ou tenté de déposer contre la vérité ; — Que si, par suite d'une exception toute personnelle, ces témoins sont déclarés non coupables, il est nécessaire, pour que l'accusation de subornation conserve une base légale, que le fait d'une déposition mensongère en justice, soit contre un prévenu, soit en sa faveur, ait été reconnu constant.

Attendu, en fait, que de deux accusés dont l'un, le demandeur, était poursuivi pour crime de subornation et l'autre à raison de faux témoignage qui aurait été la conséquence de cette subornation, le premier seul a été déclaré coupable, sans qu'il ressorte des deux réponses du jury aux deux questions qui lui avaient été soumises, qu'abstraction faite de la culpabilité de l'accusé de faux témoignage, il y ait eu de sa part déposition contraire à la vérité; qu'en effet, la première de ces questions a reçu une solution simplement négative, et la seconde affirmativement résolue, énonce le but de la subornation, mais exprime quel en a été le résultat ; — Que une telle déclaration n'a donc pu légalement servir de fondement à l'application de la peine ; — Et attendu que l'arrêt de renvoi et l'acte d'accusation ont mentionné expressément que la subornation aurait eu pour effet un faux témoignage, en matière correctionnelle, en faveur d'un prévenu et à l'audience d'un tribunal ;— Que cet élément de criminalité du fait de subornation peut exister indépendamment de l'acquittement de l'accusé de faux témoignage, et qu'il doit, dès lors, être soumis à un nouveau jury, pour que l'accusation de subornation soit purgée ; — Casse.

Du 11 oct. 1839.-C. C., ch. crim.-MM. Bastard, pr.-Rives, rap.

si, en présence d'une déclaration du jury, négative quant à l'accusé de faux témoignage, affirmative à l'égard du suborneur, et qui ne s'explique pas sur l'existence d'une déclaration mensongère, la cour prononce l'absolution de l'accusé de subornation, le ministère public est sans qualité pour se pourvoir contre cette décision : — « Attendu, dit la cour de cassation, qu'à la différence du recours ouvert contre les arrêts de condamnation, soit au condamné, soit au ministère public, par l'art. 408 c. inst. crim., recours qui peut être fondé sur les nullités commises non-seulement dans l'arrêt définitif, mais encore dans l'instruction et la procédure antérieures, la faculté par le ministère public de se pourvoir contre les arrêts d'absolution est, par une faveur spéciale pour les décisions de cette nature et dans l'intérêt des accusés, limitée par l'art. 410, combiné avec l'art. 364 du même code, au cas où l'absolution serait le résultat d'une erreur des juges portant sur l'existence même de la loi pénale; et attendu que cette ouverture à cassation n'existe point dans l'espèce; rejette » (Crim. rej. 26 avr. 1851, aff. Pavie, D. P. 51. 5. 132).

Le ministère public devait, lors de la position des questions, en relever l'irrégularité : s'il n'a formé aucune réclamation, les déclarations du jury sont acquises à l'accusé, et l'arrêt d'absolution en est la conséquence nécessaire, en supposant, toutefois, que les questions sont conformes à l'arrêt de renvoi.

62. Si, comme nous l'avons établi dans les numéros qui précédent, la déclaration de non-culpabilité en faveur de l'accusé de faux témoignage empêche l'application de la peine contre le suborneur, lorsque le jury ne s'est pas expliqué sur l'existence d'une fausse déposition, il en est tout autrement dans le cas où le jury déclare le faux témoignage constant. L'acquittement de l'accusé principal à raison d'une exception qui lui est personnelle

ne fait, comme nous l'avons déjà dit, aucun obstacle à la condamnation du complice. La jurisprudence est unanime sur ce point.—Ainsi, il a été jugé que le suborneur de témoins est punissable, nonobstant l'acquittement du témoin suborné, alors que cet acquittement étant fondé sur le défaut d'intention coupable, il reste établi par la déclaration du jury qu'il y a eu faux témoignage par suite de la subornation (Crim. rej. 22 août 1834; 11 déc. 1834; 21 juill. 1836 (1); 27 déc. 1817, aff. Poirier, V. Complicité, n° 77; 30 oct. 1834, aff. Changeur, V. Instruct. crim., n° 5346; Crim. cass. 16 janv. 1845, aff. Gazallie, V. n° 58-5°; 5 janv. 1846, aff. Gâchier, cod.; 27 juin 1846, aff. Naffrechoux, D. P. 46. 1. 324).—V. aussi MM. Chauveau et Hélie, t. 4, p. 469.

63. De là il suit que la cour d'assises ne peut ordonner la suppression d'une question de subornation de témoin posée au jury, sous prétexte que l'accusé de faux témoignage aurait été acquitté, alors d'ailleurs que l'arrêt de renvoi avait légalement saisi la cour de cette accusation de subornation (Crim. cass, 22 mars 1851, aff. Labory, D. P. 51. 5. 133).

64. Une autre conséquence du principe qu'on vient de poser, c'est, ainsi que cela a été jugé, qu'il suffit que la subornation de témoins soit déclarée avoir été suivie du faux témoignage de ces derniers, pour que l'arrêt de mise en accusation ne puisse être annulé, soit en ce que les individus subornés n'auraient pas été condamnés ni même poursuivis pour faux témoignage, soit parce que ces individus seraient âgés de moins de quinze ans (Crim. rej. 25 mai 1832) (2).—Cependant si le faux témoignage a été porté par des témoins âgés de moins de quinze ans, il faudrait à notre avis, pour que la subornation fût punissable, qu'il fût constaté qu'ils ont prêté serment, conformément à ce qui a été dit supra, n° 17.

---

(1) 1re Espèce : — (Dinard C. min. pub.) — La cour ; — Attendu que la déclaration du jury qui déclare non coupables des individus accusés de faux témoignages, est inséparable de la partie de cette même déclaration qui constate qu'il y a eu faux témoignage, émis par eux, sans intention coupable, par suite de la subornation exécutée par l'accusé Dinard; — Attendu que, si l'art. 365 c. pén., statue que le coupable de subornation de témoins sera passible des mêmes peines que le faux témoin, il ne s'ensuit pas que le suborneur de témoins ne sera puni qu'autant que le témoin suborné sera puni et de la même peine appliquée à ce témoin suborné ; qu'il suit seulement dudit article, que la nature de la peine appliquée au suborneur variera, quant à sa gravité, suivant les distinctions des cas où la peine du témoin suborné peut être augmentée ou diminuée d'après la règle de l'article précité ; — Attendu que, dans l'espèce, la déclaration du jury, portant qu'il y a eu faux témoignage émis en matière civile et par suite de subornation, et la cour d'assises ayant prononcé contre le suborneur la peine portée pour le faux témoignage en matière civile, il lui pénal a été justement appliquée; — Rejette, etc.
Du 22 août 1834.—C. C., ch. crim.—MM. de Bastard, pr.—Mérilhou, r.

2e Espèce : — (Gury C. min. pub.) — La cour; — Sur le deuxième moyen, relatif aux conséquences légales de la décision du jury : — Attendu que, s'il est vrai, en principe, que la subornation de témoins n'est qu'un fait de complicité du crime de faux témoignage, il n'est pas nécessaire que l'auteur du fait principal soit condamné pour que le complice soit atteint de la peine portée par la loi; qu'il suffit, pour entraîner contre le suborneur l'application de l'art. 365 c. pén., que les témoins subornés aient déposé ou tenté de déposer contre la vérité; — Attendu, dans l'espèce, que la déposition des trois témoins accusés de faux témoignage, a été reconnue contraire à la vérité par le jury, et qu'ils n'ont été acquittés qu'à raison d'une exception toute personnelle, fondée sur ce qu'ils en ignoraient la fausseté; — Attendu que, dès lors, la cour d'assises, en prononçant contre le demandeur la peine portée en l'article 365 précité, n'a fait qu'une juste application de cet article; — Rejette.
Du 11 déc. 1834.—C. C., ch. crim.—MM. Brière, pr.–Rocher, rap.

3e Espèce : — (Joachim Hasley C. min. pub.) — La cour (ap. dél. en ch. du cons.); — Attendu que le fait de subornation de témoins peut être atteint par la loi pénale, bien que les auteurs du fait principal de faux témoignage n'aient, à raison d'une exception toute personnelle de bonne foi, encouru aucune peine ; — Attendu que, dans l'espèce, il résulte de l'ensemble de la question affirmativement résolue par le jury, relativement au demandeur, que ce dernier s'est rendu coupable de la subornation qui lui était reprochée, et dont une fausse déclaration faite en justice a été la conséquence; — Par ces motifs, et attendu au surplus la régularité de la procédure et la légale application de la peine, rejette, etc.
Du 21 juill. 1836.—C. C., ch. crim.–M. Rocher, rap.
(2) Espèce : — (Colas C. min. pub.) — Par arrêt de la chambre d'ac-

cusation de Loir-et-Cher, du 10 fév. 1851, Pierre Colas a été renvoyé devant la cour d'assises, comme accusé du crime de subornation de faux témoin. — Pourvoi. — On a dit dans l'intérêt de l'accusé : le fait pour lequel il a été renvoyé devant la cour d'assises, n'est pas qualifié crime par la loi ; car, 1° les témoins qu'on prétend avoir été subornés, n'ont été ni condamnés, ni même poursuivis pour faux témoignage; 2° les trois individus subornés, qui sont les nommés Gouin, Poussin et Petit, n'ont pas quinze ans, et ne peuvent recevoir la qualification de témoins. — On objecte que la cour a jugé qu'elle n'a point à examiner si les déclarés par l'arrêt attaqué, constituent bien exactement le crime qualifié dans cet arrêt, et qu'il suffit qu'il constitue réellement un crime : la raison de cette jurisprudence est que ces arrêts ne sont qu'indicatifs de juridiction, et que les qualifications qu'ils ont données aux faits ne lient point les cours d'assises (V. Chose jugée, n° 426; Compétence criminelle, n° 662 et suiv.). — Sans doute la qualification est indifférente quand il peut y avoir un crime quelconque; mais, ici, il y a absence totale de crime; car les individus subornés, âgés de moins de quinze ans, n'étaient pas des témoins proprement dits, et la preuve du jeune âge des témoins, s'induit : du jugement correctionnel de Blois, rendu sur l'appel, qui porte : « Attendu qu'il résulte des débats, présomption suffisante de la subornation de témoins, opérée par Colas à l'égard des enfants Poussin, Gouin, Petit-Russien; 2° des notes sommaires d'audience, où on lit : 1° Russien François, âgé de onze ans ; 2° Poussin, âgé de treize ans; 3° et 4° Gouin père, et Petit père entendus à raison de l'extrême jeunesse de leurs enfants; 5° de l'acte d'accusation portant : les faits s'étaient passés en présence de plusieurs personnes, et notamment des sieurs Gouin, Poussin et Petit, tous trois enfants entendus; 4° du pourvoi du ministère public près la cour d'assises, qui reconnaît formellement que ces trois enfants étaient au-dessous de quinze ans. Le défenseur tirait de toutes ces énonciations la conséquence qu'elles établissaient virtuellement que l'âge des individus subornés était au-dessous de quinze ans. et que cette conséquence ne pouvait être infirmée par le silence que la cour d'assises avait gardé à cet égard. — Arrêt (ap. dél.).
La cour; — Vu l'art. 299 c. inst. crim.;—Attendu que le demandeur a été renvoyé devant la cour d'assises, « pour avoir, vers le milieu du mois d'août dernier, suborné en sa faveur les témoins Gouin, Poussin et Petit, et ce, en leur promettant de l'argent, des vivres et des hardes, pour les déterminer à dénier devant le tribunal correctionnel de Vendôme, des voies de fait dont il était prévenu, laquelle subornation a été suivie, en effet, des faux témoignages qui en étaient l'objet; — Que ce fait constitue le crime prévu et puni par les art. 362 et 365 c. pén.; — Qu'il n'appartient pas à la cour d'apprécier l'exactitude des faits déclarés par les chambres d'accusation, statuant légalement dans les limites de leur compétence; — Attendu, d'ailleurs, que l'arrêt attaqué, lequel est régulier dans sa forme, a été rendu sur les conclusions du ministère public, et par le nombre de juges que la loi a fixé; — Rejette.
Du 25 mai 1832.—C. C., ch. crim.–MM. Ollivier, pr.-Rives, rap.

65. Toutefois, il a été jugé que si, lorsqu'il s'agit de la subornation de témoins qui est un *mode spécial de complicité* du faux témoignage (V. n° 69), la déclaration de non-culpabilité de l'auteur du faux témoignage n'implique pas contradiction avec la déclaration de culpabilité du suborneur, pourvu toutefois que le fait du faux témoignage ait été déclaré constant, il ne saurait en être ainsi au cas de *provocation* à un faux témoignage, laquelle ne constitue qu'une complicité ordinaire prévue par l'art. 60 c. pén.; qu'en effet il est de principe qu'il n'y peut y avoir légalement complicité sans que le crime ait été déclaré constant, *et que le crime n'existe que lorsque celui qui a été reconnu l'auteur du fait qui le constitue a été déclaré coupable* (Crim. cass. 3 juill. 1851, aff. Delatre, D, P. 51. 5. 154).—Mais cette dernière proposition est évidemment une erreur échappée à la cour suprême. — Il a été jugé par maint et maint arrêt que la condamnation de l'accusé principal n'est pas nécessaire pour justifier la condamnation du complice (V. Complicité, n°s 55 et suiv.).

66. Si la subornation de témoins constitue la complicité du faux témoignage, il semble que ce crime ne peut exister que dans le cas où il y a complicité suivant les dispositions de l'art. 60 c. pén., c'est-à-dire dans le cas où le faux témoignage a été provoqué par dons, promesses, menaces, abus d'autorité ou de pouvoir, machination ou artifices coupables. — Cette opinion est soutenue par MM. Chauveau et Hélie, t. 4, p. 470 et suiv. : Le mot subornation, disent en substance ces auteurs, implique par lui-même, et nécessairement, l'idée que la provocation au faux témoignage a été accompagnée de l'emploi de certains moyens de séduction ou de crainte. Lorsque la proposition de faire en justice une déposition mensongère a été dégagée de toutes les circonstances que l'art. 60 déclare constitutives de la complicité, elle ne saurait donc entraîner pour son auteur des conséquences qu'elle n'aurait pas dans le cas même où elle aurait eu pour objet des crimes plus graves que le faux témoignage. — Toutefois, la jurisprudence paraît contraire à cette doctrine. On lit, en effet, dans les considérants de plusieurs arrêts, d'une part, que le crime de subornation de témoins, bien qu'il ne constitue qu'un fait de complicité de faux témoignage, peut être perpétré par des moyens autres que ceux spécifiés en l'art. 60 c. pén. (Crim. cass. 15 sept. 1836, aff. Ferey, V. n° 58-4°; 16 janv. 1845, aff. Gazaille, V. n° 58-5°; 5 fév. 1846, aff. Gachier, V. *eod.*); — Et, d'autre part, que la subornation de témoins n'est qu'un *mode spécial de complicité* de faux témoignage (V. n° 69), lequel, par cela même que l'art. 365 ne l'a pas défini, peut s'appliquer à des actes constituant la subornation et qui ne seraient pas compris dans l'énonciation que contient l'art. 60 c. pén. (Crim. cass. 19 juin 1857, aff. Bazerque, D. P. 57. 1. 375). — Dans un autre arrêt encore, la cour considère les dons et promesses faits à un témoin pour l'engager à faire une fausse déposition comme une circonstance aggravante de la subornation (Crim. cass. 24 août 1854, aff. Dumas, D. P. 54. 5. 757), ce qui

fait supposer que la cour entend que la subornation peut exister et est punissable, indépendamment de cette circonstance.—Enfin il a été jugé spécialement, dans le même sens, qu'il y a subornation dès, qu'à l'aide d'une *séduction quelconque* employée envers des témoins, un faux témoignage a été porté en justice, et, par exemple, que la circonstance que le faux témoignage a été obtenu, non par promesses ou récompenses, mais seulement *à titre de service*, n'enlève pas à la subornation son caractère de criminalité punie par la loi (Paris, 16 août 1836) (1).— Les termes de cet arrêt sembleraient même aller plus loin; car ils font supposer que la cour de Paris attribue à la subornation de témoin le caractère de crime principal. Mais la cour n'est pas assez explicite pour qu'on puisse induire nécessairement de son arrêt que telle a été sa pensée.

Les différentes décisions qu'on vient de retracer trouvent leur justification dans l'art. 365 c. pén., qui d'abord ne définit pas la subornation, et qui ensuite renvoie pour la peine non-seulement à l'art. 364, lequel frappe d'une aggravation de peine le faux témoin qui a reçu de l'argent, une récompense quelconque ou des promesses, mais encore aux art. 361 à 363, qui punissent le fait simple de faux témoignage. D'où l'on peut induire que la subornation est punissable, soit lorsqu'elle a été accompagnée de dons, promesses, cas dans lequel on appliquerait l'art. 364, soit lorsqu'aucune de ces circonstances n'aurait eu lieu, fait qui tombe alors sous la sanction des art. 361, 362, 363. C'est pour cela que la cour de cassation fait de la subornation un mode spécial de complicité qui ne puise point sa règle dans l'art. 59 c. pén.

67. D'autres arrêts paraissent cependant contraires à cette théorie. —Ainsi, il a été décidé que les manœuvres employées pour surprendre la crédulité d'un témoin, et qui ont amené ce témoin à faire, par erreur, une déposition non conforme à la vérité, ne constituent pas le crime de subornation de témoins. — «Attendu que la subornation de témoins est un mode spécial de complicité du crime de faux témoignage; que si l'acquittement du témoin suborné, acquittement qui peut avoir pour cause l'absence d'une intention criminelle de sa part, ne fait pas nécessairement obstacle à l'existence de la subornation, il faut au moins pour la caractériser qu'il y ait *une sorte de provocation* au crime de faux témoignage; que surprendre la crédulité d'un individu par des manœuvres employées dans le but de le tromper sur les faits au sujet desquels il doit déposer en justice, *n'est point suborner un témoin*; que la méprise et l'erreur à l'aide desquelles ce témoin est amené à faire une déposition qu'il croit conforme à la vérité, étant par elles-mêmes exclusives du crime de faux témoignage, ne présentent point le caractère essentiel du crime de subornation de témoins (Crim. rej. 9 sept. 1852, aff. Lacouturière, D. P. 52. 5. 525). — Comme on le voit, cette décision est basée principalement sur ce motif, que, dans l'espèce, le crime de faux témoignage n'avait pas été commis, et par conséquent, suivant le principe énoncé plus haut, n° 55, il ne pouvait y avoir suborna-

tenu à l'aide d'argent, de récompense quelconque ou de promesses, soit sans aucun de ces moyens; qu'ainsi on ne doit pas chercher dans l'art. 60 c. pén., relatif à la complicité, les caractères de la subornation; — Annule l'ordonnance ci-dessus datée et énoncée, en ce que les premiers juges ont déclaré n'y avoir lieu à suivre contre Nicolas Ferrey;

A l'égard de Gossué, Collet, Diligent et Racoillet : — Considérant, en droit, que le crime de faux témoignage existe du moment que le fait du faux témoignage a été commis, quoique le jugement sur le principal n'ait pas été rendu; que la condamnation de l'accusé, par suite du faux témoignage, peut bien devenir, en certain cas, une circonstance qui fasse aggraver la peine du faux témoin, mais que l'absence de cette circonstance ne fait pas disparaître la criminalité du faux témoignage; — Considérant, en fait, qu'il résulte de l'instruction charges suffisantes contre Gossué, Collet, Diligent et Racoillet des'être, en juillet 1836, rendus coupables de faux témoignage en matière correctionnelle en faveur de Nicolas Ferrey, et contre Nicolas Ferrey d'avoir, à la même époque, engagé lesdits témoins à déposer à l'audience de la police correctionnelle de Bar-sur-Aube, que le 12 mai 1836, il ne portait pas de moustaches, tandis que ce fait était faux; et de s'être ainsi rendu coupable de subornation de témoins en matière correctionnelle, crimes prévus par les art. 362 et 365 c. pén.; ordonne la mise en accusation desdits susnommés, et leur renvoi devant la cour d'assises de l'Aube pour y être jugés suivant la loi.

Du 16 août 1836.-C. de Paris, ch. d'acc.-M. Gaballle, cons. pr.

---

(1) *Espèce :* — (Min. publ. C. Ferrey, Gossué et consorts.) — Des poursuites ayant été dirigées contre le sieur Nicolas Ferrey, pour avoir chassé sans permis de port d'armes, les sieurs Gossué, Collet, Diligent et Racoillet, vinrent déposer en faveur de Ferrey.
Mais les dépositions de ces derniers ayant paru suspects, le tribunal ordonna leur mise en arrestation, et sursit à statuer sur la plainte principale jusqu'après l'instruction et le jugement de l'affaire du faux témoignage. — Depuis, les quatre inculpés ont reconnu avoir fait une fausse déposition ; ils ont avoué, en même temps, que c'était sur l'instigation de Ferrey, et pour lui rendre service, qu'ils s'étaient déterminés à déposer en sa faveur ; mais qu'ils n'avaient, du reste, reçu de lui aucune promesse ou récompense. — 4 août 1836, ordonnance du tribunal de Bar-sur-Aube qui déclare les sieurs Gossué et consorts suffisamment prévenus de faux témoignage ; mais qui, à l'égard de Ferrey, ordonne sa mise en liberté, attendu qu'il n'a provoqué les sieurs Gossué et consorts à faire une fausse déposition ni par argent, ni par dons, récompenses ou autres promesses. — Opposition de la part du procureur du roi. — Arrêt.
La cour ; — Après en avoir délibéré, statuant sur l'opposition du procureur du roi ; — A l'égard de Nicolas Ferrey : — Considérant que la subornation de témoins est un mode spécial de complicité prévu par l'art. 365 c. pén. ; qu'il y a subornation dès qu'à l'aide d'une séduction quelconque employée envers des témoins un faux témoignage a été porté en justice ; — Qu'il résulte des termes formels de l'art. 365 précité, que le coupable de subornation doit être puni, soit que le faux témoignage ait été ob-

tion de témoins.—Mais on a vu, n°⁵ 57 et s., que le faux témoin peut être acquitté par absence d'intention coupable, et que le suborneur néanmoins peut être condamné : il suffit que le fait de faux témoignage ait eu lieu *matériellement*. Or on peut dire, contre le motif donné par la cour suprême, que celui qui dépose par erreur un fait faux est dans le même cas que celui qui dépose sans intention criminelle ; le fait matériel du faux témoignage n'en existe pas moins, et, par conséquent, le crime de subornation de témoins se trouve exister légalement. — A un autre point de vue encore, cette décision nous paraît difficile à justifier. Puisque la loi n'a pas défini les caractères de la subornation, il faut les rechercher dans le sens propre et général du mot. Or la subornation d'un témoin paraît être autre chose que la provocation au faux témoignage ; elle n'implique pas nécessairement la *nécessité* d'une provocation, mais suppose une fraude, une tromperie à l'aide de laquelle un témoin est entraîné à déposer contre la vérité. Il n'est pas nécessaire que le témoin agisse sciemment et de mauvaise foi : il suffit que de la part du suborneur il y ait intention coupable et qu'une fausse déclaration ait été faite en justice, ce qui avait eu lieu dans l'espèce.

68. Dans d'autres arrêts, la cour a encore décidé : 1° que le fait, par un accusé, d'avoir *engagé* un témoin à faire, devant la cour d'assises une déclaration mensongère en sa faveur, ne présente pas les caractères légaux du crime de subornation de témoin ; qu'en effet, la *provocation* au faux témoignage ne peut constituer un acte de complicité du crime que *lorsqu'elle est accompagnée de l'un des moyens énoncés* dans l'art. 60 c. pén. (Crim. rej. 6 oct. 1853, aff. Fortis-Despin, D. P. 53. 5. 440); — 2° Que le fait d'avoir *provoqué* un témoin à porter un faux témoignage ne constitue pas un fait de subornation de témoins, quand il n'a pas été accompagné de l'une des circonstances prévues par l'art. 60 c. pén. (Crim. cass. 30 mai 1851, aff. Truffaut, D. P. 52. 5. 524; V. aussi Crim. cass. 22 déc. 1848, aff. Augendre, D. P. 51. 5. 149; 29 nov. 1851, aff. Bourgeois, D. P. *eod.*). — Sans vouloir chercher à concilier ces arrêts avec ceux qui ont été cités n° 66, nous ferons seulement remarquer qu'ils paraissent se rattacher surtout à la manière dont la question a été posée au jury, difficulté spéciale dont nous nous occuperons au numéro suivant.

69. De ce que la subornation est un mode spécial de complicité, non défini par la loi, et comprend par elle-même tous les caractères légaux du crime, il s'ensuit que dans les questions posées au jury, l'emploi du mot subornation n'a pas besoin d'être expliqué par une définition et par l'adjonction des circonstances du fait qui pourraient le faire rentrer dans les énonciations de l'art. 60 c. pén. (Conf. Crim. rej. 9 nov. 1815 (1); 9 mai 1851, aff. Sainte-Marie, D. P. 51. 5. 510 ; 30 mai 1851, aff. Truffaut, D. P. 52. 5. 524 ; 13 avr. 1834, aff. Marchand, D. P. 54. 5. 737). — Mais si le président substitue au mot *subornation*, qui par lui-même présente un sens complet, les mots *provocation à un faux témoignage*, il faut alors de toute nécessité, et sous peine de nullité des questions et des déclarations, que le jury soit interrogé sur le point de savoir par quels moyens cette provocation a eu lieu, la loi ne punissant la provocation à un crime que lorsque cette provocation a été accompagnée de certaines circonstances déterminées (Crim. cass. 22 déc. 1848, aff. Augendre,

D. P. 51. 5. 149 ; 30 mai 1851, aff. Truffaut, D. P. 52. 5. 524; 29 nov. 1851, aff. Bourgeois, D. P. 51. 5. 150 ; 22 fév. 1855, aff. Brugière, D. P. 55. 1. 174 ; 1ᵉʳ mars 1855, aff. Brismoutier, *eod.*). — On voit ici l'utilité de la distinction faite par la cour suprême entre la subornation, qu'elle considère comme un mode spécial de complicité du faux témoignage, et la provocation au faux témoignage qui, suivant elle, ne constitue qu'un mode ordinaire de complicité rentrant sous l'empire des règles générales établies par l'art. 59 c. pén. Dans le premier cas, le mot *subornation* renfermant tous les éléments de la complicité spéciale prévue par l'art. 60, n'a besoin d'être défini ni expliqué dans les questions au jury. Dans le second cas, au contraire, la provocation à un crime n'étant punissable que si elle s'est accomplie dans l'une des circonstances spécifiées dans l'art. 60, le président ne peut poser au jury une question de provocation à un faux témoignage, sans désigner par quels moyens cette provocation s'est effectuée. — Une grave conséquence se déduit de cette théorie : c'est qu'un fait de subornation, opéré à l'aide de moyens autres que ceux dont parle l'art. 60, pourra légalement donner lieu à une condamnation, si on lui attribue la qualification de *subornation*, tandis que ce même fait sera affranchi de toute peine, si on le considère comme une simple provocation à un faux témoignage. Il est donc important que le président de la cour d'assises ne remplace pas arbitrairement un mot par un autre : la subornation pouvant avoir, comme on vient de le dire, des caractères différents de ceux de la provocation au faux témoignage, une pareille substitution aurait pour effet de transformer la base de l'accusation. Le président doit toujours se conformer à l'arrêt de renvoi pour la position des questions ; il ne lui est pas permis de modifier par une qualification différente, l'accusation dont la cour est saisie. — Peut-être toutefois y aurait-il identité dans les deux termes, si l'accusation de subornation portait que le crime a été perpétré à l'aide des circonstances déterminées par l'art. 60 ; on pourrait, à la rigueur, admettre que dans la question au jury le président se servît des mots provocation au faux témoignage, puisque, comme le dit la cour de cassation, « d'après la combinaison des dispositions des art. 59 et 60 relatives aux conditions constitutives et à la pénalité de la complicité légale, avec les dispositions de l'art. 364 relatives à la qualification et à la pénalité du faux témoignage, il y a identité dans les caractères substantiels et dans la peine des deux crimes » (Crim. cass. 1ᵉʳ mars 1855, aff. Brismoutier, D. P. 55. 1. 174). — Mais dans ce cas la question doit énoncer les moyens à l'aide desquels la provocation a été effectuée (même arrêt).

70. En tout cas, le mot subornation, présentant un sens plus général que les mots provocation au faux témoignage, doit être réputé comprendre nécessairement les différents modes énoncés dans l'art. 60 c. pén., relatif à la complicité ordinaire. — Par suite, il y a contradiction dans la déclaration du jury qui reconnaît que le même fait constitue un crime de provocation au faux témoignage par dons ou promesses, ou par instructions données pour le commettre, et ne constitue pas le crime de subornation avec dons ou promesses (Crim. cass. 19 juin 1857, aff. Bazerque-Percuray, D. P. 57. 1. 372).

71. Mais dans le cas où un fait de subornation de témoins a été

---

(1) *Espèce :* — (Petit C. min. publ.) — Petit était accusé d'avoir suborné deux témoins dans un procès civil. Le président proposa au jury la question suivante : « L'accusé Louis-Victor Petit est-il coupable d'avoir, dans le mois de juillet 1814, suborné des témoins à l'effet de déposer en sa faveur dans un procès civil porté devant le juge de paix, entre lui et le nommé Devert? » La réponse du jury fut : « Oui, l'accusé Louis-Victor Petit est coupable d'avoir commis le crime, avec les circonstances comprises dans la position de la question. » —En vertu de cette déclaration, la cour d'assises, par arrêt du 14 sept. 1815, condamna Petit à six ans de travaux forcés. — Pourvoi pour violation de l'art. 60 c. pén., en ce que le jury n'a pas déclaré les faits élémentaires du crime qui a servi de base à la condamnation. — Arrêt. LA COUR ; — Attendu que, si la subornation n'est que la provocation au faux témoignage, et que, sous ce rapport, elle doive être considérée comme la complicité de ce crime, néanmoins n'est ni ne puisse y avoir de crime de subornation de témoins qu'autant qu'il a existé un crime de faux témoignage tenté ou consommé, néanmoins la loi l'a distinguée de la complicité des autres crimes, puisqu'elle n'a pas laissé les suborneurs sous la

disposition de la loi générale de l'art. 59 c. pén., qui punit les complices des crimes et délits de la même peine que les auteurs de ces mêmes crimes et délits, et que par l'art. 365 elle prononce contre les coupables de subornation de témoins une peine particulière et plus grave que celle portée contre les faux témoins ; que, dans cette disposition dudit art. 365, la loi n'établit aucune distinction relativement aux moyens par lesquels la subornation a pu être opérée ; qu'elle l'a donc distrait à cet égard, comme à l'égard de la peine qui doit lui être appliquée, des dispositions de l'art. 60 même code ; que, de quelque manière qu'elle ait été opérée, elle rentre dans ledit art. 365 ; qu'il suffit donc que le jury ait déclaré Louis Petit, un des demandeurs, coupable de subornation, pour qu'il ait déclaré le crime prévu par cet article, et qu'il n'y ait pas eu lieu à des réponses sur les moyens par lesquels Louis Petit a pu provoquer le faux témoignage qu'a été fait ;— Attendu que le jury a été instruite régulièrement, et qu'aux faits déclarés constants par le jury, il a été fait une juste application de la peine portée par la loi ; — Rejette, etc. Du 9 nov. 1815.-C. C., sect. crim.-MM. Barris, pr.-Audier, rap.

désigné dans les questions au jury par la qualification incomplète de provocation au faux témoignage, la cassation de la condamnation intervenue ne peut pas donner lieu au renvoi de l'accusé devant une autre cour d'assises, si la même qualification avait été admise par l'arrêt de mise en accusation (Crim. cass. 22 fév. 1855, aff. Brugière, D. P. 55. 1. 174). — Il en serait autrement, si ce dernier arrêt s'était servi de la qualification de subornation de témoins (Crim. cass. 1er mars 1855, aff. Brismoutier, eod.), ce qui confirme les observations que nous avons présentées au n° 63.

72. La subornation de témoins comme tout autre crime n'est punissable qu'autant qu'elle a été commise avec une intention criminelle : là où cette intention manque, il n'y a pas de peine à appliquer. — Mais il n'est pas nécessaire que la question d'intention soit posée au jury. — Ainsi, il a été décidé qu'en fait de subornation de témoins, l'intention criminelle résulte de la nature même du délit, en sorte qu'il n'y a pas lieu à poser la question intentionnelle (Crim. rej. 19 nov. 1807, aff. Lorrain, V. n° 37).

73. La subornation de témoins n'est punissable qu'autant que le faux témoignage a été porté contre l'accusé ou en sa faveur : cela est évident, puisque, en dehors de ces circonstances, le crime de faux témoignage n'existe pas, et qu'il n'y a subornation que là où il y a faux témoignage. — Il a été spécialement jugé que le fait par une mère d'avoir appris à son enfant âgé de moins de quinze ans, une déposition mensongère à la charge de son mari, qui dans l'espèce était *non pas l'accusé*, mais la victime du délit, ne constitue ni subornation de témoins, ni délit, ni contravention, bien que cette déposition ait été réellement effectuée devant la justice (Rouen, 9 nov. 1841) (1).

74. Il faut donc, à peine de nullité, que la circonstance que le témoin suborné a déposé contre l'accusé ou en sa faveur soit indiquée dans les questions posées au jury. Et peu importe que les questions relatives à l'accusé de faux témoignage énoncent cette circonstance, si celle relative au suborneur ne la mentionne pas, soit par elle-même, soit en se référant à ces questions (Crim. cass. 22 mars 1830, aff. Roques, D. P. 30. 3. 439). — Mais la déclaration du jury qui constate que l'accusé a provoqué un faux témoignage dans son intérêt, énonce suffisamment que le témoignage a été porté en faveur de cet accusé (Crim. rej. 16 sept. 1853, aff. Meyranne, D. P. 53. 3. 440).

75. De ce que les dons et promesses faits par le suborneur et acceptés par le témoin constituent une circonstance aggravante de la subornation (V. n° 66), il en résulte que le jury doit être interrogé séparément sur le fait d'obtention du faux témoignage et sur les circonstances aggravantes résultant de la réception des dons par le témoin suborné (Crim. cass. 24 août 1854, aff. Dumas, D. P. 54. 5. 737).

Art. 5. — Action. — Procédure. — Compétence.

76. En matière de faux témoignage, les poursuites se font dans la forme ordinaire et générale ; toutefois une exception était commandée par la force des choses à l'égard des témoins qui dé-

posent faussement dans les débats publics. — Cette procédure particulière a été réglée par l'art. 41 tit. 7 de la deuxième partie de la loi du 16 sept. 1790; par l'art. 367 c. 3 brum. an 4; enfin par l'art. 330 c. inst. crim., qui n'a fait, en quelque sorte que reproduire les dispositions des deux précédentes lois. Ce dernier article est ainsi conçu : « Si, d'après les débats, la déposition d'un témoin paraît fausse, le président pourra, sur la réquisition soit du procureur général, soit de la partie civile, soit de l'accusé, et même d'office, faire sur-le-champ mettre le témoin en état d'arrestation. Le procureur général ou l'un des juges par lui commis, rempliront, à son égard, le premier les fonctions d'officier de police judiciaire, le second les fonctions attribuées aux juges d'instruction dans les autres cas. — Les pièces d'instruction seront ensuite transmises à la cour impériale, pour y être statué sur la mise en accusation. »

77. Ainsi d'après cet article, le président n'est point obligé de consulter la cour, il peut *d'office*, par conséquent il peut de sa seule autorité, ordonner qu'on mette à l'instant même le témoin en état d'arrestation. — Cependant on a soutenu plusieurs fois que le président était obligé de consulter la cour avant de statuer, mais ce moyen n'a pas été accueilli et il a été jugé constamment, 1° qu'il appartient au président seul, à l'exclusion de la cour d'assises, de statuer soit d'office, soit sur les réquisitions du ministère public tendant à l'arrestation d'un témoin suspect de faux témoignage (Crim. rej. 2 mars 1827 (2); 23 avr. 1840, aff. Rolland, V. n° 81-6°);—2° Que le président a le droit d'ordonner seul et sans le concours de la cour d'assises, qu'un témoin dont la déposition paraît suspecte, sera gardé à vue par la gendarmerie, jusqu'à la fin des débats, alors même qu'il ne statuerait pas d'office, mais bien sur le réquisitoire du ministère public et sur les conclusions contraires de l'accusé (Crim. rej. 28 déc. 1838) (3).

78. Il est presque inutile de dire que le président est libre de renoncer au droit exorbitant du droit commun établi en sa faveur par l'art. 330. Le nombre des juges augmente plutôt qu'il ne diminue les garanties en faveur de l'accusé. — Aussi a-t-il été jugé que bien que la mise en arrestation d'un témoin dont la déposition paraît fausse soit dans les attributions du président seul, on ne saurait faire résulter un moyen de nullité contre les débats d'une cour d'assises de ce que serait la cour qui aurait ordonné cette mesure (Crim. rej. 12 mars 1831, aff. Hervé, V. Inst. crim., n° 2143).

79. En prononçant seul sur l'arrestation d'un citoyen, le président ne rend pas un arrêt mais une simple ordonnance. — Il découle de plusieurs conséquences, la première c'est que si le témoin suspecté ou l'accusé font opposition à l'ordonnance, le président ne peut plus décider seul; il est de principe qu'on peut toujours former opposition à la décision d'un seul magistrat, et que la connaissance de cette opposition appartient au tribunal entier. — C'est par application de cette règle qu'il a été jugé que le président de la cour d'assises peut statuer seul sur la demande d'un accusé tendant à faire arrêter un témoin pour faux témoignage ; mais, s'il y a opposition à l'ordonnance du président, c'est à la cour qu'il appartient de statuer sur cette opposition (Crim. cass. 5 mai 1826, aff. Renault, V. Défense, n° 143).

---

(1) Espèce : — (Min. publ. C. dame Guillaume.) — A l'occasion de poursuites correctionnelles dirigées contre Boulanger, Morel et Ancelin, prévenus d'avoir porté des coups et fait des blessures volontaires au sieur Guillaume, la femme de ce dernier avait fait apprendre à son enfant, âgé seulement de neuf ans, une déposition écrite, à la charge de son mari, et que l'enfant répéta presque textuellement à l'audience. On rapportait, écrit de la main même de la femme Guillaume, le projet de cette déposition, évidemment mensongère et contredite par tous les témoins. Une ordonnance de la chambre du conseil renvoya la femme Guillaume devant la chambre d'accusation sous la prévention d'avoir suborné un témoin, crime prévu par l'art. 365 c. pén. — Arrêt.
La cour ; — Attendu que les faits imputés à la prévenue ne constituent ni crime, ni délit, ni contravention ; — Annule l'ordonnance de prise de corps décernée, le 29 oct. 1841, par la chambre du conseil du tribunal de première instance de Neufchâtel contre la femme Guillaume.
Du 9 nov. 1841.—C. de Rouen, ch. d'acc.-M. Fercoq, pr.
(2) (Tap, etc. C. min. publ.) — La cour ; — Attendu qu'il appartenait au président de la cour d'assises d'adopter ou de rejeter les réquisitions du ministère public tendant à ce qu'il soit procédé à l'arrestation d'un témoin dont la déposition paraissait fausse; que ce droit du pré-

sident résulte expressément de l'art. 330 c. instr. crim. — Rejette.
Du 2 mars 1827.-C. C. ch. crim.-MM. Portalis, pr.-Mangin, rap.
(3) (Sicre et Amilis C. min. publ.)—La cour;—...Sur le troisième moyen, tiré de la prétendue violation de l'art. 330 du même code, de la part du président de la cour d'assises, en ce qu'il aurait seul, et sans consulter la cour, ordonné que le témoin suspect de faux témoignage serait, jusqu'à la fin du débat, gardé à vue par la gendarmerie, alors que la cour seule pouvait ordonner ; — Attendu que le réquisitoire du ministère public et les conclusions des accusés s'étaient adressés qu'au président, à l'occasion d'un acte de l'autorité qui lui était propre et que la cour n'avait donc pas à y statuer ; — Attendu que l'art. 330 porte expressément « que si, d'après les débats, la déposition d'un témoin paraît fausse, le président peut, même d'office, faire sur-le-champ mettre le témoin en état d'arrestation comme remplissant, à cet égard, les fonctions attribuées aux juges d'instruction ; — Attendu que si, d'après cet article, le président peut d'office ordonner l'arrestation d'un témoin suspect de faux témoignage, à plus forte raison peut-il ordonner qu'il sera simplement gardé à vue jusqu'à la fin des débats ; — Par ces motifs, rejette.
Du 28 déc. 1838.-C. C., ch. crim.-MM. Bastard, pr.-Chauveau, rap.

80. La seconde conséquence, c'est que cette mise en arrestation d'un témoin soupçonné, et à l'égard duquel, il n'y a pas encore eu d'instruction sur le fait qui lui est reproché, ne peut avoir un caractère définitif; et ce qui le prouve, c'est l'art. 330 lui-même qui décide qu'après l'arrestation, le procureur général remplira les fonctions de police judiciaire, et le président les fonctions de juge d'instruction. — Aussi a-t-il été jugé que l'ordre d'arrestation que le président a décerné de lui-même contre un témoin suspect de faux témoignage, n'a qu'un caractère provisoire si les débats sont continués, et peut dès lors être rétracté spontanément par le président, lorsque de nouvelles déclarations du témoin ont fait tomber les soupçons qui y avaient donné lieu (Crim. rej. 11 nov. 1858, aff. Martin, D. P. 58. 5. 350).

81. Le président pourrait-il, au lieu d'ordonner l'arrestation du témoin soupçonné, le mettre seulement en état de surveillance. — La jurisprudence adopte sans hésitation l'affirmative. — Ainsi, il a été décidé : 1° que le président n'excède pas les bornes de son pouvoir discrétionnaire lorsque, après l'audition de témoins à décharge, il les a mis en surveillance dans l'auditoire, pendant les débats (Crim. rej. 8 nov. 1816, M. Lecoutour, rap., aff, Bertolacci); — 2° Que le président peut ordonner que les témoins, dont il croit la déposition, seront surveillés dans l'enceinte du palais de justice, sans néanmoins les mettre en arrestation (Crim. rej. 30 mai 1818 (1); Crim. rej. 20 août 1819, aff. Jourdan, V. n° 94); — 3° « Que l'art. 330 autorise expressément les présidents d'assises, toutes les fois qu'une déposition de témoin paraît fausse, à ordonner, sur la réquisition du ministère public, que ce témoin sera sur-le-champ mis en état d'arrestation, d'où il suit qu'à plus forte raison le président a pu ordonner la simple mise en surveillance du témoin inculpé de faux témoignage, sauf à statuer ensuite sur le réquisitoire, s'il y avait lieu » (Crim. rej. 25 sept. 1834, MM. Bastard, pr., Chauveau-Lagarde, rap., aff. Bertrand C. min. pub.); — 4° « Que cette mesure rentre dans celles que nécessite l'exécution de l'article 330; qu'il importe, en effet, lorsque des doutes commencent à s'élever sur la sincérité d'un témoin, que le président s'assure de sa personne, afin que l'arrestation qui peut être ordonnée ne soit pas illusoire » (Crim. rej. 11 avr. 1840,

MM. Bastard, pr., Crouseilhes, rap., aff. Blondeau); — 5° Qu'un témoin peut être mis en état de surveillance, sans que le président soit tenu d'en faire connaître les motifs (Crim. rej. 24 janv. 1851, aff. Giovannoni, D. P. 51. 5. 517); — 6° Que le président qui, d'après les indices de faux témoignage à lui signalés à l'égard d'un témoin, l'a mis en surveillance à l'audience, dans l'enceinte du palais, peut ultérieurement, et hors de l'audience, ordonner, s'il le croit convenable, le dépôt de ce témoin dans la maison d'arrêt.... Cette mesure, rentrant dans le pouvoir discrétionnaire du président, ne nuit pas à la défense, alors que le témoin, domestique de l'accusé et témoin à décharge, a persisté dans sa déposition (Crim. rej. 25 avr. 1840 (2).

M. Cubain (C. d'ass., n° 491) est contraire à cette jurisprudence, et n'admet pas que la mise en surveillance d'un témoin puisse être légale. « La loi, dit-il, ne confère au président que le droit d'ordonner l'arrestation du témoin, s'il estime que ce témoin se soit rendu coupable de faux témoignage; mais elle n'autorise pas une mise en surveillance préventive dont notre législation n'offre aucun exemple, et qui placerait un témoin en état de suspicion en lui ôtant la possibilité d'une justification légale. » Le même auteur fait remarquer, en outre, que s'il existe des indices de faux témoignage, le président, en se bornant à prononcer la mise en surveillance au lieu d'ordonner l'arrestation du témoin, prive les parties en cause de la faculté de demander à la cour le renvoi à une autre session. — Ces observations ne nous semblent pas justes; si le président peut ordonner l'arrestation d'un témoin, à plus forte raison peut-il ordonner sa mise en surveillance, mesure bien plus favorable pour le témoin et qui, quoi qu'en dise M. Cubain, ne saurait nuire aux droits de l'accusé, puisqu'il est purement facultatif pour le président d'ordonner ou de refuser le renvoi à une autre session (V. n° 99).

82. Lorsque, conformément à l'art. 330, le ministère public requiert l'arrestation d'un témoin soupçonné de faux témoignage, le président peut-il se refuser à déférer aux conclusions du ministère public? — L'affirmative de cette question ne présente aucun doute. Le droit d'agir renferme évidemment le pouvoir de ne point agir, sans quoi le président ne serait qu'un être passif, un pouvoir secondaire aux ordres du ministère public.—

---

(1) (Bastide, etc. C. min. pub.) — LA COUR; — Attendu : 1° que, d'après l'art. 330, le président avait seul le droit de faire mettre en arrestation les témoins qui pouvaient être prévenus de faux témoignage; qu'il pouvait conséquemment surseoir à prononcer sur le réquisitoire du procureur général, tendant aux fins de cette arrestation; que, par une conséquence nécessaire du droit d'arrestation qu'il pouvait exercer lorsqu'il trouverait la prévention du faux témoignage suffisamment établie, il avait caractère pour ordonner les mesures convenables, afin que les témoins contre lesquels le procureur général avait requis ne pussent se soustraire aux mandats d'arrêt qu'il pourrait décerner ultérieurement contre eux ; qu'en ordonnant que ces témoins seraient surveillés dans l'enceinte du palais, il n'a nullement commis un excès de pouvoir, ni violé l'art. 330 c. inst. cr.; 2° que la cour d'assises n'a point omis ou refusé de prononcer sur la réquisition du défenseur de Bastide, tendant à ce qu'il fût statué sur-le-champ sur l'arrestation requise par le procureur général; que cette cour a en effet jugé qu'attendu la compétence exclusive du président pour prononcer sur cette réquisition, elle n'avait point à statuer; que cette décision a été un jugement sur la compétence respective de la cour et du président; qu'il n'y a donc eu ni omission ni refus de prononcer; que d'ailleurs l'ouverture de cassation établie par le second paragraphe de l'art. 408 c. instr. cr., ne se réfère qu'à l'omission ou refus de prononcer sur une demande tendant à l'exercice d'un droit accordé par la loi, et que l'insistance du défenseur de Bastide n'avait pas cet objet ; — Rejette.
Du 30 mai 1818.-C. C. sect. crim.-MM. Barris, pr.-Ollivier, rap.

(2) (Rolland C. min. pub.) — LA COUR; — Sur le premier moyen tiré de la violation de l'art. 317 c. inst. crim., en ce que la mention de l'audition du témoin Brunet ne relate pas la formule du serment dans son intégrité : — Attendu que le procès-verbal établit suffisamment que ce témoin a prêté comme tous les autres, le serment prescrit par la loi, et que l'omission de deux lettres dans l'expression de la formule n'est pas de nature à faire naître aucune incertitude sur l'accomplissement de cette prescription ;
Sur le deuxième moyen tiré de ce que, dans l'intervalle d'une suspension d'audience, de cinq heures et demie à sept heures, le président a tenu les témoins à décharge dans une chambre séparée, et ne les a pas fait profiter du bénéfice de cette suspension : — Attendu que, le président a agi dans l'exercice du pouvoir à lui conféré par l'art. 506

c. inst. crim., et que la faculté à lui attribuée par l'art. 355 du même code est subordonnée aux mesures qu'il croit utiles à la manifestation de la vérité; — Attendu que, dans l'espèce, les témoins ne se sont pas plaints de la clôture à laquelle ils ont été soumis; qu'elle n'a pu violenter leur déposition, et, par conséquent, nuire à la défense de l'accusé;
Sur la première partie du troisième moyen tiré de ce que le président a statué seul, sur les réquisitions du ministère public, combattues par l'accusé, tendantes à l'arrestation du témoin Pascal, suspect de faux témoignage : — Attendu que l'art. 330 du même code n'accorde qu'au président des assises le droit de statuer à cet égard, soit d'office, soit sur les demandes à lui adressées; que, par une conséquence forcée, il n'appartient pas à la cour d'assises d'intervenir dans un débat de cette nature;
Sur la deuxième partie du même moyen tiré de ce que, dans l'intervalle de l'audience du 18 à celle du 19 février, le président de la cour d'assises a fait déposer à la maison d'arrêt, et privé de sa liberté, le témoin Pascal, qu'il avait seulement mis en surveillance à l'audience du 18, dans l'enceinte du palais, et à l'arrestation duquel il avait déclaré surseoir à l'audience, et a ainsi porté atteinte au droit de la défense et à la sincérité des débats : — Attendu que c'est dans l'exercice de ses fonctions de président de la cour d'assises, que ce magistrat a opéré cette mise en surveillance, d'après les indices de faux témoignage à lui signalés, et résultant de la confrontation à laquelle il s'était livré ; que si, comme il est allégué par le demandeur il a ultérieurement, et hors de l'audience, donné quelque suite à la mesure de surveillance qu'il avait déjà exécutée par le dépôt du témoin Pascal, dans la maison d'arrêt, au lieu de l'être dans l'enceinte du palais, que l'indiquait l'ordre par lui donné à l'audience, c'est sans doute parce que l'enceinte de ce palais ne lui présentait pas de moyens suffisants d'assurer cette surveillance ; qu'en substituant un ordre à l'autre, le président n'a violé aucune disposition de loi et n'a fait qu'obéir à la nécessité ; — Que, d'ailleurs, dans l'espèce, cette mesure n'a pas nui à la défense de l'accusé, puisque, malgré cette mesure, Pascal, témoin à décharge et domestique de l'accusé, a persisté dans sa déposition, qui motive aujourd'hui une poursuite en faux témoignage, en vertu de l'ordonnance définitive d'arrestation, rendue par le président, dans la séance du 19 février ; — Rejette.
Du 25 avr. 1840.-C. C., ch. crim.-MM. Bastard, pr.-Isambert, rap.

Aussi a-t-il été jugé qu'il est facultatif au président des assises de surseoir jusqu'à la fin des débats à prononcer sur la réquisition du ministère public, tendante à l'arrestation d'un prétendu faux témoin, comme aussi de refuser de la prononcer (Crim. rej. 14 avr. 1814) (1).

83. La décision par laquelle le président, ou même le tribunal entier, refuserait de faire droit aux réclamations du ministère public, ne touchant ni au fond ni à la prévention, ne peut acquérir force de chose jugée en faveur du témoin, et, par conséquent, ne pourrait lui fournir une fin de non-recevoir contre les poursuites en faux témoignage dont il serait ultérieurement l'objet (Crim. cass. 16 avr. 1841, aff. Arnal, V. Chose jugée, n° 400-2°).

84. Il est bien évident que lorsque le président a ordonné l'arrestation d'un témoin, l'accusé ne peut se plaindre de cette mise en arrestation, sous prétexte qu'elle porte atteinte à la liberté de déposer; il n'avait qu'à demander le renvoi à une autre session (Crim. rej. 28 mars 1829) (2).

85. Sous l'empire de la loi des 16-29 sept. 1791, il a été jugé que le président du tribunal criminel ne pouvait, à l'audience du jury du jugement, ordonner l'arrestation d'un individu comme faux témoin, en se fondant uniquement sur ce qu'il existait une contradiction entre sa déposition orale et sa déposition écrite : c'était, en outre, de sa part, donner au jury connaissance de l'instruction écrite et l'engager à la prendre en considération, ce qui entraînait la nullité du jugement (Crim. cass. 15 juin. 1792, MM. Thouret, pr., Mollevaut, rap., aff. Labrunière C. min. publ.).—Nous pensons qu'aujourd'hui l'arrestation d'un témoin dans les circonstances indiquées serait légale.

86. Les principes que nous venons d'exposer en matière de grand criminel, sont-ils applicables en matière correctionnelle? Cela ne peut faire doute. *Ubi eadem ratio, ibi idem jus.* — Aussi a-t-il été jugé : 1° que les dispositions des art. 330 et 331 c. inst. crim., sur la mise en arrestation des témoins entendus aux débats, dont les déclarations paraissent fausses et sur le sursis au jugement du fond, doivent être admises pour les matières correctionnelles comme pour celles de grand criminel (Crim. rej. 21

janv. 1814, aff. Schweitzen, V. n° 99); — 2° Qu'en matière correctionnelle, comme en matière de grand criminel, c'est au président seul et non au tribunal, qu'il appartient de statuer sur la réquisition du ministère public tendant à l'arrestation d'un témoin dont la déposition paraît fausse (Bordeaux, 5 juin 1828 (3); Crim. rej. 3 mai 1849, aff. Macron, D. P. 49. 5. 376).

87. Le président, en faisant mettre le témoin en état d'arrestation, doit dresser un procès-verbal de la déposition et de toutes les circonstances qui pourraient en prouver la fausseté. L'art. 367 du code de brum. an 4 lui en imposait formellement l'obligation. Le code d'instruction de 1808 ne contient aucune disposition explicite à cet égard; mais il ne lui en fait pas moins implicitement un devoir : c'est ce qui s'induit des règles générales de l'instruction criminelle, et notamment des dispositions particulières des art. 32 et 59 de ce code. — Il a été jugé sous le code du 3 brum. an 4 : 1° qu'un directeur du jury excédait ses pouvoirs en dressant procès-verbal des variétés et contradictions existant dans des *enquêtes en matière civile*, et en décernant des mandats d'arrêt en vertu de l'art. 367 dudit code, qui n'était relatif qu'à la conduite à tenir par un président du tribunal criminel, dans le cas où, en matière criminelle, la déposition d'un témoin paraissait fausse d'après les débats (Crim. cass. 29 pluv. an 9, M. Rupérou, rap., aff. Girod et autres C. min. publ.);—2° Que lorsque sur une prévention de faux témoignage dans le cours des débats, le président de la cour de justice criminelle n'avait pas dressé le procès-verbal prescrit par la loi, le directeur du jury ne pouvait se dispenser de faire une instruction préalable à la présentation de l'affaire au jury d'accusation (Crim. rej. 10 déc. 1807, aff. Vancoppenobie, V. n° 88); — 3° Que lorsqu'il résultait des dépositions de témoins appelés devant un tribunal criminel, que l'un d'eux s'était rendu complice du crime soumis aux débats, le président ne devait pas dresser procès-verbal des dépositions, comme dans le cas de faux témoignage; il devait renvoyer en un état de mandat d'amener devant l'officier de police judiciaire chargé de l'instruction préparatoire (Crim. cass. 3 vend. an 7) (4).

88. Le procès-verbal dressé par le président doit constater

---

(1) (Cambe.) — LA COUR; — ...Attendu, quant au deuxième moyen pris d'une prétendue violation de l'art. 408 du même code, 1° qu'il résulte de la combinaison de cet article avec l'art. 350 de la même loi, que le président de la cour d'assises du département de Vaucluse avait le droit de surseoir jusqu'à la fin des débats, à prononcer sur la réquisition du ministère public tendante à l'arrestation du témoin Leomond; 2° qu'ensuite les débats étant terminés, il n'a fait que se conformer à cet art. 350, en usant de la faculté qu'il lui donnait de ne point prononcer l'arrestation requise; — Rejette.
Du 14 avr. 1814.—C. C., sect. crim.-MM. Barris, pr.-Bailly, rap.
(2) (Chauvière, etc. C. min. pub.)—LA COUR; — Sur le 5e moyen, et sur le moyen compris dans le mémoire additionnel de Chauvière ; — Attendu que l'art. 350 c. inst. crim., autorisant le président à faire mettre en état d'arrestation un témoin dont la déposition paraît fausse, cette mesure, prise à l'égard de la fille Mallard, ne peut pas constituer une atteinte à la liberté de déposer, et que rien n'a empêché Chauvière de demander le renvoi de l'affaire à une autre session, ainsi que lui en donnait le droit l'art. 355 du même code; — Attendu que si la fille Mallard, instruite par le président des suites que pouvait avoir sa déposition, en a repris, en présence d'autres personnes, au maréchal-des-logis de la gendarmerie qui la reconduisait en prison, à demandé à en conférer avec le substitut du procureur du roi tenant le parquet, on ne peut pas voir dans ces faits une violence exercée envers elle pour la déterminer à rétracter sa déposition ; qu'on ne peut pas y voir non plus une violation de l'art. 355 c. inst. crim., ni de l'ordre donné par le président de ne laisser communiquer ce témoin avec personne, violation qui, du reste, n'entraînerait pas la nullité de la procédure ; — Rejette.
Du 28 mars 1829.—C. C., ch. crim.-MM. Bailly, pr.-Ricard, rap.
(3) (Min. pub. C. Angonnet.)—LA COUR;—...Considérant que l'art. 350 c. inst. crim. donne le droit au président seul, lorsque la déposition d'un témoin lui paraît fausse, d'ordonner son arrestation ; — Que le tribunal a évidemment excédé ses pouvoirs, non-seulement en prononçant sur le réquisitoire, mais surtout en décidant que le témoin, cité en cette qualité, ne pouvait être poursuivi pour faux témoignage, parce qu'il ne devait pas être considéré dans l'affaire comme témoin, mais comme principal prévenu, question qui aurait dépassé des bornes mises par la loi à sa compétence.
Du 5 juin 1828.-C. de Bordeaux, ch. cor.-M. Trottier, pr.
(4) (Bavisien C. min. pub.) — LE TRIBUNAL; — Considérant que les fonctionnaires publics n'ont de pouvoir que celui que leur donne la loi ;

que le code des délits et des peines a voulu que les fonctions de l'officier de police judiciaire chargé de l'instruction fussent absolument distinctes de celles du fonctionnaire public chargé de juger; qu'aux officiers de police judiciaire seuls appartient, suivant la nature des délits, la faculté de les constater par procès-verbal ; que la loi n'autorise, en cette qualité, le président d'un tribunal criminel à dresser un procès-verbal que dans le cas prévu par l'art. 367, lorsque, d'après les débats, la déposition d'un témoin paraît évidemment fausse, et qu'alors, pour instruire sur ce flagrant délit, elle le constitue officier de police judiciaire, le charge, non-seulement de mettre le témoin en état d'arrestation, mais de décerner contre lui un mandat d'arrêt et de dresser même l'acte d'accusation ; que si, dans cette circonstance, la loi l'investit des fonctions d'officier de police judiciaire, c'est que le corps du délit, le faux témoignage, consiste uniquement dans la déclaration orale du témoin, et qu'il est indispensable de le constater au moment même : mais que, dans l'espèce, ni le corps du délit ni le délit lui-même ne résultaient des dépositions des témoins ; que ce n'est pas comme prévenu de faux témoignage, mais de vols et d'assassinats, que Bavisien a été transformé de témoin en accusé, et ensuite jugé et condamné ; que si, que les dépositions de témoins entendus aux débats, des charges étaient tout à coup survenues contre Bavisien, étrangères à l'acte d'accusation, dont le tribunal du département de la Haute-Saône était seulement saisi, ce tribunal devait suivre la marche que lui indiquait l'art. 446 c. dél. et peines, envers l'accusé même qui se trouve inculpé, soit par les pièces, soit par les dépositions des témoins, ou d'autres délits que ceux dont il est accusé et que le tribunal a a juger; qu'il devait le renvoyer en état d'arrestation provisoire devant l'officier de police judiciaire chargé de l'instruction du délit dont il se trouvait prévenu, mais sans rapporter procès-verbal des déclarations des témoins entendus aux débats, dont la loi défend de conserver des traces ; — Considérant qu'avoir annexé à l'acte d'accusation ce procès-verbal, dont le contenu n'était que les déclarations de témoins entendus dans les débats étrangers à Bavisien, c'est avoir, en contravention à l'art. 258 c. dél. et peines, mis sous les yeux des jurés d'accusation les déclarations écrites de ces témoins, ou du moins ce qu'on présente en étant le résultat; et que cette annexe est d'autant plus vicieuse que le procès-verbal est l'ouvrage d'un fonctionnaire public qui a excédé ses pouvoirs en usurpant les fonctions de police judiciaire dans un cas où la loi ne les lui a pas attribuées ; — Par ces motifs, casse et annule le procès-verbal rapporté, le 20 germ. an 6, par le président du tribunal criminel du département de la Hauted'une manière claire et précise la fausseté du témoignage, désigner clairement les témoins qui l'ont rendu, énoncer les faits qui constituent ce corps de délit. — Mais l'irrégularité, comme le défaut de procès-verbal, n'entraînerait ni nullité, ni déchéance, la loi ne les prononçant pas (Merlin, Rép., Faux témoign.). — Toutefois le contraire a été jugé sous le code de brumaire an 4 (Crim. cass. 12 sept. 1806) (1).—Mais il a été jugé dans le sens de l'opinion que nous venons d'exprimer que, la disposition de la loi sur les devoirs imposés au président d'une cour de justice criminelle, dans le cas où la déposition d'un témoin produit aux débats paraît fausse, n'est pas prescrite, à peine de nullité (Crim. rej. 10 déc. 1807) (2).

89. Dans le cas d'une fausse déposition, il suffit que le procès-verbal soit rédigé par le président : peu importe qu'il l'ait été de son propre mouvement ou d'après une ordonnance de la cour (Crim. rej. 21 fév. 1811) (3).

90. Les règles que nous venons de présenter sont relatives uniquement aux poursuites intentées contre un faux témoin incidemment à un procès criminel ; mais ces poursuites peuvent également être formées par voie d'action principale, soit d'office par le ministère public, soit sur la plainte de la partie lésée.—Dans ce cas, on suit les règles ordinaires de la procédure criminelle. — La plainte peut être formée notamment par celui qui a été condamné dans le procès à l'occasion duquel le faux témoignage a été porté (V. Cassation, n° 1558, 2e alinéa). Cette plainte est pour lui d'un intérêt majeur ; car, d'une part, si l'accusation de faux témoignage est admise, ou même s'il est délivré contre les

accusés des mandats d'arrêts, il est sursis à l'exécution de la condamnation prononcée contre le plaignant (c. instr. crim. 445) ; — Et d'autre part, la condamnation qui serait prononcée contre le faux témoin lui ouvre la voie extraordinaire de la révision contre le jugement qui l'a lui-même condamné (même article. V. sur le droit de révision, en cas de faux témoignage, v° Cassat., n°s 1556 et suiv.).

91. Mais pour que cette plainte puisse donner lieu à une poursuite, il faut que la connaissance du faux témoignage n'ait pu être obtenue que depuis le jugement de condamnation. Si, en effet, le condamné avait connaissance de la fausseté de la déposition pendant les débats dont il était l'objet, il devait discuter et combattre cette déposition séance tenante et requérir, comme l'art. 330 lui en donne le droit, l'arrestation du témoin ; son défaut de réclamation à cet instant élève une fin de non-recevoir contre son action ultérieure. — De là il suit, ainsi que cela a été jugé, que l'arrêt de la chambre d'accusation qui déclare n'y avoir lieu à suivre sur une plainte en faux témoignage, parce qu'aucune réclamation n'a été faite à ce sujet lors des débats, doit expliquer si les faits servant de base à la plainte étaient alors connus, et s'ils ont pu être relevés et appréciés ; le défaut de cette énonciation est une violation de l'art. 445 c. inst. crim., suivant lequel une plainte en faux témoignage peut être portée pour la première fois après l'arrêt de condamnation, lorsque les preuves et indices n'ont été connus que depuis (Crim. cass. 20 août 1819) (4).

92. Le condamné qui a porté plainte en faux témoignage

Saône ; casse pareillement et annule l'acte d'accusation auquel il a été annexé, et tout ce qui s'en est suivi, et spécialement les déclarations des jurys d'accusation et de jugement, etc.
Du 5 (ou 7) vendém. an 7.–C. C., sect. crim.–M. Gohier, rap.

(1) (Demartini, etc. C. min. pub.).— LA COUR ; — Vu l'art. 456 c. dél. et peines ; — Vu l'art. 367 du même code ; — Attendu que le procès-verbal dressé le 18 mars dernier, en exécution de cet article, contre les témoins prévenus de faux témoignage lors des débats pour l'examen du délit imputé à Paul-Félix Demartini, devait servir de base à l'instruction de ce délit ; qu'il devait constater, d'une manière claire et précise, la fausseté évidente du témoignage, désigner clairement les témoins qui l'avaient rendu, et énoncer les faits qui constituaient ce corps de délit ; — Attendu que ce procès-verbal n'a rempli aucun de ces vœux de la loi ; qu'à l'égard de Joseph Arata, il se borne à énoncer qu'un autre témoin a déposé des faits contraires à ceux présentés par Arata, et a protesté, avec offre de le prouver, que la déposition de celui-ci n'était pas vraie ; — Que, relativement à Barthélemi Demartini, il ne fait aucune mention de la cause pour laquelle l'arrestation a été ordonnée ; — Que Jeanne Malatesta n'est pas même nommée dans cet acte ; — Qu'il suit de là que ce procès-verbal est vague, sans précision, sans clarté, et par conséquent sans force contre le premier ; — Qu'il est muet et sans application pour les deux autres ; — Qu'une telle pièce n'a pu remplir le vœu de l'art. 367, et que la procédure faite sur cette base ne peut subsister ; — Qu'enfin l'arrêt prononcé sur une pareille instruction doit être annulé ; — Casse et annule le procès-verbal dressé, le 18 mars dernier, par le président de la cour criminelle du département des Apennins, contre Barthélemi Demartini et Joseph Arata, comme prévenus de faux témoignage ; l'acte d'accusation contre eux dressé pour le même délit ; et l'arrêt rendu par la même cour, le 5 juillet dernier, tant contre lesdits deux accusés que contre Jeanne Malatesta, etc.
Du 12 sept. 1806.–C. C., sect. crim.–M. Vermeil, pr.–Delacoste, r.

(2) (Vancoppenoble C. min. pub.) — LA COUR ; — ... Attendu que le président de la cour de justice criminelle de l'Escaut, n'ayant fait que retenir par écrit la déposition des réclamants sans rédiger le procès-verbal voulu par l'art. 567 du code, le directeur du jury ne pouvait se dispenser de faire une instruction préalable à la présentation de l'affaire au jury d'accusation ; que ce fut aussi ce que fit le directeur du jury en entendant en déposition les témoins indiqués à l'appui de l'accusation ; qu'à la vérité le directeur du jury, dans le nombre des dépositions qu'il reçut, se borna à déclarer que la rédaction de quelques-unes, que les témoins s'en référaient à leurs précédentes dépositions ; qu'il est également vrai que le cahier d'information dans lequel étaient consignées ces dépositions, auxquelles se référaient quelques témoins, n'était pas régulier dans la forme, mais que l'instruction faite par le directeur du jury, indépendamment des dépositions dont il s'agit, était suffisante pour la régularité de la procédure, et que d'ailleurs, au moyen du référé, ces dispositions, d'abord viciées, reprenaient toute leur force que le vice du premier cahier d'informations leur avait fait perdre ; que, dès lors, les réclamants ne peuvent se faire un grief contre l'arrêt, ni de ce que le président de la cour de justice criminelle ne s'est pas conformé aux dispositions de l'art. 567 du code, qui n'est pas prescrit à peine de

nullité, ni de ce que le directeur du jury n'a pas retenu en entier les dépositions de quelques témoins ;—Attendu, d'ailleurs, que l'acte d'accusation a été rédigé conformément au vœu de la loi ; que la procédure est régulière, et que la peine a été justement appliquée ; — Rejette.
Du 10 déc. 1807.-C. C., sect. crim.-MM. Barris, pr.-Carnot, rap.

(3) (Lachaud.)—LA COUR ; —...Attendu, sur le troisième moyen, qu'il est indifférent que ce procès-verbal ait été rédigé d'après une ordonnance de la cour spéciale ou qu'il l'ait été du propre mouvement du président ; qu'il suffit que la rédaction ait eu lieu pour que le vœu de la loi eût été rempli ; — Rejette.
Du 21 fév. 1811.-C. C., sect. crim.-MM. Barris, pr.-Dutocq, rap.

(4) Espèce : — (Min. pub. C. Jourdan.) — François Jourdan avait été condamné à la peine de mort, par arrêt de la cour d'assises de Grenoble du 18 juill. 1819. — Après l'arrêt de condamnation, il dénonce Antoine Mirabel comme ayant porté un faux témoignage contre lui. Le procureur général requit l'évocation de la cause et l'instruction sur ce faux témoignage, conformément aux art. 225, 235 et 285 c. inst. crim. — Le 26 juill., la chambre d'accusation rejette le réquisitoire du procureur général et la plainte en faux témoignage, sur le motif qu'il n'a pas été fait de réclamations à cet égard durant les débats, d'après l'art. 330 ; que la plainte était postérieure à l'arrêt de condamnation ; que ce n'est que quand plaintes antérieures à cet arrêt que les mesures prescrites par l'art. 445 c. inst. crim. peuvent se rapporter.— Mais la chambre d'accusation n'avait point expliqué dans son arrêt si les faits servant de base à la plainte étaient connus lors des débats, et s'ils avaient pu être relevés et appréciés, ou bien s'ils n'avaient été découverts que postérieurement à l'arrêt de condamnation.—Pourvoi pour violation de l'art. 445 c. inst. crim.— Arrêt (ap. dél. en ch. du cons.).
LA COUR ; — Statuant sur le pourvoi du procureur général de la cour de Grenoble et de François Jourdan envers l'arrêt de cette cour, chambre d'accusation, du 26 juill. 1819, qui déclare n'y avoir lieu de donner suite aux deux réquisitoires du procureur général des 20 et 22 du même mois, et statue, en conséquence, que les plaintes et évocations dont il s'agit ne devaient pas être admises ;—Vu l'art. 445 c. inst. crim., qui prévoit le cas où, après la condamnation d'un accusé, l'un ou plusieurs des témoins qui avaient déposé à charge contre lui, seront poursuivis pour avoir porté un faux témoignage dans le procès ; — Attendu que la disposition de cet article, en parlant de la poursuite en faux témoignage d'un ou de plusieurs des témoins à charge après la condamnation, se réfère à deux cas : 1° celui où, pendant les débats, le témoin ont, sur le réquisitoire du ministère public, de la partie civile, de l'accusé, ou même d'office, été poursuivis en prévention de faux témoignage, en exécution de l'art. 350 ; 2° celui où les preuves ou les indices d'un faux témoignage n'ayant été connus qu'après l'arrêt de la condamnation, et n'ayant pas par conséquent être relevés et appréciés devant la cour d'assises, ce n'est qu'après l'arrêt de condamnation que la plainte en faux témoignage a pu être portée ;—Et attendu que, dans l'espèce, la cour de Grenoble, en déclarant n'y avoir lieu à suivre sur les réquisitions du procureur général, faites ensuite de la plainte en faux témoignage portée par François Jourdan, après l'arrêt de condamnation, s'est uniquement fondée sur ce qu'à raison de ce faux témoignage, aucune

contre des témoins qui ont déposé contre lui a-t-il le droit de se pourvoir devant la cour de cassation contre l'arrêt de la chambre des mises en accusation qui renvoie ces témoins de la plainte?
— En général, il est admis que le droit de se pourvoir contre les arrêts de la chambre d'accusation qui prononce le renvoi des poursuites n'appartient qu'au ministère public, et qu'en conséquence, la partie civile n'a pas qualité pour déférer un pareil arrêt à la cour de cassation (V. Cassation, n°ˢ 423 et s.). — Ce principe a été admis spécialement dans le cas d'une plainte en faux témoignage formé par un condamné, malgré l'intérêt que pourrait avoir le plaignant à faire juger le faux témoignage, pour obtenir la révision de sa condamnation (Crim. rej. 28 mars 1829, aff. Chauvière, v° Cassation, n° 425).

93. Les chambres d'accusation ont un pouvoir souverain pour apprécier les instructions qui leur sont soumises (V. v° Instr. crim., n° 1051 et suiv.). — En conséquence, il a été décidé que lorsqu'un individu a été condamné sur une accusation d'assassinat, et qu'il a rendu plainte en faux témoignage contre un témoin à charge produit contre lui, il ne peut tirer ouverture à cassation de ce que la chambre d'accusation a prononcé sur la plainte en faux témoignage, sans que la procédure et l'instruction sur l'accusation d'assassinat aient été produites (Crim. rej. 13 fév. 1818) (1); — Que, s'il résulte de l'arrêt de la chambre d'accusation qu'elle a apprécié toute l'instruction, et que

réclamation n'avait été formée, en vertu de l'art. 530 c. inst. crim.; pendant le cours des débats; — Qu'elle n'a point expliqué dans son arrêt, si les faits servant de base à la plainte étaient connus lors des débats, et s'ils avaient pu être relevés et appréciés, ou s'ils n'avaient été découverts que postérieurement à l'arrêt de condamnation; — Que, d'après ce silence, l'arrêt ne fondant la déclaration de n'y avoir lieu à suivre, que sur la seule circonstance du défaut de réclamation formée durant le débat en suite de l'art. 530, a violé la disposition de l'art. 445; — Casse, etc.
Du 20 août 1819.–C. C., sect. crim.–MM. Barris, pr.–Ollivier, rap.
(1) *Espèce* : — (Regnault *C. min. pub.*) — Condamné à mort, sur une accusation d'assassinat, par arrêt de la cour d'assises de l'Eure du 29 août 1817, Pierre-Wilfrid Regnault porte plainte en faux témoignage contre Jean-Pierre Mesnil, l'un des témoins à charge produits contre lui. — A la suite de l'instruction sur cette plainte, un arrêt de la cour de Rouen, du 27 déc. 1817, confirme l'ordonnance de la chambre du conseil du tribunal d'Evreux, qui déclare n'y avoir lieu à suivre. — Pourvoi : 1° en ce qu'il a été rendu sans que la procédure et l'instruction sur l'accusation d'assassinat eussent été produites ; — 2° En ce que, lors de l'arrêt, au lieu de s'occuper de l'appréciation des charges, on s'était principalement fondé, pour déclarer n'y *avoir lieu à suivre*, d'un côté, sur ce que les faits allégués à l'appui de la plainte en faux témoignage étant les mêmes que ceux examinés et appréciés sur l'accusation d'assassinat, on n'avait pas à les examiner de nouveau ; de l'autre, sur ce que, pour constater le faux témoignage, il fallait la preuve, non rapportée dans l'espèce, de l'alibi ou de l'accusé ou du témoin ; d'où il résulte qu'on a soumis l'exercice de la faculté accordée par l'art. 445 c. inst. crim. à des conditions illégales ; — En ce que l'arrêt n'a pas statué sur la demande tendant à ce qu'on ordonnât un accès sur les lieux pour se convaincre par leur inspection de la réalité du faux témoignage, qui est une ouverture à cassation d'après l'art. 408. — Arrêt (apr. délib. en ch. du cons.).
La Cour; — Attendu, sur le premier moyen proposé par le demandeur : — 1° Que la procédure sur laquelle était intervenue la condamnation de Regnault pour crime d'assassinat, n'était pas devenue partie intégrante et nécessaire de l'instruction relative à la plainte en faux témoignage, postérieurement par lui portée ; — Que les témoins ouïs dans cette procédure ont pu être rappelés de nouveau sur cette plainte, et que le ministère public a fait citer tous ceux qui ont été indiqués par le demandeur ; — Attendu 2° qu'il résulte de l'arrêt de la cour de Rouen que cette cour a discuté et apprécié toute l'instruction, et que c'est après cette appréciation qu'elle a déclaré qu'il n'existait pas de charges suffisantes pour poursuivre Mesnil, prévenu de faux témoignage par cette plainte ; — Que cette décision justifie suffisamment l'arrêt; que dès lors il n'y a pas lieu à examiner les deux motifs particuliers qui y sont aussi énoncés, et qui sont relevés pour en déduire un moyen de cassation ; — Attendu, sur le deuxième moyen, qu'il n'est point dans les attributions de la cour de prononcer sur les éléments d'une déclaration rendue d'après le résultat des charges d'une instruction ; —Attendu, sur le troisième moyen, que le code d'instruction criminelle n'accorde à l'accusé et à la partie civile, devant les chambres d'accusation, que le droit de produire des mémoires ; mais que, d'après les art. 228 et 235 de ce code, ces chambres sont investies d'un pouvoir discrétionnaire pour ordonner les actes d'instruction qu'elles croient utiles pour le jugement qu'elles ont à rendre sur la

c'est après cette appréciation qu'elle a déclaré qu'il n'existait pas de charges suffisantes pour poursuivre le prévenu de faux témoignage, cette décision justifie suffisamment l'arrêt, et l'on ne peut se faire un moyen de cassation de ce que la chambre d'accusation ne s'est pas occupée de l'appréciation des charges (même arrêt).

94. La procédure contre le crime de subornation s'instruit comme celle des autres crimes en général; mais on s'est demandé si l'on peut, lorsqu'il y a plainte en subornation, surseoir à la continuation des débats, dans lesquels la subornation a été découverte avant l'audition des témoins que l'on prétend avoir été subornés? — Non, car la subornation ne constitue un crime qu'autant qu'il existe un faux témoignage ; il faut donc que le témoignage soit porté pour savoir s'il y a eu subornation. Aussi a-t-il été jugé que la cour d'assises ne doit pas, sur une plainte en subornation, surseoir à la continuation des débats avant que les témoins prétendus subornés aient été entendus (Crim. rej. 20 août 1819) (2).

95. *Compétence.* — Quel est le tribunal compétent pour juger le crime de faux témoignage? — Sous l'empire du c. pén. de 1791, les prévenus de ce crime devaient être traduits devant les cours criminelles; ils n'étaient point justiciables des cours spéciales. C'est ce que décida un décret de la Convention nationale du 7 frim. an 2 (V. *suprà*, n° 5). — Il en était de même,

prévention ; que l'exercice de ce droit n'est point restreint par la loi ; qu'il est pleinement abandonné à leur conscience ; qu'on ne saurait donc faire valoir légitimement contre leurs arrêts l'ouverture à cassation déterminée dans l'art. 408, et qui porte sur l'omission ou le refus de prononcer sur une demande tendant à user d'une faculté ou d'un droit accordé par la loi ; — Attendu, d'ailleurs, que l'arrêt est régulier dans sa forme ; — Rejette, etc.
Du 13 fév. (et non janv.) 1818.-C. C., sect. crim.-MM. Barris, pr.-Ollivier, rap.
(2) *Espèce :* — (Jourdan *C. min. pub.*) — François Jourdan s'est pourvu en cassation d'un arrêt de la cour d'assises de l'Isère, en date du 18 juill. 1819, qui le condamne à la peine de mort comme coupable d'homicide. On a présenté pour lui les deux moyens suivants. — Premièrement, a-t-on dit, le procès-verbal des débats constate que l'accusé ayant porté une plainte en tentative de subornation contre un témoin, la cour d'assises n'a pas cru devoir faire droit sur cette plainte, par le motif qu'elle ne pouvait prononcer sur la subornation lorsque le témoin suborné aurait déposé, et qu'il n'y avait crime de subornation qu'après l'audition du témoin soupçonné de faux témoignage. — Cette doctrine est contraire à la loi et à l'essence même des choses. L'art. 365 c. pén. mesure bien la peine qu'on doit appliquer à la subornation sur celle dont le faux témoignage qu'elle a pour objet est punissable ; mais cet article ne dit pas qu'il n'y a subornation que lorsque le faux témoignage est consommé. Et, en effet, ne serait-il pas contraire à toute justice, que les tentatives d'un suborneur restassent impunies, par cela qu'elles auraient été sans succès, ou parce qu'elles auraient été découvertes et signalées avant la déposition du témoin suborné? — En second lieu, ajoutait-on, il est également constaté, par le procès-verbal, que le président de la cour d'assises, sur les réquisitions du ministère public, a donné deux gendarmes à un témoin qu'il soupçonnait de faux témoignage; qu'il l'a ensuite fait déposer entre ces deux gendarmes, malgré l'opposition de l'accusé ; que c'est après qu'après la déposition que l'arrestation a été prononcée ; ce qui constitue une violence, une espèce de torture morale exercée envers ce témoin, suffisante pour vicier toute la procédure. — Arrêt (après délibéré).
La Cour ; — Attendu, sur le premier moyen, que la subornation de témoins ne constitue un crime qu'autant qu'elle se rattache à un faux témoignage commis ou tenté ; que, dans l'espèce, la preuve, soit de la consommation, soit de la tentative de faux témoignage, ne pouvait être acquise que par la déposition aux débats des témoins prétendus subornés ; que, conséquemment, il n'y avait lieu à ordonner, sur la plainte en subornation, le sursis à la continuation des débats et le renvoi à la session suivante, avant que les témoins prétendus subornés fussent entendus ; qu'en le décidant ainsi, la cour d'assises, loin d'avoir fait une fausse application de l'art. 365 c. pén. et violé l'art. 506 c. inst. crim., s'y est au contraire exactement conformée ; — Attendu, sur le second moyen, que la mesure de surveillance prise par le président de la cour d'assises envers le témoin, mis ensuite en état d'arrestation comme prévenu de faux témoignage, ne présente aucune violation de la loi donnant ouverture à cassation ; — Attendu, d'ailleurs, que la procédure a été régulièrement instruite, et que, sur les faits déclarés constants par le jury, la peine a été prononcée conformément à la loi ; — Rejette.
Du 20 août 1819.-C. C., sect. crim.-MM. Barris, pr.-Ollivier, rap.

sous l'empire du code de brumaire an 4; c'est ce qui résultait de l'art. 517 de ce code, qui ne réservait aux jurés spéciaux que la connaissance des crimes de *faux en écriture*. — Il en était de même également, et par la même raison, sous l'empire de la loi du 23 flor. an 10. — Il a été jugé, par application de ces lois, que les cours spéciales, compétentes pour connaître des faux en écritures publiques et privées, ne sont pas compétentes pour connaître du crime de faux témoignage dans un débat criminel, qui est essentiellement oral (Crim. cass. 21 brum. an 11, MM. Viellart, pr.; Dutocq, rap., aff. Lacabane). —Aujourd'hui la connaissance du crime de faux témoignage appartient aux cours d'assises.

96. Dès lors les tribunaux correctionnels et de police étant établis pour juger et punir de simples délits ou contraventions, sont incompétents pour juger et punir les témoins qui déposent faussement à leur audience. — Ils doivent se borner à faire arrêter les témoins, dresser procès-verbal et renvoyer les pièces au procureur impérial. — Cela ne peut faire aucun doute, puisque le faux témoignage est classé parmi les crimes, même dans les affaires correctionnelles (c. pén., art. 361, 362). — Il a été jugé, en conséquence, que le tribunal correctionnel ne peut, sans excéder sa compétence, s'occuper de la question de poursuivre le témoin pour faux témoignage (Crim. cass. 6 mars 1812, aff. Pépin, V. Presse outrage, n° 1343; Bordeaux, 5 juin 1828, aff. Angonnet, V. n° 86-2°). — Ce serait préjuger le fond, ce qui serait illégal, puisque la loi lui interdit de juger le faux témoin. — Et quant au faux témoignage en matière de simple police, le juge ne peut non plus en connaître, puisque ce fait est puni de la dégradation civique et d'un emprisonnement d'un an à cinq ans. — Il a été jugé dans ce sens, sous le code de brum. an 4, que le tribunal de police qui aperçoit des caractères de faux témoignage dans les déclarations des témoins qui déposent devant lui, doit constater le délit et renvoyer au directeur du jury (Crim. cass. 13 nov. 1806) (1).

97. De même encore, une commission militaire établie pour connaître des crimes de vols et de brigandages, n'est pas compétente pour connaître d'un faux témoignage, la connaissance de ce crime ne lui ayant pas été expressément attribuée (Crim. cass. 12 juin 1812, MM. Barris, pr., Oudart, rap., aff. Serafino; V. aussi Cass. 15 nov. 1811, M. Rataud, rap., aff. Georgetti, v° Compét. crim., n° 675).

98. Le juge d'instruction du domicile d'un prévenu de faux témoignage peut renvoyer l'affaire au juge d'instruction du lieu où le faux témoignage a été commis (V. Inst. crim., n° 495).

(1)(Intérêt de la loi, aff. Muldermann, etc.)—LA COUR; — Vu l'art. 456 du code du 3 brumaire an 4; —Et attendu que le fait imputé à Suzanne Lagarde et à François Muldermann avait pu être considéré comme un faux témoignage, la poursuite et la peine de ce crime n'auraient point appartenu à un tribunal de police, dont les attributions sont déterminées par la loi aux délits dont la peine ne peut excéder celle de trois jours d'emprisonnement ou d'une amende de trois journées de travail; — Que se permettant de connaître du fait imputé auxdits Lagarde et Muldermann, en le qualifiant de faux témoignage, le tribunal de police du canton de Louvain a violé les règles de compétence établies par la loi, et sous tous les rapports que pouvait présenter le fait, a commis un excès de pouvoir; — Casse, dans l'intérêt de la loi. Du 21 janv. 1814.-C. C., sect. crim.-MM. Barris, pr.-Aumont, rap.
(2) 1re *Espèce :* — (Dewit, etc. C. min. pub.) — LA COUR ; — Vu les art. 550, 551, 416, 329 et 517 c. inst. crim.; — Sur la première par-

ART. 6. — *Du renvoi à une autre session et de la révision par suite de faux témoignage.*

99. Dans le cas où la déposition d'un témoin paraissant fausse, le président a ordonné son arrestation, conformément à l'art. 330, le procureur général, la partie civile ou l'accusé peuvent immédiatement requérir, et la cour ordonner, même d'office, le renvoi de l'affaire à la prochaine session (c. inst. crim. 331). — La loi dit *peuvent* requérir et la cour ordonner; le renvoi est donc purement facultatif. La cour n'est pas obligée de le prononcer, et il n'y a même pas lieu de l'ordonner dans le cas où indépendamment des témoignages argués de faux, il existe dans la cause des éléments suffisants de conviction (MM. Bourguignon, Jurispr. des c. crim., t. 2, p. 65; Carnot, Inst. crim., t. 2, p. 557). — C'est par application de ce principe qu'il a été jugé qu'en cas de prévention de faux témoignage, il est facultatif pour les tribunaux de répression de rejeter ou d'accueillir la demande en sursis fondée sur ce motif (Crim. rej. 21 janv. 1814; C. C. de Belgique, 29 oct. 1835 ; Crim. rej. 10 mai 1839) (2). — V. aussi v° Instr. crim., n°s 2026 et suiv., 2035 et suiv., 2039.

100. Mais ce pouvoir conféré à la cour n'appartient-il pas aussi au président ? De ce qu'il peut faire mettre le témoin en état d'arrestation, peut-on conclure qu'il a le droit de prononcer le renvoi ?—Evidemment non, le texte de la loi s'y oppose.—Il est bien certain que le législateur, en prescrivant la délibération de la cour, a pensé que le renvoi à une autre session, mesure du plus haut intérêt pour l'accusé, comme pour la société, devait émaner de la cour entière ; il n'est pas possible d'admettre que la loi ait voulu faire peser une responsabilité aussi grande sur un seul magistrat. Si donc, bien qu'il n'y eût de réclamation de la part ni de l'accusé, ni du ministère public, le président croyait qu'il fût nécessaire de soumettre l'affaire à de nouveaux débats, il ne pourrait seul ordonner le renvoi ; il faudrait de toute nécessité un arrêt de la cour. — Mais à défaut de toute réclamation, il est bien certain que le président est libre de soumettre, ou de ne pas soumettre la question à la cour. — C'est ainsi qu'il a été jugé que, à défaut de réquisitions du ministère public ou de l'accusé, c'est à la conscience du président que la loi confie le pouvoir d'apprécier les circonstances qui peuvent donner lieu de reconnaître l'existence d'un faux témoignage et de procéder en conformité des articles 330 et 331 du c. inst. crim. ; en conséquence, le condamné ne peut se faire un moyen de cassation de ce que ce renvoi n'a pas été ordonné d'office

tie du premier moyen, déduite de la violation des art. 330 et 331 ; — Attendu que l'art. 330 autorise le président de la cour d'assises lorsque, d'après les débats, la déposition d'un témoin paraît fausse, à le faire mettre sur-le-champ en état d'arrestation; — Attendu que, dans l'espèce, le président n'a pas épuisé les pouvoirs qui lui sont conférés par cet article, mais qu'il s'est borné, après avoir, sur la demande du ministère public, fait acter les dépositions de Joséphine Gerery et de Marie Wathelet, à lui donner acte des réserves par lui faites d'agir ultérieurement contre ces témoins de la manière que lui prescrirait son office, et à ordonner la mise en surveillance dans un local séparé de ladite Gerery ; — Attendu que quand bien même le président de la cour aurait pris à l'égard de ces deux témoins toutes les mesures indiquées par l'art. 330, encore l'art. 331, dans ce cas, n'impose pas à la cour l'obligation de prononcer le renvoi de la cause à la prochaine session, mais qu'en abandonnant l'appréciation de l'opportunité de cet ajournement, il lui laisse la faculté de l'ordonner, et qu'en refusant de la faire elle est restée dans les limites de ses attributions et, par conséquent n'a commis ni excès de pouvoir ni contrevenu aux art. 330 et 331 ; — Rejette. Du 29 oct. 1835.-C.C. belge.-MM. de Sauvage, pr.-Dewandre, av. gén., c. conf.-Verhaegen jeune, av.
3e *Espèce :* — (Femme Esmann et femme Paget C. min. pub.) — LA COUR; — Sur le moyen tiré de la violation des art. 330 et 331 c. inst. crim., que le refus de sursis, qui était indépendant du fondement de l'existence de faux témoignage, dont la cour royale elle-même a reconnu qu'il y avait les charges, ne renvoyant deux témoins devant le juge d'instruction : — Attendu que, d'après l'art. 331 précité, le renvoi de l'affaire est, en cas de prévention de faux témoignage, facultatif, qu'en effet, la conviction de la vérité ou de la fausseté des faits peut résulter de témoignages plus ou moins nombreux, non suspects ; que si le sursis était forcé, tout prévenu pourrait, à son gré, entraver le cours de là justice ; — Rejette. Du 10 mai 1839.-C. C., ch. crim.-MM. Bastard, pr.-Isambert, r.

(Crim. rej. 20 janv. 1844, aff. Baroyer, V. Témoin, n° 496-7°).

101. A plus forte raison a-t-il été justement décidé que l'accusé n'a pas droit de se plaindre de ce que les débats auraient été continués, malgré l'arrestation d'un témoin soupçonné de faux témoignage, si, averti par le président qu'il avait droit de demander le renvoi de l'affaire il a formellement consenti, ainsi que le ministère public, à la continuation des débats (Crim. rej. 30 sept. 1841, aff. Liarsou, V. Inst. crim., n° 2179-1°).

102. Il a été aussi décidé que l'accusé ne peut se faire un moyen de cassation, de ce que, postérieurement à la rétractation d'un témoin, le président aurait irrégulièrement révoqué la mise en arrestation de ce témoin, par lui ordonnée la veille : il n'a droit, en ce cas, que de demander, immédiatement après la mise en arrestation du témoin, le renvoi de l'affaire à la prochaine session, ou de dire, contre la rétractation, tout ce qui peut être utile à sa défense (Crim. rej. 1er oct. 1819 ; 28 mars 1829) (1).

103. Lorsque des individus sont dans le cours des débats inculpés de faux témoignage et renvoyés devant qui de droit, que par suite, la cause de l'accusé principal est reportée à une autre session, la question de faux témoignage doit-elle être jugée avant l'accusation principale? l'affirmative ne peut faire aucun doute. La priorité du jugement de faux témoignage est nécessairement déterminée par le fait du renvoi de l'affaire principale à la prochaine session, puisque le renvoi ne peut avoir d'autre but que de purger de tout fait mensonger les preuves relatives à l'accusation; ce but ne peut être atteint que par le jugement préalable du faux témoignage; la logique aussi bien que les principes du droit criminel qui tendent toujours à sauvegarder l'accusé qui peut être innocent, ne permettent pas de décider la question dans le sens opposé. —Aussi a-t-il été jugé : 1° que la chambre d'accusation à laquelle l'instruction sur le faux témoignage arrive en état, ne peut ordonner qu'il sera sursis au jugement de ce procès jusqu'à ce que la cour d'assises ait prononcé sur l'accusation principale (Crim. cass., 20 mai 1813, aff. Gambettes, V. Inst. crim., n° 1056); — 2° Que loin d'ordonner de surseoir à l'instruction à la prononciation de l'arrêt sur faux témoignage, jusqu'à ce qu'il ait été statué sur le sort de l'accusé dans la procédure principale, la loi autorise la cour d'assises à ordonner le renvoi de l'affaire principale à la session suivante (Bruxelles, 31 oct. 1831, aff. Delaet, V. n° 27).

104. Mais le président dans ces sessions ne pourrait-il pas, comme il s'agit de deux crimes qui ont un caractère de connexité, ordonner la jonction des deux procédures, pour que les deux causes fussent jugées en même temps? — Il a été décidé que lorsque la déposition de témoins a paru entachée de faux témoignage, et a motivé le renvoi dans une autre session, le jugement du faux témoignage est essentiellement préjudiciel à l'accusation principale; par suite, la chambre de la cour d'assises ne peut ordonner la jonction des deux procédures et soumettre les accusés aux mêmes débats, sous prétexte de connexité entre l'objet du faux témoignage et l'affaire principale (Crim. cass. 20 déc. 1845, aff. Juvenon, D. 46. 1. 75).—Cette question ne peut pas plus faire doute que la précédente; la raison de décider est presque également dans cette pensée qu'il faut nécessairement épurer les débats avant de statuer sur la question principale. Joindre les causes, ce serait faire paraître les témoins prévenus de faux témoignage comme s'ils étaient présumés coupables. Quel danger pour la découverte de la vérité, surtout s'ils avaient déposé en faveur de l'accusé ! — Pour apprécier le grand intérêt de la question, il faut lire le réquisitoire de M. le procureur général Dupin, admirable de raisons solides et en même temps d'éloquence (D. 46. 1. 76).

105. Il a encore été jugé que le faux témoin dont le témoignage était favorable à l'accusé ne peut être mis en accusation, jugé

et condamné avant le jugement de l'accusation originaire renvoyée à une autre session : vainement on dirait que l'individu inculpé de faux témoignage aurait pu rétracter sa première déclaration dans les nouveaux débats (Crim. rej. 18 fév. 1841, aff. Génin, V. n° 40).

106. On s'est demandé si le principe posé par l'art. 351 c. inst. crim. est applicable dans le cas où le faux témoignage a été porté en matière civile, et spécialement, si des poursuites en faux témoignage intentées par le ministère public contre des témoins entendus dans une enquête, doivent faire surseoir au jugement de l'instance à raison de laquelle il a été procédé à cette enquête? La négative a été décidée par arrêt du 22 nov. 1815 (V. Quest. préjudic., n° 27; Sépar. de corps, n° 487). — Mais nous nous sommes prononcés contre cette solution en thèse générale. — Il n'y a pas de motif pour se dispenser, dans ce cas, d'appliquer aux matières civiles ce qui a lieu pour les matières criminelles (V., du reste, nos observations à cet égard, v° Quest. préjud., n° 27, V. aussi v° Paternité-filiation, n° 371-5°).

107. Si la condamnation du faux témoin est intervenue après la condamnation de l'accusé principal, elle produit un effet particulier, celui de permettre la *révision* du procès à propos duquel la fausse déposition avait été portée (c. inst. crim. 443). — Cette matière a été traitée v° Cassation, n° 1356 et suiv. Nous n'y reviendrons ici que pour rappeler quelques arrêts récents.—Il a été jugé : 1° que la condamnation pour faux témoignage prononcée contre un témoin entendu à charge dans un procès criminel qui s'est terminé par la condamnation de l'accusé, fait naître une présomption légale d'erreur qui nécessite la cassation de la déclaration de culpabilité rendue contre cet accusé (Crim. cass. 9 nov. 1855, aff. Pagès, D. P. 56. 1. 43);—2° Que lorsque postérieurement à la condamnation d'un accusé déclaré coupable d'un crime auquel n'était attribué qu'un seul auteur, il intervient, sur une nouvelle instruction provoquée par la découverte de la fausseté de dépositions reçues dans ce premier procès, une seconde condamnation à raison du même crime contre un autre individu, il y a lieu, en raison des art. 443 et 445 c. inst. crim., à révision des deux arrêts pour inconciliabilité et pour présomption d'erreur au préjudice du premier condamné (Crim. rej. 9 nov. 1855, aff. Pagès, D. P. 56. 1. 43; V. aussi Crim. cass. 2 juin 1855, aff. Lesnier, D. P. 55. 1. 301.—Quant aux applications particulières de l'art. 443 c. inst. crim., V. Cassation, n° 1548 et suiv.).— Mais cette révision laisse subsister les condamnations pour faux témoignage prononcées par le dernier arrêt, tant contre les témoins que contre le second accusé lui-même (même arrêt) ;—3° Dans le cas de révision d'une condamnation criminelle, par suite de la condamnation pour faux témoignage prononcée ultérieurement contre l'un des témoins à charge, si la déclaration du jury porte sur plusieurs chefs d'accusation distincts, et que le faux témoignage n'ait eu lieu qu'à l'égard d'un seul, la cassation doit être restreinte à ce dernier chef, et borner à faire, s'il y a lieu, application de la peine, d'après les faits reconnus par le premier jury (Crim. cass. 13 nov. 1857, aff. Metreau, D. P. 58. 1. 42).

108. La révision d'une condamnation pour cause de présomption légale d'erreur, résultant notamment de ce que l'un des témoins à charge a été déclaré coupable de faux témoignage, doit être ordonnée au profit de l'accusé, dans le cas même où il a subi intégralement sa peine.— Cette proposition, émise par M. le procureur général de Royer dans l'affaire Pagès, D. P. 56. 1. 43, nous paraît incontestable.— Dans le même sens, Crim. cass. 10 mai 1850, aff. Lacroix, D. P. 50. 1. 137.

109. Lorsque la révision d'un procès criminel a été ordonnée conformément à l'art. 443 c. inst. crim., est-il nécessaire,

(1) 1re *Espèce:* — (Planel et Chalamel.) — LA COUR; — Attendu que, quelque irrégulier que puisse être l'acte par lequel le président de la cour d'assises (de la Drôme) a révoqué la du 22 août la mise en arrestation du témoin Fenoult ordonnée par lui dans la séance du 22, cette irrégularité n'a pu profiter dans l'espèce aux deux condamnés;— Qu'en effet, ils avaient, en vertu des art. 351 et 319 du c. inst. crim., le double droit de demander, immédiatement après la mise en arrestation du témoin, le renvoi de l'affaire à la prochaine session, ce qu'ils n'ont pas fait, ou de dire contre l'audition complémen-

taire dudit témoin à la séance du 22 tout ce qui pouvait être nécessaire ou utile à leur défense et atténuer sa déposition, d'où il résulte qu'ils ne peuvent aujourd'hui se prévaloir, ni de cette audition complémentaire ni de l'acte de révocation par le président de la cour d'assises de la mise en arrestation qu'il avait ordonnée; — Rejette.

Du 1er oct. 1819.-C. C., sect.—MM. Bailly, pr.-Aumont, rap.

2e *Espèce:* — (Chauvière, etc. C. min. pub.). — Arrêt conçu en termes identiques, 28 mars 1829.-Ch. crim.-MM. Bailly, f. f. de pr.-Mangin, rap.

d'après l'art. 446 du même code, ne peuvent être entendus dans les nouveaux débats. Mais cette disposition est spéciale à la matière pour laquelle elle a été édictée ; en conséquence, on doit décider que les témoins poursuivis en vertu de l'art. 330 pourraient, même après qu'une condamnation a été prononcée contre eux, et nonobstant cette condamnation, être entendus dans les nouveaux débats ouverts en vertu du renvoi ordonné, sauf l'application des art. 28 et 34 c. pén. — Et il en serait encore de même dans le cas où un arrêt de cour d'assises ayant été cassé, l'affaire aurait été renvoyée devant une autre cour. Il a été jugé, en pareil cas, que l'art. 446 c. inst. crim. ne défend l'audition des témoins condamnés pour faux témoignage que dans les nouveaux débats qui, aux termes de l'art. 445, auquel il se réfère spécialement et exclusivement, suivent l'arrêt en vertu duquel il est procédé à la *révision* du procès, et non dans les débats qui suivent un renvoi par suite de cassation (Crim. rej. 17 fév. 1843) (1) ; — Qu'il n'est point applicable aux témoins condamnés pour faux témoignage à décharge, alors surtout que ce faux témoignage a été porté dans les débats annulés pour d'autres causes : on doit, dans ce cas, se référer aux dispositions des art. 28 et 34 c. pén. (même arrêt). — L'art. 445 fait, uniquement pour le cas de révision, une exception au principe général qui permet au président des assises de faire entendre dans le cours des débats toute personne dont la déposition peut servir à découvrir la vérité. C'est donc avec raison que la cour a décidé que les individus condamnés pouvaient être entendus devant la cour où l'affaire est renvoyée par suite de cassation.

Art. 7.— *Peine.*

110. L'édit de 1531, qui portait la peine de mort contre toute espèce de faux, comprenait en termes exprès, comme nous l'avons déjà dit, le faux témoignage commis en justice. Ces expressions sont à remarquer (V. n° 4) : la loi n'admet pas de faux témoignage dans les déclarations faites en dehors de la justice.—Cet édit fut modifié par celui de 1660, qui n'ordonna la

peine de mort que pour les faux commis dans l'exercice d'une fonction publique, et autorisa les juges, pour les autres cas où il s'agirait de faux, à prononcer telle peine qu'ils jugeraient convenable, même celle de mort, suivant les circonstances. — Les rédacteurs de la loi de 1791 ne voulurent pas abandonner à l'arbitraire la faculté de disposer ainsi de la vie des accusés, et déterminèrent les peines applicables: dix ans de fer pour le faux témoignage en matière criminelle, et six ans de gêne pour le faux témoignage en matière civile (art. 47, 48, sect. 2, tit. 2, part. 2).

111. La loi du 5 pluv. an 2, modifia l'art. 48 c. pén. de 1791. Suivant cette loi, la peine de mort n'était plus applicable aux faux témoins que dans les deux cas suivants : 1° celui où les faux témoins ont été entendus sur des accusations capitales, *à la charge* des accusés ; 2° celui où les accusations capitales sur lesquelles il aurait été déposé *à décharge*, auraient pour objet des crimes contre-révolutionnaires. — Ainsi, l'arrêt d'une cour criminelle qui prononce la peine de mort contre un faux témoin, doit être annulé lorsque le jury n'a pas déclaré que la déposition par lui reconnue fausse avait eu lieu à la charge de l'accusé (Crim. cass. 27 vent. an 11) (2).

112. Le code de 1791 punissait le faux témoignage en matière criminelle et le faux témoignage en matière civile. — Mais il restait muet, ainsi que nous l'avons dit, n° 5, *in fine*, sur la peine à infliger au faux témoignage en matière *correctionnelle et de police*. Dans ce silence, apparent au moins de la loi, devait-on le laisser impuni? ou bien se trouvait-il compris dans l'une des dispositions de l'art. 47 ou 48, et devait-il être frappé de l'une des peines prononcées par ces articles? — Cette question importante se présenta plusieurs fois, et on soutint tour à tour que le faux témoignage en matière correctionnelle ou de police, n'ayant pas été prévu par la loi, ne pouvait être passible d'aucune peine, puisque aux termes de l'art. 3 c. 3 brum. an 4, nul délit ne pouvait être puni de peines qui n'étaient pas prononcées par la loi avant qu'il fût commis ; — Que ce crime se trouvant implicitement compris dans les termes de l'art. 48, il devait être puni de vingt ans de fers; car on a de tout

(1) *Espèce :* — (Besson C. min. pub.) — L'art. 446 c. inst. crim. a, dit M. le procureur général Dupin, est-il applicable à la cause?—Sous quel titre se trouve-t-il placé? Sous le titre *des demandes en révision*, matière toute spéciale, et dans laquelle le législateur a eu des raisons particulières d'écrire cette défense. — Avant d'arriver à la discussion de cet article, examinons-en quelques autres qui le précèdent, et dont la lecture est essentielle à son intelligence. — Il résulte des art. 28 et 34 c. pén., que les condamnés à des peines emportant la dégradation civique sont privés du droit de déposer en justice autrement que pour y donner de simples renseignements. Mais en même temps l'art. 269 c. inst. crim. déclare que, dans le cours des débats, le président de la cour d'assises pourra, même par mandat d'amener, faire entendre toute personne dont l'audition lui paraîtrait utile pour éclairer un fait contesté. Voilà le principe. Le président pourra toujours, en vertu de son pouvoir discrétionnaire, faire entendre toute personne qu'il jugera à propos. Maintenant, que peut que l'art. 446? Evidemment une exception, mais qui doit être restreinte au seul cas qu'elle prévoit. Or, pour expliquer cet art. 446, et connaître précisément son application, il faut de toute nécessité le faire précéder de la lecture de l'art. 445. L'art. 445 prévoit le cas où, par suite du témoignage de quelques témoins à charge, un accusé a été condamné, et il ajoute que, si l'un ou plusieurs de ces témoins sont poursuivis pour faux témoignage, et condamnés, l'arrêt de condamnation prononcé contre l'accusé dans la cause duquel ils ont déposé, devra être révisé par une cour d'assises ; et c'est alors que l'art. 446 défend l'audition des faux témoins dans les nouveaux débats. Ainsi, cet art. 446 ne contient qu'une exception, et cette exception ne s'applique qu'au cas où une condamnation aurait été prononcée par suite de faux témoignages de témoins à charge. Ici, rien de semblable ; il ne s'agit ni d'une révision, puisque l'arrêt n'était pas encore prononcé ; ni même de la déposition de témoins à charge, puisque les deux témoins entendus étaient des témoins à décharge, et l'un d'eux, Arsac, qui avait été condamné à une peine afflictive, n'a été entendu qu'à titre de simple renseignement. L'art. 446 ne peut donc être applicable à l'espèce, et l'on ne peut pas dire que l'art. a été violé. — Arrêt.
LA COUR ; —...Sur le moyen d'une prétendue violation de l'art. 446 c. inst. crim. en ce que deux témoins condamnés pour faux témoignage ont été compris dans la liste des témoins à charge, l'un (Arsac) à titre de renseignement ; l'autre (Bernard), sous la foi du serment, sans que le jury ait été averti de condamnations prononcées contre eux et de la

cause qui les avait motivées ; — Attendu, que l'art. 446 se borne à régler l'un des effets des *demandes en révision* ; qu'il défend, en termes absolus, l'audition des nouveaux débats, qui, aux termes de l'art. 445, suivent l'arrêt en vertu duquel il est procédé à la révision du procès et à de nouveaux débats, des témoins condamnés pour faux témoignage à charge dans la procédure annulée ; — Que cet article n'est donc pas applicable aux débats qui suivent un renvoi par suite de cassation ; — Qu'il n'est point applicable aux témoins condamnés pour faux témoignage à décharge, surtout lorsque ce faux témoignage a été porté dans le cours des débats annulés pour d'autres causes que celle indiquée dans l'art. 445, auquel se réfère spécialement et exclusivement l'art. 446 ; — Que, quant à ces témoins, dont la condamnation pour faux témoignage n'a pas provoqué la révision du procès, et si leur condamnation est afflictive ou infamante, elle n'est réglé que par les art. 28 et 34 c. pén., auquel le président de la cour d'assises du Rhône s'est suffisamment conformé dans le cours des débats dont il s'agit ; — Rejette.
Du 17 fév. 1843.-C. C. ch. crim.-MM. de Crouseilhes, f. f. de pr.-Romiguières, rap.-Dupin, pr. gén.-Béchard et Morin, av.
(2) *Espèce :* —(Côme Pradal C. min. pub.) — Côme Pradal est appelé par un accusé d'un crime capital, pour déposer à sa décharge : sa déposition ayant paru fausse, il est poursuivi comme faux témoin. — Arrêt définitif intervient, qui prononce la peine de mort, conformément à l'art. 48 de la sect. 2 du tit. 2 de la partie 2 c. pén. ; — Quoique le jury n'ait pas déclaré que la déposition par lui reconnue fausse ait eu lieu à la charge d'un accusé. — Pourvoi. — Arrêt.
LA COUR ; —Faisant droit sur le moyen résultant d'une fausse application de la loi pénale ; — Vu l'art. 2 de la loi du 5 pluv. an 2 ; — Attendu que l'art. 48 c. pén., appliqué par le tribunal, a reçu par la dite loi du 5 pluv. an 2 diverses modifications; qu'aux termes des art. 1 et 3 de la susdite loi, la peine de mort prononcée par le code pénal n'est plus applicable aux faux témoins que dans les deux cas suivants : 1° celui où les faux témoins auront été entendus sur des accusations capitales à la charge des accusés ; 2° celui où les accusations capitales sur lesquelles il aurait été déposé à décharge auraient pour objet des crimes contre-révolutionnaires ; attendu qu'aucune de ces circonstances aggravantes n'étant déclarées dans l'espèce, il ne pouvait y avoir lieu à l'application de la peine de mort, mais seulement aux peines déterminées par l'art. 2 de ladite loi ; — Casse, etc.
Du 27 vent. an 11.-C. C., sect. crim.-M. Borel, rap.

temps distingué les matières civiles et les matières criminelles, et il est certain que les matières criminelles ont toujours embrassé les matières correctionnelles ou de police; que les actions dont connaissent les tribunaux de police ou correctionnels ne sont pas civiles mais constituent des procès criminels proprement dits et qu'ainsi c'est en vertu de l'art 48 que devait être poursuivi et puni le faux témoignage porté devant ces tribunaux. — Mais il fut décidé constamment par la cour de cassation que ce crime devait être poursuivi et puni en vertu de l'art. 47, le faux témoignage en matière de police ou correctionnelle pouvant et devant être considéré comme en matière civile, sous le rapport de la réparation privée, à laquelle il devait donner lieu si la preuve en était acquise. Il ne pouvait pas être assimilé au faux témoignage en matière criminelle; c'est ce qui résultait 1° de l'ancienne législation et notamment de l'ord. de 1670, qui ne reconnaissait que deux espèces d'actions, celles qui donnaient lieu à des poursuites criminelles, c'est-à-dire où il était question de la répression d'un crime et celles qui donnaient lieu à des poursuites civiles, c'est-à-dire celles qui n'avaient pour objet que la répression de simples délits; 2° des termes de la loi, puisqu'il ne pouvait y avoir lieu à l'application de l'art. 48 qu'autant que le faux témoignage avait eu lieu dans un procès criminel; et que la loi n'a pas rangé dans la classe des procès criminels les procès inscrits en matière de police correctionnelle ou de simple police; 3° de la loi du 3 pluv. an 2, interprétative de l'art. 48, qui ne pouvait s'appliquer, d'après ses dispositions qu'aux faux témoins entendus sur des accusations capitales, circonstance qui rendait cette loi inapplicable aux faux témoins entendus dans des affaires de police (V. une savante dissertation de M. Carnot, dans le Répertoire de Merlin, v° Faux témoignage).— Il a été jugé constamment dans ce sens par arrêts de la cour suprême (Crim. rej. 19 nov. 1807, aff. Lorrain, V. n° 37; Crim. cass. 7 janv. 1808, M. Lombard, rap., aff. Orats; Crim. cass. 22 juin 1816, M. Vergès, rap., aff. Laserre; Crim. rej. 14 niv. an 13, M. Minier, rap., aff. Mougeolle.

113. Le code pénal de 1810 a levé tous les doutes à cet égard. Règle générale : il punit le faux témoignage en matière criminelle des travaux forcés à temps; le faux témoignage en matière correctionnelle ou de police, de la réclusion; et de la même peine le faux témoignage en matière civile (art. 361, 362 et 363). — Mais la peine établie par l'ancien art. 362 (code de 1810), pour faux témoignage, en matière de simple police, a été, avec raison, atténuée par la loi du 28 avr. 1832. Le second paragraphe de l'art. 362 porte : « Quiconque sera coupable de faux témoignage en matière de police, soit contre le prévenu, soit en sa faveur, sera puni de la dégradation civique, ou de la peine de l'emprisonnement pour un an au moins et cinq ans au plus. » — Cette nouvelle disposition est pleinement justifiée par l'énormité de la peine prononcée par la loi de 1810. — Condamner à la réclusion un citoyen pour une déposition mensongère, quand il ne s'agit que d'une simple contravention de police, était une loi draconienne.

114. Le faux témoignage porté devant la cour d'assises ou devant un tribunal jugeant en matière criminelle, doit, même alors que le fait poursuivi comme crime a dégénéré aux débats en un simple délit (par suite, par exemple, de l'élimination d'une circonstance aggravante), être puni comme porté en matière criminelle ; ...c'est l'accusation, et non la nature de la condamnation prononcée, qui fixe, en cette matière, le caractère du procès (c. pén. 361 et 362; Crim. cass. 25 août 1834, aff. Taouss, D. P. 35. 1. 334). — C'est ce qui résulte implicitement de la jurisprudence suivant laquelle le jugement du faux témoignage doit avoir lieu sans attendre l'issue du procès principal (V. n° 105). — Toutefois il a été jugé que le faux témoignage produit devant le tribunal correctionnel, saisi exceptionnellement de la connaissance d'un crime en raison du jeune âge de l'accusé, doit, la loi voulant que le fait ne soit dans ce cas puni que comme délit (c. pén. 68), être réputé porté en matière correctionnelle (Angers,

15 janv. 1850, aff. Allard, D. P. 51. 2. 122). — V. M. Morin, Répert. crimin., v° Faux témoign., n° 14).

115. Des circonstances aggravantes peuvent modifier les peines du faux témoignage. La première résulte de l'art. 361, § 2, qui porte que « si l'accusé a été condamné à une peine plus forte que celle des travaux forcés à temps, le faux témoin qui a déposé contre lui subira la même peine. »—C'est comme le disent très-bien MM. Hélie et Chauveau (p. 461), « la peine du talion que nous avons vue successivement appliquée au faux témoignage par la loi romaine, l'ancienne jurisprudence et le code de 1791. » — Mais il faut remarquer que les travaux forcés à perpétuité ou la peine capitale ne peuvent être appliqués, d'après l'article, au faux témoin que s'il a déposé contre l'accusé. S'il a déposé en sa faveur, il n'est passible que de la peine portée par le § 1 de l'art. 361. Cette distinction était déjà expressément formulée dans la loi du 3 pluv. an 2 (V. n° 3).—Il a été jugé dans ce sens que la peine des travaux forcés à temps, encourue par le faux témoin en matière criminelle, ne peut, au cas où l'accusé a été condamné à une peine plus forte, être aggravée et élevée à la hauteur de cette dernière peine de mort, qu'autant que le faux témoignage a été porté contre l'accusé. Ainsi, lorsque l'accusé a été condamné à la peine de mort, celui qui a fait un faux témoignage en sa faveur n'est point passible de la même peine (Crim. cass. 13 fév. 1851, aff. Dupré, D. P. 51. 1. 61).

116. La seconde circonstance aggravante est réglée par l'art. 364, qui porte : « Le faux témoin en matière correctionnelle ou civile, qui aura reçu de l'argent, une récompense quelconque ou des promesses, sera puni des travaux forcés à temps. — Le faux témoin en matière de police qui aura reçu de l'argent, une récompense quelconque ou des promesses, sera puni de la réclusion. » — Il est nécessaire de faire observer que dans l'art. 364, la loi n'aggrave la peine dans les cas spécifiés ci-dessus, que pour les matières correctionnelles ou de police, et les matières civiles : les peines du grand criminel ne sont point affectées par l'argent reçu, les récompenses ou promesses. — « C'est un crime extrêmement grave, quel qu'en ait été le motif, à l'orateur du gouvernement, de faire perdre à un innocent l'honneur et la liberté, quelquefois même la vie, ou de faire rentrer dans la société un coupable qui, enhardi par l'impunité même, commettra bientôt de nouveaux forfaits; la loi n'a nul égard aux ressorts qui ont pu faire mouvoir le faux témoin. » — La raison que donne ici l'orateur ne nous paraît pas concluante : c'est au contraire parce qu'il s'agit d'un crime que le législateur doit apprécier les ressorts qui ont fait agir le faux témoin; car ces ressorts ont été la cause déterminante de son action; plus le ressort est immoral, est vil, plus la peine devrait être aggravée. — La véritable raison qui a arrêté le législateur, c'est que la loi prononçant les peines les plus graves pour le faux témoignage, il était difficile de les augmenter encore. Dans la gravité de la peine se trouvait comprise l'appréciation de l'immoralité du ressort. — Mais lorsqu'il s'agit de matières correctionnelles ou de simple police, le législateur a cru devoir rechercher avec soin quel était le mobile qui avait fait agir le témoin ; car le fait s'aggravait extrêmement sous le rapport moral par les dons reçus ou les promesses, et autorisait ainsi une augmentation dans la pénalité.

117. Celui qui a fait un faux témoignage, par suite de promesses qui lui avaient été faites, est punissable de la peine des travaux forcés à temps, quand ces promesses aient été verbales ou écrites (Crim. rej. 17 sept. 1829) (1).

118. L'art. 164 c. pén., qui prononce la peine de l'amende contre les auteurs et complices du crime de faux, n'est pas applicable à la matière du faux témoignage (Crim. cass. 19 juin 1857, aff. Bazerque-Percuray, D. P. 57. 1. 372).

119. D'après le code de 1810, la subornation de témoins en quelque matière que ce soit, nous avons déjà eu l'occasion de le remarquer, était toujours punie d'une peine d'un degré supérieur à celle que devaient subir les faux témoins dans la

(1) (Cardinal, etc. C. min. pub.) — LA COUR ; — .. Attendu, que les promesses dont parle l'art. 364 c. pén. ne sont pas nécessairement des promesses écrites, et peuvent n'être que des promesses verbales ; — Attendu que le jury déclarant que Faure avait fait des promesses à Cardinal pour porter un faux témoignage, et que celui-ci avait porté ce

faux témoignage, et, par voie de conséquence, agréé ces promesses, toutes les circonstances prévues par l'art. 364 se sont trouvées réunies pour punir Cardinal de la peine des travaux forcés, et qu'ainsi la cour d'assises a fait à Faure une juste application du § 2 de l'art. 363 ; — Rejette. Du 17 sept. 1829.-C. C. ch. crim.-MM. Bastard, pr.-Ollivier, rap.

même affaire : les uns et les autres n'étaient condamnés à la même peine que lorsque les faux témoins devaient être punis de mort. Cette subornation est une espèce de provocation si dangereuse, qu'on avait pensé que le coupable devait être puni plus sévèrement que la personne provoquée (Disc. de l'orat. du gouv.). — Jugé, sous l'empire de cette loi : 1° que lorsque le faux témoignage emporte la peine des travaux forcés à temps, l'individu convaincu d'avoir suborné le témoin doit être condamné aux travaux forcés à perpétuité, et non pas seulement à temps (C. sup. de Bruxelles, 30 mai 1832, aff. min. pub. C. B...); — 2° Que la subornation de témoins, en matière correctionnelle,

est un crime prévu par le code pénal et punissable des travaux forcés à temps (Crim. cass. 30 nov. 1827) (1).

120. Mais le système du code de 1810 a été changé par la loi du 28 avr. 1832. On a rejeté le principe admis par le code de 1810, qui considérait le faux témoin comme moins coupable que le suborneur. Il est des cas où la proposition inverse est manifestement vraie ; par exemple, quand c'est un père qui, pour sauver son fils, se rend coupable de subornation. La loi actuelle regarde le suborneur du témoin comme un complice, et le déclare, par conséquent, passible des mêmes peines que celui-ci (C. pén. 365).

(1) (Min. pub. C. Benard et Valentin). — LA COUR ; — Vu les art. 362 et 365 c. pén. ; — Attendu que l'arrêt attaqué reconnaît, en fait, qu'un faux témoignage, en matière correctionnelle, a été commis par le nommé Bénard ; que cet arrêt reconnaît également qu'il existe, contre Valentin père et fils, des charges qui les présentent comme ayant suborné ce témoin ; qu'il refuse cependant de les mettre en accusation, et annule l'ordonnance de prise de corps décernée contre eux, sous prétexte que la subornation de témoins, en matière correctionnelle, n'est réputée par la loi ni crime ni délit ; Attendu que c'est là une erreur manifeste ; qu'en effet, l'art. 362 c. pén. punit de la peine de la reclusion le faux témoignage en matière correctionnelle, et que l'art. 365 dispose que tout coupable de subornation de témoins sera condamné à la peine des travaux forcés à temps, si le faux témoignage qui en a été l'objet emporte la peine de la reclusion ; que, dans l'espèce, l'objet de la subornation était un faux témoignage en matière correctionnelle, puni de la peine de la reclusion ; qu'ainsi la subornation emportait la peine des travaux forcés à temps ; Que, bien loin d'avoir laissé impunie la subornation de témoins en matière correctionnelle, le code pénal lui applique au contraire une peine plus forte qu'au faux témoignage lui-même ; que ces dispositions de la loi sont claires et ne prêtent à aucune équivoque ; — Casse l'arrêt de la cour royale de Paris, chambre des mises en accusation, du 30 oct. dernier.

Du 30 nov. 1827.-C. C., ch. crim.-MM. Portalis, pr.-Mangin, rap.

Table sommaire des matières.

Table des articles des codes pénal et d'instruction criminelle.

Table chronologique des lois, arrêts, etc.

TÉMOIN. — **1.** C'est celui qui témoigne d'un fait, qui constate un fait. — Il y a deux sortes de témoins : 1° les témoins instrumentaires, c'est-à-dire ceux dont la présence est nécessaire pour la validité de certains actes : il en a été parlé v° Disposit. entre-vifs et test., n°ˢ 3092 et s.; Obligat., n°ˢ 3289 et s., —2° Les témoins judiciaires dont les dépositions ont pour objet d'éclairer la justice. — Il n'est question ici que des témoins judiciaires, et plus particulièrement des témoins en matière criminelle, tout ce qui concerne spécialement le témoignage dans les affaires civiles ayant été exposé sous le mot Enquête.

Division.

CHAP. I. — Historique et législation.

2. Le témoignage des hommes a dû précéder tout autre genre de preuve. Avant l'usage de l'écriture, les faits publics ou privés, les conventions et traités, les coutumes, les lois, tout se prouvait par témoins. Il est souvent question de cette preuve dans les premiers monuments historiques, notamment dans les livres du peuple juif. — V. Preuve, n°ˢ 3 et suiv.; Obligations, n°ˢ 4602 et suiv., ainsi que les renvois qui y sont indiqués.

3. Les fonctions de témoin, considérées au point de vue social, eurent, dès la plus haute antiquité, une grande importance ; elles ne purent, par ce motif, être abandonnées indifféremment, à toute espèce de personnes, et l'on exigea, pour être admis à remplir de telles fonctions, des conditions plus ou moins rigoureuses. — Une loi de Moïse, rapportée par l'historien Josèphe, Hist. des juifs, liv. 4, chap. 8, excluait les femmes du droit de porter témoignage, et il paraît qu'une semblable exclusion existait chez la plupart des peuples de l'antiquité ; mais les Romains adoptèrent sur ce point une règle plus raisonnable, et d'après la loi 18 au Dig. *De testibus*, les femmes furent admises à déposer. — Ce ne fut pas sans difficulté que cette règle a passé chez nous dans la pratique judiciaire; la jurisprudence hésita longtemps entre la loi mosaïque et le droit romain; enfin la question fut tranchée dans le sens de la loi *De testibus* par une ordonnance de Charles VI, de novembre 1394, qui admit les femmes à déposer dans les affaires civiles et criminelles. Ce document, trop curieux pour n'être pas reproduit, est ainsi conçu : *Statuimus ut de cœtero in dictis bailliviabus et præpositurarum prædictarum sedibus, in quibuslibet aliis judiciis regni nostri, mulieres in quibuscumque causis civilibus, sive civiliter sive criminaliter intentatis, ad ferendum testimonium admittantur; salvis tamen partibus contra quas fuerunt productæ in testes, aliis legitimis reprobationibus carumdem, seu contradictionibus de jure, usu, vel consuetudine, in nostra parlamenti curia et in aliis nostri regni curiis admitti et observari consuetis, ipsasque producentibus suis etiam salvationibus ex adverso, à quibus per præsentem nostram constitutionem, nostræ non est intentionis partes ipsas excludi : decernentes insuper quidquid in contrarium factum attentatumve fuerit, nullius penitus esse valoris.* — Toutefois ce préjugé, qui avait exclu les femmes du droit de porter témoignage, continua de subsister longtemps après cette ordonnance. Bruneau, dans ses Observations, tit. 8, n° 40, prétend que *la déposition de trois femmes ne vaut que celle de deux hommes*, et c'est en effet ce qui a été jugé par un arrêt du sénat de Chambéry de 1593, rapporté par le président Favre en son Code, liv. 4, tit. 15 (V. Merlin, Rép., v° Témoin judic., § 1, art. 1, n° 3). — V. encore v° Enquête, n° 8.

4. La loi 3, D. *de testibus* exigeait que les témoins fussent d'honnête condition et de bonne renommée : *Testium fides diligenter examinenda est : ideoque in eorum persona exploratum erunt imprimis conditio cujusque;... an honestæ et inculpatæ vitæ, an verò notatus quis et reprehensibilis.* — C'est pourquoi, d'après le § 2 de cette loi, la femme qui se prostituait publiquement ne méritait pas d'être crue en justice. Il en était de même de la femme condamnée pour adultère (*eod. tit.*, l. 18). — D'après le § 5 de la loi 2 du même titre, la condition réputée servile d'un témoin, comme celle par exemple de gladiateur, autorisait l'exclusion de son témoignage; toutefois il était permis au juge d'entendre de tels témoins et de considérer leurs dépositions comme des indices ou des commencements de preuve, alors qu'il n'existait pas d'autre voie pour découvrir la vérité. « Il ne faut pas croire, dit Serpillon, c. crim., p. 720, que dans toutes les occasions on rejette la déposition de ces sortes de personnes ; car, dans certains cas, on est forcé de se servir pour témoins de personnes de mœurs dépravées. C'est lorsque la plainte est rendue pour faits de débauche qu'il serait presque impossible de prouver si l'on rejetait leur témoignage. Il n'est pas ordinaire de trouver des témoins de bonnes mœurs pour déposer sûrement de pareils faits. On est souvent forcé de recevoir les dépositions de témoins reprochables : 1° quand on ne peut découvrir la vérité par d'autres moyens ; 2° quand il ne s'agit pas de faits particuliers aux témoins, et qu'ils ne sont pas complices. Ce sont les cas où les docteurs disent : *In casibus in quibus testes inhabiles admittuntur, non probant, sed solum faciunt talem qualem probationem.* » — Enfin la loi romaine ne permettait pas de faire entendre comme témoins des esclaves contre leurs maîtres, si ce n'est lorsqu'il s'agissait 1° de crimes de lèse-majesté (l. *ultim. c. De delat.* lib. 10); 2° des crimes de fraude, en ce qui concernait les provisions publiques de blé ou les subsides publics (l. *vix certis* D. *De judiciis*).— 3° du crime de fausse monnaie (ibid.).— V. Enquête, n° 8.

5. Il paraît que la preuve par témoins jouait un grand rôle dans les coutumes de tous les peuples barbares qui envahirent l'Occident aux 4° et 5° siècles, et particulièrement chez ceux de la Germanie. Ces peuples n'eurent aucune idée d'un autre mode de preuve ; aussi est-il fréquemment question dans la loi salique des informations par voie de témoignage, mais on n'y rencontre nulle trace de règles quelconques sur la capacité des témoins. Non-seulement le juge admettait indistinctement tous les témoins produits, même les parents et alliés des parties au degré le plus proche, mais il ne paraît même pas qu'il dût faire un choix entre les divers témoignages, pour en peser la valeur et en apprécier la vraisemblance. Le plaignant et l'inculpé amenaient devant le juge, chacun de leur côté, le plus grand nombre de témoins qu'ils avaient pu se procurer. Ceux-ci devaient jurer que l'inculpé était coupable, ceux-là, au contraire, qu'il était innocent : il ne s'agissait plus après cela, pour prononcer la sentence, que de compter le nombre de témoignages, et la partie qui en avait produit le plus grand nombre obtenait nécessairement gain de cause.— V. M. Guizot, Hist. de la civilis. en Europe, t. 1.

6. Au moyen âge, le témoin reproché devait soutenir à l'appui de sa déposition l'épreuve d'un combat à outrance, où le sort des armes décidait souverainement de la vérité ou de la fausseté de son témoignage (V. Preuve, n° 3).—La constitution de Gondebaud, qui subsista en Bourgogne pendant plusieurs siècles, ne laissait aux témoins aucun moyen d'éviter le combat. « Quand l'accusé, dit ce prince, présente des témoins pour jurer qu'il n'a pas commis le crime, l'accusateur pourra appeler au combat l'un des témoins ; car il est juste que celui qui a déclaré qu'il savait la vérité ne fasse pas difficulté de combattre pour la soutenir. » — D'après Beaumanoir (liv. 61, p. 315), la partie contre laquelle on produisait un témoin pouvait écarter la déposition, en disant aux juges que la partie adverse produisait un témoin faux et calomniateur. Si le témoin voulait soutenir la querelle, il donnait les gages de bataille. — Il ne fallait pas laisser jurer le second témoin produit, car il aurait prononcé son témoignage, et l'affaire aurait été finie par la déposition de deux témoins ; mais en arrêtant le second témoin, la déposition du premier devenait inutile : il n'était plus question alors de l'enquête; car si le témoin était vaincu, il était décidé, par cela même, que la partie avait produit un faux témoin et elle perdait son procès. — Le même auteur (chap. 6, p. 39 et 40), dit que le témoin avant de déposer pouvait dire à sa partie : « *Je ne me bée pas à combattre pour vostre querèle, ne à entrer en plet au mien, et se vous me voulés défendre, volontiers dirai ma vérité.* » La partie se trouvait obligée, en ce cas, à combattre pour le témoin ; et si elle était vaincue, elle ne perdait point sa cause, mais le témoin était rejeté (V. Montesquieu, Esprit des lois, liv. 28, chap. 26).

7. D'après les coutumes féodales, et notamment d'après celle du Nivernais, art. 21, les serfs n'étaient pas admis à déposer contre leur seigneur dans les matières criminelles, ni au civil, quand il s'agissait de prononcer sur le droit de franchise, réclamé par un prétendu serf et contesté par le seigneur ; mais ils pouvaient déposer dans de pareilles contestations en faveur de leur seigneur, et leur témoignage était recevable pour ou contre lui dans tout autre procès civil (Guy Coquille, cout. du Niver-

nais). — Quant aux autres causes de reproches de témoignage, on suivait dans l'ancienne jurisprudence les dispositions du droit romain (V. n°s 3 et 4), et les juges avaient en général un pouvoir absolu pour les admettre ou les rejeter. Cependant, en matière de *parenté*, l'ordonnance de 1667, tit. 22, art. 11, traçait des règles de prohibition qui devaient être impérieusement observées.

8. A l'égard des matières criminelles, l'audition des témoins n'avait que fort peu de règles fixes. De longs siècles s'étaient écoulés depuis la fondation de la monarchie française, qu'il n'existait encore aucune magistrature publique ayant charge d'informer d'office sur les crimes et délits. Les infractions à la loi, du moins en ce qui touchait les délits de droit commun, ne pouvaient être réprimées que sur l'action directe de la partie lésée, qui produisait ses témoins seulement à l'audience (V. Inst. crim., n° 9). Le principe qui autorise le juge à entendre des témoins d'office par voie d'information préparatoire, ne commença à se développer que vers la fin du 13° siècle ; mais la plupart des magistrats précédaient eux-mêmes à ces enquêtes. Jusqu'aux quinzième et seizième siècles le juge déléguait le plus souvent un sergent ou notaire pour ouïr les témoins, ou même délivrait à la partie plaignante un mandement pour faire procéder à cette audition. « Les commissions, dit Ayrault (Instr. jud., liv. 5, part. 2, n° 13), se baillent ordinairement à des sergents, archers et tels autres moins qualifiés d'offices publics. » — L'art. 95 de l'ord. d'avr. 1453 permettait de soumettre les enquêtes *à bonnes personnes sages et loyaux du pays*. L'ordonnance de 1539 (art. 144), celle de 1579 (art. 203), laissaient aux huissiers et sergents le soin d'examiner « les témoins qui seraient ouïs ès informations. » La partie plaignante prenait donc une commission du juge et faisait entendre les témoins devant quelque officier subalterne, qui après avoir clos et scellé le procès-verbal par lui dressé de cette audition, l'envoyait au juge (M. Hélie, Traité de l'instr. crim., t. 3, p. 27).

Bientôt les informations préparatoires et secrètes devinrent l'élément prédominant et en quelque sorte exclusif de toute procédure criminelle. L'art. 111 de l'ord. de 1498 portait : « Le procès devra se faire le plus diligemment et secrètement que se pourra, en manière que aucun n'en soit averti. » Les ordonnances réglementaires de 1552 et 1534 furent conçues dans cet esprit, et le système qui leur servait de base fut complété par l'ordonnance de 1670. Tout a été dit sur les vices de ce mode d'instruction qui permettait alors au juge, dans presque tous les États de l'Europe, de prononcer la condamnation de l'accusé sur des témoignages entendus secrètement et dont celui-ci n'avait reçu aucune communication. On sait avec quelle puissance et quel retentissement Beccaria, dans son traité des Délits et des peines, et après lui, la plupart des publicistes du 18° siècle se sont élevés contre cette grave atteinte portée au droit de défense. Il fallut la révolution de 1789 pour consacrer le système contraire dans notre législation criminelle, et pour qu'il fût reconnu en principe que le juge ne pouvait prononcer sur d'autres éléments de conviction que sur les charges qui seraient produites à l'audience et en présence de l'accusé (V. Instruct. crim., n° 14). — Tel est, en effet, le principe qui domine dans la loi des 16-29 sept. 1791, dans le code du 3 brum. an 4, ainsi que dans nos codes actuellement en vigueur.

9. Les dispositions du code d'instruction criminelle relatives aux témoins et à l'audition des témoignages devant les tribunaux de répression sont réparties dans différentes parties de ce code, d'après l'ordre de juridiction auquel elles s'appliquent. Ce sont : 1° les art. 71 à 86, qui se réfèrent à l'audition des témoins devant le juge d'instruction, et dont nous donnons le texte plus loin, p. 102 ;— 2° Les art. 155 à 158, qui concernent l'audition des témoins devant les tribunaux de police, déclarés applicables aux tribunaux correctionnels par l'art. 189 (V. le texte de ces articles, v° Instruct. crim., p. 56 et s.), sauf la modification apportée à ce dernier article par la loi récente du 3 juin 1856 (D. P. 56. 4. 63);— 3° Les art. 315 à 320 relatifs à l'audition des témoins devant la cour d'assises (V. Instruct. crim., p. 325).—Quelques lois particulières et quelques dispositions du code d'instruction criminelle ont en outre déterminé des formes spéciales pour l'audition à titre de témoins des militaires en activité de service, de certains fonctionnaires politiques et administratifs, ainsi que des princes et grands dignitaires de l'État. Ce sont celles du 19 prair. an 2, 20 therm. an 4, 14 germ. an 8, 7 therm. an 9, 20 juin 1806, les art. 510 et suiv., C. inst. crim. et le décret du 4 mai 1812. V. ces textes à leur date dans le tableau de la législation qui suit.

TABLEAU DE LA LÉGISLATION RELATIVE AUX TÉMOINS EN MATIÈRE CRIMINELLE.

8 et 9 oct.-3 nov. 1789. — Décret sur la réformation de quelques points de la justice criminelle, dont les art. 6 et 7, 15 et 16 sont relatifs à l'audition des témoins, soit dans l'instruction préalable, soit à l'audience publique. — V. Inst. crim., p. 23.

22-25 avr. 1790. — Décret rendu pour faciliter l'application du décret précédent, et dont l'art. 12 détermine de quelle manière l'accusé pourra faire des interpellations aux témoins. — V. Inst. crim., p. 24.

19-22 juill. 1791. — Décret dont les art. 58, 59 sont relatifs à l'audition des témoins en matière correctionnelle.—V. Lois codif., p. 231.

16-29 sept. 1791. — Décret sur la justice criminelle et l'établissement des jurés dont quelques dispositions se réfèrent aux déclarations reçues par l'officier de police chargé de dresser le procès-verbal du crime (1re part., tit. 5, art. 5), aux dépositions des témoins : 1° devant l'officier de police qui instruit sur la plainte (tit. 4, art. 15); — 2° devant le directeur du jury (2e part., tit. 1, art. 16); — 3° devant le jury d'accusation (même tit. art. 20); — 4° devant le président du tribunal criminel (tit. 6, art. 12, 14 et suiv.); — devant le tribunal chargé de prononcer la peine et devant les jurés (tit. 7, art. 3 et suiv.). — V. Inst. crim., p. 25.

29 mai-6 juin 1792. — Décret concernant la comparution des témoins devant la haute cour nationale et qui fixe l'indemnité qui leur est allouée.

28 mars-5 avr. 1793. — Décret concernant l'audition des témoins contre les prévenus d'émigration (art. 77 et suiv., V. Émigré, p. 428).

30 juill. 1793. — Décret portant que, dans les affaires concernant la fabrication et distribution de faux assignats, les dénonciateurs, les agents et préposés de la trésorerie nationale ne pourront en aucun cas être entendus publiquement en dénonciation (art. 8).

18-19 prair. an 2 (6-7 juin 1794). — Décret relatif aux dépositions des militaires cités comme témoins devant les tribunaux :

Art. 1. Les militaires et les citoyens attachés aux armées ou employés à leur suite, dont le témoignage sera requis dans les affaires criminelles ou de police correctionnelle qui s'instruiront, soit devant un tribunal militaire de son arrondissement, soit devant un tribunal ordinaire siégeant dans la place où ils seraient en garnison, seront entendus et donneront leurs déclarations de la même manière que les autres personnes citées en justice pour déposer.

2. Lorsque le témoignage de militaires ou de citoyens attachés aux armées ou employés à leur suite, sera requis dans les affaires criminelles ou de police correctionnelle portées, soit devant un autre tribunal militaire que celui de leur arrondissement, soit devant un autre tribunal ordinaire que celui de leur garnison, il sera procédé ainsi qu'il suit :

3. L'officier de police civile ou militaire, le directeur du jury, l'accusateur public ou militaire, qui jugera nécessaire de faire entendre des témoins de la qualité énoncée en l'article précédent, rédigera et communiquera au prévenu ou accusé la série des questions auxquelles il croira qu'il doit répondre; il tiendra note des observations du prévenu ou des accusés, les lui fera signer ou fera mention de la cause pour laquelle il n'aura pas signé, et adressera le tout à l'accusateur militaire de l'armée où ils seront employés, ou, s'il l'ignore, à la commission de l'organisation et du mouvement des armées de terre, qui en fera l'envoi dans les trois jours à l'accusateur militaire dont il vient d'être parlé.

4. La même forme sera observée à l'égard des témoins de la qualité énoncée en l'art. 2, que le prévenu ou accusé voudrait faire entendre pour sa justification, sauf qu'en ce cas le prévenu ou accusé pourra rédiger lui-même sa série de questions.

5. L'accusateur militaire à qui auront été adressées les questions et observations mentionnées dans les deux articles précédents, les fera, de suite, passer à l'officier de police de sûreté militaire le plus à la portée des témoins à entendre; et il veillera à ce que cet officier reçoive, sans délai et par écrit, leurs déclarations sur chacune des questions qui lui auront été transmises, et à ce qu'il les fasse parvenir, sans le moindre retard, à l'officier de police directeur du jury, ou accusateur public ou militaire, qui aura envoyé les questions et observations ci-dessus.

6. Immédiatement après avoir reçu ces déclarations, l'officier de police, directeur du jury, ou accusateur public ou militaire, les communiquera au prévenu ou accusé.

7. Il tiendra note des observations que le prévenu ou accusé fera sur ces déclarations, et les lui fera signer, ou fera mention de la cause pour laquelle il ne les aura point signées.

8. Le prévenu ou accusé pourra, en conséquence de ces observations, requérir l'officier de police, directeur du jury, ou accusateur public ou militaire, de faire interroger une seconde fois les témoins qui auront donné ces déclarations. — L'officier de police, directeur du jury, ou accusateur public ou militaire, pourra, également d'office, les faire interroger une seconde fois.—Dans l'un et l'autre cas, les règles prescrites par les art. 3, 4 et 5 pour la première audition, seront observées pour la seconde.

9. Pour l'exécution des articles précédents, les tribunaux criminels sont autorisés, nonobstant les art. 21 et 22 du tit. 6 de la seconde partie du décret du 16 sept. 1792, à prononcer tous délais nécessaires, soit sur la demande des accusés, soit sur les réquisitions des accusateurs publics.

10. Les déclarations données par écrit de la manière qui vient d'être déterminée, seront considérées comme dépositions orales par les officiers de police, par les tribunaux de police correctionnelle, par les directeurs du jury, par les jurés d'accusation.

11. Dans les affaires portées devant les jurés de jugement, ces déclarations et les observations faites par l'accusé, en conséquence des art. 3 et 7, seront lues publiquement lors des débats.

12. Après les débats et la position des questions auxquelles ils donneront lieu, le président demandera aux jurés de jugement s'ils sont en état de prononcer sans entendre oralement les témoins, soit militaires, soit attachés aux armées ou employés à leur suite, dont les déclarations auront été lues.

13. Les jurés se retireront dans leur chambre, et décideront d'abord cette dernière question à la pluralité absolue des voix.

14. S'ils la décident pour l'affirmative, ils passeront de suite à l'examen des questions du fond, telles qu'elles auront été posées par le président.

15. S'ils la décident pour la négative, ils rentreront sur-le-champ dans l'auditoire, et annonceront dans la forme ordinaire le résultat de leur délibération.

16. Dans ce cas, s'il s'agit d'un délit contre-révolutionnaire, le tribunal ordonnera que les témoins, soit militaires, soit attachés aux armées ou employés à leur suite, seront assignés à comparaître en personne, et que le débat sera entièrement recommencé devant les mêmes juges et à jour fixe.

17. Il ne pourra néanmoins faire citer les généraux en chef ou de division, qu'après y avoir été autorisé par le comité de salut public.

18. S'il s'agit d'un délit ordinaire, le tribunal déclarera qu'il est sursis à prononcer sur l'acte d'accusation, jusqu'à ce que les témoins dont l'audition orale aura été jugée nécessaire, cessent d'être employés activement à l'armée, ou jusqu'à ce que le comité de salut public ait déclaré qu'ils peuvent être assignés à comparaître en personne.

19. Les dispositions ci-dessus seront observées même dans les procès commencés avant la publication du présent décret.

2 mess. an 2 (20 juin 1794). — Décret sur une question relative aux formalités à observer lorsque des témoins essentiels sont dans l'impossibilité de comparaître devant les jurés.

La convention nationale, après avoir entendu le rapport de son comité de législation sur la question proposée par la commission des administrations civiles, police et tribunaux, et consistant à savoir ce que doivent faire les tribunaux criminels lorsque des témoins essentiels se trouvent dans l'impossibilité physique de comparaître devant les jurés; — Considérant que, s'il s'agit d'un délit ordinaire, la loi du 16-29 sept. 1791 s'explique suffisamment sur cette question, par cela seul que, d'une part, elle n'admet que des dépositions orales, et que, de l'autre, elle défend aux tribunaux criminels de renvoyer, dans aucun cas, l'examen d'un procès plus d'un mois au delà du jour où il devrait avoir lieu d'après la règle générale; que si, au contraire, il s'agit d'un crime dont les tribunaux criminels sont autorisés par les art. 4 et 5 de la loi du 19 floréal, à connaître concurremment avec le tribunal révolutionnaire, il est aussi juste que nécessaire de leur rendre commune la disposition de l'art. 13 de la loi du 22 prairial, relative à ce dernier tribunal, décrète :

Art. 1. Il n'y a pas lieu à délibérer sur la question proposée, en ce qui concerne les délits ordinaires.

2. Dans les procès sur les crimes mentionnés dans les art. 4 et 5 de la loi du 19 floréal, si un témoin essentiel se trouve dans l'impossibilité physique de comparaître devant les jurés, le tribunal criminel s'adressera aux comités de salut public et de sûreté générale, pour être autorisé à recevoir et à soumettre aux jurés sa déposition écrite.

3. Cette autorisation ne sera accordée que sur le vu du certificat d'un officier de santé, qui constatera l'impossibilité physique du témoin de se transporter au lieu des séances du tribunal criminel. — Ce certificat sera visé par la municipalité du lieu de la résidence actuelle du témoin.

4. Tout officier de santé qui aura, dans un certificat de cette nature, attesté un fait faux, sera condamné à deux années de fers.

5. Si l'autorisation est accordée par les comités de salut public et de sûreté générale, la déclaration du témoin sera reçue par le directeur du jury du district, lequel, à cet effet, se transportera auprès de lui aussitôt qu'il en aura été requis par l'accusateur public.

6. Seront au surplus observées, relativement à cette déclaration, les formalités prescrites par les art. 3, 4, 6, 7 et 8 de la loi du 18 prairial, concernant les témoins militaires. — L'insertion de la présente loi au Bulletin tiendra lieu de publication.

7 therm. an 2 (25 juill. 1794). — Décret qui rend communes aux procès commencés avant l'installation des tribunaux criminels, les dispositions de celles du 18 prairial sur la manière d'entendre les témoins militaires.

19 vend. an 3 (10 oct. 1794). — Décret qui rapporte l'art. 2 de la loi du 2 messid. an 2 ci-dessus.

3 brum. an 4 (25 oct. 1795). — Code des délits et des peines dont plusieurs dispositions sont relatives aux témoins et à leur audition (art. 82, 105, 106, 111 et suiv., 162, 184, 185, 225, 238, 317 et suiv., 341, 346 et suiv., 352). — V. Lois codifiées, p. 239.

5 pluv. an 4 (25 janv. 1796). — Arrêté du directoire exécutif portant fixation provisoire (en assignats) de la taxe des témoins.

15 vent. an 4 (5 mars 1796). — Loi portant que les parents et alliés de l'un des coaccusés du même fait ne peuvent être entendus comme témoins contre les autres accusés.

21 flor. an 4 (10 mai 1796). — Décret du conseil des anciens qui rejette la résolution du 29 germinal relative aux militaires à entendre comme témoins dans les affaires criminelles.

11 prair. an 4 (30 mai 1796). — Loi portant des peines contre les témoins qui ne comparaissent pas sur les citations à eux données.

Art. 1. Les témoins qui ne comparaissent pas, soit devant le directeur du jury, sont devant le jury d'accusation, aux jour et heure indiqués par la citation qui leur est donnée, sans avoir justifié, par l'envoi de bons certificats, des causes légitimes qui s'opposant à leur comparution, y sont contraints par un mandat d'amener, que le directeur du jury délivre contre eux;

Et si, après avoir été amenés, ils ne justifient pas des causes valables qui les ont empêchés de comparaître, ils sont en outre, après avoir fait leur déclaration, conduits, en vertu d'un mandat d'arrêt, dans la maison d'arrêt établie près le directeur du jury.

Dans le cas de l'article précédent, et des articles 122 et 123 C. des dél. et pein., les témoins non comparants sont condamnés par le tribunal correctionnel à une détention qui ne pourra être moindre de huit jours, ni excéder le terme d'un mois.

Le témoin et l'officier de santé frappés du mandat d'arrêt par l'article 121 du même Code, sont condamnés, par le tribunal correctionnel, à une détention qui ne pourra être moindre de deux mois ni excéder le terme de trois mois.

20 therm. an 4 (7 août 1796). — Loi qui détermine la manière dont seront reçues les dépositions des membres du corps législatif, du directoire exécutif, etc., cités en témoignage devant les tribunaux autres que ceux qui siégent dans la commune où ils exercent leurs fonctions.

Art. 1. Lorsqu'il y aura lieu de citer en témoignage, soit en matière civile, soit en matière criminelle, des membres du Corps législatif ou du directoire exécutif, ou des ministres de la république, ou ses agents auprès des nations étrangères, devant les tribunaux autres que ceux séant dans la commune où ils résident pour l'exercice de leurs fonctions, ou dans la commune où ils se trouveraient casuellement, le juge civil ou officier de police, ou directeur du jury, ou président du tribunal criminel, devant lesquels on voudra les produire en témoins, adresseront au juge civil ou directeur du jury du lieu de la résidence desdits représentants, directeurs, ministres et agents, un état des faits, demandes et questions sur lesquels les parties civiles, l'accusé ou l'accusateur public désirent leur témoignage. Les officiers de police et juges civils ou criminels auxquels cet état sera adressé, feront assigner devant eux lesdits représentants, directeurs, ministres et agents, et ils recevront leurs déclarations par écrit.

2. Ces déclarations seront envoyées, dûment scellées et cachetées, au greffe du tribunal requérant. En matière civile, elles seront communiquées aux parties. En matière criminelle, elles le seront à l'accusateur public et à l'accusé, conformément aux articles 318 et 319 du C. dél. et pein.

3. Dans l'examen du jury de jugement, ces déclarations seront lues publiquement; elles seront débattues par l'accusé et ses conseils, et les jurés y auront tel égard que de raison.

12 pluv. an 5 (31 janv. 1797). — Loi relative à la taxe des témoins appelés devant la haute cour de justice.

27 frim. an 6 (17 déc. 1797). — Arrêté du directoire exécutif concernant le payement des taxes de témoins entendus dans les affaires criminelles.

Le directoire exécutif, informé que, parmi les receveurs du droit d'enregistrement, il en est plusieurs qui, sous prétexte de l'usage où ils sont de ne tenir leurs bureaux ouverts qu'à certaines heures, et de les fermer absolument les décadis, refusent, tant les décadis que les jours ordinaires après ces heures, d'acquitter les taxes des témoins entendus dans les affaires criminelles, ce qui force les citoyens venus du dehors pour déposer en justice de prolonger leur séjour dans les communes où siégent les tribunaux criminels, correctionnels et de police, les directeurs du jury et les juges de paix, et par là d'augmenter leurs dépenses personnelles; — Considérant qu'il est du devoir du gouvernement de faire cesser un abus aussi répréhensible; — Arrête :

Art. 1. La régie du droit d'enregistrement prendra, sans délai, des mesures précises pour que les taxes des témoins entendus dans les affaires criminelles, soit devant les tribunaux criminels, correctionnels ou de police, soit devant les directeurs du jury, juges de paix et autres officiers de police judiciaire, soient acquittées à l'instant même de la présentation qui en sera faite aux bureaux des receveurs, sans distinction d'heures ni de jours.

2. En cas de contravention, les témoins en porteront leurs plaintes au juge, directeur du jury ou officier de police judiciaire qui aura taxé leurs indemnités. — Le juge, directeur du jury ou officier de police judiciaire en dressera un procès-verbal, dont il enverra copie dûment certifiée au ministre de la justice.

3. Sur le compte qui sera en conséquence rendu au directoire exécutif de ce procès-verbal, le receveur du droit d'enregistrement qui se trouvera en contravention sera destitué.

6 mess. an 6 (24 juin 1798). — Arrêté relatif à l'acquit des taxes de témoins (art. 5 et suiv.). Abrogé par le décret du 18 juin 1811.

21 fruct. an 7 (7 sept. 1799). — Loi relative aux citations en témoignage, des caissiers, sous-caissiers et contrôleurs de la trésorerie nationale.

Art. 1. Lorsqu'il y aura lieu de citer en témoignage, soit en matière civile, soit en matière criminelle, des caissiers, sous-caissiers ou contrôleurs des caisses journalières de la trésorerie nationale, pour faits relatifs à leurs fonctions, et sur la seule matérialité des faits, devant des tribunaux autres que ceux séant dans la commune où ils résident pour l'exercice de leurs fonctions, le juge civil, ou officier de police, ou directeur du jury, ou président du tribunal criminel devant lesquels on voudra les produire en témoins, adresseront au juge civil ou directeur du jury du lieu de la résidence desdits caissiers, sous-caissiers ou contrôleurs des caisses journalières de la trésorerie nationale, un état des faits, demandes et questions sur lesquels les parties civiles, l'accusé ou l'accusateur public désirent leur témoignage; les officiers de police et juges civils ou criminels auxquels cet état sera adressé feront assigner devant eux lesdits caissiers, sous-caissiers ou contrôleurs des caisses journalières de la trésorerie nationale, et recevront leur déclaration par écrit.

2. Ces déclarations seront envoyées, dûment scellées et cachetées, au greffe du tribunal requérant : en matière civile, elles seront communiquées aux parties; en matière criminelle, elles le seront à l'accusateur public et à l'accusé, conformément aux articles 318 et 319 du C. dél. et pein.

3. Dans l'examen du jury d'accusation, les déclarations sont lues, et les jurés y auront tel égard que de raison.

4. Dans l'examen du jury de jugement, les déclarations seront lues publiquement; elles seront debattues par l'accusé et ses conseils, et les jurés y auront tel égard que de raison.

14 germ. an 8 (4 avr. 1800). — Avis du conseil d'Etat, sur la manière dont un conseiller d'Etat peut être entendu en témoignage.

Le conseil d'Etat, qui, d'après le renvoi des consuls et sur le rapport de la section de législation, a discuté la question de savoir si un conseiller d'Etat peut être déplacé pour servir de témoin devant un tribunal séant dans une commune autre que celle où il exerce ses fonctions, — est d'avis que, dans ce cas, il ne doit pas être déplacé. La loi du 20 therm. an 4 est d'accord, sur ce point, avec l'intérêt public. Cette loi ayant été faite pour les membres du pouvoir législatif et ceux du gouvernement, est applicable, sous ce double rapport, aux conseillers d'Etat. En effet, le conseil d'Etat est placé par la constitution à côté du gouvernement, considéré comme pouvoir exécutif : il en est l'instrument nécessaire, en considérant le gouvernement comme ayant l'initiative et la proposition des lois, et comme faisant, à cet égard, partie intégrante du pouvoir législatif. Les conseillers d'Etat ne doivent donc pas être déplacés du lieu de leurs fonctions pour servir comme témoins devant les tribunaux : leur témoignage ne peut être pris que dans la forme déterminée par la loi du 20 thermidor.

7 therm. an 9 (26 juill. 1801). — Arrêté qui règle la manière de citer en témoignage les membres du sénat et du tribunat, et la manière dont les dépositions des préfets, sous-préfets et maires, à raison de leurs actes comme administrateurs, doivent être reçues.

Les consuls de la République, considérant que les motifs de la loi du 20 therm. an 4 sont applicables à tous les fonctionnaires publics attachés à des fonctions dont la nature, l'importance et la continuité exigent qu'ils ne soient pas, sans nécessité, déplacés du lieu où ils les exercent, que les membres du gouvernement, ceux du corps législatif, les ministres et les agents auprès des nations étrangères, sont suffisamment désignés par ladite loi; que l'application en a été faite aux membres du conseil d'Etat par l'arrêté du 14 germ. an 8; le conseil d'Etat entendu, arrêtent ce qui suit :

Art. 1. Lorsqu'il y aura lieu de citer en témoignage, soit en matière civile, soit en matière criminelle, des membres du sénat conservateur et du tribunat, on suivra à leur égard les formalités prescrites par la loi du 28 therm. an 4.

2. Les préfets, sous-préfets et maires ne pourront, à raison des actes qu'ils auront signés comme administrateurs, être traduits hors de leur arrondissement, soit pour reconnaître leurs signatures ou pour servir de témoins.

3. Lorsque leur reconnaissance ou leur déposition sera jugée nécessaire à raison desdits actes, ils feront leurs déclarations devant le directeur du jury de leur arrondissement, en matière criminelle, et devant un juge commis à cet effet par le tribunal de l'arrondissement, en matière civile. Procès-verbal de ces déclarations sera dressé pour être envoyé à qui de droit.

4. Néanmoins, dans les contestations où la présence des fonctionnaires désignés en l'art. 2 serait regardée comme indispensable, le juge s'adressera au ministre de la justice, qui, d'après l'examen de l'affaire, autorisera, s'il y a lieu, le déplacement desdits fonctionnaires publics.

5-15 pluv. an 13 (25 janv.-4 fév. 1805). — Loi relative aux frais des citations de témoins faites à la requête de l'accusé (art. 2), et au nombre de copies des déclarations écrites des témoins qui peuvent leur être délivrées gratuitement (art. 3). — V. Frais et dépens, p. 66.

8 juin 1806. — Décret concernant la manière de procéder à l'égard des commissaires généraux de police et leurs délégués, pour les reconnaissances de signature et les dépositions.

Napoléon...., vu les art. 2, 3 et 4 de l'arrêté du 7 therm. an 9, notre conseil d'Etat entendu, nous avons, etc... — Les art. 2, 3 et 4 ci-dessus énoncés de l'arrêté du 7 therm. an 9, seront applicables aux commissaires généraux de police et à leurs délégués.

17-27 nov. 1808. — Extrait du code d'instruction criminelle, liv. 1, chap. 6, sect. 2, distinction 2, § 3. *De l'audition des témoins* (1).

Art. 71. Le juge d'instruction fera citer devant lui les personnes qui auront été indiquées par la dénonciation, par la plainte, par le procureur impérial ou autrement, comme ayant connaissance, soit du crime ou délit, soit de ses circonstances.

72. Les témoins seront cités par un huissier, ou par un agent de la force publique, à la requête du procureur impérial.

73. Ils seront entendus séparément, et hors de la présence du prévenu, par le juge d'instruction, assisté de son greffier.

74. Ils représenteront, avant d'être entendus, la citation qui leur aura été donnée pour déposer; et il en sera fait mention dans le procès-verbal.

75. Les témoins prêteront serment de dire toute la vérité, rien que la vérité; le juge d'instruction leur demandera leurs noms, prénoms, âge, état, profession, demeure, s'ils sont domestiques, parents ou alliés des parties, et à quel degré : il sera fait mention de la demande, et des réponses des témoins.

76. Les dépositions seront signées du juge, du greffier, et du témoin, après que lecture lui en aura été faite et qu'il aura déclaré y persister : si le témoin ne veut ou ne peut signer, il en sera fait mention. — Chaque page du cahier d'information sera signée par le juge et par le greffier.

(1) Les exposés des motifs et rapports qui se réfèrent à ces articles ne contiennent aucun développement qui puisse servir à les expliquer (V. v° Instr. crim., p. 48, n° 16; p. 50, n° 31).

77. Les formalités prescrites par les trois articles précédents seront remplies, à peine de 50 fr. d'amende contre le greffier, même, s'il y a lieu, de prise à partie contre le juge d'instruction.

78. Aucune interligne ne pourra être faite : les ratures et les renvois seront approuvés et signés par le juge d'instruction, par le greffier et par le témoin, sous les peines portées en l'article précédent. Les interlignes, ratures et renvois non approuvés, seront réputés non avenus.

79. Les enfants de l'un et de l'autre sexe, au-dessous de l'âge de quinze ans, pourront être entendus, par forme de déclaration et sans prestation de serment.

80. Toute personne citée pour être entendue en témoignage sera tenue de comparaître et de satisfaire à la citation : sinon, elle pourra y être contrainte par le juge d'instruction, qui, à cet effet, sur les conclusions du procureur impérial, sans autre formalité ni délai, et sans appel, prononcera une amende qui n'excédera pas 100 fr., et pourra ordonner que la personne citée sera contrainte par corps à venir donner son témoignage.

81. Le témoin ainsi condamné à l'amende sur le premier défaut, et qui, sur la seconde citation, produira devant le juge d'instruction des excuses légitimes, pourra, sur les conclusions du procureur impérial, être déchargé de l'amende.

82. Chaque témoin qui demandera une indemnité, sera taxé par le juge d'instruction.

83. Lorsqu'il sera constaté, par le certificat d'un officier de santé, que des témoins se trouvent dans l'impossibilité de comparaître sur la citation qui leur aura été donnée, le juge d'instruction se transportera en leur demeure, quand ils habiteront dans le canton de la justice de paix du domicile du juge d'instruction. — Si les témoins habitent hors du canton, le juge d'instruction pourra commettre le juge de paix de leur habitation à l'effet de recevoir leur déposition, et il enverra au juge de paix des notes et instructions qui feront connaître les faits sur lesquels les témoins devront déposer.

84. Si les témoins résident hors de l'arrondissement du juge d'instruction, celui-ci requerra le juge d'instruction de l'arrondissement dans lequel les témoins sont résidants de se transporter auprès d'eux pour recevoir leurs dépositions. — Dans le cas où les témoins n'habiteraient pas le canton du juge d'instruction ainsi requis, il pourra commettre le juge de paix de leur habitation, à l'effet de recevoir leurs dépositions, ainsi qu'il est dit dans l'article précédent.

85. Le juge qui aura reçu les dépositions en conséquence des art. 83 et 84 ci-dessus, les enverra closes et cachetées au juge d'instruction du tribunal saisi de l'affaire.

86. Si le témoin auprès duquel le juge se sera transporté dans les cas prévus par les trois articles précédents, n'était pas dans l'impossibilité de comparaître sur la citation qui lui avait été donnée, le juge décernera un mandat de dépôt contre le témoin et l'officier de santé qui aura délivré le certificat ci-dessus mentionné. — La peine portée en pareil cas sera prononcée par le juge d'instruction du même lieu, et sur la réquisition du procureur impérial, en la forme prescrite par l'art. 80.

Nota. Les art. 155 à 158, relatifs à l'audition des témoins devant les tribunaux de police, 189 devant les tribunaux correctionnels, 315 à 320 devant les cours d'assises, ont été rapportés v° Instruct. crim., p. 56 et suiv., 525.

12-22 déc. 1808. — Extrait du code d'instruction criminelle, liv. 2, tit. 4, chap. 5. De la manière dont seront reçues, en matière criminelle, correctionnelle et de police, les dépositions des princes et de certains fonctionnaires de l'État (1).

Art. 510. Les princes ou princesses du sang royal, les grands dignitaires et le ministre de la justice, ne pourront jamais être cités comme témoins, même pour les débats qui ont lieu en présence du jury, si ce n'est dans le cas où le roi, sur la demande d'une partie et le rapport du ministre de la justice, aurait, par une ordonnance spéciale, autorisé cette comparution.

511. Les dépositions des personnes de cette qualité seront, sauf l'exception ci-dessus prévue, rédigées par écrit et reçues par le premier président de la cour royale, si les personnes dénommées en l'article précédent résident ou se trouvent au chef-lieu d'une cour royale, sinon par le président du tribunal de première instance de l'arrondissement dans lequel elles auraient leur domicile, ou se trouveraient accidentellement. — Il sera, à cet effet, adressé par la cour ou le juge d'instruction saisi de l'affaire, au président ci-dessus nommé, un état des faits demandés, et questions sur lesquels le témoignage est requis. — Ce président se transportera aux demeures des personnes dont il s'agit pour recevoir leurs dépositions.

512. Les dépositions ainsi reçues seront immédiatement remises au greffe, ou envoyées closes et cachetées à celui de la cour ou du juge requérant, pour être communiquées sans délai à l'officier chargé du ministère public. — Dans l'examen devant le jury, elles seront lues publiquement aux jurés et soumises aux débats, sous peine de nullité.

513. Dans le cas où le roi aurait ordonné ou autorisé la comparution de quelques-unes des personnes ci-dessus désignées devant le jury, l'ordonnance désignera le cérémonial à observer à leur égard.

514. À l'égard des ministres autres que le ministre de la justice, des grands officiers de la couronne, conseillers d'État chargés d'une partie dans l'administration publique, généraux en chef actuellement en service, ambassadeurs ou autres agents du roi accrédités près les cours étrangères, il sera procédé comme suit : — Si leur déposition est requise devant la cour d'assises, et que le juge d'instruction du lieu de leur résidence ou de celui où ils se trouveraient accidentellement, ils devront la fournir dans les formes ordinaires. — S'il s'agit d'une déposition relative à une affaire poursuivie hors du lieu où ils résident pour l'exercice de leurs fonctions et de celui où ils se trouveraient accidentellement, et si cette déposition n'est pas requise devant le jury, le président ou le juge d'instruction saisi de l'affaire adressera à celui du lieu où résident ces fonctionnaires à raison de leurs fonctions, un état des faits, demandes et questions sur lesquels leur témoignage est requis. — S'il s'agit du témoignage d'un agent résidant auprès d'un gouvernement étranger, cet état adressé au ministre de la justice, qui en fera le renvoi sur les lieux, et désignera la personne qui recevra la déposition.

515. Le président ou le juge d'instruction auquel sera adressé l'état mentionné en l'article précédent, fera assigner le fonctionnaire devant lui, et recevra sa déposition par écrit.

516. Cette déposition sera envoyée close et cachetée au greffe de la cour ou du juge requérant, communiquée et lue, comme il est dit en l'art. 512, et sous les mêmes peines.

517. Si les fonctionnaires de la qualité exprimée dans l'art. 514 sont cités à comparaître comme témoins devant un jury assemblé hors du lieu où ils résident pour l'exercice de leurs fonctions, ou de celui où ils se trouveraient accidentellement, ils pourront en être dispensés par une ordonnance du roi. — Dans ce cas, ils déposeront par écrit, et l'on observera les dispositions prescrites par les art. 514, 515 et 516.

18 juin 1811. — Décret portant tarif général des frais en matière criminelle qui fixe les indemnités qui peuvent être accordées aux témoins (art. 26 et suiv.). — Ce décret a été modifié par celui du 7 avr. 1813.

4 mai 1812. — Décret relatif au cas de citation en témoignage des ministres, des grands officiers de l'empire et autres principaux fonctionnaires de l'État.

Art. 1. Nos ministres ne pourront être entendus comme témoins que dans le cas où, sur la demande du ministère public ou d'une partie, nous aurions, par un décret spécial, autorisé leur audition.

---

(1) *Extrait de l'exposé des motifs, présenté par M. le comte Berlier* (séance du 1er déc. 1808).

Il me reste à vous entretenir très-sommairement de l'objet du chap. 5, relatif à la manière dont seront reçues les dépositions des princes et de certains fonctionnaires de l'État. — La loi du 3 brum. an 4 ne contient nulles dispositions correspondantes à celles de ce chapitre ; elle fut faite dans des circonstances différentes de celles où nous sommes, et l'on conçoit que les changements politiques opérés depuis ce temps ont dû en apporter aussi dans nos institutions civiles. — En considérant notre position actuelle, on a pensé que certaines personnes, à cause de l'éminence de leur rang dans l'État, et en plus grand nombre, à cause de l'importance de leurs fonctions ne devaient pas être facilement distraites de leur résidence pour témoigner en justice, et l'on a substitué pour ce cas, aux formes communes, un mode particulier de dépositions écrites qui rempliront éminemment le vœu général de la loi pour la partie de l'instruction qui précède les débats. — À l'égard des débats mêmes, on n'a pas dissimulé toute la difficulté qu'il y avait de suppléer par des témoignages écrits à des dépositions orales : aussi le projet, en ce qui regarde les hauts fonctionnaires qui y sont désignés, ne les affranchit pas de l'obligation commune de la comparution en personne, mais admet-il seulement la possibilité d'une dispense par décret impérial : encore faut-il que, si cette dispense est un privilège légal pour les princes, ce privilège cessera toutes les fois que l'empereur, sur la demande d'une partie ou sur le rapport du grand juge, aura autorisé ou ordonné la comparution en personne. — Ainsi

les modifications que renferme ce chapitre et qui ont semblé commandées par la nature des choses, sont elles-mêmes susceptibles d'être restreintes selon les circonstances que le souverain seul peut apprécier, comme placé au sommet de l'ordre politique dans l'intérêt duquel l'exception est introduite.— Espérons donc que l'application n'en sera point abusive, et que la comparution des témoins, de cette partie de la loi sera rare ; peu souvent, sans doute, les princes et les grands fonctionnaires de l'État seront appelés comme témoins dans les procès criminels : mais enfin leurs témoignages peuvent être demandés. — Il nous a paru des dispositions qui, à ce sujet vous vont être proposées, conciliant ce qui est dû à la nécessité d'éclairer la justice avec le respect exigé par la qualité éminente des princes : elles pourvoient avec prudence à ce que les personnes chargées de l'exécution des grands desseins de l'empereur ne soient pas sur de légers prétextes détournées de leurs fonctions importantes.

Extrait du rapport sur le tit. 4 du liv. 2 o. inst. crim., par M. Cholet, membre de la commission de législation (séance du 12 déc. 1808).

Il ne me reste plus, messieurs, à vous parler que du chap. 5, qui traite de la manière dont seront reçues, en matière criminelle, correctionnelle et de police, les dépositions de certains fonctionnaires de l'État. — L'application

2. Le décret portant cette autorisation réglera en même temps la manière dont nos ministres seront entendus et le cérémonial à observer à cet égard.

3. Dans les affaires où nos préfets auront agi en vertu de l'art. 10 de notre code d'instruction criminelle, si le bien de la justice exige qu'il leur soit demandé de nouveaux renseignements, les officiers chargés de l'instruction leur demanderont ces renseignements par écrit, et nos préfets seront tenus de les leur donner dans la même forme.

4. Dans les affaires autres que celles spécifiées au précédent article, si nos préfets ont été cités comme témoins, et qu'ils allèguent, pour s'en excuser, la nécessité de notre service, il ne sera pas donné suite à la citation. — Dans ce cas, les officiers chargés de l'instruction, après qu'ils se seront entendus avec eux sur le jour et l'heure, viendront dans leur demeure pour recevoir leurs dépositions, et il sera procédé, à cet égard, ainsi qu'il est prescrit à l'art. 516 de notredit code.

5. Lorsque les préfets cités comme témoins ne s'excuseront pas, ainsi qu'il est dit à l'article précédent, ils seront reçus par un huissier à la première porte du palais de justice, introduits dans le parquet et placés sur un siège particulier. — Ils seront reconduits de la même manière qu'ils auront été reçus.

6. Les dispositions des deux articles précédents sont déclarées communes aux grands officiers de l'empire, aux présidents de notre conseil d'État, aux ministres d'État et conseillers d'État lorsqu'ils seront chargés d'une administration publique, à nos généraux actuellement au service, et à nos ambassadeurs et autres agents diplomatiques près les cours étrangères.

13-21 juin 1856. — Loi qui modifie l'art. 189 c. inst. crim. (D. P. 56. 4. 65).

CHAP. 2. — Du témoignage en général et de la foi qui lui est due.

10. Le témoignage des hommes a ses incertitudes. Trop souvent altéré dans sa source par les passions et les faiblesses attachées à l'infirmité humaine, soumis d'ailleurs à l'influence des opinions et des préjugés qui peuvent se mêler à nos appréciations, des illusions qui peuvent abuser nos sens, des infidélités possibles de la mémoire, surtout s'il s'agit de faits éloignés ou de circonstances presque inaperçues, ce moyen de preuve ne saurait être un guide sûr dans la recherche de la vérité, s'il n'est entouré de toutes les précautions que commande la prudence et employé avec le discernement qui est l'indispensable condition de son usage. C'est pourquoi la preuve testimoniale ne peut jamais avoir le caractère d'une démonstration, parce qu'il se peut que les témoins se trompent ou veulent tromper. — Aussi les lois romaines recommandent-elles aux juges de se fier plus aux témoins qu'au nombre des témoignages : *Testibus se non testimoniis crediturum* (L. 3, § 3. D. *De test.*); de préférer les déclarations des témoins présents aux déclarations écrites : *Alia est auctoritas præsentium testium, alia testimoniorum quæ recitari solent* (L. 3, § 4. D. *eod. tit.*); de ne rechercher dans les témoignages que leur sincérité : *Respici oportet ad sinceram testimoniorum fidem et testimonia quibus lux veritatis adsistit* (L. 21, § 2, *eod. tit.*).

11. Cependant le témoignage des hommes est souvent le seul mode de recherche et de constatation qui puisse conduire à la découverte de la vérité : *Testimoniorum usus frequens ac necessarius est* (L. 1. D. *De test.*). Si, dans les matières civiles, ce témoignage n'a été admis qu'avec une extrême réserve, toutes les législations pénales l'ont, par la force même des choses, mis au premier rang des preuves judiciaires. — Le juge, dans le plus grand nombre de cas, n'a, en effet, d'autre moyen de vérifier les faits qui se sont passés loin de lui, que la déclaration de ceux qui, ayant été présents au moment où ces faits se sont accomplis, lui en attestent la vérité. C'est par eux que le juge voit et entend les faits qu'il apprécie, et c'est en ce sens que Bentham (Tr. des preuves, t. 2, p. 93) a pu dire avec raison, que les témoins sont les oreilles et les yeux de la justice. — D'après cet éminent publiciste, l'admission en justice de ce mode de preuve n'est pas seulement fondée sur la nécessité des choses, mais sur la persuasion qu'on peut se former par ce moyen une conviction éclairée et complète. « Comme les assertions vraies, dit-il, *eod.*, t. 1, p. 7, l'emportent de beaucoup sur les fausses, la disposition de croire est l'état habituel ; *le non-croire* est un cas d'exception ; pour refuser de croire il faut toujours une cause spéciale, une objection particulière. — S'il en était autrement, les affaires sociales ne marcheraient plus ; tout le mouvement de la société serait paralysé, nous n'oserions plus agir ; car le nombre des faits qui tombent sous notre perception immédiate n'est qu'une goutte d'eau dans le vase comparé à ceux dont l'homme ne peut être informé que par le témoignage d'autrui. — ...La vérité du témoignage qui sort de la bouche des hommes a pour garan-

tie, chez les uns, la sanction religieuse qui résulte du serment ; chez les autres, le travail d'esprit que coûte le mensonge lorsqu'il faut le soutenir et persévérer, travail qu'on est naturellement porté à éviter ; dans celui-ci c'est la honte que ferait rejaillir sur lui la découverte de son imposture ; chez tous ce sont les peines que la loi criminelle décerne contre les faux témoins ou les réparations civiles qu'ils peuvent encourir. »

12. Si la preuve par témoins constitue le principal mode de preuve devant les tribunaux répressifs, ce n'est pas là une exception aux règles admises par le droit civil. Devant toute juridiction, les témoignages oraux peuvent être reçus comme mode de preuve, lorsque le fait à prouver est un fait à prouver écrite. Et c'est parce que les crimes, les délits et les contraventions rentrent dans l'application de cette règle, que la preuve par témoins peut toujours en être faite, et cela aussi bien devant les tribunaux civils que devant les tribunaux criminels. Mais s'il s'agit de prouver un fait qui, suivant les préceptes du code civil, ne peut être constaté qu'au moyen d'une preuve littérale, la preuve de ce fait ne pourra être fournie par témoins, pas plus devant les juridictions répressives que devant les juges civils. — De là il suit que si un crime ou un délit suppose l'existence préalable d'une convention, la preuve de cette convention ne pourra être établie que par un acte écrit, ou bien par la preuve testimoniale, dans le cas seulement où cette preuve est admise par les art. 1347 et 1348 c. nap., c'est-à-dire s'il y a un commencement de preuve par écrit, ou s'il n'a pas été possible de se procurer une preuve écrite de cette convention. C'est ce qui a lieu, par exemple, en matière de violation de dépôt, d'abus de mandat ou de blanc seing (V. Abus de conf., nos 48, 184 et s.; Obligation, nos 4888 et suiv.), de faux serment prêté en matière civile (V. Obligat., nos 4894 et suiv.). — Le nouveau code d'instruction criminelle publié en 1859 dans les États sardes, s'est écarté de ces principes : il permet l'admission de la preuve testimoniale pour prouver l'existence des actes civils toutes les fois que cette preuve est nécessaire pour arriver à la constatation d'un délit ou d'un crime (art. 327).

13. Mais ce serait étendre abusivement le principe admis par le droit français que de décider, par exemple, en matière de faux, qu'un commencement de preuve par écrit soit nécessaire pour prouver l'existence du délit, et cela sous le prétexte que la preuve par témoins ne pourrait ébranler la foi due aux actes. Il faut distinguer, en effet, entre les délits qui présupposent l'existence d'un contrat antérieur, et qui, dans le cas où ce contrat est dénié, ne peuvent se prouver qu'autant qu'on a préalablement établi l'existence de ce contrat suivant les modes de preuve autorisés par le droit civil ; et les délits qui, comme en matière de faux, se lient d'une manière tellement intime avec le titre apparent qu'on prétend être le résultat de ce délit, que la preuve des vices de ce titre se confond avec celle du délit lui-même (V. aussi v° Obligation, nos 4888 et s.). — On retombe, en ce dernier cas, sous l'application des principes généraux qui admettent la preuve testimoniale pour tous les délits. — Ainsi l'on a jugé, avec raison, sous le code de brum. an 4, et il le faudrait décider de même aujourd'hui : 1° que la loi n'établissant aucune distinction entre les preuves de faux et celles qui peuvent constater d'autres délits, il s'ensuit que des témoins administrés pour établir un crime de faux, ne sont reprochables que dans les cas prévus pour les délits du droit commun (Crim. cass. 1er avril 1808, aff. Delafont, V. Faux, n° 498); — 2° Que, par suite de ce principe, une cour de justice criminelle a violé les articles cités et commis un excès de pouvoir, en se déclarant incompétente pour connaître du crime de faux dirigé contre un notaire, en ce que la preuve testimoniale ne pouvait être admise contre les actes argués, sans commencement de preuve par écrit (même arrêt).

14. Il y a, pour apprécier les résultats de la preuve par témoins, trois choses à considérer : 1° la nature des faits à prouver ; 2° la qualité et la personne des témoins ; 3° le témoignage comparé aux autres dépositions ou autres faits déjà constants.

15. *Nature et qualité des faits.* — Les faits à prouver peuvent être possibles ou impossibles, ordinaires et vraisemblables, récents ou anciens ; ils peuvent s'être passés loin de nous ou près de nous ; ils peuvent être particuliers ou publics, permanents ou transitoires, clairs et simples ou compliqués ; enfin, ils sont presque toujours accompagnés de circonstances qui influent plus ou moins sur le jugement qu'on en doit porter. (V. Obligations, n° 4605).

16. *Qualités et personnes des témoins.* — On est instruit des faits par les sens : le sens de l'ouïe est infiniment plus trompeur que celui de la vue : de là le brocard, que le témoignage d'un seul témoin *oculaire* a plus de force que celui de dix témoins *auriculaires*. Cependant, comme le fait remarquer avec raison Bentham (Traité des preuves judiciaires, t. 1, ch. 7) « le sens de la vue est sujet à des erreurs particulières. Dix passants regardant la même scène, la même rixe dans un état de confusion, auront vu les objets très-différemment ; il y a dans la conformation de quelques individus de certaines particularités dont il faut tenir compte ; il en est qui ne distinguent pas certaines couleurs ou qui ne sont pas affectés comme le commun des hommes ; la faculté de reconnaître les traits du visage varie singulièrement... » — On distingue trois sortes de témoins auriculaires : ceux qui ont eux-mêmes entendu : *testes ex auditu proprio* ; leur témoignage, lorsqu'il est dépouillé de celui de la vue, a besoin , pour acquérir de l'autorité, d'une autre circonstance, comme si l'on s'est rendu de suite sur les lieux où les faits qu'on se sont passés ; 2° ceux qui déposent *ex auditu partis* ; ils méritent le plus de confiance, surtout quand c'est l'auteur du fait qui l'a raconté ; 3° ceux qui déposent *ex auditu alieno* ; ils ne peuvent servir que d'indices ou d'indications pour recourir aux témoins oculaires (V. Obligat., n° 4606).

17. En général, il n'est dû, pleine foi à un témoignage qu'autant que le témoin peut attester personnellement la réalité des faits : « La condition essentielle , dit Jousse (t. 1, p. 715), est que le témoin dépose de ce qui s'est passé en sa présence, c'est-à-dire qu'il doit déposer du fait comme l'ayant vu ou comme l'ayant entendu de ses propres oreilles, s'il s'agit de choses qui tombent sous l'organe de l'ouïe. En effet, il est constant que la certitude, qui est nécessaire pour former un témoignage, ne peut être produite que par la vue ou par l'ouïe , n'y ayant que ces deux sens capables de recevoir les images des actions et des paroles des hommes, telles qu'elles sont nécessaires pour produire une connaissance parfaite. » La même pensée est exprimée en ces termes par la loi romaine : *Testis debet deponere de eo quod novit et præsens fuit et sic per proprium sensum, non autem per sensum alterius.*

18. Toutefois , on ne peut nier que les simples *ouï-dire* ne soient des moyens d'instruction , et même quelquefois des éléments de preuve ; et il en est surtout ainsi lorsqu'on peut, au moyen des indications fournies par ces témoins *ex auditu alieno*, remonter au témoignage primitif. — Rien ne s'oppose, du reste, à ce qu'un témoin, qui ne dépose que par *ouï-dire*, puisse être entendu , et il a été jugé spécialement en matière criminelle : 1° qu'un tel témoin peut être entendu aux débats, sauf au jury à y avoir tel égard que de raison : « Attendu, se borne à dire l'arrêt, qu'aucune disposition du code des délits et des peines ne défend de recevoir les déclarations de témoins qui ne parlent que par *ouï-dire*, sauf au jury de jugement à y avoir tel égard que de raison » (Crim. rej. 6 prair. an 11, MM. Vieillart, pr., Lachèze, rapp., aff. Wynands) ; — 2° qu'un témoin peut déposer d'après l'ouï-dire d'une personne qui ne peut être entendue comme témoin, par exemple de la belle-mère de l'accusé (Crim. rej. 18 niv. an 8, MM. Rous, pr., Boileux, rap., aff. Cahusac). — V. sur ce dernier point *infrà*, n°s 97 et s.

19. Quoi qu'il en soit, on ne saurait se tenir trop en garde contre des témoignages fondés sur ces bruits vagues que tout le monde répète, dont nul ne peut indiquer la source, et qui s'éloignent d'autant plus de la vérité qu'ils passent par un plus grand

nombre d'intermédiaires, *fama crescit eundo*. On peut même poser en principe que des déclarations qui reposent sur un tel fondement ne méritent pas le nom de témoignages (Conf. M. Cubain, De la procéd. devant les cours d'assises, n° 524). — On sait, d'ailleurs , que c'est sur des dépositions de ce genre que , malgré son innocence authentiquement reconnue depuis , l'honnête et malheureux Calas a été , par arrêt du parlement de Toulouse, roué sur l'échafaud. — Aussi a-t-il été décidé avec raison qu'une cour d'assises a pu, sans porter atteinte aux droits de la défense, ordonner qu'un témoin cité à décharge dans un procès en diffamation serait entendu qu'en tant que sa déposition porterait sur des faits à sa connaissance personnelle, et non sur des propos et conversations qui n'émaneraient pas d'une personne spécialement désignée (Cr. rej. 16 déc. 1831) (1). — Cependant cette solution, fort juste en thèse ordinaire, devrait, à notre avis, recevoir exception dans le cas de prévention pour colportage de faux bruits ou de fausses nouvelles ; car il serait impossible, en pareil cas, d'apprécier la bonne foi du prévenu, s'il ne lui était pas permis de faire entendre des témoins pour attester les rumeurs vagues, mensongères, quoique sans précision aucune, qui auront pu circuler dans le public et être répétées en tous lieux avec passion par une multitude ignorante et égarée.

20. Le témoignage doit encore être comparé aux autres dépositions et aux faits déjà constants. — Souvent un témoignage qui , à lui seul, ne constituerait pas une preuve , en ce que la personne de qui il émane ne présenterait pas des garanties suffisantes de moralité ou d'impartialité, acquiert cependant une grande force par sa concordance avec d'autres témoignages ou avec des faits déjà prouvés, et devient ainsi un élément de certitude. — C'est ordinairement lorsqu'il existe des discordances entre les témoignages que la vérité est difficile à saisir. Dans un grand nombre de cas, ces discordances pourront s'expliquer sans qu'on ait besoin d'incriminer la bonne foi d'aucun des témoins, surtout si elles ne sont relatives qu'à des faits de peu d'importance ; mais, quand, à l'occasion d'un fait sur lequel il n'a pas été possible aux témoins de se tromper involontairement , le juge se trouvera en présence de deux affirmations contradictoires et inconciliables , tous ses efforts devront tendre à découvrir de quel côté est le mensonge , soit en entendant de nouveau les témoins séparément , soit en les confrontant entre eux. Ce mode d'investigation demande beaucoup d'habileté et de prudence.

21. Le code de brumaire ne contenait aucune disposition qui autorisât expressément le juge en matière criminelle à réappeler les témoins. — Cependant on jugeait, par application des principes généraux, qu'un témoin pouvait être réappelé pour être interrogé sur les faits qui naissaient du débat, sans contravention à ce code (Cr. rej., 1er juin 1810, MM. Barris , pr.-Dutocq, rapp., aff. Humbert).—Il en était de même sous l'ancien droit. « On peut, dit Ayraud (Instr. jud., p. 276), redemander et ouïr les témoins deux fois, trois fois séparément pour voir s'ils se desdiront ou persisteront en ce qu'ils sont variants ; » mais cet auteur ne pense pas que, dans les instructions criminelles faites hors la présence du prévenu , on doive confronter les témoins « les appeler en présence les uns des autres, leur colter et apprendre par la lecture des dépositions d'autrui leurs variations et contradictions, afin qu'ils viennent tous s'accorder et charger d'un pied plus vivement, c'est , ce me semble, faire office d'accusateur et non de juge » (*eod. loc.*).—Cependant, cet inconvénient n'existe pas assurément au même degré au cas où les témoins sont entendus en présence de la partie. Aussi l'art. 326 c. d'instr. cor. autorise formellement, en pareil cas, la confrontation des témoins, et permet même à l'accusé de demander cette confrontation (V. n°s 531 et suiv.).

22. On tenait pour règle constante dans l'ancien droit, soit

<hr />

(1) (Marrast C. Soult et Périer.) — LA COUR ; — Vu l'art. 270 c. inst. crim. ; — Attendu que l'arrêt incident rendu par la cour d'assises à l'occasion de la déposition du sieur Arago, ordonne « que le sieur Arago continuera à être entendu dans sa déposition, en tant toutefois, qu'elle portera sur des faits positifs à sa connaissance personnelle, relatifs à l'imputation, et non sur des propos et conversations qui n'émaneraient pas d'une personne spécialement désignée ; » — Attendu qu'il résulte du procès-verbal des débats que le sieur Arago a continué

sa déposition dans les termes de cet arrêt ; — Attendu qu'en écartant de la déposition de ce témoin, seulement les bruits vagues qui n'émanant d'aucune personne déterminée, ne pouvaient donner lieu d'espérer plus de certitude dans les résultats, le président et la cour d'assises n'ont pas excédé le pouvoir que leur confie l'art. 270 c. inst. crim. , et qu'aucune entrave n'a été apportée aux droits de la défense ; attendu, dès lors, qu'il n'a été commis aucune violation de la loi ; — Rejette.

Du 16 déc. 1831.-C. C., ch. crim.-MM. Bastard, pr.-Crouseilhes, r.

en matière criminelle, soit en matière civile, que la déposition d'un seul témoin ne suffisait pas. — Il fallait au moins deux témoins pour faire une preuve (L. 12, Dig. *De testib.*) ; mais cette règle n'est plus suivie sous les lois nouvelles (V. Obligation, n° 4610 ; Procès-verbal, n° 171). — Il a été jugé, en effet : 1° que la règle de l'ancien droit, *testis unus, testis nullus*, n'a point passé dans notre législation actuelle ; les juges prononcent d'après leur conviction intime, et leur appréciation ne saurait donner prise à la censure de la cour de cassation (Req. 22 nov. 1815 (1) ; Crim. rej. 5 déc. 1817, aff. Puyreux, V. n° 128) ; —2° Qu'en conséquence on ne peut acquitter le prévenu, sous prétexte que la contravention n'est attestée que par un seul témoin (Metz, 10 juin 1820 ; Crim. cass. 13 nov. 1834) (2) ; —3° Alors même que ce témoin unique serait sous le poids d'une accusation capitale, si la déposition, d'ailleurs, est confirmée par d'autres indices (Rennes, 2 avr. 1833, aff. Sevoy, V. n° 80-1°) ; — 4° Qu'enfin on ne peut, même dans une affaire jugée sous l'ancienne jurisprudence, se faire un moyen de cassation de ce qu'une condamnation a été prononcée par la déposition d'un seul témoin (Cr. rej. 11 juin 1823) (3).

23. Bien qu'il soit admis aujourd'hui en jurisprudence, comme principe constant, que l'ancienne maxime *testis unus, testis nullus* est repoussée par l'esprit de notre législation moderne, il pouvait cependant exister quelques doutes en ce qui concernait la preuve des délits de chasse en présence de l'art. 11 de la loi du 30 avril 1790, portant qu'à défaut de procès-verbaux ces délits pourraient être établis par la déposition de deux témoins. Mais il a été jugé avec raison que cette disposition a été abrogée par le code d'instruction criminelle, et qu'en conséquence même pour la preuve de ce genre de délits, il peut suffire d'un seul témoin (Crim. cass. 7 fév. 1835, aff. Bassecourt, V. Chasse, n° 363 ; 19 fév. 1836, MM. Bastard, pr., Crouseilhes, rap., aff. Butter ; Bourges, ch. corr., 12 mai 1837, M. Brunet, f. f. pr., aff. Logeron). Au surplus, la loi de 1790 ayant été, depuis ces décisions, expressément abrogée par celle du 3 mai 1844, la

(1) (Montarcher.) — LA COUR ; — Sur le moyen concernant la nécessité du concours des deux témoins sur chaque fait d'adultère : que la maxime du droit romain, *testis unus, testis nullus*, n'est pas érigée en loi dans notre législation ; que d'ailleurs l'appréciation des dépositions rentre dans les éléments de la conviction des juges du fond ; — Rejette le pourvoi contre l'arrêt de la cour de Paris du 17 avr. 1815.
Du 22 nov. 1815.—C. C., sect. req.—MM. Lasaudade, pr.—Dunoyer, rap.
(2) 1re *Espèce* : — (Min. pub. C. N......) — LA COUR ; — Considérant que si la loi doit être en un procès-verbal rédigé par un garde champêtre, un garde forestier, un maire, un fonctionnaire quelconque, lorsque ces fonctionnaires agissent dans l'exercice et à l'occasion de leurs fonctions, il n'en serait pas de même s'ils dressaient des actes hors de leurs fonctions et attributions, ces actes ne devant être, en ce cas, considérés que comme les déclarations de simples individus qui auraient besoin d'autres appuis ; — Considérant que le sieur Poinsignon n'agissait point en sa qualité de garde lorsqu'il s'est embusqué dans le grenier de Nicolas Jacquin ; — Considérant que son procès-verbal n'étant revêtu d'aucun caractère authentique, il doit être rangé dans la classe d'une simple déclaration ; — Considérant que les autres faits de la cause ne fortifient point ce procès-verbal ; — Considérant que le tribunal de première instance a émis un principe contraire à la législation, en ce qu'il aurait fait dépendre sa décision du défaut d'un second témoin qui aurait corroboré la déclaration du garde, puisque la conviction des magistrats peut s'opérer par toutes circonstances indépendantes des déclarations des témoins ; — Sans approuver les motifs des premiers juges, et sans s'arrêter à l'appel ni aux conclusions du ministère public, faisant droit à celles de l'intimé, dit qu'il a été mal jugé, etc.
Du 10 juin 1820.—C. de Metz, ch. corr.—M. Auclaire, pr.
2e *Espèce* : — (Min. pub. C. Gastine.) — LA COUR ; — Vu les art. 153, 154 et 161 c. inst. crim. ; — Attendu, en droit, que lorsque les faits constitutifs des contraventions et des délits dont ils sont saisis, ne se trouvent pas légalement établis par des procès-verbaux réguliers, les juges de simple police et ceux de police correctionnelle remplissent, dans la constatation et l'appréciation de ces faits, les fonctions de jurés, et doivent, conséquemment, de même que ces derniers, se conformer aux instructions contenues en l'art. 342 c. inst. crim. ; — Que la loi ne leur demande pas compte, en effet, non plus qu'aux jurés, des moyens par lesquels ils se sont convaincus et ne leur prescrit point de règles desquelles ils soient tenus de faire particulièrement dépendre la plénitude et la suffisance de la preuve ; — Qu'elle ne leur dit point : Vous tiendrez pour vrai tout fait attesté par tel ou tel nombre de témoins ni vous ne regarderez pas comme suffisamment établie toute preuve qui ne sera pas formée

principe qu'elles consacrent ne peut être aujourd'hui l'objet d'aucune difficulté.

24. On verra ci-après que le législateur a pris soin d'écarter le témoignage de certaines personnes suspectes de partialité. En dehors des causes de suspicion définies et prévues par la loi, il en est une foule d'autres qui, si elles n'empêchent point qu'une personne ne soit entendue en justice, s'opposent du moins à un degré plus ou moins grave à ce que son témoignage puisse être considéré comme l'expression de la vérité. Ces causes de suspicion si diverses, que le législateur n'a pu prévoir, sont abandonnées à la sagacité et à la prudence du juge, qui devra toujours peser la valeur morale de chaque témoignage, apprécier les circonstances de position, les rapports d'affection ou d'intérêt, et même les causes involontaires d'erreur qui ont pu influer sur les déclarations des témoins, et mesurer d'après la combinaison de ces divers éléments le degré de confiance que méritent leurs dépositions. Cette appréciation, du reste, est souveraine, et ne relève que de la conscience ; il n'est pas nécessaire que le juge, pour rejeter un témoignage, ait la preuve ni même la conviction de sa fausseté ; il suffit que ce témoignage ne lui inspire pas le degré de confiance nécessaire pour en faire la base de sa décision. — Aussi a-t-il été jugé avec raison que les juges peuvent rejeter un témoignage comme suspect de partialité et d'intérêt personnel sans qu'ils soient obligés, à peine de nullité, de procéder comme en cas de faux témoignage (Cr. rej. 29 fruct. an 9) (4).

25. Mais il ne suit pas de là qu'un tribunal puisse insérer dans son jugement des expressions de blâme contre un témoin dont il ne croirait pas devoir prendre en considération le témoignage, surtout s'il n'a été fait aucune réquisition contre ce témoin. — Il a été jugé en ce sens, que le jugement d'un conseil de guerre qui, tout en acquittant le prévenu traduit devant lui, exprime en même temps un blâme sévère sur la partialité d'un des témoins entendus, commet un excès de pouvoir et doit en cela être annulé (Cr. cass. 16 déc. 1837) (5).

de tant de témoins ou de tant d'indices ; qu'elle les charge seulement de s'interroger eux-mêmes dans le silence et le recueillement, et de chercher dans la sincérité de leur conscience quelle impression ont faite sur leur raison les preuves rapportées contre le prévenu et les moyens de sa défense ; — Qu'il suffit, dès lors, que les juges soient convaincus de l'existence de la contravention ou du délit poursuivis et de la culpabilité de l'individu qui en est inculpé, pour que l'une et l'autre soient reconnues constantes et entraînent l'application légale de la peine prononcée par la loi ;
Et attendu que, dans l'espèce, où la contravention dont il s'agit n'a pas été constatée par procès-verbal, le tribunal, saisi de la poursuite, devait prononcer à cet égard d'après le sentiment intérieur de conviction qu'avait pu produire l'instruction à laquelle il s'était livré ; — Qu'en relaxant le sieur Vastine ou Gastine seulement par le motif que la déposition unique d'un des témoins entendus à l'appui de la prévention ne pouvait faire preuve de cette contravention en justice, le jugement dénoncé a commis une violation expresse des articles ci-dessus visés ; — Casse.
Du 13 nov. 1834.—C. C., ch. crim.—MM. Brière, pr.—Rives, rap.
(3) (Rollande C. min. pub.) — LA COUR ; — Attendu qu'il n'appartient point à la cour de cassation d'apprécier les preuves ou les témoignages qui ont produit la conviction dans l'âme des juges ou des jurés, lorsque la loi n'attache point à certains actes ou à certains faits un caractère spécial et nécessaire de preuve, ce qui n'existe point dans l'espèce ; — Rejette.
Du 11 juin 1825.—C. C., ch. crim.—MM. Portalis, pr.—Ollivier, rap.—Vatimesnil, av. gén., c. conf.—Isambert, av.
(4) (Massue.) — LE TRIBUNAL ; — ...Attendu sur le quatrième moyen que de cela qu'un témoin paraît dévoué à l'une des parties, ou avoir partagé ses passions, ou avoir un intérêt personnel qui rend son témoignage suspect, il ne s'ensuit pas que les juges qui se fondent sur de pareils motifs, pour déclarer qu'ils ne doivent point avoir égard à ce témoignage, soient obligés à peine de nullité de prononcer les peines autorisées contre les complices ou de procéder comme en cas de faux témoignage reconnu ; — Attendu sur le cinquième moyen que lorsque les parties proposent quelques reproches contre les témoins, c'est un devoir des juges de les apprécier, et que la déclaration qu'ils font qu'ils y auront dans le jugement tel égard que de raison, bien loin d'être contraire à aucune disposition de loi est conforme à ce que l'équité commande ; — Rejette.
Du 29 fruct. an 9.—C. C., sect. cr.—MM. Seignette, pr.—Rataud, rap.
(5) (Min. pub. C. Bourgeois) — LA COUR ; — Vu la lettre de M. le

26. La conviction du juge se formera donc d'après l'appréciation des circonstances qui, dans la personne des témoins doivent déterminer le degré de confiance que méritent leurs dépositions : *Testium fides diligenter examinanda est : ideoque in persona eorum exploranda erunt in primis conditio cujusque; utrum quis decurio an plebeius sit ; et an honestæ et inculpatæ vitæ, an vero notatus quis et reprehensibilis ; an locuples vel egens sit ut lucri causa quid facilè admittat ; vel an inimicus ei sit quem testimonium fert, vel unicus ei sit pro quo testimonium dat* (L. 3. D. *De testibus*).

27. Devant toute juridiction civile ou criminelle une déposition en justice est l'accomplissement d'un devoir public et doit être précédée du serment. Les Athéniens dispensèrent Xénophon de cette obligation à cause de sa sévère probité ; mais dans un siècle de corruption, la religion du serment, faible barrière, ne reint-elle qu'un seul témoin par la crainte du parjure, devait être conservée. — Ce lien, au surplus, tire sa plus grande force de la valeur morale de celui qui s'oblige, et n'est plus vrai que cet adage : *Tant vaut l'homme, tant vaut le serment.* — Sur le serment des témoins, V. Serment, nos 132 et s.

28. Le témoin doit déposer d'une manière certaine, déterminée, sans équivoque ; il n'inspire pas de confiance, s'il dit : *il se peut faire, il me semble, si je m'en souviens*, etc.; il ne suffit pas qu'il dise qu'il *croit*, mais qu'il *sait*. Il doit même rendre compte de la manière dont il sait : *debet reddere rationem scientiæ suæ*. Chacune de ces formules exprime une nuance différente de la conviction ; le témoin doit nécessairement rendre raison de ces différences. Il faut distinguer, en outre, les faits qu'il a vus des conséquences qu'il en tire : l'un peut être vrai et l'autre faux (Toull. t. 9). «Il serait à désirer, dit Bentham (Traité des preuves, t. 1, chap. 7) que le témoin pût renfermer sa déposition dans le récit pur et simple de ce qui a frappé ses sens. Mais il y a une liaison si intime entre l'impression faite sur l'organe et l'acte du jugement qui en résulte, une rapidité si prodigieuse dans la succession de l'un à l'autre, qu'à moins d'une attention très-analytique, la distinction entre sentir et juger ne serait pas aperçue. »

29. On comprend, au surplus, qu'un témoin qui discuterait les faits sur lesquels il est appelé à déposer sortirait du cercle de ses devoirs : en pareil cas, il ne témoignerait plus, il se constituerait l'auxiliaire de l'une des parties. — C'est en ce sens qu'il a été jugé 1° qu'un officier de santé cité à la décharge devant un tribunal criminel, mais seulement pour y discuter, dans l'intérêt de l'accusé, un rapport, pourrait être entendu comme défenseur, mais à titre de témoin (Cr. rej. 17 germ. an 9) (1) ; — 2° Que les témoins à charge, soit à décharge, ne doivent déclarer que les faits qui sont à leur connaissance, et qu'ainsi une cour a pu se refuser d'entendre comme témoin à décharge un médecin qui proteste de n'être que le défenseur physique du prévenu, surtout si elle l'a entendu en la qualité de défenseur (Cr. rej. 18 oct. 1810) (2). — 3° Qu'une cour d'assises a pu sans excès de pouvoir refuser d'entendre comme témoin un médecin cité par l'accusé à l'effet de discuter un rapport d'experts... surtout si ce médecin s'était présenté avant l'ouverture des dé-

bats comme défenseur de l'accusé (Cr. rej. 3 nov. 1814, M. Buschopp., rapp., aff. Pesteturenne).

30. Un témoin, en effet, est appelé pour rendre compte des faits dont il a connaissance et non pour présenter ses appréciations personnelles.—C'est en ce sens qu'il a été jugé que le président des assises n'est pas tenu de poser à un témoin, sur la réquisition que lui en fait l'accusé, une question ayant pour objet, non une interpellation sur un fait à la connaissance de ce témoin, mais une appréciation du domaine exclusif de sa conscience. Et que spécialement, en cas d'accusation de fabrication d'une pétition revêtue de fausses signatures, la cour d'assises a pu rejeter la demande de l'accusé tendant à ce qu'il fût posé à chaque témoin la question de savoir s'il aurait pu avoir autorisé l'accusé à signer pour lui la pétition arguée de faux, dans le cas où on la lui aurait présentée (Rej. 19 déc. 1850, aff. Poisson, D. P. 51. 3. 315).

31. Le témoin doit déposer spontanément, c'est-à-dire sans contrainte ni suggestion. Il faut que la déposition présente d'abord l'ensemble des faits et de leurs circonstances, telles qu'il les conçoit et dans leur ordre naturel, non sous forme de réponse à une série d'interrogations, mais sous une forme directe et personnelle. Cette règle est enseignée par tous les auteurs anciens et modernes ; elle est conforme à celle de nos codes qui portent que les témoins doivent être *entendus* et non *interrogés*. «Le juge ne doit rien suggérer au témoin » dit Jousse, Traité de la just. cr., t. 2, p. 88. «On reproche au juge, disait d'Aguesseau dans son cinquante-et-unième plaidoyer à l'occasion de l'affaire de la Pevardière, d'avoir interrogé les témoins au lieu de recevoir simplement leurs dépositions, mais *il n'y a pas un bon juge qui le fasse* » (Conf. Muyart de Vouglans, Instr. cr., p. 246 ; Rousseau de Lacombe, Mat. cr., p. 255; Serpillon, Cod. cr. t. 1, p. 461 ; Denisart, vo Information, no 47 et suiv.; Carnot. de l'Instr. cr., t. 1, p. 192; Carré, Droit fr., t. 4, p. 360; MM. F. Hélie, Tr. de l'Instr. cr., t. 3, § 359; Duverger, Manuel des juges d'instruction, no 298; Cubain, de la Pr. devant les cours d'assises, no 307).—C'est ordinairement en étudiant les propres expressions du témoin que le juge pourra s'assurer du degré de confiance que mérite son témoignage.

32. La physionomie du témoin, son geste, son accent plus ou moins convaincu, serviront souvent de mesure à la valeur de ses affirmations, et pourront d'ailleurs, en une foule de circonstances, suppléer, pour la complète intelligence des faits, aux imperfections ou à l'insuffisance du langage oral. Le vœu de la loi est donc que le témoin fasse sa déposition avant qu'aucune interpellation lui soit adressée ; autrement il arriverait souvent que le témoin, par déférence pour le magistrat qui l'interroge, par faiblesse, quelquefois même par un faux sentiment d'amour-propre ou par le désir de terminer au plus vite sa déposition, se laisserait entraîner dans ses réponses, à des affirmations don les termes lui seraient, en quelque sorte, offerts par la question même, et dont son intelligence n'aurait compris ni le sens ni la portée.

33. Cependant si le témoin, abandonné à lui-même, se livrait, comme cela n'arrive que trop souvent, à des développe-

---

garde des sceaux, ministre de la justice, du 18 nov. 1837, et le réquisitoire ci-dessus de M. le procureur général du roi ; — Vu aussi l'art. 441 c. inst. crim.; — Attendu que le second conseil de guerre permanent de la seizième division militaire avait été, par ordre du commandant de cette division, convoqué pour procéder au jugement de sieur de Saint-Amans, officier d'administration comptable, accusé de malversations ; — Que le sieur Bourgeois, sous-intendant militaire, n'était point partie dans ce procès ; — Que c'était comme témoin qu'il avait été appelé devant le conseil de guerre ; — Qu'aucune instruction n'avait été dirigée contre lui ; — Que ni sa déposition, ni la part qu'il avait prise aux débats n'avaient été l'objet d'aucune réquisition soit du capitaine rapporteur, soit du commissaire du roi ;

Que cependant, après avoir déclaré que le sieur de Saint-Amans était acquitté de l'accusation portée contre lui, le conseil de guerre, par une disposition particulière de son jugement, a exprimé un blâme sévère de la partialité que le sieur Bourgeois, sous-intendant militaire, avait montrée dans toute cette affaire ; — Que celui-ci a été frappé de cette condamnation sans avoir été entendu, et sans qu'il ait été mis en situation de se défendre ; — Attendu qu'aucune loi ne conférait au conseil de guerre le droit de blâmer par jugement un témoin

appelé devant lui, et qu'en le faisant il a commis un véritable excès de pouvoir. — Casse.

Du 16 déc. 1837.—C. C., ch. cr.,—MM. de Bastard, pr.-Bresson, rap.

(1) (Blanchard C. min. pub.) — Le tribunal ; — Attendu que le citoyen Michel, officier de santé , n'ayant point été assigné par l'accusé, comme témoin à sa décharge, mais seulement pour combattre le rapport des officiers de santé, le tribunal criminel avait eu raison de ne pas admettre cette discussion, sauf à l'accusé à employer, si bon lui semblait, le citoyen Michel ou tous autres pour sa défense ; — Rejette.

Du 17 germ. an 9.–C.C. sect. cr.-MM. Seignette, pr.,-Chasle, rap.

(2) (Olivieri.) — La cour ; — Attendu que les témoins soit à charge, soit à décharge des prévenus ne doivent déclarer les faits qui sont à leur connaissance, et que, par conséquent, la cour de justice criminelle du Trasimène n'a violé aucune loi en se refusant d'entendre comme témoin à décharge le sieur Cerrotti, médecin, qui protestait de n'être que le défenseur physique du condamné, d'autant plus qu'elle l'a entendu en la qualité, dans laquelle il s'était présenté, de défenseur, de sorte que ladite cour de justice criminelle a pu apprécier les moyens de défense proposés par lui ; — Rejette.

Du 18 oct. 1810.-C. C., sect. crim.-MM. Barris, pr.-Benvenuti, rap.

ments sans fin qui fussent tout à fait étrangère à l'objet du débat, ce serait trop exiger que de prétendre qu'il doive être écouté sans interruption ; le président pourra et devra, en de telles circonstances, circonscrire la déposition dans de justes limites, en précisant à ce témoin les faits sur lesquels il doit s'expliquer. Il en devra être ainsi particulièrement alors que certains faits se trouvant suffisamment établis, il y a lieu de restreindre, en vue d'abréger le débat, les développemens inutiles que les témoins pourraient donner ultérieurement sur ces mêmes faits. — C'est ainsi qu'il a été décidé que le président d'une cour d'assises, en invitant un témoin à passer légèrement sur les circonstances du crime avoué par l'accusé, ne fait que se conformer à l'obligation qui lui est imposée par l'art. 270 c. instr. crim.; on ne peut demander la cassation sous le prétexte que la liberté de la déposition n'aurait pas été entière (Cr. rej., 13 mars 1828) (1).

34. Mais s'il est vrai qu'en thèse générale, et sauf les cas où il y a opportunité d'abréger le débat, on ne doive pas substituer à un témoignage spontané la forme d'un interrogatoire, les questions que le magistrat peut adresser à un témoin, après que celui-ci a achevé sa déposition, ne sauraient avoir les mêmes inconvénients ; elles peuvent, surtout en matière criminelle, aider puissamment à la découverte de la vérité, pourvu qu'elles n'aient pas un caractère suggestif. Il y a presque toujours en matière criminelle, dans les faits qui servent de base à une accusation, des circonstances insignifiantes en apparence, sur lesquelles les témoins omettent de s'expliquer, quoiqu'elles aient une grande valeur. Les circonstances de temps et de lieu ont leur importance, et il est rare que les témoins les déterminent avec précision. L'interrogatoire du magistrat a cet avantage qu'en appelant successivement l'attention du témoin sur chaque partie de la déclaration, il dégage les faits essentiels des obscurités d'une narration souvent confuse ; qu'il force le témoin à s'expliquer sur les détails qu'il a pu négliger, et que sa déclaration devenant plus nette, plus circonstanciée, plus complète, acquiert ainsi un degré d'exactitude qui lui donne une tout autre valeur. Les questions adressées au témoin peuvent être aussi d'un grand secours lorsqu'il y a lieu de soupçonner que ce témoin ne dit pas la vérité. Si l'interrogatoire est conduit avec sagacité par le magistrat, rarement le mensonge pourra résister à cette épreuve, le faux témoin, pressé de questions dont il n'apercevra pas le but, évitera d'y répondre directement, et finira presque toujours par varier dans ses déclarations. Il est, du reste, admis sans difficulté qu'en toute matière le témoin peut être interpellé, non-seulement sur les faits et circonstances pour lesquels il a été expressément cité, mais sur tous ceux qui appartiennent à la cause dans laquelle il est appelé en témoignage.

35. Les témoins doivent déposer *oralement*; bien que cette règle ne se trouve formellement exprimée qu'au code d'instruction criminelle, au chapitre relatif à la procédure devant la cour d'assises (c. instr. crim., 317), elle n'en doit pas moins être rigoureusement observée devant toutes les juridictions (M. Berriat St.-Prix, de l'instr. écrite, 1re partie, no 289 et suiv.). Une déclaration écrite, préparée et méditée d'avance, par cela seul qu'elle aurait été arrangée avec réflexion, n'aurait pas le caractère de spontanéité qui doit faire considérer un témoignage comme l'expression de la vérité : *testes qui non viva voce sed in scriptis deposuerunt nihil probant; judex debet testem videre, audire et loqui* (L. 3, D., *De testibus*). — Tout témoignage qui ne serait pas oral devrait donc être rejeté. (Conf. MM. F. Hélie, Tr. de l'inst. crim., t. 3, § 353, no 6; Duverger, Man. des juges d'inst., no 296; Cubain, Pr. devant la cour d'assises, no 506). Sauf, toutefois, à excepter de l'obligation du témoignage oral les

princes et hauts fonctionnaires que la loi autorise à déposer par écrit (V. *infrà*); ou ceux qu'une infirmité naturelle ou accidentelle a privé de l'usage de la parole. — A part ces exceptions, l'obligation de témoigner oralement est tellement de rigueur qu'en général le témoin ne pourrait même recourir à de simples notes pour aider sa mémoire; car ces notes auraient pour effet de le guider dans une voie tracée à l'avance (MM. Hélie et Cubain, *loc. cit.*). — Il a été jugé en ce sens que, dans le cas où il est reconnu qu'un témoin, en faisant sa déposition, s'est aidé de notes écrites qu'il avait placées au fond de son chapeau, la cour d'assises procède régulièrement en ordonnant que ces notes seront jointes au dossier, et en faisant recommencer au témoin sa déposition orale (Crim. rej., 12 avr. 1839) (1).

36. Cependant il a été admis que, dans quelques affaires spéciales où les témoins auraient à déposer sur des questions de chiffres, l'usage des notes pourrait être toléré comme étant en quelque sorte indispensable (M. Hélie, *eod.*). C'est ainsi qu'il a été jugé : — 1o Que le témoin qui, dans sa déposition, fait usage de notes écrites, relatives, par exemple, à la confection d'un rapport dont il a été chargé en qualité d'expert (de médecin), ne contrevient pas à l'art. 317 c. instr. (crim. rej. 20 mars 1851, aff. Andreux, D. P. 51. 5. 313) ; — 2o Qu'en tous cas, dans un procès criminel, l'usage que fait un témoin, dans sa déposition, de quelques notes écrites pour préciser sa mémoire par des dates, ne peut être une cause de nullité, alors surtout que cet usage a eu lieu du consentement de l'accusé ou de son défenseur (Cr. rej., 24 sept. 1824, MM. Portalis, pr., Brière, rap., aff. Lacoste).

37. Les témoins déposent sans armes ; cette règle, bien qu'elle ne soit écrite nulle part dans nos codes, existait sous l'ancienne jurisprudence et a passé dans nos traditions judiciaires : « les témoins, dit Jousse, t. 2, p. 86, doivent ôter leurs épées avant de déposer ; » c'est un signe de déférence envers la justice, une abdication de la force devant son autorité morale. Cette règle, toutefois, n'est pas d'une rigueur absolue, et, dans tous les cas, son inobservation ne pourrait être un motif de nullité (MM. F. Hélie, Tr. de l'inst. cr., t. 3, § 353, no 6 ; Duverger, Man. des juges d'instr., no 287).

38. Ils doivent déposer avec le respect dû à la justice; dans les cas où ils y manqueraient ce devoir, il appartiendrait au juge de les contenir avec fermeté dans les bornes des convenances. Cependant quelques témoins peuvent, sans intention d'irrévérence, apporter devant le juge une certaine grossièreté de tenue et de langage qui est le résultat de leur éducation et de leurs habitudes. Une sévérité excessive à l'excès serait en ce cas hors de propos : elle pourrait gêner leurs dépositions et nuire à la manifestation de la vérité (M. Duverger, *eod.*). D'autres témoins sont intimidés en présence de la justice et peuvent se troubler ; le juge doit les encourager en leur parlant avec douceur et bienveillance (*eod.*).

CHAP. 3. — Dispenses de témoigner : Avocat, Avoué, Notaire, Médecin, Confesseur.

39. En principe, toute personne appelée en justice, pour déposer d'un fait à sa connaissance, doit son témoignage (V. Merlin, Rép., vo Témoins judiciaires, § 3). Il en est ainsi non-seulement dans les matières criminelles, mais même dans les affaires civiles, où la société, quoique moins directement intéressée dans ses conditions d'existence, a cependant une haute et indispensable mission à remplir, celle de rendre à chacun ce qui lui appartient, *suum cuique tribuere*. — L'administration de la justice, ce premier besoin des sociétés, n'est possible qu'autant que le juge est éclairé sur les faits qui doivent servir de base à ses

---

(1) (Lyon C. Min. pub.) — La cour ; — Attendu que le président de la cour d'assises en invitant le témoin Lemercier à passer légèrement sur une circonstance qui avait perdu toute son importance par les aveux de l'accusé, n'a violé aucun article de loi prescrite sous peine de nullité, et qu'en agissant ainsi, il a rempli le devoir que lui impose l'art. 270 c. inst. crim. de rejeter tout ce qui tendrait à prolonger les débats sans donner lieu d'espérer plus de certitude dans les résultats ; — Rejette.

Du 15 mars 1828.-C. C., ch. crim.-MM. Bailly, pr.-Gaillard, rap

(2) (Breton, etc., C. min. pub.) — La cour; — ...Attendu qu'en admettant, comme l'ont soutenu les défenseurs et malgré les dénégations du ministère public et du témoin Edard, que celui-ci, en commençant sa déposition, se fût aidé d'une note placée au fond de son chapeau, la cour a ordonné qu'après le dépôt de cette note, qu'il a été joint aux pièces du procès, le témoin recommencerait sa déposition ; qu'il l'a en effet recommencée, et qu'elle a été entièrement orale ; qu'ainsi il a été satisfait à ce que prescrit l'art. 317 c. inst. crim. ; — Rejette.

Du 12 avr.1839.-C. C., ch. crim.-MM. Bastard, pr.-Gartempe fils, r.

décisions. D'ailleurs, la vérité est un bien commun à tous, et nul, par conséquent, n'a le droit de taire ce qu'il sait, quand la société l'interroge dans un intérêt général. Le témoignage en justice est donc un service public dont il n'est pas permis de s'affranchir; et c'est pour ce motif que la loi prononce des peines contre tout témoin cité en justice qui s'abstiendrait de comparaître sans excuse légitime, ou qui refuserait de porter témoignage (V. nos 302 et suiv., 343 et suiv.).

40. Remarquons toutefois que l'obligation pour les personnes appelées comme témoins de comparaître et de déposer devant les juridictions que la loi a instituées pour l'administration de la justice proprement dite, ne serait pas applicable devant les juridictions purement disciplinaires, telles que les chambres de discipline des notaires, avoués, etc.; car ces juridictions, bien qu'elles soient d'institution légale, n'obligent que les personnes qui, comme exerçant certaines fonctions, en sont particulièrement justiciables; leur autorité ne pourrait s'étendre à d'autres personnes qui seraient appelées comme témoins, ni, par conséquent, avoir pour celles-ci un caractère obligatoire.— Il a été décidé en ce sens : 1° que le droit d'appeler des témoins, de les obliger à comparaître et à déclarer, sous la foi du serment, les faits dont ils ont connaissance, et qui ont rapport à une plainte portée contre un notaire, est exercé par les chambres de discipline des notaires (décision du garde des sceaux, 20 nov. 1857) (1);—2° Que lorsqu'une chambre de discipline ou le rapporteur chargé de recueillir des renseignements, juge à propos de procéder à une enquête, la comparution des témoins appelés est entièrement volontaire, et que leur déposition ne peut, par conséquent, être soumise à la formalité du serment (même décision).

41. Mais s'il est vrai qu'en thèse générale, devant les juridictions ordinaires, tout citoyen doive son témoignage sur les faits dont il a connaissance, ce devoir souffre exception en certains cas. — On a généralement puisé dans l'art. 378 c. pén. une exception à l'obligation de déposer, en faveur des avocats, avoués, notaires, confesseurs, chirurgiens, sages-femmes, médecins, et de toutes personnes dépositaires par état des secrets d'autrui : mais cette interprétation nous semble avoir mal saisi l'esprit de cet article, dont l'objet, indiqué par la place qu'il occupe, n'a eu pour but que de prévenir les révélations indiscrètes (Motifs d'un arrêt 23 juill. 1850, aff. Cressent, V. n° 46). — Quant à l'exception, elle doit être admise sans doute ; mais elle se puise uniquement dans la loyauté, dans l'honneur, dans les lois saintes de la conscience, dont les traditions, surnageant au-dessus des exigences de quelques textes du droit commun, ont pris place dans la jurisprudence (Conf. M. F. Hélie, Tr. de l'inst. crim., t. 5, § 337, p. 563).

42. Sous l'ancien droit, la dispense de témoigner était universellement reconnue à l'égard des avocats et des procureurs (V. Jousse, Législation crimin., t. 2, p. 457, § 6, n° 57; Serpillon, Code crimin., t. 1, p. 429; Rousseaud de Lacombe, Matières crimin., p. 260; Muyart de Vouglans, Lois crimin., t. 2, p. 283; Pothier, Proc. crim., sect. 2, art. 5, § 2; Denisart, v° Témoin, n° 5; Merlin, Rép., v° Témoin judic.; Bourguignon, Manuel d'inst. crim., t. 1, p. 252 ; Desquiron, de la Preuve par témoins, p. 210).—En ce qui concerne les avocats, elle était consacrée par la loi romaine en ces termes : *Mandatis cavetur, ut præsides attendant, ne patroni in causa, cui patrocinium præstiterunt testimonium dicant* (L. 25 D. *de testibus*). — Relativement aux procureurs, d'Argentré, cité par Merlin, Rép., v° Déposition, s'exprime ainsi : *Ego quidem scio procuratores nusquam admitti pro his partibus pro quibus intercedunt, contra plerumque, sed tamen non de his quæ in arcano consilii sunt*

credita, sed quæ extrinsecus perceperunt. — Cette dispense de témoignage peut être considérée comme une mesure d'ordre public ; elle a sa base dans ce principe éminemment social que le droit de défense, sans lequel nulle justice ne saurait exister, doit être garanti contre toute atteinte. Or le droit de défense serait anéanti du jour où il serait admis que le juge pourrait s'interposer entre le client et son défenseur pour arracher de ce dernier les aveux qu'il a reçus sous le sceau du secret. C'est là, du reste, un principe admis aujourd'hui sans nulle contestation, et sur lequel tous les auteurs sont unanimes. — C'est ainsi qu'il a été jugé : 1° qu'un avocat appelé dans un procès criminel, pour déposer sur un fait, peut en être dispensé sur son refus de le faire, fondé sur ce que ce fait n'est parvenu à sa connaissance qu'à raison de son ministère (C. d'ass. de Rouen, 9 juin 1825, aff. Bertrand, V. Avocat, n° 505; Crim. rej. 14 sept. 1827, aff. Jouberjon, V. Avocat, n° 507; 23 juill. 1850, motifs, aff. Cressent, n° 46); — 2° Qu'il peut, avant de prêter serment, déclarer qu'il ne se considère pas comme obligé à divulguer les faits parvenus ainsi à sa connaissance, sans que les juges puissent le condamner à une amende pour refus de serment sans cette déclaration (Crim. rej. 20 janv. 1826, aff. Sourbé v° Avocat n° 505; C. d'ass. de Rouen, 9 juin 1825, aff. Bertrand, *eod.*; Rouen, 7 mars 1855, aff. Maubert, motifs, v° Avocat, n° 557); — 5° Que l'avoué qui affirme n'avoir donné des conseils à des parties, lors de la rédaction de conventions intervenues entre elles, qu'en qualité d'officier public et non en qualité d'ami, est en droit, bien qu'il s'agisse d'un acte pour lequel son ministère n'était pas exigé, de refuser de déposer sur les faits relatifs à ces conventions (Paris, 5 avr. 1851, aff. Dargère. D. P. 52. 2. 126.—V. aussi v° Avocat, nos 500 et suiv. ; Avoué, n° 106; Enquête, n° 261; Révélat. de secrets, nos 9 et suiv.

43. Toutefois, l'intérêt de la justice commande ici une certaine limite, et les arrêts que nous venons de citer nous paraissent aller trop loin en autorisant le refus de déposer, à raison de la seule circonstance que les faits sont parvenus à la connaissance du témoin dans l'exercice de sa profession. En effet, si l'art. 378 interdit d'une manière absolue la révélation spontanée et indiscrète du fait communiqué, cela s'explique parce que nulle considération d'ordre public n'entre en balance avec le préjudice moral ou matériel produit par la révélation d'un fait dont la communication au révélateur est réputée n'avoir pas été volontaire ; ici l'intérêt privé seul est en cause. Mais lorsqu'il s'agit de l'intérêt de la justice, c'est-à-dire d'un intérêt social, la solution ne peut plus être la même. Le témoin appelé à déposer ne peut s'y refuser sous le seul prétexte qu'il s'agit d'un fait dont sa profession nécessitait la confidence ; il ne le peut que si ce fait a un caractère essentiellement confidentiel, comme celui déclaré au prêtre dans la confession. La dispense de déposer en justice ne peut pas être un privilège de profession. Il faut donc que le témoin affirme, d'une part, qu'il n'a appris le fait qu'à cause de sa profession, qui l'en rendait le confident forcé, et, d'autre part, que le secret lui a été demandé, ou au moins, que le fait a été à ses yeux d'une nature confidentielle, appréciation qui n'appartient qu'au témoin, et qu'il puise dans les inspirations de sa conscience. — Cette distinction a été consacrée par la cour de cassation, conformément aux observations présentées devant la chambre criminelle par M. le conseiller Faustin Hélie (Conf. M. F. Hélie, Instr. crim., § 537, n° 4). — Ainsi, il a été jugé : 1° Qu'aucune profession, pas même celles qui obligent au secret, aux termes de l'art. 378 c. pén., ne dispense d'une manière absolue de l'obligation de déposer en justice; que, par suite, celui qui exerce une de ces professions ne peut se refuser à déposer sur un fait, par le seul motif qu'il

(1) Voici cette décision :—« Le président de la chambre de discipline des notaires de l'arrondissement de Roanne demande si, lorsqu'elle est appelée à statuer sur une plainte portée contre un notaire, cette chambre a le droit d'exiger le serment des témoins qu'elle croit devoir entendre pour vérifier un point de fait.— La négative n'est pas douteuse. Le droit d'appeler des témoins, de les obliger à comparaître et à déclarer, sous la foi du serment, les faits dont ils ont connaissance, est un droit de juridiction qui n'appartient qu'aux tribunaux. Ce droit ne peut, sous aucun rapport, être exercé par les chambres de notaires. Leur juridiction, toute de discipline intérieure et de famille, ne leur donne point d'auto-

rité sur les personnes étrangères à la corporation. Il n'existe d'ailleurs, ni dans la loi du 25 vent. an 11, ni dans l'arrêté du 2 niv. an 12, aucune disposition qui leur attribue le droit de faire comparaître des témoins. — Lorsqu'une chambre de discipline, ou le rapporteur chargé de recueillir des renseignements, juge à propos de procéder à une enquête, la comparution des témoins appelés est entièrement volontaire ; et leur déposition, qui ne perd pas le caractère d'un simple renseignement, ne peut, par conséquent, être soumise à la formalité du serment.

Du 20 nov. 1857.—Décis. du garde des sceaux.

n'est venu à sa connaissance que dans l'exercice de sa profession; il faut qu'il lui ait été confidentiellement communiqué, ou que le fait soit confidentiel par sa nature (Crim. rej. 20 juill. 1845, aff. Saint-Pair, D. P. 45. 1. 340; 10 juin 1853, aff. Lamarre, D. P. 53. 1. 205); — 2° Que toute personne appelée en témoignage doit déclarer tous les faits à sa connaissance, sauf seule restriction qu'imposent au témoin, dans un intérêt d'ordre public, la loi et les devoirs de sa profession; — Et qu'à cet égard, il ne suffit pas, pour que le témoin puisse et doive ne pas déposer, qu'il s'agisse d'un fait arrivé à sa connaissance, à l'occasion ou dans l'exercice de sa profession; il faut que ce témoin juge, *par une appréciation placée dans le domaine de sa conscience*, que le fait dont il a reçu communication par état ou profession lui a été confié sous le sceau du secret; — Ainsi, le tribunal devant lequel des avocats et des avoués sont cités par un prévenu, comme témoins à décharge, peut décider qu'ils seront entendus « sur tous les faits à leur connaissance, sans autres restrictions que celles qu'ils jugeront leur être imposées par les devoirs de leur profession, à l'occasion des faits qui leur auraient été confiés sous le sceau du secret ou qui seraient de nature à exiger le secret : » il serait soutenu à tort, en cas pareil, notamment, par la partie civile, que la déposition de ces avocats et avoués ne doit être reçue que sur les faits qu'ils ont connus en dehors de l'exercice de leur ministère (Crim. rej. 6 janv. 1855, aff. Desouches-Touchard, D. P. 55. 1. 31). — En laissant à la conscience du témoin le soin d'apprécier la nature des confidences qui lui ont été faites, la cour fait une juste part aux intérêts de la justice ainsi qu'à cet autre intérêt social non moins important qui est le motif de la base des dispositions de l'art. 378 c. pén. — V. aussi v° Enquête, n° 261.

44. Au surplus, il est bien évident que rien ne dispenserait l'avocat ou l'avoué de révéler des faits dont il aurait eu connaissance en dehors de l'exercice de son ministère.—C'est ainsi qu'il a été jugé que dans un procès criminel, l'avoué du prévenu a pu être entendu comme témoin, malgré l'opposition de celui-ci, alors que la cour s'en est rapportée à sa conscience pour déposer des faits qui seraient parvenus à sa connaissance en dehors de ses fonctions (Crim. rej. 18 juin 1835) (1). — V. aussi Crim. rej. 14 sept. 1827, aff. Jouberjon, v° Avocat, n° 307; Aix, 26 fév. 1832, aff. Sansom, v° Avoué, n° 106; et les arrêts cités v° Enquête, n° 261.

45. D'après un arrêt, la dispense de déposer, reconnue aux

membres de l'ordre des avocats en raison de l'obligation professionnelle du secret, s'applique par identité de raisons aux avocats consultants et aux agréés près les tribunaux de commerce; —Par suite, un agréé, licencié en droit, consulté comme avocat et chargé de présenter une défense orale devant le tribunal de commerce, peut refuser son témoignage sur les faits qu'il affirme n'avoir connus que dans le secret du cabinet (Rouen, 17 déc, 1858, aff. Andrieux, D. P. 59. 2. 163).

46. La jurisprudence est moins formelle à l'égard des *notaires*; c'est qu'en effet le caractère de ces officiers publics, destinés à donner de l'authenticité aux actes, ne les met point, ne doit point les mettre communément dans le cas de recevoir des confidences qui exigent un secret aussi absolu. — Sous l'ancien droit, les auteurs, en général, dispensaient les notaires de porter témoignage dans les affaires qu'ils n'avaient connues que par le fait de leur charge (V. en ce sens Serpillon, t. 1, p. 448; Jousse, t. 2, p. 104; Rousseaud de Lacombe, Mat. crim., p. 190; Ferrières, v° Notaire); mais cette règle n'était point appliquée d'une manière constante. —Denisart enseigne que les notaires doivent déposer comme les autres témoins dans les affaires relatives aux actes qu'ils passent : « Il serait en effet bien extraordinaire, dit cet auteur, que les notaires, simples rédacteurs de la volonté des parties, fussent dispensés de rendre hommage à la vérité » (v° Notaire, n° 127). Le même auteur cite plusieurs arrêts du Parlement de Paris qui l'ont décidé ainsi, notamment un arrêt du 19 janvier 1743, rendu sur délibéré, conformément aux conclusions de M. l'avocat général Joly de Fleury, et un autre arrêt conforme de la grand'chambre du 6 fév. suivant (*ibid.*).

La controverse a continué dans notre droit nouveau. Ainsi M. Legraverend, t. 2, p. 261, enseigne que les notaires ne peuvent refuser leur témoignage.—Et il a été décidé, 1° Que les notaires ne sont pas au nombre des personnes contre lesquelles l'art. 378 c. pén. établit des peines pour avoir révélé, hors les cas où la loi les y oblige, les secrets dont ils ne sont dépositaires que par suite de leur état ou profession; les devoirs des notaires et les peines qu'ils peuvent encourir sont fixés par l'art. 23 de la loi du 25 ventôse an 11 (Crim. rej. 23 juill. 1830) (2); — 2° Qu'un notaire, légalement requis de déposer dans une affaire criminelle concernant un de ses clients, n'a pu, sans encourir la peine de l'art. 80 c. inst. crim., refuser de déposer, sous le prétexte que les faits sur lesquels son témoignage était demandé,

---

(1) (Bureau *C.* min. publ.) —**La cour**; —...Sur le deuxième moyen, résultant de ce que la cour d'assises aurait, nonobstant l'opposition du demandeur, entendu un témoin, qui, en sa qualité d'avoué de ce dernier, et sous le sceau de la confiance due à son ministère, aurait eu connaissance des faits sur lesquels il était appelé à déposer : — Attendu que l'arrêt incident qui a rejeté l'opposition du demandeur, a reconnu en principe la faculté qu'avait un avoué de ne pas déposer de faits qui lui auraient été révélés à ce titre; mais qu'il a admis la possibilité que le témoin eût été informé, en dehors de ses fonctions, de circonstances relatives à l'affaire, et qu'il s'est rapporté, à cet égard, à sa conscience; — Attendu que cet arrêt n'a rien de contraire à la loi, que le demandeur est, d'ailleurs, sans intérêt à l'attaquer; — Rejette. Du 18 juin 1835.-C. C., ch. crim.-MM. Bastard, pr.-Rocher, rap.

(2) *Espèce* :—(Cressent *C.* min. publ.)—M° Cressent, notaire à Argenteuil, cité une première fois chez le juge de paix de cette ville, agissant par délégation du juge d'instruction de Versailles, pour déposer au sujet d'une plainte en soustraction frauduleuse de 4,000 fr., imputée à la dame Noblet, qui avait déposé chez lui une somme de 3,800 fr., à peu près à l'époque du vol dénoncé, a déclaré qu'aux termes de l'art. 578 c. pén., il ne pouvait ni prêter serment, ni donner des renseignements sur sa qualité de notaire, sur ce qui s'est passé ou a pu se passer entre lui et ses clients. — Appelé une seconde fois devant le juge d'instruction de Versailles, M° Cressent a persisté dans son refus; — Le 4 mars 1830, ce juge a rendu, sur les conclusions du ministère public, une ordonnance ainsi conçue : « Attendu que M° Cressent a connaissance des faits imputés à la femme Noblet, puisque, dans le cas contraire, il n'aurait compromis, ni son honneur, ni les intérêts de sa cliente, en déposant qu'il était faux que la femme Noblet eût apporté de l'argent chez lui; qu'il s'est borné à refuser de déposer, par le motif que les faits n'étaient parvenus à sa connaissance qu'à cause de sa qualité de notaire; mais que l'art. 578 n'était pas applicable à l'espèce; qu'en effet, si la femme Noblet a porté de l'argent chez lui, il est impossible que ce notaire n'ait pas su que cet argent provenait de vol; et que, dès lors, comme fonctionnaire public, il était tenu d'en donner connaissance à la justice,

aux termes de l'art. 29 c. inst. crim.; — Condamne le notaire à 100 fr. d'amende pour refus de déposition, etc. »

Pourvoi de M° Cressent contre cette ordonnance, pour violation de l'art. 578 c. pén. — Arrêt.

La cour; — Attendu que l'art. 578 c. pén., qui établit des peines correctionnelles contre les médecins, chirurgiens et autres officiers de santé, les sages-femmes et toutes autres personnes dépositaires, par état ou profession des secrets qu'on leur confie, et qui, hors le cas où la loi les oblige à se porter dénonciateurs, auront révélé ces secrets, est placé sous la rubrique des calomnies, injures et révélations de secrets; qu'il a pour objet de punir les révélations indiscrètes inspirées par la méchanceté et le dessein de diffamer ou de nuire; mais qu'il ne s'ensuit pas que les personnes qui exercent ces professions, doivent être dispensées de faire à la justice la révélation des faits à leur connaissance, lorsqu'ils sont entendus comme témoins, et que, dans l'intérêt de l'ordre public, leurs dépositions sont jugées nécessaires pour parvenir à la découverte de la vérité; — Que les notaires ne sont pas compris dans cette désignation générale de l'article, toutes autres personnes, puisque leurs devoirs et les peines qu'ils peuvent encourir, en cas de violation en cette partie, sont fixés par l'art. 23 de la loi du 25 ventôse an 11, contenant organisation du notariat, loi spéciale en ce qui les concerne; que, d'après cet article, la défense qui leur est faite de délivrer expédition ni de donner connaissance des actes à d'autres qu'aux personnes intéressées en nom direct, héritiers ou ayants droit, est plutôt une défense de divulguer, qu'un secret absolu qui leur soit imposé, puisque, d'après cet article, ils sont tenus de délivrer des expéditions à des tiers en exécution des ordonnances du président du tribunal de première instance de leur arrondissement, et aussi sauf l'exécution des lois et règlements sur le droit d'enregistrement; — Que si quelques auteurs ont pensé que les notaires ne devaient point être interrogés ni entendus dans les enquêtes sur ce qui aurait été dit par les parties pour s'accorder sur les conditions des actes qu'ils ont reçus, opinion qui ne paraît fortifiée par aucun monument de jurisprudence, il ne s'agit toutefois, dans l'opinion de ces auteurs, que d'intérêts

n'étaient venus à sa connaissance qu'en qualité de notaire…, alors surtout qu'il n'était pas sommé de déposer sur des pourparlers ou des confidences qui lui auraient été faites comme notaire, mais sur des faits matériels, tels que celui de savoir si, à une certaine époque, une somme d'argent n'aurait pas été remise entre ses mains par un de ses clients, poursuivi pour avoir volé cette somme ; il se prévaudrait en vain de l'art. 378 c. pén. (même arrêt).

47. Mais MM. Carnot, c. pén., art. 378, notes, add. n° 3 ; Bourquignon, t. 2, p. 52 ; Rauter, t. 2, p. 105 ; Cubain, n° 461 ; F. Hélie, Tr. de l'instr. crim., t. 3, § 357, n° 5, placent les notaires parmi les dépositaires par état des secrets qu'on leur confie. Il a été décidé en ce sens : — 1° Qu'un notaire n'est pas tenu de déposer en justice des faits relatifs à une instance correctionnelle élevée entre deux particuliers, lorsqu'il déclare que c'est dans le secret de son étude que ces faits lui ont été révélés (Montpellier, 24 sept. 1827) (1) ; — 2° Qu'il n'est pas tenu de déposer des faits qui se sont passés dans son étude, et qui lui ont été révélés en sa qualité de notaire (Bordeaux, 16 juin 1833 (2) ; V. dans le même sens Crim. rej. 10 juin 1833, aff. Lamarre, D. P. 53. 1. 205). — A la rigueur, ces dernières décisions ne sont point absolument inconciliables avec celle qui précède. On a vu, en effet, que, dans l'espèce jugée par la cour de cassation, il s'agissait pour le notaire de déposer, non sur des confidences qu'il aurait reçues de ses clients, mais sur le fait matériel du dépôt d'une somme d'argent effectuée dans son étude, fait, d'ailleurs, qui ne se rattache pas essentiellement à son intimité, et qui ne semble pas de nature à exiger le secret. Dans les deux décisions qui viennent d'être rapportées, il s'agissait, au contraire, de confidences que l'officier public n'avait pu recevoir qu'en sa qualité de notaire. Or, ainsi que le fait observer M. Cubain (loc. cit.), les fonctions de notaire exigent aussi impérieusement que celles des avocats le respect du secret, et ces fonctions ont au même degré un caractère légal (V. aussi vᵒ Révélation de secrets, n° 14). — M. F. Hélie (loc. cit.) remarque avec raison que les fonctions de notaire diffèrent aujourd'hui sous quelques rapports de ce qu'elles étaient lors de la rédaction de la loi organique du notariat ; que les mœurs et les habitudes sociales les ont peu à peu étendues ; que les notaires ne sont plus seulement les rédacteurs des transactions civiles, mais qu'ils sont devenus les conseils habituels des familles, les dépositaires de leurs projets, de leurs embarras secrets, et que la divulgation des confidences qu'ils ont reçues pourrait, en certains cas, amener de graves perturbations dans les relations des particuliers.

48. Toutefois, la dispense de témoignage qu'on accorderait aux notaires ne doit être admise que sous la restriction déjà posée n° 43, c'est-à-dire que le notaire pourrait être assujetti à déposer même sur des faits dont il aurait eu connaissance dans l'exercice de ses fonctions, toutes les fois qu'ils ne lui auront pas été confiés sous le sceau du secret, et il ne serait dispensé de cette obligation que pour les communications qu'il aurait reçues de ses clients à titre de confidence (Conf. M. F. Hélie, loc. cit.). — Il a été jugé en ce sens qu'en admettant que les notaires soient au nombre des personnes comprises dans la disposition de l'art. 378) ne peut se refuser à déposer en justice sur un fait, tel, par exemple, que l'emploi d'une somme formant l'objet d'une obligation souscrite devant lui, en se bornant à alléguer qu'il ne l'a connu qu'en sa qualité de notaire et dans l'exercice de ses fonctions notariales ; il faut qu'il déclare, en outre, que ce fait lui a été communiqué confidentiellement (Crim. rej. 10 juin 1833, aff. Lamarre, D. P. 53. 1. 205).

49. La même obligation du secret existe dans les mêmes limites pour les médecins, chirurgiens, sages-femmes, officiers de santé. Il y a donc lieu de leur faire application des mêmes principes, c'est-à-dire qu'ils ne sont dispensés de déposer que relativement aux faits qui leur ont été confiés *dans l'exercice de leurs fonctions*, et *sous le sceau du secret*. Cette double condition est nécessaire (Conf. M. F. Hélie, t. 5, § 357, n° 2, p. 367).— D'une part, il a été décidé que les médecins et chirurgiens ne peuvent être obligés de révéler des faits qu'ils n'ont connus qu'à l'occasion de leur profession, et comme dépositaires **par état** des secrets à eux confiés (Grenoble, 23 août 1828) (3).

50. D'une autre part, il a été jugé, conformément aux res-

---

civils entre personnes privées, et qu'il n'en pourrait être rien induit en matière criminelle et contre l'action de la vindicte publique ; — Que, si les avocats et même les avoués sont dispensés de déposer des faits qui sont à leur connaissance, en leursdites qualités seulement, dans les procès de leurs clients, cette dispense exceptionnelle est une mesure d'ordre public établie par la jurisprudence en faveur du droit sacré de la défense qui prédomine tous les autres, et qui ne peut ni ne doit être étendue aux notaires dont la profession ne les appelle pas à exercer cette défense ;

Que, dans l'espèce particulière, le refus de Mᵉ Cressent, notaire, de déposer, lorsqu'il en était légalement requis par le juge d'instruction, était d'autant plus destitué de fondement, qu'il résulte de ses dires , de l'ordonnance attaquée et des réquisitions du ministère public qui la précèdent, qu'il n'était pas sommé de déposer sur des pourparlers, sur des confidences qui lui auraient été faites comme notaire, mais sur des faits matériels, sur l'apport d'une certaine somme d'argent qui aurait été apportée dans son étude, à une certaine époque, par un individu, objet d'une prévention qui nécessitait les poursuites du ministère public ; et que, dès lors, vu les refus réitérés de Mᵉ Cressent de déposer, le juge d'instruction de l'arrondissement de Versailles, en prononçant contre ledit Cressent une amende en conformité de l'art. 80 c. inst. crim., et qui n'excède pas le maximum fixé par ledit article, en a fait une juste application ; — Attendu, d'ailleurs, que ladite ordonnance a été rendue sur les conclusions du procureur du roi, et qu'elle est régulière en la forme ; — Rejette.
Du 25 juillet 1850.-C. C., ch. crim.-MM. Bastard, pr.-Brière, rap.
(1) *Espèce* – (Teyssier C. T…) – Teyssier, notaire, ayant été cité comme témoin devant le tribunal correctionnel, demande à être dispensé de faire sa déposition, par le motif que les faits sur lesquels il doit être interrogé lui ont été confiés en sa qualité de notaire et dans le secret de son étude. — Le plaignant et le ministère public s'opposent à cette demande, et le prévenu consent même à ce que Teyssier dépose de tous les faits qui pouvaient être venus à sa connaissance, de quelque manière que ce fût, le déliant au besoin du secret sous lequel il aurait pu lui confier ces faits. — Teyssier persiste dans son refus de déposer. — Jugement qui le condamne à l'amende.—Appel de Teyssier qui soutient que le consentement donné par les parties ne peut avoir la force de le délier d'une obligation qui se rattache à la nature de son ministère, et qu'on doit considérer par conséquent comme d'ordre public. — Arrêt.

LA COUR ; — Attendu qu'il résulte de la nature même de l'affaire élevée entre le sieur V… et le sieur T…, que c'est en qualité de notaire que Mᵉ Teyssier a eu connaissance des certains faits y relatifs ; que c'est en ce sens que doit être entendu ce qu'il a dit à l'audience du tribunal de première instance, où il a, d'ailleurs, formellement déclaré que c'était dans le secret de son étude que lesdits faits lui avaient été révélés ; que, dès lors , il n'était pas tenu de les déposer en justice, et que le jugement dont est appel doit être réformé ; — Réformant ledit jugement, relaxe Mᵉ Teyssier de toutes les condamnations prononcées contre lui, etc.
Du 24 sept. 1827.-C. de Montpellier.-M. Sicard, pr.
(2) (Otard C. Espinasse.) — LA COUR ; — Attendu que les faits sur lesquels Darieux est appelé à déposer, se sont passés dans son étude ; qu'ils lui ont été révélés en sa qualité de notaire, et qu'il ne pourrait, sans abus de confiance, divulguer le secret confié à sa discrétion ; que dès lors il y a lieu d'ordonner, sur sa demande formelle, que son témoignage ne soit pas admis ;
Du 16 juin 1833.-C. de Bordeaux, 1ʳᵉ ch.-M. Roullet, 1ᵉʳ pr.
(3) *Espèce :* — (Fournier C. dame Remusat). — La dame Remusat fondait sa demande en séparation de corps contre son mari, entre autres motifs, sur ce qu'il aurait été victime d'une maladie honteuse qui lui aurait été communiquée par son mari. — Jugement qui ordonne la preuve des faits articulés. — Au nombre des témoins produits se trouvait le docteur Fournier, qui fut assigné par la dame Remusat à l'effet de déposer qu'il l'avait traitée dans sa maladie, et rendre compte de tout ce qu'il savait à cet égard. — Mais ce médecin s'étant présenté devant le juge-commissaire, déclara que, d'après l'allégation de la dame Remusat, il n'aurait eu de relations avec elle que comme homme de l'art ; que, dès lors, le silence le plus absolu lui était imposé par les devoirs et les privilèges de sa profession et l'art. 378 c. pén.
La dame Remusat soutient que le principe dont se prévalait le docteur Fournier était ici sans application, parce qu'il ne s'agissait point d'une révélation de secret, faite à l'insu de la personne qui l'avait confié, mais, au contraire, d'une interpellation faite par cette même personne, dans son propre intérêt, et qui relèverait, en tant que de besoin, le médecin de l'obligation de garder le secret.
16 juin 1828, jugement qui accueille ces moyens et enjoint au docteur Fournier de déposer des faits dont il a connaissance. — Appel. — Arrêt.
LA COUR ; attendu que le refus du docteur Fournier, de déposer

trictions rappelées n°° 43, 48, que le chirurgien appelé à déposer sur une prévention de duel suivi de blessure est passible d'amende, s'il refuse de répondre parce qu'il n'a connu les causes de la blessure *qu'à raison de l'exercice de sa profession;* mais qu'il est un contraire fondé dans son refus de déposer lorsqu'il déclare sous la loi du serment qu'il a été secrètement introduit près du blessé, et que ce n'est que confidentiellement qu'il a été instruit des causes de la blessure (Crim. rej., 26 juill. 1845, aff. Saint-Pair, D. P. 45. 1. 340).

51. Le confesseur aussi se trouve dépositaire de secrets que la justice pourrait avoir intérêt à connaître. A-t-elle le droit de le forcer à les lui livrer? Aucune loi ne fait d'exception en sa faveur. Cependant il nous répugne de croire que l'on puisse en aucun cas forcer la conscience religieuse du confesseur, en le contraignant à révéler, au mépris de l'un des plus impérieux devoirs de son ministère, le secret de la confession. L'inquisition elle-même, que l'on sait ne s'être jamais montrée bien délicate sur les moyens de pénétrer dans les secrets de ceux qu'elle voulait faire considérer comme des ennemis de Dieu, l'inquisition, dans la 1561° règle de l'ordre, tenait pour principe que jamais, et dans aucun intérêt, le secret de la confession ne pouvait être violé. A supposer qu'on puisse admettre une dérogation à ce principe en faveur de l'intérêt de l'État, qu'un complot aurait

compromis, ce qui est au moins fort contestable, toujours est-il qu'à l'égard des crimes particuliers il faudrait maintenir cette obligation du secret dans toute son intégrité. — Il a été décidé en ce sens qu'un prêtre ne peut être tenu de déposer, ni même être interrogé en justice sur ce qui lui a été confié dans le secret de la confession (Crim. cass. 30 nov. 1810, aff. Laveyne, V. n° 52. — Conf. MM. Carnot, p. 667; Merlin, Rép., v° Témoin judiciaire, art. 6, § 1; Legraverend, t. 1, p. 257; F. Hélie, t. 5, § 337, n° 3; V. aussi v° Culte, n° 123). — Cette décision est conforme à la doctrine du président Favre, qui dit : *Sacerdos neque cogi potest à suo superiore ut confessioni sibi factam propalet et revelet; neque, si id faciat, fide ullâ dignus est, sive quod sit illicitum testimonium contra leges sacrosque canones datum, sive quod non sit credendus sacerdos scire tanquam homo quæ illi tanquam speciali christi optimi maximi vicario explicata sunt* (L. 4, tit. 15, *De testibus,* def. 38).

52. Qu'un prêtre soit tenu, comme tout citoyen, de déposer en justice des faits dont il aura eu connaissance par une autre voie que celle de la confession, c'est là ce qui, en thèse ordinaire, ne peut être l'objet d'un doute (V. en ce sens Legraverend, *loc. cit.;* Carnot, *ibid.* ; Crim. cass. 30 nov. 1810, motifs aff. Laveyne, ci-après au présent numéro).—Mais, en dehors de la généralité des termes de cette solution, peut se rencontrer le cas où un prêtre

---

sur les faits retenus par le jugement interlocutoire intervenu entre la dame Remusat et son mari, à l'occasion de la demande en séparation de corps de ladite dame Remusat, a été motivé sur les considérations les plus impératives ; — Attendu que le jugement précité avait pour objet la preuve de la communication d'une maladie par le mari à la femme, du traitement fait à celle-ci par des gens de l'art, du traitement fait au mari pour la même cause, etc., en sorte que le docteur Fournier était cité par la dame Remusat pour s'expliquer sur sa maladie secrète, sur une maladie dont il n'aurait pu avoir connaissance qu'en sa qualité de médecin, et par suite d'une confidence qui lui aurait imposé le devoir de ne point révéler le secret qui lui aurait été confié ;

Attendu qu'il est de principe, en effet, que toute personne dépositaire, par état ou profession, des secrets qui lui sont confiés, ne peut les révéler sans manquer d'une manière sensible à la morale, sans encourir punition ; que ce principe, qui repose sur les plus grands intérêts, a été professé par les auteurs les plus distingués et consacré par nombre d'arrêts ;

— Attendu que si cette personne est assignée pour déposer en justice, elle doit, ainsi que l'a fait le docteur Fournier, déclarer que sa conscience et sa profession ne lui permettent pas de s'expliquer sur des faits dont elle n'aurait été instruite que dans l'exercice de cette même profession, que par des confidences que l'honneur lui commandait de respecter ;

— Attendu que le devoir du silence doit être surtout rigoureusement observé lorsqu'il s'agit de médecins ou chirurgiens, de maladies dont la nature honteuse ne pourrait être publiée sans porter atteinte à la réputation des personnes et à l'honnêteté publique ;

Attendu qu'en portant sa pensée sur les révélations immorales et préjudiciables, le législateur a infligé des peines correctionnelles contre quiconque révélerait des secrets qui ne lui auraient été confiés que dans l'exercice de son état ou de sa profession ; l'art. 378 c. pén. dispose en effet que les médecins, chirurgiens et autres officiers de santé, ainsi que les pharmaciens, les sages-femmes, et toutes autres personnes dépositaires, par état ou par profession, des secrets qu'on leur confie, qui, hors le cas où la loi les oblige à se porter dénonciateurs (s'il s'agit du salut public), auront révélé ces secrets, seront punis d'amende et d'emprisonnement ; à l'appui de cet article, l'esprit du gouvernement disait qu'on devait considérer comme un délit grave, des révélations qui souvent ne tendent à rien moins qu'à compromettre la réputation de la personne dont le secret est trahi, à détruire en elle une confiance devenue plus nuisible qu'utile, à déterminer ceux qui se trouvent dans la même situation à mieux aimer être victimes de leur silence que de l'indiscrétion d'autrui, enfin, à ne montrer que des traîtres dans ceux dont l'état semble le devoir offrir que des êtres bienfaisants et de vrais consolateurs ;

Attendu que cette disposition de la loi, dictée par la morale, l'ordre public et l'honneur des familles, a été appliquée par la cour de cassation aux avocats dont on avait invoqué le témoignage ; elle aurait exprimé, dans un arrêt du 5 août 1816 (a) que toute confidence secrète faite à un avocat ne pouvait être révélée à la justice, sans trahir le secret du cabinet; dans un autre arrêt du 20 janv. 1826 (V. Avocat, n° 503), qu'un avocat qui a reçu des révélations qui lui ont été faites à raison de ses fonctions, ne pourrait, sans violer les droits spéciaux de sa profession et la foi due à ses clients, déposer de ce qu'il aurait appris de cette manière ; qu'il

(a) C'est sans doute d'un arrêt de la cour de Rouen, rendu à cette même date 5 août 1846, qu'on entend parler ici (V. Avocat, n° 506; Enquête, n° 261-2°).

n'est point obligé de déclarer comme témoin ce qu'il ne sait que comme avocat ; dans un autre arrêt du 22 fév. 1828 (V. Avocat, n° 505), que les avocats ne sont pas tenus de révéler ce qu'ils ont appris par une suite de la confiance qui leur a été accordée ; que c'est aux avocats appelés en témoignage à interroger leur conscience, à discerner ce qu'ils doivent dire de ce qu'ils doivent taire ;

Attendu qu'un arrêt de la même cour, à la date du 14 sept. 1827 (V. Avocat, n° 507), a validé la déposition d'un avocat appelé devant une cour d'assises, cela a été par le motif que la déposition de cet avocat ne portait que sur des faits qui étaient venus à sa connaissance, autrement que dans l'exercice de sa profession d'avocat;

Attendu qu'on ne peut contester que les médecins, les chirurgiens, appelés en témoignage, doivent, comme les avocats, comme toutes les personnes soumises à l'empire de la loi, déclarer à la justice tout ce qui est à leur connaissance, autrement que comme dépositaires, par état, des secrets confiés à l'occasion d'évènements extraordinaires, ou de maladies cachées, de maladies honteuses ; que c'est en ce sens qu'ils doivent interroger leur conscience, et ne faire que ce que la morale et les devoirs de leur état leur défendent de révéler ; que c'est en ce sens qu'ils peuvent concilier les exigences de la justice avec les obligations qu'imposent des professions aussi utiles qu'honorables ;

Attendu qu'il se serait agi, en l'espèce de secrets qui auraient été confiés au docteur Fournier, en sa qualité de médecin, et sur lesquels celui-ci, fort de sa conscience et des principes qui doivent diriger celui qui se dévoue au soulagement de ses semblables, en même temps qu'il est le confident des faiblesses humaines, aurait avec raison refusé de rendre témoignage ;

Attendu que les premiers juges ne pouvaient pas, pour enjoindre au docteur Fournier de déposer, s'étayer de la circonstance que c'est la dame Remusat elle-même qui invoque son témoignage ; — Attendu, en effet, que ce ne serait pas moins, de la part du docteur Fournier, trahir un secret important, un secret à la conservation duquel la femme et le mari étaient également intéressés ; — Attendu que le sieur Remusat aurait pu, de diverses manières, prendre part à la confidence faite par sa femme au médecin, et que, sous ce rapport, le secret de la dame Remusat aurait aussi été celui de son mari ; — Attendu, d'ailleurs, que la dame Remusat voulant faire déposer le docteur Fournier, même sur la maladie qu'elle reprocherait au sieur Remusat, cette circonstance serait encore exclusive de toute déposition empreinte de révélation ; — Attendu enfin que la loi, qui défend aux médecins, aux chirurgiens, de révéler les secrets qui leur sont confiés, ne faisant aucune espèce d'exception, il est évident que dans toutes les hypothèses, ce qui ne parvient à la connaissance des médecins et chirurgiens que par cette voie doit rester impénétrable ; — Attendu qu'il résulte de ce qui précède qu'en refusant de révéler un secret dont il n'aurait été dépositaire que par état, qu'en refusant de se livrer à un acte que sa conscience aurait réprouvé, et qui, d'ailleurs, aurait pu compromettre les intérêts d'un tiers qui n'aurait pas été étranger au secret, le docteur Fournier a donné la mesure de son respect pour la loi, pour la morale et l'ordre public; A mis l'appellation et ce dont est appel au néant, et par nouveau jugement déclare que le docteur Fournier, en tant que dépositaire de secrets à lui confiés, en sa qualité de médecin, est dispensé de déposer sur les faits retenus par le jugement interlocutoire du 11 mars 1828, intervenu entre les mariés Remusat, etc.

Du 25 août 1828.-C. de Grenoble, 2° ch.-M. Paganon, pr.

aurait reçu des aveux, non point précisément sous le sceau de la confession, mais dans l'exercice de son ministère et seulement en raison de son caractère de confesseur ; sera-t-il tenu de déposer sur des faits dont il n'a reçu la confidence que par suite de la confiance absolue qui lui a été accordée à ce titre ? — Cette question s'est présentée dans une espèce où, à la suite d'une confession interrompue, une personne avait demandé au prêtre si elle pouvait s'ouvrir à lui avec la même sécurité qu'en confession, et, sur sa réponse affirmative, l'avait chargé d'effectuer la restitution de certains objets volés. Ce prêtre, cité devant le juge d'instruction, avait positivement refusé de faire connaître cette personne, déclarant qu'il se croyait obligé en conscience de lui garder le secret. — Les révélations que le prêtre avait reçues dans de telles circonstances se liaient bien évidemment à l'acte de confession qui les avait précédées, ou plutôt, cet aveu d'un coupable versé dans le sein d'un prêtre qu'il chargeait de réparer son crime, était une véritable confession emportant obligation du secret au même degré que si elle avait eu le caractère sacramentel. — Il a été jugé en ce cas qu'un prêtre peut se dispenser de rendre témoignage en justice de faits qui lui ont été révélés hors de confession, mais par suite de confession et sous la foi de l'inviolabilité de cet acte religieux (Crim. cass., 30 nov. 1810) (1).

53. Le prêtre nous paraît même pouvoir refuser son témoignage dans tous les cas où les faits sur lesquels il serait appelé à déposer auront été portés à sa connaissance *par suite de l'exercice de ses fonctions sacerdotales*, quoique par une autre voie que la confession.—On ne pourrait en effet, sans offenser la religion et l'humanité, soutenir qu'un prêtre appelé pour porter des consolations religieuses à un homme blessé mortellement en exécutant un crime, doit faire connaître ce coupable à la justice (Conf. M. Cubain, *eod.*, n° 460). Qui oserait d'ailleurs soutenir que lorsque l'aumônier qui accompagne le condamné dans sa charrette quitte le pied de l'échafaud, le juge d'instruction puisse le faire venir dans son cabinet pour l'entendre sur les révélations que le condamné a pu lui faire même en dehors de la confession ? Qui oserait, en pareil cas, proposer à ce prêtre cette subtile distinction entre une simple confidence et une confession régulière ?.

54. Quant aux témoins qui ne se trouvent pas dans la classe des personnes qui peuvent être considérées comme dépositaires par état des secrets qu'on leur confie, ils sont tenus vis à-vis de la justice de déposer sur tous les faits venus à leurs connaissance, alors même que ces faits leur auraient été confiés sous le sceau du secret et qu'ils auraient prêté serment de ne pas les révéler (V. Serment ; Conf. Merlin, Quest., v° Témoin judic., § 6 ; Carnot, sur l'art. 378 c. pén., t. 2, p. 244, n° 3).—Il a été jugé en ce sens qu'un témoin ne peut être dispensé de déposer, sous le prétexte que les parties lui auraient fait quelques confidences sous le sceau du secret, à moins que la loi ne l'en dispense par son état ; que, dès lors, le jugement qui admet un individu qui ne se trouve pas dans les exceptions légales à ne déposer que sur *les choses qu'il ne tenait pas sous la foi du secret*, doit être annulé (Crim. cass. 8 mai 1828) (2). — V. aussi dans le même sens Sect. réun. 30 nov. 1820, aff. Madier de Montjau, v° Discipline n° 146). — Sans doute, le témoin peut se considérer comme obligé dans le for intérieur par le serment qu'il a prêté.

(1) *Espèce :*—(Laveine C. min. pub.) — Un vol considérable d'argent est commis au domicile du curé de Chièvres, département de Jemmapes. Pendant l'instruction, restitution de partie de la somme volée est faite par l'intermédiaire du prêtre Laveine, vicaire d'une paroisse de Mons. Le juge d'instruction fait aussitôt citer Laveine pour déposer comme témoin devant lui. — Le prêtre Laveine s'est présenté devant le juge instructeur ; mais il a déclaré ne pouvoir rien dire sur des révélations qui ne lui avaient été faites que comme confesseur et sous la foi sacerdotale. — Il est résulté, en effet, tant de sa déclaration que de celles d'autres témoins entendus, que la personne qui lui avait fait des révélations et lui avait remettre des sacs d'argent pour les restituer au curé de Chièvres, ne s'était présentée au prêtre Laveine qu'en sa qualité de confesseur, quoique ce prêtre se trouvât alors dans un lieu non consacré à la confession ; qu'elle n'avait voulu lui faire des révélations que dans le secret de cet acte religieux ; qu'elle avait commencé sa confession ; que le prêtre Laveine ne lui avait pas permis de la finir, parce qu'il ne lui avait pas cru les dispositions nécessaires ; mais qu'ultérieurement et après avoir demandé au prêtre Laveine si elle pouvait lui parler avec la même sécurité qu'en confession, et d'après la réponse affirmative de ce prêtre, elle avait continué de s'ouvrir à lui et l'avait chargé de restituer au curé de Chièvres une somme assez considérable.

Sur le refus du prêtre Laveine de déclarer à la justice le sexe et le nom de la personne qui l'avait chargé de la restitution, M. le procureur général de la cour de justice criminelle de Jemmapes requit « qu'il plût à la cour déclarer que le prêtre Laveine devait à la justice révélation entière des faits qui sont parvenus à sa connaissance lors de la confession, nommément de la personne qui l'avait chargé de la restitution dont il s'agissait, et lui ordonner d'ainsi le faire devant le juge désigné. » — Pourvoi de la cour de Jemmapes , attendu que de tout fait confié sous tout autre secret que celui de la confession sacramentelle, il est dû révélation à la justice quand elle l'ordonne pour le bien de l'administration d'icelle.

Pourvoi pour violation de l'art. 1 du concordat du 26 mess. an 9 et de l'art. 9 de la loi organique du 18 germ. an 10.

M. Merlin, procureur général, n'a combattu le système du demandeur que dans l'application du principe de l'inviolabilité de la confession à des révélations faites au prêtre Laveine hors de la confession, c'est-à-dire après que celui-ci eut, comme confesseur, interrompu sa confession, et l'eut empêché de continuer la confession commencée. — Ce magistrat a bien reconnu qu'un confesseur ne peut être contraint de rendre témoignage en justice de faits dont la connaissance ne lui est parvenue qu'au tribunal de la pénitence ; mais il a observé que, hors ce cas, un prêtre était tenu, comme tout autre citoyen, de révéler complètement à la justice les faits et les circonstances d'un délit qu'il peut connaître. — Il a reproduit la distinction entre ce qui a été dit en confession et ce qui a pu être révélé au prêtre Laveine après l'interruption de la confession ; et appliquant à cette dernière partie des révélations faites à ce prêtre la règle générale que tout particulier est tenu de rendre hommage à la vérité quand il en est légalement requis, M. le procureur général a pensé que la cour de justice criminelle avait pu enjoindre au prêtre Laveine de déposer ce qu'il avait pu apprendre par ces révélations. — Arrêt.

LA COUR : — Vu les art. 1 et suiv. du concordat du 26 mess. an 9 et la loi du 18 germ. an 10 ; — Et attendu qu'il en résulte que la religion catholique est placée sous la protection du gouvernement ; que ce qui tient nécessairement à son exercice doit conséquemment être respecté et maintenu ; que la confession tient essentiellement au rite de cette religion ; qu'elle cesserait d'être pratiquée dès l'instant où son inviolabilité cesserait d'être assurée ; que les magistrats doivent donc respecter et faire respecter le secret de la confession, et qu'un prêtre ne peut être tenu de déposer ni même être interrogé sur les révélations qu'il a reçues dans cet acte de sa religion ; — Que, sans doute, les prêtres sont soumis, comme les autres citoyens, à l'obligation de rendre témoignage en justice des faits venus à leur connaissance, lorsque cette connaissance leur est parvenue autrement que par la confiance nécessaire de la confession ; qu'il n'est pas dû, à cet égard, plus de privilège à la foi sacerdotale qu'à la foi naturelle ; mais que ce principe général ne peut être appliqué à l'espèce sur laquelle il a été prononcé par la cour de justice criminelle du département de Jemmapes ; — Que dans cette espèce, en effet, si la révélation faite au prêtre Laveine n'a pas eu lieu dans un acte religieux et sacramentel de confession, elle n'a été déterminée que par le secret dont il a dû à cet acte ; que c'est dans cet acte, et sous la foi de son inviolabilité, que le révélant a voulu faire sa révélation ; que , de son côté, le prêtre Laveine a cru la recevoir sous la foi et l'obligation de cette inviolabilité ; que la bonne foi et la confiance de l'un et de l'autre ne peuvent être trompées par une forme qui, n'étant relative qu'à l'effet sacramentel de la confession, ne peut en anéantir les obligations extérieures et civiles ; — Qu'une décision contraire dans cette espèce, en ébranlant la confiance qui est due à la confession religieuse, nuirait essentiellement à la pratique de cet acte de la religion catholique, qui serait conséquemment en opposition avec les lois qui en protègent l'exercice, et qui sont ci-dessus citées ; qu'elle blesserait, d'ailleurs, la morale et l'intérêt de la société ; - Casse, etc.

Du 30 nov. 1810.-C. C., sect. crim. -MM. Barris, pr.-Vasse, rap.

(2) *Espèce*.—(Intérêt de la loi.—Aff. d'Auterive.)—Le procureur général expose, etc.—« Les nommés Ferragut et Bringuier furent cités à comparaître, le 15 fév. dernier, devant le tribunal correctionnel d'Espalion , comme prévenus , l'un de coups et blessures volontaires , l'autre de rébellion envers les agents de la force publique. — Au nombre des témoins produits par le ministère public, se trouvait un sieur d'Auterive. Ce témoin prêta, comme les autres, serment de dire toute la vérité, rien que la vérité ; cependant , après avoir prêté ce serment , il déclara « que les parties lui avaient fait quelques confidences sous le sceau du secret, et comme homme d'honneur, il ne pouvait pas manquer à la parole qu'il avait donnée. » — Le ministère public conclut à ce que le tribunal ordonnât que le témoin déposerait sur tout ce qui était à sa connaissance. —Mais le tribunal ordonna seulement « que le témoin ferait sa déclaration sur les faits qui étaient à sa connaissance, et qu'il ne tenait pas sous la foi du secret. » — C'est cette disposition du jugement

Un secret, en effet, est une dette sacrée envers celui qui en fait la confidence : le trahir, c'est fouler aux pieds les saintes lois de la conscience et de l'honneur. Il arrivera peut-être alors que celui qui refusera de révéler ce qu'il sait sera condamné ; mais c'est là un malheur auquel il s'est exposé lorsqu'il a consenti à recevoir les confidences de l'amitié (V. v⁰ Dépôt et séquestre, n° 4).

55. Mais les motifs d'ordre social et d'honnêteté publique qui ont fait admettre par la jurisprudence les dispenses de témoignages dont il a été déjà parlé commandent une semblable exception à l'égard du témoignage qui serait relatif à des faits dont on n'aurait eu connaissance que par suite de l'exercice d'une autorité disciplinaire. — Les diverses juridictions de discipline reconnues par la loi, comme celle qui appartient aux évêques dans l'ordre ecclésiastique, comme celles qui existent dans le corps de la magistrature, dans l'ordre des avocats, parmi les avoués, notaires et autres officiers publics, sont des pouvoirs dont l'exercice est indépendant des juridictions ordinaires.—Il est de la nature de ces sortes de juridictions de s'exercer en secret et pour ainsi dire en famille, et les renseignements et informations qu'elles sont obligées de recueillir ne sont le plus souvent obtenues des tiers que sous la promesse d'une discrétion inviolable. L'exercice de ces juridictions serait donc impossible si ceux qui en sont investis étaient tenus de révéler aux juges ordinaires le résultat de semblables informations. — V. Culte n⁰ˢ 125 et 126. — *Contrà*, M. F. Hélie, t. 5, § 357, n° 3.

56. On devrait décider de même que, dans un ordre de fonctions d'un plus fréquent usage, le magistrat est tenu de refuser son témoignage sur certains faits qu'il n'aurait connus qu'à l'occasion de l'exercice de ces mêmes fonctions. Quel pouvoir, par exemple, viendrait demander au président du tribunal civil de dévoiler les faits, quelquefois très-graves, qu'il aurait appris dans la comparution des époux, préliminaire de l'instance en séparation de corps (V. Amiens, 30 mars 1822, aff. Portebois, v° Enquête, n° 262)? — A plus forte raison en serait-il de même des motifs de l'arrestation qu'il aurait ordonnée de l'enfant détenu par voie de correction domestique, motifs qui souvent seraient de nature à tomber dans le domaine des lois répressives (motifs, Angers, 31 mai 1841, aff. évêque d'Angers, V. Culte n° 126).

57. Le juge de paix, dans ses fonctions de conciliateur, est souvent dépositaire forcé de l'honneur et des secrets des familles; pourra-t-il être tenu de révéler ce qui n'est venu à sa connaissance que par suite de la confiance qui lui a été accordée à ce titre? — Il nous semble que les mêmes motifs qui ont fait consacrer par la jurisprudence les diverses dispenses de témoignage dont nous venons de parler, doivent s'étendre aux confidences que le juge de paix reçoit comme conciliateur, et que rien n'en saurait autoriser la divulgation ; en décider autrement serait aller contre le but de sa mission conciliatrice, car la confiance des parties se retirerait de lui dès l'instant où elles ne se croiraient point assurées d'une discrétion absolue.

58. Les juges et officiers du ministère public qui acquièrent, pendant les débats d'une affaire, des notions sur certains faits étrangers à cette affaire, peuvent-ils être cités pour déposer comme témoins sur ces faits, lorsqu'ils donnent lieu à une autre procédure? M. Legraverend, p. 270, enseigne la négative.—Mais cette opinion peut être contestée, et nous sommes peu touchés de la raison donnée par M. Legraverend, savoir : « que le juge chargé

du tribunal d'Espalion que l'exposant est chargé de soumettre à la censure de la cour. — En effet, un témoin, appelé devant la justice, lui doit toute la vérité qu'il a juré de lui dire, et qui peut éclairer la religion des magistrats. Il ne saurait être dispensé de cette obligation que dans le cas où, dépositaire par état ou par profession, d'un secret qu'on lui a confié, la loi elle-même lui en interdit la révélation, sous les peines établies par le code pénal (art. 378). Hors ce cas, la promesse du secret, garantie même sous la foi du serment, n'est jamais un motif légitime de refuser à la justice les révélations qu'elle demande dans l'intérêt de la société. — C'est ce que la cour de cassation a jugé par un arrêt célèbre sous la date du 50 nov. 1820. — Elle a dit « que le serment de ne pas révéler, prêté volontairement hors la nécessité des fonctions civiles ou religieuses, ne pouvant être un motif de refuser à la justice les révélations qu'elle requérait dans l'intérêt de la société. » — Ce considéré, etc. — *Signé* : Mourre. — Arrêt.

de l'instruction peut consulter, en ce cas, les actes qui ont pu être dressés pendant la poursuite, ou inviter par écrit le magistrat à lui donner les explications convenables. » — Il est possible, en effet, qu'il n'ait pas été pris note de révélations qui, aux débats, eussent pu paraître indifférentes, quoique plus tard et dans une autre affaire elles offrent un grand intérêt. Pourquoi le magistrat qui a assisté aux débats ne pourrait-il pas être entendu, si cela est jugé absolument nécessaire? — Il a été jugé en ce sens que les officiers de police judiciaire peuvent être entendus aux débats dans les affaires à l'occasion desquelles ils ont instrumenté, surtout s'il s'agit de faits étrangers à leurs actes, et dont ils ont eu connaissance pendant leurs opérations (Crim. rej. 9 oct. 1806) (1). — V. n⁰ˢ 207 et suiv.

59. Mais si pendant l'instruction et dans une visite domiciliaire, des pièces se rapportant à une affaire autre que celle pour laquelle la visite a lieu ont passé sous les yeux du magistrat instructeur, il ne paraît pas qu'il puisse être obligé de révéler ce qu'il aura appris.— Dans une visite domiciliaire, en effet, des papiers domestiques, des lettres confidentielles passent sous les yeux du juge instructeur; ces documents secrets, étrangers à l'objet de la prévention, peuvent intéresser des tiers. Leur divulgation aurait souvent pour effet de compromettre le repos et l'honneur des familles, ils doivent donc être respectés.

60. Les personnes autorisées par le caractère de leurs fonctions à refuser leur témoignage sur certains faits, devraient-elles néanmoins être entendues en justice sur les faits qu'elles sont dispensées de révéler, dans le cas où elles ne se prévaudraient pas de cette dispense? Non, car ce n'est pas dans l'intérêt même de ces personnes que la dispense dont il s'agit est établie, c'est dans un intérêt d'ordre et de moralité publique (V. n° 41). Ce n'est pas seulement parce que leur conscience souffrirait de la révélation des secrets qui leur sont confiés, c'est aussi parce que la confiance des personnes qui ont eu recours à leur ministère ne doit pas être trompée.—C'est ainsi qu'il a été décidé en principe : 1° que la dispense pour les avocats et avoués de déposer des faits qui sont venus à leur connaissance en leurdite qualité seulement, dans les procès de leurs clients, est une mesure d'ordre public établie par la jurisprudence en faveur du droit sacré de la défense (Crim. rej. 23 juill. 1830, aff. Cressent, V. n° 46); — 2° Que l'avocat qui a reçu des révélations à raison de sa profession ne peut, sans violer ses devoirs spéciaux, déposer contre son client de ce qu'il a appris de cette manière (Rouen, 7 mars 1833, aff. Maubert, V. Avocat, n° 357).— Il nous semble résulter des prémisses posées par ces deux arrêts que si une personne dépositaire par état des secrets d'autrui, un avocat, par exemple, consentait à déposer sur des faits qui lui auraient été confiés à raison de sa profession, la justice devrait repousser son témoignage. Telle est aussi l'opinion de M. Cubain, *ibid.*, n° 458. Mais nous ajouterons, pourvu que ces faits lui aient été confiés sous le sceau du secret.

61. S'il est vrai que l'obligation du secret attaché à certaines fonctions légales intéresse la morale publique, on devra encore en conclure que le consentement qui serait donné dans un intérêt privé, soit par la partie même dont on a reçu les aveux et confidences, soit par toute autre personne intéressée, ne suffirait pas pour en autoriser la révélation. — C'est en ce sens qu'il a été jugé : 1° qu'un notaire ne peut être contraint de déposer sur des faits qui lui ont été confiés dans le secret de son étude, alors même que la partie à qui ces faits sont imputés autoriserait son

LA COUR ; — Statuant sur le réquisitoire du procureur général du roi, et en adoptant les motifs, casse, dans l'intérêt de la loi, etc. — Du 8 mai 1828.-C. C., ch. crim.-MM. Bailly, f. f. de pr.-Gary, r.

(1) (Gillet). — LA COUR; — ... Considérant, sur le deuxième moyen, qu'aucune loi ne prohibe d'entendre, lors des débats, les officiers de police judiciaire qui ont recueilli les premiers renseignements et rédigé les premiers actes de l'instruction préparatoire, et qu'au surplus l'officier de police judiciaire n'a été, ainsi qu'il résulte du procès-verbal de la séance, entendu lors des débats que sur des faits étrangers dont il a eu connaissance pendant ses opérations dans l'affaire; — Considérant, sur le troisième moyen, que l'audition des témoins au rang de la partie plaignante sous l'avantage de l'accusé, puisque les jurés sont avertis par là qu'ils ne doivent avoir que tel égard de raison à la déposition de ce témoin ; — Rejette.

Du 9 oct. 1806.-C. C.- sect. crim.-MM. Barris, pr.-Babille, rap.

notaire à les faire connaître (Montpellier, 24 sept. 1827, aff. Teyssier, V. n° 47); — 2° Qu'un médecin ne saurait être obligé de déclarer à la justice les secrets qui lui ont été confiés à l'occasion de sa profession et sous le sceau du secret, encore bien que celui qui les a confiés en demande lui-même la révélation... Et spécialement que le médecin qui, ayant donné des soins à une femme atteinte de maladie honteuse, a sommé par cette dernière de révéler ce qui est à sa connaissance touchant cette maladie, qu'elle prétend tenir de son mari, et sur laquelle elle se fonde pour obtenir sa séparation de corps, a pu et dû même s'abstenir de toute déposition sur ses relations avec cette femme, relations qu'il n'a eues qu'en raison de son art (Grenoble, 25 août 1828, aff. Fournier, *supra*, n° 49). — Même décision à l'égard d'un avocat (Cass. 11 mai 1844, aff. Chabaudy, V. Avocat, n° 304).

62. Les dépositions qui seraient faites en violation des devoirs de leur profession par des personnes dépositaires par état des secrets d'autrui, devraient-elles être annulées? M. Cubain semble l'admettre (*loc. cit.*, n° 458). Cet auteur pense en effet que les fonctions qui font à certaines personnes une obligation du secret sont des causes, non pas seulement de *dispenser* mais même d'*incapacité* de témoignage, en ce qui touche les faits qui leur ont été confiés dans l'exercice de leurs fonctions. Mais nous ne croyons pas qu'il soit possible de prononcer la nullité en pareil cas, puisqu'il n'existe aucun texte prohibitif. — C'est donc avec raison, suivant nous, qu'il a été jugé qu'il n'y a pas nullité d'une procédure criminelle par cela seul que l'on a entendu comme témoin un avocat qui avait été le conseil de l'accusé; qu'en effet les avocats des parties ne sont pas incapables d'être témoins; seulement ils ne sont pas tenus de révéler ce qu'ils ont appris par suite de la confiance qui leur a été accordée (Crim. cass. 22 fév. 1828, aff. Patroni, V. Avocat, n° 305; Rouen, 7 mars 1835, aff. Maubert *eod.*, n° 357).

63. Un témoin pourrait-il être interrogé sur des faits qui seraient de nature à l'exposer personnellement à des poursuites criminelles? La négative a été enseignée par cette raison que nul ne doit être placé entre sa conscience et son intérêt, qu'il serait immoral d'exiger la vérité d'un témoin, sous la foi du serment, si elle devait le conduire à sa perte. D'après MM. Delamarre et Lepoitevin, t. 1, n° 341, le serment ne peut être déféré à une partie sur des faits qui, s'ils étaient prouvés, emporteraient une peine afflictive et infamante. Il y a identité de motifs, semble-t-il, pour résoudre la question dans le même sens à l'égard d'un témoin; nous croyons donc qu'en pareil cas ce témoin pourrait refuser de répondre. — Il a été jugé en ce sens que le témoin assigné pour venir déposer sur des faits dont il se trouverait complice, s'ils étaient éta-

blis, est fondé à refuser son témoignage; — ...Et, par exemple, que la personne qui aurait employé le ministère d'un courtier clandestin, doit être dispensée de déposer sur le fait de cet emploi, alors que si, par suite de sa déposition, elle était convaincue d'y avoir participé. elle serait passible des peines encourues par celui qui s'est immiscé sans droit aux fonctions de courtier (Bordeaux, 6 juin 1834, aff. courtiers de Bordeaux, D. P. 52. 2. 110).

64. Cependant il a été décidé qu'en pareil cas un témoin qui, par cela seul qu'il aurait employé le ministère d'un courtier clandestin, refuse d'une manière absolue de déposer sur la prévention dirigée contre ce dernier, doit être condamné à l'amende (Bruxelles, 21 février 1833) (1). — Il existe entre ces deux espèces, comme on peut aisément le remarquer, une nuance importante, et la dernière de ces deux décisions, loin de contredire le principe consacré par la décision précédente, le confirme au contraire pleinement dans ses motifs. — S'il est vrai, en effet, que personne n'est tenu de se nuire et de se porter son propre dénonciateur, en déposant en justice de faits qui l'exposeraient à une pénalité, ce principe ne peut être invoqué par un témoin pour se dispenser de déposer qu'autant qu'il serait interpellé sur des faits personnels de nature à le compromettre; il ne saurait, sur le motif vague que les faits imputés au prévenu sont aussi les siens, se dispenser de satisfaire à la citation qui lui est adressée, lorsque rien dans les termes de cette citation, ne lui indique sur quel ordre de faits on exigera son témoignage.— Vainement prétendrait-on que le témoin qui dans l'ignorance des interpellations qui lui seront faites, aurait prêté serment de dire toute la vérité, se trouverait obligé par là de répondre ensuite à toute interpellation, même quand elle aurait pour objet des faits répréhensibles qui lui seraient personnels. Nous ne croyons pas que cette objection soit fondée. — En effet, nous avons établi avec les auteurs et la jurisprudence (V. Serment, n° 147), que le serment prêté en justice de dire toute la vérité, n'oblige la personne dépositaire par état des secrets d'autrui, telle par exemple, qu'un avocat, que dans la limite des devoirs de sa profession. — Or, nous croyons que cette exception doit par identité de motifs, s'étendre à tous les cas où un témoin pour refuser de déposer sur certains faits peut invoquer un motif légitime.

65. Il a encore été jugé sur ce point que l'on peut, en cour d'assises, entendre comme témoin celui dont la déposition devant le juge d'instruction établit qu'il est complice de l'accusé; et spécialement que lors d'une accusation portée contre un fonctionnaire public du chef de corruption, il n'y a pas cause de reproche contre l'auteur de cette corruption, appelé en témoi-

---

(1) (Van Hoorde C. min. pub.) — LA COUR; — Attendu qu'aucun des témoins récusés n'est dans un cas de prohibition ou d'exclusion absolue ou relative de témoigner en justice, expressément et spécialement fixé par les lois criminelles ou correctionnelles; — Attendu que les règles *nemo contra se edere tenetur*, *nullus idoneus testis in sud causd*, et autres tirées du droit ancien, invoquées par les appelants, ne sont pas applicables à l'espèce, parce que les individus récusés n'étaient ni témoins ni comme parties inculpées ni comme parties civiles; — Attendu que s'il est de principe que personne n'est tenu de se nuire ou de se porter son propre dénonciateur, en déposant en justice de faits qui l'exposeraient à une pénalité, ce principe fondé sur le sentiment de conservation personnelle, dérivant ainsi du droit naturel et primitif, n'est utile, dans l'espèce, invocable que pour les témoins eux-mêmes et pour autant qu'on eût appelé ou exigé leur témoignage réellement sur des faits spéciaux, répréhensibles, qui les eussent concernés personnellement et relativement à ces faits seulement; or attendu que, dans la cause, les excuses ou refus de rendre témoignage d'une part, ou les récusations élevées à cette occasion par les prévenus d'autre part, ne pourraient trouver de prime abord, dans ce principe, un motif fondé, puisque les témoins appelés en termes généraux pour dire vérité sur l'imputation faite également en termes généraux aux prévenus, de s'être immiscés sans qualité dans la négociation des fonds publics, effets de change, etc., n'étaient ni par la plainte ni par la citation, interpellés pour des faits personnels spécialement déterminés, et dont partant les conséquences nuisibles pour eux eussent pu d'avance s'apprécier, soit par eux-mêmes soit par le juge, de sorte que jusque-là il y avait donc pour chacun de ces témoins et notamment pour l'appelant Van Hoorde, obligation générale et absolue de déposer dans cette cause où ils étaient régulièrement cités et où ils pouvaient être interpellés sur d'autres circonstances que sur des faits

personnels; qu'il ne pouvait donc suffire, pour se soustraire à cette obligation, d'alléguer, comme l'a fait ledit témoin Van Hoorde devant le premier juge, ainsi que cela soit au plumitif et dans le jugement dont il a fait appel, qu'il se refusait formellement à déposer, sous le motif vague que les faits étaient aussi les siens; qu'il ne pouvait non plus suffire pour se soustraire à cette même obligation, du motif allégué par le témoin G. Hoorickx et dont les prévenus ont étayé leur opposition à l'audition dudit G. Hoorickx et de quelques autres dénommés par eux, savoir : etc.; puisque le motif qu'ils ont fait résulter, de ce que d'après l'art. 6 de l'arrêté du 27 prair. an 10, les banquiers et négociants qui confiaient des négociations, ventes, etc., à d'autres qu'aux courtiers jurés, étaient frappés d'une pénalité, était évidemment un motif trop vague et d'autant moins admissible, jusque-là, qu'encore une fois on n'annonçait même que lesdits témoins dussent nécessairement déposer ou être interpellés taxativement pour des faits personnels et répréhensibles sur leur chef, ce qui n'a d'ailleurs point été prescrit ou exigé par les jugements dont cet appel; — Attendu qu'il résulte de ce qui précède que le premier juge, sans prendre égard aux déclarations, récusations ou refus de déposer ainsi vaguement motivés, a bien et dûment, par son jugement du 8 déc. 1832, dont trois des prévenus seulement sont appelants, ordonné de passer outre à l'audition des témoins dont s'agit; qu'il résulte également que que c'est avec fondement que par son autre jugement du 8 déc. 1832, contre l'appelant Van Hoorde, le même premier juge a appliqué à celui-ci, pour son refus formel et constant de déposer comme témoin, une pénalité pécuniaire d'après les art. 80, 157, 189 et 304 du c. inst. crim., pénalité que le même jugement a toutefois trop élevée et qui doit être équitablement réduite; — Par ces moti.s,.etc.
Du 21 fév. 1835.-Cour de Bruxelles, 3° ch.

gnage, sans avoir été poursuivi (C. d'ass. du Brabant, 18 nov. 1842) (1).

66. Mais si un témoin peut refuser de répondre sur un fait qui l'expose personnellement à une poursuite judiciaire, il ne lui est pas permis, dès qu'il consent à faire sa déposition, de dissimuler la vérité : il s'exposerait en ce cas, suivant nous, à être poursuivi comme faux témoin. Toutefois, ce dernier point est controversé (V. Faux témoignage, n°s 19, 20). — Cette circonstance que le témoin aurait participé au fait qui fait le sujet de l'accusation ne peut non plus fournir au prévenu ou à l'accusé une cause de reproche contre le témoin (V. n° 194).

67. Si un témoin se trouvait sous le poids d'une condamnation emportant la contrainte par corps, cette circonstance constituerait un cas d'excuse légitime, non pas, il est vrai, pour le dispenser de témoigner, mais pour le dispenser de se présenter en justice ; il a paru que le témoin qui ne peut se présenter sans exposer sa liberté doit être considéré comme étant dans l'impossibilité de se présenter, et, en ce cas, la loi autorise le juge à lui accorder un sauf conduit. — C'est, en effet, ce qui résulte de l'art. 782 c. pr. (V. Contrainte par corps, n°s 840 et suiv.).

68. Sous l'empire de l'ordonnance criminelle de 1670 le témoin décrété de prise de corps ou qui se trouvait dans le cas d'être emprisonné en vertu d'une sentence pouvait aussi obtenir un sauf-conduit du juge devant lequel il était poursuivi. Mais la législation actuelle ne contenant aucune disposition de ce genre ou ne pourrait étendre les effets de l'art. 782 c. pr. au cas où le témoin serait, non point seulement contraignable mais sous le poids d'un mandat d'arrêt, le droit de surseoir à l'exécution des mandements de justice ne pouvant résulter que d'une loi expresse (Conf. Bourguignon, Jurispr. des codes crim., t. 2, p. 189 ; MM. Mangin, de l'Inst. écrite, t. 1, n° 105 ; F. Hélie, de l'Instr. crim., t. 5, p. 562).

CHAP. 4. — INCAPACITÉ DE TÉMOIGNER.

69. La loi ne pouvait admettre indistinctement, comme éléments de preuve, le témoignage de toutes personnes. Aussi refuse-t-elle le droit d'être entendu comme témoin à ceux qui, à raison de certaines circonstances personnelles, ne sauraient présenter à la justice les garanties qu'elle doit exiger. — Cependant, comme les témoins, judiciaires sont en quelque sorte fortuits ; comme c'est le hasard qui les donne, et que presque jamais la partie qui les produit ne peut les choisir, l'on est forcé, pour ne pas rendre impossible la preuve des faits, de les admettre plus facilement que les témoins instrumentaires. De là vient que les femmes, les étrangers non naturalisés sont tenus à déposer en justice (V. Enquête, n°s 265, 266 et infrà, n° 76), bien qu'ils ne puissent intervenir comme témoins dans les actes publics pour en attester la sincérité (V. Obligat., n°s 3293 et suiv.).

70. Dans l'ancien droit, les causes de reproches qui pouvaient faire écarter un témoin en matière civile ou criminelle étaient extrêmement vagues, plus ou moins controversées, et presque entièrement abandonnées au pouvoir discrétionnaire du juge. La jurisprudence et les auteurs admettaient, en général, comme causes de reproches, quoique dans des limites plus ou moins étendues : 1° le défaut ou la faiblesse de raison ; 2° le défaut de bonne *fame* ; 3° la suspicion de partialité ; 4° celle de subornation ; 5° l'exercice de certaines fonctions publiques (Merlin, Rép., V. Témoin judiciaire, § 1, art. 1).—Dans le droit moderne, ce sont encore les mêmes causes qui servent de base aux incapacités légales de témoignage ; mais quoique les principes sur lesquels reposent ces incapacités soient les mêmes devant toutes les juridictions, ces principes reçoivent une application beaucoup plus large dans les matières civiles. — Sur les incapacités des témoins en matière civile et sur les causes de reproche, V. Enquête, n°s 232 et suiv. 455.

71. Les causes d'incapacité de témoignages sont *absolues* ou *relatives* ; — absolues quand elles enlèvent à l'individu la faculté de figurer comme témoin dans aucun procès, soit pendant un temps déterminé, soit à tout jamais ; telles sont les incapacités qui résultent de la faiblesse de la raison ou de l'âge, ou des motifs d'indignité qui feront l'objet du paragraphe qui va suivre ; — relatives, quand elles n'empêchent de déposer que dans certaines contestations ou dans les débats où figurent certaines personnes ; telles sont les incapacités qui résultent de l'intérêt personnel qu'on peut avoir dans un procès, d'un certain degré de parenté avec telle personne partie au débat, de la qualité de conseil ou défenseur de cette partie, etc. (V. aussi v° Enquête, n° 252).

SECT. 1. — *Incapacités absolues, indignités, faiblesse de la raison ou de l'âge, sourd-muet, condamnations afflictives.*

72. Qu'un *insense* ne puisse être témoin, c'est là un principe tellement évident que la loi n'avait pas besoin de l'exprimer ; aussi, bien que la loi soit muette sur ce point, bien qu'en thèse générale il n'y ait d'incapables de déposer que ceux à qui une loi expresse en ôte le pouvoir (V. L. 1, Dig., *de testibus*), faut-il tenir pour certain qu'un pareil témoignage ne peut être reçu en justice, à moins, toutefois, que le témoin ne soit entendu qu'à titre de renseignements devant une cour d'assises. — C'est en ce sens qu'il a été décidé que l'état d'aliénation mentale d'un témoin ne met pas obstacle à son audition, s'il n'est entendu qu'en vertu du pouvoir discrétionnaire, et si, d'ailleurs, le jury a été averti qu'il ne l'était qu'à titre de simples renseignements. — « La cour, attendu, sur les 10e, 11e, 12e, 13e et 14e moyens, relatifs à l'audition d'Adélaïde Chauchard, que celle-ci n'a été entendu qu'en vertu du pouvoir discrétionnaire ; que l'état d'aliénation mentale où elle pouvait être ne s'opposait pas légalement à ce que son témoignage fût produit aux débats, et que, d'ailleurs, le jury a été instruit qu'il ne l'était qu'à titre de simples renseignements ; rejette » (Crim. rej. 24 janv. 1839, MM. Bastard, pr., Rives, rap., aff. Fabre C. minist. pub.). — V. *infrà*, n°s 585 et suiv.

73. Quant aux personnes qui sans être dans un état d'aliénation, seraient seulement d'un esprit faible et voisin pour ainsi dire de l'imbécillité, le juge ne pourrait se dispenser de recevoir leur témoignage s'il était produit, sauf à y avoir tel égard que de raison (Merlin, *eod.* § 1, art. 1, n° 1).

74. L'*âge* exerce une grande influence sur le développement de l'intelligence et de la raison humaine. Si le témoignage d'un enfant ne peut, en général, être suspect sous le rapport de la sincérité, il n'est pas permis, en général, d'ajouter beaucoup de foi à des déclarations dont son esprit ne comprend pas suffisamment l'importance. C'est ce qui avait fait décider chez les Romains que les impubères ne pouvaient être entendus en témoignage (L. 3, § 5, Dig. *De testibus*). — En France, au contraire, l'art. 2, tit. 6 de l'ord. de 1670, décidait qu'ils pourraient être reçus à déposer dans les informations, sauf au juge à avoir à leur témoignage tel égard que de raison. — Le législateur moderne a suivi ce dernier principe, et il n'est pas douteux que les enfants au-dessous de quinze ans peuvent être entendus ; mais l'application de cette règle a donné lieu à de graves difficultés sur le point de savoir s'ils devaient être entendus comme de véritables témoins, c'est-à-dire avec prestation de serment ou seulement par forme de simple déclaration et à titre de renseignements. — Cette question qui s'est fréquemment présentée devant les tribunaux, et que la plupart des auteurs ont débattue, a été, surtout en matière criminelle, l'objet de nombreuses décisions contradictoires. Nous l'avons traitée sous ses divers aspects (v° Serment, n°s 185 et suiv.). Elle est aujourd'hui résolue en ce sens que les enfants au-dessous de quinze ans, soit au civil,

été jusqu'ici poursuivis et renvoyés devant la cour d'assises comme complices de la corruption imputée à l'accusé, et qu'il n'appartient pas à la cour de les considérer comme tels ; — Que dès lors ils peuvent être entendus comme témoins, sauf à avoir à leur déposition tel égard que de droit, à raison des circonstances et de leurs rapports avec l'accusé ; — Rejette le reproche proposé contre les témoins prénommés, etc.

Du 18 nov. 1842 —C. d'ass. du Brabant.

soit devant les diverses juridictions criminelles, doivent être entendus par forme de déclaration et sans prestation de serment, sans toutefois que leur prestation de serment puisse en aucun cas être une cause de nullité.

75. Il est évident que, pour être admis en témoignage, il faut pouvoir présenter à la justice toutes les garanties qui appellent sa confiance. Le *sourd*, le *muet*, l'*aveugle* sont-ils dans ce cas? Il faut distinguer et la nature de la preuve à fournir, et les progrès qu'ils peuvent avoir fait dans l'art de suppléer à leur infirmité. Ainsi, en premier lieu, s'il s'agit d'un fait dont la perception n'a pu s'opérer que par le sens de la vue, il est clair que l'aveugle, qui n'a pu voir, ne doit pas, en général, être admis à témoigner; il en est de même du sourd, s'il s'agit d'un fait qu'il n'aurait pu connaître que par l'ouïe.—En second lieu, comme le témoignage n'est digne de foi qu'autant qu'il est revêtu de certaines formalités, s'il n'est oral, par exemple, et précédé du serment, il en résulte que le muet, qui ne peut parler, doit avoir reçu l'instruction nécessaire pour suppléer à la parole par des moyens qui présentent autant de certitude. Aujourd'hui la chose est facile, grâce aux progrès qu'a faits l'éducation des sourds et muets et des aveugles. Dans le cas, au contraire, où le témoin n'aurait reçu, quant au moyen de rendre ses idées, qu'une éducation imparfaite, nous pensons avec la jurisprudence qu'il ne pourrait être entendu en matière criminelle qu'à titre de renseignements. — Il a été jugé ce sens qu'un sourd-muet ne sachant pas écrire, ne peut être entendu devant la cour d'assises que par forme de renseignements et sans prestation de serment (Crim. rej. 13 août 1812) (1). — Jugé toutefois qu'un sourd-muet, même ne sachant pas écrire, peut être entendu en qualité de témoin (Crim. rej. 13 brum. an 11) (2). — Quant aux matières civiles, V. Enquête, n° 264.

76. Un *étranger* peut être témoin, puisque la loi ne l'a frappé d'aucune incapacité, et qu'il n'existe d'ailleurs aucun motif pour exclure son témoignage. Mais dans le cas où il réside en pays étranger, comme les magistrats français ne peuvent lui donner aucune injonction, l'appel de ce témoin donne lieu à des formes particulières: en pareil cas la citation ou la commission rogatoire est adressée au ministre de la justice qui la fait parvenir à sa destination par l'intermédiaire des affaires étrangères (M. Cubain, *eod.* n° 445, V. *infrà*). — En ce qui concerne les commissions rogatoires,V. Inst. crim. n°s 570 et suiv.

77. *Condamnations afflictives.* — Dans l'ancien droit, ceux qui avaient encouru l'infamie par quelque condamnation pouvaient déposer en justice, mais leurs dépositions étaient reprochables. L'ord. de 1667, tit. 23, art. 2, avait admis cette cause de reproches d'une manière générale et sans établir aucune distinction quant à la nature et à la gravité des condamnations criminelles que les témoins auraient encourues. On pouvait reprocher, non-seulement le témoin frappé d'une condamnation criminelle, mais encore celui qui avait été seulement en état d'accusation, emprisonné ou mis en décret: l'article cité de l'ordonnance portait: « S'il est avancé dans les reproches que les témoins ont été emprisonnés, mis en décret, condamnés ou repris de justice, les faits seront réputés calomnieux s'ils ne sont justifiés avant le procès par des écrous d'emprisonnement, décrets, condamnations ou autres actes. » — On pouvait reprocher également la déposition 1° des témoins de mauvaises

(1) *Espèce :* — (Fillastre C. le min. pub.) — Le 7 juill. 1812, arrêt de la cour spéciale de Rouen, qui condamne Fillastre à mort pour crime d'incendie; dans le débat, un sieur Férou sourd et muet, ne sachant pas écrire est entendu à titre de simples renseignements, sans prestation de serment, et par l'intermédiaire de sa femme qui remplit les fonctions d'interprète. — Pourvoi pour violation de l'art. 317 c. inst. crim. — Arrêt. — La cour; — Attendu que Pierre-Paul Férou, sourd et muet et ne sachant pas écrire, a pu n'être entendu que par forme de renseignement et sans prestation de serment, quoiqu'il eût été porté sur la liste notifiée à l'accusé; — Rejette. Du 15 août 1812.—C. C., sect. crim.-M. Benvenuti, rap.

(2) (Martin.) — Le tribunal; — Attendu qu'aucune loi ne prohibe de recevoir en jugement la déclaration d'un sourd-muet, qui même ne sait pas écrire; que le tribunal criminel du département du Var a pris toutes les précautions qui pouvaient assurer que ce qu'il était nécessaire que Vincent, sourd-muet, connût, était fidèlement rendu à Vincent et que ses déclarations étaient fidèlement rendues par l'interprète

mœurs (L. 3. Dig. *De testibus*); 2° des prostituées (*eod.*, § 2); 3° des témoins qui étaient gagés pour combattre en public contre des bêtes (*eod.* § 5). Ces causes de suspicion n'empêchaient pas que la déposition du témoin reproché ne dût être reçue avec prestation de serment, et il était laissé à la prudence du juge de décider si les reproches devaient être admis (Merlin, Rép., V. Témoin judiciaire, § 1, art. 2).

78. Le code de brumaire an 4 ne contenait aucune disposition qui fit résulter de certaines peines l'interdiction de porter témoignage, et l'on jugeait sous l'empire de ce code: 1° que les condamnés à des peines afflictives et infamantes pouvaient être témoins (Crim. rej. 26 pluv. an 10, MM. Viellart, pr., Rataud, rap., aff. Dujout; 15 oct. 1809, MM. Barris, pr., Brillat de Savarin, rap., aff. Bindi; 4 mai 1810, MM. Barris, pr., Benvenuti, rap., aff. Sartoni);—2° Que l'individu condamné à la dégradation civique pouvait de même être entendu comme témoin, spécialement en matière criminelle (Crim. rej. 19 pluv. an 12, MM. Viellart, pr., Audier, rap., aff. Jaubert); — 3° Surtout si le président avait donné préalablement connaissance aux jurés de l'état de ce témoin pour avoir eu égard que de raison à sa déclaration (même arrêt). Sous ce code, une semblable condamnation n'emportait pas la privation des droits politiques (Carnot, Instr. crim., tit. 2, p. 522, n° 31); — 4° Que dans une accusation portée contre le concierge d'une maison d'arrêt, pour raison d'abus d'autorité et de vexations, les détenus de la maison d'arrêt avaient dû nécessairement être entendus comme témoins et le concierge ne pouvait être admis à opposer cette circonstance comme moyen de cassation contre le jugement (Crim. rej. 24 mess. an 3, MM. Lyons, pr., Boucher, rap., aff. Chabannes); — 5° Qu'un condamné aux fers pouvait être entendu comme témoin (Crim. rej. 8 fruct. an 10, M. Carnot, rap., aff. Grosjean); — 6° Qu'on pouvait entendre comme témoin aux débats des repris de justice, sauf au jury à apprécier leur déposition (Crim. rej. 18 oct. 1810, M. Favard, rap., aff. Boulot; même jour arrêt identique, M. Liboret, rap., aff. Lamiral).

79. L'art. 28 du code pénal déclare incapable « de *déposer en justice autrement que pour y donner de simples renseignements*, quiconque aura été condamné à la peine des travaux forcés, de la détention, de la reclusion ou du bannissement et de la dégradation civique. »—Cette disposition, qui a été l'objet de nombreuses critiques (V. v° Serment, n° 142), peut se justifier par de hautes considérations morales, elle rehausse aux yeux des hommes la sainteté et la dignité du serment, en n'admettant pas à l'honneur de prendre Dieu à témoin qui en encouru une flétrissure publique. — V. aussi v° Enquête, n° 255.

80. Cette prohibition de témoignage pour cause d'indignité n'atteint que ceux qui sont sous le coup d'une condamnation définitive; elle ne pourrait donc être appliquée à celui qui serait seulement sous le poids d'une accusation quelque grave qu'en fût l'objet, ou dont la condamnation serait l'objet d'un pourvoi non encore jugé. — Aussi a-t-il été décidé avec raison: 1° que la déposition d'un individu qui est sous une accusation capitale, peut servir de base à une condamnation, si elle s'appuie d'ailleurs sur des faits certains (Rennes, 2 avril 1835) (3); — 2° Qu'à plus forte raison, l'audition, sous serment, d'individus en état d'arrestation, n'est pas une cause de nullité, bien qu'il y ait opposition de l'accusé, si les jurés ont été avertis de la situation

qu'il appartenait aux jurés de juger quel degré de confiance méritait une déclaration de cette nature; — Rejette. Du 13 brum. an 11.-C. C., sect. crim.-MM. Viellart, pr.-Seignette, r. (3) (Min. pub. C. Sévoy, etc.) — La cour; — Considérant qu'il est prouvé, par lettres du préfet du département servies au procès, que Morel, Simon et Jugedé avaient été déclarés insoumis longtemps avant l'époque où ils se sont embarqués à Saint-Malo; — Considérant que si, à l'égard du prévenu Macé de la Villéon, la prévention ne s'appuie que sur la déposition de Raffaut; que si ce témoin est sous le coup d'une accusation capitale, et par cela même en état de suspicion de pouvoir altérer la vérité, soit dans son intérêt, soit par tout autre motif, il faut reconnaître que les déclarations qu'il a faites à la justice portent un tel caractère de vérité, soit par l'ensemble des faits qu'il raconte et qui sont tous justifiés par les autres documents du procès, soit par leur concordance parfaite avec les lieux qu'il décrit et les déclarations de plusieurs prévenus et des témoins, qu'il est impossible de ne pas y ajouter une foi pleine et entière; — Considérant que Raffaut donna à Pontivy une desde ces témoins (Crim. rej. 20 juin 1839) (1);—3° Qu'un témoin ne peut être délié du serment par le motif qu'il a été condamné à une peine afflictive et infamante, lorsqu'il s'est pourvu en cassation contre l'arrêt de condamnation, et qu'il n'a pas encore été statué sur son pourvoi au moment où il est appelé à déposer (Crim. cass. 20 janv. 1844) (2).

81. De même aussi, c'est le fait même de la condamnation à une peine infamante qui entraîne l'exclusion du témoignage, et non pas la circonstance que le fait qui a donné lieu à la condamnation était passible de peines infamantes, si cette condamnation n'a pas été prononcée. — C'est ainsi qu'il a été jugé que l'on ne peut reprocher comme témoin celui qui, déclaré coupable d'un crime emportant peine afflictive ou infamante, tel que le faux, n'a été condamné, à raison de circonstances atténuantes, qu'à une peine correctionnelle (Bordeaux, 3 déc. 1857, aff. Boisdon, D. P. 58. 2. 153. — Conf. Crim. rej. 7 oct. 1830, aff. Metz, V. n° 87).

82. Il s'est élevé la question de savoir à quelle époque l'exclusion du droit de témoignage, résultat de condamnations judiciaires était définitivement encourue par le condamné. — Cette question a dû être diversement résolue suivant qu'il s'est agi de condamnations prononcées sous l'empire du code pénal de 1810 ou depuis la loi du 28 avril 1832 qui a apporté des modifications à ce code.—Avant cette dernière loi les incapacités résultant du caractère afflictif et infamant des peines ne commençaient qu'avec la peine elle-même, c'est-à-dire du jour de l'exécution du jugement par l'exposition. Ainsi l'individu dont la condamnation à la reclusion était définitive par suite du rejet de son pourvoi en cassation, mais qui n'avait pas encore subi l'exposition, pouvait être entendu en justice sous la foi du serment (Crim. rej. 8 avr. 1826) (3).—Cependant, quand cette incapacité était le résultat d'une dégradation civique prononcée comme peine principale, elle produisait, en ce cas, ses effets du jour où la condamnation était devenue irrévocable, puisque en

---

cription tellement exacte de la maison du prévenu la Villéon, qu'elle a été à l'instant reconnue par les magistrats des lieux ; qu'il donna une déclaration exacte sur le personnel de cette maison ; qu'enfin, confronté avec le prévenu, il l'a reconnu sans hésitation ; — Qu'il est impossible de supposer qu'à un an de distance, Raffaut, qui avait passé plusieurs jours dans cette maison, pouvant voir à chaque instant les personnes qui s'y trouvaient, mangeant avec elles, ait pu tellement perdre le souvenir de leurs traits, qu'il n'ait pu ensuite les reconnaître lorsqu'elles lui ont été présentées, et qu'il ait surtout pu se tromper en reconnaissant le prévenu à Pontivy ; — Qu'il est donc évident que la rétractation de Raffaut devant les premiers juges, a été dictée par des motifs qui restent inconnus, et s'explique, d'ailleurs, par son refus de déclarer plusieurs faits importants dont cependant il dit avoir la connaissance ; que les principes de la morale et de l'équité, pas plus que ceux de la législation, ne défendent d'asseoir une condamnation sur le témoignage même d'un condamné, lorsque ce témoignage, loin de reposer sur la seule déclaration du témoin, s'appuie sur des faits matériels qu'il n'a pu inventer, et qui se trouvent confirmés par tous les autres documents du procès ; Considérant qu'il est prouvé par toutes les circonstances de la cause, que les prévenus Sevoy et la Villéon étaient en rapport avec les personnes qui, à Rennes, formaient l'association chargée de rechercher et de soustraire aux poursuites de la justice les déserteurs et les jeunes soldats insoumis. — Que, lorsqu'il y avait danger à les conserver longtemps, on les dirigeait sur Saint-Servan pour leur procurer un passage aux îles anglaises où ils étaient reçus par d'autres initiés ; que, dans cet état de choses, les prévenus savaient d'avance, lors même qu'on ne le leur eût pas dit, que les personnes qu'ils recevaient étaient des insoumis ; — Qu'il est prouvé par une lettre saisie au domicile du prévenu la Villéon et signée de la marquise de Coislin, que déjà il avait procuré à diverses personnes le moyen de passer aux îles anglaises; qu'il résulte, d'ailleurs, de l'ensemble des faits, notamment de la réunion à la même époque des cinq militaires, les uns dans la maison de la Villéon, et tous ensuite dans la maison de Sevoy, de leur âge et relativement à Sevoy des démarches qu'il a faites en leur faveur, la preuve que les deux prévenus ont recélé des jeunes soldats sachant qu'ils étaient insoumis; —Mais qu'il n'est pas prouvé qu'ils aient sciemment recélé des déserteurs ; Considérant que les démarches du prévenu Sevoy, dans lesquelles le tribunal a cru trouver des circonstances atténuantes, ont eu de bien tristes résultats ; —Qu'en effet, encore bien qu'il ne soit pas prouvé que le prévenu ait recélé Raffaut et ses complices. Raffaut venait de voler les fonds publics ; qu'encore bien qu'il ne soit pas prouvé que le prévenu les envoyât aux îles anglaises, pour qu'ils pussent à l'occasion être renvoyés en France pour commettre de nouveaux attentats, il n'en est pas moins vrai que par ses démarches le prévenu a soustrait aux recherches de la justice des soldats insoumis, des criminels qui ne pouvaient y échapper s'ils eussent été forcés de rester en France; qu'il leur a facilité par là les moyens de revenir dans leur patrie commettre un nouvel attentat qui a eu des conséquences bien autrement graves que le premier ; — Considérant qu'il résulte des déclarations du capitaine Darthenay, que les trois marins savaient qu'ils avaient à leur bord des soldats insoumis; qu'ils ont été consultés par le capitaine avant l'entrée de ces hommes à bord, et qu'ils étaient parfaitement libres de refuser leur embarquement; — Réformant, etc.
Du 2 avr. 1855.-C. de Rennes, ch. corr.-M. de Kermarec, pr.

(1) (Belkassem bon-Ali C. min. pub.) — La cour ; — Sur l'opposition formée par l'accusé à l'audition sous serment de trois témoins, sous mandat de dépôt, l'un comme inculpé dans l'instruction de faux témoignage, les deux autres comme inculpés, dans la même instruction, de participation au crime; — Attendu qu'aucune disposition formelle de la loi ne portait empêchement à l'audition de ces témoins; — Que leur état d'arrestation ayant été signalé aux juges de l'accusation, ceux-ci ont dû n'accorder à leur témoignage que le degré de confiance que cette position

exceptionnelle permettait, et que cet état d'arrestation ou de prévention ne peut être assimilé à l'incapacité prévue soit par les art. 28, 54 et 42 c. pén., soit par l'acte constitutionnel du 13 déc. 1799 ; — Attendu, d'ailleurs, que l'accusé n'a pas requis le renvoi du jugement à une autre session, conformément à l'art. 351 c. inst. crim., et que la connexité des délits prévus aux art. 225 et 226 du même code, qui pouvait déterminer la mise en accusation simultanée du demandeur et des deux témoins inculpés, dépend d'une appréciation de faits, qui échappe à la censure de la cour; — Rejette.
Du 20 juin 1859.-C. C., ch. crim.-MM. Bastard, pr.-Isambert, r.
(2) (Anglade C. min. pub.) — La cour ; — Sur le moyen tiré de ce que le témoin Alfred Trabaud, cité par le ministère public, qui avait d'abord prêté le serment prescrit par la loi, en a été délié par le motif qu'il avait été précédemment condamné à une peine emportant interdiction de témoigner en justice : — Vu les art. 189, 573, dernier alinéa, et 422 c. inst. crim. du 12 oct. 1828, promulgué dans les colonies des Antilles, desquels il résulte que les témoins cités en justice doivent prêter dans le débat oral le serment dont la formule est réglée par l'art. 155 c. col.; que le pourvoi en cassation est suspensif de sa nature à l'égard des condamnations correctionnelles comme à l'égard des condamnations criminelles, et que la violation de la formule du serment est au nombre des ouvertures à cassation établies par le même code; — Attendu que dans l'espèce la cour royale de la Martinique s'est fondée, pour délier Alfred Trabaud du serment qu'il avait dû prêter à cause de la qualité de témoin qui lui avait été imprimée par la citation du ministère public, sur la condamnation intervenue le 3 janv. 1843 contre ledit témoin ; mais que, lors du débat du 11 mai suivant, le sieur Trabaud s'était régulièrement pourvu en cassation contre cette condamnation, et qu'il n'a été statué sur ce pourvoi par la cour de cassation que le 1er juillet dernier; qu'ainsi à l'époque du 11 mai il était encore integri status, et capable de porter témoignage ; — Qu'en décidant le contraire, la cour de la Martinique a faussement appliqué la disposition de l'art. 269 c. col., qui n'est applicable qu'aux présidents des cours d'assises, et violé la disposition de l'art. 189 du même code, qui définit la nature des preuves admises en matière correctionnelle; que de plus cette cour a formellement violé le principe du sursis consacré par l'art. 575 du même code; — Casse.
Du 20 janv. 1844.-C. C., ch. crim.-MM. de Crouseilhes, f. f. de pr.-Isambert, rap.
(3) (Delphine Bonnet, etc. C. min. pub.)—La cour;—...Attendu, sur le deuxième moyen, que si l'art. 28 c. pén. déclare que l'individu, condamné à la peine de la reclusion, ne pourra déposer en justice autrement que pour y donner de simples renseignements, cet effet de la condamnation ne peut commencer qu'au moment où commence la durée de la peine ; — Qu'en effet, l'art. 23 du même code veut que la durée de la peine de la reclusion ne commence qu'à dater du jour de l'exposition; que c'est donc de ce jour aussi que doivent commencer à être appliquées les incapacités résultant du caractère afflictif ou infamant de la peine ; — Que c'est d'après le même principe que l'art. 26 c. civ. avait statué que les condamnations contradictoires n'emporteraient la mort civile qu'à dater du jour de leur exécution ; et qu'il y a eu parité de raison pour faire dater de la même époque la privation partielle, comme la privation totale des droits civils résultant des condamnations pénales, afflictives ou infamantes, énoncées dans les art. 23 et 28 cod. pén. de 1810; — Et attendu que, dans l'espèce, si la condamnation de la femme Arnaud , à la peine de la reclusion, était devenue irrévocable , par le rejet de son pourvoi , lors de son audition comme témoin , avait prestation de serment, à l'audience du 19 février dernier de la cour d'assises du Var, néanmoins n'avait pas encore été procédé contre elle à l'exécution de la peine par l'exposition ; — Que, conséquemment alors , elle n'était pas encore frappée de l'incapacité de déposer en justice comme témoin, déclarée par l'art. 28 c. pén. ; — Attendu, d'ailleurs, que les

effet la dégradation civique ne consistant que dans la privation de certains droits, n'emportait pas d'autre exécution que cette privation même. — V. Merlin, Quest., V. Témoin jud., § 8.

82. Aujourd'hui, d'après l'art. 28 du code pénal revisé, les peines des travaux forcés à temps, de la détention, de la reclusion ou du bannissement emportent de plein droit la dégradation civique, il suit de là que les condamnés à ces peines afflictives et infamantes sont maintenant, à partir du jour où la condamnation est devenue irrévocable et avant même toute autre exécution de cette condamnation, exclus du droit de témoignage.

— Aussi a-t-il été décidé, en ce sens, que depuis la revision du code pénal, l'individu dont la condamnation à une peine afflictive et infamante est devenue irrévocable par le rejet de son pourvoi ne peut, à partir de ce moment même, être entendu qu'à titre de renseignements et sans prestation de serment (Crim. rej. 13 oct. 1852, aff. Couret, v° Serment, n° 143).

83. Les lettres de grâce pure et simple accordées au condamné qui se borneraient à prononcer la condamnation ou la remise de sa peine sans le réintégrer expressément dans la jouissance de ses droits civils auraient-elles pour effet de le délier de l'incapacité de prêter serment en justice?—V. v° Serment, n°ˢ 144 et suiv.

85. Y aurait-il nullité si l'individu frappé d'exclusion de témoignage par suite de condamnation judiciaire, était néanmoins entendu comme témoin avec prestation de serment? — En principe, la prestation de serment par un individu que la loi ne permet d'entendre qu'à titre de renseignements, est une cause de nullité, puisque la prestation de serment transforme la déclaration en témoignage.—Mais si cette audition assermentée avait eu lieu du consentement des parties ayant droit et intérêt à s'y opposer devrait-elle être considérée, même en ce cas, comme une cause de nullité? — V. infrà, n° 223.

86. Au surplus, la prestation de serment qui n'aurait eu lieu, en pareil cas, que par suite d'une erreur immédiatement reconnue, ne serait pas une cause de nullité. — C'est ainsi qu'il a été jugé qu'il n'y a pas lieu à annulation soit dans le cas où une cour d'assises ayant reconnu après la déclaration assermentée d'un témoin, que celui-ci est interdit du droit de témoignage en justice, a ordonné que la déclaration ne serait considérée que

demanderesses n'ont point formé opposition à l'ordre donné par le président de la cour d'assises, d'entendre la femme Arnaud avec prestation de serment; — Que, dès lors, l'audition de ce témoin ne peut, sous aucun rapport, donner ouverture à cassation;

Attendu, sur le troisième moyen, que, par l'arrêt de renvoi, les demanderesses étaient mises en accusation comme ayant soustrait l'enfant de complicité, c'est-à-dire comme coauteurs; — Que c'était dans l'ordonnance de la chambre du conseil que la prévention avait été restreinte à la seule complicité par assistance ou provocation, restriction que l'arrêt de renvoi n'avait pas adoptée; — Que, dès lors, le président de la cour d'assises a dû régulièrement poser la question de perpétration du crime, comme auteur. conformément à l'arrêt de renvoi combiné avec l'acte d'accusation ; — Rejette.

Du 8 avril 1826.-C. C., sect. crim.-MM. Bailly, pr.-Ollivier, rap.-Laplagne-Barris, av. gén.-Dalloz, av.

(1) Espèce : — (Doussaint C. min. pub.)—Un des témoins à charge avait été interdit du droit de témoignage. Le ministère public s'opposa à son audition comme témoin assermenté, mais il ne justifiait pas de la condamnation. — Aucun débat ne s'étant élevé, le témoin fut entendu sous la foi du serment. — Plus tard, le jugement d'interdiction du droit de témoignage se produit par le ministère public, cependant l'accusé demande le maintien de la déposition. La cour décide, au contraire, que cette déposition sera considérée comme simple renseignement. — L'accusé est condamné. — Pourvoi.

La cour — Attendu que les réquisitions du ministère public dont l'art. 276, c. inst. crim. fait mention, ne peuvent être confondues avec celles mentionnées à l'art. 277, qui ont lieu dans le cours des débats, et dont il s'agit spécifiquement à cet article ; qu'ainsi l'art. 276 n'est pas applicable à l'espèce ; — Attendu que l'observation faite à la séance de la cour d'assises, du 11 janv. dernier, par le procureur criminel, relativement à l'interdiction du témoin produit à charge, a été retenue par le greffier sur son procès-verbal, et que le procureur criminel l'a signée; qu'ainsi les formes voulues par cet art. 277 ont été remplies, fût-il même vrai que la susdite observation pût être considérée comme un réquisitoire ; — Attendu, en ce qui en est l'objet, que, dans l'absence de tout acte propre à constater cet état d'interdiction, le témoin produit a pu être entendu sous serment et avec les mêmes formalités que tout autre témoin ; surtout,

comme renseignement (Bruxelles, 3 mars 1819) (1), ...Soit dans le cas où un individu exclu du droit de témoignage ayant été entendu sans réclamation dans un procès criminel, le président a fait ensuite observer aux jurés que cette déclaration n'aurait pas dû être faite sous la foi du serment, et les a avertis d'y avoir tel égard que de raison (Crim. rej. 25 janv. 1838, MM. Bastard, pr.; Vincens-Saint-Laurent, rap., aff. Val).

87. Il a été aussi décidé par des motifs analogues qu'il n'y a pas nullité en ce qu'un président de cour d'assises, qui, après avoir entendu, sans prestation de serment, un témoin qui avait déclaré avoir été condamné à une peine afflictive et infamante, l'entend ensuite avec prestation de serment, après avoir reconnu dans l'expédition de l'arrêt de condamnation de cet individu qu'il n'avait été condamné que correctionnellement (Crim. rej. 7 oct. 1830) (2).

88. L'audition avec serment d'un individu privé du droit de témoignage, pourrait-elle être une cause de nullité, dans le cas où le fait de la condamnation d'où résulterait cette interdiction ne serait point constant? En pareil cas, suivant M. Cubain, la circonstance que la cause de l'incapacité ne serait pas constante, ne suffirait pas pour couvrir la nullité. Mais ce serait suivant nous aller trop loin. Si cette opinion était admise, il n'existerait aucune espèce de moyen, malgré l'attention scrupuleuse qu'on apporterait dans l'observation de la loi, de se mettre à l'abri des nullités, puisque dans un très-grand nombre de cas il sera de toute impossibilité, soit aux tribunaux, soit aux parties de savoir si l'individu cité comme témoin n'a pas été frappé de condamnations judiciaires emportant interdiction du droit de déposer. Et alors même que le fait d'une condamnation judiciaire emportant interdiction de témoignage serait allégué, comment un tribunal pourrait-il, en l'absence d'une preuve formelle, refuser le droit de déposer à un citoyen qui est légalement présumé jusqu'à preuve contraire, être en jouissance de ses droits civils? Rien ne nous semblerait plus grave que de présumer ainsi des nullités pour des causes qui ne peuvent être imputées à faute à personne. Serait-il juste de mettre en pareil cas les frais des procédures annulées à la charge de la partie qui a fait citer le témoin incapable? Mais celle-ci devra-t-elle donc être obligée de faire une enquête pour s'assurer de la capacité des témoins? pour-

que le demandeur en cassation n'a rien observé ni opposé, pour qu'il ne prêtât pas serment ; qu'ainsi, lorsqu'il veut puiser dans cette observation faite par le ministère public un moyen de cassation, il se prévaut ici d'un droit de recours dans l'art. 278 ne donne, en pareil cas, qu'à ce magistrat, s'il estime qu'il y a lieu d'en user ; — Attendu que, d'après l'exhibition faite par le procureur criminel, de l'arrêt du 27 juill. 1818, qui prive pendant cinq ans ce témoin de l'exercice des droits mentionnés à l'art. 42, c. pén., et d'après le débat suscité alors par le demandeur en cassation, tendant à ce que la déposition de ce témoin fût maintenue comme assermentée, se fondant sur ce que cet arrêt ne l'aurait pas privé du droit de donner en justice telle déposition, la cour d'assises, par son arrêt motivé et rendu après délibéré en due forme, l'a débouté de ce soutenement, et a déclaré que la déposition de ce témoin serait considérée comme simple déclaration ; que par suite son serment serait envisagé comme non prêté; en quoi, loin de violer l'art. 42, n° 8, c. pén., elle s'y est au contraire exactement conformée, et n'a rien changé à l'état d'interdiction prononcée à charge de ce témoin, par l'arrêt du 27 juill. 1818; d'où il suit que l'arrêt attaqué n'a violé ni les art. 276, 277 et 278, c. inst. crim., ni l'art. 42, c. pén., ni enfin la chose jugée ; — Rejette, etc.

Du 5 mars 1819.-C. sup. de Bruxelles.-MM. Wauttelée, 1ᵉʳ pr.-Spruyt, av. gén., c. conf.-Jouhaud, av.

(2) (Metz C. min. pub.) — La cour; — Sur le premier moyen : — Attendu que, si le président de la cour d'assises a entendu , sans prestation de serment, conformément à l'art. 28 c. pén., le témoin Suppli, lorsque, d'après la déclaration de ce témoin, il le croyait condamné à une peine afflictive et infamante, il lui a fait réitérer sa déposition avec serment, lorsque, dans l'expédition de l'arrêt rendu contre ce témoin, il a vu qu'il n'avait été condamné qu'à une peine d'emprisonnement, et que, par cette dernière mesure, il s'est entièrement conformé à la disposition de l'art. 317 c. inst. crim. ; — Attendu qu'immédiatement après la déclaration non assermentée de ce témoin, le président l'a fait sortir de l'auditoire, et qu'il ne l'y avait fait rentrer pour déposer avec serment, qu'après que le témoin , entendu dans l'intervalle, a terminé sa déposition; que le jugement a été satisfait à la première disposition de l'art. 317 précité; — Rejette.

Du 7 oct. 1850.-C. C., ch. crim.-MM. Bastard, pr.-Ollivier, rap.

raît-elle d'ailleurs compter sur l'efficacité de ce moyen?— Il nous paraît donc beaucoup plus sage d'appliquer ici la maxime : *error communis facit jus* : telle paraît être l'opinion de Merlin qui décide (Quest., V. Témoin judiciaire, § 10) que lorsqu'une partie s'oppose à l'audition d'un témoin produit par l'autre partie, en se fondant sur une condamnation à une peine afflictive que ce témoin aurait encourue, sans rapporter la preuve que cette condamnation a été exécutée (V. *suprà*), et que le juge n'ait aucun moyen de vérifier sur-le-champ cette exécution, le juge, en pareil cas, devra admettre le témoin produit à la prestation de serment.—C'est là, du reste, l'application de cette règle de droit: *Paria sunt in jure non esse et non apparere.* — Il a été décidé en ce sens que l'audition en cour d'assises, sous la foi du serment et sans qu'elle ait donné lieu à aucune réclamation, d'un individu précédemment condamné à une peine afflictive et infamante, dont l'incapacité n'a été découverte que depuis les débats, ne saurait être une cause de nullité (Bruxelles, 25 oct. 1824, aff. Sabliax).

89. Mais si le témoin reproché pour un motif de cette nature, interpellé sur le point de savoir s'il a en effet subi une condamnation emportant interdiction du droit de témoignage, répond affirmativement, nous croyons qu'en pareil cas cet aveu doit être considéré comme une preuve suffisante, et que le fait de la condamnation alléguée peut être tenu pour constant. — Décidé en ce sens qu'on ne doit entendre qu'à titre de renseignements, un témoin qui, sur l'interpellation du président, déclare avoir été condamné à une peine afflictive et infamante, sans que cette déclaration ait été combattue par l'accusé ou par le ministère public, et sans autre preuve de sa condamnation (Crim. rej. 25 oct. 1840 (1) ; 26 fév. 1857, M. V. Foucher, rap., aff. Desanlis).

Sect. 2. — *Incapacités relatives ou causes de reproche en matière criminelle.*

Art. 1. — *Des causes de reproche admises par la loi civile.*

90. S'il paraît admis dans les matières civiles, sinon universellement, au moins d'après l'opinion la plus généralement accréditée (V. Enquête, n° 455 et s.), que les dispositions du code de procédure, en fait de reproches contre les témoins, ne sont qu'énonciatives, et qu'il est loisible aux tribunaux d'admettre tout autre motif qui leur paraît équivaloir à ceux indiqués par la loi, il n'en saurait être de même dans les matières criminelles, où il est de règle, au contraire, que, sauf quelques exceptions résultant de certaines qualités incompatibles avec les fonctions de témoin, il ne peut être proposé contre les témoins d'autres causes de reproche que celles qui sont expressément prévues par le texte de la loi criminelle.—En dehors des incapacités de témoignage formulées par la loi, les circonstances qui seraient de nature à faire suspecter la bonne foi ou l'impartialité d'un témoin, ne pourront, en conséquence, quelles qu'elles puissent être, faire obstacle à son audition ; seulement, l'accusé ou son conseil pourront, après l'audition de ce témoin, développer les motifs qui peuvent atténuer l'effet de son témoignage et les juges y auront tel égard que de raison. — C'est ainsi qu'il a été décidé par de nombreux arrêts que les diverses causes de reproches contre les témoins, admises dans les enquêtes civiles, ne sont pas applicables devant la juridiction criminelle (Conf. MM. Ch. Berriat, Procéd. des

trib. crim., 1ʳᵉ partie, n° 287 ; F. Hélie, Instruct. crim., t. 7, § 499, p. 293 et suiv.). — Jugé notamment sous le code de brumaire : 1° que les domestiques au service du prévenu peuvent être entendus aux débats comme témoins, « attendu que la loi exige seulement que le fait soit demandé au témoin s'il est parent, allié ou attaché au service de l'accusé ou de la partie plaignante, pour que cette circonstance soit connue des jurés et qu'ils puissent y avoir égard » (Crim. rej. 28 août 1806, MM. Barris, pr., Massillon. rap., aff. Coudevaux) ; — 2° Qu'ils peuvent, par conséquent, être entendus en témoignage contre leurs maîtres prévenus de délits, puisque la loi criminelle ne prohibe pas leur audition (Crim. rej. 26 fruct. an 9, MM. Seignette, pr., Carnot, rap., aff. Ninon) ; — 3° Qu'il en est de même, à plus forte raison, de celui qui a cessé d'être au service de l'accusé, alors que celui-ci ne fait qu'alléguer le ressentiment de ce témoin (Crim. rej. 14 vend. an 8, MM. Méaulle, pr., Gauthier, rap., aff. Bonnard) ;—4° Que le reproche contre un témoin fondé sur d'autres motifs que ceux énoncés en l'art. 358 c. brum. et notamment sur une prétendue inimitié, ne fait pas obstacle à son audition (Crim. cass. 18 mess. an 6, MM. Gohier. pr., Dor, rap., aff. Bresson) ; — 5° Que de même l'inimitié entre l'accusé et le témoin n'empêche pas l'audition de ce dernier (Crim. rej. 6 niv. an 10, MM. Viellart, pr., Busschop, rap., aff. Lecour) ; — 6° Qu'on peut entendre comme témoin une personne qui a précédemment attesté par écrit le fait sur lequel elle est appelée à déposer oralement : « Considérant qu'aucune loi ne défend de faire entendre comme témoin la personne qui précédemment aurait attesté par écrit un fait dont la déposition orale devient nécessaire ou utile » (Crim. rej. 6 germ. an 9, MM. Seignette, pr., Vallée, rap., aff. douanes) ; — 7° Qu'ainsi un officier de santé, encore bien qu'il ait préalablement une note, peut être entendu comme témoin (Crim. rej. 5 fruct. an 7, MM. Méaulle, pr. pr., Saint-Martin, rap., aff. Pollet) ;—8° Qu'ainsi encore, le chirurgien qui a soigné la victime d'un délit et qui a dressé des procès-verbaux, a pu être entendu, à titre de témoin, alors surtout que sa déposition avait pour but de détruire une équivoque qui pouvait naître de ces procès-verbaux (Crim. rej. 24 mars 1811, MM. Barris, pr., Brillat, rap., aff. Ammaniti) ; — 9° Qu'on ne peut, à plus forte raison, écarter un témoin sous le prétexte qu'il aurait déjà déposé dans d'autres affaires contre l'un des accusés (Crim. rej. 2 août 1810, MM. Barris, pr., Lasagni, rap., aff. Marini).

91. Il a été jugé pareillement, sous le code d'instruction criminelle : 1° que les témoins cités en matière criminelle ne sont pas reprochables pour les causes déterminées dans les enquêtes en matière civile ; qu'ainsi, un juge de police ne peut refuser d'entendre un témoin cité à la requête du ministère public par le motif qu'il aurait déjà manifesté son opinion sur la contravention ou donné des certificats sur les faits qui s'y rapportent (Crim. cass. 18 juill. 1846, aff. Pascal, D. P. 46. 4. 474) ; — 2° Qu'en conséquence, on ne peut, sur le motif qu'ils auraient déjà manifesté leur opinion par écrit, reprocher les préposés des douanes rédacteurs d'un procès-verbal annulé pour vice de formes et appelés en justice pour établir oralement l'existence du délit de fraude, sauf aux tribunaux correctionnels à avoir, en jugeant au fond, tel égard de raison aux considérations diverses qui pourraient atténuer la foi due à leur témoignage (Douai, 14 janv. 1842) (2) ; — 3° Que le prévenu ne peut repousser le témoignage de l'avocat qui a plaidé pour lui dans

---

(1) (Giraudier C. min. pub.) — Arrêt. — La cour ; — Sur le premier moyen tiré de ce que le nommé Jean Charbonnier, témoin assigné à la requête du ministère public, a été entendu sans prestation de serment sur la déclaration par lui faite qu'il avait subi une peine afflictive et infamante, sans que l'exactitude de cette déclaration ait été vérifiée : — Attendu que le procès-verbal des débats constate que c'est sur l'interpellation du président que Jean Charbonnier, assigné comme témoin, a déclaré avoir été condamné à une peine afflictive infamante, ce qui n'a été contesté ni par le ministère public ni par les accusés ou leurs défenseurs, et qu'en conséquence, le président a averti le jury que la déclaration de cet individu, au procès, ne devrait être considérée que comme un simple renseignement ; — Qu'il n'y a eu en cela aucune irrégularité ; — Rejette.

Du 25 oct 1840.—C.C., ch. crim.-MM. Bastard, pr.-Debaussy, rap.

(2) *Espèce.* — (Douanes C. Couterie.) — Couterie porteur d'objets de contrebande reçoit en s'échappant des mains des employés des douanes, un coup de sabre de Delplanque, l'un d'eux. Delplanque est poursuivi en cour d'assises à raison de ce fait ; Couterie se porte partie civile : il paraît que dans le cours des débats il aurait avoué le fait de contrebande qui lui était imputé, et cet aveu aurait été entendu par Mᵉ Deldicque, son avocat. — Poursuivi plus tard à raison du fait de contrebande, Couterie fit annuler le procès-verbal dont il avait été l'objet. — Appel par l'administration des douanes, qui demanda à fournir la preuve orale de l'existence de ce délit, en faisant entendre comme témoins le sieur Delplanque, et Mᵉ Deldicque, son avocat. Cette prétention fut repoussée par le sieur Couterie, qui forma contre ces témoins une demande en récusation. — Arrêt.

La cour ; — Vu les art. 156 et 185 c. inst. crim. ; — Attendu qu'en matière d'incapacités, les dispositions prohibitives de la loi ne peuvent

une précédente affaire, quelle que soit la relation de cette affaire avec celle où le témoignage est requis (même arrêt); — 4° Que le témoin qui a publié une brochure sur les faits de l'accusation a pu être entendu, si l'accusé ne s'est pas opposé à son audition (Crim. rej. 4 juin 1840) (1); — 5° Que par les mêmes motifs la disposition de l'art. 283 c. pr., qui considère comme une cause de reproche contre un témoin, la circonstance que celui-ci aurait bu ou mangé avec la partie, n'est pas applicable en matière criminelle, spécialement devant un tribunal de simple police (Crim. rej. 28 août 1818) (2); — 6° Qu'ainsi toutes personnes autres que celles énoncées dans l'art. 156 c. inst. crim., doivent, nonobstant l'opposition des inculpés à leur audition, être admises à déposer en matière de police; que spécialement, le tribunal de police ne peut refuser d'entendre des témoins reprochés par les prévenus, sous prétexte qu'ils auraient bu avec la partie le jour de la contravention, qu'ils se seraient comme eux trouvés en état d'ivresse et auraient été seuls coupables du bruit ou tapage nocturne qui leur est imputé (Crim. cass. 25 avr. 1834) (3); — 7° Que le ministère public n'est pas recevable à s'opposer à l'audition d'un témoin à décharge, sur le motif qu'il aurait personnellement commis l'infraction imputée au prévenu; à cet égard, l'art. 183 c. pr. concernant les enquêtes, est inapplicable à l'instruction des affaires de simple police et de police correctionnelle (Crim. rej. 6 mai 1858, aff. Malfroy, D. P. 58. 5. 351).

92. Il est de principe que nul ne saurait être à la fois témoin et partie dans une contestation : la déposition d'un témoin semble donc devoir être écartée toutes les fois qu'il a un intérêt direct dans la cause. *Nemo in re suâ testis idoneus* (L. 10, D., *De test.*).

— L'intérêt personnel qu'un témoin a dans le procès pour lequel se fait la preuve est le meilleur reproche qu'on puisse lui opposer (Merlin, v° Témoin jud., § 1, art. 3).—Ce principe incontestable dans sa généralité donne lieu à des règles d'application diverses, suivant les juridictions. Les unes appartiennent particulièrement à la juridiction civile : elles ont été traitées v° Enquête n°° 514 et suiv.; les autres sont spéciales aux matières criminelles.

93. L'*intérêt* plus ou moins direct, qu'une personne appelée comme témoin devant la juridiction répressive, peut avoir dans le procès, est sans doute une circonstance de nature à faire suspecter la sincérité de son témoignage, et que le juge doit prendre en sérieuse considération lorsqu'il s'agira de l'apprécier; mais il résulte des motifs déjà exprimés que cet intérêt quel qu'il soit ne suffirait pas devant les tribunaux de répression pour mettre obstacle à l'audition des témoins, s'il ne se trouve d'ailleurs dans aucun des cas de récusation déterminés par la loi criminelle. — C'est ainsi qu'il a été jugé : 1° que sous le code des délits et des peines, un tribunal correctionnel ne pouvait refuser d'entendre un témoin produit contre le prévenu, sous le prétexte qu'il existait un procès entre eux, les règles de la procédure civile étant, à cet égard, inapplicables aux affaires criminelles (Crim. cass. 18 juin 1807) (4); — 2° Ni sur le motif que ce témoin serait débiteur de l'accusé (Crim. rej. 28 déc. 1809, MM. Barris, pr., Benvenuti, rap., aff. Bouvier); — 3° Que l'intérêt qu'une personne non plaignante peut avoir dans un procès civil, fondé sur le fait qui donne lieu aux poursuites devant la cour d'assises, n'est pas une raison suffisante pour ne pas admettre son témoignage (Crim. rej. 27 juin 1828) (5); — 4° Qu'ainsi rien ne s'op-

---

être étendues; qu'à l'exception des parties et des parents ou alliés du prévenu aux degrés indiqués dans l'art. 156 précité, tous les témoins produits devant les tribunaux de répression doivent être entendus, sauf à avoir tel égard que de droit à leurs déclarations; — Attendu que les avocats qui ont plaidé dans une précédente affaire, soit pour le prévenu, soit pour la partie civilement responsable d'un crime ou d'un délit, ne peuvent, quelle que soit la relation de cette affaire avec celle dans laquelle leur témoignage est requis, le refuser, et que les tribunaux correctionnels doivent les entendre, sauf à ne pas leur demander la révélation des faits qu'ils n'auraient appris qu'à titre de confidence et à raison de leur ministère; — Ordonne que M° Deldicque sera entendu comme témoin; — Attendu que le témoin Delplanque n'est point au nombre des personnes dont l'art. 156 c. inst. crim. ne permet pas de recevoir le témoignage; que les dispositions prohibitives de cet article ne peuvent être étendues; que notamment les motifs de reproches que le code de procédure civile permet de produire contre les témoins assignés devant les tribunaux civils ne peuvent être invoqués pour repousser devant les tribunaux de répression le témoignage des personnes citées, même à la requête d'une partie civile; que les préposés des douanes rédacteurs d'un procès-verbal annulé pour vice de forme peuvent être appelés en justice pour établir le fait de fraude, sauf aux tribunaux correctionnels à avoir, en jugeant au fond, égard tel que de raison aux considérations diverses qui pourraient atténuer la foi de leur témoignage; — Ordonne que le préposé Delplanque sera entendu comme témoin. — Du 14 janv. 1842.—C. de Douai, ch. correct.

(1) (Santa Lucia (don Jean) C. min. pub.) — LA COUR; — ...Sur le moyen tiré de ce que le témoin Poli avait publié une brochure sur les faits de l'accusation, et de ce qu'un des jurés en a pris communication à l'audience, ce qui constituerait la violation des art. 317 et 341 du même code; — Attendu que l'art. 317 n'a pas été violé, puisque ce témoin a déposé sous serment aux débats, sans opposition de la part de l'accusé; — Que la brochure en question n'a point été remise par le président aux jurés; qu'ainsi l'art. 341 n'a point été violé; — Attendu enfin que la communication de cette brochure à l'un des jurés est un fait en dehors des débats; et que ce juré a déclaré n'en avoir lu que quelques lignes; qu'il résulte de l'arrêt rendu par la cour d'assises sur l'incident élevé à ce sujet, qu'il n'y a pas eu de communication telle qu'elle est défendue par l'art. 342 du même code; — Rejette. — Du 4 juin 1840.—C. C., ch. crim.—MM. Bastard, pr.—Isambert, rap.

(2) (Blancbatton.) — LA COUR; — Attendu sur le premier moyen que la disposition de l'art. 283 c. pr. civ., sur la faculté de reprocher les témoins qui, depuis la prononciation du jugement ordonnant l'enquête, auraient bu ou mangé avec la partie à ses frais, n'est relative qu'aux affaires civiles; et que la règle qu'elle établit n'est point applicable aux affaires correctionnelles ou de police; — Que pour les affaires de police simple, la forme de procéder est déterminée par l'art. 155 c. inst. crim.; que les personnes dont le témoignage ne peut être être reçu sont déterminées par l'art. 156; que l'application aux reproches fondés sur d'autres

causes que celles de parenté, l'appréciation en est abandonnée par la loi à la conscience du juge; que dans l'espèce le tribunal de police (correctionnelle de Dieppe), a statué sur le reproche et l'a rejeté après l'avoir déclaré mal fondé ;...— Rejette. — Du 28 août 1818.—C. C., sect. crim.—MM. Barris, pr.—Ollivier, rap.

(3) (Min. pub. C. Lemerle.) — LA COUR ; — Vu les art. 154 et 156 c. inst. crim. ; — Attendu que les témoins produits à l'appui de la prévention n'ont été reprochés par les prévenus que sous le prétexte qu'ils avaient bu avec eux le jour de la contravention aurait été commise; qu'ils se seraient trouvés comme eux en état d'ivresse, et qu'ils auraient été les véritables coupables du bruit ou tapage nocturne qui leur est imputé; qu'il appartenait au tribunal saisi de la poursuite d'avoir tel égard que de droit à ces circonstances, si elles lui paraissaient établies, en appréciant le mérite de leur déposition; mais qu'il ne pourrait refuser d'entendre ces témoins, puisque toutes personnes autres que celles dénommées dans l'art. 156 c. inst. crim. doivent, nonobstant l'opposition des inculpés à leur condition, être admises à déposer en matière de police; qu'ainsi, en accueillant les reproches proposés dans l'espèce contre les témoins dont il s'agit, le jugement dénoncé a commis une violation expresse des articles précités. — Casse. — Du 25 avr. 1834.—C. C., ch. crim.—MM. de Bastard, pr.—Rives, rap.

(4) 1re Espèce : — (Min. pub. C. Duco.) — LA COUR ; — Vu les art. 184, c. 3 brum. an 4 ; — Et attendu que l'ord. de 1667 est étrangère aux affaires qui se traitent devant les tribunaux criminels; que l'art. 358 c. délits et peines, et particulier au débat qui a lieu devant les cours de justice criminelle, en matière de grand criminel; qu'il est absolument inapplicable aux affaires correctionnelles; que l'art. 184 et suiv. du même code règlent privativement la manière de procéder devant les tribunaux correctionnels; que, d'après cet art. 184, l'audition des témoins précède les reproches qui peuvent être proposés contre eux; d'où il suit que tous les témoins présentés doivent être entendus, sauf à juges à apprécier les moyens de reproches et les défenses qui peuvent être proposés ensuite, et à y avoir tel égard que de raison pour leur conviction; qu'ainsi la cour de justice criminelle eût dû, sur ce point, réformer le jugement correctionnel; — Casse, quant à ce, pour l'intérêt de la loi seulement, l'arrêt de la cour de justice des Hautes-Pyrénées. — Du 18 juin 1807.—C. C., sect. crim.—MM. Barris, pr.-Seignette, rap.—Merlin, pr. gén., (c. conf.)

2° *Espèce* : — (Min. pub. C. Vincent.) — Du même jour, arrêt identique.

(5) *Espèce* : — (Aubry C. Min. pub.) — Aubry, condamné à cinq ans de reclusion, pour faux, par la cour d'assises de Vesoul, présente plusieurs moyens de cassation; le troisième est tiré de l'audition du témoin Perny, malgré l'opposition de l'accusé, fondée 1° sur ce que ce témoin avait été son coaccusé, et n'avait été mis en liberté que par arrêt de la chambre d'accusation de la cour de Besançon; 2° sur ce que le témoin était partie intéressée, se disant lésé par le faux, tellement qu'il existait pour cet objet un procès civil au tribunal de Lure. — Arrêt.

nose à ce que les créanciers ou débiteurs de l'accusé soient entendus comme témoins lors des débats (Crim. rej. 26 fruct. an 9) (1); — 5° Que par identité de motifs les syndics d'une faillite peuvent également être entendus comme témoins contre le failli, alors qu'ils ne se sont pas portés dénonciateurs (Crim. rej. 24 sept. 1819) (2).

94. Par la même raison, on décide qu'aucune loi ne fait obstacle à ce que les créanciers du failli soient entendus, comme témoins, aux débats, sur l'accusation en banqueroute dirigée contre ce dernier, alors, d'ailleurs, qu'ils ne sont pas parties civiles : il en doit être ainsi, surtout si l'accusé ou son conseil ne se sont pas opposés à leur audition, et si aucun des témoins n'est qualifié créancier du failli (Crim. rej. 15 avr. 1825, aff. Granier, V. Faillite, n° 1394-7°).

95. Cependant il a été jugé en sens contraire que devant un tribunal de police l'intérêt suffisant pour faire reprocher un témoin, peut résulter : 1° de ce qu'il aurait signé une pétition dans laquelle on provoquait une mesure administrative contre le fait qui a depuis donné lieu à la prévention (Crim. rej. 14 fév. 1834, aff. Landry-Guignard, V. Jugem. par défaut, n° 443-3°); — 2° De ce qu'il a intérêt, comme habitant de la commune, à ce que la contravention soit réprimée (même arrêt).

96. Il est des incompatibilités de fonctions qui résultent si manifestement de la nature des choses qu'on ne doit point hésiter malgré le silence de la loi à reconnaître l'incapacité relative du témoignage qui est le résultat nécessaire de certaines positions. Ainsi il est bien évident que l'avocat, l'avoué, conseil ou défenseur de la partie dans un procès civil ou criminel ne saurait être admis à leur prêter en même temps le secours de son témoignage; que les juges ou jurés ne pourraient dans la même affaire cumuler ces fonctions avec celles de témoins, et qu'il en est de même du ministère public (V. *infrà*, n°° 196 et suiv.).

Art. 2. — *Parenté, alliance.*

97. Les liens qui résultent d'un proche degré de parenté avec les parties ne permettent pas de déposer avec impartialité, et s'opposent à ce qu'on puisse remplir les fonctions de témoin. Le témoin ne doit point être placé entre ses affections et sa conscience. D'ailleurs, ainsi que l'a fait observer justement Pussort à l'occasion des récusations de juges pour fait de parenté, « les parentés et alliances sont *apud concordes excitamenta caritatis, apud iratos irritamenta odiorum* (V. Jousse, comment. de l'ord. de 1667, sous l'art. 11 du tit. 22, note 2°).—Le principe qui prohibe le témoignage des proches parents a donc été consacré par la loi, soit en matière civile, soit en matière criminelle, mais il y a lieu de distinguer entre ces matières, quant à l'application du principe, soit parce que le degré de parenté ou d'alliance qui s'oppose au témoignage n'est pas le même au criminel et au civil, soit parce que cette application donne lieu à

des questions qui sont spéciales aux matières criminelles (quant à la parenté des témoins en matière civile, V. v° Enquête, n°° 458 et suiv., 609, 661.

98. A Rome les collatéraux pouvaient être témoins, même en matière criminelle, mais la loi *Julia* leur permettait de s'excuser jusqu'au degré de cousin issu de germain inclusivement. La même loi permettait aussi de s'excuser dans les affaires criminelles aux alliés en ligne directe, mais au premier degré seulement. — Sous l'ancien droit français l'empêchement de tester résultant de la parenté n'était réglé d'une manière précise que dans les matières civiles, par l'ord. de 1667.

99. Le code des délits et peines de brumaire an 4 avait établi des prohibitions de témoignage pour cause de parenté ou alliance, mais ces prohibitions ne s'appliquaient qu'aux matières de grand criminel, et on jugeait sous ce code : 1° qu'en matière correctionnelle, tous les témoins devaient être entendus, même les parents, quel que fût leur degré de parenté avec les parties (c. des dél., art. 184), et que la disposition de l'art. 358, même code, qui prohibait le témoignage des proches parents de l'accusé dans les affaires criminelles ne pouvait, sans violation de la loi, être appliquée par un tribunal de police correctionnelle (Crim., rej. 8 germ., an 12, MM. Viellart pr., Schwendt, rap., aff. Rose; 19 déc. 1806, M. Buschopp rap., aff. Vidal; 18 juin 1807, M. Buschopp rap., aff. Wery; 21 août 1807, M. Seignette, rap., aff. Fischer; Crim. cass., 10 sept. 1807, MM. Barris, pr., Babille rap., aff. Dacheux; Crim. rej., 8 oct. 1807, M. Vermeil rap., aff. Guerement; 14 janv. 1808, M. Vergès rap., aff. Hugot; 17 mars 1808, M. Rolland rap., aff. Fiomberty; 5 avr. 1810, M. Vergès, rap., aff. Millet; 26 mars 1813, MM. Barris pr., Rataud, rap., aff. Vernier); — 2° Qu'ainsi, en matière correctionnelle, un tribunal ne pouvait pas, à peine de nullité de son jugement, refuser d'entendre des témoins à décharge, sous le prétexte qu'ils étaient parents du prévenu au degré prohibé (Crim. rej. 7 fruct, an 7, M. Béraud, rap., aff. Spener); — 3° Que c'était par conséquent par une fausse interprétation de l'art. 458 de la loi du 3 brum. an 4, qu'une cour de justice criminelle avait annulé un jugement rendu en matière correctionnelle, sur le motif que la belle-sœur du prévenu avait été entendue comme témoin : ce n'était qu'en matière criminelle que les parents à ce degré ne pouvaient être entendus en déposition (Crim. cass. 14 nov. 1806, MM. Barris, pr., Minier, rap., aff. min. pub. C. Berru); — 4° Que de même en matière de simple police, un parent au premier ou au deuxième degré, d'une des parties, pouvait être entendu comme témoin (Crim. rej. 4 mai 1809, MM. Barris, pr., Bauchau, rap., aff. Mathes).

100. Le code d'instruction criminelle a fait cesser les difficultés qui s'étaient élevées sous le code de brumaire. — Aux termes des art. 156, 189 et 322 de ce code, ne peuvent être reçus en témoignage, soit dans les matières correctionnelles ou de police, soit dans les affaires criminelles soumises au jury, les ascen-

---

La cour; — Sur le premier moyen de cassation présenté par le demandeur; — Attendu que, si le président de la cour d'assises, en vertu du pouvoir discrétionnaire dont l'investit l'art. 268 c. inst. crim., ayant prévenu la cour, les jurés et les accusés qu'il allait leur donner lecture de la déposition, devant le juge d'instruction, du sieur Levain, témoin absent, et que la lecture de cette déposition ne serait considérée que comme simple renseignement; que si, malgré l'opposition vague et non motivée du demandeur à cette lecture, il n'est pas résulté de cette opposition l'exercice de son pouvoir discrétionnaire un contentieux qui fût de nature à être soumis à la cour d'assises, et que son président n'a point excédé les bornes d'un pouvoir dont la loi abandonne l'exercice à sa prudence; qu'ainsi, et sous ce premier rapport, l'arrêt attaqué ne présente aucune violation de l'art. 408 c. inst. crim. ;

Sur le deuxième moyen de cassation; — Attendu que, si la cour d'assises a, conformément à l'art. 322 c. inst. crim., et sur l'opposition des accusés, statué que les mariés Roguet, beau-frère de l'un d'eux, ne seraient pas entendus comme témoins et sous la foi du serment, rien ne s'opposait à ce que la lecture de cette lettre, comme il l'a fait, en vertu du pouvoir discrétionnaire, sans prestation de serment, et pour servir de simples renseignements ; qu'en effet, l'art. 269 c. inst. crim., par suite du pouvoir dont l'art. 268 confie l'exercice à son zèle pour la manifestation de la vérité, l'autorise à appeler et entendre, pendant le cours des débats, toutes personnes dont l'audition dans cette forme peut jeter un jour utile sur un fait contesté; qu'ainsi, dans l'espèce, le pré-

sident des assises n'a point violé l'art. 322 c. inst. crim., et s'est conformé aux art. 268 et 269 dudit code;

Sur le troisième moyen de cassation; — Attendu que la cour d'assises, en ordonnant, malgré l'opposition du demandeur, que Hubert Perney, présenté comme témoin aux débats, serait entendu, sur le motif qu'il n'est point compris dans la prohibition portée en l'art. 322 c. inst. crim.; que, d'ailleurs, il avait cessé d'être le coaccusé du demandeur, qu'il n'était point partie plaignante, que l'intérêt qu'il pouvait avoir dans le procès dont il s'agit n'était pas une raison suffisante pour ne pas l'entendre en témoignage, n'a, sous ce rapport, violé aucune disposition de loi ; — Rejette.

Du 27 juin 1828.-C. C., ch. crim.-MM. Bailly, pr.-Chantereyne, r.

(1) (Cunin). — Le tribunal; — Attendu que l'art. 358 c. des délits et des peines ne met les débiteurs ni les créanciers des prévenus dans l'incapacité de porter témoignage dans les procès criminels instruits contre les créanciers ou débiteurs, et que d'ailleurs Cunin n'a pas justifié que les témoins ouïs aux débats fussent ses créanciers ou débiteurs; — Rejette.

Du 26 fruct. an 9.-C. C., sect. crim.-MM. Seignette, pr.-Carnot, r.

(2) (Dambricourt). — La cour; — Attendu que les poursuites contre les prévenus ont été faites d'office sans que les syndics de la faillite se soient constitués dénonciateurs ; que dès lors rien ne pouvait former obstacle à ce que les syndics fussent entendus comme témoins aux débats ; audition à laquelle d'ailleurs, l'accusé ne s'est point opposé; — Rejette.

Du 24 sept. 1819.-C. C., sect. crim.-M. Ollivier, rap.

dants ou descendants des prévenus ou accusés, ou de l'un d'eux, ses frères et sœurs ou alliés au même degré; son mari ou sa femme, même après la prononciation du divorce, sans néanmoins que l'audition de ces personnes soit une cause de nullité, lorsque, soit le ministère public, soit la partie civile, soit le prévenu ou l'accusé ne se seront pas opposés à ce qu'ils soient entendus.

101. Cette prohibition de témoignage s'applique à la parenté *naturelle* ou *adoptive* comme à la parenté légitime; d'un côté, parce que la loi n'établit aucune distinction à cet égard, et d'un autre côté, parce qu'ici les mêmes motifs reçoivent leur application. — Aussi a-t-il été jugé, en ce sens, que la loi, en défendant d'entendre comme témoins les enfants et petits-enfants des accusés, comprend les enfants naturels comme les enfants légitimes (Crim. rej. 19 sept. 1832 (1). — Conf. MM. Berriat-Saint-Prix, Pr. des trib. crim., 1re part., n° 282 ; Cubain, Pr. dev. les cour d'ass., n° 446). Toutefois on en décidait autrement dans l'ancien droit (Jousse, just. crim., t. 1er, p. 700, n°s 115 et 702; Farinacius, quest. 54, n°s 73 et 74).

102. Mais les dispositions qui règlent ces incapacités de témoignage sont restrictives et la prohibition d'entendre les frères et sœurs ne pourrait être étendue à leurs enfants; la fiction légale de la représentation ne saurait être appliquée en pareil cas (Conf. Carnot, p. 673, n° 14). — Jugé en ce sens : 1° que les neveux et nièces de l'accusé peuvent être entendus en témoignage pour ou contre lui ; il n'y a pas de représentation en cette matière (Crim. rej. 11 juin 1807, aff. Villame C. min. pub.; Crim. cass. 23 janv. 1835, aff. Piaud, V. n° 207) ; — 2° Que, par identité de motifs, l'oncle doit être entendu avec prestation de serment et non pas seulement en vertu du pouvoir discrétionnaire : — « Attendu, porte l'arrêt, que la prohibition de l'art. 322 ne peut être étendue au delà des degrés de parenté ou d'alliance qui y sont déterminés; qu'elle ne peut donc être appliquée aux témoins oncles de l'accusé ou de l'un des coaccusés » (Crim. cass. 13 janv. 1820, M. d'Aubers, rap., aff. Rey. — Conf. M. Charles Berriat, *ibid.*); — 3° Que les parents autres que ceux désignés par l'art. 156 c. inst. crim., dont l'énumération est limitative, ne sont pas incapables de déposer devant le tribunal de police (Crim. rej. 8 janv. 1859, aff. Blassy, D. P. 59. 5. 368).

103. On jugeait de même sous le code de brumaire : 1° qu'on pouvait entendre en témoignage l'oncle de l'accusé, « attendu que l'exception portée en ligne collatérale par l'art. 358 c. brum. ne s'étend pas plus loin qu'aux frères, sœurs ou alliés au même degré » (Crim. rej. 17 mess. an 7, MM. Méaulle, pr., Ritter, rap., aff. Grand. — Conf. crim. rej. 28 prair. an 6, MM. Gohier, pr., Méaulle, rap., aff. Pass) ; — 2° « Qu'un témoin ne pourrait être exclu par le motif de la possibilité pour lui d'hériter de l'accusé » (Crim. rej. 13 fruct. an 7, MM. Martin, rap., Codou); — 3° Qu'ainsi on peut entendre l'oncle contre le neveu et pareillement le neveu contre l'oncle (Crim. rej. 26 brum. an 8, MM. Méaulle, pr., Ritter, rap., aff. Granier; 29 frim. an 10, MM. Seignette, pr., Sieyès, rap., aff. Levasseur; 17 germ. an 12, MM. Seignette, pr., Oudart, rap., aff. Gosson); — 4° Qu'on peut entendre de même la tante de l'accusé (Crim. rej. 13 mai 1808, MM. Bouchard, pr., Busschopp, rap., aff. M...); — 5° Son cousin germain (Crim. rej. 18 niv. an 7, MM. Barris, pr., Dutocq, rap., aff. Bain; 29 frim. an 5, aff. Graciat, *infrà*, n° 296-2° ; 7 flor. an 9, MM. Seignette, pr., Genevois, rap., aff. Nicolle).

104. D'après l'art. 358 c. brum., comme d'après les articles

précités du code d'instruction criminelle, l'alliance, en matière de prohibition de témoignage, produisait les mêmes effets que la parenté au même degré. — Il a donc été jugé avec raison sous cette législation, et il faudrait décider de même aujourd'hui, quoi si l'accusé s'y oppose, on ne peut entendre comme témoin le fils ou la fille de sa petite-fille (Crim. cass. 24 mess. an 4, MM. Brun, pr., Bazennerie, rap., aff. Vandenbrempt; 1er therm. an 7, M. Pepin, rap., aff. Ourdel).

105. L'affinité produite par le mariage entre l'un des conjoints et les parents de l'autre époux n'en devrait pas moins produire ses effets alors même que la validité de ce mariage serait mise en contestation, puisqu'un tel mariage est réputé existant tant que la nullité n'en a pas été prononcée. — Il a été jugé en ce sens que, dans un procès criminel qui, en cas de condamnation des accusés, doit avoir pour résultat l'annulation du mariage prétendu contracté entre l'un d'eux et une autre personne, la cour d'assises peut refuser d'entendre comme témoin cette personne qui, le mariage supposé existant, a, à l'égard des accusés, la double qualité de femme et de belle-mère (Crim. rej. 3 sept. 1812) (2).

106. Il s'est élevé la question de savoir s'il existe entre l'époux et l'enfant naturel ou adultérin de son conjoint une alliance telle qu'elle puisse donner lieu aux prohibitions de témoignage consacrées par les dispositions précitées. Cette question délicate nous semble pouvoir être résolue par des considérations puisées dans le sens moral de la loi. — Les rapports de paternité et de filiation, quel que puisse être au point de vue légal le vice de la naissance, engendrent des devoirs qu'il n'est permis à la loi civile de méconnaître ni de détruire, parce qu'ils sont fondés sur les lois inaltérables de la nature; aussi est-il de règle que si le législateur, par des considérations puisées dans l'intérêt social, a restreint dans l'ordre civil les effets de cette parenté, ces effets subsistent dans toute leur force dans l'ordre moral.—Il nous paraît donc que l'affinité que produit le mariage entre l'époux et les enfants issus de son conjoint, doit, chez nous comme en droit romain, produire, nonobstant le caractère d'illégitimité de cette filiation, tous les effets moraux de la filiation légitime. — Les lois romaines, en effet, reconnaissaient trois espèces de parenté, qu'elles désignaient sous le nom de *cognatio civilis, cognatio naturalis,* et *cognatio mixta;* chacune de ces trois cognations établissait les liens de parenté que les lois ordonnaient de respecter. Ainsi, le mariage était prohibé entre le père et sa fille adoptive, et entre le père et sa fille naturelle, comme entre le père et sa fille légitime. Notre code civil a établi les mêmes prohibitions. Quant à l'alliance que les Romains nommaient *affinitas,* elle était produite par le mariage; de sorte que tous les parents de la femme devenaient alliés au même degré du mari ; ce qui étendait à ces personnes les prohibitions établies par le mariage. Ainsi, l'époux ne pouvait contracter mariage avec la fille adultérine de sa femme. En raisonnant par analogie, on doit décider que le fils adultérin de la femme, qui certainement ne pourrait servir de témoin contre sa mère, ne peut de même être admis à déposer contre le mari de celle-ci.—Il a été jugé en ce sens que l'enfant adultérin de la femme est allié du mari de cette femme ; qu'en conséquence, l'art. 338 du code du 3 brum. an 4, qui défend d'appeler en témoignage le fils et la fille de l'accusé et leur allié au même degré, s'applique aux enfants naturels du conjoint de l'accusé (Crim. cass. 6 avr. 1809 (3); Conf. M. Ch. Berriat, *loc. cit.*).

(1) (Bougé C. Min. pub.) — La cour ; — Attendu que l'art. 322 c. inst. crim. dans son n° 2, relatif aux dépositions des fils, filles, petits-fils et petites-filles ou de tout autre descendant dans les procès criminels des pères, mères, aïeux et aïeules ou de l'un des accusés présents et soumis au même débat, se sert de termes généraux et n'établit pas de distinction entre les enfants légitimes et les enfants naturels ; que, dès lors, la cour d'assises a statué conformément audit article en ordonnant, d'après l'opposition des accusés, que la fille naturelle d'un des accusés, ne serait pas entendue au débat comme témoin ; — Que, si le président d'assises l'a fait entendre en vertu de son pouvoir discrétionnaire, sans prestation de serment, et pour fournir de simples renseignements, il a usé du droit qui lui est conféré par l'art. 268 c. inst. crim. ; — Rejette.
Du 19 sept. 1852.—C. C., ch. crim.-MM. Portalis, 1er pr.-Brière, rap.
(2) (Billet C. min. pub.) — La cour ; — ...Attendu que si l'art. 322

permet, dans certains cas, l'audition des personnes y désignées, il n'en impose jamais l'obligation, et que la cour d'assises s'est conformée à la loi en refusant d'entendre comme témoin Louise Léger, femme de l'un des accusés présente et mère de l'autre, surtout lorsque les défenseurs de Billet père et fils s'opposaient à ce qu'elle fût entendue ; — Rejette.
Du 3 sept. 1812.-C. C., sect. crim.-MM. Barris, pr.-Audier, rap.
(3) (Ferrand C. min. pub.) — La cour (après délib. en ch. du cons.); — Vu les art. 358, 456 et 552 du code du 3 brum. an 4 ; et attendu que la prohibition d'appeler en témoignage le fils et la fille de l'accusé et leurs alliés au même degré, comprend nécessairement les enfants de la femme ou du mari, à l'égard de l'autre conjoint, à cause de l'alliance que le mariage établit entre les conjoints et leurs enfants respectifs; que rien ne peut empêcher cette alliance d'exister, dès qu'elle

107. Mais la prohibition ne s'étend pas aux alliés des alliés : *Affinitas affinitatem non parit.* — Aussi a-t-il été jugé : 1° Que les alliés des alliés de l'accusé peuvent être entendus comme témoins (Crim. rej. 25 brum. an 12) (1) ;—2° Qu'ainsi un tribunal criminel n'a pu écarter du débat comme alliés de l'accusée des témoins qui ont épousé les sœurs du mari de celle-ci (Crim. cass. 6 frim. an 9) (2) ;—3° Que de même, le mari de la sœur de la femme de l'accusé n'est point allié de celui-ci et peut être entendu comme témoin : « attendu que l'alliance dans le langage légal est celle qui se contracte par le mariage entre l'un des conjoints et les parents de l'autre, et que Joseph Maillard n'étant que mari de la sœur de la femme de l'accusé, n'était, par conséquent, ni parent ni allié de l'accusé ; rejette » (Crim. rej. 10 sept. 1812, MM. Barris, pr., Benvenuti, rap., aff. Vouriot). — 4° Que la femme du beau-frère de l'accusé peut être entendue comme témoin (Crim. cass. 5 prair. an 13 (3) ; 11 avr 1811, aff. Billon C. min. pub. ; 16 mars 1821, M. Ollivier, rap., aff. Joly ; Crim. rej. 27 juill. 1809, MM. Barris, pr., Delacoste, rap., aff. Ravani).

108. Les prohibitions de témoignage qui résultent de l'alliance de l'un des époux avec les parents de son conjoint subsistent-elles encore alors que ce dernier est décédé et qu'il n'existe pas d'enfant du mariage ?—Cette question a été résolue diversement ; ainsi il a d'abord été jugé : 1° que lorsqu'une femme meurt sans enfants, toute alliance entre le mari et les parents de sa femme a cessé ; qu'en conséquence, le témoignage de ceux-ci peut être valablement reçu dans une procédure criminelle introduite contre le mari (Crim. rej. 21 therm. an 2, MM. Maleville, pr., Lions, rap., aff. Sagant) ; — 2° Que, de même, l'alliance est détruite par le décès sans enfants de celui qui la produit, et qu'ainsi la belle-sœur de l'accusé peut être entendue aux débats comme témoin si elle a perdu son mari sans avoir eu d'enfants et sans être enceinte (Crim. rej. 26 mars 1806, MM. Barris, pr., Lombard, rap., aff. Giquel).

109. On étendait cette solution au cas de divorce sans enfants, et l'on jugeait par les mêmes motifs que l'inhibition d'entendre comme témoins les alliés cesse par le divorce sans enfants (Crim. rej. 28 janv. 1808 (4) ; Conf. crim. rej. 19 therm. an 9, MM. Seignette, pr., Liger, rap., aff. Viardet).

110. Mais le principe qui sert de base à ces décisions peut être justement contesté. En effet, s'il est vrai qu'en cas de décès de l'époux qui produisait l'affinité et des enfants issus du mariage, l'art. 206 c. nap. ait modifié les effets civils de l'alliance en ce qui concerne l'obligation imposée à l'autre époux de fournir des aliments à ses beau-père et belle-mère, la loi n'a dit nulle part que l'alliance en pareil cas cesserait de subsister. Loin de là, les art. 161 et 162 du même code, relatifs aux prohibitions de mariage fondées sur la parenté ou l'alliance n'admettent en pareil cas aucune restriction et attachent par conséquent à cette alliance un caractère de perpétuité. — Faut-il enfin s'étayer sur les lois romaines ? nous trouvons dans la loi *de verborum significatione*, un texte précis qui comprend dans la famille le gendre dont l'épouse est morte sans postérité. — Vainement opposerait-on la loi 3 au Dig. *de postulando.* Cette loi est exceptionnelle ; elle énumère les personnes infâmes auxquelles on accorde le droit de postuler. Dès lors, la restriction doit être circonscrite dans l'exception elle-même. — Au contraire, la loi *de verborum significatione* est une loi d'application générale. Elle définit la famille ; elle y comprend le gendre, même dans le cas où il est resté veuf sans enfants issus du mariage. — Donc le gendre est et demeure allié en tout état de cause, sauf dans la spécialité de la loi 3 au Dig. *de postulando.* — C'est donc avec beaucoup plus de raison, suivant nous, qu'il a été décidé : — 1° Qu'en matière criminelle, l'alliance ne cesse point par le décès sans postérité du conjoint qui l'avait produite, et que l'art. 322 inst. crim. s'oppose au témoignage d'une belle-mère dont la fille qui produisait l'alliance, est morte sans laisser de postérité (c. d'ass. de Vaucluse, 19 avril 1836, aff. Fabre, V. Parenté, n° 16) ; — 2° Que de même l'alliance qui rend un témoin reprochable ne cesse pas par le décès de l'un des époux, sans enfants

---

a été produite par un mariage valablement contracté ; qu'en conséquence, le vice de la naissance d'un enfant n'est d'aucune considération à l'égard du mari qui a contracté une union légale avec la mère reconnue de cet enfant illégitime ; qu'on doit le décider ainsi, par la raison qu'il existe toujours un lien naturel entre la mère et son enfant, lors même que cet enfant serait un bâtard adultérin ; que l'existence de ce lien naturel est indépendante du droit civil ; qu'il existe par cela seul qu'il est physiquement impossible qu'il n'existe pas, et dès lors, on ne peut rien conclure contre sa réalité et contre ses effets ; des dispositions de la loi civile concernant l'état et les droits du bâtard adultérin, soit dans la société, soit à l'égard des auteurs de sa naissance, ces dispositions étant uniquement relatives à l'ordre civil, et ne pouvant rien changer aux règles immuables de la nature ; que, par une déduction nécessaire de ces principes, il faut dire que, comme tout bâtard, même adultérin, ne pourrait, dans l'objet et l'esprit de la loi prohibitive, être admis à déposer sur le crime imputé à sa mère, il ne peut également être reçu à rendre témoignage sur l'accusation dirigée contre celui qui, en devenant l'époux de sa mère, a acquis, à l'égard des enfants de celle-ci, les rapports inaltérables d'une alliance naturelle ; — Attendu, d'ailleurs, que les motifs de prudence et la considération morale qui ont dicté la prohibition de l'art. 558 à l'égard du fils légitime de l'un des conjoints, s'appliquent aussi à l'enfant illégitime de la femme vis-à-vis du mari de celle-ci ;

Attendu enfin que, dans l'espèce, Etienne Ferrand et Madeleine Choignard ayant légitimement contracté mariage, et Thomas Alamartine étant reconnu pour l'enfant de Madeleine Choignard, né avant son mariage, de son commerce avec un homme marié, Etienne Ferrand a eu le droit de s'opposer que cet enfant ne fût entendu aux débats ; et que dès lors, en refusant de faire droit à sa réquisition et en admettant Thomas Alamartine à déposer devant le jury du jugement, la cour de justice criminelle de la Loire a violé l'art. 558, prescrit à peine de nullité ; — Casse.

Du 6 avril 1809.-C. C., sect. crim.-M. Guieu, rap.

(1) (Flor et Zimmer, femme Pitter.) — Jugement ; — LE TRIBUNAL ; — ... Attendu que la prohibition contenue dans l'art. 558 du code ne s'appliquant qu'aux alliés des accusés aux degrés indiqués, elle ne s'étend pas aux alliés des alliés, et qu'il n'a été commis dans l'espèce, aucune contravention audit article ; — Rejette.

Du 25 brum. an 12.-C. C., sect. crim.-MM. Viellart, pr.-Borel, r.

(2) (Min. pub. C. veuve Poulet.) — LE TRIBUNAL ; — Vu les art. 294, 546, 356, 558 et 456 c. délits et peines du 5 brum. an 4 ; — Considérant qu'il résulte des dispositions des art. 346, 356 et 558 ci-dessus

cités, que l'accusateur public peut faire entendre aux débats tous les témoins compris sur la liste par lui présentée, à moins qu'ils ne soient de la classe de ceux dont ledit art. 558 défend expressément l'audition ;

Considérant que la prohibition faite par ce dernier article, à l'égard des alliés de l'accusée, aux degrés y énoncés, doit être restreinte dans son espèce, et qu'elle ne peut, par conséquent, être étendue aux maris et femmes des mêmes alliés, qui, d'ailleurs, ne sont pas parents de l'accusée dans un degré prohibé ; — Considérant que, dans l'espèce présente, le commissaire accusateur, en comprenant sur la liste par lui présentée en exécution de l'art. 546 ci-dessus cité, les nommés Procope Souillart, Jean-Baptiste Herman et Jean-Baptiste Huchette, avait requis l'audition de ces trois témoins ; et que néanmoins le tribunal criminel du département du Nord les a écartés des débats, sous prétexte qu'ayant chacun épousé une sœur du mari de l'accusée, ils devaient, de même que leurs femmes, être considérés comme compris dans la prohibition du susdit art. 558 ; qu'en appliquant ainsi faussement cet article, le tribunal criminel a mal à propos refusé de déférer à ladite réquisition du commissaire ; et qu'ainsi celui-ci est fondé en son pourvoi en cassation, aux termes des art. 294 et 456, c. délits et peines, ci-dessus également cités : — Par ces motifs, — Casse.

Du 6 frim. an 9.-C. C., sect. crim.-M. Busschop, rap.

(3) (Pechon C. min. pub.) — LA COUR ; — Vu l'art. 558 du code des délits et des peines, et attendu que l'alliance dont parle cet article est celle qui se contracte par le mariage entre l'un des conjoints et les parents de l'autre ; qu'un époux n'a, par conséquent, pour alliés du chef de son conjoint, que ceux qui en sont les parents ; et qu'ainsi les alliés de ce dernier ne lui sont rien dans l'acception juridique de ce mot ; que, cependant, l'arrêt attaqué a étendu l'effet de cette alliance même aux alliés du conjoint, puisqu'il a décidé que la femme du beau-frère de l'accusé était, comme son mari, son alliée au même degré, et a en conséquence refusé de l'entendre, comme étant, par son mari, belle-sœur de l'accusé ; d'où résulte une fausse application évidente de l'art. 558 ci-dessus ; — Par ces motifs, casse et annule, etc.

Du 5 prair. an 13.-C. C., sect. crim.-M. Babille, rap.

(4) (Druy.) — LA COUR ; — Attendu, sur le premier moyen, que l'art. 558 des délits etc., en exprimant que le mari et la femme, même après le divorce légalement prononcé, ne pouvaient être entendus comme témoins l'un contre l'autre, et en gardant le silence à l'égard de ceux qui avaient été alliés par un mariage dissous par le divorce, a décidé tacitement que ceux-ci pouvaient être entendus ; — Rejette.

Du 28 janv. 1808.-C. C., sect. crim.-MM. Barris, pr. Dutocq, rap.

ni descendants (Crim. rej. 10 sept. 1840 (1); 10 oct. 1839, aff. Peytel, V. n° 639-1°); — 3° Qu'enfin la disposition de l'art. 322 c. inst. crim. qui défend de recevoir les dépositions du père, de la mère, etc., ou des alliés aux mêmes degrés de l'accusé, s'applique indistinctement au cas où l'affinité subsiste dans toute sa force, et à celui où la personne qui l'aurait produite est décédée sans enfants (Crim. cass. 10 mai 1843, M. Rocher, rap., aff. Roquest). — V. aussi v^ie Enquête, n° 461; Minorité, n° 189; Obligat., n°s 3280, 3311; Parenté, n° 16.

111. Il doit sembler superflu d'ajouter que les prohibitions fondées sur le lien du mariage ne peuvent s'étendre à des unions illégitimes. Ce point, cependant, a été mis en question, mais il a été décidé, conformément à la raison et à la morale, 1° que l'exclusion comme témoin de l'époux ou de l'épouse de l'accusé n'a lieu que dans le cas où il existe un mariage légal, elle ne s'applique pas au cas de concubinage (Crim. rej. 2 mars 1810) (2); — 2° Qu'ainsi la femme unie à l'accusé, mais qui n'a pas été mariée avec lui par l'autorité civile, peut être témoin (Crim. rej. 19 oct. 1809) (3).

112. Non-seulement les parents ou alliés d'un accusé au degré prohibé, ne sont pas reçus à déposer pour ou contre lui, mais leur témoignage ne peut même pas être admis à l'égard de ses coaccusés présents et soumis au même débat (c. inst. crim. 322). Les faits qui servent de base à une accusation dirigée contre plusieurs individus, ont nécessairement entre eux un rapport tellement intime qu'une déclaration justement suspecte de partialité envers l'un des inculpés ne saurait offrir, en ce qui concerne les coprévenus de celui-ci, des garanties de sincérité suffisantes. — Cette règle, toute de morale et d'équité, semblerait devoir s'appliquer devant toutes les juridictions. Cependant il est à remarquer que l'art. 156 c. inst. crim., commun aux matières de simple police et correctionnelles, tout en consacrant en ces matières les mêmes interdictions de témoignage pour cause de parenté que formule l'art. 322 pour les affaires jugées en cour d'assises, ne parle que des parents *de la personne prévenue*, tandis que ce dernier article comprend expressément dans la prohibition de témoignage contre les parents de l'accusé, ceux des autres accusés présents et soumis au même débat. — Cette différence de rédaction dans les deux articles paraît indiquer que dans l'intention de la loi les incapacités pour cause de parenté ne s'opposent point à ce qu'en matière correctionnelle ou de police, un prévenu puisse faire entendre les parents de son coprévenu; et il a été jugé, en ce sens, qu'en matière correctionnelle les parents d'un prévenu, au degré énoncé en l'art. 156, peuvent être entendus comme témoins à la requête de son coprévenu sur un fait personnel à celui-ci (Metz, 10 oct.

1820) (4). — Il importe toutefois de bien remarquer que d'après les termes mêmes de cette décision, le parent au degré prohibé de l'un des prévenus, ne pourrait être entendu comme témoin qu'autant qu'il s'agirait pour lui de déposer sur des faits qui seraient absolument distincts des faits à charge ou à décharge qui peuvent concerner celui des prévenus qui lui est attaché par un lien de parenté. Mais ce cas sera fort rare. D'ailleurs l'audition d'un témoin, placé dans de telles circonstances, ne sera jamais exempte d'inconvénients. Aussi nous semble-t-il que l'on devrait étendre à toutes les juridictions criminelles la disposition de l'art. 322 qui nous paraît avoir été dictée par des motifs fort sages. — En Belgique, cette interprétation est admise par les tribunaux. L'on décide qu'en matière correctionnelle, le témoignage du parent récusable d'un coprévenu peut être repoussé par le ministère public, bien qu'il n'ait été cité que par un coprévenu auquel il est étranger, et seulement pour déposer sur des faits concernant ce dernier : — « La cour, attendu que tout témoin appelé en justice doit, conformément au serment qu'il prête, dire la vérité et toute la vérité; que le droit d'investigation dévolu aux tribunaux frappant sur tous les faits de la cause ne peut être limité, et que ce serait le restreindre que de le faire porter sur tel point du procès et non pas sur tel autre; que ce principe résulte d'ailleurs de la combinaison des art. 156 et 322 c. pr. civ.; par ces motifs, dit que le témoin Legrand, beau-frère du prévenu Poncelet, ne sera point entendu » (Bruxelles, 4e ch., 26 déc. 1840, aff. min. pub. C. Coremans et Poncelet).

113. L'art. 322 c. inst. crim. n'a fait, au reste, que confirmer une règle déjà consacrée par la loi du 15 vent. an 4, laquelle avait étendu aux parents et alliés de l'un des coaccusés du même fait et compris dans le même acte d'accusation, la prohibition énoncée en l'art. 358 du code de brumaire. — Aussi, l'on décidait sous l'empire de cette loi : 1° qu'en accusation solidaire les parents de l'un des accusés sont récusables respectivement à tous : — « Considérant, relativement au premier chef, qu'en accusation solidaire les parents de l'un des accusés sont récusables respectivement à tous, sans quoi chacun d'eux, par son parentage, pourra opérer la décharge commune » (Crim. rej. 23 prair. an 3, MM. Brun, pr., Regnier, rap., aff. Flamant); — 2° Que les parents et alliés de l'un des coaccusés du même fait, et compris dans le même acte d'accusation, ne peuvent, lors des débats, être entendus comme témoins en faveur des autres accusés, alors qu'ils ne pourraient déposer pour l'accusé, leur parent ou leur allié (Crim. cass. 24 frim. an 13 (5); Crim. rej. 28 avr. 1808, MM. Barris, pr., Vasse, rap., aff. Noël); — 3° Que cette prohibition s'applique à l'audition des parents et alliés de l'un des

---

(1) (Mauguin C. min. pub.) — Arrêt. — La cour; — Attendu qu'aucune disposition de loi ne fait cesser l'alliance par le décès de l'époux qui la formait, et des enfants issus du mariage; que même l'art. 283 c. pr. civ. déclare reprochables, dans ce cas, les beaux-frères et belles-sœurs; que, dès lors, le témoin Cantin, veuf sans enfants de la sœur du demandeur, se trouvait au nombre des personnes dont, aux termes de l'art. 322 c. inst. crim., les dépositions ne peuvent être reçues; — Qu'ainsi, le président, en décidant que ce témoin ne serait pas entendu à ce titre et en l'entendant ensuite, à titre de renseignements, en vertu de son pouvoir discrétionnaire, n'a violé aucune loi; — Rejette.
Du 10 sept. 1840.-C. C., ch. crim.-MM. Bastard. pr.-Vincens, rap.

(2) (Dehaeze.) — La cour; — ...Attendu 2° qu'il n'y a lieu à l'application de l'art. 358 de la loi du 3 brum. an 4, que dans le cas où il existe un mariage légal entre les époux dont l'un est mis en jugement et l'autre appelé en témoignage; — Que dans l'espèce il n'existait aucun mariage légal entre la nommée Pastel et la fille Ruvie; — Rejette.
Du 2 mars 1810.-C. C. sect. crim.-MM. Barris, pr.-Guieu, rap.

(3) (Pezin.) — La cour; — ...Attendu que Joséphine Pastel n'ayant pas été mariée au réclamant par l'autorité civile, elle ne peut pas être regardée comme sa femme, que par conséquent elle a pu être entendue comme témoin au débat sans contrevenir à l'art. 358 du c. de brum.; — Rejette.
Du 19 oct. 1809.-C. C., sect. crim.-MM. Barris, pr.-Dutocq, rap.

(4) (Min. pub. C. Bression aîné et autres.) — La cour; — Considérant que si en matière criminelle et par-devant les cours d'assises, les reproches proposés contre les témoins à décharge, produits par les accusés, doivent être admis, quand ils sont parents de ces mêmes accusés, dans tous les degrés déterminés par l'art. 322 c. inst. crim., il n'en est

pas de même, en matière correctionnelle, à l'égard des parents des prévenus, qu'un de leurs coprévenus qui leur serait étranger voudrait faire entendre, parce que l'art. 156, même code, ne prohibe point leur audition ; — Considérant qu'au cas particulier Nicolas-François Bression aîné ne demande à faire entendre Joseph Laurent et sa femme, parents de ses coprévenus, que sur un fait qui lui est purement personnel, qui n'a aucun rapport avec les faits qui concernent les autres prévenus et qui s'est passé dans un autre lieu que celui de la querelle : — Avant faire droit, infirme la décision des premiers juges, en ce qu'ils auraient admis les reproches proposés contre Joseph Laurent et sa femme; — Emendant quant à ce, — Autorise la partie de Bauquel à les faire entendre, mais uniquement sur le fait qui lui est purement personnel, savoir, etc.
Du 10 oct. 1820.-C. de Metz, ch. corr.-M. de Colmy, pr. d'âge.

(5) (Tournon, Palis, etc.) — La cour; — Vu l'art. 358 du c. des délits et des peines, et la loi du 15 vent. an 4; — Et attendu que d'après ces lois, les parents ou alliés au degré qu'elles indiquent, ne peuvent être entendus en témoignage, non-seulement contre leurs parents ou alliés à ce degré, mais encore contre ses coaccusés du même fait, et compris dans le même acte d'accusation; — Que, dans l'espèce, au nombre des accusés du même fait et compris dans le même acte, se trouvait Clément Richard, dont le témoin Penel était le beau-frère, et par conséquent au degré où il ne pouvait être entendu comme témoin ; — Que, cependant, le magistrat le reproche dirigé contre lui d'après ces lois, par les coaccusés de Richard, ce témoin a été entendu lorsqu'il ne devait pas l'être, et qu'ainsi l'arrêt attaqué a évidemment violé les lois ci-dessus citées, qui s'opposaient à l'audition d'un semblable témoin ; — Par ces motifs, casse.
Du 24 frim an 13.-C. C., sect. crim.-M. Babille, rap.

coaccusés du même fait soit à charge, soit à décharge : — « Attendu que si la partie dispositive de la loi du 15 vent. an 4 n'énonce que le cas de cette audition à charge, c'est que c'était ce cas qui provoquait l'explication de l'art. 358, qu'elle n'est point extensive de cet article, mais seulement interprétative; que son motif s'appliquant à l'audition à décharge, comme à l'audition à charge, l'interprétation par elle donnée doit également s'appliquer à ces deux cas » (Crim. rej. 27 juill. 1809, MM. Barris, pr., Delacoste, rap., aff. Ravani).

114. Cette prohibition n'avait lieu cependant, et il en serait de même aujourd'hui, que pour les parents de l'accusé *présent* et soumis au même débat.—Il a été jugé : 1° avant le code, que le frère d'un accusé qui est resté en état de contumace peut être entendu comme témoin lors du jugement des coaccusés du même délit (Crim. rej. 9 brum. an 10, MM. Seignette, pr., Lecoutour, subst., c. conf., aff. percepteurs et commis de la trésorerie); — 2° Depuis le code, que la déposition d'un parent, au degré prohibé par l'art. 322, du principal accusé peut, si ce dernier est décédé, être entendu sur la poursuite dirigée contre un coaccusé (Crim. rej. 14 juill. 1814) (1).

115. En tous cas, les motifs qui s'opposent à l'admission du témoignage des parents d'un coaccusé n'existent plus lorsque celui-ci a été acquitté ou mis hors de cause. Aussi a-t-il été jugé : — 1° Qu'on peut entendre aux débats les parents de l'un des accusés acquitté par le jury d'accusation (Crim. rej. 9 prair. an 7) (2) ; — 2° Que quoique deux individus aient été accusés par le même acte, si l'un a été jugé antérieurement à l'autre, l'autre ne peut être considéré comme coaccusé de celui-ci , et sa femme peut être entendue comme témoin (Crim. rej. 7 prair. an 8) (3); — 3° Que de même on peut faire entendre un parent du coaccusé acquitté contre l'autre accusé (Crim. rej. 10 janv. 1817) (4).

116. A plus forte raison a-t-il été décidé que la parenté de l'un des témoins avec un juré, fût-elle justifiée, ne serait pas une cause d'exclusion (Cr. rej. 10 oct. 1817) (5).

117. C'est un principe trivial, qu'en matière de prohibition et d'incapacité, on ne peut admettre d'interprétation extensive ; que la loi doit être, au contraire, rigoureusement restreinte dans ses termes. Aussi , la loi n'ayant pas frappé de prohibition le témoignage du tiers qui transmet à la justice les révélations d'un témoin incapable, on ne saurait étendre à celui-là l'incapacité attachée à celui-ci. C'est aussi l'avis de M. Legraverend, p. 283. —En effet, la prohibition d'entendre les proches parents ou alliés des parties repose, surtout en matière criminelle , sur les premières lois de la nature et sur des principes de morale et d'honnêteté publiques qu'il est impossible de méconnaître. La loi civile n'a pas dû placer un témoin entre la religion du serment , qui lui impose l'obligation de dire la vérité, et le lien si puissant de la parenté ou de l'alliance, qui peut lui prescrire souvent un devoir contraire, tellement que ce témoin doive préférer se rendre parjure plutôt que de rester fidèle à sa parole jurée.

— Mais ces raisons n'existent plus lorsqu'un tiers vient apporter aux débats les renseignements qu'il tient d'un témoin incapable de les transmettre lui-même à la justice ; dès lors l'intérêt de la vérité reprend tout son empire, et le témoignage de ce tiers doit être nécessairement admis. Il est vrai que les révélations des enfants ou autres parents, transmises aux jurés par des tiers, peuvent avoir une grande influence sur le sort des accusés; mais, encore une fois, remarquons bien que la prohibition de l'art. 322, uniquement fondée sur des considérations de morale et de décence publique, ne peut plus recevoir d'application dans ce cas. La loi n'a pas prévu, elle n'a pas dû prévoir qu'un enfant pût être assez dénaturé pour révéler le crime de son père, dans le but d'attirer sur lui la vengeance des lois ; et lorsqu'il a eu l'indiscrétion de laisser échapper ce fatal secret, telle n'est pas l'intention qu'il faut lui supposer ; on ne doit le taxer que de grave imprudence. Ainsi les révélations des parents , loin d'être suspectes quand elles sont défavorables au prévenu, portent au contraire avec elles la plus grande présomption de vérité, et la justice doit en profiter. — Ajoutons , d'ailleurs , qu'il ne pourrait en être autrement sans donner au crime la facilité dangereuse d'arriver presque toujours à l'impunité. — Il arrive souvent, en effet, qu'un coupable n'est découvert que par suite des indiscrétions de sa famille, parce que , le plus souvent aussi , la famille du coupable seule est instruite du crime, ou du moins a pu concevoir des soupçons. Une infinité de criminels avérés échapperaient donc à la vengeance des lois s'il fallait proscrire le témoignage des tiers qui rendent compte à la justice des renseignements qu'ils tiennent des parents ou alliés des accusés. — Il n'y aurait même aucune raison de restreindre la prohibition à ces tiers immédiats; il faudrait nécessairement l'étendre aux témoins subséquents à qui ceux-ci auraient communiqué ces renseignements, et ainsi de suite indéfiniment. Enfin , il faudrait encore écarter les témoins qui, outre les révélations des parents ou alliés, pourraient avoir des renseignements personnels à fournir aux débats , en telle sorte que la punition du crime deviendrait presque toujours impossible.— On doit donc tenir pour constant que les déclarations des parents ou alliés de l'accusé peuvent, sans contravention à la loi, servir d'éléments de conviction lorsqu'elles sont rapportées par des tiers ; cette solution, adoptée généralement par les auteurs, a été consacrée par de nombreux arrêts. — C'est ainsi qu'il a été décidé sous la loi de l'an 4 : — 1° Que des personnes ne déposant que d'après ce qu'elles ont entendu dire par des individus dont l'audition est prohibée, et, par exemple, par le frère de l'accusé, peuvent néanmoins être entendu sur ce point comme témoins (Crim. rej. 29 germ. an 9) (6); — 2° Que les témoins peuvent déposer aux débats de ce qu'ils ont entendu dire aux parents ou alliés que la loi défend d'entendre aux débats, et, par exemple, à la femme ou à la fille de l'accusé (Crim. rej. 22 prair. an 10) (7) ; — 3° Que la défense d'entendre les enfants des accusés n'emporte pas celle d'entendre des témoins sur ce qu'ont pu dire ces enfants (Crim. rej. 26 vent. an 10,

(1) (Fagot.) — La cour ; ...Attendu sur le deuxième moyen, que la prohibition portée en l'art. 322 du c. inst. crim., n'est, d'après les termes mêmes de la loi, applicable qu'aux parents qui y sont désignés des accusés ou coaccusés présents au mêmes débats , en sorte que Blondelot principal accusé étant décédé , et toute poursuite criminelle étant éteinte contre lui, rien ne s'opposait à ce que la déposition de sa mère fût reçue dans le débat qui a eu lieu avec Fagot; — Rejette.
Du 14 juill. 1814.-C. C., sect. crim.-MM. Barris , pr.-Coffinhal , r.
(2) (Heimburger.) — Le tribunal; — Attendu sur le troisième moyen que l'allégation de la parenté n'est pas justifiée ; que dans le cas même où elle le serait , il n'y aurait aucune contravention à l'art. 358 du code des délits et peines puisque Eisboch n'était point accusé, ayant été acquitté par le jury d'accusation ; — Rejette.
Du 9 prair. an 7.-C. C., sect. crim.-MM. Rous , pr.-Meaulle, rap.
(3) (Gaffé.) — Le tribunal ; — Attendu, 1° que le pourvoyant fait une fausse application de l'art. 4 de la loi du 15 vent. an 4, puisque Augustin Minguet quoique accusé par le même acte d'accusation n'a pas été jugé avec lui , mais bien antérieurement à son débat , que dès lors sa femme a pu être entendue comme témoin dans celui qui a eu lieu à son respect; qu'ainsi on ne peut pas dire qu'il soit véritablement son coaccusé ; — Rejette.
Du 7 prair. an 8.-C. C., sect. crim.-MM. Viellart, pr.-Dutocq , r.

(4) (Rey.) — La cour ; — Attendu que Françoise Garnier, veuve Laurent , n'était plus coaccusée du condamné , lors des débats ; que ses parents , quoique dans le degré prohibé par l'art. 322 dudit code , ont donc pu, malgré la réclamation du demandeur, être entendus comme témoins ; — Rejette.
Du 10 janv. 1817.-C. C., sect. crim.-M. Robert, rap.
(5) (Carouge.) — La cour ; — ... Attendu sur le troisième moyen, que la prétendue parenté entre la femme Labrousse et l'un des jurés n'est nullement prouvée , et que quand elle existerait , la loi n'en a pas fait un motif d'exclusion ; — Rejette.
Du 10 oct. 1817.-C. C., sect. crim.-MM. Barris, pr.-Busschop, rap.
(6) (Mollaret.) — La cour ; — Attendu, sur le reproche fait au témoignage des frères Lambert, que la loi ne prohibe nulle part qu'ils fussent entendus et interrogés au débat, quand même ils auraient énoncé ce qu'ils avaient pu savoir du frère de l'accusé...; — Rejette.
Du 29 germ. an 9.-C. C., sect. crim.-MM. Seignette, pr.-Sièyes, r.
(7) (Boulard et Vincent.) — Le tribunal ; — Attendu sur le premier moyen , qu'on ne peut pas dire que la femme et la fille de l'accusé Boulard ont été entendues comme témoins aux débats , par cela même que certains des témoins ont déclaré leur avoir entendu dire tels et tels faits et que par conséquent ce ne peut être le cas d'appliquer l'art. 358 du code des délits et peines; — Rejette.
Du 22 prair. an 10.-C. C., sect. crim -MM. Seignette, pr.-Rupérou, r.

MM. Viellart, pr., Sieyes, rap., aff. Chartrelles);—4° Qu'il en est de même des individus qui déposent d'ouï-dires émanés des frères et sœurs de l'accusé (Cr. rej. 18 mess. an 11, MM. Viellart, pr., Liborel, rap., aff. Kieffer).

118. Il a été jugé de même sous le code d'instruction criminelle : 1° que l'art. 322 n'est pas applicable à ceux qui rapportent les déclarations de toute personne dont l'art. 322 c. inst. crim. prohibe le témoignage (Crim. rej. 13 fév. 1816, MM. Barris, pr., Schwendt, rap., aff. Laborie);— 2° Que du principe que les parents de l'accusé ne peuvent déposer contre lui, il ne suit pas que les tiers cités en témoignage ne puissent rapporter ce qu'ils ont ouï dire à ces mêmes parents (Crim. rej. 28 juin 1816) (1); 3° Qu'il n'y a pas contravention à l'art. 322 c. inst., lorsqu'un témoin est entendu sur les déclarations qui lui ont été faites par la femme de l'accusé (Crim. rej. 26 mars 1818) (2),... ou par sa fille : « Attendu que la prohibition portée dans l'art. 322 ne se réfère qu'à l'audition orale des témoins dans le débat (Crim. rej. 30 mai 1818, MM. Barris, pr., Ollivier, rap., aff. Bastide et autres) ; — 4° Que l'art. 322 c. inst. crim. ne s'applique pas au cas où un témoin, non parent de l'accusé, dépose des faits racontés par le fils de l'accusé : — « Attendu que la prohibition portée en l'art. 322 c. inst. crim., ne se réfère qu'à l'audition orale aux débats, des parents dont est question audit article, et nullement aux dépositions d'autres témoins qui rapporteraient les dires de ces témoins (Crim. rej. 9 juin 1831, MM. Bastard, pr., Gaillard, rap., aff. Perrin) ; — 5° Que la prohibition de recevoir la déposition orale des enfants contre leurs père et mère ne va pas jusqu'à interdire d'entendre comme témoins des tiers auxquels les faits auraient été rapportés par les enfants, sauf aux jurés et aux juges à apprécier la valeur des dépositions ainsi faites par ouï-dire (C. d'ass. Brabant, 26 juill. 1842, aff. H....); — 6° Que l'art. 322 c. inst. crim. ne fait pas obstacle à ce que, sur une plainte en menaces de mort avec ordre et sous condition par un mari contre sa femme, les gendarmes rédacteurs du procès-verbal soient entendus devant le tribunal de police correctionnelle sur les faits dont ils n'ont eu connaissance que par le récit même de la femme ; sauf aux magistrats à apprécier la valeur de cette déposition par ouï-dire (Besançon, 8 févr. 1860, aff. Nicod, D. P. 60. 2. 27);— 7° Qu'enfin, et dans tous les cas, rien ne s'oppose à ce qu'un témoin s'explique sur des faits dont la connaissance lui serait parvenue par un tiers, quelles que soient les relations de celui-ci avec l'accusé (Crim. rej. 11 avr. 1811, MM. Barris, pr., Buschopp, rap., aff. Billon).

119. A plus forte raison', les dispositions prohibitives de l'art. 322 ne deviennent-elles pas applicables aux énonciations contenues dans un acte d'accusation, au sujet des propos qu'auraient été tenus par les parents ou alliés de l'accusé sur les faits qui ont motivé les poursuites. — Il a donc été justement décidé : 1° que la prohibition d'entendre le témoignage du conjoint de l'accusé, ne s'oppose pas à ce que la déclaration de ce conjoint puisse être relatée dans l'acte d'accusation (Crim. rej. 7 déc. 1843, aff. Labbé, D. P. 45. 4. 500);—2° Qu'il n'y a pas nullité par exemple en ce que l'acte d'accusation porte que le conjoint de l'accusé qu'il est mort que c'était son conjoint qui l'avait assassiné : ce n'est pas là entendre un témoin dont l'audition est prohibée par l'art. 358 qui ne s'applique qu'aux témoins entendus lors des débats : — « Considérant que l'art. 358 c. 3 brum. an 4 que la demanderesse prétend avoir été violé, n'est relatif qu'aux témoins entendus lors des débats, et qu'il est seulement énoncé dans l'acte d'accusation que le mari de la demanderesse aurait dit en mourant que c'était sa femme qui l'a-

vait assassiné » (Crim. rej. 27 brum. an 11, MM. Viellart, pr., Liborel, rap., aff. Beaumet).

ART. 3. — *Dénonciateurs.* — *Officiers de police et autres fonctionnaires.*

120. Aux termes de l'art. 322 c. inst. crim., ne peut être entendu à titre de témoin le *dénonciateur dont la dénonciation est récompensée pécuniairement par la loi.* — Ce dénonciateur fait preuve de cupidité en accomplissant, moyennant un salaire, un acte dont la loi fait un devoir. De plus, il a au procès un intérêt direct et personnel qui lui commande de faire tous ses efforts pour obtenir la condamnation de l'accusé. Son témoignage est donc doublement suspect et la loi a écarté ce témoignage pour de justes motifs.

121. Quant au dénonciateur non salarié, son témoignage, quoique en général moins suspect, est loin sans doute d'offrir les garanties d'impartialité qui peuvent déterminer une confiance sans limites; il est, d'une part, obligé, par respect humain, de persévérer dans ses précédentes déclarations, sous peine de passer aux yeux de tous pour avoir fait une dénonciation fausse, et, sous ce premier rapport, il est évident que sa déposition orale ne peut être autre chose que le calque de sa dénonciation écrite.— D'autre part, il a un intérêt manifeste à la condamnation de l'accusé, puisque l'acquittement de celui-ci pourrait l'exposer non-seulement à une action civile en dommages-intérêts (359 c. inst. crim.), mais encore à une plainte en dénonciation calomnieuse (373 c. pén.). — Cependant la loi n'a pas cru devoir prohiber absolument son témoignage comme celui du dénonciateur salarié; elle veut seulement que les jurés soient avertis de sa qualité de dénonciateur pour avoir égard de raison à sa déposition (c. inst. crim. 323). Il importe, en effet, que le juge ne se méprenne pas sur la valeur des éléments de conviction soumis au débat, et qu'il puisse apprécier en toute connaissance de cause le degré de confiance qu'il doit leur accorder. — V. Merlin, Rép., v° Témoin jud., § 1, n° 3 ; Bourguignon, C. d'inst., t. 2, sur l'art. 323.

122. Sous la législation criminelle de 1791, aucune disposition légale, dans les matières criminelles ordinaires, ne prohibait l'audition du dénonciateur comme témoin (Crim. rej. 14 therm. an 2, MM. Lecointe, pr., Malleville, rap., aff. Cavy). — Mais il en était autrement en matière de fabrication de faux assignats, où une loi spéciale du 27 fév. 1792 portait que le dénonciateur ne pourrait *jamais* être entendu comme témoin, et, par suite, on jugeait qu'en cette matière il y avait lieu de casser la déclaration du jury de jugement rendue sur les dépositions d'un témoin dénonciateur (Crim. cass. 13 août 1793, MM. Thouret, pr., Bailly, rap., aff. Sauvage). — Le code de brumaire an 4 (art. 358) frappa le dénonciateur d'incapacité de témoignage : 1° dans le cas où il était récompensé pécuniairement par la loi ; 2° dans celui où *il pouvait de toute autre manière profiter de sa dénonciation.* — On jugeait sous ce code : 1° que l'audition d'un dénonciateur dont la dénonciation était récompensée pécuniairement par la loi entraînait la nullité des débats et du jugement (Crim. cass. 13 vend. an 7, M. Rataud, rap., aff. Bayère et Couchou) ; — 2° Mais que la seule qualité de dénonciateur ne suffisait pas pour rendre incapable de déposer aux débats comme témoin, si le dénonciateur n'était dans le cas de profiter de sa dénonciation (Crim. rej. 22 germ. an 7, M. Rupérou, rap., aff. Amblard; 30 janv. 1808, M. Vasse, rap., aff. Viellermet; 25 fév. 1808, M. Dutocq, rap., aff. Colin); — 3° Que, hors ces deux cas, celui où le dénonciateur était récompensé par la loi et

---

(1) (Goneau, etc.).— LA COUR ; — ...Attendu sur le troisième moyen, que s'il est contraire aux bonnes mœurs d'admettre les proches parents d'un accusé à déposer contre lui, elles ne sauraient être blessées de ce qu'un tiers rapporte ce qu'il a ouï dire aux parents de l'accusé; aussi la loi loin de défendre à des témoins étrangers à l'accusé de déclarer ce qu'ils auraient appris de ses proches, leur ordonne au contraire, par l'art. 517 c. inst. crim., de dire toute la vérité, ce qui renferme l'obligation indéfinie de déclarer tout ce qu'ils peuvent savoir sur le fait de l'accusation ; — Rejette.
Du 28 juin 1816.—C. C., sect. crim.-MM. Barris, pr.- Ollivier, rap.

(2) (Rinquin et autres).— LA COUR ; — ...Attendu sur le cinquième moyen, que la prohibition portée par l'art. 322 c. crim., ne concerne que les parents ou alliés des accusés aux degrés portés par cet article ; que le témoin Henof n'était ni parent ni allié des accusés : que de ce qu'il rapportait l'ouï-dire de la femme de l'un des accusés, il ne s'ensuivait pas que la disposition prohibitive applicable à cette femme pût s'étendre à lui : qu'ainsi, en rejetant l'opposition formée sur ce motif, par le défenseur des accusés, à ce que le témoin Henof fut entendu, la cour d'assises (du Finistère), n'est nullement contrevenue audit art. 322; — Rejette.
Du 26 mars 1818.-C. C., sect. crim.-MM. Barris, pr.-Ollivier, rap.

celui où il pouvait profiter de la dénonciation on pouvait l'entendre comme témoin (Crim. rej. 9 pluv. an 7, MM. Barris, pr., Lombard, rap., aff. Risoire); — 4° Que, par conséquent, le dénonciateur simple pouvait être entendu comme témoin, sauf aux jurés à avoir à ses déclarations tel égard que de raison (Crim. rej. 4 brum. an 4, MM. Brun, pr., Dutocq, rap., aff. Cabos); — 5° Qu'il en était de même de celui qui lors du débat avait déclaré qu'il ne voulait retirer aucun profit de sa dénonciation et qu'il renonçait à tout profit à cet égard (Crim. rej. 12 flor. an 4, MM. Brun, pr., Gouget, rap., aff. Barcos); — 6° Que les créanciers d'un prévenu de banqueroute ne peuvent être rangés dans la classe des dénonciateurs intéressés dont la loi exclut le témoignage (Crim. rej. 17 niv. an 10) (1).

123. Bien que le code de brumaire exclût le témoignage du dénonciateur dans tous les cas où celui-ci pouvait tirer quelque profit de sa dénonciation, la jurisprudence décidait généralement, néanmoins, que celui qui dénonçait le délit commis à son préjudice pouvait être entendu comme témoin, même lorsqu'il demandait contre l'accusé la restitution des objets volés, cette restitution ne devant procurer aucun profit au propriétaire de ces objets. —On décidait, en conséquence : 1° que la restitution des objets volés n'est pas une récompense ou profit; dès lors, celui à qui ils appartiennent, fût-il dénonciateur, peut être entendu comme témoin (Crim. rej. 15 vend. an 5, MM. Brun, pr., Dulac, rap., aff. Grieux; 28 therm. an 7, aff. Godet, V. n° 164-2°; 5 vent. an 11, MM. Seignette, pr., Lecontour, rap., aff. X...; 3 therm. an 11, M. Giraud, rap., aff. Durasson; 15 germ. an 12, M. Barris, rap., aff. Marseillac; 21 germ. an 13, M. Lacheze, rap., aff. Ponton; 1er mess. an 13, M. Lacheze, rap., aff. Herman; 13 fév. 1806, M. Babille, rap., aff. Lecourt; 21 nov. 1806, M. Lombard, rap., aff. Mora; 19 déc. 1806, M. Vermeil, rap., aff. Bellard); — 2° Que de même, le propriétaire des objets volés encore bien qu'il doive être considéré comme dénonciateur, qu'il ait été assigné ex. cette qualité, et que sa dénonciation existe aux pièces du procès, peut être entendu comme témoin, si d'ailleurs il n'a conclu qu'à la restitution des objets qui lui ont été soustraits (Crim. rej. 26 fruct. an 7, MM. Méaulle, pr., Ritter, rap., aff. Armand); — 3° Qu'à plus forte raison, l'individu qui s'est contenté de réclamer les effets volés déjà recouvrés et le prix de ceux qui ne l'étaient pas, sans avoir fait ni plainte ni dénonciation, ne doit pas être considéré comme un dénonciateur; il peut, dès lors, être entendu en qualité de témoin (Crim. rej. 6 vend. an 9, MM. Viellart, pr., Genevois, rap., aff. Guyot).

124. Il en était ainsi même au cas où le dénonciateur demandait contre l'accusé des dommages-intérêts, si ces dommages-intérêts n'étaient que la juste indemnité du préjudice que le délit lui avait fait éprouver. —Jugé en ce sens : 1° que celui qui dans une plainte à raison d'un délit déclare qu'il ne veut pas poursuivre en son nom, ne saurait être assimilé au dénonciateur intéressé, bien qu'il réclame des dommages intérêts en réparation de blessures qu'il a reçues, et il peut, dès lors, être entendu comme témoin (Crim. rej. 21 août 1807) (2); — 2° Que l'indemnité accordée à celui qui a été victime du vol pour le couvrir des pertes qu'il a pu souffrir n'est point une récompense ou un bénéfice dans le sens de l'art. 358; et que cet individu peut être entendu comme témoin (Crim. rej. 7 therm. an 12, MM. Vermeil, pr., Seignette, rap., aff. Merle); — 3° Que les dommages-intérêts accordés au propriétaire des marchandises volées, lorsqu'ils ne peu-

vent être que l'indemnité de ses frais de voyage et autres nécessités pour l'affaire, ne sont pas un bénéfice dans le sens de la loi qui s'oppose à son audition comme témoin (Crim. rej. 16 frim. an 5, MM. Brun, pr., Seignette, rap., aff. Antoine), — 4° Que le dénonciateur qui demande et obtient des dommages-intérêts, n'est pas un dénonciateur récompensé pécuniairement dans le sens de l'art. 338 c. brum.; et peut dès lors être entendu comme témoin (Crim. rej. 3 juill. 1810) (3); — 5° Que bien que le dénonciateur ait obtenu sous forme de dommages-intérêts la valeur de sa maison incendiée il a pu être entendu comme témoin, il ne fait pas en cela un profit; il reçoit seulement la valeur de ce qu'il a perdu (Crim. rej. 29 mess. an 13, MM. Seignette, pr., Babille, rap., aff. Brayet); — 6° Qu'un père qui demande des dommages-intérêts contre l'individu accusé de l'homicide de son fils ne peut être considéré comme retirant un profit de l'effet de sa dénonciation, au cas où il s'est porté dénonciateur, et, par suite, a pu être entendu comme témoin. (Crim. rej. 9 mars 1809, MM. Barris, pr., Lombard, rap., aff. Arata); — 7° Que quoique la veuve de la victime ait obtenu une somme pour chacun de ses enfants en réparation de la mort de leur père, elle a pu néanmoins être entendue comme témoin alors d'ailleurs qu'elle n'est ni partie plaignante ni dénonciatrice (Crim. rej. 4 fruct. an 6, MM. Gohier, pr., Méaule, rap., aff. Choulet); — 8° Qu'enfin des contribuables qui réclament contre le comptable accusé la restitution de ce qu'ils auraient payé indûment, ne sont pas réputés devoir retirer un profit dans le sens de l'art. 358 c. 3 brum. an 4, et peuvent dès lors être entendus comme témoins (Crim. rej. 12 août 1808, MM. Barris, pr., Lefessier, rap., aff. Olmi). — Ces décisions ne pourraient être suivies aujourd'hui, et nous ne pensons pas qu'elles soient fondées même au point de vue des dispositions du code de brumaire. Il est bien vrai que la partie lésée qui réclame des restitutions ou des dommages-intérêts ne peut être rangée dans la classe des dénonciateurs récompensés dont l'art. 358 c. brum. proscrivait le témoignage. Mais c'est là une fausse base de raisonnement, suivant nous, la question devant se résoudre non point par cet article qui ne lui est pas applicable, mais par un autre ordre de considérations. La raison de décider se puise ici dans l'incompatibilité qui existe entre le rôle de *témoin* et celui de la *partie* qui prend des conclusions sous un intérêt personnel. Peu importe qu'elle ne demande que la juste indemnité d'un dommage, elle ne peut en qualité de partie déposer dans sa propre cause. Ce n'est donc point en vertu de l'art. 358, ni par assimilation au dénonciateur récompensé par la loi, que son témoignage doit être rejeté, mais en vertu de ce principe si bien exprimé par la loi romaine, applicable tout aussi bien sous le code de brumaire que sous le code d'instruction criminelle *nullus testis idoneus in re sua intelligitur.* — D'ailleurs celui qui a été victime d'un délit ne pourrait aujourd'hui demander des dommages-intérêts sans se porter partie civile, et cette qualité serait un obstacle à ce qu'il pût être entendu comme témoin (V. n°s 170 et suiv.).

125. Le vague des expressions de la loi de brumaire en ce qui concernait les dénonciateurs qui pouvaient de quelque manière que ce fût profiter de la dénonciation, avait donné lieu à d'innombrables difficultés; aussi le code d'instruction criminelle n'a-t-il pas adopté une disposition aussi large, et s'il a conservé à l'égard du dénonciateur récompensé pécuniairement la prohibition déjà établie, le profit qu'il serait dans le cas de retirer de

(1) (Desbordes.) — LE TRIBUNAL; — Attendu que les créanciers du prévenu de banqueroute n'étaient point parties civiles, et ne pouvaient sous aucun rapport être rangés dans la classe des *dénonciateurs intéressés* dont la loi exclut le témoignage; — Rejette.
Du 17 niv. an 10.-C. C., sect. crim.-MM. Seignette, pr.-Rupérou, r.
(2) (Modern, dit Piquetterre.) — LA COUR; — ... Attendu que Barrieus ayant déclaré dans sa plainte qu'il n'était pas dans l'intention de poursuivre en son nom le délit par lui dénoncé, et n'ayant pas été partie poursuivante, il n'a pas été partie plaignante, et que l'action en dommages-intérêts qui lui est restée à raison des blessures qu'il avait reçues ne doit pas le faire assimiler au dénonciateur dont la dénonciation est récompensée pécuniairement par la loi, ni au dénonciateur qui peut de toute autre manière profiter de l'effet de sa dénonciation, qu'ainsi il a pu être produit par le procureur général pour témoin, de même que

sa femme et ses deux filles sans contrevenir aux dispositions de l'art. 358 de la loi du 3 brum. an 4; que quoique le défenseur de Modern, qui avait été présent lors des déclarations orales des témoins, n'ait pas voulu se trouver à la place du procureur général a développé les moyens qui appuient l'accusation, le vœu de la loi pour pourvoir à la défense de l'accusé n'a pas moins été rempli; — Rejette.
Du 21 août 1807.-C. C., sect. crim.-MM. Barris, pr.-Lombard, rap.
(3) (Marigneux.) — LA COUR; — Attendu que Gonon qui a été entendu comme témoin aux débats, eût-il été dénonciateur, pouvait être témoin, lorsqu'il n'était pas récompensé pécuniairement d'après les termes de l'art. 358 de la loi du 3 brum. an 4; qu'en supposant qu'il réclamât des dommages-intérêts qui lui fussent adjugés, il ne s'ensuivrait pas des profits dont parle la loi, — Rejette.
Du 5 juill. 1810.-C C., sect. crim.-MM. Barris ,pr. – Dutocq; rap.

sa déposition n'est plus qu'une circonstance abandonnée à l'appréciation des jurés, et qui ne peut entraîner l'exclusion de son témoignage.—Il a été jugé en effet sous le code d'instruction criminelle que la prohibition d'entendre en qualité de témoins les dénonciateurs récompensés pécuniairement par la loi, ne s'applique pas à celui qui est intéressé dans la cause comme étant le souscripteur d'un billet argué de faux qui fait l'objet des poursuites (C. sup. de Bruxelles 25 juin 1822) (1).

126. D'après les termes de l'art. 358 c. brum., la prohibition d'entendre en témoignage les dénonciateurs récompensés pécuniairement par la loi ne concernait que les témoins produits par le ministère public ou par la partie plaignante, et il a été jugé en effet sous ce code que cette prohibition n'était pas applicable aux témoins à décharge produits par le prévenu (Crim. cass. 25 flor. an 10, M. Buschopp, rap., aff. Houzard).—Mais le code d'instruction criminelle ne fait aucune distinction entre le témoin dénonciateur cité à charge ou à décharge : la prohibition est donc générale sous ce rapport. Du reste, le cas se présentera sans doute rarement où un prévenu fera citer le dénonciateur comme témoin à décharge.

127. Il est au reste sans difficulté, et il peut paraître superflu d'ajouter qu'une dénonciation qui serait étrangère au délit qui fait l'objet du procès ne saurait donner lieu à la prohibition de témoignage consacrée par la loi.—Il a été jugé en ce sens qu'un tribunal de police ne peut refuser d'entendre des témoins à décharge sous le prétexte qu'ils sont dénonciateurs d'un fait étranger au délit (arrêt précité du 25 flor. an 10).

128. La prohibition d'entendre le témoignage du dénonciateur salarié est-elle spéciale aux matières soumises au jury, ou faut-il en étendre l'application à toutes les juridictions criminelles? — Il a été jugé : 1° que cette prohibition sous le code de brumaire ne s'appliquait point aux matières correctionnelles (même arrêt du 25 flor. an 10); — 2° Qu'il en est de même depuis le code d'instruction criminelle, alors surtout que le prévenu n'a pas déclaré aux débats contre son audition (Crim. rej. 5 déc. 1817) (2).

129. Mais ces deux décisions se bornent à juger la question par la question sans donner aucun autre motif. La solution contraire nous paraît toutefois résulter d'un autre arrêt plus récent, qui, s'il n'a pas décidé la question d'une manière explicite, reconnaît très-nettement dans les motifs l'applicabilité aux matières correctionnelles de l'art. 322 en ce qui touche le témoignage du dénonciateur salarié (Crim. rej. 1er sept. 1832, aff. Becq, infrà, n° 166-2°). — Nous préférons cette dernière solution, et nous croyons que, bien que placée au chapitre qui traite de la procédure devant la cour d'assise, la prohibition d'entendre le dénonciateur salarié comme témoin est également applicable devant les tribunaux correctionnels ou de police, puisque les mêmes motifs de suspicion existent contre son témoignage, quelle que puisse être la nature ou le plus ou le moins de gravité de l'inculpation. C'est d'ailleurs sous ce même chapitre du code que se trouvent la plupart des dispositions qui sont les garanties les plus essentielles du droit de défense, telles que l'obligation de la déposition orale, le droit d'interpellation aux témoins, la faculté pour l'accusé ou son défenseur de dire après chaque déposition tout ce qui peut être utile à la défense ; garanties qui, ainsi qu'on le verra (n°s 252

et suiv.), n'en sont pas moins d'une application générale. D'un autre côté, si la place qu'occupe au code d'instruction criminelle la disposition qui prohibe l'audition du dénonciateur salarié devait en faire écarter l'application devant les tribunaux correctionnels, il faudrait écarter également devant ces tribunaux, par les mêmes motifs et comme spéciale aux cours d'assises, l'obligation imposée virtuellement au ministère public par l'art. 323, de faire connaître au débats du témoin dénonciateur pour que le juge soit averti des causes de suspicion légales qui existent à l'égard de son témoignage, résultat qu'on ne saurait admettre puisque le juge pourrait être trompé par des éléments suspects d'appréciation qu'il considérerait comme irréprochables, et que rien ne protégerait le prévenu contre les conséquences funestes d'une telle erreur.

130. Que doit-on entendre par le dénonciateur dont la dénonciation est récompensée par la loi? Doit-on faire rentrer dans cette catégorie les employés de la police qui reçoivent comme tels des appointements? La question s'est présentée devant la cour des pairs, dans son audience du 10 mai 1821. Il s'agissait de savoir si l'on admettrait à déposer un témoin attaché à la police générale, et il fut décidé que son témoignage serait reçu. Cette décision n'est pas sans difficulté. On sait, peut-on dire, avec quelle ardeur les agens de police recherchent les délits et les crimes, surtout en matière politique ; ça est jusqu'ici pour eux une condition d'avancement, souvent d'existence. Ils reçoivent un salaire, et dès lors ils doivent rentrer dans l'exception portée dans l'art. 322 ; ils le doivent d'autant plus, qu'ils ont un intérêt à la condamnation, celui de prouver à leurs supérieurs leur habileté à découvrir les vrais coupables. — M. Carnot, sur l'art. 323, adopte cette manière de voir. Selon ce magistrat, si l'agent de police n'est pas récompensé pour faire telle ou telle dénonciation, il l'est nécessairement pour dénoncer tous les crimes et les délits qui parviennent à sa connaissance. — Néanmoins, l'exclusion des agens de police nous paraît reposer ici sur une base trop variable, trop incertaine : on ne peut voir en eux d'une manière absolue (et cependant c'est là qu'il faudrait arriver pour que l'exclusion fût motivée) des dénonciateurs salariés dans le sens de la loi. Tel est aussi l'avis de M. F. Hélie, Inst. crim., t. 8, § 656, n° 6 : « On ne doit point comprendre, dit cet auteur, dans la classe des dénonciateurs récompensés pécuniairement par la loi, les fonctionnaires ou agens que leurs fonctions obligent de dénoncer, même de certains crimes et délits : ils sont rétribués à raison de leurs fonctions et non à raison de chacun des faits qu'ils ont constatés. » — Il a été jugé en ce sens que les agens de police ne sont pas, par cette seule qualité, des dénonciateurs dont l'audition soit prohibée par la loi (Crim. rej. 6 août 1819 (3); V. aussi Metz, 26 fév. 1821, aff. Belval, v° Chasse, n° 466; Crim. cass. 8 mars 1821, aff. Martinet, V. infrà, n° 144-2°).

131. Il en serait de même alors que l'agent recevrait une gratification du chef de la police à raison d'une dénonciation qu'il aurait faite, car cet agent bien que récompensé, en fait, ne serait point en pareil cas récompensé par la loi, et qu'une disposition prohibitive doit être rigoureusement restreinte dans ses limites. On peut objecter, il est vrai, que le dénonciateur aura en pareil cas le même intérêt au procès que s'il recevait

---

(1) (Chrysostome P...... C. mun. pub.) — LA COUR; — Attendu, sur le premier moyen, que l'art. 322 c. inst. crim. ne défend de recevoir les dépositions des dénonciateurs que lorsque leur dénonciation est récompensée pécuniairement par la loi ; — Que, fût-il constant que l'espèce que les témoins dont le demandeur prétend écarter les dépositions, sont des dénonciateurs, et que même ils eussent fait une dénonciation dans la cause, toutefois il est certain qu'ils ne sont pas récompensés pécuniairement par la loi pour leur dénonciation ; — Qu'ainsi la cour d'assises, en recevant leurs dépositions, n'a point violé les art. 322 et 323 dudit code, invoqués par le demandeur en cassation ; — Rejette.
Du 25 juin 1822.—C. sup. de Bruxelles.-M. Wautelée, 1er pr.

(2) (Puyreux.) — LA COUR; — Attendu sur le premier moyen, fondé sur la contravention à l'art. 322 c. inst. crim., que cet article n'est nullement applicable à l'instruction en police correctionnelle ; que d'ailleurs les témoins n'ont fait aucune dénonciation contre le demandeur, qu'ils n'ont fermé ni demande ni réclamation contre lui et que le demandeur non seulement ne s'est opposé à ce qu'ils fussent entendus, mais encore qu'il n'a proposé aucune récusation contre eux ;

Sur le deuxième moyen, le demandeur fait résulter de la violation des anciens principes qui exigeaient le concours de deux dépositions sur le même fait pour faire une preuve légale en justice ; attendu que ces principes, qui n'étaient pas même observés dans l'ancienne jurisprudence en matière d'usure, ont été entièrement abolis par les formes et les règles établies de la nouvelle législation, où la loi ne demande aucun compte, ni aux juges, ni aux jurés, des motifs qui ont déterminé leur conviction sur le point de fait soumis à leur décision ; — Rejette.
Du 5 déc. 1817.-C. C., sect. crim.-MM. Barris, pr.-Audier, rap.
(3) (Coignard.) — LA COUR ; — ...Sur le moyen pris de ce que l'on a entendu comme témoin aux débats, et malgré l'opposition du réclamant, un agent de police qui, en cette qualité, devait être compris dans les dénonciateur récompensé pécuniairement par la loi ; — Attendu qu'il a été statué sur cette opposition par la cour d'assises (de la Seine), et qu'en jugeant que les agens de police n'étaient point pas, par cette seule qualité, rangés dans la classe des dénonciateurs dont l'audition est défendue, cette cour n'a fait que se conformer au texte et à l'esprit de la loi ;... — Rejette.
Du 6 août 1819.—C. C., sect. crim.-MM. Barris, pr.-Rataud, rap

de la loi une récompense pécuniaire, et que la récompense attachée à la dénonciation, quelle que puisse en être la source, fait peser la même suspicion sur le témoignage du dénonciateur à qui elle doit profiter. — Mais, d'une part, cette considération ne peut prévaloir sur le texte restrictif de la loi et, d'autre part, la loi n'a pu vouloir qu'il dépendit d'un fonctionnaire, qui accorderait spontanément une gratification au dénonciateur, son subordonné, d'écarter un témoignage nécessaire à la justice (M. Cubain, Pr. dev. la C. d'assises, n° 449).

132. Les dispositions concernant le témoignage des dénonciateurs ne peuvent s'appliquer aux dénonciations officielles, que des fonctionnaires ou l'autorité adressent soit à l'administration supérieure, soit à l'autorité judiciaire. — Il a été jugé, en ce sens : 1° que l'officier public, dont le devoir est de dénoncer les fraudes, n'est pas dénonciateur dans le sens de la loi (Crim. rej. 19 vend. an 10, MM. Viellart, pr., Seignette, rap., aff. Girard); — 2° Que le secrétaire général de l'administration centrale qui, en cette qualité, a signé une lettre de ladite administration par laquelle elle dénonce officiellement au juge de paix un délit sans désigner de prévenu, ne peut être considéré comme un dénonciateur et peut être entendu comme témoin (Crim. rej. 13 niv. an 7, MM. Barris, pr., Dor, rap., aff. Kuntz); — 3° Qu'une dénonciation faite par une administration municipale ne constitue pas dénonciateur chacun des administrateurs (Crim. rej. 28 niv. an 8, MM. Rous, pr., Beaulaton, rap., aff. Baudry); — 4° Que l'autorité qui se porte dénonciatrice, alors même qu'elle a invité une patrouille par récompense à effectuer l'arrestation de malfaiteurs, ne rentre pas dans la catégorie des dénonciateurs récompensés pécuniairement dont l'audition est prohibée (Crim. rej. 28 brum. an 11, MM. Viellart, pr., Sièyes, rap., aff. Gabriel); — 5° Qu'enfin le maire qui a été présent au procès-verbal du délit seulement pour la reconnaissance du cadavre et n'y a fait qu'une dénonciation officielle, peut être entendu comme témoin aux débats (Crim. rej. 29 mars 1806, MM. Viellart, pr., Minier, rap., aff. Astis).

133. On jugeait sous le code de brumaire, et il y aurait lieu de décider encore aujourd'hui par application des mêmes principes, que la rétribution sur le chiffre total de la recette allouée aux receveurs de l'enregistrement et des domaines, bien que ce chiffre comprenne le montant des amendes, n'est pas une récompense pécuniaire qui puisse s'opposer à leur audition comme témoin sur la poursuite des contraventions qu'ils auraient dénoncées (Crim. rej. 18 mess. an 6, MM. Gohier, pr., Dor, rap., aff. Brusson). — Il existe d'ailleurs un autre motif pour le décider ainsi, c'est qu'on ne saurait en aucun cas, sous le prétexte qu'ils sont rétribués par l'État, ranger dans la classe des dénonciateurs, dont la loi récompense pécuniairement le témoignage, les fonctionnaires, agents ou employés obligés par la nature et le devoir de leurs fonctions de rechercher les délits, et d'en signaler les auteurs.

134. Aucune loi ne défend d'entendre en témoignage les officiers de police judiciaire, soit afin qu'ils expliquent ce qui est porté aux procès-verbaux par eux dressés, pour la constatation des crimes ou délits, soit afin qu'ils déposent sur les faits énoncés en ces procès-verbaux (Conf. Carnot, sur l'art. 332 c. inst. crim., t. 2, p. 523; F. Hélie, t. 4, p. 531). C'est ce qui résulte implicitement de l'art. 3 du décr. du 4 mai 1812, puisque c'est par exception au droit commun que cet article dispense les préfets de comparaître en personne et de déposer oralement dans les affaires sur lesquelles ils ont précédemment, comme chargés de certaines attributions qui rentrent dans celles confiées aux officiers de police judiciaire, fait des actes d'instruction ou dressé des procès-verbaux (Merlin, Rép., v° Témoins jud., § 1, art. 5). — M. Legraverend, t. 1, p. 270, émet cette proposition (en omettant de dire toutefois sur quelles raisons elle peut être fondée),

qu'il est en général contraire aux règles de l'instruction d'appeler comme témoins des officiers de police judiciaire pour déposer sur les procès-verbaux qu'ils ont dressés... Mais il ajoute : « Cependant, si leur déclaration paraît nécessaire pour expliquer devant les tribunaux quelque circonstance qu'ils ont émise ou indiquée d'une manière incomplète, ils ne peuvent se dispenser d'obéir à la citation qui leur est donnée, » par où l'on voit que l'opinion de M. Legraverend, eu égard au tempérament qu'il a cru devoir y apporter, n'est pas en opposition directe avec celle que nous venons d'exprimer. — Il a été jugé sous le code de brum. an 4 : 1° « qu'aucune loi ne défend d'entendre en déposition dans un procès un citoyen qui a opéré en qualité d'officier public » (Crim. rej. 4 fruct. an 5, MM. Seignette, pr., Chasle, rap., aff. Baudouin); — 2° Qu'aucune loi ne défend d'entendre comme témoin un officier de police judiciaire qui a concouru à la procédure (Crim. rej. 22 janv. 1807, MM. Barris, pr., Seignette, rap., aff. Forcade), s'il ne s'est rendu ni partie civile ni plaignante (Crim. rej. 4 août 1808, MM. Barris, pr., Carnot, rap., aff. Belin); — 3° Que les officiers de police judiciaire qui ont dressé des procès-verbaux de délits peuvent être appelés comme témoins, soit pour expliquer ce qui est contenu dans ces procès-verbaux, soit pour déposer sur des faits qui n'y sont pas énoncés (Crim. cass. 12 juill. 1810 (1). — Conf. Crim. rej. 9 frim. an 11, MM. Viellart, pr., Rataud, rap., aff. Lewing; 25 germ. an 11, MM. Viellart, pr., Lachèze, rap., aff. Ducourmeau; 22 therm. an 12, MM. Vermeil, pr., Rataud, rap., aff. Guigne),...sauf aux juges et jurés à avoir à leur déposition tel égard que de raison (Crim. rej. 30 août 1809, MM. Barris, pr., Bauchau, rap., aff. Guyot); — 4° Que, par conséquent, l'officier de police judiciaire qui a dressé le procès-verbal des faits de violence, exercés contre lui, peut être entendu comme témoin (Crim. rej. 19 brum. an 12, MM. Viellart, pr., Rataud, rap., aff. Dumas); — 5° Que la loi admet les dépositions des officiers de police qui ont rédigé des procès-verbaux sans diminuer la confiance accordée à ces procès-verbaux » (Crim. rej. 25 juin 1807, MM. Barris, pr., Oudot, rap., aff. Jacobus); — 6° Et spécialement qu'on peut entendre comme témoin : . . le commissaire de police rédacteur d'un procès-verbal annexé à l'acte d'accusation (Crim. cass. 12 juill. 1810, aff. Canitrot, V. n° 34-3°),...le juge de paix qui a commencé l'instruction de la cause (Crim. rej. 6 brum. an 8, MM. Méaulle, pr., Busschop, rap., aff. Tourtau), ...ou qui y a concouru (Crim. rej. 8 prair. an 7, MM. Méaulle, pr., Dutocq, rap., aff. Gaudechaux; 26 mess. an 9, MM. Seignette, pr., Genevois, rap., aff. Tertiaux; 28 fruct. an 11, MM. Dutocq, pr., Minier, rap., aff. Busšard; 13 brum. an 11, MM. Viellart, pr., Minier, rap., aff. Stummer; 15 fév. 1816, MM. Barris, pr., Schwendt, rap., aff. Laborie), ...le greffier du juge de paix (Crim. rej. 8 prair. an 7, MM. Méaulle, pr., Dutocq, rap., aff. Gaudechaux), ...le greffier de la même qualité (même arrêt), ...le maire qui a fait arrêter un prévenu (Crim. rej. 16 fruct. an 9, MM. Seignette, pr., Vallée, rap., aff. Perrau).

135. A plus forte raison a-t-il été décidé que le commis qui, comme délégué du département, a procédé à la recherche de simples renseignements sur un faux passe-port, a pu être entendu comme témoin, attendu que le procès-verbal qu'il a dressé ne peut être considéré comme un acte de police judiciaire (Crim. rej. 23 niv. an 6, MM. Seignette, pr., Rupérou, rap., aff. Nardin).

136. Par application des mêmes principes, il a été décidé sous le code d'instruction criminelle, 1° que le concours d'un maire à des actes d'instruction, en sa qualité d'officier de police judiciaire, ne donne pas à ce fonctionnaire le caractère de dénonciateur, et n'empêche pas qu'il soit entendu comme témoin devant la cour d'assises : — « Attendu, porte l'arrêt, que les actes d'instruction qu'a faits, ou auxquels a concouru le maire d'Amfreville en sa qualité d'officier de police judiciaire, ne lui

(1) (Min. pub. C. Canitrot.) — LA COUR; — Vu l'art. 456, n° 6, c. du 5 brum. an 4; — Attendu que l'art. 358 du même code, contenant l'indication de toutes les personnes qui, lors de l'examen et des débats sur une procédure criminelle, ne peuvent être entendues en témoignage, ni à la requête de l'accusé, ni à celle de l'accusateur public, ni à celle de la partie plaignante, ne comprend point dans cette exclusion le commissaire qui a dressé le procès-verbal annexé à l'acte d'accusation; — Attendu qu'aucune loi ne prohibe d'entendre les officiers de police judi-

ciaire, soit pour qu'ils expliquent ce qui est porté aux procès-verbaux par eux dressés, soit pour qu'ils déposent sur les faits non énoncés dans ces procès-verbaux; — D'où il suit que la cour de justice criminelle, en jugeant que le commissaire de police de la ville de Rhodez ne pouvait pas être entendu comme témoin, par cela seul qu'il avait dressé le procès-verbal annexé à l'acte d'accusation, a, par excès de pouvoir, étendu la prohibition au delà des termes de la loi; — Casse.

Du 12 juill. 1810.-C. C., sect. crim.-M. Lamarque, rap.

ont pas conféré le caractère d'accusateur de Regnault, et n'ont mis aucun obstacle à ce qu'il fût appelé et entendu comme témoin aux débats ; qu'au surplus, l'accusé et son conseil ont eu, aux termes de l'art. 319, § 2 c. inst. crim., le droit de dire, contre ce témoin et contre son témoignage, tout ce qui pouvait être utile à la défense dudit accusé » (Crim. rej. 31 oct. 1817, MM. Barris, pr., Aumont, rap., aff. Regnault) ;—2° Qu'un garde forestier peut de même être entendu comme témoin à l'appui du procès-verbal qu'il a dressé lui-même sur les faits qui ne sont pas suffisamment désignés dans le procès-verbal (Crim. cass. 21 juill. 1820, aff. Meneret, V. Appel crim., n° 325) ;—3° Qu'ainsi un officier de police judiciaire, quoiqu'il ait, en cette qualité, coopéré à l'instruction, a pu, n'étant pas compris dans l'art. 322 c. inst. crim., être entendu aux débats sous prestation de serment (Crim. rej. 19 mars 1829) (1) ;—4° Surtout si l'accusé ne s'y est pas opposé (même arrêt) ; — 5° Que de même les officiers de police judiciaire peuvent être entendus comme témoins dans les affaires à l'instruction desquelles ils ont pris part (Crim. rej. 9 janv. 1840) (2) ; — 6° Qu'on doit le décider ainsi, « attendu qu'aucune disposition de loi ne défend d'entendre comme témoin les officiers de police judiciaire qui ont fait des actes d'instruction » (Crim. rej. 24 janv. 1839, MM. de Bastard, pr., Rives, rap., aff. Fabre C. min. pub.);—7° Qu'ainsi un maire peut être entendu, et son témoignage ne doit pas être rejeté par cela qu'il a écrit au sous-préfet de son arrondissement une lettre contenant des renseignements sur l'accusé (Crim. rej. 8 juill. 1824) (3);— 8° Qu'enfin par suite du même principe, un juge de paix qui, dans l'instruction écrite, a reçu, en vertu d'une commission rogatoire, diverses dépositions, peut être appelé à déposer comme témoin devant la cour d'assises, dans la même affaire (Crim. rej. 11 déc. 1851, aff. Loisy, D. P. 51. 5. 515).

137. Toutefois il a été décidé en sens contraire, sous la législation de brumaire, que le juge de paix qui a rempli les fonctions d'officier de police judiciaire, n'a pu contre l'opposition formelle du défenseur de l'accusé, être appelé pendant les débats et entendu comme témoin sans violer l'art. 346 c. 3 brum. an 4 (Crim. cass. 7 frim. an 5, MM. Brun, pr., Dulac, rap., aff. Amand).— Mais c'est là comme on le voit une décision isolée, dont le principe n'a été admis en jurisprudence, ni sous le code de brumaire, ni depuis.

138. Quant aux médecins, chirurgiens et officiers de santé qui, sur la réquisition des officiers de police judiciaire, ont dressé des procès-verbaux pour la constatation du corps du délit, ils peuvent sans contredit déposer comme témoins, soit sur les faits qu'ils ont été appelés à constater, soit sur les autres circonstances relatives au délit qui seraient à leur connaissance personnelle ; il ne pourrait exister d'empêchement à leur témoignage

que dans un cas spécial, celui où il s'agirait de déposer sur des faits dont ils auraient reçu la confiance sous le sceau de leur profession (V. suprà, n° 49; M. Legraverend, t. 1, p. 266). — Jugé en ce sens, sous le code du 3 brum. an 4. 1° que l'officier de santé qui a fait un rapport judiciaire sur le corps du délit, peut ensuite être entendu comme témoin : « Attendu que ni l'art. 238 c. des dél. et des peines, ni aucune autre loi, ne fait obstacle à ce qu'un officier de santé qui a fait un rapport judiciaire sur le corps du délit, soit ensuite entendu comme témoin, soit devant le jury d'accusation, soit devant le jury de jugement » (Crim. rej. 27 flor. an 8, MM. Viellart, pr., Goupil, rap., aff. Crussard); — 2° Que de même les gens de l'art dont l'officier de police s'est fait assister peuvent être entendus comme témoins (Crim. rej. 26 vend. an 10, MM. Viellart, pr., Rataud, rap., aff. Bolchard);— 3° Sous le code d'instruction criminelle, qu'il en est ainsi de celui qui, lors de l'instruction du procès, a rempli les fonctions d'officier de santé (Crim. rej. 18 mars 1826) (4).

139. Au surplus les chirurgiens ou officiers de santé appelés aux débats pour compléter par des explications orales les renseignements contenus dans les procès-verbaux qu'ils ont dressés pendant l'instruction, déposent à titre d'experts à proprement parler, et ne pourraient être considérés comme de véritables témoins, qu'autant qu'en dehors des faits par eux constatés dans l'exercice de leur mission spéciale, ils auraient à déposer sur d'autres faits à leur connaissance personnelle. — Et il a été jugé en ce sens, que l'officier de santé qui a dressé procès-verbal de ses vérifications, peut être entendu aux débats sur les faits dépendant de son art ; mais que son audition ne doit pas être réputée audition de témoin (Crim. rej. 7 prair. an 9)(5).

140. Cependant la question de savoir si les gens de l'art qui ont dressé des procès-verbaux pendant l'instruction doivent être considérés comme des témoins et prêter serment à ce titre lorsqu'ils sont appelés aux débats pour fournir des explications orales à l'appui de ces procès-verbaux, ou si, au contraire, ils doivent être entendus comme experts sous la foi du serment qu'ils ont prêté à ce titre devant le juge d'instruction, est une question controversée. — V. v° Serment, n°s 116 et suiv.

141. En général, on n'entend pas comme témoins les agents du gouvernement ou les fonctionnaires qui ont dressé des procès-verbaux faisant foi jusqu'à inscription de faux, parce que leur témoignage ne pourrait avoir plus de foi que leurs actes : il est d'usage de leur demander des explications par écrit. Mais quand ces procès-verbaux ne font pas foi jusqu'à inscription, ou lorsque l'accusé le réclame, leur audition peut avoir lieu. — Il a été décidé en ce sens qu'on peut entendre comme témoins les rédacteurs des procès-verbaux ne faisant pas foi en justice jusqu'à inscription de faux; par exemple, dans le cas où il s'agit de

(1) *Espèce* : — (Rouquarié C. min. pub.) — Rouquarié, condamné à mort par la cour d'assises de l'Aveyron, a présenté un moyen de cassation tiré de ce que le juge de paix du canton de Saint-Amand, qui avait coopéré à l'instruction judiciaire, en dressant divers procès-verbaux faisant partie des pièces du procès, avait cependant été entendu aux débats comme témoin, sous prestation de serment. — Arrêt.
La cour ; — Attendu, sur le moyen proposé, que les officiers de police judiciaire ne sont appelés comme témoins, mais à les exceptions prévues par l'art. 322 c. inst. crim., et, qu'au surplus le demandeur ne s'est point opposé à ce que le juge de paix dont il s'agit fît sa déclaration; — Rejette.
Du 19 mars 1829.-C. C., ch. crim.-MM. Bailly, pr.-Gaillard, rap.
(2) (Debeaumarché C. min. pub.) — La cour ; — Sur le moyen proposé à l'audience, pris de ce qu'on a entendu en témoignage devant la cour d'assises un juge de paix qui avait reçu, dans l'instruction écrite et par commission rogatoire du juge d'instruction, les dépositions de divers témoins ; — Attendu que si l'art. 322 c. inst. crim., qui énumère les personnes dont les dépositions ne peuvent être reçues, ni aucune au re loi ne déclare les officiers de police judiciaire incapables d'être témoins dans les affaires à l'instruction desquelles ils auraient pris part; que les art. 257 et 517 du même code, invoqués sur le pourvoi, ont seulement pour objet de régler les formes de l'instruction, et qu'aucune loi n'est étrangers à la difficulté soulevée à l'appui du pourvoi, qu'ainsi le témoin dont il s'agit a pu être entendu en témoignage sans violation d'aucune loi ; — Rejette.
Du 9 janv. 1840.-C. C., ch. crim.-M. Bastard, pr.-Vincens, rap.
(3) (Baud C. min. pub.)—La cour;—Attendu qu'aucun article du code d'instruction criminelle ne défend d'entendre, comme témoins, les officiers

de police judiciaire; que la lettre jointe aux pièces du procès, adressée par le sieur Palhon, maire, au sous-préfet de l'Argentière, ne contient que des renseignements tels qu'il est du devoir des maires de transmettre à leurs supérieurs dans la hiérarchie administrative, et qu'ainsi la cour d'assises en ordonnant que, malgré l'opposition des défenseurs de l'accusé, le sieur Palhon, porté sur la liste signifiée à l'accusé, serait entendu comme témoin, n'a violé aucun article du code, mais s'est parfaitement conformée à sa lettre et à son esprit; — Rejette.
Du 8 juill. 1824.-C. C., sect. crim.-MM. Ollivier, pr.-Brière, rap.
(4) (Blasini C. min. pub.) — La cour; — Attendu que si le sieur Graziani a été entendu comme témoin après avoir rempli les fonctions d'officier de police judiciaire et celles d'officier de santé délégué par le juge, aucunes dispositions de la loi ne le prohibent, que le cas d'ailleurs la demanderesse ne s'est pas opposée à son audition ; — Rejette.
Du 18 mars 1826.-C. C., ch. crim.-MM. Portalis, pr.-Ollivier, rap.
(5) (Dumont.) — Le tribunal; — Attendu que les officiers de santé qui avaient dressé le procès-verbal du 9 pluviôse ont pu être entendus comme témoins dans leur art fût violée ; — Que le procès-verbal eût-il été annexé à l'acte d'accusation, ils auraient pu être interrogés et mis sous les yeux des jurés de déclaration écrite de témoins, puisque le procès-verbal dont s'agit n'a servi de base à l'acte d'accusation, et que l'audition d'officier de santé aux débats sur les faits dépendant de leur art dont ils ont fait la vérification n'est point une audition de témoins ; — Rejette.
Du 7 prair. an 9.-C. C., sect. crim.-MM. Seignette, pr.-Barris, rap.

laits de rébellion commis envers des préposés d'une administration publique dans l'exercice de leurs fonctions (Crim. rej. 1er avr. 1824) (1). — Cela se pratique surtout à l'égard des gendarmes, dont les procès-verbaux ne valent que comme simples renseignements (V. sur ce point M. Legraverend, p. 270). — C'est en ce sens qu'il a été décidé qu'on peut entendre comme témoins des gendarmes qui ont dressé le procès-verbal du délit (Crim. cass. 3 fév. 1820, aff. Blanc, V. Procès-verb., n° 289 ; 30 sept. 1843)(2).

142. On jugeait de même, sous le code de brumaire, 1° que les gendarmes pouvaient être entendus aux débats, sur les renseignements qu'ils pouvaient donner : « Attendu que ces gendarmes ne sont pas officiers de police judiciaire et que, le fussent-ils, il n'y a pas de loi qui prohibe le témoignage des officiers de police judiciaire, pour avoir d'eux les renseignements nécessaires » (Crim. rej. 8 prair. an 7, MM. Meaulle, pr., Dutocq, rap., aff. Gaudechaux) ; — 2° Qu'ainsi l'on avait pu entendre pour la première fois devant une cour d'appel des gendarmes rédacteurs d'un procès-verbal (Crim. cass. 16 janv. 1808, MM. Barris, pr., Vasse, rap., aff. N...);— 3° Qu'un gendarme d'ailleurs ne pouvant être considéré ni comme un dénonciateur, ni comme partie plaignante, il suit de là qu'il peut être entendu comme témoin aux débats (Crim. 30 flor. an 10) (3) ;—4° Que de même, les gendarmes qui avaient opéré l'arrestation, n'étant pas compris dans les prohibitions de l'art. 358 pouvaient être entendus à titre de témoins (Crim. rej. 29 prair. an 4, MM. Brun, pr., Bazennerye, rap., aff. Damerval et autres).

143. Mais de ce qu'on peut recevoir le témoignage des gendarmes qui ont dressé des procès-verbaux ou prêté leur assistance aux officiers de police judiciaire pendant l'instruction, il n'en résulte pas, bien entendu, qu'il y ait obligation de les appeler aux débats.—On a jugé en ce sens, sous le code de brumaire, comme il faudrait manifestement le décider aujourd'hui, qu'il n'y a pas nécessité d'entendre comme témoin les gendarmes qui ont assisté l'officier de police judiciaire lors du procès-verbal constatant le corps du délit (Crim. rej. 13,vent. an 8,MM.Vergès, pr., Rous, rap., aff. Guerrier).

144. Les procès-verbaux des agents de police ne valant que comme simples renseignements ou commencement de preuve, il y a lieu de même de les appeler à titre de témoins, pour corroborer par leur déposition orale les assertions contenues dans ces procès-verbaux.—Aussi il a été jugé 1° que les rapports des agents de police ne faisant pas foi en justice, rien ne s'oppose à ce qu'ils soient entendus comme témoins (Crim. rej. 13 août 1841(4); Crim. cass.7nov.1844,M.Rives,rap.,aff. Perrot ; 9mai 1846, aff. Jouando, D. P. 46. 4. 477; 19 juin 1846, aff. Maquelly, D. P. ibid.); — 2° Que par suite est nul le jugement par lequel un tribunal de police, sur l'offre du ministère public d'établir une contravention par le témoignage de trois agents de police, à défaut de procès-verbal, refuse de les entendre sous le prétexte qu'ils ne démentiraient pas leur rapport au commissaire de police (Crim. cass. 13 juin 1834) (5) ; — 3° Qu'à plus forte raison des appariteurs, sur le rapport desquels un procès-verbal a été dressé, et qui se sont bornés à le signer, peuvent être entendus comme témoins sur les faits qui y sont contenus, alors que ce procès-verbal ne fait pas foi en justice (Crim. cass. 8 mars 1821) (6); — 4° Qu'en conséquence ils doivent à ce titre être

---

(1) (Marcel C. min. pub.) — La cour ; — Attendu que si un procès-verbal rédigé par les préposés des administrations publiques énonçant des faits de contravention commis envers eux, dans l'exercice légal de leurs fonctions, ne fait pas foi en justice sur lesdits faits jusqu'à inscription de faux, aucune loi n'interdit aux tribunaux d'entendre, en déposition, en qualité de témoins déposants et sur un nouveau serment prêté devant eux, les préposés rédacteurs dudit procès-verbal ; que cette mesure dictée par l'intérêt de la justice pour la découverte de la vérité mettant les préposés déposants en présence du prévenu, procure à celui-ci les moyens de contredire les dépositions et de dire et alléguer pour sa défense, tout ce qu'il croit être utile à son intérêt et enfin que les débats entre les préposés appelés comme témoins et le prévenu, mettent les juges en état de connaître les faits et d'y statuer conformément à la conviction qu'ils acquièrent et d'après les règles de la justice ; — Attendu que la loi a donné au prévenu toute la latitude possible pour sa défense, et qu'elle lui permet de faire assigner à ses frais tous les témoins qu'il croit nécessaires à sa décharge sur les faits qui lui sont imputés ; mais qu'aucune loi n'oblige le ministère public à appeler en justice, aux frais du trésor public, les témoins à décharge que le prévenu pourrait indiquer, que néanmoins, dans l'espèce, le procureur général près la cour royale de Douai, jaloux d'éclairer d'autant plus les magistrats sur la vérité des faits du procès et considérant sans doute l'état d'indigence du prévenu, consentit à faire assigner aux frais du trésor public deux des huit témoins proposés par le prévenu tels qu'ils voudrait les choisir et dont il indiquerait les noms et les domiciles ; — Que quoique ce consentement du procureur général, ait été manifesté deux fois au prévenu, et par écrit, ainsi qu'il résulte de deux lettres qu'il a produites lui-même devant la cour, il n'a point indiqué ni les noms ni les domiciles des deux témoins qu'il aurait pu choisir parmi les huit qu'il avait primitivement proposés, qu'il n'a point profité du choix qui lui avait été déféré, et que ce n'a été qu'à l'audience du 7 février jour fixé pour les débats, qu'il a demandé tardivement la remise de la cause, pour obtenir, dit–il, du procureur général qu'il fit assigner des témoins à décharge, quoique cette faveur lui eût été accordée le 26, et qu'il ne se soit pas mis en état d'en profiter.—Attendu que dans cet état de choses, la cour royale de Douai a eu de justes motifs de faire droit sur l'opposition à toute remise formée par le procureur général et de passer outre aux débats ; — Rejette le pourvoi contre l'arrêt de la cour royale de Douai du 7 fév. dernier.
Du 1er avr. 1824.-C. C., sect. crim.-MM. Bailly, pr.-Chasle, rap.
(2) (Min. pub. C. Sénateur Valée.) — La cour ; — Sur le moyen tiré de la violation des art. 1, 129 et 180, de la loi du 17 avr. 1798 (28 germ. an 6), et 154 c. inst. crim. : —Attendu en droit que les trois premiers articles précités chargent les gendarmes de constater dans la circonscription de leurs brigades respectives les contraventions qui peuvent être commises aux lois et règlements de police ; qu'ils doivent, dès lors, conformément à l'art. 154 c. inst. crim., être entendus à l'appui de leurs procès-verbaux, comme tous les officiers de police judiciaire ; — Qu'en jugeant le contraire dans l'espèce par le motif que ces procès-verbaux les constituent dénonciateurs du fait de la prévention, le même tribunal a faussement appliqué à la cause l'art. 322 dudit code, et commis un

violation expresse des dispositions ci-dessus visées ; — Casse le jugement interlocutoire du tribunal de police du 6 mars dernier, et par suite le jugement définitif du 13 du même mois.
Du 30 sept. 1843.-C. C., ch. crim.-MM. Crouseilhes, f. f. pr.-Rives, r.
(3) (Echard.) — Le tribunal ; — Attendu sur le premier moyen, résultant d'une prétendue violation de l'art. 358 c. des dél. et des peines que le gendarme Boulanger en donnant sa déclaration sur le délit qu'il était appelé à constater dans la loi, ne peut sous ce rapport être considéré comme dénonciateur ; que pas davantage il n'a aucune manière profiter de sa dénonciation dans l'espèce, il ne pouvait même à ce titre être compris dans la prohibition prononcée par ledit art. 358; attendu que le même gendarme ne peut pareillement à aucun titre être considéré comme partie plaignante, et qu'ainsi son audition comme témoin et au nombre d'iceux n'a entraîné aucune contravention à l'article susénoncé dudit code ; — ....Rejette.
Du 30 flor. an 10.-C. C., sect. crim.-MM. Seignette, pr.-Borel, rap.
(4) (Min. pub. C. Piffart.) — La cour ; — Attendu que les rapports des agents de police ne font pas foi en justice ; que le juge a donc pu recevoir le témoignage de ces agents sur les faits relatés dans leur procès-verbal, et qu'ainsi l'art. 154 c. inst. crim. n'a point été violé ; — Rejette.
Du 13 août 1841.-C. C., ch. crim.-MM. de Bastard, pr.-Bresson, r.
(5) (Int. de la loi. — Veuve Baret.) — La cour ; — Vu la lettre du garde des sceaux..... le réquisitoire du procureur général ; et l'art. 154 c. inst. crim. ; — Attendu qu'au lieu de se réserver le droit d'apprécier la déposition des agents de la police administrative le tribunal de simple police de la ville d'Arles s'en a déclaré incapables de témoigner en justice, qu'en décidant ainsi, le tribunal a commis un excès de pouvoir et violé l'art. 154 précité ; — Par ces motifs, casse, mais dans l'intérêt de la loi, etc.
Du 13 juin 1834.-C. C., ch. crim.-MM. Choppin, pr.-Isambert, rap.
(6) (Int. de la loi C. Martinet.) — La cour (ap. dél. en ch. du cons.) ; — Vu l'art. 441 c. inst. crim. ;—Vu la lettre du garde des sceaux et le réquisitoire ;—Vu aussi l'art. 154 c. inst. crim. ; — Attendu, sur le premier moyen présenté par le demandeur, que les appariteurs qui ont fait à un commissaire de police un rapport dont il a été rédigé procès-verbal par ce commissaire, et qui ont signé ce procès-verbal, ne sont exclus par aucune loi de la faculté d'être entendus comme témoins sur les faits qui y sont énoncés ; — Qu'en supposant que ces appariteurs dussent être considérés comme dénonciateurs, leur déposition n'en serait pas moins recevable, puisqu'ils ne sont pas dans la classe des personnes qui, suivant l'art. 156 du code cité, ne doivent être ni appelées ni reçues en témoignage ; qu'en matière criminelle, ce n'est que des dénonciateurs récompensés pécuniairement par la loi, dont l'art. 322 défend de recevoir les dépositions, et que ces art. 156 et 322 déclarent même dans les termes les plus formels, que l'audition des personnes qui y sont dénommées ne résulte pas de nullité, lors qu'il n'y a pas eu opposition à cette audition, soit par la partie civile, soit par le ministère public, soit par l'accusé ou le prévenu ; — Attendu que, dans l'espèce, le refus du tribunal de police de recevoir le témoignage des appariteurs a été motivé uniquement sur ce

assujettis à peine de nullité, à la prestation préalable du serment exigée par l'art. 155 c. inst. crim. (Crim. cass. 16 oct. 1844, M. Rives, rap., aff. min. pub. *C.* Vadeau; Crim. cass. 9 mai 1846, aff. Jouando, D. P. 46. 4. 477; 19 juin 1846, aff. Maquelly, D. P. *ibid.*; Crim. cass. 28 sept. 1849, aff. Joubert, D. P. 49. 3. 359).

145. Il en est de même quand les procès-verbaux, faisant foi jusqu'à inscription de faux comme ayant été rédigés par des fonctionnaires ayant la qualité d'officiers de police judiciaire, viennent à être annulés pour défaut de forme. — Ainsi il a été jugé 1° qu'on a pu, en cas d'insuffisance du procès-verbal, ou de nullité pour défaut de forme, entendre comme témoin un garde forestier rédacteur de ce procès-verbal (Crim. cass. 1er mars 1822 (1); Metz, 26 fév. 1821, aff. Belval, v° Chasse, n° 466), ...encore bien qu'il reçoive une prime par chaque procès-verbal qu'il dresse (même arrêt de Metz); — 2° Qu'un tribunal correctionnel d'appel ne peut refuser d'entendre sur la réquisition du ministère public les gardes forestiers rédacteurs d'un procès-verbal nul pour défaut d'affirmation (Crim. cass. 9 mai 1807, aff. Vailet, V. Appel crim., n° 520); — 3° Que de même, lorsque le procès-verbal constatant un délit forestier vient à être annulé, le garde-rédacteur peut encore être entendu comme témoin (trib. d'Epinal, 16 juin 1838) (2).

146. Mais on a décidé que la déposition du garde-rédacteur du procès-verbal n'est pas suffisante pour prouver le délit, si elle n'est pas appuyée par d'autres témoignages (trib. d'Epinal, 16 juin 1838, aff. François, au n° précédent). — Nous doutons que cette dernière solution qui a pu être parfaitement fondée au point de vue de l'espèce qui y a donné lieu, soit de nature à être admise en thèse absolue. Le tribunal a eu sans doute le droit d'apprécier le degré de confiance que le garde appelé comme le témoin devait lui inspirer. Il a pu considérer comme un motif légitime de suspicion contre son témoignage, la circonstance que ce garde appelé comme témoin ne pouvait rétracter les assertions de son procès-verbal sans s'exposer à une destitution, et se déterminer par ce motif à n'accueillir sa déposition qu'avec une extrême réserve; nous croyons même qu'il sera sage de prendre en pareil cas un tel motif en considération; mais de ce qu'il aurait été bien jugé en décidant que le délit n'était pas dans l'espèce suffisamment prouvé, il n'en résulte point qu'on puisse décider en principe que la déposition du garde-rédacteur d'un procès-verbal annulé ne puisse en aucun cas à elle seule faire preuve du délit. — Le degré de con-

flance que peut mériter la déposition d'un témoin dans telle ou telle circonstance donnée est une question toute de fait et d'appréciation abandonnée à la conscience du juge; en faire une question de principe, ce serait ressusciter en matière de témoignage des règles surannées, que le législateur moderne a justement anéanties (V. Preuve, n°s 10, 74 et suiv.).

147. La prohibition de témoignage portée contre le dénonciateur salarié ne s'étend point à ses parents et alliés; s'il en était autrement il pourrait dépendre de celui qui se trouverait proche parent des témoins d'un délit de priver la justice de leur témoignage, et de rendre impossible de la sorte, la preuve judiciaire de ce délit.—Il a été jugé, sous le code de brumaire, 1° que les parents ou alliés du dénonciateur, pouvaient être entendus comme témoins (Crim. rej. 28 messidor an 9) (3); — 2° Que la loi ne défendait d'entendre comme témoins que les parents de l'accusé, et n'excluait pas ceux du dénonciateur (Crim. rej. 18 oct. 1810, M. Favard, rap., aff. Boulot);—3° Qu'ainsi, l'exclusion comme témoins de ceux qui devaient profiter de leur dénonciation, ne s'étendait point à leurs enfants (Crim. rej. 17 fruct. an 4, MM. Brun, pr., Dubourg, rap., aff. Goussy); — 4° Qu'on pouvait en conséquence entendre comme témoins les filles du dénonciateur, encore bien qu'elles seraient parentes de l'accusé si elles ne le sont pas d'ailleurs au degré prohibé (Crim. rej. 10 mai 1810, MM. Barris, pr., Brillat-Savarin, rap., aff. Filippi); — ... Sa femme et ses enfants (Crim. rej. 12 mess. an 4, MM. Brun, pr., Bazenneryes, rap., aff. Mercier; 27 brum. an 11, MM. Viellart, pr., Lachèze, rap., aff. Pau; 22 fév. 1811, M. Dauchau, rap., aff. Sergent); — ...Son allié (Crim. rej. 12 mess. an 11, MM. Viellart, pr., Sieyès, rap., aff. Mausset); — 5° Qu'à plus forte raison, ceux qui étaient aux gages du dénonciateur pouvaient être entendus comme témoins (Crim. rej. 27 germ. an 4, MM. Brun, pr., Bazenneryes, rap., aff. Tréhaut; 29 frim. an 5, aff. Gracial, *infrà*); — 6° Qu'à plus forte raison encore, peut-on admettre comme témoin le portier d'une maison dont le dénonciateur n'était pas locataire (même arrêt du 27 germ. an 4); — 7° Que la fille du fermier du dénonciateur dont l'audition est défendue, peut être entendue aux débats comme témoin (Crim. rej. 26 mars 1807, MM. Barris, pr., Delacoste, rap., aff. Bacluighi).

148. Il a été jugé également sous le code d'instruction criminelle : 1° que la prohibition de l'art. 322 de ce code, ne s'étend aux parents du dénonciateur (Crim. rej. 25 mars 1819) (4); — 2° Qu'elle ne peut s'étendre par exemple à la femme

---

que c'était d'après leur rapport qu'avait été rédigé le procès-verbal du commissaire de police ; que ce refus d'entendre des témoins produits par le ministère public pour compléter la preuve de la contravention qu'il avait dénoncée, a été une violation du susdit art. 154 c. inst. crim. ; — D'après ces motifs, casse et annule, dans l'intérêt de la loi, etc.
Du 8 mars 1821.—C. C., sect. crim.-M. Aumont, rap.

(1)(Min. pub. *C.* Dufour.) — La cour ; — Vu les art. 408, 415 et 416 c. inst. crim. ; — Vu aussi les art. 154, 189 et 211 du même code ; — Considérant que, d'après ces articles, la preuve des délits peut être faite par témoins, à défaut ou en cas d'insuffisance des procès-verbaux et rapports ; — Considérant, dans l'espèce, que les sieurs George Dufour, Abel Charmont et Pierre Moresteau avaient été condamnés en première instance par le tribunal de police correctionnelle de Mâcon, comme coupables du délit de chasse avec des armes sans permis, dont la preuve n'avait été puisée que dans un rapport nul pour défaut de forme ; — Mais que, sur l'appel des condamnés devant le tribunal de Châlons, le ministère public a fait citer, comme témoins propres à établir le délit, les deux gardes forestiers auteurs dudit rapport ; — Que ces gardes ont fait leurs dépositions dans la forme prescrite par la loi, mais que le tribunal d'appel les a rejetées, sur le motif qu'auteurs du rapport nul, ils ne pouvaient déposer dans leur propre fait ; — Qu'aucune loi, néanmoins, n'a exclu les gardes qui auraient fait un rapport nul pour défaut de forme, d'être entendus comme témoins sur les faits que leur rapport avait pour objet de constater ; — Que le tribunal d'appel a donc créé une exclusion arbitraire ; qu'il a ajouté à la loi, et violé ainsi les règles de sa compétence : — D'après ces motifs, casse.
Du 1er mars 1822.—C. C., sect. crim.-MM. Barris, pr.-Busschop, r.
(2) *Espèce :* — (Forêts *C.* François.)—Le procès-verbal rédigé par le garde forestier Ruffier, qui constate le délit du sieur François, n'avait pas été affirmé le lendemain de sa date, ainsi que l'exige l'art. 165 c. for.—L'administration des forêts ayant été admise à la preuve par témoins, le garde seul a comparu. — C'est ce qui a donné lieu au jugement suivant :
LE TRIBUNAL ; — Attendu que la déposition du garde Ruffier n'est

que la répétition de ses dires au procès-verbal , sur les faits déniés par François , et qu'elle ne pourrait être différente , sans l'exposer aux plus graves conséquences ; — Qu'à la première audience à laquelle cette cause a été appelée, le procès-verbal produit ayant été annulé , le jugement qui le prononce ainsi l'a réduit à l'état de simple dénonciation ; — Que la véracité d'une dénonciation ne peut dépendre du témoignage unique de celui-là seul qui l'aurait faite , surtout lorsqu'à la moindre variation dans sa déposition, rapprochée de son propre écrit, l'expose à une destitution ou à d'autres non moins fâcheux ; — Que , si l'on ne peut pas s'arrêter à cette cause de suspicion, lorsque plusieurs gardes déposent uniformément sur faits qu'ils auraient constatés par le procès-verbal trouvé insuffisant, ou même déclaré nul, ce n'est que dans le cas où le concours de ces dépositions garantit leur véracité , et ne peut laisser aucun soupçon d'erreur ; — Qu'une pareille confiance ne doit pas être accordée à la déposition d'un garde, soutenant la dénonciation que lui seul aurait faite ; — Que le serment sous la foi duquel il dépose ne donne à ses dires d'autre caractère que celui de déposition toujours appréciable en justice, d'après les circonstances qui peuvent ou doivent agir sur le témoin ; — Que , sans offenser la sagesse de la loi , le serment d'un garde, comme témoin, ne doit point être pris pour suppléer le serment dont l'omission ou le retard, sur le procès-verbal, entraîne la nullité ; — Renvoie le prévenu.
Du 16 juin 1838.-Trib. d'Epinal.-Ch. corr.-M. Vosgien, pr.
(3) (Quenault.) — LE TRIBUNAL ; — Considérant que l'art. 358 c. des délits, etc., ni aucune autre disposition de loi ne défend de faire entendre en genre de témoins les parents ou alliés du dénonciateur, soit du plaignant ; — ... Rejette.
Du 28 mess. an 9.-C.C., sect. crim.-MM. Seignette, pr.-Genevois, r.
(4) (Sabatier.) — LA COUR ; — Sur le premier moyen pris d'une violation de l'art. 322 c. inst. crim., en ce que la femme et la fille de la partie plaignante ont été entendues aux débats comme témoins, avec prestation de serment ; — Attendu que la prohibition établie par cet article ne porte que sur les parents des accusés dans les degrés qui

et à sa fille (même arrêt); — 3° Ou à sa sœur (Crim. rej. 12 mars 1818) (1).

149. Comment la qualité du dénonciateur sera-t-elle connue au débat? L'accusé n'a le droit de demander au ministère public par qui il a été dénoncé, qu'après son acquittement (c. inst. crim. 358); ce n'est donc pas lui qui pourra faire écarter le témoin dénonciateur; ce sera le ministère public qui se trouvera engagé d'honneur à refuser le témoignage de celui dont il a reçu la dénonciation, ou du moins de faire connaître sa qualité aux débats avant qu'il soit appelé à déposer comme témoin. — V. *infrà*, n° 220.

150. Si la prohibition de témoignage portée contre le dénonciateur salarié ne s'étend pas au dénonciateur ordinaire (V. n° 121), la loi du moins a par des motifs que nous avons déjà exprimés, voulu sagement (c. inst. cr. 323) que le jury fût averti de la qualité de celui-ci pour avoir à son témoignage tel égard que de raison. Et cet avertissement, c'est le ministère public qui s'en trouve chargé par la force des choses, puisque lui seul recevant les dénonciations, peut connaître la qualité du témoin qui se serait porté dénonciateur. — Mais l'avertissement exigé par l'art. 323 ne serait point nécessaire dans le cas où les témoins n'auraient signalé l'auteur du délit que sur les interpellations d'un officier de police judiciaire ou de tout autre agent de l'autorité chargé de recueillir les premiers éléments de l'instruction. Le titre de dénonciateur ne pourrait s'appliquer en effet à celui dont la déclaration provoquée par l'autorité compétente a été obligatoire, mais seulement à celui qui a adressé à cette autorité la déclaration *spontanée* d'un fait punissable.— Ainsi il a été jugé : 1° Que de simples déclarations recherchées et recueillies par l'officier de police ne peuvent faire considérer les déclarants comme de véritables parties plaignantes (Crim. rej. 5 prair. an 8) (2) ; — 2° Que l'avertissement n'est pas nécessaire lorsque les témoins n'ont pas dénoncé l'accusé, mais le fait du crime, et n'ont fait qu'accompagner l'officier de police judiciaire à la recherche des objets enlevés par suite du crime (Crim. rej. 20 oct. 1814) (3); — 3° Qu'ainsi, des individus qui ne se sont point portés dénonciateurs volontaires, mais ont été seulement appelés devant le juge d'instruction pour y déposer des faits dont ils avaient connaissance, ce qu'ils ont fait, ne peuvent être con-

sidérés comme dénonciateurs dans le sens de l'art. 323 c. inst. crim.; ce sont des témoins à charge ; en conséquence, on ne peut se faire un moyen de cassation de ce que, lors de la déposition de ces individus, on n'aurait pas fait connaître au jury qu'ils avaient été dénonciateurs (Crim. rej. 26 mai 1826) (4) ; — 4° Qu'à plus forte raison celui-là n'est point dénonciateur qui n'a fait des déclarations que postérieurement à la plainte portée, et dans laquelle il était désigné comme témoin ; en conséquence, la cour d'assises qui, contrairement aux prétentions de l'accusé, ordonne que cet individu sera entendu comme témoin, ne viole aucune loi (Crim. rej. 30 juill. 1851) (5). — La dernière de ces décisions pose un principe vrai, mais elle en tire une conséquence qui ne peut découler que d'un autre principe. Dénonciateur ou non, le témoin, du moment où il n'était point dénonciateur salarié devait être entendu. Aussi le pourvoi était-il fondé non sur ce que le témoin aurait été entendu mal à propos (la question n'était pas là) mais sur une prétendue violation de l'art. 323, c'est-à-dire sur ce qu'on l'aurait entendu sans donner au jury l'avertissement prescrit par cet article. La cour de cassation a justement rejeté ce pourvoi par le motif que le témoin n'avait point la qualité de dénonciateur; mais, en décidant seulement d'après ce même motif que la Cour d'assises avait pu entendre le témoin, elle juge une question autre que celle que soulevait le pourvoi, et à l'égard de laquelle le motif invoqué ne trouvait pas sa juste application; — 5° Enfin que l'on ne peut considérer comme dénonciateur auquel l'art. 323 soit applicable celui qui porte à la connaissance de la justice des faits venant à l'appui de ceux dont il a à se plaindre personnellement (C. C. de Belgique, 15 fév. 1842) (6).

151. Un coaccusé qui a fait dans ses interrogatoires des déclarations à charge contre ses coaccusés n'est point dénonciateur de ces derniers dans le sens de l'art. 323, et, si, après avoir été déchargé de l'accusation, il comparaît comme témoin il n'y a pas lieu à l'avertissement prescrit par cet article. — Jugé en effet que celui qui, d'abord considéré comme complice et qui, ensuite, dans son interrogatoire, déclare des faits à la charge de l'accusé principal, ne peut être considéré comme dénonciateur dans le sens de l'art. 323 c. inst. crim. (Crim. rej. 17 déc. 1818) (7).

y sont déterminés et sur les dénonciateurs dont la dénonciation serait récompensée pécuniairement par la loi ; que, même dans ce dernier cas, la prohibition n'a pas été étendue aux parents du dénonciateur ; — Qu'ainsi, en se fondant sur la disposition même dudit article, pour ordonner que nonobstant l'opposition de l'accusé, la femme et la fille du plaignant, qui d'ailleurs avait formellement déclaré ne vouloir prétendre à aucuns dommages–intérêts, seraient entendues comme témoins, la cour d'assises (du Puy–du–Dôme) n'a violé aucune loi ;

Sur le deuxième moyen, pris d'une prétendue fausse application de la loi pénale aux faits déclarés ; — Attendu qu'il résulte de la déclaration du jury que lors même que la personne âgée de moins de seize ans, aurait consenti à son enlèvement, on aurait sain volontairement l'accusé, ledit accusé était coupable de l'enlèvement pour avoir tenu caché à ses parents ladite personne pendant plusieurs jours dans une chambre dépendante de la maison ; que ce fait rentre essentiellement dans la disposition spéciale de l'art. 356 c. pén., dont il a été fait une juste application ; — Rejette.

Du 25 mars 1819.-C. C., sect. crim.-MM. Barris, pr.-Rataud, rap.

(1) (Mouthot.) — La cour; — ...Attendu, sur le troisième moyen, que Louis Merle eût-il été dénonciateur récompensé pécuniairement par la loi, l'audition de sa sœur, comme témoin, n'aurait pas été une contravention criminelle ; que, d'ailleurs, rien ne constate que Catherine Merle, témoin entendu, fût sœur de Louis Merle; — Rejette.

Du 12 mars 1818.-C. C., sect. crim.-MM. Barris, pr.-Ollivier, rap.

(2) (Grataloup.) — Le tribunal; — Considérant qu'il n'y a point au procès de partie véritablement plaignante, mais de simples déclarations recherchées et recueillies par la police judiciaire sur les faits imputés à des quidams, parmi lesquels un des réclamants a cru reconnaître le demandeur ; d'où il suit, que la loi ne s'opposait pas à ce que ces déclarants fussent entendus comme témoins ; — Rejette.

Du 5 prair. an 8.-C. C., sect. crim.-MM. Viellart, pr.-Target, rap.

(3) (Chabenat.) — La cour; — Attendu que Bavouzet et Gourin n ont pas dénoncé le Chabenat, mais le fait du vol et qu'ils ont accompagné le maire à la recherche de l'objet volé seulement ; que, d'ailleurs, l'art. 323 ne porte pas la peine de nullité; — Rejette.

Du 20 oct. 1814.-C. C., sect. crim.-MM. Vasse, pr.-Dunoyer, rap.

(4) (Virpullot C. min. pub.) — La cour ; —Attendu, sur le premie

moyen présenté par le demandeur, que les témoins, qualifiés dénonciateurs par le demandeur, ne se sont pas portés dénonciateurs volontaires de l'accusé, mais ont été appelés devant le juge d'instruction pour y déposer des faits et circonstances dont ils pouvaient avoir personnellement connaissance, et que ce n'est que sur l'interpellation de celui-ci qu'ils ont fait leur déclaration ; d'où il suit qu'ils ne peuvent être considérés que comme de simples témoins à charge, et que, dès lors, les dispositions de l'art. 323 c. inst. crim. n'étaient point applicables dans l'espèce ; — Rejette.

Du 26 mai 1826.-C. C., ch. crim.-MM. Portalis, pr.-D'Aubers, rap.

(5) (Françoise Béranger C. min. pub.) — La cour ; — ...Sur le deuxième moyen : — Attendu que Brunel n'est point dénonciateur, puisqu'il n'a fait de déclaration qu'après la plainte portée, et dans laquelle il était désigné au nombre des témoins qui devaient être entendus ; que, dès lors, en rejetant la demande de la dame Béranger, et en la faisant entendre comme témoin, la cour d'assises n'a point violé les art. 323, 358 et 359 c. inst. crim. ; — Rejette.

Du 30 juill. 1851.-C. C., ch. crim.-MM. Bastard, pr.-De Voisins, r.

(6) (Malherbe C. min. pub.) — La cour ; — Attendu que Louis Winand ne pouvait pas être considéré comme dénonciateur, mais comme plaignant, puisque ce n'est pas uniquement dans l'intérêt de la justice, mais comme partie lésée, qu'il a fait connaître ce qu'il avait appris relativement aux deux incendies dont il a fait mention dans l'acte du 14 mai 1841 ; que ledit Winand peut d'autant moins être considéré comme dénonciateur que ce qui concerne ce qu'il a révélé sur l'incendie de la meule d'avoine appartenant à Jadot, quoi déjà ce fait était porté à la connaissance de la justice à charge du demandeur, lequel s'est interrogé à cet égard par le juge d'instruction dès le 26 février 1839 ; d'où il suit que l'art. 323 du c. inst. crim. n'était point applicable à l'espèce, et que par conséquent il n'y a pu y être contrevenu ; — Attendu, au surplus, que toutes les formalités essentielles ou prescrites à peine de nullité ont été observées, et qu'au fait déclaré constant la peine a été justement appliquée ; — Par ces motifs, rejette.

Du 15 fév. 1842.-C. C. de Belgique, ch. crim.-MM. De Sauvage, pr.-Wurth, rap.-Dewandre, 1er av. gén., c. conf.

(7) (Wendel Schmitt.) — La cour ; — ... Attendu sur le deuxième moyen, pris de l'inobservation de l'art. 323 c. inst. crim. : 1° que ce

152. Il ne faudrait pas considérer non plus comme dénonciateur celui qui n'aurait fait que prévenir l'autorité de l'existence d'un crime ou délit sans en signaler l'auteur. — Il a été jugé en ce sens que l'art. 323 qui prescrit l'avertissement aux jurés de la qualité du témoin dénonciateur ne peut s'appliquer à celui qui a fait une telle déclaration (Crim. rej. 13 juill. 1852) (1).

153. L'avertissement de la qualité du témoin dénonciateur doit être donné au jury au moment où ce témoin va déposer (M. Cubain, n° 451). Cette formalité est importante, puisque la qualité de dénonciateur étant une cause légale de suspicion, la défense est essentiellement intéressée à ce que cette qualité soit connue du jury (ibid.). — Le même auteur pense que l'omission de cet avertissement serait une cause de nullité (ibid.).—Mais, tout en admettant qu'une semblable omission constituerait une irrégularité, nous ne saurions y voir une nullité, puisque cette nullité ne résulterait d'aucun texte. On sait, en effet, qu'en matière criminelle les dispositions prohibitives, quand la loi n'attache pas expressément la peine de nullité à leur infraction, ne donnent ouverture à cassation qu'autant qu'elles ont été, en conformité de l'art. 408, l'objet d'une réquisition formelle de la part de l'accusé ou du ministère public. (Conf. MM. Bourguignon, jurispr. c. crim., t. 2, sur l'art. 322; F. Hélie, Inst. crim. § 636, n° 6). — C'est du reste en ce sens que la jurisprudence s'est prononcée d'une manière formelle. Il a en effet été décidé par de nombreux arrêts que l'avertissement au jury de la qualité du dénonciateur n'est récompensé pécuniairement par la loi, n'est pas prescrit à peine de nullité, et que l'omission de cette formalité ne peut en conséquence donner ouverture à cassation (Crim. rej. 15 juill. 1811, M. Dutocq, rap., aff. Legars; 9 août 1811, M. Dutocq, rap., aff. Guillaume; 3 oct. 1811, M. Vasse, rap., aff. Pugnet; 2 juill. 1812, M. Massillon, rap., aff. Paraire; 16 juill. 1812, M. Vasse, rap., aff. Jacquet; 10 déc. 1813, MM. Barris, pr., Busschopp, rap., aff. Évraud; C. sup. de Bruxelles, 13 août 1814, M. Wautelée, pr., aff. Detrief; Crim. rej. 18 mai 1815, aff. Rosay, V. Attentat aux mœurs, n° 67; 10 oct. 1817, MM. Barris, pr., Busschopp, rap., aff. Osoul; 17 nov. 1818, MM. Barris, pr., Audior, rap., aff. Duval; 5 fév. 1819, MM. Barris, pr., Giraud, rap., aff. Arnaud; 7 déc. 1827, MM. Portalis, pr., Brière, rap., aff. Lenglet; 16 fév. 1837, aff. Audibert, V. n° 169; 25 janv. 1838, MM. Bastard, pr., Vincens, rap., aff. Val; 9 mars 1838, MM. Bastard, pr., Voysin, rap., aff. Bernard; 16 avr. 1840, MM. Bastard, pr., Mesguière, aff. Bergonnier; 24 déc. 1840, aff. Bussière, V. n° 168; 27 mai 1852, M. F. Hélie, rap., aff. Lauvry).

154. Au surplus beaucoup d'autres décisions ont établi en principe que, dans tous les cas, l'avertissement par le président

aux jurés, que le témoin qui va faire sa déposition, est le dénonciateur de l'accusé, peut être remplacé par des équivalents, pourvu que le président fasse connaître aux jurés l'intérêt que le témoin peut avoir dans l'affaire (motifs, Crim. rej. 13 avr. 1837) (2). — C'est ainsi qu'il a été décidé spécialement : 1° Que lorsque dans une accusation de faux, le plaignant qui ne s'est pas rendu partie civile se présente pour faire sa déposition, il suffit qu'avant qu'il ait été entendu comme témoin et sous la foi du serment, le président ait prévenu les jurés que le crime imputé à l'accusé a été commis au préjudice de cet individu, pour que les jurés doivent être réputés avoir légalement connaissance de son intérêt dans le procès, et que dès lors, le vœu de la loi soit rempli (même arrêt); — 2° Que la loi n'indiquant pas comment le jury doit être averti de la qualité de dénonciateur d'un témoin, il suffit, pour remplir le vœu de la loi, que parmi les pièces soumises au jury se trouve la dénonciation faite par ce témoin (Crim. rej. 15 fév. 1816) (3);—3° Qu'ainsi la preuve de l'avertissement résulte suffisamment de ce qu'il est constant que, parmi les pièces remises aux jurés, se trouvait l'acte d'accusation portant : « Le sieur (le témoin) rendit plainte, etc. » (Crim. rej. 9 fév. 1816, MM. Barris, pr., Aumont, rap., aff. Simonin); — 4° Que de même il suffit pour remplir le vœu de l'art. 323, que lecture ait été faite au jury de l'acte d'accusation, si cet acte lui a fait connaître la qualité du témoin dénonciateur (C. C. belge, 9 sept. 1836) (4); — 5° Que de même encore, si la qualité du dénonciateur résulte des procès-verbaux, et qu'il ait été donné lecture de ces procès-verbaux aux jurés, il y a un avertissement suffisant, surtout alors que ni l'accusé, ni son conseil n'ont élevé aucune réclamation (C. sup. de Bruxelles, 13 août 1814, M. Wautelée, pr.).

155. A plus forte raison a-t-il été justement décidé : 1° Qu'il ne peut résulter une ouverture à cassation de l'audition de témoins que la cour d'assises a jugé ne pouvoir point être regardés comme dénonciateurs, dans le sens de l'art. 323 c. inst. crim. : — « La cour ; — Attendu que la cour d'assises ayant jugé que les témoins en question ne devaient point être regardés comme dénonciateurs dans le sens de l'art. 323 c. inst. crim., n'a commis aucune contravention à cet article. » (Crim. rej. 20 juin 1817, MM. Barris, pr., Lecoutour, rap., aff. Pastoret).

156. L'art. 323 ne prescrit qu'à l'égard du dénonciateur l'avertissement à donner au jury de la qualité du témoin, il n'est pas nécessaire de l'avertir qu'un témoin est partie plaignante. (V. infra, n° 168).

157. En tout cas, les cours d'assises décident souverainement si un témoin est ou non dénonciateur, et s'il y a lieu à lui faire l'application de l'art. 323 c. inst. crim. : — « La cour; attendu que la cour d'assises n'a fait qu'user de son droit, en

---

article n'est pas prescrit à peine de nullité ; 2° et d'ailleurs que Schoever qui d'abord avait été soupçonné d'être complice de Wendel Schmitt, et qui dans l'interrogatoire par lui subi devant le juge de paix, avait pu déclarer des faits à la charge de Wendel Schmitt, ne pouvait pas être considéré comme le dénonciateur dont parle l'art. 323 ;. — Rejette. Du 17 déc. 1818.-C. C., sect. crim.-MM. Barris, pr.-Giraud, rap.

(1) (Thomas C. min. publ.) — LA COUR ;—.. Attendu que le deuxième moyen, que le sieur Laborde ayant seulement dénoncé à l'autorité compétente le fait incriminé, et non l'auteur de ce fait, ne peut être rangé dans la classe des dénonciateurs dont il est parlé en l'art. 323 c. inst. crim., d'où il suit qu'il a été légalement entendu comme témoin dans les débats ;— Rejette. Du 13 juill. 1852.-C. C., ch. crim.-MM. Bastard, pr.-Choppin, r.

(2) (Coste C. min. publ.) — LA COUR ;— Attendu que les dispositions de l'art. 323 cité ne sont pas prescrites à peine de nullité; qu'il suffit que les jurés n'aient pas ignoré l'intérêt que ce témoin pouvait avoir dans l'affaire ;— Et, attendu que Brung, au préjudice duquel le faux avait été commis, et qui ne s'était pas rendu partie civile, n'a été entendu comme témoin, et sous la foi du serment, qu'après que le président aurait prévenu les jurés que le faux imputé à l'accusé aurait été commis au préjudice de ce témoin; que, dès lors, les jurés ont eu légalement connaissance de l'intérêt que ce témoin avait à l'affaire, et ont pu, en conséquence, apprécier sa déposition ;— Rejette. Du 15 avril 1837.-C. C., ch. cr.-MM. Bastard, pr.-Meyronnet, rap.

(3) (Buault.) — Attendu sur le deuxième moyen, que l'art. 323 c. inst. crim. dit que, quand celui qui a dénoncé le crime est entendu comme témoin, le jury sera averti de sa qualité de dénonciateur, mais qu'il ne dit pas comment il sera averti; que toutes les

pièces du procès autres que les déclarations écrites des témoins, ayant été remises au chef du jury, ainsi que cela est constaté par le procès-verbal de la séance, et la dénonciation de la femme Bridoux, faisant partie de ces pièces, les jurés n'ont pas pu ignorer les faits de leur délibération, qu'avant d'être témoin, cette femme avait été dénonciatrice, qu'ainsi il a été satisfait à la disposition de l'art. 323 c. inst. crim., laquelle d'ailleurs n'étant pas prescrite à peine de nullité ;— Rejette. Du 15 fév. 1816.-C. C., sect. crim.-MM. Barris, pr.-Aumont, rap.

(4) (Bourguignon et auteurs C. min. publ.) — LA COUR ; — Vu l'art. 323 c. inst. crim. ; — Attendu que l'exécution de cet article n'est point ordonnée à peine de nullité; — Attendu qu'en admettant que la formalité qu'il prescrit soit substantielle, il ne détermine pas de mode particulier pour faire parvenir aux jurés l'avertissement requis ; qu'il veut uniquement qu'ils soient avertis ; — Attendu, dans l'espèce, le magistrat chargé de la rédaction de l'acte d'accusation a fait connaître, non-seulement la condamnation à des peines afflictives et infamantes antérieurement prononcées contre Baré et Demeesmaker, mais encore et particulièrement leur qualité de dénonciateurs; qu'ainsi, rien n'a été négligé pour éclairer le jury sur la position des individus; — Attendu qu'il n'y avait un double avertissement dans et la lecture en sa présence de l'acte d'accusation (art. 313), et par la remise qui lui a été faite avant qu'il se retirât pour délibérer (art. 341); — Attendu que, de ce qui précède, il résulte qu'il n'a pas été contrevenu à l'art. 323 c. inst. crim. ; qu'au surplus, la procédure est régulière; que les formalités prescrites à peine de nullité ou substantielles ont été observées, et qu'aux faits légalement constatés la loi pénale a été justement appliquée : — Par ces motifs, rejette, etc.

Du 9 sept. 1836.—C. C. belge.—MM. de Gerlache, pr.-Destouvelles, r.

décidant que le témoin Reignier ne pouvait pas être considéré comme dénonciateur, et qu'il n'y avait pas lieu, conséquemment, de satisfaire à la disposition de l'art. 323 dudit code » (Crim. rej. 11 nov. 1830, MM. Ollivier, pr., Rives, rap., aff. Delannoy).

ART. 4. — Plaignant. — Partie civile.

158. La loi des 16-29 sept. 1791, sur la procédure par jurés, et le code du 3 brumaire an 4 confondaient dans les mêmes dispositions le plaignant et la partie civile. Aussi dans le décret en forme d'instruction du 29 sept.-6 oct. 1791, la *plainte* était-elle définie *l'action résultant du dommage causé par un délit* (V. Instruction crimin., p. 32). — C'est pour cela que la partie plaignante était admise en cette seule qualité à produire des témoins dans l'instance criminelle (c. brum. an 4, art. 346, 358), à prendre part aux débats (*ibid.*, 367, 370) et à conclure à des dommages-intérêts contre l'accusé dans le cas où celui-ci était déclaré coupable et condamné comme tel (Merlin, Rép., v° Plainte, art. 7). Il résultait de là encore que le plaignant était par cela seul partie au procès, et qu'en conséquence il ne pouvait être entendu dans l'affaire en qualité de témoin. — Ainsi, on jugeait 1° qu'il était contraire à tous les principes qu'un plaignant fût entendu comme témoin dans sa propre cause (Crim. cass. 18 niv. an 8, M. Vergès, rap., aff. Élisabeth Buffet); — 2° Que l'audition de la partie plaignante en qualité de témoin aux débats était une cause de nullité (Crim. cass. 31 août 1793, MM. Thouret, pr., Emmery, rap., aff. Mauger; Crim. rej. 12 mess. an 6, MM. Gohier, pr., Delaunay, rap., aff. Roux; Crim. cass. 25 niv. an 8, M. Vergès, rap., aff. Durozel; 2 germ. an 8, M. Jouvenne, rap., aff. Grosvert et Lemire; 9 germ. an 8, M. Saint-Martin, rap., aff. Louise Bélanger; 12 vent. an 8, M. Pepin, rap., aff. Philibert Dupont; 4 prair. an 12, M. Minier, rap., aff. Joly); — 3° Qu'il en était surtout ainsi, lorsque l'audition de la partie plaignante en qualité de témoin avait eu lieu malgré l'opposition de l'accusé (Crim. cass. 27 prair. an 8, M. Sieyès, rap., aff. Charpentier et Gousset; 18 niv. an 9, M. Viellart, rap., aff. Antoniel); — 4° Que même la partie plaignante ne peut être entendue comme témoin, encore que l'accusé y consente, sous peine de cassation de l'arrêt à intervenir (Crim. cass. 21 therm. an 13, MM. Vermeil, pr., Audier, rap., aff. Duval); — 5° Que l'inscription de la partie plaignante sur une liste de témoins on opérait la nullité et viciait toute la procédure ultérieure (Crim. cass. 1er germ. an 8, M. Saint-Martin, rap., aff. Boulanger; 18 flor. an 8, M. Rupérou, rap., aff. Couanne); — 6° Qu'à plus forte raison les débats sont nuls si après avoir été entendue comme témoin la partie plaignante a obtenu des dommages-intérêts qu'elle avait précédemment demandés (Crim. rej. 11 brum. an 5, MM. Giraudet, pr., Brun, rap., aff. Mauduit).

159. La partie plaignante ne pouvait être entendue dans les débats qu'en cette seule qualité et pour développer les moyens qui appuyaient l'accusation; cette audition avait lieu après les dépositions des témoins et les dires respectifs auxquels elles donnaient lieu (c. de brum., art. 370). — Toutefois, la jurisprudence ne considérait pas cette disposition comme prescrite à peine de nullité, car il a été jugé que bien qu'il ne fût pas régulier ni conforme à l'esprit non plus qu'au texte du code du 3 brum. an 4, d'entendre la veuve de l'homicidé aux débats en qualité de partie plaignante, avant l'audition des témoins, cette forme de procéder n'avait pu néanmoins produire aucun moyen de cassation parce qu'elle ne contrariait expressément aucun article de la loi prescrit à peine de nullité, alors surtout que l'accusé n'avait pas fait de réclamation (Crim. rej. 26 frim. an 10, MM. Viellart, pr., Barris, rap., aff. Méry et Léger).

160. Mais on comprend que la partie plaignante ne pouvait

être entendue en cette qualité comme le permettait l'art. 370 c. de brum. an 4, qu'autant qu'elle l'avait toujours conservé : cependant la jurisprudence ne considérait pas l'infraction à cette règle comme une cause de nullité. — Ainsi, on jugeait : 1° que l'audition comme plaignant qui n'avait pas cette qualité, n'était qu'une irrégularité et non une nullité (Crim. rej. 5 prair. an 13, MM. Viellart, pr., Minier, rap., aff. Bonnet); — 2° Que l'audition comme plaignant d'un témoin qui ne l'était pas, étant tout à l'avantage de l'accusé, celui-ci ne pouvait, dès lors, s'en faire un moyen de cassation (Crim. rej. 9 oct. 1806, M. Gillet, V. n° 58).

161. Toutefois, il a été décidé : 1° que l'audition à titre de parties plaignantes de personnes qui avaient perdu cette qualité par leur désistement, était une cause de nullité (Crim. cass. 9 mess. an 13, M. Lamarque, rap., aff. Milquin); — 2° Qu'il en était de même de l'audition des personnes qui, n'ayant jamais été parties plaignantes, étaient cependant entendues à ce titre (même arrêt).

162. D'après les lois de 1791 et de l'an 4, il semblait que la plainte donnant par elle seule la qualité de partie civile, le plaignant ne devait être considéré comme ayant perdu cette qualité qu'autant que, par un acte formel de sa volonté, il avait renoncé à intervenir aux débats. Mais, dans la pratique, on n'entendait pas la règle avec cette rigueur, et il était admis que la qualité active de plaignant n'appartenait à la partie lésée que si elle exprimait formellement le désir de prendre part à la poursuite; autrement la plainte n'aurait eu d'autre effet que celui d'une simple dénonciation (Crim. cass. 8 prair. an 11, M. Dutocq, rap., aff. Pithou, V. Merlin, *ibid.*). — On décidait, en conséquence, que pour qu'une partie plaignante fût considérée comme telle et ne pût être entendue comme témoin, il fallait qu'elle eût manifesté le dessein de prendre une part active dans la poursuite des auteurs du délit (Crim. rej. 7 prair. an 8, MM. Viellart, pr., Vallée, rap., aff. Collin).

163. Si le plaignant s'était formellement désisté, il n'y avait plus aucune difficulté; il devenait étranger aux débats et, par suite, il ne pouvait être entendu comme témoin : peu importait que le désistement fût intervenu avant ou après le délai de vingt-quatre heures, ce délai n'étant relatif qu'à la question de savoir si les frais de la procédure devaient être ou non à la charge du plaignant. — Il a été jugé, en effet : 1° que le plaignant qui s'était désisté de la plainte dans les vingt-quatre heures, pouvait être entendu comme témoin(Crim. rej. 6 vend. an 9)(1); — 2° Que la dénonciatrice qui, ayant recouvré les objets qui lui avaient été volés, s'était naturellement désistée de sa plainte, pouvait être entendue comme témoin (Crim. rej. 11 flor. an 4, MM. Brun, pr., Dubourg, rap., aff. Celles); — 3° Que de même, un plaignant qui n'avait donné aucune suite à sa plainte pouvait être considéré comme simple dénonciateur et entendu comme témoin (Crim. rej. 17 vent. an 3, MM. Brun, pr., Seignette, rap., aff. Radol); — 4° Que bien que la partie plaignante ne se fût pas désistée de sa plainte dans le délai de la loi, c'est-à-dire dans les vingt-quatre heures, mais postérieurement, et fût par là passible des frais de la poursuite, elle avait pu être entendue aux débats comme dénonciateur ou témoin (Crim. rej. 16 avr. 1807) (2).

164. On distinguait aussi le simple dénonciateur du plaignant; celui qui se bornait à dénoncer le crime ou délit commis à son préjudice, ne devait pas être considéré comme plaignant, dans le sens des lois de 1791 et de l'an 3. — Il avait été jugé, en ce sens : 1° qu'il n'est pas interdit d'agir en témoignage le dénonciateur d'un vol commis à son préjudice, surtout lorsque celui-ci a renoncé à toute réparation civile, et n'a pas même réclamé les objets qui lui ont été soustraits (Crim. rej. 2 vend. an 3, MM. Vaillant, pr., Legendre, rap., aff. Gigon); —

---

(1) (Aubin Tenet.)—Le Tribunal; —Considérant, 1° que le citoyen Roussotte qui a rendu plainte de l'incendie, le 30 flor. au 8, s'est désisté le même jour au soir, et qu'aux termes des art. 95 et 96, la plainte ou dénonciation dont il y a eu désistement dans les vingt-quatre heures sont considérées comme non avenues, et qu'en conséquence l'audition du citoyen Roussotte dans la déposition aux débats n'a rien de contraire à l'art. 358 du même code; — Rejette.

Du 6 vend. an 9.–C. C., sect. crim.–MM. Viellart, pr.–Target, rap.

(2) (Min. publ. C. Dewilde.) — La cour; — Attendu que si le sieur Lbéraud ne s'est pas désisté de sa plainte dans le délai et dans la forme prescrite par l'art. 92, pour s'affranchir des frais de la poursuite, il n'en est pas moins vrai qu'après ce désistement il ne pouvait être entendu comme partie plaignante; et qu'au termes de l'art. 358, sa dénonciation n'étant pas dans le cas d'être récompensée pécuniairement par la loi, ni d'aucune manière; — Rejette.

Du 16 avr. 1807.–C. C., sect. crim.–MM. Barris, pr.–Vermeil, rap-

2° Que de même, celui qui a fait venir dans sa maison un officier de police judiciaire, pour dresser procès-verbal d'un vol commis à son préjudice, ne peut être reproché dans son témoignage (Crim. rej. 28 therm. an 7) (1); — 3° Que la déclaration faite par un receveur du droit de passe d'un vol commis dans sa caisse par des inconnus, sans dénonciation d'aucun tort personnel, ne peut être considérée comme une plainte et ce receveur peut être entendu comme témoin (Crim. rej. 29 niv. an 9) (2); — 4° Que la simple déclaration d'un vol, fait par le propriétaire des objets volés, ne suffit pas pour faire ranger celui-ci dans la classe des parties plaignantes ni dans celles des dénonciateurs qui peuvent profiter de leur dénonciation (Crim. rej. 10 therm. an 11, MM. Viellart, pr., Bazire, rap., aff. Pillé et autres; 26 prair. an 8, MM. Viellart, pr., Schwendt, rap., aff. Gautel); — 5° Qu'on doit considérer comme plaignant celui-là seulement qui poursuit la réparation d'un délit avec l'adjonction du ministère public, non celui qui fait une simple déclaration devant le ministère public (Crim. rej. 21 août 1807, MM. Barris, pr., Vermeil, rap., aff. Sainton); — 6° Que celui qui dans sa plainte déclare qu'il ne veut pas poursuivre en son nom n'est point partie plaignante et peut, en conséquence, être entendu comme témoin (Crim. rej. 21 août 1807, aff. Modern, V. n° 124-1°).

165. Mais il a été jugé qu'il y avait nullité si l'on avait entendu comme témoin un dénonciateur qui avait fait une déclaration telle, qu'elle dût faire supposer qu'il avait alors l'intention de se réserver l'action civile et, par exemple, s'il a déclaré qu'il n'avait laissé s'effectuer un prétendu arrangement que pour se procurer la preuve de la spoliation des deniers de son parent (Crim. cass. 26 flor. an 5) (3).

166. Sous le code d'instruction criminelle, la qualité de partie plaignante n'est point, comme sous celui de brumaire, une cause de reproche de témoignage. En effet, le plaignant

n'est plus aujourd'hui a ce seul titre partie au procès : il est vrai qu'il a intérêt à la condamnation de l'accusé, puisqu'il peut encore, après sa déposition, se porter partie civile, dans le cas où il ne prendrait point cette qualité pendant les débats, intenter après une action civile en dommages-intérêts fondée précisément sur la condamnation à laquelle il aurait contribué comme témoin; mais cet intérêt ne suffit pas pour faire écarter la déposition, puisqu'il ne se trouve dans aucun des cas de reproche prévus par la loi, et, ainsi qu'on l'a vu précédemment, les dispositions de la loi criminelle sont restrictives, en ce qui touche les incapacités de témoignage (Conf. M. F. Hélie, Instruct. crim., t. 8, § 636, n° 6).—C'est ainsi qu'il a été jugé : 1° que le plaignant n'a pas le caractère légal de dénonciateur, et, par suite, peut être entendu comme témoin, lorsqu'il ne s'est pas porté partie civile (Crim. rej. 3 août 1827, MM. Portalis, pr., Mangin, rap., aff. Robier. — Conf. Crim. cass. 13 nov. 1833, MM. Chantereyne, pr., Chauveau Lagarde, rap., aff. Audibert; 30 avr. 1835, M. Rocher, rap., aff. Lambert; 24 déc. 1840, aff. Bussière, V. n° 168); — 2° Qu'ainsi, et spécialement en matière correctionnelle, l'audition de la partie plaignante, en qualité de témoin, n'est pas une cause de nullité, alors qu'elle ne s'est pas portée partie civile, et que, d'ailleurs, personne ne s'est opposé à son audition (Crim. rej. 1er sept. 1832) (4).

167. A plus forte raison ne peut-on repousser, par le seul intérêt qu'il peut avoir dans la cause, celui qui a souffert du délit, s'il n'a pas porté plainte et que les poursuites aient eu lieu d'office. Aussi la question a-t-elle été décidée ce en sens sous le code de brum. et sous le code d'instr. crim.—Aussi a-t-il été jugé : 1° que le volé peut être entendu comme témoin (Crim. rej. 18 niv. an 8) (5); — 2° Qu'on ne peut, en conséquence, écarter son témoignage sous le seul prétexte de son intérêt dans l'affaire (Crim. rej. 8 vent. an 9) (6); — 3° Que de même la victime d'une

même entendue en témoignage, et que si, dans l'espèce, le sieur Hayard n'est pas partie civile, il est du moins partie plaignante, et que son audition en cette qualité blesse les règles de l'équité et de la morale; — Vu à cet égard l'art. 322 c. inst. crim.; attendu que, d'après cet article, les seuls témoins dont la déposition ne puisse être reçue sous l'empire du code actuel d'inst. crim., sont, outre les parents et alliés au degrés prohibés, les dénonciateurs dont la dénonciation est récompensée pécuniairement par la loi; et que même l'audition des personnes désignées en cet article ne peut opérer une nullité, quand, ni le ministère public, ni la partie civile, ni les accusés (ou prévenus), ne se sont pas opposés à ce qu'elles fussent entendues.

Et, attendu en fait, que non-seulement le sieur Hayard n'est pas un dénonciateur dont la dénonciation soit récompensée pécuniairement par la loi, mais qu'il n'est pas même partie civile dans la cause, et que, s'il a porté plainte contre le sieur Saturnin Becq, aucune loi ne s'opposait à ce qu'il fût entendu en témoignage; que, d'ailleurs, et surabondamment, le sieur Saturnin Becq ne s'étant pas opposé devant le tribunal correctionnel de Douai à l'audition du sieur Hayard, il ne serait plus recevable aujourd'hui à se faire de cette audition un moyen d'attaquer le jugement de ce tribunal, non plus que l'arrêt de la cour qui l'a confirmé; — Rejette.

Du 1er sept. 1852.-C. C., ch. crim.-MM. Bastard, pr.-Moyronnet, r.

(5) (Lafour.) — LE TRIBUNAL; — Attendu que Jean Perrault n'a été ni dénonciateur ni plaignant, que c'est sur la clameur publique que les poursuites ont été dirigées contre Guillaume Lafour; — Que, d'ailleurs, il n'y a aucune loi qui défende à celui qui a été volé d'être entendu en témoignage; — Rejette.

Du 18 niv. an 8.-C. C., sect. crim.-MM. Rous, pr.-Gauthier, rap.

(6) (Vieillard et Boisvin C. min. pub.) — LE TRIBUNAL; — Vu les première et cinquième disposition, art. 358 c. dél. et peines; — Vu pareillement la sixième disposition, art. 456 dudit code; — Et attendu que le tribunal criminel du département de Seine-et-Oise a refusé d'entendre en genre de témoin Thérèse Mauduits, femme Malaquais, sur le motif qu'elle pouvait avoir un intérêt dans l'affaire par sa qualité de femme du propriétaire des grains enlevés; que, cependant, l'art. 358 précite ne repousse le témoignage des dénonciateurs et des parents de l'accusé aux degrés qui y sont énoncés; qu'ainsi il y a eu contravention à cet article, en ce que Thérèse Malaquais n'étant ni dénonciatrice ni parente des accusés; que cette contravention a été suivie d'une procédure irrégulière et inusitée, en ce que le tribunal, après avoir décidé que ladite Mauduits ne serait pas entendue en genre de témoin, lui a néanmoins fait répéter sa déclaration dans les débats et avant même qu'aucun des témoins n'eût déposé, sans exiger d'elle la promesse de dire la vérité, quoique, dans la règle, elle n'eût dû être entendue qu'après les débats, si le motif sur lequel se fondait le tribunal eût pu la faire con-

---

(1) (Godet.) — LE TRIBUNAL; —Attendu, sur le premier moyen, que Mette, chez qui avait été commis le vol pour lequel Godet a été condamné, ne s'était pas exposé comme dénonciateur en faisant accéder le commissaire de police dans sa maison pour dresser procès-verbal; que, d'ailleurs, l'on ne pourrait pas dire qu'il aurait profité de l'effet de sa dénonciation, parce que le jugement attaqué porte que l'argent trouvé sur Godet lui sera remis, puisque par là il ne bénéficie que d'une restitution; qu'ainsi il n'y a aucune contravention à l'art. 358 c. des dél et des peines, de ce que lui et sa sœur ont été entendus comme témoins; — Rejette.

Du 28 therm. an 7.-C. C., sect. crim.-MM. Méaulle, pr.-Jaume, r.

(2) (Tranchefort.) — LE TRIBUNAL; — ...Attendu, 3° que les déclarations de Philippines, seizième témoin, faites au juge de paix, dirigées contre des inconnus, pouvant d'autant moins être regardées comme plaintes, quoiqu'elles aient été ainsi arbitrairement qualifiées, qu'en sa qualité de receveur du droit de passe, qu'a la prise dans cet acte, il pour la garantie de sa responsabilité, il était dans l'obligation de dénoncer les vols des deniers de sa caisse, mais qu'il n'a dénoncé aucun tort personnel qui lui donnât action civile; que dans le cours de la procédure il n'en a formé aucune, requis ni dirigé aucune poursuite, et qu'enfin l'effet de sa dénonciation ne pouvait d'aucune manière tourner à son profit; qu'ainsi son audition comme témoin n'y a eu aucune contravention à l'art. 358 du code; — Rejette.

Du 29 niv. an 9.-C. C., sect. crim.-MM. Viellart, pr.-Schwendt, r.

(3) (Lardy.) — LE TRIBUNAL; —...Considérant qu'il résulte de l'acte de plainte porté par le commissaire de police de la section du Panthéon, le 14 brum. dernier, que Nicolas-Joseph Poilleux est le dénonciateur de Lardy; — Qu'il résulte de la liste des témoins assignés aux débats, ainsi que du procès-verbal des débats, qu'il a été entendu comme témoin; — Considérant que dans sa plainte ou dénonciation, Poilloux a fait la déclaration formelle qu'il n'a laissé s'effectuer le prétendu arrangement que pour se procurer la preuve de spoliation des deniers de son parent, et qu'il se réservait alors l'action devant es tribunaux en offrant la preuve par témoins; — Considérant que cette déclaration prouve l'intention et l'intérêt en même temps que Poilleux avait à la condamnation de Lardy, qu'il a réalisé ces mêmes motifs en formant sa demande en dommages-intérêts; — Que les motifs d'intérêt manifestés d'avance rendent sa déposition suspecte et inadmissible, puisqu'il a cherché à profiter de sa dénonciation en sollicitant 10,000 fr. de dommages-intérêts; — Casse.

Du 26 flor. an 5.-C. C., sect. crim.-MM. Brun, pr.-Giraudet, rap.

(4) (Becq C. Hayard.) — LA COUR; — Sur le premier moyen, tiré d'un excès de pouvoir et de la violation des art. 515 et 517 c. inst. crim.; — En ce que ces articles, en donnant à la partie civile le droit de faire entendre des témoins, lui ôtent la faculté d'être elle-

tentative de viol alors qu'elle n'est ni plaignante, ni dénonciatrice, et qu'elle ne réclame aucuns dommages-intérêts, peut être entendue comme témoin, encore que son père soit le dénonciateur (Crim. rej. 28 frim. an 14, MM. Viellart, pr., Vermeil, rap.; **aff.** Delpy); — 4° Que la partie lésée appelée à déposer sur le fait dont elle a été victime, peut, dans les cas même où elle aurait mis spontanément en mouvement l'action publique, être entendu sous la foi du serment (Crim. rej. 30 mars 1848, aff. Nascaras, D. P. 48. 5. 333); — 5° Qu'enfin, et dans tous les cas, la partie lésée qui ne s'est pas constituée partie civile peut être entendue comme témoin (Crim. cass. 15 nov. 1833, MM. Chantereyne, pr., Chauveau-Lagarde, rap., aff. Audibert).

168. Il serait utile, suivant nous, que les jurés fussent avertis de la qualité du plaignant qui dépose comme témoin, puisque cette circonstance peut influer plus ou moins sur le degré de confiance qu'on doit accorder à son témoignage; mais la loi ne prescrit point cet avertissement, et l'art. 323, qui exige qu'on fasse connaître aux jurés la qualité de dénonciateur, ne saurait être appliqué à la partie plaignante. — Il résulte, en effet, de la combinaison des art. 63 et suiv., relatifs aux plaintes, avec les art. 29, 30 et 31, relatifs aux dénonciations, que le plaignant, c'est-à-dire celui qui a souffert du délit, ne doit point être considéré, dans le sens légal, comme dénonciateur (Conf. MM. Cubain, C. d'ass., n° 418; F. Hélie, Instruct. crim., t. 8, § 636, n° 6). — Il a été jugé en ce sens que le témoin qui figure comme plaignant ou partie lésée ne doit pas être assimilé au dénonciateur; par suite, son audition n'est pas soumise à la nécessité de l'avertissement préalable prescrit par l'art. 323 c. inst. crim.: « La cour; attendu que le témoin Lahont était plaignant, mais n'était pas dénonciateur dans le sens de la loi; que les jurés n'ont pas eu à se méprendre sur sa position respectivement à l'accusé, et qu'au surplus l'avertissement prescrit par l'art. 323 ne l'est point à peine de nullité » (Crim. rej. 24 déc. 1840, MM. Bastard, pr., Romiguières, rap., aff. Bussières; Crim. rej. 16 août 1844, aff. Ranselant, D. P. 45. 4. 500; 30 mars 1848, aff. Mascarat, D. P. 48. 5. 333; 23 janv. 1851, aff. Moran, D. P. 51. 5. 316; 9 déc. 1852, aff. Lemarchant, D. P. 52. 5. 530; 2 avr. 1853, aff. Paoli, D. P. 53. 5. 442; 26 janv. 1854, M. Aylies, rap., aff. Chabers; 30 mars 1854, M. Jallon, rap., aff. Macé).

169. On doit, au reste, considérer non comme dénonciateur, mais comme plaignant, celui qui déclare à la justice le crime ou le délit commis, non-seulement à son préjudice, mais aussi au préjudice des personnes dont il a l'administration. — Il a été jugé en ce sens: 1° que dans une accusation de viol, imputé à un beau-père sur la personne de sa belle-fille mineure,

sidérer à l'instar du dénonciateur; que, par ce moyen, le tribunal s'étant permis d'employer un nouveau genre de procédure qui n'est nulle ment établi par la loi, a commis un excès de pouvoir qui nécessite la cassation de son jugement, à la forme de l'art. 456; — Par ces motifs, casse et annule.
Du 8 vent. an 9.—C. C., sect. crim.—M. Genevois, rap.
(1) (Min. publ. C. Audibert.) — La cour; —...Sur le troisième moyen; — Attendu que la veuve Vigne, femme de l'accusé Audibert, entendue aux débats comme témoin, n'a pas été dès lors considérée au procès comme dénonciateur, puisque sa qualité n'était autre que celle de partie plaignante, à raison d'un crime commis sur la personne de sa fille mineure; — Que, dès lors, il n'y avait pas lieu, de la part du président de la cour d'assises, de donner aux jurés l'avertissement indiqué par l'art. 323 c. inst. crim., lequel n'est pas, d'ailleurs, prescrit, à peine de nullité, par cet article; et qu'enfin, ni le ministère public, ni l'accusé ne se sont opposés à l'audition de ce témoin; — Rejette.
Du 16 fév. 1837.—C. C., ch. crim.-MM. Bastard, pr.-Dehaussy, r.
(2) (Beaune C. min. publ.) — La cour; — Vu l'art. 323 c. inst. crim.; — Attendu que la plainte portée par la veuve Boussié contre Beaune avait pour objet le viol dont Pétronille Boussié, sa fille mineure de quinze ans, aurait été l'objet, et qu'elle avait un intérêt personnel dans l'affaire; — Attendu qu'elle devait être dès lors considérée comme partie plaignante, et non comme dénonciateur, et qu'il n'y avait pas lieu par le président de donner l'avertissement prévu par l'art. 323 c. inst. crim.; — Rejette.
Du 25 sept. 1828.—C. C., ch. crim.-MM. Bailly, pr.-Crouseilhes, r.
(3) (La dame Abot C. min. publ.) — Par arrêt de la cour d'assises du département du Rhône du 9 juin 1824 la femme Abot fut condamnée à cinq ans de réclusion comme complice de banqueroute frauduleuse.

la mère de cette dernière, femme de l'accusé, ne doit pas être considérée comme dénonciatrice, mais bien comme partie plaignante; de telle sorte que, si elle a été entendue comme témoin, sans opposition, le président de la cour d'assises a pu se dispenser de donner aux jurés l'avertissement indiqué par l'art. 323 c. instr. crim., relatif aux dénonciateurs (Crim. rej. 16 fév. 1837) (1); — 2° Que de même on doit considérer comme partie plaignante et non comme dénonciatrice, la mère qui porte plainte contre l'individu qui a commis un viol sur sa fille, mineure de quinze ans; il n'y a pas lieu, en conséquence, à donner l'avertissement au jury (Crim. rej. 25 sept. 1828 (2); 21 juin 1832, MM. Bastard, pr., Ollivier, rap., aff. Gruselle).

170. Mais lorsque le plaignant s'est constitué partie civile, il semble qu'il ne doit plus être permis de l'entendre comme témoin. Le code d'instruction criminelle, il est vrai, ne contient aucune disposition qui exclue la partie civile du droit de porter témoignage; mais cette exclusion résulte du principe que nul ne peut être admis comme témoin dans sa propre cause. Il y a entre les fonctions de témoin et la qualité de partie au procès une incompatibilité qui dérive de la nature même des choses et qui n'a pas besoin d'être écrite dans la loi. *Sicut in civilibus testis in causâ propriâ non admittitur*, disait Farinacius (*De opp. contra pers. testium*, Quest. 60, n° 64), *ita nec etiam et multo minus admittetur in criminibus et propterea accusatorem contra accusatum recipi in testem valde absurdum reputatur.* — On a vu n° 158 que sous le code de brum. an 4, qui, pas plus que le code de 1810, n'avait prévu ce cas particulier, la jurisprudence se fondant sur le principe que nous venons de rappeler, que nul ne peut être témoin dans sa propre cause, avait exclu du droit de témoigner le plaignant qui prenait une part active aux poursuites. Les raisons de décider paraissaient devoir être les mêmes sous le code (Conf. M. F. Hélie, Inst. crim., t. 8, § 636, n° 7). — Cependant quelques arrêts se sont prononcés en sens contraire; il a été jugé notamment: 1° que la partie civile peut être entendue comme témoin (Crim. rej. 15 juill. 1824) (3); — 2° Qu'elle peut l'être malgré l'opposition de l'accusé (même arrêt); — 3° Qu'elle doit l'être, si elle figure sur la liste de témoins notifiée à l'accusé : « Attendu que l'art. 322, en faisant l'énumération des personnes dont les dépositions ne pourront être reçues, n'y a pas compris la partie civile » (Liège, 22 mai 1832, aff. min. pub. C. Orban); — 4° Qu'il suffit en pareil cas que le jury soit averti de sa qualité (arrêt précité du 15 juill. 1824); — 5° Qu'un tel avertissement, d'ailleurs, résulte suffisamment de l'opposition même de l'accusé à l'audition de la partie civile (même arrêt); — 6° Qu'au surplus, cet avertissement n'étant prescrit par l'art. 323 que pour les dénonciateurs, n'est pas né-

— Parmi les témoins entendus à sa charge, se trouvait Chevalier, créancier de la faillite. Lorsque la cour était sur le point d'entendre la déposition de ce témoin, le défenseur de la femme Abot s'opposa à son audition sous prétexte qu'il était partie civile au procès, attendu que les syndics de la faillite qui représentaient tous les créanciers s'étaient rendus parties civiles. — Un arrêt incident de la cour d'assises rejeta cette prétention et le témoin fut entendu. — Pourvoi pour violation des art. 315. 321 et 335 c. inst. crim. — Il est de principe, a-t-on dit, que nul ne peut être témoin dans sa propre cause, *nullus in re suâ idoneus testis intelligitur* (L. 10, ff. de Testibus).
La cour; — Attendu que le sieur Chevalier était porté sur la liste des témoins notifiée à l'accusée à la requête du procureur général, en conformité de l'art. 315 c. inst. crim.; et qu'il n'était point par sa qualité de créancier dans la faillite du mari de la demanderesse compris dans les prohibitions d'être entendu en déposition par l'art. 322 du même code; — Attendu que les syndics administrateurs des intérêts généraux d'une faillite ne sont pas les mandataires particuliers de chaque créancier, et qu'en se rendant parties civiles, ils n'auraient pu faire obstacle à ce que le ministère public fît entendre dans l'intérêt de l'action publique les créanciers qu'il croit devoir donner des renseignements utiles à la manifestation de la vérité, que même rien ne s'opposerait à ce que la partie civile fût entendue sous la foi du serment pourvu que les jurés fussent prévenus de la qualité du témoin et sauf à avoir à sa déposition tel égard que de raison; — Attendu que d'après l'opposition formée en cour d'assises par le conseil de l'accusée à ce que le sieur Chevalier fût entendu comme témoin à cause de sa qualité de créancier, les jurés ont été bien et valablement avertis de l'égard qu'ils devaient avoir à sa déposition. — Rejette.
Du 15 juill. 1824.-C. C., sect. crim.-MM. Ollivier, pr.-Brière, r.

tessaire à l'égard de la partie civile (Crim. rej. 12 janv. 1828, aff. Georges, V. n° 175-2°).

171. Cette jurisprudence qui, comme on le voit, repose sur un très-petit nombre d'arrêts, a été généralement repoussée. — Ainsi, il a été décidé : 1° que la partie civile ne peut être entendue comme témoin (Crim. rej. 23 sept. 1818 ; Metz, 12 nov. 1821 ; Crim. cass. 5 janv. 1838 (1) ; 5 fév. 1819, MM. Barris, pr., Giraud, rap., aff. Arnaud ; 14 oct. 1856, aff. Durand, D. P. 56. 1. 403 ; 10 fév. 1835, MM. Choppin, pr., Bresson, rap., aff. Demolon ; 10 mars 1843, M. Rocher, rap., aff. Constantin) ; — 2° Qu'en conséquence le témoin assigné qui, dès l'ouverture des débats, déclare se porter partie civile, ne peut plus dès lors être entendu comme témoin (Crim. rej. 6 nov. 1834) (2) ; — 3° Qu'on ne peut même entendre comme témoin le plaignant pour délit d'escroquerie, qui, tombé en faillite après s'être porté partie civile, est représenté par les syndics dans l'instance ; par suite, c'est seulement à titre d'éclaircissements et sans prestation de serment, qu'il doit être entendu lors du jugement de la plainte, « attendu que le plaignant ne peut en ce cas être réputé avoir perdu sa qualité de partie civile, mais l'avoir conservée conjointement avec les syndics qui ne forment avec lui qu'une seule personne » (Crim. rej. 19 janv. 1857, MM. Bastard, pr., Rocher, rap., aff. Bostmembrun) ; — 4° Que l'audition d'un témoin cité à charge qui, immédiatement après que le ministère public a conclu à ce qu'il fût admis à déposer, déclare se porter partie civile, est avec raison refusée par le tribunal (Crim. rej. 18 août 1853, aff. Charnau, D. P. 53. 3. 436).

172. On peut donc considérer comme un point hors de controverse, malgré le silence de la loi, que la partie civile ne peut être entendue dans les débats en qualité de témoin. Mais cette exclusion est-elle absolue, de telle sorte que l'audition de la partie civile comme témoin devra entraîner la nullité des débats, même dans le cas où ni l'accusé, ni le ministère public ne s'y seraient opposés ?—L'affirmative semble devoir s'induire de la plupart des arrêts qu'on vient de citer. On lit en effet, dans les motifs de quelques-uns de ces arrêts, d'une part, « qu'il serait contraire aux règles les plus ordinaires du droit, aux principes de la morale et de la saine raison, que la partie civile vînt, sous la foi du serment, porter témoignage dans sa propre cause (Crim. rej. 10 fév. 1835, aff. Demolon, V. n° 174) ; ...et d'autre part, que le principe que nul ne peut être dans la même affaire témoin et partie, est un *principe substantiel et d'ordre public* (Crim. cass. 21 déc. 1838, aff. Poggi, V. n° 175-1°), d'où la conséquence que

la nullité qui résulterait de la violation de ce principe, serait elle-même d'ordre public et ne saurait être couverte (V. en ce sens MM. Cubain, Cour d'ass., n° 463 ; F. Hélie, Dissertat. insérée dans la revue de législation, année 1845, p. 79 ; Tr. de l'Inst. crim., t. 8, § 636, note 7, p. 711). — Toutefois, si l'on se reporte aux espèces jugées par ces arrêts, on voit que la cour de cassation n'avait pas eu à se prononcer d'une manière formelle sur la question. Ce n'est donc que par une simple induction que l'on peut en tirer la solution que l'on vient de retracer. — Depuis, la difficulté s'est nettement présentée ; mais la cour de cassation n'a pas cru devoir maintenir les conséquences rigoureuses de sa doctrine. Assimilant la déposition de la partie civile à celles dont parle l'art. 322 c. inst. crim., elle a décidé que l'audition de cette partie en qualité de témoin, n'entraîne pas la nullité des débats, lorsque ni l'accusé, ni le ministère public ne s'y étaient opposés (Crim. rej. 28 nov. 1844, aff. Pezet, D. P. 45. 1. 58 ; 12 nov. 1846, aff. Friniaux, D. P. 46. 4. 476 ; 18 mars 1852, aff. Luporsi, D. P. 52. 3. 529).

Cette décision, on doit le reconnaître, soulève de fortes objections. Elle se fonde, peut-on dire, sur une prétendue analogie entre le caractère des personnes désignées dans l'art. 322 et la partie civile, et sur la considération que, de même que si l'audition de ces personnes, lorsqu'elle a eu lieu sans opposition, ne peut annuler la procédure, ainsi l'audition de la partie civile ne devrait, en pareille circonstance, être une cause de nullité. Mais l'analogie que constate la cour est plus que douteuse. M. Faustin Hélie, *loc. cit.*, a fait ressortir tout ce qu'elle présente de contestable, lorsqu'il s'agit de mettre sur le même rang le témoignage d'un dénonciateur, par exemple, et celui de la partie civile. — Le dénonciateur n'est pas l'adversaire direct de l'accusé, il n'est pas partie dans la cause et ne peut, quel que soit le résultat de l'accusation, encourir aucune condamnation personnelle. — La partie civile prend des conclusions, discute contre l'accusé, devient l'auxiliaire du ministère public et doit, si l'accusé est acquitté, être condamné aux frais du procès. — La prohibition d'entendre la partie civile comme témoin repose non point sur une cause d'*incapacité*, non point même seulement sur ce que la partie civile a un avantage à espérer ou a un préjudice à redouter de l'issue du procès, mais sur une *incompatibilité*. Il en résulte dès lors, nécessairement, que l'empêchement qui écarte son témoignage n'est point relatif, mais substantiel et absolu. Et quand il serait vrai qu'on pût assimiler le témoignage de cette partie civile, à celui d'un plaignant ou d'un intéressé de tout autre genre, ne

---

(1) 1re *Espèce* : (Rais dit Lallemand.) — La cour ; — Attendu sur le premier moyen, que d'après l'art. 67 c. inst. crim., la partie plaignante est autorisée à se porter partie civile en tout état de cause jusqu'à la clôture du débat ; — Que dans l'espèce, la fille Lebennois n'étant plaignante s'étant portée partie civile dès l'ouverture du débat, elle n'a pas dû être entendue comme témoin quoiqu'elle eût été portée en cette qualité dans la liste du ministère public ; — Que les accusés ont pu faire valoir contre elle, tous les moyens qui leur ont paru convenables et que les jurés ont pu apprécier soit pour soutenir l'accusation , soit même son refus de s'expliquer sur les interpellations qu'on a pu lui faire les accusés ;

Attendu, sur le deuxième moyen, que l'art. 315 n'est pas prescrit à peine de nullité, que s'il est conçu en termes prohibitifs, l'effet de sa prohibition est déterminé par son dernier paragraphe d'après lequel il ne peut résulter de son inobservation que le droit d'opposition en faveur du ministère public et des accusés contre l'audition des témoins non suffisamment désignés dans la liste notifiée ; — Que dans l'espèce, les accusés ne se sont point opposés à l'audition d'aucun des témoins qui ont été entendus ; — Rejette.

Du 23 sept. 1818 -C. C., sect. crim.-MM. Barris, pr.-Gaillard, rap.

2e *Espèce* : — (Blondin.) — La cour — Attendu, sur la question de savoir si Jean-Nicolas Blondin, partie civile, peut être entendu comme témoin dans la cause, que les dispositions des art. 156 et 322 combinées c. inst. crim. ne sont pas limitatives, mais seulement restrictives ; que, d'ailleurs, il est de principe généralement reconnu que nul ne peut être témoin dans sa propre cause ; qu'alors c'est à la cour à ne point recevoir la déposition de Jean-Nicolas Blondin ; — Attendu, en ce qui est relatif à la déposition de Joseph Blondin, frère de la partie civile , que nul des articles ci-dessus rappelés ne prohibe son audition ; qu'il y a lieu, par conséquent, de l'entendre comme témoin ; — Par ces motifs, a donné acte aux parties de leurs déclarations ; faisant droit sur l'incident, ordonne que Jean-Nicolas Blondin ne sera point entendu comme témoin, et qu'il sera passé outre à la déposition de Joseph Blondin.

Du 12 nov. 1821.-C. de Metz, ch. corr.

3e *Espèce* : — (De Louverval C Fauquet, etc.) — Le marquis de Louverval, agissant en qualité de partie civile, a traduit devant le tribunal de police du canton d'Acheux les sieurs Fauquet, Turmine et autres habitants de ce canton comme prévenus, en vertu d'un procès-verbal, d'avoir ramassé des feuilles mortes dans le bois de Toutencourt, lui appartenant. — Les prévenus n'ont pas nié le fait à eux imputé, mais ils ont prétendu qu'ils avaient la permission du propriétaire, et ont conclu à ce que le sieur de Louverval fût tenu de comparaître comme témoin à décharge, pour déposer sur l'existence de cette permission. — 1er avr. 1857, jugement qualifié d'interlocutoire, qui ordonne que le plaignant comparaîtra comme témoin à l'audience du 20 avril suivant. — Au jour indiqué, le marquis de Louverval n'a pas jugé à propos de se présenter personnellement, mais il a fait prendre au nom, par un procureur fondé, des conclusions par lesquelles il déniait formellement avoir accordé aucune permission. — Ledit jour 20 avril, jugement définitif et en dernier ressort, qui se fondant sur la non-comparution du plaignant, donne défaut contre lui et relaxe les prévenus de la plainte. — Pourvoi. — Arrêt.

La cour ; — ...Attendu, au fond, que le jugement, en ordonnant que la partie civile comparaîtrait comme témoin, a confondu deux qualités incompatibles dans la même individu, et violé les principes qui ont dicté l'art. 322 c. inst. crim. ; — Casse.

Du 5 janv. 1838.-C. C., ch. crim.-MM. Bastard, pr.-Fréteau, rap.

(2) (Jollien C. min. pub.) — La cour ; — Sur le deuxième moyen : — Attendu que les sieurs Laurent aîné, Schuliat, Chassignard et Boisson n'ont pas été assignés à la requête du ministère public comme témoins, mais seulement comme parties civiles, et pour prendre en cette qualité telles conclusions qu'ils aviseraient, et que les témoins assignés, au moment de l'ouverture des débats, ont déclaré se porter parties civiles, ne pouvaient plus, dès lors, être entendus comme témoins, qu'il n'y a donc eu sur ce point aucune violation de la loi ; — Rejette.

Du 6 nov. 1834.-C. C., ch. crim.-MM. Brière, pr.-Ricard, **rap.**

semble-t-il pas qu'il eût été plus désirable de faire prévaloir une jurisprudence favorable à la moralité et à la sincérité du témoignage sur celle qui tendra à en diminuer les salutaires garanties ?

Telles sont en résumé les objections principales que soulèvent les derniers arrêts de la cour suprême; néanmoins quelque spécieuses qu'elles puissent paraître, il nous semble qu'elles doivent céder à l'interprétation qui découle naturellement des termes généraux de l'art. 322 c. inst., et du silence que ce code a gardé à l'égard des témoins qui peuvent être intéressés à la condamnation. Cet intérêt, en effet, quelque grave qu'il soit, ne nous semble pas élever contre ce témoin un moyen de réprobation plus énergique que celui qui doit faire écarter la déposition d'un fils s'élevant contre un père accusé d'un crime qui peut le conduire à l'échafaud. Dans un cas comme dans l'autre, le silence de toutes les parties qui ont intérêt à s'opposer à l'audition doit faire rejeter toute attaque de nullité, lorsque la déposition aura été contraire à l'accusé, aussi bien que lorsqu'elle lui aura été favorable. — La cour de cassation nous paraît donc avoir consacré dans sa dernière jurisprudence une doctrine qui doit être suivie.

173. Mais si la partie civile a été entendue comme témoin, malgré l'opposition de l'accusé ou du ministère public, la nullité doit être prononcée. Cela ne peut faire de doute. — Il a été jugé en effet 1° que celui qui s'est constitué partie civile ne peut être entendu comme témoin avec prestation de serment, malgré l'opposition du prévenu, alors même que cette prestation serait requise par les juges sauf à avoir à la déposition tel égard que de droit (Crim. cass. 21 déc. 1838) (1); — 2° Que l'audition, comme témoin de la partie civile, malgré l'opposition de l'accusé, est une cause de nullité (Crim. cass. 11 oct. 1859 (2), 18 mars 1852, aff. Alaniou, D. P. 52. 5. 529).

(1)(Poggi C. min. pub.) — LA COUR; — Vu l'art. 155 c. inst. crim.; — Attendu, en droit, que nul ne peut être, dans la même affaire, témoin et partie; — Attendu que ce principe est d'ordre public et substantiel à la défense; — Attendu, dès lors, que son application ne peut être éludée par le juge, sur le fondement qu'il aura à la déposition du témoin tel égard que de droit; — Et attendu, en fait, que le témoin Joseph-Antoine Poggi a déclaré devant le tribunal de police correctionnelle de Bastia se porter partie civile dans le procès intenté devant cette juridiction, par le ministère public, à Paul-François Poggi et consorts; qu'à ce titre, il a réclamé des dommages-intérêts sur lesquels il a été statué par le jugement; que en appel, ledit Joseph-Antoine Poggi, désigné dans la citation du ministère public, comme partie civile, s'est présenté comme témoin; que les défenseurs des prévenus se sont opposés à son audition en cette qualité, et que néanmoins la cour royale l'a admis à prêter serment, sauf, a-t-elle dit, à avoir à sa déposition tel égard que de droit; — En quoi ont été violés les principes de la matière et faussement appliqué l'article précité du code d'instruction criminelle; — Casse.
Du 21 déc. 1838.-C. C., ch. crim.-MM. Bastard, pr.-Rocher, rap.

(2) (Chauvignac C. min. pub.) — LA COUR (ap. dél. en ch. du cons.); — Vu les art. 315, 317 et 322 c. inst. crim.; — Attendu en droit que l'art. 315 c. inst. crim. autorise la partie civile à présenter, avant l'ouverture des débats, la liste des témoins assignés à sa requête et qui devront être entendus; qu'il résulte implicitement de cette disposition que la partie civile investie par la loi du droit d'exercer son action contre l'accusé, et d'appuyer cette action du témoignage des personnes qu'elle a fait assigner pour être entendues comme témoins ne peut-elle-même figurer au procès en ladite qualité de témoin qui est incompatible avec celle de la partie poursuivant, dans son intérêt privé, devant les tribunaux de répression, la réparation civile d'un dommage; — Attendu que l'art. 317 du même code prescrit au président de la cour d'assises qui procède à l'audition des témoins de leur demander s'ils sont parents ou alliés soit de l'accusé, soit de la partie civile, et à quel degré, et s'ils ne sont pas attachés au service l'un de l'autre; que cette précaution du législateur à l'égard de la partie civile démontre assez clairement qu'il n'a jamais considéré cette partie comme idoine à être entendue elle-même en qualité de témoin, dans un procès où elle exerce, soit comme partie principale, soit comme partie intervenante, son action civile; — Qu'en effet, la position de la partie civile, relativement à l'accusé, doit être assimilée à celle du dénonciateur, dont la dénonciation est récompensée pécuniairement par la loi, et dont l'art. 322 du code précité prohibe l'audition, puisque cette partie civile a, comme le dénonciateur, un intérêt direct et personnel à la condamnation de l'accusé, d'où il suit qu'elle ne peut être entendue comme témoin sous la foi du serment, dans le procès de ce dernier, surtout s'il s'oppose à son audition; que si néanmoins le président de la cour d'assises jugeait cette audition nécessaire à la découverte de la vérité, il ne pourrait y procéder qu'en

174. Si la partie civile ne peut déposer comme témoin, elle peut être entendue à titre de simples renseignements et sans prestation de serment. Cette proposition qui résulte virtuellement des art. 269 et 335 c. inst. crim., ne saurait faire difficulté (Conf. M. F. Hélie, Inst. crim., t. 8, § 636, n° 7, p. 710). — Il a été décidé notamment que les témoins reçus régulièrement au procès, comme parties civiles, peuvent être entendus en cette qualité de partie civile par forme de déclaration et sans prestation de serment (Crim. rej., 6 fév. 1835 (3); Crim. cass., 5 fév. 1819, MM. Barris, pr., Giraud, rap., aff. Arnaud; 11 oct. 1839, aff. Chauvignac, n° 175-2°). — V. aussi n° 603.

175. Il peut se faire qu'après avoir déposé comme témoin, le plaignant se porte ensuite partie civile, puisqu'il lui est permis de prendre cette qualité tant que les débats ne sont pas clos (c. inst. crim. 67). Dans ce cas, son audition à titre de témoin ne vicierait pas les débats. — En effet, le témoin qui après avoir été admis à déposer en qualité de plaignant, prend ensuite des conclusions à son profit personnel à titre de partie civile, manifeste suffisamment son intérêt dans la cause pour que le juge ou les jurés ne puissent se méprendre sur la valeur de son témoignage (Conf. M. F. Hélie, Inst. crim., t. 8, § 636, n° 7, p. 709). — C'est ainsi qu'il a été jugé 1° que l'audition comme témoin d'un plaignant qui ne s'est constitué partie civile qu'après les débats, ne peut être une cause de nullité alors surtout que ni l'accusé ni son conseil n'ont demandé que sa déposition fût écartée (Bruxelles, 20 juill. 1816) (4); — 2° Que de ce qu'après les réquisitions du ministère public, un individu, entendu aux débats comme plaignant et partie lésée, s'est porté partie civile, il ne saurait résulter d'aucune de cette qualité, qu'il ait été incapable d'être entendu comme témoin (Crim. rej., 12 janv. 1828 (5); V. aussi dans le même sens, les arrêts cités v° Inst.

vertu du pouvoir discrétionnaire dont il est investi par l'art. 268 c. inst. crim., et par forme de déclaration, en avertissant les jurés qu'aux termes de l'art. 269 du même code, elle ne doit être considérée que comme un simple renseignement; — Attendu enfin qu'il résulte des dispositions combinées des art. 315, 517 et 522 précités c. inst. crim., ainsi que des principes généraux du droit, en matière de témoignage, que nul ne peut être entendu comme témoin dans sa propre cause, et que cette règle immuable de justice se trouve consacrée par la loi 10 ff., *De testibus*, qui porte : *Nullus idoneus testis in re suâ intelligitur*; — Attendu, en fait, etc.; — Casse.
Du 11 oct. 1839.-C.C., ch. crim.-MM. Bastard, pr.-De Haussy, rap.

(3) (Demolon C. min. pub.) — LA COUR (ap. dél. en ch. du cons.); — ...Sur le quatrième moyen, pris de ce que la partie civile, entendue comme témoin, n'aurait pas prêté le serment prescrit par l'art. 517 c. inst. crim. : — Attendu que, dès l'origine du procès, Villette-Courtellemont a rendu plainte et s'est constitué partie civile devant le juge d'instruction; qu'il est intervenu en cette qualité, devant la cour d'assises, à l'ouverture des débats; que si, à la demande du conseil de l'accusé, un arrêt a ordonné qu'il serait entendu comme témoin, cet arrêt n'a pu vouloir et n'a pas dit que Villette-Courtellemont abdiquerait sa qualité de partie civile, ou que, contrairement aux règles les plus ordinaires du droit, aux principes de la morale et de la saine raison, il viendrait, sous la foi du serment, porter témoignage dans sa propre cause; que l'arrêt dont il s'agit a eu manifestement pour but d'obliger la partie civile, lorsqu'elle pourrait se faire représenter à l'audience par un avoué, à s'y présenter en personne, à répondre aux interpellations qui lui seraient faites, à donner sur les faits les éclaircissements qui lui seraient demandés; que c'est ainsi que cet arrêt a été exécuté; que, dans ce cas, la déclaration de la partie civile ne devait être considérée que comme renseignement; et qu'en la recevant en cette forme, et sans prestation de serment, il a été régulièrement procédé ;... — Rejette, etc.
Du 6 (ou 10) fév. 1835.-C. C., ch. crim.-MM. Choppin, pr.-Bresson, rap.

(4) (Vankeerbergh C. min. pub.) — LA COUR; — Attendu que la partie plaignante peut être entendue comme témoin, si dans l'espèce elle ne s'est constituée partie civile qu'après les débats; que l'accusé ni son conseil, après cette constitution, n'ont pas fait la demande que la déposition fût écartée; — Rejette, etc.
Du 20 juill. 1816.-C. sup. de Bruxelles.-M. Spruyt, subst., c. conf.

(5) (Georges, etc. C. min. pub.) — LA COUR; — Sur le premier moyen concernant les deux demandeurs : — Attendu que si, après l'audition du ministère public, le témoin Muller a déclaré se porter partie civile, il n'était, lors de son audition comme témoin, que plaignant et partie lésée; — Que ni l'une ni l'autre de ces qualités ne pouvait le rendre incapable d'être entendu en témoignage, ni l'assimiler aux dénonciateurs de la qualité desquels l'art. 525 c. inst. crim. veut que la

crim., n°s 500, 501, et Crim. rej., 5 mai 1854, aff. Viernay, D. P. 54. 5. 202); — 5° Que de ce qu'un individu qui s'est porté partie civile avait été appelé et entendu comme témoin sous la foi du serment, il ne saurait résulter une nullité, alors que ce n'est qu'après avoir prêté serment et déposé, qu'il est intervenu comme partie civile (Crim. rej. 23 fév. 1843) (1); — 4° Que de même est valable l'audition, comme témoin, de la personne lésée, si cette personne ne s'est portée partie civile que postérieurement à sa déposition (Crim. rej. 28 janv. 1853, aff. Frigier, D. P. 53. 5. 415).

176. Il a été jugé, sous le code de brumaire, que l'audition comme témoin de la partie lésée qui n'avait fait ni plainte ni dénonciation ne viciait point les débats, encore bien qu'elle aurait formé une demande en dommages-intérêts contre l'accusé après le jugement de condamnation (Crim. rej. 29 mess. an 9) (2). — Cette question ne pourrait plus se présenter aujourd'hui dans ces termes ; car la partie lésée ne serait point admise en cette seule qualité, sous le code d'instruction criminelle, à conclure à des dommages-intérêts si elle ne s'est portée partie civile avant la clôture des débats.

177. La partie lésée qui se serait portée partie civile dans une instance correctionnelle ne pourrait être considérée comme ayant conservé cette qualité en appel, dans le cas où elle ne figurerait au procès ni comme appelant, ni comme intimé, et qu'elle y aurait été seulement citée comme témoin. — Et il a été jugé avec raison que les juges d'appel ont pu la recevoir son témoignage, surtout lorsqu'ils ont déclaré, en ordonnant cette audition, qu'ils auraient à la déclaration du témoin tel égard que de raison (Crim. rej. 5 août 1821) (3).

178. Il a été justement décidé par des motifs analogues que la partie lésée peut être entendue comme témoin devant la cour d'assises saisie par suite d'un renvoi de la cour suprême, bien qu'elle se fût déjà portée partie civile devant la première cour d'assises dont l'arrêt a été cassé (Crim. rej. 11 nov. 1841) (4). —En effet, dans ce dernier cas, l'arrêt de cassation ayant anéanti les débats, le procès qui s'engage par suite du renvoi est une instance nouvelle où la partie lésée ne saurait figurer comme partie civile qu'autant qu'elle aurait pris de nouveau cette qualité. Il en serait autrement si la partie lésée s'était portée partie civile devant le juge d'instruction, attendu que l'annulation des débats n'entraîne pas celle de la procédure suivie dans l'instruction préparatoire (arg. motifs du même arrêt. — Conf. M. Cubain, Procéd. dev. la cour d'ass., n° 465 ; F. Hélie, Instr. crim., t. 3, § 656, n° 8).

jury soit averti ; — Rejette ce moyen ; — Et attendu, en ce qui touche Michel Georges, que la procédure est régulière : — Rejette.
Du 12 janv. 1828.-C. C., ch. crim.-MM. Bailly, pr.-Ollivier, rap.
(1) (Pieri C. min. pub.) — La cour ; — ...Sur le troisième moyen, résultant de ce que Charles-Mathieu Decory aurait été entendu comme témoin, sous la foi du serment, quoiqu'il se fût porté partie civile ; — Attendu que le procès-verbal des débats constate que ce n'est qu'après avoir déposé comme témoin que le nommé Charles-Mathieu Decory est intervenu au procès comme partie civile a pris en cette qualité des conclusions ; — Que si, dans la plainte par lui rendue, Philippe Decory, fils de Charles-Mathieu, a déclaré se constituer partie civile, cette déclaration est étrangère à Charles-Mathieu, qui, dans la plainte même, a été indiqué comme témoin et qui a comparu comme témoin devant les magistrats chargés de l'instruction du procès ; — Que, jusqu'au moment où il a déclaré se constituer partie civile, Charles-Mathieu a été justement considéré comme témoin ; qu'en lui faisant, en cette qualité, prêter serment, conformément à la loi, alors qu'il n'avait déclaré d'aucune manière ni par aucun acte, se constituer partie civile et intervenante, le président de la cour d'assises a procédé régulièrement ; — Rejette.
Du 23 fév. 1843.-C. C., ch. crim.-MM. Crouseilhes, pr.-Brière, rap.
(2) (Lomenède.) — Le tribunal ; — Attendu, sur le premier moyen, que le citoyen Grenier n'était partie plaignante ni dénonciatrice, que par la demande en dommages et intérêts qu'il forme postérieurement au jugement de condamnation des accusés, ne pouvait lui conférer une qualité qu'il n'avait pas ; — Attendu, sur le deuxième moyen, qu'un témoin cité pour déposer dans un procès criminel, peut être entendu sur des faits étrangers à ceux portés dans l'acte d'accusation, puisque le code veut en ce cas que le prévenu puisse être poursuivi sur les nouveaux délits qui résultent des débats ; — Rejette.
Du 29 mess. an 9.-C. C., sect. crim.-MM. Seignette, pr.-Carnot, r.
(3) (Louis.) — La cour ; — Attendu sur le premier moyen, que Nusse

179. Si, dans un procès correctionnel, les juges de première instance ont entendu à tort la partie civile comme témoin, et que la cour d'appel saisie ensuite de l'affaire, statue au fond, sur un rapport où se trouvaient consignées toutes les dépositions faites devant les premiers juges, y compris celle de la partie civile, la nullité qui a dû frapper le jugement de première instance en raison de cette déposition, viciera-t-elle également la sentence des juges d'appel?—Il faut distinguer : l'arrêt s'expliquera ou ne s'expliquera pas sur le caractère de cette déposition. S'il ressort explicitement ou implicitement de cet arrêt que les juges d'appel ont dû ou pu considérer la déclaration assermentée de la partie civile devant les premiers juges, comme un témoignage, malgré la réclamation de l'accusé, l'arrêt sera nul, parce qu'en ce cas la conviction du juge d'appel ayant pu se former d'après cette base suspecte d'appréciation, la décision reposera sur de faux éléments ;—Ou bien les juges d'appel auront au contraire déclaré formellement, dans les termes de l'arrêt, qu'ils n'ont attribué à la déclaration faite devant les premiers juges par la partie civile ni le caractère, ni la valeur d'un témoignage ; et nous pensons qu'en pareil cas l'arrêt ne pourra être annulé, puisque le juge d'appel ne se serait point approprié le vice du jugement de première instance.— C'est du reste en ce sens que la question a été résolue, et il a été décidé que de ce que la partie civile aurait à tort été entendue, sous prestation de serment, par les premiers juges, il ne s'ensuit pas que, si, sur l'appel, la cour refuse de supprimer, dans le rapport de l'affaire, ce qui est relatif à la déposition assermentée de la partie civile, cette cour doive être considérée par là comme s'étant associée au vice d'une instruction qui ne lui est pas propre, alors surtout qu'il résulte de l'arrêt que la cour d'appel n'a entendu attribuer à la déposition d'autre importance que celle d'un simple renseignement (Crim. rej. 19 janv. 1857, aff. Bostmembrun, V. Appel crim., n° 315).

180. Si la personne victime d'un délit avait, avant d'être citée comme témoin sur la poursuite criminelle à laquelle ce délit a donné lieu, formé devant les tribunaux civils une action en dommages-intérêts contre cet délit même, elle ne pourrait se constituer partie civile sur l'action publique, puisqu'il est de règle que celui qui a opté pour la voie civile n'est pas recevable à se pourvoir à raison de la même demande par la voie de l'action criminelle (V. Instruct. crim., n°s 150 et suiv.). — Cependant la personne qui se trouverait en ce cas aurait évidemment dans le procès criminel où elle serait appelée comme témoin un intérêt aussi direct et aussi puissant que si elle s'y était portée partie civile. Pourra-t-on pour ce motif écarter son témoignage?

ne se trouvait dans aucun des cas où l'art. 322 c. inst. crim. dispose que les dépositions des témoins ne seront pas reçues ; — Que si en première instance, il avait eu la qualité de partie civile il ne l'avait pas conservé en instance d'appel ; que n'étant ni appelant ni intervenant ni cité comme partie, il devenait étranger à cette instance ; que dès lors il a pu régulièrement y être entendu sans que de son audition ait pu résulter ouverture à cassation ; — Que d'ailleurs en l'ordonnant le tribunal correctionnel a eu l'attention de se conformer à tout ce que pouvaient lui prescrire les principes de l'équité et le sentiment de bienséances lorsqu'il a déclaré qu'on aurait à son témoignage tel égard que de raison.
Du 5 août 1821.-C. C., sect. crim.-MM. Barris, pr.-Ollivier, rap.
(4) (Veuve Brizard C. min. pub.)—La cour (ap. dél. en ch. du cons.) ; —...Sur le deuxième moyen, tiré de la violation de l'art. 66 c. inst. crim., en ce que Jacque Pèlerin, partie civile au procès, a été entendu comme témoin sous la foi du serment ; — Attendu qu'il est constant, en fait, et qu'il résulte de l'arrêt incident rapporté dans le procès-verbal de la séance, que Jacques Pèlerin ne s'est point constitué partie civile devant le juge d'instruction, comme l'art. 65 c. inst. crim. lui en donnait le droit, mais, qu'usant de la faculté qu'il tenait de l'art. 67, il s'est porté partie civile devant la cour d'assises d'Ille-et-Vilaine, avant la clôture des débats ; — Attendu que l'annulation de l'arrêt rendu par la cour d'assises du département d'Ille-et-Vilaine, et de la déclaration du jury, a eu nécessairement pour effet d'anéantir les débats et tout ce qui en avait fait partie ; — Qu'on ne pouvait donc considérer comme encore subsistante l'intervention d'une partie civile qui n'avait formé son action que parce qu'elle trouvait un appui dans les preuves que l'annulation des débats a fait disparaître ; — Qu'il suit de là qu'en ordonnant que Jacques Pèlerin serait entendu comme témoin, sauf aux juges s'il intervenait plus tard comme partie civile, à n'avoir à sa disposition que tel égard que de raison, la cour d'assises n'a violé aucune loi ; — Rejette.
Du 11 nov. 1841.-C. C., ch. crim.-MM. de Ricard, pr.-Bresson, r.

—Nous ne le pensons pas; car si elle a au procès un intérêt qui rend sa déposition justement suspecte, on ne saurait pourtant la considérer comme y étant partie, et cet intérêt ne peut être aux yeux de la loi un motif suffisant pour mettre obstacle à son audition comme témoin, puisque, d'une part, les dispositions prohibitives en matière de témoignage sont restrictives, et que, de l'autre, le principe *nemo idoneus testis* ne peut être invoqué que contre ceux qui figurent comme parties au procès. — Aussi a-t-il été jugé que l'incapacité d'être témoin dont est frappée la partie civile ne s'étend pas au témoin qui, avant son audition, a porté devant la juridiction civile l'action en restitution ou en dommages-intérêts même fondée sur le fait qui sert de base à la poursuite criminelle (Crim. rej. 27 janv. 1855, aff. Garibaldi, D. P. 55. 1. 116).—Remarquons, toutefois, que les dangers de ce témoignage seront considérablement atténués par la faculté qu'aura l'accusé par lui-même ou par son défenseur d'éclairer le juge sur la position du témoin, et d'invoquer contre sa déposition toutes les considérations qui peuvent la réduire à sa véritable valeur.

181. La prohibition d'entendre la partie civile à titre de témoin ne s'étend pas à ses parents et alliés, puisque les incapacités de témoignage pour cause de parenté résultant de la loi criminelle ne sont relatives qu'aux parents des prévenus ou accusés. Il est vrai que si la partie lésée par un crime ou un délit portait devant la juridiction civile l'action en restitution ou en dommages-intérêts ouverte en sa faveur, elle ne pourrait établir devant cette juridiction l'existence du délit au moyen des preuves qui résulteraient du témoignage de ses proches parents. Mais devant les tribunaux de répression la prohibition de ces témoignages ne serait fondée sur aucun texte, et nous avons vu qu'en cette matière la loi criminelle est restrictive. D'un autre côté, l'action civile, alors qu'elle intervient dans une poursuite criminelle, est essentiellement secondaire (motifs Crim. rej. 27 mai 1857, aff. Lezin, ci-après 3°). Il existe d'ailleurs dans l'intérêt de la répression des crimes et délits de puissantes considérations d'ordre social pour ne pas entraver par des restrictions apportées à la faculté du témoignage l'exercice de l'action publique; s'il fallait, en effet, récuser le témoignage des parents et alliés de la partie civile, il en résulterait souvent l'impossibilité d'arriver à la connaissance de la vérité; ce serait se priver des lumières que pourraient fournir les seuls témoins du fait. C'est aussi l'avis de MM. Carnot, p. 664, n° 2; F. Hélie, Instr. crim., t. 5, § 356, n° 2, t. 8, § 656, n° 8.—Jugé en ce sens: 1° qu'aucune disposition du code d'instruction criminelle ne s'oppose à ce qu'on reçoive le témoignage du conjoint ou des proches parents de la partie civile (Liége, 19 juill. 1852 (1)); — 2° Que les parents et alliés de la partie civile ne sont pas au nombre des personnes dont la déposition ne peut être reçue devant une cour d'assises. Par suite,

l'audition, comme témoins, de la fille, du beau-fils et du frère de la partie civile, malgré l'opposition formelle de l'accusé, ne donne pas lieu à cassation d'un arrêt de la cour d'assises (Crim. rej. 5 oct. 1855) (2); — 3° Que la partie civile, en matière correctionnelle, est recevable à faire entendre comme témoins ses frères et sœurs, nonobstant toute opposition du prévenu, l'art. 156 c. inst. crim. étant limitatif et ne frappant d'incapacité pour rendre témoignage que les parents et alliés du prévenu seulement (Crim. rej. 27 mai 1857) (3); — 4° Qu'ainsi en cette matière le frère de la partie civile peut être entendu comme témoin (Metz, 12 nov. 1821, aff. Blondin, V. n° 170-1°); — 5° Que de même encore, en matière criminelle, l'art. 522 c. inst. crim., qui défend de recevoir les dépositions de certains parents de l'accusé, ne doit pas être étendu aux parents et notamment au frère de la partie civile (Rej. 8 août 1851, aff. Ristani, D. P. 51. 5. 516).

182. Au surplus, si le lien de parenté qui peut exister entre la partie civile et quelques-uns des témoins est de nature à diminuer le poids de leur témoignage, les jurés seront avertis de cette circonstance et auront à l'apprécier. C'est pour ce motif que les témoins doivent être interpellés à l'effet de déclarer s'ils sont parents ou alliés soit des accusés, soit de la partie civile et à quel degré (c. inst. crim. 317, V. n° 524 et suiv.) — Jugé, en effet, qu'en preservant au président ces interpellations la loi a voulu mettre le jury plus à portée d'apprécier la déposition de ces témoins (Crim. rej. 5 oct. 1855, aff. Héran, V. n° 181-2°).

183. Sous le code de brumaire où, comme on l'a vu, le plaignant était de droit partie civile, on jugeait de même : 1° que les parents de la partie plaignante pouvaient être entendus comme témoins, et que si l'art. 551 c. des dél. et des peines voulait que leur qualité de parent fût connue des jurés, c'était afin de les mettre en état d'apprécier leurs déclarations et d'y avoir tel égard que de raison (Crim. rej. 8 vend. an 9, MM. Viellart, pr., Charles, rap., aff. Raiband); — 2° Que, par conséquent, les neveux et nièces de la partie plaignante pouvaient être entendus aux débats comme témoins (Crim. rej. 9 therm. an 11, M. Minier, rap., aff. Agatto; 18 vent. an 10, M. Liger, rap., aff. Lambert); — 3° Qu'ainsi la nièce du plaignant avait pu être entendue à ce titre (Crim. rej. 8 germ. an 9, MM. Seignette, pr., Schwendt, rap., aff. Pointel); — 4° Qu'il en était de même du beau-père du plaignant (Crim. rej. 17 germ. an 9, MM. Seignette, pr., Vallée, rap., aff. Brialix); — 5° De ses enfants (Crim. rej. 21 août 1807, MM. Barris, pr., Verneil, rap., aff. Santon; 20 nov. 1807, MM. Barris, pr., Rataud, rap., aff. Francfort); — 6° Qu'on pouvait entendre également comme témoins les domestiques du plaignant (Crim. rej. 12 flor. an 5, MM. Giraudet, pr., Brun, rap., aff. Lecompte; 11 vent. an 7, Meaulle, rap., aff.

(1) *Espèce:* — (Min. pub. C. K......) — Sur jugement du tribunal d'Arlon, ainsi conçu : — Attendu que la dame H... se présente pour H... et a déclaré que celui-ci se constituait partie civile ; — Attendu que H..., étant donc partie en cause, ne peut pas être entendu comme témoin ; que, quant à présent, il n'appert pas que sa présence à l'audience puisse être d'aucune utilité pour l'instruction de l'affaire ; — Attendu que si le code d'instruction criminelle ne contient aucune défense de recevoir le témoignage des proches parents de la partie civile, c'est qu'il ne trace nulle part la procédure des actions civiles poursuivies devant les tribunaux de répression; qu'il est donc nécessaire, pour s'en référer, recours au code de procédure dont l'art. 283 porte que « les proches parents de l'une des parties, ou son conjoint, peuvent être reprochées; » que le reproche proposé par le prévenu à l'égard de la femme H..., étant donc fondé, celle-ci ne peut pas être entendue comme témoin ; — Déclare les époux H... ne seront pas entendus comme témoins. — Appel. — Arrêt. — LA COUR ; — Considérant, quant à l'épouse H...., qu'aucune disposition du code d'instruction criminelle ne s'oppose à ce qu'on reçoive le témoignage du conjoint ou des proches parents de la partie civile ; qu'ainsi le tribunal ne pouvait point, par le seul motif de sa qualité d'épouse de H..., éca.ter l'audition de ce témoin ; — Par ces motifs, émendant ; — Déclare que l'épouse H.... doit être entendue, etc. — Du 19 juill. 1852.-C. sup. de Liége.

(2) (Heran C. min. pub.) — LA COUR ; — Sur le premier moyen, résultant de ce que la fille, le beau-fils et le frère de la partie civile signés comme témoins devant la cour d'assises, ont été entendus nonobstant l'opposition formelle de l'accusé et de son défenseur; —Attendu que l'art. 522 c. inst. crim., qui renferme l'énumération des personnes

dont les dépositions ne peuvent être reçues devant la cour d'assises, n'y comprend pas les parents et alliés de la partie civile; — Attendu que la prohibition de l'audition de ces personnes, en qualité de témoins, ne peut pas s'induire des dispositions de l'art. 517 c. inst. crim., portant que le président demandera aux témoins s'ils sont parents ou alliés de la partie civile, et à quel degré, parce que le but du législateur, en prescrivant l'accomplissement de cette formalité, a été que la cour d'assises et le jury fussent avertis du degré de confiance qu'il convenait d'accorder à des témoins dont la déposition peut n'être pas toujours impartiale ; mais que son intention n'a pu être de priver la justice de témoignages souvent nécessaires à la manifestation de la vérité ; — Rejette. Du 5 oct. 1855.-C. C., ch. crim.-MM. Bastard, pr.-Debaussy, rap.

(3) (Lezin-Delpech C. Catherine Vianès.) — LA COUR ; — Sur le premier moyen, pris de la violation prétendue de l'art. 268 c. pr. civ., en ce que le frère et cœur de la partie civile auraient été entendus à titre de témoins : — Attendu qu'il est de principe général que, devant les tribunaux de répression, le ministère public agit toujours par voie d'action principale ; — Que, s'il abandonne à la partie civile le soin de citer les témoins qu'elle produit à l'appui de sa plainte, il n'en s'ensuit pas que la direction de la poursuite cesse de lui appartenir ; — Qu'il n'y a pas lieu d'assimiler à une enquête civile, qui ne met en jeu que l'intérêt privé, l'instance criminelle dans laquelle cet intérêt n'est qu'accessoire, et dominé par une nécessité d'ordre public, soumise à d'autres règles ; — Que l'article précité du code de procédure n'est point applicable à un cas spécialement régi par l'art. 156 c. inst. crim., et qu'en matière d'incapacités, les dispositions prohibitives de la loi ne sauraient être étendues par voie d'analogie ; — Rejette. Du 27 mai 1857.-C. C., ch. crim.-MM. Choppin, pr.-Rocher, rap.

Descans ; 29 germ. an 9, MM. Seignette, pr., Sièyes, rap., aff. Jouvenne; 3 mai 1806, M. Babille, rap., aff. Contour) ; — 7° Ses salariés et associés (Crim. rej. 27 brum. an 9, MM. Viellart, pr., Liger, rap., aff. Biraud); — 8° Ou autres personnes demeurant chez lui (Crim. rej. 11 fruct. an 5, MM. Lemaire pr., Seignette, rap., aff Cornol).

184. Par application des principes consacrés par les décisions précédentes, on ne peut reprocher le témoignage de la veuve et des enfants de l'homicidé, ni sous le prétexte de l'intérêt qu'ils auraient au procès, ni par assimilation aux dénonciateurs intéressés dont la loi prohibe les dépositions, ni en vertu des dispositions légales qui écartent le témoignage des proches parents de l'accusé, et qui ne sauraient leur être applicables.— Ainsi il a été jugé avec raison : 1° que la femme et les parents de la personne homicidée peuvent être entendus comme témoins aux débats (Crim. rej. 28 therm. an 8, MM. Goupil-Préfeln, pr., Busschop, rap., aff. Roulion); — 2° Que les parents de l'homicidé peuvent être entendus aux débats comme témoins (Crim. rej. 2 janv. 1807, M. Aumont, rap., aff. Olecse); — 3° Qu'ainsi un tribunal criminel n'a pu refuser d'entendre comme témoin, sous le prétexte de son intérêt au succès de l'accusation, la veuve de l'homicidé qui ne s'est point portée partie plaignante (Crim. rej. 9 vent. an 9) (1); — 4° Que la sœur de l'homicidé peut être entendue comme témoin aux débats alors qu'elle n'est pas plaignante et qu'elle ne se trouve dans aucun des cas indiqués par l'art. 358 de la loi du 3 brum. an 4 (Crim. rej. 14 juin 1810, MM. Barris, pr., Dutocq, rap., aff. Dégony); — 5° Que de même, la fille et la veuve de l'homicidé, qui ne sont pas parties civiles, peuvent être entendues comme témoins aux débats, alors surtout que c'est d'office que les poursuites ont été dirigées contre l'accusé (Crim. rej. 31 janv. 1811, MM. Barris, pr., Dutocq, rap., aff. Bermond); — 6° Que la prohibition d'entendre comme témoins les parents ou alliés de l'accusé aux degrés indiqués par la loi ne s'applique pas aux parents de l'homicidé (Crim. rej. 1er pluv. an 5, MM. Brun, pr., Boucher, rap., aff. Marais ; 4 prair. an 13, MM. Viellart, pr., Ninier, rap., aff. Bozzy); — 7° Ni dans tous les cas, aux parents et alliés de celui au préjudice duquel le crime a été commis (Crim. rej. 5 août 1810, MM. Barris, pr., Lasagni, rap., aff. Caramignoli); — 8° Que de même, sous le code d'inst. crim., l'audition comme témoins des frères de la victime ne peut donner ouverture à cassation, surtout si les accusés ne se sont pas opposés à cette audition (Crim. rej. 31 mars 1836, MM. Bastard, pr., Isambert, rap., aff. Arrighi).

(1) (Denis Lebrun C. min. pub.) — Le Tribunal ; — Vu les art. 358 et 456 c. dél. et peines ; — Considérant que le tribunal criminel du département de Seine-et-Oise, après avoir reconnu que la veuve Fallot, appelée comme témoin à la requête du commissaire du gouvernement, n'était ni plaignante ni dénonciatrice, a refusé de la faire entendre comme témoin et de lui faire prêter la promesse exigée par la loi, sous prétexte que, comme veuve de l'homicide, elle pouvait être considérée comme intéressée au succès de l'accusation, et que, néanmoins, il a ordonné qu'elle serait répétée dans le récit des circonstances des faits qui sont à sa connaissance ; que, par là, il a introduit un genre d'audition qui n'est point autorisé par la loi et qu'il a commis en cela un excès de pouvoir ; — Casse.
Du 9 vent. an 9.-C. C., sect. crim.-M. Lasaudade, rap.
(2) (Le Tribunal c. min. pub.) — Le Tribunal ; — Considérant que le 17 therm. an 7, le citoyen Jean-Nicolas de Bassompierre, marchand demeurant à Bruxelles, syndic établi par procuration en date du 6 du même mois à la créance de Jean-François Gieurens, adressa au juge de paix de la huitième section de la commune et canton de Bruxelles, aux termes de l'art. 94 c. dél. et pein., une plainte de banqueroute frauduleuse à charge dudit Gieurens, et de complicité à charge de son épouse; que le 25 frim. an 8, ledit Bassompierre a affirmé cette plainte devant le directeur du jury de l'intérieur de Bruxelles; que le 6 vent. an 8, ledit Bassompierre fit, devant le juge de paix désigné, il avait adressé sa plainte, le dépôt de cinq pièces pour faire partie de la procédure intentée à charge du citoyen Gieurens en matière de banqueroute frauduleuse; que la seconde desdites pièces est une procuration des créanciers sur ledit Bassompierre, à l'effet de faire la plainte d'une banqueroute frauduleuse; que cette procuration est souscrite de plusieurs signatures, parmi lesquelles se trouvent celles de Palmaert, Bassompierre, Perret et Sacrement pour lui et la citoyenne épouse Lys; que, néanmoins, par le procès-verbal des séances du tribunal criminel du département de la Dyle, du 7 vent. an 8, l'accusateur public en ce tribunal

185. Mais si les parents de la victime appelés comme témoins étaient en même temps parents au degré prohibé de l'accusé, il est manifeste qu'en cette dernière qualité leur témoignage serait reprochable. — Aussi a-t-il été jugé que la veuve de l'homicidé ne peut être entendue aux débats comme témoin, si elle est en même temps belle-sœur de l'accusé (Crim. rej. 6 flor. an 12, MM. Vermeil, pr., Liborel, rap., aff. Mention).

186. La prohibition d'entendre la partie civile comme témoin devrait-elle s'étendre aux créanciers d'un failli dans le procès de banqueroute frauduleuse intentée contre le failli, et où les syndics auraient pris la qualité de parties civiles? Nous pensons qu'il y aurait lieu de le décider ainsi. Les créanciers de la faillite en pareil cas sont représentés au procès par les syndics, c'est au nom des créanciers et dans l'intérêt de ces derniers que les syndics prennent des conclusions aux débats. Il résulte de là que si les créanciers du failli pouvaient être entendus en pareil cas comme témoins, ils déposeraient dans leur propre cause. — Il a été jugé en ce sens, sous le code du 3 brum. an 4, que les créanciers qui ont, soit par eux-mêmes, soit par procuration, rendu plainte en banqueroute frauduleuse contre leur débiteur, et ne se sont pas désistés de cette plainte dans les vingt-quatre heures, ne peuvent être entendus comme témoins dans la procédure criminelle instruite contre ce dernier, qui se récuse (Crim. cass. 23 mess. an 8) (2). — Mais il a été jugé en sens contraire sous le code, que de ce que les syndics d'une faillite se sont rendus parties civiles dans l'action en banqueroute frauduleuse intentée contre le failli, il n'en résulte pas que les créanciers qu'ils représentent ne puissent être entendus comme témoins (Crim. rej. 13 juill. 1824, aff. Abot, V. n° 170-1°; 14 mai 1847, aff. Genelier, D. P. 47. 4. 461). — V. aussi n° 94.

Art. 5. — Coaccusé.

187. Il est évident, bien que la loi ne le dise pas expressément, qu'un accusé a un trop grand intérêt à rejeter sur autrui le fardeau de l'accusation qui pèse sur lui pour que sa déclaration puisse avoir vis-à-vis de son coaccusé l'autorité d'un témoignage. — Il est lui-même partie au débat, et comme tel, il serait contraire à tous les principes qu'il pût y servir de témoin soit à charge, soit à décharge. — Il a été décidé avec raison qu'un accusé ne peut se faire un moyen de nullité de ce qu'un individu qui lui aurait servi de témoin à décharge, a été, par la jonction de deux procédures criminelles, mis sous le poids d'une accusation dirigée également contre lui, et placé par là dans l'impossi-

a produit contre témoins contre les accusés les citoyens Bassompierre, Palmaert, Perret et la citoyenne Lys ; que le défenseur de l'accusé s'est opposé à ce que lesdits témoins fussent entendus ; que, cet incident, il est intervenu le même jour un jugement par lequel le tribunal rejette l'incident et ordonne que les quatre témoins attaqués par les accusés seront entendus ; enfin, qu'en exécution de ce jugement, lesdits témoins ont été entendus ;
Considérant que la plainte du 17 therm. an 7 a constitué ledit Bassompierre et les autres créanciers qui l'avaient établi leur procureur à l'effet de donner ladite plainte, véritables parties plaignantes, et que ledit Bassompierre et ses coplaignants ne s'étant pas désistés de cette plainte dans les vingt-quatre heures, soit, aux termes des art. 92 et 96 c. dél. et pein., demeurés irrévocablement parties plaignantes ; — Considérant qu'aux termes des art. 346 et 356 du même code, les parties plaignantes sont autorisées à produire des témoins contre l'accusé, ce qui suppose qu'elles ne peuvent pas porter témoignage contre l'accusé, puisque ce serait se produire elles-mêmes en témoignage à l'appui de leur propre plainte, tandis que, aux termes de l'art. 97, la plainte, quoique affirmée, ne peut faire par elle-même aucune charge contre celui qui en est l'ob et ; — Considérant enfin que, par le jugement du tribunal criminel du département de la Dyle, du 8 ventôse dernier, Joseph Bemont et Anne-Marie Francis ont été, en conséquence de la déclaration du jury, acquittés de l'accusation, et qu'aux termes de l'art. 426 c. dél. et pein., tout individu ainsi acquitté ne peut plus être repris ni accusé pour raison du même fait ; — Par ces motifs, casse et annule le jugement du tribunal criminel du département de la Dyle, du 7 vent. dernier, et, par suite, mais seulement en ce qui concerne Jean François Gieurens et Catherine-Constance Goossens, son épouse, les débats qui ont suivi ledit jugement, la déclaration du jury et le jugement intervenu d'après cette déclaration le 8 ventôse dernier.
Du 20 messid. an 8.-C. C., sect. crim.-M. Goupil-Préfeln, rap.

bilité de déposer en sa faveur : — « Attendu, porte l'arrêt, que Cary, dit Pépin, s'étant trouvé sous la prévention d'un double crime, a été, par la nature du fait et par la force de la loi, privé du droit et de la faculté de porter témoignage en justice; rejette » (Crim. rej. 28 avr. 1831, MM. Ollivier, pr., Meyronnet-Saint-Marc, rap., aff. Cary C. min. publ.).

188. Bien que les coprévenus ou coaccusés d'un même fait ne puissent servir de témoins les uns à l'égard des autres; ils doivent néanmoins être entendus dans leurs déclarations, sauf à y avoir tel égard que de raison. — Ces déclarations peuvent souvent jeter quelque lumière sur le débat et mettre les juges sur la trace de la vérité, surtout alors qu'elles sont confirmées par d'autres indices. — En ce sens, les déclarations d'un coaccusé peuvent faire charge en certains cas. — C'est ainsi qu'il a été décidé, sous le code de brumaire an 4 : 1° que la déclaration d'un accusé contre son coaccusé peut être admise comme charge; la loi à cet égard s'en remet aux tribunaux (Crim. rej. 16 déc. 1809, MM. Barris, pr., Bauchau, rap., et autres); — 2° Qu'aucune loi ne défend d'entendre dans l'instruction les personnes prévenues ou complices du délit pour lequel elles sont entendues, sauf au juge instructeur à déterminer ensuite le degré de confiance qu'il convient d'accorder à ces dépositions (Crim. rej. 27 mai 1808, MM. Barris, pr., Babille, rap., aff. Andreani).

189. Les liens de parenté qui existeraient entre les coprévenus ou coaccusés soumis à un même débat ne seraient pas un obstacle à cette audition, les prohibitions de la loi fondées sur la parenté n'étant relatives qu'aux *témoignages* et ne pouvant s'appliquer aux *déclarations* que peuvent fournir les accusés dans l'exercice de leur droit de défense. — C'est pourquoi il a été jugé : 1° que comme coaccusé, le beau-frère de l'accusé peut être entendu contre celui-ci (Crim. rej. 28 mars 1811) (1); — 2° Que de même la femme et le fils d'un accusés peuvent être entendus aux débats comme coaccusés du même fait (Crim. rej. 1er oct. 1813) (2); — 3° Et à plus forte raison, que de ce que la loi défend d'entendre en témoignage le fils de l'accusé, il ne s'ensuit pas que ce fils ne puisse être poursuivi, accusé et jugé comme complice de son père (Crim. rej. 9 fruct. an 9, MM. Viellart, pr., Genevois, rap., aff. Carré).

190. On ne pourrait donc se faire un moyen de nullité de ce que les déclarations d'un accusé auraient fait charge contre un coaccusé, lors même que ce dernier serait son parent au degré prohibé. La question s'est présentée sur le pourvoi de la veuve Lecouffe, condamnée à la peine de mort; elle soutenait avoir été condamnée sur les déclarations de son fils, son coaccusé, condamné comme elle à la peine capitale et qui n'avait jamais dû lui attribuer la complicité du crime dont il s'était rendu coupable. — La cour, disait-elle, aurait dû ordonner la disjonction des causes pour préserver la société du spectacle révoltant d'une mère montant à l'échafaud par suite des déclarations de son

propre fils.—Mais la cour, en rejetant le pourvoi, a décidé que la défense d'admettre le témoignage du fils contre la mère ne s'applique pas aux déclarations qu'il peut faire contre elle dans un débat où il est son coaccusé (Crim. rej. 8 janv. 1824, MM. Bailly, pr., Busschop, rap., aff. Lecouffe).

191. Les motifs qui excluent le témoignage d'un coaccusé n'existent plus à l'égard de celui qui, ayant été originairement inculpé avec d'autres d'un crime ou d'un délit, a été depuis acquitté ou mis hors de cause. Rien ne s'oppose donc à ce que celui-ci ne soit entendu à titre de témoin pour ou contre les individus qui étaient ses coprévenus ou ses coaccusés et qui, à raison son du même fait, sont encore dans les liens de la poursuite (Conf. M. F. Hélie, Instr. crim., t. 8, § 636, n° 8, p. 714). — Il a été jugé en ce sens : 1° que celui qui originairement se trouvait prévenu d'être auteur ou complice du délit, mais a depuis été mis en liberté et n'est pas compris dans l'acte d'accusation, a pu être entendu comme témoin (Crim. rej. 29 mars 1832 (3); Conf. sous le code de brumaire an 4, 6 brum. an 9, MM. Viellart, pr., Oudard, rap., aff. Beguey; 9 fruct. an 10, MM. Viellart, pr., Vallée, rap., aff. Beaugruel, etc.; 13 brum. an 11, MM. Viellart, pr., Minier, rap., aff. Stummer; 2 janv. 1808, MM. Barris, pr., Delacoste, rap., aff. Latour; 16 mars 1809, MM. Barris, pr., Vergès, rap., aff. Botterie); 2° Qu'il en est de même dans tous les cas où des individus poursuivis dans le commencement de la procédure ont été à défaut de charges renvoyés de la prévention (Crim. rej. 6 mai 1813, 27 juin 1828) (4); 3° Qu'ainsi le mari d'une femme empoisonnée qui a été renvoyé de la prévention par suite de la déclaration du jury d'accusation, peut être entendu comme témoin aux débats sur les poursuites dirigées contre les auteurs présumés de l'empoisonnement (Crim. rej. 18 mai 1809) (5); — 4° Qu'il en serait de même à l'égard de la déposition d'un témoin qui serait poursuivi en pays étranger comme complice du même crime : « Attendu que le témoin Frantz n'était pas poursuivi en France, et qu'il ne se trouvait dans aucun des cas d'exclusion de la capacité de déposer, prévus par les art. 322 et 323 c. inst. crim. » (Crim. rej. 29 juin 1829, MM. Ollivier, pr., Brière, rap., aff. Dalsace).

192. Il a même été décidé qu'on ne saurait considérer comme un coaccusé ne pouvant être entendu à titre de témoin l'individu qui aurait été envoyé devant une autre juridiction criminelle sous l'inculpation d'un délit différent, bien qu'il se rattache au même fait; et spécialement que celui qui, sur la poursuite d'un crime d'infanticide, a été renvoyé devant la police correctionnelle comme prévenu d'avoir recélé le cadavre de l'enfant homicidé, peut être entendu comme témoin sur le crime principal (Crim. rej. 2 juill. 1815) (6). — On ne doit pas toutefois se dissimuler que, dans l'hypothèse de la dernière espèce que nous venons de rapporter, les déclarations du témoin n'inspirent qu'un médiocre degré de confiance, parce qu'il aura évidemment intérêt

---

(1) (Breasson.) — La cour; —...Attendu, sur les deuxième et troisième moyen, qu'il n'a point été entendu au débats de témoignage non autorisé par la loi, puisque si Antoine Talaussen, beau-frère du demandeur, y a été entendu c'est comme coaccusé ; — Rejette.
Du 28 mars 1811.-C. C., sect. crim.-MM. Barris, pr.-Schwendt, r.
(2) (Chiatini.) — La cour ;—Attendu. sur le premier moyen présenté par Dominique Chiatini, qu'aux débats aucun témoin dont l'audition est défendue par l'art. 322 c. inst. crim. n'a été entendu, et que la femme et le fils dudit Chiatini n'y ont été entendus que comme accusés du même fait; — Rejette.
Du 1er oct. 1813.-C. C., sect. crim.-MM. Barris, pr.-Benvenuti, r.
(3) (Veuve Vidal C. min pub.) — La cour ; — Attendu, sur le premier moyen, qu'aucune disposition de loi n'interdit d'entendre comme témoins des individus précédemment accusés et acquittés de l'accusation même sur laquelle ils sont appelés en témoignage ; que leur acquittement est la preuve légale de leur innocence, et qu'il appartient, d'ailleurs, au jury d'apprécier leur déposition ; — Attendu, sur le deuxième moyen, que le témoin Callaud n'ayant pas répondu à l'appel, lors de l'ouverture des débats, la cour d'assises l'avait régulièrement excusé ; que le président a pu ensuite donner lecture aux jurés de sa déposition écrite, à titre de renseignement ; que ce témoin s'étant présenté au commencement de la cinquième audience, sa cour a pu également rapporter l'arrêt déjà rendu à son égard, et ordonner qu'il serait entendu ; qu'en prononçant ainsi, elle n'a nullement violé ni l'art. 269, ni l'art. 315 c. inst. crim. ; — Rejette.
Du 29 mars 1832.-C. C., ch. crim.-MM. de Bastard. p. -Rives, r.

(4) 1re Espèce : —(L.... C. min. pub.) — La cour ; — Attendu qu'aucune loi ne défend d'entendre aux débats, en qualité de témoins, des individus qui, poursuivis dans le commencement de la procédure comme coprévenus, auraient été ensuite mis en liberté parce qu'il n'existait aucune charge contre eux. — Rejette.
Du 6 mai 1815.-C. C., sect. crim.-M. Barris, pr.
2e Espèce : — (Aubry C. min. pub) — La cour ; — Attendu que la cour d'assises, en ordonnant, malgré l'opposition du demandeur, que Hubert Perney, présenté comme témoin aux débats, serait entendu, sur le motif qu'il n'est point compris dans la prohibition portée en l'art. 322 c. inst. crim. ; que, d'ailleurs, il n'avait cessé d'être le coaccusé du demandeur, qu'il n'était point partie plaignante, et que l'intérêt qu'il pouvait avoir dans le procès dont il s'agit n'était pas une raison suffisante pour ne pas l'entendre en témoignage, n'a, sous ce rapport, violé aucune disposition de loi ; — Rejette.
Du 27 juin 1828.-C. C., ch. crim -MM. Bailly, pr.-Chantereyne, r.
(5) (Vidal dit Lambricotte.) — La cour; — Attendu, sur le deuxième moyen, que l'art. 558 ne pouvait empêcher d'entendre comme témoin le mari de la femme empoisonnée , qui , d'abord prévenu, avait été renvoyé de cette prévention par la déclaration du jury d'accusation ; — Rejette.
Du 18 mai 1809.-C. C., sect. crim.-MM. Barris, pr.-Delacoste, rap.
(6) (Petit, veuve Mauviettu.) — La cour ; — Attendu, sur le premier moyen, que Deligne a été entendu sans réclamation de la part de l'accusée, ce qui suffirait pour écarter ce moyen quand bien même ledit Deligne se serait trouvé dans la classe des témoins prohibés. — Attendu,

à dissimuler la vérité. Mais cette décision est fondée en ce sens qu'en matière criminelle on ne peut étendre les incapacités de témoignage par voie d'induction et d'analogie, et que s'il existe une incompatibilité absolue entre le rôle d'accusé et les fonctions de témoin dans un même débat, ce motif ne peut être invoqué à l'égard de celui qui, renvoyé devant une autre juridiction, n'est pas, à rigoureusement parler, témoin dans sa propre cause; il se peut d'ailleurs que sa déclaration jette quelque lumière dans le débat. — Il est du reste inutile d'ajouter qu'un pareil témoignage sera apprécié pour ce qu'il vaut.

193. A plus forte raison, pourra-t-on recevoir la déposition de l'individu prévenu d'un crime ou d'un délit qui n'aurait aucune connexité avec celui sur lequel il serait appelé en témoignage. — Et il a été jugé avec raison en ce sens que l'individu prévenu d'autres crimes que celui sur lequel il est appelé à déposer peut être entendu comme témoin, sauf aux jurés à avoir tel égard que de raison à ses dépositions (Crim. rej. 28 fruct. an 11, MM. Dutocq, pr., Lachèze, rap., aff. Gérard de Boyser).

194. De même encore, on peut entendre comme témoin celui qui a participé au fait incriminé, s'il n'est l'objet d'aucune poursuite de la part du ministère public. Sa prétendue complicité avec le prévenu est insuffisante pour fournir à celui-ci une cause de reproche; car un individu peut paraître complice et cependant avoir agi sans intention criminelle, ce qui le met à l'abri de toute action pénale; d'ailleurs le silence du ministère public élève en sa faveur une présomption d'innocence qui ne permet pas au juge d'écarter son témoignage. — Il a été jugé en ce sens que les négociants qui ont employé le ministère d'un courtier marron peuvent être entendus en qualité de témoins assermentés, sur la poursuite exercée contre ce dernier pour courtage clandestin, bien qu'ils soient susceptibles d'être considérés comme ses complices (Crim. rej. 9 mars 1820) (1). — On pourrait objecter, il est vrai, qu'il serait facile alors au ministère public de diviser les poursuites, afin de se ménager le moyen d'opposer successivement à chaque inculpé le témoignage des autres. Mais, outre qu'il n'est guère permis de supposer que les magistrats chargés de la poursuite des crimes et délits se décidassent à employer un moyen aussi odieux, on peut dire que les causes de reproche en matière criminelle étant limitatives, on ne peut, quelle que soit la réprobation qui puisse s'attacher à la déposition d'un témoin, créer contre lui une incapacité que la loi n'a pas reconnue.

195. Les contraventions en matière de douanes ne pouvant être poursuivies qu'à la requête de la régie, et celle-ci pouvant transiger avec les délinquants, il s'est élevé la question de savoir si, dans le cas où une contravention aurait été commise par plusieurs personnes, il peut dépendre de cette administration,

en transigeant avec une partie des délinquants, de transformer ceux-ci en témoins et de les appeler à déposer contre ceux qui, suivant elle, auraient participé au même délit. — Un arrêt a décidé qu'en pareil cas, les délinquants dont il s'agit ne peuvent, sous le bénéfice de la transaction qui a éteint les poursuites à leur égard, être entendus comme témoins sur la prévention dirigée contre d'autres personnes inculpées du même délit (Metz, 26 juin 1820) (2).—Cette décision, on n'en saurait disconvenir, paraît reposer sur de hautes convenances morales; cependant, nous regrettons de dire que nous ne la croyons pas fondée en droit.—Ainsi que nous l'avons dit, en effet, les tribunaux, dans les matières criminelles, ne peuvent créer arbitrairement des incapacités et des exclusions de témoignage; ils sont tenus de se renfermer rigoureusement sur ce point dans les exceptions tracées par les lois. Ici la question de savoir non si l'audition des témoins produits blessait plus ou moins les convenances, mais si elle était légale; or, elle avait ce caractère par cela seul que le cas dont il s'agit ne rentrait dans aucune des prohibitions de la loi, et qu'on ne peut, en matière de dispositions prohibitives, suppléer aux omissions du législateur.

ART. 6. — *Juge.* — *Ministère public.* — *Défenseur.*

196. Il est évident que les fonctions de juge ou de juré et celles de témoin dans une même affaire sont incompatibles; il y a plus, le juré qui aurait acquis en dehors des débats la connaissance personnelle de certains faits relatifs à l'accusation devrait les effacer de sa mémoire pour ne se décider que sur les preuves produites à l'audience : bien que la loi ne lui demande pas compte des motifs de sa conviction, elle veut cependant que cette conviction ne puisse se former que sur les éléments de la cause soumis aux débats. Et c'est là, en effet, ce qui résulte de l'art. 312 c. inst. cr., d'après lequel les jurés ne doivent communiquer avec personne jusqu'après leur déclaration. Les juges, au surplus, pas plus que les jurés ne pourraient déterminer leur conviction sur des faits qu'ils auraient pu apprendre personnellement en dehors des témoignages et autres éléments de preuve produits aux débats (V. Oblig., nos 4621 et les renvois y indiqués).—C'est ainsi qu'il a été décidé : 1° qu'un juge ne peut être témoin dans une affaire où il remplit les fonctions de juge; qu'en conséquence doit être annulé le jugement d'un conseil de discipline qui condamne un garde national à vingt-quatre heures de prison, en se fondant sur ce qu'un de ses membres savait que le prévenu était présent à son domicile, le jour où il devait faire le service qui lui était commandé (Crim. cass. 11 janv. 1833) (3); — 2° Que, de même, le conseil de discipline qui condamne un garde national pour certaine infraction, et, par exemple, en ce que le bruit aurait couru que ce

---

d'ailleurs, que Deligne n'était point le concussé de la réclamante; qu'il avait été seulement renvoyé en police correctionnelle pour avoir recélé le corps de l'enfant homicidé, ce qui ne mettait aucun obstacle à ce qu'il fût entendu comme témoin sur le fait de l'homicide; — Rejette.
Du 2 juill. 1818.-C. C., sect. crim.-MM. Barris, pr.-Lecoutour, r.
(1) *Espèce* — (Laperche, etc.-C. courtiers de Paris.) — Laperche et Bizet sont traduits en police correctionnelle pour délit de courtage clandestin. — Au nombre des témoins se trouvaient les négociants qui avaient employé le ministère des prévenus, et qui avaient ainsi favorisé leurs opérations illicites. La récusation de ces témoins par les prévenus est admise par le tribunal : — « Attendu qu'il répugne à l'esprit de la loi du 28 vent. an 9, de l'arrêté des consuls du 27 prair. an 10, de l'avis du conseil d'Etat du 2 mai 1809 et des art. 59 et 60 c. pén., et qu'il répugne même à la morale que le complice avoué d'un crime ou d'un délit soit revêtu du caractère de témoin et vienne déposer, après serment, sur des faits en raison desquels il serait lui-même punissable. » — Appel. — Arrêt infirmatif de la cour de Paris, 19 janv. 1820, qui ordonne que les témoins seront entendus. — Pourvoi pour contravention à la loi du 28 vent. an 9, à l'arrêté des consuls du 27 prair. an 10, et aux art. 59 et 60 c. pén. —Arrêt.
LA COUR; — Attendu qu'en rejetant la demande de Laperche et Bizet, tendant à ce que les négociants indiqués comme les ayant employés à des opérations de courtage ne fussent pas entendus comme témoins, et en fondant le rejet sur ce qu'aucune plainte n'était portée contre ces témoins, ni par le ministère public, ni par la partie civile, lesquels paraissaient dans la cause, non comme prévenus, mais comme témoins, et que la cause de récusation invoquée contre eux n'était point prévue par la loi, l'arrêt attaqué n'a violé aucune disposition de la loi; — Attendu

que lors du jugement de la cause les demandeurs pourront toujours proposer, et le tribunal correctionnel apprécier les circonstances susceptibles d'atténuer la foi probante des déclarations des témoins; — Attendu d'ailleurs, qu'en matière correctionnelle la conviction du tribunal peut se former sur les aveux des complices comme sur les déclarations des témoins; — Rejette, etc.
Du 9 mars 1820.-C. C., sect. crim.-MM. Barris, pr.-Ollivier, rap.
(2) (Douanes C. Antoine Roget.) — LA COUR; — Attendu que les nommés Caron, Lefèvre et la fille Jeanjean sont évidemment des témoins suspects et intéressés dans la cause, que leur qualité de témoins et même de convaincus du fait d'introduction frauduleuse de marchandises prohibées, établie d'abord par le procès-verbal du 15 oct. 1819 et confirmée par le jugement du 29 nov. suivant, est ineffaçable, et n'a pu se perdre par la circonstance qu'ils ont satisfait en partie à la condamnation prononcée contre eux, et qu'il leur a été fait remise ensuite, par la transaction du 19 déc., de l'amende à laquelle ils avaient été condamnés; qu'il est improposable et sans exemple de vouloir ainsi transformer en témoins des individus prévenus et même convaincus d'un délit commun, pour les faire ensuite déposer en cette première qualité contre un autre individu qui, selon eux, aurait participé au même délit : — Par ces motifs, sans s'arrêter aux réquisitions de l'avocat général, en ce qui concerne Jean-Baptiste Caron, Henri Lefèvre et Catherine Jeanjean; — Ordonne que ces individus ne seront point entendus, etc.
Du 26 juin 1820.-C. de Metz, ch. corr.
(3) (Grandin C. min. pub.) — LA COUR; — Attendu que le jugement attaqué énonce pour motif que la présence du sieur Grandin à Elbeuf, au jour indiqué, était connue d'un des membres du conseil de discipline, qui a rendu ledit jugement; — D'où il suit que le membre du

19

garde national en aurait engagé d'autres à ne pas se rendre aux exercices, ne peut prendre pour base de cette assertion la connaissance que les membres du conseil avait personnellement de l'existence de ce fait ; en le faisant et en invoquant sa propre attestation, le conseil réunit les fonctions de témoins à celles de juges, ce qui constitue un excès de pouvoir (Crim. cass. 26 juill. 1835, MM. Bastard, pr., Mérilhou, rap., aff. Dufil C. min. pub.) ; — 3° Que par suite du même principe le juré qui, interpellé par l'accusé sur l'un des faits discutés aux débats, et notamment sur le point de savoir s'il n'a pas vu cet accusé dans un lieu désigné, répond qu'il croit, en effet, l'avoir vu, prend le rôle de témoin, lequel, ajouté à ses fonctions de juré, emporte nullité des débats (Crim. cass. 10 avr. 1849, aff. Leissour, D. P. 49. 5. 376).

197. Mais les règles que nous venons de tracer doivent souffrir exception, ce nous semble, dans le cas où un crime ou un délit étant commis à l'audience même, le tribunal est compétent pour appliquer sans désemparer aux auteurs de ce crime ou délit les peines portées par la loi. Si des injures ou des actes de violence, si un meurtre même commis sous les regards du juge dans l'enceinte d'une cour d'appel ou d'une cour d'assises donne lieu à cette procédure exceptionnelle, le juge sera-t-il tenu de faire attester par des témoins les faits qui se seront passés en sa présence, et devra-t-il croire à la déposition de ces témoins plus qu'au témoignage de ses propres yeux ? Nous ne le pensons pas ; les art. 181 et 507 c. inst. crim. disent, il est vrai, qu'en pareil cas les cours et tribunaux *entendront les témoins*, mais ce serait donner à cette disposition une extension abusive de supposer que le juge en ce cas sera tenu d'appeler des témoins même sur les faits qu'il a été à portée d'apprécier mieux que personne. Ce qui nous confirme dans cette interprétation, c'est que les art. 91 c. pr. et 181 c. inst. crim., par exception aux règles de droit commun, chargent les tribunaux civils et correctionnels de dresser procès-verbal des délits commis à leur audience et de constater ainsi par eux-mêmes les faits qu'ils doivent juger. — Nous pensons qu'il en doit être de même par identité de motifs, soit pour les infractions disciplinaires qui se commettraient pendant la durée de l'audience, soit sur les poursuites dirigées contre la presse pour compte rendu infidèle et de mauvaise foi des séances des cours et tribunaux. — Et il a été en effet jugé en ce sens que dans les poursuites pour compte rendu infidèle de leurs débats, les juges ne sont pas obligés d'entendre des témoins (Crim. rej. 24 déc. 1836, V. Avocat, n° 493). Mais le juge pourrait-il en scindant les faits d'audience et en les appréciant, partie d'après ses propres souvenirs, partie sur des témoignages, n'admettre les témoins à déposer que sur quelques-uns des faits dont il aurait été, suivant la prévention, rendu un compte infidèle ? En pourrait-il être ainsi en tous cas, alors même que le tribunal aurait ordonné pour cause de prétendue connexité la jonction de cette poursuite avec une autre poursuite distincte de celle-ci, par exemple une poursuite disciplinaire dirigée contre un avocat à raison de certains propos qu'il aurait

tenus à l'audience et que le juge n'aurait appris que par le compte rendu incriminé ? — V. Avocat, n° 495.

198. Dans tous les cas, l'incompatibilité que nous signalons entre les fonctions de juge et de témoin n'existe que pour les juges de la cause ; elle n'existerait pas, par exemple, pour le juré que le sort n'aurait pas désigné parmi les douze qui doivent assister à l'affaire ou qui aurait été récusé. — Il a été jugé en ce sens, sous le code de brumaire, qu'aucune disposition de loi relative à la procédure criminelle par jurés, ne défend d'entendre comme témoin un juré récusé (Crim. rej. 21 vend. an 8, MM. Méaulle, pr., Busschop, rap., aff. Avalon). — Et, sous le code d'instruction criminelle, que les jurés portés sur la liste notifiée à l'accusé et qui ne font pas partie du tableau des douze jurés de jugement peuvent être entendus comme témoins (Crim. rej. 10 sept. 1813) (1).

199. L'incompatibilité ne s'étendrait pas non plus au juge d'instruction qui ne devrait pas concourir au jugement de l'affaire ; rien ne s'opposerait donc à ce qu'il fût cité et entendu comme témoin, surtout devant la cour d'assises où ce magistrat ne peut faire les fonctions de juge, et la part qu'il aurait prise dans l'instruction du procès ne pourrait être un motif de reproche. — Ainsi, il a été décidé : 1° que le juge qui a été chargé de l'instruction peut être entendu comme témoin aux débats (Crim. rej. 21 flor. an 12, C. C. de Belgique, 14 déc. 1841) (2) ; Crim. rej. 8 avr. 1831, aff. Ristani, D. P. 51. 5. 512) ; — 2° Que cette déposition devient même nécessaire lorsque ce juge connaît des faits qui lui sont personnels (même arrêt du 21 flor. an 12) ; — 3° Que l'audition de ce juge est régulière, par cela seul que son nom figure sur la liste notifiée à l'accusé, sans qu'il soit nécessaire qu'il ait préalablement déposé par écrit ou qu'il ait reçu une assignation (même arrêt du 8 août 1851) ; — 4° Que ce juge peut à plus forte raison être entendu en vertu du pouvoir discrétionnaire du président et à titre de renseignement : « La cour ; attendu qu'aucune disposition de loi n'interdit d'entendre en témoignage contre un accusé le juge d'instruction qui a instruit son procès ; que, d'ailleurs, dans l'espèce, le juge d'instruction n'a été entendu qu'en vertu du pouvoir discrétionnaire et à titre de renseignement » (Crim. rej. 1er fév. 1839, MM. Bastard, pr., Vincens, rap., aff. Willandt).

200. Néanmoins, il a été décidé que le refus de la cour d'entendre le juge d'instruction de l'affaire, comme témoin à décharge, ne constitue pas une nullité donnant lieu à cassation, même dans l'intérêt de la loi, alors que c'est sur la demande de l'accusé, et sans qu'il y ait eu opposition du ministère public, que ce refus a eu lieu (Crim. rej. 22 mai 1834) (3). — Mais cette décision, comme on le voit, n'infirme en rien le principe consacré par les décisions précédentes, puisque, dans l'espèce, soit l'accusé, soit le ministère public renonçaient également à l'audition du témoin, et qu'ainsi le refus par la cour d'assises de recevoir sa déposition n'avait pu blesser aucun droit.

201. Il résulte de l'incompatibilité qui existe entre les fonc-

---

conseil qui a fait cette déclaration, a rempli les fonctions de juge et celles de témoin, dans la même affaire, ce qui est contraire aux règles fondamentales de l'ordre des juridictions ; — Casse.
Du 11 janv. 1835.—C. C., ch. crim.—MM. Bastard, pr.—Mérilhou, r.

(1) (Porte veuve Mouret.) — La cour ; — Attendu qu'aucune loi ne défend que les citoyens portés sur la liste des jurés puissent être entendus comme témoins, lorsqu'ils ne font point partie du tableau des douze jurés formant le jury ; — Rejette.
Du 10 sept. 1813.—C. C., sect. crim.—MM. Barris, pr.—Vasse, rap.

(2) 1re Espèce : — (Borgiallo.) — Le tribunal ; — Attendu que la loi ne fait aucune défense aux tribunaux criminels de faire entendre aux débats le juge instructeur, et que cela même en certains cas, peut devenir nécessaire lorsque ce juge peut être instruit de faits qui lui sont personnels ; — Rejette.
Du 21 flor. an 12.—C. C. sect. crim.—MM. Viellart, pr.—Carnot, rap.

2e Espèce : — (Bex, etc. C. min. pub.) — La cour... ; — Sur le troisième moyen, violation du principe que les personnes qui ont donné des certificats sur une affaire ne peuvent être entendues comme témoins dans la même affaire ; violation du principe qui défend d'entendre des témoins contre et outre le contenu aux actes publics ; — Attendu que le juge d'instruction qui procède à une enquête ne donne pas des certificats dans le sens de l'art. 283 c. civ. ; que les enquêtes ne peuvent pas être soumises aux jurés, lesquels ne doivent puiser les éléments de leur conviction que dans l'instruction orale ; qu'ainsi les prin-

cipes invoqués ne sont d'aucune application à l'espèce ; — Rejette.
Du 14 déc. 1841.—C. C. de Belgique, ch. crim.—M. De Sauvage, pr.

(3) Espèce : — (Guitard C. min. pub.) — Examinant d'office une question du procès, soulevée par M. le conseiller rapporteur, l'avocat général s'est récrié contre un arrêt par lequel la cour d'assises avait cru devoir, sur les conclusions du conseil de l'accusé, refuser d'entendre comme témoin, et vu sa qualité, le magistrat qui, dans l'affaire, avait rempli les fonctions de juge d'instruction. « Sans doute, a dit M. l'avocat général, un juge d'instruction ne peut, aux termes de l'art. 257, et à peine de nullité, faire partie de la cour d'assises appelée à juger l'accusé dont il a lui-même dirigé l'instruction ; mais là s'arrête l'empêchement légal ; et ce magistrat n'étant point placé dans les exclusions énumérées dans l'art. 322, la cour d'assises n'a pu rejeter son témoignage. Il y a donc lieu, sur ce chef, et dans l'intérêt de la loi, de casser l'arrêt qui a créé ce prétendu empêchement qui n'existe point dans la loi. » — Arrêt (ap. dél. en ch. du cons.).

La cour ; — Statuant sur le moyen relevé par le ministère public près la cour, dans l'intérêt de la loi ; — Attendu que l'accusé s'étant opposé à l'audition du juge d'instruction Delaunay, cité comme témoin à charge, et le ministère public n'ayant pas insisté sur cette audition, s'en étant rapporté à la sagesse de la cour d'assises, cette cour, en déclarant que ce juge ne devait pas être entendu, n'a violé aucune loi : — Rejette.
Du 22 mai 1834.—C. C., ch. crim.—MM. Bastard, pr.—Ricard, rap.

tions de juge et celles de témoin, que le magistrat qui aurait été entendu comme témoin pendant l'instruction, s'il était appelé ensuite à siéger comme juge, et, par exemple, s'il était désigné dans la même affaire pour faire partie de la cour d'assises, ne pourrait se dispenser de se récuser. Dans le cas contraire sa participation au jugement et aux débats serait incontestablement une cause de nullité (Conf. M. Cubain, Pr. dev. les cours d'assises, n° 466). — V. Récusation, n° 20 et 81.

202. Le magistrat qui aurait été *cité* comme témoin, mais qui n'aurait point encore été entendu, devrait-il de même se récuser? M. Cubain (*loc. cit.*) pense qu'en ce cas la question de prépondérance entre deux qualités incompatibles doit se résoudre en une question de priorité; qu'en conséquence le magistrat qui a été investi des fonctions de membre de la cour d'assises ne peut plus être cité comme témoin, et réciproquement que le magistrat qui a été cité comme témoin ne peut plus être désigné comme membre de la cour d'assises; et qu'à l'égard des jurés qui auraient été cités comme témoins, l'option entre ces deux fonctions devra dépendre également d'une question de priorité. — Nous adoptons cette règle, mais nous pensons qu'il faudra en excepter le cas où la citation en témoignage signifiée à la requête de l'accusé n'aurait été donnée par lui que dans le but manifeste de créer par là un empêchement à leurs fonctions, au magistrat ou au juré dont il redouterait l'influence. — V. Récusat., n° 81.

203. Du reste, le même auteur pense avec raison que le magistrat même investi des fonctions de membre de la cour d'assises qui recevrait une citation en témoignage, ne pourrait se faire juge de la régularité ou de l'irrégularité de cette citation, il devrait s'abstenir provisoirement jusqu'à ce que l'obstacle résultant de sa citation soit levé par qui de droit. Il en serait de même et à plus forte raison des membres du jury qui auraient été cités comme témoins. — Il a été néanmoins décidé que lorsque l'accusé a fait citer, le jour même de l'ouverture des débats, le président de la cour d'assises comme témoin à décharge, ce magistrat peut, sans le concours de la cour d'assises, rejeter cette citation comme tendant à prolonger inutilement les débats et à paralyser les fonctions du président (C. sup. de Bruxelles, 25 mai 1818) (1).

204. Si, de même un accusé faisait citer comme témoins un certain nombre d'entre les jurés dans le but manifeste d'empêcher ces jurés de siéger, il y aurait lieu sans nul doute de déclarer ces citations non avenues. C'est ainsi que dans une affaire où pour paralyser le jury l'accusé avait fait citer en témoignage quatorze d'entre les jurés, il a été justement décidé que recon-

naître aux accusés la faculté illimitée d'appeler en témoignage les jurés, ce serait détruire l'institution du jury (C. d'ass. du Haut-Rhin, 22 juill. 1822) (2).

205. Il a été justement décidé que le juge-commissaire d'une faillite peut aussi être entendu comme témoin dans les poursuites en banqueroute dirigées contre le failli : « Attendu qu'aucune loi ne défend d'entendre en témoignage sur une prévention de banqueroute ou en général sur une prévention quelconque se rattachant à une faillite, le juge du tribunal de commerce qui a été commissaire de cette faillite » (Crim. rej. 3 déc. 1836, MM. de Bastard, pr., Vincens, rap., aff. Demiannav). — En effet, le juge-commissaire d'une faillite étant complétement étranger par ses fonctions au jugement qui doit statuer sur les poursuites ainsi qu'aux débats qui doivent avoir lieu, le principe que nul ne peut être juge et témoin dans la même affaire est ici sans application.

206. De même que pour les juges, il y a incompatibilité radicale entre les fonctions de témoin et celles de ministère public, puisque le ministère public est partie dans la cause, et que la règle *nemo idoneus testis in rem suam* lui est directement applicable. Il suit de là non-seulement qu'on ne peut citer comme témoin ni la partie du parquet au nom de qui s'exerce la poursuite, ni l'officier du ministère public chargé d'y porter la parole, mais il en résulte même que ce magistrat ne pourrait à l'appui de ses conclusions apporter son attestation personnelle. — Aussi a-t-il été jugé en ce sens que la qualité de témoin est incompatible avec les fonctions du ministère public, et que, par suite, la contravention qui n'est établie que par le témoignage oral du commissaire de police remplissant les fonctions du ministère public, doit être déclarée non prouvée (Crim. rej. 27 mai 1841) (3). — V. aussi M. F. Hélie, Instr. crim., t. 7, § 499, p. 296.

207. Mais la seule qualité d'officier du ministère public ne pourrait créer la même prohibition de témoignage à l'égard du magistrat qui n'aurait pas la direction des poursuites et qui ne serait pas chargé de les soutenir; car ce magistrat ne serait point partie dans la cause, et les mêmes motifs n'existeraient pas pour lui interdire les fonctions de témoin. — C'est ainsi qu'il a été jugé que dans une affaire criminelle portée devant le jury et poursuivie par conséquent au nom du procureur général, le procureur du roi, compris dans la liste des témoins dressée par le procureur général, ne peut être dispensé de déposer, par cette considération qu'il a fait les réquisitions dans la procédure.... (Crim. cass. 23 janv. 1835) (4); — Et cela encore bien que ce magistrat serait le neveu par alliance de l'un des accusés (même

(1) (Donny C. min. pub.) —LA COUR ;—Sur les trois premiers moyens de cassation : — Attendu, d'une part, qu'il est de principe qu'un accusé ne peut appeler comme témoin le juge que la loi lui assigne sans des motifs graves et proposés d'avance; que le réclamant n'ayant allégué dans l'espèce aucun motif ni articulé aucun fait sur lequel il désirait faire déposer le sieur Wyns, président de la cour d'assises, qui devait le juger, il n'a fait constater d'aucune manière d'avoir droit à former la demande qu'il a faite sur ce point à l'audience de ladite cour, le 20 avr. dernier; d'où il vient que non seulement on n'a statuant pas sur cette demande, n'a point violé l'art. 408 c. inst. crim.; — Attendu, d'autre part, que le réclamant a eu longtemps d'avance que le sieur Wyns devait présider les assises, et que malgré cela il ne lui a jamais fait connaître le désir de le faire entendre comme témoin; qu'il n'a cité le jour même de l'audience, sans énoncer le moindre fait ni motif, soit dans la cédule de citation, soit à l'audience, n'a-t-il a ctte audience le réclamant a prié le président de s'expliquer sur cette citation, en ce qu'elle le concernait, sans que sur ce point il se soit formé une contestation ;—Attendu que de toutes ces circonstances, jointes à la conviction qu'avait le président Wyns de n'avoir jamais eu avec l'accusé Donny d'autres relations que celles que présente l'interrogatoire que celui-ci a subi devant lui lors de son arrivée à la maison de justice, il résulte que le président a pu et dû, conformément à l'art. 270 c. inst. crim., user de son pouvoir discrétionnaire en rejetant la citation dont il s'agit comme ne tendant évidemment qu'à prolonger inutilement les débats et à paralyser les fonctions du président; — Attendu qu'en usant, dans l'espèce, de son pouvoir discrétionnaire, le président Wyns ne peut être censé avoir été juge et partie, puisqu'il n'a décidé que de sa propre compétence comme président dans une affaire où il n'avait aucun intérêt personnel; — Qu'ainsi l'ordonnance attaquée du président n'est ni incompétemment rendue, ni entachée d'un excès et encore moins d'un abus de pouvoir ; — Rejette, etc. Du 25 mai 1818.—C. sup. de Bruxelles.-M. Spruyt, av. gén., c. conf.

(2) (Min. pub. C. Guinaud, etc.) — LA COUR ; — Attendu, qu'en gé-

néral, reconnaître aux accusés la faculté illimitée et au delà du nombre des récu-actions péremptoires que la loi autorise, d'appeler en témoignage les jurés après la formation de la liste, serait abolir le jury pour tout accusé intéressé à rendre son jugement impossible ; — Qu'au cas particulier, les accusés ont voulu faire sortir quatorze membres de la liste des jurés ; que cet expédient de citer les jurés en témoignage, n'a été imaginé que pour paralyser le jury, puisqu'en admettant le principe et ses conséquences, il y aurait fin de non-juger perpétuelle, tant que des accusés auraient partie de juges et de jurés de leur choix ; — Que ce moyen est illégal et destructif de l'institution du jury : — Sans s'arrêter à l'incident, qu'elle declare mal fondé, ni aux réquisitions du procureur général, tendant à ce que les jurés soient interpelés s'ils ont des faits à leur connaissance concernant les accusés ; — Ordonne qu'il sera passé outre au tirage des jurés, etc. Du 22 juill. 1822.—C. d'ass. du Haut-Rhin-M. Millet de Chevers, 1er pr.

(3) (Min. pub. C. Bêchez.) — LA COUR ; — Attendu que l'art. 154 c. inst. crim. attribue aux procès-verbaux ou rapports, et à défaut, aux témoins légalement produits et entendus, foi en justice pour les contraventions de police ; — Attendu que, dans l'espèce, le commissaire de police n'a eu recours ni à l'un ni à l'autre mode de preuve ; qu'il s'est borné à se porter témoin contre Bêchez, inculpé ; mais que cette qualité de témoin à l'audience, est incompatible avec les fonctions du ministère public ; et que c'est à bon droit que le jugement attaqué a repoussé ce témoignage ; qu'en statuant ainsi, le tribunal de police, loin d'avoir violé ledit art. 151, s'y est conformé ainsi qu'aux principes constitutifs du ministère public en France ; — Par ces motifs ; — Rejette. Du 27 mai 1841.-C. C., ch. crim.-MM. Crouseilhes, pr.-Isambert, r.

(4) Espèce : — (Int. de la loi.-Aff. Piaud.) — « Le procureur général à la cour de cassation expose qu'il est chargé de requérir, en vertu de l'art. 441 c. inst. crim., l'annulation, dans l'intérêt de la loi ou de l'arrêt rendu par la cour d'assises de la Charente, le 19 mai 1834, sur un incident survenu dans l'affaire des nommés J. Piaud, Marie Migeon, femme

arrêt). — En effet, l'alliance à ce degré ne pouvait être d'aucune considération au procès, puisqu'elle n'est point comprise parmi les causes de prohibition mentionnées en l'art. 322.

208. Il y a lieu de décider par les mêmes motifs que si le président de la cour d'assises jugeait nécessaire à la manifestation de la vérité d'entendre la déclaration d'un des officiers du ministère public qui ne serait point porté sur la liste des témoins et qui d'ailleurs ne serait point chargé de soutenir l'accusation, il pourrait ordonner, en vertu de son pouvoir discrétionnaire, que ce magistrat serait entendu à titre de renseignements. — C'est ainsi qu'il a été jugé qu'un substitut du procureur du roi, ne se trouvant dans aucun cas d'exception au principe général posé par les art. 268 et 269 c. inst. crim., a pu être entendu par le président des assises, sans prestation de serment, en vertu de son pouvoir discrétionnaire (Crim. rej. 22 sept. 1852) (1).

—En effet, si le président de la cour d'assises peut, en vertu du pouvoir discrétionnaire qui lui est confié, faire entendre à titre de renseignements même les personnes frappées d'une prohibition légale de témoignage, ainsi que l'a décidé du moins la jurisprudence (V. n°s 634 et suiv.), à plus forte raison a-t-il le droit de faire entendre à ce titre ceux qu'aucune cause de cette nature ne pourrait empêcher d'être entendus comme témoins.

209. Contrairement à cette opinion, un arrêt a jugé, d'après le code de brumaire, mais sous l'empire des mêmes principes qui régissent aujourd'hui la question, que le substitut du procureur impérial ne doit pas être entendu comme témoin aux débats (Crim. rej. 9 août 1810) (2); —Que néanmoins, quelque *irrégulière et inconvenante* que fût cette audition, elle ne violerait aucune disposition de loi prescrite à peine de nullité et ne pourrait dès lors fonder un moyen de cassation (même arrêt). — On remarquera que cet arrêt, tout en reconnaissant expressément que l'audition comme témoin d'un officier du ministère public n'est prohibée par aucune loi, décide cependant que cette audition ne doit pas avoir lieu, sans donner aucun motif à l'appui de cette solution, si ce n'est qu'il y aurait à l'admettre irrégularité et inconvenance. Pourquoi y aurait-il irrégularité et inconvenance? C'est ce que l'arrêt ne dit point. Or, on comprend que pour combattre une telle décision, quelque étrange qu'elle paraisse, il faudrait que les motifs sur lesquels elle est fondée, fussent plus explicites.

210. Un greffier peut-il, dans une même affaire où il tient

l'audience, remplir en même temps les fonctions de témoin? Il ne le pourrait pas évidemment devant une cour d'assises, puisque chargé de dresser le procès-verbal des débats, de constater l'accomplissement des formalités prescrites par la loi, en ce qui concerne les témoins et spécialement de tenir note des additions, changements ou variations qui peuvent exister entre la déposition de ceux-ci et leurs déclarations précédentes (c. inst. crim. 318), une telle fonction ne pourrait se concilier avec celle de témoin. — On décidait sous le code de brumaire que le greffier d'un tribunal de police ne devant pas tenir note des dépositions des témoins et des dires des parties, pouvait être entendu comme témoin dans la cause soumise à un tel tribunal, aucune loi ne le prohibant à peine de nullité (Crim. rej. 2 fév. 1809, aff. Donchat-Richardière C. min. pub.). — Cette solution, même sous le code de brumaire, n'était pas sans quelque difficulté. — Le greffier du tribunal de simple police ne devait pas tenir note, il est vrai, des dépositions des témoins et des dires des parties, mais, comme aujourd'hui, il faisait partie intégrante du tribunal, comme aujourd'hui, il constatait par sa signature l'authenticité des jugements, et de plus il était chargé de la lecture des procès-verbaux relatifs au délit, attributions qui paraissent peu compatibles avec les fonctions de témoin. — Quoi qu'il en soit, il existe sous le code d'instruction criminelle des raisons encore plus concluantes pour décider que le greffier d'un tribunal de simple police comme celui d'un tribunal correctionnel, ne peuvent être témoins dans les affaires où ils tiennent l'audience.— En effet, d'après les art. 155 et 189 de ce code, les greffiers des tribunaux de police simple et correctionnelle doivent tenir note du serment des témoins, ainsi que de leurs principales déclarations, il est donc impossible d'admettre qu'ils puissent être chargés de constater comme greffiers les déclarations qu'ils auraient faites et la régularité du serment qu'ils auraient prêté comme témoins ; d'où l'on doit conclure que les greffiers des tribunaux de police ne sauraient aujourd'hui nul cumuler dans la même affaire les fonctions de greffier avec celle de témoin.—V. aussi dans le même sens M. F. Hélie, Inst. crim., t. 7, p. 298.

211. Les fonctions de défenseur sont également inconciliables avec celles de témoin. Le défenseur s'identifie tellement avec les intérêts de son client, qu'il devient en quelque sorte partie lui-même dans la cause; lui demander un témoignage dés-

---

Piaud, Honorine Piaud et Emma Piaud, prévenus de complicité de faux en écriture authentique. — Un procès en faux incident civil, engagé devant le tribunal de Barbézieux, au sujet du testament du sieur Denauchat, fut suivi d'une instruction criminelle en faux principal, provoquée par les réquisitions de M. Durandeau, procureur du roi près ce siège, contre le sieur Coffre, notaire, les époux Piaud et les deux demoiselles Piaud. — Ces prévenus ayant été renvoyés devant la chambre des mises en accusation de la cour royale de Bordeaux, cette cour ordonna un supplément d'instruction, principalement dirigé contre le sieur Frichon-Lamorine, l'un des témoins instrumentaires du testament, et, par un arrêt en date du 2 fév. 1854, commit l'un des membres, M. Fabre de Rieunègre, pour remplir dans ce supplément d'information, les fonctions de juge instructeur. — Une commission rogatoire fut adressée, par ce magistrat, au juge d'instruction de Barbézieux, pour l'inviter à appeler devant lui le sieur Frichon-Lamorine, en vertu de tel mandat qu'il jugerait à propos de décerner, et à recevoir toutes les dépositions qui pourraient porter sur les faits concernant ce prévenu, à l'occasion du testament du sieur Denauchat. En conséquence, plusieurs témoins furent entendus, et notamment le sieur Durandeau, procureur du roi à Barbézieux, qui déposa sur ce qui s'était passé entre lui et le sieur Frichon–Lamorine, dans une rencontre fortuite qui ne se rattachait en rien à l'exercice des fonctions judiciaires du témoin.

» L'affaire ayant été portée devant la cour d'assises, le sieur Durandeau, qui se trouvait compris dans la liste des témoins, dressée par M. le procureur général de Bordeaux, demanda, avant d'avoir été interpellé par le président, qu'il lui fût permis de s'abstenir de déposer, attendu qu'il avait fait les réquisitions dans la procédure ; — Cette demande fut accueillie par la cour qui motiva ainsi son arrêt : « Attendu qu'il est constaté, par la procédure, que M. Durandeau, procureur du roi, qui a fait les actes de son ministère dans les poursuites dirigées contre les accusés, qui a conclu au règlement de la compétence, et qui avait, en outre, la qualité de neveu, par alliance, du sieur Lamorine, a été, néanmoins, été entendu comme témoin dans le supplément d'instruction, ordonné par l'arrêt de la cour royale de Bordeaux, du 3 fév. dernier ; — Attendu que les scrupules que manifeste aujourd'hui M. Durandeau, bien que tardifs, sont cependant très-légitimes, et qu'il convient, dès lors, de

ne pas laisser se renouveler la haute inconvenance qui a eu lieu, à ce sujet, dans l'instruction de cette affaire. » — L'art. 524 c. inst. crim. porte : Les témoins produits par le procureur général seront entendus dans le débat. A cette règle absolue il n'y a d'exceptions que celles portées en l'art. 522 ; or, parmi les personnes, énumérées dans cet article, et dont les dépositions ne peuvent être reçues, on ne trouve ni les magistrats qui ont participé à l'instruction, ni les neveux de l'un des accusés. — La cour d'assises de la Charente, en refusant, par les motifs énoncés dans son arrêt, de recevoir la déposition de M. Durandeau, malgré le vœu réitéré à l'audience du ministère public, a violé l'art. 524 c. inst. crim., et a donné une extension arbitraire aux dispositions de l'art. 522. — Dans ces circonstances, nous requérons qu'il plaise à la cour de casser, dans l'intérêt de la loi, l'arrêt dénonce... »

Signé, Dupin.

LA cour ; — Vu le réquisitoire ci-dessus, les art. 524 et 522 c. inst. crim., qui y sont cités, et l'art. 441 du même code ; —Adoptant les motifs du dit réquisitoire, casse dans l'intérêt de la loi.

Du 25 janv. 1855.–C. C., ch. crim.-MM. Bastard, pr.-Vincens, rap.

(1) (Secondy, etc. C. min. pub.) — LA cour ; — Attendu que l'art. 268 c. inst. crim. donnait au président de la cour d'assises des Deux-Sèvres un pouvoir discrétionnaire en vertu duquel il pouvait prendre sur lui tout ce qu'il croyait convenable pour découvrir la vérité ; d'où il suit, qu'aux termes de cet article et de l'art. 269, il a pu recevoir, sans la prestation de serment, la déclaration du substitut du procureur du roi de Brossuire, lequel n'était dans aucun cas d'exception au principe général posé par lesdits articles ; — Rejette.

Du 22 sept. 1852.-C. C., ch. crim.-MM. Portalis, p. p.–Mérilhou, r.

(2) (Gillain, etc.)— LA cour ; — Considérant sur le premier moyen que d'après le n° 2 de l'art. 456 c. des délits et peines, il n'y a que la violation des formes ou procédures prescrites à *peine de nullité* qui donne lieu à la cassation des arrêts des cours de justice criminelle ; que quelque irrégulière, et quelque inconvenante que soit l'audition du substitut du procureur général impérial lors des débats en qualité de témoins, il suffit néanmoins sous le rapport de la cassation que cette audition ne soit prohibée par aucune loi pour que le moyen ne soit pas fondé ; — Rejette.

Du 9 août 1810.-C. C., sect. crim.-MM. Barris, pr.-Vergès, rap.

intéressé serait exiger de lui au delà de ce qu'il est permis d'attendre des forces humaines. Il est donc juste de se défier, non de sa bonne foi, mais des entraînements de son zèle. — Il ne pourrait, comme témoin à décharge, se créer à lui-même des moyens de preuve en faveur de sa cause; encore moins pourrait-il, comme témoin à charge, accabler par ses révélations celui qu'il a mission de défendre. — C'est en ce sens qu'il a été jugé sous le code de brumaire : 1° qu'un médecin cité à décharge devant un tribunal criminel pour y discuter un rapport d'experts dans l'intérêt de l'accusé pouvait être entendu comme défenseur et non comme témoin (Crim. rej. 17 germ. an 9, aff. Blanchard, V. n° 29; 18 oct. 1810, aff. Olivieri, V. eod.); — 2° Qu'il en devait être ainsi surtout si ce médecin s'était présenté avant l'ouverture des débats comme défenseur de l'accusé (Crim. rej. 3 nov. 1814, M. Buschopp, aff. Postiturenne).—Nous pensons donc que le ministère public ou la partie civile ne pourraient faire citer comme témoin le défenseur choisi par l'accusé, et, réciproquement, que l'accusé ne pourrait produire comme tel l'avocat de la partie civile (Conf. M. Cubain, n° 466), en faisant observer néanmoins qu'il n'y aurait lieu, suivant nous, de le décider ainsi que pour le cas où la mission de la défense a été acceptée : autrement il serait toujours facile à l'accusé, en désignant pour défenseur un avocat qu'il saurait devoir être appelé au procès comme témoin à charge, de priver la partie publique de son témoignage.—Toutefois, il a été décidé d'une manière générale que le défenseur choisi par l'accusé peut être cité comme témoin à charge par la partie publique (Crim. rej. 30 avr. 1835) (1). — Au surplus, en admettant l'opinion que nous venons d'exprimer sur ce point, avec les restrictions que nous croyons légitime d'y apporter, la prohibition de citer comme témoin le défenseur choisi étant subordonnée à l'acceptation de celui-ci, n'offrirait plus les inconvénients qui pourraient naître d'une prohibition absolue ; car il est sans nul doute que tout avocat sachant qu'il peut être appelé à remplir dans une affaire le devoir de témoin, refusera dans une semblable condition une mission qui serait incompatible avec l'accomplissement de ce devoir.

212. Un arrêt a décidé, sous le code de brumaire, que l'avocat de la masse des créanciers de l'accusé peut être entendu comme témoin dans une poursuite criminelle dirigée contre le débiteur commun (Crim. rej. 15 frim. an 13) (2). — Cet arrêt, fort laconique et conçu d'ailleurs dans des termes extrêmement vagues, ne dit pas si les représentants de la masse des créanciers avaient ou non la qualité de parties dans la poursuite. S'ils n'y figuraient point en cette qualité, on a dû décider en effet que l'avocat de la masse pouvait être entendu comme témoin; mais si, au contraire, cette masse était en cause au procès par ses représentants comme partie plaignante ou partie civile, ce qui était la même chose sous le code de brumaire (V. n° 158), nous

pensons, par les motifs déjà exprimés, que cet arrêt aurait mal jugé (V. n° 186).

213. Dans tous les cas, il ne saurait résulter pour un avocat aucune incompatibilité faisant obstacle aux fonctions de témoin, de la circonstance qu'il aurait été précédemment chargé, dans d'autres affaires, de défendre soit la partie civile, soit le prévenu. On pourrait donc, en pareil cas, l'appeler comme témoin, sauf, bien entendu, à n'exiger sa déclaration que sur les faits qui seraient parvenus à sa connaissance autrement que dans l'exercice de sa mission de défenseur (V. n°° 41 et s.).—Jugé en ce sens qu'un avocat cité comme témoin en matière correctionnelle ne peut être reproché ni refuser son témoignage, sur le motif qu'il aurait plaidé une affaire précédente, soit pour le prévenu, soit pour la partie civilement responsable, et quelle que soit la relation de cette affaire avec celle dans laquelle son témoignage est requis. Dès lors, le tribunal doit l'entendre, sauf à ne pas lui demander la révélation des faits qu'il n'aurait appris qu'à titre de confidence, et à raison de son ministère (Douai, 14 janv. 1842, aff. Couterie, V. n° 91-2°).

ART. 7. — *Fins de non recevoir résultant du consentement ou du défaut d'opposition des parties intéressées.*

214. Quelque graves que puissent être les motifs sur lesquels reposent en matière criminelle les prohibitions de témoignage pour les causes énoncées dans l'art. 322, le législateur n'a cru devoir attacher à ces prohibitions la peine de nullité qu'autant que le prévenu ou accusé, le ministère public ou la partie civile s'opposeraient à l'audition des témoins reprochables. — C'est là, en effet, ce qui résulte formellement de la disposition finale des art. 156 et 322 c. d'inst. crim. — Sous le code de brum. an 4, on jugeait déjà en ce sens que l'accusé ne peut alléguer qu'un témoin n'a pu être entendu, à raison de la parenté, lorsqu'il n'a élevé à cet égard aucune réclamation et que le tribunal a pris toutes les précautions pour s'assurer si ce témoin était ou non parent de l'accusé (Crim. rej. 26 brum. an 10) (3).

Il a été décidé pareillement par application de l'art. 322 c. inst. crim. : 1° que l'audition, avec prestation préalable de serment, d'un témoin qui se trouvait dans l'un des cas de prohibition prévus par l'art. 322, n'est pas une cause de nullité de la procédure, lorsque ni l'accusé ni le ministère public ne se sont opposés à cette audition (Crim. rej. 2 avr. 1812(4); 14 août 1818, aff. Froust, V. Bourse de comm. n° 418; 16 mars 1821, M. Olivier, rap., aff. Joly; 22 janv. 1825, aff. Paris, V. n° 223-2°; 15 avr. 1825, aff. Granier, V. Faillite, n° 1594-7°; 8 avr. 1826, aff. Delphine Bonnet, V. *suprà*, n° 82; 13 oct. 1832, MM. Bastard, pr., Ricard, rap., aff. Patriarche); —2° Et spécialement que l'audition de témoins, parents de l'accusé à un degré prohibé ne

(1) (Lambert C. min. pub) — LA COUR; — Sur le premier moyen, pris de la violation de l'art. 294, et de la fausse application de l'art. 315 c. inst. crim., en ce que l'accusé aurait été privé du défenseur de son choix, par l'appel de ce défenseur aux débats, en qualité de témoin à charge : — Attendu, en fait, que Me Manoury a été cité, comme témoin, par la partie publique, dès le commencement de l'instruction, et qu'il a été compris, en la même qualité, dans la liste notifiée à l'accusé ; — Attendu, en droit, que la faculté acquise à l'accusé de choisir un défenseur ne saurait porter atteinte à celle qui est attribuée par la loi au ministère public, de produire les témoins dont il juge l'audition utile à la manifestation de la vérité ; — Attendu, au surplus, que, dans l'espèce, un défenseur, nommé d'office, a assisté l'accusé soit lors du tirage des jurés de jugement, soit dans une partie des débats, et que, dans l'autre partie de ces débats jusqu'à la prononciation de l'arrêt de condamnation, l'accusé a été assisté et défendu par Me Manoury lui-même;... — Rejette.
Du 30 avril 1835.-C. C., ch. crim.-MM. Choppin, pr.-Rocher, rap.
(2) (Moyet.) — LA COUR; — ...Attendu, sur le troisième moyen, que l'art. 558 du code ne s'opposait point à ce que Gillebaut avocat de la masse des créanciers d'Anne Moyet fut entendu comme témoin, qu'il n'était pas dénonciateur et dans tous les cas ne devait pas profiter de la dénonciation et que, dès lors, son témoignage était recevable ; — Rejette.
Du 15 frim. an 13.-C. C., sect. crim.-MM. Viellart, pr.-Minier, r.
(3) (Fain, Goyon et autres.) — LE TRIBUNAL; — ...Considérant : 2° quant au moyen résultant de la parenté de l'accusée Goyon avec Agathe Lamparily, sa belle-sœur, témoin entendu aux débats, le tribunal criminel ayant employé à l'égard de ce témoin toutes les pré-

cautions exigées par l'art. 351 du code des délits etc., pour s'assurer s'il était ou non parent de quelques-uns des accusés, et, d'un autre côté, n'y ayant eu de la part des accusés assistés de leurs conseils, aucune réclamation contre l'audition de ce témoin pour motif de parenté, l'art. 358 c. des délits, etc., ne peut recevoir d'application dans l'espèce, où l'on voit que le moyen tiré de la parenté n'est que le résultat d'une connivence frauduleuse employée pour tromper la justice ;.....
4° Quoique le président du tribunal criminel ait fait sortir Fain des débats pendant la déposition de l'un des témoins que Fain avait appelé pour sa justification, et lorsqu'il eût été à désirer que sur ce point de la procédure le procès-verbal des débats fût rédigé avec plus d'exactitude, cependant il résulte de ce procès-verbal et de l'ensemble des circonstances qui y sont rappelées, la preuve que Fain a appris, soit avant sa sortie des débats, soit après y avoir été rappelé, tout ce qui a été déposé par ce témoin, qu'il a pu l'interroger et user à son égard de tous les droits donnés à un accusé par les art. 355 et 361 c. des délits, etc.; qu'ainsi il n'y a eu de la part du président du tribunal criminel, ni abus ni usurpation de pouvoir en usant comme il l'a fait dans cette circonstance du pouvoir discrétionnaire dont la loi l'a investi ; — Rejette.
Du 26 brum. an 10.-C. C., sect. crim.-MM. Viellart, pr.-Genevois, r.
(4) (Pigny.) — LA COUR; — ...Attendu, sur le troisième moyen, que l'art. 322 du code, sur lequel repose ce moyen, ne prononce la peine de nullité contre l'audition de témoins dont il est parlé que lorsqu'ils auraient été entendus, malgré l'opposition, soit du procureur général soit de la partie civile ou des accusés, et que dans l'espèce il n'avait été formé aucune opposition ; — Rejette.
Du 2 av. 1812.-C. C., sect. crim.-MM. Barris, pr.-Liborel, rap.

peut donner ouverture à cassation, mais seulement à une opposition à ce qu'ils soient entendus, de la part de l'accusé ou du ministère public (Crim. rej. 14 juin 1821 (1); 25 juill. 1816, MM. Hébert, pr., Chasles,rap.);—3° Qu'ainsi la fille d'un accusé, citée à la requête d'un des coaccusés de celui-ci, a pu valablement, à défaut d'opposition, soit de la part d'un des accusés, soit de la part du ministère public, être entendue comme témoin ordinaire, avec prestation de serment (Crim. rej. 5 janv. 1857, MM. Bastard, pr., Meyronnet, rap., aff. Lacour);—4° Que de même la fille de l'accusé peut être légalement entendue, sous la foi du serment, dans le cas même où elle dépose comme victime du crime qui fait la matière de l'accusation (viol commis sur sa personne par son père), ...sauf au ministère public ou à l'accusé à s'opposer à ce que ce témoin soit entendu de cette manière (Crim. rej. 20 janv. 1844, aff. Baroyer, V. n° 496-7°);—5° Que l'audition du beau-frère de l'accusé, comme témoin et sous la foi du serment, n'est pas une cause de nullité, si elle a eu lieu sans opposition, ni du ministère public, ni de l'accusé (Crim. rej. 4 avr. 1816, MM. Barris, pr., Lecoutour, rap., aff. Crachit; 13 sept. 1849, aff. Dudrague, D. P. 49. 5. 377);— 5° Que par les mêmes raisons l'audition, comme témoin, du beau-père de l'accusé n'est pas une cause de nullité, lorsque cet accusé ne s'y est point opposé (Rej. 7 mai 1851, aff. Berthelot, D. P. 51. 5. 511).

315. Il a même été décidé qu'en cas d'audition d'un témoin parent de l'accusé au degré prohibé, il n'est pas nécessaire que l'accusé soit interpellé par le président de l'effet de déclarer s'il s'oppose ou s'il donne son approbation à cette audition (Crim. rej. 11 déc. 1851, aff. Loisy, D. P. 51. 5. 511). — La loi, en effet, n'a exigé nulle part qu'il fût adressé à l'accusé une semblable interpellation.

316. Il a été jugé aussi que la régularité de l'admission de parents de l'accusé au degré prohibé à déposer sous la foi du serment, est suffisamment justifiée par la mention au procès-verbal qu'il n'y a pas eu opposition du ministère public et de la défense; on objecterait en vain que cette mention ne contient rien relativement à l'accusé, s'il ne résulte d'aucune des énonciations du procès-verbal qu'il ait manifesté quelque opposition à ce mode de procédure (Crim. rej. 11 janv. 1855, M. de Glos, rap., aff. Jouard).

317. Mais il ne faudrait pas conclure de là que la loi ne défende aux tribunaux d'entendre ces personnes en témoignage qu'autant que quelqu'une des parties intéressées s'oppose à leur audition. — En effet, le 1er § de l'art. 322 contient une prohibition positive et formelle « ne pourront être entendus » et l'art. 156 porte : « les ascendants, etc., ne seront appelés ou reçus en témoignage. » — Or, comme les prohibitions prononcées par la loi sont parfaitement indépendantes de la sanction spéciale qui y est attachée, il s'ensuit que celle-ci n'en subsiste pas moins dans tous les cas, bien que sa violation ne doive entraîner une nullité que dans le cas où elle aurait eu lieu malgré l'opposition de l'une des parties, et qu'ainsi le juge peut même, en l'absence

de toute opposition, rejeter d'office la déposition des personnes dont il s'agit (Conf. M. Cubain, proc. devant la c. d'ass., n° 452). — Et il a été décidé, en ce sens, que le juge de simple police a le droit de refuser d'office d'entendre comme témoins les parents du prévenu au degré fixé par l'art. 156 c. inst. crim. (Crim. rej. 28 mai 1841 (2). — V. aussi en ce sens M. F. Hélie, Inst. crim., t. 7, p. 299, et infra, n° 640.

218. Il y a plus : les parents au degré énoncé aux art. 156 et 322 pourront se prévaloir de l'incapacité portée par la loi pour refuser leur témoignage. La loi, en effet, n'a pas seulement voulu écarter des débats, des dépositions suspectes de partialité, elle a eu encore pour but d'épargner aux plus proches parents de l'accusé une situation qui les placerait dans l'alternative de se parjurer ou de faire violence aux plus saintes affections de la nature. — Mais il est évident que le juge ne pourrait d'office, ni même sur la réquisition de l'accusé, écarter un témoignage pour cause de parenté, si cette parenté n'était pas constante. — C'est ainsi qu'il a été jugé que le témoin qui déclare être parent des accusés, sans pouvoir dire à quel degré, est, par cela même, présumé n'être pas parent au degré prohibé, qu'en conséquence, il doit être entendu à titre de témoin (Crim. cass. 17 oct. 1856) (3).

219. Par des motifs analogues à ceux qui ont déterminé le législateur en matière de parenté, l'audition des dénonciateurs récompensés pécuniairement par la loi, quoique formellement prohibée par l'art. 322, ne peut cependant, aux termes du même article, être invoquée comme moyen de nullité qu'autant que l'accusé, le ministère public ou la partie civile se seraient opposés à cette audition. — Ainsi, il a été jugé, et il est du reste sans difficulté que la circonstance qu'un dénonciateur récompensé pécuniairement aurait été entendu comme témoin, ne peut donner ouverture à cassation, alors que ni l'accusé, ni le ministère public ne se sont opposés à son audition (Crim. rej. 8 oct. 1818; MM. Rataud, pr., Ollivier, rapp., aff. Lainé). — Mais bien qu'il résulte d'un texte formel que la nullité n'est point encourue en pareil cas, on n'en doit pas moins appliquer ici ce que nous avons dit précédemment à l'égard des prohibitions pour cause de parenté (V. n° 217), et décider par les mêmes motifs que le juge, pour se conformer au vœu de la loi, devra, même en l'absence de toute opposition de la part de l'accusé, écarter d'office la déposition du dénonciateur récompensé pécuniairement par la loi.

220. Il résulte virtuellement de la disposition finale de l'art. 322 que dans le cas où un dénonciateur du genre qui y est mentionné figurerait parmi les témoins, le ministère public ne pourrait se dispenser de faire connaître aux débats la qualité de celui-ci avant qu'il ne fût procédé à son audition. — Vainement argumenterait-on, du dernier § de l'art. 358, pour prétendre que le ministère public n'est tenu de faire connaître le dénonciateur à l'accusé que sur la réquisition de ce dernier en cas d'acquittement. Cet article est sans application dans l'hypothèse où le dénonciateur serait appelé à déposer comme témoin. — Par que l'accusé puisse, en effet, s'opposer à l'audition de son dé-

---

(1) (Lamontagne.) — LA COUR;—...Attendu, sur le deuxième moyen, que le fait qui lui sert de base n'est pas justifié; que, quand il le serait, il n'en résulterait rien de favorable à la réclamante, puisqu'il est constant au procès et même avoué par elle, qu'il n'a été formé aucune opposition à l'audition du témoin et qu'aux termes de l'art. 322 c. inst. crim., l'audition des parents ou alliés de l'accusé dans le degré prohibé n'opère pas de nullité si, soit le procureur général, soit la partie civile, soit l'accusé, ne se sont pas opposés à ce qu'ils fussent entendus. — Attendu, sur le troisième et dernier moyen, que les faits allégués par la réclamante ne pourraient être réputés constants qu'autant qu'ils se seraient consignés dans le procès-verbal des débats et que ce procès-verbal garde ce que ses faits le silence le plus absolu : qu'au surplus l'art. 516 c. inst. crim. n'est pas prescrit à peine de nullité ; et que si, dans l'espèce, un individu cité comme témoin à requête du ministère public, ayant perdu cette qualité de témoin, avait été entendu en vertu du pouvoir discrétionnaire du président, son audition, sans prestation préalable de serment, n'aurait pas été une violation de l'art. 517 c. inst. crim., et aurait été l'exécution de la disposition du dernier paragraphe de l'art. 269 du même code. — Rejette.
Du 14 juin 1821.-C. C., sect. crim.-MM. Barris, pr.-Aumont, rap.

(2) (Min. pub. C. Smith, pée.) — LA COUR; — En ce qui concerne la prétendue violation de l'art. 156 c. inst. crim. ; — Attendu que le juge de paix, en s'abstenant d'office d'entendre, comme témoin. le père

de l'un des prévenus, n'a fait qu'user légalement du droit que l'art. précité lui confère dans un intérêt d'ordre public, et qu'il n'est point établi que l'audition de cet individu ait eu lieu ensuite à titre de simples renseignements ; — Rejette.
Du 28 mai 1841.-C. C., ch. crim.-MM. Crousseilhes, pr.-Rives, rap.

(3) (Tavernier C. min. pub.) — LA COUR; — Vu l'art. 517 et l'art. 322 c. inst. crim. ; — Attendu que, d'après le premier de ces articles, tout témoin doit prêter serment avant de déposer, à peine de nullité ; — Que le second de ces articles n'interdit pas d'entendre comme témoins tous les parents et alliés de l'accusé, à quelque degré que ce puisse être ; mais seulement ses ascendants, descendants, frères et sœurs, et alliés au même degré ; — Attendu, en fait, que le nommé Macouillard, témoin cité et notifié à la requête du procureur général, après avoir prêté serment, et déclaré ses nom, âge, profession et demeure, a ajouté qu'il était parent des accusés, sans pouvoir dire à quel degré ; que, sur cette déclaration, qui loin de constater qu'il fût parent ou allié des accusés au degré prohibé, et sans aucune opposition de la part de ceux-ci, le président de la cour d'assises a annulé le serment qu'il venait de prêter et a reçu sa déclaration en vertu du pouvoir discrétionnaire et à titre de renseignement seulement ; — Qu'en cela, il y a eu fausse application de l'art. 322 et violation formelle de l'art. 517 ci-dessus visés ; — Casse.
Du 17 oct. 1856.-C. C., ch. crim.-MM. Bastard, pr.-Vincens, rap.

nonciateur, il faut, de toute nécessité, qu'on le lui ait fait connaître, puisqu'autrement il n'aurait aucun moyen d'écarter son témoignage, et que le droit d'opposition que la loi lui accorde, droit si essentiel à sa défense deviendrait complétement illusoire. C'est aussi l'opinion de Bourguignon (jurisp. des c. crim. sous l'art. 325). M. Cubain va plus loin et pense que le ministère public doit donner cet avertissement à l'accusé, à peine de nullité (Pr. devant les cours d'ass., n° 450). — Nous croyons, avec ce dernier auteur, que, malgré la disposition finale de l'art. 322, l'audition comme témoin d'un dénonciateur salarié même sans opposition de la part de l'accusé, serait une cause de nullité si le ministère public seul, instruit de la dénonciation, n'avait point fait connaître aux débats la circonstance qui donnait à l'accusé le droit de s'opposer à son témoignage.

221. L'opposition que forme l'accusé à la déposition d'un parent au degré prohibé, comme de tout autre témoin reprochable, doit avoir lieu avant que le témoin ne commence sa déposition, car rien ne serait plus contraire à la manifestation de la vérité qu'une déposition tronquée qui pourrait être interprétée contrairement à son véritable sens, le témoin interrompu n'ayant pas eu le temps d'achever sa pensée. — Aussi a-t-il été jugé que l'opposition formée par l'accusé à l'audition d'un témoin reprochable était irrecevable si elle était faite pendant la déposition, encore bien que le défenseur, momentanément absent au moment où le serment a été prêté, déclare, aussitôt sa rentrée, s'opposer à l'audition (Crim. rej. 2 avr. 1831) (1).

222. M. Legraverend va même jusqu'à penser, t. 2, p. 190, que l'accusé doit, sous peine de déchéance, s'opposer à l'audition du témoin avant qu'il n'ait prêté serment. — Mais nous ne voyons aucun motif pour en décider ainsi, et nous pensons que cette déchéance ne résulterait ni de l'esprit de la loi ni de son texte. Rien ne s'opposerait donc, suivant nous, à ce que l'accusé élevât sa réclamation même après la prestation de serment du témoin reprochable, pourvu que celui-ci n'eût pas commencé sa déposition. — Jugé en ce sens que l'accusé peut s'opposer à l'audition, sous prétexte qu'un témoin est légalement reprochable, jusqu'au moment où il va commencer sa déposition, même après la prestation de serment, encore bien qu'il aurait d'abord consenti à cette audition; en conséquence, est nul un arrêt de cour d'assises qui ordonne que la belle-fille de l'accusé, à l'audition de laquelle l'accusé s'est opposé avant le commencement de sa déposition, sera entendue sous la foi du

(1) Espéce : — (Fontainas C. min. pub.) — La femme Françoise Fontainas avait été renvoyée devant la cour d'assises du Puy-de-Dôme, comme coupable du crime de vol. Pendant les débats, un individu non porté sur la liste notifiée à l'accusée, est appelé comme témoin : il prête serment et commence sa déposition. En ce moment, le défenseur de l'accusée, qui s'était absenté de la salle d'audience pendant quelques instants, y rentre, et s'apercevant que le témoin qui dépose n'est pas porté sur la liste notifiée à l'accusée, déclare s'opposer à son audition en vertu de l'art. 315 c. inst. crim. La cour d'assises rend un arrêt par lequel, attendu que le témoin dont il s'agit a déjà prêté serment; qu'il a déjà fait une partie de sa déposition; que, par conséquent, l'opposition du défenseur de l'accusé est tardive, la déclare non-recevable dans cette opposition. Le témoin achève sa déposition, et la femme Fontainas, déclarée coupable, est punie de cinq années de réclusion.—Pourvoi. — Arrêt.

La cour; — Attendu que si, aux termes de l'art. 315 c. inst. crim., l'accusé peut s'opposer à l'audition d'un témoin dont le nom ne lui a pas été notifié, ou ne l'aurait pas été dans le délai de la loi, il n'en est pas de même lorsque cette faculté n'a été exercée qu'après la prestation de serment; — Attendu que la nullité qui résulterait du défaut de notification n'est que relative, et qu'ainsi, en ne s'opposant point, avant la prestation de serment, à la déposition d'un témoin dont le nom ne lui aurait pas été notifié, l'accusé doit être réputé avoir consenti à l'audition de ce témoin et lui avoir reconnu une qualité qu'il n'a pu perdre par une réclamation tardive;

Attendu, enfin, qu'il résulte du procès-verbal de la séance que le nom de Jeanne Hugon, femme Jean-Jean, quatrième témoin, a été appelé à haute voix par le greffier dans l'ordre établi par le ministère public; qu'elle s'est retirée dans la chambre des témoins; qu'elle a été ensuite introduite dans l'auditoire, et a fait une partie de sa déposition sans réclamation de la part de l'accusée, qui alors seulement a formé opposition à ce que ce témoin continuât sa déclaration;—Attendu que la cour d'assises, par arrêt motivé, ayant rejeté cette opposition par arrêt motivé, en quoi elle n'a violé ni l'art. 315 c. inst. ni aucun autre article de loi; — Rejette.

serment (Crim. cass. 15 sept. 1831) (2). — V. cependant l'arrêt qui précède.

223. Quant aux condamnés que la loi ne permet d'entendre qu'à titre de renseignements, il y aurait incontestablement nullité si leur audition assermentée avait eu lieu malgré l'opposition des parties intéressées. — Mais la question serait plus délicate dans le cas où le serment aurait été prêté du consentement de toutes les parties en cause. MM. Legraverend, t. 5, p. 283, et Cubain, loc. cit., n° 527, pensent que, dans cette dernière hypothèse, on doit établir une différence entre les prohibitions absolues de témoignage qui reposent sur des motifs d'ordre public et celles qui n'ont d'autre but que de protéger un intérêt privé. — Or ce n'est pas, disent ces auteurs, dans l'intérêt des parties que les individus condamnés à certaines peines ne peuvent déposer sous la foi du serment, c'est dans un intérêt d'ordre et de moralité et par respect pour l'institution du serment que le législateur a craint de profaner. Cette cause de prohibition étant placée au-dessus des convenances et des volontés privées, le consentement même des parties ne ferait pas disparaître la nullité.—Cependant l'opinion contraire a prévalu et nous la croyons préférable. Elle s'appuie, surtout en matière criminelle, sur l'esprit général de notre législation, et particulièrement sur ce motif que l'audition avec serment des condamnés que la loi ne permet d'entendre qu'à titre de renseignements ne saurait être un vice irritant qui puisse entraîner dans tous les cas la nullité de la procédure, quand il résulte des art. 156 et 322 c. inst. crim. que la loi n'admet comme cause de nullité l'audition des personnes désignées dans cet article même, celle des père et mère ou enfants du prévenu ou de l'accusé, qu'autant qu'elle aurait eu lieu malgré l'opposition de l'accusé ou du ministère public, bien que la prohibition d'entendre ces personnes en témoignage soit également fondée sur de puissantes considérations morales (Conf. MM. Bourguignon, sur l'art. 28 c. pén.; Merlin, Quest., v° Tém. jud., § 9; Carnot, sur l'art. 28 c. pén., t. 2, p. 120; M. de Serre, Manuel des cours d'assises, t. 1, p. 181; M. Ch. Berriat, Pr. dev. les cours d'assises, 1re part, n° 273). — Il a été jugé en ce sens : 1° que la déposition d'un condamné à une peine afflictive n'entraîne pas la nullité des débats de plein droit, à moins que l'accusé ne se soit formellement opposé à l'audition en faisant connaître à la cour le motif de son opposition (Crim. rej. 18 nov. 1819) (3); — 2° Qu'ainsi l'incapacité de déposer sous la foi du serment résultant de condamnations

(2) (Veuve Agard C. min. pub.) — La cour (ap. dél. en ch. du cons.); — Attendu que l'art. 322 c. inst. crim. autorisant les accusés à s'opposer à ce que les personnes comprises dans sa prohibition soient entendues comme témoins, ils peuvent user de ce droit jusqu'au moment où elles vont commencer leur déposition; que la prestation de serment ne forme pas obstacle à ce que le président des assises puisse user de son pouvoir discrétionnaire à l'égard des témoins écartés, lesquels dépouillés de la qualité légale de témoins, restent à la disposition du président, qui peut, s'il le juge nécessaire, prendre leurs simples déclarations à titre de renseignements; — Attendu que le consentement réitéré de la demanderesse, à ce que sa belle-fille fût entendue comme témoin, ne pouvait lui faire perdre le droit que lui donnait l'art. 322 précité, de s'opposer à son audition, avant qu'elle eût commencé sa déposition; d'où il suit que l'arrêt attaqué en ordonnant que ce témoin serait entendu sous la foi du serment qu'elle avait prêté, a violé ledit art. 322. — Par ces motifs, casse.

Du 15 sept. 1831.-C. C., ch. crim.-MM. Ollivier, pr.-Ricard, rap.

(3) (Kerleu C. min. pub.) — La cour; — Attendu, sur le premier moyen de cassation présenté par le réclamant, que les condamnés aux peines afflictives ou infamantes ne sont pas dénommés dans la disposition prohibitive de l'art. 322 c. inst. crim.; — Qu'il s'ensuit que leur audition, avec prestation préalable de serment, n'est pas un vice irritant dont puisse résulter la nullité de la procédure dans laquelle ils auraient été ainsi entendus; — Que si l'accusé s'opposait à l'audition de ces individus à raison de leur condamnation légalement constatée, alors seulement il y aurait lieu à annulation, parce qu'ils auraient été entendus comme témoins, contre le texte formel de l'art. 28 c. pén., dont la cour d'assises n'aurait pu ignorer que la disposition leur était applicable;—Que, dans l'espèce, il n'est ni constaté par le procès-verbal des débats, ni même allégué par le réclamant, qu'il y ait eu, de sa part, opposition à l'audition comme témoin de Charles-Joseph Lefèvre à raison de sa condamnation à une peine afflictive et infamante, ou que le fait de cette condamnation ait du moins été allégué et justifié; — Rejette.

Du 18 nov. 1819. -C. C., sect. crim.-M. Aumont, rap.

judiciaires prononcées contre un individu appelé comme témoin ne peut donner ouverture à cassation, si son audition assermentée a eu lieu sans opposition ni de la part de l'accusé, ni de celle du ministère public (Crim. rej. 22 janv. 1825 (1); 15 oct. 1852, MM. Bastard, pr., Ricard, rap., aff. Patriarche et autres);— 3° Que, par exemple, la circonstance qu'un témoin qui a déposé avec serment aurait été condamné à la reclusion, ne suffirait pas, lorsqu'elle serait prouvée en cassation, pour faire annuler les débats, si l'accusé ne s'est point opposé à son audition (Crim. rej. 21 avr. 1832, MM. Bastard, pr., Ollivier, rap., aff. Gueux; 26 déc. 1833, MM. Vincens, pr., Dupin, pr. gén., conf., aff. Lacenaire);... — Alors surtout que l'accusé a été averti par la notification du nom de ce témoin, du droit qu'il pouvait avoir de former opposition à son audition (Crim. rej. 15 sept. 1852) (2);— 4° Que de même à défaut d'opposition de l'accusé ou du ministère public, l'audition comme témoin, aux assises, d'un individu condamné à une peine afflictive et infamante, n'est pas une cause de nullité (Crim. rej. 16 juill. 1841 (3); 14 janv. 1841, MM. Bastard, pr., Vincens, rap., aff. Sébire; 28 avr. 1851, aff. Colmare, D. P. 51. 5. 489; 22 mai 1852, aff. Thom, D. P. 52. 5. 502); ....alors surtout que l'accusé a consenti à l'audition de ce témoin (Crim. rej. 17 mars 1842, M. Jacquinot-Godard, rap., aff. Labille);— 5° Que l'accusé, dûment averti de l'incapacité de déposer en justice sous la foi du serment qui affecte un témoin, et qui laisse néanmoins ce témoin déposer avec prestation de serment, n'est pas recevable à invoquer ultérieurement cette incapacité comme un moyen de cassation contre l'arrêt de condamnation intervenu contre lui (Crim. rej. 22 janv. 1846, aff. N..., D. P. 46. 4. 479).

224. Il a même été décidé que bien qu'il soit constaté dans le procès-verbal des débats d'une cour d'assises que le conseil des accusés s'est opposé à l'audition sous prestation de serment, d'un témoin condamné à la reclusion, si un arrêt ordonne cette audition, en se fondant sur ce que les accusés ne s'y sont pas formellement opposés, cet arrêt ne peut être cassé, encore bien qu'il n'énonce pas si ce défaut d'opposition résulte du seul silence des accusés, ou de leur consentement formel à l'audition avec serment (Crim. rej. 8 avr. 1826, MM. Bailly, pr., Ollivier, rap., aff. Bonnet et autres). — Nous croyons dans tous les cas que cette décision va trop loin : l'accusé ignore le plus souvent quelle est l'étendue de ses droits, et c'est pour ce motif que la loi veut, à peine de nullité, qu'il soit pourvu d'un conseil. Quand ce conseil, mieux instruit que l'accusé des droits et des intérêts

(1) *Espèce :* — (Paris C. min. pub.) — Le 14 déc. 1824, arrêt de la cour d'assises de la Seine-Inférieure, qui condamne à six ans de travaux forcés le nommé Paris, pour vol avec effraction. — Il s'est pourvu en cassation pour violation des art. 28 et 34 c. pén., ce en que, parmi les témoins à charge, on avait entendu le nommé Dumoulin en lui faisant prêter serment, quoiqu'il eût été condamné à la peine de la reclusion. — Le demandeur remarquait que, s'il ne s'était pas opposé à l'audition de ce témoin avec prestation de serment, c'est qu'il n'avait connu l'incapacité dont il était affecté qu'après sa condamnation. — Arrêt.

La cour; — Attendu que les condamnés à des peines afflictives ou infamantes ne sont pas comptés au nombre de ceux dont l'art. 522 c. inst. crim. déclare que les dépositions ne pourront être reçues, et qu'aux termes de cet article, l'audition des personnes qu'il désigne ne peut opérer une nullité, lorsque, soit le procureur général, soit la partie civile, soit les accusés, ne se sont pas opposés à ce qu'elles soient entendues; — Qu'à la vérité, l'art. 28 c. pén. déclare que quiconque aura été condamné à la peine des travaux forcés à temps, du bannissement, de la reclusion ou du carcan, ne pourra jamais déposer en justice autrement que pour y donner de simples renseignements; mais qu'il suit de la combinaison de cet article, avec les dispositions de l'art. 522 c. inst. crim., que l'audition d'une personne condamnée à une de ces peines, avec prestation préalable de serment, lorsque ni la partie publique ni l'accusé ne s'y sont opposés, ne saurait frapper de nullité la procédure dans laquelle elle aurait été entendue; — Que dans l'espèce il n'est constaté par le procès-verbal des débats, ni même allégué par le réclamant qu'il y ait eu de sa part opposition à l'audition du témoin Dumoulin, à raison de sa condamnation à une peine afflictive et infamante, ou que, du moins, le fait de cette condamnation ait été allégué; — Rejette.

Du 22 janv. 1825.-C. C., sect. crim.-MM. Portalis, pr.-d'Aubers, rap.

(2) (Guillemot et Evain C. min. pub.)—La cour; — ...Attendu que l'audition à titre de témoin, et sous la foi du serment, d'un individu placé dans la position déterminée par le § 5 de l'art. 34 c. pén., ne peut former un moyen de nullité que lorsqu'il y a eu opposition de la

de ce dernier, s'oppose à ce qu'un témoin soit entendu, cette opposition faite au nom de l'accusé doit, suivant nous, être réputée le fait de l'accusé lui-même, à moins que celui-ci ne manifeste formellement une volonté contraire.

225. La nullité d'un seul témoignage reçu dans les débats d'un procès criminel devrait-elle entraîner la nullité de ces débats et du jugement de condamnation qui les aurait suivis? Nous avons examiné cette question v° Serment, n°° 135 et suiv., pour tous les jugements en général rendus sur audition de témoins, et nous persistons à penser que la nullité d'un seul témoignage vicie le débat tout entier et par suite doit faire annuler la condamnation, alors même que le fait sur lequel elle repose serait établi par cent autres témoignages, attendu qu'il est impossible de descendre dans la conscience des juges et des jurés pour analyser les éléments de conviction et pour décider sur quels témoignages cette conviction a dû se fonder. — Nous croyons donc qu'on ne peut admettre, au moins dans la généralité de ses termes, un arrêt qui décide que le prévenu ne peut se plaindre de la nullité d'une déposition, lorsqu'il n'a pas été condamné sur cette seule déposition, mais sur les autres preuves résultant de l'information, et qu'il ne l'a pas été pour le seul fait sur lequel est intervenue la déposition nulle (Crim. cass. 50 sept. 1826) (4).

— Toutefois il est manifeste que si un jugement de condamnation rendu sur audition de témoins portait sur plusieurs chefs distincts et, indépendants les uns des autres, les dépositions qui auraient été reçues sur quelques-unes de ces chefs seulement n'annuleraient pas les condamnations en ce qui concernerait les autres chefs.

226. Devant la cour d'assises les témoins qui n'auraient pas été notifiés conformément à l'art. 315 ne peuvent être entendus qu'à titre de renseignemens, si l'accusé, le ministère public ou la partie civile s'opposent à leur audition. La fin de non-recevoir qui résulterait du silence ou du consentement des parties intéressées étant spéciale à la matière des cours d'assises, il en est traité au chapitre consacré à cette matière (V. *infrà*, n°° 419 et s.).

CHAP. 5. — MODE PARTICULIER SUIVANT LEQUEL CERTAINES DÉPOSITIONS SONT REÇUES.

227. Sous l'ancienne monarchie, on tenait pour constant que le roi lui-même ne pouvait se dispenser de fournir sa déclaration à la justice. Seulement il n'était tenu de déposer que par écrit. Les fils de France jouissaient de la même prérogative (Merlin,

part du ministère public ou de l'accusé, ce qui n'a pas eu lieu dans l'espèce; — Attendu que la signification de la liste des témoins a d'avance averti l'accusé Evain, et l'a mis à même d'exercer le droit que lui donnait l'art. 522 c. inst. crim.; — Attendu que la prohibition portée au § 3 de l'art. 34 c. pén. ne peut trouver de sanction que dans l'art. 522 c. inst. crim. ; — Rejette.

Du 15 sept. 1832.-C. C., ch. cr.-MM. de Bastard, pr.-Mérilhou, rap.

(3) (Cabot et sa femme C. min. pub.) — La cour; — En ce qui touche le premier moyen de cassation ; — Attendu qu'aucune loi ne prononce la nullité des débats dans lesquels on a entendu, sous la foi du serment, un individu frappé d'une condamnation afflictive ou infamante, lorsqu'il n'y a pas eu d'opposition de la part de l'accusé ou du ministère public;

Attendu que les art. 28 et 34 c. pén. n'établissent à cet égard que le droit de s'opposer à l'audition des individus frappés de ce genre de peine, et que c'est pour faciliter l'exercice de ce droit d'opposition que la loi prescrit la notification préalable de la liste des témoins; — Attendu que, dans l'espèce, aucune opposition n'a été faite par les accusés lors de l'audition de Michel Tharaud ; — Rejette.

Du 16 juill. 1841.-C. C., ch. crim.-MM. Crouseilhes, pr.-Mérilhou, r.

(4) (Fabien, etc., C. min. pub.) — La cour; — Attendu que l'arrêt attaqué a déclaré que les faits justificatifs allégués par Fabien étaient impertinents et inadmissibles; que cette déclaration, en fait, est irréfragable; — Que lors même que la déposition du témoin Eudoxie aurait été postérieure à l'interrogatoire, et qu'elle serait nulle, elle ne saurait annuler le reste de l'information; — Que si la déclaration d'Anoit a été d'abord reçue extrajudiciairement, elle a été ensuite répétée dans l'instruction, et ainsi suffisamment régularisée; et que d'ailleurs il résulte du texte même de l'arrêt attaqué que Fabien n'a pas été condamné sur la seule déposition d'Eudoxie, mais sur les autres preuves résultant de l'information, et qu'il ne l'a pas été pour le seul fait sur lequel le témoin Eudoxie avait déposé; — Rejette.

Du 50 sept. 1826.-C. C., ch. crim.-MM. Portalis, pr.-Ollivier, rap.

Rép., v° Témoin judic., art. 5). C'est ainsi qu'en 1554, dans le procès du chancelier Poyet, le roi François Ier donna sa déposition qui fut lue à l'accusé. — Il en fut de même de la déposition de Monsieur, frère du roi, dans le procès instruit en 1641 contre Cinq-Mars et de Thou (*ibid.*). — Sauf le privilége de déposer par écrit attribué aux rois et aux fils de France, nulle autre personne, quelque élevée en dignité qu'elle fût, ne pouvait, si elle était citée en justice, s'abstenir de comparaître en personne (Merlin, *ibid.*). — C'est ainsi que Fléchier, évêque de Nîmes, devant subir un interrogatoire sur faits et articles et ayant prétendu que le juge devait se transporter auprès de lui pour recevoir ses réponses, il fut ordonné, par arrêt du parlement de Toulouse, du 5 déc. 1707, qu'il serait tenu de se transporter chez le juge-commissaire (Boutaric, sur l'ord. de 1667, tit. 6, art. 2). C'est ainsi encore que l'évêque de Carcassonne, assigné pour déposer dans une enquête, ayant soutenu que le juge devait se transporter au palais épiscopal pour recevoir sa déposition, un arrêt du même parlement repoussa cette prétention (Jousse, *ibid.*).

228. Par dérogation aux anciens principes, l'art. 510 c. inst. crim. dispose que les princes de l'empire, les grands dignitaires et le ministre de la justice ne peuvent jamais être cités comme témoins même devant le jury, si ce n'est dans le cas où l'empereur, sur la demande d'une partie et le rapport du ministre de la justice, aurait par un décret spécial, autorisé leur comparution. — Cette disposition a depuis été étendue à tout les ministres sans exception, par l'art. 1 du décret du 4 mai 1812 (V. p. 103). — Dans le cas où les personnes désignées en l'art. 510 ont été autorisées à déposer, leur témoignage est rédigé par écrit et reçu par le premier président de la cour impériale, si elles demeurent au chef-lieu de cette cour; sinon par le président du tribunal civil de leur résidence qui devra se transporter en la demeure de ces personnes, à l'effet de s'acquitter de cette mission (c. inst. crim. 511). — Les dépositions ainsi reçues sont immédiatement remises au greffe ou envoyées cachetées à celui de la cour ou du juge requérant, et communiquées sans délai à l'officier chargé du ministère public. Dans l'examen devant le jury, elles sont lues publiquement aux jurés et soumises aux débats sous peine de nullité (c. inst. crim. 512).

229. Si la prétention de s'affranchir du droit commun en matière de témoignage judiciaire paraissait exorbitante, de la part de qui que ce fût, aux yeux des anciens jurisconsultes, à plus forte raison, les priviléges que consacre sur ce point le code de 1808 semble devoir se concilier difficilement avec nos institutions et nos mœurs d'aujourd'hui. D'ailleurs quel motif d'intérêt public pourrait-on alléguer pour les justifier, et comment la dignité des hauts fonctionnaires aurait-elle quelque chose à souffrir en ce qu'ils seraient tenus d'accomplir dans la forme ordinaire un devoir que la loi commune exige de tout citoyen? Il nous semble de plus que la justice occupe dans l'ordre social un rang tellement élevé, que tous les fronts doivent s'incliner devant le principe qu'elle représente.

230. Quoi qu'il en soit, il est assez difficile de déterminer dans quelle limite le privilége consacré par les art. 510 et suivants devra s'exercer; faut-il en restreindre l'effet aux matières criminelles, ou doit-on en étendre l'application aux matières civiles? A ne considérer que la place que ces articles occupent dans nos codes, ces articles ne semblent devoir régler le mode de témoignage des grands dignitaires que devant les diverses juridictions criminelles. D'un autre côté, si l'on consulte l'esprit qui a dicté ces dispositions et les motifs qui leur servent de cause, il est impossible de ne pas reconnaître que ces motifs s'appliquent tout aussi bien au témoignage de ces personnes devant la juridiction civile. Cependant, comme il est de principe que les lois exceptionnelles ne peuvent s'étendre et que l'application aux matières civiles du privilége consacré en faveur des princes et grands dignitaires, par les art. 510 et suivants, ne reposerait sur aucun texte, nous pensons que ces personnes pourront être citées comme témoins sans autorisation préalable devant les tribunaux civils, et qu'elles devront déposer en ce cas dans les formes ordinaires : ce sera là si l'on veut une inconséquence, mais ce sera celle de la loi et non celle du juge qui ne peut que l'appliquer.

231. Hâtons-nous de faire observer qu'il ne faut pas confondre avec l'octroi de ces prérogatives honorifiques en matière de témoignage les dispositions légales qui, dans l'intérêt des services publics, règlent le mode de témoignage des fonctionnaires qui ne pourraient être déplacés sans inconvénient du lieu où ils exercent leurs fonctions.—C'est ainsi qu'aux termes de la loi du 20 therm. an 4 (V. p. 102) les membres du directoire et du corps législatif, les ministres, les agents du gouvernement auprès des nations étrangères ne pouvaient être déplacés, pour satisfaire à une citation comme témoins, du lieu habituel de leurs fonctions. Il en était de même des membres du conseil d'État, auxquels cette loi a été déclarée applicable par un avis du conseil d'Etat du 8 germ. an 8 (V. p. 102).— Si le témoignage de ces fonctionnaires était jugé nécessaire dans le lieu de l'exercice de leurs fonctions, ou même dans celui de leur résidence momentanée, il n'existait aucune différence entre eux et les autres témoins, ni quant à l'obligation de comparaître, ni quant aux formalités de leur témoignage. Mais si leur déposition était requise partout ailleurs, ils étaient cités devant le magistrat du lieu de leurs fonctions, ou devant celui de leur résidence accidentelle qui adressait le procès-verbal de leur audition au juge.—L'arrêté des consuls du 7 therm. an 9 (V. p. 102) a étendu ces dispositions à d'autres fonctionnaires, notamment aux préfets, sous-préfets et maires, pour le cas où leur déposition serait demandée en raison des actes qu'ils auraient signés comme administrateurs, le déplacement de ces fonctionnaires pouvant néanmoins être autorisé par le ministre de la justice dans le cas où leur comparution personnelle serait jugée d'une nécessité absolue. Les mêmes règles ont été déclarées applicables aux commissaires généraux de police et à leurs délégués par un décret du 20 juin 1806.— Ces dispositions sont assurément fort sages, et l'on ne saurait y voir un privilége en faveur des fonctionnaires qu'elles concernent; elles concilient dans une juste mesure les intérêts de la justice avec l'intérêt non moins important des services publics qui seraient compromis, si les fonctionnaires qui en sont chargés pouvaient être distraits sans une nécessité évidente de l'accomplissement de leurs devoirs. — Elles sont les sources où ont été puisés les art. 514 et suiv. c. inst. crim. qui, toutefois, en ont restreint les limites. L'art. 514 admet les exceptions établies par les textes précédents, seulement en ce qui concerne les ministres autres que le ministre de la justice (on a vu n° 228 que le décret du 4 mai 1812 a apporté une dérogation à cette disposition), les grands officiers de la couronne, les conseillers d'Etat chargés d'une partie dans l'administration publique, les généraux en chef actuellement en service, les ambassadeurs ou autres agents de l'empereur accrédités près les cours étrangères, auxquels il faut ajouter d'après le décret du 4 mai 1812, les ministres d'Etat, les présidents du conseil d'Etat et les préfets.— M. Treilhard avait proposé de restreindre la disposition aux généraux en activité de service et aux ambassadeurs : « Ce sont les seuls disait-il, auquel leur service ne permet point de se déplacer. Tous les citoyens doivent à la justice cet hommage de comparaître devant elle toutes les fois que le bien public le leur commande. On peut sans difficulté permettre que certains fonctionnaires envoient par écrit leur déposition, lorsqu'il ne s'agit encore que de l'instruction. Mais rien ne doit les dispenser de se trouver aux débats. Pourquoi priver l'accusé de l'avantage qu'il peut tirer de leur présence? On répondra que leur service peut les appeler ailleurs. S'ils se trouvent empêchés, ils peuvent en prévenir le ministre de la justice qui fera remettre l'affaire. » (Locré, t. 24, p. 357). — Mais cette proposition fut repoussée par le conseil d'Etat.

232. Il paraît superflu de remarquer avec M. Legraverend, t. 1, p. 178, que les dispositions de l'art. 514 c. inst. crim. et du décret de 1812 doivent être rigoureusement limitées aux fonctionnaires qui y sont mentionnés ; ainsi les conseillers d'État non chargés d'une administration publique, les maîtres des requêtes, directeurs, députés, sont soumis aux règles du droit commun. Toutefois, quant aux députés, une exception a été reconnue nécessaire par la chambre le 19 nov. 1830, en ce qui concerne les faits exprimés dans leurs discours (1).

---

(1) M. Lameth ayant déclaré à la tribune de la chambre des députés, dans la séance du samedi 6 nov. 1830, qu'un grand nombre de délits

233. Suivant le code d'inst. crim., lorsque la déposition est requise devant la cour d'assises ou devant le juge d'instruction du lieu de leur résidence, ou de celui où ils se trouvent accidentellement, les hauts fonctionnaires devront la fournir dans les formes ordinaires (c. inst. crim. 514) ; si la déposition est requise hors de ces lieux, et devant un tribunal autre que la cour d'assises, elle est reçue par le président ou le juge d'instruction du lieu où ils se trouvent, et auquel a été envoyé un état des faits demandés et questions sur lequel leur témoignage est requis (c. inst. crim. 514, 515). — Si elle est requise devant le jury, hors du lieu où ces fonctionnaires se trouvent accidentellement, ils peuvent en être dispensés par un décret de l'empereur (c. inst. crim. 517).—Le décret du 4 mai 1812, dérogeant à ces dispositions, a établi un autre système : il ne fait plus de distinction quant au lieu où se trouve le fonctionnaire appelé comme témoin. Dans tous les cas, il peut s'excuser en alléguant la nécessité de son service. — Voici quelles sont les dispositions du décret. — Quand les préfets auront dressé des procès-verbaux comme officiers de police judiciaire dans le cas prévu par l'art. 10 du code d'inst. crim. et qu'il leur sera demandé de nouveaux renseignements, ces renseignements seront demandés et donnés par écrit (art. 3). Si dans les affaires autres que celles où ils ont dressé des procès-verbaux, ces fonctionnaires sont cités comme témoins et qu'ils s'excusent sur la nécessité du service dont ils sont chargés, il ne doit pas être donné suite à la citation ; en ce cas les officiers à qui est confiée l'instruction doivent après s'être entendus avec le préfet sur le jour et l'heure, se transporter en la demeure de ce fonctionnaire pour recevoir sa déposition (art. 4). — D'après l'art. 5 du même décret, lorsque les préfets s'excusent point sur les nécessités de leur service pour s'abstenir de comparaître en personne comme témoins, ils devront être reçus par un huissier à la porte principale du palais de justice, introduits dans le parquet et placés sur un siège particulier. Ils devront en faire sortie être reconduits de la même manière.—Cette dernière disposition et celle de l'art. 4 qu'on vient de citer sont communes aux grands officiers de l'empire, aux présidents du conseil d'Etat, aux ministres d'Etat et

conseillers d'Etat chargés d'une administration publique, aux généraux en activité, aux ambassadeurs et autres agents diplomatiques près les cours étrangères (ibid. art. 6).

234. La constitutionnalité du décret de 1812 a été contestée.—M. Bourguignon, jur. des c. crim., art. 510, pense que le décret de 1812 n'a pu déroger à une règle fondamentale telle que le code d'instruction criminelle. — M. Legraverend, t. 1, p. 266, semble se ranger à cet avis.—Nous ne saurions partager l'opinion de ces auteurs. Le décret de 1812, quoiqu'il ait été rendu inconstitutionnellement, doit, ainsi qu'une foule d'autres décrets du premier empire, continuer à être exécuté comme loi de l'Etat tant qu'il ne sera pas rapporté.—V. v° Lois, n°s 56 et suiv.

235. M. Legraverend (t. 1, p. 276) pense que les fonctionnaires désignés par le décret de 1812 autres que les ministres à portefeuille, ne peuvent invoquer l'exception établie en leur faveur et se dispenser d'obéir à la citation, qu'autant qu'ils sont cités pour comparaître dans le cours de l'instruction préparatoire. Cet auteur est d'avis que les fonctionnaires dont il s'agit doivent, s'ils sont appelés à déposer devant une cour d'assises, être cités suivant la forme ordinaire, sauf l'observation, en ce qui les concerne, du cérémonial réglé par le décret, cérémonial qui a, du reste, été observé en 1822 à l'égard du préfet de police devant la cour d'assises de la Seine dans le procès relatif à la conspiration de la Rochelle.—Mais cette interprétation nous parait repoussée et par le texte des art. 1, 4 et 5 du décret et par l'esprit général de ses dispositions qui ont eu pour objet d'étendre celles des art. 514 et suiv. c. inst. crim. et où les mots doivent être entendus dans le même sens (Conf. M. Bourguignon, jur. des c. com., t. 2, p. 458). — C'est donc avec raison qu'il a été jugé que le privilège accordé à certains fonctionnaires par le décret du 4 mai 1812, en vertu duquel ils peuvent, s'ils sont cités comme témoins, s'excuser d'obéir à la citation et réclamer leur audition dans leur propre domicile, est général et applicable lorsque leur déposition est requise soit devant un juge d'instruction ou un tribunal, soit devant une cour d'assises (Crim. cass. 29 sept. 1842) (1).

236. Mais les dispositions du décret de 1812 ne nous pa-

commis depuis deux mois par la voie de la presse, étaient restés sans répression, M. Comte, procureur du roi, fit citer M. Lameth à comparaître devant le juge d'instruction, pour y déposer les faits et circonstances dont il lui serait donné connaissance. M. Lameth refusa de paraître. Cette citation ayant été dénoncée à la chambre comme portant atteinte aux droits et prérogatives de la chambre, une commission fut nommée à cet effet. Le résumé de son rapport fait à la séance du 16 nov. (V. Moniteur du 18), par M. de Vatimesnil, fut que la commission pensa : — 1° Qu'en règle générale, l'opinion émise à la tribune par un député, soit sur des doctrines et des principes, soit sur des faits et à l'occasion des faits, ne peut donner lieu contre lui, ni ce n'est avec la permission de la chambre, à aucune citation ni interpellation judiciaire à quelque titre et de quelque nature qu'elle puisse être ; — 2° Que, sous le cas particulier dont il s'agit, les droits de la chambre ont été enfreints par la citation du 8 nov., donnée à M. Ch. de Lameth, à la requête de M. le procureur du roi ; — 3° Que le refus fait par M. de Lameth d'obtempérer à cette citation, doit être approuvé ; que, néanmoins, à raison des circonstances, la conduite de M. Comte, procureur du roi, peut être excusée. La discussion s'établit sur ce rapport ; et les résolutions de la chambre furent adoptées paragraphe par paragraphe.
Du 19 nov. 1850.-Chamb. des déput. (V. Monit. du 21.)
(1) (Bresson C. min. pub.) — LA COUR ; — Vu l'art. 4 du décret du 4 mai 1812, les art. 516, 512 et 517 c. inst. crim. ; — Sur le moyen de cassation pris de la violation desdits articles, en ce que le préfet de l'Allier, témoin au procès, aurait été entendu en vertu du pouvoir discrétionnaire du président de la cour d'assises, n'aurait pas prêté le serment prescrit par l'art. 517 ; — Attendu que le décret du 4 mai 1812 a dérogé aux dispositions du code d'instruction criminelle sur la manière dont sont reçues, en matière criminelle, correctionnelle et de police, les dépositions de certains fonctionnaires de l'Etat ; — Qu'aux termes de l'art. 4 de ce décret, lorsqu'un préfet est cité comme témoin, s'il allègue pour s'en excuser la nécessité du service public, il ne doit pas être donné de suite à la citation, et, dans ce cas, sa déposition est reçue par le juge chargé de l'instruction, dans la forme déterminée par le second paragraphe du même article ; — Que cette dispense est générale, et que les fonctionnaires désignés par le décret peuvent en user, soit que leur déposition ait été requise devant un juge d'instruction, un tribunal, ou qu'elle le soit devant une cour d'assises ; — Que le même article veut en effet que, sur l'exception d'excuse, il soit procédé ainsi qu'il est prescrit à l'art. 516 c. inst. crim., lequel se réfère à l'art. 512, et qu'il ré-

suite de leur combinaison que les dépositions ainsi reçues doivent être envoyées closes et cachetées au greffe de la cour ou du juge requérant, communiquées à l'officier chargé du ministère public, et, dans l'examen devant le jury, lues publiquement aux jurés et soumise aux débats ;
» Attendu que la déposition reçue par écrit, dans le cas prévu par l'art. 4 du décret du 4 mai 1812, tient lieu de la déposition orale que le fonctionnaire dispensé aurait faite devant le jury ;—Que cela est d'autant plus certain que, d'après les art. 512 et 516 ci-dessus rappelés, cette déposition doit être lue aux jurés et soumise aux débats sous peine de nullité ; — Qu'il faut donc aussi que les parties trouvent, dans le serment prêté par celui qui dépose, la garantie légale de la sincérité de sa déclaration ; —Attendu que, dans les affaires soumises au jury les témoins doivent à peine de nullité, prêter le serment de parler sans haine et sans crainte, de dire toute la vérité et rien que la vérité ; — Que cette formule est sacramentelle et doit être religieusement observée ;
» Attendu que, lorsqu'un témoin a été produit par l'une des parties, le président des assises et la cour d'assises elle-même ne peuvent, sans motif légitime, le rejeter du procès ; qu'il ne peut pas plus le reproduire de le dépouiller de son caractère, d'enlever à sa déposition la force qu'elle reçue de la formalité du serment, et de réduire son témoignage à la valeur d'un simple renseignement ;
» Attendu que le procès-verbal de la séance de la cour d'assises du Puy-de-Dôme du 22 août 1842, constate que le préfet de l'Allier avait été cité comme témoin par les parties civiles, et porté sur la liste signifiée à leur requête, conformément à l'art. 315 c. inst. crim ; — Que ce fonctionnaire ayant réclamé le bénéfice de la dispense créée par le décret du 4 mai 1812, le procureur général et les parties civiles ont demandé qu'il fût entendu en vertu d'une commission rogatoire ; — Que le conseil de l'accusé a insisté pour qu'il fût tenu de venir déposer à l'audience, et que la cour d'assises, statuant sur cet incident, a prononcé que la dispense était admise, et rejeté la demande d'une nouvelle citation ; — Qu'ainsi, au lieu d'ordonner qu'il serait procédé comme le voulaient le second paragraphe de l'art. 4 du décret de 1812 et les art. 512 et 516 c. inst. crim., cette cour a écarté de la cause un témoin produit par l'une des parties, dont l'audition était demandée par toutes, et qui était dès lors acquis aux débats ;
» Attendu qu'il résulte du même procès-verbal, qu'après cette décision le président des assises a ordonné que le préfet de l'Allier serait entendu en vertu de son pouvoir discrétionnaire, et a commis, pour recevoir sa déclaration, le juge d'instruction du tribunal de Moulins ; qu'il est établi,

raissent pas devoir être appliquées devant les tribunaux civils. Sans doute ces dispositions sont conçues dans des termes généraux qui sembleraient les rendre applicables à toutes les juridictions; cependant il est à remarquer que les art. 3 et 4 de ce décret, portant expressément que les déclarations des préfets et autres fonctionnaires désignés *seront reçues par les officiers chargés de l'instruction*, prouvent que dans la pensée du législateur ce décret n'est qu'un appendice au code d'instruction criminelle et ses dispositions ne sauraient par conséquent s'étendre aux matières civiles. Peut-être est-il regrettable que le système de la loi n'ait pas été complété sur ce point par des règles analogues destinées aux matières civiles; car il y a ici bien évidemment identité de motifs; quelle que soit la juridiction devant laquelle un fonctionnaire soit cité comme témoin, le service public n'en sera pas moins compromis par son absence. Il existe donc à ce sujet une lacune dans la loi; mais cette lacune a présenté jusqu'ici peu d'inconvénients dans la pratique. En effet, l'excuse qui résulte pour un témoin de sa qualité de fonctionnaire et des devoirs qu'il doit remplir à ce titre est fondée sur un motif trop légitime pour n'être pas toujours accueillie; et, d'un autre côté, il peut être ordinairement procédé par commission rogatoire à l'audition des fonctionnaires dont le témoignage est jugé nécessaire et à qui leurs fonctions ne permettent pas de se déplacer. C'est pourquoi il a été possible jusqu'ici, sans négliger les intérêts de la justice et sans nuire aux intérêts généraux de l'État, de suivre à l'égard du témoignage de ces fonctionnaires, dans les matières civiles, les règles du droit commun.

237. Dans le cas où les préfets et autres fonctionnaires civils et militaires désignés dans le décret de 1812, allèguent les nécessités de leur service pour se dispenser de comparaître comme témoin, leur excuse, par cela seul, doit être considérée comme valable, sans qu'il puisse appartenir aux tribunaux d'en examiner le mérite et l'opportunité; car ce serait empiéter sur les attributions du pouvoir exécutif de qui relèvent ces fonctionnaires et qui a seul le droit de juger leur conduite dans tout ce qui dépend de leurs fonctions. — Et il a été décidé en conséquence : 1° qu'un préfet cité comme témoin devant une cour d'assises est légalement dispensé de comparaître, toutes les fois qu'il allègue un empêchement résultant de son service public (Crim. rej. 29 sept. 1842, aff. Besson, V. n° 233); — 2° Qu'ainsi, en pareil cas, la cour n'a point le droit d'apprécier la dispense, comme s'il s'agissait d'une excuse ordinaire, et elle est tenue de déférer à la demande du préfet et de le faire interroger, en vertu d'une commission rogatoire par le juge d'instruction de sa résidence (même arrêt).

238. Dans le cas où le fonctionnaire dont le témoignage est requis s'est excusé, la déposition reçue par le juge-commis tient lieu de la déposition orale que le fonctionnaire dispensé aurait faite devant le jury et doit, dès lors, être accompagnée du serment prescrit par la loi; en conséquence, il y a nullité s'il n'a prêté devant le juge que le serment *de dire toute la vérité et rien que la vérité* (Crim. cass. 29 sept. 1842, aff. Besson, V. n° 233). — Il y a nullité encore, si le président a averti les jurés qu'ils ne devaient considérer cette déclaration que comme un simple renseignement, le président ni la cour d'assises ne pouvant dépouiller sans motif légitime un témoin régulièrement cité de son caractère et enlever à sa déposition la force qu'elle aurait reçue du serment pour la réduire à la valeur d'un simple renseignement (même arrêt).

239. Toutefois il a été jugé que lorsqu'un préfet a refusé de venir déposer en justice, sur une citation donnée à la requête de l'accusé, il cesse d'être acquis aux débats comme témoin, si l'accusé n'a pas requis son audition dans la forme prescrite par le décret du 4 mai 1812; en conséquence le président de la cour d'assises peut le faire entendre ensuite, en vertu de son pouvoir discrétionnaire, à titre de simple renseignement, et sans prestation de serment :—« La cour; sur les moyens pris en la forme :

par le procès-verbal qui en a été dressé par ce magistrat, que le témoin n'a prêté que le serment de « dire toute la vérité, rien que la vérité »; que ce procès-verbal, rapporté à l'audience du 24 août, ayant été lu par le greffier, le président a averti les jurés qu'ils ne devaient considérer la déposition du témoin que comme un simple renseignement; — En quoi,

attendu que l'accusé Poncelet ni aucun de ses coaccusés n'ayant réclamé contre le refus du préfet de police de comparaître sur la citation qui lui avait été donnée à la requête de Poncelet, il ne s'est point élevé à cet égard d'incident contentieux sur lequel la cour d'assises dût statuer; et qu'aucun des accusés n'ayant demandé l'exécution de l'art. 4 du décret du 4 mai 1812 et des art. 512 et 516 c. inst. crim., le préfet de police n'a point été acquis à la cause comme témoin, et a pu être appelé plus tard, en vertu du pouvoir discrétionnaire du président, pour donner de simples renseignements, ce qui n'a encore donné lieu à aucune réclamation »(Crim. rej. 13 oct. 1832, MM. Bastard, pr., Ricard, rap., aff. Patriarche et Poncelet).

240. Aux termes du décret du 18 prair. an 2, les militaires ou citoyens attachés aux armées ou employés à leur suite, lorsque leur témoignage sera requis dans les affaires criminelles ou correctionnelles qui s'instruiront devant un tribunal militaire autre que celui de leur arrondissement ou devant un tribunal ordinaire autre que celui de leur garnison, seront interrogés sur une série de questions rédigées par l'officier de police civile ou militaire, le directeur du jury, l'accusateur public ou militaire. Ces questions seront communiquées à l'accusé qui, s'il le veut, fera des observations dont il sera tenu note. Il signera ensuite ou il sera fait mention des causes qui l'en ont empêché, et les questions seront envoyées à l'accusateur militaire de l'armée où sont les témoins. La même forme sera suivie pour les témoins que l'accusé voudrait faire entendre. Seulement il pourra, dans ce cas, rédiger lui-même la série des questions (art. 1, 2, 3, 4). — Les déclarations seront reçues par écrit par l'officier de police militaire le plus à portée, qui les renverra sans retard. Elles seront immédiatement communiquées à l'accusé, qui fera des observations et signera (art. 5, 6, 7). — Une seconde audition pourra être ordonnée sur la demande de l'accusé ou de l'accusateur, et les mêmes formes seront observées(art. 8). — Tous délais pourront être accordés pour l'exécution de ces dispositions (art. 9). — Les déclarations écrites seront considérées comme dépositions orales par les officiers de police, les tribunaux de police correctionnel, le directeur du jury et les jurés d'accusation. Elles seront lues publiquement dans les affaires portées devant les juges du jugement (art. 10, 11). — Lors de la position des questions résultant des débats, il sera demandé aux jurés s'ils peuvent répondre sans la déposition orale des témoins dont s'agit. Cette question devra d'abord être décidée à la pluralité absolue par les jurés en leur chambre. En cas d'affirmative, ils décideront immédiatement les questions du fond ; en cas de négative, ils feront connaître leur délibération et la forme ordinaire. Alors, s'il s'agit d'un délit contre-révolutionnaire, le tribunal ordonnera la comparution en personne des témoins et le débat recommencera devant les mêmes jurés. Les généraux toutefois ne seront cités que sur l'autorisation du comité de salut public : s'il s'agit d'un délit ordinaire, il sera sursis jusqu'à ce que les témoins ne soient plus employés activement aux armées ou que le comité ait déclaré qu'ils peuvent être assignés (art. 12 à 18). — Il existe en outre une ord. du 17 sept. 1822, qui contient une explication sur le serment des militaires devant le conseil de guerre et qui décide qu'un jugement rendu par un conseil de guerre permanent n'est pas nul parce qu'on a omis, dans l'information, de répéter, à chaque déposition, la mention du serment prêté par le témoin.

241. On a demandé si le décret du 18 prair. an 2 était encore en vigueur.—La raison de douter vient de ce qu'aucune disposition ne l'a rapporté; de ce que, dans les exceptions à la règle de la déposition orale (Instr. crim. 514), il n'est question que des généraux en chef actuellement en service; enfin, de ce que la section du conseil d'État chargée de délibérer sur cet article avait été d'avis d'abroger le décret. — Toutefois, un arrêt rendu sous le code du 3 brum. an 4, avait décidé que la loi du 18 prair. an 2 n'avait été abrogée par aucune disposition tex-

il y a eu tout à la fois excès de pouvoir, violation de l'art. 4 du décret du 4 mai 1812, des art. 516, 512 et 517 c. inst. crim., et fausse application de l'art. 269 du même code; — Par ces motifs, et sans qu'il soit besoin de statuer sur les autres moyens de cassation; — Casse. Du 29 sept. 1842.—C. C. ch. crim.—MM. de Bastard, pr.—Bresson, rap.

tuelle du code des délits et des peines (Crim. cass. 9 frim. an 12 (1); Conf. Carnot, Instr. crim., t. 5, p. 407; Legraverend, t. 1, p. 670 ; Bourguignon, t. 2, p. 41 ; Duverger, t. 2, p. 807). Cependant le code de brum. au 4, art. 594, semblait l'abroger virtuellement, car il prononçait la nullité de plein droit pour la lecture de la déposition d'un témoin absent. Le code d'instruction criminelle n'ayant pas reproduit cette nullité, il semblerait assez rationnel aujourd'hui de rejeter l'abrogation. Enfin de ce que l'art. 514 parle des généraux, il ne s'ensuit pas absolument qu'on doive se priver du témoignage de celui que le service militaire empêche de se rendre aux débats. — Il a été jugé en ce sens que l'art. 317 c. inst. crim. n'a pas abrogé l'exception apportée par la loi du 18 prair. an 2 au principe de l'instruction orale ; aujourd'hui comme avant le code d'instruction criminelle, la déposition écrite envoyée par un militaire doit être reçue par les tribunaux (c. d'ass. du Tarn, 20 fév. 1815, aff. Coural, sous Crim. rej. 14 avr. 1815, n° 252). — Toutefois M. F. Hélie, Instr. crim., t. 8, § 637, p. 721, pense que la loi du 18 prair. an 2, faite pour un temps de guerre, n'a pu vivre sous le code d'instruction criminelle, avec lequel elle n'est pas en harmonie. En définitive, nous inclinons vers cette dernière opinion.

CHAP. 6. — RÈGLES GÉNÉRALES SUR L'AUDITION DES TÉMOINS EN MATIÈRE CRIMINELLE.

242. Devant toute juridiction criminelle, le droit de produire des témoins appartient au ministère public, à la partie civile et à l'accusé. Ce dernier peut faire entendre des témoins, non-seulement sur les faits qu'il croit de nature à le disculper directement, mais encore sur sa propre moralité (inst. crim. 321) ; c'est une conséquence du droit de défense, et il a été jugé avec raison qu'un tribunal criminel ne peut, sans excès de pouvoir, imposer silence à un témoin sur les faits relatés dans l'acte d'accusation, et sur la moralité de l'accusé (Crim. cass. 11 frim. an 11, M. Borel, rap., aff. Gaillard). —V. n°s 270 et suiv.

243. La loi n'a point limité le nombre de témoins qui pourraient être produits, et ce droit ne pourrait, sans les plus graves inconvénients, être gêné ou entravé dans son exercice.—On jugeait sous le code de brumaire : 1° que tous les témoins que l'accusé croyait propre à le disculper devaient être entendus, et que la cour ne pouvait, sous aucun prétexte, restreindre ce droit sans encourir la cassation de son arrêt (Crim. cass. 29 oct. 1808) (2) ;—2° Que devant les tribunaux correctionnels, tous les témoins produits devaient être entendus, même ceux contre lesquels il était proposé des reproches valables (Crim. cass. 18 juin 1807, aff. Duco, V. n° 93-1°).—V. aussi n° 563.

244. Mais ce n'était pas là un point de jurisprudence constant, et il était jugé d'autre part : 1° que le nombre des témoins à décharge pouvait être réduit à celui jugé nécessaire pour la défense de l'accusé (Crim. rej. 19 mess. an 10, MM. Seignette, pr., Rataud, rap., aff. Chevillet) ; — 2° Que le président du tri-

bunal criminel pouvait réduire le nombre des témoins à décharge désignés par l'accusé, alors surtout que l'accusé n'avait fait aucune protestation, et qu'il avait désigné ceux des témoins dont la déclaration pouvait lui être le plus avantageuse; qu'au surplus l'art. 356 n'est pas prescrit à peine de nullité (Crim. rej. 11 niv. an 7, MM. Barris, pr., Rupérou, rap., aff. Barnal) ;—3° Que le tribunal criminel n'est pas obligé de faire entendre tous les témoins que veut produire un accusé (Crim. rej. 5 niv. an 7, MM. Barris, pr., Pepin, rap., aff. Fradin) ; — 4° Qu'en tout cas refuser à l'accusé l'audition d'un témoin sur sa moralité, lorsque, sur la demande, plusieurs ont été assignés à cet égard, n'était point limiter sa défense (Rej. 19 niv. an 8, M. Vergès, rap., aff. Houcède).

245. Toutes ces décisions nous semblent avoir posé la question dans des termes trop absolus. Il importe sans doute qu'en matière criminelle le droit de défense reçoive la plus large application; mais il est évident, d'un autre côté, que le droit de faire entendre dans tous les cas un nombre illimité de témoins, s'il était poussé jusqu'à ses plus extrêmes conséquences, entraverait en pure perte, et sans utilité pour la défense le cours de la justice. Il faut donc reconnaître que l'audition de tous les témoins produits, soit par l'accusé, soit même par le ministère public ne sera pas nécessaire, et dans tous les cas, obligatoire pour les tribunaux. Suit-il de là que le juge puisse écarter arbitrairement une partie des témoins produits, et cela sur le seul prétexte que le nombre de ces témoins est trop considérable? ce serait aller, suivant nous, beaucoup trop loin. Mais les tribunaux pourront se refuser à l'audition des témoins dans deux cas : 1° si ces témoins ont été appelés pour déposer sur des faits que le tribunal juge étrangers à la cause ; — 2° S'ils ne doivent témoigner que sur des faits déjà suffisamment établis par d'autres preuves (Conf., M. Berriat-Saint-Prix, tr. de la procéd. des trib. crim., 1re partie, n° 295). — Le droit qui appartient au tribunal de se refuser à l'audition des témoins est également incontestable dans ces deux cas ; mais dans le premier, il devra être exercé avec beaucoup de réserve en ce qui concerne les témoins produits par l'accusé, parce qu'en général celui-ci est juge du mérite de son plan de défense, et que tel fait qui semble au premier abord étranger à la cause peut cependant se lier étroitement à ce plan de défense par les inductions qu'il doit en tirer. — Toutefois, il est une considération puissante qui doit être présente à l'esprit du magistrat. Les indemnités accordées par les tarifs aux témoins accroissent considérablement les frais de justice criminelle. Si donc le juge doit craindre d'écarter des témoignages utiles, il doit éviter d'appeler des témoins sans utilité réelle et qui occasionnent des frais en pure perte pour le trésor. Les instructions ministérielles insistent particulièrement sur la nécessité de faire avec un sage discernement un choix parmi les témoins. « Il est certain, lit-on dans une circulaire, que les témoins inutiles, outre qu'ils occasionnent une dépense en pure perte, embarrassent l'instruction et les débats, entravent la marche de la procédure, fatiguent l'attention des magistrats et des jurés,

---

(1) (Montagne C. min. pub.). — La cour ; — Vu les art. 12, 15, 14 et 15 de la loi du 15 prair. an 2; — Attendu que la loi du 18 prair. an 2, qui n'est abrogé par aucune disposition textuelle du code des délits et des peines, a dû recevoir son application dans tous les articles qui concernent la lecture des dépositions écrites de militaires; que l'art. 11 de ladite loi qui permet cette lecture est inséparable, dans son application, des art. 12, 15, 14 et 15 ci-dessus cités, qui prescrivent les formalités qui doivent accompagner ce mode particulier d'instruction et de débat ; — Que, dans l'espèce, il résulte du procès-verbal des débats qu'il n'a été soumis aux jurés aucune demande sur leur incapacité de prononcer en l'état, sans entendre oralement le militaire, dont la déposition avait été lue; et que, sans aucune décision pour l'affirmative, ils ont passé de suite à l'examen des questions du fond ; d'où résulte une contravention formelle aux art. 12, 15, 14 et 15 ci-dessus cités ; — Casse, etc.
Du 9 frim. an 12.-C. C., sect. crim.-M. Borel, rap.

(2) (Mascotte C. min. pub.) — La cour ; — Vu les art. 517, 518, 519, 557, 559, § 3, et 456 c. du 5 brum. an 4 ; — Considérant que la faculté que l'art. 559 ci-dessus cité donne à l'accusé de faire entendre aux débats des témoins qui n'ont pas déposé préalablement par écrit, est générale et illimitée ; qu'ainsi, l'accusé peut faire entendre de pareils témoins, non-seulement sur sa moralité, mais aussi sur des faits qu'il

croit directement relatifs à sa disculpation ; — Que les dispositions des art. 517, 518, 519 dudit code de brumaire, ne concerne que les témoins qui, postérieurement à l'ordonnance de prise de corps, mais antérieurement à l'ouverture des débats, donnent leurs déclarations par écrit ; que ces articles ne sont nullement restrictif dudit art. 559 qui est purement relatif aux témoins qui déposent oralement aux débats ; — Que l'art. 557 dudit code permet bien à l'accusé de faire entendre aux débats des témoins pour attester sa probité et sa bonne conduite, mais qu'il serait absurde d'en induire que la loi ait voulu lui interdire la faculté de faire entendre des témoins sur des faits qui peuvent directement conduire à sa décharge ;
Considérant dans l'espèce, que l'accusé avait expressément demandé que des témoins par lui produits fussent entendus aux débats, sur des faits qu'il croyait tendre directement à sa disculpation ; et que néanmoins la cour de justice criminelle, en se fondant sur les dispositions des art. 517, 518, 519 et 557 déjà cités, a rejeté ladite demande; qu'en cela ladite cour a fait une fausse application de ces articles, et a commis une contravention directe au susdit art. 559 ; — Que l'accusé ayant expressément requis l'exécution de ce dernier article, il s'ensuit qu'il y a lieu d'annuler l'arrêt dénoncé, aux termes du § 5 de l'art. 456 dudit code de brum.; — Casse, etc.
Du 29 oct. 1808.-C. C., sect. crim.-M. Busschop, rap.

et peuvent compromettre le résultat du procès » (Circ. min. just., 26 déc. 1845, D. P. 46. 3. 19, V. aussi circ. min. just., 16 août 1842, D. P. 43. 3. 37. V. Frais et dép., nos 1102 et suiv.).

246. Au surplus, le pouvoir d'écarter les témoignages inutiles ou superflus dérive ici du même principe que celui de restreindre dans de justes bornes les développements donnés à la défense, lequel pouvoir, malgré le caractère discrétionnaire inséparable de son exercice, n'a jamais été contesté au magistrat chargé de la direction des débats (V. Défense, nos 114 et s).—Il a été jugé en conséquence sous le code de brumaire : 1° qu'un tribunal correctionnel peut ne pas entendre les témoins du contrevenant si les aveux de celui-ci rendent cette audition inutile (Crim. rej. 12 vent. an 11, MM. Seignette, pr., Liborel, rap., aff. Bouet); — 2° Qu'une cour de justice criminelle a pu sans violer aucune loi refuser d'entendre des témoins ; alors que ceux-ci n'étaient désignés à la cour que par d'autres témoins entendus au débat ; et alors surtout que leur témoignage ne devait porter que sur des faits déjà suffisamment établis (Crim. rej. 22 fev. 1810, MM. Barris, pr., Benevenuti, rap., aff. Valery).

247. Il a été décidé de même, sous le code d'instruction criminelle : 1° qu'un tribunal correctionnel d'appel peut déclarer, sans violer aucune loi, que des témoins cités par le ministère public ne seront pas entendus, par la raison que les faits incriminés sont suffisamment prouvés par les pièces du procès (Crim. rej. 3 sept. 1831) (1), ... Ou en se fondant sur ce que le tribunal est suffisamment éclairé (Crim. rej. 24 sept. 1831, aff. Dejon, V. n° 340-1°); — 2° Que la cour d'assises n'est pas tenue d'entendre tous les témoins, en quelque nombre qu'ils aient été produits ; elle peut écarter l'audition de ceux dont elle juge les dépositions inutiles (Crim. rej. 19 avril 1821) (2) ; — 3° Que la cour d'assises n'est pas tenue, à peine de nullité, d'entendre tous les témoins à charge et à décharge, lors surtout que des témoins assignés ne s'étant pas présentés aux débats, l'accusé ne réclame pas leur audition (Crim. cass. 18 mars 1826) (3) ; — 4° Que l'arrêt qui, sur le motif que l'audition de témoins cités à la requête d'un prévenu, en matière criminelle, est inutile, a décidé que ces témoins ne seraient pas contraints de comparaître, ne peut être cassé pour violation de l'art. 157 c. inst. crim. (Crim. rej. 11 août 1827, aff. Maubreuil, V. n° 343) ; — 5° Que l'audition des témoins cités par le prévenu n'est pas obligatoire... en ce sens que si, de trois témoins cités par le prévenu, et dont l'audition a été ordonnée par un jugement préparatoire, un seul a été entendu sans qu'il soit constaté que l'omission des autres soit le résultat de l'exercice du pouvoir discrétionnaire du président, le prévenu qui, d'ailleurs, n'a pas réclamé l'audition des deux témoins non entendus, n'est pas fondé à se plaindre d'une violation de son droit de défense (Crim. rej. 21 avril 1843, M. Romiguière, rap., aff. Lefort) ; — 6° Que refuser d'entendre un témoin à décharge, par le motif que sa déposition ne servirait qu'à prolonger les débats, sans conduire à la découverte de la vérité, ne peut constituer, ni de la part du président, ni de la part de la cour appelée à statuer sur l'incident en vertu de conclusions expresses, une violation du droit de la défense (Crim. rej. 20 mars 1847, aff. Goyard-Desjardins, D. P. 47. 4. 134) ; — 7° Qu'enfin la non-au-

dition de témoins assignés devant un conseil de discipline n'est pas non plus un motif de nullité du jugement, lorsque le prévenu n'a pas réclamé leur témoignage (Crim. rej. 30 juin 1832, M. Dupaty, rap., aff. Saget c. min. pub.).

248. A plus forte raison, un tribunal peut-il refuser d'obtempérer à la réquisition du ministère public, de la partie civile ou de l'accusé, tendant à obtenir le renvoi de la cause pour faire citer de nouveaux témoins, s'il juge les dépositions de ces nouveaux témoins inutiles ou superflues. — Et il a été jugé en ce sens 1° que la demande de l'accusé ayant pour objet de faire citer de nouveaux témoins doit être rejetée, s'il avait été mis en demeure de faire connaître ses témoins, et si sa demande devait avoir pour résultat de rendre illusoire la convocation du jury (Crim. rej. 5 fruct. an 6, MM. Gohier, pr., Ritter, rap., aff. Sicard) ; — 2° Que si un tribunal peut accorder le délai qui lui était demandé pour faire comparaître un témoin défaillant, du moins il n'y est pas obligé sous peine de nullité de son jugement ; — « Attendu qu'il a pu croire que les preuves fournies par Leprince rendaient inutile l'audition de ce témoin, et qu'en supposant que ce fût une erreur, cette erreur serait un mal jugé et non un moyen de cassation » (Crim. rej. 18 pluv. an 13, MM. Vermeil, pr., Aumont, rap., aff. Buisson) ; — 3° Que les juges ont le droit d'accorder ou de refuser un délai pour la comparution des témoins que l'accusé ou le ministère public déclare aux débats vouloir faire entendre (Crim. rej. 19 juill. 1810, MM. Barris, pr., Guieu, rap., aff. Toussain) ; — 4° Que le tribunal de police peut, après avoir entendu les témoins produits et, s'il pense que sa religion est suffisamment éclairée, statuer sur la prévention, sans être tenu d'accorder au ministère public un nouvel ajournement pour assigner d'autres témoins (Crim. rej. 17 nov. 1849, aff. Doussot, D. P. 50. 5. 442); — 5° Qu'un tribunal de police peut, sur une plainte en contravention aux règlements sur l'usage des eaux entre riverains, refuser d'entendre les témoins que le plaignant produit à l'appui du procès-verbal dressé par son garde, lorsque ce tribunal reconnaît et déclare qu'il résulte d'une descente de lieux par lui ordonnée et faite en présence des parties, une connaissance de la vérité des faits rend inutile la preuve testimoniale réclamée (Crim. rej. 9 déc. 1850, aff. Maurice Duval, V. Instr. crim., n° 896-2°) ; — 6° Que la réassignation des témoins non comparants, quoique requise par le ministère public, peut être refusée par le juge de police, s'il lui apparaît qu'elle ne donnerait lieu qu'à des frais frustratoires, leur témoignage ne devant rien ajouter à celui des témoins présents (Crim. rej. 23 mars 1852) (4) ; — 7° Qu'enfin le tribunal de simple police peut refuser le renvoi de cause demandé par le ministère public après le rapport de l'affaire, pour faire entendre de nouveaux témoins, alors surtout que le tribunal considère ce supplément d'enquête comme inutile (Crim. rej. 26 déc. 1845, aff. Guilleraud, D. P. 46. 4. 475).

249. D'après un arrêt au contraire, un tribunal de police ne peut refuser d'accueillir la réquisition du ministère public, ayant pour but d'obtenir la continuation de la cause, afin de faire entendre des témoins à l'appui de la prévention (Crim. cass. 26 août 1843) (5).—Cette dernière décision semblerait ne

(1) (Min. pub. C. Boudetty.)—La cour ;—...Statuant sur le pourvoi dans l'intérêt de la loi, déclaré par le ministère public à l'audience, et portant contre l'arrêt de la cour d'Agen, qui a refusé d'entendre les témoins cités par le ministère public : — Attendu que la cour royale a décidé que les témoins cités en appel par le ministère public ne seraient pas entendus, parce que leur audition n'était pas nécessaire au jugement de la cause ; que l'appréciation de ce défaut de nécessité était dans le cercle de ses attributions ; que dans l'espèce, la cour, sa décision, ainsi motivée, n'a violé ni les art. 153 et 154 c. inst. crim., ni aucune autre disposition de loi ; — Rejette, etc.
Du 3 sept. 1831.-C. C., ch. crim.-MM. Bastard, pr.-Ollivier, rap.

(2) (Picard C. min. pub.) — La cour ; — Considérant que la cour d'assises n'est pas tenue d'entendre tous les témoins à charge et à décharge, en quelque nombre qu'ils aient été produits ; qu'elle peut écarter l'audition de ceux dont elle juge les dépositions n'être propres qu'à prolonger les débats sans utilité pour la manifestation de la vérité ; qu'au surplus, dans l'espèce, la cour d'assises n'a refusé l'audition d'aucun témoin, et que si, sur les onze témoins que les accusés avaient fait assigner à leur décharge, le procès-verbal de la séance ne fait mention que de l'audition de dix, il y a présomption légale que le onzième, par une raison quelconque, n'a point comparu aux débats ; que d'ailleurs

l'absence de ce témoin n'a fait l'objet d'aucune réquisition, soit de la part des accusés, soit de la part du ministère public ; — Rejette.
Du 19 avr. 1821.-C. C., sect. crim.-MM. Barris, pr.-Busschop, rap.

(3) (Dermenon-Annet C. min. pub.) — La cour ; — Attendu qu'il est justifié que ceux des témoins non assignés, quoique cités, n'ont pas été entendus en déposition, ne s'étaient pas présentés aux débats ; que, d'ailleurs, la cour d'assises n'est pas tenue, à peine de nullité, d'entendre tous les témoins à charge et à décharge, lors surtout que l'accusé ne réclame pas leur audition, et que le demandeur n'a point réclamé celle des témoins assignés qui ne se sont pas présentés aux débats ; — Rejette.
Du 18 mars 1826.-C. C., ch. crim.-MM. Portalis, pr.-Bernard, rap.

(4) (Min. pub. C. Bacciaglieri.) — Arrêt. — La cour ; — Attendu que, dans l'état des faits reconnus et déclarés par le tribunal de police dont le jugement est attaqué, ce tribunal, en refusant, d'après les motifs y énoncés, de faire citer de nouveau pour être entendus les deux nouveaux témoins dont le ministère public requérait l'audition, n'a point violé l'art. 155 c. inst. crim. — Rejette.
Du 25 mars 1852.-C.C.,ch. crim.-MM. Bastard, pr.-Chantereyne, rap.

(5)(Leullier.) — La cour ; — Vu les art. 408 et 413 c. inst. crim.— Attendu, dans l'espèce, que le ministère public avait formellement requis la continuation de la cause, en vertu de l'art. 154 du code précité,

permettre en aucun cas aux tribunaux de refuser au ministère public un pareil renvoi, même en appuyant ce refus sur les motifs les plus légitimes. Nous ne saurions donc l'admettre dans cette généralité.

250. Toutefois, le droit que nous reconnaissons aux tribunaux de refuser le renvoi en pareil cas, ne saurait être tellement absolu que la demande tendant à obtenir ce renvoi pour faire entendre de nouveaux témoins puisse être rejetée, sans qu'il soit donné aucun motif à l'appui de cette décision. Plusieurs cas peuvent se présenter où une semblable demande doit être accueillie : 1° lorsque d'après les développements que l'affaire a reçus à l'audience, il s'est produit de nouveaux faits, et qu'il y a lieu d'éclairer la religion du tribunal par une nouvelle audition de témoins sur ces faits non prévus ; — 2° Lorsqu'un procès-verbal faisant foi jusqu'à inscription de faux venant à être annulé pour vice de forme, le ministère public ou la partie plaignante demande à faire entendre des témoins pour suppléer à la preuve qui devait résulter de ce procès-verbal ; — 3° Lorsque partie des témoins cités ayant fait défaut, le ministère public ou le prévenu se trouvent désarmés par l'absence des témoins sur lesquels ils avaient dû compter pour justifier leurs conclusions. — Il nous semble que dans les trois cas que nous venons d'énumérer, ou dans d'autres analogues qui pourraient se présenter, le tribunal ne pourrait refuser le renvoi qu'en motivant son refus sur ce qu'il tiendrait comme suffisamment établis, les faits qu'on demande à prouver. — Il a été jugé 1° que le refus ou l'omission par un tribunal criminel de statuer sur la réquisition réitérée de l'accusé tendant à une surséance jusqu'à ce qu'il ait fait citer un témoin qui n'a pas été trouvé à son domicile, donne ouverture à cassation du jugement (Crim. cass. 19 pluv. an 9, M. Cochard, rap., aff. Fehr C. min. pub.) ; — 2° Que les tribunaux de police doivent, à peine de nullité, entendre les témoins que le ministère public demande à produire à l'appui d'un procès-verbal, n'ayant pas foi en justice et qui constate une contravention, ou d'un procès-verbal que le tribunal annule ; ce n'est plus ici le cas d'appliquer l'art. 154 c. inst. crim. qui autorise le tribunaux à écarter les témoignages inutiles à la cause ; et pour faire cette production, il doit être accordé un délai au ministère public (Crim. cass. 4 août 1837, aff. Mathieu, v° Procès-verb., n° 177-2° ; 23 sept. 1837, aff. François, V. eod.) : —Dans tous les cas, il ne peut appartenir au juge saisi de repousser les demandes à lui adressées sans donner les motifs légaux qui en justifient le rejet (même arrêt du 4 août 1837) ; — 3° Que jusqu'au prononcé du jugement, le ministère public a le droit de faire entendre des témoins, lorsque le procès-verbal qui sert de base à sa poursuite est attaqué par la preuve contraire ; que le tribunal ne peut, sans excès de pouvoir, refuser la preuve offerte par le ministère public, lorsque les choses étaient encore entières dans le débat oral, sous prétexte de la clôture des débats, encore bien que cette preuve n'aurait pas été offerte immédiatement après la déposition des témoins produits contre la procès-verbal (Crim. cass. 11 nov. 1843, aff. Leborne, D. P. 45. 4. 498) ; — 4° Que le tribunal de simple police ne peut, sans motif légitime, refuser au ministère public la remise de cause qu'il réclame, pour produire et faire entendre un témoin à l'appui de la prévention (Crim. cass. 19 juin 1846, aff. Colleiy, D. P. 46. 4. 475).

251. Mais dans tous les cas il est évident qu'un tribunal ne violerait aucun droit en refusant d'entendre des témoins, dont l'audition ne serait réclamée ni par le ministère public, ni par

la partie civile, ni par le prévenu, et qui seraient seulement indiqués par d'autres témoins comme ayant connaissance des faits. C'est ce qui a été jugé : « Attendu que la cour de justice criminelle a pu refuser d'entendre des témoins, que les témoins indiquaient comme devant déposer sur des faits qu'elle a reconnu être déjà suffisamment éclairés » (Crim. rej. 22 fév. 1810, MM. Barris, pr., Benvenuti, rap., aff. Valery).

252. Les témoins dont les dépositions servent de base aux décisions de la justice dans un débat contradictoire, doivent, à peine de nullité, être entendus en présence du prévenu.—Ce principe introduit par la législation de 1791 (L. 22 juill. 1791, art. 58, 59), est l'un des plus essentiels de notre droit criminel : c'est dans les dépositions orales faites à l'audience et non dans celles qui ont été recueillies dans l'instruction préparatoire hors de la présence du prévenu, que le juge doit rechercher les éléments de sa conviction.— Le serment solennel que chaque témoin est tenu de prêter à l'audience, la crainte salutaire qu'il éprouve de se parjurer devant Dieu et devant les hommes, et d'encourir en même temps les peines du faux témoignage sont des garanties que ne sauraient présenter les déclarations recueillies dans l'instruction préparatoire. Il se peut d'ailleurs que, malgré la sincérité des procès-verbaux dressés par le magistrat instructeur, ces déclarations n'aient pas été reproduites avec un degré suffisant d'exactitude, ou tout au moins avec tous les développements nécessaires pour leur complète intelligence. On sait de plus, et nous avons déjà dit, tout ce que peut offrir d'éléments de conviction la parole vivante et instantanée d'un témoin, soit pour apprécier sa véracité, soit pour éclaircir par des interpellations, chacune des circonstances sur lesquelles porte son témoignage (V. aussi M. F. Hélie, Instr. crim., t. 8, § 626, p. 601). — Toutefois, il a été décidé que l'obligation de la déposition orale imposée par l'art. 317 c. inst. crim., n'est pas prescrite à peine de nullité (Crim. rej. 14 avr. 1815) (1).—Mais la jurisprudence s'est généralement prononcée dans le sens de l'opinion que nous venons d'exprimer.— Ainsi, il a été décidé 1° que le jugement rendu par un tribunal criminel, sur les simples déclarations des témoins reçus extrajudiciairement, par forme de police, hors de la présence de l'accusé, sans qu'il ait été fait aucune instruction à l'audience, sans qu'il y ait été interrogé, sans que les témoins y aient prêté serment, sans que l'accusé ait été mis à portée de proposer ses reproches et défenses, est nul (Crim. cass. 30 mars 1793, MM. Lecomte, pr., Touret, rap., aff. Bastaud) ;—2° Qu'un jugement de simple police est nul s'il a été rendu sur des témoignages recueillis, hors la présence du prévenu et sans que les témoins aient été entendus à l'audience (sect. temp. cass. 14 prair. an 7, M. Chasle, rap., aff. Fournier; Crim. cass. 30 mars an 10, M. Barris, pr., aff. Dubeslé C. min. pub.) ; — 3° Qu'en matière criminelle la déclaration orale des témoins doit seul contribuer à former l'opinion du jury, elle ne peut être détruite, changée ni modifiée par une déclaration extrajudiciaire (Crim. rej. 3 niv. an 7, MM. Barris, pr., Pépin, rap., aff Fradin) ; — 4° « Que devant la cour d'assises, le débat est essentiellement oral, et que c'est d'après ses résultats et non d'après les pièces de la procédure, que doit se former la conviction du jury, que c'est par suite de ce principe que la remise de ces pièces aux jurés, ordonnée par l'art. 341, n'est pas prescrite à peine de nullité »(Crim. cass. 7 janv. 1841, M. Vincens Saint-Laurent, rap., aff. X....) ; —5° Qu'à plus forte raison le jugement de condamnation, fondé sur des dépositions de témoins faites à l'occasion d'une autre poursuite distincte et séparée dirigée contre un autre individu,

---

pour faire entendre des témoins à l'appui de la prévention qui imputait à Leullier un dépôt de fumier fait sans nécessité sur la voie publique ; — Qu'en décidant qu'il n'y avait lieu de faire droit sur cette réquisition, le jugement attaqué a violé expressément les articles précités ; — Casse. Du 26 août 1843.-C. C., ch. crim.-M. Jacquinot-Godard, rap.

(1) Espèce : — (Coural C. min. pub) — Jean Coural est accusé d'une tentative de vol devant la cour d'assises du département du Tarn. — Jean Larroque, attaché au service militaire, appelé comme témoin, adresse au président de la cour sa déposition par écrit. — Opposition par l'accusé à ce qu'il en soit fait lecture, attendu que l'art. 317 c. inst. crim. exige que les témoins déposent oralement. — Le ministère public prétend que la loi du 18 prair. an 2 fait exception à cette règle à l'égard des militaires, et qu'ainsi la déposition de Larroque doit être reçue. —

20 fév. 1815, arrêt qui admet cette déposition. — Pourvoi. — Arrêt. LA COUR; — Vu les pièces du procès et le mémoire présenté par le condamné à l'appui de son pourvoi ; — Considérant que l'art. 317 c. inst. crim. n'attache pas indistinctement la peine de nullité à l'inobservation de chacune de ses dispositions, mais seulement à l'inobservation de celle qui prescrit la formalité du serment qui doit être prêté par les témoins ; d'où il suit que le défaut d'entendre oralement les témoins ne peut, aux termes de l'art. 408 dudit code, donner ouverture à cassation ; qu'il s'ensuit, par une conséquence ultérieure, que la fausse application de la loi du 18 prair. an 2, qui, dans cette circonstance, aurait été faite par la cour d'assises, ne saurait plus servir de base à l'arrêt dénoncé ; — Rejette, etc. Du 14 avr. 1815.-C. C., sect. crim.-M. Busschop, rap.

et à laquelle le prévenu n'était point partie, est nul (Cass. 10 mai 1851, aff. Lucette, P. P. 51. 5. 512).

253. Il a été décidé sous le code de brumaire par application des mêmes principes, et il y aurait lieu de décider de même incontestablement aujourd'hui : 1° qu'un témoin qui s'abstenait de comparaître ne pouvait pas suppléer à sa déposition par une déclaration écrite (Crim. cass. 9 fruct. an 5, MM. Seignette, pr., Brillat-Savarin, rap., aff. Stroopère); — 2° Que lorsqu'un tribunal de police correctionnelle, au lieu d'entendre les témoins, avait admis de simples certificats, le jugement était nul (Crim. cass. 5 therm. an 8, M. Target, rap., aff. Callaud).

254. Le principe que le juge ne doit former sa conviction que sur des témoignages oraux, était tellement rigoureux sous le code de brum. an 4, que, d'une part, les dépositions des témoins absents ne pouvaient en aucun cas être lues aux jurés (art. 365) : il a même été jugé qu'en matière correctionnelle il ne peut être donné lecture à l'audience de la déposition d'un témoin antérieurement décédé (Crim. rej. 1er mess. an 13, MM. Seignette, pr., Lamarque, rap., aff. Alliey), ...et que, d'autre part, en ce qui touche les dépositions des témoins présents, ou les interrogatoires de l'accusé, il n'en pouvait être lu dans le cours des débats, que ce qui était nécessaire pour faire observer soit aux témoins, soit à l'accusé les changements ou variations qui pouvaient exister entre leurs diverses déclarations (art. 366). On verra ci-après, n°s 649 et suiv., que le code d'instruction criminelle a apporté quelques tempéraments à la rigueur de cette règle, mais seulement pour des cas d'exceptions, et il n'y devrait, ce semble, être dérogé qu'avec une extrême réserve.

255. Quelque absolu que fût sous le code de brumaire ce principe, d'après lequel le juge ne peut condamner en matière criminelle que sur l'audition des témoins en audience publique, ce principe toutefois devait fléchir dans le cas où par suite de son état de maladie ou de toute autre cause valable, un témoin était dans l'impossibilité de se transporter à l'audience ; une semblable exception est en effet commandée par la force même des choses.— Aussi a-t-il été décidé qu'en pareil cas il est facultatif aux juges d'un tribunal criminel, de faire recevoir à domicile les déclarations d'un témoin qui ne comparaît pas à l'audience à raison d'une excuse légitime (Crim. rej. 5 nov. 1807) (1).

256. Il a été décidé dans le même sens, sous le code d'instruction criminelle, par application de l'art. 83 (V. n°s 311 s.), que dans le cas où un témoin se trouve, à cause d'une maladie qui le retient depuis plusieurs mois dans son domicile dans l'impossibilité de comparaître à la requête du prévenu, le juge de simple police a pu valablement ordonner qu'il se transporterait incontinent chez

lui, assisté du ministère public, du greffier et du défendeur, à l'effet de recevoir sa déposition, sans que le demandeur, qui avait refusé de le suivre, ait pu se plaindre d'un pareil transport, alors que le juge, revenu sur son siège, lui a fait donner publiquement lecture de la déclaration qu'il avait reçue (Crim. rej. 12 nov. 1835, MM. de Bastard, pr., Rives, rap., aff. Cambon.— V. aussi v° Instr. crim., n°s 2288 et suiv. ; M. F. Hélie, Instr. crim., § 626, p. 603).

257. Le principe qui exige la déposition orale des témoins à l'audience reçoit encore exception, soit à l'égard des militaires que le service retient sur un autre point du territoire, soit à l'égard des grands dignitaires de l'Etat et de certains fonctionnaires autorisés à donner leur témoignage dans une forme particulière.— V. n°s 227 et suiv.

258. Les déclarations des témoins doivent être libres et spontanées. Quoique ce principe n'ait pas été écrit textuellement dans la loi, il n'en doit pas moins être rigoureusement observé comme la plus essentielle de toutes les conditions sur lesquelles repose la sincérité des témoignages.—C'est donc avec raison qu'il a été décidé spécialement, qu'il y a lieu d'annuler les débats dans lesquels un témoin, déposant en faveur de l'accusé et menacé de poursuites en faux témoignage, a rétracté une partie de ses déclarations après avoir obtenu du président la permission de conférer secrètement avec un avocat (Crim. cass. 29 janv. 1841) (2).

259. L'accusé a le droit de faire entendre des témoins, non-seulement sur les faits qui servent de base à l'accusation et sur sa propre moralité (V. n° 242), mais encore sur la moralité des témoins produits contre lui. Ce droit est implicitement reconnu par l'art. 319 c. inst. crim. qui autorise l'accusé et son conseil à dire après l'audition de chaque témoin, tant contre lui, que contre son témoignage, tout ce qui pourra être utile à la défense ; or le droit si essentiel de discuter le mérite d'un témoignage emporte celui d'administrer la preuve des faits qui peuvent en détruire ou atténuer la valeur. Les inconvénients attachés à l'exercice de ce droit, quelque graves qu'ils puissent être, s'effacent devant le grand principe de la défense et devant la nécessité de porter la lumière de la discussion sur tous les éléments qui doivent former la conviction du juge.— Il a été décidé néanmoins sous le code de brumaire qu'il n'est pas permis à l'accusé de faire la preuve testimoniale des faits qu'il impute aux témoins (Crim. cass. 7 germ. an 3) (3).— Mais il a été décidé en sens contraire sous le même code, qu'un tribunal criminel a pu permettre à l'accusé de prouver les faits tendant à détruire la déposition des témoins à charge (Crim. rej. 19 pluv. an 12) (4).— Et il a été décidé pareillement, sous le code d'instruction

---

(1) (Huré.) — La cour; — Attendu que, des moyens proposés par Huré contre l'arrêt du 12 août 1807, il ne résulte ni violation ni fausse application de la loi, en ce que les juges ont la faculté de faire recevoir les déclarations d'un témoin qui ne comparaît pas à l'audience ensuite d'une excuse légitime, mais que, dans l'usage de ce pouvoir discrétionnaire, la loi laisse au magistrat la faculté de décider lui-même s'il doit en user, d'après les seules inspirations de sa conscience, et sans lui en imposer l'obligation absolue par une disposition impérative; — Rejette.
Du 5 nov. 1807.-C.C., sect. crim.-MM. Barris, pr.-Guieu, rap.

(2) (Barthon C. min. pub.) —Arrêt.— La cour ; — Vu les art. 516, 517, 319 et 320 c. inst. crim.; — Attendu, en fait, qu'il résulte an procès-verbal d'audience, que la déposition du témoin Salomon ayant paru au ministère public porter les caractères du faux témoignage, il a requis du président de la cour la mise en accusation de ce témoin ; — Que ce magistrat s'est borné à l'audition que ledit Salomon serait placé sous la surveillance de deux gendarmes ; qu'à l'audience suivante ayant persisté dans sa déposition qui a été recueillie par le greffier et ayant été interpellé de la signer, il a demandé qu'avant de le faire, il fût autorisé à conférer avec M° Bac, défenseur de l'accusé ; que cette autorisation a été accordée par le président qui a fait retirer l'avocat et le témoin dans la chambre du conseil et suspendu à cet effet la séance ; — Que ledit Salomon étant rentré dans la salle d'audience, a déclaré vouloir faire à sa déposition des modifications d'où il résultait qu'il n'affirmait plus les trois faits qu'il avait d'abord dénoncés chez qui pouvaient servir à la justification de l'accusé; — Attendu, en droit, qu'aux termes de l'art. 316 c. inst. crim., les témoins doivent à la justice la vérité, toute la vérité; — Que, pour en assurer la manifestation, l'art. 316 du même code a voulu que le président fît retirer les témoins dans un lieu séparé de la

salle d'audience et prit les précautions, s'il en était besoin, pour les empêcher de conférer entre eux du délit et de l'accusé avant leur déposition ; — Attendu qu'il résulte de la combinaison desdits articles et suivants dudit code, que les déclarations des témoins doivent être libres et spontanées; — Qu'on ne saurait reconnaître le concours de ces deux conditions dans une déposition qui n'a été complétée qu'après que le témoin a, du consentement du président, conféré avec un avocat en tiers ; — Que, quel que soit l'esprit qui a dicté à ce magistrat une semblable mesure et le caractère de l'intervention qu'il a autorisée, il n'en reste pas moins constant que la rétractation partielle d'un témoignage émis à la décharge de l'accusé, a pu être le résultat, non du légitime ascendant qu'avaient exercé sur la conscience du témoin les avertissements de la loi publiquement donnés par les organes de la loi, mais d'un entretien secret avec une tierce personne et en dehors de l'audience et pendant une suspension qui n'avait pas d'autre objet; — Attendu que ce fait ainsi caractérisé constitue la violation du principe consacré par l'art. 318 et du droit de la défense; — Casse.
Du 29 janv. 1841.-C.C., ch. crim.-MM. Bastard, pr.-de Voisins, r.

(3) (Pagès C. min. pub.) — Le tribunal.—Attendu que l'art. 355 c. dél. et pén., en donnant à l'accusé la faculté de dire tout ce qu'il veut sur la moralité des témoins, ne lui permet pas de faire les preuves testimoniales sur les faits qu'il leur impute ; que le tribunal en jugeant ainsi la réquisition faite à cet égard lors des débats, a statué conformément à la loi ; — Rejette.
Du 7 germ. an 7.-C. C., sect. crim.-MM. Barris, pr.-Méaulle, rap.

(4) (Min. pub C. Joubert.) — Le tribunal ;... — Attendu que le tribunal criminel en permettant à l'accusé de faire la preuve des faits qui tendent à atténuer la déposition des témoins à charge n'a fait qu'user du droit que la loi lui donne d'admettre les moyens d'éclaircissement

criminelle, que les allégations faites par un témoin dans ses dépositions, ne peuvent être considérées comme étrangères au fait qui a servi de base à l'instruction, lorsqu'elles ont pour objet d'affaiblir le degré de confiance que peut mériter la déposition d'un autre témoin (Crim. cass. 1er juill. 1825, aff. Hurel, V. n° 264).

260. Mais il a été jugé, d'un autre côté : 1° qu'on ne peut pas se faire un moyen de cassation du refus fait par un président de cour d'assises à un accusé, d'interroger un témoin à décharge, sur ce qu'il pense de la moralité de quelque témoin à charge : — « Attendu que l'art. 319 c. inst. crim. ne permet point à l'accusé d'interroger les témoins à décharge sur les témoins à charge » (Crim. rej. 28 mai 1815, MM. Barris, pr., Lamarque, rap., aff. Beaumé) ; — 2° Qu'une cour d'assises peut refuser, sur la demande de l'accusé ou de son défenseur, d'adresser à des témoins à décharge des questions sur la moralité d'un témoin à charge : — « Attendu que la cour d'assises, en décidant que ce débat qu'on demandait à établir entre les témoins pouvait dégénérer en récriminations réciproques et distraire de l'objet de l'accusation, n'a commis aucune violation de la loi » (Crim. rej. 5 oct. 1832, MM. Bastard, pr., Crouseilhes, rap., aff. Fromage C. min. pub.) ; — 3° Que le refus de questionner un témoin sur la moralité d'un autre témoin, ne constituerait pas une violation de la défense (Rej. 14 avr. 1837, aff. Gambier, V. infrà, n° 562). — Ces décisions ne nous semblent pas suffisamment motivées ; mais elles seraient irréprochables, suivant nous, si la cour d'assises avait jugé que les questions qu'on demandait à faire poser aux témoins étaient inutiles à la défense ; car c'est surtout l'utilité de la preuve qui doit servir de règle en cette matière. — En tout cas, il a été décidé, sous le code du 3 brumaire an 4, que le prévenu n'a pas le droit de faire enquête de vie et mœurs contre la partie plaignante : il n'a ce droit qu'à l'égard des témoins (Crim. rej. 2 vent. an 13) (1).

261. Le droit d'attaquer la moralité des témoins n'est pas personnel à l'accusé ; le ministère public, la partie civile, doivent par les mêmes raisons jouir de la faculté de soumettre à un débat contradictoire la moralité des témoins produits dans l'intérêt de la défense. — Aussi a-t-il été jugé qu'en matière correctionnelle, par exemple, la partie civile est admise à faire entendre des témoins sur la moralité des témoins que le prévenu lui oppose pour repousser la demande ; mais cette faculté, qui doit être exercée dans les limites de la nécessité de la défense, ne fait pas obstacle à l'audition des témoins proposés, sauf à apprécier ultérieurement leur déposition (Nancy, 21 janv. 1843) (2).

262. Mais si l'accusé se livrait contre le témoin à des inculpations dont la nécessité de la défense ne serait que le prétexte, le juge pourrait lui imposer silence. — Ainsi, il a été jugé que le président de la cour d'assises peut interdire à l'accusé des injures contre le témoin appelé à déposer contre lui, lorsque les reproches qu'il lui adresse ne peuvent diminuer en rien l'importance de sa déposition ou jeter aucun éclaircissement sur les faits du procès ; par exemple, si ces reproches n'ont trait qu'à des opinions politiques (Crim. rej. 18 mars 1826) (3). — V. nos 273 et suiv., et v° Défense, n° 126.

263. Et même le témoin injurié ou diffamé serait fondé sans aucun doute à en poursuivre la répression, car le temple de la justice ne saurait devenir une arène de diffamation, et là aussi bien qu'ailleurs tout citoyen attaqué sans motif légitime dans son honneur et sa considération a droit d'invoquer la protection de la loi. — Il a été jugé, en conséquence, que le témoin auquel il a été fait des imputations graves par l'accusé à l'effet de reprocher et atténuer sa déposition, peut se pourvoir en réparation, malgré le silence gardé par le juge sur ces imputations (Crim. rej. 26 déc. 1807) (4).

264. Toutefois, il a été jugé que l'allégation ou l'imputation d'un fait portant atteinte à l'honneur et à la considération d'un citoyen, faite par un témoin dans sa déposition, lorsque cette imputation se rapporte soit aux faits qui ont donné lieu à l'instruction, soit à des circonstances qui y sont relatives, ne peut motiver une plainte en diffamation, mais une plainte en

---

proposés par les parties qui peuvent tendre à la découverte de la vérité ; ce qui n'a rien de contraire à la disposition de l'art. 355 c. dél., etc....; — Rejette.
Du 19 pluv. an 12.-C. C., sect. crim.-MM. Viellart, pr.-Massillon, r.
(1) (Rebuffet.) — La cour ; — Attendu que la loi autorise bien le prévenu à dire contre les témoins et leurs témoignages ; que ce qu'il juge à propos, mais qu'elle n'autorise le prévenu par aucun article à faire enquête de vie et mœurs contre la partie plaignante ; que d'ailleurs il n'a tenu qu'au réclamant d'amener à l'audience les témoins qu'il pensait devoir déposer en sa faveur sous tous les rapports ; — Rejette.
Du 2 vent. an 15.-C. C., ch. crim.-MM. Viellart, pr.-Carnot, rap.
(2) Espèce : — (Lepetit C. les époux Florentin.) — Alphonse Lepetit, procédant, comme partie civile, devant la cour royale de Nancy, chambre des appels de police correctionnelle, contre les époux Florentin, poursuivis pour des faits de diffamation et de dénonciation calomnieuse, fit entendre un grand nombre de témoins. Les époux Florentin en firent entendre de leur côté, et, parmi ces derniers, figuraient le maréchal-de-camp baron Stiller de Landoville et le sieur Gretter. Alphonse Lepetit prétendit que les dépositions de ces deux témoins étaient fausses, et il demanda à prouver 1° que loi le fait articulé par eux était matériellement contraire à la vérité ; 2° que la moralité du baron de Landoville était mauvaise, et qu'il avait déjà, dans une autre circonstance, cherché à suborner des témoins. Les époux Florentin s'opposèrent à l'admission de cette demande. Ils prétendirent que le prévenu seul avait le droit de faire entendre des témoins sur la moralité des témoins produits contre lui, et que ce droit n'appartenait pas à la partie civile. Le ministère public pensa au contraire que cette demande était juste. — Arrêt.
La cour ; — Attendu que le droit réciproque de l'attaque et de la défense implique en général celui de combattre les témoignages invoqués de part et d'autre ; que l'art. 319 c. inst. dispose qu'il est permis à l'accusé de repousser un témoignage en faisant contre le témoin ce qui est de moignage tout ce qui est utile à sa défense ; que c'est là un principe général applicable à toute défense quelconque, et, par conséquent, à la défense de la partie civile comme à celle de son adversaire ; que cette conséquence résulte implicitement de l'interprétation de l'art. 25 de la loi du 17 mai 1819 sur la diffamation ; — Attendu que l'opposition faite à l'exercice de ce droit par les conclusions qui viennent d'être prises est d'autant plus inadmissible que, dans le cas des débats, les époux Florentin en ont usé, en provoquant M. le juge de paix Patin, l'un des témoins, à émettre son opinion sur la moralité du témoin Lebel ; — At-

tendu, néanmoins, que ce droit ne peut être exercé que dans les limites de la nécessité dûment reconnue de la défense des parties ; que ces limites ne peuvent être fixées à l'avance, c'est-à-dire avant l'audition des témoins appelés à déposer sur la moralité des autres témoins de la cause ; qu'ainsi, il n'y a pas lieu, en ce moment, d'interdire l'audition des témoins proposés, sauf à apprécier, lors de cette audition, si les faits sur lesquels ils doivent être entendus sont ou ne sont pas nécessaires à connaître pour le besoin de la défense de l'une ou de l'autre des parties, etc.
Du 21 janv. 1843.-C. de Nancy, ch. corr.-M. Riston, f. f. de pr.
(3) (Brissère C. min. pub.) — La cour ; — Attendu que si l'art. 519 c. inst. crim. confère à l'accusé le droit de dire contre le témoin et contre son témoignage tout ce qui peut être utile à sa défense ; il ne suitpas de cette disposition que le président de la cour d'assises ne puisse interdire à l'accusé des injures contre le témoin, lorsque les faits qu'il articule ne peuvent diminuer l'importance de sa déposition ou jeter quelque éclaircissement sur les faits de la cause, et que dans l'espèce il est établi que les reproches de l'accusé contre le témoin ne portaient que sur la conduite de celui-ci pendant les troubles civils ; — Rejette.
Du 18 mars 1826.-C.C., ch. crim.-MM. Portalis, pr.-Gaillard, rap.
(4) (Henry.) — La cour ; — Attendu 1° que le silence gardé par le juge de paix sur les imputations graves que le réclamant avoue avoir faites en sa présence pour reprocher et atténuer la déposition de Dupuis, n'a pu empêcher la partie lésée de se pourvoir en réparation d'injures contre elle proférées à plusieurs audiences publiques auxquelles ce témoin n'assistait pas ;
Attendu 2° qu'en accordant aux parties la faculté de reprocher les témoins et discuter leur déposition, la loi a veillé à ce qu'elles n'en abusent pas, soit en exigeant que les reproches précèdent les dépositions, soit en prescrivant de ne proposer aucun reproche après la déposition, si ce reproche n'est justifié par écrit, soit enfin en réservant au témoin reproché, « le droit de se faire adjuger des dommages-intérêts et de faire prononcer des réparations pour les reproches injurieux qui leur auraient été faites sans preuves ; » — Attendu 3° que c'est d'après la déposition du témoin que le réclamant lui a fait les imputations les plus graves ; qu'il n'a point en la faisant déclaré dénoncer le faux témoignage, qu'il n'a fait cette dénonciation que postérieurement à la plainte et à la demande en réparation d'injures et qu'à l'époque du jugement définitif qu'il a attaqué, il n'a pas pu, pour soutenir son opposition au jugement par défaut, justifier de l'existence d'aucune poursuite faite sur cette dénonciation ; — Rejette.
Du 26 déc. 1807.-C. C., sect. crim.-MM. Barris, pr.-Delacoste rap.

laux témoignage, s'il y échoit (Crim. cass. 1er juill. 1825 (1). — Conf. Crim. cass. 1er août 1806, aff. Piault, v° Presse-outrage, n° 919-4°).

265. La déposition des témoins ne doit porter que sur des faits ayant un rapport quelconque avec l'objet du débat, et par conséquent susceptibles d'exercer une influence sur la décision. — Aussi le juge peut-il se refuser à entendre les témoins produits, lorsque ceux-ci n'auraient à déposer que sur des faits étrangers au procès. — Il a été décidé : 1° « qu'il est dans le domaine des cours de justice criminelle d'empêcher l'accusé de faire aux témoins des questions qui ne tendent point à l'éclaircissement de l'affaire » (Crim. rej. 1er juin 1810, MM. Barris, pr., Benvenuti, rap., aff. Dagnerie) ; — 2° Qu'il peut être défendu au témoin, par le juge, de déposer de faits sur lesquels le débat ne peut être établi, sans qu'il y ait là violation ni de l'art. 190 c. inst. crim., ni des droits de la défense (Crim. rej. 2 mai 1834, aff. Coudray, V. Presse-outrage) ; — 3° Que, spécialement, en cas de poursuite contre l'auteur d'une dénonciation calomnieuse, qui a été suivie d'une ordonnance de non-lieu, en faveur du fonctionnaire dénoncé, il peut être interdit aux témoins et au prévenu de parler de faits qui ont été l'objet de la dénonciation et appréciés par la chambre du conseil, et à l'égard desquels une discussion ne pouvait plus s'établir,... alors toutefois qu'on laisse aux témoins et au prévenu toute latitude pour démontrer l'absence d'intention coupable de la part de ce dernier (même arrêt) ; — 4° Que le président d'une cour d'assises peut refuser d'interroger un témoin sur des faits étrangers à la cause : — « Attendu, porte l'arrêt, qu'il appartient au président et à la cour d'assises d'apprécier si les questions que les accusés veulent faire adresser aux témoins sont utiles pour la découverte de la vérité, et se rapportent aux faits de l'accusation ; qu'il est déclaré, en fait, par l'arrêt incident du 7 juin, que les points sur lesquels portaient les conclusions des accusés, étaient étrangers à la cause » (Crim. rej. 3 déc. 1836, MM. Bastard, pr., Vincens, rap., aff. Demiannay).

266. Toutefois, il a été jugé que les témoins régulièrement cités peuvent, devant la cour d'assises, être entendus sur des faits étrangers à la prévention (Liége, 21 mai 1832) (2).—Mais, évidemment, cette décision doit être prise seulement en ce sens que les témoins peuvent être entendus sur toutes les circonstances qui, de près ou de loin, se rattacheraient à l'objet de l'accusation ou qui seraient estimées telles.

267. Dans tous les cas, et alors même qu'il aurait été adressé aux témoins des questions complétement étrangères à l'objet du débat, il n'est vrai de dire qu'on ne pourrait tirer de là aucun motif de nullité. — C'est ainsi qu'il a été jugé que le président étant investi du droit d'adresser aux témoins toutes les questions qu'il croit utiles à la manifestation de la vérité, on ne peut tirer un moyen de nullité de ce qu'il leur aurait adressé des questions étrangères à l'accusation : « La cour; sur le moyen tiré de ce que les questions adressées au témoin Duc ont porté sur des faits étrangers à l'accusation : attendu que les art. 268 et 269 ont investi le président des assises du droit de faire toutes les investigations qu'il croit utiles à la manifestation de la vérité... » (Crim. rej. 21 juin 1839, MM. Bastard, pr., Isambert, rap., aff. Langlois C. min. pub.).

268. Du reste, les questions adressées aux témoins sur des faits qui résulteraient de nouvelles charges survenues pendant les débats ne pourraient être considérées comme étrangères à la prévention, bien que ces faits ne fussent pas relatés dans l'acte d'accusation ; en conséquence, de telles questions ne sauraient constituer une irrégularité ; c'est en effet ce qui résulte implicitement de l'art. 361 inst. crim. qui veut que l'accusé soit poursuivi à raison des nouveaux faits qui résulteraient contre lui de la déposition des témoins.—Aussi a-t-il été jugé sous le code de brumaire et devrait-il être également jugé aujourd'hui, suivant nous, que les témoins, lors des débats, peuvent déposer des faits étrangers à l'acte d'accusation qui résulteraient de nouvelles charges survenues pendant les débats (Crim. rej. 26 fruct. an 9 (3), 29 mess. an 9, aff. Loménède, V. n° 176).

269. Si les tribunaux peuvent se refuser à poser des questions aux témoins sur des faits étrangers aux débats, à plus forte rai-

(1) *Espèce* : — (Hurel C. min. pub.) — Les sieurs Hurel et Duplessis étaient entendus comme témoins dans une affaire correctionnelle devant le tribunal de Bernay. Hurel dit à l'audience que Duplessis avait tenté de le suborner. — Duplessis fait citer Hurel en police correctionnelle, pour diffamation. Jugement qui condamne Hurel à trois mois d'emprisonnement, 100 fr. de dommages-intérêts, et aux dépens. — Appel.— Jugement confirmatif, motivé sur ce que le fait de subornation de témoin par un autre témoin était, sous tous les rapports, étranger au fait au sujet duquel le prévenu aussi était poursuivi, et que c'est de son propre mouvement, et sans y être provoqué par aucune des parties, ni par la justice, qu'Hurel en avait déposé ; — Pourvoi. — Arrêt.

LA COUR ; — Vu les art. 408 et 413 c. d'inst. crim. ; — Vu les art. 155 et 189 du même code ; — Attendu que si la société et l'ordre public sont intéressés au maintien de l'honneur et de la considération des citoyens, et que si ces biens précieux sont sous la sauvegarde de la loi, la société n'est pas moins intéressée à la manifestation de la vérité dans les instructions criminelles ; que la diffamation, comme l'injure, ont le caractère de la spontanéité de la part de leur auteur ; mais que les témoins ne se présentent point spontanément devant les tribunaux ; qu'ils doivent à la justice la vérité, toute la vérité, et qu'ils sont exposés à des peines graves, s'ils s'en écartent ; qu'aux termes de l'art. 6 de la loi du 25 mars 1822, la liberté des témoins dans leurs dépositions est protégée à l'égal de la sûreté des jurés dans l'exercice de leurs fonctions ; — Que le magistrat qui préside aux débats a le droit et le devoir de rejeter tout ce qui tendrait à les prolonger, sans donner lieu d'espérer plus de certitude que n'en offrent les débats ; que ce devoir des présidents des cours d'assises, établi par l'art. 270 c. d'inst. crim., est commun, par une parité de raison à tous les magistrats qui dirigent un débat public en matière de police correctionnelle ou de simple police, pour prévenir les divagations des témoins, et les ramener, sans gêner leur liberté, au point de la question, et assurer la manifestation de la vérité ; — Qu'il suit de là que l'allégation ou l'imputation d'un fait portant atteinte à l'honneur et à la considération d'un citoyen, faite par un témoin dans sa déposition, lorsque cette altération, ou cette imputation, se rapportent soit aux faits qui ont donné lieu à l'instruction, soit à des circonstances relatives à cette instruction, ne peuvent motiver une plainte en diffamation, mais une plainte en faux témoignage, s'il y échoit. — Attendu que le tribunal de première instance d'Evreux, en confirmant, par le jugement attaqué, un jugement correctionnel du tribunal de première instance de Bernay, par lequel Pierre Hurel, sur la citation à lui donnée directement par le sieur Duplessis, avait été condamné par appli-

cation des art. 15 et 18 de la loi du 17 mai 1819 ; pour faits de diffamation, à raison de sa déposition dans une instruction correctionnelle où il avait été entendu à l'audience comme témoin, sur le fondement que les allégations prétendues diffamatoires étaient étrangères au fait qui avait servi de base à l'instruction, lorsque ces allégations avaient pour objet d'affaiblir le degré de confiance que pouvait mériter la déposition d'un autre témoin, et se rattachaient dès lors à l'instruction et à ses résultats ; en quoi le tribunal de première instance d'Evreux a fait, par le jugement attaqué, une fausse application des art. 15 et 18 de la loi du 17 mai 1819, violé les règles de la compétence, les principes de la matière, et les art. 189 c. inst. crim. — En conséquence, casse.

Du 1er juill. 1825.-C. C., sect. crim.-MM. Portalis, pr.-Brière, rap.

(2) (Min. publ. C. Orban.) — L'accusé consuait à ce qu'on n'entendit un témoin sur aucun fait étranger à la prévention et à ce qu'aucune espèce de question ne pût être posée que sur des faits qualifiés crimes, délits ou contraventions, ni aucune déposition reçue que sur de pareils faits. — Arrêt.

LA COUR ; — Attendu que les témoins assignés à la requête du ministère public pour l'audience de ce jour sont portés sur des listes qui ont été signifiées à l'accusé, conformément à l'art. 315, c. inst. crim.; — Qu'aux termes de l'art. 324, même code, les témoins produits, tant par le procureur général que par l'accusé, doivent être entendus dans le débat, même lorsqu'ils n'auraient reçu aucune assignation, pourvu dans tous les cas que les témoins soient portés sur la liste mentionnée en l'art. 315 ci-dessus ; — Qu'aux termes de l'art. 319, même code, le président, les juges, ainsi que le procureur général et les jurés peuvent demander aux témoins tous éclaircissements qu'ils croient nécessaires à la manifestation de la vérité, sans distinction; — Que l'art. 361 même code, prévoit même le cas où un accusé serait inculpé par les dépositions des témoins sur un autre fait qualifié délit ou crime: — Par ces motifs, faisant droit sur les conclusions du défenseur de l'accusé; — Ordonne qu'il sera passé à l'audition des témoins portés sur les listes signifiées, etc.

Du 21 mai 1832.-C. sup. de Liége.

(3) (Cunin.) — LE TRIBUNAL: — Attendu que la loi ne défend pas aux témoins lors des débats de déposer de faits étrangers à l'acte d'accusation et qu'elle l'autorise même implicitement puisqu'elle veut que s'il survient pendant le débat de nouvelles charges ou d'autres faits, il sera procédé à une instruction sur lesdits faits ; — Rejette.

Du 26 fruct. an 9.-C. C., sect. crim.-MM. Seignette, pr.-Carnot, r.

21

son, seraient-ils fondés à interdire aux témoins des déclarations qui porteraient un caractère injurieux; car l'injure ne peut jamais servir à la manifestation de la vérité, et elle ne saurait être permise en aucun cas. — Aussi a-t-il été décidé : 1° qu'une cour d'assises peut, sans entraver la liberté de la défense, refuser de faire une question à un témoin de la part de l'accusé, lorsqu'elle juge la réponse inutile et surtout injurieuse (Crim. rej. 22 sept. 1827) (1); — 2° Que le juge qui consent à entendre d'un témoin des déclarations injurieuses contre une personne et surtout contre l'organe du ministère public et qui en donne acte, sort des limites de la cause qui lui est soumise et commet dès lors un excès de pouvoir (Crim. cass. 2 fruct. an 5) (2).—Par la même raison aussi, le président peut interrompre l'avocat qui, dans sa plaidoirie, se permettrait des diffamations contre un témoin (V. Défense, n° 126).

270. Dans un procès criminel, les questions qui ne concernent que la moralité de l'accusé n'ont sans doute qu'une valeur relative, car si cette moralité ne peut suffire, en général, pour établir l'innocence, l'immoralité prouvée de l'accusé peut encore moins constituer la preuve du délit. Cependant ces questions ont leur importance : si l'accusé a le droit de faire entendre des témoins, non-seulement sur des faits de nature à détruire l'accusation, mais encore sur ceux qui peuvent la rendre invraisemblable, il faut aussi reconnaître, soit au ministère public, soit à la partie civile, le droit d'établir, par témoins, même les faits qui ne constitueraientque de simples probabilités, et notamment la moralité de l'accusé (Conf. M. F. Hélie, Instruct. crim., t. 8, § 641, p. 764). — La question a été jugée, ce sens, soit sous h code de brumaire, soit sous le code d'instruction criminelle. — Ainsi il a été décidé : 1° que le ministère public a le droit de faire citer des témoins sur des faits autres que ceux de l'accusation, afin d'éclairer le jury sur la moralité de l'accusé (Crim. rej. 24 juill. 1841 (3); Conf. Crim. rej. 16 mess. an 13, MM. Seignette, pr., Cassaigne, rap., aff. Feylen; 13 déc. 1810, MM. Barris, pt, Schwendt, rap., aff. Claudon; 18 juin 1824, MM. Ollivier, pt, Brière, rap., aff. Odent); — 2° Qu'il en est ainsi, même lrsque l'audition de témoins pour faire connaître la moralité 'e l'accusé, a porté sur des faits à l'égard desquels était intervenu un arrêt de non-lieu (Crim. rej. 9 janv. 1823) (4); — 3° Que de même, des témoins peuvent être entendus sur des faits relatifs à un précédent procès criminel intenté à l'accusé,

sur lequel il a été acquitté, sans qu'il y ait là violation de la chose jugée (Crim. cass. 7 janv. 1836, aff. Lefrançois, V. Chose jugée, n° 515); — 4° Qu'ainsi, lorsque l'accusé est renvoyé sur un ou plusieurs chefs d'accusation restant à juger, il n'y a pas nullité en ce que les témoins cités ont été entendus sur les chefs déjà purgés (Crim. rej. 13 déc. 1839, aff. Pénissard, V. Inst. crim., n° 1212); — 5° Qu'enfin des témoins assignés par le ministère public pour déposer sur un fait soumis au tribunal de répression, mais autre que celui qui fait l'objet de l'accusation, peuvent, malgré l'opposition de l'accusé tendante à ce qu'ils ne fussent pas entendus, être maintenus aux débats pour éclairer les jurés sur la moralité de l'accusé. — « La cour, sur le moyen pris de ce que la cour d'assises a refusé d'accueillir la demande de l'accusé tendante à ce que des témoins assignés par le ministère public, seulement pour déposer sur le prétendu vol de diamants ne fussent pas entendus; attendu qu'en maintenant, aux débats, ces témoins régulièrement cités, la cour d'assises n'a violé aucune loi, la faculté laissée au ministère public de faire assigner les témoins qu'il croit utiles n'étant limitée par aucune disposition du code d'inst. crim.; rejette » (Ch. crim., 12 déc. 1840, MM. Bastard, pr., Ricard, rap., aff. Lafarge).

271. Le droit d'adresser des interpellations aux témoins appartient au ministère public, aux prévenus ou accusés et à la partie civile; comme parties dans le débat, ils peuvent avoir intérêt à provoquer des explications qui déterminent exactement les éléments d'appréciation de ce débat. Toutefois, l'exercice de cette faculté ne saurait excéder les limites du droit de défense ; c'est pourquoi les questions que l'accusé ou la partie civile veut adresser à un témoin doivent l'être par l'organe du président (c. inst. crim. 319), afin d'éviter que, sous le prétexte de la défense, l'accusé, la partie civile ou leurs défenseurs ne se livrent à des reproches contre les témoins ou à des investigations qui, n'ayant aucun rapport avec les faits de l'accusation, dégénéreraient en injure ou en diffamation (motifs Crim. rej. 22 sept. 1827, aff. Proust, supra, n° 269).—Mais comme le président n'est que le maître de la police de l'audience, son pouvoir ne va pas jusqu'à enlever à un accusé l'exercice d'une faculté aussi importante. C'est donc au tribunal entier qu'il appartient de décider, lorsqu'il y a réclamation, si la question sera ou non posée (V. aussi M. F. Hélie, inst. crim., t. 8, § 641, p. 760). — Et il a été jugé, à cet égard, que l'arrêt d'une cour d'assises, par

(1) (Proust C. min. pub.) — La cour; — Attendu que si l'art. 319 c. inst. crim. auto'se l'accusé à dire tant contre les témoins que contre leur témoignage tout ce qui peut être utile à la défense, c'est à la cour d'assises qu'il appartient en cas de difficulté de juger si la question ou l'interpellation quveut faire l'accusé est utile ou inutile à sa défense ; que le législateur l'a voulu ainsi, afin d'éviter que, sous le prétexte de sa défense, l'accusé ou son défenseur ne se livrent à des reproches contre les témoins ou à des investigations de leur conduite, qu'n'ayant aucun rapport avec les faits de l'accusation, pourraient dégénérer contre eux en diffamation ou en injure ; — Que dans l'espèce, la cour d'assises a déclaré que la question que le défenseur voulait faire à l'un des témoins renfermait une calomnie de la plus grave, et un outrage aux mœurs, fait en présence de la justice, d'autant plus coupable que la question était sans utilité pour la défense de l'accusé quelle qu'eût été la réponse des témoins, et que d'après ces considérations, la cour en prononçant que cette question ne serait pas adressée au témoin avait rendu un jugement qui était dans ses attributions ; — Rejette.
Du 22 sept. 1827.-C.C., ch. crim.-MM. Ollivier, pr.-Clausel, rap.

(2) (Ringuelet.) — Le tribunal; — Considérant que Pierre Xavier Vatin n'était point partie dans la cause portée à l'audience du juge de paix du canton de Fouvert-le-Bar, entre le commissaire du pouvoir exécutif et Dominique Dorche ; — Considérant que Vatin n'était paru à l'audience et devant le juge de paix que comme un témoin appelé pour déposer, et qu'il avait même satisfait au devoir que lui imposait cette qualité, lorsqu'il s'est porté à faire devant ce juge de paix une déclaration injurieuse contre le sieur Ringuelet commissaire du directoire exécutif près l'administration municipale, exerçant ses fonctions près ce tribunal de paix ; — Considérant que le juge de paix dont l'audience était destinée à entendre les témoins et à juger la contestation qui existait entre le commissaire et Dominique Dorche, ne devait point se détourner de ses fonctions judiciaires pour s'occuper à entendre des injures contre qui que ce soit, et encore moins contre le commissaire du directoire exécutif qui exerçait à ce moment ses fonctions ; — Considérant que ce juge de paix est sorti de ses fonctions en laissant à Vatin après qu'il eut terminé sa déposition, la liberté de proférer des injures dans la même audience,

et notamment en lui en donnant acte, d'où il suit que ce juge de paix a commis un abus et un excès de pouvoir ; — Par ces motifs, casse.
Du 2 fruct. an 5.-C. C., sect. civ.-MM. Giraudet, pr.-Vernier, rap.
(3) (Femme Zeller C. min. pub.) — La cour ; — ...Sur le deuxième moyen tiré de la violation des art. 229, 251, 241 et 271 c. inst. crim., ce dernier article portant que le procureur général ne pourra, à peine de nullité, porter à la cour d'assises d'autre accusation que celle ordonnée selon la forme prescrite par le chap. 1, tit. 2, inst. crim., en ce que, quoique l'arrêt de la chambre des mises en accusation, du 14 mai 1841, ne portât renvoi de l'accusée devant la cour d'assises que sur le fait unique d'avoir, le 17 avr. 1841, donné volontairement la mort à sa sœur avec préméditation et de guet-à-pens, le procureur général n'en a pas moins fait citer un assez grand nombre de témoins pour déposer à l'audience sur deux faits étrangers à l'accusation : le premier ayant pour objet de prouver que l'accusée s'était rendue coupable, le 9 déc. 1840, d'avoir donné la mort à Marie-Elisabeth Barré, son autre sœur, et le second d'avoir, il y a environ cinq ans, mis le feu dans la maison qu'elle habitait : — Attendu que le ministère public a toujours le droit de faire citer des témoins sur des faits autres que ceux qui font la matière de l'accusation, parce qu'il peut être utile à la découverte de la vérité d'éclairer le jury sur la moralité de l'accusé, et que l'audition des témoins assignés pour cet objet, ne constitue aucune violation des articles précités invoqués pour la demanderesse, qu'il n'y aurait infraction aux règles tracées par lesdits articles, qu'autant qu'il aurait été soumis au jury des questions qui lui ont été posées, que le procureur général aurait compris dans le résumé de l'acte d'accusation, des faits qui n'auraient pas été l'objet de l'arrêt de mise en accusation, ce qui n'a pas eu lieu dans l'espèce ; — Rejette.
Du 24 juill. 1841.-C. C., ch. crim.-MM. Crouseilhes, pr.-Debaussy, r.
(4) (Poussel C. min. pub.) — La cour ; — Attendu que des témoins ont pu être entendus aux débats pour faire connaître la moralité de l'accusé, quoique leurs dépositions ne dussent porter que sur des faits sur lesquels il avait été déclaré qu'il n'y avait pas lieu à mise en accusation, sans que cette audition puisse produire la nullité des débats; — Rejette.
Du 9 janv. 1823.-C. C., sect. crim.-MM. Barris, pr.-Aubers, rap

exemple, qui décide, en cas de difficulté, si une question ou interpellation que veut faire l'accusé à un témoin est ou non utile à sa défense est souverain et échappe à la censure de la cour suprême (Crim. rej. 1er oct. 1829 (1) ; 22 sept. 1827, aff. Proust, V. n° 269). — Il en était de même sous le code de brumaire, bien que cette législation permît à l'accusé de dire tout ce qu'il *jugeait* utile à sa défense (Crim. rej. 7 germ. an 7, MM. Barris, pr., Méaulle, rap., aff. Pagès). — De nos jours, l'accusé n'a pas le droit de dire tout ce qu'il *juge* utile, mais tout ce qui *est* utile à sa défense (V. MM. Carnot, t. 2, p. 500, n° 7 et 501, n°s 8 et 9 ; Bourguignon, Inst. crim., t. 1, p. 403, note, et Jurisp. c. crim., p. 45, n° 1).

272. Le droit d'adresser des interpellations aux témoins intéresse à tel point le principe sacré de la défense, qu'on ne pourrait le restreindre sans de graves inconvénients toutes les fois que les interpellations portent sur des faits qui tendent à la justification de l'accusé. — Il a été jugé que si une question a trait aux faits de l'accusation et tend à établir que l'accusé n'en est pas l'auteur, une semblable question doit être posée à peine de nullité, lors même qu'elle serait de nature à compromettre la réputation du témoin inculpé. Ainsi et spécialement, l'individu accusé du crime d'incendie a le droit de faire interroger un témoin sur le point de savoir si l'opinion publique n'accuse pas celui dont la maison a été incendiée d'y avoir mis lui-même le feu (Crim. cass. 18 sept. 1824) (2).—MM. Carnot, t. 2, p. 301, n° 10 ; Chauveau et Hélie, Th. c. pén., t. 4, p. 415 ; F. Hélie, Inst. crim., t. 8, §641, p. 757, approuvent cette solution. Cependant, M. Legraverend, t. 2, p. 203, n° 5, émet un avis opposé.

273. Toutefois, le droit de l'accusé à cet égard ne va pas jusqu'aux injures et à la diffamation (V. n° 262) ; c'est au président à faire rentrer les accusés ou leurs conseils dans les bornes d'une légitime défense, lorsqu'ils se permettent des invectives ou des qualifications injurieuses qui ne sont pas indispensablement nécessaires pour la justification de l'accusé (Crim. rej. 6 mars 1812, MM. Barris, pr., Benvenuti, rap., aff. Crisi C. min.

(1) (Vannier C. min. pub.) — La cour ; — Attendu, sur la première branche du premier moyen, que le président de la cour d'assises avait décidé, dans les limites de ses attributions, que l'interpellation demandée par le conseil de l'accusé ne portant que sur un fait étranger à l'acte d'accusation, et n'ayant point pour objet d'établir la moralité de l'accusé, ne pouvait avoir lieu, et que ce n'est que sur l'insistance de l'avocat et les conclusions écrites par lui déposées que, le ministère public entendu, il y a eu nécessité par la cour d'assises de rendre arrêt ; — Attendu, sur la seconde branche du moyen, que la cour d'assises a décidé, en fait, que l'interpellation que le défenseur demandait qu'on fît aux témoins à décharge, portait sur un fait étranger à l'accusation, et n'avait point pour objet d'établir la moralité de l'accusé, et qu'il n'entre pas dans les attributions de la cour de cassation d'apprécier une déclaration en fait ; — Rejette.
Du 1er oct. 1829.–C. C., ch. crim.–MM. Bastard, pr.–Fréteau, rap.

(2) *Espèce :* — (Morel C. min. pub.) — Morel, accusé d'avoir mis le feu à la maison de Bunel, demandait qu'on interrogeât les témoins à décharge pour lui produits, d'abord sur la moralité de la famille Bunel, ensuite sur le point de savoir si le cri public n'accusait pas la famille Bunel d'avoir mis le feu à sa propre maison. — La cour d'assises refusa l'une et l'autre de ses demandes, par le motif, entre autres, qu'elles tendraient à diffamer des témoins à charge et à attirer sur eux la vindicte publique. — Pourvoi. — Arrêt.
La cour ; — Attendu que le moyen présenté par le demandeur, que si l'art. 319 c. inst. crim. autorise l'accusé à dire, tant contre les témoins que contre leur témoignage, tout ce qui peut être utile à sa défense, c'est à la cour d'assises qu'il appartient, en cas de difficulté, de juger si la question ou l'interpellation que veut faire l'accusé est ou non utile à sa défense ; que le législateur l'a voulu ainsi, afin d'éviter que, sous le prétexte de sa défense, l'accusé ou son défenseur ne se livrent à des reproches contre les témoins, ou à des investigations de leur co duite, qui, n'ayant aucun rapport avec les faits de l'accusation, pourraient dégénérer contre eux en diffamation ou en injure ; mais que ce devoir de la cour d'assises ne saurait lui donner le pouvoir de restreindre, en aucun cas, le droit sacré de la défense, tel qu'il a été déterminé par la loi ; — Que, dans l'espèce, les questions ou les interpellations que l'accusé demandait qu'on adressât aux témoins à décharge, si elles étaient de nature à compromettre les témoins à charge, se rapportaient aux faits de l'accusation, et tendaient à établir que l'accusé n'était pas l'auteur de l'incendie ; que dès lors l'arrêt attaqué n'a pu lui refuser de les adresser aux témoins, sans restreindre la faculté accordée aux accusés par l'art. 319 c. inst. crim., et sans violer ledit article ; — Casse, etc.

pub. ; 12 mars 1812, MM. Barris, pr., Bailly, rap., aff. Campion et Morel). — L'accusé ne pourrait non plus adresser des interpellations aux témoins sur des faits qui seraient étrangers à l'accusation (V. *suprà*, n° 263).

274. En principe, on ne peut refuser aux prévenus ou accusés le droit de faire interpeller des témoins, non-seulement sur les faits qui seraient de nature à prouver leur innocence, mais encore sur tous ceux qui tendraient à atténuer leur culpabilité, alors même que ces interpellations auraient, sinon dans la forme, au moins, dans le fond, un caractère diffamatoire, si elles sont utiles à la défense. Ainsi, il a été jugé que le prévenu d'outrage public envers un fonctionnaire public dans l'exercice de ses fonctions, est fondé à demander que les témoins soient interpellés sur le point de savoir si ce fonctionnaire ne se trouvait pas en état d'ivresse, au moment du délit, parce que cette interpellation tend à établir une circonstance atténuante en sa faveur (Cour d'assises du Cantal, 26 nov. 1833, aff. Brelat, V. Presse-outrage, n° 1335, M. F. Hélie, inst. crim., t. 8, § 641, p. 758).

275. Ce qui vient d'être dit relativement au droit d'interpellation, s'appliqu exactement au droit qu'a l'accusé, aux termes de l'art. 319 du c. d'inst. crim., de répondre à la déposition des témoins. Cependant, un arrêt reconnaît encore que ce droit est subordonné à l'appréciation de la cour d'assises sur la convenance et l'utilité des observations, et que le président peut, s'il le juge nécessaire, les ajourner au moment des plaidoiries (Crim. rej. 21 oct. 1835)(3) —Cette interprétation nous paraît fondée, car d'une part, l'accusé ne souffre aucun préjudice de ce que les observations se trouvent ainsi ajournées, et de l'autre, la plaidoirie du défenseur porte nécessairement sur la déposition des témoins.

276. Sous la législation de brumaire, on voyait, et l'on devrait voir encore aujourd'hui, une violation de la défense, dans le refus fait à l'accusé d'interpeller un témoin, sous le prétexte qu'il aurait, par erreur, assisté aux débats comme partie plaignante, quoiqu'il ne pût être considéré que comme témoin (Crim. cass. 26 therm. an 8) (4). — Ceci n'implique pas contradiction

Du 18 sept. 1824.–C. C., sect. crim.–M. Ollivier, rap.
(3) (Gatine C. Besson.) — La cour ; — Sur le moyen tiré de la prétendue violation de l'art. 319 c. inst. crim., en ce qu'à l'audience du 26 août, après l'audition du témoin Charles Besson, Me Leroy, avocat de l'accusée Victoire Gatine, ayant demandé à faire quelques observations à MM. les jurés, M. le président lui a fait observer qu'il devait se borner à faire adresser des interpellations au témoin ; sur quoi, l'avocat ayant pris des conclusions formelles, a été débouté de sa demande, par arrêt rendu par la cour d'assises sur cet incident, ledit arrêt ayant décidé que le président s'était renfermé dans l'exercice du pouvoir discrétionnaire qui lui est confié par la loi ; — Attendu que les dispositions de l'art. 319 doivent être entendues dans un sens où elles se concilient avec celles de l'art. 268, ainsi qu'avec celles de l'art. 270, qui porte que le président devra rejeter tout ce qui tendrait à prolonger les débats, sans donner lieu d'espérer plus de certitude dans les résultats ; — D'où il résulte que c'est au président qu'il appartient d'apprécier si les observations que le défenseur veut présenter sont, après l'audition d'un témoin, sont de nature à être proposées à ce moment même, ou doivent être ajournées au moment où la défense de l'accusé sera présentée ; — Attendu, en outre, que le droit accordé par l'art. 319 c. inst. crim., à l'accusé, d'adresser au témoin toute interpellation qui pourrait être utile à la défense, est subordonné à l'appréciation de la cour d'assises, sur l'utilité ou la convenance de l'interpellation ; — Attendu qu'il résulte des faits constatés par le procès-verbal de la cour d'assises, ainsi que de l'arrêt rendu par cette cour, sur l'incident dont il s'agit, que la mesure ordonnée par le président n'a point apporté d'obstacle au droit de la défense, et n'a point porté atteinte à ceux résultant, en faveur de l'accusé, des dispositions de l'art. 319 du code précité ; Rejette, etc.
Du 21 oct. 1835.–C. C., ch. crim.–MM. Bastard, pr.-de Haussy, r.-Hervé, av. gén., c. conf.-Tempier et Ad. Chauveau, av.
(4) (Gourdel C. min. pub.) — Le tribunal ; — Vu les art. 359 et 456 c. dél. et peines ; — Considérant que, dans l'instruction d'un procès criminel, il ne doit être rien négligé pour connaître l'innocence ou la culpabilité ; que tout ce qui peut tendre à manifester la vérité et à éclairer la conscience des jurés, doit être accueilli, en se renfermant toutefois dans le vœu de la loi ; que, dans l'espèce, il est constaté dans le procès verbal de la séance du jury convoqué pour prononcer sur l'innocence ou la culpabilité des demandeurs, que Gourdel, l'un d'eux, avait requis que le président du tribunal criminel d'interpeller le sieur de Lesseville sur un fait ; que le président n'a point fait droit sur cette réquisition, sous prétexte est-il dit, que le sieur de Lesseville ayant, par erreur, assisté aux débats comme partie plaignante, quoiqu'il ne dût être considéré que comme té-

avec le pouvoir que nous avons reconnu aux tribunaux criminels d'écarter une interpellation inutile ou dangereuse ; car refuser sous un tel prétexte d'obtempérer aux réquisitions de l'accusé, ce n'est point régler le droit d'interpellation dans son exercice, mais le supprimer.

277. Le droit d'interpellation était si favorable sous le code de brumaire que l'accusé ou ses conseils pouvaient l'exercer en tout état de cause, et même après les conclusions du ministère public, et que le refus des juges d'accorder cette faculté entraînait la nullité des débats (Crim. cass. 26 germ. an 9 (1); 6 fruct. an 7, MM. Méaulle, pr., Busschop, rap., aff. Vital-Berraute). — Il semble que ces arrêts doivent conserver leur autorité sous le code d'instruction criminelle, dont l'art. 319, en exigeant que les questions de la part de l'accusé ou de son conseil, qui pouvaient être dirigées directement sous le code de brumaire, soient adressées aux témoins par l'organe du président, n'autorise pas ce magistrat à restreindre le droit d'interpellation qu'il reconnaît appartenir à l'accusé. — Mais il serait douteux que l'accusé pût encore aujourd'hui user d'une manière absolue de ce droit, par exemple après le résumé du président dans les affaires soumises au jury et ouvrir ainsi un nouveau débat.

278. Les juges, aussi bien que le président, peuvent en demandant la parole ce magistrat adresser des questions et interpellations aux témoins ; ce droit expressément consacré par l'art. 319 c. inst. crim. l'était déjà par l'art. 354 c. brum. — Il a été jugé, sous l'empire de ce code, et il était alors comme aujourd'hui sans difficulté, qu'un accusé ne pouvait se faire un moyen de cassation de ce que l'un des juges aurait fait une question à un témoin (Crim. rej. 19 brum. an 9) (2).

279. Nous pensons que le droit conféré par l'art. 319 aux juges d'un tribunal criminel est absolu en ce que, s'ils demandaient la parole pour questionner un témoin, elle ne pourrait leur être refusée sans motif légitime. — C'est qui a été décidé, ainsi qu'on l'a vu, à l'égard des questions que l'accusé demande à faire poser à un témoin, et nous ne voyons pas de

raison pour en décider autrement à l'égard des interpellations qu'un juge veut lui adresser. Ces interpellations peuvent être nécessaires non-seulement à la conviction du juge qui demande à interroger le témoin, mais encore à la manifestation de la vérité, et il importe que le débat ne soit privé d'aucun des moyens d'éclaircissement dont la loi a reconnu l'utilité. — Aussi a-t-il été jugé, sous le code de brumaire, et il y aurait lieu, suivant nous, de juger de même aujourd'hui, que le refus fait par le président d'un tribunal criminel, de permettre que l'un des juges adresse une interpellation à un témoin, avant la déclaration de la clôture des débats, est une cause de nullité (Crim. cass. 2 mess. an 12) (3). — Nous ne devons pas perdre de vue toutefois qu'au président seul appartient le pouvoir de diriger les débats. Si, par impossible, le droit qu'ont les autres juges d'y intervenir par des questions adressées aux témoins s'exerçait d'une manière tellement abusive qu'il tendît à usurper le pouvoir exclusivement placé dans ses attributions, le président en contenant ce droit dans de justes limites ne ferait que se conformer à la loi.

280. L'art. 319 c. inst. crim. qui autorise le droit d'interpellation et qui en détermine la forme doit être appliqué devant toute juridiction criminelle.—Aussi a-t-il été jugé notamment que le droit conféré au ministère public, en matière criminelle, d'adresser des questions aux témoins directement et sans l'intermédiaire du président, doit être étendu aux matières correctionnelles ; qu'en conséquence, il y a lieu d'annuler un jugement correctionnel qui en écartant cet article, comme spécial aux cours d'assises, a décidé que le ministère public n'avait le droit de faire des questions aux témoins que par l'organe du président (Crim. cass. 19 sept. 1834) (4).

281. Les témoins ne doivent pas s'interpeller entre eux ; autoriser de semblables interpellations ce serait les admettre à discuter les faits de l'accusation, et, par conséquent, à sortir de leur rôle de témoins. Aussi l'art. 325 c. inst. crim. a-t-il reproduit sur ce point la prohibition contenue dans l'art. 360 c. brum. — Toutefois, il a été jugé, sous ce dernier code, que l'inob-

---

moin, il ne pouvait être entendu à ce dernier titre, ni aucun autre ayant été présent aux débats ; — Considérant que ce refus d'accéder à la réquisition de Gourdel, et d'entendre le sieur de Lesseville, est une contravention à l'art. 359 précité du code des délits et peines ; que la circonstance qu'il avait assisté aux débats n'était pas un motif pour s'opposer à ce qu'il fût entendu sur le fait objectif de l'interpellation que Gourdel avait demandé à lui faire ; que la faculté d'acquiescer à sa réquisition est un des cas prévus par l'art. 456 du même code ; — Casse. Du 26 germ. an 8.-C. C., sect. crim.-MM. Goupil, pr.-Liger, rap.

(1) (Vandevelde C. min. pub.) — Le tribunal : — Vu l'art. 353 et la troisième disposition de l'art. 456 code des délits et des peines ; — Attendu que les conseils de Vandevelde ont demandé, après le discours du commissaire du gouvernement, la faculté d'interpeller les témoins ; que cette faculté leur a été refusée, quoiqu'elle ne fût pas interdite par la loi ; que l'art. 355 du code ne parle que du moment où il est plus ordinaire d'avoir besoin de questionner les témoins, mais qu'il ne défend point de le faire après ce premier moment ; que l'art. 370 du code ne règle que l'ordre ordinaire, et n'exclut point les interpellations qui peuvent être faites aux témoins ; que la nécessité de les questionner peut naître de ce que disent la partie publique, la partie plaignante et l'accusé ; que, si ces interpellations étaient prohibées, l'obligation imposée aux témoins, par l'art. 355 du code, de demeurer dans l'auditoire jusqu'à ce que les jurés se soient retirés, serait sans objet ; — Par ces motifs, casse les débats et le jugement du tribunal criminel du dép. de l'Escaut, du 21 vent. an 9. Du 26 germ. an 9.-C. C., sect. cr.-MM. Dutocq, pr.-Seignette, rap.

(2) (Sauvage). — Le tribunal : — Considérant sur le deuxième moyen que l'art. 354 du code des délits et des peines laisse aux juges « la liberté » de faire aux témoins les questions qu'ils jugent convenables à la découverte de la vérité, que dans l'espèce l'un des juges du tribunal ayant fait une question à l'un des témoins n'a fait qu'user de la liberté que lui donne ledit art. 354 ; qu'ainsi, il n'y a pas de contravention à la loi ; — Rejette. Du 19 brum. an 9.-C. C., sect. crim.-MM. Viellart, pr.-Vallée, rap.

(3) (Colombier C. min. pub.) — La cour : — Vu les art. 456 et 556, C. 5 brum. an 4 ; — Attendu que, le refus fait par le président du tribunal criminel des Bouches-du-Rhône, d'admettre l'interpellation que l'un des juges lui demandait de faire à un témoin, avant la déclaration de la clôture des débats, il résulte une contravention formelle audit art. 556, c. 5 brum. an 4, et excès de pouvoir ; — Casse. Du 2 mess. an 12.-C. C., sect. crim.-M. Liborel, rapp.

(4) (Intérêt de la loi.— Aff. Boutry.) — Le procureur général à la

cour de cassation expose qu'il est chargé par M. le garde des sceaux de requérir, dans l'intérêt de la loi, en vertu de l'art. 441 c. inst. crim., l'annulation d'un jugement du tribunal de police correctionnelle de Louviers(Eure),en date du 12 déc. 1833, qui, à l'occasion d'un incident élevé dans un procès relatif à une coalition d'ouvriers, a décidé qu'en matière correctionnelle, le procureur du roi n'avait pas le droit de faire des questions autrement que par l'organe du président. Ce jugement a violé l'art. 319 c. inst. crim., et faussement appliqué l'art. 190 du même code. — Si, en matière de pénalité, il n'est pas permis de raisonner par voie d'analogie, et de transporter l'application d'une peine d'un cas à un autre, il n'en est pas de même en matière de procédure criminelle, lorsqu'il s'agit d'une règle qui, par sa nature même, est généralement applicable à tous les genres de procédure, et non pas spéciale à un seul. — On ne saurait sérieusement contester l'application de ce principe ; autrement il y aurait souvent lacune dans la loi sur l'instruction criminelle. C'est ainsi qu'en matière correctionnelle, faute de disposition spéciale, il n'y aurait pas de délai déterminé pour se pourvoir en cassation ; qu'en la même matière, les prévenus pourraient s'adresser aux témoins sans l'intermédiaire du président, et provoquer des altercations que la loi a dû vouloir empêcher dans tout débat devant les tribunaux criminels. Il en serait encore de même dans plusieurs autres cas, notamment ceux prévus par les art. 325, 326, 329, 352 et 335, dont les dispositions spécialement placées sous la rubrique des affaires criminelles, sont aussi peu moins applicables aux affaires correctionnelles. — C'est donc à tort que le tribunal de Louviers a posé en principe, dans les motifs du jugement attaqué, qu'en matière correctionnelle, tout a été tracé par l'art. 190 c. inst. crim. Il est, au contraire, reconnu en doctrine, comme en jurisprudence, que, dans un grand nombre de cas, il faut recourir, pour la procédure en matière correctionnelle aux dispositions de la loi en matière criminelle. — Il en doit être ainsi pour la règle portée en l'art. 319 c. inst. crim., qui confère au ministère public le droit d'interpeller directement les témoins, en lui imposant seulement pour la procédure l'obligation de demander la parole au président. — Ce n'est pas là une règle d'exception pour des matières de grande importance, comme le prétend le tribunal de Louviers, mais une règle générale dont l'utilité est la même, soit dans les débats devant les cours d'assises, soit dans ceux qui ont lieu devant les tribunaux correctionnels ; car il importe également, devant l'une et l'autre juridiction, de rendre plus facile et plus prompte la découverte de la vérité, et d'empêcher que les questions du ministère public ne perdent de leur précision et de leur clarté en passant par la bouche d'un tiers. — Cette règle, du reste, est autant dans l'intérêt de l'accusé que dans celui de la société. Elle constitue pour le ministère

servation de cette règle n'emportait pas nullité (Crim. rej. 19 vend. an 10, MM. Vieilart, pr., Barris, rap., aff. St....; 26 niv. an 10, Vieilart, pr., Dutocq, rap., aff. Pr....). — Il en devrait être décidé de même sous le code d'instruction criminelle, puisque l'art. 325 ne prononce pas la peine de nullité. — Cependant nous pensons que dans le cas où les interpellations des témoins entre eux auraient été autorisées par un tribunal criminel, malgré les conclusions formelles de l'accusé, il y aurait nullité aux termes de l'art. 408 c. inst. crim.

CHAP. 7 — Audition des témoins devant le juge d'instruction.

282. Dans toute affaire criminelle que doit précéder une information préparatoire, quelle que puisse être la nature du crime ou du délit, l'audition des témoins a deux phases distinctes, et elle diffère dans chacune de ses phases soit par son objet, soit par sa forme.—L'audition préparatoire devant le juge d'instruction n'est point destinée à former la preuve légale nécessaire pour la condamnation de l'accusé. Son but est particulièrement de guider la justice dans ses investigations et de recueillir tous les éléments de preuve qui devront se produire aux débats. Elle diffère enfin par sa forme de l'audition définitive en ce que celle-ci est publique, celle-là secrète; celle-ci purement orale, celle-là recueillie par écrit.

283. Sous l'ancienne jurisprudence, les dépositions reçues dans l'information secrète avaient force probante lors du jugement définitif, elles étaient soumises seulement à une seconde épreuve par le recolement et la confrontation, et c'était sur les procès-verbaux de cette procédure que le jugement était prononcé (V. M. F. Hélie, Instr. crim., t. 1, p. 633). — La loi du 16 sept. 1791 et le code de brumaire an 4 en établissant la nécessité de la déposition orale et publique des témoins au jugement définitif, conservèrent l'information écrite, mais avec un caractère nouveau, que l'instruction du 29 sept. 1791 a défini en ces termes : « Ces déclarations ne sont point destinées à faire charge au procès ; leur principal objet est de corroborer la plainte et de servir à l'officier de police pour la conduite qu'il doit tenir envers les personnes inculpées. Lorsque le temps de l'action de la police sera écoulé et que la justice sera entrée en connaissance de l'affaire, ces dépositions écrites produiront encore le bon effet de soutenir la conscience des témoins trop pusillanimes, lesquels s'expliqueront avec plus de franchise quand ils se sentiront appuyés, sur ces déclarations écrites, sans néanmoins être liés par elles. » — D'après les lois de 1791 et de l'an 4, c'était le juge de paix qui, investi des attributions aujourd'hui confiées au juge d'instruction, était chargé d'informer soit d'office, soit sur la plainte ou la dénonciation des particuliers : les témoins amenés devant ce magistrat par le dénonciateur ou le plaignant pouvaient être entendus sans citation préalable. Ils n'étaient point assujettis à la prestation de serment. Leurs déclarations devant le juge de paix n'étaient point lues au jury d'accusation qui ne devait prononcer que sur les preuves résultant soit des autres pièces du procès, soit de l'audition orale de ces mêmes témoins.

284. Sous le code d'instruction criminelle, comme sous la législation intermédiaire, les déclarations recueillies dans l'instruction écrite ne sauraient suppléer aux preuves résultant des dépositions orales, de l'examen et des débats. Mais si ces déclarations ne peuvent servir de fondement à la condamnation définitive de l'accusé, elles suffisent cependant pour constituer à elles seules la base des décisions de la chambre du conseil et de la chambre d'accusation, et c'est sur ce point surtout que le système de notre code diffère de celui du code de brumaire et de la loi criminelle de 1791. Il suit de là que, sous le code d'instruction criminelle , ces dépositions des témoins entendus dans l'information écrite ont beaucoup plus d'importance que sous la législation qui l'a

public un droit qui n'est pas sans importance, et qu'il est nécessaire de maintenir dans toute son intégrité. — Enfin l'art. 190 relatif aux débats devant les tribunaux correctionnels, ne parlant ni du président, ni de la direction qu'il est appelé à donner aux débats, et encore moins du droit exclusif qu'il aurait d'adresser des questions aux témoins, rien n'empêche, et il devient même nécessaire, pour trouver une règle à cet

précédé, et que le législateur a dû, en conséquence, soumettre ces dépositions à des formalités plus sévères (V. M. F. Hélie, Inst. crim., t. 1, n° 633 et 635, t. 5, p. 536 et suiv.).— Les formalités préalables aux témoignages reçus par le juge d'instruction ont pour objet 1° de désigner les témoins qui peuvent être entendus utilement ; 2° d'avertir ceux-ci par une citation ; 3° de les contraindre s'ils font défaut, ou en cas de refus de leur part, à satisfaire à cette citation. Les règles sur ce point se trouvent dans les art. 71 et suiv. c. instr. crim.

285. L'art. 71 c. inst. crim. porte :« Le juge d'instruction fait citer devant lui les personnes qui auront été indiquées par la dénonciation, par la plainte, par le procureur impérial ou autrement, comme ayant connaissance soit du crime ou du délit, soit de ses circonstances. » — Quoique dans l'intérêt soit du trésor, soit de la partie poursuivie ou de la partie civile, le juge d'instruction doive s'abstenir de citer légèrement des témoins dont la déposition serait ou insignifiante ou superflue, on comprend qu'il n'est pas limité aux témoins primitivement indiqués ; il peut faire citer aussi tous les individus qu'il découvrirait, dans le cours de l'instruction, comme pouvant déposer de faits importants : cela résulte de la mission dont il est investi, de recueillir tous les renseignements qui peuvent conduire à la manifestation de la vérité. Aussi est-il ainsi sans contestation que le juge d'instruction est investi d'un pouvoir discrétionnaire pour faire citer devant lui toutes les personnes qu'il juge devoir être entendues (MM. Carnot de l'inst. crim., t. 1, p. 332 ; Legraverend, Lég. crim. t. 1, p. 255 ; F. Hélie, t. 5, p. 163, 540 ; Duverger, Manuel du juge d'instr., t. 2, p. 4). — Le texte de l'art. 71 contient à cet égard une dérogation à l'art. 1 du tit. 6 de l'ordonnance de 1670 suivant lequel les témoins entendus dans l'information devaient être non point désignés par le juge, mais administrés seulement par les procureurs impériaux ou seigneuriaux et par les parties civiles, dérogation au reste qui existait déjà de fait dans la pratique (Jousse, Traité de la justice crimin., t. 2, p. 76).

286. Il ne faudrait pas conclure des termes de l'art. 71 que le juge d'instruction soit strictement tenu de faire appeler tous les témoins qui lui seraient indiqués par le dénonciateur, le plaignant ou l'officier du ministère public. Ces termes sont purement démonstratifs et s'il y est dit que le juge d'instruction fera citer les témoins désignés par le ministère public et la partie poursuivante, ce n'est point impérativement mais seulement à titre d'exemple, et parce qu'en fait ce sera le ministère public et la partie poursuivante qui le plus ordinairement, pourront indiquer au juge d'instruction les personnes ayant connaissance du délit (MM. Carnot, de l'instr. crim. t.1, p. 331 ; Duverger, Manuel t. 2, p. 4 ; F. Hélie, inst. crim. t. 5, p. 165). — Sans doute le juge d'instruction manquerait à ses devoirs s'il négligeait de faire appeler un témoin qui lui serait positivement signalé comme ayant connaissance de quelque circonstance importante ; mais si un trop grand nombre de personnes étaient désignées pour déposer d'un même fait ou si des témoins étaient indiqués pour établir des circonstances sans portée, il appartiendrait sans nul doute au juge chargé de l'instruction d'écarter les témoignages qui lui paraîtraient inutiles, sauf au ministère public, lors de la communication de la procédure, s'il estimait que des témoins eussent été éliminés à tort, à demander à la chambre du conseil, s'il y avait lieu, un supplément d'instruction (M. Duverger, ibid, p.5.) — On décidait déjà, au reste, sous le code de brumaire, qu'il appartenait à l'officier de police judiciaire chargé de l'instruction de l'affaire de juger quels témoins devaient être entendus (Crim. rej. 17 mess. an 9, MM. Seignotte, pr., Rataud, rap., aff. Batisse).

287. Il suit encore de ces principes que le juge d'instruction, donc que la loi n'ait point parlé des témoins qui pourraient être indiqués par le prévenu, n'en est pas moins autorisé à les faire

égard, de recourir à l'art. 319, qui trace, avec autant de sagesse que de précision, les droits du président, des juges et du ministère public. — En conséquence, nous requérons, etc. — Arrêt.

La cour; — Vu le réquisitoire ci-dessus, et adoptant les motifs qui y sont exprimés; — Casse dans l'intérêt de la loi, etc.

Du 19 sept. 1834.—C. C., ch. crim.—MM. Bastard, pr.-Ricard, rap.

entendre s'il croit leur audition utile à la manifestation de la vérité. Car ce n'est pas seulement pour aboutir à des preuves de culpabilité, mais aussi pour mettre en lumière l'innocence, que des témoins sont entendus, et le juge doit instruire dans l'intérêt de la justice et de la vérité, c'est-à-dire tout aussi bien à la décharge du prévenu qu'à sa charge (M. F. Hélie, inst. crim., t. 5, p. 542).—Au surplus c'est à la conscience éclairée du juge d'instruction qu'il appartiendra de décider si. eu égard à la nature des circonstances que les témoins désignés par le prévenu pourraient attester, il convient ou non de les entendre; la loi lui abandonne à cet égard un pouvoir souverain d'appréciation. — Il a été jugé en ce sens que le refus, par le juge d'instruction, d'entendre des témoins à décharge, ne peut servir de moyen de cassation contre l'arrêt de mise en accusation (Crim. rej. 12 mai 1853, aff. Griffard, D. P. 53. 5. 441).

288. Mais est-il tenu d'entendre sur la demande du prévenu les témoins qui n'auraient à déposer que sur des circonstances de nature à atténuer la culpabilité sans la détruire?— Legraverend fonde la négative sur ce que, si dans l'instruction préalable, le magistrat instruit à charge et à décharge, c'est en ce sens qu'il recueille en même temps, et dans les circonstances générales du fait, ce qui peut établir l'innocence ou la culpabilité de l'accusé. Il ne doit pas dès lors entendre des témoins spécialement sur les excuses, à moins qu'elles ne soient péremptoires, comme la démence, la force majeure, etc., ni provoquer, sur la moralité du prévenu, le témoignage de personnes présumées n'avoir rien à dire sur le fait ou ses circonstances. — Tel est aussi l'avis de MM. Bourguignon, Man., t. 1, p. 163, et Jurispr. des cod. crim., t. 1, p. 181 ; Duverger, t. 2, p. 7; F. Hélie, Instr. crim., t. 5. p. 542, 543).—M. Duverger, *loc. cit.*, estime cependant qu'il pourrait y avoir lieu d'entendre les témoins sur les excuses légales, quoiqu'elles ne tendissent qu'à faire modérer la peine et même sur de simples circonstances atténuantes, s'il était à craindre que les témoins n'existassent plus au moment des débats.— Mais il regarderait comme abusif de faire citer des témoins qui n'auraient à déposer que de la bonne ou mauvaise moralité du prévenu, sans avoir rien à dire sur le fait ou les circonstances du délit. — Ces règles nous paraissent fort sages, et nous croyons qu'il est juste de s'y conformer; mais en aucun cas l'inobservation de ces règles par le juge d'instruction ne saurait constituer un moyen de nullité.

289. Le juge d'instruction, porte l'art. 71, *fera citer* les témoins ; ces expressions ne signifient point que les témoins doivent être cités à la diligence du juge d'instruction ni à sa requête, mais seulement qu'ils doivent l'être d'après ses ordres (M. Duverger, *ibid.*, p. 23).—Le même principe était suivi sous l'ancienne jurisprudence où le juge instructeur, d'après Denisart, v° Information, n° 35, ne devait point entendre un témoin qui aurait été cité devant lui sans qu'il l'eût ordonné. — La citation est donnée à la requête du procureur impérial (art. 72), parce que c'est ce magistrat qui est chargé de faire exécuter les ordonnances du juge d'instruction (M. Duverger, *ibid.*). — A cet effet le juge d'instruction rend une ordonnance portant le nom de *cédule*, qu'il transmet au procureur impérial et dans laquelle il indique en les désignant par leurs noms, prénoms, domiciles et qualités, les témoins à faire citer et fixe en même temps les jours, lieu et heure de leur audition. — V. M. F. Hélie, t. 5, p. 544.

290. D'après un arrêt rendu sous le code de brumaire, lorsque le directeur du jury avait rendu une ordonnance à l'effet d'assigner non-seulement les témoins y dénommés, mais *les autres qui à la suite pourraient être indiqués par la procédure*, il n'était pas nécessaire qu'il rendît une nouvelle ordonnance, dès que de nouveaux témoins venaient à être connus (Crim. rej. 26 vend. an 14) (1).—Cette forme de procéder n'est point régulière et ne nous paraît pas conforme au vœu de la loi; mais elle ne devait pas être une cause de nullité sous le code de brumaire et

ne pourrait même donner lieu à nullité sous le code d'instruction criminelle.

291. Le juge n'est point obligé d'énoncer dans la cédule les causes de l'information, c'est-à-dire la nature du délit et le nom de l'inculpé. — Il est même souvent à propos de laisser ignorer aux personnes citées sur quoi elles doivent être interpellées, de peur qu'elles ne soient circonvenues par les parents et amis de l'inculpé, et pour que leurs dépositions, qu'ils n'auront pas eu le temps de préparer et concerter à l'avance, offrent par là plus de garanties de sincérité (Denisart, v° Information, n° 32; M. Duverger, *loc. cit.*, p. 25).

292. Les témoins sont cités par huissier ou par un agent de la force publique (c. inst. crim. 72). — L'expression *agent de la force publique* comprend les gendarmes ; ce mode, prohibé par la loi du 28 germ. an 6, fut introduit de nouveau par celle du 5 pluv. an 13, art. 1, et serait préférable au rapport de l'économie des frais, mais les gendarmes, aux termes de l'art. 68 de l'ord. du 29 oct. 1820, et de l'art. 107 du décret du 1er mars 1854 (D. P. 54. 4. 40) ne peuvent être employés à porter des citations que dans le cas d'une nécessité urgente et absolue. — Quant aux gardes forestiers ils ne peuvent être employés pour donner des citations, qu'en matière forestière et rurale (M. Legraverend, t. 1, p. 257).

293. L'art. 84 du décret du 18 juin 1811 et l'art. 29 du décret du 14 juin 1813, disposent que les huissiers ne peuvent réclamer des frais de transport hors de leur canton, sans justifier d'un mandat exprès de l'officier du ministère public. Cela n'empêche pas qu'ils ne puissent instrumenter hors de leur ressort, pourvu qu'ils ne réclament pas de frais extraordinaires (M. Legraverend, p. 257).—En effet, les huissiers ont le droit de faire dans l'arrondissement du tribunal auquel ils sont attachés, tous les actes et exploits nécessaires pour l'exécution du mandement de justice. La modification apportée à cette règle par les dispositions susmentionnées, n'a pour but que d'économiser les frais de justice, c'est ce qui résulte au surplus d'une circulaire du garde des sceaux du 30 sept. 1826 (Conf. M. Mangin, de l'Instr. écrite, t. 1, n° 104). — V. en outre v° Frais et dép., n° 1086 ; Huissier, n° 23.

294. Le mandement exprès pour instrumenter dans un autre canton, peut être délivré par le procureur impérial ou par le juge d'instruction pour tout le ressort du tribunal civil d'arrondissement (décr. 14 juin 1813, art. 30); par le procureur impérial près la cour d'assises pour tout le département (*ibid.* 31) et par le procureur général pour tout le ressort de la cour (*ibid.* 33).—Les juges de paix qui opèrent en vertu d'une délégation du juge d'instruction, n'auraient pas le pouvoir de donner mandement à un huissier pour instrumenter hors de leur canton ; aucun règlement ne les y autorise (circ. du garde des sceaux déjà citée).

295. Quand le juge d'instruction se dispose à faire citer des témoins, il ne doit pas perdre de vue que certaines personnes sont incapables de déposer (V. n°s 69 et s.). — Il lui appartient d'écarter le témoignage des personnes incapables et même, si leur audition était requise par le ministère public, de statuer, ainsi du reste qu'il résulte des motifs d'un arrêt, sur la légalité de leur audition (Rennes, 8 déc. 1836, aff. Xac..., V. Serment, n° 161).

296. Toutefois, comme le titre du code relatif à l'instruction est muet sur les reproches à l'égard des témoins, on s'est demandé si les prohibitions énoncées aux art. 156 et 322 c. inst. crim. et notamment celles qui interdisent le témoignage des proches parents de l'accusé sont applicables à l'instruction écrite. — Cette question s'était déjà présentée sous le code de brumaire, en ce qui concernait les interdictions de témoignage pour cause de parenté consacrées dans les matières soumises au jury par l'art. 358 de ce code et non mentionnées dans les dispositions spécialement relatives à l'instruction préparatoire, et on décidait sous ce code,

sa plainte le magistrat de sûreté a demandé qu'il fût informé des faits qu'elle contenait, ce qui était nécessairement requérir l'audition de toute personne qui interdisait de connaissance de ces faits : — Qu'ainsi aucuns témoins n'ont été entendus sans réquisition du ministère public, et qu'il n'a pas été contrevenu à l'art. 12 de la loi du 7 pluv. an 9 ;—Rejette. Du 26 vend. an 14.-C. C., sect. crim.-MM. Viellart, pr.-Aumont, rap.

(1) (Boizin.) — La cour, — Attendu que l'ordonnance du directeur du jury du 12 messidor porte l'ordre d'assigner, non-seulement les témoins qui y sont dénommés, « mais les autres qui à la suite pourraient être indiqués par la procédure, » et qu'aucune loi n'exige que ce magistrat rendît une nouvelle ordonnance chaque fois que de nouveaux témoins viendraient à être connus ; que dans les conclusions qu'il

1° que l'art. 358 qui prohibait l'audition de certains parents ou alliés de l'accusé n'était applicable qu'aux débats et que dès lors ces parents ou alliés pouvaient être entendus dans l'instruction (Crim. rej. 16 germ. an 7, M. Méaulle, rap., aff. Sailly; 25 prair. an 7, M. Pons, rap., aff. Bleyker; 27 prair. an 8, MM. Viellart, pr., Chasles, rap., aff. Thomas; 16 brum. an 10, M. Schwendt, rap., aff. Vimart); ....ou dans la procédure devant le directeur du jury (Crim. rej. 28 août 1806, M. Massillon, rap., aff. Condevoux; 12 sept. 1806, M. Lacoste, rap., aff. Greaume; 11 juin 1807, M. Minier, rap., aff. Villaine; 28 avr. 1808, M. Lefessier, rap., aff. Ergot; 5 mai 1808, M. Oudot, rap., aff. Moritz; 2 mai 1811, M. Dutocq, rap., aff. Romagnone; 20 juill. 1815, M. Busschop, rap., aff. Servex); — 2° qu'ainsi l'officier de police judiciaire pouvait entendre toutes personnes et spécialement la sœur du prévenu (Crim. rej. 29 frim. an 5, MM. Brun, pr., Seignette, rap., aff. Graciot); — 3° la mère et le frère du prévenu (Crim. rej. 17 germ. an 9, MM. Seignette, pr., Vallée, rap., aff. Brialix); — 4° le beau-frère du prévenu (Crim. rej. 15 pluv. an 8, MM. Rous, pr., Boileux, rap., aff. Christine); — 5° que de même devant le directeur du jury le frère du prévenu peut être entendu comme témoin (Crim. rej. 21 frim. an 14, MM. Viellart, pr., Minier, rap., aff. Auvray); — 6° que la femme de l'accusé avait pu également être appelée comme témoin devant le directeur du jury, l'art. 358 ne concernant que l'audition des témoins pendant les débats (Crim. rej. 24 niv. an 11, M. Liger, rap., aff. Forel); — 7° que l'art. 358 était également inapplicable aux témoins entendus devant le jury d'accusation; et que devant ce jury le beau-frère de l'accusé pouvait en conséquence être entendu comme témoin (Crim. rej. 27 therm. an 9, MM. Seignette, pr., Vallée, rap., aff. Bailly).

297. Cette jurisprudence pourtant n'était pas uniforme et l'on décidait, en sens contraire, 1° qu'un directeur du jury avait pu, dans une fausse application de l'art. 358 c. 3 brum. an 4, refuser d'entendre le beau-frère de l'accusé, par le motif qu'il ne croyait pas devoir l'entendre à sa charge (Crim. rej. 27 juill. 1809, MM. Barris, pr., Vermeil, rap., aff. Pujot); — 2° Que la femme divorcée ne devait pas être entendue comme témoin dans une information sur des plaintes et dénonciations tendant à faire prononcer contre son ex-mari des peines afflictives, des amendes et des dommages-intérêts (Crim. rej. 18 brum. an 14, MM. Vermeil, pr., Delacoste, rap., aff. Lesage);

298. Mais, comme les témoins appelés dans l'instruction écrite, sous le code de brumaire, n'étaient point assujettis, comme sous le code d'instruction criminelle, à la prestation de serment, et n'étaient entendus que par forme de simple déclaration, les décisions rendues sous l'empire de ce code ne sauraient avoir, dans la question au point de vue de la législation actuelle qu'une importance secondaire. — Cependant il a été jugé, depuis le code d'instruction criminelle, dans un sens conforme à celui de la plupart des décisions précédentes, que le juge d'instruction peut entendre comme témoins même les parents et alliés de l'inculpé aux degrés les plus proches, « attendu que la prohibition de l'art. 322 c. inst. crim. n'est relative qu'à la déposition orale dans les débats des témoins, parents des accusés aux degrés fixés dans cet article » (Crim. rej. 10 oct. 1817, aff. Gueudet, V. Inst. crim., n° 2179; Conf. C. C. de Belgique, 14 déc. 1841) (1).

299. Plusieurs auteurs, en se fondant sur l'économie générale de la loi criminelle, et surtout sur les motifs d'honnêteté publique qui ont fait d'écarter des débats le témoignage des proches parents de l'accusé, considèrent ces prohibitions comme absolues, aussi le juge d'instruction ne pourrait même entendre les parents qu'elles concernent à titre de renseignements, aucune disposition légale ne l'autorisant, hors le cas de flagrant délit, et sauf en ce qui touche les enfants au-dessous de quinze ans qui ne sont comme les condamnés qui ne peuvent être entendus sous la foi du serment, à recevoir des déclarations sous cette forme (c. inst. crim., 32, 59, 79; V. Serment, n° 160). — Il a été jugé, d'après ces principes, que le

juge d'instruction doit, nonobstant l'obligation qui lui est imposée par l'art. 71 c. inst. crim., se refuser d'entendre, soit comme témoins, soit même à titre de renseignements, les personnes qui lui sont indiquées par le ministère public, si ces personnes sont dans la catégorie de celles dont le témoignage est prohibé par les art. 156 et 322 c. inst. crim., et spécialement le père et la mère de l'inculpé (Rennes, 8 déc. 1836, aff. Xac..., V. Serment, n° 161; V. en ce sens MM. Mangin, inst. écrite n° 101; Delaporte, inst. crim., t. 1er, p. 376). — Telle paraît être aussi l'opinion de MM. Legraverend, législ. crim., t. 1er, p. 265, et Delamorte-Félines, manuel du juge d'inst., p. 144, lesquels reconnaissent, toutefois, que l'audition par le juge d'instruction des parents de l'inculpé ne pourrait avoir lieu sans cause de nullité. — MM. Bourguignon (manuel d'inst. crim., t. 1er, p. 66; et jurispr. des codes crim., t. 1er, p. 185 et 188), et Rauter (droit crim., t. 2, p. 330) pensent, au contraire, que les art. 156 et 322 ne peuvent s'appliquer à l'instruction écrite, et qu'en conséquence les parents au degré prohibé doivent être admis à y déposer sans qu'on puisse néanmoins les y contraindre, tel est aussi l'avis de M. F. Hélie, t. 5, p. 558. — M. Duverger (manuel du juge d'inst., n° 266) estime que ces parents à un degré si rapproché pourraient peut-être, être appelés à déposer dans l'instruction écrite, mais avec une grande réserve et tout au plus lorsqu'ils se seraient rendus dénonciateurs ou plaignants, parce qu'en pareil cas, il n'y aurait nulle violence à faire aux sentiments de la nature; encore, ajoute-t-il, serait-il plus prudent et plus décent, même en ce cas, de les écarter par respect pour la morale publique. — Enfin, Carnot, inst. crim., t. 1er, p. 233, 348 et 356 veut que ces parents puissent être entendus par le juge d'instruction, mais seulement à titre de simples renseignements.

300. On voit par ces divergences, et par les nuances multiples que présentent ces différentes solutions que la question non-seulement est délicate, mais qu'elle est complexe. Il s'agit, en effet, de savoir : 1° si le juge d'instruction peut entendre les parents au degré énoncé aux art. 156 et 322 à titre de témoins, et par conséquent sous la foi du serment; — 2° S'il peut les entendre à titre de renseignements, sans la prestation du serment; — 3° Si dans l'un ou l'autre cas ces parents pourraient se refuser devant le juge d'instruction à donner leur témoignage ou à faire la déclaration qui serait exigée d'eux; — 4° Si enfin leur audition dans l'instruction écrite serait une cause de nullité. — Nous avons examiné les deux premières de ces questions v° Serment, n°s 161 à 162. — Quant à la troisième question, elle est virtuellement résolue par les deux premières, si l'on admet avec nous que les empêchements de témoignage pour cause de parenté ou alliance s'appliquent par identité de motifs tout aussi bien dans l'instruction écrite que devant les tribunaux de police ou la cour d'assises. — Mais si l'on pensait que les mêmes causes de prohibition légale n'existent pas pour les témoins appelés devant le juge d'instruction, nous pensons qu'il faudrait décider, même en ce cas, que les parents ou alliés à un degré aussi proche pourraient se refuser à déposer : c'est ce qui résulte, suivant nous, de la combinaison des art. 156, 171, 189 et 322 du c. inst. crim.; ce qui résulte, en outre, du but de la loi qui a voulu, ainsi que nous l'avons dit, épargner aux plus proches parents de l'accusé une situation qui les placerait dans l'alternative de se parjurer, ou de faire violence à leurs affections, et plus encore de cette loi morale écrite par la nature dans le cœur de tous les hommes qui ne permet pas qu'on puisse contraindre un fils à faire contre son père, une femme à faire contre son mari, une déclaration qui le conduirait à l'échafaud. — Enfin, en ce qui touche la question de nullité, nous pensons que l'audition, dans l'instruction écrite, des parents ou alliés de l'inculpé ne pourrait en aucun cas y donner lieu, puisque les art. 156 et 322 ne portent point cette sanction, et confèrent seulement à l'accusé et au ministère public le droit de s'opposer à l'audition des personnes que ces articles prohibent le témoi-

---

(1) (Bex C. min. pub.) — LA COUR; — Sur le moyen tiré de la violation des art. 75, 517, 522 et 541 c. inst. crim., en ce que Guillaume Gaminé, père de Liévin-Gaminé, l'un des accusés, a été entendu, le 9 fév. 1841, devant le juge d'instruction, comme témoin et sous la foi du serment; — Attendu qu'aux termes de l'art. 80 c. inst. crim., Guillaume Gaminé était tenu de comparaître devant le juge d'instruction et de satisfaire à la citation; que les art. 156 et 522 du même code,

qui défendent de recevoir les dépositions de certains individus, ne peuvent concerner que les témoins à produire aux débats; qu'enfin cette prétendue nullité devrait avoir existé avant l'arrêt de renvoi, et les accusés ne l'ayant pas proposée dans les cinq jours de l'avertissement qui leur a été donné le 22 juillet 1841, elle serait couverte par leur silence; — Rejette.

Du 14 déc. 1841.-C. C. de Belgique, ch. crim.-M. de Sauvage, pr.

gnage. — En tout cas, suivant un arrêt, la nullité à supposer qu'elle existe serait couverte, si l'accusé ne s'était pas pourvu contre l'arrêt de renvoi dans les cinq jours de l'avertissement donné conformément à l'art. 296 c. inst. crim. (C. C. de Belgique, 14 déc. 1841, aff. Bex, V. n° 298).

301. Il est d'autres personnes que le juge d'instruction ne doit point faire citer : ce sont celles qui par une disposition exceptionnelle de la loi sont dispensées, à raison de certaines fonctions ou de certaines dignités, de comparaître devant le juge pour donner leur témoignage (V. n°[s] 227 et s.). Quant aux militaires ou employés attachés à l'armée qui se trouvent éloignés pour cause de service du lieu où se fait l'instruction, V. n°[s] 240 et s.

302. Aux termes de l'art. 80 c. inst. crim., toute personne citée pour être entendue en témoignage sera tenue de comparaître et de satisfaire à la citation; sinon elle pourra y être contrainte par le juge d'instruction qui, à cet effet, sur les conclusions du procureur impérial, sans autre formalité ni délai et sans appel, prononcera une amende qui n'excédera pas 100 fr. et pourra ordonner que la personne citée sera contrainte par corps à donner son témoignage.

303. Il s'est élevé la question de savoir si l'amende et la contrainte par corps que prononce cet article peuvent être appliquées au témoin qui tout en comparaissant sur la citation refuserait néanmoins de déposer. Le doute naît de ce que l'art. 304 du même code, qui assimile expressément le refus de déposer au défaut de comparution et qui punit dans les deux cas le contrevenant de la même peine, paraît n'avoir eu en vue que les témoins appelés par le président de la cour d'assises ou par le juge commis par lui.—La cour des pairs, dans la conspiration du 19 août, a appliqué cependant la peine de l'art. 304; mais cette décision de la part de la haute cour, qui puisait ses règles où elle le jugeait convenable, sans se regarder comme liée par les dispositions du droit commun, ne détruit pas toute difficulté. — M. Legraverend, t. 1, p. 259, après avoir exposé les motifs pour et contre, pense qu'il faut appliquer les dispositions pénales de l'art. 304 au témoin qui refuserait de déposer devant le juge d'instruction. — M. Bourguignon, Jurisp. des c. crim., t. 1, sur l'art. 80, se range à cet avis en se fondant surtout sur le texte littéral de l'art. 80, qui veut que toute personne citée pour être entendue en *témoignage* soit tenue de *comparaître* et de *satisfaire à la citation*; sinon qu'elle puisse être *contrainte* par une condamnation à l'amende et par corps à venir donner son témoignage; d'où il suit que le témoin comparaissant qui refuse de déposer ne satisfait pas à la citation qui a pour objet de l'*entendre en témoignage* et qu'il tombe sous l'application des dispositions pénales de cet article tout aussi bien que le témoin défaillant.— Tel est aussi l'avis de MM. Duverger, Man. du juge d'instruction, n° 280; Mangin, De l'instruction écrite, t. 1, p. 180; Merlin, Rép., v° Témoin judiciaire, § 1, art. 6; Favard, v° Enquête, t. 2, p. 364; Boitard, Leçons sur le code d'instruct. crim., p. 135; F. Hélie, t. 5, p. 546. — Carnot, p. 304, émet un avis contraire en se fondant sur ce que la déposition devant le juge d'instruction n'étant qu'un acte préparatoire, ce serait, suivant lui, ajouter à la loi que d'appliquer l'amende au simple refus de déposer dans l'instruction écrite. — Nous préférons la première de ces deux solutions : 1° comme étant strictement conforme, suivant nous, au texte sainement interprété de l'art. 80; 2° comme étant en parfaite concordance avec l'art. 304, ces deux articles se prêtant un mutuel secours; 3° comme pouvant

seule atteindre le but de la loi; car il est manifeste que le refus de déposer équivaut, quant à ses effets, au refus de comparaître, et l'on peut même ajouter avec M. Duverger, *loc. cit.*, que celui qui, en comparaissant, désobéit à la justice en face en refusant sans motif légitime de déclarer ce qu'il sait, est plus répréhensible que celui qui s'abstient de comparaître. — Jugé en ce sens que le témoin qui refuse de déposer devant le juge d'instruction sur certains faits qu'il avoue connaître doit être condamné à l'amende comme le témoin qui ne comparaît pas : refuser en ce cas de déposer, c'est ne pas satisfaire à la citation (Toulouse, 16 août 1842) (1).—V. aussi n° 347.

304. La contrainte par corps autorisée par l'art. 80 peut être exercée au moyen d'un mandat d'amener; c'est là, du moins, ce qu'on peut induire de l'art. 92 du c. d'inst. crim. et de sa combinaison avec l'art. 355. Telle est l'opinion de M. Legraverend qui fait remarquer que cette mesure est plus prompte que la contrainte par corps ordinaire, puisque le témoin est conduit immédiatement devant le juge et qu'elle est moins onéreuse pour lui puisqu'il est remis aussitôt en liberté. — Conf. M. Mangin, De l'instr. écrite, n° 107. — *Contra*, M. Carnot, p. 676.

305. Cette mesure de rigueur est facultative pour le juge qui peut se borner à appliquer l'amende au témoin défaillant et à le faire appeler par une seconde citation (conf. Bourguignon, Jur. des c. crim., t, 1, sur l'art. 80), ou encore le faire purement et simplement citer de nouveau sans prononcer aucune amende, s'il apparaît que le témoin n'ait pas été suffisamment averti par la citation, comme dans le cas, par exemple, où le juge reconnaîtrait que la citation aurait été donnée à un trop court délai, ou que le témoin absent de son domicile au moment de cette citation n'était pas de retour au moment fixé pour la comparution. Rien ne l'oblige même à faire donner une nouvelle citation au témoin défaillant, s'il estime d'après la déposition des autres témoins que la déposition de celui-ci serait sans utilité.—A plus forte raison a-t-il été justement décidé que le prévenu ne peut se faire un moyen de cassation de ce que le magistrat instructeur n'a pas jugé à propos de faire réassigner certains témoins (Crim. rej. 10 mai 1810) (2).

306. L'amende ne peut être prononcée, non plus que la contrainte par corps, que sur les conclusions du ministère public (MM. Carnot, p. 675, n° 2 ; Mangin, de l'Instr. écrite, n° 107); peu importe du reste ce que le ministère public aura requis, le juge d'instruction n'en sera pas moins libre de statuer ainsi qu'il le croira convenable (Conf. Mangin, *ibid.*). — Il résulte de cette nécessité de l'intervention du ministère public, que le juge de paix qui aura été délégué par le juge d'instruction pour entendre des témoins, ne pourra, si ceux-ci font défaut, prononcer contre eux, ni l'amende ni la contrainte par corps, puisqu'aucun officier du ministère public n'est établi auprès des juges de paix. Ce magistrat devra donc se borner à constater dans son procès-verbal d'information les noms des témoins récalcitrants, sauf au juge d'instruction à prendre contre eux telles mesures qu'il appartiendra (M. Mangin, *ibid.*).

307. M. Carnot, p. 676, n° 6, pense au surplus avec raison, et en cela il est de l'avis de M. Legraverend, que la contrainte par corps ne pourrait être ordonnée contre le témoin non comparant, qu'autant qu'il aurait reçu une citation régulière. Pour qu'un témoin soit condamné comme ayant désobéi à l'injonction de la justice, il faut au moins que cette injonction soit dûment constatée.— Mais il a été justement décidé que pour qu'un té-

---

(1) (Min. pub. C. R.) — LA COUR; — Attendu que N. R.... a été régulièrement cité devant le juge d'instruction de Toulouse pour y déposer sur les faits et circonstance[;] qui pouvaient être à sa connaissance, à raison d'un crime de vol imputé au nommé M...; qu'il a comparu et qu'il a prêté serment de dire toute la vérité, mais qu'il s'est refusé à fournir des explications sur certains faits qu'il disait connaître et ne vouloir pas révéler;

Attendu que ce refus de déposer rend vaine et illusoire la comparution du témoin, et constitue une désobéissance à la loi, un manque de respect à la justice, et que ledit R... s'est soustrait ainsi à l'une des obligations qui lui étaient imposées par l'art. 80 c. inst. crim., c'est-à-dire de satisfaire à la citation; qu'il est dès lors passible de l'amende portée par cet article; qu'ainsi c'est mal à propos, et en faisant une fausse interprétation de la loi, que le juge d'instruction a décidé

que la clause pénale du susdit article n'était applicable qu'au défaut de comparution ; — Réforme.
Du 16 août 1842.-C. de Toulouse, ch. acc.

(2) (Mondate.) — LA COUR; — Attendu sur le premier moyen, que le magistrat instructeur est maître de faire réassigner les témoins dont il juge que les dépositions peuvent être propres à découvrir la vérité et qu'on ne peut se prévaloir sous aucun rapport de ce que ce magistrat n'a pas fait entendre des témoins qui d'abord avaient été indiqués ; que c'est aux accusés à provoquer l'audition des témoins qui peuvent déposer à décharge; que Mondate n'a point demandé que les deux témoins dont il fait mention fussent assignés et entendus pour sa justification, qu'il en résulte que ce moyen doit être écarté ; — Rejette.
Du 10 mai 1810.-C. C., sect. crim.-MM. Barris pr.-Oudot, rap.

moin non comparant soit passible de l'application de l'art. 80 c. inst. crim.; il n'est pas nécessaire que la citation ait eu lieu *à sa personne*; il suffit que ce témoin ait eu connaissance de sa citation, et qu'il n'ait pas été légalement empêché d'y satisfaire (Crim. rej. 19 déc. 1823) (1).

808. Le juge d'instruction a toute latitude pour rapporter la condamnation à l'amende par lui prononcée ; l'art. 81 porte en effet que le témoin condamné à l'amende sur un premier défaut, et qui sur le second produira des excuses légitimes, pourra, sur les conclusions du ministère public, être déchargé de l'amende. — Ce témoin pourra donc, soit qu'on ait décerné un mandat pour le contraindre par corps à venir déposer (c. inst. crim. 80, 92), soit qu'on n'ait donné qu'une seconde citation, être admis à proposer des excuses (M. Legraverend, t. 1, p. 239). — Sous l'ancienne législation, ces excuses portaient le nom d'*exoines*. « On entend par exoines, dit Jousse (t. 2, p. 298), toute excuse légitime qui empêche une personne citée de pouvoir obéir à la citation qui lui est signifiée. »

809. La loi ne pouvait ni déterminer ni limiter à l'avance toutes les circonstances qui seraient de nature à être admises comme excuses ; elle a laissé à la sagesse du juge d'instruction le pouvoir d'en décider souverainement. L'absence lointaine d'un témoin, son état de maladie, son état de détention où il pouvait se trouver, sont les principales causes d'excuse; mais il peut exister beaucoup d'autres motifs d'empêchement tout aussi légitimes. Ce sera au juge à les apprécier.—Les dispenses de témoignage, que la jurisprudence a consacrées en ce qui touche l'obligation du secret imposé à certaines personnes par la nature de leurs fonctions (V. nᵒˢ 39 et s.), ne seraient pas pour ces personnes des motifs légitimes d'excuse; car, si des motifs particuliers peuvent les dispenser de déclarer tout ce qu'elles savent, il n'en peut exister aucun qui les dispense de comparaître.— Mais il résulterait un cas légitime d'excuse de la circonstance qu'un témoin se trouverait sous le poids d'une condamnation emportant contrainte par corps. En ce cas il devrait être expédié à ce témoin un sauf-conduit qui serait délivré sur les conclusions du ministère public (V. *suprà*, nᵒ 67).— Devrait également être excusé le témoin qui se trouverait en état de détention. Si ce témoin est détenu dans l'arrondissement où la procédure est instruite, le juge d'instruction peut, soit se transporter au lieu de sa détention pour recevoir sa déposition, soit ordonner son extraction et sa translation devant lui (MM. Mangin, Instr. écrite, t. 2, 105; F. Hélie, Traité de l'instr. crim., t. 5, § 353). Si le témoin est détenu dans un autre arrondissement, le juge saisi de l'affaire doit s'adresser au juge d'instruction du lieu pour faire ordonner cette extraction (M. Mangin, *ibid.*). — Il est enfin d'autres causes légales d'excuse que le juge d'instruction ne pourrait se dispenser d'admettre : ce sont celles qui résultent de certaines fonctions ou dignités auxquelles la loi a attaché le privilège de ne pouvoir être assujetti à déposer que dans une forme tout exceptionnelle (V. *suprà*, nᵒˢ 227 et s.).—La loi n'a, du reste, soumis à aucune formalité particulière la présentation des excuses au juge d'instruction par les personnes qui se trouvent dans l'impossibilité de comparaître, ou qui en seraient légalement dispensées. Ces excuses pourront donc être présentées soit par écrit avec pièces à l'appui, soit par un fondé de pouvoir spécial (M. F. Hélie, *eod. loc.*).

810. Le juge d'instruction prononce sans appel (c. inst. crim. 80) : si le témoin n'a pas réclamé, ou que le juge n'ait pas cru devoir accueillir sa réclamation, la condamnation est irrévocable. S'ensuit-il que la faculté d'appel soit refusée non-seulement au témoin condamné comme défaillant, mais aussi au ministère public, dont le juge n'a pas adopté les conclusions, ou faut-il restreindre cette prohibition à la partie condamnée seulement ?—Il a été jugé dans ce dernier sens que l'art. 80 c. inst. crim., qui ne permet pas aux témoins défaillants d'ap-

peler de l'ordonnance du juge d'instruction qui les condamne à l'amende n'est pas applicable au ministère public, et qu'il y a lieu d'annuler l'arrêt qui déclare ce dernier non recevable à former opposition ou appel contre une décision d'un juge d'instruction, portant qu'il y a lieu, quant à présent, à condamner à l'amende un témoin cité qui n'avait pas comparu (Crim. cass. 14 sept. 1832, aff. Arnould, V. Appel crim., nᵒ 18).—La doctrine de cet arrêt est vivement critiquée par M. Mangin (*ibid.*, nᵒ 108). Cet auteur pense que la décision du juge d'instruction en cette matière est souveraine tout aussi bien à l'égard du ministère public qu'à l'égard de la partie condamnée, et il se fonde : 1ᵒ sur les termes de l'art. 80, qui semblent devoir s'appliquer au cas où le juge a infligé l'amende comme à celui où il n'a pas eu devoir l'infliger ; — 2ᵒ Sur le principe de justice qui veut qu'il y ait réciprocité entre le condamné et le ministère public dans l'emploi des moyens qui sont propres à faire réformer les décisions intervenues sur la poursuite ; — 3ᵒ Sur un autre motif qui nous semble trancher la question, c'est que d'après l'art. 81 le juge d'instruction a le pouvoir d'admettre les excuses proposées par les témoins défaillants, et de rapporter les condamnations prononcées contre eux. — Quelle serait donc en cas d'infirmation de la sentence du juge d'instruction et des condamnations prononcées sur appel contre des témoins, l'autorité qui prononcerait sur des excuses de ces derniers ? Serait-ce la cour d'appel où le juge d'instruction ? L'une et l'autre de ces solutions sont également inadmissibles; car il serait déraisonnable d'obliger le témoin défaillant à aller produire ses excuses devant la cour d'appel, et encore plus d'attribuer au juge d'instruction le pouvoir de rapporter les condamnations que cette cour aurait prononcées.

811. Lorsque le témoin est empêché pour cause de maladie, il doit adresser au juge d'instruction le certificat d'un médecin ou officier de santé, qui constate cet état (c. inst. crim. 83). Ce certificat, qui doit être rédigé sur timbre et légalisé, est exempt d'enregistrement. — Quand l'impossibilité de comparaître où se trouve un témoin est ainsi constatée, le juge d'instruction se transporte en la demeure de ce témoin, pour recevoir sa déposition, conformément à cette maxime de la loi romaine : *ad eos qui valetudine impediuntur, domum mitti oportet ad jurandum* (L. 15, *Dig., De jurejurando*), ou bien délègue à cet effet un autre juge, d'après les distinctions qui vont être établies. — Si les témoins empêchés pour cause de maladie habitent le canton où siége le tribunal, le juge d'instruction doit se transporter lui-même en leur demeure pour recevoir leurs déclarations (inst. crim. 83); s'ils habitent un autre canton situé dans l'arrondissement du tribunal, le juge d'instruction peut commettre à cet effet le juge de paix de leur résidence en adressant à ce juge des notes et instructions qui feront connaître sur quels faits les témoins devront déposer (même art).—Si enfin les témoins empêchés résident dans un autre arrondissement, le juge d'instruction saisi de l'affaire requerra, pour recevoir leurs dépositions, le juge d'instruction du lieu de leur demeure, lequel pourra de même, si ces témoins habitent en dehors de son canton, donner commission rogatoire au juge de paix de leur domicile (c. inst. crim. 84). — Il suit de là que le juge saisi de l'instruction ne pourrait pas commettre le juge de paix d'un canton situé hors de l'arrondissement. Le juge de paix, en ce cas, ne peut recevoir sa commission que du juge d'instruction du lieu délégué.

812. Le juge d'instruction pourrait-il, dans le cas où les témoins empêchés résideraient dans le canton, faire recevoir leurs dépositions par le juge de paix ? — Suivant M. Carnot, t. 1, p. 567, 574 dont l'opinion est suivie par M. Delamorte-Félines (Man. du juge d'inst., p. 294), l'art. 83 refuse formellement ce pouvoir au juge d'instruction. Telle est aussi la solution adoptée par Mangin, de l'instr. écrite, t. 2, nᵒ 112.—M. Legraverend estime, au contraire, que cette disposition ne doit pas être considé-

(1) (Demagnoncourt C. min. pub.) — La cour ; — Considérant, sur les deux moyens de cassation présentés par le demandeur, que les articles 80, 304 et 555 du code d'instruction criminelle n'ont pas subordonné leur application à la condition que le témoin non comparant serait cité à sa personne; qu'il suffit qu'il ait eu connaissance de sa citation et qu'il n'ait point été légalement empêché de comparaître, que la loi n'ayant point d'ailleurs déterminé les moyens de preuve qui devaient établir cette connaissance et cet empêchement, il s'ensuit qu'elle s'en est rapporté à cet égard à l'arbitrage et à la conscience des juges ; — Que, dans l'espèce, il a été déclaré par la cour d'assises de la Haute-Saône que le demandeur avait eu connaissance de la citation qui lui avait été faite comme témoin et qu'aucune cause légitime ne l'avait empêché de comparaître ; — Rejette.
Du 19 déc. 1823.-C C., sect.crim.-MM. Barris, pr.-Busschop, rap.

rée comme restrictive; que rien ne s'opposerait, par exemple, à ce que le juge d'instruction usât de ce pouvoir de délégation même en ce qui touche les témoins habitant le canton, si lui-même se trouvait dans un cas d'empêchement momentané; que dans les cas ordinaires, il est vrai, le juge d'instruction qui déléguerait le juge de paix de son propre canton pour recevoir les dépositions des témoins qui y résident, manquerait à ses devoirs en se déchargeant sur autrui de ses obligations personnelles, et qu'une telle faute pourrait donner lieu à des avertissements ou à des réprimandes, mais qu'il n'en résulterait aucune irrégularité dans les actes de l'instruction. Cette opinion, à laquelle nous adhérons pleinement, est fondée en outre sur ce que le droit de déléguer tient essentiellement aux règles de la procédure criminelle (circ. min. just., 23 avril 1812).

313. Le juge qui a reçu par délégation les déclarations des témoins doit les envoyer closes et cachetées au juge *saisi de l'affaire* (c. inst. 85); d'où il suit que lorsqu'un juge d'instruction délégué subdélègue le juge de paix du canton qu'habitent les témoins, ce juge de paix doit transmettre son procès-verbal d'information non point au juge qui l'a commis pour y procéder, mais au juge chargé de l'instruction (Mangin de l'Instr. écrite, t. 1, n° 109).

314. Il paraît résulter de l'art. 85 que le juge d'instruction délégué pour recevoir des dépositions de témoins peut recevoir directement la commission du juge saisi, puisque les dépositions reçues en vertu de cette commission doivent être renvoyées de cette manière. Cependant il est d'usage de recourir à l'intermédiaire du procureur impérial, que l'art. 28 chargé de pourvoir à l'exécution des ordonnances du juge d'instruction (MM. Legraverend, Législ. crim., t. 1, p. 229; Duverger, Man. du juge d'inst., t. 2, n° 379) et M. Mangin, Instr. écrite, t. 2, n° 109, enseigne que c'est au procureur impérial qu'il appartient, par application de l'art. 28, de transmettre au juge délégué, la commission et les notes qui l'accompagnent,... ce qui ne saurait en tous les cas enlever au juge requérant la faculté de correspondre directement avec le juge délégué (M. Duverger, *ibid*).

315. La faculté donnée au juge d'instruction de faire entendre par commission rogatoire les témoins éloignés n'est pas strictement limitée au cas où ces témoins seraient empêchés de comparaître devant lui pour cause de maladie, les dispositions du code relatives à la délégation des actes d'instruction étant purement démonstratives (MM. Legraverend, Législ. crim., t. 1, p. 285; F. Hélie, Traité de l'instr. crim., t. 5, § 369). — Ainsi lorsqu'il s'agit de recevoir les dépositions de témoins éloignés, le juge d'instruction devra souvent, dans l'intérêt de l'économie des frais de justice, préférer la voie de la délégation, lorsque la présence de ces témoins ne sera pas absolument nécessaire pour l'éclaircissement des faits (circul. du min. de la justice, des 19 avril 1811, 23 sept. 1812, 9 avril 1823 et 16 août 1842, V. Instr. crim., n° 574). — Toutefois si ce mode d'audition des témoins a ses avantages sous le rapport de l'économie des frais, il a aussi ses inconvénents, en ce que le juge délégué, étranger à l'instruction, ne peut, comme le juge qui en est saisi, apprécier la valeur des circonstances qu'il importe le plus de mettre en lumière, et que les notes et renseignements qui lui auront été fournis seront presque toujours insuffisants pour le diriger dans le choix des interpellations à adresser aux témoins, lesquelles naissent souvent de la déposition même, et ne sauraient par conséquent être tracées à l'avance. Nous pensons donc qu'en ce qui touche l'audition des témoins, la voie de délégation, dans les cas où elle est facultative, ne doit être employée qu'avec beaucoup de réserve. — « Tous les procureurs généraux, dit à ce sujet Mangin (de l'Instr. écrite, t. 2, n° 112), ont dû remarquer comme moi que la plupart des procédures où les juges d'instruction ont usé de la faculté de déléguer étaient bien imparfaites. Ainsi loin de faciliter l'usage de ce droit, ils doivent autant qu'ils peuvent, en restreindre l'exercice et tenir la main à ce que, dans les affaires graves du moins, les juges d'instruction entendent personnellement les témoins, quels que soient le canton et l'arrondissement qu'ils habitent.»

316. Le juge d'instruction qui s'est transporté au domicile d'un témoin doit y recevoir sa déposition, encore bien que ce témoin ne se trouverait plus dans l'impossibilité de comparaître. Il

en serait de même au cas où il serait reconnu par le juge que cette impossibilité n'a jamais existé (Carnot, de l'Instr. crim.,t. 1, p. 571; Duverger, *loc. cit.*, n° 279). — Mais en ce dernier cas il devra, aux termes de l'art. 86 c. inst. crim.,décerner un mandat de dépôt, tant contre le témoin que contre l'officier de santé, qui aura délivré un faux certificat de maladie. « La peine portée en pareil cas, ajoute cet article, sera prononcée par le juge d'instruction de même lieu et, sur la réquisition du procureur impérial, en la forme prescrite par l'art. 80. » — La peine dont il s'agit ici n'est autre que l'amende énoncée en l'art. 80; elle sera prononcée par le juge d'instruction aussi bien contre l'officier de santé signataire du certificat que contre le témoin qui aura produit cette attestation mensongère. Cette sentence ne sera pas susceptible d'appel; mais elle sera susceptible d'opposition devant le juge d'instruction, si les parties condamnées n'ont pas été entendues. C'est du moins ce qui résulte de la combinaison des art. 80 et 86 (Conf. Mangin, *ibid*., n° 110).

317. Le témoin et l'officier de santé seront passibles d'autres peines encore; ce sont celles que portent les art 160 et 236, c. pén., contre les médecins, chirurgiens et officiers de santé qui auront certifié faussement des maladies et infirmités en vue de dispenser quelqu'un d'un service public, et contre les témoins et jurés qui auront allégué une excuse reconnue fausse; lesquelles peines seront prononcées sur la poursuite du ministère public, par la cour d'assises ou le tribunal de police correctionnelle, suivant les distinctions qui résultent des termes de ces articles (V. Faux, n°s 386 et suiv., et *infrà*, n° 351).— Suivant M. Carnot, t. 1, p. 393, les art. 160 et 236 c. pén., ne seraient pas ici applicables; mais son opinion nous paraît avoir été victorieusement réfutée par M. Mangin (*loc. cit.*), et nous ne pouvons mieux faire que de renvoyer à cet auteur. Elle a été rejetée au surplus par tous les autres criminalistes (MM. Bourguignon, Jurisp. des c. crim., t. 1, p. 194; Legraverend, Lég. crim., t. 1, p. 262; Duverger, *loc. cit.*, n° 279).

318. Quel est le juge d'instruction compétent pour décerner le mandat de dépôt et pour prononcer l'amende? Est-ce toujours le juge saisi de l'affaire, comme le pense M. Carnot (t. 1, p. 371), ou bien faut-il, au contraire, décider, avec M. Bourguignon (t. 1, p. 194), que ce pouvoir appartient également au juge d'instruction qui procède en vertu d'une délégation?—L'art. 86 porte, comme on l'a vu, que c'est le juge d'instruction du *même lieu*. Ces expressions ne parurent pas assez explicites à la commission législative, qui demanda que les termes du projet fussent remplacés par ceux-ci : *par le juge d'instruction du tribunal de l'arrondissement sur lequel le témoin habite*. Mais on ne crut pas nécessaire de substituer, dans la rédaction définitive de l'article, les expressions proposées par la commission à celles qui existaient dans le projet, par le motif que ces mots : le *juge du même lieu*, ne pouvaient pas être entendus dans un autre sens (M. Mangin, *loc. cit.*).—Il faut donc tenir pour constant que la compétence à l'effet de décerner les mandats et prononcer l'amende appartient tout aussi bien au juge d'instruction délégué qu'au juge saisi. Mais le juge de paix qui aurait été délégué ou subdélégué pour recevoir des dépositions; n'aurait pas ce pouvoir, il devrait se borner à constater la fraude et à renvoyer les pièces au juge d'instruction par qui il aurait été commis, seul compétent pour décerner les mandats de dépôt et faire prononcer l'amende (MM. Mangin, *ibid*., Duverger, *ibid*., n° 279).

319. Les témoins doivent être entendus séparément les uns des autres par le juge d'instruction assisté de son greffier (c. inst. crim.73). La loi a voulu que chaque témoin déposât isolément pour prévenir tout concert et pour éviter toute influence, *ne unius depositio per alium fabricetur* (Glos. 14, C. *De testibus*). — Le juge doit doit être assisté par son greffier; le greffier est indispensable nécessaire du juge, « il est, dit Bruneau (Maximes, p. 67), comme le témoin de ce que fait le juge, et l'un ne peut rien faire sans l'autre. » Sa présence est une garantie de la fidélité et de 'exactitude de l'information (M. Hélie, t. 5, p. 196).

320. Le même article ajoute que les témoins seront entendus *hors la présence du prévenu*. Cette disposition est la reproduction textuelle de l'art. 9 de la loi du 7 pluv. an 9, qui modifiait sur ce point l'art. 115 du code de brumaire. Il semblerait résulter de l'art. 73 que le ministère public ou la partie civile pourraient être présents à l'audition ; mais ce serait une erreur que d'interpréter dans ce sens restrictif la prohibition de la loi. —D'une part, les art. 73 et 76 ne parlent que de la présence du juge et du greffier pendant l'audition des témoins, et d'autre part, il serait impossible d'admettre des observations et l'influence du ministère public ou de la partie civile alors que le prévenu ne serait pas présent. Il était d'ailleurs de règle, sous l'ancienne législation, que les témoins devaient être entendus dans l'information, non-seulement *séparément*, mais hors la présence de toute autre personne que le juge et le greffier, et cette règle était écrite textuellement dans l'art. 2 du titre 6 de l'ordonnance de 1670. Tous les praticiens établissaient en conséquence comme une maxime sans exception, que « les procureurs du roi ou fiscaux ne peuvent être présents à l'information non plus qu'aux interrogatoires, récolements et confrontations » (Jousse, t. 2, p. 82; de Vouglans, Instr. crim., p. 249 ; Bruneau, p. 67). Or l'esprit de notre code a été de reprendre, en ce qui concerne l'information, les règles de l'ancien droit (Conf. MM. Bourguiguignon, Jurispr. des codes crim., t. 1, p. 182; Helie, Instr. crim., t. 5, p. 596 ; Duverger, n° 286).

321. Toutefois la présence du ministère public ou de la partie civile à l'audition des témoins ne pourrait être considérée comme une cause de nullité. — Il en serait de même de l'irrégularité qui résulterait de la présence du prévenu à cette audition. — On a décidé, sous la loi du 7 pluv. an 9, dont l'art. 9 a servi de type à l'art. 73 c. inst. crim., que les témoins pouvaient être entendus, même en la présence du prévenu, « attendu que la loi du 7 pluv. an 9 n'est pas prohibitive dans la disposition de son art. 10 portant que les témoins seront entendus *hors la présence du prévenu* » (Crim. rej. 4 brum. an 14, MM. Viellart, pr., Babille, rap., aff. Tavernier). — Le motif donné à l'appui de cet arrêt ne nous paraît pas juste, car l'article cité de la loi de pluv. était, à notre avis, bien réellement prohibitif, comme l'art. 73 c. inst. crim. ; il l'était virtuellement tout au moins par les termes impératifs dans lesquels il était conçu. Que le législateur, au lieu de dire : *ne seront point entendus en présence du prévenu*, ait employé cette autre forme : *seront entendus hors la présence du prévenu*, la prohibition est absolument la même. — Mais cette décision, quoique fondée, à nos yeux, sur un mauvais moyen, est irréprochable en tant qu'elle décide qu'il n'y avait pas lieu d'accueillir la nullité proposée. La raison en est qu'en matière criminelle les dispositions prohibitives ne peuvent donner lieu à nullité que dans trois cas : 1° lorsque la loi a attaché expressément cette peine à leur infraction ; 2° lorsqu'elles ont pour objet d'assurer l'accomplissement d'une formalité substantielle ; 3° quand ces dispositions ont été enfreintes au mépris d'une réquisition formelle. Il suffirait donc qu'on ne pût, dans l'espèce, invoquer aucune de ces causes de nullité pour décider que la présence du prévenu à l'audition des témoins ne donnait point ouverture à cassation. — M. Carnot (de l'Instr. crim., t. 1, p. 337) fait aussi remarquer ce sujet qu'en aucun cas l'audition des témoins en présence du prévenu ne serait une cause de nullité. — M. Duverger, n° 284, tout en partageant cette opinion, est d'avis, néanmoins, que l'audition des témoins qui aurait lieu en présence du prévenu n'en constituerait pas moins une grave irrégularité.

322. Au surplus, l'obligation d'entendre les témoins hors la présence du prévenu n'est pas tellement absolue que le juge ne puisse confronter les témoins avec le prévenu pour savoir s'ils le reconnaissent ou non; mais il ne doit user de cette faculté qu'avec une grande circonspection (M. Duverger, n° 301).

323. Avant d'être entendus, les témoins doivent représenter la citation qui leur a été donnée pour déposer (C. inst. 74).— La citation est donc de rigueur. Il n'en était pas de même, comme nous l'avons dit, sous la législation de 1791 et de brumaire an 4, mais cette règle était observée dans l'ancienne jurisprudence et avait sa consécration dans l'art. 6 de l'ordonnance de 1670, qui disposait en ces termes : « Les témoins avant qu'être ouïs feront apparoir de l'exploit qui leur aura été donné pour déposer. » — Elle est fondée sur ce que les témoins qui se présentent spontanément sont suspects par leur trop d'empressement à déposer : *Faciles ad testimonium ferendum facile*

mentiuntur (*Glos. ad L.* 18, *C. De testibus*); qu'ils doivent être produits par les faits et non se produire d'eux mêmes : *Rogati non fortuiti vel transeuntes veniant* (nov. 90, **C. L.** 18, *C. De testibus; L.* 11 *Dig. eod tit.*).—Il suit de là par conséquent que si un témoin se présentait spontanément pour déposer dans l'instruction, le juge devrait lui faire donner une citation avant de l'entendre (M. Legraverend, t. 1. p. 256).

324. Toutefois si la copie avait été égarée, l'impossibilité où serait le témoin de la représenter ne ferait pas obstacle à ce qu'il fût entendu, puisque l'original de la citation qui se trouve entre les mains du juge d'instruction constaterait suffisamment que le témoin a été cité à comparaître (M. F. Helie, Instr. crim., t. 5, p. 598).

325. Il suffit d'ailleurs que le témoin ait été cité pour qu'il ne soit pas réputé s'être présenté de lui même. Le témoin qui comparaît sur une citation même irrégulière doit donc être entendu. « Il faut observer, dit Jousse, t. 2, n° 85, que l'erreur dans l'assignation n'empêche pas que la déposition du témoin assigné ne soit valable. C'est pourquoi si l'huissier, en assignant à domicile, s'était trompé sur la demeure du témoin et que le témoin comparût, sa déposition n'en serait pas moins valable, parce qu'il suffit qu'il ait été assigné ; la nullité de l'erreur de domicile ne regarderait alors que le témoin pour l'excuser s'il n'était pas comparu. »

326. En tout cas, ce ne serait pas au prévenu qu'il pourrait appartenir de contester la régularité de la citation donnée aux témoins, et il a été justement décidé, par exemple, qu'à supposer qu'il y ait irrégularité à ce qu'une assignation donnée à des témoins pour comparaître devant le directeur du jury soit enregistrée dans un autre arrondissement que celui où ces témoins sont domiciliés, le prévenu n'est pas fondé à s'en faire un moyen de cassation (Crim. rej. 2 brum. an 14, MM. Viellart, pr., Minier, rap., aff. Vincent).

327. La formalité de la représentation par le témoin de la citation qu'il a reçue doit être mentionnée au procès-verbal; l'omission de cette mention est punie par l'art. 77 d'une amende de 50 fr. contre le greffier et même, s'il y a lieu, de prise à partie contre le juge d'instruction.

328. L'art. 75 veut que les témoins prêtent, avant de déposer, le serment de dire *toute la vérité, rien que la vérité*. Les codes criminels de sept. 1791 et de brum. an 4 n'exigeaient point cette formalité. Le code de 1810 reproduisant sur ce point les dispositions de l'ordonnance de 1670 a voulu assurer aux déclarations destinées à servir de base à la mise en prévention et à la mise en accusation plus de garanties de sincérité (V. Serment, n° 158). Toutefois les déclarations faites sous prestation de serment devant le juge d'instruction ne donneraient pas lieu aux peines de faux témoignage, le législateur ayant voulu laisser toute latitude pour se rétracter, le jour des débats, aux témoins qui, par un motif quelconque, n'auraient pas dit la vérité pendant l'instruction (V. Serment, n° 159 ; Témoignage faux, n° 32). — On doit cependant excepter de la règle du serment : 1° les enfants âgés de moins de quinze ans ; l'art. 79 porte qu'ils peuvent être entendus par forme de déclaration et sans prestation de serment (V. v° Serment, n° 160); — 2° les condamnés privés du droit de déposer en justice autrement que pour y donner de simples renseignements (*eod.* et *supra*, n° 69 et suiv.). Nous ne comprenons pas à la suite de ces exceptions les personnes entendues en cas de flagrant délit, attendu que c'est là un cas particulier où les règles ordinaires sur l'instruction écrite ne sont pas applicables et dont il sera question ci-après.

329. Le juge d'instruction doit, aux termes de l'art. 75, demander aux témoins leurs nom, prénoms, âge, état, profession, demeure ; s'ils sont domestiques, parents ou alliés des parties, et à quel degré ; la demande doit être mentionnée au procès-verbal d'information, ainsi que les réponses des témoins. — Cette prescription de la loi a pour objet : 1° d'éclairer la chambre du conseil et la chambre des mises en accusation sur le degré de confiance dû aux témoins; 2° d'instruire en même temps le ministère public de la qualité de ceux-ci, afin qu'il puisse n'appeler aux débats que les personnes capables d'y déposer (M. Duverger, n° 295). — Après ces interpellations, le juge d'instruction reçoit la déposition de chaque témoin en observant pour son audition les règles précédemment établies. — V. *suprà*, n°ˢ 242 et suiv.

330. Les dépositions des témoins sont écrites par le greffier sous la dictée du juge. Le juge ne doit pas abandonner cette rédaction au greffier, mais il peut laisser un témoin dicter sa déposition (circul. du proc. gén. de Poitiers, du 4 mars 1830; M. Duverger, *loc. cit.*, n° 203).

331. L'art. 76 c. inst. crim. porte : « Les dépositions seront signées du juge, du greffier et du témoin après que lecture lui en aura été faite et qu'il aura déclaré y persister. Si le témoin ne veut ou ne peut signer, il en sera fait mention. » — Il suit de là que la déposition doit être écrite devant le témoin. Ce serait donc agir contre le vœu de la loi que de se borner à prendre des notes pour rédiger ensuite la déposition à loisir, comme on aurait la possibilité de le faire dans le cas où le témoin ne saurait pas signer. — L'art. 76 veut que la déposition soit lue au témoin, pour qu'il puisse, dans le cas où ses paroles n'auraient pas été reproduites avec exactitude, présenter au juge ses observations et demander que la rédaction soit modifiée. La lecture de simples notes serait loin de remplir le même but (argum. de l'art. 9, tit. 6 de l'ordonn. de 1670 ; Muyart de Vouglans, de l'Instruct. crim., p. 243 ; circul. du 4 mars 1850 précitée ; M. Duverger, *eod.*)—Lorsque après la lecture le témoin veut ajouter à sa déposition, on inscrit les additions à la suite.

332. Les dépositions écrites étant destinées à tenir lieu, soit pour la chambre du conseil, soit pour la chambre des mises en accusation, de la déposition orale, doivent reproduire avec la plus scrupuleuse exactitude, jusque dans ses nuances, la pensée de chaque témoin, telle qu'elle ressort de ses propres expressions. — C'est là assurément la partie la plus délicate et aussi la plus difficile de la tâche du juge d'instruction. Dans l'impossibilité où l'on est de représenter textuellement la déposition des témoins, combien ne doit-on pas craindre d'en changer ou altérer le sens par la substitution d'un mot à un autre! Beaucoup de juges d'instruction se croient obligés de traduire dans un langage élégant les expressions souvent vulgaires dont se sont servis les témoins: en cela ils se trompent grandement, car on ne saurait changer à ce point la forme des dépositions sans en dénaturer ou énerver la signification. Il ne suit pas de là sans doute qu'il faille pousser le scrupule jusqu'à reproduire même les incorrections de langage, mais il faut, du moins, s'attacher à conserver à chaque déposition sa physionomie et son caractère propre. « Ce que la justice recherche, dit à ce sujet M. Cubain, de l'Inst. crim., t. 5, p. 615, ce n'est pas l'élégance des mots, c'est leur vérité; ce qu'elle demande au procès-verbal, ce n'est pas une analyse claire et précise de l'enquête, c'est cette enquête elle-même. » Bentham (Traité des preuves, p. 243), veut même que le procès-verbal rapporte «non-seulement les discours, mais encore les incidents caractéristiques, comme les gestes, les exclamations, les lenteurs affectées à répondre et autres symptômes qui font juger de la sincérité de la déposition des témoins. » — « Si par un artifice de style, dit à ce même sujet M. Gaillard (des Devoirs des présid. de cour d'assises, p. 43), l'accent même des paroles pouvait passer dans leur rédaction, cela ne serait que mieux ; car les écritures ont toujours quelque chose de mort et d'incomplet qui fait que la vérité n'est vivante et entière qu'aux débats. Chacun doit parler son langage ; quand on corrige, on résume, on affaiblit. Souvent la vérité jaillit d'une expression vulgaire, et souvent il y a dans une parole brusque que la correction condamne une éloquence qui dénonce. » M. Duverger, n° 502, s'exprime dans le même sens ; cet auteur ajoute que si le juge d'instruction avait à cœur de distinguer son style de celui du témoin, s'il tenait à repousser la responsabilité des expressions impropres ou grossières qu'il est obligé d'admettre, il lui suffirait, en les reproduisant textuellement, de les souligner. (V. aussi dans le même sens MM. Mangin de l'Inst. écrite, t. 1 n° 124; F. Hélie, Inst. crim., t. 5, § 360, p. 615 et suiv.).— S'il est des mots qu'on n'ose pas écrire, on peut, dit M. Duverger (*ibid.*), avoir recours aux lettres

initiales, mais encore vaudrait-il mieux écrire en toutes lettres que de laisser subsister de l'incertitude. « Il faut savoir écrire ce que la loi sait punir et ce que les tribunaux doivent juger » (de Molènes, des Fonct. d'offic. de pol. jud., p. 20). — Le nouveau code d'instruction de la Sardaigne, publié le 20 nov. 1859 et qui a été mis à exécution le 1ᵉʳ mai 1860, rappelle expressément ces règles : « les dépositions, dit l'art. 173 de ce code, sont autant que possible rédigées dans les termes mêmes dont les témoins se sont servis. »

333. Le juge, dans la rédaction des dépositions, doit faire parler les témoins à la première personne. Écrire que *le témoin dépose avoir ou cru entendre telle chose*, au lieu de lui faire dire *j'ai vu, j'ai entendu*, nuit à la précision et à la clarté de la déposition écrite. Il semble d'ailleurs que le témoin qu'on fait parler directement est plus intéressé à surveiller l'exactitude de la rédaction (MM. Mangin, *loc. cit.*, Duverger, *ibid.*). Cette règle a été inscrite dans le nouveau code sarde : les réponses, dit-il, p. 39, exprime en ces termes une règle suivie sous l'ancien droit et à laquelle on doit encore se conformer dans la rédaction des procès-verbaux d'instruction : « Le juge doit avoir attention de faire écrire la déposition du témoin en entier sans mettre, par exemple que le témoin dépose la même chose qu'un tel témoin précédent, et ne pas renvoyer pour abréger à quelque autre acte de la procédure. » — Il suit de là que le vœu de la loi ne serait pas rempli si le procès-verbal se bornait à mentionner, par exemple, que des témoins s'en sont référés aux déclarations qu'ils avaient précédemment faites dans une autre procédure, surtout si cette procédure avait été annulée.—C'est donc à tort, suivant nous, qu'il a été jugé sous le code de brumaire que des témoins ne se peuvent borner à s'en référer aux précédentes déclarations qu'ils avaient faites, lors de l'instruction qui avait précédé un jugement lequel a été annulé, si l'instruction actuelle a les mêmes faits pour objet (Crim. rej., 3 frim. an 12) (1).

334. Les témoins appelés devant le juge d'instruction ont droit à une indemnité qui est fixée, savoir, pour les témoins qui déposent au lieu de leur résidence par les art. 27 et 28 du décr. du 18 juin 1811, et pour ceux qui sont dans l'obligation de se déplacer par les art. 91, § 2, et 96, § 2, même décret.—Quelque juste que puisse être le principe de cette indemnité déjà consacré par le droit romain (L. 11 et 16 § 4, Cod. *De testibus* ; L. 3, § 4, Dig. *eod.*), la loi, dans l'intérêt du trésor, n'a pas voulu qu'elle fût allouée d'office par le juge, ni même que le témoin fût invité à la requérir : c'est seulement lorsqu'il demandera à être indemnisé que le témoin sera taxé par le juge d'instruction (inst. crim. 82). — Cependant il peut arriver souvent que les témoins ignorent quel est leur droit à cet égard et à quel moment ils doivent s'en prévaloir. La loi ne défend pas au juge d'instruction de les éclairer sur ce point; aussi est-il d'usage qu'à la fin de chaque déposition ce magistrat demande au témoin s'il requiert taxe, afin que le témoin ainsi averti puisse réclamer s'il le juge à propos ne soit pas privé contre sa volonté d'un dédommagement légitime. Muyart de Vouglans, Lois crim., t. 2, p. 131, met au nombre des devoirs du juge celui de prendre à lui l'information de demander au témoin *s'il requiert salaire* ; Carnot, de l'Inst. crim., t. 1, p. 366, professe la même opinion. Il nous paraît sage de faire cette interpellation, surtout si le témoin étant pauvre, ne peut faire gratuitement le sacrifice de son temps et de son travail (Conf. M. Duverger, *loc. cit.*, n° 308 ; V. toutefois circ. min. just. 16 août 1842, D. P. 43. 3. 37 ; 26 déc. 1845, D. P. 46. 3. 19.). — C'est après la mention de la lecture de la déposition et de la déclaration du témoin qu'il y persiste qu'il convient d'établir au procès-verbal que le témoin a requis taxe et quelle somme lui a été allouée (M. Duverger, *ibid.*).—Cette taxe s'inscrit au dos ou au pied de la copie de citation donnée aux témoins, sauf dans le cas où le témoin aurait égaré sa copie, à lui faire une taxe spéciale sur laquelle la perte de cette copie serait mentionnée

---

(1)(Savinois); — Le tribunal; — Attendu 1° que l'instruction qui a eu lieu depuis l'annulation du jugement du tribunal de police correctionnelle ayant pour objet les mêmes faits que celle qui avait précédé ce jugement, les déclarations des témoins devaient naturellement être les mêmes dans l'une et dans l'autre, et que ces témoins ont pu valablement et sans violer aucune loi se borner à s'en référer à leurs précédentes déclarations qui n'étaient pas annulées et dont il leur était donné lecture ; — Rejette.

Du 3 frimaire an 12.-C. C., sect. crim.-MM. Viellart, pr.-Aumont, rap.

ibid.) — Le montant en est acquitté par le receveur de l'enregistrement. — Si le témoin se trouvait hors d'état de fournir aux frais de son déplacement, il lui serait délivré par le président du tribunal ou le juge de paix de sa résidence un mandat provisoire à compte de ce qui lui sera dû pour sa taxe. Ce mandat devrait être pareillement acquitté par le receveur de l'enregistrement (décr. 18 juin 1811, art. 135).—Lorsqu'il y a partie civile en cause, les taxes sont délivrées sur elle et acquittées par le greffier avec les fonds qui ont dû être consignés dans ses mains.

335. La plupart des règles d'information précédemment développées, telles que celles qui sont relatives à la nécessité d'une citation pour les témoins appelés à déposer, l'obligation d'un serment préalable, la prohibition d'entendre certaines personnes, cessent d'être applicables dans le cas de flagrant délit. Comme il s'agit en pareil cas, non point de procéder à une instruction régulière, mais seulement de recueillir à la hâte les indices de nature à mettre la justice sur les traces des coupables et que le moindre retard pourrait faire disparaître, la loi, pour ces opérations d'urgence, n'a dû ni assujettir l'action de la justice à des formalités qui eussent occasionné des lenteurs et embarrassé sa marche, ni limiter les moyens de constatation immédiate qui seront souvent la seule base de ses investigations ultérieures.—C'est pourquoi, dans tous les cas de flagrant délit, lorsque le fait est de nature à entraîner une peine afflictive ou infamante, le procureur impérial ou le juge d'instruction se transportent immédiatement sur les lieux pour dresser les procès-verbaux nécessaires à l'effet de constater le corps du délit et à recevoir les déclarations des personnes qui auraient été présentes (c. inst. crim. 32 et 59, V. v° Inst. crim. n°ˢ 336 et suiv.). A ce procès-verbal peuvent être appelés et entendus, par forme de simple déclaration, les parents, voisins et domestiques présumés en état de donner des éclaircissements sur le fait (c. inst. crim. 33, V. Inst. crim., n° 333). — Le procureur impérial et le juge d'instruction cumulent alors, par des motifs d'urgence et de nécessité, des fonctions que la loi, pour tous les cas ordinaires, a nettement séparées, et le procureur impérial, qui en général n'est compétent que pour poursuivre, peut en ce cas exceptionnel opérer par lui-même les actes préliminaires d'instruction que les circonstances rendent indispensables (V. F. Hélie, de l'Inst. crim., t. 3, p. 141). — Non-seulement les personnes appelées dans cette sorte d'enquête préliminaire ne prêtent pas serment, mais le refus qu'elles feraient soit de comparaître sur l'appel du magistrat, soit de répondre à ses questions, ne les exposerait à aucune pénalité; elles ne sont donc tenues de déférer aux injonctions qui leur seraient adressées à cet égard que par le lien moral qui oblige toute personne, dans l'intérêt de la société, à faire connaître la vérité à la justice qui l'interroge; d'où il suit que si ces mêmes personnes avaient pour s'abstenir de répondre des raisons fondées sur des devoirs particuliers de position, des rapports de parenté ou d'autres causes, elles n'auraient en pareil cas, pour décider de la légitimité de leurs motifs, d'autre juge que leur conscience.

CHAP. 8. — AUDITION DES TÉMOINS DEVANT LES TRIBUNAUX DE POLICE SIMPLE ET CORRECTIONNELLE.

336. En dehors des règles générales auxquelles est assujet-

tie la preuve par témoins devant toutes les juridictions répressives sans distinction, le législateur a formulé certaines règles spéciales, particulièrement applicables aux tribunaux de police simple et correctionnelle, et qui, d'après la combinaison des articles énumérés ci-dessous, sont communes, pour la plupart, à ces deux juridictions.—Ces règles sont celles qui se trouvent énoncées aux art. 153, 154, 155, 156, 157, 158, 175, 176, 189, 190 et 211 c. inst. crim.

337. L'art. 153 c. inst. crim., relatif aux matières de simple police, dit que « les témoins, s'il en a été *appelé* par le ministère public, seront entendus s'il y a lieu... La personne citée fera entendre ses témoins si elle en a *amené* ou fait citer. » — De ces expressions, témoins *appelés*, *amenés*, on conclut que, devant le juge de simple police, il n'est pas nécessaire que les témoins aient reçu une citation : un simple avertissement est suffisant. L'art. 153 c. inst. crim. ne fait, du reste, que reproduire la disposition de l'art. 162 c. de brum., sous l'empire duquel il était décidé, comme on devrait incontestablement le décider aujourd'hui, qu'un juge de paix ne pouvait, en matière de police, se refuser à entendre les témoins volontairement amenés par les parties, sous le prétexte qu'ils n'avaient pas été cités (Crim. rej. 15 fév. 1811) (1).—Il avait été néanmoins jugé en sens contraire, sous l'empire du même code, que la loi en exigeant devant le tribunal de police que les témoins fussent entendus s'il en avait été *appelé*, entendait parler de ceux qui auraient été cités devant un tribunal; qu'ainsi le tribunal de simple police avait pu, sans contrevenir à l'art. 162, se refuser à entendre des témoins non cités (Crim. rej. 8 prair. an 8, MM. Viellart, pr., Rupérou, rap., aff. Pr...).

338. Les dispositions de l'art. 153 dont nous venons de parler doivent-elles être suivies devant le tribunal correctionnel? — Il est à remarquer que l'art. 189 c. inst. crim., qui déclare applicables aux matières correctionnelles un certain nombre de dispositions prescrites en matière de simple police, ne comprend pas dans cette énumération l'art. 153. Il suit de là qu'on n'est pas encore bien fixé sur le point de savoir s'il faut ou non étendre aux matières correctionnelles la règle consacrée par cet article. Certains tribunaux correctionnels ne croient pas pouvoir dispenser les témoins d'une citation; d'autres n'exigent point cette formalité et admettent à déposer les témoins amenés par les parties ou qui se présentent volontairement sur leur invitation. — Ainsi il a été décidé, d'une part, que la disposition de l'art. 153 c. inst. crim. qui, devant les tribunaux de simple police, autorise le prévenu à amener ses témoins au lieu de les faire citer, est inapplicable devant les tribunaux correctionnels; — Que, dès lors, il ne saurait résulter une nullité de ce qu'un tribunal correctionnel aurait refusé d'entendre en témoignage une personne qui n'aurait pas été citée, alors surtout que ce tribunal statuait en appel, et par suite n'était pas obligé d'entendre des témoins (Crim. rej. 15 avr. 1843) (2). — Et d'autre part, il a été jugé au contraire : 1° qu'en matière correctionnelle aussi bien qu'en matière de simple police, le témoin qui comparaît volontairement peut être entendu comme celui qui a été cité (Poitiers, 14 fév. 1837) (3); — 2° Que l'art. 153 c. inst. crim. est applicable en matière correctionnelle comme en matière de simple police; et que, par suite, une citation préalable par huissier n'est pas une condition indispen-

---

(1) (Lecorre C. le min. pub.) — LA COUR; — Vu l'art. 162 c. du 3 brum. an 4; — Attendu, en fait, qu'il résulte du procès-verbal d'enquête dont il s'agit, que le réclamant avait amené volontairement devant le juge de paix du canton de Plouaret deux témoins, et qu'il l'a requis de procéder à leur audition; — Attendu, en droit, que l'art. 162 c. du 3 brum. an 4 veut que les témoins ainsi amenés soient entendus, et qu'il s'ensuit que le juge de paix, en décidant que ces témoins ne devaient pas être entendus, et en refusant en effet de procéder à leur audition, sous prétexte qu'ils n'avaient pas été cités, a formellement contrevenu, par son ordonnance du 10 déc. dernier, à l'art. 162 ci-dessus c. du 3 brum. an 4; — Casse
Du 15 fév. 1811.-C. C., sect. cr.,-MM. Barris, pr.-Liborel, rap.

(2) (Gaillard.) — LA COUR; — Attendu, d'une part, que les tribunaux d'appels sont autorisés à juger sur les notes d'audience et sur les autres documents du procès, sans être obligés d'entendre les témoins que les parties veulent produire à leur audience;—Attendu, d'autre part, que la disposition de l'art. 153 inst. crim. qui, devant les tribunaux

de simple police, autorise le prévenu à amener ses témoins au lieu de les faire citer, n'est pas reproduite dans le chapitre du même code qui règle la procédure devant les tribunaux correctionnels; — Qu'en cet état, la cour royale de Toulouse a pu, sans violer aucune loi, refuser d'entendre en témoignage une personne qui n'avait pas été citée; — Rejette.
Du 15 av. 1843.-C. C., sect. crim.-M. Vincens, rap.

(3) (Min. pub. C. Magnan.) — 5 janv. 1837, citation du sieur Magnan devant le tribunal correctionnel de Civrai, pour vol. A l'audience, après l'audition des témoins assignés, le ministère public requiert l'audition, avec prestation de serment, d'un autre témoin non cité. — Le tribunal refuse cette audition par jugement du 7 janvier, ainsi conçu : « Attendu qu'en matière correctionnelle, les témoins ne peuvent, comme en simple police, être amenés volontairement par les parties et être entendus; qu'ils doivent toujours être cités trois jours à l'avance, aux termes de l'art. 184 c. inst. crim.; que le président du tribunal correctionnel ne peut entendre des témoins non cités, pas même

sable pour qu'un témoin puisse être entendu devant les tribu-naux correctionnels (Grenoble, 31 déc. 1847, aff. Castillon, D. P. 50.5.441).

Quant à nous, nous ne voyons aucun motif pour ne pas admettre dans les matières correctionnelles les témoins à déposer sans citation préalable. S'il est vrai que l'art. 153 ne soit pas directement applicable à ces matières, il y a lieu cependant de décider, à notre avis, que les témoins qui comparaissent volontairement devant les tribunaux correctionnels peuvent être entendus par cela seul que la loi ne le défend pas. Ce n'est que pour les témoins appelés devant le juge d'instruction (V. n° 323) que la loi exige rigoureusement la formalité de la citation. — L'art. 324 veut que les témoins produits devant la cour d'assises puissent être entendus encore bien qu'ils n'auraient reçu aucune assignation, et il n'existe véritablement aucune raison pour ne pas appliquer aux matières correctionnelles une règle aussi favorable à la défense. Telle est aussi l'opinion de Carnot, t. 1, p. 631, n° 4. — V. en sens contraire, M. F. Hélie, t. 7, p. 692.

339. Il a été, du reste, décidé avec raison : 1° Que la disposition des art. 315 et 261 c. inst. crim., qui prescrivent la notification aux accusés des noms, profession et demeure des témoins, ne sont pas applicables aux instances devant les tribunaux de police ; qu'en conséquence, l'omission en pareille matière de cette notification ne peut être une cause de nullité (Crim. rej. 4 août 1837) (2);—2° Qu'il en est de même en matière correctionnelle (Crim. rej. 29 janv. 1819 (1); Conf. sous le code de brum. an 4 : Crim. rej. 12 sept. 1807, MM. Barris, pr., Rataud, rap., aff. Dorez);— 3° Ou devant un conseil de discipline de la garde nationale (Crim. rej. 28 déc. 1852 (3). — V. Garde nationale, n° 643). — Ce sont là, en effet, des formalités toutes spéciales que la loi n'a prescrites que pour les affaires criminelles

pour obtenir de simples renseignements et sans prestation de serment, la loi ne lui déférant aucun pouvoir discrétionnaire à cet effet. » Au fond, le tribunal renvoie Magnan de la plainte. — Appel par le ministère public, tant sur l'incident que sur le fond. — Arrêt.

LA COUR; — Attendu, en ce qui touche l'incident ci-dessus, que l'art. 190 c. inst. crim. portant que les témoins pour et contre seront entendus, ne fait aucune distinction entre les témoins comparant en vertu de citation et les témoins comparant sur simple avertissement des parties ; qu'aucun article du même chapitre n'interdit l'audition, avec prestation de serment, des personnes non citées en qualité de témoins, et que la combinaison des art. 153 et 524 dudit code, placés chacun à l'une des extrémités de l'échelle de l'instruction criminelle, permet de supposer que le législateur n'a attaché aucune importance à la citation à témoins, si ce n'est autant qu'il ne peut être donné défaut ni pris de moyens coercitifs contre ceux non cités ; — Que l'art. 184 dudit code ne s'applique pas aux témoins, mais au prévenu seul, ainsi que l'indiquent clairement les art. 185, 185 et 186; que si l'art. 189, qui, pour la procédure à suivre en police correctionnelle, renvoie à plusieurs articles de l'instruction en simple police, ne renvoie pas également à l'art. 153, c'est évidemment parce que l'art. 190 est corrélatif à cet article, et non pas pour écarter de l'instruction les témoins amenés par les parties ;— Que, si le témoin comparant sur simple avertissement pouvait être suspecté de complaisance en faveur de celui qui l'amène, ce dernier seul aurait à perdre à la marche suivie par lui, quand la vérité, objet des recherches de la justice, ne pourrait que gagner à ce que le juge fût averti de cette disposition du témoin qu'il eût été facile à la partie de masquer une citation ; — Attendu, enfin, que, si la contexture de l'art. 153 pouvait prêter à l'argumentation contre ce système, la même argumentation résulterait de l'art. 147 contre le prévenu qui comparaîtrait en police correctionnelle, sans citation préalable. Cependant, rien n'est moins contestable aujourd'hui que le droit des tribunaux d'admettre le prévenu à comparaître sans citation, nonobstant le rapprochement des art. 147 et 184 ; — Dit qu'il a été mal jugé par les premiers juges en ce qu'ils ont déclaré, en droit, n'y avoir lieu d'entendre un témoin comparant sans citation préalable....

Du 14 fév. 1857.-C. de Poitiers, ch. corr.-MM. Liège-d'Iray, pr.-Flandin, av. gén., c. conf.-Pontois, av.

(1) (Min. pub. C. Léonardi.) — LA COUR; — Attendu que les articles 315 et 261 c. inst. crim. ne sont relatifs qu'à la procédure devant les cours d'assises et que, dès lors, leur disposition ne peut être étendue à l'instruction qui a pour objet la répression des contraventions aux lois et règlements de police. — Rejette.

Du 4 août 1837.-C. C., ch. crim.-MM. Bastard, pr.-Rives, rap.

(2) Roux et Peynel.) — LA COUR; — Considérant sur le premier

soumises au jury qu raison de leur extrême importance et qu'on ne saurait étendre à d'autres juridictions.

340. Aucune loi dans les matières correctionnelles ou de police n'oblige le ministère public, le prévenu ou la partie civile à obtenir, avant de faire citer des témoins, l'autorisation préalable du tribunal; le tribunal peut, ainsi qu'on le verra et dans les limites que nous indiquerons, refuser d'entendre les témoins produits, s'il juge leur audition inutile à la manifestation de la vérité; mais il ne pourrait écarter ces témoins par cela seul qu'il n'aurait pas donné l'autorisation de les faire citer, et il y aurait lieu de casser un jugement qui refuserait d'entendre des témoins sur cet unique motif. — C'est ainsi qu'il a été jugé 1° qu'en matière correctionnelle, le refus d'entendre des témoins en appel, motivé sur ce que le ministère public n'a pas été autorisé à les faire assigner, entraîne la nullité; le refus peut seulement refuser de les entendre dans le cas où il se trouve suffisamment éclairé (Crim. cass. 24 sept. 1831) (4); — 2° Que la partie civile n'a pas besoin pour faire assigner des témoins de demander l'autorisation du tribunal (Crim. rej. 22 juill. 1857, MM. Bastard, pr., Gartempe fils, rap., aff. Condemine C. Baritel). — M. Legraverend, t. 2, chap. 4, p. 408, trouve cette solution *bizarre*. Comment, dit-il, trouver un moyen de nullité dans le motif donné par le tribunal pour ne pas entendre des témoins puisque le refus en lui-même est légal ? Nous ne saurions partager l'opinion de cet auteur. Sans doute le refus d'entendre les témoins est légal; mais à une condition, c'est d'être fondé sur un motif légitime. Or nous avons établi ailleurs que le pouvoir des tribunaux correctionnels et de police ne pouvait aller jusqu'à refuser, sans aucune espèce de motifs, l'audition des témoins produits. Il doit en être de même du refus qui serait uniquement fondé sur des motifs contraires à la loi.

341. Cette distinction a été nettement établie dans une es-

moyen, que ni la réaudition des témoins déjà entendus en première instance, ni l'audition de témoins nouveaux en instance d'appel ne sont interdites par aucune loi, et ne peuvent conséquemment donner ouverture à cassation ;—Considérant sur le deuxième moyen, qu'aucun article du code inst. crim. relatif à la procédure correctionnelle n'ordonne de signifier au prévenu les noms des témoins qui seront entendus à sa charge ; qu'il ne peut donc résulter un moyen de nullité du défaut de cette notification ; — Considérant sur le troisième et dernier moyen, qu'un fait particulier d'usure ne constitue pas le délit, mais seulement un moyen de preuve du délit d'habitude d'usure : que la loi ne défend pas d'administrer devant les juges d'appel des moyens de preuve qui ne l'auraient pas été devant les juges de première instance ; d'où il suit qu'en instance d'appel, le ministère public a pu sans violer aucune loi faire entendre des témoins sur des faits particuliers d'usure qui n'avaient point été allégués devant les premiers juges, et les faire servir de base à ses conclusions ; — Rejette.

Du 29 janv. 1819.-C. C., sect. crim.-MM. Barris, pr.-Busschop, rap.

(3) (Maudet C. min. pub.) — LA COUR; — Attendu que l'art. 118 de la loi du 22 mars régit l'audition des témoins et non l'art. 315 c. inst. crim.; que la célérité et l'exclusion de tous frais qui sont les attributs de la juridiction disciplinaire, ne permettent pas de lui appliquer les règles de l'instruction criminelle; que, d'ailleurs, dans l'espèce, le demandeur savait, par les deux jugements interlocutoires précédemment rendus, sur quels faits les témoins appelés par le ministère public devaient entendre; — Attendu, quant aux témoins que lui-même aurait pu opposer à ceux du ministère public, qu'il pouvait les présenter, et que, d'après l'art. 118 de la loi, ces témoins auraient été entendus; mais qu'il ne suffit pas d'alléguer qu'on aurait des témoins à produire, si on ne les produit pas en effet; qu'ainsi ce quatrième moyen n'est pas fondé ; — Rejette.

Du 28 déc. 1852.-C. C., ch. crim.-MM. Bastard, pr.-Isambert, rap.

(4) (Min. pub. C. Dejou.) — LA COUR (ap. dél. en ch. du cons.); — Attendu que, pour faire citer des témoins, le procureur du roi n'est pas obligé d'obtenir l'autorisation du tribunal ; — Attendu que, d'après l'art. 175 c. inst. crim., lorsque sur l'appel le procureur du roi requiert l'audition des témoins déjà entendus en première instance, le tribunal peut l'accorder ; que, par conséquent, il a le droit de refuser de les entendre, s'il est suffisamment éclairé ; mais qu'il ne peut fonder ce refus sur une fin de non-recevoir, tirée de ce que le ministère public n'aurait pas obtenu une autorisation de citer, fin de non-recevoir qui n'est établie par aucun article de loi ; qu'ainsi, en décidant que les témoins dont le ministère public aurait requis l'audition en appel, ne seraient pas entendus en l'état, parce qu'il n'avait pas été autorisé à les citer, le tribunal de Saint-Flour a fait une fausse application de l'art. 175 précité, et violé les principes de la matière. — Par ces motifs, casse, etc.

Du 24 sept. 1851.-C. C., ch. crim.-MM. Bastard, pr.-Ollivier, rap.

pèce où un tribunal d'appel correctionnel avait refusé d'entendre des témoins cités à la requête de la partie civile, par le double motif que celle-ci n'avait pas été autorisée à les faire citer et que, d'autre part, le tribunal avait jugé suffisants les éléments résultant des débats de première instance. La cour de cassation, tout en improuvant le premier de ces motifs, n'a point cassé le jugement parce que le second motif justifiait le refus du tribunal. Elle a jugé, en conséquence, que la partie civile peut, en appel, faire assigner des témoins, sans y être autorisée par le tribunal; qu'ainsi un tribunal correctionnel d'appel ne peut refuser de les entendre par le seul motif qu'ils auraient été cités sans autorisation.... mais qu'il y a lieu néanmoins de rejeter le pourvoi formé contre le jugement qui a refusé l'audition de ces témoins, si ce refus du tribunal est en même temps fondé sur ce que les éléments résultant des débats de première instance lui ont paru suffisants (Crim. rej. 22 juill. 1837) (1).—V. inst. crim., n° 1015.

342. La loi n'a pas fixé le délai qui devra être accordé au témoin pour sa comparution; il suffit en conséquence qu'il lui soit donné le temps légitimement nécessaire pour pouvoir satisfaire à la citation. S'il est sur les lieux mêmes, il pourra être cité à comparaître le jour même où la citation lui a été remise (arg. c. inst. crim. 170). S'il réside dans une autre localité, on devra sans être tenu d'observer aucun des délais de distance fixés par la loi déterminer le délai de manière qu'il ait le temps de se rendre à l'audience au jour indiqué (V. M. F. Hélie, Inst. crim., t. 7, § 499, p. 287, 692).

343. Les témoins appelés par une citation devant les tribunaux de police simple et correctionnelle sont tenus d'y obéir. A défaut de satisfaire à la citation, ils peuvent être condamnés à l'amende sur les conclusions du ministère public, et le tribunal peut en outre prononcer contre eux la contrainte par corps, mais dans le cas d'un second défaut (c. inst. crim. 157). Toutefois, il suit de cette disposition que le juge peut, mais n'est pas obligé de prononcer à l'amende ou la contrainte par corps, qu'il s'agisse de témoins cités soit à la requête du ministère public, soit à la requête du prévenu (Crim. rej. 11 août 1827(2); Conf. MM. Carnot, t. 1, p. 657, F. Hélie, Instruct. crim., t. 7, p. 291, 693). —On a objecté, il est vrai, que la citation donnée à la requête d'un prévenu tout aussi bien que celle donnée à la requête du ministère public est obligatoire; que ces témoins ne sauraient sous aucun prétexte être dispensés de comparaître à moins d'empêchements légitimes, et qu'autrement la faculté donnée au prévenu d'appeler des témoins à décharge serait le plus souvent illusoire, si ceux-ci pouvaient à leur gré et sans encourir aucune pénalité désobéir à la citation. Mais ces raisons se réfutent aisément, d'une part, en ce que le texte de l'art. 157 par ces mots *pourront y être contraints* fait suffisamment entendre que la loi laisse à la sagesse du juge le soin d'examiner s'il convient ou non de faire usage de ces voies de contrainte, et qu'il est libre par conséquent d'apprécier les motifs quels qu'ils soient qui ont pu empêcher les témoins de comparaître; d'autre part, en ce que les juges peuvent toujours, ainsi qu'on le verra n°s 353 et suiv., se dispenser d'entendre les témoignages qui leur paraissent ne devoir jeter aucune lumière nouvelle dans la cause. — Aussi a-

t-il été justement décidé que l'accusé est sans qualité pour demander la condamnation à l'amende contre les témoins défaillants (Crim. rej. 4 sept. 1840) (3).—V. aussi plus haut n° 305.

344. Dans tous les cas, la contrainte par corps ne pourrait être ordonnée contre le témoin non comparant, qu'autant qu'il aurait reçu une citation régulière, et en temps utile (MM. Carnot, p. 676, n° 6; Legraverend, t. 2, p. 329; F. Hélie, t. 7, p. 287, V. *suprà*, n°s 305, 307).—Elle peut, comme pour les témoins appelés devant le juge d'instruction (V. n° 304), être exercée au moyen d'une ordonnance ayant la forme d'un mandat d'amener (Conf. M. F. Hélie, inst. crim., t. 7, p. 291).— Carnot pense néanmoins que le juge de simple police ne peut décerner aucun mandat. Mais si cette opinion était fondée, il faudrait en faire l'application non-seulement aux juges de police mais aux tribunaux correctionnels, à la cour d'assises, et l'on sait cependant que le juge d'instruction peut, aux termes de l'art. 90, décerner un mandat d'amener contre le témoin non comparant. Or il répugnerait à tous les principes que le juge d'instruction, pour contraindre les témoins à comparaître devant lui dans l'instruction préparatoire, fût investi d'un pouvoir qui serait refusé au tribunal ou à la cour qui doivent prononcer en définitive sur l'objet des poursuites.

345. Cette contrainte ainsi que l'amende ne pourront être prononcées que sur la réquisition du ministère public (Carnot, p. 675, n° 2; V. *suprà*, n° 346).

346. Quelle sera la quotité de cette amende? Le législateur entend-il parler de l'amende portée dans l'art. 80 c. inst. crim., ou bien, considérant le refus de comparaître devant un tribunal de police simple comme une contravention de police, a-t-il voulu que cette amende ne pût être portée au delà de 15 fr., limite du pouvoir de cette juridiction? — MM. Legraverend, t. 2, p. 331; Boitard, Inst. crim., n° 765, p. 559; F. Hélie, Inst. crim., t. 7, p. 288, soutiennent avec raison qu'il s'agit d'une infraction particulière qualifiée désobéissance à la loi, qui n'a rien de commun avec une contravention ordinaire; qu'en conséquence ce tribunal, de même que le juge d'instruction, la cour d'assises et le tribunal correctionnel, devraient appliquer l'amende portée dans l'art. 80. — M. Carnot enseigne aussi t. 1, p. 676, qu'il s'agit, dans ce cas, d'une amende purement civile comme celles qu'on prononce contre des greffiers, des notaires, des avoués qui négligent certaines formalités : l'amende pourra donc être étendue jusqu'à 100 fr., au gré du juge. — Il a été jugé en ce sens que les art. 80 et 157 c. inst. crim. forment le droit commun de toute procédure en matière pénale; qu'en conséquence les conseils de discipline de la garde nationale ont le droit d'appliquer les peines infligées par ces articles aux témoins qui ne comparaissent pas sur la citation qui leur a été donnée (Crim. cass. 15 nov. 1844, aff. Jantel, D. P. 45. 1. 33).

347. Remarquons qu'aux termes de l'art. 157, la pénalité résultant de cet article est encourue par le témoin, à défaut par lui de *satisfaire à la citation*, ce qui comprend le refus de déposer comme celui de comparaître : il faut donc appliquer aux témoins comparants qui refuseraient de déposer devant les tribunaux correctionnels et de police ce que nous avons dit à l'égard des témoins cités devant le juge d'instruction qui seraient dans le même cas (V. n° 305).— Décidé en ce sens qu'un tribunal correctionnel est

(1) (Condamine C. Baritel, etc.) — La cour ;—Sur le premier moyen ; — Attendu que la partie civile, pour faire assigner des témoins, n'a pas besoin de demander l'autorisation du tribunal jugeant sur appel, et qu'elle n'est pas obligée de faire assigner en même temps les témoins produits par le prévenu devant le tribunal qui a jugé en premier ressort ; — Qu'ainsi les deux premiers motifs donnés par la cour royale pour ne pas entendre les témoins cités à la requête du demandeur en cassation étaient erronés ; — Mais attendu qu'il résulte également de son arrêt que les éléments résultant des débats de première instance lui ont paru suffisants, et que, dès lors, en refusant d'entendre les témoins nouvellement assignés, elle n'a pas fait une fausse application de l'art. 175 c. inst. crim.; — Rejette.
Du 22 juill. 1837.-C. C., ch. crim.-MM. Bastard, pr.-Gartempe, rap.
(2) (Maubreuil C. min. pub.) — La cour ;— Vu l'art. 157 c. inst. crim. ; — Attendu qu'il résulte de cet article que les tribunaux correctionnels ont la faculté d'user de la part de ces user des moyens qu'il indique pour obliger les témoins cités à venir faire leurs déclarations en justice, soit qu'il s'agisse des témoins cités à la requête du ministère public, soit qu'il s'agisse des témoins cités à la requête du prévenu ; — Que c'est

aux juges à examiner les motifs qui ont pu porter les témoins à ne pas comparaître, à apprécier le véritable but du prévenu qui les a fait assigner, et à ce que les témoins sont ou non dans la manifestation de la vérité ; — Que dans l'espèce l'arrêt attaqué ayant décidé que l'audition des témoins cités à la requête du demandeur était inutile, il en résulte que cet arrêt n'a pu violer l'art. 157, en n'ordonnant pas que ces témoins seraient tenus de comparaître, et en ne les condamnant pas à l'amende ; — Rejette.
Du 11 août 1827.-C. C., ch. crim.-MM. Portalis, pr.-Mangin, rap.
(3) (Marsilly C. min. pub.) — La cour ; — Attendu que l'absence d'un ou de plusieurs témoins ne peut donner à l'accusé d'autre droit que celui de demander le renvoi à une autre session, avec la contrainte par corps contre les témoins défaillants, sauf à la cour d'assises à l'accorder ou à le refuser, suivant les circonstances ; que le demandeur n'a pas demandé ce renvoi ; qu'il s'est borné à conclure à la condamnation à l'amende de ces témoins, mais qu'il n'avait aucune qualité pour cela, et qu'il ne peut dès lors se faire un moyen de cassation du refus de la cour d'assises de prononcer cette amende ; — Rejette.
Du 4 sept. 1840.-C. C., ch. Crim. M. Crouseilhes, pr.-Vincens, rap.

fondé à prononcer l'amende non-seulement contre le témoin défaillant mais encore contre le témoin comparant qui sans motif légitime refuse de déposer (Bruxelles, 21 fév. 1833, aff. Van Hoorde, n° 64).

348. Une condamnation à l'amende prononcée contre un témoin par le tribunal correctionnel est-elle susceptible d'appel? L'affirmative a été jugée implicitement (Bruxelles, 21 fév. 1833, aff. Van Hoorde, V. n° 64). — Mais si la question de la recevabilité de l'appel, qui ne semble pas avoir été soulevée devant cette cour, y eût été l'objet d'un débat sérieux, peut-être la solution eût-elle été différente; c'est du moins ce qu'il est permis d'induire du texte de l'art. 80 c. inst. crim., d'après lequel le juge d'instruction prononce l'amende sans appel contre les témoins défaillants, combiné avec les art. 157, 158, 304, 355, dernier paragraphe, et 356 du même code; d'où il semble résulter, d'une part, que l'art. 80 est également applicable aux témoins défaillants devant toutes les juridictions, et, d'autre part, que la loi n'ouvre d'autre voie de recours aux témoins condamnés à l'amende que celle de l'opposition.—Enfin si l'on consulte l'esprit de la loi, il est difficile de comprendre qu'elle ait voulu en cette matière accorder à un seul juge une souveraineté de juridiction qui serait refusée au tribunal entier. — V. en sens contraire M. F. Hélie, Instr. crim., t. 7, p. 290.

349. Suivant l'art. 158 c. inst. crim., « le témoin condamné à l'amende sur le premier défaut, et qui, sur la seconde citation, produira devant le tribunal des excuses légitimes, pourra, sur les conclusions du ministère public, être déchargé de l'amende. — S'il n'est pas cité de nouveau, il pourra volontairement comparaître par lui ou par un fondé de procuration spéciale à l'audience suivante, pour présenter son excuse et obtenir, s'il y a lieu, décharge de l'amende. » — M. Legraverend pense que le droit conféré par la loi au témoin, de proposer ses excuses contre le jugement qui prononce l'amende, peut être exercé à l'audience qui suit la notification de ce jugement. Il remarque que sans cette interprétation, le témoin serait presque toujours dans l'impossibilité de proposer ses excuses, puisque l'audience suivante, dans laquelle il doit les faire valoir, serait presque toujours écoulée avant qu'il connût la condamnation prononcée contre lui, s'il est vrai que par ces mots : *audience suivante*, on doive entendre l'audience qui suit la condamnation.—Cependant on ne peut se dissimuler que M. Legraverend force, par une interprétation généreuse, il est vrai, le sens des expressions de la loi. La raison donnée par M. Legraverend peut même être retournée contre son système; car il est évident que si le témoin est éloigné du siége du tribunal, et si la signification du jugement de condamnation ne lui a été faite que la veille du jour de l'audience, il n'aura pas le temps nécessaire pour s'y présenter.—Cependant, malgré ces raisons, nous adoptons l'avis de M. Legraverend, qui est aussi celui de M. Carnot, p. 678, n° 2. Il faut donc tenir que le témoin doit être averti par la notification du jugement de condamnation, et qu'il pourra se présenter à l'au-

dience qui suivra cette mise en demeure. — En ce qui concerne les excuses et leur appréciation, V. *suprà*, n° 309.

350. Si le témoin était dans l'impossibilité de comparaître, le juge de police pourrait, par application de l'art. 85 c. inst. crim. (V. n° 311), se transporter en sa demeure pour recueillir sa déposition, après toutefois en avoir prévenu les parties (V. n° 256, et M. F. Hélie, Instr. crim., t. 7, p. 291).

351. Le témoin qui, pour se dispenser de comparaître, allègue une excuse reconnue fausse, doit être cumulativement condamné à l'amende et à la prison, conformément à l'art. 236 c. pén. (Crim. cass. 29 nov. 1811) (1). — V. n° 317.

352. L'art. 155 c. inst. crim., relatif aux matières de simple police, et l'art. 190 du même code, spécial aux matières correctionnelles, portent que les témoins produits devant les tribunaux correctionnels et de police seront entendus, *s'il y a lieu*. Il semblerait résulter de là que l'admission de la preuve par témoins dépendrait dans tous les cas d'une manière absolue de l'arbitraire de ces tribunaux. Telle n'est point, suivant l'opinion de la plupart des auteurs, le sens de cette disposition.—M. Bourguignon, Jurispr. des trib. crim., t. 1, p. 361, pense qu'elle ne doit s'appliquer qu'à certains cas où il n'y aurait réellement pas lieu d'entendre des témoins, soit parce que les faits ne seraient pas susceptibles de la preuve testimoniale, soit parce qu'il s'agirait d'attaquer des procès-verbaux faisant foi jusqu'à inscription de faux, où qu'il s'élèverait une question préjudicielle ou une exception péremptoire de prescription, etc. — A ces divers exemples, Carnot, t. 1, p. 630, n° 5, ajoute le cas où les témoins produits seraient des témoins reprochables. — Tel est le sens d'un arrêt qui a décidé que les mots *s'il y a lieu*, dans l'art. 190, ne tendent qu'à indiquer les cas où l'une ou l'autre des parties n'aurait pas produit de témoins ou n'aurait produit que des témoins reprochables, mais nullement à conférer aux juges le pouvoir discrétionnaire d'entendre ou de ne pas entendre les témoins selon qu'ils le jugeraient convenable (Bruxelles, 23 mai 1817) (2).

353. Cette interprétation, qui consacre un principe vrai, fait reposer ce principe sur une base, suivant nous, trop restreinte; aussi, sans admettre que le juge ait un pouvoir tellement discrétionnaire qu'il puisse rejeter l'audition des témoins sans aucun motif légitime, nous croyons cependant qu'il lui appartient aussi d'écarter les témoignages produits non-seulement dans les cas qui viennent d'être spécifiés, mais encore dans tous les cas où l'audition de ces témoignages ne ferait que ralentir la marche des débats sans donner lieu d'espérer plus de certitude dans ses résultats. Telle est aussi l'opinion de MM. Legraverend, t. 2, p. 325; F. Hélie, Instruct. crim., t. 7, p. 690 (V. aussi v° Instruct. crim., n° 877). — C'est en ce sens qu'il a été jugé : 1° qu'un tribunal correctionnel ne viole aucune loi en n'ordonnant pas que les témoins cités à la requête du prévenu seront tenus de comparaître, s'il juge que leur témoignage serait sans utilité pour les manifestations de la vérité (Crim. rej. 11 août

---

(1) *Espèce :* — (Min. pub. C. Delclaux.) — Delclaux, curé de Capdenac, ayant été cité comme témoin devant le tribunal de Cahors, avait fait défaut de comparaître. Il était reconnu que ce témoin non-seulement s'était simplement refusé de comparaître, mais que, pour s'en exempter, il avait allégué une fausse excuse. — Jugement qui le condamne qu'à l'amende, sans emprisonnement. — Pourvoi. — Arrêt.
La cour, — Vu l'art. 236 c. pén.; — Considérant qu'il a été reconnu par le jugement dénoncé, 1° que le prêtre Delclaux a fait défaut de comparaître devant le tribunal de Cahors, pour donner sa déclaration en qualité de témoin; 2° que l'excuse qu'il a avait alléguée pour se dispenser de comparaître, était fausse; — Qu'il suit nécessairement de la réunion de ces deux circonstances, que ledit Delclaux devait être condamné cumulativement à l'amende et à l'emprisonnement prononcés par l'art. 236 c. pén., et qu'en ne le condamnant qu'à l'amende seulement, le jugement dénoncé a formellement contrevenu audit art. 236 ; — Casse, etc.
Du 29 nov. 1811.-C. C., sect. crim.-M. Busschop, rap.
(2) (Min. pub. C. Gondezonne.) — La cour; — Attendu qu'il résulte de l'art. 190, combiné avec les art. 189 et 211 c. inst. crim., qui règlent le mode d'instruction en matière correctionnelle, tant en première instance qu'en matière d'appel, que les témoins produits en justice dans une procédure correctionnelle, doivent nécessairement être entendus, s'ils n'appartiennent pas à la classe de ceux que la loi récuse, aux termes de

l'art. 156 même code, et de l'art. 28 c. pén.; et que les reproches tendant à faire rejeter ou affaiblir leur témoignage ne peuvent être proposés qu'après leur audition, sauf aux juges à examiner ensuite, d'après les reproches, le degré de foi qu'ils doivent ajouter à leurs dépositions, et sans que ceux-ci puissent s'abstenir de les entendre par les motifs qu'ils seraient reprochables; — Attendu que les mots *s'il y a lieu*, dans l'art. 190 susmentionné, ne tendent qu'à indiquer le cas où l'une ou l'autre des parties aurait ou n'aurait pas produit des témoins auxquels, en ce premier cas, les dispositions des susdits art. 156 et 28 ne seraient pas applicables, mais nullement à conférer aux juges un pouvoir discrétionnaire, à l'effet d'agir à l'égard de leur audition selon qu'ils le croiraient convenable; — Attendu que les nommés Boudewyn et Voerman ne se trouvaient pas dans la catégorie de ceux que la loi récuse comme témoins; qu'il y avait conséquemment lieu de les entendre, sauf à apprécier ensuite, d'après les reproches, le mérite de leurs dépositions s'y avoir, en jugeant le fond, tel égard que de raison; — Qu'en écartant ces témoins, le tribunal de Bruges a contrevenu formellement aux susdits art. 189, 190 et 211 c. inst. crim., et s'est mis dans la position de ne pas pouvoir s'enquérir du fond de l'affaire; d'où il s'est ensuivi qu'il a dû acquitter le prévenu, à défaut de preuve suffisante : — Par ces motifs, casse, etc.
Du 23 mai 1817.-C. sup. de Bruxelles.-MM. Vautelée, 1er pr.-Destoop, av. gén., c. conf.

1827, aff. Maubreuil, V. n° 343); — 2° Que les juges peuvent refuser d'entendre les témoins produits par le ministère public lorsqu'ils trouvent dans l'aveu du prévenu, rapproché du procès-verbal, la preuve du délit (V. Délit, n°25); — 3° Que l'art. 153, portant que les témoins seront entendus *s'il y a lieu*, ne doit pas être entendu en ce sens que le tribunal ait le droit arbitraire d'entendre ou de ne pas entendre les témoins produits, mais seulement en ce sens que le tribunal pourra s'abstenir de les entendre, si les faits sont trop peu pour certains préalablement à toute audition de témoins, et si le procès ne porte plus que sur la qualification de ces faits (Crim. cass. 8 juin 1844, aff. Périol, D. P. 45. 4. 430); — 4° Que l'art. 153 n'oblige le tribunal saisi de la prévention à recevoir la déposition des témoins que dans le cas où elle est nécessaire pour établir l'existence de la contravention ou du délit; en conséquence, le tribunal peut s'abstenir d'entendre les témoins cités par le ministère public à l'appui de la prévention, lorsque la preuve du fait incriminé résulte d'un procès-verbal qui n'a pas été débattu par la preuve contraire (Crim. rej. 11 sept. 1847, MM. Laplagne-Barris, pr., Rives, rap., aff. Tessier); — 5° Que si, en principe, le juge de police ne peut refuser l'audition d'un témoin, demandée par le ministère public, pour compléter la preuve résultant du procès-verbal qui constate la contravention (V. Procès-verbal, n°° 8 et suiv.), il cesse d'en être ainsi dans le cas où la preuve supplétive offerte serait frustratoire, en ce que, par exemple, le témoin annoncé à l'avance par le ministère public devrait déposer seulement de ouï-dires qui ne pourraient en rien infirmer les résultats acquis au procès (Crim. rej. 12 janv. 1856, aff. Grandjean, D. P. 56. 1. 109).

354. Par application du même principe, il a été décidé que le juge de police qui, après avoir ordonné, sur la demande du prévenu, une expertise, à l'effet de débattre la preuve résultant du procès-verbal qui constate la contravention, refuse d'admettre une preuve supplétive offerte par le ministère public, et prononce la relaxe en se fondant sur le résultat de l'expertise, fait une appréciation souveraine qui y échappe, dès lors, au contrôle de la cour de cassation (Crim. rej. 12 janv. 1856, aff. Grandjean, D. P. 56. 1. 109). — V. dans le même sens les arrêts cités v° Procès-verbal, n°° 167, 170.

355. D'un autre côté, et par application des mêmes principes, il a été décidé : 1° que lorsque la contravention n'est constatée par aucun procès-verbal, et que le ministère public offre d'y suppléer par la preuve testimoniale, le jugement qui nie l'existence de la contravention et repousse la preuve offerte encourt la cassation (Crim. cass. 8 juin 1844, aff. Périol, D. P. 45. 4. 430); — 2° Que «tant que la preuve n'est pas faite par le juge, il ne peut, sans violer l'art. 154, refuser d'entendre les témoins produits par la partie publique, sous prétexte qu'ils n'étaient ni indispensables, ni même nécessaires; que ce droit ne peut naître pour lui de cette circonstance, qu'un reproche aurait été adressé par le prévenu contre l'un ou l'autre de ces témoins; qu'en effet lorsqu'un témoin est reproché et que le reproche n'est pas admis, ce témoin est comme tout autre témoin cité et que son audition ne peut être refusée » (Crim. cass. 30 avr. 1852, M. Nouguier, rap., aff. N... V. M. F. Hélie, t. 7, p. 690, 691).

356. M. Legraverend va même jusqu'à penser, en se fondant sur l'art. 154 c. inst. crim. que la preuve par témoin pourrait être refusée au prévenu, s'il existait à l'appui de la prévention un procès-verbal quelconque et qu'il n'existât dans l'esprit des magistrats aucun doute sur la culpabilité du prévenu. C'est là suivant nous aller beaucoup trop loin; car dès qu'un procès-

verbal ne fait foi que jusqu'à preuve contraire, cette preuve est de droit et on ne pourrait l'interdire au prévenu sans opprimer la défense. Seulement, il appartient incontestablement au juge d'apprécier le degré de pertinence des faits allégués contre les énonciations d'un tel procès-verbal et si les témoins n'ayant point été cités pour la première audience, une remise était nécessaire pour produire des témoignages, le juge pourrait, avant de l'accorder, demander au prévenu de s'expliquer sur la nature des faits dont il compte administrer la preuve et passer outre au jugement de la cause, si ces faits n'étaient pas concluants.—C'est ainsi qu'il a été décidé que, pour admettre ou rejeter la preuve offerte contre les énonciations d'un procès-verbal qui ne fait pas foi jusqu'à inscription de faux, la loi s'en rapporte à la conscience du juge sur la pertinence des faits articulés (Crim. rej. 2 fév. 1816, M. Bazire, rap. aff. Forêts *C.* Noizet).—V. Procès-verbal, n° 170.

357. Le code d'inst. crim. en autorisant avec raison les tribunaux de police simple et correctionnelle à écarter des témoignages inutiles ou superflus, leur confère un droit qui, renfermé dans les limites d'une saine interprétation, ne saurait porter aucune atteinte au droit de défense, mais qu'il ne faudrait pas étendre au delà. — C'est ainsi qu'il a été décidé que le jugement qui condamne un prévenu de simple contravention, sans l'admettre à la preuve contraire des faits lui imputés, qu'il demande à établir, doit être annulé comme violant les droits de la défense, alors que la prévention n'est appuyée que sur de simples témoignages (Crim. cass. 14 nov. 1840, aff. Lecellier, v. Preuve, n° 93).

358. Le tribunal ne pourrait pas non plus se refuser à entendre les témoins produits à l'audience, sur le motif qu'il aurait accordé pour faire la preuve un délai qui serait expiré. Il n'existe en semblable matière aucun délai fatal qui puisse rendre inadmissible la preuve testimoniale. — C'est donc avec raison qu'il a été jugé, sous le code de brumaire, et il faudrait décider de même aujourd'hui, que lorsque le délai dans lequel le plaignant, admis à fournir une preuve, doit la faire, n'a pas été fixé par le tribunal, le plaignant ne peut être déclaré déchu; ici ne s'applique pas l'ordonnance de 1667 sur la procédure civile (Crim. cass. 1er niv. an 12) (1).

359. Mais si le ministère public, le prévenu ou la partie civile demandent une remise pour faire entendre des témoins, le tribunal apprécierait s'il convient ou non de l'accorder, et il pourrait incontestablement le refuser soit sur le motif que la partie qui le réclame aurait un temps suffisant pour faire citer utilement ses témoins, soit sur ce qu'il existerait dans la cause des éléments suffisants d'appréciation (V. Jugem., n° 778 et s.). — Il a été jugé, notamment sous le code de brum. an 4, qu'un tribunal de police peut refuser au prévenu un délai pour produire ses témoins (Crim. rej. 6 brum. an 9) (2).—A plus forte raison, si le tribunal avait accordé un délai pour faire citer des témoins et qu'il ne fût pas justifié que ce délai a été insuffisant, pourrait-il se refuser à accorder un délai nouveau. — Il a été jugé en ce sens que dans le cas où un tribunal correctionne, a accordé au ministère public un délai pour appeler des témoins, il peut refuser un nouveau délai (Crim. rej. 4 nov. 1841, aff. Chastel, v. Jugem., n° 779-2°).

360. D'après un arrêt rendu sous le code du 3 brum. an 4, un tribunal de police correctionnelle ne pouvait pas refuser d'entendre un témoin, sous le prétexte qu'il était arrivé tardivement à l'audience, si ce témoin s'était présenté avant le jugement

---

(1) (Forêts *C.* N...)—Le tribunal;—Vu l'art. 456, c. des dél. et des pein.; — Et attendu que les dispositions de l'ordon. de 1667 ne sont point applicables en matière criminelle et correctionnelle; — Que, dans l'espèce, le tribunal civil de l'arrond. de Mayence, saisi correctionnellement de la connaissance du délit dont il s'agit, en décidant par un premier jugement du 12 mess. an 11, que le délit n'était pas suffisamment constaté par le procès-verbal des agents forestiers, et en permettant en conséquence d'en compléter la preuve, n'avait même fixé péremptoirement aucun délai pour la confection de l'enquête; qu'ainsi ledit tribunal, sur l'opposition formée au jugement rendu par défaut contre l'administration forestière, le 24 du même mois, avait en incontestablement la faculté et le droit de rapporter ledit jugement de défaut, et de procéder à la preuve ordonnée et offerte;—Que cependant, s'appuyant sur une loi purement relative à la procédure civile, le même tribunal a prononcé d'une manière absolue une déchéance qui n'est établie ou autorisée par aucune des lois relatives à la forme de procéder en matière de délit; d'où il suit un véritable excès de pouvoir, que le tribunal criminel du département du Mont-Tonnerre a partagé, en adoptant sur l'appel les motifs des premiers juges, et en confirmant leur jugement ;—Casse, etc. Du 1er niv. an 12.-C. C., sect. crim.-M. Rataud, rap.

(2) (Luc.) — Le tribunal;— Considérant que le tribunal de police du canton de Pietra-Buguo a satisfait à l'art. 162 du code, en refusant au demandeur un délai pour produire des témoins qu'il lui avait été libre d'amener à l'audience et qu'il devait y faire comparaître s'il avait eu intention de les faire entendre ;— Rejette.

Du 6 brum. an 9.-C. C. sect. crim.-MM. Viellart, pr.-Schwendt, rap.

(Crim. cass. 15 vend. an 7) (1). — Cette décision, plausible sous le code de brumaire an 4, nous paraît devoir être également suivie sous le code d'instruction criminelle de 1810; car, d'une part, une foule de circonstances indépendantes de la volonté d'un témoin peuvent l'empêcher de se présenter au jour et à l'heure indiqués dans la citation; et, d'autre part, il serait à la fois déraisonnable et injuste de faire supporter les conséquences de l'inexactitude du témoin à celle des parties qui peut avoir intérêt à son témoignage.

361. Au surplus, il est évident que le prévenu ne pourrait se plaindre de ce qu'il n'aurait pas été entendu de témoins à décharge s'il n'en avait pas produit. — Il a été jugé que, jusqu'à preuve contraire, il y a présomption que s'il n'a pas été entendu de témoins à décharge en première instance, c'est que le prévenu n'en avait point amené (Crim. rej. 10 août 1810 (2). — V. aussi Crim. rej. 28 déc. 1832, aff. Maudet, n° 339-3°).

362. Le tribunal peut-il ordonner d'office la citation de témoins, dont ni le prévenu, ni le ministère public, ni la partie civile ne requièrent l'audition? — V. infrà n° 406 et suiv.

363. Les témoins peuvent être reprochés, mais seulement pour les causes d'incapacité ou d'exclusion prévues par la loi (V. suprà, n° 72 et s.).—Les reproches doivent-ils être proposés avant ou après l'audition des témoins?—On décidait, sous le code de brumaire, que l'audition, devant les tribunaux correctionnels et de police de tous les témoins produits par le ministère public, la partie civile ou le prévenu, était rigoureusement obligatoire, même dans le cas où ces témoins étaient reprochés sauf à n'avoir égard à leur déposition que comme il convenait (V. n° 243 et v°Inst. crim., n° 877).—Ainsi, il a été jugé sous ce code : 1° que les juges n'étaient pas tenus d'admettre ou de rejeter dès à présent les reproches proposés contre les témoins et de permettre ou refuser en conséquence leur audition ; ils pouvaient se borner à déclarer qu'ils y auraient tel égard que de raison lors du jugement (Crim. rej. 29 fruct. an 9, aff. Massue, V. n° 24); — 2° Que le tribunal correctionnel ne pouvait statuer sur les reproches proposés contre les témoins qu'après leur déclaration et seulement avant la déclaration sur le fond (Crim. rej, 28 therm. an 12) (3);— 3° Que l'audition de tous les témoins devait précéder les reproches qui pouvaient être proposés contre eux, sauf aux juges à y avoir tel égard que de raison en statuant sur le fond; et qu'il y avait lieu de casser un jugement correctionnel qui avait refusé d'entendre un témoin reproché (Crim. cass., 14 août 1807, M. Seignette, rap., aff. Bertrand);—4° Que « la loi laisse aux tribunaux la faculté d'apprécier les reproches proposés contre les témoins, et que l'on ne peut fonder aucun moyen de nullité sur ce qu'un tribunal a entendu un témoin reproché, sauf d'avoir à sa déposition tel égard que de raison suivant les lumières et la conscience » (Crim. rej. 1er déc. 1809, MM. Barris, pr., Guieu, rap., aff. Lillot).

364. L'art. 190 c. inst. crim. qui prescrit l'ordre des dé-

bats, n'est pas bien précis sur ce point. Il porte : « Les témoins pour et contre seront entendus s'il y a lieu, et les reproches proposés et jugés; » d'où l'on peut induire que l'audition des témoins précède le jugement des reproches. Toutefois cette interprétation nous paraît contraire à l'esprit du code, qui, en attribuant en certains cas aux reproches l'effet d'empêcher l'audition des témoins, suppose nécessairement que les reproches doivent précéder l'audition (Conf. M. F. Hélie, Inst. crim., t. 7, p. 293); — Toutefois il a été décidé que l'omission, par les juges correctionnels, de statuer sur les reproches contre les témoins, ne peut donner ouverture à cassation, la disposition de l'art. 190 c. inst. crim., à cet égard, n'étant pas prescrite à peine de nullité (Crim. rej. 29 nov. 1816) (4).

365. M. Carnot, p. 868, n° 7, pense que le reproche est proposable pour la première fois en appel.— Cette opinion nous paraît juste; car, si la conviction des premiers juges a été induite en erreur par de faux éléments, l'appel a précisément pour but de rectifier les bases d'appréciation qui doivent fixer le sort du procès. — Il suit de là que si un témoin reprochable a été entendu en première instance, par exemple un parent du prévenu au degré prohibé (V. n° 97 et suiv.), les juges d'appel pourront ordonner que la déposition ne sera pas lue. — C'est ainsi qu'il a été jugé qu'un tribunal d'appel correctionnel se conforme à la loi en décidant que les notes retenues en première instance sur les dépositions n'ont faites, comme témoin du prévenu, ne seront pas lues aux débats (Crim. rej. 31 juill. 1830) (5).

366. Mais le reproche jugé en première instance ne peut plus être débattu en appel si les parties ont exécuté ce jugement en plaidant au fond. Ce n'est là du reste que l'application d'une règle qui s'étend à tous les jugements susceptibles d'appel, en matière criminelle comme en matière civile. V. Acquiesc. n° 900 et suiv.). — Il a été jugé en ce sens qu'on acquiesce au jugement qui a admis le reproche d'un témoin, lorsqu'on a pris des conclusions et qu'on a plaidé au fond ; dès lors l'appel n'en est pas recevable, nonobstant les réserves générales qui terminent les conclusions (Douai, 14 mars 1840, aff. Léger, V. Acquiesc., n° 304).

367. Quant aux causes pour lesquelles les reproches pourraient être proposées, V. ce qui est dit suprà, n° 90 et suiv.

368. Avant de déposer, les témoins doivent prêter serment de dire toute la vérité rien que la vérité (c. inst. crim. 155, déclaré applicable aux matières correctionnelles par l'art. 189; V. Serment, n° 195 et suiv.). — L'obligation de prêter serment s'applique à tous les témoins à décharge ainsi qu'aux témoins à charge (Crim. cass. 8 août 1817, aff. Dessommes, v. Serment, n° 209; 10 juin 1836, aff. Clermont, V. n°370-2°; 4 mars 1848, aff. Pifort, D. P. 48. 5. 333; 2 mars 1849, aff. Cartery, D. P. 49. 5. 360; 16 juin 1854, M. de Glos, rap., aff. Vaivre; 22 juin 1854, M. Moreau, rap., aff. Groux; 15 déc. 1854, M. Nouguier, rap., aff. Richard); — 2° Aux témoins amenés par le prévenu, aussi bien qu'aux témoins régulièrement cités (Crim.

---

(1) (Pinel C. min. pub.) — LE TRIBUNAL; — Vu les art. 184 et 189 c. dél. et pein. ; — Attendu que le tribunal criminel de la Seine-Inférieure a fait une fausse application du premier des articles précités, en prétendant qu'il ne devait point entendre un témoin qui s'était présenté avant le jugement ; d'où il résulte que, contre le vœu de l'art. 184, l'on n'a point entendu les témoins pour et contre ; — Et attendu que le susdit premier article précité est l'un des cinq par rapport à l'inobservation desquels l'art. 189, aussi précité, prononce la nullité, — Casse. Du 15 vend. an 7.–C. C., sect. temp.–M. Guyon, rap.

(2) (Marié et Gauthier.)— LA COUR; — Considérant sur le premier moyen que, si devant le tribunal de première instance de police correctionnelle, il n'y a point été entendu des témoins à décharge, rien n'indique dans la procédure que les réclamants en aient cité ou amené devant ledit tribunal, d'où il suit à cet égard il n'existe point de contravention à l'art. 184 c. dél. et pein; — Rejette. Du 10 août 1810.–C. C., sect. crim.–MM. Barris, pr.–Busschop, rap.

(3) (Savès.)—... Attendu, sur le quatrième moyen, qu'aucune disposition de la même loi n'exigeant le prononcer sur les reproches des témoins avant leur déclaration, le tribunal correctionnel n'avait commis aucune infraction en ne statuant sur ces reproches qu'immédiatement avant la délibération sur le fond ; — Rejette. Du 28 therm. an 12.–C. C., sect. crim.–MM. Vermeil, pr.–Lachèze, r.

(4)(Bellot dit Saint-Aubin.) — LA COUR ; — Attendu sur le second moyen, qu'en matière correctionnelle il ne peut résulter de moyen de cassation de l'inobservation des formes non exigées à peine de nullité;

que l'art. 190 c. inst. crim. ne prescrit sous cette peine que la publicité de l'instruction sans attacher la même peine à l'inobservation des formalités subséquentes au nombre desquelles se trouve le jugement des reproches; Que d'après l'art. 408 du même code, ce n'est que la violation des articles prononçant la peine de nullité ou de l'omission ou du refus de statuer sur une réclamation légale que peut résulter une ouverture à cassation : que, dans l'espèce, le prévenu n'ayant point demandé qu'on statuât sur les reproches ne saurait se former un moyen de cassation de ce qu'ils n'ont pas été jugés ; que d'ailleurs, la cour de Bordeaux a dû, dans l'appréciation des faits, prendre ces reproches en considération ; — Rejette. Du 29 nov. 1816.–C. C., sect. crim.-MM. Barris, pr.–Ollivier, rap.

(5) (Min. pub. C. Latrompette.) — LA COUR ; — En ce qui touche le jugement préparatoire du 7 juin :—Attendu que l'art. 156 c. inst. crim. ne permet ni d'appeler, ni de recevoir en témoignage les ascendants ou descendants de la personne prévenue, ses frères et sœurs ou alliés en pareil degré, et que cette disposition étant générale et absolue, s'applique tout aussi bien à la lecture des notes qui auraient pu être retenues dans l'instruction de première instance, où le prévenu a fait défaut, qu'à la dépo-sition orale elle-même, dans les débats sur l'appel ; d'où il suit que le jugement attaqué, en décidant, sur les conclusions de l'appelant, en sens égard aux réquisitions contraires du ministère public, que cette lecture n'aurait point lieu, s'est également conformé au texte et à l'esprit dudit article; — Rejette. Du 31 juill. 1830.–C. C., ch. crim.–MM. Bastard, pr.–Rives, rap.

cass. 8 août 1817, précité) ; — 3° Aux plaignants qui ne se sont pas constitués partie civile (Crim. cass. 2 mai 1840, M. Vincens-Saint-Laurent, rap., aff. N..., V. Bull. crim. n° 126) ; — 4° Aux témoins appelés d'office par le juge (Crim. cass. 23 juin 1835, M. Isambert, rap., aff. N..., Bull. crim., n° 31) ; — 5° Au fonctionnaire à qui un renseignement serait demandé; et spécialement un voyer cantonnal ne peut être entendu, soit comme expert, soit comme témoin, contre un procès-verbal régulier de contravention à l'arrêté d'un maire, qu'après avoir prêté serment (Crim. cass. 24 juill. 1835, aff. Chenon, V. Commune, n° 985); — 6° A l'adjoint du maire qui a déclaré à l'audience avoir autorisé verbalement les constructions faites par un prévenu de contravention à la petite voirie (Crim. cass. 12 août 1841, Audouard, V. Voirie).—La nullité, dans ces divers cas, serait encourue, alors même que les parties auraient consenti à ce que le témoin fût dispensé du serment (Crim. cass. 13 juin 1835, aff. Pallas, V. Serment, n° 105).

369. Les tribunaux correctionnels et de police pourraient-ils entendre des personnes sans prestation de serment et à titre de simples renseignements? non ; un tel pouvoir n'appartient qu'aux présidents de cour d'assises par une disposition tout à fait exceptionnelle. C'est un pouvoir en dehors du droit commun qui ne peut résulter que de la loi (Conf. M. F. Hélie, Instr. crim., t. 7, p. 302). — Il a néanmoins été jugé 1° Que les tribunaux de simple police et de police correctionnelle peuvent appeler séance tenante des témoins pour fournir des renseignements sans prestation de serment (Crim. rej. 22 oct. 1813) (1) ; — 2° Que ce droit appartient également aux conseils de discipline de la garde nationale (V. Garde nationale, n° 648).

370. Mais la jurisprudence la plus récente s'est formellement prononcée en sens contraire.—Ainsi il a été décidé : 1° que c'est aux présidents de cours d'assises qu'il appartient exclusivement d'entendre des témoins à titre de *simple renseignement* et sans prestation de serment; qu'un droit pareil n'appartient ni aux présidents des tribunaux correctionnels ni aux juges de simple police; que, par suite, l'audition d'un témoin faite devant ces tribunaux, sans prestation de serment, emporte la nullité du jugement de condamnation (Crim. cass. 24 mai 1833, 23 sept. 1836 (2); 13 mai 1837, MM. Choppin, f.-f. pr., Vincens, rap., aff. Lefébure ; 5 oct. 1838, MM. Bastard, pr., Rives, rap., aff. Bonicard; 13 sept. 1839, MM. Bastard, pr., Bresson, rap., aff. Sas; 19 juin 1846, aff. Dauphin, D. P. 46. 4. 479; 4 nov. 1848, aff. Robin, D. P. 48. 5. 341; 7 juin 1849, aff. Labiche, D. P. 49. 5. 361; 4 avr. 1851, aff. Aribaud, D. P. 51. 5. 487; 14 nov. 1851, M. Glos, rap., aff. Rocher; 29 juill. 1853, aff. Cherfalot, D. P. 53. 5. 421; 22 juill. 1853, aff. Angibaud, *eod.*, 20 janv. 1854, M. Moreau, rap., aff. Dutheil; 8 juin 1854, M. Rives, rap., aff. Bringuier; Crim. rej. 2 mars 1855, aff. Gardes, V. n° 372; Crim. cass. 1er mars 1856, aff. Sauze, D. P. 56. 5. 424; 4 sept. 1856, aff. Lecocq, D. P.

(1) (Grad.) — La cour ; — Attendu qu'aucune loi ne prohibe aux tribunaux jugeant en police simple, soit en police correctionnelle, d'appeler des témoins séance tenante pour fournir des renseignements sans prestation de serment ; — Rejette le pourvoi formé contre l'arrêt de la cour de Colmar du 24 juin dernier.
Du 22 oct. 1813.-C. C., sect. crim.-MM. Barris, pr.-Audier, rap.

(2) 1re *Espèce* : — (Beaufort C. min. publ.) — La cour (ap. délib. en ch. du cons.) ; — Vu les art. 155 et 189 c. inst. crim. ; — Attendu qu'il est de principe et de règle générale, que tous les témoins entendus devant les tribunaux prêtent, à peine de nullité, le serment prescrit par la loi; que, si l'art. 269 c. inst. crim. a conféré un pouvoir discrétionnaire aux présidents des cours d'assises, et les a autorisés à entendre des déclarations sans la formalité du serment, cette disposition exceptionnelle ne peut être étendue et n'a point dans les attributions des présidents des tribunaux correctionnels ; — Qu'il suit de là qu'en entendant des témoins sans prestation de serment, en vertu du pouvoir discrétionnaire, la cour royale de Paris, chambre correctionnelle, a fait une fausse application de l'art. 269 c. inst. crim. ; — qu'un excès de pouvoir et en violé les art. 155 et 189 c. inst. crim. ;—Par ces motifs, casse.
Du 24 mai 1833.-C. C., ch. crim.-MM. Choppin, pr.-Ricard, rap.
2e *Espèce*. — (Min. publ. C. Hourbette.) — La cour ; — Vu l'art. 155 c. inst. crim. ; — Attendu, en droit, que tous les témoins entendus en justice doivent, à peine de nullité de l'instruction, prêter le serment prescrit par la loi ; — Que l'exception établie à cette règle générale par l'art. 269 du code précité, qui autorise les présidents des cours

56. 1. 416; 7 nov. 1856, M. Bresson, rap., aff. Lagrange; 22 nov. 1856, M. Foucher, rap., aff. Poupault) ; — 2° Qu'en conséquence, il suffit qu'un jugement énonce, d'une part, que la cause est suffisamment instruite par les débats contradictoires, comme aussi par les renseignements fournis à l'audience par le sieur....., architecte, et de l'autre, que les faits qui ont servi de base à la décision résultent des débats à l'audience et de la déclaration de l'architecte, pour que cet architecte ait le caractère de témoin, et ait dû, par suite, à peine de nullité prêter le serment prescrit par l'art. 155 c. inst. crim. (Crim. cass. 10 juin 1836) (3); — 3° Qu'enfin le conseil de discipline de la garde nationale ne peut pas non plus entendre des témoins à titre de renseignements et sans prestation de serment. — V. les arrêts cités v° Garde nat., n°° 644 2°, 649.

371. Cette règle s'applique aux fonctionnaires appelés à compléter par des explications les procès-verbaux rédigés par eux (Crim. rej. 4 sept. 1856, aff. Lecocq, D. P. 56. 1. 416), ...et, par exemple, aux agents du police (Crim. cass. 5 oct. 1838 ; MM. Bastard, pr., Rives, rap. aff. Bonicard; 7 mars 1844, aff. Salio, D. P. 45. 4. 498; 16 mars 1844, M. Rives, rap., aff. Mignot; 19 juin 1846, M. Rives, rap., aff. Maquelly; 12 déc. 1846, M. Rives, rap. aff. Georgesonne; 28 sept. 1849, aff. Joubert, D. P. 49. 5. 359); ...aux gendarmes (Crim. cass. 4 nov. 1848, aff. Robin, D. P. 48. 5. 341); ...aux agents voyers (Crim. cass. 9 mai 1846, aff. Joando, D. P. 46. 4. 477); ...aux gardes champêtres (Cr. cass. 23 sept. 1836, aff. Hourbette, V. n° 370 1°; 31 janv. 1846, M. Rives, rap., aff. Diemert); ...aux maires et adjoints (Crim. cass. 7 juin 1849, aff. Labiche, D. P. 49. 5. 361); ...aux commissaires de police (Crim. cass. 8 fév. 1844, aff. Valentin, D. P. 45. 4. 499). — Il en serait ainsi, alors même que les explications seraient données dans l'intérêt du prévenu (Crim. cass. 20 janv. 1854, M. Moreau, rap., aff. Dutheil; 8 juin 1854, M. Rives, rap. aff. Bringuier).

372. Cette règle recevrait cependant exception à l'égard : 1° des enfants âgés de moins de quinze ans (V. Serment, n°° 185 et suiv.); — 2° Des condamnés qui ne peuvent être entendus en justice que pour y donner de simples renseignements (V. *eod.* n°° 141 et suiv.). — C'est aussi ce qu'enseigne M. F. Hélie, Instr. crim., t. 7, p. 303.— Il a été jugé en ce sens que l'art. 79 c. inst. crim. consacre un principe général et fondamental qui régit les débats ouverts devant les tribunaux de simple police et de police correctionnelle, comme l'instruction écrite; qu'en conséquence, lorsque les témoins produits devant eux sont âgés de moins de quinze ans, ils doivent les entendre par forme de déclaration et sans prestation de serment, conformément à cet article (Crim. rej. 2 mars 1853) (4). — Mais l'audition de ces témoins avec prestation de serment ne serait point une cause de nullité si le prévenu ne s'y était pas opposé. — V. n° 223 et s.

373. La partie civile doit être entendue, il est vrai, devant les tribunaux correctionnels et de police sans prestation de ser-

d'assises à ne recevoir des déclarations de témoins qu'à titre de renseignement, en vertu du pouvoir discrétionnaire dont ils sont investis, est nécessairement limitative et ne peut s'étendre aux juges de simple police ;—D'où il suit, dans l'espèce, qu'en ordonnant que le garde champêtre dont il avait précédemment jugé l'audition nécessaire, serait entendu sans prestation de serment, et seulement à titre de renseignement, le tribunal de simple police de Charleville a faussement appliqué ledit art. 269 et commis tout ensemble un excès de pouvoir et une violation expresse de la disposition ci-dessus visée ; — En conséquence, casse.
Du 23 sept. 1856.-C. C., ch. crim.-MM. Bastard, pr.-Rives, rap.
(3) (Min. publ. C. demoiselles Clermont.) — La cour ; — Vu l'art. 155 c. inst. crim. ; — Attendu que le jugement attaqué énonce, d'une part, que la cause est suffisamment instruite par les débats contradictoires, comme aussi par les renseignements fournis à l'audience par le sieur Farfouillon, architecte, et, de l'autre, que les faits qui ont servi de base à la décision résultent des débats de l'audience et de la déclaration de l'architecte susnommé ; — Attendu que le sieur Farfouillon n'était pas compris dans la prévention ; qu'il était dès lors impossible de ne pas lui attribuer le caractère de témoin à décharge produit par les prévenus ; que, néanmoins, le jugement ne constate pas que ce témoin ait prêté le serment prescrit par l'art. 155 c. inst. crim. ; qu'en recevant sa déclaration, sans que cette formalité ait été remplie, le tribunal a donc manifestement violé la disposition de cet article ; — Casse.
Du 10 juin 1836.-C. C., ch. crim.-MM. Bastard, pr.-Bresson, rap.
(4) (Gardes.) — La cour ; — Sur le moyen tiré d'office de la viola-

ment; mais ce n'est point en vertu d'un pouvoir discrétionnaire; elle est entendue en effet, non comme témoin, mais en sa qualité de partie au procès au même titre que le ministère public ou le prévenu. — V. *suprà*, n°° 170 et suiv.

374. Le jugement qui ordonne qu'un individu sera entendu par forme de renseignements et sans prestation de serment est un jugement préparatoire qui n'est pas susceptible d'appel avant le jugement définitif (V. Appel civ., n° 114).

375. Les témoins doivent être entendus à l'audience, sauf le cas de maladie (V. n°° 311 et suiv.), et *oralement* (V. Instr. crim., n°°879, 943) : c'est seulement sur ces dépositions orales que doit se former la conviction du juge : ce n'est là que la conséquence du principe de publicité qui est une des bases de notre droit moderne en matière criminelle (V. n° 252, et M. F. Hélie, Inst. crim., t. 7, p. 313 et suiv.).—Ainsi on décidait sous le code de brumaire : 1° que le jugement de police rendu sur la lecture des déclarations des témoins entendus devant un officier de police, et sans que ces témoins eussent été entendus à l'audience, était nul (Crim. cass. 8 pluv. an 5) (1);— 2° Qu'un tribunal de police qui, au lieu de recevoir publiquement et à l'audience les déclarations des témoins sur un fait de diffamation, s'est borné à faire faire lecture d'une information écrite qui lui avait été envoyée par le magistrat de sûreté, a violé les dispositions de l'art. 162 c. de brumaire an 4 (Crim. cass. 24 mai 1811, aff. Schiffmann, V. Inst. crim. n° 873-3°).

376. Il a été pareillement décidé sous le code d'instruction criminelle : 1° que la lecture des dépositions recueillies dans l'information écrite ne peut avoir lieu à l'audience, alors surtout que le ministère public n'a pas cru devoir faire citer les témoins qui ont fait ces dépositions (Nîmes, 28 juin 1838, aff. Librayat, V. Ministère public, n° 314); — 2° Qu'en tout cas et en admettant que les juges correctionnels puissent, suivant les circonstances, avoir recours à des dépositions écrites, c'est au tribunal seul qu'il appartient de juger de la nécessité de cette lecture, surtout en cas d'opposition du prévenu : le président du tribu-

nal correctionnel seul n'a pas le droit, comme le président de la cour d'assises, d'ordonner cette lecture (même arrêt).

377. Il a été jugé cependant sous le code de brumaire qu'il pouvait être fait lecture aux témoins de leurs dépositions, alors d'ailleurs que c'était sur leur demande, d'après les interpellations qui leur étaient adressées (Crim. rej. 8 fruct. an 10) (2);— Et sous le code d'instruction criminelle, qu'un tribunal de simple police peut ouvrir les débats d'une affaire en l'absence d'un témoin cité, malgré la demande d'un sursis par le ministère public, et autoriser la lecture de la déclaration écrite de ce témoin (Crim. rej. 4 août 1832, aff. Devolvé, V. Presse-Outrage, n° 1391).

378. La déposition d'un témoin décédé peut-elle être lue à l'audience? — V. n°° 550 et suiv., 649 et suiv.

379. De ce que la conviction du juge doit se former d'après les dépositions orales, il suit évidemment que le vœu de la loi ne serait pas rempli, si le témoin, au lieu de faire sa déclaration devant les juges correctionnels ou de police, se bornait à dire qu'il persiste dans la déposition qu'il a faite dans l'instruction écrite. — Il a été décidé en conséquence que, devant le tribunal correctionnel, les témoins doivent déposer des faits dont ils ont connaissance : le juge ne peut se borner à recevoir leur simple déclaration qu'ils persistent dans des déclarations précédemment faites (Crim. cass. 16 pluv. an 6) (3).

380. Du principe que l'instruction devant le tribunal doit être orale, il suit que si la cause étant renvoyée à une autre audience le tribunal n'était plus composé des mêmes juges, il faudrait entendre de nouveau les témoins (V. Jugem. n°° 738 et suiv.). — Il a été justement décidé en ce sens que lorsque la cause a été renvoyée à une autre audience, les témoins doivent être de nouveau entendus, surtout lorsque l'un des juges a été remplacé (Crim. rej. 7 juin 1811) (4). — Il suffirait donc, en cas de remplacement d'un des juges du tribunal, qu'il fût donné lecture des dépositions précédemment faites. — Cependant il a été décidé qu'en cas de remplacement d'un ou de plusieurs juges dans une instance correctionnelle, il n'est pas nécessaire que les

---

tion, soit de l'art. 269 c. inst. crim., en ce qu'un des témoins n'a été entendu qu'à titre de renseignements, sur le motif qu'il était âgé de moins de treize ans, soit de l'art. 155 du même code, qui n'admet à déposer, sous peine de nullité, que les personnes qui auront préalablement prêté le serment par lui prescrit : — Attendu, 1° que l'art. 269 c. inst. crim., n'accorde qu'au président de la cour d'assises le droit d'appeler et d'entendre d'office, dans le cours des débats, en vertu du pouvoir discrétionnaire dont il est investi par l'art. 268 du même code, toutes personnes dont la déclaration lui semble susceptible, à ce titre, de répandre un jour utile sur le fait contesté; — Attendu que les tribunaux de simple police et de police correctionnelle qui s'attribuent ce droit commettent donc un excès de pouvoir et une violation des règles de la compétence; — Mais attendu, en fait, que le nommé Donat, enfant âgé de moins de quinze ans, avait été assigné à la requête du ministère public;

Attendu, en droit, 2° que le code d'instruction criminelle, après avoir édicté la formule du serment que les témoins cités devant le juge d'instruction doivent prêter avant de faire leur déposition (art. 75), dispose que les enfants de l'un et de l'autre sexe, au-dessous de l'âge de quinze ans, pourront être entendus par forme de déclaration et sans prestation de serment (art. 79); — Attendu que ces deux dispositions contiennent chacune un principe général et fondamental de la procédure criminelle, et qu'elles régissent, par suite, les débats ouverts devant les tribunaux de simple police et de police correctionnelle, comme l'instruction écrite; Attendu qu'il résulte de la combinaison de ces règles que la seconde déroge pleinement à la première; — Attendu que celle-ci ne concerne donc exclusivement que les individus âgés de plus de quinze ans qui sont appelés à déposer en justice, et que les tribunaux susnommés ne doivent exiger que d'eux, avant de les admettre à déposer, la prestation préalable du serment prescrit par la loi, à peine de nullité; — Attendu que ces tribunaux sont dès lors tenus, lorsque des enfants âgés de moins de quinze ans comparaissent à leur audience, soit à l'appui de la prévention, soit dans l'intérêt de la défense, de se borner à les entendre, conformément au susdit art. 79, suivant l'art. 155 c. inst. crim., loin de modifier la forme spéciale de procéder qu'il a déterminée à leur égard, n'a fait que reproduire la formule du serment édictée par l'art. 75, et la rendre obligatoire sous une sanction pénale que ce dernier n'y a pas attachée pour l'instruction écrite ; — Attendu que les déclarations des enfants âgés de moins de quinze ans, quoiqu'elles n'aient pas été faites sous la foi du serment, sont un élément légal de décision; que les juges qui les ont reçues ont le pouvoir de les apprécier souverainement, la loi ne les obligeant à statuer sur la poursuite que d'après

la conviction produite en eux par les débats, quand il n'existe pas un procès-verbal faisant foi, jusqu'à preuve contraire, des faits matériels qu'il relate, ou qu'il a été débattu par cette preuve ; — Et attendu, dans l'espèce, qu'il conste du jugement dénoncé que la contravention en question n'avait pas été constatée par un procès-verbal en forme ; que l'enfant dont il s'agit avait été cité à la requête du ministère public pour y suppléer, qu'ainsi cet enfant n'est âgé que de treize ans ; — Attendu qu'en l'entendant seulement par forme de déclaration, sans prestation de serment et à titre de renseignements, le tribunal de simple police du canton de Faujeaux s'est conformé à l'art. 79 c. inst. crim., et n'a qu'interprété sainement cette disposition, en la combinant avec celle de l'art. 155 du même code; — Rejette, etc.

Du 2 mars 1855.-C. C., ch. crim.-MM. Laplagne-Barris, pr.-Rives. rap.-D'Ubexi, av. gén., c. conf.

(1) (Clémandot.) — Le tribunal;—Vu l'art. 162 c. dél. et peines; —Attendu que, par le jugement du tribunal de police judiciaire du canton de Vierzon, du 27 vend. an 5, il est dit qu'il a été fait lecture de la déclaration du témoin entendu devant l'officier de police les 28 et 29 fructidor précédent, tandis qu'aux termes de l'art. 162 les témoins doivent être entendus à l'audience ; — Casse.

Du 8 pluv. an 5.-C. C., sect. crim.-M. Allasœur, rap.

(2) (Mailhe dit Asse.) — Le tribunal ; — Attendu que la lecture qui a été faite à deux témoins de leurs dépositions, leur a été donnée sur leur demande expresse, d'après les interpellations qui leur étaient faites, et que d'ailleurs cela n'est pas défendu par la loi ; — Rejette.

Du 8 fruct. an 10.-C. C., sect. crim.-MM. Viellart, pr.-Vallée, r.

(3) (Barbe, etc.) — Le tribunal ; — ...Attendu qu'en supposant même les tribunaux correctionnels compétents relativement à la nature des délits, les formes les plus essentielles ont été violées, qu'au lieu d'exiger des témoins le détail des faits dont ils pourraient avoir connaissance, on s'est borné à recevoir de plusieurs d'entre eux une simple déclaration de persister dans que ce qu'ils avaient précédemment faite ; qu'ainsi les témoins n'ont pas été tous réellement entendus en présence des prévenus ; — Casse.

Du 16 pluv. an 6.-C. C., sect. crim.-MM. Seignette, pr.-Gohier, rap.

(4) (Abadie.) — La cour ; — Considérant que le renvoi de la cause a pu être légitimement ordonné, malgré l'ouverture des débats, d'après les circonstances qui l'ont motivé ; que, dès lors, une nouvelle audition des témoins était devenue nécessaire, surtout après l'abstention du rapporteur qui avait été remplacé ; — Rejette le pourvoi contre l'arrêt de la cour criminelle de la Gironde, du 1er déc. 1810.

Du 7 juin 1811.-C. C., sect. crim.-MM. Barris, pr.-Favard, rap.

témoins entendus le soient de nouveau : il suffit que leurs dépositions soient lues, ...surtout si le prévenu n'a pas demandé que ces témoins fussent de nouveau entendus (Crim. rej. 1er août 1829) (1).

881. Devant les cours d'assises, les témoins doivent être entendus séparément : c'est ce que décident les art. 316 et 317. c. inst. crim. qui prescrivent des mesures particulières pour cette audition séparée. — Mais il est généralement reconnu que ces dispositions sont inapplicables en matière de police simple et correctionnelle. — Ainsi, il a été décidé sous le code de brum. an 4, que ce n'est que lors des débats au grand criminel, que l'accusé peut requérir que les témoins soient entendus séparément ; qu'ainsi, en matière correctionnelle, les témoins peuvent être entendus en présence les uns des autres (Crim. rej. 31 déc. 1808 (2), 29 brum. an 9, MM. Viellart, pr., Cochard, rap., aff. Cuenne ; 25 avril 1806, MM. Barris, pr., Vermeil, rap., aff. Maky).

882. Il a été décidé d'après le même principe, sous le code d'instruction criminelle : 1° Que le mode d'audition des témoins, tel qu'il est prescrit par les art. 317 et 319 c. inst. crim., n'étant pas exigé en matière correctionnelle, il suffit que la preuve des délits se fasse conformément aux art. 155, 156 (Crim. rej. 19 août 1824) (3) ;— 2° Que de même les dispositions des art. 316 et 317 c. inst., aux termes desquels les témoins doivent être entendus séparément l'un de l'autre, ne sont pas applicables à l'audition des témoins cités devant un tribunal de simple police ; que, par suite, le tribunal de simple police ne peut refuser d'entendre un témoin produit par le ministère public pour compléter la preuve de la contravention, en se fondant sur ce que ce témoin a assisté à l'audience durant la déposition d'un autre témoin (Crim. cass. 4 juin 1847, aff. Guy, D. P. 47. 1. 457). — V. aussi M. F. Hélie, instr. cr., t. 7, p. 299.

883. Quoi qu'il en soit, la précaution d'entendre les témoins séparément afin qu'ils ne puissent modeler leurs déclarations les uns sur les autres, est une précaution sage que les tribunaux correctionnels et de police feront bien de suivre (Conf. MM. Ch. Berriat Saint-Prix, Proc. des trib. crim., part. 1, n° 289).—Si elle n'est pas obligatoire pour eux, rien, du moins, ne leur interdit une semblable mesure, et beaucoup ont l'ont adoptée avec raison. On ne pourrait donc se faire un moyen de nullité de ce qu'un tribunal correctionnel ou de police se serait conformé, pour l'audition des témoins, aux prescriptions dont il s'agit. — C'est en ce sens qu'il aurait été jugé qu'en matière correctionnelle ou de simple police, il n'y a pas lieu à prononcer la cassation de l'arrêt ou du jugement qui, soit d'office soit sur la réquisition du ministère public ou du prévenu, a ordonné que les témoins seraient éloignés pour un instant, puis rappelés pour être répétés dans leurs déclarations (Crim. cass. 31 sept. 1808, aff. N... C. N...). Telle est du moins la décision qui aurait été rendue, suivant Carnot (Crim. 326 c. inst. crim., t. 2, p. 540), par cet arrêt dont la date est évidemment erronée et que nous n'avons pu retrouver au greffe de la cour de cassation.

884. De même aussi l'interpellation du président aux témoins,

prescrite par l'art. 319 c. inst. crim., à l'effet de déclarer si c'est de l'accusé présent qu'ils ont entendu parler, n'est pas obligatoire pour les juges de police et les tribunaux correctionnels (Crim. rej. 25 avril 1806, MM. Barris, pr., Vermeil, rap., aff. Maki ; 19 août 1824, aff. Siruguet, V. n° 382-1°).

885. En matière correctionnelle, le droit qu'a le président d'adresser aux témoins les interpellations qu'il juge convenables a sa limite dans les pouvoirs conférés au tribunal entier. Ainsi par exemple, si le président veut adresser une question à un témoin, et que le ministère public s'y oppose, c'est au tribunal entier qu'il appartient de décider si la question sera posée. Il a été jugé, en conséquence, que lorsque le ministère public conclut à ce qu'il ne soit pas adressé au témoin une question que le président se croit en droit de lui faire en vertu du pouvoir discrétionnaire, le tribunal tout entier doit statuer, à peine de nullité (Crim. cass. 16 août 1833) (4).

886. Le prévenu et la partie civile peuvent adresser des interpellations aux témoins par l'organe du président ; le ministère public peut les interpeller directement, mais après avoir obtenu la parole du président ; les juges ont la même faculté. L'art. 319 c. inst. crim. contient à ce sujet des dispositions qu'il faut nécessairement, dans le silence de la loi, appliquer par voie d'analogie aux tribunaux correctionnels et de police (V. d'ailleurs n°s 562 et suiv.).—Il faut appliquer aussi devant ces tribunaux l'art. 325 c. inst. crim. qui autorise des témoins de s'interpeller entre eux, les art. 332, 333, qui prescrivent de nommer un interprète dans le cas où l'accusé, les témoins, ou l'un d'eux, ne parleraient pas la même langue, ou seraient atteints de surdi-mutité (V. M. F. Hélie, instr. crim., t. 7, p. 315).

887. Quant aux juges d'appel, ils ont, pour apprécier les faits, outre les procès-verbaux qui ont servi de base au juge du premier degré, les notes d'audience qu'aux termes de l'art. 155, rendu commun aux matières correctionnelles par l'art. 189, le greffier doit tenir du serment des témoins, ainsi que de leurs noms, âge, profession et demeure, et de leurs principales déclarations. — C'est sur ces éléments de l'instruction orale, ainsi recueillis et constatés pour servir d'éléments de conviction au tribunal supérieur ou à la cour d'appel, que ce tribunal doit prononcer sur le bien ou le mal jugé de la sentence du premier juge, lorsqu'il ne croit pas convenable d'entendre de nouveau les témoins.

888. Ce n'est pas un procès-verbal que le greffier dresse : il suffit qu'il tienne note des noms des témoins et de leurs principales déclarations : l'art. 39 c. pr. civ. qui exige que le greffier dresse procès-verbal des dépositions n'est pas applicable en cette matière (Crim. cass. 26 déc. 1857, aff. Pacaud, D. P. 58. 1. 137).

889. L'art. 155 c. inst. crim. ne soumet ces notes d'audience à aucune forme, aussi a-t-on décidé : 1° que ces notes n'ont pas besoin d'être signées du président, ou qu'elles font foi de leur contenu bien que signées du greffier seul (Crim. cass. 30 avr. 1842 (5); conf. M. F. Hélie, Inst. crim., t. 7, p. 316) ;— 2° Qu'il n'est pas

---

(1) (Garcet.) — LA COUR. — Attendu qu'à l'audience du 11 mai, deux juges qui avaient concouru au jugement préparatoire du 24 avril ayant été remplacés, le rapport fut fait de nouveau, et les pièces du procès furent lues en présence des deux juges appelés en remplacement, et qu'en admettant qu'un témoin entendu le 24 avril à la requête du prévenu ne l'ait pas été aux audiences du 11 mai et jours suivants, il n'en résulterait pas la nullité du jugement attaqué, puisque rien n'a empêché le prévenu de réclamer la nouvelle audition de ce témoin, lorsque toute l'instruction recommençait pour le jugement définitif : — Rejette.
Du 1er août 1829.—C. C., ch. crim.—MM. Bastard, pr.–Ricard, rap.
(2) (Deperret et Vinat.) — LA COUR ;— Sur le moyen employé par Lauze-Deperret, et qu'il fait résulter de la violation du n° 5 de l'art. 456 c. dél. et peines ; — Considérant que la cour dont l'arrêt est attaqué a fait droit sur la réquisition de Lauze-Deperret ; que cette cour en déclarant que les art. 549 et 561 dudit code, dont Lauze-Deperret demandait l'exécution, n'étaient applicables qu'aux débats au grand criminel, a fait une juste application de ces articles ; que ladite cour a eu par conséquent le droit de rejeter cette réquisition, dès que la formalité qui en était l'objet n'était ordonnée par aucune loi ; — Rejette.
Du 31 déc. 1808.—C. C., sect. crim.—MM. Barris, pr.–Vergès, rap.
(3) (Siruguet C. min. pub.)—LA COUR ;—...Sur le quatrième moyen de nullité : — Attendu que les art. 517 et 319 c. inst. crim. sont spé-

ciaux pour les témoins à entendre devant les cours d'assises, et qu'aux termes de l'art. 189 du même code, rendu commun par l'art. 211 aux jugements correctionnels rendus sur appel, la preuve des délits correctionnels se fait en la matière prescrite par les art. 154, 155 et 156 et autres établis pour les tribunaux de police ; — Rejette.
Du 19 août 1824.—C. C., sect. crim.—MM. Portalis, pr.–Brière, rap.
(4) (Min. pub. C. Bouffette.) — LA COUR (ap. dél. en ch. du cons.) ; —Statuant sur le réquisitoire fait au nom du procureur général dans l'intérêt de la loi ; — Attendu qu'à l'audience du 21 déc. 1832, le ministère public avait pris des conclusions formelles tendant à ce qu'il fût statué par le tribunal tout entier sur une question que le président de ce tribunal se croyait en droit d'adresser, en vertu du pouvoir discrétionnaire qu'il s'attribuait, à un témoin, et à laquelle le procureur du roi s'opposait; qu'il n'a pas été fait droit à ce réquisitoire ; que, dès lors, le tribunal correctionnel de Montdidier a méconnu les règles de sa compétence, et laissé usurper ses pouvoirs ; — Casse, mais dans l'intérêt de la loi seulement ; ce jugement.
Du 16 août 1833.—C. C., ch. crim.—MM. Bastard, pr.–Isambert, rap.
(5) (Laborderie et autres.) — LA COUR ; — Vu la requête du procureur du roi près le tribunal de Chaumont, chef-lieu judiciaire du département de la Haute-Marne, produite à l'appui de son pourvoi ;—Vu les art. 155, 189 et 211 c. inst. crim.; — Attendu que le greffier d'un

nécessaire non plus qu'elles soient signées des témoins (Crim. rej. 10 déc. 1841, aff. Bel Hadj Ben Bayo, V. Organisat. de l'Algérie) ; — 3° Que le vœu de la loi est suffisamment rempli quand le greffier d'un tribunal de police correctionnelle, sans retenir précisément dans ses notes d'audience la substance des dépositions faites par les témoins à charge, a néanmoins eu le soin de constater qu'elles sont en tout conformes à celles faites devant le juge d'instruction (Metz, 22 mai 1819) (1); — 4° Que la disposition de l'art. 155 c. inst. crim., relative aux notes à tenir par le greffier n'est pas prescrite à peine de nullité : cette peine, d'après les termes de l'article, ne s'appliquant qu'à la première disposition qui ordonne que les témoins prêteront serment à l'audience ; que la seule conséquence de cette irrégularité était que les formes légales, si le jugement ne les attestait pas, n'étaient plus constatées (Crim. rej. 12 sept. 1812, aff. Labourdette, V. Serment, n° 199 3° ; V. aussi Crim. rej. 1er juin 1838, aff. Veil et aff. Mallet, V. Serment, n° 206-2°; Cr. cass. 8 janv. 1842, aff. Villeneuve, V. Serment, n° 198 ; V. aussi M. F. Hélie, Instr. crim., t. 7, p. 316).— Toutefois, il a été jugé qu'il y a lieu d'annuler un jugement de simple police, si rien n'établit ni que les témoins cités devant le tribunal ont prêté le serment prescrit, ni qu'il ait été tenu note de leurs noms, prénoms, âge, profession et demeure, et de leurs principales déclarations (Crim. cass. 4 fév. 1826, MM. Portalis, pr. Gary, rap., aff. min. pub. C. Losse).

390. La loi du 13 juin 1856 (D. P. 56. 4. 63), modificative de plusieurs articles du code d'instruction criminelle, a donné une importance plus grande encore aux notes rédigées par le greffier et dont parle l'art. 155. Cette loi, en attribuant aux cours impériales l'appel des jugements de police correctionnelle doit rendre en effet plus rare devant cette juridiction l'audition des témoins dont le transport à de grandes distances, toujours difficile, rendrait les procédures fort onéreuses. Les notes tenues par le greffier de première instance devront donc aujourd'hui, dans la plupart des cas, suppléer en appel les témoignages oraux. Aussi la loi de 1856 a-t-elle tracé pour la tenue de ces notes des règles précises afin d'en assurer la régularité. Elle a ajouté à l'art. 189 une disposition ainsi conçue : « Le greffier tiendra note des déclarations des témoins et des réponses du prévenu. Les notes seront visées par le président dans les trois jours de la prononciation du jugement » (V. Exposé des motifs et rapport, D. P. 56. 4. 64, n° 20, p. 65, n° 38 et suiv.). — Il est à remarquer d'abord que cet article est spécial aux matières correctionnelles, qu'en conséquence l'art. 155 reste toujours applicable devant les tribunaux de simple police.

391. Le nouvel art. 189 diffère en plusieurs points de l'art. 155. Ce dernier article veut seulement que le greffier tienne note des *principales* déclarations des témoins : l'art. 189 est plus général; il exige qu'il soit tenu note des *déclarations* des témoins, c'est-à-dire de *toutes* les déclarations, et en outre des *réponses du prévenu*. Comme ces notes seront le principal, et ne sont même le plus souvent le seul élément des appréciations du juge d'appel, elles doivent autant que possible refléter la physionomie

des débats. — Une autre différence consiste en ce que le nouvel art. 189 veut que les notes du greffier soient visées dans les trois jours de la prononciation du jugement. Il n'y a donc plus lieu de s'arrêter, du moins quant aux matières correctionnelles, aux arrêts précités qui déclaraient valables les notes d'audience signées seulement du greffier. De pareilles notes aujourd'hui devraient être déclarées irrégulières, et ne sauraient faire preuve devant la cour d'appel (V. comme analogie les arrêts cités, v° Instr. crim., n°s 3658 et s.). — Mais cette irrégularité n'entraîne pas la nullité du jugement de première instance ; elle n'a d'autre effet que d'enlever à ces notes leur force probante et d'obliger les juges à entendre de nouveau les témoins, à moins qu'ils ne trouvent dans les énonciations du jugement des éléments suffisants d'appréciation (V. M. F. Hélie, Instr. crim. t. 7, p. 709-711).

392. La commission chargée par le corps législatif d'examiner le projet de la loi modificative du code d'instruction criminelle avait, sur la proposition de M. Riché, adopté un amendement ainsi conçu : « Sur la demande du ministère public, de la partie civile, du prévenu ou d'office, le tribunal pourra ordonner que les *principales déclarations* ou réponses seront lues séance tenante. » — Cet amendement n'a pas obtenu l'approbation du conseil d'État. Toutefois, il ne faudrait pas conclure de ce rejet que la lecture des notes d'audience ne puisse être réclamée et ordonnée par le tribunal ; c'est là un droit de la défense qui n'en subsiste pas moins, bien que non écrit dans la loi. — Telle est aussi l'opinion exprimée dans le rapport de la commission. Après avoir rappelé le rejet de l'amendement par le conseil d'État, le rapporteur ajoutait : « Cependant, la commission persiste à penser que la loi eût gagné en consacrant une mesure qui assurait la reproduction textuelle des points saillants du témoignage, alors que le témoignage oral, déjà si rare devant le magistrat d'appel, allait à peu près disparaître. On objectera peut-être que l'amendement était inutile, et que le droit de demander la lecture séance tenante d'une partie principale des notes sommaires existe naturellement; on ajoutera que cette demande est licite comme toutes les mesures tendant à la manifestation de la vérité. Cela est possible, cela est vrai; mais il est vrai aussi qu'un droit qui n'est écrit nulle part est d'une pratique difficile, et qu'il peut être nié. N'est-ce pas un droit naturel que la défense?... N'est-ce pas un droit naturel que la réplique?... N'est-ce pas un droit naturel que les interpellations au témoin qui vient de déposer?... Eh bien! tous ces droits sont écrits dans les art. 190 et 319 c. inst. crim. Le but de l'amendement proposé par la commission était précisément de donner une consécration écrite, et par conséquent une force irrésistible à un droit qui existe dans la nature même des choses, mais qui, dans la pratique, peut donner lieu à des équivoques, à des négations ou à une négation formelle. » — V. aussi M. F. Hélie, Instr. crim., t. 7, p. 709-710.

393. Dans le projet du gouvernement, l'art. 189 ordonnait la communication des notes au procureur impérial. La commission a demandé la suppression de cette disposition. «La communication au ministère public, à l'exclusion du prévenu, lit-on dans le rapport (V. D. P. 56. 4. 66, n° 46), est sans inconvénient pour les

---

tribunal est un officier public dont la signature suffit pour donner aux actes de son ministère, dans les fonctions qui lui sont attribuées par la loi, le caractère de l'authenticité; que lorsque le législateur a voulu que les procès-verbaux dressés par un greffier fussent en outre revêtus de la signature du juge, il a eu soin de l'exprimer, comme il l'a fait en matière civile, lorsqu'il doit être procédé à une enquête devant un juge de paix, dans le cas prévu par l'art. 39 c. pr. civ., et en matière criminelle dans le cas de l'art. 372, pour les procès-verbaux servant à constater que les formalités prescrites ont été observées ;— Que l'art. 155, auquel renvoient les art. 189 et 211 c. inst. crim., ne contient rien de semblable ; que par cet article le greffier est seul chargé de tenir note des faits et circonstances indiqués par ledit article et des principales déclarations des témoins ;— Que cependant le tribunal de Chaumont, ajoutant aux prescriptions de la loi, a rejeté comme insuffisantes et ne pouvant fournir aucun élément de preuves, les notes tenues par le greffier du tribunal de première instance de Langres, en conformité de l'art. 155 c. inst. crim., et a sursis à statuer sur l'appel interjeté par Étienne Mielle jusqu'après la mise en état de ces notes, par le motif que le procès-verbal en avait été dressé, quoique signé du greffier, ne l'avait pas été par le président ;— En quoi le tribunal a commis un excès de pouvoir et faussement appliqué ledit art. 155, en même temps

qu'il a violé les règles de la compétence en renvoyant à un juge qui avait accompli son office et qui se trouvait dessaisi par l'appel, l'accomplissement de la formalité que ledit tribunal considérait comme nécessaire ;— Casse, etc.

Du 30 avr. 1842.-C. C., ch. crim.-MM. Bastard, pr.-Dehaussy, r.

(1) (Michel Hess C. min. pub.) — La cour ; — Attendu qu'il est reconnu par le jugement même dont est appel que les témoins, après avoir prêté serment, ont été entendus à l'audience ; — Que si la note sommaire prescrite par l'art. 155 c. inst. crim., ne contient pas précisément la substance des déclarations faites par les témoins à charge, le greffier a néanmoins eu soin de constater par cette note qu'elles étaient en tout conformes à celles précédemment faites par les mêmes témoins par-devant le juge d'instruction ; d'où il suit que le vœu de la loi ayant été rempli, il y a lieu de rejeter les moyens de nullité proposé ; — Attendu, relativement à Michel Hess, l'un des prévenus, qu'il résulte des déclarations de tous les témoins à charge la preuve suffisante..., etc.; — Par ces motifs, sans s'arrêter au moyen de nullité proposé par les appelants contre le jugement rendu le 1er avr. 1819 par le tribunal correctionnel de Sarreguemines, statuant sur l'appel, etc.

Du 22 mai 1819.-C. de Metz, ch. correct.-M. Gérard d'Hannoncelles, pr.

esprits éclairés; mais elle peut faire naître des interprétations fâcheuses et des récriminations. On dira que la rédaction s'est ressentie de l'influence du ministère public, qui voit le procès sous le rapport de la prévention, et non sous le rapport du jugement. Sans doute ces scrupules sont exagérés; mais la justice doit être environnée d'un respect si universel qu'il faut la défendre même contre les préjugés les plus vulgaires et les plus injustes. Au surplus, il s'agit d'une simple mesure de surveillance; il est inutile de l'écrire dans la loi nouvelle et de donner lieu à des interprétations dangereuses; car ce droit de surveillance existe: il fait partie des prérogatives et des devoirs du ministère public.» Cette suppression a été admise par le conseil d'Etat.

394. Si les greffiers des tribunaux correctionnels sont tenus aujourd'hui de tenir note de toutes les déclarations des témoins, il est bien évident que cette obligation ne s'étend pas à des déclarations qui portent sur des faits étrangers à l'objet de la prévention.—Il a été jugé en effet par application de l'art. 155 c. inst. crim., et il en serait de même à notre avis sous le nouvel art. 189, que les greffiers ne sont pas obligés de tenir note des déclarations des témoins qui ne peuvent être reçues comme étrangères aux faits sur lesquels ils ont à déposer (Crim. rej. 1er août 1817) (1).—Qu'au surplus il suffit que les énonciations prescrites par l'art. 155 soient insérées au jugement, cet article n'exigeant pas qu'elles soient portées sur des feuilles séparées et n'étant pas d'ailleurs prescrit à peine de nullité (Crim. rej. 26 déc. 1817) (2).

395. Au reste, le but essentiel de ces notes étant, comme on l'a vu, de servir en cas d'appel à instruire l'affaire devant le juge supérieur, il a été jugé par ce motif 1° que les tribunaux de répression jugeant en appel ne sont pas obligés de tenir note des dépositions des témoins (Crim. rej. 8 juill. 1837) (3); — Décision conforme sous le code de brum. an 4 : « Considérant que l'art. 201 de ce code n'oblige point à tenir des notes écrites des déclarations des témoins entendus de nouveau en cause d'appel » (Crim. rej. 29 brum. an 9, MM. Viellart, pr., Cochard, rap., aff. Cuenne); — 2° Qu'en tout cas la tenue des notes d'audience en cause d'appel, n'est pas prescrite à peine de nullité (même arrêt du 8 juill. 1837; conf. Crim. rej. 1er juin 1838, aff. Veil et aff. Mallet, V. Serment, n° 206-2°).

396. Il est regrettable peut-être que, dans les matières correctionnelles et de police, le législateur n'ait pas, en prescrivant la réaudition des témoins en cause d'appel, rendu obligatoire pour les juges du second degré une base d'appréciation qu'il a jugée indispensable pour le magistrat de première instance. Si les dépositions recueillies dans l'instruction écrite ne peuvent devant les premiers juges tenir lieu de la déposition écrite, parce qu'elles sont nécessairement incomplètes (V. nos 375 et s.), il semble qu'il en devrait être de même, à plus forte raison, des déclarations de témoins consignées dans les notes du greffier, lesquelles offrent beaucoup moins de garantie d'exactitude que les témoignages recueillis dans l'information, puisque ces déclarations, d'ailleurs rédigées à la hâte, ne sont point, comme dans l'information, écrites sous la dictée du juge. Mais exiger que le débat oral fût toujours renouvelé en cause d'appel, c'eût été obliger le ministère public et les parties à faire entendre des témoins souvent éloi-

gnés et, dans des affaires qui ne présentent d'ordinaire qu'un intérêt minime, augmenter dans une proportion énorme les frais de justice. Aussi quelque graves que pussent être les considérations que nous venons d'exposer, elles ont dû fléchir devant des raisons d'économie et en quelque sorte de nécessité. Les notes tenues par le greffier de première instance sont donc dans presque tous les cas la seule base sur laquelle le juge d'appel puisse apprécier les déclarations des témoins; elles sont ordinairement lues à l'audience par le juge ou conseiller chargé du rapport de l'affaire, dans le cas où le tribunal d'appel ne juge pas à propos d'entendre de nouveau les témoins.—Toutefois il a été jugé qu'il n'est pas exigé, à peine de nullité, qu'il soit donné lecture textuelle en appel des notes qui ont été tenues des dépositions des témoins entendus en première instance : il suffit que, dans le rapport, la substance en ait été présentée (Crim. rej. 11 sept. 1840, aff. d'Agard, V. Inst. crim., n° 1015).

397. Sous le code de brumaire comme aujourd'hui, on reconnaissait aux tribunaux d'appel, en matière correctionnelle et de police, le pouvoir d'apprécier souverainement s'il était utile à la manifestation de la vérité d'entendre de nouveau les témoins qui avaient déposé devant les premiers juges (Conf. Merlin, Q. v° Appel, § 13, art. 2, n° 9; Bourguignon, Man., t. 1, p. 307; Legraverend, t. 2, p. 408). L'art. 200 de ce code relatif à l'appel des jugements correctionnels, consacrait cette faculté en ces termes : « Les témoins *peuvent* être de nouveau entendus si le prévenu ou l'accusateur public le requièrent. »—Cette disposition reproduite, en ce qui concerne l'appel des jugements de simple police, par l'art. 173 c. inst. crim., n'est pas comprise dans celles que l'art. 189 du même code énumère, comme devant être également applicables aux matières correctionnelles; mais la jurisprudence n'a pas hésité à étendre cette règle aux appels des jugements correctionnels, puisque les raisons de décider étaient absolument les mêmes, et qu'on n'aurait pu sans inconséquence accorder au tribunal d'appel de simple police un pouvoir d'appréciation plus étendu qu'au tribunal d'appel correctionnel. — Il a été jugé sous le code de brumaire : 1° que le tribunal criminel jugeant en appel correctionnel avait le droit d'admettre ou de rejeter l'audition des témoins déjà entendus en première instance et ce, nonobstant la réquisition du prévenu ou de l'accusateur public (Crim. rej. 24 niv. an 8) (4); — 2° Que « l'intention du législateur, prévoyant que dans l'intervalle du jugement rendu en première instance au jugement à rendre sur l'appel, le prévenu pourrait ou suborner des témoins déjà entendus ou en fabriquer de nouveaux, a été que le tribunal criminel serait le maître selon les circonstances, et selon qu'il le jugerait convenable au bien de la justice, d'entendre ou de ne pas entendre non-seulement les *nouveaux témoins* qui seraient cités devant lui, mais même les *témoins qui auraient déjà déposé* devant le tribunal de police correctionnelle » (Crim. rej. 9 frim. an 9, MM. Viellart, pr., Rupéron, rap., aff. Brunot); — 3° Que les tribunaux d'appel correctionnel ne sont pas obligés d'entendre les témoins qui ont déposé devant les premiers juges; la loi laisse l'opportunité de cette nouvelle audition à leur sagesse et à leur discrétion (Crim. rej. 18 avr. 1806) (5).

---

(1) (Girardon.) — La cour; — ...Attendu, sur le moyen tiré de la combinaison des art. 155 et 189 c. inst. crim., que le greffier ne s'étant dispensé que de tenir note de la partie de la déposition des témoins qui ne devra pas être reçue comme étant étrangère aux faits sur lesquels ils auront à déposer et au jugement à intervenir sur ces faits, il ne peut y avoir de contravention à ces articles; — Rejette.
Du 1er août 1817.—C. C., sect. crim.-MM. Barris, pr.-Lecoutour, rap.

(2) (Migout, etc. C. Labuxière.) — La cour; — Attendu que l'art. 155 c. inst. crim. n'est pas prescrit à peine de nullité; — Que d'ailleurs les notes que le greffier devait tenir, aux termes de cet article, sont insérées dans le jugement par défaut; qu'en les insérant ce fonctionnaire ne saurait avoir contrevenu audit article, qui n'ordonne pas de les porter sur des feuilles séparées du jugement;.... — Rejette.
Du 26 déc. 1817.—C. C., sect. crim.-MM. Barris, pr.-Aumont, rap.

(3) (Min. pub. C. Dubost.) — La cour; — Sur le pourvoi contre le jugement préparatoire du 5 janvier, en ce que le tribunal statuant sur appel a refusé de faire tenir note des déclarations des témoins entendus à son audience : — Attendu que le tribunal a statué sur les réquisitions du ministère public en les rejetant; — Attendu que la disposition de l'art. 155 c. inst. crim., relative à la prestation de serment de la part

des témoins, est seule prescrite à peine de nullité; qu'il n'en est pas de même de la disposition relative aux notes à tenir par le greffier des déclarations des témoins; qu'elle ne concerne, d'ailleurs, que les tribunaux jugeant à charge d'appel, et n'est point applicable aux tribunaux et cours jugeant en dernier ressort; — Rejette.
Du 8 juill. 1837.-C. C., ch. crim.-MM. Bastard, pr.-Gartempe, rap.

(4) (Philippe.) — Le tribunal; — ...Attendu, sur le deuxième moyen, que l'art. 200 c. des dél. et des pein. n'impose pas l'obligation d'entendre de nouveau les témoins, mais qu'il en laisse la faculté au tribunal, lorsque le prévenu ou l'accusateur public le requièrent; que dès lors il n'y a pas violation de la loi, lorsque le tribunal décide qu'il n'est pas nécessaire de produire de nouveau par-devant lui les témoins entendus devant le tribunal correctionnel, puisque cette partie de l'art. 200 n'est pas excepté à peine de nullité, mais qu'elle est purement facultative ; — Rejette.
Du 24 niv. an 8.-C. C., sect. crim.-MM. Rous, pr.-Jaume, rap.

(5) (Plachat et Charpentier C. Delaunay.) — La cour; — Attendu que la disposition de l'art. 200 c. 3 brum. sur l'audition nouvelle des témoins de première instance n'est point absolue; qu'elle n'est que facultative; que son application est laissée par la loi à la discrétion et à

398. Il a été également décidé depuis le code d'instruction criminelle 1° qu'en matière correctionnelle les juges d'appel ne sont pas tenus d'entendre les témoins déjà entendus en première instance, et l'accusé n'est pas fondé à se plaindre du défaut d'audition de témoins, alors surtout qu'il n'a pas élevé de réclamation à cet égard (Crim. rej. 4 juin 1818) (1) ; — 2° Qu'en cette matière, aux termes des art. 191 et 211 c. inst. crim., c'est une faculté et non une obligation pour les juges d'appel, d'admettre ou de refuser l'audition des témoins (Crim. rej. 8 janv. 1819 (2) ; 1er juin 1838, aff. Veil, v° Serment, n° 206-2° ; du même jour, aff. Mallet, eod.) ; — 3° Que de même, les tribunaux d'appel correctionnels ont la faculté de refuser ou d'autoriser l'audition des témoins entendus en première instance, selon que cette audition leur paraît inutile ou convenable (Crim. rej. 31 janv. 1835 (3) ; 18 oct. 1854, MM. Bastard, pr., Mérilhou, rap., aff. Remonjean ; 13 nov. 1856, aff. Geffronois, D. P. 56. 5. 448) ; — 4° Qu'il est également facultatif au tribunal d'appel de police correctionnelle auquel une affaire a été renvoyée après cassation, d'entendre de nouveau ou de ne pas entendre les témoins qui l'ont été devant le tribunal dessaisi ; il peut se borner à consulter les notes d'audience tenues par le greffier de ce dernier tribunal (Colmar, ch. corr., 14 juin 1825, M. Poujol, pr., aff. min. pub. C. Isaac Meyer. — V. aussi les arrêts cités v° Inst. crim., n° 1015).

399. L'art. 200 c. du 3 brum. an 4, précité, ne parlait que de l'audition des témoins déjà entendus. « Les témoins, disait-il, pourront être entendus de nouveau, si, etc. » — Ces expressions avaient d'abord été interprétées en ce sens que les tribunaux ne pouvaient entendre que les témoins qui avaient déjà déposé en première instance, sans pouvoir jamais ordonner ni autoriser l'audition de nouveaux témoins. Mais une telle interprétation ne pouvait être conforme à l'intention de la loi ; car si cette loi reconnaît qu'il peut être utile de faire entendre en appel, les témoins dont la déposition a servi de base au jugement attaqué, à plus forte raison doit-elle admettre qu'on puisse par la production de témoins nouveaux compléter en appel l'instruction de l'affaire, surtout que faute d'éléments d'appréciation suffisants, le premier juge n'aurait pas été mis à portée de statuer en toute connaissance de cause. Aussi est-il attesté par Merlin, Quest., v° Appel, § 13, art. 2, n° 9, que de tous les arrêts qui sous le code de brumaire avaient adopté cette interprétation restreinte, il

n'en est pas un seul qui, dénoncé à la cour de cassation, n'ait été annulé.—C'est ainsi qu'il a été jugé 1° que l'art. 200 du code des délits et des peines, portant que « les témoins peuvent être entendus de *nouveau*, si le prévenu ou le ministère public le requiert, » ne prohibait pas l'audition de ceux qui n'avaient pas été entendus en première instance (Crim. cass. 6 et non 9 niv. an 14, aff. Neuville, V. Appel criminel, n° 320 ; 28 mars 1807, MM. Barris, pr., Lamarque, rap., aff. Bréant ; Crim. rej. 3 sept. 1807, MM. Barris, pr., Vergès, rap., aff. Reichling ; 12 sept. 1807, MM. Barris, pr., Rataud, rap., aff. Dorez ; 29 oct. 1807, MM. Barris, pr., Rataud, rap., aff. Bertrand) ; ...et surtout de ceux dont les déclarations écrites avaient été lues devant les premiers juges (Crim. rej. 26 pluv. an 13, MM. Viellart, pr., aff. Masure) ; — 2° Qu'en matière correctionnelle, lorsque le ministère public demande d'une manière générale que les témoins soient entendus de nouveau, il n'y a point de raison d'exclure ceux qui n'ont pas été appelés en première instance, quoique entendus dans l'instruction (Crim. rej. 18 vend. an 10, aff. Méat, V. Obligat., n° 4631).

400. La jurisprudence établie par ces arrêts était trop en harmonie avec les principes généraux du droit pour que le code d'instruction criminelle s'en écartât. Aussi l'art. 175 de ce code, en reproduisant la disposition précitée de l'art. 200 du code de brumaire portant que les témoins pourraient être entendus de nouveau, y a-t-il ajouté ces mots, « il pourra même en être entendu d'autres.» Du reste, en supposant que cet article ne soit directement applicable qu'en matière de simple police (V. n° 397), le pouvoir d'entendre de nouveaux témoins sur l'appel des jugements de police correctionnelle résulterait suffisamment de la généralité de l'art. 211, et de la conséquence qui résulte de sa combinaison avec l'art. 54.— Aussi a-t-il été décidé en ce sens que les juges d'appel, en matière de police correctionnelle, peuvent, s'ils le jugent nécessaire et utile, ordonner soit la réaudition des témoins entendus en première instance, soit l'audition de témoins nouveaux (Crim. rej. 8 janv. 1819, aff. Guizer, V. n° 398-2° ; 20 janv. 1819, aff. Roux, V. n° 398-2° ; 30 nov. 1832, aff. Tissus, V. Instr. crim., n° 1017 ; 31 janv. 1835, aff. Itasse, V. n° 398-3°).

401. Mais cette audition n'est que facultative (mêmes arrêts) ; Conf. Crim. rej. 30 janv. 1817 (4).— On le décidait déjà ainsi sous le code de brumaire (Crim. rej. 11 août 1808, aff. Guérin,

---

la sagesse des cours de justice criminelle, et que, dans l'espèce, la cour de justice criminelle du département de la Seine a exprimé des motifs légitimes du refus qu'elle a fait de faire venir devant elle Pithou, témoin entendu au tribunal correctionnel ; — Rejette.
Du 18 avr. 1806.—C. C., sect. crim.—MM. Viellart, pr.—Barris, rap.

(1) (Aillard.) — LA COUR ; — Attendu, sur le premier des moyens de cassation présentés par le réclamant, qu'à l'audience publique de la cour royale de Caen, chambre de police correctionnelle, du 27 fév. dernier, le rapport a été fait et les pièces du procès ont été lues par un conseiller de ladite cour, que le ministère public a été entendu ; que le prévenu a été interrogé ; qu'un avoué a pris des conclusions pour lui ; qu'un avocat a plaidé les moyens de défense ; que l'instruction de la cause devant la cour royale de Caen a donc eu toute la solennité qu'elle devait avoir ; — Que s'il n'a paru aucun témoin devant cette cour, c'est qu'il en eut été entendu à charge et à décharge aux audiences du tribunal correctionnel d'Alençon, et que les juges d'appel, en matière correctionnelle, ne sont assujettis par aucune disposition du code d'instruction criminelle à l'obligation d'entendre les témoins déjà entendus en première instance ; — Que quand il y a de la part, soit du ministère public, soit du prévenu, demande d'audition de ces témoins ou de témoins nouveaux, les juges peuvent déférer à cette demande sont libres aussi de l'écarter ; que, dans l'espèce, le réclamant est d'autant moins fondé à se plaindre du défaut d'audition de témoins à l'audience de la cour royale de Caen, qu'il n'a ni demande de faire entendre de nouveaux témoins devant cette cour, ni même qu'elle entendît une deuxième fois ceux qui avaient déjà déposé devant le tribunal d'Alençon ; — Rejette.
Du 4 juin 1818.—C. C., sect. crim.—MM. Barris, pr.—Aumont, rap.

(2) (Guizer.) — LA COUR ; —...Attendu que l'art. 210 c. inst. crim., n'oblige point les tribunaux jugeant par appel en police correctionnelle, d'entendre de nouveau des témoins ouïs en première instance ni de recevoir l'audition de témoins nouveaux, que cette obligation ne résulte pas non plus à l'égard de ces tribunaux de l'art. 211 ; que d'ailleurs l'art. 191 du même code auquel se réfère cet article pour une partie de ses dispositions, n'ordonne l'audition des témoins en première instance que

---

dans le cas où il y a lieu, ce qui forme une disposition facultative de laquelle il ne saurait résulter ouverture à cassation ; — Rejette.
Du 8 janv. 1819.-C. C., sect. crim.-MM. Barris, pr.-Giraud, rap.

(3) (Itasse etc. C. Min. pub.) —LA COUR ; —...Sur le moyen pris de la violation des art. 154, 189 et 211 c. inst. crim. : — Attendu que, d'après les art. 209 et 210 de ce code, les appels en matière correctionnelle sont jugés sur le rapport de l'un des juges et sur les explications et défenses des parties ; que la déposition orale des témoins n'est pas une formalité essentielle, et qu'il y est suppléé par la lecture des pièces et des notes tenues à l'audience du tribunal de première instance, en exécution de l'art. 155 du même code ; qu'à la vérité, aux termes de l'art. 175, lorsque l'une des parties le requiert, les témoins peuvent être entendus de nouveau, et il en peut même être entendu d'autres ; mais que le tribunal d'appel qui juge leur audition inutile, n'est point tenu de les entendre ; — Qu'ainsi le tribunal de Saint-Mihiel aurait pu ,le 15 novembre, sans s'arrêter aux conclusions par lesquelles les prévenus demandaient à être autorisés à produire des témoins, passer outre au jugement de l'appel dont il était saisi ; — Que si, en accordant l'autorisation qui lui était demandée, ce tribunal a ordonné, dans le but de ne pas s'exposer à être induit en erreur par un débat incomplet, que les témoins déjà entendus devant le tribunal de Montmédy seraient appelés en même temps devant lui, il n'a fait en cela qu'user du droit incontestable qui lui appartient de s'éclairer par toutes les voies légales ; qu'il ne saurait résulter aucun moyen de cassation de ce que le tribunal a ordonné que l'appel des témoins originairement produits par le ministère public aurait lieu à la diligence des prévenus, puisque leur défense est restée entière ; qu'ils pouvaient toujours produire, et ont produit, en effet, leurs témoins qui ont été entendus, et que, d'un autre côté, s'ils ont été contraints d'avancer des frais qui auraient été autrement par la partie publique, ils ne peuvent s'en plaindre aujourd'hui, puisque demeurant leur condamnation, l'audition de ces témoins juge nécessaire serait également à leur charge, quand bien même ils auraient été cités à la requête du procureur du roi et aux frais de l'Etat ; comme dans l'espèce.
Du 31 janv. 1835.-C. C., ch. crim.-MM. Bastard, pr.-Vincens, rap.

(4) (Levy.) — LA COUR ; —Attendu, sur le premier moyen, que l'art.

V. n° 411; 10 août 1810, MM. Barris, pr., Busschop, rap., aff. Marie). — C'est, du reste, ce qui résulte suffisamment de l'économie générale des articles précités, et de ce principe déjà développé d'après lequel la loi abandonne à la conscience du juge le pouvoir d'écarter du débat les éléments d'appréciation qui lui paraissent inutiles ou superflus, principe évidemment applicable au juge d'appel tout aussi bien qu'au juge de première instance. —Jugé en conséquence : 1° qu'en matière correctionnelle, le juge d'appel peut refuser d'entendre les témoins produits devant lui, encore que les témoins n'auraient pas été entendus en première instance, en se fondant sur ce que « les faits qui ont motivé la plainte, ont été complètement établis devant les premiers juges » (Crim. rej. 12 juin 1852, aff. Vandrot, D. P. 52. 5. 326); ou par le motif que la cause a reçu en première instance une instruction suffisante (Crim. rej. 14 oct. 1852, aff. Fauchet, D. P. 52. 5. 326; — 2° Que l'audition, devant le juge saisi d'un appel correctionnel, de nouveaux témoins que le prévenu demande à produire, est purement facultative et non obligatoire... Et l'appréciation que le juge d'appel fait de l'opportunité de cette audition est souveraine, et échappe, dès lors, au contrôle de la cour de cassation (Crim. rej. 13 nov. 1856, aff. Geffronois, D. P. 56. 5. 448). — V. aussi v° Inst. crim., n° 1015.

402. Au surplus il a été jugé avec raison sous le code de brumaire, et il faudrait décider de même aujourd'hui, que le droit de requérir en appel l'audition des témoins nouveaux, appartient non-seulement au ministère public et au prévenu, mais encore à la partie plaignante, alors surtout que le prévenu a usé de la faculté et a obtenu de faire entendre des témoins (Crim. rej. 11 août 1808, aff. Guérin, V. n° 411).

403. On a prétendu, par interprétation de l'art. 175 c. inst. crim., que le pouvoir d'entendre de nouveaux témoins en appel dans les matières correctionnelles ou de police, devait être limité au seul cas où il y aurait eu en première instance un commencement de preuve testimoniale ; mais ce système a été condamné avec raison, car c'est précisément dans le cas où l'appelant a été privé de la faculté de se défendre en première instance faute de pouvoir y faire entendre des témoins, qu'il a surtout les plus justes motifs pour demander à en produire devant le juge d'appel. — Aussi a-t-il été décidé en ce sens que la preuve testimoniale d'un délit ne peut être refusée en appel sur le motif qu'elle n'a pas été demandée en première instance (Crim. cass. 3 fév. 1820, aff. Blanc, V. Procès-verbal, n° 289 ;—Conf. Merlin, Quest., v° Appel, § 13).

404. Le même principe avait déjà été consacré lors du code de brumaire, et il avait été jugé que le tribunal d'appel peut autoriser le prévenu à faire entendre des témoins à décharge, même lorsqu'il n'en aurait produit aucun en première instance (Crim. rej. 10 août 1810, MM. Barris, pr., Busschop, rap., aff. Marié).

405. En général le ministère public ne peut faire entendre de nouveaux témoins en appel, que sur les faits même qui ont été déjà articulés en première instance à l'appui de la poursuite, mais il en est autrement dans le cas où, comme en matière d'usure par exemple, le délit ne résulterait pas du fait allégué, considéré en soi, mais d'une habitude de ce même fait. — Il a été jugé qu'en cette matière, le ministère public peut, sur l'appel, faire entendre des témoins sur des faits d'usure qui n'avaient point été allégués devant les premiers juges (Crim. rej. 29 janv. 1819, aff. Roux, V. n° 339-2°).

406. Les tribunaux d'appel peuvent-ils entendre d'office des témoins dont le ministère public ni le prévenu, ni la partie ci-

vile ne requièrent l'audition?— L'art. 175 c. inst. crim. porte : « Lorsque sur l'appel (d'un jugement de simple police), le procureur impérial ou l'une des parties *le requerra*, les témoins pourront.... » — On pourrait induire de ce texte une prohibition pour le juge d'ordonner *d'office* l'audition des témoins déjà entendus en première instance, ou de nouveaux témoins. — Mais il ne nous semble pas que cette interprétation restrictive doive être admise. La faculté pour les tribunaux d'éclairer leur religion par tous les éléments de preuve dont ils peuvent disposer est une faculté de droit commun, qui ne saurait être restreinte que par un texte prohibitif, et l'art. 175 c. inst. crim., en autorisant la réaudition des témoins en appel sur les réquisitions des parties ne nous paraît contenir aucune prohibition, qui doive interdire au juge d'ordonner d'office ce supplément d'instruction, dans le cas où il ne se croirait pas suffisamment éclairé par les dépositions reproduites dans les notes d'audience.

407. A plus forte raison en serait-il ainsi en matière correctionnelle ; car la disposition de l'art. 175 n'a pas été rappelée dans les articles du code relatifs à l'appel des jugements de police correctionnelle ; eût-il même été déclaré applicable à ces matières, il nous semble par les motifs exprimés au numéro précédent, que les juges n'en seraient pas moins libres d'ordonner d'office l'audition des témoins. — Toutefois sous le code du 3 brum. an 4, dont l'art. 200, spécial aux appels de police correctionnelle, contenait une disposition identique à celle de l'art. 175 c. inst. crim., il a été jugé que les témoins ne doivent être entendus en appel d'une affaire correctionnelle, qu'autant que le prévenu ou le ministère public le requièrent (Crim. rej. 12 mess. an 7) (1).

408. Mais sous le code d'instruction criminelle, il a été jugé en sens contraire qu'il n'y a pas excès de pouvoir de la part d'un tribunal d'appel en matière correctionnelle qui a ordonné d'office l'audition de nouveaux témoins et la réaudition de ceux entendus en première instance, dont la déposition est en contradiction avec celle des premiers ; en conséquence, le ministère public est irrecevable à demander, sur ce fondement, la cassation de l'arrêt, lorsqu'ayant élevé des doutes sur la sincérité des nouveaux témoins, il a lui-même demandé le renvoi pour prendre des renseignements... et en ce cas, la crainte d'occasionner des pertes à l'Etat ne saurait empêcher la cour d'ordonner la réaudition lorsqu'elle la juge nécessaire à la découverte de la vérité (Crim. rej. 30 nov. 1832, aff. Tissus, V. Instr. crim., n° 1017). — Rien ne nous paraît plus incontestable que le principe consacré par cette décision, principe qui est du reste généralement adopté par tous les auteurs. Seulement cet arrêt insuffisamment motivé, suivant nous, se fonde surtout sur ce que l'art. 175 c. inst. crim. invoqué à l'appui du pourvoi serait sans application aux appels de police correctionnelle, d'où l'on pourrait conclure que la solution devrait être différente, s'il s'agissait d'un appel d'un jugement de simple police. Or, les raisons que nous avons précédemment invoquées prouvent que l'art. 175 lui-même n'est pas un obstacle à l'audition d'office des témoins. Cette faculté de droit commun qui appartient à tout juge de s'éclairer, quand il le croit nécessaire, par de nouveaux éléments de preuve, existe tout aussi bien pour le juge appelé à prononcer sur un jugement de simple police que pour le juge appel correctionnel. — Et même le droit d'ordonner d'office l'audition de nouveaux témoins ne nous paraît pas pouvoir être refusé davantage aux juges de première instance. — V. Inst. crim., n° 893 ; V. aussi M. F. Hélie, Instr. crim., t. 7, p. 285, 691.

409. Les frais de citation à la requête du ministère public

---

175 c. inst. crim. n'est applicable aux tribunaux correctionnels que lorsqu'ils prononcent sur l'appel des jugements des tribunaux de simple police, et qu'au surplus cet article est facultatif et non impératif par rapport à l'audition nouvelle des témoins non encore entendus ; — Attendu que l'art. 190 du même code, qui n'est applicable aux tribunaux correctionnels que lorsqu'ils prononcent en première instance n'est lui-même que facultatif et non impératif en ce qui touche l'audition des témoins ; — Attendu que l'art. 210 c. inst. crim., le seul de ceux invoqués par le réclamant qui soit relatif aux tribunaux correctionnels prononçant par voie d'appel, se réfère à l'art. 190 ; — D'où il suit que la cour royale de Colmar n'a violé aucune loi en refusant d'entendre les témoins à décharge produits devant elle par le réclamant ; — Rejet.

Du 30 janvier 1817.-C. C., sect. crim.-MM. Barris, pr.-Gaillard, rap.

(1) (Godefroy et Dauvergne.) — LE TRIBUNAL ; — Attendu que c'est à la partie plaignante à produire devant le tribunal correctionnel au jour indiqué pour l'audience les témoins qu'elle veut faire entendre à l'appui de sa plainte, et que, d'après l'art. 200 c. 5 brum., lors d'un appel d'une affaire correctionnelle au tribunal criminel, les témoins peuvent, mais ne doivent pas, devant ce dernier tribunal, être entendus de nouveau, et ce seulement encore si le prévenu ou l'accusateur public le requièrent ; d'où il suit que, dans l'espèce, il n'y a pas eu de contravention aux art. 184 et 200 de la loi du 3 brum. ; — Rejette.

Du 12 mess. an 7.—C. C., sect. crim.-MM. Méaulle, pr.-Dor, rap.

des témoins dont l'audition a été ordonnée d'office par le tribunal correctionnel sont à la charge de la partie qui succombe, à la différence des frais occasionnés par les citations données à la requête des prévenus eux-mêmes, lesquels restent à la charge de ces derniers (Crim. rej. 30 nov. 1812, aff. Tissus, V. Instr. crim., n° 1017).

410. Il est du reste sans difficulté que les parties admises à faire entendre des témoins en appel peuvent renoncer à cette faculté.—Il a été jugé spécialement que le ministère public a le droit de renoncer à l'audition des témoins à charge déjà entendus devant les premiers juges (Crim. rej. 31 déc. 1808, MM. Barris, pr., Vergès, rap., aff. Deperret). — Mais cette renonciation n'empêcherait pas, suivant nous, que le tribunal ne pût ordonner s'il le jugeait à propos, que ces témoins seraient entendus; ce n'est ici que l'application du même principe qui a été consacré par les décisions précédentes. Si en effet, le juge peut ordonner d'office que les témoins seront entendus de nouveau, on ne pourrait lui contester le pouvoir d'exiger cette audition, lorsqu'il ne l'aura ordonnée que sur la demande des parties, seulement la renonciation de la partie à l'audition des témoins qu'elle aurait fait citer aura effet en ce sens que l'autre partie ne pourra pas exiger leur audition si le tribunal ne l'exige pas.

411. Quand le tribunal d'appel juge convenable d'entendre les témoins, soit sur la demande des parties, soit d'office, il est souvent nécessaire de confronter entre eux ceux d'entre ces témoins, dont les dépositions sont contradictoires, à plus forte raison y a-t-il lieu à confrontation, quand de nouveaux témoins doivent être appelés pour combattre les dépositions des témoins déjà entendus. Aussi est-il d'usage que les tribunaux d'appel, lorsqu'ils admettent, soit la réaudition des premiers témoins, soit l'audition de témoins nouveaux, assujettissent soit le ministère public, soit les parties à faire citer tous les témoins déjà entendus, tant à charge qu'à décharge, afin que le débat puisse se développer d'une manière complète. — Mais ce n'est pas là pour le juge d'appel une règle obligatoire. Il peut ordonner la réaudition de tous les témoins, comme il peut en faire appeler qu'une partie, s'il estime que les dépositions des autres témoins seraient sans utilité. Il peut même d'après les raisons que nous avons déjà exposées juger souverainement de l'opportunité qu'il peut y avoir à admettre ou à écarter la réaudition de tel ou de tel témoin. — Il a été jugé en ce sens, sous le code de brumaire, que les juges d'appel ayant la faculté d'admettre ou de refuser l'audition de témoins nouveaux, ont le droit d'examiner s'il convient de les admettre, et ils peuvent, par exemple, déclarer que tel témoin ne sera pas entendu, soit parce que l'insertion de son nom sur la liste des témoins aurait été surprise à l'attention du président, soit à cause de l'inutilité de sa déposition (Crim. rej. 11 août 1808) (1).

412. Il a été jugé, au surplus, que dans le cas même où un tribunal d'appel correctionnel aurait ordonné la réaudition de tous les témoins entendus en première instance, le prévenu ne serait pas recevable à se pourvoir en cassation contre l'arrêt intervenu sur l'audition d'une partie seulement de ces témoins, s'il n'avait fait personnellement aucune réquisition pour qu'ils fussent tous entendus (Crim. rej. 31 déc. 1808, MM. Barris, pr., Vergès, rap., aff. Deperret *C.* min. pub.).

413. Il arrive souvent que les tribunaux d'appel, en admettant le prévenu à faire citer des témoins à décharge, lui imposent en même temps l'obligation de faire citer les témoins produits en première instance par le ministère public, et mettent ainsi ces frais à sa charge. C'est ainsi que, d'après un arrêt, un tribunal d'appel correctionnel peut ordonner que des témoins originairement produits par le ministère public seront appelés à la diligence des prévenus, à la charge par ceux-ci d'avancer les frais (Crim. rej. 31 janv. 1835, aff. Ilasse, V. n° 398-3°). — Mais il y a là suivant nous un grave abus : que, selon les circonstances, les tribunaux d'appel autorisent ou refusent la faculté de faire entendre les témoins de nouveau ou d'en appeler d'autres, rien de mieux; mais quand ils l'accordent, s'ils croient devoir prescrire en même temps la réaudition de tous les témoins entendus, c'est qu'ils estiment que cette mesure est utile à la manifestation de la vérité. Or la condition imposée au prévenu d'appeler tous les témoins à ses frais est non-seulement arbitraire; mais elle est une entrave à sa défense, et cela encore bien que le prévenu ne serait tenu que de faire l'avance de ces frais de citation et qu'ils dussent en définitive rester à la charge de la partie qui succombe; car il est possible que le prévenu ne soit pas en état de faire cette avance. A plus forte raison, la défense est-elle entravée, si, en obligeant le prévenu à faire citer les témoins *à charge*, on lui impose une dépense, qu'en cas d'acquittement il n'eût pas dû supporter, et qui cependant, quel que soit le sort du procès, devra rester à sa charge personnelle aux termes de l'art. 321 c. inst. crim., suivant lequel les citations faites à la requête des accusés sont à leurs frais. Pourquoi le tribunal d'appel, s'il estime nécessaire la réaudition de tous les témoins entendus en première instance, n'ordonnerait-il pas que ces témoins seront cités à la requête du ministère public ? Ce serait plus logique et plus juste, car d'une part le tribunal ne sera pas exposé à être privé des éléments d'appréciation qu'il a jugé nécessaires, et de l'autre les frais de citation, en ce cas, ne seront mis à la charge du prévenu qu'en cas de condamnation. Au surplus, comme l'arrêt du 30 nov. 1832 (V. Instr. crim., n° 1017), le dit avec raison des motifs à la crainte d'occasionner des frais à l'État qui doit rendre les tribunaux plus difficiles, pour ordonner la réaudition des témoins entendus, ne peut cependant les empêcher d'accueillir cette mesure, quand elle est indispensable pour la découverte de la vérité. » Tel est aussi l'avis de MM. Chauveau et Hélie, Théorie du cod. pén., t. 1, p. 302.

414. Mais, dans tous les cas, l'obligation imposée au prévenu de faire citer à ses frais les témoins de première instance, ne serait pas de nature à faire annuler le jugement de condamnation rendu en appel, si, en fait, ces témoins ont été cités et entendus.—Décidé en ce sens que quoiqu'un arrêt n'ait permis à une partie de faire entendre des témoins que si ses frais, cependant si, dans le fait, il y a eu audition de tous les témoins qu'elle a produits, il ne saurait résulter de là une nullité de l'arrêt, pour restriction ou obstacle apporté à la défense...., alors d'ailleurs qu'elle a été condamnée à tous les frais (Crim. rej. 5 juin 1828) (2).

415. Aucune loi, du reste, n'assujettit la partie qui fait citer des témoins en appel à faire citer en même temps les témoins produits en première instance par la partie adverse; elle peut donc se borner à faire citer ses propres témoins, sauf au

___

(1) (Guérin.) — LA COUR; — Attendu 1° que la cour de justice criminelle de la Charente-Inférieure, en déclarant que l'insertion du nom de Pierre Texier, dans la cédule des témoins délivrée par le président, avait été surprise à l'attention de ce magistrat, est en refusant par ce motif l'audition de ce témoin, n'est contrevenu à aucune loi;—Attendu 2° que le refus d'admettre la déposition de Pierre Texier n'ayant été déterminé que par l'opinion que la cour de justice criminelle a eu de l'inutilité de cette déposition pour l'éclaircissement des faits, cette cour n'a usé que de la faculté qui lui est donnée par la loi d'admettre ou de refuser l'audition des témoins nouveaux ; ce qui entraîne le droit d'examiner et de déclarer la convenance de l'audition ou du refuser leur témoignage ; — En improuvant néanmoins le motif donné supplétivement à son arrêt par ladite cour et qui tendrait à établir que la faculté de requérir l'audition de nouveaux témoins sur l'appel n'appartient qu'au prévenu et à l'accusateur public et jamais à la partie plaignante, même dans le cas où le prévenu requiert et obtient que de nouveaux témoins soient entendus ; — Rejette.
Du 11 août 1808.-C. C., sect. crim.-MM. Barris, pr.-Guieu, rap.

(2) (Peyrard *C.* min. pub.) — LA COUR; — Sur le moyen de cassation pris de ce que la cour royale de Grenoble, en autorisant le sieur Peyrard à faire entendre les témoins qui n'avaient pas pu être entendus devant le tribunal correctionnel de Vienne, lui imposa illégalement la charge et l'obligation de produire, à ses frais, les témoins qui seraient indiqués par le ministère public : — Attendu que, par la disposition de cet arrêt, il n'a été apporté, par le fait, ni restriction ni obstacle à la légitime défense de Peyrard, devant la cour royale, puisqu'il a fait entendre tous les témoins qu'il a produits lui-même, et que ceux désignés par le ministère public ont été entendus concurremment avec ceux produits par Peyrard, et à sa décharge; que, d'ailleurs, aucun préjudice quelconque n'a été porté aux intérêts de Peyrard par la disposition de l'arrêt dont il se plaint, puisque ledit Peyrard a été, en définitive, condamné par la cour royale à tous les frais du procès, dans laquelle totalité de frais entraient nécessairement ceux de tous les témoins entendus, soit à la requête de Peyrard, soit à celle du ministère public, et qu'en fin de cause, Peyrard aurait été obligé, en vertu de la condamnation aux dépens contre lui prononcée, de payer ceux des frais des témoins qu'il

tribunal d'appel, s'il juge convenable, de les entendre et qu'en même temps il croie nécessaire d'appeler les autres témoins, à ordonner la réassignation de ceux-ci. — Aussi a-t-il été jugé spécialement que la partie civile peut faire citer devant le tribunal d'appel ses propres témoins, sans être tenue de faire citer ceux du prévenu (Crim. rej. 22 juill. 1837, aff. Condemine, V. n° 341).

416. Il a été décidé avec raison que la faculté accordée aux tribunaux correctionnels de faire entendre en instance d'appel de nouveaux témoins, emporte nécessairement le droit et l'obligation d'apprécier l'aggravation de charges résultant de l'audition de ces témoins; et spécialement le tribunal correctionnel, saisi en appel d'un délit d'usure, ne peut se dispenser d'apprécier, pour fixer l'amende, les nouveaux faits d'usure résultant des dépositions des témoins dont il a ordonné l'audition (Crim. cass. 22 fév. 1825)(1).—Il est superflu d'ajouter qu'il n'en doit être ainsi qu'autant que le ministère public s'est porté appelant, soit que le prévenu ait été acquitté en première instance, soit qu'il ait été condamné à une peine moindre que celle requise par le ministère public; dans le cas contraire, l'aggravation des charges qui résulteraient des nouveaux témoignages ne pourrait évidemment donner lieu à une élévation de peine.

417. D'après l'art. 211 c. inst. crim., les dispositions de ce code relatives à la solennité de l'instruction, à la nature des preuves devant les tribunaux correctionnels, sont communes aux jugements rendus sur l'appel. — Les observations que nous avons présentées ci-dessus sur l'audition des témoins devant les premiers juges sont donc toutes applicables à l'instance d'appel : nous n'avons donc qu'à nous y référer.

418. Les témoins cités devant les tribunaux correctionnels et de police ont droit à la taxe fixée par le décret du 11 juin 1811; et les règles ci-dessus developpées, en ce qui concerne les témoins appelés devant le juge d'instruction, leur sont également applicables (V. n° 334). — Il a été jugé que cette indemnité leur est due dans le cas même où le tribunal, suffisamment éclairé par les autres éléments de la cause, aurait refusé de les entendre (Crim. rej. 29 avril 1837) (2).

CHAP. 9. — AUDITION DES TÉMOINS DEVANT LA COUR D'ASSISES.

419. Nous ne parlerons ici que de l'audition des témoins devant la cour en séance publique. — Quant à l'audition des témoins par le président de la cour d'assises avant l'ouverture des débats, faite en conformité de l'art. 303, il en a été suffisamment parlé v° Instruct. crim., nos 1345 et s. — Rappelons seulement qu'un arrêt récent a décidé sur ce point que la circonstance que le président de la cour d'assises a ordonné et reçu une audition de témoins après l'expiration du trimestre pour lequel il a été nommé, n'entraîne pas nullité des débats dans lesquels ces témoins ont ultérieurement déposé, si, leur déposition ayant eu lieu après assignation régulière et notification à l'accusé, et l'information à laquelle a procédé le président n'ayant pas été remise au jury au moment de sa délibération, il n'en est résulté aucun grief pour l'accusé (Crim. rej. 17 janv. 1856, aff. Fanl, D. P. 56. 1. 109).

420. Bien que le législateur ait, dans la partie du code d'instruction criminelle particulièrement consacrée à la procédure devant les cours d'assises, tracé certaines règles sur l'audition des témoins qui sont de droit commun devant toutes les juridictions criminelles, il est quelques dispositions sous ce titre qui ne sont applicables que dans les matières soumises au jury. Ces matières, en effet, exigent, en raison de leur extrême importance, des formes d'instruction à part; aussi la loi, qui s'est attachée à entourer d'un caractère plus solennel ces débats où viennent s'agiter des questions de vie ou de mort, a-t-elle voulu, de plus, assurer au droit sacré de la défense les plus larges garanties et donner en même temps à la société, dans l'intérêt de la vindicte publique, les moyens d'action les plus énergiques et les plus efficaces pour parvenir à la manifestation de la vérité. C'est vers ce double but que, dans l'économie générale de la loi, comme dans ses détails, peuvent se ramener toutes les formalités qui appartiennent spécialement à cette matière, formalités que le code a empruntées, sauf quelques légères modifications, à la législation antérieure. Aussi, d'une part, garantir par des précautions plus rigoureuses la libre discussion des témoignages en exigeant la notification préalable de la liste des témoins; armer, d'autre part, le magistrat qui préside d'une autorité presque sans limites pour mettre à la disposition des jurés tous les renseignements qui, même en dehors des éléments ordinaires du débat, peuvent être de nature à éclairer leur conscience : telles sont les règles essentielles qui dominent toute cette matière, et qui distinguent plus particulièrement les formes d'instruction suivies devant le jury de celles que le législateur a estimées suffisantes devant les autres tribunaux de répression; règles qui embrassent des questions nombreuses, et dont la jurisprudence, malgré son action incessante, n'a pas encore, sur tous les points, déterminé l'application d'une manière invariable.

SECT. 1. — *Notification de la liste des témoins. — Age. — Désignation. — Délai.*

421. La notification des noms, profession et demeure des témoins est une des formalités les plus importantes en cette matière. La loi a jugé indispensable que le ministère public et l'accusé pussent connaître à l'avance les témoins qui seraient produits dans le débat, soit afin de s'entourer de tous les renseignements qui sont de nature à influer sur l'appréciation de leur témoignage et qui peuvent servir à en discuter la portée et la valeur; soit afin de pouvoir, en connaissance de cause, s'opposer à l'audition des personnes dont la loi prohibe le témoignage.

L'art. 315 c. inst. prescrit cette formalité en ces termes : « Le procureur général exposera le sujet de l'accusation; il présentera ensuite la liste des témoins qui devront être entendus soit à sa requête, soit à la requête de la partie civile, soit à celle de l'accusé. — Cette liste sera lue à haute voix par le greffier. » Elle ne pourra contenir que les témoins dont les noms, profession et résidence auront été notifiés vingt-quatre heures au moins avant l'examen de ces témoins à l'accusé par le procureur général ou la partie civile, et au procureur général par l'accusé,

---

n'aurait pas payés encore; qu'ainsi, aucun dommage n'a été souffert par Peyrard à ce sujet, et qu'aucune loi n'a été violée par la disposition reprochée à l'arrêt attaqué; — Rejette.

Du 5 juin 1828.-C. C., ch. crim.-MM. Bailly, pr.-Cardonnel, rap.

(1) (Min. pub. C. Isaac Meyer.) — LA COUR; — Admet l'intervention de la part des Lassis, et y statuant, ainsi que sur le pourvoi du ministère public; — Attendu que la faculté accordée aux tribunaux correctionnels d'appel par les art. 175 et 211 c. inst. crim., de faire entendre de nouveaux témoins, emporte nécessairement le droit et l'obligation d'apprécier l'aggravation de charges résultant de l'audition de ces témoins;

Que, par conséquent, dans l'espèce, le tribunal correctionnel de Strasbourg ne pouvait se dispenser d'apprécier, par rapport à la fixation de l'amende, les nouveaux faits d'usure résultant des dépositions des témoins entendus en instance d'appel; — Que, néanmoins, après avoir reconnu que vingt-neuf de ces témoins avaient déclaré des faits d'usures nouveaux, il a refusé d'avoir égard à leurs déclarations, pour la fixation de l'amende, sous prétexte que cette fixation ne devait être faite que d'après les faits déposés par les témoins entendus en pre-

---

mière instance; — En quoi ce jugement a fait une fausse interprétation des art. 175 et 211 c. inst. crim., et, par suite, violé la disposition de ces articles; — Par ces motifs, casse, etc.

Du 22 fév. 1825.-C. C., sect. crim.-MM. Portalis, pr.-Ollivier, rap.

(2) (Min. pub. C. Laithier.) — LA COUR; — Attendu que, si le tribunal peut refuser, lorsqu'il est suffisamment éclairé par les autres éléments de la cause, d'entendre des témoins régulièrement appelés, il n'en résulte nullement que ces témoins soient privés par là de tout droit à l'indemnité fixée par l'art. 26 et suiv. du décret du 18 juin 1811; — Qu'ils doivent, au contraire, être taxés, lorsqu'ils le demandent, et que le montant de cette taxe, et, dans tous les cas, les frais de citation, doivent être compris dans la liquidation des dépens et mis à la charge du condamné; — Qu'il n'y aurait d'exception qu'à l'égard des frais frustratoires qu'aurait pu faire une des parties; — Mais, attendu qu'il n'est point établi suffisamment que les témoins appelés au tribunal de police aient requis taxe, ni que la liquidation insérée au jugement attaqué n'ait pas été faite conformément aux règles ci-dessus; — Rejette.

Du 29 avr. 1837.-C. C., ch. crim.-MM. Bastard, pr.-Vincens, rap.

sans préjudice de la faculté accordée au président par l'art. 269. — L'accusé et le procureur général pourront, en conséquence, s'opposer à l'audition d'un témoin qui n'aurait pas été indiqué, ou qui n'aurait pas été clairement désigné dans l'acte de notification. — La cour statuera de suite sur cette opposition. » — Cet article reproduit les dispositions de l'art. 346 du code de brumaire, avec cette différence que ce code n'exigeait pas la notification au ministère public des témoins appelés à la requête de l'accusé, mais seulement la notification à l'accusé des témoins cités à la requête du ministère public ou de la partie plaignante.

— Cette formalité était nécessaire même à l'égard des témoins que les cours de justice criminelle étaient autorisées à faire appeler d'office, aux termes de l'art. 2 de la loi du 5 pluv. an 13, dans le cas où elles le jugeaient utile pendant le cours des débats. —Et il a été en effet jugé en ce sens que si la loi du 5 pluv. an 13 réservait aux cours de justice criminelle le droit de faire entendre de nouveaux témoins dans le cours des débats, cette disposition ne dérogeait nullement aux formes prescrites par l'art. 346, qui exigeait, à peine de nullité, que les noms, âge, profession et domicile des témoins fussent préalablement notifiés à l'accusé (Crim. cass. 20 mai 1808, MM. Barris, pr., Guieu, rap., aff. Finot C. min. pub.).

422. L'accusé n'est pas obligé de notifier ses témoins à la partie civile, ni celle-ci les siens au ministère public, ni ce dernier les siens à la partie civile : cela ressort de l'art. 315 (MM. Legraverend, t. 2, p. 189 ; F. Hélie, Inst. crim., t. 8, § 622, p. 580). — De même aussi l'accusé n'est pas tenu de notifier ses témoins à ses coaccusés (M. F. Hélie, *loc. cit.*). — Il a été jugé ainsi : 1° sous le code de brum., que des témoins à décharge cités à la requête d'un accusé pouvaient être entendus aux débats, quoique leurs nom, âge, profession et domicile n'eussent pas été préalablement notifiés aux autres accusés (Crim. rej. 22 août 1806) (1) ; — 2° Sous le code d'inst. crim. que, dans le cas où un accusé veut faire entendre des témoins contre son coaccusé, il n'est pas nécessaire que ces témoins soient notifiés à ce cas (Crim. cass. 22 avril 1841) (2). — Exiger

une notification en pareil cas serait en effet ajouter à la loi. **423.** Quoiqu'il paraisse résulter des dispositions de l'art. 315, que la partie civile n'a pas le droit de s'opposer à l'audition des témoins, à défaut de désignation suffisante, cependant, si l'on entendait des témoins qui fussent de la classe de ceux dont le témoignage est exclu par la loi, elle n'en aurait pas moins le droit de s'y opposer, et ce droit est même expressément consacré par la disposition finale de l'art. 322.

424. La liste des témoins doit être notifiée à chacun des accusés ; la notification à un seul avec injonction de la communiquer à ses coaccusés est insuffisante et ne remplirait pas le vœu de la loi (Crim. cass. 4 mess. an 6) (3). — Cette décision rendue sous le code de brum. devrait être incontestablement suivie aujourd'hui. — C'est également avec raison, et par application du même principe, qu'il a été décidé, sous le même code, que la notification de la liste des témoins ne peut être faite ni au mari et à la femme par une seule copie servant pour tous les deux (Crim. cass. 17 mess. an 7) (4).

425. Mais, la mention à la fin d'un exploit de notification de la liste des témoins à cinq accusés à qui on a dû laisser cinq copies séparées, « et pour que du contenu en icelle ils n'ignorent, nous lui avons, parlant comme dessus, laissé copie de ladite liste et du présent » bien qu'incorrecte n'est pas une cause de nullité, lorsque, dans la première partie de cet article, il est dit qu'on notifie à tous les accusés (Crim. rej. 14 juill. 1837) (5).

426. Il n'est pas exigé sous peine de nullité, que les noms des témoins notifiés à un accusé soit mentionné dans l'exploit à lui signifié ; il suffit que cet exploit mentionne que la liste des témoins était jointe à cet acte (Crim. rej. 2 mars 1843) (6).

427. La notification ne peut être régulièrement faite que par huissier (Crim. cass. 31 juill. 1847, M. Isambert, rap. aff. N.) ; elle doit être faite à l'accusé en personne : elle se fait ordinairement entre les deux guichets de la prison ; il ne suffirait pas de remettre la copie au concierge (Crim. cass. 17 prair. an 9, M. Borel, rap., aff. Dépinay). — S'il arrivait, ce qui est peu probable, aujourd'hui que les cours d'assises ne sont plus compétentes pour juger les délits de presse, que l'accusé ne fût pas en

(1) (Caissac) — LA COUR ; — Attendu qu'en entendant deux témoins produits à décharge par Mangin, accusé, dont les noms, prénoms, âge, profession et demeure n'avaient pas été préalablement notifiés à Caissac, la cour de justice criminelle n'a point contrevenu à l'art. 346 de la loi du 3 brum. an 4, qui ne s'applique pas à des témoins à décharge ; — Rejette. Du 22 août 1806.-C. C., sect. crim.-MM. Barris, pr.-Lachèze, rap.

·(2) (Potignon C. min. pub.) — LA COUR ; — Vu l'art. 315 c. inst. crim. ; — Attendu que cet article exige la notification des noms, profession et demeure des témoins cités pour un accusé, au ministère public, vingt-quatre heures avant l'ouverture des débats, et de la part de la partie civile, la même notification des témoins cités par elle aux accusés, dans le même délai ; — Mais attendu que le même article n'impose pas la même obligation à un accusé à l'égard de son coaccusé ; — Que cependant la cour d'assises du département de Saône-et-Loire, a appliqué la disposition de l'article ci-dessus cité aux témoins cités par le demandeur contre son coaccusé, par le motif que les noms, profession et demeure de ces témoins ne lui auraient pas été signifiés vingt-quatre heures avant l'ouverture des débats ; — Qu'en le décidant ainsi, la cour a fait une fausse application de l'art. 315 c. inst. crim. ; — Casse. Du 22 avr. 1841.-C. C., ch. crim.-MM.-Bastard, pr.-Voisins, rap.

(3) (Bardet.) — LE TRIBUNAL ; — Vu l'art. 346 c. des dél. et des peines ; — Attendu que la liste des témoins n'a été notifiée qu'à un seul des accusés, avec injonction de la communiquer à son coaccusé ; que rien ne prouve que cette communication ait été faite par ce coaccusé, qui ne doit être occupé que de sa propre défense, qu'ainsi le vœu impérieux de la loi n'a pas été rempli ; — Casse. Du 4 mess. an 6.-C. C., sect. crim.-MM. Barris, pr.-Gohier, rap.

(4) (Dieux et sa femme C. min. pub.)— LE TRIBUNAL ;—Attendu, sur le cinquième chef, qu'il n'a été délivré qu'une seule et même copie de la liste des témoins assignés aux débats à la requête de l'accusateur public, tant au demandeur qu'à sa femme ; que ce fait est justifié par l'exploit de l'officier ministériel, où « J'ai laissé une seule copie servant pour les deux, » copie que le demandeur soutient être restée entre les mains de sadite femme ; que cependant, pour remplir et l'esprit et le texte de la loi, chacun des prévenus devait, au moins vingt-quatre heures avant le débat, recevoir copie de la liste des témoins, avoir notification légale de leurs nom, âge, profession et domicile, pour pouvoir exercer la faculté de récusation et de reproche ; ce qui n'ayant pas été observé, constitue une contravention formelle à l'art. 346, et

entraîne la nullité tant de la notification de ladite liste des témoins, que de ce qui s'en est ensuivi : — Par ces motifs ; — Casse. Du 17 mess. an 7.-C. C., sect. crim.-M. Ritter, rap.

(5) (Derode C. min. pub.) — LA COUR ; — Attendu que l'exploit de notification de la liste des témoins porte expressément que cette notification a été faite à Derode, ainsi qu'aux autres accusés, et que l'incorrection grammaticale qui se trouve à la fin de l'exploit, est rectifiée par le reste de la phrase qui la contient ; — Attendu, d'ailleurs, que l'absence totale de la notification de la liste des témoins ne donnerait, d'après l'art. 315 c. inst. crim., que le droit de s'opposer à l'audition des témoins non notifiés ou non clairement indiqués, ce qui n'a pas eu lieu dans l'espèce ;— Rejette. Du 14 juill. 1837.-C. C., ch. crim.-MM. Bastard, pr.-Mérilhou, rap.

(6) (Lefort C. min. pub.) — LA COUR ; — Sur le moyen de cassation tiré d'une prétendue violation de l'art. 315, § 3 c. inst. crim., et du droit de la défense, en ce qu'il ne serait nullement constaté que la liste des témoins assignés à la requête du ministère public ait été notifiée à l'accusé ;— Vu sur ce moyen ledit art. 315 c. inst. crim. ; — Attendu, en fait, qu'un acte de l'huissier Nivelleau, du 10 fév. 1843, porte l'énonciation suivante.... *Ai notifié à.... la liste des témoins produits contre lui par le ministère public, laquelle est ci-jointe*... sans que cet acte contienne ladite liste, qu'il se borne à énoncer comme ci-jointe ; — Attendu qu'il existe au dossier une liste de quatorze témoins produite devant la cour d'assises de Maine-et-Loire par le procureur général et signée par ce magistrat ; — Que la copie de cette liste ne se trouve pas à la vérité à la suite de l'original de l'exploit de notification de l'huissier, mais que rien ne prouvant que cette copie de la liste des témoins n'ait pas été jointe à la copie de l'exploit de notification laissé à l'accusé, le contraire doit être légalement présumé ; — Attendu que, dans ce cas, et même à supposer que la liste des témoins n'ait pas été notifiée à l'accusé, l'omission de cette notification aurait seulement donné à celui-ci, aux termes du § 4 du même art. 315 c. inst. crim., le droit de s'opposer à l'audition des témoins dont les noms, profession et résidence, ne lui auraient pas été légalement notifiés et même celui de demander le renvoi de l'affaire à la session suivante ; — Que du contexte du procès-verbal des débats, il n'apparaît d'aucune opposition ou réclamation de ce genre ; que dès lors il n'y a eu aucune violation dudit art. 315 c. inst. crim ; — Rejette. Du 2 mars 1843.-C. C., ch. crim.-MM. Crouseilhes, pr.-Meyronnet, r.

état de détention, on devrait suivre pour la notification les formalités ordinaires des exploits, et la signification en conséquence serait faite à personne ou au domicile (V. Exploit, nᵒˢ 748 et suiv.).

—Ainsi il a été jugé sous le code de brumaire, dans une espèce où l'accusé avait été mis en liberté sous caution, que la notification de la liste des témoins a pu être laissée au maire de la commune du domicile de l'accusé, si celui-ci ne s'y est pas trouvé (Crim. rej. 6 nov. 1807) (1), et même que la notification peut être faite au défenseur de l'accusé, si ce dernier n'a pas de domicile connu dans la commune où siège la cour d'assises et que le jour des débats soit trop rapproché pour qu'il soit possible de faire cette notification à son domicile ordinaire (même arrêt). Mais aucun texte n'autorise la notification dans cette dernière forme et nous n'hésitons pas à croire qu'une telle notification devrait aujourd'hui être annulée.

428. Quant à la notification au ministère public elle peut lui être faite personnellement, ou dans la personne du greffier de la cour, ou dans celle du secrétaire de son parquet. — Il a été justement décidé que la remise que fait le défenseur d'un accusé au ministère public, d'une liste de témoins, ne peut équivaloir à la notification prescrite par l'art. 315 c. inst. crim. (Crim. cass. 16 sept. 1830) (2).

429. Il n'est pas exigé que les témoins portés sur la liste notifiée soient uniquement ceux qui ont été entendus dans l'instruction préparatoire ; l'art. 324 c. inst. crim. déclare, en effet, que les témoins produits par le procureur général et l'accusé seront entendus dans les débats, *même lorsqu'ils n'auraient pas préalablement déposé par écrit*, pourvu que ces témoins soient portés dans la liste mentionnée en l'art. 315 (Conf. M. F. Hélie, instr. crim., t. 8, § 635, p. 683).—Il a été jugé, en conséquence, que le droit qui appartient au ministère public, de produire tous les témoins dont l'audition lui paraît utile, n'est pas limité aux seuls témoins qui ont déposé une première fois sur les faits constitutifs de l'accusation (Crim. rej. 10 janv. 1834) (3).

430. L'art. 317 du code de brumaire portait que dans le cas où l'accusateur public, la partie plaignante ou l'accusé auraient à produire des témoins qui n'auraient pas été entendus dans l'instruction, leurs déclarations seraient reçues avant l'assemblée du jury par le président ou par le juge qu'il commettrait à cet effet. — On décidait, en conséquence, qu'il suffisait pour que des témoins non entendus par l'officier de police judiciaire ou le directeur du jury pussent être appelés à déposer pendant les débats, qu'ils eussent été entendus par le président ou le juge par lui commis (Crim. rej. 11 vent. an 7, MM. Barris, pr., Saute-

reau, rap., aff. Roure). — Cette dernière formalité n'était même pas tellement de rigueur, que les témoins appelés aux débats ne pussent être entendus à défaut de cette audition préalable, si, d'ailleurs, ils avaient été compris dans la liste notifiée. En conséquence on jugeait que tout en exigeant par les art. 317 et 319 que les témoins n'auraient point encore déposé par écrit, fussent entendus par le président avant l'assemblée du jury de jugement, le code de brumaire n'avait pas voulu écarter les témoins qui n'auraient pas été entendus avant les débats ; l'art. 359 au contraire, les admettait pourvu qu'ils eussent été portés sur la liste notifiée à l'accusé (Crim. rej. 7 juin 1810 (4) ; Conf. crim. rej., 11 vent. an 7, M. Roux, rap., aff. Laveille ; 29 vent. an 9, MM. Viellart, pr., Genevois, rap., aff. Labbaye ; 19 vend. an 10, M. Barris, rap., aff. Baba ; 19 frim. an 10, M. Rataud, rap., aff. Coudray ; 19 pluv. an 10, M. Ruperou, rap., aff. Bontournet ; 8 germ. an 12, M. Borel, rap., aff. Roupin ; 26 mars 1808, M. Dutocq, rap., aff. Pozzo). — A plus forte raison en serait-il ainsi sous le code de 1810, qui, s'il donne au président le droit d'entendre de nouveaux témoins avant l'ouverture de l'audience (art. 303, V. Inst. crim., nᵒˢ 1345 et suiv.), ne lui en fait pas une obligation et ne contient aucune disposition dont on puisse induire que les témoins produits aux débats devront avoir été déjà entendus préalablement soit par le juge chargé de l'information, soit par le président de la cour d'assises.

431. Si l'on peut valablement comprendre dans la liste notifiée des témoins qui n'ont pas été entendus dans l'information, il en résulte à plus forte raison que les débats ne pourraient être viciés par le motif que l'audition d'un ou de plusieurs de ces témoins dans l'audition écrite, n'aurait pas été régulière.

—Décidé en conséquence que, quelque irrégulière que soit la délégation par le président d'un juge d'instruction à un interrogatoire, comme si, par exemple, le tribunal auquel il est attaché n'est pas situé dans le ressort de la cour d'assises devant laquelle l'instruction doit être portée, elle ne vicie point l'audition orale des témoins entendus aux débats, si, d'ailleurs, les accusés ne se sont point opposés à cette audition : « Attendu que quelque irrégulière que fut la délégation du juge d'instruction d'Yvetot, elle n'a point vicié l'audition orale des témoins entendus aux débats, audition à laquelle les demandeurs ne se sont point opposés » (Cr. rej. 20 janv. 1832, MM. Bastard, pr., Ollivier, rap., aff. Jouen C. min. pub.

432. Du reste, le droit d'appeler aux débats des témoins qui n'auraient pas été préalablement entendus dans l'instruction

---

(1) (Crou.) — La cour ; — Attendu que le délaissé de la notification faite le **22** juillet de la liste des témoins à entendre aux débats au maire de Berceti, pour l'accusé qui ne s'était pas trouvé dans son domicile, a rempli le vœu de la loi ; que celle faite du témoin Caprara à son défenseur à Gênes, est encore régulièrement faite, puisque l'accusé n'avait pas de domicile connu dans cette ville, et que le jour des débats était trop rapproché pour qu'il fût possible de faire cette notification au lieu de son domicile ordinaire ;— Rejette.
Du 6 nov. **1807**.-C. C., sect. crim.-MM. Barris, pr.-Delacorte, rap.

(2) (Pagès C. min. pub.) — La cour ; — Attendu, sur le premier moyen, que la liste des témoins à décharge, remise par le défenseur au ministère public, ne constituait pas la notification exigée par l'art. 315 c. inst. crim. ; Rejette ce moyen ; — Mais, sur le deuxième moyen, vu l'art. 315 précité duquel il résulte que l'accusé et le procureur général peuvent s'opposer à l'audition d'un témoin qui n'aurait pas été indiqué, ou qui n'aurait pas été clairement désigné dans l'acte de notification à faire vingt-quatre heures au moins avant l'examen ; d'où il suit qu'à défaut d'opposition, le témoin doit être entendu comme le seraient ceux dont les noms auraient été notifiés et clairement désignés ; — Et, attendu que, dans l'espèce, à la deuxième séance de la cour d'assises, le conseil de l'accusé demanda à faire entendre des témoins cités par son client, et que s'étaient rendus à l'audience ; que le ministère public déclara qu'il n'avait reçu aucune notification du nom de ces témoins, conformément à la loi, mais qu'il ne s'opposait pas à leur audition dans l'intérêt de l'accusé, et qu'il s'en rapportait à la prudence du président ; — Que, dès-lors, ces témoins devaient être entendus avec prestation de serment ; que, néanmoins, deux de ces témoins, savoir, Parailles, père **et** fils, sur l'audition desquels l'accusé insista, ne furent entendus par l'ordre du président, qu'en vertu du pouvoir discrétionnaire et sans prestation de serment ; en quoi le président fit une fausse application de l'art. 269 c. inst. cr., et viola les art. 315 et 317 du même code ; — Par ces motifs,

casse l'arrêt de la cour d'assises des Basses-Pyrénées, du 21 août dernier.
Du 16 sept. 1830.-C.C., cb. crim.-MM. Bastard, pr.-Ollivier, rap.

(3) (Poulain C. min. pub.) ; — La cour ; — Sur le deuxième moyen, résultant de la prétendue violation du deuxième paragraphe de l'art. 317 dudit code, en ce que la cour d'assises a maintenu sur la liste des témoins assignés à la requête du min. publ., trente-quatre individus qui n'avaient été entendus dans l'information sur aucun des faits de l'accusation ; — Attendu qu'aucune disposition de la loi ne limite aux seuls témoins qui peuvent déposer sur les faits constitutifs de l'accusation , l'exercice du droit qui appartient au min. publ., de produire tous ceux dont l'audition lui paraît utile pour la manifestation de la vérité ; qu'ainsi, en maintenant sur la liste, par lui produite, les individus dont il s'agit, la cour d'assises n'a violé ni ledit art. 317, ni porté atteinte au droit de la défense ; — Rejette.
Du 10 janv. 1834.-C.C., cb. crim.-MM. Bastard, pr.-Rives, rap.

(4) (Jauriat). — La cour ; — ...Attendu que, si le législateur a prescrit par les art. 317 et 319 du code du 3 brum. an 4, que si l'accusateur public, la partie plaignante ou l'accusé ont à produire des témoins qui n'ont pas encore été entendus devant l'officier de police ou le directeur du jury, leurs déclarations soient reçues avant l'assemblée du jury de jugement par le président ou par le juge, et que ces dépositions soient communiquées à l'accusé , il ne faut pas en tirer la conséquence qu'il soit défendu d'entendre aux débats des témoins qu'il paraîtrait avantageux de faire déposer pour parvenir à découvrir la vérité , parce que ces témoins n'auraient pas été entendus auparavant ; — Que l'art. 359 porte, au contraire, que les témoins qui n'ont pas déposé préalablement par écrit, peuvent être entendus, pourvu qu'ils aient été assignés et qu'ils soient portés sur la liste mentionnée dans l'art. 346 du c. des délits et des peines ; d'où il résulte que ce moyen n'est pas mieux fondé que les précédents ; — Rejette.
Du 7 juin 1810.-C. C., sect. crim.-MM. Barris, pr.-Oudot, rap.

écrite, appartient également, sans aucun doute, à la partie civile aussi bien qu'à l'accusé (M. Legraverend, t. 2, p. 191).

433. Non-seulement le ministère public peut, comme on l'a vu, appeler des témoins à déposer aux débats pour la première fois, à la charge par lui d'en notifier la liste à l'accusé, mais rien ne l'oblige à comprendre sur la liste qu'il notifie tous les témoins entendus dans l'instruction, il peut donc omettre sur cette liste tous ceux dont il juge la déposition inutile. Il est même de son devoir de ne faire citer aux débats que ceux dont le témoignage lui paraît devoir servir réellement à la manifestation de la vérité. Ce principe a été constamment reconnu avant comme depuis la mise en activité du code d'instruction criminelle.—Ainsi il a été jugé : 1° sous le code de brumaire, que le ministère public est libre de ne faire entendre que les témoins qu'il juge nécessaires, et qu'aucun article de la loi ne l'oblige à faire entendre tous ceux qui l'ont été précédemment, soit devant l'officier de police judiciaire, soit devant le jury d'accusation (Cr. rej. 16 pluv. an 7, MM. Barris, pr., Méaulle, rap., aff. Smitz; 19 flor. an 7, MM. Barris, pr., Ritter, rap., aff. Sicoy; 9 vend. an 8, MM. Méaulle, pr., Béraud, rap., aff. Bequère; 14 janv. 1808, MM. Barris, pr., Vergès, rap., aff. Hugot; 14 oct. 1808, MM. Vermeil, pr., Busschop, rap., aff. Drouillet; 17 nov. 1808, MM. Lombard, rap., aff. Virtoprago); — 2° sous le code d'instruction criminelle, que parmi les témoins qui ont été entendus dans l'instruction, le ministère a le droit de ne citer devant la cour d'assises que ceux dont la déposition lui paraît utile, sauf aux accusés de faire appeler les autres, à leur requête (Crim. rej. 17 fév. 1820)(1); — 3° que ce que le ministère public aurait omis d'appeler devant la cour d'assises des témoins qui ont déposé devant le juge d'instruction, il ne résulte ni nullité ni irrégularité (Cr. rej. 3 janv. 1824, MM. Barris, pr., Busschop, rap., aff. Foussat); — 4° que le ministère public a le droit et le devoir d'employer les moyens les plus efficaces pour le faire citer, parmi les témoins qui doivent être entendus à sa requête, que ceux dont la déclaration peut être utile à la découverte de la vérité ; par suite, les renseignements pris sur le lieu du crime, par la gendarmerie, sur l'ordre du ministère public, après le renvoi du prévenu aux assises, mais avant l'ouverture des débats, à l'effet de ne faire assigner que des témoins utiles, ne peuvent être considérés comme un acte d'intimidation contre les témoins interrogés, de nature à porter atteinte à la défense...; alors, d'ailleurs, qu'en fait l'acte attaqué n'a exercé aucune influence sur les témoins (Crim. rej. 9 nov. 1843) (2).

434. Le ministère public étant libre de n'appeler aux débats que les témoins qu'il juge nécessaires à la manifestation de la

vérité, il a été jugé, par identité de motifs : 1° que, lorsqu'une cour d'assises a renvoyé une affaire à une autre session, le procureur général n'est pas tenu de porter sur la nouvelle liste un témoin à charge, entendu, sous la foi du serment, lors de la première session (Crim. rej. 12 fév. 1818) (3); — 2° Que le ministère public, dans le cas de jugement sur renvoi après cassation, n'est pas tenu d'assigner devant la nouvelle cour d'assises tous les témoins à charge entendus aux précédents débats ; et qu'aucune nullité ne résulte de ce qu'il a réduit la liste de ces témoins (Crim. rej. 7 janv. 1858, M. Caussin de Perceval, rap., aff. Bolo).

435. D'après l'art. 315 c. inst. crim., la liste notifiée des témoins doit contenir leurs noms, profession et domicile.—Les prescriptions du code de brumaire étaient à cet égard plus rigoureuses ; ce code (art. 346) exigeait que la liste notifiée contînt non-seulement les noms, profession et domicile de chacun des témoins, mais encore l'indication de leur âge. En outre il attachait la peine de nullité au défaut de notification ou désignation positive des témoins à l'accusé, et la cour de cassation jugeait que cette nullité viciait la condamnation ainsi que les débats (Crim. cass. 13 janv. 1809, MM. Barris, pr., Delacoste, rap., aff. Fourrey). — C'est ainsi qu'il a été décidé sous l'empire de ce code, 1° qu'on ne pouvait, à peine de nullité, entendre aux débats un témoin non compris sur la liste notifiée à l'accusé (Crim. cass. 17 flor. an 9, MM. Seignette, pr., Liger, rap., aff. Rossel; 17 brum. an 10, MM. Seignette, pr., Rataud, rap., aff. Pescheux); — 2° Qu'il en était de même du témoin dont le nom se trouvait intercalé dans la liste, avec une encre différente et des formes qui laissaient des doutes sur les caractères de cette intercalation (Crim. cass. 3 vend. an 7, M. Barris, rap., aff. Chevrier); — 3° Que les débats et l'arrêt d'une cour d'assises étaient nuls, lorsque la liste des témoins, notifiée à l'accusé, ne contenait pas le nom, le domicile et l'âge de l'un ou de plusieurs des témoins entendus (Crim. cass. 19 brum. an 7, MM. Gohier, pr., Barris, rap., aff. Brugeaud ; 13 frim. an 7, MM. Barris, pr., Dutocq, rap., aff. Beaudoin ; 8 pluv. an 7, M. Méaulle, rap., aff. Durand ; 25 vent. an 7, M. Dutocq, rap., aff. Métay; 8 vend. an 8, MM. Méaulle, pr., Sautereau, rap., aff. Come-Vinet; 6 brum. an 8, MM. Méaulle, pr., Harzé, rap., aff. Solhard; 25 germ. an 11, M. Borel, rap., aff. Raymond ; 27 mess. an 11, MM. Seignette, pr., Liger, rap., aff. Bonnecasse) ; — 4° que lorsque la notification de l'âge de deux témoins et de plus celle de la profession de l'un d'eux, n'avait point été faite à l'accusé, soit que la copie des déclarations ne lui eût pas été communiquée, soit que le directeur du jury eût négligé de faire déclarer aux témoins leur âge et profession, il y avait lieu à casser la liste des témoins, la déclaration du jury et

(1) (Perou et Bouval.) — La cour ; — ...Attendu qu'il appartient au procureur général de faire appeler aux débats les seuls témoins entendus dans la première instruction dont il croit les dépositions utiles à la manifestation de la vérité; que si les accusés croient qu'il convienne à leur défense de faire appeler d'autres témoins que ceux cités à la requête du procureur général , c'est à eux de requérir leur citation, sauf à la cour d'assises à statuer ainsi qu'elle avisera si cette citation était refusée par le procureur général ; — Rejette.
Du 17 fév. 1820.—C. C., sect. crim.-MM. Barris, pr.-D'Aubers, rap.
(2) (Denoyelle C. min. pub.) — La cour ; — Sur l'unique moyen de cassation invoqué et fondé sur le prétendu tort qui aurait été porté à la défense par le résultat de l'enquête à laquelle se serait livré le 30 août dernier, dans la commune d'Ailly, le brigadier de gendarmerie Carton qui aurait nécessairement troublé et intimidé des témoins, et serait illégale ; en ce que, lorsqu'une chambre d'accusation a renvoyé un accusé devant les assises, tout doit rester en suspens jusqu'à l'ouverture des débats, et qu'aucune nouvelle instruction ne doit être faite : — Attendu en fait que le 30 août, que d'après le renvoi aux assises de l'accusé Denoyelle et avant l'ouverture des débats, le brigadier Carton, et un autre gendarme de la brigade de Noailles, déférant à l'invitation verbale du procureur du roi de Beauvais, chargé par la loi de faire assigner les témoins qui devaient être entendus aux assises se rendirent dans la commune d'Ailly à l'effet de recueillir de nouveaux renseignements sur l'incendie dont était accusé Denoyelle, instruisirent auprès des personnes qui auraient gardé ledit Denoyelle à vue après l'incendie, et de celles qui auraient refusé de marcher à l'incendie d'Erculs, craignant que cet individu ne les incendiât de nouveau pendant leur absence ; que ces deux gendarmes interrogèrent à cet égard douze particuliers d'Erculs, dressèrent procès-verbal de leur dire, et l'envoyèrent au procureur du roi ; — Attendu, en

droit, que le ministère public, chargé par la loi de dresser la liste des témoins qui devraient être assignés à sa requête pour déposer devant la cour d'assises, doit employer tous les moyens pour ne faire citer que des témoins dont la déclaration peut être utile à la manifestation de la vérité; et qu'il ne lui est nullement interdit de faire prendre, à cet égard, des renseignements par les officiers de police judiciaire ses auxiliaires légaux ; — Attendu qu'on ne saurait utilement se pourvoir en cassation contre un arrêt de condamnation rendu par une cour d'assises qu'autant qu'il y aurait eu violation, soit d'un article du code d'instruction criminelle prescrit à peine de nullité, soit d'une formalité substantielle ; — Attendu que le procès-verbal attaqué est antérieur aux débats; qu'il est étranger à tout ce qui s'est passé devant la cour d'assises, qu'il ne peut donc, en aucune sorte, vicier ces mêmes débats ; qu'il n'est, d'ailleurs, nullement établi que cet acte ait exercé aucune influence sur les témoins qui ont déposé devant la cour d'assises ; — Que l'accusé et son défenseur ont eu pendant le cours des débats toute liberté de dire, tant contre les témoins que contre leur déposition et contre la pièce aujourd'hui attaquée, tout ce qu'ils ont pu croire nécessaire à leur défense, qui n'a nullement été entravée ; — Rejette.
Du 9 nov. 1843.-C. C., ch. crim.-M. Meyronnet de Saint-Marc, r.
(3) (Lestrade C. min. pub.) — La cour; — Attendu, que, quoique Solon, avocat, ait été porté sur la première liste des témoins à charge entendus aux débats qui eurent lieu en août 1817, le procureur général n'était pas tenu de rétablir son nom sur la deuxième liste des témoins à charge, dressée pour les débats qui ont précédé l'arrêt dénoncé ; que cette omission n'était point un obstacle à ce que Solon fût entendu en vertu du pouvoir discrétionnaire et sans prestation de serment ; — Rejette.
Du 12 fév. 1818.-C. C., sect. crim.-MM. Barris, pr.-Lecoutour, rap.

tout ce qui s'en était suivi (Crim. cass. 9 janv. 1806, MM. Viellart, pr., Seignette, rap., aff. Huet);—5° Que le vœu de la loi, qui exigeait la notification à l'accusé de la liste des témoins, n'était pas rempli lorsqu'il y avait une grande différence entre l'âge que la liste donnait à plusieurs témoins et l'âge que ces témoins avaient eux-mêmes indiqué dans leurs déclarations (Crim. cass. 2 vend. an 8, MM. Méaulle, pr., Sautereau, rap. aff. Lamotte);— 6° Qu'il en était de même lorsque, au lieu de deux témoins portant le même nom qui devaient être entendus aux débats, la liste notifiée à l'accusé n'en présentait qu'un seul avec son prénom et lui attribuait l'âge et la profession de l'autre (Crim. cass. 16 flor. an 9, M. Seignette, rap., aff. Rhoc); —7° Qu'il y avait nullité si un témoin n'était désigné sur la liste notifiée que par ses prénoms et son domicile, avec l'indication d'une profession autre que la sienne (Crim. cass. 17 brum. an 10, MM. Seignette, pr., Rataud, rap., aff. Pescheux).

436. Cependant la jurisprudence apportait quelques tempéraments à la rigueur de cette règle.— Ainsi, par exemple, à l'égard de l'âge des témoins qu'il n'était pas toujours facile ni même possible de déterminer exactement, elle décidait : 1° qu'une faible différence entre l'âge donné à un témoin lors des débats et celui qui lui avait été donné sur la liste, et, par exemple, soixante-deux ans ou environ au lieu de soixante-quatre, ne suffisait pas pour faire considérer le témoin entendu comme n'étant pas celui inscrit sur la liste, alors d'ailleurs que les autres désignations étaient les mêmes (Crim. rej. 11 vent. an 8, M. Rous, pr., Vergès, rap., aff. Darras); — 2° Que, même l'accusé, ne pourrait se faire un moyen de ce que la liste à lui notifiée portait à l'égard de quelques témoins *âge et profession inconnus*, s'il était constant qu'à l'époque de la confection de la liste les nom et domicile de ces témoins étaient seuls connus (Crim. rej. 24 fév. 1809, MM. Barris, pr., Lacoste, rap., aff. Dixmier; 12 août 1808, MM. Barris, pr., Lombard, rap., aff. Chantraine); — 3° Qu'ainsi, l'omission de l'âge des témoins, si cet âge n'était pas connu, n'était point une cause de nullité (Crim. rej. 2 pluv. an 8, MM. Rous, pr., Busschop, rap., aff. Auget); — 4° Que l'omission de l'âge d'un témoin sur la liste n'est pas une cause de nullité, si ce témoin a indiqué son âge dans une précédente déposition notifiée à l'accusé (Crim. rej. 28 germ. an 7, MM. Barris, pr., Béraud, rap., aff. d'Allègre); ...Ou s'il n'a pas déposé aux débats, et si ses précédentes dépositions écrites ont été notifiées à l'accusé (Crim. rej. 9 prair. an 7, MM. Méaulle, pr., Pépin, rap., aff. Astier); — 5° Et même que la preuve qu'un témoin entendu aux débats n'est pas celui porté sur la liste, ne peut résulter de la seule différence de l'âge donné à ce témoin, encore qu'elle soit considérable (trente-cinq ans au lieu de quarante-six); la preuve que ce témoin est le même peut résulter du registre des contributions, de celui des naissances, des déclarations des témoins et du maire de sa commune qui attestent que parmi les individus du même nom qui habitent la commune, le témoin est le seul qui porte les prénoms indiqués dans la liste (Crim. rej. 2 mars 1806, MM. Barris, pr., Vergès, rap., aff. Halle).

437. Puis comme le code de brumaire parlait uniquement du *nom* des témoins, on en concluait que la mention des *prénoms* n'était pas exigée à peine de nullité. — Ainsi, il a été décidé : 1° que la loi exigeant seulement que la liste des témoins les désigne par leurs prénoms, l'omission des prénoms des témoins n'emporte pas nullité; il suffit que les autres indications écartent toute équivoque (Crim. rej. 26 fév. 1807, MM. Barris, pr., Lombard, rap., aff. Bessuyre); — 2° Que l'omission d'un des prénoms du témoin ne peut être une cause de nullité, si ce témoin est seul dans sa commune du nom, de l'âge et de la profession qui lui est donnée : cette omission n'ayant pas induit l'accusé en erreur sur l'identité du témoin (Crim. rej. 19 fruct. an 12, MM. Seignette, pr., Vermeil, rap., aff. Verga).

438. Bien plus, la jurisprudence ne prononçait la nullité en cas d'erreurs ou d'irrégularités dans le mode d'omission dans la désignation des témoins que si ces erreurs étaient de nature à tromper l'accusé sur l'identité de ces témoins. — Ainsi, par exemple, on décidait : 1° que de légères nuances entre la liste et le procès-verbal des débats sur la désignation des témoins ne suffisaient pas pour faire annuler la procédure, si tous ces témoins étaient du même pays et de communes joignantes celle des accusés, s'il ne pouvait s'élever et s'il ne s'était élevé aucun doute sur leur identité, et enfin si les accusés n'ont excipé d'aucun vice dans la notification à eux faite (Crim. rej. 15 oct. 1808, MM. Vermeil, pr., Dutocq, rap., aff. Quernel); — 2° Que l'accusé n'est pas fondé à se faire un moyen de cassation de ce que le nom d'un témoin n'a pas été exactement écrit dans la liste notifiée, si ce témoin déjà entendu devant l'officier de police judiciaire exerce une profession (de notaire) dans sa commune et s'il est le seul de cette profession (Crim. rej. an 8, MM. Méaulle, pr., Minier, rap., aff. Tarride); — 3° Que le témoin du nom de *Marie Trouche*, mais généralement connu dans le pays sous le nom de *Jeanne Borie*, est suffisamment désigné dans l'exploit d'assignation sous les noms de *Jeanne Borie dite Trouche* (Crim. rej. 15 déc.1815, MM. Barris, pr., Audier, rap., aff. Verdier);—4° Que des témoins sont suffisamment désignés sous les noms de *Jeannette* et *Jeannine, mère et fille*, s'il est constaté qu'ils ne sont pas connus sous d'autres noms (Crim. rej. 9 prair. an 7, MM. Méaulle, pr., Pépin, rap., aff. Astier); — 5° Que, bien qu'il y ait eu erreur dans le nom d'un témoin, il est suffisamment désigné par sa qualité d'adjoint du maire de la commune où était domicilié l'accusé, en sorte que celui-ci a pu le reconnaître (Crim. rej. 30 vend. an 11, MM. Viellart, pr., Dutocq, rap., aff. Rentin); — 6° Que des fautes d'orthographe dans les noms de témoins n'entraînent pas la nullité de la liste (Crim. rej. 9 prair. an 7, MM. Méaulle, pr., Pépin, rap., aff. Astier); — 7° Que, par exemple, le nom de *Pellouin* sur la liste des témoins au lieu de celui de *Péplouin* n'est point une cause de nullité si elle résulte d'une difficulté qu'a ce témoin de s'exprimer et si d'ailleurs il n'existe dans la commune habitée par ce témoin aucune personne portant un nom approchant de celui-là (Crim. rej. 27 pluv. an 9, MM. Viellart, pr., Seignette, rap., aff. Lochard); — 8° Que la signification d'un témoin désigné sous le nom de *Guittard* au lieu de *Gaillard* n'est pas une cause de nullité, alors que l'accusé a eu copie de la déposition de ce témoin (Crim. rej. 17 fruct. an 5, MM. Lemaire, pr., Seignette, rap., aff. Saunières).

439. De même, quant aux irrégularités qui pouvaient s'être glissées dans la désignation de la profession du témoin, on décidait 1° que lorsque la méprise à l'égard d'un témoin est impossible en ce qu'il est seul de son nom dans la commune, le défaut d'indication de sa profession sur la liste n'est point une cause de nullité (Crim. rej. 11 niv. an 7, MM. Barris, pr., Rupérou, rap., aff. Bonet); — 2° Que l'omission de la profession d'un témoin n'est pas une cause de nullité des débats, s'il est désigné par son nom et sa qualité de fils et si, d'ailleurs, il est âgé de moins de quinze ans (Crim. rej. 2 germ. an 8, MM. Rous, pr., Jouvenne, rap., aff. Lacombe); — 3° Que dans la notification aux accusés de la liste des témoins, la profession et le domicile sont implicitement et suffisamment indiqués par le mot *idem* employé à l'égard des témoins qui ont la même profession et qui demeurent dans le même endroit que le premier témoin (Crim. rej. 1er therm. an 8, MM. Gohier, pr., Dorr, rap., aff. Délisse; 26 prair. an 8, MM. Viellart, pr., Schwendt, rap., aff. Gantel, V. aussi n° 440-7°);—4° Qu'à l'égard des femmes ou filles le défaut d'indication de leur profession n'est pas une cause de nullité (Crim. rej. 4 fruct. an 6, MM. Gohier, pr., Raoul, rap., aff. Verhaeger); — 5° Que le vœu de la loi, qui prescrit l'énonciation de la profession des témoins dans la liste notifiée à l'accusé, est suffisamment rempli, si ces témoins, femmes et filles, sont désignés par leur âge, demeure et nom de mari (Crim. rej. 26 ventôse an 6, MM. Rous, pr., Rudler, rap., aff. Couderc; 12 vent. an 7, MM. Barris, pr., Sautereau, rap., aff. Jannin; 28 mess. an 7, MM. Seignette, pr., Sieyes, rap., aff. Desrounois);—6° Que par suite la liste des témoins indique suffisamment la profession d'une femme en la désignant comme mariée (Crim. rej. 26 prair. an 8, MM. Viellart, pr., Schwendt, rap., aff. Gantel);—7° Qu'en conséquence, si la liste des témoins notifiée à l'accusé n'indique pas la profession de deux femmes, il y a présomption que c'est qu'elles n'en ont pas, et d'ailleurs, il y est valablement suppléé par le nom de leur mari joint au leur (Crim. rej. 19 mess. an 4, MM. Brun, pr., Seignette, rap., aff. Tontain); — 8° Que de même, les femmes et les enfants non désignés sur la liste des témoins par leur profession sont présumés n'en avoir pas d'autre que celle de leur mari et père indiquée sur la liste (Crim. rej. 16 oct. 1806, MM. Barris, pr., Vermeil, rap., aff. Delaiande); — 9° Qu'ainsi un témoin âgé de quatorze ans ne peut avoir de profession particulière; que dès lors la liste peut sans nullité ne point indiquer sa profession (Crim. rej. 26 prair. an 8, MM. Viellart, pr., Schwendt, rap., aff. Gantel); — 10° Qu'enfin, le vœu de la loi est rempli lorsque des témoins sont désignés sur la liste notifiée à l'accusé par leurs noms et prénoms de *filles* et leurs professions, et que, d'ailleurs, dans leurs précédentes déclarations, ces témoins ont indiqué les noms et prénoms de leurs maris décédés (Crim. rej. 16 fruct. an 8, MM. Viellart, pr., Rupérou, rap., aff. Goossins).

440. En ce qui concerne la demeure des témoins, il a été décidé pareillement 1° que le domicile d'un témoin est suffisamment indiqué sur la liste qui le dit adjudant major de la garde nationale de tel canton (Crim. rej. 16 flor. an 10, MM. Viellart, pr., Seignette, rap., aff. Cagnault); — 2° Que la liste des témoins qui les indique comme habitants de la commune de ... indique assez leur domicile (Crim. rej. 10 nov. 1808, MM. Barris, pr., Vermeil, rap.); — 3° Que la différence qui existe entre la liste des témoins et le procès-verbal des débats sur l'indication du domicile d'un témoin, doit être attribuée au changement de domicile du témoin depuis sa première déposition dans l'instruction, déposition d'après laquelle on a indiqué sur la liste son domicile, cette différence alors que les autres indications sont exactement les mêmes, ne peut être un motif d'annulation (Crim. rej. 2 janv. 1807, MM. Barris, pr., Vermeil, rap., aff. Gaubert); — 4° Que la liste des témoins notifiée à l'accusé indique suffisamment le domicile d'un témoin par ces mots : *un tel huissier de la justice de paix du canton de...*; alors surtout que parmi les pièces de la procédure remises à l'accusé, il se trouve un procès-verbal d'écrou de la personne de l'accusé fait par ce témoin ainsi désigné : huissier près la justice de paix du canton de..., y demeurant (Crim. rej. 27 flor. an 8, MM. Viellart, pr., Goupil, rap., aff. Crussard); — 5° Qu'au surplus l'erreur dans l'écriture du lieu du domicile de quelque témoin dans la liste notifiée à l'accusé, n'est pas une cause de nullité, alors qu'il n'a pas réclamé, et que cette erreur ne lui a porté aucun préjudice (Crim. rej. 16 mess. an 9, MM. Seignette, pr., Barris, rap., aff. Cavey); — 6° Que même l'erreur sur le domicile d'un témoin dans la liste notifiée, alors que le véritable n'est pas connu, n'entraîne pas nullité : le défaut absolu de mention de domicile donnerait seul lieu à cette nullité (Crim. rej. 26 juill. 1810, MM. Barris, pr., Oudot, rap., aff. Vessenhorn); — 7° Qu'enfin, si après avoir dit qu'un témoin est domicilié dans telle commune, l'original de l'exploit se borne à désigner le domicile des autres par le mot *in idem*, cette désignation est suffisante; qu'en conséquence, un tribunal criminel a rejeté à tort la déposition de ces témoins (Crim. cass. 25 mess. an 7, M. Pepin, rap., aff. min. pub. C. Saurin, V. aussi n° 439-3°); — 8° Que le domicile d'un témoin est suffisamment indiqué par celui d'un autre témoin au service duquel il se trouve (Crim. rej. 28 mess. an 9, MM. Seignette, pr., Sieyes, rap., aff. Desrounois).

441. Décidé également que l'indication sur la liste **des** témoins d'un individu comme fils *de feu* un tel, lorsque le père de ce témoin n'est pas mort n'a qu'une erreur sans importance si le témoin se trouve d'ailleurs parfaitement désigné (Crim. rej. 16 janv. 1807, MM. Barris, pr., Babille, rap., aff. Gastaldo).

442. Du reste, il est à remarquer que plusieurs des arrêts qui ont prononcé la nullité pour défaut de désignation suffisante des noms, âge, professions et domicile des témoins notifiés se sont fondés particulièrement sur cette circonstance que les procès-verbaux de l'instruction écrite qui avaient pu être communiqués à l'accusé avant les débats ne lui avaient point fourni ces indications (Crim. cass. 23 germ. an 6, MM. Seignette, pr., Wicka, rap., aff. Falet; 8 pluv. an 7, M. Méaulle, rap., aff. Durand; 9 janvier 1806, MM. Viellart, pr., Seignette, rap., aff. Huet). — Mais, dans le cas contraire, c'est-à-dire lorsque la communication des pièces de l'instruction avait pu donner à l'accusé toutes les indications nécessaires sur les noms, professions, domicile et âge des témoins, on décidait généralement que l'absence de ces indications dans la liste noti-

fiée n'entraînait pas nullité. — Ainsi, il a été jugé : 1° que l'omission sur la liste des témoins de leur âge, profession et domicile n'est point une cause de nullité, si ces témoins ont déjà été entendus par le juge de paix, et que le procès-verbal de leur audition contienne ces indications (Crim. rej. 7 vend. an 7, MM. Gohier, pr., Barris, rap., aff. Boutaric); — 2° Que l'omission de la profession d'un témoin sur la liste notifiée à l'accusé n'est point une nullité lorsque le témoin ayant été entendu dans le cours de la procédure a fait connaître sa profession, et que l'accusé en a reçu copie de la procédure (Crim. rej. 30 mess. an 12, MM. Seignette, pr., Vermeil, rap., aff. Souchet); — 3° Que, par les mêmes motifs, l'accusé n'est pas fondé à se plaindre de ce qu'un témoin n'a pas été suffisamment désigné dans la liste des témoins, alors qu'il a été déjà entendu, et devant le directeur du jury, et devant une autre cour criminelle (Crim. rej. 14 sept. 1809, MM. Vermeil, pr., Lombard, rap., aff. Graffetaux).

443. Il avait été décidé aussi que l'accusé ne pouvait se faire un moyen de cassation de ce qu'il avait été entendu un témoin qui ne se trouvait pas sur la liste notifiée, si, lors des débats, il avait consenti ainsi que son défenseur, à cette audition, par la demande formelle qui leur en avait été faite (Crim. rej. 2 mai 1811, MM. Barris, pr., Dutocq, rap., aff. Picot). — Toutefois, antérieurement, la cour de cassation avait décidé par une application plus rigoureuse de la loi que les vices de notification de la liste des témoins n'étaient pas couverts par l'acquiescement de l'accusé (Crim. cass. 3 vend. an 7, MM. Gohier, pr., Ritter, rap., aff. Briaval).

444. D'ailleurs, le défaut de notification de la liste des témoins à l'un des accusés n'entraînait la nullité qu'à son égard seulement, et non à l'égard des autres accusés (Crim. cass. 8 frim. an 6, MM. Seignette, pr., Guyon, rap., aff. Brugas).

445. Il était reconnu aussi que les dispositions du code de brum. relatives à la notification de la liste des témoins étaient applicables aux témoins produits par le ministère public et la partie civile, mais non aux témoins produits par l'accusé lui-même. — Ainsi, on décidait : 1° que la notification aux accusés de la liste des témoins à décharge qu'un des coaccusés voulait faire entendre, n'était pas prescrite par la loi (Crim. rej. 26 vent. an 8, MM. Rous, pr., Jaume, rap., aff. Pech; 18 flor. an 8, MM. Viellart, pr., Oudart, rap., aff. Vacheron; 17 mess. an 9, MM. Seignette, pr., Borel, rap., aff. David); — 2° Qu'en conséquence, et à plus forte raison, l'omission sur la liste notifiée, de l'âge, de la profession, etc., des témoins à décharge indiqués par l'accusé n'était pas une cause de nullité (Crim. rej. 22 vend. an 8, MM. Méaulle, pr., Pepin, rap., aff. Leriche).

446. Le code d'instruction criminelle a répudié les rigueurs de la législation précédente. D'abord, il n'exige plus que l'âge des témoins soit indiqué dans la notification; il suffit de la déclaration du témoin à cet égard (M. Legraverend, t. 2, p. 189); en outre, le nouveau code ne prononce de nullité; il donne seulement à l'accusé le droit de s'opposer à la déposition des témoins dont la notification n'a pas été faite ou n'a été irrégulièrement, sans que, toutefois, il puisse s'en faire un moyen de cassation dans le cas où il ne se serait pas opposé à leur audition, c'est là ce qui résulte manifestement de la disposition finale de l'art. 315. — Cette disposition qui s'écarte complètement du système adopté par le code de brum. an 4, se justifie aisément : elle dérive du principe même en vertu duquel la loi a dû exiger la notification des noms des témoins avant les débats. Comme cette notification n'a d'autre but que de faire connaître à l'avance à l'accusé et au ministère public les témoins qu'on se propose de faire entendre, soit pour s'enquérir des causes de reproche qui peuvent exister à leur égard, soit pour discuter la valeur de leurs dépositions, il en résulte que l'absence de cette formalité ne saurait créer une incapacité personnelle de témoignage pour ceux d'entre les témoins qui n'auraient pas été notifiés ou qui l'auraient été irrégulièrement. C'est pourquoi l'art. 315 ne reproduit point à l'égard des témoins non notifiés les expressions de l'art. 322 qui porte que les personnes dont le témoignage est prohibé par cet article pour parenté et autres causes ne pourront être entendues; il dit seulement que l'accusé ou le ministère public pourront s'opposer à leur audition. — Il suit encore de là, comme conséquence, que si l'accusé ou le ministère public n'usent pas en pareil cas du droit d'opposition qu'ils auraient pu exercer, c'est qu'ils reconnaissent par cela même que les témoins dont la liste est lue à l'audience leur sont suffisamment connus, et qu'ainsi la notification des noms de ces témoins serait sans utilité pour eux. — Aucune controverse ne peut s'élever sur ce point, et la jurisprudence est unanime. — Ainsi, il a été décidé : 1° que les omissions ou irrégularités dans la désignation des témoins sur la liste notifiée à l'accusé, et même le défaut de notification du nom d'un ou plusieurs témoins cités ne donne à l'accusé que le droit de s'opposer à leur audition, et ne peut lui ouvrir un moyen de cassation lorsqu'il a laissé déposer ces mêmes témoins sans réclamation (Crim. rej. 20 août 1818 (1); 12 mars 1812, MM. Barris, pr., Aumont, rap., aff. Hulinet; 3 sept. 1813, MM. Barris, pr., Audier, rap., aff. Gillon; 23 oct. 1817, MM. Barris, pr., Rataud, rap., aff. Vernet; 29 avr. 1819, MM. Barris, pr., Ollivier, rap., aff. Leguével; 14 août 1819, MM. Bailly, pr., Rataud, rap., aff. Verre; 22 juin 1820, MM. Barris, pr., Busschop, rap., aff. Terrein; 8 mars 1821, MM. Barris, pr., Aumont, rap., aff. Cortan; 28 fév. 1822, MM. Barris, pr., Bazire, rap., aff. Millet; 7 déc. 1827, MM. Portalis, pr., Choppin, rap., aff. David; 1er avr. 1830, MM. Bastard, pr., Gaillard, rap., aff. Schantz; 10 janv. 1833, MM. de Bastard, pr., Rives, rap., aff. Gellée; 3 sept. 1835, MM. Crouseilhes, pr., Fréteau, rap., aff. Cazelles; 14 juill. 1837, aff. Deroddes, V. n° 425; 17 août 1837, MM. Bastard, pr., Rocher, rap., aff. Bonnet; 2 mai 1839, MM. Bastard, pr., Vincens, rap., aff. Lesage; 22 août 1839, MM. Crouseilhes, pr., Gilbert, rap., aff. Dalbet; 30 sept. 1841, MM. Crouseilhes, pr., Meyronnet, rap., aff. Liarsou; 18 août 1842, M. Rocher, rap., aff. Bourienne; 21 mars 1844, aff. Thibert, D. P. 45. 4. 499; 3 mars 1852, M. de Glos, rap., aff. Balossier; 11 mars 1852, M. Nouguier, rap., aff. Blanchet; 13 avr. 1852, aff. Hermann, D. P. 52. 3. 527; 8 sept. 1853, aff. Waldenay, D. P. 53. 3. 445); — 2° Et spécialement que la signification d'une seule copie pour trois accusés en la personne de l'un d'eux n'est pas une cause de nullité, si les accusés qui n'ont pas reçu la notification ne se sont pas opposés à l'audition des témoins (Crim. rej. 29 juill. 1825, MM. Portalis, pr., Ollivier, rap., aff. Dufour); — 3° Que l'erreur, quelle qu'elle soit, dans la désignation du nom d'un témoin sur la liste notifiée n'entraine pas nullité, si l'accusé ne s'est pas opposé à son audition (Crim. rej. 6 avr. 1848, aff. Verdeau, D. P. 48. 3. 341), ...surtout si les incorrections sont légères et insuffisantes pour établir un défaut d'identité (Crim. rej. 31 mars 1836, MM. Bastard, pr., Isambert, rap., aff. Arrighi) : il en est ainsi spécialement dans le cas où la notification donnerait à un témoin le nom de Lanus au lieu de Lamy (Crim. rej. 21 avr. 1830, MM. Bastard, pr., Ollivier, rap., aff. Gueux), ...ou bien le nom de Louis-Robert Bouchari,

âgé de quarante-quatre ans, au lieu de Robert-Nicolas Bouchari, âgé de trente-quatre ans (Crim. rej. 26 janv. 1837, MM. Bastard, pr., Vincens, rap., aff. Rupp), ...ou bien le nom de François Cinturet, au lieu de François Épardeau (Crim. rej. 8 juill. 1837, MM. Bastard, pr., Rives, rap., aff. Rigaud), ou bien enfin le nom de Mauxau au lieu de Mangeau, Boucher au lieu de Bouclier (Crim. rej. 22 janv. 1846, aff. Coyot, D. P. 46. 4. 474); — 4° Que pareillement l'audition sans opposition de la part de l'accusé, d'un témoin sous un nom emprunté, ne vicie pas les débats, lorsque l'identité de ce témoin, bien connu de l'accusé, n'est pas douteuse, alors que le nom sous lequel il a été entendu est celui qui figure dans la liste notifiée (Crim. rej. 15 oct. 1847, aff. D'Ecquevilley, D. P. 47. 1. 338); — 5° Qu'il en est de même à l'égard, soit du défaut d'indication du domicile d'un témoin (Crim. rej. 13 juill. 1837, MM. de Bastard, pr., Fréteau, rap., aff. Pelleautier), ...soit de l'erreur dans l'indication de la qualité du témoin, comme par exemple si un témoin avait été qualifié de maire d'une commune, bien qu'il ne le fût plus (Crim. rej. 15 déc. 1815, MM. Barris, pr., Audier, rap., aff. Verdier); — 6° Qu'il en est ainsi, surtout lorsque les explications fournies par ce témoin lors de son interrogatoire, ont levé toute incertitude sur son individualité (Crim. rej. 3 janv. 1843, MM. Bastard, pr., Jacquinot-Godard, rap., aff. Pomarèdes), ...ou lorsque l'accusé a consenti à l'audition des témoins dont les noms ne lui ont pas été notifiés, et qu'il a reconnu que ces témoins avaient été cités sur sa demande (Crim. rej. 2 avr. 1840) (2), ...ou enfin lorsque le témoin désigné irrégulièrement ne s'est pas présenté, et qu'aucune réclamation n'a été faite aux débats (Crim. rej. 3 déc. 1836, MM. Bastard, pr., Vincens, rap., aff. Demiannay).

447. Il a été décidé, par les mêmes motifs, que l'accusé n'est pas recevable non plus à prétendre devant la cour de cassation qu'un témoin notifié aurait été remplacé par un autre aux débats, alors que l'audition de ce témoin s'est faite sans opposition ni réclamation : — « Attendu que le témoin dont il s'agit a été entendu sans opposition et qu'aucune réclamation ne s'est élevée au sujet de la non-comparution du témoin notifié. » (Crim. rej. 26 août 1841, MM. Bastard, pr., Rocher, rap., aff. Schwach.)

448. Il a été jugé encore que quelque grave que soit une erreur sur la qualification du délit dans un exploit portant assignation à des témoins à comparaître pour déposer dans une affaire criminelle, il n'y a pas nullité, si le jour, l'heure, le lieu de leur comparution et le nom des accusés sont exactement désignés, si d'ailleurs avant la déposition des témoins, la cour d'assises a rectifié l'erreur, et surtout si l'accusé ne s'est pas opposé à leur audition (Crim. rej. 8 mars 1838) (3).

---

(1) (Labarde.) — La cour; — Attendu que l'art. 315 c. inst. crim. n'est pas prescrit à peine de nullité, qu'il donne seulement à l'accusé la faculté de s'opposer à l'audition des témoins qui n'ont pas été indiqués ou clairement désignés dans la liste notifiée; — Que le réclamant pouvait s'opposer à ce que les témoins dont il prétend que les noms, profession et demeure ne lui ont pas été légalement notifiés fussent entendus et que la cour d'assises (de la Seine) eût dû, dans ce cas, statuer sur son opposition; mais qu'il n'a pas usé de la faculté que lui accordait la loi à cet égard, et qu'il ne peut donc fonder aujourd'hui un moyen de cassation sur la violation d'une disposition de loi dont l'observation n'est pas prescrite à peine de nullité; — Rejette.
Du 20 août 1818.-C. C., sect. crim.-MM. Barris, pr.-Aumont, rap.
(2) (Renou C. min. pub.) — La cour; — Sur le premier moyen de cassation invoqué et tiré d'une prétendue violation de l'art. 315 c. inst. crim., en ce que les noms, profession et demeures des témoins n'auraient pas été notifiés à l'accusé, auraient néanmoins été entendus aux débats sous la foi du serment; — Vu ledit art. 315, et attendu qu'aux termes de cet article, le défaut de notification d'un ou de plusieurs témoins à l'accusé donne seulement à celui-ci le droit de s'opposer à l'audition des témoins qui n'auraient pas été indiqués ou qui n'auraient pas été clairement désignés dans l'acte de notification, mais n'entraîne aucune nullité à défaut d'opposition à cette audition; — Et attendu, en fait, qu'à l'audience de la cour d'assises d'Eure-et-Loir, du 16 mars dernier, dix-neuf témoins assignés à la requête du ministère public, dont neuf à la charge de l'accusé, ont été entendus sous la foi du serment; que, sur ces dix-neuf témoins, une liste n'en avait été notifiée à l'accusé le 12 mars, suivant l'exploit de l'huissier Rivaux, joint aux pièces du procès; — Et qu'à l'égard des neuf témoins assignés à la demande de l'accusé, et dont les noms ne lui avaient pas été notifiés, il résulte du procès-verbal des débats

que l'accusé et son défenseur, loin de s'opposer à l'audition de ces neuf témoins, avaient, sur l'interpellation du président, reconnu que ces neuf témoins avaient été cités sur leur demande à la requête du ministère public, qu'ils avaient entendu dispenser le procureur du roi de notifier les noms et demeures de ces témoins, et qu'ils avaient formellement demandé à cette audience que ces neuf témoins fussent entendus, nonobstant le défaut de notification; — Attendu, dès lors, que la cour d'assises d'Eure-et-Loir, loin d'avoir violé les dispositions dudit art. 315 c. inst. crim., en a fait au contraire dans l'espèce une juste application; — Rejette.
Du 2 avril 1840.-C.C., ch. crim.-MM. Bastard, pr.-Meyronnet, rap.
(3) (Mordant C. ministère public.)—La cour; — ...Sur le moyen pris de ce que dans le mandement du président de la cour d'assises pour assigner les témoins qui auraient à déposer le 10 février, sur les faits et circonstances mentionnés en l'acte d'accusation dressé contre Mordant, celui-ci aurait été désigné comme accusé de tentative de vol qualifié d'assassinat, de tentative d'assassinat, contrairement au résumé de l'acte d'accusation qui ne l'accusait que de meurtre et de tentative de meurtre, ce qui devait entraîner la nullité de la liste signifiée et de tout ce qui aurait suivi cette notification; — Attendu que la signification de la liste des témoins, tant à ceux-ci qu'à l'accusé, ordonnée par l'art. 315 c. inst. crim., a pour but d'avertir les premiers de l'obligation où ils sont de comparaître un tel jour, à telle heure, devant la cour d'assises, séant en tel lieu, pour déclarer ce qui est à leur connaissance sur les faits imputés à un tel accusé, et de mettre celui-ci à même de préparer et proposer les reproches qu'il aurait à faire contre tels ou tels témoins qu'il a fait notifier; — Que ce double but a été exactement rempli dans l'espèce, et qu'une erreur quelque grave qu'elle fût, dans l'énoncé, dans la nature de l'accusati erreur qui, dans tous les cas aurait été rectifiée aux

449. Dans le cas de jonction de deux affaires criminelles, il y a lieu de notifier à chacun des accusés la liste complète des témoins cités à la requête du ministère public : une notification partielle ne remplirait pas le vœu de la loi ; cependant si les accusés n'élevaient aucune réclamation, les témoins seraient valablement entendus.— Il a été jugé en ce sens que lorsque deux accusations ont été jointes, il n'y a pas nullité de l'arrêt de la cour d'assises, de ce qu'il n'a pas été notifié à chacun des accusés une liste complète de tous les témoins de l'une et de l'autre de ces accusations : dans ce cas, le défaut de notification donne seulement le droit de s'opposer à l'audition des témoins dont les noms ne leur ont pas été notifiés (Crim. rej. 26 déc. 1835) (1).

450. Les irrégularités de forme commises par l'huissier dans l'exploit de notification ne donnent non plus à l'accusé d'autre droit que celui de s'opposer à l'audition des témoins. — Ainsi, il a été jugé : 1° que la nullité de la signification de la liste des témoins faite à l'accusé, résultant de l'omission de l'immatricule de l'huissier, est couverte, lorsque l'accusé et son conseil ne se sont pas opposés à l'audition des témoins :—«Attendu que si, par l'omission d'énoncer l'immatricule de l'huissier, la notification de la liste des témoins avait pu être viciée, l'audition des témoins assignés ne serait pas moins régulière d'après l'art. 315 c. inst. crim., dès que l'accusé ne s'y est point opposé» (Crim. rej. 24 août 1827, MM. Portalis, pr.-Ollivier, rap., aff. Piriou; Conf. Crim. rej. 17 août 1827, M. Brière, rap., aff. Hery); — 2° Que dans le cas où l'exploit notifié à l'accusé ne contient pas la liste des témoins, mais mentionne seulement que la copie de cette liste était jointe à l'exploit, le défaut d'annexe, à supposer qu'il soit prouvé, ne donnerait à l'accusé que le droit de s'opposer à l'audition des témoins ou de demander le renvoi de l'affaire à la session suivante (Crim. rej. 2 mars 1842, aff. Lefort, V. n° 426); — 3° Que l'accusé ne peut se faire un grief de ce qu'une liste de témoins à lui notifiée, contenait des surcharges non approuvées, s'il n'a élevé aucune réclamation contre l'audition de ces témoins (Crim. rej. 13 mai 1852, aff. Bonnefond, D. P. 52. 5. 527).

451. De ce que, comme nous l'avons dit n° 446, le défaut de notification de la liste des témoins aux accusés ne saurait constituer une nullité, il s'ensuit, à plus forte raison, que les erreurs commises dans l'exploit sur le nom même de l'accusé

débats, ne sauraient vicier la signification de la liste des témoins ; — Que tout vice dans la signification de la liste des témoins à l'accusé, de même que l'omission de cette signification, donne seulement à l'accusé, aux termes du même article, le droit, est de s'opposer à l'audition des témoins dont les noms lui auraient été irrégulièrement notifiés ou ne lui aurait pas été du tout, soit de demander le renvoi de l'affaire à la prochaine session, et que, dans l'espèce, l'accusé n'ayant élevé aucune réclamation, doit être réputé par son silence avoir renoncé à son droit ; — Rejette.

Du 8 mars 1838.-C.C., ch. cr.-MM: Bastard, pr.-Meyronnet, rapp.

(1) (Lacenaire, etc., C. min. pub.) — La cour ; — Sur le moyen pris de ce que les témoins produits ont été divisés en deux listes dont l'une seulement a été notifiée à Avril, et dont l'autre seulement a été notifiée à François ; — Attendu que, d'après l'art. 315 c. inst. crim., le défaut de notification à l'accusé du nom d'un témoin, ne donne seulement que le droit de s'opposer à l'audition de ce témoin, et qu'il résulte du procès-verbal des débats, que ni Avril ni François ne se sont pas opposés à l'audition d'aucun témoin ; — Rejette.

Du 26 déc. 1855.-C.C., ch. crim.-MM. Crouseilhes, pr.-Vincens, r]

(2) (Coquelu.) — La cour ; — Considérant que quoique la liste des témoins produits par la partie publique à charge de l'accusé, ait été notifiée à celui-ci sous le prénom de Pierre, qui n'était pas le sien, il résulte néanmoins de la production faite par le même accusé de la copie qui lui a été signifiée de ladite liste, qu'il a eu une parfaite connaissance des témoins qui ont été entendus contre lui aux débats ; — Que lors des débats l'accusé ne s'est opposé à l'audition d'aucun desdits témoins, et qu'enfin l'observation de l'art. 315 du c. inst. crim. n'est point prescrite à peine de nullité ; — Rejette.

Du 25 fév. 1812.-C. C., sect. cr.-MM. Barris, pr.-Busschop, rap

(3) (Raymond Verdeilhe C. min. pub.) — Raymond Verdeilhe, condamné aux travaux forcés par la cour d'assises de la Haute-Garonne, s'est pourvu en cassation ; il y avait, disait-il, violation de l'art. 315. inst. crim., en ce que la liste des témoins à charge ne lui avait pas été signifiée, celle qui lui avait été remise portant qu'elle était signifiée à René jeune ; — Arrêt.

auquel cette notification est faite, ne donne à celui-ci que le droit de s'opposer à l'audition des témoins portés sur cette liste. — Il a été jugé en conséquence : 1° que l'accusé n'est pas fondé à se plaindre de ce que la liste des témoins lui a été notifiée sous un prénom qui n'est pas le sien, lorsqu'il est constant qu'il a eu connaissance des témoins entendus, et qu'il ne s'est pas opposé à leur audition (Crim. rej. 23 fév. 1812) (2); — 2° Que l'accusé ne peut se faire un moyen de cassation de ce que la liste qui lui a été notifiée porte un nom différent du sien, si non-seulement il ne s'est pas opposé à l'audition des témoins, mais encore s'il a été servi pendant les débats de cette liste, alors surtout que l'erreur ne se trouve que sur la copie et non sur l'original, et qu'en outre le véritable nom a été écrit deux fois au bas de la copie (Crim. rej. 17 janv. 1828) (3).

452. Il est bien évident que l'accusé doit s'opposer à l'audition des témoins dont les noms ne lui ont pas été notifiés ou qui ont été irrégulièrement désignés sur la liste, avant que ces témoins soient entendus. Après l'audition, l'opposition n'aurait plus d'objet et ne pourrait être reçue.—Aussi a-t-il été jugé que les accusés ne peuvent plus se prévaloir des irrégularités de la notification, s'ils n'ont réclamé qu'après la clôture des débats et la déclaration du jury (Crim. rej. 31 mars 1836, MM. Bastard, pr., Isambert, rap., aff. Arrighi).— V. n° 511.

453. Si les irrégularités dans la liste notifiée aux accusés n'emportent pas par elles-mêmes nullité, à plus forte raison, doit-on le décider ainsi, lorsque l'irrégularité existe sur la liste de témoins notifiée au ministère public par l'accusé. — Aussi a-t-il été jugé que l'omission sur la liste notifiée au ministère public du nom de plusieurs témoins entendus à décharge, ne peut produire aucune nullité en faveur de l'accusé : le ministère public seul aurait, en pareil cas, le droit de se plaindre (Crim. rej. 15 janv. 1818) (4).

454. Quand le ministère public fait citer des témoins à décharge sur la demande et dans l'intérêt de l'accusé (V. n° 504), est-il nécessaire que l'accusé fasse notifier au ministère public les noms de ces témoins? — Un arrêt a décidé que l'accusé était tenu, même en pareil cas, de notifier au ministère public la liste des témoins à décharge, bien qu'ils aient été cités à la requête de celui-ci, et qu'à défaut de cette formalité le ministère public pouvait s'opposer à leur audition (cour d'assises d'Ille-et-Vilaine, 9 août 1825) (5). — Mais cette décision nous paraît sus-

La cour ; — Attendu que, s'il est vrai qu'il résulte de la copie de la liste des témoins à produire, par le procureur général, aux débats contre Raymond Verdeilhe, que cette copie a été notifiée à un individu nommé René jeune, quoiqu'elle eût dû porter le nom de l'accusé Raymond Verdeilhe, puisque son nom était écrit deux fois, sur cette copie, de la main de l'huissier, au bas de l'original de ladite notification portant en effet le nom dudit Raymond Verdeilhe, il est constant que cette copie est parvenue dans les mains de l'accusé avant les débats, puisqu'il la représente aujourd'hui, qu'elle est jointe à son mémoire, et qu'à la suite des pages de la copie des procès-verbaux, et des déclarations écrites des témoins, délivrée à l'accusé en vertu de l'art. 305 c. inst. crim. ; que ledit accusé s'est servi de cette copie pendant les débats, et qu'il n'a reçu aucun préjudice de l'erreur de nom qui s'y trouvait ; — Attendu, d'ailleurs, que l'art. 315 c. inst. crim. ne défend pas, sous peine de nullité, l'audition de témoins non portés sur les listes notifiées à l'accusé, de sorte même que la défaut absolu de notification de la liste des témoins à l'accusé ne produirait pas par lui seul, un moyen de nullité qui donnerait ouverture à cassation ; que seulement cet article 315 donne à l'accusé le droit de s'opposer à l'audition des témoins qui ne lui ont pas été notifiés, ou dont la notification lui a été irrégulièrement faite ; — Attendu que le demandeur ne s'est point opposé aux débats à l'audition des témoins produits contre lui, nonobstant qu'il dût connaître l'erreur de nom qui se trouvait dans la liste, puisqu'il avait cette copie dans les mains ; — Rejette.

Du 17 janv. 1828.-C. C., ch. crim.-MM. Bailly, f. f. pr.-Bernard, r.

(4) (Chalumeau et Ménard.) — La cour ; — Considérant qu'à l'égard des trois témoins à décharge entendus quoique non portés sur la liste notifiée à leur requête au procureur général, les condamnés n'ont ni droit ni qualité à se plaindre, puisque ce sont eux qui les ont appelés et produits, et que ce droit n'aurait pu être exercé que par le ministère public ; — Rejette.

Du 15 janv. 1818.-C. C., sect. crim.-MM. Barris, pr.-Schwendt, r.

(5) (Min. pub. C. D...) — La cour ; — Attendu que les noms des témoins Joseph Macé et Marie Corné ne sont pas inscrits sur la liste des

ceptible de critique. D'une part, on ne comprendrait pas le but d'une pareille notification au ministère public, puisque, par cela seul que des témoins sont cités à sa diligence, leurs noms, profession et demeure lui sont connus. D'autre part, ces témoins, bien que cités sur la demande de l'accusé, sont en réalité produits au débat par le ministère public, d'où l'on doit conclure que ce n'est pas à l'accusé à notifier au ministère public la liste de ces témoins, mais au ministère public, au contraire, à en notifier la liste à l'accusé.

455. Si l'opposition formée à l'audition d'un témoin pour défaut de notification, soit par le ministère public, soit par l'accusé, n'est l'objet d'aucune contradiction, on admet généralement que le président seul peut faire droit à cette opposition et ordonner, en conséquence, que le témoin ne sera pas entendu à ce titre (V. n° 679). Mais si l'opposition est l'objet d'un débat, c'est à la cour d'assises à décider s'il y a lieu ou non d'admettre le témoin à déposer, et il lui appartient spécialement, en pareil cas, de juger si les désignations énoncées dans la liste des témoins sont suffisamment explicites pour satisfaire au vœu de la loi. La jurisprudence sur ce point n'admet, en général, de nullité qu'autant que les erreurs de désignation signalées dans la liste des témoins seraient telles qu'elles fussent de nature à laisser des doutes sérieux sur l'identité de ces témoins.—Ainsi il a été jugé : 1° qu'un acte de notification de témoin, et, par suite, l'arrêt de condamnation, ne peuvent être annulés, sous prétexte qu'un témoin, entendu dans les débats, malgré l'opposition de l'accusé a été désigné sous de faux noms, s'il était généralement connu sous ces noms, et s'il a été reconnu par l'accusé lui-même : tel est le cas où un témoin nommé Pierre Ligier, et généralement connu sous le nom de Taillandier, aurait été indiqué, dans l'acte de notification, sous les noms de Louis Taillandier (Crim. rej. 25 août 1826) (1); — 2° Que la résidence d'un témoin est suffisamment indiquée par la désignation de sa qualité d'adjoint de telle commune (Crim. rej. 20 août 1812) (2). — On peut rapprocher de ces décisions les arrêts rendus sous le code de brum. an 4, qui ont été mentionnés ci-dessus n°° 438 et suiv.

456. Il en serait tout autrement, bien entendu, s'il apparaissait qu'un témoin se présentant lors de l'appel de la liste, ne fût point le même individu que celui qui aurait été notifié sous un nom à peu près semblable.— Et il a été jugé en conséquence que si, à l'appel du témoin J. Rouffard, un individu nommé Bouchard se présente, celui-ci peut n'être pas entendu. — « Attendu que Bouchard ayant été reconnu n'être point le témoin assigné et notifié aux accusés sous le nom de J. Rouffard n'a pas dû être entendu » (Crim. rej. 8 juill. 1837, MM. Bastard, pr., Rives, rap., aff. Rigaud).

457. Cependant, il a été justement décidé que l'accusé ne peut se faire un moyen de cassation, de ce qu'il a été entendu à décharge un individu qui n'était pas celui du même nom que l'on devait entendre, si c'est sur sa demande formelle, alors que

la méprise a été aperçue par le président après que l'audition de cet individu a eu lieu (Crim. rej. 12 août 1808, MM. Barris, pr., Lefessier, rap., aff. Olmi).

458. On comprend du reste qu'il serait impossible de poser des règles fixes et invariables, pour déterminer dans tous les cas, l'appréciation des désignations portées dans la liste des témoins. Cette appréciation doit dépendre surtout des circonstances; elle est donc abandonnée à la sagesse des tribunaux, et elle échappe par sa nature même à la censure de la cour de cassation.—Il a été jugé en conséquence 1° que l'insuffisance ou la suffisance de désignation d'un témoin est appréciée souverainement par le juge (Crim. rej. 23 avr. 1835, aff. Fanelly, *infrà*, n° 647-3°); — 2° Qu'ainsi, malgré l'opposition de l'accusé à ce que des témoins fussent entendus pour ne pas lui avoir été clairement désignés, la cour d'assises peut ordonner leur déposition, sans que son arrêt soit, sous ce rapport, susceptible d'être attaqué (Crim. rej. 1er avr. 1819) (3).

459. La notification des noms, profession et demeure des témoins doit, aux termes de l'art. 315, être faite vingt-quatre heures au moins avant l'*examen*.—Il semble résulter de ce texte que la notification est régulière, pourvu qu'elle précède de vingt-quatre heures le moment de l'audition des témoins notifiés, et qu'il n'est pas nécessaire qu'il s'écoule un délai de vingt-quatre heures, entre la notification et l'ouverture des débats. — Ces expressions « vingt-quatre heures avant l'examen » se trouvaient également dans l'art. 346 c. brum., et il avait été jugé sous l'empire de ce code, que pour que des témoins fussent régulièrement entendus aux débats, il suffisait que leurs noms, prénoms, âge, profession et domicile eussent été notifiés à l'accusé vingt-quatre heures avant leur audition ; qu'il n'était pas nécessaire que cette notification eût eu lieu vingt-quatre heures avant l'ouverture des débats (Crim. rej. 27 pluv. an 9) (4).—Cette interprétation a été adoptée par Carnot (art. 315 c. inst. crim., t. 2, p. 482, n° 10), qui en a conclu que le procureur général ou l'accusé ont de nouveaux témoins à faire entendre que ceux portés sur la première liste notifiée, ils peuvent les comprendre dans une liste supplémentaire, à la charge de faire notifier cette liste vingt-quatre heures avant l'audition des nouveaux témoins (V. dans le même sens Bourguignon, Jur. des cod. crim., t. 2, p. 35). — M. Legraverend, t. 2, p. 194, admet aussi que des listes supplétives de témoins peuvent être présentées pendant les débats. « Les listes supplétives, lorsqu'il en est formé, dit cet auteur, doivent être présentées au commencement de chaque audience qui suit l'expiration du délai de vingt-quatre heures depuis la notification, et il doit être statué sur les oppositions et sur les reproches dirigés contre les témoins inscrits sur ces listes, de la même manière qu'il est statué sur les témoins portés sur la liste principale. »

460. Quant à nous, nous ne pouvons croire que ce soit là le véritable sens de la loi ; il résulte en effet de la combinaison de l'art. 315 avec l'art. 324, qu'on ne peut entendre comme

---

témoins, et n'ont pas été reportés, ainsi que le prescrit l'art. 315 c. inst. crim., — Dit que les deux individus ne seront pas entendus comme témoins, etc.
Du 9 août 1825.-C. d'ass. d'Ille-et-Vilaine.-M. Legeard de la Diriays, pr.
(1) (Bridier, etc., C. min. pub.) — LA COUR ; — Attendu que, s'il a été procédé, malgré l'opposition du défenseur des accusés, à l'audition de Louis Ligier dit Taillandier, porté le vingt-deuxième sur la liste des témoins, notifiée auxdits accusés sous les nom et prénom de Louis Taillandier seulement, la cour d'assises, en statuant sur l'opposition, l'a ordonné, par les motifs que ce témoin avait déposé dans l'instruction écrite, sous les nom et prénom de Louis Taillandier, que l'accusé Bridier l'avait reconnu lui-même sous ce nom, ainsi qu'il l'avait déclaré à l'audience et dans un interrogatoire subi devant le juge d'instruction, et que le maire de la commune, présent à l'audience, sur l'interpellation qui lui en a été faite, a déclaré que ce même témoin était généralement connu sous le nom de Louis Taillandier; qu'il suit de tous ces faits constatés que ce témoin était clairement désigné dans l'acte de notification, et qu'il n'y a eu aucune violation de l'art. 315 c. inst. crim. ; — Rejette.
Du 25 août 1826.-C. C., ch. crim.-MM. Portalis, pr.-Brière, rap.
(2) (Brue.) — LA COUR ; — Attendu sur le premier moyen, que Joseph Basteneac était porté sur la liste des témoins signifiée au deman-

deur, avec la désignation de sa qualité d'adjoint à la mairie de Saint-Martin Dariage, et que par cette désignation on avait rempli à l'égard de la résidence dudit témoin, le vœu de l'art. 315 c. inst. crim., qui néanmoins n'est pas prescrit à peine de nullité. — Rejette.
Du 20 août 1812.-C. C., sect. crim.-MM. Barris, pr.-Benvenuti RJ.
(3) (Époux Nogué.) — LA COUR ; —Considérant que d'après l'art. 3? c. inst. crim., l'opposition de l'accusé à l'audition des témoins qu'il prétendait ne pas avoir été assez clairement désignés, n'est pas un obstacle à ce que la cour d'assises puisse rejeter cette opposition et ordonner l'audition des mêmes témoins ; — Rejette.
Du 1er avr. 1819.-C.C., sect. crim.-MM. Barris, pr.-Busschop, rap.
(4) (Colombet et Rouelle.) — LE TRIBUNAL; — Considérant qu'il est constant que le témoin Perrier a été assigné le 15 frim. en vertu d'ordonnance du président du tribunal du 13, que ses noms, prénoms, âge, domicile et profession ont été notifiés aux demandeurs le 16, et que ce témoin n'a été entendu aux débats que plus de vingt quatre heures après la notification ; que soit qu'on considère la disposition de l'art. 276 du code qui autorise le président à faire tout ce qu'il croit utile pour la manifestation de la vérité, soit qu'on s'attache à ce que fait ce président en ordonnant la comparution de ce témoin et en laissant écouler plus de vingt-quatre heures entre la notification aux accusés et son audition, il n'a été fait aucune contravention à la loi ; — Rejette.
Du 27 pluv. an 9.-C. C., sect. crim.-MM. Viellart, pr.-Chasle, rap.

témoins que les personnes portées sur la liste mentionnée au premier de ces articles, et que cette liste doit être lue dès l'ouverture des débats, d'où il suit que la notification qui serait faite postérieurement, ne satisferait pas aux conditions de la loi. —Nous croyons donc que l'art. 315 doit être entendu en ce sens, que la liste des témoins doit être notifiée, non point vingt-quatre heures avant le moment de leur audition, moment qui d'ailleurs ne peut jamais être exactement connu à l'avance, mais vingt-quatre heures avant celui de l'ouverture des débats. Indépendamment des motifs puisés dans la combinaison des textes cette interprétation se justifie par d'autres considérations.—En effet, nous avons dit déjà dans quel but la loi exige cette notification. Or, ce but ne serait pas atteint, et le délai, accordé, tant au ministère public qu'à l'accusé, pour s'enquérir des causes de reproche qui peuvent exister à l'égard des témoins produits, ne leur serait d'aucune utilité, si ce délai devait s'écouler en tout ou en partie pendant la durée même des débats, et lorsque tous les soins, toute l'attention, tous les efforts du ministère public et de l'accusé sont concentrés sur ce qui se passe à l'audience (Conf. Merlin, Rép., v° Témoins judic., § 3, art. 6.— V. aussi dans le même sens M. Cubain, n° 339; F. Hélie, Instr. crim., t. 8, § 622, p. 584).—La cour de cassation s'était d'abord prononcée

en ce sens.— Ainsi elle avait jugé 1° que par le mot *examen*, employé dans l'art. 315 c. inst. crim., on doit entendre l'ouverture de la séance pour les débats; qu'ainsi, la liste des témoins doit être notifiée vingt-quatre heures avant ladite ouverture; il ne suffirait pas qu'elle l'eût été vingt-quatre heures avant la déposition des témoins contenus dans la liste (Crim. rej. 5 nov. 1812) (1);— 2° Qu'en conséquence, aucune liste supplédiaire ou supplétive de témoins, ne peut être notifiée après l'ouverture des débats, et que les personnes dont les déclarations peuvent ultérieurement être jugées utiles, ne doivent être entendues qu'en vertu du pouvoir discrétionnaire du président (Crim. cass. 12 avr. 1827, aff. Guérin, V. n° 474);—3° Que dès lors, le procureur général peut s'opposer à l'audition des témoins à décharge dont la liste ne lui a été notifiée que le treizième jour de l'ouverture des débats (Crim. rej. 30 avr. 1819) (2).

461. Mais cette jurisprudence ne s'est pas maintenue; il a été jugé depuis : 1° qu'il suffit, pour que le témoin cité par l'une des parties soit reçu à déposer en cette qualité, que son nom ait été notifié à l'autre vingt-quatre heures avant son audition (Crim. rej. 16 nov. 1844) (3); — 2° Que le ministère public a le droit, aussi bien que l'accusé, de citer de nouveaux témoins après l'ouverture des débats, à charge d'en faire notifier les noms aux

---

(1) *Espèce :* — (Popon C. min. pub.) — Joseph Popon était accusé d'arrestation arbitraire et de séquestration de la veuve Bétems. Les débats s'ouvrirent devant la cour d'assises du Léman, le 11 sept. 1812, à huit heures du matin. Après la lecture de l'acte d'accusation, le défenseur de l'accusé présenta une liste de témoins à décharge. Le ministère public s'opposa à leur audition, sur le motif que cette liste ne lui avait pas été notifiée vingt-quatre heures avant l'audience. Le défenseur de l'accusé insista pour que ses témoins fussent entendus, ou tout au moins pour que le président usât à l'égard de quelques-uns d'entre eux de son pouvoir discrétionnaire; — Arrêt qui décide que ces témoins ne seront pas entendus, sauf au président à user de son droit, s'il le juge nécessaire; — Les débats suspendus à cinq heures et demie du soir furent repris le lendemain à huit heures du matin. Le président, à l'ouverture de l'audience, appela les témoins à décharge; et ils furent entendus sans prestation de serment; — L'accusé ayant été condamné, il se pourvut en cassation pour contravention aux art. 315, 317 et 357, c. inst. cr.—Le procureur général Merlin a combattu les divers moyens présentés par le demandeur; — Il a dit, sur le premier moyen, qu'aucun document n'établissait l'heure de la notification de la liste des témoins à décharge, mais qu'elle paraissait être antérieure à l'ouverture des débats; qu'ainsi, lors de l'audition de ces témoins, la seconde séance, il s'était écoulé plus de vingt-quatre heures depuis cette notification. « Comment, dès là, continue Merlin, a-t-on pu les entendre sans prestation de serment? » — Pour répondre à la question, posons bien l'art. 315 : Le procureur gé- « néral présentera la liste des témoins qui devront être entendus. Elle ne « pourra contenir que les témoins dont les noms auront été notifiés vingt- « quatre heures au moins *avant l'examen de ces témoins*. » Suivant le réclamant, ces derniers mots devraient s'entendre du moment où arrive, pour déposer, le tour des témoins compris sur cette liste; mais cette interprétation met la dernière partie de l'article en opposition avec l'article entier. A quelle époque, en effet, cette liste doit-elle être présentée par le procureur général? Immédiatement après la lecture de l'acte d'accusation. Or, à cette époque, le procureur peut-il savoir combien de temps il s'écoulera avant que chacun des témoins assignés soit appelé pour déposer? Non et personne ne peut le savoir plus que lui. Cependant la liste qu'il présente ne peut contenir que les témoins dont les noms lui ont été notifiés. Il faut donc nécessairement que la notification précède la présentation de la liste. Mais s'il sent qu'elle la précède, il faut nécessairement que ce soit de vingt-quatre heures; car les termes *vingt-quatre heures au moins avant* sont dans l'art. 315 inséparables du terme *notifiés*. C'est donc de l'ouverture des débats, et non de l'audition des témoins, que la loi entend parler; la suite de l'article le prouve de plus en plus : « L'accusé et le procureur général, y est-il dit, pourront « s'opposer à l'audition d'un témoin qui n'aurait pas été indiqué. La « cour statuera de suite sur cette opposition. » Ainsi, c'est à l'ouverture des débats que l'incident dont il faut être vidé, et la cour d'assises peut, dès ce moment, ordonner que les témoins dont la liste n'a pas été notifiée vingt-quatre heures avant ne seront pas entendus; — Ce n'est pas sans de graves raisons que le législateur l'a ainsi réglé; une fois les débats commencés, tous les soins, toute l'attention du procureur général et de l'accusé se concentrent sur ce qui s'y passe. Ni l'un ni l'autre n'a le temps de faire des recherches au dehors pour connaître les témoins qu'on pourrait lui opposer par la suite. En second lieu, si de nouveaux témoins pouvaient être produits pendant tout le cours des débats, comment le président pourrait-il prendre à leur égard les précautions que l'art. 316 met à sa disposition pour les empêcher de communiquer, soit entre eux, soit avec les autres témoins, soit même avec l'accusé? Qui répondra

qu'ils n'auront pas assisté aux débats, et calqué leurs dépositions sur ce qu'ils auront entendu à l'audience de la bouche de l'accusé? Enfin le système contraire mettrait le président des assises dans une position pénible. Il peut arriver que les débats soient sur le point d'être terminés, et que vingt-quatre heures ne se soient pas encore écoulées depuis la notification d'une nouvelle liste : faudrait-il que le président continue les débats au lendemain? L'accusé fera durer le procès autant qu'il le faudra, pour que les impressions qui lui sont défavorables aient le temps de s'effacer; il fatiguera les jurés et la cour d'assises. Le président clorra-t-il au contraire les débats? Il s'exposera au reproche de priver l'accusé de la faculté de faire entendre des témoins qui auraient pu déterminer son acquittement. Il n'est qu'un moyen de parer à cet inconvénient, c'est de ne pas admettre d'autres témoins que ceux dont les noms ont été notifiés vingt-quatre heures avant l'ouverture des débats. Second moyen : — Maintenant rien de plus facile que de justifier le parti qu'a pris le président. Dès que la cour avait décidé que les témoins à décharge ne seraient pas entendus, il n'a fait que se conformer à l'arrêt de cette cour, en usant de son pouvoir discrétionnaire. Tout se serait passé régulièrement, dans le propre système du demandeur, si l'affaire s'était terminée le premier jour. Comment la nullité serait-elle encourue pour cette seule circonstance que les débats ont duré assez longtemps pour que les vingt-quatre heures pussent s'écouler avant leur clôture? Au surplus, en exécutant volontairement l'arrêt de la veille, le demandeur s'est rendu dans tous les cas non recevable à se plaindre. — Arrêt.

LA COUR; — Considérant 1° que la production aux débats de témoins à décharge est une pure faculté que la loi accorde à l'accusé; qu'il suffit donc, aux termes de l'art. 408, c. inst. crim., que la cour d'assises ait statué d'une manière quelconque sur la demande de l'accusé relative à l'audition de ces témoins, pour que, conséquemment le refus d'admettre ces témoins ne peut former un moyen de nullité; — 2° Que d'après l'esprit et l'ensemble des dispositions de l'art. 315 dudit code, le délai de vingt-quatre heures qui y est fixé pour l'admission des témoins, doit être dans l'intervalle de la notification de la liste à l'ouverture de la séance pour les débats; que ce délai de vingt-quatre heures n'ayant point existé dans l'espèce, à l'égard des témoins produits par l'accusé, et celui-ci n'ayant d'ailleurs consenti subsidiairement à ce que ces témoins ne fussent pas entendus, s'il y avait lieu, qu'en vertu du pouvoir discrétionnaire du président, il est tout à la fois non recevable et mal fondé à se plaindre de ce que le témoins par lui produits à décharge n'aient point été entendus dans la forme prescrite par l'art. 317, même code; — Rejette. Du 5 nov. 1812.-C.C., sect. crim.-MM. Barris, pr.-Busschop, rap., Merlin, pr. gén., c. conf.

(2) (Benoit, etc., C. min. pub.) — LA COUR; — Attendu que le procureur général a été fondé à s'opposer à l'audition des témoins à décharge dont la liste ne lui a été notifiée que le treizième jour de l'ouverture des débats, et que le président a fait un usage légitime du pouvoir discrétionnaire en faisant entendre ces mêmes témoins par forme de déclaration et sans prestation de serment; — Rejette. Du 30 avril 1819.-C. C., sect. crim.-MM. Barris, pr.-Giraud, rap.

(3) (Perrin C. min. pub.)—LA COUR;—Attendu, que d'après l'art. 315 c. inst. crim., il suffit, pour que le témoin cité par l'une des parties soit reçu à déposer en cette qualité, que son nom ait été notifié à l'autre vingt-quatre heures avant son audition; qu'il n'en résulte nullement que cette notification doive avoir lieu vingt-quatre heures avant l'ouverture des débats; — Rejette. Du 16 nov. 1844.-C. C., ch. crim.-MM. Laplagne, pr.-Vincens, rap.

accusés (Crim. rej. 24 janv. 1850, aff. Gesta, D. P. 50. 5. 441; 3 déc. 1852, M. Isambert, rap., aff. N...).

462. D'après les termes mêmes de la loi le délai doit se compter d'heure à heure. La notification peut donc être faite la veille des débats, pourvu qu'il s'écoule entre la notification et l'ouverture des débats un délai de vingt-quatre heures. — Il a été jugé en ce sens que la notification faite la veille est régulière, pourvu qu'elle précède de vingt-quatre heures l'ouverture des débats, et, par exemple, si elle est faite à sept heures du matin alors que l'audience de la cour d'assises doit s'ouvrir le lendemain à huit heures (Crim. rej. 1er avr. 1837, aff. Lapierre, V. n° 472).

463. Pour savoir s'il y a vingt-quatre heures au moins entre la notification du témoin et l'examen, l'exploit de notification doit donc faire mention de l'heure à laquelle il a été remis (Conf. M. Cubain, n° 340 ; F. Hélie, Inst. crim., t. 8, § 622, p. 581).— Il a été décidé sous le code du 3 brum. an 4 que l'acte de notification d'une liste de témoins qui n'était point datée, ne pouvait pas constater que cette notification eût été faite vingt-quatre heures avant l'examen : « Attendu que l'acte de notification de la liste des témoins à l'accusé n'est point daté, et par conséquent que rien ne peut constater que cette notification ait été faite à l'accusé vingt-quatre heures avant l'examen, casse » (Crim. cass., 21 vend. an 7, M. Mourre, rap., aff. Jeannin); — Toutefois, il a été jugé que le défaut de mention de l'heure à laquelle la notification a été faite donne bien à l'accusé le droit de s'opposer à l'audition des témoins, mais n'entraîne pas nullité des débats (Crim. rej. 26 janv. 1837, MM. Bastard, pr., Vincens, rap., aff. Rupp), ce qui, du reste, est conforme à la jurisprudence retracée n° 446.

464. En tout cas il est bien entendu, et il a du reste été jugé, que le défaut de date de la signification d'une liste de témoins ne peut être invoqué comme moyen de cassation par un condamné, lorsque, sans produire la copie qui lui a été signifiée, il se borne à alléguer qu'elle est sans date, et que d'ailleurs l'original est daté (Crim. rej. 7 oct. 1825) (1).

465. La date de la notification de la liste des témoins ne doit pas être réputée fausse parce que quelque surcharge se remarquera sur l'un des mots qui l'expriment, lorsque d'ailleurs l'accusé ne s'est pas opposé à l'audition des témoins portés sur cette liste (Crim. rej. 11 avr. 1840) (2).

466. La notification qui serait datée de tel jour *avant midi* serait-elle régulière, dans le cas, par exemple, où les débats s'ouvriraient le lendemain à huit heures du matin? Non, assurément, suivant nous, car pour qu'il y eût vingt-quatre heures entre la notification et les débats, il faudrait qu'elle eût été remise non pas seulement avant midi, mais avant huit heures du matin et que rien ne constaterait l'accomplissement de cette condition. — Il a cependant été jugé sous le code de brumaire : 1° qu'un

exploit ainsi libellé satisfait en pareil cas au vœu de la loi par le motif « que l'expression *avant midi* comprend toute la matinée et convient également à la huitième heure du matin comme à la onzième (Crim. rej. 29 frim. an 9, MM. Viellart, pr., Vallée, rap., aff. Lenfant); — ...ou par cet autre motif que « la présomption est que cette notification fut faite dans la matinée de la veille d'assez bonne heure pour que les vingt-quatre heures exigées par la loi fussent expirées avant l'heure ordinaire de l'ouverture de la séance criminelle du lendemain » (Crim. rej. 16 therm, an 7, MM. Méaulle, pr., Rous, rap., aff. Rengeard;— décis. Conf., Crim. rej. 26 frim. an 9, MM. Goupil, pr., Liger, rap., aff. Carré).

467. Il a également été décidé, avant comme depuis la mise en activité du code d'instruction criminelle, que lorsque la liste des témoins a été signifiée à l'accusé, la veille de l'ouverture des débats, il y a présomption légale que la notification a été faite vingt-quatre heures au moins avant l'audition des témoins (Crim. rej. 1er mars 1811 ; 26 juin 1828 ; 27 sept. 1852 (3); Conf. Crim. rej. 10 mai 1810, MM. Barris, pr., Oudot, rap., aff. Mondate). —M. Cubain, n° 340, fait remarquer avec raison que ces décisions supposent arbitrairement des présomptions légales qui n'existent pas. — Il ne faut d'ailleurs pas perdre de vue qu'il est de principe en matière criminelle, que toutes les formalités qui servent de garantie à la défense doivent être réputées omises lorsqu'elles ne sont pas constatées d'une manière expresse; c'est pourquoi nous ne saurions admettre que l'accomplissement de ces formalités doive se présumer lorsqu'il n'est pas constaté légalement; mais il faut que l'accusé invoque le moyen avant l'audition des témoins, conformément à ce qui sera expliqué au numéro suivant.

468. Sous le code de brumaire an 4, le délai de vingt-quatre heures, entre la notification de la liste des témoins et l'examen, était prescrit à peine de nullité (c. 3 brum. an 4, art. 346), aussi, l'on jugeait qu'il y avait nullité s'il ne s'était écoulé qu'un intervalle de vingt-trois heures entre la notification de la liste des témoins à l'accusé et les débats (Crim. cass. 7 pluv. an 7, M. Riolz, rap., aff. Viquot). — Il n'en est plus de même sous le code d'instruction criminelle : si le défaut de notification de la liste n'entraîne pas nullité des débats, et ne donne à l'accusé que le droit de s'opposer à l'audition des témoins, à plus forte raison la notification faite à l'accusé, mais dans un délai moindre que celui fixé par la loi, ne peut-il fournir un moyen de nullité : l'accusé peut seulement s'opposer à ce que les témoins qui lui ont été ainsi irrégulièrement notifiés soient entendus. — Il a été jugé en effet, que la notification tardive de la liste des témoins à l'accusé ne donne à ce dernier que le droit de s'opposer à leur audition : elle ne peut être invoquée comme moyen de cassation, alors que, par son silence, l'accusé a couvert le vice de cette notification (Crim. rej. 13 avr. 1837 (4); 13 juill. 1820,

---

(1) (Daumont C. min. pub.) — La cour ; — Attendu, sur le premier moyen, que l'original de la liste des témoins est daté ; que la copie que le demandeur prétend n'avoir point de date, n'est pas produite ; que ce moyen ne repose donc que sur une allégation ; que le défaut de signification de la liste des témoins n'aurait pas entraîné la nullité de la procédure, mais aurait donné seulement à l'accusé le droit de s'opposer à l'audition des témoins, ce qu'il n'a pas fait ; qu'un défaut de forme dans la signification d'une pièce de procédure ne peut pas créer une nullité, lorsque l'absence même de cette pièce n'en produirait pas ; — Rejette.
Du 7 oct. 1825.-C. C., sect. crim.-MM. Portalis, pr.-Gaillard, rap.

(2) (Blondeau C. min. pub.) — La cour ; — Sur le premier moyen pris de la violation des art. 315 et 524 c. inst. crim. ; — Attendu que, si quelque surcharge se remarque à l'un des mots qui expriment la date de la notification de la liste des témoins, cette date n'en demeure pas moins constatée d'une manière évidente ; — Et attendu, d'ailleurs, que l'accusé n'avait pas usé de la faculté que lui donnait l'art. 315 de s'opposer à l'audition des témoins portés sur cette liste ; — Rejette.
Du 11 avr. 1840.-C. C., ch. crim.-MM. Bastard, pr.-Crouseilhes, rap.

(3) 1re Espèce — (Filleul, femme Jeanne.) — La cour ; — ...Attendu, qu'il est constaté que la liste des témoins a été notifiée à la réclamante le 14 novembre et que les débats n'ont commencé que le 15 ; que rien ne prouve qu'il n'y ait pas eu l'intervalle de vingt-quatre heures prescrit par l'art. 546 du code ; que dès lors la présomption légale est en faveur de l'exécution de la loi ; que cette présomption se justifie encore par le défaut de réclamation devant la cour crimi-

nelle, soit la part de l'accusé soit de la part de son défenseur ;—Rejette.
Du 1er mars 1811.-C. C., sect. crim.-MM. Barris, pr.-Rataud, rap.
2e Espèce : — (Marie C. min. pub.) — La cour ; —...Attendu, que la liste des témoins a été signifiée au demandeur la veille de l'ouverture des débats; qu'il y a présomption légale que cette notification a été faite vingt-quatre heures au moins avant l'examen de ces témoins ; qu'au surplus, le demandeur ne s'est point opposé à leur audition ; — Rejette.
Du 26 juin 1828.-C. C., ch. crim.-MM. Bailly, pr.-Mangin, rap.
3e Espèce : — (Tronc C. min. pub.) — La cour ; —...Sur le cinquième moyen, tiré d'une prétendue violation de l'art. 315 c. inst. cr., en ce que la liste des témoins ayant été signifiée à l'accusé le 22 août, veille du jour de l'ouverture des débats, il y a, dès lors, présomption légale que cette signification n'a pas eu lieu vingt-quatre heures au moins avant l'audition des témoins ; et que, par conséquent, cet accusé n'a pas eu le temps nécessaire pour préparer ses récusations et ses défenses ; — Attendu que, s'il est constant, en fait, que la liste des témoins a été signifiée à l'accusé le 22 août, veille de l'ouverture des débats, il est reconnu, en droit, que lorsque, comme dans l'espèce, cette liste a été notifiée la veille de l'ouverture des débats, la présomption légale est alors que cette notification a été faite au moins vingt-quatre heures avant cette ouverture ; — Rejette.
Du 27 sept. 1852.-C. C., ch. crim.-MM. Ollivier, pr.-Meyronnet, rap.
(4) (Coste C. min. pub.) — La cour ; — Sur le premier moyen de cassation, tiré d'une prétendue violation de l'art. 315 c. inst. crim ; — Attendu qu'à supposer que la liste des témoins dressée par le ministère public, n'ait pas été signifiée à l'accusé vingt-quatre heures avant

MM. Barris, pr.; Aumont, rap., aff. Chevalier; 22 mars 1821, MM. Barris, pr., Clausel, rap., aff. Agostini; 2 mai 1839, MM. Bastard, pr., Vincens, rap., aff. Lesage; 24 juin 1841, MM. Bastard, pr., Meyronnet, rap., aff. Dutartre; 30 sept. 1841, MM. Crouseilhes, pr., Meyronnet, rap., aff. Liarsou; 21 mars 1844, aff. Thibert, D. P. 45. 4. 499; 6 avr. 1854, aff. Auffray, D. P. 54. 5. 742); — Qu'il en est ainsi, soit dans le cas où la date de la notification n'est pas énoncée dans l'exploit (Crim. rej. 7 oct. 1825, aff. Daumont, V. n° 464; 2 juill. 1847, MM. Laplagne-Barris, pr., Jacquinot-Godard, rap., aff. Lepasset-France); ...soit lorsque la date a été surchargée, sans que la surcharge ait été approuvée (Crim. rej. 13 mai 1852, aff. Bonnefond, D. P. 52. 5. 527; 27 mai 1852, M. F. Hélie, rap., aff. N...). — On a cherché à soutenir, lors de l'arrêt du 13 avr. 1837 précité, qu'il fallait faire une distinction entre le cas où la notification tardive concernait quelques témoins seulement, et celui où il s'agissait de tous les témoins à la fois : dans le premier cas, l'accusé, disait-on, ne peut avoir que le droit de s'opposer à l'audition des témoins illégalement notifiés; mais dans le second on ne saurait appliquer la même règle, car l'opposition aurait pour effet nécessaire de faire ajourner la cause à une autre session, et de prolonger la détention de l'accusé, ce qui l'empêche d'être libre dans l'exercice de son droit. — Mais cette distinction qu'on ne pouvait faire reposer sur une disposition légale, n'a pas été admise.

469. Il est du reste sans difficulté qu'un délai de plus de vingt-quatre heures entre la notification et l'examen ne serait pas une cause de nullité (M. Legraverend, t. 2, p. 189).—Aussi il a été justement décidé : 1° que, sous le code de brumaire, on ne pouvait se dispenser d'entendre des témoins, sous le prétexte que la notification n'avait pas eu lieu vingt-quatre heures avant l'audition, si, déjà entendus dans l'information écrite, ces témoins avaient été notifiés, avec les indications requises plusieurs jours avant celui fixé pour l'examen (Crim. cass. 25 mess. an 7, M. Pépin, rap., aff. min. pub. C. Saurin); — 2° Que de même, sous le c. d'inst. crim., un délai de plus de vingt-quatre heures entre la notification de la liste des témoins et

l'examen de l'accusé ne pourrait être une cause de nullité (Crim. rej. 28 sept. 1820 (1) 15 déc. 1815, MM. Barris, pr., Audier, rap., aff. Verdier).

470. L'accusé à qui le ministère public aurait fait notifier la liste de ses témoins en observant les délais fixés par la loi, ne serait pas fondé à se plaindre de l'insuffisance de ce délai; il ne pourrait sous aucun prétexte exiger au delà de ce que la loi lui accorde.—Il a été jugé en ce sens que le condamné ne peut invoquer comme moyen de cassation, qu'il n'aurait pas eu un délai suffisant pour faire assigner ses témoins à décharge, entre le jour de la signification de la liste des témoins cités par le ministère public, et le jour du jugement, alors surtout que cette signification lui a été faite avec un plus long intervalle que celui prescrit par la loi (C. C. de Bruxelles, 22 mars 1825) (2).

471. De tout ce qui précède, il résulte que les témoins dont les noms n'auraient pas été notifiés, ou ont été irrégulièrement ou tardivement notifiés, s'ils ne se trouvent d'ailleurs dans aucun des cas d'incapacité personnelle prévus par la loi, n'en sont pas moins de véritables témoins assujettis à la prestation de serment. Non-seulement ils peuvent être entendus à ce titre si la partie qui avait droit de s'opposer à leur audition n'use pas de cette faculté, mais ils doivent l'être puisqu'ils sont dès lors acquis aux débats comme témoins. — Décidé en ce sens : 1° d'une part, que dans le cas où le ministère public ne s'est pas opposé à l'audition de témoins à décharge qui ne lui avaient pas été notifiés, ces témoins sont entendus régulièrement avec prestation de serment (Crim. rej. 6 juillet 1820 (3); — 2° D'autre part que des témoins à décharge, quoique non compris dans la liste notifiée au ministère public, doivent être entendus avec prestation de serment, lorsque le ministère public ne s'oppose pas à leur audition; et qu'il y a nullité si on s'est borné à les entendre sans prestation de serment, en vertu du pouvoir discrétionnaire (Crim. cass. 7 juin 1839 (4); 14 mars 1833, MM. Bastard, pr., Rocher, rap., aff. Mandin; 25 juill. 1839, MM. Bastard, pr., Rocher, rap., aff. Carton). — V. aussi n° 613.

472. Il en est de même des témoins cités à la requête du ministère public; ces témoins, lorsque l'accusé ne s'oppose pas

---

l'examen de ces témoins, cette violation des dispositions du § 3 dudit article, ne pouvait avoir d'autre résultat, aux termes du § suivant, que de donner à J. Coste la faculté de s'opposer à l'audition de ces témoins; qu'en n'usant pas de ce droit, il avait couvert par son silence et son consentement tacite, le vice de cette notification tardive et ne pouvait s'en faire plus tard un moyen de nullité; — Rejette.
Du 13 avr. 1857.—C.C., sect. crim.—MM. Bastard, pr.-Meyronnet, rap.
(1) (Barros et autres.) — LA COUR; — ...Attendu sur le deuxième moyen, qu'aux termes de l'art. 315 c. inst. crim., les noms, professions et résidences des témoins à charge doivent être notifiés à l'accusé vingt-quatre heures au moins avant l'examen de ces témoins; que le code inst. crim. ne réduit donc pas à ce terme de vingt-quatre heures la durée du temps qui doit séparer la notification de l'examen; qu'un plus long intervalle n'est donc pas une violation de la loi et qu'entièrement dans l'intérêt de l'accusé, auquel il donne plus de temps pour rechercher les moyens de reproche qu'il peut avoir à proposer contre les témoins, il ne saurait être pour lui un motif légitime de censure et de réclamation; — Rejette.
Du 28 sept. 1820.—C.C., sect. crim.-MM. Barris, pr.–Aumont, rap.
(2) (Min. pub. C. T....)—LA COUR; — ...Considérant qu'aux termes de l'art. 315 c. inst. crim., la liste témoins ne doit être signifiée à l'accusé que vingt-quatre heures avant leur audition; — Que dans l'espèce cette liste a été signifiée à l'accusé le 24 déc. 1824, tandis que l'affaire n'a été portée devant la cour que le 5 janvier suivant, de façon qu'il y a eu un intervalle de sept jours, et ainsi beaucoup plus long que la loi ne l'exigeait; à quoi il faut ajouter que l'accusé, s'il avait cru avoir des motifs plausibles, aurait pu le jugeait utile pour réunir ses moyens de défense, aurait pu s'adresser à cet effet au président de la cour d'assises, qui, d'après l'art. 508 c. inst. crim., était autorisé à lui accorder une remise. — De tout quoi il résulte qu'il n'y a ici aucune nullité, et que T... ne cite d'ailleurs aucun article de loi qui aurait été violé de ce chef; Sans motifs; — Rejette.
Du 22 mars 1825.–Cour de cass. de Bruxelles.–MM. Wantelée, pr. pr.-Vanderbelen, rap.-Dedryver subst., c. conf.
(3) (Guy.) — Arrêt. — LA COUR; — Attendu sur le moyen présenté par le demandeur, que d'après l'art. 315 c. inst. crim., les individus portés sur des listes non notifiées régulièrement peuvent être entendus comme témoins, lorsque la partie qui avait le droit de s'y opposer y consent; — Que dans l'espèce, le min. public a consenti à l'audition des témoins à décharge assignés par l'accusé, quoique la notifi-

cation ne lui ait pas été faite conformément audit art. 315; — Que ces témoins ont donc été entendus régulièrement avec prestation de serment; — Rejette.
Du 6 juillet 1820.-C. C., sect. crim.-MM. Barris, pr.-d'Aubers, rap.
(4) (Chebance C. ministère pub.) — Arrêt. — LA COUR; — Vu le pourvoi régulièrement formé par, 1° Claude Chebance; 2° Marie Carton, sa femme; 3° Jean Gouttefangeas et Léonard Carton, contre l'arrêt de la cour d'assises du département du Puy-de-Dôme, du 19 mai dernier, qui, par application des art. 400, 59, 22, 463 et 401 c. pén., les a condamnés, les deux premiers, à 7 ans de travaux forcés, le troisième, à 5 ans de la même peine, et le quatrième à trois ans d'emprisonnement; — Sur le moyen de cassation proposé d'office et tiré de la violation des art. 315 et 317 c. inst. crim. et de la fausse application de l'art. 269 dudit code; vu lesdits articles; — Attendu qu'il résulte du premier des articles que l'accusé et le procureur général ont la faculté de s'opposer à l'audition d'un témoin qui n'aurait pas été indiqué ou qui n'aurait pas été clairement désigné dans l'acte de notification; d'où il suit qu'à défaut d'opposition soit de l'accusé, soit du ministère public, le témoin doit être entendu de la même manière que ceux dont les noms auraient été notifiés et clairement désignés, et, par conséquent, sous la foi du serment prescrit par l'art. 317 dudit code;—Et attendu que, dans l'espèce, le conseil des accusés, après la lecture de la liste des témoins présentés par le ministère public, a demandé qu'il plût à la cour permettre que des témoins assignés à la requête de son client, mais dont le nom n'a point été notifié au ministère public, soient néanmoins entendus du consentement de M. l'avocat général; — Que cet officier du ministère public a déclaré n'y apporter aucune opposition; et que, sur cette déclaration, le président (et non la cour d'assises à qui il appartenait de statuer), usant du pouvoir discrétionnaire qui lui est confié par loi, a ordonné que les témoins dont est question ne seraient reçus qu'à titre de renseignements, ces témoins demeurant dispensés de l'obligation du serment, ce qui a été effectivement exécuté de cette manière à l'égard des témoins produits par l'accusé, les jurés ayant été avertis par le président que les déclarations de ces témoins ne devaient être reçues par eux qu'à titre de renseignements; en quoi le président de la cour d'assises du département du Puy-de-Dôme a préjudicié au droit de la défense, formellement violé les dispositions des art. 315 et 317, et fait une fausse application de l'art. 269 c. inst. crim.; — Casse.
Du 7 juin 1839.-C. C., ch. crim.-MM. Bastard, pr.-Meyronnet, rap.

à leur audition doivent être entendus avec prestation de serment, et non à titre de simples renseignements. — Ainsi il a été jugé : 1° qu'on ne peut fonder un moyen de cassation sur ce que les témoins dont les noms n'ont pas été notifié à l'accusé, ont été entendus avec prestation de serment, lorsque l'accusé ne s'est pas opposé à leur audition (Crim. rej. 17 août 1837(1); 3 sept. 1835, M. Crouseilhes, f. f. pr., Fréteau, rap., aff. Cazelles; 6 avr. 1854, aff. Auffray, D. P. 54. 5. 742); — 2° Et à l'inverse, qu'il y a nullité si ces témoins ont été entendus à titre de simples renseignements et sans prestation de serment (Crim.cass. 1er avril 1837 (2); 3 fév. 1855, aff. Langlois, D. P. 55. 5. 433; 30 août 1855, aff. Burtre, D. P. 55. 5. 433; 4 janv. 1856, aff. Mulet, D. P. 56. 5. 449).

473. Toutefois, il a été décidé que si un témoin dont le nom a été tardivement notifié à l'accusé par le ministère public, n'a pas été porté sur la liste lue à l'audience, à raison de cette notification irrégulière, il y a lieu d'en induire que le ministère public a renoncé à l'audition de ce témoin; en conséquence le président a pu faire entendre le témoin à titre de renseignement et en vertu de son pouvoir discrétionnaire (Crim. rej. 15 juin 1854, aff. Marmand, D. P. 54. 5. 741). — V. nos 520, 629 et s.

474. Lorsque le ministère public ou l'accusé usant du droit que leur confère l'art. 315, s'opposent à l'audition d'un témoin qui n'aurait pas été notifié, ou dont la notification aurait été irrégulière ou tardive, l'audition de ce témoin avec prestation de serment, malgré l'opposition de la partie intéressée, serait incontestablement une cause de nullité. Vainement objecterait-on

que cette nullité n'est pas expressément prononcée par l'art. 315. La nullité résulterait en pareil cas de la combinaison de cet article avec l'art. 408, portant qu'il y aura lieu à annulation lorsqu'il aura été omis ou refusé de prononcer soit sur une ou plusieurs demandes de l'accusé, soit sur une ou plusieurs réquisitions du ministère public tendant à user d'une faculté ou d'un droit accordé par la loi, et cela, bien que la peine de nullité ne soit pas textuellement attachée à l'absence de la formalité dont l'exécution a été demandée ou requise. — Aussi a-t-il été justement décidé que si des témoins, dont la liste n'a été notifiée à la requête du ministère public que le jour des débats, et moins de vingt-quatre heures avant leur ouverture, ont été entendus, malgré l'opposition de l'accusé, autrement qu'en vertu du pouvoir discrétionnaire du président, pour donner des renseignements, il résulte de cette audition une cause de nullité, l'arrêt qui les a suivis (Crim. cass. 12 avril 1827) (3).

475. Et à l'inverse, il a été décidé que le témoin irrégulièrement notifié à l'accusé serait valablement écarté des débats lorsque celui-ci en fait la demande et que le ministère public déclare renoncer à son audition (Crim. rej. 29 déc. 1854, aff. Génin, D. P. 54. 5. 741).

476. Outre la notification de la liste des témoins qui doivent être entendus aux débats, l'accusé doit encore recevoir copie gratuite des procès-verbaux contenant les déclarations écrites des témoins. Toutefois, s'il y a plusieurs accusés, et quel que puisse être leur nombre, il ne doit être donné pour tous qu'une seule copie (c. inst. crim., art. 305; V. v° Instruction crimin.,

<hr/>

(1) (Bonnet C. min. pub.) — La cour ; — Sur le premier moyen pris de ce qu'un témoin dont le nom n'avait pas été notifié à l'accusé, a été entendu avec prestation de serment ; — Attendu qu'aux termes du dernier § de l'art. 315 c. inst. crim., le défaut de notification du nom d'un témoin donne seulement le droit à la partie à laquelle cette notification aurait dû être faite, de s'opposer à son audition ; — Attendu que l'art. 315 du même code, invoqué par le demandeur, dispose pour un autre cas, et ne contient aucune dérogation ni formelle, ni implicite à la disposition sus-énoncée ; — Attendu que, pour couvrir l'irrégularité résultant du défaut de notification, il n'est pas nécessaire que le consentement de l'accusé ou du ministère public à l'audition du témoin soit provoqué par le président de la cour d'assises, et qu'il suffit que celle des deux parties qui a intérêt à s'y opposer ne croie pas devoir faire usage de la faculté qui lui est attribuée par la loi ; — Et attendu, en fait, qu'il a été constaté par le procès-verbal d'audience que le témoin P. Villesuzanne, non porté sur la liste signifiée à l'accusé, a prêté serment et a été entendu sans que ce dernier s'y soit opposé : — Rejette.
Du 17 août 1837.-C. C., ch. crim.-MM. Bastard, pr.-Rocher, rap.

(2) (Lapierre C. min. pub.) — La cour; — Sur le moyen proposé d'office, et tiré de la violation des art. 315 et 517 c. inst. crim., en ce que deux témoins compris dans la liste dressée par le ministère public, et notifiée à l'accusé, auraient été entendus sans prestation de serment, sans que l'accusé se soit opposé à leur audition ; — Vu lesdits art. 315 et 517 c. inst. crim.; — Attendu qu'il résulte, en fait, du procès-verbal de la séance de la cour d'assises de la Haute-Saône, du 14 février dernier, « que les témoins présents ont prêté serment presse-« crit par l'art. 517 c. inst. crim., à l'exception, toutefois, d'Étienne « Mairot et de Justine Mairot sa fille, qui en ont été dispensés, parce « que leurs noms, prénoms et domiciles n'auraient pas été notifiés dans « les délais prescrits par l'art. 315 du même code, et que ces deux « témoins n'ont déposé que par forme de renseignements, et en vertu du « pouvoir discrétionnaire du président, conformément à l'art. 269 ; » — Attendu qu'il résulte de l'exploit de Cormety, huissier, en date du 13 février, à 7 heures trois quarts du matin, joint au dossier, qu'il a été notifié et délivré copie, ledit jour et à ladite heure, à Étienne Lapierre, de la liste des témoins au nombre de 17, cités, à la requête du ministère public, pour l'audience de la cour d'assises de la Haute-Saône, du lendemain 14 février, à 8 heures du matin, parmi lesquels figuraient lesdits Étienne Mairot et sa fille Justine ; — Qu'il suit de là que ces témoins avaient été notifiés à l'accusé plus de 24 heures avant leur examen, et, par conséquent, dans les délais fixés par l'art. 315 ; — Attendu que, d'ailleurs, les témoins assignés d'avance à la requête du ministère public ne comparaissant pas à l'audience de la cour d'assises, en vertu du pouvoir discrétionnaire, mais en vertu de l'assignation qui leur a été donnée, doivent, à peine de nullité, prêter le serment prescrit par l'art. 517; — Attendu que toute signification tardive de leurs noms, prénoms et domiciles à l'accusé, et même l'absence de toute signification, ne leur ôte pas la qualité de témoins ordinaires, mais n'a d'autre résultat, d'après l'art. 315, que de donner à l'accusé le droit de s'opposer à leur audition ; — D'où il suit que, lorsque l'accusé,

comme dans l'espèce, n'a pas usé de cette faculté, il doit être passé outre à l'audition de ces témoins, d'après les règles ordinaires prescrites par l'art. 517 ; — Et qu'ainsi, en entendant Mairot et sa fille sans prestation de serment, par forme de renseignements, et en vertu du pouvoir discrétionnaire du président, il y a eu à la fois violation de l'art. 517, et fausse application de l'art. 269 c. inst. crim.; — Par ces motifs ; — Casse.
Du 1er avril 1857.-C. C., ch. crim.-MM. Bastard, pr.-Meyronnet, r.
(3) (Guérin C. min. pub.) — La cour ; — Attendu qu'aux termes de l'art. 315 c. inst. crim., la liste des témoins qui devront être entendus est présentée par le procureur général, avant l'ouverture des débats, et qu'il ait exposé le sujet de l'accusation ; — Que cette liste ne peut contenir que les témoins dont les noms, professions et résidences auront été notifiés à l'accusé 24 heures au moins avant l'examen des témoins; — Que l'accusé et le procureur général peuvent s'opposer à l'audition d'un témoin qui n'aurait pas été indiqué, ou qui n'aurait pas été clairement désigné dans l'acte de notification ; — Qu'aux termes de l'art. 524 du même code, les témoins produits par le procureur général ou par l'accusé ne peuvent être entendus, lorsqu'ils n'ont pas préalablement déposé par écrit, ou lorsqu'ils n'ont reçu aucune assignation, qu'autant qu'ils auraient été portés sur la liste mentionnée en l'art. 315 précité; — Qu'il résulte de ces dispositions qu'aucune liste subsidiaire ou supplétive de témoins ne peut être notifiée après l'ouverture des débats, et que les personnes dont les déclarations peuvent être ultérieurement jugées utiles, ne doivent être entendues qu'en vertu du pouvoir discrétionnaire du président, dans la forme prescrite par l'art. 269 c. inst. crim., et à titre de simple renseignement; — Que, dans l'espèce, les demandeurs se sont opposés à l'audition des témoins, inscrits sur les listes supplétives, dressée postérieurement à celle dont la lecture est prescrite par l'art. 315 précité, et qui leur avaient été notifiées le jour même de l'ouverture des débats ; — Que, s'il résulte des dispositions de l'art. 408 c. inst. crim., qu'il y aura lieu à l'annulation d'un arrêt de condamnation, lorsqu'une cour d'assises aura omis ou refusé de statuer sur une ou plusieurs demandes de l'accusé, et sur une ou plusieurs réquisitions du ministère public, tendant à user d'une faculté ou d'un droit accordé par la loi, bien que la nullité ne fût pas textuellement attachée à l'absence de la formalité dont l'exécution aura été demandée ou requise, il ne s'ensuit pas que, toutes les fois qu'il aura été statué sur ces demandes ou réquisitions, il ne pourra y avoir lieu à prononcer l'annulation, quelle que puisse être la décision intervenue ; — Que cet article, qui garantit aux accusés et au ministère public leurs demandes ou leurs réquisitions ne seront pas négligées, ne déclare point irréfragables les décisions rendues sur ces demandes ou réquisitions ; — Que, dans l'espèce, l'opposition des demandeurs était fondée sur le texte de la loi et sur les intérêts du droit sacré de la défense; et qu'en la rejetant, la cour d'assises a expressément violé les dispositions des art. 315 et 524 c. inst. crim., et entravé le droit de défense; — Casse les débats et ce qui s'en est suivi, et notamment l'arrêt rendu contre Guérin et Roque, le 12 février dernier, par la cour d'assises de Vaucluse, etc.
Du 12 avril 1827.-C. C., ch. crim.-MM. Portalis, pr.-Gaillard, rap.

nos 1275, 1287 et suiv.). Cette formalité est sans doute importante, cependant il a été jugé qu'elle n'est pas prescrite à peine de nullité. — V. les nombreux arrêts qui l'ont décidé ainsi, v° Instr. crim., nos 1301 et suiv.

477. Serait-il nécessaire de faire à l'accusé par un exploit spécial la notification des noms, professions et demeures des témoins, dans le cas où les procès-verbaux contenant les déclarations écrites de ces témoins, lui auraient été délivrés conformément à l'art. 305? Au premier abord, il semble qu'en pareil cas le vœu de la loi se trouverait rempli, puisque l'accusé aurait trouvé dans ces procès-verbaux une désignation suffisante des témoins. — Il a été décidé en ce sens, sous le code de brumaire, que la notification prescrite par l'art. 346 de ce code, résultait suffisamment de la signification à l'accusé des notes écrites, des déclarations des témoins où ces témoins étaient désignés (Crim. rej. 5 fruct. an 7) (1). — Mais nous doutons que cette solution puisse faire autorité. La notification prescrite par l'art. 315 est une formalité distincte de la communication faite à l'accusé de l'instruction écrite et ne saurait être suppléée par cette communication. Elle a pour objet d'ailleurs de faire savoir à l'accusé quels sont ceux des témoins entendus dans l'instruction écrite que le ministère public se propose d'appeler aux débats, afin que l'accusé puisse concentrer sur ces derniers toutes les investigations qui sont en son pouvoir; il ne suffit donc pas que les témoins à entendre aux débats soient les mêmes que ceux qui ont déposé dans l'instruction préparatoire, si l'accusé n'en a été expressément averti. De plus la communication des procès-verbaux de dépositions de témoins devant, comme on l'a vu, se faire par une seule copie, quel que soit le nombre des accusés, il en résulte suffisamment, suivant nous, qu'elle ne peut jamais, dans l'intention de la loi, équivaloir à la notification prescrite par l'art. 315.

478. Un autre arrêt, rendu sous le code d'instruction criminelle, a décidé que la délivrance d'une copie du cahier d'information aux accusés, supplée à la signification de la liste des témoins, prescrite par l'art. 315 c. inst. crim., en ce sens que si le nom d'un témoin est imparfaitement désigné par cette liste, l'accusé a dû trouver le complément de cette désignation dans le cahier d'information où elle était exactement faite. — « Attendu que ce n'est pas seulement la liste des témoins qui a été signifiée aux accusés, mais qu'il leur a été, en outre, délivré copie du cahier d'information dans lequel le témoin Marie-Joséphine Roger est désigné sous les mêmes prénoms, âge, demeure, rue et numéro de maison; qu'ainsi les accusés n'ont pu se méprendre sur son identité, et qu'il ne peut y avoir d'équivoque à ce sujet » (c. d'ass. des Bouches-du-Rhône, 22 août 1829, aff. min. pub. C. Poncet et autres).— Mais cette dernière décision, quoique rendue dans un sens analogue à celui des décisions précédentes, a cependant beaucoup moins de portée. En effet, dans l'espèce jugée par la cour d'assises des Bouches-du-Rhône, la notification prescrite par l'art. 315 avait été faite aux accusés. Il ne s'agissait donc pas, à proprement parler, de décider si la communication antérieure du cahier d'information avait pu tenir lieu de cette formalité, mais de rechercher si les désignations, quoique erronées de l'exploit de notification avaient été

cependant suffisantes pour faire connaître les témoins. — Or c'est là, comme on l'a vu n° 455, une question de fait et d'appréciation qui est entièrement dans le domaine des tribunaux, et la cour d'assises a pu, sans blesser aucun principe, se fonder sur la connaissance qu'avaient personnellement les accusés des noms et qualités des témoins sur le cahier d'information, pour décider que la notification, malgré ses irrégularités, avait été suffisante pour remplir le vœu de la loi.

479. La notification d'un témoin constitue un lien de droit entre la partie qui a fait cette notification, et celle à qui elle a été faite (V. n° 516). Il en résulte que le témoin notifié ne peut être écarté, qu'autant que ces deux parties renoncent également à son audition (arg. Crim. cass. 17 mai 1844, aff. Valence, V. n° 521.—Conf. M. Cubain, n° 496).

SECT. 2. — *Lecture de la liste des témoins. — Appel des témoins.— Absence.— Renvoi à une autre session.—Citation. — Reproches. — Renonciation à leur audition.*

480. La liste des témoins produits par le ministère public, l'accusé ou la partie civile est lue à haute voix par le greffier (c. inst. crim. 315; V. v° Instruct. crim., n°2250). — L'appel des témoins doit se faire à mesure que le greffier lit cette liste; tout au moins, avant de procéder à l'audition d'aucun d'eux, on doit s'assurer qu'ils ont tous obéi à la citation. Car outre, que les défaillants doivent être condamnés à une amende (c. inst. crim. 80, 355, V. nos 302 et s.), leur absence peut encore donner lieu à un renvoi, ou ce renvoi doit être demandé avant l'ouverture des débats, c'est à cette époque que le ministère public doit être informé de la présence des témoins ou de l'absence de quelqu'un d'eux (M. Legraverend, t. 2, p. 193).

481. Les témoins dont le nom est ainsi publiquement appelé en effet, à une notification de cette liste à toutes les parties intéressées dans le débat, en ce sens du moins que les témoins ainsi appelés ne pourraient être écartés qu'autant que toutes les parties en cause renonceraient à leur audition (M. Cubain, n° 401), et même en ce dernier cas le président conserverait le droit de les faire entendre à titre de renseignement (*ibid.*).—V. nos 627 et s.

482. Les individus dont le nom est porté sur cette liste, doivent seuls être entendus comme témoins (art. 315, § 1); ceux dont le nom n'est pas porté sur cette liste ne peuvent être entendus qu'en vertu de l'art. 269, c'est-à-dire à titre de renseignements (art. 315, § 3, et M. Cubain, n° 496).

483. Aucune disposition légale n'oblige le ministère public à ne répartir que sur une seule liste les témoins qu'il veut faire entendre. — Quel que soit le nombre des listes, il suffit qu'il les ait notifiées à l'accusé dans le délai fixé (Crim. rej. 13 avr. 1820) (2).

484. Réciproquement, on ne pourrait exiger qu'il fût dressé plusieurs listes de témoins au lieu d'une seule, dans le cas par exemple, où plusieurs accusés seraient soumis à un même débat; une seule liste et un seul appel pour tous les témoins suffisent, et dans tous les cas pour remplir le vœu de la loi. — Il a été jugé en ce sens que le président n'est pas tenu, dans le cas

---

(1) (Lajard et consorts). — LE TRIBUNAL; — ...Attendu que les deux témoins Chieusse avaient été suffisamment désignés aux accusés, et leur étaient d'autant mieux connus, qu'ils ont reçu copie de toute la procédure après leurs interrogatoires devant le président du tribunal criminel, conséquemment aussi des notes écrites, des déclarations des témoins entendus précédemment, parmi lesquels on remarque les frères Chieusse avec désignation exacte de leurs noms, âge, profession et domicile; — Qu'il a donc été satisfait à cet égard à la disposition de l'art. 346 invoqué par les demandeurs, article qui ne dit pas que vingt-quatre heures au moins avant le débat, il faille donner copie aux accusés de la liste des témoins à entendre, soit à la requête de l'accusateur public, soit à celle de la partie plaignante, et dont lecture est faite au débat, mais seulement que cette liste n'en puisse contenir d'autres que ceux dont les noms, âge, profession et domicile ont été notifiés à l'accusé vingt-quatre heures au moins avant l'examen; or on le répète, cette notification était faite dans l'espèce par la signification des notes écrites, des déclarations des témoins, où les noms, âge, profession et domicile des frères Chieusse sont clairement énoncés; — Rejette. Du 5 fruct. an 7.-C.C., sect. crim.- MM. Méaulle, pr.-Ritter, rap.

(2) (Jeannin). — LA COUR; — Considérant sur le premier moyen de cassation : 1° qu'aucun article du code ne défend au procureur général de répartir sur plusieurs listes les témoins qu'il veut faire entendre à l'appui de l'accusation; — Qu'il suffit d'après l'art. 315, que ces listes aient été notifiées à l'accusé vingt-quatre heures avant l'examen, ce qui a été fait dans l'espèce; 2° que la lecture de l'arrêt de renvoi à la cour d'assises et de l'acte d'accusation ordonnée par les art. 315 et 514 est une formalité étrangère aux témoins, et non prescrite à peine de nullité;

Considérant, sur le deuxième moyen, que le procès-verbal de la séance constate que tous les témoins produits aux débats ont fait leurs dépositions séparément les uns des autres; — Que l'inobservation de cette notion n'est prescrite à peine de nullité ne pourrait, au surplus, donner ouverture à cassation; — Que si, après avoir déposé séparément, les témoins Mourgeon et Besançon ont ensuite été appelés par le président pour donner des explications en présence l'un de l'autre, ce magistrat n'a fait qu'un usage légitime du pouvoir qui lui est donné par l'art. 268; — Rejette. Du 15 av. 1820.-C.C., sect. crim.-MM. Barris, pr.-Busschop, rap

où il y a plusieurs accusés, d'ordonner l'appel des témoins, lors des débats particuliers à chaque accusé (Crim. rej. 4 sept. 1841) (1).

485. Il n'est pas exigé, à peine de nullité, que le procès-verbal des débats mentionne les noms des témoins à mesure qu'ils sont appelés à déposer; il peut valablement se borner à les désigner par leur numéro d'inscription sur la liste, pourvu qu'à l'égard de tous il constate l'accomplissement des formalités prescrites (Crim. rej. 24 sept. 1834 (2). V. Inst. crim. n° 3702). — En effet, la loi n'ayant assujéti le procès-verbal des débats à aucune forme sacramentelle, il importe peu que l'accomplissement des formalités prescrites soit constaté dans telle ou telle forme, pourvu qu'il le soit d'une manière certaine (V. Inst. crim., n°s 3667 et suiv.).

486. En cas d'absence d'un ou plusieurs témoins cités, la cour peut ordonner le renvoi à une autre session (c. inst. crim. 354; V. ce qui est dit à cet égard, v° Inst. crim., n°s 2026 et suiv.). — Le droit de demander le renvoi en pareil cas appartient à l'accusé aussi bien qu'au ministère public. Il s'était cependant élevé des difficultés sur ce point, à raison de la rédaction de l'art. 354 c. inst. crim. (V. Inst. crim. loc cit.) ; mais c'est en ce sens que la cour de cassation s'est prononcée en dernier lieu (V. eod. n° 2029). — La partie civile, au contraire, ne peut demander le renvoi à raison de l'absence des témoins qu'elle a fait citer. Son action en effet est purement accessoire à la poursuite criminelle et ne pourrait en vue d'un intérêt secondaire et privé retarder la satisfaction qui est due aux intérêts de la société (M. Cubain, n° 475). — Toutefois, ces mêmes témoins, quoique appelés dans un intérêt privé, sont passibles, à défaut de comparution, de l'amende portée par l'art. 80 du c. pén. (même auteur).

487. Le renvoi de l'affaire à une autre session est purement facultatif de la part de la cour ; elle prononce ce renvoi ou le refuse suivant les circonstances qu'elle a droit d'apprécier (V. Inst. crim. n°s 2033 et suiv.).

488. Lorsque la cour ordonne la remise des débats à un prochain jour, cette remise ne rend pas nécessaire la réassignation des témoins (Crim. rej. 9 avr. 1812) (3).

489. Si l'absence d'un témoin a causé le renvoi d'une affaire à une autre session, la cour doit ordonner qu'il sera amené devant elle à cette session par la force publique, à l'effet d'y faire sa déposition. Les frais de citation et les voyages de témoins et autres ayant pour objet de faire juger l'affaire sont à sa charge, et il doit être contraint par corps au payement de ces frais, sur la réquisition du ministère public (c. inst. cr. 355). — La contrainte par corps n'a pas même besoin d'être exprimée dans l'arrêt de renvoi qui suffit pour l'exercer; et la régie est autorisée à agir d'après cet arrêt pour le recouvrement en vertu de la réquisition qui lui est adressée à cet effet par le ministère public (M. Legraverend, t. 2, p. 194). — Ces frais devraient être supportés solidairement, si le renvoi était prononcé à cause de l'absence de plusieurs témoins (ibid.). — Le témoin défaillant pourrait même être condamné en

outre, à des dommages-intérêts soit envers l'accusé, soit envers la partie civile, par application de l'art. 1382 du c. nap. (M. Cubain, n° 473).

490. Toutes les conséquences résultant pour les témoins du défaut d'obéissance à la citation s'appliquent aux témoins à décharge comme aux témoins à charge; l'art. 354 ne fait pas de distinction et d'ailleurs le droit qui appartient à l'accusé d'appeler des témoins pour le justifier ne doit pas être entouré de moins de garantie que celui qui est accordé au ministère public dans l'intérêt de l'accusation (Conf. M. Cubain, n° 474).

491. La cour d'assises n'est pas tenue au surplus de prononcer contre les témoins défaillants les peines autorisées par la loi; elle peut apprécier les motifs de leur absence (V. supra, n°s 305 et suiv., 343). — Il a été jugé notamment : 1° qu'un témoin peut être dispensé de déposer, pour cause de maladie, par la cour d'assises, sans que l'accusé soit interpellé à cet égard, sauf à cet accusé ou à son défenseur à prendre sur l'absence de ce témoin telles conclusions qu'il jugera convenables (Crim. rej. 2 juin 1853, aff. Metzer, D. P. 53. 5. 440); — 2° Qu'en cas d'indisposition grave (état de grossesse) d'un témoin, le président de la cour d'assises peut passer outre aux débats, s'il n'y a ni observation, ni réquisition à cet égard (Crim. rej. 24 janv. 1839) (4); — 3° Et que d'ailleurs, un accusé ne peut se faire un moyen de cassation de ce que la cour d'assises n'a prononcé aucune peine contre deux témoins défaillants, surtout lorsqu'il n'a élevé aucune réclamation pendant les débats : — « La cour ; attendu que l'accusé ni son défenseur n'ont réclamé l'audition des deux témoins défaillants, et qu'il n'appartenait qu'au ministère public de réclamer contre eux les peines prononcées par la loi » (Crim. rej. 15 juill. 1830, MM. Bastard, pr., Choppin, rap., aff. Bonnafous).

492. Le témoin condamné qui a des excuses à proposer doit former opposition, dans les dix jours, c'est-à-dire le dixième jour au plus tard, à l'arrêt de renvoi qui doit lui être signifié : les formes de l'opposition n'étant pas déterminées, elle peut être exercée soit par réponse au bas de la signification, soit par acte signifié au membre du ministère public qui a requis la condamnation, soit par acte passé au greffe (c. inst. cr. 151, 356).

493. C'est, du reste, à la cour à délibérer sur les excuses des témoins absents, et il a été jugé que sa décision, offrant une garantie plus grande, ne saurait être annulée, sous le prétexte que le président aurait seul ce droit (Crim. rej. 20 août 1829) (5).

494. L'empêchement qui s'opposerait à la comparution d'un témoin fût-il fondé sur le motif le plus légitime, tel que le cas de maladie par exemple, n'autoriserait pas la cour d'assises à ordonner qu'elle se transportera, ainsi que les jurés, en la demeure du témoin pour recevoir sa déposition; elle ne peut que prononcer la remise de l'affaire à une autre session (c. inst. crim. 334). — Il en était ainsi sous la loi criminelle du 16 sept. 1791, et il a été jugé, néanmoins, que, quoique cette loi n'autori-

---

(1) (Tozzoli, etc. C. min. pub.) — La cour; — ...Sur le quatrième et dernier moyen, pris du défaut d'appel des témoins lors des débats particuliers à chaque accusé; — Attendu, en droit, qu'aucune disposition légale n'imposait au président l'obligation d'ordonner cet appel; que les témoins sont présumés avoir complété leurs dépositions et y persister, tant que le contraire n'est pas formellement établi; — Attendu, en fait, qu'il est constaté par le procès-verbal d'audience que tous les témoins, à cette phase des débats, ont été interpellés par le président, ce qui exclut la supposition qu'aucun d'eux fût absent; — Rejette.
Du 4 sept. 1841.-C.C., ch. cr.-MM. Bastard, pr.-Rocher, rap.

(2) (Oudin, etc. C. min. pub.) —La cour; — ...Sur le troisième moyen de cassation, tiré d'une prétendue violation de l'art. 517 c. inst. crim., en ce que le procès-verbal des débats, au lieu de mentionner successivement les noms des témoins, à mesure qu'ils ont été appelés à déposer, s'est contenté de les désigner par leurs numéros ; — Vu l'art. 317 c. inst. crim. ; — Attendu que cet article, en prescrivant la manière dont les témoins, compris sur la liste dressée par le procureur général, doivent être entendus, ne prescrit au rédacteur du procès-verbal des débats aucune formule sacramentelle pour mentionner cette audition; — Qu'il suffit donc que ce procès-verbal constate que les formalités prescrites par cet article ont été observées; — Attendu que, dans l'espèce, le procès-verbal des débats qui ont eu lieu devant la cour d'assises de l'Aube constate que, dans les diverses séances qui ont été tenues par cette cour, les témoins ont été successivement, depuis le premier jusqu'au dernier, appelés par le président, introduits dans l'auditoire, entendus oralement et séparément, dans l'ordre établi par le procureur du roi, après avoir prêté le serment ordonné par l'art. 317 c. inst. crim., et rempli les autres formalités prescrites par cet article ; — Que, dès lors, loin qu'il y ait eu violation de l'art. 317 c. inst. crim., il a été entièrement satisfait à ses dispositions; — Rejette.
Du 24 sept. 1834.-C.C., ch. crim.-MM. Bastard, pr.-Meyronnet, rap.

(3) (Boucher et Jouveneau).—La cour; —...Attendu sur le troisième et onzième moyens, que les citations aux témoins et les notifications aux accusés ont été faites régulièrement et que la remise des débats d'un prochain jour n'a pas rendu nécessaire la réassignation de ces témoins; —Rejette.
Du 9 avril 1812.-C.C., sect. cr.-M. Oudart, rap.

(4) (Epoux Fabre C. min. pub.) — La cour; — Attendu que la femme Marguerite Vachier se trouvant empêchée de faire sa déposition, lorsqu'elle fut appelée à cet effet, par une indisposition grave qui venait de l'atteindre et la retenait au lit dans un état de grossesse très-avancée, le président de la cour d'assises s'est conformé à l'article 270 c. inst. crim., en passant outre aux débats, personne n'ayant fait ni observation ni réquisition à cet égard; — Rejette.
Du 24 janv. 1839.-C.C., ch. crim.-MM. Bastard, pr.-Rives, rap.

(5) (Le Noret C. min. pub.) — La cour; — Attendu que, s'agissant d'apprécier les excuses des témoins absents, c'était à la cour à en délibérer, comme elle l'a fait, et que, loin que cela ait pu nuire aux accusés, ce serait une garantie de plus de la sagesse de la délibération prise à cet égard ; — Rejette.
Du 20 août 1829.-C.C., ch. crim.-MM. Bastard, pr.-Ollivier, rap.

sât pas un juge du tribunal criminel à se transporter avec le greffier, l'accusateur public, l'accusé, son conseil, les jurés et les adjoints chez un témoin malade pour y établir le débat et fixer l'opinion des jurés, la loi ne prohibait pas cette procédure, et l'accusé et son conseil ne sont pas recevables à proposer en cassation ce moyen qu'ils n'ont pas opposé devant les juges (Crim. rej. 24 mess. an 2) (1).

495. La cour pouvant, lorsque tous les témoins ne répondent pas à l'appel, ordonner le renvoi à une autre session ou passer outre aux débats, selon qu'elle le juge convenable, il en résulte que l'absence d'un ou de plusieurs témoins ne peut, à plus forte raison, être une cause de nullité, lorsque le renvoi n'a pas même été demandé. — Décidé en ce sens sous le code de brum. an 4 : 1° que l'accusé n'est pas fondé à se faire un moyen de cassation de l'absence d'un témoin, si cette absence est le résultat de la maladie du témoin et de ses occupations à l'armée légalement constatées (Crim. rej. 28 therm. an 7) (2); — 2° Que la non-comparution d'un témoin aux débats n'engendre point de nullité, surtout si l'accusé ne fait aucune réquisition à cet égard (Crim. rej. 18 vent. an 10, MM. Seignette, pr., Bauchau, rap., aff. Cayla); — 3° Que l'accusé n'est pas fondé à se plaindre du défaut d'audition d'un témoin assigné, si, conformément aux conclusions du ministère public, les juges, malgré l'absence de ce témoin, n'ont pas cru devoir renvoyer à une autre session (Crim. rej. 25 pluv. an 13, MM. Viellart, pr., Minier, rap., aff. Deffendini).

496. Il a été jugé pareillement sous le code d'inst. crim. : 1° qu'un condamné ne peut se pourvoir en cassation, sous le prétexte que des témoins assignés à la requête du ministère public n'ont pas comparu devant la cour d'assises; alors, d'ail-

leurs, que ni lui ni le procureur général n'ont demandé le renvoi à une autre session, à cause de l'absence de ces témoins (Crim. rej. 16 mai 1828) (3); — 2° Que le défaut d'audition d'un témoin à décharge qui ne s'est pas présenté ne peut annuler les débats, alors que cette audition n'a pas été requise par l'accusé (Crim. rej. 29 août 1829; 24 janvier 1839) (4); — 3° Qu'ainsi l'absence d'un témoin ne vicie pas les débats, lorsqu'il n'a été pris aucune conclusion à se sujet ni par le ministère public, ni par l'accusé (Crim. rej. 8 juill. 1837, MM. Bastard. pr., Rives, rap., aff. Rigaud); — 4° Que, en cas d'absence d'un ou de plusieurs témoins, la cour d'assises peut ordonner qu'il sera néanmoins passé outre aux débats, sans qu'au préalable elle soit tenue d'interpeller l'accusé de s'expliquer : il suffit, pour la régularité de la mesure, que le ministère public ait fait ses réquisitions, sans réclamation de la part de l'accusé (Crim. rej. 12 oct. 1837, MM. Bastard, pr., Meyronnet, rap., aff. Mettreau); — 5° Qu'en cas d'absence d'un ou plusieurs témoins à charge, il peut être passé outre aux débats sur les seules réquisitions du ministère public, sans que l'accusé qui a gardé volontairement le silence sur ces réquisitions puisse se faire un moyen de nullité de ce qu'il n'a pas été interpellé; c'est à lui de s'opposer à ce qu'il soit passé outre aux débats, s'il juge la présence du témoin absent utile à sa défense (Crim. rej. 24 juin 1841) (5); — 6° Que, dans le cas de non comparution d'un témoin assigné pour déposer à l'audience, quel que soit le motif de son absence, la cour d'assises procède régulièrement, si, sans qu'il y ait de réclamation de la part de l'accusé ni du ministère public, elle passe outre aux débats : « Attendu qu'il n'était pas nécessaire pour que la continuation des débats fût régulière, qu'il y eût un consentement formel de l'accusé, ni une interpellation adressée

---

(1) (Brunet.) — LE TRIBUNAL;... — Attendu que, quoique la loi du 16 sept. 1791 n'autorise pas un juge du tribunal à se transporter avec le greffier, l'accusateur public, l'accusé, son conseil, les jurés et les adjoints chez un témoin malade pour y établir le débat et fixer l'opinion des jurés, la loi ne prohibait pas cette procédure à l'époque du 16 flor. an 2, et que l'accusé ni son conseil n'ont point inclus dans la séance définitive du jugement, qui lui enlevait la faculté de proposer ce prétendu moyen de cassation aux termes de l'art. 6 de la loi du 1er brum. ; — Rejette.
Du 24 mess. an 7.-C.C., sect. cr.-MM. Maleville, pr.-Lec ointe, rap
(2) (Mongin.) — LE TRIBUNAL; —... Attendu que, si le citoyen Darrieux qui n'avait aucun renseignement particulier à donner, ainsi qu'il le dit dans sa lettre au directeur du jury, n'a pas été entendu lors des débats, c'est parce que sa maladie et ses occupations à l'armée d'Helvétie, légalement constatées, ne lui ont pas permis de se rendre à l'assignation; d'ailleurs si le condamné croyait le témoin si nécessaire pour sa justification, il pouvait se procurer son témoignage en prenant les moyens que la loi lui indiquait; — Rejette.
Du 28 therm. an 7.-C.C., sect. cr.-MM. Méaulle, pr.-Jeaume, rap.
(3) (Laforêt C. min. pub.) — LA COUR; —... Attendu que si deux témoins cités à la requête du ministère public ne sont pas présents, leur absence donnait simplement à la cour d'assises la faculté de renvoyer l'affaire à une autre session, faculté dont les accusés ni le ministère public n'ont demandé l'exercice; — Rejette.
Du 16 mai 1828.-C.C., ch. crim.-MM. Bailly, pr.-Mangin, rap.
(4) 1re Espèce: (Lonigoi C. min. pub.) — LA COUR; — Attendu qu'il est constaté par le procès-verbal de la séance que les témoins à décharge présents ont été entendus, que dès lors il y a présomption légale que si un des témoins à décharge, et dont le nom aurait été notifié au ministère public, n'a point été entendu au débat, c'est uniquement parce que ledit témoin était absent, que c'était aux accusés et à leur défenseur de requérir l'audition dudit témoin, si réellement il était présent, et que n'ayant point requis son audition, la cour d'assises n'a point été mise en demeure de l'ordonner; — Rejette.
Du 29 août 1829.-C.C., ch. crim.-MM. Bastard, pr.-Brière, rap.
2e Espèce: (Fabre C. min. pub.) — LA COUR; — Attendu que la non-audition d'un témoin à décharge Bontoux se trouve justifiée, par cela seul qu'il n'a pas comparu devant la cour d'assises; — Rejette.
Du 24 janv. 1839.-C.C., ch. crim.-MM. Bastard, pr.-Rives, rap.
(5) (Ferry C. min. pub.) — LA COUR; — Sur l'unique moyen de cassation invoqué et tiré d'une prétendue violation de l'art. 315 c. inst. crim., en ce que malgré l'absence d'un ou de plusieurs témoins et sur le réquisitoire du ministère public, il a été passé outre aux débats, sans qu'aucune interpellation ait été adressée à cet égard à l'accusé ni à son conseil, et sans qu'il fût intervenu aucun consentement de leur part : — Vu l'art. 315 c. inst. crim. ; — Attendu, en fait, que du procès-verbal des débats il résulte ce qui suit : « Tous les témoins compris sur la

liste dressée par le ministère public ont été notifiés à l'accusé et ont répondu à l'appel, à l'exception de trois; le ministère public a requis que l'un d'eux fût condamné à l'amende, déclarant n'avoir aucune réquisition à prendre contre les deux autres; il a enfin requis que, malgré l'absence de ces trois témoins, il fût passé outre aux débats, leur audition n'étant pas indispensable à la manifestation de la vérité; la cour, après en avoir délibéré, a condamné le témoin Dolitais à l'amende de 25 fr., dit qu'il n'y avait aucune amende à prononcer contre les deux autres, et vu que l'audition de ces trois témoins n'est pas indispensable à la manifestation de la vérité, déclara que malgré leur absence il serait passé outre aux débats; — Après la clôture de ces débats, et même après la prononciation de l'arrêt de condamnation, Me Quesny, défenseur de Ferry, a pris et déposé les conclusions suivantes : Il plaise à la cour accorder acte à la défense de ce que M. le président n'a pas interpellé l'accusé de présenter ses observations sur les conclusions de M. l'avocat général tendantes à ce qu'il fût passé outre aux débats, nonobstant l'absence du témoin Dolitais; — Sur quoi le ministère public a déclaré ne pas s'opposer à ce que l'acte conclu fût accordé; mais il a requis qu'il fût fait mention qu'il n'y a pas eu opposition de la part de la défense à ce qu'il fût passé outre, nonobstant l'absence du témoin Dolitais cité à la requête du procureur général, et la cour ledit jour 13 mai a donné acte à Ferry de ce qu'après l'appel des témoins assignés par M. le procureur général, le témoin Dolitais n'ayant pas répondu, il a été (sur les conclusions du ministère public, tendantes à ce que ce témoin fût condamné à l'amende et que, sa déposition n'étant pas indispensable à la manifestation de la vérité, il fût passé outre aux débats), rendu arrêt, qui, sans opposition ni observation contraire de l'accusé ni de son défenseur, a statué auxdites conclusions; — Attendu, en droit, qu'en admettant que l'accusé ait celui de demander le renvoi de l'affaire à une autre session en l'absence d'un témoin assigné non à sa requête, mais à celle du ministère public et dont le nom lui avait été notifié, il devait tout au moins élever cette réclamation, et former une opposition sur laquelle la cour d'assises aurait eu à statuer, après le réquisitoire du ministère public tendant à ce qu'il fût passé outre aux débats; qu'il n'est pas même allégué que le silence gardé à cet égard par l'accusé et son conseil leur ait été imposé et n'ait pas été tout à fait volontaire de leur part; — Attendu qu'il serait aussi contraire à la loi qu'à la bonne administration de la justice qu'un accusé ou son conseil, qui en l'absence d'un témoin dont ils croiraient la déposition avantageuse pour eux, ne se seraient pas opposés à ce qu'il fût passé outre aux débats, avant que la cour d'assises statuât sur cet égard sur la réquisition du ministère public, fussent encore recevables à se faire plus tard, et même après l'arrêt de condamnation, un moyen de nullité du silence par eux gardé à cette époque; — Attendu, au surplus, la régularité de la procédure et la juste application de la loi pénale aux faits déclarés constants par le jury; —Par ces motifs; —Rejette.
Du 24 juin 1841.-C.C., ch. cr.-MM. Bastard, pr.-M. Saint-Marc r.

à l'accusé par le président ; qu'il suffit que l'accusé ou son conseil n'ait pas exigé l'audition du témoin régulièrement cité ; qu'ils ne l'ont pas fait, quoiqu'ils en eussent le droit ; que la cour aurait pu décider contrairement aux réquisitions de l'accusé ; mais que ces réquisitions n'ayant pas existé, le président a pu et dû passer outre aux débats (Crim. rej. 16 juin 1843, M. Mérilhou, rap., aff. Sanctus) ; — 7° Qu'il n'y a pas obligation pour le ministère public d'appeler tous les témoins dont les noms ont été notifiés à l'accusé ; en conséquence, de ce que l'un des témoins désignés dans la liste notifiée à l'accusé comme devant déposer, n'a été ni appelé, ni entendu, il n'en résulte aucune nullité, dans le cas même où ce témoin à raison de sa qualité (un médecin), de la nature de l'accusation (un viol), du rôle qu'il avait rempli dans la procédure (il avait visité la victime), paraîtrait devoir.être un témoin nécessaire : l'accusé avait le droit de le faire citer à sa requête, s'il devait compter sur une déposition favorable (Crim. rej. 20 janv. 1844) (1) ; — 8° Que lorsqu'un témoin appelé n'a pas comparu, le ministère public n'est pas tenu de requérir d'office que sa comparution, par voie de contrainte, soit ordonnée, sauf à l'accusé à demander le renvoi de la cause à une autre session (même arrêt). — V. encore les arrêts cités v° Inst. crim., n° 2091.

497. De ce qu'un témoin notifié n'a pas répondu à l'appel de son nom, il ne s'ensuit pas que ce témoin perde sa qualité tant qu'un arrêt de la cour d'assises n'a pas ordonné sa radiation de la liste : ce témoin ne pourrait donc être entendu seulement

---

(1) *Espèce :* — (Baroyer *C* min. pub.) — Baroyer père, condamné aux travaux forcés à perpétuité, par arrêt de la cour d'assises de la Seine, du 21 déc. 1843, pour attentat à la pudeur commis avec violence sur la personne de sa fille, âgée de seize ans, s'est pourvu en cassation contre cet arrêt et a proposé les moyens suivants : 1° Violation des art. 315 et 324 c. inst. crim., en ce que la liste des témoins cités contenait l'omission d'un témoin qui avait été notifié à l'accusé comme devant être entendu. — Ce témoin était le sieur Monvalet, médecin, qui avait dressé le procès-verbal contenant l'état de la fille du sieur Baroyer, « l'accusé, disait-on, avait d'autant plus le droit de compter sur la comparution et l'audition de l'homme de l'art, que l'accusation ou plutôt l'instruction avait eu recours à son procès-verbal, et que les énonciations de ce procès-verbal il résultait que le crime n'avait pu être commis. Les constatations faites dans le rapport étaient acquises à l'accusé, et lors-même que l'art. 315 n'imposerait pas implicitement au ministère public l'obligation de faire comparaître les témoins dont les noms ont été notifiés à l'accusé, le président devait, en tous cas, donner lecture des dépositions du témoin omis ou non comparant. — 2° Violation de l'art. 322 c. inst. crim., en ce que la déposition de la fille Baroyer, soit à cause de l'âge de cette jeune fille (rien ne constatant qu'elle fut âgée de seize ans), soit à cause de la filiation qui l'unissait à l'accusé, aurait dû être écartée, ou du moins n'être pas couverte par la sainteté du serment.— 3° Violation des art. 330 et 331 c. inst. crim., en ce qu'un témoin ayant déposé que la femme de l'accusé lui avait dit qu'elle venait de faire arrêter l'accusé pour viol sur la personne de sa fille, et que cependant il était innocent et n'avait point violé sa fille, et avait proposé de faire répéter son dire par deux témoins présents à qui il avait immédiatement raconté cette déclaration, il y avait là une présomption de faux témoignage, en présence de laquelle la cour d'assises aurait dû ordonner d'office, pour l'examen de l'incident, le renvoi de l'affaire à une autre session. — 4° Violation de l'art. 324 c. inst. crim., en ce que le ministère public n'a point requis que deux témoins dont l'absence lui était signalée, fussent contraints à comparaître, *manu militari*, ou que l'affaire fût renvoyée à une autre session, et, en ce que, par suite, ces témoins n'ayant pas déposé, quoiqu'ils eussent été portés sur la liste mentionnée à l'art. 315 c. inst. crim. — Arrêt.

LA COUR ; — Attendu que la fille de l'accusé a pu légalement être entendue sous la foi du serment, du moment où ni le ministère public ni l'accusé ne se sont opposés à ce qu'elle fût entendue de cette manière ; — Attendu que, à défaut de réquisitions du ministère public ou de l'accusé, c'est à la conscience du président que la loi a confié le pouvoir d'apprécier les circonstances qui peuvent donner lieu de reconnaître l'existence d'un faux témoignage, et de procéder en conformité des art. 330 et 331 c. inst. crim., et qu'il ne peut résulter ouverture à cassation de ce que dans l'espèce, le président n'a pas jugé à propos d'user de ce pouvoir entièrement facultatif ; — Attendu qu'au ministère public seul appartient d'appeler les témoins dont il juge les dépositions utiles à la manifestation de la vérité, et qu'aucune nullité ne peut résulter de ce qu'il n'a pas appelé tel ou tel témoin, que l'accusé d'ailleurs était libre de faire citer à sa propre requête, s'il croyait à propos de le faire entendre ; — Attendu que si deux témoins cités à la requête de l'accusé ne se sont pas trouvés présents lors de l'appel de

---

titre de renseignements (V. n°s 622 et s. et M. F. Hélie, Inst. crim., t. 8, p. 732). — Il a été jugé : 1° qu'il ne résulte pas de nullité de ce qu'un témoin, qui n'était pas présent au commencement de l'audience, avait ensuite déposé, surtout si ce témoin n'a rien ajouté à sa déposition écrite (Crim. rej. 3 avril 1818) (2) ; — 2° Que lorsqu'à l'ouverture de l'audience, des témoins sont absents, et que du consentement du ministère public et de l'accusé il est passé outre, ce fait n'emporte pas renonciation à ces témoins, de telle sorte que s'ils se représentent ils ne puissent être entendus sous serment (C. C. de Belgique, 15 fév. 1842) (3).— V. n° 623.

498. Est-il nécessaire que les témoins portés sur la liste assistent à la lecture de l'acte d'accusation et de l'arrêt de renvoi ? — Il résulte de la combinaison des art. 313 et 315 que les témoins peuvent assister à cette lecture ; mais on n'en saurait conclure que leur présence au moment de cette lecture soit rigoureusement indispensable, ni surtout qu'elle soit exigée à peine de nullité. — Et il a été jugé en ce sens : 1° que la loi n'exige pas que les témoins soient présents à la lecture de l'acte d'accusation (Crim. rej. 2 nov. 1820) (4) ; — 2° Qu'on ne peut, en conséquence, exiger, sous peine de nullité, que les témoins d'une affaire criminelle soient présents à la lecture de l'acte d'accusation et de la liste des témoins (Crim. rej.23 fév. 1832) (5) ; — 3° Que, de même, l'absence d'un témoin lors de la lecture de l'acte d'accusation, et de l'exposé fait par le ministère public, n'est pas une cause de nullité : — « Attendu que, d'après les art. 314 et

leurs noms à l'ouverture des débats, l'accusé avait le droit de demander le renvoi de la cause à une autre session , et que, dans son silence à cet égard , le ministère public n'était nullement obligé de faire lui-même cette réquisition ; — Rejette.
Du 20 janv. 1844.-C. C., ch. crim.-MM. de Crouseilhes , f. f. pr.- Fréteau de Pény, rap.—Delapalme, av. gén.

(2) (Levvy *C.* min. pub.). — LA COUR ; — ...Attendu que l'art. 316 c. d'inst. crim., dont il relève la violation, n'est pas prescrit à peine de nullité; — Que , d'ailleurs, il est dit expressément au procès-verbal de la séance que «tous les témoins entendus oralement n'ont rien ajouté à leurs dépositions écrites; » — Que, puisque le vingtième témoin , qui n'était pas présent au commencement de l'audience, a comparu depuis l'ouverture des débats , n'a rien ajouté , dans sa déposition devant la cour d'assises, aux déclarations qu'il avait faites devant le juge d'instruction , il n'est pas possible que sa déposition orale ait été influencée par celles qui avaient précédé la sienne et qu'il avait entendues; — Rejette.
Du 3 avril 1818.-C.C., sect. crim.-MM. Barris, pr.-Aumont, rap.

(3) (Malherbe *C.* min. pub.) — LA COUR ; — Attendu qu'il résulte uniquement du procès verbal d'audience qu'il a été passé outre à l'instruction du consentement de l'accusé et du ministère public; que ni l'accusé ni le ministère public n'ont renoncé à l'audition des trois individus qui n'avaient pas répondu à l'appel; que la cour n'a pas donné acte d'une pareille renonciation; qu'ainsi rien n'empêchait que ces individus ne fussent entendus comme témoins sous la foi du serment ; — Rejette.
Du 15 fév. 1842.-C. C. de Belgique, ch. crim.-MM. de Sauvage, pr.- Wurth, rap.-Dewandre, 1er av. gén., v. conf.

(4) (Filippi.) — LA COUR ; — Attendu que la loi n'exige nullement que les témoins entendent la lecture de l'acte d'accusation; que c'est sur les questions du président et non sur cet acte d'accusation qu'ils doivent déposer ;... — Rejette.
Du 2 novembre 1820.-C. C., sect. crim.-MM. Barris, pr.-D'Aubers , rap.

(5) (David *C.* min. pub.) — LA COUR ; — Attendu que l'art. 315 c. inst. crim.,.en prescrivant que la lecture de la liste des témoins aurait lieu dans un moment où le greffier a déjà donné lecture de l'arrêt et de l'acte d'accusation, n'a pu exiger que ces témoins assistassent, sous peine de nullité, à la lecture dont il vient d'être parlé; — Attendu que la présence du témoins, au moment précis de la lecture de la liste, n'est pas prescrite à peine de nullité; — Attendu qu'il n'est pas même formellement articulé que Marie Charbonnet soit demeurée dans l'auditoire au lieu de se retirer dans la chambre des témoins; — Attendu que rien ne constate que l'accusé ou son conseil se fussent opposés à l'audition de ce témoin; — Attendu que, d'après le procès-verbal des débats, le défenseur aurait demandé acte de ce qui se serait (d'après lui) passé au moment de la lecture de la liste des témoins, seulement alors qu'il aurait eu lieu le réquisitoire du ministère public relatif à l'application de la peine, et quand il ne devait plus plaider que sur l'application de la peine; — Attendu, dès lors que la cour d'assises a pu déclarer David ou son conseil non recevable dans sa réquisition ; — Rejette, etc.
Du 23 fév. 1832.-C. C., ch. crim.-MM. Bastard, pr.-Crouseilhes, r.

315 inst. crim., la lecture de l'arrêt de renvoi et de l'acte d'accusation ainsi que l'exposé du sujet de l'accusation par le ministère public ont lieu avant l'appel des témoins à charge ou à décharge ; d'où il résulte que la présence de ces témoins n'est pas indispensable à tout ce qui se passe avant ledit appel. » (Crim. rej. 7 janv. 1842, MM. de Ricard, pr., Dehaussy, rap., aff. Valois). — V. aussi vᵒ Inst. crim., nᵒˢ 2224, 2229.

499. Toutefois, M. Legraverend, t. 2, p. 196, pense qu'avant d'entendre un témoin, il doit lui être donné lecture de l'arrêt de renvoi et de l'acte d'accusation, s'il n'est arrivé qu'après la lecture de ces actes. — M. Cubain (nᵒ 403) estime au contraire qu'on ne procéderait pas régulièrement en faisant donner au témoin arrivé tardivement une seconde lecture de ces pièces. Mais il nous serait difficile de voir une irrégularité dans ce mode de procéder, puisque si la loi n'a pas exigé cette seconde lecture elle ne contient du moins à cet égard aucune prohibition. — V. Inst. crim., nᵒ 2224.

500. A plus forte raison n'est-il pas indispensable de donner lecture aux témoins des pièces annexées à l'acte d'accusation : « attendu que la loi n'exige pas que les pièces annexées à un acte d'accusation soient lues aux témoins, comme elle l'exige à l'égard des jurés » (Crim. rej. 8 prair. an 10, MM. Seignette, pr., Bauchau, rap., aff. Dujardin).

501. Sous le code de brumaire, les témoins produits par le ministère public, ou la partie plaignante, devaient être cités. L'art. 359 ne dispensait de cette formalité que les témoins appelés à la requête de l'accusé. — On décidait toutefois avec raison 1ᵒ que le droit de se prévaloir de la nullité de l'exploit par lequel les témoins étaient assignés à comparaître n'appartenait qu'aux témoins et non à l'accusé (Crim. rej. 14 avr. 1808) (1); — 2ᵒ Qu'en conséquence, l'accusé ne pouvait se faire un moyen de cassation de l'irrégularité de la citation d'un témoin, lorsque celui-ci s'était présenté sur cette citation, et qu'il était porté d'ailleurs sur la liste notifiée à l'accusé (Crim. rej. 28 mess. an 10) (2).

502. Mais l'art. 324 c. inst. crim. porte expressément que les témoins produits par le procureur général ou par l'accusé seront entendus dans le débat, alors même qu'ils n'auraient reçu aucune assignation, pourvu dans tous les cas que ces témoins se trouvent portés sur la liste mentionnée en l'art. 315. La citation n'a donc d'autre but que d'obliger les témoins à comparaître sous les peines portées par la loi, et, en cas de non-comparution de leur part, de donner au ministère public et à l'accusé la faculté de demander le renvoi (V. aussi M. F. Hélie, t. 8, § 635, p. 684).—Cette formalité n'étant pas rigoureusement exigée à l'égard des témoins, il a été justement décidé à plus forte raison, que la circonstance qu'un ou plusieurs témoins notifiés au ministère public se présentent à l'audience sans être porteurs de la citation à eux donnée, ne peut leur enlever leur caractère de témoins (Crim. cass. 6 sept. 1838, aff. Horson, V. nᵒ 617).

503. L'art. 324 n'ayant mentionné d'une manière expresse que les témoins produits par le ministère public ou l'accusé, M. Legraverend a conclu de ce texte que la partie civile ne peut exiger l'audition d'un témoin qu'elle n'aurait pas fait citer, quoiqu'elle l'aurait notifié à l'accusé. — Mais le motif d'économie qui a dicté l'art. 324 ne permet pas souvent de s'arrêter à cette interprétation restrictive, alors qu'il n'existe d'ailleurs aucun motif sérieux pour rendre obligatoire, vis-à-vis des témoins de la partie civile, une formalité que la loi n'a pas jugé indispensable pour les témoins produits par le ministère public

(Conf. M. F. Hélie, Inst. crim., t. 8, § 635, p. 684).—En vain objecterait-on que la partie civile n'est pas obligée de notifier ses témoins au ministère public. Ce motif sur lequel se fonde M. Cubain (nᵒ 497) pour soutenir, comme Legraverend, la nécessité d'une citation, ne nous paraît pas suffisant pour justifier cette opinion. Cet auteur admet toutefois que si la partie civile avait fait cette notification au ministère public, bien qu'elle n'y fût pas obligée, le défaut de citation serait couvert parce que les noms et qualités des témoins à entendre à sa requête se trouveraient ainsi déterminés à l'avance vis-à-vis de toutes les parties en cause.

504. Il semble que le législateur aurait dû imposer expressément au ministère public l'obligation de faire citer les témoins invoqués par l'accusé à l'appui de ses moyens de défense. Cependant tout dépend à cet égard de l'humanité des magistrats du parquet. L'art. 321 qui a, sur ce point reproduit les termes de l'art. 2 de la loi du 3 pluv. an 13 autorise bien le ministère public à faire citer les témoins qui lui seraient indiqués par l'accusé, s'il juge leurs dispositions utiles à la manifestation de la vérité, mais elle ne lui en fait pas une obligation. Cependant il est rare dans la pratique que la faveur sollicitée par l'accusé lui soit refusée, lorsqu'il s'agit de témoins véritablement utiles. — Mais il a été constamment décidé avant, comme depuis la mise en activité du code d'instruction criminelle, que le défaut de citation de la part du ministère public des témoins à décharge indiqués par l'accusé, ne pouvait en aucun cas, ni obliger le juge à prononcer le renvoi de l'affaire, ni donner ouverture à cassation. — C'est ainsi qu'il a été jugé 1ᵒ, sous la loi criminelle de 1791, « que l'accusateur public n'est tenu par aucune loi de faire citer à sa requête les témoins à lui indiqués par les accusés à comparaître au débat pour déposer à leur décharge, et que l'art. 14 tit. 7 de la loi sur les jurés du 29 sept. 1791, laisse la faculté de les y faire appeler eux-mêmes si bon leur semble » (Crim. rej. 12 fruct. an 2, MM. Maleville, pr., Cochard, rap., aff. Berrier); — 2ᵒ Sous le code de brumaire an 4, que l'accusateur public n'est pas obligé de faire assigner les témoins indiqués par l'accusé (Crim. rej. 28 frim. an 6, MM. Gohier, pr., Seignette, rap., aff. Lambert); — 3ᵒ Qu'ainsi un accusé ne peut se faire un moyen de cassation de ce qu'un témoin désigné par lui n'avait pas été appelé aux débats, le ministère public étant le maître de déterminer ceux qu'il veut faire entendre (Crim. rej. 14 prair. 11, MM. Seignette, pr., Rataud, rap., aff. Genevoy); — 4ᵒ Par application de la loi du 3 pluv. an 13, que le ministère public et la cour criminelle peuvent faire entendre, sur la réclamation de l'accusé, des témoins dont ils jugent la déclaration nécessaire, mais la loi ne leur en impose pas l'obligation; qu'ainsi l'accusé n'est pas fondé à se plaindre de ce que certains témoins n'ont pas été cités par le ministère public : c'était à lui à les faire citer à ses frais (Crim. rej. 29 oct. 1807, MM. Barris, pr., Minier, rap., aff. Falletti); — 5ᵒ Que le procureur général est libre de ne pas citer les témoins à décharge qui lui sont indiqués par le prévenu s'il juge que ces témoins ne sont pas utiles à la manifestation de la vérité (Crim. rej. 7 déc. 1810, MM. Barris, pr., Brillat, rap., aff. Deglininocenti); — 6ᵒ Que l'absence des témoins à décharge, quoiqu'elle provienne de ce que l'accusé n'a pu remettre à l'huissier la somme nécessaire à l'huissier qu'il avait chargé de les assigner, n'oblige pas la cour d'assises à différer le jugement (Crim. rej. 27 vend. an 13) (3); —7ᵒ Qu'à plus forte raison l'accusé ne peut se faire un moyen de cassation du défaut d'audition de témoins à décharge, alors surtout qu'il ne les avait

---

(1) (Charrondierre.) — La cour ; — Attendu ne les seuls témoins assignés par l'exploit du 27 nov. 1807, auraient pu arguer de nullité cet exploit s'ils avaient eu à s'excuser pour n'avoir pas obéi : justice et ne s'être pas rendu à l'assignation qui leur avait été donnée ; que le droit de relever cette nullité de l'exploit qui, d'ailleurs, n'est nullement justifiée, ne pouvait appartenir au condamné, d'où il suit qu'on doit rejeter le premier moyen ; — Rejette.
Du 14 avr. 1808.–C. C., sect. crim.–MM. Barris, pr.–Oudot, rap.

(2) (Reverchon.) — Le tribunal ; — Attendu que dans le cas où les témoins auraient été irrégulièrement cités, nul n'aurait pu profiter qu'à eux-mêmes, comme moyen d'excuse, et que quant à l'accusé, il suffit qu'ils se soient rendus sur la citation ayant été portés sur la liste à lui notifiée ; — Rejette.

Du 28 mess. an 10.–C. C., sect. crim.-MM. Viellart, pr.–Rataud, r.

(3) (Min. pub. C. Bonhomme.) — Le tribunal ;....–Attendu sur le seul moyen proposé, relativement à la procédure, que si les témoins que Bonhomme voulait faire entendre à sa décharge, n'ont pas été cités par l'huissier auquel il dit en avoir donné la note, et cela faute d'avoir pu remettre à cet huissier l'argent nécessaire, Bonhomme doit s'imputer de ne s'être pas adressé au président ou au procureur général impérial de la cour de justice criminelle;—Qu'il ne peut s'excuser sur le défaut de lumières de sa part surtout ayant un conseil, auteur du mémoire, avec lui conférait sans doute sur les moyens de défense et qui l'aurait éclairé ; — Rejette.
Du 27 vend. an 13.–C. C., sect. crim.-MM. Vermeil, pr.–Seignette, rap.–Jourde, subst.

pas indiqués à l'accusateur public : il se prévaudrait vainement de ce que l'huissier auquel il s'était adressé a refusé d'assigner ces mêmes témoins (Crim. rej. 11 fruct. an 6, MM. Gohier, pr., Chupiet, rap., aff. Rondepierre); — 8° Que pareillement, l'accusé qui a donné des indications fausses et insuffisantes sur les témoins, n'est pas recevable à se plaindre de ce qu'ils n'ont pas été appelés ni à demander pour ce motif la remise des débats (Crim. rej. 7 vend. an 7, MM. Gohier, pr., Barris, rap., aff. Paynas).

505. Il a été décidé de même, sous le code d'instruction criminelle, 1° qu'il ne peut résulter d'ouverture à cassation de ce que le procureur général n'a pas fait citer à sa requête des témoins à décharge, même quand ils lui ont été indiqués par l'accusé (Crim. rej. 20 fév. 1812) (1); — 2° Que le ministère public n'est point obligé de faire citer les témoins à décharge qui lui sont indiqués par l'accusé, il a seulement la faculté de faire citer ceux qu'il croit utile à la manifestation de la vérité, c'est à l'accusé à faire citer ceux qu'il croit utiles à sa défense (Crim. rej. 2 avr. 1812,MM.Barris,pr., Chasle,rap., aff. Tixier);—3° Que le ministère public est souverainement juge de cette utilité, et de quelque manière qu'il décide, il n'en saurait résulter un moyen de cassation (Crim. rej. 2 sept. 1813, MM. Barris, pr., Vautoulon, rap.,aff.Bourry; 27 janv.1814,MM. Barris,pr., Vautoulon, rap., aff. Loire; 20 juill. 1815, MM. Barris, pr., Busschopp, rap., aff. Server); — 4° Que de même le refus par le ministère public d'assigner des témoins à décharge à lui signalés par l'accusé, n'est pas une cause de nullité (Crim. rej. 18 mars 1853, aff. Dugelay, D. P. 53. 3. 446);— 5° Qu'à plus forte raison le prévenu ne peut se plaindre de ce que le ministère public n'a pas fait assigner des témoins à décharge dont il n'a fait connaître ni les noms ni les domiciles (Crim. rej. 1er avr. 1824, aff. Marcel , *suprà*, n° 141).

506. Lorsque la citation du ministère public à des témoins dont le prévenu réclame l'audition, n'a pas pu leur être remise, vu que leur domicile actuel était inconnu, l'inculpé doit demander une remise de la cause pour les faire réassigner utilement; s'il se borne à conclure au fond quoique, en se plaignant de leur absence, le jugement ou arrêt qui intervient en cet état ne peut être cause d'omission ou de refus de statuer (Crim. rej. 25 nov. 1857) (2).

507. Après l'appel de la liste des témoins, et lorsqu'il a été statué par la cour d'assises sur les incidents auxquels cet appel a pu donner lieu, le président ordonne aux témoins de se retirer dans la chambre qui leur est destinée, et dont ils ne doivent sortir que pour déposer (C. inst. crim. 316), cette mesure a pour objet d'empêcher que les dépositions des témoins au lieu d'être l'expression spontanée de leurs propres souvenirs, ne soient plus ou moins influencées par les déclarations des autres témoins. — Aux termes du même article, le président prend s'il y a lieu des précautions pour s'opposer à ce que les témoins puissent conférer entre eux avant leur déposition (V. n° 670-2°). —Les prescriptions de la loi à cet égard, bien que dictées par un esprit de prudence dont on ne saurait s'écarter sans inconvénient, ne peuvent cependant être considérés comme substantielles et leur inobservation en conséquence ne donnerait pas ouverture à cassation (Conf. M. F. Hélie, Inst. crim., t. 8, p. 679). — C'est ainsi qu'il a été jugé 1° que le condamné ne peut invoquer, comme moyen de cassation, l'inobservation de l'art. 316 c. inst. crim., non prescrit à peine de nullité, lorsque, d'ailleurs, il est constant qu'après l'appel des témoins, le président leur a ordonné de se retirer dans la chambre qui leur était destinée, et que, le lendemain, le défenseur de l'accusé ayant demandé acte de la présence, dans l'auditoire, d'un témoin non encore entendu, la cour lui a accordé cet acte, et ordonné que le témoin serait conduit dans la chambre destinée aux témoins (Crim. rej. 8 juill. 1824) (3); — 2° Que « l'art. 316 c. inst. crim. n'étant pas prescrit à peine de nullité, la circonstance qu'il y aurait eu communication entre les témoins ne peut donner ouverture à cassation » (Crim. rej. 21 oct. 1824, MM. Portalis, pr., Gaillard, rap., aff. Poussard);— 3° Qu'ainsi il ne peut y avoir nullité de ce qu'un témoin serait resté dans la salle d'audience après l'ordre du président de faire retirer les témoins dans la chambre à eux destinée (Crim. rej. 24 sept. 1824 (4); 29 mai 1840, MM. de Bastard, pr., Dehaussy, rap., aff. Blondeau; 3 sept. 1842, MM. Bastard, pr., Isambert, rap., aff. Biton); — 4° Que, bien qu'il ne serait pas régulièrement constaté que les témoins restant à entendre étaient retirés dans la chambre à eux destinée, pendant l'audition d'autres témoins, il ne peut s'ensuivre aucune nullité, l'art. 316 c. inst. crim. n'étant pas prescrit à peine de nullité (Crim. rej. 25 janv. 1858, MM. Bastard, pr., Vincens, rap., aff. Val; Crim. rej. 15 déc. 1852, MM. Bastard, pr., Rives, rap., aff. Saints-Simoniens);—5° Qu'en conséquence la cour a pu, malgré l'opposition de l'accusé, ordonner que des témoins donneraient leurs dépositions malgré leur présence à une partie des débats, sans que cette circonstance doive entraîner la cassation de l'arrêt intervenu à la suite des débats (Crim. rej. 23 avr. 1855, aff. Fanelly, V. n° 647-5°); — 6° Que de même, l'introduction furtive, dans la salle d'audience, d'un ou de plusieurs témoins, nonobstant les mesures de précaution prises, ne saurait vicier la procédure (Crim. rej. 7 mars 1839, MM. Bastard, pr., Rocher, rap., aff. Furcy; 7 janv. 1847, aff. Fabiani, D. P. 47. 4. 147; 15 oct. 1847, aff. Dequeville, D. P. 47. 1. 338); — 7° Que cette circonstance peut tout au plus servir de moyen de discussion contre la déclaration de ce témoin, discussion qui appartient au jury d'apprécier (Crim. rej. 21 juin 1839, MM. Bastard, pr., Isambert, rap., aff. Langlois; Crim. rej. 3 avr. 1840) (5); — 8° Que par suite il n'y

---

(1) (Gayken.) — La cour; — Attendu que l'art. 321 c. inst. crim. autorise les accusés qui n'ont pas les moyens de faire comparaître les témoins à décharge à s'adresser au procureur général, qui peut faire citer à sa requête les témoins qui lui seraient indiqués par l'accusé dans le cas où il jugerait que leur déclaration pût être utile pour la découverte de la vérité, mais que dans aucune circonstance, il ne peut résulter dudit art. 321 une ouverture à cassation; — Rejette. Du 20 fév. 1812.-C. C., sect. crim.-MM. Barris, pr.-Vautoulon,rap.

(2) (Phétu C min. pub.) — La cour; ...— Attendu que le demandeur, dans une requête déposée au greffe de la cour royale, avait demandé formellement que l'on entendît en témoignage les nommés Jacquet et M. Alloy; que, conformément à son désir, le procureur général les a fait citer pour l'audience où l'appel devait être jugé; que l'exploit de citation constate que leur domicile actuel était inconnu; que dans cet état, le demandeur devait demander à la cour royale une remise pour que ces témoins fussent réassignés utilement, ce qu'il n'a point fait; que, dans les conclusions déposées à l'audience, il se plaint bien de l'absence de ces deux témoins, mais se borne à conclure au fond, que, d'après ces faits, la cour royale ne peut être considérée comme coupable d'omission ou de refus de statuer;

Attendu, sur le troisième moyen, que, pour déclarer le demandeur coupable du délit prévu par l'art. 411 c. min. la cour royale de Paris ne s'est pas fondée seulement sur les trois faits particuliers de prêt sur gages que signale son arrêt, mais encore sur les autres circonstances de la cause qu'il lui appartenait d'apprécier, et qu'elle n'était point tenue de spécifier dans les motifs de sa décision; qu'ainsi il n'y a pas eu fausse application dudit article; — Rejette.

Du 25 nov. 1857 .-C. C., ch. crim.-MM. Choppin, pr.-Vincens, rap.
(3) (Baud C. min. pub.); — La cour; — Attendu qu'il est constaté par le procès-verbal de la première séance de la cour d'assises, qui a eu lieu le 2 juin, qu'après l'appel des témoins portés sur la liste signifiée à l'accusé, le président a ordonné aux témoins de se retirer dans la chambre qui leur était destinée pour n'en sortir qu'au fur et à mesure qu'ils seraient appelés pour déposer; qu'ainsi il a été satisfait à l'art. 315 c. inst. crim., lequel, d'ailleurs, n'est pas, quant à son exécution, prescrit à peine de nullité; — Attendu qu'un des défenseurs de l'accusé ayant, à la séance du 3 juin, demandé acte de ce qu'un témoin, non encore entendu, était présent dans la salle d'audience pendant la déposition d'un d'un autre témoin, la cour a accordé cet acte, et a ordonné, conformément au réquisitoire du procureur du roi, que ce témoin serait conduit dans la chambre destinée aux témoins, et que dès lors il a été statué ainsi qu'il est prescrit par l'art. 316 ci-dessus cité; — Rejette.

Du 8 juill. 1824.-C. C., sect. crim.-MM. Ollivier, pr.-Brière, rap.
(4) (Lacoste, etc. C. min. pub.) — La cour; —...Attendu que si les témoins déjà entendus, tels que Delpuyron, sont restés dans l'auditoire, et ont été ensuite entendus de nouveau par l'ordre du président, c'est une pratique inévitable dans les débats et une exécution littérale des articles combinés 320 et 326 c. inst. crim.; — Rejette.

Du 24 sept. 1824.-C. C., sect. crim.-MM. Portalis, pr.-Brière,rap.
(5) (Grangeon C. min. pub.) — La cour; — Attendu que l'introduction furtive d'un témoin non entendu, dans l'auditoire, pendant la déposition des autres témoins, ne saurait constituer une nullité de la procédure; qu'aucune loi ne la déclare ainsi; qu'il ne peut dépendre d'un témoin de vicier la procédure à sa volonté, et qu'il ne peut re-

a pas nullité de ce qu'un témoin ne se serait pas retiré dans la chambre destinée aux témoins, alors surtout qu'il n'est pas articulé que ce témoin soit resté dans l'auditoire, et que l'accusé et son conseil ne se sont point opposés à son audition (Crim. rej. 23 fév. 1832, aff. David, V. Instr. crim., n° 3586);—9° Que la décision de la cour d'assises qui annule les dépositions faites pendant l'absence d'un témoin précédemment entendu, et ordonne qu'elles seront recommencées, ne peut, si cette absence n'a été l'objet [d'aucune réclamation pendant sa durée, être regardée comme portant atteinte aux droits de la défense, à raison de la connaissance que les témoins ainsi entendus une seconde fois auraient pu avoir de leurs dépositions respectives. — ...En tous cas, la disposition de l'art. 316 c. inst. n'est pas prescrite à peine de nullité (Crim. rej. 16 oct. 1850, aff. Dubuc, D. P. 50. 5. 440);—10° Qu'enfin l'irrégularité résultant de ce que quelques-uns des témoins entendus par la cour d'assises avaient assisté à une partie des débats, ne donne pas ouverture à cassation (Crim. rej. 30 mars 1834, aff. Grandgérard, D. P. 34. 5. 742).

508. Il résulte de ce qui précède que le témoin qui a assisté irrégulièrement à la déposition d'autres témoins, n'est pas pour cela incapable de déposer sous la foi du serment (Crim. rej. 19 août 1819 (1); 30 avr. 1841, MM. Bastard, pr., Meyronnet, rap., aff. Ducasse);—Ce serait donc à tort que le président, en le considérant comme privé par cela seul de sa qualité de témoin, le ferait entendre sans prestation de serment en vertu de son pouvoir discrétionnaire (V. n° 621).

509. Sous le code de brumaire, où la formalité de la notification préalable n'était pas exigée pour les témoins à décharge, on décidait même 1° qu'un tribunal criminel ne pouvait sans violer la loi refuser d'entendre un témoin à décharge qui n'avait point été cité, sous le prétexte que ce témoin avait assisté aux débats (Crim. cass. 9 prair. an 8, M. Schwendt, rap., aff. Cochois);— 2° Qu'ainsi, lorsqu'un tribunal criminel refusait d'entendre des témoins présentés par l'accusé à sa décharge, sous le prétexte qu'ils ne s'étaient pas trouvés à l'appel, ou qu'ils avaient été vus dans l'auditoire pendant les dépositions des autres témoins, il violait les droits de la défense; et l'arrêt de condamnation intervenu sur ce refus devait être cassé (Crim. cass. 13 brum. an 8, M. Jaume, rap., aff. Favreau).

510. Il est de règle que tous les témoins régulièrement notifiés qui ont répondu à l'appel doivent être entendus. Cette règle souffre exception à l'égard des témoins qui se trouvent dans un cas d'indignité, d'incapacité ou d'incompatibilité. Ces témoins ne doivent pas être entendus, et leur audition pourrait être une cause de nullité, sinon d'une manière absolue au moins en certains cas et suivantes les distinctions que nous avons établies (V. suprà, n° 214 et suiv.).

511. Le droit d'opposition à l'audition d'un témoin peut être exercé tant que la déposition de ce témoin n'est pas commencée, mais dès que le témoin a commencé sa déposition, le silence de celui à qui il appartenait de s'opposer à son témoignage doit être considéré comme un acquiescement à ce qu'il soit entendu (V. n° 221). S'il en était autrement, la déposition commencée pourrait être interrompue suivant qu'elle serait

favorable ou contraire, et cette déposition tronquée pourrait être une cause d'erreur (M. Cubain, n° 303). C'est donc avant la déposition que les reproches doivent être jugées (V. n°° 363 et suiv., 452).

512. Le reproche fondé sur l'incapacité légale des personnes figurant au nombre des témoins est du reste recevable, alors même qu'il serait proposé par la partie qui a fait citer à sa requête le témoin reproché. — Il a été jugé en ce sens que le ministère public peut s'opposer à l'audition, comme témoin, de la fille de l'accusé, alors même que ce témoin aurait été appelé aux débats à sa requête (Crim. rej. 13 janv. 1853, aff. Rigault, D. P. 53. 5. 443).

513. C'est à la cour et non au président seul qu'il appartient de statuer sur les reproches (C. inst. crim. 313, 317). Elle doit donc apprécier les causes de prohibition qu'on invoque, et décider si les témoins reprochés seront ou non entendus. — Il a été jugé en conséquence que lorsque des témoins produits dans une procédure criminelle sont reprochés par l'accusé, il ne suffit pas que la cour d'assises donne acte des reproches sans autre disposition; il faut encore, sous peine de nullité, qu'elle statue par une disposition formelle sur le mérite des reproches proposés (Bruxelles, 24 août 1815) (2).

514. La décision de la cour d'assises relativement aux reproches, est nécessairement souveraine lorsqu'elle ne porte que sur l'existence du fait allégué comme cause de reproche. —C'est pourquoi il a été justement décidé que la déclaration, en fait, que les reproches proposés par un témoin ne reposent que sur des allégations dénuées de toutes preuves, est irréfragable (Crim. cass. 30 sept. 1826) (3);—Mais il en serait autrement s'il y avait omission de statuer (c. inst. crim. 408). De même le refus de la part de la cour d'admettre comme cause de reproche, un des cas de prohibition prévus par la loi, donnerait incontestablement ouverture à cassation.

515. La partie qui allègue contre un témoin une cause de reproche, doit être en mesure de justifier son allégation si elle est contestée. — Il a été jugé avec raison qu'une cour de justice criminelle n'est pas tenue de suspendre les débats pour donner à l'accusé le temps de faire comparaître des témoins à l'effet de justifier les reproches qu'il allègue contre les témoins : c'était à lui à les faire citer (Crim. rej. 27 juill. 1819, aff. Milhaut).

516. Il y a encore exception à la règle précédemment exprimée à l'égard des témoins à l'audition desquels on a renoncé. La partie qui a fait citer un témoin sans le faire notifier, peut, avant la lecture de la liste, renoncer à son audition, et cette renonciation suffit pour que le témoin ne doive pas être entendu. Mais la notification crée un lien de droit d'après lequel le témoin ne peut plus être écarté que du consentement de la partie à qui la notification a été faite ; elle constitue de la part de la partie qui a fait la notification l'engagement de faire entendre le témoin notifié.—Cet engagement n'existe toutefois que pour le cas où le témoin comparaît sur la citation qui lui est donnée; car s'il fait défaut, rien n'oblige la partie à le faire citer de nouveau. Aussi a-t-il été jugé en ce sens, sous le code de brumaire, qu'un accusé ne peut se faire un moyen de cassation de ce qu'un témoin, porte

---

suiter, de cette circonstance, qu'un moyen de discussion contre la déclaration du témoin qui s'est ainsi introduit; discussion dont le jury apprécie la gravité, comme celle des autres éléments du procès; — Rejette.
Du 5 avril 1840.-C. C., ch. cr.-MM. Crouseilhes, pr.-Mérilhou, rap.

(1) (Hubert C. min. pub.); — La cour; — Attendu que l'art. 316 c. inst. crim. n'est pas prescrit à peine de nullité; qu'en conséquence il ne peut résulter un moyen de cassation de ce que le nommé Marion ait été admis à prêter serment et à déposer comme témoin, encore bien qu'il eût assisté à la déposition d'un témoin précédent; qu'au surplus la cour d'assises a délibéré et prononcé sur l'opposition du demandeur à ce que Marion fût entendu comme témoin, et que par cette délibération et cette décision, il a été satisfait au vœu de la loi; — Rejette.
Du 19 août 1819.-C. C., sect. crim.-MM. Barris, pr.-Giraud, rap.

(2) (Vandevelde, etc. C. min. pub.); — La cour; — Considérant que du procès-verbal d'audience de la cour d'assises du départem. de la Lys, en date du 18 mars 1815, et de la procédure, il résulte 1° que Gérard Suremont a été produit, par le ministère public, comme témoin, et que les demandeurs en cassation ont reproché ce témoin comme étant l'as-

socié du sieur Lacave, partie civile, et ayant par conséquent intér t dans la cause ; 2° que la cour d'assises, par l'organe du président, a donné à Mes Devers et Denet, défenseurs des accusés, acte de cette déclaration ; et 3° enfin que le susnommé témoin a été entendu à la même audience; — Considérant que ce reproche enveloppait le soutènement que le susdit témoin ne pouvait y être entendu; et qu'il résulte du procès-verbal prérappelé qu'il a été omis de prononcer sur cette demande des accusés; — Attendu qu'aux termes de l'art. 408 c. inst. crim., cette omission donne lieu, sur la poursuite de la partie condamnée, à l'annulation de l'arrêt de condamnation ; — Casse et annule l'arrêt de la cour d'assises du dép. de la Lys, etc.
Du 24 août 1815.-C. sup. de Bruxelles.

(3) (Fabien et Volny C. min. pub.) — La cour; — Attendu, sur le sixième moyen, que l'arrêt attaqué a rejeté les reproches proposés contre le témoin Morando, parce qu'ils ne reposaient que sur des allégations dénuées de toutes preuves, et que la cour de cassation ne pourrait, sans excéder ses pouvoirs, examiner les éléments de cette déclaration en fait; — Rejette.
Du 30 sept. 1826.-C. C., ch. crim.-MM. Portalis, pr.-Ollivier, rap.

en cette qualité sur une première liste, ne l'a plus été sur une liste subséquente, le ministère public ayant le droit de renoncer à l'audition d'un témoin cité, en cas de non-comparution (Crim. rej. 14 prair. an 11) (1).

517. Quand la liste a été lue publiquement, il y a engagement vis-à-vis de toutes les parties en cause, et les témoins portés sur cette liste doivent être entendus, à moins que toutes les parties ne renoncent à leur audition (M. Cubain, n° 496). — Il a été décidé en conséquence, sous le code de brumaire, 1° que, nonobstant l'observation de l'accusé, qu'il croit inutile d'entendre les témoins par lui produits, le tribunal criminel, sur la réquisition de l'accusateur public et du commissaire du gouvernement, peut en ordonner l'audition (Crim. rej. 9 mess. an 8) (2) ; — 2° Sous le code d'instruction criminelle, qu'il ne suffit pas qu'à l'audience, le ministère public déclare renoncer à l'audition d'un témoin, pour qu'il soit dépouillé par cela seul du caractère que lui confèrent les actes de la procédure (Crim. cass. 17 sept. 1834, aff. Bouvet, V. n° 627).

518. Mais le témoin devrait être écarté s'il y avait renonciation simultanée de toutes les parties en cause (Conf. M. F. Hélie, Inst. crim., t. 8, § 658, p. 723, 724).—Il a été jugé avec raison 1° que l'accusé ne peut se plaindre qu'un témoin, à l'audition duquel lui et le ministère public ont renoncé, n'ait pas été entendu (Crim. rej. 6 nov. 1840) (3) ;—2° Que les témoins cités à charge peuvent n'être pas entendus aux débats, si le ministère public, avec l'acquiescement de l'accusé, renonce à leur audition (Crim. rej. 5 mai 1851, aff. Castex, D. P. 54. 5. 739).

519. Il importerait peu, quant aux effets de cette renonciation, qu'elle fût fondée sur une erreur de droit. Il a été jugé, par exemple, que de ce que le ministère public, pensant à tort que le conjoint d'un allié de l'accusé au degré prohibé ne pouvait être entendu, a renoncé à l'audition de ce témoin, qui, en effet, n'a point été entendu, sans qu'il y ait eu à cet égard réclamation de l'accusé, il ne saurait résulter une nullité : en cas pareil, il n'est

pas exact de dire qu'un tel témoin ait été acquis aux débats (Crim rej. 12 déc. 1840 (4). V. toutefois M. F. Hélie, Inst. crim., t. 8, p. 725).

520. Cette renonciation n'a même pas besoin d'être expresse, elle est présumée lorsqu'il n'a été élevé aucune réclamation au sujet de la non-audition d'un témoin. — Il a été jugé en ce sens 1° que la non-audition d'un témoin à décharge dont le nom a été notifié au ministère public, ne rend pas nuls les débats, lorsque ni l'accusé ni son conseil ne s'en sont plaints devant la cour d'assises, leur silence faisant présumer qu'ils ont renoncé à cette audition (Crim. rej. 26 juill. 1852 (5). V. aussi crim. rej. 10 août 1838, aff. Cabanes, n° 630) ; — 2° Qu'il y a renonciation tacite à l'audition d'un témoin, dans cette circonstance que le ministère public après avoir fait citer et notifier un témoin, n'a pas placé son nom sur la liste (Crim. rej. 23 août 1849, aff. Tresse, D. P. 49. 5. 361 ; 15 juin 1854, aff. Marmand, D. P. 54. 5. 741)... et que l'accusé n'a fait aucune réclamation (Crim. rej. 22 juill. 1842, M. Jacquinot-Godard, rap., aff. Blanqui ; — V. aussi n° 473, 629, 630, et M. F. Hélie, t. 8, p. 724-725).

521. Mais on ne doit pas considérer comme une renonciation à l'audition d'un témoin le consentement donné par le ministère public et l'accusé, en cas d'absence de ce témoin, à ce qu'il soit passé outre (Crim. cass. 17 mai 1844 (6); conf. crim. rej. 17 sept. 1834, aff. Bouvet, V. n° 627; C. C. de Belgique, 15 fév. 1842, aff. Malherbe, V. n° 497).

522. Il suffit, dans le cas de renonciation de toutes les parties en cause à l'audition d'un témoin, que le fait soit constaté au procès-verbal des débats (conf. M. F. Hélie, Inst. crim., t. 8, § 658, p. 725). Cette renonciation n'élève point une question contentieuse qui rende nécessaire un arrêt de la cour. — Il a été justement décidé que lorsque l'accusé et le ministère public renoncent à l'audition d'un témoin, la cour peut déclarer passer outre, sans être tenue, sous peine de nullité, de rendre un arrêt

---

(1) (Genevoy et Devignoles.)—Le tribunal :—...Attendu, qu'aucune nullité ne peut résulter de ce que le citoyen Gay n'a pas été appelé comme témoin aux débats et de ce que le citoyen Pété, qui avait été porté en cette qualité sur une première liste, ne l'a pas été sur une liste subséquente ; — Que la loi s'en remet au commissaire du gouvernement pour déterminer quel témoin il trouve nécessaire, utile ou régulier de faire entendre à sa requête lors des débats ; qu'il a même, d'après la disposition de l'art. 419 cod. des délits, en cas de non-comparution d'un témoin qui a été cité, le droit de renoncer à son audition, et de consentir au jugement de l'affaire nonobstant cette non-comparution ; — Rejette.
Du 14 prair. an 11.-C. C., ch. crim.-MM. Seignette, pr.-Rataud, r.
(2) (Guislain et Dumont.)—Le tribunal ;—...Considérant que le jugement qui, sur la demande de l'accusateur public et la réquisition du commissaire du gouvernement, a ordonné que les témoins produits par l'accusé, appelés et présents au tribunal, seraient entendus pour le plus grand éclaircissement de la vérité, bien que le défenseur de l'accusé eût observé qu'il croyait inutile de les entendre, ne présente aucune contravention aux art. 356 et 357 du code ; — Rejette.
Du 9 mess. an 8.-C. C., sect. crim.-MM. Viellart, pr.-Target, rap.
(3) (Rouyer C. min. pub.) — La cour ; —...Sur le moyen tiré de la violation prétendue de l'art. 315 c. inst. crim., duquel il résulte que tout témoin respectivement notifié est acquis aux débats et doit être entendu, et de ce que le témoin Lugan, cité à la requête du ministère public et appelé à son tour, n'a pas été entendu par le motif énoncé dans l'arrêt de la cour d'assises sur cet incident, que ce témoin a justifié de sa qualité de licencié en droit, et de ce que, ayant été conseil des parties, il avait cherché à les concilier, et qu'enfin le défenseur de l'accusé et le ministère public ont renoncé à l'audition de ce témoin ; — Attendu qu'il n'est pas exact de prétendre que tout témoin régulièrement assigné et notifié est irrévocablement acquis aux débats et doit être entendu, puisqu'il est toujours loisible au ministère public et à l'accusé de renoncer à l'audition d'un témoin dont la déposition leur paraît superflue et de nature à prolonger sans utilité les débats ; que dans l'espèce il est constaté par le procès-verbal des débats que le défenseur de l'accusé et le ministère public ont renoncé à l'audition du témoin Lugan ; que, par conséquent, le demandeur n'est pas fondé à se plaindre de ce qu'un témoin, à l'audition duquel il a renoncé, n'a pas été entendu ; qu'en cela, il n'y a eu aucune violation de l'art. 315 inst. crim.° — Rejette.
Du 6 nov. 1840.-C. C., ch. crim.-MM. Bastard, pr.-Dehaussy, rap.
(4) (Lafarge C. min. pub.)—La cour ; —...Sur le sixième moyen, pris de ce que Bullières, mari de la belle-sœur de l'accusée, témoin cité à la

requête du ministère public, a été, sous prétexte de parenté, entendu sans prestation de serment ; — Attendu que le ministère public avait renoncé à l'audition de ce témoin, à raison de sa parenté avec l'accusée ; que l'erreur de ce motif n'a pas vicié cette renonciation, à laquelle l'accusée a tacitement acquiescé en ne demandant pas le maintien de ce témoin aux débats ; que, dès lors, Bullières a été valablement entendu en vertu du pouvoir discrétionnaire du président ; — Rejette.
Du 12 déc. 1840.-C. C., ch. crim.-MM. Bastard, pr.-Ricard, rap.
(5) (Gombault C. min. pub.) — La cour ; — Attendu que le premier moyen, que, devant la cour d'assises, ni le demandeur ni son avocat ne se sont plaints de ce qu'on n'aurait ni appelé, ni entendu le témoin dont le demandeur avait fait notifier le nom, comme témoin à décharge, au ministère public ; que leur silence ne peut conclure que les expressions générales du procès-verbal sur l'audition des témoins se réfèrent aux témoins à décharge comme aux témoins à charge ; que, dès lors, le demandeur ne serait pas recevable à exciper aujourd'hui de ce que ce témoin n'aurait pas été entendu ; — Rejette.
Du 26 juillet 1852.-C. C., ch. crim.-MM. Bastard, pr.-Ollivier, r.
(6) (Valence C min. pub.) ; — La cour ; — Sur le moyen d'office, pris de ce que des témoins cités à la requête du ministère public le 19 mars par un exploit régulier, et dont le nom a fait partie des vingt-deux témoins notifiés à l'accusé le 25 du même mois, n'a été entendu au débat qu'en vertu du pouvoir discrétionnaire du président, et sans prestation de serment : — Vu les art. 315 et 317 c. inst. crim. ; — Attendu que la qualité de témoin avait été imprimée au témoin Brinval par la citation du 19 mars, d'ailleurs notifiée à l'accusé ; que cette qualité ne pouvait cesser que par quelqu'une des causes qui rendent un individu incapable d'après la loi de prêter témoignage en justice ; que son absence au commencement de l'audience ne donnait à la cour d'assises que le droit de prononcer contre lui les peines attachées à cette absence, en cas qu'il n'y ait pas d'excuses suffisantes, et celui d'examiner si cette absence permettrait de passer outre aux débats, mais non celui de le rayer de la liste des témoins et de le dépouiller de la qualité qui lui avait été imprimée ; — Qu'à la vérité le ministère public avait renoncé à son audition, et la cour d'assises passer outre à cette renonciation ; mais qu'il n'en a été donné d'autre motif que celui tiré de ce que cette absence ne devait pas empêcher de passer outre aux débats, ce qui n'y avait pas d'incapacité en la personne du témoin ; — D'où il suit que le président de la cour d'assises, en dispensant le témoin de la formalité du serment et en le faisant entendre seulement à titre de renseignement, a faussement appliqué l'art. 269 c. inst. crim. sur l'exercice du pouvoir discrétionnaire, et violé les art. 315 et 317 même code ; — Casse.
Du 17 mai 1844.-C. C., ch. crim.-MM. Laplagne, pr.-Isambert, rap.

208   TÉMOIN.—Chap. 9, Sect. 3.

sur ce fait (Crim. rej. 24 sept. 1840, aff. Franchon, V. Inst. crim., n° 2092-2°).

523. Le témoin auquel le ministère public et l'accusé ont déclaré renoncer n'appartient plus aux débats, d'où il suit qu'il ne peut plus être admis à déposer avec prestation de serment ; mais le président conserve toujours le droit de le faire entendre à titre de simple renseignement, en vertu de son pouvoir discrétionnaire (V. n°° 627 et suiv.).

Sect. 3.— *Déposition des témoins.*— *Interpellations préalables.*— *Serment.* — *Ordre de leur audition.*

524. Aux termes de l'art. 317 c. inst. crim. : « Avant de déposer, les témoins prêteront, à peine de nullité, le serment de parler sans haine et sans crainte, de dire toute la vérité et rien que la vérité (V. Serment, n°° 164 et s.).— Le président leur demandera leurs noms, prénoms, âge, profession, leur domicile ou résidence, s'ils connaissaient l'accusé avant le fait mentionné en l'acte d'accusation, s'ils sont parents ou alliés soit de l'accusé, soit de la partie civile et à quel degré ; il leur demandera encore s'ils ne sont pas attachés au service l'un de l'autre » (V. Inst. crim., n° 3232). On pourrait croire d'après l'ordre de ces dispositions que le président doit faire prêter serment aux témoins avant de les interpeller sur leurs noms, prénoms, etc. : c'est en effet ce qui a presque toujours lieu dans la pratique (V. n° 647). Mais une telle interprétation ne paraît point conforme au vœu de la loi : il faut, en effet, que l'individualité du témoin soit d'abord reconnue pour donner aux oppositions la faculté de se produire et d'un autre côté, le président, avant de faire prêter serment aux témoins, doit s'assurer qu'ils peuvent être entendus sous la foi du serment ; les interpellations qui ont pour objet de constater l'individualité du témoin et les liens de parenté qui pourraient faire écarter son témoignage doivent donc précéder la formalité du serment (M. Cubain, n° 498 ; F. Hélie, Inst. crim., t. 8, § 657, p. 722).

Le serment est obligatoire pour tous les témoins, et il ne leur est pas permis de déposer sans prestation de serment à une condition. — Ainsi, il a été jugé que les tribunaux peuvent refuser d'entendre des témoins qui ont déclaré qu'ils ne prêteraient serment qu'autant qu'ils en obtiendraient l'autorisation formelle du prévenu (Crim. rej. 15 déc. 1832) (1).

525. Les interpellations que le président doit, d'après le § 2 de l'art. 317, adresser aux témoins sur leurs noms, âge, profession, demeure, parenté, etc., ne sont pas prescrites à peine de nullité. — Cette proposition est admise unanimement soit par la doctrine (V. MM. Bourguignon, t. 2, p. 41; Legrave-

rend, p. 199, n° 7; Cubain, n° 498; F. Hélie, t. 8, p. 722) et par la jurisprudence (Crim. rej. 27 janv. 1814, aff. N...; 19 oct. 1815, MM. Barris, pr., Audier, rap., aff. Walbring; 4 avr. 1816, MM. Barris, pr., Lecoutour, rap., aff. Crachit; 13 avr. 1821, MM. Barris, pr., Aumont, rap., aff. Piazza; 29 juill. 1825, MM. Portalis, pr., Ollivier, rap., aff. Dufour; 10 oct. 1828, aff. Fournier, V. Inst. crim., n° 2267-1°; 16 sept. 1831, MM. Bastard, pr., Ollivier, rap., aff. Jarron). — Il a été jugé en conséquence : 1° que la peine de nullité prononcée par l'art. 317 ne s'applique qu'au serment à faire prêter par les témoins, et non aux autres dispositions de cet article (Crim. rej. 25 mai 1820 (2) ; 28 oct. 1813, MM. Barris, pr., Benvenuti, rap., aff. Bertino; 6 oct. 1814, aff. Moulins, n° 525-1°; 2 mai 1839, MM. Bastard, pr., Vincens, rap., aff. Lesage; 24 déc. 1852, aff. Gessler, D. P. 52. 5. 529), ...surtout s'il n'y a pas de réclamation aux débats (Crim. rej. 3 janv. 1833, MM. Bastard, pr., Ollivier, rap., aff. Ané, etc., C. min. pub.); — 2° Qu'ainsi il n'est pas nécessaire, à peine de nullité, que le président de la cour d'assises demande aux témoins leur âge (Crim. rej. 15 av. 1830, MM. Ollivier, pr., Meyronnet, rap., aff. Wanveninghem); — 3° Que la peine de nullité n'est pas non plus attachée à l'omission par le président d'interpeller les témoins s'ils sont parents, alliés ou au service des parties civiles; c'est à l'accusé, pendant les débats, de relever une telle omission, quand elle a eu lieu (Crim. rej. 2 mai 1839, MM. Bastard, pr., Vincens, rap., aff. Lesage ; 22 nov. 1855, aff. Lardet, D. P. 56. 5. 450); — 4° Que même le greffier n'est pas tenu de faire mention, dans son procès-verbal, des réponses des témoins interrogés par le président en vertu de l'art. 317 c. inst. crim. (Crim. rej. 14 juill. 1827, MM. Portalis, pr., Mangin, rap., aff. Fauvel); — 5° Qu'aucun article de loi, en effet, ne prescrit, à peine de nullité, d'insérer au procès-verbal de la séance les réponses soit de la part des témoins, soit de la part des accusés, aux demandes qui leur sont faites, ainsi que l'ordonne la loi (Crim. rej. 6 oct. 1814) (3); — 6° Qu'en tout cas, le procès-verbal dans lequel il est dit que chaque témoin *a satisfait* aux questions adressées par le président, remplit le vœu de l'art. 317 (Crim. rej. 29 juill. 1825, MM. Portalis, pr., Ollivier, rap., aff. Dufour); — 7° Que, de même, le procès-verbal qui constate que les témoins ont été entendus après avoir prêté serment et *après avoir rempli les autres formalités prescrites par l'art.* 317 *c. inst.*, exprime virtuellement que ces témoins ont été interpellés sur le point de savoir s'il existait entre eux et l'accusé un lien de parenté (Crim. rej. 4 sept. 1846, aff. Barbarin, D. P. 46. 4. 473).

526. Si les interpellations mentionnées en l'art. 317 ne sont pas prescrites à peine de nullité, il en résulte, à plus forte

---

(1) (Saints-Simoniens C. min. pub.)— La cour ; — Sur le premier moyen, résultant d'un prétendu excès de pouvoir commis par la cour d'assises, en ce qu'elle a refusé d'entendre la déposition de Moïse Retouret, premier témoin à décharge, produit par les susnommés ; — Vu l'art. 317 c. inst. crim. ; — Attendu qu'aux termes de cet article les témoins ne peuvent être admis à déposer qu'après avoir prêté le serment par lui prescrit, à peine de nullité ; — Que ledit Retouret déclara néanmoins qu'il ne satisferait pas à cette obligation sans avoir préalablement obtenu l'autorisation formelle d'Enfantin ; — Qu'en subordonnant ainsi à l'autorité de l'un des prévenus, sur sa propre détermination, l'accomplissement de la formalité qui pouvait seule attacher à sa déposition la confiance de la justice, il a ainsi cessé de conserver, dans toute leur plénitude, l'indépendance et la liberté qu'un témoin doit apporter devant elle ; — Et qu'en l'écartant des débats, par ce motif, la cour d'assises n'a fait que se conformer à l'esprit comme au texte de l'article précité ; — Sur le second et troisième moyens, tirés tant de la prétendue violation de l'art. 316 et de la première partie de l'art. 317 du susdit code que d'un prétendu excès de pouvoir, en ce que le président, après avoir fait comparaître en masse, à l'audience, trente et un témoins et leur avoir demandé s'ils entendaient prêter le serment sans l'autorisation d'Enfantin, déclara seul, sans arrêt de la cour d'assises, que leurs dépositions ne seraient pas entendues ; — Attendu que les précautions indiquées par l'art. 316 n'étant pas prescrites à peine de nullité, leur inobservation ne saurait produire un vice substantiel dans la procédure ; et que la nécessité imposée par la première partie de l'art. 317, d'entendre les témoins séparément, ne se rapporte qu'à leur déposition ; — Attendu qu'aucune disposition de la loi n'interdit expressément de leur adresser une interpellation individuelle et seulement relative à l'accomplissement de la formalité préalable du serment ; — D'où

il suit, dans l'espèce, que les témoins dont il s'agit, appelés tous ensemble, après la prononciation de l'arrêt ci-dessus énoncé, ont pu être nommément et individuellement interpellés, ainsi réunis, sur la question de savoir s'ils consentaient purement et simplement à la remplir ; — Et que le président, en déclarant que cet arrêt rendait impossible l'audition de ceux qui venaient de faire séparément la même réponse que Retouret, n'a point excédé les bornes du droit qu'il tient de l'art. 270 c. inst. crim. ; — Rejette.
Du 15 déc. 1852.-C. C., ch. crim.-MM. de Bastard, pr.-Rives, rap.-Dupin, pr. gén., c. conf.-Crémieux, av.

(2) (Siossac dit Leciand.)— La cour ; — ...Considérant sur le deuxième et dernier moyen, que de toutes les formalités que l'art. 317 c. inst. crim. a prescrites pour l'audition des témoins, celle relative à la prestation du serment est la seule à l'omission de laquelle cet article a attaché la peine de nullité ; que le défaut d'exécution des autres formalités, tel que la demande que le président doit faire aux témoins sur leur parenté ou alliance avec l'accusé, ne peut donc, aux termes de la première partie de l'art. 408 dudit code, former un moyen de cassation ; — Rejette.
Du 25 mai 1820.-C. C., sect. crim.-MM. Barris, pr.-Busschop, rap.

(3) (Moulins.) — La cour ; — Attendu, sur le premier moyen, que la première disposition de l'art. 317 c. inst. crim. seule est prescrite à peine de nullité ; que d'ailleurs, le procès-verbal de la séance justifie que les formalités prescrites par la deuxième disposition de cet article ont été suffisamment remplies et observées puisque ce même § 2, ni les art. 319 et 372 qui ne sont pas prescrits à peine de nullité, ne portent l'obligation d'insérer au procès-verbal les réponses aux demandes ordonnées ; qu'il résulte même de l'art. 372 qu'elles ne doivent pas l'être ; — Rejette.
Du 6 oct. 1814.-C. C., sect. crim. MM. Chasles, pr.-Schwendt, r.

raison, qu'on ne pourrait se faire un moyen de cassation de ce qu'elles n'auraient été adressées aux témoins que tardivement. — Aussi a-t-il été jugé : 1° que de ce que le président des assises a omis d'abord d'adresser au témoin les interpellations prescrites par le § 2 de l'art. 317 c. inst. crim., il n'y a cependant pas ouverture à cassation, alors surtout qu'il a réparé cette omission avant de passer à l'audition du témoin suivant (Crim. rej. 10 janv. 1833, MM. de Bastard, pr., Rives, rap., aff. Gellée); — 2° Que, de même, il n'y a pas de nullité de ce qu'il a été requis tardivement de chaque témoin de déclarer s'il est parent ou allié de l'accusé : il suffit que cette réquisition ait eu lieu lorsque l'accusé l'a demandée (Crim. rej. 10 janv. 1811) (1); — 3° Que l'ordre établi par les art. 317 et 319 c. inst., pour les interpellations à adresser aux témoins après leur prestation de serment, n'est point sacramentel : ainsi le président peut, avant d'entendre la déposition d'un témoin, l'interroger sur le point de savoir si l'on n'aurait pas tenté de l'influencer (Crim. rej. 30 janv. 1851, aff. Gothland, D. P. 51. 1. 47).

527. L'art. 317 veut aussi que les témoins déposent *séparément l'un de l'autre*. Cette disposition, fondée sur les mêmes motifs qui ont dicté l'art. 316 (V. n° 507), n'est point absolue dans son application; elle se combine soit avec l'art. 326, qui veut que le président puisse, soit d'office, soit sur la demande de l'accusé ou du ministère public, mettre les témoins en présence les uns des autres pour les entendre de nouveau et les confronter entre eux; soit avec l'art. 268, qui confère à ce magistrat un pouvoir discrétionnaire pour ordonner pendant la durée des débats toutes les mesures qu'il juge pouvoir être utiles à la manifestation de la vérité (V. aussi M. F. Hélie, Instr. crim., t. 8, § 640, p. 752-753). — C'est pourquoi il a été jugé : 1° que la disposition de l'art. 317 c. inst. crim., qui veut que les témoins déposent *séparément* l'un de l'autre, n'est point prescrite à peine de nullité (Crim. rej. 8 mars 1855, Guyomard, D. P. 55. 5. 435; 28 juill. 1855, aff. Hilarion, D. P. eod.); — 2° Qu'en conséquence, une cour d'assises a pu rejeter la demande de l'accusé tendant à l'exacte observation de cet article et ordonner, dans l'intérêt de la vérité, que des témoins experts procéderaient conjointement et s'expliqueraient sur le résultat de l'opération en présence l'un de l'autre (Crim. rej. 3 janv. 1824) (2); — 3° Qu'ainsi il ne saurait résulter d'ouverture à cassation, de ce que le président aurait ordonné l'audition simultanée de deux témoins; la prestation de serment est seule prescrite, à peine de nullité, par cet article 317, et non la disposition ordonnant d'entendre les témoins séparément (Crim. rej. 16 av. 1818, MM. Barris, pr., Ollivier, rap., aff. Guillain; 3 janv. 1833, MM. Bastard, pr., Ollivier, rap., aff. Ané); — 4° Que de ce que, lors des débats particuliers de quelques accusés, les témoins

déjà entendus et restés dans l'auditoire ont été réappelés et interpellés en présence les uns des autres, il ne s'ensuit pas une violation de la disposition de la loi qui veut que les témoins soient appelés et entendus successivement et séparément, si, lors des débats généraux communs à tous les accusés, cette formalité a reçu son exécution (Crim. rej. 24 av. 1840) (3); — 5° Que cet art. 317, en exigeant que les témoins soient entendus séparément, ne s'applique qu'à leur déposition, et non à leur serment (Crim. rej. 5 août 1813, M. Bauchau, rap., aff. Jomy; 15 déc. Saints-Simoniens, n° 524); — 6° Qu'en conséquence, le président de la cour d'assises peut, sans violer aucun texte de loi, demander à plusieurs témoins réunis à l'audience, s'ils consentent à prêter serment purement et simplement, ou bien si, au contraire, ils prétendent subordonner leur consentement, à cet égard, à la volonté d'un tiers, d'un des accusés, par exemple (même arrêt du 15 déc. 1832); — 7° Que, d'ailleurs, le grief tiré de ce que les témoins n'auraient pas été entendus séparément ne peut, s'il n'a été proposé devant la cour d'assises, entraîner l'annulation de l'arrêt de condamnation, l'art. 408 c. inst. crim. étant inapplicable en pareil cas (Crim. rej. 28 juill. 1855, aff. Hilarion-Dugas, D. P. 55. 5. 435).

528. Au surplus, la circonstance qu'un témoin aurait été introduit au moment où celui précédemment appelé commençait à répondre à une question à lui faite, ne peut, si cette réponse n'a été produite d'une manière complète qu'après la retraite du premier témoin, immédiatement ordonnée par le président, être relevée devant la cour de cassation comme constituant une irrégularité (Crim. rej. 8 mars 1855, aff. Guyomard, D. P. 55. 5. 435).

529. Si l'audition simultanée de deux ou plusieurs témoins avait donné lieu de la part de l'accusé à des conclusions formelles tendant à empêcher cette audition, l'omission ou le refus de statuer sur ces conclusions pourrait, aux termes de l'art. 408, donner ouverture à cassation. — Mais il a été justement décidé que lorsque l'accusé ni son défenseur ne se sont opposés à cette audition simultanée, mais qu'ils se sont bornés à demander acte, après la déposition, de cette audition simultanée, et que la cour leur a concédé cet acte, il n'y a point eu, de la part de la cour, omission de statuer (Crim. rej. 16 av. 1818) (4).

530. Aux termes de l'art. 361 c. de brum. an 4, l'accusé pouvait demander que les témoins fussent entendus en présence les uns des autres, au lieu de l'être séparément. — Il a été jugé que cette faculté s'appliquait aussi bien à la première audition des témoins qu'à une seconde audition, et qu'il y avait lieu de casser l'arrêt qui avait refusé de faire droit à une semblable demande (Crim. cass. 11 flor. an 6) (5).

531. L'art. 326 c. inst. crim. permet aussi à l'accusé de

---

(1) (Pianigiani.) — La cour; — Attendu que la réquisition prescrite par l'art. 351 c. 3 brum. an 4, a été faite aux témoins aussitôt qu'elle a été requise par les accusés; que de là, l'art. 351 n'étant point prescrit à peine de nullité, son observation tardive ne peut donner ouverture à cassation; — Rejette.
Du 10 janv. 1811.-C. C., sect. crim.-MM. Barris, pr.-Benvenuti, r.
(2) (Femme Doutri C. min. pub.) — La cour; — Considérant que l'art. 317 c. inst. crim. ne prononce la peine de nullité que pour l'omission du serment des témoins et que, dans l'espèce, cette formalité a reçu son exécution; que la disposition dudit article qui ordonne que les témoins déposeront séparément l'un de l'autre, n'est donc que réglementaire et peut conséquemment être modifiée, selon les circonstances soit par le président, soit par la cour d'assises; — Que la cour d'assises de l'Aude a donc pu ordonner, dans l'espèce, que les sieurs Reboulh et Coste, appelés comme témoins experts, procédassent conjointement à l'opération chimique qui leur était soumise et s'expliquassent sur son résultat en présence l'un de l'autre; — Que ladite cour n'a ni refusé ni omis de statuer sur la demande de l'accusée tendant à ce que chacun desdits témoins experts donnât son avis séparément et en l'absence l'un de l'autre; — Que la cour d'assises a rejeté cette demande sur des motifs puisés dans l'utilité et la nécessité pour la manifestation de la vérité, et qu'ainsi il a été satisfait à la loi; — Rejette.
Du 3 janv. 1824.-C. C., sect. crim.-MM. Barris, pr.-Busschop, r.
(3) (Valette, etc. C. min. pub.) — La cour; — En ce qui touche le moyen tiré d'une prétendue violation des art. 316 et 317 c. inst. crim.: — Attendu qu'il résulte à la vérité du procès-verbal des débats que, lorsqu'il fut procédé aux débats particuliers des deuxième et troisième accusés, des témoins déjà entendus et restés dans l'auditoire, suivant le

vœu de l'art. 320, furent réappelés et interpellés, en présence les uns des autres, de déclarer s'ils persistaient dans ce qu'ils avaient dit à l'égard de ces deux accusés; — Mais qu'il résulte du même procès-verbal que, lors des débats généraux, déclarés communs aux trois accusés, il en avait été autrement; que les témoins avaient été appelés et entendus successivement et séparément; qu'ainsi, loin que les art. 316 et 317 aient été violés à l'égard de certains accusés, les formalités que ces articles prescrivent ont été observées à l'égard de tous; — Rejette.
Du 24 avr. 1840.-C. C., ch. crim.-MM. Bastard, pr.-Romiguières, r.
(4) (Guillain C. min. pub.) — La cour; — Attendu que ni les accusés ni leurs défenseurs n'ont fait de réquisition tendant à ce que les deuxième et soixante-cinquième témoins ne fussent point entendus simultanément; qu'ils ont seulement déclaré persister aux conclusions prises après l'audition de ces deux témoins, et tendant à ce qu'il leur fût donné acte de cette audition simultanée, faite nonobstant les dispositions de l'art. 317 c. inst. crim.; que la cour d'assises leur ayant concédé cet acte, il n'y a point eu, de sa part, l'omission de statuer prévue par l'art. 408 c. inst. crim.; — Rejette.
Du 16 avr. 1818.-C. C., sect. crim.-MM. Barris, pr.-Ollivier, rap.
(5) (Vanderstegen.) — La cour; — Vu les art. 349, 361 et 456 c. des dél. et des peines; — Et attendu que le conseil de l'accusé ayant demandé que les témoins fussent entendus en présence les uns des autres, le tribunal criminel l'a refusé sans donner de motif de son refus, mais sans doute en adoptant celui de l'accusateur public qui a dit que la loi n'accorde cette faculté aux accusés que pour une seconde audition de témoins, mais nullement pour la première, distinction qui n'est point dans la loi, distinction que la loi contredit même formellement, puisque l'art. 361 en donnant à l'accusé la faculté de faire entendre les témoins

demander, mais seulement *après que les témoins ont déposé*, que ceux qu'il désigne se retirent de l'auditoire et qu'un ou plusieurs d'entre eux soient introduits et entendus de nouveau, soit séparément, soit en présence les uns des autres.— Dans tous les cas, l'accusé ne pourrait se faire un moyen de cassation de ce qu'il n'aurait pas été fait droit à cette demande, pourvu qu'il y ait été statué. Cette faculté, accordée à l'accusé, ne saurait en effet mettre obstacle au droit qui appartient au président, en vertu de l'art. 370, de rejeter des débats tout ce qui tendrait à les prolonger sans donner lieu d'espérer plus de certitude dans les résultats. — Cependant s'il y avait des conclusions formelles soit de la partie du ministère public, soit de la part de l'accusé, tendant à l'exercice du droit conféré par l'art. 326, l'incident devrait être jugé par la cour d'assises (Carnot, inst. crim., t. 2, n° 540; F. Hélie, t. 8, p. 765).

532. Le procureur général, ajoute l'art. 326, aura la même faculté : le président pourra aussi l'ordonner d'office. — Cet article n'accordant pas à la partie civile le même droit qu'à l'accusé et au ministère public, le refus de déférer à sa demande sur ce point ne pourrait donc lui fournir un motif légitime de plainte (Carnot, *ibid.*, n° 538). Mais il ne résulterait pas de nullité de ce que ce serait sur la demande de la partie civile que le président aurait ordonné la mesure autorisée par l'art. 326, puisqu'il lui appartenait dans l'exercice de son pouvoir discrétionnaire d'ordonner directement cette mesure (Carnot, *ibid.*).

533. Au reste il est sans difficulté et il a d'ailleurs été jugé qu'on peut entendre le même témoin plus d'une fois dans la même cause (Crim. rej. 18 vent. an 10, MM. Seignette, pr., Banchau, rap., aff. Cayla).

534. L'art. 317 porte que les témoins seront entendus dans l'ordre fixé par le *ministère public*. Mais il est évident que cette disposition ne peut s'entendre que des témoins à charge. Il y a donc lieu de décider que les témoins à décharge doivent être entendus dans l'ordre arrêté sur la liste communiquée par l'*accusé*; et les mêmes motifs existent pour reconnaître aussi à la *partie civile* le droit de fixer l'ordre d'audition de ses témoins (Conf. M. Cubain, n° 505). — On comprend, en effet, que l'ordre à établir entre les diverses dépositions qui doivent concourir à démontrer les circonstances d'un même fait en se prêtant un mutuel appui, peut aider à l'intelligence et contribuer puissamment à la clarté du débat. Il est donc naturel de reconnaître à la partie qui produit les témoins le droit de déterminer l'ordre dans lequel ces témoins seront entendus. — Ce droit, toutefois, doit se concilier avec celui qui appartient au président de diriger exclusivement l'instruction et, en cas de conflit, ce serait l'autorité du président qui devrait prévaloir (MM. Cubain, *ibid.*; F. Hélie, Inst. crim., t. 8, § 637, p. 716).

535. Les témoins produits par l'accusé doivent être entendus après ceux produits par le ministère public et la partie civile (c. inst. crim. 321). C'est l'ordre logique puisque ces témoins ne sont appelés que pour combattre les charges qui résulteraient des dépositions des précédents témoins.

536. Sous le code de brum. an 4, l'ordre déterminé pour l'audition des témoins n'était pas considéré comme rigoureusement obligatoire. — Il a été décidé, en conséquence : 1° qu'il n'était pas exigé, à peine de nullité, que les témoins fussent entendus suivant l'ordre de la liste (Crim. rej. 5 mess. an 4, MM. Brun, pr., Lemaire, rap., aff. Jaoul; 13 mess. an 4, MM. Brun, pr., Viellart, rap., aff. Dubois; 24 vent. an 7, MM. Barris, pr., Lombard, rap., aff. Javiel; 26 brum. an 8, MM. Méaulle, pr., Ritter, rap., aff. Granier; 13 prair. an 11, MM. Viellart, pr., Rataud, rap., aff. Bancelin); — 2° Qu'ainsi les témoins à décharge pouvaient, sans violation de la loi, être entendus avant les témoins à charge (Crim. rej. 22 fév. 1810, MM. Barris, pr., Benveuuti, rap., aff. Valory); — 3° Que le président emploie avec sagesse son pouvoir discrétionnaire en faisant entendre de suite les témoins qui ont connaissance d'un même fait (Crim. rej. 23 pluv. an 6, MM. Gohier, pr., Seignette, rap., aff. Couriot).

537. Suivant l'art. 370 du même code de brumaire, le ministère public et la partie plaignante, lorsqu'il y en avait une, devaient être entendus après les dépositions des témoins. — Mais on décidait encore que cette disposition n'était pas prescrite à peine de nullité, et que par suite la partie plaignante avait pu être entendue avant les témoins à décharge (Crim. rej. 21 frim. an 14, MM. Viellart, pr., Minier, rap., aff. Auvray).— Toutefois il y avait nullité si cette interversion avait eu lieu malgré l'opposition du ministère public. Ainsi, on a décidé qu'un tribunal criminel ne pouvait, à peine de nullité de l'arrêt à intervenir, entendre la partie civile en sa déclaration, avant la déposition des témoins, lorsque le ministère public s'était opposé à cet ordre de procédure (Crim. cass. 27 vend. an 9) (1).

538. Le code d'instruction criminelle n'a établi, quant à l'ordre de l'audition des témoins, aucune règle absolue dont l'inobservation puisse être une cause de nullité. — Il a été décidé, en effet : 1° que la disposition de l'art. 317 c. inst. crim., quant à l'ordre dans lequel les témoins doivent être entendus, n'est pas prescrite à peine de nullité (Crim. rej. 23 déc. 1819) (2) 3 janv. 1822, MM. Barris, pr., Clausel, rap., aff. Beaugé; 14 juill. 1827, MM. Portalis, pr., Mangin, rap., aff. Fauvel; 14 déc. 1837, aff. Flambard, V. ci-après, 5°) ; — 2° Qu'en conséquence, le président peut intervertir l'ordre de l'audition des témoins; « attendu que cette interversion peut être nécessaire ou utile pour la manifestation de la vérité » (Crim. rej. 22 juin 1820, MM. Barris, pr., Busschop, rap., aff. Terrein), et « que le président doit employer tous ses efforts pour favoriser cette manifestation » (Crim. rej. 15 sept. 1843, M. Bresson, rap., aff. N..., V. M. F. Hélie, t. 8, p. 717) ; — 3° Que les témoins ont pu être entendus dans un ordre différent de celui de la liste, sans qu'il y ait violation de la loi, alors d'ailleurs que l'interversion de l'ordre de la liste a eu lieu sur la réquisition du ministère public et sans opposition de la part de l'accusé (Crim. rej. 21 avr. 1814) (3); — 4° Qu'il n'est pas nécessaire, à peine de nullité, que les témoins à décharge soient entendus les derniers, alors surtout que les témoins à charge, entendus après eux, ont été appelés en vertu du pouvoir discrétionnaire du président (Crim. rej. 6 mai 1824) (4);

---

en présence les uns des autres, se rapporte bien évidemment à une première audition; ces mots : *au lieu de déposer séparément, ainsi qu'il est dit art.* 349, ne pouvant s'entendre que de la substitution d'un mode à un autre, dans le même temps et dans la même circonstance; — Casse. Du 11 flor. an 6.-C. C., sect. crim.-MM. Gohier, pr.-Seignette, rap.

(1) (Duverger C. min. pub.) — LA COUR ; — Vu les art. 370 et 456 c. des dél. et des peines; — Considérant qu'il résulte du procès-verbal des débats qui ont eu lieu dans l'affaire de l'accusé Duverger, que, malgré la réquisition faite par le commissaire du gouvernement, de n'entendre le citoyen Moyeux, partie plaignante, qu'après les dépositions orales des témoins, le tribunal criminel a ordonné que ce plaignant fût entendu et l'a entendu en effet avant que les témoins eussent déposé : d'où résulte une contravention manifeste à l'art. 370 c. des dél. et des peines, contravention qui, d'après les termes de l'art. 446, opère une nullité radicale; — Casse.
Du 27 vend. an 9.-C. C., sect. crim.-MM. Viellart, pr.-Genevois, r.

(2) (Servent). — LA COUR ; — Considérant sur le premier moyen de cassation, que l'observation de l'ordre établi par le procureur général, pour l'audition des témoins par lui produits, n'est pas prescrite à peine de nullité ; qu'ainsi l'interversion de cet ordre ne peut, aux termes de l'art 408 c. inst. crim., former une ouverture à cassation,

surtout lorsque, comme dans l'espèce actuelle, ladite interversion a été commandée par la nécessité résultant de ce que plusieurs des témoins portés sur la liste du procureur général, n'ont pu, pour des causes valables d'excuses, se présenter aux débats pour y donner leur déposition ; — Que la loi n'ayant pas donné d'ailleurs à l'accusé le droit ou la faculté de demander que ledit ordre fût exactement suivi, son acquiescement ou son refus à l'interversion dudit ordre sont absolument indifférents, qu'il devient donc superflu d'examiner si relativement au consentement que l'accusé a donné à cet égard, il était ou non assisté d'un interprète; — Rejette.
Du 23 déc. 1819.-C. C., sect. crim.-MM. Barris, pr.-Busschop, r.

(3) (Giraud.) — LA COUR ; — Attendu, sur le deuxième moyen, que la disposition de l'art. 317 c. inst. crim. relative à l'audition des témoins dans l'ordre de la liste, n'est pas prescrite à peine de nullité, que d'ailleurs le procès-verbal de la séance constate que l'interversion de l'ordre de la liste a eu lieu sur les réquisitions du ministère public, sans opposition de la part de l'accusé; — Rejette.
Du 21 av. 1814.-C. C., sect. crim.-MM. Barris, pr.-Vasse, rapp.

(4)(V° Gatounès C. min. pub.) — LA COUR; — Attendu que l'ordre dans lequel les témoins doivent être entendus n'est point prescrit par l'art. 321 à peine de nullité, et que, dans le fait, il est constaté par le

— 5° Et qu'ainsi, des témoins a décharge ont pu, en l'absence des témoins à charge, être entendus avant ceux-ci, sans qu'il en résulte de nullité (Crim. rej. 14 déc. 1837) (1).

539. Les témoins pourraient même être entendus après l'audition du ministère public et la défense de l'accusé, sans qu'il en résulte de nullité, pourvu que celui-ci ait été mis à même de faire à l'égard de ces dépositions toutes les observations qu'il juge utiles à sa défense. — Ainsi, il a été jugé : 1° que si l'audition d'un témoin a eu lieu après la défense de l'accusé, celui-ci doit être mis en demeure de s'expliquer sur cette déposition (Crim. rej. 9 avr. 1835, aff. Isnard, V. Instr. crim., n° 2234);— 2° Qu'on ne peut tirer un moyen de nullité de ce que des témoins ont été entendus après le réquisitoire du ministère public et les plaidoiries, si les accusés ou leur défenseur ont pu faire sur leurs dépositions telles observations qu'ils pouvaient juger convenables (Crim. rej. 24 sept. 1829) (2);—3°Que de ce que la déposition entière et définitive de tous les témoins doit, aux termes de l'art. 335 c. inst. crim., précéder le développement par le ministère public des charges de l'accusation, il ne s'ensuit pas que si un témoin entendu une première fois, et contre lequel il a été fait des réquisitions, est rappelé par le président, après l'audition du ministère public, pour déclarer s'il persiste dans sa première déposition, il y ait là une infraction à la loi (Crim. rej. 27 sept. 1837) (3);— 4° Qu'en conséquence l'interpellation adressée après les réquisitions du ministère public et les plaidoiries à un témoin déjà entendu, n'est pas une cause de nullité, lorsque le ministère public et le conseil de l'accusé, invités à ajouter ce qu'ils croiraient utile à l'accusation ou à la défense, n'ont pas usé de cette faculté (Crim. rej. 9 avr. 1846, aff. Croisette, D. P. 46. 4. 473);— 5° Qu'enfin le président peut, même avant la clôture des débats, rappeler *tous* les témoins, et les faire déposer en présence les uns des autres (Crim. rej. 13 mars 1817) (4). — V. aussi v° Inst. crim., n° 2231.

Sect. 4. — *Présence de l'accusé à l'audition des témoins. — Caractère oral des dépositions. — Lecture. — Droit d'adresser des questions. — Réponse aux dépositions des témoins. — Pièces de conviction. — Variations des témoins. — Remise des procès-verbaux aux jurés. — Arrestation de témoins. — Taxe.*

540. Les témoins sont entendus en présence de l'accusé.

procès-verbal que les individus entendus après les témoins à décharge l'ont été en vertu du pouvoir discrétionnaire du président, et dès lors parce qu'il a cru que leurs déclarations pourraient être utiles pour la découverte de la vérité; que d'ailleurs les jurés ont été avertis que leurs déclarations ne devaient être considérées que comme renseignements; — Rejette.
Du 6 mai 1824.-C. C., sect. crim.-MM. Bailly, pr.-Brière, rapp.
(1) (Flambard C. min. pub.) — La cour ; — Attendu que l'ordre indiqué par l'art. 321 c. inst. crim. n'est pas prescrit à peine de nullité ; — Attendu qu'à l'ouverture de la deuxième audience et en l'absence des derniers témoins à charge, la cour d'assises a pu entendre quelques-uns des témoins à décharge, avant de procéder à l'audition de ceux qui avaient été compris sur la liste supplémentaire notifiée à l'accusé par le ministère public, sans violer ni les droits de la défense, ni aucune disposition irritante du code d'instruction criminelle ; — Rejette.
Du 14 déc. 1837.-C. C., ch. crim.-MM. Bastard, pr.-Rocher, rapp.
(2) (Denis C. min. pub.) — La cour ; — ...Attendu que s'il résulte du procès-verbal de la séance de la cour d'assises, que deux témoins ont été entendus après la plaidoirie du ministère public et des défenseurs des accusés, il est établi par le même procès-verbal que les débats n'é-taient pas alors déclarés terminés, que ces deux témoins étaient d'ailleurs au nombre de ceux dont les noms avaient été signifiés à l'accusé, qu'ils avaient précédemment déposé dans la même affaire, qu'ils n'ont été entendus après les plaidoiries que sur des circonstances dont il n'avait pas encore été question, que d'ailleurs les accusés et leurs défenseurs ont pu faire contre ces nouvelles dépositions telles observations qu'ils ont cru utiles dans leur intérêt; que dès lors il n'y a pas eu violation de l'art. 335 c. inst. crim.; — Rejette.
Du 24 sept. 1829.-C. C., ch. crim.-MM. Bastard, pr.-Meyronnet, rapp.
(3) (Guillon C. min. pub.) — La cour ; — Attendu que si, dans l'ordre général des débats, la déposition entière et définitive de tous les témoins doit précéder le développement des charges qui appuient l'ac-cusation, aucune disposition législative n'interdit au président de la cour d'assises d'interpeller un témoin après ce développement. à l'occasion de

Telle est du moins la règle, et le droit de défense exige qu'il en soit ainsi. Cette règle n'a été nulle part expressément écrite dans la loi, mais l'art. 327 c. inst. crim., dont le commentaire a été déjà présenté v° Instr. crim., n°° 2246 et s., consacre le principe par l'exception même qu'il y apporte. Aux termes de cet article, le président peut, pendant ou après l'audition d'un témoin, faire retirer un ou plusieurs accusés pour les examiner séparément sur quelque circonstance du procès ; mais il doit avoir soin de ne reprendre la suite des débats généraux qu'après avoir instruit chaque accusé de ce qui se sera fait en son absence et de ce qui en est résulté. D'après les termes de cet article, l'examen séparé ne peut avoir lieu que pour quelque circonstance particulière du procès. Le président excéderait ses pouvoirs et donnerait à la loi une extension abusive, s'il se permettait de diviser et de singulariser le débat (Carnot, Inst. crim., t. 2, p. 541; Bourguignon, Man. d'inst. crim., t. 1, p. 411).

541. Les expressions « avant ou pendant la déposition d'*un* témoin » ne doivent pas être entendues en ce sens que le président ne puisse, après avoir fait retirer l'accusé, entendre *plusieurs* témoins en son absence. — Il a été jugé en conséquence que le président peut, de son gré, faire retirer un ou plusieurs accusés, et entendre, en leur absence, un ou plusieurs témoins, pourvu qu'avant de reprendre la suite des débats généraux, il instruise les accusés de ce qui s'est passé en leur absence, ou de ce qui en est résulté (Crim. rej. 28 mars 1829) (5).

542. Le pouvoir de faire retirer un accusé de l'auditoire pendant les dépositions d'un ou plusieurs témoins n'est pas non plus subordonné au seul cas où il y aurait plusieurs accusés; car indépendamment du droit qui lui est confié par l'art. 327, le président puise dans le pouvoir discrétionnaire qui lui est confié par l'art. 269, une autorité suffisante pour prescrire une pareille mesure, s'il estime qu'elle puisse être utile à la manifestation de la vérité. — Aussi a-t-il été jugé que le président d'une cour d'assises peut, en vertu de son pouvoir discrétionnaire, et sans porter atteinte au droit de défense, ordonner que l'un des témoins sera entendu hors la présence de l'accusé; et, par exemple, si un témoin était intimidé par l'accusé, lui faire retirer un instant ce dernier et recevoir la déposition du témoin, sans que l'accusé, à qui le président et le témoin l'ont répétée après sa rentrée à l'audience, soit fondé à se plaindre de ce qu'on aurait violé à son égard les art. 319 et 327 c. inst. crim. (Crim. rej. 16 janv. 1829) (6). — V. aussi n° 670-3°.

réquisitions prises à son égard concernant la déclaration qu'il a déjà faite, et que le procureur général ne peut être obligé à reprendre la parole sur l'accusation, quand l'interpellation par lui provoquée n'a point atténué les faits résultant des débats contre l'accusé ; — Rejette.
Du 27 sept. 1837.-C. C., ch. crim.-M de Bastard, pr.
(4) (Robert.) — La cour ; — Attendu sur le deuxième moyen, con-sistant en ce qu'avant la clôture des débats, tous les témoins ont été rappelés pour déposer sur divers faits en présence les uns des autres, que l'art. 326 du même code autorise le président, après que les témoins auront déposé, à les faire entendre de nouveau soit séparément, soit en présence les uns des autres; — Rejette.
Du 13 mars 1817.-C. C., sect. crim.-MM. Barris, pr.-Lecoutour, r.
(5) (Chauvière C. min. pub.) — La cour ; — ...Sur le quatrième moyen ; — Attendu que l'art. 327 c. inst. crim. n'est point limitatif du nombre des accusés qu'il autorise le président de la cour d'assises à faire retirer de l'audience, ni du nombre des témoins qu'il autorise à faire entendre en l'absence des accusés, sur quelques circonstances du pro-cès ; d'où il suit que le président de la cour d'assises de la Vendée n'a fait qu'user du droit que lui donnait cet article, en faisant retirer les deux accusés Chauvière et Rembaud, et en adressant, en leur absence, des interpellations à trois témoins qui avaient déjà déposé devant eux ; qu'il a rempli l'obligation que lui imposait cet article, en instruisant les accusés, avant de reprendre la suite des débats généraux, de ce qui s'é-tait fait en leur absence ou de ce qui en était résulté ; que rien n'a em-pêché les accusés de débattre et de contredire les dépositions des té-moins, dont il leur a été donné connaissance, et dont les défenseurs ont, en leur présence, demandé l'insertion au procès-verbal ; qu'il en a été de même de la rétractation de la fille Olympe Mallard, faite en l'absence de Chauvière, lequel, après qu'il en a été instruit par le pré-sident, a fait, à cet égard, ses observations, d'où il suit qu'il n'y a eu violation, ni de l'art. 327 précité, ni du droit de légitime défense ;
Du 28 mars 1829.-C. C., ch. crim.-MM. Bailly, f. f. pr.-Ricard, rap.
(6) (Brunier C. min. pub.) — La cour ; — Attendu qu'il est con-staté par le procès-verbal de la séance de la cour d'assises du départ

543. L'art. 327 impose au président, comme on l'a vu, l'obligation de rendre compte à l'accusé qu'il a fait retirer, de ce qui s'est passé en son absence. Cette obligation est de rigueur, quoique la peine de nullité ne soit pas formellement exprimée par cet article ; c'est du moins ce qui résulte de la dernière jurisprudence de la cour de cassation, bien qu'elle ait d'abord montré quelque hésitation sur ce point.—V. Inst. crim., n°s 2248 et suiv.

544. La mesure par laquelle le président peut ordonner que l'accusé sortira de l'auditoire pendant la déposition d'un témoin rentrant dans l'exercice de son pouvoir discrétionnaire, il lui appartient par cela même de décider souverainement de son opportunité, et il n'est, par conséquent, jamais tenu de déférer aux réquisitions qui lui seraient faites à cet égard. — Il a donc été justement décidé que les conclusions de l'accusé tendantes à ce qu'on le fît sortir de l'audience pendant la déposition d'un enfant, afin d'empêcher que sa présence n'intimidât ce dernier, ont pu être rejetées facultativement par la cour, sans qu'il en résultât un moyen de nullité (Crim. rej. 2 juill. 1841, aff. Eber, V. Inst. crim., n° 2144).

545. Le pouvoir de faire retirer de l'audience un accusé n'emporte pas, du reste, celui de faire retirer aussi son défenseur. Le président porterait, en effet, une grave atteinte au droit de défense en privant l'accusé de la surveillance que son conseil doit exercer sur l'ensemble des débats (Carnot, Instr. crim., t. 2, p. 542).

546. La déposition des témoins doit être *orale* (c. inst. crim. 317); cette règle est d'une rigueur absolue : un témoin ne pourrait donc lire sa déposition : on admet cependant dans quelques cas exceptionnels qu'un témoin peut consulter des notes écrites pour aider sa mémoire (V. *suprà*, n°s 35 et suiv., 252). — Toutefois, si un témoin avait lu des notes ou même sa déposition, sans opposition de la part du ministère public ou de l'accusé, la nullité serait couverte (M. Legraverend, t. 2, p. 200).

547. Il suit du même principe qu'on ne peut, en thèse générale, donner lecture au jury des dispositions écrites des témoins. — Ce principe, établi d'abord par la loi criminelle de 1791 et confirmé par le code de brum. an 4, art. 366, avait été sanctionné sous ces deux lois par la peine de nullité. — Ainsi on jugeait, sous la loi des 16-29 sept. 1791, que le président d'un tribunal criminel ne pouvait pas, à peine de nullité, donner lecture à l'audience des déclarations écrites des témoins (Crim. cass. 4 mai 1793, MM. Thouret, pr., Bailly, rap., aff. Hermet; 29 août 1793, MM. Thouret, pr., Lecointe, rap., aff. Ithier); — Que les déclarations écrites ne devaient être remises au président que pour lui servir de renseignement (même arrêt du 29 août 1793); — Et, sous le code de brumaire, qu'il y avait nullité s'il était donné lecture aux jurés de jugement, même en vertu d'un jugement du tribunal criminel, de la déclaration écrite de deux témoins non présents à l'audience (Crim. cass. 16 germ. an 7, M. Dutocq, rap., aff. Raux). — Ainsi, la lecture aux jurés de la déclaration écrite même d'un témoin *décédé* depuis l'assignation, opérait

nullité : cette lecture n'était permise que dans le cas où un témoin serait décédé pendant l'absence du prévenu et dans le cours de l'instruction d'une contumace (Crim. cass. 7 niv. an 9, MM. Viellart, pr., Schwendt, rap., aff. Daminelle). — V. aussi *infrà*, n° 649, et v° Instr. crim., n°s 2288 et suiv.

548. Quant à la lecture des dépositions écrites des témoins *présents*, elle ne pouvait avoir lieu que pour faire observer aux témoins les contrariétés qui pouvaient exister entre leur déposition orale et leurs précédentes déclarations, et l'on décidait qu'un tribunal criminel pouvait refuser de donner lecture de la déclaration écrite d'un témoin, s'il estimait que la prétendue contrariété alléguée entre sa déposition écrite et sa déposition orale n'existait pas (Crim. rej. 24 niv. an 7, MM. Barris, pr., Dutocq, rap., aff. Négrié).

549. Toutefois la nullité attachée à l'infraction de ces dispositions prohibitives était couverte par le silence ou le consentement du ministère public ou de l'accusé. On décidait, par exemple, que le ministère public n'était pas fondé à se faire un moyen de cassation de ce qu'il avait été fait lecture de la déposition écrite d'un témoin, s'il n'avait élevé aux débats aucune réclamation (Crim. rej. 14 juill. 1808, MM. Barris, pr., Delacoste, rap., aff. min. publ. C. Boudère).

550. Le code d'instruction criminelle n'a pas reproduit la disposition de l'art. 366 du code de brumaire qui n'autorisait la lecture des dépositions écrites des témoins présents que dans le seul cas où il existerait des contradictions entre leur déposition orale et leurs déclarations précédentes. On en a conclu que cette lecture pouvait être ordonnée en tout cas (V. *infrà*, n°s 650 et suiv.; Instruct. crim., n°s 2294 et suiv.).

551. En matière de contumace, la lecture des dépositions écrites des témoins qui ne peuvent être produits aux débats, est permise d'une manière expresse par l'art. 477 c. inst. crim. (V. Contumace, n°s 116 et s.).—Il a été jugé, par application de cet article : 1° que lorsque des témoins n'ont présenté des excuses jugées valables, et qu'ainsi ils ne peuvent pas être produits aux débats, la cour peut ordonner la lecture de leurs dépositions écrites; à cet égard, la disposition de l'art. 477 c. inst. crim., relative, en matière de contumace, à la lecture des dépositions écrites des témoins qui ne peuvent être produits aux débats, est générale et absolue (Crim. rej. 20 oct. 1820) (1); — 2° Que lorsque des témoins, valablement excusés, et dont la déposition écrite a été lue, se représentent pendant les débats, ils doivent être entendus dans leur déposition orale, surtout si le défenseur de l'accusé a lui-même demandé leur audition (même arrêt). Mais l'art. 477 c. inst. crim. ne peut être appliqué qu'aux témoins dont les noms sont compris dans les listes notifiées. Quant aux témoins qui n'ont pas été appelés aux débats, il ne pourrait bien certainement être donné lecture des dépositions qu'ils ont faites dans l'instruction écrite. — Il a été jugé en conséquence que l'art. 477 c. inst. crim. n'est applicable qu'aux témoins appelés par le ministère public ou par l'accusé (Crim. rej. 28 avr. 1843) (2).

---

tement de Seine-et-Oise, que le témoin Catherine Brunier, enfant âgé de cinq ans, était intimidé en la présence de l'accusé ; — Attendu que, conformément aux dispositions de l'art. 268 c. inst. crim., le président de la cour d'assises doit faire tout ce qu'il croit nécessaire pour arriver à la manifestation de la vérité ; que, dès lors, le président de la cour d'assises de Versailles a pu, s'il l'a cru utile, faire retirer pour un instant l'accusé Brunier, et recevoir en son absence la déclaration du témoin ; — Attendu que Brunier rentré dans l'auditoire, non-seulement le président lui a rendu compte de ce qui avait été dit en son absence par le témoin, mais qu'il a fait répéter le témoin, devant lui, sa déclaration ; d'où il suit que le président de la cour d'assises n'a fait qu'user du pouvoir discrétionnaire qui lui est conféré par l'article précité du code d'instruction criminelle, et qu'il n'a point, par conséquent, contrevenu à aucune des dispositions des art. 319 et 327 dudit code; — Rejette.
Du 16 janv. 1829.-C. C., ch. crim.-MM Bailly, pr.-Merville, rap.
(1) (Agostini C. min. pub.)—La cour ;—...Attendu, sur le deuxième moyen, que la disposition de l'art. 477 dudit code est générale et absolue ; que si, lors du jugement d'un accusé condamné par contumace, qui a été repris ou qui s'est représenté, des témoins ne peuvent, pour quelque cause que ce soit, être produits aux débats, elle ordonne formellement qu'il soit fait lecture de leurs dépositions écrites; qu'il est constaté que les témoins dont il s'agit avaient présenté des ex-

cuses qui ont été jugées valables par la cour de justice criminelle; qu'en cet état, il était donc reconnu qu'ils ne pouvaient être produits aux débats, et qu'ainsi la lecture qui a été faite de leurs dépositions écrites ne présente rien que de conforme au vœu dudit art. 477 ; — Attendu, sur le troisième moyen, que les débats n'étaient pas terminés lorsqu'à la séance du lendemain, ces mêmes témoins se sont présentés ; que c'est sur la demande du défenseur de l'accusé qu'ils ont été admis à déposer en cette qualité ; que, cette demande n'eût-elle pas été faite, il aurait été du devoir de la cour de justice criminelle d'ordonner leur audition, puisque l'empêchement qui avait eu lieu la veille ne subsistant plus, un débat oral étant rentré dans ses droits, c'était rentrer dans le vœu de la loi ; — Rejette.
Du 20 oct. 1829.-C. C., sect. crim.-MM. Barris, pr.-Rataud, rap.
(2) (Le Dehivat C. min. pub.)—La cour ;—...Sur le moyen pris de la violation de l'art. 477 c. inst. crim., en ce que l'on n'aurait pas donné lecture au cours des débats des dépositions des témoins Marie Duclos et Julien Lebruchet qui avaient été entendus dans l'instruction et qui ne comparaissaient pas à l'audience ; — Attendu que l'art. 477 c. inst. crim. n'a eu en vue que les témoins appelés soit par le ministère public, soit par l'accusé, et qui, par une cause quelconque, ne peuvent être produits aux débats ; que, si ces témoins non été entendus dans le cours de l'instruction, leurs dépositions écrites doivent, à peine

552. S'il est admis par la jurisprudence, comme on l'a vu n° 550, que le président peut en toutes matières ordonner la lecture des dépositions écrites de témoins absents, il est bien évident que ce n'est pas pour lui une obligation.—Ainsi, il a été jugé que l'obligation imposée par l'art. 477 de lire aux débats, dans le cas de décès d'un témoin, la déposition faite par celui-ci dans l'instruction, ne s'applique qu'aux témoins entendus dans une instruction contre un contumax qui, depuis, s'est représenté, et non à ceux qui ont déposé dans une instruction ordinaire suivie immédiatement d'un débat contradictoire (Crim. rej. 31 mars 1834, aff. Fœracci, D. P. 54. 5. 739).—V. n° 662.

553. La jurisprudence a encore reconnu au président le pouvoir d'ordonner en vertu de son pouvoir discrétionnaire, et à titre de simples renseignements, la lecture des dépositions des témoins absents dans le cas où il jugerait cette mesure utile à la manifestation de la vérité (V. n° 650 et suiv., et v° Inst. crim., loc. cit.). Cependant la règle qui veut que le débat soit oral n'en est pas moins un des principes les plus essentiels de notre législation criminelle; elle résulte de l'économie générale de la loi et surtout de la combinaison des art. 317, 318, 341 et 477 c. inst. crim. : en admettant qu'on puisse y déroger, on ne doit le faire, ce semble, qu'avec la plus grande réserve. — V. du reste ce que nous avons déjà dit sur ce point v° Instr. crim., n° 2296, et infrà, n° 650.

554. Mais il a été jugé que la lecture de la déclaration écrite d'un témoin faite aux débats, d'après un traité entre le ministère public et l'accusé par lequel le ministère public a déclaré ne point s'opposer à l'ouverture des débats, si l'accusé consentait à la lecture de la déposition d'un témoin absent, dans l'ordre où le nom de ce témoin est placé sur la liste, traité sanctionné, tout inconvenant qu'il était en raison des positions, par arrêt de la cour d'assises, annule les débats et tout ce qui a suivi (Crim. cass. 22 sept. 1831) (1).

555. Un arrêt a décidé cependant « qu'aucune loi n'interdit au ministère public de lire aux débats les dépositions consignées dans l'instruction écrite » (Crim. rej. 24 janv. 1839, MM. Bastard, pr., Rives, rap., aff. Fabre); mais nous pensons qu'il faut entendre cette décision en ce sens que si une semblable lecture peut être faite aux débats par le ministère public, c'est seulement en vertu d'une autorisation accordée par le président en vertu du pouvoir discrétionnaire (V. n° 650 et suiv., 658).

556. La règle souffre exception lorsqu'il s'agit du témoignage des militaires et employés attachés à l'armée dont la loi du 18 prair. an 2, permet de recevoir les dépositions par écrit de de celui des autres personnes que les art. 510 et suiv., c. inst.

de nullité, être lues aux débats; — Mais attendu, en fait, que les témoins Marie Duclos et Julien Lebruchet n'ont été appelés ni par le ministère public ni par l'accusé; que, dès lors, ils ne devaient pas être entendus aux débats; ni leurs dépositions écrites y être lues; — Rejette.
Du 28 avr. 1845.-C. C., ch. crim.-MM. Crouseilhes, pr.-Brière, rap.
(1) (Imbert C. min. pub.)—LA COUR; — Vu les art. 408, 268, 269 et 341 c. inst. crim.; — Attendu, en fait, qu'il résulte du procès-verbal des débats que, lors de l'appel des témoins, le sieur Laboureyras, l'un des témoins cités, était absent; que le ministère public, considérant que la déposition de ce témoin était très-importante, déclara ne point s'opposer à ce que l'affaire fût commencée, si, de son côté, l'accusé consentait à ce que la déposition écrite de ce témoin fût lue par le greffier, dans l'ordre où le nom du témoin est placé sur la liste; que l'accusé formellement adhérer au réquisitoire de l'avocat général, et que, d'après ce consentement de l'accusé, la cour a ordonné l'ouverture des débats, et la lecture, en son rang, de la déposition écrite de F. Laboureyras; que, plus loin, on lit au même procès-verbal, que le dix-septième témoin ayant achevé sa déposition, M. le président a ordonné au greffier de lire la déclaration écrite de F. Laboureyras, dix-huitième témoin, absent, comme il a été dit plus haut, pour cause de service militaire, et que cette lecture a été faite à haute voix par le greffier;
Attendu, en droit, que c'est d'après le débat oral que le jury doit former sa conviction; que les déclarations écrites des témoins ne doivent point lui être remises lors de sa délibération (art. 341); que, sauf l'exception portée en l'art. 477, relativement aux accusés qui purgent leur contumace, ces déclarations ne doivent point être lues à l'audience, à moins que, dans des circonstances extraordinaires, qu'il appartient au président seul de la cour d'assises d'apprécier, dans l'exercice de son

crim., ainsi que le décret du 4 mai 1812 autorisent à déposer dans cette forme (V. n° 227 et s.).—La déposition écrite de ces personnes doit donc être lue, non pas seulement à titre de renseignements, mais comme étant un élément régulier du débat tout aussi bien que les dépositions orales des autres témoins (Crim. cass. 29 sept. 1842, aff. Bresson, V. n° 235; M. Bourguignon, Jurispr. des c. crim., 2, p. 41). — Toutefois la loi du 18 prair. an 2 ne faisait une exception à l'instruction orale que sous la condition pour le tribunal de remplir certaines formalités prescrites à peine de nullité, et, par exemple, de demander aux jurés s'ils peuvent prononcer en l'état sans entendre oralement le témoin, et il a été décidé en conséquence qu'un jugement criminel devait être cassé lorsque cette formalité avait été omise (Crim. cass. 9 frim. an 12, aff. Montagne, V. n° 241). — Il faudrait en décider de même aujourd'hui, cette condition étant inséparable de l'exécution de la loi.

557. Quant à ce qui concerne la lecture des dépositions des témoins présents, V. Instruct. crim., n° 2298 et suiv.

558. La règle qui veut que les témoins déposent oralement souffre encore exception, comme nous l'avons dit suprà, n° 551, aux termes de l'art. 477 c. inst. crim., dans le cas du jugement d'un accusé précédemment condamné par contumace. Cet article prescrit en pareil cas la lecture des dépositions de témoins qui, pour quelque cause que ce soit, n'auront pu être produits aux débats, et l'inobservation de cette déposition serait une cause de nullité. — V. Contumace, n° 116 et suiv.

559.— Au reste la constatation dans les cas ordinaires de l'audition orale des témoins résulte suffisamment de la mention au procès-verbal que l'art. 317 a été observé (Crim. rej. 5 juil. 1832 (2); 24 nov. 1832, MM. Ollivier, pr., Mérilhou, rap., aff. Lecouvreur).

560. Le témoin ne doit pas être interrompu (c. inst. crim. 319); des interruptions pourraient déranger la marche de ses idées et ne pas lui laisser la liberté d'esprit nécessaire pour un acte aussi important que le témoignage (MM. Carnot, Instr. crim., t. 2, p. 499, n° 1; F. Hélie, Instr. crim., t. 8, p. 753); le témoin doit donc faire sa déposition telle qu'il le conçoit, sauf à le questionner ensuite pour contrôler, compléter et certifier ses déclarations (MM. Cubain, n° 508; F. Hélie, t. 8, p. 755). — Cependant la disposition qui veut que le témoin ne puisse être interrompu n'est pas substantielle; et il a été jugé en conséquence qu'elle n'est pas prescrite à peine de nullité (Crim. rej. 30 mai 1839, MM. Bastard, pr., Isambert, rap., aff. Nougué).

561. Toutefois le président a le droit d'interrompre le té-

pouvoir discrétionnaire, pendant le cours des débats, en prenant sur lui tout ce qu'il croit utile pour découvrir la vérité, et dont la loi charge son honneur et sa conscience, il n'ordonne la lecture d'une déposition écrite pour favoriser la manifestation de la vérité, et en prévenant les jurés qu'ils ne doivent considérer ce qu'elle contient que comme renseignement;
Et attendu que, dans l'espèce, ce n'est pas le président de la cour d'assises qui, pendant le cours des débats, reconnaissant que la déposition écrite d'un témoin absent pourrait être utile pour la manifestation de la vérité, en a ordonné la lecture en vertu de son pouvoir discrétionnaire, mais la cour d'assises qui, avant l'ouverture des débats, a ordonné la lecture de la déclaration écrite de ce témoin, dans son rang de liste, d'après un traité entre le ministère public et l'accusé, traité inconvenant d'après la différence des positions, et tort duquel l'accusé a pu être influencé par la crainte qu'un refus ne pût lui préjudier et lui nuire; — Que cette lecture a eu lieu dans l'ordre prescrit par l'arrêt et en exécution d'icelui seulement, et encore sans qu'il ait été donné aucun avertissement au jury; — D'où il suit que la cour d'assises a commis un excès de pouvoir, violé les règles de la compétence, les art. 268, 269 c. inst. crim., relatifs au pouvoir discrétionnaire conféré au président, pouvoir qui est de droit public, auquel il ne lui est pas loisible de renoncer par une adhésion, soit expresse, soit tacite, résultante, comme dans l'espèce, de l'exécution spontanée de l'arrêt; — En conséquence, casse, etc.
Du 22 sept. 1851.-C. C., ch. crim.-MM. Bastard, pr.-Brière, rap.
(2) (Fourcade C. min. pub.) — LA COUR; — ...Attendu, sur le cinquième moyen, que du procès-verbal constatant que les témoins ont été entendus, il y a présomption légale qu'ils l'ont été régulièrement; — Rejette.
Du 5 juill. 1832.-C. C., ch. crim.-MM. Bastard, pr.-Choppin, rap.

moin s'il sort de l'objet de l'accusation, et s'il se livre à des digressions inutiles (Conf. M. F. Hélie, t. 8, p. 754). — Il a été jugé en effet que le président en invitant le témoin à se renfermer dans l'objet de l'accusation et à en écarter tous les faits qui lui sont étrangers, a exercé un droit et rempli une obligation qui lui est prescrite par la loi (Crim. rej. 18 sept. 1829) (1).

562. Le droit de questionner le témoin après la déposition appartient au président (c. inst. crim. 319, § 3); ce droit appartient également au procureur général, aux membres de la cour et aux jurés en demandant la parole au président (même article, § 4). L'accusé et la partie civile peuvent aussi adresser des questions aux témoins, mais seulement par l'organe du président (même article, §§ 2 et 3).—Il résulte du dernier paragraphe de l'art. 319, résultant de sa combinaison avec l'art. 267, que le président peut écarter les questions qui lui paraissent manquer d'utilité ou de convenance. Toutefois, le droit d'adresser des interpellations à un témoin est un des droits les plus précieux et les plus essentiels de la défense. L'exercice de ce droit ne saurait dépendre entièrement du président, il est aussi sous la protection de la cour d'assises (M. Cubain, n° 517). La partie à qui le président refuserait, sans de justes motifs, de poser une question qu'elle croit utile d'adresser à un témoin, a le droit de saisir la cour, par des conclusions, de la question de savoir si la question doit ou non être posée (M. F. Hélie, Instr. crim., t. 8, p. 760). — Il a été jugé en ce sens que si, sur le refus du président d'adresser au témoin des interpellations requises par l'accusé, il y a eu, à cet égard, conclusions expresses du conseil de l'accusé, et réponse du ministère public, c'est à la cour d'assises et non au président de statuer sur cet incident (Crim. rej. 14 avr. 1837) (2).

563. Si la question qu'on demande à poser à un témoin a une utilité réelle, le refus de poser cette question serait une véritable violation du droit de défense; aussi Carnot pense-t-il (Instr. crim., t. 2, p. 504) que, dans le cas où une interpellation aurait pour objet un fait se rattachant directement à l'accusation, et ayant pour objet d'en modifier la criminalité, la cour d'assises ne pourrait se dispenser de l'ordonner, encore bien qu'elle serait susceptible de compromettre un témoin.—V. n°s 259 et suiv., 272 et suiv., et M. F. Hélie, t. 8, p. 757, 758.

564. Il importerait peu que les personnes qui peuvent, aux termes de cet article, adresser des questions aux témoins usassent de leur droit dans un ordre différent de celui où elles s'y trouvent dénommées. — Il a été jugé en effet que cet ordre n'est pas fixé d'une manière invariable, en sorte que le président peut, à son gré, interpeller un fait se rattachant directement à l'accusation et à son conseil, avant de donner à l'accusé ou à son conseil, afin qu'ils le questionnent à leur tour (Crim. rej. 21 sept. 1839, aff. Gouy, V. Instr. crim., n° 2233-4°). — Voy. M. F. Hélie, Instr. crim., t. 8, p. 763.

565. En général, le président ne peut déléguer à personne les pouvoirs qu'il tient de la loi, en ce qui concerne la direction des débats ; cependant il n'y aurait pas nullité si, à raison de la fatigue du président, ce fût un juge qui adressât les questions aux

témoins (Crim. rej. 17 déc. 1836, aff. Masson, V. Contrainte par corps, n° 685; V. aussi v° Inst. crim., n° 2151).

566. Les témoins, par quelque partie qu'ils soient produits, ne peuvent jamais s'interpeller entre eux (c. inst. crim. 325). Cette prohibition ne met pas obstacle, toutefois, à ce que le président établisse entre eux une confrontation publique dans laquelle ils s'expliquent contradictoirement sans interpellation directe (M. Legraverend, t. 2, p. 205). Cette confrontation est surtout nécessaire quand les dépositions de plusieurs témoins sont incompatibles (M. Cubain, n° 528). — En tous cas, cette disposition n'a rien de substantiel (Conf. M. F. Hélie, Inst. crim., t. 8, p. 706).—Il a été décidé, en effet, que l'art. 325, qui défend aux témoins de s'interpeller entre eux, n'est pas prescrit à peine de nullité; qu'ainsi, on ne peut demander la nullité d'un arrêt de condamnation, sur le motif que les témoins s'interpellaient entre eux, alors surtout que ces interpellations n'ont pas été constatées (Crim. rej. 11 avr. 1817, MM. Barris, pr., Ollivier, rap., aff. Verdier). — Mêmes décisions sous le code de brum. an 4, dont l'art. 360 contenait une disposition semblable à celle de l'art. 325 (Crim. rej. 19 vend. an 10, MM. Viellart, pr., Barris, rap., aff. Baba; 26 niv. an 10, MM. Viellart, pr., Dutocq, rap., aff. Sp...).

567. Le témoignage, pour être complet, doit être spécialisé; il doit l'être surtout quant à la personne à laquelle ce témoignage se rapporte. — C'est pour ce motif que la loi prescrit au président de demander à chaque témoin, après la déposition, si c'est bien de l'accusé présent qu'il a entendu parler (c. inst. crim. 319, § 1).¹ — Toutefois, cette disposition n'étant pas substantielle, il a été décidé que son inobservation ne saurait entraîner de nullité; qu'en conséquence, l'accusé ne peut se faire un moyen de cassation de ce que les témoins, après leurs déclarations, n'auraient pas été interpellés de déclarer si c'était de l'accusé qu'ils avaient entendu parler (Crim. rej. 3 juill. 1818 (3) ; 5 fév. 1819, MM. Barris, pr., Giraud, rap., aff. Arnaud ; 24 déc. 1824, MM. Portalis, pr., Gaillard, rap., aff. Marie-Gilles; 31 déc. 1829, MM. Bastard, pr., Gaillard, rap., aff. Luzinchi; 5 janv. 1832, aff. Pichonnet, V. Inst. crim., n° 2233-1°; 24 janv. 1839, MM. Bastard, pr., Rives, rap., aff. Fabre; 1er fév. 1839, MM. Bastard, pr., Vincens, rap., aff. Delavier; 22 juin 1839, MM. Bastard, pr., Dehaussy, rap., aff. Pagès, V. aussi M. F. Hélie, t. 8, p. 756); — ... Surtout si l'audition a lieu en vertu du pouvoir discrétionnaire (Crim. rej. 11 mai 1827, MM. Portalis, pr., Ollivier, rap., aff. Tortora). — V. aussi vo Instr. crim., n° 2233.

568. Chaque déposition terminée, le président doit demander à l'accusé s'il veut répondre (c. inst. crim. 319, § 1). — Bien que le droit qu'a l'accusé de répondre aux charges élevées contre lui soit substantiel, l'inobservation de cette disposition ne pourrait être une cause de nullité qu'autant qu'il y aurait refus de recevoir les observations que l'accusé voudrait faire (V. Instr. crim., n° 2233; M. F. Hélie, Instr. crim., t. 8, p. 757).—Il en est ainsi surtout lorsque la déposition écrite d'un témoin absent est lue en

---

(1) (Latournerie, etc. C. min. pub.) — La cour ; — Attendu que les art. 268 et 270, c. inst. crim., investissent le président d'un pouvoir discrétionnaire, chargent son honneur et sa conscience d'employer tous ses efforts pour favoriser la manifestation de la vérité, et lui font un devoir de rejeter tout ce qui tendrait à prolonger les débats sans donner lieu d'espérer plus de certitude dans les résultats ; d'où il suit que le président, en invitant les témoins à se renfermer dans l'objet de l'accusation, et à en écarter tous les faits qui lui sont étrangers, a exercé un droit, et rempli une obligation qui lui était prescrite par la loi ; — Rejette.
Du 18 sept. 1829.-C. C., ch. crim.-MM. Bastard, pr.-Gary, rap.

(2) (Gambier C. min. pub.)—La cour ;...—Sur le premier moyen tiré de la violation prétendue des art. 268, 269 et 270 c. inst. cr. ; — En ce que le président de la cour d'assises s'est refusé à adresser au témoin Couturier la question de savoir si le sieur Bisson, plaignant, jouissait d'une bonne réputation, et en ce que la cour d'assises, saisie de la même question par les conclusions formelles du conseil de l'accusé, aurait, en y statuant, excédé ses pouvoirs et renfermé dans les attributions du président, ou enfin en ce que la cour d'assises a rejeté les conclusions du conseil de l'accusé, relatives à l'interpellation à adresser au témoin Couturier sur la réputation du sieur Bisson, quoique cette interpellation fût de nature à servir à la manifestation de la vérité ; — Attendu qu'il résulte du procès-verbal des débats que le président de la cour d'assises s'est refusé à adresser au témoin Couturier la question de savoir si le

sieur Bisson, plaignant, jouissant d'une bonne réputation, mais que le conseil de l'accusé ayant réitéré sa demande à cet égard par des conclusions expresses, sur lesquelles le ministère public a été entendu, cette demande devenait un point contentieux sur lequel ne pouvait être statué que par la cour d'assises, ce qui a eu lieu ; — Qu'en décidant que la question dont il s'agit ne serait pas adressée au témoin, attendu qu'elle n'était point de nature à faciliter la manifestation de la vérité, elle n'a fait qu'user du droit d'apprécier l'utilité de cette question, droit qui rentrait dans ses attributions, et qu'elle n'a ni excédé ses pouvoirs, ni porté atteinte aux droits de la défense, en procédant ainsi qu'elle l'a fait ; — Rejette.
Du 14 avril 1837.-C. C., ch. cr.-MM. Bastard, pr.-De Haussy, rap.

(3) (Valentini)—La cour ; — ...Attendu sur le cinquième et sixième moyens, que l'art. 319 c. inst. crim., auquel ils se rattachent, n'est pas prescrit à peine de nullité; que d'ailleurs, en ce qui concerne l'interpellation au témoin sur le point de savoir si c'était de l'accusé présent qu'il avait entendu parler, le procès-verbal l'a constaté, et que son silence sur la réponse ne saurait opérer une nullité ; — Qu'à l'égard du silence du procès-verbal sur les reproches contre les témoins, il fait présumer qu'aucun reproche n'a été proposé; que, d'ailleurs, s'il en eût existé, la cour de justice criminelle aurait eu caractère pour y statuer sans que sa décision, à cet égard, pût former matière à cassation ;. . .— Rejette.
Du 3 juill. 1818.-C. C., sect. crim.-MM. Barris, pr.-Ollivier, rap.

vertu du pouvoir discrétionnaire (Crim. rej. 26 mai 1838 (1); 31 mars 1836, aff. Arrighi, V. Instr. crim., n° 2235-2°).

569. Le défaut d'avertissement du président ne saurait d'ailleurs mettre obstacle au droit qui appartient à l'accusé et à son défenseur, aux termes du § 2 du même article, de demander la parole après chaque déposition pour dire, tant contre le témoin que contre ses déclarations, tout ce qui *peut être utile* à la défense de l'accusé. — L'art. 353 c. de brum. allait plus loin et autorisait l'accusé à dire par lui-même et par ses conseils *tout ce qu'il jugerait* utile à sa défense. L'art. 319, en substituant à ces expressions *tout ce qui pourra être utile* à la défense, a amélioré d'une manière sensible les dispositions de la loi (M. Bourguignon, Jurisp. des cod. crim., t. 2, p. 45). Du reste, cet article n'a pas eu pour objet de restreindre ni de paralyser les droits légitimes de la défense, il a voulu seulement empêcher que, sous le prétexte de la défense, l'accusé ou son conseil ne se livrassent à des investigations sur la conduite des témoins qui, n'ayant aucun rapport avec les faits de l'accusation, pourraient dégénérer contre eux en diffamations ou en injures (motifs Crim. cass. 18 sept. 1824, aff. Morel, *suprà;* V. aussi M. F. Hélie, Instr. crim., t. 8, p. 757).

570. D'après l'art. 329, le président représente aux témoins les *pièces de conviction* s'il y a lieu. Nous avons déjà parlé v° Instr. crim., n°ˢ 2263 et suiv., de la présentation des pièces de conviction à l'accusé et aux témoins; nous aurons donc peu de chose à ajouter ici sur ce point.—La loi désigne sous cette dénomination tout objet matériel pouvant fournir une preuve pour ou contre l'accusé, corps du délit, instrument ayant servi à le commettre, choses pouvant faire reconnaître le délinquant, etc. (V. Instr. crim., n°ˢ 2273 et s.; M. Cubain, n° 543). — Il résulte des termes de l'article cité que la représentation des pièces de conviction à l'accusé est obligatoire, mais qu'elle est purement facultative à l'égard des témoins (V. Instr. crim., n° 2272.—Conf. Crim. rej. 24 juill. 1841, aff. Zeller, *eod.*, n° 2271). — La loi n'ayant pas déterminé à quel moment du débat les pièces de conviction seraient représentées à l'accusé et aux témoins, a laissé à l'appréciation du président le soin de choisir le moment qui lui paraîtrait le plus convenable.

571. Il ne doit pas être tenu note des dépositions des témoins, et ce, à peine de nullité (c. inst. crim. 372, §§ 2 et 4). Cette disposition n'est qu'une des conséquences du principe déjà exposé d'après lequel tous les éléments dont se compose le débat doivent être purement oraux. — Cette règle reçoit exception dans le cas où il existe des additions, changements et variations entre la déposition d'un témoin et ses déclarations précédentes (c. inst. crim. 318). En ce cas le président doit, sur les réquisitions du ministère public ou même d'office, faire tenir note au greffier de ces additions, changements et variations (*ibid.*). — V. du reste ce qui a été dit sur ce point v° Instruct. crim., n°ˢ 2242, 3670 et suiv.

572. Il semble résulter du texte de l'art. 318 qu'il ne doive être tenu note des variations dans la déclaration d'un témoin qu'autant que ces variations se rapportent à des précédentes déclarations qu'il aurait faites dans l'instruction écrite (conf. M. F. Hélie, t. 8, p. 766). — C'est en ce sens qu'il a été décidé

que si le procès-verbal mentionne des dépositions de témoins qui n'ont point été entendus dans l'instruction écrite, il y a nullité de l'arrêt (Crim. cass. 6 janv. 1838, aff. Poivre, V. Instr. crim., n° 3674.—Conf. Crim. cass. 10 avr. 1835, MM. Choppin, f. f. pr., Ricard, rap., aff. Lancery; 6 janv. 1838, MM. Bastard, pr., Vincens, rap., aff. Bernardin; *nota,* ces arrêts sont tous conçus dans des termes identiques). — Mais il nous semble préférable d'entendre la loi, en ce sens qu'il y a lieu de tenir note également de ces variations et contradictions, alors même qu'elles ne se seraient pas manifestées que dans les différentes parties de la déposition faite par le témoin à l'audience. Il y a en effet dans ce cas, comme dans celui textuellement prévu par l'art. 318, les mêmes motifs pour conserver la constatation du faux témoignage (Conf. M. Cubain, n° 492).

573. Si le témoin était appelé en vertu du pouvoir discrétionnaire du président, comme il ne pourrait y avoir lieu en ce cas à l'application des peines du faux témoignage (V. Témoign. faux, n° 16), il ne devrait point être tenu note de ses déclarations, quelles que fussent les variations qui pourraient s'y faire remarquer (Conf. M. F. Hélie, Instr. crim., t. 8, p. 767).—Aussi a-t-il été justement décidé qu'il n'est pas nécessaire que le greffier tienne note des déclarations d'un témoin appelé en vertu du pouvoir discrétionnaire (Crim. rej. 11 avr. 1817, MM. Barris, pr., Ollivier, rap., aff. Verdier), ...et il en est de même d'un témoin qui dépose pour la première fois (C. d'ass. de Bastia, 16 mars 1843) (2). — La constatation au procès-verbal de ces déclarations serait même une cause de nullité, comme étant une violation expresse de la prohibition énoncée en l'art. 372.

574. C'est sur l'ordre du président que doivent être notées au procès-verbal les variations qui se manifesteraient dans les déclarations des témoins. Le ministère public ne pourrait en faire tenir note de sa seule autorité; il ne lui appartient, aussi bien qu'à l'accusé, que de faire des réquisitions à ce sujet, sauf à s'adresser à la cour d'assises pour vider l'incident dans le cas où le président refuserait de faire droit à ces réquisitions (Conf. Crim. rej. 19 avr. 1821, aff. Picard, n° 575-2°; M. Cubain, n° 492). Il est de règle, en effet, que rien ne doit être inséré au procès-verbal que sur l'ordre du président ou en vertu d'un arrêt de la cour. — Mais l'ordre que donne en pareil cas le président au greffier n'a pas besoin d'être constaté d'une manière formelle.—Il a été décidé : 1° que par cela seul que la mention de l'addition faite par un témoin à sa déposition a été portée par le greffier sur le procès-verbal, il y a présomption légale qu'elle ne l'a été que sur l'ordre du président, et conformément à l'art. 318 c. inst. crim. (Crim. rej. 7 mai 1846, aff. Simon, D. P. 46. 4. 129); — 2° Que les explications fournies par un témoin sur une partie de la déclaration d'un autre témoin inculpé de faux témoignage, constituent une addition à la déposition du premier témoin; que, intimement à la déposition du second, et dont la mention au procès-verbal ne doit être considérée que comme une conséquence des mesures ordonnées par le président contre le témoin inculpé de faux témoignage; on ne saurait, dès lors, se faire un moyen de nullité de ce que le procès-verbal n'énoncerait pas que cette mention a eu lieu sur l'ordre du président (Crim. rej. 11 fév. 1843) (3).

(1) (Sabaté C. min. pub.)—La cour ;—...Sur le moyen fondé sur la violation de l'art. 519 du même code, en ce que le président n'aurait pas demandé à l'accusé s'il avait des observations à faire sur la déposition écrite d'un témoin absent : — Attendu que cette déposition a été lue en vertu du pouvoir discrétionnaire; qu'elle n'avait pas le caractère d'un témoignage, puisqu'elle n'a pas été faite oralement devant le jury, sous la sanction du serment; — Attendu, d'ailleurs, que l'avertissement prescrit par l'art. 519 n'est pas prescrit à peine de nullité ; — Rejette. Du 26 mai 1859.-C. C., ch. crim.-MM. Choppin, pr.-Isambert, r.
(2) (Min. pub C. Cotoni.)—La cour;— Attendu qu'en matière pénale tout est de droit rigoureux ; qu'il en est de même des dispositions de loi qui s'y rattachent, et qu'elles aussi sont règles par le même droit; d'où il suit qu'en pareil cas, c'est bien plus au sens littéral de ces dispositions que à l'esprit qui a pu présider à leur rédaction, qu'il faut s'en tenir pour en faire application; — Attendu que l'art. 518 c. inst. crim. ne prescrit et ne permet au président des assises de faire tenir note que des changements ou variations qui pourraient exister entre la déposition d'un témoin et ses précédentes déclarations; — Que, conséquemment donc, en supposant même que ces dispositions

eussent tout à la fois pour but, d'une part, de constituer ainsi ce témoin en état flagrant de contradiction, d'une autre, de recueillir et conserver de nouveaux éléments d'instruction, elles ne peuvent s'appliquer au témoin qui dépose pour la première fois, puisqu'en pareille occurrence il ne s'agit ni de variations ni de changements survenus dans une subséquente déposition, mais bien et uniquement d'une déposition nouvelle ; d'où il résulte que, faire application à ce dernier cas de l'art. 318, serait arbitrairement étendre les dispositions de cet article, ce que ne permet pas le droit strict et rigoureux qui les régit ; que vainement encore aussi, on voudrait faire mentionner sur le procès-verbal la déposition du témoin nouveau, à titre et comme simple constatation d'un fait qui aurait eu lieu à l'audience, puisque ce serait ainsi user d'une voie détournée pour arriver à transcrire une déposition que la loi ne permet pas de recueillir par écrit; — Par ces motifs, dis qu'il n'y a lieu de consigner au procès-verbal d'audience la déclaration dudit sieur Grossetti. Du 16 mars 1843.-C. d'ass. de Bastia.-M. Maniez, cons. pr.
(3) (Cazassus C min. pub. — La cour ; — Sur l'unique moyen proposé et tiré de la violation prétendue des art. 372 et 518 c. inst. crim.

575. De ce que l'art. 318 impose une obligation au président, il ne faut pas conclure que l'inexécution de cet article emporte nullité (Conf. M. F. Hélie, Inst. crim., t. 8, p. 767).—Jugé en effet : 1° que l'inobservation de l'art. 318 c. inst. crim. sur les changements, altérations ou additions dans les déclarations des témoins n'entraîne pas la peine de nullité (Crim. rej. 11 sept. 1823, MM. Bailly, pr., Rataud, rap., aff. V...; 23 avr. 1835, M. Isambert, rap., aff. Fanelly ; 7 oct. 1825, MM. Portalis, pr., Gaillard, rap., aff. Daumont ; 10 janv. 1839, MM. Bastard, pr., Vincens, rap., aff. Lévêque) ; — 2° Qu'en conséquence, il ne peut résulter de moyen de cassation de ce que le président des assises n'a pas ordonné d'office l'exécution de l'art. 318 c. inst. crim., qui prescrit que le greffier tienne note des additions, changements ou variations qui pourraient exister entre la déposition d'un témoin et ses précédentes déclarations : le droit donné à l'accusé et au ministère public de la requérir pourrait seulement obliger la cour d'assises de statuer sur la demande qu'ils en auraient faite (Crim. rej. 19 avr. 1821) (1) ; — 3° Qu'ainsi l'omission, faite au procès-verbal, des additions apportées par un témoin à sa déposition écrite n'entraîne pas nullité : ces additions sont d'ailleurs assez constatées lorsque, le lendemain du jour où elles sont faites, elles sont répétées par l'accusé, et qu'il en est pris note par le greffier (Crim. rej. 28 mai 1818) (2) ; — 4° Qu'au surplus, le président n'est tenu d'office de faire consigner au procès-verbal des débats les variations des témoins, que lorsqu'elles sont de nature à les constituer en prévention de faux

témoignage (Crim. rej. 16 déc. 1841) (3) ; — 5° Qu'enfin le débat étant oral, il n'y a lieu de consigner les réponses des témoins qu'autant qu'il s'élève à cet égard quelque incident et qu'il est pris des conclusions (Crim. rej. 10 août 1837, aff. Goupil, V. Instr. crim., n° 3671).

576. Si d'après les débats, la déposition d'un témoin paraît fausse, le président peut sur la réquisition, soit du procureur général soit de la partie civile, soit de l'accusé et même d'office mettre le témoin sur-le-champ en état d'arrestation (c. inst. crim. 350 ; V. Témoignage faux, n° 76 et suiv.), en ce cas le procureur général, la partie civile ou l'accusé peuvent immédiatement requérir, et la cour ordonner même d'office le renvoi à une autre session (c. inst. crim. 331 ; V. eod., n° 99 et suiv.). — Les cas de renvoi à une autre session prévus par les art. 350 et 331 ne sont point restrictifs : les juges ont le droit d'ordonner ce renvoi toutes les fois qu'il leur paraît fondé sur des motifs qui ont pour objet la manifestation de la vérité et qui ne sont pas en opposition avec un texte de loi : ce droit dérive de la disposition générale contenue en l'art. 406 c. inst. crim. En conséquence, le renvoi à une autre session prononcé après la mise en arrestation d'une personne appelée à déposer par forme de simples renseignements, est légale, bien que cette personne ne puisse en aucun cas être poursuivie et punie comme faux témoin (Crim. rej. 28 avr. 1831) (4).

L'arrestation d'un témoin peut être ordonnée encore lorsque les débats font naître contre lui des indices de culpabilité, soit

en ce qu'à l'audience du 29 nov., le greffier de la cour d'assises a mentionné au procès-verbal le contenu en la déposition faite par la femme Guyard , et qu'il n'appert pas qu'il ait ainsi agi de l'ordre du président et pour constater une addition , un changement ou une variation ; — Attendu que l'art. 372 c. inst. crim., portant qu'il ne sera fait mention au procès-verbal, ni des réponses des accusés, ni du contenu aux dépositions, déclare que cette prohibition a lieu sans préjudice toutefois de l'exécution de l'art. 318 concernant les changements , variations et contradictions dans les déclarations des témoins ; — Attendu que l'art. 318 dispose que le président fera tenir note, par le greffier, des additions, changements ou variations qui pourraient exister entre la déposition d'un témoin et ses précédentes déclarations ; — Attendu, en fait, qu'il résulte du procès-verbal des débats devant la cour d'assises de la Haute-Garonne, à la séance du 29 nov. 1842, que le président ayant, en vertu de l'art. 330 c. inst. crim., sur les réquisitions du ministère public, ordonné l'arrestation du témoin Jean Grangé, dont la déposition paraît fausse, a aussi ordonné en outre, conformément à l'art. 318 c. inst. crim., qu'il serait tenu note au procès-verbal de l'addition que le témoin Grangé aurait faite à ses précédentes dépositions ; que , néanmoins , ce dernier persistant dans l'allégation d'un fait, le président lui fit observer que le précédent témoin (lequel était une des filles Guyard) n'avait pas parlé de ce fait, à quoi Grangé répondit que les filles Guyard se retiraient et n'avaient pas eu le temps d'entendre cette circonstance ; — Que le président, ayant alors fait approcher de nouveau la femme Guyard, lui a demandé combien de temps elle avait passé dans la prison où était Grangé, à quoi cette femme répondit : environ demi-heure ; que le président lui ayant demandé à quel moment, depuis son entrée dans la prison, Grangé avait parlé des faits relatifs à la nouvelle qu'il avait annoncée aux trois accusés, à quoi la femme Guyard répondit que c'était dès les premiers moments de son arrivée à la prison ; — Attendu que ces deux réponses constituaient une addition à la première déposition de la femme Guyard ; qu'elles se liaient intimement à la déposition du témoin Grangé, lequel venait d'être arrêté comme inculpé de faux témoignage ; que, par conséquent, il était naturel de les constater au procès-verbal, comme élément de preuve dans l'information à diriger contre Grangé à raison du faux témoignage imputé à ce dernier ; qu'à y a donc présomption légale qu'elles ont été insérées au procès-verbal, par ordre du président, comme une conséquence de la mesure qui venait d'être prise à l'égard du témoin Grangé : d'où il suit qu'il n'y a eu à cet égard aucune violation des art. 572 et 318 c. inst. crim. ; — Rejette. Du 11 fév. 1843.-C. C., ch. cr.-MM. de Crouseilhes, pr.-De Haussy, r.

(1) (Picard C. min. pub.) — LA COUR ; — Considérant que l'art. 318 c. inst. crim. n'est point prescrit à peine de nullité ; qu'il ne peut donc résulter un moyen de cassation de ce que le président n'aurait point ordonné d'office son exécution ; que, lorsqu'il ne l'a point ordonnée, la présomption de droit est qu'il n'a point jugé qu'elle dût l'être ; que le droit que ledit article donne à l'accusé et au ministère public de la requérir, pourrait seulement obliger la cour d'assises de statuer sur la demande qu'ils en auraient faite, mais que rien ne constate au procès qu'ils aient formé une pareille demande ; — Rejette. Du 19 avr. 1821.-C. C., sect. crim.-MM. Barris, pr.-Busschop, rap.

(2) (Servat C. min. pub.) — LA COUR ; — Attendu que l'art. 318 c.

inst. crim. n'est pas prescrit à peine de nullité ; que, d'ailleurs, le procès-verbal constate que le témoin Derrat a répété, sur l'interpellation du président, à la séance du 9 avril, les additions par lui faites à la séance du 8, à sa déclaration écrite devant le juge d'instruction, et qu'il a été tenu note de ces additions ; que, si le ministère public n'a fait à cet égard aucune réquisition, le président a pu néanmoins les faire constater d'office, conformément au premier § dudit art. 318 ; — Rejette. Du 28 mai 1818.-C. C., sect. crim.-MM. Barris, pr.-Lecoutour, r.

(3) (Rodong C. min. pub.) — LA COUR ; — ...Attendu, sur le deuxième moyen, qu'en admettant que la déposition faite oralement devant la cour d'assises par Bernard Schwartz, ait présenté des variations avec sa déclaration dans l'instruction écrite, le président de cette cour n'aurait point été tenu de les faire constater d'office au procès-verbal des débats ; que la disposition de l'art. 372 c. inst. crim., combinée avec celle de l'art. 318 du même code, ne s'applique qu'au cas où les variations et contradictions dont elle parle sont de nature à constituer le témoin en prévention de faux témoignage ; — Rejette. Du 16 déc. 1841.-C. C., ch. crim.-MM. Meyronnet, pr.-Rives, rap.

(4) (Cary C. le min. pub.) — LA COUR ; — ... Sur le quatrième moyen tiré de la violation des art. 350, 331 et 406 c. inst. crim., en ce que les débats une fois commencés ne pouvaient être suspendus que dans le seul cas et dans le mode prévu par l'art. 353 c. instr. crim. : — Attendu, en fait, qu'aux débats qui eurent lieu devant la cour d'assises de la Seine, le 8 déc. 1830, dans l'affaire de Cary Maugras, Cary, dit Pepin, son frère, cité à la requête du procureur général et de l'accusé, et qui à cause de sa précédente condamnation aux travaux forcés, ne put être admis à prêter serment, déposa, par forme de simples renseignements; qu'interpellé, à diverses reprises, par le président et l'avocat général , il déclara formellement être l'auteur des fausses signatures Maugras apposées au bas des cinq billets, qui forment la base de l'accusation dirigée contre Cary Maugras ; sur quoi, la cour, vu les art. 350, 331 et 406 c. inst. crim., faisant application desdits articles, ordonna l'arrestation de Cary, dit Pepin, pour rester en état de mandat de dépôt, et être suivi contre lui conformément à la loi, renvoie l'examen à une des sessions prochaines sur les faits compris en l'acte d'accusation, conformément à l'art. 406, après jonction, s'il y a lieu, des poursuites dirigées contre Cary, dit Pepin ; — Attendu, en droit, que ce dernier ayant été précédemment condamné aux travaux forcés, n'ayant pas prêté serment en justice, et n'ayant été entendu que par forme de simples renseignements, n'aurait jamais pu, conséquemment, et dans aucun cas, être poursuivi et puni comme faux témoin ; que, dès lors, le renvoi de l'affaire à une des sessions suivantes n'a pu être ordonné par le président de la cour d'assises, ensuite de l'art. 350, mais conformément à l'art. 406 c. inst. crim. ; — Attendu que cet article dispose d'une manière générale et absolue, que les cas de renvoi à une prochaine session, prévus par les art. 350 et 331 cités, lorsque la déposition d'un témoin paraît fausse, ne sont point restrictifs, et que les juges ont le droit d'ordonner ce renvoi , lorsque, comme dans l'espèce actuelle, il leur paraît fondé sur des motifs qui ont pour objet la manifestation de la vérité, et qui ne sont pas en opposition avec un texte de loi ; que l'art. 353 du code, portant que les débats une fois entamés seront continués sans interruption jusqu'après la déclaration du jury, ne peut

comme complice de l'accusé principal, soit comme auteur d'un crime ou délit distinct. Le droit d'ordonner cette arrestation appartient alors au ministère public. — Mais il a été jugé que le témoin mis ainsi en état d'arrestation n'en reste pas moins témoin dans le procès, et que dès lors le ministère public peut le placer sous la surveillance de la gendarmerie; mais il ne peut le faire écarter de l'audience; que toutefois, la circonstance que le témoin aurait été conduit en prison ne peut fournir un grief à l'accusé, si la cour, après avoir donné l'ordre de le ramener aux débats, avait fait recommencer devant lui les dépositions faites en son absence (Crim. rej. 23 mars 1854, aff. Fourneyron, D. P. 54. 5. 738).

577. Chaque témoin, après sa déposition, doit rester dans l'auditoire s'il n'en a été autrement ordonné par le président (c. inst. crim. 320). Il peut se faire, en effet, qu'on ait besoin de le rappeler durant le cours des débats soit pour lui demander de nouvelles explications, soit pour le confronter avec d'autres témoins; mais il résulte des termes mêmes de cet article que le président peut les autoriser à se retirer (Conf. M. F. Hélie, Inst. crim., t. 8, p. 768). — Il a été jugé, en conséquence : 1° que l'art. 320 c. inst. crim. qui exige que chaque témoin, après sa déposition, reste dans l'auditoire, s'il n'en a été autrement ordonné par le président, n'est pas prescrit à peine de nullité (Crim. rej. 13 juill. 1849, M. Rives, rap., aff. Miot); — 2° Qu'en conséquence, lorsque des témoins se sont retirés, d'après la permission du président, avant la clôture des débats, l'accusé n'est pas recevable à se faire de cette circonstance un moyen de cassation (Crim. rej. 13 avr. 1821, MM. Barris, pr., Aumont, rap., aff. Piazza); — 3° Qu'il en est ainsi surtout s'il n'a pas demandé que ces témoins comparussent pour être questionnés par lui (Crim. rej. 22 mars 1821, MM. Barris, pr., Clauzel, rap., aff. Agostini); — 4° Que de même, on ne peut se faire un moyen de cassation de ce qu'un témoin a été autorisé à se retirer avant la clôture des débats, avec sa déposition orale et du consentement de l'accusé (Crim. rej. 7 avr. 1827) (1), — 5° Qu'au surplus, les dispositions de l'art. 320 c. inst. crim. col., qui interdisent aux témoins de sortir sans la permission du président, rentrent dans le pouvoir de police conféré à ce sujet, en peuvent, par conséquent, donner ouverture à cassation (Crim. rej. 25 avr. 1855, aff. Fanelly, V. n° 547-5°); — 6° Que l'irrégularité résultant de ce qu'un témoin s'est retiré de lui-même après sa déposition, au lieu de rentrer aux débats jusqu'à la clôture du jury, n'emporte pas nullité, alors surtout qu'elle s'est produite à l'insu du président et n'a donné lieu à aucune observation, soit du ministère public, soit de la défense (Crim. rej. 8 mars 1855, aff. Guyomard, D. P. 55. 5. 434; 18 janv. 1855, aff. Giovacchini, D. P. 55. 5. 434).

578. Le jury ne devant former sa conviction que sur les débats, il en résulte qu'il ne peut lui être donné communication des procès-verbaux constatant la déclaration des témoins dans l'instruction écrite. Cette prohibition est une nouvelle consécration du principe que veut que le débat soit purement oral. D'un autre côté, si la loi eût permis la remise aux jurés des déclarations écrites des témoins, leur lecture dans la chambre des délibérations hors de tout contrôle de la part de l'accusé et de toute surveillance de la part du président, aurait pu leur faire oublier les variations des témoins, leurs contradictions et les éclaircissements nouveaux fournis dans le débat. Aussi l'art. 341 porte que le président remettra aux jurés en même temps que l'acte d'accusation les procès-verbaux qui constatent les délits et les pièces du procès *autres que les déclarations écrites des té-*

moins. — Cette règle était déjà consacrée par le code de brumaire qui exceptait les déclarations écrites des témoins des pièces qui pouvaient être remises soit au jury d'accusation (art. 238), soit au jury de jugement (art. 382). Par une anomalie assez singulière, les dispositions de l'art. 238 de ce code étaient expressément sanctionnées par la peine de nullité (art. 239), tandis que cette peine n'était pas attachée à l'inobservation de l'art. 382. Et cependant, s'il importait que les déclarations écrites des témoins ne fussent pas mises sous les yeux des jurés, cette formalité n'eût-elle pas dû être exigée plus impérieusement devant le jury appelé à prononcer la condamnation, que devant le jury chargé uniquement de statuer sur l'accusation. — Quoi qu'il en soit, la jurisprudence paraît avoir admis la distinction qui résultait des dispositions différentes des art. 238, 239 et 382. — Ainsi d'une part elle décidait 1° qu'il y avait nullité si, par suite de son annexe à l'acte d'accusation, un procès-verbal qui ne constatait pas le corps du délit, mais qui contenait des déclarations de témoins entendus depuis aux débats, avait été mis sous les yeux des jurés d'accusation et de jugement (Crim. rej. 28 frim. an 8, M. Jouvenne, rap., aff. Laere) ; — 2° Qu'il en était ainsi, par exemple, dans le cas où un procès-verbal contenant les déclarations de la mère de l'accusé avait été présenté aux jurés (Crim. cass. 19 pluv. an 9, M. Genevois, rap., aff. Laruelle);— 3° Que la rétractation faite par un témoin d'une précédente déposition étant elle-même une véritable déposition, il y avait également nullité lorsque lecture avait été faite aux jurés de la rétractation faite devant le directeur du jury par un témoin non présent à l'auditoire (Crim. cass. 28 prair. an 9, M. Sieyes, rap., aff. Ré); — Et d'une autre part, on trouve un assez grand nombre de décisions portant que l'inobservation de l'art. 382 c. de brum. n'emportait pas nullité (V. Instr. crim. n° 2981).

579. L'art. 341 c. inst. crim., de même que l'art. 382 c. de brum., ne prononce pas la peine de nullité. Nonobstant ce silence, quelques auteurs, dont nous serions disposé à partager le sentiment, considèrent la prohibition de communiquer au jury les déclarations écrites des témoins comme une des règles essentielles de la procédure criminelle, dont l'inobservation constituerait un vice de nature à opérer la nullité des débats, le principe qui ordonne aux jurés de ne former leur conviction que sur le débat oral étant d'ordre public. — Mais la jurisprudence s'est prononcée en sens contraire (V. Inst. crim., n° 2983).

580. En tout cas, la prohibition de l'art. 341, doit porter uniquement sur les déclarations des témoins qui constituent de véritables dépositions. — Aussi a-t-il été décidé sous le code de brumaire et sous le code actuel, 1° que la déclaration que fait un témoin de ses noms, profession et domicile, ne fait pas partie de sa déposition et a pu être communiquée aux jurés (Crim. rej. 27 déc. 1811, M. Oudart, rap., aff. Derkinderen) ; — 2° Que la déclaration du serrurier appelé par le juge de paix pour reconnaître de quelle manière la serrure a été ouverte, n'est pas une déclaration de témoin qui doive être voilée dans le procès-verbal remis au jury (Crim. rej. 7 pluv. an 9)(2); — 3° Que la déclaration de l'officier de police judiciaire rédacteur du procès-verbal constatant le délit, ne peut être réputée une déclaration écrite de témoin qui doive être soustraite aux yeux des jurés (Crim. rej. 25 oct. 1810) (3); — 4° Que de même les déclarations faites par des experts ne devant point être regardées comme des déclarations de témoins peuvent être annexées à l'acte d'accusation (Crim. rej. 26 vent. an 8) (4); — 5° Que l'on ne peut assimiler à une déposition écrite dont la loi défend la lecture

---

recevoir aucune application dans le cas où la suspension est ordonnée, aux termes de l'art. 406, avec renvoi à une session suivante ;—Rejette.
Du 28 avril 1831.-C. C., ch. cr.-MM. Ollivier, pr.-Meyronnet, rap.

(1) (Conte *C.* min. pub.) — La cour ; — Attendu que si l'un des témoins à charge a été autorisé à se retirer avant la clôture des débats, cette permission ne lui a été accordée qu'après sa déposition orale et du consentement de l'accusé ; — Rejette.
Du 7 avr. 1827.-C. C., ch.-crim.-MM. Portalis, pr.-Mangin, rap.

(2) (Gibelet *C.* min. pub.) — Le tribunal ; — Attendu que le citoyen Petit qui a signé la déclaration contenue dans le procès-verbal annexé à l'acte d'accusation n'a point été entendu comme témoin, mais requis par le juge de paix pour reconnaître de quelle manière la serrure avait

été ouverte, ce qui est une opération d'experts relative à sa profession ; — Rejette.
Du 7 pluv. an 9.-C. C., sect. crim.-MM. Viellart, pr.-Sieyes, rap.

(3) (Canitrot.) — La cour ; — Attendu sur le premier moyen fondé sur la prétendue violation de l'art. 382 de la loi du 5 brum. an 4, en ce qu'il aurait été donné lecture de la déclaration du commissaire de police qui avait rédigé le procès-verbal du 9 mars dernier ; —Attendu que ce procès-verbal était annexé à l'acte d'accusation, et que la loi, en ordonnant la remise des pièces aux juges, n'a excepté que les déclarations écrites des témoins et les interrogatoires écrits de l'accusé ; — Rejette.
Du 25 oct. 1810.-C. C., sect. crim.-MM. Barris, pr.-Liborel, rap.

(4) (Lamotte.) — Le tribunal ; — Attendu, sur le premier moyen

aux débats une consultation de médecins sur le fait même sur lequel porte l'accusation (Crim. cass. 11 août 1808, aff. Petit, V. Défense, n° 129) ; — 6° Qu'aucune disposition de loi ne défend la remise aux jurés de l'interrogatoire d'un coprévenu mis hors de cause, fût-il même parent de l'un des accusés au degré prohibé, et eût-il même été écarté de ce chef comme témoin (Bruxelles, 23 juin 1841, aff. D... C. min. pub.). — V. aussi Instr. crim., n° 2303 et suiv., 2987 et suiv.

581. Des lettres ou autres attestations qui auraient été écrites par des personnes non comprises au nombre des témoins pourraient-elles être communiquées aux jurés? M. Cubain (n° 540) fait observer que des attestations de ce genre ne présenteraient ni les garanties du témoignage oral ni même celles du témoignage reçu par le juge d'instruction. La règle est donc en pareil cas d'appeler et d'entendre s'il se peut comme témoin la personne de qui elles émanent. Ces écrits devront donc, en général, obtenir peu de confiance, et il sera prudent de les écarter (V. Instr. crim., n° 2992 et suiv.). A plus forte raison en devra-t-il être ainsi des lettres anonymes; on ne saurait avoir aucune foi en effet dans une déclaration dont l'auteur n'a pas jugé à propos de se faire connaître (V. eod. n° 2978, V. toutefois Crim. rej. 20 juin 1833, aff. Gerboin, eod. n° 2993-2°; 7 janv. 1836, aff. Lefrançois, eod. n° 2978).

582. En tout cas il y aurait manifestement nullité si l'on remettait au jury une pièce qui n'aurait pas été lue aux débats, et sur laquelle aucune contradiction n'aurait pu s'établir (V. Crim. cass. 30 déc. 1830, aff. Desorno, v° Instr. crim., n° 2976).

583. Les témoins cités en cour d'assises et qui ont comparu sur cette citation doivent être taxés par le président s'ils le requièrent, et il doit leur être alloué, soit qu'ils aient déposé, soit que par une circonstance quelconque leur déposition n'ait pu être reçue, l'indemnité fixée par le décret du 18 juin 1811. — V. Frais et dépens, n° 1096 et suiv.

Sect. 5. — *Exercice du pouvoir discrétionnaire du président de la cour d'assises en matière de témoignages oraux ou par écrit.*

584. En outre des témoins appelés aux débats à la requête du ministère public, de la partie civile ou de l'accusé, et dont se composent les éléments ordinaires de l'instruction orale, il appartient au président de la cour d'assises, en vertu de son pouvoir discrétionnaire, d'appeler pendant le cours des débats, même par mandat d'amener, et de faire entendre toutes personnes dont les déclarations lui paraîtraient d'après les nouveaux développements donnés à l'audience, soit par les accusés, soit par les témoins, devoir répandre un jour utile sur le fait contesté (c. inst. crim. 269) ; —Les personnes ainsi appelées ne prêtent point serment, et leurs déclarations ne doivent être considérées que comme de simples renseignements. — Ce pouvoir conféré aux présidents des cours d'assises est contemporain de l'institution du jury et en est la conséquence : les jurés en effet ne devant prononcer que d'après leur intime conviction et les lumières de leur conscience, et non sur des preuves légales, il était nécessaire qu'on pût soumettre à leur appréciation même de simples renseignements, si ces renseignements reçut jeter quelque jour sur l'objet du débat. Nous avons déjà présenté v° Instruct. crim., n° 2154 et s., les principes généraux qui peuvent servir à régler et à déterminer l'étendue du pouvoir discrétionnaire du président. Nos observations au présent traité se renfermeront donc uniquement dans l'application de ce pouvoir à l'audition des personnes que le président peut faire entendre à titre de simples renseignements.

—Pour l'intelligence de cette matière qui a donné lieu à une jurisprudence considérable, nous diviserons la présente section en six articles qui auront pour objet 1° quelques observations générales sur l'audition des personnes appelées à titre de simples renseignements, et sur l'étendue du pouvoir discrétionnaire du président, relativement à cette audition ; — 2° Les personnes qui peuvent être appelées en vertu du pouvoir discrétionnaire ;— 3° La lecture à titre de renseignements des déclarations écrites des témoins ; — 4° L'avertissement aux jurés que les déclarations des personnes entendues, ou les lectures faites ne valent que comme simples renseignements ; — 5° Les mesures du pouvoir discrétionnaire à l'égard des témoins véritables ; — 6° La limitation respective en matière de témoignage des pouvoirs du président et de la cour d'assises.

Art. 1. — *Observations générales. — Etendue du pouvoir discrétionnaire du président quant à l'audition des personnes appelées à titre de simples renseignements.*

585. Il y a de nombreuses et importantes différences entre les témoignages et les simples renseignements ; ceux-ci ne peuvent être ordonnés que par le président en vertu de son pouvoir discrétionnaire, tandis que les témoins ne peuvent être cités que par les parties en cause (o. inst. crim. 315) ; les personnes appelées à fournir des renseignements peuvent être forcées de comparaître, mais leur refus de déposer ne les expose à aucune peine; elles ne peuvent être poursuivies pour faux témoignage, car elles ne prêtent pas serment, ce qui est la circonstance capitale qui les distingue des véritables témoins.

586. La prestation de serment convertirait le simple renseignement en témoignage, et on en a conclu, en principe, du moins qu'il y aurait nullité, si des personnes appelées en vertu du pouvoir discrétionnaire prêtaient serment : on pourrait supposer, en effet, que la conviction des jurés a été déterminée par les dépositions de ces témoins, à l'égard desquels l'accusé n'a pas été mis à même de faire valoir les reproches qu'il aurait pu proposer contre eux, s'ils avaient été dénommés dans la liste qui, d'avance, lui a été signifiée. Telle est la doctrine de MM. Carnot, sur l'art. 269, n° 2; F. Hélie, Inst. crim., t. 8, p. 473.

M. Cubain, n° 327, propose la distinction suivante : si l'individu appelé par le pouvoir discrétionnaire est frappé d'une incapacité absolue d'être témoin, et indigne de prêter serment, la nullité est encourue, alors même que toutes les parties en cause auraient consenti à la prestation de serment; si l'empêchement de prêter serment ne vient que de ce que la personne est appelée par le président seul, il semble qu'il n'y ait plus de raison suffisante pour voir dans la prestation de serment une cause de nullité.

Ni l'une ni l'autre de ces opinions ne paraissent admises par la jurisprudence. — D'après la cour de cassation, en effet, l'audition des personnes appelées à donner de simples renseignements est valable, bien qu'elle ait été précédée de la prestation de serment, si l'accusé a consenti à cette prestation, ou ne s'y est pas opposé. C'est là ce qui ressort de plusieurs arrêts qui ont décidé notamment 1° que l'art. 269 n'ayant pas prescrit à peine de nullité, il en résulte que des témoins dont le président a, en vertu de son pouvoir discrétionnaire, ordonné l'audition sous forme de déclaration, ont été entendus avec prestation de serment, il n'y a nullité des débats (Crim. rej. 20 juin 1816)(1), ...alors surtout que l'accusé n'a formé aucune opposition à cet égard (Crim. rej. 5 avril 1832; 11 mars 1841 (2); 3 janvier 1824,

---

déduit de la contravention à l'art. 258 des délits, etc., que les déclarations faites par Lepic, pharmacien, et par Thibaut et Louvrier, experts dégustateurs, ne devant point être regardées comme des déclarations de témoins, mais comme des procès-verbaux d'experts, ont pu être annexées à l'acte d'accusation, et lesdits citoyens Lepic, Thibaut et Louvrier être entendus aux débats, puisqu'ils n'y ont point comparu comme simples témoins, mais comme experts, pour reconnaître la vérité des faits contenus en leurs procès-verbaux ; — Rejette.

Du 26 vent. an 8.-C. C., sect. crim.-MM. Rous, pr.-Saint-Martin, r.

(1) (Bartholomey.) — La cour ; — Considérant sur le second moyen que l'art. 269 c. inst. crim. n'étant point prescrit à peine de nullité, il

ne peut résulter un moyen de cassation de ce que les témoins appelés en vertu du pouvoir discrétionnaire du président auraient prêté serment ; que d'ailleurs, dans l'espèce, il est constaté par le procès-verbal des débats que les témoins qui ont été entendus en vertu du pouvoir discrétionnaire n'ont point, comme les témoins à charge, prêté serment, mais qu'ils ont fait la simple promesse de parler sans haine et sans crainte, de dire la vérité et rien que la vérité; — Rejette.

Du 20 juin 1816.-C. C., sect. crim.-MM. Barris, pr.-Busschop, r.

(2) 1re *Espèce :* — (Giacomoni C. min. pub.)— La cour ; — Sur le moyen pris de la prétendue violation des art. 317 et 269 c. inst. crim., en ce que deux témoins dont le président de la cour d'assises, en vertu

MM. Barris, pr., Aumont, rap., aff. Mongenet; 2 mai 1840, aff. Dumesnil, V. Faillite, n° 1483),... et si cette prestation de serment n'est que le résultat d'une inadvertance (même arrêt du 11 mars 1841); — 2° Que, de ce qu'un témoin tardivement assigné a été entendu, en vertu du pouvoir discrétionnaire du président, mais avec prestation de serment, il ne résulte pas nullité, alors surtout que l'accusé y a donné son consentement exprès (Crim. rej. 6 fév. 1840) (1); — 3° Que la prestation de serment par un témoin appelé en vertu du pouvoir discrétionnaire, ne vicie pas la procédure alors même que le président n'aurait pas averti les jurés, si l'accusé ne s'y est pas opposé (Crim. rej. 9 fév. 1843) (2).

MM. Sebire et Carteret, n° 141 combattent cette solution; suivant eux, elle viole le texte et le principe de la loi. A la vérité, la peine de nullité n'est pas attachée à la violation du texte; mais cela n'était pas nécessaire, puisqu'il s'agit d'une règle substantielle relativement à la valeur des renseignements introduits dans le débat, valeur qui est changée quand on fait intervenir le serment, qui transforme les renseignements en preuve. Qu'on ne dise pas qu'il est une garantie de plus : cela ne serait vrai qu'autant que le témoignage pourrait être éprouvé par la discussion. — Ces observations ne manquent assurément pas de puissance; mais elles semblent établir une trop grande différence entre la déposition assermentée et l'audition libre : les jurés ne sont pas liés par cette différence, et ils se déterminent avant tout, par les impressions qu'ils reçoivent des déclarations qu'ils entendent, et des circonstances relatives à la moralité et à la véracité des personnes appelées, à quelque titre que ce soit devant eux. — Du reste, si l'erreur est reconnue à temps, le serment peut être déclaré non avenu (V. n°s 615, 647 et suiv.).

587. En tout cas, la simple promesse exigée d'un individu appelé à titre de renseignements de parler sans haine, etc., ne serait point une cause de nullité (arrêt précité du 20 juin 1816). — Les personnes entendues sans prestation de serment n'en sont pas moins obligées de dire exactement la vérité, et rien n'empêche que, pour donner plus de force à cette obligation morale, le magistrat qui reçoit la déclaration n'exige, de la part de celui qui la fait, la promesse de ne pas s'écarter de la vérité. Cette précaution même peut être fort utile et ne doit pas être négligée; seulement, pour ne pas contrarier le vœu de la loi, et pour que la déclaration, faite sous cette promesse, ne soit pas

---

de son pouvoir discrétionnaire, avait d'abord ordonné l'audition par forme de déclaration, et sans prestation de serment, auraient cependant été entendus ensuite sous la foi du serment; — Attendu que, si le procès-verbal des débats, après avoir énoncé le fait qui sert de fondement à ce moyen, continue la dénomination des témoins assignés à la requête du ministère public, et ajoute immédiatement : « Tous les témoins ont déposé séparément l'un de l'autre, sans être interrompus, et, avant de déposer, chacun d'eux a individuellement prêté le serment de parler sans haine, etc., » ces mots, tous les témoins, ne doivent s'entendre que des témoins dont la liste avait été notifiée à l'accusé; — Qu'au surplus, et en supposant que ceux dont il s'agit eussent réellement été assermentés, cette circonstance ne saurait, en droit, donner ouverture à cassation, puisque l'art. 269, en vertu duquel leur audition a eu lieu, n'est point prescrit à peine de nullité, et que le demandeur n'a pas demandé qu'ils ne fussent entendus que conformément à cet article; — Rejette.

Du 5 avr. 1834.-C. C., crim.-MM. Bastard, pr.-Rives, rap.

2° Espèce :—(Coulomb et Rey.)—La cour ;—...Sur le moyen tiré de la prétendue violation de l'art. 269 dudit code, en ce qu'un témoin entendu en vertu du pouvoir discrétionnaire du président, aurait prêté serment; — Attendu, en fait, que le procès-verbal de la séance du matin 11 février constate que le président de la cour d'assises a prévenu les jurés que les six témoins qui restaient à entendre ayant été appelés en vertu de son pouvoir discrétionnaire, ils ne prendraient pas serment, et que leurs déclarations ne devaient être considérées que comme simples renseignements; — Que si cependant la cour d'assises a donné acte de ce que l'un de ces témoins avait prêté le serment ordinaire, elle a déclaré en même temps qu'il n'y avait eu aucune opposition ni des conseils des accusés, ni des accusés eux-mêmes, ni du ministère public; — Attendu que cette prestation de serment, fruit de l'inadvertance, n'a pu préjudicier aux demandeurs en droit, dont rien ne fait pour l'empêcher, et que la défense dont le deuxième § de l'art. 269, n'est pas faite à peine de nullité; — Rejette.

Du 11 mars 1841.-C. C., ch. crim., MM. Bastard, pr.-Bresson, rap.

(1) (Quenardel C. min. publ.) — La cour ;—...Sur le moyen pris de la violation de l'art. 269 c. inst. crim., en ce que la femme Foureur,

---

confondue avec une déposition authentique faite sous la foi du serment solennel, il est nécessaire, lorsque cette déclaration est faite à l'audience, de rappeler à ceux devant qui elle est faite qu'elle ne doit être considérée que comme propre à fournir des renseignements. Cette observation, de la part du magistrat qui préside, est d'une nécessité indispensable, puisque les jurés ne doivent se décider que par l'instruction orale, que leur conviction ne peut et ne doit se former que des éléments du débat, et qu'ils ne doivent pas prendre le change sur la nature et la valeur des éléments. — Telle est la doctrine qu'exprime M. Legraverend, t. 1, p. 294 : il ne peut qu'être sage de s'y conformer.

588. Tout ce que la loi ordonne, tout ce que la jurisprudence décide à l'égard de ces déclarations prouve quelle grande différence les sépare des véritables dépositions. Leur caractère essentiel ne changerait pas par cela seul qu'on leur aurait mal à propos donné la qualification qui ne leur appartient pas. —Aussi a-t-il été jugé que lorsqu'il est constaté que des personnes entendues aux débats n'ont pas prêté serment, de l'ordre du président qui a prescrit leur audition en vertu de son pouvoir discrétionnaire, et en avertissant le jury que leurs déclarations ne devaient être considérées que comme renseignements, la circonstance que ces personnes auraient été qualifiées témoins et leurs déclarations dépositions, ne peut donner ouverture à cassation (Crim. rej. 3 nov. 1836) (3).

589. Le législateur n'a point précisé ni pu préciser le degré de confiance qui pouvait être dû aux déclarations reçues à titre de renseignements, comparativement à celui que peuvent inspirer les dépositions assermentées; car il n'existe aucune règle positive pour peser la valeur relative des divers éléments de la preuve judiciaire. Le code d'instruction criminelle, en disposant (art. 269) que les déclarations de personnes appelées en vertu du pouvoir discrétionnaire ne seraient considérées que comme de simples renseignements, a seulement voulu avertir les jurés qu'ils devaient apprécier avec une grande circonspection des déclarations à l'égard desquelles l'accusé n'a pas été mis à même de faire valoir les reproches qu'il aurait pu proposer, si les personnes de qui elles émanent avaient été portées sur la liste des témoins (Carnot, sur l'art. 269, n° 2 ; V. aussi Bourguignon, Manuel des cours d'assises, t. 1, p. 368).

590. Le pouvoir confié sur ce point au président de la cour d'assises commence au moment où les débats sont ouverts, et il

---

entendue en vertu du pouvoir discrétionnaire, l'a été sous prestation de serment; — Attendu que cette forme de procéder, qui peut avoir été déterminée par la position du témoin, indiqué, il est vrai, au procès-verbal comme appelé en vertu du pouvoir discrétionnaire, mais comparaissant en vertu d'une assignation tardive, et non suivie de notification à lui donnée à la requête du ministère public, ne peut fournir aux demandeurs un moyen de cassation, puisqu'elle n'a été suivie que de leur consentement exprès ; — Rejette.

Du 6 fév. 1840.-C. C., ch. crim.-MM. de Bastard, pr.-Vincens, rap.

(2) (Armand C. min. publ.) — La cour;—Attendu que la disposition de l'art. 269 qui porte que les témoins ainsi appelés ne prêteront pas serment n'est pas prescrite à peine de nullité; que l'accusé n'ayant pas été averti d'avance qu'ils seraient produits contre lui, peut sans doute s'opposer à ce que ces témoins prêtent serment et donnent par là plus de poids à leurs déclarations ; mais que, lorsqu'il s'y oppose pas, la nullité des débats ne saurait résulter de l'accomplissement d'une formalité qui fournit une garantie de plus pour la manifestation de la vérité; — Rejette.

Du 9 fév. 1843.-C. C., ch. crim.-M. Jacquinot-Godart, rap.

(3) (Marié C. min. publ.) — La cour ; — Attendu sur le moyen que le procès-verbal constate que les personnes entendues aux débats, sous les n°s 25, 26, 27, 28 et 29, et le nommé J. Bourdois, n° 35, n'ont prêté aucun serment, de l'ordre du président, qui a prescrit cette audition en vertu de son pouvoir discrétionnaire, et qui a averti les jurés que leurs déclarations ne devaient être considérées que comme renseignements ; — Attendu que les formalités prescrites par le second alinéa de l'art. 317 c. inst. crim. ont été remplies à leur égard (ce dont le procès-verbal fait mention), ainsi que celles de l'art. 319 même code; et que, s'ils ont été qualifiés témoins et leurs déclarations dépositions, ces circonstances n'ont pas détruit l'effet de l'ordonnance du président et de l'avertissement par lui donné aux jurés, et n'ont pas donné à ces personnes une qualité juridique qu'elles n'avaient pas et qui ait pu induire les jurés en erreur; qu'il n'en peut donc résulter une ouverture en cassation ; — Rejette.

Du 3 nov. 1856.-C. C., sect. crim.-MM. Choppin, pr.-Isambert, rap.

finit au moment où la clôture en est prononcée. Il est appelé *discrétionnaire* parce qu'il ne peut être soumis à aucune règle fixe, et que, dans le plus grand nombre des cas qui donnent lieu à son exercice, le président n'a d'autre guide et d'autre juge que sa conscience. — Ce n'est pas à dire, toutefois, que ce pouvoir soit illimité; d'une part, on ne doit pas le perdre de vue, « ce pouvoir discrétionnaire est tempéré et dirigé par la présence du public, dont les regards doivent toujours être particulièrement appelés sur l'exercice de toutes les fonctions qui, par leur nature, touchent à l'arbitraire, et ils portent avec eux le meilleur préservatif contre l'abus qu'on pourrait en faire. » (Décret en forme d'instruction du 29 sept. 1791, V. Instruct. crim., p. 32). — D'autre part, ce même pouvoir est circonscrit par les dispositions impératives de la loi; destiné à pourvoir aux nécessités imprévues qui surgissent dans le cours des débats, il n'est absolu qu'autant qu'il s'exerce dans la sphère que la loi lui a départie (V. Instruct. crim., n° 2154). — Le pouvoir discrétionnaire du président, quoique personnel, peut être exercé sur la demande des parties, sans rien perdre de sa spontanéité d'action, puisque le président est toujours libre de ne déférer sur ce point au vœu des parties qu'autant qu'il le juge convenable et que lui seul en apprécie souverainement l'opportunité. — Ce pouvoir pourrait être exercé par le président sur la demande d'une personne qui ne figurerait aux débats que comme témoin (V. Instruct. crim., n° 2167).

591. Mais la disposition de l'art. 269 n'est applicable qu'aux procédures de cour d'assises assistées de jurés (V. *suprà*, n° 369 et s.), et spécialement, il n'est pas applicable devant les tribunaux criminels de l'Algérie, qui statuent sans l'assistance du président (Crim. cass. 23 janv. 1855, aff. de Marcilly, V. Organis. de l'Algérie).

592. La loi ne confère ce pouvoir discrétionnaire au président de la cour d'assises que pendant le cours des débats ouverts *devant le jury*, et il y aurait nullité si, dans un des cas où la cour d'assises est constituée sans assistance de jurés, le président s'attribuait le pouvoir de faire entendre des témoins à titre de renseignements (Conf. M. F. Hélie, Inst. crim., t.8, p. 473).

—Il a été décidé, en conséquence, que si, en matière de délit de presse (alors que ces délits étaient de la compétence de la cour d'assises), un condamné par défaut a formé opposition et que le ministère public soulève une fin de non-recevoir contre cette opposition qu'il soutient n'être pas régulière, le président ne peut, en vertu de son pouvoir discrétionnaire, appeler des témoins pour déposer sur les faits allégués par le prévenu contre la fin de non-recevoir, attendu que le pouvoir discrétionnaire attribué au président par l'art. 269, ne peut s'exercer que pendant le cours des débats, et que la difficulté à résoudre dans l'espèce est une question de droit qui n'est pas de la compétence des jurés, et qui, d'ailleurs, s'élève avant que le jury de jugement soit formé et que les débats soit ouverts (Crim. cass. 27 fév. 1834, aff. Havard, V. Instr. crim., n° 2150-5°).

593. C'est surtout à l'occasion des incidents qui naissent à l'audience, qu'il devient nécessaire d'appeler des personnes pour fournir des éclaircissements sur certains faits sur lesquels on n'a pu faire citer des témoins à l'avance. — C'est ainsi qu'il

a été jugé, par exemple : 1° que le président peut, en vertu de son pouvoir discrétionnaire, faire entendre un individu sur un fait qui, de l'aveu des accusés, est à sa connaissance et sur lequel ils ne sont pas d'accord (Crim. rej. 6 sept. 1810) (1); — 2° Qu'il peut, de même, faire entendre, à titre de renseignements, une personne dont un juré lui a signalé l'audition comme utile (Crim. rej. 22 sept. 1820, MM. Barris, pr., Aumont, rap., aff. Reilhan).

594. Souvent il peut être utile d'appeler aux débats, pour donner leur opinion sur certaines questions de leur compétence qui surgissent du débat même, des hommes de l'art qui n'ont été cités ni comme témoins ni comme experts. Rien ne s'oppose à ce qu'ils soient appelés en vertu du pouvoir discrétionnaire. — Il a été jugé, par exemple : 1° qu'un docteur-médecin a pu être appelé par le président, en vertu de son pouvoir discrétionnaire, pour donner des renseignements sur des faits consignés dans un rapport d'experts, surtout si le président a averti les jurés que ses déclarations et observations ne devaient être considérées que comme simples renseignements, une pareille audition ne pouvant être comparée à une expertise (Crim. rej. 27 juin 1835) (2); — 2° Que, de même, un officier de santé a pu être appelé par le président pour donner des explications sur quelques mots techniques employés dans un procès-verbal ou quelques éclaircissements sur quelques-unes des pièces de conviction (Crim. rej. 5 juin 1837, MM. Bastard, pr., Fréteau, rap., aff. Pillot); — 3° Que des médecins ont pu être appelés, de même, pour donner leur opinion sur des faits qu'on leur a soumis, « attendu que, d'après l'art. 269 c. inst. crim., les personnes qui sont appelées en vertu du pouvoir discrétionnaire ne doivent point prêter serment; que cette disposition est également applicable à celles qui sont appelées pour déclarer les faits dont elles ont connaissance à celles qui le sont pour donner leur opinion sur les faits qu'on leur soumet; que, dans l'espèce, le président a averti les jurés que les déclarations des médecins appelés en vertu du pouvoir discrétionnaire ne devaient être considérées que comme renseignements » (Crim. rej. 26 mars 1835, MM. de Bastard, pr., Vincens Saint-Laurent, rap., aff. Martin); — 4° Qu'enfin, les hommes de l'art, tels que les médecins, qui ont procédé à des expertises dans le cours de l'instruction écrite, comme toutes autres personnes, peuvent être entendus en vertu du pouvoir discrétionnaire, et, dans ce cas, ils ne doivent prêter aucun serment (Crim. rej. 19 sept. 1839, aff. Prayer, V. Instr. crim., n° 2175-2°).

595. L'art. 269 semble n'avoir permis au président d'appeler les personnes qui lui paraîtraient pouvoir jeter un jour utile sur le débat, qu'autant que la nécessité s'en ferait sentir *d'après les nouveaux développements donnés soit par l'accusé soit par les témoins*; on peut conclure de la rigueur du texte que le président ne pourrait user du droit que la loi lui accorde à cet égard, s'il n'y avait pas eu à l'audience de développements nouveaux, ou si l'utilité des renseignements que les personnes appelées peuvent fournir ne résultait que de développements nouveaux donnés par le ministère public ou la partie civile. — On objecte, il est vrai, contre cette opinion que le pouvoir discrétionnaire doit être illimité, non-seulement quant

(1) (Riccord.) — La cour ; — Considérant qu'en ordonnant, dans l'espèce, que le sieur Boyer serait entendu dans sa déclaration relativement à un fait sur lequel les accusés s'étaient point d'accord et dont ils convenaient que ledit Boyer avait une pleine connaissance, le président de la cour de justice criminelle n'a fait qu'user du pouvoir discrétionnaire qui lui est attribué par la loi ; — Rejette.
Du 6 sept. 1810.—C. C., sect. crim.—MM. Vasse, pr.–Busschop, rap.
(2) (Gaudeix, etc. C. min. pub.) — La cour ; — Sur le premier moyen tiré de ce que le sieur Bouteilloux, docteur médecin, appelé devant la cour d'assises par le président, en vertu du pouvoir discrétionnaire, pour donner des renseignements sur différents faits consignés dans le rapport du sieur Jabely, officier de santé, devait être considéré comme expert, et aurait dû, en cette qualité, prêter le serment prescrit par l'art. 44 c. inst. crim., et que son audition ayant eu lieu sans prestation de serment, il y a eu violation formelle de l'art. 44 précité, et, par suite, nullité des débats ; — Attendu qu'aux termes de l'art. 268 c. inst. crim., le président de la cour d'assises est investi d'un pouvoir discrétionnaire en vertu duquel il peut prendre sur lui tout ce qu'il croit utile pour découvrir la vérité ; que, d'après l'art. 269 du même code, il a droit d'en-

tendre, dans le cours des débats, toutes personnes dont l'audition lui paraît propre à répandre du jour sur les faits du procès; que les témoins ainsi appelés ne doivent pas prêter serment, leurs déclarations n'étant considérées que comme renseignements ; — Attendu que dans l'espèce, le procès-verbal des débats constate que le sieur Bouteilloux, docteur médecin, n'a été appelé devant la cour d'assises qu'en vertu du pouvoir discrétionnaire; qu'il a été entendu sans prestation de serment, et que le président a averti les jurés qu'ils ne devaient considérer les déclarations et les observations de ce témoin que comme de simples renseignements ;
Attendu que les éclaircissements donnés par ce docteur médecin, et les réponses verbales qu'il a faites aux questions qui lui ont été adressées dans le cours des débats sur le contenu du rapport du sieur Jabely, officier de santé, ne peuvent être assimilés à une expertise; d'où il suit que le président de la cour d'assises, en ne faisant pas prêter serment à ce témoin, n'a pas violé l'art. 44 c. inst. crim., et qu'il s'est, au contraire, strictement conformé aux dispositions de l'art. 269 dudit code; — Rejette.
Du 27 juin 1835.—C. C., sect. crim.—MM. Choppin, pr.—Debaussv, r.

au choix des mesures à prendre, mais encore quant à l'appréciation des circonstances. Mais cette objection repose sur la confusion des art. 268 et 269, qui ont chacun un objet spécial et une portée différente : le premier de ces articles résout la question de savoir quelles sont les mesures que le président peut prendre en vertu de son pouvoir discrétionnaire ; le second tranche la question de savoir *quand* le président peut user de ce pouvoir, et il détermine les cas où ce pouvoir doit s'exercer. D'un autre côté, si la loi n'autorise point le président à user de son pouvoir discrétionnaire lorsque les nouveaux développements proviennent du ministère public ou de la partie civile, c'est que le droit de la défense exige qu'il en soit ainsi ; car le ministère public et la partie civile ne doivent pas attendre le dernier instant pour produire des charges auxquelles l'accusé serait dans l'impossibilité de répondre. — Telle est l'opinion, au surplus, de MM. Carnot, Instr. crim., t. 2, p. 352 ; Bourguignon, Jurispr. des c. crim., t. 1, p. 550 ; Cubain, n° 96 ; F. Hélie, Instr. crim., t. 8, 451). — Le premier de ces auteurs va plus loin et pense que l'audition, malgré l'opposition de l'accusé, de personnes qui auraient été appelées par le président à titre de renseignements, sans que cet exercice du pouvoir discrétionnaire fût justifié par des nouveaux développements *provenant de l'accusé ou des témoins*, pourrait être une cause de nullité. — Mais MM. Bourguignon et Cubain décident avec plus de raison, suivant nous, que cette restriction apportée à l'exercice du pouvoir discrétionnaire n'a pas de sanction légale ; le président est seul appréciateur du point de savoir s'il se produit à l'audience des développements nouveaux qui nécessitent l'usage de ce pouvoir.

596. Dans tous les cas, il nous semble manifeste que si, avant toute espèce de développements donnés à l'audience et, par exemple, avant l'audience, des personnes étaient appelées pour être entendues au débat en vertu du pouvoir discrétionnaire, il y aurait la fausse application, sinon violation de l'art. 269. — Néanmoins, il a été jugé que le président de la cour d'assises peut faire appeler à l'avance, et avant l'ouverture des débats, les personnes qu'il se propose d'entendre, dans le cours de ces débats, à titre de renseignement (Crim. rej. 14 juill. 1853, aff. Grégoire, D. P. 55. 5. 442). — Mais il ne paraît pas que dans l'espèce l'accusé se fût opposé à ce que ces personnes fussent entendues, et peut-être est-il permis de présumer que la solution n'aurait pas été la même s'il y eût eu de sa part des conclusions formelles à l'effet d'empêcher cette audition.

597. Le président est seul et souverain appréciateur des questions à adresser aux personnes entendues par suite de son pouvoir discrétionnaire. — Il a été jugé : 1° que l'accusé ne peut se faire un moyen de cassation de ce que les personnes ainsi appelées n'ont déposé que sur des faits étrangers à l'accusation, et inutiles pour l'objet des débats (Crim. rej. 23 oct. 1817) (1) ; — 2° Que le président étant investi du droit d'adresser aux té-

moins toutes les questions qu'il croit utiles à la manifestation de la vérité, on ne peut tirer un moyen de nullité de ce qu'il leur aurait adressé des questions étrangères à l'accusation (Crim. rej. 21 juin 1839, M. de Bastard, pr., Isambert, rap., aff. Langlois-Fonclair).

598. Cependant, il a été décidé que lorsqu'il y a opposition formelle de l'accusé à la réquisition du ministère public, tendante à ce qu'une question soit posée à un témoin entendu discrétionnairement, c'est à la cour d'assises et non au président seul qu'il appartient de statuer sur cet incident (Crim. rej. 27 juin 1833, aff. Lecoq, V. Instr. crim., n° 2149). — On verra ci-après, n°s 671 et s., qu'il en est de même de tous les incidents contentieux qui peuvent s'élever à l'occasion des mesures prescrites en vertu du pouvoir discrétionnaire.

599. Les interpellations que, d'après les art. 317, 319, le président doit adresser à l'accusé ou aux témoins eux-mêmes, au moment ou à la suite des dépositions véritables, ne doivent être faites aux personnes appelées par le pouvoir discrétionnaire que lorsque ces interpellations se rapportent à des mesures essentielles à la défense. — Jugé par exemple, d'une part, 1° qu'il ne résulterait pas nullité de ce que le président n'aurait pas demandé, aux termes de l'art. 319 c. inst. crim., à des personnes entendues en vertu du pouvoir discrétionnaire, si c'est de l'accusé présent qu'elles ont entendu parler : « Attendu que les dispositions de l'art. 319 ne sont pas prescrites à peine de nullité ; que, d'ailleurs, le procès-verbal des débats contient une mention générale qui s'applique aussi bien à ces personnes qu'aux témoins proprement dits. » (Crim. rej. 31 mars 1836, MM. Bastard, pr., Isambert, rap., aff. Arrighi ; 1er juin 1843, M. de Ricard, pr., M. Isambert, rap., aff. Courtier) ; — 2° Que l'art. 319 c, inst. crim., aux termes duquel le président doit demander à l'accusé s'il a des observations à faire sur la déposition des témoins, ne s'applique pas au cas où la déposition écrite d'un témoin absent est lue en vertu du pouvoir discrétionnaire (Crim. rej. 26 mai 1838, aff. Sabaté, V. n° 568).

600. Mais il a été décidé, d'autre part, que lorsqu'après la plaidoirie du défenseur d'un accusé, un témoin a été entendu en vertu du pouvoir discrétionnaire du président, il y a nécessité, à peine de nullité, de mettre l'accusé ou son conseil en demeure de s'expliquer sur cette nouvelle déposition ; et le silence du procès-verbal sur ce point fait présumer que la formalité a été omise (Crim. cass. 11 avr. 1833) (2).

601. Quant à l'ordre dans lequel doivent être entendues les personnes appelées en vertu du pouvoir discrétionnaire, il appartient au président seul de le déterminer suivant le besoin du débat.—Il a donc été justement décidé 1° que le président peut, en vertu de son pouvoir discrétionnaire, faire entendre sans prestation de serment, le nom d'un témoin le nom n'a pas été notifié, avant ceux qui ont été régulièrement signifiés (Crim. rej. 27 fév. 1824 ; 16 sept. 1831) (3) ; — 2° Que le président peut appeler des témoins en vertu de son pouvoir discrétionnaire, tant que

(1) (Deboutières C. min. pub.) — La cour ; — Attendu, sur le premier moyen, que le président de la cour d'assises peut, en vertu des art. 268 et 269 c. inst. crim., prendre sur lui tout ce qu'il juge utile pour découvrir la vérité, et que la loi s'en rapporte à son honneur et à sa conscience, dans l'emploi des moyens qu'il croit propres à en favoriser la manifestation ; qu'il peut à cet effet appeler pendant le cours des débats, et entendre toutes personnes pour donner des renseignements qu'il appartient au jury d'apprécier, d'après les observations que les accusés ont le droit de faire tant contre lesdits témoins que contre leurs déclarations ; que l'audition des témoins, appelés en vertu du pouvoir discrétionnaire du président pendant le cours des débats, il ne peut donc résulter une ouverture en cassation ; — Rejette.
Du 23 oct. 1817.—C. C., sect. crim.—MM. Barris, pr.—Rataud, rap.
(2) (Isbardi.) — La cour (ap. dél.) ; — Vu l'art. 535 c. inst. crim. ; — Attendu que, d'après les dispositions de cet article, qui sont en cela substantielles, la défense de l'accusé n'est complète que lorsqu'elle est présentée après la déposition de tous les témoins ; — Attendu, en fait, que postérieurement à la plaidoirie du défenseur de l'accusé, l'huissier Bianchi a été entendu en vertu du pouvoir discrétionnaire du président et que l'accusé ou son conseil n'ont pas été mis en demeure de s'expliquer sur cette nouvelle déclaration, qu'il y a eu interversion de l'ordre établi par l'art. précité, et par suite violation de ses dispositions ; — Casse, etc.
Du 11 avr. 1835.—C. C., ch. crim.—M. Parant, av. gén., c. contr.

(3) 1re *Espèce* :—(Casanova C. min. pub.)—La cour ; — Attendu, sur le moyen de cassation présenté par Casanova, que le procès-verbal de la séance à laquelle il a été jugé constate que le gendarme Rufie a été entendu en présence du témoin Dominique-Martin Casanova ; mais qu'il en résulte aussi que ce gendarme n'avait pas été cité comme témoin, ni par le ministère public, ni par l'accusé, et que c'est en vertu du pouvoir discrétionnaire du président qu'il a été entendu ; — Que les témoins dont parle l'art. 317 c. inst. crim., sont les témoins du ministère public et ceux de l'accusé qui ne peuvent déposer qu'après avoir prêté le serment qu'il prescrit ; que cet article ne parlant que des témoins qui déposent sous la religion du serment, est étranger à ceux qui sont entendus en vertu du pouvoir discrétionnaire du président, à ces témoins dont l'art. 269 du susdit c. inst. crim., défend de recevoir le serment, qui d'après la disposition formelle de cet article, ne font pas des dépositions mais des déclarations et dont il veut que les déclarations ne soient considérées que comme *renseignements* ; — Qu'en admettant donc, ce qui n'est pas justifié, que la déclaration du gendarme Rufie eût été reçue avant la déposition du témoin Casanova, il n'aurait pas été contrevenu ni à l'art. 317 ni à aucun article du code d'instruction criminelle ; — Rejette.
Du 27 fév. 1824.—C. C., sect. crim.—MM. Bailly, pr.—Aumont, rap.
2e *Espèce* : — (Jarron C. min. pub.) —La cour ; —...Attendu, qu'en entendant, en vertu du pouvoir discrétionnaire, et sans prestation de serment, le témoin dont le nom n'avait pas été régulièrement notifié, et

les débats ne sont pas clos par les répliques, sauf le droit du défenseur de l'accusé de prendre la parole sur les nouvelles dépositions (Crim. rej. 1ᵉʳ fév. 1839) (1) ; — 3° Qu'ainsi des témoins peuvent être entendus en vertu du pouvoir discrétionnaire du président pendant toute la durée des débats, et notamment après l'audition du ministère public et du défenseur des accusés (Crim. rej. 14 oct. 1851, aff. Rivière, D. P. 51. 5. 511).

ART. 2. — *Des personnes qui peuvent être entendues à titre de renseignements.*

602. Le pouvoir du président n'est point limité par les termes de la loi quant aux personnes qu'il peut faire entendre : « il peut, dit l'art. 269, appeler et entendre *toutes personnes*, etc. » — Ainsi il a été jugé 1° que l'art. 269, qui autorise le président de la cour d'assises à appeler et faire entendre dans les débats *toutes personnes*, est général et indéfini, et comprend la faculté de faire entendre toutes les personnes qui ne sont pas admises en qualité de témoins (Crim. rej. 18 déc. 1817) (2) ; — 2° Qu'il peut faire entendre par conséquent des individus qui ne font pas partie de la liste des témoins à charge (Crim. rej. 26 déc. 1839) (3) ; — 3° Qu'il peut même, en vertu de son pouvoir discrétionnaire, faire entendre des jurés portés sur la liste notifiée, mais non appelés le sort pour faire partie du tableau du jury (Crim. rej. 20 sept. 1816 ; 23 oct. 1823 (4) ; Conf. crim. rej. 5 juin 1837, MM. Bastard, pr., Fréteau, rap., aff. Pillot ; 10 oct. 1839, MM. Bastard, pr., Vincens, rap., aff. Peytel).

603. Un arrêt décide que ceux qui se sont constitués parties civiles peuvent être entendus en vertu du pouvoir discrétionnaire du président : — « Attendu qu'il est vrai, en principe, que les parties civiles ne peuvent en cette qualité produire en justice, contre l'accusé, aucun témoignage, et qu'elles peuvent être assimilées aux dénonciateurs salariés par la loi ; mais qu'il n'est pas interdit par la loi de leur demander des renseignements ; que cette faculté est confiée au président par l'art. 269 c. inst. crim.,

et que toute audition à titre de témoignage ne pourrait vicier les débats qu'autant que l'accusé s'y serait opposé, ce qui n'a pas eu lieu dans l'espèce » (Crim. rej. 50 mai 1839, MM. Bastard, pr., Isambert, rap., aff. Nougué). — Mais l'audition de la partie civile au procès est de droit ; elle est donc indépendante de l'exercice du pouvoir discrétionnaire, et ce n'est d'ailleurs pas comme témoin, mais comme partie en cause qu'elle est entendue (V. nᵒˢ 158 et s.). Cependant il peut arriver qu'on ait besoin de demander à la partie civile des renseignements sur des faits étrangers à ceux qui forment la base de sa demande en dommages-intérêts, et c'est en pareil cas seulement, qu'il sera exact de dire que son audition peut avoir lieu en vertu du pouvoir discrétionnaire.—Jugé en ce sens, que l'audition de la partie civile, à titre de renseignement et sans prestation de serment, peut avoir lieu en vertu du pouvoir discrétionnaire, alors surtout qu'elle a été appelée à déposer sur un fait étranger à son action (Crim. rej. 31 juill. 1818) (5). — V. M. F. Hélie, Instruction crim., t. 8, p. 461.

604. La faculté de faire entendre *toutes personnes* semble accordée au président avec une latitude qui exclurait toute restriction. C'est en effet en ce sens que la jurisprudence semble interpréter l'art. 269. Toutefois il s'élève des difficultés résultant de la nécessité de concilier ce texte avec d'autres dispositions. — Ces difficultés assez nombreuses vont être examinées dans les paragraphes suivants. On va parler 1° des témoins qui n'ont pas été notifiés à l'accusé, de ceux qui n'ont pas été cités ou de ceux qui ne se présentent pas à l'appel de leur nom ; — 2° Des témoins régulièrement produits aux débats ; — 3° Des personnes dont le témoignage est prohibé par la loi.

§ 1. — *Audition à titre de renseignements de témoins non notifiés, ou non cités, ou absents au moment de la lecture de la liste.*

605. L'audition des témoins déjà entendus dans l'instruction, mais dont les noms n'ont pas été notifiés à l'accusé, peut

---

en procédant à cette audition avant celle du surplus des témoins légalement appelés, le président n'a point excédé les pouvoirs que lui conférait l'art. 269 c. inst. crim. ; — Rejette.
Du 16 sept. 1851.-C. C., ch. crim.-MM. Bastard, pr.-Ollivier, rap.-De Gartempe, av. gén., c. conf.-Dalloz, rap.
(1) (Delavier *C.* min. pub.) —LA COUR ;—...Attendu que le président peut appeler des témoins en vertu du son pouvoir discrétionnaire, même après les conclusions du ministère public et la plaidoirie du défenseur de l'accusé, puisque ce pouvoir peut s'exercer aux termes de l'art. 269, pendant le cours des débats, et que les débats ne finissent, d'après l'art. 555, qu'après les plaidoiries et les répliques ; que sans doute le conseil de l'accusé doit avoir la parole après les déclarations de ces nouveaux témoins ; mais que, dans l'espèce, les choses se sont ainsi passées, ce qui est formellement constaté dans le procès-verbal ; — Rejette.
Du 1ᵉʳ fév. 1839.-C. C., sect. crim.-MM. Bastard, pr.-Vincens, r.
(2) (Migot *C.* min. pub.) — LA COUR ; — Attendu que l'art. 269 c. inst. crim. autorise le président à appeler et faire entendre dans les débats toutes personnes ; que cette expression est générale, indéfinie, et comprend ainsi la faculté de faire entendre toutes les personnes qui, d'après l'art. 522, ne sont pas admises en qualité de témoins ; que, conséquemment, il a été autorisé à faire entendre, en vertu du pouvoir discrétionnaire et sans prestation de serment, le beau-frère de l'accusé ; — Rejette.
Du 18 déc. 1817.-C. C., sect. crim.-MM. Barris, pr.-Ollivier. rap.
(3) (Jourdain *C.* min. pub.) — LA COUR ; — ...Sur le moyen tiré de ce que le président a fait entendre, en vertu du même pouvoir, sans prestation de serment, cinq individus par lui désignés et indiqués par le ministère public ; — Attendu qu'il résulte des deux citations données à ces individus qu'ils ont été cités en vertu d'une ordonnance du président pendant le cours des débats, et qu'ils ne faisaient pas partie de la liste des témoins à charge ; qu'ainsi ces individus n'ont pu être entendus qu'à titre de déclaration, et sans prestation de serment. — Rejette.
Du 26 déc. 1839.-C. C., ch. crim.-MM. Bastard, pr.-Isambert, rap.
(4) 1ʳᵉ *Espèce* : — (Martin). — LA COUR ; — Attendu que le nommé Delours ne faisait pas partie du tableau des douze jurés, qu'il a donc pu être entendu par forme de renseignements en vertu du pouvoir discrétionnaire que l'art. 269 accorde au président d'une manière générale et absolue pour l'audition de toute personne dont il croit la déclaration pouvoir être utile pour la manifestation de la vérité ; — Rejette.

Du 20 sept. 1816.-C. C., sect. crim.-MM. Barris, pr.-Robert, rap.
2ᵉ *Espèce* :—(Gibert *C.* min. pub.)—LA COUR ;—...Attendu que l'art. 585 portant : « Nul ne peut être juré dans la même affaire où il aura été officier de police judiciaire, témoin, interprète, expert ou partie, à peine de nullité, » il s'ensuit qu'aucun individu entendu comme témoin dans l'instruction écrite, ou compris sur la liste des témoins produits par le ministère public et signifiée à l'accusé, ne peut être juré dans la même affaire ; mais qu'on ne peut pas en induire qu'après le tirage au sort des jurés, et le tableau du jury régulièrement formé, le président de la cour d'assises ne puisse, aux termes des art. 268 et 269 c. inst. crim., dans le cours du débat, pour la manifestation de la vérité, faire entendre, pour fournir de simples renseignements, des citoyens portés sur la liste des jurés non appelés par le sort pour former le tableau, et qui, dans cet état, n'ont plus et ne peuvent avoir vis-à-vis de l'accusé, en chacun d'eux, le caractère de jurés ; qu'ainsi le président de la cour d'assises en faisant entendre, en vertu de son pouvoir discrétionnaire, les sieurs Juste Guyen et Pierre Louigny, portés sur la liste des jurés signifiée à l'accusé et non appelés par le sort pour former le tableau du jury, n'a point violé l'art. 585 c. inst. crim. et a usé légitimement du pouvoir qui lui est conféré par les art. 268 et 269 ; — Rejette.
Du 25 oct. 1823.-C. C., sect. crim.-MM. Bailly, pr.-Brière, rap.
(5) (Verneil). — LA COUR ; — Attendu sur le moyen de cassation présenté et pris d'une prétendue contravention aux dispositions des art. 269, 315 et 322 c. inst. crim., ce que la cour d'assises (d'Indre-et-Loire) aurait ordonné l'audition de la partie civile ; qu'il est constaté par le procès-verbal de la séance, que si, le ministère public ayant requis l'audition du sieur Brisson sur l'un des trois faits de l'accusation, étranger à celui à raison duquel ledit sieur Brisson avait déclaré se rendre partie civile, et si, en cet état, il eût pu être régulièrement procédé à cette audition, cependant la cour d'assises a, sur l'opposition du défenseur de l'accusé, ordonné que ledit sieur Brisson ne serait pas entendu en genre de témoin, et ne pouvait l'être qu'à titre de renseignements, et sans prestation de serment ; — Qu'en effet, ce n'est qu'ainsi qu'il a été appelé et entendu en vertu du pouvoir discrétionnaire du président des assises ; que le pouvoir qui est attribué aux présidents des cours d'assises, par la loi, d'une manière générale et indéfinie, s'étend aux parties civiles comme à toutes autres personnes ; qu'ainsi, dans l'espèce, il n'a été contrevenu ni à l'art. 269, ni aux art. 315 et 322 c. inst. crim. ; — Rejette.
Du 51 juill. 1818.-C. C., sect. crim.-MM. Barris, pr.-Rataud, rap.

être combattue par lui : ne connaissant pas ces personnes, il ne peut pas faire valoir les moyens qu'il aurait à opposer sur leur moralité, sur la valeur de leur déposition. — Ne pouvant les faire entendre comme témoins, le président peut-il, en vertu de son pouvoir discrétionnaire, les appeler à donner des renseignements ? — La négative est énergiquement soutenue par MM. Sebire et Carteret, n° 132. Selon ces auteurs, l'art. 315 c. inst. crim. en ordonnant que la liste des témoins contienne seulement les témoins dont les noms, profession et domicile ont été notifiés au moins vingt-quatre heures avant leur examen, a donné une garantie essentielle : elle permet ainsi à chaque partie de vérifier les antécédents des témoins, leurs relations avec l'accusé ou la partie civile, leurs intérêts, les influences qui peuvent les faire agir ; ces lumières sont nécessaires pour apprécier la valeur et le poids des témoignages. Ces garanties et ces précautions tutélaires sont perdues si le président est autorisé à faire entendre aux débats les témoins entendus dans l'instruction, dont les noms n'ont pas été notifiés. On objecte qu'il peut être nécessaire de les entendre , mais pourquoi l'omission de leurs noms ? Comment les entendre si leur témoignage ne peut être complétement discuté ? Si leur audition est indispensable, on peut ajourner ou renvoyer à une autre session ; si elle ne l'est pas, pourquoi déroger à la règle ? L'art. 315 porte bien cette réserve : « sans préjudice de la faculté accordée au président par l'art. 269. » Mais l'art. 269 ne parle que de personnes appelées par suite de développements nouveaux, et non de témoins déjà entendus, et qu'on a seulement omis de notifier ; ce sont des personnes nouvelles, indiquées dans les débats, et qu'on ne pouvait notifier d'avance puisqu'on ne savait pas qu'elles seraient appelées, tandis que l'art. 315 parle d'une autre classe de personnes, de celles qui étaient connues, qui avaient déjà été entendues dans l'instruction, et dont on a eu le tort de ne pas faire connaître à temps les noms, demeure et profession. Il importe peu que les personnes appelées pendant les débats, en vertu du pouvoir discrétionnaire, ne prêtent pas serment, et que leurs déclarations ne soient considérées que comme renseignements. Ce n'est pas le serment seul qui constitue la confiance inspirée par une déclaration ; si le témoin paraît digne de foi, les jurés s'arrêteront à sa déclaration, sans se souvenir qu'il n'y a pas eu prestation de serment. — M. Carnot, sur l'art. 268 n° 5, donne, comme nous l'avons fait nous-même dans notre première édition, aux mots, toutes personnes, le sens plus général qu'il semble comporter, et il pense que le président pourrait admettre des renseignements fournis par des personnes que l'accusé ou le ministère public produirait comme témoins, mais qui ne seraient pas entendues sous la foi du serment, à raison de l'opposition de l'accusé, fondée sur ce que leurs noms n'auraient pas été notifiés ou ne l'auraient pas été dans le délai légal (V. aussi M. F. Hélie, t. 8, p. 458). — Telle est aussi la tendance prédominante de

la jurisprudence de la cour suprême, bien que sa marche accuse une fréquente hésitation.

606. Ainsi, sous l'empire du code de brum. an 4, la cour de cassation, à plusieurs années de distance, a rendu des arrêts qui refusaient au président le droit de faire entendre, en vertu du pouvoir discrétionnaire, des témoins dont le nom avait été omis sur la liste notifiée par l'accusateur public, lequel en demandait l'audition, quelque nécessaire que parut leur audition (Crim. rej. 23 pluv. an 6(1); Crim. cass. 6 vent. an 9, M. Sieyes, rap., aff. Bergognoux; 17 pluv. an 10, M. Schwendt, rap., aff. Bonnemaison; 19 frim. an 11, M. Sieyes, rap., aff. Dubois), ...à moins que les personnes omises sur la liste des témoins n'eussent été appelées sur la demande de l'accusé ou des jurés (même arrêt du 6 vent. an 9). — Si, dans la première des affaires précitées, celle jugée par arrêt du 23 pluv. an 6, le pourvoi fut rejeté, c'est par suite de cette circonstance que l'accusé, ayant connu dès le premier jour l'intention du président de faire entendre discrétionnairement le témoin non notifié, l'avait annoncé et s'y était opposé, et qu'ensuite le lendemain la maladie d'un juré ayant retardé d'un jour la continuation des débats, l'accusé avait eu, pour connaître tout ce qui concernait la personne entendue, autant de temps que si la notification régulière avait été faite.

607. La loi du 3 pluv. an 13 autorisait les cours de justice criminelle à faire appeler, si elles le jugeaient convenable, de nouveaux témoins pendant le cours des débats ; mais on jugeait encore, sous l'empire du code de brumaire et de cette loi, qu'il n'appartient ni à la cour de justice criminelle ni au président de faire entendre des témoins qui n'auraient pas été notifiés à l'accusé, et qu'il y avait, par conséquent, nullité dans le cas où cette audition avait eu lieu en vertu du pouvoir discrétionnaire du président (Crim. cass. 30 juin 1809) (2).

608. Cependant il a été jugé, aussi sous le code de brumaire : 1° que le président avait pu, en vertu de son pouvoir discrétionnaire, recevoir la déclaration de deux témoins, encore qu'ils ne fussent pas portés sur la liste de l'accusateur public, surtout s'ils n'avaient été entendus que pour plus grand éclaircissement. ....Et l'on devait considérer comme entendus pour plus grand éclaircissement les témoins à charge qui n'ont été entendus que pendant les dépositions des témoins à décharge (Crim. rej. 6 vent. an 6, MM. Seignette, pr., Dutocq, rap., aff. Denis); — 2° Que de même une personne dont le nom n'avait pas été notifié à l'accusé pouvait être entendue pour fournir des renseignements si son audition, non provoquée par aucune des parties, n'avait été ordonnée qu'en vertu du pouvoir discrétionnaire du président (Crim. rej. 27 frim. an 7(3); 6 niv. an 7, MM. Barris, pr., Busschop, rap., aff. Richaud ; 21 fructid. an 12, MM. Vermeil, pr., Carnot, rap., aff. Tilion); — 3° Que le pouvoir discrétionnaire du président n'étant ni circonscrit ni limité par la loi,

---

(1) (Couriot, etc. C. min. pub.).— La cour, —Attendu que les motifs donnés par le tribunal criminel dans la partie du jugement qui statue que Lalande sera entendu, ne peuvent à la vérité être admis, puisque d'une part, si la négligence de l'accusateur public qui aurait omis de faire insérer le nom de ce témoin dans la liste signifiée à l'accusé, ne pouvait empêcher d'entendre ce témoin, sous prétexte que sa déposition est nécessaire, et que l'oubli de l'accusateur public ne peut en priver la justice, les dispositions de l'art. 346 qui doivent être observées à peine de nullité, seraient illusoires, et ne pourraient jamais avoir d'effet, puisque l'accusateur public serait libre d'y contrevenir par un oubli volontaire ; puisque, d'un autre côté, quelque étendu que puisse être le pouvoir discrétionnaire accordé au président par l'art. 276, on ne peut jamais admettre qu'il puisse aller jusqu'à légitimer ce que la loi défend à peine de nullité ; autrement la volonté d'un homme serait mise au dessus de celle de la loi ; mais qu'il convient d'examiner si, dans l'affaire présente quelque circonstance particulière a pu faire que l'audition de Lalande ne fût pas contraire à la loi ;... — Rejette.
Du 23 pluv. an 6.–C. C., sect. crim.–MM. Gobie, pr. Seignette, rap.
(2)(Léonard Mertens C. min. pub.) — La cour, — Vu les art. 346, c. 3 brum. an 4, et 2 L. 5 pluv. an 13 ; — Considérant que la première disposition de ces lois interdit, à peine de nullité, de faire entendre d'autres témoins à la charge de l'accusé, que ceux dont la liste et les noms, qualités et demeures auraient été notifiés vingt-quatre heures au moins avant de les entendre ; — Que le pouvoir discrétionnaire donné au président par l'art. 276 ne peut s'étendre à ce qui est interdit à peine de nullité;—Que l'art. 2, L. 5 pluv. an 13, n'attribue qu'aux cours cri-

minelles, et non à leur chef isolément, le droit de faire appeler des témoins non portés sur les listes notifiées au prévenu ; — Que dans le cas même de l'exercice de ce droit ainsi attribué à la délibération d'une cour de justice criminelle, l'accusé ne doit·pas être privé de la notification et du délai fixé par l'art. 346 ; — Considérant que, dans l'espèce, le président, de sa seule autorité et sans le concours des autres juges, a fait appeler et entendre un témoin dont les noms, qualités et demeures n'avaient pas été notifiés à l'accusé, et sans lui donner le délai légal déterminé par la loi ; — Casse.
Du 30 juin 1809.–C. C., sect. crim.–MM. Barris, pr.–Schwendt, rap.
(3) (Leroi et autres.) — La cour, — Considérant que si l'art. 346 c. des dél. et des peines, défend à l'accusateur public et à la partie plaignante de faire entendre d'autres témoins que ceux dont les noms, âge, professions et domicile auront été notifiés aux accusés vingt-quatre heures au moins avant l'examen, l'art. 276 du même code non-seulement permet au président des tribunaux criminels de prendre sur eux tout ce qu'ils croient utile pour découvrir la vérité, mais charge leur honneur et leur conscience d'employer tous leurs efforts pour en favoriser la manifestation , et que ce n'est ni l'accusateur public du tribunal de la Seine ni Marie-Louise Coiny , qui ont provoqué l'audition du sieur Chauvin au procès ; mais que c'est le président du tribunal du département de la Seine qui, en vertu du pouvoir discrétionnaire dont il était investi par ledit art. 276, a ordonné qu'il parût pour fournir les renseignements qu'il pouvait avoir sur le vol dont il s'agissait ; — Rejette.
Du 27 frim. an 7.–C. C., sect. crim.–MM. Barris, pr.–Sautereau, r.

lui laisse la faculté de faire entendre, s'il le juge nécessaire dans sa conscience, un témoin non compris dans la liste notifiée à l'accusé (Crim. rej. 25 messid. an 7, MM. Méaulle, pr., Minier, rap., aff. Lauwers); — 4° Que la loi ayant confié à l'honneur et à la conscience du président l'emploi des moyens qu'il croit propres pour parvenir à la découverte de la vérité, elle l'a ainsi chargé d'une responsabilité purement morale; qu'il peut donc faire entendre, en vertu de son pouvoir discrétionnaire, des témoins dont les noms n'auraient pas été notifiés, et cela malgré l'opposition de l'accusé (Crim. rej. 24 fructid. an 7, MM. Méaulle, pr., Dor, rap., aff. le Bouquennel); — 5° Que la défense d'entendre aux débats des témoins non portés sur la liste ne s'étend pas aux personnes dont le président, en vertu de son pouvoir discrétionnaire, a ordonné l'audition (Crim. rej. 18 therm. an 9, MM. Seignette, pr., Vallée, rap., aff. Philippon); — 6° Qu'un témoin devenu nécessaire et dont le nom n'a pas été notifié à l'accusé, peut être entendu en vertu d'une ordonnance du président, malgré l'opposition de l'accusé, si ce témoin n'a pas été appelé sur la réquisition du ministère public (Crim. rej. 26 vent. an 10, MM. Vieillart, pr., Sieyes, rap., aff. Chartrelles). — Il faut remarquer, pour atténuer l'apparente contradiction entre les arrêts qui précèdent, qu'il paraît que, dans les dernières espèces, il s'agissait, non pas de personnes entendues dans l'instruction, c'est-à-dire de témoins déjà connus du ministère public et qui auraient dû et pu être notifiés d'avance, mais de personnes appelées pour la première fois par suite de circonstances révélées seulement dans le cours des débats; dans ce cas aucune notification préalable n'avait pu être faite : la loi ne la prescrit ni ne la prévoit; elle aurait, si on l'exigeait, l'inconvénient d'un retard dans le jugement, et elle aurait peu d'utilité, l'accusé ayant été averti de ce qu'il a le plus intérêt de savoir sur le témoin, par les débats qui ont conduit le président à le faire entendre comme déclarant et pour recevoir des renseignements. — Il ne faut pas négliger d'ailleurs de bien noter cette distinction caractéristique qui concilie les espèces; dans celles où l'on a jugé légale l'audition en vertu du pouvoir discrétionnaire, il s'agissait de personnes dont le ministère public ni le plaignant n'avaient demandé l'audition; et le président avait alors pourvu spontanément au besoin d'éclaircissements et

n'avait point dénaturé l'audition de personnes qu'un défaut de notification l'empêchait de faire entendre comme témoins, quoique appelées primitivement à ce titre.

609. Depuis le code d'instruction criminelle, la question de droit a été jugée d'une manière tranchée. Il a été, en effet, décidé : 1° que le président peut faire entendre, en vertu de son pouvoir discrétionnaire, sans prestation de serment et à titre de renseignements, des témoins à l'audition desquels l'accusé s'est opposé, parce qu'ils n'étaient pas portés sur la liste qui lui avait été notifiée (Crim. rej. 29 janv. 1835 (1); 25 sept. 1824, MM. Portalis, pr., Brière, rap., aff. Brocard et Langlois; 16 sept. 1831, MM. Bastard, pr., Ollivier, rap., aff. Jarron; 1er mars 1838, M. Gilbert-Desvoisins, rap., aff. Lecrimer); — 2° Que l'arrêt de la cour d'assises qui, sur l'opposition de l'accusé, a déclaré qu'un individu dont le nom avait été mal désigné sur la liste notifiée ne serait pas entendu comme témoin, ne fait pas obstacle à ce que la même personne soit entendue à titre de simple renseignement, sans prestation de serment, en vertu du pouvoir discrétionnaire (Crim. rej. 15 fév. 1816 (2); 22 avr. 1819, MM. Barris, pr., Giraud, rap., aff. Roudier; 6 juill. 1820, MM. Barris, pr., Busschop, rap., aff. Ponsy; 5 janv. 1837, MM. Bastard, pr., Meyronnet, rap., aff. Lacour); — 3° Qu'il en est de même pour le cas où, après qu'un témoin a prêté serment sans opposition de l'accusé, la cour d'assises décide qu'il ne sera pas entendu à raison de l'insuffisance de sa désignation; le président peut néanmoins l'entendre en vertu du pouvoir discrétionnaire, l'avertissement qu'il donne aux jurés suffisant pour effacer le caractère de véritable témoin, et enlever à la déclaration l'autorité d'une vraie déposition (Crim. rej. 4 avr. 1833) (3).

610. Il en est de même des témoins à décharge dont les noms n'avaient été notifiés que le jour même auquel l'accusé demandait à les faire entendre : « Attendu que le procureur général a été fondé à s'opposer à l'audition des témoins à décharge dont la liste ne lui avait été notifiée que le treizième jour de l'ouverture des débats, et que le président a fait un usage légitime du pouvoir discrétionnaire en faisant entendre ces mêmes témoins par forme de déclaration et sans prestation de serment » (Crim.

---

(1) (Guisset C. min. pub.).—La cour; —En ce qui touche le pourvoi de J. Guisset, dit Carol d'Espagne, et de P. Segui, à l'égard du moyen de cassation tiré de ce que le président de la cour d'assises aurait entendu, en vertu du pouvoir discrétionnaire, des individus cités comme témoins par le ministère public, mais dont les noms n'avaient pas été préalablement notifiés aux accusés : — Attendu qu'en conformité de l'art. 315 c. inst. crim., les accusés s'étant opposés à ce que lesdits individus fussent entendus comme témoins, le ministère public ayant renoncé à leur audition, et la cour ayant décidé que lesdits témoins ne seraient pas entendus, il a été fait une juste application de l'art. 315 précité; — Attendu que, de plus, les accusés ayant conclu à ce qu'il leur fût donné acte de ce qu'ils s'opposaient à ce que ces individus fussent entendus en vertu du pouvoir discrétionnaire, la cour leur a donné acte de cette opposition, et, qu'ainsi il a été satisfait à l'art. 408 c. inst. crim.; — Attendu que les art. 268 et 269 donnent au président de la cour d'assises un pouvoir discrétionnaire pour employer tous les moyens qui lui paraîtront utiles pour découvrir la vérité, et notamment pour entendre toutes personnes qu'il croira devoir appeler; — Attendu que cette disposition est illimitée et n'est pas même circonscrite par l'art. 315, qui ne s'applique qu'à l'audition des témoins appelés à déposer sous la foi du serment; d'où il suit que la prohibition portée par l'art. 315 n'empêche pas le président d'appeler et d'entendre, en vertu de son pouvoir discrétionnaire et à titre de simples renseignements, des mêmes individus auxquels l'art. 315 refuse la qualité de témoins; — Attendu qu'en agissant ainsi, le président n'a point contrevenu à l'art. 315 de la cour d'assises, puisque cet art. n'avait ni décidé, ni pu décider aucun point qui pût restreindre le pouvoir discrétionnaire, lequel était seul juge de son étendue, et n'était pas soumis à cet égard au contrôle de la cour d'assises; mais qu'au contraire, le président n'a fait qu'user de la faculté que lui donnent les art. 268 et 269 c. inst. crim.; — Rejette.
Du 29 janv. 1835.-C. C, ch. crim.-MM. Bastard, pr.—Mérilhou, rap.

(2) (Ruault C. min. pub.).—La cour; — Attendu qu ni l'art. 315 ni aucun autre du code d'instruction criminelle ne prohibe, sous peine de nullité, l'audition comme témoin de l'individu non porté ou mal désigné sur la liste notifiée au prévenu; que l'art. 315 veut que, quand il y a opposition à l'audition de l'individu appelé aux débats comme témoin, la cour d'assises statue de suite sur cette opposition; que ce serait donc en cas d'omission de statuer qu'il y aurait nullité, aux

termes de l'art. 408 c. inst. crim.; que la cour d'assises a, dans l'espèce, statué sur l'opposition de l'accusé, et qu'elle a jugé que Rual ne serait pas entendu comme témoin; que cette décision n'a pas pu restreindre le pouvoir discrétionnaire du président, ni priver ce magistrat de la faculté de demander à ce particulier des renseignements sur les faits dont il pouvait avoir connaissance; qu'il est d'autant moins possible d'attribuer un semblable effet à la décision de la cour d'assises, que l'art. 315, qui ne permet au procureur général de présenter pour être entendus comme témoins aux débats que des individus dont les noms, profession et résidence ont été notifiés à l'accusé vingt-quatre heures avant l'audience, et qui autorise l'opposition de celui-ci à l'audition du témoin non porté ou non clairement désigné sur la liste notifiée, renferme ces expressions : « Sans préjudice de la faculté accordée au président par l'art. 269, » et réserve ainsi formellement au président l'exercice de son pouvoir discrétionnaire pour obtenir une déclaration, servant de renseignement, de l'individu jugé ne pouvoir donner une déposition assermentée; qu'il est démontré au procès que ce n'est pas en qualité de témoin porté sur la liste que Rual a été entendu, puisqu'il est dit textuellement, dans le procès-verbal de la séance, qu'il a été entendu, en vertu du pouvoir discrétionnaire du président, pour déclaration servir de simples renseignements; — Rejette.
Du 15 fév. 1816.-C. C., sect. crim.-MM. Barris, pr.-M. Aumont, r.

(3) (Anneton C. min. pub.).—La cour; —Attendu que le demandeur ne s'est pas opposé à la prestation du serment du témoin Degeilh-Ouragnou; que la cour d'assises, en décidant, faute de désignation suffisante, que ce témoin ne serait pas entendu, n'a pas enlevé au président des assises le droit de lui conférer l'art. 269 c. inst. crim., de faire entendre toutes personnes; que le procès-verbal du débat constate que le président en usant de ce pouvoir, a donné au jury l'avertissement que la déclaration de cette personne ne serait considérée que comme renseignement, et sans égard au serment que le témoin avait déjà prêté lorsque le défenseur s'est opposé à son audition; — Que, par cet avertissement, la personne dont il s'agit a été dépouillée du caractère de témoin, et que sa déclaration ne pouvait plus avoir l'autorité d'une déposition, puisqu'elle était dépourvue de la sanction que la loi a attachée à l'audition des témoins et puisqu'en cas de réticence dans ses déclarations ladite personne n'aurait pu être poursuivie pour faux témoignage;—Par ces motifs, rejette.
Du 4 av. 1833.-C. C., sect. crim.-M. Isambert, rap.

rej. 30 avr. 1819, MM. Barris, pr., Giraud, rap., aff. Benoist).

611. Du reste, l'accusé ne peut, après sa condamnation, se faire un moyen de la violation de l'art. 269, s'il n'articule pas d'une manière positive que le président ait fait entendre aucun témoin en vertu de son pouvoir discrétionnaire, si le procès-verbal n'indique l'audition d'aucun témoin de ce genre, et qu'au contraire il résulte du procès-verbal qu'il n'y a eu d'entendus aux débats que les témoins notifiés à la requête du ministère public (Crim. rej. 24 déc. 1835, M. Fréteau, rap., aff. Barribas).

612. En tout cas, les individus cités par le président pendant les débats, et qui ne faisaient point partie de la liste des témoins, ont pu être entendus, en vertu du pouvoir discrétionnaire, sans prêter serment; car leur audition n'a pu avoir lieu qu'à titre de renseignement (Crim. rej. 26 déc. 1839, aff. Jourdain, V. n° 602). — De même encore, un condamné ne peut se faire un grief de ce qu'un individu portant le même nom et les mêmes prénoms qu'un des témoins cités par l'accusation, a été, comme celui-ci, entendu aux débats, si cette audition a eu lieu sans prestation de serment et en vertu du pouvoir discrétionnaire du président (Crim. rej. 20 janv. 1854, aff. Robert, D. P. 54. 5. 740).

613. Mais, ainsi qu'on l'a vu n° 471, les témoins qui n'ont pas été notifiés, ou qui l'ont été irrégulièrement, peuvent et doivent être entendus comme témoins, si le ministère public, ou l'accusé, à qui il appartient de s'opposer à leur audition, n'use point de ce droit. Il résulte de là que le président, en pareil cas, ne pourrait les faire entendre à titre de simples renseignements, sans commettre un excès de pouvoir; ce serait transformer en renseignements de véritables témoignages, et priver ainsi les débats des éléments de conviction qui lui sont acquis (Conf. M. F. Hélie, Instr. crim., t. 8, § 609, p. 458).—Il a été jugé, par application de ce principe: 1° que le président d'une cour d'assises n'a pas le droit d'ordonner qu'un témoin régulièrement cité, mais dont on aurait omis le nom sur la liste notifiée à l'accusé par le ministère public, sera entendu sans prestation de serment et à titre de renseigne-

ment, si l'accusé ne s'oppose pas à son audition : ce témoin doit, à peine de nullité, être entendu dans ces circonstances avec serment (Crim. cass. 13 mai 1836; 14 janv. 1842 (1); 21 juill. 1836, MM. Bastard, pr., Gartempe fils, rap., aff. Ollier; 3 nov. 1836, MM. Choppin, pr., Gilbert-Desvoisins, rap., aff. Marié; 28 mars 1844, aff. Lescure, D. P. 45. 4. 501; 11 avr. 1850, aff. Bats, D. P. 50. 5. 424; 9 janv. 1851, aff. Dubroc, D. P. 51. 5. 514),... et que le consentement même de l'accusé ne pourrait couvrir la nullité (Crim. cass. 3 déc. 1835) (2) : il faudrait, en outre, le consentement formel du ministère public (V. n°s 517 et s., 627); — 2° Qu'il en est de même à l'égard des témoins à décharge assignés à la requête de l'accusé, mais dont les noms ont été irrégulièrement notifiés au ministère public; l'audition de ces témoins sans prestation de serment, et à titre de simple renseignement, entraîne nullité des débats, lorsqu'il n'y a pas eu d'opposition à leur audition (Crim. cass. 16 sept. 1830, aff. Pagès, V. n° 428; C. sup. de Bruxelles, 1er janv. 1831, aff. Descamp, V. n° 619-1°; Crim. cass. 14 mars 1833, MM. Bastard, pr., Rocher, rap., aff. Mandin; 15 juill. 1842, MM. Crouseilhes, f. f. pr., Jacquinot-Godard, rap., aff. Percheron). — V. aussi n° 471.

614. Toutefois on pourrait citer, comme contraire à la jurisprudence qu'on vient de retracer, quelques arrêts (encore inédits) qui ont décidé : 1° que si les noms d'individus, quoique cités au rang des témoins par le ministère public, n'ont pas été notifiés à l'accusé, comme alors ils ne peuvent être entendus à titre de témoignage, mais seulement de simple renseignement, ils ne doivent pas être assujettis à la formalité du serment (Crim. rej. 26 déc. 1816) (3); — 2° Que lorsque le nom des témoins à décharge cités pour l'accusé ne se trouve pas sur la liste notifiée au procureur général, le président peut, en vertu de son pouvoir discrétionnaire, ordonner que ces témoins seront entendus sans prestation de serment et à titre de simple renseignement (Crim. rej. 17 sept. 1818) (4). — Ces arrêts, dont la date déjà ancienne, il est vrai, paraissent décider d'une manière générale, et sans rappeler la nécessité d'une opposition de la part

---

(1) 1re Espèce : — (Leroux C. min. pub.) — La cour; — Vu les art. 315, 317 et 524 et l'art. 269 c. inst. crim.; — Attendu qu'il résulte du procès-verbal d'audience qu'après la lecture de l'acte d'accusation, le ministère public a présenté deux listes de témoins à charge, dont les uns avaient été signifiés à l'accusé, et dont les autres ne l'avaient pas été, et que l'un de ceux-ci a été entendu sans prestation préalable de serment, et avec indication que c'était en vertu du pouvoir discrétionnaire du président et à titre de renseignements;—Attendu que les témoins, assignés d'avance à la requête du ministère public, ne comparaissent pas à l'audience en vertu du pouvoir discrétionnaire, mais en vertu de l'assignation qui leur a été donnée, et qu'ils doivent, à peine de nullité, prêter le serment prescrit par l'art. 317; — Attendu que l'absence de toute signification de leur nom à l'accusé ne leur ôte pas la qualité de témoins ordinaires, mais n'a d'autre résultat, d'après l'art. 315, que de donner à l'accusé le droit de s'opposer à leur audition; d'où il suit que lorsque l'accusé n'use pas de cette faculté, il doit être passé outre à l'audition de ces témoins, d'après les règles ordinaires prescrites par l'art. 317, et qu'ainsi, en entendant ces témoins sans prestation de serment, il y a eu violation de l'art. 317, et fausse application de l'art. 269, qui détermine les conditions de l'audition des personnes entendues en vertu du pouvoir discrétionnaire du président; — Casse.
Du 13 mai 1836.-C. C., ch. crim.-MM. Bastard, pr.-Mérilhou, rap.
2e Espèce : — (Camboulive C. min. pub.) — La cour (au. dél.); — Sur le premier moyen, pris de la violation des art. 315 et 317 et de la fausse application de l'art. 269 c. inst. crim. : — Attendu qu'un témoin appelé et produit par le ministère public ne peut être dépouillé de cette qualité et dispensé du serment; — Qu'on ne saurait enlever à l'instruction un élément légal qui lui était acquis; — Que néanmoins, dans l'espèce, le témoin Ducap a été dispensé du serment et entendu en vertu du pouvoir discrétionnaire, quoiqu'il eût été cité à la requête du ministère public; en quoi il a été commis une violation des art. 315, 317 et une fausse application de l'art. 269 c. inst. crim.; — Par ces motifs, et sans qu'il soit besoin de statuer sur les deuxième et troisième moyens proposés, vidant le délibéré prononcé à l'audience, casse.
Du 14 janv. 1842.-C. C., ch. cr.-MM. Crouseilhes, pr.-Jacquinot, r.
(2) (Lacroix C. min. pub.) — La cour; — Vu l'art. 517 c. inst. crim., vu aussi l'art. 315 du même code; — Attendu que, d'après ce dernier article, le défaut de notification du nom d'un témoin a seulement pour effet de donner à l'accusé ou au procureur général le droit de s'opposer à son audition; d'où il suit que, s'ils n'usent point de ce droit, le témoin doit être entendu, et en sa qualité de témoin, et par conséquent,

sous la foi du serment, à peine de nullité; que le consentement même de l'accusé ne peut couvrir la nullité résultant du défaut de serment; — Attendu, en fait, que les sieurs Lequen, Léveillé, Esnault et Charpentier, qui avaient été chargés, dans le cours de l'instruction, d'une vérification d'écriture, ont été cités comme témoins à la requête du procureur général près la cour d'assises de l'Orne; qu'ils ont été inscrits sur la liste présentée par ce magistrat, en exécution de l'art. 315 c. inst. crim.; que les accusés ne se sont point opposés à leur audition; que, cependant, il résulte de l'ensemble des énonciations du procès-verbal, qu'ils ont été entendus en vertu d'un pouvoir discrétionnaire et sans prestation de serment; — Qu'en procédant ainsi, même relativement de la part des demandeurs, il a été formellement contrevenu aux dispositions de l'art. 317 ci-dessus visé ; — Casse.
Du 5 déc. 1835.-C. C., ch. crim.-MM. Choppin, pr.-Vincens, rap.
(3) (Clou.) — La cour; — Attendu sur le dernier moyen, qu'il est constant que Mathurin Gaillard et René Barberin, étaient au rang des témoins cités par le ministère public, il est constant aussi que leurs noms n'avaient pas été notifiés à l'accusé, ainsi que le prescrit l'art. 315 c. inst. crim.; qu'ils ne pouvaient donc pas être entendus contre lui comme témoins, mais qu'usant du pouvoir que lui donnait l'art. 269 de ce code il lui était expressément réservé par le § 5 dudit article le président de la cour d'assises a pu les faire entendre; que ces témoins ainsi entendus, non pas comme appelés par le ministère public, mais en vertu du pouvoir discrétionnaire du président, n'ont pas dû prêter serment, et que le jury ayant été averti que leurs déclarations ne devaient être considérées que comme renseignements, il a été pleinement satisfait aux dispositions des susdits art. 269 et 315 c. inst. crim.; — Rejette.
Du 26 déc. 1816.-C. C., sect. crim.-MM. Barris, pr.-Aumont, rap.
(4) (Pommier). — La cour; — Attendu sur le moyen de cassation pris de ce que les témoins que l'accusé avait demandé de faire entendre à sa décharge, n'ont pas été entendus avec prestation de serment, que le réclamant convient lui-même qu'il n'en avait pas fait notifier la liste au procureur général, comme il est prescrit par l'art. 315 c. inst. crim.; — Qu'en cet état le président de la cour d'assises a pu ordonner, en vertu du pouvoir discrétionnaire qui lui en était conféré par ledit art. 315 et par l'art. 269 du code, que ces témoins seraient entendus à titre de simple renseignement, et par conséquent, sans prestation de serment, et que l'accusé a créé là main faire valoir tout ce que leurs déclarations auraient présenté d'utile à sa défense;—Rejette.
Du 17 sept. 1818.-C. C., sect. crim.-MM. Barris, p.-Rataud, rap.

des parties en cause, que le défaut de notification suffit pour faire perdre aux témoins leur qualité et pour donner au président le droit de les entendre en vertu de son pouvoir discrétionnaire; mais cette doctrine nous paraît aujourd'hui repoussée formellement par les nombreux arrêts cités au numéro précédent et tous postérieurs aux deux décisions que l'on vient de rappeler.

615. S'il arrivait que l'opposition de l'accusé à l'audition d'un témoin non notifié se manifestât seulement après la prestation de serment, le président n'en aurait pas moins le droit d'ordonner l'audition de ce témoin à titre de simples renseignements, après rétractation du serment. — Il a été jugé en effet : 1° que la circonstance qu'un témoin dont le nom n'a pas été notifié aurait prêté le serment légal avant que l'accusé se fût opposé à son audition, ne forme pas obstacle à ce que, plus tard, le président le fasse entendre à titre de renseignement (Crim. rej. 24 sept. 1819) (1); — 2° Que le serment est de droit considéré comme non avenu, par suite de l'opposition de l'accusé (même arrêt); — 3° Que lorsqu'à l'égard d'un individu qui, s'étant présenté sur l'appel d'un autre témoin, a prêté serment avant d'avoir décliné son nom, il a été, sur l'opposition de l'accusé fondée sur ce que le nom de ce témoin ne lui avait pas été signifié, ordonné par la cour d'assises qu'il ne serait pas entendu comme témoin, ce même individu a pu être entendu néanmoins à titre de renseignement, en vertu du pouvoir discrétionnaire du président, en avertissant les jurés d'avoir tel égard que de raison à sa déposition, et que le serment par lui prêté serait considéré comme non avenu (Crim. rej. 10 juin 1830, MM. Bastard, pr., Brière, rap., aff. Taborot).—V. aussi *infrà*, n° 647.

616. De ce qu'un témoin aurait été cité irrégulièrement, il n'en résulterait pas, suivant nous, qu'on pût l'entendre à titre de renseignement, alors même qu'il ne figurerait pas sur la liste notifiée, si le témoin d'ailleurs comparaissait sur cette citation et que l'accusé ne s'opposât pas à son audition. Il résulte en effet de l'art. 324 que la formalité de la citation n'est point exigée et qu'ainsi il n'existe aucune différence entre les témoins présents, soit qu'ils aient été appelés aux débats par une citation, soit qu'ils y comparaissent volontairement (V. n°° 325, 337 et s., 502). C'est donc à tort, suivant nous, qu'il a été décidé que le témoin dont le nom ne figure ni sur la liste notifiée par le ministère public ni sur celle des témoins par lui produits à l'audience, peut être entendu en vertu du pouvoir discrétionnaire du président, à titre de simples renseignements, et sans prestation préalable de serment, s'il a été cité à la requête du procureur du roi près le tribunal de son arrondissement, mais non à la requête du ministère public près la cour d'assises, séant dans un autre arrondissement; qu'on dirait en vain que ce témoin était acquis aux débats en ce que ni le ministère public

ni l'accusé ne s'étaient opposés à son audition (Crim. rej. 21 janv. 1842) (2).

617. De même aussi, lorsqu'un témoin porté sur la liste, mais n'ayant reçu aucune citation, se présente aux débats, le défaut de citation ne peut lui enlever la qualité de témoin (V. n° 502). — D'où il suit à plus forte raison que la circonstance qu'un ou plusieurs témoins cités à la requête de l'accusé et dont les noms ont été notifiés au ministère public, se présentent à l'audience sans être porteurs de la citation à eux donnée, ne leur enlève pas la qualité de témoins; par suite, leur audition sans prestation de serment, en vertu du pouvoir discrétionnaire, vicie de nullité les débats (Crim. cass. 6 sept. 1838) (3).

618. Mais il en serait autrement si le témoin qui n'a reçu aucune citation ne se présentait pas de lui-même, mais comparaissait aux débats en vertu seulement de l'ordonnance du président : dans ce cas, il peut être entendu sans prestation de serment (Crim. rej. 4 avr. 1816, MM. Barris, pr., Lecouteux, rap., aff. Crachit; 22 juin 1820, MM. Barris, pr., Busschop, rap., aff. Terrein). — C'est en effet à l'accusé et au ministère public à remplir les formalités nécessaires pour appeler leurs témoins à l'audience; s'ils ne le font pas, c'est qu'ils renoncent virtuellement à leur audition, et dès lors le pouvoir du président peut s'exercer en toute liberté à l'égard de ces témoins. — A plus forte raison en serait-il ainsi si le témoin non cité n'avait pas été porté sur la liste lue à l'audience, et cela alors même qu'il aurait déjà été entendu dans l'instruction écrite (M. F. Hélie, Instr. crim., t. 8, p. 457, 458).

619. Le témoin régulièrement notifié qui ne se présente pas à l'appel lors de l'ouverture de la séance est considéré comme défaillant et, comme il va vu n°° 486 et s., il appartient en ce cas à la cour, suivant qu'elle juge la déposition de ce témoin plus ou moins essentielle à la découverte de la vérité, de renvoyer l'affaire à une autre session ou d'ordonner qu'il sera passé outre aux débats nonobstant son absence. Mais ce témoin notifié ne perd pas sa qualité par cela seul qu'il n'aurait pas été présent soit à l'appel de la liste, soit à la lecture de l'acte d'accusation et de l'arrêt de renvoi; il ne cesse donc point, malgré cette circonstance, d'être acquis aux débats. D'où il suit que s'il se présente ensuite il doit être entendu comme témoin avec prestation de serment et que son audition à titre de renseignements serait une cause de nullité. — Il a été décidé en ce sens : 1° que l'arrêt par lequel la cour d'assises, en cas d'absence d'un ou plusieurs témoins indiqués sur la liste et régulièrement notifiés, passe outre aux débats, du consentement du ministère public et de l'accusé, n'enlève pas à ces témoins leur caractère; qu'en conséquence le président ne peut, à peine de nullité, les faire entendre à titre de renseignements (C. sup. de Bruxelles, 1er janv. 1831; Crim. cass. 30 juin 1837) (4);—2° Qu'un témoin dont le nom a

(1) (Marty); — LA COUR; — Considérant sur le premier moyen, que Joseph Tautere, témoin produit à charge et non porté sur la liste des témoins notifiée à l'accusé, avait prêté serment avant que l'accusé se fût opposé à son audition; que ce serment ainsi régulièrement prêté n'a donc pu vicier la procédure; que seulement il a dû être considéré comme non avenu dès le moment où l'accusé s'est opposé à l'audition dudit témoin; mais que cette opposition n'a pu mettre obstacle à ce que le même témoin fût entendu en vertu du pouvoir discrétionnaire que l'art. 269 c. inst. crim. donne au président d'entendre toutes personnes dont les déclarations lui paraissent nécessaires ou utiles pour la manifestation de la vérité; — Considérant sur le deuxième et dernier moyen, que le serment dudit Tautere étant devenu de droit comme non avenu, il suffisait que le président de la cour d'assises des Pyrénées-Orientales en fît l'avertissement aux jurés et que ceux-ci fussent instruits que la déclaration qui serait faite par ce témoin ne devait être considérée que comme simple renseignement; — Rejette.
Du 24 sept. 1819.-C. C., sect. crim.-MM. Bailly, pr.-Busschop, r.

(2) (Aumont C. min. pub.) — LA COUR; — Attendu, sur le premier moyen, que Jean-Louis Lesage, voyer à Saint-Lô, avait été cité, à la requête du procureur du roi, près le tribunal de l'arrondissement dudit Saint-Lô, et non à la requête du procureur du roi de Coutances, remplissant les fonctions de ministère public près la cour d'assises, séant audit chef-lieu judiciaire, aux termes des art. 253, 254, 271 et 272 c. inst. crim.; — Que, n'ayant été ni compris dans la liste des témoins notifiée à la requête du ministère public, ni porté sur celle des témoins par lui produits et dont il a requis l'appel à l'audience, on ne peut prétendre que le témoignage dudit Lesage était acquis aux débats, et que

la qualité de témoin lui était acquise; — Qu'ainsi, l'intervention de la cour d'assises n'ayant été provoquée par aucune réquisition, le président de cette cour a pu appeler ledit Lesage et ordonner qu'il serait entendu dans sa déclaration à titre de simples renseignements et sans prestation préalable de serment; et qu'en procédant ainsi, il n'a ni violé l'art. 517, ni fait une fausse application des art. 269 et 315 c. inst. crim. ; — Rejette.
Du 21 janv. 1842.-C. C., ch. crim.-MM. Crouseilhes, p.-Jacquinot, r.
(3) (Horton C. min. pub.) — Vu l'art. 517 c. inst. crim.; — Attendu que deux témoins assignés à la requête du demandeur et dont les noms avaient été notifiés au procureur général, Emile Sériès et David Rodier ont été entendus sans prêter serment et en vertu du pouvoir discrétionnaire du président; — Qu'il résulte de l'interlocutoire ordonné par la cour, que ces deux témoins étaient âgés de plus de 15 ans; qu'ainsi ils étaient tenus de prêter serment; — Que, s'ils n'étaient pas par porteurs, lorsqu'ils ont paru à l'audience, de la copie de la citation à eux donnée, cette circonstance, sur laquelle le président s'est fondé pour ne pas leur faire prêter serment, ne leur ôtait pas la qualité de témoins; que leurs dépositions devaient donc être accompagnées de toutes les formalités prescrites par la loi; — D'où il suit qu'il y a eu violation formelle de l'art. 517, c. inst. crim. ci-dessus cité; — Casse.
Du 6 sept. 1838.-C. C., ch. crim.-MM. Bastard, pr.-Vincens, rap.
(4) 1re Espèce. — (Descamp C. min. pub.) — LA COUR; — Attendu qu'un témoin même non indiqué sur la liste mentionnée dans l'art. 315 c. inst. crim., pourrait être produit par l'accusé pendant les débats, et qu'en l'absence d'opposition à son audition de la part du ministère public, il devrait être entendu dans sa déposition en qualité de témoin et par

été notifié à l'accusé, ne peut être rayé de la liste des témoins qu'autant qu'il survient en lui une incapacité légale; et il n'y a pas incapacité légale par cela seul qu'il s'est présenté aux débats après l'interrogatoire de l'accusé commence,... en conséquence, il y a nullité, lorsque le président de la cour d'assises a ordonné que ce témoin ne sera entendu qu'à titre de renseignement (Crim. cass. 17 sept. 1836) (1).

620. Par suite, il a été jugé : 1° qu'un condamné ne peut se faire un moyen de cassation de ce qu'un témoin, qui ne s'est présenté qu'après qu'un arrêt a décidé qu'en son absence il serait passé outre aux débats, a été entendu avec prestation de serment (Crim. rej. 6 fév. 1832 ; 18 août 1837) (2); — 2° Que de ce que la déposition écrite d'un ou plusieurs témoins absents à la première audience de la cour d'assises a été lue par le président, il ne s'ensuit pas que, si ces témoins se présentent à une des audiences suivantes, ils doivent être entendus sans prestation de serment (Crim. rej. 22 avr. 1841) (3).

621. De même aussi, un témoin ne perd pas sa qualité par

conséquent, en prêtant, avant de déposer, le serment prescrit par l'art. 317, même code; qu'ainsi et à plus forte raison le témoin P. Huart, qui avait été indiqué sur la liste comme témoin à décharge, et à l'audition duquel le ministère public ne s'est point opposé, lorsqu'il s'est présenté pendant les débats, aurait dû être entendu comme un véritable témoin, et non par forme de renseignement, bien que ce témoin n'ayant pas répondu à l'appel lors de la lecture de la liste, les accusés eussent déclaré consentir à ce qu'il fût passé outre aux débats, malgré son absence ; — Qu'il résulte de ce qui précède que le témoin Huart n'ayant point, ainsi qu'il consiste du procès-verbal de l'audience de la cour d'assises, prêté le serment exigé par l'art. 317 c. inst. crim., et cette formalité essentielle étant prescrite à peine de nullité, l'arrêt présente une violation dudit art. 317 ; — Par ces motifs, — Casse, etc.

Du 1er janv. 1851.—C. sup. Bruxelles, ch. crim.—MM. Degamond, r.; Delebecque, subst. proc. gén., concl. contr.

2° Espèce : — (Goublin C. min. pub.) — LA COUR ; — Vu les articles 315 et 317 c. inst. crim. ; — Attendu que la cour d'assises, en ordonnant simplement, par son arrêt incident, qu'il serait passé outre aux débats; nonobstant l'absence des témoins Rasson et Milblé qui, à la première audience, n'avaient pas répondu à l'appel de leur nom, n'a point dépouillé ces témoins du caractère qu'ils tenaient de la citation du ministère public et de la notification de leur nom à l'accusé ; — Que, lorsqu'ils se sont représentés avant la clôture des débats, leur qualité de témoins qui n'aurait pu leur être enlevée que par une arrêt de radiation, imposait l'obligation de les entendre à ce titre; — Qu'ainsi, le président de la cour d'assises, en recevant leur déclaration en vertu du pouvoir discrétionnaire et sans prestation de serment, a violé les articles précités du c. inst. crim. ; — Casse.

Du 30 juin 1837.—C. C., ch. crim.—MM. Bastard, pr.-Rocher, rap.

(1) (Champeaux C. min. pub.) — LA COUR ; — Vu le procès-verbal de la séance qui constate, en fait, que le sieur Jeannot, inscrit sur la liste des témoins à charge, cités par le ministère public, et dont les noms, profession et résidence avaient été dûment notifiés, ne s'était présenté à la séance qu'après l'interrogatoire de l'accusé commencé, et que le président avait décidé que, pour cet unique motif, le témoin ne pouvait plus déposer avec prestation de serment, l'avait seulement fait entendre à titre de simple renseignement, en vertu de son pouvoir discrétionnaire ; — Vu aussi les art. 315, 317, 269 et 408 c. inst. crim., et attendu, en droit, qu'il résulte de ces articles combinés, que, lorsqu'un émoin a été inscrit sur la liste des témoins qui doivent être entendus, et que ses noms, profession et résidence ont été dûment notifiés à cet effet, il est, comme tous les autres, acquis tant à l'accusation qu'à la défense; que, dès ce moment, il ne peut plus perdre sa qualité de témoin, qu'autant qu'une incapacité légale lui surviendrait ensuite; que, dans le cas même où il vient se présenter, après la séance commencée, son absence momentanée de l'audience ne peut lui faire perdre la qualité de témoin que lui avait imprimée la citation; que le seul droit que cette absence momentanée donne à la cour d'assises, est de prononcer contre le témoin retardataire la peine de la loi, mais qu'elle ne peut jamais autoriser sa radiation de la liste des témoins, sous le prétexte d'une incapacité qui n'y est attachée par aucune loi ; — Que, par conséquent, lorsque, dans l'espèce, le témoin s'est présenté pour déposer, il aurait dû être entendu sous la foi du serment, et non pas seulement à titre de simple renseignement; d'où il suit qu'en l'entendant en vertu de son pouvoir discrétionnaire et sans serment, le président de la cour d'assises a excédé les pouvoirs qui lui étaient attribués par l'art. 269 c. inst. crim., et faussement appliqué et, par suite, violé les art. 315 et 317 du même code ; Par ces motifs, casse l'arrêt de la cour d'assises de la Seine, du 10 août 1856.

Du 17 sept. 1856.—C. C., ch. crim.—MM. Bastard, pr.-Chauveau, r.

(2 1re Espèce : (Faure C. min. pub.)—LA COUR ; —Sur le deuxième

cela seul qu'il aurait assisté aux dépositions des autres témoins. — Ainsi, il a été jugé que la circonstance qu'un témoin dûment notifié est sorti avant son audition de la chambre des témoins, et a pu connaître les dépositions précédentes, n'autorise pas le président à faire entendre ce témoin en vertu du pouvoir discrétionnaire (Crim. cass. 22 mai 1835) (4).

622. Un témoin dont le nom a été notifié et inscrit sur la liste lue à l'audience ne peut perdre sa qualité que par un arrêt de radiation rendu par la cour d'assises (Crim. cass. 30 juin 1837, aff. Goublin, V. n° 619-1°). — Et cette radiation ne peut être ordonnée que pour des motifs puisés dans la loi (Crim. cass. 22 mai 1835, aff. Madaule, V. n° 621). — D'où il suit que l'absence d'un témoin à l'appel de son nom ne constituant pas une incapacité légale, le seul droit que cette absence donne à la cour d'assises est de prononcer contre le témoin retardataire la peine de la loi, mais elle ne peut jamais autoriser sa radiation de la liste des témoins (Crim. cass. 17 sept. 1836, aff. Champeaux, V. n° 619). — Aussi a-t-il été décidé que cette circonstance que le

moyen ; — Attendu que le témoin Pinatel a été entendu légalement sous la foi du serment, puisque son nom avait été notifié au demandeur, et que, s'il n'a pas paru à la première séance, il n'était pas intervenu d'arrêt qui lui ôtât son caractère de témoin ; — Rejette.

Du 6 fév. 1832.-C. C., ch. crim.-MM. Bastard, pr.-Isambert, rap.

2° Espèce : (Pinel C. min. pub.) — LA COUR ; — Attendu, sur le deuxième moyen, que l'arrêt par lequel la cour d'assises ordonna qu'il serait passé outre aux débats, malgré l'absence du témoin Berthelin, n'avait nullement dépouillé celui-ci du caractère qu'il tenait de la citation à lui notifiée ; — Que, dès lors, ledit Berthelin a dû, à l'audience du lendemain où il fut conduit en exécution des ordres du président de la cour d'assises, être entendu sous la foi du serment ; — D'où il suit qu'en procédant ainsi, ce magistrat, loin de contrevenir aux art. 269 et 316 c. précité, n'a fait que s'y conformer ; — Rejette.

Du 18 août 1837.-C. C., ch. crim.-MM. Crouseilhes, pr.-Rives, r.

(3) (Thivoyon C. min. pub.) — LA COUR ; — Sur le quatrième moyen de cassation tiré de ce que les témoins Trichard et Bonnetaire, régulièrement assignés, n'ayant pas répondu à l'appel de leurs noms, et s'étant présentés l'un à la seconde, l'autre à la troisième audience, le président les aurait admis à déposer sous la foi du serment, après avoir préalablement fait donner lecture de leur déclaration écrite ; — Attendu, sur ce moyen, que les témoins portés sur la liste dressée en vertu de l'art. 315 c. inst. crim., et dont les noms ont été légalement notifiés soit aux accusés, soit au ministère public, qui n'ont pas répondu à l'appel de leurs noms, parce qu'ils n'étaient pas présents à la première audience de la cour d'assises, doivent, à peine de nullité, s'ils se présentent avant la fin des débats, être admis à déposer sous la foi du serment ; — Et attendu, en fait, que les témoins Trichard et Bonnetaire, assignés à la requête du ministère public, dont les noms avaient été légalement notifiés aux accusés, inscrits à la première audience de la cour d'assises du Rhône, et n'avaient pas répondu à l'appel de leurs noms; qu'ils s'étaient présentés l'un à la deuxième, l'autre à la troisième audience; que, dès lors, c'est à bon droit que le président les a fait déposer sous la foi du serment ; — Que la lecture, qu'en vertu de son pouvoir discrétionnaire, ce magistrat avait fait donner à la première audience de leur déclaration écrite, à mesure que l'opportunité le requérait, ne pouvait mettre obstacle à ce que ces témoins, lors de leur comparution subséquente aux débats, ne fissent leur déposition devant la cour d'assises et fissent cette qualité, et par conséquent sous la foi du serment ; — Rejette.

Du 22 avr. 1841.-C. C., ch. crim.-MM. Bastard, pr.-Saint-Marc, rap.

(4) (Madaule, etc. C. min. pub.) — LA COUR ; — Vu les art. 269, 315 et 317 c. inst. crim. ; — Attendu, en fait, qu'il résulte du procès-verbal des débats que le président de la cour d'assises a entendu, en vertu du pouvoir discrétionnaire et sans prestation de serment, le sieur Lépingle, témoin à décharge dont le nom était inscrit sur la liste notifiée au ministère public ; — Que ce magistrat s'est fondé sur ce que le sieur Lépingle, étant sorti sans y être autorisé de la chambre des témoins, avait pu avoir connaissance de la partie des débats antérieure à son audition ; — Attendu, en droit, qu'un témoin acquis au procès par une citation régulière et une notification officielle ne peut être dépouillé de sa qualité de témoin soumis au serment qu'en vertu d'un arrêt, et par les motifs puisés dans la loi ; — Attendu que la circonstance énoncée au procès-verbal ne pouvait avoir pour effet de conférer au président le droit qui n'appartenait qu'à la cour d'assises d'affranchir, s'il y avait lieu, ce témoin d'une formalité prescrite par l'art. 317 c. inst. crim., à peine de nullité ; — Qu'ainsi, le président, en dispensant le sieur Lépingle de la prestation de serment, sans l'intervention de la cour, a violé l'art. 317 précité, et fait une fausse application de l'art. 269 même code ; — Par ces motifs, casse.

Du 22 mai 1835.-C. C., sect. crim.-MM. Choppin, pr.-Rocher, rap.

président a fait entendre un témoin à titre de simple renseignement, sous le prétexte qu'il avait été rayé de la liste, à cause de son absence de la première audience, entraine nullité des débats, cette absence n'ayant pu autoriser la cour d'assises à ordonner sa radiation de la liste des témoins (Crim. cass. 25 fév. 1856) (1).

622. Toutefois il a été décidé : 1° que lorsqu'un témoin porté sur la liste du ministère public ne s'est pas présenté lors de l'appel des témoins et de la lecture tant de l'arrêt de renvoi que de l'acte d'accusation, la cour peut ordonner qu'il sera entendu par forme de simples renseignements, en vertu du pouvoir discrétionnaire (Crim. rej. 24 mars 1814)(2); — 2° Que lorsqu'un témoin, qui ne s'est point présenté à l'appel, se trouve ensuite dans l'auditoire au moment où plusieurs des témoins ont déjà été entendus, et que la cour d'assises décide que la déposition de ce témoin ne sera pas reçue, le président peut ordonner ensuite son audition sans prestation de serment, en vertu de son pouvoir discrétionnaire(Crim. rej. 13 avr. 1821)(3); —3° Que le témoin porté sur la liste, mais absent au moment de l'appel de son nom, pour une cause jugée légitime, qui par suite n'a pas entendu la lecture de l'acte d'accusation, ni pu déposer dans l'ordre établi par le ministère public, a perdu son caractère de témoin, et pu être considéré comme rayé de la liste; en conséquence, s'il s'est représenté à la dernière audience, il a pu être appelé à la fin des débats, en vertu du pouvoir discrétionnaire du président, pour être entendu à titre de simple renseignement et sans prestation de serment (Crim. rej. 13 août 1812) (4). — Mais il est à remarquer que ces arrêts sont tous antérieurs à ceux qui ont fait prévaloir la doctrine contraire, d'où l'on pourrait induire que la cour de cassation a abandonné cette jurisprudence.

623. Il a été décidé encore, dans le sens de ces derniers arrêts, que le président peut appeler, en vertu du pouvoir discrétionnaire, pour donner de simples renseignements, un témoin qui n'aurait pas comparu sur la citation de l'accusé, si aucune réclamation n'a été faite au sujet de ce défaut de comparution, par l'accusé; comme si, par exemple, on n'a pas, à l'égard de ce témoin, qui était préfet de police, demandé que sa déposition fût reçue dans les formes prescrites par le décret du 4 mai 1812 : un

(1) (Campana C. min. pub.) — La cour.) — Attendu que les art. 315, 316, 269 et 408 c. inst. crim.; — Attendu que F.—A. Albertini avait été cité pour paraître comme témoin, à la cour d'assises de la Corse, dans l'affaire dont il s'agit, et que son nom avait été notifié aux accusés parmi les noms des autres témoins, conformément à la loi; — Attendu que cette qualité ne pouvait cesser dans sa personne que par quelqu'une des causes qui rendent un individu incapable, d'après la loi, de prêter témoignage en justice; que son absence de la première audience n'a pu autoriser la cour d'assises à ordonner sa radiation de la liste des témoins, puisqu'aucune loi n'attache à cette absence qui peut n'être pas momentanée, l'effet d'opérer une incapacité personnelle et définitive; — Qu'ainsi, cette absence ne donnait à la cour d'assises que le droit de prononcer, contre le témoin absent, les peines attachées à son absence, en cas qu'il n'y eût pas d'excuses suffisantes, et en outre le droit de passer outre aux débats si le témoignage de l'absent ne paraissait pas indispensable; — Attendu que, lorsque ledit Albertini s'est présenté à la seconde audience, il paraissait avec la qualité de témoin que lui avait imprimée la citation; que par conséquent, il devait être entendu avec la prestation de serment; d'où il suit qu'en l'entendant, en vertu de son pouvoir discrétionnaire et sans serment, le président de la cour d'assises a excédé les droits qui lui sont attribués par l'art. 269, et faussement appliqué et par conséquent violé les art. 315 et 517 c. inst. crim. ; — Casse les débats.
Du 25 fév. 1856.-C. C., ch. crim.-MM. Bastard, pr.-Mérilhou, rap.
(2) (Dugoutier.) —La cour.) — Attendu, sur le premier moyen, que Michel Lamon, l'un des témoins portés sur la liste du ministère public, n'était pas présent lors de l'appel des témoins et de la lecture tant de l'arrêt de mise en accusation que de l'acte d'accusation, et que, dès lors, la cour d'assises en ordonnant qu'il fût entendu par forme de simple renseignement, en vertu du pouvoir discrétionnaire dont est investi le président par l'art. 269 c. inst. crim., n'a contrevenu à aucune loi; — Rejette.
Du 24 mars1814.-C. C., sect. crim.-MM. Barris, pr.-Benvenuti, rap.
(3) (Piazza C. min. publ.).—La cour; — Attendu qu'Aréna, cité par le ministère public, ne s'était pas présenté à l'appel des témoins; que lorsque le président a été averti qu'il était dans l'auditoire, sept témoins avaient été entendus, et que trois de ces témoins avaient obtenu la liberté de se retirer; qu'il était donc possible qu'il eût communiqué avec plusieurs témoins et entendu les dépositions de plusieurs autres; que c'est par ce motif que la cour a cru que sa déposition ne devait

un tel cas, il n'est pas exact de prétendre que ce fonctionnaire était acquis à la cause comme témoin (Crim. rej. 13 oct. 1832,aff. Patriarche, V. Crimes contre la sûreté de l'Etat, n° 81). — Mais la question s'élevait ici dans une circonstante toute particulière.

624. On ne pourrait considérer comme un témoin acquis aux débats et soumis à la prestation de serment, la personne citée en vertu de l'ordonnance du président, bien que cette citation ait été donnée à la requête du ministère public. — Aussi, a-t-il été décidé qu'un témoin cité, même à la requête du ministère public, mais en exécution d'une ordonnance du président appelant le témoin, en vertu de son pouvoir discrétionnaire, peut être entendu à titre de simples renseignements (Crim. rej. 29 avr. 1853, aff. Despin, D. P. 53. 5. 445; Crim. cass. 17 sept. 1857, aff. Maurin, D. P. 57. 1. 450).

625. En tout cas, la radiation du nom d'un témoin sur la liste pourrait être valablement opérée par la cour, si le ministère public et l'accusé avaient renoncé à l'audition de ce témoin, ou s'ils donnaient l'un et l'autre leur consentement à cette radiation; le témoin ayant perdu sa qualité par suite de cette renonciation, il ne peut plus être entendu qu'en vertu du pouvoir.discrétionnaire du président (V. n° 516 ; Conf. M.F. Hélie, § 609, p. 458).

626. La renonciation à l'audition d'un témoin n'autorise la radiation de son nom sur la liste que si elle émane de toutes les parties en cause. La notification, en effet, établit un lien de droit entre le ministère public et l'accusé, et la renonciation de l'un d'eux à l'audition d'un témoin cité par lui ne dispense de l'entendre avec prestation de serment qu'autant que l'autre partie a renoncé également à cette audition (V. n° 517 et suiv.). — Il a été jugé par application de ces principes que le témoin assigné à la requête du ministère public, ne perd pas sa qualité, par cela seul qu'il n'a pas été présent au moment de l'appel des témoins, et cela, encore bien que le ministère public déclarerait renoncer à l'audition de ce témoin... Et par suite, on n'a pas pu l'entendre sans prestation de serment, et en vertu seulement du pouvoir discrétionnaire (Crim. cass. 17 sept. 1854) (5).

627. Alors même que le nom d'un témoin n'aurait pas été

pas être reçue, et qu'elle a réservé au président l'exercice de son pouvoir discrétionnaire; qu'en jugeant ainsi, cette cour s'est parfaitement conformée à l'esprit des art. 316 et 520 c. inst. crim.; qu'en recevant la déclaration d'Aréna sans prestation de serment, et pour servir de renseignement, le président de la cour n'a pas violé l'art. 317 de ce code, et qu'il n'a fait qu'un usage légitime du pouvoir que lui conféraient les art. 268, 269 et 270 ; — Rejette.
Du 13 avr. 1821.-C. C., sect. crim.-MM. Barris, pr.-Aumont, rap.
(4) (Cagroche.) — La cour; — Attendu qu'il est constaté par le procès-verbal que Madeleine Crépis, veuve Laforêt, portée sur la liste des témoins notifiée aux accusés, n'avait point paru aux premières séances des 11 et 12 juillet, et que la cause de son absence avait été jugée légitime par la cour d'assises ; — Que n'ayant pu déposer dans l'ordre établi par le procureur général, n'ayant point entendu la lecture de l'acte d'accusation et ayant conséquemment, lorsqu'elle s'est présentée à la dernière séance du 13, perdu le caractère de témoin, a dû être considérée comme rayée de la liste; il s'ensuit qu'aux termes de l'art. 269 c. inst. crim., elle a pu dans cette dernière séance être appelée en vertu du pouvoir discrétionnaire, dont le président se trouve investi par la loi, et que sa déclaration n'étant alors reçue que comme renseignements et n'ayant point été obligée, de prêter le serment prescrit à peine de nullité, par l'art. 517 du même code ; — Rejette.
Du 13 août 1812.-C. C., sect. crim.-MM. Barris, pr.-Lamarque, r.
(5) (Bouvet C. min. pub.) — La cour; — Vu les art. 269, 315, 517 et 408 c. inst. crim. — Attendu que le témoin Rifflé avait été cité à la requête du ministère public, compris dans la liste notifiée à l'accusé, et qu'à ce titre, il était acquis à la cause ; — Attendu que, dès lors, ce témoin ne pouvait être écarté du débat que pour les motifs prévus par la loi et que un arrêt formel de la cour d'assises; et qu'un tel arrêt n'est point intervenu dans l'espèce ; — Attendu qu'un témoin proprement dit ne perd point cette qualité, par cela seul qu'il n'aurait pas été présent au moment de l'appel des témoins ; — Attendu qu'il ne suffisait pas qu'à l'audience, le ministère public déclarât renoncer à l'audition du témoin Rifflé, pour qu'il fût dépouillé par cela seul du caractère que lui conférait les actes de la procédure ; — Attendu, néanmoins, que le témoin Rifflé a été dispensé de la prestation du serment par le président seul, et entendu comme simple témoin appelé en vertu du pouvoir discrétionnaire, en quoi il a été commis une violation des art. 315 et 517 et une fausse application de l'art. 269 c. inst crim. ; — Et attendu que

rayé de la liste, il pourrait encore être entendu à titre de simple renseignement, si l'accusé et le ministère public consentaient à cette forme d'audition. Ce consentement en effet emporte renonciation à l'audition de témoins en cette qualité. — Il a été jugé en ce sens que des témoins à décharge dont les noms ont été notifiés en temps utile au ministère public, ont pu être entendus en vertu du pouvoir discrétionnaire du président, du consentement du ministère public et des accusés, sans prestation de serment, par la raison qu'ils ont été présents à l'audition d'autres témoins (Crim. rej. 11 nov. 1830) (1).

629. On a vu n° 520 que la renonciation à l'audition d'un témoin peut être tacite et résulter par exemple de ce que le témoin, bien qu'il ait été assigné par le ministère public, n'a pas été porté sur la liste lue à l'audience. Dans ce cas, ce témoin ne faisant plus partie des débats, peut être entendu sans prestation de serment, en vertu du pouvoir discrétionnaire (Conf., crim. rej. 23 août 1849, aff. Tresse, D. P. 49. 5. 301; 15 juin 1854, aff. Marmand, D. P. 54. 5. 741).

630. De même lorsqu'une partie renonce à l'audition d'un témoin qu'elle a fait citer, le défaut d'opposition de l'autre partie peut être considéré comme une adhésion à cette renonciation. — Il a été jugé en conséquence 1° que le président peut faire entendre à titre de simple renseignement, le témoin à l'audition duquel le ministère public a renoncé en se fondant sur le défaut d'identité de ce témoin avec celui désigné par la citation, si l'accusé a implicitement acquiescé à cette renonciation par son silence (Crim. rej. 10 août 1838) (2); — 2° Qu'il suffit que le ministère public ait renoncé, sans opposition de la part de l'accusé à l'audition d'un témoin cité, mais non notifié à celui-ci, pour que le président de la cour d'assises puisse entendre ce témoin sans prestation de serment, en vertu de son pouvoir discrétionnaire (Crim. rej. 18 déc. 1856, aff. Anquetin, D.P. 57. 5. 319).

§ 2. — Audition à titre de renseignements des témoins régulièrement produits aux débats.

631. A l'égard des témoins dont les noms ont été notifiés et qui ont été régulièrement cités aux débats, il est bien évident qu'ils ne peuvent jamais être entendus à titre de simples renseignements, si ce n'est du consentement de toutes les parties : il ne

peut en effet appartenir au président de les dépouiller du caractère dont ils sont investis par la loi (Crim. cass. 11 juill. 1856, M. Bresson, rap., aff. N...; V. M. F. Hélie, t. 8, p. 459), ...à moins qu'il ne s'agisse de témoins au-dessous de quinze ans (Crim. rej. 1er oct. 1857, aff. Guérin, D. P. 57. 1. 453, V. Serment, n° 185 et suiv.); ...ou qu'il ne se trouve dans un des cas d'incapacité prévues par la loi (V. infrà, n° 634 et suiv.).

632. Mais le président pourrait-il faire entendre à titre de simples renseignements des témoins régulièrement notifiés et produits aux débats, sauf à les faire déposer de nouveau à leur ordre, avec prestation de serment? — L'affirmative résulte de plusieurs arrêts qui ont décidé : 1° que le président n'abuse point de son pouvoir discrétionnaire en faisant entendre, sans prestation de serment et par forme de renseignement un témoin, avant l'ordre de son audition, s'il le fait déposer à son tour avec prestation de serment; par cette seconde audition l'accusé a pleinement joui de l'avantage que lui garantissait, à l'égard de ce témoin comme des autres, la notification de la liste (Crim. rej. 22 mai 1819 (3); — 2° Que même lorsqu'une personne, régulièrement notifiée, se trouve au nombre des témoins à décharge, le président peut, en vertu de son pouvoir discrétionnaire, la faire entendre, avant qu'elle dépose dans la qualité qui a fait assigner par l'accusé; l'individu, ainsi entendu, peut ensuite, lorsqu'il est appelé à son tour sur la liste des témoins, déposer sous la foi du serment (Crim. rej. 6 mai 1819) (4). — On pourrait dire contre ces décisions que le pouvoir discrétionnaire d'entendre toute personne à titre de renseignements ne peut s'appliquer aux témoins régulièrement acquis aux débats. L'art. 317 prescrivant le serment des témoins à peine de nullité, il semblerait devoir en résulter que la nullité est encourue par cela seul que cette disposition serait violée, alors même que cette infraction n'aurait donné lieu à aucune réclamation; — Mais cette interprétation rigoureuse des principes ne paraît pas devoir être admise. Dès que la témoin a donné sa déposition sous la garantie du serment, qu'importe que dans une circonstance particulière des débats, il ait été appelé par le président à donner quelques renseignements : il n'est pas possible de voir là une violation du droit de la défense.

633. La déposition d'un témoin acquis aux débats qui aurait été reçue par erreur à titre de simples rensei-

d'après l'art. 408 c. inst. crim., au cas de violation de la loi dans la procédure faite devant la cour d'assises, tout ce qui a suivi l'acte nul, doit, être annulé ; que, par conséquent, dans l'espèce, il y a lieu de prononcer l'annulation du débat, les réponses du jury et l'arrêt auquel elles servent de base, et de renvoyer à procéder sur tous les chefs qui sont compris dans l'arrêt de renvoi, et le résumé de l'acte d'accusation ; — Par ces motifs, casse, etc.
Du 17 sept. 1854.-C. C., ch. crim.-MM. Bastard, pr.-Crouseilhes, r.
(1) (Delannoy C. min. pub.) — LA COUR ; — Attendu, qu'en recevant, sans prestation de serment, en vertu du pouvoir discrétionnaire, du consentement du ministère public et des accusés, la déclaration de trois témoins à décharge, par ce qu'ils avaient entendu, dans l'audition, la déposition d'autres témoins, le président de la cour d'assises n'a point violé l'art. 317, ni abusé du pouvoir discrétionnaire ; — Rejette.
Du 11 nov. 1850.-C. C., ch. crim.-MM. Ollivier, pr.-Rives, rap.
(2) (Cabanes C. min. pub.) — LA COUR ; — Sur le premier moyen, tiré de la violation de l'art. 317 et de la fausse application de l'art. 269 c. inst. crim., en ce que le président n'a entendu qu'en vertu de son pouvoir discrétionnaire sans prestation de serment, un témoin cité comme tel par le ministère public, sans que les accusés aient expressément consenti à la renonciation que le ministère public a faite à son audition ; — Attendu que le procès-verbal des débats constate que le ministère public a fondé sa renonciation sur un défaut d'identité entre le témoin qui a comparu et celui qui était désigné par la citation, ce qui rentrait dans le cas prévu par l'avant-dernier alinéa de l'art. 515 du même code ; Que les accusés, par leur silence, ont acquiescé à cette renonciation, ce qui a dispensé la cour d'assises d'en délibérer ; que, dans cet état des faits, le témoin dont il s'agit avait cessé de faire partie des débats ; et qu'ainsi en le faisant entendre en vertu de son pouvoir discrétionnaire, sans prestation de serment, le président de la cour d'assises n'a fait qu'user du pouvoir qui lui est conféré par la loi ; — Rejette.
Du 10 août. 1838.-C. C., ch. crim.-MM. Bastard, pr.-Isambert, rap.
(3) (Nabon, etc. C. min. pub.) — LA COUR ; — Attendu qu'en faisant entendre, sans prestation de serment et par forme de renseignement, un témoin à décharge, avant l'ordre de son audition, le président n'a point

abusé de son pouvoir discrétionnaire ; qu'il a fait déposer ce même témoin, à son tour avec prestation de serment ; que, par cette deuxième audition, les accusés ont pleinement joui de l'avantage légal que leur garantissait, à l'égard de ce témoin comme des autres témoins à décharge la notification de leur liste ; — Rejette.
Du 22 mai 1819.-C.C., sect. crim.-MM. Barris, pr.-Ollivier, rap.
(4) (Pioule C. min. pub.) — LA COUR ; — Attendu qu'il est constaté par le procès-verbal des débats, qu'à la séance du 20 mars et après que plusieurs témoins à charge avaient été entendus, le président de la cour d'assises, désirant avoir des explications qu'il jugeait utiles à la manifestation de la vérité, et croyant pouvoir obtenir du sieur Debugnet, maire de Curberon, témoin cité à la requête de l'accusé, a appelé ledit Debugnet, en vertu de son pouvoir discrétionnaire, a reçu de lui, toujours sans prestation préalable de serment, une déclaration que les jurés ont été avertis de ne considérer que comme renseignement ; qu'en donnant, le 20 mars, à la demande du président, sans prestation de serment et à titre de simple renseignement, une déclaration qui devait servir à éclairer la conscience des jurés et des juges, ledit Debugnet n'a pas perdu sa qualité de témoin appelé à la requête de l'accusé ; qu'en conséquence il a, le lendemain 21, été entendu dans l'ordre établi par le procureur général pour l'audition des témoins à décharge, et que sa déposition a été précédée du serment prescrit par l'art. 317 c. inst. crim. ; qu'autorisé, par l'art. 269 de code, à appeler et entendre toutes personnes qui lui paraîtraient, d'après les développements donnés par les témoins, pouvoir répandre des lumières sur la cause, le président de la cour d'assises n'a point fait une fausse application de cet article ni abusé de son pouvoir discrétionnaire, en obtenant du témoin Debugnet des explications que les dépositions des témoins déjà entendus rendaient nécessaires ou utiles ; qu'en n'exigeant pas que ces explications, qui n'avaient que le caractère de simples renseignements, fussent données sous la religion du serment, il n'a pas violé l'art. 517 c. inst. crim., et a été conforme à la disposition du second paragraphe dudit art. 269 du même code ; — Attendu, d'ailleurs, que la procédure a été régulièrement instruite, et qu'aux faits déclarés constants par le jury, la peine a été appliquée conformément à la loi ; — Rejette.
Du 6 mai 1819.-C. C., sect. crim.-MM. Barris, pr.-Aumont, rap.

gnements, peut-elle être annulée pour être recommencée avec prestation de serment ? — Un arrêt a décidé que la circonstance qu'un témoin, inscrit sur la liste notifiée à l'accusé, a été entendu en vertu du pouvoir discrétionnaire du président, et conséquemment affranchi de la prestation du serment, n'est pas une cause de nullité, si l'erreur a été réparée par l'accomplissement régulier de la formalité avant la clôture des débats, surtout si, depuis sa première audition, aucun autre témoin n'a été entendu (Crim. rej. 9 mai 1833) (1);—Il semblerait en effet d'une extrême rigueur d'en décider autrement. Cependant cette décision n'est pas à l'abri de toute difficulté, d'abord en ce que la première déposition non assermentée du témoin a pu laisser dans l'esprit des jurés une trace quelconque, ensuite, en ce que le témoin qui a pu d'abord ne pas se croire obligé de dire toute la vérité, peut avoir été entraîné par respect humain à persévérer ensuite sous la foi du serment dans une fausse déclaration.—Suivant M. Cubain (n° 502) il y aurait là une cause de nullité, d'autant plus que la déposition annulée constituerait un fait de communication irrégulière avec les jurés. Toutefois si cette irrégularité n'avait donné lieu à aucune opposition de la part de l'accusé ou du ministère public, nous ne saurions admettre qu'elle pût donner ouverture à cassation.

§ 5. *Audition à titre de renseignements de personnes dont le témoignage est prohibé par la loi.*

634. La jurisprudence admet, généralement, que le président peut appeler des personnes que la loi défend d'entendre, comme les parents de l'accusé; elle se fonde sur la généralité des termes de l'art. 269.— Mais cette jurisprudence est loin d'avoir obtenu un assentiment unanime. MM. Carnot, sur l'art. 322, n° 10, et t. 3, p. 140; Serres, Man. des cours d'assises, t. 1, p. 313; Sebire et Carteret, n° 134, la combattent par des arguments pleins de force. L'art. 269, disent ces auteurs, qualifie de *témoins* les personnes appelées en vertu du pouvoir discrétionnaire, ce qui fait rentrer ces personnes dans les dispositions prohibitives de l'art. 322; il n'y a de différence entre elles qu'en ce que les unes sont des témoins assermentés; les autres, des témoins non assermentés. Lorsque le législateur veut que l'on puisse appeler à donner des renseignements les individus incapables de témoignage, il s'en explique d'une manière précise; c'est ce qu'il a fait dans l'art. 322. A l'égard des condamnés à des peines afflictives et infamantes; s'il n'a pas répété cette disposition à l'égard des personnes dont l'art. 322 repousse les dépositions, c'est qu'il n'a pas voulu établir la même règle, et il ne l'a pas voulu, parce qu'il aurait sanctionné une immoralité. Appeler un fils, une épouse, un frère, à donner, même sans prêter serment, des renseignements contre son père, son mari, son frère, c'est toujours placer la voix de la conscience et ses affections. L'art. 446 c. inst. crim. défend d'entendre dans un nouveau débat sur révision les témoins condamnés pour faux témoignage commis dans la procédure revisée; il faudrait donc admettre que ces condamnés pussent donner des renseignements. D'ailleurs ajoute, M. Serres, l'audition des personnes qui ne peuvent déposer comme de véritables témoins, devient un moyen de faire indirectement ce qui est défendu par la loi; elle présenterait un de ces plus graves dangers, surtout dans le cas où il y aurait plusieurs accusés : les parents de l'un ne seraient-ils pas disposés à charger les accusés qui leur seraient étrangers, dans la vue de

sauver celui auquel ils sont attachés par les liens du sang, et de le soustraire à un opprobre que le préjugé fait trop souvent rejaillir sur la famille? Vainement on dirait que, le témoin n'étant pas entendu comme témoin, mais à titre de simple renseignement, les convenances naturelles ne seraient plus violées. L'effet de ces renseignements doit être le même que celui de la déposition; comme elle, ils doivent contribuer à la conviction du jury : s'il en était autrement, ils deviendraient inutiles. Enfin, que le témoin en pareil cas soit entendu comme témoin ou à titre de renseignement, le résultat est le même, et la nature réprouve ce résultat. Dès lors la loi ne peut l'adopter.—Cependant, M. Bourguignon, Juris. des codes crim., sur l'art. 269, n° 2, pense qu'il serait dangereux d'écarter les parents d'une manière absolue, parce que les renseignements qu'on leur demande peuvent servir à la justification de l'accusé et dissiper les charges par des éclaircissements que souvent les parents sont seuls en état de donner. D'ailleurs, le père appelé, en vertu du pouvoir discrétionnaire, à donner des renseignements, ne sera pas obligé d'accuser son fils, ni le fils son père : il peut s'abstenir de répondre; car le forcer à parler, ce serait le contraindre à mentir. — Enfin, les jurés auront beaucoup moins d'égards aux renseignements fournis par un témoin appelé en vertu du pouvoir discrétionnaire qu'aux déclarations d'un témoin qui a déposé sous la foi du serment, et la parenté du témoin contribuera encore à mettre en garde contre son témoignage.

M. Cubain, n° 529, est du même avis, tout en reconnaissant la force des hautes considérations qui militent en faveur de l'opinion contraire; il s'appuie sur les nécessités de la répression. Selon lui, si la loi multiplie les causes qui font écarter les témoignages, c'est que les renseignements suppléent au défaut de témoignages; l'art. 269, conçu en termes généraux, veut que le président ait une latitude en quelque sorte indéfinie, pour soumettre au jury tous les éléments de décision nécessaires; les égards dus aux affections de famille trouvent satisfaction dans cette circonstance que celui qui est appelé à titre de renseignements, ne peut être, comme le témoin, forcé de déposer, ni puni à raison d'une fausse déposition (V. aussi M. F. Hélie, Instr. crim., t. 8, p. 460).

635. Entre une jurisprudence constante et de puissants raisonnements, il est permis d'hésiter ; on peut balancer à souscrire à cette idée que le pouvoir discrétionnaire domine même les prohibitions expresses de la loi. Quoi qu'il en soit, la cour de cassation a, sur ce point délicat, une doctrine bien arrêtée. — Elle a décidé, dans ces termes généraux : 1° que le président peut, en vertu de son pouvoir discrétionnaire, faire entendre à titre de renseignement, toute personne qui, par une circonstance quelconque, ne pouvait être entendue que sous la foi du serment (Crim. rej. 14 janv. 1830) (2); — 2° Et, par exemple, celles qui se trouvent dans les cas d'exception ou de prohibition prévus par la loi (Crim. rej. 7 déc. 1813, aff. N...; 27 mars 1828, MM. Barris, pr., Gaillard, rap., aff. Crosnier ; 26 juin 1828, MM. Bailly, pr., Ollivier, rap., aff. Taraire ; 3 mai 1832, aff. Bray, V. n° 639-5°; 4 nov. 1830, aff. Netter, V. n° 637-4°) ; — 3° Qu'en conséquence le pouvoir discrétionnaire attribué au président par l'art. 269 c. inst. crim., de faire entendre *toutes personnes*, s'applique dans sa généralité, même aux individus qui, en vertu de l'art. 322, ne pourraient être admis en témoignage (Crim. rej. 16 juill. 1818 (3); 13 oct. 1814, MM. Vasse, pr., Schwendt, rap., aff. Delouzillière ; Crim. rej. 14 juill. 1833, aff. Grégoire, D. P. 33.

---

(1) (Chambon, etc. C. min. pub.)—La cour ; — Sur les deux moyens pris : le premier de ce que le sieur Dalain, témoin inscrit sur la liste notifiée aux accusés, a été entendu en vertu du pouvoir discrétionnaire; le deuxième de ce que ce même témoin a déposé plus tard avec prestation de serment ; — Attendu que l'erreur par suite de laquelle le sieur Dalain a été affranchi par le président des assises de la prestation du serment, a été réparée avant la clôture des débats par l'accomplissement régulier de cette formalité ;—Attendu qu'on ne saurait considérer la déclaration émise par ce témoin, en vertu du pouvoir discrétionnaire, comme ayant mis obstacle à la liberté de sa déposition ; — Qu'admettre une semblable supposition serait présumer le mensonge, et qu'on ne peut induire de l'absence d'une garantie de la loi une contradiction éventuelle entre la déclaration dénuée de cette garantie et la disposition postérieurement faite avec prestation de serment ; — Sur le troisième moyen, tiré de ce que le sieur Dalain aurait assisté aux débats dans l'intervalle

qui a séparé son audition, sous la forme de simple renseignement, de sa déposition comme témoin : — Attendu qu'il résulte du procès-verbal des débats, qu'aucun autre témoin n'a été entendu dans cet intervalle, d'où il suit qu'il n'y a lieu d'examiner le mérite de ce moyen au fond. — Rejette.

Du 9 mai 1833.-C. C., ch. crim.-MM. Bastard, pr.-Parant, av. gén.
(2) (Martres C. min. pub.) — La cour ; — Attendu que le président des assises a le droit et le devoir d'employer tous ses efforts pour arriver à la manifestation de la vérité ; que rien ne s'opposait donc à ce qu'il entendît, par forme de renseignements, un témoin qui, par une circonstance quelconque, ne pouvait être entendu sous la foi du serment ; — attendu, d'ailleurs, que l'art. 516 c. inst. crim., n'a point prescrit à peine de nullité. — Rejette.
Du 14 janv. 1830.-C. C., ch. crim.-MM. Bastard, pr.-Choppin, rap.
(3) (Époux Bastien.) — La cour ; — Considérant que l'art. 269

5. 443); ...et cela, malgré l'opposition de l'accusé (Crim. rej. 19 janv. 1837, aff. Demangeot, V. n° 656; 25 janv. 1828, aff. Brachet, V. n° 639-1°);—4° Qu'il en est ainsi, à plus forte raison, lorsque l'accusé n'a élevé aucune réclamation (Crim. rej. 11 août 1814) (1); — 5° Qu'au surplus, celui qui a perdu sa qualité de témoin peut être entendu en vertu du pouvoir discrétionnaire (Crim. rej. 14 juin 1821, aff. Lamontagne, V. n° 215-2°).

636. Il a été décidé en outre que la faculté reconnue au président de faire entendre à titre de renseignements les personnes dont l'audition ne peut avoir lieu à titre de témoins, s'applique spécialement aux parents de l'accusé au degré prohibé (Crim. rej. 11 sept. 1823 (2); 23 nov. 1827, MM. Portalis, pr., Mangin, rap., aff. Roult; 27 mars 1845, aff. Lejeune, D. P. 45. 1. 263; 9 juill. 1846, aff. Schomberg, D. P. 46. 4. 475), ...dans le cas surtout où il ne se manifeste aucune opposition de la part de l'accusé ou du ministère public (même arrêt du 9 juill. 1846; Crim. rej. 27 déc. 1849, aff. Roger, D. P. 51. 5. 487), ...alors d'ailleurs que le jury a été averti qu'ils n'étaient entendus qu'à titre de renseignements (même arrêt du 27 déc. 1849).

c. inst. crim. ayant conféré au président de la cour d'assises le pouvoir d'entendre aux débats toutes personnes sans prestation de serment et pour donner de simples renseignements, ce pouvoir discrétionnaire s'étend même aux personnes dont les dépositions sous serment sont interdites par l'art. 322 du même code ; — Rejette.
Du 16 juill. 1818.—C. C., sect. crim.-MM. Barris, pr.-Busschop, r.
(1) (Grand.)— LA COUR ; —...Attendu que le deuxième moyen, qu'il résulte du procès-verbal de la séance que les accusés ne se sont opposés à l'audition d'aucun témoin, et que dès lors Marie Cuenote, femme Goffier, a pu être entendue en qualité de témoin, sans que les demandeurs puissent se prévaloir de l'art. 322 ; — Attendu d'ailleurs que le président de la cour d'assises a le droit d'appeler, en vertu de son pouvoir discrétionnaire, des témoins sans distinction, pour donner des renseignements, et qu'ainsi, en appelant Marie Cuenote, femme Goffier, il n'a fait qu'user du pouvoir qui lui était donné par la loi ;—Rejette.
Du 11 août 1814.-C. C., sect. crim.-MM. Barris, pr.-Massillon, r.
(2) (Chabaud C. min. pub.) — LA COUR ; — Sur le moyen de cassation pris d'une fausse application de la disposition de l'art. 269 et d'une violation de l'art. 322 c. inst. crim., en ce que plusieurs parents de l'accusé aux degrés prohibés ont été entendus aux débats à titre de renseignements, en vertu du pouvoir discrétionnaire du président des assises ; — Attendu que par ledit art. 269 le président est autorisé à faire entendre dans les débats, lorsqu'il le juge utile pour la manifestation de la vérité, toutes personnes; que cette expression est générale, indéfinie, et comprend aussi la faculté de faire entendre toutes les personnes qui d'après l'art. 322, ne sont pas admises à déposer en qualité de témoins ; — Rejette.
Du 11 sept. 1823.-C. C., sect. crim.-MM. Bailly, pr.-Rataud, rap.
(3) (Femme Tarducci C. min. pub.) — LA COUR ; — Attendu que la prohibition de l'art. 322 c. inst. crim. n'est point absolue; qu'elle n'est que relative au cas où il y aurait opposition de l'accusé ou du ministère public à l'audition, comme témoins, des individus compris dans cet article; que la prohibition de cet article ne se réfère d'ailleurs qu'à l'audition des témoins en déposition ; que le pouvoir discrétionnaire, dont le président des cours d'assises ou des cours spéciales extraordinaires est investi par les art. 268 et 269 dudit code, pour favoriser la manifestation de la vérité, n'est circonscrit dans aucunes limites ; qu'à cet effet, le président est autorisé, par ledit art. 269, à entendre, par voie de déclaration, toutes personnes; que ces mots, toutes personnes, sont généraux et n'admettent point d'exceptions; que, le législateur en donnant cette faculté sans bornes au président, a bien senti qu'il y a aussi des cas dans lesquels on ne peut acquérir la manifestation de la vérité que par le moyen d'entendre des personnes qui sont conjointes à l'accusé par les plus étroits liens du sang; que, dès lors, le président de la cour spéciale extraordinaire, en entendant, par voie de déclaration, la sœur de la condamnée, a fait un juste usage du pouvoir discrétionnaire dont il est investi par la loi ; — Attendu, d'ailleurs, que, dans la procédure et les débats, il n'a été omis aucune formalité prescrite à peine de nullité ; et qu'aux faits déclarés constants par la cour spéciale extraordinaire, la peine a été appliquée ; — Rejette.
Du 8 oct. 1812.-C. C., sect. crim.-MM. Barris, pr.-Benvenuti, rap.
(4) (Ducamp.) — LA COUR ; — Attendu que si l'art. 322 c. inst. cr. défend d'entendre comme témoins les frères de l'accusé, c'est-à-dire de les entendre avec prestation de serment, l'art. 269 donne au président de la cour d'assises le droit de faire entendre toutes personnes dans leurs déclarations comme simples renseignements, lorsque leurs déclarations lui paraissent devoir être utiles à la manifestation de la vérité, disposition qui embrasse nécessairement tous les cas sans exception ; — Et attendu que dans l'espèce, Léon Proust, frère de l'un des accusés,

637. Il a été décidé, en conséquence, que le président peut faire entendre à titre de renseignements : 1° les enfants de l'accusé : — « Attendu que si les enfants de l'accusé ont été appelés aux débats en vertu du pouvoir discrétionnaire du président, ils ne l'ont point été comme témoins » (Crim. rej. 23 déc. 1826; MM. Portalis, pr., Ollivier, rap., aff. Heurtaux ; 19 sept. 1832, aff. Bougé, V. n° 101); ...et notamment sa fille (Crim. rej. 26 déc. 1816, MM. Barris, pr., Busschop, rap., aff. Krauth; 8 sept. 1853, aff. Waldenay, D. P. 53. 5. 444);—2° Sa sœur (Crim. rej. 8 oct. 1812) (3);—3° Son père (Crim. rej. 13 janv. 1820) (4); 26 déc. 1816, MM. Barris, pr., Busschop, rap., aff. Krauth ; 27 juin 1823, aff. Berthe, V. Instr. crim., n° 2305-4° ; 31 mars 1836, MM. Bastard, pr., Isambert, rap., aff. Arrighi);— 4° Son conjoint (Crim. rej. 4 nov. 1830 ; 22 déc. 1842 (5); 24 fév. 1814, MM. Barris, pr., Bauchau, rap., aff. Falleaux ; 26 juin 1828, MM. Bailly, f. f. de pr., Ollivier, rap., aff. Taraire; 26 avr. 1839, MM. Bastard, pr., Crouseilhes, rap., aff. Noël; 30 avr. 1847, aff. Juveneton, D. P. 47. 4. 444).

638. Bien plus, il a été décidé que le président de la cour n'a point été entendu comme témoin dans sa déposition, mais seulement dans sa déclaration que le président a jugé nécessaire à la manifestation de la vérité ; d'où suit qu'il n'y a eu, ni contravention à l'art. 322, ni abus du pouvoir discrétionnaire donné par l'art 269 au président de la cour d'assises ; — Rejette.
Du 13 janv. 1820.-C. C., sect. crim.-MM. Barris, pr.-Giraud, rap.
(5) 1re Espèce :— (Netter, Rauch, etc., C. min. pub.) — LA COUR;— Sur le moyen, tiré de ce que le président des assises a fait entendre, en vertu de son pouvoir discrétionnaire, et sans prestation de serment, la femme de l'accusé Rauch ; — Attendu que, d'après la combinaison des art. 317, 318, 319, 320 et 322 c. inst. crim., la prohibition portée par ce dernier article, de recevoir les dépositions des parents ou alliés des accusés aux degrés qu'il détermine, ne se rapporte qu'aux dépositions faites sous la religion du serment; que, dès lors, elle n'a rien d'inconciliable avec la faculté accordée au président des assises par l'art. 269 du même code, d'appeler aux débats et de faire entendre toutes personnes ; que l'audition de ces personnes n'a lieu, en pareil cas, qu'à titre de déclaration, et pour servir de renseignement, et ne peut être qualifiée déposition; que, dans l'espèce, le président des assises a averti la femme Rauch qu'elle était libre de s'abstenir de dire ce qui pouvait être à la charge de son mari, et qu'ainsi, aucune loi n'a été violée ; — Rejette.
Du 4 nov. 1830.-C. C., ch. crim.-MM. Ollivier, pr.-Isambert, rap.
2e Espèce :— (Marignan C. min. pub.) — LA COUR ; — Sur le moyen tiré de la prétendue violation de l'art. 322 c. inst. crim., et de la fausse application de l'art. 268 du même code, en ce que la demoiselle Marignan, la dame Beaumette, femme Marignan, et le sieur Marignan, fille, épouse et fils de l'accusé, cités comme témoins, ont été, malgré l'opposition du défenseur, entendus en vertu du pouvoir discrétionnaire ; et en ce que la cour d'assises a excédé les limites de sa compétence, en intervenant sur l'opposition du défenseur et en rejetant ses conclusions ; — Attendu que, si les témoins dont les noms sont inscrits sur la liste dressée par le ministère public, et qui ont été assignés à sa requête, bien que cette liste ait été signifiée à l'accusé, ne peuvent déposer que sous la foi du serment, cela ne doit s'entendre que des témoins idoines et qui ont conservé leur qualité de témoin; — Mais que, dans l'espèce, la femme et deux des enfants de l'accusé, assignés devant la cour d'assises à la requête du ministère public, ayant été dépouillés de la qualité de témoins, sur la réclamation de l'accusé et en suite de la disposition formelle de l'art. 322 précité, ont pu dès lors, être régulièrement entendus, par voie de renseignement et sans prestation de serment, en vertu du pouvoir discrétionnaire, par application de l'art. 269 dudit code, qui permet au président de la cour d'assises d'entendre toutes personnes, sans violer l'art. 322, et sans faire une fausse application de l'art. 268 qui investit le magistrat du pouvoir de prendre sur lui tout ce qu'il croira utile pour découvrir la vérité ; — Attendu que l'opposition à l'exercice de cette partie du pouvoir discrétionnaire avait été formulée par le défenseur de l'accusé dans ses conclusions directement adressées à la cour ; qu'il en était de même de celles prises par le ministère public et tendant au rejet de l'opposition ; — Que la cour d'assises ne pouvait pas s'empêcher de délibérer sur ces conclusions, à la condition que le résultat des délibérations ne constituerait pas un empiétement sur le pouvoir discrétionnaire; qu'elle a évité cette irrégularité, en se fondant, pour rejeter l'opposition, sur ce qu'aux termes de l'art. 268, le président est investi d'un pouvoir discrétionnaire dont il n'appartient pas à la cour de fixer les limites ; — Et qu'en effet, cet incident ainsi évacué, ce fut le président de la cour d'assises qui ordonna seul l'audition, à titre de renseignement, de la femme et de deux des enfants de l'accusé ; — Rejette.
Du 22 déc. 1842.-C. C., ch. cr. MM. Crouseilhes, pr.-Romiguières, r.

d'assises peut, en vertu de son pouvoir discrétionnaire, faire entendre, à titre de renseignement, l'enfant de l'accusé, même *atteint d'idiotisme* (Crim. rej. 30 mars 1854, aff. Féracci, D. P. 54. 5. 740).

639. Il en est de même des alliés de l'accusé. — Ainsi il a été jugé que le président peut faire entendre, en vertu de son pouvoir discrétionnaire : 1° les beaux-frères ou belles-sœurs de l'accusé (Crim. rej. 10 oct. 1839 (1); 26 déc. 1816, MM. Barris, pr., Busschop, rap., aff. Krauth; 11 janv. 1821, aff. Roudon, V. n° 644-2°; 1er mai 1828, MM. Bailly, f. f. pr., Choppin, rap., aff. N...; 10 sept. 1840, MM. Bastard, pr., Vincens, rap., aff. Mauguin, V. n° 110-2°), ...soient qu'ils n'aient pas été compris dans la liste des témoins en raison de leur qualité (Crim. rej. 25 janv. 1828 (2); 6 avr. 1815, M. Massillon, rap., aff. Desportes; 27 juin 1828, aff. Aubry, V. n° 95-3°; 30 août 1832, MM. Bastard, pr., Crouseilhes, rap., aff. Labbé) ...soit que, compris dans la liste dressée par le ministère public et assignés à sa requête, ils aient été écartés par la cour d'assises, sur la réclamation de l'accusé (Crim. rej. 24 juin 1841 (3); 4 sept. 1840, MM. Crouseilhes, f. f. pr., Meyronnet, rap., aff. Michel; 14 sept. 1842,

(1) (Peytel *C. min. pub.*)—La cour ;—...Sur le cinquième moyen, pris de la violation de l'art. 317, c. inst. crim.; — Attendu que l'art. 322 du même code dispose en termes exprès que les dépositions de la mère, de la sœur et des alliés au même degré de l'accusé ne pourront être reçues ; — Que, si ce même article ajoute que l'audition de ces personnes n'opérera pas de nullité lorsqu'elle aura lieu sans opposition, cette disposition ne peut, ni d'après sa lettre, ni d'après son esprit, avoir pour effet de rendre obligatoire leur audition à titre de témoins et avec serment, par cela seul qu'aucune des parties ne s'y oppose ; que, si cette conséquence a été attachée par la jurisprudence à la disposition analogue de l'art. 315, relatif aux témoins non notifiés, lequel est d'ailleurs rédigé en termes différents, c'est que, dans le cas qu'il prévoit, il s'agit uniquement des intérêts de l'accusation et de la défense, que l'on doit croire satisfaits lorsque ni le ministère public ni l'accusé n'usent du droit que leur ouvre cet article ; mais que la prohibition de l'art. 322 est fondée aussi et principalement sur l'honnêteté publique qui ne permet pas que des parents ou alliés à un degré si proche puissent être tenus de déposer sous la foi du serment les uns contre les autres ; — Qu'en n'admettant pas la dame Alcazar et la dame Broussais, mère et sœur de Félicité Alcazar, décédée femme du demandeur, à déposer avec serment, le président n'a donc fait que se conformer au vœu de la loi ; — Qu'il a pu prendre seul cette détermination, puisque c'est à lui qu'appartient la direction des débats, et qu'aucune contestation ne s'est élevée à ce sujet, qui appelât l'intervention de la cour d'assises ; — Mais qu'il n'en conservait pas moins le droit de les entendre à titre de renseignement et en vertu de son pouvoir discrétionnaire, puisque l'art. 269 c. inst. crim. lui donne le droit d'entendre de cette manière toutes personnes ; — Qu'on objecte vainement que la dame Alcazar et la dame Broussais avaient perdu la qualité d'alliées du demandeur ; qu'aucune disposition de la loi ne fait cesser d'une manière absolue l'alliance par le décès sans enfants de la personne qui l'avait produite ; que cette circonstance en fait seulement cesser quelques effets dans les cas où la loi s'en explique expressément ; qu'on ne trouve aucune disposition sur ce point dans le code d'instruction criminelle, et que l'art. 285 c. pr. civ. , auquel il convient de recourir, déclare formellement les alliés en ligne directe et les beaux-frères et belles-sœurs reprochables nonobstant le décès sans enfants de l'époux qui faisait l'alliance, et reconnaît ainsi que l'affinité subsiste à leur égard ; — Rejette.
Du 10 oct. 1839.-C. C., ch. crim.-MM. Bastard, pr.-Vincens, rap.

(2) (Brachet *C. min. pub.*) — La cour ;— Attendu qu'Antoine Pinel, beau-frère de l'accusé, a été appelé devant les jurés en vertu du pouvoir discrétionnaire dont est investi le président par les art. 268 et 269 c. inst. crim.; que d'après ces articles le président peut prendre sur lui tout ce qu'il croit utile pour découvrir la vérité et dans le cours des débats entendre toutes personnes ; qu'un pouvoir ainsi défini, est illimité, qu'il n'admet aucune exception et qu'il légitime tout ce qui se fait en son nom ; que dès lors le président, nonobstant les dispositions de l'art. 522 c. inst. crim. et l'opposition de l'accusé, a eu le droit d'appeler devant les jurés, Antoine Pinel, non porté sur la liste des témoins pour donner, sans prestation de serment, ses déclarations à titre de renseignements, que le président, loin d'avoir violé aucune loi, s'y est exactement conformé ; — Rejette.
Du 25 janv. 1828.-C. C., ch. crim.-MM. Bailly, pr.-Bernard, rap.

(3) (Dutartre *C. min. pub.*) — La cour ;— Attendu, en droit, que la règle générale est que les dépositions des témoins parents de l'accusé aux degrés prohibés par les §§ 1, 2, 3 et 4 de l'art. 322, ne doivent pas être reçues ; que cependant et par exception à cette règle générale, l'audition des témoins de cette espèce n'entraîne pas nullité, lorsque ni l'accusé ni le ministère public ne se sont opposés à leur audition ; —

M. Mérilhou, rap., aff. Bouillot); — c'est à tort qu'on voudrait voir une contradiction entre l'arrêt qui refuse le témoignage de ces personnes et la décision discrétionnaire du président qui les fait entendre à titre de simples renseignements (Crim. rej. 18 déc. 1817 (4); 20 mars 1832, MM. Bastard, pr., Rives, rap., aff. Thiaut); — 2° un beau-père veuf, sans enfant, circonstance qui ne l'empêche pas d'être reprochable comme témoin (Crim. rej. 10 sept. 1840, aff. Mauguin, V. n° 110-2° ; V. aussi 10 oct. 1839, aff. Peytel, arrêt précité); — 3° son beau-père et sa belle-mère, au témoignage desquels l'accusé s'était opposé (Crim. rej. 11 juill. 1823, aff. David, V. n° 676-4°; 11 juin 1824, MM. Bailly, pr., Aumont, rap., aff. Quinson ; 10 sept. 1824, MM. Portalis, pr., Brière, rap., aff. Pressat; 10 oct. 1839, aff. Peytel, V. *suprà* au présent numéro); — 4° sa belle-fille (Crim. rej. 26 déc. 1816, MM. Barris, pr., Busschop, rap., aff. Krauth); — 5° les enfants du premier lit de la femme d'un accusé (Crim. rej. 5 mai 1832 (5); — 6° Le mari d'une belle-sœur, à l'audition duquel le ministère public par erreur de droit avait renoncé, sans réclamation de l'accusé (Crim. rej. 12 déc. 1840) (6).

640. On a vu nos 471, 613, que les témoins irrégulièrement

Qu'une autre règle générale est que le président des assises, pour parvenir à la manifestation de la vérité, peut, dans tous les cas, entendre, en vertu de son pouvoir discrétionnaire, sans prestation de serment, et par forme de simple renseignement, toutes personnes, même les plus proches parents de l'accusé ; — Attendu, en fait, que dans l'espèce et d'après le procès-verbal des débats, tous les témoins produits avaient prêté le serment prescrit par l'art. 317 c. inst. crim., à l'exception de Pierrette Dumont, assignée également à la requête du ministère public, et qui a déclaré être belle-sœur de l'accusé, « laquelle avait été entendue (aux termes du même procès-verbal) sans prestation de serment et en vertu du pouvoir discrétionnaire de M. le président, qui a prévenu MM. les jurés que cette déposition ne devait être considérée que comme simples renseignements ; le tout sur la demande du défenseur de l'accusé et du consentement de M. le procureur du roi ; » — Attendu qu'il résulte de là que l'accusé, par l'organe de son conseil, s'était opposé à ce que sa belle-sœur, portée sur la liste à lui notifiée, fût entendue à titre de témoin ordinaire et sous la foi du serment ; qu'il avait seulement consenti à ce qu'elle fût entendue par forme de simples renseignements et en vertu du pouvoir discrétionnaire du président, la procureur du roi de son côté ayant consenti à ce qu'il fût fait droit à la demande de l'accusé, il ne s'était élevé, dès lors, entre eux, aucun contentieux qui ait nécessité l'intervention de la cour d'assises ; — Que le président, en rayant en conséquence, conformément à la demande de l'accusé et du consentement du ministère public de la liste des témoins ordinaires, la belle-sœur dudit accusé, et en l'entendant ensuite en vertu de son pouvoir discrétionnaire et par forme de simples renseignements, loin d'avoir violé les art. 322 et 317 c. inst. crim., s'est au contraire exactement conformé à leurs dispositions, et n'a nullement excédé les bornes de son pouvoir discrétionnaire ; — Attendu, au surplus, la régularité de la procédure, et qu'aux faits déclarés constant par le jury, il a été fait une juste application de la loi pénale ; — Par ces motifs ; — Rejette.
Du 24 juin 1841.-C. C., ch. crim.-MM. Bastard, pr.-De Saint-Marc, r.

(4) (Migot *C. min. pub.*) — La cour ; — Attendu que, conformément à l'art. 322 c. inst. crim., cu la cour d'assises a admis l'opposition de l'accusé à ce que son beau-frère fût entendu comme témoin ; et que conformément à l'art. 269 du même code, le président a rejeté cette tendant à ce que le même individu fût entendu en vertu du pouvoir discrétionnaire ; que ces deux décisions portant sur l'application de différents articles de la loi, ne peuvent être en contradiction ; — Rejette.
Du 18 déc. 1817.-C. C., sect. crim.-MM. Barris, pr.-Ollivier, rap.

(5) (Bray *C. min. pub.*)—La cour;—...Sur le deuxième moyen, tiré de la prétendue violation de l'art. 322 du même code, en ce que le président de la cour d'assises, malgré l'arrêt de cette cour qui avait décidé que les deux filles issues d'un premier mariage de la femme de l'accusé, ne seraient pas entendues comme témoins contre ce dernier, a reçu leur déclaration, en vertu de son pouvoir discrétionnaire ; — Attendu que l'art. 269 dudit code autorise le président de la cour d'assises à entendre aux débats toutes personnes ; que cette expression est générale, indéfinie, et comprend, dès lors, la faculté de faire entendre, même tous ceux qui, d'après le susdit art. 322, ne peuvent pas être admis comme témoins ; d'où il résulte que l'audition des jeunes filles dont il s'agit, laquelle, au surplus, n'a eu lieu qu'à titre de simples renseignements, a été légale et régulière ; — Rejette.
Du 5 mai 1832.-C. C., sect. crim.-MM. Bastard, pr.-Rives, rap.

(6) (Veuve Lafarge *C. min. pub.*) — La cour ; — Sur le moyen, pris de ce que Buffières, mari de la belle-sœur de l'accusée, témoin cité à la requête du ministère public, a été, sous prétexte de parenté, entendu sans prestation de serment ; — Attendu que le ministère public avait renoncé à l'audition de ce témoin, à raison de sa parenté avec l'accusée,

notifiés ne pouvaient être entendus à titre de simples renseignements, qu'au cas seulement où l'accusé ou le ministère public se seraient opposés à leur audition en qualité de témoins. Il n'en est pas de même lorsqu'il s'agit d'un témoin déclaré par la loi incapable de déposer. L'art. 322, il est vrai, dit que l'audition de ces personnes avec serment n'opérera pas nullité, lorsqu'elle aura lieu sans opposition; mais cette disposition, comme le dit fort bien la cour de cassation, ne peut ni d'après sa lettre ni d'après son esprit avoir pour effet de rendre obligatoire leur audition à titre de témoin ou avec serment, par cela seul qu'aucune des parties ne s'y oppose; si cette conséquence a été attachée par la jurisprudence à la disposition analogue de l'art. 315, relatif aux témoins non notifiés, lequel est d'ailleurs rédigé en termes différents, c'est que dans le cas qu'il prévoit, il s'agit uniquement des intérêts de l'accusation et de la défense que l'on doit croire satisfaits, lorsque ni le ministère public ni l'accusé n'usent du droit que leur ouvre cet article; mais que la prohibition de l'art. 322 est fondée aussi et principalement sur l'honnêteté publique qui ne permet pas que des parents ou alliés à un degré si proche puissent être tenus de déposer sous la foi du serment les uns contre les autres (Crim. rej. 10 oct. 1839, aff. Peytel, V. n° 639; conf. crim. rej. 30 avr. 1847, aff. Juveneton, D. P. 47. 4. 444; 20 mars 1856, aff. Lemuet-Lafriche, D. P. 56. 5. 449).

641. A plus forte raison l'audition de ces témoins, en vertu du pouvoir discrétionnaire du président sera-t-elle valable, si la cour d'assises, sur la réclamation de l'accusé, a rayé leur nom de la liste. C'est ce qui a été jugé notamment : 1° pour les frères et sœurs de l'accusé (Crim. rej. 19 mai 1840) (1); — 2° pour la femme de l'accusé (Crim. rej. 16 avr. 1835, MM. Choppin, pr., Freteau, rap., aff. Brochart).

642. S'il est vrai que le fils, le père, la femme de l'accusé puissent être appelés en vertu du pouvoir discrétionnaire à fournir des déclarations à titre de renseignements, faut-il en conclure que ceux-ci doivent être obligés de donner les renseignements qui leur seront demandés, même dans le cas où ils ne pourraient faire qu'une déclaration à charge? Devra-t-on, s'ils refusent de répondre, leur appliquer les peines que la loi porte contre les témoins défaillants? Nous ne le pensons pas, et notre opinion est fondée non-seulement sur les devoirs de la nature,

mais encore sur l'esprit de notre législation criminelle qui, même sous l'empire des art. 103 et suiv. et 136 c. pén., prononçant des peines sévères pour le seul fait de non-révélation de certains crimes, exceptait de toute peine en pareil cas les ascendants, descendants, frères, sœurs ou époux du coupable; il y a beaucoup moins d'inconvénient en pareil cas à laisser échapper un coupable qu'à étouffer dans le cœur d'un père, d'un fils ou d'un époux les sentiments de la nature. Telle est l'opinion de MM. Legraverend (t. 1, chap. 6, sect. 7, in fine) et Bourguignon (Jurisp. des c. cr. t. 1, sur l'art. 269, § 2). — « Quel est en effet, dit ce dernier auteur, le père qui pouvant soustraire son fils à l'échafaud par un mensonge officieux se ferait un scrupule de mentir? Or, le forcer à répondre serait le contraindre à mentir, car le mensonge ou la fausse déclaration de celui qui n'est appelé que pour donner des renseignements, ne peut l'exposer à aucune peine. » — A l'appui de cette opinion on peut citer un arrêt qui relève cette circonstance que, dans l'espèce, la femme de l'accusé appelée en vertu du pouvoir discrétionnaire avait été avertie par le président qu'elle était libre de s'abstenir de dire tout ce qui pouvait être à la charge de son mari (Crim. rej. 4 nov. 1830, aff. Netter, V. n° 637-4°).

643. Quoi qu'il en soit, on ne saurait étendre le cercle des prohibitions tracé par la loi et en conséquence, ni la cour d'assises ni le président ne pourraient dispenser du serment et faire entendre à titre de renseignements des personnes qui ne sont dans le sens légal ni parents ni alliés au degré prohibé (V. suprà, n° 102).

644. Le président, pouvant faire entendre à titre de renseignements toute personne dont il juge la déclaration utile à la manifestation de la vérité, peut, sans aucun doute, appeler en vertu de son pouvoir discrétionnaire même les individus qui, par suite de condamnation judiciaire (V. n°s 77 et s.) ont été privés du droit de déposer en justice autrement que pour y fournir de simples renseignements (c. pén. 28). — Il a été jugé en ce sens : 1° que lorsque des circonstances particulières, telles que la condamnation à des peines infamantes, empêchent un témoin cité à la requête de l'une des parties de témoigner sous la foi du serment; le président peut, sans excéder ses pouvoirs, ordonner que ce témoin sera entendu à titre de simple renseignement, et comme tel dispensé du serment (Crim. rej. 29 oct. 1818) (2);—

que l'erreur de ce motif n'a pas vicié cette renonciation, à laquelle l'accusée a tacitement acquiescé en ne demandant pas le maintien du témoin aux débats; que, dès lors, Buffières a été verbalement entendu en vertu du pouvoir discrétionnaire du président; — Rejette.
Du 12 déc. 1840.-C. C., ch. crim.-MM. de Bastard, pr.-Ricard, rap.
(1) (Marie et Lhéréec C. min. pub.) - LA COUR; — Sur le moyen de cassation, pris d'une fausse application de l'art. 269 et d'une prétendue violation de l'art. 522 c. inst. crim, en ce qu'après trois arrêts incidents de ladite cour d'assises du Finistère, rendus dans sa séance du 12 avril, conformément aux conclusions expresses des accusés et du ministère public, portant que la sœur et les deux frères des accusés ne seraient pas entendus comme témoins, le président les aurait fait entendre en vertu de son pouvoir discrétionnaire et sans prestation de serment : — Attendu que le président des assises, investi par la loi d'un pouvoir discrétionnaire, en vertu duquel sur son honneur et sa conscience, il peut prendre sur lui tout ce qu'il croira utile à la manifestation de la vérité, a la faculté, en vertu de ce pouvoir, d'entendre, dans le cours des débats, toutes personnes, sans exception, qui lui paraîtraient, d'après les développements donnés à l'audience, pouvoir répandre un jour utile sur les faits contestés, sous la double condition que ces témoins ainsi appelés ne prêteront pas serment, et que leurs déclarations ne seront considérées par le jury que comme renseignements (double condition qui a été observée dans l'espèce), et que l'opposition formelle de l'accusé, fondée sur les dispositions de l'art. 322 c. inst. crim., à ce que ses parents les plus proches soient entendus dans cette séance, ne saurait former obstacle à leur audition en vertu du pouvoir discrétionnaire du président; —Qu'ainsi il n'y a eu ni fausse application de l'art. 269 ni violation de l'art. 322 c. inst. crim.; — Rejette.
Du 29 mai 1840.-C. C., ch. crim.-MM. Bastard, pr.-Meyronnet, rap.
(2) (Mansard, etc. C. min. pub.) — LA COUR ; — Attendu, sur le moyen de cassation présenté par les réclamants, qu'aux termes des art. 268 et 269 c. inst. crim., la loi charge l'honneur et la conscience du président de la cour d'assises d'employer tous ses efforts pour découvrir la vérité; qu'elle l'investit d'un pouvoir discrétionnaire, en vertu duquel il peut prendre sur lui tout ce qu'il croit propre à la favoriser la manifestation; appeler même par mandat d'amener, et entendre toutes per-

sonnes qui lui paraissent pouvoir répandre un jour utile sur les faits du procès; que les témoins ainsi appelés ne prêtent point serment, et que leurs déclarations ne sont considérées que comme renseignements; — Qu'il s'ensuit de ces dispositions que les personnes que le ministère public a fait citer pour être entendues à sa requête, mais que des circonstances particulières ne permettent pas d'admettre aux débats en qualité de témoins déposant sous la religion du serment, peuvent être reçues à faire, sans serment préalable, des déclarations qui n'ont d'autre valeur que celle de simples renseignements ; — Attendu que l'art. 28 c. pén. déclare incapable de déposer en justice, autrement que pour y donner de simples renseignements, quiconque a été condamné à la peine des travaux forcés à temps, du bannissement, de la reclusion ou du carcan ; — Qu'il est constant que François Damy, cité à la requête du ministère public pour être entendu comme témoin dans les débats du procès des réclamants, avait été condamné par la cour prévôtale du département de l'Eure à la peine de cinq années de reclusion; qu'il a subi l'exposition conformément à l'art. 22 c. pén., et que, depuis le 9 avril 1817 jusqu'au 7 avril 1818, la privation de sa liberté a été l'exécution de la peine afflictive et infamante de la reclusion prononcée contre lui par la cour prévôtale; — Que si, par des lettres émanées de la clémence du roi, et dûment enregistrées à la cour royale de Rouen, les quatre années de la peine de reclusion que Damy avait encore à subir ont été commuées en une année de la peine d'emprisonnement, il résulte de la cour d'assises a déclaré que ces lettres n'étaient pas représentées, qu'il n'était pas prouvé et que rien même ne faisait présumer que la commutation de peine accordée audit Damy eût été accompagnée de sa réintégration dans la jouissance de ses droits politiques et civils; — Que, dans cet état, le président n'a violé aucune loi, et s'est au contraire conformé à la disposition de l'art. 28 c. pén., en n'admettant pas François Damy à déposer comme témoin sous la religion du serment; — Qu'en ordonnant, sans aucune opposition d'ailleurs soit du ministère public, soit des accusés, qu'il serait entendu, sans prestation préalable de serment, par forme de déclaration qui ne serait considérée que comme simple renseignement, ce magistrat n'a nullement excédé les bornes du pouvoir discrétionnaire qui lui était confié par la loi, et qu'il n'a fait qu'un usage légitime de ce pouvoir; — Que dès que Damy n'a été entendu qu'en vertu du pouvoir

2° Que le président de la cour d'assises a pu faire appeler aux débats, pour être entendu en vertu de son pouvoir discrétionnaire, un individu condamné à la peine capitale (Crim. rej. 11 janv. 1821) (1).

645. Le président peut aussi, suivant la jurisprudence, faire entendre à titre de renseignements, l'officier du ministère public qui a requis la poursuite (Crim. rej. 22 sept. 1832, aff. Secondy, V. n° 208; Crim. cass. 23 janv. 1835, aff. Piaud, V. n° 207), le juge d'instruction qui a instruit l'affaire (M. F. Hélie, t. 8, p. 461).

646. Quant aux personnes obligées de garder le secret (V. n°ˢ 39 et suiv.) elles ne pourraient pas être entendues à titre de simple renseignement : leur déclaration, même sans serment, serait évidemment une violation de leur obligation (M. Cubain, n° 532).

647. La circonstance qu'un témoin incapable aurait prêté serment, ne met pas obstacle, dans le cas où, sur la réclamation de l'accusé il aurait été ensuite rayé de la liste des témoins, à ce que le président le fasse entendre en vertu de son pouvoir discrétionnaire, le serment ayant été préalablement déclaré non avenu. — Le président peut ignorer, en effet, au moment où un témoin se présente pour déposer, les causes d'incapacité qui existeraient dans la personne de ce témoin. Comme la rédaction de l'art. 317 peut faire supposer que la prestation de serment doit précéder l'interpellation faite par le président au témoin sur le point de savoir s'il est parent ou allié de l'accusé ou de la partie civile à quel degré, vu que cela se pratique, en effet, fort souvent ainsi (V. n° 524), il devra donc arriver souvent que les causes de prohibition de témoignage et notamment celles qui résultent du degré de parenté, ne seront connues qu'après la prestation de serment. Or ce serment reçu par erreur ne peut faire obstacle à l'exercice du pouvoir discrétionnaire du prési-

dent. — C'est ainsi qu'il a été jugé spécialement : 1° que la circonstance qu'un témoin reprochable (la femme de l'accusé) aurait prêté le serment, ne met pas obstacle à ce que la cour d'assises a déclaré sur l'opposition des parties intéressées, que ce témoin ne serait pas entendu, le président le fasse déposer à titre de simple renseignement (Crim. rej. 3 déc. 1818) (2); — 2° Que de ce que le président a d'abord fait prêter serment à un témoin, parent de l'accusé au degré de belle-sœur, il n'y a pas nullité, si, sur l'opposition de l'accusé, cette prestation a été rétractée (Crim. rej. 12 déc. 1840, MM. Bastard, pr., Ricard, rap.; aff. Lafarge); — 3° Que lorsqu'un témoin, dont l'audition est prohibée par la loi, a été néanmoins entendu sous la foi du serment, dans une première séance, sans opposition de l'accusé ou de son conseil; que ce n'est qu'à la seconde séance, qu'ayant été rappelé aux débats, sa qualité de parent a été signalée par l'accusé, qui s'est alors seulement opposé à son audition, le président des assises ne peut pour cela être privé du droit d'ordonner que ce témoin serait désormais entendu à titre de simple renseignement, en avertissant les jurés de considérer ainsi cette nouvelle partie de sa déclaration (Crim. rej. 16 avr. 1840, MM. Bastard, pr., Romiguières, rap., aff. Planus); — 4° Que de même le président averti de l'incapacité d'un témoin, après sa déposition sous la foi du serment, peut, en l'absence de contestation, annuler le serment prêté et ordonner que ce témoin ne sera entendu qu'à titre de renseignements (Crim. rej. 13 août 1852, aff. Lanfranchi, D. P. 52. 5. 170); — 5° Que la prestation du serment comme témoin, de la part d'un individu qui ne pouvait être entendu en cette qualité, ne s'oppose point à ce que, lorsque l'erreur est reconnue, le président ne le fasse entendre en vertu de son pouvoir discrétionnaire à titre de renseignement, après l'avoir relevé de son serment (Crim. rej. 23 avr. 1835) (3).

discrétionnaire du président de la cour d'assises, et pour donner de simples renseignements, son audition sans prestation préalable de serment n'a pu être une violation de l'art. 317 c. inst. crim.; — Attendu, d'ailleurs, que la procédure a été régulièrement instruite, et qu'aux faits déclarés constants par le jury, la peine a été appliquée conformément à la loi; — Rejette, etc.

Du 29 oct. 1818.-C. C., sect. crim.-M. Aumont, rap.

(1) (Roudon et Douin Coulet.) — LA COUR; — Considérant sur le moyen de cassation présenté par les condamnés à l'appui de leur pourvoi, et d'abord sur le premier chef de ce moyen ; que le président des assises peut, en vertu du pouvoir discrétionnaire dont il est investi par les art. 268 et 269 c. inst. crim., appeler et entendre aux débats toutes personnes dont les déclarations lui paraissent utiles pour la manifestation de la vérité; que ce pouvoir discrétionnaire étant général et illimité, n'a donc pu être restreint à l'égard du nommé Ponsy, sur le motif que cet individu avait été condamné à la peine capitale et qu'il était beau-frère de l'un des accusés ; — Rejette.

Du 11 janv. 1821.—C. C., sect. crim.-MM. Barris, pr.-Busschop, rap.

(2) (Ehler veuve Cocasse.) — LA COUR; — Attendu que la prohibition d'entendre en témoignage les personnes mentionnées à l'art. 322 c. inst. crim., étant subordonnée à l'exercice du droit que le même article donne au ministère public, à la partie civile et aux accusés de s'opposer à leur audition, il s'ensuit nécessairement qu'elles sont valablement citées par le ministère public à comparaître aux débats; — Que c'est valablement aussi, et sans contravention à la loi, que dans l'espèce, la femme de l'accusé Ohl, laquelle avait été citée comme témoin à la requête du ministère public, a prêté serment, puisqu'au moment où elle l'a prêté, aucune opposition n'avait encore été formée à son audition ; — Qu'après la prestation du serment de la femme Ohl, le défenseur de l'accusée veuve Cocasse ayant déclaré s'opposer formellement à ce qu'elle fût entendue, et le ministère public ayant requis qu'elle le fût, la cour d'assises (du Bas-Rhin) a délibéré; que le résultat de sa délibération a été que la femme Ohl ne serait pas admise à déposer comme témoin ; que dès lors le serment prêté par cette femme a dû être considéré comme non avenu; que si cependant elle a été entendue, ce n'a été que par forme de déclaration, et seulement pour donner des renseignements, auxquels le président de la cour d'assises a eu soin de dire que les jurés auraient tel égard que de raison ; — Qu'en recevant la déclaration de ladite femme Ohl, à laquelle ne se rattachait plus le serment qu'elle avait prêté, le président a fait un usage légitime du pouvoir que lui donnait l'art. 269 c. inst. crim. d'entendre toutes personnes qu'il croirait devoir répandre un jour utile sur les faits du procès et qu'aucunes disposition, de ce code n'ont été violées ; que d'ailleurs.

Du 3 déc. 1818.-C. C., sect. crim.-MM. Barris, pr.-Aumont, rap.

(3 (Fanelly C. min. pub.) — LA COUR; —... Sur le troisième moyen.

tiré de la violation de l'art. 269 du code colonial, en ce que le témoin Xavier, entendu en vertu du pouvoir discrétionnaire, était déjà assermenté, et que le président n'a pu le relever de ce serment : — Attendu que le procès-verbal des débats constate que le défenseur de l'accusé s'est opposé à l'audition de Xavier, en qualité de témoin, parce qu'il était désigné, dans l'acte de notification, comme esclave, tandis qu'il était de condition libre, et que la cour d'assises reconnaissant l'erreur commise, a dépouillé Xavier du caractère de témoin ; que, dès lors, le président de la cour d'assises ne pouvait plus le faire entendre qu'à titre de renseignement; que si, précédemment, le sieur Xavier avait prêté serment, c'était par le silence qu'avait gardé l'accusé sur son défenseur, sur l'erreur de la désignation ; et qu'en décidant que cette prestation de serment ne faisait pas obstacle à l'exercice du pouvoir discrétionnaire du président, ni la cour d'assises, ni le président n'ont violé les dispositions de l'art. 269 précité.

Sur le quatrième moyen, puisé dans l'art. 316 du même code, en ce que le président aurait laissé, dans l'auditoire, deux témoins qui ont assisté à une partie des débats, et que la cour d'assises aurait ordonné leur déposition, nonobstant l'opposition de l'accusé :— Attendu, quels que soient les motifs de la cour d'assises à cet égard, que par deux arrêts séparés et motivés, elle a statué sur cette opposition, et que les arrêts qui ont été rendus se justifient par cela seul que la présence de témoins dans l'auditoire, ne les rend pas incapables de déposer, la loi n'ayant pas attaché la peine de nullité à ses prescriptions sur ce point, et la violation de l'art. 316 n'étant pas placée, par l'art. 417, au nombre des ouvertures à cassation, ce qui écarte, en même temps, le reproche fondé sur le défaut d'arrêt motivé, et l'invocation de l'art. 7 de la loi du 20 avril 1810, remplacée aux colonies par l'ord. roy, du 24 sept. 1828, art. 4.

Sur le cinquième moyen, tiré de la violation prétendue de l'art. 320 du code colonial, en ce que des témoins sont sortis de l'auditoire sans la permission du président : — Attendu que les dispositions de cet article ne peuvent donner ouverture à cassation, et rentrent dans le pouvoir de police conféré au président.

Sur le sixième moyen, tiré de la violation de l'art. 315 du même code, en ce que la cour d'assises a ordonné l'audition de témoins, insuffisamment désignés dans l'acte de notification, et en ce que cette cour a passé outre à l'audition d'autres témoins que le demandeur prétendait mal désignés , par le motif que l'opposition était tardive : — Attendu que la difficulté soulevée par l'accusé, sur l'insuffisance de la désignation, reposait sur des questions de fait qu'il appartenait exclusivement à la cour d'assises de résoudre, en conformité des alinéa 5 et 6 de l'art. 315, ce qu'elle a fait tantôt en accueillant l'opposition de l'accusé, à l'égard, notamment, de Musareno et Etienne Cunici, que le deuxième mémoire, signé Gatine, suppose, à tort, avoir été entendus comme témoins; tau-

648. Il a été décidé encore dans le même sens que le président des assises peut, après avoir fait prêter serment à un témoin âgé de moins de quinze ans, déclarer qu'il tient ce serment pour non avenu, et entendre le témoin à titre de simples renseignements (Crim. rej. 6 sept. 1851, aff. Bazin, D. P. 51. 5. 486).
— Et en ce cas il n'est pas nécessaire, en l'absence d'un débat, que la cour d'assises intervienne pour dépouiller le témoin de son caractère de témoin assermenté (même arrêt).

Art. 3. — *Lecture à titre de renseignement des déclarations écrites des témoins.*

649. Les art. 365 et 366 c. de brum. portaient : — « Il ne peut être lu aux jurés aucune déclaration écrite de témoins non présents à l'auditoire. Quant aux déclarations écrites que les témoins présents ont faites, et aux notes écrites des interrogatoires que l'accusé a subi devant l'officier de police, le directeur du jury et le président du tribunal criminel, il n'en peut être lu, dans le cours des débats, que ce qui est nécessaire pour faire observer, soit aux témoins, soit à l'accusé, les variations, les contrariétés et les différences qui peuvent se trouver entre ce qu'ils disent devant les jurés et ce qu'ils ont dit précédemment. »
La prohibition de lire des dépositions écrites qui résulte de cet article était formelle, aussi jugeait-on, sous le code de brumaire an 4, que les dépositions écrites des témoins décédés ne pouvaient être lues aux jurés, si ce n'est dans le cas de contumace, et qu'il n'y avait pas à cet égard de distinction à établir entre les affaires correctionnelles et les affaires criminelles (Crim. rej. 1er mess. an 13) (1).

650. Le code d'instruction criminelle n'a pas reproduit les dispositions précitées des art. 365 et 366 c. brum.; toutefois, le principe d'où émanent les articles, à savoir que le débat devant la cour d'assises est essentiellement oral, a conservé toute sa force, bien qu'il ne soit pas inscrit spécialement dans le code. Plusieurs articles ne peuvent être considérés que comme des conséquences de ce principe. Ainsi l'art. 317 veut que les témoins déposent oralement. L'art. 341 défend de remettre aux jurés les déclarations écrites des témoins; l'art. 318 ordonne au président de faire tenir note par le greffier des changements entre la déposition et les précédentes déclarations, seul cas où la loi autorise expressément l'usage des déclarations écrites. De ces textes, MM. Sebire et Carteret, n° 135, et M. F. Hélie, Revue de législ., 1843, t. 1, p. 370, et Tr. d'instr. crim., t. 8, p. 462 et suiv., concluent que la lecture des déclarations écrites est en général défendue : ils ne l'admettent que pour le cas seulement où le té-

moignage oral est devenu impossible, par exemple lorsque les témoins sont décédés ou légitimement empêchés, mais non lorsqu'il s'agit de témoins seulement absents; ils ne sont pas arrêtés par l'art. 269 qui accorde au président, en vertu du pouvoir discrétionnaire, le droit de faire apporter *toutes nouvelles pièces* qui lui paraîtraient pouvoir jeter un jour utile, ce qui emporte la faculté d'ordonner la lecture des dépositions écrites ; ce pouvoir, suivant eux, doit s'arrêter devant les limites posées par la loi : si on permet la lecture de la déclaration d'un témoin absent, on sera obligé de l'ordonner pour deux ou plusieurs, et on arriverait ainsi à renverser le système oral et à ne plus laisser subsister que le pouvoir du président. — Le nouveau code d'instruction criminelle publié dans les États sardes en 1859 a suivi cette opinion ; il prohibe d'une manière absolue les dépositions écrites des témoins, à moins qu'ils ne soient en pays étranger ou décédés (art. 298).

M. Cubain, n° 380, pense au contraire que le code d'instruction criminelle n'ayant pas répété les prohibitions du code de brumaire, rien ne s'oppose à ce que le président donne, en vertu de son pouvoir discrétionnaire, lecture des déclarations écrites des témoins soit absents, soit présents. Du reste, M. F. Hélie, *loc. cit.*, reconnaît lui-même qu'aucun moyen de nullité ne pourrait surgir de l'infraction à la règle qu'il pose. C'est au système enseigné par M. Cubain que la cour de cassation s'est constamment arrêtée, en lui donnant les plus larges applications.

651. Ainsi elle a reconnu au président, comme résultant de l'exercice de son pouvoir discrétionnaire, le droit de donner lecture des dépositions de témoins décédés avant l'ouverture des débats (Crim. rej. 21 oct. 1813, MM. Barris, pr., Boucher, rap., aff. Destruel ; 22 avr. 1817, MM. Barris, pr., de Marcheval, rap., aff. Simiot ; 10 oct. 1823, MM. Bailly, pr., Ollivier, rap., aff. Jobrideau ; 18 juin 1829, MM. Ollivier, pr., Gaillard, rap., aff. Chou ; 6 avr. 1838, MM. de Bastard, pr., Rocher, rap., aff. Guillaume).

652. Bien plus, elle a admis la même faculté à l'égard des témoins seulement absents de l'audience. — Ainsi, il a été décidé que le président peut en vertu de son pouvoir discrétionnaire, ordonner la lecture des déclarations écrites, 1° des témoins qui bien que cités n'ont pas comparu devant la cour (Crim. rej. 15 fév. 1821; 21 déc. 1843 (2); 2 mai 1839, aff. Lesage, V. n° 682-4°); — 2° D'un témoin valablement excusé (Crim. rej. 25 août 1826 (3); 29 mars 1832, aff. Vidal, V. n° 192-1°); ... ou dont la domicile n'a pu être découvert (même arrêt du 25 août 1826, aff. Bridier); ... ou qui n'a pas été cité à son véritable domicile (Crim. rej. 11 avr. 1840) (4); — 3° Des témoins qui ont été entendus dans

<hr/>

tôt en repoussant cette opposition, non pas seulement par le motif que l'opposition a été tardive, mais aussi à l'égard des trois témoins auxquels cette opposition a été ainsi faite, parce qu'ils étaient suffisamment désignés, et qu'ainsi les dispositions de l'art. 315 ont été fidèlement observées ; — Rejette.
Du 25 avr. 1855.-C. C., ch. crim.-MM. Choppin, pr.-Isambert, rap.
(1) (Alliey *C. min. pub.*) — La cour ; — Attendu qu'en annulant, pour violation de forme, le jugement rendu contre Etienne Alliey, par le tribunal de police correctionnelle de l'arrondissement d'Orange, le 15 pluv. dernier, sur ce que ce tribunal avait fait lire à l'audience du 12 dudit mois de pluviôse la déposition écrite d'un témoin antérieurement décédé et conséquemment non entendu oralement à l'audience, la cour de justice criminelle du département du Vaucluse, loin de contrevenir à la loi, s'est littéralement conformée à la disposition des art. 184 et 185 c. dél. en brum., du 5 brum. an 4, d'après lesquels les témoins devant les tribunaux correctionnels doivent être entendus à l'audience, en présence du prévenu, qui a la faculté de proposer contre eux des reproches ; — Attendu qu'aux termes de l'art. 189 du même code, toute contravention aux art. 184 et 185 emporte nullité ; — Rejette, etc.
Du 1er mess. an 13.-C. C., sect. crim.-M. Lamarque, rap.
(2) MM. Sebire et Carteret, n° 135, et M. (Masini.) — La cour — Considérant qu'aucun article du code d'instruction criminelle ne défend, sous peine de nullité, de faire la lecture aux débats des déclarations écrites des témoins absents ; que cette lecture peut même être ordonnée par le président en vertu du pouvoir discrétionnaire qui lui est conféré par l'art. 268 dudit code ; — Rejette.
Du 15 fév. 1821.-C. C., sect. crim.-MM. Barris, pr.-Busschop, rap.
2e *Espèce* : (Amadieu *C. min. pub.*) — La cour ; — Attendu que le pouvoir discrétionnaire s'étend à toutes les mesures propres à servir à la manifestation de la vérité, et que l'apport et la lecture de toute pièce

qui pourrait amener ce résultat même dans l'usage du pouvoir discrétionnaire, d'après les termes de la loi ; — Attendu que la disposition que contient à cet égard l'art. 269, est générale, et que d'ailleurs la lecture des déclarations inscrites dans l'instruction ne pouvant servir que de simples renseignements, ne peut porter atteint au principe invoqué ; — Rejette.
Du 21 déc. 1843.-C. C., ch. crim.-M. Jacquinot-Godard, rap.
(3) 1re *Espèce :* (Bridier, etc. *C. min. pub.*) — La cour ; — Sur le premier moyen : Attendu que, le président de la cour d'assises a ordonné, malgré l'opposition du défenseur des accusés, la lecture des positions écrites de deux témoins, dont l'un était valablement excusé pour sa non-comparution, et dont l'autre n'avait pu être trouvé au lieu indiqué pour lui délivrer la citation à personne ou à domicile, mais dont les noms avaient été notifiés aux accusés à la requête du ministère public, le président l'a fait dans l'exercice légitime du pouvoir discrétionnaire qui lui est conféré par l'art. 268 et 269 c. inst. crim., et que les jurés, ainsi qu'il est constaté par le procès-verbal de la séance, ont été prévenus que ces dépositions ne devaient être considérées que comme simples renseignements et pour y avoir tel égard que de raison ; que dès lors il n'y a aucune violation de l'article 317 du même code ;—Rejette.
Du 25 août 1826.-C. C., ch. crim.-MM. Portalis, pr.-Brière, rap.
2e *Espèce :* (Courand *C. min. pub.*) — Même jour, arrêt identique.
(4) (Blondeau *C. min. pub.*) — La cour ; — Sur le moyen pris de ce que le président aurait donné lecture en vertu de son pouvoir discrétionnaire de la déposition d'un témoin non comparant, parce qu'il n'avait pas été cité à son véritable domicile, ce qui constituerait une violation de l'art. 317 c. inst. crim., et une fausse application des art. 268 et 269 ;
Attendu à cet égard qu'il faut distinguer entre les témoins présents à l'audience et ceux qui ne comparaissent pas ; que, quant à ces derniers, il résulte de la combinaison des art. 268, 269 et 477 inst. crim., que

l'instruction et qui n'ont pas été assignés pour comparaître aux débats (Crim. rej. 22 déc. 1842 (1); 8 sept. 1842, M. Fréteau, rap., aff. Masse); ... alors qu'il est impossible, vu leur éloignement, de faire entendre ces mêmes témoins oralement (Crim. rej. 29 avr. 1836) (2); — Et qu'il en est ainsi soit que l'accusé n'ait pas réclamé (Crim. rej. 22 déc. 1842, aff. Marignan, arrêt présité),... soit même qu'il se soit opposé à cette lecture (Crim. rej. 25 août 1826, aff. Couraud et aff. Bridier, précitées),... enfin que cette lecture peut être ordonnée surtout lorsque le président a prévenu le jury qu'elle a lieu à titre de simples renseignements (Crim. rej. 14 août 1828 (3); 25 août 1826, aff. Bridier et aff. Louraud, précitées; 22 avr. 1841, aff. Thivoyon, V. Inst. crim., n° 2092-3°. —V. aussi *infrà*, n°ˢ 666, 682).

653. Il a été jugé pareillement que le président peut, en vertu de son pouvoir discrétionnaire, ordonner la lecture d'une déclaration écrite d'un témoin non appelé, alors surtout que cette lecture est devenue nécessaire par le fait du conseil de l'accusé qui a fait usage de la déclaration, et que, d'ailleurs, il a averti les jurés que leur attention devait particulièrement se fixer sur les dépositions orales, et leur opinion se former

le président peut, en vertu de son pouvoir discrétionnaire, donner lecture des dépositions écrites des témoins non comparants ; — Rejette.
Du 11 avr. 1840.-C. C., ch. crim.-MM. Bastard, pr.-Crouseilhes, r.
(1) (Marignan C. min. pub.)—LA COUR; —...Sur le moyen de cassation, tiré d'une prétendue violation de l'art. 317 dudit code, en ce que le président a cru devoir, en vertu du pouvoir discrétionnaire, lire les dépositions écrites de plusieurs témoins non cités aux débats : — Attendu que ce pouvoir n'a d'autres limites que celles que tracent au président d'une cour d'assises son honneur et sa conscience ; — Que, si la suite des débats peut faire sentir à ce magistrat la nécessité, dans l'intérêt de la vérité, de faire lire la déclaration des témoins entendus devant le juge d'instruction et que le ministère public n'a pas cru devoir faire assigner, rien dans la loi ne s'oppose à cette lecture ; que l'art. 317 invoque, dispose en général et pour les cas autres que ceux auxquels s'applique le pouvoir discrétionnaire ; et qu'au surplus l'accusé lui-même ne s'est point opposé à cette lecture ; — Rejette.
Du 22 déc.1842.-C. C., ch. cr.-MM. Crouseilhes, pr.-Romiguières, r.
(2) (Balisoni C. min. pub.) — LA COUR; — Vu les art. 268, 269 et 341, § 3 c. inst. crim.: — Attendu que, dans le but de parvenir à la manifestation de la vérité, la loi a investi le président de la cour d'assises d'un pouvoir discrétionnaire auquel elle n'a assigné d'autres limites que celles que lui tracent son honneur et sa conscience ; — Attendu que, dans l'espèce, la suite des débats a pu faire sentir au président de la cour d'assises qu'il y avait nécessité, dans l'intérêt de la vérité, de faire lire, dans le procès criminel suivi contre Balisoni, les déclarations de cinq témoins entendus devant le juge d'instruction ; que le ministère public n'avait pu ou n'avait pas cru devoir faire assigner, et qui, vu leur éloignement, ne pouvaient plus être entendus oralement ; — Attendu qu'en agissant ainsi, le président de la cour d'assises s'est conformé aux dispositions des art. 268 et 269 c. inst. crim., et n'a en aucune sorte violé celle de l'art. 341, § 3 même code, qui défend de remettre aux jurés les dépositions écrites des témoins ; — Rejette.
Du 29 avr. 1836.-C. C., ch. crim.-MM. Bastard, pr.-Meyronnet, rap.
(3) (Jullian C. min. pub.) — LA COUR ; — Attendu que, sur l'opposition du demandeur à ce que le président fit, en vertu de son pouvoir discrétionnaire, donner lecture des déclarations écrites de deux témoins absents, la cour d'assises a statué en déclarant que le droit d'ordonner cette lecture rentrait dans les attributions du président ; — Attendu qu'en faisant donner cette lecture le président a déclaré aux jurés qu'elle ne pourrait servir que de simples renseignements ; et qu'en procédant ainsi il s'est renfermé dans les attributions que lui donnaient les art. 268 et 269 c. inst. crim., et qu'il n'a violé aucun article du même code non plus qu'aucune autre disposition de loi ; — Rejette.
Du 14 août 1828.-C. C., ch. crim.-MM. Bailly, f. f. pr.-Ollivier, rap.
(4) (Deschamps C. min. pub.) — LA COUR; — Attendu, sur le moyen fondé sur la violation de l'art. 341 c. inst. crim., 1° que la lecture d'une déclaration écrite ne sort pas des bornes du pouvoir discrétionnaire confié au président, alors, surtout, que ce magistrat avertit les jurés que leur opinion doit essentiellement se former sur le résultat des débats qui ont lieu devant eux ; 2° que la lecture de la déclaration écrite dont il s'agit était devenue nécessaire par le fait même du conseil de l'accusé, qui avait fait usage, dans sa défense, des termes de cette déclaration, que le président jugeait avoir été dénaturée dans le compte qui en avait été rendu, et dont il lui paraissait utile, en conséquence, de rétablir le sens, en la faisant connaître ; qu'au surplus, le président a eu le soin de déclarer aux jurés, que leur attention devait particulièrement se fixer sur les dépositions orales des témoins qui avaient paru aux débats ; — Rejette.
Du 14 sept. 1826.-C. C., ch. crim.-MM. Portalis, pr.-Gary, rap.
(5) (Joseph W..... C. min. pub.) — LA COUR ; — Attendu que le pro-

sur les résultats des débats (Crim. rej. 14 sept. 1826) (4).

654. Il a même été décidé qu'il peut, en vertu de son pouvoir discrétionnaire, ordonner la lecture d'une lettre d'un individu non assigné ni entendu dans l'instruction écrite (Crim. rej. 26 déc. 1839, aff. Jourdain, V. Inst. crim., n° 2188-4°).

655. Toutefois, il a été jugé en sens contraire par un arrêt de la cour de Bruxelles qu'il y a nullité lorsque le président d'une cour d'assises a ordonné la lecture de la déclaration écrite d'un témoin absent, alors surtout que le procès-verbal ne constate pas que le ministère public ait requis cette lecture ait établi ni même allégué la cause pour laquelle il n'aurait pu produire ces témoins (Bruxelles, 25 nov. 1815) (5).

656. Les prohibitions de l'art. 322 ne portent que sur l'audition orale des personnes qu'il désigne : elles n'empêchent pas le président d'ordonner la lecture de leurs déclarations écrites ; cela rentre évidemment dans les limites du pouvoir discrétionnaire, puisqu'il dépend de lui de faire même entendre à titre de renseignements les personnes qui ne pouvaient pas déposer comme témoins. La jurisprudence est fixé en ce sens. — Décidé : 1° que le président d'une cour d'assises peut, en vertu du pouvoir dis-

cès-verbal d'audience prouve que le ministère public a requis le président, d'ordonner, en vertu de son pouvoir discrétionnaire, la lecture des déclarations des témoins y mentionnés ; que le président a ordonné cette lecture, et que le greffier l'a faite à haute voix ; que le président a demandé à l'accusé s'il avait des observations à faire sur les faits contenus dans les pièces qui venaient d'être lues par le greffier, et que l'accusé a fait ses observations ; — Qu'on ne voit point en quoi ses observations ont consisté ; — Que le procès-verbal ne constate pas que le ministère public ait établi ni même allégué la cause pour laquelle il n'aurait pu produire ces témoins ; — Qu'il ne conste pas que ces témoins absents aient été cités pour comparaître et déposer à la cour d'assises, et qu'il conste au contraire que leurs noms ne sont pas compris dans la liste des témoins entendus, laquelle a été signifiée à l'accusé le 16 oct. 1815 ; — Qu'ainsi il n'est pas vérifié au procès que ces témoins dont les déclarations ont été lues à l'audience n'eussent pas pu être produits aux débats ; — Que de la combinaison de nombre d'articles du code d'instruction criminelle, et notamment de l'économie de toute la sect. 1, chap. 4, tit. 1, liv. 2, il résulte évidemment qu'en règle générale devant la cour d'assises la preuve par témoins ne peut, en tout ni en partie, être faite par des déclarations écrites, mais doit être entièrement orale, à peine de nullité ; — Que l'art. 317 même code, en prescrivant, sous peine de nullité, plusieurs formalités relatives aux dépositions des témoins, ordonne spécialement qu'ils déposeront oralement ; — Que cette formalité étant de rigueur, nom omission ou violation donne lieu, sur la poursuite de la partie condamnée, à l'annulation des débats et de tout ce qui s'en est suivi ; — Que ce principe est encore confirmé particulièrement par l'art. 341 dit c. inst. crim., qui ne permet pas de remettre aux jurés les déclarations écrites des témoins ; — Qu'aux termes de l'arrêté du 6 nov. 1814, qui supprime le jury, les membres de la cour d'assises remplaçant cette institution, répondent aux questions proposées par le ministère public, et jugent le fait comme jurés ; — Qu'ainsi, et puisque par rapport au jugement du fait ils doivent, dans la législation actuelle, être envisagés comme de véritables jurés, il est défendu aujourd'hui de leur lire à l'audience les déclarations écrites des témoins absents comme avant l'abolition du jury il l'était de les remettre aux jurés ; — Que le pouvoir discrétionnaire du président des assises est investi par les art. 268 et 269 code précité, ne l'autorise pas à violer les lois prohibitives, ni conséquemment à donner à l'audience lecture des déclarations écrites des témoins absents, défendue par le code d'instruction criminelle ; — Qu'à la vérité l'art. 269 permet au président de lui faire apporter dans le cours des débats toutes nouvelles pièces qui lui paraîtraient, d'après les nouveaux développements donnés à l'audience, soit par les accusés, soit par les témoins, pouvoir répandre un jour utile sur le fait contesté ; mais que cet article, en permettant de faire apporter de nouvelles pièces défend par cela même, au moins implicitement, de faire apporter ou lire à l'audience des déclarations écrites des témoins absents, qui, loin d'être des pièces nouvelles, font partie de la procédure écrite ; — Que l'exception portée par l'art. 477, pour le seul cas de contumace et pour les motifs particuliers, confirme la règle pour tous les autres cas, soit que les témoins puisse être produits ou non ; — Que la permission de lire à l'audience les déclarations des témoins absents doit d'autant plus être restreinte au seul cas de cette exception (celui de contumace), que l'art. 477 serait inutile si, en vertu des articles précédents, il était permis de donner cette lecture dans tous les autres cas ; de tout quoi il résulte que la lecture des déclarations écrites des témoins absents, donnée à l'audience, est une violation des art. 317, 341 et autres c. inst. crim., et présente une fausse application des art. 268, 269 et 477 même code ; — Par ces motifs, casse, etc.
Du 25 nov. 1815.-C. sup. de Bruxelles.-M Wautelée, f. f. 1ᵉʳ pr.

crétionnaire, ordonner la lecture de la déposition écrite d'un témoin, lors même que ce témoin n'aurait pas pu être entendu avec prestation de serment (Crim. rej. 19 janv. 1857) (1); — 2° Que l'art. 322 c. inst. crim., ne prohibant, relativement aux individus y dénommés, que leur déposition orale comme témoins, il suit que le président peut ordonner la lecture de cette même déposition (Crim. rej. 31 juill. 1817, MM. Barris, pr., Robert, rap., aff. Barielle); — 3° Qu'ainsi la lecture de la déposition d'un témoin prohibé pour parenté qui a été entendu dans l'instruction écrite, et non cité, peut être donnée, même malgré l'opposition de l'accusé, en vertu du pouvoir discrétionnaire du président (Crim. rej. 27 mars 1845, aff. Lejeune, D. P. 45. 1. 263); — 4° Que, par exemple, la déposition écrite du frère de l'accusé a pu être lue, aux débats, par le président, lorsque cette lecture n'a eu lieu que sur la demande du défenseur de l'accusé, et sans opposition de la part du ministère public (Crim. rej. 10 sept. 1835) (2); — 5° Que de même le président peut, en vertu de son pouvoir discrétionnaire, ordonner la lecture de la déclaration écrite d'une sœur de l'accusé, alors surtout qu'il a fait connaître cette qualité aux jurés et qu'il les a avertis de ne la considérer que comme simple renseignement (Crim. rej. 16 avr. 1840) (3); — 6° Qu'il peut aussi, en vertu du pouvoir discrétionnaire, ordonner la lecture de la déposition écrite de l'accusé (Crim. rej. 25 déc. 1826, MM. Portalis, pr., Ollivier, rap., aff. Heurtaux; 26 mai 1831, MM. Ollivier, pr., Choppin, rap., aff. Gilbert Dupont; 29 nov. 1838, MM. Choppin, pr., Mérilhou, rap., aff. Bourdolle)... si ces déclarations se trouvent dans les procès-verbaux considérés comme renseignement, et qu'elles y aient été faites sans prestation de serment (Crim. rej. 24 juill. 1841, aff. Zeller, *infrà*, n° 663-4°), ...alors surtout que l'accusé ne s'est pas opposé à cette lecture (arrêt précité du 23 déc. 1826); — 7° Que le président peut ordonner la lecture des dépositions écrites de l'épouse de l'accusé (Crim. rej. 23 juin 1832, MM. Bastard, pr., Rives, rap., aff. Véron); — 8° Qu'une cour d'assises ne peut, sur l'opposition

de l'accusé, décider qu'il ne sera pas donné lecture des déclarations d'un coaccusé mis en liberté, sous le prétexte que ces déclarations sont celles du père de l'accusé : elle peut déclarer qu'elles sont inutiles, mais non refuser d'en ordonner la lecture, en se fondant, en droit, sur ce qu'elles sont celles du père de l'accusé (Crim. cass. 10 avr. 1828, aff. Lebourgeois, V. Défense, n° 127); — 9° Qu'enfin la plainte faite par un père contre son fils devant le juge de paix, et sans prestation de serment, peut être lue dans les débats, malgré l'opposition du fils (Crim. rej. 28 janv. 1825, aff. Sauvario, V. Inst. crim., n° 2305-4°).

657. Mais la lecture de la déposition écrite d'un témoin présent aux débats avant que celui-ci eût été entendu oralement devant les jurés serait une cause de nullité. — Il a été jugé en ce sens que si la lecture de la déposition écrite d'un témoin présent aux débats avant qu'il eût été entendu, cette lecture ne peut jamais être faite devant lui qu'après qu'il a déposé oralement (Crim. cass. 26 oct. 1820 (4); conf. M. Cubain, n° 380). — Mais il n'en serait pas de même de la lecture faite après la déposition orale. La cour de cassation a jugé, avec toute raison, que le président peut, en vertu de son pouvoir discrétionnaire, faire donner lecture de la déposition écrite d'un témoin qui a déposé oralement : ce n'est pas là violer le principe que le débat doit être oral (Crim. rej. 24 avr. 1840) (5). — M. Cubain, n° 381, fait observer avec sagacité que la comparaison entre les déclarations reçues dans l'instruction et les dépositions orales des témoins étant un des plus sûrs moyens d'arriver à la vérité, il est à regretter que la lecture des déclarations ne puisse émaner que de la volonté discrétionnaire du président. La sagesse des magistrats atténue, dans la pratique, mais n'efface pas ce vice de la loi.

658. Il a été jugé, en outre, que la circonstance que l'on aurait donné lecture d'une déposition écrite autre que celle que le président de la cour d'assises avait autorisée, ne constitue pas un moyen de nullité, alors que le président aurait pu autoriser cette lecture elle-même, malgré toute opposition (Crim. rej.

---

(1) (Demangeot C. min. pub.) — LA COUR; — Attendu qu'en autorisant la lecture d'une déposition écrite, même quand cette déposition eût été celle d'une personne qui n'aurait pu être entendue comme témoin assermenté, le président de la cour d'assises n'a fait qu'user du pouvoir discrétionnaire à lui conféré par les art. 268 et 269 c. inst. crim., lesquels ne sont pas limités par les dispositions de l'art. 322 du même code; — Attendu que, nonobstant les oppositions des accusés à la réception de la déclaration assermentée des individus désignés par l'art. 322 déjà cité, le président de la cour d'assises peut entendre ces mêmes individus à titre de renseignements sans serment et en vertu du pouvoir discrétionnaire, aux termes des art. 268 et 269 c. inst. crim.; — Attendu que, si l'autorisation donnée par le président au défenseur de l'un des accusés, a causé une méprise et amené la lecture d'une déposition écrite autre que celle que le président aurait eu en vue, cette lecture n'a pu constituer une nullité, puisque la lecture qui a été faite aurait pu être autorisée par le président en vertu de son pouvoir discrétionnaire et nonobstant toutes oppositions; — Rejette.
Du 19 janv. 1857.-C. C., ch. crim.-MM. Bastard, pr.-Mérilhou, r.

(2) (Blard dit Belard) — LA COUR; — Sur le moyen tiré de la violation prétendue de l'art. 322 c. inst. crim. et résultant de ce que le président de la cour d'assises, en vertu de son pouvoir discrétionnaire, a donné lecture de la déposition écrite du frère de l'accusé, lequel avait été entendu dans l'instruction : — Attendu, que le procès-verbal des débats constate que c'est sur la demande du défenseur de l'accusé, et sans aucune opposition de la part du ministère public, que le président a donné lecture de la déposition écrite dont il s'agit; — Attendu, d'ailleurs, que la prohibition portée en l'art. 322 c. inst. crim. ne s'applique qu'à l'audition orale, en qualité de témoins, des personnes qui y sont désignées, et que même, aux termes du dernier alinéa de cet article, l'audition desdites personnes n'opère une nullité qu'autant que le procureur général, la partie civile ou les accusés se sont opposés à ce qu'elles soient entendues; — Rejette.
Du 10 sept. 1835.-C. C., **ch.** crim.-MM. de Crouseilhes, pr.-De Haussy, rap.

(3) (Bergonnier C. min. pub.) — LA COUR; — Attendu, sur le premier moyen, qu'en usant de son pouvoir discrétionnaire pour ordonner la lecture de la déclaration écrite d'une sœur de l'accusé, après avoir fait connaître cette qualité aux jurés et les avoir avertis qu'ils ne devaient considérer cette déclaration que comme simple renseignement, le président de la cour d'assises a d'autant moins violé l'art. 322 c. inst. crim., que la prohibition portée en cet article ne s'appliquait qu'à l'audition orale, en qualité de témoins, des personnes qui y sont désignées; et que même, aux termes du dernier alinéa de cet article, l'audition des-

dites personnes n'opère une nullité qu'autant que le ministère public ou l'accusé se sont opposés à leur audition; — Rejette.
Du 16 avr. 1840.-C. C., ch. crim.-MM. Bastard, pr.-Romiguières, r.

(4) (Graziani C. min. publ.) — LA COUR; — Vu les art. 515, 516, 517 et 518 c. inst. crim.; — Attendu que de ces articles il résulte que les témoins qui sont produits dans un débat, soit à charge, soit à décharge, doivent être entendus dans leurs dépositions aussitôt après qu'ils sont sortis de la chambre où on les avait réunis, et qu'on leur a fait prêter serment et répondre aux interpellations qu'exige l'art. 317; — Que s'il peut devenir nécessaire qu'il soit fait lecture des dépositions qu'ils peuvent avoir précédemment faites par écrit, cette lecture ne peut jamais être faite devant eux qu'après qu'ils ont déposé oralement; — Que cette déposition orale doit, en effet, être libre, indépendante et dégagée de toute l'influence que pourrait exercer sur l'esprit craintif d'un témoin la déposition écrite qu'il aurait pu avoir faite antérieurement; — Que relativement aux juges et aux jurés, c'est, hors les cas prévus par la loi, sur ce qui est verbalement déclaré devant eux et sur les débats que leur conviction doit se former; qu'il n'est pas permis de prévenir ou de diriger cette conviction avant l'audition orale, en faisant lire, avant cette audition, la déposition d'un témoin qui a comparu pour être entendu; — Et attendu que, du procès-verbal des débats qui ont eu lieu contre les demandeurs devant la cour de justice criminelle de Corse, il résulte qu'à l'égard des 21, 22 et 23° témoins le président a fait faire lecture de leurs dépositions écrites aussitôt après qu'ils ont eu déclaré leurs noms, leur état et leur domicile, et avant qu'ils eussent déposé oralement; — Que cette lecture a été une contravention aux art. 515, 516, 517 et 518 c. inst. crim.; — Qu'elle a été une violation des règles substantielles de la procédure criminelle, et qu'ainsi elle doit entraîner la nullité du débat; — Casse, etc.
Du 26 oct. 1820.-C. C. sect. crim.-MM. Barris, pr.-Gaillard, rap.

(5) (Mirebeau C. min. pub.) — LA COUR; — Sur le moyen tiré d'une prétendue violation du principe que le débat doit être oral, ainsi que des art. 317 et suiv. et de l'art. 341 et d'une fausse application des art. 268 et 269 : — Attendu que ni le principe ni les articles du code qui le consacrent ou l'organisent ne sont pas violés par la lecture de la déposition écrite d'un témoin qui a déjà déposé oralement; — Que cette lecture rentre dans les attributions données au président des assises pour favoriser la manifestation de la vérité; — Que cette lecture a pu être nécessitée par quelques changements, additions ou variations entre la déposition du témoin et sa précédente déclaration, sans qu'il ait été nécessaire d'en tenir note, nulle réquisition n'ayant été faite à cet égard; — Rejette.
Du 24 avr. 1840.-C. C., ch. crim.-MM Bastard, pr.-Romiguières, r.

19 janv. 1837, aff. Demangeot, V. n° 656-1°). — Mais cette décision ne nous paraît pas à l'abri de toute critique. La question, en effet, n'était pas de savoir si le président aurait pu ou non autoriser la lecture qui avait eu lieu, mais si en réalité il l'avait autorisée. Or, en fait, il n'y avait pas eu d'autorisation, et il semble qu'en pareil cas la prohibition de la loi devait produire tous ses effets.

659. En tout cas, le pouvoir d'ordonner la lecture des dépositions écrites ne pourrait s'étendre à des témoignages qui feraient partie d'une procédure annulée par un arrêt de cassation. Il a donc été jugé avec raison que le président de la cour d'assises saisie par renvoi après cassation, ne peut, en vertu de son pouvoir discrétionnaire, faire donner lecture, malgré l'opposition de l'accusé, de la déposition d'un témoin consignée dans le procès-verbal des débats qui ont été cassés, alors surtout que la cassation était motivée sur ce que cette déposition n'avait pas été libre et spontanée (Crim. cass. 10 juin 1841) (1).

660. Si le président peut faire servir son pouvoir discrétionnaire à procurer satisfaction aux demandes des jurés, du ministère public ou des accusés, il n'est jamais tenu de déférer aux réquisitions qui lui seraient faites à cet égard, car le caractère essentiel du pouvoir discrétionnaire est d'être spontané dans son exercice; le président peut donc non-seulement refuser de faire droit à ces réquisitions, mais même se dispenser d'y statuer et, à plus forte raison, de motiver son refus (M. Cubain, *ibid.*, n° 98). — Il a été décidé, en conséquence, que le président peut refuser d'ordonner sur la demande de l'accusé qu'il soit donné lecture des dépositions écrites de témoins non cités aux débats et qui n'ont pas été portés sur la liste notifiée (Crim. rej. 1er sept. 1815; 22 sept. 1827) (2).

661. Il a été néanmoins décidé que de l'art. 318 c. inst.

crim., qui ordonne qu'il soit tenu note des variations des témoins, résulte pour l'accusé le droit de requérir la lecture de leurs dépositions écrites; et l'on ne saurait refuser cette lecture en se fondant sur la disposition générale de l'art. 341, laquelle ne s'applique pas ici (Crim. cass. 19 août 1819) (3).

662. Dans tous les cas, la lecture d'une déposition écrite ne peut être obligatoire lorsque personne ne la réclame. — Aussi a-t-il été justement décidé que l'absence de lecture à l'audience des dépositions écrites de témoins défaillants n'est pas une cause de nullité, alors que ces témoins n'ont été cités ni par le ministère public ni par l'accusé, et qu'il n'a été fait aucune réclamation tendant à ce que cette lecture eût lieu (Crim. rej. 24 déc. 1852, aff. Prugnard, D. P. 52. 5. 527). — V. n° 552.

663. Quand le président, en vertu de son pouvoir discrétionnaire, autorise, sur la demande qui lui en est faite, la lecture d'une déposition écrite, cette lecture peut être faite par le greffier, mais elle peut aussi, sans qu'il en résulte aucune irrégularité, être faite par le ministère public ou par les défenseurs de la partie civile ou de l'accusé. — Il a été jugé en ce sens : 1° que rien ne s'oppose à ce que la lecture de la déposition d'un témoin décédé, ordonnée par le président, soit faite par l'officier du ministère public (Crim. rej. 1er juill. 1837, aff. Tranchant, V. Inst. crim., n° 2162-1°); — 2° Qu'ainsi il n'y a pas de nullité en ce que l'avocat général près une cour d'assises a, de l'autorisation du président de la cour, donné lecture des déclarations écrites d'un témoin qu'il n'a pas pu citer, parce qu'il ignorait sa nouvelle résidence, et celle d'un témoin décédé (Crim. rej. 16 juin 1831) (4); — 3° Qu'en tout cas, il ne peut résulter une nullité de la mention d'une déposition écrite faite par le ministère public dans son plaidoyer à l'appui de l'accusation (c. sup. de Bruxelles, 28 fév. 1826) (5); — 4° Que la lecture, par le mi-

---

(1) (Montbas *C.* min. pub.) — La cour (après délib. en ch. du cons.); — Sur le premier moyen, pris par le demandeur de ce que le président des assises a donné lecture aux jurés nonobstant l'opposition de son défenseur, dans la séance du 30 avril et dans celle du 1er mai, d'une déclaration insérée au procès-verbal des séances de la cour d'assises de la Haute-Vienne : — Vu les art. 317, 318 et 319 c. inst. crim., combinés avec l'art. 341, alinéa 3, du même code, et relatifs à l'audition des témoins; — Attendu que, par l'arrêt de cassation du 29 janv. 1841, les débats de la cour d'assises de la Haute-Vienne ont été cassés sur le pourvoi du demandeur; — Attendu que l'effet de cette cassation a été de remettre le demandeur dans l'état où il était auparavant et de rendre nuls et comme non avenus lesdits débats et ce qui s'en était suivi; — Attendu que cette cassation était spécialement fondée sur ce que la déclaration finale du témoin Salomon avait été viciée comme n'étant ni libre ni spontanée; — Que dès lors, en donnant et faisant donner lecture au jury, dans les séances du 30 avril et du 1er mai dernier, de cette déclaration, le président des assises du département de la Creuse a manifestement excédé les pouvoirs à lui confiés par les art. 268 et 269 c. inst. crim., et violé les articles précités, ainsi que l'autorité de la chose jugée, sans qu'il soit besoin de s'occuper des autres moyens; — Casse. Du 10 juin 1841.—C. C., ch. crim.—MM. Bastard, pr.-Isambert, rap.

(2) 1re *Espèce* : — (Champion.) — La cour ; — Attendu, sur le premier moyen, que le refus fait d'entendre la lecture des déclarations écrites des témoins non cités, et qui n'étaient portés sur aucune liste, est conforme aux dispositions des art. 315 et 324 c. inst. crim.;—Rejette. Du 1er sept. 1815.—C. C., sect. crim.-MM. Barris, pr.-Schwendt, r.

2e *Espèce* : — (Proust *C.* min. pub.) — La cour; — Attendu que le refus fait par le président de la cour d'assises d'ordonner la lecture, demandée par l'accusé, de la déclaration écrite d'un témoin non assigné aux débats, est conforme à l'esprit et à la lettre de l'art. 341 c. inst. crim.; — Rejette. Du 22 sept. 1827.—C. C., ch. crim.-MM. Ollivier, pr.-Clausel, rap.

(3) (Martin *C.* min. pub.) — La cour; — Vu les art. 408 et 416 c. inst. crim.; — Vu aussi l'art. 318 de ce code; — Attendu que cet article, en donnant aux accusés le droit de requérir qu'il soit tenu note des changements et variations qui pourront exister entre la déposition d'un témoin et ses précédentes déclarations, leur donne nécessairement aussi le droit de relever ces changements et variations, et de requérir qu'à cet effet il leur soit permis de faire lecture des dépositions écrites qui peuvent les établir; — Que la disposition de l'art. 341 est une disposition générale qui n'est relative qu'aux circonstances ordinaires des débats et ne peut recevoir d'application au cas particulier prévu par ledit art. 318; — Que si les réquisitions des accusés pour l'exercice du droit qui leur est accordé par cet article, paraissaient au ministère public devoir être rejetées comme inconsidérées, ou sans objet pour la manifestation de la vérité, son opposition à cet égard forme un

débat contentieux qui sort des limites des attributions conférées au président, et que la cour d'assises a seule caractère pour y statuer ; — Et attendu que, dans l'espèce, le défenseur de Martin, voulant combattre la déposition du témoin de la Baudinière, et prouver qu'elle n'était point concordante avec ses déclarations écrites, a demandé qu'il lui fût permis de faire lecture de ces déclarations; que le président le lui a interdit, sur le fondement de la disposition générale du susdit art. 341 ; — En quoi il a exercé un pouvoir qui n'appartenait qu'à la cour d'assises, et a conséquemment violé les règles de la compétence; — Qu'il a aussi fait une fausse application du susdit art. 341; — Casse, encl. Du 19 août 1819.-C. C., sect. crim.-M. Gaillard, rap.

(4) (Ribette *C.* min. pub.) — La cour ; — Sur le moyen tiré d'une prétendue violation des art. 315 et 477 c. inst. crim., en ce que l'avocat général n'aurait lu aux débats les déclarations écrites de J. Tenaillon, qui n'avait pu être assigné, parce qu'ayant quitté Rochechouart, sa nouvelle résidence n'était pas bien connue, et de Marguerite Lacouchie, tapissière, décédée : — Attendu, en fait, que le 1er avocat général a lu aux débats la partie du procès-verbal d'enquête dressé, le 24 août 1830, par le juge d'instruction de Rochechouart, qui contenait les déclarations écrites des deux témoins, J. Tenaillon, non cité, et de Marguerite Lacouchie, décédée, il n'a fait cette lecture qu'avec l'autorisation du président de la cour d'assises, en vertu du pouvoir discrétionnaire de celui-ci et à titre de simples renseignements, ce dont le jury a été averti par le président; — Attendu, en droit, que le pouvoir discrétionnaire dont l'art. 268 c. inst. crim. investit le président de la cour d'assises, l'autorise à prendre sur lui tout ce qu'il croira utile à découvrir la vérité et à employer tous ses efforts pour en favoriser la manifestation, s'en rapportant uniquement, à cet égard, à son honneur et à sa conscience ; — Attendu qu'en autorisant, dans l'hypothèse actuelle, le ministère public à lire les déclarations écrites de deux personnes entendues par le juge d'instruction, dont l'une est morte et l'autre n'a pu être citée, le président de la cour d'assises n'a point excédé les bornes du pouvoir discrétionnaire qui lui était confié par la loi, alors surtout qu'il a averti les jurés qu'ils ne devaient considérer ces déclarations écrites que comme de simples renseignements ; — Qu'en agissant ainsi, le président de la cour d'assises n'a point violé les art. 315 et 477 c. inst. crim., et a fait une juste application de l'art. 268; — Par ces motifs, rejette. Du 16 juin 1831.-C. C., ch. crim.-MM. Bastard, pr.-Meyronnet, r.

(5) (S... *C.* min. pub.) — La cour; — Attendu qu'aux termes de l'art. 573 c. inst. crim., aucun témoin ne peut donner sa déposition, si ce n'est oralement; d'où il suit qu'on ne peut produire, en termes de preuve, des déclarations écrites, que l'accusé ne pourrait combattre en l'absence du déposant, ce qui est, en fait, l'instruction est entachée de nullité, mais que d'après les lois existantes, cette nullité ne peut jamais résulter de la mention d'une déposition écrite, faite par le minis

nistère public, d'un document qui ne fait pas partie du dossier, avec l'autorisation du président de la cour d'assises, doit être considérée comme ayant lieu en vertu du pouvoir discrétionnaire dont ce dernier magistrat est investi (Crim. rej. 24 juill. 1841) (1).

664. La lecture de dépositions écrites faite aux débats sans l'autorisation du président serait sans doute une cause de nullité. Il y aurait là une violation du principe d'après lequel le débat doit être oral, principe qui ne peut recevoir exception que dans le cas où le président croit devoir y déroger par l'exercice de son pouvoir discrétionnaire; mais il est évident que les débats ne pourraient être annulés par cela seul qu'une telle lecture aurait été commencée sans autorisation, si le président est intervenu à l'instant pour empêcher qu'elle ne fût continuée.—Il a été jugé en conséquence : 1° que la circonstance que l'avocat de la partie civile aurait lu une partie de la déclaration écrite d'un témoin qu'il demandait à interroger, ne constitue aucune violation de la loi, lorsque cette lecture a été interrompue par le président qui a adressé des interpellations directes au témoin (Crim. rej. 16 sept. 1842, M. de Ricard, rap., aff. Arsac);— 2° Que la lecture à l'audience de la déposition écrite d'un témoin, à l'audition duquel le ministère public a renoncé et qui s'est retiré des débats, n'est pas une cause de nullité lorsqu'elle a été interrompue par le président, avec avertissement au jury qu'il ne devait pas en tenir compte, et si la cour d'assises, en annulant la partie des débats relative à cet incident, a détruit pour la défense la possibilité de tout préjudice résultant de cette lecture (Crim. rej. 17 avr. 1851, aff. Martin, D. P. 51. 5. 513).

665. Quant à la déposition des personnes qu'une disposition expresse de la loi autorise à déposer par écrit (V. nos 227 et s.), la lecture de ces dépositions à l'audience devant avoir, d'après le vœu de la loi, toute l'autorité et toute la force des dépositions orales, ne saurait par conséquent être donnée au jury à titre de renseignements et en vertu du pouvoir discrétionnaire du président. — V. *suprà*, n° 258.

ART. 4. —*Avertissement aux jurés que les déclarations des personnes entendues ou les lectures faites en vertu du pouvoir discrétionnaire, ne valent que comme simples renseignements.*

666. Dans plusieurs des arrêts recueillis ci-dessus, on a fait

valoir cette circonstance que le président avait eu soin d'avertir les jurés, quand il faisait entendre une personne ou lisait une déclaration, que ce qu'ils entendaient n'avait d'autre autorité que celle de simples renseignements. Cet avertissement est utile; mais la loi ne l'ayant pas prescrit, on reconnaît généralement que s'il manque, il n'en résulte pas nullité : la loi elle-même donne ce caractère aux déclarations dont il s'agit, mais elle n'exige pas que le président le répète (V. toutefois M. F. Hélie, Instr. crim., t. 8, p. 472). — Décidé en ce sens : 1° que lorsque le président fait entendre des témoins ou apporter des pièces en vertu de son pouvoir discrétionnaire, il n'est pas tenu, à peine de nullité, d'avertir le jury que ces documents ne doivent être considérés que comme renseignements (Crim. rej. 2 juill. 1841 (2); 30 sept. 1841, aff. Liarsou, V. Instruction criminelle, nos 2179-1°; 8 mai 1846, aff. Bauer, D. P. 46. 4. 128); — 2° Que l'avertissement n'est pas nécessaire pour la déclaration d'un témoin non cité que le président ordonne la lecture : — « Attendu qu'en donnant lecture, en vertu de son pouvoir discrétionnaire, d'une déclaration écrite de témoin, le président n'a fait qu'user du droit qu'il tient de l'art. 268 c. inst. crim., et qu'aucune loi ne l'obligeait d'avertir les jurés que cette lecture ne leur était donnée qu'à titre de renseignement (Crim. rej. 16 janv. 1816, MM. Choppin, pr., Vincens-Saint-Laurent, rap., aff. Gilbert Bernuyat);—3° Que l'omission, par le président d'une cour d'assises d'avoir, en ordonnant la lecture de la déposition écrite d'un témoin décédé, averti les jurés que cette lecture ne devait servir que de renseignements, ne vicie pas la procédure (Crim. rej. 20 juill. 1837 (3); 30 janv. 1851, aff. Golhland, D. P. 51.1. 47);— 4° Que l'avis du président n'est pas obligatoire, et que d'ailleurs il s'appliquerait moins à la lecture de dépositions écrites de témoins absents qu'aux déclarations orales des témoins appelés et entendus à l'audience même en vertu du pouvoir discrétionnaire (Crim. rej. 12 oct. 1837)(4); — 5° Qu'ainsi le président des assises peut, en vertu de son pouvoir discrétionnaire, interpeller de nouveau, à l'audience du lendemain, un témoin mis à la séance de la veille en état d'arrestation comme suspect de faux témoignage, et donner lecture au jury de l'interrogatoire qu'il a subi, suivant les formes voulues par la loi, après sa mise en arrestation, sans qu'il soit nécessaire d'avertir le jury de ne considérer cette pièce que comme renseignement : il n'y a pas, dans ce cas, excès de pouvoir de la part du président, alors surtout que

---

tère public dans son plaidoyer à l'appui de l'accusation; qu'aucune nullité ne peut résulter de cette mention, non plus que de tous autres faits rapportés par le ministère public, vu que la loi n'y a pas attaché de conviction; — Par ces motifs, rejette, etc.
Du 28 fév. 1826.-C. sup. de Bruxelles.-MM. Wautelée, 1er pr.-Doms, rap.-Deguchleneere, subst., c. conf.
(1) (Femme Zeller C. min. pub.) — LA COUR; — ...Sur le troisième moyen, tiré de la violation prétendue de l'art. 341 c. inst. crim., en ce que, pour soutenir l'accusation, le ministère public s'est appuyé des déclarations écrites faites par les deux filles de l'accusée, ce qui était, indirectement, faire déposer des enfants contre leur mère, tandis que leur déposition orale n'aurait pas été recevable, aux termes de l'art. 322 c. inst. crim., et encore en ce que, dans sa réplique, le procureur général du roi a donné lecture d'une lettre, à la date du 20 mai 1841, à lui écrite par le procureur du roi près le tribunal de Sarreguemines, ladite lettre contenant des documents fort graves contre l'accusée: — Attendu, en ce qui concerne la lecture de la lettre dont il s'agit, que le procès-verbal des débats constate que le procureur général ne l'a faite qu'avec l'autorisation du président de la cour d'assises; que, par conséquent, elle doit être considérée comme ayant eu lieu en vertu du pouvoir discrétionnaire dont le président est investi par la loi; — Attendu, en ce qui concerne la lecture des déclarations écrites des filles de l'accusée, que le procès-verbal des débats constate que le président, après l'audition de tous les témoins, a fait donner lecture des procès-verbaux dressés par le juge d'instruction et par le procureur du roi de Sarreguemines, lors de leur transport sur les lieux; — Attendu que c'est dans les termes desdits procès-verbaux, qui, dans les débats oraux, ne sont considérés que comme des renseignements, que se trouvent consignées les déclarations des filles de l'accusée; que ces déclarations n'ont pas été faites sous la foi du serment; que, par conséquent, elles n'ont pas le caractère légal d'une déposition de témoin; qu'enfin, faisant partie d'un procès-verbal dont la loi permet de donner connaissance au jury, il a pu en être donné lecture dans le cours des débats, sans contrevenir aux dispositions de l'art. 322 c. inst. crim.; — Rejette.
Du 24 juill. 1841.-C. C., ch. cr.-MM. Crouseilhes, pr.-Debaussy, r.

(2) (Ménard C. min. pub.) — LA COUR; — Attendu, sur le moyen présenté par le demandeur et tiré de la violation des art. 269 et 340 c. inst. crim., et du droit de la défense : — Que l'art. 269 qui autorise le président des assises à faire entendre toutes personnes et à faire apporter toutes pièces qui lui paraîtraient pouvoir répandre un jour utile sur le fait contesté, ne l'oblige pas d'avertir le jury que ces documents ne doivent être considérés que comme renseignements; que la loi fait cet avertissement elle-même, en ce qu'il fait avoir avoir de nullité à ne pas le réitérer oralement; — Attendu, d'ailleurs, que le procès-verbal constate que le président a averti l'accusé et l'a interpellé de fournir ses observations sur la lecture de la déposition écrite qu'il faisait en vertu de son pouvoir discrétionnaire; — Qu'ainsi la défense a été avertie; — D'où il suit qu'il n'y a pas d'ouverture à cassation; — Rejette.
Du 2 juill. 1841.-C. C., ch. crim.-MM. Crouseilhes, pr.-Isambert, r.
(3) (Pithon C. min. pub.)—LA COUR;— ...Sur le cinquième et dernier moyen : — Attendu que, si le procès-verbal, après avoir énoncé que le président a ordonné, en vertu de son pouvoir discrétionnaire, la lecture de la déclaration écrite d'un témoin décédé pendant l'instruction, n'ajoute point que les jurés ont été avertis que cette lecure ne devait servir que de renseignement, cette omission, d'après les termes de l'art. 269 c. inst. crim., n'est point de nature à entraîner la nullité; — Rejette.
Du 20 juill. 1837.-C. C., ch. crim.-MM. Bastard, pr.-Gartempe fils, r.
(4) (Métreau C. min. pub.) — LA COUR; — ...Sur le moyen qui se tirerait d'une prétendue violation de l'art. 269 du même code, en ce que le président de la cour d'assises a donné lecture au jury, en vertu de son pouvoir discrétionnaire, des dépositions faites dans l'instruction par les condamnés Martin fils et Garbet, et par Jeanne Pradeau, témoin absent, le tout sans l'avoir averti que ces dépositions ne devaient valoir que comme simples renseignements : — Attendu que le procès-verbal des débats constate que c'est en vertu du pouvoir discrétionnaire dont lui a conféré par la loi que le président a fait donner lecture, 1° des lettres et déclarations du condamné Martin fils et de celle du condamné Garbet, détenus au bagne, reçues par le juge d'instruction de Toulon, et de la déclaration de Jeanne Pradeau, absente par maladie; que, dès lors, et aux termes de l'art. 269 cité, les jurés ne devaient considérer ces dé-

l'accusé et le ministère public ont formellement consenti à la continuation des débats (Crim. rej. 30 sept. 1841, aff. Liarsou, V. Inst., n° 2179-1°); — 6° Que de même le président n'est pas tenu, à peine de nullité, d'avertir le jury qu'un témoin dispensé du serment à raison de son âge, n'est entendu qu'à titre de simple renseignement (Crim. rej. 18 nov. 1841, M. Rocher, rap., aff. Geffroy.—Conf. Crim. rej. 15 avr. 1841, MM. Bastard, pr., Meyronnet, rap., aff. Reigner); — 7° Que pour que la lecture par le président de la déposition d'un témoin défaillant soit régulière, il suffit que les jurés soient avertis qu'elle a lieu en vertu du pouvoir discrétionnaire de ce magistrat, sans qu'il soit nécessaire d'ajouter que cette déposition ne doit être considérée que comme simple renseignement (Crim. rej. 29 juin 1854, aff. Villebrun, D. P. 54. 5. 739).

667. Puisque l'avertissement n'est pas exigé à peine de nullité, à plus forte raison ne pourrait-on trouver un moyen de cassation dans les termes dont le président se serait servi pour le donner. — Il a été jugé en ce sens que l'avertissement du président au sujet d'un témoin incapable de prêter serment, que sa déposition ne sera entendue que par forme de simple déclaration, au lieu de dire qu'elle ne vaudra que comme simple renseignement, remplit le vœu de l'art. 269 c. inst. crim. qui, d'ailleurs, ne dispose pas à peine de nullité (Crim. rej. 7 janv. 1841) (1).

668. On admet même aisément, quand la contexture des faits le comporte, la présomption que l'avertissement a eu lieu.—C'est ainsi qu'il a été jugé : 1° que la constatation que la lecture d'une déposition écrite a été ordonnée par le président, en vertu de son pouvoir discrétionnaire, fait légalement présumer que le jury a été averti que cette déposition n'avait d'autre valeur que celle d'un simple renseignement (Crim. rej. 7 mars 1839 ; MM. de Bastard, pr., Rocher, rap., aff. Furcy-Goujon); — 2° Que

<hr>

clarations que comme de simples renseignements, et que ni cet article ni aucun autre du code ne prescrivaient au président de leur donner verbalement cet avis ; que, d'ailleurs, cet avis paraît s'appliquer plutôt aux déclarations des témoins appelés et entendus devant la cour d'assises en vertu du pouvoir discrétionnaire, qu'à la lecture des déclarations faites devant le juge d'instruction par les témoins absents, ordonnée par le président en vertu du même pouvoir ; — Rejette.
Du 12 oct. 1857.-C. C., crim. crim.-MM. Bastard, pr.-Meyronnet, rap.
(1) (Sarrat, dit Sarresi et Christophe C. min. pub.) —La cour ; —...Sur le cinquième et dernier moyen résultant de ce que le président des assises, en avertissant le jury qu'un témoin condamné à une peine afflictive et infamante ne prêterait pas serment, s'est borné à dire qu'il serait entendu par forme de simple déclaration, sans ajouter que cette déclaration ne devrait être considérée que comme renseignement, en quoi aurait été violé l'art. 269 c. inst. crim. ; — Attendu que la disposition de cet article n'est pas prescrite à peine de nullité, que l'avertissement donné par le président en a suffisamment rempli le vœu ; —Rejette.
Du 7 janv. 1841.-C. C., crim. crim.-MM. Bastard, pr.-Rocher, rap.
(2) (Dronin-Lambert C. min. pub.) — La cour ; — Sur le moyen tiré de la fausse application des art. 268 et 477 c. inst. crim., en ce qui touche les dépositions écrites d'un témoin non cité, et d'un autre témoin défaillant, ont été lues par le président de la cour d'assises, sans que ce magistrat ait averti les jurés que ces dépositions n'étaient lues qu'à titre de simples renseignements ; — Attendu que l'art. 477 c. inst. crim. est exclusivement applicable à la procédure par contumace, et que, dans cette procédure la lecture des dépositions des témoins qui ne peuvent être produits aux débats, n'est pas facultative, mais nécessaire ; — Attendu que l'art. 268 du même code confère au président des assises un pouvoir facultatif pour la découverte de la vérité ; que la cour d'assises ne peut ni ordonner ni restreindre l'usage de ce pouvoir ; — Attendu que la loi n'ayant pas défini ce pouvoir, il s'ensuit que le président peut, sans violer aucune loi, ordonner la lecture des pièces existant dans les pièces de la procédure, et qu'il n'est pas astreint à avertir les jurés que cette communication ne leur est faite qu'à titre de renseignements ; que cela résulte de cette circonstance, que la déposition manifestée par la lecture, n'est point garantie par la religion du serment ; — Rejette, etc.
Du 3 juill. 1854.-C. C., crim. crim.-MM. Choppin, f. f. pr.-Isambert, r.
(3) (Hourat.) — La cour ; — Attendu, qu'en entendant Louis Behonnet, sixième témoin à charge sur des circonstances qui, sans exprimer directement le fait de l'accusation, s'y référaient indirectement, le président de la cour d'assises n'est contrevenu à aucune loi, et n'a fait qu'user du pouvoir discrétionnaire qui lui est accordé par l'art. 268 c. inst. crim. en vertu duquel il peut prendre sur lui tout ce qu'il croit utile à la découverte de a vérité ; — Rejette.

<hr>

l'avertissement qu'une déposition est lue à titre de renseignements seulement, résulte assez de cette circonstance que les dispositions manifestées par la lecture ne sont point garanties par la religion du serment (Crim. rej. 3 juill. 1834) (2).

ART. 5. — *Mesures du pouvoir discrétionnaire à l'égard des témoins véritables.*

669. Le pouvoir discrétionnaire du président ne concerne pas seulement l'audition de personnes qui n'apportent que de simples renseignements, il embrasse toutes les mesures par lesquelles le magistrat peut assurer la plénitude des résultats qu'on doit attendre des véritables dépositions de témoins entendus sous la foi du serment. À cet égard il n'y a point de règle fixe : la loi ne peut que s'en remettre à la prudence, au zèle, aux lumières du président. — Ainsi il peut faire entendre les témoins dans un ordre autre que celui qui a été indiqué sur les listes à charge et même les témoins à décharge avant les témoins à charge (V. n° 538). — Il n'est tenu non plus, pour les questions qu'il adresse aux témoins, de se renfermer strictement dans le fait spécial et direct qui forme l'objet de l'accusation : son pouvoir discrétionnaire l'autorise à questionner sur tout ce qui s'y rattache indirectement (Crim. rej. 21 janv. 1815) (3).

670. De même il le peut, en vertu de son pouvoir discrétionnaire, 1° faire confronter des témoins qui n'ont pas encore déposé sous serment avec d'autres déjà entendus, afin de s'expliquer sur quelques faits résultant des débats (Crim. rej. 15 nov. 1821) (4); — 2° Tenir les témoins à décharge dans une chambre séparée, pendant l'intervalle d'une suspension d'audience ; l'accusé n'est pas fondé à se plaindre de cette mesure, alors surtout qu'il ne s'est pas élevé de réclamation de la part des témoins (Crim. rej. 23 avr. 1840) (5); — 3° Faire sortir momentanément

Du 21 janv. 1813.-C. C., sect. crim.-MM. Barris, pr.-Lamarque, r.
(4) (Viterbi C. min. pub.) — La cour ; — Considérant qu'il est constaté par le procès-verbal de la séance que tous les témoins assignés à charge et à décharge ont prêté le serment prescrit par l'art. 317 c. inst. crim.; que si avant de faire leurs dépositions sous serment, quelques-uns d'entre eux ont été appelés pour être confrontés avec d'autres témoins déjà entendus et s'expliquer sur quelques faits résultant des débats, ce n'a été qu'en vertu du pouvoir discrétionnaire du président, dont l'usage en pareil cas est formellement autorisé par les dispositions générales de l'art. 269 dudit code ; — Rejette.
Du 15 nov. 1821.-C. C., sect. crim.-MM. Barris, pr.-Busschop, rap.
(5) (Rolland C. min. pub.) — La cour ; — Sur le premier moyen tiré de la violation de l'art. 317 c. inst. crim., en ce que la mention de l'audition du témoin Brunet ne relate pas la formule du serment dans son intégrité ; — Attendu que le procès-verbal établit suffisamment que ce témoin a prêté comme tous les autres le serment prescrit par la loi, et que l'omission de deux lettres dans l'expression de la formule n'est pas de nature à faire naître aucune incertitude sur l'accomplissement de cette prescription ;
Sur le deuxième moyen tiré de ce que, dans l'intervalle d'une suspension d'audience, de cinq heures et demie à sept heures, le président a tenu les témoins à décharge dans une chambre séparée, et ne les a pas fait profiter du bénéfice de cette suspension ; — Attendu que le président a agi dans l'exercice du pouvoir à lui conféré par l'art. 506 c. inst. crim., et que la faculté à lui attribuée par l'art. 365 du même code est subordonnée aux mesures qu'il croit utiles à la manifestation de la vérité ; que dans l'espèce, les témoins ne se sont point plaints de la clôture à laquelle ils ont été soumis ; qu'elle n'a pu violenter leur déposition, ni, par conséquent, nuire à la défense de l'accusé ;
Sur la première partie du troisième moyen tiré de ce que le président a statué seul, sur les réquisitions du ministère public, combattues par l'accusé, tendantes à l'arrestation du témoin Pascal, suspect de faux témoignage ; — Attendu que l'art. 330 du même code n'accorde qu'au président des assises le droit de statuer à cet égard, soit d'office, soit sur les demandes à lui adressées ; que, par une conséquence forcée, il n'appartient pas à la cour d'assises d'intervenir dans un débat de cette nature ;
Sur la deuxième partie du même moyen tiré de ce que, dans l'intervalle de l'audience du 18 à celle du 19 février, le président de la cour d'assises a fait déposer à la maison d'arrêt, et privé de sa liberté, le témoin Pascal, qu'il avait seulement mis en surveillance à l'audience du 18, dans l'enceinte du palais, et à l'arrestation duquel il avait déclaré surseoir à statuer, et a ainsi porté atteinte au droit de la défense et à la sincérité des débats ; — Attendu que c'est dans l'exercice de ses fonctions de président de la cour d'assises, que ce magistrat a opéré

l'accusé qui interrompt sans cesse la déposition d'un témoin, si d'ailleurs l'accusé est rentré immédiatement après, et que la déposition lui ait été répétée (Crim. rej. 23 fruct. an 10 (1); 16 janv. 1829, aff. Brunier, V. n° 542). — La cour avait déjà jugé de même, dans une espèce où l'on ne voit pas le motif qui avait déterminé le président à faire sortir momentanément l'accusé (Crim. rej. 26 brum. an 10, aff. Fain, V. n° 214); — 4° Ordonner la mise en surveillance d'un témoin dont la déposition paraît contraire à la vérité (V. Témoignage faux, n° 81). — Décidé, en conséquence, qu'il lui appartient en vertu de l'art. 330 c. inst. crim., d'adopter ou de rejeter les conclusions du ministère public tendantes à ce qu'il soit procédé à l'arrestation d'un témoin dont la déposition paraît fausse (Crim. rej. 2 mars 1827, aff. Tap, V. Témoignage faux, n° 77). — V. au surplus sur le pouvoir discrétionnaire du président, v° Inst. crim., n°s 2154 et s.

SECT. 6. — *Limitation respective, en matière de témoignage, des pouvoirs du président et de la cour.*

671. Nous avons déjà présenté, v° Instruct. crim., n° 2140, quelques observations générales sur les pouvoirs respectifs de la cour d'assises et du président pendant les débats, nous réservant d'examiner plus spécialement ici les limites de ces différents pouvoirs, en ce qui concerne le témoignage. — Lorsqu'il s'agit de l'audition des témoins, il est difficile de concilier le principe qui confie exclusivement au président l'exercice du pouvoir discrétionnaire avec la règle qui appelle la cour à prononcer sur les incidents contentieux de l'audience, et la jurisprudence n'y est pas non plus parvenue d'une manière complétement uniforme et satisfaisante.

672. Il est de principe en cette matière que le président seul est juge de l'usage qu'il croit devoir faire de son pouvoir discrétionnaire, et que la cour d'assises ne peut intervenir en aucune manière dans l'exercice de ce pouvoir. C'est donc au président à statuer seul sur tous les incidents qui auraient pour objet soit de solliciter une mesure que le président peut ordonner en vertu de son pouvoir discrétionnaire, soit de s'opposer à une mesure qu'il aurait prescrite en vertu de ce même pouvoir, lorsqu'il s'agit, par exemple, de décider si telle personne sera ou non entendue discrétionnairement, ou si une déposition écrite doit être lue aux débats. La cour d'assises ne pourrait y statuer sans usurpation, alors même qu'elle serait saisie par des conclusions du ministère public ou de l'accusé, et elle devrait en ce cas se borner à déclarer son incompétence. — Lorsqu'au contraire, il s'élève une question contentieuse qui ne touche pas à l'exercice du pouvoir discrétionnaire, comme dans le cas, par exemple, où il s'agi-

rait de statuer sur la capacité d'un témoin, sur la régularité de la notification, etc., c'est à la cour d'assises qu'il appartient de prononcer, et le président, en y statuant seul, commettrait un excès de pouvoir qui sera également une cause de nullité radicale (V. aussi M. F. Hélie, inst. crim., t. 8, p. 466 et suiv.)

673. Il résulte de ce partage d'attributions que l'audition des témoins comme témoins, rentre dans les attributions de la cour, et celle des personnes appelées à donner de simples renseignements est abandonnée au pouvoir discrétionnaire du président. La question doit en général se résoudre par les distinctions suivantes : ou le témoin, appelé en vertu du pouvoir discrétionnaire du président, ne peut être repoussé par aucun motif d'incapacité personnelle et légale, ou il y a des causes qui s'opposent à ce qu'il soit entendu. Dans le premier cas, le pouvoir discrétionnaire agit dans toute sa plénitude, et l'opposition de l'accusé ou du ministère public à son libre exercice ne constitue pas un incident contentieux qui oblige à faire délibérer la cour. Dans le second cas, il semble que, si l'opposition pour l'audition de la personne comme témoin, ce serait à la cour entière à prononcer, tandis que c'est le président seul qui devrait statuer si l'on s'opposait à l'audition à titre de simple renseignement, et en vertu du pouvoir discrétionnaire.

674. Il a été décidé, conformément à ces principes : 1° que lorsque l'accusé a demandé l'audition d'un témoin en vertu du pouvoir discrétionnaire du président, et que le ministère public s'y est opposé, c'est au président seul, et non à la cour d'assises entière, de juger si l'audition du témoin doit être accordée ou refusée (Crim. rej. 17 août 1821, aff. Dieudonné, V. Inst. crim., n° 2158); — 2° Que de même encore le président peut prononcer seul sur l'opposition de l'accusé à l'audition, en vertu du pouvoir discrétionnaire, de la femme de l'accusé (Crim. rej. 27 juill. 1820, MM. Barris, pr., Gaillard, rap., aff. Caron et Vizet); — 3° Qu'en effet, l'opposition du ministère public ou de l'accusé ne peut entraver l'exercice du pouvoir discrétionnaire ni créer une question contentieuse, qui nécessite un arrêt de la cour (Crim. rej. 15 avr. 1830) (2); — 4° Qu'ainsi il doit être statué, par la cour d'assises entière, sur l'opposition de l'accusé à l'audition d'un témoin qui est son parent ; mais que l'opposition à ce que le même individu soit entendu en vertu du pouvoir discrétionnaire, pour donner une déclaration ne valant que comme renseignement, ne peut former un objet contentieux soumis à la cour d'assises ; il doit y être statué par le président seul, alors même que l'accusé aurait déclaré s'opposer à ce que cet individu fût entendu à quelque titre que ce fût (Crim. rej. 18 déc. 1817; 11 juill. 1825) (3).

675. Il a été jugé toutefois dans un sens qui semble con-

cette mise en surveillance, d'après les indices de faux témoignage à lui signalés, et résultant de la confrontation à laquelle il s'était livré; que si, comme il est allégué par le demandeur, il a ultérieurement, et hors de l'audience, ordonné que la mesure de surveillance serait exécutée par le dépôt du témoin Pascal, dans la maison d'arrêt, au lieu de l'être dans l'enceinte du palais, ainsi que l'indiquait l'ordre par lui donné à l'audience, c'est sans doute parce que l'enceinte de ce palais, ne lui présentait pas de moyens suffisants d'assurer cette surveillance ; qu'en substituant un ordre à l'autre, le président n'a violé aucune disposition de loi et n'a fait qu'obéir à la nécessité ; — Que, d'ailleurs, dans l'espèce, cette mesure n'a pas nui à la défense de l'accusé, puisque, malgré cette mesure, Pascal, témoin à décharge et domestique de l'accusé, a persisté dans sa déposition, qui motive aujourd'hui une poursuite en faux témoignage, en vertu de l'ordonnance définitive d'arrestation, rendue par le président, dans la séance du 19 février ; — Rejette.
Du 26 av. 1840.—C. C., ch. crim.—MM. Bastard, pr.–Isambert, rap.
(1) (Aury.) — LA COUR ; — Attendu que c'est par le fait de la réclamante que le président, en vertu du pouvoir discrétionnaire, s'est trouvé dans le cas de la faire sortir momentanément et c'est pour laisser au témoin la faculté de terminer sa déposition qu'elle interrompait sans cesse, qu'elle est rentrée dans l'auditoire immédiatement après et que la déposition lui a été répétée pour faire toutes les observations et interpellations de droit ; — Rejette.
Du 25 fruct. an 10.—C. C., sect. crim.—MM. Viellart, pr.–Sieyes, r.
(2) (Bataille C. min. pub.) — LA COUR ; — Attendu que l'art. 268 c. inst. crim. charge l'honneur et la conscience du président de la cour d'assises d'employer tous ses efforts pour favoriser la manifestation de la vérité ; — Que pour lui en faciliter les moyens, l'article suivant du même code lui confère le droit d'entendre toutes personnes, et de se faire ap-

porter toutes nouvelles pièces qui lui paraîtraient pouvoir répandre un jour utile sur le fait contesté ; — Que l'opposition, soit du ministère public, soit des accusés, ne peut apporter aucune entrave à l'exercice de ce pouvoir discrétionnaire ; — Que ces oppositions ne peuvent créer une question contentieuse qui nécessite un arrêt de la cour d'assises ; — Rejette.
Du 15 av. 1830.–C. C., ch. crim.–MM. Ollivier, pr.–Gaillard, rap.
(3) 1re *Espèce :* — (Migot C. min. pub.) — LA COUR ; — Attendu que la cour d'assises a ordonné que l'accusé à ce que son beau-frère fût entendu comme témoin ; que, dès lors, elle a pleinement satisfait à l'obligation de statuer, prescrite par l'art. 408 c. d'inst. crim.; qu'à l'égard de la seconde opposition formée à ce que le même individu fût entendu en vertu du pouvoir discrétionnaire, pour donner une déclaration ne valant que comme renseignement, cette opposition ne pouvait former devant la cour d'assises un objet contentieux qui rentrât dans ses attributions ; qu'elle avait pour objet de restreindre le pouvoir discrétionnaire ; qu'il devait y être statué par le président ; — Rejette.
Du 18 déc. 1817.—C. C., ch. crim.—MM. Barris, pr.–Ollivier, rap.
2e *Espèce :* — (David C. min. pub.); — LA COUR ; —...Attendu sur le second moyen, que les conclusions du demandeur avaient deux objets distincts, le premier en ce que Maréchal et sa femme ne fussent pas entendus comme témoins sans prestation de serment, que le premier objet était de la compétence de la cour d'assises, et qu'elle y a statué conformément aux conclusions du demandeur ; — Sur le second objet de ces conclusions tendant à ce que Maréchal et sa femme ne fussent pas entendus par forme de déclaration en vertu du pouvoir discrétionnaire du président, cet objet des conclusions était étranger à la cour d'assises, qu'elle n'avait pas le droit d'y prononcer, et qu'en refusant de le faire, cette cour d'assises s'est renfermée dans les bornes de sa compétence ;

traire, que « l'opposition de l'accusé à l'audition d'un témoin appelé par le pouvoir discrétionnaire du président, ayant élevé un contentieux, la cour d'assises a pu y prononcer, à l'effet d'écarter l'obstacle mis à l'exercice du pouvoir du président » (Crim. rej. 26 mai 1842, MM. Bastard, pr., de Ricard, rap., aff. Bonnet); — Cette décision paraît difficile à concilier avec celles qui précèdent, cependant nous ne croyons pas qu'il y ait, entre ces différents arrêts, contradiction formelle. Si en effet, ainsi qu'il semble résulter du texte peu développé de ce dernier arrêt, il s'est élevé sur l'opposition de l'accusé, un débat entre cet accusé et le ministère public, engagé par des conclusions formelles, cette circonstance expliquerait l'intervention de la cour qui a pu prononcer non point pour décider sur la question de savoir si le témoin serait ou non entendu en vertu du pouvoir discrétionnaire, mais pour vider l'incident dont elle était saisie en écartant par une déclaration d'incompétence l'obstacle qui s'opposait au libre exercice du pouvoir discrétionnaire du président. — C'est en effet dans ce même sens qu'il a été jugé que si, sur l'opposition de l'accusé à ce que des parents (sa femme et ses enfants) fussent entendus, même en vertu du pouvoir discrétionnaire, le ministère public a conclu au rejet de cette opposition, la cour d'assises n'a pu s'empêcher de délibérer sur ces conclusions, à la condition que le résultat de sa délibération n'empiéterait pas sur le pouvoir discrétionnaire; — Et, par exemple, si, pour rejeter cette opposition, elle s'est fondée sur ce qu'aux termes de l'art. 268 c. inst. crim., le président est investi d'un pouvoir dont il n'appartient pas à la cour de fixer les limites, il n'en résulte aucune irrégularité (Crim. rej. 22 déc. 1842, aff. Marignan, V. *suprà*, n° 657-4°). — Dans cette espèce, la cour d'assises n'avait fait, en réalité, que proclamer son incompétence à l'égard d'une appréciation quelconque du pouvoir discrétionnaire, d'un examen quel qu'il fût, de l'usage que le président avait fait de ce pouvoir ; la prérogative présidentielle était donc intacte : toute autre décision, même si elle avait approuvé et confirmé l'acte du président aurait été une usurpation. L'intervention de la cour d'assises, dans un pareil cas, n'a donc pour objet que de lever, par un arrêt, l'obstacle qu'une opposition formelle, écrite, motivée, apporte à la mise en action du pouvoir discrétionnaire.

676. Par suite de ces principes, il a été décidé que l'arrêt de la cour d'assises qui déclare un témoin incapable de déposer sous la foi du serment, peut, sans empiétement sur les pouvoirs du président, ordonner que ce témoin sera entendu à titre de simples renseignements (Crim. cass. 5 oct. 1850, aff. Ristani, D. P. 50. 5. 100). — Il n'appartient en effet qu'au président de décider s'il convient ou non de faire usage du pouvoir discrétionnaire, de lui lui accorde, et les mesures qu'il peut ordonner en vertu de ce pouvoir ne doivent émaner que de sa seule initiative.

677. L'intervention de la cour d'assises pour décider une question qui rentre dans le pouvoir discrétionnaire du président, et, par exemple, celle de savoir si un témoin reproché comme parent de l'accusé serait ou non entendu à titre de renseignements, pourrait-elle être considérée comme légale s'il avait lieu avec l'agrément du président ? Il résulte des motifs d'un arrêt que l'intervention de la cour d'assises en pareil cas ne donnerait pas ouverture à cassation (Crim. rej. 27 juill. 1820, MM. Barris, pr., Gaillard, rap., aff. Caron et Vizet). — Mais cette solution est fort contestable. Nous croyons que la cour d'assises

ne pourrait, même du consentement du président, prendre part à l'exercice du pouvoir discrétionnaire. Ce pouvoir, ainsi que l'a décidé un autre arrêt dans ses motifs (Crim. rej. 14 déc. 1855, aff. Durand, V. n° 682-6°) est personnel et incommunicable, d'où il résulte, suivant nous, que l'abdication de ce même pouvoir ou son usurpation seraient également des causes de nullité. Telle est aussi l'opinion de M. Cubain, n° 99.

678. On a vu, n° 673, que c'est à la cour d'assises et non au président qu'il appartient de statuer sur les questions d'incapacité de témoignage qui peuvent s'élever dans les débats, lorsque le ministère public ou l'accusé s'oppose à ce qu'un témoin soit entendu sous la foi du serment; mais il faut appliquer aussi, en pareille circonstance, la distinction que nous venons d'établir entre le cas où l'opposition formée à l'audition du témoin est contestée et celui où cette opposition n'est l'objet d'aucun débat. Dans le premier cas, il y a là un incident contentieux qui ne peut être décidé sans l'intervention de la cour d'assises; mais il semble que dans le second cas, où il ne s'agit que de faire droit à une réclamation non contestée, un arrêt de la cour d'assises n'est pas nécessaire, et que le président peut seul écarter le témoin reproché, en décidant qu'il ne sera pas entendu sous la foi du serment et ordonner ensuite qu'il sera entendu à titre de renseignements. — Décidé en ce sens : 1° que si un témoin notifié était parent au degré prohibé et que l'accusé se soit opposé à son audition avec serment, le président peut seul, sans l'intervention de la cour, déclarer qu'il ne sera pas entendu comme témoin.— « Attendu, sur le moyen résultant de ce que le président de la cour d'assises a statué seul sur l'opposition de l'accusé à l'audition, avec prestation de serment, d'un témoin inscrit sur la liste notifiée, attendu que cette audition n'était que la déclaration d'un motif péremptoire d'incapacité qui, fondé sur la disposition formelle de la loi et reconnu constant, ne pouvait donner lieu à aucune contestation, n'avait pas besoin dès lors d'être admis par arrêt, rejette » (Crim. rej. 6 avr. 1838, MM. de Bastard, pr., Rocher, rap., aff. Guillaume); — 2° Que lorsque, au nombre des témoins assignés par le ministère public devant la cour d'assises, se trouve un individu parent ou allié de l'accusé au degré prévu par l'art. 322 c. inst. crim., sa déposition peut et doit même être écartée, sur la déclaration du ministère public qu'il y renonce, et alors que l'accusé garde le silence, sans qu'il soit besoin ni d'un arrêt qui l'ordonne, ni que l'accusé soit interpellé (Crim. rej. 12 oct. 1837) (1); — 3° Que lorsqu'un témoin notifié a déclaré, à l'audience, être le beau-frère d'un accusé, l'opposition du ministère public n'empêche pas le président d'ordonner l'audition de cette personne en vertu du pouvoir discrétionnaire et à titre de simples renseignements, et le président peut l'ordonner sans l'intervention de la cour d'assises, surtout si les accusés n'ont élevé aucune réclamation : — « Attendu que le ministère public a le droit de s'opposer à l'audition des personnes désignées dans cet article, mais que cette opposition ne ravit pas au président de la cour l'exercice du pouvoir discrétionnaire que lui accorde l'art. 269 c. inst. crim.; qu'aucune réclamation n'ayant été élevée par les accusés, le président a pu seul, et sans l'intervention de la cour, ordonner que le beau-frère de l'un des accusés serait entendu par forme de renseignement et sans prestation de serment, et qu'en procédant ainsi, il n'a pas contrevenu à l'art. 322; rejette » (C. de cass. de Belgique, 1er sept. 1836, M. Destouvelles, pr., aff. Van-

---

Sur le troisième moyen résultant de ce que l'art. 322 c. inst. crim. défendant de recevoir les dépositions des beau-père et belle-mère de l'accusé, le président ne pouvait en vertu de son pouvoir discrétionnaire recevoir la déclaration de Maréchal et de sa femme, beau-père et belle-mère du demandeur, sans violer l'art. 322 ; — Attendu que l'art. 269 c. inst. crim. confère au président de la cour d'assises un pouvoir discrétionnaire en vertu duquel il peut faire entendre toutes personnes sans prestation de serment et recevoir par forme de déclaration tous les documents qui peuvent conduire à la manifestation de la vérité ; que cet article ne prescrit point de bornes à l'exercice de ce pouvoir, que la loi s'en remet à la conscience du président ; que dès-lors il a pu faire entendre par forme de déclaration Maréchal et sa femme, et qu'en l'ordonnant il n'a fait qu'user du pouvoir qui lui était confié par l'art. 269, et qu'il n'a point, par conséquent, violé l'art. 322 dont la prohibition porte sur des auditions de témoins avec prestation de serment ; — Rejette.

Du 11 juill. 1825.-C. C., sect. crim.-MM. Barris, pr.-Louvot, rap.

(1) (Metreau C. min. pub.) — La cour ; — Sur le deuxième moyen, fondé sur ce que, dans cette même séance, J. Metreau, père et époux des accusés, aurait à cause de sa qualité de témoin et sans qu'aucun arrêt de la cour l'ait dispensé de déposer, quoiqu'il eût été assigné comme témoin et sans qu'aucun arrêt de la cour l'ait dispensé de sa qualité de témoin, et que l'accusé eût été interpellé de s'expliquer à cet égard ; — Attendu que, si Jean Metreau père avait été assigné comme témoin par le ministère public, cet individu, en sa double qualité de mari et de père des accusés, était, sous ce double rapport, au nombre des personnes dont aux termes de l'art. 322 c. inst. crim. la déposition ne pouvait être reçue devant les cours d'assises; que c'est donc avec raison et à bon droit que, l'avocat général ayant renoncé à l'audition de ce témoin, sa déposition n'aurait pas été reçue par la cour d'assises ; qu'il n'était nullement nécessaire, vu son arrêt à cet égard, ni d'interpeller les accusés, qui d'ailleurs n'ont nullement réclamé que ce témoin fût entendu ; — Rejette.

Du 12 oct. 1837.-C.C., sect. crim.-MM. Bastard, pr.-Meyronnet, r.

havenberg et Rosiers); — 4° Que de même le président, après avoir, en vertu de son pouvoir de direction des débats, refusé seul et sans l'intervention de la cour, d'admettre le témoignage assermenté de la belle-mère et de la belle-sœur de l'accusé peut, en vertu de son pouvoir discrétionnaire, les entendre à titre de renseignements (Crim. rej. 10 oct. 1839, aff. Peytel, V. n° 639); — 5° Qu'ainsi, bien qu'en matière criminelle, un témoin dont le nom est sur la liste du ministère public ou de l'accusé, et qui a été régulièrement notifié, ne puisse être rayé de la liste qu'en vertu d'un arrêt de la cour d'assises ; néanmoins, dans le cas où ce témoin déclare être le parent de l'accusé à un degré prohibé, le président peut, de sa seule autorité, ordonner qu'il ne sera entendu qu'à titre de simples renseignements et sans prestation de serment (Crim. rej. 12 janv. 1837) (1); — 6° Que de même le président d'une cour d'assises peut seul ordonner, sur la demande de l'accusé, lorsqu'il n'y a pas contradiction, qu'un témoin ne sera pas entendu et qu'un accusé qui a demandé qu'un témoin ne fût pas entendu, ne peut se faire un moyen de cassation de ce que c'est le président seul et non la cour qui a statué sur sa demande, alors que sa demande a été accueillie (Crim. rej. 2 sept. 1830, aff. Gromelle, V. Cassation, n° 449); — 7° Que de même, c'est au président seul à décider si un témoin, parent de l'accusé au degré prohibé, sera entendu, alors que l'accusé qui a produit ce témoin n'insiste pas pour réclamer son audition (Crim. rej. 25 sept. 1817) (2).

679. On a vu précédemment que l'on ne peut entendre comme témoins des personnes dont les nom, profession et domicile n'ont pas été notifiés d'avance. Si l'accusé s'est opposé à cette audition, le président peut-il ordonner seul que l'audition aura lieu à titre de simple renseignement ? Il convient d'appliquer ici la même distinction que nous avons établie pour le cas où l'opposition à l'audition d'un témoin est fondée sur une cause d'incapacité personnelle.—Ou l'opposition formée à l'audition d'un témoin pour défaut de notification suffisante sera contestée, ou elle ne le sera

pas. Dans le premier cas l'intervention de la cour d'assises peut être nécessaire pour statuer sur les questions contentieuses de savoir si le témoin était ou n'était pas suffisamment désigné dans la liste notifiée. Mais en l'absence de tout débat il nous paraît, d'après les principes que nous avons précédemment exposés, que le président peut seul faire droit sur l'opposition et ordonner que le témoin sera entendu en vertu du pouvoir discrétionnaire.—C'est ainsi qu'il a été décidé : 1° que quand l'accusé s'oppose à l'audition d'un témoin comme insuffisamment désigné sur la liste et que le ministère public consent à ce que ce témoin soit écarté, il appartient au président seul de faire droit sur l'opposition de l'accusé et d'ordonner que ce témoin sera entendu à titre de renseignement : l'intervention de la cour ne serait nécessaire que dans le cas où il y aurait eu débat sur le point de savoir si la déposition assermentée de ce témoin devait être reçue (Crim. rej. 30 mars 1820) (3); — 2° Que de même, lorsque le ministère public demande que des témoins cités par lui ne soient pas entendus avec prestation de serment, sur le motif que leurs noms n'avaient pu être compris sur la liste notifiée à l'accusé, si ce dernier ne fait à cet égard aucune observation ni réclamation, le président peut seul, et sans arrêt de la cour d'assises, ordonner que ces témoins seront écartés des débats et ne déposeront qu'à titre de simple renseignement (Crim. rej. 21 août 1835) (4).

680. Cependant il a été décidé dans un sens tout opposé et sans qu'il soit possible de trouver aucun moyen de conciliation entre cette décision et les précédentes qu'il n'appartient qu'à la cour d'assises entière, et non au président seul, de décider qu'un témoin, à l'audition duquel le défenseur de l'accusé s'est opposé, parce qu'il n'est pas suffisamment désigné sur la liste signifiée, sera entendu sans prestation de serment et dans les limites du pouvoir discrétionnaire, encore bien que le ministère public n'ait pris aucune conclusion au sujet de la réclamation de l'accusé (Crim. cass. 9 déc. 1830) (5).

681. Les mêmes questions de compétence se présentent aussi

(1) (Pommier C. min. pub.) — La cour ; — Sur l'unique moyen de cassation invoqué par le condamné et tiré d'une prétendue violation des art. 315 et 317 c. inst. crim., en ce que le sieur Vauchey, l'un des témoins porté sur la liste dressée par le ministère public et dont le nom avait été notifié à l'accusé, aurait été entendu par le président de la cour d'assises, par forme de simples renseignements et sans prestation de serment, sans qu'au préalable, son nom eût été rayé de la liste des témoins en vertu d'un arrêt de cette cour ; — Vu les art. 315, 317, 322 et 269 c. inst. crim. ; — Attendu que le procès-verbal des débats de la cour d'assises de la Côte-d'Or s'exprime sur cet incident dans ces termes : « Parmi ces témoins, l'un d'eux, le sieur Vauchey, ayant déclaré être beau-frère de l'accusé, M. le président, sur la demande de l'accusé et du consentement du ministère public a ordonné qu'il serait entendu par forme de renseignements seulement, et sans prestation de serment, et il a prévenu MM. les jurés que sa déclaration ne devait être considérée que comme de simples renseignements ; » — Attendu, en droit, que, s'il est de principe, en matière criminelle, qu'un témoin compris sur la liste du ministère public ou de l'accusé, dont les noms, prénoms et domicile ont été dûment notifiés, est irrévocablement acquis aux débats, et qu'on ne saurait même le rayer de la liste, même du consentement de l'accusé ou du ministère public, qu'en suite d'un arrêt formel de la cour d'assises, par les motifs prévus par la loi, on ne peut s'entendre ainsi que d'un témoin idoine et ayant la capacité légale pour déposer ; — Qu'il ne saurait en être de même dans certains cas d'alliés de l'accusé aux degrés prohibés par l'art. 322 c. inst. crim., dont les dépositions, aux termes du même article, ne peuvent être reçues, sans toutefois que leur audition opère nullité, quand elles ont été entendues sans opposition du ministère public ou de l'accusé ; — Et attendu, que, dans l'espèce, le sieur Vauchey était beau-frère de l'accusé Pommier ; — Que, dès lors, le président de la cour d'assises s'est, avec raison, conformé aux dispositions de l'art. 322 c. inst. crim. en ne l'entendant pas comme témoin ordinaire et sur la foi du serment ; — Que, si plus tard, agissant en vertu de son pouvoir discrétionnaire, il a, sur la demande de l'accusé, reçu la déclaration de ce témoin par forme de simples renseignements, ce dont les jurés ont été avertis, il s'est conformé en cela aux dispositions de l'art. 269 c. inst. crim., et n'a, en aucune sorte, violé celles des art. 315 et 317 du même code ; — Rejette.
Du 12 janv. 1837.-C. C., ch. crim.-MM. Bastard, pr.-Meyronnet, r.
(2) (Pelletier.) — La cour ; —...Attendu que le président de la cour d'assises n'a rendu aucune ordonnance sur la demande faite par l'accusé d'entendre comme témoin la veuve Moreau, sa belle-mère ; que le président a seulement fait quelques observations à l'accusé sur cette demande, auxquelles observations, il est dit par le procès-verbal, que l'accusé n'a

rien répondu, qu'on peut, sans silence sur ces observations du président, fait présumer qu'il les a trouvé justes et qu'il n'a plus voulu insister sur l'audition de sa belle-mère ; qu'ainsi il n'y a point de contravention à l'art. 408 ; — Rejette.
Du 25 sept. 1817.-C. C., sect. crim.-MM. Barris, pr.-Lecontour, r.
(3) (Frères Delrieu.) — La cour ; — Attendu, sur le premier moyen de cassation des réclamants, que s'il a été formé par les accusés opposition à l'audition comme témoin de Jean-Baptiste Fourgons, qui n'avait pas été suffisamment désigné dans la liste à eux notifiée ; et si la cour d'assises (de l'Aveyron) n'a pas statué sur cette opposition, son silence n'a pas été dans l'espèce une contravention au dernier § de l'art. 315 du c. inst. crim. qu'une décision de cette cour n'eût été nécessaire que dans le cas où malgré l'opposition, l'audition dudit Fourgons en qualité de témoin assermenté aurait été demandée ; mais que la cour n'a rien eu à juger dès que, du consentement du ministère public, le président, usant du pouvoir qu'il tenait de l'art. 269 du c. inst. crim., a reçu la déclaration de Fourgons sans prestation préalable de serment et a averti les jurés que cette déclaration ne devait être considérée que comme renseignement ; — Rejette.
Du 30 mars 1820.-C. C., sect. crim.-MM. Barris, pr.-Aumont, rap.
(4) (La Roncière C. min. pub.) — La cour ; — ...Attendu qu'il résulte du procès-verbal que le ministère public a demandé lui-même que trois témoins cités tardivement à la requête ne fussent pas entendus avec prestation de serment, sur le motif que leurs noms n'avaient pu être compris sur la liste notifiée à l'accusé ; que l'accusé n'a fait à cet égard aucune observation, et n'a pas réclamé le maintien aux débats de ces trois témoins ; que, dans ces circonstances, le président a pu légalement écarter des débats des témoins qui ne tenaient ce caractère que d'une citation non suivie de notification, et aux fins de laquelle il était renoncé expressément par le ministère public, qui demandait que les témoins dont il s'agit ne fussent pas entendus, et tacitement par l'accusé qui ne réclamait pas leur audition ; que cette mesure a pu être prise par le président seul, en vertu de son pouvoir discrétionnaire, et sans qu'il fût besoin d'un arrêt de la cour d'assises, puisqu'il n'avait été formé aucune opposition et qu'il ne s'était élevé aucune contestation ce sujet ; que, d'ailleurs, en procédant ainsi, le président n'a porté aucun préjudice aux droits de défense de l'accusé ; — Rejette.
Du 21 août 1835.-C. C., ch. crim.-MM. Bastard, pr.-Fréteau, r.-Dupin, pr. gén., c. conf.-Chaix-d'Est-Ange, av. à la c. d'app.
(5) (L...... C. min. pub.) — La cour ; — Vu les art. 315 et 317 c. inst. crim. — Attendu qu'il résulte du procès-verbal des débats que le nom d'un des témoins cités à la requête du ministère public, n'ayant pas paru au défenseur de l'accusé clairement désigné dans la

relativement à la lecture des déclarations ordonnées en vertu du pouvoir discrétionnaire. —On a vu, n°s 650 et s., que le président peut, en vertu de son pouvoir discrétionnaire, faire lire la déposition écrite d'un témoin non cité aux débats. — Il a été jugé que ce droit n'appartient qu'au président et qu'il y aurait nullité dans un arrêt de cour d'assises qui ordonnerait cette lecture (Crim. cass. 30 déc. 1831, aff. Tapiau, Inst. crim., n° 2163 ; Crim. cass. 19 avr. 1832) (1). — Cette décision mérite d'autant plus d'être remarquée que, dans l'espèce de l'arrêt du 19 avr. 1832, il y avait débat entre le ministère public et le défenseur sur le point de savoir si la lecture serait ordonnée. — Or, dans un cas pareil, l'intervention de la cour pouvait paraître nécessaire.

682. Il en est de même pour la lecture des déclarations de témoins qui, ayant été cités, se trouvent absents lors des débats; la lecture de leur déposition écrite peut être une nécessité, le président seul en est juge en vertu de son pouvoir discrétionnaire, à charge de ne donner à la pièce lue que la valeur d'un simple renseignement. S'il y a opposition à la lecture ordonnée en ce sens et dans ces limites, le président prononce, et non la cour d'assises. — Décidé en ce sens, 1° que l'opposition vague et non motivée d'un accusé à la lecture par le président, en vertu de son pouvoir discrétionnaire et à titre de simple renseignement, de la déposition d'un témoin absent, ne constitue pas une contestation de nature à être soumise à la cour d'assises; il peut y être statué par le président seul, sans qu'il excède les limites de son pouvoir discrétionnaire (Crim. rej. 27 juin 1828, aff. Aubry, V. n° 93-3°) ; — 2° Que de même la lecture de la déposition écrite d'un témoin absent ne peut être ordonnée que par le président, en vertu de son pouvoir discrétionnaire, en avertissant les jurés que c'est à titre de renseignement (Crim. cass. 13 juin 1839) (2) ; — 3° Que la lecture des dépositions de témoins absents ne pouvant avoir lieu qu'exceptionnellement, en vertu du pouvoir discrétionnaire, et avec avertissement, par le président aux jurés, qu'elles n'ont que l'autorité de simples renseignements, il y a nullité de toute la procédure, si ce n'est pas le président, mais la cour qui a ordonné, avant l'ouverture des débats, la lecture de déclarations écrites de témoins absents, et sans donner aucun avertissement aux jurés (Crim. cass. 30 juill. 1836) (3) ; — 4° Que de même, la non-comparution d'un témoin suffit pour autoriser le président à faire donner lecture de sa déclaration écrite, en vertu du pouvoir discrétionnaire, sans que préalablement il faille qu'un arrêt statue sur les motifs de l'absence du témoin (Crim. rej. 2 mai 1839 (4) ; 15 avr. 1830, MM. Ollivier, pr., Gaillard, rap., aff. Bataille) ;— 5° Qu'il y a par conséquent nullité des débats si cette lecture est ordonnée par la cour d'assises, alors même que ce serait sur les réquisitions du ministère public et du consentement formel du défenseur de l'accusé (Crim. cass. 13 juin 1839, aff. Brugère, arrêt précité) ; — 6° Qu'en outre le pouvoir discrétionnaire du président de la cour d'assises étant personnel

liste signifiée à son client, il s'est opposé à son audition ; que le ministère public n'a pris aucune conclusion à ce sujet, et que le président de la cour d'assises a décidé sans l'intervention de la cour, que ce témoin serait entendu sans prestation préalable de serment, et dans les limites du pouvoir discrétionnaire ; — Attendu qu'aux termes de l'art. 315 c. inst. crim., c'était à la cour d'assises à statuer sur cette opposition, et qu'il n'appartenait pas au président de dépouiller un témoin de son caractère légal, et d'anéantir, de son seul chef, la garantie de l'observation de l'art. 317 du même code, en quoi ont été violées les dispositions de ces deux articles ; — Par ces motifs; — Casse.
Du 9 déc. 1850.-C. C., ch. crim.-MM. Bastard, pr.-Rocher, rap.
(1) (Milet C. min. pub.) — LA COUR; — Vu les art. 408, 268 269 c. inst. crim. ; — Attendu, en fait, qu'il résulte du procès-verbal des débats, qu'après l'audition des témoins, le ministère public a requis qu'il plût à la cour faire donner lecture de la déposition écrite de Françoise Fournier, veuve Gilles Duboys, témoin non cité ; que, sur l'opposition à cette lecture par le défenseur du prévenu, la cour d'assises du département de la Sarthe a ordonné la lecture de la déposition écrite de ce témoin ; — Attendu, en droit, que c'est d'après le débat oral que le jury doit former sa conviction ; que les déclarations écrites ne doivent être lues à l'audience que dans les circonstances extraordinaires ; qu'il appartient au président seul de la cour d'assises d'apprécier, dans l'exercice de son pouvoir discrétionnaire et pendant le cours des débats, si la lecture d'une déposition écrite est nécessaire à la manifestation de la vérité ; — Et attendu que, dans l'espèce, ce n'est pas le président de la cour d'assises qui a ordonné la lecture de la déposition, en vertu de son pouvoir discrétionnaire, mais la cour d'assises ; que cette lecture a eu lieu en exécution de l'arrêt; d'où il suit que la cour d'assises a commis un excès de pouvoir, violé les règles de la compétence, les art. 268, 269 c. inst. crim., relatifs au pouvoir discrétionnaire; — Par ces motifs, Casse.
Du 19 avril 1852.-C. C., ch. crim.-MM. Bastard, pr.-Dupaty, rap.
(2) (Brugère C. min. pub.) — LA COUR ; — Vu les art. 268, 269, 315 et 541 c. inst. crim. ; — Attendu, en fait, que le procès-verbal des débats constate que le ministère public, après avoir présenté la liste des témoins assignés à sa requête, a déclaré que la déposition du témoin Lenouand était essentielle et qu'il demanderait le renvoi de l'affaire à une autre session, si l'accusé et son défenseur ne donnaient leur consentement à la lecture de la déposition écrite de ce témoin ;—Que ce consentement fut donné par le défenseur de l'accusée; qu'alors le ministère public a requis que la cour en ordonnât la lecture ; que la cour donna acte du consentement du défenseur, et faisant droit au réquisitoire, a ordonné que lecture serait donnée de cette déposition et qu'il serait passé outre au débat; que le président des assises, avant de commencer l'audition des témoins présents, a donné lecture de la déposition écrite dont il s'agit, sans avertir le jury que cette déposition ne pouvait avoir lieu qu'à titre de renseignement ; — Attendu que le débat, en matière criminelle, est oral de son essence ; que c'est par exception que les art. 268 et 269 c. inst. crim. permettent au président des assises, dans l'intérêt de la découverte de la vérité, de faire entendre au débat toutes personnes, et de faire apporter toutes nouvelles pièces ; qu'ils chargent l'honneur et la conscience de ces magistrats de l'exercice de ce pouvoir; qu'ils ne permettent pas à la cour d'assises d'entrer en participation de cet exercice; que l'art. 541 défend au président de remettre aux jurés les déclarations écrites des témoins;

— Que les principes ci-dessus et le droit de la défense s'opposaient donc au pacte que le ministère public a fait avec le défenseur de l'accusée, sous la sanction de la cour d'assises, et que cette cour a évidemment usurpé sur les attributions du président, en ordonnant la lecture de la déposition du témoin absent ; — Casse.
Du 13 juin 1859.-C. C., ch. crim.-MM. Bastard, pr.-Isambert, rap.
(3) (Beaudet C. min. pub.) — LA COUR; — Sur l'unique moyen de cassation proposé d'office et tiré de la violation des art. 268 et 269 c. inst. crim. : — Vu l'art. 408 dudit code; — Attendu, en fait, qu'il résulte du procès-verbal des débats de la cour d'assises d'Indre-et-Loire, du 24 juin dernier, que, lors de l'appel des témoins portés sur la liste notifiée aux accusés, un de ces témoins, la femme Julien, étant absente, et le ministère public ayant présenté, en sa faveur, un certificat de maladie, régulier en la forme, la cour d'assises, après en avoir délibéré, ordonna qu'il serait passé outre aux débats, et que lecture serait donnée de sa déclaration écrite, en conséquence, le président fit donner lecture de la déclaration de ladite femme Julien; — Attendu, en droit, que, sauf l'exception unique portée en l'art. 477 c. inst. crim. relatif aux accusés qui purgent leur contumace, les déclarations écrites des témoins ne doivent pas être lues à l'audience, et que c'est d'après le débat oral que le jury doit former sa conviction, et que c'est d'après ce principe qu'aux termes de l'art. 341 du même code, les déclarations écrites ne doivent pas être remises aux jurés lors de leur délibération ; que cependant, dans les circonstances graves et extraordinaires (qu'au président seul de la cour d'assises il appartient d'apprécier), la loi a donné à ce magistrat, dans l'exercice de son pouvoir discrétionnaire pendant le cours des débats, en s'en remettant à son honneur et à sa conscience, le pouvoir d'ordonner la lecture d'une ou plusieurs dépositions écrites, pour favoriser la manifestation de la vérité, et en prévenant à l'avance les jurés qu'ils ne peuvent considérer ce qu'elles contiennent que comme renseignements; que c'est là le but des dispositions exceptionnelles des art. 268 et 269 c. inst. crim., dans l'exécution desquels n'ont point à s'ingérer les cours d'assises; — Et attendu que, dans l'espèce, ce n'est pas le président de la cour d'assises qui, pendant le cours des débats, a ordonné la lecture de la déposition écrite de la femme Julien, en vertu de son pouvoir discrétionnaire, mais la cour d'assises avant l'ouverture des débats; que cette lecture a eu lieu en exécution de cet arrêt et sans qu'il ait été donné aucun avertissement au jury; d'où il suit que la cour d'assises a empiété sur les pouvoirs de son président, commis un excès de pouvoir, violé les règles de la compétence et les art. 268 et 269 c. inst. crim.; — Casse.
Du 30 juill. 1836.-C. C., sect. crim.-MM. Bastard, pr.-Meyronnet, r.
(4) (Lesage, etc. C. min. pub.) — LA COUR;— Attendu que le procès-verbal constate que les témoins, dont la déclaration écrite a été lue par le président, en vertu de son pouvoir discrétionnaire, n'ont pas comparu; que leur absence a suffi pour autoriser cette lecture, sans qu'il fût préalablement nécessaire de statuer par arrêt sur les motifs de l'absence puisque l'admission de leur excuse ou leur condamnation à l'amende ne pouvaient exercer aucune influence sur la question de savoir si à leur déposition orale, qui était impossible à la présente session, il y avait lieu de suppléer par la lecture de leur déclaration écrite, et puisqu'à un autre côté aucune des parties ne demandait le renvoi à une autre session ;—Rejette.
Du 2 mai 1839.-C. C., ch. crim.-MM. Bastard, pr.-Vincens, rap.

et incommunicable, il y aurait nullité si la cour d'assises avait ordonné la lecture de la déposition écrite d'un témoin absent, encore bien que le président eût lui-même exécuté son arrêt (Crim. cass. 14 déc. 1855) (1).

683. Toutefois, il a été jugé que lorsque, sur l'ordonnance du président portant que la déposition d'un témoin sera lue, la défense prend des conclusions tendant à empêcher cette lecture, c'est à la cour qu'il appartient de lever l'incident; le président ne peut se borner à ordonner la lecture de la déposition à titre de renseignement (Crim. cass. 5 fév. 1847, aff. Marchèse, D. P. 47. 4. 119).— Dans ce dernier cas, il n'y a pas une opposition vague comme dans une espèce précédente, mais des conclusions motivées tendant au rejet de la lecture, et sur lesquelles il y a nécessité de statuer. D'un autre côté, il ne s'agit pas d'une initiative de la cour d'assises ordonnant directement la lecture d'une déposition, mais de l'opposition à une ordonnance du président ordonnant la lecture d'une déposition à titre de témoignage écrit, et sans altération de son caractère primitif; dans cet état, il semble que la cour ait pu prononcer, et qu'il n'ait pas dépendu du président de la dessaisir en déclarant après l'opposition, qu'il n'entendait donner la lecture qu'à titre de simples renseignements. Cette nuance entre les espèces est-elle suffisante pour écarter toute contradiction avec la jurisprudence qui autorise le président à produire comme renseignements les déclarations qu'il ne pourrait faire valoir comme véritables témoignages? Cela peut paraître douteux.

684. Pour que la cour d'assises puisse être appelée à prononcer sur un incident relatif à la lecture de la déclaration de témoins présents, il faut avant tout, que le fait de cette lecture et des réclamations qu'elle aurait soulevées soit constaté (Crim. rej. 14 juin 1832) (2).

685. En tous cas, il n'est pas besoin d'un arrêt de la cour d'assises, et le président peut seul faire donner lecture de la déclaration de témoins absents, lorsque leur absence n'a donné lieu ni à des réquisitions du ministère public, ni à des observa-

tions de l'accusé ou de son défenseur (Crim. rej. 22 avr. 1841, aff. Thivoyon, V. Instr. crim., no 2092-3°).

686. Quand il s'agit des dépositions de témoins décédés, c'est encore au président seul, en vertu de son pouvoir discrétionnaire, et non à la cour d'assises, qu'il appartient d'en ordonner la lecture.—Décidé en conséquence, 1o qu'est nul l'arrêt d'une cour d'assises qui ordonne que les dépositions de témoins décédés seront lues à l'audience, et tout ce qui a suivi, alors surtout que le président, en donnant lecture de ces dépositions, ne déclare pas qu'elles ne pourront servir que de renseignements (Crim. cass. 28 juin 1832) (3); — 2o Que si cette lecture a été ordonnée par la cour d'assises même sans opposition du président, mais aussi sans qu'il y ait eu réquisition de la part du ministère public, la loi est violée (Crim. cass. 14 fév. 1835) (4); — 3o Que c'est au président, et non à la cour d'assises, qu'il appartient de statuer sur la demande d'un défenseur tendant à ce que la déposition orale d'un témoin soit suspendue pour la lecture de pièces émanées de ce témoin, et la cour viole la loi en statuant elle-même sur cette demande, et en fixant le moment où cette lecture aura lieu (même arrêt).

687. Jusqu'ici, il n'a été question que de la lecture des déclarations de personnes non citées, absentes ou décédées. Quant aux témoins présents, la lecture de leurs dépositions écrites est aussi donnée au pouvoir discrétionnaire du président. Dans certains cas, un témoin quoique présent, peut être regardé comme absent, par exemple s'il est devenu fou; on ne demande si, dans une pareille circonstance, un arrêt ne serait pas nécessaire pour autoriser la lecture de la déposition écrite. La cour de cassation l'a jugé nécessaire; elle a décidé que lorsque le président a ordonné la lecture, à titre de renseignements, de la déclaration écrite d'un témoin reconnu atteint d'aliénation mentale, la cour d'assises a pu prononcer sur l'opposition à cette lecture faite par les accusés, sans avoir, en cela, exercé le pouvoir discrétionnaire réservé au président (Crim. rej. 27 nov. 1834, MM. Bastard, pr., Ricard, rap., aff. révoltés de la Grande

(1) (Durand, etc. C. min. pub.)— La cour (ap. dél. en ch. du cons.); — Vu les art. 268 et 269 c. inst. crim.; — Attendu que les pouvoirs conférés par ces dispositions aux présidents des cours d'assises sont incommunicables, puisque la loi en charge leur honneur et leur conscience; qu'elle ne s'en remet qu'à leur discrétion et leur prudence dans le cas où il peut être utile à la manifestation de la vérité de déroger par la lecture des dépositions écrites des témoins absents ou décédés, à la règle générale du débat oral dans lequel le jury doit puiser sa conviction; — Et attendu que, dans l'espèce, le procès-verbal constate qu'à raison de l'absence du témoin Chabout, le procureur du roi a conclu qu'il fût passé outre aux débats attendu l'impossibilité constatée où se trouvait ce témoin de se présenter aux débats; que les accusés ne s'est pas opposés à cette demande; que quoi la cour d'assises a ordonné qu'il serait passé outre aux débats; mais que la déposition du sieur Chabout devant le juge commis rogatoirement serait lue par le greffier, et que la lecture de cette déposition a été immédiatement faite par le greffier; — Attendu que cette lecture a été une usurpation sur les pouvoirs du président, qu'elle a essentiellement vicié les débats et tout ce qui s'en est suivi; — Par ces motifs, casse.
Du 14 déc. 1835.-C. C., ch. crim.-M. Isambert, rap.
(2) (Vieillard C. min. pub.)— La cour; —...Attendu qu'il est constaté par le procès-verbal que le président a ordonné, en vertu de son pouvoir discrétionnaire, et comme simples renseignements la lecture de la déposition d'un témoin décédé; mais qu'il n'en résulte aucunement qu'il ait ordonné ou fait les lectures des dépositions écrites des témoins entendus, avant et après leurs dépositions orales, ni que les défenseurs aient réclamé contre ces lectures, et que par suite, la cour d'assises ait eu à statuer sur cet incident; que le fait allégué n'est, dès lors, qu'une simple et vague articulation dénuée de preuve et de tout adminicule de preuves; — Rejette.
Du 14 juin 1832.-C. C., sect. crim.-MM. Ollivier, pr.-Brière, rap.
(3) (Mérit C. min. pub.) — La cour; — Vu les art. 268 et 269 c. inst. crim.; — Attendu que, d'après la combinaison de ces articles, c'est au président seul qu'est attribué l'exercice du pouvoir discrétionnaire; que ce pouvoir l'autorise à prendre toutes les mesures qui paraîtront les utiles pour découvrir la vérité, sans excepter celles qui ne seraient pas dans les attributions de la cour d'assises; — Attendu que la lecture des déclarations des témoins décédés ne doit pas être ordonnée par la cour d'assises, qui ne peut autoriser que la déposition orale des témoins; que, conséquemment, si le président croyait cette lecture utile à la découverte de la vérité, ce serait à lui à 'ordonner en déclarant qu'elle ne doit être considérée que comme renseignement; — Et attendu que dans l'espèce,

sur la réquisition du ministère public, et sans opposition de la part de l'accusé, la cour d'assises a ordonné la lecture des dépositions de deux témoins décédés; en quoi elle a usurpé les attributions faites au président de la cour d'assises, par l'art. 268 précité; — Que le président a fait la lecture de ces deux dépositions, sans déclarer qu'elles ne servaient que de renseignements; en quoi il n'a pas satisfait à la disposition de l'art. 269 également précité; — Par ces motifs, casse.
Du 28 juin 1832.-C. C., ch. crim.-MM. Bastard, pr.-Ollivier, rap.
(4) (Boisnier et Moine.) — La cour (ap. part. et dél.); — Vu les art. 268 et 269 c. inst. crim.; — Attendu que les pouvoirs conférés par ces dispositions au président des assises sont distincts et séparés de ceux attribués aux cours d'assises elles-mêmes; qu'ils sont incommunicables, puisque la loi en charge exclusivement l'honneur et la conscience du président des assises; qu'elle ne s'en remet qu'à sa discrétion et à sa prudence pour le cas où il peut être utile à la manifestation de la vérité, de déroger, par la lecture des dépositions écrites des témoins décédés, à la règle du débat oral qui doit former la conviction du jury; que la loi donne également qu'à ce magistrat la direction des débats et la détermination de l'ordre et de la manière dont les témoins doivent être entendus; -Attendu que, si des réquisitions sont faites au sujet de l'exercice du pouvoir du président des assises, la cour d'assises, en statuant sur ces réquisitions, ne peut limiter ce pouvoir ni doit, au contraire en maintenir le libre exercice dans les mains du magistrat auquel la loi l'a expressément confié, sans pouvoir se l'attribuer à elle-même; — Et attendu que, dans l'espèce, le procès-verbal des débats constate, d'une part, que la cour d'assises a, même sans réquisition aucune, ordonné la lecture, à son rang, de la déposition écrite d'un témoin décédé, ce qui a été exécuté en présence et avec le concours du ministère public seul avant droit d'autoriser cette lecture et pouvait en prendre l'initiative; — Et, d'autre part, que, sur la demande d'un défenseur tendant à ce que la déposition d'un témoin fût interrompue par la lecture des pièces émanées de ce témoin, la cour d'assises a statué sur cette demande, en fixant elle-même le moment où cette lecture pourrait avoir lieu, et a déclaré rabattre l'arrêt qu'elle avait rendu auparavant sur le même sujet; — Attendu que, par ces arrêts et l'exécution qui leur a été donnée, ladite cour d'assises a entrepris sur les pouvoirs du président; et que cette usurpation n'a pas été couverte par le consentement de ce magistrat au partage de ses pouvoirs; — D'où il suit que, dans l'espèce, il y a eu violation des articles précités du code d'instruction criminelle et des règles de la compétence; — Par ces motifs, casse.
Du 14 février 1835.-C. C., ch. crim.-MM. Portalis, 1er pr.-Isambert, rap.

Anse)`. — Cette solution, comparée aux autres arrêts, peut paraître contestable. Cependant elle est conforme à ce principe, dont nous avons vu de nombreuses applications, que lorsqu'un témoin présent a été régulièrement notifié, il n'appartient qu'à la cour d'assises et non au président de le dépouiller de sa qualité de témoin.

688. Le ministère public ou l'accusé peuvent avoir intérêt à demander qu'il soit donné lecture des déclarations écrites des témoins présents au débat, afin de constater les changements et variations qui existeraient entre les dépositions de ces témoins et leurs déclarations précédentes, cette lecture ne pouvant avoir lieu qu'en vertu du pouvoir discrétionnaire du président, il semble devoir en résulter que ce magistrat est seul juge au point de savoir s'il y a ou non opportunité à l'accorder. — Cependant il a été décidé que dans le cas où les réquisitions de l'accusé tendant à faire ordonner la lecture de la déclaration écrite d'un témoin, sont contestées par le ministère public comme inconsidérées ou sans objet, son opposition à cet égard forme un débat contentieux qui sort des limites des attributions que le président, et que la cour d'assises a seule caractère pour y statuer (Crim. cass. 19 août 1819, aff. Martin, V. n° 661).

689. La jurisprudence a décidé d'après les mêmes principes, que bien qu'une mesure ordonnée par le président rentre dans les attributions exclusives du pouvoir discrétionnaire, cependant l'opposition formée à cette mesure par le ministère public ou l'accusé constitue un incident contentieux sur lequel il appartient à la cour d'assises de statuer.—Jugé en ce sens que le président de la cour d'assises peut statuer seul sur la demande d'un accusé tendant à faire arrêter un témoin pour faux témoignage (V. Témoign. faux, n° 77); mais, s'il y a opposition à l'ordonnance du président, c'est à la cour qu'il appartient de statuer sur cette opposition (Crim. cass. 5 mai 1826, aff. Renault, V. v° Défense, n° 143). — V. aussi n° 562.

690. Le pouvoir discrétionnaire du président étant purement facultatif de sa part, il s'ensuit que ses décisions n'ont pas besoin d'être motivées. — Ainsi, il a été jugé que la décision par laquelle le président ordonne qu'un témoin ne sera pas entendu sous la foi du serment, n'a pas besoin d'être motivée, lorsque la qualité de proche parent de l'accusé suffit pour autoriser le président à prendre cette mesure, alors qu'il n'apparaît d'aucun débat élevé à cet égard (Crim. rej. 27 août 1847, aff. Boudin, D. P. 47. 4. 443).

Table sommaire des matières.

Renseignem. simples.
Préfets 231.
Prénoms 437.
Présence du préve-nu 252, 320.
Présence des témoins aux débats 507, 577.
Président 56; (attributions) 585; (audition préalable aux débats) 419; (questions aux témoins) 271. V. Compétence, Pouvoir discrétionn.
Prêtre 51 s.
Preuve contraire 556 s.
Prévenus (question aux témoins) 271 s., 380. V. Présence.
Princes 227 s.
Privilége. V. Dépositions privilég.
Procès-verbal 154s., 553 s.; (inscription de faux) 141 s.; (nom des témoins)485.
Profession.V. Liste.
Promesse de dire la vérité 587.
Publicité 252, 575. V. Dèposit. orale.
Qualification du dèlit 448 ;—erronée 588.
Qualités des témoins 16.
Questions aux témoins 54, 271 s.; (cour d'assises) 562 s.
Radiation 497,619, 622 s.
Rèappel des témoins 21.
Récusation 201 s.
Refus de dèposer 218, 303, 347. V. Parents (abstention).
Refus d'entendre les témoins 553 s.
Remise de cause 559; (témoins nouveaux) 248 s.; (refus,motifs)250.
Renonciation 410, 479,481, 516s.. 626 s.
Renseignem.simples 584 s.; (avertissement aux jurés) 666 s.; (caractères) 585 s.; (interpellation) 599 s.; (ministere public) 208 ; (ordre d'audition) 601 ; (partiecivile)603; (personnes qui peuvent être appelées) 602 s.; (serment prêtè) 586; (témoinsnon notifiés) 603 s.; (trib. de police simple etcorrect.) 569 s.
Renvoi. V. Remise de cause.
Renvoi après cassation 659.
Renvoi à une autre session 480,486s.
Réparation d'erreur 653. V. Serment (rétractation).
Réponse aux dépositions 275 s., 568 s.
Reproches 90 s.; (appel) 565 s.; (audition préalable) 363; (cour d'assises) 511 s.; (enquêtes civiles) 90 s.
Révélation de secret 41 s.; (consentement) 61; (nullité) 62.
Sage-femme 41,49s.
Sauf-conduit 67.
Secrets d'autrui 41 s. ; (particulier) 54.
Séparation de corps 56.
Serment 27; (cour d'assises) 524; (enfants) 74; (experts) 140; (instruction écrite) 328; (police simple et correctionnel) 568; (rétractation) 86, 586, 615, 647 s.;(simples renseignem.) 586 s. ; — prête (incapable, nullité) 85 s.
Sourd 75.
Sous-préfet 231.
Spècialisation 567.
Spontanéité 31,258.
Surcharge 450-5e, 465, 468.
Sursis 556, 558 s. V. Remise de cause.
Suspicion 24.
Syndic 93-5e.
Taxe des témoins 554, 418, 583.
Témoignage en général 10 s.
Témoignage faux66, 1.
Témoins à décharge (citation par témnist.pub.) 504 s.; (instruct. écrite) 287 s.; (notificat. faux) 541; (simples renseignem.) 572 s.
Témoins défaillants (appel) 310, 548 ; (condamnation facultative) 305, 345; (cour d'assises) 486; (dècharge de l'amende) 308, 349;(dèposition écrite, lecture) 652; (excuse) 308 s.,349; (excuse fausse) 517 s.; 351; (peine) 502 s.,543s., 491 s.; (renseignements) 619.
Témoins instrumentaires 1.
Témoins judiciaires 572 s.
Témoins non cité (simples renseignements) 617 s.
Témoins non notifiès (audition à titre de renseignements) 605 s.; (défaut d'opposit.) 471 s.; (défaut d'opposition, serment) 613 s.; (nullité) 455 s.; (opposit. à l'audition) 446 s.; (opposition,effets) 474.
Témoins notifiés(audition non assermentée) 651 s.; (qualité acquise) 622 s., 651 s.
Témoins nouveaux 429 s.; (sursis) 248 s.
Témoin oculaire, auriculaire 16 s.
Témoins présents (déposition écrite, lecture) 657.
Témoin unique22 s.
Termes de blâme 25; — de doute 28.
Transaction 195.
Tribunal de police simple et correctionnelle 537 s.; (dénonciateur salarié) 129; (interpellat. aux tém.) 280; (témoins parents des coaccusés) 112; (renseignements) 369 s.
Usure 405, 416.
Visite domiciliaire 59.
Vraisemblance 15.

Table des articles du code d'instruction criminelle.

Table chronologique des lois, décrets, arrêts, etc.

TÉMOINS (subornation de). — V. Témoignage faux, n°s 55 et suiv.

TÉMOINS CERTIFICATEURS. — On appelle ainsi les témoins qui, dans les actes notariés, sont appelés pour certifier l'individualité ẻes parties. — V. Obligat., n°s 3146, 3333 et suiv., 3402; V. aussi Responsab., n°s 169, 403.

TÉMOINS HONORAIRES. — On donne ce nom aux témoins qui, par politesse ou par amitié donnent leur signature au bas d'un contrat de mariage. — V. Contr. de mar., n° 255; Obligation, n° 3314.

TÉMOINS INSTRUMENTAIRES. — Ce sont ceux qui assistent le notaire dans la passation d'un acte. — V. Obligat., n°s 3289 et suiv.; V. aussi Contr. de mar., n°s 254 et suiv.; Disposit. entre-vifs et test., n°s 3092 et suiv.; Droits civils, n°s 111, 401 et suiv.; Faux, n° 500; Faux incid., n° 222; Responsabilité, n°s 399 et suiv., 410 et suiv., 431 et suiv., 440 et suiv.

TÉMOINS JUDICIAIRES. — Ce sont ceux qui donnent leur témoignage en justice. — V. Enquête, Témoin.

TEMPLE. — V. Culte, n° 151, 161, 727.

TEMPLIER. — V. Culte, n° 394.

TEMPS IMMÉMORIAL. — Se dit d'une époque tellement reculée qu'on en a perdu la mémoire, et sur lequel, par conséquent, nul ne peut déposer à raison de son ancienneté. — V. Prescript. civ., n°s 240 et s.; Servitude, n°s 1050 et s.

TEMPS INTERMÉDIAIRE. — Temps qui s écoule entre deux époques déterminées. — V. Faillite, n°s 304 et suiv.; Prescript. civ., n° 315 et suiv.

TEMPS PROHIBÉ. — On se sert de cette expression pour indiquer l'époque pendant laquelle certains faits ne peuvent avoir lieu. — V. Chasse, n°s 67 et suiv.; 78, 208 et suiv., 222, 277 et suiv.; 446; Pêche fluviale, n°s 125 et suiv., 129 et suiv.

TENAILLON. — Terme de fortification. — V. Place de guerre, n° 10.

TENANCIER. — V. Propriété féodale, n° 70.

TENANTS ET ABOUTISSANTS. — Ce sont les lieux, les héritages adjacents à une terre, à une maison. — V. Exploit, n°s 389 et suiv.; Privil. et hypoth., n° 1289; Vente publ. d'imm., n°s 518, 534 et suiv., 540 et suiv.

TENDANCE. — V. Presse-outrage, n° 54.

TÈNEMENT. — Ce mot usité particulièrement en Normandie exprime en général la possession.

TENTATIVE. — 1. On désigne ainsi les actes par lesquels celui qui a résolu de commettre un crime ou un délit en commence l'exécution.

Division.

§ 1. — Notions générales; — Historique et législation; — Droit comparé (n° 2).

§ 2. — De la tentative de crime (n° 51).

§ 3. — De la tentative de délit (n° 106).

§ 1. — *Notions générales; — Historique et législation; — Droit comparé.*

2. Depuis le moment où l'homme conçoit la première idée d'un crime ou d'un délit jusqu'au moment où il l'exécute, sa culpabilité morale suit une progression croissante dont il est intéressant de déterminer les périodes. Nous examinerons en même temps à quel degré doit commencer l'intervention de la loi répressive.

3. La première période est purement intime. Elle peut être rapide et instantanée. Elle peut aussi être longue et embrasser une série d'actes et d'états divers : premier mouvement, désir, résistance, lutte intérieure, etc. Son dernier terme est la *résolution.* — Une fois la résolution arrêtée, la seconde période commence : c'est la *préparation.* Elle est, ou du moins elle peut être interne et externe. La préparation interne consiste à déterminer par la pensée le mode d'exécution, à rechercher et à combiner

les moyens qui y seront employés. Supposons, par exemple, qu'un individu ait résolu de commettre un meurtre. Ira-t-il trouver la victime dans sa demeure, ou l'attendra-t-il dans quelque endroit écarté où elle a coutume de passer? Choisira-t-il pour agir le jour ou la nuit? Emploiera-t-il une arme à feu, un poignard, un instrument contondant, ou bien le poison? Le travail de l'esprit sur toutes ces questions constitue la préparation interne. Viennent ensuite les actes externes qui en sont le complément. Ils consistent à se procurer les objets qui serviront à la perpétration. Tels sont notamment l'achat, le louage ou l'emprunt de l'arme qui servira au meurtre, de l'échelle ou des cordes qui seront employées à l'escalade, etc. — La préparation terminée, il ne reste plus, pour compléter le crime ou le délit, que l'*exécution*. C'est la troisième et dernière période, dans laquelle l'agent emploie les moyens qu'il a préparés dans la seconde à accomplir la résolution qu'il a prise dans la première. Après l'exécution, il ne reste rien à faire : le crime ou délit est consommé. Un second crime peut suivre immédiatement le premier ; il est possible même que l'un n'ait été commis qu'afin de faciliter l'autre, et qu'ainsi il existe entre les deux une étroite connexité ; mais nous écartons ici ces complications ; nous ne voulons, quant à présent du moins, étudier les diverses phases de la criminalité que par rapport à un fait unique.

4. On voit, d'après ce que nous venons de dire, qu'il existe trois périodes distinctes, qui sont : la *résolution*, la *préparation*, l'*exécution*. Cependant les faits peuvent ne pas se succéder toujours dans cet ordre rigoureux. Ainsi il peut arriver que l'agent prépare les moyens du crime avant que la volonté de le commettre soit arrêtée dans son esprit, et que sa résolution ne devienne définitive qu'au moment où l'exécution commence ; il peut arriver même qu'à ce moment encore il ne soit pas fermement décidé à aller jusqu'au bout. Il est possible, d'un autre côté, que la nature du fait, que les circonstances dans lesquelles il se produit ne comportent pas, entre la résolution et l'exécution, cette période intermédiaire que nous nommons préparation. Mais peu importe : nous n'avons pas à nous préoccuper de l'infinie variété qui peut se rencontrer dans les cas particuliers. L'ordre que nous avons indiqué paraît rationnel ; il est conforme au cours naturel des choses ; cela suffit pour l'étude spéculative que nous faisons des divers degrés de la criminalité.

5. Il est possible que les trois périodes ne soient pas entièrement parcourues, que l'agent ne parvienne pas au terme final, c'est-à-dire à la consommation du crime ou du délit, soit parce qu'il s'arrête volontairement avant de l'atteindre, soit parce qu'il rencontre un obstacle devant lequel il est forcé de s'arrêter. Il est important dès lors d'examiner à quel moment précis il devient passible d'une peine.

6. Dans l'ordre purement moral, la culpabilité commence dès la première période, avant même que la résolution soit formée, dès que, la pensée du mal se présentant à l'esprit de l'homme, au lieu de la repousser énergiquement, il l'accueille, au contraire, et y acquiesce dans une mesure quelconque ; et elle s'accroît progressivement à chaque pas fait vers le but final. Ici se présente une grave question : la justice humaine a-t-elle pour mission de réprimer le mal moral? Lui appartient-il de punir l'homme de ses infractions à ses devoirs soit envers Dieu, soit envers lui-même? La discussion théorique de cette question nous mènerait trop loin ; peut-être d'ailleurs n'est-elle point ici à sa place. Constatons seulement qu'aujourd'hui les criminalistes se prononcent généralement pour la négative (V. notamment M. Rossi, Tr. de dr. pén., t. 1, liv. 2, ch. 3), et que tel est incontestablement l'esprit de nos lois nouvelles. Suivant les idées généralement reçues aujourd'hui, pour que le mal moral soit punissable, il est nécessaire qu'il soit nuisible à autrui, qu'il porte atteinte au droit, soit de la société, soit des individus.

7. Mais, à ce point de vue, on peut dire que la résolution de commettre un crime, en l'absence de tout fait d'exécution, en l'absence même de tout acte préparatoire, constitue par elle seule un danger pour celui qui en est l'objet, et que, s'il la connaît, l'inquiétude qu'il en ressent peut être considérée comme un dommage suffisant pour légitimer la répression. On peut ajouter que, quand la résolution est certaine, l'intérêt de la morale, celui du tiers qui doit en être la victime, celui du

coupable lui-même sont d'accord pour en réclamer la répression immédiate. En effet, l'intérêt de la morale exige qu'au lieu de laisser le mal s'aggraver, on l'arrête dès sa naissance ; l'intérêt du tiers est que le danger qui le menace soit écarté ; enfin il est de l'intérêt du coupable que la répression intervienne au moment où, la culpabilité étant moindre, la peine sera moindre aussi. — Considérées en elles-mêmes d'une manière abstraite, ces idées sont d'une incontestable justesse. Ici, toutefois, une grave difficulté se présente. Comment saura-t-on, comment s'assurera-t-on qu'une telle résolution a réellement été prise? Il s'agit ici d'un fait purement intérieur, qui s'accomplit dans le secret de la pensée, d'un fait qui, par sa nature, échappe aux regards d'autrui et sur lequel dès lors l'observation n'a pas de prise. Il est vrai que ces sortes de faits peuvent se manifester par la parole. Mais combien ce mode de preuve serait trompeur et insuffisant! L'homme dit souvent ce qu'il ne pense pas, et, sans parler des mensonges auxquels il peut être porté par les motifs les plus divers, que de fois il lui arrive de laisser échapper, dans un mouvement de colère, des menaces qu'il n'a pas sérieusement l'intention de réaliser! D'un autre côté, celui qui médite un crime ne fait pas ordinairement connaître son dessein d'avance ; loin de là, il marche dans l'ombre et recherche le mystère. Il sera bien plus discret encore si une parole imprudente peut, par elle seule, l'exposer à un châtiment. On sera donc réduit presque toujours, pour prouver la volonté criminelle, à des conjectures hasardeuses, à de téméraires inductions. Mais alors il n'y aura plus de sécurité pour personne. Comme le dit avec raison M. Rossi (t. 2, p. 114) : « Si vous punissez la pensée criminelle, ou la loi sera inutile, ou vous organiserez l'investigation la plus odieuse, la procédure la plus arbitraire, la tyrannie la plus effroyable. » Le même auteur ajoute : « La pensée est libre ; elle échappe à l'action matérielle de l'homme ; elle peut être criminelle, elle ne saurait être enchaînée. Seulement, par la menace d'une punition, vous rendrez la manifestation de la pensée beaucoup plus rare ; vous diminuerez le nombre des imprudents pour accroître celui des malfaiteurs. C'est couvrir des étincelles, pour avoir le plaisir d'assister à un embrasement. » Il faut donc le reconnaître : il y a beaucoup moins de danger, beaucoup moins d'inconvénients à laisser impunie la résolution de commettre un crime, qu'il n'y en eût eu à vouloir l'atteindre et la réprimer.

8. Examinons maintenant la question relativement aux actes préparatoires. La préparation, ainsi que nous l'avons fait remarquer, peut être interne et externe. Or, la première ne consistant que dans le travail de la pensée, comme la résolution, tout ce que nous venons de dire de cette dernière doit lui être appliqué par identité de raison. Il n'est pas plus possible de soumettre l'une que l'autre à une répression pénale. Mais il semble, du moins au premier abord, qu'il en doive être autrement de la préparation externe. Ici, en effet, nous avons des actes matériels, saisissables, susceptibles de constatation certaine. — A cet égard toutefois, nous devons faire une première réflexion. C'est qu'en général les actes préparatoires n'ont pas un rapport direct et nécessaire avec le crime ou le délit auquel ils tendent ; c'est que, en eux-mêmes ils ne prouvent pas, du moins en général, la volonté de mal faire, et que, même cette volonté admise, rien n'indique qu'ils soient faits en vue de tel crime ou délit plutôt que de tel autre. Donnons-en quelques exemples. Un individu achète un pistolet, de la poudre et des balles. Il est possible que ce soit en vue d'un crime qu'il a résolu ; mais il se peut aussi que ce soit pour sa défense personnelle, soit dans sa maison, soit en voyage, ou bien pour se livrer au plaisir innocent du tir. De même, un individu se procure une échelle. Ce peut être pour faciliter l'escalade et le vol, le rapt, le meurtre, etc. ; mais ce peut être aussi pour l'employer aux usages domestiques auxquels elle sert habituellement. Tous les actes préparatoires peuvent ainsi se prêter à des suppositions diverses, dont quelques-unes n'impliquent aucune intention coupable. Si donc il s'agissait de les punir, il faudrait nécessairement commencer par démontrer qu'ils procèdent d'une volonté criminelle, qu'ils tendent à la perpétration d'un crime déterminé. On retomberait ainsi dans la nécessité d'établir l'existence du fait intérieur de la résolution, sans pouvoir se servir pour cela des faits matériels, qui par eux-mêmes sont insignifiants ou équivoques, et l'on verrait se reproduire alors toutes les objections que nous avons indiquées au numéro précédent. — En second lieu, les actes préparatoires, en admettant même que le caractère et le but n'en soient pas contestés, ne prouvent pas d'une manière certaine que la résolution soit prise. C'est une observation que nous avons déjà faite. Il est possible que l'agent, sans être encore décidé, prépare néanmoins les moyens qui pourraient éventuellement servir à la perpétration. Or ne serait-il pas d'une rigueur excessive, ne serait-il pas même contraire à tous les principes du droit pénal de lui infliger une peine avant que la volonté de mal faire soit chez lui bien arrêtée ? — Ces considérations nous déterminent à penser que, tant que dure la deuxième période, tant qu'il n'y a encore que des actes préparatoires, l'intervention de la justice répressive serait prématurée.

9. Nous arrivons à la troisième période, à la période de l'exécution. Ici la situation prend un aspect nouveau. La volonté jusque-là pouvait être hésitante, incertaine ; maintenant elle ne l'est plus, elle marche directement à son but. D'un autre côté, les actes n'ont plus le caractère vague, douteux, des actes préparatoires ; un rapport étroit et visible les rattache au coupable dessein qu'ils tendent à accomplir. Pour le montrer, faisons une supposition. Un voleur sait que telle personne a dans sa poche un portefeuille contenant des billets de banque et il forme le projet de le soustraire. Pour cela, il suit cette personne afin de saisir une occasion favorable. Ce n'est là encore qu'un acte préparatoire qui n'a pas de caractère précis. D'abord on ne peut guère affirmer avec certitude , quand deux personnes font le même trajet, que l'une des deux suit l'autre. D'ailleurs on peut suivre quelqu'un pour des motifs divers, sans avoir l'intention de le voler. Mais tout à coup le voleur glisse sa main dans la poche où se trouve l'objet qu'il convoite. Cet acte présente avec la volonté de commettre le vol une relation étroite et manifeste : c'est un acte d'exécution. — Maintenant plusieurs hypothèses peuvent se produire. Il est possible que le crime s'accomplisse entièrement, que son auteur arrive au résultat qu'il poursuivait. Dans ce cas, nulle difficulté : on lui infligera, s'il est découvert, la peine applicable à ce crime. Mais il peut arriver aussi que le but ne soit pas atteint, que l'exécution du crime soit interrompue, ou que du moins elle ne produise pas l'effet que son auteur en attendait. Ce résultat négatif peut être dû à des causes diverses. Par exemple, un individu s'introduit dans une maison dont les maîtres sont absents, pour y commettre un vol. Déjà il a fouillé les meubles, il en a extrait les objets qu'il veut s'approprier, et il en forme des paquets. Tout à coup sa conscience se réveille, et un remords le saisit ; ou bien, si l'on veut, la crainte du danger qu'il court vient tout à coup s'emparer de lui. Quoi qu'il en soit, il renonce à son projet et se retire sans rien emporter. Cette hypothèse n'a rien d'invraisemblable. Il peut arriver aussi que le voleur n'éprouve ni scrupule ni crainte et poursuive résolûment son projet, mais qu'il soit découvert et arrêté avant d'en avoir achevé l'exécution. Dans l'un et l'autre cas, le crime n'a pas été commis, il n'y a eu qu'une simple tentative ; mais, dans le premier, la tentative a été volontairement abandonnée ; dans le second, elle a été interrompue par une force supérieure. Une autre hypothèse peut se produire encore. Il est possible que l'agent fasse tout ce qu'il avait à faire pour la perpétration du crime, mais que cependant, par l'effet d'une circonstance imprévue, il n'atteigne pas son but. Prenons pour exemple le cas d'empoisonnement. Le poison a été mêlé aux aliments de la victime désignée, et il a été avalé. Mais un contre-poison administré à temps vient en combattre les effets, et la vie qu'il devait détruire est sauvée. Ou bien le meurtrier tire un coup de feu sur sa victime ; mais le choc de la balle est amorti par un livre ou quelque autre objet qui se trouvait par hasard dans la poche de cette dernière. Il y a dans ces cas plus qu'une tentative arrêtée dans son cours ; le criminel dessein a reçu son entier accomplissement ; la peine n'a pas eu le résultat que son auteur en attendait. — Ainsi, dans la période d'exécution, et en admettant que le but poursuivi ne soit pas atteint, nous trouvons trois phases distinctes qui peuvent se rencontrer : 1° tentative abandonnée ; 2° tentative arrêtée ; 3° crime manqué.

10. Dans chacune de ces hypothèses, la culpabilité existe, mais à des degrés inégaux. L'inégalité est grande surtout entre la première et les deux autres. Dans la première, la culpabilité

n'est pas effacée, il est vrai, mais elle est atténuée par l'abandon volontaire du criminel dessein ; atténuée plus ou moins, selon que cet abandon a été l'effet du repentir ou de la crainte. On comprendrait cependant que la loi, tout en tenant compte à l'agent de cet heureux retour, lui infligeât un châtiment ; qu'elle crût devoir le punir de s'être avancé si loin dans la voie du crime ; mais, d'un autre côté, n'est-il pas de l'intérêt moral et social tout ensemble de laisser ouverte derrière le malfaiteur la voie par laquelle il peut rétrograder, et d'encourager son retour au bien en lui offrant la perspective d'une entière impunité ? Quant à la tentative interrompue, une peine doit évidemment lui être appliquée : cela n'est point contesté ; mais quel doit être en ce cas le degré de sévérité de la répression ? Sur ce point il est permis de concevoir quelque doute.

11. L'exécution d'un crime entraîne quelquefois une série d'actes successifs. Or la culpabilité s'accroît à mesure que l'agent se rapproche de la consommation. Si donc la tentative a été interrompue dès le début, il semble que la peine doive être moindre que si l'exécution avait touché à son terme. Par la même raison, il semble que la tentative interrompue ne doive jamais être traitée aussi rigoureusement que le crime consommé. D'abord, bien que rien ne prouve que l'auteur y eût renoncé, il n'est pas absolument certain cependant qu'il y eût persisté. L'âme humaine est sujette à des mouvements soudains, et quelquefois il suffit d'un moment pour changer des résolutions qui paraissaient irrévocables. D'ailleurs, quand même on démontrerait qu'il serait allé jusqu'au bout, il n'en serait pas moins vrai qu'en fait il n'y est pas allé, qu'il n'a pas achevé son méfait, qu'il n'a pas parcouru les degrés extrêmes de la criminalité. Cette distinction entre le crime commencé et le crime consommé a été faite par Beccaria, dans son Traité des délits et des peines (éd. F. Hélie, § 14). « Quoique les lois, dit-il, ne puissent pas punir l'intention, il n'en est pas moins vrai qu'une action qui est le commencement d'un délit et qui prouve la volonté de le commettre, mérite un châtiment, mais moins grave que celui qui serait décerné si le crime avait été commis. Ce châtiment est nécessaire, parce qu'il est important de prévenir même les premières tentatives des crimes. Mais comme il peut y avoir un intervalle entre la tentative d'un délit et l'exécution de ce délit, il est juste de réserver une peine plus grande au crime consommé, pour laisser à celui qui n'a que commencé le crime quelques motifs qui le détournent de l'achever. » — Cette doctrine a été adoptée par la plupart des criminalistes (V. notamment Mittermaier, Journ. crit. de législ. gén. de jurisp. étrang., t. 4 ; Weber, Arch. du droit crim. ; Bauer, Motifs du projet de code pénal de Hanovre ; Carmignani, *Teoria delle leggi della sicurezza sociale*, t. 3, cap. 15 ; Rossi, Tr. du dr. pén., 2e édit., t. 2, chap. 31, p. 156 et suiv. ; Legraverend, Législ. crim., t. 1, chap. 2, p. 220 ; Carnot, Comm. c. pén., sur l'art. 2, n° 2 ; Chauveau et Hélie, Théor. du code pén., 3e éd., t. 1. p. 344 et 346 ; Boitard, Leçons sur le code pénal, n° 24 ; Ortolan, Elém. de dr. pén., 2e éd., nos 992 et suiv. ; Bertauld, Cours de code pén., 2e éd., p. 177 ; Tréhutien, Cours élément. de dr. crim., p. 101).

12. Filangieri (Science de la législ., chap. 1, t. 4, p. 174) pense, au contraire, que la tentative, c'est-à-dire la volonté de violer la loi, manifestée par l'action que prohibe la loi même, doit être punie comme le crime consommé. « Le coupable, dit-il, a montré toute sa perversité ; la société en a reçu la funeste exemple. Quel que soit le succès de l'attentat, les deux motifs de punir n'en existent pas moins. La même cause doit donc produire le même effet, c'est-à-dire l'égalité de la peine. » Appliquées à la tentative interrompue, ces réflexions nous paraissent empreintes d'une rigueur excessive. Elles s'appliqueraient plus justement au crime manqué. En effet, au point de vue moral, rien ne distingue le crime manqué du crime consommé. Le hasard, qui seul a rendu le résultat différent, est sans influence sur la criminalité de l'acte. Si donc, pour fixer la peine, on s'attachait uniquement au degré de perversité que cet acte révèle, on devrait assimiler entièrement l'une et l'autre hypothèse. Faisons remarquer, toutefois, qu'il existe dans l'homme un irrésistible instinct qui, en dépit de tous les raisonnements, le porte à tenir compte, lorsqu'il s'agit de châtier un acte coupable, du mal effectif produit par cet acte, et qu'à l'égard surtout des crimes capitaux, l'application rigoureuse de la peine au cas où, par un heureux hasard, l'acte est resté sans résultat, soulève en nous une involontaire répulsion. Aussi croyons-nous, avec M. Rossi (t. 2, p. 182), que, pour certains crimes du moins, et en particulier pour ceux qui sont punis de mort, il est sage d'accorder une diminution de peine à celui dont l'attentat n'a point eu l'effet qu'il en attendait. « Qu'il profite aussi, dans une certaine mesure, dit ce profond criminaliste, de la bonne fortune qui a protégé la victime. » Telle est aussi l'opinion de MM. Feuerbach (Tr. du droit pénal, t. 2, p. 307); Mittermaier (Journ. crit. de législ., t. 4, p. 131); Weber (Arch. du droit crim.); Bauer (Motifs du projet de code pénal de Hanovre); Haus (Observ. sur le projet du code pénal belge, t. 1, p. 64 à 82); Ortolan (nᵒˢ 995 et suiv.). Mais elle est combattue par MM. Chauveau et Hélie (t. 1, p. 552 et suiv.), qui se prononcent pour l'assimilation complète du crime manqué au crime consommé. Tel est aussi le sentiment de MM. Bertauld, p. 177, et Trébutien, p. 104.

13. Nous venons d'indiquer sommairement les principales questions que présente cette matière ; nous devons examiner maintenant comment elles ont été résolues soit par notre législation pénale, soit par les législations étrangères. Mais auparavant jetons un coup d'œil sur le droit romain et sur notre ancien droit, afin de voir comment la tentative y était réprimée.

14. Les lois romaines nous offrent sur ce sujet un assez grand nombre de textes ; mais ces textes ne semblent pas être en parfaite harmonie. Quelques-uns distinguent le crime commencé du crime consommé et n'appliquent au premier qu'une moindre peine. *Perfecto flagitio punitur capite*, dit la loi 1, ff., *De extraord. crim.*, *imperfecto in insulam deportatur*. La loi 19, ff., *De leg. Cornel. de falsis*, exempte de tout châtiment la tentative volontairement abandonnée : *Qui falsam monetam percusserint*, dit cette loi, *si id totum formare noluerunt, suffragio justæ pœnitentiæ absolvuntur*. Enfin une autre loi, la loi 21, § 7, ff., *De furt.*, distinguant nettement les actes préparatoires des actes d'exécution, affranchit les premiers de toute peine, à moins que par eux-mêmes ils ne constituent un autre délit. *Qui furti faciendi causâ conclave intravit*, y lit-on, *nondum fur est, quamvis furandi causâ intravit ; quid ergò ? Quâ actione tenebitur ? Utique injuriarum, aut de vi accusabitur.* Mais d'autres textes paraissent assimiler la tentative et même les actes préparatoires au crime consommé. La loi 7, Cod., *Ad leg. Cornel. de sicar.*, § 3, ff., *Ad leg. Cornel. de sicar.*, les paroles suivantes : *Qui hominem non occidit, sed vulnerat ut occidat, pro homicidio damnandum.* On peut dire, il est vrai, qu'ici il y a plus qu'un crime tenté, que le fait des blessures constitue un crime consommé ; mais cette loi punit le coupable, non pas seulement pour les blessures qu'il a réellement faites, mais aussi pour l'homicide qu'il voulait commettre, et c'est en cela qu'elle assimile la tentative au crime consommé. La loi 7, Cod., *Ad leg. Cornel. de sicar.*, va plus loin, elle porte : *Is qui cum telo ambulaverit hominis necandi causâ, sicut is qui hominem occiderit legis Corneliæ de sicariis pœnâ coercetur.* Ainsi, un fait purement préparatoire, le fait d'avoir attendu un homme, le fer à la main, pour lui donner la mort, est placé par cette loi sur la même ligne que l'homicide consommé.—Pour concilier ces apparentes antinomies, on a prétendu (V. notamment MM. Chauveau et Hélie, t. 1, p. 335 et 336) qu'en thèse générale les jurisconsultes romains distinguaient le crime commencé du crime accompli ; mais que toutefois, à l'égard de l'assassinat et des textes atroces, la tentative était punie comme le crime même.—M. Ortolan (nᵒ 1014, note), de son côté, enseigne que ces apparentes contradictions des textes romains s'expliquent clairement par des considérations historiques. Les incriminations en droit romain, dit cet auteur, se divisaient en incriminations ordinaires et incriminations extraordinaires (*crimina ordinaria* et *extraordinaria*). Les premières étaient celles dont les caractères étaient textuellement déterminés, et la procédure spécialement organisée par une loi. Ici c'était au texte de la loi qu'il fallait obéir ; les incriminations devaient être prises telles que cette loi les avait formulées, suivant l'interprétation qu'en donnait la jurisprudence ; si des actes formant tentative se trouvaient, d'après cette jurisprudence, compris dans les dispositions de la loi, ils tombaient sous le coup de l'exécution de cette loi, sinon ils restaient en dehors et ne pou-

vaient plus être réprimés que par la juridiction extraordinaire (L. 1, pr., ff., *De extraord. crim.*). C'est dans cette catégorie que se rangent les incriminations prévues par les lois *Cornelia de sicariis*, *Pompeia de parricidiis*, *Julia majestatis*, et c'est à ce principe qu'obéissent les nombreux textes qui se réfèrent à ces lois. Les secondes étaient celles qui ne se trouvaient pas formellement réglementées et dont la poursuite n'était pas spécialement organisée par une loi ; elles tombaient sous le coup de la juridiction extraordinaire du magistrat, et c'était ici que la jurisprudence romaine, n'étant plus enchaînée dans les formules impératives d'une loi, voulait que la tentative fût moins punie que le crime consommé. M. Ortolan fait d'ailleurs remarquer (*loc. cit.*) que ce n'était pas à titre de tentative, mais comme crime spécial, que la loi *Cornelia* punissait celui qui marchait armé (*cum telo ambulaverit*) dans l'intention de tuer ou de voler, celui qui fabriquait ou possédait des poisons dans l'intention de tuer, ou qui vendait en public des substances dangereuses, et tant d'autres incriminations variées que cette loi définissait et qu'elle frappait toutes de la même peine.

15. Dans notre ancien droit, un capitulaire de Charlemagne (l. 7, cap. 151) avait ordonné que celui qui avait voulu mais n'avait pu donner la mort à une personne fût puni comme homicide : *Qui hominem voluntariè occidere voluerit et perpetrare non potuit, homicida tamen habeatur*. Et nos anciens criminalistes, interprètes du droit romain, décidaient de même que, dans les crimes atroces (lèse-majesté, assassinat, parricide, empoisonnement), la tentative, ce qu'ils appelaient *conatus proximus*, devait être punie comme le crime même. *De jure communi*, dit notamment Tiraqueau (*De pœn. temp. aut remitt.*, p. 150), *conatus proximus in atrocioribus ac si delictum fuisset consummatum*. Mais à l'égard des autres crimes ils établissaient une règle différente ; ils punissaient à la vérité la tentative restée sans effet : *conatus punitur etiam effectu non secuto*, disaient-ils ; mais ils graduaient la peine selon que les actes accomplis étaient plus éloignés ou plus voisins de la consommation. Les premiers (*actus remotus*) n'encouraient qu'un faible châtiment ; les seconds (*actus proximus*) étaient frappés d'une peine plus sévère, mais toutefois inférieure à la peine du crime consommé. *Non eadem pœna*, dit Farinacius (*Quæst. 124, nᵒ 9), sed mitior et extraordinaria imponenda etiam quod fuerit deventum ad conatum proximum, est de mente omnium*. Et Tiraqueau en donne cette raison : *Nam quod delictum attentatum habeatur pro consummato, non est secundum rerum naturam atque veritatem, sed est ex fictione*. — V. aussi Jousse, Tr. de just. crim., t. 3, p. 638 ; Muyart de Vouglans, Lois crim., p. 13 ; Chauveau et Hélie, t. 1, p. 336 et 337.

16. Le code pénal de 1791 ne prévoyait que la tentative d'assassinat ou d'empoisonnement, et il l'assimilait au crime consommé. Les art. 13 et 15, 2e part., tit. 2, de ce code, étaient ainsi conçus : « Art. 13. L'assassinat, quoique non consommé, sera puni de la peine portée en l'art. 11 (la peine de l'assassinat consommé), lorsque l'attaque à dessein de tuer aura été effectuée. — Art. 15. L'homicide par poison, quoique non consommé, sera puni de la peine portée en l'art. 12 (la peine de l'empoisonnement consommé), lorsque l'empoisonnement aura été effectué, ou lorsque le poison aura été présenté ou mêlé avec des aliments ou breuvages spécialement destinés, soit à l'usage de la personne contre laquelle ledit attentat aura été dirigé, soit à l'usage de toute une famille, soit d'habitants d'une même maison, soit à l'usage du public. » — Mais en même temps l'art. 16 déclarait le coupable exempt de toute peine pour le cas où il aurait volontairement renoncé à la tentative. « Si, toutefois, portait cet article, avant l'empoisonnement effectué, ou avant que l'empoisonnement des aliments ou breuvages ait été découvert, l'empoisonneur arrêtait l'exécution du crime, soit en supprimant lesdits aliments ou breuvages, soit en empêchant qu'on n'en fasse usage, l'accusé sera acquitté. » — Il a été jugé que la peine de vingt ans de fers portée en l'art. 8, tit. 2, 2e part., c. pén. de 1791, pour le meurtre commis sans préméditation, ne s'appliquait qu'à un homicide commis et consommé, et non pas seulement à une simple attaque à dessein de tuer (Crim. cass. 9 pluv. an 7, MM. Méaulle, rap., Garan-Coulon, subst., aff. Duffay).

17. La loi du 22 prair. an 4 étendit à tous les crimes la règle que le code de 1791 avait limitée à l'assassinat et à l'empoisonnement. Elle était ainsi conçue : « Toute tentative de crime, manifestée par des actes extérieurs, et suivie d'un commencement d'exécution, sera punie comme le crime même, si elle n'a été suspendue que par des circonstances fortuites, indépendantes de la volonté du prévenu. »

Il avait été décidé, sous l'empire de ces lois : 1° que la loi du 22 prair. an 4 punissait toute espèce de tentative de crime, et par exemple la tentative de meurtre, non prévue par le code pénal de 1791 : « Attendu que, le code pénal de 1791, qui avait statué sur les cas de tentative d'assassinat ou d'empoisonnement, n'ayant point statué sur la tentative de meurtre, la loi du 22 prair. an 4 est intervenue pour y suppléer, et que la disposition de cette loi, conçue en termes généraux, comprend toute tentative de crime » (Crim. rej. 5 mai 1808, MM. Barris, pr., Vasse, rap., aff. Leca); — 2° Mais que la loi du 22 prair. an 4 ne pouvait être appliquée à un fait qui lui était antérieur : « Attendu que le code pénal (de 1791) ne punit de la peine de vingt ans de fers que le meurtre, c'est-à-dire l'homicide consommé ; qu'en appliquant cette peine à un homicide non consommé, il y a eu fausse application de l'art. 8 ci-dessus rappelé ; que la loi sur la tentative des crimes est de beaucoup postérieure au crime dont il s'agit ; qu'elle a été faussement appliquée; que même le tribunal lui a donné un effet rétroactif et a violé la déclaration des droits ; que de tout cela il suit que le seul délit qui fût punissable était celui compris en la troisième série, c'est-à-dire le vol de poisson commis dans l'automne dernier » (Crim. cass. 11 fructidor an 7, MM. Méaulle, rap., Lecoutour, subst., aff. Cuinet); — 3° Que le fait d'avoir résisté à la gendarmerie en fonctions, et d'avoir tiré un coup de fusil qui avait blessé l'un des gendarmes constituait la tentative de meurtre : « Attendu qu'il est déclaré par l'arrêt attaqué que Rossi est convaincu, de son aveu même, d'avoir fait résistance à la gendarmerie en fonctions et d'avoir tiré le coup de fusil qui a blessé l'un des gendarmes; que ces faits portent le caractère de la tentative de meurtre; qu'il résulte de ces déclarations que les délits sur lesquels les juges ont basé l'application de la loi qui punit la tentative sont constatés;... que nulle loi n'obligeait, à vérifier les suites ou effets de ce délit, soit par vérification de la blessure de l'un des gendarmes, soit par un procès-verbal de l'effet du coup de fusil sur le chapeau de ce gendarme, soit par une visite des lieux où le délit a été commis » (Crim. rej. 15 oct. 1807, MM. Barris, pr., Delacoste, rap., aff. Rossi); — 4° Que le seul fait d'avoir tiré un coup de pistolet la nuit à la fenêtre d'un individu ne suppose pas nécessairement une tentative d'assassinat et avait pu n'être considéré que comme un délit nocturne : « Attendu que le seul fait qui ait paru à la cour de justice criminelle spéciale de Marengo résulter de l'instruction et qu'elle ait déclaré constant, est qu'un coup de pistolet a été tiré la nuit par Barbano à la fenêtre d'Angelino; qu'il est sensible qu'on ne saurait apercevoir de liaison nécessaire entre ce fait et le dessein de tuer Angelino; qu'ainsi ladite cour a pu ne pas voir dans l'espèce tentative de crime d'assassinat, mais uniquement un crime nocturne susceptible d'une peine de simple police; qu'il n'y a conséquemment ni contradiction dans les motifs de son arrêt, ni fausse application de la loi dans la condamnation qu'il prononce »(Crim. rej. 5 juin 1806, MM. Vermeil, pr., Aumont, rap., aff. Barbano).

18. Suivant un autre arrêt, la loi du 22 prair. an 4 n'était pas applicable à l'attaque à dessein de tuer, qui restait soumise aux dispositions du code de 1791 : — « Attendu que, d'après l'art. 13 de la 1re sect. du tit. 2 de la 2e part. c. pén., l'attaque à dessein de tuer constitue et caractérise exclusivement l'assassinat non consommé; que la tentative d'assassinat est exceptée des dispositions de la loi du 22 prair. an 4, par la raison que le code pénal s'en est déjà occupé et a prononcé la peine, et qu'il faut par conséquent recourir sur ce point audit art. 13, dont les dispositions diffèrent essentiellement de celles tracées par la loi du 22 prair. an 4 » (Crim. cass. 5 août 1808, M. Vergès, rap., aff. Patural).

19. Sous l'empire de cette législation, des difficultés s'élevaient fréquemment sur la manière dont les questions devaient être posées au jury relativement à la tentative, et sur la manière

dont il devait y répondre. — A cet égard il avait été jugé : 1° que, sous le code du 3 brum. an 4, un tribunal criminel ne pouvait pas appliquer les peines portées par la loi du 22 prair., proposées au jury (Crim. cass. 11 messid. an 7, M. Minier, rap., aff. Gros); — 2° Que l'attaque à dessein de tuer ou la tentative d'homicide ne pouvait, sous l'empire de la loi du 22 prair. an 4, être punie comme le crime lui-même que dans les circonstances indiquées par cette loi, et qu'autant qu'il avait été posé des questions sur ces circonstances : « Considérant que l'attaque simple à dessein de tuer, ou la tentative d'homicide, ne pourrait être punie comme le meurtre que dans les circonstances indiquées dans la loi du 22 prair. an 4, sur la tentative du crime; qu'il n'y a eu aucune question posée sur ces circonstances ; que, sous ce rapport, il y a eu encore dans la position des questions violation de cette dernière loi et omission » (Crim. cass. 9 pluv. an 7, MM. Méaulle, rap., Garan-Coulon, subst., aff. Duffay; — 3° Que la loi du 22 prair. an 4 ne pouvait pas être appliquée sans que le jury eût été interrogé et eût donné une déclaration sur la question de la tentative : « Attendu que la loi du 22 prair. an 4 a été faussement appliquée, puisque les jurés n'ont eu à répondre à aucune question relative à la tentative, le tribunal ne les ayant pas posées ainsi qu'il le devait; casse la déclaration du jury et le jugement rendu par le tribunal criminel du département des Bouches-du-Rhône, le 25 flor. dernier» (Crim. cass. 19 mess. an 7, M. Minier, rap., aff. Pierre Martin); — 4° Que, lorsque dans une accusation de tentative d'assassinat il n'avait pas été posé de question sur le point de savoir si les violences imputées à l'accusé avaient été exercées à dessein de tuer, l'omission de cette question était une cause de nullité, et que la peine de mort n'avait pu être appliquée : « Attendu qu'il n'a été posé par le tribunal criminel du département de la Loire-Inférieure ni répondu par le jury aucune question sur le fait de savoir si les violences exercées sur la veuve Freneau l'avaient été à dessein de tuer; que cependant cette question résultait de l'acte d'accusation, et était nécessaire pour motiver l'application de la peine de mort» (Crim. cass. 17 fruct. an 5, MM. Seignette, pr., Brillat-Savarin, rap., aff. Rapin); — 5° Que lorsque, sur une accusation d'assassinat, le jury répondait qu'il n'y avait pas eu préméditation, et néanmoins que l'attaque avait été faite volontairement à dessein de tuer, ce qui constituait la tentative de meurtre, il devait être posé au jury de jugement, à peine de nullité, toutes les questions relatives aux circonstances de moralité prévues et spécifiées par la loi du 22 prair. an 4 (Crim. cass. 14 prair. an 7, MM. Busschop, rap., Bourguignon, subst., aff. Cante);—6°Que sous le code du 3 brum. an 4 et la loi des 25 sept.-6 oct. 1791, dans une accusation de tentative d'homicide non consommé, il fallait poser au jury toutes les questions relatives à la tentative du crime d'après la loi du 22 prair. an 4, et qu'il y avait insuffisance et les questions avaient été posées comme dans le cas d'un homicide effectué : « Attendu que l'art. 8 c. pén. (de 1791, 2e part., sect. 1, tit. 2) n'est applicable qu'à l'homicide commis sans préméditation, et que, dans l'espèce, il ne s'agissait pas d'un homicide effectué tel que le suppose ledit article, mais d'une tentative d'homicide non consommé; que, conséquemment, pour parvenir à la juste application dudit article du code pénal, le tribunal criminel aurait dû, d'après ce qui résultait de la procédure et d'après l'esprit et le texte de la loi du 22 prair. an 4, poser toutes les questions relatives à la tentative du crime mentionné en l'acte d'accusation; que, ne l'ayant pas fait, il y a eu insuffisance dans la position des questions, et, par conséquent, contravention aux articles du code des délits et peines ci-dessus cités ; que de cette contravention est résultée une fausse application de l'art. 8 prémentionné ; casse et annule la position des questions, la déclaration du jury et le jugement rendu par le tribunal criminel du département des Deux-Sèvres, le 22 prair. dernier» (Crim. cass. 14 therm. an 7, M. Dor, rap., aff. René Rioux);— 7° Que le jury devait être interrogé, à peine de nullité, sur les causes qui avaient interrompu la tentative : « Attendu qu'il n'a point été posé de question sur les causes d'interruption de la tentative ; casse la déclaration du jury de jugement et le jugement du tribunal criminel du département de la Somme du 15 vent. an 5 » (Crim. cass. 27 mess. an 5. MM. Allasœur, pr.), Seignette, rap., aff. Dine); — 8° Que sous le code du 3 brum. un 4 et la loi du 22 prair. an 4, il était indispensable, sur une accusation de tentative de vol, de poser au jury la question de savoir si la tentative ou du moins son effet n'avait été suspendu ou empêché que par des circonstances indépendantes de la volonté du prévenu : « Considérant que, conformément à l'art. 373 du code, le président doit poser toutes les questions qui résultent, tant de l'acte d'accusation que des débats et que les jurés doivent décider ; que, dans l'espèce, il s'agissait d'une tentative de vol pour laquelle le tribunal a, en exécution de la loi du 22 prair. an 4, appliqué les peines portées au code pénal, mais qu'il n'a posé aucune question sur le fait de savoir si la tentative ou du moins son effet n'avait été suspendu ou empêché que par des circonstances indépendantes de la volonté du prévenu, question qu'il était indispensable de poser» (Crim. cass. 11 vent. an 7, M. Chasle, rap., aff. Ourdan); — 9° Que, dans une accusation de tentative de viol, non-seulement il devait, à peine de nullité, être posé la question de savoir s'il y avait eu tentative, si elle avait été manifestée par des actes extérieurs, s'il y avait eu un commencement d'exécution ; mais encore il fallait demander aux jurés quels avaient été ces actes extérieurs : « Attendu qu'il a seulement été posé la question de savoir s'il y a eu tentative de viol, si elle a été manifestée par des actes extérieurs, s'il y a eu commencement d'exécution, sans demander quels ont été ces actes extérieurs, ce qui a pu laisser vaguer les jurés entre des actes caractéristiques d'une tentative de viol et des actes seulement attentatoires aux mœurs publiques punis par la police correctionnelle» (Crim. cass. 12 brum. an 6, M. Seignette, pr., Guyon, rap., aff. Richer): mais c'était, à notre avis, aller trop loin.

20. Il avait été jugé, d'un autre côté : 1° que pour caractériser une tentative de meurtre, comme pour caractériser une tentative d'assassinat, il ne suffisait pas que le jury eût déclaré qu'elle avait eu lieu avec préméditation; il fallait encore qu'il y eût eu dessein de tuer : « Attendu que Decorde n'est pas mort du coup de fusil qui a été tiré sur lui; que, dès lors, la prévention ne portait pas sur un homicide consommé ; que, dans ces circonstances, soit qu'il s'agit d'une tentative de meurtre, soit qu'il s'agit d'une tentative d'assassinat, les jurés devaient être interrogés sur la question de savoir si le coup de fusil avait été tiré à dessein de tuer ; que la réponse affirmative du jury sur la question de préméditation n'a pas suffi pour caractériser le fait de tentative d'assassinat; qu'il y a donc eu insuffisance dans la position des questions, et fausse application de la loi pénale sur le fait décidé par ces questions, ainsi qu'elles ont été posées; que si le fait de la prévention pouvait rentrer dans l'application de l'art. 27, 1re sect., tit. 2, c. pén., il n'y aurait eu lieu à la peine prononcée par cet article que dans le cas où les jurés eussent été interrogés et eussent répondu affirmativement sur les circonstances énoncées dans cet article, et sur celles portées dans un des art. 21, 22, 23 et 24 qui le précèdent ; que, sous aucun rapport, la position des questions et l'application de la peine ne peuvent donc être justifiées et conséquemment maintenues ; en conséquence de l'art. 456 de la loi du 3 brum. an 4, casse et annule la position des questions, la déclaration du jury de jugement, et spécialement l'arrêt, etc.» (Crim. cass. 22 nov. 1810, M. Schwendt, rap., aff. Hédou) ; — 2° Que la peine de la tentative avait pu être appliquée par le tribunal criminel lorsqu'il résultait des faits déclarés qu'il y avait eu commencement d'exécution, lors même que les jurés ne s'élaient pas expliqués d'une manière formelle à cet égard : « Attendu que si les jurés ont essentiellement le droit de déclarer les faits, les juges ont également celui de reconnaître ce qui en résulte ; qu'en cas de tentative, lorsqu'il résulte évidemment et nécessairement des faits déclarés qu'il y a eu commencement d'exécution, il n'est pas nécessaire pour la juste application de la peine que les jurés se soient expliqués d'une manière formelle sur cette circonstance » (Crim. rej. 28 niv. an 12, MM. Viellart, pr., Rataud, rap., aff. Richard) ; — 3° Que la question de savoir si la tentative de banqueroute avait été manifestée par des actes extérieurs se trouvait implicitement renfermée dans

celle de savoir si les accusés avaient diverti des effets (Crim. rej. 26 mess. an 8, aff. Forest, v° Faillite, n° 1465); — 4° Que, sous l'empire de la loi du 22 prair. an 4, la déclaration du jury devait, à peine de nullité, constater si la tentative avait été suspendue par des circonstances fortuites et indépendantes de la volonté de l'accusé (Crim. cass. 1er pluv. an 5, MM. Brun, pr., Butocq, rap., aff. Balthasar de Grave ; 21 pluv. an 5, MM. Boucher, pr., Brun, rap., aff. Mesmin; 14 germ. an 5, MM. Giraudet, pr., Lemaire, rap., aff. Ant. Bourdeix; 21 prair. an 5, MM. Seignette, pr., Brun, rap., aff. Hinsek; 13 fruct. an 5, M. Riolz, rap., aff. Bourdet);— 5° Que la circonstance que le pistolet tiré à dessein de tuer a fait faux feu est fortuite et indépendante de la volonté du coupable et caractérisait la tentative d'homicide, assimilée à l'homicide consommé : « Attendu que, le pistolet tiré par Érisman à dessein de tuer ayant fait faux feu, il en résulte bien que la tentative d'homicide n'a été suspendue que par une circonstance fortuite, indépendante de la volonté du prévenu, puisqu'ayant dessein de tuer, ce ne peut être qu'indépendamment de sa volonté, contre sa volonté, que le pistolet a fait faux feu » (Crim. rej. 9 germ. an 6, MM. Gohier, pr., Seignette, rap., aff. Erisman) ; — 6° Que la déclaration du jury portant qu'il y a eu des circonstances indépendantes de la volonté du prévenu constatait suffisamment que ces circonstances avaient été fortuites, ce qui réunissait les conditions caractéristiques de la tentative : «Attendu que les circonstances fortuites et indépendantes de la volonté du prévenu, requises par la loi du 22 prair. an 4 pour caractériser la véritable tentative, se trouvent suffisamment établies de ce que le jury a répondu qu'il y avait eu des circonstances indépendantes, car des circonstances ne peuvent être indépendantes sans être en même temps fortuites au regard des prévenus » (Crim. rej. 20 avr. 1809, MM. Barris, pr., Carnot, rap., aff. Lebras); — 7° Que la déclaration du jury portant, d'une part, qu'il y avait eu attaque à dessein de tuer, et d'autre part que l'accusé n'était pas convaincu d'avoir commis cette attaque méchamment et à dessein était contradictoire et nulle (Crim. cass. 9 frim. an 7, aff. Réaux, V. infrà, n° 22).

21. Il avait été décidé également, pour la Corse, où les cours criminelles siégeaient sans assistance de jurés : 1° que, sous l'empire de la loi du 22 prair. an 4, une cour criminelle avait pu condamner comme coupable de tentative de meurtre suivie d'un commencement d'exécution l'individu qui avait été déclaré convaincu d'avoir volontairement blessé et tenté de tuer d'un coup d'arme à feu : «Attendu que, dans l'espèce, l'arrêt de la cour criminelle d'Ajaccio a déclaré Jean-Antoine Angely et Dominique Leca convaincus d'avoir volontairement blessé et tenté de tuer Paul et Pierre Geromini d'un coup d'arme à feu, qu'ainsi la tentative de meurtre a été suivie d'un commencement d'exécution. » (Crim. rej. 5 mai 1808, MM. Barris, pr., Vasse, rap., aff. Leca); — 2° Que, la tentative de crime n'étant punissable que lorsque le commencement d'exécution donné au crime avait été suspendu par des circonstances fortuites, l'arrêt qui faisait l'application des peines prononcées par cette loi, sans s'expliquer sur le point de savoir si la cause de la suspension de la tentative de crime avait été indépendante de la volonté des prévenus, était, à raison de cette omission, susceptible de cassation (Crim. cass. 25 nov. 1808, M. Oudot, rap., aff. Piannocci ; 23 vend. an 7, M. Busschop, rap., aff. N...; 11 vent. an 7, M. Chasle, rap.; 14 vend. an 8, M. Ritter, rap.; 28 frim. au 14, M. Vermeil, rap.; 23 avr. 1810, M. Schwendt, rap.).

22. Le code du 3 brum. an 4 (art. 377) défendait de la manière la plus absolue de poser aux jurés aucune question complexe (V. Instr. crim., n°s 2791s.). L'infraction de cette défense était une cause de nullité. — Sous l'empire de cette disposition, il avait été jugé: 1° qu'il n'était pas permis de demander au jury s'il y avait eu tel jour attaque à dessein de tuer, une telle question étant manifestement complexe en ce qu'elle confondait le fait de l'attaque avec l'intention qui la faisait commettre, et que cette complexité n'était pas détruite par des questions ultérieurement posées sur l'intention (Crim. cass. 9 frim. an 7) (1) ; — 2° Mais qu'il n'y avait pas complexité dans une question relative à la ten-

---

(1) (Min. pub. C. Réaux.) — Le tribunal; — Vu l'art. 255 acte const., les art. 377, 380 et 456 c. délits et peines ; — Attendu, 1° que

la septième question posée par le tribunal criminel du département du Pas-de-Calais, dans l'affaire d'Augustin Réaux, est ainsi conçue : « Est-

tative qui portait sur plusieurs faits, si c'était sur ces faits que la tentative était établie : « Attendu que, quoique la première question soumise aux jurés porte sur plusieurs faits, elle ne présente point de complexité, parce que c'étaient ces faits qui établissaient la tentative; que sous ce rapport, l'objet de leur délibération devenait simple et déterminé, et qu'en les interrogeant d'une manière détaillée comme on l'a fait, c'est comme si on leur eût demandé d'une manière générale si, d'après les faits et circonstances rappelés en l'acte d'accusation ou résultant de l'instruction, il y avait eu tentative de vol » (Crim. rej. 22 niv. an 12, MM. Viellart, pr., Rataud, rap., aff. Richard).

23. Une loi du 29 niv. an 6, dont la sévérité était justifiée par les circonstances dans lesquelles elle était rendue, et notamment par la déplorable fréquence qu'avaient acquise, à la faveur des troubles révolutionnaires, les attentats contre les personnes et les vols commis dans les maisons habitées, avec effraction extérieure ou d'escalade, ajoutait (art. 3) : « Ceux qui seront convaincus de s'être introduits dans des maisons habitées, à l'aide d'effraction extérieure ou d'escalade, seront aussi punis de mort, lorsqu'il apparaîtra, d'après les circonstances du fait, qu'ils avaient le dessein d'assassiner ou de voler, lors même que ces derniers crimes n'auraient pas été consommés. » Ce serait ici le cas d'examiner si le fait de s'introduire dans une maison avec l'intention d'y voler ou d'y assassiner constitue par lui-même une tentative de vol ou de meurtre, ou simplement un acte préparatoire de ces crimes; mais nous aurons à examiner ultérieurement cette question, qu'il nous suffit d'indiquer ici.

24. Il a été jugé que, pour l'application de la disposition qui précède, il était nécessaire que les prévenus se fussent de fait introduits dans les maisons habitées à l'aide d'effraction extérieure ou d'escalade, et qu'il ne suffisait point qu'ils eussent été surpris lorsqu'ils tentaient l'effraction ou l'escalade : — « Attendu que, la loi du 29 niv. an 6 étant une loi rigoureuse de circonstance et constitutionnellement temporaire, elle ne peut, bien moins encore que toute autre, recevoir aucune extension, ni ses dispositions pénales être appliquées dans l'art. 3 » — Que cette question, dans laquelle portant la loi du 22 prair. an 4, qui prononce des peines contre toute tentative de crime, s'est nécessairement reporté aux crimes et aux peines prévus et spécifiés dans le code pénal et autres lois antérieures à celle du 22 prairial; attendu que la loi du 29 niv. an 6, établissant par son art. 3 la punition de la peine de mort pour la seule introduction, à l'aide d'effraction extérieure ou d'escalade, dans des maisons habitées, lorsqu'il apparaîtrait par les circonstances du fait qu'il y aurait eu dessein, de la part des coupables, d'assassiner ou de voler, et ce lors même que ces crimes n'auraient pas été consommés, a elle-même prévu, spécifié et puni la tentative desdits crimes; qu'en donnant à cet article, comme l'a prétendu le tribunal criminel du département de la Manche, l'extension tirée par induction de la loi du 22 prair. an 4, et en admettant ce système, il s'ensuivrait qu'on punirait de la peine de mort la tentative du vol ou de l'assassinat articulée dans l'art. 3 de la loi de nivôse susrelatée : ce qui est contraire à l'esprit et au texte de ladite loi, qui a voulu, pour que la peine de mort soit applicable aux tentatives dont il s'agit, qu'il y ait eu introduction corporelle des prévenus dans une maison habitée, fait qui ne se rencontre pas dans la déclaration du jury de jugement : d'où il dérive, dans l'espèce, une fausse application dudit art. 3; ainsi que de la loi du 22 prair.

an 4 susmentionnée; fausse application qui entraîne la cassation prononcée par l'art. 456 c. 3 brum. an 4... » (Crim. cass. 17 fruct. an 7, M. Dor, rap., aff. Céron et Pillot; — Conf. Crim. cass. 3 pluv. an 7, M. Pepin, rap., aff. Van-Auweghen et Watners; 4 vent. an 7, M. Pepin, rap., aff. Zibel; 13 mess. an 7, M. Roux, rap., aff. Marie Battant; 17 mess. an 7, M. Beraud, rap., aff. Villain).

25. Il a été jugé aussi que, sous les lois des 22 prair. an 4 et 29 niv. an 6, dans une accusation de tentative de vol dans une maison habitée, les jurés devaient être interrogés, à peine de nullité, sur la question de savoir s'il y avait eu commencement d'exécution et si l'exécution n'avait été interrompue que par des circonstances fortuites et indépendantes de la volonté du prévenu : — « Considérant que, Léonard Touly étant, suivant l'acte d'accusation, prévenu et accusé d'être l'auteur d'une tentative de vol dans la maison du citoyen Gonin, aubergiste, et la loi du 29 niv. an 6, art. 3, ne pouvant s'appliquer que dans le cas où cette tentative aurait eu commencement d'exécution, laquelle n'aurait été suspendue que par des circonstances fortuites et indépendantes de la volonté du prévenu, les questions relatives à ce sujet auraient dû être posées et proposées au jurés pour déterminer leur conviction sur la moralité du fait de l'accusation; et attendu qu'il n'a pas été posé de questions relatives à la tentative du vol dont était prévenu ledit Léonard Touly par l'acte d'accusation; d'où il résulte une contravention aux art. 373 et 374 c. dél. et peines, et une fausse application des lois du 22 prair. an 4 et du 29 niv. an 6 » (Crim. cass. 4 brum. an 7, M. Chupiet, rap., aff. Touly).

26. La loi du 22 prair. an 4 était restreinte aux tentatives de crime; dès lors on n'en pouvait faire aucune application aux délits de police correctionnelle ou de simple police. Ainsi il avait été décidé que l'offre faite par un agent national à un prisonnier de lui rendre la liberté à condition que celui-ci lui donnerait sa fille en mariage n'était qu'une tentative de délit qui n'était punie par aucune loi (Crim. cass. 12 niv. an 6, aff. Lanteyris, V. Amnistie, n° 52).

27. Mais on trouve dans la loi du 25 frim. an 8 une disposition qui a trait à la tentative de cette sorte d'infraction. A la suite d'articles qui retranchaient du code pénal plusieurs faits qui y étaient qualifiés crimes et punis d'une peine afflictive ou infamante pour les ranger dans la classe de simples délits correctionnels, vient l'art. 17 de cette loi, qui porte : « La loi du 22 prair. an 4, contre les tentatives de crime, est applicable à tous les délits susénoncés, ainsi qu'à ceux mentionnés dans l'art. 23 du code de police correctionnelle... » De là il résulte que pour tous les délits correctionnels qui ne se trouvaient pas compris dans cette indication, pour tous ceux qui étaient en dehors soit de la loi du 25 frim. an 8, soit de l'art. 23 du code de police correctionnelle, la tentative n'était passible d'aucune peine (V. Merlin, Rép., v° Tentative, n° 2).

28. Une loi du 18 pluv. an 9, motivée, comme la loi du 29 niv. an 6, par les circonstances, autorisa le gouvernement à établir dans les départements où il le jugerait nécessaire des tribunaux spéciaux (dont la dénomination fut ensuite changée en celle de cours spéciales), distincts du jury spécial créé par le code du 3 brum. an 4, pour la répression de certains crimes (V. Organis. judic.). Comme c'était là une juridiction d'exception, sa compétence était rigoureusement limitée aux faits dont la connaissance lui était expressément attribuée. — Il a été jugé, par application de ce principe, que, sous la loi du 18 pluv. an 9, la connaissance

---

il constant que, le 22 mess. an 5, il y a eu attaque à dessein de tuer contre la personne de Paul Deveaux?» —Que cette question, dans laquelle le tribunal criminel a confondu le fait de l'attaque avec l'intention qui la faisait commettre, est d'une complexité manifeste, puisqu'elle porte en même temps sur le fait et sa moralité; que le jury du jugement, en répondant affirmativement, a également porté une réponse complexe; — Attendu que les questions intentionnelles suivantes ne font pas disparaître cette complexité : la dernière question, la dernière question, qui porte que « Augustin Réaux n'est pas convaincu d'avoir commis cette attaque méchamment et à dessein, » est contradictoire avec la septième ci-dessus énoncée;
Attendu que, la question de préméditation sur l'attaque effectuée contre Pascal Deveaux ayant été répondue négativement par le jury, il y avait lieu de poser les questions de tentatives, conformément à la

loi du 22 prair. an 4 ; — Que , dès là qu'une question est complexe et que les questions sont d'ailleurs contradictoires, non-seulement la légalité exigée par l'art. 255 de la constitution est détruite, mais encore qu'il n'existe plus de déclaration du jury; qu'ainsi le délit pour lequel l'accusé était en jugement reste indécis, et que le jugement d'absolution prononcé par le tribunal criminel du département du Pas-de-Calais est un acte irrégulier dans les cas semblables à celui qui se présente ; — Casse et annule la déclaration du jury de jugement et les questions sur lesquelles elle s'est intervenue dans le délit de l'attaque de Pascal Deveaux dont est accusé Augustin Réaux ; annule les débats qui ont eu lieu sur le délit; — Casse et annule spécialement le jugement du 6 fruct. dernier, etc.
Du 9 frim. an 7.-Trib. cass., sect. crim.-MM. Raoul, pr.-Roux, subst. com. pouv. exéc.

d'une tentative d'empoisonnement n'était pas attribuée aux cours spéciales :—« Attendu que les art. 13 et 14, sect. 2, tit. 2 de la 2ᵉ partie du c. pén., déterminent le caractère et la peine de l'assassinat et de la tentative ; que les art. 15 et 16 contiennent une disposition particulière sur l'empoisonnement et la tentative de ce crime et en fixent la peine ; qu'en séparant ainsi l'assassinat de l'empoisonnement, le législateur a évidemment distingué ces crimes, de manière qu'on ne peut, sans contrarier la loi, appliquer à l'empoisonnement ou à sa tentative les dispositions écrites dans cette loi pour l'assassinat ou la tentative d'assassinat ; et que néanmoins l'art. 10 de la loi du 18 pluv. an 9 n'attribue aux cours de justice criminelle et spéciales que la connaissance du crime d'assassinat » (Crim. cass. 4 août 1808, M. Minier, rap., aff. Taly).

Mais la circonstance que la victime d'une tentative d'assassinat n'était décédée que le quarantième jour de l'attentat sur elle commis, et que sa mort n'était due qu'à une cause naturelle, ne suffisant point pour détruire la prévention de tentative d'assassinat, ne pouvait, sous la loi du 18 pluv. an 9, soustraire la connaissance du crime à la compétence de la cour spéciale : — « Attendu qu'il résulte de l'arrêt de la cour de justice criminelle et spéciale du département d'Ille-et-Vilaine, du 21 nov. 1810, que Jeanne Chauvin, veuve Auvry, était prévenue d'avoir été surprise en flagrant délit, le 17 sept. précédent, au soir, tentant d'homicider son mari par préméditation ; attendu que la circonstance, relevée par l'arrêt, que ledit Auvry serait décédé le quarantième jour de l'attentat commis sur sa personne, et que sa mort serait due à une cause naturelle, ne pouvait détruire la prévention de tentative d'assassinat, et dès lors était incapable de soustraire à la compétence de la cour criminelle et spéciale la connaissance dudit crime » (Crim. cass. 30 nov. 1810, M. de Vasse-Saint-Ouen, rap., aff. Chauvin).

29. Il a été jugé encore que sous la loi du 18 pluv. an 9, un tribunal spécial était compétent pour connaître d'une tentative de vol et d'assassinat accompagnant un fait de sa compétence et dont cette tentative constituait une circonstance aggravante pour laquelle la loi l'autorisait à prononcer une peine plus forte (Crim. cass. 28 prair. an 9) (1).

30. Nous arrivons au code pénal de 1810. Deux articles du projet étaient consacrés à la tentative : c'étaient les art. 2 et 3, dont l'un était relatif à la tentative de crime et l'autre à la tentative de simple délit. Ils étaient ainsi conçus : — « Art. 2. Toute tentative de crime qui aura été manifestée par un commencement d'exécution, si elle n'a été suspendue que par des circonstances indépendantes de la volonté de l'auteur, est considérée comme le crime même. — Art. 3. Les tentatives de délits ne seront considérées comme délits que dans les cas déterminés par une disposition spéciale de la loi. » — Lorsque ces dispositions furent soumises à la délibération du conseil d'Etat (séance du 4 oct. 1808; V. Locré, t. 29, p. 103 et suiv.), M. Treilhard, en réponse à quelques critiques émises par M. Corvetto, fit observer que la tentative du crime n'est pas punie lorsque l'exé-

cution a été suspendue par la volonté de l'auteur. « C'est au surplus, ajouta-t-il, tout ce qu'on peut accorder. Que la loi ne ferme pas le chemin au repentir ; que celui qui s'arrête au moment de commettre un crime ne soit pas puni : la justice le veut, l'intérêt de la société l'exige ; car ce serait, en quelque sorte, pousser au crime que de réserver le même sort à celui qui n'achève pas qu'à celui qui passe outre. Mais quand l'exécution n'est suspendue que par des circonstances étrangères à la volonté, le coupable a commis le crime autant qu'il lui était possible, et les lois, même les plus anciennes, lui en ont fait porter la peine. Cette disposition a été reconnue tellement nécessaire que, les lois modernes l'ayant abrogée, on a été obligé de la rétablir. Mais alors pourquoi ne pas l'étendre aux délits? C'est que, dans les délits, la tentative ne se manifestant pas toujours par des faits assez caractérisés, elle devient souvent très-difficile à reconnaître. Beaucoup d'escroqueries, de filouteries, se commettent à l'instant et sans que rien de préalable annonce le projet de celui qui se les permet. »

Plusieurs membres firent des objections. MM. Bérenger, Corvetto et Defermon eussent voulu que la loi fît des distinctions, ou que du moins elle laissât aux juges une latitude qui leur permît de graduer la peine selon la gravité de la tentative. Ils admettaient bien pour certains cas l'assimilation de la tentative au crime consommé ; mais ils contestaient qu'une telle assimilation fût toujours juste. « Il serait nécessaire, disait notamment M. Bérenger, que la section ne se bornât pas à une disposition générale, qui pourrait recevoir une interprétation dangereuse ; mais que, par des dispositions spéciales, elle expliquât quelles tentatives doivent être punies comme le crime même, quelles ne méritent pas un châtiment aussi sévère. » Si cette proposition n'était pas adoptée, M. Bérenger demandait que du moins l'article proposé fût réduit au cas où il y aurait préméditation. — Après quelques observations sur la rédaction de l'article, qui eurent pour résultat de faire substituer à ces expressions : « Toute tentative de crime qui aura été manifestée par un commencement d'exécution... », les expressions suivantes, empruntées à la loi du 22 prair. an 4 : « Toute tentative de crime qui aura été manifestée par des actes extérieurs et suivie d'un commencement d'exécution... », on revint à la question de savoir si la tentative du crime serait punie comme le crime même. Aux observations présentées par MM. Bérenger, Corvetto et Defermon, il fut répondu par le prince-archichancelier de l'Empire et par M. Treilhard que ce serait trop embarrasser la rédaction que de spécifier, en définissant chaque espèce de crime, si la tentative sera punie; qu'il valait mieux statuer d'une manière générale qu'elle le sera, hors les cas déterminés par la loi, qu'il y aurait de l'inconvénient à dire que la tentative ne sera punie que dans les cas déterminés par la loi, parce que ce serait annoncer qu'il est des crimes qu'on peut tenter impunément. M. Treilhard ajouta qu'il était impossible d'adoucir la peine pour celui qui a commis le crime autant qu'il était en son pouvoir; que cet homme n'est pas moins coupable que s'il avait

(1) *Espèce* : — (Min. pub. C. Leblond.) — Leblond était prévenu de s'être introduit, la nuit, avec deux autres individus, dont un était armé, dans le domicile rural d'un citoyen, de lui avoir fait des menaces, d'avoir exercé des voies de fait contre lui à raison de l'acquisition que ce citoyen avait faite de domaines nationaux, d'avoir même tenté de le voler et de l'assassiner. — Le tribunal spécial du département de l'Eure s'est déclaré compétent pour connaître des menaces et voies de fait, et incompétent pour connaître de la tentative de vol et d'assassinat. — Pourvoi en cassation. — Jugement.

LE TRIBUNAL; — Vu les art. 11 et 26 L. 18 pluv. an 9; — Vu l'art. 13, sect. 1, tit. 2, 2ᵉ part., c. pén.; — Vu l'art. 1 L. 22 prair. an 4; — Et attendu, 1° que le tribunal spécial du département de l'Eure, compétent pour connaître des menaces faites à Tassel, des voies de fait exercées contre lui à raison de l'acquisition d'un domaine national faite par ce citoyen, était également compétent pour connaître de la tentative faite au même moment, par les mêmes individus, de le voler et de l'assassiner, puisque la tentative de vol et la tentative d'assassinat ont accompagné les menaces et voies de fait, et en sont des circonstances aggravantes pour lesquelles le tribunal spécial est, par l'art. 29 L. 18 pluv. an 9, autorisé à prononcer des peines plus fortes que celles dont sont punis les simples menaces, excès et voies de fait ; 2° que le tribunal spécial du département de l'Eure, qui, dans un des considérants de son jugement, a bien reconnu sa compétence pour connaître

des vols commis dans les habitations de campagne par deux personnes au moins, avec port d'armes, et des assassinats, c'est-à-dire qui se fût déclaré compétent si ces délits avaient été consommés, a cependant cru n'être pas compétent pour juger les tentatives de ces mêmes délits ; que son motif, fondé sur ce que la loi du 18 pluv. est une loi d'exception et que tout ce qui n'est pas expressément compris dans l'exception doit rentrer dans le droit commun et général, eût dû céder à la considération des lois ci-dessus citées assimilent la tentative du crime au crime même; qu'en effet, la tentative, telle qu'elle est caractérisée dans la loi du 22 prair. an 4, est, relativement à son auteur, le crime lui-même, puisqu'il l'a commis autant qu'il a été en son pouvoir, et que si, malgré sa volonté et ses efforts, le dernier acte n'a pas été consommé, c'est que le malfaiteur en a été empêché par une force ou par des circonstances auxquelles il n'a pu résister ; qu'ainsi le tribunal spécial du département de l'Eure était compétent pour connaître de tous les délits dont était prévenu Pierre Leblond, et qu'en se déclarant incompétent pour connaître de la tentative de vol et d'assassinat, il est contrevenu aux art. 11 et 29 L. 18 pluv. an 9 ; à l'art. 15, sect. 1, tit. 2, 2ᵉ part., c. pén., et à l'art. 1 L. 22 prair. an 4 ; — Par ces motifs, casse le jugement du tribunal spécial du département de l'Eure du 15

Du 28 prair. an 9.-Trib. cass., sect. crim.-MM. Dulocq, pr.-Serguette, rap.-Arnaud, subst. commiss. gouv.

réussi. « On a dit, poursuivit l'orateur, qu'il fallait donner de la latitude aux juges : ils auront cette latitude, puisqu'il leur sera permis de prononcer entre un *maximum* et un *minimum* de peines. » Au surplus, M. Treilhard déclara ne pas s'opposer à ce que, dans les crimes les moins graves, la tentative ne fût punie qu'au *minimum*. — A la suite de cette discussion, le conseil arrêta (dit Locré, t. 29, p. 107) que la tentative ne serait punie des mêmes peines que le crime que dans les cas déterminés par la loi. L'art. 3, relatif à la tentative des délits, fut adopté sans observation.

31. La décision prise relativement à l'art. 2 semblait annoncer un changement de système. Il n'en fut rien toutefois, et la rédaction primitive fut maintenue, sauf l'addition empruntée à la loi du 22 prair. an 4, et une autre qui fut adoptée ultérieurement, sur les observations de la commission de législation. Lorsque le paragraphe relatif à l'homicide lui fut soumis, elle fit remarquer qu'il s'y trouverait une lacune si l'on n'y plaçait pas une disposition relative à l'assassinat non consommé, lorsque l'attaque a eu lieu à dessein de tuer, disposition analogue à l'art. 13, sect. 1, tit. 2 de la loi de 1791.« Un individu, disait la commission, a prémédité d'en tuer un autre; il lui tire un coup de pistolet et le manque; il y a exécution, mais l'effet n'a pas lieu; en ce cas, l'addition de l'art. 13 ne paraîtra-t-elle pas indispensable? Peut-on le regarder comme compris dans l'art. 2 du présent code, relatif à la *tentative?* Il n'y a pas seulement tentative, mais le fait a été en quelque sorte consommé, quoique le coup ait manqué son effet. On conçoit qu'il existe une nuance différente entre des circonstances qui ne font que suspendre l'exécution d'une tentative et celles qui la font rester absolument sans effet, après un degré d'exécution beaucoup plus complet. » La commission demandait, en conséquence, qu'on ajoutât à la fin du paragraphe relatif à l'homicide l'art. 13 de la loi de 1791, ou bien, ce qui serait plus simple et préférable, qu'on fît à l'art. 2, relatif aux tentatives de crime, une addition qui consisterait à mettre après les mots : *si elle n'a été suspendue*, ceux-ci : *ou n'a manqué son effet* (V. Locré, t. 30, p. 447 et 448). Ce fut cette dernière proposition qui fut adoptée (Locré, t. 30, p. 462).

32. La rédaction définitive de l'art. 2 se trouva donc ainsi conçue : « Toute tentative de crime qui aura été manifestée par des actes extérieurs et suivie d'un commencement d'exécution, si elle n'a été suspendue ou n'a manqué son effet que par des circonstances fortuites ou indépendantes de la volonté de l'auteur, est considérée comme le crime même. » Quant à l'art. 3, relatif à la tentative de délit, il resta tel que le projet en avait été présenté (V. *supra*, n° 30). Nous extrayons de l'exposé des motifs présenté au corps législatif par M. Treilhard, pour tout le liv. 1 c. pén., à la séance du 1er fév. 1810, le passage qui a trait à ces deux articles : « Le second article préliminaire punit des mêmes peines que le crime les tentatives manifestées par des actes extérieurs, et suivies d'un commencement d'exécution, lorsque cette exécution n'a été suspendue ou n'a manqué son effet que par des circonstances fortuites, indépendantes de la volonté du coupable. S'il a commis le crime autant qu'il était en lui de le commettre; il a donc encouru la peine prononcée par la loi contre le crime; la sûreté publique avait déjà provoqué cette disposition, qui se trouve textuellement écrite dans une de nos lois. On peut même dire qu'elle est un développement nécessaire de deux articles du code pénal de 1791, qui infligent aux tentatives d'assassinat et d'empoisonnement les mêmes peines qu'au crime consommé. Mais cette disposition ne peut pas être si généralement adoptée pour les délits, parce que les caractères n'en sont pas aussi marqués que les caractères du crime; leur exécution peut très-bien avoir été préparée et commencée par des circonstances et des démarches qui, en elles-mêmes, n'ont rien de répréhensible, et dont l'objet n'est bien connu que lorsque le délit est consommé; il a donc été sage de n'envisager les tentatives du délit ne seraient considérées et punies comme le délit même que dans des cas particuliers déterminés par une disposition spéciale de la loi. »

M. d'Haubersart, dans le rapport qu'il fit, à la séance du 12 fév. 1810, en présentant le vœu d'adoption émis par la commission législative, après avoir brièvement indiqué les motifs de l'art. 2, s'exprima en ces termes, au sujet de l'art. 3 :« La tentative du

délit n'appelle pas la même rigueur; ses résultats sont moins graves; le délit ne suppose pas toujours la corruption : cette tentative, hors les cas spécialement prévus par la loi, n'est donc point considérée comme délit par le projet, qui, sur ce point, ne fait encore que confirmer la jurisprudence actuelle. »

33. La révision de 1832 n'a apporté aucun changement au système du code pénal en ce qui concerne la tentative. Seulement la rédaction de l'art. 2 a été légèrement modifiée. Cet article disait, dans le code pénal de 1810 : « Toute tentative de crime qui aura été manifestée par *des actes extérieurs et suivie* d'un commencement d'exécution... » Depuis 1832, il est ainsi conçu :« Toute tentative de crime qui aura été manifestée par un commencement d'exécution... »Cette modification n'a point été motivée dans les travaux préparatoires de la loi de révision, mais elle nous paraît se justifier d'elle-même. Dans l'ancienne rédaction, la tentative semblait être distincte du commencement d'exécution et le précéder; or cela ne nous semble pas exact; la tentative et le commencement d'exécution se confondent en réalité. D'un autre côté, les actes extérieurs se comprennent par opposition aux actes intérieurs, au travail de la pensée; mais le commencement d'exécution suppose nécessairement des actes extérieurs. Il peut y avoir des actes extérieurs sans commencement d'exécution, et dès lors il ne suffisait pas, pour caractériser la tentative, de mentionner les actes extérieurs; mais il ne peut y avoir commencement d'exécution sans actes extérieurs; c'est pourquoi la mention du commencement d'exécution rendait inutile et superflue celle des actes extérieurs. — MM. Chauveau et Hélie (t. 1, p. 357) critiquent le changement de rédaction. Si les actes qui caractérisent le commencement d'exécution étaient clairement définis, disent-ils, on eût pu sans inconvénient retrancher la mention des actes extérieurs. Mais, lorsque la tentative se compose d'un grand nombre de circonstances, il peut être difficile de déterminer l'instant précis où se produit le commencement d'exécution : les criminalistes eux-mêmes s'y méprennent.» Mais, répondrons-nous aux savants auteurs, qu'il soit fait ou non mention des actes extérieurs, la difficulté est la même : dans l'une et l'autre hypothèse, la tentative n'étant punissable qu'autant qu'il y a commencement d'exécution, la question est de savoir en quoi consiste le commencement d'exécution. Ainsi, en faisant disparaître des mots inutiles, le législateur n'a ni aggravé ni atténué la difficulté d'application. — Signalons encore une autre modification faite dans ce même art. 2. L'ancienne rédaction disait :« Si elle n'a été suspendue ou n'a manqué son effet que par des circonstances *fortuites* ou indépendantes de la volonté de son auteur. »La nouvelle dit simplement «...par des circonstances indépendantes de sa volonté. »En effet, l'essentiel est que le coupable ne se soit pas arrêté par sa propre volonté; du moment où les circonstances qui l'ont obligé à s'arrêter étaient indépendantes de sa volonté, peu importe qu'elles aient été fortuites ou non.

34. Il a été jugé, sous l'empire du code pénal de 1810, que la tentative d'un crime devait, pour être punissable, réunir séparément et cumulativement la double condition des actes extérieurs et d'un commencement d'exécution; ainsi l'effraction faite au contrevent d'une maison par des voleurs à l'effet de s'introduire dans cette maison pour y voler ne constituait pas une tentative légale : — « Attendu qu'en considérant l'effraction dont s'agit comme une tentative faite pour voler Solomiac, elle ne se trouverait pas avoir les trois caractères dont la réunion pourrait seule l'assimiler à un vol consommé; qu'on ne voit pas, en effet, que l'effraction faite au contrevent de Solomiac puisse, tout à la fois, constituer les actes extérieurs et le commencement d'exécution voulus séparément et cumulativement par l'art. 2 c. pén. ; que si cette effraction est un acte extérieur qui annonce l'intention de s'introduire pour voler, on se demande où peut être le commencement d'exécution, lorsque l'introduction dans la maison de Solomiac, qui pourrait constituer le second caractère obligé de la tentative, n'a pas eu lieu; qu'il importerait peu, pour résoudre la difficulté, de dire que cette introduction n'a été empêchée que par le coup de fusil qu'a tiré Solomiac, puisqu'en admettant que cette circonstance pût tenir lieu de ce troisième caractère exigé pour rendre la tentative criminelle, il n'en résulterait pas qu'elle eût été à la fois manifestée par des actes extérieurs et suivie d'un commencement d'exécution, ainsi que l'exige la loi » (Toulouse, 1er août 1825, ch. d'acc., MM. d'Aldéguier, pr., de Castelbajac, subst., aff. Galibert). — Nous admettions bien qu'il ne suffisait pas qu'il y eût des actes extérieurs, lorsque ces actes ne constituaient pas un commencement d'exécution; mais lorsqu'il existait un commencement d'exécution manifeste, nous ne saurions admettre qu'il dût y avoir en outre de simples actes extérieurs dont l'existence distincte et cumulative fût nécessaire pour rendre la tentative punissable.—C'est ainsi qu'il a été jugé que la tentative d'empoisonnement avec commencement d'exécution, quelles qu'en aient été les suites, est punissable comme le crime même; que le commencement d'exécution suffit pour caractériser la tentative, alors d'ailleurs que l'accusé n'a pas attaqué l'arrêt de renvoi qui a qualifié de tentative le seul commencement d'exécution : « Attendu que la question soumise au jury a été conforme au résumé de l'acte d'accusation et conforme aux dispositions de la loi qui punit l'attentat à la vie de quelqu'un par empoisonnement, quelles qu'aient été les suites de cet attentat, et que, pour caractériser l'attentat, il suffit qu'il y ait eu commencement d'exécution; que, d'ailleurs, le réclamant ne s'étant point pourvu contre l'arrêt de mise en accusation, la qualification du fait ne pourrait plus être examinée par la cour que d'après les faits déclarés par le jury » (Crim. rej. 11 sept. 1817, MM. Barris, pr., Rataud, rap., aff. Bidan).

35. A part les légers changements que nous venons d'indiquer et qui, selon nous, ne portent que sur la forme, la disposition du code pénal a été maintenue : la tentative continue d'être assimilée au crime consommé. Cependant la question a été agitée en 1832 au sein de la commission de la chambre des députés, et voici en quels termes le rapport de cette commission s'est exprimé sur ce sujet : « Qu'importe que la loi égale dans tous les cas la tentative à l'exécution, quoique, dans l'opinion commune, la gravité d'un crime se mesure en partie aux résultats qu'il a produits, si l'admission des circonstances atténuantes permet au jury de tenir compte à l'accusé du bonheur qu'il a eu de ne pouvoir commettre son crime? » C'est ce même motif qui fit rejeter, lors de la discussion, un amendement portant que *toute tentative serait punie de la peine immédiatement inférieure à celle que l'auteur aurait encourue s'il eût consommé son crime.* — Enfin voici comment s'exprimait sur le même sujet le rapporteur de la commission de la chambre des pairs : « Quelques personnes ont pensé que la tentative de crime ne devait être punie que de la peine inférieure à celle appliquée au crime même. Votre commission n'a pas partagé cet avis. La perversité est la même dans les deux cas, et les pouvoirs nouveaux accordés aux jurés leur donnent la possibilité d'établir les différences morales qui pourront se rencontrer entre le crime accompli et la simple tentative. »

On comprend, d'après les idées que nous avons précédemment émises sur les diverses nuances de la criminalité, que nous ne pouvons approuver ce système. Nous eussions admis à la rigueur que la loi eût assimilé le crime manqué au crime qui a produit tout son effet, bien qu'il nous semble préférable de tenir compte de la différence du résultat, ainsi que nous l'avons dit (*supra*, n° 12); mais placer sur la même ligne la simple tentative, c'est-à-dire le crime commencé, que peut-être son auteur n'eût point achevé, et le crime entièrement consommé, n'avoir aucun égard à la distance qui parfois, en cette matière, sépare le commencement de la fin, voilà ce qui nous paraît contraire aux principes de justice qui doivent être la base d'un bon système pénal. — On a d'ailleurs admis l'admission des circonstances atténuantes permettait d'adoucir l'excessive rigueur de cette disposition. Mais c'est là dénaturer le système des circonstances atténuantes. Le but de son introduction dans notre législation criminelle a été, non pas de remédier aux vices de la classification des faits à réprimer, mais de donner aux juges un moyen de suivre, dans la répression, les nuances variées de la criminalité. Suivant l'esprit de la loi, les circonstances atténuantes ne doivent être admises que dans des cas en quelque sorte exceptionnels, où le résultat du fait descend au-dessous du niveau habituel; tandis que c'est dans les cas ordinaires et en l'absence de toute circonstance particulière que la simple tentative est en soi moins criminelle

que le fait consommé.—V. aussi en ce sens les observations de MM. Chauveau et Hélie, t. 1, n°s 348 et 349; Ortolan, n° 1026.

36. Maintenant résumons sur ce sujet l'état de notre législation. — Nous avons distingué trois périodes possibles : la *résolution*, la *préparation*, et l'*exécution*. En règle générale, de ces trois périodes, les deux premières échappent à toute pénalité. Dans la troisième, la tentative volontairement abandonnée n'est, à la vérité, passible d'aucune peine; mais, en matière criminelle du moins, la tentative interrompue et le crime manqué sont punis des mêmes peines que le crime consommé.

37. Nous avons dit *en règle générale*, et ce n'est pas sans intention. Les règles que nous venons d'énoncer comportent, en effet, plusieurs exceptions. — Et d'abord l'art. 89 c. pén. punit de la détention le complot, c'est-à-dire la *résolution* d'agir concertée entre deux ou plusieurs personnes, ayant pour but l'un des crimes mentionnés aux art. 86 et 87 (attentat contre l'empereur ou les membres de la famille impériale, attentat ayant pour objet de changer le gouvernement ou l'ordre de succession au trône, etc.), alors même qu'il n'a été suivi d'aucun acte commis ou commencé pour en préparer l'exécution. Ainsi, dans ce cas, la loi punit la résolution d'agir, non-seulement sans qu'il y ait eu commencement d'exécution, mais sans qu'il y ait eu même aucun acte préparatoire. Il est vrai qu'ici la résolution n'est pas pure et simple; un autre fait vient s'y joindre, qui crée pour la société un grave danger contre lequel elle ne doit pas rester désarmée : ce fait, c'est le concert, l'association, l'engagement réciproque, qui enlève aux auteurs du complot une partie de leur liberté morale, et peut-être ne leur permet plus de rétrograder sans s'exposer eux-mêmes à un grave péril. — La loi ne se borne pas à punir le complot formé, elle punit même, quoique de peines moins fortes, la proposition faite et non agréée de former un complot pour arriver aux crimes mentionnés dans les art. 86 et 87.

Une autre exception se trouve dans les art. 265 et suiv. c. pén., qui incriminent spécialement les associations que forment entre eux des malfaiteurs pour commettre des crimes contre les personnes ou les propriétés, et qui les punissent de peines sévères, alors même qu'elles n'ont été accompagnées ou suivies d'aucun des crimes qu'elles avaient en vue. C'est qu'ici, comme dans le cas dont nous venons de parler, indépendamment de la résolution d'agir, qui, seule, échapperait à la répression, il existe ce fait d'association, qui renferme en lui-même le plus grave péril pour la paix et la sécurité publiques.

38. On peut à certains égards voir une seconde exception à la même règle dans les art. 305 et suiv. c. pén., qui punissent la menace d'assassinat, d'empoisonnement, etc., de peines plus ou moins graves, selon que la menace a été faite sous condition ou sans condition, et dans le premier de ces deux cas, selon qu'elle a été faite par écrit ou verbalement. En effet, peut-on dire, pourquoi la menace est-elle ici punie? Parce qu'elle suppose, de la part de son auteur, la résolution d'agir, la résolution d'exécuter le crime annoncé. Mais on peut répondre que la peine est applicable à l'auteur de la menace alors même qu'il n'aurait pas eu l'intention de l'exécuter, et qu'ainsi ce que la loi punit, ce n'est pas le fait intérieur de la résolution, mais le fait extérieur de la menace, dont elle fait un crime ou délit spécial, abstraction faite des intentions de son auteur. Ainsi, la résolution d'assassiner une personne n'est pas punissable; mais la menace faite, même sans la résolution, est un crime ou un délit et donne lieu à l'application d'une peine. A proprement parler donc, les dispositions dont il s'agit ne constituent pas une exception à la règle qui affranchit de toute peine la simple résolution de commettre un crime ou un délit (Conf. M. Trébutien, p. 94).

39. La seconde règle, suivant laquelle les actes préparatoires ne sont passibles d'aucune peine, reçoit aussi plusieurs exceptions.—Ainsi, dans le cas, dont nous venons de parler, de complot ayant pour but les crimes mentionnés aux art. 86 et 87, la peine est plus élevée si le complot (c'est-à-dire la résolution d'agir) a été suivi d'un acte commis ou commencé pour en préparer l'exécution. Au lieu de la détention, c'est la déportation qui doit être prononcée. — De plus, aux termes de l'art. 90 c. pén., l'individu qui a formé seul la résolution de commettre un attentat contre la vie ou la personne de l'empereur ou des membres de la famille impériale, est passible de la détention dès qu'il a, seul et sans assistance, commis ou consommé un acte ayant pour objet d'en préparer l'exécution.

40. MM. Chauveau et Hélie (t. 1, p. 367) voient une autre exception à la même règle dans les dispositions du code pénal qui punissent la fabrication, soit de la fausse monnaie, soit de pièces fausses (c. pén. 132, 147 et 150; V. Faux et fausse monnaie). Selon ces auteurs, la fabrication d'une monnaie ou d'une pièce fausse n'est point par elle-même un crime, mais bien un moyen de le commettre par l'usage de la pièce ou l'émission de la monnaie; le crime réel consiste dans le vol, l'escroquerie, la tromperie, en un mot, que le faux est destiné à accomplir. La fabrication n'est donc, à proprement parler, qu'un acte préparatoire de ce vol ou de cette escroquerie. Ainsi la loi pénale, en incriminant cet acte préparatoire, établit une dérogation à l'art. 2, qui ne punit que le commencement d'exécution; dérogation qui se justifie, du reste, par la facilité avec laquelle le faussaire peut à tout moment faire usage de la pièce fausse, et par le péril dont cet acte préparatoire menace incessamment la société. — M. Bertauld (p. 197) n'admet pas qu'il y ait là une dérogation à l'art. 2, et que la fabrication de la monnaie ou de la pièce fausse ne doive être considérée que comme un acte préparatoire. « Comment donc! dit-il, est-ce que le fait duquel résulte la possibilité du préjudice n'est pas consommé? Est-ce qu'il y a certitude que la monnaie et la pièce fausses ne serviront qu'autant que l'infracteur ne se désisterait pas de son acte criminel et n'en abandonnerait pas le profit? Non : le faussaire peut mourir, en avoir un héritier, dans l'ignorance du crime, en parfaite bonne foi, mettrait peut-être en circulation les monnaies contrefaites, ou se prévaudrait de l'acte faux. Le faux et l'usage du faux, conclut l'auteur, sont deux crimes distincts. »

41. Il existe dans notre législation pénale quelques dispositions encore qui se rattachent à cet ordre d'idées. Ainsi, l'art. 277 c. pén. punit de deux ans à cinq ans d'emprisonnement tout mendiant ou vagabond qui a été saisi travesti d'une manière quelconque, ou porteur d'armes, bien qu'il n'en ait usé ni menacé, ou muni de limes, crochets ou autres instruments propres, soit à commettre des vols ou autres délits, soit à lui procurer les moyens de pénétrer dans les maisons. La loi suppose qu'il ne s'est travesti ou muni des objets indiqués qu'afin de commettre un crime ou un délit; mais, dans ce cas même, ce ne sont là que des actes préparatoires. — Enfin, la loi punit comme délits spéciaux la détention des armes de guerre et le port des armes prohibées (c. pén. 314; L. 24 mai 1834; V. aussi vo Armes, nos 57 et suiv., 74 et suiv.). — Peu importerait, dans ce cas, qu'il fût établi que le détenteur ou le porteur n'avait aucun mauvais dessein : ces actes ne sont pas punis à titre de préparation d'un crime ou d'un délit; ils le sont eux-mêmes, en vertu de l'incrimination spéciale dont ils ont été l'objet.

42. Nous arrivons maintenant à des exceptions d'un ordre inverse, aux exceptions que reçoit la règle suivant laquelle la tentative d'un crime qui n'a été suspendue ou n'a manqué son effet que par des circonstances indépendantes de la volonté de son auteur est punie comme le crime même. — Et d'abord il résulte de l'art. 179 c. pén. que la tentative de contraindre ou de corrompre un fonctionnaire public pour en obtenir un acte de son ministère, si elle est restée sans effet, au lieu d'être punie, comme le crime même, de peines afflictives et infamantes, ne donne lieu qu'à l'application des peines correctionnelles de l'emprisonnement et de l'amende. — Une seconde exception existe en matière d'avortement. L'art. 317 c. pén., ainsi, porte que la femme qui se sera procuré l'avortement à elle-même ou qui aura consenti à faire usage des moyens à elle indiqués ou administrés à cet effet sera punissable de la reclusion, si *l'avortement s'en est suivi*. D'où il résulte que, si elle n'a fait à cet égard qu'une tentative impuissante, elle n'est passible d'aucune peine. Et le même article, après avoir indiqué la peine applicable aux tiers qui ont procuré l'avortement d'une femme enceinte, prononce une aggravation de peine contre les médecins, chirurgiens, officiers de santé et pharmaciens, qui auraient indiqué ou administré les moyens destinés à le produire, mais seulement dans le cas où l'avortement aurait eu lieu. D'où il suit que, si la tentative est restée sans effet, l'aggravation de peine

au moins n'est pas applicable. Mais on peut se demander si la peine doit être appliquée, sans aggravation, au médecin ou à toute autre personne qui a vainement tenté de procurer l'avortement d'une femme enceinte. Cette question est controversée. Nous nous sommes prononcés pour la négative vo Avortement, no 11, d'accord en cela avec tous les auteurs. Mais la jurisprudence de la cour de cassation est contraire, ainsi que nous l'avons vu (*loc. cit.*). Cette jurisprudence a été confirmée, depuis, par d'autres arrêts qui ont décidé que la tentative d'avortement est punissable lorsqu'elle est pratiquée par d'autres que la femme enceinte (Crim. cass. 24 juin 1858, aff. Pilloy, D. P. 58. 1. 428), et qu'on estimerait à tort qu'il existe une seconde exception en faveur des médecins, sages-femmes et autres personnes exerçant l'art de guérir, lesquels sont punissables pour le crime de tentative, mais dans ce cas sans aggravation de peine à raison de leur qualité (Crim. rej. 7 oct. 1858, aff. Marty, D. P. 58. 1. 476). —L'art. 317 c. pén. contient une autre exception à l'art. 2. Il dispose, en effet, que celui qui, en administrant volontairement à autrui des substances qui, sans être mortelles, sont cependant nuisibles à la santé, lui aura occasionné une incapacité de travail de plus de vingt jours, sera puni de la reclusion. Et il ajoute que, dans le cas où le fait aura été commis contre un ascendant, la peine sera la reclusion, si l'incapacité de travail a été de moins de vingt jours, et les travaux forcés à temps si elle a été de plus de vingt jours. Il résulte de la manière dont cet article est conçu que l'application de la peine est subordonnée au résultat produit et qu'ainsi la tentative restée sans effet n'est pas punissable. — Enfin nous trouvons encore une exception en matière de subornation de témoins. Il résulte en effet de la combinaison de l'art. 365 avec l'art. 361 c. pén. que la subornation de témoins n'est punissable qu'autant qu'il y a eu réellement faux témoignage, c'est-à-dire qu'autant que le suborneur a atteint le but qu'il poursuivait, et qu'ainsi, s'il a seulement tenté de suborner des témoins sans y réussir, il n'est passible d'aucune peine (V. Témoignage faux, no 56).

43. Si en matière de crimes la tentative restée sans effet est punie comme le crime lui-même, excepté dans les cas où la loi en a disposé autrement, c'est la règle inverse qui a prévalu en matière de délits. Ici la règle générale est que la tentative n'est pas punissable, à moins que la loi ne s'en soit formellement expliquée. — Quant aux simples contraventions, le code pénal ne parle point du cas où elles auraient été seulement tentées. La conséquence évidente est qu'aucune peine ne peut être alors appliquée. En effet, la tentative en soi n'est pas le fait consommé; lors donc que la loi punit le fait consommé, on ne peut étendre la peine à la tentative, à moins qu'une disposition positive n'autorise cette extension.—Il a été décidé, en ce sens, que la tentative d'une contravention n'étant assimilable par aucune loi à une contravention, l'exposition en vente de pains n'ayant pas le poids fixé par les règlements de police ne peut pas être assimilée à la vente de ces pains à faux poids; que cette simple exposition n'est punissable que suivant l'art. 471, no 15, c. pén. (Crim. cass. 21 oct. 1841, MM. de Bastard, pr., Romiguières, rap., aff. Aubrier et autres; V. aussi vis Boulanger, no 39 et suiv.; Poids et mesures, nos 100 et suiv.). — Mais la vente à faux poids a été érigée en délit par la loi du 27 mars 1851, qui prévoit et punit la tentative, comme le délit lui-même : la décision précitée n'est donc plus applicable, au moins dans sa spécialité (V. Poids et mesures, nos 98 et suiv., 103 et suiv.).

44. *Droit comparé.* — Jetons maintenant un coup d'œil sur quelques-unes des législations étrangères, afin de voir en quoi leur système pénal, relativement à la tentative, se rapproche ou s'éloigne de celui que nous venons de faire connaître.

Les lois anglaises ne contiennent pas de théorie générale de la tentative. Chaque matière est soumise sur ce point à des règles spéciales. Ainsi, notamment la tentative de voler une personne à la même crime à force ouverte, lorsqu'elle n'a pas réussi, n'est pas punie de la même crime que le vol n'est été consommé (V. Blakstone, Lois anglaises, t. 6, p. 70). La tentative d'empoisonnement est un crime capital (Blakstone, t. 5, p. 539, note 1). Celui qui tente de détruire un enfant vivant dans le ventre de sa mère est puni de mort, alors même que cet enfant n'en aurait pae souffert. Dans le cas où il est fait usage de médecines su autres moyens pour causer une fausse couche, alors qu'il n'est pas prouvé que la femme soit alors enceinte d'un enfant déjà vivant, les coupables peuvent être condamnés à l'amende, à la prison, au pilori ou au fouet, où à l'une ou à plusieurs de ces punitions, ou à la déportation pour un temps qui ne peut excéder quatorze ans (Blakstone, t. 1, p. 225, note). — En matière de fabrication de fausse monnaie, il a été décidé que l'intention était le délit, et que le fait d'avoir en sa possession des coins en fer destinés à cette fabrication prouvait cette intention (V. Blakstone, t. 5, p 362, note).

45. Le code pénal d'Autriche (art. 8) dispose que personne ne peut être contraint de rendre compte de ses pensées ou de ses desseins intérieurs tant qu'il n'a pas entrepris une action extérieure condamnable, ou n'a rien omis de ce que la loi prescrit de faire. Mais il dispose aussi (art. 7) qu'il n'est pas nécessaire pour qu'il y ait délit que le fait soit réellement consommé. Il ajoute que la seule tentative d'un fait criminel constitue aussi un délit, toutes les fois que le malintentionné entreprend une action tendant à son exécution effective, pourvu qu'il soit seulement interrompu dans l'accomplissement par impuissance, par un obstacle indépendant de sa volonté ou par cas fortuit. Cependant la circonstance que l'acte est demeuré dans les limites d'une tentative n'est pas indifférente, comme dans notre code pénal : elle est considérée comme une circonstance atténuante et donne lieu à un adoucissement de la peine, selon que l'acte a été plus ou moins près du délit accompli (art. 40).

46. Le code prussien déclare punissable celui qu'un pur accident a empêché d'effectuer le dernier acte nécessaire à l'accomplissement du crime ; mais il lui inflige une peine inférieure à celle du crime consommé. Si le coupable s'est arrêté aux premiers actes du crime, l'intention doit être punie en raison de la distance de la tentative à la consommation entière. Enfin, si le coupable a fait tout ce qu'était nécessaire pour consommer le délit, mais que l'effet qui caractérise le crime ait été détourné par un hasard, la peine applicable est celle qui avoisine immédiatement la peine ordinaire (tit. 20, art. 40).

47. Suivant les statuts de New-York, la tentative n'est punie qu'autant que le coupable a fait quelque acte d'exécution, et la peine est graduée suivant la gravité du délit tenté. Si le fait tenté est puni de mort, la tentative est punie de dix ans d'emprisonnement ; si le fait tenté est passible d'emprisonnement, la moitié de la peine doit être appliquée à la tentative.

48. Le code pénal espagnol distingue du délit consommé le délit manqué et la simple tentative (art 3). Il n'applique aux auteurs d'un délit manqué que la peine du degré immédiatement inférieur à celle infligée par la loi au délit consommé (art. 61). Quant aux auteurs d'une simple tentative, il ne les punit que d'une peine inférieure de deux degrés à celle appliquée par la loi au délit (art. 62). Mais il ne considère pas comme coupable de tentative celui qui, après un commencement d'exécution, s'est volontairement désisté (art. 3).

49. Le code pénal du royaume des Deux-Siciles distingue aussi le crime manqué de la tentative. L'auteur du crime manqué est puni de peines d'un degré moindre que l'auteur du crime consommé (art. 69). Quant à l'auteur de la tentative, il est puni de peines d'un à deux degrés moindres que l'auteur du crime consommé, « lorsque la tentative s'est manifestée par des actes extérieurs très-voisins de l'exécution, mais tels néanmoins qu'il restait encore à l'auteur quelque autre acte à faire pour arriver à la consommation du crime... » (art. 70). Lorsque, dans les crimes manqués ou tentés, les actes d'exécution accomplis constituent par eux-mêmes un crime, on doit appliquer à l'auteur de la peine la plus grave dont ce crime soit passible (art. 72). Si la perpétration a été interrompue par le repentir du coupable, il n'est passible que de la peine encourue pour les actes déjà exécutés, quand ceux-ci sont qualifiés crimes par la loi (art. 73). Les tentatives de délit et de simples contraventions ne sont imputables que dans les cas spécialement déterminés par la loi (art. 71).

50. Le code pénal du Brésil définit la tentative dans les mêmes termes que notre code pénal de 1810, et il l'assimile au crime ou délit. « Sera crime ou délit, porte l'art. 2 de ce code, ...2° la tentative de crime, quand elle sera manifestée par des actes extérieurs et par un commencement d'exécution, et lorsqu'elle n'aura manqué son effet que par des circonstance indépendantes de la volonté du délinquant. »Et cet article ajoute que la tentative de crime ne sera punie qu'autant que le crime lui-même emporterait une peine plus forte que deux mois de prison simple ou que le bannissement hors de la *comarca* (circonscription territoriale).

§ 2. — *De la tentative de crime.*

51. Nous avons expliqué, dans le paragraphe qui précède, la théorie de la tentative, et fait connaître le système adopté en cette matière par la loi française. Ce système est fort simple. c'est, lorsqu'il s'agit de crime, l'assimilation de la tentative interrompue et du crime manqué au crime consommé. « Toute tentative de crime, porte l'art. 2 c. pén., qui aura été manifestée par un commencement d'exécution, si elle n'a été suspendue et n'a manqué son effet que par des circonstances indépendantes de la volonté de son auteur, est considérée comme le crime même. » — Il a été jugé, par application de cette disposition, que, la tentative de faux étant passible des mêmes peines que le faux consommé, l'arrêt qui omet de prononcer l'amende contre l'individu déclaré coupable de tentative de faux en écriture publique doit être cassé (Crim. cass. 20 mai 1824, aff. Journalier, v° Faux, n° 451; 11 déc. 1828, aff. Guymoyar, *eod.*).

52. La règle posée par l'art. 2 c. pén. n'est point absolue; nous avons vu précédemment (n° 42) que la loi a fait à cette règle plusieurs exceptions, en matière de corruption de fonctionnaires publics, d'avortement, de subornation de témoins (c. pén. 179, 317, 365).—Mais, hors les cas où l'exception résulte d'une disposition formelle, la règle, étant générale, s'applique à tous les crimes, du moins à tous les crimes prévus et punis par le code pénal. — Ainsi il a été jugé que les principes de l'art. 2 c. pén. sont, dans leur généralité, applicables à la tentative du crime prévu et puni par l'art. 92 c. pén., relatif à l'enrôlement d'individus non militaires : « Attendu que l'art. 2 c. pén. sur les tentatives criminelles est général ; qu'il s'applique à tous les faits que la loi caractérise de crime ; qu'il s'applique donc aux faits dudit art. 92 ;... que ces faits, lorsqu'ils n'ont été que tentés, ne peuvent être jugés que d'après cet article combiné avec le susdit art. 2 c. pén. ; rejette le pourvoi formé contre l'arrêt de la cour d'assises du Loiret, du 30 janv. 1822 » (Crim. rej. 13 fév. 1823, MM. Barris, pr., Gaillard, rap., Marchangy, av. gén., aff. Durel).

53. Les tribunaux d'exception, bien qu'ils doivent se renfermer dans les attributions qui leur ont été expressément conférées, sont compétents pour connaître, dans le silence de la loi, de la tentative des crimes dont la loi leur a confié la répression, la tentative de ces crimes étant assimilée au crime lui-même (Crim. cass. 28 prair. an 9, aff. Leblond, n° 29).

54. L'art. 3 c. pén. porte que « les dispositions du présent code ne s'appliquent pas aux contraventions, délits et crimes militaires. Or, avant la promulgation du code de justice militaire des 9 juin-4 août 1857, comme la législation alors en vigueur ne contenait aucune disposition spéciale relative à la tentative des crimes ou délits militaires, la question s'était élevée de savoir si, en vertu de l'art. 3 précité, la tentative de ces crimes ou délits devait rester impunie. La cour suprême s'était prononcée pour l'affirmative, et en conséquence elle avait jugé que ni la tentative de voie de fait envers un supérieur, ni la tentative de viol, n'étaient passibles des peines prononcées par les lois militaires contre les crimes consommés (Crim. cass. 13 nov. 1852, aff. Bucaille, D. P. 52. 1. 332; 21 janv. 1854, aff. Ghieur, D. P. 54. 1. 406). — Un autre arrêt de la même cour semblait, à la vérité, contraire à cette doctrine, en ce qu'il avait rejeté le pourvoi formé contre la condamnation infligée à un militaire pour avoir tiré contre son supérieur un coup de fusil qui n'avait pas atteint ce dernier (Crim. rej. 10 janv. 1852, aff. Bourdon, D. P. 52. 1. 124). Mais c'est que, dans cette dernière affaire, le fait imputé au militaire condamné avait été considéré, par le conseil de guerre et par la cour de cassation, comme une voie de fait consommée, et non pas comme une tentative de meurtre restée sans effet. Il n'existait donc en réalité aucune contradictlon doctrinale entre cette décision et celles qui précèdent. Ainsi la jurisprudence de la cour de cassation n'était pas douteuse, et nous croyons qu'en présence du texte si positif, si absolu, de l'art. 3, l'exactitude juridique de cette jurisprudence eût difficilement pu être contestée. — Du reste, comme il résultait des lois militaires des 3 pluv. an 2 (tit. 13, art. 18) et 21 brum. an 5 (tit. 8, art. 22) que, quand les lois militaires n'avaient pas prononcé de peines particulières pour la punition des crimes prévus par le code pénal ordinaire, les juridictions militaires étaient tenues de faire application aux militaires qui en étaient déclarés convaincus des dispositions de ce code, il avait été décidé qu'en cas de tentative d'un crime prévu à la fois par la loi militaire et par le code pénal, par exemple, en cas de tentative de viol, il y avait lieu, non de prononcer le renvoi de l'accusé, mais d'appliquer la loi pénale ordinaire (Crim. cass. 21 janv. 1854, aff. Ghieur, D. P. 54. 1. 406). Mais il résultait de là cette conséquence bizarre que le militaire qui, pour un viol consommé, eût été condamné, d'après la loi militaire, à la peine fixe de huit ans de fers, était passible, en cas de simple tentative de viol, d'une peine qui pouvait varier de cinq à vingt ans de travaux forcés, sans compter les peines accessoires dont l'application accompagne celle des travaux forcés à temps. — Quoi qu'il en soit, la question ne peut plus s'élever aujourd'hui, et par suite ces bizarreries ne peuvent plus se produire. L'art. 202 du nouveau code de justice militaire dispose en effet que les art. 2, 3, etc. du code pénal ordinaire, relatifs à la tentative de crime ou de délit, sont applicables devant les tribunaux militaires, sauf les dérogations prévues par le présent code.

55. D'après les termes de l'art. 2, la tentative n'est punissable qu'autant qu'elle a été manifestée par un commencement d'exécution. L'important est ici de savoir ce qu'il faut entendre précisément par *commencement d'exécution*, et de distinguer les actes d'exécution des actes simplement préparatoires, qui, en général du moins, ne sont passibles d'aucune peine. Nous avons donné ci-dessus (n°ˢ 3, 8 et s.) la notion abstraite des uns et des autres; mais dans la pratique la distinction n'est pas toujours sans difficulté. Il n'y a point, à cet égard, de règle générale à poser. La question, en effet, se présente sous un rapport différent pour chaque espèce de crime, et même pour chaque crime elle ne paraît pas toujours susceptible d'une solution uniforme. C'est donc d'après les circonstances particulières à chaque espèce qu'elle doit être résolue toutes les fois qu'elle vient à se présenter. Recueillons à cet égard les enseignements de la jurisprudence et de la doctrine, et les soumettant, s'il y a lieu, au contrôle de la discussion.

56. Lorsqu'il est déclaré en fait que des conspirateurs rassemblés et armés n'ont été dissipés que par l'apparition inopinée de la force publique, la peine doit leur être appliquée comme s'il y avait attentat consommé : — « Attendu que les demandeurs n'ont pas été condamnés pour une tentative de conspiration, mais bien pour un attentat consommé par le rassemblement des complices et la distribution des armes qui leur fut faite ; attendu même que, quand il s'agirait d'une tentative, la déclaration de la cour de justice criminelle de l'Arno décide en fait que les conspirateurs rassemblés et armés n'ont été dissipés que par l'apparition inopinée de la gendarmerie, ce qui aurait suffi pour l'application de la peine » (Crim. rej. 30 mai 1811, MM. Barris, pr., Brillat-Savarin, rap., Pons, av. gén., aff. Benvenuti). — Il est évident qu'en pareil cas, si les faits accomplis ne constituent pas une exécution complète du crime, ils en sont au moins un commencement d'exécution.

Un autre arrêt a décidé que le mot *tenté*, dont se sert l'art. 97 c. pén. colonial, relatif aux crimes tendant à troubler l'État par

la guerre civile exécutés ou tentés par une bande armée, ne se réfère pas à la tentative caractérisée par l'art. 2 du même code, mais à l'art. 88, d'après lequel il y a attentat dès qu'un acte est commencé pour parvenir à l'exécution du crime ; en conséquence, il n'est pas nécessaire, dans ce cas, de poser la question de tentative, aux termes dudit art. 2 (Crim. rej. 27 nov. 1834) (1).

57. Nous avons dit précédemment (n° 40) que la loi voit un crime de faux, non pas seulement dans l'usage sciemment fait d'une pièce fausse, mais aussi dans la fabrication d'une telle pièce, et que cette dernière opération, au lieu de n'être considérée que comme un acte préparatoire du crime consistant dans l'usage de la pièce fausse, avait été l'objet d'une incrimination spéciale (V. aussi Faux et fausse monnaie, n°ˢ 188 et suiv., 228 et suiv., 406 et suiv.). — Il suit de là que la tentative de fabrication d'une pièce fausse est punissable comme le crime même, lorsqu'elle présente les caractères exigés par l'art. 2 c. pén. Mais, dans cette hypothèse, on peut se demander en quoi doit consister le commencement d'exécution nécessaire pour caractériser la tentative?—A cet égard il a été décidé : 1° que celui qui s'est présenté chez un notaire pour faire souscrire un acte de donation à son profit par un individu qui s'obligeait faussement sous le nom d'un tiers est coupable d'une tentative de faux, quoique l'acte de donation n'ait pas été consommé par suite du soin que le notaire a eu de n'y pas apposer sa signature (Crim. rej. 9 juill. 1807, aff. Corte, v° Faux et fausse-monnaie, n° 262-1°); — 2° Qu'il y a également tentative punissable de faux de la part de celui qui s'est présenté devant le conseil de révision sous le nom d'un autre individu et y a fait valoir, en faveur de celui-ci, les motifs d'exemption existant en sa propre personne, bien que la fraude ait été découverte avant que le consentant ait dressé aucun acte (Crim. cass. 7 mars 1835, aff. Marcon, V. Faux, n° 260, et sur renvoi Nîmes, 11 juin 1835, ch. corr., V. aussi les autres arrêts cités *eod.*);— 3° Que le fait d'avoir fabriqué une obligation sous le nom d'un tiers, de l'avoir insérée, par abus de confiance, dans le protocole d'un notaire, à l'insu du prétendu obligé, et d'avoir provoqué le notaire et le témoin à signer cet acte, constitue encore une tentative de faux, qui doit être assimilée au crime même, si elle n'a manqué son effet que par des circonstances indépendantes de la volonté de l'agent (Crim. rej. 4 août 1826, aff. Alliey, v° Faux et fausse monnaie, n° 263); — 4° Que le crime de tentative de faux en acte public ne suppose pas nécessairement un acte public entièrement consommé; qu'ainsi, le défaut de signature de l'un des notaires instrumentaires sur un acte signé par l'autre notaire n'efface pas le caractère criminel du faux qui a produit cet acte (Crim. rej. 9 janv. 1812, aff. Herbault, V. n° 105); — 5° Que celui qui se présente devant l'officier de l'état civil pour consentir au mariage d'une personne dont il déclare faussement être le père, et qui, après la rédaction de l'acte, se retire sans signer, s'apercevant qu'il est reconnu, doit être puni comme coupable d'une tentative de faux en écriture authentique (Crim. cass. 12 juin 1807, et Crim. rej. 6 août 1807, aff. Martin de Coen, V. Faux et fausse monnaie, n° 272, *in fine*); — 6° Que celui qui, dans le dessein de faire circuler des lettres de change, en fait graver les modèles sur les traites originales des banquiers dont il se propose d'emprunter les noms et de contrefaire la signature, se rend coupable d'une tentative de faux : on dirait en vain qu'il n'y a pas de commencement d'exécution coupable tant que les imprimés destinés à devenir des lettres de change n'ont pas été revêtus d'une signature quelconque, la gravure étant en elle-même un fait indifférent qui pourra devenir utile ou nuisible selon l'usage qu'on en fera (Crim. rej. 4 sept. 1807, aff. Assier, v° Faux, n° 296).

58. L'usage d'une pièce fausse constituant un fait principal,

---

(1) (Révoltés de la Grand'Anse-Martinique C. min. pub.)—...Sur le treizième moyen : — Attendu que les demandeurs ont été déclarés coupables d'avoir commis un attentat ayant pour but d'exciter la guerre civile, en armant ou portant les citoyens, les individus habitant le pays, et les esclaves, à s'armer les uns contre les autres, de porter la dévastation, le massacre et le pillage dans plusieurs communes, et d'avoir exécuté ou tenté plusieurs de ces crimes en faisant partie de bandes armées; qu'il y a attentat, selon l'art. 88 c. pén. de la colonie, dès qu'un acte est commencé pour parvenir à l'exécution des crimes; qu'aux termes de l'art. 97 du même code, il suffit qu'un des crimes mentionnés

aux art. 86, 87 et 91, ait été simplement tenté par une bande; qu'il suit du rapprochement de ces dispositions, que le mot *tenté*, dont se sert l'art. 97 précité, ne se réfère pas à la tentative caractérisée par l'art. 2 c. pén.; qu'il n'était donc pas nécessaire de poser la question de tentative dans les termes dudit art. 2 ; — Attendu que chacun des demandeurs ayant été déclaré coupable de l'attentat dont le but est spécifié, en faisant partie de bandes armées, il s'ensuit que l'attentat n'était pas individuel, et que les bandes armées avaient le caractère criminel déterminé par les questions ; — Rejette.

Du 27 nov. 1834.-C. C., ch. crim.-MM. de Bastard, pr.-De Ricard, r.

et non une simple circonstance, la tentative de l'usage d'une pièce fausse est punissable (Crim. rej. 2 juill. 1835, aff. Aubry, V. Faux, n⁰⁵ 409 et 478). — Il a été décidé que la présentation d'une pièce fausse, telle qu'un billet à escompter, même non suivie de délivrance de valeur, constitue le crime d'usage de pièce fausse, et non pas la simple tentative de ce crime (Bourges, 21 oct. 1843, aff. Cafflot, D. P. 45. 4. 503).

59. En matière de corruption de fonctionnaires publics, les offres et promesses faites et non agréées constituent, de la part du corrupteur, un commencement d'exécution qui n'a manqué son effet que par le refus du fonctionnaire, c'est-à-dire par une circonstance indépendante de la volonté du corrupteur; dès lors elles doivent être considérées comme une tentative (V. Forfaiture, n⁰ 154. — *Contrà*, Carnot, C. pén., sur l'art. 179, n⁰ 3). Seulement, par une dérogation que nous avons déjà indiquée à la règle posée par l'art. 2, la tentative, au lieu d'être en ce cas punie comme le crime même, n'est passible que de peines correctionnelles. — Il a été décidé, en ce sens, que les offres et promesses faites à un brigadier de douanes, dans le but de s'assurer des bénéfices sur des entreprises de contrebande, constituent le délit de tentative de corruption (Douai, 24 fév. 1845, aff. Vanhaelt, D. P. 45. 4. 116). — V. au surplus Forfaiture, n⁰⁵ 147 et suiv.

Mais pour que la tentative soit passible de la peine édictée par l'art. 179, il faut nécessairement que les offres ou promesses aient eu le but déterminé par cet article. Ainsi est nul le jugement qui déclare un individu convaincu d'avoir tenté de corrompre les agents d'une administration publique, sans déclarer constant le fait, substantiel et caractéristique de la criminalité, que cette tentative avait eu pour objet d'obtenir un acte de leur ministère (Crim. cass. 9 mars 1819, aff. Chapsal, V. Prêt sur gage, n⁰ 10).

60. En ce qui concerne la tentative de meurtre, la question peut se présenter dans des circonstances très-diverses. Supposons d'abord qu'un individu ait résolu d'en tuer un autre; qu'à cet effet il s'arme et se dirige, soit vers le lieu où la victime se trouve, soit vers le lieu où il sait qu'elle doit passer. Il semble qu'il n'y ait jusque-là que des actes préparatoires. Tel n'est pas cependant l'avis de M. Rauter. Cet auteur admet bien qu'on ne pourrait punir comme coupable d'une tentative d'assassinat celui qui, s'étant embarqué en Chine pour venir tuer son ennemi à Londres, en aurait été empêché par une tempête; mais il pense que, si un homme, résolu à en tuer un autre qui est séparé de lui par plusieurs pièces de l'appartement qu'ils habitent en commun, marche armé vers la chambre où se trouve la victime désignée, il y a commencement d'exécution, et que, dès lors, si l'agresseur est arrêté en chemin, il peut être puni comme coupable de tentative de meurtre. M. Bertauld (p. 190) enseigne que, dans la der-

nière hypothèse, la question dépend des circonstances. Pour nous, nous pensons que le fait ainsi précisé ne peut être considéré que comme un acte préparatoire.

61. Supposons maintenant que le futur meurtrier s'est mis en embuscade. Au moment où paraît celui qu'il attend, il se jette sur lui et lui porte un premier coup. Mais l'autre se défend énergiquement, et met en fuite son agresseur; ou bien il crie, et l'on vient à son secours. Dans cette hypothèse, l'exécution du crime est restée incomplète, il est vrai, mais elle a été commencée et n'a été interrompue que par des circonstances indépendantes de la volonté de son auteur. Il y a donc évidemment tentative (Conf. MM. Rossi, t. 2, p. 144 et suiv.; Bertauld, p. 189).

62. Nous avons supposé dans l'agresseur la volonté de tuer. C'est, en effet, un élément essentiel du crime de meurtre et par conséquent de la tentative de ce crime. Si, dans l'hypothèse qui précède, le coupable s'était proposé seulement de blesser sa victime, il aurait commis le crime ou délit consommé de blessures volontaires, et non pas la tentative de meurtre. — Il a été jugé, en ce sens, qu'on ne peut attacher le caractère d'une tentative de meurtre à des blessures, par cela seul qu'elles ont été faites avec une arme meurtrière, lorsqu'il n'est pas établi qu'elles ont eu lieu dans le dessein de donner la mort (Crim. règl. de jug. 14 déc. 1820) (1).

C'est surtout en cas de duel que s'élève ordinairement la question de savoir si les blessures faites doivent être considérées comme une tentative de meurtre ou simplement comme un crime ou délit de blessures volontaires. Nous avons examiné cette question v⁰ Duel, n⁰⁵ 120 et suiv.

63. Dans le cas où le coupable s'était muni d'une arme qui produit ordinairement tout son effet du premier coup, par exemple, d'un fusil chargé à balle, il est possible cependant qu'il ne fasse qu'une blessure, et que cette blessure ne soit pas mortelle. Dans ce cas, le fait constitue un crime manqué plutôt qu'une tentative proprement dite. Mais la distinction est sans intérêt sous l'empire de notre législation pénale, qui confond dans une même disposition répressive la tentative et le crime manqué. — Du reste, dans ce cas comme dans le précédent, il est nécessaire d'examiner si, de la part du coupable, il y avait intention de tuer; car il serait possible qu'un habile tireur dirigeât son arme de manière à ne causer qu'une simple blessure. — Il a été décidé que l'on ne peut considérer comme tentative d'assassinat un coup de fusil tiré avec préméditation et guet-apens, lorsqu'il n'a causé que de simples blessures et qu'il ne résulte pas de la déclaration du jury que ce coup de fusil a été tiré à dessein de tuer (Crim. cass. 18 janv. 1816) (2).

64. Lorsque le coup a été tiré avec l'intention de tuer, il

---

(1) (Vinciguerra.) — LA COUR; — Attendu que, par arrêt du 3 mars 1820, la chambre d'accusation de la cour royale de la Corse, du 3 mars 1820, François Vinciguerra a été renvoyé au tribunal de police correctionnelle de Corte, comme prévenu d'avoir porté à Giudicelli un coup de stylet qui lui a fait une blessure dont il s'est résulté qu'une maladie ou incapacité de travail personnel de quinze jours; — Que le 24, le tribunal correctionnel de Corte, à qui l'affaire avait été renvoyée par la chambre d'accusation, a rendu un jugement par lequel il s'est déclaré incompétent, attendu qu'il s'agissait de blessures faites avec une arme meurtrière, ce qui constituait une tentative de meurtre; — Que, sur l'appel relevé de ce jugement par Vinciguerra, la cour royale de la Corse, chambre de police correctionnelle, l'a confirmé par arrêt du 16 sept., en adoptant les motifs des premiers juges; — Que de ces deux arrêts contraires naît un conflit négatif qui interrompt le cours de la justice et rend nécessaire un règlement de juges; — Attendu qu'aucune disposition de la loi n'a attaché le caractère d'une tentative de meurtre à des blessures, par cela seul qu'elles ont été faites avec une arme meurtrière; — Qu'il résulte de la combinaison des art. 2 et 295 c. pén., que, pour qu'il y ait tentative de meurtre, il est nécessaire qu'il y ait dessein de tuer;— Que le dessein de tuer n'est déclaré ni explicitement, ni d'une manière implicite, par le jugement du tribunal correctionnel de Corte, qui n'a fait résulter la tentative de meurtre, dont il a considéré Vinciguerra comme prévenu, que du seul fait de l'emploi d'une arme meurtrière; — Qu'il a été déclaré par la chambre d'accusation et qu'il n'a pas été contesté par la chambre de police correctionnelle, que la blessure faite à Giudicelli par Vinciguerra n'avait occasionné au premier qu'une maladie ou incapacité de travail personnel pendant quinze jours; que cette blessure ne constitue donc que le délit mentionné en l'art. 511

c. pén., et non le crime prévu par l'art. 309 du même code ; — D'après ces motifs, statuant par voie de règlement de juges, renvoie le prévenu et les pièces du procès devant la cour royale d'Aix, etc.
Du 14 déc. 1820.-C. C., ch. crim.-M. Aumont, rap.

(2) (Clément C. min. pub.) — LA COUR; — Vu l'art. 410 c. inst. crim.; — Vu aussi les art. 295, 296 et 511 c. pén.; — Attendu que l'arrêt de mise en accusation avait renvoyé le demandeur devant la cour d'assises, sur l'accusation ainsi conçue : « D'avoir, le 25 sept. 1815, commis volontairement un homicide sur la personne de Ménony, officier au régiment autrichien d'Alexandre, en tirant sur lui un coup de fusil chargé à balle, qui lui a traversé le corps et l'a blessé au bras droit ; les circonstances qui aggravent ce crime sont : qu'il a été commis avec préméditation ; que Nicolas Clément s'est mis en embuscade dans le bois, sur la route de Recey, pour y attendre le passage dudit sieur Ménony ;» — Que néanmoins le jury n'a été interrogé que sur les questions suivantes : — « L'accusé est-il coupable d'avoir, le 25 sept. 1815, dans un bois entre Recey et Champain, volontairement tiré sur la personne du sieur Ménony, officier autrichien, un coup de fusil chargé à balle, laquelle lui a traversé le corps et l'a blessé au bras droit? — Ce crime a-t-il été commis avec préméditation? — L'accusé s'est-il placé en embuscade dans le bois de Recey, pour y attendre le passage de Ménony ? » — Que la réponse affirmative du jury sur ces questions n'a donc décidé contre l'accusé qu'un fait de blessures faites avec préméditation et de guet-apens ; — Que si le coup de fusil tiré par l'accusé avec préméditation et de guet-apens, n'ayant pas donné la mort à celui qu'il a atteint, avait été pareillement tiré dans le dessein de tuer, et s'il devait alors être considéré comme une tentative d'assassinat, les questions devaient soumettre à la décision du jury les circonstances qui, d'après l'art. 2 c. pén.,

n'est pas nécessaire, pour l'application de l'art. 2 c. pén., qu'une blessure en soit résultée. Alors même que la victime n'aurait pas été atteinte, il n'y en aurait pas moins eu un acte d'exécution qui n'aurait manqué son effet que par des circonstances indépendantes de la volonté de son auteur, et dès lors cet acte constituerait un crime manqué. — Il a été décidé, en ce sens, que, pour constituer la tentative de meurtre, il n'est pas besoin que l'individu objet de cette tentative ait été blessé (Crim. cass. 10 oct. 1816, aff. Lebrat, V. Complicité, n° 133).

Mais on peut se demander si celui qui n'a fait qu'un simple geste, qui s'est borné à coucher une autre personne en joue, et qui a été empêché de tirer par une circonstance indépendante de sa volonté, par exemple parce que son arme a été relevée par un tiers, doit être considéré comme coupable de tentative de meurtre. — V. ce qui est dit sur ce sujet *infrà*, n° 82.

65. La tentative d'empoisonnement peut aussi, dans quelques cas, présenter certaines difficultés. Il est certain d'abord que l'achat du poison n'est qu'un acte préparatoire. Et même il faut en dire autant du fait de remettre ce poison à un tiers qui doit l'administrer. Ce n'est là encore que préparer le crime et non l'exécuter (V. en ce sens M. Rossi, t. 2, p. 145). — Il a été décidé, en ce sens, que l'achat de substances vénéneuses fait dans le but avoué d'empoisonner quelqu'un, l'ordre donné à un tiers de commettre le crime, et la remise des substances à ce tiers, ne constituent pas la tentative d'empoisonnement avec

---

constituent la tentative des crimes; et si ces circonstances pouvaient être considérées comme implicitement renfermées dans les faits des questions posées par la cour d'assises, le crime de tentative d'assassinat n'aurait pu du moins être déduit des réponses du jury à ces questions, qu'autant que ces réponses auraient constaté que le coup de fusil avait été tiré à dessein de tuer; dessein sur lequel le jury n'a pas été interrogé, et n'a pas conséquemment répondu; — Que, dans l'état des réponses faites par le jury aux questions qui lui ont été soumises, la cour d'assises de la Côte-d'Or, en condamnant l'accusé à la peine de mort, comme s'il avait été déclaré convaincu du crime d'assassinat, a fait une fausse application des art. 295, 296 et 302 c. pén.; — Casse.

Du 18 janv. 1816.-C. C., ch. crim.-M. Pajot de Marcheval, rap.

(1) Espèce: — (Lombard C. Rousselle). — Lombard ayant formé le dessein d'empoisonner Tourneur, peintre à Breteuil, s'était procuré de l'opium et de l'arsenic chez un pharmacien qu'il indiqua, dans l'instruction, comme demeurant rue Saint-Antoine. Lombard n'osant pas, à ce qu'il paraît, commettre le crime lui-même, Rousselle, son fermier, à qui il promit de le tenir quitte de quatre années de fermage, lui trouva dans la soirée du 26 fév., le nommé Ozanne, comme capable d'exécuter son projet. A la suite d'une conférence mystérieuse entre Lombard et Ozanne, en présence de Rousselle, Lombard, sans parler d'abord ouvertement de ses intentions, assigna à Ozanne un rendez-vous pour le lendemain soir 27 fév., afin de lui confier le poison, et lui donna une somme de 5 fr. — Ozanne, après être resté la nuit et la journée en quelque sorte sous la surveillance de Rousselle, se rendit, toujours sur les indications de celui-ci, aux lieu et heure convenus pour le rendez-vous. — Là, Lombard lui déclara son projet d'empoisonnement sur le sieur Tourneur, et lui remit à cet effet : 1° un petit paquet renfermant, comme on l'a reconnu depuis, 60 gr. d'arsenic; 2° une fiole contenant de l'opium mêlée à de l'arsenic; 3° une autre fiole contenant du vin, aussi mêlé à l'arsenic. Ozanne, d'après les instructions de Lombard, devait, en s'introduisant chez Tourneur, jeter ces substances dans ses aliments ou bien dans les boissons qu'il lui ferait prendre au cabaret. 200 fr. lui avaient été promis par Lombard s'il réussissait dans son projet, et il avait reçu immédiatement 15 fr. pour en préparer l'exécution. — Nouveau rendez-vous fut indiqué par Lombard pour le lendemain, pour compléter ses instructions. — Ozanne alla de suite révéler ce projet au juge de paix de son canton, qui lui ordonna de se rendre au lieu désigné par Lombard. — Il exécuta l'ordre de ce magistrat. Alors Lombard, qui venait de demander à Ozanne s'il avait pris des informations sur les localités, comme il le lui avait recommandé, vit deux gendarmes apostés pour connaître l'auteur du crime, se fit restituer les poisons et manifesta dès lors seulement l'intention de renoncer à son criminel projet.

Devant la chambre d'accusation, le ministère public conclut qu'il n'y avait lieu à suivre contre les prévenus; — « Considérant que le crime, porte le réquisitoire de M. le procureur général, n'a manqué son effet que par des circonstances indépendantes de la volonté de Lombard et de Rousselle; — Mais que la remise faite par Lombard à Ozanne des substances vénéneuses pour les administrer au sieur Tourneur, n'est qu'un acte extérieur et préparatoire qui ne constitue pas le commencement d'exécution; qu'il aurait fallu qu'à la suite de cette remise, les substances eussent été présen[tées a]u sieur Tourneur, ou mêlées aux ali-

---

commencement d'exécution, tombant sous l'application de la loi pénale, bien que la tentative n'ait manqué son effet que par des circonstances indépendantes de la volonté du prévenu (Amiens, 2 avr. 1840) (1).

Mais le poison est versé dans la coupe. La tentative existe-t-elle par cela seul? M. Bertauld (p. 189) fait à cet égard une distinction qui nous paraît juste. — La victime est là; on lui présente la coupe ou on va la lui présenter; ou bien encore elle n'est pas présente, mais elle doit venir ou envoyer chercher le breuvage commandé, qui reste à sa disposition. Dans ce cas, il y a tentative. — Mais il est possible que la coupe ne soit ni présentée ni mise à sa disposition; qu'un long intervalle doive s'écouler avant le moment fixé pour la consommation de l'empoisonnement. C'est sans doute, dit M. Bertauld, un grand pas vers le crime; mais le point d'arrivée est trop loin pour dire que le dénoûment est commencé. — M. Rossi ne distingue pas; il affirme que la tentative existe; mais il ne parle que du cas où, le poison versé, on va le présenter à la victime.

66. La tentative de crime étant considérée comme le crime même, une tentative de meurtre, lorsqu'elle a précédé, accompagné ou suivi un autre crime, et qu'elle présente d'ailleurs toutes les conditions exigées par l'art. 2 c. pén., donne lieu contre son auteur à l'application des peines portées par l'art. 304 (Crim. rej. 10 oct. 1845) (2). — Ainsi, celui qui met le feu à une mai-

---

ments ou aux breuvages qui lui étaient destinés, ou qu'elles eussent été placées de manière qu'on pût s'en servir; que, dès lors, la tentative est privée d'un des deux caractères nécessaires pour la faire rentrer dans l'application de la loi; — Qu'ainsi, quelque condamnable que soit vis-à-vis de la morale l'action commise par Lombard et par Rousselle, cette action n'est point punissable. »—Mais il requit contre Lombard le renvoi devant le tribunal correctionnel pour qu'il lui fût fait application des peines portées contre les contrevenants à la disposition de la loi du 29 germ. an 11, obligeant ceux qui achètent des substances vénéneuses à inscrire leur nom, qualité et demeure, sur un registre tenu à cet effet par les pharmaciens. — Arrêt.

La cour; — En ce qui touche le chef relatif à la tentative d'empoisonnement dont sont prévenus les nommés Lombard et Rousselle; — Attendu que, s'il est établi que Lombard a conçu le dessein d'attenter à la vie du nommé Tourneur, au moyen de substances pouvant donner la mort, que Rousselle ait pris part à cette résolution, en lui procurant l'homme qui devait l'exécuter, il n'existe point dans la cause d'indices suffisants que ladite tentative ait reçu un commencement d'exécution, et qu'elle n'ait manqué son effet que par des circonstances fortuites indépendantes de la volonté de ses auteurs.

En ce qui touche le chef relatif à la contravention commise par Lombard à l'art. 35 de la loi du 21 germ. an 11; — Attendu que des circonstances de la cause et des propres aveux de Lombard, résultent des indices suffisants de sa contravention à la loi précitée; — Annule l'ordonnance de prise de corps au chef qui a mis Lombard et Rousselle en état de prévention relativement à la tentative d'empoisonnement, et ordonne leur mise en liberté; — Et, statuant sur l'opposition formée par M. le procureur du roi à ladite ordonnance, en ce qu'elle a déclaré n'y avoir lieu à suivre contre Lombard à raison de la contravention ci-dessus spécifiée, annule, de ce chef, ladite ordonnance; — Renvoie ledit Lombard par-devant le tribunal de police correctionnelle de Beauvais, pour y être jugé, quant à ce, conformément à la loi.

Du 2 avr. 1840.-C. d'Amiens, ch. d'accusat.-M. Sabarot, pr.

(2) (Cercos C. min. pub.) — La cour; — Sur le deuxième moyen, fondé sur la prétendue violation de l'art. 216 c. pén., ainsi que des art. 253 et 304 du même code, en ce que la peine des travaux forcés à perpétuité encourue, d'après le dernier paragraphe de l'art. 304, à raison de la tentative de meurtre commise à l'occasion de la rébellion, étant plus forte que celle de la reclusion, portée par la loi pour la répression du crime de rébellion même, et devant seule être prononcée aux termes de l'art. 216, les faits constatés par la déclaration du jury auraient été mal à propos qualifiés et réprimés par application de l'art. 253 et de l'art. 304 c. pén., ce dernier article ne disposant pas d'ailleurs quant à la tentative des crimes : — Attendu que le demandeur Cercos a été, relativement, reconnu coupable, d'après la déclaration du jury, savoir : 1° sur les 9°, 10°, 11°, 12°, 13°, 14°, 15° et 16° questions de la deuxième série, d'avoir, avec connaissance, aidé et assisté dans les faits qui l'avaient préparé, facilitée et consommée, les auteurs d'une attaque avec violence et voies de fait, ou d'une résistance avec les mêmes caractères, envers le sergent Bacqué et les soldats Pujol, Galabert, Pailhanque et Calmels, agents de la force publique, agissant pour l'exécution des lois et des ordres de l'autorité publique; attaque et résistance constituant un crime de rébellion comme ayant été commises

son habitée avec l'intention de causer la mort de ceux qui s'y trouvent renfermés commet tout à la fois la tentative d'homicide volontaire et le crime d'incendie d'une maison servant à l'habitation ; dès lors les juges ne peuvent, sous le prétexte que ce dernier crime implique nécessairement l'intention de donner la mort et par là se confond avec le premier, prononcer la mise en accusation seulement pour le crime d'incendie (Crim. cass. 17 déc. 1842) (1).

67. Les publications de mariage de la part de celui qui est engagé dans les liens d'une première union constituent des actes préparatoires du crime de bigamie échappant à l'application de la loi, et non un commencement d'exécution : — « Considérant que la tentative ne peut être assimilée au crime même qu'autant qu'elle a été manifestée par un commencement d'exécution ; que, si la loi n'a pas défini ce qu'on doit entendre par un commencement d'exécution du crime et a laissé le soin de cette appréciation à la conscience des magistrats, les principes veulent que le commencement d'exécution se manifeste par un acte distinct de ceux qui ne sont que des faits préparatoires, par un acte prochain de la consommation, lequel ne laisse plus de place à d'autres faits nécessaires à cette consommation et à un abandon de l'intention criminelle, toujours présumable lorsqu'elle est possible ; que les publications de mariage en général, et notamment celles faites en février pour une célébration indiquée à une époque indéterminée après Pâques, ne peuvent pas constituer un commencement d'exécution tel que la loi le réclame ; de pareilles publications, qui par elles-mêmes provoquent des obstacles à la consommation du crime, sont plutôt des actes préparatoires ; ils laissent après eux un

intervalle propre à faire place à d'autres actes nécessaires à la consommation du crime, et même au désistement et au repentir ; ils n'ont donc pas le caractère de cet acte prochain du crime qui signale le commencement d'exécution exigé par la loi » (Paris, 30 juin 1840, ch. d'acc., MM. Dupuis, pr., Tardif, av. gén., aff. Bonhomme).

Mais l'on peut voir un commencement d'exécution du crime de bigamie dans le fait, par un individu déjà marié, d'avoir fait faire les publications d'un nouveau mariage, et de s'être ensuite présenté pour la célébration à la mairie avec des témoins (Crim. rej. 28 juill. 1826, aff. Bourguignon, v° Bigamie, n° 19).

68. C'est surtout en matière de vol avec effraction, escalade ou usage de fausses clefs, qu'il est difficile d'établir la distinction entre les actes préparatoires et le commencement d'exécution qui constitue la tentative. Ainsi, un individu a résolu de commettre un vol dans une maison, et il s'y introduit à cet effet, soit par escalade, soit au moyen d'une effraction ou de fausses clefs. Supposons qu'il est surpris et arrêté, soit lorsqu'il a déjà pénétré dans la maison, mais n'a encore touché à rien, soit pendant qu'il escalade le mur ou qu'il est occupé à briser la porte ou enfin qu'il vient d'introduire la fausse clef dans la serrure : doit-il être considéré comme coupable d'une tentative volontaire ? Non, dit Carnot (sur l'art. 2 c. pén., n° 13) : l'usage de fausses clefs, l'escalade et l'effraction n'ont pas été rangés par le code dans la catégorie des crimes ; le législateur ne les a considérés que comme pouvant en devenir des circonstances aggravantes ; et aucun article du code ne punit les simples circonstances, quelque graves qu'elles puissent être, lorsqu'elles ne se rattachent pas à un crime consommé ou tenté ; d'où il suit que le simple usage de fausses

---

par une réunion de trois à vingt personnes, dont plus de deux portaient des armes ostensibles ; — 2° Et sur les 13°, 14° et 17° questions de la troisième série, d'avoir avec connaissance, aidé et assisté dans les faits qui l'ont préparée, facilité ou consommée, l'auteur ou les auteurs d'une tentative d'homicide volontaire présentant les caractères déterminés par l'art. 2 c. pén., ladite tentative commise à l'aide de coups d'armes à feu sur la personne du sergent Bacqué et des quatre militaires qui l'accompagnaient, agents de la force publique, agissant pour l'exécution des lois, tandis qu'ils exerçaient ces fonctions ou à l'occasion de l'exercice desdites fonctions : tentative qui, d'après la réponse du jury sur la dix-huitième question de la même série, aurait précédé, accompagné ou suivi la rébellion antérieurement spécifiée ; —Attendu que l'art. 216 c. pén. a eu uniquement pour objet d'établir que le crime commis individuellement par l'un des fauteurs de la rébellion, dans le cours et à l'occasion de cet acte criminel, doit être puni, à l'égard de celui qui s'en serait rendu coupable, de la peine prononcée par la loi pour la répression de ce crime particulier, lorsque cette peine est supérieure à celle encourue à raison de la rébellion elle-même, sans que d'ailleurs ces deux peines puissent être cumulées, ce qui confirme aux dispositions de l'art. 365 c. inst. crim. ; — Et que l'art 304 c. pén., spécial pour le crime d'homicide volontaire, disposant d'une manière générale pour tous les cas où il y a simultanéité et concours de meurtre avec un autre crime, a, dès lors, et quant aux cas auxquels il s'applique, dérogé aux dispositions soit de l'art. 365 c. inst. crim., soit de l'art. 216 c. pén., et qu'ainsi son application a été légalement faite ; — Attendu que les faits reconnus constants par le jury et mis par lui à la charge du demandeur en cassation sont qualifiés crimes par les art. 209, 210 et 233 c. pén. ; que l'homicide volontaire doit recevoir la même qualification aux termes de l'art. 304, et que, suivant l'art. 2 du même code pénal, la tentative de crime, lorsqu'elle présente, comme dans le cas de la fausse interprétation de l'art. 454 même code : — Attendu qu'une ordonnance rendue sur le rapport du juge d'instruction, par la chambre du conseil du tribunal de première instance de Châteaubriant, le 19 nov. 1842, a mis en prévention Julien Lefort 1° d'avoir, dans la soirée du 14 sept. 1842, commis contre Guillaume Grégoire, Anne Verné, femme Grégoire, Jeanne Grégoire, leur fille, et Perrine Dugué, une tentative d'assassinat en mettant. le feu à la maison qu'ils habitaient au village de Jaunay, commune de Hérie, après avoir attaché la porte de manière à les empêcher de sortir de cette maison ; 2° d'avoir commis avec préméditation cette tentative de crime, qui a été manifestée par un commencement d'exécution, et qui n'a manqué son effet que par des circonstances indépendantes de la volonté dudit Lefort ; 3° d'avoir volontairement mis le feu à un édifice servant à l'habitation de Grégoire et de sa famille,

Du 10 oct. 1845.-C. C., ch. crim.-M. Jacquinot-Godard, rap.
(1) (Lefort C. min. pub.) — LA COUR ; — Sur le moyen tiré de la violation des art. 2, 295, 296, 502 et 304, c. pén., et de la fausse interprétation de l'art. 454 même code : —

les conditions exigées par ledit article, doit être considérée comme le crime même ; qu'ainsi la peine prononcée par l'arrêt attaqué a été légalement appliquée ; — Attendu, d'ailleurs, que la procédure est régulière en la forme ; — Rejette, etc.

intervalle... crimes prévus par les art. 2, 295, 296, 297, 502 et 504 c. pén. ; — Attendu que l'arrêt attaqué, saisi de la connaissance de la prévention établie par ladite ordonnance, l'a annulée, et n'a mis ledit Lefort en accusation que comme accusé seulement d'avoir mis le feu à un édifice appartenant à autrui et servant à l'habitation ; qu'il a écarté l'accusation de tentative d'homicide volontaire avec préméditation ; — Attendu que, pour prononcer ainsi, ledit arrêt n'a ni méconnu ni dénié l'exactitude ou l'existence des faits exposés dans l'ordonnance de mise en prévention précitée ; mais qu'il leur a donné en droit une qualification différente et plus restreinte en se fondant sur ce que, « si le fait d'avoir mis le feu à une maison habitée est passible de la peine capitale, c'est que ce crime est dirigé contre la vie et la sûreté des individus ; que dès lors il implique nécessairement l'intention coupable de donner la mort, et ne saurait par conséquent être envisagé tout à la fois comme crime d'incendie et comme tentative d'homicide, ainsi que l'ont qualifié les premiers juges ; »

Attendu que ce motif de l'arrêt attaqué repose sur une fausse interprétation de l'art. 454 c. pén. ; qu'en effet il résulte de l'économie des dispositions du code pénal que le crime d'incendie volontaire a été considéré par le législateur comme ayant presque toujours pour but la destruction des propriétés plutôt qu'un attentat contre les personnes, et que, s'il a prononcé la peine capitale contre ce crime lorsqu'il s'agit d'une maison habitée ou destinée à l'habitation, c'est parce qu'il a vu dans cette circonstance aggravante un motif d'élever la peine au plus haut degré possible contre un attentat qui, quoique dirigé contre la propriété, met trop souvent aussi en péril la vie des hommes ; — Attendu d'ailleurs que cette circonstance est applicable à l'individu déclaré coupable d'incendie volontaire d'une maison habitée ou destinée à l'habitation, alors même qu'il aurait agi sans intention ou volonté homicide envers les personnes ; que l'arrêt attaqué est par conséquent tombé dans une grave erreur de droit en déclarant « que ce crime est passible de la peine capitale, parce qu'il est dirigé contre la vie et la sûreté des individus ; que dès lors il implique nécessairement l'intention de donner la mort, et ne saurait être envisagé à la fois comme crime d'incendie et comme tentative d'assassinat ; » — Attendu, au contraire, que tout attentat contre la vie des personnes, quoiqu'il ait eu lieu en même temps que le crime d'incendie, n'en doit pas moins être distingué de ce crime, et former un chef d'accusation séparé contre celui à l'égard duquel il existe des charges suffisantes de l'avoir commis ; — Attendu qu'il résulte de ces principes que l'arrêt attaqué, en annulant l'ordonnance de mise en prévention et de prise de corps décernée par la chambre du conseil du tribunal de première instance de Châteaubriant le 19 nov. 1842, en ce que cette ordonnance avait mis en prévention Julien Lefort du crime de tentative d'homicide volontaire commis avec préméditation envers le sieur Grégoire et la famille de ce dernier, crime qui, suivant l'arrêt attaqué, devait se confondre avec le crime d'incendie, ledit arrêt a mal qualifié les faits posés dans ladite ordonnance de prise de corps, a ainsi violé les art. 2, 295, 302 et 304, c. pén., et a faussement interprété l'art. 454 même code ; — Casse, etc.
Du 17 déc. 1842.-C. C., sect. crim.-M. Debaussy, rap.

clefs, l'escalade et l'effraction ne peuvent constituer par eux seuls une tentative punissable. On pourra bien supposer, ajoute le même auteur, que l'intention de celui qui a usé de pareils moyens avait été de commettre un vol ou tout autre crime; mais le code ne punit pas l'intention, lorsqu'elle ne se rattache pas à l'existence ou à la tentative d'un fait punissable.—Tel est aussi le sentiment de MM. Chauveau et Hélie, t. 1, p. 361. Selon ces auteurs, l'escalade, l'effraction, l'usage de fausses clefs, sont en dehors de l'action criminelle; ils la précèdent, ils la préparent, mais elle n'est pas encore commencée. Ces actes, en effet, peuvent avoir pour but la perpétration d'un tout autre crime que le vol; ils peuvent préparer un rapt, un viol, un assassinat.—Cette doctrine a été consacrée par la jurisprudence. Ainsi il a été jugé : 1° qu'il n'y a tentative punissable, aux termes de l'art. 2 c. pén., qu'autant qu'on peut reprocher à l'inculpé, non pas seulement des actes antérieurs manifestant sa volonté avec certitude son intention de commettre un crime, mais bien un commencement même d'exécution de ce crime; qu'ainsi l'introduction dans une maison à l'aide d'escalade, même la nuit, bien que suffisante pour faire supposer, de la part d'un individu coupable de vols récents, l'intention de commettre un nouveau vol, ne peut constituer à elle seule une tentative dans le sens de la loi, en ce qu'elle ne peut être considérée comme un commencement d'exécution (Montpellier, 19 fév. 1852, aff. Pierre D.... D. P. 53. 2. 94); — 2° Que le fait de s'introduire dans une cour dépendante d'une maison habitée, même avec l'intention d'y voler, ne constitue pas, à lui seul, une tentative de vol (Bordeaux, 26 janv. 1842) (1); — 3° Que le fait par un individu de s'être introduit dans une habitation à l'aide d'escalade et d'effraction avec l'intention d'y commettre un vol ne constitue pas le commencement d'exécution requis par la loi pour caractériser la tentative criminelle de vol (Nancy, 13 mai 1818, rap. avec Crim. rej. 11 juin 1818, aff. Defranould, v° Inst. crim., n° 1066; Bordeaux, 27 juin 1825, rap. avec Crim. rej., 23 sept. 1825, aff. Lavareille, loc. cit.).

69. Mais MM. Chauveau et Hélie (p. 361 et 362) sont d'avis que, si l'escalade était suivie d'un acte quelconque d'exécution, quelque léger qu'il fût, tel que le déplacement d'un objet, l'ouverture d'un meuble, cela suffirait pour constituer la tentative. — Et un arrêt a décidé, en ce sens, qu'il y a tentative de crime de la part de celui qui, s'étant introduit à l'aide d'escalade, et avec l'intention de voler, dans une maison habitée, y a ouvert une armoire où il croyait trouver de l'argent, et n'a été empêché, dans l'entière exécution du crime, que parce qu'un effet d'armoire ne renfermait point d'argent (Crim. cass. 29 oct. 1813, aff. Winaud, v° Instruct. crim., n° 1066).

70. Pour nous, nous ferons remarquer d'abord que les raisons pour lesquelles on refuse de voir un commencement d'exécution et par conséquent une tentative criminelle dans l'escalade, l'effraction et l'usage de fausses clefs, s'appliqueraient également au fait d'ouvrir une armoire et même au fait de déplacer certains objets. En effet, pourrait-on dire, ouvrir une armoire ou tout autre meuble, ce peut être un acte préparatoire du vol, mais ce n'est pas encore le vol lui-même. Et l'on peut en dire autant du déplacement de certains objets : ce déplacement peut n'avoir d'autre but que de rechercher l'argent ou les autres objets que le voleur se propose d'emporter; le vol ne commence à proprement parler qu'au moment où ces derniers objets sont saisis, appréhendés. Tant qu'il n'y a pas eu prise de possession, rien ne prouve que l'armoire ait été ouverte, que les objets aient été déplacés avec l'intention de commettre un vol; il se pourrait que l'auteur du fait n'ait eu d'autre dessein que de surprendre un secret, de rechercher un titre pour en altérer les énoncia-

tions, ou de commettre divers autres méfaits tout aussi différents du vol. Voilà, ce nous semble, jusqu'où il faudrait aller si l'on admettait le point de départ de MM. Chauveau et Hélie. Nous préférons dire, avec M. Bertauld (p. 191), que la solution de la question doit être subordonnée aux circonstances. Ces circonstances, en effet, peuvent se produire avec une diversité qui ne permettrait guère d'appliquer à tous les cas une solution identique. Supposons, par exemple, qu'un individu s'est introduit furtivement dans une maison et qu'il s'y tient caché à l'effet d'attendre le moment opportun pour commettre un vol ou un assassinat. On ne pourrait voir dans ce fait qu'un acte préparatoire. Il serait permis alors de regretter, avec Carnot (loc. cit.), que la loi n'ait pas fait d'un tel acte l'objet d'une incrimination spéciale; mais, en l'absence d'une disposition expresse, il ne serait pas possible d'y voir la tentative d'un crime pour lequel l'occasion favorable ne se présentera peut-être pas ou ne se présentera que quelques heures plus tard. Mais supposons maintenant que le malfaiteur s'est introduit dans la maison par escalade, effraction ou fausses clefs, pour y commettre un vol dont la perpétration doit être immédiate, et qu'il est arrêté avant d'avoir encore eu le temps de toucher à rien : nous croyons que, dans cette hypothèse, le crime a reçu un commencement d'exécution qui n'a été suspendu que par des circonstances indépendantes de la volonté de son auteur, et que dès lors il y a tentative. L'escalade notamment est, par elle-même, une entreprise qui trouble au plus haut degré la sécurité des particuliers; la loi admet que, dans certains cas, le meurtre est permis pour la repousser (c. pén. 329). C'est donc une chose infiniment grave que de décider, d'une manière absolue et dans tous les cas, que l'escalade, loin d'être un commencement d'exécution d'un crime, n'est qu'un acte préparatoire, qui n'est atteint par aucune peine. Nous reconnaissons cependant que, si rien n'indiquait quelle était l'intention précise du malfaiteur, il ne serait pas possible de le condamner; peut-être même faudrait-il en dire autant et ne voir dans l'escalade et l'effraction que des actes préparatoires si le crime projeté était un meurtre, un rapt, un viol, etc.; mais si l'auteur du fait était un voleur de profession, s'il résultait de son aveu ou s'il était démontré par les circonstances que son but était de commettre un vol dont l'exécution devait être immédiate, nous pensons qu'il devrait être réputé coupable de tentative dès le moment où il commençait à employer l'un des moyens illicites que nous avons indiqués, à l'effet de pénétrer dans la maison qui doit être le théâtre de son crime (V. aussi sur ce sujet M. Ortolan, n°s 1011 et suiv.).

71. Cette doctrine paraît avoir reçu l'assentiment de la cour suprême; en effet, le ministère public pourvu contre les arrêts de la chambre d'accusation des cours de Nancy, du 13 mai 1818, et de Bordeaux, du 27 juin 1825, précités (n° 68), ces pourvois ont été rejetés par le motif que la loi, n'ayant pas déterminé les faits qui doivent caractériser le commencement d'exécution et l'interruption fortuite, s'en est rapportée à cet égard aux lumières et à la conscience des chambres d'accusation (c'est une question que nous examinerons bientôt); mais en même temps elle a clairement exprimé qu'à ses yeux les appréciations faites par la chambre d'accusation étaient erronées. « Attendu, lit-on dans l'un des deux arrêts, que si, en ne reconnaissant pas dans les circonstances de l'escalade et de l'effraction opérées dans l'objet de commettre un vol, le commencement d'exécution de ce crime, la chambre d'accusation de la cour de Nancy paraît ne pas avoir attribué à ces circonstances le caractère qu'elles doivent avoir et l'effet qu'elles doivent produire

***

(1) (Gauthier C. min. publ.) — LA COUR; — Attendu que s'il résulte de l'instruction que, pendant la soirée du 5 nov. dernier, Pierre Gauthier s'introduisit dans une cour formant une dépendance de la maison d'habitation du sieur Albert Lhéribaut, cet acte extérieur, rapproché de l'aveu que ce prévenu aurait fait de l'intention où il était de voler du bois (aveu qu'il a depuis rétracté), ne constituerait pas à lui seul un commencement d'exécution dans le sens de l'art. 2. c. pén., parce qu'il ne s'appliquerait pas nécessairement à un vol; — Attendu d'autre part, que Gauthier était couché sur un tas de fumier dans la cour de Lhéribaut, au moment où sa présence en ce lieu fut constatée; —Que la pensée coupable, celle de commettre un vol, ne s'était pas en-

core traduite en un fait matériel subséquent; — Qu'il suffit qu'un intervalle de temps se fût écoulé, sans qu'il y eût eu aucun acte d'exécution, pour qu'on puisse présumer un retour salutaire, un changement de résolution; qu'on ne peut pas dès lors tenir pour constant, que la tentative n'aurait manqué son effet que par une circonstance indépendante de la volonté du prévenu; que c'est la présomption contraire qui doit prévaloir; faisant droit de l'appel dans cette partie du jugement rendu par le tribunal correctionnel d'Angoulême, le 16 déc. 1841, émendant, le relaxe de la prévention contre lui élevée et le décharge des condamnations prononcées, sans dépens.

Du 26 janv. 1842.-C. de Bordeaux, ch. cor.-M. Gerbeaud, pr.

dans les préventions de tentative de vol, néanmoins, etc. » (Crim. rej. 11 juin 1818, aff. Defranould, v° Instruct. crimin., n° 1066); « ...Attendu, lit-on dans l'autre arrêt, que, quelque erronée que puisse être l'opinion de la chambre d'accusation de la cour de Bordeaux, en jugeant que les faits de l'escalade et de l'effraction à l'aide desquels le prévenu s'est introduit dans le château avec l'intention de commettre un vol ne constituaient point le commencement d'exécution requis par la loi pour caractériser la tentative criminelle de vol, néanmoins, etc. » (Crim. rej. 23 sept. 1825, aff. Lavareille, v° Instr. crim., n° 1066).

72. Il a été jugé que l'effraction faite au contrevent d'une maison par deux individus qui ne s'y étaient pas encore introduits et qui ont pris la fuite au moment où ils ont été découverts ne présente pas les caractères d'une tentative de vol, bien qu'on ne puisse douter en faisant cette effraction ils n'eussent un dessein criminel, si aucune circonstance n'indique suffisamment l'objet spécial qu'ils se proposaient : — « Attendu que l'effraction faite dans la nuit du 31 mars au 1er avril dernier, à un contrevent de la maison du cabaretier Solomiac, n'est pas en elle-même un crime prévu par la loi; que pour être qualifiée crime, il faudrait qu'elle fût jointe à l'intention manifeste de s'introduire dans ladite maison pour y commettre une action criminelle d'une nature déterminée; qu'on ne peut, à la vérité, douter que les auteurs ou complices de ladite effraction n'eussent, en la faisant, un but criminel; mais qu'aucun dessein formé à l'avance, aucune circonstance n'indique suffisamment l'objet spécial qu'ils se proposaient; que la connaissance de ce but serait pourtant nécessaire pour savoir comment doit être qualifiée la tentative qui peut résulter de cette effraction, et si c'est une tentative de vol ou bien d'assassinat, ou enfin de tout autre crime prévu par la loi; — ... Qu'il peut sans doute y avoir un grand inconvénient à laisser impunie une action aussi répréhensible que celle qui est imputée avec fondement à Bel et à Galibert; mais qu'il y en aurait beaucoup plus à forcer le sens des lois pénales, pour en faire une application excessive et arbitraire aux prévenus, et que les magistrats, dénués de toute participation au pouvoir législatif, doivent se contenter de faire une juste application des lois existantes, alors même qu'ils en reconnaissent le vice ou l'insuffisance; — Qu'il suit de tout ce que dessus que la tentative de vol admise par les premiers juges n'a pas tous les caractères nécessaires pour être considérée comme le crime de vol même; que l'ordonnance rendue par les premiers juges doit être annulée, et qu'en ce qui concerne Galibert, qui n'est en prévention que comme auteur ou complice de ladite tentative, c'est le cas de déclarer qu'il n'y a lieu à poursuivre, etc. (Toulouse, 1er août 1825, ch. d'acc., MM. d'Aldéguier, pr., de Castelbajac, subst., aff. Galibert).

Il a été jugé, dans le même sens, que, l'effraction ne constituant pas par elle-même un crime, mais pouvant seulement devenir une circonstance aggravante d'un crime consommé ou tenté, l'effraction commise dans la clôture d'une maison habitée sans qu'il existe aucune circonstance propre à en révéler le but, ne constitue pas une tentative de vol, mais uniquement le délit de bris de clôture (Orléans, 14 oct. 1842, aff. Choux, v° Vol).

73. Il y a commencement d'exécution du crime d'extorsion, prévu par l'art. 400 c. pén., lorsque, après avoir écrit le corps de billets à ordre que l'on se propose d'extorquer par violence, on conduit la victime, pour la forcer de les signer, au lieu où tout a été préparé pour la consommation du crime (Crim. cass. 6 fév. 1812, aff. Morin, infrà, n° 101).

74. Le fait de la part de détenus de pratiquer une excavation dans la maçonnerie de la porte d'une prison, d'y placer des éclats de bois et de mettre le feu à ces éclats, constitue une tentative d'incendie, et non une tentative d'évasion, bien que l'intention de ces détenus n'aurait été que d'arriver à leur évasion : l'appréciation d'une telle intention serait insuffisante pour changer le caractère du délit et en soustraire les auteurs à l'application de l'art. 434 c. pén. (Crim. cass. 21 août 1845, aff. Faure, D. P. 45. 4. 502).

75. Aux termes de l'art. 2, la tentative du crime n'est assimilée au crime qu'autant qu'elle a été interrompue ou n'a manqué son effet que par des circonstances indépendantes de la volonté de son auteur. Si donc ce dernier a de lui-même et volontairement abandonné son criminel projet, il n'est passible d'aucune peine, car il n'est plus dans les termes de la définition. V. aussi ce qui a été dit à ce sujet suprà, n°s 10, 30 et 46.

— Ainsi, lorsqu'il est constaté que des détenus, qui avaient commis une tentative d'incendie afin de se ménager un moyen d'évasion, ont eux-mêmes et spontanément éteint le feu, la prévention de tentative d'incendie a pu être écartée, pour ne laisser subsister que la tentative d'évasion (Crim. cass. 21 août 1845, aff. Faure, D. P. 45. 4. 502).

76. L'abandon volontaire de la tentative ne mettrait son auteur à l'abri de toute peine qu'autant que les faits déjà perpétrés ne constitueraient pas par eux-mêmes ni crime ni délit. Dans le cas contraire, il ne pourrait pas, à la vérité, être puni comme coupable du crime commencé et auquel il a renoncé, mais il serait passible de la peine attachée aux faits consommés. Par exemple, un individu a résolu de tuer un enfant. Il le frappe d'un premier coup qui ne fait que le blesser; mais, en voyant son sang couler, saisi de repentir, il s'éloigne et laisse son crime inachevé. Il ne sera pas puni comme coupable d'une tentative de meurtre; mais il devra l'être comme coupable de blessures volontaires. C'est ce qu'enseigne aussi M. Ortolan, n° 991 et 1024.

77. Pour qu'une tentative de faux perde son caractère de criminalité, il ne suffit pas que le crime manque son effet par la volonté de l'un des auteurs ou complices; il faut que tous ceux qui y ont participé concourent à en arrêter l'exécution (Crim. rej. 9 janv. 1812, aff. Herbault, V. n° 105).

78. Du reste, il n'est pas nécessaire que le désistement ait été déterminé par le repentir, par un bon mouvement de la conscience; alors même qu'il aurait eu pour cause la crainte du châtiment, et même la menace d'une dénonciation, il suffit qu'il soit volontaire pour affranchir de toute peine l'auteur de la tentative ainsi abandonnée. C'est ce qu'enseignent aussi MM. Rauter, t. 1, n° 104; Ortolan, n° 991; Bertauld, 1re édit., p. 230.

79. Il peut arriver que la tentative se produise dans des circonstances telles, qu'elle ne puisse avoir aucun résultat? Est-elle néanmoins punissable? Peut-on dire que, dans ce cas, elle ne manque son effet que par des circonstances indépendantes de la volonté de son auteur et que dès lors elle doit être assimilée au crime consommé? La question est délicate et peut se présenter sous des nuances diverses. — Et d'abord nous pouvons supposer que le crime était en lui-même impossible. Ainsi, par exemple, j'ai résolu de tuer une certaine personne; à cet effet, je m'introduis de nuit dans sa chambre à coucher, je m'approche de son lit sans lumière, et je frappe. Mais une heure auparavant cette personne était morte subitement, dans son lit, d'une attaque d'apoplexie. Je n'ai donc frappé qu'un cadavre. Ainsi encore j'ai au oncle qui est parti pour faire un voyage. En son absence je m'introduis dans sa maison et j'y soustrais des valeurs. Mais bientôt on apprend qu'au moment où la soustraction a été commise cet oncle était mort. Or je suis son seul héritier. Par conséquent ce que j'ai soustrait m'appartenait déjà. On a donné un autre exemple qui, en fait, peut difficilement se réaliser, mais qui cependant met bien en lumière le point de la difficulté. On suppose qu'un mari a abandonné sa femme après quelques jours de mariage et qu'ensuite, après un certain nombre d'années, la retrouvant sans la reconnaître, il contracte avec elle une nouvelle union. Dans ces diverses hypothèses, le crime résolu n'a pas été commis, il n'y a eu en réalité ni assassinat, ni vol, ni bigamie; mais ne peut-on pas dire que ces crimes ont été au moins tentés? On pourrait le dire peut-être si ce mot tentative était pris ici dans un sens usuel, vulgaire; mais nous avons une définition légale de la tentative, et la question est de savoir si nos hypothèses y rentrent. Or la négative est évidente. En effet, l'une des conditions nécessaires pour que la tentative soit punissable, c'est qu'elle ait été manifestée par un commencement d'exécution; or il ne peut pas y avoir commencement d'exécution d'une chose impossible en soi.

80. Faisons maintenant une autre supposition. Le crime en lui-même était possible, mais il ne pouvait être perpétré par les moyens qui ont été employés. Ainsi un individu tire sur la personne qu'il veut tuer un pistolet qu'il croyait chargé à balle et qui ne l'était qu'à poudre, ou un pistolet qu'il avait chargé lui-même quelques jours auparavant et qui avait été déchargé à son insu. Ou bien encore il tire à une distance telle, qu'il lui est absolument impossible d'atteindre sa victime. De même, un individu achète des substances vénéneuses dont il veut se servir pour commettre un empoisonnement; mais, au lieu de ce qu'il demande, on lui donne, par erreur ou avec intention, d'autres substances qui ont la même apparence, mais qui sont parfaitement inoffensives. Il les mêle aux aliments de celui qu'il veut empoisonner, et ce dernier n'en éprouve aucun mal. Dans ces divers cas et dans les semblables, y a-t-il tentative punissable? Nous ne le pensons pas; en effet, il est vrai de dire, dans cette hypothèse comme dans la précédente, que ce qui est impossible ne peut être exécuté et par conséquent ne peut recevoir un commencement d'exécution. L'acte accompli dans ce cas étant inoffensif et par conséquent n'ayant rien d'illicite, la pénalité qui serait infligée atteindrait la seule volonté; or nous savons que, dans notre législation, la volonté de mal faire, de commettre un crime ou un délit n'est pas punissable par elle-même, alors qu'elle n'a pas été accompagnée d'actes tendant directement au but criminel. C'est ce qu'enseignent aussi MM. Rossi, t. 2, p. 152 et suiv.; Rauter, t. 1, nᵒ 101; Le Sellyer, t. 1, nᵒ 18; Ortolan, nᵒˢ 1001 et suiv.; Bertauld, p. 181 et suiv.; Trébutien, p. 93. — Il a été jugé, en ce sens, que l'impossibilité d'atteindre par les moyens employés le but criminel en vue duquel on a agi, enlève à l'acte le caractère d'une tentative légale de crime ou délit; qu'ainsi le fait d'avoir, dans un but d'assassinat, tiré des coups de feu dans la chambre de personnes qu'on ignorait être absentes, n'est pas susceptible de poursuites (Montpellier, 26 fév. 1852, aff. B..., D. P. 52. 5. 531).

81. Il a été jugé cependant que le fait de tirer sur une personne, dans le dessein de lui donner la mort, avec un fusil que l'auteur de ce fait avait chargé dans cette intention, mais qui avait été déchargé à son insu, constitue une tentative d'homicide volontaire : — « La cour déclare qu'il y a lieu à accusation et renvoie Laurent Lacroix aux assises du Gers, comme accusé de s'être armé d'un fusil dans la journée du 4 oct. dernier, à la suite d'une violente querelle avec son fils ; de s'être assuré que les capsules étaient en bon état ; de l'avoir ajusté ; d'avoir fait successivement partir les deux détentes ; ce qui constitue une tentative volontaire qui, manifestée par un commencement d'exécution, n'a manqué son effet que par des circonstances indépendantes de la volonté de l'auteur, crime prévu et puni par les art. 2, 295 et 504 c. pén. » (Agen, ch. d'acc. 8 déc. 1849, M. Donnodevie, pr., aff. Lacroix).

82. Un arrêt a décidé que l'individu qui couche en joue une personne, avec l'intention de faire feu sur elle, et qui n'est arrêté dans l'exécution de son projet que par la crainte qu'il éprouve pour sa propre personne, en voyant plusieurs fusils dirigés contre lui-même, se rend coupable de tentative de meurtre (Paris, 28 juill. 1848, aff. Chérance, D. P. 49. 2. 166). — Cette décision nous paraît fort contestable. On peut douter que le fait de coucher en joue un individu constitue le commencement d'exécution dont la loi fait un des éléments essentiels de la tentative. Pour en juger ainsi, il faudrait que cet acte ne pût s'inter-

préter autrement que par une pensée d'homicide. Mais qui peut affirmer que l'auteur de cette démonstration avait bien réellement l'intention de commettre un meurtre? N'arrive-t-il pas souvent, le plus souvent même, que cet acte ne soit employé que comme moyen d'intimidation, alors même qu'il coïncide, comme dans l'espèce, avec des menaces de mort? Et ne faut-il pas toujours adopter l'interprétation la plus bénigne?—La décision qui précède peut être contestée sous un second rapport. Nous avons dit précédemment que celui qui s'arrête volontairement dans la perpétration d'un crime échappe à la peine édictée par l'art. 2; or, quel que soit le motif qui le porte à renoncer à son projet, repentir ou crainte du danger, du moment où il s'est volontairement désisté, la loi le relève de la pénalité que sans cela il eût encourue. Or, la cour de Paris, dans l'arrêt qui précède, et qui a été rendu contrairement aux conclusions de M. l'avocat général Flandin, paraît décider le contraire. Il est vrai que, dans l'espèce, il avait été allégué que le fusil avait été relevé par un tiers, et cette circonstance, si elle avait été établie, eût été de nature à exercer une légitime influence sur la solution ; mais, bien que cette circonstance soit relevée dans l'arrêt, il ne paraît pas que la cour s'en soit préoccupée, puisqu'elle décide, en thèse, que celui-là se rend coupable de la tentative prévue par l'art. 2 c. pén. qui, couché en joue par plusieurs personnes, ne s'arrête dans l'exécution du meurtre qu'à l'intention de commettre, que par la crainte du péril qu'il court pour lui-même. — On peut citer comme analogue à la décision précitée de la cour de Paris un arrêt qui a jugé que celui qui, s'étant présenté devant l'officier de l'état civil pour autoriser le mariage d'une personne qu'il fit faussement être sa fille, se retire volontairement après la rédaction de l'acte et avant de signer, parce qu'il s'aperçoit qu'il est reconnu, doit être considéré comme coupable d'une tentative de faux (Crim. cass. 12 juin 1807, aff. Martin de Coen, V. Faux, nᵒ 272).

83. La tentative, lorsqu'elle présente les caractères déterminés par l'art. 2 c. pén., étant considérée comme le crime même, il s'ensuit que l'individu mis en jugement comme coupable d'un certain crime peut être jugé et condamné comme coupable de la tentative de ce crime, s'il résulte des débats qu'il y a eu seulement tentative et non pas consommation entière. La question de tentative peut donc et doit être posée au jury, lorsqu'elle résulte des débats, bien qu'il n'en soit fait mention ni dans l'acte d'accusation ni dans l'arrêt de renvoi (V. en ce sens Merlin, Rép., vᵒ Tentative, nᵒ 8; Legraverend, t. 1, p. 126, et t. 2, p. 222; Bourguignon, Jurispr. c. crim., sur l'art. 2, nᵒ 6 ; Le Sellyer, t. 1, nᵒ 22 ; V. aussi vᵒ Inst. crim., nᵒ 2540 et s.) — Il a été jugé même qu'une blessure grave occasionnée par un coup de stylet peut être punie comme tentative de meurtre (après questions résolues par le jury), bien que le fait imputé au prévenu n'ait été dans l'acte d'accusation que qualifié de blessures graves (Crim. rej. 8 août 1817)(1).

84. Les questions posées au jury doivent énoncer les éléments caractéristiques de la tentative. En effet, la peine ne peut être légalement appliquée à la tentative qu'autant qu'elle présente les caractères exigés par la loi. Il est donc nécessaire que

---

(1) *Espèce.* — (Pallenti.) — 9 mai 1817, arrêt qui déclare Pallenti, âgé de quatorze ans, «accusé d'avoir, le 22 janv. 1816, à l'occasion d'une rixe, blessé au ventre d'un coup de stylet le nommé Simony, qui en fut malade pendant trente et un jours, crime prévu par l'art. 509 c. pén. » — Pallenti fut présenté aux débats, et le président soumit au jurés les questions en ces termes : « Pallenti est-il coupable d'avoir, avec discernement, le 22 mai 1816, commis, avec un stylet dont il était porteur, une tentative de meurtre, suivie d'un commencement d'exécution, et qui n'a manqué son effet que par des circonstances indépendantes de sa volonté, sur la personne de Grimaldo Simony?» — Les jurés répondirent : « Oui, Pallenti est coupable, avec toutes les circonstances mentionnées dans la position des questions. » — Le procureur général, prenant pour base de son réquisitoire le résumé de l'acte d'accusation, conclut à ce que Pallenti fût condamné à cinq ans d'emprisonnement, à 200 fr. d'amende, et à rester dix ans sous la surveillance de la haute police. Mais la cour criminelle de Bastia, sans s'arrêter au réquisitoire de M. le procureur général, déclare Pallenti convaincu d'avoir commis, avec un stylet dont il était porteur, une tentative de meurtre, « crime prévu par les art. 2, 304 et 314; et attendu que, s'il avait été âgé de plus de seize ans, à l'époque où le crime a été commis

l'accusé eût été passible de la peine de mort, condamne Pallenti à la peine de vingt ans d'emprisonnement, dans une maison de correction, etc... »

Pourvoi par Pallenti. Il soutient 1ᵒ que l'arrêt de mise en accusation et l'acte d'accusation ayant qualifié de blessure le fait qui lui était imputé, la cour d'assises n'avait pu soumettre au jury la question de savoir s'il était coupable d'une tentative de meurtre; 2ᵒ que les jurés n'avaient point été interrogés explicitement sur la question de la tentative de meurtre ayant été manifestée par des actes extérieurs; 3ᵒ enfin, qu'en admettant qu'il fût coupable de meurtre, dès qu'on ne lui reprochait aucun autre délit, on n'avait pas dû lui faire l'application de l'art. 304. — Arrêt.

La cour ; — Attendu, sur le premier moyen, que les cours d'assises et les cours de justice criminelle ne sont point liées par les qualifications données aux faits de la prévention dans les arrêts de mise en accusation et dans les actes d'accusation ; qu'elles ne le sont pas davantage sur les circonstances atténuantes ou aggravantes, désignées par les susdits actes et arrêts, et qu'elles ont le droit de prononcer sur l'application de la loi pénale, d'après toutes autres circonstances résultant des débats, qui peuvent avoir modifié le fait de l'arrêt de mise en accusal'on sache, par la réponse du jury, si, en reconnaissant l'accusé coupable de tentative de tel ou tel crime, il a donné à ce mot *tentative* le sens déterminé par la définition légale, et si dès lors il a constaté l'existence des faits dont la réunion constitue la tentative. Ainsi on doit demander au jury, non pas s'il y a eu tentative, mais s'il y a eu commencement d'exécution de tel crime, et si cette exécution n'a été suspendue ou n'a manqué son effet que par des circonstances indépendantes de la volonté de son auteur. C'est ce qu'enseignent aussi MM. Chauveau et Hélie, t. 1er, p. 363; Boitard, Inst. crim., sur l'art. 337, p. 472; Le Sellyer, no 25.

85. Avant la réforme de 1832, la loi exigeait que la tentative eût été *manifestée par des actes extérieurs et suivie d'un commencement d'exécution*. C'étaient les termes de l'art. 2 c. pén. Et nous avons fait remarquer précédemment (no 33) qu'à la vérité les actes extérieurs n'impliquaient pas par eux-mêmes le commencement d'exécution, mais que le commencement d'exécution impliquait nécessairement des actes extérieurs; d'où il résultait que l'énonciation, soit dans la question au jury, soit dans la réponse qu'il y faisait, des actes extérieurs ne pouvait tenir lieu de celle du commencement d'exécution, tandis que l'énonciation du commencement d'exécution pouvait dispenser de celle des actes extérieurs.

86. Il avait été décidé, par application de ces principes, sous l'empire du code pénal de 1810 : 1o que de la déclaration qu'une tentative de crime avait eu lieu avec un commencement d'exécution, il suivait qu'elle avait été manifestée par des actes extérieurs : « Attendu que le président de la cour d'assises avait posé en question si la tentative (dont P. Godefert était accusé), manifestée par des actes extérieurs, avait été suivie d'un commencement d'exécution, et que le jury a déclaré que cette tentative, effectuée avec toutes les circonstances relatées dans la position des questions, avait été suivie d'un commencement d'exécution, et n'avait été suspendue que par des circonstances indépendantes de la volonté de l'accusé; que la déclaration de tous ces faits et circonstances suit, par une conséquence nécessaire, et que conséquemment il n'y a eu dans l'arrêt attaqué ni contravention à l'art. 2 c. pén., sur ce qui constitue le caractère de la tentative assimilable au crime, ni fausse application de l'art. 386 du même code » (Crim. rej. 22 janv. 1813, MM. Thuriot, av. gén.; Lamarque, rap., aff. Godefert); — 2o Que, de même, la déclara-

tion; — Attendu, sur le deuxième moyen, que la manifestation par des actes extérieurs, exigée par l'art. 2 c. pén. pour constituer une tentative de crime, résulte implicitement et nécessairement de la déclaration en fait consignée dans l'arrêt dénoncé; — Attendu, sur le troisième moyen, qu'aux faits déclarés par l'arrêt attaqué, la peine a été appliquée conformément à la loi; — Rejette, etc.

Du 8 août 1817.-C. C., sect. crim.-MM. Barris, pr.-Bazire, rap.

(1) (Louis Picaud C. min. pub.) — La cour; — Vu l'art. 410 c. inst. crim., et l'art. 2 c. pén.; — Attendu qu'il n'y a de condamnations légales prononcées sur les cours d'assises que celles qui ont pour base une déclaration du jury par laquelle la culpabilité de l'accusé est établie d'une manière claire, précise, exempte de tout doute et de toute incertitude; — Que lorsque l'article cité du code pénal, la tentative de crime, considérée par la loi comme le crime même, est celle qui, manifestée par des actes extérieurs et d'un commencement d'exécution, n'a été suspendue ou n'a manqué son effet que par des circonstances indépendantes de la volonté de son auteur ; — Que quand la tentative d'un crime est l'objet d'une accusation, il faut donc que de la déclaration du jury sorte la preuve de l'existence des trois circonstances dont la réunion peut seule imprimer à cette tentative un caractère criminel; — Que, quand le jury n'est interrogé et ne répond que sur deux de ces circonstances, il est évident que la troisième ne saurait être considérée comme constante, à moins qu'elle ne soit implicitement et nécessairement énoncée dans celle qu'il a explicitement énoncées dans sa réponse; — Attendu que, dans l'espèce, il a été demandé au jury « si la tentative avait été manifestée par des actes extérieurs, et si l'effet n'en avait manqué que par des circonstances indépendantes de la volonté de l'accusé, » et que la réponse du jury a été — « Oui, à l'unanimité, cette tentative a été manifestée par des actes extérieurs; » — « Oui, à l'unanimité, l'effet n'en a manqué que par des circonstances indépendantes de la volonté de l'accusé; » — Qu'il est donc certain, en fait, que, dans la réponse du jury comme dans la question qui lui était soumise, il n'est pas parlé de la seconde des circonstances énoncées dans l'art. 2 c. pén, celle du commencement d'exécution ; — Que si l'on doit reconnaître que le commencement d'exécution

tion que la tentative avait été suivie d'un *commencement d'exécution* emportait nécessairement la déclaration qu'elle avait été manifestée par des actes extérieurs, et suffisait pour caractériser la tentative : « Attendu que les faits sont suffisamment déclarés, puisque la tentative a été suivie d'un commencement d'exécution, ce qui ne laisse pas de doute sur la manifestation de cette tentative par des actes extérieurs, et qu'aucune disposition n'exige, à peine de nullité, l'emploi des mots mêmes dont elle se sert » (Crim. rej. 1er juill. 1813, MM. Barris, pr.; Schwendt, rap., aff. Dangu; V. aussi Crim. cass. 25 oct. 1816, aff. Louis Picaud, qui suit);—3o Mais que la déclaration du jury que la tentative avait été manifestée par des actes extérieurs, et que l'effet n'en avait manqué que par des circonstances indépendantes de la volonté de l'accusé, n'était pas valable, si elle ne portait en outre qu'il y avait eu commencement d'exécution (Crim. cass. 25 oct. 1816) (1); — 4o Que la déclaration qu'une tentative de vol avec effraction, dans une maison habitée, avait été manifestée par des actes extérieurs, et n'était restée suspendue que par des circonstances indépendantes de la volonté du coupable, ne pouvait point suppléer la mention du commencement d'exécution : que, dès lors, le silence sur cette condition de la criminalité de la tentative entraînait la nullité de la condamnation : « Attendu que, dans l'espèce, le réclamant était accusé d'une tentative de vol avec effraction, manifestée par des actes extérieurs, suivie d'un commencement d'exécution, qui n'avait été suspendue et n'avait manqué son effet que par des circonstances fortuites et indépendantes de la volonté de son auteur, conséquemment d'une tentative revêtue des trois caractères exigés par la loi pour qu'elle soit considérée comme le crime même; que la question soumise au jury présentait également les trois caractères de la tentative déterminés par la loi; que la réponse du jury n'a prononcé que sur deux de ces caractères, et a gardé le silence sur le commencement d'exécution, lequel ne peut être considéré comme renfermé ni dans la manifestation de la tentative par des actes extérieurs, ni dans la suspension par des circonstances fortuites ou indépendantes de la volonté de l'auteur; que la réponse du jury est conséquemment incomplète et insuffisante pour asseoir une condamnation; et attendu que le jury, ne s'étant point expliqué sur l'un des caractères de la tentative dont le réclamant était accusé, n'a point purgé l'acte d'accusation; qu'il y a donc lieu à de nouveaux

d'un crime ou d'un délit ne peut pas avoir lieu sans acte extérieur, on est forcé de convenir en même temps que l'acte extérieur peut exister sans commencement d'exécution ; que c'est même ce qui résulte nécessairement de ces expressions du code, manifestée par des actes extérieurs, et suivie d'un commencement d'exécution, puisque le commencement d'exécution qui suit, et l'acte extérieur qui précède, ne peuvent pas être un seul et même acte; que si la mention du commencement d'exécution peut dispenser de la mention de l'acte extérieur, parce que celui-ci est implicitement et nécessairement contenu dans celui-là, il n'en est pas de même de la mention de l'acte extérieur, qui ne saurait dispenser de celle du commencement d'exécution, dès qu'il est impossible de prétendre qu'il y ait exécution commencée, par cela seul qu'il y a acte extérieur ; que l'énonciation expresse et formelle de la seconde des circonstances constitutives de la tentative criminelle, qui ne peut être suppléée par l'énonciation de la première de ces circonstances, ne saurait l'être non plus par celle de la troisième, puisqu'il est évident que le jury qui déclare que la tentative manifestée par des actes extérieurs n'a été suspendue que par des circonstances indépendantes de la volonté de l'accusé, ne déclare pas par là qu'il y a eu commencement d'exécution, dès que l'existence des actes extérieurs n'est pas la conséquence nécessaire de l'existence des actes extérieurs ; — Que, quel que puisse être le motif du silence du jury sur la circonstance du commencement d'exécution, il en résulte toujours qu'il n'y a point de preuve au procès de l'existence de l'une des circonstances essentielles et constitutives de la tentative criminelle ; qu'ainsi l'accusé n'est pas convaincu de cette espèce de tentative que la loi assimile au crime exécuté et punit de la même peine; et, par une conséquence ultérieure et nécessaire, que la condamnation n'a pas de base légale, et qu'elle est une fausse application de la loi pénale; — Mais, attendu que l'accusation portée contre Louis Picaud a pour objet une tentative de bigamie, accompagnée des trois circonstances constitutives de la tentative criminelle, qu'il n'a donc pas été statué sur le fait de cette accusation par les réponses du jury concordantes avec les questions, qu'il y a donc lieu à de nouveaux débats; — D'après ces motifs, casse.

Du 25 oct. 1816.-C. C., sect. crim.-MM. Barris, pr.-Aumont, **rap.**

débats » (Crim. cass. 10 déc. 1818, MM. Gaillard, rap., Hua, av. gén., aff. Grandet); — 5° Qu'en effet, la tentative de vol, bien que manifestée par des actes extérieurs, mais sans commencement d'exécution, n'était pas punissable (Crim. cass. 18 avr. 1834, aff. Geysse, V. Instr. crim., n° 3356); — 6° Que, quoiqu'il fût mieux de poser et de résoudre successivement les deux circonstances de manifestation par des actes extérieurs et de commencement d'exécution, cependant, si une réponse affirmative avait été faite cumulativement par le jury en ces termes : *La tentative manifestée par des actes extérieurs constituant un commencement d'exécution...*, une telle réponse, réunissant tous les caractères essentiels, ne devait pas être annulée : « Attendu que, s'il eût été plus conforme à la lettre de l'art. 2 de mettre successivement en question, et de faire résoudre par les jurés les deux premières circonstances constitutives de la criminalité de la tentative, au lieu de les poser cumulativement, il n'en est pas moins certain, d'après le sens évident et l'esprit incontestable de la loi, que, pour donner à cette tentative son caractère de criminalité légale, il suffit que le jury ait prononcé affirmativement sur l'une et l'autre de ces deux circonstances, soit qu'il l'ait fait dans une forme successive, soit qu'il l'ait fait dans une forme cumulative; que, dans l'espèce, le jury ayant déclaré que l'accusé était coupable d'une tentative manifestée par des actes extérieurs constituant un commencement d'exécution, il a bien certainement reconnu constantes ces deux circonstances; que, les actes extérieurs qui manifestent la tentative pouvant, en même temps, en constituer le commencement d'exécution, et la loi ayant laissé nécessairement à juger cette question de fait à la conscience du jury, la criminalité de la tentative réunit ici tous ses caractères essentiels, et que, par conséquent, l'arrêt attaqué, loin de violer l'art. 2 c. pén., en a fait au contraire une juste application » (Crim. rej. 20 oct. 1831, MM. Ollivier, pr., Chauveau-Lagarde, que, aff. Laruelle); — 7° Que la déclaration du jury qu'il y avait eu commencement d'exécution du vol, emportait implicitement et nécessairement la déclaration qu'il y avait un acte extérieur manifestant l'intention de commettre le vol, l'une des circonstances exigées par la loi pour qu'il y eût tentative punissable comme le crime même : « Attendu qu'en déclarant dans l'espèce qu'il y avait un commencement d'exécution du vol, le jury a implicitement, mais nécessairement déclaré qu'il y avait un acte extérieur manifestant l'intention de commettre ce vol; qu'il a déclaré en termes formels que le vol avait été empêché par une cause indépendante de la volonté du prévenu; que dans la tentative de vol dont Chevaudon est convaincu se trouvent donc réunis tous les caractères nécessaires pour que cette tentative soit assimilée au vol consommé; que ladite tentative a eu lieu la nuit dans une écurie dépendante d'une maison habitée; que, conséquemment, la cour d'assises du Luna a fait, en prononçant contre le coupable la peine de la réclu-

sion, une juste application des art. 2 et 386 c. pén. de 1810 » (Crim. rej. 9 avr. 1812, MM. Barris, pr., Aumont, rap., aff. Chevaudon); — 8° Que la tentative criminelle résultait suffisamment de la déclaration du jury portant qu'elle avait été manifestée par un commencement d'exécution, sans qu'il fût nécessaire qu'elle énonçât en outre que la tentative avait été manifestée par des actes extérieurs : « Attendu que, suivant la question telle qu'elle lui était soumise, le jury, ayant répondu affirmativement que la tentative avait été manifestée par un commencement d'exécution qui n'avait manqué son effet que par des circonstances indépendantes de la volonté de l'accusé, a fait une déclaration complète, puisque, si des actes extérieurs ne supposent pas toujours un commencement d'exécution, le commencement d'exécution est, au contraire, nécessairement un acte extérieur tel que l'exige la loi pour caractériser la tentative » (Crim. rej. 8 juill. 1819, MM. Barris, pr., Giraud, rap., Hua, av. gén., aff. Lavoysey).

87. Aujourd'hui, sous l'empire du code pénal réformé, les questions au jury ne doivent pas faire mention des actes extérieurs, ces expressions ne se trouvant pas dans la nouvelle rédaction de l'art. 2. Il doit être demandé seulement, suivant la définition actuelle, si la tentative a été *manifestée par un commencement d'exécution*, et si cette exécution n'a été suspendue ou n'a manqué son effet que par des circonstances indépendantes de la volonté de l'accusé.

88. Il n'y a pas de termes sacramentels pour les réponses du jury; mais il est nécessaire qu'elles soient claires, précises, et que de leur comparaison avec les questions posées résulte la preuve certaine que le jury a reconnu l'existence des éléments caractéristiques de la tentative, tels qu'ils sont déterminés par la loi. Autrement sa déclaration ne pourrait servir de base légale à une condamnation. — Ainsi il avait été jugé, sous l'empire du code pénal de 1810 : 1° que la déclaration du jury que l'accusé est *coupable de la tentative* exprime suffisamment qu'elle a tous les caractères essentiels rappelés dans la question et déterminés par l'art. 2 c. pén. : « Attendu que le jury, ayant déclaré l'accusé coupable de la tentative, a par là suffisamment affirmé qu'elle avait tous les caractères rappelés dans la question et déterminés par l'art. 2 c. pén. pour l'assimiler au crime même; d'où il suit que l'arrêt dénoncé a fait une juste application de la loi pénale; rejette le pourvoi contre l'arrêt de la cour d'assises du Haut-Rhin, du 31 août 1814 » (Crim. rej. 1er oct. 1814, MM. Vasse, pr., Busschop, rap., aff. Geiger); — 2° Que, si le jury, interrogé sur les trois circonstances dont la tentative se compose, se borne à répondre que l'accusé est coupable, cette réponse ne portant d'une manière spéciale sur aucune partie de la question, porte, par cela même, sur toutes, et la tentative criminelle est prouvée (Crim. cass. 18 avr. 1816) (1); — 3° Que la déclaration du jury portant que l'accusé est coupable de tentative sur le crime avec toutes les circonstances comprises

(1) (Vastine C. min. publ.) — LA COUR; — Vu l'art. 410 c. inst. crim.; — Vu aussi les art. 2 et 304 c. pén.; — Attendu, 1° que la tentative de crime, considérée par la loi comme le crime même, est celle qui est manifestée par des actes extérieurs, qui est suivie d'un commencement d'exécution, et qui n'a manqué son effet que par des circonstances indépendantes de la volonté de son auteur; qu'ainsi la réunion de trois circonstances est indispensable pour que la tentative du crime soit assimilée au crime consommé; que quand la tentative d'un crime est l'objet d'une accusation, le jury doit donc être interrogé sur les trois circonstances dont elle se compose; que, s'il se borne à répondre que l'accusé est coupable, la tentative criminelle est prouvée, parce que sa réponse ne portant d'une manière spéciale sur aucune partie de la question, porte par cela même sur toutes; que si au contraire le jury répond sur une des circonstances énoncées dans la question, et sur les autres, son silence sur celles-ci ne peut provenir que de deux causes, ou de ce qu'il a négligé de les exprimer, ou de ce qu'il ne lui ont pas paru justifiées; que, dans l'un comme dans l'autre cas, elles n'existent pas aux yeux de la justice; qu'une seule circonstance est constante, et, par une conséquence ultérieure et nécessaire, que la culpabilité de l'accusé ne l'est pas, puisque la tentative dont il est convaincu ne réunit pas toutes les circonstances dont le concours pouvait seul lui imprimer le caractère du crime; qu'on ne saurait prétendre qu'il suffise que le jury se prononce sur la troisième circonstance énoncée dans l'art. 2, parce que, dans la réponse sur cette circonstance, se trouve implicitement la réponse aux deux premières; qu'un individu peut former un projet criminel et y renoncer ensuite en apprenant des choses qui rendent ce

projet impossible ou trop difficile à réaliser; que, dans cette hypothèse, le crime est empêché par des circonstances indépendantes de la volonté de celui qui en avait conçu le dessein, et qu'il n'y a cependant ni un acte extérieur ni commencement d'exécution; que la déclaration affirmative du jury, sur la troisième circonstance de l'art. 2, n'établit donc l'existence que de cette seule circonstance, et non des deux autres; qu'elle n'est donc pas une preuve légale de la tentative de crime mentionnée dans cet article, la seule qui soit considérée et punie comme le crime même.

Attendu que, dans l'espèce, il avait été demandé au jury si les frères Vastine étaient coupables d'avoir tenté de voler du blé, à l'aide de fausses clefs, dans une grange dépendante de l'habitation du sieur Legris; ladite tentative manifestée par des actes extérieurs, suivie d'un commencement d'exécution, qui n'a manqué son effet que par des circonstances fortuites et indépendantes de la volonté des coupables, e que la réponse du jury a été conçue en ces termes littéralement : « Oui, lesdits frères Vastine sont coupables d'avoir tenté de voler du blé à l'aide de fausses clefs, dans la grange du sieur Legris, vol qui a manqué son effet par des circonstances indépendantes de la volonté des coupables; » qu'il y a dans cette réponse silence absolu sur l'acte extérieur et sur le commencement d'exécution; que l'une seule circonstance est constante; d'où il s'ensuit qu'il n'y a pas au procès de preuve légale d'une tentative de vol réunissant tous les caractères nécessaires pour la rendre criminelle, et pour que la culpabilité de l'auteur soit la même que si le crime avait été consommé; — Casse.

Du 18 avr. 1816.-C. C., sect. crim.-MM. Barris, pr.-Aumont, rap.

dans l'acte d'accusation, énonce suffisamment par là tous les caractères constitutifs de la tentative (Crim. rej. 30 oct. 1812)(1);
— 4° Que, lorsque le jury, interrogé sur la tentative d'un fait auquel certaines circonstances énoncées dans la question donnent seules le caractère de crime, répond en ces termes : *oui, l'accusé est coupable avec toutes les circonstances aggravantes*, sa déclaration est complète et suffit pour justifier l'application de la loi pénale (Crim. rej. 18 nov. 1819) (2);—5° Que lorsque les jurés, interrogés sur le point de savoir si un individu était coupable de la tentative d'un vol (la question contenant l'énumération de toutes les circonstances qui, d'après la loi, donnent à la tentative le caractère du crime consommé), ont répondu *oui*, et *n'a manqué son effet que par des circonstances indépendantes de la volonté*; la réponse est suffisante et l'arrêt rendu est à l'abri de tout reproche (Crim. rej. 13 janv. 1831) (3); —
6° Que la déclaration du jury qui, sur une question de tentative d'homicide volontaire commise avec préméditation, manifestée par des actes extérieurs, suivie d'un commencement d'exécution et n'ayant manqué son effet que par des circonstances fortuites indépendantes de la volonté de son auteur, a répondu que l'accusé était coupable d'avoir commis une tentative d'homicide volontaire, mais sans préméditation, est valable et peut servir de base à une condamnation : « Attendu qu'en excluant d'une manière formelle la circonstance aggravante de prémédi-

tation, la réponse du jury, faite sans restriction et d'une manière générale, sur le fait de la tentative, embrassait évidemment et nécessairement toutes les autres parties de la question qui se rapportaient à ce fait et qui en déterminaient le caractère criminel; qu'ainsi la condamnation a eu une base légale; rejette » (Crim. rej. 4 oct. 1822, MM. Barris, pr., Rataud, rap., aff. Collat).

89. Il a été jugé, d'un autre côté : 1° que, si le jury répond sur une des circonstances énoncées dans la question et se tait sur les autres, comme s'il déclare l'accusé coupable d'avoir tenté un vol *qui n'a manqué son effet que par des circonstances indépendantes de sa volonté*, cette réponse n'atteste ni acte extérieur ni commencement d'exécution, et n'est pas une preuve légale de la culpabilité de l'accusé (Crim. cass. 18 avr. 1816, aff. Vastine, V. n° 88-2°);— 2° Que lorsqu'en réponse à cette question : « Un tel est-il coupable d'avoir commis avec préméditation une tentative de meurtre sur la personne de N..., laquelle tentative a été manifestée par des actes extérieurs et suivie d'un commencement d'exécution qui n'a manqué son effet que par des circonstances fortuites et indépendantes de sa volonté? » le jury s'est borné à dire : « Oui, sans les circonstances, » il n'y a pour les juges, dans cette réponse, de preuve légale d'aucun crime (Crim. cass. 2 mai 1816) (4);— 3° Que si, la question sur les circonstances caractéristiques de la tentative n'ayant pas été posée, le jury

---

(1) (Isoard, Second et Ravel.) — LA COUR; — Vu les art. 2 et 586 c. pén.; — Attendu 1° que la réponse du jury à la question relative aux réclamants, régulièrement posée prononce que les accusés sont coupables de tentatives de vol avec toutes les circonstances comprises dans l'acte d'accusation, que cette décision du jury ne laisse pas de doute; — Attendu 2° que par cette réponse le jury, embrassant toutes les circonstances de l'accusation,a, dès lors, déclaré aussi que la tentative du crime avait été manifestée par des actes extérieurs et suivie d'un commencement d'exécution dont l'effet n'a été suspendu que par des circonstances indépendantes de la volonté des accusés, ce qu'il appartenait au jury de prononcer sur ces faits et circonstances; — Rejette.
Du 30 oct. 1812.-C. C., sect. crim.-MM. Barris, pr.-Vasse, rap.
(2) (François Kerleu C. min. publ.) —LA COUR ; —...Attendu, sur le second moyen, que des circonstances qui, par leur réunion, donnent un caractère criminel à un fait qui, sans elles, n'est ni un crime ni même un délit, sont nécessairement des circonstances aggravantes ; — Que, dans les questions soumises au jury sur les divers chefs d'accusation qui faisaient l'objet du procès, les trois circonstances dont la réunion forme, aux termes de l'art. 2 c. pén., la tentative criminelle, sont énoncées dans les termes mêmes de cet article ; que la réponse à chacune de ces questions ayant été : oui l'accusé est coupable avec toutes les circonstances aggravantes, il en résulte que l'accusé a déclaré coupable de trois tentatives de crime, que le code pénal considère comme le crime consommé ; qu'ainsi sa condamnation est une juste application de la loi pénale; — Attendu d'ailleurs que la procédure a été régulièrement instruite ; — Rejette, etc.
Du 18 nov. 1819, C. C., sect. crim.-MM. Barris, pr.-Aumont, rap.
(3) (Bernays C. min. publ.) —LA COUR;—...Sur le deuxième moyen de cassation proposé par les demandeurs, tiré de ce que la réponse du jury à la question sur la tentative du crime imputé aux demandeurs, ne présentait pas tous les caractères légaux et constitutifs de la tentative : — Attendu que le jury, interrogé sur la question de savoir si la tentative d'un vol de blé, au préjudice du sieur Gorre, la nuit, au nombre de deux personnes, dans la grange dépendante de la maison habitée dudit Gorre, si cette tentative de vol avait été manifestée par des actes extérieurs, suivie d'un commencement d'exécution, et n'a manqué son effet que par des circonstances fortuites et indépendantes de la volonté desdits Bernays père et fils, et que le jury a répondu oui, et n'a manqué son effet que par des circonstances indépendantes de la volonté; que, si la première partie de la réponse du jury n'est affirmative que sur l'existence des deux premiers caractères constitutifs de la tentative, la deuxième explique clairement que le troisième caractère se rencontre également dans l'espèce ; qu'ainsi, sous ce premier rapport, l'arrêt attaqué est à l'abri de tout reproche.
Du 13 janv. 1831.-C. C., ch. crim.-MM. de Bastard, pr.-Chantereyne, rap.
(4) (Aonstel C. min. publ.) — LA COUR ; — Vu l'art. 410 c. inst. crim.; — Vu l'art. 2 et l'art. 295 c. pén.; — Attendu qu'il n'y a de condamnations légales prononcées par les cours d'assises que celles qui ont pour base une déclaration de jury par laquelle la culpabilité des accusés est établie d'une manière claire, précise, exempte de tout doute, de toute incertitude ; — Attendu que la tentative de crime, objet de l'art. 2 c. pén., est celle qui est manifestée par des actes extérieurs, suivie d'un commencement d'exécution, et qui a été suspendue que par des circonstances fortuites ou indépendantes de la volonté de son au-

teur; que, sans la réunion de ces circonstances, il peut y avoir projet, intention du crime, mais qu'il n'y a pas cette tentative que la loi considère et punit comme le crime même; que, pour que la tentative du crime appelle son auteur à la peine de la loi, toutes les circonstances déterminées dans l'art. 2 c. pén. doivent donc être constantes;

Attendu que le meurtre est défini, par l'art. 295 de ce code, l'homicide commis volontairement; que le meurtre avec préméditation, qualifié assassinat par l'art. 296, est donc l'homicide commis volontairement et avec préméditation; que ces mots, *meurtre avec préméditation*, qui n'énoncent explicitement qu'une circonstance, en renferment cependant deux, puisqu'ils expriment l'idée du fait matériel d'homicide accompagné des circonstances de la volonté et de la préméditation; que de là s'ensuit que, pour qu'il y ait lieu à l'application de la peine capitale pour fait d'homicide, il faut que ce fait et les deux circonstances de la volonté et de la préméditation, qui lui donnent le caractère d'assassinat, soient certains; que la peine des travaux forcés perpétuels est encourue, si la préméditation est retranchée, parce qu'il reste l'homicide volontaire ou meurtre ; mais que le crime disparaît, si la circonstance de la volonté est exclue comme celle de la préméditation ; et qu'alors l'homicide séparé de la volonté n'est plus que l'homicide par imprudence, maladresse, etc., c'est-à-dire, le délit que prévoit et punit d'emprisonnement et d'amende l'art. 319 c. pén.;

Attendu que, dans l'espèce, les frères Aonstel étaient accusés, le premier d'être auteur, le second d'être complice d'une tentative de meurtre avec préméditation; que les questions avaient été posées ainsi : « Jean-Pierre Aonstel est-il coupable d'avoir commis avec préméditation une tentative de meurtre sur la personne de Jacques Rane, laquelle tentative a été manifestée par des actes extérieurs, et suivie d'un commencement d'exécution qui n'a manqué son effet que par des circonstances fortuites et indépendantes de sa volonté? » — « André Aonstel est-il complice de ce crime, pour avoir, avec connaissance, aidé et assisté Jean-Pierre Aonstel dans les faits qui l'ont préparé, facilité ou consommé? »

Que, pour résoudre ces questions, le jury avait à examiner et à juger les circonstances constitutives de l'assassinat et celles qui constituaient la tentative et la complicité ; que, pour que les accusés fussent coupables du crime dénoncé, il fallait que l'existence de toutes ces circonstances fût le résultat nécessaire de la déclaration du jury ; que si, au contraire, elles étaient toutes écartées, il n'existait de tentative ni d'assassinat, ni même de meurtre; il n'existait pas de complicité; il n'y avait pour les juges de preuve légale d'aucun crime;

Attendu que les réponses du jury ont été littérales sur la première question : « Oui, à la majorité de dix contre deux, sans les circonstances; » sur la seconde : « Oui, à l'unanimité, sans les circonstances; »

Qu'il est évident que, par ces expressions générales, *sans les circonstances*, toutes les circonstances énoncées dans les questions sont écartées; celles qui constituaient la tentative criminelle et la complicité comme celles qui caractérisaient l'assassinat; que c'est cependant sur ces déclarations du jury que les accusés ont été condamnés, l'un comme auteur, l'autre comme complice d'une tentative de meurtre, à la peine de ce crime: que si, d'après les débats que l'on a lieu devant elle, la cour d'assises croyait devoir regarder comme prouvées toutes les circonstances énoncées dans les questions, moins la préméditation, l'opis'est borné à déclarer l'accusé *coupable d'une tentative d'assassinat*, cette réponse est insuffisante et l'arrêt de condamnation nul : « Attendu qu'aux termes de l'art. 2 c. pén., la tentative du crime n'est considérée comme le crime même que quand elle a été manifestée par des actes extérieurs, et suivie d'un commencement d'exécution qui n'a été suspendue ou n'a manqué son effet que par des circonstances fortuites ou indépendantes de la volonté de l'auteur; qu'il suit nécessairement de cette disposition de la loi que, pour que la peine du crime puisse être prononcée contre celui qui a tenté de le commettre, il faut qu'il y ait preuve légale que l'exécution du crime a été commencée, et n'a été suspendue que par des circonstances indépendantes de sa volonté; que cependant le jury, dans l'espèce, n'ayant pas cru devoir donner à sa réponse des développements qui n'étaient pas dans la question qui lui était soumise, s'est contenté de déclarer que l'accusé avait commis une tentative d'assassinat, et n'a pas dit s'il y avait eu acte extérieur et commencement d'exécution suspendue par des circonstances indépendantes de la volonté dudit accusé; qu'une semblable déclaration ne saurait être le fondement légal d'une condamnation, puisqu'elle laisse ignorer s'il y a eu acte extérieur suivi d'un commencement d'exécution, et si ce n'est pas la volonté du prévenu qui a seule arrêté l'exécution commencée du crime ; et que'une tentative manifestée par des actes extérieurs et suivie d'un commencement d'exécution, mais dont l'exécution est arrêtée par la volonté de son auteur, n'est pas celle que la loi considère et punit comme le crime; qu'en condamnant Auresche à la peine capitale, comme coupable d'une tentative d'assassinat, la cour d'assises du département de l'Ardèche a donc fait une fausse application des art. 2 et 302 c. pén. » (Crim. cass. 23 mars 1813, M. Aumont, rap., aff. Auresche); — 4° Qu'un arrêt doit être annulé s'il condamne un individu pour tentative de meurtre, sans que le jury ait été interrogé et se soit expliqué sur les trois circonstances constitutives de la tentative criminelle : « Attendu que la question proposée au jury sur la tentative du meurtre ne comprenait point les trois circonstances constitutives de la tentative, qui étaient énoncées dans l'acte d'accusation et dans l'arrêt de renvoi; que la déclaration du jury ne s'explique pas sur ce point, et que la cour d'assises, en induisant l'existence des cir-

constances élémentaires de la tentative de la réponse affirmative des jurés sur des faits matériels qui lui paraissaient les constituer, a excédé ses pouvoirs et déclaré ce qu'il n'appartenait qu'au jury d'apprécier ; que, d'ailleurs, en omettant d'énoncer dans la question les circonstances constitutives de la tentative mentionnée dans le résumé de l'acte d'accusation et dans l'arrêt de renvoi, on n'a pas entièrement purgé l'accusation » (Crim. cass. 23 juin 1827, MM. Portalis, pr., Ollivier, rap., aff. Rivière); — 5° Que lorsqu'une question a été ainsi posée : l'accusé est-il coupable de tentative de meurtre *avec toutes les circonstances comprises dans l'acte d'accusation*, et que l'acte d'accusation porte qu'il est accusé de tentative de meurtre, laquelle tentative, manifestée par un acte extérieur suivi d'un commencement d'exécution dont l'effet n'a manqué que par un empêchement fortuit, *a été commise avec préméditation*, une pareille question considère à tort comme circonstances de la tentative des actes qui en sont les caractères constitutifs, la préméditation étant la seule circonstance accidentelle; qu'en conséquence, si la déclaration du jury est négative sur toutes les circonstances, malgré la contradiction apparente dans les deux parties de cette déclaration, il y a lieu à l'absolution de l'accusé (Crim. rej. 4 mars 1813) (1);—6° Que la solution du jury qui, conformément à la question qui lui est soumise, répond : *Oui, l'accusé est coupable d'avoir tenté l'avortement par une violence*, n'établissant pas que la tentative n'a manqué son effet que par des circonstances indépendantes de la volonté de l'accusé, est incomplète, et ne peut servir de base à une condamnation (Crim. cass. 16 oct. 1817, aff. Sévin et Martoury, v° Avortement, n° 11); — 7° Que lorsque, toutes les circonstances caractéristiques de la tentative du crime ayant été détaillées, soit dans l'acte d'accusation, soit dans la question posée au jury, il se borne à répondre en ces termes : « *Oui, l'accusé est coupable d'avoir commis une tentative d'homicide, avec les circonstances comprises dans le résumé, qui sont d'avoir commis cette tentative, 1° volontairement, 2° avec préméditation;* » cette réponse, n'embrassant pas toutes les circonstances énoncées dans la question, ne peut servir de base à une condamnation (Crim. cass. 30 mai 1816) (2);— 8° Que la cour d'assises, en ce cas, devrait ordonner au jury de prendre une nouvelle délibération qui explique la

---

nion qu'elle s'était formée à cet égard ne pouvait pas être la base de la condamnation qu'elle avait à prononcer; qu'à ces mots au pluriel, *les circonstances*, il ne lui était permis de substituer ces mots au singulier, *la préméditation*; que si la préméditation était la seule circonstance qui ne lui parût pas constante, elle en devait conclure que le jury n'avait pas, dans ses réponses écrites, exprimé sa véritable pensée; que son devoir était, en ce cas, de lui ordonner de prendre une nouvelle délibération qui expliquât la première ; que cette mesure était d'autant plus indispensable, qu'en faisant à la question si l'accusé était coupable d'avoir commis avec préméditation une tentative de meurtre, cette réponse, oui, *sans les circonstances*, le jury a déclaré tout à la fois qu'il avait été commis une tentative de meurtre avec préméditation, et que les circonstances constitutives de la tentative criminelle, et celles qui constituaient l'assassinat, n'existaient pas, et qu'il a ainsi émis deux opinions absolument inconciliables; qu'en se mettant à la place du jury, en énonçant ce qu'elle a cru être sa pensée, que le secret de la délibération ne lui avait pas permis de connaître, qu'il ne lui appartenait pas d'expliquer quand elle l'aurait connu, la cour d'assises est sortie des bornes de ses attributions; que la condamnation des accusés n'ayant pour base qu'une déclaration du jury, loin d'établir d'une manière certaine leur culpabilité, ne présente que des dispositions incohérentes et contradictoires, est une fausse application manifeste de la loi pénale; et qu'une semblable déclaration ne pouvant pas être un fondement plus légal de leur acquittement ou de leur absolution que de leur condamnation, de nouveaux débats pour parvenir à une nouvelle déclaration du jury sont indispensables; — D'après ces motifs, casse, etc.
Du 2 mai 1816.-C. C., sect. crim.-MM. Barris, pr.-Aumont, rap.
(1) (Min. publ. C. Bonmarty.) — LA COUR; — Attendu que le résumé de l'acte d'accusation dressé contre Bonmarty portait qu'il était accusé « de tentative de meurtre, laquelle tentative manifestée par des actes extérieurs suivis d'un commencement d'exécution, dont l'effet n'avait manqué que par des circonstances indépendantes de la volonté dudit Bonmarty, avait été commise avec préméditation; » que la question avait été posée ainsi : « Jean Bonmarty est-il coupable de tentative de meurtre avec toutes les circonstances comprises dans le résumé de l'acte d'accusation? » — Qu'il résulte évidemment de cette position de question que le président de la cour d'assises avait, par une erreur manifeste, con-

sidéré comme circonstances de la tentative l'acte extérieur, le commencement d'exécution et l'empêchement fortuit qui en sont au contraire les caractères essentiels et constitutifs ; que, dans l'espèce, la seule circonstance de l'acte d'accusation accidentelle à la tentative était la préméditation ; que le jury a répondu négativement sur les circonstances qu'il a toutes écartées; et qu'il est ainsi résulté de sa déclaration qu'il n'y avait eu ni acte extérieur, ni commencement d'exécution, ni empêchement fortuit, conséquemment point de tentative de meurtre; que si les deux parties de cette déclaration rapprochées l'une de l'autre paraissent contradictoires, la contrariété qui a été du vice de la question n'est pas absolue, et que l'arrêt d'absolution prononcée par la cour d'assises n'a été dans cet état la violation d'aucune loi; — Rejette.
Du 4 mars 1813.-C. C., sect. crim.-MM. Barris, pr.-Aumont, rap.
(2) (Colombel C. min. publ.) — LA COUR; — Vu l'art. 410 c. inst. crim. et l'art. 2 c. pén.; — Attendu qu'il n'y a de condamnations légales prononcées par les cours d'assises que celles qui ont pour base une déclaration de jury, par laquelle la culpabilité des accusés est établie d'une manière claire, précise, exempte de tout doute, de toute incertitude ; — Que, d'après l'article cité du code pénal, la tentative de crime n'est considérée comme le crime même, que lorsque cette tentative a été manifestée par des actes extérieurs et suivie d'un commencement d'exécution, et qu'elle n'a été suspendue ou n'a manqué son effet que par des circonstances fortuites ou indépendantes de la volonté de son auteur;— Que de là s'ensuit que, quand l'accusation d'une tentative de crime est portée devant une cour d'assises, ce n'est pas assez pour la condamnation du prévenu que la tentative soit déclarée constante; qu'il faut nécessairement encore qu'il soit constant que cette tentative est telle que le code la définit par son art. 2; qu'elle réunit tous les caractères déterminés dans cet article, et sans lesquels il peut y avoir intention, projet du crime, mais il n'y a pas tentative considérée comme le crime même; — Attendu que, dans l'espèce, Colombel était accusé d'avoir commis « une tentative d'assassinat, laquelle, manifestée par des actes extérieurs et suivie d'un commencement d'exécution, n'avait manqué son effet que par des circonstances fortuites et indépendantes de la volonté de son auteur : »
Qu'il a été demandé au jury « si l'accusé était coupable d'avoir commis une tentative d'homicide, laquelle avait été manifestée par des actes

première : il n'est pas dans ses attributions de l'expliquer elle-même (même arrêt, et Crim. cass. 2 mai 1816, aff. Aonstel, *suprà*. 2°).

90. Sous l'empire de la nouvelle rédaction de l'art. 2 c. pén., il a été jugé que la réponse du jury est insuffisante pour motiver une condamnation, quand elle ne fait pas connaître formellement que l'accusé n'a pas volontairement abandonné l'exécution de son projet (Crim. cass. 1er juill. 1841) (1).

91. Mais il a été jugé aussi : 1° que la tentative est légalement caractérisée lorsqu'il est dit dans la question soumise au jury qu'elle a été à la fois manifestée par un commencement d'exécution et qu'elle *n'a manqué son effet* que par des circonstances indépendantes de la volonté de son auteur ; que l'omission des mots « *si elle n'a été suspendue* » n'a pu, en pareil cas, rendre incomplète la définition de la tentative (Crim. rej. 28 août 1845, aff. Beauchêne, D. P. 45. 4. 125) ; — 2° De même, que le caractère légal de la tentative prévu par l'art. 2 c. pén. résulte suffisamment, contre l'individu déclaré coupable, d'avoir *tenté* de commettre la soustraction frauduleuse d'une somme d'argent, tentative manifestée par un commencement d'exécution qui n'a manqué son effet que par des circonstances indépendantes de la volonté de son auteur, bien que les mots *qui n'a été suspendue* ne figurent pas dans la déclaration (Crim. rej. 10 juill. 1845, aff. Chassaing, D. P. 45. 4. 125).

92. Si, lorsque l'incrimination porte sur un fait consommé, la déclaration du jury ne peut comprendre que des circonstances certaines, actuelles ou concomitantes au fait principal, il en est autrement quand c'est une simple tentative qui fait l'objet de

l'accusation, une partie de l'exécution restant nécessairement alors en dehors du fait déclaré constant : la déclaration du jury peut, en pareil cas, se borner à constater l'intention où était l'accusé d'accomplir ultérieurement les faits qui devaient compléter l'exécution. — Et, par exemple, la déclaration du jury portant que l'accusé a tenté d'extorquer par force, violence ou contrainte, la signature d'une pièce qui devait contenir obligation, tentative manifestée par un commencement d'exécution qui n'a manqué son effet que par des circonstances indépendantes de la volonté de son auteur, renferme tous les éléments légaux de la tentative du crime prévu par l'art. 400 c. pén. — ... Peu importe qu'elle ne constate pas que le fait de l'obligation fût consommé au moment même de l'extorsion, dès qu'elle exprime que cette extorsion a eu lieu dans l'intention d'adapter à la signature un écrit emportant obligation (Crim. rej. 27 mars 1856, aff. Boulhier, D. P. 56. 1. 229 ; 16 avr. 1857, aff. Berrier, D. P. 57. 1. 267).

93. Le jury ne doit pas nécessairement être interrogé sur l'intention de l'accusé. Cette question se trouve implicitement renfermée dans la question de savoir si l'accusé est *coupable* de tentative de tel ou tel crime. Dès lors il n'est pas nécessaire non plus que le jury dans sa déclaration s'explique sur ce point (V. Inst. crim., n°° 3461 et s.).—Il a été jugé, en ce sens : 1° que le dessein de tuer se trouve implicitement renfermé dans une question relative à une tentative de meurtre caractérisée par les circonstances constitutives du meurtre (Crim. rej. 9 mai 1816, aff. Deylaud, n° 103) ; — 2° Que la déclaration qu'un individu est coupable de tentative de crime, et, par exemple, de tentative de meurtre sur son père, manifestée par des actes extérieurs, et sui-

---

extérieurs, suivie d'un commencement d'exécution, et n'avait manqué son effet que par des circonstances fortuites indépendantes de la volonté de son auteur, avec les circonstances comprises dans le résumé de l'acte d'accusation, qui sont d'avoir commis cette tentative : 1° volontairement ; 2° avec préméditation, » — Que la question, ainsi posée, présentait tout à la fois les circonstances constitutives de la tentative, que l'art. 2 c. pén. considère comme le crime consommé, et celles qui, d'après les art. 295 et 296 du même code, devaient donner à cette tentative le caractère d'assassinat ; — Que la réponse du jury a été littéralement : « Oui, Jean-Marie Colombel est coupable d'avoir commis une tentative d'homicide avec les circonstances comprises dans le résumé de l'acte d'accusation, qui sont d'avoir commis cette tentative : 1° volontairement ; 2° avec préméditation ; » que, dans cette réponse, les circonstances caractéristiques et constitutives de la tentative criminelle, loin d'être énoncées explicitement, ne le sont pas même d'une manière implicite, puisque ces expressions, *coupable d'avoir commis une tentative*, ne permettent pas d'apercevoir un rapport nécessaire entre la tentative dont parle le jury et celle qui est mentionnée dans la question ; que le jury, qui a reconnu l'existence de la volonté et de la préméditation, c'est-à-dire des circonstances qui devaient donner à la tentative criminelle le caractère de l'assassinat, n'a rien dit de celles dont la réunion pouvait seule caractériser cette tentative criminelle ; qu'en faisant une réponse par laquelle, au lieu d'énoncer toutes les circonstances qui sont dans la question, ou de les embrasser toutes par des expressions générales qui se fussent référées à cette question et en eussent implicitement décidé toutes les parties, il a gardé un silence absolu sur les unes, tandis qu'il s'est expliqué en termes formels sur les autres, le jury a laissé la plus grande incertitude sur sa véritable pensée ; qu'il est impossible de savoir quel sens il a attaché au mot *tentative*; qu'on ignore entièrement si son silence sur les circonstances mentionnées dans l'art. 2 c. pén. provient de ce qu'il ne les a pas examinées, ou de ce qu'elles ne lui ont pas paru prouvées; et qu'il n'a ainsi cru l'accusé coupable que d'une tentative qui, n'étant pas celle du code pénal, ne serait dans la vérité rien autre chose qu'une intention, un projet dont la punition n'appartient pas à la justice des hommes ; ou enfin de ce que les idées d'acte extérieur, de commencement d'exécution et de suspension par une cause fortuite, lui ont paru renfermées dans le mot *tentative*; de telle sorte que la déclaration de l'existence de la tentative soit la déclaration implicite, mais nécessaire, de l'existence de ces circonstances ; que si, d'après les débats qui ont eu lieu devant elle, la cour d'assises croyait devoir regarder comme constantes toutes les circonstances énoncées dans la question, celles qui donnaient à la tentative un caractère criminel, comme celles qui déterminaient la nature du crime tenté, elle devait en conclure que le jury, qui n'avait dans sa réponse parlé que de celles-ci, n'avait pas exprimé son opinion tout entière ; que son devoir, en ce cas, était de lui ordonner de prendre une nouvelle délibération qui expliquât la première; qu'en se mettant à sa place, en énonçant ce qu'elle a cru être sa pensée qu'il ne pouvait pas connaître, et qu'il ne lui appartenait pas d'expliquer quand il l'aurait connue, ladite cour est sortie des bornes de ses attributions; que la condamnation qu'elle a prononcée,

n'ayant pour base qu'une déclaration du jury, qui est loin d'établir avec la certitude nécessaire la culpabilité de l'accusé, est une fausse application de la loi pénale ; et que cette déclaration ne pouvant pas être un fondement plus légal d'acquittement ou d'absolution que de condamnation, de nouveaux débats pour parvenir à une nouvelle déclaration du jury, sont indispensables; — D'après ces motifs, casse, etc.

Du 30 mai 1816.—C. C., sect. crim.-M. Aumont, rap.

(1) (Mayer C. min. pub.) — LA COUR ; — Vu l'art. 2 c. pén. ; — Attendu, en droit, que cet article n'assimile la tentative au crime même, que dans le cas où elle a été manifestée par un commencement d'exécution, et n'a été suspendue ou n'a manqué son effet, uniquement que par des circonstances indépendantes de la volonté de son auteur ; qu'elle n'est donc point punissable lorsqu'elle a été librement abandonnée après avoir été entreprise ; d'où il résulte que les circonstances qui la constituent doivent être constatées en termes explicites, qu'aucun doute ne puisse exister à cet égard ; — Et attendu, dans l'espèce, que le fait de l'accusation porté contre le demandeur a été posé au jury, en ces termes : — « François Mayer est-il coupable de s'être rendu complice d'une tentative de vol commis le 24 janv. 1841 au presbytère de Cyzerieux, pour avoir, avec connaissance, aidé ou assisté l'auteur dans les faits qui l'ont préparée ou facilitée ? » — Cette tentative manifestée par un commencement d'exécution n'a-t-elle été suspendue ou n'a-t-elle manqué son effet que par des circonstances indépendantes de la volonté de son auteur? — Circonstances : — Cette tentative de vol n'a-t-elle été commise : 1° dans une maison habitée ; 2° avec effraction extérieure (circonstance résultant des débats) ; 3° avec escalade ? » — Que les jurés, après avoir répondu : Oui à la majorité sur la première partie de la question principale, et seulement non sur la seconde, ont résolu négativement la deuxième circonstance aggravante, affirmativement la première et la troisième, et déclaré qu'il existe des circonstances atténuantes en faveur de l'accusé ; —Attendu que l'ambiguïté de la réponse sur la dernière partie de la question principale est évidente, puisqu'elle peut signifier également ou que la tentative dont il s'agit aurait été volontairement abandonnée dans le cours de son exécution, ou qu'elle n'aurait été réellement suspendue ou n'aurait manqué son effet que par des circonstances indépendantes de la volonté de son auteur ; — Que la cour d'assises devait dès lors ordonner au jury d'expliquer, en vertu de l'incertitude résultant de cette alternative ;—Qu'elle n'a pu considérer le demandeur comme déclaré évidemment coupable, ni le condamner à quatre années d'emprisonnement, qu'en prenant sur elle d'interpréter, d'après son ensemble, la déclaration sur laquelle est fondée cette condamnation ; — Qu'elle a donc, en procédant ainsi, outrepassé les limites de sa compétence et commis une violation expresse de l'article précité ;

Attendu, de plus, que l'arrêt attaqué présente aussi une violation de l'art. 347 rectifié du code d'instruction criminelle, puisque la décision du jury qui a déterminé l'application de la loi pénale ne constate point qu'elle ait été prise à la majorité contre le demandeur, ainsi que cet article l'exige à peine de nullité. — Casse.

Du 1er juill. 1841.-C. C., ch. crim.-MM. Crouseilhes, pr.-Rives, rap.

vie d'un commencement d'exécution, emporte avec elle, implicitement, la *volonté* de commettre le crime; que, dès lors, il n'est point exigé, à peine de nullité, qu'il soit expressément déclaré que l'accusé a agi *volontairement* (Crim. rej. 25 août 1826) (1); — 3° Que l'art. 2 c. pén. s'applique à la tentative de meurtre comme à celle de tout autre crime; et spécialement, que, dans une tentative de meurtre par coups et blessures volontaires, si le jury, interrogé sur les circonstances caractéristiques de la tentative, a répondu que l'*accusé est coupable*, cette réponse comprend implicitement, mais nécessairement, la circonstance *du dessein de tuer*; et que, par suite, l'accusé doit être condamné comme coupable d'une tentative de meurtre (Crim. rej. 31 juill. 1823) (2); — 4° Que la tentative d'homicide volontaire emporte nécessairement, de la part de son auteur, la volonté de donner la mort; qu'en conséquence, l'accusé déclaré coupable d'avoir commis une tentative d'homicide volontaire sur la personne d'un fonctionnaire public dans l'exercice de ses fonctions, est dans la même position que s'il eût été déclaré coupable de lui avoir porté des coups et fait des blessures dans l'intention de lui donner la mort, et, par suite, doit subir l'aggravation de peine de l'art. 233 c. pén. : « Attendu que la tentative d'homicide volontaire emporte nécessairement, de la part de son auteur, la volonté de donner la mort, d'où il suit que celui qui est déclaré coupable d'avoir commis une tentative d'homicide volontaire est dans la même position que celui qui a porté des coups ou fait des blessures avec intention de donner la mort, et que l'aggravation de peine portée par l'art. 233 c. pén. doit lui être appliquée lorsqu'il est constant que le crime a été commis envers un agent de la force publique dans l'exercice de ses fonctions » (Crim. rej. 13 juill. 1843, M. Brière-Valigny, rap., aff. Gabriel).

94. Nous avons dit v° Instr. crim., n° 2770, que si, dans la position des questions, il est nécessaire que le crime sur lequel le jury est interrogé soit bien précisé, en telle sorte que ce crime ne puisse être confondu avec aucun autre, et qu'ainsi la déclaration du jury ne présente aucune équivoque, on ne pouvait cependant, en l'absence d'un texte de loi, attacher la peine de nullité au défaut d'aucune énonciation particulière, et qu'ainsi la condamnation ne peut être annulée lorsque, par la corrélation des questions avec l'accusation et les débats, il est constaté qu'il n'a pu y avoir doute, dans l'esprit des jurés, sur le fait qui a été l'objet de leur délibération.—Il a été décidé, par application de ces principes, que le défaut de désignation de l'individu sur lequel un homicide a été effectué ou tenté n'est pas une cause de nullité de la question relative à la perpétration du crime ou à la tentative, lorsque d'ailleurs du rapprochement de cette question avec d'autres et de l'acte d'accusation résulte l'identité évidente de l'homicidé (Crim. rej. 9 mai 1816, aff. Deylaud, n° 103).

95. Ainsi que nous l'avons vu précédemment, il n'est pas toujours facile de savoir quels faits constituent le commencement d'exécution qui est un des éléments nécessaires de la tentative. Les décisions judiciaires qui interviennent sur ce point sont-elles soumises à la censure de la cour suprême? Un arrêt s'est prononcé pour l'affirmative. — Ainsi il a été décidé que l'erreur des juges sur ce qui constitue un commencement d'exécution, est une erreur de droit qui donne lieu à cassation (Crim. cass. 29 oct. 1813, aff. Winaud, V. Instr. crim., n° 1066, *in fine*).

96. Mais de nombreux arrêts se sont prononcés en sens contraire. Ainsi il a été jugé : 1° qu'aucune loi n'ayant déterminé les faits constitutifs du commencement d'exécution dans une tentative de crime, c'est aux jurés ou à la cour d'assises qu'il appartient de se prononcer souverainement à cet égard (Crim. rej. 25 sept. 1818) (3); — 2° De même, qu'aucune loi n'ayant déterminé les faits qui doivent caractériser le commencement d'exécution dans une tentative de crime, il s'ensuit qu'à cet égard on doit s'en rapporter à la conscience des juges qui statuent sur la mise en accusation d'un prévenu de tentative de crime, et que, quelque grave que soit leur erreur, elle ne peut former un moyen de cassation : « Considérant que la chambre des mises en accusation de la cour de Bruxelles n'a violé aucune loi en déclarant dans l'espèce que des faits de l'instruction poursuivie à la charge de J.-B. Hepman comme prévenu de tentative de vol avec escalade et effraction, il ne résulte contre ledit prévenu aucun indice d'un commencement d'exécution, et que, conséquemment, ladite chambre a légalement prononcé sa mise en liberté » (Crim. rej. 27 août 1812, M. Daniels, av. gén., aff. Hepman; 18 mars 1813, aff. Croubèle); — 3° Que l'arrêt qui déclare que la tentative du crime imputée n'a pas été suivie d'un commencement d'exécution ne donne pas ouverture à cassation, bien que la réunion de tous les faits reconnus par cet arrêt paraisse offrir les caractères d'une tentative coupable (Crim. rej. 16 mai 1812) (4); — 4° Qu'il suffit que les juges aient déclaré qu'il n'y a pas eu commencement d'exécution, bien qu'ils eussent reconnu des actes extérieurs, pour que la tentative criminelle puisse être déclarée ne pas exister, et qu'une telle décision, ne violant aucune loi, échappe à la censure de la cour de cassation : « Attendu qu'en déterminant les caractères que doit avoir la tentative du crime pour être assimilée au crime, la loi n'a pas déterminé en même temps les faits élémentaires ou constitutifs de ces caractères; qu'elle en a laissé

---

(1) (Courand C. min. pub.);—LA COUR ;—...Attendu que toute tentative de crime, manifestée par des actes extérieurs et suivie d'un commencement d'exécution, emporte avec elle implicitement la volonté de commettre le crime, et que, dans l'espèce, le jury ayant déclaré « Pierre Courand coupable d'avoir, le 19 juin 1825, tenté de donner la mort à Sébastien Dechamp, son beau-père, tentative manifestée par des actes extérieurs et suivie d'un commencement d'exécution qui n'auraient manqué leur effet que par les circonstances fortuites et indépendantes de la volonté dudit Pierre Courand, » une telle déclaration contient l'expression explicite et complète de la volonté de commettre le crime ; Attendu que le guet-apens est une circonstance aggravante indépendante du fait principal, et que si les jurés ne se sont déclarés pour l'affirmative qu'à la majorité simple sur cette circonstance, la cour d'assises n'avait portant à leur avoir délibéré, d'après les dispositions formelles de l'art. 351 c. inst. crim. ; — Rejette.
Du 25 août 1826.—C. C., ch. crim.-MM. Portalis, pr.-Brière, rap.
(2) (Florent C. min. pub.) — LA COUR ;—...Considérant que l'art. 2 c. pén. relatif à la tentative de crime est général et absolu; qu'il s'applique donc à la tentative de meurtre comme à la tentative de tout autre crime; — Que si, pour donner aux coups et blessures le caractère de la tentative de crime, il faut qu'il y ait eu dessein de tuer, cette circonstance de moralité est implicitement, mais nécessairement renfermée dans celles qui sont déterminées dans ledit art. 2 ; — Que ces circonstances se trouvant dans la première question et le jury y ayant répondu que l'accusé était coupable, il s'ensuit que par la condamnation aux travaux forcés perpétuels que la cour d'assises a prononcée contre le même accusé, il a été fait une juste application des art. 2 et 304 c. pén. ; — Rejette.
Du 31 juill. 1825.-C. C., sect. crim.-MM. Barris, pr.-Busschop, r.
(3) (Min. pub. C. Adam.) — LA COUR ; — Attendu 1° que la loi n'a

pas déterminé les faits qui, en matière de tentative de crime, caractérisent un commencement d'exécution; qu'ainsi, l'appréciation des circonstances dont on peut ou non induire ce commencement se trouve nécessairement abandonnée au discernement et à la conscience soit des jurés, soit des cours d'assises, dans les affaires où elles jugent sans le concours des jurés; — Attendu, 2° que dans l'espèce, l'accusation portait sur une tentative de vol avec effraction extérieure; que le fait d'effraction y était donc compris et s'y rattachait essentiellement; que si la cour d'assises de la Haute-Saône) procédant au jugement de l'accusée par contumace, après avoir reconnu et déclaré constant ce fait d'effraction, a cru pouvoir juger qu'il ne suffisait pas pour opérer un commencement d'exécution, et en conséquence acquitté l'accusée sous le rapport du crime de tentative, elle a pu et dû, d'après la disposition de l'art. 365 c. inst. crim., faire en général et s'étend par conséquent à tous les cas, appliquer au fait reconnu et demeuré constant l'effet de sa déclaration, la peine correctionnelle dont toute destruction de clôture est passible, en vertu de l'art. 456 c. pén.; — Rejette.
Du 25 sept. 1818.-C. C., sect. crim.-MM. Barris, pr.-Rataud, rap.
(4) (Min. pub. C. Lafontaine.) — LA COUR; — Considérant que s'il est difficile de ne pas voir dans la réunion de tous les faits reconnus par l'arrêt dénoncé les caractères d'une tentative coupable déterminés par l'art. 2 c. pén., et si la mise en liberté du prévenu, prononcée dans ledit arrêt, démontre une indulgence extraordinaire de la part des juges qui ont rendu ledit arrêt, néanmoins aucune loi n'ayant déterminé les faits qui doivent caractériser le commencement d'exécution que ledit art. 2 c. pén. exige pour former la tentative coupable d'un crime ou d'un délit, ledit arrêt d'ailleurs déclarant dans la forme ne peut donner ouverture à cassation pour avoir déclaré que la tentative de vol dont il s'agit n'a pas été suivie d'un *commencement d'exécution;* — Rejette.
Du 16 mai 1812.-C. C., sect. crim.-MM. Barris, pr.-Busschop, r.

l'appréciation aux magistrats chargés de prononcer sur la prévention ou sur l'accusation ; d'où il suit que la cour royale de Nancy (chambre des mises en accusation), en déclarant qu'il n'y avait pas de commencement d'exécution, quoiqu'elle ait reconnu les actes extérieurs formant l'un des caractères de la tentative, n'a pas commis de violation expresse de la loi » (Crim. rej. 4 oct. 1827, MM. Ollivier, f. f. pr., Gary, rap., aff. Demeurr);— 5° Qu'il appartient aux chambres d'accusation d'apprécier souverainement les caractères constitutifs du commencement d'exécution, élément nécessaire de la tentative du crime : « Attendu que la loi n'a pas déterminé à quels caractères on doit reconnaître le commencement d'exécution, élément nécessaire de la tentative du crime; attendu que la cour impériale de Nancy, en appréciant les charges portées contre Louis Faisant, a usé du pouvoir qui lui est remis par le code d'instruction criminelle, et n'en a violé aucune disposition » (Crim. rej. 22 oct. 1812, MM. Barris, pr., Oudart, rap., aff. Faisant; V. dans le même sens les arrêts cités v° Instr. crim., n° 1066) ; — 6° Qu'une cour peut, tout en reconnaissant qu'un individu s'est introduit dans une habitation à l'aide d'escalade et d'effraction, et avec l'intention d'y commettre un vol, déclarer néanmoins que ces faits ne constituent pas le commencement d'exécution requis par la loi pour caractériser la tentative criminelle de vol (Crim. cass. 23 sept. 1825, aff. Lavareille, v° Instruct. crim., n° 1066) ; — 7° Qu'une cour qui déclare, en fait, que l'accusé s'est introduit dans une maison habitée à l'aide d'escalade peut, sans violer la loi, et quelque apparence d'erreur qu'offre une pareille décision, déclarer que ce fait ne constitue pas le commencement d'exécution et l'acte extérieur qui caractérisent la tentative criminelle : « Attendu que la loi n'a pas déterminé à quels caractères on doit reconnaître qu'une tentative de crime a été manifestée par des actes extérieurs et suivis d'un commencement d'exécution; attendu que la cour impériale a déclaré en fait que l'introduction de Michel Pillot à l'aide d'escalade dans une maison habitée n'a été accompagnée d'aucune tentative de crime, et manifestée par des actes extérieurs et suivie d'un commencement d'exécution; qu'ainsi, quelque apparence d'erreur que cette déclaration puisse présenter, elle n'entraîne la violation d'aucune loi » (Crim. rej. 21 janv. 1813, MM. Barris, pr., Oudart, rap., aff. Pillot).

97. Quoique l'intention exigée constitue l'un des caractères de la tentative criminelle paraisse résulter évidemment des faits, il suffit qu'elle soit déclarée par les juges ne pas exister, pour que cette déclaration soit irréfragable devant la cour de cassation : « Attendu que la cour de Nancy n'a pas reconnu en termes précis l'intention de commettre le vol, quoique cette intention paraisse évidemment résulter des faits qu'elle a déclarés constants » (Crim. rej. 4 oct. 1827, MM. Ollivier, f. f. pr., Gary, rap., Fréteau, av. gén., aff. Demeurr).

98. Au surplus, l'arrêt de mise en accusation qui porte en termes généraux sur une tentative de faux, sans en exprimer les circonstances caractéristiques, ne peut plus être soumis à la censure de la cour de cassation, lorsqu'il n'a pas été attaqué dans le délai de l'art. 296 c. inst. crim. (Crim. rej. 9 janv. 1812, aff. Herbault, n° 105).

99. Lorsque la tentative réunit les éléments caractéristiques déterminés par l'art. 2 c. pén., elle est, aux termes du même article, considérée comme le crime même, c'est-à-dire punie des mêmes peines (V. toutefois *suprà*, n° 59). D'où un arrêt a tiré cette conséquence que *la circonstance aggravante* qui a accompagné une telle tentative, doit être punie comme si elle avait accompagné le crime même ; et spécialement, que l'escalade qui a accompagné la tentative de vol doit donner lieu à une aggravation de peine comme si elle se fût jointe au vol consommé (Crim. rej. 7 déc. 1843, aff. Labbé, D. P. 45. 4. 502). La même solution résulte implicitement d'un arrêt qui a décidé que l'effraction ne

constitue pas par elle-même un crime, mais peut seulement devenir une circonstance aggravante d'un délit consommé ou *tenté* (Orléans, 14 oct. 1842, aff. Choux, v° Vol).

100. Supposons maintenant qu'un malfaiteur soit surpris et arrêté au moment où il cherche à pénétrer par escalade dans une maison pour y commettre un vol. Déjà il est monté sur le toit ou sur le mur, mais il n'est pas encore dans la maison. Suivant plusieurs auteurs et suivant la jurisprudence des cours impériales, il n'existe dans cette hypothèse aucune tentative punissable; mais, selon notre sentiment, qui paraît être aussi celui de la cour suprême, il y a commencement d'exécution et par conséquent tentative du vol dont l'escalade était le moyen (V. ce qui à ce sujet *suprà*, n°s 68 et suiv.). Ce point admis , il se présente une question délicate quant à l'application de la peine. Doit-il être tenu compte, pour cette application, de la circonstance aggravante de l'escalade? La cour de cassation s'est prononcée pour la négative, en se fondant sur l'art. 397 c. pén., qui porte : « Est qualifiée *escalade* toute entrée dans les maisons, etc. ; » d'où il résulte que, tant que l'entrée n'est pas effectuée, l'escalade n'existe pas. — Ainsi, il a été jugé que les règles sur la tentative des crimes ne s'appliquent pas aux circonstances aggravantes; que, par suite, lorsqu'un crime n'a été que tenté, il ne doit être tenu compte des circonstances aggravantes qui devaient, même nécessairement, en accompagner la perpétration, qu'autant que leurs éléments constitutifs peuvent être constatés au moment où l'exécution s'est trouvée suspendue; qu'ainsi, dans l'accusation dirigée pour tentative de vol contre un individu surpris sur le toit d'une maison au moment où il cherchait à s'introduire à l'intérieur, il n'y a pas lieu de relever la circonstance de tentative d'escalade, la loi ne prévoyant que l'entrée effectuée (Crim. rej. 3 avr. 1858, aff. Coriasco, D. P. 58. 1. 343). — Au premier abord, on est porté à se demander pourquoi la tentative de l'escalade, qui est une circonstance aggravante du vol, ne serait pas punie comme le fait principal du vol lui-même. Mais, en y réfléchissant mûrement, on ne tarde pas à reconnaître que c'est avec raison que la cour de cassation a décidé que les principes sur la tentative ne s'appliquaient pas aux circonstances aggravantes du fait principal. En effet, l'art. 2 du code pénal garde le silence sur les circonstances aggravantes, et la disposition qu'il renferme à l'égard du fait principal est trop sévère pour pouvoir être suppléée par des considérations d'analogie qui, outre qu'elles n'existent pas parfaitement entre les circonstances aggravantes et le fait principal, ne sont pas admissibles en matière criminelle où il faut un texte exprès pour motiver une pénalité.

101. Dans le cas où la tentative présente les caractères qui la rendent punissable, la peine atteint également les complices. Cela paraît résulter avec évidence de la combinaison de l'art. 2 avec l'art. 59 c. pén. En effet, la tentative étant assimilée au crime, il s'ensuit que les complices de la tentative doivent être considérés comme complices du crime consommé. Peu importe, d'ailleurs, que de leur part il n'y ait pas eu commencement d'exécution : il résulte de l'art. 60 c. pén. que la complicité peut fort bien exister sans que les complices prennent aucune part à la perpétration. C'est ce qu'enseignent MM. Chauveau et Hélie, t. 1, p. 370 (V. aussi v° Complice-complicité, n° 76). — Il a été jugé, conformément à ces principes : 1° qu'en cas de tentative de crime, commise avec toutes les circonstances nécessaires pour lui imprimer le caractère de crime, ceux qui s'en sont rendus complices, en aidant ou assistant son auteur dans les faits qui l'ont facilitée ou préparée, doivent être punis de la même peine que si la consommation du crime s'en était ensuivie, quoique, de leur part, il n'y ait pas eu commencement d'exécution (Crim. cass. 6 fév. 1812)(1); — 2° Que les auteurs et complices d'une tentative de faux en écriture authentique sont non

---

(1) *Espèce :* — (Veuve Morin, etc. C. min. pub.) — 50 nov. 1811, arrêt de la cour de Paris qui met en accusation et renvoie devant la cour d'assises de la Seine Victoire Tarin, veuve Morin, Angélique Delaporte, fille de son premier mari, et Lefèvre et Jacotin, leurs domestiques. L'acte d'accusation porte que la veuve Morin et Angélique Delaporte sont accusées d'avoir 1°, par force, violence et contrainte, tenté de complicité d'extorquer, du sieur Ragoulleau, des signatures de souscription sur quinze billets à ordre de 20 et de 10,000 fr.; 2° de commettre volon-

tairement avec préméditation et de guet-à-pens un homicide sur la personne dudit Ragoulleau, lesquelles tentatives, manifestées par des actes extérieurs, et suivies d'un commencement d'exécution, n'ont pas été suspendues et n'ont manqué leur effet que par des circonstances fortuites et indépendantes de la volonté desdites veuve Morin et Angélique Delaporte; et que Nicolas Lefèvre et Lucie Jacotin se sont rendus complices desdites tentatives d'extorsion de signatures et d'homicide volontaire, savoir : Lefèvre, en procurant des armes à la Morin et à sa fille,

recevables à se prévaloir du défaut de poursuites contre le

sachant qu'elles devaient servir auxdits crimes; et qu'encore Lefèvre et la Jacotin ont aidé et assisté avec connaissance et préméditation les auteurs desdites tentatives dans les faits qui ont préparé lesdits crimes, et qui devaient en faciliter l'exécution.

Après les débats, et le 11 janv. 1812, le président pose ainsi les questions au jury : « 1° La Morin et la Delaporte sont-elles coupables d'avoir manifesté par des actes extérieurs la tentative d'extorquer, par force, violence et contrainte, les signatures et souscriptions par Ragoulleau de plusieurs billets à ordre? — 2° Lefèvre et Jacotin sont-ils complices de cette tentative d'extorsion de signatures, pour avoir aidé et assisté avec connaissance les auteurs de la tentative dans les faits qui ont préparé l'extorsion et qui devaient la consommer? — 3° Cette tentative a-t-elle eu un commencement d'exécution; n'a-t-elle été suspendue que par des circonstances fortuites, indépendantes de la volonté des accusés? — 4° La Morin et sa fille ont-elles manifesté, par des actes extérieurs, la tentative de commettre, avec préméditation et de guet-à-pens, l'homicide de Ragoulleau; — 5° Lefèvre et la fille Jacotin se sont-ils rendus complices de cette tentative d'homicide, avec préméditation et de guet-à-pens, en assistant, avec connaissance et préméditation les auteurs de cette tentative dans les faits qui ont préparé l'homicide et qui devaient en consommer l'exécution? — Cette tentative d'homicide avec préméditation a-t-elle eu un commencement d'exécution? n'a-t-elle été suspendue que par des circonstances fortuites, indépendantes de la volonté des accusés? »

Le jury répond affirmativement sur la première et la seconde question. Il répond sur les troisième et quatrième : «Oui, cette tentative a eu un commencement d'exécution de la part de la veuve Morin et sa fille; mais elle n'en a pas eu de la part de Lefèvre et de la fille Jacotin; Oui, cette tentative de la part de la veuve Morin et de sa fille n'a été suspendue que par des circonstances indépendantes de leur volonté. »

Le jury répond enfin sur la cinquième : « Non, Lefèvre et la fille Jacotin ne sont pas coupables d'avoir manifesté, par des actes extérieurs, la tentative de commettre, avec préméditation et de guet-à-pens, l'homicide de la personne de Ragoulleau. »

Arrêt de la cour d'assises du même jour, qui condamne la Morin et sa fille à vingt ans de travaux forcés, mais qui, considérant qu'il résulte de la déclaration du jury que si Lefèvre et la fille Jacotin sont coupables de s'être rendus complices d'une tentative d'extorsion de billets, cette tentative n'a pas eu, de leur part, commencement d'exécution; qu'ainsi, à leur égard, cette tentative n'a pas acquis les caractères indiqués par la loi pour qu'elle soit considérée et punie comme le crime même; en conséquence, absout Lefèvre et la fille Jacotin.

La veuve Morin et sa fille se sont pourvues en cassation de cet arrêt. Le procureur général s'est également pourvu, de son côté, contre Lefèvre et la fille Jacotin.

Le premier de ces pourvois, habilement soutenu par M. Loiseau, notre savant maître, reposait sur deux moyens : 1° fausse application de l'art. 2 c. pén., en ce que la voiture qui conduisait Ragoulleau au lieu fatal avait été arrêtée par la police loin de ce lieu, il existait encore un intervalle de temps que le repentir des coupables pouvait remplir : en leur empêchant, au désir du législateur, de parvenir au second degré de culpabilité, il n'y avait pas encore eu commencement d'exécution; que ce commencement d'exécution n'aurait pu exister que du moment où Ragoulleau aurait été mis en présence de la terreur, c'est-à-dire du moment où, ainsi que l'ont confessé les coupables, elles eussent pu obtenir, par la terreur, des billets de la valeur desquels elles prétendaient avoir été dépouillées par lui.

Le second moyen de cassation était tiré de ce que les billets à ordre extorqués ou à extorquer n'énonçant pas le nom de la personne au profit de laquelle ils étaient tirés, le nom du porteur sur tous étant resté en blanc, cette omission en entraînait la nullité, aux termes de l'art. 188 c. comm. ; d'où il résultait, suivant les demandeurs, qu'il y avait eu fausse application de l'art. 400 c. pén., qui ne punit l'extorsion des billets qu'autant qu'ils opèrent obligation.

Après avoir établi les moyens à l'appui du pourvoi de la veuve Morin et de sa fille, le même défenseur s'est attaché à repousser le recours du procureur général, à l'égard des complices.

Ce magistrat soutenait que ces derniers étaient passibles de la même peine que les coupables; — Que l'un des caractères de la complicité est d'avoir aidé et favorisé sciemment les principaux auteurs du crime, ainsi que l'ont fait Lefèvre et Lucie Jacotin ; — Qu'au surplus, pour être déclaré complice et puni comme tel, il suffit d'être dans l'un des cas prévus par l'art. 64 c. pén. ; — Qu'ainsi, la déclaration du jury, qui les rend étrangers au commencement d'exécution, est indifférente ; et qu'il fallait appliquer la peine comme si cette déclaration secondaire n'eût pas été faite.

On combattait ce système en disant : Lefèvre et Lucie Jacotin sont complices de la tentative d'extorsion de billets ; mais, de leur part, il n'y a point de commencement d'exécution.—La conséquence nécessaire de ce point de fait est que Lefèvre et Lucie Jacotin ont aidé la veuve Morin et sa fille, dans le principe; qu'ils ont même manifesté leur in-

notaire instrumentaire (Crim. rej. 9 janv. 1812, aff. Herbault,

tention de complicité par des actes extérieurs, mais qu'ils se sont repentis ; qu'ils ont abandonné le projet, la tentative du crime au moment où l'exécution a commencé. — C'est là le sens naturel, la juste interprétation de la déclaration du jury.

Pour prouver que celui qui est complice lors de la conception du crime peut se détacher des principaux auteurs du crime au commencement de l'exécution, supposons que, dans la matinée du 2 oct., Lefèvre et la fille Jacotin se fussent trouvés à Lyon : en vain aurait-on reconnu qu'ils avaient sciemment acheté des armes pour la veuve Morin; qu'ils avaient planté le poteau, préparé la chaise, la table, le cordon, etc. ; assurément ces actes préparatoires, cette complicité originelle, n'auraient pas paru suffisants pour les envelopper dans la condamnation prononcée contre la veuve Morin et sa fille : ils ne seraient pas punissables aux yeux de la loi. — Or, c'est précisément la catégorie dans laquelle le jury a voulu placer Lefèvre et la fille Jacotin, en déclarant qu'ils n'ont point pris part au commencement d'exécution.

Prétendre que, malgré l'abandon qu'il fait de la cause commune avant le crime commencé, quiconque est d'abord complice doit subir le même sort que les principaux coupables, ce serait fermer la voie au repentir, étouffer les remords, et condamner en quelque sorte celui qui a enfanté le projet d'un crime à persister dans ce projet, le jeter dans le précipice quand il-l'évite et le fuit. — Dans l'espèce, la jury a déclaré que Lefèvre et la fille Jacotin étaient complices de la tentative d'extorsion de billets, mais qu'ils ont cessé de l'être au commencement de l'exécution ; c'est comme s'il avait décidé que ces deux domestiques se sont repentis, qu'ils ont abandonné la cause commune, qu'ils se sont détachés au moment de l'exécution ; c'est comme s'il avait déclaré qu'ils ne s'en sont pas rendus coupables ; — Or, d'après cette déclaration, la cour d'assises devait acquitter ces deux domestiques. En effet, la tentative d'un crime naît de la réunion de ces quatre circonstances : 1° conception du crime; 2° actes extérieurs ; 3° commencement d'exécution ; 4° suspension par des circonstances fortuites. — Or, dès qu'il était jugé en fait que la complicité ne portait que sur les deux premiers caractères du crime, il en résultait qu'il n'y avait pas complicité au moment où la tentative devient un crime. — S'il n'y avait pas eu, de la part des principaux accusés, commencement d'exécution, ceux-ci n'eussent-ils pas été acquittés? — Et s'il n'y a pas de tentative de crime sans commencement d'exécution, à l'égard des principaux accusés, comment existerait-elle, sans cette condition essentielle, à l'égard des agents subalternes ou des prétendus complices? — Rappelons, d'ailleurs, un principe fondamental de la matière, c'est que la déclaration du jury est indivisible ; qu'elle réside en entier dans les deux faits de complicité et de défaut de complicité combinés entre eux, et que ces faits sont modifiés l'un par l'autre. — Or, vouloir s'attacher au premier fait, et rejeter le second ; c'est évidemment scinder et dénaturer l'intention, la volonté des jurés ; c'est défigurer complétement leur déclaration, et voir des coupables là où ils ont trouvé des innocents.

M. Merlin, procureur général, s'est prononcé pour le rejet du pourvoi des auteurs principaux du crime, et pour l'admission de celui du ministère public contre les complices.

Le premier moyen, a dit ce magistrat, est-il solide? — La tentative d'extorsion de billets n'a pas eu de commencement d'exécution. L'art. 2 c. pén. ne pouvait donc pas être appliqué.

Mais le jury a déclaré qu'il y avait eu commencement d'exécution de la part de la veuve Morin et de sa fille; et dès lors elles ne peuvent soutenir le contraire. — Il est des cas où la question de savoir s'il y a eu commencement d'exécution dans une tentative de crime constitue une question de droit; mais pour qu'elle puisse se reproduire légalement devant la cour de cassation, il faut qu'il soit bien constaté que le jury, en la résolvant, a transgressé ses pouvoirs; qu'elle n'a pu se présenter au jury que dans les purs termes d'une simple question de droit; car si le jury a pu la résoudre d'après les circonstances du fait, on doit croire qu'ainsi c'est d'après les circonstances du fait qu'il l'a résolue. Or, ici, comment connaître les éléments dont s'est composée la déclaration du jury ! La question de savoir s'il y avait eu commencement d'exécution de la part de la veuve Morin et de sa fille, a été présentée aux jurés, soit d'après le résumé de l'acte d'accusation, soit d'après les débats ; et, d'une part, dans le résumé de l'acte d'accusation, ce n'est pas comme point de droit, c'est uniquement comme point de fait que le commencement d'exécution est articulé ; de l'autre, nous ne pouvons pas savoir si les débats n'ont pas procuré de nouvelles lumières sur des faits, sur des circonstances caractéristiques d'un commencement d'exécution, qui ne sont pas rappelées, même dans l'exposé de l'acte d'accusation.

Si d'ailleurs nous pouvions nous reporter à l'exposé de l'acte d'accusation ; si même nous devions nous y renfermer strictement ; si nous étions forcés de croire que les faits qui sont présentés comme formant un commencement d'exécution de la tentative d'extorsion de billets, sont les seuls qui ont été débattus devant le jury, les aveux qui y sont en considération, comment sa déclaration pourrait-elle être arguée d'erreur?

Acheter des pistolets, les charger, les tenir tout prêts, disposer un caveau, des chaînes, un poteau, pour consommer l'extorsion que l'on

V. n° 105), ce qui implique que les complices d'une tentative de faux peuvent être poursuivis.

médite, ce ne sont peut-être que des actes extérieurs de la tentative, et non des commencements d'exécution.— Mais écrire le corps des billets que l'on se propose d'extorquer, déterminer la victime que l'on se propose de dépouiller à monter dans la voiture qui doit la conduire au lieu où tout est préparé pour la consommation du crime; la conduire, dans cette voiture, sur le chemin qui mène à ce lieu, c'est bien commencer l'exécution de la tentative, c'est bien compléter tout ce qu'il faut, aux termes de l'art. 2 c. pén., pour que la tentative soit criminelle.

Sur le deuxième moyen, M. Merlin a dit : 1° de ce que l'art. 188 c. com. exige, pour la forme du billet à ordre, qu'il contienne le nom de la personne à l'ordre de laquelle il est souscrit, peut-on inférer qu'un billet à ordre où ce nom a été laissé en blanc soit nul? Non ; il en résulte bien que ce billet ne vaut pas comme billet à ordre, mais il vaut incontestablement comme billet au porteur.

2° Admettons que les billets ne fussent pas devenus obligatoires pour Ragoulleau par le seul effet de sa signature, et qu'il eût fallu de plus que les noms laissés en blanc eussent été remplis; au moins, dans cette hypothèse, il n'aurait tenu qu'à la demoiselle Delaporte de remplir les blancs de ces billets de tels noms qu'elle aurait voulu pour les rendre obligatoires. Or, se procurer, par violence, un titre que l'on peut, à volonté, rendre obligatoire, c'est se procurer un titre contenant obligation.— En l'extorquant, dans la circonstance, il a été commis, avec un commencement bien marqué d'exécution, la tentative du crime prévu par l'art. 400 c. pén.

L'art. 60 c. pén. dispose que l'on doit punir comme complices, non d'un crime consommé, mais, ce qui est bien différent, d'une action qualifiée de crime, 1° ceux qui, par dons, promesses, menaces, etc. ; 2°... 5°... 4° ceux qui ont, avec connaissance, aidé ou assisté l'auteur de cette action dans les faits qui l'ont préparée ou facilitée ; 5° etc. — Ainsi, nul doute que, lorsqu'une tentative de crime est parvenue de la part de son auteur, au point où la loi l'assimile au crime consommé, ceux qui y ont coopéré de l'une des cinq manières qui caractérisent la complicité ne doivent être punis comme l'auteur de cette tentative. — Or les cinq manières de coopérer à un crime, qui caractérisent la complicité, supposent-elles nécessairement une participation des complices, soit au commencement d'exécution, soit à l'exécution intégrale?—Non ; loin de le supposer, les quatre premières l'excluent presque toujours.— Provoquer par dons, promesses ou menaces, à commettre une action qualifiée de crime, ou donner des instructions pour la commettre, fournir à celui qui médite un crime les moyens quelconques qui doivent servir à le commettre, ce n'est certes point participer même au commencement d'exécution de ce crime. — Aider ou assister l'auteur d'un crime dans les faits qui le préparent ou le facilitent, ce n'est pas davantage, ou du moins ce n'est pas nécessairement participer au commencement d'exécution de crime ; car on peut préparer les moyens de commettre un crime avant de commencer à l'exécuter, avant de mettre ces moyens en œuvre. — Il est donc bien évident que, lorsqu'il a été commis une action qualifiée de crime, tous ceux qui s'en sont rendus complices de l'une des quatre premières manières qu'indique l'art. 60 c. pén., doivent être punis comme s'il l'avaient commise eux-mêmes, n'importe qu'ils aient ou qu'ils n'aient pas coopéré, soit au commencement, soit au complément d'exécution. — Or qu'est ce qu'entend l'art. 60 par une action qualifiée de crime? Ce n'est pas seulement un crime consommé, c'est aussi une tentative de crime qui réunit toutes les circonstances déterminées par l'art. 2 du même code. — Donc on peut se rendre complice d'une tentative de crime qui réunit toutes ces circonstances, sans participer au commencement d'exécution de cette tentative. — Donc on se rend complice d'une tentative de crime qui réunit toutes ces circonstances, lorsque, sans participer au commencement d'exécution, on aide, on assiste le coupable dans les faits qui préparent ou facilitent cette tentative elle-même. — Donc l'arrêt dénoncé a violé les art. 2, 59, 60, et par suite l'art. 400 c. pén.

Vainement, au surplus, dit-on que la déclaration du jury est inattaquable. Elle n'est pas attaquée en tant qu'elle disculpe Lefèvre et la fille Jacotin du reproche d'avoir pris part au commencement d'exécution de la tentative dont elle les reconnaît complices. Mais, par cela seul qu'elle reconnaît Lefèvre et la fille Jacotin coupables d'avoir aidé et assisté la veuve Morin et sa fille dans les actes extérieurs qui ont précédé le commencement d'exécution, on soutient qu'elle suffit pour les faire condamner à la même peine que la veuve Morin et sa fille.— Plus vainement vient-on vous dire que la déclaration du jury est indivisible. Sans doute, elle serait indivisible si les deux parties dont elle se compose étaient tellement liées ensemble, que l'une ne pût pas subsister sans l'autre. Mais quoi de plus distinct que ces deux propositions : « Lefèvre et la fille Jacotin sont complices de la tentative du crime ; « Lefèvre et Lucie Jacotin n'ont pas coopéré au commencement d'exécution de cette tentative? » Et si, de la première proposition, il résulte que Lefèvre et Lucie Jacotin sont punissables, qu'est-il besoin de s'occuper de la seconde? — Il aurait pu arriver que Lefèvre et Lucie Jacotin

102. Il avait été jugé de même, sous l'empire de la loi du 22 prair. an 4 : 1° que celui qui s'était rendu complice d'une

eussent été accusés de s'être rendus complices de la veuve Morin et de la demoiselle Delaporte, des cinq manières distinctes énoncées en l'art. 60 c. pén. — Dans cette hypothèse, sans doute, le jury aurait dû être interrogé sur chacun de ces actes de complicité. — Mais s'il n'en avait trouvé qu'un seul de constant, aurait-il fallu absoudre Lefèvre et Lucie Jacotin, sous le prétexte que sa déclaration était indivisible? Non, évidemment non. La déclaration du jury, quoique écrite sur une seule et même feuille, est censée contenir autant de déclarations séparées qu'il y a de crimes sur lesquels le jury a été interrogé ; et jamais on n'a prétendu, jamais on n'a osé prétendre qu'un accusé acquitté par le jury sur l'un des chefs de l'acte d'accusation, dût, par cela même, être absous sur les autres chefs, à l'égard desquels le jury l'a déclaré coupable.

La déclaration du jury, telle qu'elle est conçue, relativement au commencement d'exécution, n'équivaut pas à celle-ci : « Au moment où il s'est agi de l'exécution, Lefèvre et Lucie Jacotin se sont désistés de leur coopération aux actes extérieurs qui manifestaient la tentative du crime ; ils se sont repentis de leur complicité ; ils ont abandonné le projet auquel ils s'étaient associés. »

Ce n'est point là ce qu'ont dit les jurés, et ils n'auraient pas pu le dire sans mentir à leur conscience ; car le procès-verbal qu'ils avaient sous les yeux constatait que, pendant que la veuve Morin et sa fille commençaient l'exécution de leur tentative, et même après leur arrestation, Lefèvre et Lucie Jacotin étaient encore au poste qui leur avait été assigné, et qu'ils avaient accepté pour prendre part à la consommation du crime. — Mais les jurés ont dit que Lefèvre et Lucie Jacotin n'avaient pas coopéré au commencement d'exécution ; que, des deux actes de complicité articulés contre eux, il n'y en avait qu'un de constant ; mais ils en ont dit assez pour que l'art. 400 c. pén. fût applicable au premier de ces deux actes de complicité. — Arrêt.

LA COUR ; — Statuant, en premier lieu, sur le pourvoi de Victoire Tarin, veuve Morin, et d'Angélique Delaporte, fille de ladite veuve ; — Vu les pièces du procès et les moyens présentés à l'appui de leur pourvoi ; — Considérant, sur le premier moyen, qu'il attaque la déclaration du jury, laquelle ne peut, suivant l'art. 350 c. inst. crim., jamais être soumise à aucun recours ; que d'ailleurs les réponses du jury, relativement aux auteurs principaux et aux complices, ne présentent entre elles aucune contradiction ;

Considérant, sur le second moyen, que les formes irrégulières que peuvent avoir les billets qui étaient l'objet de l'extorsion, ne changeaient rien au caractère du crime, puisque l'intention des accusées avant été d'en tirer un bénéfice illégitime, les nullités de forme desdits billets ne pouvaient couvrir leur culpabilité ; que d'ailleurs lesdits billets étaient, malgré leur imparfait de leur rédaction, susceptibles d'obligation ;...— Rejette le pourvoi de ladite veuve Morin et d'Angélique Delaporte, sa fille ;

Statuant, en second lieu, sur le pourvoi du procureur général contre la partie de l'arrêt de la cour d'assises du département de la Saine, qui prononce l'absolution de Nicolas Lefèvre et de Lucie Jacotin ; — Vu les art. 2, 59, 60 et 400 c. pén., art. 410 c. inst. crim. ; — Et attendu que l'art. 60 a déterminé les faits qui constituent la complicité ; qu'elle ne peut donc être recherchée et jugée que dans l'application de ces faits ; que, d'après cet article, un des faits caractéristiques de la complicité, c'est d'avoir aidé ou assisté, avec connaissance, l'auteur ou les auteurs d'une action qualifiée crime, dans les faits qui l'ont préparée ; que ce fait caractérise la complicité dans les tentatives coupables de crime, comme dans les crimes consommés ; qu'en effet, la tentative du crime, lorsqu'elle réunit les circonstances fixées par l'art. 2 c. pén., est une action qualifiée crime par la loi ; qu'elle forme un crime principal ; qu'elle ne diffère du crime consommé qu'en ce que, par des circonstances étrangères à la volonté de son auteur, le fait qui en était l'objet n'a pas reçu sa plénitude d'exécution ; mais que la tentative ainsi qualifiée, l'intention de son auteur a toujours été nécessairement de consommer le crime ; que c'est aussi à cette consommation du crime que s'est nécessairement référée l'assistance donnée avec connaissance dans les actes préparatoires ; que, dès lors, la criminalité de cette assistance est demeurée subordonnée au caractère qu'aurait définitivement l'action principale dont elle devait aider l'exécution ; que si cette action n'a pas été consommée, parce que son auteur a été arrêté dans son exécution par des faits indépendants de sa volonté, le commencement d'exécution qu'elle a reçu lui a imprimé néanmoins le caractère criminel ; que le fait de l'assistance donnée, avec connaissance, dans les actes préparatoires de cette action, rentre donc alors dans les dispositions de l'art. 60 c. pén. ; que celui qui a donné cette assistance doit donc, par ce seul fait, lorsqu'il n'en a pas détruit la criminalité en concourant à empêcher l'exécution du fait principal, être réputé complice, et, puni, conformément à l'art. 59 du même code, d'examiner et juger, dans une accusation de complicité pour fait d'assistance donnée sciemment aux faits préparatoires du crime, s'il y a eu, de la part de celui qui est accusé de complicité, commencement d'exécution du crime, c'est violer la loi qui a voulu que

tentative d'empoisonnement en procurant à son auteur les moyens de commettre ce crime, devait être poursuivi comme l'auteur de la tentative lui-même (Crim. rej. 12 avr. 1811) (1); — 2° Que le fait d'avoir diverti des effets et papiers, et altéré des registres de commerce dans le dessein de coopérer à une banqueroute frauduleuse, non consommée à raison de circonstances étrangères à la volonté du coupable, suffit pour constituer la tentative de ce crime (Crim. cass. 26 mess. an 8, aff. Forest, v° Faillite, n° 1465).

103. Lorsque, dans une accusation de tentative d'homicide volontaire avec des circonstances aggravantes, les mots *tentative d'homicide susénoncé* sont appliqués à un complice, ils se réfèrent à la question posée à l'égard de l'auteur principal, et la réponse du jury, affirmative sur le complice à l'exclusion des circonstances, emporte la conviction d'une tentative d'un meurtre (Crim. rej. 9 mai 1816) (2).

104. Mais, en l'absence d'une tentative punissable, aucune peine ne peut atteindre les complices. Si donc celui qui devait commettre le crime, après en avoir commencé la perpétration, se repent et abandonne son coupable projet, le complice qui lui avait donné les ordres et les instructions pour le commettre n'est passible d'aucune peine (V. ce qui a été dit sur ce sujet v° Complice-complicité, n° 48). En d'autres termes, la tentative de complicité n'est passible d'aucune peine (V. Complice-complicité, n° 77; Témoignage faux, n° 56; V. aussi MM. Chauveau et Hélie, t. 1, p. 370).

105. Une tentative de faux peut être poursuivie, quoique la pièce dans laquelle le faux a été tenté ne soit pas représentée (Crim. rej. 9 janv. 1812) (3).

§ 3. — De la tentative de délit.

106. En matière de crime, l'assimilation de la tentative au crime consommé forme la règle; en matière de délit, au con-

---

l'assistance donnée avec connaissance dans les faits préparatoires du crime, constituât la complicité par elle-même, et indépendamment de toute participation, de la part du complice, au commencement d'exécution du fait principal; c'est confondre l'accusation de complicité avec celle qui a pour objet les auteurs même du crime, puisque, par la participation à l'exécution du fait du crime, on en est essentiellement auteur, et non pas seulement complice; que sur une accusation de complicité dans une tentative de crime, comme dans un crime consommé, le crime principal doit, sans doute, être d'abord constaté; mais qu'après une déclaration affirmative sur ce fait principal, il ne peut être question, pour déterminer la complicité, que de savoir si celui qui en est accusé s'est rendu coupable d'une des circonstances que l'art. 60 c. pén. a déclarées devoir constituer la complicité;

Attendu que, dans l'espèce, la veuve Morin et sa fille avaient été déclarées coupables d'une tentative de crime accompagnée de toutes les circonstances qui, d'après l'art. 2 c. pén., l'assimilaient au crime consommé; que Lefèvre et la femme Jacotin avaient été reconnus coupables de les avoir sciemment aidées et assistées dans les faits préparatoires de cette tentative, et dans ceux qui devaient la consommer; que si cette déclaration relative à Lefèvre et à la femme Jacotin avait précédé, dans les réponses des jurés, la déclaration des circonstances caractéristiques de la tentative criminelle à l'égard de la veuve Morin et sa fille, cette interversion, irrégulière dans les réponses comme dans les questions, ne changeait rien à l'effet qu'elles devaient produire; que de l'ensemble des réponses du jury il résultait toujours que la veuve Morin et sa fille s'étaient rendues coupables d'une tentative criminelle d'extorquer des billets et obligations par force et violence, que Lefèvre et la femme Jacotin les avaient sciemment aidées dans les faits qui devaient la préparer, la faciliter et la consommer; que si le jury a déclaré, à l'égard desdits Lefèvre et Jacotin, qu'il n'y avait pas eu, de leur part, commencement d'exécution de la tentative, cette déclaration n'établissait nullement qu'ils eussent concouru, par des faits de repentir, à arrêter la consommation du crime; qu'elle ne se limit pas non plus à cette précédemment émise sur l'assistance donnée, par... esdits Lefèvre et Jacotin, dans les actes préparatoires : assistance abso...ment étrangère, par le temps, le lieu et l'objet, au commencement d'ex...cution du fait principal; — Que dès lors, et sans que la cour d'assises dût s'arrêter à la déclaration mal à propos émise par le jury, relativement à Lefèvre et à la femme Jacotin, sur le commencement d'exécution d'une tentative dont ils n'étaient pas accusés, cette cour devait leur faire l'application des art. 59 et 60 c. pén., et, par suite, de l'art. 400 du même code; — Que néanmoins la cour d'assises les a absous de l'accusation de complicité dirigée contre eux; que cette absolution est une violation formelle de la loi pénale qui, aux termes de l'art. 410 c. inst. crim., donne lieu à la cassation; — Casse et annule l'arrêt de la cour d'assises du département de la Seine, du 11 janv. 1812, en ce qu'il a prononcé l'absolution de Nicolas Lefèvre et de Lucie Jacotin; — Renvoie ceux-ci et les pièces du procès, d'après la délibération prise à la chambre du conseil, devant la cour d'assises du département de la Seine-Inférieure, pour, sur la déclaration déjà émise par le jury à la cour d'assises du département de la Seine, laquelle est maintenue, être procédé à un nouvel arrêt, conformément à la loi.— Du 6 fév. 1812.-C. C., ch. crim.-MM. Barris, pr.-Busschop, rap.-Merlin, pr. gén., c. conf.-Loiseau, av.

(1) (Brulinet et femme Levaillant.) — LA COUR ; — Vu l'art. 1 de la loi du 22 prairial an 4, portant que toute tentative de crime manifestée par des actes extérieurs et suivie d'un commencement d'exécution sera punie comme le crime même si elle n'a été suspendue que par des circonstances fortuites indépendantes de la volonté du prévenu ; — Considérant que la disposition de cette loi est générale ; que d'après les termes dans lesquels elle est conçue, s'applique à la tentative de tous les crimes; qu'elle comprend conséquemment les tentatives de crime dont les caractères avaient été déterminés par les lois antérieures; que

pour celle- ci comme pour tous les autres, la loi du 22 prairial an 4 a voulu abandonner à la conscience des juges l'appréciation de toutes les circonstances qu'elle a fixées comme devant, par leur réunion, caractériser la tentative d'un crime et l'assimiler, pour la peine, au crime consommé ; — Considérant, dans l'espèce, que la cour impériale de Paris, qui a mis en accusation et envoyé devant la cour d'assises Adélaïde-Joséphine Brulinet, veuve Levaillant, et Jean–Paul-Bernard–Henry Brulinet, son père, a fondé cette mise en accusation à l'égard de Jean–Paul-Bernard – Henry Brulinet, sur ce qu'il « est prévenu de complicité avec ladite femme Levaillant, en ce qui touche la tentative d'homicide par poison contre les sieur et dame Chénier, ce qu'il aurait sciemment, et dans le dessein du crime, procuré à ladite femme Levaillant les moyens de la commettre; » — Attendu qu'aux termes de l'art. 1 tit. 3 c. pén. de 1791, lorsqu'un crime a été commis, quiconque est convaincu d'avoir sciemment, et dans le dessein du crime, procuré au coupable les moyens qui ont servi à son exécution, doit être puni de la même peine prononcée par la loi contre l'auteur dudit crime ; que la prévention dirigée contre ledit Brulinet porte donc sur un fait qualifié crime par la loi ; — Qu'il résulte de ces considérations que l'arrêt dénoncé, qui d'ailleurs ne contient dans sa forme aucune nullité , a fait une juste application de l'art. 251 c. inst. crim. de 1808 ; — Rejette.— Du 12 avr. 1811.-C. C., sect. crim.-MM. Barris, pr.–Busschop, rap.

(2) (Deylaud et autres.) — LA COUR ;...—Sur la seconde branche du quatrième moyen ;—Considérant qu'en fait de meurtre, la désignation de la personne sur laquelle l'homicide a été effectué ou tenté n'est qu'une circonstance extrinsèque qui n'ôte rien au caractère criminel du fait ; qu'ainsi le défaut de cette désignation qui, dans l'espèce, se trouve dans la question relative à la tentative de meurtre qui a fait l'objet du premier chef d'accusation, ne peut vicier cette question ; — Qu'il résulte d'ailleurs clairement du rapprochement de cette question avec la sixième relative aux blessures, et avec les faits exposés dans l'acte d'accusation qui a été mis sous les yeux du jury, que la personne sur laquelle la tentative de meurtre a été commise est celle du nommé Thomas Ribière ; que la déclaration du jury, sur cette question, est donc suffisamment précisée.— Sur la troisième branche : — Que la question sur la complicité de Deylaud père de la tentative de meurtre commise envers Thomas Ribière , énonce les faits qui , d'après l'art. 60 c. pén., caractérisent cette complicité, et que si ces faits ne sont pas expressément rejetés dans la question sur la complicité de Gourdoux de la même tentative, ils s'y trouvent au moins implicitement, mais nécessairement, par les mots *même complicité* qui y sont employés pour mettre cette question dans un rapport parfait avec la première ; — Sur la quatrième et dernière branche : — Que les mots *tentative d'homicide susénoncé* dont on s'est servi dans la vingt et unième question ayant pour objet la complicité de ce fait, se réfèrent à la question précédemment posée sur l'auteur d'une tentative d'homicide volontaire, prémédité et suivi de vol ; d'où il résulte que dans la vingt et unième question, la tentative d'homicide est censée être présentée avec les mêmes circonstances ; — Que le jury ayant répondu affirmativement sur cette question , à l'exclusion seulement de la préméditation et du vol , il s'ensuit que sa réponse emporte la conviction d'une tentative d'homicide volontaire qualifié meurtre par la loi, et qu'ainsi il a été fait à cet égard une juste application de la deuxième disposition de l'art. 304 c. pén. ; — ...Considérant sur le sixième et dernier moyen, aussi proposé à l'audience, que lesdites tentatives de meurtre ayant été caractérisées dans les questions par les circonstances déterminées par l'art. 2 c. pén.; le dessein de tuer y était implicitement et nécessairement renfermé; que conséquemment il était superflu d'y exprimer en termes formels ce fait de moralité ; — Rejette.— Du 9 mai 1816.-C. C., sect. crim.-MM. Barris, pr.-Busschop, rap.

(3) (Herbault et autres C. min. pub.) — LA COUR ;—...Attendu que la tentative de subornation exercée vis-à-vis de Ribault, n'a été qu'un

traire, cette assimilation n'est qu'une exception subordonnée à une disposition expresse de la loi. « Les tentatives de délit, porte l'art. 3 c. pén., ne sont considérées comme délits que dans les cas déterminés par une disposition spéciale de la loi. » Nous avons fait connaître précédemment (V. *suprà*, n° 32) les motifs qui ont déterminé le législateur à établir cette distinction entre les deux ordres d'infraction dont il s'agit. Ils peuvent se résumer en quelques mots. D'une part la société, dans la plupart des cas, n'a qu'un faible intérêt à réprimer les tentatives de simples délits ; le besoin de rassurer la société alarmée ne se fait pas sentir avec la même énergie que lorsqu'il s'agit de crimes, et il est d'une bonne politique de ne pas multiplier les peines sans nécessité. D'autre part, les tentatives de délits ne se révèlent pas d'ordinaire par des caractères assez marqués pour qu'il soit possible de les saisir avec certitude et de les soumettre à une répression légale.

107. Maintenant quels sont les cas dans lesquels la loi punit la tentative de simple délit? Il y a à cet égard quelques dissentiments. Enonçons d'abord les cas non contestés. Ce sont d'abord, dans le code pénal, ceux que prévoient les art. 241, 245, 388, 400, 401, 414. — L'art. 245 punit des peines correctionnelles les détenus qui se sont évadés ou qui *ont tenté* de s'évader par bris de prison ou par violence, et l'art. 241 punit également de peines correctionnelles ceux qui ont favorisé l'évasion consommée ou *tentée* ; il prononce même une peine afflictive ou infamante (la reclusion) pour le cas où le détenu était prévenu ou accusé de crime pouvant entraîner soit la peine de mort, soit une peine perpétuelle, ou qui avait été condamné à l'une de ces peines (V. Evasion, n° 24, 55 s.).—Il a été jugé que la tentative d'évasion par un prisonnier pour dettes n'est punie d'aucune peine; mais que, s'il se rend complice d'une tentative d'évasion par un prisonnier détenu pour crime ou délit, il est passible des peines de l'art. 245 c. pén. (Crim. cass. 29 sept. 1831, aff. Dutheil, v° Evasion, n° 13). — Les art. 388 et 401 punissent le vol et la tentative de vol dans les cas où il n'est passible que de peines correctionnelles (V. Vol). — L'art. 400 punit le saisi qui a détourné ou *tenté* de détourner les objets saisis sur lui et confiés à sa garde (V. Vol). — Enfin l'art. 414 punit les coalitions et les tentatives de coalition, soit entre les maîtres pour amener l'abaissement forcé des salaires, soit entre les ouvriers pour suspendre, empêcher ou enchérir les travaux (V. Industrie et commerce, n° 397 et suiv).

108. Plusieurs auteurs, notamment MM. Bourguignon (Jur. des c. crim., sur l'art. 3 c. pén.) et Chauveau et Hélie (t. 1, p. 374), voient aussi une disposition du même genre dans le § 2 de l'art. 179 c. pén., qui punit de peines correctionnelles ceux qui ont tenté de contraindre ou de corrompre un fonctionnaire public. Mais cela n'est pas exact, ainsi que le fait remarquer M. Le Sellyer (t. 1, n° 34).—Le but que se proposait le coupable, dans cette hypothèse, constituait, non pas un délit mais un crime. En effet, l'art. 179, dans son § 1, considère et punit comme crime le fait de contraindre ou de corrompre un fonctionnaire, agent ou préposé, lorsque la contrainte ou la corruption ont eu leur effet. Mais dans le cas où les violences, offres, etc., n'ont eu aucun effet, au lieu d'assimiler la tentative restée infructueuse au crime consommé et de lui appliquer les mêmes peines, il ne la punit que de peines correctionnelles. Ainsi il n'est pas vrai de dire que, dans ce cas, la tentative d'un délit est punie exceptionnellement; ce qui est vrai, c'est que la tentative d'un crime est alors considérée et punie comme un délit spécial. Il y a là une exception à l'art. 2, mais non pas à l'art. 3. C'est en ce sens, du reste, que s'exprimait le rapporteur au corps législatif, dans les explications qu'il a données sur l'art. 179 c. pén. « La loi, disait-il, punit le corrupteur de la même peine que celui qui a été corrompu ; elle est moindre si la corruption n'a pas été consommée ; mais la simple tentative est elle-même un délit; elle est, au moins, une injure faite à la justice,

et la loi la punit de l'amende et de l'emprisonnement. » Et MM. Chauveau et Hélie, après avoir (t. 1, p. 374), à tort selon nous, cité l'art. 179 comme un de ceux qui punissent par exception la tentative d'un délit, s'expriment sur ce sujet d'une manière plus exacte lorsque, dans la suite de leur ouvrage (t. 2, p. 613 et 614), ils en viennent à traiter spécialement de la corruption des fonctionnaires.

109. Faisons, à ce propos, remarquer un vice de rédaction dans l'art. 179 c. pén. Le § 1 de cet article énonce conjointement et punit des mêmes peines la contrainte ou la corruption exercée sur des fonctionnaires publics, et la tentative de ces mêmes crimes. Et le § 2 punit de peines simplement correctionnelles cette tentative, lorsqu'elle est restée sans effet. D'où il semble qu'on doive conclure que le § 1 est applicable à la tentative qui a produit son effet, et le § 2 à la tentative qui a manqué son effet. Mais il y aurait dans une telle distinction un renversement de toutes les idées reçues, en ce qui concerne la tentative. Il n'y a pas deux sortes de tentatives : celle qui a produit son effet, et celle qui a manqué son effet. Celle qui a produit son effet cesse d'être une tentative, c'est le crime lui-même. Le nom de *tentative* ne convient qu'à celle qui est restée sans effet. Il faut donc considérer comme nulles, dans le § 1, ces expressions : *ou tenté de contraindre...*, *ou tenté de corrompre*, et s'attacher uniquement, pour ce qui regarde la simple tentative, au § 2.

110. Au nombre des articles qui, par exception, punissent la tentative de délits, on place communément l'art. 405, relatif à l'escroquerie (V. notamment MM. Boitard, sur l'art. 3; Chauveau et Hélie, t. 1, p. 374). — Cet article, en effet, punit de peines correctionnelles « quiconque, soit en faisant usage de faux noms ou de fausses qualités, soit en employant des manœuvres frauduleuses pour persuader l'existence de fausses entreprises, d'un pouvoir ou d'un crédit imaginaire,... se sera fait remettre ou délivrer des fonds, des meubles ou des obligations, dispositions, billets, promesses, quittances ou décharges, et aura, par un de ces moyens, escroqué ou *tenté* d'escroquer la totalité ou partie de la fortune d'autrui. » Nous voyons bien, dans cet article, l'escroquerie et la tentative d'escroquerie nommées distinctement ; mais nous nous demandons qu'est-ce qui, dans cette hypothèse, constitue la simple tentative. Est-ce le simple fait d'avoir employé des manœuvres frauduleuses pour obtenir la remise de valeurs, lorsque les manœuvres sont restées infructueuses et n'ont pas eu le résultat que leur auteur en attendait ? ou bien doit-on, au contraire, considérer la remise effective de valeurs comme une condition nécessaire pour l'application d'une peine? Si cette dernière interprétation était admise, en quoi consisterait la simple tentative d'escroquerie, et comment se distinguerait-elle du délit consommé? Ce sont là des questions très-controversées. Comme elles se rattachent étroitement à l'interprétation de l'art. 405 c. pén., nous ne croyons pas devoir les examiner ici ; elles trouveront plus naturellement leur place au mot Vol et escroquerie ; mais nous devions au moins les indiquer.

111. L'art. 1 de la loi du 27 mars 1851, dans son § 3, prononce des peines correctionnelles contre « ceux qui auront trompé ou *tenté* de tromper sur la quantité de choses livrées, les personnes auxquelles ils vendent ou achètent, soit par l'usage de faux poids ou de fausses mesures, ou d'instruments inexacts servant au pesage ou mesurage, soit par des manœuvres ou procédés tendant à fausser l'opération du pesage ou mesurage, ou à augmenter frauduleusement le poids ou le volume de la marchandise, même avant cette opération ; soit, enfin, par des indications frauduleuses tendant à faire croire à un pesage ou mesurage antérieur et exact. » —V. Poids et mesures, n° 99 et suiv.; Vente de substances falsifiées, n° 123.

112. Hors les cas pour lesquels la loi a disposé d'une manière expresse, les tentatives de simples délits ne sont passibles d'aucune peine. — Ainsi il a été jugé : 1° que les peines portées

---

moyen de l'exécution de la tentative de faux ; que cette tentative a pu être poursuivie dans l'espèce, quoique la pièce dans laquelle le faux avait été tenté ne fût pas représentée ; que le crime de tentative de faux en acte public ne suppose pas nécessairement un acte public entièrement consommé ; que , dans l'espèce, l'acte public qui a été l'objet du faux avait été signé par un des notaires confectionnaires de cet acte; que ce

qui manquait à sa validité ne pouvait ôter le caractère criminel du faux qui l'avait produit ; que la tentative de faux n'eût manqué de la troisième circonstance déterminée dans l'art. 2 c. pén., que dans le cas où tous ceux qui y avaient participé eussent concouru à en arrêter l'exécution ; — Rejette le pourvoi.

Du 9 janv. 1812.-C. C., sect. crim.-MM. Barris, pr.-Chasle, rap.

par l'art. 41 de la loi du 21 mars 1832, contre les jeunes gens qui se rendent impropres au service militaire, ne peuvent être prononcées que contre ceux qui ont été déclarés par le conseil de révision impropres à ce service, et que la simple tentative du fait de se rendre impropre au service militaire, ainsi que la simulation d'infirmités de nature, si elles étaient réelles, à rendre impropre à ce service, ne peuvent donner lieu à l'application des peines portées par l'art. 41 de la loi du 21 mars 1832, alors que ces faits n'ont pas entraîné une impropriété même temporaire (Crim. rej. 22 mai 1835) (1) ; — 2° De même, que la peine de l'art. 41 de la loi du 21 mars 1832, n'est pas applicable à la simple tentative de mutilation faite sur lui par un jeune homme appelé au service militaire, alors qu'elle n'a pas eu pour effet de le rendre impropre au service, soit temporairement, soit d'une manière permanente : « Attendu qu'aux termes de l'art. 41 de la loi du 21 mars 1832, pour que les jeunes gens appelés à faire partie du contingent de leur classe soient punis d'un emprisonnement d'un mois à un an, il faut qu'ils se soient rendus impropres au service militaire, soit temporaire, soit d'une manière permanente, dans le but de se soustraire aux obligations imposées par la loi précitée ; qu'il résulte de la disposition de l'article qui vient d'être rappelé, que la loi ne prononce aucune peine contre le jeune homme qui a tenté seulement de se rendre impropre au service militaire ; attendu, en fait, que le résultat de l'examen et de la visite de Jean Lague et les renseignements fournis par les médecins entendus à l'audience, ont établi l'espèce de mutilation effectuée sur la personne dudit Lague, n'a point eu l'effet de le rendre impropre au service militaire, soit temporairement, soit d'une manière permanente » (Bordeaux, 29 nov. 1832, M. Poumeyrol, pr., aff. Lague) — 3° Que

(1) (Min. pub. C. Senisse et Lamontre.) — La cour ; — Attendu, d'une part, que l'art. 41 de la loi du 21 mars 1832, sur le recrutement de l'armée , punit seulement , chez les jeunes gens appelés à faire partie du contingent de leur classe, le fait de s'être rendu impropre au service militaire, soit d'une manière permanente, soit au moins temporairement, dans le but de se soustraire aux obligations imposées par cette loi ; que cet article ne punit ni la tentative de ce fait, ni la simulation d'infirmités , de nature , si elles étaient réelles, à rendre impropre au service; que si une telle simulation peut quelquefois, à raison des moyens employés, emporter avec elle une impropriété réelle de nature et de durée, et si, dans ce cas, il peut y avoir lieu à l'application de l'art. 41, il faut au moins pour cela que le fait de cette impropriété temporaire soit légalement constaté ; — Attendu , d'autre part , que , d'après l'art. 15 de la même loi combiné avec son art. 13, les conseils de révision sont seuls chargés d'examiner les jeunes gens appelés par le recrutement, et de décider s'ils sont propres au service; — D'où il suit que les tribunaux ne peuvent condamner aux peines de l'art. 41 que ceux que les conseils de révision ont déclarés impropres au service militaire ;
Et attendu en fait, que le conseil de révision du département de la Haute-Vienne, non reconnaissant que P. Senisse avait simulé une ophthalmie , l'a cependant déclaré purement et simplement propre au service; qu'en cet état, la chambre d'accusation de la cour royale de Limoges, devant laquelle ledit P. Senisse et J. Lamontre étaient traduits, le premier comme prévenu du délit prévu par ledit art. 41 et le second comme prévenu de mutilation du même délit, en déclarant qu'il n'y avait lieu de suivre contre eux, n'a violé aucune loi ; — Rejette.
Du 22 mai 1835.-C. C., ch. crim.-MM. Choppin, pr.-Vincens, rap.
(2) (Demortreux C. min. pub.) — La cour ; — Vu l'art. 3 et l'art. 419 c. pén.; — Attendu que l'arrêt attaqué déclare qu'en alléguant avoir vendu 75 fr. le sac de blé qu'il n'avait vendu que 70 fr., Demortreux n'avait pu avoir d'autre dessein que de tendre à élever la cherté du grain, en faisant fixer le cours du prix du blé au moins à ce prix, et à empêcher qu'il ne descendit au-dessous, et qu'il ne dit pas qu'il y ait eu u e hausse effective dans le prix du blé, par suite de la fausse allégation dudit sieur Demortreux ; que c'est donc uniquement pour avoir fait une fausse déclaration dans le dessein de tendre à élever la cherté du prix du grain, que le réclamant a été jugé coupable du délit mentionné a ux art. 419 et 420 c. pén.;—Mais que le premier de ces articles déclare punissables ceux qui, par des faits faux..., ou qui, par des voies ou moyens frauduleux quelconques, auront opéré la hausse ou la baisse du prix des denrées, etc., et qu'il ne parle pas de ceux qui auront tenté d'opérer cette hausse ou cette baisse ; que Demortreux, par fausse déclaration a eu dessein de tendre à opérer, mais qui n'a point été reconnu coupable d'avoir opéré réellement d'augmentation dans le prix du blé, au marché de Falaise du 25 juin, n'a donc pas commis le délit des art. 419 et 420 c. pén.; que quand sa blâmable intention de faire augmenter le prix du grain aurait été accompagnée des circonstances énoncées dans l'art. 2 de

l'art. 45 de la loi du 21 mars 1832, qui punit d'une peine correctionnelle le fait par les médecins et chirurgiens chargés de la visite des jeunes gens appelés devant le conseil de révision, en vertu de la loi du recrutement, d'avoir reçu des dons ou agréé des promesses dans le but d'exprimer une opinion favorable à ces jeunes gens, a eu pour résultat d'écarter de ce fait la qualification de crime attachée par l'art. 177 c. pén. au fait de corruption des agents ou préposés d'une administration publique, et de le réduire aux proportions d'un simple délit; qu'en conséquence, la tentative de corruption non suivie d'effet, exercée envers ces médecins et chirurgiens, ne tombe pas sous l'application de l'art. 179, § 2, c. pén., et n'est, comme simple tentative de délit, punissable qu'autant, à défaut de disposition répressive (Crim. cass. 10 nov. 1833, aff. Vacher, D. P. 34. 1. 40); — 4° Que les détournements de vivres commis par un employé à la direction des subsistances de la marine, aux colonies, sont de simples délits dont la tentative n'est point punissable en l'absence d'une disposition particulière de la loi qui assimile la tentative d'un tel délit au délit lui-même (Crim. rej. 27 fév. 1851, aff. Aubin, D. P. 51. 5. 518) ; — 5° Que la tentative du délit prévu et puni par l'art. 419 c. pén., n'est pas punissable (Crim. rej. 1er fév. 1834, aff. Durand, v° Industrie et commerce, n° 424-1°) ; — 6° Qu'ainsi la peine d'emprisonnement établie contre ceux qui, par voies illicites, font hausser les denrées, n'est pas applicable à ceux qui ont seulement commis une tentative de ce délit (Crim. cass. 17 janv. 1818) (2) ; — 7° Qu'il ne peut être prononcé de condamnation contre l'individu qui, dans le dessein d'opérer la hausse ou la baisse des denrées, a fait une fausse déclaration, si la hausse et la baisse ne s'en sont pas ensuivies (Crim. cass. 24 déc. 1812) (3) ; — 8° Que la simple tentative de tromperie sur

ce code, il n'aurait donc toujours été coupable que d'une tentative de ce délit ; que l'art. 3 c. pén. disant que les tentatives de délit ne sont considérées comme délits que dans les cas déterminés par une loi spéciale, et ni ce code ni aucune autre loi n'ayant mis le délit de l'art. 419 au rang de ceux dont la tentative est considérée comme le délit consommé, il en résulte par une conséquence nécessaire, même en supposant au fait déclaré constant par la cour le caractère d'une tentative du délit de l'art. 419, que le réclamant ne pouvait, à raison de ce fait, être soumis aux peines desdits art. 419 et 420 ; que l'arrêt attaqué n'a donc pu prononcer sa condamnation , qu'en violant formellement l'art. 3 c. pén. et en faisant une fausse application manifeste desdits art. 419 et 420 du même code ; — Casse.
Du 17 janv. 1818.-C. C., sect. crim.-MM. Barris, pr.-Aumont, rap.
(3) (Veuve Cousin C. min. pub.) — Le tribunal correctionnel de Pontoise avait condamné, le 5 juill. 1812, à deux mois d'emprisonnement la veuve Cousin, pour avoir fait une fausse déclaration, et soustrait à la connaissance des autorités chargées de la surveillance des grains 61 hectolitres ; et pour avoir, par cette action, manifesté l'intention de les vendre furtivement, ou à un prix au-dessus de la taxe, ce qui constituait, selon ce tribunal, une contravention aux art. 4 et 5 du décret du 4 mai 1812, ce qui la rendait punissable aux termes des art. 419 et 420 c. pén. — Appel , et le 29 août suivant, jugement du tribunal correctionnel de Versailles qui confirme, attendu que la prévenue est coupable d'avoir fait une fausse déclaration, par suite des combinaisons d'une cupidité répréhensible. — Pourvoi. — Arrêt.
La cour. — Vu l'art. 3 c. pén. ; — Attendu que le décret du 4 mai 1812 n'ordonne, par son art. 1, de poursuivre devant les cours et tribunaux que les auteurs d'opposition à la libre circulation des grains et farines ; que si la même décret oblige, art. 5, tout fermier, propriétaire ou cultivateur, de déclarer aux préfets ou sous-préfets les quantités de grains et farines par eux possédées et les lieux où elles sont déposées, aucune des dispositions qu'il renferme ne soumet ni à des poursuites judiciaires ni à des peines ceux qui négligent de faire les déclarations prescrites, ou se permettent d'en donner d'infidèles ; que l'art. 419 c. pén. n'assujettit aux peines qu'il prononce que ceux qui, par des faits faux ou calomnieux semés à dessein dans le public, par des surofres sur la taxe ou prix que demandaient les vendeurs eux-mêmes, par réunion ou coalition entre les principaux détenteurs d'une même marchandise ou denrée, tendant à ne pas la vendre ou à ne la vendre qu'à un certain prix, ou qui, par des voies ou moyens frauduleux quelconques, auront opéré la hausse ou la baisse des denrées qu'il marchandises, ou des papiers et effets publics, au-dessus ou au-dessous des prix qu'aurait déterminés la concurrence naturelle et libre du commerce ; que pour que les contraventions aux dispositions du décret du 4 mai rentrent dans la classe des délits susceptibles des peines des art. 419 et 420 c. pén., il faut donc que la justice puisse les considérer

la nature d'une marchandise n'est passible d'aucune peine (V. v° Vente de subst. falsif., n° 116).

113. Sous l'empire de la loi du 9 nov. 1815, dont l'art. 8 déclarait coupables d'actes séditieux et punissait de peines correctionnelles toutes personnes qui répandraient des nouvelles tendant à alarmer les citoyens sur le maintien de l'autorité légitime et à ébranler leur fidélité, il avait été jugé qu'en supposant que l'on pût considérer comme une tentative de ce délit le fait d'avoir écrit, dans une lettre confiée à la poste, des nouvelles alarmantes sur le maintien de l'autorité royale, dans l'intention que ces nouvelles fussent répandues, il n'en résulterait point que l'auteur de cette tentative fût passible d'une peine, aucune loi n'ayant assimilé la tentative des délits énoncés dans l'art. 8 précité à ces délits consommés : « Attendu, porte l'arrêt, que des faits susénoncés il résulte que lors de la saisie d'après laquelle les poursuites ont été faites Dupuy n'avait pas pu encore avoir pris connaissance des nouvelles portées dans la lettre ; que ces nouvelles, loin d'être des nouvelles répandues, n'étaient donc encore que des nouvelles exprimées par des caractères d'écriture sur le papier, dans une lettre remise à la poste et parvenue à son adresse ; que si l'écriture de ces nouvelles dans une lettre, et la remise à la poste de cette lettre, dans l'intention que ces nouvelles fussent répandues, pouvait constituer la tentative du délit prévu par l'art. 8 de la loi du 9 novembre, il ne s'ensuivrait pas que Redon eût pu être condamné d'après cet article, puisque les tentatives de délits ne sont considérées comme délits que dans les cas déterminés par une disposition spéciale de la loi (art. 3 c. pén.), et qu'aucune disposition de la loi n'a assimilé la tentative des délits énoncés dans l'art. 8 à ces délits consommés » (Crim. cass. 6 déc. 1816, MM. Barris, pr., Chasle, rap., aff. Redon).

114. L'art. 3 c. pén. ne dit pas seules doivent être, en matière de délits, les caractères de la tentative. Plusieurs auteurs en ont conclu que par cela même il se réfère aux caractères déterminés par l'art. 2 pour la tentative des crimes, et que dès lors la tentative d'un délit n'est punissable qu'autant que, manifestée par un commencement d'exécution, elle n'a été suspendue ou n'a manqué son effet que par des circonstances indépendantes de la volonté de son auteur. « Il serait absurde, dit notamment Carnot (sur l'art. 3, n° 2), d'imaginer que la tentative du crime pourrait être plus favorisée que la tentative des simples délits » (V. aussi dans le même sens Legraverend, t. 1, p. 120 ; Chauveau et Hélie, t. 1, p. 373 ; Le Sellyer, n° 35 ; Bertauld, p. 231). —Cependant il a été décidé « qu'on ne peut invoquer les règles générales du code pénal sur les circonstances constitutives de la tentative du crime dans les cas particuliers où la tentative de délit est assimilée au délit même ; que c'est un fait spécial que le législateur n'a point assujetti, dans l'art. 3 c. pén., aux règles posées dans l'art. 2 du même code. » (Crim. rej. 26 sept. 1828, M. Choppin, rap., aff. Frottin, V. aussi les arrêts cités v° Poids et mesures, n° 103).

115. Il est possible toutefois que la loi, en déclarant pu-

nissable la tentative d'un délit ait spécialement déterminé les caractères constitutifs de cette tentative. Dans une telle hypothèse, la question ne peut se présenter, c'est évidemment la règle spéciale qui devrait être suivie. C'est ce qui résulte d'un arrêt qui a consacré l'opinion des auteurs précités, en décidant que ce n'est qu'en l'absence d'une disposition spéciale de la loi ayant pour but d'admettre l'existence et de déterminer les caractères d'une tentative de délit qu'il y a lieu de recourir aux règles tracées pour les tentatives de crimes (Crim. rej. 6 sept. 1839, aff. Kahn, v° Vol et escroquerie).

116. Nous avons vu n° 111 que la loi du 27 mars 1851 punit la tentative de tromperie sur le poids et la quantité de la marchandise vendue. On s'est demandé si la mise en vente de marchandises n'ayant pas le poids annoncé doit être considérée comme une tentative punissable aux termes de cette loi. L'affirmative nous a paru devoir être admise, conformément à la jurisprudence (V. v° Poids et mesures, n° 103 et suiv.).—Depuis l'impression de ce traité, il a été décidé encore, dans le même sens, que la mise en vente par un boulanger de pains (dits de fantaisie) d'une forme réputée, d'après l'usage local, indicative du poids, mais présentant en réalité un déficit supérieur à celui toléré par l'autorité municipale, constitue, alors que le pesage de ces pains au moment de la livraison n'est pas prescrit, et qu'il y a eu intention frauduleuse, la tentative de tromperie punie par l'art. 1 de la loi du 27 mars 1851. —...Peu importe qu'un arrêté municipal dispense de pains dont il s'agit de toute vérification (Angers, 21 avr. 1856, aff. Gaudry, D. P. 56. 2. 194).

117. Nous avons vu précédemment (supra, n° 95 et s.), que, suivant la jurisprudence de la cour suprême, l'appréciation des faits qui constituent les éléments caractéristiques de la tentative appartient exclusivement aux juges du fait et qu'en conséquence elle échappe à la censure de la cour de cassation. — Il a été jugé, en ce sens, et par application de ce principe, que le fait, de la part d'un affouager, d'avoir apposé les numéros qui lui étaient échus sur des arbres non compris dans son lot a pu, par appréciation de l'intention du prévenu, et parce que rien ne prouve que ce soit par des circonstances indépendantes de sa volonté que la perpétration du délit ait manqué, être considéré comme un simple acte préparatoire au délit d'enlèvement de ces arbres, et non comme une tentative de ce délit, sans qu'une telle décision tombe sous la censure de la cour de cassation (Crim. rej. 26 sept. 1846, aff. Piscoret, D. P. 46. 1. 369).

118. Maintenant suffit-il que les tribunaux correctionnels déclarent le prévenu coupable de la tentative de délit qui lui est imputée, ou bien doivent-ils constater la présence des éléments caractéristiques de la tentative ? Cette question a été diversement résolue par la jurisprudence.—Ainsi, il a été jugé : 1° que, les tribunaux correctionnels étant juges du fait et du droit, le jugement par lequel ils déclarent un individu coupable d'une tentative de délit constate suffisamment l'existence des circonstances constitutives de la tentative (Crim. rej. 26 sept. 1828 (1) ; 21

---

comme ces voies ou moyens frauduleux dont parle le premier de ces articles, et qu'elles aient eu le résultat que le législateur a pour objet de réprimer et de punir, c'est-à-dire la hausse ou la baisse effective du prix des grains, farines, etc. ; — Attendu que, dans l'espèce, le tribunal de Pontoise a considéré la soustraction d'une partie des grains de la veuve Cousin à la connaissance des autorités chargées de la surveillance en cette partie, comme la manifestation de l'intention de vendre ces grains furtivement ou au-dessus de la taxe ; que le tribunal de Versailles a vu dans la conduite de la veuve Cousin les combinaisons d'une cupidité répréhensible ; mais que rien, dans son jugement, n'apprend quel a été le résultat de ces combinaisons, et si elles ont eu une influence réelle sur le prix des grains dans le pays ; que dans ces déclarations des tribunaux de première instance et d'appel, on ne saurait voir autre chose qu'une manifestation d'intention, conséquemment une tentative ; qu'il n'y a de tentative d'action assimilée à l'action exécutée que celle qui est manifestée par des actes extérieurs, suivie d'un commencement d'exécution, et qui n'a été consommée et qui n'a manque son effet que par des circonstances fortuites ou indépendantes de la volonté de son auteur ; qu'ainsi, si le fait dont il s'agit au procès était de la nature de ceux dont la tentative est considérée comme le fait même, toujours faudra-t-il reconnaître qu'il n'y aurait pas ici de tentative punissable, puisqu'il n'est parlé dans le jugement d'aucune des circonstances qui seules, aux termes de l'art. 2 c. pén., auraient pu soumettre son auteur à des peines ; mais que les voies ou moyens frauduleux qui ont

opéré la hausse ou la baisse du prix des grains ne sont punis par les art. 419 et 420 de ce code que de peines correctionnelles ; qu'ils ont donc le caractère de délits et non de crimes ; que les tentatives de délits ne sont, ainsi que le déclare textuellement l'art. 3 du même code, considérées comme délits que dans les cas déterminés par une disposition de la loi ; qu'à la différence de l'art. 401 du code, qui punit d'emprisonnement et d'amende les vols non spécifiés dans la sect. 1re, chap. 2, liv. 3, les larcins et filouteries, ainsi que les tentatives de ces mêmes délits, et de l'art. 405, qui soumet en termes formels aux peines qu'il prononce quiconque... aura escroqué ou tenté d'escroquer la totalité ou partie de la fortune d'autrui ; l'art. 419 ne parle que de ceux qui n'auront opéré la hausse ou la baisse, etc., sans rien dire de ceux qui auraient tenté de produire cet effet ; qu'il n'est suppléé à ce silence de l'art. 419 sur la tentative du délit qu'on est l'objet, par la disposition d'aucune autre loi ; que la condition requise par l'art. 3 pour que la tentative du délit soit considérée comme délit, n'existe donc pas dans l'espèce ; qu'en punissant comme délit consommé ce qui n'en était que la tentative, le jugement attaqué a manifestement contrevenu à l'art. 3 c. pén., et fait une fausse application des art. 419 et 420 du même code ; — Casse.

Du 24 déc. 1812.-C. C., sect. crim.-MM. Aumont, r.-Merlin, c. conf.

(1) (Augustin Frottin C. min. pub.) — LA COUR ; —...Attendu que si les circonstances constitutives de la tentative du crime doivent être soumises au jury, indépendamment du fait, les tribunaux de police correctionnelle étant

oct. 1814, aff. N...);—2° Que les tentatives de délits peuvent être déclarées punissables, sans qu'il soit nécessaire que le jugement de condamnation constate l'existence des circonstances déterminées par l'art. 2 c. pén., cet article n'étant relatif qu'aux tentatives de crime; et spécialement, que le juge correctionnel n'est pas tenu de mentionner dans son jugement que la tentative du délit d'escroquerie qu'il punit est caractérisée comme l'exige l'art. 2 c. pén. (Crim. rej. 23 fév. 1851, aff. Bilfeld, D. P. 52. 5. 530).

juge du fait et du droit, en déclarant un prévenu coupable d'une tentative de délit, reconnaissent nécessairement que les circonstances qui la caractérisent existent dans la cause; — Attendu, d'ailleurs, la régularité de la procédure, et l'application légale de la peine; — Rejette, etc. Du 26 sept. 1828.—C. C., ch. cr.—MM. Choppin, rap.—Barris, av. g. (1) *Espèce :* — (*Bécriaux C. Massé.*) — Le 4 janv. 1853, jugement du tribunal correctionnel de Bordeaux, qui condamne aux peines de l'art. 401 c. pén. : — « Attendu qu'il résulte de la procédure que le 20 nov. 1852, le sieur Massé, entrepreneur de bâtisse, se trouvant sur la place des Quinconces, s'aperçut que Bécriaux , dit Dézat , avait introduit sa main dans la poche de son gilet, et en retirait une boîte en argent qui s'y trouvait placée; qu'il se saisit de Bécriaux et le conduisit au corps de garde; que ces faits constituent le délit de tentative de vol prévu et puni par l'art. 401 c. pén.» ; — Appel. — Le ministère public fait observer que le jugement dénoncé ne contient point la qualification du délit, puisqu'on n'y trouve aucun des caractères auxquels on reconnaît la tentative de vol; — Arrêt.

119. Mais il a été décidé, au contraire, et avec plus de raison selon nous, que la tentative d'un délit, dans le cas même où la loi l'incrimine, n'est punissable qu'autant qu'elle est caractérisée ; qu'ainsi il est nécessaire que le jugement de condamnation constate les caractères qui seuls justifient l'application de la peine (Bordeaux, 31 janv. 1833) (1). C'est en ce sens que se prononcent également MM. Chauveau et Hélie, t. 1, p. 374.

LA COUR; — Attendu que Bécriaux, dit Dézat, est convaincu par le résultat des débats, d'avoir le 24 nov. dernier, tenté de voler, dans une des poches du gilet de Massé, une boîte d'argent; que cette tentative de vol a été manifestée par un commencement d'exécution, et n'a été suspendue ou n'a manqué son effet que par des circonstances indépendantes de la volonté de son auteur ; Attendu que le fait tel qu'il est énoncé dans le jugement dont est appel, ne peut qualifier la tentative légale, est par cela même dépouillé du caractère propre à justifier une condamnation; qu'il est indispensable d'annuler un jugement qui ne contient pas la déclaration d'un fait punissable; — Statuant sur l'appel que François Bécriaux a interjeté du jugement rendu par le tribunal correctionnel de Bordeaux le 4 courant ; — Annule ledit jugement pour défaut d'énonciation du fait dont ledit Bécriaux s'est rendu coupable; — Statuant sur le fond , — Déclare Bécriaux coupable de la tentative de vol ci-dessus spécifiée, pour réparation de quoi, etc. Du 31 janv. 1833.-C. de Bordeaux, ch. corr.

Table sommaire des matières.

Table des articles du code pénal.

Table chronologique des lois, décrets , arrêts, etc.

—31 juill. 95-5°.	—25 août 95-2°.	1852. 29 nov. 112-	—22 mai 112-1°.	1842. 26 janv. 68-	—10 juill 91-2° c.	1851. 25 fév. 118-	5° c.
1824. 20 mai 51 c.	1827.25 juin 89-4°.	2°.	—11 juin 57-2°.	2°.	75 c.		1854. 21 janv.54c.
1825. 27 juin 68-	—4 oct. 96-4°,97.	1855. 31 janv. 119.	—2 juill. 58 c.	—14 oct.72 c.,99c.	—28 août 91-1° c.	—27 fév. 112-4° c.	1856. 27 mars92c.
5° c.	1828. 26 sept. 114,	1854. 1er fév. 112-	1859. 6 sept. 115 c.	—17 déc. 66.	—10 oct. 66.	1852.10janv. 54 c.	—21 avr. 116 c.
—1er août 34, 72.	118-1°.	5° c.	1840. 2 avr. 65.	1845.13juill.95-4°.	1846. 26 sept.117c.	—19 fév. 68-1° c.	1857. 16 avr. 22 c.
—25 sept. 71 c.,	—11 déc. 51 c.	—15 avr. 86-5° c.	—30 juin 67.	—21 oct. 58 c.	1848. 28 juill. 82 c.	—26 fév. 80 c.	1858. 3 avr. 100 c
96-6° c.	1851.13janv.88-5°.	—27 nov. 86.	1841. 1er juill. 90.	—7 déc. 99 c.	1849. 8 déc. 81.	—15 nov. 54 c.	—24 juin 42 c.
1826. 28 juill.67 c.	—29 sept. 107 c.	1855. 7 mars 57-	—21 oct. 43.	1845, 24 fév. 59 c.		1855. 10 nov. 112-	—7 oct. 42 c.
—1 août 57-5° c.	—20 oct. 86-6°.	2° c.					

TENTATIVE DE CONCILIATION. — V. Conciliation.

TENUE DES LIVRES. — V. Commerçant, nos 226 et suiv.

TENURE. — Mot de droit féodal qui signifiait qu'une terre était dans la mouvance, la dépendance d'un fief. — V. Propriété féodale.

TERME. — **1.** Ce mot exprime le moment où un délai expire. Souvent aussi on l'emploie comme synonyme du mot délai (V. Délai, n° 1) : en ce sens, il s'applique notamment à l'espace de temps accordé au débiteur pour s'acquitter de son obligation (V. Oblig., nos 1258 et suiv.). — Le terme diffère de la condition, en ce qu'il suspend l'exécution de la convention, mais non l'obligation elle-même (V. Oblig., nos 1106, 1273). — En conséquence, la perception du droit d'enregistrement sur les obligations à terme est immédiatement exigible : elle ne pourrait être suspendue jusqu'à l'expiration du terme (V. Enreg., n° 270). — On distingue plusieurs espèces de termes (V. Oblig., nos 1259 et suiv.). — Le terme peut être accordé soit en faveur du débiteur, soit en faveur du créancier : si rien n'est spécifié dans la convention, le terme est présumé en faveur du débiteur (V. Oblig., nos 1266 et suiv.). Il peut être à la volonté du débiteur. — V. eod., nos 1260 et suiv., 1791.

2. Lorsqu'une somme est payable à différents termes, chaque terme forme une obligation particulière (V. eod., nos 1313, 1322). — En conséquence, lorsqu'une dette solidaire est payable en plusieurs termes, celui des débiteurs qui a payé le premier terme peut recourir contre ses codébiteurs pour le remboursement de leur part dans ce qu'il a payé (V. Obligat., nos 1433 et 1439).

3. Ce ne sont pas les obligations conventionnelles seules qui peuvent être affectées d'un terme. Ainsi, un legs peut être à terme (V. à ce sujet Dispos. entre-vifs et test., nos 3541 et suiv.). — Il en est de même d'un fidéicommis, lequel ne constitue pas une substitution prohibée (V. Substitut., n° 36). — Un mandat peut être donné pour un certain temps : dans ce cas il cesse par la seule expiration du terme (V. Mandat, n° 419). — Il en est de même du domicile élu pour un temps limité (V. Domicile élu, n° 83).

4. Le créancier seul, ou son fondé de pouvoirs, peut accorder un terme au débiteur. On s'est demandé si le pouvoir de vendre entraîne le droit de donner terme pour le payement (V. Mandat, n° 113; Obligat., n° 1715). — Sur le droit du commissionnaire de vendre à terme, V. Commissionn., nos 238 et suiv. — Les commissaires-priseurs ont-ils le droit de faire des ventes à terme? — V. Commiss.-priseur, nos 30 et suiv.; Vente publ. de meubles, n° 37; V. aussi Enregistr., n° 1756.

5. L'effet du terme est que tant qu'il n'est pas échu, la dette n'est pas exigible et le débiteur ne peut être contraint au payement (V. Oblig., nos 1273 et s., 1791). — De là il suit : 1° que le titre dont l'échéance n'est pas encore arrivée ne peut donner lieu ni à la saisie-arrêt (V. ce mot, nos 72 et s., 135), ni à la saisie-exécution (V. ce mot, nos 18 et s.), ni à la saisie immobilière (V. Vente publ. d'immeub., nos 207 et s.); — 2° Que les dettes non échues ne sont pas compensables à moins que celui en faveur duquel le terme a été stipulé n'y renonce (V. Obligat., nos 2059 et suiv.); — 3° Qu'une distribution par contribution ne peut se faire sur des sommes à provenir d'une créance non encore exigible (V. Distribut. par contribut., n° 29).—Le créancier dont le titre n'est pas échu, peut-il requérir la déclaration de faillite? V. Faillite, n° 105. — Sur les effets d'une vente à terme, V. Vente, nos 704 et suiv.

6. De ce que le débiteur ne peut être contraint à payer avant l'échéance du terme, il suit encore que, en cas d'obligations solidaires entre créanciers, la poursuite faite par l'un des créanciers avant le terme, n'enlève pas au débiteur le droit de payer à un autre créancier, ni même de renoncer au bénéfice du terme au profit d'un autre créancier. — V. Obligat., n° 1375.

7. Le débiteur peut renoncer au bénéfice du terme, s'il a été accordé dans son propre intérêt : il peut, dans ce cas, payer par anticipation, et contraindre le créancier à recevoir ce payement (V. Obligat., nos 1266 et suiv., 1278 et suiv., 1703, 1794 et suiv.), et ce qui a été ainsi payé par anticipation ne peut être répété (V. Oblig., n° 5493).— La répétition serait-elle admise, si le débiteur avait payé par erreur? V. eod., nos 1278, 5513. L'acquéreur qui veut purger renonce nécessairement aux termes de payement qu'il a stipulés de son vendeur (V. Privil. et hyp., nos 2144 et suiv.). — Quel est l'effet des payements anticipés vis-à-vis des tiers? V. Louage, nos 321 et s.; Obligat., n° 3910; Priv. et hyp., nos 1765 et s.; Vente, n° 640. — Aujourd'hui, et depuis la loi du 23 mars 1855 sur la transcription, les quittances ou cessions d'une somme équivalente à trois années de loyers ou fermages non échus ne peuvent être opposées aux tiers, si elles n'ont pas été transcrites (V. Transcription).

8. Le terme accordé au débiteur profite à la caution (V. Cautionn., n° 79). — Mais la caution peut, aussi bien que le débiteur principal, payer avant le terme; toutefois, elle ne peut exercer son recours contre le débiteur qu'après l'échéance. — V. Cautionnem., n° 238.

9. Aussitôt le terme échu, le débiteur peut être contraint de payer par toutes les voies de droit. Aussi, la caution peut-elle à l'échéance de la dette actionner le débiteur, bien qu'elle n'ait pas elle-même payé la dette (c. nap. 2032, V. Cautionn., nos 260 et suiv.).— Les juges peuvent néanmoins, en considération de la position du débiteur, et en usant de ce pouvoir avec une grande réserve, surseoir à l'exécution des poursuites (c. nap. 1244). C'est ce que l'on nomme le *terme ou délai de grâce* (V. Obligat., n° 1771 et suiv.).

10. L'échéance du terme produit encore cet effet, que si les parties en sont convenues, elle servira de mise en demeure, sans qu'il soit besoin d'acte. — V. Obligat., nos 692, 755 et suiv.

11. Le terme peut être prorogé par le créancier, sans que cette prorogation puisse entraîner la renonciation aux sûretés attachées à la créance. Ainsi, la prorogation de terme accordée au débiteur principal ne décharge point la caution (c. nap. 2032-4°, V. Cautionn., nos 370 et suiv.).

12. Le débiteur est déchu du bénéfice du terme, lorsqu'il a fait faillite, ou a diminué les sûretés attachées à la créance (c. nap. 1188; c. com. 444, V. Faillite, n° 244 et suiv.; Obligat., nos 1283 et suiv.; V. aussi Vente publ. d'imm., n° 1188).—Ces déchéances s'appliquent également au terme de grâce (V. Jugement, nos 444 et suiv.; Obligat., n° 1788). — Les créanciers hypothécaires du failli dont les créances ne sont pas échues, peuvent-ils poursuivre la saisie des immeubles de leur débiteur? V. Faillite, n° 1149. — De ce que la diminution des sûretés attachées à la créance emporte déchéance du terme, on décide que le débiteur qui, par cause du préjudice à son créancier, auquel il a donné son immeuble en antichrèse, ne peut plus réclamer le bénéfice du terme que le créancier lui avait accordé (V. Cautionn., n° 247). — Les circonstances qui entraînent déchéance du terme dont encore cet effet, en matière de vente à terme, que le vendeur n'est plus obligé à la délivrance.—V. Vente, nos 706 et suiv.

13. Le mot *terme* se dit aussi des époques fixées par l'usage pour le payement des prix de baux et pour la faculté de donner congé. — V. Louage, nos 304 et suiv., 614 et suiv.

TERMES.— Synonyme d'*expressions*.— Sur l'interprétation des termes dans les actes, V. Obligat., nos 855 et suiv., 5190;

—Dans les testaments, V. Dispos. entre-vifs et test., n⁰ˢ 3496 et suiv.; — Dans les dispositions contenant une substitution, V. Substitut., n⁰ˢ 53 et suiv.

TERMES IRRÉVÉRENCIEUX. — V. Cassation, n⁰ˢ 920, 1278.

TERMES DE MÉPRIS.— V. Presse-outrage, n⁰ 782.

TERMES SACRAMENTELS, ÉQUIVALENTS. — 1. Chez les Romains, et en général chez tous les peuples, on trouve, aux époques de la formation du droit civil, l'usage de prononcer pour la consécration des engagements certaines paroles solennelles, accompagnées ordinairement d'une pantomime symbolique. Cette pantomime consistait, à Rome, dans le simulacre du pesage d'un lingot d'airain, souvenir du pesage que faisaient les contractants dans le temps où les lingots de métal tenaient lieu de monnaie (V. M. Ortolan, Explic. hist. des Instit., 3ᵉ édit., t. 1, p. 86). Cette première forme du droit quiritaire fit place à une forme nouvelle dans laquelle la consécration des engagements était simplifiée et n'exigeait plus la solennité *per æs et libram*; enfin le droit civil des Romains abandonna même l'emploi des paroles sacramentelles et admit la formation des conventions *solo consensu*. Ces phases successives ont été exposées dans notre Traité des obligations, n⁰ˢ 17 et suiv.

2. Dans notre droit, comme dans le dernier état du droit romain, les termes sacramentels devaient nécessairement tenir peu de place. La législation, en les écartant le plus possible, n'a fait en cela que suivre le progrès des mœurs, que céder aux besoins d'une époque dans laquelle les relations sont actives et promptes, et dans laquelle, par conséquent, il importe que les engagements dont la formation revient le plus souvent soient débarrassés d'un cérémonial inutile. Toutefois les formes anciennes du droit et leur solennité ont été conservées pour quelques actes d'une gravité exceptionnelle, qui échappent du reste à cette loi de réitération qui régit les contrats ordinaires; tels sont le contrat de mariage, l'adoption, le testament par acte public, etc. Ces formes subsistent aussi dans l'appareil judiciaire établi pour le jugement des affaires criminelles. En dehors de ces cas, la jurisprudence ne reconnaît plus de termes sacramentels, et il lui suffit que la pensée des contractants soit clairement exprimée et que les déclarations exigées dans les actes et dans les jugements ne laissent pas de place au doute.—Il en est des formalités comme des termes employés par la loi pour caractériser les contrats; la jurisprudence admet comme règle qu'il suffit que ces formalités soient exécutées d'après l'esprit de la loi plutôt que d'après la lettre. La doctrine des équipollents, dont les applications sont de plus en plus fréquentes, tend à restreindre les nullités prononcées par la loi et à éteindre par là les procès (V. Nullité, n⁰ 14).

3. Nous nous proposons d'indiquer les principales applications de cette doctrine : 1⁰ dans les matières civiles et droit public; 2⁰ en matière d'actes et de jugements; 3⁰ dans les matières commerciales; 4⁰ dans les matières criminelles; 5⁰ dans les matières administratives; 6⁰ dans les matières spéciales; 7⁰ en matière de procédure civile, criminelle et administrative.

4. *Matières civiles et de droit public.* — Relativement à l'obtention ou à la conservation de la *qualité de Français*, il est admis que les conditions imposées aux étrangers pour l'acquisition du titre de citoyen sont substantielles, et que leur accomplissement ne peut être suppléé ni présumé (V. Droits civils, n⁰ˢ 94 et 139). La jurisprudence paraît moins formelle en ce qui concerne soit l'autorisation exigée des étrangers pour l'acquisition en France d'un domicile attributif des droits civils (*ibid.*, n⁰ˢ 381 et suiv.), soit l'autorisation exigée des Français pour la conservation de leur qualité, lorsqu'ils prennent du service à l'étranger. Sur ce dernier objet, un arrêt de la cour de Metz, du 25 avr. 1849, paraît attacher plus d'importance à l'intention que le Français incorporé dans une armée étrangère aurait eu d'abdiquer la qualité de Français, qu'à l'absence d'autorisation (*ibid.*, n⁰ 577). Mais une autre cour impériale considère l'autorisation comme indispensable et décide que l'art. 21 c. nap. n'a entendu parler d'une autorisation formelle (Toulouse, 1ᵉʳ août 1851, aff. Lafont, D. P. 53. 2. 10).

5. En matière de mariage, on est porté à exclure les équivalents en tout ce qui touche à la rédaction et à la signification

des actes respectueux (V. Mariage, n⁰ˢ 152 et suiv.). Il en est de même pour ce qui concerne les oppositions à mariage, sauf le cas où l'opposition a été admise par l'officier de l'état civil et où les parties en demandent mainlevée (*ibid.*, n⁰ˢ 293 et 300). — La réponse de vive voix aux interpellations de l'officier de l'état civil n'est pas considérée comme une formalité substantielle; cette réponse peut être faite par tout moyen exprimant clairement la volonté des parties, surtout si une infirmité ne leur permet pas de s'exprimer par la parole (*ibid.*, n⁰ˢ 213 et 375). Le consentement des ascendants étant une des conditions de la validité du mariage, doit, lorsqu'il n'est pas formulé devant l'officier de l'état civil, être constaté par acte authentique. Pourrait-on admettre comme équivalent l'assistance des ascendants aux conventions matrimoniales de leur enfant, dans le cas de majorité de celui-ci? Pour la négative, V., v⁰ *cit.*, n⁰ 109. Cependant, comme la nullité résultant du défaut de consentement des ascendants est une nullité relative dont ceux-ci peuvent seuls se prévaloir, une cour a décidé que le consentement exprimé en une forme non authentique, insuffisant pour autoriser la célébration du mariage, suffisait au contraire pour en empêcher l'annulation (Pau, 24 mars 1859, aff. de P..., D. P. 60. 2. 156). — Les publications prescrites par l'art. 170 dans le cas de mariage en pays étrangers, constituent-elles une formalité essentielle? V. Mariage, n⁰ˢ 393 et suiv. — L'autorisation maritale n'est assujettie à aucune forme; elle peut être expresse ou tacite (*ibid.*, n⁰ˢ 807, 810 et 829).

6. La reconnaissance d'un enfant naturel ne peut résulter que de l'un des actes indiqués par la loi (c. nap. 334 et suiv.); ces actes ne peuvent être suppléés d'aucune manière (V. Paternité, n⁰ˢ 513 et 548). Mais il n'existe pas de termes sacramentels pour cette reconnaissance; il suffit que l'aveu du père résulte clairement des énonciations de l'acte (*ibid.*, n⁰ˢ 543 et suiv.).

7. La doctrine des équipollents a été appliquée assez fréquemment en matière de dispositions entre-vifs et testamentaires. Ainsi, aucune expression sacramentelle n'est exigée par la jurisprudence pour la déclaration de la volonté d'accepter une libéralité (V. Dispos. entre-vifs et testam., n⁰ˢ 1434 et suiv.); il en est de même lorsqu'il s'agit d'exprimer dans une donation entre époux la stipulation de la condition de survie (*ibid.*, n⁰ 2306). — La déclaration du testateur qu'il entend que les intérêts et fruits de la chose léguée courent, au profit du légataire, du jour du décès, et sans qu'il ait formé de demande en justice, ne doit pas, bien qu'elle doive être expresse, être formulée nécessairement dans les termes de l'art. 1015 c. nap.; elle peut être suppléée par des équivalents (*ibid.*, n⁰ 3841).

8. Dans une donation, l'intention de faire une substitution n'est soumise à aucune expression sacramentelle; il suffit que le fidéicommis résulte clairement des clauses de la libéralité (V. Substitution, n⁰ˢ 53 et suiv.). — De même, une libéralité peut être reconnue entachée d'une substitution prohibée, bien que l'expression de *substitution* ne se rencontre pas dans l'acte (*ibid.*, n⁰ˢ 157 et suiv.).

9. Bien que les testaments authentiques soient entourés d'une certaine solennité, le principe des équipollents a été admis à l'égard de plusieurs des formalités relatives à leur réception. Ainsi, pour la constatation de la circonstance de la dictée par le testateur, le mot *dicté* n'est pas considéré comme expression sacramentelle (V. Dispos. entre-vifs et testam., n⁰ 2857). Aucune formule spéciale n'est prescrite pour l'indication du lieu dans lequel le testament est reçu (*ibid.*, 2796); et pour la mention de la lecture, on a pu considérer l'expression *publié*, employée par un notaire, comme équivalent au mot *lu*, alors qu'on exprimait ainsi autrefois dans la localité le fait de lire le testament à haute voix (V. *ibid.*, n⁰ˢ 2925 et suiv.). — Lorsqu'un testament renferme des clauses révocatoires, aucune mention spéciale n'est prescrite pour constater la lecture de ces clauses; l'accomplissement de la formalité de cette lecture peut s'induire de l'ensemble des énonciations de l'acte (*ibid.*, n⁰ˢ 3003).—Dans la réception des testaments mystiques, on considère comme n'étant assujettie à aucune forme sacramentelle, la mention de la déclaration que le testament a été écrit par un autre que le testateur (*ibid.*, n⁰ˢ 3239 et 3283).

10. En général, l'effet des testaments n'est pas subordonné à l'emploi d'expressions sacramentelles. Cela s'induit de l'art. 1002 c. nap.; on doit s'attacher beaucoup plus à l'intention du testateur qu'aux expressions dont il s'est servi (ibid., n° 3422).

11. S'il est nécessaire, pour qu'elle soit valable, que la vente des droits successifs soit faite *aux risques et périls de l'acheteur*, ces expressions du moins ne sont pas sacramentelles; et la clause peut être exprimée de toute autre manière indiquant le caractère aléatoire du contrat.—V. Succession, n° 2279.

12. En matière de convention, l'intention de nover n'est pas soumise à l'emploi de l'expression *novation*, et doit recevoir son effet, si elle résulte clairement de l'acte (c. nap. 1273; V. Obligations, n° 2392). La réserve des privilèges et hypothèques attachés à l'ancienne créance, qui peut être faite dans le cas de novation, bien qu'elle doive être expresse, n'est pas considérée cependant comme assujettie à des expressions sacramentelles (c. nap., 1277; ibid., n° 2514).

13. La clause de solidarité peut être énoncée dans les actes à l'aide d'équivalents. Les mots *solidaires, solidairement, solidarité*, ne sont pas sacramentels (V. Obligations, n°s 1353 et suiv., 1370). — Il en est de même soit de la clause de *porte fort* (ibid., n° 264), soit de la clause de *subrogation* (ibid., n° 1842).

14. La loi n'impose pas de paroles sacramentelles pour la rédaction des actes de confirmation. Il suffit que ces actes réunissent les conditions exigées par l'art. 1338 c. nap. (ibid., n° 4309).

15. On sait que, dans les contrats ayant pour objet une obligation de faire, le débiteur est constitué en demeure par la convention, lorsqu'elle porte que, *sans qu'il soit besoin d'acte, et par la seule échéance du terme*, le débiteur sera en demeure (c. nap., 1139). Ce résultat pourrait-il être contesté, si la clause ne contenait que la seconde partie de l'énonciation qu'on vient de transcrire? En d'autres termes, la formule de la loi est-elle sacramentelle? — V. dans le sens de la négative, v° Obligations, n° 756.

16. En matière de contrat de mariage, la clause qui détaille les effets d'un régime, tel que le régime dotal, suffit pour placer les époux sous son empire, bien que ce régime lui-même n'y soit pas nommé. A cet égard, il n'y a pas d'expressions sacramentelles. — V. Contrat de mariage, n°s 165 et suiv., 3192 et s., 3227.

17. Sous le régime de la communauté, la déclaration que le mari doit faire en dotant l'enfant commun, lorsqu'il entend prendre à sa charge une part de la dot plus forte que la moitié, n'est assujettie à aucune formule sacramentelle. Il peut donc exprimer sa pensée en termes équivalents à ceux dont se sert l'art. 1439 c. nap. (ibid., n° 1208).

18. La déclaration de remploi peut régulièrement être faite à l'aide d'équivalents. L'expression *remploi* n'est pas sacramentelle (ibid., n°s 1407 et suiv.).

19. En matière de vente, la clause que l'acheteur payera nonobstant le trouble qui pourrait survenir, peut être remplacée par des équivalents (V. Vente, n° 1218). Il en est de même de la clause, prévue par l'art. 1656 c. nap., que faute de payement dans le terme convenu, la vente sera résolue de plein droit (ibid., n° 1267).—En matière de transport-cession, la formalité de la signification au débiteur ou son acceptation, n'est pas considérée comme tellement rigoureuse qu'elle ne puisse être suppléée par aucun autre acte équivalent (ibid., n° 1774).

20. L'emploi de désignations spéciales n'est pas nécessaire pour la formation des contrats de louage (V. Louage, n°s 24 et suiv.), de dépôt (V. Dépôt, n°s 8 et suiv.), de mandat (V. Mandat, n° 143), de gage (V. Nantissement, n° 130), de cautionnement (V. Cautionnement, n° 22), non plus que pour la constitution d'une servitude (V. Servitude, n° 988). Il suffit que les résultats que ces contrats ont pour objet de réaliser, soient clairement indiqués par la convention.—Lorsque le contrat de mandat indique le mode d'exécution, cette exécution peut-elle être faite par des moyens équivalents? V. Mandat, n° 126. — Dans le cas où le contrat de gage est consenti par acte sous seing privé, la formalité de l'enregistrement peut-elle être remplacée par des équipollents? V. Nantissement, n°s 83 et suiv. — La notification dont parle l'art. 1813 c. nap., et que doit faire au propriétaire celui qui

donne un cheptel au fermier d'autrui, peut-elle être remplacée par des équivalents? V. Louage à cheptel, n° 47.

21. En matière d'hypothèques légales, il est admis que les termes de la déclaration imposée aux tuteurs et aux maris par l'art. 2136 c. nap., relativement aux hypothèques légales, ne sont pas sacramentels (V. Contrainte par corps, n° 159). — La subrogation à l'hypothèque légale de la femme n'est subordonnée à l'emploi d'aucune formule déterminée, et peut résulter de toute clause par laquelle la femme transmet ses droits à un créancier, et notamment de la clause par laquelle la femme cède et transporte tous ses droits d'hypothèque ou renonce en faveur du créancier à la priorité de son hypothèque légale (V. Privil. et hypoth., n°s 949 et suiv.). — Les énonciations que doit contenir le bordereau d'inscription hypothécaire sont-elles sacramentelles? — V. Privil. et hypoth., n°s 1472 et suiv., 1505, 1518 et suiv., 1541 et suiv., 1589 et suiv., 1617 et suiv., 2150 et 2967.

22. Il n'existe pas de termes sacramentels pour exprimer dans les jugements qu'un fait de possession a engendré la prescription (V. Prescription civile, n° 379).—La citation interruptive de prescription n'est pas non plus assujettie à des expressions sacramentelles (ibid., n° 484).

23. *Actes et jugements.* — La loi sur le notariat n'a prescrit aucunes formules sacramentelles pour la mention, dans les actes authentiques, des noms et demeures des témoins certificateurs (V. Obligations, n°s 3366 et suiv.), du lieu où l'acte est passé (ibid., n° 3377), de la signature de l'acte par les parties et par les témoins ou de leur déclaration de ne savoir ou ne pouvoir signer (ibid., n°s 3538 et 3547).

24. Dans les actes sous seings privés, l'approbation d'écriture peut être faite à l'aide de mots autres que les mots *bon pour* ou *approuvé*, qui ne sont pas sacramentels (ibid., n° 4138).—La force probante attribuée aux notes trouvées dans les papiers domestiques n'est pas subordonnée à l'existence d'une mention indiquant que la note a été faite pour suppléer le défaut de titre. Du moins, ces notes peuvent servir contre celui qui les a écrites de commencement de preuve par écrit (c. nap. 1313; V. v° cit., n°s 4235, 4237 et 4841).—Mais la transcription d'un acte sous seing privé sur les registres publics, qui peut dans certains cas suivant l'art. 1356 c. nap. donner à cet acte la valeur d'un commencement de preuve par écrit, n'est pas suppléée par l'enregistrement de cet acte (V. Enregistr., n° 70; et Obligations, n°s 4403 et suiv.)

25. Il n'existe pas de formule sacramentelle pour constater dans les jugements, la présence du ministère public (V. Min. pub., n° 68), la publicité des débats et de la prononciation de la sentence (V. Jugement, n°s 195 et suiv., 823 et suiv.), pour énoncer les conclusions des parties et les points de fait et de droit (ibid., n°s 301 et suiv.; Conclusions, n° 28 et suiv.), ou la réserve des droits des parties (V. Chose jugée, n° 89). — Les désignations des parties y sont suffisantes toutes les fois qu'il ne peut y avoir aucune incertitude sur les personnes désignées, encore bien qu'il y aurait omission de l'une des indications relatives au nom, à la demeure ou à la profession; ces indications peuvent même être données par relation à un autre acte (V. Jugement, n° 285).

26. Lorsqu'il y a eu prononciation du huis clos, le motif tiré d'un danger pour l'ordre public et les mœurs peut être remplacé par des équivalents (V. Jugement, n° 829).

27. La formule exécutoire des jugements est-elle une formule sacramentelle? V. Jugement, n° 539. — La formule du serment imposé aux officiers publics et ministériels est-elle sacramentelle? V. Serment, n° 61.

28. *Matières commerciales.* — Dans le libellé des effets de commerce on ne considère pas comme sacramentelle l'expression *à ordre* (V. Effets de commerce, n° 107), ni l'expression *accepté* pour constater l'acceptation d'une lettre de change (ibid., n° 310). — Mais l'indication de l'époque et du lieu de payement est essentielle et ne peut être suppléée par des équivalents (ibid., n° 75).— Le point de savoir si l'énonciation dans un procès, de l'absence ou de la présence de celui qui doit payer, peut être suppléée par des équivalents, V. eod. v°, n° 769.

29. Il n'existe pas de formule sacramentelle pour le libellé du connaissement **u de la lettre de voiture constatant l'expédition de marchandises (V. Commissionnaire, n° 212). La lettre de voiture elle-même peut être suppléée par des équivalents (*ibid.*, n° 355).

30. Le contrat connu en italien sous le nom de *del credere* et en français sous celui de *ducroire*, n'est pas assujetti à des termes sacramentels (*ibid.*, n° 70). Il en est de même du contrat de commission; et le contrat peut se trouver bon, bien que le commissionnaire n'y ait pas la qualité de mandataire de son commettant (*ibid.*, n° 45).

31. Dans la rédaction des polices d'assurance maritime, on admet que l'indication du lieu de chargement, au cas où elle a été omise, peut être suppléée par les indications tirées de l'ensemble des clauses de la police (V. Droit maritime, n° 1522).—La sentence arbitrale exigée par l'art. 192 c. com. pour la constatation des dommages-intérêts dus aux affréteurs, peut être suppléée par d'autres constatations ou par une transaction (*ibid.*, n° 281).

32. La formalité d'une délibération motivée exigée en matière d'avaries, par l'art. 400 c. com. qui décide à la charge de qui retombe le dommage souffert, peut, tout utile qu'elle soit, être suppléée par des équivalents (*ibid.*, n° 1073).

33. Pour l'exécution du contrat d'assurance maritime, dans le cas de perte du navire, on n'admet comme équivalent à la signification des avis relatifs à la perte du navire que l'assuré doit faire à l'assureur, que la communication amiable de ces avis et non une déclaration sur les registres de la chambre du commerce (V. Droit maritime, 1749).—En cas de perte du connaissement, le chargement peut être prouvé contre les assureurs par d'autres constatations; mais on est plus sévère en ce qui concerne les marchandises chargées pour le compte du capitaine (*ibid.*, n° 1736 et 1766).

34. La protestation que doit faire le destinataire dans le cas où les marchandises délivrées sont avariées, peut être suppléée par d'autres actes, notamment par une requête adressée au président pour faire constater les avaries par experts (*ibid.*, n° 2283).

35. *Matières criminelles.* — Bien que l'emploi des désignations de la loi ait plus d'importance dans les matières criminelles que dans les autres matières, cependant la doctrine des équipollents y reçoit également de nombreuses applications. — Ainsi la conformité avec l'arrêt de renvoi et l'acte d'accusation que doivent présenter les questions posées au jury, ne doit pas s'entendre d'une conformité littérale et n'exclue pas l'emploi d'équipollents (V. Inst. crim., n° 2714 et suiv.). La rédaction des questions, n'est assujettie, d'ailleurs, à aucune formule sacramentelle (*ibid.*, n° 2691 et suiv.). Spécialement, la loi du crime, à moins que la loi n'ait prescrit l'emploi d'une expression spéciale, peut être indiqué en quels termes que ce soit (*ibid.*, n° 2782).

36. Il est même admis que la formule « l'accusé est-il coupable » n'est pas sacramentelle (*ibid.*, n° 2741 et suiv.). Toutefois la jurisprudence a décidé que le mot *prévenu* ne peut être employé dans un jugement correctionnel en remplacement du mot *coupable* (*ibid.*, n° 993).

37. La formule pour la prestation du serment des témoins cités en matière criminelle, correctionnelle et de police est sacramentelle (V. Serment, n° 176 et s., 204 et s.). Ainsi l'expression *je promets*, dite à la place de l'expression *je jure*, rendrait nul le serment (*ibid.*, n° 22) ; les gestes et l'attitude exigés de celui qui prête serment n'ont pas la même importance, et quelque changement en ce qui les concerne n'emporterait pas nullité (*ibid.*, n° 23). — Les experts et les interprètes n'étant entendus en quelque sorte qu'à titre de renseignements, la jurisprudence attache à leur serment une moins grande valeur, et ne voit rien de sacramentel dans la formule suivant laquelle ils doivent le prêter (*ibid.*, n° 121 et suiv., 129 et suiv.).—Parmi les divers avertissements que le président des assises doit adresser à l'accusé, au défenseur, aux témoins, aux jurés, il en est qui sont substantiels et d'autres qui n'ont qu'une importance secondaire ; nous devons renvoyer, pour ce qui concerne le point de savoir si les formules de tels ou tels de ces avertissements sont sacramentelles, à notre traité de l'Instruction criminelle.

38. Dans les questions au jury et dans les jugements correctionnels, il n'est pas toujours nécessaire d'employer, pour la désignation du crime, l'expression même de la loi ; et la jurisprudence admet la désignation par des équivalents, lorsqu'elle présente une clarté suffisante. Ainsi, dans une accusation de contrefaçon de monnaie étrangère, la question mentionnant la contrefaçon d'un papier-monnaie d'un pays étranger ayant cours légal dans ce pays, doit être considérée comme suffisante en ce qu'elle s'explique sur tous les éléments constituant le crime, bien qu'elle ne contienne pas les mots *monnaie étrangère* (Crim. rej. 22 juill. 1858, D. P. 58. 5. 115). Ainsi, également, en matière de vol, les expressions *vol* et *soustraction frauduleuse* peuvent être employées l'une pour l'autre (V. Vol). De même, encore, les expressions employées par la loi pour caractériser la rébellion ne sont pas sacramentelles et peuvent être remplacées par des équivalents (V. Rébellion, n° 14).

39. En matière de complicité, la circonstance que l'accusé s'est rendu coupable « en aidant avec connaissance de cause l'auteur principal du crime », peut être exprimée dans les questions au jury à l'aide de termes équivalents (V. Complice, n° 144; 147). —Existe-t-il des expressions sacramentelles pour désigner dans les questions au jury la volonté, la préméditation ? — V. Crimes contre les personnes, n° 49 et 154.

40. *Matières administratives.* — Dans les conflits, le mémoire que le préfet doit adresser au ministère public peut être suppléé par tout autre équivalent (V. Conflit, n° 113). — En est-il de même du mémoire qui doit être remis au préfet dans les instances domaniales? — V. Domaine de l'État, n° 346 et suiv.

41. Aucune formule sacramentelle n'est prescrite par la loi pour le libellé des autorisations nécessaires aux établissements publics pour l'acceptation des donations qui leur sont faites (V. Disp. entre-vifs et test., n° 430).

42. En matière de responsabilité des communes, le procès-verbal qui doit être dressé dans un temps voisin du délit, ne peut être suppléé par un procès-verbal dressé plusieurs mois après le délit ou par un certificat délivré par un officier municipal également à une époque tardive (V. Commune, n° 2748).

43. Le cautionnement d'un tiers, qui est exigé des fournisseurs, n'est assujetti à aucune forme sacramentelle (V. Marché de fournit., n° 37).

44. Lorsque parmi les conditions prescrites par un règlement se trouvent certaines formalités à remplir, ces formalités peuvent être suppléées par des équipollents (V. Communes, n° 69). — En matière de taxe sur les chiens, la déclaration que le propriétaire doit faire de la destination de son chien, ne peut être suppléée par la déclaration qu'il s'en rapporte au maire relativement au classement de ce chien (V. Taxes, n° 93).

45. *Matières spéciales.* — C'est en matière d'enregistrement que la doctrine des équipollents paraît avoir reçu les applications les plus nombreuses. Il y est, en effet, admis comme règle que l'administration doit s'attacher beaucoup moins à la qualification donnée à l'acte par les parties qu'aux résultats qu'elles se sont proposé d'atteindre (V. Enregistr., n° 104 et suiv.). Ainsi l'existence d'une cession de bail dans les clauses d'un acte qui conduit à ce résultat (*ibid.*, n° 3132) ; il en est de même d'une foule d'autres conventions au sujet desquelles nous devons simplement renvoyer à notre traité de l'Enregistrement. —La règle précitée n'existe pas seulement au profit de la régie, elle peut aussi être invoquée au profit des contribuables. Et, par exemple, le bénéfice dont jouissent les actes de partage, taxés en un simple droit fixe, s'étend à tous les actes équipollents (*ibid.*, n° 2635 et suiv.). Il est des cas, pourtant, où le bénéfice de ne supporter qu'un droit fixe n'est accordé que pour l'acte lui-même que la loi a désigné, et non pour les actes tendant au même but par une seule ou une autre forme. Spécialement, la faveur du droit fixe accordée à la déclaration de command *par acte public* est refusée à la même déclaration par acte sous seing privé et à plus forte raison aux actes par lesquels il aurait été suppléé à cette déclaration (*ibid.*, n° 2583 et suiv.). — Ce qui est dit des conventions, s'applique également aux divers modes de transmission à titre gratuit ; ainsi l'existence d'une institution contractuelle n'est pas subordonnée, pour la perception du droit de mutation, à l'emploi de termes sacramentels (*ibid.*, n° 3867).

46. En ce qui concerne les décisions rendues en matière d'enregistrement, il est admis que l'énonciation des points de fait et de droit ne peut être suppléée par les pièces de la procédure, mais cependant qu'il suffit que cette énonciation ressorte de l'ensemble des motifs et du dispositif du jugement (V. *eod.* v°, n°ˢ 599 et suiv., et Jugement, n° 296). Quant aux conclusions de la régie, il n'est pas nécessaire qu'elles soient reproduites littéralement dans le jugement ; elles peuvent être insérées par équivalents (V. Enregistr., n° 5800).

47. En matière de douanes, la déclaration exigée pour les marchandises importées en France est une formalité rigoureuse ; les indications qu'elle doit contenir ne peuvent donc être suppléées par celles contenues dans les papiers que le capitaine du navire aurait remis à la régie (V. Douanes, n° 266-4°). De même, en matière de contributions indirectes, aucune pièce ne peut remplacer les expéditions requises (V. Contribut. indir., n°ˢ 69 et 419).

48. L'ordre dont doivent être munis les simples commis de l'administration des contributions indirectes pour pouvoir procéder à des visites chez des particuliers non soumis à l'exercice, ne peut être suppléé par la mention au procès-verbal dressé par ces employés qu'ils agissent en vertu de l'ordre de leur directeur (V. *eod.* v°, n°ˢ 418 et 419).

49. Le diplôme, pour l'exercice des professions touchant à l'art de guérir, est d'une importance telle, qu'il ne peut être remplacé par aucun autre titre (V. Médecine, n° 48).

50. L'autorisation préalable et par écrit de l'auteur, exigé de ceux qui veulent faire exécuter publiquement des compositions littéraires ou artistiques, ne peut être suppléée en aucune manière ; ainsi, il ne suffirait pas de l'intention où serait l'exécutant d'acquitter ultérieurement les droits d'auteur (Crim. cass. 11 mai 1860, aff. Fleury, D. P. 60. 1. 293).

51. En matière de chasse, le permis est une pièce obligatoire ; il ne peut y être suppléé au moyen de l'avis de la délivrance du permis (V. Chasse, n° 14) ; mais quant au consentement du propriétaire, il n'est pas exigé qu'il soit formel et par écrit ; on admet même que la tolérance équivaut à consentement (*ibid.*, n°ˢ 162 et suiv.).

52. L'inscription que les marchands d'ouvrages d'or et d'argent doivent faire de leurs achats sur un registre spécial, ne peut être suppléée par les équivalents (V. Matières d'or et d'argent, n° 70).

53. L'usage d'équivalents est au contraire admis lorsqu'il s'agit pour l'administration du mont-de-piété d'établir, à l'aide des pièces que la loi a indiquées, l'exagération de l'évaluation donnée aux objets reçus par elle en dépôt (V. Mont-de-piété, n° 49).

54. En matière d'expropriation pour cause d'utilité publique, on ne considère pas comme sacramentelle la formule du serment que les jurés doivent prononcer (V. Expropr. publ. n° 480) ; la décision de ces mêmes jurés n'est assujettie non plus à aucune forme spéciale (*ibid.*, n° 559). — La signification par exploit des offres de l'administration, n'est pas substantielle et comporte des équivalents (*ibid.*, n° 399).

55. *Matières de procédure.* — Nous réunissons ici les renseignements relatifs aux instances civiles, commerciales, criminelles et administratives.— Le procès-verbal de non-conciliation ne peut être remplacé par des équipollents ; on ne saurait par exemple y suppléer en représentant un jugement de police qui, sur une exception préjudicielle, renvoie les parties à se pourvoir à fins civiles (V. Conciliation, n° 77).

56. Aucune expression sacramentelle n'est prescrite en matière de constitution d'avoué (V. Exploit, n° 621 ; Appel civil, n° 697; Reprise d'instance, n° 85). — L'élection de domicile chez un avoué peut-elle remplacer la constitution? — V. Exploit, n°ˢ 624 et suiv., et Appel civil, n° 698.

57. Les énonciations des exploits d'ajournement et des exploits d'appel doivent être assez précises pour ne pas donner prise au doute. Mais, ici encore, la doctrine des équipollents vient au secours des actes dans lesquels certaines mentions ont été omises ou faites d'une manière incomplète ou inexacte ; et

l'exploit n'est considéré comme nul que dans le cas où la partie à laquelle il a été signifié a pu être induite en erreur. Il serait superflu de reprendre l'analyse des difficultés qui se sont présentées dans la pratique relativement à chacune des mentions dont il s'agit, et qui avaient pour objet de faire décider s'il pouvait être suppléé de quelque manière à telle ou telle de ces mentions. Ce travail a été fait, d'une manière très-complète, dans notre traité des Exploits et dans celui de l'Appel civil, auxquels on devra se reporter.

Notre renvoi s'applique principalement : — 1° Quant au traité des Exploits, à ce qui concerne la date, soit de l'acte lui-même, soit des jugements frappés d'opposition ou d'appel (n°ˢ 57 et suiv., 65), les indications relatives à l'huissier, à sa demeure, à son immatricule (n°ˢ 135 et suiv., 143 et suiv.), la désignation du demandeur, de ses noms, profession, domicile, etc. (n°ˢ 86, 101, 104, 119 et suiv., 186 et suiv.), la désignation du défendeur, de ses noms et qualité (n°ˢ 174 et suiv.), la désignation de la personne qui a reçu la copie, et l'indication de ses rapports de domesticité avec le défendeur (n°ˢ 281 et suiv., 288, 342), l'exposé sommaire de l'objet de la demande et des moyens (n°ˢ 511, 520), l'indication des tenants et aboutissants au cas où cette demande concerne un immeuble (n°ˢ 595 et suiv.), la désignation du procureur (n° 527), etc.. etc. ; —2° Quant au traité de l'Appel civil, à ce qui est relatif soit aux désignations des noms, profession et domicile de l'appelant (n°ˢ 687 et suiv.), soit à l'indication de la cour (n°ˢ 724 et suiv.), soit à l'indication de la décision dont la réformation est demandée (n°ˢ 708 et suiv.).— Il a été jugé encore que la mention dans un acte d'appel que tel avoué *conclura à ce que le jugement soit mis au néant,* équivaut à une constitution d'avoué (Bruxelles, 3° ch., 21 fév. 1814, aff. Demeyer C. Spigeleers).

58. Le mot *appeler* lui-même n'est pas une expression sacramentelle et l'on doit considérer comme acte d'appel la demande tendant à la réformation du jugement (V. Appel civil, n° 660). On trouvera encore des exemples de mentions réputées équivalentes à celles anciennement prescrites dans les exploits, v° Cassation, n° 1332, et v° Saisie-Arrêt, n° 215. — Quant à la preuve de l'existence d'un exploit, la partie tenue de faire cette justification n'est pas admise à invoquer des actes équivalents (V. Exploit, n° 31) ; et quant au mode de signification à suivre en cas d'absence de la partie, il y a nécessité de s'y conformer rigoureusement, la jurisprudence n'acceptant pas d'équivalents (*ibid.*, n° 447).

59. La jurisprudence accueille moins facilement une équipollents lorsqu'il s'agit des conclusions des parties. Ainsi, lorsque la partie, au lieu de proposer formellement son déclinatoire, s'est exprimée en termes équivoques et complexes, le juge a pu sans irrégularité s'abstenir de statuer sur sa compétence (V. Exception, n°ˢ 155 et suiv.). — Il ne suffit pas non plus que la partie exprime clairement ses griefs, il faut encore qu'elle le fasse dans un acte ayant le caractère de conclusions. L'indication d'un grief ou d'un moyen dans des notes ou mémoires ne saurait y suppléer, ni dans les instances civiles, ni dans les instances criminelles (V. Conclusions, n° 19 ; et Req. 11 mai 1859, aff. Goutaut, D. P. 59. 1. 456 ; Crim. rej. 23 déc. 1854, aff. Featherstonhaugh, D. P. 59. 1. 185; et Crim. rej. 28 août 1860, aff. Raspail, D. P. 60. 1. 419). — S'il est indispensable que le juge soit saisi expressément d'un chef de conclusions et le soit dans la forme voulue, il faut reconnaître cependant qu'aucune expression sacramentelle n'est imposée aux parties pour le libellé de leurs conclusions ; elles peuvent donc se servir de toutes expressions exprimant clairement la demande faite au juge de statuer sur une action ou un moyen (V. Conclusions, n° 28 et s.).

60. En matière d'enquête, les indications que doivent contenir les exploits d'assignation signifiés aux témoins, donnent lieu à des observations semblables à celles présentées *supra*, n° 57, à propos des énonciations des exploits d'ajournement ou d'appel (V. Enquête, n°ˢ 239 et 250). Il y a exception pour ce qui concerne la copie du dispositif du jugement ou de l'ordonnance du juge-commissaire que l'huissier doit insérer dans son exploit ; les équipollents ne sont pas admis dans ce cas (*ibid.*, n° 272). — Il est admis également qu'aucun acte ne peut suppléer l'assignation à l'effet d'assister à l'enquête, qui doit être

-ignifiée à la partie; mais peu importe que l'exploit se serve du mot *sommation* au lieu du mot *assignation* (*ibid.*, n°s 217 et 219).

61. Il est diverses procédures dans lesquelles il faut un pouvoir de la partie. En général, les termes dans lesquels ce pouvoir doit être donné, ne sont pas sacramentels; il en est ainsi du pouvoir donné en matière de désistement (V. Désistement, n° 149), et du pouvoir dont l'huissier a besoin pour se saisir de la personne d'un débiteur (V. Contrainte par corps, n° 791).

62. La constitution d'un mandataire ne supplée pas à l'élection de domicile dans les cas où cette formalité est exigée (V. Domicile élu, n° 127).

63. Aucune forme sacramentelle n'est prescrite pour les redditions de compte (V. Compte, n° 75).

64. Le mot *sommairement* employé dans les dispositions relatives à la procédure, est-il l'équivalent de l'expression *matières sommaires?* — V. Matières sommaires, n° 8.

65. La rédaction des actes d'une instance n'est assujettie à aucune formule sacramentelle. — V. Instruction civile, n° 27.

66. Nous n'avons rien de particulier à indiquer relativement aux instances en matière *commerciale;* quant aux actes extrajudiciaires prescrits dans cette même matière, il en a été question *suprà,* n°s 28 et suiv.

67. L'examen des divers actes de la procédure *criminelle,* soulève à peu près les mêmes questions que l'examen des actes de la procédure civile ou commerciale. Cependant, telle est l'importance attachée à quelques-uns de ces actes que la jurisprudence admet difficilement des équivalents. Ainsi, la signification de l'arrêt de renvoi et de l'acte d'accusation étant une formalité substantielle, il est nécessaire que son existence soit justifiée par la représentation de l'original de l'exploit ou par celle de la copie; il ne peut y être suppléé à l'aide d'un extrait du répertoire de l'huissier, ou d'un certificat du receveur de l'enregistrement, ou encore d'un visa de pièces (V. Instruction, n° 1211). Les mêmes principes s'appliquent à la notification de la liste du jury aux accusés; il est admis, par exemple, qu'une copie commune dans le cas où il y a plusieurs accusés, ne remplace pas la copie que chacun doit recevoir individuellement (*ibid.*, n° 1656). Ces exemples suffiront pour permettre d'apprécier la nature des restrictions apportées en matière criminelle à l'application de la doctrine des équipollents.

68. Lorsque la loi exige une plainte de la partie lésée pour mettre l'action publique en mouvement, cette plainte peut-elle être remplacée par des équivalents? V. Instruct. crim., n°s 189 et suiv. — Il a été jugé que la plainte, en matière d'outrage envers un fonctionnaire public, n'est soumise à aucune formule sacramentelle; il suffit que l'intention de se plaindre soit formelle (Besançon, 27 janv. 1860, aff. Lebrun, D. P. 60. 2. 17). —En matière de dénonciation calomnieuse, la dénonciation faite au brigadier de gendarmerie équivaut à une dénonciation faite directement au procureur impérial (Crim. rej. 24 déc. 1859, aff. Louazance, D. P. 60. 1. 295).

69. Pour ce qui concerne l'exercice du recours en cassation, la jurisprudence n'admet pas que la déclaration du pourvoi au greffe puisse être suppléée par aucun acte, sauf le cas de force majeure (V. Cassation, n°s 826 et suiv.). — Elle repousse également les équipollents relativement aux pièces que doit produire à l'appui de son pourvoi, le condamné qui réclame pour cause d'indigence la dispense de consignation de l'amende (*ibid.*, n° 697 et suiv.).

70. Dans les instances *administratives,* le conseil d'Etat applique la loi avec rigueur, lorsqu'elle s'est expliquée sur une formalité à remplir pour l'instruction d'une affaire. Ainsi, il a jugé qu'il ne peut être suppléé à l'expertise spéciale prescrite pour la vérification d'un dommage en matière de travaux publics, à l'aide de celle qui aurait été effectuée au moment du dommage, en exécution d'une ordonnance de référé du président du tribunal civil (V. Travaux publics). Ainsi encore, en matière de contributions directes, où les contribuables sont autorisés à se pourvoir par l'intermédiaire du préfet s'ils ne se pourvoient pas directement par l'intermédiaire d'un avocat au conseil, la jurisprudence administrative refuse de considérer comme équivalent au pourvoi par l'intermédiaire du préfet, le pourvoi envoyé au sous-préfet ou à l'un des ministres de la justice ou des

finances (V. Impôts directs, n° 639, et cons. d'Et. 22 mars 1855, aff. Raynaud, D. P. 55. 3. 57; 11 fév. 1859, aff. Plagnieu, D. P. 59. 3. 53).

71. Mais, en général, lorsque les prescriptions de la loi ne sont pas formelles, le conseil d'Etat admet, soit au profit des parties, soit à leur désavantage, l'exécution par équipollents. Ainsi, d'une part, il admet que la justification du mandat donné à l'effet de soumettre au conseil de préfecture une réclamation en matière d'impôts directs peut, dans le cas où elle n'a pas été faite devant ce conseil, l'être encore utilement devant le conseil d'Etat (cons. d'Et. 21 fév. 1855, aff. Durot, D. P. 55. 3. 49), que ce mandat lui-même n'est soumis à aucune forme solennelle et peut résulter d'une lettre-missive (cons. d'Et. 21 fév. 1855, aff. Ponsard, D. P. 55. 3. 49); que, de même, la justification du payement des termes échus de l'imposition contestée, omise devant le conseil de préfecture, peut être faite avec succès devant le conseil d'Etat (cons. d'Et. 7 août 1852, aff. Rousseaux, D. P. 53. 3. 28). — D'autre part, il tient pour constant que la connaissance qu'une partie a eue d'une décision la concernant, équivaut à la signification de cette décision, en sorte que le délai du recours doit être calculé à partir de l'époque à laquelle cette connaissance a eu lieu (V. Conseil d'Etat, n°s 216 et suiv.). Ainsi, équivaut à la signification d'une décision préjudicielle rendue sur renvoi ordonné par la juridiction civile, la connaissance que la partie a eue du texte de cette décision au moyen de la transcription, soit dans les conclusions de la partie adverse, soit dans le jugement sur le fond (cons. d'Et. 23 déc. 1858, aff. Halleguen, D. P. 59. 3. 43).

72. Le défaut de production d'un mémoire ampliatif peut entraîner, devant le conseil d'Etat, le rejet du pourvoi, si la requête ne contient ni une indication suffisante des faits, ni le développement des moyens; il ne peut être suppléé à la production de ce mémoire par l'offre que ferait l'avocat, se présentant à la barre pour la partie, d'exposer et de soutenir les prétentions de celle-ci (cons. d'Et. 23 juin 1853, aff. Mekalski, D. P. 55. 3. 9).

73. La déclaration du ministre des finances qu'il s'approprie le pourvoi formé sans qualité par un percepteur des contributions directes, supplée au pourvoi que ce ministre aurait pu former lui-même (cons. d'Et. 27 avr. 1854, aff. Prévon, D. P. 54. 3. 62).

Table sommaire des matières.

Table chronologique des lois, arrêts, etc.

TERRAGE. — Droit qu'avaient autrefois plusieurs seigneurs de prendre en nature une certaine partie des fruits provenant sur les terres qui étaient dans leurs censives. — V. Mines, n° 489; Propriété féodale, n° 204 et s. ; Rente foncière, n° 70-5°.

TERRAIN D'AUTRUI. — V. Chasse, n°s 10, 27 et s., 40 et s., 62, 84, 171, 235 et s., 401 et s.; Contrav., n° 238 et s., 363, 494, 497 et s.; Droit rural, 195.

TERRAIN CLOS. — V. Domm. destr., n°s 245, 287 et s.; Impôts dir., n°s 26 et s., 50, 470.

TERRAIN ENSEMENCÉ. — V. Chasse, n°s 56, 164 et s., 241 et s., 247, 408; Contravent., n°s 216 et s; Droit rural, n°s 31, 55, 195, 210 et s.; Mines, n° 152. — Il a été jugé que le fait d'avoir fait paître des oies dans un champ ensemencé, s'il n'est pas prévu et puni par les art. 475, n° 10, et 479, n° 10 c. pén., est défini délit rural par les art. 3 et 12, tit. 2 du code rural de 1791 (Crim. cass. 4 mars 1842 (1) ; V. Contravention, n° 245); — Et que le droit accordé au propriétaire d'un champ dévasté par des volailles, de les tuer sur place au moment du dégât, n'est pas la seule peine édictée contre le propriétaire de ces volailles, lequel, aux termes de l'art. 3, tit. 2 du code rural, et de l'art. 2 de la loi du 23 thermidor an 4, encourt les peines de simple police ou de police correctionnelle, suivant les circonstances et la gravité du fait, sans préjudice des dommages-intérêts (même arrêt).

TERRAIN MILITAIRE. — V. Place de guerre, n°s 44 et s.

TERRAIN PRÉPARÉ. — V. Contravention, n° 227.

TERRAINS USURPÉS. — V. Commune, n°s 132, 136, 143, 2237, 2267 et s.; Concession, n°s 77 et s.; Vente admin., n° 48.

TERRASSE. — V. Servitude, n°s 442, 565 et s., 750 et s., 785, 1165.

TERRASSIER. — V. Serviteur, n° 3.

TERRE. — Les économistes considèrent la terre comme un instrument de production, et désignent particulièrement par ce nom la force productive du sol, et cette définition leur sert de point de départ pour expliquer la légitimité de la propriété territoriale. —V. Économie polit., n° 30 et s., 79 et s. — Le mot *terre*, dans un sens restreint, se dit d'un grand domaine. En droit féodal, on distinguait les terres, les fiefs et les seigneuries (V. Propriété féodale, n° 127 et s.).

TERRE (nom de).—V. Disposit. entre-vifs et test., n° 2723; Nom, n°s 4, 20.

TERRE CENSUELLE. — V. Propriété féodale, n°s 152 et s.

TERRE-NEUVE (île de). — V. Organisation des colonies, Pêche maritime, n°s 8 et suiv.

TERRE NOBLE OU ROTURIÈRE.—V. Propriété féodale, n°s 140 et s., 173.

TERRE SEIGNEURIALE.—V. Propriété féodale, n°s 177 et s.

TERRES (EXTRACTION OU ENLÈVEMENT DE). — V. Domaine publ., n° 73; Contravention, n°s 506, 509 et suiv.; Forêts, n°s 603 et suiv.; Travaux publics, Voirie.

TERRES ABANDONNÉES.—Les particuliers, propriétaires de terrains incultes et qui veulent s'affranchir de l'impôt foncier dû à raison de ces terrains, peuvent en faire l'abandon à la commune. — V. Impôt, n° 20.

TERRES JECTISSES.— Du latin *jectitia*, jet, terres rapportées, amoncelées de mains d'homme. — V. Servitudes, n° 698.

TERRES VAINES ET VAGUES.—**1.** On appelle ainsi, les marais incultes et non productifs, les garrigues et en général tous les terrains qui ne sont d'aucun rapport et ne peuvent servir qu'à la vaine pâture des bestiaux.—Tout ce qui concerne les terres vaines et vagues a été exposé v° Commune, n°s 74, 1832 et suiv., 1842 et suiv., 2060 et suiv.; Domaine de l'État, n°s 11, 21, 57 et suiv.; Domaines engagés, n°s 37 et suiv., 49 et suiv. ; Impôts directs, n°s 20, 78 ; Propriété, n° 57; Usage.—Rappelons seulement ici qu'il a été jugé : 1° qu'en Provence les seigneurs n'étaient investis par aucune loi de la propriété des bois et terres gastes situées dans leurs seigneuries; qu'en conséquence, l'État, qui représente aujourd'hui les seigneurs, ne peut revendiquer ces biens contre la commune qui les possède, qu'à la charge d'établir par des titres son droit de propriété (Req. 9 mai 1849, aff. préf. des Basses-Alpes, D. P. 51. 5.519);—2° Qu'une cour d'appel a pu, par application de l'art. 10 de la loi du 28 août 1792 qui a attribué la propriété des terres vaines et vagues, dans l'ancienne province de Bretagne, aux ci-devant vassaux en possession du droit de communer, déclarer vaines et vagues, en se fondant sur une suite d'actes et de faits d'exécution, des terres même plantées et couvertes d'arbres de haute futaie (Rej. 30 avr. 1851, aff. Huchet, D. P. 51. 1. 149); — 3° Que les arbres accrus sur les terres vaines et vagues en sont un accessoire ; que les lois abolitives de la féodalité ont entendu en attribuer la propriété aux vassaux aussi bien que celle du sol (même arrêt).

2. Dans ces dernières années plusieurs lois ont été rendues qui se rattachent à cette matière. — Nous citerons une loi du 6 déc. 1850 qui a déterminé la procédure à suivre pour le partage des terres vaines et vagues dans les départements composant l'ancienne province de Bretagne (D. P. 51. 4. 5; V. Commune, n°s 2091 et suiv.); — Une autre loi du 19 juin 1857 qui a ordonné l'assainissement et la mise en culture des *landes* de Gascogne (D. P. 57. 4. 89; V. Travaux publics) : cette loi a été suivie d'un décret portant règlement d'administration publique pour son exécution (décr. 28 avr. 1858, D. P. 58. 4. 31); — Une loi toute récente du 28 juill. 1860 qui a prescrit la mise en valeur des *marais* et des *terres incultes* appartenant aux communes (D. P. 60. 4. 114); — Enfin une autre loi, à la même date, 28 juill. 1860, relative au reboisement des montagnes (D. P. 60. 4. 127).

3. Bien longtemps auparavant le gouvernement impérial de Napoléon I s'était aussi préoccupé de la situation des dunes mobiles qui, sur certaines côtes maritimes de la France, tendent à envahir progressivement ce territoire. Une circulaire du ministre de l'intérieur, du 18 oct. 1808, avait prescrit d'utiles mesures pour la multiplication des végétaux les plus favorables à la fixation de ces dunes et pour reculer annuellement l'envahissement des sables ; mais il paraît que les instructions données à cet égard furent très-incomplètement suivies. Un décret impérial, en date du 14 déc. 1810, intervint alors pour pourvoir à l'exécution d'une opération qui se lie aussi particulièrement à la prospérité de l'agriculture. Ce décret, non inséré au Bulletin des lois, et dont nous donnons le texte ci-dessous (2), d'après celui qui a été imprimé dans la collection officielle des circulaires du ministre de l'intérieur, t. 2, p. 244, a été suivi d'une circulaire en date du 11 fév. 1811, destinée à en régler l'exécution (V. *eod.*).

(1) (Min. pub. C. Rousseau.) — LA COUR : — Attendu que le fait poursuivi consistait à avoir fait paître douze oies dans un champ semé de jeune trèfle ; — Que, si ce fait n'est pas prévu et puni par les art. 475, n. 10, et 479, n. 10 c. pén., il est défini délit par les art. 5 et 12, tit. 2 de la loi des 28 sept. et 6 oct. 1791 ; — Que, si cet art. 12 autorise le propriétaire du champ dévasté par des volailles, de quelque espèce que ce soit, à les tuer, il n'est pas moins vrai de dire que ce soit la seule peine appliquée à un tel fait; que l'art. 5 précité soumet ce délit à une peine, soit municipale, soit correctionnelle, suivant les circonstances et la gravité du fait, sans préjudice de l'indemnité due à celui qui aura souffert du dommage ; — Et que l'art. 2 de la loi du 25 therm. an 4 dispose que la peine ne peut, pour tout délit rural et forestier, être au-dessous de trois journées de travail ou de trois jours d'emprisonnement ; — Attendu, dès lors, qu'en ne prononçant aucune peine au fait poursuivi et constaté, sur le fondement des dispositions de l'art. 12 précité, le jugement attaqué a mal interprété cet article et violé l'art. 5 de la même loi, ainsi que l'art. 2 de celle du 25 therm. an 4 ; — Casse le jugement du tribunal de police du Mans.

Du 4 mars 1842.—C. C., ch. crim.-MM. de Bastard, pr.—Romiguières, rap.—Quénault, av. gén.

(2) 14 déc. 1810. — Décret sur l'ensemencement des dunes mobiles.

Art. 1er. Dans les départements maritimes, il sera pris des mesures pour l'ensemencement, la plantation et la culture des végétaux reconnus les plus favorables à la fixation des dunes.

2. A cet effet, les préfets de tous les départements dans lesquels se trouvent des dunes, feront dresser, chacun dans leur département respectif, par les ingénieurs des ponts et chaussées, un plan des dunes qui sont susceptibles d'être fixées par des plantations appropriées à leur nature; ils feront distinguer, sur ce plan, les dunes qui appartiennent

—Lors de la discussion de la loi du 28 juill. 1860, sur le reboisement des montagnes, on avait proposé d'étendre à l'ensemencement des dunes mobiles les effets de cette loi qui fait aux propriétaires de terrains dénudés sur les montagnes une position bien plus favorable que celle dans laquelle le décret de 1810 plaçait les propriétaires de dunes. Mais MM. les commissaires du gouvernement, tout en reconnaissant le bien fondé des réclamations de ces derniers, demandèrent à ce qu'on n'insistât pas sur ce point, et ont fait espérer qu'une loi spéciale, conséquence de celle sur le reboisement des montagnes, viendrait donner satisfaction aux propriétaires des dunes (V. rapp. de M. Chevandier de Valdrôme, D. P. 60. 4. 129, n° 15).—V. du reste, v° Travaux publ.

4. Suivant un arrêt, l'arrêté d'un préfet qui défend le pacage et l'abatis des arbres dans des dunes, n'est pas applicable au pacage et à l'abatis d'arbres opérés dans des terres appelées *landes* et reconnues plus solides que les dunes (Crim. rej. 8 juill. 1857) (1). — V. aussi v° Propriété, n° 157.

TERRIER. — On appelait autrefois terrier ou papiers terriers, le registre contenant le dénombrement, les déclarations des particuliers qui relevaient d'une seigneurie, et le détail des droits, cens, rentes qui y étaient dus (V. Propr. féodale, n° 428 et suiv.).— Les registres terriers ont été abolis par la loi du 15 mars 1790, tit. 1, art. 5 (V. *eod.*, p. 333). — D'après les lois des 15 mars 1790, tit. 3, art. 3 (V. *eod.*, p. 335), 28 flor. an 3, art. 3 (V. Emigré, p. 430), les registres terriers peuvent servir de preuve contre les débiteurs de rentes dues à l'Etat comme représentant les émigrés, les corporations dont les biens ont été confisqués révolutionnairement (V. Obligation, n° 4242 et suiv., 4789).

TERRITOIRE. — C'est l'espace de terre qui dépend d'une juridiction, ou qui est soumis à une même souveraineté. — V. Appel civ., n° 1300; Conseil, n° 65 et suiv.; Douanes, n° 158 et suiv.; Droit nat., n° 81, 173; Exploit, n° 462 et suiv.; Expropr. publ., n° 101; Impôt ind., n° 57; Instr. crim., n° 166 et suiv.; Lois, n° 385 et suiv.; Organis. admin., judic., marit., milit.; Prises marit., n° 19 et suiv.; Procès-verbal, n° 387, 546 et suiv.; Traité international.

TESTAMENT. — Acte par lequel on déclare ses dernières volontés. — La matière a été traitée v° Dispositions entre-vifs et testamentaires, n° 2460 et suiv.; —V. aussi *eod.*, n° 29, 53 et suiv., 64 et suiv., 87, 195 et suiv., 216, 491, et v° Absent, n° 17, 234, 239, 244, 249; Action, n° 102, 191, 192; Agent diplomatique, n° 83 et suiv.; Appel civ., n° 389; Cassation, n° 1607, 1677; Chose jugée, n° 197-1°; Consul, n° 57, 70 et suiv.; Culte, n° 145; Date, n° 11, 17 et suiv.; Dépôt, n° 38, 146, 225, 226-5°; Droit civil, n° 668 et suiv.; Droit marit., n° 504; Enreg., n° 570, 1242 et suiv., 4080, 4095 et suiv., 4193 et suiv., 5263, 5265, 5279 et suiv.; Faillite, n° 280;

au domaine, celles qui appartiennent aux communes, celles enfin qui sont la propriété des particuliers.

3. Chaque préfet rédigera, ou fera rédiger, à l'appui de ces plans, un mémoire sur la manière la plus avantageuse de procéder, suivant les localités, à l'ensemencement et à la plantation des dunes; il joindra à ce rapport un projet de règlement, lequel contiendra les mesures d'administration publique les plus appropriées à son département, et qui pourront être utilement employées pour arriver au but désiré.

4. Les plans, mémoires et projets de règlements, levés et rédigés en exécution des articles précédents, seront envoyés par les préfets au ministre de l'intérieur, lequel pourra, sur le rapport du directeur général des ponts et chaussées, ordonner la plantation, si les dunes ne renferment aucune propriété privée; et, dans le cas contraire, nous en fera son rapport, pour être par nous statué au conseil d'Etat, dans la forme adoptée pour les règlements d'administration publique.

5. Dans le cas où les dunes seraient la propriété des particuliers ou des communes, les plans devront être publiés et affichés dans les formes prescrites par la loi du 8 mars 1810; et si lesdits particuliers ou communes se trouvaient hors d'état d'exécuter les travaux commandés, ou s'y refusaient, l'administration publique pourra être autorisée à pourvoir à la plantation, à ses frais : alors, elle conservera la jouissance des dunes, et recueillera les fruits des coupes qui pourront être faites, jusqu'à l'entier remboursement des dépenses qu'elle aura été dans le cas de faire, et des intérêts; après quoi, lesdites dunes retourneront aux propriétaires, à la charge d'entretenir convenablement les plantations.

6. A l'avenir, aucune coupe de plants d'oyats, roseaux de sable, épines

Faux, n° 6; Faux incid., n° 72; Interdict., n° 280-5°, 298; Lettre-missive, n° 5; Lois, n° 314 et suiv., 408, 434; Minorité, n° 51; Nantissem., n° 14; Obligations; Notaire, n° 241, 374, 378, 390, 406 et suiv., 412, 415, 641; Poids et mesures, n° 169; Propriété, n° 13, 37, 171 et suiv.; Puissance pat., n° 87, 106 et suiv., 115; Rente viag., n° 18; Renvoi, n° 74; Respons., n° 88, 160-1°, 175-2°, 187, 247-3°, 248, 393, 424 et suiv., 429-5°; Saisie-arrêt, n° 83; Salubr. publ., n° 139; Scellés, n° 78; Sépar. de corps, n° 377; Servitudes, n° 982; Substitut., n° 81 et suiv.; 353; Success., n° 233 et suiv.; Vente, n° 1158, 1179; Vente publ. d'imm., n° 89 et suiv., 368.

TESTAMENT AUTHENTIQUE. — V. Disposit. entre-vifs et test., n° 2785 et suiv.; V. aussi v° Paternité, n° 506, 537, 596 et suiv.

TESTAMENT CONJONCTIF. — V. Disposit. entre-vifs et test., n° 2576 et suiv.

TESTAMENT MILITAIRE. —V. Disposit. entre-vifs et test., n° 3353 et suiv.

TESTAMENT MYSTIQUE. — V. Disposit. entre-vifs et test., n° 3221 et suiv.; V. aussi Paternité, n° 541; Notaire, n° 374.

TESTAMENT OLOGRAPHE. — V. Disposit. entre-vifs et testam., n° 2586 et suiv.; V. aussi Paternité, n° 538 et suiv.; Substitution, n° 353.

TÊTE D'ACTE. — V. Exploit, n° 610.

THALWEG. — V. Eau, n° 330.

THÉATRE.—SPECTACLE. — **1.** Le théâtre est l'édifice dans lequel on donne des représentations scéniques. Ce mot désigne aussi le lieu de la scène, l'endroit où se trouvent les acteurs. — Le mot *spectacle* comprend l'ensemble de la représentation. — On donne aussi le nom de spectacle à tous les petits établissements qui ne sont pas consacrés à la déclamation, au chant et à la danse. V. n° 34, 107, 116 et suiv.

Division.

Art. **1.** — Historique et législation. — Droit comparé (n° 2).
Art. **2.** — De l'autorisation nécessaire pour ouvrir un théâtre. — Conditions de cette autorisation.—Droits qui en résultent. — Révocation. — Fixation des genres (n° 27).
§ **1.** — De l'autorisation pour ouvrir un théâtre ou une salle de spectacle (n° 27).
§ **2.** — Nature de l'autorisation. — Droits qui en résultent.—Incapacités. — Révocation (n° 36).
§ **3.** — Fixation des genres (n° 48).
Art. **3.** — De la surveillance et de la police des théâtres et des salles de spectacle. — Droits de l'autorité municipale (n° 52).

maritimes, pins, sapins, mélèzes et autres plantes résineuses conservatrices des dunes, ne pourra être faite que d'après une autorisation spéciale du directeur général des ponts et chaussées, et sur l'avis des préfets.

7. Il pourra être établi des gardes pour la conservation des plantations existant actuellement sur les dunes, ou qui y seront faites à l'avenir; leur nomination, leur nombre, leurs fonctions, leur traitement, leur uniforme, seront réglés d'après le mode usité pour les gardes des bois communaux.

8. N'entendant en rien innover, par le présent décret, à ce qui se pratique pour les plantations qui s'exécutent sur les dunes du département des Landes et du département de la Gironde.

(1) (Min. pub. C. Dubost.) — LA COUR; — En ce qui concerne les délits de pacage des bestiaux et d'abatis d'arbres : — Attendu que ces faits, ayant eu lieu, non sur les dunes, mais dans les landes qui sont, d'après le jugement, des terrains solides, essentiellement différents des dunes auxquelles ils sont adjacents, il ne pouvait y avoir lieu à appliquer les arrêtés qui ont défendu le pacage et les abatis d'arbres sur les dunes proprement dites; — Que, si des circulaires du sous-préfet de Marennes de 1822 et 1825 ont étendu à 200 toises au delà des dunes, la prohibition contenue dans le décret du 14 déc. 1810, et dans l'arrêté du préfet de la Charente-Inférieure du 2 pluv. an 13, cette mesure, qui n'a pas été prescrite dans la forme des actes administratifs, excédait les attributions de ce fonctionnaire et ne pouvait pas être sanctionnée par les tribunaux. — Rejette.

Du 8 juill. 1857.-C. C., ch. crim.-MM. Bastard, pr.-Gartempe, rap.

Art. 1. — *Historique et législation. — Droit comparé.*

2. Les œuvres de nos auteurs dramatiques sont une des gloires de la France. Dans le monde entier, les comédies de Molière, les tragédies de Corneille, de Racine, et de tant d'autres de nos grands poètes sont couvertes d'applaudissements. Nos acteurs, éloquents interprètes de ces productions du génie français, fléchissent sous le poids des couronnes que leur décernent tous les peuples civilisés. Mais ces succès si flatteurs, ces hommages prodigués à nos grands hommes ne doivent pas faire oublier au gouvernement que les représentations scéniques exercent une action toute puissante sur la multitude. Si donc les théâtres méritent de l'administration supérieure le plus grand intérêt, ils exigent aussi une surveillance active et journalière. Ils enseignent comme l'école et parlent comme la tribune, a dit notre regrettable ami M. Vivien ; on pourrait dire, non mieux que lui, mais avec plus de vérité peut-être, qu'ils enseignent bien plus que l'école, et exercent une plus grande influence que la tribune ; en effet, ils parlent à la fois à l'intelligence, à l'âme et aux sens ; dans la comédie, ils agissent sur les auditeurs par la peinture la plus spirituelle et souvent la plus énergique des travers et même des vices de l'humanité, peinture séduisante, mais d'autant plus dangereuse quelquefois à contempler, que, sous un habile pinceau, les vices acquièrent trop souvent les apparences de la vertu. Dans la tragédie, ils élèvent le cœur humain à la hauteur de toutes les grandes passions ; dans l'opéra ils enivrent le peuple entier par la magie de la musique unie à la puissance de l'action, par les illusions des décors et l'entraînement magnétique de la scène. La surveillance est donc un devoir de rigueur pour tout gouvernement qui s'efforce de concilier les principes de la morale et les progrès de l'art : problème bien difficile à résoudre.

3. Les théâtres étant en général le reflet des mœurs d'un peuple doivent naturellement suivre la marche de la civilisation et progresser avec elle. — La langue exerce aussi une influence extraordinaire sur le degré de perfection des œuvres dramatiques, et cela se comprend. Tant que la langue d'un peuple n'a pas atteint sa vi-

rilité, l'homme de génie est privé de la faculté de donner à sa pensée toute son énergie ; le poëte manque de couleur pour peindre ces tableaux scéniques qui frappent aujourd'hui si vivement notre imagination, et font si souvent couler nos larmes. — L'histoire de notre théâtre va faire ressortir cette vérité. Mais jetons d'abord un coup d'œil sur les spectacles de l'antiquité.

4. Il est digne de remarque que, chez tous les peuples, le théâtre, si souvent frappé des foudres sacerdotales, a eu le sacerdoce pour premier et principal auteur. — Chez les Grecs, le sacerdoce contribua aux développements de l'instruction populaire par le drame, drame très-imparfait sans doute, mais qui n'en exerçait pas moins une grande influence sur les mœurs. Les grands et petits mystères de la Grèce, ceux d'Eleusis, de Bacchus, de Samothrace, les mystères phrygiens représentaient des actions lyriques mimiques (MM. Lacan et Paulmier, des théâtres, t. 1, p. 4). — « Dans les fêtes religieuses que le sacerdoce donnait au peuple assemblé, disent les mêmes auteurs, p. 6, celui-ci passa bientôt du rôle de spectateur à celui d'acteur ; car c'est une remarque à faire que toutes les solennités de la Grèce portaient à la fois un caractère religieux et patriotique..... Quatre solennités se présentent en première ligne ; on les appelait les grands jeux. C'étaient les jeux olympiques, les jeux néméens, les jeux isthmiques, les jeux pythiens. Ces jeux étaient de grandes assemblées que présidaient les premiers magistrats, et qui avaient moins le caractère de divertissements que de solennités nationales. » — Toutefois, et contrairement à ce que disent ici MM. Lacan et Paulmier, si dans ces fêtes nous reconnaissons un grand spectacle où la religion et la patrie personnifiées dans ses pontifes et ses magistrats s'unissaient pour célébrer l'adresse et le courage de ses guerriers, nous ne voyons pas encore là le théâtre dans le sens que nous le comprenons aujourd'hui, c'est-à-dire la représentation de la vie humaine, dans ses vertus comme dans ses vices, la peinture en un mot de l'humanité. Ce qui paraît vrai, c'est que ces fêtes semi-profanes, semi-religieuses, par un enchaînement insensible se transformèrent bientôt en scènes tragiques qui représentèrent l'histoire des dieux et des héros ; de là les tragédies de Sophocle et d'Euripide et plus tard les comédies d'Aristophane et de Ménandre. — A l'enthousiasme des premiers temps succédait la critique, ce qui est rationnel ; car l'esprit critique ne se développe chez un peuple que lorsqu'il est parvenu à un degré de civilisation assez avancé pour que sa foi dans les récits fabuleux de l'antiquité se soit considérablement affaiblie.—D'Athènes le théâtre s'introduisit bientôt en Italie. Mais le drame n'était à Rome qu'un reflet un peu pâle de la Grèce ; dans la tragédie on ne peut citer que Sénèque, dans la comédie que Plaute et Térence ; cela tient peut-être à ce que le culte de la force dominait chez les Romains, et le culte de l'intelligence chez les Grecs.

5. Les siècles barbares qui remplacent la civilisation romaine, ne nous offrent aucune trace de l'existence du drame. Que pouvait créer la barbarie ? Nous atteignons le 14e siècle sans pouvoir signaler aucun fait qui intéresse l'art théâtral. Jusqu'à cette époque, les troubadours, auteurs et acteurs de farces scandaleuses qu'ils représentaient dans les églises, furent les seuls comédiens français, si toutefois on peut leur donner ce nom. L'indécence de leurs représentations les fit proscrire par Charlemagne en 789. Les jongleurs, successivement chassés et tolérés, n'étaient que des hommes qu'on louait pour l'agrément des fêtes : leur profession était entièrement libre. — M. Magnin, notre érudit compatriote, qui fit, de 1834 à 1835, à la faculté des lettres, un cours sur les origines du théâtre, nous a initiés parfaitement à l'action du sacerdoce catholique sur la naissance des spectacles. L'Église naissante jetait ses anathèmes sur les divertissements païens qui entretenaient l'idolâtrie ; mais elle ne pouvait exclure le génie dramatique et le génie musical sans renoncer à sa domination sur des masses populaires superstitieuses et encore très-peu civilisées.—«L'Église, dit ce savant professeur, faisait appel à l'imagination dramatique ; elle instituait des cérémonies figuratives, multipliait les processions et translations de reliques, et instituait enfin ces offices qui sont de véritables drames : celui de la Crèche à Noël, celui de l'étoile ou des Trois Rois à l'Epiphanie, celui du Sépulcre et des trois Marie à Pâques, où les saintes femmes étaient représentées par trois chanoines, la tête voilée de leur aumusse, *ad similitudinem mulierum*, comme le dit le Rituel; celui de l'ascension où l'on voyait quelquefois sur le Jubé, quelquefois sur la galerie extérieure, au-dessus du portail, un prêtre représentant l'ascension de J.-C., toutes cérémonies vraiment mimiques qui ont fait longtemps l'admiration des fidèles et dont l'orthodoxie a été reconnue par une bulle d'Innocent III. » — Il faut convenir que nos ancêtres du moyen âge, si admirables dans leur génie architectural, n'étaient pas difficiles en fait d'invention dramatique.

6. Quoi qu'il en soit, c'est un fait historique incontesté que les premières corporations dramatiques se formèrent sous l'invocation de la passion de Jésus-Christ, pour la représentation des mystères, compositions auxquelles la critique attache l'origine de notre théâtre. L'empressement du public pour ce genre de spectacle suscita aux confréries des persécutions fomentées tantôt par un zèle pieux, tantôt par la jalousie du clergé. La discussion s'échauffa souvent, et l'intervention du parlement devint nécessaire. —Dès l'année 1378, la police faisait défense aux habitants de Paris et de Saint-Maur de représenter sans permission du roi aucun jeu dont les personnages seraient tirés de la Vie des saints ou de la Passion de Jésus-Christ. — Une ordonnance du 14 sept. 1402 concédait le privilége des entreprises théâtrales aux confrères de la passion. — Les confrères ayant acquis le 30 août 1548 une partie de l'hôtel de Bourgogne, s'adressèrent au parlement pour obtenir la confirmation de leurs priviléges. Sur cette requête, le parlement rendit l'arrêt suivant. — « La cour a inhibé et deffendu, inhibe et deffend aux sieurs suppliants de jouer les Mistères de la passion de Notre-Sauveur, ni autres mistères sacrés, sur peine d'amende arbitraire ; leur permettant néanmoings de pouvoir jouer aultres mistères profanes, honnestes et licites, sans offenser ni injurier aulcunes personnes ; et deffend ladite cour à tous aultres de jouer ou représenter dorénavant aulcuns jeux ou mistères tant en la ville, faulbourgs que banlieue de Paris, sinon que sous le nom de la dicte confrairie et au profit d'icelle » (arr. parl. Paris, 17 nov. 1548).

7. Des comédiens italiens étant venus à Paris en 1571, intervint un nouvel arrêt du parlement du 15 sept. 1571, ainsi conçu : — « Du 15ᵉ en vacation, sur remonstrances du procureur général que certaines gens ont, depuis peu de jours, joué farces et jeux publicqs sans permission et exigé de chascunes personnes, trois, quatre, six, sept et onze sols, mandez les officiers du Chastellet mandez, deffences sont faites de plus jouer sans permission. » — Ainsi à cette époque, c'est-à-dire aux 14ᵉ et 15ᵉ siècles, une seule confrérie avait le droit de donner des représentations.

8. L'interdiction des sujets sacrés avait été provoquée par le procureur général au parlement de Paris, il trouvait à ces représentations « plusieurs choses, disent MM. Lacan et Paulmier, t. 1, p. 52, qu'il n'était pas expédient de déclarer au peuple, comme gens ignorants et imbéciles qui pourraient en prendre occasion de judaïsme, à défaut d'intelligence. » Cette interdiction rejeta les auteurs dans l'imitation des poëtes grecs et latins. L'écolier Jodelle, disent les mêmes auteurs, fut le créateur de ce nouveau genre. Sa tragédie de Cléopâtre fit une immense sensation. Henri II assista à sa représentation, et en fut si satisfait qu'il gratifia l'auteur d'une somme de 500 écus de son épargne, d'autant, dit Paquier dans ses recherches historiques, que « c'était chose très-belle et très-rare. » Jodelle écrivait ses tragédies dans la seconde moitié du 16ᵉ siècle. — Mais le succès lui suscita des ennemis, et le privilége l'emporta; sur la demande des confrères un arrêt du parlement, du 6 oct. 1584, ordonna la clôture du nouveau théâtre. Deux autres troupes, encouragées par le dégoût qu'inspiraient généralement les farces des confrères, firent une nouvelle tentative; le parlement leur fit défense de jouer, sous peine de punition corporelle. Enfin, par une transaction que le goût moderne obtint du vieux théâtre, si on peut le décorer de ce nom, le privilége fut cédé à la troupe de l'hôtel de Bourgogne. Bientôt elle joua sur deux théâtres différents. C'est alors que parurent les chefs-d'œuvre de Molière et de Corneille. En 1680, Louis XIV, qui plaçait les représentations théâtrales parmi les ornements les plus considérables de ses États (édit de mars 1672, contenant privilége pour l'établissement de l'académie royale de musique), réunit les deux trou-

pes et fonda cette comédie française qui a jeté tant d'éclat sur notre littérature, et qui malgré les vicissitudes de l'art et de l'État, a conservé jusqu'à nos jours son nom, avec une partie de son ancienne constitution. A partir de Louis XIV, le théâtre fut placé sous la protection du gouvernement, mais aussi sous sa dépendance absolue. — Aucun théâtre ne pouvait être ouvert tant en province qu'à Paris, sans un privilége du roi, conféré par arrêt du conseil.

9. La révolution vint. L'assemblée constituante ayant proclamé la liberté pour tous et sur tout, ne pouvait maintenir les priviléges dramatiques et la dépendance des théâtres. Un décret des 11-21 sept. 1790 rejeta du compte du trésor public les dépenses des spectacles, considérés dès lors comme entreprises purement industrielles. Par une conséquence du principe de la liberté d'industrie, la loi des 13-19 janv. 1791, art. 1, autorise tout citoyen à élever un théâtre public et à y faire représenter des pièces de tous les genres, en faisant simplement une déclaration préalable à la municipalité du lieu. — Les inconvénients attachés à ce nouveau régime, se manifestèrent promptement; les entreprises théâtrales se multiplièrent à tel point qu'à Paris seulement on n'en comptait pas moins de quarante, pendant les années les plus terribles de la révolution, tandis qu'on n'en comptait que trois sous Louis XIV. La concurrence entre les spéculateurs, dit M. Vivien (Études admin., t. 2, p. 379) ouvrit des abîmes où beaucoup de fortunes s'engloutirent.

10. L'art. 6 de la loi de 1791 attribuait aux municipalités l'inspection et la police des théâtres, mais non le droit d'arrêter la défense ou la représentation d'une pièce, sauf la responsabilité des auteurs et des comédiens. Cette dernière disposition a donné lieu, pendant les troubles de la révolution, à différents décrets spéciaux qui trahissaient l'impuissance de maintenir les principes de liberté posés par l'assemblée constituante. La Convention abrogea et rétablit cette liberté; elle ordonna la fermeture du Théâtre-Français, et par ses décrets des 27 vendém. et 12 flor. an 3, elle reprit la direction du théâtre des Arts et des théâtres en général, sous le prétexte d'affermir la République. Le Directoire était un gouvernement trop faible pour n'être pas despotique. Il intervint dans la composition des spectacles, imposa certains airs, en défendit d'autres, et enfin, par son arrêté du 25 pluv. an 4, il enjoignit aux officiers de police et aux municipalités de veiller à ce qu'il ne fût représenté aucune pièce dont le contenu pût servir de prétexte à la malveillance et occasionner du désordre; ordonna d'arrêter la représentation des pièces par lesquelles l'ordre public aurait été troublé d'une manière quelconque, de fermer les théâtres où auraient été données des pièces tendant à déparer l'esprit public, et de traduire les directeurs devant les tribunaux. D'autres actes du Directoire et du Consulat règlent, d'une manière plus ou moins juste, les mesures de police à prendre pour les théâtres et les redevances de diverses natures imposées aux différents spectacles.

11. Il est digne de remarque que la commission de l'instruction publique créée par le décr. du 12 germin. an 2, et chargée de la surveillance des spectacles, rendit, le 25 flor. an 3, un arrêté qui n'a point été publié, dit M. Vivien (p. 400), et qui rétablissait formellement la censure ; et le désordre était si grand, si étonnant à cette époque, que les censeurs déclarent « mauvais (historique) toutes les comédies de Molière, le Glorieux, le Dissipateur, le Joueur, les Jeux de l'amour et du hasard, l'Avocat patelin, etc., etc. Elle exige de nombreuses corrections dans le Devin du village, la Métromanie, dans le Guillaume Tell de Lemierre, bien que, à titre de passe-port, on lui donnât pour second titre les Sans-culottes suisses (historique, M. Vivien, eod.). Mahomet est interdit, et les dénoûments de Brutus et de la mort de César doivent être changés. Mais les pièces suivantes sont accueillies par la censure : Encore un curé, la Mort de Marat, les Crimes de la Noblesse, etc., toutes pièces dont on connaît aujourd'hui à peine le titre (V. en outre les détails curieux donnés par M. Vivien, p. 401).

12. L'Empire s'empara des théâtres, et le décret du 8 juin 1806 exigea, pour l'établissement de tout théâtre, une autorisation spéciale du gouvernement, et lui donna le droit de déterminer le genre de chaque entreprise. Il fixa le nombre de théâtres dans les villes de provinces, régla le répertoire des théâtres principaux ; enfin il défendit de jouer aucune pièce sans l'autorisation du ministre de la police. Cette déviation aux principes de liberté posés par l'Assemblée constituante était malheureusement devenue indispensable. — « On voit chaque jour, disait le ministre de l'intérieur (Rapport à l'empereur, du 3 mars 1806), une foule de petits théâtres se disputer dans la capitale une faible recette, et le triste succès d'attirer la dernière classe du peuple par des spectacles grossiers, ou de pervertir l'enfance par de prétendues écoles qui enlèvent des sujets utiles à la société sans jamais former des élèves utiles à l'art. On voit des hommes inconnus ouvrir des théâtres dans les départements, recevoir des abonnements, faire des emprunts, fermer bientôt après par une faillite qui reste impunie, et s'enrichir aux dépens du public et des prêteurs. » — L'empereur compléta le décret de 1806 par celui du 29 juill. 1807, qui réduisit à huit le nombre des théâtres à Paris ; tous les autres devaient être fermés avant le 15 août. Toutefois, deux des théâtres supprimés par le décret furent rétablis, et ainsi il n'y eut plus que dix théâtres à Paris ; aujourd'hui on en compte près de trente. Mais la population a triplé depuis 1807. — Le décr. du 29 juill. 1807 renferme en outre quelques règles de police relatives aux représentations à bénéfice, aux congés des acteurs et aux constructions de salle ou changements de troupes.

13. Par un règlement d'exécution, du 25 avr. 1807, les théâtres de Paris sont partagés en grands théâtres et en théâtres secondaires ; leur répertoire respectif est déterminé. Le décret fait ensuite la part des répertoires des théâtres des départements ; il crée des arrondissements pour les théâtres ambulants. — D'après le décr. du 1er nov. 1807, un officier de la maison de l'empereur, chargé de la surintendance des grands théâtres de Paris, prononce sur l'admission des sujets, approuve les budgets, les répertoires, les transactions, accorde les permissions de quitter un théâtre, donne les congés. La police sur le personnel est exercée à l'Opéra par le directeur, et dans les autres théâtres, par les personnes qui en étaient précédemment chargées. Ce pouvoir de police allait jusqu'à infliger une peine de détention. Le titre 2 règle les dépenses de l'administration de l'Académie de musique. L'art. 27 ordonne que les règlements concernant les bases de l'association dans les théâtres organisés en société soient soumis à l'approbation impériale.

14. Napoléon crut devoir en outre assujettir toutes les scènes secondaires à une redevance envers l'Opéra (décret du 13 août 1811, V. n° 96). Il attribua au Théâtre-Français et à l'Opéra la propriété des pièces de leur répertoire, tombées dans le domaine public, et exigea qu'aucun autre théâtre ne pût emprunter des pièces à ces répertoires sans l'autorisation des propriétaires, et sans leur payer une rétribution qui serait réglée de gré à gré (M. Vivien, p. 381, V. n° 103). — Le décret du 13 août 1811 assujettit aussi à une redevance tous les spectacles de quelque genre qu'ils soient, même les bals et les concerts. Ce décret a été abrogé en 1831 (V. n° 105 et s.).

15. La Restauration hérita de l'administration impériale ; elle trouva l'ancien régime déjà reconstitué dans les théâtres. Ce que les chambellans avaient commencé fut continué et achevé par les gentilshommes de la chambre. Les théâtres royaux, destinés à soutenir la gloire des lettres et à propager la culture des arts, furent classés dans les *menus plaisirs du roi*. Un projet de règlement conférait au gentilhomme de la chambre des pouvoirs tellement exorbitants, que l'ordonnance ne fut point mise à exécution. — Un règlement du ministre de l'intérieur du 30 août 1814, refondu le 15 mai 1815, divisa la France en 25 arrondissements de théâtre, et les troupes en stationnaires et ambulantes ; il rappelle la plupart des dispositions des décrets impériaux. — Une ordonnance du roi, du 8 déc. 1824, porte qu'il y aura dans les départements des troupes de comédiens sédentaires, des troupes de comédiens d'arrondissement, et des troupes de comédiens ambulants ; leurs droits, ceux de leurs directeurs, sont fixés, de même que leur nombre et le lieu de leur établissement. — Malgré les restrictions dont l'art dramatique était frappé, la liberté politique donna un tel essor à toutes les entreprises, que de nombreuses demandes d'autorisation furent adressées au gouvernement, qui augmenta le nombre des théâtres de Paris.

16. A l'époque de la révolution de 1830, le gouvernement a appelé les lumières d'une commission pour la formation d'un nouveau code des théâtres. Dans le courant de la session de 1830 un projet de loi fut apporté à la chambre des députés. Ce projet n'a pas été discuté.

17. Trois questions vitales sont à décider dans la création d'un code des théâtres : celle du libre établissement, celle de la libre concurrence et celle de la censure. — L'entreprise d'un théâtre est une spéculation industrielle ; à ce titre elle réclame une grande indépendance ; elle ne doit recevoir d'autres entraves que celles qu'exige l'intérêt public. Nécessité d'un avertissement préalable à l'égard de l'autorité, surveillance de la police dans la construction des salles, afin que l'on puisse prendre les mesures commandées par la nature de ces constructions ; relations du directeur et des acteurs avec la police pour le maintien de l'ordre pendant les représentations ; voilà, peut-on dire, quel doit être le système consacré par la loi. Sans doute le libre établissement d'un grand nombre de théâtres peut provoquer d'imprudentes spéculations, compromettre des capitaux et diminuer les bénéfices d'entreprises existantes. Ces inconvénients, qu'on ne peut méconnaître, sont inhérents à toutes les entreprises ; l'expérience deviendra, sur ce point, le meilleur guide, et les besoins réels seront la mesure du nombre des théâtres. On peut ajouter que le mal, s'il y en a dans ce système, est bien moins grand que le danger de laisser entre les mains de l'autorité des priviléges exclusifs, qui peuvent être accordés à l'intrigue et retirés par le caprice ; car il dépend du pouvoir de ruiner, en retirant l'autorisation (droit, au surplus, qu'on a contesté, V. n°s 45 et suiv.), ceux qui trouvent leur existence ou leur bénéfice dans une entreprise dramatique. MM. Vivien et Edmond Blanc, dans l'introduction de leur Traité, se sont aussi prononcés pour la liberté d'établissement. Malgré ces considérations, il reste dans notre esprit des doutes fort sérieux sur le mérite théorique et pratique de cette opinion.

18. Quant à la libre concurrence pour les auteurs comme pour les acteurs, l'expérience en a démontré la nécessité, dans l'intérêt de l'art et dans l'intérêt même des théâtres. D'après les décrets de l'empire, les répertoires de chaque théâtre sont déterminés, et aucun ne peut empiéter sur l'autre. Tel théâtre a le monopole du chant, tel autre celui de la tragédie, etc. Il en résulte qu'à Paris (et c'est dans la capitale que les intérêts dramatiques ont surtout de l'importance) un genre n'est exploité que par un petit nombre de sujets, que les jeunes talents ne trouvent point d'issue pour arriver jusqu'au public, que les auteurs voient leurs ouvrages dormir pendant des années dans les cartons des administrations. Le gouvernement de la restauration avait, dans plusieurs circonstances, mais non la regardons comme rigueur les règlements sur les répertoires exclusifs. L'Odéon seul fut ouvert à quelques tentatives de concurrence avec les théâtres où se représentent par privilége les tragédies, comédies et opéras. Sous ce rapport la révolution de 1830 a étendu la liberté, de fait, des théâtres ; et la restriction des genres aura, cela est probable, le sort des autres entraves dramatiques. Sans doute il est possible que quelque perturbation en résulte d'abord ; mais les choses s'affermiront avec le temps sur une base large et durable.

19. Enfin, quant à la censure si attaquée, si décriée, nous déplorons qu'elle soit nécessaire, mais nous la regardons comme indispensable dans l'état de nos mœurs, et cette censure date de loin. — Le 2 janv. 1516, le parlement faisait défense aux bazochiens de jouer comédies dans lesquelles il serait mention des princes et princesses de la cour. — Le 23 janv. 1538, il accordait aux bazochiens de faire jouer leurs pièces à la table de marbre « ainsi qu'il est accoutumé, dit l'arrest, en observant d'en retrancher les choses rayées. » Ainsi les pièces étaient déjà à cette époque soumises à une censure préalable, et les censeurs étaient une commission des membres du parlement (MM. Lacan et Paulmier, t. 1, p. 113). — Le 7 mai 1540, le parlement interdisait en outre « de taxer et scandaliser particulièrement aucune personne soit par noms et surnoms ou circonstances d'estoc (famille) ou lieu particulier de demourance, et les censures étaient notables circonstances par lesquelles on peut désigner ou connaître les personnes. » — Mais insensiblement ces arrêts du parlement tombèrent en désuétude, la censure n'existait que de nom dès le dix-septième siècle.

Chose digne de remarque! La censure n'existait pas sous Louis XIV, mais en cas d'abus, la répression était prompte et sévère. Les comédiens appelés italiens, en 1697, s'étant permis dans une pièce ayant pour titre la Fausse prude, quelques paroles qui semblaient frapper sur madame de Maintenon, le théâtre fut fermé tout aussitôt, et les comédiens chassés du royaume. Mieux vaut la censure. Au 18e siècle des censeurs furent nommés par le chancelier, et leurs fonctions non rétribuées, furent recherchées, dit-on, par des écrivains célèbres. On cite entre autres, parmi les censeurs de cette époque, d'Alembert et Crébillon père (V. M. Vivien, p. 399). — La censure fut abolie par l'assemblée constituante (L. 13 janv. 1791), mais elle fut rétablie par le directoire exécutif, par le consulat et l'empire (décret de 1806). — Ce décret exige l'autorisation du ministre de la police pour qu'on puisse représenter une pièce quelconque.— L'empereur reconnaissait si bien l'utilité incontestable de la censure dramatique que dans une lettre du 17 sept. 1809, datée de Schœnbrunn, il écrivait au ministre de l'intérieur : «Vous ne devez pas vous en rapporter seulement à vos bureaux sur les pièces de théâtre qui sont soumises à leur examen; il faut les lire, afin de juger par vous-même du degré d'opportunité qu'il y a à en permettre ou à en défendre la représentation. »

20. On a soutenu que la charte de 1814 avait abrogé la censure dramatique. Cette opinion, fondée sur des sentiments généreux et des idées libérales, était évidemment contraire à la lettre de la charte. L'art. 8 assure aux citoyens le droit de publier et faire imprimer leurs opinions. Cet article s'applique certainement aux pièces de théâtre imprimées; mais il n'embrasse point les représentations dramatiques, moyen tout différent de transmettre la pensée et de développer les passions. C'est ainsi que le gouvernement de la restauration a entendu la charte, et il a soumis les pièces de théâtre à la censure ministérielle établie par le décret de 1806. La charte de 1830 a-t-elle dû modifier cet état de choses? L'ancien article 8 y est conservé; seulement on y a ajouté : la censure ne pourra être rétablie. La censure dont il est question dans la charte est celle dont la loi de 1822 autorisait l'établissement temporaire dans certaines circonstances; elle avait en vue les journaux et les feuilles périodiques. Le législateur n'a pas entendu, par ces expressions, abolir la censure dramatique. — Dans les premiers temps de la révolution de juillet 1830, la censure fut suspendue en fait, mais il fallut bientôt, en raison de la licence de la scène, recourir à des mesures violentes, prononcer des interdictions arbitraires et même les appuyer par la force publique. (M. Vivien, p. 402.) La politique dominait le théâtre; le législateur sentit la nécessité de mettre un terme à un état si dangereux pour la tranquillité publique et l'art. 21 de la loi du 9 sept. 1835 rétablit formellement la censure. Comme moyen d'exécution de la loi, on créa au ministère de l'intérieur un bureau des théâtres, et des censeurs sous le nom d'examinateurs. Cette commission, depuis le 1er sept. 1835 jusqu'au 23 fév. 1848, jour où la république fut proclamée, c'est-à-dire en douze ans, prit lecture de 8830 ouvrages. — Plus de la moitié, dit M. Vivien (eod.), obtint une autorisation pure et simple, 123 furent frappées d'interdiction et les autres obligées de subir des changements, c'est-à-dire environ 4000.

21. Après la révolution de 1848, la loi de 1835 fut abrogée (décr. 6 mars 1848).— Avec la liberté des représentations théâtrales, reparurent tous les scandales qui suivirent la révolution de 1830. « Les objets du respect public furent bafoués, dit encore M. Vivien; les institutions nouvelles tournées en dérision, des personnages vivants livrés aux rires du parterre. »—L'auteur ne fait que constater ici un fait et prononcer un jugement que l'histoire ratifiera certainement.—Le législateur est encore venu au secours des bonnes mœurs et de l'ordre public menacé, et la loi du 30 juill. 1850 rétablit la censure; cette loi, qui n'était que provisoire, fut prorogée par la loi du 30 juill. 1851 et enfin remplacée par le décret du 30 déc. 1852 qui maintient définitivement la censure théâtrale (V. nos 73 et s.).—Mais si nous considérons la censure comme nécessaire dans l'é.....t de notre société, nous pensons néanmoins qu'elle a de grands devoirs à remplir. — Elle doit, tout en protégeant l'ordre public, les institutions établies et les bonnes mœurs, ne pas interdire la pein-

ture des vices et des travers de l'humanité; rayer impitoyablement toute expression obscène, supprimer toute situation indécente, sans proscrire la liberté de la pensée, lors même qu'elle revet les formes nettes et même hardies que nos pères ont encouragées par leurs applaudissements dans nos plus illustres écrivains.— Avec le ciseau des censeurs, dont la décision une fois approuvée par le ministre est sans appel, on peut dire avec M. Vivien qu'il n'est pas sûr que Tartufe et le Mariage de Figaro fussent autorisés aujourd'hui; les fonctions de censeur exigent donc beaucoup de tact, d'habileté, et en même temps beaucoup de prudence.

22. D'après les décrets et règlements dont nous venons de présenter l'analyse, le service des théâtres dépendait du ministère de l'intérieur. Mais depuis 1853 ce service a été dévolu au ministère d'Etat. D'abord, un décret du 14 fév. 1853 transfère à ce ministère l'administration des théâtres subventionnés; puis un autre décret du 6 juill. 1853 lui attribue le droit de délivrer l'autorisation de représenter les ouvrages dramatiques destinés à ces théâtres. Un décret plus général place dans les attributions du ministre d'Etat tous les théâtres, soit de Paris, soit des départements et la censure dramatique. Mentionnons enfin deux décrets récents, l'un du 24 nov. 1860 qui confie au ministre d'Etat l'administration supérieure de l'Opéra, et l'autre du 8 déc. même année, portant création d'un surintendant des théâtres impériaux.

23. *Des théâtres en Angleterre.* — La Grande-Bretagne étant un pays de liberté, on pourrait, et logiquement même on devrait en conclure que les théâtres, qui sont la représentation des mœurs de la société, doivent être libres comme elle. C'est tout le contraire qui a lieu.—Comme en France, aucun théâtre ne peut s'ouvrir sans une autorisation préalable, et toutes les pièces sont soumises à la censure. Mais cette législation sur la nécessité d'une autorisation préalable était tombée en désuétude, et plus de douze théâtres étaient exploités à Londres sans autorisation (M. Vivien, p. 366). L'attention de la Chambre des communes ayant été attirée sur la position illégale des théâtres et sur les abus que cet état entraînait, un bill du 12 août 1843 décida qu'aucun théâtre ne pourrait s'ouvrir dans toute l'étendue de l'Angleterre, sans lettres patentes de la reine, ou sans une licence délivrée par le lord chambellan, ou par les juges de paix réunis en session spéciale au nombre de quatre au moins. Ainsi, dans la Grande-Bretagne, ce n'est pas l'administration publique qui autorise l'ouverture des théâtres. Suivant les lieux, c'est la reine, représentée tantôt par le lord chambellan, tantôt par les juges de paix. —Au cas de contravention, l'amende peut s'élever jusqu'à 20 liv. sterl. par chaque représentation non autorisée (M. Vivien, p. 367). — Le directeur fournit un cautionnement de 500 liv. sterl. et doit en outre fournir deux répondants, chacun pour une autre somme de 100 liv. sterl. au maximum.

24. Le chambellan ou les juges de paix, suivant les localités, font les règlements qu'on est obligé de suivre, et toute infraction peut entraîner la clôture du théâtre pour un temps; s'il éclate quelque désordre ou sédition, le chambellan a le droit d'ordonner que la salle soit fermée indéfiniment. — Mais par une singularité de la législation anglaise, qui pèche par le défaut d'uniformité, dans la circonscription des universités d'Oxford et de Cambridge (ce qui s'étend à 14 milles), les théâtres doivent être autorisés par le chancelier ou le vice-chancelier de l'université, qui, en cas de désordre, a le droit d'ordonner la clôture et de retirer l'autorisation.—Ce qu'il y a de non moins étonnant, c'est que la loi répressive n'atteint pas seulement le directeur, elle frappe aussi les acteurs, qui encourent une amende, laquelle peut être pour chacun de 10 liv. sterl. par représentation, par cela seul qu'ils ont joué sur un théâtre non autorisé. La loi atteint aussi les cafés qui donneraient des représentations théâtrales.

25. Lors des enquêtes qui ont eu lieu à Londres, en 1832 et en 1843, pour arriver à réformer et légaliser l'état des théâtres, les meilleurs esprits, et en très-grand nombre, se sont accordés à reconnaître la nécessité de la censure théâtrale, et l'un des témoins entendus, M. Thomas Morton, auteur distingué, rappelle dans sa déclaration un mot de Talma qui doit être pris en grande considération par tous les amis de l'ordre et de la perfection de l'art, perfection qui s'harmonise peu avec le désordre de la place publique. — « Les allusions politiques, dit-il, sont avidement saisies par les spectateurs. La scène devient un foyer de provocation ; les applaudissements y enflamment les esprits, et les mécontentements publics peuvent s'y traduire en révolte. Je tiens du célèbre Talma que la révolution française ne fit que des progrès insignifiants, tant que les théâtres ne servirent pas d'arène aux passions populaires ; mais aussitôt que la scène devint une tribune, le mouvement fut irrésistible. » — Cette opinion de Talma partagée par Thomas Morton se trouve en quelque sorte justifiée par un fait grave. — Au moment de la révolution qui éclata en Belgique en 1830, Bruxelles courut aux armes en sortant d'une représentation de la Muette de Portici.

26. Jusqu'au bill du 10 juin 1833, les auteurs n'étaient pas, en Angleterre, mieux traités que les acteurs.—On pouvait jouer dans un théâtre quelconque la pièce d'un auteur sans avoir besoin de son autorisation, et on ne lui payait aucun droit.—L'auteur n'obtenait un émolument que du théâtre auquel il avait livré son manuscrit. Les pièces étaient réputées du domaine public, même pour les théâtres de la province. — Des hommes habiles venaient au spectacle sténographier la pièce, et les copies se vendaient 2 ou 3 liv. sterl. Aussi de toutes parts réclamait-on l'adoption de la loi française ; la propriété littéraire fut enfin consacrée par le bill de 1833 (V. Propriété littéraire, n° 24). — Si la condition des auteurs s'est améliorée, celle des acteurs est restée précaire et peu digne d'envie. « Quiconque peut faire autrement, dit Macready, ne se jette pas dans la carrière ingrate du théâtre. » Les directeurs, a dit un comédien entendu dans l'enquête, se procurent un acteur d'élite qu'ils appellent leur étoile (star) et le reste de la troupe est misérable. — Les préjugés de toutes sortes, unis aux idées religieuses, menacent de ruine même les théâtres de Londres. — La foule se porte au Théâtre-Français et à l'Opéra italien, et les théâtres nationaux sont délaissés. — Sur les théâtres de second ordre, la plupart des pièces sont traduites du français. Les grands théâtres ne peuvent se soutenir qu'en représentant des pantomimes, des farces, et en montrant sur la scène des tigres et des lions (M. Vivien, p. 376). Les théâtres deviennent ainsi des espèces de spectacles de marionnettes et de ménageries, qui ne fait peu d'éloge du goût littéraire des Anglais. — « Les Anglais, a dit le célèbre Kean, ne sont point une nation dramatique. » Ce qu'il y a de certain, c'est que les hautes classes fréquentent à peine le spectacle ; on lit les pièces, on ne va pas les voir jouer, et l'art est plusque jamais en décadence (M. Vivien, p. 377).

TABLEAU DE LA LÉGISLATION RELATIVE AUX THÉATRES.

16-24 août 1790. — Décret qui décide que les spectacles publics ne pourront être permis et autorisés que par les officiers municipaux. (tit. 11, art. 4, V. Organisation judic.).

21-31 sept. 1790. — Décret portant que les dépenses variables et la dépense relative aux pensions des comédiens français et italiens, à la garde militaire des spectacles, aux pompiers pour l'extinction des spectacles des incendies, seront rejetées du compte du trésor public (art. 2 et 3).

13-19 janv. 1791. — Décret relatif aux spectacles (V. Propriété littéraire, p. 444).

19 juill.-6 août 1791. — Loi relative aux droits des auteurs dramatiques (V. Propriété littéraire, p. 444).

30-31 août 1792. — Décret relatif aux conventions faites entre les auteurs dramatiques et les directeurs de spectacles (abrogé par celui du 1er sept. 1793).

12-14 janv. 1793. — Décret relatif à la compétence pour la suspension ou la défense des représentations théâtrales.

La convention nationale, sur la lecture donnée d'une lettre du maire de Paris, qui annonce qu'il y a un rassemblement autour de la salle du théâtre de la Nation, qui demande que la convention nationale prenne en considération une députation dont le peuple attend l'effet avec impatience, et dont l'objet est d'obtenir une décision favorable, afin que la pièce l'Ami des lois soit représentée nonobstant l'arrêté du corps municipal de Paris, qui en défend la représentation, passe à l'ordre du jour, motivé sur ce qu'il n'y a point de loi qui autorise les corps municipaux à censurer les pièces de théâtre.

14 janv. 1793. — Proclamation du conseil exécutif provisoire concernant la représentation des pièces de théâtre.

Le conseil exécutif provisoire, en exécution du décret de la convention nationale, dé ce jour, délibérant sur l'arrêté du conseil général de la commune de Paris, en date du même jour, par lequel il est ordonné que les spectacles seront fermés aujourd'hui ; considérant que les circonstances ne nécessitent point cette mesure extraordinaire, arrête que les spectacles continueront d'être ouverts. Enjoint

moins, au nom de la paix publique, aux directeurs des différents théâtres, d'éviter la représentation des pièces qui, jusqu'à ce jour, ont occasionné quelque trouble, et qui pourraient les renouveler dans le moment présent. — Charge le maire et la municipalité de Paris de prendre les mesures nécessaires pour l'exécution du présent arrêté.

16-16 janv. 1793.—Décret relatif à la compétence pour la suspension ou la défense des représentations de pièces dramatiques.

La convention nationale casse l'arrêté du conseil exécutif provisoire, en ce que l'injonction faite aux directeurs des différents théâtres étant vague et indéterminée, blesse les principes, donnerait lieu à l'arbitraire, et est contraire à l'art. 6 du décret du 13 janv. 1791, qui porte que « les entrepreneurs ne recevront des ordres que des officiers municipaux, qui ne pourront arrêter ni défendre la représentation d'une pièce, sauf la responsabilité des auteurs et des comédiens, que conformément aux lois et aux règlements de police. »

19-24 juill. 1793. — Loi relative aux droits de propriété des auteurs d'écrits en tout genre, des compositeurs de musique, des peintres et dessinateurs (V. Propriété littéraire, p. 444).

2-3 août 1793. — Décret relatif à la représentation des pièces de théâtre.

Art. 1. A compter du 4 de ce mois, et jusqu'au 1er septembre prochain, seront représentées trois fois la semaine, sur les théâtres de Paris qui seront désignés par la municipalité, les tragédies de Brutus, Guillaume Tell, Caïus Gracchus, et autres pièces dramatiques qui retracent les glorieux événements de la révolution et les vertus des défenseurs de la liberté. Une de ces représentations sera donnée chaque semaine aux frais de la République.

2. Tout théâtre sur lequel seraient représentées des pièces tendant à dépraver l'esprit public, et à réveiller la honteuse superstition de la royauté, sera fermé, et les directeurs arrêtés et punis selon la rigueur des lois. — La municipalité de Paris est chargée de l'exécution du présent décret.

14-20 août 1793. — Décret portant que les conseils des communes sont autorisés à diriger les spectacles.

1er sept. 1793. — Décret qui rapporte celui du 30 août 1792 relatif aux ouvrages dramatiques et ordonne l'exécution de ceux des 13 janv. et 19 juill. 1791 et 19 juill. 1793 (V. Propriété littéraire, p. 444).

3 sept. 1793. — Décret de la convention approuvant un arrêté du comité de salut public qui avait ordonné la clôture du Théâtre-Français et l'arrestation des comédiens.

18-24 brum. an 2 (8-14 nov. 1793). — Décret relatif à la formation d'un institut national de musique.

3 pluv. an 2 (22 janv. 1794). — Décret qui alloue 100,000 fr. pour les représentations gratuites données dans les 20 spectacles de Paris.

27 vend. an 3 (18 oct. 1794). — Décret sur le Théâtre des Arts (Opéra).

16 therm. an 3 (3 août 1795). — Décret portant l'établissement d'un conservatoire de musique à Paris (V. Organisat. de l'instruct. publ.).

11 niv. an 4 (1er janv. 1796). — Arrêté qui invite les théâtres à donner des représentations au profit des pauvres.

18 niv. an 4 (4 janv. 1796). — Arrêté du directoire exécutif, concernant les spectacles.

Le directoire exécutif arrête : Tous les directeurs, entrepreneurs et propriétaires des spectacles de Paris sont tenus, sous leur responsabilité individuelle, de faire jouer, chaque jour, par leur orchestre, avant la levée de la toile, les airs chéris des Républicains, tels que la Marseillaise, Ça ira, Veillons au salut de l'empire et le Chant du départ. — Dans l'intervalle des deux pièces, on chantera toujours l'hymne des Marseillais, ou quelque autre chanson patriotique. — Le Théâtre des Arts donnera, chaque jour de spectacle, une représentation de l'Offrande à la liberté, avec ses chœurs et accompagnements, ou quelque autre pièce républicaine. — Il est expressément défendu de chanter, laisser ou faire chanter l'air homicide dit le Réveil du peuple. — Le ministre de la police générale donnera les ordres les plus précis pour faire arrêter tous ceux qui, dans les spectacles, appelleraient par leurs discours le retour de la royauté, provoqueraient l'anéantissement du corps législatif ou du pouvoir exécutif, exciteraient le peuple à la révolte, troubleraient l'ordre et la tranquillité publique, et attenteraient aux bonnes mœurs. — Le ministre de la police mandera, dans le jour, tous les directeurs et entrepreneurs de chacun des spectacles de Paris ; il leur fera lecture du présent arrêté, leur intimera, chacun à leur égard, les ordres qui y sont contenus ; il surveillera l'exécution pleine et entière de toutes ses dispositions, et en rendra compte au directoire.

27 niv. an 4 (17 janv. 1796). — Arrêté du directoire exécutif qui déclare celui du 18 niv. commun à tous les théâtres de la République.

25 pluv. an 4 (14 fév. 1796). — Décret concernant la police des spectacles.

Art. 1. En exécution des lois qui attribuent aux officiers municipaux des communes la police et la direction des spectacles, le bureau central de police, dans les cantons où il en est établi, et les administrations municipales dans les autres cantons de la République, tiendront sévèrement la main à l'exécution des lois et règlements de police sur les spectacles, notamment des lois rendues les 16-24 août 1790, 2 et 14 août 1793 ; en conséquence, ils veilleront à ce qu'il ne soit représenté, sur les théâtres établis dans les communes de leur arrondissement, aucune pièce dont le contenu puisse servir de prétexte à la malveillance et occasionner du désordre, et ils arrêteront la représentation de toutes celles par lesquelles l'ordre public aurait été troublé d'une manière quelconque.

2. Conformément à l'art. 2 de la loi du 2 août précitée, le bureau central de police et les administrations municipales feront fermer les théâtres sur lesquels seraient représentées des pièces tendant à dépraver l'esprit public, et ils feront ar-

rêter et traduire devant les officiers de police judiciaire compétents les directeurs desdits théâtres, pour être punis suivant la rigueur des lois.

11 germ. an 4 (31 mars 1796). — Arrêté du directoire exécutif qui permet l'ouverture du théâtre de la rue Feydeau.

7 frim. an 5 (27 nov. 1796). — Loi relative aux droits sur les billets de spectacles (V. Secours publics, p. 765). Ces droits, successivement prorogés, ont été établis d'une manière définitive par le décret du 9 déc. 1809 (V. *infrà*, à sa date).

8 therm. an 5 (26 juill. 1797). — Loi qui proroge les droits sur les billets d'entrée aux spectacles, bals, et qui porte au quart de la recette les droits à l'entrée des bals, des feux d'artifice, des concerts et exercices de chevaux, des courses et autres fêtes où l'on est admis en payant.

23 vent. an 8 (14 mars 1800). — Arrêté du préfet de police de Paris concernant les recettes des spectacles, bals, concerts, etc.

Le préfet de police ;— Vu les art. 5 et 6 de la loi du 7 frim. an 5, portant établissement d'un droit sur le prix des billets d'entrée dans les spectacles, bals, fêtes, etc. ; les lois postérieures prorogeant l'exécution de la loi précitée ; l'arrêté du gouvernement du 29 frim. an 5, qui chargeait le bureau central de faire justifier du produit de cette perception, et d'en vérifier l'exactitude ; et les divers arrêtés du bureau central déléguant aux administrations municipales des douze arrondissements l'exercice de cette surveillance et vérification ; — Considérant que la surveillance des recettes des spectacles, bals, etc., auparavant déléguée aux administrateurs municipaux, lorsqu'ils étaient au nombre de sept, avec l'autorisation spéciale de certifier les états desdites recettes, et d'en prélever la portion appartenant aux indigents, pour être ensuite le produit versé dans la caisse du caissier général de bienfaisance, serait d'une exécution impossible, parce qu'il n'y a plus qu'un maire et deux adjoints par municipalité, et que cette surveillance paraît naturellement devoir être confiée aux membres des comités de bienfaisance, qui ne cessent de donner des preuves de leur zèle et de leur sollicitude pour l'intérêt des pauvres ; — Arrête :

Art. 1. Les comités de bienfaisance nommeront un ou plusieurs de leurs membres pour surveiller, dans leurs divisions respectives, la recette des spectacles, bals, concerts, etc.

2. Les membres chargés de pouvoirs à cet effet assisteront aux comptes rendus, chaque jour, par les buralistes des différents bureaux de recettes, et autres personnes préposées à la vente des billets de supplément et d'abonnement, et à la location des loges.

3. Ils certifieront les états de recette qu'ils adresseront, le lendemain, au préfet de police.

4. Ils feront certifier les mêmes états par les caissiers des divers établissements compris dans la loi qui ordonne la perception du droit des indigents, et ils leur feront en outre souscrire, chaque jour, une reconnaissance de la portion de recette appartenant aux indigents, et restant entre les mains desdits caissiers qui s'en reconnaissent dépositaires.

5. Les feuilles de recettes, ainsi certifiées, et les reconnaissances des caissiers, seront envoyées, chaque jour, au préfet de police, qui fera suivre le recouvrement par le caissier général de bienfaisance, avec l'activité que commandent impérieusement les besoins des pauvres.

6. Des diverses feuilles de recettes, adressées par les comités de bienfaisance, il sera formé, au bureau des mœurs, un état général et journalier, lequel, certifié par le chef dudit bureau, sera remis au caissier des indigents.

7. L'état général du produit du droit des indigents sera envoyé, chaque décade, au ministre de l'intérieur et à l'agent comptable.

8. La portion des pauvres provenant des recettes qui pourraient être faites dans des établissements qui n'auraient point de caissiers responsables, ou à des représentations dramatiques, bals, fêtes, concerts et autres exercices donnés momentanément et par extraordinaire, sera prélevée, à l'instant même, par les membres des comités de bienfaisance, qui en adresseront l'état certifié au préfet de police, et en verseront le produit dans la caisse du caissier général de bienfaisance.

9. Le présent arrêté sera envoyé aux comités de bienfaisance chargés de son exécution, à l'agent comptable des indigents et au caissier général de bienfaisance; il sera en outre notifié aux entrepreneurs des établissements compris dans la loi précitée.

12 messid. an 8 (1er juill. 1800). — Arrêté qui détermine les fonctions du préfet de police; l'art. 12 de cet arrêté dispose que le préfet de police aura la police des théâtres en ce qui touche la sûreté des personnes, les précautions à prendre pour prévenir les accidents et assurer le maintien de la tranquillité et du bon ordre tant au dedans qu'au dehors.

5 brum. an 9 (27 oct. 1800). — Arrêté qui détermine les fonctions des commissaires généraux de police; l'art. 11 de cet arrêté est conçu dans les mêmes termes que l'art 12 de l'arrêté qui précède.

17 frim. an 14 (8 déc. 1805). — Décret sur la police des théâtres.

Art. 1. Les commissaires généraux de police sont chargés de la police des théâtres, seulement en ce qui concerne les ouvrages qui y sont représentés.

2. Les maires sont chargés, sous tous les autres rapports, de la police et du maintien de l'ordre et de la sûreté.

8 juin 1806. — Décret concernant les théâtres.

TIT. 1. — *Des théâtres de la capitale.*

Art. 1. Aucun théâtre ne pourra s'établir dans la capitale sans notre autorisation spéciale, sur le rapport qui nous en sera fait par notre ministre de l'intérieur.

2. Tout entrepreneur qui voudra obtenir cette autorisation sera tenu de faire la déclaration prescrite par la loi, et de justifier, devant notre ministre de l'intérieur, des moyens qu'il aura pour assurer l'exécution de ses engagements.

3. Le théâtre de l'impératrice sera placé à l'Odeon, aussitôt que les réparations seront achevées. — Les entrepreneurs du théâtre Montansier, d'ici au 1er janv. 07, établiront leur théâtre dans un autre local.

4. Les répertoires de l'Opéra, de la Comédie française et de l'Opéra-Comique seront arrêtés par le ministre de l'intérieur; et nul autre ne pourra représenter, à Paris, des pièces comprises dans les répertoires de ces trois grands théâtres, sans leur autorisation, et sans leur payer une rétribution qui sera réglée de gré à gré, et avec l'autorisation du ministre.

5. Le ministre de l'intérieur pourra assigner à chaque théâtre un genre de spectacle dans lequel il sera tenu de se renfermer.

6. L'Opéra pourra seul donner des ballets ayant les caractères qui sont propres à ce théâtre, et qui seront déterminés par le ministre de l'intérieur.—Il sera le seul théâtre qui pourra donner des bals masqués.

TIT. 2. — *Théâtres des départements.*

7 Dans les grandes villes de l'empire, les théâtres seront réduits au nombre de deux. Dans les autres villes, il n'en pourra subsister qu'un. Tous devront être munis de l'autorisation du préfet, qui rendra compte de leur situation au ministre de l'intérieur.

8. Aucune troupe ambulante ne pourra subsister sans l'autorisation des ministres de l'intérieur et de la police. Le ministre de l'intérieur désignera les arrondissements qui leur seront destinés, et en préviendra les préfets.

9. Dans les chefs-lieux de département, le théâtre principal jouira seul du droit de donner des bals masqués.

TIT. 3. — *Des auteurs.*

10. Les auteurs et les entrepreneurs seront libres de déterminer entre eux, par des conventions mutuelles, les rétributions dues aux premiers par somme fixe ou autrement.

11. Les autorités locales veilleront strictement à l'exécution de ces conventions.

12. Les propriétaires d'ouvrages dramatiques posthumes ont les mêmes droits que l'auteur, et les dispositions sur la propriété des auteurs et sa durée, leur sont applicables, ainsi qu'il est dit au décret du 1er germ. an 13.

Dispositions générales.

13. Tout entrepreneur qui aura fait faillite ne pourra plus rouvrir de théâtres.

14. Aucune pièce ne pourra être jouée sans l'autorisation du ministre de la police.

15. Les spectacles de curiosités seront soumis à des règlements particuliers, et ne porteront plus le titre de *théâtres*.

25 avril 1807. — Arrêté du ministre de l'intérieur portant règlement pour les théâtres de la capitale et des départements, en exécution du décret du 8 juin 1806.

TIT. 1. — *Des théâtres de Paris.*

Art. 1. Les théâtres dont les noms suivent sont considérés comme *grands théâtres*, et jouiront des prérogatives attachées à ce titre par le décret du 8 juin 1806 :

1° Le *Théâtre-Français* (théâtre de S. M. l'empereur). — Ce théâtre est spécialement consacré à la *tragédie* et à la *comédie*. — Son répertoire est composé : 1° de toutes les pièces (tragédies, comédies et drames) jouées sur l'ancien théâtre de l'hôtel de Bourgogne, sur celui que dirigeait *Molière*, et sur le théâtre qui s'est formé de la réunion de ces deux établissements, et qui a existé sous diverses dénominations jusqu'à ce jour ; 2° des comédies jouées sur les théâtres dits *Italiens* jusqu'à l'établissement de l'Opéra-Comique. — Le *théâtre de l'Impératrice* sera considéré comme une annexe au Théâtre-Français, pour la comédie seulement. — Son répertoire contient : 1° les comédies et drames spécialement composés pour ce théâtre; 2° les comédies jouées sur les théâtres dits *Italiens* jusqu'à l'établissement de l'Opéra-Comique; ces dernières pourront être représentées sur le théâtre de l'Impératrice, concurremment avec le Théâtre-Français.

2° Le *théâtre de l'Opéra* (Académie impériale de musique). — Ce théâtre est spécialement consacré au chant et à la danse ; son répertoire est composé de tous les ouvrages, tant opéras que ballets, qui ont paru depuis son établissement en 1646. — 1° Il peut seul représenter les pièces qui sont entièrement en musique, et les ballets du genre noble et gracieux : tels sont tous ceux dont les sujets ont été puisés dans la mythologie et dans l'histoire, et dont les principaux personnages sont des dieux, des rois ou des héros.— 2° Il pourra aussi donner (mais non exclusivement à tout autre théâtre) des ballets représentant des scènes champêtres ou des actions ordinaires de la vie.

3° Le théâtre de *l'Opéra-Comique* (théâtre de S. M. l'empereur). — Ce théâtre est spécialement destiné à la représentation de toute espèce de comédies ou drames mêlés de couplets, d'ariettes et de morceaux d'ensemble.— Son répertoire est composé de toutes les pièces jouées sur le théâtre de l'Opéra-Comique, avant et après sa réunion à la Comédie-Italienne, pourvu que le dialogue de ces pièces soit coupé par du chant. — L'*Opéra-Buffa* doit être considéré comme une annexe de l'Opéra-Comique. Il ne peut représenter que des pièces écrites en italien.

2. Aucun des airs, romances et morceaux de musique qui auront été exécutés sur les théâtres de l'Opéra et de l'Opéra-Comique, ne pourra, sans l'autorisation des auteurs ou propriétaires, être transporté sur un autre théâtre de la capitale, même avec des modifications dans les accompagnements, que cinq ans après la première représentation dera l'ouvge dont ces morceaux font partie.

3. Seront considérés comme théâtres secondaires :

1° Le *théâtre du Vaudeville*. — Son répertoire ne doit contenir que de petites pièces mêlées de couplets sur des airs connus et des parodies.

2° Le *théâtre des Variétés, boulevard Montmartre*. — Son répertoire est composé de petites pièces dans le genre *grivois*, *poissard* ou *villageois*, quelquefois mêlées de couplets également sur des airs connus.

3° Le *théâtre de la Porte-Saint-Martin*. — Il est spécialement destiné au genre appelé *mélodrame*, aux pièces à grand spectacle. Mais dans les pièces du répertoire de ce théâtre, comme dans toutes les pièces des théâtres secondaires, on ne pourra employer, pour les morceaux de chant, que des airs connus.—On ne pourra donner sur ce théâtre des ballets dans le genre historique et noble, ce genre, tel qu'il est indiqué plus haut, étant exclusivement réservé au grand Opéra.

4° Le *théâtre* dit *de la Gaîté*. — Il est spécialement destiné aux *pantomimes* de tout genre, mais sans ballets; aux *arlequinades* et autres *farces* dans le goût de celles données autrefois par Nicolet sur ce théâtre.

4° Le *théâtre des Variétés étrangères*. — Le répertoire de ce théâtre ne pourra être composé que de pièces traduites des *théâtres étrangers*.

4. Les autres théâtres actuellement existants à Paris, et autorisés par la police

antérieurement au décret du 8 juin 1806, seront considérés comme annexes ou doubles des *théâtres secondaires :* chacun des directeurs de ces établissements est tenu de choisir, parmi les genres qui appartiennent aux théâtres secondaires, le genre qui paraîtra convenir à son théâtre. — Ils pourront jouer, ainsi que les théâtres secondaires, quelques pièces des répertoires des grands théâtres, mais seulement avec l'autorisation des administrateurs de ces spectacles, et après qu'une rétribution due aux grands théâtres aura été réglée de gré à gré, conformément à l'art. 4 du décret du 8 juin, et autorisée par le ministre de l'intérieur.

5. Aucun des théâtres de Paris ne pourra jouer des pièces qui sortiraient du genre qui lui a été assigné.—Mais lorsqu'une pièce aura été refusée à l'un des trois grands théâtres, elle pourra être jouée sur l'un ou sur l'autre des théâtres de Paris, pourvu toutefois que la pièce se rapproche du genre assigné à ce théâtre.

6. Lorsque les directeurs et entrepreneurs de spectacles voudront s'assurer que les pièces qu'ils ont reçues ne sortent point du genre de celles qu'ils sont autorisés à représenter, et éviter l'interdiction inattendue d'une pièce dont la mise en scène aurait pu lui occasionner des frais, ils pourront déposer un exemplaire de ces pièces dans les bureaux du ministère de l'intérieur. — Lorsqu'une pièce ne paraîtra pas être du genre qui convient au théâtre qui l'aura reçue, les entrepreneurs ou directeurs de ce théâtre en seront prévenus par le ministre. — L'examen des pièces dans les bureaux du ministère de l'intérieur, et l'approbation donnée à leur représentation, ne dispenseront nullement les directeurs de recourir au ministère de la police, où les pièces doivent être examinées sous d'autres rapports.

7. Pour que les théâtres n'aient pas à souffrir de cette détermination et distribution de genres, le ministre leur permet de conserver en entier leurs anciens répertoires, quand même il s'y trouverait quelques pièces qui ne fussent pas du genre qui leur est assigné; mais ces anciens répertoires devront rester rigoureusement tels qu'ils ont été déposés dans les bureaux du ministère de l'intérieur, et arrêtés par le ministre. — Par cet article toutefois, il n'est nullement contrevenu à l'art. 4 du décret du 8 juin, qui ne permet à aucun théâtre de Paris de jouer les pièces des grands théâtres sans leur payer une rétribution.

TIT. 2. — *Répertoires des théâtres dans les départements.*

8. Dans les départements, les troupes *permanentes* ou *ambulantes* pourront jouer, soit les pièces des répertoires des grands théâtres, soit celles des théâtres secondaires et de leurs doubles (sauf les droits des auteurs ou des propriétaires de ces pièces).

9. Dans les villes où il y a deux théâtres, le *principal théâtre* jouira spécialement du droit de représenter les pièces comprises dans les répertoires des grands théâtres; il pourra aussi, mais avec l'autorisation du préfet, choisir et jouer quelques pièces des théâtres secondaires, sans que pour cela l'autre théâtre soit privé du droit de jouer ces mêmes pièces. — Le *second théâtre* jouira spécialement du droit de représenter les pièces des répertoires des théâtres secondaires; il ne pourra jouer les pièces des trois grands théâtres que dans les suppositions suivantes : — 1° Si les auteurs mêmes lui ont vendu ou donné leurs pièces; — 2° Si le premier théâtre n'a point joué telle ou telle pièce depuis plus d'un an, à compter du jour de sa première représentation, à Paris, sur un des grands théâtres : dans ce cas, le second théâtre pourra jouer cette pièce pendant une année entière, et même plus longtemps, si, pendant le cours de cette année, la pièce n'a point été représentée par le principal théâtre. — Au reste, le préfet, dans les villes où il y a deux théâtres, peut en outre autoriser le second théâtre à représenter des pièces des grands répertoires, toutes les fois qu'il le jugera convenable. — Lorsque le second théâtre, dans ces villes, sera préparé à la représentation d'une pièce du genre de celles qui forment son répertoire, le grand théâtre ne pourra empêcher ni retarder cette représentation sous aucun prétexte, et quand même il prouverait qu'il a obtenu du préfet l'autorisation de jouer la même pièce.

TIT. 3. — *Désignation des arrondissements destinés aux troupes de comédiens ambulantes.*

10. Les villes qui ne peuvent avoir de spectacle que pendant une partie de l'année ont été classées de manière à former vingt-cinq *arrondissements.* — Le tableau de ces arrondissements, ou celui du nombre de troupes qui paraîtrait nécessaire pour chacun d'eux, est joint au présent règlement.

11. Aucun entrepreneur de spectacles ne pourra envoyer de troupes ambulantes dans l'un ou l'autre de ces arrondissements : 1° s'il n'y a été formellement autorisé par le ministre de l'intérieur, devant lequel il devra faire preuve des moyens qu'il peut avoir de remplir ses engagements; — 2° S'il n'est, en outre, muni de l'approbation du ministre de la police générale.

12. Les entrepreneurs de spectacles, qui se présenteront pour tel ou tel arrondissement, devront, *avant le 1er août prochain*, et dans les années subséquentes, toujours avant la même époque :—1° Désigner le nombre de sujets dont seront composées la troupe ou les troupes qu'ils se proposent d'employer; — 2° Indiquer à quelle époque leurs troupes se rendront, et combien de temps ils s'engageront à les faire rester dans chaque ville de l'arrondissement postulé par eux.

13. Chaque autorisation ne sera accordée que pour trois années au plus. Les conditions auxquelles ces concessions seront faites, seront communiquées aux préfets, qui en surveilleront l'exécution.—L'inexécution de ces conditions sera dénoncée au ministre par les préfets, et punie par la révocation des autorisations, et, s'il y a lieu, par des indemnités qui seront versées dans la caisse des pauvres.

14. Des doubles de chacune des autorisations accordées aux entrepreneurs de spectacles par le ministre de l'intérieur seront envoyés au ministre de la police générale, pour qu'il donne, de son côté, à ces entrepreneurs, une approbation particulière, s'il n'y trouve aucun inconvénient. Il lui sera donné connaissance de toutes les mutations qui pourront survenir parmi les entrepreneurs de spectacles.

15. Dans les villes où un spectacle peut subsister pendant toute l'année, l'autorisation d'y établir une troupe sera accordée par les préfets, conformément à l'art. 7 du décr. du 8 juin. Ce seront également les préfets qui accorderont ces autorisations dans les villes où il y a deux théâtres.

16. Les autorisations pour les troupes ambulantes seront délivrées aux entrepreneurs de spectacles, dans le courant de l'année 1807. La nouvelle organisation des spectacles, en cette partie, devra être en pleine activité au renouvellement de *l'année théâtrale* (en avr. 1807). En attendant, les préfets sont autorisés à suivre, à l'égard des troupes ambulantes, les dispositions qui ont été en vigueur jusqu'à ce jour, s'ils n'y ont déjà dérogé.

TIT. 4. — *Dispositions générales.*

17. Les spectacles n'étant point au nombre des jeux publics auxquels assistent les fonctionnaires en leur qualité, mais des amusements préparés et dirigés par des particuliers qui ont spéculé sur le bénéfice qu'ils doivent en retirer, personne n'a le droit de jouir gratuitement d'un amusement que l'entrepreneur vend à tout le monde. Les autorités n'exigeront donc d'entrées gratuites des entrepreneurs que pour le nombre d'individus jugé indispensable pour le maintien de l'ordre et de la sûreté publique.

18. Il est fait défense aux entrepreneurs, directeurs ou régisseurs de spectacles et concerts, d'engager aucun élève des écoles de chant ou de déclamation du Conservatoire sans l'autorisation spéciale du ministre de l'intérieur (ministre d'Etat aujourd'hui).

19. L'autorité chargée de la police des spectacles prononcera provisoirement sur toutes contestations, soit entre les directeurs et les acteurs, soit entre les directeurs et les auteurs ou leurs agents, qui tendraient à interrompre le cours ordinaire des représentations; et la décision provisoire pourra être exécutée, nonobstant le recours vers l'autorité à laquelle il appartiendra de juger le fond de la contestation.

Nota. Suit le tableau des divers théâtres de la France et la fixation des arrondissements pour les troupes ambulantes.

29 juil. 1807. — Décret sur les théâtres.

TIT. 1. — *Dispositions générales.*

Art. 1. Aucune représentation à bénéfice ne pourra avoir lieu que sur le théâtre même dont l'administration ou les entrepreneurs auront accordé le bénéfice de ladite représentation.—Les acteurs de nos théâtres impériaux ne pourront jamais paraître dans ces représentations que sur le théâtre auquel ils appartiennent.

2. Les préfets, sous-préfets et maires sont tenus de ne pas souffrir que, sous aucun prétexte, les acteurs desdits quatre grands théâtres, qui auront obtenu un congé pour aller dans les départements, y prolongent leur séjour au delà du temps fixé pour leur congé; en cas de contravention, les directeurs de théâtres seront condamnés à verser à la caisse des pauvres le montant de la recette des représentations qui auront eu lieu après l'expiration du congé.

3. Aucune nouvelle salle de spectacle ne pourra être construite, aucun déplacement d'une troupe, d'une salle dans une autre, ne pourra avoir lieu dans notre bonne ville de Paris, sans une autorisation donnée pour nous, sur le rapport de notre ministre de l'intérieur (ministre d'Etat aujourd'hui).

TIT. 2. — *Du nombre des théâtres et des règles auxquelles ils sont assujettis.*

4. Le maximum du nombre des théâtres de notre bonne ville de Paris est fixé à huit; en conséquence, sont seuls autorisés à ouvrir, afficher et représenter, indépendamment des quatre grands théâtres mentionnés à l'art. 1 du règlement de notre ministre de l'intérieur, en date du 25 avril dernier, les entrepreneurs ou administrateurs des quatre théâtres suivants : — 1° Le théâtre de la Gaîté, établi en 1760; celui de l'Ambigu-Comique, établi en 1792, boulevard du Temple; lesquels joueront concurremment des pièces du même genre, désignées aux §§ 3 et 4 de l'art. 3 du règlement de notre ministre de l'intérieur. — 2° Le théâtre des Variétés, boulevard Montmartre, établi en 1777, et le théâtre du Vaudeville, établi en 1792, lesquels joueront concurremment des pièces du même genre, désignées aux §§ 3 et 4 de l'art. 3 du règlement de notre ministre de l'intérieur (25 avr. 1807, ci-dessus).

5. Tous les théâtres non autorisés par l'article précédent seront fermés avant le 15 août. — En conséquence, on ne pourra représenter aucune pièce sur d'autres théâtres de notre bonne ville de Paris que sur ceux ci-dessus désignés, sous aucun prétexte, ni y admettre le public, même gratuitement; faire aucune affiche, distribuer aucun billet imprimé ou à la main, sous les peines portées par les lois et règlements de police.

6. Le règlement susdaté, fait par notre ministre de l'intérieur, est approuvé, pour être exécuté dans toutes les dispositions auxquelles il n'est pas dérogé par le présent décret.

1er nov. 1807. — Décret portant création de la surintendance des grands théâtres.

2 nov. 1807. — Décret sur les droits au profit des pauvres.

12 nov. 1807. — Arrêté du ministre de l'intérieur en interprétation du décret du 29 juill. 1807.

9 déc. 1809. — Décret concernant les droits à percevoir, en faveur des pauvres, des hospices, sur les spectacles, bals, concerts, danses et fêtes.

Art. 1. Les droits qui ont été perçus jusqu'à ce jour en faveur des pauvres ou des hospices, en sus de chaque billet d'entrée et d'abonnement dans les spectacles, et sur la recette brute des bals, concerts, danses et fêtes publiques, continueront à être indéfiniment perçus, ainsi qu'ils l'ont été pendant le cours de cette année et des années antérieures, sous la responsabilité des receveurs et contrôleurs de ces établissements.

2. La perception de ces droits continuera, pour Paris, d'être mise en ferme ou régie intéressée, d'après les formes, clauses, charges et conditions qui en seront approuvées par notre ministre de l'intérieur. En cas de régie intéressée, le receveur comptable de ces établissements et le contrôleur des recettes et dépenses seront spécialement chargés du contrôle de la régie, sous l'autorité de la commission exécutive des hospices, et sous la surveillance du préfet de la Seine.

3. Dans le cas où la régie intéressée jugerait utile de souscrire des abonnements, ils ne pourront avoir lieu qu'avec notre approbation en conseil d'État, comme pour les biens des hospices à mettre en régie; et cette approbation ne sera donnée que sur l'avis du préfet de la Seine, qui consultera la commission exécutive et le conseil des hospices.

4. Les représentations gratuites et à bénéfice seront, au surplus, exemptes des droits mentionnés aux articles qui précèdent, sur l'augmentation mise au prix ordinaire des billets.

13 août 1811. — Décret qui assujettit les théâtres du second ordre, petits théâtres, spectacles de tout genre, et ceux qui donnent des bals masqués ou des concerts dans la ville de Paris, à payer une redevance à l'Académie impériale de musique.— Cette redevance a été abolie par l'ord. du 24 août 1831; nous ne rapporterons donc du présent décret que quelques dispositions d'un intérêt plus général.

SECT. 3. — *Dispositions générales.*

11. Aucun concert ne sera donné sans que le jour ait été fixé par le surintendant de nos théâtres, après avoir pris l'avis du directeur de notre Académie impériale de musique.

12. Toute contravention au présent décret en ce qui touchera l'ouverture d'un théâtre ou spectacle sans déclaration ou permission, sera poursuivie devant nos cours et tribunaux par voie de police correctionnelle, et punie des peines portées à l'art. 410 c. pén., § 1.

13. Nos procureurs près nos cours et tribunaux sont chargés d'y tenir la main, et de faire, même d'office, toutes poursuites nécessaires selon les cas.

15 oct. 1812. — Décret sur la surveillance, l'organisation, l'administration, la comptabilité, la police et discipline du Théâtre-Français.

TIT. 1. — DE LA DIRECTION ET SURVEILLANCE DU THÉATRE-FRANÇAIS.

Art. 1. Le Théâtre-Français continuera d'être placé sous la surveillance et la direction du surintendant de nos spectacles.

2. Un commissaire impérial, nommé par nous, sera chargé de transmettre aux comédiens les ordres du surintendant. Il surveillera toutes les parties de l'administration et de la comptabilité.

3. Il sera chargé, sous sa responsabilité, de faire exécuter, dans toutes leurs dispositions, les règlements et les ordres de service du surintendant. — A cet effet, il donnera personnellement tous les ordres nécessaires.

4. En cas d'inexécution ou de violation des règlements, il en dressera procès-verbal, et le remettra au surintendant.

TIT. 2. — DE L'ASSOCIATION DU THÉATRE-FRANÇAIS.

SECT. 1. — *De la division en parts.*

5. Les comédiens de notre Théâtre-Français continueront d'être réunis en société, laquelle sera administrée selon les règles ci-après.

6. Le produit des recettes, tous les frais et dépenses prélevés, sera divisé en vingt-quatre parts.

7. Une de ces parts sera mise en réserve, pour être affectée, par le surintendant, aux besoins imprévus; si elle n'est pas employée en entier, le surplus sera distribué à la fin de l'année entre les sociétaires.

8. Une demi-part sera mise en réserve pour augmenter le fonds des pensions de la société.

9. Une demi-part sera employée annuellement en décorations, ameublements, costumes du magasin, réparations des loges et entretien de la salle, d'après les ordres du surintendant. Les réserves ordonnées par les art. 7, 8 et 9 n'auront lieu que successivement et à mesure des vacances.

10. Les vingt-deux parts restantes continueront d'être réparties entre les comédiens sociétaires, depuis un huitième de part jusqu'à une part entière, qui sera le maximum.

11. Les parts ou portions de part vacantes seront accordées ou distribuées par le surintendant de nos spectacles.

SECT. 2. — *Des pensions et retraites.*

§ 1. — *Du temps nécessaire pour obtenir la pension, et de sa quotité.*

12. Tout sociétaire qui sera reçu contractera l'engagement de jouer pendant vingt ans; et, après vingt ans de service non interrompus, il pourra prendre sa retraite, à moins que le surintendant ne juge à propos de le retenir. — Les vingt ans dateront du jour des débuts, lorsqu'ils auront été immédiatement suivis de l'admission à l'essai, et ensuite dans la société.

13. Le sociétaire qui se retirera après vingt ans aura droit : — 1° A une pension viagère de 2,000 fr., sur les fonds affectés au Théâtre-Français par le décret du 13 mess. an 10; — 2° A une pension de pareille somme sur les fonds de la société dont il est parlé à l'art. 8.

14. Si le surintendant juge convenable de prolonger le service d'un sociétaire au delà de vingt ans, il sera ajouté, quand il se retirera, 100 fr. de plus par an à chacune des pensions dont il est parlé à l'article précédent.

15. Un sociétaire qu'un accident ayant pour cause immédiate le service de notre Théâtre-Français ou des théâtres de nos palais obligerait de se retirer avant d'avoir accompli ses vingt ans, recevra en entier les pensions fixées par l'art. 13.

16. En cas d'incapacité de servir, provenant d'une autre cause que celle énoncée en l'art. 15, le sociétaire pourra, même avant ses vingt ans de service, être mis en retraite par ordre du surintendant. — En ce cas, et s'il a plus de dix ans de service, il aura droit à une pension sur les fonds du gouvernement, et une sur les fonds des sociétaires : chacune de ces pensions sera de 100 fr. par année de service, s'il était à part entière; de 75 fr., s'il était à trois quarts de part, et ainsi dans la proportion de sa part dans les bénéfices de la société.

17. Si le sociétaire a moins de dix ans de service, le surintendant pourra nous proposer la pension qu'il croira convenable de lui accorder, selon les services rendus à la société et les circonstances où il se trouvera.

18. Toutes ces pensions seront accordées par décisions rendues en notre conseil d'Etat, sur l'avis du comité, comme il a été statué pour notre Académie impériale de musique par notre décret du 20 janv. 1811 (1).

§ 2. — *Des moyens de payement des pensions.*

19. Les pensions accordées sur le fonds de 100,000 fr. de rente accordé par nous à notre Théâtre-Français seront acquittées, tous les trois mois, sur les fonds qui seront touchés à la caisse d'amortissement.

20. En cas d'insuffisance, il sera pourvu avec la part mise en réserve pour les besoins imprévus.

21. Pour assurer le payement des pensions accordées sur les fonds particuliers de la société, il sera prélevé, chaque année, et par mois, sur la recette générale, une somme de 50,000 fr.

22. Cette somme sera versée entre les mains du notaire du Théâtre-Français, et placée par lui à mesure pour le compte de la société, selon les règles prescrites par l'art. 32.

23. Aucun sociétaire ne peut aliéner ni engager la portion pour laquelle il contribue au fonds de cette rente.

24. A la retraite de chaque sociétaire ou à son décès, le remboursement du capital de cette retenue sera fait à chaque sociétaire ou à ses héritiers, au prorata de ce qu'il y aura contribué.

25. Tout sociétaire qui quittera le théâtre sans en avoir obtenu la permission du surintendant perdra la somme pour laquelle il aura contribué, et n'aura droit à aucune pension.

26. Jusqu'à ce qu'au moyen des dispositions ci-dessus, une rente de 50,000 fr. soit entièrement constituée, les pensions de la société seront payées, tant sur les intérêts des fonds mis en réserve, que sur les recettes générales de chaque mois.

27. Quand la rente sera constituée, s'il y a de l'excédant après le payement annuel des pensions, il en sera disposé pour l'avantage de la société, avec l'autorisation du surintendant.

SECT. 3. — *De la retraite des acteurs aux appointements et employés.*

28. Après vingt ans ou plus de services non interrompus par un acteur ou une actrice aux appointements, après dix ans de service seulement en cas d'infirmités, enfin en cas d'accident, comme il est dit pour les sociétaires, art. 15, le surintendant pourra nous proposer d'accorder, moitié sur le fonds de 100,000 fr., moitié sur celui de la société, une pension, laquelle, tout compris, ne pourra excéder la moitié du traitement dont l'acteur ou l'actrice aura joui les trois dernières années de son service.

29. Le commissaire impérial pourra aussi obtenir une retraite ou pension d'après les règles établies en l'art. 28; mais elle sera payée en entier sur le fonds de 100,000 fr.

TIT. 3.

SECT. 1. — *De l'administration des intérêts de la société.*

30. Un comité composé de six hommes membres de la société, présidé par le commissaire impérial, et ayant un secrétaire pour tenir registre des délibérations, sera chargé de la régie et administration des intérêts de la société. — Le surintendant nommera, chaque année, les membres de ce comité. — Ils seront indéfiniment rééligibles. — Trois de ses membres seront chargés de l'expédition de ses résolutions.

31. Le surintendant pourra les révoquer et remplacer à volonté.

32. Les fonctions de ce comité seront particulièrement : — 1° De dresser, chaque année, le budget ou état présumé des dépenses de tout genre, de le soumettre à l'examen de l'assemblée générale des sociétaires et à l'approbation du surintendant; — 2° D'ordonner et faire acquitter, dans les limites portées au budget pour chaque nature de dépenses, celles qui seront nécessaires pour toutes les parties du service, à l'effet de quoi, un de ses membres sera préposé à la signature des ordres de fourniture ou de travail, et des mandats de payement; — 3° De la passation de tous marchés, obligations pour le service, ou actes pour la société; — 4° D'inspecter, régler et ordonner dans toutes les parties de la salle, du théâtre, des magasins, etc.; — 5° De vérifier les recettes, d'inspecter la caisse, et de faire effectuer le payement des parts, traitements, pensions ou sommes mises en réserve selon le présent règlement; — 6° D'exercer pour tous recouvrements, ou en tout autre cas, tant en demandant qu'en défendant, toutes les actions et droits de la société, après avoir, toutefois, pris l'avis de l'assemblée générale et l'autorisation du surintendant.

SECT. 2. — *Des dépenses, payements, et de la comptabilité.*

33. Le caissier sera nommé par le comité, et soumis à l'approbation du surintendant. — Il fournira en immeubles un cautionnement de 60,000 fr., dont les titres seront vérifiés par le notaire du théâtre, qui fera faire tous les actes conservatoires au nom de la société.

34. A la fin de chaque mois, les états de recettes et dépenses seront arrêtés par le comité, et approuvés par le commissaire impérial.

35. D'après cet arrêté et cette approbation, seront prélevés sur la recette, d'abord les droits d'auteur, ensuite toutes les dépenses : — 1° Pour appointements d'acteurs, traitements d'employés ou gagistes; — 2° La somme prescrite pour les fonds des pensions de la société; — 3° Le montant des mémoires, tant pour dépenses courantes que fournitures extraordinaires.

36. Le reste sera partagé conformément aux art. 6, 7, 8, 9 et 10.

37. Le caissier touchera tous les trois mois, à la caisse d'amortissement, le quart des 100,000 fr. de rente affectés au Théâtre-Français, et soldera, avec ces 25,000 fr., et au besoin, avec le produit de la part dont il est parlé à l'art. 7, sur des états dressés par le commissaire impérial et arrêtés par le surintendant : — 1° Les pensions des acteurs retirés ou autres pensionnaires; — 2° Les indemnités pour supplément d'appointements accordés aux acteurs; — 3° Le traitement du commissaire impérial; — 4° Le loyer de la salle.

38. A la fin de chaque année, le caissier dressera le compte des recettes et dépenses, pour les fonds de la société.

39. Ce compte sera remis au comité, qui l'examinera et donnera son avis. — Il sera présenté ensuite à l'assemblée générale des sociétaires, qui pourra nommer une commission de trois de ses membres, pour le revoir, et y faire des observations, s'il y a lieu, dans une autre assemblée générale. — Enfin, le compte sera soumis au surintendant, qui l'approuvera, s'il y a lieu.

40. Le caissier dressera également le compte des 100,000 fr. accordés par le gouvernement, et des parts mises à la disposition du surintendant. Ce compte sera visé par le commissaire impérial, et arrêté par le surintendant.

41. Sur la part réservée aux besoins imprévus, il pourra être accordé par le surintendant, aux acteurs ou actrices qui se trouveraient chargés de dépenses trop considérables de costumes ou de toilette, une autorisation pour se faire faire par le magasin les habits pour jouer un ou plusieurs rôles.

SECT. 3. — *Des assemblées générales.*

42. L'assemblée générale de tous les sociétaires est convoquée nécessairement par le comité, et a lieu pour les objets suivants : — 1° Au plus tard dans la première semaine du dernier mois de l'année, pour examiner et donner son avis sur le budget de l'année suivante, conformément au § 1 de l'art. 32; — 2° Au plus tard dans la dernière semaine du premier mois de chaque année pour examiner le compte de l'année précédente, et ensuite pour entendre le rapport de la commission, s'il y en a eu une nommée.

43. L'assemblée générale doit être, en outre, convoquée par le comité toutes les fois qu'il y a lieu à placement de fonds, actions à soutenir, en défendant ou deman-

(1) Ce décret ne paraît pas avoir été inséré au Bulletin des lois.

TOME XLII. 38

dant, dépenses à faire excédant celles autorisées par le budget; cas auxquels l'assemblée générale doit donner son avis, après quoi le surintendant décide, après avoir vu l'avis du conseil dont il est parlé au tit. 7.

44. L'assemblée générale peut, au surplus, être convoquée par ordre du surintendant, quand il juge nécessaire de la consulter, ou avec son autorisation, si le comité le demande, pour tous les cas extraordinaires et imprévus.

TIT. 4. — De l'administration théatrale.

Sect. 1. — *Dispositions générales.*

45. Le comité établi par l'art. 30 sera également chargé de tout ce qui concerne l'administration théâtrale, la formation des répertoires, l'exécution des ordres de début, la réception des pièces nouvelles, sous la surveillance du commissaire impérial et l'autorité du surintendant.

Sect. 2. — *Des répertoires.*

§ 1. — *De la distribution des emplois.*

46. Le surintendant déterminera, aussitôt la publication du présent règlement, la distribution exacte des différents emplois. — Il fera dresser, en conséquence, un état général de toutes les pièces, soit sues, soit à remettre, avec les noms des acteurs et actrices sociétaires qui doivent jouer en premier, en double et en troisième, les rôles de chacune de ces pièces, selon leur emploi et leur ancienneté, afin qu'il n'y ait plus aucune contestation à cet égard.

47. Nul acteur ou actrice ne pourra tenir en premier deux emplois différents, sans une autorisation spéciale du surintendant, qui ne l'accordera que rarement, et pour de puissants motifs.

48. Si un acteur ou actrice tenant un emploi en chef veut jouer dans un autre; par exemple, si, tenant un emploi tragique, il veut jouer dans la comédie, ou si, jouant les rôles de jeune premier, il veut jouer un autre emploi, il ne pourra priver celui qui tenait l'emploi en chef auparavant; mais il tiendra ledit emploi en second quand même il serait plus ancien que son camarade. — Notre surintendant pourra seulement l'autoriser à jouer les rôles du nouvel emploi qu'il voudra prendre, alternativement avec celui qui les jouait en chef ou en premier.

§ 2. — *De la formation du répertoire.*

49. Le répertoire sera formé dans le comité établi par l'art. 30, auquel seront adjointes, pour cet objet seulement, deux femmes sociétaires, conformément à l'arrêt du conseil du 9 déc. 1780 (1).

50. Les répertoires seront faits de manière que chaque rôle ait un second ou double désigné, qui puisse jouer à défaut de l'acteur en premier, s'il a des excuses valables, et sans que, pour cause de l'absence d'un ou plusieurs acteurs en premier, la pièce puisse être changée ou sa représentation retardée.

51. Pour veiller à l'exécution du répertoire, deux sociétaires seront adjoints au comité sous le titre de *semainier*; chaque sociétaire sera semainier à son tour.

52. Si un double, étant chargé d'un rôle par le répertoire, tombe malade, le chef se portant bien sera tenu de le jouer, sur l'avis que lui en donnera le semainier.

53. Un acteur en chef ne pourra refuser de jouer ni abandonner tout à fait à son double aucun des premiers rôles de son emploi; il les jouera, bons ou mauvais, quand il sera appelé par le répertoire.

54. Aucun acteur en chef ne pourra se réserver un ou plusieurs rôles de son emploi. Le comité prendra les mesures nécessaires pour que les doubles soient entendus par le public dans les principaux rôles de leurs emplois respectifs trois ou quatre fois par mois. — Il veillera également à ce que les acteurs à l'essai soient mis à portée d'exercer leurs talents et de faire juger leurs progrès. — Les acteurs jouant les rôles en second pourront réclamer en cas d'inexécution du présent article, et le surintendant donnera des ordres sans délai pour que le comité s'y conforme, sous peine envers l'acteur en chef opposant et chacun des membres du comité qui n'y auront pas pourvu, d'une amende de 300 fr. — Notre commissaire près le théâtre sera responsable de l'inexécution du présent article, s'il n'a dressé procès-verbal des contraventions, à l'effet d'y faire pourvoir par le surintendant et de faire payer les amendes.

55. Nos comédiens seront tenus de mettre tous les mois un grand ouvrage ou du moins deux petits ouvrages, nouveaux ou remis. — Dans le nombre de ces pièces, seront des pièces d'auteurs vivants. — Il est enjoint au comité et au surintendant de tenir la main à l'exécution de cet article.

56. Les assemblées des samedis de chaque semaine continueront d'avoir lieu, et tous les acteurs seront tenus de s'y trouver pour prendre communication du répertoire. — Il continuera d'être délivré des jetons aux acteurs présents.

57. Tous acteurs ou actrices pourront faire des observations, et demander des changements au répertoire pour des motifs valables sur lesquels il sera statué provisoirement par le commissaire impérial, et définitivement par le surintendant.

58. Le répertoire se fera, la première fois, pour quinze jours. Il en sera envoyé copie au préfet de police. — Le samedi d'après, se fera celui de la semaine ensuivant, et ainsi successivement.

59. Quand le répertoire aura été réglé, chacun sera tenu de jouer le rôle pour lequel il aura été inscrit, à moins de causes légitimes approuvées par le comité présidé par le commissaire impérial, et dont il sera rendu compte au surintendant sous peine de 150 fr. d'amende.

60. Si un acteur, ayant fait changer la représentation pour cause de maladie, est aperçu dans une promenade, un spectacle, ou s'il sort de chez lui, il sera mis à une amende de 300 fr.

Sect. 3. — *Des débuts.*

61. Le surintendant donnera seul les ordres de début sur notre Théâtre-Français. Les débuts n'auront pas lieu du 1er novembre jusqu'au 15 avril.

62. Ces ordres seront présentés au comité, qui sera tenu de les enregistrer, et de mettre au premier répertoire les trois pièces que les débutants demanderont.

63. Le surintendant pourra appeler pour débuter les élèves de notre Conservatoire, ceux de maîtres particuliers, ou les acteurs des autres théâtres de notre empire; auquel cas, leurs engagements seront suspendus, et rompus s'ils sont admis à l'essai.

(1) Aux termes de cet arrêt du conseil d'État, le comité permanent était composé de six comédiens, de deux comédiennes et d'un secrétaire ayant voix délibérative.

64. Les acteurs et actrices qui auront des rôles dans ces pièces ne pourront refuser de les jouer, sous peine de 150 fr. d'amende.

65. On sera obligé indispensablement à une répétition entière pour chaque pièce où les débutants devront jouer, sous peine de 25 fr. d'amende pour chaque absent.

66. Le comité proposera ensuite d'autres rôles à jouer par le débutant, et le surintendant en déterminera trois que le débutant sera tenu de jouer après des répétitions particulières et une répétition générale, comme il est dit à l'art. 65.

67. Les débutants qui auront eu des succès et annoncé des talents seront reçus à l'essai au moins pour un an, et ensuite comme sociétaires par le surintendant, selon qu'il le jugera convenable.

TIT. 5. — Des pièces nouvelles et des auteurs.

68. La lecture des pièces nouvelles se fera devant un conseil composé de neuf personnes choisies parmi les plus anciens sociétaires, par le surintendant, qui nommera en outre trois suppléants pour que le nombre des membres du comité soit toujours complet.

69. L'admission a lieu à la pluralité absolue des voix.

70. Si une partie des voix est pour le renvoi à correction, on refait un tour de scrutin sur la question du renvoi, et on vote par oui ou non.

71. S'il n'y a que quatre voix pour le renvoi à correction, la pièce est reçue.

72. La part d'auteur dans le produit des recettes, le tiers prélevé pour les frais, est du huitième pour une pièce en cinq ou quatre actes, du douzième pour une pièce en trois actes, et du seizième pour une pièce en un et deux actes; cependant les auteurs et les comédiens peuvent faire toute autre convention de gré à gré.

73. L'auteur jouit de ses entrées du moment où sa pièce est mise en répétition, et les conserve trois ans après la première représentation, pour un ouvrage en cinq et en quatre actes, deux ans pour un ouvrage en trois actes, un an pour une pièce en un et deux actes. L'auteur de deux pièces en cinq ou en quatre actes ou de trois pièces en trois actes, ou de quatre pièces en un acte, restées au théâtre, a ses entrées sa vie durant.

TIT. 6. — De la police.

74. La présidence et la police des assemblées, soit générales, soit des divers comités, sont exercées par le commissaire impérial.

75. Tout sujet qui manque à la subordination envers ses supérieurs; qui, sans excuses jugées valables, fait changer le spectacle indiqué sur le répertoire, ou refuse de jouer soit un rôle de son emploi, soit tout autre rôle qui peut lui être distribué pour le service des théâtres de nos palais, ou qui fait manquer le service en ne se trouvant pas à son poste aux heures fixées, est condamné, suivant la gravité des cas, à l'une des peines suivantes.

76. Ces peines sont les amendes, l'exclusion des assemblées générales des sociétaires et du comité d'administration, l'expulsion momentanée ou définitive du théâtre, la perte de la pension et les arrêts.

77. Les amendes au-dessous de 25 fr. sont prononcées par le comité, présidé par le commissaire impérial. — L'exclusion des assemblées générales et du comité d'administration peut l'être de la même manière; mais le commissaire impérial est tenu de rendre compte des motifs au surintendant. — Les arrêts, le commissaire, qui aura requis le comité d'infliger une peine, en instruira, en cas de refus, le surintendant, qui prononcera.

78. Les amendes au-dessus de 25 fr. et les autres punitions sont infligées par le surintendant, sur le rapport motivé du commissaire impérial. — L'expulsion définitive n'aura lieu que dans les cas graves, et après avoir pris l'avis du comité.

79. Aucun sujet ne peut s'absenter sans la permission du surintendant.

80. Les congés sont délivrés par le surintendant, qui n'en peut pas accorder plus de deux à la fois, ni pour plus de deux mois : ils ne peuvent avoir lieu que depuis le 1er mai jusqu'au 1er nov.

81. Tout sujet qui, ayant obtenu un congé, en outre-passe le terme, paye une amende égale au produit de sa part pendant tout le temps qu'il aura été absent du théâtre.

82. Lorsqu'un sujet, après dix années de service, aura réitéré pendant une année la demande de sa retraite, et qu'il déclarera qu'il est dans l'intention de ne plus jouer sur aucun théâtre, ni français, ni étranger, sa retraite ne pourra lui être refusée; mais il n'aura droit à aucune pension, ni à retirer sa part du fonds annuel de 50,000 fr.

TIT. 7. — Dispositions générales.

83. Les comédiens français ne pourront se dispenser de donner tous les jours spectacle, sans une autorisation spéciale du surintendant, sous peine de payer, pour chaque clôture, une somme de 500 fr., qui sera versée dans la caisse des pauvres, à la diligence du préfet de police.

84. Tout sociétaire, ayant trente années de service effectif, pourra obtenir une représentation à son bénéfice, lors de sa retraite : cette représentation ne pourra avoir lieu que sur le Théâtre-Français, conformément à notre décret du 29 juill. 1807.

85. Tout sujet retiré du Théâtre-Français ne pourra reparaître sur aucun théâtre, soit de Paris, soit des départements, sans la permission du surintendant.

86. Toutes les affaires contentieuses seront soumises à l'examen d'un conseil de jurisconsultes, et on ne pourra faire aucune poursuite judiciaire au nom de la société, sans avoir pris l'avis du conseil. — Ce conseil restera composé ainsi qu'il l'est aujourd'hui, et sera réduit à l'avenir par mort ou démission au nombre de trois jurisconsultes, deux avoués, et au notaire du théâtre. — En cas de vacance, la nomination se fera par le comité, avec l'agrément du surintendant.

87. Le surintendant fera les règlements qu'il jugera nécessaires pour toutes les parties de l'administration intérieure.

88. Les décrets des 29 juill. et 1er nov. 1807 sont maintenus en tout ce qui n'est pas contraire aux dispositions ci-dessus.

TIT. 8. — Des élèves du Théâtre-Français.

§ 1. — *Nombre, nomination, instruction et entretien des élèves.*

89. Il y aura, à notre Conservatoire impérial, dix-huit élèves pour notre Théâtre-Français, neuf de chaque sexe.

90. Ils seront désignés par notre ministre de l'intérieur : ils seront âgés au moins de quinze ans.

91. Ils seront traités au Conservatoire comme les autres pensionnaires qui y sont admis pour le chant et la tragédie lyrique.

92. Ils pourront suivre les classes de musique; mais ils seront plus spécialement appliqués à l'art de la déclamation, et suivront exactement les cours des professeurs, selon le genre auquel ils seront destinés.

93. A cet effet, indépendamment des professeurs, il y aura pour l'art dramatique deux répétiteurs d'un genre différent, lesquels feront répéter et travailler les élèves, chaque jour, dans les intervalles des classes, à des heures qui seront fixées.

94. Il y aura, en outre, un professeur de grammaire, d'histoire et de mythologie appliquées à l'art dramatique, lequel enseignera spécialement les élèves destinés au Théâtre-Français.

95. Les élèves seront examinés tous les ans par les professeurs et le directeur du Conservatoire, et il sera rendu compte du résultat à notre ministre de l'intérieur et au surintendant des théâtres.

96. Les élèves qui ne donneraient pas d'espérances ne continueront pas leurs cours, et ils seront remplacés.

97. Ceux qui ne seraient pas encore capables de débuter sur notre Théâtre-Français pourront, avec la permission du surintendant, s'engager pour un temps au théâtre de l'Odéon, ou dans les troupes des départements.

98. Ceux qui seront jugés capables de débuter pourront recevoir du surintendant un ordre de début, et être, selon leurs moyens, mis à l'essai pendant au moins un an, et ensuite admis comme sociétaires, comme il est dit art. 67.

§ 2. — *Des dépenses pour les élèves de l'art dramatique.*

99. La dépense, pour chacun des élèves, est fixée à 1,100 fr.; — Le traitement, pour chacun des répétiteurs, à 2,000 fr.; — Le traitement du professeur, à 3,000 fr.

100. En conséquence, notre ministre de l'intérieur disposera, sur le fonds des dépenses imprévues de son ministère, d'une somme de 26,800 fr. en sus de celle allouée pour notre Conservatoire impérial de musique.

Août 1814. — Règlement du ministre de l'intérieur sur les théâtres (1).

15 mai 1815. — Règlement sur les théâtres, par le ministre de l'intérieur (2).

Art. 1. Le royaume se divise en vingt-cinq arrondissements de théâtre.

2. Chaque arrondissement comprend un ou plusieurs départements, selon que ceux-ci ont plus ou moins de villes susceptibles d'avoir des spectacles.

3. Les arrondissements peuvent avoir deux espèces de directeurs : Des directeurs de troupes stationnaires pour les villes qui ont des spectacles permanents ; — Des directeurs de troupes ambulantes pour desservir les communes qui ne peuvent avoir un spectacle à l'année.

4. Les directeurs de troupes stationnaires sont désignés par les préfets, et nommés par le ministre de l'intérieur.

5. Les directeurs de troupes ambulantes sont choisis par le ministre, d'après les notes qui lui sont directement parvenues, ou qui lui ont été remises par les préfets.

6. Les seuls directeurs nommés suivant ces formalités peuvent entretenir des troupes de comédiens.

7. Tout particulier qui se présente pour obtenir une direction doit faire preuve de ses moyens pour soutenir une entreprise théâtrale; les directeurs peuvent être astreints à fournir un cautionnement en immeubles.

8. Les directions des théâtres permanents sont accordées pour une, deux, trois ou même un plus grand nombre d'années, selon que le proposent les préfets, et que le ministre le jugera convenable.

9. Les directions de troupes ambulantes ne peuvent être accordées que pour trois ans au plus.

10. Dès qu'un directeur de théâtre a reçu son brevet du ministre de l'intérieur, il doit, avant d'entrer en exercice, aller prendre les ordres du directeur général de la police, à qui il fait part de sa nomination.

11. Tout directeur, dans le mois de sa nomination, et chaque année, dans le mois qui précède l'ouverture de la campagne doit (3) envoyer au ministre de l'intérieur le tableau de ses acteurs et actrices; il peut avoir une troupe composée de comédie et d'opéra, ou deux troupes, l'une de comédie et l'autre d'opéra. — Il ne doit engager ou faire engager aucun acteur que sur le vu d'un congé délivré par le directeur dont cet artiste quitte la troupe, et avoir soin, lui et son agent, de garder le congé par-devers soi.

12. Il doit soumettre, tous les ans (4), son répertoire général au ministre de l'intérieur. — Aucune pièce ne doit, au surplus, être portée, par un directeur, sur son répertoire, qu'avec l'autorisation du ministre de la police (5).

13. Le ministre de l'intérieur assigne à chaque théâtre le genre dans lequel il doit se renfermer. — Dans les villes où il n'y a qu'un seul théâtre permanent, et dans les communes desservies par une troupe ambulante, les directeurs peuvent faire jouer les pièces des grands théâtres de Paris et des théâtres secondaires.

14. Dans les villes où il y a deux théâtres (et il ne peut y en avoir davantage, excepté à Paris), le principal théâtre jouit du droit de représenter les pièces comprises dans les répertoires des grands théâtres de Paris. — Le second théâtre jouit du droit de représenter les pièces du répertoire des théâtres secondaires. — Les préfets peuvent, au reste, et lorsqu'ils le jugent à propos (6), autoriser les directeurs du principal théâtre à donner des pièces du répertoire des théâtres secondaires, et également, en de certains cas, permettre au second théâtre de représenter des ouvrages du répertoire des grands théâtres.

15. Les directeurs des troupes ambulantes soumettent leur itinéraire au ministre, qui l'arrête, après l'avoir modifié, s'il y a lieu, et l'envoie au préfet, pour que l'ordre, une fois établi, soit maintenu pour tout le temps de la durée du brevet (7).

16. Les directeurs ne peuvent, en aucune manière, avoir de sous-traitants; ils sont tenus d'être eux-mêmes à la tête de la troupe qui dessert l'arrondissement; quand ils ont deux troupes, ils conduisent la principale d'entre elles et choisissent pour la seconde un régisseur dont ils font connaître le nom au ministre, et dont ils répondent (8).

17. Les préfets des départements dans lesquels il y a des théâtres permanents rendent compte, tous les trois mois, de la conduite des directeurs. — Ils rendent compte des directeurs des troupes ambulantes à chaque séjour que celles-ci font dans leurs départements.

18. Aux mêmes époques, les préfets exigent des directeurs, et font passer au ministre de l'intérieur l'état des recettes et dépenses des troupes permanentes et ambulantes.

19. Les directeurs sur lesquels viennent des notes favorables; ceux qui ont fait un meilleur choix de pièces, qui ont le plus soigné les représentations, qui ont enfin exactement rempli tous leurs engagements, sont dans le cas d'obtenir des récompenses et des encouragements. — Les acteurs qui se conduisent bien, et qui font preuve de talents distingués, sont également susceptibles d'obtenir des marques de satisfaction de la part du ministre.

20. L'inexécution des conditions faites aux directeurs entraînerait la révocation de leur brevet.

21. Les directeurs des troupes stationnaires, dans les lieux où ils sont établis, et les directeurs des troupes ambulantes, dans les lieux où ils se trouvent exercer, eux ou leurs régisseurs régulièrement reconnus (9), ont le droit de percevoir un cinquième sur la recette brute des spectacles de curiosité, de quelque genre et sous quelque dénomination qu'ils soient, défalcation faite, toutefois, du droit des pauvres. Au temps du carnaval, les directeurs jouissent, aux lieux indiqués ci-dessus, du droit de donner seuls les bals masqués.

22. Les salles de spectacle appartenant aux communes peuvent, sur la proposition des maires et préfets, être abandonnées gratuitement aux directeurs.

23. Quant aux salles appartenant à des particuliers, le loyer en peut être payé par les communes à la décharge du directeur. — Les conseils municipaux prennent (10), à ce sujet, des délibérations, que les préfets transmettent au ministre de l'intérieur, avec leurs avis, pour le rapport en être fait, s'il y a lieu, et les sommes nécessaires portées aux budgets.

24. En général, il doit être pris, autant que possible, des mesures pour que toutes les communes deviennent propriétaires de salles de spectacle.

25. Dans les villes susceptibles d'avoir un théâtre, et qui n'ont point encore de salle, ni communale ni particulière, il doit être avisé aux moyens d'en faire construire une.

26 (11). Les spectacles n'étant point au nombre des jeux publics auxquels les fonctionnaires assistent en leur qualité, il ne doit point y avoir pour eux de places, encore moins de loges gratuites réservées aux théâtres.

27. Les autorités ne peuvent exiger d'entrées gratuites des entrepreneurs que pour le nombre d'individus jugé indispensable au maintien de l'ordre et de la sûreté publique.

28. Il est fait défense aux directeurs d'engager, soit pour leurs spectacles, soit pour les concerts qu'ils sont dans le cas de donner, aucun des élèves des écoles de chant et de déclamation du Conservatoire, sans l'autorisation du ministre de l'intérieur.

29. Les préfets, les sous-préfets et les maires sont tenus de ne souffrir, sous aucun prétexte, que les acteurs des théâtres de Paris, ou des théâtres de toute autre ville, qui ont obtenu un congé de leurs sociétés ou de leur directeur pour voyager dans les départements, y prolongent leur séjour au delà du temps fixé par le congé. — En cas de contravention, les directeurs de spectacles peuvent être condamnés à verser à la caisse des pauvres le montant de la recette des représentations qui ont eu lieu après l'expiration du congé.

30. Les préfets et les maires doivent veiller à la stricte exécution des lois et instructions relatives aux droits des auteurs dramatiques.

31. L'autorité chargée de la police des spectacles prononce provisoirement sur toutes contestations, soit entre les directeurs et les acteurs, soit entre les directeurs et les auteurs ou leurs agents, qui tendraient à interrompre le cours ordinaire des représentations; et la décision provisoire peut être exécutée, nonobstant le recours vers l'autorité supérieure à laquelle il appartient de juger le fond de la question.

18 janv. 1816. — Ordonnance portant règlement des droits et honoraires attribués, ainsi que des obligations imposées aux auteurs et compositeurs des ouvrages représentés à l'Académie royale de musique (non insérée au Bulletin des lois).

18 mai 1822. — Ordonnance du roi portant règlement pour le Théâtre-Français (non insérée au Bulletin des lois).

---

(1) Ce règlement est cité par les auteurs tantôt sous la date du 19, tantôt sous celle du 30 août 1814 : dans la collection officielle du ministre de l'intérieur il porte seulement la date du mois d'août, ainsi que nous l'avons indiqué ci-dessus. Comme il a été modifié par un autre règlement du 15 mai 1815, nous nous bornons à donner le texte de ce dernier, en indiquant les points par lesquels ils diffèrent.

(2) Il est à remarquer que ce règlement ne figure pas dans la collection officielle du ministre de l'intérieur, imprimée en 1822.

(3) Le règlement d'août 1814 portait seulement : « Tout directeur doit dans le mois de sa nomination envoyer, etc. »

(4) Le règlement de 1814 dit tous les six mois.

(5) Avec l'autorisation du directeur général de la police du royaume, d'après le règlement de 1814.

(6) Sauf le compte à en rendre au ministre (règlem. de 1814).

(7) Du privilége (texte de 1814).

(8) Le texte de 1814 portait seulement : « Et s'ils en ont deux, ils ont pour l'une d'elles un régisseur, etc. »

(9) Le texte de 1814 se terminait par ces mots seulement : « En temps de carnaval, jouissent des priviléges des bals masqués. » Et il n'était pas question de la redevance du cinquième sur la recette des spectacles de curiosité.

(10) Sont autorisés à prendre, dit le texte de 1814.

(11) Dans le règlement de 1814, cet article, qui portait le n° 27, était précédé d'un article 26 ainsi conçu : — « Si les propriétaires des salles de spectacle, abusant de la nécessité où se trouveront les directeurs de se servir de leurs salles, portaient le prix du loyer à un taux excessif, la principale autorité administrative du lieu fixerait elle-même ce loyer, soit d'après les anciens prix perçus, soit d'après un rapport contradictoire d'experts. — Dans le cas où les propriétaires refuseraient de souscrire au prix déterminé par l'autorité, la permission d'ouvrir leur salle au public pourrait leur être retirée, pour être accordée à tout autre habitant qui s'engagerait à élever un théâtre, aucune construction de ce genre, au surplus, ne pouvant avoir lieu sans autorisation. » — Dans la collection officielle du ministère de l'intérieur, cet article avait été réduit à la disposition suivante : « Aucun théâtre ne peut être construit qu'avec l'autorisation du ministre. »

8=21 déc. 1824. — Ordonnance du roi relative à l'organisation des théâtres dans les départements.

Charles, etc.; —Considérant que presque toutes les entreprises dramatiques des départements sont, depuis quelques années, en souffrance; qu'un grand nombre de villes ont fait de vains efforts pour soutenir ces entreprises, et que plusieurs directeurs y ont compromis leur fortune; considérant que l'art dramatique est intéressé à la prospérité des théâtres de province, puisqu'ils offrent aux jeunes comédiens, avec les avantages d'une instruction graduée, tous les moyens de se faire connaître et d'arriver un jour aux théâtres royaux; — Voulant favoriser les progrès d'un art qui a toujours été cultivé en France avec succès, et mettre les directeurs à même de conduire dans nos villes de meilleures troupes de comédiens; vu la nécessité d'organiser sur de nouvelles bases les théâtres de département; sur le rapport de notre ministre secrétaire d'Etat au département de l'intérieur, nous avons ordonné et ordonnons ce qui suit :

Tit. 1. — *Dispositions générales.*

Art. 1. Il y aura dans les départements des troupes de *comédiens sédentaires*, des troupes de *comédiens d'arrondissement*, et des troupes de *comédiens ambulants*.

2. Toutes ces troupes ne pourront exister que sous la conduite de directeurs nommés pour trois ans par le ministre de l'intérieur.

3. Un directeur ne pourra avoir qu'une seule troupe, qu'il devra diriger en personne, à moins d'empêchement constaté.

4. Il ne pourra vendre ni céder son brevet, sous peine de destitution.

5. Les directions de ces troupes ne pourront pas être confiées à des femmes.

6. Deux directeurs de troupes d'arrondissement et ambulante pourront, s'ils le jugent convenable, changer temporairement de circonscriptions, pourvu qu'ils obtiennent l'autorisation des préfets, qui en informeront le ministre.

7. Au commencement de chaque année théâtrale, le directeur enverra au ministre de l'intérieur, par l'intermédiaire du préfet du chef-lieu où il débutera, le tableau de sa troupe, contenant les noms et prénoms des acteurs, actrices et employés à ses gages, ainsi que son répertoire. La même communication sera faite à tous les préfets des départements composant chaque circonscription de troupe d'arrondissement ou de troupe ambulante.

8. Les pièces nouvelles et celles qui sont représentées à Paris ne pourront être jouées dans les départements que d'après manuscrit ou exemplaire visé au ministère de l'intérieur, conformément à l'art. 14 du décr. du 8 juin 1806 et à la circul. du 29 oct. 1822. Le titre sous lequel elles auront été jouées, ne pourra être changé.

9. Il est fait défense aux directeurs d'engager aucun élève de l'école royale de musique et de déclamation, sans une autorisation spéciale.

10. Conformément à l'art. 13 du décret précité, tout directeur qui aura fait faillite ne pourra être appelé de nouveau à la direction d'un théâtre.

11. Les directeurs continueront à jouir de l'indemnité qui leur est allouée sur les spectacles de curiosité, de quelque nature qu'ils soient. Toute exception qui aurait pu être accordée à cet égard, est révoquée. En conséquence, aucun spectacle de ce genre ne pourra être autorisé par les maires qu'avec la réserve du prélèvement établi en faveur des directeurs privilégiés, qui restera fixé à un cinquième sur la recette brute, défalcation faite du droit des pauvres, ainsi que cela est indiqué par l'art. 21 du règlem. de 1815, et conformément à l'art. 15 du décr. du 8 juin 1806.

12. Ce prélèvement appartiendra aux directeurs des troupes d'arrondissement dans les villes de leur itinéraire, et aux directeurs des troupes ambulantes dans toutes les autres villes ayant salle de spectacle.

13. Au temps du carnaval, les directeurs jouiront du droit de donner des bals masqués dans les théâtres dont l'exploitation leur est confiée.

14. Les maires veilleront, dans l'intérêt des pauvres, à ce qu'il ne soit accordé d'entrée gratuite qu'à ceux des agents de l'autorité dont la présence est jugée indispensable pour le maintien de l'ordre et de la sûreté publique.

15. Les préfets et maires veilleront à la stricte exécution des lois, décrets et instructions relatifs aux droits des auteurs et compositeurs dramatiques.

Tit. 2. — *Troupes sédentaires.*

16. Les troupes sédentaires sont établies dans les villes suivantes :

Bordeaux (Gironde), Lyon (Rhône), Marseille (Bouches-du-Rhône), Rouen (Seine-Inférieure), le Havre (*idem*), Toulouse (Haute-Garonne), Montpellier (Hérault), Lille (Nord), Strasbourg (Bas-Rhin), Metz (Moselle), Nancy (Meurthe), Toulon (Var) (1), Brest (Finistère), Perpignan (Pyrénées-Orientales), Calais (Pas-de-Calais), Boulogne (*idem*), Versailles (Seine-et-Oise).

17. Sur la demande des autorités locales, le ministre de l'intérieur pourra autoriser la formation de troupes sédentaires dans les autres villes qui, désirant avoir un spectacle permanent, assureront aux directeurs les moyens de s'y maintenir, en leur accordant la jouissance gratuite de la salle, et, si cela est jugé nécessaire, une allocation annuelle sur les fonds communaux.

18. Lorsqu'une de ces villes ne pourra entretenir une troupe sédentaire, le théâtre de cette ville sera du domaine du directeur de la troupe d'arrondissement qui exploite le département.

Tit. 3. — *Troupes d'arrondissement.*

19. Le nombre des troupes d'arrondissement est fixé à dix-huit.

20. Tout directeur de troupe d'arrondissement, en recevant son brevet, désignera au ministre et aux préfets des départements composant sa direction celles des villes dont il se chargera d'exploiter les théâtres, et indiquera les époques précises où il donnera des représentations.

21. Il devra conduire sa troupe au moins une fois tous les six mois dans chacune de ces villes, et donner au moins quinze représentations à chaque voyage.

22. Lorsque deux foires se trouveront à la même époque dans le même arrondissement théâtral, le directeur de la troupe d'arrondissement sera tenu d'indiquer, quinze jours d'avance, au préfet du département, celle de ces deux foires où il n'ira pas, afin que la troupe ambulante puisse s'y transporter.

23. Les directeurs avertiront, huit jours à l'avance, les autorités des villes où ils devront conduire leur troupe.

24. Les troupes d'arrondissement sont réparties de la manière suivante :

1er *arrondissement.* — Départements du Nord (moins Lille), du Pas-de-Calais (moins Calais et Boulogne).

2e *arrondissement.* — Départements de la Somme, de l'Aisne, de l'Oise.

3e *arrondissement.* — Départements de la Marne, des Ardennes, de la Meuse.

4e *arrondissement.* — Départements de la Haute-Marne, de l'Yonne, de l'Aube.

5e *arrondissement.* — Départements d'Ille-et-Vilaine, de la Mayenne, de la Sarthe.

6e *arrondissement.* — Départements du Finistère, des Côtes-du-Nord, du Morbihan.

7e *arrondissement.* — Départements du Calvados, de la Manche, de l'Eure.

8e *arrondissement.* — Départements de la Côte-d'Or, de Saône-et-Loire, de l'Ain, du Jura.

9e *arrondissement.* — Départements du Doubs, de la Haute-Saône, du Haut-Rhin, des Vosges.

10e *arrondissement.* — Départements du Loiret, d'Indre-et-Loire, de Loir-et-Cher, de Maine-et-Loire.

11e *arrondissement.* — Départements de la Charente-Inférieure, des Deux-Sèvres, de la Vendée.

12e *arrondissement.* — Départements du Puy-de-Dôme, de la Nièvre, du Cher, de l'Allier, de la Haute-Loire, de la Loire, du Cantal.

13e *arrondissement.* — Départements de la Haute-Vienne, de la Vienne, de la Dordogne, de la Charente, de la Corrèze.

14e *arrondissement.* — Départements de l'Isère, de la Drôme.

15e *arrondissement.* — Départements de Tarn-et-Garonne, du Tarn, de Lot-et-Garonne, de l'Aude, de l'Hérault (moins Montpellier), du Lot.

16e *arrondissement.* — Départements du Gers, des Landes, des Basses-Pyrénées, des Hautes-Pyrénées.

17e *arrondissement.* — Département du Gard.

18e *arrondissement.* — Départements de Vaucluse, des Bouches-du-Rhône (moins Marseille), des Basses-Alpes, des Hautes-Alpes.

Tit. 4. — *Troupes ambulantes.*

25. Les directeurs des troupes ambulantes exploiteront :

1° Les théâtres des villes qui ne feront partie d'aucun arrondissement;

2° Les théâtres des villes qui n'auront pas été comprises dans la désignation que les directeurs des troupes d'arrondissement auront faite chaque année, par suite de l'art. 20 du tit. 3;

3° Les théâtres des villes dans lesquelles les directeurs des troupes d'arrondissement auront été plus de six mois sans donner quinze représentations, bien que ces villes eussent été comprises dans la désignation susmentionnée;

4° Ils pourront en outre, et sur la demande des autorités, remplacer les directeurs de troupes d'arrondissement, lorsque ceux-ci auront donné les représentations fixées par leur itinéraire.

26. Il sera organisé immédiatement des troupes ambulantes dans les départements qui ne font point partie des arrondissements indiqués dans le tit. 3.

27. Il sera organisé ultérieurement des troupes ambulantes dans les arrondissements indiqués au tit. 3. Le nombre de ces troupes et les lieux qu'elles devront parcourir seront déterminés aussitôt que les directeurs des troupes d'arrondissement auront fait la désignation qui leur est prescrite par l'art. 10.

28. Le ministre de l'intérieur est autorisé à faire à la circonscription des arrondissements les changements partiels qui, plus tard, seraient jugés nécessaires.

29. Notre ministre de l'intérieur est chargé de l'exécution de la présente ordonnance.

31 janv. 1829. — Ordonnance du préfet de police de Paris concernant les théâtres non autorisés.

Nous, préfet de police,—Vu 1° les art. 1, 2 et 3 du décret du 8 juin 1806, concernant les théâtres; —2° Les art. 3 et 5 du décret du 29 juill. 1807, concernant les théâtres de Paris; — 3° L'ord. de police du 10 août de la même année qui prescrit les mesures relatives à l'exécution de ce décret; — 4° L'arrêté du ministre de l'intérieur du 2 avr. 1824, ordonnant la fermeture des théâtres dits de société; — Vu également les art. 3, 4 et 5, tit. 11 de la loi des 16-24 août 1790, l'art. 9 de l'arrêté du gouvernement du 1er germ. an 7 (21 mars 1799), l'art. 12 de l'arrêté du gouvernement du 12 mess. an 8 (1er juill. 1800), les art. 291 et 428 c. pén., les lois, décrets et arrêtés qui fixent les droits à percevoir au profit des indigents sur les billets d'entrée aux spectacles, bals, feux d'artifice, concerts, courses ou fêtes publiques où l'on est admis en payant, les art. 1 et 12 du décret du 13 août 1811 qui établit la redevance en faveur de l'Académie royale de musique; — Considérant qu'il s'est établi dans Paris un grand nombre de théâtres dits de société où le public est admis soit avec des billets, soit autrement; — Que l'existence de ces établissements ouverts sans l'autorisation du gouvernement est contraire aux dispositions des lois et règlements précités; — Qu'il n'a été pris à leur égard aucune des précautions ordinaires, soit pour la construction ou les dispositions intérieures de la salle et du théâtre, soit pour l'isolement extérieur, soit enfin dans l'intérêt de la sûreté publique pour mettre les spectateurs et les propriétés voisines à l'abri des dangers d'incendie; — Que les réunions qui s'y forment habituellement, placées hors de toute espèce de surveillance, peuvent, en l'absence de l'autorité chargée du soin de maintenir l'ordre et les convenances publiques dans tous les lieux où il se fait de grands rassemblements d'hommes, donner lieu à des désordres de plus d'un genre qu'il serait impossible de réprimer immédiatement; — Que les directeurs et entrepreneurs de ces spectacles clandestins s'affranchissent du droit des indigents établi par les lois du 7 frim. et du 8 therm. an 5, les décrets des 30 therm. an 12, 8 fruct. an 13 et 21 août 1806, et maintenu par les lois postérieures; — Considérant enfin qu'ils exploitent indistinctement tous les genres dramatiques et jouissent ainsi de l'avantage de n'être restreints dans les limites d'aucun genre particulier; — Ordonnons ce qui suit :

Art. 1. Tous les théâtres non autorisés par le gouvernement, sous quelque titre et dénomination qu'ils se soient établis, et dans lesquels le public est admis soit avec des billets imprimés ou à la main, soit autrement, devront être fermés avant le 25 février de la présente année, conformément aux dispositions de l'art. 4, tit. 11 de la loi des 16-24 août 1790, de l'art. 3 du décret du 29 juill. 1807, de l'art. 12 du décret du 13 août 1811, et de l'arrêté du ministre de l'intérieur du 2 avr. 1824.

2. Notification de ces dispositions sera faite dans les vingt-quatre heures à chacun des propriétaires, entrepreneurs et locataires des théâtres non autorisés, pour qu'ils aient à s'y conformer dans le délai prescrit.

3. Les commissaires de police dans les quartiers desquels il se trouve des théâtres non autorisés sont chargés spécialement de faire cette notification, d'en dresser procès-verbal et de le transmettre immédiatement à la préfecture de police.

(1) *Ajoutez* Nantes (Loire-Inférieure). *Erratum* Bull. 13.

4. A l'expiration du délai prescrit par la présente ordonnance, les commissaires de police s'assureront si les entrepreneurs et propriétaires desdits théâtres se sont conformés à ses dispositions, et, dans le cas contraire, dresseront procès-verbal de toutes contraventions aux lois et règlements précités, pour, les contrevenants, être traduits devant les tribunaux.

5. Les mêmes dispositions seront applicables à l'avenir à toute entreprise de théâtre, à toute association dramatique à l'égard desquelles les formalités voulues par la loi et par les règlements de police n'auront point été remplies.

9 juin 1829. — Ordonnance du préfet de police de Paris concernant les mesures de sûreté publique, et le mode de construction à observer dans l'érection des salles de spectacle.

Nous, préfet de police; — Vu les dispositions, 1° de l'art. 3, § 3, du tit. 11 de la loi des 16-24 août 1790, qui confient à l'autorité municipale le soin de prévenir, par les précautions convenables, les accidents et fléaux calamiteux, tels que les incendies, etc.; — 2° Celles de l'art. 46 de la loi des 19-22 juill. 1791, § 1, qui autorise l'administration municipale à prendre des arrêtés, lorsqu'il s'agira d'ordonner des précautions locales sur les objets confiés à sa vigilance et à son autorité, par les dispositions de l'art. 3 de la loi précitée; — 3° Vu l'arrêté du gouvernement du 1er germ. an 7 (21 mars 1799), qui prescrit des mesures pour prévenir l'incendie des salles de spectacle et garantir la sûreté publique contre les funestes effets de la négligence et les tentatives du crime; — 4° Vu les art. 12 et 24 de l'arrêté du gouvernement du 12 mess. an 8 (1er juill. 1800), qui nous charge de la police des théâtres, et notamment en ce qui touche les précautions à prendre pour prévenir les accidents et les mesures propres à prévenir ou arrêter les incendies; — 5° Vu l'arrêt de la cour de cassation, du 23 avr. 1819, qui a jugé que les arrêtés de l'autorité administrative et municipale, ordonnant des précautions locales pour prévenir les incendies, rentrent dans l'ordre légal de ses fonctions, et sont obligatoires pour les habitants de son ressort lorsqu'ils sont fondés sur des motifs suffisants d'utilité publique; — 6° Vu les divers arrêtés ministériels, notamment ceux des 21 fév. et 18 mai derniers, qui autorisent la construction et l'ouverture de nouvelles salles de spectacle dans la ville de Paris et dans la banlieue, et nous chargent de prescrire des mesures de sûreté publique et de précautions dans le mode de construction desdites salles, et sous le rapport également de leur étendue et de leur isolement des propriétés voisines; — 7° Vu enfin l'avis donné par la commission consultative établie près la préfecture de police, en date du 8 courant; — Considérant qu'il est de bonne administration de prévenir à l'avance les personnes autorisées à construire des salles de spectacle, des diverses mesures et modes de construction à suivre dans l'érection desdites salles, et qui leur sont imposées dans un intérêt de sûreté publique, afin qu'elles ne puissent prétexter cause d'ignorance; — Considérant que les salles de spectacle sont continuellement exposées à l'incendie; que leur isolement est également nécessaire à leur propre conservation et à celle des propriétés voisines; — Considérant enfin que la préfecture de police doit, dans l'intérêt de la sûreté générale et de sa responsabilité, prendre toutes précautions pour diminuer, autant que possible, les dangers de l'incendie, et qu'en cela elle n'agit que dans l'ordre légal de ses attributions; — Ordonnons ce qui suit :

Art. 1. A l'avenir tous propriétaires, entrepreneurs et directeurs de théâtres, autorisés à construire de nouvelles salles de spectacle dans la ville de Paris et dans la banlieue, seront tenus de bâtir et distribuer lesdites salles conformément aux différents modes de construction réglés par les articles qui suivent, et qui leur sont imposés dans un intérêt de sûreté publique.

2. Sur tous les côtés des salles de spectacle qui ne seront pas bordés par la voie publique, il sera laissé un espace libre ou chemin de ronde destiné soit à l'évacuation de la salle, soit aux approches des secours en cas d'incendie. — Cet isolement ne pourra jamais être moindre de 3 mèt. de largeur pour les salles de spectacle qui ne contiendraient pas au delà de mille personnes. — Pour les autres salles, la largeur sera déterminée eu égard au nombre de personnes que la salle pourra contenir, à la hauteur de la salle et au genre de spectacle. — Le chemin de ronde sera constamment fermé par des portes, à ses issues sur la voie publique.

3. Les murs intérieurs, les murs qui séparent les loges d'acteurs et le théâtre, le mur d'avant-scène, le mur qui séparera la salle, le vestibule et les escaliers, seront en maçonnerie.

4. Les portes de communication entre les loges d'acteurs et le théâtre seront en fer et battantes, de manière à être constamment fermées. — Le mur d'avant-scène, qui s'élèvera au-dessus de la toiture, ne pourra être percé que de l'ouverture de la scène et de deux baies de communication fermées par des portes en tôle. — L'ouverture de la scène sera fermée par un rideau en fil de fer maillé de 0 m. 02 cent. au moins de maille, qui interceptera entièrement toute communication entre les parties combustibles du théâtre et de la salle, et ce rideau ne sera soutenu que par des cordages incombustibles. — Et les décorations fixes dans les parties supérieures de l'ouverture d'avant-scène seront toujours composées de matières incombustibles.

5. Tous les escaliers, planchers de la salle, et les cloisons des corridors seront en matériaux incombustibles.

6. Les salles de spectacle seront ventilées par des courants d'air pris dans les corridors, et auxquels l'ouverture au-dessus du lustre fera constamment appel.

7. Aucun atelier ne pourra être établi au-dessus du théâtre.

8. Des ateliers ne pourront être établis au-dessus de la salle que pour les peintres et les tailleurs, et sous la condition que les planchers seront carrelés et lambrissés, et dans le cas où on établirait des ateliers pour les peintres, la sorbonne sera enfermée dans des cloisons hourdées et enduites en plâtre, plafonnée et carrelée, et fermée par une porte en tôle.

9. Aucune division ne pourra être faite dans les combles que pour les ateliers ci-dessus désignés.

10. La couverture générale sera supportée par une charpente en fer, et sera percée de grandes ouvertures vitrées.

11. La calotte de la salle sera en fer et plâtre sans boiseries.

12. La salle ne sera chauffée que par des bouches de chaleur, dont le foyer sera dans les caves.

13. Dans l'une des parties les plus élevées du mur d'avant-scène, et sous le comble, il sera placé un appareil de secours contre l'incendie, avec colonne en charge, au poids de laquelle il sera ajouté une pression hydraulique assez puissante pour fournir un jet d'eau dans les parties les plus élevées du bâtiment, et la capacité de cet appareil sera déterminée pour chaque théâtre.

14. Les pompes seront établies au rez-de-chaussée dans un local séparé du théâtre par des murs en maçonnerie.

15. Les pompes seront toujours alimentées par les eaux de la ville recueillies dans des réservoirs, et par un puits, de manière à ce que les deux conduits puissent suffire au jeu des pompes établies.

16. En dehors des salles de spectacle, il sera établi des bornes-fontaines alimentées par les eaux de la ville, et pouvant servir chacune au débit d'une pompe à incendie; le nombre en sera déterminé par l'autorité.

17. Tous les théâtres auront un magasin de décorations hors de leur enceinte, pour lequel les directeurs demanderont une autorisation à la préfecture de police. — Ces magasins seront établis suivant les conditions qu'il sera jugé nécessaire d'imposer dans l'intérêt de la sûreté des habitations voisines.

18. Les directeurs et constructeurs ne pourront faire aucun magasin de décorations et accessoires sous la salle et le théâtre; le magasin d'accessoires sera toujours séparé du théâtre par un mur en maçonnerie.

19 Il y aura au moins deux escaliers spécialement destinés au service du théâtre et donnant issues à l'extérieur.

20. Conformément à l'arrêté du gouvernement du 10 janv. 1803, relatif à l'Opera, personne, autre que le concierge et le garçon de caisse, ne pourra occuper de logement dans les salles de théâtres, ni dans aucune partie des bâtiments qui communiquent aux salles.

21. Toute infraction aux dispositions de la présente ordonnance donnera lieu, contre les entrepreneurs et directeurs autorisés à construire et ouvrir à l'avenir de nouvelles salles de spectacle dans la ville de Paris et dans la banlieue, à l'application, par l'autorité compétente, des dispositions pénales prononcées par l'art. 3 de la loi des 16-24 août 1790, combinées avec les art. 606 et 607 c. brum. an 4 (1795), non abrogées par aucune loi postérieure; comme aussi à prononcer contre eux, par l'autorité, la fermeture desdits établissements, et à provoquer devant l'autorité supérieure la révocation des priviléges ayant autorisé l'érection desdites salles de spectacle.

25 janv.-15 mars 1831. — Ordonnance qui place dans les attributions du ministre de l'intérieur les théâtres royaux et l'école de chant et de déclamation.

15-28 mai 1831. — Ordonnance portant que les entreprises théâtrales sedentaires dans les départements, ne seront plus assujetties à n'avoir qu'une seule troupe dirigée par le directeur de l'entreprise en personne.

Art. 1. L'art. 3 de l'ord. du 8 déc. 1824, portant que dans les départements un directeur de spectacle ne pourra avoir qu'une seule troupe qu'il devra diriger en personne, n'est point applicable aux entreprises théâtrales sédentaires, telles qu'il en existe à Bordeaux, Lyon, Marseille, Rouen, etc.

24 août-22 oct. 1831. — Ordonnance du roi qui abolit la redevance des théâtres secondaires envers l'Académie royale de musique.

LOUIS-PHILIPPE, etc.; — Considérant que le recouvrement de la redevance des théâtres secondaires, établie par décret du 13 août 1811 au profit de l'Académie royale de musique, est suspendu depuis les événements du mois de juillet 1830; — Attendu que cette redevance n'est point un impôt public, que les lois de finances n'en font aucune mention, et que par conséquent elle ne constitue qu'une charge particulière que le gouvernement avait imposée à ces théâtres en autorisant leur exploitation; — Sur le rapport de notre ministre du commerce et des travaux publics, etc.

Art. 1. Les dispositions du décret du 13 août 1811 relatives à une redevance au profit de l'Académie royale de musique resteront sans effet.

31 août 1835. — Ordonnance portant création d'une commission spéciale des théâtres royaux et du conservatoire royal de musique.

9-9 sept 1835. — Loi sur les crimes, délits et contraventions de la presse et des autres moyens de publication. Les art. 21, 22, 23 de cette loi sont relatifs aux théâtres et aux pièces de théâtre. — V. Presse-outrage, p. 413.

3 oct. 1837. — Ordonnance du préfet de police de Paris concernant l'heure de clôture des représentations dans les théâtres de la capitale.

Nous, conseiller d'Etat, préfet de police; — Vu les lois des 24 août 1790 et 19 janv. 1791; — La loi du 22 juill. 1791 (art. 46); — L'arrêté du gouvernement du 12 mess. an 8; — Le n° 15 de l'art. 471 c. pén.; — Sur les vives et nombreuses réclamations des directeurs des théâtres de la capitale, faites dans le but d'obtenir la modification de l'ordonnance de police du 15 fév. 1834, qui fixe la clôture des représentations à onze heures du soir; — Considérant que dans l'intérêt des directions théâtrales, et plus encore dans celui du public qui fréquente les salles de spectacle, on peut, sans inconvénient pour la sûreté et la tranquillité des habitants, prolonger les représentations au delà de onze heures du soir; — Ordonnons ce qui suit :

Art. 1. A compter de la publication de la présente ordonnance, et à l'avenir il est fait défense expresse aux directeurs des théâtres de la capitale, de prolonger en tout temps leurs représentations au delà de minuit précis.

2. Les contraventions à la défense qui précède seront, strictement et sans tolérance aucune, constatées par des procès-verbaux ou rapports qui nous seront adressés pour être déférés au tribunal de police municipale.

3. Dans les cas de représentations extraordinaires ou à bénéfice, il pourra être dérogé, sur les demandes que nous adresseront les directeurs, à la défense énoncée en l'art. 1. — Toutefois, la permission spéciale qui accordera l'exception, fixera l'heure à laquelle la représentation devra se terminer.

4. A défaut par les directeurs des théâtres de s'être pourvus auprès de nous de permissions exceptionnelles, les représentations extraordinaires ou à bénéfice devront se terminer à minuit précis, comme il est dit à l'art. 1 pour les représentations ordinaires.

5. L'ord. de police du 15 janv. 1834, relative à la fixation de l'heure à laquelle devaient se terminer les représentations dans les théâtres, est rapportée.

17 mai 1838. — Ordonnance du préfet de police de Paris concernant l'établissement des décorations théâtrales en toile et en papiers ininflammables, pour prévenir l'incendie des salles de spectacle.

Nous, conseiller d'Etat, préfet de police; — Vu 1° la disposition de l'art. 3, § 5, du tit. 11 de la loi des 16-24 août 1790; — 2° La loi des 19-24 juill. 1791 (art. 46); — 5° Les art. 12 et 24 de l'arrêté du gouvernement du 12 messid. an 8 (1er juill. 1800); — Et 4° le n° 15 de l'art. 471 c. pén.; — Considérant qu'il résulte d'expériences faites à diverses époques, à notre préfecture, par la commission des théâtres assistée d'experts chimistes et en présence de directeurs des théâtres royaux, qu'il existe des toiles et papiers ininflammables; — Considérant que ces toiles et papiers ont été reconnus pouvoir être employés aux décorations théâtrales, sans que les couleurs appliquées sur lesdites toiles et papiers en reçoivent la moindre altération; — Considérant que leur emploi aura pour immense avantage d'empêcher l'incendie d'un théâtre de se propager avec la violence dont les derniers événements de ce genre ont donné l'exemple dans la capitale; — Considérant que les salles de spectacles sont exposées continuellement à devenir la proie des flammes, et qu'on ne saurait prendre trop de précautions pour y garantir la sûreté publique et paralyser les chances d'incendie, pendant et après les représentations; — Ordonnons ce qui suit :

Art. 1. A l'avenir, tout directeur de théâtre de la capitale et de la banlieue ne pourra plus mettre en scène aucun décors neuf, à moins que les fermes, châssis, terrains, bandes d'eau, rideaux, bandes d'air, plafonds, frises, gazes, toiles de lointain n'aient été rendus ininflammables, soit par une préparation des toiles, soit par un marouflage qui rendrait également les décors ininflammables.

2. Il est pareillement enjoint aux directeurs de faire procéder immédiatement au marouflage avec papier ininflammable des doublures de châssis vieux à l'usage actuel de la scène.

5. Il ne pourront aussi employer, pour l'enveloppe des artifices et pour bourrer les armes à feu, que des matières non susceptibles de continuer à brûler, même sans flammes.

4. Les toiles et papiers destinés aux décorations indiquées par l'art. 1 seront toujours, avant leur emploi, soumis à l'examen de la commission des théâtres, ou d'un de ses membres désigné par nous, lequel vérifiera et constatera si les toiles et papiers qui lui seront présentés par les directions théâtrales sont réellement ininflammables.

5. La vérification et la réception desdites toiles seront constatées par l'application immédiate, sur leur tissu, de deux mètres en deux mètres, d'une estampille de notre préfecture.

6. Le papier reconnu pareillement ininflammable sera aussi estampillé, avant son usage, à notre préfecture.

7. L'établissement de tout décors neuf, avec des toiles et papiers non estampillés à notre préfecture donnera lieu, non-seulement à la suspension de la représentation, mais encore à l'enlèvement immédiat des décors de l'intérieur du théâtre.

8. La disposition de l'art. 1 de la présente ordonnance ne recevra d'exécution qu'à partir du 1er sept. prochain, afin de donner aux directeurs de théâtres le temps nécessaire pour se fournir des toiles ininflammables qui leur sont imposées par ledit article.

9. La contravention aux dispositions de la présente ordonnance seront constatées par des procès-verbaux ou rapports qui seront transmis au tribunal compétent, indépendamment de la prise de toutes mesures administratives contre les directions théâtrales.

10 déc. 1841. — Arrêté concernant la fixation des rétributions résultant du dépôt des cannes et autres objets, dans les théâtres et les établissements publics.

Nous, conseiller d'État, préfet de police; — Vu la loi des 16 et 24 août 1790; — L'arrêté des consuls du 12 mess. an 8 (1er juill. 1800) (art. 12); — L'ord. du 12 fév. 1806, sur la police des théâtres; — Celle du 51 mai 1835, sur la police des bals et des salles de concerts publics; — Considérant que le dépôt des cannes, armes et parapluies dans les théâtres ou salles de bals et concerts, donne lieu à des rétributions abusives envers les personnes qui y déposent ces objets; — Considérant que, s'il est de principe que tout service rendu au public donne droit à percevoir une rétribution quelconque, il est du devoir de l'autorité de n'en pas abandonner la fixation au caprice ou à l'arbitraire des préposés aux dépôts des objets ci-dessus spécifiés; — Arrêtons ce qui suit :

Art. 1. A dater du présent arrêté et à l'avenir, les préposés des directeurs de théâtres, des salles de bals et de concerts, chargés de recevoir en dépôt les cannes, armes, parapluies, manteaux ou tout autre vêtement des personnes qui se rendent dans ces établissements publics, ne pourront percevoir, à titre de salaire pour la garde du dépôt desdits objets, que les rétributions ci-après, savoir : — Pour une canne 10 cent.; — Un parapluie 10 cent.; — Une épée 10 cent.; — Un sabre 10 cent.; — Un manteau ou autre vêtement 25 cent.

2. Les rétributions ci-dessus fixées devront être payées au moment où s'effectuera le dépôt des objets décrits ci-dessus.

3. Il sera délivré par les dépositaires, en échange des objets qui leur seront déposés, des numéros. — Ces numéros énonceront le titre du théâtre ou de l'établissement public, ainsi que la nature de l'objet déposé.

4. La restitution des objets qui auront été déposés s'opérera sur la remise du numéro de dépôt par la personne qui en sera porteur.

5. Les dépositaires devront conserver et restituer les objets qui leur seront confiés, conformément aux dispositions du code civil.

6. Lorsque ces objets auront été déposés dans les bals de nuit qui ont lieu dans les théâtres ou autres établissements publics, les rétributions déterminées par l'art. 1 du présent arrêté seront payées double.

7. Les contraventions au présent arrêté seront constatées par les commissaires de police et déférées au tribunal de simple police.

30 mars 1844. — Ordonnance du préfet de police de Paris concernant la police intérieure des théâtres de la capitale (Remplacé par l'ord. du 16 mars 1857).

8 août 1844. — Loi relative au droit de propriété des veuves et des enfants des auteurs d'ouvrages dramatiques (V. Propriété littéraire, page 445).

29 août-8 sept. 1847. — Ordonnance qui modifie le régime administratif du Théâtre-Français (D. P. 47. 5. 170).

24 mars 1848. — Arrêté ministériel portant que les chefs-d'œuvre principaux de la scène française seront l'objet de représentations na-

tionales gratuites données à des époques rapprochées (D. P. 48. 3. 52). Cet arrêté n'a pas reçu d'exécution.

17-25 juill. 1848. — Décret qui ouvre un crédit extraordinaire pour les théâtres de Paris (D. P. 48. 4. 128).

29 oct. 1848. — Arrêté du président du conseil des ministres chargé du pouvoir exécutif, instituant une commission permanente des théâtres.

17 nov. 1849. — Ordonnance du préfet de police de Paris concernant les cafés-concerts.

Nous, préfet de police; — Vu la loi des 16-24 août 1790, tit. 11, art. 5, § 5; — L'arrêté du gouv. du 12 mess. an 8 ; — L'arrêté du gouv. du 5 brum. an 9 ;— Ordonnons ce qui suit :

Art. 1. Il est interdit aux propriétaires des cafés, estaminets et autres établissements publics, situés dans le ressort de la préfecture de police, d'avoir dans leurs établissements, sans notre autorisation, des chanteurs, bateleurs et musiciens, et d'y faire exécuter des chants, déclamations, parades et concerts.

2. L'arrêté d'autorisation contiendra les conditions sous lesquelles la permission est accordée.

5. Les permissions délivrées jusqu'à ce jour devront être renouvelées dans le délai de trois mois.

9 janv. 1850. — Décret qui institue auprès du ministre de l'intérieur une commission consultative permanente des théâtres.

27 avril-11 mai 1850. — Décret du président de la république qui apporte au régime du Théâtre-Français diverses modifications (D. P. 50. 4. 85).

30 juill.-2 août 1850. — Loi sur la police des théâtres (D. P. 50. 4. 179).

22 nov. 1850. — Règlement du ministre de l'intérieur sur le Conservatoire de musique et de déclamation.

30 juill.-1er août 1851. — Loi qui proroge celle du 30 juill. 1850, sur la police des théâtres (D. P. 51. 4. 148).

8 mars 1852. — Ordonnance de police concernant les affiches des théâtres, spectacles, concerts et bals dans Paris et dans le ressort de la préfecture de police.

12 mai 1852. — Arrêté qui prescrit l'établissement de services médicaux dans les théâtres.

30 déc. 1852-11 janv. 1853. — Décret impérial relatif à la représentation des ouvrages dramatiques (D. P. 52. 4. 251).

14-26 fév. 1853. — Décret impérial qui place dans les attributions du ministre d'État les services des beaux-arts et des archives impériales (D. P. 53. 4. 15).

6-23 juill. 1853. — Décret impérial portant que l'autorisation de représenter les ouvrages dramatiques destinés aux théâtres impériaux subventionnés sera désormais délivrée par le ministre d'État (D. P. 53. 4. 155).

23-30 juin 1854. — Décret impérial qui place dans les attributions du ministre d'État les services des bâtiments civils, des théâtres de Paris non subventionnés, des théâtres des départements et de la censure dramatique (D. P. 54. 4. 126).

16 mars 1857. — Ordonnance du préfet de police de Paris concernant les salles de spectacle de Paris et de la banlieue.

Art. 1. Nul théâtre ne peut être construit dans la ville de Paris ni dans l'étendue de notre juridiction, sans que les entrepreneurs aient préalablement obtenu les autorisations exigées par la loi.

2. L'ouverture d'un théâtre ne peut avoir lieu qu'après qu'il a été constaté que la salle est solidement construite, qu'elle est dans des conditions suffisantes de salubrité et de commodité pour les spectateurs, que la circulation est facile et sûre abords, et que toutes les précautions contre l'incendie, exigées par les lois et règlements, notamment par l'ord. de police du 9 juin 1829, ont été prises.

5. Toute salle de spectacle déjà autorisée pourrait être fermée, si le directeur négligeait un seul jour de tenir les réservoirs pleins d'eau et de conserver en bon état de service les pompes, agrès et autres établissements destinés à procurer des secours en cas d'incendie.

4. Des cadrans-compteurs, servant à constater les rondes faites pendant la nuit, seront placés dans l'intérieur des théâtres sur les points que désignera le commandant du bataillon des sapeurs-pompiers.

5. Des urinoirs devront être établis aux abords des salles de spectacle, en conformité de l'arrêté de police du 7 mars 1829.

6. Les entrepreneurs de spectacle ne pourront faire distribuer un nombre de billets excédant celui des individus que leur salle peut contenir, ni inscrire sur la porte des loges un nombre de places supérieur à leur capacité. — L'espace réservé à chaque spectateur, dans toutes les parties de la salle, ne peut avoir moins de 80 centimètres de profondeur sur 45 de largeur pour les places en location, et 70 centim. sur 45, pour les autres places.

7. Dès qu'une salle de spectacle a été reçue par l'autorité, il est expressément défendu au directeur de faire faire aucun changement dans sa construction, et dans les divisions et distributions intérieures, sans en avoir obtenu l'autorisation du préfet de police.

8. A moins de semblable autorisation, il lui est pareillement interdit, même pour une représentation extraordinaire à bénéfice ou une première représentation, de changer la désignation ou la destination des places de la salle, et notamment de convertir en stalles, pour les louer d'avance, les banquettes de parterre, galeries et amphithéâtres.

9. Toutes les fois que des changements auront été permis dans la distribution intérieure de la salle et le nombre des places, le directeur sera tenu d'en prévenir le public par les affiches.

10. Il est défendu de placer des chaises ou tabourets dans les passages ménagés

pour la circulation des personnes se rendant à l'orchestre, au parterre, aux galeries et aux amphithéâtres.

11. Les directeurs ne doivent émettre aucun billet indiquant plusieurs catégories de places au choix des spectateurs ; et ceux-ci ne peuvent s'installer qu'aux places dont la désignation figure sur les billets dont ils sont porteurs.

12. Les directeurs feront publier, sur toutes leurs affiches de spectacle, le tarif du prix des places louées à l'avance ou prises aux bureaux. Ils seront, en outre, tenus de faire placer ostensiblement des écriteaux ou imprimés indiquant ce tarif, tant dans le bureau même de la location que sous les vestibules du théâtre et auprès des bureaux de l'extérieur où le public prend ses billets.

13. A aucune époque et sous aucun prétexte, même à l'occasion d'une représentation à bénéfice, le tarif du prix des places prises soit au bureau de location, soit à ceux établis à l'extérieur des théâtres, ne pourra être augmenté ou modifié sans l'autorisation du ministre d'Etat et du préfet de police.

14. Les directeurs de théâtres ne pourront louer à l'avance que les loges et les places converties en fauteuils ou en stalles, et numérotées. — Cette location devra cesser avant l'heure de l'introduction du public dans les salles.

15. Toutes les loges, stalles et autres places louées devront être inscrites sur la feuille de location.

16. L'inscription en usage dans les théâtres, pour désigner les loges et stalles louées, ne devra être placée que sur celles qui figureront sur ladite feuille.

17. Il est enjoint aux directeurs de théâtres de faire remettre au commissaire de police de service, avant l'introduction du public dans la salle, un double certifié par eux de la feuille de location, pour servir à apprécier et constater au besoin les réclamations des spectateurs.

18. Les changements survenus dans les spectacles du jour ne pourront être annoncés que par des bandes de papier blanc appliquées, avant l'ouverture de la salle au public, sur les affiches apposées dans la matinée auprès des bureaux de distribution de billets et aux abords du théâtre. — Il est interdit aux directeurs d'effectuer ces changements par de nouvelles affiches imprimées, quelle que soit la couleur du papier.

19. Les directeurs devront livrer leur salle au public et faire commencer la représentation aux heures indiquées par les affiches du spectacle. — Les bureaux de distribution des billets devront être ouverts au moins une demi-heure avant la levée du rideau.

20. Il est défendu aux directeurs d'introduire des spectateurs dans l'intérieur de leur salle avant l'ouverture des bureaux de distribution de billets. — Il leur est également interdit de laisser entrer aucun spectateur par toute autre porte que les portes d'entrée ouvertes au public.

21. Les porteurs de billets pris d'avance seront exemptés de suivre les files du public pour entrer dans la salle.

22. Il est enjoint aux directeurs de faire fermer exactement, pendant toute la durée du spectacle, les portes de communication de la salle aux coulisses, aux foyers particuliers et aux loges des artistes, où il ne doit être admis aucune personne étrangère au service du théâtre. — Une clef de la porte communiquant de l'intérieur de la salle à la scène sera mise, avant chaque représentation, à la disposition du commissaire de police de service.

23. A la fin du spectacle, toutes les portes latérales et autres issues seront ouvertes pour faciliter la sortie du public. — Les battants de ces portes devront s'ouvrir en dehors, et leurs abords, tant à l'intérieur qu'à l'extérieur, seront constamment libres de tout obstacle ou embarras, afin que le public puisse trouver une prompte retraite en cas de sinistre. — Toutes les portes des loges s'ouvriront de l'intérieur et à la volonté des spectateurs.

24. Il est expressément défendu aux directeurs de faire cesser l'éclairage dans l'intérieur de la salle, dans les escaliers, corridors et vestibules, avant l'entière évacuation du théâtre.

25. Des lampes brûlant à l'huile, contenues dans des manchons de verre, allumées depuis l'entrée du public jusqu'à sa sortie, seront placées en nombre suffisant, tant dans la salle que dans les corridors et escaliers, pour prévenir une complète obscurité en cas d'extinction subite du gaz.

26. Il est défendu d'entrer au parterre et aux amphithéâtres avec des armes, cannes ou parapluies. Il doit, en conséquence, y avoir dans chaque théâtre, sur un point reconnu convenable, un lieu destiné à recevoir ces objets en dépôt. — Un exemplaire de l'arrêté qui fixe les rétributions dues pour la garde de ces objets et de ceux dont le dépôt n'est pas obligatoire sera affiché dans chaque vestiaire.

27. Les objets perdus par le public et trouvés dans l'intérieur des salles de spectacle par les ouvreuses ou employés de ces établissements devront être remis au commissaire de police de service, qui dressera procès-verbal et transmettra lesdits objets à la préfecture de police, pour qu'il soit procédé comme à l'égard des objets perdus sur la voie publique.

28. Il ne peut être annoncé, vendu ou distribué, dans l'intérieur des salles de spectacle, d'autres écrits que des pièces de théâtre portant l'estampille du ministère de l'intérieur, et les programmes des spectacles, journaux et imprimés dont la vente et la distribution ont été autorisées par le préfet de police. — Nul ne peut vendre ou distribuer ces écrits, s'il n'est porteur d'une permission spéciale sur laquelle ils sont mentionnés. Défense est faite de les jeter à ceux qui les demandent. — La vente et la distribution de programmes ou autres imprimés à l'extérieur et aux abords des théâtres ne pourront également avoir lieu qu'en vertu d'autorisations spéciales.

29. Les affiches annonçant les spectacles continueront à être apposées sur les emplacements qui leur sont réservés en conformité de notre ord. du 8 mars 1852. — Est et demeure prohibée, à moins d'une autorisation spéciale, toute apposition d'affiches ou inscriptions d'annonces industrielles et autres à l'intérieur des salles de spectacle, soit sur les rideaux, soit dans les péristyles, escaliers et corridors, soit dans les foyers.— Cette disposition n'est pas applicable à l'affiche du spectacle du jour, qui pourra être apposée intérieurement sur les points où elle ne nuira pas à la circulation.

30. Il est défendu de s'arrêter dans les péristyles et vestibules servant d'entrée aux théâtres, et de stationner aux abords de ces établissements.

31. Les directeurs ne pourront établir aucun bureau de location ou de distribution de billets ailleurs que dans leur théâtre.— La vente des billets et contremarques, soit sur la voie publique, soit dans une localité quelconque, et le racolage ayant cette vente pour objet sont formellement interdits.

32. Il est expressément défendu aux directeurs de théâtres de faire annoncer sur leurs affiches la première représentation d'un ouvrage, quel qu'il soit, sans avoir préalablement justifié, au commissaire de police de la section, de l'approbation du manuscrit par son excellence le ministre d'Etat. — Il est également interdit d'annoncer et de donner aucune représentation extraordinaire ou à bénéfice et de faire aucun relâche sans une autorisation ministérielle. Pareille interdiction est faite pour l'annonce et la représentation d'un spectacle demandé. — Les représentations extraordinaires ou à bénéfice devront être entièrement conformes aux autorisations ministérielles, et, en cas d'indisposition subite d'un acteur ou d'autre empêchement, le directeur ne pourra substituer aux ouvrages autorisés extraordinairement que des pièces du répertoire de son théâtre.

33. Il est défendu à qui que ce soit de parler ou de circuler dans les corridors pendant la représentation, de manière à troubler la tranquillité des spectateurs.

34. Il est également défendu, soit avant le lever du rideau, soit pendant la représentation ou les entr'actes, de troubler l'ordre en causant du tapage, en faisant entendre des clameurs ou en interpellant les acteurs.

35. Les spectateurs ne peuvent demander l'exécution d'un chant, d'un morceau de musique ou récit quelconque qui n'est pas annoncé sur les affiches du jour.

36. Nul ne peut avoir le chapeau sur la tête lorsque le rideau est levé.

37. Il est défendu à toute personne de fumer dans les salles de spectacles et dans les locaux qui en dépendent.

38. Il ne peut y avoir, pour le service public, à l'entrée des théâtres, que des commissionnaires permissionnés à la préfecture de police. Ils portent ostensiblement une plaque de cuivre sur laquelle sont gravés le numéro de leur permission et la désignation du théâtre auquel ils sont attachés.— Il leur est défendu d'approcher des bureaux où l'on distribue les billets.

39. Les voitures ne peuvent arriver aux différents théâtres que par les voies désignées dans les consignes.— Il est défendu aux cochers de quitter, sous quelque prétexte que ce soit, les rênes de leurs chevaux pendant que descendent et montent les personnes qu'ils ont amenées.

40. Les voitures particulières, destinées à attendre jusqu'à la fin du spectacle, doivent aller stationner dans les lieux désignés à cet effet.

41. A la sortie du spectacle, les voitures qui auront attendu ne pourront se mettre en mouvement que lorsque la première foule se sera écoulée.

42. Les voitures de place ne chargeront qu'après le défilé des autres voitures.

43. Aucune voiture ne pourra aller plus vite qu'au pas, et sur une seule file, jusqu'à ce qu'elle soit sortie des rues environnant le théâtre.

44. Le commissaire de police chargé de la surveillance générale de chaque théâtre sera porteur des marques distinctives de ses fonctions, pour s'en revêtir lorsque les circonstances l'exigeront. — Une place convenable lui sera assignée dans l'intérieur de la salle.

45. Toutes les fois que, dans une représentation, on devra faire usage d'armes à feu, le commissaire de police s'assurera qu'elles ne sont chargées qu'à poudre et ne contiennent aucun projectile.

46. Il y aura, dans chaque salle de spectacle, un service médical organisé conformément à l'arrêté du 12 mai 1852.

47. Il y aura également un bureau pour les officiers de police et un corps de garde.

48. La garde de police sera spécialement chargée du maintien de l'ordre et de la libre circulation au dehors du théâtre, ainsi que de l'exécution des consignes relatives aux voitures. — Elle ne pénétrera dans l'intérieur des salles que dans le cas où la sûreté publique serait compromise, ou sur la réquisition du commissaire de police.

49. Tout individu arrêté, soit à la porte du théâtre, soit à l'intérieur de la salle, doit être conduit devant le commissaire de police, qui prononcera son renvoi devant l'autorité compétente ou sa mise en liberté.

50. L'heure de la clôture des représentations théâtrales demeure fixée à minuit précis, sauf les cas prévus par l'ord. du 3 oct. 1837. — Les répétitions faites en vertu de relâches autorisés devront également être terminées à minuit.

51. Sont maintenues toutes les dispositions et décisions antérieures qui ne seraient pas contraires à la présente ordonnance.

52. Il sera pris envers les contrevenants telle mesure administrative qu'il appartiendra, sans préjudice des poursuites à exercer contre eux devant les tribunaux.

19 nov.-5 déc. 1859. — Décret impérial concernant le Théâtre-Français (D. P. 59. 4. 120).

24 nov. 1860. — Décret portant que l'administration supérieure de l'Opéra est confiée au ministre d'Etat (D. P. 61, 4e partie).

8 déc. 1860. — Décret portant création d'un surintendant des théâtres impériaux (*eod.*).

10-17 déc. 1860. — Décret concernant la rétribution accordée aux auteurs d'opéra (*eod.*).

ART. 2. — *De l'autorisation nécessaire pour ouvrir un théâtre. —Conditions de cette autorisation.—Droits qui en résultent. — Révocation. — Fixation des genres.*

§ 1. — *De l'autorisation pour ouvrir un théâtre ou une salle de spectacle.*

27. Nous avons vu dans l'historique, nos 6 et s., que sous l'ancien régime on ne pouvait établir un théâtre et donner des représentations sans autorisation et un privilége accordés par le roi. Cet état de choses dura jusqu'à la révolution. D'abord, on exigea que les spectacles fussent autorisés par les officiers municipaux (décr. 16 août 1790, tit. 11, art. 4). — Mais ensuite intervint le décret des 13-19 janv. 1791, qui permit à tout individu d'élever et d'ouvrir une salle de spectacle sans être autorisé, sur la simple déclaration à la municipalité. — Cette liberté illimitée ayant donné lieu à une infinité d'abus, et ayant été cause de la ruine de beaucoup de familles, ainsi que nous l'avons vu n° 9, intervint le décret de 1806, qui mit un terme à ce qu'avait d'affligeant la triste expérience qu'on venait de faire.— Aux termes de ce décret, non-seulement l'autorisation de l'empereur pour les théâtres de Paris, celle du préfet pour les départements, et celle du ministre de l'intérieur pour les théâtres exploités par les troupes ambulantes étaient nécessaires, mais tout entrepreneur était tenu de justifier des moyens qu'il avait d'assurer l'exécution de ses engagements. — Il faut remarquer tout de suite que le gouvernement en autorisant l'entreprise, ne nommait pas de directeur. Le décret gardait le silence à cet égard; les entrepreneurs administraient à leur gré. — Aux termes d'un autre décret du 13 août 1811, les contraventions relatives à l'ouverture des théâtres ou spectacles non autorisés furent soumises aux peines prononcées par l'art. 410 c. pén.

28. Un règlement ministériel décida ensuite que les directeurs des troupes de province seraient nommés par le ministre de l'intérieur, et que nul autre que ces directeurs ne pourrait entretenir de troupes de comédiens. — L'ordonnance du 8 déc. 1824 a consacré ce système; elle décida que les troupes de comédiens, dans les départements, ne pourraient exister que sous la conduite d'un directeur nommé par le ministre de l'intérieur. — Quoique cette ordonnance ne fût applicable qu'aux théâtres des départements, l'administration a cru devoir la généraliser et nommer des. directeurs à Paris pour tous les théâtres subventionnés ou non (V. n° 38). — Cet état de choses dura jusqu'en 1835. — Alors parut la loi du 9 sept. sur les crimes, délits et contraventions de la presse et des autres moyens de publication. Cette loi, en ce qui concerne les théâtres, rappela le principe de l'autorisation, et prononça des peines sévères contre ceux qui élèveraient un théâtre sans cette autorisation. « Il ne pourra être établi soit à Paris, soit dans les départements, dit l'art. 21, aucun théâtre ni spectacle, de quelque nature qu'ils soient, sans l'autorisation du ministre de l'intérieur à Paris, et des préfets dans les départements. La même autorisation sera exigée pour les pièces qui y seront représentées. Toute contravention au présent article sera punie par les tribunaux correctionnels d'un emprisonnement d'un mois à un an, et d'une amende de 1000 à 5000 fr., sans préjudice des poursuites auxquelles pourront donner lieu, contre les contrevenants, les pièces représentées.»—Ainsi le législateur par cette loi augmentait extrêmement la pénalité existante. Mais elle a été abrogée par un décret du gouvernement provisoire du 6 mars 1848, et comme ce décret prononce une abrogation pure et simple, on est retombé sous l'influence des décrets des 8 juin 1806, 29 juill. 1807 et 13 août 1811, avec cette différence toutefois, que le droit d'autoriser qui, d'après cette législation, appartenait au ministre de l'intérieur, a été placé en 1834 dans les attributions du ministre d'État (V. MM. Lacan et Paulmier, t. 1, n° 3).

29. D'après les décrets de 1806 et 1807 l'entrepreneur doit demander l'autorisation, pour Paris, au ministre de l'intérieur (aujourd'hui au ministre d'État), et pour les départements au préfet. Suivant l'ordonnance de 1824 et les décrets de 1833, l'autorisation doit émaner aujourd'hui du ministre d'État, pour tous les théâtres quels qu'ils soient, de Paris ou des départements. Cette autorisation ne peut être suppléée par celle d'aucune autorité secondaire. — Jugé : 1° que suivant le décret du 8 juin 1806 (art. 7), tous les théâtres des départements doivent être munis de l'autorisation du préfet, et que la propriété de l'immeuble sur lequel s'exploite le théâtre ne constitue pas un droit acquis à donner des représentations dans cet immeuble (cons. d'Et. 24 mai 1833) (1); — 2° Que l'obligation pour les entrepreneurs de représentations théâtrales de ne donner aucun spectacle dans les départements avant d'avoir obtenu l'autorisation des préfets, est absolue, et ne peut être suppléée soit par l'autorisation du maire de la ville où se donne la représentation, soit par l'autorisation du sous-préfet (Crim. cass. 1er mars 1844, aff. Radou, D. P. 45. 4. 504).

30. On a élevé la question de savoir si le décret de 1806 qui a force de loi, avait pu être abrogé légalement par l'ordonnance de 1824. — Et il a été jugé que les directeurs de théâtres ne peuvent être nommés, soit à Paris, soit dans les départements, que par le ministre de l'intérieur (aujourd'hui le ministre d'État): la disposition du décret du 8 juin 1806, qui attribuait aux préfets, dans les départements, le droit d'autoriser l'ouverture des théâtres, a été abrogée par l'ordonn. du 8 déc. 1824 (cons. d'Et. 1er mars 1851, aff. Millon, D. P. 52. 3. 28). — Le débat portait particulièrement sur le point de savoir si l'ordonnance de 1824 avait pu abroger, dans la disposition invoquée, le décret impérial du 8 juin 1806, auquel on attribuait force de loi; mais ses parties, pour le mettre ainsi à l'abri des atteintes du pouvoir exécutif. Mais il a été établi que ce décret, en ce qui concerne l'autorisation d'ouvrir des théâtres (art. 7), avait un caractère purement réglementaire, et était, dès lors, susceptible d'être remplacé par un autre acte de même nature (V. à cet égard, les discussions résumées loc. cit.).

31. Quant à la pénalité, pour le cas où un théâtre serait ouvert sans autorisation, les contrevenants ne sont plus soumis qu'à l'art. 410 c. pén. ci-dessus rappelé (V. n° 27).

32. Le décr. du 29 juill. 1807 défend de construire à Paris aucune nouvelle salle de spectacle, mais il ne contient aucune sanction à cet égard, et le décr. de 1811 n'établit avec raison de pénalité que pour le cas d'ouverture des théâtres et spectacles; en effet, c'est la publicité qui naît de l'ouverture sans autorisation qui constitue le délit, et non la construction. — Le simple bon sens le veut ainsi; de là il résulte qu'un propriétaire est libre de construire une salle de spectacle quand il lui plaît et comme il lui plaît (Conf. MM. Lacan et Paulmier, t. 1, n° 8). Mais si l'entrepreneur du spectacle n'est pas le propriétaire constructeur, il y aura nécessité de deux autorisations : l'une relative aux conditions d'emplacement et de solidité, l'autre relative à l'autorisation d'ouvrir la salle au public, au genre de spectacle, au mode et aux conditions de l'exploitation. — Il a été jugé en ce sens, que l'autorisation accordée par l'autorité municipale au propriétaire d'un théâtre, de le louer pour des représentations scéniques, ne dispense pas le locataire d'obtenir

(1) Espèce : — (Millon et Guillaume.) — Le maire de la ville de Marseille a concédé la direction des théâtres de cette ville, moyennant subvention, à Baubet, artiste dramatique. Celui-ci ayant voulu forcer Millon et Guillaume, propriétaires du Théâtre-Français, à lui passer un bail, a été débouté de ses prétentions par le tribunal de Marseille. Alors Millon et Guillaume ont demandé l'autorisation d'exploiter eux-mêmes leur théâtre. Le préfet a rendu leur demande par un arrêté qui a été approuvé, en ces termes, par le ministre de l'intérieur : « L'administration ne peut imposer à MM. Guillaume et Millon un prix pour la location de leur propriété ; les lois sur l'expropriation pour cause d'utilité publique ne sauraient trouver ici leur application ; mais le droit d'ouvrir un théâtre n'est point inhérent à la possession d'une salle de spectacle, et le traité passé entre la ville de Marseille et M. Baubet s'oppose à la délivrance de l'autorisation que sollicitent les propriétaires du Théâtre-Français, autorisation sans laquelle ils ne sauraient exploiter ou faire exploiter eux-mêmes aux frais des décrets et ordonnances en vigueur. »

Recours au conseil d'État. — Millon et Guillaume ont invoqué la loi du 19 janvier 1791, sous l'empire de laquelle leur théâtre a été élevé. Les réclamants soutenaient que le décret du 8 juin 1806, qui abroge cette loi, est illégal, les lois ne pouvant être révoquées que des actes du pouvoir exécutif.

LOUIS-PHILIPPE, etc. — Vu la loi, du 19 janvier 1791, le décret impérial du 8 juin 1806, le règlement ministériel du 25 avril 1807 et l'ordonnance royale du 8 déc. 1824 ; — Considérant que, par la décision attaquée, notre ministre du commerce et des travaux publics s'est borné à donner son approbation à l'arrêté du préfet des Bouches-du-Rhône, du 15 août 1852, lequel a refusé aux réclamants l'autorisation par eux demandée, d'ouvrir un théâtre à Marseille ; — Considérant qu'aux termes de l'art. 7 du décret du 8 juin 1806, tous les théâtres des départements doivent être munis de l'autorisation du préfet ; — Que ce décret, exécuté comme loi de l'État, a été maintenu par l'art. 59 de la Charte ; — Considérant que les sieurs Millon et Guillaume, comme adjudicataires de l'immeuble où s'exploitait le théâtre dit : Théâtre-Français de Marseille , n'avaient aucun droit acquis à donner des représentations dans cet immeuble ; — Que dès lors il appartenait au préfet d'accorder ou de refuser l'autorisation nécessaire , sauf le recours par la voie administrative par-devant notre ministre du commerce et des travaux publics, et que la décision par laquelle celui-ci a déclaré approuver le refus prononcé par le préfet, ne saurait nous être déférée par la voie contentieuse.

Art. 1. La requête... est rejetée.
Du 24 mai 1853.—Ord. cons. d'État.—M. Vivien, rap.

une autorisation spéciale du préfet, pour le genre de spectacle qu'il établit et pour les pièces du jour (Lyon, 11 mars 1833) (1).

33. Lorsque l'autorisation d'ouvrir un théâtre est donnée à un entrepreneur d'exploitation théâtrale, le propriétaire constructeur n'a pas besoin alors d'une autorisation. — L'autorisation d'ouvrir la salle au public comprend le droit pour le propriétaire de louer la salle et de la laisser ouvrir (Conf. MM. Lacan et Paulmier, t. 1, n° 10). Mais si l'entrepreneur d'une exploitation ouvre la salle sans autorisation de l'autorité, mais du consentement du propriétaire, la responsabilité pèse sur les deux (mêmes auteurs). L'un, en effet, fournit le local, l'autre appelle le public, engage les acteurs ; l'un est auteur, l'autre est complice (Crim. cass. 22 juill. 1837, aff. Jourdan, n° 165).

34. Les spectacles non consacrés au culte, à la déclamation et à la danse ne peuvent prendre le titre de théâtres (décr. 8 juin 1806, art. 15). Le nom de spectacle embrasse les établissements où le public est admis, tels que les panoramas, dioramas, marionnettes, expositions de tableaux, jardins publics où l'on donne des fêtes et concerts. Ces entreprises doivent être autorisées, à Paris, par le préfet de police, et en province, par les maires; en cas de refus, les entrepreneurs ne peuvent se pourvoir près du ministre.

35. L'autorisation du ministre d'État pour Paris et du préfet pour les départements est-elle nécessaire pour les théâtres de société ? — V. n° 164.

§ 2.—*De la nature de l'autorisation.—Droits qui en résultent.*
— *Incapacités.* — *Révocation.*

36. Quelle est la nature de l'autorisation ? Cette question, comme on va le voir, peut avoir des conséquences pratiques. Le droit d'autorisation n'a rien de commun avec la propriété ; le gouvernement n'a aucun droit réel ni personnel dans les entreprises dramatiques : les subventions qu'il accorde à quelques théâtres des dons, sont des actes de munificence, mais ne constituent aucune créance, ne confèrent nullement la qualité d'intéressé. L'autorisation n'est qu'une mesure d'intérêt public qu'on a crue nécessaire, comme on pense qu'il est nécessaire que l'administration intervienne dans la création des sociétés anonymes, dans la formation de certains établissements réputés incommodes ou insalubres; elle est un consentement à l'exercice d'une industrie. Ainsi envisagée, l'autorisation, bien que par ses effets elle ait les mêmes résultats qu'un privilège, n'a pas véritablement ce caractère : c'est à tort qu'on lui en a donné le nom. Le gouvernement ne donne rien à l'entrepreneur qu'il autorise; il ne s'interdit point de permettre d'autres établissements semblables; d'où il suit que des théâtres existants ne seraient pas recevables à se plaindre des autorisations données à de nouveaux théâtres (Conf. MM. Vivien et Blanc, n° 11 à 15; Lacan et Paulmier, n° 24). Nous pensons, avec les mêmes auteurs, n° 16, que l'autorisation est un acte entièrement libre de la part du gouvernement, et qu'un refus de sa part ne donnerait lieu à aucune espèce de recours (Conf. MM. Lacan et Paulmier, t. 1, n° 15).

37. En thèse générale, et par sa nature, l'autorisation est pure et simple. Toutefois, si des conditions avaient été imposées, l'entrepreneur pourrait-il être forcé de les accomplir ? Oui, s'il s'agissait de stipulations au profit de tiers avec lesquels il eût

ensuite régulièrement contracté. S'il ne s'agit que des relations de l'entrepreneur vis-à-vis l'administration, et étrangères à l'ordre public, il devient difficile, ainsi que l'observent MM. Vivien et Blanc, n° 20, de donner une règle absolue; il nous semble plus difficile encore de soustraire un entrepreneur à un engagement qu'il était libre de refuser, ou de le préserver de la révocation dont l'administration le menacerait. — Quant aux conditions prescrites par les règlements, rappelées ou non dans l'autorisation, l'entrepreneur doit les exécuter. L'administration fixe le lieu où le théâtre sera placé, et qui ne pourrait être quitté pour un autre, même dans la ville où il est déjà établi.

38. Dans une entreprise ordinaire, même dans celles des journaux, qui ont tant de rapports avec l'intérêt public, le choix du gérant appartient aux intéressés. Dans les entreprises dramatiques, l'administration supérieure s'attribue le droit de nommer le directeur et de régler l'étendue de ses pouvoirs. Cette nomination est-elle légale ? Nous ne le pensons pas; et notre opinion est conforme à celle de MM. Vivien et Blanc, n° 38. La législation théâtrale a pour base principale, on pourrait dire unique, le décret de 1806; il n'y est point question de directeurs, mais seulement des entrepreneurs. Le décret de 1807 se sert des mêmes expressions ; et, de fait, il n'existait pas alors de directeur nommé par l'autorité. C'est le règlement d'août 1814, confirmé depuis par l'ordonnance du 8 déc. 1824, qui, pour la première fois, a disposé que les directeurs des troupes de province seraient nommés par le ministre de l'intérieur. D'une part, les règlements et ordonnances du gouvernement ne peuvent abroger un décret auquel les formes de la constitution impériale avaient fait ou laissé acquérir la force d'une loi ; d'une autre part, les actes de 1814 et de 1824 ne parlent que des théâtres de province et non de ceux de la capitale. Cependant à Paris les grands et les petits théâtres sont administrés par des directeurs choisis par l'autorité.—Depuis la révolution de 1830, le régime de l'Opéra, celui du Théâtre-Français ont été modifiés par l'abolition des charges de cour et par la diminution ou le retranchement des subventions. Lorsque la munificence du gouvernement, dans l'intérêt des beaux-arts, accorde une subvention à un théâtre, il est juste qu'une commission, ou un délégué, surveille l'emploi des fonds ; c'est ce qui se fait maintenant pour l'Académie impériale de musique. Mais il y a loin de là aux fonctions du directeur, espèce de fonctionnaire public, nommé et révocable par le ministre, exerçant un pouvoir suprême et représentant l'entreprise à laquelle il n'a ou peut n'avoir aucun intérêt personnel. C'est surtout dans les théâtres où les auteurs sont sociétaires, qu'un pareil ordre de choses peut amener les plus fâcheuses conséquences.

39. En supposant que le ministre ait le droit de nommer les directeurs des théâtres, cette nomination ne devrait du moins livrer aux directeurs que la partie de l'administration relative à l'ordre et à la police, et non la gestion des intérêts pécuniaires de l'entreprise ; mais il n'en est pas ainsi, et les directeurs actuels concluant les engagements, ordonnançant les dépenses, gouvernent jusqu'aux détails des droits privés. La confusion a été portée à un point que l'on a vu, à une certaine époque, les actionnaires du théâtre du Vaudeville obligés de conserver un directeur qu'ils avaient révoqué et qu'un arrêt de la cour de Paris avait déclaré indigne ; il a fallu qu'un acte de la justice royale

(1) *Espèce :* — (Min. pub. C. Vivien.) — Le 10 sept. 1832, sur sa demande, le sieur Dugueyt, est autorisé par l'autorité municipale à louer la salle dont il est propriétaire à Lyon, pour donner des représentations scéniques , sous la condition de se conformer aux lois , ordonnances et règlements sur les théâtres , et aux peines portées par les représentations. Il loue au sieur Vivien, qui, n'ayant pas demandé une autorisation spéciale pour le genre de spectacle qu'il établissait et pour les représentations du jour , est assigné devant le tribunal de police correctionnel pour violation de l'art. 471 c. pén. — Le tribunal se déclare incompétent et décide que le décret de 1806 est inconstitutionnel. — Appel par le ministère public. — Arrêt.
La cour, — Considérant que l'autorisation délivrée par M. le maire le 10 sept. 1832, à M. Dugueyt, pour louer la salle de l'Argue à des entrepreneurs de spectacles scéniques, ne dispensait point ces derniers de l'obligation de se soumettre aux lois et règlements relatifs aux théâtres, et conséquemment de celle d'obtenir de l'autorité compétente l'autorisation spéciale pour le genre de spectacle qu'ils voulaient établir, et pour

les pièces de la représentation du jour où le spectacle devait avoir lieu (1er nov. 1832) ; — Considérant que Vivien ne s'est point conformé à cette obligation, et qu'il a ainsi contrevenu aux dispositions de l'art. 471, n° 15 c. pén. ; — Considérant dès lors, que le tribunal de première instance, trouvant une contravention à réprimer dans l'examen de l'affaire qui lui était soumise, aurait dû prononcer la peine encourue à raison de cette contravention, aux termes de l'art. 192 c. inst. crim. ; —Vu l'art. 471 c. pén. ; — Annule le jugement dont est appel ; dit que les tribunaux correctionnels étaient compétents pour prononcer sur le fait imputé à Vivien , et que le tribunal de police correctionnel de Lyon avait été compétemment saisi ; et , faisant ce que les premiers juges auraient dû faire , déclare Gaspard Vivien seulement coupable de la contravention ci-dessus signalée et caractérisée, celle de ne pas avoir, le 1er nov. 1832, obtenu de l'autorité compétente l'autorisation spéciale pour le genre de spectacle qu'il voulait établir et pour les pièces de la représentation dudit jour, et le condamne, etc.
Du 11 mars 1833 (et non 1832).-C. de Lyon, 4e ch.-M. Acher, pr.

fit cesser, par une révocation méritée, ce déplorable conflit. C'est encore par suite du même abus que la fuite ou la faillite d'un directeur a fait fermer des théâtres, retirer des autorisations : cependant il ne saurait dépendre de l'autorité d'anéantir les droits de propriété des entrepreneurs ou actionnaires. Tel est aussi le sentiment de MM. Vivien et Blanc, n° 53. Nous pensons avec eux que les tribunaux ne peuvent annuler l'arrêté qui a nommé le directeur, mais que les actionnaires ou autres intéressés qui auraient à se plaindre de la nomination ou de la révocation du directeur devraient adresser leurs réclamations au conseil d'État.

40. D'après les principes que nous venons d'exposer, il est clair que tout ce qui tient à l'exploitation et à l'établissement d'une salle de spectacle et d'un théâtre est en dehors du droit commun. — Aussi a-t-il été jugé que le privilége d'exploitation d'un théâtre ne constitue pas une propriété libre et indépendante. En conséquence, l'associé propriétaire d'actions sur un théâtre détruit par cas fortuit ne peut exiger que la vente des privilége et accessoires de ce théâtre soit faite d'après les formes judiciaires tracées pour les ventes mobilières d'objets indivis, ni se refuser par ce motif d'adhérer à la cession amiable que les autres actionnaires veulent consentir à un tiers, alors que le gouvernement, usant du droit qui lui appartient, n'a accordé à la société la faculté de disposer du privilége théâtral que dans un délai très-court (Req. 13 juill. 1841) (1).

41. Lorsqu'un théâtre a été établi sous l'empire de la loi du 19 janv. 1791 qui proclamait la liberté de l'industrie théâtrale, et qu'il a été maintenu en vertu du décret de 1807 qui réduit et fixe le nombre des théâtres (V. n°s 27 et s.), l'administration supérieure, saisie maintenant des nominer les directeurs, peut-elle rétroagir sur le passé, et, en conséquence, est-elle libre de transférer le privilége à qui bon lui semble ? — Il a été jugé qu'encore bien que l'administration doive toujours, dans l'intérêt public, exercer sa surveillance sur l'exploitation du théâtre du Vaudeville, néanmoins elle ne peut, sans porter atteinte aux droits conférés à ce théâtre par le décret du 29 juill. 1807, trans-

(1) (Laurey C. Lavareille, etc.) — La cour; — Attendu que le privilége d'exploiter un théâtre ne constitue pas une propriété libre; que sa disposition est au contraire entièrement dans la dépendance du gouvernement; — Qu'il est reconnu par l'arrêt attaqué qu'après l'incendie de la salle de la rue de Chartres, le gouvernement n'accorda aux actionnaires la faculté de disposer du privilége qui leur avait été accordé que pendant quelques jours; — Attendu, dès lors, qu'il ne s'agissait pas d'user d'un droit, mais de profiter d'une faveur; — Que, dans de pareilles circonstances, il ne pouvait y avoir lieu, ni possibilité de recourir aux formalités judiciaires, et qu'en décidant ainsi, l'arrêt de la cour de Paris, 9 mars 1840, n'a pu violer les art. 1872, 826 c. civ. et les art. 945 et suiv. c. pr. — Rejette.
Du 13 juill. 1841.—C. C., ch. req.—MM. Zangiacomi, pr.-Bayeux, rap.

(2) *Espèce :* — (Théâtre du Vaudeville.)—Diverses décisions du ministre de l'intérieur avaient, 1° transféré au *directeur* du théâtre du Vaudeville le privilége que le décret du 29 juillet 1807 avait concédé aux *entrepreneurs* ou administrateurs; 2° limité la durée de ce privilége, et 3° modifié les rapports établis entre les actionnaires et le directeur par l'acte de société du 12 messidor an 5 et un règlement de l'an 9. Les actionnaires soutinrent ces décisions. Ils disaient que le théâtre du Vaudeville se trouvait dans une position toute particulière; qu'il avait été établi sous l'empire de la loi du 19 janvier 1791, qui avait proclamé la liberté de l'industrie théâtrale; qu'ils avaient des droits acquis et inviolables lors de la publication des décrets des 8 juin 1806 et 29 juillet 1807, qui ont restreint cette liberté, mais qui n'ont pu rétroagir sur le passé et porter atteinte à des droits fondés sur les lois; qu'à supposer d'ailleurs que le Vaudeville n'existât qu'en vertu du décret de 1807 qui fixe le nombre des théâtres de Paris, l'autorisation serait toujours irrévocable, car ce décret ne contient aucune limitation de durée; qu'avant lui le décret de 1806 n'avait point dit que les autorisations seraient révocables, et que l'on ne peut pas conclure du fait de la suppression de quelques théâtres en 1807 que l'administration a aujourd'hui le droit de supprimer les théâtres maintenus. Une mesure de rigueur, telle qu'une confiscation, ne peut pas être étendue sur de simples présomptions. Le Vaudeville existe en vertu de la loi de 1791, qui a créé un droit de propriété à son profit; pour le ravir, au moins faudrait-il un texte de décret. Le droit de propriété se présume quelquefois, mais la spoliation jamais. Quand au droit de nommer le directeur, les sociétaires faisaient observer que le ministre prétendant en faire un corollaire de son droit d'autoriser; que, dès lors, il suffisait d'avoir établi que la règle de l'autorisation n'était pas applicable au Vaudeville, pour détruire la prétention du ministre à l'égard de

férer le privilége de l'exploitation à un directeur de son choix et changer les stipulations des entrepreneurs (cons. d'Et. 3 déc. 1831 (2).—Conf. MM. Vivien et Blanc, Législ. des théâtres, n° 48 ; Lacan et Paulmier, t. 1, n° 33).

42. Aux termes des règlements de 1814 et 1824 toujours en vigueur, comme nous l'avons dit, les directeurs de province envoient chaque année au ministre de l'intérieur (aujourd'hui le ministre d'État) un tableau de leur troupe et de leur répertoire. —Le ministre peut, par ses agents, faire exécuter les conditions de l'autorisation.

43. L'art. 13 du décret du 8 juin 1806 déclare incapable de rouvrir aucun théâtre tout entrepreneur qui aura fait faillite. Cette incapacité est rappelée par l'art. 10 de l'ordonnance de 1824. Mais cette disposition ne contient aucune sanction, de sorte que, si l'administration autorisait un entrepreneur failli à rouvrir un théâtre, il se trouverait dans la même position que celui qui n'aurait pas fait faillite. MM. Lacan et Paulmier (n° 22) ajoutent que ses droits et ses obligations, dans ce cas, restent les mêmes que ceux de tout autre entrepreneur vis-à-vis de l'administration et des tiers. — A l'égard des tiers, cela ne peut faire doute ; mais au regard de l'administration, si le gouvernement avait nommé le failli, ignorant son état, et qu'elle ait ensuite connaissance de faits qui impliqueraient gravement la probité de ce directeur, nous pensons qu'elle aurait le droit de retirer le privilége qu'elle lui aurait accordé (V. n°s 45 et s.).—Les décrets se servent de cette expression : *incapable de rouvrir* ; par conséquent un failli ne serait pas, par le seul fait d'une faillite, *incapable d'ouvrir*. L'administration apprécie.

44. Une femme ne peut être entrepreneur d'une exploitation théâtrale. — Telle est la disposition de l'art. 5 de l'ordonnance du 8 déc. 1824. Nous n'avons pas besoin d'exposer les motifs qui ont déterminé le législateur ; ils ressortent de la nature même de l'exploitation (Conf. MM. Lacan et Paulmier, t. 1, n° 21).

45. *Révocation des autorisations.* — L'autorisation accordée peut-elle ensuite être révoquée? Un règlement du ministre de l'intérieur, du 23 avril 1807, approuvé par l'art. 6 du décret du 29

ce théâtre; qu'au surplus, le décret de 1807 a laissé les théâtres de Paris qu'il maintenait, dans l'état où ils se trouvaient, sans leur imposer des directeurs; que les seuls actes qui ont parlé des directeurs ont une décision ministérielle de 1814 et une ordonnance royale de 1824, qui ne s'appliquent qu'aux troupes des départements, et dont on ne pourrait, en aucun cas, faire l'application aux entrepreneurs des spectacles de la capitale, parce qu'ils n'ont pu abroger le décret de 1806, qui fixe les conditions de l'existence des théâtres de Paris, et dont une loi seule pourrait détruire l'effet, puisque la jurisprudence a donné force de loi aux décrets impériaux. Enfin, ils soutenaient qu'aucune loi n'oblige les entrepreneurs de spectacles à soumettre le choix de leur directeur à l'approbation du ministre; que ce serait là une nomination indirecte; que le choix d'un directeur est tout pour la prospérité d'un théâtre; que ce directeur est nécessairement un agent salarié, lié avec les entrepreneurs par des conventions privées, et que la nomination, directe ou indirecte, des directeurs donnerait à l'administration le droit de s'immiscer dans l'exploitation intérieure des théâtres, ce qui violerait le droit sacré de la propriété industrielle.
Louis-Philippe, etc. ; — Vu l'art. 6 du tit. 11 de la loi du 24 août 1790, sur l'organisation judiciaire ; — La loi du 19 janv. 1791, celle du 14 août 1793 et les décrets des 8 juin 1806 et 29 juillet 1807 ; — Considérant que par l'art. 4 du décret du 29 juillet 1807, le théâtre du Vaudeville, établi en 1792, a été compris au nombre des théâtres dont les entrepreneurs ou administrateurs ont été autorisés à continuer l'exploitation ; — Que si l'administration doit toujours exercer sur cette entreprise, dans l'intérêt de l'ordre public, la surveillance de police qui lui est attribuée, tant par les lois de 1790, 1791 et 1793 que par les décrets ci-dessus visés, le ministre n'a pu, sans porter atteinte aux droits des entrepreneurs, résultant de ces lois et décrets, et des conventions passées entre eux et leur directeur, transférer le privilége de l'exploitation à un directeur nommé ou agréé par lui, ni changer des conditions stipulées dans le seul intérêt de l'exploitation industrielle;
Art. 1. Les décisions du ministre de l'intérieur, des 15 et 27 sept. 1815, 25 juin et 30 nov. 1822, sont annulées dans les dispositions par lesquelles il a transféré au directeur du théâtre du Vaudeville le privilége accordé, par le décret de 1807, aux entrepreneurs ou administrateurs dudit théâtre, modifié les rapports résultant de l'acte de société du 12 mess. an 5, et le règlement du 29 brum. an 9 ; — Elles sont maintenues dans les dispositions qui se rapportent à la surveillance de police confiée par les lois et règlements à l'autorité administrative.
Du 3 déc. 1831.-Ordon. cons. d'État.-M Jauffret, rap.

juill. 1807, dispose à l'égard des directeurs des troupes ambulantes que l'inexécution des conditions auxquelles les concessions étaient faites serait dénoncée au ministre par les préfets et punie par la révocation des autorisations, et s'il y avait lieu par des indemnités qui seraient versées dans la caisse des pauvres ; en outre, l'art. 20 du règlement du 15 mai 1815 porte : « L'inexécution des conditions faites aux directeurs entraîne la révocation du brevet. » — Le ministre de l'intérieur, s'appuyant sur cette disposition, a prétendu avoir le droit de retirer le brevet ou le privilége d'un théâtre. — MM. Vivien et Blanc, n⁰ˢ 164 et suiv.; Lacan et Paulmier, t. 1, n° 27, ont soutenu avec raison, croyons-nous, l'illégalité des décisions du ministre à cet égard. — Aucune loi, en effet, ne reconnaît à l'administration le droit de révoquer les autorisations ; le règlement de 1815, qui ne contient qu'une pensée ministérielle, est le seul acte qui s'explique sur ce point ; or cette révocation ne peut régulièrement avoir lieu pour inexécution des conditions, qu'à l'égard des troupes ambulantes. L'entreprise théâtrale constitue une propriété, souvent très-considérable ; elle entraîne de fortes dépenses, des engagements longs; elle absorbe les capitaux : tant d'intérêts ne peuvent être livrés à l'arbitraire ministériel. Cette considération est surtout puissante à Paris. Une fois l'autorisation obtenue, il n'y a plus qu'une exploitation d'intérêt particulier que les actes de l'autorité ne peuvent atteindre. Si des motifs d'ordre public exigeaient la suppression d'un théâtre, on devrait appliquer les règles de l'expropriation, et indemniser les intéressés ; autrement la révocation équivaudrait à une confiscation. Il est bien entendu que lorsque nous parlons de l'impuissance où l'administration se trouve de révoquer son autorisation, nous ne parlons que d'une révocation spontanée, et non de celle qui aurait lieu sur les justes réclamations de tiers lésés par l'établissement d'un théâtre ; les autorisations ne sont jamais données que sous la réserve expresse ou tacite des droits des tiers.

Le conseil d'Etat a rejeté cette opinion dans plusieurs ordonnances.—C'est ainsi qu'il a décidé : 1° que lorsqu'un directeur de théâtre a fait faillite, le ministre de l'intérieur a droit de lui retirer son privilége, sans que les créanciers puissent demander la nullité de cette décision (cons. d'Et. 14 nov. 1821, aff. Fargeot), et que les créanciers d'un directeur en état de faillite ne peuvent pas demander de dommages-intérêts pour la résiliation de son bail, lorsqu'elle a eu lieu à cause de sa faillite ; mais si c'est pour d'autres motifs, ils peuvent s'adresser aux tribunaux (même ordonnance) ; 2° Que l'obligation d'exploiter est la condition nécessaire de la concession d'un privilége ; qu'en conséquence, lorsqu'un théâtre dont l'exploitation privilégiée avait été concédée pour un grand nombre d'années, a été fermé quatre fois dans l'intervalle de quatre années, les décisions d'un mi-

nistre qui a retiré le privilége, après plusieurs concessions de délai, sont irrévocables ; c'est une juste application des lois sur la matière (cons. d'Et. 21 juin 1833) (1); — 3° Que les arrêtés ministériels portant révocation de l'autorisation sont des actes de pure administration qui ne peuvent être attaqués par la voie contentieuse (cons. d'Et. 3 mars 1852, aff. Bocage, D. P. 52. 3. 21). —V. aussi sur ce point n° 331.

46. Suivant MM. Vivien et Blanc, n⁰ˢ 171, 172, 173, l'autorisation ne peut être donnée pour un temps ; le caractère provisoire ne résulterait pas de ce que l'autorisation pure et simple aurait été suivie de la nomination d'un directeur pour un temps. La faillite personnelle du directeur, son départ, sa démission, n'emportent pas révocation de l'autorisation. Si l'entreprise elle-même fait faillite, le théâtre est nécessairement fermé, sauf aux créanciers à faire exploiter. — Mais nous venons de voir que les décisions du conseil d'Etat sont en opposition avec ces opinions en ce qui concerne l'état de faillite (V. n° 45-1°).

47. Lorsque, par l'acte de concession du privilége d'un théâtre, il a été stipulé que les concessionnaires auront droit à une indemnité, dans le cas où le gouvernement viendrait à révoquer la concession pour quelque cause impérieuse d'utilité publique ; les concessionnaires ne sont fondés à réclamer aucune indemnité si la concession a été révoquée sur le motif d'inexécution des conditions auxquelles elle avait été faite (cons. d'Et. 16 juin 1808) (2).

§ 3. — De la fixation des genres.

48. L'Assemblée constituante ayant permis à tout citoyen d'élever un théâtre public (L. des 13-19 janv. 1791), autorisait par cela seul tout entrepreneur à faire représenter des pièces à quelque genre qu'elles appartinssent. Mais nous avons vu combien cette liberté produisit des effets déplorables. — Le décr. de 1806 heureusement vint remédier au mal (V. ce décret, p. 295). — La fixation des genres est dès lors une condition que le gouvernement a droit d'imposer dans l'autorisation. Cette fixation entraîne la défense de jouer une pièce qui sortirait du genre assigné. Pour éviter l'interdiction, par l'autorité, d'une pièce qui aurait occasionné des frais, les entrepreneurs ou directeurs peuvent en déposer un exemplaire au ministre de l'intérieur, afin d'être avertis si la pièce ne convient pas au genre du théâtre qui l'a reçue (art. 6 du règlem. du 25 avr. 1807). La répartition des genres dans les théâtres des départements est fixée par les règlements de 1807 et 1815.—V. cependant n° 51 in fine.

49. La décision qui fixe le genre ne peut être révoquée par le ministre qui l'a rendue : ce serait porter atteinte à des droits acquis ; car l'entrepreneur a dû passer des engagements avec

---

(1) (Boursault, etc.) — Louis-Philippe, etc. ; — Vu la loi du 19 janvier 1791, le décret impérial du 8 juin 1806 et le règlement ministériel du 25 avril 1807 : — En ce qui touche les conclusions des réclamants, relatives au privilège de l'Opéra-Comique : — Considérant que, d'après la législation sur les théâtres, l'obligation d'exploiter est la condition nécessaire de la concession des principales ; — Que le théâtre de l'Opéra-Comique, dont le privilège avait été accordé au sieur Ducis, a été ensuite transféré aux sieurs Boursault, Lubbert et Laurent, a été fermé quatre fois ; — Que le ministre de l'intérieur, par ses arrêtés des 5 et 17 juill. 1850, en exécution des travaux publics, par ses arrêtés du 1ᵉʳ oct. et du 15 déc. 1851, n'ont accordé l'autorisation d'exercer le privilège conféré au sieur Ducis que sous la condition expresse qu'en cas de clôture, il y serait pourvu, et que le droit accordé par l'arrêté du 1ᵉʳ avril 1829, serait considéré comme éteint ; — Que, par les décisions attaquées, qui ont retiré aux réclamants le privilège de l'Opéra-Comique, notre ministre du commerce et des travaux publics n'a fait que suivre l'exécution desdits arrêtés, qui n'avaient pas été attaqués dans les délais du règlement, et étaient devenus irrévocables, et qu'il a fait d'ailleurs une juste application des règles de la matière ; ' En ce qui touche les conclusions tendant à ce que le privilège de l'Opéra-Comique, accordé aux entrepreneurs actuels, ne puisse s'exercer que dans la salle Ventadour : — Considérant que les décisions attaquées des 14 janv. et 1ᵉʳ et 2 avril, 21 mars et 11 mai 1852, n'ont point statué sur le lieu où s'exploiteraient les nouveaux privilèges de l'Opéra-Comique : — Qu'il n'est produit aucune décision de notre ministre sur cette question, et que l'instruction ne s'en est point occupée ; — Qu'ainsi il n'y a pas lieu de statuer, quant à présent, sur lesdites conclusions ;

En ce qui touche les conclusions subsidiaires, tendant à ce que les privilèges qui seraient ultérieurement accordés, imposent aux concessionnaires l'obligation d'exercer le privilège dans ladite salle : — Considérant que ces conclusions portent sur un acte d'administration à intervenir, et qu'elles sont non recevables.

Art. 1. Les requêtes, tant principales que subsidiaires des actionnaires-propriétaires de la salle Ventadour, sont rejetées.
Du 21 juin 1833.—Ord.-cons. d'Etat.-M. Vivien, rap.

(2) (Compagnie Leclerc.) — Napoléon, etc. ; — Vu l'arrêté du directoire exécutif, du 25 therm. an 4, qui afferme le théâtre du Luxembourg pour trente ans consécutifs au sieur Poupart d'Orfeuille et à sa compagnie, par lequel arrêté le gouvernement se réserve le droit de révoquer la concession, si quelque vue d'utilité publique l'exige impérieusement, sauf une indemnité proportionnée à la perte qui en résulterait pour les réclamants ; — Vu la lettre écrite le 25 vend. an 7, par le ministre de l'intérieur à la compagnie Leclerc, par laquelle il lui déclare que si, dans le délai de trois mois, elle n'a pas exécuté, sous son contenu, l'arrêté qui l'a mise en possession du théâtre du Luxembourg, il proposera au directoire de le révoquer ; — Vu l'arrêté du directoire exécutif, du 29 pluv. an 7, qui révoque la concession du théâtre du Luxembourg, faite à la compagnie d'Orfeuille, sur le motif que les conditions auxquelles cette concession a été faite n'ont point été remplies ; — Considérant qu'il n'a été stipulé d'indemnité en faveur des concessionnaires que dans le cas où la concession serait révoquée pour cause d'utilité publique, mais que cette révocation ayant eu lieu pour cause de l'inexécution des clauses imposées aux concessionnaires, il ne leur est point dû d'indemnités ; — La requête des sieurs Leclerc et compagnie est rejetée.
Du 16 juin 1808.-Décr. cons. d'Etat.

des auteurs et des acteurs, et ses intérêts seraient lésés par un changement. Du reste, la concession d'un genre n'empêche pas le ministre d'en accorder une pareille à un autre théâtre (Conf. MM. Vivien et Blanc, n°° 26 à 34; Lacan et Paulmier, t. 1, n° 51).

50. Mais si un théâtre empiète sur le genre d'un autre théâtre, y a-t-il une répression prévue par la loi, et à quelle autorité faudra-t-il s'adresser pour obvier à l'empiétement? D'abord, s'il n'y a pas là un délit, il y a un fait qui porte préjudice et qui autorise une action en dommages-intérêts. Est-ce à l'autorité administrative, est-ce à l'autorité judiciaire qu'on devra s'adresser? Comme il ne s'agit que d'un débat particulier entre deux directeurs, les tribunaux se sont déclarés compétents, toutes les fois que le titre de concession ne présentait aucun doute sur le genre concédé (Conf. Paris 2 juill. 1839, aff. Joly, directeur de la Renaissance, C. Crosnier, directeur de l'Opéra-Comique, journ. le Droit 3 juill.; même cour, 23 mai 1840, aff. Joly C. le directeur de l'Opéra, journ. le Droit du 24).

51. Toutefois il a été jugé que, quoique les tribunaux civils soient compétents pour apprécier le dommage, il y a lieu de surseoir pour le reconnaître et en fixer le chiffre, jusqu'à ce que l'autorité administrative ait déterminé et réglé l'étendue et les limites des droits des parties (trib. de la Seine, 1re ch., 21 août 1846, aff. Gallois C. Laloue). — Nous croyons ce jugement conforme aux principes. Ou il n'y a aucune contestation, aucune difficulté d'appréciation sur le genre qui appartient aux deux théâtres, et alors les tribunaux peuvent fixer tout de suite le dommage; ou bien il y a difficulté sur l'étendue du privilége et du genre qui appartient à tel ou tel théâtre, et alors il nous semble que l'autorité administrative doit au préalable s'expliquer à cet égard, puisque l'interprétation d'une question de l'étendue du droit découle d'un acte qui émane d'elle (Conf. MM. Lacan et Paulmier, t. 1, n° 53). — Il a été jugé en ce sens que l'autorisation accordée par le maire et approuvée par le préfet de louer une salle à des entrepreneurs de spectacles scéniques, a pu être interprétée, même par le maire seul, en ce sens que l'autorité n'a entendu permettre de jouer, comme par le passé, que des parades, des pantomimes, des arlequinades et non des vaudevilles (Crim. cass. 30 nov. 1833) (1).

Art. 3. — *De la surveillance et de la police des théâtres et des salles de spectacle.—Droits de l'autorité municipale.*

52. Les lois concernant les municipalités placent la police des théâtres entre les mains des maires et adjoints, dans les départements; à Paris, entre les mains du préfet de police. Ils sont en outre sous la surveillance des commissaires de police. — Les droits de l'autorité municipale résultent des dispositions des art. 3 et 4 du tit. 2 de la loi des 16-24 août 1790. — Il est vrai de dire cependant que la loi des 13-19 janv. 1791 ayant autorisé tout citoyen à élever un théâtre public, semblait abroger implicitement par cette liberté illimitée l'action du pouvoir municipal. — Mais l'art. 6 de la même loi, respectant les droits de l'autorité dans tout ce qui tient à l'ordre et à la sûreté publique, soumettait les théâtres à l'inspection des municipalités. — D'ailleurs, toute espèce de doute a été levé par la loi du 1er sept. 1793, art. 3.(V. Propriété littéraire) et celle du 25 pluv. an 4 (14 fév. 1796), laquelle enjoint aux administrations muni-

(1) (Min. pub. C. Vivien.)—La cour (apr. dél. en la ch. du cons.); —Vu les art. 408 et 415 c. inst. crim.; l'art. 7 du décret du 8 juin 1806 concernant les théâtres; les arrêtés du maire de la ville de Lyon, en date du 10 sept., 1er nov. 1832 et 7 fév. 1833, ainsi que l'approbation donnée à ces deux derniers par le préfet du département du Rhône, les 2 et 8 desdits mois de novembre et de février; ensemble l'art. 13, tit. 2, de la loi du 16-24 août 1790; — Attendu, en droit, que le préfet du département du Rhône s'est approprié, en les approuvant, les arrêtés ci-dessus cités des 1er novembre et 7 février; — Que celui du 10 sept. 1832, qui permit à Duguesth de louer la salle-café de la galerie de l'Argue à des entrepreneurs de spectacles scéniques, à la charge par eux de se conformer aux lois, ordonnances de police et autres concernant les salles de spectacle, ne donne point aux locataires de cet établissement le droit d'y faire représenter des comédies, des vaudevilles et autres ouvrages appartenant à l'art dramatique, puisque l'arrêté du 1er novembre suivant a formellement déclaré le contraire et interdit auxdits locataires et entrepreneurs toute représentation semblable, tant qu'ils ne

cipales de tenir sévèrement la main à l'exécution des lois et règlements de police en ce qui concerne les spectacles, et elle a même soin de rappeler la loi de 1790. — Les droits du pouvoir municipal sont donc incontestables en ce qui concerne la sécurité publique et la police intérieure (V. aussi ce qui est dit v° Commune, n° 1336).

Il résulte de là, comme conséquence, de nombreuses obligations.

53. Par exemple, la solidité de la salle doit être préalablement constatée et habituellement examinée. On doit prendre des précautions perpétuelles contre les incendies dans la construction de la salle, pendant les représentations et après la sortie du public. L'entrée et la sortie du théâtre doivent être maintenues libres, afin d'éviter les encombrements. L'autorité municipale peut prescrire l'heure de clôture et d'ouverture du spectacle, empêcher de distribuer plus de billets qu'il n'y a de places, fermer les communications entre le public et les coulisses ou les loges des acteurs. Tout acte susceptible de troubler l'ordre doit être interdit. Si l'intérêt de l'ordre et de la tranquillité des citoyens l'exige impérieusement, le pouvoir municipal peut aller jusqu'à défendre une pièce ou forcer à congédier un acteur. Pendant la première révolution, on a vu la municipalité de Paris ordonner aux comédiens français de jouer avec Talma, que le public demandait tumultueusement, et, sur leur refus, fermer le théâtre, qui ne fut ouvert que lors de la rentrée de Talma. — V. Commune, n°° 1338 et suiv.

54. L'autorité municipale a le droit d'ordonner la clôture du théâtre, dans le cas où il ne porte aucune atteinte à l'autorisation émanée du ministre ou du préfet. La clôture peut avoir lieu lorsqu'un théâtre a négligé, fût-ce un seul jour, les précautions contre l'incendie; lorsque la salle n'a pas une solidité suffisante; lorsque la clôture est nécessaire pour apaiser des troubles causés par les représentations; lorsque le directeur est en faillite. Mais l'ordre de clôture peut être attaqué devant l'autorité administrative supérieure. — V. Commune, n° 1338.

55. Nous venons de dire que la surveillance des théâtres à Paris appartient au préfet de police. Ce pouvoir résulte de la loi du 28 pluv. an 8 et de l'arrêté du 12 mess. an 8. — Un autre arrêté du 3 brum. an 9 et la loi des 10-13 juin 1853 (D. P. 53. 4. 114) étendent ces attributions à tout le département de la Seine et aux communes de Saint-Cloud, Meudon et Sèvres du département de Seine-et-Oise.

56. Les arrêtés pris par le maire d'une commune où un théâtre est établi doivent être immédiatement transmis au sous-préfet (L. 18 juill. 1837, art. 11). — Si le maire néglige ou refuse de faire un des actes que la loi lui impose, aux termes de l'art. 15 de la loi du 18 juill. 1837, le préfet, après l'avoir requis d'agir, peut, s'il persiste dans son refus ou dans sa négligence, procéder d'office par lui-même ou par un délégué spécial. La loi de 1837 a prévu avec raison ce cas de refus, parce que jusqu'alors on hésitait à croire que les préfets eussent le droit de se substituer à l'action du maire en ce qui concerne la police municipale. — Du reste, le préfet n'a le droit d'agir que si la mise en demeure qu'il adresse au maire est restée infructueuse (Conf. MM. Lacan et Paulmier, t. 1, n° 69).—V. au reste v° Commune, n°° 331, 633 et suiv.

57. Nous avons dit, n°° 27 et s., qu'il n'appartient qu'à l'au-

justifieraient pas d'une permission en forme délivrée par l'autorité compétente; — Que l'arrêté subséquent du 7 février, lequel leur fut aussi notifié, a non-seulement renouvelé cette défense, mais encore annulé toutes les autorisations qu'ils avaient précédemment obtenues; — Que ces deux derniers actes n'ont été ni modifiés ni rapportés par l'administration supérieure; qu'ils sont, dès lors, obligatoires pour G. Vivien, comme pour les tribunaux auxquels il appartient d'en assurer l'exécution;

Que de là il suit qu'en décidant, dans l'espèce, que ledit Vivien a pu, sans y contrevenir, faire jouer deux vaudevilles dans la salle en question, le 25 mai dernier, et en le déchargeant des condamnations prononcées contre lui à ce sujet, le jugement dénoncé a commis un excès de pouvoir et une violation expresse des règles de la compétence; —En conséquence,... casse le jugement du tribunal de police correctionnelle de Lyon, du 17 juillet dernier.

Du 30 nov. 1833.-C. C., ch. crim.-MM. Chantereyne, pr.-Rives, rap.-Martin, av. gén., c. conf.-Dalloz, av.

lorité supérieure d autoriser l'ouverture d'un théâtre, ainsi que la représentation de telle ou telle pièce. — Mais en ce qui concerne les petits théâtres et spectacles de curiosité qui ont lieu particulièrement dans les cafés, les lois nouvelles n'ont pas porté atteinte aux droits de l'autorité municipale qui a le droit de s'opposer à telle ou telle représentation. — Il a été jugé dans ce sens que la charte de 1830 n'a rien changé à l'obligation imposée, par les décrets, ordonnances et règlements antérieurs, aux directeurs d'entreprises de théâtres, d'obtenir une autorisation de l'autorité municipale, et de payer une rétribution aux directeurs brevetés. — Ces obligations sont imposées à celui qui a construit, dans un café dont il est propriétaire, un théâtre sur lequel sont jouées des pièces annoncées par des affiches, alors même que les spectateurs ne sont soumis à aucune rétribution autre que celle de leur consommation en vin, bière, liqueurs, etc. (Grenoble, 6 juill. 1833) (1).

58. Les municipalités doivent surveiller l'exécution des dispositions relatives aux devoirs imposés aux entrepreneurs envers l'administration, telles que celles qui concernent les engagements et les congés, et il leur appartient, en vertu du règlement du 25 avr. 1807, de prononcer provisoirement sur toutes contestations qui tendraient à interrompre le cours ordinaire des représentations, et leur décision est exécutoire nonobstant le recours au juge du fond. — Mais, quelque étendus que soient les droits du pouvoir municipal, ils n'autorisent jamais aucune immixtion dans les actes d'intérêt purement privé, dans les conventions passées entre les propriétaires des salles et les troupes.

59. Les théâtres autorisés formant des entreprises privilégiées, il importe d'empêcher que le privilège résultant de leur autorisation ne devienne une source d'abus préjudiciable au public. Sous ce rapport, l'autorité municipale exerce quelques droits qui doivent s'arrêter où aucun intérêt public ne se trouve plus engagé. Telle est la fixation du prix des places; il importe de prévenir les troubles que pourrait occasionner une excessive élévation; une fois ce prix fixé, surtout s'il l'a été dans l'acte

même d'autorisation, il ne doit plus pouvoir être arbitrairement augmenté ni diminué. On comprend toutefois que dans certaines circonstances les entrepreneurs pourront réclamer une augmentation, par exemple s'ils ont fait des dépenses pour une représentation extraordinaire, s'ils ont appelé de Paris un artiste célèbre. Dans les villes de garnison, il est d'usage que les militaires s'abonnent au spectacle pour un jour de solde. Cet arrangement n'est jamais que volontaire; on ne pourrait forcer un directeur à l'accepter, à moins qu'il n'ait été réservé dans un contrat passé avec la ville.

60. L'autorité municipale peut intervenir dans la composition de la troupe, en ce sens qu'elle peut exiger que de nouveaux artistes soient engagés si ceux qui l'ont été ne suffisent pas au service du théâtre.

61. Les fonctionnaires municipaux peuvent aussi prendre communication du répertoire; mais, sauf le cas où il y aurait inconvénient dans la représentation d'une ou plusieurs pièces, sous le rapport des mœurs ou de la tranquillité publique (auquel cas nous pensons qu'ils devraient en référer, suivant les théâtres, ou au ministre d'Etat ou au ministre de l'intérieur ou aux préfets), car nous hésitons à reconnaître aux municipalités le pouvoir d'ordonner de jouer telle pièce, ou d'empêcher de donner celles qui paraîtraient ne pas devoir plaire au public; l'intérêt des entrepreneurs, et non la volonté du maire ou de ses adjoints, doit être pris pour mesure de ce qu'il convient de faire pour les plaisirs des spectateurs (V. Commune, n° 1339).

62. Enfin, l'autorité municipale a le droit de prescrire le nombre des représentations, et d'en empêcher la suspension, d'assurer l'ordre et la régularité que le public est en droit d'exiger. Dans les dernières attributions dont nous venons de parler, l'autorité municipale doit se considérer comme médiatrice entre les vœux du public et les intérêts de ses entrepreneurs, et user avec d'autant moins de rigueur de ses pouvoirs qu'ils ne résultent qu'implicitement de l'état actuel de la législation. — Il a été jugé sur ce point : 1° que l'arrêté du maire d'une ville qui pres-

(1) *Espèce :* — (Gavin C. Couard.) — Couard, limonadier à Grenoble, avait, dans le but d'attirer le public dans son établissement, engagé des artistes qui jouaient, sur un théâtre construit dans son café, de petites pièces annoncées par affiches dans les rues de la ville. — La consommation dans le café était la seule contribution des spectateurs. — Gavin, directeur des spectacles de Grenoble, actionna, en vertu de son privilège, le sieur Couard, auquel il demandait le cinquième brut de sa recette. — Jugement du tribunal de commerce qui repousse cette prétention, sur le motif que les décrets, règlements et ordonnances, en vertu desquels les directeurs brevetés exerçaient une rétribution sur les petits spectacles, ne subsistaient plus après la charte de 1830. — Appel. — Arrêt.

La cour ; — Attendu qu'aux termes des art. 3 et 4 du tit. 11 de la loi des 16 et 24 août 1790, les spectacles publics sont placés d'une manière spéciale sous la surveillance de l'autorité municipale, et ne peuvent être autorisés ou permis que par elle ; — Attendu que, si une loi des 13 et 19 janv. 1791 avait autorisé tout citoyen à élever un théâtre public, elle avait eu soin néanmoins (art. 6) de laisser les théâtres sous l'inspection et les ordres des municipalités, puisqu'elle reconnut ainsi au besoin les dispositions de la loi de 1790 précitée qu'elle semblait (art. 1) vouloir annuler ; — Attendu, au surplus, que cette loi des 13 et 19 janv. 1791 a été expressément révoquée par la loi du 25 pluv. an 4 (14 fév. 1796), qui enjoint aux administrations municipales de tenir sévèrement la main à l'exécution des lois et règlements de police sur le fait des spectacles, notamment de la loi du 25 pluv. an 4 (14 fév. 1796), l'autorité municipale a été ainsi, en tant que de besoin, réintégrée dans le droit que lui conférait la loi des 16 et 24 août 1790, d'autoriser ou défendre tel ou tel spectacle public ; — Attendu que la loi précitée des 16 et 24 août 1790 se trouve en outre expressément renouvelée par les art. 8 et 15 du décret du 8 juin 1806 ainsi conçus : — Art. 8. Aucune troupe ambulante ne pourra subsister sans l'autorisation des ministres de l'intérieur et de la police. — Art. 15. Les spectacles de curiosités seront soumis à des règlements particuliers ; — Attendu que ce décret qui émane de la toute-puissance du gouvernement impérial, intervint d'ailleurs dans les limites tracées par la constitution de l'Etat et les lois précitées, et qu'ainsi ce décret doit avoir force de loi ; — Attendu que ce décret et les lois précitées, loin de restreindre les droits de l'autorité municipale ou administrative à la surveillance de l'autorité publique, lui donnent au contraire le droit d'autoriser ou de défendre les spectacles publics ; — Attendu que ce droit découle nécessairement la conséquence qu'en les autorisant, elle peut les soumettre à telle condition qu'elle juge nécessaire, par exemple,

à une subvention au profit des pauvres ou des autres théâtres ; — Attendu que, si l'art. 632 c. com., a saisi la juridiction commerciale des contestations qui naissent à raison des entreprises de théâtre, il n'a pas pour cela abrogé les lois qui permettent à l'autorité de n'accorder l'autorisation d'établir des spectacles que sous des conditions protectrices des pauvres publiques et de l'art dramatique ; — Attendu que le règlement du 15 mai 1815, et l'ord. du 8 déc. 1824, qui ont fait dépendre l'autorisation de tout spectacle public, de l'acceptation de l'obligation de payer aux théâtres reconnus, le cinquième de la recette, ont été rendus en vertu des pouvoirs conférés à l'autorité municipale ou administrative par les lois précitées, et doivent ainsi être maintenus par l'autorité judiciaire ; — Attendu que l'obligation de payer le cinquième ne saurait être considérée comme un impôt qui nécessite l'intervention du pouvoir législatif ; puisqu'elle n'est autre chose qu'une condition imposée par l'autorité juste le droit d'accorder ou de refuser l'autorisation ; — Attendu que c'est dans ce sens que ces lois ont constamment été entendues sous l'empire de la charte de 1814 ; — Attendu qu'il est impossible de rien trouver dans la charte de 1830 qui justifie une interprétation contraire, aujourd'hui comme sous l'empire de la charte de 1814, toutes les lois auxquelles il n'a pas été dérogé étant en vigueur ; — Attendu que c'est ainsi que la cour de cassation, par arrêt du 18 déc. 1832 (V. n° 97), a jugé que la subvention établie sur les théâtres secondaires de Paris au profit de l'Académie royale de musique, par décret du 13 août 1811, n'a pas le caractère d'impôt, et n'est au contraire qu'une charge imposée à ces théâtres comme condition de l'autorisation accordée ; — Attendu, en fait , que Couard a ouvert un café ou théâtre dans lequel, à des heures et jours indiqués par des affiches nombreuses et placardées dans tous les quartiers de la ville, on jouait des comédies, et dans lequel les spectateurs n'étaient introduits qu'à la charge pour eux de prendre, aux temps également indiqués par les affiches, des vins, bière ou liqueurs ; — Attendu que ce mode de faire payer d'une manière certaine son droit d'entrée à chaque spectateur, équivalait à tout autre mode de rétribution préalable, et que si des difficultés pouvaient naître sur le quantum des produits ou recettes à raison desquels la subvention était réclamée par le directeur du théâtre de Grenoble, il y avait lieu à la faire liquider par les voies de droit et non à la contester en entier ; — Attendu que Gavin déclare se remettre sur la quotité des droits par lui réclamés, et la cour peut ainsi les déterminer comme arbitre de droit ; — Par ces motifs, réforme le jugement dont est appel et par nouveau, condamne Couard à payer à Gavin la somme de 10 fr., à laquelle elle réduit, comme arbitre de droit, le montant de la rétribution réclamée.

Du 6 juillet 1833.–C. de Grenoble.

crit au directeur d'un théâtre de continuer, comme par le passé, les représentations jusqu'à la fin de l'année théâtrale, tient à l'ordre public et doit recevoir son exécution (Crim. rej. 10 avr. 1806)(1) ; — 2° Que le règlement de police qui défend d'annoncer une représentation théâtrale quelconque, sans l'obtention préalable du visa de l'autorité municipale, sur l'affiche à ce destinée, n'a pas été abrogé par la loi du 10 déc. 1830 sur les afficheurs publics (Crim. cass. 3 janv. 1834, aff. Vivien, V. Commune, n° 1333). — En ce qui concerne les droits de l'autorité municipale, quant à l'apposition des affiches, V. Commune, n°° 1330 et suiv.

63. Pour les objets confiés à sa vigilance l'autorité municipale prend des arrêtés, obligatoires pour les tribunaux s'ils ont été rendus légalement (V. à cet égard ce que nous avons dit v° Commune, n°° 658 et suiv.). Les directeurs et les comédiens qui contreviennent aux arrêtés municipaux sont punis conformément au code pénal, c'est-à-dire de la peine d'une amende de 1 à 15 fr., et d'un emprisonnement d'un jour à cinq jours. Nos lois n'autorisent plus ces détentions arbitraires que l'on infligeait autrefois aux comédiens.

64. D'après nos usages en fait de représentations théâtrales, le public mécontent d'un acteur a le droit de le siffler. « C'est un droit qu'à la porte on achète en entrant, » a dit le poëte, mais il est évident que ce droit singulier, si tant est que ce soit un droit, doit être renfermé dans des limites raisonnables, et arrêté dans ses effets lorsqu'il trouble l'ordre public.—Aussi a-t-il été

jugé : 1° Qu'il y a contravention au règlement municipal qui défend, lors des débuts d'un acteur, les clameurs et interpellations bruyantes, de la part de celui qui, après que la représentation d'un débutant a été suspendue par la retraite de ce dernier occasionnée par les sifflets, se met à siffler, à trépigner, et trouble ainsi la représentation d'une seconde pièce succédant à celle qui a été suspendue : en pareil cas, la contravention du débutant qui s'est retiré contre la défense que lui faisait le même règlement, n'excuse pas celle résultant des manifestations turbulentes qui ont troublé la seconde représentation (Crim. cass. 6 août 1841)(2) ; — 2° Que lorsqu'un arrêté municipal relatif à la police du spectacle porte que « si les cris et les sifflets se prolongent nonobstant l'avertissement du commissaire de police, il en sera référé à l'autorité supérieure qui ordonnera, s'il y a lieu, de faire cesser le spectacle, » il n'est pas nécessaire, pour donner lieu à l'application de ce règlement, que la toile ait été baissée, et que le commissaire de police consulte l'autorité supérieure sur les mesures à prendre, ni que des cris aient été poussés, s'il y a en néanmoins des coups de sifflets répétés et prolongés après l'avertissement donné par le commissaire de police (Crim. cass. 18 oct. 1839) (3). — Le procès-verbal constatant que des individus ont sifflé dans un spectacle malgré l'injonction de cesser les sifflets à eux faite par le commissaire de police, et contrairement à un arrêté qui défend les sifflets, établit contre eux une preuve qui ne peut être détruite par la simple allégation qu'il n'est pas prouvé qu'ils aient sifflé (même arrêt).

(1) *Espèce :* — (Beaussier *C.* min. pub.) — Entrepreneur du grand théâtre de Marseille depuis vingt-cinq ans, Beaussier paraissait avoir essuyé, dans les derniers temps, des pertes considérables. — Les artistes qui composent la troupe ont refusé de jouer, parce qu'ils n'étaient pas payés. — Le 25 janv. 1806, le maire de Marseille a pris un arrêté par lequel, reconnaissant la nécessité des spectacles dans les grandes villes, il a enjoint à Beaussier, sous les peines de droit, à compter du 25 du même mois, de continuer, comme par le passé, et sans interruption, le spectacle au grand théâtre, jusqu'à la fin de l'année théâtrale. — La même injonction a été faite aux artistes qui composent la troupe. — Cet arrêté, après avoir été publié et notifié à l'entrepreneur et aux principaux acteurs, est resté sans exécution. — Beaussier, poursuivi par voie de simple police, a dit pour se justifier, qu'il avait engagé les artistes à jouer, le 25 janvier, Cinna, tragédie, et Gulnare, opéra, et qu'ils lui avaient fait connaître l'impuissance où ils étaient de jouer. — Mais les principaux acteurs ont déclaré qu'ils auraient joué si le sieur Beaussier avait fait afficher. — Le 30 du même mois de janvier, le tribunal de police a condamné Beaussier en trois jours d'emprisonnement, pour avoir contrevenu à un arrêté de police, et a ordonné l'impression et l'affiche du jugement au nombre de cent cinquante exemplaires.

Pourvoi. — Le demandeur soutenait 1° qu'il n'existait pas de délit ; 2° que le fait qui lui a été imputé n'était pas compris dans la classe des délits dont la connaissance est attribuée au tribunal de police ; 3° que le jugement attaqué n'énonçait pas les termes de la loi appliquée ; 4° enfin, que l'affiche du jugement était une aggravation de peine, parce qu'elle ne faisait pas partie des réparations civiles accordées à la partie lésée. — Arrêt.

LA COUR ; — Considérant que l'arrêté pris par le maire de Marseille, le 25 janvier dernier, pour enjoindre à Beaussier, entrepreneur du spectacle dans cette ville, de continuer, comme par le passé, le spectacle au grand théâtre jusqu'à la fin de l'année théâtrale, tient à l'ordre public ; — Que Beaussier, en n'ouvrant pas son théâtre, est contrevenu à cet arrêté, qui avait été publié, affiché, et qui lui avait même été notifié ; — Que cette contravention donnant lieu à la peine de simple police, le tribunal de police de Marseille a pu infliger à Beaussier, en conformité de l'art. 606 c. 3 brum. an 4, transcrit dans son jugement, celle qui y est prononcée ; — Que la contravention étant publique, le tribunal de police n'est contrevenu à aucune loi, en ordonnant, sur les réquisitions du procureur du roi, l'impression et l'affiche du jugement ; qu'enfin, la loi du 29 vent. an 9 veut que le juge de paix remplisse seul les fonctions judiciaires attribuées aux justices de paix ; — Rejette.

Du 10 et non 11 avril 1806.-C. C., sect. crim.-MM. Viellart, pr.-Lombard, rap.

(2)(Min. pub. C. Bossien.) — LA COUR ; — Vu la loi du 16-24 août 1790, et l'art. 11 de celle du 18 juill. 1837, sur les attributions municipales ; — Vu aussi les art. 154 c. inst. crim., et 471, n° 15, c. pén.; — Attendu qu'il est constaté par un procès-verbal du 24 mai 1841 dressé par trois des commissaires de police de la ville de Rouen, qui n'a pas été débattu par la preuve contraire, et qui dès lors faisait foi pour la justice, que, lors des débuts d'un acteur au théâtre des Arts de Rouen, après que le débutant s'était retiré, et que l'on venait, par suite de cette retraite occasionnée par les sifflets dont il était l'objet, de com-

mencer la représentation d'une autre pièce, les inculpés ont sifflé, trépigné et troublé la représentation ; que même l'un d'eux avait interrompu et interpellé l'un des commissaires, revêtu de son écharpe, au moment où il rappelait les interrupteurs à l'ordre; — Que ces faits constituaient l'infraction à l'art. 35 du règlement légalement fait par l'autorité municipale qui défend, lors des débuts, les clameurs et interpellations bruyantes; — Que cette infraction devait être réprimée par le tribunal de police saisi de la poursuite; que la citation, par la généralité de ses termes, avait rappelé l'erreur des qualifications contenues au procès-verbal, et qui, au lieu dudit art. 35, invoquait contre les inculpés les art. 28, 29 et 32, sans application aux faits dénoncés; — Attendu que si l'acteur débutant s'est mis en infraction à l'art. 35 du règlement, en faisant manquer une représentation annoncée par l'affiche, cette infraction ne pouvait excuser celle imputée aux inculpés, et n'aurait eu d'autre considération que comme circonstance atténuante; — Attendu qu'il ne s'agit pas des sifflets, que le règlement n'interdit pas, comme expression de l'opinion du public assistant aux débuts, mais de manifestations turbulentes prolongées après la retraite de l'acteur et reconnues par le jugement attaqué; — D'où il suit que ce jugement a manifestement violé l'art. 35 du règlement en relaxant les inculpés de la poursuite, l'art. 471, n° 15, c. pén., et la loi due au procès-verbal ; — Casse.

Du 6 août 1841.-C. C., ch. crim.-MM. Bastard, pr.-Isambert, rap.

(3) (Min. pub. C. Chuguet.) — LA COUR; — Vu l'arrêté du maire de Saint-Etienne, du 10 nov. 1832, portant règlement sur la police du spectacle, dont l'art. 18 est ainsi conçu : « Si les cris et les sifflets se prolongeaient nonobstant l'avertissement du commissaire de police, il en sera référé à l'autorité supérieure qui ordonnera, s'il y a lieu, de faire cesser le spectacle, sans préjudice des peines à prononcer contre les moteurs, auteurs ou instigateurs du trouble. » Vu l'art. 3, c. 3, de la loi du 24 août 1790, tit. 11, et l'art. 46, tit. 1 de celle du 22 juill. 1791 ; — Vu enfin l'art. 471, n° 15 c. pén.; — Attendu que l'arrêté du maire de Saint-Etienne a été pris en vertu des articles ci-dessus cités des lois des 24 août 1790 et 22 juill. 1791, et doit trouver sa sanction dans l'art. 471, n° 15, c. pén.; — Attendu que, le procès-verbal régulier, dont les énonciations doivent faire foi, puisqu'aucune preuve contraire n'a été produite, le spectacle a été troublé et interrompu par quelques personnes placées au parterre, qui ont fait partir des coups de sifflets répétés et prolongés; qu'il résulte de ce même procès-verbal que les prévenus ayant été signalés comme les auteurs du tapage au commissaire de police, qui avait pris le parti de descendre au parterre, il s'adressa à eux, leur intimant l'ordre de cesser de siffler; qu'ils ne firent aucun cas de son injonction, et que les sifflets recommencèrent de nouveau; — Que ce procès-verbal constatait donc à la charge des prévenus une infraction à l'art. 18 du règlement, et qu'il y avait lieu de prononcer contre eux les peines de police de l'art. 471; — Que cependant le tribunal les a renvoyés de la poursuite du ministère public, par le motif, 1° qu'il n'était pas prouvé qu'ils eussent sifflé, et 2° qu'ils n'avaient pas poussé de cris, que la toile n'avait pas été baissée, et que le commissaire de police n'avait pas consulté l'autorité supérieure sur les mesures à prendre, circonstances qu'il a considérées mal à propos comme des conditions nécessaires pour qu'il y ait lieu à l'application de l'art. 18 du règlement; — Qu'en cela, il y a eu d'une part violation de la foi due

65. Toutefois il a été jugé que le fait par des spectateurs d'avoir sifflé dans une représentation au théâtre, a pu être déclaré ne pas constituer une contravention à l'arrêté municipal qui défend de troubler le spectacle en aucune manière, soit pendant la représentation, soit pendant les entr'actes, alors qu'il résulte des circonstances que les sifflets ont été justement provoqués par la négligence du directeur à remplir des promesses qu'il avait faites au public par la voie de la presse (Crim. rej. 14 nov. 1840) (1).

66. On s'est demandé si l'autorité municipale avait le droit d'empêcher le public de siffler les acteurs qui sont sur la scène, et l'affirmative a été jugée implicitement par le tribunal de Bordeaux du 28 oct. 1843, aff. min. pub. C. Parlange. — Mais il est difficile de décider la question en principe, en raison de l'usage établi de temps immémorial, de siffler les acteurs surtout à leur début, lorsqu'ils ne répondent pas à l'attente du public ; il semble que le 1791 et celle du 28 juill. 1837 ne doivent recevoir d'application que ce cas, que lorsque les sifflets troublent l'ordre public, et sont la cause de division et de querelles entre les spectateurs. — V. en outre les arrêts cités par nous, v° Commune, n°s 1340 et suiv.

67. Un officier de police doit assister à chaque représentation dramatique avec les marques distinctives de ses fonctions, afin de maintenir l'ordre et de prévenir le trouble. On doit obéir provisoirement à l'officier de police, et se rendre, sur sa sommation, au bureau de police, pour y donner les explications qui lui seraient demandées. Tout individu arrêté au théâtre doit être conduit devant le commissaire de police, qui prononce le renvoi devant l'autorité compétente ou la mise en liberté.

68. Il peut être quelquefois nécessaire, pour le maintien ou le rétablissement de l'ordre, de faire usage de la force armée ; ce moyen ne doit être employé qu'avec une extrême circonspection. D'après la loi du 19 janv. 1791, la garde extérieure des théâtres n'est confiée à la troupe de ligne que quand les officiers municipaux en font la réquisition formelle ; il y a toujours un ou plusieurs officiers civils dans l'intérieur des salles, et la garde n'y pénètre que dans le cas où la sûreté publique serait compromise, et sur la réquisition expresse de l'officier civil. A Paris, la garde municipale est chargée du service des spectacles. La sûreté publique est compromise chaque fois que des voies de fait ou des violences s'exercent contre les personnes, et que des discussions entre les spectateurs ont provoqué des rixes et des luttes. C'est l'officier civil seul reste juge des cas où la garde doit être appelée ; mais dès qu'il a fait à cet égard sa réquisition, les troupes doivent y déférer, sans délibérer sur l'opportunité de leur introduction.

69. Le droit de requérir la force armée et de la faire pénétrer dans les salles de spectacle appartient aux maires, officiers municipaux et commissaires de police, et non aux officiers de paix, inspecteurs, agents de police ou tous autres fonctionnaires subalternes, quelle que soit leur dénomination ; les militaires qui déféreraient aux réquisitions de ces derniers s'exposeraient à une grave responsabilité.

70. Il peut arriver que la sûreté publique exige que l'on

fasse sortir de force une personne qui serait dans la salle. L'officier public doit d'abord s'adresser à cette personne, et si son invitation ou son ordre ne suffisent pas, il peut requérir la force armée. Mais il faut se garder de confondre le cas où un furieux, un voleur, un fou, compromettrait la sûreté des spectateurs, avec celui d'une approbation ou d'une improbation trop bruyante ou trop vive (V. n° 64). Il n'y aurait lieu de recourir à la force que si la discussion avait dégénéré en lutte ; les officiers civils doivent, en pareille conjoncture, agir avec beaucoup de discernement et de modération. Ce n'est qu'à la dernière extrémité, et après que toutes les autres mesures auront été inutilement essayées, qu'ils doivent se décider à faire complétement évacuer la salle.

71. Si des circonstances, telles qu'en ont fait naître les passions politiques, rendaient nécessaire l'introduction de la force armée, celle-ci devra se borner à séparer les combattants et à faire sortir les personnes qui se trouvent dans la salle ; l'emploi des armes doit être subordonné aux conditions et formalités requises par la loi du 3 août 1791, et celle relative aux attroupements (L. 10 avr. 1831, V. v° Attroupement; L. 7 juin 1848, D. P. 48. 4. 105).

72. Pour que les officiers de police puissent exercer leur surveillance, il faut qu'ils aient leur entrée dans les théâtres. Les commissaires de police ont une place marquée : les règlements prescrivent de n'accorder d'entrées gratuites qu'à ceux des agents de l'autorité dont la présence est jugée indispensable pour le maintien de l'ordre et de la sûreté publique. — V. MM. Vivien et Blanc, n°s 82 et suiv.

ART. 4. — *De l'autorisation nécessaire pour représenter une œuvre dramatique.* — Censure.

73. Nous avons rendu compte, dans notre historique, des diverses dispositions légales concernant la censure, et signalé les désordres qui se sont manifestés dès qu'elle fut supprimée, par suite de l'abrogation de la loi du 9 sept. 1835. Nous avons déjà parlé de la loi du 30 juill. 1850, qui rétablit la censure.—L'art. 1 de cette loi dispose que «jusqu'à ce qu'une loi générale, qui devra être présentée dans le délai d'une année, ait définitivement statué sur la police des théâtres, aucun ouvrage dramatique ne pourra être représenté sans l'autorisation préalable du ministre de l'intérieur à Paris, et du préfet dans les départements.— Cette autorisation pourra toujours être retirée par des motifs d'ordre public. — Art. 2. « Toute contravention aux dispositions qui précèdent est punie par les tribunaux correctionnels d'une amende de 100 à 1000 fr., sans préjudice des poursuites auxquelles pourraient donner lieu les pièces représentées. » — Il résulte de ces dispositions : 1° que cette loi n'a d'effet que pour une année, c'est-à-dire jusqu'au 30 juill. 1851 ; 2° que la censure dramatique n'appartient pas aux maires, mais à Paris au ministre de l'intérieur, et aux préfets dans les départements ; 3° que toute contravention à ces dispositions est punie par les tribunaux de police correctionnelle.—A l'expiration de l'année, la loi générale annoncée n'étant pas faite, l'assemblée nationale a

au procès-verbal, d'autre part, fausse interprétation du règlement, et, par suite, violation formelle de l'art. 471, n° 15, c. pén. — Casse.
Du 18 oct. 1839.-C. C., ch. crim.-MM. Bastard, pr.-Vincens, rap.
(1) Espèce : — (Min. pub. C. Peyrusset et Durand.) — L'art. 42 du règlement sur la police des spectacles de Nantes, du 20 déc. 1852, défend de troubler en aucune manière le spectacle, et de parler ou tenir des conversations pendant que les acteurs sont en scène de manière à distraire et fatiguer l'attention des spectateurs ; avant que la toile soit levée et pendant les entr'actes, il est également défendu de troubler la tranquillité des spectateurs soit par des clameurs, soit par des propos bruyants et indécents. — Un procès-verbal, en date du 22 juill. 1840, dressé par le commissaire de police de Nantes, constate que la représentation donnée la veille au théâtre avait été troublée par les sifflets des nommés Peyrusset et Durand. — Traduits à ce sujet devant le tribunal de simple police, ils sont, le 14 août suivant, renvoyés des fins de la plainte par un jugement ainsi conçu : « Considérant que, si madame Jolly a été engagée au grand théâtre de Nantes, pour remplir les rôles de jeune première rôle et forte jeune première, le public paraît avoir protesté contre l'attribution qu'on voulait lui donner des jeunes rôles ; — Que des renseignements pris auprès de divers abonnés, il ré-

sulte que le directeur aurait promis de retirer à madame Jolly les premiers rôles pour les remettre à une actrice qu'il se proposait d'engager ; que cette circonstance est justifiée 1° par le feuilleton du National de l'Ouest du 19 janv. 1840, où on lit que le directeur s'est mis en devoir d'engager une autre actrice pour les premiers rôles à la place de madame Jolly ; 2° par l'engagement de mademoiselle Stéphanie, qui remplit, en effet, au théâtre les jeunes rôles, engagement qui n'aurait pas eu lieu, si madame Jolly avait dû conserver cet emploi ; — Considérant que par suite, c'est à tort que le directeur aurait persisté à faire figurer madame Jolly le 21 juillet dernier, dans le jeune rôle de Caroline de la pièce intitulée : La seconde année;—Que, si ce rôle ne pouvait être rempli par mademoiselle Stéphanie, en raison de ce qu'elle n'avait pas achevé ses débuts, le directeur devait, comme il est d'usage, en faire mention sur l'affiche du jour ; — Que cet oubli paraît avoir occasionné la protestation d'une partie des spectateurs. » — Pourvoi du ministère public.—Arrêt.
LA COUR. — Attendu que le jugement dont il s'agit est régulier en la forme, et qu'il n'a point expressément violé, dans l'état des faits par lui retenu, l'art. 42 du régl. de police du 20 déc. 1832 ; — Rejette.
Du 14 nov. 1840.-C. C., ch. crim.-MM. Bastard, pr.-Rives, rap.

adopté d'urgence la loi dont la teneur suit. — Article unique. « La loi du 30 juill. 1850, sur la police des théâtres, est prorogée jusqu'au 31 déc. 1852. » — Mais le 30 déc. 1852 intervint un décret impérial qui fit cesser ce provisoire ; ce décret est ainsi conçu : les ouvrages dramatiques continueront à être soumis, avant leur représentation, à l'autorisation du ministre de l'intérieur à Paris et des préfets dans les départements.

74. Tel est l'état de la législation sur la censure dramatique. Il semble que tout est réglé d'une manière générale et uniforme, et cependant nous allons voir surgir une difficulté grave. — La loi de 1850 charge les tribunaux correctionnels de la répression des délits qui pourraient être commis ; mais cette loi n'ayant qu'un caractère provisoire, se trouve abrogée au 30 juill. 1851, et prorogée seulement jusqu'au 31 déc. 1852. Or, à cette époque du 31 déc. 1852 la loi de 1850 a cessé d'exister, elle est abrogée complétement. Or, le législateur de 1852, qui rend, comme chef de l'empire, le décret du 30 déc. 1852 omet d'établir une pénalité et de fixer la compétence pour juger les délits qui pourraient être commis dans l'avenir ; le décret se trouve donc sans sanction. La difficulté n'a pas manqué de s'élever, et il a été jugé que les lois des 30 juill. 1830 et 30 juill. 1851, sur la police des théâtres, ayant cessé d'être en vigueur à partir du 31 déc. 1852, jour où a expiré le délai déterminé par la dernière de ces lois, et le décret du 30 du même mois de décembre, qui les a remplacées et qui soumet, comme elles, toute représentation d'un ouvrage dramatique à une autorisation préalable, n'ayant édicté aucune pénalité pour l'infraction à cette prescription, les tribunaux saisis d'une telle infraction ne peuvent la punir de l'amende prononcée par les lois précitées (Crim. cass. 17 avr. 1856, aff. Thibeaud, D. P. 56. 1. 199). — Mais que le décret du 30 déc. 1852 ayant le caractère d'un règlement général de police, comme rendu dans les limites des art. 3 et 4 de la loi du 24 août 1790, l'infraction aux dispositions de ce décret tombe sous l'application de l'art. 471, § 15 c. pén. (même arrêt). — Ainsi la pénalité de la loi de 1850 se trouve remplacée par une simple amende de police ; il est probable que le législateur avisera, car si la loi de 1850 pouvait paraître sévère, une amende de simple police est insuffisante pour garantir l'ordre public.

75. Le droit de donner l'autorisation dont on vient de parler, n'appartient plus aujourd'hui au ministre de l'intérieur, comme le porte la loi de 1850 précitée, ce droit a été placé dans les attributions du ministre d'état, en vertu des décrets des 6 juill. 1853 et 23 juin 1854 (V. suprà, n° 29). — Ce changement dans la législation a-t-il eu pour effet d'abroger la disposition du décret du 30 déc. 1852 qui attribue aux préfets le droit d'autoriser les représentations dans les départements? Nous ne le pensons pas. Les décrets de 1853 et 1854 n'ont fait que transférer au ministre d'état les attributions qui appartenaient précédemment au ministre de l'intérieur, mais ils ne paraissent pas avoir eu pour objet de les augmenter.

76. L'autorisation de jouer une pièce donnée par un préfet a-t-elle force pour toute la France, ou seulement pour le département qu'il administre ? MM. Lacan et Paulmier, t. 1, n° 61, décident avec raison qu'elle n'a de valeur que dans son ressort administratif : le pouvoir du préfet s'arrête aux limites de son département. On peut invoquer, par raison d'analogie, un arrêt qui a décidé en ce qui concerne les gravures que l'autorisation

que doit donner un préfet, conformément à l'art. 20 de la loi de 1835, n'est valable que pour le département sur lequel s'étend l'autorité du préfet (Crim. cass. 10 mars 1837, aff. Villedieu, V. Presse-outr., n° 419).—Il est évident que la raison de décider est la même quant à l'autorisation de représenter une pièce de théâtre.

77. Mais il en serait autrement de l'autorisation qui serait donnée par le ministre, puisque son pouvoir administratif s'étend sur toute la France (arg. même arrêt). — Et il a été jugé spécialement que l'autorisation donnée par le ministre de l'intérieur de représenter une pièce de théâtre à Paris emporte le droit de la faire représenter dans tout le royaume ; qu'en pareil cas, il est inutile de demander au préfet la permission de la faire jouer ; que le préfet n'a le droit d'empêcher la représentation que lorsqu'il juge qu'elle peut troubler l'ordre public (Crim. rej. 31 mars 1838 (1); Conf. MM. Lacan et Paulmier, t. 1, n° 62); et que les pièces de théâtre jouées avant la loi du 9 sept. 1835 peuvent être représentées depuis cette loi, sans avoir besoin d'autorisation, pourvu que la représentation n'en ait pas été interdite par le ministre de l'intérieur, et qu'il n'y soit fait aucun changement (même arrêt).

78. Toutefois, il a été jugé que de ce que le pouvoir de prendre des mesures de police à l'égard de la représentation théâtrale, conféré à l'autorité municipale par les art. 3 et 4 de la loi du 24 août 1790, a été retiré à cette autorité par des lois et règlements postérieurs, et particulièrement par les lois des 30 juill. 1850 et 30 juill. 1851 et le décret du 30 déc. 1852, la loi précitée de 1790 n'a pas cessé pour cela d'être en vigueur pour déterminer les objets sur lesquels peut s'exercer le droit de faire des règlements de police en cette matière et pour autoriser les pouvoirs publics à soumettre les représentations théâtrales à une surveillance et à une permission préalables (Crim. cass. 17 avr. 1856, aff. Thibeaud, D. P. 56. 1. 199). — Ainsi, d'après l'arrêt, l'autorité municipale pourrait encore s'opposer à la représentation d'une pièce, même lorsqu'elle est autorisée par le ministre. — Nous ne pouvons adopter ce système. Nous pensons, comme l'avait décidé la cour de cassation dans l'arrêt précédemment cité, que dès que le directeur est muni de l'autorisation ministérielle pour faire représenter une pièce, il n'est pas obligé d'obtenir en outre une autorisation du maire ou du préfet, et que le maire ou le préfet ne pourrait mettre obstacle à la représentation qu'au cas de trouble et de désordre.

79. Pour qu'il soit certain que la représentation est conforme au manuscrit censuré, une circulaire du 10 oct. 1822 a décidé que les ouvrages nouveaux ne pourraient être joués en province que sur les exemplaires fournis au ministère de l'intérieur.

80. Des employés spéciaux sont chargés par le ministre de l'examen des ouvrages : l'usage qu'ils font de leur pouvoir ne peut donner lieu à aucun recours ni à aucune responsabilité légale.

81. Les examinateurs sont dépositaires du manuscrit ; s'ils abusaient de cette communication pour divulguer le sujet ou les détails d'une pièce nouvelle, ils seraient passibles d'une action en justice. S'il y avait fraude, il y aurait lieu à poursuites criminelles (MM. Vivien et Blanc, n° 145; Lacan et Paulmier, t. 1, n° 67).

82. Le décret de 1806 ne déterminait pas le mode de remise du manuscrit entre les mains des censeurs. Une circulaire du

---

(1) Espèce : — (Min. pub. C. Ponchard.) — Le directeur du théâtre de Nantes fut cité devant le tribunal correctionnel pour avoir fait représenter sur le petit et grand théâtre de Nantes deux pièces sans l'autorisation du préfet; il fut renvoyé de cette action par les premiers juges et la cour royale ;—« Attendu, en substance, que ces pièces ayant été représentées à Paris avec l'autorisation du ministre de l'intérieur, cette autorisation est suffisante, aux termes de l'art. 22 de la loi du 9 sept. 1835, pour donner le droit de les représenter sur tous les théâtres des départements, etc. » — Pourvoi par le ministère public pour violation de cet art. 22 de la loi du 9 sept. 1835.— Arrêt.
La cour ; — En ce qui concerne Georgine ou la servante du Pasteur : —Attendu que l'autorisation obtenue du ministre de l'intérieur importe le droit de faire représenter les pièces qui en sont revêtues sur tous les théâtres du royaume, sauf l'exercice, s'il y a lieu, du droit accordé au préfet de chaque département par l'art. 22 de la loi du 9 sept. 1835,

d'empêcher la représentation de celles qu'il jugerait susceptibles de troubler ou de compromettre l'ordre public.
En ce qui concerne la pièce intitulée : Fich-Toung-Khan ; — Attendu qu'il est constaté par l'arrêt dénoncé, 1° que la représentation de cette pièce a eu lieu pour la première fois sur le théâtre du Palais-Royal, à Paris, le 3 mars 1835; 2° qu'il résulte de la lettre du ministre de l'intérieur, en date du 30 déc. 1857, qu'elle n'est point au nombre des pièces dont la représentation a été interdite depuis la promulgation de la loi précitée ; 3° qu'il n'est point articulé qu'elle ait été jouée à Nantes avec des modifications ou des changements qui ne se trouveraient pas dans l'exemplaire imprimé ; — Qu'en décidant donc, dans cet état des faits, que la prévention dont il s'agit ne constitue point, dans l'espèce, une contravention à l'art. 20 de la même loi, cet arrêt, régulier d'ailleurs en la forme, n'en a point commis la violation ;— Rejette.
Du 31 mars 1838.-C. C., ch. crim.-MM. Bastard, pr.-Rives, rap.

1er oct. 1826 a décidé que les manuscrits seraient adressés directement au cabinet du ministre avec une lettre d'envoi des directeurs, auxquels la décision serait aussi envoyée. Par là tous rapports entre les auteurs et les censeurs sont rendus impossibles ; et ce mode a le grand inconvénient de forcer les auteurs de confier leur manuscrit à des agents subalternes, à des concierges, sans même pouvoir exiger de récépissé de l'administration.

82. Ce sont les ouvrages dramatiques seulement qui sont soumis à l'autorisation par la loi du 30 juill. 1850. — Par conséquent, les entrepreneurs des spectacles de curiosité n'ont pas besoin d'autorisation spéciale ; mais l'autorité a toujours le droit d'arrêter la représentation des spectacles qui seraient contraires aux bonnes mœurs (Conf. MM. Lacan et Paulmier, t. 1, nos 57, 58).
—Mais dans ces mots : *ouvrages dramatiques*, sont compris les ouvrages qui ne sont représentés qu'à l'aide d'une pantomime (mêmes auteurs).

84. La prohibition de représenter une pièce quelconque sur un théâtre sans l'autorisation ministérielle s'étend-elle au cas où il ne s'agit que de couplets ou de scènes comiques intercalés dans la pièce ou chantés séparément? — Il y a évidemment même raison de décider. Aussi a-t-il été jugé : 1° que la représentation d'une scène comique non autorisée doit être assimilée à celle d'une pièce entière, et, par suite, constitue une infraction. Peu importe que ce ne soit qu'une simple scène où ne figure qu'un seul acteur et qui tout entière doit être chantée (Crim. cass. 10 déc. 1841, aff. Castel, V. Procès-verbal, n° 232-2°) ; — 2° Que le procès-verbal d'un officier de police judiciaire compétent qui énonce qu'un acteur a chanté entre deux pièces une scène comique non portée sur le répertoire, constate suffisamment, jusqu'à preuve contraire, la contravention, et le tribunal saisi ne peut, dès lors, renvoyer le prévenu sous prétexte que la contravention n'est pas prouvée. ...Dans ce cas, ce n'est pas le tribunal de simple police, mais le tribunal correctionnel qui est compétent pour en connaître (L. 9 sept. 1835, art. 21 ; même arrêt).

85. Lorsque la représentation est autorisée, aucun changement ne peut être fait à la pièce. Ce serait rendre illusoire l'autorisation, si le directeur ou l'auteur se permettait d'y faire des additions ou modifications quelconques (Conf. MM. Lacan et Paulmier, n° 63). Toutefois il y a des changements de style, des transpositions de scènes, d'entrée et de sortie des personnages qui ne devraient pas être considérés comme des modifications. Ce serait rendre impossibles les perfectionnements de l'art dramatique (Conf. mêmes auteurs). — Cependant il a été jugé que le fait, par un acteur, d'avoir, pendant une représentation, ajouté divers jeux de scène, accompagnés de paroles, non indiqués, ni écrits dans le manuscrit déposé au ministère de l'intérieur, constitue une contravention à l'art. 1 de la loi du 30 juill. 1850 (trib. corr. de la Seine, 15 nov. 1850, aff. Gil-Pérès et direct. de la Porte-Saint-Martin, V. le Droit du 16 nov.). Il avait déjà été jugé, avant la loi de 1850, que l'arrêté municipal qui défend à tout acteur de rien ajouter ou changer à son rôle sans y avoir été autorisé par le maire, est obligatoire (Crim. cass. 4 avr. 1835) (1).

86. Quand une pièce est représentée sans l'autorisation requise, contre qui la poursuite peut-elle être dirigée? Évidemment contre le directeur de l'entreprise théâtrale.—Mais la poursuite

pourrait-elle être dirigée contre l'auteur, si, sur sa réquisition expresse au directeur, il faisait jouer sa pièce sachant qu'elle n'est pas autorisée? Oui, disent MM. Lacan et Paulmier (t. 1, p. 124) ; il participe comme le directeur à la violation de la loi. — Cette solution repose sur un fait qui ne recevra certainement pas d'application. Quel est le directeur qui consentirait à faire représenter une pièce non autorisée sur une sommation d'un auteur? En thèse générale d'ailleurs, l'auteur n'est point chargé de l'administration du théâtre, il ne peut dès lors encourir aucune responsabilité ; il n'a point à s'enquérir de savoir si l'autorisation a été accordée ; sa pensée, son but, c'est que sa pièce soit représentée, et lorsque la pièce est lue, acceptée, répétée, et qu'enfin le jour de la représentation arrive, il doit croire que le directeur a rempli les formalités voulues par la loi.

87. L'autorisation donnée par l'administration à la représentation d'une pièce met-elle le directeur et l'auteur à l'abri des poursuites que les parties lésées croiraient devoir diriger contre eux, dans le cas où la pièce leur paraîtrait contenir soit une diffamation, soit tout autre délit portant atteinte à des intérêts privés? Non. L'approbation du gouvernement ne peut pas porter atteinte à des intérêts privés.—Il a été jugé dans ce sens que, comme le délit de diffamation consiste surtout dans la publicité, le directeur du théâtre est évidemment le publicateur, et comme tel est responsable de tout fait qui porte atteinte à la réputation d'autrui (Trib. pol. corr. de la Seine 29 janv. 1845, aff. Paulin C. Ancelot, V. le Droit et la Gazette du même jour).

88. Mais la solution devrait-elle être la même par rapport au ministère public, dans le cas où la pièce paraîtrait au procureur impérial contenir un outrage à la morale publique, ou des attaques contre le respect dû aux lois? MM. Lacan et Paulmier, t. 1, n° 66, décident sans hésiter l'affirmative, et se fondent sur ce que, en approuvant une pièce, l'autorité n'en ordonne pas la représentation, elle déclare seulement ne pas l'empêcher. La question nous paraît très-délicate, car les lois sur la censure ont pour précisément de sauvegarder la morale publique et le respect dû aux lois. - Or, lorsque le gouvernement autorise, c'est que ces intérêts sont suffisamment protégés. Personne n'oserait faire représenter une pièce si, après l'autorisation, on était encore exposé devant les tribunaux à une condamnation criminelle. — Nous ne pouvons donc nous ranger à l'opinion de MM. Lacan et Paulmier.

89. Aux termes de l'art. 1 de la loi du 30 juill. 1850, l'autorisation donnée de représenter une pièce peut toujours être retirée pour des motifs d'ordre public. La question d'ordre public domine tous les principes en cette matière (V. MM. Lacan et Paulmier, t. 1, n° 60). Sans doute, l'autorité ne doit user de ce pouvoir exorbitant qu'avec beaucoup de réserve, mais enfin elle est dans son droit.

ART. 5. — *De la propriété et de la location des salles de spectacle.—Mobilier.*

90. La propriété des salles de spectacle est-elle soumise à un droit exceptionnel? — Non, soit qu'elles appartiennent en toute propriété à l'entrepreneur dûment autorisé à créer un théâtre, soit qu'elles appartiennent à des tiers, cette propriété est

(1) (Min. pub. C. Vernet.) — LA COUR ; — Vu l'art. 3, n° 5, tit. 11, de la loi des 16–24 août 1790 et l'art. 46, tit. 1 de celle des 19–22 juill. 1791 ; l'art. 6 de la loi des 13–19 janv. 1791, qui place les entrepreneurs ou les membres des différents théâtres, à raison de leur état, sous l'inspection des municipalités ; l'art. 3 de celle du 1er sept. 1793, portant que la police des spectacles continuera d'appartenir exclusivement aux municipalités ; l'art. 4 de l'arrêté du gouvernement, du 25 pluv. an 8, qui charge les officiers municipaux de veiller à ce qu'il ne soit représenté, sur les théâtres établis dans leurs communes, aucune pièce dont le contenu puisse occasionner des désordres, et d'arrêter la représentation de toutes celles par lesquelles l'ordre public aurait été troublé d'une manière quelconque ; ensemble, l'arrêté du 15 décembre 1828 , par lequel le maire de Nancy a défendu à tout acteur de rien ajouter ou retrancher à son rôle, sans y avoir été autorisé par l'autorité municipale ; et l'art. 471, n° 15, c. pén. ; — Attendu, en droit, que la défense faite par l'arrêté du 15 déc. 1828 est générale et absolue ; que sa stricte et sévère exécution intéresse au plus haut degré la tranquillité publique, puisqu'elle a pour objet de prévenir tous les écarts qui pourraient trou-

bler celle-ci ou la compromettre ; qu'il n'appartient au tribunal chargé d'en réprimer l'infraction ni d'interpréter ce règlement ni de le modifier, et qu'il suffit, pour qu'un acteur soit punissable des peines qui en sont la sanction, qu'il ait prononcé sur la scène, même sans intention malveillante, des paroles qui ne se trouvent point dans la pièce représentée, et que l'autorité municipale n'avait pas expressément autorisées ;
Et attendu, en fait, que l'acteur Vernet, sans avoir obtenu l'autorisation prescrite, a prononcé, sur le théâtre de la ville de Nancy, le 28 fév. dernier, des paroles qui ne font point partie du rôle dont il était chargé dans la représentation de la Dame blanche ; — D'où il résulte qu'en le renvoyant de l'action exercée contre lui à ce sujet, sur le motif qu'il n'a pas eu l'intention de troubler cette représentation ; que le maire ne peut avoir voulu interdire de légers écarts d'esprit , et un esprit de licence en quelque sorte inhérent au genre comique, le jugement dénoncé a commis un excès de pouvoir et une violation manifeste des dispositions ci-dessus visées. - En conséquence, casse, etc.
Du 4 avril 1835.-C. C., ch. crim.-MM. Choppin, pr.-Rives, rap.

régie par le droit commun. — Dans les deux cas, les entrepreneurs propriétaires de la salle ou les propriétaires qui ne sont point entrepreneurs ont le droit de disposer de leur propriété comme bon leur semble. « L'exercice de leur droit de propriété, disent MM. Lacan et Paulmier, t. 1, n° 42, n'est aucunement subordonné, sous ce rapport, aux convenances de l'autorité. — Avant son ouverture comme après sa clôture, la salle n'est qu'une propriété dont on peut jouir et disposer de la manière la plus étendue. » — Il a été jugé dans ce sens qu'une ville n'a pas sur une salle de spectacle un droit de servitude qui s'oppose perpétuellement à ce que les propriétaires puissent en changer la destination (Aff. ville de Marseille, Gaz. des trib. du 29 mai 1828).

91. Nous disons *avant son ouverture comme après sa clôture*, mais il en est autrement *pendant son ouverture*. — En effet, si le directeur est propriétaire de la salle, il a obtenu du gouvernement un privilége qui consiste à donner au public des représentations théâtrales : c'est là la condition de la faveur qu'on lui a faite ; or, comme ces représentations ne peuvent avoir lieu sans la jouissance de la salle, il est évident que pendant toute la durée du privilége, le directeur a grevé son immeuble d'une charge temporaire. — Si c'est un tiers qui est propriétaire de la salle, il se trouve lié par le bail qui a dû être fait avec lui pour toute la durée de ce privilége ; on voit que, dans l'un ou l'autre cas, le droit du propriétaire du sol se trouve altéré soit par la convention, soit par la concession du privilége.

92. Mais si le tiers propriétaire de la salle se refuse à la location ou n'y consent que sous des conditions non acceptables, qu'arrivera-t-il dans les deux hypothèses? Le ministre chargé de la direction des spectacles aura-t-il le droit d'intervenir par mesure de haute administration, et de contraindre le propriétaire à ouvrir sa salle, sauf aux tribunaux à régler le prix de la location? — Il existe sur cette question un règlement ministériel du 15 janv. 1807 (cité par MM. Lacan et Paulmier, t. 1, n° 45) qui dispose que « si les propriétaires des salles de spectacle abusent de la nécessité où se trouvent les directeurs d'arrondissement de se servir de leurs salles à des époques déterminées, en portant le prix du loyer à un taux excessif, la principale autorité du lieu fixera elle-même le loyer, d'après les prix qui étaient perçus avant la nouvelle organisation des théâtres. » — Cette disposition a été reproduite dans l'art. 26 du règlement d'août 1814 ; mais elle a été supprimée dans celui de mai 1815, et dans la réimpression du règlement de 1814, dans la collection officielle du ministère de l'intérieur, publiée en 1822, elle n'y figure plus, d'où l'on doit conclure qu'elle ne pourrait plus recevoir aujourd'hui d'application. Du reste, l'art. 544 c. nap. ne permet aucun doute à cet égard ; seulement le propriétaire pourrait être évincé pour cause d'utilité publique, d'après les lois sur l'expropriation (V. *suprà*, n° 45 et s.).

93. Lorsque les salles de spectacle appartiennent aux communes, il est clair que les difficultés que nous venons de signaler existeront bien rarement, parce qu'elles ont intérêt à favoriser le succès de l'entreprise théâtrale. — L'art. 22 du règlement de 1815 et l'art. 17 de l'ord. de 1824 sont inspirés par cette pensée, car ces articles accordent aux communes la faculté de mettre gratuitement les théâtres à la disposition des directeurs ; généralement elles louent les salles, mais à un prix modéré ; quelquefois même elles les abandonnent gratuitement aux entrepreneurs. — La loi du 18 juill. 1837, art. 10, 19 et 47 règle ce qui concerne les baux consentis par les communes. — S'il s'élève des difficultés sur la validité, l'interprétation et l'exécution des baux, il appartient aux tribunaux de les aplanir; leur compétence est reconnue à cet égard (V. Commune).

94. Le mobilier d'une salle de spectacle forme avec la salle un tout indivisible; de là il résulte que la salle ne peut être, en thèse générale, séparée du mobilier ni le mobilier de la salle. Le code Napoléon (art. 1218) consacre cette pensée. — « L'obligation est indivisible, dit-il, quoique la chose, ou le fait qui en est l'objet, soit divisible par sa nature, si le rapport sous lequel elle est considérée dans l'obligation ne la rend pas susceptible d'exécution partielle. »—C'est par application de ce principe qu'il a été jugé que la résiliation de la cession du bail d'une salle de spectacle entraîne la résiliation de la cession du matériel du théâtre, et même le retour entre les mains du cédant des objets ajoutés à

ce matériel par le cessionnaire, sauf à celui-ci à exiger le payement de la valeur estimative desdits objets.— Et il en est ainsi, alors même que la résiliation de la cession du bail a été prononcée par suite de la faillite du cessionnaire, la disposition de l'art. 550 c. com., qui prohibe, en matière de faillite, la revendication du mobilier vendu, n'étant pas applicable en pareil cas (Paris, 16 déc. 1850, aff. Lefebvre, D.P. 54. 5. 748).

Art. 6. — *Des priviléges des théâtres autorisés.— Subvention. —Redevance.*

95. Certains théâtres, que leur importance place dans une situation spéciale, reçoivent des subventions, soit de l'État, soit de la liste civile, soit des communes. Depuis qu'un arrêt du conseil, du 27 mars 1780, a retiré à la ville de Paris le privilége de l'Opéra, les suppléments de fonds que cette entreprise exigeait étaient payés par le roi, et l'administration avait passé dans les mains du gouvernement (V. le Répert. de M. Merlin, v° Opéra). Ce système avait été repris sous l'empire; depuis la restauration ce théâtre dépendait de la liste civile, et se trouvait soumis à l'autorité de l'intendant général des menus plaisirs et de la maison du roi. Les conséquences de cet état de choses sont développées par MM. Vivien et Blanc, n°s 334 et suiv. Sous le gouvernement de Louis-Philippe, ce régime a été changé et l'Opéra a été mis sur la même ligne, quant à l'administration, que les autres théâtres royaux ; toutefois comme cette vaste entreprise rendait une subvention nécessaire, il a créé auprès du directeur, régisseur intéressé, une commission d'artistes et d'hommes d'État chargée d'une surveillance administrative. — Mais le gouvernement impérial actuel a rétabli l'ancien état de choses. L'Opéra fait de nouveau partie de la liste civile, en vertu d'un décret du 30 juin 1854, non inséré au Bulletin des lois. D'après un décret du 24 nov. 1860, l'administration supérieure de l'Opéra est confiée au ministre d'État. La caisse de retraite pour les artistes, employés et agents de l'Opéra, qui avait été supprimée en 1831, en raison du changement opéré dans l'administration de l'Opéra, a été rétablie par le décret du 14 mai 1856.

96. Le théâtre de l'Opéra jouissait autrefois du privilége de prélever une redevance sur les théâtres secondaires et sur les petits théâtres. Ce droit fut aboli par la législation de 1789 et rétabli par un décret du 13 août 1811. On avait élevé la question de savoir si la charte de 1814 et celle de 1830 n'en avaient pas affranchi les entreprises dramatiques. Plusieurs théâtres secondaires refusèrent, en 1828, de payer la redevance à l'Opéra; ils soutinrent qu'elle était inconstitutionnellement établie ; que, d'après la charte, aucun impôt ne peut être établi qu'en vertu d'une loi. Mais leur prétention a été rejetée, et il a été décidé que la redevance due, aux termes du décret du 13 août 1811, par les théâtres secondaires de Paris à l'administration de l'Académie de musique, était considérée, non comme un impôt qui, faute d'avoir été consenti par les chambres et sanctionné par le roi, conformément à la charte, ait été illégalement perçu depuis 1814, mais bien comme une charge imposée aux petits théâtres comme condition de leur établissement, condition librement consentie par eux, et à l'accomplissement de laquelle ils ne peuvent se soustraire (Req. 18 déc. 1832, MM. Zangiacomi, pr., Lebeau, rap., aff. petits théâtres de Paris C. l'Académie de musique). — Mais cette convention ne peut plus se représenter : une ordonnance du 24 août 1831, ayant aboli cette redevance.

97. Le Théâtre-Français faisait aussi partie de la liste civile sous la restauration ; mais il en a été distrait par l'ord. du 25 janv. 1831 qui le place dans les attributions du ministre de l'intérieur : une subvention lui fut ensuite accordée. Depuis cette époque, l'administration de ce théâtre a éprouvé diverses vicissitudes. Soumis à une administration toute particulière, il est exploité par les comédiens réunis en société, conformément aux statuts, sous la surveillance et la direction du ministre d'État qui en nomme l'administrateur. V. décr. 15 oct. 1812, dit de Moscou; ord. 14 déc. 1816, qui n'a été ni contre-signée d'un ministre ni insérée au Bulletin des lois et par suite le conseil d'État a déclaré inconstitutionnelle (cons. d'Et. 27 août 1823, aff. mademoiselle Georges C. comédiens français; ord. 18 mai 1822, non encore insérée au Bulletin des lois; ord. 13

avril 1826; 29 août 1847, révoquée par un arrêté du 2 mars 1848; décr. 15 nov. 1849, 27 avr. 1850, 19 nov. 1859). — Ces deux derniers décrets et certaines dispositions encore en vigueur du décret de 1812 forment l'état actuel de la législation qui régit le Théâtre-Français.—V. au surplus MM. Lacan et Paulmier, t. 2, p. 295 et suiv, qui donnent des détails fort intéressants sur l'histoire du Théâtre-Français et sur les faits qui ont motivé cette nombreuse série d'ordonnances et de décrets.

98. Il a été jugé que le Théâtre-Français, continuant à être régi par le décret du 15 oct. 1812, spécialement en ce qui concerne la perte des droits que les sociétaires ont à la pension et au remboursement de leur part dans le fonds de retenue, les sociétaires de ce théâtre ne perdent leurs droits à ce remboursement que dans les cas d'abandon et de retraite, prévus par les art. 25 et 82 de ce décret, et non par leur expulsion, qui emporte seulement la privation des droits à la pension (cons. d'Et. 28 mai 1829) (1).

99. Plusieurs théâtres à Paris reçoivent des subventions à la charge du budget.—Voici quel est, d'après le budget de 1861, le chiffre de ces subventions : Opéra, 820,000 fr. ; — Théâtre-Français, 240,000 fr. ; — Opéra-Comique, 240,000 fr. ; — Théâtre-Italien, 100,000 fr. ; — Odéon, 100,000 fr. — Traitements des commissaires impériaux et autres agents du service des théâtres subventionnés, 15,000 fr. — Total, 1,515,000 fr. — Conservatoire impérial de musique et de déclamation et succursales des départements, 190,000 fr.

100. Les fonds de la subvention n'étant votés par les chambres que chaque année, ne peuvent être engagés pour plus d'une année, et ils ne peuvent l'être que par le ministre de l'intérieur : (cons. d'Et. 13 avr. 1833, Rec. des arr. du cons., t. 3, 2e série, p. 210).

101. L'existence des subventions n'empêche pas les théâtres impériaux, autres que l'Opéra, d'avoir les caractères d'entreprises commerciales, soumises, comme telles, à la compétence des tribunaux de commerce. La liste civile, ou le commissaire qu'elle délègue, n'a point de droit sur les intérêts de l'entreprise; des conditions peuvent être apposées à la subvention, mais aucune qui donne acquérir juridiction sur les personnes ni pouvoir sur les engagements sociaux. Toutefois, en cette matière, on ne peut établir de règles générales; les relations de l'autorité avec les théâtres à subvention dépendent beaucoup des stipulations écrites, et cette partie de la jurisprudence dramatique est une de celles qui appellent le plus instamment l'intervention d'une loi nouvelle et uniforme (V. au surplus MM. Vivien et Blanc, n°s 343 à 354). — Dans leurs n°s 355 à 356, les mêmes auteurs font observer qu'on suit des principes semblables pour les subventions que, dans certaines villes, l'autorité municipale accorde aux théâtres ; les traités spéciaux font la loi dans chaque localité; seulement il faut remarquer, et c'est ce qu'a jugé le conseil d'Etat, que le pouvoir municipal ne peut, dans une pareille convention, transporter dans le domaine administratif des attributions que les lois placent exclusivement dans la compétence des tribunaux. — V. n° 327 et s.

102. Les grands théâtres ont, d'après les décrets de 1806 et 1807, le droit de s'opposer à ce que des théâtres secondaires jouent les pièces de leur répertoire sans leur autorisation et sans avoir traité d'une certaine rétribution. Cette rétribution n'est point la conséquence ni l'indice d'un droit de propriété : car la propriété appartient aux auteurs ou au public; le privilège dont il s'agit n'est donc qu'une faveur réglementaire que l'adminis-

tration peut modifier ou supprimer sans qu'on puisse l'accuser de porter atteinte à des droits acquis.

103. Autrefois l'Opéra avait seul le privilège de donner des bals masqués à Paris. Ce privilège n'existe plus, mais il peut encore donner des bals de ce genre avec l'autorisation du ministre et concurremment avec les autres théâtres de Paris (décr. 8 juin 1806, art. 9; ordonn. 8 déc. 1824, art. 13). — Dans les provinces, les directeurs des spectacles jouissent exclusivement de ce droit. — Il a été jugé que les directeurs de théâtres, dans les chefs-lieux de département, ont ceuls le droit de donner des bals masqués : le décret du 8 juin 1806, qui leur accorde ce privilège, exclusivement à toute autre entreprise particulière, n'a pas été abrogé par l'ord. du 8 déc. 1824 (Amiens, 23 mars 1859, aff. Gaudron C. Pinchon, D. P. 60. 2. 31).—Mais leur privilège ne s'étend pas aux redoutes et bals non masqués ni aux bals masqués donnés par des particuliers pour leur plaisir et sans rétribution (Conf. MM. Vivien et Blanc, n°s 70 à 75).

104. Depuis 1814, les règlements émanés du gouvernement de la restauration, et spécialement le règlement du 15 mai 1815, ont attribué aux troupes des départements le droit de prélever un cinquième brut sur le produit des spectacles de curiosité de tout genre. — L'art. 21 de ce règlement porte : « Les directeurs des troupes stationnaires dans les lieux où ils sont établis, et les directeurs des troupes ambulantes dans les lieux où ils se trouvent exercer, eux ou leurs régisseurs régulièrement reconnus, ont le droit de percevoir un cinquième sur la recette brute des spectacles de curiosité, de quelque genre et sous quelque dénomination qu'ils soient, défalcation faite toutefois du droit des pauvres. » — L'ord. du 8 déc. 1824 maintint cette redevance. — « Les directeurs, dit l'art. 11, continueront à jouir de l'indemnité qui leur est allouée sur les spectacles de curiosité, de quelque nature qu'ils soient. Toute exception qui aurait pu être accordée à cet égard est révoquée. En conséquence, aucun spectacle de ce genre ne pourra être autorisé par les maires qu'avec la réserve expresse du prélèvement établi en faveur des directeurs privilégiés, qui restera fixé à un cinquième de la recette brute, défalcation faite du droit des pauvres, ainsi que cela est indiqué par l'art. 21 du règlement de 1815, et conformément à l'art. 15 du décret du 8 juin 1806. » — De ce décret, qui exige pour tous les théâtres une autorisation préalable, porte, art. 15 : « Les spectacles de curiosité seront soumis à des règlements particuliers. Le règl. de 1815 et l'ord. de 1824 ont donc pu disposer que les spectacles de curiosités ne seront permis qu'à la charge d'une redevance au profit des directeurs des théâtres. » — On a objecté, il est vrai, qu'une pareille redevance constitue un impôt, que, comme telle, elle ne peut résulter que d'une loi ; qu'en outre, elle a pour résultat d'entraver l'industrie. Mais on a répondu, avec raison suivant nous, quant à ce dernier point, que les entreprises théâtrales méritent bien plus de faveur et intéressent même bien plus l'industrie dans ses avantages et ses développements généraux pour le progrès des arts que de petits spectacles de curiosité. Et quant à l'objection tirée de ce que cette redevance constitue un impôt illégal, qu'il n'est pas consacré par la loi, on répond que l'impôt, dans son acception légale, suppose une perception faite au profit d'un être moral, tel que l'Etat, les communes, et versée dans les caisses publiques. — Mais qu'on ne peut considérer comme telle une redevance qui ne profite qu'à quelques directeurs de théâtre comme compensation des pertes que leur fait éprouver la concurrence dans une même commune des spectacles de curiosité, et qui d'ailleurs ne forme rien autre

---

(1) Espèc : — (Artistes du Théâtre-Français C. Georges Weymer.) — Un arrêté du duc de Duras, premier gentilhomme de la chambre du roi, du 16 mai 1817, ayant ordonné que la demoiselle Georges Weymer cesserait de faire partie de la société du Théâtre-Français, celle-ci réclama la restitution des retenues qu'elle avait subies pendant son exercice; sa demande fut accueillie par une décision du ministre de la maison du roi, du 5 août 1827.
Les sociétaires du Théâtre-Français se sont pourvus devant le conseil d'État contre cette décision.
Charles, etc. — Vu le décret du 15 octobre 1812, sur l'administration, police et discipline du Théâtre-Français; — Vu l'ordonnance royale du 27 août 1823 ; — Considérant que le Théâtre-Français continue d'être régi par le décret du 15 oct. 1812, spécialement en ce qui concerne la

perte des droits que les sociétaires ont à la pension et au remboursement de leur part dans le fonds de retenue ; — Qu'ils ne perdent leurs droits à ce remboursement que dans les cas d'abandon et de retraite prévus par les art. 25 et 82 dudit décret; — Que l'expulsion prononcée en vertu des art. 75 et 76 emporte la privation des droits à la pension, mais n'ôte pas au sociétaire expulsé le droit au remboursement de sa part dans le fonds des retenues; — Considérant que la demoiselle Georges Weymer se trouve dans ce dernier cas; et que, dès-lors, la décision de notre ministre d'État intendant général de notre maison, qui prescrit de lui restituer sa part dans ledit fonds de retenue, est conforme au décret du 15 octobre 1812 ;
Art. 1. La requête... est rejetée.
Du 28 mai 1829.—Ordonn. cons. d'État.—M. de Rességuier, rap.

chose qu'une condition de l'autorisation concédée par l'administration (V. en ce sens MM. Lacan et Paulmier, t. 1, nos 188 et s.).

105. Nonobstant ce que ces raisons ont de grave, MM. Vivien et Blanc, nos 77 et suiv., se sont prononcés contre la légalité des ordonnances de 1815 et de 1824.—Et il a été jugé dans leur sens, que l'indemnité accordée aux théâtres privilégiés par l'art. 11 de l'ord. du 8 déc. 1824 sur les spectacles de curiosité, de quelque nature qu'ils soient, constitue une taxe qui ne peut être prélevée qu'en vertu d'une loi et non d'une simple ordonnance royale ou d'un règlement de l'autorité municipale (Rennes, 21 avril 1834)(1). — Conf. trib. de comm. de Saintes, Gaz. des trib. 22 mai 1834; trib. de comm. de Versailles, 2 sept. 1843, Gaz. du 3 sept. ; trib. de comm. de Lille, 27 oct. 1848, Gaz. du 29 oct. ; trib. de comm. de Douai, journ. le Droit 24 oct. 1850.

106. Mais la jurisprudence s'est généralement prononcée en sens contraire; ainsi, il a été jugé : 1° que la subvention établie en faveur des théâtres d'arrondissement n'a pas le caractère d'impôt; qu'elle n'est autre chose qu'une condition imposée par l'autorité, qui a le droit d'accorder ou de refuser l'autorisation ; qu'en conséquence, les directeurs des théâtres privilégiés des comédiens d'arrondissement doivent jouir de l'indemnité qui leur est allouée par l'ord. du 8 déc. 1824 sur les spectacles de curiosité, de quelque nature qu'ils soient (Aix, 16 juill. 1836 ; Paris, 20 fév. 1844 (2); Id., 1re ch., 12 mai 1832, V. Gaz. des Trib., 14 et 15 mai; Grenoble, 6 juill. 1833, aff. Gavin, V. n° 57; Bordeaux,

18 avr. 1836, M. Roullet, 1er pr., aff. Leroux C. Combelles; Metz, 23 mai 1849, aff. Saint-Ange, D. P. 50. 2. 101 ; trib. de com. de Nantes, 4 juill. 1855, aff. Defresne, D. P. 56. 3. 22); — 2° Que cette redevance n'a été abolie ni par la charte de 1830 (Grenoble, 6 juill. 1833, précité; Conf. trib. de com. de Caen, 29 nov. 1843, journ. le Droit des 4 et 5 déc.; Paris, 2e ch., 20 fév. 1844, aff. Chapiseau précitée; trib. de com. de Bordeaux, 27 oct. 1848, Gaz. des 6 et 7 nov.), ...ni par la constitution de 1848 (Metz, 23 mai 1849, aff. Saint-Ange, D. P. 50. 2. 101); — 3° Que la subvention n'en est pas moins due, quoiqu'on n'exige point, à l'entrée, de payer une certaine somme, si, néanmoins, les personnes ne sont admises que sous l'obligation de faire quelque consommation de denrées ou de rafraichissements (même arrêt de Grenoble, 6 juill. 1833).

107. Les bals publics, exercices équestres, danses de corde, feux d'artifice, panoramas, cosmoramas, dioramas, néoramas, expositions d'animaux, joutes, jeux, concerts, séances publiques de magnétisme, sont considérés comme spectacles de curiosité (Conf. MM. Lacan et Paulmier, t. 1, n° 151). — Jugé dans ce sens : 1° que les exercices équestres doivent être rangés parmi les spectacles de curiosité dont les recettes brutes sont soumises, au profit des directeurs de théâtres dans les départements, au prélèvement du cinquième, défalcation faite du droit des pauvres (Cons. d'Ét. 25 avr. 1828 (3); Conf. trib. de la Seine, 2e ch., 13 juin 1828, Gaz. du 14; Paris, 1re ch., 12 mai 1832, Gaz.

---

(1) (Vidal et Robba C. Poirier.) — LA COUR ; — Considérant que si, par la loi des 16-24 août 1790, les spectacles publics sont placés sous la surveillance de l'autorité municipale , et ne peuvent être autorisés ou permis que par elle , il n'en peut résulter que cette autorité puisse imposer aux directeurs de spectacles des conditions qui ne rentrent pas dans les attributions qui lui sont conférées par les lois; — Considérant que ni l'autorité municipale ni l'autorité administrative n'ont le droit d'établir des taxes sur la propriété ou l'industrie, soit que ces taxes puissent être considérées comme impôts, soit qu'elles ne soient établies qu'au profit d'une propriété ou d'une industrie quelconque; que, dans l'un comme dans l'autre cas, ce sont toujours des redevances pécuniaires, que nul n'est obligé de payer si elles ne sont établies par l'autorité législative ; — Considérant qu'en supposant qu'on pût attribuer la force législative aux décrets impériaux, celui du 8 juin 1806 ne contient aucune disposition relative à la perception d'un droit au profit de certains théâtres, et se borne (art. 15), à décider que les spectacles de curiosités seront soumis à des règlements particuliers ; ce qui ne peut évidemment s'entendre que des mesures à prendre dans l'intérêt de l'ordre public et des bonnes mœurs ; — Qu'il ne reste donc plus que le règlement du 15 mai 1815, et l'ordonnance de 1824, émanés d'autorités qui n'avaient aucun pouvoir pour établir des taxes sur la propriété ou l'industrie; — Faisant droit, etc., dit qu'il a été mal jugé, décharge, etc.
Du 21 avril 1834.—C. de Rennes, 1re ch.—MM. de Kermarec, pr.–V. Foucher, av. gén.; concl. conf.–Lepoitevin et Richelot, av.

(2) 1re Espèce : — (Rey C. Thériot.)—LA COUR; — Considérant que le décret du 13 août 1811, concernant les théâtres, a toute la force d'une loi; —Considérant que l'art.15 de ce décret établit que les spectacles de curiosités seront soumis à des règlements particuliers (a) ; — Considérant que le règlement du 15 mai 1815 et l'ordonnance du 8 déc. 1824, qui ont voulu que l'autorisation à accorder à tout spectacle public, soumît ceuxci à s'obliger de payer aux théâtres reconnus et sur le privilège le cinquième de la recette, sont des dispositions réglementaires , qui ont eu lieu par suite de l'art. 15 du décret précité, par l'effet de l'attribution qu'il confère aux autorités compétentes ; que ces dispositions réglementaires sont donc légales et ne sauraient être attaquées comme étant inconstitutionnelles ; — Considérant que l'ordonn. du 24 août 1831 n'a modifié ces dispositions que pour les seuls théâtres de Paris ; que, dès lors, la législation reste la même pour les théâtres des départements ; — Considérant que la subvention déterminée par les susdites dispositions réglementaires, ainsi que l'a décidé la cour de cassation par arrêt du 18 déc. 1832, n'a pas le caractère d'un impôt ; que c'est une charge et condition essentielle de l'établissement et de l'existence de ces spectacles de curiosités ; — Considérant ensuite, dans la présente cause, que l'autorisation donnée par l'administration municipale de Marseille à l'établissement des Montagnes-Russes, soumet cette entreprise au payement du cinquième des recettes envers le grand théâtre de cette ville, et que c'est une obligation spéciale du contrat formé; — Considérant que de même le directeur actuel de ce grand théâtre, le sieur Rey, a contracté les diverses obligations théâtrales envers la ville de Marseille sous le droit

(a) Cette citation est erronée; le décret de 1811 est particulier à l'Académie impériale de musique. C'est l'art. 15 du décret du 8 juin 1806 qui contient la disposition citée.

de pouvoir percevoir cette subvention du cinquième des recettes des spectacles de curiosités, puisqu'ils n'ont aucun des caractères qui constituent des théâtres réels; — Que si M. le préfet de Marseille, sur une demande à lui faite, a autorisé Thériot à faire représenter des scènes dites pantomimes, il a en même temps prohibé toute représentation des pièces qui sont du répertoire des théâtres de Marseille, ce qui établit la différence d'un des théâtres avec les autres ; — Considérant que Thériot ne peut utilement se prévaloir de ce que M. le préfet de Marseille, dans ladite autorisation, ne l'a soumis à aucune subvention ; cette subvention était déjà établie par une autorité compétente, et dès lors l'absence de toute disposition de la part de M. le préfet à cet égard maintient par voie de conséquence les stipulations déjà existantes ; — Considérant en outre que le théâtre Thériot est établi dans l'enceinte même du local de Tivoli ; qu'il en est ainsi une attenance et une dépendance ; — Que c'est un moyen d'exploiter et de faire valoir cet établissement ; — Qu'il ne peut ainsi en être détaché, et sous aucun prétexte n'être pas compris dans tous les faits et toutes les obligations qui concernent ledit établissement des Montagnes-Russes, ou soit Tivoli ; — Considérant enfin que la discussion qui précède amène l'entière réformation du jugement du tribunal de commerce de Marseille, dont la décision blessait les intérêts de l'art théâtral, que les lois veulent au contraire protéger ; — Par ces motifs, etc.
Du 16 juill. 1836.—C. d'Aix, ch. cor.—MM. d'Arlatan-Lauris, pr.

2e Espèce : — (Chapiseau C. Accessy.) — LA COUR ; — Considérant, en droit, que le décret du 8 juin 1806 a réservé à l'autorité administrative le droit d'autoriser les spectacles de toute nature, et de leur imposer les conditions nécessaires pour assurer leur existence et prévenir le dommage qui résulterait de leur concurrence et de leur rivalité; — Considérant que la subvention ou indemnité établi par l'ord. du 8 déc. 1824 n'est pas un impôt, mais une indemnité stipulée par l'autorité au profit des théâtres de premier ordre à la charge des théâtres secondaires, dans le but de protéger et de soutenir les premiers ; — Que la condition de payer le cinquième de la recette a pu être imposée aux théâtres secondaires par l'administration, libre d'accorder ou de refuser l'autorisation, et, par suite, de ne l'accorder que sous une condition déterminée ; — Que tout théâtre secondaire demandant à l'autorité municipale la permission de s'établir, se soumet volontairement aux conditions réglées à l'avance par l'ord. de 1824, au profit des directeurs des théâtres privilégiés ; — Considérant que toute réunion ayant pour but de divertir le public par des concerts est comprise nécessairement sous les expressions générales de spectacles de curiosités, employées par le déc. de 1806, par opposition au mot théâtre, désignant spécialement les représentations dramatiques ; — Infirme.
Du 20 fév. 1844.—C. de Paris, 2e ch.—MM. Silvestre de Chanteloup, pr.–Glandaz, av. gén., conc. conf.–Moussoir et Rodrigue, av.

(3) (Franconi), etc. — CHARLES, etc. — Vu l'ord. royale du 8 déc. 1824, relative à l'organisation des théâtres dans les départements, et notamment son art. 11 ; — Considérant que le conseil de préfecture du Rhône, au lieu de se borner à déclarer dans quelle classe devait être rangé le spectacle des sieurs Franconi, a prononcé contre eux des condamnations pécuniaires ; qu'il n'appartient qu'aux tribunaux et à l'autorité ; — Considérant qu'aux termes de l'art. 11 de l'ordonnance royale du 8 déc. 1824, les directeurs des théâtres dans les départements sont

des 14 et 15 mai). Cependant MM. Lacan et Paulmier citent (n° 152) une ord. du cons. d'Et. du 24 mars 1820, qui a jugé le contraire, en ce qui concerne la quotité de la taxe dont ils sont redevables envers les hospices; — 2° Que les concerts sont compris dans les spectacles de curiosité (trib. de com. de Caen, le Droit des 4 et 5 déc. 1843; Paris, 20 fév. 1844, aff. Chapiseau, V. n° 106); — 3° Qu'il en est de même à l'égard des séances publiques de magnétisme, lorsqu'elles ont un caractère de spéculation, et que le public y est admis en payant (trib. de com. de Cherbourg, Gaz. du 5 sept. 1845).

108. Toutefois, il a été décidé que la redevance du cinquième n'est pas due aux directeurs des théâtres privilégiés par le propriétaire d'un débit de vins qui, dans une ville des départements, a organisé des *danses publiques*, dans le but d'augmenter la vente de sa marchandise, alors que cet établissement est soumis à la taxe des pauvres. On ne saurait voir là l'établissement d'un spectacle de curiosité (trib. de com. de Nantes, 4 juill. 1855, aff. Defresme, D. P. 56. 3. 22).

109. Il résulte de l'ord. de 1824 que la redevance imposée aux spectacles ne peut s'exercer que défalcation faite du droit des pauvres. Or le droit des pauvres n'est établi que sur les recettes des théâtres qui sont exploités dans un but de spéculation. Il résulte de là que les concerts, bals, exercices équestres, etc., qui sont donnés par des amateurs, au moyen de souscriptions qui n'ont pour but que de couvrir les frais, ne sont pas soumis à la redevance du cinquième envers les grands théâtres.—Ainsi jugé, et avec raison, par le trib. de Lyon, le 25 mai 1844 (le Droit du 1er juin).

110. L'ord. de 1824 est applicable même aux spectacles de curiosité qui seraient établis dans une localité avant la création d'un grand théâtre dans cette même localité. L'art. 11 renferme une disposition générale. Le législateur a voulu favoriser les entreprises théâtrales aux dépens de ces spectacles forains qui offrent souvent plus de dangers que d'utilité et d'honnêtes récréations. — « A ce point de vue, disent avec raison MM. Lacan et Paulmier, t. 1, n° 155, la question de priorité devenait indifférente. » — Les directeurs de spectacles de curiosité doivent prévoir qu'en s'établissant dans une ville, ils sont soumis à la redevance envers le théâtre qui peut s'y établir. Nous disons dans une ville, car nous ne croyons pas qu'il existe un seul théâtre dramatique dans les communes rurales, ce n'est dans le département de la Seine peut-être. Or il faut remarquer que la redevance du cinquième est due aux directeurs de troupes stationnaires que dans les lieux où ils sont établis, et aux directeurs des troupes ambulantes que dans les lieux où ils se trouvent exercer. Donc le directeur de l'une de ces troupes n'a aucun droit à la redevance dans les communes autres que celles où est le siége de son entreprise. — Ainsi un spectacle de curiosités peut s'établir à Boulogne, à Saint-Cloud, qui maintenant touchent aux portes de Paris, et cette redevance ne peut être perçue au profit des théâtres de la capitale (Conf. Rouen, 26 nov. 1834, Gaz. du 29; trib. de com. de Paris, du 20 juin 1828, journ. le Droit des 25 et 26 juin). — Il existe cependant un jugement contraire (celui de Niort, du 15 sept. 1847 (Gaz. des 11 et 12 oct.); mais il n'y a pas lieu de s'y arrêter, les priviléges ne peuvent être étendus.

---

autorisés à prélever, sur les spectacles de curiosité, de quelque nature qu'ils soient, le cinquième de leur recette brute, défalcation faite du droit des pauvres, et que cette même ordonnance a révoqué toutes les exceptions antérieures qui auraient pu être accordées à cet égard; — Considérant qu'il résulte des lettres ci-dessus visées de notre ministre de l'intérieur, des 30 juill. et 10 déc. 1827, qu'à l'époque de la contestation dont il s'agit, les sieurs Franconi n'étaient autorisés à donner à Lyon que le spectacle de leurs exercices équestres, ce qui les range parmi les spectacles de curiosité. — Art. 1. L'arrêté du conseil de préfecture du Rhône, du 8 oct. 1826, est confirmé en tant qu'il déclare que les sieurs Franconi sont soumis, en faveur du directeur des théâtres de Lyon, à la retenue du cinquième de leur recette brute, défalcation faite du droit des pauvres.—Il est annulé dans le surplus de ses dispositions.—Art. 2. Les parties sont renvoyées devant les tribunaux, sur les contestations qui pourraient s'élever à l'occasion du règlement des sommes produites par les recettes des sieurs Franconi, et des sommes qui doivent composer les retenues.

Du 25 avril 1828.-Ord. cons. d'État.-M. de Rozière, rap.

---

111. Le prélèvement du cinquième des recettes brutes des spectacles de curiosité doit être réparti entre tous les directeurs des théâtres privilégiés de la ville, et non pas exclusivement attribué au théâtre principal de cette ville (Cass. 6 mai 1844 (1), et sur renvoi, Nimes, 25 déc. 1844, M. de Daunant, pr.).

112. Un directeur nommé à titre provisoire a droit à la redevance comme un directeur nommé définitivement. Dès qu'il supporte les charges, il doit avoir les bénéfices (Agen, 14 juin 1843, Gaz. du 4 août). Il en est de même d'un directeur qui serait nommé dans une localité pour un terme moindre de trois ans, terme réglé par l'art. 2 de l'ord. du 8 déc. 1824 (Metz, 23 mai 1849, aff. Saint-Ange, D. P. 50. 2. 101). La durée de l'exploitation est indifférente d'après le même principe. —Dans le cas où un directeur de théâtre dans les départements, et des individus autorisés à donner un spectacle d'exercices équestres, sont en contestation sur le point de savoir si ce spectacle doit être rangé dans la classe des spectacles de curiosité, et par suite si le directeur de théâtre doit prélever le cinquième des recettes, il n'appartient au conseil de préfecture que de déclarer dans quelle classe doit être rangé le spectacle : c'est aux tribunaux à prononcer sur la quotité du prélèvement par rapport aux recettes effectuées (Cons. d'Et. 25 avr. 1828, aff. Franconi. V. n° 107).

Art. 7. — Du droit des pauvres.

113. On croit généralement, disent MM. Lacan et Paulmier (t. 1, n° 129), que le droit des pauvres doit son origine à une pensée de charité envers les malheureux. Selon des auteurs, ce droit n'a été imaginé que pour indemniser les églises de la diminution des aumônes, diminution résultant de ce que les représentations théâtrales avaient lieu pendant le service divin. — Un arrêt du parlement du 27 janv. 1541 prescrivait aux Confrères de la Passion de commencer leurs spectacles à une heure après midi et de finir à cinq : et « à cause, ajoutait-il, que le peuple sera distrait du service divin et que cela diminuera les aumônes, ils bailleront aux pauvres la somme de mille livres tournois, sauf à ordonner plus grande somme (registres manuscrits du parlement au 27 janv. 1541). — Cet arrêt du parlement cité par MM. Lacan et Paulmier nous paraît contraire à l'idée qu'ils ont émise. Lorsque le parlement qui, à cette époque, n'était pas toujours favorable au clergé, ordonne que les comédiens versent aux pauvres une somme de ne... il n'entend pas que cette somme reviendra à l'église, mais aux pauvres. Cet arrêt était-il bien exécuté par le clergé? Ceci est une autre question; mais toujours est-il que l'arrêt du parlement repose sur une pensée philanthropique qui est aussi la pensée de la loi moderne. — Et la preuve d'ailleurs que l'arrêt du parlement doit être entendu dans le sens que nous lui donnons, c'est une ordonnance du 25 fév. 1699, sous la fin du règne de Louis XIV, qui porte : — « Le roi, voulant contribuer au soulagement des pauvres dont l'hôpital général est surchargé, a cru devoir leur donner quelque part aux profits considérables qui reviennent des opéras de musique et comédies qui se jouent à Paris par sa permission. Il ordonne en conséquence qu'il sera levé et reçu, au profit dudit hôpital général, un sixième en sus des sommes qu'on reçoit à présent et que l'on recevra à l'avenir pour l'entrée, etc.» — Un arrêt du conseil du 18 juin

---

(1) (Le Gymnase de Marseille C. le Grand-Théâtre de cette ville.) — LA COUR; — Vu les art. 7 et 15 du décret du 8 juin 1806 et l'art. 11 de l'ordonnance royale du 8 déc. 1824; — Attendu qu'en accordant aux directeurs de théâtres privilégiés le droit de prélèvement du cinquième sur la recette brute des spectacles de curiosité, l'art 11 de l'ordonnance précitée ne fait aucune distinction entre les directeurs de théâtres de premier et de second ordre; que le droit de prélèvement est indéfiniment accordé à tous les directeurs ayant privilège; — Attendu qu'en confirmant le jugement du tribunal de commerce de Marseille, qui a attribué aux sociétaires du Grand-Théâtre de cette ville la totalité du cinquième de la recette brute du spectacle de curiosité dit *la Crèche*, et a rejeté la demande de Millon, directeur du second théâtre de la même ville, dénommé *le Gymnase*, tendant à obtenir le dixième de ladite recette, l'arrêt attaqué a expressément violé les dispositions des décret et ordonnance précités; — Casse l'arrêt rendu par la cour d'Aix, le 1er avril 1841.

Du 6 mai 1844.-C. C., ch. civ.-MM. Teste, pr.-Feuilhade-Chauvin, rap.-De Boissieu, av. gén., concl. conf.-Mirabel-Chambaud, av.

1757, concernant le Théâtre-Français, réduisit ce droit au neuvième de la recette, en faveur de l'hôpital général, sans réduction aucune, et le fixa au dixième en faveur de l'Hôtel-Dieu, déduction faite de 300 livres dont la retenue était autorisée pour les frais de chaque jour de représentation.

114. Mais ce n'était pas seulement les individus pauvres qui profitaient du droit établi, les ordres religieux qui se prétendaient indigents réclamaient leur part de cet impôt : chose étonnante et digne de fixer l'attention de l'historien ! —Les comédiens français avaient concédé volontairement certaines redevances au profit des couvents les plus pauvres de Paris, particulièrement au profit des capucins. Les cordeliers réclamèrent à leur tour, et l'histoire nous a conservé une curieuse requête qu'ils adressèrent au Théâtre-Français, le 11 juin 1696. — « Messieurs, les pères cordeliers vous supplient très-humblement d'avoir la bonté de les mettre au nombre des pauvres religieux à qui vous faites la charité. Il n'y a pas de communauté à Paris qui en ait plus besoin, eu égard à leur grand nombre et à l'extrême pauvreté de leur maison, qui, le plus souvent, manque de pain. *L'honneur qu'ils ont d'être vos voisins* leur fait espérer que vous leur accorderez l'effet de leurs prières, qu'ils redoubleront envers le Seigneur, pour la *prospérité de votre chère compagnie.* » La comédie fit droit à la requête et accorda aux cordeliers 36 liv. par an, ce qui valait à cette époque plus de 150 fr. de notre monnaie.

115. La loi des 4, 5, 6 août 1789 abolit l'impôt des pauvres; mais il fut rétabli par la loi des 16-24 août 1790. Toutefois cette loi n'en fixait pas la quotité, ce qui rendait sa disposition inexécutable. C'est la loi du 7 frim. an 5 qui a ordonné la perception d'un décime par franc sur du prix de chaque billet et de chaque place louée dans un spectacle. Cette taxe n'était établie que pour six mois ; elle fut successivement prorogée; maintenue définitivement par un décret du 9 déc. 1809, elle est, depuis 1816, toujours comprise dans la loi annuelle des finances.

— L'impôt des pauvres a été tout récemment l'objet de critiques fort vives (V. M. de Filippi, Parallèle des principaux théâtres modernes de l'Europe). — Cet auteur attribue pour la plus grande partie à cet impôt·la cause du malaise d'un grand nombre d'entreprises théâtrales. « On a remarqué, dit-il, qu'en général le montant des sommes dues par le directeur failli, égalent la somme totale prélevée par les hospices pendant la durée de son exploitation. »

116. Les spectacles tels que les panoramas, dioramas, néoramas, marionnettes, exposition de tableaux, jardins publics où l'on donne des fêtes et concerts sont aussi, assujettis au droit des pauvres. Une circ. min. du 26 fruct. an 10 a déclaré que ce droit serait payé dans les jardins ou autres lieux publics où l'on entre sans payer, mais où se donnent des concerts, ou bien où

sont établis des jeux, des danses et autres plaisirs pour lesquels des rétributions sont exigées par cachets ou par abonnements. La même circulaire a repoussé la prétention par laquelle des directeurs de bals et fêtes publiques avaient tenté d'éluder le droit des pauvres, en stipulant qu'une partie du droit d'entrée serait employée en consommations diverses. Un décret du 2 nov. 1807 a confirmé toutes les circulaires, et soumis au droit des pauvres tous les spectacles, quel que soit le mode de rétribution qu'ils exigent. —Il a été jugé en conséquence que le cafetier qui a organisé, dans le café qu'il exploite, des concerts quotidiens dont le prix est compris dans celui des consommations, est soumis au droit des pauvres (cons. d'Et. 9 déc. 1832, aff. Manon, D. P. 53. 3. 21, V. MM. Paulmier et Lacan, t. 1, nos 129 et 130).—Dans l'intérêt des indigents l'administration doit encourager les établissements qui leur payent une redevance. MM. Vivien et Blanc, nº 89, citent à cet égard un arrêté remarquable de M. de Vaublanc, préfet de la Moselle en 1807.

117. Il a été jugé aussi que la rétribution, perçue pour la danse, par l'entrepreneur d'un bal public, est sujette au droit des pauvres ;—Il en est de même des sommes perçues par abonnement ou par cachet, ou à titre de contribution aux frais du bal;—Ce droit est également exigible sur la totalité du prix des billets donnant droit à la consommation (cons. d'Et. 6 juin 1844) (1). — Mais le droit des pauvres ne porte pas sur le produit de la vente des objets de consommation payés à part et non compris dans le prix du billet d'entrée (même décision).

118. La loi du 8 therm. an 5 fixa l'impôt au quart de la recette pour l'entrée des bals, feux d'artifice, concerts, courses, exercices de chevaux et autres fêtes, où l'on est admis en payant. — Ainsi les établissements considérés comme donnant des représentations dramatiques, ne sont soumis qu'à un payement du dixième de la recette, tandis que les autres établissements qui n'ont pas le caractère de théâtre sont assujettis au prélèvement du quart de la recette.

119. Il a été décidé que les établissements connus sous la dénomination de *théâtres pittoresques et mécaniques*, sont assimilés aux spectacles, pour la quotité des droits à percevoir au profit des pauvres, lesquels sont du dixième des recettes, au lieu du quart de la recette brute (cons. d'Et. 16 fév. 1832, aff. hosp. de Bordeaux, V. nº 341).—Mais le spectacle des exercices de cordes ne saurait être assimilé aux représentations dramatiques ; il doit être rangé dans la classe des divertissements publics. — En conséquence, la taxe au profit des pauvres, d'un spectacle de ce genre, doit être du quart de la recette et non du dixième (cons. d'Et. 29 oct. 1809, aff. Ribié).

120. Les réunions musicales privées ne sont pas soumises au droit des pauvres (trib. de comm. de Montpellier, 24 juill. juill. 1827, V. Gazette des trib. du 30 août suiv. ; Conf. ord.

---

(1) (Duchamp C. Cusin.) — Louis-Philippe, etc. —Vu les lois des 7 frim. et 8 therm. an 5, du 8 fruct. an 13 ; les décr. des 2 nov. 1807 et 26 nov. 1808, le décr. du 9 déc. 1809 ; la loi de finances du 10 août 1859 ; — Considérant qu'aux termes de l'art. 2 du décr. du 26 nov. 1808, les bals et concerts de réunion et de société où l'on n'entre que par abonnement, ne sont exceptés de la perception au profit des pauvres qu'autant qu'il est constant que l'abonnement n'est point public ; qu'ils le sont point la chose de l'entrepreneur, et qu'il n'existe dans les réunions aucun objet de spéculation de la part des sociétaires ou des abonnés;— Considérant qu'il résulte de l'instruction que les bals par le sieur Duchamp sont publics, et qu'ils constituent une entreprise à son profit; que, dès lors, ils sont passibles de la perception au profit des pauvres; — Considérant qu'aux termes de l'art. 1 de la loi du 7 frim. an 5, le droit à percevoir au profit des pauvres doit être d'un décime par franc, en sus du prix de chaque billet d'entrée et d'abonnement, dans tous les spectacles où se donnent des pièces de théâtre, des bals, des feux d'artifice, des concerts, des exercices de chevaux pour lesquels les spectateurs payent ;—Que, par l'art. 2 de la loi du 8 therm. an 5 et par l'art. 2 de la loi du 2 frim. an 6, le droit d'un décime par franc établi à l'entrée des bals et autres fêtes où l'on est admis en payant a été porté au quart de la recette brute;

En ce qui touche les sommes perçues par l'entrepreneur comme prix des billets d'entrée, ou comme rétributions pour la danse, ainsi que celles perçues, soit par voie d'abonnement ou de cachets, soit à titre de payement des frais :— Considérant que ces sommes doivent être comptées comme un produit de la recette des bals donnés par ledit entrepreneur;

En ce qui touche les billets d'entrée donnant en même temps droit à consommation :— Considérant que le prix du billet, quels que soient les droits accessoires qui s'y rattachent, n'en constitue pas moins le prix d'entrée; que, dès lors, le droit des pauvres doit être perçu sur la totalité de ce prix ;

En ce qui touche les consommations auxquelles lesdits billets ne donnent pas droit : — Considérant que le produit ou le bénéfice que l'entrepreneur retire de la vente des objets ainsi consommés ne peut être regardé comme une recette de ses bals ;

En ce qui touche la fixation des billets de recette brute des bals donnés dans l'établissement du sieur Duchamp postérieurement à l'arrêté du conseil de préfecture : — Considérant qu'il résulte de l'instruction en fixant à la somme de 40 fr. la part à prélever au profit des pauvres sur la recette de chaque bal, le conseil de préfecture a fait une juste appréciation de ladite recette ;

Art. 1. Le droit à prélever au profit des pauvres sur la recette des bals donnés dans l'établissement du sieur Duchamp, postérieurement à l'arrêté du conseil de préfecture, sera calculé contradictoirement entre les parties, et se composera d'une part dans la recette brute provenant tant des sommes perçues par l'entrepreneur comme prix des billets d'entrée, donnant ou non droit à consommation, ou comme rétributions pour la danse, que de celles perçues soit par voie d'abonnements ou de cachets, soit à titre de payement des frais; — 2. L'arrêté du conseil de préfecture du Rhône, du 21 août 1840, est annulé dans ses dispositions contraires à la présente ordonnance ; — 3. Le surplus des conclusions du sieur Duchamp et du sieur Cusin est rejeté.

Du 6 juin 1844 -Ord cons. d'Et.—M. Louyer-Villermay, rap.

cons. d'Et. 24 avr. 1836, V. Gaz. des trib. du 7 mai; autre ord. 6 juin 1844, V. journ. le Droit du 18 juin). — Il a été jugé pareillement que les bals de réunion d'une société dont l'abonnement n'est pas public, et qui, n'étant pas la chose d'un entrepreneur, ne sont l'objet d'aucune spéculation de la part des sociétaires et des abonnés, ne peuvent être soumis au droit établi au profit des pauvres sur les bals publics (cons. d'Et. 21 avr. 1836) (1).

121. Les représentations au profit des établissements de charité ou des pauvres sont sujettes comme les autres à la retenue du dixième (trib. de la Seine, 11 avr. 1851, V. le Droit du 2 mai); car l'impôt est prélevé dans l'intérêt d'une classe spéciale de malheureux, ceux qui se trouvent dans les hospices.

122. On a voulu percevoir le droit des pauvres sur le prix des chaises d'une église, élevé considérablement à raison d'une messe en musique. L'assimilation inconvenante sur laquelle reposait cette demande a été écartée (cons. d'Et. 2 nov. 1806, aff. Bertin C. les ferm. de la taxe des indigents).

123. Les hospices d'une ville de province ont prétendu (et cette prétention s'est renouvelée) que la troupe de Franconi, lorsqu'elle donnait des représentations équestres dans les départements, n'avait pas le caractère de théâtre que lui donnait son grand établissement de Paris; qu'elle n'était plus qu'un spectacle de curiosité, et comme tel soumise au droit d'un quart sur la recette et non à celui d'un dixième. Mais il a été jugé que l'établissement de Franconi, ayant été classé par la loi au nombre des théâtres, ne pouvait jamais être assujetti qu'à la taxe du dixième (cons. d'Et. 24 mars 1820) (2).

124. Cependant il a été jugé que les cirques-olympiques dans lesquels on se borne à des exercices équestres, sans donner de représentations théâtrales, sont assujettis au droit du quart de la recette brute en faveur pes pauvres, et non au droit du dixième (cons. d'Et. 16 juin 1841) (3).—La décision rendue en faveur de la troupe de Franconi, ne fait pas connaître, il est vrai, si le spectacle donné par Franconi avait compris des représentations théâtrales, à l'instar de ceux de Paris, ou bien s'il avait seulement été exécuté des exercices équestres. Mais la distinction est indifférente, le spectacle de Franconi ayant été expressément classé parmi les théâtres de second ordre, dès lors le conseil d'Etat a décidé avec raison, que la taxe du dixième lui était seule applicable. Mais les écuyers donnant des représentations analogues, et comme tel soumise à réclamer le bénéfice de la même taxe, sous prétexte d'une assimilation plus ou moins contestable; en l'absence de représentations théâtrales, leur industrie ne consiste qu'en simples spectacles de curiosité.

125. D'après la même décret de 1809, le droit fixé pour les bals masqués est plus fort que celui imposé pour les représentations des théâtres. Le premier est d'un quart, le second d'un dixième. On a demandé à quel droit doivent être soumis les bals masqués donnés par les théâtres. — Il a été décidé avec raison que c'est celui d'un quart que la loi demande pour les bals masqués, sans distinguer le lieu où ils sont donnés; ce n'est que pour les représentations que le droit est réduit à un dixième (cons d'Et. 24 fév. 1817) (4).

126. Aux termes de l'art. 1 de la loi du 7 frim. an 5, et des art. 1 et 2 de la loi de thermidor même année, le droit des pau-

(1) (Bur. de bienf. de Saint-Quentin C. société dite de Bellevue.) — LOUIS-PHILIPPE, etc.; — Vu les lois des 7 frim. et 8 therm. an 5, le décret du 26 nov. 1808, notamment l'art. 2, lequel est ainsi conçu : « Les bals et concerts de réunion et de société, où l'on n'entre que par abonnement, ne seront exceptés de la perception d'autant qu'il sera constant que l'abonnement n'est point public, qu'ils ne sont point la chose d'un entrepreneur, et qu'il n'entre dans ces réunions aucun objet de spéculation de la part des sociétaires et des abonnés; » — Vu le décret du 9 déc. 1809, la loi du 25 mars 1817 et les autres lois annuelles des finances; — Considérant que les bals de réunion de la société de Bellevue présentent les trois caractères qui, aux termes de l'art. 2 du décret du 26 nov. 1808, donnent droit à être exceptés de la perception établie par les lois ci-dessus visées. — Art. 1. La requête du bureau de bienfaisance de Saint-Quentin est rejetée.
Du 21 avr. 1836.-Ord. cons. d'Et.-M. Boucheué-Lefer, rap.

(2) (Hosp. de Bordeaux C. Franconi.) — LOUIS, etc.; — Vu la loi du 8 therm. an 5 et celles du 2 frim. an 6 et 6° complém an 7, qui soumettent au prélèvement du quart de la recette en faveur des hospices et des pauvres les établissements consacrés aux courses et exercices de chevaux; — Vu les arrêtés pris à ce sujet par le gouvernement consulaire; — Vu la décision du ministre de l'intérieur, en date du 9 mai 1809; — L'arrêté pris en conséquence par l'administration générale des hospices de Paris et la lettre du ministre de l'intérieur au préfet du département de la Seine-Inférieure des 28 juin et 25 juillet suivants; — Le décret du 9 décembre de la même année, qui statue définitivement sur les droits à percevoir à l'entrée des spectacles, des bals, concerts et fêtes publiques; — Enfin, les lois sur les finances de 1817 et 1818; — Considérant que la loi du 8 therm. an 5 et celles du 2 frim. an 6 et 6° complém. an 7 n'étaient que temporaires; que des décisions postérieures du ministre de l'intérieur, confirmées par le décret du 9 déc. 1809 et par les lois sur les finances de 1817 et 1818, classent l'établissement des sieurs Franconi au nombre des théâtres secondaires qui ne sont tenus qu'au payement du dixième de leur recette envers les hospices et les pauvres; — Art. 1. L'arrêté du conseil de préfecture du département de la Gironde, du 11 août 1818, est confirmé.
Du 24 mars 1820.-Ord. cons. d'Et.-M. Jauffret, rap.

(3) (Hosp. de Bordeaux C. Loisset et dame Kénébel.) — LOUIS-PHILIPPE, etc.; — Vu la loi du 7 frim. an 5, celle du 8 thermidor même année, la loi du 8 fruct. an 13, le décret du 9 déc. 1809; — Considérant que la loi du 8 therm. an 5, en maintenant le droit d'un décime par franc sur les spectacles où se donnent des pièces de théâtre, a porté ce droit au quart de la recette brute sur les autres lieux de divertissement; — Considérant qu'aucune pièce de théâtre n'était représentée dans le cirque établi à Bordeaux par les sieur et dame Kénébel et le sieur Loisset; qu'ainsi c'est avec raison qu'ils avaient été soumis au payement du quart de leurs recettes; — Art. 1. L'arrêté du conseil de préfecture de la Gironde, du 24 nov. 1835, est annulé.
Du 16 juin 1841.-Ord. cons. d'Et.-M. Louyer-Villermay, rap.

(4) (Hosp. de Bordeaux C. théâtre de Bordeaux.) — LOUIS, etc.; —

Vu la loi du 7 frim. an 5, la loi du 8 therm. an 5 et les autres lois et décrets relatifs à la perception du droit établi au profit des indigents sur les spectacles, bals et fêtes publiques; — Considérant que, depuis la loi du 8 therm. an 5, et par toutes les lois et tous les décrets rendus sur la perception de ce droit, notamment par le décret du 9 déc. 1809, qui l'a prorogée indéfiniment, le droit des indigents sur le produit des bals publics a été fixé au quart de la recette brute; qu'il n'a été fait aucune exception à l'égard des bals donnés dans les spectacles, et que, la fixation ayant été établie à raison du genre de divertissement, ce genre doit être soumis aux mêmes droits, dans quelque emplacement qu'il ait lieu;—Considérant qu'il résulte également de l'esprit des lois et décrets relatifs à la perception du droit des indigents, que le décime par franc, en sus des billets d'entrée et d'abonnement dans tous les spectacles où se donnent des pièces de théâtre, doit être perçu pour les loges louées, soit au jour, soit au mois, soit à l'année, non sur le prix ordinaire des places, mais sur le produit réel de location; que le droit des indigents devant toujours être proportionné au prix payé par les personnes admises au spectacle; — Considérant enfin que le décret du 9 déc. 1809 n'a fait exception à la perception du droit des indigents sur l'augmentation du prix ordinaire des places, que pour les représentations à bénéfice; que le directeur des théâtres de Bordeaux ne pouvait ignorer cette disposition, lors des représentations extraordinaires données en 1814 sur le Grand-Théâtre, et qu'en conséquence, le produit de ces représentations doit être soumis au droit de décime par franc sur l'intégralité de la recette.

Art. 1. L'arrêté de préfecture du département de la Gironde, en date du 18 fév. 1815 relatif aux contestations élevées entre l'administration des hospices et le bureau central de charité de Bordeaux, d'une part, et le directeur des théâtres de cette ville, d'autre part, sur la perception du droit des indigents, est annulé et sera considéré comme non avenu. — La commission administrative des hospices et le bureau central de charité de la ville de Bordeaux sont autorisés à réclamer: 1° le payement du quart de la recette brute des bals qui ont été donnés en 1815 et 1816 et qui seront donnés par la suite sur le Grand-Théâtre de cette ville; — 2° Le pàyement, pour 1814 et années subséquentes, du droit des pauvres pour les loges louées dans les deux théâtres pour une ou plusieurs représentations, calculé, non sur le prix ordinaire des places, mais sur le produit réel de location; — 3° Le remboursement de la somme de 1,437 fr. 37 c., que la direction des théâtres avait payée aux pauvres et aux hospices, à raison des représentations extraordinaires données en 1814 sur le Grand-Théâtre, et dont cette direction a obtenu la remise par l'arrêté du conseil de préfecture du 18 fév. 1815, et le remboursement de la somme de 24 fr. 35 c. pour solde du droit exigible sur le produit du prix des billets d'entrée, d'abonnement et des loges, pendant les représentations extraordinaires données eu 1814.
Du 24 fév. 1817.-Ord. cons. d'Et. insérée au Bulletin des lois.
Nota. — On a donné à cette ordonnance tantôt la date du 31 janv. 1817, tantôt celle du 10 fév. 1817, la véritable date paraît être celle du 24 février.

vres est perçu sur le prix de chaque billet d'entrée et d'abonnement, ou sur la recette brute ; la loi n'autorisant la déduction d'aucune dépense (Conf. MM. Lacan et Paulmier, t. 1, n° 136).

— Mais que doit-on entendre par le prix de chaque billet d'entrée ? est-ce le prix du billet payé à l'entrée, est-ce le prix perçu par la direction qui souvent est plus considérable que le billet d'entrée ? — Ainsi il y a des représentations extraordinaires où le prix des places est augmentée ; ces billets sont pris très-souvent avant l'entrée. Or, sur quelle somme dans ce cas percevra-t-on le droit des pauvres ? — Il a été décidé : 1° que la taxe des pauvres doit être perçue non sur le prix ordinaire des places, mais sur le prix réel de la location de chaque place (cons. d'Et. 24 fév. 1817, aff. hosp. de Bordeaux, V. n° 125); — 2° Que la taxe des pauvres n'est point admise sur le produit des recettes faites au bureau des spectacles, mais sur le prix de chaque billet d'entrée : ainsi, les entrepreneurs de spectacle ne peuvent soustraire à la taxe d'entrée les billets qui seraient vendus ailleurs qu'au bureau, ni dispenser de cette taxe les billets qu'il leur plairait de délivrer gratuitement (cons. d'Et. 26 déc. 1830, M. Jauffret, rap., aff. Opéra-Comique ; 8 janv. 1831, M. Jauffret, rap., aff. Caruel-Marido). — Quant au droit à percevoir sur les billets délivrés gratuitement, V. n°⁵ 132 et s. — Si donc des billets sont vendus au-dessus du prix ordinaire, c'est sur la totalité du prix encaissé par l'administration du théâtre que s'exerce l'impôt (Conf. MM. Lacan et Paulmier, t. 1, n° 136).

127. Par la même raison, si des entrées ont été vendues à un taux moindre que le prix que l'on aurait payé en prenant des billets à l'entrée, c'est seulement sur la perception réelle que le droit se prélève. Ainsi, les abonnements faits par un théâtre, lesquels sont presque toujours consentis à un prix inférieur à celui des billets pris au bureau, ne donnent lieu à la perception que sur le prix réel auquel ils sont émis. C'est ce qui a été décidé par exemple pour soixante-dix entrées à vie émises par le Gymnase Dramatique pour le prix de 1000 fr. chacune (cons. d'Et.

---

(1) *Espèce :* — (Gymnase-Dramatique C. hosp. de Paris.)—En 1827, le directeur du Gymnase-Dramatique a émis des actions, au nombre de soixante-dix, qui ne donnaient aucun droit à la copropriété ou aux produits du théâtre, mais conféraient une entrée à vie et un droit à quarante-huit billets à toutes places pendant deux ans. Le prix de ces actions était de 1,000 fr. une fois payés. — Les hospices de Paris ont prétendu que ces entrées et ces billets devaient être soumis au prélèvement du dixième établi à leur profit par la loi du 7 frim. an 5, et leur prétention a été accueillie par décision du conseil de préfecture, du 27 août de la même année. Recours du théâtre, qui soutient que les actions ne peuvent être assimilées à des abonnements ou à des billets. CHARLES, etc.; — Vu les lois en date des 27 nov. 1796, 21 avr. et 26 juill. 1797 (7 frim., 2 flor. et 8 therm. an 5), et la loi du 9 déc. 1809 ; — Vu l'art. 5 du décret du 26 août 1805 (8 fruct. an 13), qui reconnaît la compétence du conseil de préfecture, — Vu l'avis interprétatif du conseil d'Etat, en date du 17 août 1805 (29 therm. an 13) ; — Considérant que les entrées au théâtre de Madame, délivrées, sous le titre d'actions, par l'acte du 16 janv. 1827, et les billets qui en dépendent, sont de véritables abonnements, achetés à un taux fixe, payé d'avance ; — Que, dès lors, lesdites entrées sont, aux termes de la loi du 27 nov. 1796 (7 frim. an 5), assujetties au prélèvement du dixième ; — Art. 1. La requête... est rejetée. Du 31 août 1828.-Ord. cons. d'Et.-M. de Rességuier, rap.

(2) (Ducis et Saint-Georges C. hosp. de Paris.) — LOUIS-PHILIPPE, etc.; — Vu les lois des 7 frim. et 8 therm. an 5, et la loi de finances du 2 août 1829 ; — Considérant qu'aux termes de l'art. 1 de la loi du 8 therm. an 5 (26 juill. 1796), le droit d'un décime par franc établi par du 7 frimaire même année (27 nov. 1796), et maintenu par la loi de finances du 2 août 1829, doit continuer à être perçu en sus du prix de chaque billet d'entrée et d'abonnement ; — Considérant, dans l'espèce, que, par l'acte de société passé entre les actionnaires, il est expressément stipulé que les coupons d'entrée dépendant de chaque action et évalués chacun dans ledit acte, à la somme de 500 fr., en seront détachés et pourront se vendre séparément ; d'où il suit qu'ils constituent de véritables abonnements. — Art. 1. La requête des sieurs Ducis et Saint-Georges est rejetée. Du 14 sept. 1830.-Ord. cons. d'Et.-M. de Jauffret, rap.

(3) (Théâtre-Français C. hosp. de Paris.) — LOUIS-PHILIPPE, etc.; — Vu la loi du 7 frim. an 5, et les lois et arrêtés subséquents qui ont établi et prorogé temporairement la taxe au profit des pauvres, d'un décime par franc en sus du prix de chaque billet d'entrée et d'abonnement dans tous les spectacles où l'on donne des pièces du théâtre, et du quart de la recette brute, dans les bals et autres lieux d'amusements publics ;

---

31 août 1828, aff. Gymnase Dramat., V. n° 128; V. aussi Cons. d'Et. 14 sept. 1830, aff. Ducis, n° 129).

128. Mais tout billet, quel qu'en soit le nom ou la forme, qui donne entrée dans un théâtre est soumis au droit des pauvres. — Jugé dans ce sens que les actions qui n'attribuent à leur possesseur aucun droit dans l'entreprise du théâtre et lui confèrent seulement, moyennant le prix payé d'avance, une entrée à vie et un droit à des billets, sont de véritables abonnements, et, par conséquent, sont passibles de la taxe en faveur des pauvres (cons. d'Et. 31 août 1828) (1).

129. De même, il a été décidé : 1° que lorsque l'acte de société passé entre les actionnaires d'un théâtre porte que les coupons d'entrée dépendant de chaque action, et évalués dans cet acte à une certaine somme, pourront se vendre séparément de l'action à laquelle ils sont attachés, ces coupons constituent alors de véritables abonnements, et sont en conséquence soumis à la taxe établie au profit des pauvres par la loi du 7 frim. an 5 (cons. d'Et. 14 sept. 1830) (2); — 2° Que tous les billets d'entrée dans les spectacles doivent, lorsqu'ils ne sont pas gratuits, être soumis à la taxe au profit des pauvres, nonobstant les combinaisons qui tendraient à dissimuler le prix de ces billets, soit par la vente qui en serait faite ailleurs qu'au bureau, soit en les faisant servir au payement des frais (cons. d'Et. 5 août 1831) (3). — Suivant MM. Lacan et Paulmier, t. 1, n° 141, s'il y avait présomption de fraude de la part du directeur ou des employés, le montant de la recette pourrait être évalué suivant les circonstances et calculée sur la plus forte recette ordinaire.

130. La taxe des indigents est due, dans une salle de spectacle, même pour les places dont le propriétaire de la salle s'est réservé la jouissance par une clause du bail, si, d'ailleurs, il est établi que cet avantage a été pris en considération par les parties pour la fixation du prix de location (cons. d'Et. 8 juin 1854, aff. Assist. pub. C. Théâtre-Italien, D. P. 55. 3. 2). — ...Et, en cas pareil, la taxe doit être appliquée à ces places, d'après le

---

— Vu le décret du 9 déc. 1809, portant que ces droits continueront d'être indéfiniment perçus, ainsi qu'ils l'ont été pendant le cours de cette année et des années antérieures, et en exempte toutefois l'augmentation mise au prix ordinaire des billets dans les représentations gratuites et à bénéfice ; — Vu les lois de finances de 1826 et des années postérieures qui ont maintenu, pour chaque année, la perception, conformément aux lois existantes, du dixième des billets d'entrée dans les spectacles, et du quart de la recette brute dans les lieux de réunion ou de fêtes où l'on est admis en payant ; — Vu l'arrêté du 18 therm. an 11, qui attribue au préfet en conseil de préfecture le jugement des contestations relatives à la perception des droits ci-dessus mentionnés, sauf le recours au conseil d'Etat;—Vu le décret du 8 fruct. an 13, qui ordonne que les poursuites à faire pour assurer le recouvrement des droits en question seront dirigées suivant le mode fixé par les lois et règlements relatifs à la perception des contributions, et que les décisions des conseils de préfecture seront exécutées provisoirement ;

Sur la compétence : — Considérant que les arrêtés et décrets qui ont attribué au préfet, en conseil de préfecture, le jugement des contestations relatives aux droits dont il s'agit, ne contiennent aucune exception applicable, soit au département de la Seine, soit au cas où le préfet de ce département aurait exercé l'action tutélaire que les lois et les règlements lui donnent sur l'administration des hospices ;

Au fond : — Considérant qu'en ce qui est étranger à la police des spectacles, les entreprises théâtrales ne peuvent plus être regardées, dans l'état actuel de la législation, que comme des entreprises industrielles dont les produits doivent, relativement aux contributions, être régie par les règles ordinaires;—Que la taxe au profit des pauvres n'est plus, dès lors, qu'une contribution assise et perçue, en vertu de la loi annuelle des finances, en sus du prix des billets d'entrée non gratuits, nonobstant les combinaisons qui tendraient à dissimuler ce prix, soit par la vente des billets ailleurs qu'au bureau, soit en les faisant servir au payement des frais ; mais qu'elle ne peut s'étendre aux billets d'entrée qui ne donnent lieu au payement d'aucun prix ou compensation, soit au bureau, soit ailleurs ;

Art. 1. L'arrêté rendu par le préfet de la Seine, en conseil de préfecture, le 27 août 1829, est annulé seulement en ce qui touche les billets proprement gratuits, délivrés sans fraude et conformément aux anciens usage. — Il est maintenu en ce qui touche les billets prétendus gratuits qui auraient été vendus ailleurs qu'aux bureaux ou donnés en payement des frais, dans le but de soustraire à la taxe une partie de la recette brute.

2. Les dépens sont compensés.
Du 5 août 1831.-Ord. cons. d'Et.-M. Maillard, pr.

prix exigé du public pour les places de la même catégorie (rés. dans l'espèce précédente par le ministre de l'intérieur, V. *loc. cit.*). — Ce point de droit ne nous paraît pas douteux.

131. Dans l'espèce qu'on vient de retracer, qui devra supporter les droits? est-ce le propriétaire, est-ce le directeur ? — Il a été jugé que le droit des pauvres étant distinct du prix dû au théâtre, les conventions particulières sur les places réservées ne peuvent réagir sur le droit des pauvres, qui doit rester à la charge du spectateur, s'il n'a pas stipulé le contraire ; et, qu'en conséquence, le directeur a un recours contre le possesseur de la loge, lors même qu'il se trouve aux droits du propriétaire primitif (trib. de la Seine, 1re ch., 24 fév. 1844, Gaz. des trib. du 25 fév.; conf. trib. de com. du 28 fév. 1844, aff. des directeurs du théâtre de la Gaîté contre les actionnaires de la société de Cès-Caupenne, Gaz. des trib. du 29 fév.). — Mais nous ne croyons pas que cette opinion puisse être suivie. Il faut avant tout, dans les contrats, rechercher quelle a été l'intention des parties contractantes, et, en outre, examiner ce que les parties ont réellement voulu et entendu. Or, en partant de ces bases, il est clair que celui qui se réserve une loge en vendant la propriété de la salle, entend se la réserver franche et libre de tous droits, comme de toute servitude. Il entend se la réserver, eu égard à la valeur qu'elle a, étant prise et payée au bureau ; c'est sur cette base qu'il établira toujours le calcul de la réduction à faire sur son prix de vente (Conf. MM. Lacan et Paulmier, t. 1, no 159). — Il en est de même de celui qui stipule la rémunération de ses services en droits d'entrée. Le directeur doit donc être réputé avoir reçu le droit des pauvres en ce sens que ce droit est entré dans la fixation du prix de l'objet vendu ou des services rendus, et que, par conséquent, c'est lui seulement qui est responsable de ce droit. — Jugé dans ce sens (Paris, 8 avr. 1845, aff. Chabrier, propriétaire de la salle de l'Ambigu-Comique C. Beraud, directeur, journal le Droit du 10 avr.; conf. trib. de la Seine du 26 juin 1846, aff. Delestre-Poirson C. Montigny, directeur du Gymnase, journal le Droit du 27 juin; trib. de la Seine, 5e ch., 25 janv. 1851, le Droit du 31 janv.).

132. Les billets gratis sont-ils soumis à l'impôt des pauvres? On peut dire dans le sens de l'affirmative que la cause des indigents est sacrée; qu'il faut interpréter les lois dans le sens qui lui est le plus favorable; que le droit sur les billets est proportionné à leur valeur réelle, et non au prix qui peut avoir été débattu entre l'acheteur et celui qui les a livrés ; que la loi ne fait aucune distinction, et qu'il est juste que celui qui profite d'un billet gratuit paye un tribut aux malheureux. Ces considérations, développées dans un avis du comité consultatif des hospices de Paris à l'occasion d'un vif débat élevé sur ce sujet avec les entreprises et les auteurs dramatiques, avaient triomphé devant le conseil d'Etat (V. MM. Vivien et Blanc, no 159.) Dans ce système il n'y avait d'exemptés du droit que les billets délivrés dans l'intérêt du service du théâtre. — Ainsi il a été décidé que la taxe des pauvres n'est point assise sur le produit des recettes dans les bureaux des spectacles, mais sur le prix de chaque billet d'entrée; et que les entrepreneurs ne peuvent soustraire à la taxe d'entrée les billets qui seraient vendus ailleurs qu'au bureau, ni dispenser de ladite taxe les billets qu'il leur plairait de distribuer gratuitement (cons. d'Et. 26 déc. 1830, M. Jauffret, rap., aff. Opéra-Comique, 8 janv. 1831, M. Jauffret, rap., aff. Carnel-Marido).

133. Mais ce système était évidemment contraire au texte et à l'esprit des lois en vigueur sur la matière.—La loi du 7 frim. an 5 dit qu'il sera perçu pour le droit des pauvres un décime par franc en *sus du prix* de chaque billet d'entrée (droit maintenu par la loi des finances, du 2 août 1829); que la même perception aura lieu sur le prix des places louées pour un temps déterminé : ainsi l'impôt repose uniquement sur le prix du billet. Or s'il n'y a pas de billet payé, s'il n'y a pas de prix sur les places louées pour un prix, sur quoi pourrait-on établir un droit? Il est clair que la perception manque de base.

La loi de thermidor an 5 confirme la loi de frimaire. Dans son art. 1, elle proroge d'abord la perception du décime par franc en sus *du prix de chaque billet*. Puis elle ajoute : *le même droit d'un décime par franc* établi et prorogé à l'entrée des bals, etc., est porté au *quart de la recette*. La loi, comme on le

voit, prend *la recette* pour base. Or les billets gratis ne constituent pas une recette. — Enfin le décret du 9 déc. 1809 confirme ces deux lois dans son art. 1, par ces mots : le droit des pauvres *continuera* à être perçu indéfiniment, ainsi qu'il l'a été dans le cours de l'année et des années antérieures. Il ne peut donc y avoir de doute sur ce point (Conf. MM. Lacan et Paulmier, no 140). — Aussi le conseil est-il revenu sur sa jurisprudence antérieure. Il a été décidé, en effet, que la taxe des pauvres ne s'étend point aux billets d'entrée dans les spectacles, quand ces billets ne donnent lieu au payement d'aucun prix ou compensation, soit au bureau, soit ailleurs (cons. d'Et. 5 août 1831, aff. Théâtre-Français, V. no 129-2o).

134. Les billets d'auteurs sont également sujets au droit des pauvres : ce sont des valeurs dont ils tiennent compte au théâtre. — Un arrêté du 5 déc. 1820 charge les contrôleurs de ce droit de relever sur les registres des divers théâtres, le montant des sommes précomptées aux auteurs pour valeur de billets d'entrée, et les autorise à percevoir la taxe sur le montant de ces sommes. — V. MM. Vivien et Blanc, no 160; Lacan et Paulmier, t. 1, no 138).

135. D'après le décret du 9 déc. 1809, art. 4, les représentations gratuites sont exemptes du droit des pauvres. « C'est la conséquence du principe que le droit des pauvres n'est établi que sur les recettes dont il est une délibation » (MM. Lacan et Paulmier, t. 1, no 134). — De même aussi des représentations à bénéfice sont exemptes du droit des pauvres, lorsque l'augmentation mise au prix ordinaire des billets (même décret). —Mais il a été jugé que cette exemption ne s'applique qu'aux représentations au bénéfice d'un artiste ou d'une autre personne, et non à celles où le prix aurait été augmenté dans l'intérêt du théâtre (cons. d'Et. 24 fév. 1817, aff. hosp. de Bordeaux, V. no 125). — Il est à remarquer que les représentations à bénéfice ne sont exemptes de l'impôt des pauvres que sur l'augmentation mise au prix ordinaire des billets, mais qu'elles restent soumises à ce droit dans les limites du prix ordinaire, quand même elles ne seraient pas l'objet qu'une œuvre de charité (MM. Lacan et Paulmier, t. 1, no 135). — Pour le décider ainsi, ces auteurs se fondent sur l'art. 3 de la loi du 8 therm. an 5, qui dispose que « le produit des droits perçus sera consacré *uniquement* aux besoins des hospices et aux secours à domicile. » — MM. Lacan et Paulmier ont raison en principe, mais dans l'usage on interprète moins rigoureusement ces expressions de la loi : *uniquement*. Quand il est bien constaté qu'un artiste est indigent, lui enlever le quart de la recette, c'est lui enlever à peu près tout le bénéfice de la représentation; car il y a des frais indispensables qu'il faut aussi et d'abord prélever, luminaire, etc. D'ailleurs, la loi dit aussi consacré aux *secours à domicile;* or quand un artiste est complètement indigent, le droit des pauvres devient un secours véritable à domicile, et l'on rentre ainsi dans les termes et dans l'esprit de la loi. — Nous croyons que dans ce cas l'administration des hospices ne tient pas la rigueur du droit.

136. Le droit des pauvres ne peut être saisi par les créanciers de l'entreprise. Il est prélevé sur la recette, mais n'en fait pas partie. Le montant du droit appartient aux hospices et non au directeur qui n'est qu'un dépositaire (Conf. MM. Lacan et Paulmier, t. 1, no 142). Mais ce droit ne peut être poursuivi que contre le directeur en exercice. Si la direction changeait de main les hospices n'auraient pas d'action contre le nouveau directeur, et en effet la nouvelle administration ne peut être réputée dépositaire et responsable d'une somme qu'elle n'a pas touchée (V. nos 222, 237 et suiv.).

137. Le décret du 9 déc. 1809 autorise à mettre la perception du droit des pauvres en régie intéressée, laquelle peut souscrire des abonnements. — Il a été jugé que le traité par lequel un directeur de théâtre s'était engagé, avant 1848, à payer un abonnement annuel au lieu du droit proportionnel des pauvres sur les recettes quotidiennes, n'a pu être considéré comme résolu par la survenance des événements de février et doit, par suite, recevoir son exécution jusqu'à l'époque de l'expiration ou de la résolution amiable de la convention ; — Toutefois il convient, si l'abonnement a été calculé en prévision de représentations devant avoir lieu chaque soir, de faire subir au chiffre convenu une réduction proportionnelle au nombre de représentations qui n'ont pu être données (cons. d'Et. 26 juill. 1854, aff. Seveste, D. P. 55. 3. 27). — Le réclamant soutenait que le traité devait être considéré comme résolu pour cause de force majeure, la révolution de février l'ayant mis dans l'impossibilité de continuer à donner des représentations journalières ; il invoquait, du reste, un acte extrajudiciaire qu'il avait fait signifier au bureau de bienfaisance, à l'époque même des événements de février, pour le prévenir qu'il ne se croyait plus lié par le contrat, et qu'il offrait dès à présent de supporter la perception du droit sur la recette de chaque représentation qu'il donnerait. — Pour le bureau de bienfaisance, on répondait que le contrat d'abonnement était un contrat aléatoire, un marché à forfait ; que la lésion ne pouvait donc être invoquée ici comme cause de résiliation. — Le conseil d'État ne s'est rangé ni à l'une ni à l'autre de ces deux opinions, et cela avec raison. Le contrat d'abonnement avait pour objet, avoir d'autre but que de ramener à une moyenne fixe le chiffre irrégulier de la perception établie sur la recette de chaque représentation. Ce chiffre, une fois convenu, est bien la loi des parties, mais seulement pour l'objet au sujet duquel elles ont entendu traiter ; l'exiger pour des représentations qui n'ont pas eu lieu, ce serait donc aller au delà des termes de la convention aussi bien que de ceux de la loi.

138. S'il s'élève une contestation entre les hospices et une administration théâtrale, sur le *quantum* du droit perçu par le directeur, quel sera le juge de cette contestation ? — V. n°s 340 et suiv.

Art. 8. — *Des rapports des théâtres avec le public considéré comme partie contractante.*

139. Le payement de l'entrée forme un contrat entre l'entreprise dramatique et chacun des spectateurs. Le spectateur qui a payé a rempli son engagement ; le théâtre doit donner ce qu'il a promis par affiches ou annonces, rien de plus ni rien de moins. Ainsi le public peut s'opposer à tout changement dans le spectacle annoncé ; de son côté, le directeur peut se refuser à rien ajouter à ce qui a été promis. On ne peut l'y contraindre ; car il serait, en cédant aux clameurs du public, en contravention avec les règlements de police, et notamment avec l'art. 2 de l'arrêté du directoire exécutif, du 11 germ. an 4, qui interdit de faire jouer ou chanter d'autres pièces ou airs que ceux portés sur les affiches ; disposition très-sage, parce qu'elle évite ainsi toute espèce de désordres dans les salles de spectacle.

140. Lorsque l'administration ne remplit pas les promesses qu'elle a faites ; par exemple, si elle change les pièces ou les acteurs ; les spectateurs peuvent se faire restituer ce qu'ils ont payé (Conf. MM. Simonet, Police administrative des théâtres de Paris, n° 51 ; Lacan et Paulmier, t. 2, n° 491). Le remboursement ne peut être exigé lorsque la représentation est interrompue par l'effet d'une force majeure ; par exemple, si l'autorité empêchait la représentation de s'achever. A cet exemple, cité par MM. Vivien et Blanc, n° 319, on peut ajouter celui dont nous avons été témoin, il y a déjà un certain nombre d'années, au théâtre des Nouveautés, où le gaz d'éclairage ayant manqué tout-à-coup, la salle était restée dans une obscurité complète. Remarquez qu'un pareil accident ne déchargerait pas l'administration de l'obligation de rembourser les billets, si l'éclairage venait à manquer par son fait, par sa négligence. Dans le cas particulier que nous avons rappelé, l'éclairage était fourni par une compagnie étrangère à l'administration.

141. Lorsque le changement a été notifié au public par des affiches apposées avant l'ouverture des bureaux, ou si les spectateurs ont été avertis par le directeur avant le commencement du spectacle, qu'ils n'aient pas réclamé, ou soient restés à leur place après le changement annoncé, ils n'ont pas droit au remboursement du prix du billet (trib. de comm. 10 oct. 1843, aff. Fournié Saint-Amand *C.* le direct. de l'Opéra, journal le Droit du 11 oct. ; trib. de com. 14 fév. 1845, aff. Garnier *C.* le direct. de l'Opéra, le Droit du 15 fév.). — Dans ces cas, ils sont réputés avoir accepté le changement.

142. Une contestation assez singulière s'est élevée. L'Opéra a donné, il y a quelques années, la traduction du Freyschütz, de

Weber, adapté à la scène française, en annonçant la reproduction intacte de l'œuvre originaire du maître. Un amateur de musique ayant remarqué de graves mutilations dans la nouvelle mise en scène de cet opéra, actionna le directeur du théâtre en dommages-intérêts. Son action a été repoussée, et il a été décidé que s'il est regrettable en principe que, par l'affiche de son spectacle, un directeur de théâtre annonce comme intactes des œuvres tronquées à la représentation, cependant le spectateur qui a assisté à une représentation à laquelle la pièce n'avait éprouvé d'autres mutilations que celles qu'elle avait subies dès l'origine, ne peut, à raison de ce fait auquel il devait s'attendre et se résigner, réclamer aucune indemnité, et n'a pas droit, par exemple, à la restitution de tout ou partie du prix de sa place (trib. civ. de la Seine, 7 déc. 1833, aff. Tyszkiewitz, D. P. 54. 3. 7).

Tout insolite que soit l'action qui a donné lieu à ce procès, et toute spéciale que puisse paraître la difficulté qu'elle soulevait, c'était cependant le lieu de recourir à des principes dont l'application est générale et fréquente. En effet, les entreprises de spectacles publics ne diffèrent pas, au point de vue du droit, des autres entreprises industrielles et commerciales. Leurs rapports avec le public sont régis par des dispositions d'une application commune. Or, il a été proclamé fréquemment par le législateur et par les tribunaux qu'un produit ne peut être annoncé autrement qu'il n'existe, et qu'il y a fraude à dissimuler un changement qui en affecte essentiellement la nature (V. Vente de substances falsifiées, n°s 115 et suiv., et c. nap. 1641), ce qui, en l'absence de textes précis sur le trafic des œuvres de l'esprit, paraît concerner les produits intellectuels comme les produits matériels. — Ceci posé, disons, d'un côté, que les moyens de défense présentés par le directeur de l'Opéra ne pouvaient être admis. « Les engagements pris par lui avec les auteurs, et les obligations que lui impose l'autorité en approuvant l'ouvrage destiné à la représentation, ne permettaient pas, a-t-il dit, de donner une reproduction intégrale de l'œuvre. » Cela est exact, on en convient, mais il n'en résultait pas qu'il fût relevé de l'obligation de faire connaître par l'annonce le véritable caractère de l'œuvre qu'il devait représenter, et de désigner comme opéra arrangé par tels ou tels auteurs, l'opéra que l'affiche semblait donner comme simplement traduit ; l'importance des changements faits à l'opéra annoncé, importance qui a été constatée par le jugement, rendait ces indications indispensables. — D'un autre côté, ajoutons que le tribunal, en reconnaissant implicitement ces principes, a admis une exception qui peut, dans certains cas, avoir une valeur contestable. Il s'est fondé sur ce fait que depuis deux ans l'opéra était représenté avec les suppressions qui ont été signalées au procès, pour admettre à côté de l'affiche une sorte de notoriété qui en rectifiait les énonciations. Il y a là peut-être un danger. La notoriété toujours insaisissable ne peut jamais arriver à tous les individus qui composent un public ; on ne peut savoir à quel moment elle existe ; il paraît donc prudent de n'en tenir compte, comme la loi l'a indiqué dans plusieurs matières, que lorsqu'on ne peut pas faire autrement. — Or, dans l'espèce, si au lieu d'aller voir une représentation du Freyschutz, le demandeur avait acheté un volume, qui lui aurait été présenté comme contenant une traduction de l'œuvre, nul doute que la suppression de passages importants que le titre de l'exemplaire acheté n'aurait ni indiqué ni laissé soupçonner, n'ait pu servir de base à une action en résiliation de la vente ; et c'est en vain sans doute que le libraire eût invoqué la notoriété comme corrigeant les inexactitudes du titre. Ce qui est dit de l'achat d'une traduction d'une œuvre pourrait se dire peut-être de la location d'une place pour assister à la représentation de cette œuvre au théâtre, car l'intérêt est même supérieur. Cependant, comme une règle invariable pourrait être facilement exploitée par la mauvaise foi, on ne saurait, ce nous semble, blâmer le tribunal de la Seine de s'en être écarté dans le cas qui lui était soumis. Au surplus, il paraît que l'intention première du demandeur était de faire reconnaître par la justice qu'on ne peut trafiquer d'une œuvre tombée dans le domaine public, qu'à la condition de la conserver telle que l'a laissée l'auteur et de la reproduire dans son intégralité. Ce principe n'existe pas dans nos lois, et c'est une question de savoir s'il est désirable qu'il y soit introduit ; le tribunal ne pouvait donc donner raison, même indirectement', à des prétentions qui n'avaient pas une base justifiée dans l'état de notre législation sur la propriété littéraire et artistique; et ce débat, en la forme dans laquelle il s'est produit à l'origine, était, il faut le dire, moins du domaine judiciaire que du domaine de la critique littéraire.

143. Le directeur ne peut augmenter le prix des billets que dans les cas de représentation extraordinaire, et encore faut-il alors qu'il soit autorisé (MM. Simonet, n° 61; Lacan et Paulmier, t. 2, p. 2, n° 476). S'il s'élevait arbitrairement le prix des billets, il serait soumis à une restitution (just.de paix 11e arr., aff. Lireux et de Balzac C. French, journal le Droit, 27 avr. et 4 mai; V. MM. Lacan et Paulmier qui rendent compte de cette affaire, n° 477).

144. Une ordonnance du 2 avr. 1780 faisait défense à tous domestiques portant livrée d'entrer à l'Opéra et autres spectacles, *même en payant*. Nous n'avons pas besoin de dire que cette disposition est abrogée implicitement par les principes de liberté et d'égalité déposés dans toutes nos constitutions.

145. En thèse générale, le spectateur. qui a payé ne peut exiger le remboursement. Il est dans la position d'un locataire qui a payé d'avance son loyer. Mais il n'en serait pas ainsi dans le cas où, par un fait imputable à l'administration, le spectateur ne pourrait pas jouir des droits qui résultent de son billet : par exemple, si on a délivré un billet après que toutes les places étaient occupées, il y a lieu à restitution. Le remboursement devrait être effectué, bien que le billet ou l'affiche portât qu'une fois pris il ne pourrait plus être rendu. Cette clause a pour but de prévenir l'effet des caprices du spectateur, mais n'autorise pas à lui faire payer ce qu'on ne veut pas lui livrer. S'il a une place, quelque incommode qu'elle soit, le spectateur ne peut exiger le remboursement.

146. Outre la restitution du prix de la place, il peut encore y avoir lieu à des dommages-intérêts au profit du porteur de billet qui ne trouve pas de place dans la salle, s'il y a faute de la part du directeur : par exemple, lorsque les porteurs de billets loués d'avance trouvent occupées les places auxquelles ils ont droit. — Il a été jugé en ce sens que les directeurs de spectacles sont passibles de dommages-intérêts, lorsque les porteurs de billets pris en location ne peuvent assister à la représentation faute de place (trib. com. de la Seine, 18 déc. 1839 (1); V. de nombreux jugements rendus à cet égard et rapportés par MM. Lacan et Paulmier, t. 2, n° 483); — Et que, dans ce cas, l'avis mis sur les affiches qu'à défaut de places les billets pris au bureau ne donneront droit qu'au remboursement, n'est pas obligatoire pour les billets pris à l'avance au bureau de location (même jugement).—V. aussi M. Simonet, n° 63.

147. Lorsque l'administration ouvre des bureaux où le public va prendre des billets pour jouir du spectacle annoncé par l'affiche, il arrive quelquefois que l'empressement du public épuise d'avance tous les billets disponibles; il est alors du devoir de l'entreprise de prévenir le public qu'il ne sera point délivré de billets à l'entrée. Un abus qu'on a souvent reproché aux théâtres de Paris, c'est celui qui consiste à faire pénétrer un grand nombre de spectateurs par des entrées particulières, et laissant néanmoins le public attendre l'ouverture des bureaux, et se presser pour prendre des billets comme si l'intérieur de la salle était vide. Ce procédé, injurieux envers le public, pourrait à la rigueur autoriser une demande d'indemnité de la part des personnes qui ont éprouvé quelque préjudice par suite d'une attente longue et inutile ; mais une contestation sérieuse sur ce point est sans exemple, et la responsabilité morale est la seule dont

soit menacé un théâtre qui se permet un pareil oubli des convenances. Ces entrées furtives ont en outre pour résultat de frustrer la perception du droit des indigents; aussi une ordonnance de police du 26 déc. 1832, rendue sur les justes réclamations du conseil général des hospices de Paris, a-t-elle interdit aux directeurs d'introduire qui que soit dans leurs salles, avant l'ouverture des bureaux, par des portes autres que celles destinées au public (V. M. Simonet, Police administ. des théâtres de Paris, n° 59).

148. A Paris, il arrive quelquefois qu'une personne demande à pénétrer pour quelques instants dans l'intérieur de la salle, afin de s'assurer de la présence d'un individu, ou pour tout autre motif; les employés du théâtre y consentent en faisant déposer une somme plus considérable que la place la plus chère, de telle sorte qu'on ne puisse en abuser pour passer la soirée entière, ou une partie notable de la soirée, au théâtre, sous prétexte de s'y introduire seulement pour un moment. Si le spectateur reste pendant toute la représentation, il nous semble que l'administration a droit à conserver, sinon toute la somme déposée, ce que l'on pourrait soutenir, du moins le prix de la place la plus chère, ou, sans aucune difficulté, la place qu'on prouverait avoir été exclusivement occupée. L'intervalle d'un entr'acte ne donnerait lieu à la rétention d'aucune partie de la somme déposée. Le séjour pendant une partie de la représentation ferait payer comme si l'on était resté jusqu'à la fin ; de même que, comme nous l'avons dit au numéro précédent, le billet une fois payé n'est pas remboursé.

149. Le spectateur ou abonné a droit à la place pour laquelle il a payé ; on ne saurait le forcer à prendre une place incommode ; mais s'il n'en trouve pas d'autres, il ne peut se faire rembourser : un abonné aurait droit de se plaindre, si toutes les places avaient été louées d'avance ; c'est comme si on lui avait refusé l'entrée. On ne peut faire aucun doute, et cependant la question s'est présentée plusieurs fois devant les tribunaux (V. trib. de la Seine, 18 déc. 1839, aff. Billiote, n° 146, et les jugements cités par MM. Lacan et Paulmier, t. 2, n° 483).

150. Le spectateur a le droit d'exiger qu'on l'introduise à la place indiquée sur le billet, et non ailleurs. On ne peut l'astreindre à se conformer à des convenances locales, telles que des exigences de toilette. — Des discussions de cette nature sont heureusement rares; l'obstination d'un spectateur du Gymnase en a fourni un exemple. Porteur d'un billet de première galerie, il se présente avec une dame coiffée d'un bonnet; on lui dit qu'il doit, dans cette circonstance, entrer qu'aux baignoires; il persiste : les officiers de police étant absents, il sort et revient bientôt avec un exploit contenant sommation et réserve de faire valoir ses droits devant les tribunaux. Le porteur du billet a obtenu gain de cause; la personne dont il tenait le billet a été condamnée à lui en payer la valeur, et des dommages-intérêts.

151. L'acheteur d'un billet a le droit de le céder à un tiers, cela ne peut faire doute. Cependant une contestation s'est élevée à cet égard. Mais le tribunal de commerce de Paris a condamné le directeur d'un théâtre à 500 fr. de dommages-intérêts, pour avoir refusé l'entrée du spectacle au rédacteur de la Gazette musicale, qui avait acheté un billet à la porte (Jugem. 28 fév. 1837, Gaz. 27 et 28 fév., V. MM. Lacan et Paulmier, t. 2, n° 481, qui citent encore d'autres jugements à cet égard).

152. Les billets de faveur donnent les mêmes droits que ceux qui ont été payés ; toutefois, l'administration peut ne les admettre que dans certaines places et à des conditions moins avantageuses (Conf. MM. Vivien et Blanc, n° 528). — Le billet de faveur est cessible comme les billets achetés au bureau, à

---

(1) (Billiote, etc. C. dir. du Gymnase.)— Le tribunal ; — Attendu que le commissaire de police de service au théâtre du Gymnase, le 16 avril dernier, a constaté que les demandeurs n'avaient pas pu assister à la représentation dudit jour, faute de place, quoiqu'ils fussent porteurs de billets de parterre par eux pris et payés au bureau et à la location des loges ; — Attendu que l'administration d'un théâtre manque à ses devoirs en distribuant un plus grand nombre de billets que la salle ne comporte de places ; que dans l'espèce on ne peut prétendre que la présence de personnes jouissant de leur entrée ait changé l'état des places de la salle, puisque pour cette représentation les loges, billets et entrées, à quelque titre que les propriétaires les eussent, étaient généralement suspendues ; que si l'administration du Gymnase a annoncé sur

les affiches du jour et des jours précédents qu'à défaut de places les billets du bureau ne donneraient droit qu'au remboursement, cette exception ne peut être opposée aux personnes qui, comme dans l'espèce, ont des billets pris d'avance ; que ces billets donnent invariablement droit aux places retenues; et dans ce cas le remboursement du prix payé ne peut être considéré comme une indemnité suffisante ;— Attendu toutefois que ces sortes d'indemnité doivent être renfermées dans de justes proportions, qu'autrement elles pourraient donner lieu de la part de certains individus à des spéculations qu'il faut soigneusement éviter de faire naître ; — Par ces motifs, le tribunal fixe cette indemnité à 40 fr., y compris les 15 fr. 75 c. payés pour les billets, etc. Du 18 déc. 1839.-Trib. de com. de la Seine.-M. Lebobe, pr.

moins qu'il ne contienne la mention expresse qu'il est personnel (MM. Lacan et Paulmier, t. 2, n° 482). — L'abus des billets de faveur a plusieurs fois excité la sollicitude des administrations dramatiques. On a vu des théâtres en défendre la vente, et annoncer que tous les billets de cette nature seraient refusés et déchirés; mais cette mesure a été abandonnée comme inexécutable. Comment prouver qu'un billet présenté a été vendu et non livré gratuitement par la personne à qui l'administration l'a donné?

152. Les personnes qui contractent un abonnement ne peuvent se plaindre de la composition ou des changements du spectacle : elles se sont engagées à suivre le répertoire. L'entreprise est tenue de donner aux abonnés le nombre de représentations promis, sauf les accidents imprévus, et de remplacer par d'autres les représentations extraordinaires pour lesquelles les abonnements auraient été suspendus. Il en est de même des locations de loges. — Il a été jugé que les abonnés d'un théâtre n'ont pas qualité pour réclamer l'accomplissement, sous peine de dommages-intérêts, des conditions imposées par l'administration municipale au concessionnaire de ce théâtre, en ce qui concerne notamment la composition du personnel de la troupe et la durée des débuts (Amiens, 10 déc. 1847, aff. Lefebvre, D. P. 48. 2. 27).

154. Si une personne a pris un abonnement pour une place déterminée, elle a évidemment droit à cette place ; mais si l'on a pris un abonnement pour un certain ordre de places, de manière que l'abonné puisse occuper telle place qu'il voudra dans toutes celles désignées par la convention, alors, suivant MM. Lacan et Paulmier, t. 2, n° 495, le directeur ne leur garantit pas une de ces places : c'est à l'abonné à faire ses diligences pour arriver avant que ces places diverses soient occupées ; et l'abonné, dans ce cas, n'a pas même le droit d'exiger qu'on lui donne pour la représentation une place dans une catégorie différente, encore qu'il y en ait de vacantes ; il doit accepter les bonnes et les mauvaises chances. — Jugé dans ce sens (trib. de com. de Rouen, 15 nov. 1852, Gaz. 18 nov.). — Nous ne pouvons nous ranger à cet avis ; nous comprenons que l'abonné ne puisse se plaindre lorsqu'il arrive trop tard et qu'il ne trouve plus de place, mais nous ne comprenons pas qu'on puisse lui refuser une des places qui ne sont ni louées ni occupées.—Un autre jugement du même tribunal de Rouen a jugé dans notre sens, mais il a établi une distinction difficile à mettre en pratique. Il a décidé que le directeur n'est pas tenu de réserver des places déterminées aux abonnés, surtout après la levée du rideau, il doit, dans la distribution des billets au bureau, considérer la moitié des abonnés comme toujours présents, et retrancher à chaque représentation un nombre de billets égal à cette moitié ; et comme il était constaté qu'à l'une des représentations signalées par le demandeur, le directeur avait distribué douze billets au delà, le tribunal le condamna aux dépens pour tous dommages-intérêts ; il déclara en outre l'abonné non-recevable dans la demande en résiliation qu'il formait (journ. le Droit 27 mai 1846). Nous croyons notre opinion plus facile à mettre en pratique et plus juridique.

155. Le droit de l'abonné est incessible, à moins de stipulations contraires. L'état de maladie de l'abonné, fût-il continu, n'empêche pas que le prix de l'abonnement ne soit acquis à la direction ; et cela est rationnel, la place dont il a le droit de jouir, empêche l'administration d'en disposer en faveur d'une autre personne.

156. Les locataires de loges ont la libre et exclusive disposition de leurs loges : ils peuvent y placer qui bon leur semble, et on ne peut y introduire personne sans leur consentement, même si la loge reste vide ; ils peuvent la sous-louer, si ce droit ne leur est pas interdit. C'est un bail véritable régi par la loi civile (Conf. MM. Lacan et Paulmier, t. 2, n° 505). — Le directeur ne peut même disposer de la loge en faveur des autorités qui la réclameraient (trib. de Troyes, 6 mai 1847, aff. Marcotte C. le maire de Troyes, Gaz. du 12 mai).—V. dans MM. Lacan et Paulmier, t. 2, n° 507, diverses questions d'interprétation décidées par plusieurs jugements du tribunal de première instance de la Seine, et relatives aux locations de loges, mais que nous ne croyons pas devoir rappeler ici parce qu'elles n'ont donné naissance à aucune question de droit.

157. La location d'une loge peut se renouveler par tacite ré-

conduction. — MM. Lacan et Paulmier (t. 2, n° 511) admettent ce point comme constant, mais ils ajoutent que la durée de la tacite réconduction doit être celle fixée par les règlements ou par les usages de chaque théâtre. Nous pensons, au contraire, que la convention primitive continue à être la loi des parties, et que les prétendus usages d'un théâtre, que l'abonné n'est pas obligé de connaître, ne peuvent modifier ni la convention ni la loi civile. — L'administration est-elle libre de ne pas renouveler les locations? Cette difficulté a été soulevée plusieurs fois, mais il a été décidé constamment que liberté entière appartenait à cet égard au directeur (trib. de la Seine, 1re ch., 22 mai 1844, aff. Rabin C. le directeur de l'Opéra, journal le Droit du 23 mai); conf. trib. de com. de Paris, du 3 mars 1845, confirmé par arrêt du 28 mars, aff. marquis du Haley C. le directeur de l'Opéra, journal le Droit, du 29 mars).

158. Dès que la location d'une loge rentre dans les principes du droit commun, il en résulte que le bail est résilié de plein droit, si la salle est détruite par cas fortuit (c. nap. art. 1722). Mais résulte-t-il de là cette conséquence, que si la même administration rétablit l'entreprise dans une autre salle, le locataire soit sans droit pour réclamer une nouvelle loge en remplacement de la première? — Il a été jugé que le locataire ne pouvait demander que le remboursement du prix qu'il aurait payé par anticipation et jusqu'à concurrence de la portion représentative du restant de sa jouissance (trib. de la Seine, 1re ch., 27 fév. 1838, aff. Véry C. le directeur du Théâtre-Italien, Gaz. du 28 fév.; conf. Cour de Paris, 1re ch., 27 août 1839, aff. Dutacq C. Larrey, journal le Droit 2, 9, 16 fév., 1er mars 1840). — Mais dans cette affaire c'était une nouvelle société qui avait reconstruit une nouvelle salle. Nous sommes disposés à croire que si la même administration reconstruisait une nouvelle salle sur l'emplacement de l'ancienne, l'abonné pourrait réclamer une loge comme celle qu'il avait dans l'ancienne salle.

159. L'extinction du privilège en faveur d'un directeur par une cause quelconque, doit être assimilée à la destruction de la chose louée. La nouvelle administration n'est pas obligée d'exécuter les engagements de l'ancienne, à moins qu'elle n'en soit chargée par l'acte de concession. Le nouveau titulaire n'est pas l'ayant-cause du précédent, à moins d'une stipulation spéciale (Paris, 1re ch., 1er fév. 1842, aff. Maller, le Droit du 2 fév.; conf. Paris, 12 janv. 1850, aff. duc de Choiseul C. Ducis, directeur de l'Opéra-Comique, Gaz. du 13 janv. 1850; trib. de la Seine, 21 déc. 1838, aff. Bernard Léon, Droit du 22).

160. Que doit-on décider lorsqu'il s'agit, non d'une simple location faite par le directeur, mais d'une concession d'une loge faite par le propriétaire de la salle, cette concession survit-elle aux changements et vicissitudes qui se produisent dans l'exploitation de l'entreprise? — Il a été jugé que le droit du concessionnaire, résultant de la volonté du propriétaire originaire, ne pouvait être détruit par le nouveau directeur (Paris, 4e ch., aff. Gallois, journal le Droit du 30 déc. 1851). — Mais une nouvelle cession de privilège ayant eu lieu et la même question ayant été soulevée de nouveau, le tribunal de la Seine, par jugement du 21 avr. 1853 (le Droit du 28 avr.), décida la question dans un sens opposé à l'arrêt de la cour précité, mais par ce motif que le jugement d'adjudication n'ayant fait aucune mention de l'existence de la concession, et n'en ayant pas, lors, imposé la charge à l'adjudicataire, l'immeuble s'en trouvait affranchi, que d'ailleurs une concession de cette nature cessait avec le changement de maître. Il ne paraît pas qu'il y ait eu appel de ce jugement. — Nous ne pouvons accepter cette solution contre laquelle s'élèvent aussi MM. Lacan et Paulmier, t. 2, n° 515 ; ils appuient leur opinion sur les principes des baux. « L'art. 1743 c. nap., disent-ils, porte : « Si le bailleur vend la chose louée, l'acquéreur ne peut expulser le fermier ou le locataire qui a un bail authentique ou dont la date est certaine, à moins qu'il ne se soit réservé ce droit par le contrat de bail. » — La vente du théâtre laisse donc entier le droit du bénéficiaire de la loge. Si la charge de cette loge n'a été ni déclarée ni imposée au nouvel acquéreur ou directeur, la garantie qui en résulte ne peut atteindre que le vendeur. »

161. Les *entrées* sont essentiellement personnelles, et ne peuvent être transmises sans le consentement de l'administration. Celles qui sont le prix d'un service, d'une pièce donnée, ne peuvent être retirées avant le terme fixé par la concession ou par l'usage ; celles qui sont de pure faveur demeurent toujours révocables. L'acte d'acquisition règle le droit de celles qui ont été payées ; si elles sont annuelles, et que celui à qui elles appartiennent se présente encore après l'expiration de l'année, il y a renouvellement tacite de l'engagement. Ainsi jugé par le tribunal de la Seine, le 26 sept. 1827.

162. La concession d'une entrée n'impose pas au directeur l'obligation de trouver dans la salle une place pour le titulaire. C'est à lui à arriver à temps pour pouvoir se placer. Les entrées sont suspendues en général dans les représentations extraordinaires, à moins de stipulations contraires. Les entrées ne donnent pas le droit d'aller sur le théâtre et dans les coulisses : ce droit doit avoir été expressément stipulé.

163. Lorsque le privilége change de titulaire, les abonnements et les entrées sont périmés (MM. Lacan et Paulmier, t. 2, n° 523). — Une administration n'est pas l'ayant cause de la précédente et ne peut, en l'absence d'une stipulation formelle, être tenue d'en remplir les engagements. — Il a été jugé contrairement à cette opinion que le nouveau directeur est obligé de laisser la jouissance aux titulaires des entrées concédées par la précédente administration, bien qu'elles n'aient pas été mises à sa charge par la précédente administration (Paris, 1re ch., 12 janv. 1836, aff. Duhamel C. Crosnier, directeur de l'Opéra-Comique, Gaz. des trib. des 5-6 oct. 1835 et 13 janv. 1836 ; conf. même cour, 3 mars 1837, autre aff. Crosnier, journal le Droit, du 4 mars). — Nous croyons qu'il y a lieu d'établir ici une distinction. Si, par exemple, le privilége a été anéanti par un événement de force majeure, comme l'incendie de la salle, et qu'une nouvelle entreprise, un nouveau directeur obtienne un privilége tout à fait indépendant du premier, nous pensons, dans ce cas, que le nouveau titulaire qui ne tient son droit que du gouvernement, n'est pas obligé de subir les engagements pris par son prédécesseur, lorsque le gouvernement ne lui en a pas imposé l'obligation ; mais lorsque le changement d'administration ne provient que de la volonté libre de l'ancien titulaire, il nous semble que le nouveau est obligé d'accepter les charges de l'ancienne, sans quoi personne n'oserait traiter avec un directeur.

ART. 9. — Des théâtres de société.

164. Le décret du 29 juill. 1807, art., 5, défend d'admettre le public, même gratuitement, dans aucun théâtre non autorisé, ce qui semblerait comprendre les théâtres de société. — En outre, la loi du 9 sept. 1835, abrogée aujourd'hui, comme on l'a dit n° 28, portait, art. 21, « qu'il ne pourra être établi aucun théâtre ni spectacle, de quelque nature qu'ils soient sans l'autorisation préalable du ministre de l'intérieur, à Paris, et des préfets dans les départements. » Cette disposition est si générale qu'elle semble ne comporter aucune exception en faveur des théâtres de société. Il nous parait cependant que si le public n'était pas admis aux représentations, il n'y aurait pas lieu à l'application des lois précitées. La législation des théâtres serait tyrannique et odieuse, si elle étendait ses prohibitions jusqu'aux divertissements domestiques. La police ne peut avoir de surveillance directe que sur les lieux publics. Une maison privée ne présente pas les mêmes dangers et échappe à son action ; mais

(1) (Min. pub. C. Ferret.) — LA cour ; — Considérant qu'il résulte suffisamment du procès-verbal, des autres pièces et du débat, que le public était admis aux représentations théâtrales données par Ferret ; — Qu'ainsi ledit Ferret a contrevenu aux dispositions des art. 1, décr. 8 juin 1806 ; 5, décr. 29 juill. 1807, et 12, décr. 13 août 1811 ; — Emendant, etc. ;—Mais considérant qu'il existe des circonstances atténuantes, et qu'il y a lieu d'user de la faculté accordée par l'art. 463 c. pén., et de modérer la peine ;—Condamne Eugène Ferret à 20 fr. d'amende et aux dépens, etc. Du 30 janv. 1834.-C. de Paris, ch. corr.-M. Saint-Laurent, rap.
(2) (Min. pub. C. Jourdan.) — LA cour ; —Vu l'art. 21 de la première loi du 9 sept. 1835 ; —Les art. 160, 408 et 413 c. inst. crim.; — Attendu qu'il résulte du procès-verbal et qu'il n'est pas nié par le jugement attaqué que, dans un local dépendant de la guinguette tenue par le sieur Jourdan, un théâtre avait été dressé et qu'une représentation qui avait réuni un nombre considérable d'individus, s'est prolongée,

Il suffit que le public soit admis à des représentations scéniques pour que le droit de surveillance, qui appartient à l'autorité, puisse être exercé dans sa plénitude. Et d'ailleurs, la loi si sévère de 1835 n'avait pas eu pour objet d'atteindre les théâtres de société. Le titre de la loi prouve que telle n'était pas la pensée du législateur. « Loi sur les crimes, délits et contraventions de la presse et des autres moyens de publication. »—La loi n'envisageait les théâtres et la criminalité qui pouvait résulter de leur établissement non autorisé qu'autant qu'ils constituaient un mode de publicité, par conséquent elle ne pouvait prohiber la représentation qu'autant qu'elle était publique (Conf. MM. Lacan et Paulmier, t. 1, n° 7 ; V. aussi circul. préf. de pol. du 16 juin 1832, citée par M. Simonet, n° 3).—Il a été jugé dans ce sens : 1° que l'on ne commet aucun délit, lorsqu'on joue ou fait jouer dans sa maison et pour son amusement, sans vendre aucun billet, des pièces de théâtre dont la représentation n'est annoncée ni par affiches, ni dans les journaux (Paris, 22 oct. 1829, aff. Doyen, Gaz. des trib. du 28 même mois) ; — 2° Que, dans ce cas, il y a lieu de renvoyer le prévenu de la plainte, attendu qu'il n'est pas prouvé que le public fût admis chez lui ni gratuitement ni en payant (Paris, 12 mars 1830, aff. Thierry, Gaz. des trib. 6 et 13 mars, même année; Conf. Paris, 7e ch., 1er nov. 1832, Gaz. des trib. — Paris, 3 janv. 1833, 2e aff. Thierry, Gaz. des trib. du 4 même mois.— Paris, 20 juin 1833, aff. Poirier, Lemaire et Perez, Gaz. des trib. du 21 juin).

165. Mais un théâtre de société ne peut pas s'établir sans l'autorisation de l'administration, lorsque le public y est admis (Paris, 29 janv. 1834)(1).—Et il a été jugé spécialement qu'une représentation donnée, sans rétribution par des amateurs dans un local dépendant d'une guinguette, bien que le local fût séparé de la guinguette par une cour, qu'il eût une entrée particulière, doit, si les personnes de la guinguette y ont été admises, être réputée un spectacle public; dès lors, le propriétaire de la guinguette, qui a loué ce local aux amateurs, sans être muni d'une autorisation du préfet, s'est mis en contravention à l'art. 21 de la loi du 9 sept. 1835 (Crim. cass. 22 juill. 1837) (2). — Conf. Paris, 5 mai 1843, aff. Génard, journ. le Droit du 6 mai ; Paris, trib. correct., 6e ch., 4 août 1843, affaire Thierry, le Journ. le Droit du 5 août ; Paris, trib. correct., 27 nov. 1846, aff. Trouvin, Gaz. des trib. du 28).

166. L'abonnement à des bals de réunion d'une société n'est pas public, alors que différentes conditions sont exigées pour y être admis, et que l'admission des abonnés a lieu au scrutin secret et aux deux tiers des voix des sociétaires (conv. d'Et. 21 avr. 1836, aff. bureau de bienf. de Saint-Quentin, V. n° 120).

ART. 10. — Des actes d'engagement des artistes. — Droits et obligations qui en résultent. — Saisie des appointements.

167. Le lien entre les comédiens et l'entreprise dramatique se forme par l'acte d'engagement. — On appelle engagement la convention par laquelle l'acteur s'oblige à jouer sur un théâtre diverses pièces, pendant un temps déterminé et moyennant un prix fixé par l'acte et que le directeur s'oblige à payer. — C'est une véritable convention synallagmatique, un louage d'ouvrage dans le sens de l'art. 1770 c. nap. (Conf. M. Agnel, n° 60). — L'acte d'engagement est l'écrit qui constate cette convention. Mais nous avons dit plusieurs fois que l'écrit est indépendant de

le 27 février dernier, fort avant dans la nuit ; — Qu'il importe peu que ce local fût séparé de la guinguette proprement dite, par une cour, et qu'il eût une entrée séparée ; qu'il n'en était pas moins une dépendance de cette guinguette et comme elle un lieu public, que, si l'on ne s'introduisait pas dans cette réunion en payant, elle était cependant ouverte aux personnes admises dans la guinguette du sieur Jourdan, et formait dès lors un spectacle public ;—Attendu que le sieur Jourdan, en faisant jouer, ou en louant à des amateurs son local pour qu'on y jouât une comédie, sans s'être muni d'une autorisation du préfet, s'est mis en contravention à l'art. 21 de la loi du 9 sept. 1835, contravention passible de peines correctionnelles ; — Attendu que le tribunal de police, en retenant la connaissance du fait et en relaxant le prévenu, a violé ledit article, commis un excès de pouvoir et méconnu les règles de sa compétence ;— Casse. Du 22 juill. 1837.-C. C., ch. crim.-MM. Bastard, pr.—Gartempe fils, rap.

ja convention, il n'est utile que pour la preuve.—V. v° Obligat., n°ˢ 74, 3003.

§ 1. — Des engagements des mineurs et des femmes mariées.

168. L'engagement ne peut être formé que par une personne capable de s'engager. — La Gazette des tribunaux a rapporté divers jugements qui ont décidé que les *mineurs* non émancipés ne pouvaient s'engager valablement sans le consentement de leur père et mère, lors même que l'engagement ne porte pas atteinte à leur intérêt pécuniaire (trib. civ. de la Seine, 2ᵉ ch., 9 janv. 1839, aff. Clarisse Midroy, Gaz. des trib. 10 janv. 1839; trib. de comm. de la Seine, 20 avr. 1833, aff. Mesmer, Gaz. des trib. 20 et 21 avril; 24 janv. 1834, aff. Dormeuil, V. Acte de comm., n° 242; trib. civ. de la Seine, 3ᵉ ch., 13 août 1845, aff. mademoiselle Brassine C. le direct. du Vaudeville, confirmé par arr. de la cour du 17 mars 1847, Gaz. des trib. du 18 mars. Ces jugements et arrêts sont cités par MM. Lacan et Paulmier, t. 1, n° 226). — Sans doute le mineur non émancipé n'est restituable contre les engagements qu'autant qu'il est lésé (c. nap. art. 1305, V. Minorité, n°ˢ 739, 740; Obligat., n°ˢ 363 et s.), et il est possible que l'engagement soit favorable aux intérêts pécuniaires du mineur. Mais si la convention ne porte pas atteinte à la fortune, il pourra atteindre évidemment à ses mœurs, atteinte trop souvent inséparable de la profession. Les tribunaux sont juges de ce fait. C'est une appréciation remise entièrement à leur sagesse. — La nullité de l'engagement est donc indépendante des avantages que peuvent présenter les clauses du traité (Conf. MM. Lacan et Paulmier, n° 226).

169. Un mineur non émancipé qui contracte un engagement théâtral a donc besoin du consentement de son père; à défaut de père, du consentement de sa mère, ou de celui du conseil de famille (trib. comm. de Paris, 10 janv. 1828). — Un arrêt de la cour de Paris, du 3 janv. 1828, a même prononcé la nullité d'un engagement contracté par une jeune fille de douze ans avec le consentement de sa mère, par le motif que cette jeune fille ignorait les suites et les dangers de l'engagement (MM. Vivien et Blanc, n° 213, Gaz. des trib. du 26 nov.). — De même encore d'autres jugements ont annulé l'engagement contracté par une mineure soit avec l'assistance de sa mère tutrice (trib. de la Seine, 1ʳᵉ ch., 25 nov. 1836, aff. mademoiselle Bressan C. les Variétés, Gaz. des trib. 26 nov.), soit avec l'assistance du père (trib. de la Seine, 7 mars 1839, et sur appel, Paris, 8 juin 1839, aff. Mayer C. le Vaudeville, Gaz. des trib. 9 juin). — Mais ces décisions ne sauraient être acceptées comme règle générale. L'engagement du mineur contracté avec l'autorisation du père ou de la mère tutrice à défaut du père, ou enfin du conseil de famille, à défaut de l'un et de l'autre, doit être réputé valable. Autrement, aucun directeur ne pourrait plus admettre un mineur dans sa troupe, ce qui nuirait non-seulement aux entreprises théâtrales mais encore aux artistes eux-mêmes. Dans les espèces que l'on vient de citer, les circonstances particulières de la cause ont influé très-probablement sur les décisions rendues. On voit notamment dans la dernière affaire que la cour a eu soin de dire que le contrat était annulé par elle en raison de la lésion résultant de la stipulation d'un dédit considérable et non pour cause d'incapacité. — V. à cet égard n° 177.

170. Il est reconnu en principe que dans l'intervalle qui s'écoule entre le convol de la mère tutrice et l'assemblée de famille qui lui confère de nouveau la tutelle ou qui l'en dépouille, une tutelle de fait est substituée à une tutelle de droit. Mais si l'une et l'autre de ces tutelles ont la même efficacité quant aux obligations qui pèsent sur la mère tutrice (V. Privil. et hypoth., n° 1029), il n'en est pas de même quant aux engagements qu'elle contracterait au nom du mineur : celui-ci aurait le droit d'en demander la nullité (V. Minorité-tutelle, n° 106). De là il suit que l'engagement théâtral contracté, dans ces circonstances, par la mère remariée au nom de son enfant mineur serait atteint d'une nullité qui serait valablement opposée par le mineur ou, en son nom, par son tuteur régulièrement nommé. — Toutefois, il a été jugé mais il faut, croyons-nous, que lorsqu'une mère remariée, et qui ne s'est pas fait maintenir dans la tutelle, a néanmoins autorisé sa fille à contracter un engagement théâtral, si plus tard sa tutelle lui est régulièrement conservée, elle ne peut demander

la nullité de l'engagement sous le prétexte que la mineure n'était pas légalement autorisée : la délibération du conseil de famille qui maintient la tutelle à la mère ayant un effet rétroactif sur les actes souscrits par la mineure (trib. de la Seine, 3ᵉ ch., 20 août 1845, aff. Goldstucker, Gaz. des trib. 13 et 21 août suiv.). — Il nous paraît douteux que la délibération du conseil de famille puisse rétroagir et enlever au mineur le droit de demander la nullité d'un acte consenti en son nom par une personne sans pouvoir. Il ne pourrait en être autrement que si le conseil de famille ratifiait expressément l'acte irrégulier.—V. Obligat., n°ˢ 4482 et s.

171. A plus forte raison le mineur ne pourrait-il contracter un engagement théâtral avec la seule autorisation du second mari cotuteur. — Il a été jugé en ce sens que l'autorisation du cotuteur séparée de l'autorisation de la mère tutrice est insuffisante pour valider l'acte d'engagement (trib. comm. de la Seine, 8 mai 1845, aff. Boisgard, Gaz. des trib. 8 et 9 mai). Cette question ne peut faire doute. Les deux pouvoirs sont indivisibles.

172. L'autorisation du père et mère, tuteur ou curateur n'a pas besoin d'être exprimée formellement. Elle peut résulter de circonstances que les magistrats apprécient. — « Si, par exemple, disent MM. Lacan et Paulmier, t. 1, n° 234, avant de s'engager dans un théâtre, le mineur en avait déjà parcouru d'autres, au vu et su de son père et de son agrément; si le père touchait lui-même les appointements du mineur, etc., » il y aurait là une adhésion équivalente à une autorisation.—Jugé dans ce sens (trib. de la Seine, 1ʳᵉ ch., 12 juin 1830, aff. Despraux C. la comédie française, Gaz. des trib. du 13; trib. de comm. 15 déc. 1831, aff. Ida C. Seveste, Gaz. des trib. du 16 déc.; trib. de la Seine, 3ᵉ ch., 20 août 1845, aff. Goldstucker, Gaz. des trib. et le Droit, 13 et 21 août).

173. Il n'est pas nécessaire que l'autorisation donnée à un mineur soit enregistrée et affichée; la loi n'exige ces formalités que pour les commerçants mineurs, et un comédien n'est pas un commerçant (Conf. MM. Vivien et Blanc, n° 215).—V. n°ˢ 323 et s.

174. Que doit-on décider à l'égard de l'engagement théâtral du mineur émancipé? Ce mineur ne peut pas plus que le mineur non émancipé contracter un engagement théâtral. — Cet engagement excède les bornes de pure administration (c. nap. art. 480 et suiv.). — La question s'est présentée dans l'affaire de mademoiselle Clarisse Midroy dont MM. Lacan et Paulmier rendent compte (t. 1, n° 227). — Après avoir fait, disent-ils, annuler l'engagement de 1838, qui la liait au théâtre du Panthéon, cette actrice s'était fait émanciper et en avait formé un second avec le directeur du théâtre de la Gaîté assisté alors de son curateur. — Puis en septembre 1840, avant que ce second engagement fût expiré elle en a fait un troisième avec le directeur des Variétés sous un dédit de 20,000 fr., mais sans être assistée de son curateur. Pressée de jouer des deux côtés, mademoiselle Midroy demande alors la nullité de son engagement avec le théâtre des Variétés. Le tribunal rejette sa demande, déclare l'engagement valable, comme rentrant dans la classe des actes que le mineur émancipé peut faire sans l'assistance de son curateur, mais attendu l'antériorité de son engagement avec la Gaîté, condamne mademoiselle Midroy à payer le dédit de 20,000 fr. au théâtre des Variétés. — Nous pensons avec les auteurs ci-dessus cités, que quoique la conduite de l'actrice soit très-défavorable, le tribunal s'est laissé entraîné à tort en dehors des vrais principes, et la conduite de l'actrice, comme ils le disent fort bien, était une nouvelle preuve du besoin qu'elle avait d'être assistée de son curateur.

175. L'autorisation donnée par le père peut-elle être considérée comme ayant la force d'une obligation personnelle de sa part? L'affirmative a été jugée (trib. de com. de la Seine, 27 juill. 1849, aff. Collinet, journal le Droit du 3 août suiv.). — Dans l'espèce le père avait signé l'engagement en mettant au-dessus *bon pour autorisation*. Le tribunal a condamné le père personnellement au payement d'un dédit de 700 fr. qui avait été stipulé. MM. Lacan et Paulmier, t. 1, n° 237, critiquent avec raison cette décision. D'une simple autorisation ne peut découler un engagement quelconque : *qui auctor est non se obligat*.

176. Mais que devrait-on décider si des père et mère consentaient et signaient pour leur enfant mineur un engagement théâtral sans que celui-ci ait été présent et ait participé en quoi que ce soit à cet engagement? — Ici il ne s'agit plus seulement d'une question de minorité. — Il y a un fait personnel des père et mère qui les expose à une action en dommages-intérêts, si l'engagement ne reçoit pas son exécution. — Ainsi jugé par le tribunal de commerce de la Seine en 1832, aff. Berger et Mathon *C*. Comte, Gazette des tribunaux des 18 nov. 1831 et 17 mars 1832 (jugement cité par MM. Lacan et Paulmier, t. 1, n° 239).

177. La nullité d'un dédit stipulé en faveur du directeur dans un engagement théâtral par le mineur autorisé, comme excédant les pouvoirs du mineur et du tuteur entraine-t-elle la nullité de toute la convention? Nous ne le pensons pas. D'après l'art. 1227 c. nap., la nullité de la clause pénale n'entraine pas celle de l'obligation principale. Cette disposition est parfaitement applicable à un dédit stipulé, pourvu toutefois que le mineur soit autorisé. — Nous pouvons, indépendamment de l'art. 1227, citer à l'appui de cette opinion la loi 29, § 1, *De minor.*, ainsi conçue : *Si species in quâ pupilla in integrum restitui desiderat cæteris speciebus non cohæret, nihil proponi cur à totâ sententiâ actor postulans audiendus sit* (Conf. MM. Lacan et Paulmier, t. 1, n° 240). Nous devons dire toutefois que la jurisprudence ne semble pas fixée sur ce point de doctrine. — En effet, il a été jugé d'une part que les engagements étaient valables nonobstant la stipulation et l'importance du chiffre des dédits (trib. com. de Paris, 12 juin 1830, aff. Despréaux, V. Gaz. des trib. 13 juin; 14 mai 1841, aff. Clarisse Midroy, V. Gaz. des trib. et le Droit 15 mai; trib. civ. de la Seine, 20 août 1845, aff. Désirée Pochonnet, V. Gaz. trib. et le Droit 13 et 21 août); et d'autre part que les engagements devaient être annulés avec les dédits (trib. civ. de la Seine, 25 nov. 1836, aff. Bressant, V. Gaz. des trib. et Droit 26 nov.; Paris, 3e ch., 15 fév. 1852, aff. Mila-Deschamps, Gaz. des trib. et Droit 19 fév.). — Mais cette divergence entre les arrêts ne doit pas surprendre : les circonstances diverses de faits dans lesquelles ce genre de cause se présente devant les tribunaux doivent avoir une grande influence sur les magistrats, toujours désireux de maintenir les droits des mineurs. Nous ne nous attachons ici qu'à poser le principe général.

178. Une *femme mariée* a besoin, pour s'engager de l'autorisation de son mari, alors même qu'elle aurait été autorisée pour un premier engagement : la femme et le mari peuvent demander la nullité de cet engagement (c. nap. art. 225). — Au cas d'opposition du mari, la justice ne pourrait remplacer son consentement. Un époux peut avoir, pour résister à la passion de sa femme pour le théâtre, des motifs graves qui échappent aux investigations judiciaires (Conf. MM. Lacan et Paulmier, t. 1, n° 258). — Il est à remarquer que même pour être marchande publique le consentement du mari ne peut d'après plusieurs auteurs recommandables être suppléé par l'autorisation de la justice (V. Lacan, *loc. cit.*, et v° Commerçant, n° 177), à plus forte raison lorsqu'il s'agit d'un engagement théâtral. — Il ne paraît pas que l'on doive décider autrement si les époux étaient séparés de corps (V. M. Agnel, n° 77).

179. Mais une autorisation générale qu'aurait donnée le mari de contracter des engagements de ce genre serait-elle suffisante? MM. Vivien et Blanc, n° 215; Agnel, n° 76, soutiennent l'affirmative, MM. Lacan et Paulmier, t. 1, n° 259, la négative. Suivant ces derniers auteurs le mari ne peut par anticipation abdiquer son autorité maritale, et la protection dont la femme doit être toujours entourée — L'art. 223 c. nap. déclare que toute autorisation générale même signée par contrat de mariage n'est valable que quant à l'administration des biens de la femme. Or ici le consentement donné dépasse certainement les bornes de l'administration. — Nous nous rangeons à cet avis.

180. Du reste le consentement du mari peut n'être que tacite et résulter des circonstances que les magistrats apprécient. Il n'est pas nécessaire d'un consentement par écrit pour une femme qui embrasse le commerce (V. Commerçant, n° 163), il doit en être de même pour la profession d'artiste (Conf. MM. Lacan et Paulmier, t. 1, n° 260). — Cela a même été décidé en matière d'engagement théâtral.—Ainsi il a été jugé que l'engagement théâtral qu'une femme, vivant au su de son mari, dans un état complet d'indépendance et avec les ressources qu'elle se procure, a contracté sans opposition ni protestation de la part de celui-ci, est censé

avoir été tacitement autorisé par ce dernier, en ce sens du moins que la femme ne peut en demander la nullité en se fondant sur ce défaut d'autorisation (Paris, 23 août 1851, aff. Bouzé, D. P. 52. 2. 10).

181. Par cela seul que le mari a consenti à ce que sa femme joue sur un théâtre, la femme est-elle dispensée d'obtenir l'autorisation pour jouer sur un autre théâtre? Non. MM. Lacan et Paulmier disent avec beaucoup de raison, n° 262, que tel mari peut consentir à ce que sa femme joue au Théâtre-Français et se refuser à ce qu'elle débute à l'Opéra.—Jugé dans ce sens (Paris, 1re ch., 4 mai 1852, aff. Lambquin, Gaz. des Trib. du 5 même mois).— Il a même été décidé que lorsque le mari a consenti à un premier engagement, et que cet engagement n'est pas terminé, le mari ne peut arrêter ses effets en cours d'exécution, qu'il ne peut s'opposer à ce qu'il soit renouvelé (trib. de la Seine, 7 janv. 1832, aff. dame Godard *C*. le théâtre des Variétés; Gaz. des trib. 16 et 17 janvier).

182. De la nécessité de la femme d'obtenir le consentement de son mari pour contracter un engagement théâtral, consentement qui, suivant nous, ne peut être remplacé par celui de la justice (V. n° 178), en résulte-t-il, lorsque le mari a donné son consentement une première fois, que la femme reste à toujours sous la dépendance du mari, de manière qu'il puisse interrompre sa carrière quand il le jugera convenable? Suivant MM. Lacan et Paulmier, n° 263, la femme peut alors recourir à la justice. — Quand le mari, disent-ils, n'a pas encore de profession, qu'elle veut s'en créer une, il est légal que le mari soit seul juge; mais quand il a une fois consenti à l'exercice de la profession, il ne peut dépendre de lui seul de l'arrêter dans son cours, alors que les tribunaux ont le pouvoir d'apprécier le refus du mari. — Cette solution nous paraît délicate, et offre d'abord une sorte de contradiction avec la doctrine de MM. Lacan et Paulmier qui admettent la nécessité d'une nouvelle autorisation lorsqu'il y a changement de théâtre.—Puis, comment pouvoir descendre dans le cœur du mari?—Des dangers pour la réputation de sa femme viennent à se présenter; faudra-t-il donc qu'il confesse à la justice, et par conséquent au public, les motifs de son refus? — Ces objections sont graves; cependant, dans certains cas, l'intérêt de l'art dramatique peut faire fléchir les principes. Ainsi, quand une femme artiste honore la scène française par son talent, on admettrait difficilement le mari à interrompre une carrière si bien parcourue.

183. Si les tribunaux ne peuvent, en cas de refus du mari, autoriser la femme à contracter un engagement théâtral, à plus forte raison ne pourraient-ils pas ce que le mari lui-même ne pourrait faire, donner une autorisation générale et illimitée de contracter de pareils engagements. — Mais si l'on admet que la justice puisse régulièrement intervenir dans le cas où les époux ont obtenu la séparation de corps, pourraient-ils dans ce cas donner une autorisation générale?— Il a été jugé qu'une femme qui plaide en séparation de corps avec son mari peut être autorisée par le tribunal, pendant son engagement vient à terme dans le cours du procès, à contracter de nouveaux engagements dramatiques, soit à Paris, soit dans les départements, aux conditions qu'elle jugera les plus avantageuses (Paris, 1re ch., 30 août 1842, aff. Capdeville. Gaz. des Trib. du 31 août).—La cour se fonde sur ce que la femme n'a de ressources que dans sa profession. — Il est clair, en effet, que le mari plaidant en séparation avec sa femme, lui eût refusé très-probablement l'autorisation. Néanmoins nous pensons que l'arrêt a mal jugé en donnant une autorisation illimitée (conf. MM. Lacan et Paulmier, t. 1, p. 291, n° 264). La loi dit, en effet (c. nap., art. 219), que lorsque le mari refuse d'autoriser sa femme, elle peut s'adresser à la justice; cela suppose un intérêt né, une convention à réaliser, mais non une autorisation illimitée et indéfinie qui s'applique à des actes futurs.

184. Quant aux dépenses que peut faire la femme dans le cours de son engagement théâtral contracté avec le consentement de son mari, il a été jugé qu'elle peut faire alors toutes les dépenses et souscrire tous les actes qui se rapportent à l'exécution de cet engagement (trib. de Lyon, 15 mars 1846, journal le Droit du 21 mars suiv., aff. N...). Il en est ainsi de la femme marchande publique qui peut s'obliger pour tout ce qui concerne son négoce (V. Commerçant, n°° 196 et suiv.). Il y a même raison de décider.—Quant aux dépenses et obligations qui ne se rattachent pas aux besoins de la profession, on rentre dans le droit commun. C'est ce qui a été jugé plusieurs fois, notamment dans une demande en nullité de 25,000 fr. d'obligations souscrites par mademoiselle Jenny Colon, alors mineure (conf. MM. Vivien et Blanc, n° 502).

185. Comme chef de la communauté, le mari a-t-il le droit de toucher lui-même les appointements de sa femme?—Il a été jugé que la femme avait le droit de les recevoir, malgré l'opposition du mari (Ord. de référé, 12 juin 1307. Conf. trib. de la Seine, 27 nov. 1819, aff. Duchaume et Perrin, jugements cités par MM. Lacan et Paulmier, t. 1er, n° 271; V. aussi MM. Vivien et Blanc, n° 303). — Mais il a été jugé depuis, et avec raison, que le mari a le droit de toucher tous les appointements, malgré l'opposition de sa femme (aff. madame Gérard de Melcy, mademoiselle Grisi).—Et en effet, aux termes de l'art. 1421, le mari administre seul les biens de la communauté; et il n'est pas permis de déroger à cette disposition (art. 1388). D'ailleurs, l'autorisation de contracter un engagement dramatique n'altère pas les droits d'administration du mari qui restent les mêmes. — Il en serait autrement si la femme était séparée de biens.

186. L'engagement doit émaner de celui-là même que l'on prétend y soumettre; le père, le mari, le tuteur ne pourraient suppléer le consentement de l'acteur ou celui de son mandataire. Il en est de même pour le directeur (MM. Vivien et Blanc, n°° 218, 219; Goujet et Merger, v° Théât:c, n° 116; Agnel, n° 78). — V. n° 176.

§ 2.—*De la nature des engagements.—De leur mode de preuve. — Droits et obligations du directeur et des artistes.*

187. C'est l'acte qui détermine la durée de l'engagement; à défaut de stipulation sur ce point, il faut suivre l'usage de la troupe; en province, par exemple, on présumerait que l'engagement a été fait pour une année, terme ordinaire de ces sortes de conventions. Du reste, aux termes de l'art. 1780 c. nap., aucun engagement perpétuel ne peut être contracté; un acteur serait libre de rompre un pareil traité, dont on a vu naguère un exemple en Allemagne, où une jeune cantatrice a été poursuivie diplomatiquement pour l'accomplissement d'un vœu perpétuel de théâtre (V. MM. Agnel, n° 92; Lacan et Paulmier, n°° 285 et s.).

188. Les engagements contractés entre un directeur et un artiste sont régis, quant à leur validité intrinsèque, par les règles du code Napoléon sur les conventions. Ainsi, ils peuvent être annulés pour cause d'erreur, de violence ou de dol (Conf. MM. Lacan et Paulmier, n°° 287 et suiv.). Mais il a été jugé que la menace faite par un acteur, indispensable, de ne pas jouer s'il n'obtient une augmentation, ne constitue pas une violence viciant l'engagement qui en est la suite (trib. com. de Paris, 2 mars 1831, aff. Crosnier, V. Obligat., n° 179).

189. En thèse générale, les engagements, les stipulations qu'ils renferment et leur preuve sont soumises aux règles du droit commun. Ainsi les art. 1341 et suiv. c. nap. sont applicables à tous les actes d'engagements dramatiques. Il en est de même des dispositions de l'art. 1325 sur les doubles originaux. A défaut d'actes, la preuve peut résulter de la correspondance des parties, si cette correspondance prouve un accord parfait sur les points essentiels, par exemple, sur la durée et le prix de l'engagement (V. MM. Agnel, n°° 87 et suiv.; Lacan et Paulmier, n°° 291 et s.).—L'engagement peut résulter d'un mandat donné par le directeur. Cela ne peut faire aucun doute (ainsi jugé par le trib. de Bordeaux, le 11 janv. 1828, aff. Ceret, Gazette des trib. du 17 janv. suivant). Le directeur soutenait que sa correspondance n'était qu'un préliminaire qui n'opérait aucun lien de droit, tant qu'il n'avait pas donné sa signature. Le tribunal avec raison a repoussé ce système.

190. Si l'engagement a reçu un commencement d'exécution, et que les parties ne soient pas d'accord sur les conditions, MM. Vivien et Blanc, n° 225, pensent qu'il doit s'en rapporter à l'affirmation du directeur, comme dans un bail, à l'affirmation du propriétaire.—L'engagement du comédien est bien une sorte de louage d'ouvrage ou d'industrie mais la disposition excep-

tionnelle qui donne la préférence à l'affirmation du propriétaire, ne doit pas être étendue à d'autres cas pour lesquels elle n'a point été faite (Conf. MM. Agnel, n° 90; Lacan et Paulmier, t. 1, n° 298).

191. Mais alors comment la difficulté pourra-t-elle être réglée? — L'engagement ayant reçu une exécution partielle, les services qu'a rendus l'acteur, disent avec raison MM. Lacan et Paulmier, t. 1, n° 298, ne peuvent pas rester sans rétribution. Aussi pensons-nous comme eux, qu'en cas de désaccord entre le directeur et l'acteur, les tribunaux fixeront le chiffre alloué, en ayant égard à la nature de l'emploi et à la quotité des appointements donnés aux autres acteurs, et enfin aux services rendus. Mais nous différons avec ces auteurs sur un point essentiel; ils prétendent que la décision des tribunaux ne pourra faire loi que pour le passé, et que pour l'avenir la convention est nulle que l'acteur est libre d'abandonner le théâtre, de même que le directeur est libre de ne pas l'y conserver. — Les tribunaux, disent-ils, ne peuvent pas refaire le contrat, imposer à l'un ou à l'autre une condition qu'il n'a pas acceptée. Mais ces auteurs oublient qu'il y a eu une convention formelle, complète, puisqu'il y a eu commencement d'exécution, qu'il ne s'agit plus que de l'appréciation de l'étendue de cette convention. Or qu'elle soit écrite ou verbale, peu importe, dès que son existence est certaine, les tribunaux sont appréciateurs légaux de ses limites et ont le droit de l'interpréter *ex æquo et bono*, pour toute la durée ordinaire de l'engagement théâtral. — Il a été jugé dans ce sens qu'en l'absence d'une convention écrite, les tribunaux avaient le droit de déterminer eux-mêmes la quotité des appointements pour toute la durée d'un engagement, suivant les usages consacrés en cette matière (trib. de la Seine, 1er avr. 1851, Gaz. des trib. du 2 avril). Ajoutons ici une considération qui a une très-grande valeur, c'est que dans le cours de l'année théâtrale il est très-difficile de remplacer un sujet d'une manière convenable, et que dès lors l'acteur ne doit pas être libre de rendre impossibles les représentations des ouvrages auxquels il participe, en rompant son engagement pour le temps qui reste à courir. Du reste cette difficulté ne peut s'élever que bien rarement, puisque tous les engagements de ce genre se font par écrit, et même sur feuilles imprimées comme les polices d'assurance.

192. Il arrive quelquefois qu'après l'engagement, et pendant sa durée, l'entreprise accorde aux comédiens des augmentations de traitement; souvent ces augmentations sont constatées par de simples lettres ou accordées verbalement, et aucun acte ne constate l'acceptation. De pareilles concessions ne sont pas moins irrévocables; la preuve d'une pareille convention, difficile, sans doute, ne serait pas impossible, et pourrait se faire par toutes les voies que la loi autorise.

193. L'engagement crée, pour le comédien, des droits et des devoirs. Son droit principal est d'exiger du directeur les appointements qui ont été convenus. Lorsqu'il a été stipulé que les appointements ne courront que du jour du début, il ne dépend point du directeur de suspendre indéfiniment le payement en retardant les débuts; l'acteur devrait, en pareil cas, le mettre en demeure. S'il y a discussion, les tribunaux décideront d'après les circonstances et en se conformant à l'esprit de la clause dont il s'agit.

194. De même que les polices d'assurance, les actes d'engagements dramatiques contiennent souvent une longue série de clauses imprimées, presque toujours stipulées en faveur du directeur contre le comédien. Ces conditions sont obligatoires comme les autres; si elles sont dures, le comédien ne devait pas y souscrire aveuglément. Toutefois, si le contrat avait reçu une exécution contraire à quelques clauses de style, cette circonstance pourrait servir à l'interprétation de cet acte (V. M. Agnel, n°° 96 à 139, qui rapporte les formules d'un grand nombre de ces clauses).

195. On a demandé si la maladie d'un comédien suspend ses appointements. La question a été solennellement débattue en Angleterre, en 1784, dans une espèce retracée dans le Répertoire de Guyot (aff. Yates C. le directeur du théâtre de Coventry-Garden); il a été décidé que le directeur payerait ce qui restait dû sur les appointements stipulés par une actrice qui avait été presque toujours malade pendant la durée de son engagement. La même difficulté allait être soulevée dans le procès du Théâtre-

Italien contre madame Mainvielle-Fodor ; mais une transaction avant jugement a prévenu la discussion. Nous pensons, et tel est aussi le sentiment de MM. Vivien et Blanc, n° 232, qu'un directeur ne peut être tenu de payer les appointements pour des services qu'on ne rend pas ; le salaire stipulé doit être payé proportionnellement au temps pendant lequel l'obligation a été remplie (Conf. MM. Lacan et Paulmier, t. 1, n° 330). A la vérité, il y a force majeure dans la maladie ; mais il en résulte, non pas que le directeur doive payer l'équivalent de ce qu'on ne lui donne pas, mais que l'acteur est dispensé de dommages-intérêts pour le préjudice involontaire qu'il peut causer par sa maladie. Toutefois une maladie passagère ne priverait pas un acteur de ses appointements : des accidents de cette nature ont dû entrer dans les éléments des calculs d'un directeur pour la fixation du traitement (V. M. Agnel, n° 106 et les auteurs qu'il cite). — La maladie d'un acteur sociétaire, à moins qu'elle ne fût perpétuelle, ce qui entraînerait son remplacement et la liquidation de ses droits, ne lui enlèverait point sa part (Conf. MM. Lacan et Paulmier, n° 338).

196. Un acteur ne peut, sans motif grave, abandonner un rôle qu'il a déjà représenté. — C'est ainsi qu'il a été jugé que l'artiste qui a accepté un rôle dans une pièce, et qui a rempli ce rôle plusieurs fois devant le public, peut être condamné, sur l'action dirigée contre lui par le directeur, à reprendre le rôle qu'il se refusait à jouer (Paris, 1re ch., 9 mai 1843, M. Séguier, 1er pr., aff. Duprez C. direct. de l'Opéra).

197. C'est aux tribunaux qu'il appartient d'apprécier l'indemnité due par un acteur qui a fait manquer sa faute une représentation. Des précédents, rappelés par MM. Vivien et Blanc, n° 244, ont fixé les dommages-intérêts, tantôt au-dessus, tantôt au-dessous de la recette qui avait été faite et qu'on s'était trouvé obligé de restituer au public.

198. Presque tous les engagements contiennent un dédit pour le cas où l'une ou l'autre des parties refuserait de remplir ses engagements. Dans ce cas les tribunaux doivent, après une mise en demeure légalement constatée, condamner le récalcitrant à la peine stipulée, quel qu'en soit le chiffre (c. nap. 1152, V. Obligation, n° 1594, 1619).—Ainsi, par exemple, l'acteur qui refuse sans motif de jouer, doit payer le dédit stipulé dans la prévision de ce refus (trib. com. de Paris, 2 mars 1831, aff. Crosnier, V. Obligation, n° 179).

199. Lorsqu'un acteur refuse de jouer, en alléguant une maladie, on s'en rapporte ordinairement au médecin de l'administration, dont l'avis ne peut être contesté par le directeur (Conf. M. Agnel, n° 107). L'acteur peut en appeler de la décision du médecin du théâtre à celle de son propre médecin. S'ils ne sont pas d'accord, MM. Vivien et Blanc, n° 250, pensent qu'il faut consulter une troisième personne choisie par les deux parties. Ce mode de procéder, s'il n'a pas été stipulé, ne saurait, suivant nous, être imposé ; le tribunal, si son concours était requis, pourrait nommer lui-même le tiers si les parties ne s'entendaient pas sur le choix.

200. La grossesse d'une actrice mariée n'est pas considérée comme une maladie ; elle ne donne pas lieu à la suspension de ses appointements, à moins d'une clause expresse. — Jugé dans ce sens (trib. de com. de Nancy, aff. de la dame Bernard, Gaz. des trib. du 15 mai 1845). M. Agnel, n° 106, *in fine*, est d'avis que l'actrice n'était pas mariée, les appointements pourraient être suspendus même en l'absence d'une clause expresse. Cette solution, qui peut paraître conforme à la morale, peut paraître bien rigoureuse.—V. aussi n° 227.

201. Un acteur peut valablement engager par avance, en tant qu'il dépend de lui, son talent et son industrie au profit d'un auteur : c'est là une obligation de faire qui, à moins de circonstances dont l'appréciation appartient aux tribunaux, doit produire effet ou, à défaut d'exécution, se résoudre en dommages-intérêts. Ainsi, l'acteur qui s'est chargé, en connaissance de cause, d'un rôle créé à son instigation et en considération de ses qualités spéciales, ne peut, à peine de dommages-intérêts envers l'auteur, se soustraire à son engagement sans autre motif qu'un changement de volonté (Paris, 3 mars 1855, aff. Rachel, D. P. 55. 2. 71).

202. Un comédien engagé ne peut contracter un nouvel en-

gagement, sous peine de dommages-intérêts, à moins que l'administration ne connût l'engagement préexistant (trib. de com. de Paris, 25 avril 1828, aff. Arnal, V. M. Agnel, n° 210).

203. Quels sont les droits de l'acteur relativement aux emplois qu'il doit remplir, c'est-à-dire aux rôles qu'il doit jouer ? — Cette question exige quelques développements. Si l'engagement contient la clause qu'il aura exclusivement le droit de remplir certains rôles, la convention fait loi à cet égard ; et si le directeur donne ces mêmes rôles à un autre acteur, le premier sera fondé à réclamer des dommages-intérêts. Si la convention laisse à l'acteur le choix des pièces qu'il voudra jouer, elle fait loi également.—Si la convention concède à un acteur un emploi en chef et sans partage, sauf le cas où des acteurs de Paris viendraient accidentellement donner des représentations, le directeur pourra-t-il faire jouer des acteurs de province étrangers à la troupe, dans les rôles qui appartiennent à l'acteur qui a l'emploi en chef et sans partage ? Il a été jugé que le directeur avait le droit de faire jouer d'autres acteurs que ceux de Paris dans les rôles concédés exclusivement à l'acteur engagé (Jug. du trib. de la Seine, du 1er déc. 1845, Gaz. des trib. du 4 déc.). Mais nous croyons que cette décision renferme une violation de la convention, l'exception ne pouvait être étendue.

204. Si l'engagement porte que l'acteur s'est engagé à jouer les rôles qui lui seront désignés par le directeur, alors le directeur est juge absolu de la distribution des rôles à son égard. Il ne doit aucun compte de ses exclusions et de ses préférences, mais il doit toujours payer les appointements, lors même qu'il n'emploie pas l'acteur. — Ainsi jugé (trib. de com. de Paris, du 6 sept. 1827, aff. Daussigny C. le théâtre des Nouveautés, Gaz. des trib. du 8). — Dans cette cause l'acteur perdit même sur la demande qu'il faisait de ses appointements, mais c'est parce qu'il fut constaté qu'il avait reçu plus qu'il ne lui appartenait.

205. Chaque artiste s'engage à remplir certain emploi déterminé ; il ne peut être obligé de jouer des rôles qui ne rentrent pas dans cet emploi. Nul doute à cet égard. Mais que doit-on décider lorsque les clauses écrites de l'engagement désignant un emploi spécial, il existe une clause générale, imprimée, portant que le comédien devra jouer tous les rôles qui lui seront donnés par le directeur ? Nous pensons, avec MM. Vivien et Blanc, n° 252, que, dans ce cas, la fixation d'un emploi spécial et habituel n'empêche pas qu'un acteur ne soit forcé à jouer d'autres rôles si le directeur l'exige ; et c'est en ce sens que la cour de Paris a jugé, le 20 janv. 1829, dans un procès de l'acteur Philippe qui refusait un rôle secondaire que voulait lui imposer le directeur du théâtre des Nouveautés (Conf. MM. Agnel, n° 178 ; Lacan et Paulmier, n° 373). — Il a été jugé dans le même sens, qu'à moins de convention contraire, le directeur du théâtre qui s'est réservé, en engageant un artiste pour un emploi principal, tel que celui de première basse, de lui distribuer un rôle secondaire quand l'intérêt du théâtre l'exigerait, a le droit d'user du bénéfice de cette réserve, même pour les représentations de début de cet artiste (Paris, 6 avr. 1852, aff. Lumley, D. P. 52. 2. 187). — Toutefois, en cas de refus de l'artiste, le directeur ne devrait point tenir l'engagement pour résilié de plein droit ; il ne serait même pas tenu à demander que cette résiliation fût prononcée pour ce seul fait, si l'artiste a continué de se tenir à sa disposition et s'est abstenu, conformément au traité, de se faire entendre en dehors du théâtre pour les représentations duquel il était engagé (même arrêt). — ...Mais il y aurait lieu d'accorder au directeur une indemnité, et, par exemple, la retenue d'un mois des appointements de l'artiste (même arrêt).

206. Si l'engagement ne contient pas au profit de l'acteur engagé pour certains rôles un droit exclusif de les jouer, et s'il ne contient pas non plus au profit du directeur le droit de ne faire jouer l'acteur que dans les rôles qu'il jugera convenables, le directeur sera-t-il libre de ne donner à cet acteur aucun des rôles qui ressortent de son emploi? — Il a été jugé que le directeur avait la faculté de ne faire jouer l'acteur dans les rôles de son emploi (Paris, 6 juin 1828, aff. De Guerchy C. demoiselle Fabre, Gaz. des trib. du 8 ; arr. infirm. d'un jugem. du trib. de com. du 7 fév. précédent). — Cette question est délicate. Si l'on donne au directeur le droit de ne pas faire jouer l'acteur dans les rôles pour lesquels il est engagé, par cela seul qu'il ne s'est pas réservé le droit exclusif de les jouer, il peut en résulter pour l'acteur une pénible oisiveté qui affaiblisse son talent, nuise à sa réputation, et même à l'art en général, si l'acteur a des dispositions pour devenir un grand artiste; si, au contraire, on décide que par cela seul que le directeur a engagé un acteur pour un emploi déterminé, il est privé du droit de choisir un autre sujet pour remplir tel ou tel rôle de l'emploi, on peut nuire grandement au succès des pièces et à la prospérité de l'administration dramatique. — MM. Lacan et Paulmier, après hésitation, se décident en faveur du directeur, et nous rangeons à cette opinion, surtout par cette considération que l'on doit aussi apprécier la volonté des auteurs des pièces à jouer, ou au moins le désir qu'ils expriment sur le choix de l'acteur, le succès d'une pièce dépendant très-souvent du choix de tel acteur ou de telle actrice. — D'ailleurs, le directeur n'a pas d'intérêt à enlever à un acteur les rôles pour lesquels il est engagé, s'il les remplit à la satisfaction du public; on ne peut donc pas supposer qu'il abusera du droit qui lui sera laissé de choisir dans sa troupe le sujet le plus apte à remplir tel ou tel rôle.

207. En résumé, toutes les fois qu'un acteur n'a pas stipulé le droit privatif de jouer tel ou tel rôle, le directeur peut les confier à un autre, mais il ne peut se dispenser de lui payer ses appointements ; et qu'on ne croie pas que cette solution puisse nuire à l'art. L'intérêt est la mesure des actions ; or, si l'acteur a du talent, le directeur n'hésitera pas à le produire, à le mettre en réputation : le succès de son entreprise dépend de sa justice envers tous les acteurs de sa troupe. — Par jugement du 2 juin 1829 (Gaz. des trib. du 3 juin), il a été décidé que le directeur était libre de distribuer les rôles comme il le jugeait convenable, lorsque l'acteur s'était engagé à jouer les premiers rôles, soit en chef, soit en partage avec des doubles (aff. Frédérick-Lemaître C. le directeur de la Porte-Saint-Martin). Mais il faut dire que, dans l'espèce, le directeur s'était réservé le droit de distribuer les rôles de concert avec les auteurs.

208. Une question à peu près identique s'est élevée dans l'affaire de mademoiselle Araldi contre le directeur de l'Odéon. — Mademoiselle Araldi avait été engagée à ce théâtre pour jouer en chef ou en partage les premiers rôles de la tragédie, sans que le *directeur fût obligé de la faire jouer*. — Dans un acte séparé du même jour, il était convenu que l'engagement était conditionnel et soumis au début de mademoiselle Araldi dans le rôle de Phèdre, et que si elle réussissait, l'engagement deviendrait définitif, et que le rôle d'Agnès de Méranie, dans la pièce de M. Ponsard, lui reviendrait de droit, si *M. Ponsard l'agréait*. — Le début de mademoiselle Araldi dans Phèdre réussit, mais après plusieurs répétitions du rôle d'Agnès de Méranie, M. Ponsard ne donna pas son adhésion, et le rôle fut retiré à l'actrice. — Procès. — Mademoiselle Araldi gagna en première instance, mais elle perdit en appel (Paris, 15 déc. 1846, Gaz. des trib. des 7, 12 et 16 déc.). La cour a décidé que l'engagement pris par le directeur était conditionnel et soumis aux épreuves des répétitions et au consentement de Ponsard; que celui-ci n'ayant point agréé Araldi, le directeur ne lui a causé aucun préjudice de nature à motiver la demande dirigée contre lui. — MM. Lacan et Paulmier, t. 1, n° 363, font observer avec raison que cet arrêt que, dans le cas où M. Ponsard aurait accepté mademoiselle Araldi pour le rôle en question, cette acceptation n'était pas un obstacle à ce qu'on pût lui retirer le rôle ultérieurement, le traité particulier relatif à ce rôle ne dérogeant en rien à l'acte primitif, qui n'assurait à mademoiselle Araldi que les premiers rôles de la tragédie en partage, et qui réservait ainsi tous les droits du directeur. — Du reste, dans cette cause, il y avait une stipulation formelle relativement à M. Ponsard; mais si cette stipulation n'existait pas, et qu'on ne pût signaler aucun motif sérieux pour retirer le rôle déjà joué par une actrice plusieurs fois, le directeur ne serait pas fondé à le lui retirer, sur la demande de l'auteur. — Ainsi jugé (trib. de com. de Paris, 29 oct. 1850, aff. Person C. le directeur du Théâtre-Historique, Gaz. des trib. du 30 oct.).

209. S'il y avait quelque incertitude sur la nature et le caractère d'un rôle, ce serait au directeur ou à l'auteur à choisir l'acteur qui doit le remplir (MM. Vivien et Blanc, n° 252).

210. Mais le droit du directeur ne va pas jusqu'à faire jouer aux comédiens des rôles qui pourraient les exposer à quelque danger; toutefois leur refus serait apprécié d'après les circonstances et la nature de leur emploi ou du théâtre auquel ils sont attachés. MM. Vivien et Blanc, n° 257, disent avec raison que des comédiens ne seraient pas fondés, bien qu'ils aient élevé cette prétention, à refuser de jouer un prologue ou une pièce qui les obligerait à se placer parmi les spectateurs (Conf. MM. Lacan et Paulmier, n° 377).

211. La police spéciale du théâtre appartient nécessairement au directeur. Celui-ci a donc le droit d'interdire à un acteur l'entrée des coulisses : un acteur peut causer du trouble sur la scène, lors même qu'il ne joue pas, y porter de mauvais exemples. Ce droit a été reconnu par un arrêt de la cour de Paris, 2e ch., du 27 mai 1850, aff. Emilie Renaud C. le directeur du Vaudeville (journ. le Droit du 31 mai).

212. Les comédiens doivent se rendre aux répétitions à l'heure indiquée, lors même qu'ils savent déjà leurs rôles, et se soumettre aux mesures d'ordre et de discipline intérieure prescrites par le directeur. La subordination est indispensable dans une réunion nombreuse où se manifestent souvent des dissidences d'opinions et des luttes de prétentions opposées (Conf. MM. Lacan et Paulmier, n° 393).

213. L'usage est que des amendes établies par le directeur assurent l'exécution des règlements, amendes, qui ne sont exigibles qu'autant que l'acte qui les établit était connu du comédien; le directeur ne pourrait ni les modifier ni en créer postérieurement à l'engagement (mêmes auteurs, n° 396).

214. Mais les amendes fixées par le règlement sont indépendantes des dommages-intérêts, ou même de la résiliation de l'engagement, suivant les circonstances (Conf. mêmes auteurs, n° 399). — Si les contraventions commises par un acteur multiplient de manière à troubler la marche et la prospérité de l'établissement, l'amende et des dommages-intérêts peuvent être prononcés en même temps ou séparément. — Il a été jugé que le directeur avait le droit de donner congé à des musiciens qui s'étaient retirés au moment de la répétition d'une pièce qui devait être jouée le lendemain (Trib. com. 22 août 1845, aff. des musiciens du Gymnase), et qu'il y avait lieu de déclarer les musiciens mal fondés dans leur action en dommages-intérêts (même jugement).

215. Les actes d'engagement contiennent souvent la clause de soumission aux règlements ; par là les comédiens sont liés : c'est à eux de ne pas s'obliger aveuglément sans avoir pris connaissance des règlements existants (mêmes auteurs, n° 395). Quant à ceux qui seraient faits par la suite, nous sommes portés à croire, avec MM. Vivien et Blanc, n° 248, 249, que l'acteur qui a donné son consentement n'est tenu de s'y soumettre que s'ils sont conformes aux usages et ne contiennent aucune mesure exorbitante, aucune vexation ni injustice.

216. A la différence des comédiens ambulants, les acteurs des troupes sédentaires ne peuvent être obligés de voyager pour le service de l'entreprise. S'ils le faisaient, il leur serait dû une indemnité de déplacement.

217. Un acteur qui s'engage à un théâtre est, par cela seul, obligé de consacrer tout son talent à l'entreprise à laquelle il s'est attaché. Ainsi, lors même que l'acte d'engagement ne le dirait pas, il ne peut paraître dans aucune représentation sur un autre théâtre sans l'autorisation du directeur. Cette interdiction, ainsi que le remarquent MM. Vivien et Blanc, n° 253, ne s'étendrait pas aux représentations qui auraient lieu devant une réunion particulière (Conf. MM. Lacan et Paulmier, n°s 400 et 401).

218. Les congés des acteurs sont fixés par l'acte d'engagement ; s'il ne leur en est pas accordé, ils n'ont pas le droit d'en exiger. Si l'époque seulement n'était pas indiquée, il dépendrait du directeur de la déterminer d'après les besoins du service. Les comédiens de Paris emploient ordinairement leurs congés à donner des représentations en province ; les directeurs ne peuvent empêcher ces voyages, à moins que l'acte d'engagement ne contienne quelque clause d'où l'on puisse induire une prohibition (MM. Agnel, n° 188 ; Lacan et Paulmier, n° 403).

219. Un acteur ne peut s'absenter du lieu où est fixée l'entreprise dramatique, sans l'autorisation du directeur, même lorsque le service est arrêté pour un certain temps, sans que sa présence soit nécessaire. D'un jour à l'autre, l'indisposition d'une actrice peut faire changer le Répertoire. D'ailleurs il y a de fréquentes répétitions pour les ouvrages qui sont à l'étude, l'acteur doit donc toujours être prêt à répondre aux ordres du directeur (Conf. MM. Lacan et Paulmier, n° 402). Si l'acteur obtient un congé, ou si dans son engagement, il a stipulé qu'il pourrait s'absenter pendant un temps déterminé, il ne peut se permettre de le prolonger. Mademoiselle Grisi a été condamnée à 10,000 fr. de dommages-intérêts, pour avoir prolongé son congé de trente-cinq jours (trib. de com. 4 mai 1847, Gaz. des trib. du 6 mai).

220. Le régisseur d'un théâtre est compris parmi les artistes lorsqu'il s'occupe de la mise en scène et des rapports entre les auteurs et les artistes (trib. de com. de Paris, 9 nov. 1842, aff. Vizentini C. Ancelot, directeur du Vaudeville, Gaz. des trib. 10 nov., confirmé par arrêt du 2 déc. 1842, Gaz. du 3 déc.). Mais nous pensons qu'il en serait autrement si le régisseur ne s'occupait que de la comptabilité.

221. Les règlements obligent les directeurs de théâtre à déposer un cautionnement comme garantie de leur gestion. — Il a été décidé, à cet égard, que lorsque le directeur d'un théâtre a affecté au cautionnement de son cessionnaire une inscription de rente déposée à la caisse des consignations, et qui servait de garantie à sa propre gestion, les créanciers du nouveau titulaire tombé en faillite peuvent exercer leurs droits sur cette inscription, quoiqu'elle n'ait point été transférée à la caisse sous le nom de leur débiteur, si le ministre de l'intérieur, en accordant à celui-ci le privilége du théâtre, a accepté le cautionnement ainsi constitué. — Et ce cautionnement reste affecté à la sûreté de la gestion du nouveau titulaire, nonobstant l'inaccomplissement des conditions sous lesquelles il a été fourni, les tiers dans l'intérêt desquels le cautionnement est exigé ne pouvant pas souffrir de l'inexécution des obligations contractées par leur débiteur envers celui qui l'a cautionné (Req. 27 fév. 1850, aff. Pilté, D. P. 50. 1. 191).

222. Lorsqu'il y a changement de direction, par suite soit d'une cession volontaire, soit du retrait du privilége par l'autorité, quelles sont les obligations du nouveau directeur relativement aux charges de l'ancienne direction? — D'abord, il est bien évident, quant auxdettes de l'administration précédente, que ce sont là des obligations personnelles qui ne pourraient être mises à la charge de la nouvelle direction qu'autant que cette charge formerait une condition expresse de l'acte de cession volontaire, ou en cas de révocation du privilége, de la nomination du nouveau directeur. Peut-être dans ce dernier cas serait-il juste que le gouvernement imposât cette obligation, au moins lorsque le retrait du privilége est motivé par la mise en faillite du directeur. Mais il est vrai de dire qu'une pareille condition serait bien rarement acceptée; qui oserait commencer l'exploitation d'une entreprise théâtrale, soumise par la nature même des choses à tant de chances aléatoires, avec la charge d'acquit-

ter un passif souvent considérable? Lors donc que l'acte de concession du privilége ne contient aucune clause à cet égard, il faut admettre qu'il y a séparation absolue entre l'ancienne direction et la nouvelle. — Mais que décider à l'égard des conventions dont l'exécution se continue pendant un certain laps de temps, comme les engagements des artistes? Le nouveau directeur est-il tenu d'exécuter ces engagements jusqu'à l'expiration du temps fixé par le contrat? — Cette question sera examinée plus loin, n°˙ 237 et suiv.

§ 3. — *Comment finissent les engagements; comment ils se continuent; tacite réconduction; débuts.—Cession ou retrait du privilége; état de faillite.*

223. L'engagement finit par l'expiration du temps pour lequel il a été contracté. Si l'on a déterminé comme terme de sa durée, l'année théâtrale, il faut consulter les usages pour préciser cette époque, qui ne peut être devancée au préjudice des comédiens.

224. Quand l'engagement a été stipulé pour plusieurs années, il est d'usage que le directeur fasse connaître ses intentions quelque temps d'avance aux acteurs qu'il ne veut pas conserver; mais cet usage ne constitue pas un droit tel que le comédien puisse rendre l'administration responsable du silence qu'elle a gardé. C'est du moins en ce sens que la question a été jugée par un arrêt de la cour de Paris, dont MM. Vivien et Blanc, n° 266, relatent les circonstances et les motifs. Le comédien n'est pas non plus dans l'obligation d'annoncer à l'avance son intention de se retirer.

225. Si un acteur reste au théâtre, après l'expiration de son engagement, et qu'il y ait un emploi, sans que de nouvelles conditions soient réglées entre lui et l'administration, il se forme tacitement un nouveau contrat régi par les mêmes conditions que le précédent (Conf. MM. Lacan et Paulmier, t. 1, n° 449). — Jugé dans ce sens 1° que l'engagement d'un artiste avec un théâtre se renouvelle par la tacite réconduction, à défaut de congé signifié dans les délais fixés par la convention (trib. de com. de la Seine, 2 juin 1840) (1); — 2° Que l'allégation du directeur qu'il a prévenu par lettres l'artiste qu'il cesserait d'appartenir au théâtre à l'expiration du premier terme de l'engagement, ne peut suppléer au congé régulier lorsque cette allégation est déniée et n'est pas justifiée (même jugement); — 3° Que ce n'est que par un avertissement donné dans les délais fixés par l'usage, que l'acteur qui, après l'expiration de son engagement écrit, est resté attaché au même théâtre, peut recevoir son congé (Paris, 29 avr. 1848, aff. Vachot, D. P. 49. 2. 47).

226. Le défaut d'exécution des clauses de l'engagement, de la part de l'une ou l'autre des deux parties, donne lieu à la rupture de l'engagement et à une demande en dommages-intérêts. Mais, conformément aux dispositions du droit commun, un comédien ne peut être congédié par un acte extrajudiciaire, et

---

(1) (Mademoiselle Lecomte C. Jouslin Delasalle.) — Le tribunal; — Attendu qu'il résulte des débats que le 24 nov. 1857, la dame Lecomte s'est engagée verbalement comme actrice au théâtre des Variétés pour y jouer les rôles qui seraient distribués par le directeur; que cet engagement devait avoir trois années de durée, lesquelles ont expiré le 1er avril dernier; que pour le prix de l'engagement, la dame Lecomte recevait des émoluments de 5,000 fr. par année et un jeton de 3 fr. par chaque pièce qu'elle jouerait pour la seconde et la dernière année; — Attendu que la dame Lecomte devait se soumettre aux règlements établis par la caisse des pensions dont il lui a été donné connaissance, et que par ce fait ses appointements fixes se réduisent à la somme de 237 fr. 50 c. par mois; — Attendu qu'il a été arrêté comme condition essentielle, que si trois mois avant l'expiration dudit engagement les parties ne se prévenaient pas réciproquement de l'intention où elles seraient de ne pas le renouveler, il serait entendu qu'on en aux mêmes conditions et par tacite réconduction; — Attendu que Jouslin Delasalle prétend avoir écrit dans le courant de décembre dernier deux lettres à la dame Lecomte, pour la prévenir qu'elle ne devait plus faire partie de la troupe des artistes des Variétés à partir du 1er avr. 1840; que le motif du renvoi de la dame Lecomte était fondé sur ce qu'elle demandait de l'augmentation, qu'alors il se croyait en droit de se pourvoir d'une autre actrice pour la remplacer; — Attendu que Jouslin Delasalle ne

peut prouver d'une manière péremptoire, soit par une réponse de la dame Lecomte, soit par la copie des lettres qu'il prétend lui avoir écrites, soit enfin par la preuve testimoniale que la dame Lecomte devait quitter le théâtre le 1er avr. 1840; — Attendu que la dame Lecomte dit, pour détruire les allégations de Jouslin Delasalle, que jamais celui-ci ne lui a écrit, ou que du moins elle affirme n'avoir point reçu de lettre; qu'au contraire elle prétend avoir écrit à Jouslin Delasalle, en date du 31 décembre dernier, pour lui faire connaître que, puisqu'il ne voulait pas lui donner d'augmentation, elle n'en resterait pas moins au théâtre sur le même pied que le passé, mais qu'elle espérait que plus tard Jouslin Delasalle saurait récompenser son zèle et ses bons services en faisant droit à sa juste réclamation; — Attendu que Jouslin Delasalle convient avoir reçu la lettre de la dame Lecomte, mais qu'il prétend n'avoir pas eu besoin de lui répondre; que les deux lettres qu'il lui avait écrites devaient lui suffire; que, du reste, tel était l'usage de son administration; — Attendu que l'usage invoqué par Jouslin Delasalle n'est pas justifié, puisqu'à la date du 31 janvier dernier, son employé reconnaissait avoir reçu d'un acteur une lettre qui déclarait ne plus vouloir renouveler son engagement; — Par ces motifs, déclare la dame Lecomte bien fondée dans sa demande, etc.

Du 2 juin 1840.-Trib. de com. de la Seine.-M. Lebobe, pr.

l'engagement doit être exécuté jusqu'à ce qu'il ait été annulé par les tribunaux.

227. L'inexécution du contrat ne serait pas une cause de rupture, si elle avait pour motif un empêchement légitime, une maladie grave, par exemple. — Mais on a décidé que l'état de grossesse d'une actrice *non mariée* ne peut être considérée comme une cause d'empêchement légitime qui puisse être opposée à l'action en dommages-intérêts, formée par le directeur envers l'actrice, à raison de l'inexécution de l'engagement contracté par elle (trib. de com. de la Seine, 2 janv. 1857, aff. Marzi, D. P. 58. 3. 56).—Les auteurs admettent, dans le même sens, qu'un individu ne peut légitimement se soustraire par le mariage à l'exécution du contrat de louage d'ouvrage (Pothier, du Louage, n° 170; Duvergier, continuation de Toullier, t. 4, n° 293; Troplong, du Louage, n° 876). — A plus forte raison, en est-il ainsi, lorsque le fait volontaire d'où provient l'empêchement n'a en soi rien d'honorable. — V. Louage d'ouvrage, n° 62 et suiv., 66 et suiv.

228. Il est de principe que l'engagement ne devient obligatoire que si l'acteur a été agréé par le public. — Mais cette condition ne saurait être imposée aux choristes, figurants et autres acteurs tout à fait subalternes. En cas de doute sur le point de savoir si l'acteur a été accueilli ou rebuté, c'est à l'autorité judiciaire qu'il faut avoir recours (Conf. Vivien et Blanc, n° 273). —V. n° 340 et s.

229. Si le mauvais accueil que reçoit l'acteur provient de manœuvres et cabales formées par le directeur lui-même, ou qu'il a connues, sans chercher à les empêcher, celui-ci est tenu de dommages-intérêts envers l'acteur.— Il a été jugé en ce sens que bien qu'un acteur n'ait pas été agréé par le public, le directeur du théâtre qui l'a engagé n'en est pas moins tenu à des dommages-intérêts envers lui, lorsqu'il résulte des faits de la cause, qu'avant l'arrivée de cet acteur, un second engagement, pour le même emploi, avait été contracté avec un autre, et que la chute du premier avait été préparée d'avance (Nîmes, 1er juill. 1828) (1); et que le directeur ne pourrait se soustraire à ces dommages-intérêts, sous le prétexte qu'un certain nombre d'actionnaires lui avaient imposé le choix d'un autre acteur (même arrêt).

230. Quelquefois, il arrive que le directeur se réserve dans l'engagement la faculté de le résilier, pendant un certain délai qui suivra les débuts, alors même que ces débuts seraient satisfaisants : la jurisprudence déclare une pareille clause valable. — Il a été jugé par exemple, que dans un engagement théâtral, le directeur peut valablement se réserver, pour un temps déterminé, dont la durée n'excède pas la limite ordinaire du temps d'essai, la faculté de résilier, s'il le juge convenable, avec l'artiste engagé; une telle clause, même lorsqu'elle n'est pas réciproque, ne peut être confondue avec les conditions potestatives que prohibe l'art. 1170 c. nap. (Rouen, 12 nov. 1852, aff. Dechampt, D. P. 53. 2. 245; Lyon, 6 fév. 1851, aff. Halanzier, D. P. 57. 2. 220; V. aussi Rouen, 18 nov. 1857, aff. Juclier, D. P. 58. 2. 193.— Conf. M. Agnel, Code des artistes dramat., n° 99).

231. Mais cette faculté de résiliation accordée au directeur par le contrat, ne lui donne pas le droit d'interrompre les débuts de l'artiste, et de mettre obstacle par son refus à leur continuation.—Il a été jugé en ce sens que lorsque le traité d'engagement d'un acteur porte qu'il ne sera statué sur l'admission définitive

de celui-ci que dans le mois qui suivra les débuts, le directeur ne peut résilier avant l'achèvement complet de ceux-ci, encore bien que les premières épreuves seraient défavorables ;— ... Et réciproquement l'acteur ne pourrait, dans le même cas, se refuser à achever les débuts commencés.—Par suite, la résiliation anticipée prononcée par le directeur doit, comme portant atteinte à la considération et aux intérêts de l'artiste, qui a été privé des chances qu'il avait le droit de courir, donner lieu au profit de celui-ci à des dommages-intérêts (Rouen, 18 nov. 1857, aff. Juclier, D. P. 58. 2. 193).

232. Lorsque le directeur use de la faculté de résilier l'engagement, le congé qu'il donne à l'acteur doit nécessairement être signifié à celui-ci ; par suite, lorsque ce congé a été seulement annoncé dans les journaux, l'acteur est fondé, en l'absence d'une résiliation régulière, et alors qu'il a continué de se tenir à la disposition du directeur, à réclamer les mois¦ d'appointements qui ont couru (c. nap. 1162; Rouen, 18 nov. 1857, aff. Juclier, D. P. 58. 2. 193).

233. Mais lorsque le directeur ne s'est pas réservé la faculté de résiliation dont nous venons de parler, l'engagement devient irrévocable, dès que les débuts de l'acteur ont été accueillis favorablement par le public. — Dans ce cas, le directeur ne peut plus être admis à rompre l'engagement, lorsqu'aucun fait de l'acteur ne donne lieu à cette rupture.

234. Des difficultés s'élèvent lorsque l'autorité administrative, après des débuts favorablement accueillis, défend à un acteur de reparaître. Le directeur, en cas pareil, ne peut plus remplir l'engagement. Mais sera-t-il tenu de dommages-intérêts envers l'acteur? — La question s'est présentée plusieurs fois devant les tribunaux. Le 28 nov. 1826, la cour d'Orléans a décidé que le directeur devait une indemnité à une actrice qui avait été agréée après ses débuts, mais à laquelle le maire avait fait enjoindre, par l'intermédiaire du directeur, de ne plus paraître sur la scène, afin de prévenir des désordres que l'on craignait. Le tribunal de commerce d'Amiens a rendu un jugement dans le même sens. Les circonstances assez curieuses de ces deux procès sont rappelées par MM. Vivien et Blanc, n° 282. Dans leur numéro 283, ces auteurs approfondissent la question que ces décisions ont résolue, et le parti qu'ils prennent est plutôt une transaction timide qu'un jugement bien arrêté. — Suivant nous, le directeur qui n'exécute pas l'engagement d'un comédien doit être condamné à des dommages-intérêts ; mais, aux termes de l'art. 1148 c. nap., tout contrat est annulé, sans indemnité, par l'effet de la force majeure ou d'un cas fortuit. Un arrêté municipal qui défend au directeur de laisser reparaître un acteur est-il un événement de force majeure? Il semble que, par force majeure, la loi entende un obstacle inévitable, invincible, qui fasse exception aux règles ordinaires; or un mot, il faut que le fait présente un caractère de nécessité absolue. A la vérité, le directeur est obligé d'exécuter l'ordre qu'il reçoit de la part du pouvoir municipal; et il entre dans les attributions dè cette autorité d'exiger le remplacement d'un acteur qui ne suffit pas aux besoins de la troupe : le directeur doit s'imputer de n'avoir pas fait un choix satisfaisant. Mais l'acteur, une fois agréé par le public, n'est point obligé d'obtenir ou de conserver les suffrages de l'autorité ; le directeur seul est responsable. D'un autre côté, les ordres de la mairie n'ont pas véritablement le caractère de force majeure; ils peuvent être retirés, surpris, arrachés, sollicités peut-être par le directeur lui-même. L'ac-

---

(1) (Rolland C. Campigny.) — La cour; — Attendu que des faits de la cause, des pièces versées au procès, et, notamment, d'une lettre écrite par le sieur Rolland au sieur Campigny, le 23 mars 1828, il résulte que le non-succès qu'a éprouvé à Avignon ledit Campigny lui était préparé d'avance, et que la défaveur dont il a été l'objet lui était réservée avant le moment même où la généralité des habitants de cette ville auraient pu apprécier ses talents; que cette défaveur a eu pour cause, non le plus ou le moins de mérite de l'acteur Campigny, mais le dessein connu et manifesté de l'éconduire de son emploi, pour le confier à un autre; — Attendu que c'est l'engagement pris par le sieur Rolland ait provoqué et amené l'exclusion qui a été donnée à Campigny, il est certain, du moins, qu'il n'a rien fait pour la lui éviter, puisque, de son aveu, il avait engagé le successeur de Campigny avant même que cet acteur fût venu braver l'orage dont il l'avait menacé; — Attendu, encore, que tout au procès donne la certitude que le sieur Rolland, en sa

qualité de directeur, s'était volontairement placé dans une position telle, que d'autres que lui exerçaient sur la direction une autorité, une volonté, qui, paralysant la sienne, ne lui ont pas permis de remplir les engagements qu'il avait contractés envers Campigny, et que la dépendance à laquelle ledit Rolland s'est imprudemment soumis a seule occasionné la chute de cet acteur; — Attendu, dès lors, que, par suite des dispositions combinées des art. 1142, 1147 et 1385 c. civ., le sieur Rolland est tenu de fournir au sieur Campigny un juste dédommagement du préjudice qu'a occasionné à ce dernier son exclusion du théâtre de la ville d'Avignon; — Attendu que le tribunal de commerce, pour évaluer l'importance des dommages qu'il a accordés à Campigny, a sagement apprécié, et la nature et la qualité du préjudice subi et le gain qu'il manquait de faire ; que, dès lors, il y avait lieu de confirmer son jugement ; — Met l'appel à néant, etc.

Du 1er juill. 1828.-C. de Nîmes.-M. Fajon, pr.

teur ne peut réclamer ; c'est le directeur seul qui a qualité pour demander la révocation ou l'annulation de l'acte du pouvoir municipal. En définitif, un ordre administratif ne suffit pas pour mettre le directeur à l'abri de tout recours ; mais les tribunaux apprécieront les circonstances, afin de parvenir à une fixation équitable des dommages-intérêts qui pourraient être dus.

235. Il a été jugé que l'invitation écrite, faite par l'autorité municipale à un directeur de théâtre, de s'entendre pour quelques représentations avec un artiste appartenant à une autre scène, ne saurait suffire pour modifier les conventions intervenues entre le directeur et l'acteur qui remplissait déjà le même emploi dans son théâtre, et spécialement pour faire subir à celui-ci une diminution dans ses appointements, encore bien que son engagement ne serait que provisoire (Bordeaux, 22 nov. 1854, aff. Juclier, D. P. 55. 5. 438). Cette invitation de l'autorité pourrait seulement, d'après un motif du même arrêt, autoriser le directeur à proposer des conditions nouvelles à l'acteur ainsi momentanément remplacé, et à le congédier s'il refusait de s'y soumettre. — Nous n'admettons pas que l'invitation de l'autorité puisse modifier un contrat régulier. Le motif donné par la cour ne nous paraît pas admissible.

236. D'après les décrets impériaux, un ordre de début sur un des grands théâtres est une cause de rupture de l'engagement d'un acteur à l'un des théâtres de Paris ou de la province. Déjà, dans notre précédente édition, nous avions pensé que le retour aux principes du droit commun, consacré par la charte, ne nous paraissait pas conciliable avec ce procédé, qui attente à la foi des traités et à la liberté individuelle, les parties ou les tribunaux pouvant seuls détruire une convention légalement formée. La cour de Paris, par arrêt du 18 mai 1820, a sanctionné cette doctrine en condamnant au payement d'un dédit stipulé dans l'engagement une actrice de Rouen, qui avait quitté le théâtre de cette ville d'après un ordre de début à l'Opéra-Comique qui lui avait été adressé par le duc d'Aumont. La question s'est présentée de nouveau lors du procès de la célèbre Perlet, alors acteur du Gymnase, opposa à un ordre de début qui lui fut donné pour le Théâtre-Français. — Un second arrêté le frappa de suspension, et fit défense au directeur du Gymnase de le laisser reparaître sur la scène. — M. Perlet réclama du directeur un dédit de 80,000 fr. qui était stipulé dans son engagement. Il perdit son procès devant la cour d'appel, « attendu, dit l'arrêt, qu'il n'a pu ignorer la chance qu'il courait d'être mis en réquisition. » (Cet arrêt est rappelé dans les Souvenirs de M. Berryer père, p. 206; il ne donne pas la date de l'arrêt.) — Cette question n'a plus d'intérêt aujourd'hui, une ord. du 29 août 1847 (D. P. 47. 5. 170) ayant abrogé expressément la disposition du décret de 1812. — D'après l'art. 16 de l'ord. de 1847, le consentement de l'acteur, d'une part, est indispensable; par conséquent, il peut refuser : on rentre ainsi dans le droit commun, et d'autre part, le directeur du théâtre auquel cet acteur appartenait est obligé de consentir, sans indemnité ni dédit, à la résiliation de l'engagement.

237. Le changement de direction, la cessation, le retrait du privilége, donnent-ils lieu à la résolution du contrat ? — Cette question peut s'élever : 1° en cas de cession volontaire de privilége ou de l'exploitation théâtrale ; 2° en cas de retrait du privilége par un acte de l'autorité; 3° en cas de cessation du privilége par suite du décès du titulaire.

238. En thèse générale, les engagements sont censés contractés avec l'entreprise plutôt qu'avec l'entrepreneur; de telle

sorte que si celui-ci a cédé ses droits à un nouveau directeur, l'engagement contracté avec le premier doit continuer à recevoir son exécution, sauf la responsabilité personnelle de celui qui a signé le contrat (Conf. MM. Vivien et Blanc, n°s 263, 264; Lacan et Paulmier, t. 1, n° 428). — Jugé dans ce sens (trib. de la Seine, 1re ch., 16 avr. 1839, aff. Bardou C. la nouv. soc. du Vaudeville, Gaz. des trib. 10 et 17 avr. ; trib. de com. de Paris, 2 fév. 1849, aff. Bérou, Gaz. des trib. du 5.—*Contrà*, M. Agnel, n° 216).

239. Si l'acteur reste engagé envers la nouvelle administration, le directeur ou l'administration nouvelle, réciproquement, est engagée avec les acteurs. C'est ainsi qu'un jugement du trib. de com. de Paris, du 11 juin 1832, condamna Harel, directeur du théâtre de la Porte-Saint-Martin, à exécuter envers Chéry, acteur, le traité qu'avait fait son prédécesseur (Gaz. des trib. 13 juin), et qu'un arrêt de la cour de Paris, 1re ch., 22 mars 1850, condamna le directeur des Variétés à exécuter les conventions passées avec son prédécesseur, et qui assuraient aux journaux l'Entr'acte et le Moniteur parisien le droit exclusif d'être vendus dans le théâtre et sous le péristyle.

240. De ce que l'administration nouvelle est tenue des engagements de l'ancien directeur, il ne s'ensuit pas que celui-ci soit affranchi des engagements qu'il a passés avec les artistes du théâtre. L'obligation qui pèse sur lui est personnelle, et il est toujours responsable de l'exécution. Cette proposition ne peut faire de doute. Il est évident que l'ancien directeur, malgré la cession qu'il a faite de son privilége, reste garant des engagements qu'il a personnellement contractés envers tous les artistes du théâtre, fournisseurs, etc. (Conf. MM. Lacan et Paulmier, t. 1, n° 434). — Et il a été jugé que cette responsabilité ne cesse qu'au cas où l'artiste aurait expressément agréé le nouveau directeur pour son obligé personnel (Paris, 10 juin 1848) (1).—Mais que décider au cas où le privilége serait révoqué entre les mains du cessionnaire? — V. ci-après, n°s 244 et 245.

241. Si l'ancien directeur, tout en cousant ou même en cédant la faculté d'exploiter à sa place, reste titulaire du privilége, il est tenu, en outre, d'exécuter les engagements que son cessionnaire a contractés. — Ces engagements sont réputés pris en son nom : cela est conforme au droit commun, mais cela est aussi conforme au décr. du 8 juin 1806, qui exige que tout entrepreneur qui veut obtenir du gouvernement l'autorisation d'exploiter justifie des moyens qu'il a pour assurer l'exécution de son engagement. « La loi, disent avec raison MM. Lacan et Paulmier (eod.) exige donc que tout entrepreneur présente des garanties de nature à rassurer les tiers. » — Ainsi celui qui a obtenu le privilége et qui cède seulement le droit d'exploiter, tout en restant titulaire, reste obligé pour le passé et l'est encore pour l'avenir. — S'il en était autrement, il pourrait céder à une personne insolvable, et se décharger de toute espèce de responsabilité pour les actes du cessionnaire (Conf. M. Agnel, n° 218). — C'est ainsi, d'ailleurs, que le comprend l'administration, car, par le règlement ministériel de 1813, art. 16, il est défendu aux directeurs des théâtres d'avoir des sous-traitants, et l'art. 4 de l'ord. 1824 leur défend de céder ou vendre leurs brevets.—Il a été jugé, dans le sens de ces principes, que le titulaire du privilége d'exploitation d'un théâtre, qui, tout en conservant son privilége, a cédé à un tiers son droit d'exploiter, et même fait agréer son cessionnaire par l'administration, reste néanmoins garant de plein droit de toutes les obligations contractées par ce cessionnaire à raison de l'exploitation, bien que le titulaire soit demeuré étranger à ces obligations (Paris, 3 juill. 1841 ; 22 sept. 1842) (2).

242. Lorsque la révocation du directeur est prononcée par

(1) (Ballard C. Ancelot, etc.) — La cour ; — Considérant que les contrats qui interviennent entre les directeurs de théâtre et les artistes pour les engagements de ces derniers sont des conventions synallagmatiques, soumises aux principes ordinaires du droit ; — Que les cessions qui peuvent avoir lieu entre les personnes qui se succèdent comme directeurs, ne peuvent préjudicier aux droits qui résultent des engagements, et que, par suite, l'artiste ne perd l'action directe contre le directeur avec lequel il a contracté, que lorsque, à cet égard, il y a stipulation expresse consentie par lui, ou qu'il résulte des faits qu'il a accepté, comme seul engagé envers lui, le nouveau directeur, et

ainsi consenti une novation qui décharge le directeur précédent; — Considérant qu'il n'existe aucune dérogation à cet égard dans le droit spécial, etc.
Du 10 juin 1848.—C. de Paris, 4e ch.
(2) 1re Espèce : — (De Tully C. David Violet et autres.) — Plusieurs artistes du théâtre de la Porte-Saint-Antoine, non payés de leurs appointements, actionnèrent M. le comte de Tully, titulaire du privilége d'exploitation de ce théâtre. Celui-ci leur opposa un acte de cession du droit d'exploiter, consenti au profit des sieurs Deaddé et Lebrun, avec lesquels d'ailleurs, ces artistes avaient contracté, et prétend qu'étant

l'administration, ou bien lorsqu'il donne sa démission, ou qu'il vient à mourir, le nouveau directeur auquel un nouveau privilége est concédé, doit-il exécuter les engagements contractés avec les acteurs par l'ancienne administration?—MM. Lacan et Paulmier, t. 1, p. 449, n° 435, pensent que la nouvelle administration théâtrale n'est pas liée quant aux engagements pris par l'ancienne avec les acteurs, et qu'il en est ainsi, lors même que le nouveau directeur exploite le privilége dans la salle où était établie l'administration qu'elle remplace. Cette solution peut paraître rigoureuse, car des acteurs peuvent ainsi se trouver sans aucune ressource, sans moyen d'existence au milieu de l'année théâtrale. Si on ne consultait que les règles de l'équité, on serait disposé à croire que le directeur nouveau est obligé de maintenir les acteurs et les traitements jusqu'à la fin de l'année, lors même que le privilége concédé garderait le silence à cet égard. Qu'il ne soit pas engagé envers les créanciers, à moins d'une stipulation spéciale imposée par l'autorité (V. n° 222), cela se conçoit ; mais les comédiens ne sont pas seulement des créanciers, ils font partie intégrante de l'administration qui ne peut fonctionner sans leur concours ; la déconfiture du précédent directeur n'anéantit pas leur position et leurs droits, par cela seul que le gouvernement désigne un nouveau directeur. L'entreprise a été suspendue dans sa marche, mais elle n'a pas été détruite. — Quelque

spécieuses que soient ces raisons, nous croyons devoir nous rallier à l'opinion de MM. Lacan et Paulmier. Il n'y a pas d'obligation sans consentement. Or, ici on ne voit aucun acte duquel on puisse induire le consentement du nouveau directeur à maintenir les engagements contractés par la précédente administration. Ce n'est pas le privilége ancien qui est transmis, c'est un nouveau privilége qui est conféré, dont les charges et conditions ne peuvent être autres que celles qui ont été spécialement exprimées dans l'acte de concession (Conf. M. Agnel, n° 220).— Il a été jugé en ce sens qu'un directeur nommé après révocation du précédent n'était pas engagé envers les acteurs (trib. de com. du 13 sept. 1850, aff. Deshayes C. Altaroche ; Gaz. des trib. et journal le Droit, du 14 sept.).

243. La faillite du directeur entraîne-t-elle de droit la rupture des engagements des acteurs ? — Il faut distinguer : si l'état de l'entreprise n'offre plus de garantie aux acteurs pour l'exécution des engagements contractés envers eux, il est évident que l'engagement théâtral se trouve rompu, et dans ce cas ils ont droit à des dommages-intérêts. Mais si le privilége n'étant pas révoqué, les syndics peuvent continuer l'exploitation, et s'ils offrent aux acteurs une garantie suffisante de l'exécution des obligations contractées envers eux, alors ils ne peuvent refuser leur service (Conf. MM. Vivien et Blanc, n° 269 ; Lacan et Paulmier,

---

demeuré absolument étranger à l'exploitation depuis l'acte de cession, il ne pouvait être tenu d'engagements auxquels il n'avait pas concouru ; que les sieurs Deaddé et Lebrun étaient les seuls obligés, avec d'autant plus de motifs que leur qualité de cessionnaires ayant été reconnue et approuvée par l'autorité administrative, ils devaient être considérés comme tenant le lieu et place du titulaire privilégié.

Jugement du tribunal de commerce de la Seine qui condamne le comte de Tully aux frais des demandes dirigées contre lui. Ce jugement est ainsi motivé :

« Attendu que l'exploitation d'une entreprise de théâtre public ne peut avoir lieu qu'avec l'autorisation administrative, que les autorisations sont généralement accordées aux clauses et conditions établies par les décrets, ordonnances et décisions qui régissent d'autant plus impérativement cette matière, que celui qui, comme le comte de Tully, a sollicité et obtenu le privilége, s'y est soumis ; — Que d'après les décrets, ordonnances et décisions émanés des autorités compétentes, le titulaire du privilége d'exploitation est directement responsable, tant envers l'autorité qu'envers les tiers fournisseurs, artistes et préposés employés à l'exploitation ; — Que ces principes sont d'autant plus applicables au comte de Tully, dans l'espèce, que ce dernier réunit en sa personne les expectatives du profit de location de l'immeuble et de l'exploitation du privilége ;—Que les contrats par lesquels le comte de Tully a dû traiter conditionnellement de la gérance et administration de l'exploitation de son privilége peuvent avoir leurs effets entre le comte de Tully et ceux avec lesquels il a stipulé ; mais que ces contrats ne peuvent être opposés aux demandeurs, qui n'ont pu cesser de considérer le comte de Tully comme directeur titulaire ; — Attendu que l'admission des principes sur lesquels la défense du comte de Tully est présentée serait en contradiction manifeste avec les sages précautions que l'autorité supérieure a voulu établir, tant envers elle qu'envers les tiers, dont la foi serait trompée si le directeur titulaire pouvait facilement éluder sa responsabilité ; — Attendu que c'est évidemment pour conserver ces deux natures de responsabilité que l'administration supérieure n'a donné . au comte de Tully que la faculté de se faire suppléer dans ses fonctions personnelles de gérant... » — Appel. — Arrêt.

La cour ; — Considérant qu'aux termes du décret du 8 juin 1806, tout entrepreneur de théâtre qui veut obtenir l'autorisation nécessaire est tenu de justifier des moyens qu'il a pour assurer l'exécution de son engagement ; que cette disposition est d'ordre public ; qu'en effet, l'ordre public est intéressé sous plusieurs rapports à ce que les représentations théâtrales ne soient pas interrompues par le fait des entrepreneurs, ce qui arriverait si les moyens d'exploitation n'étaient pas assurés, et notamment si les artistes employés, dont le concours est nécessaire, n'avaient pas de garantie pour le payement de leurs appointements ; qu'il suit de là qu'il ne peut être porté aucune atteinte à la disposition impérative dudit décret par les traités que l'entrepreneur pourrait faire avec des tiers pour le partage de la cession d'exploitation, et que ce dernier ne cesse pas, tant qu'il est titulaire du privilége, de demeurer garant de plein droit des engagements contractés par ses cessionnaires pour ladite exploitation, quand même il resterait tout à fait étranger à ces engagements ; que, si l'administration intervient pour approuver les traités faits par l'entrepreneur, cette approbation n'est qu'une mesure de police qui ne l'affranchit pas des obligations que le décret a imposées à l'obtention de son privilége ;—Considérant, en fait, que de Tully, qui a obtenu, en déc. 1857, le privilége d'exploitation du théâtre de la

Porte-Saint-Antoine, a loué en 1859 la salle à Lebrun et à Deaddé, et leur a cédé en même temps le droit d'exploiter en son lieu et place ; — Qu'en admettant que ce bail et cette cession aient été soumis à l'approbation de l'autorité, de Tully, qui n'avait pas cessé d'être titulaire, et qui était toujours reconnu en cette qualité, est demeuré responsable des engagements contractés par Lebrun pour l'exploitation dudit privilége ; que c'est donc avec raison que David Violet s'est adressé à de Tully pour le payement de ce qui lui était dû par Lebrun et Deaddé à raison des engagements contractés par ces derniers ; — Confirme.

Du 3 juill. 1841.-C. de Paris, 3e ch.-M. Simonneau, pr.

2e Espèce : — (Dutacq C. artistes du Vaudeville.) — MM. Amant, Félix et autres artistes du théâtre du Vaudeville, ont, par suite de la faillite de M. Trubert, chargé de l'exploitation de ce théâtre, et admis comme directeur par M. le ministre de l'intérieur, intenté une action en payement de leurs appointements contre MM. Dutacq et comp., qui avaient investi Trubert de leurs droits à cette exploitation moyennant 35,000 fr. par année. — La société Dutacq et comp. soutenait que Trubert, investi de la plénitude des droits relatifs à l'exploitation théâtrale, était seul obligé envers les artistes et employés du théâtre.— Un jugement du 12 sept. 1842 consacra les droits des artistes dans les termes suivants : — « Attendu qu'aux termes des décrets et ordonnances régissant les priviléges accordés aux directeurs de théâtres, ces derniers sont tenus en leur qualité de détenteurs de privilége, et responsables tant vis-à-vis de l'autorité qu'envers les artistes et employés à l'exploitation de ce privilége ; — Attendu que, dans l'espèce, Dutacq et comp. n'ont pas cessé d'être propriétaires du privilége qui leur a été accordé par décision ministérielle en date du 25 avr. 1840 ; — Que si en effet, par une autre décision ministérielle en date du 9 mai suivant, Trubert a été nommé directeur du Vaudeville, et ce sur la demande de Dutacq et comp., cette nomination, approbative de la proposition de Dutacq et comp., n'est qu'une mesure de police qui n'affranchit pas des deniers des obligations que le décret a imposées à l'obtention du privilége ; — Qu'il résulte de ces décrets et de la jurisprudence qu'il ne peut être porté aucune atteinte aux dispositions tutélaires de ces décrets ni par les traités que le propriétaire du privilége pourrait faire avec des tiers pour le partage ou cession de son exploitation, et que le titulaire du privilége, tant que cette qualité lui appartient, ne cesse pas de demeurer garant de plein droit des engagements contractés par ses cessionnaires ou locataires de l'exploitation de ce privilége ;

» Que, dans l'espèce, le principe doit d'autant plus recevoir son application, que Dutacq et comp. ne sont pas restés étrangers à l'exploitation ; qu'il résulte des pièces produites qu'ils se sont réservé les droits relatifs aux engagements de certains artistes, et notamment de MM. Arnal, Lepeintre jeune et madame Guillemin ; que, de plus, Trubert était tenu de remettre à Dutacq et comp. les états de payements faits mensuellement aux artistes ou employés, et, dans certains cas, le non-payement des autres pendant un certain temps leur donnait le droit de résilier la location pour eux faite de l'exploitation ;

» Attendu que l'admission des principes de la défense serait subversive des sages précautions de l'autorité, qui a voulu établir, au profit des artistes et employés, une garantie réelle à laquelle le titulaire du privilége ne pût, en aucun cas, se soustraire. » — Appel. — Arrêt.

La cour ; — Adoptant les motifs des premiers juges, confirme.

Du 22 sept. 1842.-C. de Paris, ch. vac.-MM. Sylvestre de Chanteloup, pr.-Ferdinand-Barrot et Boinvilliers, av.

t. 1, n° 440). — Ce que nous décidons ici pour les acteurs doit évidemment avoir lieu pour les employés. Ainsi jugé (trib. de com. de Paris, 23 fév. 1831, aff. Cirque-Olympique ; Gaz. des trib. du 24 fév.).

244. Mais il s'élève à l'occasion de la faillite et par rapport aux prédécesseurs du directeur une question controversée. Lorsque le privilége est révoqué pour cause de faillite, les comédiens et employés du théâtre qui ont traité directement avec le prédécesseur du failli, ont-ils un recours contre ce prédécesseur? — On a vu, n° 240, que ce recours est de droit, tant que dure le privilége cédé ; ici il s'agit de savoir si la révocation du privilége, par suite de l'état de faillite du cessionnaire, n'entraîne pas pour l'avenir l'extinction des obligations du cédant. — La jurisprudence présente des décisions contradictoires. — Il a été jugé d'une part que nonobstant la faillite et la péremption du privilége, les divers directeurs qui se succèdent dans l'exploitation du même privilége demeurent en principe responsables de leurs obligations (Paris, 10 juin 1848, aff. N... C. Ancelot et ses successeurs, Gaz. des trib. du 11 juin). — Mais la cour ne pose cette proposition qu'en principe, et n'en fait pas l'application, car, dans l'espèce, elle rejette la demande des artistes contre l'ancien directeur, par ce motif qu'ils avaient consenti une novation à leurs droits.— Plus tard, la même cour saisie directement de la question décida, au contraire, que lorsque le privilége d'un théâtre a passé successivement de mains en mains par suite de cession volontaire, avec l'assentiment de l'autorité, la révocation de ce privilége, à raison de la faillite du dernier directeur, opère de plein droit la rupture des engagements contractés entre le directeur primitif et les artistes dramatiques, en ce sens que ceux-ci ne peuvent se réclamer l'exécution ni contre ce directeur, ni contre ceux qui lui ont succédé (Paris, 25 janv. 1850, aff. Worms, D. P. 50. 2. 109). — Dans ce dernier arrêt la cour se fonde principalement sur ce que les artistes qui traitent avec un directeur ne peuvent ignorer que leurs contrats n'ont de force qu'autant que ce privilége subsiste légalement ; que de là résulte que leurs engagements sont subordonnés au sort du privilége, qu'ils en sont une dépendance nécessaire, et que dès lors, si le privilége cesse, les engagements des artistes doivent cesser également d'après la règle *cessante causâ, cessat effectus.* — MM. Lacan et Paulmier, t. 1, n° 442, s'élèvent avec force contre la doctrine de cet arrêt. Nous partageons l'opinion de ces auteurs. La faillite ne peut pas être considérée comme un cas de force majeure qui puisse affranchir le directeur qui a consenti l'engagement, des dommages-intérêts qu'entraîne l'inexécution du contrat.

245. A plus forte raison, la nomination d'un nouveau directeur n'affranchit-elle pas l'ancien de ses obligations. — La révocation est motivée sur l'inexécution de ses engagements envers l'administration supérieure. Dès que la révocation est prononcée pour une faute dont le gouvernement était seul juge, le directeur qui n'exécute pas ses engagements doit en subir la responsabilité. — Il a été décidé dans ce sens, que lorsqu'un privilége est supprimé par l'autorité pour raison de faits personnels au directeur, celui-ci doit être condamné à l'exécution de ses engagements envers les artistes (trib. de com. de Paris, du 12 sept. 1843, aff. Lautermann, journal le Droit du 14 sept.). — Un jugement du même tribunal, du 26 nov. 1850, a jugé le contraire dans une

affaire des sieur et dame Deshayes C. Bocage, ancien directeur de l'Odéon. Sous un rapport il n'y a pas de contradiction réelle entre ces deux jugements, parce qu'il avait été stipulé dans l'acte d'engagement qu'en cas de cession, de démission ou transmission du privilége, les sieur et dame Deshayes n'auraient aucun recours contre le directeur. Or, si le directeur pouvait être délié par une abdication volontaire, disent MM. Lacan et Paulmier, t. 1, n° 438, *à fortiori* devait-il l'être par une abdication forcée, quelle qu'en fût la cause. — Mais dans un de ses considérants, le tribunal a déclaré que les engagements des artistes étaient subordonnés à la jouissance du privilége, et ne pouvaient survivre au retrait de ce privilége. C'est là un principe trop absolu. Les conventions régulièrement consenties doivent, en thèse générale, recevoir leur exécution, à moins d'événements de force majeure, par exemple, comme l'incendie d'une salle de spectacle.

246. Si le privilége périt par suite du décès du titulaire, sa succession est-elle obligée de répondre de ses engagements? — Il faut distinguer : quant aux dettes qui existent au moment du décès, aux emprunts qui ont été faits, aux appointements arriérés des acteurs, nul doute que les héritiers ne soient tenus de toutes ces charges, à moins qu'ils ne renoncent à la succession. — Quant à l'exécution des engagements dramatiques, à partir du décès, il est évident que les acteurs et les artistes divers ne se sont engagés, et que le directeur ne s'est engagé envers eux qu'en vue du privilége et pour l'exploitation de ce privilége. — Or, *cessante causâ, cessat effectus.* L'art. 1148 dit que « Le débiteur ne peut être recherché lorsque c'est par suite d'une force majeure ou d'un cas fortuit qu'il est empêché de faire ce qu'il s'était obligé à faire. » — Les héritiers n'étant pas obligés à continuer l'exploitation du théâtre, ne peuvent pas être tenus des engagements qui ne sont que la conséquence de cette exploitation. Ces principes nous paraissent incontestables (Conf. MM. Lacan et Paulmier, t. 1, n° 444). — Cependant, contrairement à cette opinion, le tribunal de commerce de Paris a condamné la succession d'un directeur au payement d'une indemnité envers l'artiste dont l'engagement dramatique avait cessé par suite de décès (trib. de com., 12 janv. 1847, le Droit du 13 janv.).

247. Lorsqu'un dédit a été stipulé pour le cas de rupture d'un engagement, la somme fixée ne peut être augmentée ni diminuée par les juges. Mais ce principe, qui n'est que l'expression d'une règle du droit commun en matière de dommages-intérêts, ne s'applique qu'aux cas pour lesquels la stipulation a été faite ; pour les autres, les tribunaux demeurent libres d'arbitrer les dommages-intérêts. Le dédit stipulé ne peut être exigé que lorsqu'est arrivée l'époque à laquelle l'engagement devait commencer à recevoir son exécution ; c'est ce qu'a jugé le tribunal de Rouen au mois d'octobre 1829. — Il a été décidé aussi que l'indemnité stipulée, à titre de dédit, pour le cas où la rupture d'un traité aurait lieu après certain délai déterminé par les parties (un an par exemple), n'est pas due si la rupture a eu lieu avant ce délai : seulement il peut y avoir lieu à une indemnité en raison du préjudice éprouvé par la partie qui réclame l'exécution du traité, et spécialement, s'il s'agit de l'entrepreneur d'un théâtre, il doit être remboursé des dédits payés aux artistes qu'il avait engagés (cons. d'Et. 30 août 1832) (t).

(1) *Espèce :* — (Pellissier C. min. de la guerre.) — Un traité avait été conclu entre le maréchal Clauzel, gouverneur d'Alger, et Pellissier. — Sa résiliation, par le fait du gouverneur, avant l'époque où il était stipulé qu'elle donnerait droit à l'indemnité, donna lieu à réclamation auprès du ministre de la guerre, de la part du sieur Pellissier, tant pour dommages à lui causés que pour les frais par lui faits. — Rejet par le ministre : — Attendu, 1° qu'il ne pouvait prendre la responsabilité d'un marché qu'il n'avait ni autorisé ni ratifié, et que l'autorité avec laquelle il avait été passé n'avait pas mission de conclure; 2° que Pellissier n'avait plus le droit de se présenter, dès lors qu'il n'avait pas, avant d'agir, obtenu la ratification du ministre responsable.

Recours au conseil d'État.

Louis-Philippe, etc.; — En ce qui touche les pouvoirs du maréchal Clauzel, pour passer le contrat du 13 nov. 1830 : — Considérant qu'il résulte des circonstances dans lesquelles le général Clauzel a été chargé du gouvernement d'Alger et des instructions qu'il avait reçues, qu'en passant ledit contrat, il n'a pas excédé les pouvoirs

qui lui étaient confiés comme administrateur général de la colonie; En ce qui touche les divers chefs de la réclamation du sieur Pellissier : — Considérant que, dans l'instruction écrite qui a eu lieu devant notre conseil, notre ministre de la guerre a repris et débattu chacun des chefs de la réclamation du sieur Pellissier ; — que, par suite, la liquidation de l'indemnité qu'il réclame peut être faite par nous, sans qu'au préalable, il soit besoin de renvoyer la partie devant notredit ministre;

Sur l'indemnité de 50,000 fr. stipulée par le traité du 13 nov. 1830 : — Considérant que cette indemnité n'était accordée, soit au sieur Pellissier, soit au gouvernement, par les art. 10 et 11 du traité, que pour le cas de rupture après la première année, et que le contrat ayant été résilié avant l'époque fixée par lesdits articles, il n'y a pas lieu d'en faire l'application; qu'en conséquence, le sieur Pellissier n'a droit de réclamer que l'indemnité qui peut lui être due pour ses dépenses légitimement faites et pour ses peines et soins;

Sur la somme de 48,000 fr. montant des dédits payés ou dus aux

§ 4. — *Saisie des appointements.* — *Usufruit légal.*

248. Les comédiens sont soumis, pour l'exécution de leurs engagements, aux moyens forcés par lesquels les autres citoyens peuvent être contraints à remplir leurs obligations. — Mais la saisie peut-elle porter sur les appointements à échoir aussi bien que sur les appointements échus? Il semble résulter de l'art. 557 c. pr. qu'un créancier ne peut saisir-arrêter que ce *qui appartient* à son débiteur; d'où l'on induit qu'il ne peut saisir les biens à *venir*, tels que traitements non échus d'un acteur. Il n'y a pas là, pour le débiteur, droit acquis, comme au cas d'arrérages non échus de rentes ou de pensions. — Permettre la saisie, c'est attenter à la liberté de la profession d'artiste et même à son existence; il ne peut engager les fruits de son travail qu'à mesure qu'ils lui sont acquis, et ce n'est que sur des produits *acquis*, que peut porter la saisie-arrêt. La raison de cela se puise : 1° dans la nature des choses qui répugne à ce qu'on saisisse ce qui n'existe pas encore, et ce qui n'existera même pas si le débiteur refuse de faire le travail d'où dépend ce salaire ; — 2° Dans l'intérêt des créanciers qui doivent être défendus contre leur propre rigueur ; — 3° Dans les considérations d'humanité et de liberté, qui ne veulent pas que les facultés d'un individu soient enchaînées à toujours. Et dans ce système on cite un jugement du tribunal de la Seine du 27 mars 1828 (V. MM. Vivien et Blanc, n° 298), et un arrêt de la cour de Rouen du 3 juin 1836, indiqué dans le Traité de la saisie-arrêt de M. Roger, n° 303.—

---

artistes par lui engagés : — Considérant que ce chef de réclamation est suffisamment justifié par les pièces produites ;
Sur les 10,000 fr. payés au sieur Toucas pour l'acquisition de sa part sociale : — Considérant que cette opération, toute personnelle au sieur Pélissier, ne peut concerner le gouvernement et être mise à sa charge ;
En ce qui touche les dommages-intérêts à allouer au sieur Pélissier : — Considérant que, par l'inexecution d'un traité qu'il avait passé de bonne foi avec les autorités d'Alger, et auquel il n'est point allégué qu'il ait commis aucune infraction, le sieur Pellissier a éprouvé un préjudice dont il est juste de l'indemniser, et qu'en fixant cette indemnité à 12,000 fr., ses droits se trouvent équitablement appréciés ;
En ce qui touche les intérêts réclamés : — Considérant que l'indemnité ci-dessus fixée couvrira suffisamment toutes les pertes que le sieur Pellissier a pu faire par suite de la résiliation de son traité;
Art. 1. La décision de notre ministre de la guerre, du 26 déc. 1831, est annulée ;—2. Il est alloué au sieur Pellissier une somme de 60,000 fr. pour le couvrir des divers chefs de sa réclamation. — Le surplus de ses demandes est rejeté.
Du 30 août 1832.-Ord. cons. d'Et.-M. Vivien, rap.
(1) 1re *Espèce* : — (Provence C. Séguy.)— Une saisie-arrêt fut faite à la requête des créanciers d'Anatole Gras, acteur du théâtre de Lyon, entre les mains du directeur du théâtre, tant sur les termes échus que sur ceux à échoir du traitement accordé à cet acteur. — A mesure que les termes à échoir lors de la saisie sont arrivés à échéance, le directeur n'en a gardé qu'une partie pour les créanciers, et a remis l'autre à Anatole Gras. Sur la réclamation des créanciers; il prétend que s'il n'avait agi ainsi, le débiteur n'aurait pu faire face aux frais indispensables qu'entraîne l'exercice de sa profession. — Jugement du tribunal de Lyon qui rejette cette prétention et condamne le directeur à payer au créancier la totalité des sommes échues depuis la saisie. — Appel. — Arrêt.
La cour; — Attendu d'abord qu'il faut tenir pour constant, d'après l'état des écritures couchées sur les livres du sieur Provence, appelant, qu'au 21 août 1835, date de la saisie qui ont lieu entre ses mains, de la part du sieur Séguy, l'un des intimés, au préjudice d'Anatole Gras, le sieur Provence devait à ce dernier, pour solde des appointements échus jusqu'alors, une somme de 156 fr. 25 c., sur laquelle ladite saisie dut nécessairement s'appliquer ; — Attendu, d'ailleurs, que cette saisie, ou celles qui auraient lieu ultérieurement de la part des sieurs Ayasse et Marescal, autres parties intimées, portèrent non pas seulement sur ce qui pouvait être dû audit Anatole Gras, pour appointements lors échus, mais aussi sur tout ce qui lui serait dû ultérieurement pour appointements à échoir, de mois en mois, lesquels se trouvaient, entre lui et l'appelant, fixés à raison de 206 fr. 25 c. par mois, toutes retenues déduites;
Attendu qu'en supposant que l'effet desdites saisies eût dû être d'arrêter ainsi, entre les mains du sieur Provence, et jusqu'à ce que les trois intimés fussent remplis du montant de leurs créances, le payement de la totalité des appointements mensuels dudit Anatole Gras, à mesure qu'ils écherraient, elles auraient eu un tel résultat, que, depuis le 21 août 1835, date de la première des saisies, jusqu'au 9 déc. suiv.,

---

249. Mais la saisie aura-t-elle effet pour la totalité des salaires non échus, tellement que le débiteur soit, par la dureté de ses créanciers, réduit à mourir de faim? Non, certainement; et, poser une telle question, c'est l'avoir résolue. M. Roger, Traité de la saisie-arrêt, n° 170 et 303, se fonde sur l'art. 1244 c. nap., qui autorise le juge à accorder au débiteur un délai de grâce ; et de cette faculté d'accorder un délai il induit celle du juge de limiter la somme jusqu'à concurrence de laquelle la saisie sera valable. Mais, sans prendre pour base cet article qui ne peut être invoqué que comme simple consideration, la jurisprudence a trouvé dans la nécessité des choses, dans les raisons de l'humanité et de l'intérêt bien entendu du débiteur et des créanciers une règle de solution dont la justesse et l'équité sont de nature à rallier toutes les opinions (Conf. M. Agnel, n° 164; Lacan et Paulmier, n° 214). — Ainsi il a été jugé, 1° que la saisie-arrêt des appointements à échoir d'un acteur, ne peut atteindre la somme qui lui est rigoureusement nécessaire pour sa subsistance et l'exercice de son état (Lyon, 28 juin 1837 ; Paris 7 juill. 1843 (1). V. aussi les arrêts cités

---

jour où fut résilié l'engagement dudit Gras, avec le sieur Provence, Gras n'aurait pas eu à toucher une obole de ses appointements pendant tout cet espace de temps;—Attendu qu'il répugne d'admettre que les créanciers d'un acteur attaché à un théâtre public puissent ainsi, en faisant saisir d'avance la totalité de ses appointements à échoir de mois en mois, quoiqu'ils ne lui soient pas encore acquis, lui ôter tout moyen de subvenir à ses besoins journaliers, et à abandonner son service, ce qui tendrait non pas seulement à priver l'acteur de son état, mais à compromettre ouvertement les intérêts personnels du directeur de l'établissement, et l'exécution de ses engagements envers le public ;
Attendu qu'en pareille matière, s'il est évidemment juste que les saisies-arrêts des créanciers d'un acteur entre les mains du directeur, ne puissent atteindre sur ses appointements à échoir de mois en mois la part d'iceux, qui est rigoureusement nécessaire pour le faire journellement subsister, part dont les tribunaux auraient à fixer et à arbitrer la proportion, eu égard à la quotité mensuelle des appointements de l'acteur, à la nature de son emploi dans le théâtre où il s'est engagé, ainsi qu'aux dépenses journalières et présumées que cet emploi peut exiger de lui ;— Qu'enfin, ne pas le décider ainsi, ce serait éluder ouvertement la disposition générale portée en l'art. 2102, § 5, c. civ., laquelle prescrit de regarder comme frais faits par le sieur Provence, pour la conservation de la chose dont il s'agit à son égard, c'est-à-dire pour le maintien de l'engagement qu'avait pris avec lui ledit Anatole Gras, partie saisie, les avances qu'il faisait à ce dernier de mois en mois, jusqu'à concurrence de ce qui pouvait être nécessaire pour satisfaire à ses besoins journaliers de première nécessité, avances, par conséquent, dont l'allocation, arbitrée comme est dit ci-dessus, ne peut être refusée à l'appelant;—Par ces motifs, rendant droit sur l'appel, dit et prononce que l'effet des saisies-arrêts qui eurent lieu de la part des intimés entre les mains du sieur Provence, appelant, au préjudice d'Anatole Gras, demeure restreint : 1° à la somme de 156 fr. 25 c. qui était ce dernier pour solde d'appointements déjà échus au 21 août 1835, date de la première desdites saisies; 2° à une moitié seulement des appointements qui échurent de mois en mois pour ledit Anatole Gras, depuis ledit jour, 21 août 1835, jusqu'au 9 décembre suivant, époque où fut résilié son engagement avec l'appelant; c'est-à-dire à une somme de 556 fr. 49 c.
Du 28 juin 1837.-C. de Lyon, 4e ch.-M. Reyre, pr.
2° *Espèce* : — (Vogt, etc. C. Meyer et Montigny.) — Jugement du tribunal de la Seine, ainsi conçu : — « Attendu qu'en principe, les sommes que touche un acteur de l'administration du théâtre auquel il est attaché ne sont pas rangées par le législateur dans la classe des valeurs insaisissables, il est constant, du moins, que les tribunaux, pour conserver aux acteurs le moyen d'exercer leur art, et, par suite, dans l'intérêt même des créanciers, décident habituellement qu'une partie des appointements d'un acteur doit être considérée comme insaisissable; — Attendu que ce caractère d'insaisissabilité, qui ne doit être que la conséquence d'une décision judiciaire, n'est pas de nature, en principe, à autoriser un caissier ou un directeur de théâtre à disposer, au mépris d'oppositions, de tout ou partie de ce qui doit être payé à l'acteur, soit au profit de l'acteur lui-même, soit au profit de tout autre ; que, cependant, lorsque les tribunaux, après le décès de l'acteur, sont appelés à

v° Saisie-arrêt, n°° 178 et suiv.); — 2° Que par suite, le directeur, entre les mains duquel la saisie-arrêt a eu lieu, qui depuis cette saisie a remis au saisi une partie de ses salaires en réservant l'autre pour les créanciers, ou même la totalité de ces salaires, est fondé à prétendre qu'il ne peut être tenu de payer à ceux-ci la totalité des sommes échues, mais seulement déduction faite de ce qui a été nécessaire au débiteur pour l'exercice de son état (mêmes arrêts); — 3° Il doit en être ainsi, alors même que l'acteur saisi serait décédé sans avoir réclamé contre les créanciers opposants le payement à son profit d'une fraction de ses appointements, nonobstant les saisies-arrêts pratiquées (même arrêt du 7 juill. 1843).

250. On avait prétendu, et le tribunal de Paris a plusieurs fois jugé, en se fondant sur le décret du 21 vent. que les appointements des fonctionnaires publics et employés civils, que les appointements des acteurs ne peuvent être saisis que jusqu'à concurrence du cinquième. Cette décision repose sur des intentions d'équité, mais elle n'est pas en harmonie avec les dispositions du code. C'est forcer les termes du décret que de les étendre aux comédiens, pour les soustraire, au moyen de cette disposition exceptionnelle, à la règle du droit commun, qui veut que les biens d'un débiteur soient le gage commun de ses créanciers (Conf. MM. Vivien et Blanc, n°° 298, 299, 300, Lacan et Paulmier, n° 214). — Aussi paraît-elle abandonnée par la jurisprudence qui décide virtuellement que la loi du 21 vent. an 9 ne peut s'étendre aux appointements des artistes dramatiques. — V. les arrêts cités au numéro précédent.

251. Une partie des appointements est ordinairement payée en jetons de présence ou feux. — Un acteur ne peut toucher ses feux qu'autant qu'il a joué, à moins qu'il n'ait été stipulé qu'il aurait une certaine somme fixe, à titre de feux, quel que soit le nombre des représentations dans lesquelles il figure. — Les feux font partie des appointements et sont saisissables comme tels (Paris, 7 juill. 1843, aff. Vogt, V. n° 249).

252. D'après l'art. 384 c. nap., le père, durant le mariage et après sa dissolution, le survivant des père et mère a la jouissance des biens de ses enfants jusqu'à l'âge de dix-huit ans accomplis, ou jusqu'à l'émancipation qui peut avoir lieu avant cet âge. — Mais aux termes de l'art. 387, cette jouissance n'atteint pas les biens que les enfants peuvent acquérir par une industrie séparée. — Les appointements des mineurs engagés dans un théâtre sont-ils affranchis de l'usufruit légal? Oui, les appointements représentent le pécule quasi-castrense du droit romain, indépendant de l'usufruit légal (Conf. MM. Lacan et Paulmier, t. 1, n°° 249 et suiv.). — Il en est de même des feux qui se gagnent au jour le jour.

ART. 11. — *De la présentation, de l'admission ou du refus des pièces de théâtre.*

253. Les conventions entre un auteur et une entreprise dramatique sont libres et susceptibles de toutes les conditions qu'il plaît aux parties d'y insérer (L. du 6 août 1790; décr. du 8 juin 1806). Elles obligent le nouveau directeur, encore bien que l'ordonnance de concession n'ait pas formellement imposé à ce directeur l'obligation de se conformer au traité fait avec l'auteur (c. nap., art. 1135; trib. com. de la Seine, 30 sept. 1835, aff. Duhamel, V. n° 302; 12 nov. 1840, aff. Sauvage, V. n° 265). — V. n° 267.

254. L'auteur peut lire lui-même son manuscrit, ou le confier à l'entreprise pour le faire examiner. Il a droit d'exiger un récépissé et d'en demander la restitution. L'entreprise pourrait exiger que l'auteur fît faire deux copies et en gardât une. En cas de perte, les tribunaux apprécient le préjudice causé à l'auteur. Il y aurait lieu à indemnité si le manuscrit avait été copié par un tiers, et, si la communication avait été frauduleuse, à une action correctionnelle en contrefaçon (Conf. MM. Vivien et Blanc, n° 364; Lacan et Paulmier, n° 543).

255. Un procédé non moins coupable s'est révélé trop souvent, et il échappe presque toujours à l'action des tribunaux. La connaissance que quelques personnes acquièrent d'un ouvrage présenté, soit par la confiance de l'auteur, soit par quelques indiscrétions, a inspiré à des hommes sans délicatesse l'idée de s'emparer du sujet, de le traiter à leur manière, et de déflorer ainsi le succès de celui qui le premier l'avait trouvé. L'opinion publique est le meilleur vengeur d'une action aussi condamnable; mais si les circonstances étaient telles que les juges pussent constater l'infidélité commise et la fraude pratiquée, il y aurait lieu à une poursuite en dommages-intérêts (Conf. MM. Lacan et Paulmier, n° 544).

256. Le préjudice que de pareilles indiscrétions pourraient lui causer autorise l'auteur à demander que la pièce ne soit pas communiquée à des personnes étrangères au théâtre, et la violation de cet engagement donnerait lieu, le cas échéant, à des dommages-intérêts.

257. L'administration, dépositaire du manuscrit, peut exiger que l'auteur le retire, et s'il n'y consent pas, lui faire sommation. De son côté, l'auteur peut, tant qu'il n'y a pas eu acceptation, réclamer son manuscrit (Conf. MM. Vivien et Blanc, n° 367).

258. Ordinairement les manuscrits sont soumis à un comité de lecture qui décide si la pièce doit être reçue. Dans quelques théâtres, ce sont les comédiens eux-mêmes qui composent le comité; cet usage rappelle les beaux jours de la comédie française,

---

apprécier la conduite du tiers saisi et la validité des payements qu'il a faits, il y a lieu, prenant en considération ce qui aurait été décidé du vivant de l'acteur, de valider les payements qui auraient été faits jusqu'à concurrence de la somme qui aurait pu être déclarée insaisissable par les tribunaux;

» Attendu que la première opposition dont il soit justifié entre les mains du caissier du théâtre, et qui ait pu arrêter le payement des sommes dues à Francisque est celle qui a été formée par Vogt le 17 juill. 1839; — Attendu que, depuis le mois d'août 1839 jusqu'au décès de Francisque, arrivé le 17 juin 1842, il a été payé à Francisque des appointements sur le pied de 4,000 fr. par an, lesquels se sont élevés, au moyen des retenues, à 9,500 fr., et des feux qui, d'après les documents produits au procès, forment une somme de 3,266 fr. — Attendu que, sur les sommes qui devaient être payées à Francisque à partir de l'opposition jusqu'au décès dudit Francisque, la moitié seulement aurait pu être déclarée insaisissable; qu'ainsi, le caissier du théâtre de la Gaîté, auquel était attaché Francisque, doit être tenu de déposer à la caisse des consignations la moitié qui, à son tour, a été payée entre les mains de Francisque, à partir du 17 juill. 1839, jour de l'opposition du sieur Vogt; que cette moitié s'élève à 6,583 fr.; que, dans ces circonstances, il n'y a pas lieu de s'arrêter à la déclaration affirmative faite par Montigny au greffe, à la date du 21 juill. 1842. — Par ces motifs, sans avoir égard à la déclaration affirmative dont s'agit, laquelle, au besoin, est déclarée nulle, déclare que, sur les payements faits à Francisque depuis le 17 juill. 1839, il a été indûment payé une somme de 6,583 fr.; condamne, en conséquence, les sieurs Meyer et Montigny, ès qualités qu'ils agissent, à déposer, dans la quinzaine de la signification du présent jugement, à la caisse des dépôts et consignations, ladite somme de 6,583 fr., à la charge des oppositions qui auraient été formées entre

leurs mains, si mieux n'aiment lesdits sieurs Montigny et Meyer payer aux créanciers opposants le montant de leurs oppositions en capital, intérêts et frais.— Dit qu'à défaut de non-consignation ou de non-payement dans le délai ci-dessus fixé, ils seront contraints par toutes les voies de droit à payer le montant des oppositions en capital, intérêts et frais; — En cas de dépôt, fait mainlevée desdites oppositions en tant qu'elles sont formées entre les mains desdits sieurs Meyer et Montigny, leur effet tenant sur les fonds qui seraient déposés à la caisse par lesdits sieurs Montigny et Meyer. »

Appel par MM. Meyer et Montigny. — Dans leur intérêt, on a soutenu, en droit, que le décret de ventôse un 9 sur l'insaisissabilité du traitement des employés dans certaines limites était applicable aux artistes dramatiques; que, d'ailleurs, l'usage constant à Paris, surtout dans les petits théâtres de la capitale, est de ne retenir, en cas d'opposition, que le cinquième sur la totalité des appointements et des feux. — A l'appui de cette prétention, on rapportait divers certificats émanés d'un grand nombre de directeurs et caissiers d'entreprises théâtrales. — On ajoutait, en fait, qu'aux termes de son engagement, Francisque perdait tout droit à son traitement de chaque mois, en cas de maladie pendant plus de quinze jours; qu'il avait été constamment malade pendant les dernières années de sa vie; que son traitement n'avait pas été suspendu, mais seulement par pure libéralité, et que ses payements ne pouvaient être critiqués par les créanciers opposants. — Arrêt.

LA COUR; — Considérant qu'il n'est pas régulièrement justifié que Francisque ait interrompu son service pour cause de maladie pendant les dernières années de sa vie; — Adoptant au surplus les motifs des premiers juges, confirme, etc.

Du 7 juill. 1843.-C. de Paris, M. Pécourt, pr.

où les plus grands génies soumettaient leurs ouvrages à cette société. Malheureusement aussi on a gardé le souvenir, transmis et en quelque sorte illustré par les vengeances de la satire, des caprices, des prétentions, des exigences de cet aéropage, de ses dédains pour les célébrités naissantes, de ses rivalités et de ses dissensions intérieures. Mais en insistant sur ce fait, nous entrerions dans le domaine de l'histoire littéraire, et nous sortirions aussi des bornes d'un ouvrage de jurisprudence si nous émettions une opinion sur les égards mutuels que se doivent les comités de lecture et les auteurs, exposés au choc d'une foule de petites passions, de petites vanités, de susceptibilités que l'on prend pour de la dignité, combat où se perd trop souvent le sentiment des véritables convenances.

259. Les comités de lecture n'ont que voix consultative ; leurs décisions n'engagent pas le théâtre : s'ils rejettent la pièce, le directeur peut néanmoins l'accepter ; s'ils l'admettent, le directeur peut la refuser, à moins qu'il n'ait été stipulé d'avance que l'ouvrage serait joué sur la seule approbation du comité de lecture. L'admission du comité est également définitive lorsqu'il se compose des intéressés eux-mêmes, par exemple des sociétaires (V. MM. Vivien et Blanc, nᵒˢ 362 à 373).

260. L'auteur dont la pièce a été refusée en reprend la libre disposition ; de son côté le théâtre qui a rendu le manuscrit est dégagé de toute responsabilité. L'admission entraîne des engagements réciproques, réglés par des traités passés soit avec l'auteur, soit par des actes intervenus entre le théâtre et le corps des auteurs, actes dont l'acceptation est présumée de la part de l'auteur qui a présenté une pièce. Quelquefois il n'y a point de conventions spéciales, ou celles qui existent laissent des lacunes ; il importe dès lors de faire connaître quelques principes propres à déterminer avec justice les intérêts des parties.

261. Une pièce peut n'être reçue qu'à charge de correction. Dans ce cas, la réception n'est que conditionnelle, et il faut que les corrections soient agréées par le directeur. «Une pièce reçue à correction, disent MM. Lacan et Paulmier, t. 2, nᵒ 551, n'est ni acceptée ni refusée ; elle doit être soumise de nouveau à l'examen du directeur ou du comité de lecture.» Dans cette situation il est clair que le contrat n'est pas formé. Ainsi jugé dans plusieurs affaires (trib. de com. 16 mai 1834, aff. Deslandes C. le directeur de la Porte Saint-Martin, Gaz. des trib. du 17 mai 1834 ; même trib. 25 oct. 1843, aff. madame Marc de Saint-Hilaire C. Lireux, directeur de l'Odéon, journal le Droit, 12 et 16 oct. ; il s'agissait de la tragédie de Valentine de Milan qui avait été reçue à correction seulement).

262. Cependant il pourrait se présenter des cas où les corrections indiquées seraient de si peu d'importance, comme par exemple quelques fautes de style qui échappent à tous les auteurs dans le feu de la composition, que la réception à charge de correction devrait être considérée comme une acceptation, surtout si l'auteur les avait faites immédiatement. Il y aurait là une question de bonne foi que les tribunaux devraient prendre

en considération, si une difficulté s'élevait entre le directeur et l'auteur (Conf. MM. Lacan et Paulmier, t. 2, nᵒ 552). — Dans un opéra, l'admission des paroles n'implique pas l'admission de la musique et *vice versâ*.

263. Après la réception, l'auteur peut encore faire à sa pièce des changements qui n'en dénaturent pas le caractère ; et la direction peut, dans son intérêt, demander que ces corrections soient soumises au comité de lecture. — Mais il a été jugé que la circonstance qu'à un ouvrage reçu il serait ajouté des couplets par les auteurs, sur la demande du directeur du théâtre, ne doit pas faire considérer cet ouvrage comme nouveau et le soumettre à une nouvelle lecture ; le directeur, en cas de refus, peut être contraint de le faire jouer dans l'état primitif (trib. de com. de Paris, 15 mars 1834, aff. Paul de Kock, V. nᵒ 264).

264. Lorsque la pièce est acceptée sans correction, le contrat est formé, et le directeur est obligé de faire représenter l'ouvrage (V. aussi vᵒ Propriété litt., nᵒ 169). — Mais cette obligation de faire, se résout en cas d'inexécution en dommages-intérêts. — MM. Vivien et Blanc, nᵒ 377 ; Lacan et Paulmier, t. 2, nᵒ 557, rapportent une foule d'arrêts et jugements qui ont condamné les directeurs à faire représenter des pièces reçues, ou à payer une somme pour dédommagement. Nous nous bornons à signaler le jugement du tribunal de commerce du 20 nov. 1837 (journal le Droit des 6-7-20 et 21 nov.), confirmé par arrêt de la cour de Paris du 12 déc. 1837, qui condamna le directeur de la Comédie-Française à payer à Victor Hugo la somme de 6000 fr., à titre de dommages-intérêts, pour le préjudice résultant du retard dans la représentation des pièces reçues, et ordonna, en outre, que dans le délai de deux mois le directeur serait tenu de représenter Hernani, puis Marion Delorme dans un délai de trois mois ; et que dans le délai de cinq mois il compléterait les quinze représentations d'Angelo qu'il avait promises, sinon et faute par le directeur de ce faire, le condamne à payer à V. Hugo 150 fr., par chaque jour de retard. — Il a été jugé pareillement qu'il suffit qu'un ouvrage dramatique ait été reçu après lecture et après les corrections indiquées par le comité de lecture d'un théâtre, pour que le directeur soit tenu de le faire jouer (trib. de com. de Paris, 15 mars 1834)(1). — On peut voir encore d'autres exemples recueillis par MM. Vivien et Blanc, nᵒ 377.

265. L'auteur doit, avant de se plaindre, attendre son tour, même se soumettre aux tours de faveur que les entreprises peuvent accorder. Mais il peut exiger que le nombre des tours de faveur soit limité. Lorsque les règlements d'un théâtre n'admettent point de tours de faveur, le consentement des auteurs, qui ont des pièces reçues, est indispensable pour que ce privilège soit accordé. L'auteur qui l'a obtenu a droit d'exiger que son ouvrage soit immédiatement représenté. — Jugé ainsi que l'administration d'un théâtre doit faire représenter, à son tour venu, la pièce qu'elle a reçue, à peine de dommages-intérêts envers l'auteur (trib. de com. de la Seine, 12 nov. 1840) (2).

---

(1) (Paul de Kock C. la Gaîté). — Le tribunal ; — Attendu que les directeurs du théâtre de la Gaîté avaient, en 1830, reçu la pièce intitulée : le *Vagabond* ; que, par cette réception, un contrat s'était formé entre eux et les auteurs ; que ces derniers ont dû compter sur la représentation de leur ouvrage ; que, si cette représentation n'a pas eu lieu jusqu'à ce jour, ce retard est du fait des directeurs du théâtre ; — Attendu que les auteurs ont réclamé, à la date du 19 mars 1833, auprès des directeurs, que la représentation de leur pièce ait lieu immédiatement ; que, si, postérieurement à cette réclamation, ils ont consenti à faire quelques changements, et particulièrement à y ajouter des couplets, c'était dans l'intérêt commun, et qu'on ne saurait voir, dans ce fait, renonciation de leur part à réclamer l'exécution du contrat primitif ; que les directeurs ne sauraient se soustraire à l'exécution de ce contrat, sans être tenus d'indemniser les auteurs, qui ont été privés des bénéfices qu'ils auraient pu tirer de leur manuscrit ; — Par ces motifs, condamne les directeurs du théâtre de la Gaîté à représenter dans le délai de deux mois, à compter de ce jour, la pièce intitulée : le *Vagabond*, telle qu'elle a été primitivement reçue par eux en 1830, sinon, et, faute par eux de ce faire, ledit délai passé, les condamne à 1,000 fr. de dommages-intérêts envers les demandeurs.
Du 15 mars 1834.-Trib. de com. de Paris.-M. Say, pr.
(2) **Espèce :** — (Sauvage C. Variétés.) — M. Sauvage avait présenté, en 1838, à M. Dumanoir, alors directeur du théâtre des Varié-

tés, un vaudeville intitulé *Eloi l'innocent*. Ce vaudeville reçu par M. Dumanoir, ne fut pas immédiatement représenté, par suite de considérations théâtrales complètement étrangères à l'auteur. La direction du théâtre était passée à MM. Jouslin Delasalle et autres. M. Sauvage sollicita vainement des nouveaux directeurs la mise en répétition de sa pièce. Après des réclamations inutiles, il demanda contre M. Dumanoir et ses successeurs la remise du manuscrit et 1,200 fr. de dommages-intérêts auxquels lui donnait droit l'accord passé le 25 mars 1838 entre le théâtre des Variétés et les auteurs dramatiques. — La direction répondit que la pièce n'avait été léguée à ses successeurs, par M. Dumanoir, que pour obliger M. Sauvage qui était son ami, le sujet réellement refusé ; qu'aucune trace de sa réception n'existait au théâtre et qu'ainsi les nouveaux directeurs ne pouvaient être tenus de la représenter. — Jugement.
Le tribunal ; — Attendu qu'il n'est pas exact de prétendre que Dumanoir, en quittant la direction du théâtre des Variétés, aurait légué à ses successeurs, et pour obliger certains auteurs de ses amis, le soin de représenter certains ouvrages qu'il aurait lui-même refusés ; et Que la correspondance produite établit, au contraire, que l'ouvrage intitulé *Eloi l'innocent* était reçu depuis longtemps ; que la représentation n'en était ajournée que pour attendre certains moments d'opportunité théâtrale ; — Attendu que l'administration d'un théâtre, en ne représentant pas les pièces qu'elle reçoit d'un auteur, lui cause un double pré-

266. Les pièces dites *de circonstance* jouissent, lorsqu'elles ont été reçues, d'un tour de faveur, lors même qu'il ne leur a pas été expressément accordé; un retard ôte évidemment tout mérite à cette sorte d'ouvrages. L'auteur peut se refuser à une représentation tardive, et il a droit d'obtenir des dommages-intérêts; on sent que les tribunaux ne peuvent, dans ce cas, donner aux théâtres l'alternative de jouer la pièce dans un certain délai ou de payer une somme; c'est aussi ce qui a été jugé dans une espèce dont les circonstances sont retracées par MM. Vivien et Blanc, n° 321 (Conf. MM. Lacan et Paulmier, n° 566).

267. Un directeur nouveau est obligé de faire jouer les pièces reçues sous l'administration de son prédécesseur, ainsi que l'a décidé le trib. de com. de Paris, par jugem. du 7 mai 1828, rendu contre le successeur de M. Bérard, directeur du Vaudeville (V. aussi Trib. de com. de Paris, 12 nov. 1840, aff. Sauvage, n° 265). — Remarquez toutefois, avec MM. Vivien et Blanc, n° 382, que cette obligation, comme les autres, ne passe à la nouvelle administration que lorsqu'elle succède en réalité à la précédente; il n'en serait pas de même s'il n'y avait succession que quant à l'occupation du même local ou au titre de l'entreprise, mais qu'il y eût une nouvelle association, avec de nouveaux moyens, sur nouveaux frais.—V. *suprà*, n°s 222, 237 et s.

268. Le directeur ne peut refuser de faire jouer une pièce, ni parce que l'auteur en aurait vendu la propriété au théâtre moyennant une somme fixe, ni parce qu'il la prétendrait contraire aux mœurs ou à l'ordre public (Conf. MM. Lacan et Paulmier, n° 570). Il ne peut exiger aucune correction quand l'ouvrage a été reçu définitivement. Il en est différemment si la pièce n'a été reçue qu'à correction (mêmes auteurs, n° 562). — L'admission des paroles d'un opéra n'est définitive que par l'acceptation de la musique (mêmes auteurs, n° 553).

269. Lorsqu'un auteur a deux pièces reçues au même théâtre, à des époques différentes, il peut exiger que le tour de l'une soit changé contre celui de l'autre, si cette substitution ne porte atteinte à aucun des auteurs qui ont des pièces reçues (Conf. MM. Vivien et Blanc, n° 388).—MM. Lacan et Paulmier, n° 568, ne sont pas contraires à cette opinion, car ils ne raisonnent que dans l'hypothèse où cette interversion serait préjudiciable aux auteurs intermédiaires.

270. Qu'arriverait-il si un auteur avait fait recevoir une pièce à deux théâtres différents? Les lois n'ont point prévu ce cas; nous ne pensons pas qu'on puisse y appliquer les dispositions des art. 1141 et 2279 c. nap., relatifs aux meubles : car, d'une part, le manuscrit n'est pas le titre de la propriété littéraire; d'une autre part, il arrivera que les deux théâtres posséderont chacun leur exemplaire. Notre avis est qu'il faut suivre le principe qu'on ne peut vendre ce qu'on n'a plus, et qu'ainsi l'auteur qui a fait recevoir une pièce à un théâtre a perdu par là le droit de la céder à un autre théâtre; c'est à celle des entreprises qui soutient avoir la priorité, qu'est dévolue la charge de prouver la date du traité fait avec l'auteur, et la bonne foi qui y a présidé (Conf. MM. Vivien et Blanc, n° 404; MM. Lacan et Paulmier, n°s 581, 582). — V. n° 291.

271. Lorsque deux auteurs ont composé ensemble une pièce, sans s'occuper du théâtre qui jouerait leur œuvre, et que

l'un d'eux a fait accepter la pièce par un théâtre qui ne convient pas à son collaborateur, celui-ci se trouve-t-il lié par la présentation de la pièce et par l'acceptation du directeur? — Cette question ne s'est pas présentée entre les auteurs, mais entre les héritiers des deux auteurs décédés, MM. Bayard et Théaulon. — Les héritiers Théaulon avaient présenté la pièce intitulée *le Père de la débutante* au directeur du théâtre Beaumarchais, qui l'avait acceptée. Sur l'annonce de cette pièce, les héritiers Bayard, qui voulaient la faire jouer au Gymnase, mirent opposition à ce qu'elle fût représentée au théâtre Beaumarchais : cette opposition fut ratifiée (trib. de la Seine, 30 avr. 1853) (1).

MM. Lacan et Paulmier (t. 2, n° 542) attaquent vivement cette décision, et arrivent à cette conclusion que chacun des auteurs sera libre, lorsqu'il n'y a pas eu d'accord entre eux, ou s'ils ne peuvent pas s'accorder, de porter la pièce au théâtre qu'il lui plaira de choisir, et de conclure avec les directeurs des engagements distincts, de sorte que la pièce serait jouée à deux théâtres différents. — « Lorsque les auteurs, disent-ils, ne se sont pas entendus à cet égard, c'est qu'ils ont voulu se réserver d'user de la chose commune selon le droit de chacun. En dehors de toute convention le droit de l'un est égal à celui de l'autre. Celui-ci veut que la pièce soit jouée par un théâtre, celui-là par un autre ; il n'y a pas de raison de préférence ni en faveur du premier, ni en faveur du second. Le droit étant le même des deux côtés, chaque auteur doit pouvoir l'exercer comme bon lui semble, sous la réserve du droit de son collaborateur dans le produit de l'œuvre commune. » — Tel est aussi l'avis de MM. Vivien et Blanc, n° 426 ; ces auteurs pensent de même que l'exercice du droit de propriété indivise permet à chacun des auteurs de faire jouer la pièce sur un théâtre différent : que, dans ce cas, le profit pécuniaire résultant de la représentation doit se diviser, et que chacun n'y prend part que proportionnellement à ses droits.

Nous ne saurions accepter cette solution. Il nous semble difficile d'admettre que chacun des auteurs d'une œuvre faite en commun puisse en disposer absolument et de la même manière que s'il en était l'auteur unique. S'il est vrai, comme le disent MM. Lacan et Paulmier, que chaque auteur ait le droit de faire représenter la pièce composée en collaboration, sur le théâtre qui lui plaît, il est vrai aussi le droit l'un et l'autre de s'opposer à ce que cette pièce soit jouée sur un théâtre qui ne lui convient pas ; il y a là des droits réciproques qui ne peuvent s'exercer indépendamment l'un de l'autre. Les conventions passées entre les auteurs et les directeurs sont régies par les règles du droit commun, ainsi que nous l'avons dit. Or ces règles s'opposent à la solution donnée par les auteurs précités. Il est de principe, en effet, que nul ne peut disposer d'une chose indivise que du consentement de tous les ayants droit. Comment prétendre alors que le consentement d'un seul des auteurs à la représentation de l'œuvre commune, c'est-à-dire d'une chose indivise, puisse suffire pour valider la convention passée par un seul avec le directeur d'un théâtre. Pour qu'une pareille convention soit parfaite, il faut, en outre, le consentement exprès ou tacite des autres collaborateurs. Les principes des sociétés que nous croyons applicables au cas particulier

<hr/>

judice, en ce qu'elle le prive du tribut légitime de son travail et de la faveur qui peut s'attacher, en cas de succès, à des œuvres postérieures ; — Attendu que les administrateurs du théâtre se sont obligés, en cas de non-représentation d'un ouvrage reçu, à rendre à l'auteur son manuscrit, et à lui payer une indemnité de 1,200 fr. pour un ouvrage en deux actes ; — Par ces motifs, condamne les défendeurs à remettre à Sauvage son manuscrit et à lui payer 1,200 fr. de dommages-intérêts et aux dépens.
Du 12 nov. 1840.-Trib. de com. de la Seine.-M. Bourget, pr.

(1) (Hérit. Bayard C. hérit. Théaulon.) — LE TRIBUNAL; — Attendu que le droit de concéder à un théâtre la faculté de représenter une œuvre dramatique appartient essentiellement au propriétaire de l'œuvre ; — Que si l'œuvre a été composée par plusieurs auteurs, chacun d'eux a un droit égal à être consulté, et que nul d'entre eux ne peut s'arroger le droit d'autoriser la représentation de la pièce sur un théâtre sans le consentement de son ou ses collaborateurs ; — Qu'en cas de contrariété entre les volontés des auteurs de la pièce, c'est à la justice qu'il appartient de déterminer, entre ces volontés opposées, laquelle est la plus favorable à l'exploitation de l'œuvre commune ; — Que si le consente-

ment de l'un des auteurs suffit à un directeur de théâtre tant qu'il n'y a pas d'opposition de la part des autres, c'est parce que l'auteur qui a autorisé doit être présumé, jusqu'à preuve contraire, et conformément à l'art. 1859 c. nap. être, quant à ce, le mandataire de ses collaborateurs ; — Que Gaspari, autorisé par la veuve Théaulon à faire jouer sur le théâtre qu'il dirige, la pièce intitulée *le Père de la débutante*, composée par Bayard et Théaulon, s'est permis de passer outre à la représentation de cet ouvrage, malgré l'opposition formelle des héritiers Bayard, à lui signifiée dès le matin où elle ; qu'en agissant ainsi, il a porté atteinte aux droits desdits héritiers Bayard, et leur a causé un préjudice dont il leur doit réparation ; — Attendu qu'en cet état, et tant que le mode de disposition de la propriété commune n'aura pas été réglé entre les héritiers Théaulon et les héritiers Bayard, il doit être fait défense à Gaspari de faire représenter *le Père de la débutante* sur le théâtre qu'il dirige ; — Fait défense à Gaspari de représenter sur le théâtre qu'il dirige, la pièce dite *le Père de la débutante*; le condamne, pour la représentation qui a eu lieu le 17 avril courant, à payer aux héritiers Bayard la somme de 500 fr. à titre de dommages-intérêts.
Du 30 avr. 1853.-Trib. de la Seine, 4° ch.

dont il s'agit ici, conduisent encore à la même solution. L'art. 1859 dit : à défaut de stipulations spéciales sur le mode d'administration, l'on suit les règles suivantes : 1° les associés sont censés s'être donnés réciproquement le pouvoir d'administrer l'un pour l'autre. Ce que chacun fait est valable même pour la part de ses associés, sans qu'il ait pris leur consentement ; sauf le droit qu'ont ces derniers ou l'un d'eux de s'opposer à l'opération avant qu'elle soit conclue. Donc, lorsque l'un des auteurs ne s'est pas opposé aux engagements pris avec le directeur par son coassocié, que l'engagement est conclu et s'exécute, il se trouve sans droit pour faire représenter la pièce à un autre théâtre : il y a de sa part consentement tacite à la représentation, et par voie de conséquence, renonciation à la porter à un autre théâtre. D'ailleurs, dans quel embarras ne se trouverait point le coauteur, qui ne prévoyant pas un obstacle sérieux de son associé (nous écartons la fraude qui est hors des principes), serait exposé à une action en dommages-intérêts de la part de l'entreprise dramatique. En effet, le directeur qui aurait reçu la pièce et fait la dépense des décors, etc., se trouverait avoir un concurrent dans un autre théâtre, qui représenterait en même temps la même pièce. — Cela n'est pas admissible. Dans cette position embarrassante, nous pensons que le tribunal a bien jugé ; il puise sa règle de conduite dans le principe général qui gouverne les sociétés civiles. Il présume que l'auteur est autorisé par son coauteur, tant qu'il n'y a pas d'opposition de sa part; s'il y a opposition, l'engagement conclu par un seul des auteurs ne peut plus recevoir son exécution, puisqu'il était sans droit pour le consentir seul.— Sans doute, si l'un ni l'autre des auteurs ne veut céder, il arrivera par suite de ces volontés contradictoires que le droit de représentation va se trouver paralysé entre leurs mains ; mais c'est là la conséquence du principe posé par l'art. 1859. Il est admis, en effet, en matière de société, qu'en cas d'opposition à un acte fait par l'un des associés, c'est l'opposition qui l'emporte (V. Société, n° 505). — Il est vrai que les associés peuvent trouver le remède à une pareille situation dans une demande en dissolution de la société (V. eod.), de même que lorsqu'il s'agit d'indivision, les communistes peuvent recourir à une demande en partage ; mais ces remèdes sont impraticables dans l'espèce qui nous occupe. Faudra-t-il donc dire avec le tribunal de la Seine, dans l'espèce précitée, « qu'en cas de contrariété entre les volontés des auteurs de la pièce, c'est à la justice qu'il appartient de déterminer entre ces volontés opposées, laquelle est la plus favorable à l'exploitation de l'œuvre commune? Nous ne le pensons pas. MM. Lacan et Paulmier critiquent cette proposition et nous sommes de leur avis. Les juges ne peuvent pas, dans la formation du contrat, se substituer à l'une des parties contractantes et donner un consentement à sa place. Nous ne voyons d'autres moyens pour sortir d'un pareil impasse qu'une condamnation à des dommages-intérêts contre celui des auteurs qui par pur entêtement, par un caprice non motivé, opposerait un refus obstiné aux justes demandes de son collaborateur. Mais il arrivera sans doute bien rarement qu'on en arrive à de pareilles extrémités ; le puissant mobile de l'intérêt personnel amènera toujours les auteurs à des concessions réciproques.

272. Comment prouve-t-on la réception d'un ouvrage ? Il n'est point nécessaire qu'il y ait un acte écrit : l'usage n'en admet pas. On invoquerait les lettres d'avis, les livres de délibérations de la société, enfin toutes les preuves reconnues par la loi. On comprend qu'un auteur peut avoir un grand intérêt à établir la réalité et à fixer la date de son admission. — Quant à l'admission de la preuve testimoniale, il faut suivre les règles du droit commun (Conf. MM. Lacan et Paulmier, t. 2, n° 554). — De là il suit, que comme une pièce de théâtre a une valeur indéterminée, la preuve testimoniale ne sera admissible pour prouver le fait de la réception d'une pièce, qu'autant qu'il existera un commencement de preuve par écrit. Or la preuve ou le commencement de preuve peuvent résulter de la correspondance, de l'interrogatoire sur faits et articles, et de la représentation du registre du directeur, de ses livres. Les directeurs sont dans l'usage, suivant MM. Lacan et Paulmier (eod.), de tenir un registre sur lequel ils inscrivent les pièces au fur et à mesure de leur acceptation. Ce registre fait preuve contre eux (c. nap.,

art. 1330); ce registre fait aussi foi de l'ordre dans lequel la pièce a été reçu.

273. Nous n'avons pas besoin de dire qu'aucune pièce ne pouvant être représentée sans l'approbation de l'autorité supérieure (V. n° 73 et s.), l'exécution des conventions est subordonnée à la condition que la censure ne mettra pas d'obstacle à la représentation. La défense de l'autorité est évidemment un cas de force majeure dont le directeur ne peut être responsable. La jurisprudence est unanime à cet égard. — MM. Lacan et Paulmier, t. 2, n° 558 et suiv., rendent compte en détail des diverses contestations qui se sont engagées sur ce point. Bien plus, lorsque la pièce est reçue par le directeur, approuvée par la censure, représentée plusieurs fois, et qu'ensuite l'autorité supérieure en interdit les représentations, le veto de l'autorité doit être considéré comme un événement de force majeure qui affranchit le directeur des obligations par lui contractées (V. n° 507; Conf. MM. Lacan et Paulmier, t. 2, n° 559). — C'est aussi ce qui a été jugé (V. Paris, 29 déc. 1835, aff. Jouslin de la Salle, v° Responsabilité, n° 146).

274. Si la censure, après avoir refusé son autorisation, consent plus tard à ce que la pièce soit jouée, le contrat intervenu entre le directeur et l'auteur qui avait perdu sa raison d'être, revivra-t-il et devra-t-il, en conséquence, recevoir son exécution? Il est clair que le refus de la censure dégage les parties de leurs obligations respectives, et que l'autorisation qui arrive postérieurement n'a pas la puissance de faire revivre le contrat. — Un nouveau consentement sera nécessaire. Ainsi jugé (Paris, 26 juill. 1831, aff. Scribe C. le directeur de l'Odéon, Gaz. des trib. du 27). — V. MM. Lacan et Paulmier, n° 560.

275. La réception de la pièce impose des obligations à l'auteur. La première est celle de la laisser jouer par le théâtre qui l'a admise; après l'acceptation il ne peut plus la retirer. Il pourrait être poursuivi pour l'exécution de cette obligation; s'il avait gardé le manuscrit, l'administration ne pourrait demander qu'une indemnité; si le manuscrit était resté au théâtre, la pièce pourrait être jouée, et, en cas d'opposition, les tribunaux maintiendraient le droit du théâtre. Toutefois, des considérations très-puissantes ont fait penser à quelques personnes que l'auteur est toujours libre de retirer sa pièce; qu'il est juge et maître de ses ouvrages, seul capable de savoir si sa réputation ou son intérêt ne souffriront pas de la représentation publique de sa pièce. MM. Vivien et Blanc, n° 398 et 399, Lacan et Paulmier, n° 578, 579, rejettent cette théorie, qui nous paraît, comme à eux, contraire à ce qu'exige la foi des conventions librement consenties.

276. L'auteur est surtout obligé de laisser jouer sa pièce lorsqu'il ne demande à la retirer que pour la porter à un autre théâtre. Ainsi le tribunal de commerce a condamné M. Alexandre Dumas à laisser représenter sa pièce de Christine de Suède reçue à l'Odéon, et qu'il avait annoncé avoir l'intention de porter à la Comédie-Française (V. MM. Lacan et Paulmier, n° 579, 581).— Si le directeur avait manqué à ses engagements envers l'auteur en lui faisant un passe-droit, celui-ci pourrait exiger la remise de son manuscrit. Mais l'on ne peut considérer la reprise d'un ouvrage connu comme une violation de l'engagement de ne pas faire jouer un ouvrage avant celui de l'auteur qui se plaint (Conf. mêmes auteurs, n° 569). Dans l'espèce, il s'agissait de Marino Faliero, qui, ayant été représenté au théâtre de la Porte-Saint-Martin, avait été porté par M. Delavigne à l'Odéon après la réception, mais avant la représentation de la tragédie de M. Dumas. —Il est évident que lorsqu'une pièce n'est reçue qu'à correction (V. n° 261), l'auteur ne perd pas le droit de reprendre son ouvrage et de le porter à un autre théâtre (V. mêmes auteurs, n° 551).

277. Lorsqu'une pièce a été reçue et que son tour est arrivé, elle doit être mise à l'étude. L'usage que l'on suit, à moins que les règlements particuliers de chaque théâtre ne renferment une clause contraire, est que la distribution des rôles et le choix des acteurs appartiennent à l'auteur. Il peut préférer un double à son chef d'emploi, mais non forcer ensuite celui-ci à jouer le rôle en remplacement; il ne peut exiger qu'un acteur sorte de son emploi. Quand un acteur a été chargé d'un rôle, l'auteur ne peut plus le lui enlever, à moins que l'acteur ne lui donne juste sujet de plainte. — V. MM. Lacan et Paulmier, n° 583 et suiv.

278. A moins de convention spéciale, l'administration n'est pas tenue d'employer des décors et des costumes neufs : il suffit que ceux qu'elle y consacre s'accordent avec le sujet.

279. L'administration prescrit l'ordre, le jour, l'heure, le nombre des répétitions; mais l'auteur donne des avis qui doivent être suivis en tout ce qui concerne la mise en scène et les moyens de rendre sa pensée. Il peut introduire aux répétitions les personnes qu'il lui plaît d'y amener, pourvu que les règlements ne s'y opposent pas ou que leur nombre ne cause pas de trouble.

280. L'administration fixe le jour de la première représentation; l'auteur a le droit d'obtenir un ajournement si l'intérêt de sa pièce l'exige; il ne le pourrait plus s'il avait laissé afficher sa pièce. L'administration détermine les pièces qui doivent accompagner celle qui va être représentée pour la première fois; l'auteur pourrait se plaindre si on faisait précéder son ouvrage de pièces qui mécontenteraient le public (Conf. MM. Lacan et Paulmier, nᵒˢ 587, 588).

281. La rédaction de l'affiche appartient à l'auteur, en ce qui concerne sa pièce : le directeur ne peut rien y insérer qui nuise à l'auteur, par exemple que la pièce est jouée en vertu d'un jugement (MM. Vivien et Blanc, nᵒ 414; Lacan et Paulmier, nᵒ 589).

282. Au moment de la représentation, l'auteur doit être admis dans les coulisses afin de donner des avertissements aux acteurs, et pour pouvoir se guider d'après les dispositions du public; il peut, en cas d'improbation, faire baisser le rideau, ou exiger que, malgré le directeur, la pièce continue. Après la représentation, l'auteur peut ou se nommer, ou garder l'anonyme (MM. Lacan et Paulmier, nᵒ 592).

283. L'auteur dont la pièce a été mal accueillie peut la faire jouer trois fois. Si cette clause est réciproque, l'auteur est tenu de laisser jouer sa pièce trois fois; autrement il a le droit de la retirer aussitôt après la première représentation.

284. Quelle est l'autorité compétente pour statuer sur les difficultés qui peuvent s'élever entre les auteurs et les directeurs? — Il faut distinguer : lorsqu'il s'agit, entre les auteurs et les entreprises théâtrales, de la présentation, de l'acceptation ou du refus, et de la représentation d'une pièce, la compétence varie. S'il s'agit d'une difficulté de nature à interrompre le cours d'une représentation, elle doit être soumise d'abord à l'autorité chargée de la police des spectacles. S'il y a contestation ultérieure, ou si la discussion s'élève sur tout autre objet, le directeur doit être traduit devant le tribunal de commerce, l'auteur devant le tribunal civil.

Art. 12. — *Des droits réciproques des auteurs et de l'administration des théâtres après la première représentation des pièces.*

285. La chute de l'ouvrage représenté rompt tout lien entre l'administration et l'auteur, sauf cependant le cas où cette chute aurait été provoquée par de coupables manœuvres, ou encore le cas où la réprobation du public se serait attachée plutôt au jeu des acteurs qu'à la pièce elle-même (MM. Lacan et Paulmier, t. 2, nᵒ 594). — Si la pièce a réussi, l'auteur est obligé de la laisser jouer et le théâtre de continuer à la représenter (V. Propriété litt., nᵒ 173). — Dès qu'une administration théâtrale a fait représenter une pièce, et que pour arriver à une représentation convenable elle a fait les frais des costumes et des décors, il ne peut être permis à un auteur de retirer sa pièce et de la porter à un autre théâtre.—Ainsi jugé (trib. de la Seine, 1ʳᵉ ch., 10 août 1831, aff. Waflard et Fulgence, V. nᵒ 287). — V. Conf. MM. Lacan et Paulmier, nᵒ 597.

286. Si l'administration du théâtre arrête les représentations de la pièce, bien qu'elle produise encore des recettes satisfaisantes, l'auteur a-t-il un droit contre le théâtre? — Nous pensons qu'il est difficile d'accorder dans ce cas une action à l'auteur.

Comment constater le succès et la part que la pièce abandonnée peut y avoir eue? Comment fixer le temps pendant lequel l'administration devra continuer? Comment empêcher que le voisinage d'un autre ouvrage n'éloigne le public? L'abandon des représentations ne nous semble devoir produire d'autre effet que d'autoriser l'auteur à retirer sa pièce et à la porter à un autre théâtre (Conf. MM. Vivien et Blanc, nᵒ 419).—Mais il faut pour cela que la suspension des représentations ait duré un temps assez long pour constituer un véritable abandon de la part du directeur. A Paris, il est généralement passé en usage que l'auteur peut retirer sa pièce lorsqu'elle n'a pas été jouée pendant un an et un jour. Là où cet usage n'existe pas, les tribunaux décideraient si, en ne jouant pas la pièce pendant un certain temps, le théâtre a rendu à l'auteur le droit d'en disposer (V. MM. Lacan et Paulmier, t. 2, nᵒ 598).

287. Mais pour que l'auteur ait le droit de retirer sa pièce, il est nécessaire que l'abandon de cette pièce par le directeur du théâtre sur lequel elle a été jouée soit bien constant. — Il faut donc que l'auteur fasse constater le refus de l'administration de jouer la pièce. C'est une mise en demeure indispensable. — Les tribunaux ensuite apprécient les conséquences du refus. Tant qu'il n'y a pas de mise en demeure, les auteurs n'ont pas le droit de disposer de leur pièce. C'est ce qui a été jugé : « Attendu que les sieurs Fulgence et Waflard n'ont fait aucune sommation judiciaire au sieur Harel, pour le mettre en demeure de représenter plus souvent les ouvrages dramatiques dont il s'agit; qu'ils ont ainsi en quelque sorte reconnu que ces pièces ne pouvaient être utilement représentées plus souvent, et qu'à défaut de mise en demeure judiciaire, ils n'ont pu disposer desdites pièces au profit d'un autre théâtre » (trib. de la Seine, 1ʳᵉ ch., 10 août 1831, aff. Waflard et Fulgence C. le directeur de l'Odéon. — V. Conf. MM. Lacan et Paulmier, nᵒ 598.

288. Les lois des 13 janv. 1791, art. 3, 19 juill. 1791, art. 1 (V. Propriété litt., p. 444), 30 août 1792, art. 6 (V. *suprà*, p. 294) veulent qu'aucun ouvrage dramatique ne puisse être représenté sur aucun théâtre public, dans toute l'étendue du royaume, sans le consentement formel et par écrit des auteurs ou de leurs héritiers et cessionnaires, pendant la durée de leurs droits, sous peine de la confiscation du produit total des représentations au profit de l'auteur ou de ses héritiers et cessionnaires. Il est difficile qu'à Paris une pièce soit jouée malgré l'auteur; la disposition concerne surtout les départements. L'obligation d'avoir le consentement écrit de l'auteur semble plutôt exigée pour la preuve que pour la validité du contrat, et nous croyons, avec MM. Vivien et Blanc, que des auteurs, toujours intéressés à ce qu'on joue leurs pièces, et qui auraient donné verbalement leur consentement, seraient non recevables à confisquer toute la recette, sous prétexte qu'ils n'ont pas consenti par écrit à la représentation. — Dans ce cas la preuve du consentement verbal pourrait résulter de l'aveu de l'auteur ou de sa déclaration sur délation de serment : c'est ce qu'on doit induire par analogie d'un arrêt rendu par la cour de cassation, en matière de transaction où le droit est encore plus rigoureux. — V. vᵒ Transaction.

289. On a prétendu que, lorsque la représentation d'une pièce a été suspendue pendant un assez long délai, le directeur du théâtre sur lequel elle a été jouée, est tenu, dans le cas où il voudrait la reprendre, de se munir de nouveau du consentement de l'auteur. — Mais ces prétentions ont été repoussées par les tribunaux; et il a été décidé avec raison que les précitées ne s'appliquent pas à ce cas particulier; que, dès que l'auteur n'a pas usé de la faculté de retirer sa pièce qui lui donnaient les règlements, l'administration était en droit de la représenter comme les autres pièces de son répertoire (Paris, 26 juin 1840) (1)... — Et que le consentement de l'auteur, une fois donné, n'a pas besoin d'être renouvelé; la suspension des re-

---

(1) (Directeur de l'Opéra *C.* Spontini.) — La cour ; — Considérant que si le décret du 13 janv. 1791 défend de représenter sur un théâtre public les ouvrages des auteurs vivants sans leur consentement, cette disposition ne peut s'appliquer au cas où un auteur a traité de son ouvrage avec une administration théâtrale; qu'il se forme alors entre l'auteur et l'administration un contrat qui s'interprète d'après les règles du droit commun; — Considérant que Spontini a donné en 1809 sa partition de *Fernand Cortez* à l'Académie royale de musique; que cet opéra a été mis en scène, et a eu à diverses époques un grand nombre de rea présentations; que Spontini a reçu les honoraires fixés par les règlements; qu'il n'a point usé de la faculté que les lois pouvaient lui donner de retirer son opéra; que par conséquent cet opéra est resté au répertoire, et que, dès lors, l'administration a le droit de le représenter comme les autres pièces de son théâtre, quand elle le juge convenable

présentations, quelque longue qu'elle soit, ne créant pas un droit nouveau : seulement l'auteur a la faculté d'assister aux répétitions de l'ouvrage, d'en diriger les études, et de concourir à son succès par tous les moyens autorisés par les règlements (même arrêt). — V. aussi MM. Lacan et Paulmier, n° 599.

290. Il a été jugé que le fait, par un directeur de théâtre, d'avoir, de bonne foi, et alors qu'il a pu s'y croire autorisé, représenté des ouvrages dramatiques au mépris des droits de propriété des auteurs, ne constitue pas le délit prévu par l'art. 428 c. pén. (Paris, 22 mars 1838) (1). — Et il y a bonne foi de la part du directeur, s'il avait obtenu de l'un des coauteurs d'une pièce la permission de la faire représenter, ou bien encore si, ayant traité du droit de représenter une pièce sur un théâtre qu'il exploite, il l'a fait représenter sur un autre théâtre dont il a, depuis le traité, pris la direction, sur lequel la pièce avait déjà été représentée, et pour lequel elle avait été faite (même arrêt).

291. On comprend facilement que les auteurs ne peuvent accorder la jouissance simultanée d'un même ouvrage à plusieurs théâtres, à moins que le premier saisi n'en accorde la faculté. Cela ne s'entend que des théâtres d'une même ville; car il est évident qu'un théâtre de Paris, sur lequel a été représenté pour la première fois un ouvrage dramatique, ne peut s'opposer à ce qu'il soit joué en province. — On a jugé qu'un auteur ne peut donner à un second théâtre une imitation de la pièce qu'il a donnée précédemment (V. MM. Vivien et Blanc, n° 424, V. aussi v° Propriété litt., n° 176). — V. aussi n° 270, et MM. Lacan et Paulmier, n° 600.

292. Les auteurs retirent de la représentation de leurs pièces trois sortes d'avantages : une rétribution ordinaire connue sous le nom de droit d'auteur, des entrées personnelles et des billets.

293. La loi du 19 juill. 1791, relative à la propriété littéraire dramatique, porte que la rétribution des auteurs, convenue entre eux ou leurs ayants cause et les entrepreneurs de spec-

tacles, ne pourra être ni saisie ni arrêtée par les créanciers des entrepreneurs de spectacle. Ce privilége est fondé sur ce que les auteurs sont considérés comme propriétaires d'une partie de la recette. De la nature de ce droit il suit que, si les auteurs l'exigent, on doit leur payer le montant de leur droit sur la recette de chaque jour; une sentence de référé l'a ordonné à l'égard de l'administration du Cirque-Olympique (4 fév. 1830, Gaz. des trib. du 10 fév.). La plupart du temps, l'embarras de comptes quotidiens et d'une perception renouvelée chaque jour, engage les auteurs à laisser leur droit dans la caisse du théâtre et à ne se faire payer qu'à certaines époques plus ou moins rapprochées. Cette condescendance de leur part ne leur fait pas perdre le privilége d'être payés sur les recettes avant les autres créanciers de l'entreprise. Il est impossible de supposer que le retard apporté à la perception ait entraîné une novation ayant pour effet de faire considérer le directeur comme seul débiteur des auteurs, dont la créance cesserait dès lors d'être privilégiée (V. MM. Vivien et Blanc, n° 434).—Toutefois, il y aurait novation si l'auteur laissait le montant de ses droits dans les mains du directeur à titre de prêt ou avec stipulation d'intérêts (V. MM. Lacan et Paulmier, t. 2, n° 621). — Mais les droits des auteurs peuvent être saisis par leurs créanciers (c. nap. art. 2092). Un arrêt du conseil du 21 mars 1749 avait fait mainlevée d'une saisie faite sur Crébillon entre les mains de comédiens français, sur le produit d'une de ses tragédies. Mais nous pensons que sous l'empire de la loi actuelle, trop précise pour que l'on fasse une exception même en faveur du talent qui la mériterait, le droit d'auteur est saisissable par les créanciers de l'auteur (Conf. MM. Vivien et Blanc, n° 431).

294. Si le droit d'auteur est proportionné à la recette, il se calcule d'après la recette brute ou nette, suivant ce qui a été convenu entre les parties. L'usage est de déduire à forfait une somme pour les frais, et de baser le droit sur ce qui reste après cette déduction. Cette part proportionnelle est perçue sur la recette entière, lors même que les prix ont été augmentés par quel-

---

à ses intérêts, ou quand l'autorité le demande; — Que le consentement une fois donné par Spontini n'avait pas besoin d'être renouvelé; qu'aucune disposition de loi ou du règlement ne l'exige; que la suspension des représentations, quelque longue qu'elle soit, ne crée pas un droit nouveau; que ces suspensions sont de la nature même des choses, et communes à tous les ouvrages de ce genre; — Que l'opéra de *Fernand Cortez* lui-même avait été suspendu plusieurs fois sans que Spontini eût élevé la prétention qu'il élève aujourd'hui;

Que Spontini a sans contredit le droit d'assister aux répétitions de son opéra, d'en diriger les études, et de concourir à son succès par tous les moyens que les règlements autorisent; que ce concours, loin d'être contesté, est sollicité par les appelants, qui font ainsi que peuvent se concilier les intérêts de l'auteur et ceux de l'administration; mais que Spontini n'a pas le droit de suspendre à son gré les représentations, d'en assigner les époques, et par là de causer préjudice à l'administration, chargée seule de tous les frais de la mise en scène; — Que c'est donc à tort que les premiers juges ont fait défense à l'administration de représenter *Fernand Cortez* sans le consentement de Spontini; — Infirme le jugement du tribunal de commerce, etc.

Du 26 juin 1840.-C. de Paris, 1re ch.-MM. Simonneau, pr.-Boucly, av. gén., c. contr.-Chaix-d'Est-Ange et Léon Duval, av.

(1) *Espèce.* — (Anicet-Bourgeois et veuve Ducange C. de Cès-Caupenne.) — Le tribunal correctionnel de la Seine, sur la plainte d'Anicet-Bourgeois et de la veuve Ducange, qui prétendaient que de Cès-Caupenne, directeur de l'Ambigu et de la Gaîté, avait représenté, sans autorisation de leur part, donné des représentations des deux drames d'*Héloïse et Abeilard* et d'*Il y a seize ans*, a rendu, le 16 janv. 1838, le jugement suivant : — « En ce qui touche la plainte d'Anicet-Bourgeois : — Attendu que Francis Cornu, coauteur avec Anicet-Bourgeois du drame d'*Héloïse et Abeilard*, a donné à de Cès-Caupenne permission de faire représenter ce drame sur le théâtre de la Gaîté; — Qu'à la vérité, Anicet-Bourgeois proteste contre ce consentement; — Que la validité ou la nullité du consentement donné par Francis Cornu soulève entre les deux auteurs une question grave et délicate; — Que cette question n'est pas de la compétence de la juridiction répressive, mais que, dans les circonstances de la cause, il est évident que de Cès-Caupenne a pu de bonne foi se croire suffisamment autorisé à faire représenter le drame d'*Héloïse et Abeilard* sur le théâtre de la Gaîté, et que le fait de cette représentation ne peut dès lors constituer un délit;

» En ce qui touche la plainte de la veuve Ducange : — Attendu que le drame ou mélodrame de feu Victor Ducange, intitulé *Il y a seize ans*, avait été originairement fait pour le théâtre de la Gaîté; que, depuis le

décès de Victor Ducange, sa veuve, comme étant à ses droits, avait traité avec Bernard-Léon, ancien directeur de la Gaîté, pour la représentation de cette pièce sur son théâtre; que le traité a été résilié par la faillite de Bernard-Léon; — Qu'alors la veuve Ducange a traité avec de Cès-Caupenne, directeur du théâtre de l'Ambigu; que, depuis lors, de Cès-Caupenne a acquis de la veuve Ducange la partition de la musique; — Que cette partition faite pour le mélodrame en est inséparable; que la pièce ne peut être jouée sans la musique, et la musique sans la pièce, ce qui établit une indivision de droits entre la veuve Ducange et de Cès-Caupenne; — Que de Cès-Caupenne, propriétaire de la musique, ayant traité du droit de faire représenter le mélodrame au théâtre de l'Ambigu, a pu se croire autorisé, après avoir acquis la direction de la Gaîté, à replacer la pièce sur la scène pour laquelle elle avait été faite; — Que la veuve Ducange ne peut prétendre lésée dans son intérêt moral, puisque le théâtre de la Gaîté était celui que feu Victor Ducange, et elle-même après lui, avaient choisi pour la représentation de la pièce *Il y a seize ans*; — Que, d'autre part, de Cès-Caupenne offrant à la veuve Ducange les mêmes droits pour une représentation à la Gaîté que pour une représentation à l'Ambigu, la mise en scène à la Gaîté ne portait aucun préjudice aux intérêts matériels et pécuniaires de la veuve Ducange; — Attendu que, si l'on ne peut admettre que, par la réunion des deux directions de l'Ambigu et de la Gaîté, de Cès-Caupenne ait acquis, par ce seul fait, le droit de transporter le répertoire d'un théâtre sur l'autre, il résulte cependant des circonstances ci-dessus énoncées et particulières à chacune des trois plaintes que le délit n'existe pas; — Qu'il importe d'ailleurs, de remarquer que ces trois plaintes se justifient mal par leur intérêt matériel, et qu'elles paraissent n'avoir été introduites que dans l'intérêt d'une association qui n'a pas été niée à l'audience, et dont le but se serait frapper d'interdit le théâtre de la Gaîté; — Qu'une pareille association ne peut trouver protection devant les magistrats, puisqu'elle est entièrement contraire à la liberté de l'industrie, en même temps qu'elle est peu compatible avec l'indépendance et la dignité des lettres; — Renvoie de Cès-Caupenne des fins de la plainte. » — Appel. — Arrêt.

La cour; — Considérant qu'il résulte des faits et circonstances de la cause que de Cès-Caupenne a pu, de bonne foi, se croire autorisé à représenter sur le théâtre de la Gaîté la pièce intitulée *Héloïse et Abeilard*, et celle qui a pour titre *Il y a seize ans*, composée par feu Ducange, aux droits duquel la veuve se trouve aujourd'hui; — Qu'ainsi de Cès-Caupenne ne s'est pas rendu coupable du délit prévu par l'art. 428 c. pén.; Confirme.

Du 22 mars 1838.-C. de Paris, ch. corr.-M. Dupuy, pr.

que représentation extraordinaire. On a soutenu le contraire pour une représentation donnée au bénéfice des pauvres; mais le tribunal de commerce de Paris, par jugement du 16 mai 1828, a donné gain de cause aux auteurs (Conf. MM. Vivien et Blanc, n° 436). — Tel est aussi l'avis de MM. Lacan et Paulmier, n° 613 : « Que la pièce, disent ces auteurs, ait été jouée dans une représentation extraordinaire donnée au bénéfice des pauvres ou d'un artiste ou de tous autres; que le prix des places ait été ou non augmenté, c'est sur la recette effectuée et non sur la recette habituelle que doit s'asseoir le calcul des droits d'auteur.—Le traité confère à l'auteur une fraction de chaque recette, il crée donc entre le directeur et l'auteur la présomption que la recette a été le produit de la pièce jouée, et cette présomption doit faire la loi des parties. »

295. Lorsque, dans une représentation à bénéfice, le spectacle est composé de pièces appartenant à un autre théâtre que celui où se donne la représentation, comment doivent se calculer les droits d'auteurs, dans le cas où aucune convention particulière n'a réglé préalablement ces droits? Doivent-ils être fixés d'après les conventions faites entre l'auteur et le directeur du théâtre auquel la pièce appartient, ou d'après les usages du théâtre sur lequel la représentation à bénéfice est donnée?—Il a été jugé que ces droits sont ceux alloués ordinairement par le théâtre sur lequel la représentation a eu lieu (trib. com. de la Seine, 10 sept. 1858) (1). — Cette décision nous paraît fort juste. Il n'en pourrait être autrement que si la pièce avait été jouée sans le consentement de l'auteur, ce qui devra arriver fort rarement, car les représentations à bénéfice sont toujours annoncées longtemps à l'avance, et le défaut d'opposition de l'auteur à la représentation de la pièce annoncée équivaudra presque toujours à un consentement tacite (Conf. MM. Lacan et Paulmier, n° 614).

296. Lorsque l'auteur a réglé avec un directeur le droit qu'il percevra par chaque représentation, ce règlement fait loi. Mais si la convention se tait à cet égard, il est réputé avoir accepté comme base le tarif fixé par le directeur pour les pièces du même genre que la sienne et de la même étendue. — Le tarif du Théâtre-Français concédait à l'auteur, pour cinq actes, le 12e brut de la recette; pour trois actes, le 18e; pour un acte, le 24e. Un décret du 16 nov. 1859 (D. P. 59. 4. 120) a modifié l'art. 72 du décret du 15 oct. 1812 qui fixait ce tarif. Aujourd'hui, d'après le nouvel art. 72, la part d'auteur dans le produit brut des recettes est de 15 p. 100 par soirée à répartir entre les ouvrages, tant anciens que modernes, faisant partie de la composition du spectacle, conformément au tableau suivant (2). — L'Opéra allouait 500 fr. de droits fixes pour chacune des vingt premières représentations d'un grand opéra. Mais d'après un décret des 10-24 déc. 1860 (D. P. 61. 4e partie), à partir du 1er janv. 1861, le droit des auteurs et compositeurs est fixé à la somme de 500 fr.

par soirées pour toute la composition du spectacle, quel que soit le nombre des représentations des ouvrages représentés, et cette somme est répartie conformément au tableau suivant (3). — Ces 500 fr. se partagent entre l'auteur de la pièce et l'auteur de la musique (Conf. trib. com. de Paris, 21 oct. 1841, aff. Pacini et Berlioz, journ. le Droit, 23 oct.).—A l'Opéra-Comique, les droits des auteurs sont, pour un ouvrage en trois, quatre ou cinq actes, de 8 1/2 p. 100 sur la recette, prélèvement fait du droit des pauvres; pour un ouvrage en deux actes, de 6 1/2 p. 100; pour un ouvrage en un acte, de 6 p. 100. — Si la pièce compose à elle seule tout un spectacle, il y a lieu à un supplément de 6 p. 100. — Sur les théâtres de genre, le droit des auteurs est fixé à 12 p. 100; sur les théâtres de drame, à 8 p. 100, et un droit fixe pour la petite pièce. Le droit est de 10 p. 100, quand le spectacle ne se compose que d'une grande pièce. — Lorsque l'ouvrage d'un auteur est accompagné d'une pièce tombée dans le domaine public, comme les pièces de Corneille, de Racine ou de Voltaire, les agents des auteurs touchent, au profit de la caisse commune, le quart du droit qui aurait appartenu à l'auteur vivant.

297. Comment opère-t-on en cas d'allocation proportionnelle? — « A défaut de conventions spéciales, disent MM. Lacan et Paulmier, t. 2, n° 612, on commence par prélever sur la recette les frais journaliers suivant la justification qui en est faite, ou d'après une évaluation à forfait, et c'est sur le restant de la recette que se règle la part de l'auteur. — La recette brute se compose du prix des billets vendus au bureau ou ailleurs pour le compte de la direction, du produit de la location des loges, des abonnements et entrées pour la portion afférente à chaque représentation. — Les frais journaliers comprennent les dépenses ordinaires et extraordinaires du théâtre, et la taxe des pauvres. — Les dépenses ordinaires sont le loyer de la salle, les frais de chauffage et d'éclairage, le payement des gardes et employés, les affiches, le service en cas d'incendie; les dépenses extraordinaires sont les augmentations que peut faire subir aux dépenses ordinaires la représentation de certaines pièces. » — Quant à la taxe des pauvres, elle n'entre en ligne de compte que pour la somme qui est effectivement payée aux hospices, soit qu'il y ait un abonnement, soit qu'il n'y en ait pas.

298. Afin d'assurer la perception du droit, il est défendu de changer le titre des pièces, ce qui empêcherait de les reconnaître; d'un autre côté, le théâtre doit avoir un registre sur lequel on inscrit les pièces représentées chaque jour, et qui doit être visé par l'officier de police de service.

299. Lorsque la recette sert de base au droit des auteurs, ceux-ci ont le droit de se plaindre des inexactitudes qu'ils prétendent exister dans les comptes du produit des représentations; ils peuvent exiger qu'on leur fasse raison des billets vendus et qu'on n'aurait pas portés en compte; mais ils ne peuvent repro-

---

(1) (Bayard et Théaulon C. Duponchel, etc.) — LE TRIBUNAL; — Attendu que si la loi du 6 août 1791 a stipulé qu'une pièce ne pourra être jouée sans le consentement des auteurs, et à la charge de les rétribuer d'après les conventions faites entre eux et les directeurs du théâtre, comme dans l'espèce il est reconnu que Bayard et Théaulon, en consentant à ce que leur pièce, le Père de la débutante, fût jouée sur le théâtre de l'Académie royale de musique, lors de la représentation à bénéfice de la demoiselle Noblet, n'ont pas fixé la rétribution qui leur serait due pour cette représentation, il appartient au tribunal de l'arbitrer; — Considérant que, d'après l'ord. du 18 janv. 1816, les droits des auteurs, pour les représentations qui auraient lieu à l'Académie royale de musique, sont fixés à la somme de 170 fr., lorsque les pièces ne remplissent pas toute la durée du spectacle; — Attendu que le Père de la débutante ne faisait qu'une partie de la représentation donnée au bénéfice de la demoiselle Noblet;— Attendu que Bayard et Théaulon n'ignoraient pas que leur pièce devait être jouée sur le théâtre de l'Académie royale de Musique;— Par ces motifs, condamne, etc. Du 10 sept. 1858.-Trib. de com. de la Seine.-M. Thoureau, pr.

(2) Tableau des droits d'auteurs pour les pièces représentées au Théâtre-Français.

Une pièce seule.	15 p. 100.	
2 pièces égales.	7 1/2 chacune. . .	15
4 ou 5 actes.	11. . . . . }	15
1 ou 2 actes.	4. . . . . }	
4 ou 5 actes.	9. . . . . }	15
5 actes.	6. . . . . }	
5 actes.	10. . . . . }	15
1 acte ou 2 actes.	5. . . . . }	

---

5 pièces égales.	5 chacune. . . .	15
4 ou 5 actes.	5. . . . . }	
1 acte ou 2 actes.	3 1/2. . . . . . }	15
1 acte ou 2 actes.	5 1/2. . . . . . }	
4 ou 5 actes.	5. . . . . }	
5 actes.	5. . . . . }	15
1 acte ou 2 actes.	4. . . . . }	
5 actes.	7. . . . . }	
1 acte ou 2 actes.	4. . . . . }	15
5 actes.	5 1/2. . . . . . }	
1 acte ou 2 actes.	5 1/2. . . . . . }	15
1 acte ou 2 actes.	5. . . . . }	

(3) Tableau des droits d'auteurs pour les ouvrages représentés à l'Opéra.

Un ouvrage seul.	} 500
Un opéra en 3, 4 ou 5 actes	375' }
Un ballet en 1 acte.	125 } 500
Un opéra en 4 ou 5 actes	300 }
Un ballet en 2 ou 3 actes.	200 } 500
Un opéra en 2 ou 3 actes.	250 }
Un ballet en 2 ou 3 actes.	250 } 500
Un opéra en un acte.	200 }
Un opéra ou 5 actes.	500 }
Un opéra ou ballet en 2 ou 3 actes. . . .	250 } 500
Un opéra ou ballet en 1 acte.	125 }
Un opéra ou ballet en 1 acte.	125 }
Un opéra en 1 acte.	200 }
Un ballet en 1 acte	150 } 500
Un ballet en 1 acte.	150 }

cher à l'administration la distribution des billets gratuits.—S'il y avait fraude de la part de l'administration dramatique dans la perception et la vente des billets, l'auteur serait évidemment fondé à demander la résiliation du traité et des dommages-intérêts (Conf. MM. Lacan et Paulmier, n°° 616, 617).

300. Les droits d'auteurs peuvent être transportés par lui à un tiers, même pour les représentations futures (c. nap., art. 1130; trib. de la Seine, 1ʳᵉ ch., 5 juin 1840, journ. le Droit, 6 juin; Conf. mêmes auteurs, n° 619).

301. Pour entretenir les rapports des auteurs avec les théâtres des départements, et pour faciliter les recouvrements du droit, il s'était établi des agences, dont les chefs étaient connus sous le nom de correspondants, ou plutôt d'*agents dramatiques*; ils étaient les mandataires des auteurs pour la perception et le recouvrement du droit sur chaque représentation. Ils réglaient les conditions auxquelles les auteurs permettaient la représentation de leurs pièces sur les théâtres de province. Du reste, ces agents n'avaient aucun caractère public et ne pouvaient agir que lorsqu'ils en avaient été expressément chargés par les auteurs (Conf. MM. Vivien et Blanc, n° 442). — Depuis l'organisation de la société des auteurs dramatiques, il n'existe plus d'agence générale dont les services peuvent être réclamés, moyennant salaire, par quiconque en a besoin. Le recouvrement des droits d'auteurs n'a plus lieu aujourd'hui que par les soins des agents de cette société à leurs frais et risques, en qualité de mandataires ordinaires, et au profit seulement des membres de la société. MM. Lacan et Paulmier, n° 624, remarquent avec raison que, par suite de cette organisation, il est à peu près impossible à un auteur dramatique, non sociétaire, domicilié à Paris, d'arriver au recouvrement de ses droits pour ses pièces représentées en province. M. Vivien, Etudes adm., t. 2, p. 410 et s., tout en louant la pensée généreuse qui a inspiré cette association et en reconnaissant les services qu'elle est appelée à rendre, s'élève avec force contre la véritable dictature qu'elle exerce à l'égard des directeurs de théâtre et des auteurs eux-mêmes.

302. Les auteurs retirent encore de la représentation de leur pièce à un théâtre, avons-nous dit, un droit d'entrée personnelle. La durée de ce droit dépend des conventions ou des règlements; il ne peut être transmis sans que cela ait été convenu (V. MM. Lacan et Paulmier, n°° 627 et suiv.). — Il a été

jugé que le traité par lequel un auteur qui a droit à deux entrées à vie, peut en céder une, doit s'entendre en ce sens que le cessionnaire en jouira pendant toute sa vie, et non pas seulement pendant la vie du cédant (trib. de la Seine, 30 sept. 1835)(1); et que ce traité, approuvé d'ailleurs et reçu par l'autorité administrative, est obligatoire pour le directeur d'une nouvelle administration, bien que l'ordonnance de concession n'ait pas formellement imposé à ce directeur l'obligation de se conformer à ce traité (même jugement).

303. Les peintres décorateurs de l'Opéra ont-ils nécessairement et sans stipulation le droit d'entrée sur la scène?—Le directeur de l'Opéra avait interdit l'accès des coulisses aux peintres décorateurs en se fondant sur un arrêté de la commission des théâtres qui avait limité les droits d'entrée sur la scène : 1° aux personnes qui s'y trouvaient appelées pour leurs fonctions ou leur service; 2° aux auteurs ou compositeurs d'ouvrages au répertoire. — Procès entre le directeur et les peintres. Jugement du tribunal de commerce qui donne gain de cause aux peintres. Mais sur l'appel est intervenu arrêt de la cour du 9 mars 1839 qui a infirmé le jugement du tribunal (V. journ. le Droit, du 10 mars, et MM. Lacan et Paulmier, n° 626). — M. Daguerre avait donné dans cette affaire un avis parfaitement motivé et qu'il est utile de faire connaître (2).

304. Ce sont aussi les conventions ou les règlements qui déterminent le nombre des billets d'auteur. Ces billets étant un droit, ce n'est par une faveur jouissent de toutes les facultés attachées à ceux qu'on achète. Le nombre des billets est plus considérable aux premières représentations; toutefois, ce n'est qu'un usage facultatif. L'auteur qui a distribué plus de billets qu'il n'était autorisé à en émettre doit en tenir compte à l'administration (V. MM. Lacan et Paulmier, n°° 630, 631).

Art. 13. — *Des directeurs des théâtres, des sociétés dramatiques, des employés et de l'association des artistes dramatiques et des musiciens.*

305. Le directeur propriétaire agit comme tout chef d'établissement. Mais si l'entreprise est exploitée par une société, dont le directeur est le gérant, associé ou non, ses droits sont réglés par l'acte de société. S'il n'a point de part dans l'associa-

---

(1) *Espèce* : — (Duhamel et cons. C. Crosnier.) — Par un traité de l'an 10, intervenu entre l'administration de théâtre Feydeau et les auteurs et compositeurs, qui travaillaient pour ce théâtre, il fut convenu qu'après un certain nombre de partitions musicales ou de poëmes reçus ou joués à Feydeau, les auteurs et compositeurs auraient droit à deux entrées à vie, à toutes places, dont l'une serait purement personnelle et incessible, et l'autre aliénable, à la volonté du titulaire. — En vertu de ce traité, les sieurs de Piis, Desfontaines et Lemière de Corvey, auteurs ou compositeurs, vendirent aux sieurs Duhamel, Sauvage et Drin, les secondes entrées à vie qui leur appartenaient. — Pendant toute la durée de l'ancienne société Feydeau, ainsi que sous les administrations postérieures, et même durant la première année de la direction du sieur Crosnier, directeur actuel du théâtre Feydeau, les sieurs Duhamel, Sauvage et Drin, ont joui de leurs entrées, bien que leurs cédants fussent morts depuis longtemps. Plus tard, le sieur Crosnier ayant refusé à Duhamel et consorts l'entrée du théâtre, ceux-ci l'ont actionné devant le tribunal de commerce de Paris. — Jugement.

LE TRIBUNAL; — Attendu que Crosnier, en prenant la direction du théâtre de l'Opéra-Comique, a pris l'engagement d'exécuter les charges; — Attendu que le nouveau traité qu'il a fait avec les auteurs, relativement à des droits nouveaux, ne détruit pas celui de l'an 10, qui a conféré aux auteurs des droits qui sont imprescriptibles; et qu'on ne peut dire que ce traité n'est pas obligatoire pour Crosnier, ainsi qu'il l'a été pour tous ses prédécesseurs; qu'évidemment le ministre, en accordant le privilége à Crosnier, n'a pas entendu annuler ce traité, qui a été approuvé et reçu par l'autorité administrative; d'où il suit que Crosnier doit être tenu à l'exécution des engagements qui pesaient sur le directeur alors en possession du privilége, et, par suite, sur tous ceux qui lui ont succédé; En ce qui touche l'interprétation de la convention dudit traité, par laquelle il est dit que tout auteur qui aura gagné deux fois ses entrées à vie, pourra donner une entrée personnelle également à vie; — Attendu que cette clause ne peut s'entendre de la vie de l'auteur, mais bien de la vie du cessionnaire; en effet, en accordant ce droit aux auteurs, on a voulu leur conférer l'équivalent du droit que les directeurs vendent eux-mêmes tous les jours, — Attendu qu'aux termes de l'art. 1135 c.

civ., les conventions obligent, non-seulement à ce qui y est exprimé, mais encore à toutes les suites que l'équité, l'usage ou la loi donnent à l'obligation d'après sa nature; que c'est le cas d'en faire l'application à la convention sus-relatée; — Attendu que Duhamel, Sauvage et Drin, sont propriétaires de leurs entrées au théâtre de l'Opéra-Comique, par suite de la cession que leur ont faite les sieurs Desfontaines, Piis et Lemière de Corvey;

En ce qui touche les dommages-intérêts réclamés, attendu que les demandeurs sont privés de leurs entrées depuis le mois de juin; qu'ils déclarent, au surplus, faire l'abandon en faveur des pauvres de ce qui leur sera alloué à titre de dommages-intérêts; — Arbitrant ledit dommage à 300 fr., condamne, etc.

Du 30 sept. 1835.-Trib. de com. de la Seine.-M. Michel, pr.

(2) « Lorsque les auteurs, a dit M. Daguerre, ont accepté la composition des décorations d'un ouvrage et que les directeurs les ont approuvées, ainsi que les plantations, la décoration se commence dans l'atelier et s'achève sur le théâtre par la lumière. Au théâtre, la lumière est factice; elle ne part pas d'un foyer unique, elle est produite par des corps lumineux dont l'artiste doit déterminer le nombre, le placement et l'intensité. Il suit de ces deux faits que l'artiste commence son œuvre par la pensée, qu'il la complète par l'intervention des effets de lumière, et que, d'avance, il calcule ce que la lumière ajoutera aux effets donnés par son pinceau; car lorsqu'il arrive sur la scène, il est encore dans son atelier, et c'est là seulement qu'il peut terminer son travail. Livrer au machiniste la disposition de l'éclairage, c'est sacrifier la décoration; il ne sait pas et ne peut pas savoir à quelle place il doit fixer les lampes, comment il faut en faire converger les rayons pour augmenter la lumière, comment il faut les faire diverger pour créer les ombres, comment on doit les croiser pour arriver à d'autres résultats. Le machiniste ne peut être qu'un instrument pour le décorateur, et d'ordinaire il cède à des considérations étrangères à l'art, quand elles ne lui sont pas diamétralement contraires. Ces observations démontrent que la présence du décorateur sur le théâtre est nécessaire au moment où la décoration est plantée. La même nécessité se continue dans le cours des représentations; le peintre voit d'un coup d'œil si les luminaires sont mal disposés, si le machiniste a négligé de les allumer tous, si les feux ont une intensité suffisante. »

tion, mais seulement un traitement, il ne doit être considéré que comme un fondé de pouvoirs, obligé dans les limites de son mandat. — Toutefois, nous ne croyons pas que le gouvernement ait jamais accordé une entreprise théâtrale à un individu qui ne serait que mandataire, parce que l'entreprise manquerait de garanties à l'égard des tiers. — Il faut nécessairement un directeur responsable à une administration de ce genre. — V. n° 320.

306. L'exploitation d'un théâtre ne peut être entreprise qu'avec des capitaux considérables, et dans l'état actuel des fortunes particulières, il est rare qu'une entreprise de ce genre se soutienne avec les ressources d'une seule personne. Aussi les théâtres sont-ils souvent exploités par plusieurs personnes réunies en société. Quelle est la forme de ces sociétés? quel en est le caractère? Ces questions sont examinées *infrà*, n° 320 et s.

307. Les relations des directeurs avec l'autorité publique sont de nature à modifier les conventions sociales : par exemple, le directeur peut être contraint à rompre des engagements, il peut subir une destitution. Les ordres de l'autorité, véritable cas de force majeure, l'emportent sur les stipulations sociales. Toutefois, si quelque faute, de la part du directeur ou des sociétaires, motivait une mesure préjudiciable aux intérêts de l'entreprise ou des tiers, la partie lésée pourrait se pourvoir pour obtenir réparation (Conf. MM. Vivien et Blanc, n° 207).

308. Les directeurs, n'étant pas fonctionnaires publics, peuvent être poursuivis, sans autorisation du conseil d'Etat, pour les actes de leur gestion et leurs délits.

309. Il a été jugé que c'est d'après le décret du 8 juin 1806 et non d'après les règles du droit commun, que doit être réglée, quant à son bail, la faillite d'un directeur de théâtre; en conséquence, les syndics de sa faillite ne peuvent continuer son entreprise comme ses ayants cause (cons. d'Et. 14 nov. 1821, aff. Fargeot). — Mais V. n° 46.

310. Un pouvoir de discipline intérieur fort étendu appartient aux directeurs (V. n° 187 et suiv.); il est difficile d'en préciser les limites. En cas de discussion, la décision provisoire est, pour des cas prévus, dans les attributions du pouvoir municipal; quant au jugement définitif, il est rendu par les tribunaux, à moins que les parties ne se soient choisi des juges particuliers, des arbitres.

311. Les droits et obligations des employés sont déterminés par les conventions et par les règles du droit commun. Les employés sont soumis, comme les comédiens, en ce qui concerne les règlements intérieurs et les amendes, aux ordres du directeur. — V. n° 187 et suiv.

312. Une représentation scénique où l'on n'applaudit pas a quelque chose de triste et même de glacial; le jeu des acteurs se ressent de ce silence peu encourageant. De là l'usage plus que ridicule qui s'est établi d'admettre dans le parterre un certain nombre de personnes qui ne payent pas et qui même très-souvent sont payées et qui applaudissent à un signal donné par le chef de cette singulière association, qui règle avec le directeur le succès des représentations. — Des débats se sont élevés sur la validité de pareilles conventions, et les tribunaux ont constamment fait justice de toutes ces stipulations illicites. —V. Oblig., n° 638, et MM. Lacan et Paulmier, n° 593.

313. *Association des artistes dramatiques et des artistes musiciens.*—Disons un mot, en terminant, de deux associations formées, il y a quelques années, sous les auspices de M. le baron Taylor. La première est celle des artistes dramatiques. Ses statuts, arrêtés d'abord par acte du 16 fév. 1840, ont déjà été modifiés deux fois, en vertu de délibérations approuvées, la première par ord. du 17 fév. 1848, et la seconde par décret du 6 déc. 1856 (Voy. D. P. 57. 4. 14). Cette association a le même but que les sociétés de secours mutuels dont nous avons parlé v° Association de secours mutuels et Secours publics, n° 229 et suiv.; et en effet, d'après l'art. 3 de ses statuts, elle doit prendre le nom d'association de secours mutuels des artistes dramatiques. Elle a pour objet : 1° de distribuer des secours aux artistes faisant partie de l'association ; 2° de créer à leur profit des pensions dont les bases et les conditions sont fixées par les articles suivants l'art. 2).—La condition d'admission est d'avoir exercé la profession pendant une année (art. 5) ; de déclarer par une demande d'admission ses nom, prénoms et surnoms, son âge, son domi-

cile et la date exacte de ses débuts ; de signer son adhésion aux statuts, d'acquitter un droit d'admission fixé à 40 fr. et en outre une cotisation mensuelle de 1 fr. ou de 50 cent. en vertu d'une autorisation du comité d'administration (art. 6 et 8).— A l'imitation des artistes dramatiques, les musiciens ont formé en 1843 une association ayant pour triple but : 1° de fonder une caisse de secours et de pensions au profit des sociétaires ; 2° d'améliorer la position et de défendre les droits de chacun de ses membres ; 3° d'appliquer toute la puissance que donne la combinaison des forces et des intelligences au développement et à la splendeur des arts. — Les conditions d'admission sont d'adhérer aux statuts par sa signature, de payer une cotisation mensuelle de 50 cent. au moins. Tous les musiciens français en exercice ou retirés, tous les musiciens étrangers, tous les amateurs de musique peuvent faire partie de l'association (V. les statuts dans le Code manuel de M. Agnel, p. 239 et suiv.).

Art. 14. — *Du caractère commercial des entreprises de théâtres et spectacles publics, et des sociétés dramatiques. — Contrainte par corps.*

314. Nous avons traité cette matière v° Actes de comm., n° 235 à 243. Nous la complétons ici. — Nous disons avec MM. Lacan et Paulmier, t. 1, n° 166, que lorsque la loi range au nombre des actes de commerce *toute entreprise* de spectacles publics, elle indique par là qu'elle ne considère comme telle que des établissements fondés dans un but de spéculation. —Il résulte de là que tout spectacle d'amateur n'a pas le caractère d'entreprise commerciale. Si ces amateurs contractent des dettes à cet égard, elles sont purement civiles.

315. L'expression *spectacles publics* est générique, elle embrasse par conséquent toutes espèces de représentations scéniques (V. Acte de com., n° 237). — Il a été jugé en conséquence qu'on doit considérer comme entreprise de spectacles publics, une entreprise de fêtes dites nationales, que des artistes avaient projeté de donner à Paris pendant huit jours (trib. de comm. de Paris, 30 sept. 1851, aff. Horeau, Place et Ruggieri, journ. le Droit du 30 oct.).

316. Dès que les entreprises de spectacles publics constituent des actes de commerce, tout directeur est réputé commerçant et soumis aux obligations prescrites par le code de commerce. Il est par par conséquent obligé de tenir des livres comme un commerçant, et ces livres font preuve contre lui au regard des tiers (c. nap. art. 1330). — L'intérêt légal des dettes qu'il contracte à l'occasion de l'entreprise est de 6 p. 100, et l'intérêt conventionnel peut être aussi fixé à ce taux par le créancier (Req. 10 mai 1837, aff. munic. de Saint-Pierre, V. Prêt à int., n° 184-1°).—Les billets souscrits par le directeur sont *présumés souscrits* pour les affaires de l'entreprise lorsqu'ils n'énoncent pas une autre cause (c. com. art. 638) et entraînent la contrainte par corps (Conf. MM. Lacan et Paulmier, n° 174).—Il a été jugé aussi qu'on doit considérer comme dette commerciale celle de l'entrepreneur et le constructeur de la salle (Paris, 10 juill. 1837, V. v° Actes de com., n° 241).

317. Dès que le directeur est réputé commerçant, il est soumis à la contrainte par corps.— Nous n'avons pas besoin de dire qu'indépendamment de la contrainte par corps les créanciers peuvent agir par les voies ordinaires, par exemple, par voies de saisie-arrêt, saisie-exécution; saisie-immobilière.

318. Mais ici s'élève une question controversée. Le mobilier d'une salle de spectacle, les décorations, le lustre peuvent-ils être saisis par voie mobilière, ou seulement par voie de saisie immobilière? C'est en d'autres termes demander s'ils sont des immeubles par destination. — Si l'on décide la question affirmativement, il est clair que l'on ne peut agir qu'immobilièrement.— Il a été jugé que les chevaux de Franconi ne devaient pas être considérés comme immeubles par destination, ni compris à ce titre dans la saisie immobilière du théâtre (Paris, 2° ch., Gaz. des trib. du 17 janv. 1834, et une décis. du min. des fin. du 4 mars 1806 porte que les machines, décors, costumes, doivent être considérés comme meubles). — Nonobstant ces décisions, nous n'hésitons pas à dire que l'art. 524 c. nap. déclarant immeubles par destination les objets que le propriétaire de fonds y a placés pour le service et l'exploitation de ce fonds, cette disposition qui n'est pas limitative, comprend évidemment tous les objets mobiliers affectés au service de l'entreprise. — Il a été jugé, dans ce sens, par la cour de Paris, que lorsque le directeur d'un théâtre en est propriétaire, et qu'une saisie a été pratiquée sur son immeuble par un créancier hypothécaire, les créanciers chirographaires ne peuvent demander que le lustre, les décorations, les banquettes soient distraits de la saisie comme choses mobilières (V. journ. le Droit, 10 janv. 1841. — Conf. MM. Lacan et Paulmier, t. 1, n° 175).

319. Peut-on faire saisir mobilièrement et sans commandement préalable les effets d'un directeur de spectacle, logé en hôtel garni, qui se trouve dans une ville où il donne des représentations théâtrales, en le considérant comme un débiteur forain? La négative a été jugée par le trib. de la Seine, 1re ch., 17 mars 1852 (le Droit du 18, aff. Bayard C. Lumley). — Ce jugement est bien rendu. Le directeur a un privilége, une subvention, un cautionnement, il est locataire de la salle, il paye l'impôt, patente, etc. on ne peut pas le classer parmi les individus qui peuvent disparaître en vingt-quatre heures, et enlever les garanties dues à leur créancier.

320. Lorsqu'une association est formée pour l'exploitation d'un théâtre, quels seront le caractère et le titre légal de cette société? — Nul doute que la société peut être formée en nom collectif ou en commandite; pourrait-elle l'être comme société anonyme? — Sans doute elle peut l'être, si le gouvernement accorde l'autorisation, conformément aux prescriptions de l'art. 37 c. com. Mais il est peu probable qu'il donne cette autorisation. Comment admettre en effet que l'autorité supérieure permette la constitution d'une entreprise dramatique dont la responsabilité pécuniaire est limitée aux sommes versées pour former le capital social, et dont le directeur n'est au termes de l'art. 31 c. com., qu'un mandataire à temps, révocable à la volonté des sociétaires, sociétaires la plupart du temps inconnus du public? où serait la garantie pour les tiers? De l'ensemble des lois sur les théâtres résulte évidemment que le gouvernement n'accorde le privilége d'une entreprise de ce genre, qu'après avoir pesé et apprécié les garanties personnelles du directeur gérant; or il n'y aurait plus de garantie ni pour l'Etat, ni pour les créanciers, ni même pour les employés, si le gérant n'était qu'un simple mandataire choisi par les sociétaires, sans action continue, persévérante et énergique sur tous ceux qui l'entourent. — Diriger une entreprise théâtrale, exige tout à la fois une grande habileté et une force peu commune de volonté pour faire marcher régulièrement tout ce monde théâtral, où mille passions de rivalités et d'amour-propre surgissent à chaque instant. — Or ces qualités existassent-elles dans un mandataire, il se trouverait malgré lui dans une position subordonnée à l'égard des sociétaires, il n'aurait plus ce pouvoir qui naît du titre lui-même, il serait employé salarié; il ne serait pas directeur, et sans directeur, une entreprise de ce genre ne peut pas marcher. Enfin aux termes de l'art. 32 c. com., le mandataire choisi par la société anonyme, associé ou non, n'est responsable que de l'exécution de son mandat et ne contracte à raison de sa gestion aucune obligation personnelle ni solidaire relativement aux engagements de la société, or nous avons vu dans toutes les lois et décisions que nous avons énumérées dans le cours de ce travail, que le législateur, de même que l'administration supérieure, veut et entend que celui qui dirige une entreprise dramatique ait un directeur responsable. — On ne peut donc pas admettre qu'une entreprise de ce genre puisse être autorisée et se constituer comme société anonyme, et nous ne croyons pas qu'il en existe un seul exemple. — V. aussi MM. Lacan et Paulmier, t. 1, n° 181.

321. L'association dramatique pourrait-elle se constituer comme société en participation? — La solution de la question dépend du caractère que l'on reconnaît à l'association en participation. On sait, en effet, qu'une vive controverse s'est élevée sur ce point dans la doctrine et dans la jurisprudence (V. Société, nos 1601 et suiv.). — Si l'on admet, comme le disent MM. Lacan et Paulmier, t. 1, n° 181, que la société en participation ne soit qu'une communauté d'intérêts passagère et *à terme généralement très-court*, n'ayant de durée que celle de l'opération qu'elle concerne, d'effets que pour cette opé-

ration ou celles qui en dépendent, communauté qui n'est souvent que verbale et conclue au moment même où l'opération commence, il faut en déduire avec ces auteurs, « qu'une société formée comme une entreprise théâtrale, pour un ensemble d'opérations dont le nombre est illimité et doit embrasser un espace de temps plus ou moins long, ne peut constituer une association en participation, quoi qu'on l'ait qualifié telle » (V. en ce sens Paris, 29 janv. 1841, aff. Laurey, v° Société, n° 848). — Mais il ne nous a pas paru que la limitation dans la durée du temps de l'association fût une condition nécessaire de la société en participation. Les caractères auxquels nous croyons reconnaître cette forme de société, à savoir qu'elle est essentiellement occulte, que celui qui traite avec les tiers n'engage que lui-même; qu'il n'y a pas de capital social distinct des biens particuliers des associés, que peu importe qu'elle soit limitée à une ou quelques opérations ou qu'elle embrasse tout un ensemble d'opérations déterminées seulement par leur espèce, quelle qu'en soit la durée (V. Société, n° 1610 et suiv.), ces caractères, disons-nous, ne nous paraissent nullement exclusifs d'une exploitation théâtrale. Du moment que le directeur a été nommé par l'administration qui, suivant les règlements, doit être édifiée sur l'état de la fortune et sur les garanties qu'il offre au public, et même qui l'oblige la plupart du temps à fournir un cautionnement (V. n° 221), il nous semble que rien ne s'oppose à ce que, par des arrangements particuliers avec des tiers dont le nom n'est pas livré à la publicité, il les fasse participer aux bénéfices ou aux pertes de son exploitation. — Les intérêts des tiers ne peuvent être lésés par une pareille association, puisque le directeur, dans tous les cas, est garant indéfini des engagements qu'il contracte.

322. Comme conséquence de leur opinion, MM. Lacan et Paulmier, t. 1, n° 183, enseignent que les individus qui seraient entrés en communauté d'intérêts avec le directeur-gérant en qualité d'associés en participation, sans avoir rempli les formalités voulues pour n'être réputés que commanditaires, devraient être considérés comme associés en nom collectif. — La doctrine que nous avons émise au numéro précédent ne nous permet pas d'adopter cet avis. Ce n'est pas à dire pour cela que les créanciers du directeur seront privés de toute action contre les associés en participation : d'abord ils pourront exercer contre eux les droits et actions de leur débiteur conformément à l'art. 1166 (V. Société, n° 1671). — Ils auraient en outre une action directe soit dans le cas où ces associés auraient contracté conjointement avec le directeur (V. eod., n° 1667), soit dans le cas où par leurs actes, l'ensemble de leur conduite, ils auraient donné lieu aux tiers de compter sur leur responsabilité personnelle (V. eod., n° 1668). — Du reste ici, comme sur la question principale, la doctrine et la jurisprudence présentent les solutions les plus divergentes. — V. eod., nos 1654 et suiv.

323. La profession d'acteur a-t-elle pour effet de conférer à celui qui l'exerce la qualité de commerçant? — Cette question peut surprendre ceux qui sont étrangers à l'étude des lois. Ils ne s'expliquent pas comment un artiste peut être considéré comme marchand. Le bon sens public proteste contre la solution affirmative de la question, et cette opinion, quoique non juridique peut-être, doit néanmoins exercer une grande influence sur la décision, dans le doute où l'on pourrait être sur l'interprétation des textes de la loi. Que dit cette loi? — D'abord l'art. 632 c. com. répute actes de commerce les entreprises de spectacles publics. Et l'art. 634 dit : « Les tribunaux de commerce connaîtront également des actions contre les facteurs, commis des marchands ou leurs serviteurs pour le fait seulement du trafic du marchand auquel ils sont attachés. » — Du premier article on tire la conséquence que les acteurs faisant partie essentielle de l'entreprise dramatique, qui ne peut fonctionner sans eux, font, par conséquent, acte de commerce dans l'exercice de leur état, et par conséquent sont commerçants. — Du second, on conclut (en admettant qu'ils ne soient pas commerçants), qu'ils sont néanmoins justiciables du tribunal de commerce, comme employés et commis du directeur, et on leur applique l'art. 634. — Remarquons que ces deux questions sont très-distinctes par leur résultat ; si l'acteur est considéré comme facteur ou commis de l'entrepreneur, aux termes de l'art. 634, les tribunaux de commerce sont compétents pour le fait seulement du trafic du marchand (du directeur) auquel ils sont attachés. Dans ce cas, l'acteur réputé simple commis se trouve justiciable des tribunaux de commerce, mais il n'est pas, par cela seul, commerçant. Si au contraire on le range, d'après l'art. 632, parmi ceux qui se livrent à une entreprise de spectacles publics, et si, par suite, on le déclare commerçant, il en résulte qu'il est nécessairement passible de la contrainte par corps (L. du 17 avr. 1832, art. 1); tandis que comme facteur ou commis, la contrainte par corps ne peut être prononcée contre lui, puisqu'il n'est pas commerçant (art. 1 et 3; L. du 17 avr. 1832.—Conf. MM. Lacan et Paulmier, t. 1, n° 463).

324. Nous ne pouvons nous expliquer comment on peut considérer un acteur comme un facteur ou un commis. — Qu'est-ce qu'un facteur? C'est un employé qui reçoit du chef d'un établissement industriel l'autorisation de le remplacer. — Qu'est-ce qu'un commis? C'est un employé qui tient les livres ou qui vend en détail les marchandises du commerçant. — Or, nous le demandons, quel rapport peut-il exister entre un facteur ou un commis et un artiste, tel, par exemple, que Talma, Fleury, mademoiselle Mars ou mademoiselle Rachel? — Qu'objecte-t-on pour arriver à prouver que les acteurs doivent être rangés dans les catégories prévues par l'art. 634? — On prétend que l'art. 634 est une disposition générale et absolue, qu'elle n'admet aucune exception ni au regard des marchands ni au regard des tiers, que chaque acteur ou actrice concourt, comme ferait un commis, à l'exploitation d'une entreprise commerciale, et que dès lors l'article est applicable. — Mais on néglige une partie essentielle dans cet art. 634. Il porte : « Les tribunaux de commerce connaîtront également : 1° des actions contre les facteurs, commis des marchands ou leurs serviteurs, *pour le fait seulement des trafics du marchand auquel ils sont attachés.* » — Or qui trafique ici? Le directeur. Et avec qui le trafic s'opère-t-il? Avec le public. — Les acteurs y sont complètement étrangers. C'est la location des places, les abonnements qui, relativement au public, constituent l'opération commerciale. Que fait donc l'acteur? quel rôle joue-t-il dans cette opération? — Son engagement est un contrat de louage d'industrie. Il est, dit très-bien M. Agnel, n° 36, à l'égard de l'administration théâtrale, dans une position identique à celle qu'occupe dans l'administration d'un journal un rédacteur qui reçoit des appointements fixes; une entreprise de journaux est, comme une entreprise théâtrale, une spéculation commerciale, et l'on n'a jamais imaginé de dire que l'homme de lettres qui écrit dans un journal était un facteur ou un commis. L'acteur exerce un art, c'est un artiste qui s'engage moyennant une rétribution nécessaire à faire jouir le public de son talent, ce n'est point un commis. — Malgré l'évidence de ces raisons, nous sommes obligés de reconnaître que la jurisprudence, ainsi que quelques auteurs, sont contraires à notre opinion (Paris, 23 août 1842, aff. Léon Pillet C. Fanny Elssler, Gaz. des trib. des 9 sept. 1841 et 24 août 1842; Bordeaux, 9 déc. 1841, aff. Dulac, V. Acte de commerce, n° 242; trib. de la Seine, 6 août 1845, aff. Bressot, journal le Droit du 7 août; V. en outre les arrêts cités, v° Acte de commerce, n° 242. — Conf. MM. Nouguier, des tribunaux de commerce, t. 1, p. 443; Orillard, de la Compét. des trib. de comm., n° 350).

325. Ce point écarté, reste la question de savoir si l'acteur est un commerçant, par cela seul qu'il concourt à une entreprise théâtrale? — Malgré une jurisprudence contraire, nous persistons dans l'opinion que nous avons émise dans notre 1re édition et v° Acte de com., 2e éd., v° n° 242.—Nous l'avons déjà dit, l'acteur exerce un art; dans l'exercice de cet art, souvent même il est créateur; et celui-ci est vrai, qu'on entendant la célèbre actrice Champmeslé, Racine s'écrie : « Je ne savais pas avoir pensé tant de choses, » et l'on veut ravaler cet art et l'abaisser à l'état d'une profession mercantile! Cela est inadmissible. — On objecte que sans l'acteur, l'entreprise commerciale n'existerait pas; son concours étant indispensable au succès de l'entreprise, il coopère ainsi à un acte de commerce, d'autant plus qu'il en retire assez souvent un bénéfice considérable. Comment? Parce que l'artiste prêtera son concours à une entreprise théâtrale, parce que son talent (qui dans ses travaux incessants et si pénibles de chaque jour, peut être détruit, usé en quelques années) sera honoré par une rétribution plus ou moins considérable, on lui enlèvera son

titre d'artiste pour le classer parmi les marchands? Cela blesse tout à la fois la logique et le bon sens. Mais, dit-on encore, l'acteur ne s'engage pas seulement avec le directeur, il a aussi des engagements avec le public, qui sont la conséquence de son engagement avec le directeur. Sous un double rapport, il participe donc à l'entreprise dramatique réputée commerciale par la loi elle-même. — Mais si on considère les rôles qu'il joue comme un engagement envers le public, l'auteur qui fait représenter une pièce sur un théâtre, et qui reçoit une rétribution à chaque représentation serait donc aussi un négociant; il en serait de même du littérateur qui publie un roman dans un journal, et qui reçoit une somme de... par chaque feuilleton. — Il est à remarquer que presque tous les jurisconsultes ont adopté l'opinion que nous soutenons ici (Pardessus, Droit comm., t. 1, n° 45, et t. 2, n° 517; Vincens, Légis. comm., t. 1, p. 135; Carré, Organisat. judic., éd. Foucher, t. 7, p. 214; Favard de Langlade, v° Trib. de comm.; Vivien et Blanc, n° 312; Goujet et Merger, v° Acte de commerce, n° 136; Vulpian et Gauthier, Code des théâtres, p. 288; Agnel, Code des artistes dramatiques, n° 245; Lacan et Paulmier, t. 1, n° 208).

Mais nous le disons à regret, la jurisprudence est toute contraire. — Il a été jugé notamment, que tout acteur participe à l'exploitation de l'entreprise théâtrale à laquelle il est attaché; que cette entreprise est une entreprise commerciale, et que les relations qui s'établissent, et les actes qui interviennent entre le directeur du théâtre et les acteurs, ont le caractère d'actes commerciaux, qu'ainsi la juridiction commerciale est compétente pour statuer sur les contestations qui s'élèvent spécialement entre le directeur et un choriste de son théâtre, lequel doit être considéré comme acteur (Paris, 1re ch., 27 juin 1840, M. Simonneau, pr., aff. Mullot C. Duponchel. V. dans le même sens les arrêts cités n° 324).—D'où vient donc cette opposition si tranchée entre ceux qui professent la science et ceux qui rendent la justice. — La cause de cette opposition est facile à deviner, si l'on pénètre un instant dans l'intérieur des coulisses. C'est que diriger une entreprise théâtrale, sans donner un pouvoir exceptionnel au directeur est, dit-on, chose très-difficile. Si l'acteur n'était pas commerçant, il ne serait pas soumis à la contrainte par corps, et s'affranchirait souvent de ses engagements. Il faut un maître, et une peine toujours présente, pour qu'un directeur puisse faire marcher sa troupe et satisfaire aux exigences du public. — Nous reconnaissons, en effet, comme nous l'avons déjà dit, que le directeur doit exercer un pouvoir énergique. Mais cela doit-il aller jusqu'à l'illégalité? Nous ne le pensons pas. On peut tripler, quadrupler les amendes, mais non porter atteinte à la personne même. — La procédure civile en outre, dit-on encore, entraîne trop de lenteur; en matière commerciale, l'affaire est décidée en quelques jours : cette rapidité est indispensable, sans quoi les représentations seraient à chaque instant entravées. — En fait, il peut y avoir quelque chose de vrai dans ces observations; mais, en droit, si jamais de pareilles considérations pouvaient exercer une influence décisive sur les jugements, alors il faudrait déchirer les codes, et cependant ces influences ne sont que trop réelles, puisque malgré le texte formel de la loi du 17 avr. 1832, qui déclare non soumises à la contrainte par corps les femmes ou filles non légalement réputées marchandes publiques, les tribunaux prononcent contre les actrices la contrainte par corps (Paris, 11 juill. 1825, aff. Ahn et Clouet, V. Acte de comm., n° 242; 23 août 1842, aff. Léon Pillet C. Fanny Essler; 22 janv. 1848, aff. Léon Pillet C. Carlota Grisi; Contrà, Paris, 17 avr. 1845, aff. Tournemine C. mademoiselle Duplatre).— Suivant nous, la contrainte par corps ne pourrait être prononcée contre les actrices, que si elles se rendaient coupables de stellionat (c. nap., art. 2066).

326. Il est des cas cependant où il nous semble que la contrainte par corps peut être prononcée contre les acteurs; c'est lorsqu'ils ont été condamnés à des dommages-intérêts pour inexécution de l'engagement théâtral. L'art. 126 c. pr. est évidemment applicable à ce cas (V. Contr. par corps, n° 241 et suiv.). Mais pourrait-elle être prononcée pour les dommages-intérêts fixés d'avance dans le contrat d'engagement pour le cas d'un fait prévu par ce contrat? Nous pensons avec MM. Lacan et Paulmier, t. 1, n° 406, que la même solution doit être admise. —

Qu'importe en effet que ces dommages-intérêts soient fixés par le jugement ou par la convention; du moment qu'ils dépassent 300 fr. et qu'une partie est condamnée à les payer pour inexécution de ses engagements, on ne voit pas pourquoi le juge ne pourrait pas également, dans les deux cas, donner à sa condamnation la sanction de la contrainte par corps. L'art. 126 c. pr. ne fait aucune distinction. Et d'ailleurs ce droit du juge étant purement facultatif, il n'y a aucun inconvénient à le lui accorder.

Art. 15. — *De la compétence en ce qui concerne les théâtres et salles de spectacles.*

§ 1. — *De la compétence administrative en ce qui concerne les théâtres.*

327. L'administration et l'exploitation des théâtres se rattachant essentiellement à l'ordre public (V. n° 2), le gouvernement doit avoir à cet égard une liberté d'action pleine et entière; aucun pouvoir judiciaire ou administratif ne peut donc entraver sa marche.

328. Le refus du gouvernement de laisser ouvrir un théâtre peut-il donner lieu à un recours devant le conseil d'État? — « Sous la loi de 1791, le droit des entrepreneurs d'élever et d'ouvrir un théâtre, disent MM. Lacan et Paulmier, t. 1, n° 15, préexistait à la déclaration qu'ils étaient tenus de faire à la mairie : il était un effet de la loi ; la municipalité pouvait en surveiller le mode d'action, mais non le paralyser ou l'anéantir. » Cette observation est très-juste. Nous avons vu en effet, n° 27, que sous l'empire de cette loi, tout individu avait le droit d'ouvrir un théâtre *sans autorisation.* Aujourd'hui, la loi contenant une disposition contraire, les entrepreneurs d'exploitation théâtrale ne puisent donc leur droit que dans l'autorisation même. L'administration supérieure est donc souveraine, et dès lors ses décisions ne sont soumises à aucun recours. — Jugé dans ce sens que la décision ministérielle approuvant un arrêté préfectoral qui refuse l'autorisation exigée pour l'exploitation d'un théâtre n'est pas susceptible de recours devant le conseil d'État par la voie contentieuse (cons. d'Ét. 12 mai 1824 ; aff. Allan; 31 déc. 1831, aff. théâtre des Nouveautés; 24 mai 1833, aff. Millon, V. n° 29 ; 5 déc. 1837, aff. Dupont).

329. Mais lorsque le privilége est concédé, et que la difficulté ne s'élève que sur les conditions mises à la concession, le concessionnaire n'a-t-il pas le droit de réclamer contre les dispositions de l'acte qu'il prétend lui porter préjudice? — Il a été jugé que l'arrêté par lequel le ministre de l'intérieur concède un privilége de théâtre et détermine les conditions de cette concession est un acte administratif non susceptible d'être déféré au conseil d'État par la voie contentieuse (cons. d'Et. 8 avr. 1846 (1) ; Conf. MM. Magnitot et Delamarre, Dict. de droit admin., v° Théâtres, p. 518 ; Cormenin, Droit admin., v° Théâtres, t. 2, p. 418 ; Lacan et Paulmier, t. 1, n° 15). — Ainsi l'arrêté ministériel qui détermine les conditions de l'exploitation n'est pas plus que l'arrêté qui refuse d'ouvrir un théâtre susceptible d'être attaqué par la voie contentieuse.

330. Il a été décidé également que les actes du gouvernement relatifs à l'établissement et au nombre des théâtres, étant des mesures de police et d'administration, ne peuvent être attaqués par la voie contentieuse, encore bien qu'il s'agisse de l'établissement d'un nouveau théâtre autorisé par le ministre, contrairement à un précédent décret. (cons. d'Ét. 6 sept. 1820) (2).

331. Mais quant à la question de compétence, en ce qui concerne le droit absolu de révocation, la question nous paraît

plus délicate. — Nous disions dans notre première édition : « Ceux qui voudraient réclamer contre une révocation ordonnée par le ministre, ou contre le refus de nommer un nouveau directeur à la suite de l'expiration ou de l'annulation des pouvoirs du premier, doivent s'adresser, non aux tribunaux, mais au conseil d'État ; la question nous paraît en effet essentiellement administrative et contentieuse. Toutefois, la jurisprudence a présenté sur cette matière quelque incertitude. En 1821, un arrêt du 14 nov. a prononcé sur le fond d'un recours contre un arrêté ministériel qui avait retiré l'autorisation donnée au directeur du théâtre de Bordeaux. Depuis, une ord. du 6 sept. 1822, relative à l'établissement du Gymnase, et une autre, du 12 mai 1824, concernant la clôture du Panorama-Dramatique, ont jugé que les mesures relatives à l'ouverture, à la clôture et à la police des théâtres sont des actes purement administratifs, qui ne peuvent donner lieu à aucun recours par la voie contentieuse. Nous pensons, comme MM. Vivien et Blanc, n° 179, que l'administration ne doit pas compte au conseil d'État de ses actes relatifs à l'ouverture et à la police des théâtres ; mais que, quant à la fermeture, l'acte administratif qui l'ordonne touche à tant d'intérêts privés, qu'il prend un caractère contentieux qui détermine la compétence du conseil d'État. » — Mais depuis l'ord. de 1824, il a encore été jugé, contrairement à notre opinion, que les arrêtés ministériels portant révocation de l'autorisation d'exploiter un théâtre sont des actes de pure administration dont l'annulation ne peut être demandée par la voie contentieuse, et spécialement, le recours par la voie contentieuse n'est pas ouvert quand le ministre déclare que la révocation a constitué une mesure politique prise par lui sous sa responsabilité (cons. d'Ét. 3 mars 1852, aff. Bocage, D. P. 52. 3. 21). — La déclaration faite par le ministre que la révocation prononcée par lui était une mesure politique, suffirait peut-être, dans cette cause, pour expliquer la décision du conseil d'État, bien qu'il fût permis de soutenir que, même en pareille hypothèse, la révocation ne doit avoir lieu que moyennant indemnité. Quoi qu'il en soit à cet égard, nous persistons dans l'opinion exprimée dans notre première édition : le droit de révocation absolu que consacre en outre le conseil d'État, nous parait, en droit pur, impossible à justifier. Ce droit n'est reconnu au ministre par aucune loi ; l'entreprise théâtrale, d'ailleurs, constitue une propriété souvent considérable, qui absorbe des capitaux et entraîne de fortes dépenses et de longs engagements (V. n° 45). — Que le pouvoir du ministre s'exerce sans contrôle lorsqu'il s'agit de la concession de l'autorisation, cela se conçoit ; il n'y a pas alors droit acquis en faveur de l'entrepreneur ; mais lorsque l'autorisation a été accordée, on ne peut, à notre sens, laisser au ministre la même latitude pour la révoquer, sans sortir des termes du décr. du 8 juin 1806, qui établit la nécessité de cette autorisation (V. MM. Laferrière, Droit adm., t. 1, p. 496; Foucart, t. 1, n° 319).

Quant aux décisions précédentes du conseil d'État, invoquées par le ministre dans l'affaire dont on rend compte, si elles ont maintenu des arrêtés ministériels prononçant de semblables révocations, il faut remarquer d'abord qu'elles impliquent la recevabilité du recours contentieux, et ensuite que les arrêtés approuvés étaient fondés, soit sur l'inexécution des conditions de l'autorisation (V. notamment cons. d'Ét. 21 juin 1833, aff. Boursault, n° 45-2°), soit sur une infraction à des conditions déterminées par la loi elle-même, et notamment sur la cessation de faillite du directeur (cons. d'Ét. 14 nov. 1821, aff. Fargeot, n° 45-1°).

332. Si l'on admet que le directeur révoqué n'a pas d'action devant le conseil d'État, et que la solution de la question soit aban-

---

(1) (Verdure-Flichy.) — Louis-Philippe, etc. ; — Vu le décret du 8 juin 1806 et le règlement ministériel du 25 avr. 1807 ; — Considérant que l'arrêté du 25 mars 1844 par lequel notre ministre de l'intérieur a concédé le privilége du théâtre de l'Ambigu-Comique au sieur Antony Béraud, et a déterminé les conditions de cette concession, est un acte administratif fait par notredit ministre dans les limites de ses pouvoirs, et qui n'est pas susceptible de nous être déféré par la voie contentieuse : — Art. 1. La requête du sieur Verdure-Flichy est rejetée.
Du 8 avr. 1846.—Ord. cons. d'Ét.-M. Berton de Rouvres, rap.

(2) (Directeurs des théâtres de Paris.) — Louis, etc. — Vu la requête à nous présentée au nom des directeurs de l'Académie royale de

musique, etc., etc. ; — Ladite requête tendante à ce qu'il nous plaise déclarer nul et comme non avenu, comme contraire aux décrets des 8 juin 1806 et 8 août 1807, la décision de notre ministre de l'intérieur, en date du 1er fév. 1820, qui autorise l'établissement d'un nouveau théâtre sous le nom de Gymnase-Dramatique ; — Vu les décrets des 8 juin 1806 et 8 août 1807 ; — Vu le règlement du conseil d'État, en date du 22 juill. 1806 ; — Considérant que les actes du gouvernement relatifs à l'établissement et au nombre des théâtres sont des mesures de police et d'administration qui ne peuvent nous être déférés par la voie contentieuse ; —Art. 1. Les requêtes sont rejetées.
Du 6 sept. 1820.—Ord. cons. d'Ét.-M. Tarbé, rap.

donnée entièrement à l'arbitraire du ministre, à plus forte raison son successeur est-il sans intérêt pour figurer dans l'instance. Aussi a-t-il été jugé que le directeur d'un théâtre est sans qualité pour intervenir devant le conseil d'Etat dans l'instance engagée par son prédécesseur contre la révocation dont il a été frappé, à l'effet, notamment, de soutenir que l'arrêté qui a prononcé cette révocation ne peut être déféré au conseil d'Etat par la voie contentieuse (cons. d'Et. 14 mai 1852, aff. Ronconi, D. P. 53. 3. 4).

333. Ce droit absolu du gouvernement, quant au droit de nomination et de révocation, ne fait pas obstacle à ce que les tribunaux statuent sur les intérêts privés, mais ils ne peuvent aller au delà.—Jugé dans ce sens qu'une cour d'appel excède ses pouvoirs, lorsqu'après avoir déclaré résilié le traité passé entre les sociétaires et le directeur d'un théâtre, faute par celui-ci d'avoir observé les conventions, elle ordonne que les sociétaires seront tenus de présenter un autre directeur à l'autorité administrative (cons. d'Et. 1er sept. 1825) (1).

334. Le conseil d'Etat ne peut statuer sur des conclusions qui ont pour objet un acte d'administration à intervenir, spécialement sur des conclusions tendant à ce que le privilége qui serait ultérieurement accordé pour l'exploitation d'un théâtre (celui de l'Opéra-Comique), impose aux concessionnaires l'obligation de l'exercer dans une salle déterminée, et, par exemple, dans l'ancienne salle Ventadour, appartenant aux réclamants dépouillés de leur privilége (cons. d'Et. 21 juin 1833, aff. Boursault, n° 45-2°). — Il n'y a pas lieu de statuer sur la demande des entrepreneurs privilégiés d'un théâtre, tendante à ce que le privilége qui leur a été retiré ne puisse être exercé que dans une salle par eux établie, lorsque ce point n'a pas été soumis à la décision du ministre (même ordonn.).

335. *Impôt des pauvres.*—Nous avons examiné, n°° 113 et s., les lois et les principes qui régissent cette matière, il ne s'agit ici que de la compétence. Or, aux termes d'un arrêté du 10 therm. an 11, les contestations sur cet impôt étaient soumises à l'autorité administrative; l'affaire devait être décidé par le préfet en conseil de préfecture; — Mais un décret du 8 fruct. an 13 a dérogé à cette disposition et a attribué au conseil de préfecture la connaissance de ces contestations au conseil de préfecture. — (Sur la distinction qui existe

entre ces deux ordres de juridiction administrative, V. Organ. admin.). Le recours est porté devant le conseil d'Etat (décr. 8 fruct. an 13; MM. Vivien et Blanc, n°° 148 et 149). — Toutefois, et malgré le décret du 8 fruct. an 13, il a été jugé que le *préfet de la Seine* est compétent pour statuer, *en conseil de préfecture*, sur les contestations relatives aux droits des pauvres, sur le prix des billets d'entrée dans les spectacles publics, sans qu'on soit fondé à lui opposer, qu'en sa qualité d'administrateur des hospices de son département, il se trouve juge et partie dans sa propre cause (cons. d'Et. 5 août 1831, aff. Théâtre-Français, V. n° 129-2°; V. aussi MM. Vivien et Blanc, n° 148; de Vatteville, Code des hosp., p. 46).

336. Mais le conseil d'Etat est revenu sur cette jurisprudence. Depuis il a été décidé : 1° que la connaissance des contestations relatives à la perception des droits des pauvres dans les théâtres appartient aux *conseils de préfecture* (cons. d'Et. 16 fév. 1832 (2); 31 déc. 1831, M. Jauffret, rap., aff. Parque); — 2° Que l'arrêté du préfet qui rend exécutoires les contraintes décernées contre les entrepreneurs sociétaires d'un théâtre, est un acte purement administratif qui ne fait pas obstacle à ce que ceux-ci se pourvoient par-devant le conseil de préfecture, aux termes de l'arrêté du 8 fruct. an 13 (cons. d'Et. 11 nov. 1831 (3); V. dans le même sens MM. de Cormenin, Quest., t. 3, 432; Durieu et Roche, Etabl. de bienf., v° Spectacles.

337. Un conseil de préfecture ne peut condamner le propriétaire d'une salle qui soutient l'avoir fournie gratuitement pour un concert, à payer, dans la caisse des pauvres, le quart de la recette brute, avant d'avoir fait décider contradictoirement avec les signataires des billets d'entrée, qu'il avait été donné par entreprise et quels étaient les entrepreneurs (cons. d'Et. 18 nov. 1818) (4).

338. Souvent les théâtres se sont plaints des empiétements commis sur leur genre. Le juge de pareilles contestations, est l'administration; et les intéressés ne peuvent que demander au ministre l'exécution de la décision qui fixe le genre (Conf. MM. Vivien et Blanc, n° 31).—V. n° 50.

339. L'ord. du 14 déc. 1816, qui remettait à un gentilhomme de la chambre du roi la surveillance et la direction du

---

(1) Théâtre du Vaudeville.) — CHARLES, etc.; — Vu le décret du 29 juill. 1807; — Considérant qu'il appartenait sans doute aux tribunaux de statuer sur les conventions privées intervenues entre les actionnaires du Vaudeville et leur mandataire; — Mais qu'en imposant aux actionnaires l'obligation de présenter, à l'autorité administrative, un autre directeur que le directeur actuel nommé et établi par le ministre de l'intérieur, la cour royale de Paris a statué sur une matière qui n'était pas soumise à sa juridiction. —
Art. 1. L'arrêté de conflit pris par le préfet de police, le 24 juin 1825, est confirmé; — Art. 2. L'arrêt de la cour royale de Paris est considéré comme non avenu dans la disposition dudit arrêt qui impose aux actionnaires l'obligation de présenter un autre directeur à l'autorité administrative.
Du 1er sept. 1825.–Ord. c. d'Et.–M. de Cormenin, rap.
(2) (Hospices de Bordeaux C. Maffey.) — LOUIS-PHILIPPE, etc.; — Vu l'arrêté du 10 therm. an 11, et celui du 8 fruct. an 13, relatifs à la perception des droits établis par les lois sur les billets d'entrée et d'abonnement dans les spectacles; — Vu le décret du 21 août 1805, prorogeant, pour l'année 1807, la perception des mêmes droits; — Vu le décret du 9 déc. 1809; — Considérant, sur la compétence, que l'arrêté du 8 fruct. an 13 attribue aux conseils de préfecture la connaissance des contestations relatives à la perception des droits dont il s'agit; — Considérant au fond que par l'arrêté du 10 therm, an 11, les établissements connus sous la dénomination de théâtres pittoresques et mécaniques ont été assimilés aux spectacles pour la quotité des droits à percevoir, et qu'on ne conteste point que le théâtre du sieur Maffey ne soit un établissement de cette nature; — Considérant, en outre, qu'il fut statué par le décret du 21 août 1806, que les dispositions du susdit arrêté continueraient, quant à la perception des droits, à recevoir leur exécution, et par celui du 9 déc. 1809, qu'ils seraient indéfiniment perçus, comme ils l'avaient été pendant le cours de ladite année et des années antérieures;
Art. 1. L'arrêté du préfet de la Gironde, en date du 4 nov. 1830, est annulé pour cause d'incompétence; — Art. 2. Il sera prélevé un dixième seulement au profit des pauvres, à la porte du spectacle du sieur Maffey, sur le prix de chaque billet d'entrée et d'abonnement. »
Du 16 fév. 1832.–Ord. cons. d'Etat.–M. Jauffret, rap.

(3) (Théâtre du Vaudeville C. hospices de Paris.) — LOUIS-PHILIPPE, etc.; — Vu la loi du 7 frim. an 5 et les lois et arrêtés subséquents qui ont établi et prorogé temporairement la taxe, au profit des pauvres, d'un décime par franc, en sus du prix de chaque billet d'entrée et d'abonnement dans tous les spectacles où l'on donne des pièces de théâtre; — Vu l'arrêté du 10 therm. an 11, qui attribue aux préfets, en conseil de préfecture, le jugement des contestations relatives à la perception des droits ci-dessus mentionnés; — Vu le décret du 8 fruct. an 13, portant que les poursuites à faire pour assurer le recouvrement de ces droits seront dirigées suivant le mode fixé par les lois et réglements relatifs au recouvrement des contributions, et que les décisions des conseils de préfecture seront exécutées provisoirement; — Vu le décret du 9 déc. 1809, portant que les droits dont il s'agit continueront d'être perçus; — Considérant que l'arrêté du préfet en date du 25 nov. 1828, qui rend exécutoires les contraintes décernées contre les entrepreneurs sociétaires du théâtre du Vaudeville, est un acte purement administratif, qui ne fait pas obstacle à ce que ceux-ci se pourvoient par-devant le conseil de préfecture, aux termes de l'arrêté du 8 fruct. an 13; — Art. 1. La requête est rejetée, sauf auxdits entrepreneurs à se pourvoir, s'ils s'y croient fondés, par-devant le conseil de préfecture, pour y faire statuer sur la contestation. »
Du 11 nov. 1831.–Ord. cons. d'Etat.–M. Jauffret, rap.
(4) (Gœthals C. bureau de charité de Bordeaux.) — LOUIS, etc.; — Considérant que le sieur Gœthals prétendait, devant le conseil de préfecture, qu'il n'était pas l'entrepreneur des concerts donnés dans la salle qui lui appartient, et où les sieur et dame Garat se sont fait entendre; qu'il soutient n'avoir fait que prêter gratuitement ladite salle; qu'il paraît que les billets ont été signés par deux membres de la société philharmonique; qu'il fallait donc préalablement décider, contradictoirement avec le sieur Gœthals, les signataires des billets, et les sieur et dame Garat, si les concerts dont il s'agit avaient été donnés par entreprise, et, dans ce cas, quel en était l'entrepreneur; que l'instruction, sur ces deux points, n'a pas été achevée devant le conseil de préfecture; que, dès lors, l'affaire n'était pas en état de recevoir une décision définitive; — Art. 1. L'arrêté du conseil de préfecture du département de la Gironde, en date du 25 sept. 1817, est annulé, et les parties sont renvoyées devant ledit conseil de préfecture, dépens réservés.
Du 18 nov. 1818.–Ord. cons. d'Et.–M. Bellisle, rap.

Théâtre-Français, confiée précédemment à un surintendant général des spectacles par le décr. du 15 oct. 1812, n'ayant pas abrogé ce décret, il appartient au conseil d'Etat de statuer sur les pensions des sociétaires du Théâtre-Français, et, par conséquent, sur toutes les difficultés relatives à ces pensions ou à la distribution des fonds de retenues (cons. d'Et. 27 août 1823) (1).

§ 2. — Compétence des tribunaux civils et des tribunaux de commerce.

840. Nous avons dit n° 45, qu'en matière d'autorisation d'entreprises dramatiques, et généralement en tout ce qui touche à l'exploitation d'un théâtre, les décisions ministérielles ne peuvent être déférées au conseil d'Etat : aucun débat contentieux ne peut naître des arrêtés de l'autorité supérieure. — A plus forte raison les tribunaux ne peuvent-ils se permettre d'empiéter sur les droits de l'administration; par exemple, ils ne peuvent faire aucune injonction qui tendent à entraver ou paralyser l'action de l'autorité. Aussi les tribunaux ont-ils toujours repoussé les actions dont ils étaient saisis par des déclarations d'incompétence. — MM. Lacan et Paulmier, t. 1, n° 59, citent à cet égard d'assez nombreuses décisions qu'il serait peu utile de rappeler, la question ne pouvant faire l'objet d'un doute sérieux.

841. Dans le cas où une salle de spectacles appartiendrait à un particulier, quelle autorité est compétente pour statuer sur les difficultés qui pourraient s'élever entre le propriétaire de cette salle et le directeur, quant au prix de la location? — D'après les principes généraux, la solution n'offrirait pas de difficulté : il s'agit là d'une question de propriété dont la connaissance ne peut appartenir qu'aux tribunaux civils. — Ce qui a fait naître le doute, c'est un règlement du 15 janv. 1807, dont nous avons déjà parlé plus haut n° 92, qui attribue à l'autorité administrative le droit de fixer le prix de location, dans le cas où le propriétaire exigerait un prix excessif.—Et il avait été jugé en ce sens que lorsqu'il y a contestation entre un entrepreneur des théâtres et le propriétaire d'une salle de spec-

tacle, au sujet du prix de la location, l'autorité administrative a droit de le fixer. C'est en vain que le propriétaire soutiendrait qu'il a lui-même le privilége exclusif des spectacles, en vertu d'un acte authentique de 1772. — Ce privilége est anéanti par la loi du 8 juin 1806 (cons. d'Et. 8 mars 1811, aff. Saint-Romain).

842. Mais comme nous l'avons déjà dit (n° 92), la disposition précitée du règlement de 1807, a disparu des règlements postérieurs ; la question doit donc se résoudre aujourd'hui d'après les principes du droit commun. Aussi, le conseil d'Etat est-il revenu sur sa jurisprudence, il a décidé 1° que toutes les contestations relatives à la propriété ou à la jouissance d'un immeuble, et par conséquent à ses loyers sont du ressort des tribunaux; qu'ainsi un préfet excède ses pouvoirs en fixant le prix des loyers d'une salle de spectacle demandé par un directeur (cons. d'Et. 4 juill. 1815) (2) ; — 2° Que lorsque des raisons d'utilité obligent l'administration de requérir un édifice ou une propriété particulière pour un service temporaire, c'est aux tribunaux à régler l'indemnité due au propriétaire, quand elle ne peut être établie de gré à gré. Ainsi c'est à eux à fixer le prix de location dû au propriétaire d'une salle requise par l'administration pour des représentations dramatiques (cons. d'Et. 10 fév. 1816) (3) ; — 3° Que le maire d'une ville a droit de requérir l'ouverture d'une salle appartenant à un particulier et d'y autoriser les représentations théâtrales et les bals publics, sous la réserve d'indemniser le propriétaire ; mais son arrêté n'empêche pas que l'indemnité due par le directeur des représentations, ne soit fixée par les tribunaux en cas de contestation (cons. d'Et. 25 juin 1819) (4).

843. Il a été jugé encore et à plus forte raison que les tribunaux civils sont compétents pour apprécier les clauses d'un bail passé entre les propriétaires d'un théâtre et un directeur de spectacle, et pour statuer sur l'exécution ou l'inexécution des conditions qu'il renferme; mais qu'ils sont incompétents pour connaître de la demande en subrogation du privilége demandée en vertu des clauses de ce bail (trib. de la Seine, 2 juill. 1830) (5).

844. Il a été décidé, par application des mêmes principes,

(1) (Georges Weimer.) — Louis, etc.; — Considérant que, s'il nous a plu, dans l'organisation de notre maison, dont le Théâtre-Français est une dépendance, de confier à l'un des premiers gentilshommes de notre chambre la surveillance et la direction de ce théâtre, attribuée, par le décret du 15 oct. 1812, à un surintendant général des spectacles, dont nous avons supprimé la charge, ce décret, rendu en la forme d'un règlement d'administration publique, et inséré au Bulletin des lois, a pu être révoqué par le règlement intérieur du 14 déc. 1816; — Considérant qu'aux termes de l'art. 18 du décret du 15 oct. 1812, il nous appartient de statuer, en notre conseil d'Etat, sur les demandes de pensions des sociétaires du Théâtre-Français et, par conséquent, sur toutes les réclamations qui peuvent s'élever, à l'occasion de ces pensions ou de la distribution des fonds de retenues que les sociétaires subissent, conformément aux règles de l'association; qu'ainsi la contestation entre la demoiselle Georges Weimer et les artistes du Théâtre-Français doit être jugée administrativement ; — Art. 1. Le conflit élevé par le préfet du département de la Seine, le 16 mai 1823, est confirmé.
Du 27 août 1823.-Ord. cons. d'Et.-M. Maillard, rap.

(2) (Brunet-Montansier C. Robillon.) — La commission du gouvernement, etc.; — Considérant que les frères Jacques et Clodius Robillon ayant obtenu, il y a quelques années, le privilége de donner des spectacles à Versailles, avaient, pour l'exploitation de cette entreprise, loué une salle qui appartient à la dame Montansier; que des difficultés s'étant élevées entre les parties, relativement au loyer de cette salle, elles furent portées devant les tribunaux et réglées par des jugements et transactions; que depuis, Clodius, l'un des frères Robillon, obtint, pour lui seul, le privilége de spectacle, et que, sans égard aux jugements et transactions existants, il se pourvut devant le préfet, et obtint les décisions attaquées qui fixent, d'après de nouvelles bases, le prix de location dû à la dame Montansier; qu'en rendant ces décisions, le préfet a excédé ses pouvoirs, puisqu'il est évident que toutes contestations relatives, soit à la propriété, soit à la jouissance et, par conséquent, au loyer d'un immeuble, sont de la compétence des tribunaux; que, d'ailleurs, la dame Montansier, veuve Neuville, prétend que ses droits sont réglés par les jugements et transactions intervenus entre les parties, et que les tribunaux peuvent seuls juger du mérite de cette exception; — Art. 1. Les arrêtés ci-dessus visés du préfet du département de Seine-et-Oise, et ceux qui ont pu être rendus en conséquence, sont annulés, sauf aux parties à porter devant les tribunaux la contestation relative au prix de location demandé par la suppliante.
Du 4 juill. 1815.-Décr. cons. d'Et.

(3) (Lebrun C. Feréol.) — Louis, etc.; — Considérant que dans le cas même où des raisons d'utilité obligent l'administration de requérir un édifice ou une propriété particulière pour un service temporaire, c'est aux tribunaux qu'il appartient de régler l'indemnité due au propriétaire, quand elle ne peut être établie de gré à gré; — Art. 1. Les décisions du ministre de l'intérieur ci-dessus visées sont annulées pour cause d'incompétence, en ce qu'elles fixent le prix du loyer de ladite salle, sauf aux parties à se pourvoir ainsi qu'elles aviseront devant les tribunaux.
Du 10 fév. 1816.-Ord. cons. d'Et.

(4) (D'Espaignet C. Belmond.) — Louis, etc.; — Considérant qu'aux termes des règlements, le maire avait le droit, sauf recours à l'autorité supérieure, de requérir l'ouverture de la salle, et d'autoriser les représentations théâtrales et les bals publics, sous la réserve de l'indemnité envers les propriétaires ; — Considérant que l'arrêté attaqué et les autres actes administratifs qui s'y rapportent, n'établissent point une règle contraire, et que la simple énonciation de la convention qu'ils supposent exister entre les parties ne saurait empêcher les tribunaux d'en connaître;
Art. 1. L'arrêté du maire de la ville de Tarbes, département des Hautes-Pyrénées, du 17 janv. 1817, et les actes qui l'ont suivi, ne font point obstacle à ce que l'autorité judiciaire connaisse de la contestation existante entre le directeur Belmond et le propriétaire de la salle de spectacle, à raison de l'indemnité qui est due ; en conséquence, la requête de ces derniers est rejetée, sauf à eux à se pourvoir devant les tribunaux, s'ils le jugent convenable.
Du 25 juin 1819.-Ord. cons. d'Et.-M. Jauffret, rap.

(5) Espèce : — (Boursault C. Ducis). — Boursault, propriétaire de la salle Ventadour à Paris, avait loué cette salle à Ducis sous la condition que Ducis, dans le cas où il ne remplirait pas ses engagements, lui céderait et transporterait tous ses droits à l'autorisation qu'il avait obtenu du gouvernement pour l'exploitation de l'Opéra-Comique. L'entreprise de Ducis ne fut pas heureuse, et les conditions du bail n'ayant pas été remplies, Boursault demanda devant les tribunaux, en vertu de la clause précitée, à être subrogé dans le privilége de Ducis. — Jugement.
Le tribunal: — Attendu qu'il est constant que le sieur Ducis n'a pas exécuté les conditions de son bail; — Que les loyers de la salle, ceux du magasin particulier, la cave du droit d'assurances, ne sont pas acquittés; — Attendu que si cette inexécution peut donner lieu à l'application de la clause neuvième du bail relative à la cession du privilége, n'appartient pas au tribunal de statuer sur la subrogation demandée,

qu'il n'appartient qu'aux tribunaux de statuer, entre le propriétaire d'une salle de spectacle et les créanciers de son administration, sur la propriété d'une partie du mobilier de cette salle : — « Considérant, dans l'espèce, qu'il s'agit de prononcer sur des questions de propriété, dont la connaissance appartient aux tribunaux » (cons. d'Et. 19 mars 1817, aff. Roux).

345. Les tribunaux ordinaires sont également compétents pour statuer sur les difficultés qui s'élèvent entre les maires et les directeurs, relativement à l'exploitation du théâtre. Jugé dans ce sens que les contestations auxquelles peut donner lieu le traité passé entre le maire d'une ville et un particulier, pour l'exploitation du théâtre de la ville, sont du ressort des tribunaux ordinaires, encore bien que le contraire ait été stipulé par les parties (cons. d'Et. 10 juin 1829) (1).

346. Les questions qui touchent à l'exécution des règlements, lorsque le sens des clauses invoqués n'est pas contesté, sont de la compétence des tribunaux civils. — Ainsi il a été jugé que le décret du 8 juin 1806 et l'arr. minist. du 25 avr. 1807 ont déterminé, d'une manière assez claire pour qu'il n'y ait pas lieu à interprétation, la nature du privilège accordé aux théâtres de l'Opéra, de la Comédie-Française et de l'Opéra-Comique. En

conséquence, la question de savoir si une pièce représentée par un autre théâtre de Paris est un empiétement sur le privilège de l'un de ces théâtres, par exemple, si la pièce intitulée *la Chaste Suzanne*, représentée au théâtre de la Renaissance, est du genre de celles dont la représentation exclusive est attribuée au Grand-Opéra, doit être jugée par le tribunal civil, compétent pour statuer immédiatement sans recourir à l'interprétation par l'autorité administrative des décrets et arrêtés cités (Paris, 25 mai 1840) (2).

347. La connaissance des contestations qui peuvent résulter de l'engagement souscrit par un artiste dramatique pour l'exercice de son talent sur un théâtre public, appartient aux tribunaux et non à l'autorité administrative, nonobstant la mise en régie de ce théâtre, sous les ordres immédiats du ministre de la maison du roi : ici ne s'applique point l'art. 14 du décret du 11 juin 1806 (cons. d'Et. 6 fév. 1828) (3).

348. Il a été jugé dans le même sens : 1° que les traités passés entre le directeur de l'Opéra et les artistes dramatiques ne constituent que des marchés de fournitures, et, par suite, les difficultés auxquelles ils donnent lieu ne peuvent être, à ce titre, déférées à l'autorité administrative (Rej. 3 janv. 1837) (4); —

ni sur l'attribution d'un privilège théâtral; — Par ces motifs, déclare les conditions du bail des 13 et 14 fév. 1829, non exécutées par Ducis ; et en ce qui touche la demande en subrogation dans le privilège, renvoie les parties devant qui de droit.
Du 2 juill. 1830.—Trib. de la Seine, 1re ch.—MM. de Belleyme, pr.
(1) (Ville de Lyon C. Singier.) — Vu le traité passé les 12 et 20 mars 1827, entre le maire de Lyon et le sieur Singier, directeur des théâtres de cette ville, pour la gestion, pendant l'espace de deux années, du grand théâtre provisoire ; ledit traité approuvé par notre ministre de l'intérieur, le 27 avr. suivant, et dont l'art. 14 porte « qu'en cas de difficulté sur le sens où l'interprétation dudit traité, la connaissance en appartiendra, exclusivement, au conseil de préfecture, qui statuera, sauf recours devant nous, en notre conseil ; » — Vu l'arrêté du conseil de préfecture du département du Rhône, du 4 juill. 1828, par lequel ce conseil, sur la demande formée devant lui, par le maire de la ville de Lyon, en résiliation du traité passé avec le sieur Singier, les 12 et 20 mars 1827 déclare n'y avoir lieu à prononcer ladite résiliation, et ordonne qu'il sera plus amplement contesté sur la demande d'une somme de 82,588 fr., à titre de dommages-intérêts, formée par le sieur Singier, contre la ville de Lyon ; — Considérant que le traité des 12 et 20 mars 1827, ne constituant, par sa nature, qu'un marché ordinaire, dont l'exécution était soumise aux tribunaux ; que les parties n'ont pu, par une convention privée, insérée dans ce traité, déroger à l'ordre des juridictions ; — Et que le conseil de préfecture aurait dû se déclarer incompétent pour statuer sur les demandes respectives des parties ; — Art. 1. L'arrêté du conseil de préfecture est annulé pour cause d'incompétence.
Du 10 juin 1829.—Ord. cons. d'Et.—M. Rozières, rap.
(2) (Directeur de l'Opéra C. directeur de la Renaissance.) — Jugement du tribunal de la Seine en ces termes : — « Attendu que si les tribunaux sont compétents pour statuer sur les usurpations de privilège lorsque les genres sont précédemment déterminés et reconnus ; — Que si les tribunaux sont compétents lorsque les privilèges contiennent un droit exclusif avec interdiction d'un privilège rival, ils sont incompétents lorsque les termes dans lesquels les privilèges rivaux sont conçus, ne déterminant pas précisément les genres, donnent lieu à des doutes, et rendent une interprétation nécessaire ; — Que, dans l'espèce, les termes des privilèges des deux théâtres, et notamment les extensions successives du privilège du théâtre de la Renaissance, rendent une interprétation nécessaire ; — Le tribunal se déclare incompétent quant à présent, sauf à statuer ultérieurement, s'il y a lieu, sur les dommages-intérêts après l'interprétation. — Appel. — Arrêt.
.LA COUR; — Considérant que le décret du 8 juin 1806 et l'arrêté du 25 avril 1807 ont déterminé le genre de pièces que l'Académie royale de musique aurait seule le droit de représenter ; — Considérant que le directeur de ce théâtre se plaint de ce que le théâtre de la Renaissance aurait donné une pièce intitulée *la Chaste Suzanne*, laquelle serait un véritable grand opéra, et qu'il aurait par là commis un empiétement sur son privilège ; — Considérant que pour faire droit sur cette demande il ne s'agit pas d'interpréter les arrêtés administratifs sur la matière, ni d'attaquer le privilège accordé à la Renaissance, mais seulement d'examiner si la pièce donnée par la Renaissance est du genre de celles dont la représentation exclusive est attribuée au Grand-Opéra, et, par suite, si le théâtre de la Renaissance est sorti de son privilège, a empiété sur celui du Grand-Opéra, et par conséquent s'il a porté atteinte à ses droits ; — Qu'il ne s'agit donc que de l'appréciation d'un fait, et que cette appréciation est dans les attributions des tribunaux ; — Infirme le jugement au principal ; — Déclare les tribunaux ordinaires compétents

pour statuer sur la contestation ; — En conséquence, renvoie la cause devant une des chambres du tribunal de première instance de Paris, composée d'autres juges que ceux qui ont rendu la sentence attaquée.
Du 25 mai 1840.-C. de Paris, 1re ch.-MM. Simonneau, pr.-Boucly, av. gén., c. contr.-Dufougerais et Paillard de Villeneuve, av.
(3) (Mainville-Fodor.) — CHARLES, etc. ; — Vu l'art. 14 du décret du 11 juin 1806 ; — Considérant que le pourvoi de la dame Mainville Fodor, et le conflit élevé par le préfet du département de la Seine, présentant la même question de compétence, il y a lieu de les joindre et de statuer par une seule et même ordonnance ; — Considérant que le traité du 20 février 1825 a été passé pour le ministre de notre maison, par un des administrateurs secondaires placés sous ses ordres ; — Que ce traité a été exécuté par l'inscription nominale de la dame Mainvielle-Fodor au budget du Théâtre-Italien, pour les appointements déterminés par ledit traité, soit par le payement fait desdits appointements, sur le crédit de ce budget, en vertu d'états émargés par elle-même ou par son mari ; — Que l'arrêté de résiliation du 20 nov. 1826, pris par le même administrateur, a été approuvé le 10 nov. 1827, par l'intendant général de notre maison ; — D'où il suit que c'est contre notredit intendant que doivent être exercées les actions civiles qui peuvent résulter dudit traité et dudit arrêté ; — Considérant que le traité du 20 fév. 1825 est un engagement souscrit par un artiste dramatique pour l'exercice de son talent sur un théâtre public, engagement qui ne rentre dans aucun des cas déterminés par l'art. 14 du décret du 11 juin 1806; que la mise en régie dudit théâtre, sous les ordres immédiats du ministre de notre maison, ne suffit point pour étendre à ces genres d'engagement l'application dudit décret ; — Art. 1. L'arrêté de conflit, du 17 mai 1827 est annulé, et la dame Mainville-Fodor est renvoyée à se pourvoir devant les tribunaux.
Du 6 fév. 1828.-Ord. cons. d'Et.-M. Rességuier, rap.
(4) *Espèce :* — (De Schonen C. Vigneron.) — Le 31 déc. 1819, la demoiselle Vigneron avait été admise à l'Académie royale de musique, en qualité de double, comme artiste de la danse ; et, le 31 déc. 1824, elle fut admise dans la classe des remplacements. Cette dernière qualité la faisait considérer de droit, aux termes de l'art. 170 du règlement de l'Opéra, du 5 mai 1821, comme engagée pour quatre années à partir de son admission. — Le directeur de l'Opéra lui ayant refusé, le 30 mars 1829, l'entrée de la scène, et, dans la suite, ses appointements, elle assigna le ministre de la maison du roi et le sieur Lubbert, directeur de l'Opéra, en payement de ses appointements échus et de ceux à échoir dans la suite, jusqu'au 31 déc. 1834, en offrant de remplir son engagement jusqu'à cette époque. Cette demande portée devant le tribunal civil de la Seine, le ministre de la maison du roi opposa l'incompétence de ce tribunal ; cette exception fut admise par jugement du 22 déc. 1830, par le motif que la contestation était du ressort de l'autorité administrative. — La demoiselle Vigneron cita alors, devant le tribunal de commerce, Schonen, liquidateur de l'ancienne liste civile. L'exception d'incompétence fut de nouveau opposée.—Le 19 nov. 1832, jugement par lequel le tribunal de commerce se déclare compétent, condamne, par défaut, le sieur de Schonen à payer à la demoiselle Vigneron ses appointements jusqu'au 1er juin 1851. — Appel.
Le 15 janv. 1834, arrêt de la cour de Paris en ces termes : « En ce qui touche la compétence : — Considérant que l'art. 14 du décret du 11 juin 1806 est exclusivement applicable aux marchés passés avec les ministres pour des travaux et fournitures ; — Considérant que, [..] l'art. 243 du règlement de l'Académie de musique, placée non-seulement sous la surveillance, mais encore sous l'administration immédiate

2° Que, depuis la suppression du ministère de la maison du roi, les contestations auxquelles donnent lieu les traités passés entre le directeur de l'Opéra et les artistes dramatiques, sont de la compétence de l'autorité judiciaire (même arrêt).

349. C'est aux tribunaux qu'il appartient de juger les contestations élevées entre les sociétaires et le directeur d'un théâtre pour défaut d'accomplissement des conventions passés entre les parties (cons. d'Et. 1er sept. 1825, aff. Bérard, V. n° 333).

350. Nous venons d'indiquer l'étendue de la compétence des tribunaux civils ordinaires en matière de théâtre; mais les tribunaux de commerce sont souvent aussi compétents lorsque les stipulations ont lieu avec des tiers, et ont le caractère d'actes de commerce. En effet, les théâtres, en général, sont des entreprises commerciales, soumises à la compétence des juges de commerce, aux règles de la faillite et à celles des sociétés commerciales (c. com., art. 632, MM. Vivien et Blanc, n° 195 à 202). — V. n° 314 et suiv.

351. L'existence des subventions n'empêche pas les théâtres impériaux d'avoir les caractères d'entreprises commerciales (V. n° 101), soumises, comme telles, à la compétence des tribunaux de commerce. Les relations de l'autorité avec les théâtres à subvention dépendent des stipulations écrites (MM. Vivien et Blanc, n° 343 354). Pour les subventions que, dans certaines villes, l'autorité municipale accorde aux théâtres, les traités spéciaux font la loi; seulement, et c'est ce qu'a jugé le conseil d'Etat, le pouvoir municipal ne peut transporter dans le domaine administratif des attributions que les lois placent exclusivement dans la compétence des tribunaux (mêmes auteurs, n° 355 et 356).

352. Les tribunaux de commerce sont-ils compétents pour statuer sur les contestations qui s'élèvent entre le directeur et les artistes de son théâtre quant à l'exécution des engagements? — Cette question fort controversée a été examinée *suprà*, n° 323 et suiv.

---

du ministre de la maison du roi, attribuait à ce ministre la décision de toutes les difficultés et contestations auxquelles l'interprétation et l'exécution du règlement pourraient donner lieu, cette juridiction exceptionnelle a cessé d'exister à l'époque où a été supprimé le ministère de la maison du roi dont les attributions, on le point, n'ont été transmises à aucun autre ministère; d'où il suit que les contestations restées indécises lors de la suppression de ce ministère, doivent nécessairement être portées devant les juges ordinaires; — Considérant que la régie ou administration immédiate de l'Académie royale de musique, que mettait à la charge de la liste civile l'excédant annuel des dépenses sur les recettes, loin d'être, de la part de l'autorité royale, une entreprise industrielle, n'était, dans la réalité, qu'un acte de haute protection; qu'ainsi, et sous aucun rapport, le litige existant entre Sophie Vigneron et le liquidateur de l'ancienne liste civile ne peut être porté devant le tribunal de commerce; — Mais considérant que la cause est suffisamment instruite et que la matière est disposée à recevoir une décision définitive; qu'ainsi aux termes de l'art. 473 c. pr., il y a lieu de juger le fond, ce faisant et statuant au principal;

» Considérant que Sophie Vigneron a été admise, en 1824, comme remplaçante de la danse à l'Académie royale de musique, et quel'art. 170 du règlement obligatoire pour elle et contre elle, lui faisait un devoir et lui donnait le droit de rester, pendant quinze ans, attachée à ce théâtre, que, si on lui a annoncé, au commencement de 1829, l'intention de la mettre à la retraite, elle a protesté contre cette mesure et s'est même pourvue devant les tribunaux; que, d'ailleurs, le ministre de la maison du roi n'a pris aucune décision définitive à cet égard; qu'ainsi les choses sont encore entières; — Considérant qu'il n'est pas justifié que Sophie Vigneron fût dans l'un des cas où elle peut être mise à la retraite, d'où il suit qu'elle est fondée à réclamer la totalité de son traitement mensuel, à partir du 1er août 1829, époque où l'on a cessé de lui payer ledit traitement jusqu'au 1er juin 1831, époque où l'ancienne liste civile est devenue entièrement étrangère à l'administration de l'Académie royale de musique, dont le sieur Véron est devenu tout à la fois le directeur et l'entrepreneur, et qu'elle n'a pas droit aux 140 fr. de feux par mois, parce qu'elle n'a assisté à aucune représentation pendant ce laps de temps; — Par ces motifs, déclare nul, comme incompétemment rendu, le jugement du tribunal de commerce, du 19 nov. 1852; évoquant, ordonne à Schouen, en sa qualité de liquidateur de l'ancienne liste civile, à payer, à Sophie Vigneron 7,700 fr. »

Pourvoi...—5° Excès de pouvoir, empiétement sur l'autorité administrative, violation de l'art. 14 du décret du 11 juin 1806, en ce que l'arrêt attaqué a jugé une contestation qui, aux termes du décret du 11 juin 1806 et d'un règlement du 5 mai 1821 sur l'Académie royale de musique,

vait, dans tous les cas, être portée devant l'autorité administrative. Le décret de 1806 attribue, en effet, au conseil d'Etat le jugement des difficultés qui peuvent naître à l'occasion des marchés passés avec l'intendant de la maison du roi; or l'engagement de la demoiselle Vigneron était réellement un marché avec cet intendant; il serait trop rigoureux de ne considérer comme marché que les traités ayant pour objet des travaux et fournitures. — 4° Contravention à l'ord. du 25 janv. 1831, qui a fait rentrer les théâtres royaux dans les attributions du ministre de l'intérieur; aux termes de cette ordonnance, les théâtres royaux font partie des attributions du ministère de l'intérieur, qui est chargé de leur administration, ainsi que de l'emploi des fonds qui leur sont alloués par le budget. Cette ordonnance fut mise à exécution le 1er mars 1831. Dès cette époque, la commission de liquidation de l'ancienne liste civile n'eut plus à s'immiscer dans la gestion des théâtres, elle cessa de recevoir les fonds. C'est donc à tort que la cour de Paris a condamné le sieur de Schouen, ès noms, à payer le traitement de la demoiselle Vigneron jusqu'au 1er juin 1831. — Arrêt (ap. délib. en ch. du cons.).

La cour; — ...Sur le troisième moyen, fondé sur un prétendu excès de pouvoir et sur la violation de l'art. 14 du décret du 11 juin 1806 : — Attendu qu'on ne saurait assimiler, soit à des marchés passés avec des ministres, soit à des travaux et fournitures faits pour le service de divers ministères, ou pour le service de la maison du roi, les engagements passés avec des artistes dramatiques, par suite et en exécution du règlement du 5 mai 1821; qu'à la vérité, ce règlement avait attribué au ministre de la maison du roi la connaissance des contestations qui pourraient s'élever sur l'exécution de ces engagements, mais que le ministère de la maison du roi ayant été supprimé, aucun acte émané de la puissance législative n'a investi aucun autre ministre de l'attribution de juridiction exceptionnelle qui résultait des dispositions du règlement de 1821; — Attendu que cette attribution se trouvant anéantie par un fait de force majeure, la connaissance de contestations relatives aux engagements des artistes est rentrée dans les principes du droit commun, et qu'ainsi, ces contestations ont dû être soumises aux tribunaux ordinaires;

Sur le quatrième moyen, fondé sur une contravention prétendue à l'ordonnance royale du 25 janv. 1831 : — Attendu que la cour royale de Paris, en condamnant le commissaire-liquidateur de l'ancienne liste civile à payer les appointements de Sophie-Victoire Vigneron jusqu'au 1er juin 1831, n'a fait qu'apprécier les conséquences de sa mise en retraite et n'a violé aucune loi; — Rejette.

Du 5 janv. 1857.-C. C., ch. civ.-MM. Portalis, 1er pr.-Moreau, rap.-Ratte, av. gén., c. conf.-Roger et Galisset, av.

Table sommaire des matières.

Table chronologique des lois, arrêts, etc.

THÉOCRATIE. — Gouvernement par les prêtres.—V. Compétence crim., n° 2-2°; Culte, n° 580; Droit constitut., n°s 15, 16 et suiv. ; Souveraineté, n° 4.

THIÉRACHIENS.—V. Bois et Charbons, n° 14.

THON.— V. Eau, n°s 531, 475-18°.

TIERCE OPPOSITION. — 1. La tierce opposition est une voie extraordinaire ouverte, contre tout jugement, à une tierce personne qui n'y a point été partie par elle-même ou par ceux qu'elle représente, et aux droits de laquelle ce jugement préjudicie.

Division.

CHAP. 1. — Historique. — Observations générales sur les caractères constitutifs de la tierce opposition.

2. La tierce opposition repose sur ce principe d'équité naturelle que nul ne peut être condamné sans avoir fait ou pu faire entendre ses moyens de défense. — « Un jugement, a dit l'orateur du gouvernement, ne doit faire loi qu'entre ceux qui ont été entendus ou appelés; il ne peut statuer que sur des conclusions prises par une partie contre l'autre. — Si le jugement préjudicie à une partie, elle doit être admise à s'adresser aux mêmes juges, afin qu'après l'avoir entendue, ils prononcent à son égard en connaissance de cause » (exposé des motifs par Bigot-Préameneu, ci-dessous, note, n° 2).

3. L'ancien droit ne renferme aucune règle sur la matière de la tierce opposition, si l'on en excepte toutefois les dispositions reproduites par les art. 478, 479 c. pr. — L'ordonnance de 1539, dite de Villers-Cotterets, art. 108, parlait uniquement de l'amende à laquelle devaient être condamnés ceux dont la tierce opposition était rejetée, et en déterminait la quotité en laissant toutefois aux juges la faculté de l'augmenter *selon la qualité et malice des parties.* — L'ordonn. de Moulins, d'août 1566, art. 51, se bornait à ordonner l'exécution des jugements portant condamnation de délaisser un héritage, nonobstant les tierces oppositions.—L'ordonn. de 1667 ne contient que deux articles sur la tierce opposition (tit. 27, art. 10 et 11), dans lesquels elle ne fait que reproduire les dispositions dont on vient de parler, sauf une nouvelle fixation de l'amende. — Du reste il paraît, selon la remarque de M. Chauveau, que la tierce opposition était peu en usage dans la pratique.

4. L'ordonn. de 1667 paraissait distinguer deux espèces de tierces oppositions : l'une dont le but était de mettre obstacle à l'*exécution*, l'autre qui avait pour objet de faire *réformer la sen-* tence ou *l'arrêt* : celui qui succombait dans la première était condamné à une amende, parce qu'il causait un plus grand préjudice (tit. 27, art. 10); aucune amende n'était prononcée contre celui qui succombait dans la seconde, l'ordonnance gardait un silence absolu à cet égard. — Le code ne reproduit pas la distinction entre la tierce opposition, simple obstacle à l'exécution, et la tierce opposition qui a pour objet la réformation de la sentence, mais elle ressort de la nature des choses.—V. n°s 11, 16 et suiv., 242 et suiv.

5. Le code de procédure avait presque entièrement à créer la législation en cette matière. On ne voit pas cependant, dans les travaux préparatoires du code, qu'il se soit élevé de grandes difficultés sur les principes à établir. Un seul point parait avoir donné lieu à discussion : c'est celui de savoir si l'on permettrait la tierce opposition aux parties qui ne devaient pas être appelées au jugement qu'elles prétendent devoir leur porter préjudice. Le projet contenait un article ainsi conçu : « A l'égard des jugements lors desquels la partie *n'a pas dû être appelée*, elle ne pourra les attaquer qu'en prouvant la collusion, le dol ou la fraude. » Cet article avait pour objet, ainsi que l'expliquait M. Siméon au conseil d'Etat, d'exclure celui qui n'avait pas dû être appelé au jugement du droit d'y former tierce opposition. — Après les débats, quelque peu confus, et qui montrent que les législateurs eux-mêmes n'étaient pas parfaitement fixés sur les caractères de la tierce opposition, l'article a été rejeté (V. Locré, Législation civile, etc., t. 22, p. 48 et suiv.; V. en outre, ci-après, n°s 42 et s., 60).

Le tit. 1 du liv. 4, 1re part., du code de procéd. (art. 474 à 479), consacré à la tierce opposition, a été présenté au corps législatif par M. Bigot-Préameneu, qui en exposa les motifs dans la séance du 7 avr. 1806 (1).—M. Albisson lut son rapport dans la séance du 17 avr. (2). — Adopté dans la même séance à la majorité de

(1) *Extrait de l'exposé des motifs présenté par M. Bigot-Préameneu, sur le liv. 4, tit. 1, 1re part. c. pr. civ.* (séance du 7 avr. 1806).

1. *De la tierce opposition.* — L'appel des jugements n'est pas l'unique moyen par lequel ils puissent être attaqués : il est encore certains cas où il existe permis de se pourvoir, soit par tierce opposition, soit par requête civile. Il en est d'autres où, sans se borner à attaquer le jugement, on doit être autorisé à prendre les juges eux-mêmes à partie. — Telle est la matière du 4e liv. de la 1re part. du ce code, et dont il me reste à exposer les motifs.

2. Un jugement ne doit faire loi qu'entre ceux qui ont été entendus ou appelés; il ne peut statuer que sur des conclusions prises par une partie contre l'autre; si le jugement préjudicie à une tierce personne qui n'ait point été appelée, elle doit être admise à s'adresser aux mêmes juges, afin qu'après l'avoir entendue, ils prononcent à son égard en connaissance de cause. Cette voie est celle connue au barreau sous le nom de *tierce opposition.*

3. Une première règle générale est que cette tierce opposition soit faite devant le tribunal qui a rendu le jugement. — Il peut sans doute en résulter que le tiers opposant soit obligé de plaider devant les juges dont antérieurement il n'eût point été justiciable; mais une tierce opposition ne peut être considérée que comme une intervention pour arrêter ou prévenir l'exécution d'un jugement. Or nulle intervention ne peut se faire que devant le tribunal où la cause principale est portée.

4. En partant de ce principe, il restait un cas à prévoir, celui où, à l'occasion d'une contestation qui s'instruit devant un tribunal, l'une des parties se prévaudrait d'un jugement qu'un autre tribunal aurait rendu, et contre lequel son adversaire aurait le droit de former une tierce opposition. — Dans ce cas, les parties sont en présence devant le tribunal saisi de la contestation principale. Doit-on, comme on le faisait autrefois, les renvoyer devant le tribunal qui a prononcé le jugement attaqué par la tierce opposition ? — On ne saurait douter qu'il ne soit en général plus convenable à leur intérêt de rester devant le tribunal même où elles se trouvent, et où conséquemment elles peuvent espérer un jugement plus prompt sur l'un et sur l'autre différend. — Ainsi, l'on craindrait en partie, il fallait seulement éviter que la hiérarchie des tribunaux fût troublée. Un tribunal inférieur ne doit jamais être revêtu du pouvoir de prononcer sur un jugement rendu par un tribunal supérieur. — Il pourra sans doute arriver que, dans le cas où les moyens du tiers opposant seraient précisément les mêmes que ceux qui auraient été rejetés par le jugement attaqué, ces moyens soient admis par un autre tribunal d'un pouvoir égal; mais c'est encore un de ces cas rares et qu'on peut écarter une mesure d'une utilité certaine et journalière. — Il faut d'ailleurs observer que, si le jugement sur la tierce opposition a été rendu par des juges de première instance, on peut éprouver la bonté de ce jugement, la voie de l'appel. — S'il a été rendu en dernier ressort, la variété d'opinion entre les tribunaux indépendants sur les mêmes questions, est un inconvénient général, contre lequel il n'y a de remède que dans l'autorité de la cour de cassation, lorsqu'il y a lieu de s'y pourvoir, ou même dans l'autorité législative.

5. Le cours de la procédure sur la contestation principale doit-il être suspendu par une tierce opposition incidente ? Les motifs de décision à cet égard sont tellement dépendants de la nature et des circonstances de la contestation principale, qu'il doit être entièrement laissé à la prudence des juges de passer outre, ou de sursseoir.

6. Quant à l'exécution du jugement attaqué par une tierce opposition, incidente ou principale, la règle générale est qu'une tierce opposition ne doit point être un obstacle à l'exécution contre les parties qui, après avoir été appelées, ont été con- damnées par ce jugement. — Mais, d'une autre part, cette exécution du jugement contre les parties condamnées ne doit pas préjudicier aux droits du tiers opposant.

7. Ce sont là des principes d'une justice évidente. Tel était l'esprit de l'ord. de 1667, et elle s'exécutait ainsi. Mais on s'était borné à y prévoir le cas où le jugement aurait condamné à délaisser la possession d'un héritage, et, dans ce cas, l'exécution était ordonnée, nonobstant les oppositions d'une tierces personnes, et sans préjudice à leurs droits. — On avait mis cette disposition, tant pour réprimer d'une manière spéciale l'abus des tierces oppositions provoquées par ceux qui étaient condamnés à délaisser des héritages, que parce qu'il était ordinairement possible de disposer de la possession ; mais parce qu'il était plus difficile au tiers opposant à son adversaire. — Cette disposition salutaire a été conservée en exprimant de plus dans les autres cas, les juges pourront, suivant les circonstances, suspendre l'exécution : tel serait le cas où le tiers opposant réclamerait la propriété d'un meuble ou d'un héritage que serait été ordonnée par le jugement : tels seraient en général ceux où l'exécution serait préjudiciable au tiers opposant.

(2) *Extrait du rapport fait au corps législatif par M. Albisson, sur le tit. 1, liv. 4, 1re part. c. pr.* (séance du 17 avr. 1806).

8. *De la tierce opposition.* — L'appel ne peut attaquer que des jugements rendus en premier ressort, ni être écouté que dans la bouche des parties mêmes avec lesquelles ils ont été rendus, ou, après leur décès, dans celle de leurs héritiers. — Il n'en est pas de même de la tierce opposition qui peut être formée également contre les jugements rendus en premier et en dernier ressort, ne peut l'être que de la part de ceux qui n'y ont pas été parties, c'est-à-dire qui n'y ont été ni ouïs ni appelés, soit personnellement, soit dans la personne de ceux qu'ils représentent, ni dont les droits sont lésés par ces jugements.

9. L'ord. ne dit qu'un mot de ce moyen de recours, et seulement pour condamner à une amende les tiers opposants qui seraient déboutés de leurs oppositions, et pour déclarer qu'un arrêt ou jugement passé en force de chose jugée, portant condamnation de délaisser un héritage, serait exécuté contre le possesseur condamné, nonobstant les oppositions des tierces personnes, et sans préjudice de leurs droits. — Les anciennes ordonnances n'en disaient pas davantage. Celle de Moulins, art. 51, se bornait à ordonner l'exécution d'un jugement portant condamnation de délaisser un héritage, nonobstant les tierces oppositions : et celle de Villers-Cotterets, de 1539, art. 108, qui ne parlait que de l'amende, n'en déterminait la quotité qu'en laissant aux juges la liberté de l'augmenter *selon la qualité et malice des parties.* — Le nouveau projet pourvoit à tout ce qui restait à faire à la loi sur un point assez important pour qu'elle eût dû s'en occuper avec plus de détail.

10. Il règle le mode suivant de cette tierce opposition sera portée. — Est-elle formée par action principale ? C'est le tribunal qui a rendu le jugement attaqué qui peut seul en connaître. — Est-elle incidente à une contestation dont un tribunal est saisi ? Ce tribunal est égal ou supérieur à celui qui a rendu le jugement, ou bien il n'est ni l'un ni l'autre. Au premier cas, la tierce opposition sera formée par requête au tribunal saisi de la contestation ; au second cas, elle sera portée, par action principale, au tribunal qui aura rendu le jugement.

11. Mais l'instance dans laquelle la tierce opposition aura été produit, sera-t-elle suspendue ou non jusqu'à ce qu'il ait été statué sur la tierce opposition ? L'une et l'autre parti jugement ou être préjudiciables à quelqu'une des parties ; et les juges saisis de l'instance pouvant seuls, d'après les circonstances, se décider avec justice pour l'un ou pour l'autre, la loi leur en laisse la liberté.

12. Mais si le jugement n'a pas été produit dans le cours d'une instance, et qu'il ne s'agisse que de son exécution, la tierce opposition suffira-t-elle pour la

234 voix contre 11, il fut promulgué le 27 avril 1806 (1).

6. C'est un point très-délicat et très-controversé de bien apprécier les caractères constitutifs de la tierce opposition, et de décider dans quels cas on peut ou l'on doit suivre cette forme de procédure. Plusieurs systèmes se sont produits; nous allons les exposer.

7. *Système de Merlin.* D'après l'art. 1351 c. nap., la chose jugée entre certaines parties ne peut ni nuire ni profiter à d'autres parties, c'est-à-dire à des parties étrangères au débat; d'où il suit que le jugement rendu par exemple entre Pierre et Paul ne pouvant produire aucun effet à l'égard de Jacques, celui-ci n'aura jamais besoin de former tierce opposition à ce jugement; l'obliger à attaquer par la tierce opposition un jugement dans lequel il n'a pas été partie, ce serait admettre, contrairement à l'art. 1351, que ce jugement peut avoir quelque effet à son égard. Or, la tierce opposition est une voie purement facultative (les termes de l'art. 474 sont en effet formels à cet égard); Jacques pourra donc, si bon lui semble, employer cette voie contre le jugement rendu entre Pierre et Paul; mais il pourra aussi, s'il le préfère, s'en abstenir, se bornant à dire, quand on invoquera contre lui ce jugement : « Je n'y ai pas figuré, ce jugement m'est étranger : *res inter alios judicata aliis neque nocere, neque prodesse potest.* »—Telle est l'opinion exprimée par Merlin (Rép., v° Tierce opposit.). Il en résulte que la tierce opposition serait une procédure à peu près inutile, et que l'art. 474, comme le dit M. Boitard qui critique l'opinion du célèbre jurisconsulte (V. n° 10), ferait double emploi avec l'art. 1351.

8. *Système de Proudhon,* en opposition complète avec celui de Merlin.—Suivant cet auteur (Usufr., t. 2, p. 285, n°1266), la tierce opposition, loin d'être facultative, la mise à exécution nécessaire, inévitable de l'art.1351. Toutes les fois qu'une partie qui n'a pas figuré dans une instance prétend qu'elle est un tiers, et que, dès lors, le jugement ne peut l'atteindre, elle ne peut se dispenser de former une tierce opposition.—Ce système n'a été soutenu par aucun jurisconsulte. Sans entrer ici dans des développements superflus, nous nous bornons à dire qu'il constitue une violation manifeste de l'ancienne règle : *Incumbit onus probandi ei qui dicit,* rappelée dans l'art. 1315 c. nap. « Quiconque, dit avec raison M. Boitard, qui critique très-longuement le système de Proudhon, vient invoquer contre moi l'autorité d'une sentence rendue à son profit, doit prouver, en cas de contestation, que cette sentence s'applique à celui contre qui il l'invoque. Quiconque, en un mot, se prévaut de l'autorité de la chose jugée, doit prouver que la chose jugée qu'il invoque renferme les conditions énumérées dans l'art. 1351, c'est-à-dire que la chose a été jugée contre la partie à laquelle il l'oppose. » Or, dans le système de Proudhon, ce serait tout le contraire qui arriverait, ce serait à celui contre lequel on invoque le jugement à prouver que ce jugement ne s'applique point à lui, et en conséquence à l'attaquer par la voie de la tierce opposition, ce qui constitue le renversement de tous les principes.

9. *Système de M. Chauveau.* — Ce système se rattache à celui de Merlin, mais il est encore plus absolu. Suivant cet auteur (t. 4, p. 266, sur l'art. 474), la tierce opposition est une procédure complètement inutile. « On n'a jamais soutenu, dit-il, que le code de procédure abrogeât une disposition fondamentale du code civil dont il ne parlait pas; or l'art. 1351 c. nap. consacre les plus vieux principes en disant que la chose jugée ne pouvait être opposée qu'à ceux qui étaient parties au jugement ou à l'arrêt. Donc, lorsqu'on m'oppose un jugement auquel je n'ai point été partie, c'est comme si l'on m'opposait une feuille de papier blanc!... Nul n'a donc le droit de former tierce opposition contre un jugement auquel il n'a pas figuré comme partie. Ou la partie qui a été condamnée était votre représentant naturel et légal, ou elle ne l'était pas. Dans le premier cas tout est censé fait avec vous, l'art. 1351 vous est applicable et la voie de la tierce opposition n'est pas ouverte. Dans le cas contraire la décision vous est étrangère, on ne peut pas vous l'opposer, elle ne vous porte pas un préjudice; donc vous ne pouvez pas y former tierce opposition.»—Et quand on objecte que l'exécution du jugement peut porter un préjudice réel à une partie qui n'y a pas figuré, M. Chauveau répond que cette partie trouvera dans les voies légales de action des moyens suffisants pour empêcher ce préjudice. Ainsi, lorsqu'il s'agit d'un objet mobilier, d'une créance, elle peut recourir à la saisie-revendication, à la saisie-arrêt; s'agit-il d'un immeuble, aux actions possessoires et pétitoires (V. Action possessoire, n° 89); enfin si le jugement a été obtenu par collusion, fraude ou dol, la partie lésée aura le droit d'appel si elle est encore dans les délais, ou bien de la requête civile, dans les cas prévus par la loi. — Cependant, M. Chauveau, ne voulant pas laisser un titre entier du code de procédure sans application aucune, admet la tierce opposition comme facultative, mais dans un cas unique; c'est lorsqu'une partie a été *personnellement* condamnée par un jugement auquel *elle n'a pas été appelée,* et encore, M. Chauveau reconnaît-il que dans ce cas, une simple opposition pourrait suffire. — Mais à supposer que la tierce opposition soit recevable dans un cas pareil, ce qui est très-douteux, il faut reconnaître que le système de M. Chauveau aboutit à la suppression complète du titre du code de procédure sur la tierce opposition; car le cas unique qu'il prévoit est de nature à ne se présenter presque jamais.

Nous ne saurions nous ranger à l'opinion de M. Chauveau. En admettant que la tierce opposition puisse être toujours suppléée par une voie d'action directe, qu'en résulterait-il? C'est que la partie à qui elle est accordée aura à choisir, entre les voies qui lui sont ouvertes, celle qui sera le plus convenable à ses intérêts; mais il ne s'ensuit nullement qu'on doive supprimer ce mode de recours, ainsi que le prétend M. Chauveau. D'ailleurs, il n'est pas exact de dire que la tierce opposition puisse toujours être utilement remplacée : il est des cas où cette voie est la seule admissible. Ainsi, le créancier qui attaque le jugement rendu en fraude de ses droits par collusion de son débiteur n'a que cette voie de recours : les voies de l'appel, et de la cassation, de la requête civile même, lui sont interdites, car il n'a pas été partie au juge-

---

suspendre? — Si elle attaque un jugement passé en force de chose jugée, portant condamnation de délaisser un héritage, elle n'arrêtera pas son exécution, le nouveau code ayant adopté en ce point les dispositions des ordonnances de Moulins et de 1667. Mais dans les autres cas, sur lesquels ces ordonnances ne s'expliquent point, les juges pourront, en vertu de la loi, suspendre, si les circonstances l'exigent ou le conseillent, l'exécution du jugement. L'orateur du gouvernement vous a fait sentir, Messieurs, la sagesse de cette décision dans le cas particulier ou le tiers opposant réclamerait la propriété d'un meuble dont le jugement aurait ordonné la vente, et je ne puis rien faire de mieux que d'ajouter avec lui et après lui, que tels seraient en général les divers cas où l'exécution pourrait être préjudiciable aux tiers opposant.

13. Enfin, l'ord. de 1667 condamnait le tiers opposant débouté de son opposition en 1350 liv. d'amende, s'il s'agissait d'un arrêt; et en 75 liv., s'il s'agissait d'une sentence, le tout applicable, moitié au profit du domaine, et moitié envers la partie. Le nouveau projet a rejeté ce partage inadmissible en fait d'amende, et il l'a fixée à 50 liv. au moins; mais il a ajouté que ce serait sans préjudice des dommages-intérêts de la partie, s'il y a lieu, seule manière de punir dignement un manque de respect à la sainteté des jugements, et de pourvoir avec justice au dédommagement des parties lésées.

(1) Extrait du code de procédure, liv. 4. — Des voies extraordinaires pour attaquer les jugements.

Tit. 1. — *De la tierce opposition.*

Art. 474. Une partie peut former tierce opposition à un jugement

qui préjudicie à ses droits, et lors duquel, ni elle ni ceux qu'elle représente n'ont été appelés. — V. exposé des motifs et rapport n°s 2, 3.

475. La tierce opposition formée par action principale sera portée au tribunal qui aura rendu le jugement attaqué.—La tierce opposition incidente à une contestation sur un tribunal est saisi sera formée par requête à ce tribunal, s'il est égal ou supérieur à celui qui a rendu le jugement. — V. n°s 3 s., 10.

476. S'il n'est égal ou supérieur, la tierce opposition incidente sera portée, par action principale, au tribunal qui aura rendu le jugement. — V. n°s 4, 10.

477. Le tribunal devant lequel le jugement attaqué aura été produit pourra, suivant les circonstances, passer outre ou surseoir.—V. n°s 7, 11.

478. Les jugements passés en force de chose jugée, portant condamnation à délaisser la possession d'un héritage, seront exécutés contre les parties condamnées, nonobstant la tierce opposition et sans y préjudicier. Dans les autres cas, les juges pourront, suivant les circonstances, suspendre l'exécution du jugement. — V. n°s 6 s., 12.

479. La partie dont la tierce opposition sera rejetée sera condamnée à une amende qui ne pour a être moindre de 50 fr., sans préjudice des dommages et intérêts de la partie, s'il y a lieu.—V. n° 13.

ment; il n'y a pas non plus été représenté; on ne peut admettre, en effet, que le débiteur représente celui-là même contre lequel il commet une fraude : le créancier n'a donc en pareil cas que la ressource de la tierce opposition.

10. *Système de M.* Boitard, auquel nous adhérons complétement. — D'après l'art. 1351 c. nap., l'autorité de la chose jugée n'a lieu qu'entre les parties qui ont figuré dans l'instance, et d'après l'art. 474 c. pr., la tierce opposition n'est admise contre un jugement qu'en faveur de celui qui n'a pas été partie. Quelle est donc alors la nécessité de créer un mode de procédure spéciale, pour attaquer un jugement qui ne peut pas être opposé à celui qui ne figure pas dans l'instance? Par exemple si, d'après l'art. 1351, un jugement rendu entre Pierre et Paul n'a aucune autorité sur Jacques qui n'y était pas partie, on ne s'explique pas pourquoi la loi admet dans l'art. 474 qu'il pourra être nécessaire de former tierce opposition à ce jugement, et pourquoi Jacques, qui y est complétement étranger, sera tenté d'user de cette voie? L'intérêt est la mesure des actions, or quel intérêt celui qui n'a pas été partie à un jugement peut-il avoir à le faire tomber, puisque ce jugement ne peut exercer sur lui aucune influence? On ne le voit pas au premier examen, et il semble qu'il y a entre les deux articles, dans les termes comme dans la pensée de la loi, deux dispositions contradictoires et une véritable antinomie. A ces objections que se fait M. Boitard (t. 2, p. 85), il répond et nous répondons avec lui : Si la tierce opposition était une voie purement facultative, comme le prétend Merlin, on n'y aurait jamais recours, puisqu'il suffirait d'invoquer l'art. 1351 pour repousser le jugement. D'ailleurs, ce mode de procéder aurait pour le tiers opposant de très-graves inconvénients : au lieu de plaider devant le tribunal de son domicile, puisqu'il serait défendeur, il serait obligé d'obéir aux règles de compétence exceptionnelles fixées par les art. 475 et 476 c. pr.; il deviendrait ainsi demandeur. Enfin il s'exposerait, s'il succombait, à la condamnation à l'amende prononcée par l'art. 479 contre le tiers opposant. — Le système de Merlin n'est pas admissible. — A quels signes reconnaîtra-t-on donc en thèse générale qu'on doit former tierce opposition? La réponse est simple : ce sera au préjudice réel qui, nonobstant l'art. 1351, pourrait résulter, pour la partie étrangère au jugement, de l'exécution de ce jugement. — Sans doute un jugement auquel je n'ai pas été partie, ne peut m'être opposé, mais son exécution peut me nuire, alors naît tout aussitôt pour moi le droit d'y former tierce opposition. Le mot consacré par la loi, *tierce opposition,* indique une opposition formée par un tiers à l'exécution d'une sentence qui peut lui porter préjudice. — L'orateur au corps législatif a compris la tierce opposition dans ce sens, puisqu'il a dit que « la tierce opposition était un moyen accordé aux tiers pour *prévenir* ou pour *arrêter* l'exécution d'une sentence qui leur préjudiciait. » V. *suprà,* p. 356, note, n° 3.

M. Boitard (t. 2, p. 88) résume ainsi qu'il suit son opinion : « Une partie, dit l'art. 474, peut former tierce opposition à un jugement qui préjudicie à ses droits. D'après ce que nous venons de dire, on peut résoudre facilement l'apparente antinomie qui existe entre ces mots et l'art. 1351. — D'après l'art. 1351, le jugement rendu entre des tiers ne peut produire aucun effet sur moi; d'après l'art. 474, on suppose au contraire qu'un pareil jugement peut me porter préjudice. La distinction est très-simple. En droit, le jugement rendu entre des tiers ne décide rien contre moi; mais en fait, l'exécution d'un pareil jugement peut me causer un préjudice très-réel, très-sérieux. » — De là résulte le droit d'y former tierce opposition.

11. M. Pigeau, t. 1, p. 769, 4e éd., fait également ressortir, mais avec certaines distinctions, l'utilité de la tierce opposition : « Pour se faire relever, dit-il, du préjudice que cause un jugement où l'on n'a pas été partie, il n'est pas toujours nécessaire d'y former tierce opposition. — Il faut distinguer trois cas : 1° si le jugement n'est point exécuté et qu'on veuille empêcher l'exécution, la tierce opposition est nécessaire pour l'empêcher dans les cas où la loi autorise les juges à surseoir. Par exemple l'art. 478 dit que les jugements passés en force de chose jugée, portant condamnation à délaisser la possession d'un héritage, seront exécutés contre les parties condamnées, nonobstant la

tierce opposition; cette tierce opposition ne pouvant empêcher l'exécution, il est inutile de la former, puisqu'elle n'opérerait rien; cependant, comme l'art. 1351 c. civ. dit que l'autorité de la chose jugée n'a lieu qu'entre les mêmes parties, celui qui est lésé par ce jugement peut attaquer celui qui l'a obtenu, pour se faire restituer l'objet, comme s'il n'y avait pas eu de jugement, puisqu'il n'a point été appelé et qu'on ne peut être jugé sans cela. —Mais ce même art. 478 porte que dans les cas autres que celui où il s'agit de délaisser la possession d'un héritage, les juges peuvent, suivant les circonstances, suspendre l'exécution du jugement : si donc j'ai déposé à Pierre des diamants; que Paul s'en prétendant mal à propos propriétaire, ait obtenu contre Pierre, sans m'appeler, un jugement qui le condamne à les remettre à lui Paul, et que ce jugement ne soit pas encore exécuté, je pourrai former tierce opposition pour obtenir le sursis, afin d'empêcher Paul de les recevoir; et si je ne le faisais pas Pierre serait forcé de délivrer les diamants à Paul, contre lequel je pourrais à la vérité me pourvoir après l'exécution; mais comme il pourrait être alors insolvable, j'ai intérêt de former la tierce opposition pour obtenir le sursis à la remise. — 2° Si l'exécution était faite, la tierce opposition serait inutile pour obtenir la restitution. Une opposition a pour but d'empêcher ce qu'un autre veut faire; or on ne peut empêcher de faire ce qui est fait. On peut donc, dans ce cas, en vertu de l'art. 1351, assigner celui qui fait exécuter le jugement en restitution de ce qu'il a perçu, sans former tierce opposition, et il ne pourrait opposer le jugement ni le défaut de tierce opposition. — 3° Si celui qui a obtenu le jugement ne poursuit pas l'exécution, soit qu'elle ait été faite, soit qu'elle ne l'ait pas été, mais en tire seulement argument, comme s'il le produit dans une contestation au soutien de sa prétention, on peut encore se dispenser de former tierce opposition et se contenter de lui opposer l'art. 1351, auquel le code de procédure n'a dérogé ni pu déroger, puisqu'il n'est fait que pour diriger l'application du code civil. »

12. Sans nous occuper, quant à présent, des distinctions établies par M. Pigeau, on peut considérer comme un point démontré d'une manière incontestable que la tierce opposition n'est pas sans utilité, comme le dit M. Chauveau, puisqu'elle permet au juge de prononcer une suspension provisoire d'exécution qu'il ne pourrait accorder au tiers, agissant par action principale. — Mais la tierce opposition ne-a-t-elle que cette utilité, comme semblerait le croire M. Pigeau, et faut-il, dès lors, en revenir au système de M. Chauveau soit pour l'hypothèse où le jugement serait déjà exécuté, soit pour celle où la loi dispose que la tierce opposition n'est pas suspensive de l'exécution? (V. n° 17.) S'il en était ainsi, l'art. 478, qui implique la possibilité d'une tierce opposition n'ayant pas pour conséquence d'arrêter l'exécution du jugement, ne se comprendrait pas, et cet article, en privant la tierce opposition de toute son utilité pour le cas qu'il prévoit, l'aurait par cela même rendue sans objet, tout en autorisant son exercice. Une telle supposition ne saurait être admise. Du moment que la tierce opposition n'est pas toujours suspensive de l'exécution du jugement contre lequel elle est formée, il en résulte nécessairement qu'elle peut avoir lieu, même en dehors de l'hypothèse d'actes d'exécution à empêcher, et nous sommes ainsi conduits à compléter la théorie qui nous paraît devoir être adoptée sur cette difficile matière. — Il est, en effet, des personnes qui sont tenues d'employer la voie de la tierce opposition, alors même que ce mode de recours ne mettrait pas obstacle à l'exécution du jugement. De là naît la véritable distinction à faire sur notre question. Tantôt la tierce opposition est employée pour arriver à une suspension provisoire d'exécution, et alors elle est *facultative,* en ce sens que le tiers a l'option entre cette voie de rétractation et une action principale; tantôt, au contraire, le tiers ne peut se dispenser de demander la rétractation du jugement, abstraction faite du caractère suspensif ou non-suspensif de son recours, et alors la tierce opposition est *forcée,* en ce sens que le tiers serait non recevable à agir par action principale, même en sacrifiant les avantages que pourrait lui procurer la tierce opposition, lorsqu'elle est suspensive de l'exécution du jugement.

13. Maintenant, dans quel cas la tierce opposition est-elle forcée ou est-elle facultative, c'est-à-dire dans quel cas est-elle exclusive ou n'est-elle pas exclusive du droit d'agir par action principale ? Les développements qui précèdent nous ont déjà mis sur la voie de la solution à donner à cette question. — Nous avons vu que, dans le système de Boitard, rapproché de celui de Pigeau, toute personne qui a intérêt à empêcher l'exécution d'un jugement doit prendre la voie de la tierce opposition. Mais il est manifeste qu'alors la tierce opposition renferme seulement un avantage qui la rend préférable à une action principale ; le tiers reste libre de se contenter de cette dernière action, sauf à lui à courir les risques d'une exécution qu'il n'a pas cru convenable de faire suspendre au moyen d'une tierce opposition. Toutes les fois donc que le tiers n'a besoin de se porter tiers opposant à un jugement que pour en arrêter l'exécution, la tierce opposition peut être considérée comme purement *facultative*, puisqu'il est maître de l'employer ou d'engager une instance principale dans laquelle il se bornera à combattre le jugement, s'il lui est opposé, par la règle *res inter alios judicata*.— Mais ce choix n'est pas toujours possible. Parfois, en effet, l'origine du droit que le tiers opposant veut soustraire aux conséquences d'un jugement, rendrait inefficace l'application de la maxime écrite dans l'art. 1351. La tierce opposition devient alors nécessaire et forcée, et une action principale serait non recevable. C'est ce qui arrive pour les personnes tenant leurs droits de la partie condamnée. Ces personnes sont, en certains cas, regardées comme des tiers, par rapport au jugement rendu contre leur auteur ; elles ont cette qualité si, par exemple, le jugement a été rendu en fraude de leurs droits, ou après l'époque à laquelle ces droits ont pris naissance; car leur auteur ne les représentait pas dans un procès où il s'est laissé condamner frauduleusement, ou au préjudice de droits antérieurement constitués.—Ce jugement ne leur est donc pas opposable. Cependant tant que cette position subsiste, elle les lie comme elle lie la partie qui n'a pu leur transmettre plus de droits qu'elle n'en avait elle-même. Sans doute, ces ayants cause, non représentés au procès et devenus, à ce titre, de véritables tiers, auront qualité pour remettre en question le jugement rendu contre leur auteur ; mais il faut qu'ils attaquent ce jugement, comme ils attaqueraient

tout autre acte émané de ce dernier; il faut, en d'autres termes, qu'ils le fassent rétracter. Or la seule voie qui soit ouverte aux tiers pour faire tomber les décisions judiciaires dont ils ont intérêt à poursuivre la rétractation est celle de la tierce opposition (Conf. Boitard, t. 2, p. 96 ; Mourlon, Répétit., p. 366).

14. De ces observations on peut conclure, en résumé : 1° que la tierce opposition est utile, contrairement à l'opinion de M. Chauveau ; 2° qu'elle est, en certain cas, facultative, contrairement au système de Proudhon; 3° qu'elle est, en d'autres cas, forcée, contrairement à celui de Merlin. — Il en résulte aussi, à la différence de ce que dit Pigeau, qu'il peut y avoir lieu à tierce opposition, quoique le jugement ait déjà été exécuté, ou que l'exécution n'en ait pas été suspendue, ou que la loi elle-même défende de surseoir à l'exécution, la tierce opposition étant, pour certaines personnes, le seul moyen d'échapper aux effets du jugement qui leur préjudicie. — Ce mode de procéder se concilie donc parfaitement avec la règle *res inter alios acta*, dont il se distingue par des points essentiels. *Utile*, sans être nécessaire, pour ceux qui invoquent un titre indépendant du droit dénié à la partie condamnée, puisqu'ils ne sont obligés de se porter tiers opposants que lorsqu'ils veulent se procurer l'avantage, auquel il leur est loisible de renoncer, d'arrêter l'exécution du jugement; *indispensable*, au contraire, pour ceux qui ont besoin de poursuivre la rétractation de décisions mettant à néant les droits de leur auteur, lorsque ce dernier est réputé ne les avoir point représentés, cette procédure forme ainsi le complément des dispositions du code Napoléon, sur l'autorité de la chose jugée. — V. du reste, sur les effets de la tierce opposition, *infrà*, nᵒˢ 242 et suiv.

15. Il a été jugé, par application des règles qui viennent d'être exposées : 1° que des créanciers hypothécaires ne peuvent écarter les effets d'un jugement en dernier ressort ou d'un arrêt dans lequel ils n'ont point été parties, qu'en faveur de la voie de la tierce opposition : on prétendrait en vain que cette voie n'est que facultative (Bourges, 18 mai 1822) (1); — 2° Que lorsqu'une partie actionnée en revendication d'un bien, oppose un jugement

---

(1) *Espèce :* — (Rossignol C. Camus.) — La dame Jeanne Despelles, créancière de la succession de Henri Reuillon, son mari, de la somme de 2,948 fr. pour ses reprises matrimoniales, décédée avant d'avoir été remplie de cette créance.
En 1815, la dame Rossignol, créancière hypothécaire de la dame Despelles, forma une demande en partage de la succession de Henri Reuillon, par laquelle elle conclut à ce que, dans le cas où les biens seraient déclarés partageables, il fût fait un prélèvement en immeubles de 2,948 fr., montant de ce qui était dû à la dame Despelles ; et dans le cas où les biens seraient licités, à ce que la succession de la dame Despelles prélevât cette somme qui serait versée entre les mains de la dame Rossignol jusqu'à concurrence de sa créance. — Ces conclusions furent adoptées par un jugement de première instance, confirmé par arrêt de la cour de Bourges, du 28 août 1816, qui ordonna, entre autres choses, la division de la succession de Henri Reuillon entre ses deux héritiers, Eustache et François Reuillon, et le prélèvement en immeubles demandé par la dame Rossignol.—En exécution de cet arrêt le partage eut lieu; mais il ne fut pas question du prélèvement. — Cependant, et vers la fin de 1816, François Reuillon vendit une partie des immeubles qui lui étaient échus. Cette vente donna lieu à une surenchère, puis à un ordre. — La dame Rossignol fut colloquée pour les 2,948 fr., montant des reprises matrimoniales de la dame Despelles, et dont elle avait fait ordonner le prélèvement, ainsi que pour les frais des diverses instances qu'elle avait suivies pour parvenir au partage ordonné par l'arrêt du 28 août 1816. — Camus et Lepère, autres créanciers hypothécaires de la dame Despelles, contestèrent cette collocation ; et comme leurs hypothèques sur la dame Despelles avaient été inscrites à une époque antérieure à celle de la dame Rossignol, ils demandèrent à être colloqués de préférence à cette dernière, jusqu'à concurrence du montant des reprises revenant à leur débitrice ; se réservant d'attaquer toutes décisions qui pourraient avoir été rendues hors de leur présence, et d'agir contre tous héritiers et possesseurs des biens de la dame Despelles. — Jugement du 22 juin 1821, qui accueille cette prétention et colloque Camus et Lepère en premier ordre, sur le prix à distribuer. — Appel. — Arrêt.
La cour; — 1° Considérant que Jeanne Despelles, créancière de la succession de Henri Reuillon, pour ses reprises matrimoniales, avait hypothèque sur tous les biens qui avaient appartenu à son mari ; que cette hypothèque frappait sur chaque partie de ses biens, et qu'elle avait droit de réclamer sur chacune d'elles la totalité de sa créance

(2114 c. civ.); que l'action qu'elle pouvait exercer a passé à ses créanciers ; qu'ainsi la veuve Rossignol, qui la représentait, a pu exiger de Jean-François Reuillon, ou de ceux qui possédaient la portion qu'il a eue dans la succession de Henri, son père, la somme totale que cette succession devait à Jeanne Despelles, sauf à eux à s'entendre avec Eustache Reuillon, dont la part était également grevée ; — Considérant que Jeanne Despelles n'était pas propriétaire des biens qui avaient appartenu à son mari ; qu'elle n'avait pas le *jus in re*; que seulement, en sa qualité de créancière, pour ses reprises, elle avait une hypothèque particulière, *jus ad rem*; — Que ce n'est pas en vertu de leurs hypothèques que ses créanciers viennent réclamer le montant de ses reprises, mais comme usant de la faculté que la loi lui attribuait pour en obtenir le payement; que tous se trouvant placés sur la même ligne ne peuvent avoir des droits différents, et que le montant de sa collocation ne suffisant pour les désintéresser tous, il devait être distribué, par contribution entre eux, comme chose mobilière (778 c. pr.);
En vain les intimés objectent que Rossignol avait demandé le prélèvement en nature dans le cas où les immeubles de la succession Henri Reuillon seraient partageables, que des décisions souveraines, relativement à elle, étant réglées; que ces immeubles ayant été réellement divisés, il ne s'agit pas d'une chose mobilière, mais d'un immeuble à raison duquel il faut suivre l'ordre établi par l'art. 2166 c. civ.; — Considérant qu'en quelques termes qu'eût été conçue la demande formée par Rossignol, quelle qu'ait été la décision rendue par les tribunaux, lorsque, n'ayant point de contradicteurs, Rossignol a dû obtenir d'eux tout ce qu'il demandait, ni les conclusions par lui prises, ni la décision des tribunaux qui les ont adjugées ne peuvent changer la nature du droit qu'avait Rossignol, ni transformer en immeuble ce qui est essentiellement mobilier; qu'en examinant le droit de la dame Despelles, exercé par Rossignol, on voit qu'il se réduisait à demander le payement d'une créance ; que ce recouvrement opéré n'a placé dans sa succession qu'une somme mobilière à laquelle tous ses créanciers ont un droit égal, suivant leurs titres respectifs; — 2° Mais la dame veuve Rossignol fait une objection contre ce principe général; elle excipe du jugement de Château-Chinon, rendu le 16 mars 1815 : de l'arrêt de la cour qui l'a confirmé le 28 août 1816, et qui lui accorde le prélèvement de la somme entière de 2,948 fr.; elle prétend qu'il y a ici chose jugée, et que les efforts de ses adversaires viennent se briser contre cet obstacle insurmontable;
Considérant que ces décisions souveraines ont réellement attribué à

passé en force de chose jugée qui lui a attribué la propriété du bien revendiqué, et que ce jugement qui a reçu sa pleine et entière exécution a été obtenu contre celui dont le demandeur est cessionnaire, ce dernier ne peut écarter ce jugement qu'en l'attaquant par la voie de la tierce opposition, et non pas seulement en excipant de la maxime *res inter alios acta* (Colmar, 12 janv. 1842)(1); — 5° Que le privilège accordé à l'ouvrier sur les sommes dues par l'Etat à l'entrepreneur de travaux publics qui l'emploie, ne peut être exercé au préjudice d'une saisie-arrêt validée par jugement passé en force de chose jugée, si cet ouvrier n'a préalablement attaqué ce jugement par la tierce opposition (Req. 24 avr. 1844, aff. Martinet, V. Saisie-arrêt, n° 457).—On pourrait peut-être objecter contre ces arrêts qu'ils rentrent dans le système de Proudhon qui exige que dans tous les cas on forme tierce opposition, mais ce serait prêter à ces décisions souveraines une portée qu'elles n'ont pas; la cour de cassation et la cour de Colmar n'ont voulu évidemment décider qu'une chose, c'est que dès qu'il y a un jugement passé en force de chose jugée, les tiers qui ont intérêt à faire rétracter ce jugement ne peuvent attaquer ce jugement que par la voie de la tierce opposition, ce qui est incontestable; mais par ces arrêts, ces cours n'ont pas voulu dire et n'ont pas dit, comme Proudhon, que le tiers auquel un jugement est opposé est par cela même obligé fatalement d'avoir recours à la tierce opposition.

16. Il a été jugé dans un sens qui semble contraire aux arrêts

qui précèdent, que celui contre lequel a été obtenu un jugement sans qu'il ait été appelé ni partie en cause, n'a pas besoin de recourir à la voie de la tierce opposition pour se soustraire aux effets de ce jugement : il est à son égard *res inter alios acta* (Cass. 19 mars 1844, aff. Thionville, V. Chose jugée, n° 224); — Mais cet arrêt ne détruit pas nos observations : loin de nuire à notre doctrine, il la confirme indirectement ; en effet, il s'agissait dans l'espèce d'un arrêt de révision qui avait réduit un état de frais d'un officier public, taxé et ordonnancé par le juge de première instance, ordonnance qui avait reçu sa pleine et entière exécution. L'arrêt prescrit une poursuite en restitution contre le notaire ; celui-ci se pourvoit contre les poursuites et le tribunal le déclare non recevable, parce qu'il n'avait pas procédé par voie de tierce opposition ; la cour suprême casse l'arrêt et décide avec raison qu'il n'y avait pas lieu dans ce cas de recourir à la voie de la tierce opposition. En effet, il ne s'agissait dans l'espèce que d'une question de restitution de frais qui se débattait entre le notaire et la régie. C'était comme une opposition à une contrainte. Le notaire ne pouvait pas être tout à la fois partie et tiers opposant. Le jugement n'avait pas été rendu *inter contradicentes*, le notaire, par conséquent, se trouvait sans droit pour former tierce opposition.

17. Nous venons de voir que le droit de former tierce opposition appartient à celui auquel un jugement préjudicie, pour empêcher quant à lui, l'exécution de ce jugement qui pourrait lui nuire.

---

la dame veuve Rossignol les 2,948 fr. qu'elle réclame ; qu'à la vérité ces décisions rendues sous que les intimés fussent en cause, pouvaient être attaquées par eux ; qu'ils avaient la voie de la tierce opposition ; mais que n'en ayant pas usé, les juges de Château-Chinon n'ont pu, dans le jugement dont est appel, anéantir un de leurs précédents jugements confirmé par un arrêt de la cour, tant que ces décisions n'étaient pas légalement attaquées; qu'en vain les intimés objectent qu'il a été jugé par la cour de cassation que la tierce opposition n'était pas toujours nécessaire pour écarter des jugements dans lesquels on n'a pas été partie ; — Considérant que si de telles décisions existaient réellement, c'est que les jugements auraient été détruits, ou sur un appel, ou sur une opposition, ou d'après une autre voie quelconque; mais qu'il est impossible que deux décisions souveraines, donnant la même chose à deux individus ayant des intérêts opposés, subsistent simultanément ; — Que, dans l'espèce actuelle, le tribunal de Château-Chinon a réformé et détruit par le fait un arrêt de la cour dont l'existence n'est point attaquée; que si la cour confirmait ce jugement il se trouverait deux décisions émanées d'elle, l'une et l'autre en pleine vigueur, et tout à fait contradictoires, puisque la dernière enlèverait à la dame veuve Rossignol tout ou partie de ce que la première lui a attribué ; d'où il suit qu'à défaut par les intimés d'avoir employé les moyens que la loi leur offrait pour écarter des jugements dans lesquels ils n'étaient pas parties, ces jugements conservent toute leur force et doivent recevoir leur exécution.

Du 18 mai 1822.—C. de Bourges, 2e ch.

(1) (Nœppel C. Diemer et autres.) — La cour ; — En ce qui touche les conclusions principales proposées à l'appui de l'appel : — Attendu que, par le jugement du 22 fév. 1837, le tribunal de Saverne, prononçant la révocation pour cause d'inexécution des conditions de la donation insérée au contrat de mariage des conjoints Jean Martin, a réintégré les donateurs conjoints Jean Martin dans la propriété des biens dont ils avaient fait l'abandon conditionnel à leur fils et à son épouse ; que ce jugement, passé en force de chose jugée, a reçu sa pleine et entière exécution, et ne saurait être anéanti que par les moyens que la loi indique ; — Attendu qu'il ne suffirait pas, pour atteindre ce but, de conclure, ainsi que l'ont fait les appelants devant les premiers juges, à ce que ledit jugement soit considéré à leur égard comme étant chose à eux étrangère, *res inter alios acta*, surtout alors qu'ils demandaient en outre et formellement qu'une partie des immeubles dont ce jugement consacre la propriété en faveur des conjoints Jean Martin leur soit attribuée, puisqu'il serait résulté, dans le cas d'admission de ces conclusions, que deux jugements contradictoires, opposés entre eux, relativement à la même chose revendiquée, et adjugeant cette chose successivement à deux parties différentes et distinctes, auraient subsisté simultanément et présenté de la sorte une anomalie judiciaire intolérable.

Attendu que les appelants auraient dû, dès l'instant que l'existence du jugement susdit leur a été révélée, l'attaquer par les voies légales, soit en usant de celle extraordinaire de la tierce opposition, s'ils se croyaient fondés à l'employer, soit en excipant, par des conclusions régulièrement prises, des moyens de dol et de fraude à l'aide desquels ils prétendraient qu'il aurait été obtenu ; mais qu'en se restreignant à invoquer ces derniers moyens à l'égard seulement des

contrats des 22 fév. 1837 et 29 déc. 1838, et en laissant subsister le jugement mentionné, se bornant à argumenter de la maxime : *Res inter alios judicata aliis præjudicare non potest*, c'est avec raison que les premiers juges les ont déclarés non recevables quant à présent dans leur demande.

En ce qui touche les conclusions subsidiaires : — Attendu que, s'il est vrai de dire que la tierce opposition soit un moyen de défense dans certains cas, il faut aussi reconnaître qu'elle a un caractère spécial et particulier qui lui est propre; qu'elle a pour effet d'ouvrir à des tiers une voie extraordinaire de rétractation contre des décisions judiciaires dans lesquelles ils n'ont pas été parties, et par exception aux règles ordinaires qui n'accordent ce droit qu'à ceux qui y ont figuré ; — Qu'elle constitue donc une sorte d'action principale dérivant, à proprement parler, de la loi seule, et non de la cause ou affaire dans laquelle est intervenu le jugement qui en est frappé, puisque après son jugement il n'y a plus de cause ; action qui ne peut avoir d'autre objet que d'arrêter l'exécution de ce jugement lorsqu'elle n'a pas eu lieu, ou de faire réparer les effets de cette exécution quand elle a été consommée ; que ce caractère d'action principale ne cesse pas d'appartenir à la tierce opposition, encore bien que les circonstances puissent la rendre quelquefois incidente relativement à une autre contestation qui l'a fait éclore, car il est certain qu'elle tire et trouve son principe dans une décision judiciaire étrangère au procès dans le cours duquel elle est formée;

Attendu qu'il suit de là que, lorsque, dans un litige engagé devant un tribunal de première instance, une partie recherchée en déguerpissement d'une propriété oppose tout d'abord à celui qui l'actionne un jugement passé en force de chose jugée qui a consacré ses droits à cette propriété d'une manière définitive, le demandeur doit *ab ovo* aussi l'attaquer directement s'il se croit en droit de le faire ; qu'il s'engage alors une contestation nouvelle, qui, bien qu'ouverte incidemment relativement au premier litige, n'en est pas moins principale, et comme telle demeure soumise aux deux degrés de juridiction ; qu'il n'en saurait sans doute être ainsi dans le cas où, exceptionnellement, les parties se trouvent en instance d'appel, l'une d'elles oppose à l'autre, et pour la première fois, un jugement ou arrêt qui préjudicie à ses droits, mais que telle n'est pas l'hypothèse de la cause; qu'ainsi, et sans qu'il soit besoin d'examiner si les appelants ont qualité ou non pour former tierce opposition au jugement du 22 fév. 1837, intervenu entre les conjoints Jean Martin, leurs débiteurs, et les auteurs dudit Jean Martin, non plus que d'apprécier le mérite des moyens de dol et de fraude articulés à l'appui de la demande en nullité des contrats des 22 fév. 1837 et 29 déc. 1838, qui ne peuvent être légalement anéantis aussi longtemps que le jugement susdit subsistera, il y a lieu de déclarer les appelants non recevables dans la tierce opposition qu'ils déclarent former en tant que de besoin serait, de les condamner à l'amende de cette tierce opposition et de confirmer le jugement dont appel ; — Par ces motifs, sans s'arrêter aux conclusions subsidiaires prises par les appelants, dans lesquels ils sont déclarés non recevables, les condamne à l'amende édictée par l'art. 479 c. pr., laquelle est fixée à 50 fr.

Du 12 janv. 1842.—C. de Colmar, 1re ch.—MM. Rossée, 1er pr. -De Sèze, av. gén., c. contr.-Fuchs et Chauffour, av.

Toutefois l'art. 478 c. pr. modifie gravement ces principes.—D'après cet article, lorsque le jugement ordonne le délaissement de la possession d'un héritage et qu'il est passé en force de chose jugée, il doit recevoir son exécution malgré la tierce opposition, mais sans y préjudicier; c'est la seule exception au principe général : nous nous expliquons sur ce point n°° 242 et suiv. — Dans tous les autres cas, les juges sont autorisés par ce même article, soit à ordonner la continuation des poursuites, soit à suspendre l'exécution du jugement (V. eod.) — Nous lisons à cet égard dans l'exposé des motifs : « L'instance dans laquelle le jugement aura été produit devra-t-elle être suspendue ou non jusqu'à ce qu'il eût été prononcé sur la tierce opposition ? — Le législateur, a sagement considéré que les motifs de décision à cet égard sont tellement dépendants de la nature des circonstances de la contestation principale qu'il devait être entièrement laissé à la prudence des juges de passer outre ou de surseoir. » — Ainsi on ne peut tracer ici aucune règle générale et absolue. — Le tribunal ordonnera le sursis lorsqu'il lui paraîtra évident que le jugement opposé peut influer sur celui de l'instance principale, ou qu'il sera réformé sur l'instance de la tierce opposition incidente. — Si au contraire les juges regardent la tierce opposition comme mal fondée, ou qu'elle ne pourra avoir aucune influence sur la contestation principale, ils pourront passer outre au jugement de cette contestation sous la réserve des droits des parties relatifs à la tierce opposition (Conf. MM. Pigeau, t. 1, p. 177; Berriat-Saint-Prix, p. 446, note 21; Chauveau, t. 4, p. 300; Demiau-Crouzilhac, p. 338; Favard, t. 5, p. 614; Thomine-Desmazures, t. 1, p. 729; Boitard, t. 2, p. 89; Poncet, t. 2, p. 159, n°° 424 et suiv.).

18. On distingue deux sortes de tierce opposition, la tierce opposition principale et la tierce opposition incidente. On appelle principale celle qui n'est précédée d'aucune contestation entre le tiers opposant et celui qui a obtenu le jugement attaqué; incidente, celle formée contre un jugement produit dans une contestation par une partie qui en tire argument en faveur de sa prétention. — V. n° 250.

19. La tierce opposition diffère de l'opposition simple, de l'appel, de la requête civile et de la cassation, en ce qu'elle n'est ouverte qu'à celui qui n'a pas été *partie au jugement.* Elle est donc, en ce sens, exclusive des autres voies de recours. — Mais la tierce opposition n'est point exclusive des autres voies, en ce sens qu'après en avoir pris une on ne puisse prendre l'autre. L'arrêt qui déclarerait non recevable un appel, par le motif qu'on n'était pas partie au jugement, serait un titre pour se pourvoir par la tierce opposition : et, à l'inverse, le jugement qui rejetterait la tierce opposition, par le motif qu'on était représenté dans l'instance, n'empêcherait pas d'interjeter appel si l'on était encore dans les délais (M. Bioche, Dict. de pr., v° Tierce opposit., n° 6). — Il en serait encore de même au cas où la tierce opposition serait rejetée par de simples moyens de forme (V. toutefois Cass. 3 fév. 1829, aff. com. de Reynel, n° 155; 16 juin 1835, aff. com. de Nièvres, n° 99). — Il a été décidé, conformément à cette distinction, que la tierce opposition formée à un jugement n'est pas un obstacle à ce que ce même jugement soit attaqué par la voie de cassation, si la partie s'est valablement désistée de sa tierce opposition : — « Attendu, porte l'arrêt, que le jugement du tribunal de Belley, du 3 fév. 1823, a donné acte des désistements des sieurs de Drée et de

Maudelot, et n'a pas été attaqué; rejette la fin de non-recevoir » (1er juill. 1823, ch. civ., MM. Brisson, pr., Trinquelague, rap., aff. de Drée, etc. C. com. de Lompnieux; V. aussi v° Désistement, n° 74-3°). — Toutefois, il en serait autrement, et l'on ne pourrait user des autres voies de recours, si la demande mal introduite, avait été repoussée par des moyens du fond (M. Bioche, eod.).— On ne peut cumuler les moyens d'opposition et de tierce opposition, celle-ci n'étant pas recevable tant qu'il y a lieu à la première.

CHAP. 2. — DE LA TIERCE OPPOSITION EN MATIÈRE CIVILE.

SECT. 1. — *Des jugements susceptibles de tierce opposition.*

20. La tierce opposition est admise contre toute espèce de jugement. L'art. 474 ne fait aucune distinction : ainsi, elle est ouverte contre un jugement en premier ou en dernier ressort, rendu par un tribunal ordinaire ou d'attribution. — Il a été jugé, par application de ces principes que la tierce opposition est ouverte : 1° contre les jugements émanés des juges de paix (Req. 23 juin 1806) (1); — 2° Contre les jugements des tribunaux de commerce (Rouen, 22 mars 1815, aff. N... C. N...; Cass. 15 mars 1830, aff. Bonnet, V. Faillite, n° 1341.—Conf. Merlin, Rép., v° Opposit. tierce, § 1; Demiau, p. 335; Berriat, p. 499, note 12; Carré, n° 1708; Favart, t. 5, p. 393; Pigeau, Comment. t. 2, p. 58; Augier, Encycl. des juges de paix, v° Tierce opposit., n° 1; Chauveau, t. 4, p. 262); — 3° Contre les jugements rendus en matière d'enregistrement (V. Enreg., n° 5835);—4° Contre les jugements rendus en matière administrative (V. n° 264); — La tierce opposition est-elle admissible contre les jugements rendus en matière criminelle? V. *infrà,* n°° 311 et s.;— Contre les arrêts de la cour de cassation? V. Cassation, n° 1089, *in fine.* — Mais « on ne doit pas perdre de vue, dit M. Chauveau, p. 262, que la tierce opposition n'est ouverte que contre les jugements. Elle suppose toujours des conclusions respectivement prises dans une instance, et sur lesquelles est intervenue la décision des juges. »—Il a été jugé dans ce sens que la tierce opposition ne peut être prise contre un procès-verbal par lequel le juge de paix, devant qui les deux parties se sont présentées pour se concilier, a constaté leurs déclarations de conventions respectives (Paris, 18 juin 1813) (2).

21. Que le jugement ait été ou n'ait pas été exécuté, peu importe; la tierce opposition n'en est pas moins recevable.— Il a été jugé en ce sens avant le code de procédure qu'on peut former tierce opposition contre un jugement qui a été exécuté : « La cour; vu l'art. 2, tit. 35, ord. de 1667; et attendu que le jugement attaqué a contrevenu à l'article ci-dessus, en ce qu'il déclare non recevable une opposition tierce autorisée par cet article, et suppose que l'opposition tierce n'est pas admissible contre un jugement exécuté, sans se fonder ni sur ce article ni sur aucune autre loi; casse » (26 frim. an 4, sect. civ., M. Chabroud, rap. aff. Boumainville C. Royer). — Cet arrêt serait aujourd'hui motivé, non-seulement sur ce que la tierce opposition est permise contre les jugements, sans distinguer s'ils sont ou ne sont pas exécutés, mais encore sur ce que l'art. 478 c. pr. dispose que la tierce opposition n'est pas un obstacle à l'exécution des jugements passés en force de chose jugée, à moins que les juges ne suspendent cette exécution dans les cas où la loi le leur permet.

---

(1) (Sauveterre *C.* Allard.) — LA COUR ; — Attendu que la tierce opposition est fondée sur le principe que personne ne peut être condamné sans être entendu; que ce principe, de tous les temps et de tous les lieux, s'applique aux justices de paix comme à toutes les autres juridictions; que par conséquent les parties qui n'ont été ni entendues ni appelées dans les contestations portées devant les juges de paix ont le droit, si elles y ont intérêt, de former tierce opposition aux jugements qui les ont condamnées; qu'ainsi, dans l'espèce, le tribunal de Lespare, en jugeant que la tierce opposition de la dame de Sauveterre au jugement du juge de paix devait être accueillie par celui-ci, s'est conformé aux dispositions de la loi; — Rejette.
Du 23 juin 1806.-C. C., sect. req.-M. Henrion, pr.-M. Vallée, rap.
(2) Espèce :—(Préfet de la Seine *C.* Lange.)—Lange loue deux lampes et un lustre à Sagent, alors directeur du Théâtre-Français, moyennant 500 fr. par mois.—Sagent ne paye pas. Lange allait l'actionner, lorsque

tous deux se présentent devant le juge de paix pour se concilier.—Sagent reconnaît devoir ; mais attendu la clôture momentanée du théâtre, il demande un délai de six mois. 12 vent., an 12, procès-verbal de conciliation est rédigé. — Depuis, la direction du théâtre est confiée aux sociétaires sous la direction d'un commissaire du gouvernement. — En 1811, Lange obtient un jugement qui l'autorise à enlever le lustre.— Le préfet revendique la contestation ; mais son arrêté est annulé par le conseil d'Etat. En cet état, le préfet demande à être admis tiers opposant au procès-verbal de conciliation du 12. — Arrêt.
LA COUR; — En ce qui touche ladite tierce opposition ; — Considérant que cette voie n'est ouverte que contre les jugements et arrêts, et que le procès-verbal dont il s'agit ne constate qu'une convention entre Lange et Sagent, étrangère à tout autre...; — Adopte les motifs des premiers juges, etc
Du 18 juin 1813.-C. de Paris.

22. La tierce opposition est-elle admise en matière d'arbitrage volontaire ou forcé? — Nous avons examiné cette question v° Arbitrage, n°⁵ 1105 et suiv. et 1232, et nous nous sommes décidés pour la négative dans les deux cas. M. Chauveau, p. 262, décide au contraire qu'on doit admettre la tierce opposition dans le cas d'arbitrage forcé (Conf. Merlin v° Opposition tierce, § 1). — Il a été jugé que la tierce opposition était admissible contre les jugements rendus par des arbitres forcés, au temps où cette juridiction a remplacé momentanément les tribunaux ordinaires (Grenoble, 31 janv. 1822, aff. Blanchet, V. n° 98). — Du reste, l'arbitrage forcé ayant aujourd'hui disparu de notre législation depuis la loi du 17 juill. 1856 (D. P. 56. 4. 113), cette divergence d'opinion n'a plus d'intérêt.

23. On peut former tierce opposition à un jugement provisionnel, comme à tout autre jugement.—Ainsi, il a été jugé que les tiers détenteurs d'immeubles vendus par une tutrice, peuvent former tierce opposition à des jugements qui condamnent cette tutrice à rendre compte à ses mineurs, et à leur payer, provisoirement, une somme de…, lors surtout que ces acquéreurs prétendent qu'un premier compte dûment quittancé a déjà été rendu (Cass. 22 fév. 1830) (1). — La loi ne distingue pas entre les jugements provisionnels et les jugements définitifs. Il suffit que les tiers opposants aient intérêt à faire réformer le jugement. Un jugement provisionnel peut porter préjudice dans beaucoup de cas tout aussi bien qu'un jugement définitif.

24. Le jugement qui prononce la récusation d'un juge peut-il être attaqué par la voie de la tierce opposition? — Il a été jugé : 1° que lorsqu'une partie a fait admettre la récusation proposée contre un juge, son adversaire ne peut former tierce opposition au jugement qui a prononcé sur cette récusation (Besançon, 27 août 1808) (2);—2° Qu'une partie est non recevable à attaquer, par tierce opposition, l'arrêt qui infirme le jugement de récusation (Req. 28 fév. 1838, aff. Rapilly, V. Arbitr., n° 661-3°). — Ces arrêts reposent uniquement sur ce qu'en pareille matière (toute exceptionnelle), le jugement est rendu sans qu'il soit nécessaire d'appeler les parties. Du reste, l'intérêt des tiers se trouve garanti par le rapport du juge et les conclusions du ministère public (c. nap., art. 385, 394).

25. Les jugements rendus sur requête sont-ils susceptibles de tierce opposition? La négative est admise par le motif que cette voie de recours ne peut s'appliquer qu'à des jugements entre parties. Tel est notamment l'avis de M. Pigeau, t. 1, p. 768, 4° édit. qui invoque un passage du discours de l'orateur du gouvernement, où, donnant les motifs de cette institution, il dit qu'un jugement ne peut *statuer que sur des conclusions prises par une partie contre l'autre*, et ces expressions de l'art. 478 c. pr. portant que, *sans préjudicier à la tierce opposition, le jugement attaqué sera exécuté contre les parties condamnées*. M. Pigeau insiste sur cette solution, parce que si la tierce opposition contre un jugement sur requête était nécessaire, elle devrait être formée devant le tribunal qui a rendu le jugement, si elle était principale, et si elle était incidente, au tribunal saisi de la contestation ou au tribunal qui a rendu le jugement, suivant les distinctions posées aux art. 475 et 476 c. pr., tandis que la partie lésée par un jugement sur requête peut traduire ses adversaires devant le tribunal compétent. — Telle est aussi l'opinion de M. Chauveau, art. 474, n° 1708. Cet auteur, toutefois, ne paraît pas aussi absolu que Pigeau ; car il dit seulement que la règle est applicable à *quelques* jugements rendus sur requête. Du reste, il ne fait que rappeler les arguments qu'on vient d'énoncer. Il semble qu'une distinction pourrait être faite. En général, les jugements rendus sur requête ne sont pas des actes de la juridiction contentieuse, mais de la juridiction volontaire et gracieuse : ils n'emportent pas force de chose jugée et peuvent être attaqués par voie d'action principale ; la tierce opposition serait donc sans utilité aucune. — Mais il y a des jugements sur requête qui statuent sur des matières contentieuses : ceux-là, à la différence des premiers, seraient susceptibles de tierce opposition, parce qu'ils sont soumis comme les autres jugements aux voies ordinaires de recours (V. MM. Bertin, Chambre du cons., n°⁵ 35, 50, 71; Demolombe, t. 6, n°⁵ 187; Merlin, Quest. de droit, v° Adoption, § 11, n° 1; Troplong, Contrat de mar., t. 4, n° 3497).

26. Nous reconnaissons toutefois qu'il est difficile de fixer quant aux jugements sur requête, à la tierce opposition, la limite qui sépare la juridiction gracieuse de la juridiction contentieuse. La jurisprudence, malgré quelques divergences, tend à admettre que tout jugement rendu sur requête n'ayant pas force de chose jugée, la voie de la tierce opposition n'est pas nécessaire pour le faire tomber. — Ainsi, il a été décidé : 1° que celui des héritiers présomptifs de l'absent qui n'a pas été partie au jugement ordonnant l'envoi en possession provisoire au profit de ses cohéritiers, a néanmoins le droit de participer au bénéfice du jugement, et peut exercer ce droit par action principale, sans être tenu d'attaquer le jugement par la voie de la tierce opposition, voie entièrement facultative d'après l'art. 474 c. pr. (Bourges, 2 mars 1831, aff. Roumier, V. Absent, n° 234); — 2° Que le jugement d'envoi en possession des biens d'un absent est inattaquable par la tierce opposition (Rej. 3 déc. 1834, aff. Tinlot, V. Absent, n° 211);— La sentence qui envoie en possession des biens d'un absent est un jugement rendu sur requête ; — 3° Qu'un jugement sur requête, par exemple, celui qui ordonne l'envoi en possession provisoire des biens d'un absent ne peut être opposé à des tiers détenteurs des biens de l'absent comme ayant contre eux l'autorité de la chose jugée, et ceux-ci ne sont pas tenus d'y former tierce opposition (Colmar, 18 janv. 1830, aff. Banner, D. P. 51. 2. 161); — 4° Que les jugements sur requête peuvent être écartés comme *res inter alios acta*, par ceux qui n'y ont été ni présents ni représentés : la tierce opposition contre de tels jugements est inutile et surabondante; qu'il en est ainsi, notamment, du jugement qui, sur la simple requête des syndics, a fixé l'indemnité qui leur est due, conformément à l'art. 462 c. com. (Orléans, 5 avr. 1859, aff. Zomann, D. P. 59. 2. 57).

27. Mais il a été décidé : 1° qu'on peut admettre la tierce

---

(1) *Espèce :*—(Bazire et Joannin C. les héritiers Beaumont.) — Le 21 mars 1827, arrêt infirmatif de la cour de Bourges, en ces termes : « Considérant que le jugement contre lequel la tierce opposition a été dirigée, n'est qu'un jugement provisional; qu'un tel jugement ne termine pas l'instance; que les juges, en prononçant définitivement, peuvent le rétracter ou le modifier; que, dès lors, celui qui croit avoir intérêt à l'événement de la contestation, et qui, si le jugement était définitif, aurait eu droit d'y former tierce opposition, a celui d'intervenir dans l'instance, et d'empêcher ainsi qu'on ne préjudicie à ses droits; que, si cette voie simple et ordinaire lui est ouverte, il s'ensuit nécessairement qu'il n'est pas recevable à suivre la voie extraordinaire de la tierce opposition ; qui, offrant l'inconvénient d'occasionner des frais frustratoires, exposerait au danger de voir des jugements contraires intervenir sur la même question ; — Par ces motifs, —Déclare la tierce opposition non recevable. » — Pourvoi pour violation de l'art. 474 c. proc. — Arrêt (après dél. en ch. du cons.)

La cour : — Vu l'art. 474 c. proc.; — Attendu qu'aux termes de cet article, une partie peut former tierce opposition dans les cas qu'il exprime; que l'arrêt dénoncé rejette la tierce opposition formée par les demandeurs, en reconnaissant implicitement qu'ils avaient intérêt dans la cause, ou instance de compte pendante au tribunal de Clamecy, et qu'ils pouvaient y intervenir; — Que l'arrêt n'établit nullement que la

tiers opposants eussent été légalement représentés lors des jugements qu'ils attaquèrent par cette voie; — Que l'arrêt s'est borné à dire, en ne parlant que d'un seul jugement, que ce jugement était purement provisional, et qu'il pouvait être réformé en définitive; — Que cette distinction ne se trouve point dans la loi; qu'elle y est même contraire, puisque les jugements, purement provisionnels, peuvent porter à des tiers un préjudice réel et irréparable; — Qu'ainsi, la cour royale a violé expressément l'art. 474 ; — Casse.

Du 22 fév. 1830.-C., ch. civ.-MM. Portalis, 1er pr.-Piet, rap.-Joubert, av. gén. c. contr.-Godart de Saponay et Gueny, av.

(2)(Cretin C. Voisard.) — La cour… ; — Considérant que pour être admis à former tierce opposition il faut qu'on ait été appelé au ou n'ait point été appelé, il faudrait y avoir été partie nécessaire; que, dans l'espèce, le sieur Voisard n'était pas partie nécessaire dans l'instance de la récusation exercée par le sieur Cretin contre un membre du tribunal; que cela est si vrai, que le code de procédure n'oblige point le demandeur en récusation à faire à ses adversaires aucune signification ni en première instance ni en cause d'appel; le tout se passe entre lui et le juge récusé, ce qui est conforme à l'avis de Pigeau, t. 1, p. 455 ; — Par ces motifs, réformant le jugement du 13 août 1808, déclare le sieur Voisard non recevable dans sa tierce opposition.

Du 27 août 1808.-C. de Besançon.

opposition contre un arrêt du parlement rendu sur requête contre une commune, et qui n'a jamais été exécuté ; il n'y a pas là violation de la chose jugée : « Attendu 1° que l'arrêt de 1757 fut rendu sur simple requête, non avec la commune et les habitants ; 2° que l'arrêt attaqué déclarant, en fait, que celui de 1757 n'a jamais été exécuté ni par le demandeur ni par aucun de ses auteurs ; que le demandeur ne prouve pas et n'a pas même offert de prouver qu'il eût été exécuté, la cour de Montpellier a dû recevoir, comme elle l'a fait, la tierce opposition » (Req. 22 avr. 1828, MM. Henrion, pr., de Vallée, rap., aff. Roquelaure) ; — 2° Que la voie de la tierce opposition est nécessaire à l'égard des jugements rendus sur requête, comme à l'égard de tous autres jugements (Angers, 17 juin 1825, aff. Thibaut, V. n° 148-2° ; motif, Req. 25 fév. 1857, aff. Beguenery, D. 57. 1. 113).

28. En matière commerciale, où les affaires ont presque toujours un caractère d'urgence, et lorsqu'une partie procède par voie de requête, en raison même de cette urgence, il est évident que le jugement rendu à son profit ne peut avoir le caractère et la force de chose jugée ; aussi la nécessité de la tierce opposition ne se révèle pas dans tous les cas, et il importe peu que le jugement sur requête ait ou n'ait pas reçu son exécution ; car dès qu'il n'a pas été rendu entre parties contestantes, *intra contradicentes*, la tierce opposition devient inutile. — Il a été jugé que la partie à laquelle on oppose un jugement sur requête qui, pour cause d'urgence, autorise une mesure conservatoire (la vente de marchandises sujettes à dépréciation), peut, lorsqu'il y a eu exécution, prendre des conclusions tendantes à ce que cette exécution soit réputée non avenue, sans être obligée d'attaquer ce jugement, auquel elle n'a point été partie, par les voies ordinaires. Ici ne s'applique pas l'art. 1351 relatif à la chose jugée (Nîmes, 25 nov. 1830, aff. Beauvais, D. P. 51. 2. 81). — De ce que l'arrêt statue pour un cas où il y a eu exécution, il ne faudrait pas en tirer la conséquence que lorsque le jugement n'a pas été exécuté, il y aurait nécessité de former tierce opposition ; nous avons posé en principe (n° 21) que la tierce opposition est recevable soit que le jugement ait été ou non exécuté ; et d'ailleurs l'arrêt n'émet aucune proposition contraire ; il se borne à dire que, « *s'il eût été nécessaire*, dans le cas où il se serait agi de s'opposer à une exécution, d'attaquer le jugement par toutes les voies de droit, on ne peut s'y opposer aujourd'hui quand tout est consommé. » Dans la pensée de l'arrêt, la tierce opposition serait recevable s'il n'y avait pas eu exécution ; mais il se garde bien de décider qu'elle est alors une voie indispensable à suivre, lorsque le jugement a été rendu sur requête et au cas d'urgence.

29. Les jugements qui prononcent une adoption sont des jugements sur requête qui appartiennent à la juridiction volontaire et gracieuse : ils sont donc, d'après la règle émise *suprà*, n° 25, inattaquables par la voie de la tierce opposition.—Toutefois Pigeau, Comment., t. 2, p. 57, pense que les héritiers de l'adoptant peuvent attaquer par tierce opposition le jugement d'adoption, s'ils agissent de leur propre chef, en ce que, par exemple, l'adoption a été faite en fraude de leurs droits ; non, s'ils agissent comme représentants de l'adoptant. Dans ce dernier cas, ils n'ont que les voies ordinaires. — Nous sommes disposés à croire que, dans aucun cas, les héritiers n'ont la voie de la tierce opposition : ils n'ont que l'action en nullité de l'adoption.—V. Adoption, n° 157, 159, et les autorités qui y sont citées ; Conf. M. Chauveau sur Carré, t. 4, n° 1712 *bis*.

30. On a décidé, d'après les principes ci-dessus exposés, que les jugements qui homologuent une délibération d'un conseil de famille ou d'un concordat, les jugements qui donnent acte de la publication d'un cahier de charges, ne constituent pas réellement une décision judiciaire (Conf. MM. Pigeau, t. 1, p. 768 ; Bioche, v° Tierce oppos., n° 11; Chauveau sur Carré, art. 474, n° 1708).—« C'est une sanction souveraine, dit M. Chauveau, apposée à une délibération déjà prise dans l'intérêt des mineurs, des interdits ou des créanciers. » — Il a été jugé, conformément à cette opinion, que la tierce opposition n'est point admissible contre les jugements sur homologation de délibération de conseils de famille ou de concordats (Toulouse, 18 janv. 1828) (1). — La cour de Toulouse, par arrêt rendu après partage, décide que l'art. 474 reçoit exception par les formes spéciales de la matière pour les jugements sur homologation de délibération de conseils de famille ou de concordats vis-à-vis desquels la tierce opposition n'est pas admissible. — Nous sommes entièrement de l'opinion de la cour et des auteurs ci-dessus cités.

31. Toutefois, si l'exécution donnée à la délibération du conseil de famille en vertu du jugement d'homologation pouvait porter préjudice à un tiers, ce tiers serait-il admissible à y former tierce opposition ? — Il a été jugé qu'une cour d'appel peut admettre la tierce opposition d'une partie qui n'a pas été appelée à l'homologation d'une délibération du conseil de famille qui préjudicie à ses droits (Rennes, 31 août 1818, aff. Quelen, v° Minorité-Tutelle, n° 260; Colmar, 11 avr. 1822, aff. Baldenwech, V. *eod.*, n° 543). — V. aussi *infrà*, n° 173.

32. Quant à la question de savoir si la tierce opposition peut être admise contre les jugements déclaratifs de la faillite, ou contre ceux qui en font remonter l'ouverture à une époque antérieure, nous avons examiné ces divers points de doctrine et rapporté l'état de la jurisprudence, v° Faillite, n°° 1339 et suiv. — Rappelons seulement ici qu'un arrêt rendu avant la loi de 1838 a décidé que l'acquéreur d'immeubles appartenant à un individu, depuis déclaré en faillite, est recevable à attaquer par tierce opposition le jugement qui a fixé l'ouverture de la faillite, même après la nomination des syndics définitifs (Paris, 1er fév. 1812)(1).

—...Et que la tierce opposition contre un jugement déclaratif de faillite peut être formée, pour la première fois, par l'acquéreur des biens du failli, sur l'appel d'un jugement qui déclare son acquisition nulle (même arrêt).

33. La tierce opposition peut-elle être admise contre les jugements rendus en matière d'ordre? V. Ordre. — En matière de saisie immobilière, V. Vente publ. d'imm., n°° 1605 et suiv.;—En matière de faux incident, V. ce mot, n° 33.

34. Peut-on former tierce opposition au jugement qui statue sur les opérations d'un partage de succession? — Il faut distinguer. Si c'est un héritier qui attaque le partage, ou il y a été partie, ou il n'y a pas été partie; dans le premier cas, la tierce opposition est inadmissible (art. 474); dans le second cas, plusieurs difficultés peuvent se présenter. Existe-t-il des valeurs mobilières dans la succession, de l'argent comptant, des actions industrielles, des rentes sur l'Etat? Il est clair que le jugement qui statue sur les opérations du partage et le valide va produire immédiatement cet effet de donner aux héritiers copartageants la faculté de disposer de ces valeurs, et dans ce cas l'héritier qui n'a pas été appelé au partage peut souffrir un très-grand préjudice de l'exécution de ce jugement; au lieu de procéder par la voie toujours lente d'une action principale, il nous paraît évident que l'héritier dans ce cas a le droit d'y former tierce opposition (art. 474). Si la succession ne consiste qu'en valeurs immobilières, il n'y a plus péril en la demeure, et nous sommes disposés à croire qu'on procédant que contre ses cohéritiers, représentants comme lui du défunt, il pourrait agir par action principale; néanmoins dans la rigueur des principes et surtout s'il existe un jugement qui homologue le partage et qui soit passé en force de chose jugée, jugement auquel il n'a pas été appelé et portant préjudice à ses droits, alors la loi lui offre la ressource de la tierce opposition.—Il a été jugé dans ce sens que le jugement qui ordonne la licitation des biens d'une succession, et le jugement d'adjudication qui en a été la suite, peuvent être frappés de tierce opposition par l'héritier non présent ni appelé à ces jugements, alors même que les immeubles licités seraient reconnus impartageables, et que le prix de l'adjudication en aurait atteint la véritable valeur (Cass. 22 nov. 1860, aff. Jullien, D. P. 60. 1. 288).—L'arrêt déféré à la cour de cassation avait déclaré la tierce opposition non recevable, par le motif que l'héritier tiers opposant n'avait pas d'intérêt à la rétractation des jugements qu'il attaquait. Mais il est manifeste que ces jugements ne pouvaient être valablement rendus qu'en sa présence ou après assignation devant le tribunal saisi de la demande en licitation. La licitation est un mode de partage, et il est bien certain qu'un partage, même judiciaire, n'a, à l'égard de l'héritier qui y est demeuré complétement étranger, qui n'y a été ni partie, ni représenté, ni appelé, aucune valeur légale, encore qu'en fait ses intérêts aient pu être sauvegardés. Cet héritier, en effet, est lésé dans son droit de figurer à toutes les opérations du partage et à toutes les procédures préalables; il a été, d'ailleurs, privé du droit assurément fort appréciable de se rendre

adjudicataire en enchérissant. La tierce opposition repose donc, en cas pareil, sur un préjudice évident et que ne font disparaître ni la considération que la licitation ne pouvait pas être évitée, ni la circonstance que l'adjudication a fait produire à l'immeuble toute sa valeur. Il en serait de même dans le cas où il n'y aurait qu'un jugement ordonnant la licitation.

35. Est-ce un créancier qui attaque le partage? La tierce opposition n'est pas recevable; car l'art. 882 c. nap. lui donne seulement le droit d'intervenir et lui permet en outre de l'attaquer dans le cas seulement où le partage aurait été consommé au mépris d'une opposition par lui formée. Et dans cette hypothèse, il lui suffirait de former une action en nullité du partage. Toutefois, s'il y avait péril en la demeure, nous sommes disposés à croire qu'il pourrait former tierce opposition.

36. La tierce opposition est-elle recevable contre des jugements qui décident des questions d'état, dans les mêmes cas et de la même manière que contre les jugements ordinaires? — En principe général, les jugements n'ayant effet et par suite force de chose jugée qu'entre les parties, il résulte de là que les tiers auxquels ces jugements portent préjudice, et qui n'ont été ni parties ni représentées aux jugements ont le droit de les attaquer par la voie de la tierce opposition; néanmoins si le jugement statue sur l'état des personnes, on a pensé que nul n'avait le droit de les attaquer par cette voie (V. Chose jugée, n°° 271 et s.).—La cour de cassation a décidé dans ce sens qu'un divorce prononcé en vertu d'un jugement passé en force de chose jugée se trouve, quant à la dissolution du mariage, à l'abri de toute espèce d'attaque de la part des tiers, comme de la part des époux divorcés, et que la nullité d'un pareil divorce ne peut être proposée par voie d'opposition ou de tierce opposition, même par les enfants des époux divorcés (Cass. 7 nov. 1838, aff. Delage, V. Sépar. de corps, n° 431; V. en outre v° Chose jugée, n° 315, où nous disons : « Dans les questions d'état qui intéressent l'ordre public, il ne peut y avoir ni compromis ni acquiescement; et néanmoins on ne s'est jamais avisé pour cela de soutenir que les arrêts qui les décident ne peuvent acquérir force de chose jugée : le laps de temps éteint absolument, en toute matière et *à l'égard de toutes personnes,* la faculté de poursuivre la réformation du jugement »). Du reste, il est évident que la tierce opposition ne peut avoir lieu dans le cas où l'exercice de l'action aurait été réservé exclusivement par la loi à une personne déterminée (V. M. Proudhon, Usufruit, t. 3, n° 1329). — Ainsi on doit repousser la tierce opposition formée par des enfants contre le jugement qui autorise le divorce de leurs père et mère (même arrêt du 7 nov. 1838);—Celle formée contre le jugement qui statue sur une action en désaveu d'enfant intentée par le mari (V. Proudhon, n° 1331); — Ou contre les jugements prononçant une séparation de corps entre époux (eod. 1332) ; — Ou celle de nullité de mariage pour cause d'erreur ou violence (eod., 1334).

37. Mais, suivant Proudhon, n° 1331, la tierce opposition serait recevable s'il s'agissait, non de la nullité d'un mariage pour autre cause que la violence ou l'erreur, soit d'un fait d'accouchement, soit de l'identité d'un enfant.—Il a été jugé, dans un ordre d'idées analogue, que les parents d'un religieux sont recevables à attaquer par la voie de la tierce opposition l'arrêt qui a déclaré ses vœux nuls (Req. 14 mars 1809) (2).

38. Les jugements qui prononcent une interdiction sont-ils susceptibles d'être attaqués par tierce opposition? — Ainsi que

(1) *Espèce :* — (Dechomorceau C. Henriot.) — Le 11 mai 1808, Henriot, marchand, vendit aux époux Dechomorceau quelques pièces de terre qui lui furent payées comptant. Peu après, Henriot disparut. Sur la demande des créanciers, sa faillite fut déclarée et l'ouverture portée au 25 mars précédent. En conséquence, les syndics firent prononcer la nullité de la vente du 11 mai, comme postérieure. Les acquéreurs ont appelé du jugement qui annulait leur acquisition et ont formé incidemment tierce opposition à celui qui fixait l'ouverture de la faillite. — Arrêt.
LA COUR ; — Attendu que Menut Dechomorceau, comme acquéreur d'un immeuble du failli, a qualité, d'après l'art. 474 c. pr., pour former tierce opposition au jugement qui, fixant l'ouverture de la faillite, peut préjudicier à ses droits; et que, suivant l'art. 475, la cour est compétente pour statuer sur cette opposition, laquelle est incidente à l'appel principal;—Reçoit ledit Menut Dechomorceau, partie de Gayral,

incidemment tiers opposant au jugement du 2 sept. 1808, et continue la cause au...
Du 1er fév. 1812.-C. de Paris.
(2) *Espèce :* — (Massadier.) — Les vœux monastiques du sieur Denisette ont été annulés par une sentence de l'officialité, confirmée par arrêt du parlement de Paris. La dame Massadier, sa parente collatérale, a formé tierce opposition à l'arrêt du parlement et appelé comme d'abus de la sentence. Le 18 août 1807, la cour de Dijon a reçu la tierce opposition. — Pourvoi.
LA COUR ; — Attendu en droit que la cour d'appel, en décidant que la tierce opposition est recevable en matière d'abus, comme tout autre où le ministère public est intéressé, loin de violer aucune loi, s'est conformée à la jurisprudence qui était le plus généralement suivie; — Rejette.
Du 14 mars 1809.-C. C., sect. req.-MM. Henrion, pr.-Rupérou, rap.

le dit Proudhon, Usufruit, n° 1333, c'est encore là une action dont l'exercice n'est réservé qu'aux parents ou à l'époux (c. nap. 490), et en certains cas au ministère public (c. nap. 491). — Il n'en serait autrement, que si l'interdiction avait pour objet de frauder les tiers. — Il a été jugé conformément à ces principes que les créanciers, même hypothécaires, ne peuvent, à part le cas de dol et de fraude, former tierce opposition au jugement qui a prononcé l'interdiction de leur débiteur (Poitiers, 1er fév. 1842, aff. Robain, V. Interdiction, n° 210-3°).

39. De même encore, lorsque l'interdit veut obtenir mainlevée de son interdiction, comme le conseil de famille et le ministère public sont les seuls contradicteurs que la loi lui reconnaisse dans ce cas, il suit que le tuteur n'a pas qualité pour former tierce opposition au jugement de mainlevée (c. nap. 494, 495, 498). — Toutefois, il a été décidé que la femme, sur la demande de laquelle le mari a été pourvu d'un conseil judiciaire, est recevable à former tierce opposition au jugement rendu sans elle, qui a prononcé en faveur du mari la mainlevée de cette mesure; alors surtout qu'elle est commune en biens, que la fortune presque entière des époux consiste en acquisitions faites depuis le mariage; et que la femme, placée à la tête d'une industrie importante, a été nommée elle-même conseil judiciaire de son mari (Rennes, 25 juin 1851, aff. Cosson, D. P. 54. 5. 747).

40. On peut quelquefois prévenir la tierce opposition, en appelant les tiers intéressés dans l'instance pour voir déclarer commun le jugement à intervenir (V. Intervention, n° 13, 142 et suiv.; infrà, n° 62; Conf. Chauveau sur Carré, art. 474, n° 1710; Berriat-Saint-Prix, p. 323, note 16, n° 2; Thomine-Desmazures, t. 1, p. 725). — Mais il est souvent impossible de prévoir et de discerner tous les intérêts qu'une décision judiciaire peut atteindre et par conséquent d'appeler tous les intéressés. Du reste, la partie ainsi intervenue aurait le droit d'appel (V. Appel civil, n° 439).

Sect. 2. — *Des conditions exigées par la loi pour qu'on puisse former tierce opposition.*

41. L'art. 474 c. pr. porte : « Une partie peut former tierce opposition à un jugement qui préjudicie à ses droits et lors duquel ni elle ni celle qu'elle représente n'ont été appelées. » De ce texte, il suit que pour pouvoir former tierce opposition à un jugement, il faut trois conditions : 1° que ce jugement soit de nature à porter préjudice au tiers opposant; — 2° Que le tiers opposant n'ait pas été personnellement partie dans l'instance terminée par ce jugement; —3° Qu'il n'y ait pas été représenté; car dès qu'on est légalement représenté, l'on est partie : mais ces deux dernières conditions n'en forment, à proprement parler, qu'une seule.

42. Plusieurs auteurs et divers arrêts exigent une quatrième condition : celle *d'avoir dû être appelé au jugement*. Celui, dit-on, qui a obtenu le jugement, après y avoir appelé tous ses contradicteurs légitimes, possède désormais un titre inattaquable, puisqu'il est à l'abri de tout reproche de fraude et de négligence. — Ceux-là seuls peuvent donc user de la tierce opposition qui ont droit de se plaindre de n'avoir pas été appelés; en conséquence, on a déclaré la tierce opposition non recevable, chaque fois que le tiers opposant n'avait pas été partie nécessaire dans l'instance lorsque celui qui a demandé le jugement n'avait pas été obligé de le mettre en cause (V. MM. Merlin, Rép., v° Opposition (tierce), § 2; Proudhon, Usufr., t. 3, n° 1289; Rauter, Pr., n° 255; Carré et Chauveau, art. 474, n° 1709).—Tel était, à ce qu'il paraît, le principe admis dans l'ancienne pratique (V. Denisart,

v° Tierce opposit.). — Il a été jugé, par application de ce système : 1° que pour avoir le droit de former tierce opposition, il ne suffit pas d'y avoir un intérêt et de n'y avoir pas été appelé, il faut en outre avoir dû figurer dans l'instance (Paris, 29 prair. an 10, aff. Bourgmalon, V. n° 147-1°; 19 janv. 1808, aff. Lafeuillade, V. n° 180-1°; 7 juill. 1809, aff. Dureville, V. n° 170; 17 mai 1814, aff. Steculorum, V. n° 180-2°; Cass. 21 fév. 1816, aff. Lejanvre, V. n° 129 ; Besançon, 30 janv. 1818, aff. N...C. N...; Rej. 28 fév. 1822, aff. Pourchel, V. Saisie-arrêt, n° 445-1°; Rouen, 21 déc. 1841, aff. Magnin, V. n° 1335-2°, 4e espèce) ; — 2° Que la tierce opposition n'étant recevable qu'autant que celui qui l'exerce aurait dû y être partie, l'acquéreur d'un cohéritier ne peut former tierce opposition à un jugement rendu dans l'instance en partage entre son vendeur et les autres héritiers; des héritiers qui procèdent à un partage n'étant pas tenus d'y appeler les tiers acquéreurs de l'un d'eux (Limoges, 13 fév. 1816, aff. Monaud, V. infrà, n° 236).

43. Mais ce système, inspiré par l'intérêt exclusif de la partie qui a obtenu le jugement, repose sur un faux principe. En effet, nulle part le législateur n'a subordonné le droit des tiers opposants à la nécessité d'avoir dû être appelés au jugement; il semble même avoir manifesté une volonté contraire en supprimant après le mot *appelés* de l'art. 474 ceux-ci qui se trouvaient dans le projet primitif : « *encore qu'ils eussent dû l'être,* » et en rejetant l'article qui excluait celui qui n'avait pas dû être appelé au jugement du droit d'y former tierce opposition, si ce n'est en cas de collusion, fraude ou dol (V. n° 5). — Le droit des tiers opposants se fonde uniquement sur le préjudice qu'ils éprouvent par suite d'un jugement auquel ils n'ont été ni parties ni représentés; peu importe donc que le demandeur principal soit irréprochable pour ne les avoir point appelés, alors qu'il lui était même impossible de prévoir leur intérêt. — Dès que cet intérêt existe, le droit est ouvert, et il ne peut être paralysé entre les mains de ceux qui par une condition que la loi ne leur a point imposée, et dont l'accomplissement est indépendant de leur volonté. — Il y a d'ailleurs, dans le système contraire, une injustice qui blesse profondément la conscience humaine; on ne peut, en effet, admettre que des tiers n'aient aucun recours contre les jugements qui les privent de leurs droits, et qu'ils se trouvent dépouillés sans avoir la faculté et la possibilité de se défendre (V. MM. Pigeau, Comment., t. 2, p. 67 ; Thomine, t. 1, p. 725; Favard, t. 5, p. 596). — Jugé dans ce sens qu'il suffit, pour être recevable à former tierce opposition, que le jugement ou l'arrêt préjudicie au tiers opposant, et qu'il n'ait été ni appelé ni représenté dans l'instance; il n'est pas nécessaire qu'il ait dû y être appelé (Bordeaux, 14 janv. 1830 ; Pau, 19 mars 1854 (1). — Conf. Cass. 19 août 1818, aff. Larade, V. n° 150-2°; Cass. 15 juill. 1822, aff. Gouy d'Arcis, V. Intervention, n° 82-2°; Rej. 22 août 1827, aff. Benquet, V. Succession, n° 929; Nîmes, 20 nov. 1829, aff. Laurent, V. Intervention, n° 82-1°; Douai, 23 mars 1831, aff. Dupuis, V. Contr. de mar., n° 1669; Bastia, 8 déc. 1834, aff. Simonetti, V. n°s 146, 191; Cass. 9 déc. 1835, aff. Périer, V. Priv. et hyp., n° 370-1°; Req. 26 mars 1838, aff. Tremoulet, V. n° 150-5°; 24 déc. 1858, aff. Roujon, V. Interdict., n° 126-2°). — Et spécialement qu'en matière de recrutement, l'individu qui serait appelé au service, en exécution d'un jugement rendu contradictoirement avec le préfet, qui déclare que le père d'un autre individu est septuagénaire, ce qui exemplerait ce dernier du service, est recevable à former tierce opposition à ce jugement, s'il n'y a pas été appelé : il n'est pas exact non plus de dire que le préfet ait représenté dans l'instance le tiers opposant, le préfet ne représentant dans ce cas que l'Etat

---

(1) 1re *Espèce :* — (Beney C. Deffarge, etc.) — La cour; — Attendu, sur la première question, que, suivant l'art. 474 c. pr., une partie peut former tierce opposition à un jugement qui préjudicie à ses droits, et lors duquel ni elle ni ceux qu'elle représente n'ont été appelés; que si autrefois il fallait en outre avoir eu qualité pour y être appelé, le code de procédure, loin d'ériger en loi cette ancienne jurisprudence, l'a, au contraire, formellement abrogée par l'art. 1041, et que, dès lors, il n'a plus été permis de s'en prévaloir; — Rejette la fin de non-recevoir, etc.

Du 14 janv. 1830.-C. de Bordeaux, 1re ch.-M. Ravez, 1er pr.

2e *Espèce :* — (Caravaca C. Caminondo.) — La cour; — Attendu que dans le projet du code de procédure civile, à la suite de l'art. 474, la section de législation du conseil d'Etat en avait présenté un d'après lequel on n'eût pu attaquer un jugement par tierce opposition qu'autan qu'on aurait dû y être appelé, mais que cet article fut rejeté lors de la discussion; — Que les auteurs et la jurisprudence reconnaissent aujourd'hui que, pour pouvoir user de ce moyen, il suffit d'y avoir intérêt, et de n'avoir pas été partie dans la décision judiciaire qu'on veut fair renverser ;...

Du 19 mars 1854.-C. de Pau, M. Figarol, 1er pr.

(Agen, 9 août 1827)(1).—Il faut donc se renfermer dans les trois conditions énoncées dans l'art. 474, et écarter entièrement le système des auteurs qui veulent introduire dans la loi une quatrième condition. — Examinons maintenant et séparément ces trois conditions qui, comme nous l'avons dit, n'en forment réellement que deux.

Art. 1. — *Première condition : il faut que le jugement attaqué cause un préjudice au tiers opposant.*

44. La première condition pour agir par la voie de la tierce opposition est d'éprouver un préjudice à nos droits (art. 474). — Cette disposition repose sur ce principe de droit et d'équité : pas d'intérêt, pas d'action (V. Action, nᵒˢ 169 et s.). C'est aussi ce qui est admis en matière d'intervention (V. ce mot, nᵒˢ 23 et suiv., 80 et s.), de requête civile (V. ce mot, nᵒ 45), de pourvoi en cassation (V. vᵒ Cassation, nᵒˢ 294 et suiv.), etc.

45. Par application de ce principe, on a considéré comme ne devant point être admis à former tierce opposition pour absence de préjudice : 1ᵒ l'adjudicataire d'un immeuble, contre l'arrêt qui, adjugeant le profit d'un défaut joint, prononcé contre lui sur la demande d'un créancier inscrit, annule son adjudication, alors qu'il en avait lui-même sollicité la nullité pour éviter une poursuite de folle enchère. En effet, dans ce cas, l'arrêt ne cause à l'adjudicataire aucun préjudice, puisqu'il lui accorde la nullité qu'il demandait (Paris, 30 déc. 1814) (2); — 2ᵒ La partie saisie contre l'arrêt qui change, hors sa présence, le jour de l'adjudication fixé par le tribunal, si ce changement ne lui cause aucun préjudice (Req. 30 juin 1851, aff. Vizien, D. P. 51. 1. 239), ou qui porte augmentation de la mise à prix fixée par le tribunal,

s'il est établi que, lors du jugement de première instance auquel le saisi était partie, il réclamait précisément cette augmentation de mise à prix que le tribunal avait refusée (même arrêt); — 3ᵒ Les créanciers qui, moyennant une cession de créance, ont consenti la libération complète de leurs débiteurs par un concordat homologué, contre l'arrêt qui condamne les héritiers bénéficiaires de ce débiteur à payer à un autre créancier le montant de sa créance; car cette condamnation ne forme aucun obstacle à l'exécution du concordat (Paris, 16 juill. 1810, aff. Scherb, V. Intervent., nᵒ 89-1ᵒ); — 4ᵒ Les créanciers inscrits, contre le jugement auquel ils n'ont pas été parties, et qui ordonne sur le prix d'adjudication d'un immeuble, une certaine somme sera déléguée au vendeur primitif non payé, la somme déléguée échapperait à l'action de ces créanciers, à raison du droit appartenant au vendeur, soit de les primer à l'ordre, en vertu de son privilége, soit même d'empêcher l'ouverture d'un ordre en exerçant son action résolutoire (Req. 1ᵉʳ juin 1858, aff. Nicolas, D. P. 59. 1. 14).

46. De même encore, le créancier d'un interdit ne peut attaquer le jugement d'interdiction comme résultant d'un concert frauduleux pratiqué pour lui ravir le droit de faire constater sa créance par l'interrogatoire sur faits et articles et la délation du serment décisoire, lorsque la créance dont il s'agit a été reconnue dans un acte signifié avant la procédure en interdiction par l'avoué de la personne interdite qui n'a point été désavoué, et lorsque les juges du fait, déniant l'existence d'un concert frauduleux, ont déclaré que le prétendu intérêt du créancier n'était ni réel ni sérieux (Req. 10 nov. 1825) (3).

47. Il a été jugé, d'après les mêmes principes, que l'administrateur provisoire des biens d'un absent, dont la mission est de

---

(1) (Gary C. Delsol.) — La cour; — Attendu qu'aux termes de l'art. 474 c. pr. une partie peut former tierce opposition à un jugement qui préjudicie à ses droits, et lors duquel ni elle ni ceux qu'elle représente n'ont été appelés; — Attendu qu'il est incontestable que le jugement du 12 juin 1826, frappé de l'opposition de Gary, préjudicie à ses droits, puisqu'il déclare que Delsol père était plus que septuagénaire à l'époque du recrutement de l'année 1826, et qu'il résulte d'un certificat de M. le préfet du département de Lot-et-Garonne, remis au procès, que Gary est appelé à suppléer Delsol fils dans le service militaire, dans le cas où celui-ci prouverait qu'à un jugement régulier, que son père était âgé de soixante-dix ans révolus au 12 juin 1826, époque du recrutement de cette année; — Attendu que Gary, ni aucune personne qu'il représente, n'ont été appelées au jugement du 12 juin 1826; — Attendu que l'art. 16 de la loi du 10 mars 1818, en ordonnant que les instances relatives à l'état des jeunes gens sujets au recrutement seraient jugées contradictoirement avec les préfets, a eu principalement en vue d'obvier aux fraudes qui pourraient être pratiquées à son préjudice; mais qu'elle n'a point entendu faire représenter, dans les diverses instances qui pourraient survenir en cette matière, tous les tiers dont l'état pourrait être compromis, et les priver ainsi de défendre eux-mêmes leurs droits les plus chers et les plus sacrés; que cette loi de 1818 ne contient aucune dérogation formelle aux principes du droit commun, et que son objet est parfaitement rempli dans l'espèce; — Attendu que c'est à tort que le premier juge a pensé qu'il résultait de l'art. 474 c. pr. que la tierce opposition n'est admissible que de la part de celui qui eût dû y être appelé : cet article ne porte aucune disposition explicite sur ce point; n'est-il pas évident, d'ailleurs, que la nécessité de la vocation en cause des tiers froissés par un jugement résulte du principe tutélaire et fondamental, que nul ne peut être condamné sans être entendu, et que c'est principalement l'impossibilité de prévoir et de discerner tous les intérêts qu'une décision judiciaire peut atteindre, qui a fait introduire le moyen extraordinaire de la tierce opposition; d'où la conséquence que le tribunal de première instance a mal jugé en rejetant l'opposition de Gary; — Attendu que, lors même que l'incompétence indiquée dans le mémoire de M. le préfet pourrait faire une demande en mise hors d'instance, dès qu'il n'a point interjeté appel du jugement qui le retient en cause, il serait non recevable dans ses conclusions; — Emendant, reçoit la tierce opposition de Gary; ce faisant, rétracte, rétracte l'intérêt dudit Gary, le jugement entrepris du 12 juin 1826; et statuant au principal, permet à Gary de prouver tant à la lettre, que par témoins, etc.

Du 9 août 1827.—C. d'Agen, ch. civ.

(2) *Espèce :* — (Lepan C. Durand.) — La dame Ducoudray, créancière inscrite sur une maison sise à Versailles, interjeta appel d'un jugement qui avait adjugé cette maison à la dame Lepan, et mit cette dernière en cause pour faire déclarer l'arrêt commun avec elle. — La dame Lepan ne s'étant pas présentée; il fut rendu un premier arrêt par défaut contre elle; et, pour en adjuger le profit, la cour continua

---

la cause à une autre audience. — A cette audience il intervint un arrêt définitif qui, adjugeant le profit du défaut, déclara l'adjudication nulle. — Il paraît que cet arrêt ne blessait en aucune manière les intérêts de la dame Lepan, puisqu'elle avait sollicité elle-même la nullité de son adjudication, se trouvant sous le poids d'une poursuite en folle enchère. — Cependant elle forma opposition à cet arrêt, et subsidiairement elle demanda à y être reçue tierce opposante. — Durand, partie principale dans la cause, lui opposa la double fin de non-recevoir résultant des art. 155 et 474 c. pr. — Arrêt.

La cour; — ...Attendu qu'aux termes de l'art. 155 c. pr. l'arrêt du 26 août dernier, a statué tant sur l'appel de la fille Ducoudray que sur le profit du défaut obtenu contre la femme Lepan, n'est pas susceptible d'opposition; — Attendu que l'arrêt attaqué par la femme Lepan accorde à cette dernière tout ce qu'elle demandait; qu'ainsi, aux termes de l'art. 474 c. pr., il ne peut y avoir lieu de la part de la femme Lepan à former tierce opposition à l'arrêt du 26 août dernier, dont elle est préjudiciable; — Ordonne que ledit arrêt sera exécuté selon sa forme et teneur, etc.

Du 30 déc. 1814.-C. de Paris.

(3) *Espèce :* — (Cholet C. Chalopin.) — Cholet, cohéritier dans deux successions avec Chalopin et la dame Leprêtre, poursuivit contre ceux-ci le partage de ces successions. — Pendant les débats, la dame Chalopin demanda l'interdiction de son mari; cette interdiction fut prononcée par jugement du 22 août 1820. — Cholet, parent de Chalopin, n'avait pas paru dans cette action. Il forma alors tierce opposition au jugement d'interdiction, sous prétexte d'un concert frauduleux, par ce motif « que cette interdiction lui était préjudiciable, en ce qu'elle lui ravissait le privilége de faire interroger Chalopin, de lui déférer le serment et de procéder à l'amiable et sans frais à la liquidation des successions. »

Le tribunal de première instance de Caen, par jugement du 25 avr. 1824, confirmé par arrêt de la cour de Caen, du 28 août suivant, a rejeté cette tierce opposition par les motifs que la tierce opposition de Cholet ne pourrait faire valoir que la supposition d'un concert frauduleux pratiqué pour lui ravir quelqu'un de ses droits ou le priver des moyens de les faire valoir; que d'après les faits de la cause, ce concert n'existe pas, et que les motifs donnés à l'appui de la tierce opposition sont sans réalité ni vraisemblance, la créance de Cholet contre Chalopin ayant été formellement reconnue dans un acte signifié au procès avant la procédure en interdiction, signé, il est vrai, par l'époux Chalopin et par l'avoué seulement, mais qui n'en vaut pas moins reconnaissance par Chalopin jusqu'à désaveu de l'avoué; d'où il suit le non supposant que Cholet pût un jour avoir intérêt à se plaindre de l'interdiction de Chalopin, cet intérêt n'étant pas actuellement né, on ne doit pas l'autoriser à troubler l'état de la famille Chalopin, etc.

Pourvoi, 1ᵒ pour violation de l'art. 141 c. pr. et de la loi du 20 avr. 1810, en ce que Chollet fondait sa tierce opposition sur deux motifs : d'une part, l'impossibilité où il se trouvait par suite de l'interdiction de faire prêter serment à Chalopin, de l'interroger sur faits et articles,

recevoir les fermages et de compter avec les débiteurs de l'absent, n'a point qualité pour former tierce opposition à un jugement qui a été rendu contre un débiteur de ce même absent, après toutefois qu'on a notifié audit administrateur provisoire le jugement d'envoi en possession; car ce dernier jugement lui a enlevé toute administration, et il est devenu simple comptable de sa gestion à l'égard des envoyés en possession (Orléans, 29 nov. 1820) (1). — L'administrateur se trouve sans intérêt, l'administration cessant avec le jugement d'envoi en possession.

48. De même encore, des héritiers ne pourraient former tierce opposition à un jugement rendu contre un de leurs cohéritiers, relativement à une dette du défunt; car ce jugement ne leur porte aucun préjudice. En effet, d'après l'art. 872 c. nap., les dettes de la succession se divisent de plein droit entre les héritiers. Celui qui a figuré au jugement n'a donc pu agir que pour sa part et portion, et non pour celle de ses cohéritiers, qu'il n'avait pas mandat de représenter. Ceux-ci, dans le cas où ils seraient poursuivis pour leur quote-part dans la même dette, pourront la contester par tous les moyens et leur pouvoir, sans que le jugement auquel ils n'ont pas été partie puisse élever au-

d'autre part, l'obligation de supporter un partage judiciaire des successions, et que la cour n'a statué que sur le premier. — 2° Pour violation des art. 1166 et 1167 et des art. 490 et 512 c. civ. — Arrêt.
LA COUR; — Sur le premier moyen : — Attendu que, d'après les conclusions prises par les demandeurs en cassation sur l'appel, la cause unique de leur tierce opposition était fondée sur ce que l'interdiction avait été l'effet d'un concert frauduleux pour leur faire perdre les 5,000 fr. au moyen du désaveu à faire de l'écrit du 26 janv. 1815; — Et attendu que les juges ont considéré en termes formels que ce concert frauduleux n'a jamais subsisté, et que le prétendu intérêt des demandeurs en cassation à l'égard de la créance de 5,000 fr. n'était ni né ni sérieux; qu'ainsi l'arrêt est motivé et le vœu de la loi parfaitement rempli;
Sur le deuxième moyen : — Attendu en droit qu'une partie ne peut former tierce opposition à un jugement lorsque ce jugement préjudicie à ses droits, et que lui-même ou ceux qu'elle représente n'y ont été appelés; — Et attendu qu'il a été reconnu en fait : 1° que le prétendu concert frauduleux n'avait jamais subsisté; 2° que le prétendu intérêt des demandeurs en cassation relatif à la créance de 5,000 fr. n'était ni né ni sérieux; — Que dans ces circonstances, en décidant que la tierce opposition par eux formée contre le jugement d'interdiction n'était point recevable, l'arrêt attaqué a fait une juste application de la loi; — Rejette.
Du 10 nov. 1825.-C. C., sect. req.-MM. Botton, f. f. pr.-Lasagni, r.
(1) (Lecompte, etc.) — Pour fonder la tierce opposition, on disait : « Les envoyés en possession des biens d'un absent sont tenus de donner caution (art. 120 c. civ.); la gestion de l'administrateur provisoire ne doit donc cesser que du jour où la caution est fournie. Cet administrateur provisoire a intérêt de ne pas se dessaisir entre les mains d'individus insolvables; car, si l'absent venait à reparaître, il pourrait, par voie récursoire, attaquer un administrateur qui aurait abandonné ses fonctions pour les laisser entre les mains d'envoyés en possession, qui n'auraient pas fourni les sûretés convenables. » — Ces raisonnements parurent à la cour plus spécieux que solides, par la raison que le titre d'administrateur provisoire ne lui conférait cette administration que jusqu'au jugement d'envoi en possession. Ce jugement a mis en dépôt, entre les mains des héritiers présomptifs, les immeubles des absents. Or la caution n'est établie que pour sûreté des meubles ou créances mobilières dont peut disposer l'envoyé en possession. Ainsi, celui qui se trouvait sans qualité pour représenter l'absent quand on a notifié le jugement sus-énoncé, n'a pu se porter tiers opposant à un jugement pour la cause duquel il est entièrement sans intérêt.
Du 29 nov. 1820.-C. d'Orléans. (Extrait de Delanoue.)
(2) Espèce :— (Vigny C. Burtey.)—Par divers arrêts et exécutoires, la veuve Burtey avait été condamnée solidairement avec deux autres personnes à payer à Vigny 1,157 liv. pour dépens et dommages-intérêts. — Elle avait déjà payé sur cette somme 240 liv., lorsqu'elle décéda laissant six héritiers. —En 1809, jugement passé en force de chose jugée, qui condamne quatre d'entre eux au payement du tiers du surplus de la créance avec intérêts. —Tierce opposition y fut formée par les deux autres héritiers. — Jugement qui les admet à prouver par témoins l'acquittement de la dette. — Second jugement qui déclare cette preuve acquise et anéantit celui de 1809, même à l'égard des parties qui y figuraient. — Pourvoi. — Arrêt.
LA COUR; — Vu les art. 872, 1341 et 1350 c. civ. et l'art. 474 c. pr.; — Attendu que les héritiers ne sont tenus personnellement des dettes de la succession que pour leur part et portion virile (873 c. civ.); qu'ainsi les poursuites personnelles exercées par les demandeurs contre Claude Burtey et consorts, héritiers de la veuve Burtey, pour le payement d'une dette dont cette succession était grevée, étaient étrangères à Albin et Jean-Baptiste Bresson, autres héritiers de ladite succession;

cun préjugé contre eux (V. Chose jugée, nos 255, 259) : ils n'ont dès lors aucun intérêt à se rendre tiers opposants à ce jugement. Et il en serait de même de tous les cas où le jugement porterait sur un droit incorporel dépendant de la succession, un pareil droit étant toujours divisible intellectuellement. — Il a été jugé dans ce sens : 1° que des cohéritiers ne sont pas recevables à former tierce opposition à un jugement rendu contre leurs cohéritiers personnellement sur une dette de la succession : un tel jugement ne préjudicie pas à leurs droits (Cass. 12 janv. 1814) (2);—2° Que l'héritier qui, nonobstant le jugement rendu contre son cohéritier, peut exercer ses actions comme bon lui semble, est non recevable à former tierce opposition à un jugement qui rejette une action en revendication formée par un de ses cohéritiers, par la raison qu'il est sans intérêt, sauf à lui à exercer son action par les voies ordinaires (Metz, 31 mars 1819) (3). — Mais la cour suprême a abandonné cette jurisprudence (V. v° Intervention, n° 66; V. aussi Cass. 6 nov. 1860 et la note qui accompagne cet arrêt, D. P. 61. 1. 5).

49. La solution serait encore la même dans le cas où le jugement rendu contre un seul des héritiers serait relatif à un

que le jugement du 20 nov. 1809, qui en ordonne la continuation, leur était également étranger et ne faisait aucun préjudice à leurs moyens et droits, qui restaient entiers dans le cas où ils auraient été poursuivis pour le payement de leur quote-part de la dette; d'où il suit qu'aux termes de l'art. 474 c. pr. civ., la tierce opposition formée par eux au jugement du 20 nov. 1809 n'était pas recevable;
Attendu, au surplus, qu'il s'agissait d'une créance de plus de 150 fr. établie par titres authentiques, dont la libération n'aurait pu être prouvée par témoins que dans le cas où il aurait existé un commencement de preuve par écrit, ou que le titre servant de preuve littérale aurait été perdu par suite d'un cas fortuit, imprévu et résultant d'une force majeure (art. 1341, 1547, 1348 c. civ.); que les tiers opposants ne se trouvaient ni dans l'une ni dans l'autre de ces exceptions; qu'ainsi la preuve testimoniale par eux offerte pour démontrer la libération par eux alléguée n'était point admissible;
Attendu enfin qu'en supposant même que la tierce opposition eût été recevable et recevable, elle n'aurait pu profiter qu'aux tiers opposants seuls dans leur intérêt personnel, sans remettre en jugement la question de cohéritier, parce qu'à l'égard de ceux-ci le jugement du 20 nov. 1809 avait acquis la force de la chose jugée, et qu'il n'aurait pu l'effet de la tierce opposition, que dans le seul cas où l'objet contesté eût été indivisible, en telle sorte qu'il y eût impossibilité d'exécuter le premier jugement et celui à rendre après la tierce opposition, exception qui ne se rencontrait pas dans l'espèce, puisque la créance réclamée était divisible; et que, même dans le cas où les tiers opposants eussent pu parvenir à faire décider que la succession de la veuve Burtey ne devait plus rien aux demandeurs, l'exécution de ce jugement n'aurait pu empêcher celle du jugement du 20 nov. 1809, qui avait décidé le contraire à l'égard de Claude Burtey et consorts; — D'où il suit que le tribunal de Lure, en accueillant par les jugements des 9 avr. 1810 et 20 août 1811 la tierce opposition formée par Albin et Jean-Baptiste Bresson au jugement du 20 nov. 1809, ainsi que la preuve testimoniale par eux offerte, et en rapportant et anéantissant le jugement du 20 nov. 1809, même à l'égard de Claude Burtey et consorts, a contrevenu aux art. 873 c. civ., 474 c. pr., 1341 et 1350 c. civ.; ce qui dispense d'examiner les autres moyens de cassation; — Par ces motifs, donne défaut contre les défendeurs, et pour le profit, casse.
Du 12 janv. 1814.-C. C., sect. civ.-MM. Avemann, rap.-Mailhe, av.
(3) Espèce : — (Arnous C. Delaizir.) — La veuve Arnous vendit à Delaizir quelques immeubles qu'elle déclara lui appartenir en propre. Laurent Arnous, prétendant que les biens vendus étaient des acquêts de la communauté qui avait existé entre ses père et mère, exerça une action en revendication contre l'acquéreur, en qualité d'héritier pour son père; il succomba dans ce procès. Peu de temps après, les autres enfants de la dame Arnous formèrent tierce opposition à l'arrêt de la cour de Rennes, du 12 août 1814, qui avait terminé le procès intenté au sieur Delaizir par Laurent Arnous. — Le défendeur les soutint non recevables. — Arrêt.
LA COUR; — Considérant que l'arrêt du 12 août 1814, qui déboute Laurent Arnous de la demande qu'il avait formée, comme héritier de son père, contre le sieur Delaizir, défendeur en revendication d'une portion des immeubles vendus à Delaizir par la veuve Arnous, ne porte aucun préjudice aux droits des autres frères Arnous; d'où il résulte qu'aux termes de l'art. 474 c. pr. civ., ils sont non recevables à former tierce opposition contre cet arrêt, sauf à eux à exercer leurs actions et prétentions comme bon leur semblera; — Par ces motifs, déclare les frères Arnous non recevables dans leur tierce opposition.
Du 31 mars 1819.-C. de Metz.

objet corporel dépendant de la succession. Ou bien cet objet est partageable, et dans ce cas, le jugement n'aura d'effet que quant à la portion qui tombera dans le lot de l'héritier contre lequel il a été rendu; ou bien il est impartageable, et alors, si par l'effet du partage, il échoit à ce même héritier, les autres n'auront aucun intérêt à se plaindre du jugement; si, au contraire, il devient la part d'un autre héritier, le jugement sera dépourvu de tout effet. Dans toutes ces hypothèses, les héritiers non parties au jugement n'ont donc pas d'intérêt à recourir à une tierce opposition. — Il a été jugé en ce sens qu'un héritier ne peut, avant le partage, attaquer par la tierce opposition un jugement rendu contre son cohéritier et relatif seulement à un objet particulier de la succession : — « La cour; attendu que ledit héritier n'a qu'un intérêt purement éventuel à faire rapporter ce jugement, et que ses droits sont subordonnés au cas où l'héritage en litige tomberait dans son lot par l'effet du partage » (Riom, 24 nov. 1808, aff. N... C. N...). — Toutefois, l'arrêt s'exprime mal en donnant pour motif du rejet de la tierce opposition que l'héritier n'a dans la cause qu'un intérêt éventuel, car un pareil intérêt, comme nous le dirons plus loin, n° 56, n'est pas exclusif de cette voie de recours ; le véritable motif, c'est que l'héritier n'a aucun intérêt, ni actuel ni éventuel, à faire tomber le jugement, puisque ce jugement ne peut en aucun cas lui être opposé.

50. Cependant, comme les jugements sont exécutoires de plein droit, il peut se faire que le jugement rendu contre un seul des héritiers soit intervenu en de telles circonstances que l'exécution en soit réellement préjudiciable aux autres héritiers. Dans

une telle hypothèse, il n'y a pas de raison pour refuser à ceux-ci le droit d'empêcher cette exécution par la voie de la tierce opposition ; car ils n'ont pas d'autres moyens pour éviter le préjudice que cette exécution peut leur causer. C'est l'application des principes posés n°s 10 et suiv. — Jugé dans ce sens que lorsqu'en cas de décès de l'un des membres d'une société laissant des héritiers, une instance a été engagée devant des arbitres entre un seul de ces héritiers et les coassociés du défunt, celui des héritiers qui n'a pas été appelé dans l'arbitrage est néanmoins recevable à attaquer, par tierce opposition, le jugement (à lui signifié) qui, sur une demande en prorogation du délai de l'arbitrage, déclare que les pouvoirs des arbitres sont pris fin; et, en cas de rétractation du jugement, la rétractation a lieu dans l'intérêt de toutes les parties (Rej. 28 mars 1827, aff. Milan, V. Arbitre, n° 730).

51. Il a été jugé que lorsqu'un héritier figurant seul dans un ordre, tant pour lui personnellement que *pour ses cohéritiers*, a été rejeté de la collocation, faute de justifier des droits de son auteur, ses cohéritiers sont recevables à attaquer cette décision par la voie de la tierce opposition (Caen, 8 mai 1827) (1). — Mais il est à remarquer que, dans l'espèce, il s'agissait d'une disposition simplement comminatoire que le juge aurait pu rétracter sur la demande des parties elles-mêmes : il ne s'agit donc pas ici d'une véritable tierce opposition.

52. Celui qui se prétend copropriétaire d'immeubles adjugés ne peut se pourvoir par tierce opposition contre le jugement d'adjudication ; il doit agir en délaissement contre l'adjudicataire (Toulouse, 5 déc. 1834) (2). — Les art. 727 et 728 c. pr. auto-

---

(1) (Luet, etc. C. Brioult.) — LA COUR ; — Considérant que, dans l'instance sur laquelle fut rendu l'arrêt du 17 fév. 1825, Pierre Luet figurait seul, tant pour lui personnellement que pour ses cohéritiers dans la succession de la dame Rousselin, leur mère ; que l'arrêt ayant rejeté la collocation faite au profit des cohéritiers Luet, par le jugement du 27 mars 1822, faute de justification des droits de leur mère par aucuns titres, Nicolas Luet et autres cohéritiers qui ne sistaient pas personnellement dans cette instance, sont recevables à attaquer ledit arrêt par la voie de la tierce opposition.

Sur la question de savoir si cette tierce opposition est fondée : — Attendu qu'il est constant en fait que la collocation faite au profit des enfants Luet, et maintenue par le jugement du 27 mars 1822, avait eu lieu sur la représentation des titres de créance desdits enfants; que si cette collocation a été rejetée faute de justification de leurs droits, par l'arrêt du 17 fév. 1825, cette circonstance du défaut de justification ne peut leur être attribuée ; qu'aujourd'hui Nicolas Luet et ses cohéritiers représentant les titres qui ont servi de base à la collocation de leur créance, et ces titres n'étant pas contestés, il est hors de doute que l'arrêt du 17 fév. 1825 doit être rapporté, et le jugement du 27 mars 1822 confirmé en ce qui les concerne ;

Considérant, à l'égard de Pierre Luet, qui était partie dans l'instance d'appel, que si, en principe de droit, la disposition d'un jugement ou arrêt qui prononce une condamnation contre une partie faute de faire une chose, et une disposition comminatoire dont l'effet cesse par l'exécution de la chose qui doit être faite, on doit cependant distinguer entre la disposition qui prononce faute d'avoir fait d'avec celle qui prononce faute de faire ; que, dans le premier cas, il semble évident que la disposition est définitive et ne permet plus à la partie de réparer la faute qui a déterminé la décision, tandis que, dans le second cas, la disposition laisse à la partie le moyen de réparer ultérieurement la faute qui lui est imputée ;

Que, dans l'espèce de la cause, la collocation des enfants Luet n'a été rejetée que faute par Pierre Luet d'avoir représenté devant la cour les titres de créance qui avaient été produits en première instance ; que ce défaut de représentation de titres n'ayant pu être regardé comme une négligence, il n'y a pu entrer dans l'intention de la cour de priver Pierre Luet de réparer cette négligence ultérieurement ; que c'est ainsi que doit être entendue la disposition de l'arrêt, dans le cas particulier que présente la cause, sauf à mettre à la charge de Pierre Luet les dépens que sa négligence a occasionnés ; rapporte l'arrêt du 17 fév. 1825 ; —Confirme...

Du 8 mai 1827.–C. de Caen, 1re ch.–M. Regnée, pr.

(2) *Espèce :* — (Laye C. Daffis.) — Les enfants Daffis se prétendant copropriétaires, avec leur père, d'immeubles saisis sur ce dernier, et adjugés à Durrieu, demandèrent la nullité du jugement d'adjudication, par la voie de la tierce opposition. — Les héritiers Laye, appelés en cause comme ayant poursuivi la saisie, soutinrent que la tierce opposition des enfants Daffis n'était autre chose qu'une demande en distraction d'une partie des immeubles saisis, demande qui, par sa nature, aurait dû être intentée dans le cours de la procédure de la saisie, et non pas après le jugement d'adjudication. — Ils ajoutaient que le juge-

ment d'adjudication ne causait aux enfants Daffis aucun préjudice, et que, dès lors, ils n'avaient pu l'attaquer par la voie de la tierce opposition ; que c'était en assignant directement l'adjudicataire en délaissement de la portion d'immeuble qu'ils réclamaient, qu'ils auraient dû se pourvoir. — Jugement qui admet la tierce opposition des enfants Daffis et annule le jugement d'adjudication, ainsi que toute la procédure de saisie immobilière. — Appel. — Arrêt.

LA COUR; — Attendu qu'il résulte des actes du procès que les parties de Bressoles ont fondé, devant les premiers juges, leur action en nullité de la saisie immobilière et de l'adjudication qui l'a terminée, sur deux moyens : l'un qu'une partie des biens saisis était leur propriété, l'autre qu'à ce titre ayant le droit de former tierce opposition contre le jugement d'adjudication, sa nullité en devenait une conséquence nécessaire ; d'où suit que, pour apprécier les griefs des appelants contre le jugement qui a accueilli cette demande, il convient de discuter les moyens sur lesquels ils se sont fondés ; — Attendu que, si les art. 727 et 728 c. pr. civ. autorisent celui qui n'est point engagé envers le créancier qui pratique une saisie immobilière à demander la distraction de ceux de ses biens qui avaient pu être compris dans cette saisie, cette action, dont les articles précités tracent les formalités, ne peut être utilement intentée que pendant la poursuite, et non après le jugement d'adjudication qui l'a consommée ; qu'elle ne peut, d'ailleurs, jamais l'être par la voie de nullité, puisque le tiers n'a aucun intérêt à faire prononcer celle de la procédure en entier, et qu'il lui suffit de faire reconnaître que l'immeuble qu'il revendique avait mal à propos été saisi ; — Attendu que, pour justifier l'adoption d'une pareille action, les intimés invoquent mal à propos l'art. 2205 c. civ. Cet article ne frappe pas de nullité la saisie de la part indivise du débiteur dans cet immeuble ; il faut, en effet, d'après son texte, que cette part soit une quote héréditaire non assignée ; d'où suit que les intimés n'ayant pas établi que l'indivision qu'ils allèguent ait une pareille cause, ils ne pourraient invoquer les dispositions de cet article, dans le cas même où il serait reconnu que le bénéfice en appartient à d'autres que le saisi seul ; — Attendu que, lorsqu'on même reconnaître que les principes qui permettent la tierce opposition sont si absolus et si généraux qu'on peut prendre cette voie contre un jugement qui prononce une adjudication définitive, nonobstant la disposition de l'art. 731 c. pr. civ., qui déclare, en termes formels, que l'adjudication ne transmet à l'adjudicataire d'autres droits que ceux qu'avait le saisi, et qu'elle ne permet pas d'admettre qu'un jugement de cette nature préjudicie aux droits d'un tiers ; ou que voulût-on reconnaître le préjudice en ce que l'existence d'un pareil jugement pourrait servir de base, aux termes de l'art. 2265 c. civ., à la prescription décennale, cet article serait encore sans fondement qu'on en aurait fait l'application à la cause actuelle. En effet, l'adjudication étant indivisible, et ne pouvant être annulée et maintenue en partie, il faut reconnaître qu'on ne pourrait permettre l'exercice de cette action qu'à celui qui aurait droit et intérêt à faire annuler en entier un semblable jugement ; mais les intimés reconnaissant teux-mêmes que leur intérêt ne se porte point jusque-là, il faut en conclure qu'une pareille voie ne leur était point ouverte ; — Attendu qu'il y a d'autant plus lieu de le décider ainsi que, s'il est vrai qu'ils soient copropriétaires du champ et qu'ils

risent toute personne qui se prétend propriétaire à demander la distraction de ceux des biens qui auraient été à tort compris dans la saisie ; cette action doit avoir lieu avant l'adjudication.—Mais le propriétaire ne perd pas ses droits par cela seul qu'il n'a pas demandé la distraction pendant la poursuite. Après l'adjudication, il peut encore exercer une action en revendication contre l'adjudicataire (V. Vente publ. d'imm., n°s 1147 et suiv.), et cela sans qu'il soit besoin de faire tomber le jugement d'adjudication, lequel ne met aucun obstacle à l'exercice de ses droits.

53. Le donataire en vertu d'un acte antérieur à l'interdiction du donateur, ne peut former tierce opposition au jugement d'interdiction, si la donation est attaquée comme consentie par une personne en état de démence (Riom, 9 janv. 1808) (1).—Le jugement d'interdiction n'ayant pas d'effet rétroactif, il en résulte qu'il faudra prouver la démence contre le donataire et justifier qu'elle existait au moment de la donation ; donc le jugement qui a prononcé l'interdiction ne peut avoir aucun effet sur la donation, et dès lors le donataire n'a aucun intérêt à le faire tomber par la voie de la tierce opposition, puisqu'il ne lui porte pas préjudice.

54. Les marchands d'une ville ont-ils le droit d'attaquer par voie de tierce opposition le jugement qui, conformément à la loi du 25 juin 1841 (V. Vente publ. de march.), aurait autorisé une vente de marchandises neuves aux enchères publiques ?—L'affir-

mative a été jugée (V. Bourges, 17 nov. 1841, aff. L...,V. Vente publ. de march. neuves, n° 113 ; Paris, 3 août 1860, aff. Gally-Comparot, D. P. 60. 2. 204), et c'est avec raison. La loi de 1841, qui ne permet la vente de marchandises neuves aux enchères, qu'avec l'autorisation du tribunal, a été portée précisément pour protéger les commerçants sédentaires de chaque localité ; elle suppose, dès lors, que de telles ventes peuvent préjudicier à ces commerçants. S'ils ont intérêt à empêcher ces ventes, ce qui ne paraît pas contestable, comment pourrait-on leur refuser le droit de former tierce opposition aux jugements qui les autorisent ?—V. encore en ce sens, mais par simple analogie, ch. réun. Cass. 15 juin 1833, aff. Baget, v° Médecine, n° 162 ; mais V. v° Intervent., n° 37.

55. Un arrêt a décidé qu'une commune qui a figuré en première instance par son maire, sans autorisation, et même à qui l'autorisation, exigée par le tribunal, a été refusée par l'autorité administrative, est recevable à attaquer, par tierce opposition, l'arrêt rendu dans l'instance d'appel émis par une des parties, instance où elle n'a pas paru, alors surtout que, sur cet appel, on a jugé des questions non agitées en première instance, et que l'arrêt porte préjudice à la commune : on dirait en vain que la commune n'avait que la voie de l'appel contre le jugement rendu contre elle (Cass. 27 janv. 1850) (2). — Mais sur un nouveau pourvoi formé dans la même affaire, la ques-

---

aient quelques droits réels sur la maison transmise à la partie de Marion par le jugement d'adjudication, ces droits ne sont nullement lésés, puisqu'ils peuvent les exercer dans toute leur étendue contre l'adjudicataire, par la voie de l'action en délaissement ; d'où suit qu'il y a lieu de réformer le jugement qui a annulé ladite adjudication, et de réserver néanmoins aux intimés tous leurs droits à exercer cette action ; — Par ces motifs, réformant, maintient l'adjudication définitive faite au profit de la partie de Marion ; réserve aux parties de Bressolles tous leurs droits pour obtenir le délaissement de la partie des immeubles expropriés qu'ils justifieraient être leur propriété, etc.

Du 5 déc. 1834.-C. de Toulouse, 5e ch.-M. Garisson, pr.

(1) *Espèce :*—(Horn C. Norcy.)— 22 juill. 1807, jugement du tribunal civil de Riom qui rejette la tierce opposition :—« Considérant que, d'après l'ancienne législation comme d'après le code de procédure, pour être admis à former tierce opposition d'un jugement dans lequel on n'a pas été partie ni appelé, il faut avoir eu à ce jugement un intérêt direct et réel : le jugement du 12 fruct. an 12 n'est relatif qu'à l'état de Charles Horn seul ; Norcy, pour se prétendre en droit d'y être appelé, devrait établir que ce jugement porte atteinte à son état personnel, et le regarde directement sous ce rapport ; les conséquences éloignées qui pouvaient résulter de la prononciation de l'interdiction de Charles Horn, n'exigeaient pas plus l'appel de Norcy que de toutes autres parties qui ont pu passer avec Charles Horn des actes susceptibles d'être attaqués. — La loi veut un intérêt actuel, évident et essentiellement attaché à l'individu qui se présente pour être admis à la tierce opposition ; Norcy n'étant point recevable à demander la nullité de l'interdiction, ne peut l'être à attaquer les actes préparatoires. — Le conseil de famille est toujours présumé tenir régulièrement, et dans l'intérêt de l'interdit, lorsque l'interdit lui-même ni le ministère public ne l'attaquent. » — Appel. — Arrêt.

La Cour ; — Adoptant les motifs des premiers juges, confirme. Du 9 janv. 1808.-C. de Riom.

(2) *Espèce :* — (Com. de Marval C. Roulhac, etc..) — En 1749, Michel Chaumette, curé de Marval, achète de Lambertye, pour lui et ses successeurs, moyennant 800 fr., une maison dans laquelle il résidait. — Décès du curé. — Contestation entre son héritier et la commune, sur le point de savoir si l'acquisition a été faite pour *lui et ses héritiers*, ou pour lui et les curés *ses successeurs.* — Il advient une transaction en l'an 2, par laquelle Lavaud, maire, et Soury, agent pour la commune, conservent la maison à ses dépendances, moyennant 800 fr. qu'ils payent à l'héritier Chaumette. — En 1812, Auvray, curé de Marval, acquiert les droits du maire Lavaud. — En 1817, les héritiers Chaumette demandent la nullité de la transaction de l'an 2, pour défaut d'autorisation de la commune. — Le 30 août 1819, jugement qui ordonne que l'autorisation d'ester en justice, pour la commune, serait demandée par la partie la plus diligente. — Le 26 juin 1820, arrêté du conseil de préfecture de la Haute-Vienne, qui refuse d'accorder l'autorisation demandée par les héritiers Chaumette. — Le 7 août 1822, jugement par défaut par lequel le tribunal de Rochechouart annule l'acte de l'an 2 et ordonne le désistement des biens et la restitution des fruits. — Sur l'opposition de Soury, devenu maire de Marval, et d'Auvray, jugement contradictoire qui confirme celui du 7 août 1822. — Auvray appela seul de ce jugement, qui fut confirmé par arrêt de la cour de Limoges, du 9 déc. 1824.

A ce moment, la commune de Marval, dûment autorisée, forma tierce

opposition à cet arrêt, demandant subsidiairement le rétablissement de l'ancien presbytère, confondu avec l'acquisition de 1749. — Le 17 mai 1827, arrêt de la cour de Limoges qui rejette cette tierce opposition en ces termes : « Attendu que la commune de Marval ne s'est point pourvue, en temps utile, contre le jugement de Rochechouart, du 15 mai 1825, quoiqu'il ait été signifié au sieur Soury, en son nom qualifié de maire de la commune de Marval, par exploit de Cousin, huissier, du 26 mai 1825 ; qu'elle n'est pas intervenue sur l'appel ; que la voie de la tierce opposition ne peut être ouverte contre un arrêt rendu sur l'appel d'un jugement auquel les tiers opposants étaient présents, et qu'ils ont laissé passer en force de chose jugée ; — Que les héritiers Chaumette ont fait tout leur possible pour que la commune de Marval fût autorisée à défendre ; que le défaut d'autorisation ne peut leur être imputé ; — Attendu que si les prétentions de la commune de Marval étaient susceptibles d'examen, elles ne seraient pas mieux fondées, n'ayant jamais été autorisée à acquérir, et n'ayant pas accepté le traité fait le 22 mess. an 2 ; — Attendu que ce n'est pas sur une tierce opposition à un arrêt qui décide que les propriétés acquises en 1749, par le feu curé de Marval, du sieur Lambertye, l'avaient été pour lui et les siens, qu'elle appartenaient à ses héritiers, et que ceux-ci n'en pouvaient être privés par l'effet du traité du 22 mess. an 2 ; qu'on peut décider, aujourd'hui, si la commune de Marval possédait ou non, antérieurement à 1749, un presbytère ; que cette demande doit subir le premier degré de juridiction. »

Pourvoi par la commune de Marval pour violation de l'art. 474 c. pr.— On a d'abord soutenu pour elle, qu'elle n'avait réellement jamais été partie aux jugements rendus contre elle, parce que, n'étant pas autorisée à plaider, sa présence à ces jugements était comme non avenue, d'autant plus qu'elle était représentée alors par son maire, le sieur Soury, qui avait un intérêt personnel dans l'affaire. — Mais, en supposant, a-t-on ajouté, qu'elle ait été partie en première instance, et que le jugement du 15 mai 1825 ait pu passer contre elle en force de chose jugée, il y aurait eu encore nécessité de recevoir la tierce opposition, parce que l'arrêt du 9 déc. 1824, auquel elle n'était pas présente ni représentée, a dénaturé le procès, et qu'il a jugé une question qu'n'avait pas été agitée en première instance. — En effet, devant les premiers juges, il ne s'était agi que de la nullité de l'acte de messidor an 2 et du désistat des biens y compris ; l'unique effet du jugement devait être, dès lors, de remettre les héritiers Chaumette en possession des biens, telle qu'ils l'avaient avant ces actes. Restait la question du fond, celle de savoir si la cure Chaumette avait acquis ou non avant 1749, question que les héritiers Chaumette n'avaient pas encore soulevée, et que cependant l'arrêt du 9 déc. 1824 avait résolue à leur profit. — La commune avait donc, sous ce rapport, le droit de former tierce opposition. — Il suffit en effet, aux termes de l'art. 474 c. pr., pour qu'une partie puisse former tierce opposition, qu'un préjudice ait été apporté à ses droits par un jugement, lors duquel elle n'a pas été représentée ; or la commune de Marval n'était pas en cause, lorsque la cour royale a décidé que le curé Chaumette avait acquis pour ses héritiers.

Les défendeurs ont répondu qu'une commune, représentée dans un procès par son maire, est partie, quoiqu'elle ne soit pas autorisée. — Les jugements rendus dans ces circonstances peuvent être nuls, mais ils sont rendus avec la commune ; il faut qu'elle en demande la nullité dans les formes et délais de la loi. Si elle ne le fait pas, ils acquièrent contre elle

tion a été appréciée différemment : il a été jugé que la commune qui, étant condamnée conjointement avec un tiers, a *acquiescé* au jugement en payant sa part dans les frais, n'est pas recevable à former tierce opposition contre l'arrêt qui, sur l'appel de ce tiers seul, confirme le jugement, et *prononce identiquement les mêmes condamnations*, sous le prétexte que cet arrêt aurait, dans ses considérants, résolu, au préjudice de la commune, une question non agitée en première instance, alors surtout que cette question était implicitement jugée par le tribunal (ch. réun. Rej. 20 janv. 1838 (1). — Conf. Chauveau, art. 474, n° 1710 bis).—Dans les termes où la question se présentait sur le second pourvoi, il n'y avait plus de difficulté. La commune n'avait aucun intérêt à former tierce opposition. En effet, à supposer qu'elle eût réussi à faire annuler l'arrêt confirmatif rendu sans sa participation, elle retombait sous l'empire du jugement de première instance auquel elle avait acquiescé et qui prononçait identiquement les mêmes condamnations que l'arrêt confirmatif. En admettant même que cet arrêt eût, dans ses considérants, résolu, contre les prétentions de la commune, un point non en question au procès, il n'y avait pas là encore une raison suffisante pour faire admettre la tierce opposition ; car il est de principe que les motifs d'un jugement n'emportent pas force de chose jugée et ne peuvent être attaqués par les voies légales de réformation des jugements.—V. *infra*, nos 58, 59.

56. Un préjudice *éventuel* nous paraît suffisant pour donner ouverture à la tierce opposition : il importe peu, en effet, que le jugement porte atteinte à des droits ouverts ou non ouverts. — Cette solution nous paraît se déduire de l'art. 1180 c. nap., qui porte : « Le créancier peut, avant que la condition soit accomplie, exercer tous les actes conservatoires de son droit. » — Du reste, elle est conforme à celle de MM. Pigeau, t. 1, p. 779 ; Bioche, v° Tierce opposition, n° 23. — M. Chauveau, art. 474,

n° 1709 *bis*, prétend au contraire qu'il ne suffit pas d'avoir un intérêt, mais qu'il faut un droit présent et réel, un droit compromis directement, pour légitimer une tierce opposition.—« Ce droit, dit-il, tendant à faire rétracter le jugement, il s'ensuit que la tierce opposition ne peut rentrer à titre de mesure préventive dans les termes de l'art. 1180, qui autorise le créancier à exercer tous les actes conservatoires de son droit avant l'accomplissement de la condition. » — Nous ne pouvons nous ranger à cette idée, et nous disons qu'un intérêt purement éventuel suffit pour prendre cette voie. C'est aussi ce que nous avons décidé en matière d'intervention (V. ce mot, n° 40). Mais s'il n'est pas nécessaire que le droit soit ouvert, il faut que l'intérêt soit certain et déterminé.—M. Chauveau va même jusqu'à soutenir qu'un intérêt matériel ne suffit pas pour former tierce opposition, lorsque cet intérêt se trouve en dehors de toute atteinte portée au droit. Mais cette proposition, exprimée peu clairement, n'est vraie que s'il a voulu dire qu'il est impossible de concevoir une tierce opposition sans une atteinte portée à un droit quelconque.—V. au surplus, nos 10 et s., 44, 125 et s., 155 et s.

57. Le vendeur, le cédant peuvent-ils former tierce opposition aux jugements rendus contre l'acquéreur ou le cessionnaire, en invoquant le préjudice qui peut naître pour eux de l'action en garantie à laquelle ils sont exposés de la part de ceux-ci? V. *infrà*, nos 125 et suiv., 155 et suiv.

58. Il est évident qu'une partie ne pourrait former tierce opposition à un jugement que son adversaire invoquerait contre elle, non comme un titre pour lui-même, mais comme une autorité de jurisprudence. C'est ce qu'on sent, dit Proudhon, t. 3, n° 1288, que, dans ce dernier cas, nonobstant le jugement dont on oppose l'autorité doctrinale, les droits des parties qui figurent au procès actuel restent entiers. »—V. aussi Cass. 6 nov. 1860, D. P. 61. 1. 5 et la note.

---

l'autorité de la chose jugée ; c'est ce qu'a décidé la cour de cassation.— Ainsi, dans la cause, la commune de Marval a été partie au jugement du 15 mai 1823. — Ce jugement pouvait être nul pour défaut d'autorisation ; la commune avait la voie de l'appel pour faire prononcer cette nullité ; elle ne l'a pas employée, il a donc acquis l'autorité de la chose jugée ; la cour de Limoges ne pouvait conséquemment pas admettre la tierce opposition de la commune contre l'arrêt qui a confirmé le jugement du 15 mai 1823, sur l'appel du sieur Auvray seul. — D'ailleurs, lorsqu'une commune est défenderesse, que le demandeur a demandé l'autorisation de la commune, et qu'elle a été refusée, le défaut d'autorisation n'est plus un obstacle à la décision définitive de l'instance (V. Henrion de Pansey, Traité du pouvoir municipal, p. 356; Cormenin, éd. 1825, p. 82). — Quant à la condamnation qu'on prétend avoir été jugée seulement par l'arrêt du 9 déc. 1824, c'est d'abord un moyen présenté pour la première fois en cassation, et dès lors non recevable. — Ensuite, les héritiers Chaumete avaient conclu devant le tribunal au désistat des biens. Le tribunal l'ayant ordonné, la question était jugée par lui ; dès lors la cour, en confirmant ce jugement, n'a porté aucun préjudice nouveau à la commune. — La commune a, au surplus, reconnu elle-même ce fait, et elle a bien supposé que la question du fond avait été jugée, qu'en formant sa tierce opposition, elle a conclu subsidiairement à être reçue incidemment appelante du jugement, dans le but unique de reproduire la question de propriété. — Arrêt (ap. dél. en ch. du cons.).

La cour; — Vu l'art. 474 c. pr.;— Considérant que la commune de Marval n'était point partie dans l'arrêt du 9 déc. 1824 ; — Que cet arrêt a statué sur les questions qui n'avaient pas été agitées devant le tribunal de première instance de Rochechouart, contradictoirement entre toutes les parties, et qu'il a spécialement apprécié l'acte de vente du 22 juin 1749 ; — Qu'en cet état, la tierce opposition formée par la commune de Marval contre l'arrêt du 9 déc. 1824, puisqu'en déclarant que l'acte de vente avait transmis aux héritiers du sieur Chaumete la propriété de l'immeuble auquel a trait a préjudicié aux droits de propriété que la commune de Marval réclamait sur cet immeuble, en vertu dudit acte, et qu'en jugeant le contraire, l'arrêt attaqué a violé les dispositions de l'art. 474 c. pr. ci-dessus cité ; — Par ces motifs, casse. Du 27 janv. 1850.-C. C., ch. civ.-MM. Portalis, 1er pr.-Henry-Larivière, rap.-Cabier, av. gén., c. conf.-Odilon Barrot et Lassis, av.

(1) Espèce : — (Com. de Marval C. Roulhac, etc) — La cour de Bourges, saisie en vertu du renvoi prononcé par l'arrêt qui précède, a jugé, le 17 août 1851 (V. Commune, n° 1549) comme la cour de Limoges, dont l'arrêt avait été cassé, que la tierce opposition de la commune n'était pas recevable. — Pourvoi. — Arrêt (ap. dél. en ch. du cons.).

La cour; — Sur la première branche du moyen, fondée sur la violation de l'art. 474 c. pr. — Attendu, en fait, que, le 7 août 1822, il a

été rendu, par le tribunal civil de Rochechouart, un jugement dans lequel était partie la commune de Marval, représentée par son maire, et qui prononce le délaissement de l'immeuble contesté, objet de la vente du 22 juin 1749 ; — Attendu que le maire de Marval, en sadite qualité, a exécuté le susdit jugement en payant la portion des dépens à laquelle il avait été condamné, et que ce même jugement a été signifié à la commune, le 19 avr. 1826, sans qu'il apparaisse d'aucun appel interjeté par ladite commune ; — Attendu que, l'appel du sieur Anvray Saint-Remi étant dans la même instance), le jugement du 7 août 1822 a été confirmé par arrêt de la cour royale de Limoges, du 9 déc. 1824, arrêt contre lequel la commune de Marval a formé tierce opposition sur laquelle statue l'arrêt attaqué ; — Attendu que cet arrêt, du 9 déc. 1824, ne renferme dans son dispositif aucune condamnation nouvelle pouvant rejaillir contre la commune, puisqu'il prononce (en ce qui touche Auvray Saint-Remi seul) simplement les mêmes dispositions que le jugement non attaqué, du 7 août 1822, lequel avait ordonné le délaissement de l'immeuble contesté ; — Attendu que, s'il est vrai que la cour royale de Limoges ait visé et interprété dans un de ses considérants l'acte de vente du 22 juin 1749, il est évident, comme le déclare l'arrêt attaqué, que le jugement du 7 août 1822 avait aussi statué (quoique implicitement) sur le mérite de cet acte de vente, puisque les juges en avaient eu connaissance, et que, nonobstant icelui, ils avaient déclaré que la commune de Marval n'était pas propriétaire de l'immeuble y mentionné, et, que non outre, il est également constant que c'est moins dans les considérants que dans le dispositif qu'on doit rechercher l'identité de deux décisions, dont l'une est confirmative de l'autre ; — Attendu qu'en induisant de cette identité entre le dispositif du jugement de 1822 non attaqué par la commune, et le dispositif de l'arrêt du 9 déc. 1824, que ce dernier arrêt ne préjudiciait point aux droits de la commune de Marval, celle-ci était sans intérêt, et, par conséquent, non recevable, dans sa tierce opposition, la cour royale de Bourges, loin de violer l'art. 474 c. pr., en a fait une juste application. —

Sur la deuxième branche du moyen : — Attendu que l'arrêt attaqué déclare, en fait, que plusieurs arrêtés du conseil de préfecture, entre autres ceux des 5 mars 1817 et 26 juin 1820, ont refusé à la commune de Marval l'autorisation de plaider, et qu'en décidant, en droit, que ce refus d'autoriser la commune à plaider comme défenderesse à une action immobilière, ne pouvait priver les demandeurs du droit d'exercer cette action, la cour royale de Bourges s'est conformée aux principes de la matière ; — Attendu, d'ailleurs, que cette seconde branche du moyen tombe avec la première, puisque le défaut d'autorisation ne pourrait être invoqué efficacement par la commune qu'avec le secours de la tierce opposition, et pour le cas où elle y aurait été déclarée recevable ; — Rejette. Du 20 janv. 1858.-C. C. ch. réun.-MM. Portalis, 1er pr.-Faure, r.-Dupin, pr. gén., c. conf.-Dupont-White et Mirabel-Chambaud, av.

59. Un préjudice purement moral, une atteinte à l'honneur, donneraient-ils le droit de former tierce opposition?—Si ce préjudice résulte uniquement des motifs du jugement, la tierce opposition serait inadmissible. Il est reconnu, en effet, que les motifs d'un jugement n'emportent jamais autorité de chose jugée, même entre les parties (V. Chose jugée, n°ˢ 21 et suiv.), et ne peuvent donner lieu à aucun recours (V. Appel civil, n°ˢ 139 et suiv.; Cassation, n°ˢ 68 et suiv., 134; Intervention, n° 71; Jugement, n°ˢ 958 et suiv.). — Il a été jugé en ce sens qu'un simple préjudice moral ne suffit pas pour autoriser la voie de la tierce opposition de la part d'un tiers qui se trouverait lésé par les motifs énoncés dans un jugement (Rouen, 29 nov. 1808, aff. Ricard, V. Intervent., n° 72; Colmar, 6 nov. 1811, aff. Turberg, V. n° 318; Aix, 16 déc. 1825, aff. Gilbert-Boucher, V. n° 317). — Le tiers, aussi bien que les parties, qui se prétendrait diffamé par le jugement, n'aurait que la voie de la prise à partie contre les juges (V. Cassation, n° 69; Prise à partie, n°ˢ 17 et suiv.).—Et pareillement, la tierce opposition ne serait pas recevable de la part de celui qui se prétendrait injurié ou diffamé dans les écrits produits en la cause (V. Intervent., n°72).

Mais si les motifs du jugement desquels résulterait un préjudice moral pour des tiers, se lient au dispositif de telle sorte qu'ils soient indispensables pour connaître le sens du jugement et pour en apprécier les effets, on doit reconnaître à ces tiers le droit d'y former opposition, alors même qu'ils n'auraient pas un intérêt pécuniaire direct dans la contestation. — C'est ce qui arrive notamment lorsqu'un jugement statue sur l'état civil d'un individu non partie au procès, et que la décision sur ce point est le fondement même de la solution donnée à la question litigieuse. — Il a été jugé en ce sens que, lorsqu'une donation faite à une femme est annulée par jugement comme faite à une personne interposée pour faire passer le don à des enfants que le jugement reconnaît dans ses motifs être des enfants adultérins d'elle et du donateur, ces enfants ont intérêt et qualité pour former tierce opposition au jugement qui prononce cette nullité (Poitiers, 21 oct. 1825, et, sur pourvoi, Rej. 1ᵉʳ août 1827, aff. Malterre, V. Paternité-filiat., n° 718-1°).—V. sur cette question les motifs fortement et longuement développées dans l'espèce par la cour de Poitiers.

Art. 2. — *2ᵉ et 3ᵉ Condition : il faut n'avoir été partie au jugement ni par soi-même ni par ses représentants.*

60. Il n'est pas besoin de démontrer que toute personne qui a été partie à un jugement, soit par elle-même, soit par ses représentants, n'a pas le droit de former tierce opposition à ce jugement, puisque c'est contradictoirement avec elle qu'il a été rendu. — Mais il peut arriver qu'une personne qui a été partie dans un acte attaqué de nullité, n'ait pas été assignée lors du procès intenté contre les autres parties à cet acte. Ce cas se présente rarement; il en est toutefois quelques exemples. — Il est évident que quand on poursuivra cette personne en vertu de ce jugement, elle pourra le faire déclarer sans effet à son égard sans y former tierce opposition, puisqu'il est quant

(1) *Espèce :* — (De Marseille C. synd. des brasseurs de Paris.) — Un abonnement avait été consenti par la régie avec les syndics des brasseurs de Paris, au nom de tous les brasseurs, bien que le sieur de Marseille, l'un d'eux, eût refusé d'y souscrire. — Une contrainte fut décernée par la voirie contre ce dernier, pour le payement de sa part d'abonnement comme s'il y eût adhéré.—Forcé de payer, de Marseille assigna la régie en nullité de contrainte et assigna les syndics des brasseurs en remboursement de ce qu'il avait payé de plus que ce qu'il prétendait devoir.— Le 30 août 1820, jugement du tribunal de Paris qui, disjoignant la cause entre les syndics et de Marseille, condamne la régie à restituer à de Marseille les sommes qu'il avait perçues au delà des droits dus. — La régie assigna les syndics des brasseurs en garantie. Ceux-ci formèrent tierce opposition au jugement du 30 août 1820.

Le 2 avr. 1825, jugement du tribunal de la Seine qui admet la tierce opposition : — « Attendu que les brasseurs ne sont obligés solidairement envers la régie ; — Attendu qu'un jugement en date du 30 août 1820, obtenu par de Marseille, l'a autorisé à répéter les sommes par lui payées, comme forcé et contraint; mais qu'il a été le même jugement disjoint la cause entre les brasseurs et ledit de Marseille; que dès lors, ce jugement n'a pas prononcé sur les intérêts respectifs entre ces derniers, et que lesdits brasseurs ne peuvent pas être regardés comme ayant été

à elle *res inter alios acta.* Mais si ce jugement lui porte préjudice, plutôt que d'invoquer une exception, qui ne termine le procès que dans la forme, elle peut attaquer le jugement par tierce opposition, puisqu'elle se trouve parfaitement dans le cas de l'art. 474. — Il a été jugé : 1° que celui qui a été partie dans un contrat doit être appelé dans l'instance en nullité de ce contrat; il peut donc former tierce opposition au jugement rendu hors sa présence (Req. 6 fruct. an 10, aff. Darfeuil, V. n° 218). Cet arrêt de l'an 10 peut avoir bien jugé en fait, mais il est fondé sur des motifs inexacts. Nous venons de prouver en effet que celui qui n'a pas été appelé dans une instance, n'a pas besoin nécessairement d'y former tierce opposition; en droit pur, il est sans intérêt. Ce n'est donc pas parce qu'il n'a pas été appelé, quoiqu'il eût dû l'être, qu'il aura le droit d'y former tierce opposition, c'est parce que ce jugement lui portera préjudice ; — 2° Que lorsque la cause d'une partie a été disjointe de celle des autres parties assignées au procès, le jugement ne peut produire contre cette partie l'autorité de la chose jugée; elle est, en conséquence, recevable à attaquer ce jugement par voie de tierce opposition (Req. 24 janv. 1826) (1). Notre observation sur l'arrêt précédent s'applique également à celui-ci ; — 3° Qu'un huissier peut former tierce opposition contre l'arrêt qui a mis à sa charge les frais d'un acte annulé, sans qu'il eût été appelé (Rennes, 11 avr. 1825, aff. N... C. N..., V. M. Chauveau sur Carré, quest. 1709, p. 270; V. aussi arg., v° Avoué, n° 244);— 4° Que le gardien d'objets saisis est recevable à former tierce opposition au jugement rendu hors sa présence, qui, en annulant la saisie sur la demande en revendication d'un tiers, décide que le gardien n'aura d'action que contre le saisissant, et non contre le tiers revendiquant pour le payement, soit de ses frais de garde, soit de ceux par lui faits pour l'entretien et la conservation des objets saisis (Bordeaux, 17 mars 1851, aff. Avoustine, V. Saisie-exécution, n° 246). — Dans ces deux cas, c'est encore parce que le jugement porte préjudice à l'huissier et au gardien qu'ils ont le droit d'y former tierce opposition et non parce qu'ils n'ont pas été appelés; le préjudice causé est la base de la tierce opposition.

61. Mais, comme nous l'avons dit *suprà*, n° 42, la circonstance que l'on eût dû être appelé au jugement n'est pas une condition nécessaire de la recevabilité de la tierce opposition ; il suffit, aux termes de la loi, qu'ayant éprouvé un préjudice, on n'ait pas été appelé.—Du reste, cette locution dont se sert l'art. 474, *n'ont été appelés*, n'est pas parfaitement exacte, comme le fait observer avec raison Pigeau, t. 1, p. 688. Il faudrait dire *n'ont été parties* ; car un demandeur, un intervenant, n'ont point été appelés ; cependant ils ne peuvent former tierce opposition parce qu'ils ont été parties. — Toutefois, cette locution elle-même, *n'ont pas été partie*, pourrait être trouvée insuffisante ; car le condamné par défaut, quoiqu'il ait été appelé, dirait qu'il n'a pas été *partie* et que la loi ne se contente pas d'un simple ajournement. La loi aurait donc dû dire *n'ont été parties ni appelés*; mais toute cette argutie grammaticale n'empêche pas que la disposition de la loi ne soit très-claire.

62. Une personne a été partie *par elle-même* dans un ju-

parties dans ledit jugement; qu'ils peuvent, par conséquent, faire valoir aujourd'hui leurs moyens, et plaider, à l'appui de leur demande en garantie, les faits qui sont personnels soit à de Marseille, soit à eux-mêmes, et dont la régie pouvait ne pas avoir connaissance. »

Appel. — 28 nov. 1825, arrêt de la cour de Paris, qui confirme.

Pourvoi. Violation de la chose jugée, des art. 115, 444 et 474 c. pr. — Le jugement du 30 août 1820 ayant été signifié et ayant passé en force de chose jugée envers toutes les parties, les syndics ne pouvaient pas y former tierce opposition. — Arrêt.

LA COUR ; — Attendu, en premier lieu, que le jugement du 30 août 1820 n'avait rien statué avec les sieurs Chapelle et consorts, syndics des brasseurs, puisque la demande formée contre eux, par le sieur de Marseille, avait été disjointe, tous droits et moyens réservés; — Qu'ainsi ce premier jugement n'avait pas, contre les syndics des brasseurs, autorité de chose jugée, comme on l'a prétendu ; — Attendu, en second lieu, que le jugement n'étant pas rendu avec eux, les syndics des brasseurs étaient recevables à y former tierce opposition, et qu'en rejetant la fin de non-recevoir que le sieur de Marseille en induisait, l'arrêt attaqué non-seulement n'est pas contrevenu, mais a fait au contraire la plus juste application de l'art. 474 c. pr. civ. ; — Rejette.

Du 24 janv. 1826.-C. C., ch. req.-MM. Henrion, pr.-Dunoyer, rap.

gement quand elle y a figuré comme demanderesse, ou quand elle a été appelée pour défendre à la demande, soit qu'elle ait répondu ou non, ou enfin quand elle est intervenue dans la contestation (V. sur des points analogues v° Intervention, n° 174). — Il a été jugé, ce qui ne pouvait être douteux, que celui qui est intervenu dans l'instance n'a pas le droit de former tierce opposition au jugement (Req. 29 déc. 1841, aff. Roussel, V. Jugement, n° 14-8°; V. aussi v° Intervention, n° 13; Chose jugée, n° 225). — Le demandeur, le défendeur ou l'intervenant ont été parties, quand même ils auraient changé d'état pendant le cours de l'instance, ou qu'ils seraient décédés, si l'affaire était en état, ou si, l'affaire n'étant pas en état, le décès ou le changement d'état n'ont pas été notifiés (Pigeau, Tr., t. 1, p. 689; V., quant aux changements d'état, v° Reprise d'instance). — Dans ces circonstances, la tierce opposition de la part de ces personnes serait inadmissible ; il ne peut y avoir de difficultés sur ce point.

63. Celui qui a acquiescé au jugement rendu hors sa présence perd le droit d'y former tierce opposition : cet acquiescement le place dans la même situation que s'il avait été partie au jugement, en couvrant l'irrégularité qui avait pu être commise à son égard (V. Acquiescem., n° 825; Conf. Paris, 18 avr. 1833, aff. Montholon, v° Vente publ. d'imm., n° 725; M. Chauveau, n° 1710 bis). — Il a été jugé en ce sens que lorsqu'un arrêt a prononcé la dissolution d'une société et a renvoyé les associés devant des arbitres pour le règlement de leur compte, l'associé non partie à cet arrêt, qui participe à la nomination des arbitres et comparaît devant eux, n'est pas recevable à former tierce opposition à l'arrêt, quoiqu'il ait fait des réserves de se pourvoir (Paris, 10 avr. 1810, aff. Marnois, V. Acquiescement, n° 586).

64. On est également partie au procès lorsqu'on y a été représenté par une personne ayant qualité. — La plus grande partie des questions qui se sont élevées sur la tierce opposition portent sur le point de savoir si celui qui veut employer cette voie a été ou non représenté, et par conséquent s'il est ou non recevable dans sa tierce opposition. Nous allons successivement parcourir les différentes classes de personnes à l'égard desquelles a été agitée la question de recevabilité de la tierce opposition. — Remarquons, du reste, que les difficultés qui s'élèvent à cet égard ont des points de contact perpétuels avec d'autres matières déjà discutées dans le cours de notre Répertoire. Toutes les voies de réformation des jugements, à l'exception de la tierce opposition, n'appartiennent qu'à ceux qui ont été parties dans l'instance ou qui y ont été représentés. La qualité qui rend l'une de ces voies recevables exclut dès lors la tierce opposition. Décider, par exemple, que telle personne a qualité pour former opposition à un jugement par défaut (V. ce mot, n° 202 et suiv.), ou pour appeler d'un jugement (V. Appel civil, n° 433 et suiv., 477), ou pour se pourvoir en cassation (V. Cassation, n° 266 et suiv.), ou enfin pour recourir à la voie extraordinaire de la requête civile (V. ce mot, n° 39 et suiv.), c'est dire que cette personne a été partie au jugement, et par conséquent l'exclure du droit à la tierce opposition, et réciproquement (V. aussi v° Chose jugée, n° 223 et suiv.). — En outre, l'art. 466 c. pr. déclare que l'intervention en appel ne sera reçue que de la part de ceux qui auraient droit de former tierce opposition à l'arrêt. Les explications que nous avons présentées sur cet article (V. Intervention n° 63 et suiv.) seront donc entièrement applicables à la matière qui nous occupe. — Enfin, dans notre traité des Obligations, nous avons examiné, en discutant les dispositions de l'art. 1328 c. nap., quelles personnes peuvent être considérées comme parties,

quelles personnes comme ayants cause, et les mêmes questions se représentent en matière de tierce opposition. — Il est donc utile de recourir, pour compléter les notions que nous avons à présenter sur la matière spéciale qui nous occupe, aux explications déjà présentées aux endroits cités.—V. aussi v° Chose jugée, n° 229 et suiv.

Pour mettre de l'ordre dans les nombreux matériaux que fournissent la doctrine et la jurisprudence, nous parlerons séparément : 1° des personnes qui sont représentées par un mandataire conventionnel ou légal ; — 2° Des cointéressés, créanciers et débiteurs solidaires, caution, garant, usufruitier, nu-propriétaire ; — 3° Des ayants cause à titre universel ou particulier ; — 4° Des créanciers.

§ 1. — *Des personnes qui sont représentées par un mandataire conventionnel ou légal.*

65. 1° *Mandataires conventionnels.*—La personne du mandant s'identifie à tel point avec la personne du mandataire, que ce qui est fait par celui-ci est censé émaner de celui-là. Le mandant, relativement aux actes accomplis en vertu du mandat, n'est ni un tiers ni même un ayant cause; il est partie dans toute la force du terme (V. Mandat, n° 303 et suiv., 383 et suiv.). Ainsi, celui qui donne pouvoir à un tiers pour le représenter en justice est considéré comme figurant personnellement dans l'instance : ce n'est pas le mandataire qui est partie au procès, c'est le mandant. Celui-ci est donc inadmissible à former tierce opposition au jugement qui condamne le mandataire, puisque c'est lui-même que la condamnation est prononcée, et que c'est contre lui que le jugement acquiert force de chose jugée (V. Chose jugée, n° 229, 240 et s.; V. aussi M. Proudhon, Usufr., t. 3, n° 1312) : c'est là un point en dehors de toute discussion (V. aussi v° Appel civil, n° 520 et suiv.; Cassation, n° 287 et suiv.; Mandat, n° 402 et suiv.; Oblig., n° 3200, 3933 et suiv.; Requête civ., n° 40; Responsabilité, n° 465, 485). — Il a été jugé, en conséquence, que celui qui est représenté par un consignataire n'est pas recevable à former tierce opposition au jugement qui condamne ce dernier à raison de la marchandise consignée (Rennes, 25 avr. 1814, aff. N... C. N...).

66. Il y aurait cependant exception si le principe si le mandataire était coupable de dol ou fraude. Dans ce cas alors, le mandant ayant un intérêt personnel distinct de celui du mandataire, deviendrait un véritable tiers à l'égard de la personne qui a obtenu le jugement, si le mandant prouvait qu'il y a eu intelligence frauduleuse entre le mandataire et le gagnant. — Le mandant ne serait pas non plus réputé avoir été représenté par son mandataire si ce dernier avait *excédé* la limite de ses pouvoirs. Si donc l'action avait été intentée contre un mandataire qui n'était pas chargé de représenter son mandant devant la justice, il paraît certain que celui-ci serait en droit de former tierce opposition au jugement rendu contre le mandataire, ce jugement, en effet, n'ayant pas force de chose jugée contre lui (V. Chose jugée, n° 242; V. aussi v° Appel civ., n° 530 et suiv.; Mandat, n° 292, 303). — Il a été jugé en ce sens que le command, possesseur de l'immeuble acheté en son nom, et assigné en délaissement en vertu d'un arrêt rendu contre son mandataire, qui annule la vente pour fraude et dol de celui-ci, est recevable à former tierce opposition à cet arrêt, s'il n'y a point été appelé (Cass. 10 août 1807) (1). — M. Merlin fait sur cet arrêt l'observation que voici : « Par l'effet de la réserve de command,

---

(1) (Weiss C. hérit. Gotteville). — La veuve Gotteville, venant recueillir une succession à la Rochelle, où elle était étrangère, prit pour conseil Lavergne, notaire, qui la détermina à lui vendre le tiers auquel elle avait droit dans le domaine de Lépine. L'acte de vente est du 28 fév. 1793, et porte réserve de déclaration de command dans les six mois. — 7 août 1793, le même notaire acquiert conjointement avec Fromentin les deux autres tiers du domaine, sous la même réserve. — 26 août, déclaration de command au profit de Weiss, qui est mis en possession. — Demande de la veuve Gotteville contre Lavergne en nullité de la vente pour fraude et dol. — 5 fruct. an 8, arrêt conforme. — Décès de la demanderesse. — Le curateur à la succession vacante assigne Weiss en délaissement du tiers de l'immeuble. Tierce opposition de Weiss à l'arrêt du 5 fruct. an 8. — 17 janv.

1806, arrêt de Poitiers qui le déclare non recevable.—Pourvoi.—Arrêt. La cour; — Vu l'art. 2, tit. 35, de l'ord. de 1667; — Considérant que l'arrêt du 5 fruct. an 8 qui, en restituant la veuve Gotteville contre la vente par elle faite à Lavergne, l'a réintégrée dans sa propriété, a été rendu contre lui seul, sans que le demandeur, possesseur actuel de l'immeuble, ait été appelé en cause; qu'une action en revendication doit être intentée contre le possesseur de l'héritage revendiqué; que dès lors le demandeur était recevable à former tierce opposition à l'arrêt du 5 fruct. an 8, dont l'exécution devait le dépouiller de sa jouissance, et dans lequel il n'avait été ni partie ni appelé, et qu'ainsi sa demande n'a pu être écartée par la fin de non-recevoir, sans contrevenir à la disposition citée de l'ordonnance ; — Casse, etc.
Du 10 août 1807.-C. C., sect. civ.-M. Schwendt, rap.

l'acquéreur est censé n'avoir acheté que pour le command, et n'avoir agi que comme mandataire de celui-ci. Or il est évident que le mandat pour acquérir ne renferme pas le mandat pour plaider sur la validité de l'acquisition, et que le jugement rendu avec celui qui, simple mandataire pour acquérir, n'avait point de pouvoir pour plaider sur la validité de l'acquisition, ne peut, en aucune manière, lier le véritable acquéreur, et que, par suite, celui-ci est recevable à y former tierce opposition » (Conf. MM. Carré et Chauveau, n° 1711; Pigeau, Comm., t. 2, p. 59; Berriat, p. 443, n° 10).

67. Si le mandataire représente le mandant, il nous semble que la réciproque n'a pas lieu : le mandant ne représente pas le mandataire. Supposons par exemple qu'une instance, suite et conséquence des actes passés en vertu du mandat, s'élève entre le mandant et un tiers, le mandataire nous paraît avoir qualité pour former tierce opposition au jugement rendu contre le mandant, si ce jugement pouvait porter préjudice à lui mandataire. —Toutefois il a été jugé que lorsqu'il est reconnu qu'un individu, en faisant un payement, n'a agi que comme mandataire, on doit rejeter la tierce opposition qu'il a formée à des jugements dans lesquels son mandant était aux qualités des parties (Cass. 1er déc. 1819, aff. Lafond, V. v° Mandat, n° 312).

68. Le prête-nom, sous un rapport, n'est qu'un mandataire simulé. Il est vrai qu'à la différence du véritable mandataire, il agit en son propre nom : revêtu d'un titre apparent qui lui donne vis-à-vis des tiers tous les droits du propriétaire, sa qualité de mandataire n'a d'effet que dans ses rapports avec le mandant (V. Mandat, n°s 25 et suiv.). —Mais il suffit que les rapports du prête-nom au mandant soient identiquement les mêmes que ceux d'un mandataire ordinaire, pour que les principes que nous venons de poser soient suivis : il est clair, dès lors, que le mandant ne sera pas recevable à attaquer par la tierce opposition le jugement rendu contre son prête-nom (Conf. Paris, 3 mars 1829, aff. Ouvrard, V. n° 138; arg. Rej. 29 déc. 1841, aff. Rousset, V. Jugem., n° 14-8°; V. aussi v° Interv., n° 68).

Il a été jugé que si, dans la pensée qu'un individu n'est que le prête-nom d'une autre personne, il a été obtenu contre cette dernière un jugement par défaut à la requête de ses créanciers, le prétendu prête-nom est recevable à y former simple opposition, et il n'est point astreint à prendre la voie de la tierce opposition (Paris, 31 août 1815) (1). —Nous croyons cette décision contestable, au moins en principe : la simple opposition n'appartient qu'aux parties appelées, ou à ceux qui ont qualité pour les représenter. Dans l'espèce, les opposants répudiaient la qualité de prête-nom, c'est-à-dire soutenaient ne pas représenter la partie appelée, ni être représentés par elle; ils ne pouvaient donc pas prendre une voie qui n'était fondée que sur la supposition contraire.

69. L'exécuteur testamentaire ne représente pas les héritiers; ceux-ci auraient donc le droit de former tierce opposition au jugement qui aurait été rendu contre l'exécuteur testamentaire, lors même que la saisine lui aurait été conférée par le

testateur (V. Dispositions entre-vifs et testament., n° 4092).

70. Le *gérant* d'une société est un véritable mandataire conventionnel; ses rapports avec les associés ou avec les tiers sont régis par les principes du mandat. Chargé d'administrer les affaires de la société, au nom et pour le compte de chacun des associés, il oblige ceux-ci, dans la limite de ses pouvoirs, comme s'ils avaient contracté eux-mêmes; et lorsqu'il agit en justice au nom de la société, les sociétaires, en leur qualité de mandants, sont réputés parties au procès en sa personne. Les jugements rendus contre lui ne sont pas susceptibles de tierce opposition de la part des associés.—Il a été jugé, conformément à ces principes : 1° que le gérant d'une société représentant la société pour les actes d'administration, les coassociés ne sont pas admis à former tierce opposition à un jugement rendu contre le gérant relativement d'un bail consenti par celui-ci (Req. 19 nov. 1838, aff. Godard, V. v° Société, n° 476) ; —2° Qu'il suffit qu'un associé n'ait pas désavoué les mandataires et officiers ministériels qui ont représenté la société dans une instance, pour qu'il soit présumé avoir été partie au jugement rendu contre la société, et qu'il soit, par suite, irrecevable à l'attaquer par la voie de la tierce opposition, encore bien que, d'après les clauses de l'acte de société, l'obligation qui avait donné lieu à ce jugement ne pût l'obliger personnellement, n'étant pas signée de lui (Paris, 11 mars 1835) (2).—V. aussi v° Interv., n° 93.

71. A plus forte raison, l'individu condamné en qualité d'administrateur d'une société est-il non recevable à former tierce opposition au jugement en son nom personnel (Metz, 16 janv. 1818, aff. Germain, V. Obligat., n° 92-3°). — Cependant, si l'on se prévalait de ce jugement contre lui personnellement et dans une qualité qui n'a rien de commun avec celle d'administrateur, il faudrait bien qu'il en repoussât l'autorité. Pourquoi donc la tierce opposition ne lui serait-elle pas ouverte ? Il n'y a pas *eædem personæ*. — V. Société, n° 300.

72. Si les associés n'ont pas nommé d'administrateur, ils sont réputés s'être donné respectivement le pouvoir d'administrer l'un pour l'autre (C. nap. 1859, V. Société, n°s 301 et suiv.). — Le jugement rendu en pareille circonstance contre un associé a force de chose jugée contre ses coassociés, et par conséquent ceux-ci ne peuvent l'attaquer par tierce opposition. — Il a été jugé en ce sens que le copropriétaire d'une usine exploitée en commun est légalement représenté par son associé ; en conséquence, il ne peut attaquer par la voie de la tierce opposition un jugement qui a été rendu contre celui-ci (Crim. cass. 19 fév. 1835, aff. Maurel, V. n° 315-2°).—V. aussi Appel civ., n° 562.

73. Les ayants cause des associés sont, comme les associés eux-mêmes, non recevables à attaquer par tierce opposition les jugements rendus contre ceux qui ont mandat pour représenter la société. — Il a été jugé, par exemple, que le sous-traitant d'un associé n'est pas recevable à former tierce opposition aux jugements qui autorisent les autres associés à poursuivre la liquidation (Paris, 16 sept. 1809) (3).

74. En général, les administrateurs d'une société n'ont d'

---

(1) *Espèce :* — (Brisac C. Weiller, etc.) — Charles-Louis Weiller et Landaner étaient propriétaires, au moins apparents, d'une somme de 48,000 fr. déposée à la caisse d'amortissement. — Brisac, prétendant qu'ils n'étaient que les prête-noms de Weiller frères, ses débiteurs, forma sur cette somme, et au préjudice de ces derniers, une opposition qui fut déclarée valable par un jugement par défaut, et parvint ainsi à toucher la somme déposée. — Charles-Louis Weiller et Landaner, qui n'avaient point figuré dans ce jugement, y formèrent une opposition pure et simple. — Brisac prétendit qu'ils ne pouvaient se pourvoir que par tierce opposition. — Mais le tribunal rejeta cette exception, et ordonna la restitution des sommes indûment reçues par le sieur Brisac. — Appel. — Arrêt.

LA COUR ; — En ce qui concerne la forme ; — Attendu que les intimés ont pu, sans employer la voie de la tierce opposition, former opposition simple à un jugement par défaut réellement obtenu contre eux, soit directement, soit en la personne de Simon et Goudechaux Weiller, dont on supposait qu'ils étaient les prête-noms ; — Met l'appel au néant.
Du 31 août 1815.—C. de Paris.

(2) *Espèce :* — (Braff C. Arnault et Fournier.) — La dame Braff est associée de la maison Hantjens et compagnie. — Une des clauses de l'acte social porte que la signature de la raison sociale n'engage que ceux des associés qui l'ont livrée.
Un arrêt de la cour de Paris, confirmatif d'un jugement du tribunal

de commerce de la Seine, condamne la maison Hantjens et compagnie à payer aux sieurs Arnault et Fournier une somme de 20,000 fr. Ces derniers ayant voulu poursuivre l'exécution de cette condamnation contre la dame Braff, celle-ci soutient que cette condamnation ne peut être exécutoire contre elle, attendu que l'engagement qui y avait donné lieu ne pouvait l'obliger personnellement, n'ayant pas été signé par elle. — Elle forme ensuite tierce opposition à l'arrêt de la cour de Paris. — Arrêt.

LA COUR ; — Considérant que la tierce opposition a été régulièrement portée devant la cour qui avait confirmé le jugement du tribunal de commerce ; — Considérant que le jugement et arrêt attaqués ont été rendus contre la société Hantjens et comp., dont la dame Braff fait partie, et que jusqu'à désaveu de la part des mandataires et avoué qui ont représenté la société tant en première instance que devant la cour, elle est légalement présumée avoir été partie auxdits jugement et arrêt ; — Déclare la femme Braff, quant à présent, non recevable dans sa tierce opposition, etc.
Du 11 mars 1835.—C. de Paris, 5e ch.-MM. Lepoittevin, pr.-Pécourt, av. gén.; c. conf.-Horson et Ledru Rollin, av.

(3) *Espèce :* — (Lasne.)—Un jugement et un arrêt des 12 pluv. an 12 et 15 fév. 1808, avaient autorisé les sieurs Corpman et Nadeau à poursuivre la liquidation d'une société formée entre eux et le sieur Vochez. Benjamin Lasne, se prétendant créancier du dernier, dont il était le sous-traitant, forma tierce opposition à ces jugement et arrêt. — Arrêt.

pouvoir que quant aux actes de simple administration (V. Société, n⁰ˢ 462 et suiv.). Du reste, l'étendue de ces pouvoirs diffère, suivant qu'il s'agit d'une société civile ou d'une société commerciale (V. eod.), et dans ce dernier cas encore, suivant qu'il s'agit soit d'une société en nom collectif ou en commandite, soit d'une société anonyme (V. eod., n⁰ˢ 890 et suiv., 1295 et suiv., 1523 et suiv.). — A l'égard des actes étrangers à l'administration, le gérant ne peut les accomplir qu'autant qu'il y a été préalablement autorisé (V. iisdem). — Tant que le gérant se renferme dans les limites de son mandat, il oblige tous les associés, comme nous l'avons dit ci-dessus; mais s'il excède ses pouvoirs, si par exemple il procède en justice relativement à un acte étranger à l'administration, sans avoir été autorisé, il ne peut plus être réputé le mandataire des associés, et ceux-ci, en conséquence, auront le droit de former tierce opposition au jugement qui aura été rendu contre lui (Conf. Turin, 5 déc. 1812, aff. Caldani, v⁰ Appel civ., n⁰ 563).—Ainsi il a été jugé qu'une demande en dissolution d'une société anonyme n'est pas une action relative aux actes d'administration; qu'en conséquence, le jugement rendu sur cette demande contre le gérant de la société n'est pas opposable aux associés qui n'y ont pas été parties (Douai, 12 fév. 1848, aff. Divuy, D. P. 50. 2. 8).

75. Toutefois, il y a lieu de faire une distinction. Ou bien le gérant a excédé les pouvoirs que la loi elle-même lui a attribués, ou bien il a dépassé les limites du mandat qui lui avait été restrictivement conféré par les conventions sociales. Dans le premier cas, la tierce opposition des associés non parties au jugement pourra être reçue sans que le tiers au profit duquel il a été rendu puisse se plaindre, car il est en faute d'avoir accepté pour adversaire un individu qu'il devait savoir être sans qualité ; dans le second cas, le fait du gérant d'avoir excédé ses pouvoirs ne pourra être opposé au tiers par les associés que si l'acte de société a été publié conformément à la loi (V. Société, n⁰ˢ 435, 890 et suiv.).—Et encore, il peut arriver que le silence des associés, lors de l'action exercée par le gérant, soit considéré, bien qu'ils se soient mis en règle vis-à-vis des tiers, comme une adhésion tacite à la procédure suivie par celui-ci (V. eod., n⁰ 485).

76. Le gérant représente les associés vis-à-vis des tiers, mais ne les représente pas entre eux, lorsqu'ils sont divisés d'intérêt. Si donc une contestation s'élevait entre associés, chaque associé devrait être appelé individuellement dans l'instance, et ce serait mal procéder que d'assigner le gérant comme représentant les associés défendeurs. — En conséquence, les associés qui n'auront pas été parties au jugement auront le droit d'y former tierce opposition. C'est ce qui arriverait notamment au cas où une action en dissolution d'une société aurait été intentée par l'un des associés contre le gérant : les autres associés n'ayant pas été valablement représentés par le gérant, pourraient attaquer par tierce opposition le jugement qui aurait accueilli la demande (arg. Douai, 12 fév. 1848, aff. Divuy, D. P. 50. 2. 8). — Mais l'associé qui, postérieurement, aurait acquiescé à un pareil jugement, ne serait plus admissible à y former tierce opposition (V. n⁰ 63).

77. Il a été jugé encore qu'en matière de société en commandite, les actionnaires ont qualité pour former tierce opposition au jugement qui, après la fuite du gérant, a, sur la demande de l'un d'entre eux, prononcé par défaut la dissolution et a ordonné la liquidation de la société (Paris, 5 août 1838, aff. Prost, V. Société, n⁰ˢ 1422 et 1429).

78. 2° *Mandataires légaux.*—Ce que nous venons de dire des mandataires conventionnels s'applique, par identité de raison,

aux mandataires légaux. L'incapable est partie au procès en la personne de ceux qui ont qualité pour le représenter. Ainsi, un mineur, un interdit le sont par leur tuteur, le condamné à une peine afflictive par son curateur, une succession vacante par le curateur à la succession, une administration, par son administrateur.—V. aussi Appel civ., n⁰ˢ 433 et suiv., 478 ; Cassation, n⁰ 279 ; Chose jugée, n⁰ˢ 234 et suiv.; Désaveu, n⁰ 38; Obligat., n⁰ˢ 3934 et suiv. MM. Favard, t. 5, p. 597, n⁰ 3; Poncet, des Jugem., t. 2, n⁰ 399 ; Chauveau, n⁰ 1712 ter ; Proudhon, Usuf., t. 3, n⁰ˢ 1312 et suiv.

79. En ce qui concerne les *mineurs*, il a été jugé, conformément à cette règle, 1° que n'est pas recevable la tierce opposition, dans l'intérêt d'un mineur, contre un jugement par lequel il a été légalement représenté par son tuteur (Cass. 23 brum. an 5) (1) ; — 2° Qu'un mineur émancipé ne peut se pourvoir par tierce opposition contre un arrêt lors duquel il a été représenté par son subrogé tuteur (Rennes, 27 juill. 1814, aff. N... C. N...; V. aussi Appel civ., n⁰ˢ 480 et s. ; Cassation, n⁰ 275).

80. De même, à l'égard des *interdits*, il a été décidé que l'interdit n'est pas fondé à se pourvoir par tierce opposition contre le jugement obtenu contre le tuteur qui lui a été nommé, par délibération de son conseil de famille, sur le motif que le jugement aurait homologation de cette délibération a été infirmé sur appel (Colmar, 12 mars 1823, aff. Martiny, V. Ordre). — Et réciproquement, le tuteur de l'interdit ne formant avec celui-ci qu'une seule et même personne, ne peut attaquer par la tierce opposition le jugement rendu contre l'interdit avant l'interdiction : c'est ce qui a été jugé le 5 févr. 1767, par le parlement de Paris (arrêt cité par M. Chauveau, art. 474, n⁰ 1719), et ce qui ne peut faire de doute.

81. L'*absent*, dans chaque période de l'absence, est représenté par différentes personnes. Pendant la période de présomption d'absence, il est représenté par l'administrateur provisoire ou le curateur qui lui a été nommé par le tribunal ; en conséquence, les jugements rendus contre cet administrateur ne sont pas susceptibles de tierce opposition de la part de l'absent (M. Proudhon, n⁰ 1315). — Les pouvoirs de cet administrateur prennent fin au moment où la déclaration d'absence est prononcée et où les héritiers sont envoyés en possession provisoire des biens de l'absent. — Par suite, l'administrateur provisoire ne peut, après signification du jugement d'envoi en possession, former tierce opposition à un jugement rendu contre le débiteur de l'absent (V. Absence, n⁰ 347).—A partir de la déclaration d'absence, ce sont les envoyés en possession, soit provisoire, soit définitive, qui deviennent les représentants légaux de l'absent (V. Appel civ., n⁰ 510) : celui-ci ne serait donc pas recevable à former tierce opposition au jugement rendu contre eux (M. Proudhon, n⁰ 1316). — L'absent ne pourrait non plus former tierce opposition au jugement qui a déclaré l'absence et a envoyé les héritiers présomptifs en possession des biens ; car ce jugement est rendu avec le ministère public, qui doit être, dans cette circonstance, considéré comme son représentant légal (V. Absent, n⁰ˢ 262, 589).—Et il en serait de même des créanciers de l'absent (V. eod., n⁰ 263).

82. Les *appelés* à recueillir des biens *substitués* ne pourraient former tierce opposition aux jugements rendus au profit du grevé et du tuteur à la substitution, parce qu'ils y ont été représentés par leur ministère (Proudhon, Usufr., t. 3, n⁰ 1314). Mais il en serait autrement si le tuteur n'avait pas été appelé (eod., n⁰ 402).

83. Le *curateur* à une succession vacante représente les hé-

La cour , — Attendu que Lasne ne se trouve point dans le cas prévu par l'art. 474 c. pr. pour pouvoir attaquer par cette voie les jugement et arrêt qui règlent seulement avec la veuve Vochez les droits de Corpman et Nadeau, soit comme associés, soit comme liquidateurs de la compagnie Vochez; qu'un pareil règlement ne peut influer en rien sur les prétentions dudit Lasne contre cette même compagnie ; déboute Lasne de sa tierce opposition.

Du 16 sept. 1809.—C. de Paris.

(1) Espèce : — (Tesson C. Depitre.) — Quatre jugements arbitraux avaient réglé le partage de la succession de Guillaume Tesson ; les mineurs Simon et Louis Tesson avaient été représentés devant les juges arbitres par Pierre Tesson, leur tuteur. Le conseil de famille de ces

mineurs chargea le sieur Depitre de former tierce opposition à ces jugements dans l'intérêt desdits mineurs. Les arbitres accueillirent cette opposition, et firent un nouveau partage. — Pourvoi formé par les autres copartageants. — Jugement.

Le tribunal , — Considérant que les mineurs Tesson étaient parties en qualité lors des jugements des 11 et 22 germ., 14 et 26 fruct.; que dès lors Nicolas Depitre se disant stipuler pour eux n'a pu former de tierce opposition contre les mêmes jugements ; que, cette tierce opposition étant principale, il n'a pas pu la porter devant d'autres arbitres que ceux qui avaient rendu les jugements ; — Vu l'art. 2 du tit. 35 de l'ordon. de 1667 ; — Casse, etc.

Du 23 brum. an 5.—C. C., sect. civ.-M. Lions, rap.

ritiers qui ne se sont pas fait connaître (V. Appel civ., n° 495). Par suite, l'héritier qui, plus tard, a accepté la succession, n'est pas recevable à former tierce opposition aux jugements rendus contre le curateur (Conf. MM. Favard, t. 5, p. 607; Proudhon, Usufr., t. 3, n° 1318; Carré et Chauveau, t. 4, n° 1712). — M. Carré cite comme rendus en ce sens deux arrêts du parlement de Paris, des 28 mars 1702 et 5 avr. 1751.—Le curateur représente-t-il également les légataires particuliers?—V. infrà, n° 170.

84. En cas de délaissement par l'acquéreur de l'immeuble hypothéqué, il est nommé un curateur à l'immeuble délaissé sur lequel la vente est poursuivie (c. nap. 2174).— Il a été jugé que ce curateur représente aussi bien le débiteur principal que le tiers acquéreur délaissant : ce débiteur ne peut donc former tierce opposition au jugement d'adjudication préparatoire rendu avec le curateur (Paris, 10 janv. 1835) (1).

85. Le mari est le mandataire légal de sa *femme*, dans les limites du pouvoir d'administration que la loi lui attribue soit sous le régime de la communauté, soit sous le régime dotal (V. Appel civ., n° 496; Cassat., n° 276; Obligat., n°° 3939 et s.; Vente, n°° 1756, 1786). Les jugements rendus contre le mari, comme représentant de son épouse, obligent donc celle-ci et ont force de chose jugée contre elle (V. Chose jugée, n° 255); en conséquence elle est non recevable à y former tierce opposition (Conf. M. Prou-

(1) *Espèce :* — (Gentil C. Firmin.) — Jugement du tribunal de la Seine ainsi conçu : — « Attendu que l'immeuble dont il s'agit n'a été mis en vente qu'après commandement préalable au débiteur principal, et sommation faite à l'acquéreur de payer ou de délaisser, conformément à l'art. 2169 c. civ.; que, sur ce commandement et cette sommation, il a été, aux termes de l'art. 2174 c. civ., procédé à la nomination d'un curateur au délaissement, sur lequel la vente est présentement poursuivie ; — Attendu qu'aux termes de l'art. 474 c. pr. civ., une partie ne peut former tierce opposition qu'à un jugement qui préjudicie à ses droits, et lors duquel ni elle ni ceux qu'elle représente n'ont été appelés ; — Attendu que le curateur au délaissement a été appelé au jugement d'adjudication préparatoire dont il s'agit, lequel a été rendu avec lui ; — Attendu que ce curateur représente aussi bien l'acquéreur par lequel a été opéré le délaissement que le débiteur principal lui-même; que ce dernier ne peut donc se prévaloir de la disposition ci-dessus rappelée de l'art. 474 c. pr., pour former tierce opposition ; — Déboute Gentil de sa tierce-opposition au jugement d'adjudication préparatoire, etc. » — Appel. — Arrêt.
La cour ; — Adoptant les motifs des premiers juges, confirme.
Du 10 janv. 1835 -C. de Paris, 3° ch.-M. Lepoitevin, pr.
(2) *Espèce :* — (Boissel C. Lemoine.)—Boissel avait divorcé, en l'an 11, avec la demoiselle Lemoine. — An 13, il a convolé avec la demoiselle Leclerc : les époux ont adopté le régime dotal. — La dot de la future consistait en un trousseau, une pièce de terre et une maison attenante à une prairie. Le 12 oct. 1808, Boissel vend la pièce de terre de sa femme. La dame Lemoine, sa première femme, après avoir pris inscription en 1816, a obtenu en 1820, contre Boissel, un arrêt fixant ses droits et reprises. — D'autres jugements et arrêts du 22 fév. et 6 mars 1822, ont envoyé la dame Lemoine en possession des biens de Boissel. En 1825, la dame Boissel a obtenu sa séparation de biens contre son mari, et ses reprises ont été liquidées à 5,779 fr. ; elle a prétendu exercer son hypothèque légale sur les biens en la possession desquels la dame Lemoine avait été envoyée ; en conséquence, elle a formé tierce opposition aux jugements et arrêts de 1822.
30 nov. 1827, arrêt de la cour de Rouen qui déclare la tierce opposition non recevable, « attendu qu'il ne suffit pas que la dame Boissel soit intéressée à contester les jugements et arrêts intervenus au profit de la dame Lemoine, mais qu'il faudrait encore qu'elle établit qu'elle aurait dû être appelée dans les diverses instances qui ont eu lieu ; que Boissel avait le droit de se défendre, tant en son nom personnel que comme administrateur des biens de sa femme ; que, lors des décisions frappées de tierce opposition, le sieur Boissel a fait valoir tous les moyens qu'il croyait propres à faire évincer la dame Lemoine de ses prétentions ; que le dernier arrêt intervenu entre le sieur Boissel et la dame Lemoine est sous la date du 29 déc. 1820, et que la dame Boissel n'a fait prononcer la séparation civile qu'en mars 1825. »
Pourvoi pour violation des art. 474 c. pr. et 1549 c. civ. On soutient pour elle : 1° que le mari, en tant qu'administrateur de la dot de sa femme, n'a pu, en plaidant pour lui, plaider pour elle ; qu'il ne lui est permis d'aliéner la dot ni directement ni indirectement, et que la dame Boissel, considérée comme créancière de son mari, n'a pas été représentée par ce dernier, son débiteur ; qu'il faut distinguer le cas où une femme créancière, prétendrait que son mari, débiteur, a été illégalement déclaré tel, de celui où cette femme aurait des droits de préférence à faire valoir contre le créancier qui plaide avec son mari ; qu'en un tel cas, on ne peut dire qu'elle ait été représentée par celui-ci ; —

dhon, n° 1517).— Il a été jugé par suite : 1° que si, dans l'instance terminée par un jugement qui envoie un créancier en possession d'un immeuble sur lequel la femme du débiteur, mariée sous le régime dotal, a une hypothèque légale, le mari a fait valoir les droits de sa femme, il peut être déclaré avoir représenté celle-ci, qui, dès lors, est non recevable à former tierce opposition au jugement (Req. 22 mars 1831) (2) ; —2° Que dans une demande en distraction d'immeuble saisi, la femme du débiteur saisi, créancière de son mari, est, sauf le cas de fraude, valablement représentée par son mari (ou les syndics de sa faillite) si sa créance est chirographaire, soit, en outre, par le créancier premier inscrit, lorsque sa créance est hypothécaire (c. pr., art. 725); qu'en conséquence, cette femme est non recevable à former tierce opposition au jugement qui a ordonné la distraction demandée (Req. 2 juill. 1849, aff. Maillet, D. P. 51.5. 522).

86. A plus forte raison a-t-il été jugé qu'une femme ne peut former tierce opposition à un arrêt rendu contre son mari, lorsqu'elle a figuré avec ce dernier dans un précédent arrêt qui présentait la même question à résoudre, et lorsque d'ailleurs un arrêt postérieur a ordonné contradictoirement avec elle l'exécution de celui qu'elle attaque (Paris, 9 juin 1812) (3).

87. Mais, après la dissolution de la communauté, la femme n'est plus représentée par son mari ; dès lors, elle peut attaquer

2° Que, pour être reçu à former tierce opposition, il n'est pas exigé qu'on ait dû être appelé, et qu'il suffit que le jugement qu'on nous oppose préjudicie à nos droits; qu'au surplus, il est vrai de dire que la dame Boissel aurait dû être appelée en cause, puisqu'elle avait, sur les biens de son mari, une hypothèque légale, connue de la dame Lemoine, et qu'elle n'a pu en être dépouillée par les jugements obtenus contre son mari. — Arrêt.
La cour ; — Sur le moyen fondé sur la violation des art. 1549 et 1554 c. civ. et de l'art. 474 c. pr. civ. — Attendu que l'arrêt dénoncé, en recevant, pour la forme, l'opposition de Marie-Amie-Victoire Leclerc, à l'arrêt par défaut du 16 août 1827, l'a déclarée non recevable et mal fondée dans sa tierce opposition; — Attendu que, les jugements des 22 fév. et 6 mars 1822, le sieur Boissel, son mari, avait fait valoir tous les moyens de ladite dame Leclerc, seconde femme du sieur Boissel, et que, par cette décision, l'arrêt n'a point violé les articles invoqués ; — Par ces motifs, rejette, etc.
Du 22 mars. 1831.-C. C., ch. req.-MM. Favard, pr.-De Ménerville, rap.-Laplagne-Barris, av. gén., c. conf.-A. Chauveau, av.
(3) *Espèce.* — (Selves C. Boudard.) — Arrêt de la cour de Paris, du 6 mai 1811, qui prononce condamnation en faveur de M° Boudard, avoué, contre le sieur et dame Selves. M° Boudard fut ensuite autorisé par jugement à retirer des sommes appartenant à ses débiteurs, qui se trouvaient consignées à la caisse d'amortissement, et sur lesquelles il avait formé des oppositions. Appel de ce jugement par les sieur et dame Selves. L'avoué de Selves déclara qu'il n'avait charge d'occuper que pour lui, et que c'était par erreur que l'appel avait été interjeté par la dame Selves, conjointement avec son mari. Cependant un arrêt par défaut, rendu le 26 août contre les sieur et dame Selves, prononça la confirmation du jugement attaqué. Opposition à cet arrêt par Selves seul, et le 24 oct., un arrêt par défaut infirma la première décision de première instance. Nouvelle opposition par M° Boudard.—Le 5 déc., nouvel arrêt qui confirma, dans tous ses chefs de condamnation, le jugement du 23 juill. précédent, et détermina en outre de quelle manière la remise des titres dont l'intimé se trouvait saisi devait être faite au sieur Selves. Par requête du 11 janv. 1812, la dame Selves et son mari, pour la validité de la procédure, ont demandé qu'elle fût reçue opposante à l'arrêt par défaut du 26 août, qui ne lui avait pas été signifié à domicile, et tierce opposante à l'arrêt du 5 déc., dans lequel son mari avait figuré. De son côté le sieur Selves demandant à profiter personnellement de la tierce opposition formée par son épouse, conclut à la rétractation de l'arrêt du 5 déc. et à la maintenue de l'arrêt par défaut qu'il avait obtenu le 24 oct. précédent. M° Boudard ayant voulu procéder à une saisie mobilière en vertu des condamnations prononcées en son profit, le sieur Selves y forma opposition sur le procès-verbal, en se fondant sur ce que la dame Selves n'était pourvue contre l'arrêt du 5 déc. En même temps il somma M° Boudard de se présenter le 27 mars 1812, chez M° Chapelier, notaire, pour lui rendre les pièces et titres dont il était saisi. Le sieur Selves éleva de nouvelles contestations sur la manière dont la remise devait lui être faite; il se présenta devant la cour avec son épouse en état de référé, le 20 avr., et il intervint à l'audience de ce jour un arrêt ainsi motivé : — « La cour, attendu que la demande de Selves et sa femme n'est qu'un renouvellement de son ancienne prétention proscrite par les jugements et arrêts précédemment rendus ; sans s'arrêter à ladite demande dont ils sont déboutés ; — Ordonne que les jugement et arrêt des 25 juill. et 5 déc. 1811 seront exécutés selon leur forme et leur teneur ; en conséquence que, les poursuites encommencées

par la voie de la tierce opposition les jugements relatifs à des acquisitions faites pendant la communauté et rendus contre le mari seul —V. Contrat de mar., n°⁸ 1140 et suiv.

88. Si le mari représente sa femme, la réciproque n'a pas lieu ; la femme ne peut jamais représenter le mari, à moins d'un mandat spécial. La femme, en effet, n'a pas le pouvoir d'engager son mari sans autorisation ; d'où il suit que le mari pourra former tierce opposition au jugement rendu contre sa femme non autorisée, si la condamnation prononcée contre elle est de nature à rejaillir sur lui. — Il a été décidé en conséquence que le mari est recevable à former tierce opposition à un jugement qui condamne sa femme à payer une obligation contractée sans son autorisation, si, d'ailleurs, il n'a pas figuré dans ce jugement, et cela encore bien que, par un jugement précédent, le tribunal aurait, à son défaut, autorisé sa femme à ester en justice (Montpellier, 27 avr. 1851, aff. Andrieu, V. Mariage, n° 938), et que le mari qui demande la nullité des inscriptions prises contre sa femme en vertu de jugements rendus contre elle, sans qu'elle fût valablement autorisée, doit préalablement attaquer ces jugements par tierce opposition (même arrêt).

89. Il a été jugé de même que, dans le cas d'interdiction prononcée contre une femme qui n'avait pas reçu, pour défendre à cette action, l'autorisation maritale, le mari peut former tierce opposition au jugement d'interdiction et le faire annuler (Cass. 9 janv. 1822, aff. Robert, V. v° Interdiction, n° 56). — Toutefois quelques auteurs contestent que l'autorisation du mari soit nécessaire en pareil cas (V. eod., n° 15).— Mais nous préférons l'opinion admise par la cour suprême. Lorsque l'interdiction est demandée par les parents de la femme, nous ne voyons pas de raison pour la soustraire à la règle protectrice à la fois des intérêts de la femme et des droits du mari, et établie par l'art. 215 c. nap. (V. eod., n°⁸ 57 et suiv. ; Mariage, n° 778).—Si donc le jugement a été rendu sans que la femme ait été autorisée ni par le mari ni par justice, le mari a le droit d'y former tierce opposition, conformément aux principes que nous venons de poser.

90. Suivant un arrêt, lorsqu'une instance a été dirigée contre une veuve, le jugement qui intervient contre cette femme après son second mariage, ne peut être attaqué par tierce opposition de la part du mari, en ce qu'il n'a été appelé dans l'instance, si le mariage n'a pas été notifié et qu'il n'y ait eu aucune reprise d'instance de la part du mari qui ne s'est pas présenté (Rej. 10 déc. 1812, aff. Delair, V. Mariage, n° 786).—Les art. 342 et suiv. c. pr. ne permettaient pas, ce semble, de décider autrement.

91. *Faillite, syndics, créanciers.* — Quand un individu est tombé en faillite, avons-nous dit v° Chose jugée, n° 255, la loi donne des mandataires légaux à ses créanciers : ce sont les syndics. Ce qui a été jugé avec ceux-ci dans les limites des pouvoirs qui leur sont confiés, oblige les créanciers, comme le failli, et à force de chose jugée contre eux. Les créanciers ni le failli ne sont donc recevables à former tierce opposition au jugement rendu contre les syndics (V. Faillite, n° 555; V. aussi eod., n°⁸ 212-2°, 215-5°, v° Appel civil, n°⁸ 499 et suiv.). — Les syndics même irrégulièrement nommés représentent la faillite jusqu'à leur remplacement, de telle sorte que les jugements rendus contre eux ne peuvent être attaqués par voie de tierce opposition par les nouveaux syndics régulièrement nommés (V. Faillite, n° 425).

92. Mais les syndics ne représentent la masse des créanciers que dans les affaires qui ont pour tous une unité d'intérêts; ils cessent en conséquence de représenter les créanciers lorsque ceux-ci ont des intérêts opposés entre eux. Aussi décide-t-on que les créanciers hypothécaires peuvent former tierce opposition aux jugements rendus avec les syndics (V. Faillite, n° 548; V. aussi v° Chose jugée, n° 237). — Il a été jugé en ce sens que le jugement rendu avec le syndic d'une faillite peut être frappé

de tierce opposition par les créanciers du failli dont les intérêts sont opposés à ceux de la masse ; et spécialement que le créancier du failli qui se prétend propriétaire exclusif d'une somme sur laquelle un autre créancier réclame un privilége, a qualité pour former tierce opposition au jugement qui a reconnu l'existence de ce privilége à l'encontre du syndic de la faillite (Cass. 17 juill. 1849, aff. Doré, D. P. 50. 1. 131). — Il a été jugé cependant qu'un créancier hypothécaire de la faillite a droit d'appeler du jugement rendu contre le syndic (ce qui exclurait du droit à la tierce opposition), et cela, dit l'arrêt, parce que ce créancier n'a pas été représenté par le syndic (Lyon, 21 déc. 1831, aff. Targe, V. Appel civil, n° 559). — Cette décision est évidemment erronée : l'appel n'appartient qu'à ceux qui ont été partie ou représentés au jugement. Or, dès que la cour reconnaît que le créancier qui n'avait pas été partie au jugement n'était pas représenté par le syndic, l'appel n'était pas recevable. Dans cette hypothèse le créancier aurait le droit de former tierce opposition.

93. Il a été jugé, avant la loi de 1838, que le créancier qui n'a point acquiescé au concordat revêtu d'un nombre de signatures suffisant pour le faire homologuer, et contre lequel l'homologation définitive n'est pas prononcée, est en droit de se pourvoir, soit par intervention, soit par tierce opposition, contre les jugements rendus avec les syndics (Orléans, 29 juin 1810, aff. N... C. N...).— Mais cette solution ne serait plus admise aujourd'hui. La loi du 28 mai 1838 n'accorde aux créanciers que huit jours à partir du concordat pour y former opposition, et ce délai expiré, l'homologation obtenue rend le concordat obligatoire pour tous les créanciers portés ou non au bilan, vérifiés ou non vérifiés (V. v° Faillite, n°⁸ 727 et suiv.), et même pour les créanciers domiciliés hors du territoire continental de la France (c. com., art. 512, 515 et 516; V. Faillite, n°⁸ 782 et suiv. — Conf. MM. Chauveau sur Carré, t. 4, p. 283, n° 1716; Favard, t. 5, p. 598).—Si l'homologation du concordat n'est pas encore prononcée, le créancier peut y former opposition, conformément à l'art. 512 c. com.; mais il n'a pas le droit d'attaquer les jugements antérieurs au concordat, rendus régulièrement avec les syndics.

94. De même encore, les créanciers d'une faillite constituée en état d'union sont représentés par le syndic de l'union, dans les jugements ordonnant, sur la requête de ce syndic, la liquidation du gage commun, et, notamment, la vente des immeubles du failli (c. com. 572). Par suite, ils sont sans qualité pour former tierce opposition à ces jugements (Req. 25 fév. 1857, aff. Bégueury, D. P. 57. 1. 113). Mais ceux qui n'ont pas accédé au contrat d'union peuvent former tierce opposition (Req. 5 avr. 1810, aff. Praire, V. n° 249). — V. Faillite, n° 1154.

95. La tierce opposition serait-elle ouverte au failli contre le jugement d'expropriation qui l'a dépouillé de ses immeubles? — Avant la loi de 1838 sur la faillite, il y avait controverse sur le point de savoir si la poursuite en expropriation forcée des immeubles du failli devait être dirigée contre lui personnellement ou contre les syndics (V. Faillite, n° 218 et suiv.). — La cour de Bordeaux, pensant que les syndics seuls avaient qualité pour défendre à la poursuite, décida en conséquence qu'elle avait eu lieu contre le failli personnellement, celui-ci avait droit d'y former tierce opposition après sa réintégration dans ses biens (Bordeaux, 2 avr. 1828, aff. Marchais-Dussablon, V. Faillite, n° 218-6°).— Cet arrêt, contre lequel un pourvoi avait été formé, a été annulé pour vice de forme.— La cour d'Agen, devant laquelle l'affaire fut renvoyée, décida dans le même sens que la cour de Bordeaux; mais sur le pourvoi contre cet arrêt, la cour de cassation repoussa ce système et refusa au failli le droit de tierce opposition (Cass. 31 août 1851 (1). —D'après le nouvel art. 443, § 3, c. com., les voies d'exécution sur les

---

seront continuées. » C'est en cet état que la cause s'est présentée sur la demande en opposition et tierce opposition formée par la dame Selves. — Arrêt.

La cour ; — Attendu que l'arrêt par défaut du 26 août 1811, signifié à la femme Selves sans opposition de sa part dans la huitaine, est devenu définitif ; — Qu'ainsi jugée irrévocablement, elle est non recevable à renouveler le procès par voie de tierce opposition à l'arrêt du 5 déc., rendu contre son mari, dont l'exécution a d'ailleurs été ordonnée contradictoirement avec elle-même par l'arrêt subséquent du 20 avr.

dernier ; que l'arrêt du 5 déc. n'a pas besoin d'explication, et que la cour n'a point à s'occuper des droits que la femme Selves prétend avoir aux sommes retirées par Boudard de la caisse d'amortissement ; — Déclare Selves et sa femme non recevables dans toutes leurs demandes, etc. Du 9 juin 1812.—C. de Paris.

(1) *Espèce :* — (Deluchet C. Dussablon.) — La cour (ap. dél. en ch. du cons.); — Vu les art. 474 c. pr. et 1351 c. civ. ; — Attendu que nul ne peut se rendre tiers opposant à un jugement que si, dans l'instance où ce jugement a été rendu, ni lui ni ceux qu'il

meubles et les immeubles ne peuvent être intentées que contre les syndics. Si les poursuites en saisie immobilière ont été intentées régulièrement, il est bien évident que le failli ne peut former tierce opposition au jugement d'expropriation, puisqu'il a été légalement représenté par ses syndics, alors même qu'il ne serait pas intervenu dans la poursuite, puisque la loi n'oblige nullement de l'y appeler (V. Faillite, n° 1152). — Mais la difficulté se présenterait aujourd'hui comme sous l'ancien code de commerce, dans le cas où la saisie immobilière aurait été irrégulièrement poursuivie contre le failli seul, sans l'assistance de ses syndics. Il nous semble difficile, en pareil cas, d'accorder au failli, rétabli dans la libre disposition de ses biens, le droit de se prévaloir de cette nullité, à laquelle il doit être réputé avoir renoncé en défendant à la poursuite, sans relever l'irrégularité de cette poursuite ; car c'est bien plutôt dans l'intérêt des créanciers que dans celui du failli, que la loi attribue aux syndics l'exercice des actions qui appartiennent à celui-ci. Et d'ailleurs, la tierce opposition ne peut appartenir qu'à celui qui n'a pas été partie au jugement attaqué, et le failli ne peut prétendre n'avoir pas été partie au jugement d'expropriation, puisque c'est contre lui-même que ce jugement a été prononcé. Il est vrai que sa présence à ce jugement n'était pas régulière ; mais tout ce qu'il pourrait en conclure, c'est qu'il n'a pas été valablement défendu ; or ce ne serait là tout au plus qu'un moyen de requête civile, mais non de tierce opposition.

96. De ce que les syndics représentent le failli, et ne forment avec lui qu'une seule et même personne, il suit qu'ils ne peuvent pas non plus former tierce opposition au jugement intervenu contre le failli lui-même, à une époque où il n'était pas encore dessaisi de l'administration de ses biens. —Et par exemple, il a été jugé : 1° que la sentence arbitrale, rendue au profit d'un créancier contre un failli, avant la déclaration du failli, ou même le jour du jugement qui déclare la faillite, ne peut être attaquée par les syndics par voie de tierce opposition ; ces syndics ont été valablement représentés par le débiteur (Angers, 22 mai 1829)(1); — 2° Que le syndic d'une faillite, lors même qu'il s'est engagé personnellement, en recevant le prix d'un immeuble dû à la masse, à acquitter les dettes hypothécaires les plus anciennes assises sur cet immeuble, n'est pas recevable à former tierce

opposition contre l'arrêt qui oblige le tiers détenteur à délaisser ou à payer une dette inscrite antérieurement à la vente, lorsque cet arrêt est rendu contradictoirement avec le failli, qui avait été auparavant remis en possession de ses biens par le concordat (Rej. 21 fév. 1816, aff. Lejanvre, V. n° 128).—V. aussi dans le même sens les arrêts cités v° Faillite, nos 546, 810-1°.

97. De même aussi il a été décidé, avant la loi de 1838, que les syndics ne peuvent former tierce opposition au jugement rendu contradictoirement avec les agents de la faillite (sol. impl. Riom, 19 août 1817, aff. Mallet, V. v° Priv. et hyp., n° 881-1°).

98. *Etat, Emigrés.* — L'Etat peut, comme toute autre personne, former tierce opposition aux jugements qui préjudicient à ses droits, et lors duquel il n'a pas été légalement représenté ; il doit jouir, à cet égard, des mêmes garanties que les simples particuliers (V. Dom. de l'Et., n° 401).—Les représentants de l'Etat sont, en matière domaniale, les préfets, et dans les causes qui intéressent les revenus de l'Etat, les directeurs des administrations chargées spécialement de la gestion de ces revenus (V. *eod.*, nos 300 et suiv.; V. aussi v° Appel civ., n° 517). — Lorsque l'Etat a été représenté dans une instance par un fonctionnaire ayant qualité à cet effet, il ne peut former tierce opposition aux jugements rendus contre eux ; car il a été partie à ce jugement en la personne de ses représentants : c'est l'application des principes que nous venons de développer (V. aussi v° Domaine de l'Etat, nos 313 et suiv.). — Si au contraire l'Etat a été représenté par une personne sans qualité, le droit de tierce opposition lui appartient. — Il a été jugé, en ce sens, que la tierce opposition est ouverte au profit de celui qui n'a pas été représenté dans une instance où il aurait dû être appelé, ou qui a été représenté par une personne sans qualité, spécialement que l'agent national du district était sans caractère, sous l'empire des lois des 5 nov. 1790, 27 mars 1791, et du décret du 14 frim. an 2, pour défendre aux actions intentées pour ou contre la nation ; et que, postérieurement à ce décret, il n'a pu plaider en sa propre qualité que sur l'autorisation préalable de l'administration départementale : en conséquence, le jugement obtenu contre lui, sans qu'il fût dûment autorisé, est nul, et cette nullité peut être proposée par voie de tierce opposition par les ayants cause de la nation (Grenoble, 31 janv. 1822) (2). — Il ne

---

représente n'ont pas été appelés ; — Qu'en fait, Marchais–Dussablon a été partie au jugement du tribunal d'Angoulême, depuis confirmé par la cour royale de Bordeaux, lequel a rejeté les moyens de nullité qu'il présentait contre la saisie immobilière de son domaine de Langlée, et a prononcé l'adjudication définitive de ce domaine au profit de Deluchet ; — Qu'en droit, Marchais-Dussablon n'était pas incapable d'ester en jugement , lorsqu'il est intervenu devant le tribunal d'Angoulême, dans la poursuite d'expropriation forcée ; — Qu'il a procédé, en 1822, devant ce tribunal et devant la cour royale de Bordeaux, comme étant en faillite, mais en qualité de propriétaire d'un immeuble dont on poursuivait contre lui l'expropriation par autorité de justice ; — Que c'est encore dans cette dernière et même qualité qu'après avoir fait annuler le jugement qui l'avait indûment déclaré en état de faillite, il a, en 1825, formé tierce opposition au jugement d'Angoulême, confirmé sur appel, en argumentant d'une incapacité que lui-même a fait juger n'avoir jamais existé ; — Qu'il résulte de tout ce qui précède que le jugement auquel il forme tierce opposition, rendu, contre lui, en la même qualité que celle dans laquelle il s'y est rendu tiers opposant, avait acquis l'autorité de la chose jugée, et qu'en cet état la cour royale d'Agen (arrêt du 16 juill. 1850), qui a admis cette tierce opposition, a formellement violé la loi dans laquelle il s'y est rendu tiers opposant, et ce serait autrement résoudre la question par la question ; — Attendu que, si la cour de cassation a constamment prononcé la nullité des jugements rendus par des arbitres forcés, lorsque l'agent national ou le procureur syndic n'avaient pas été préalablement autorisés à défendre à l'action intentée contre la nation, on ne peut nullement conclure de cette jurisprudence que le non valable représentation ne puisse faire admettre la

ar ticles cités ; — Sans qu'il soit besoin de statuer sur les autres moyens de cassation invoqués, casse.

t' Du 31 août 1834. C. C., ch. civ.-MM. Portalis, 1er pr.-Quéquet, rap.-Nicod, av. gén., c. conf.-Scribe et Petit de Gatines, av.

(1) *Espèce :*—(Syndics Lantaigne C. Moreau.)—Les syndics prétendaient qu'on devait les considérer comme des tiers ; que, d'ailleurs, la faillite étant du même jour que la sentence, le failli avait été incapable de les représenter. — Arrêt.

LA COUR ; — Attendu que la sentence arbitrale du 12 sept. 1828, rendue entre Moreau et Lantaigne père et fils, prononçant la dissolution et ordonnant la liquidation de la société de commerce qui avait existé entre eux, est passée en force de chose jugée ; — Qu'à cette époque, il n'y avait pas de déclaration de faillite contre Lantaigne père, qui conservait le libre exercice de ses droits ; — Que la sentence arbitrale du 12 mars dernier, qui attribue en lotissement à Moreau les mobiliers et marchandises des fabriques de Goui et de Brée, n'est que la conséquence et l'exécution de celle précédemment rendue ; — Attendu que les créan-

cier Lantaigne père ne peuvent avoir plus de droit que leur débiteur, et ne seraient aujourd'hui fondés à attaquer lesdites sentences arbitrales que par la voie de la tierce opposition qu'autant qu'il y aurait eu dol commis à leur préjudice... — Par ces motifs, et adoptant, au surplus, ceux des premiers juges ; met l'appel au néant, etc.

Du 22 mai 1829.-C. d'Angers.

(2) (Blanchet frères C. com. de Saint-Gervais.) — LA COUR ;—...Attendu que de la combinaison des lois des 5 nov. 1790, 27 mars 1791 et du décret du 14 frim. an 2, il résulte textuellement que l'agent national du district était sans caractère pour défendre aux actions exercées pour ou contre l'intérêt de la nation ; que si, bien postérieurement à ce dernier décret, les agents nationaux des districts pouvaient plaider en leur propre qualité, ce n'était qu'après y avoir été préalablement autorisés par l'administration du département, ainsi qu'il fut explicitement décidé par un arrêté du comité de salut public, du 12 germ. de la même année ; — Attendu qu'il n'est nullement justifié que l'agent national près le district de Saint-Marcellin ait demandé ni obtenu l'autorisation prescrite par les lois précitées, d'où résulterait la conséquence qu'il n'avait pas capacité pour agir, et que la nation n'a été ni dûment appelée ni légalement représentée dans le jugement arbitral de l'an 2 ; — Attendu que, d'après les dispositions de l'ordonnance de 1667, qui règle la contestation, et l'opinion de Rodier, l'un des meilleurs commentateurs de cette ordonnance, la voie de la tierce opposition était ouverte contre un jugement où la partie n'avait pas été dûment appelée, et qu'elle doit être admise, à plus forte raison, lorsque cette partie n'a pas été représentée, ou l'a été par une personne sans capacité, dont les actes ne pouvaient complétement l'obliger ; — Attendu que la commune de Saint-Gervais exciperait vainement de la chose jugée, dès lors qu'elle la fait résulter du jugement attaqué par la voie de la tierce opposition, par la raison que, la tierce opposition étant admise, l'exception que l'on fait dériver de sa non valable

peut y avoir de difficulté sur ce point. — Mais on s'est demandé si cette voie de recours serait également ouverte à l'État, dans le cas où le fonctionnaire chargé de le représenter aurait irrégulièrement procédé dans l'instance, si, par exemple, il avait négligé de se munir d'une autorisation dans un procès où cette autorisation était obligatoire. — Cette question sera examinée plus loin, nos 107 et suiv.

99. L'État avait été investi par les lois révolutionnaires des droits et actions appartenant aux prêtres déportés et aux émigrés dont les biens avaient été confisqués. Les jugements rendus contre l'État comme représentant les émigrés, obligeaient donc ceux-ci et avaient force de chose jugée contre eux (V. Chose jugée, nos 230, 274; Emigré, nos 177 et suiv.); par suite ils étaient sans droit pour y former tierce opposition (Conf. Req. 24 avr. 1826, aff. Damblard, vo Acquiescem., no 290; 1er déc. 1832, aff. Kerouartz, V. Emigré, no 184). — Il a été jugé spécialement qu'il suffit que, dans une instance arbitrale relative à des biens d'émigrés, toutes les poursuites aient été dirigées contre l'État et que, sur la signification qui lui a été légalement faite de la sentence, le préfet ait formé contre elle un pourvoi en cassation qui a été déclaré non recevable, pour que cette sentence doive être réputée avoir acquis contre lui force de chose jugée, encore bien qu'elle eût été rendue contre l'agent national du district au lieu de l'avoir été contre le président de l'administration départementale, et pour que, par suite, l'émigré, valablement représenté par l'État, ne soit pas recevable à former tierce opposition à la sentence (Cass. 16 juin 1835) (1).

100. Mais il a été jugé que sous l'empire de la loi du 28 mars 1793, les tiers conservant le droit de faire actionner en justice le père d'émigrés, sans être obligés d'appeler les autorités administratives, il suit que l'État ne pouvait être admis, comme représentant les fils émigrés, à former tierce opposition au jugement intervenu (Cass. 14 juill. 1835, aff. comm. d'Aubigny, V. Emigré, no 153-2o).

101. L'État ne représentait les émigrés que relativement aux biens dont il avait été investi par l'effet de la confiscation; mais il n'avait pas qualité pour les représenter quant à leur personne, et notamment dans les contestations relatives à leur état civil. — Plusieurs arrêts l'ont ainsi décidé (V. Emigré, no 173).

102. *Communes, Etablissements publics.* — De même que l'État, les communes, les établissements publics peuvent former tierce opposition aux jugements lors desquelles ils n'ont été ni parties, ni représentés (V. une décision en ce sens vo Commune, no 1410). De même aussi, cette voie de recours leur sera refusée dans le cas où ils auront figuré dans l'instance en la personne de leurs représentants légaux, le *maire* pour les premiers, les *administrateurs* pour les seconds (Proudhon, t. 3, no 1335; V.

aussi vie Appel civil, no 511; Cassation, no 28; Chose jugée, no 232). — Il n'y a de difficulté que lorsque ces agents ont procédé sans l'autorisation requise par les règlements. Nous reviendrons plus loin sur ce point (V. nos 107 et suiv.).

103. Le maire représente la commune et tous ceux qui habitent son territoire, en tant que faisant partie de la communauté, mais il ne représente pas les habitants de la commune quant à leurs intérêts particuliers. En conséquence, il est admis qu'un habitant d'une commune peut former tierce opposition aux jugements rendus contre la commune représentée par le maire, pour les faire rapporter en ce qui le touche personnellement. — V. Commune, no 1390.

104. *Ministère public.*—Le ministère public agit devant les tribunaux ou comme partie jointe, ou comme partie principale. Dans le premier cas, il s'est ce qui a lieu le plus généralement, il ne représente aucune partie déterminée, même dans les causes où la loi exige qu'il soit entendu, lorsque des incapables, des personnes privilégiées sont en cause, ou lorsque l'ordre public est engagé dans le débat. Organe de la loi, il se borne à donner son avis et n'exerce aucune action. Toutes voies de recours lui sont par conséquent interdites, la tierce opposition, comme les voies ordinaires de réformation de jugement; toutefois le procureur général en la cour de cassation peut se pourvoir d'office, mais dans le seul intérêt de la loi. Il n'est jamais permis au ministère public, en tant que partie jointe, de se substituer aux parties en cause et d'agir pour elles (V. Appel civ., nos 484 et suiv.; Cassation, no 331; Minist. publ., no 94; Requête civile, no 43). — Il a été jugé dans ce sens que le ministère public ne peut former tierce opposition au jugement d'une affaire dans laquelle il a figuré comme partie jointe (Cass. 3 flor. an 4, aff. Gault, V. Min. publ., no 94). — Cependant un arrêt a décidé le contraire (Paris, 22 juill. 1815, aff. Lainé, V. Agent diplomat., no 82). — Cette décision est inadmissible.

105. Mais dans certains cas spécifiés par la loi, le ministère public agit d'office, et comme partie principale; il est alors partie au procès, et doit être traité comme les autres parties (V. Min. pub., nos 96 et suiv.). — Il a donc comme celles-ci le droit de se pourvoir contre le jugement par toutes les voies légales (V. Appel civ., nos 464 et suiv.; Minist. pub., no 99) et même par la tierce opposition, s'il se trouve dans les conditions exigées par la loi pour l'admissibilité de cette voie de recours (V. Minist. pub., no 100).

106. Dans quelques cas, assez rares au reste, le ministère public représente certaines parties; par exemple, dans les instances en déclaration d'absence, il représente l'absent (V. no 81 *in fine*).—De même encore, il a qualité pour représenter la régie des douanes. Dès lors, celle-ci ne peut former tierce opposition au jugement rendu sur les conclusions du procureur impérial (V.

---

tierce opposition, puisque rien n'établit que l'une des deux voies soit exclusive de l'autre, dès lors surtout que la cour de cassation n'a eu à considérer ce moyen que sous le rapport de la nullité qui en résulte, et jamais comme servant d'appui à une tierce opposition, dont la connaissance ne pouvait lui être directement dévolue; — Attendu que la doctrine adoptée dans le motif précédent prend sa source dans notre législation sur les divers modes d'attaquer les jugements en matière de cassation, qui porte textuellement que les mêmes moyens qui servent à faire prononcer la nullité d'un jugement par la voie de cassation, peuvent servir à la faire rétracter par la voie de la requête civile; — Reçoit la tierce opposition. Du 31 janv. 1822.-C. de Grenoble.-M. de Ventavon, rap.

(1) (Com. de Nièvres C. hér. de Saint-Priest.) — La cour (après délib. en ch. du cons.); — Vu l'art. 474 c. pr., l'art. 1351 c. civ. et l'art. 1 de la loi du 5 déc. 1814; — Attendu que l'auteur des héritiers de Saint-Priest a été représenté par l'État pendant l'émigration; que les actes et jugements rendus avec l'État, en certaine qualité, sont déclarés maintenus par l'art. 1 de la loi du 5 déc. 1814, soit envers l'État, soit envers les tiers, pour lesquels il en résulte des droits acquis; — Attendu que la sentence arbitrale du 22 prair. an 2 a été rendue avec l'État, et lui a été signifiée notamment le 4 juin 1809, en la personne du préfet de l'Ain; qu'elle a été attaquée par un pourvoi en cassation de la part du préfet, comme représentant l'État; que les droits dudit Guignard de Saint-Priest, qui n'avait été ni rayé, ni éliminé, ni amnistié; mais que ce pourvoi a été déclaré non recevable et que par un arrêt contradictoire du 17 mai 1813; que, dès lors, la sentence arbitrale a acquis, contre l'État et, par suite, contre le sieur de Saint-Priest que l'État représentait, la force de la chose jugée; que, dès lors

aussi, les héritiers dudit sieur de Saint-Priest n'ont eu ni droit ni qualité pour attaquer, par la voie de la tierce opposition, une sentence en dernier ressort devenue irrévocable par cette voie vis-à-vis de l'État, représentant légal de leur auteur;

Que c'est vainement que l'arrêt attaqué s'appuie sur ce que cette sentence avait été irrégulièrement rendue contre l'État; que cette irrégularité prétendue donnait le droit de l'attaquer dans les délais prescrits par la loi, mais ne l'empêchait pas de subsister jusqu'à ce que la nullité en eût été légalement prononcée;

Que c'est encore vainement que l'on soutient que la voie de la cassation prise par le gouvernement lui étant fermée par l'expiration des délais du pourvoi, les héritiers de Saint-Priest ont pu recourir à la voie de la tierce opposition, pour laquelle aucun délai n'est déterminé; que cette voie extraordinaire n'est ouverte que contre les jugements, lors desquels la partie ni ceux qu'elle représente n'ont été appelés; en un mot, celle ne concerne que les tiers; or, les héritiers de Saint-Priest ne sont pas ici les tiers, puisqu'ils étaient représentés par l'État, vis-à-vis duquel toutes les poursuites ont eu lieu; qu'ainsi l'arrêt attaqué a fait à ces héritiers une fausse application de l'art. 474 c. pr.; — Qu'il y a, de plus, violé l'art. 1351 c. civ. en annulant une sentence en dernier ressort, passée en force de chose jugée, et contre laquelle l'État, représentant leur auteur, avait inutilement épuisé la voie du recours en cassation; qu'il s'est mis, par suite, en opposition avec l'art. 1 de la loi du 5 déc. 1814, qui lui commandait de maintenir ladite sentence pour sortir son plein et entier effet; — Casse. Du 16 juin 1835.-C. C., ch. civ.-MM. Dunoyer, f. f. de pr.-Legonidec, rap.-De Gartempe fils, av. gén., c. conf.- Lacoste et Roger, av.

Douanes, n° 865-1°). — Mais, dans les instances domaniales, le ministère public, bien qu'il soit le défenseur légal de l'Etat (V. Dom. de l'Etat, n°° 568 et suiv.) ne peut être considéré comme son représentant légal, à moins qu'il n'ait reçu du préfet un mandat *ad litem* (V. *eod.*, n° 371).

107. Nous terminerons nos observations sur les représentants légaux par l'examen d'une difficulté qui peut se présenter dans chacune des situations diverses dont nous venons de parler. Lorsque le représentant légal, tuteur, curateur, maire, etc., excède les limites de ses.pouvoirs, l'incapable doit-il être réputé n'avoir pas été partie au procès, et doit-on, en conséquence, lui accorder la voie de la tierce opposition? **M.** Pigeau enseigne l'affirmative par la raison que le représentant de l'incapable est un mandataire et que le mandataire ne peut rien au delà de son mandat. Si donc, dit-il, un tuteur avait intenté une action immobilière ou acquiescé à une pareille action sans l'autorisation exigée par l'art. 464 c. nap., si un mari à qui l'art. 1428 ne permet d'intenter seul les actions de la femme que quand elles sont mobilières et possessoires, avait intenté une action pétitoire, le mineur et la femme n'ayant pas été parties pourraient former tierce opposition (V. Conf. MM. Bioche, n° 32 ; Favard, t. 5, p. 597, n° 3). — Si l'on adopte l'opinion de Pigeau, il faut l'étendre par la même raison à la commune dont le maire a agi en justice sans avoir obtenu l'autorisation exigée par les règlements.

108. Mais cette opinion n'est pas sans difficulté. Ecartons d'abord le mari sur lequel nous reviendrons plus loin, n° 113. — D'après l'art. 481 c. pr. la voie de la requête civile est ouverte à l'Etat, aux communes, aux établissements publics et aux mineurs, s'ils n'ont pas été défendus ou *s'ils ne l'ont pas été valablement*, ce qui rentre évidemment dans l'hypothèse prévue par Pigeau. Or la requête civile ne peut appartenir qu'à ceux qui ont été parties au jugement (c. pr. 480), condition évidemment exclusive de la tierce opposition. L'Etat, les communes, les mineurs, ne peuvent en même temps être et n'être pas parties ; ils ne peuvent avoir à la fois et la requête civile et la tierce opposition : la loi leur accorde expressément la première, ils n'ont donc pas la seconde. — D'ailleurs, que l'on pénètre au fond des choses et l'on verra qu'il n'en peut être autrement. Le tuteur, par exemple, représente le mineur dans toutes les actions de celui-ci, mobilières ou immobilières, peu importe : seulement, quant à ces dernières, pour que le mineur soit valablement défendu, il faut que le tuteur soit autorisé, conformément à l'art. 464 c. nap. Cette autorisation constitue une simple formalité dont l'omission pourra bien être une cause de nullité, mais n'enlève pas au tuteur sa qualité de représentant légal du mineur. Il faut donc reconnaître que, malgré le défaut d'autorisation, le mineur n'a pas cessé d'être partie dans l'instance en la personne de son tuteur, et qu'en conséquence les voies de recours qui lui sont ouvertes pour proposer la nullité résultant du défaut de forme, sont celles qui appartiennent aux parties en instance, l'appel, la cassation, s'il est encore dans les délais, la requête civile, si le jugement est passé en force de chose jugée ; mais non la tierce opposition, laquelle ne peut concourir avec les autres voies de réformation des jugements. Et ce que nous disons ici du tuteur s'applique, par identité de raisons, aux autres représentants légaux qui ne peuvent agir en justice que munis d'une autorisation préalable (V. aussi en ce sens MM. Berriat, p. 442, note 8, n° 2 ; Poncet, des Jugements, t. 2, p. 103; Chauveau sur Carré, n° 1709, p. 270). — Il a été jugé dans ce sens que le mineur irrégulièrement représenté en justice par son tuteur, qui avait des intérêts opposés aux siens, a été néanmoins partie au jugement ; la voie de la requête civile pourrait lui être ouverte contre ce jugement pour non valable défense, mais non celle de la tierce opposition (Pau, 2 juill. 1840, aff. Forest, V. Requête civ., n° 10 ; Paris, 26 avr. 1853, aff. Santerre, D. P. 53. 2. 200).—On peut aussi rapprocher de cette décision l'arrêt de cassation du 16 juin 1835, rapporté ci-dessus n° 99.

109. Toutefois, il a été jugé que celui qui a été appelé dans une instance, mais d'une manière irrégulière, peut former tierce opposition au jugement (Orléans, 20 avr. 1825, aff. Rochechouard). — « On combattrait ainsi cette décision, dit M. Colas Delanoue : l'art. 474 c. pr. n'a point reproduit le texte de l'ord. de 1667, art. 2, qui exigeait que la partie eût été *dûment* ap-

pelée. Cet art. 474 ne s'applique qu'à ceux qui n'ont pas été appelés du tout. En effet, qu'un mineur ait été bien ou mal représenté, cela n'empêche point que sa cause, protégée par la sollicitude du ministère public, n'ait été portée au tribunal. Or, dans l'espèce, le mineur avait été représenté par sa mère tutrice. — On répondait : Quand un tuteur introduit une action immobilière sans l'autorisation légale (c. nap. 464), le mineur a la faculté de former tierce opposition ; c'est le sentiment de Pigeau : mais les demandeurs par voie de tierce opposition venaient encore prendre des conclusions au nom d'un de leurs frères qui n'avait point été valablement représenté lors des adjudications des biens de leur père. Cette nullité est nullité de non-existence : la procédure et les adjudications sont donc comme si elles n'avaient jamais eu lieu. Si l'art. 474 ne se sert plus du mot *dûment appelé* de l'ordonnance, c'est parce que cette expression serait une pure redondance ; car être irrégulièrement appelé, c'est ne point l'être du tout. »

110. Il a été jugé encore dans le même sens, qu'à partir du décès d'une femme poursuivie en expropriation, en exécution d'une obligation contractée avec son mari, il est vrai de dire que les intérêts des enfants mineurs laissés par cette femme et ceux du mari, leur tuteur légal, sont en opposition, et par suite appellent l'intervention du subrogé tuteur, tellement que ce dernier a qualité pour former tierce opposition au jugement d'adjudication définitive prononcé sur poursuites dirigées, à partir de l'adjudication préparatoire, exclusivement contre le mari tant en son nom qu'en sa qualité de tuteur (Paris 19 avr. 1839, aff. Lebrun, V. Vente publ. d'imm., n° 283).

111. Le mineur qui aurait été personnellement partie dans l'instance, sans être assisté de son tuteur, aurait encore la voie de requête civile pour attaquer le jugement, conformément à l'art. 481 c. pr., mais non celle de tierce opposition (V. Requête civile, n° 41).

112. Mais si le mineur, la commune avaient été représentés au procès par une personne sans pouvoirs aucuns, ce ne serait plus le cas de la requête civile, mais de la tierce opposition : dans cette hypothèse, en effet, l'incapable n'a pas été représenté du tout, et par conséquent n'a pas été partie au jugement. Ce que nous avons dit *suprà* n° 66, du mandataire conventionnel s'applique également à ce cas (V. Requête civile, n° 40).

113. Pigeau, ainsi qu'on l'a vu ci-dessus n° 107, place sur la même ligne le tuteur exerçant une action immobilière sans autorisation et le mari qui intente une semblable action, nonobstant l'art. 1428 qui ne lui attribue que les actions mobilières et possessoires de sa femme. Mais ces deux hypothèses ne nous paraissent pas devoir être confondues. Dans la première, le tuteur, nous l'avons dit, représente toujours le mineur, nonobstant le défaut d'autorisation. — Dans la seconde, au contraire, ce n'est pas une simple formalité qui est omise, c'est la qualité même de représentant de sa femme qui manque au mari ; car il est sans pouvoir pour agir immobilièrement au nom de celle-ci. On ne peut donc pas dire qu'elle ait été partie au procès suivi par son mari, puisqu'elle n'y était représentée que par un individu sans qualité. Aussi, à la différence du mineur, n'a-t-elle pas, dans le cas particulier, la voie de la requête civile. C'est par tierce opposition seulement qu'elle pourra attaquer le jugement rendu contre son mari. L'opinion de Pigeau ne serait donc exacte qu'en ce point seulement.

§ 2. — *Des coïntéressés : créanciers et débiteurs solidaires, cautions, garants.*

114. Nous arrivons maintenant à une classe de personnes qui, jusqu'à un certain point, semble se rapprocher de la précédente, parce qu'il existe entre elles un mandat tacite, ou au moins présumé, mais qui cependant ne doit pas se confondre avec elle. En première ligne se placent les personnes unies par le lien de la *solidarité*. Bien que la loi ne s'explique pas d'une manière précise à cet égard, les règles qui les régissent paraissent découler d'un principe unanimement admis : réputées associées les unes aux autres, ces personnes sont censées s'être donné respectivement mandat de se représenter, quant à l'intérêt commun qui les lie. A ce point de vue et en tant que mandataires présumés, les règles que l'on vient de développer leur seraient donc applicables.—Toutefois leur situation ne peut pas être identiquement assimilée à celle de véritables mandataires. La qualité dont ceux-ci sont investis est manifeste et résulte ou d'une convention formelle ou de la loi elle-même : entre les coïntéressés, au contraire, le mandat est simplement présumé. D'un autre côté encore, ces derniers sont, en raison du mandat respectif qu'ils sont censés s'être donné, à la fois mandataires et mandants. Enfin, à la différence du mandataire qui n'agit jamais qu'au nom d'autrui, et qui ne figure pas personnellement dans les actes et jugements auxquels il concourt, les coïntéressés ont un intérêt propre et personnel qui leur donne dans les contestations où ils figurent la qualité de partie au procès en même temps que celle de mandataire. Cette situation compliquée doit nécessairement faire naître des difficultés qui ne s'étaient pas présentées pour les représentants conventionnels ou légaux. Nous allons en parler très-succinctement, car les principes qui peuvent déterminer les décisions ont été déjà exposés ailleurs.

115. Et d'abord, les créanciers solidaires peuvent-ils former tierce opposition au jugement rendu contre un des co-créanciers?—La question est de savoir si ce jugement a force de chose jugée contre eux : c'est là un point très-controversé. Si l'on admet la négative, comme certains auteurs (V. Obligat., n° 1378), on devra leur accorder le droit de tierce opposition. — Mais nous avons pensé au contraire que le mandat dont les créanciers solidaires sont censés être investis les uns à l'égard des autres devant être réputé comprendre le pouvoir de faire tout ce qui tend à l'exécution directe et naturelle du contrat, le jugement rendu contre l'un d'eux dans ces limites oblige les autres et a force de chose jugée contre eux (V. Chose jugée, n° 268; Obligat., loc. cit.).—Par conséquent il n'est pas susceptible de tierce opposition de leur part (Conf. M. Proudhon, Usufr., t. 3, n° 1522).

116. Mais ce mandat n'étant que simplement présumé, doit avoir des limites étroites. Les créanciers solidaires peuvent bien, chacun pour les autres, faire, comme nous venons de le dire, tout ce qui tend à l'exécution naturelle du contrat; mais ils ne peuvent rien de plus. Si donc la question décidée par le jugement excède les limites, si, par exemple, la libération qu'il constate est personnelle au créancier contre lequel il a été rendu, comme une remise de la dette, une novation, etc. (V. Oblig., n° 1377, 1378), les autres créanciers doivent alors être considérés comme des tiers (V. n°° 66,130), et par suite, la voie de la tierce opposition leur sera ouverte. — Il en serait encore de même dans le cas où le jugement qui leur est opposé est le résultat de la collusion du créancier qui a seul pris part au procès.

117. A l'égard des débiteurs solidaires, la même controverse existe (V. Oblig., n°° 1421 et suiv.). Suivant que l'on reconnaîtra que le jugement rendu contre un débiteur solidaire a ou n'a pas force de chose jugée contre ses codébiteurs, on sera induit naturellement à repousser ou à admettre la tierce opposition formée par ceux-ci. — Quant à nous qui avons pensé que le jugement a l'autorité de la chose jugée contre les débiteurs qui n'y ont pas été parties, au moins quant aux moyens et exceptions qui leur sont communs à tous (V. eod. n° et v^le Appel civil, n° 584; Chose jugée, n°° 267 et suiv.), nous leur refuserons le droit de tierce opposition dans ces limites (Conf. MM. Carré et Chauveau, n° 1718; Proudhon, t. 3, n° 1321). — Il a été jugé en ce sens qu'un débiteur solidaire n'est pas recevable à se rendre tiers opposant à l'arrêt obtenu contre un codébiteur qui a le même intérêt que lui (Paris, 20 mars 1809) (1).—V. aussi Faux incid., n° 32.

118. Mais si un débiteur solidaire a une exception personnelle à faire valoir, il jouit alors d'un droit propre et distinct de celui de ses codébiteurs, qui lui attribue vis-à-vis d'eux la qualité de tiers, et ne permet pas que le jugement ait force de chose jugée contre lui (V. Obligat., loc. cit.) : le droit de tierce opposition en pareil cas doit lui être accordé (mêmes auteurs). — Il

a été jugé, conformément à cette règle, que le débiteur qui se prévaut d'exceptions qui lui sont purement personnelles est recevable à former tierce opposition au jugement qui a condamné ses débiteurs au payement de la dette et dont l'exécution est poursuivie contre lui (Req. 29 nov. 1836, aff. Guiffrey, V. Obligations, n° 1426).

119. Entre le débiteur principal et la caution, il existe un lien analogue à celui de la solidarité, car chacun d'eux est tenu pour le tout vis-à-vis du créancier; mais l'assimilation, comme on va le voir, n'est pas tout à fait complète. — D'abord, on se demande si la caution peut former tierce opposition au jugement rendu contre le débiteur.—Suivant Pothier, « la caution doit être regardée comme étant la même partie que le débiteur principal, à l'égard de tout ce qui est jugé pour ou contre le débiteur principal. » — Mais cette proposition est trop générale. Sans doute le débiteur représente la caution, dans toutes les exceptions qui leur sont communes, et c'est en ce sens qu'il est vrai de dire que, vis-à-vis du créancier, le débiteur et la caution ne forment qu'une seule et même personne (V. Cautionnem., n° 230). Mais la caution peut avoir à opposer au créancier des moyens qui lui soient personnels, et quant à ces moyens, il est évident qu'elle ne peut être représentée par le débiteur.—D'où il faut conclure que si la caution soulève des moyens que le débiteur a proposés ou qu'il aurait pu proposer, elle devra être déclarée non recevable dans sa tierce opposition, et qu'au contraire cette voie de recours sera admissible si elle invoque des moyens qui lui sont propres (V. Cautionnem., n°° 70, 318 et s.; V. aussi v^le Cassat., n° 280; Chose jugée, n° 266; Conf. MM. Carré et Chauveau, n° 1717; Proudhon, Usufruit, n° 1324).— Il a été jugé, conformément à ces règles, d'une part, que la caution ne peut former tierce opposition au jugement rendu avec le débiteur principal, en se fondant sur des exceptions réelles, relatives à l'existence même de la créance cautionnée, et déjà proposées en vain par le débiteur principal (Cass. 27 nov. 1811, aff. Borel, V. Cautionnement, n° 318); et d'autre part qu'elle peut agir par la tierce opposition, si elle allègue des exceptions personnelles (même arrêt, et Grenoble, 18 janv. 1832, aff. Barril, V. Appel civil, n° 570; V. aussi Nîmes, 12 janv. 1820, aff. Teulon, v° Instr. crim., n° 773).

120. La caution aurait également le droit de se pourvoir par tierce opposition si elle attaquait le jugement comme entaché de collusion entre le créancier et le débiteur. — Il a été jugé en effet qu'une caution solidaire est recevable à former tierce opposition à un arrêt d'expédient intervenu entre le débiteur principal et l'adversaire commun, dès qu'elle établit que la transaction qui a servi de base à l'arrêt d'expédient prend un caractère frauduleux, quand on s'en prévaut contre elle (Lyon, 8 août 1832 (on 1833), aff. Rousselle,V. Cautionnem., n° 318, et, sur pourvoi, Req. 11 déc. 1834, v° Chose jugée, n° 266).

121. Et à l'inverse, le débiteur principal pourra-t-il former tierce opposition au jugement rendu contre la caution? — Oui à notre avis et sans aucune distinction, les règles qui régissent les débiteurs solidaires ne sont plus applicables. En effet, si le débiteur représente la caution vis-à-vis du créancier, la réciproque n'a pas lieu, la caution ne représente pas le débiteur (V. Cautionnement, n° 231), ou au moins elle ne le représente que dans les actes qui tendent à l'extinction de l'obligation (V. Cautionnement, n°° 14, 298 et suiv.). Pour qu'il en fût autrement, il faudrait supposer que la caution aurait reçu mandat d'exécuter l'obligation au lieu et place du débiteur, ce qui serait contraire à la nature de son engagement; l'obligation de la caution est purement accessoire à celle de l'obligé principal et ne doit produire d'effet qu'à défaut d'exécution par celui-ci (c. nap. 2021 et suiv.). — Si donc la caution poursuivie seule omet d'appeler le débiteur en cause pour que le jugement à intervenir leur soit déclaré commun, la condamnation qui sera prononcée lui sera purement personnelle et n'aura pas force de chose jugée contre le débiteur elle n'a pas mission de défendre les intérêts (V. Chose jugée, n° 266).

---

(1) (Baron, etc.) — La cour ; — Attendu qu'il est justifié par les actes produits que les frères Coulon étaient cessionnaires de Baron et Audibert du marché dont il s'agit ; qu'ainsi Baron et Audibert, avec le titre apparent de tireurs de lettres de change, en étaient cédants; que par suite de ces qualités de cessionnaires et de codébiteurs, lesdits Baron et Audibert ont été représentés par Coulon frères

dans l'arrêt obtenu en la cour, le 5 mai 1808 ; qu'en conséquence, la demande en tierce opposition leur est interdite par l'art. 474 c. pr.; — Déboute Baron et Audibert de leur opposition à l'arrêt dudit jour 5 mai 1808 ; les condamne à l'amende de 50 fr. de dommages-intérêts envers Vandevelde, etc.

Du 20 mars 1809.—C. de Paris, 1re ch.

Celui-ci pourra, en conséquence, attaquer ce jugement par tierce opposition s'il y a intérêt. Dans ce cas, la caution sera assimilée à celle qui a payé, sans avoir averti le débiteur, cas dans lequel il n'est porté aucune atteinte aux exceptions dont le débiteur peut se prévaloir (c. nap. 2031; Conf. M. Proudhon, t. 3, n° 1325). — Mais il en serait autrement si la caution était solidaire, ou avait renoncé au bénéfice de discussion : on appliquerait alors les règles relatives aux obligés solidaires (Conf. M. Proudhon, *loc. cit.*).

122. Le *garant* peut-il former tierce opposition aux jugements rendus contre le garanti *et vice versâ?* — On sait qu'il y a deux espèces de garantie : la garantie simple et la garantie formelle. Nous avons déjà exposé les principes qui régissent ces deux sortes de garanties vis Appel civil, n° 564; Exception, n° 376. Nous n'avons ici qu'à rechercher comment ces principes doivent être appliqués en matière de tierce opposition.

123. S'agit-il de garantie simple, il ne nous paraît pas que la garantie soit régie par des règles particulières, quant à la recevabilité de la tierce opposition formée par le garant ou le garanti au jugement rendu contre eux. Il faut rechercher quel est le contrat qui donne lieu à la garantie et suivre les règles qui dérivent de ce contrat, par exemple, s'il s'agit d'une obligation solidaire, ou d'une obligation cautionnée, ou d'une cession de créance, etc., celles qui sont applicables aux codébiteurs solidaires entre eux (V. n°° 117 et s.), à la caution vis-à-vis du débiteur principal (V. n°° 119 et s.), au cédant vis-à-vis du cessionnaire (V. n°° 161 et suiv.), etc. — V. aussi vis Appel civ., n°° 570 et suiv.; Cassation, n°° 280 et suiv.

124. En matière de garantie formelle, le garanti, s'il a été poursuivi et a obtenu sa mise hors de cause, a accepté par cela même le garant pour représentant. Ainsi dit l'art. 185 c. pr., qui décide que les jugements rendus contre le garant sont exécutoires contre le garanti (V. Exception, n°° 467 et suiv.), la tierce opposition lui est dès lors interdite. Par contre il a le droit d'appel (V. Appel civ., n°° 565 et suiv.). — Mais si le garanti n'a point été actionné, le jugement rendu à son insu contre le garant ne peut lui être opposé; c'est *res inter alios acta* (Bioche, v° Tierce opposition, n° 66). — V. ce que nous disons plus loin relativement à l'acquéreur.

125. A l'égard du garant, qui n'a pas été appelé dans l'instance par le garanti, il est certain que le jugement rendu contre ce dernier n'est pas exécutoire de plein droit contre le garant, puisque le garanti perd tout recours contre son garant, faute de l'avoir mis en cause, et s'il est prouvé que le garant avait des moyens de repousser la demande principale (c. nap. 1640, V. Vente, n°° 960 et suiv., et MM. Thomine, n° 154; Bioche, *eod.*). — Suit-il de là que, dans ces circonstances, le garant ait le droit de former tierce opposition au jugement rendu contre le garanti? — Oui, en thèse générale; car la garantie formelle suppose la transmission d'un droit réel; or, celui auquel un pareil droit est transmis est bien l'ayant cause de son auteur, mais la réciproque n'a pas lieu. Le garant ne peut donc être considéré comme l'ayant cause du garanti. En outre, le contrat qui donne lieu à la garantie formelle, ne permet pas de présumer l'existence d'un mandat par lequel le garanti aurait reçu le pouvoir de défendre les intérêts du garant. On ne peut donc, en principe, refuser à celui-ci le droit de former tierce opposition aux jugements rendus contre le garanti hors sa présence, puisqu'il n'y a pas été partie et qu'il n'y a pas non plus été représenté. C'est du reste ce que nous avons soutenu v° Intervention, n° 94 (V. à l'appui de cette opinion, les arrêts rapportés v° Intervention, *eod.*). — On a cité en outre deux arrêts qui ont jugé : 1° que le bailleur qui, sur l'action en complainte possessoire- dirigée contre son fermier, n'a point été appelé en garantie, peut former tierce opposition au jugement rendu contre ce fermier (Req. 19 nov. 1828, aff. Moutier, V. Action possessoire, n° 545); — 2° Que le garant, hors la présence duquel un jugement a été rendu dans une instance au possessoire a qualité pour y former tierce opposition, et, par suite, intervenir sur l'appel de ce jugement (Cass. 18 janv. 1832, aff. comm. d'Heilly, V. Action possess., n° 43; V. aussi Colmar, 16 janv. 1817, aff. Lincourt, n° 200).—Mais ces deux arrêts sont insignifiants pour la solution de la question. En effet, si l'on donne au bailleur le droit de former une tierce opposition au jugement rendu

contre son fermier, ce n'est pas parce qu'il est garant, c'est parce qu'il est propriétaire. Il a sur l'immeuble un *jus in re* qui ne peut pas lui être enlevé par son fermier. — Le second arrêt ne peut pas être invoqué avec plus de succès, puisqu'il s'agit dans l'espèce d'un maire qui, appelé en garantie, invoque la propriété et la possession de la commune.

126. Mais si nous admettons la recevabilité de l'action du garant, nous reconnaissons néanmoins que de graves objections s'élèvent contre ce système. En effet, qu'on n'oublie pas que l'art. 474 impose une condition principale au tiers opposant : c'est d'éprouver un préjudice à ses droits. La question du préjudice est le point essentiel. — Et il ne s'agit pas dans l'art. 474 d'un simple préjudice de fait que le tiers opposant doit apprécier *ex æquo et bono,* la loi dit : *préjudice à ses droits.* Or, en matière de garantie formelle, dit-on, par exemple au cas de vente, le vendeur payé de son prix ayant transmis la propriété à l'acquéreur qui a été attaqué comme tiers détenteur, n'a plus de droit sur l'immeuble. Le jugement rendu au profit du revendiquant ne lui porte dès lors aucun préjudice, et il a si peu de droits que sa tierce opposition, quoique recevable, serait inefficace et pour lui et pour son acquéreur. En effet, le jugement qui statuerait sur sa tierce opposition ne pourrait pas lui rendre sa propriété, puisqu'il s'en est dessaisi au profit de l'acquéreur, de sorte que la tierce opposition serait formée au nom d'une partie qui ne peut pas obtenir gain de cause pour elle-même, mais pour un étranger, ce qui renverse toutes les idées que l'on se fait de la tierce opposition, voie extraordinaire à laquelle un tiers a recours pour faire tomber à son profit un jugement qui lui nuit. Par exemple, Pierre vend à Paul une propriété et en reçoit le prix. Quelque temps après Jacques revendique cette propriété contre Paul, possesseur. Paul se défend sans appeler Pierre en garantie. Jugement qui condamne Paul à délaisser. Appel, puis arrêt confirmatif passé en force de chose jugée. Pierre, redoutant une action en garantie de la part de Paul, dirige alors une tierce opposition contre Jacques. Mais pour former une tierce opposition il faut justifier d'un préjudice à ses droits. Or, Pierre, en vendant, a cédé son *jus in re* sur l'immeuble. Cette tierce opposition ne peut donc se faire rentrer dans cet immeuble en qualité de propriétaire. Le jugement qui validerait la tierce opposition ne profiterait pas non plus à son acquéreur, puisque, par un précédent jugement passé en force de chose jugée, la propriété est passée définitivement entre les mains du revendiquant. Si donc un tribunal accueillait la tierce opposition du vendeur, le jugement ne serait autre chose qu'une espèce de consultation pour servir au vendeur de défense contre l'action en garantie que l'acquéreur dépossédé a la faculté de diriger contre lui aux termes des art. 1626 à 1640. Or, la crainte de cette action suffit-elle pour faire renaître dans la personne du vendeur les droits qu'il a perdus complètement, pour lui rendre le *jus in re* nécessaire afin de diriger une tierce opposition qui ne serait en définitive qu'une action en revendication? Et l'art. 1640 ne renfermerait-il pas une disposition exceptionnelle aux règles sur la garantie et qui a pour but de renfermer le débat entre le vendeur et l'acquéreur; mais nous ne voulons pas ici anticiper? Nous nous expliquerons n° 155 sur cette action en garantie en examinant les questions d'éviction.

127. Si le garant a été appelé dans l'instance et a déclaré prendre le fait et cause du garanti, il devient partie au jugement, c'est contre lui en personne que la condamnation est prononcée; aussi n'est-il pas douteux que la voie de la tierce opposition lui soit interdite. — Il a été jugé, conformément à cette règle, que le garant qui déclare prendre fait et cause pour le garanti, est non recevable à former tierce opposition au jugement rendu avec ce dernier, alors surtout qu'il est reconnu que le garant n'est pas resté étranger au système de défense développé par le garanti lors de ce jugement, et que l'action provenait d'un fait personnel au garant (Rej. 29 déc. 1841, aff. Rousset, V. Jugement, n° 14-8°). — V. aussi v° Chose jugée, n° 248.

128. Il a été jugé que les syndics d'une faillite qui, pour toucher le prix d'une vente immobilière, se sont obligés envers l'acquéreur à lui rapporter mainlevée de toutes inscriptions, sont recevables à former, du chef de cet acquéreur, et comme garants de ce dernier, tierce opposition à des jugements non rendus avec lui, qui, postérieurement à la vente, ont maintenu,

(1) *Espèce :* — (Lejanvre, etc. C. Dupont). — Pendant l'existence d'une société commerciale qu'il avait contractée avec Bivel, Auvray en avait formé une autre, indépendante de la première, avec Chauvel.—Décès de celui-ci ; ses créanciers nomment Lejanvre syndic pour administrer sa succession. En 1792, faillite de la maison Auvray et Bivel. Dupont et autres sont nommés syndics. Dans la même année, le syndic de la masse Chauvel forme opposition au bureau des hypothèques sur les immeubles de la société d'Auvray et Bivel et sur ceux propres à chacun d'eux, pour la conservation de la créance du défunt. Inscription est prise, et renouvelée successivement jusqu'en 1809. En 1793, plusieurs immeubles faisant partie de l'actif de Bivel furent adjugés, partie à Bidault, partie à Havas et consorts. Bidault paya son prix sous la garantie personnelle qu'il reçut de Dupont et autres, syndics de cette faillite, qui lui rapporter mainlevée des inscriptions. — Lejanvre, syndic des créanciers Chauvel, avait obtenu, les 12 flor. an 2 et 1er germ. an 13, deux jugements qui, considérant à tort Auvray ayant fait partie de la société formée entre Chauvel et Auvray, condamnèrent la masse Auvray et Bivel au remboursement de sommes dues à Chauvel, à raison de cette société. — En vertu de ces jugements qui déclaraient les immeubles vendus à Havas et Bidault grevés d'hypothèques au profit de la masse Chauvel, Lejanvre, syndic, exerça en l'an 13, contre ces tiers acquéreurs, qui n'avaient pas rempli les formalités de la purge, l'action hypothécaire. — Bidault, qui avait payé son prix entre les mains de Dupont et consorts, syndics de la faillite Auvray et Bivel, et sous leur garantie personnelle, leur dénonça ces poursuites.

29 août 1809, jugement par défaut qui condamne Dupont et consorts, tant en leurs noms personnels comme garants, que comme syndics, à rapporter à Bidault mainlevée de l'inscription de la masse Chauvel, ou à lui rembourser le prix de son acquisition. — Opposition par Dupont et consorts. — Ils appelèrent en cause Lejanvre, et demandèrent la production de ses titres. Cette production faite, ils formèrent, conjointement avec Havas, tierce opposition aux jugements des 12 flor. an 2 et 1er germ. an 13. Bidault, se contentant de son action récursoire, fut le seul qui ne se rendit pas tiers opposant, et se borna à demander acte de sa déclaration de s'en rapporter à justice.

Deux questions se présentaient : au fond, la société Auvray et Bivel était-elle tenue de la dette contractée par Auvray au profit de Chauvel ? en la forme, les tierces oppositions étaient-elles recevables ? Cette dernière seule a été résolue par la cour de Rouen, qui, par arrêt du 12 janv. 1814, a rejeté ces deux tierces oppositions : — La première, celle des acquéreurs, parce qu'à l'époque de leurs acquisitions il existait une opposition aux hypothèques sur les biens de Bivel, de la part des créanciers de Chauvel ; qu'ils ont nécessairement acquis à la charge de cette opposition ; que des acquéreurs ne sont pas recevables à querellir les actes en vertu desquels l'opposition est formée ; que ce droit ne peut appartenir qu'à leur vendeur ou aux créanciers de leur vendeur ; et qu'ils sont également non recevables à attaquer les jugements postérieurs à leurs acquisitions, qui ont confirmé des créances et hypothèques résultant des contrats en vertu desquels l'opposition a été formée ; — La seconde, celle des syndics Auvray et Bivel, parce qu'à l'époque des jugements et des arrêts attaqués, ces syndics ont été légalement représentés, d'abord par le curateur à la succession Bivel, ensuite par l'héritière bénéficiaire de cette succession (Bivel était décédé pendant l'instance).

Pourvoi pour violation de l'art. 474 c. pr. civ.; tant par les tiers détenteurs que par les syndics Auvray et Bivel. — Arrêt (ap. délib.). LA COUR ; —Vu l'art. 474 c. pr. civ.; —Considérant que cet article ne fait que confirmer les anciens principes sur la tierce opposition, principes fondés sur la raison et fixés par la doctrine des auteurs qui enseignent que, pour être admis à former tierce opposition contre un jugement ou un arrêt, ce n'est pas assez qu'on n'y ait pas été partie, qu'il faut encore qu'on ait dû l'être ; parce que s'il suffisait d'avoir intérêt de détruire un jugement pour être recevable à l'attaquer par la voie de la tierce opposition, on ne serait jamais assuré de la stabilité d'un jugement obtenu de bonne foi ; — Considérant que de ces principes il résulte que si le tiers détenteur assigné en déclaration d'hypothèque, en vertu de jugements ou arrêts rendus avant son acquisition, contradictoirement avec son vendeur, ne peut être admis à former tierce opposition contre ces jugements ou arrêts, par la raison que ce dernier, dont il est l'ayant cause, n'a pu lui transmettre plus de droits qu'il n'en avait lui-même lorsqu'il a consenti la vente ; il n'en est pas ainsi lorsque les arrêts ou jugements ont été rendus postérieurement à une vente authentique ; dans ce dernier cas, le vendeur, dessaisi de tout droit sur l'immeuble vendu, ne représente à aucun égard l'acquéreur auquel il les a transmis ; personne ne peut, en l'absence de cet acquéreur, ni l'évincer d'une partie de son acquisition, ni obtenir des jugements, dont la conséquence serait de l'obliger à payer une seconde fois, ou à délaisser par hypothèque ; et si semblable jugement est obtenu, comme l'acquéreur eût dû y être appelé, il est en droit d'y former tierce opposition ;

au profit de tiers, des inscriptions frappant sur les biens vendus (Rej. 18 nov. 1828) (1). M. Chauveau critique cet arrêt. « La

— Considérant enfin que l'opposition aux hypothèques, formée antérieurement à la vente, était bien l'annonce d'une prétention, l'acte conservatoire d'une créance possible, mais qu'elle n'avait acquis à l'opposant aucun droit absolu contre ceux qui pourraient avoir intérêt à contester la créance par lui prétendue ; que les acquéreurs peuvent de plusieurs manières se trouver avoir semblable intérêt ; que dans l'espèce, il leur a été légitimement acquis, puisqu'ayant payé leur prix, on veut qu'ils payent une seconde fois ou qu'ils délaissent ; d'où il résulte que l'antériorité de l'inscription sur la vente ne devait pas faire écarter leur tierce opposition ; — Casse, etc.;

Faisant pareillement droit sur le pourvoi des sieurs Dupont, Bernainville et Savary ; — Attendu qu'ils n'étaient point admissibles à former tierce opposition aux jugements et arrêts dont il s'agit, ni comme anciens syndics des créanciers de la faillite Bivel, ni comme garants personnels des tiers détenteurs de la faillite Bivel : comme anciens syndics des créanciers, parce que les débiteurs faillis avaient été rétablis par tous les créanciers dans l'entier exercice de leurs droits ; que depuis cette époque eux seuls en sont exercés et ont pu les exercer ; et que, lors des jugements et arrêts dont il s'agit, le curateur à la succession vacante de Bivel, et ensuite son héritière bénéficiaire, ont légalement représenté et la succession et les créanciers de celle-ci;—comme garants, parce que cette prétendue garantie ne procédant que d'une convention qui leur est personnelle, et qui est étrangère au syndic de la faillite Chauvel, il n'a pu en résulter pour celui-ci aucune nécessité de les appeler dans les instances où il discutait ses droits contre la succession Bivel ; ni ne pouvait résulter pour eux, de la garantie dont ils se disent tenus, que la faculté d'intervenir sur la tierce opposition formée par les acquéreurs ; faculté dont ils n'ont pas usé, mais qu'ils peuvent exercer, s'il y a lieu, et sauf les défenses contraires, devant la cour à laquelle le fond de la contestation est renvoyée ; — Rejette. Du 21 fév. 1816.—C. C., sect. civ.—MM. Brisson, pr.—Rupérou, rap.—Darrieux, Royer, Guichard et Dupont, av.

En même temps qu'ils avaient suivi leur pourvoi devant la cour de cassation, les syndics Aubray et Bivel avaient continué de poursuivre sur leur opposition au jugement du 29 août 1809. — Le 31 août 1814, jugement qui déclara Dupont et consorts non recevables dans la demande par eux formée contre Lejanvre, en mainlevée de l'hypothèque qui frappait l'immeuble vendu à Bidault, et les condamna à garantir ce dernier jusqu'à concurrence de son prix d'acquisition. Ce jugement fut confirmé par arrêt du 21 mars 1815.

En vertu de l'arrêt de cassation qui précède, l'affaire avait été renvoyée devant la cour de Caen. — Bidault est encore appelé en cause pour se joindre comme tiers opposant à Havas ; mais il refuse de prendre part au litige, et déclare encore s'en rapporter à justice. — Les syndics ne prennent pas son fait et cause. — 14 juin 1822, arrêt qui, faisant droit sur la tierce opposition de Havas, décide que Bivel n'a jamais été l'associé de Chauvel, et, en conséquence, rapporte les jugements qui avaient déclaré celui-ci, à raison de cette société, créancier hypothécaire de Bivel. — Quant au sieur Bidault, l'arrêt le met *hors de cour.*

En 1824, l'immeuble vendu à ce dernier est saisi immobilièrement à la requête de Lejanvre. Alors les syndics Auvray et Bivel, assignés en garantie, forment tierce opposition, *du chef de Bidault,* contre les jugements qui servaient de titre à Lejanvre. — Celui-ci oppose l'autorité de la chose jugée ; mais, sans avoir égard à cette exception, la cour de Rouen rendit l'arrêt suivant, le 22 fév. 1825 : « Attendu que Dupont ne vient pas, dans cette demande, demander à être reçu tiers opposant aux jugements de l'an 2 et de l'an 13, comme syndic de la masse Auvray et Bivel, ni comme garant personnel de la vente de la maison frappée de saisie réelle, par lui faite à Bidault en qualité de syndic ; qu'il se présente au contraire sous le nom de Bidault, pour faire valoir les droits et exceptions appartenant audit Bidault, qu'il a garanti de toutes évictions, et demande simplement à être reçu tiers opposant à son droit, en vertu de l'art. 2056 c. civ., portant, § 1, que la caution peut opposer au créancier toutes les exceptions qui appartiennent au débiteur principal, et qui sont inhérentes à la dette ;

» Attendu que le sieur Dupont se trouve précisément dans l'espèce prévue par cette disposition de la loi, et que, pour savoir si la tierce opposition par lui formée, au nom de Bidault, doit être accueillie, il ne s'agit que d'examiner si Bidault serait lui-même recevable à la proposer ;

» Attendu que la fin de non-recevoir tirée contre les sieurs Dupont et Bidault des arrêts intervenus, en 1814, à la cour royale de Rouen, à la cour de cassation, et, par renvoi, à celle de la cour royale de Caen, sur la tierce opposition des sieurs Thézard, Rioult et Havas, tiers acquéreurs, et sur celle conjointe des syndics de la masse Auvray et Bivel, tant en cette qualité que comme garants personnels des ventes, ne peut être admise, puisque ce n'est sous aucune de ces qualités que le sieur Dupont agit aujourd'hui ; — Qu'il est vrai que le sieur Bidault a été appelé dans l'instance sur lesdites tierces oppositions, et qu'il y a as-

cour de cassation, dit-il, a dévié des véritables principes, en décidant que le garant a le droit de former tierce opposition aux jugements qu'on oppose au garanti, si lors de ces jugements le garanti a déclaré s'en rapporter à justice, et quoique le garant

sisté dans les différentes cours où elle a été portée ; mais qu'il n'y a formé de son chef aucune tierce opposition ; qu'il n'a renoncé, en aucun temps, à se rendre tiers opposant ; que s'il l'eût fait, il se serait mis dans le cas de l'art. 1640 du code ; que partout, au contraire, il a déclaré s'en rapporter, et que s'en rapporter n'est pas acquiescer, c'est demander ou se réserver à être jugé par le droit commun ; — Qu'il a pu, sans se forclore et malgré l'identité d'espèce entre son acquisition et celle des autres tiers détenteurs, se tenir simple spectateur de la lutte engagée entre les parties litigantes, et attendre, pour se prononcer, le résultat de cette lutte et l'arrivée des poursuites qu'on voudrait diriger contre lui ;

» Attendu qu'il suit de là que les droits de Bidault, pour se défendre desdites poursuites, sont restés entiers ; que la tierce opposition aux jugements de l'an 2 font parties des exceptions qu'il peut faire valoir à cette fin ; que ces exceptions sont inhérentes à la dette pour laquelle la saisie réelle a été dirigée sur la maison par lui acquise, et que, par conséquent, le sieur Dupont est très-recevable à se porter tiers opposant au droit de Bidault, si celui-ci ne veut pas le devenir en son nom personnel ; qu'autrement ce serait faire dépendre le sort de la caution, de la morosité, de l'insouciance ou de la collusion du garant avec le créancier poursuivant, et méconnaître la lettre et l'esprit de l'art. 2056 c. civ., dont le but n'a été autre que de prévenir le danger ; — Sans avoir égard à la fin de non-recevoir proposée par Lejanvre aux qualités qu'il procède et dont il est évincé, ordonne que les parties proposeront et concluront au fond sur la tierce opposition formée par Dupont, au nom et comme subrogé, en ce point, par la foi aux droits et exceptions de Bidault. »

Comme le sieur Lejanvre refusa de plaider au fond, il intervint de suite, par défaut, l'arrêt suivant :

« Attendu que la dette pour laquelle l'expropriation de la maison acquise par le sieur Bidault est poursuivie, n'est point celle de la maison de commerce sous la raison sociale Auvray et Bivel, ni celle dudit Bivel en particulier ; qu'elle est la dette personnelle d'Auvray, qui a stipulé seul et en son nom singulier dans les contrats d'acquisition des diverses habitations de Saint-Domingue, par lui faite de compte à demi avec Chauvel ; — Attendu que la maison acquise par le sieur Bidault n'était point la propriété spéciale d'Auvray ; qu'elle appartenait soit à Bivel particulièrement, soit à la raison sociale Auvray-Bivel ; — Attendu que le sieur Chauvel n'a aucun titre hypothécaire contre Bivel ni contre la maison de commerce ; d'où il suit que c'est par une évidente surprise que le syndic des créanciers de Chauvel a obtenu des condamnations hypothécaires sur la maison du sieur Bidault, comme sur les biens des autres tiers détenteurs qui se sont faits relever desdites condamnations; — Reçoit Dupont aux qualités dans laquelle il procède, tiers opposant, tant au jugement du 12 flor. an 2, qu'au jugement du 1er germ. an 13, rapporte lesdits jugements et arrêts aux chefs où ils ont accordé des condamnations hypothécaires aux créanciers Chauvel, sur la masse Auvray et Bivel, que représentait, en 1793, Bivel, frappant sur la maison vendue antérieurement à Bidault; ordonne que les créanciers Chauvel seront tenus d'apporter à Bidault mainlevée et radiation des inscriptions par eux requises, depuis le 17 sept. 1793, au bureau des hypothèques de Rouen, sur la maison dont il s'agit; condamne Lejanvre aux dépens envers toutes les parties. » — Sur l'opposition faite à ce dernier arrêt, il en intervint un confirmatif le 10 mai suivant.

Pourvoi par Lejanvre, pour double violation de la chose jugée. — Il soutient que la tierce opposition formée au nom de Bidault est la même, fondée sur la même cause, entre les mêmes personnes et dans les mêmes qualités que celle jugée par les quatre arrêts qui viennent d'être rapportés. — Vainement, a-t-on dit pour lui, la cour de Rouen prétend-elle que Dupont est au nom de Bidault, qui n'avait jamais formé tierce opposition à ces divers jugements et arrêts, et qui n'a point renoncé à user de celle-ci. Mais on ne saurait nier qu'en droit, lorsqu'une partie, ayant intérêt au jugement d'une contestation, y est appelée, constitue avoué, et prend des conclusions quelles qu'elles soient, le jugement ou arrêt qui intervient lui profite ou le frappe. — Dans l'espèce, le sieur Bidault, partie dans la première instance de tierce opposition, s'en rapporta, sur son mérite, à la sagesse de la cour; il adhéra; par cela seul, il s'est soumis au jugement à rendre : il en profitera s'il lui est favorable, mais il en supportera les effets, s'il lui est contraire. — On ne peut admettre que Bidault, s'en rapportant à justice, et frappé par son arrêt, puisse le lendemain former la même demande, devant les mêmes juges, et solliciter d'eux une décision nouvelle.

Mais indépendamment de ce que la tierce opposition, formée sous le nom Bidault, par les sieurs Dupont et consorts, avait déjà été jugée avec lui, la cour de Rouen, par les arrêts attaqués, n'a violé la chose jugée par l'arrêt du 21 mars 1815. — En effet, Bidault avait dénoncé aux syndics Auvray et Bivel les poursuites dirigées contre lui par le syndic Chauvel ; sur cette dénonciation une instance avait été liée entre toutes les parties,

lui-même ait été appelé et n'ait pris aucunes conclusions. En effet, si l'on peut dire que l'acquiescement du garanti ne lie en aucune façon le garant, et qu'à ce titre, celui-ci est libre de se porter tiers opposant ; toujours est-il que le garant a été appelé et les syndics Auvray et Bivel avaient demandé contre le syndic Chauvel la mainlevée des inscriptions par lui prises. — Bidault avait conclu à ce que les syndics Auvray et Bivel lui fournissent cette mainlevée, sinon qu'ils fussent condamnés à une garantie de 80,000 fr. — Un jugement du 31 août 1814 a débouté les syndics Auvray et Bivel de leur demande en mainlevée, et a accordé à Bidault une garantie de 60,000 fr. contre eux. Le 21 mars 1815, la cour de Rouen a confirmé ce jugement, et en outre les a condamnés à 2,000 fr. de dommages intérêts. — Les syndics Auvray et Bivel ont en outre reporté la même demande devant la cour de Caen, qui l'a rejetée par son arrêt du 28 mars 1822. — Ces jugements et arrêts ne sont point attaqués ; or l'arrêt actuellement déféré à la cour suprême, en ordonnant postérieurement la mainlevée de ces mêmes inscriptions, a violé ouvertement la chose jugée par deux arrêts antérieurs, non attaqués et d'ailleurs inattaquables par tierce opposition et cassation, dont les délais sont expirés. — Quant à l'art. 2036 c. civ., il ne peut pas recevoir d'application à l'espèce, car le débiteur principal était la masse des créanciers Auvray et Bivel, représentée par Dupont et consorts, syndics. — Bidault n'est point débiteur principal ; il n'est point personnellement obligé au payement des condamnations contre lesquelles la tierce opposition était formée. Il n'est tenu que comme tiers détenteur, et en délaissant l'immeuble grevé, il est affranchi de toute obligation. — Bidault, comme ayant intérêt à la conservation de l'immeuble par lui acquis, aurait pu former tierce opposition aux divers jugements rendus depuis son contrat d'acquisition ; mais, ainsi qu'on l'a démontré, Bidault, présent en l'instance de tierce opposition, s'est soumis au jugement qui serait rendu sur les diverses branches de la contestation : il y a chose jugée avec lui.—Arrêt (ap. dél. en ch. du cons.).

La cour; — Attendu, sur le premier moyen, que Bidault n'ayant point été partie aux jugements et arrêts en vertu desquels il était poursuivi hypothécairement et à raison d'un immeuble par lui acquis antérieurement à ces jugements et arrêts, avait, de son chef, le droit d'y former tierce opposition, et que Dupont, étant personnellement garant de la vente de cet immeuble, pouvait, comme caution, exercer, au nom et du chef de Bidault, cette tierce opposition ;

Attendu, sur le deuxième moyen, que Dupont, comme étant aux droits de Bidault, à exercer ladite tierce opposition, les arrêts dénoncés n'auraient violé ni la chose jugée par ceux des 12 janv. 1814, 21 mars 1815, 21 fév. 1816 et 28 mars 1822, qu'autant que ces derniers arrêts eussent statué sur le droit qu'avait Bidault de former, de son chef, cette tierce opposition, ou que Bidault eût renoncé formellement à ce droit ; — Attendu que, dans les instances où sont intervenus les arrêts, Bidault n'a point exercé la tierce opposition, n'a point excipé du droit qu'il avait de l'exercer, et que les syndics Auvray et Bivel n'ont pris, au nom de Bidault, aucune conclusion tendante à ce qu'il fût statué sur la tierce opposition qu'il avait le droit de former de son chef ;

Qu'en effet, 1° lors de l'arrêt du 12 janv. 1814, qui a statué sur la tierce opposition que ces syndics avaient formée en leur nom, Bidault s'est borné uniquement à demander acte de sa déclaration de s'en rapporter à justice sur le mérite des exceptions servant de base à cette tierce opposition ; que la cour de Rouen a pu, sans contrevenir expressément à aucune loi, considérer cette déclaration comme n'étant pas une renonciation absolue et définitive aux voies de droit qu'il pouvait avoir intérêt de faire valoir de son chef et au nombre desquelles se trouvait la tierce opposition à des jugements et arrêts qui lui préjudiciaient et dans lesquels il n'avait point été partie ;

2° Que l'arrêt du 21 mars 1815 n'a statué, à l'égard de Bidault, que comme demandeur en garantie contre les syndics Auvray et Bivel, qu'il avait actionnés pour qu'ils eussent à lui rapporter la mainlevée des inscriptions frappant sur l'immeuble qu'ils lui avaient vendu sans qu'il eût excipé, ni qu'il eût été excipé en son nom du droit qu'il avait de former, de son chef, tierce opposition auxdits jugements et arrêts ;

3° Enfin, que les arrêts des 21 fév. 1816 et 28 mars 1822 ont prononcé entre les parties principales qui avaient appelé Bidault en cause, sur les discussions auxquelles il n'avait point pris part, et l'ont mis purement et simplement hors de cour, ce à quoi il avait uniquement conclu, et sans qu'il eût été pris en son nom des conclusions tendantes à d'autres fins; qu'ainsi les arrêts attaqués ont pu aussi, sans contrevenir expressément à aucune loi, ne voir dans ce hors de cour, rien de jugé sur le droit qu'avait Bidault de former la tierce opposition de son chef; que, dans ces circonstances, en appréciant les faits et en jugeant que, d'après ces arrêts, Bidault n'était pas forclos de ses droits, ni Dupont non recevable à les exercer, la cour de Rouen n'a violé aucune loi. - Rejette.

Du 18 nov. 1828.-C. C., c. civ.-MM. Brisson, pr.-Rupérou, rap.-Cahier, av. gén. c. contr.-Guibout, Guillemin et Huet, av.

en cause, qu'il a pris part à l'instance, et que bien que personne n'ait conclu pour lui, ce silence n'empêche pas qu'il ne doive être soumis à l'autorité de la chose jugée : c'est la règle fondamentale de la matière. »—V. M. Chauveau, t. 4, n° 1718 *bis*, qui donne de longs développements à sa critique.

129. A l'égard des coobligés simplement conjoints, qui ne doivent dans la dette que leur part et portion, il n'y a entre eux aucun lien qui permette de les considérer comme représentants les uns des autres. On doit donc leur reconnaître le droit de tierce opposition au jugement rendu contre l'un d'eux, toutes les fois qu'ils y auront intérêt, ce qui arrivera rarement, puisque le jugement n'a d'effet que quant à la part du débiteur qui y a été partie, et est sans force vis-à-vis des autres (V. ce que nous avons déjà dit sur ce point *suprà*, n°s 48 et suiv., et v° Chose jugée, n°s 255, 259 et suiv.; V. aussi v° Cassation, n° 269).

130. Que décider au cas où il s'agit d'une chose indivisible due à plusieurs ou par plusieurs? Pour décider ce point de doctrine, il faut se reporter d'abord au principe général qui gouverne les obligations indivisibles, ainsi que les actions qui en découlent. — En ce qui concerne le droit des créanciers ou des héritiers du créancier, il n'est pas contesté que chacun des créanciers d'une obligation indivisible, ou chacun des héritiers du créancier, peut agir pour exiger créancier pour le total : il résulte de ce principe que s'il s'agit, par exemple, d'une servitude ou d'une obligation de bâtir un tableau ou de bâtir une maison, obligation consentie par un tiers, chacun d'eux peut en exiger l'exécution pour le tout (V. v° Obligation, n° 1561). — Le même principe existe pour les débiteurs, l'indivisibilité produit son effet tant à leur égard qu'à l'égard de leurs héritiers : c'est du reste la disposition du code. L'art. 1222 porte : « Chacun de ceux qui ont contracté conjointement une obligation indivisible, en est tenu pour le total, encore que l'obligation n'ait pas été contractée solidairement, » et l'art. 1223 ajoute : « Il en est de même à l'égard des héritiers de celui qui a contracté une pareille obligation. » — Par suite, chacun des débiteurs ou des héritiers peut être poursuivi pour le total par le créancier. — En effet, en matière de procédure, l'action est divisible ou indivisible, selon la divisibilité ou l'indivisibilité du droit auquel elle s'applique. Ainsi, comme nous l'avons dit v° Obligation, n° 1574, s'il s'agit d'une servitude, ou même d'une chose indivisible seulement *obligatoire*, l'action sera elle-même indivisible. Exercée par l'un des créanciers, ou contre l'un des débiteurs seulement, elle sera censée l'être par tous ou contre tous (c. nap., art. 2249) ; conservée par l'une, elle sera censée l'être par tous (c. nap., art. 709, 710).— Ces principes sont-ils applicables aux jugements et aux voies de recours contre les jugements? Sans aucun doute. Les jugements rendus en matière indivisible ont autorité de chose jugée à l'égard de tous les coïntéressés ; car on ne peut dire qu'ils aient été rendus *inter alios*, vu la chose, objet du litige, ne soit pas la même. En cette matière, les coïntéressés sont les représentants les uns des autres, leur droit est le même; Pierre, par exemple, en agissant pour lui, agit nécessairement pour Jacques et pour Paul, ses coïntéressés (V. Obligation, n° 1578). — Il résulte de là que le jugement ou l'arrêt rendu en faveur de l'un des créanciers d'une chose indivisible profite à ses coïntéressés, qui n'ont pas figuré dans l'instance (V. *eod.*, où sont relatées les diverses opinions des docteurs, ainsi que l'état de la jurisprudence). — Tels sont les principes dans leur rigueur logique. — Toutefois Pothier, conformément à l'ancien droit, y admet un tempérament qui rejaillit sur la tierce opposition. Il déclare que ceux des coïntéressés créanciers ou débiteurs qui n'ont pas été parties au jugement, ou leurs héritiers, ont le droit d'appeler de ce jugement ou d'y former tierce opposition, même lorsqu'il n'y a ni fraude ni collusion, et la jurisprudence tend à consacrer cette doctrine. — Il a été jugé qu'un arrêt rendu en matière indivisible, et, par exemple, qui fixe la hauteur d'un seuil ou barrage, a force de chose jugée à l'égard de tous les riverains, même de ceux qui n'y ont pas été parties, en ce sens que les tribunaux inférieurs sont incompétents pour arrêter l'exécution de cet arrêt, sur action principale, sauf aux riverains qui n'y ont pas été parties à l'attaquer par voie de tierce opposition (Rej. 19 déc. 1832, aff. Heilmann, V. v° Chose jugée, n° 269). — Et la solution de cet arrêt, comme la doctrine de Pothier, est adoptée

par MM. Duranton, t. 13, n° 528 ; Bonnier, n° 702 ; Marcadé, sur l'art. 1351, n° 13, p. 186, *in fine*. — Suivant ces auteurs, le copropriétaire, de même que le cocréancier, aura suffisamment représenté les autres copropriétaires, ou cocréanciers contre les tiers dans les jugements qui seront favorables à ces copropriétaires ou cocréanciers, mais ils auront été sans qualité si le jugement est favorable aux tiers, malgré l'indivisibilité de l'objet. — Qu'importe que la chose soit indivisible? disent ces auteurs. Peut-il y avoir une raison, un prétexte même pour que je sois dépouillé de ma copropriété sans être admis à défendre mon droit? — Et il faut reconnaître que cette doctrine paraît conforme à celle de Pothier ; car après avoir dit, au n° 59 de la section de l'autorité de la chose jugée, que le jugement défavorable se trouve alors, vu l'indivisibilité de l'objet, exécutoire par la nature même des choses contre tous les copropriétaires, a-t-il soin d'ajouter au numéro suivant que ceux qui n'y ont pas figuré peuvent y former opposition *en tiers*, sans qu'ils aient besoin d'alléguer la collusion. Or, dit M. Marcadé (*eod.*), « celui qui a été représenté dans un jugement n'y peut former tierce opposition (opposition en tiers, c'est-à-dire en tant que tiers) qu'à la condition de prouver qu'il y a eu fraude de son représentant, fraude qui fait tomber la qualité de représentant ; mais quand on peut former la tierce opposition sans alléguer la fraude, c'est qu'on est complètement tiers, et que le jugement est *res inter alios acta*. La doctrine de Pothier signifie donc que si l'indivisibilité de l'action a pour conséquence naturelle et forcée de faire rejaillir l'exécution du jugement sur ceux-là mêmes qui n'y ont pas figuré, elle n'empêche pas que ceux-ci ne soient toujours des tiers, ayant le droit absolu de faire juger la question de nouveau, sauf à eux à ne pouvoir agir pour cela que par la tierce opposition, au lieu d'avoir le choix entre cette tierce opposition et une action principale. C'est là tout simplement ce que juge l'arrêt de rejet du 19 déc. 1832, ci-dessus relaté.

131. La même distinction doit avoir lieu pour les codébiteurs de la chose indivisible. Le codébiteur qui plaide seul contre le créancier peut bien améliorer l'obligation, et alors il est réputé avoir représenté tous les codébiteurs, ou le jugement porte préjudice aux codébiteurs, et alors le droit des codébiteurs reste intact, et le codébiteur non poursuivi pourra faire juger la question de nouveau, non pas seulement quand il invoquera un moyen de défense qui lui soit personnel, mais d'une manière absolue, c'est-à-dire lors même qu'il invoquera des moyens communs à tous (Conf. MM. Marcadé, art. 1351, n° 13 ; Duranton, t. 13, n° 520 ; Zachariæ, p. 774, note 42, éd. Aubry et Rau. — *Contrà*, Toullier, t. 10, n° 502 ; M. Bonnier, n° 701).— Nous devons ajouter que nous étendons ici aux codébiteurs ce que nous avons posé en principe pour les copropriétaires ou cocréanciers, conformément à l'opinion de Pothier, rapportée v° Chose jugée, n° 269, et v° Obligations, n° 1583.

132. Le jugement rendu contre le fermier peut être attaqué par le propriétaire par la voie de la tierce opposition (V. Action possessoire, n° 546). Mais le fermier a-t-il le même droit à l'égard des jugements rendus contre son bailleur? V. n° 176. — L'usufruitier peut, dans certains cas, former tierce opposition au jugement rendu contre le nu-propriétaire et réciproquement (V. *infrà*, n° 174).

§ 3. — *Des ayants cause à titre universel et à titre particulier.*

133. Après avoir parlé dans le paragraphe précédent des personnes qui ont droit à une obligation accessoire à un autre droit ou à une autre obligation, nous allons passer à celles qui tirent leurs droits d'une autre personne, qui lui succèdent soit dans la totalité de ses biens, soit dans un droit spécialement déterminé.—On les désigne sous le nom d'ayants cause ou successeurs universels ou à titre universel et d'ayants cause à titre particulier.

134. 1° *Ayants cause à titre universel.*—On représente une partie quand on tire son droit d'elle, c'est-à-dire, comme dit Pigeau, p. 773, 4° éd., quand il a été transmis d'elle à nous, soit par la disposition de la loi, soit par le fait de l'homme. Ainsi, les successeurs universels, comme les héritiers, donataires et légataires universels, les successeurs à titre universel, tirant leurs droits de leur auteur et continuant sa personne, ne peuvent, pas plus que lui, prendre la voie de la tierce opposition.—Cette solution, incontestable, du reste, est en rapport avec ce qui a été dit v[te] Appel civ., n° 538 ; Cassation, n° 279 ; Chose jugée, n° 244 ; Faillite, n° 328 ; Requête civ., n° 42 ; Obligation, n°° 3925 et suiv.; Privil. et hypoth., n° 1834). — Mais il en serait autrement si le jugement était attaqué par les héritiers pour cause de fraude ou collusion commise par leur auteur à leur préjudice.

135. L'héritier à réserve, tout aussi bien que l'héritier non réservataire, continue et représente la personne du défunt ; il ne peut par conséquent former tierce opposition aux jugements rendus contre son auteur, puisque ce dernier ne le pourrait pas lui-même. Il est vrai que son droit à la réserve constitue un droit particulier et distinct de celui de son auteur, et que quant aux actes émanés de celui-ci, de nature à porter atteinte à cette réserve, il est un véritable tiers, en ce sens qu'il peut toujours ramener les dispositions qu'ils contiennent dans les limites de la quotité disponible. Mais il est douteux que ce droit de réduction lui ouvre la voie de la tierce opposition ; car l'exercice de ce droit ne peut rencontrer aucun empêchement dans les actes ou jugements qu'on pourrait opposer à l'héritier. Peut-être, toutefois, l'héritier à réserve pourrait-il former tierce opposition : 1° si le jugement statuait sur des valeurs mobilières qui pourraient disparaître ; 2° si le jugement mettait par lui-même obstacle à la réduction. Cette dernière hypothèse ne pourrait se rencontrer, ce semble, que si le jugement couvrait une simulation ; mais le cas de fraude, comme nous venons de le voir, ouvre à tous les héritiers sans distinction le droit à la tierce opposition : les héritiers à réserve ne sont donc pas, sous ce rapport, dans une position différente de celle des autres héritiers. — V. aussi v° Obligations, n° 3931.

136. L'héritier bénéficiaire ne peut pas plus que l'héritier pur et simple, se prétendre tiers relativement aux actes émanés du défunt. Sa qualité spéciale ne lui confère qu'un droit différent de celui de ses cohéritiers ; il est donc un véritable ayant cause (V. Obligat., n° 3932 ; V. aussi v[te] Chose jugée, n° 244 ; Intervention, n° 61). Mais s'il était créancier de la succession, comme alors il y aurait en lui un droit personnel, distinct de la succession, il pourrait, en cette qualité de créancier, former tierce opposition aux jugements qui porteraient atteinte à sa créance (V. eod.), toutefois suivant les distinctions qui seront faites plus loin, n°° 179 et s. — On cite comme rendu en ce sens un arrêt de rejet du 1er germ. an 11 (aff. préf. de l'Aisne, V. Requête civ., n° 44); mais cet arrêt nous paraît mal à propos cité, car il s'agit dans l'espèce de requête civile et non de tierce opposition. — V. aussi Merlin, Rép., v° Légataire, § 7, n° 15, et v° Requête civile, § 7, où cet arrêt est longuement rapporté.

(1) *Espèce :* — (Lefèvre C. demoiselle Lasalle.] — 4 germ. an 3, décès de Jean-Baptiste-François Lasalle. — 7 vend. an 4, son frère, agissant comme son héritier, vend à Lefèvre le domaine Canielle au prix de 2 millions, dont 1,100,000 livres sont payées comptant. — Opposition aux lettres de ratification par la demoiselle Rollandeau, comme mère et tutrice d'Adèle Lasalle, fille naturelle du défunt et son héritière. — Procès entre celle-ci et Lasalle frère. — Pendant l'instance, il vend encore à Lefèvre divers objets de la succession. — 6 vend. an 8, transaction par laquelle Lasalle reconnaît la filiation d'Adèle et lui abandonne la succession de son frère. — 27 brum. an 9, jugement de Paris qui déclare Adèle fille naturelle de Frédéric Lasalle, et ordonne la rectification de son acte de naissance. — 13 germ. an 9, Adèle Lasalle forme, en qualité d'héritière de son père, contre Lefèvre une action en délaissement des biens que celui-ci avait achetés. — Tierce opposition par Lefèvre au jugement du 27 brum. an 9. — 29 prair. an 10, jugement du tribunal de Paris qui le déboute.
Appel. — Le jugement du 27 brum. an 9, disait l'appelant, est le seul titre de la demoiselle Adèle : s'il n'existait pas, elle ne pourrait se prétendre fille naturelle et héritière de Frédéric Lasalle ; ainsi ce jugement me nuit : donc j'ai intérêt et qualité à y former tierce opposition. — Il n'y a pas d'exception qui exempte de cette voie les jugements rendus sur les questions d'état ; car ceux qui ordonnent des rectifications aux actes de l'état civil ne peuvent nuire aux tiers. — L'appelant, répondait l'intimée, est sans qualité et sans intérêt dans sa tierce opposition : ce jugement, car le jugement attaqué par lui ne statue que sur mon état, et il n'est pas habile à le contester, puisqu'il n'est pas de la famille Lasalle; sans intérêt, car ce jugement n'entraîne pas nécessai-

137. L'héritier présomptif, possesseur de l'hérédité, représente l'héritier qui ne s'est pas fait connaître : c'est ce que M. Pigeau, t. 1, p. 771, 4e éd., induit des art. 462, 790 et 1240 c. nap., articles fondés, dit-il, sur ce que celui qui a agi contre le curateur ou le possesseur ayant en juste sujet de regarder le premier comme administrateur et le deuxième comme propriétaire de la chose, il serait inique que tout ce qu'il a fait fût renversé par le retour subséquent de celui qui, ne s'étant pas montré lorsqu'il le devait, n'a pas dû être regardé comme propriétaire. C'est pour cela qu'on décide que tout ce qui se fait avec celui qui se présente comme héritier, pendant qu'il possède la succession paisiblement, est opposable au véritable héritier (V. Success., n°° 409 et suiv., 541 et suiv.; V. aussi v° Chose jugée, n° 264): le gouvernement le paye de ce qui est dû à la succession, en justifiant de sa possession, soit par un intitulé d'inventaire, soit par un acte de notoriété ; et le payement est valide quand même il serait ensuite évincé. — Il a été jugé, d'après ces principes : 1° que l'héritier véritable n'est pas recevable à former tierce opposition au jugement rendu contre l'héritier apparent : ainsi le légataire universel ne peut se rendre tiers opposant à un jugement rendu contre l'État qui s'était mis en possession des biens de la succession demeurée longtemps vacante par déshérence (Cass. 5 avr. 1815, aff. Haupcchich, V. Succession, n° 404) ; — 2° Que celui qui a acquis des biens de l'héritier apparent est sans qualité ni intérêt à former une tierce opposition contre le jugement rendu contradictoirement avec cet héritier après la vente, qui déclare un tiers enfant naturel et héritier du défunt, et ordonne que les registres de l'état civil seront rectifiés en conséquence : un tel jugement ne nuit point au droit de l'acquéreur d'établir la validité de la vente (Paris, 18 vent. an 11) (1); — 3° Que des héritiers qui ne se sont pas fait connaître ont été représentés par le curateur nommé à un absent héritier présomptif, et par suite sont non recevables à former tierce opposition au jugement rendu contre le représentant (Req. 12 août 1824, aff. Laplanche, V. Absent, n° 107). — V. dans le même sens v[te] Appel civ., n° 540 ; Chose jugée, n° 264 ; MM. Proudhon, Usufruit, t. 3, n° 1319; Bioche, v° Tierce opp., n° 42.

138. Ce qu'on vient de dire du possesseur de l'hérédité ne s'appliquerait pas, ce semble, au cas où un individu sans titre se serait mis en possession de l'immeuble dont un autre aurait la propriété. Celui-ci ne serait pas représenté par l'usurpateur, auquel on pourrait toujours demander la justification de ses titres (Conf. M. Pigeau, p. 772). — Toutefois, il a été jugé que les jugements rendus sans fraude avec le propriétaire apparent sont réputés rendus avec le propriétaire réel, qui ne peut former tierce opposition (Paris, 5 mars 1829) (2). — Mais l'arrêt constate que le propriétaire apparent était prête-nom du propriétaire véritable ; celui-ci, en qualité de mandant, était non re-

rement la nullité de ses acquisitions : il peut les défendre sans contester mon état. — Arrêt.
La cour ; — Attendu que Lefèvre n'a ni intérêt ni qualité pour contester à la mineure son état de fille naturelle ; que d'ailleurs le jugement ne préjuge rien sur le mérite des titres Lefèvre ; — Attendu que la mineure n'a pas même excipé de ce jugement en demandant le délaissement des biens dont il s'agit ; — Déclare Lefèvre non recevable, etc.
Du 18 vent. an 11.-C. de Paris.-M. Blondel, pr.
(2) *Espèce :* — (Ouvrard C. Cecconi.) — En 1825, un jugement par défaut condamna Victor Ouvrard, en qualité de munitionnaire général de l'armée d'Espagne, à payer à Cecconi des fournitures faites à celui-ci à l'entreprise des vivres de l'armée. Victor Ouvrard forma opposition à ce jugement ; mais son opposition fut rejetée. — En 1827, un arrêt de la cour de Paris déclara que Victor Ouvrard n'était que propriétaire apparent des marchés passés avec le gouvernement pour les fournitures de l'armée d'Espagne, et qu'il n'était que le prête-nom de G.-J. Ouvrard, son oncle, seul munitionnaire sérieux. — Ce dernier attaqua alors, par opposition et par tierce opposition, le jugement de 1825, rendu au profit de Cecconi ; mais il y fut déclaré non recevable par les premiers juges. — Appel. — Arrêt.
La cour ; — Considérant que le tribunal de commerce avait à statuer sur la demande en déclaration de jugement commun, formé par Cecconi contre Gabriel-Julien Ouvrard, et incidemment sur l'opposition de celui-ci à l'exécution du jugement du 21 février 1825 ; — Considérant que l'action de Cecconi a été régulièrement dirigée, en 1824, contre Victor Ouvrard, alors propriétaire apparent des marchés conclus pour

devable à former tierce opposition, ainsi que nous l'avons dit ci-dessus, n°ˢ 65 et suiv. L'arrêt n'est donc pas contraire à la proposition exprimée en tête du présent numéro.

139. Les héritiers, nous l'avons déjà dit, ne se représentent pas entre eux, à moins d'un mandat formel. Les droits et actions dépendant de la succession se divisent entre les héritiers, de telle sorte que le jugement rendu contre un seul d'entre eux n'a d'effet que quant à cet héritier, pour sa part et portion, et par conséquent ne peut préjudicier aux autres. Ceux-ci n'auront donc besoin d'y former tierce opposition, qu'autant que l'exécution de ce jugement atteindrait des objets ou valeurs qui ne pourraient être distraites de la succession qu'en leur occasionnant un dommage réel, à raison de l'insolvabilité des tiers entre les mains desquels ces objets ou valeurs devraient passer par suite de cette exécution. — V. n°ˢ 34, 48 et suiv.

140. Lorsque la communauté est dissoute par le décès de l'un des époux, les biens de la communauté se partagent entre les héritiers du prémourant et le survivant des époux. Dans cette situation, il est bien certain que l'époux survivant, lors même qu'il s'agit de biens acquis pendant le cours de la communauté, ne saurait représenter les héritiers de l'époux prédécédé, s'ils sont majeurs. Ceux-ci pourront donc, ainsi que nous venons de le dire, repousser le jugement comme étant sans force à leur égard, ou y former tierce opposition, si ce jugement met obstacle à l'exercice de leurs droits. — Il a été jugé, conformément à ces observations, que lorsqu'un individu qui avait, durant la communauté, acquis des immeubles, a été, depuis le décès de sa femme, et sur l'action dirigée contre lui seul, condamné par jugement à restituer au vendeur ou à ses héritiers ces biens, les enfants nés du mariage ont le droit, comme héritiers de leur mère, de former tierce opposition à ce jugement. On dirait en vain que les enfants étant majeurs, auraient dû intervenir dans l'instance : l'intervention est volontaire (Cass. 14 juin 1830, aff. Guillemot, V. Contr. de mar., n° 1140).

141. L'héritier auquel est dévolu un immeuble compris dans le partage par un rapport, ne représente pas le donataire qui a fait le rapport. Il semblerait donc qu'il dût avoir le droit de former tierce opposition au jugement rendu contre le donataire. Cependant M. Pigeau, t. 1, p. 774, décide qu'il n'a pas ce droit, et la raison qu'il en donne, c'est que le donataire s'étant trouvé, dans l'intervalle de la donation au rapport, l'ayant cause du donateur, ce qui a été jugé contre celui-là est censé l'avoir été contre celui-ci et par conséquent contre l'héritier qui tient ses droits du donateur (Conf. M. Bioche, v° Tierce opposit., n° 47). — V. infrà, n°ˢ 166 et suiv.

142. 2° *Ayants cause à titre particulier.* — Quant aux successeurs à titre particulier, ils peuvent, dans certains cas et pour certains actes, être considérés comme n'ayant pas été représentés par leur auteur, et admis par conséquent à former tierce opposition aux jugements rendus contre celui-ci. — Il s'agit de savoir dans quels cas cette tierce opposition sera admissible.

143. Une observation commune à tous les successeurs à titre particulier, c'est que les qualités d'ayants cause et de tiers résident à la fois en leur personne. Ils sont ayants cause de leur auteur quant aux actes accomplis avant la naissance de leurs droits et tiers quant aux actes postérieurs (V. aussi Obligations, n°ˢ 3922, 3947). Cette distinction est fondamentale, car c'est d'elle que dérive la recevabilité ou la non-recevabilité de la tierce opposition. On va en voir de nombreuses applications.

144. *Acquéreur, vendeur.* — En thèse générale, l'acquéreur est l'ayant cause de son vendeur et, en cette qualité, est tenu des obligations réelles auxquelles l'immeuble est assujetti (V. Action poss., n° 822; Oblig., n°ˢ 3945 et suiv.; Vente, n° 1096).

Néanmoins, il est évident que l'acquéreur ne représente le vendeur que relativement aux actes antérieurs à la vente, et que cette représentation cesse à partir du moment où le vendeur s'est dessaisi de son droit sur la chose vendue. L'acquéreur est donc un tiers quant aux actes du vendeur postérieurs à la vente. — Pour résoudre la question de la recevabilité de la tierce opposition formée par l'acquéreur à un jugement rendu contre son vendeur, il faut donc consulter la date du jugement et rechercher s'il est antérieur ou postérieur à la vente, ou à la transcription, depuis la loi du 23 mars 1855, suivant laquelle la vente n'a d'effet à l'égard des tiers qu'à partir de la transcription.

145. Le jugement est-il antérieur à la vente (ou à la transcription effectuée en exécution de la loi de 1855)? Dans les deux cas l'acquéreur n'aura pas le droit d'y former tierce opposition; car pour tous les actes antérieurs à la vente, l'acquéreur ne peut séparer sa personne de celle de son vendeur; les jugements rendus contre celui-ci ont force de chose jugée contre celui-là. L'acquéreur ne pourra attaquer ce jugement que par les voies qu'aurait son auteur, par exemple l'appel, s'il est encore dans les délais (V. en ce sens v°ˢ Appel civ., n°ˢ 543 et suiv.; Chose jugée, n° 245; Intervent., n°ˢ 36, 95; Obligat., n°ˢ 3922, 3945 et suiv. — Conf. MM. Pigeau, Comm., t. 2, p. 61 et suiv.; Chauveau, quest. 1710 *ter*, p. 277). — Mais ces principes cessent d'être applicables lorsqu'il y a dol et fraude de la part du vendeur. L'acquéreur invoque ici un droit personnel qui lui donne la qualité de tiers vis-à-vis du vendeur, et par voie de conséquence, il a le droit de former tierce opposition aux jugements rendus contre ce dernier, et lors desquels la fraude a été commise (M. Chauveau, *loc. cit.*). Il est tiers encore lorsqu'il oppose aux ayants cause de son auteur la nullité de leur titre (V. Privil. et hypoth., n° 1405).

146. Le jugement est-il postérieur à la vente ou à la transcription? Il y a deux hypothèses à distinguer : la vente a-t-elle eu lieu avant ou pendant le procès? — Si la vente a eu lieu avant le procès, le droit de tierce opposition de la part de l'acquéreur est généralement admis; car le vendeur ayant perdu, à partir de la vente, tout droit sur l'immeuble, le jugement rendu contre lui ne peut être opposé à ce dernier (V. en ce sens v° Appel civil, n°ˢ 543, 549; Chose jugée, n° 246; Intervent., n° 95; Obligat., n°ˢ 3947 et suiv.; Vente, n°ˢ 1295 et suiv.—Conf. M. Merlin, v° Chose jugée, § 12; Pigeau, Comment., t. 2, p. 61; Thomine, t. 1, p. 724; Berriat, p. 498, n° 2; Proudhon, t. 3, n°ˢ 1347 et suiv.; Bonnier, Traité des preuves, 2ᵉ édit., n° 779; Carré et Chauveau, n°ˢ 1710 et 1710 *ter*; V. toutefois M. Poncet, des Jug., t. 2, n° 401). — Et cela est vrai, comme le dit Pigeau, *loc. cit.*, soit qu'il s'agisse d'une action purement réelle, une telle action ne pouvant être valablement dirigée que contre le possesseur, soit qu'il s'agisse d'une action mixte dans le principe, c'est-à-dire personnelle et réelle qui s'est divisée depuis l'aliénation faite par le possesseur, comme une action en réméré ou en rescision.— « Le premier acquéreur, dit Pigeau, n'étant plus tenu de la rescision ou du réméré que par l'action personnelle et non par l'action réelle qui a passé contre le deuxième, cette action en rescision ou réméré, comme réelle, devait être jugée contre le deuxième non représenté par le premier. D'ailleurs, si le premier acquéreur a intérêt à repousser la rescision ou le réméré, le deuxième l'a aussi; et comme le premier pourrait par négligence ou collusion lui porter préjudice, il est juste qu'il puisse y remédier par la tierce opposition. » — Il a été jugé en ce sens : 1° que l'acquéreur d'immeubles est recevable à former tierce opposition au jugement rendu contre son vendeur postérieurement à la vente (Bastia, 8 déc. 1834 (1); Grenoble, 2ᵉ sect., 12

fournitures de l'armée d'Espagne, et qu'il est résulté depuis, tant de l'arrêt du 4 mai 1827 que des déclarations de l'appelant, que Victor Ouvrard n'était que prête-nom pour ladite entreprise; — Considérant que, dans cet état, Gabriel-Julien Ouvrard, ne pouvant exercer de droits que ceux que Victor Ouvrard pouvait exercer en son nom, et ne saurait être considéré comme un tiers, ni être admis à former tierce opposition; que, s'il profite des condamnations obtenues par le titulaire apparent, il doit subir de même l'effet des condamnations qui sont prononcées contre son prête-nom; qu'il suit de là que tout ce qui a été jugé contre Victor Ouvrard l'a été contre l'appelant; — Emendant, sans s'arrêter à l'opposition ni à la tierce opposition au jugement du 21 fév. 1825, etc.

Du 5 mars 1829.—C. de Paris,-1ʳᵉ ch.-M. Séguier, pr.
(1)(Simonetti *C.* Simonetti.)—LA COUR; —Sur le jugement de la tierce opposition : —Attendu que d'après la disposition générale de l'art. 474 c. pr. civ., pour qu'une partie puisse former tierce opposition à un jugement, il suffit que le jugement préjudicie à ses droits, pour qu'elle ni ceux qu'elle représente n'y aient été parties ni appelés; que peu importe que l'on doit ou non statuer du jugement; car la loi ne fait dépendre l'admissibilité de la tierce opposition que du préjudice qui en résulte pour l'opposant; — Attendu qu'on ne saurait révoquer en doute que le jugement, en date du 3 mai 1834, par lequel a été ordonné le partage de la succession de feu Defendino Simonetti, entre ses deux enfants, ne porte

avr. 1808, M. Réal, pr., aff. Briançon-Rey C. Mussy; Rej. 8 mai 1810, aff. Pallès, V. Chose jugée, n° 247; Cass. 14 juin 1815, MM. Muraire, pr., Boyer, rap., aff. Ribes C. Sirau; Req. 11 mars 1834, aff. d'Est, V. Priviléges et hypothèques, n° 1299-2°); — 2° Qu'un acquéreur est recevable à former tierce opposition aux arrêts rendus contre son vendeur après la vente, par exemple à ceux dont le résultat serait de l'obliger à payer deux fois ou à délaisser l'immeuble vendu : ainsi l'arrêt posté-rieur à la vente d'un immeuble qui, sans que l'acquéreur ait été appelé, maintient comme valable une inscription hypothécaire prise antérieurement à la vente, et dont le vendeur soutenait la nullité, peut être attaqué par l'acquéreur par la voie de la tierce opposition (Rej. 21 fév. 1816, aff. Lejanvre, rapporté avec l'arrêt de rejet du 18 nov. 1828, suprà, n° 128); — 3° Que l'acquéreur a le droit de former tierce opposition aux arrêts rendus contre son vendeur, à la suite de procédures pos-térieures toutes à la vente (Douai, 5 juin 1820; Cass. 20 avr. 1836) (1); — 4° Que l'acquéreur d'un immeuble a le droit de former tierce opposition contre le jugement rendu entre un créancier du vendeur et ses héritiers, qui a pour effet de donner au créancier le droit de mettre une surenchère; comme si, par exemple, il reconnaît une dette inscrite avant la vente, dans les

cas de l'art. 2111 c. nap., mais qui, lors de son inscription, était prescrite (Req. 26 mars 1838, aff. Trémoulet, V. n° 150-3°); — 5° Que l'acheteur d'un immeuble a qualité pour former tierce opposition au jugement rendu entre son vendeur et un tiers, relativement à des droits de servitude réclamés par ce tiers sur l'immeuble qu'il a acheté, lorsque ce jugement est postérieur à son acquisition (Cass. 30 mars 1838, aff. Devaux, D. P. 58. 1. 164); — 6° Que la tierce opposition par un acquéreur à un juge-ment rendu par défaut contre son vendeur après la vente et non encore exécuté est recevable; car, alors même que cet acqué-reur dût être considéré comme l'ayant cause du vendeur, cette tierce opposition serait une véritable intervention à une opposi-tion dans le sens de l'art. 158 c. pr. (Bastia, 10 juin 1840) (2); — 7° Que celui qui, antérieurement à l'action en résolution d'une donation, a acheté du donataire les biens compris dans cette donation, a droit de former tierce opposition au jugement qui prononce cette résolution : il ne peut être réputé avoir été représenté par son vendeur dans l'action en résolution (Req. 3 janv. 1846, aff. Guérard, D. P. 46. 1. 365).

147. Toutefois, il a été jugé en sens contraire : 1° que l'ac-quéreur d'un immeuble ne peut former tierce opposition au ju-gement rendu contre son vendeur postérieurement à la vente, et

préjudice à l'intimé, puisque ledit jugement aurait pour effet de faire annuler l'acte d'échange qui a donné lieu au procès entre ledit intimé et Simon Simonetti, et qu'au moyen dudit partage la maison donnée en échange par le premier se trouve échue dans le lot de Paul-François Simonetti, après avoir été aliénée par sa sœur, la dame Filippi, en fa-veur de feu Elisabeth Simonetti; — Attendu que, ce point reconnu, il reste à examiner, pour la régularité de la tierce opposition, si, lors du jugement de partage attaqué par l'intimé, la personne que ce dernier représente a été partie ou appelée dans ledit jugement; — Que, pour arriver à une solution, il faut d'abord se fixer sur la qualité en laquelle l'intimé peut être envisagé; que celui-ci faisant valoir sur la maison par lui échangée les droits appartenant à feu Elisabeth Simonetti, sa belle-sœur, qui avait reçu ladite maison en échange de la dame Filippi, obligée de droit à sa garantie, doit être considérée comme l'acquéreur, ou, si l'on veut, comme le créancier de ladite dame Filippi, et que sous ce rapport, cette dernière n'a pu représenter l'intimé dans le ju-gement de partage dont il s'agit; — Attendu qu'après la vente le ven-deur ne représente pas l'acquéreur relativement aux droits immobiliers qu'il a aliénés, puisque étant irrévocablement dessaisi de ses droits, il ne peut plus ni contracter ni en disposer au préjudice de l'acquéreur qui en est devenu le seul maître; que l'acquéreur n'est pas obligé à intervenir dans les demandes dirigées contre son vendeur, dès que l'art. 474 sus-énoncé admet aucune restriction la tierce opposi-tion de la partie qui n'a pas été appelée ni représentée lors du juge-ment; — Attendu que, dans tous les cas où il y a fraude, le créancier n'est jamais représenté par le débiteur; que l'art. 1167 c. civ. autorise expressément les créanciers à attaquer en leur nom personnel les actes faits en fraude de leurs droits par le débiteur; qu'en matière de partage de successions, l'art. 882 du même code n'interdit l'exercice dudit droit aux créanciers d'un copartageant non intervenants au partage ou non opposants, qu'autant qu'il s'agit d'un partage sérieux et consommé, et qu'on ne peut articuler contre le même partage aucun fait de dol et de fraude, car il est de principe général que la fraude et le dol vicient tous les actes; — Attendu que tous les faits de la cause font ressortir la collusion et la fraude qui ont présidé de la part des appelants au par-tage ordonné par le jugement, contre lequel l'intimé s'est pourvu par tierce opposition. En effet... ces derniers actes, au moyen desquels les deux héritiers de feu Defendino Simonetti ont aliéné tous les biens de la succession, établissent de la manière la plus évidente qu'un partage précédent a dû avoir lieu entre lesdits héritiers, et que l'instance en partage, introduite par Paul-François Simonetti et consentie par sa sœur Anne-Marie Filippi, est le fruit de la simulation et de la col-lusion entre les deux copartageants, dans le but de créer en faveur de Simon Simonetti, leur oncle, un moyen de se soustraire à l'exécution de l'acte d'échange passé entre lui et l'abbé Fabien Liuggi, et ce d'autant plus que tout fait présumer que les tiers détenteurs, entre les mains des-quels se trouvent les biens prétendus partagés, ne seront pas recherchés par les copartageants soumis envers eux à la garantie; — Confirme, etc. Du 8 déc. 1834.—C. de Bastia, 1er pr.

(1) 1re Espèce : — (Pinta-Deleau C. Gorillot.)—La cour; — Attendu que les procédures sur lesquelles sont intervenus les arrêts de la cour, des 25 avr. 1817, 2 déc. 1818, et 25 juin 1819, qui dépouillaient, sans qu'elle y fût appelée ni partie contradictoire, celle de Martin (Pinta-Deleau), étaient postérieures à la vente et elle faite des treize mesures de terre dont s'agit, par le propriétaire qui, en étant légalement dessaisi, ne pouvait plus re-présenter, lors desdits arrêts, ladite partie de Martin, devenue elle-

même, comme propriétaire incommutable desdits biens, seule passible de toute action en revendication qui aurait pu être exercée à raison d'iceux ; — Considérant que pareille action dirigée contre ladite partie de Martin n'aurait pas été fondée, puisque l'acquisition en avait été par lui faite, en vertu des pouvoirs spéciaux des véritables propriétaires; — Reçoit la partie de Martin tierce opposante aux arrêts sus-énoncés; fai-sant droit à ladite opposition, déclare que, sans avoir égard auxdits arrêts, lesquels sont, quant à la partie de Martin, déclarés comme non avenus, la propriété des deux pièces de terre par elle acquises le 21 janv. 1812, lui demeurera entière et incommutable. Du 5 juin 1820.-C. de Douai, 1re ch. 2e Espèce : — (Guillemet C. Sue.) — La cour ; — Vu l'art. 474 c. pr., — Attendu que l'art. 474 ci-dessus visé admet, sans restriction quelconque, une partie qui n'a été ni appelée ni représentée, lors du jugement, à y former tierce opposition ; — Attendu qu'il est constant que, lors de l'arrêt du 31 janv. 1851, les époux Guillemet n'ont été ni appelés ni représentés ; — Attendu qu'ils n'ont pu être représentés par leur vendeur qui s'était, antérieurement à l'instance, dessaisi de l'objet en litige ; que, dès lors, ils étaient recevables dans leur tierce opposi-tion, et que l'arrêt attaqué (Rennes, 23 juin 1852), en jugeant le con-traire, a expressément violé l'article précité ; — Casse. Du 20 avr. 1856.—C. C., ch. civ.-MM. Dunoyer, f. f. de pr.-Faure, rap.-Laplagne-Barris, 1er av. gén., c. conf.-Gueny et Colette, av. (2) Espèce : — (Pomi C. Belgodere et cons.) — Joseph Pomi, léga-taire universel de son oncle, sous condition de venir habiter sa maison et de demeurer en Corse, vend les biens de la succession et va se fixer en Toscane. Les héritiers du sang du testateur intentent alors contre lui une instance aux fins de le faire déclarer déchu du legs, et voir par suite procéder au partage de la succession. Cette demande est accueillie par jugement de défaut du 22 mars 1825. Belgodere et consorts, ac-quéreurs des biens vendus par Pomi, se pourvoient par action principale en tierce opposition contre le jugement de défaut susénoncé. Cette oppo-sition est accueillie par le tribunal de Calvi. — Appel. — Arrêt (ap. dél. en ch. du cons.) La cour. — Attendu que le jugement par lequel feu Joseph Pomi a été déclaré déchu du legs universel à lui fait par feu Paul-Louis Pomi, préjudicie aux intérêts des intimés ; — Attendu aussi que Joseph Pomi n'a pu valablement représenter ses acheteurs dans l'instance introduite aux fins d'obtenir le partage de la succession Pomi, et par suite l'an-nulation des ventes par lui faites avant l'assignation à lui donnée ; — Que d'ailleurs le jugement contre lequel les intimés ont formé tierce opposition, étant par défaut contre partie, il était loisible à Joseph Pomi d'y former opposition jusqu'à l'exécution du jugement, aux termes de l'art. 158 c. pr.; — Que ledit jugement ne pouvait être réputé exécuté tant que le rapport des experts nommés pour les opérations du partage n'avait été homologué, ce qui n'a eu lieu que par jugement du 15 nov. 1825, postérieurement à la tierce opposition intervenue le 16 oct. pré-cédent ; — Que, dans ces circonstances, et à supposer que les intimés, faisant valoir les moyens compétents à leur vendeur, dussent être re-gardés comme ses ayants cause, il s'ensuivrait qu'en cette dernière qualité ils auraient eu le droit de défendre à l'action dirigée contre leur auteur, et leur tierce opposition devrait être regardée comme une inter-vention et une opposition au jugement par défaut, dont rien par consé-quent ne saurait empêcher l'action en fond ; — Confirme. Du 10 juin 1840.-C. de Bastia.-MM.Colonna d'Istria, 1er pr. Nota —V. le complément de l'arrêt v° Disp. entre-vifs et test., n° 171.

spécialement au jugement qui déclare rescindé pour cause de lésion le titre d'acquisition de ce dernier (Paris, 29 prair. an 10) (1); — 2° Que l'acquéreur n'est pas recevable à former tierce opposition au jugement rendu postérieurement à son titre, qui prononce contre son vendeur la résolution de la vente faite à celui-ci pour défaut de payement du prix (Grenoble, 30 juin 1818) (2).—Mais ces décisions isolées ne sauraient être suivies.

148. A plus forte raison, la tierce opposition de l'acquéreur devrait-elle être reçue, s'il y avait fraude de la part du vendeur. —Il a été jugé : 1° que l'acquéreur d'un immeuble est recevable à attaquer par tierce opposition le jugement rendu contre son

---

(1) *Espèce :*—(Bourgmalon C. Menier.)—Le 25 mess. an 3, les frères Menier vendent au sieur Boissel trois maisons à Paris. Le 25 pluv. an 7, la rescision de cette vente est prononcée pour cause de lésion, contradictoirement avec Boissel. Lors de l'exécution du jugement, les frères Menier, instruits de l'acquisition que le sieur Bourgmalon a faite de l'une de ces maisons, l'assignent en déclaration de jugement commun. Ce tiers détenteur, après avoir succombé dans cette instance, forme tierce opposition au jugement du 25 pluv. an 7.

8 flor. an 9, jugement qui la rejette en ces termes : « Attendu que, pour être reçu tiers opposant à un jugement, il ne suffit pas d'avoir intérêt de le détruire, qu'il faut que le demandeur en tierce opposition ait une qualité qui ait obligé les parties litigantes à l'y appeler, et qu'il n'y ait pas été partie par l'interposition d'un tiers qui soit censé le représenter ; que lors des jugements, la contestation entre les frères Menier et Boissel présentait la question de savoir si le contrat de vente des trois maisons devait être rescindé ; — Attendu qu'une demande en rescision et nullité ne doit être nécessairement formée qu'entre les parties contractantes ; que c'est sur le fondement de ce principe que le jugement du 25 pluv. a autorisé les frères Menier à expulser Boissel et tous ceux qui occupent lesdites trois maisons ; que c'est encore sur ce principe que les frères Menier avaient fait assigner Bourgmalon et consorts, acquéreurs de Boissel, en déclaration de jugement commun ; que Bourgmalon ayant alors prétendu que les frères Menier devaient être déclarés non recevables, intervint jugement du 13 germ. an 8, qui le déboute de la fin de non-recevoir ; — Attendu que Bourgmalon et autres ne pouvaient avoir plus de droit que Boissel, leur cédant ;—Attendu qu'il résulte de là, 1° que Bourgmalon n'était qu'un tiers détenteur, inconnu aux frères Menier lors de leur demande en rescision, ils n'étaient point obligés de le mettre en cause pour la rescision d'un contrat qui lui était étranger ; 2° que, quoique Bourgmalon ne fût pas partie lors de la demande originaire, en vertu d'un droit direct et personnel, on doit dire néanmoins qu'il y était partie indirectement et par l'interposition de Boissel, son vendeur, dont il était l'ayant cause ; que dès lors il ne se trouve dans aucune circonstance pour être reçu tiers opposant ; qu'en supposant que Bourgmalon s'y trouvât, il n'y aurait pas régulièrement introduit son instance en n'ayant pas préalablement passé en conciliation ; qu'en effet la demande des frères Menier contre Boissel lui étant étrangère, à moins d'arrangement, il s'ensuit que sa tierce opposition ne peut être regardée que comme incidente à une demande dans laquelle il n'a jamais été présent ni partie ;— Qu'elle est par conséquent une action nouvelle et indépendante de celle jugée , et qu'ainsi il est indispensable de passer au bureau de paix ; d'où il suit que ne l'ayant pas fait, elle est irrégulière et nulle. » — Arrêt.

La cour ; — Adoptant les motifs des premiers juges, sauf l'irrégularité de la tierce opposition laquelle n'étant dans l'espèce qu'une exception, n'était pas susceptible d'être précédée de l'épreuve de la conciliation ;—Confirme.

Du 29 prair. an 10.-C. de Paris, 3e sect.-M. Lefebvre, pr.

(2) (Mallet C. Pradelle.) — La cour ; — Considérant qu'il résulte de la combinaison des art. 1654, 2182, 2125 et 1183 c. civ. que tout jugement ou arrêt qui prononce la résolution d'une première vente a défaut de payement du prix est exécutoire contre la deuxième acquéreur, sans que celui-ci puisse être admis à payer le premier vendeur, après l'expiration du délai accordé au premier acquéreur ; — Que la seconde vente n'a pu, en effet, être passée que payant les charges et les conditions inhérentes à la première, celle de sa résolution à défaut de payement du prix ; — Que le second acquéreur s'est implicitement soumis à souffrir l'effet de cette résolution, ou à la prévenir en payant lui-même dans le délai accordé à l'opposition. — Rejette l'opposition.

Du 30 juin 1818.-C. de Grenoble.

(3) *Espèce :*—(Veuve Gony C. Malherbe.) — 14 juin 1793, vente d'un immeuble par la veuve Gony à Bourguignole, moyennant 14,000 fr. — En l'an 3, Bourguignole le revend à Malherbe. — En l'an 6, Bourguignole forme contre sa venderesse une action en réduction de son prix. — 5 mess. an 7, jugement qui, au lieu de réduire le prix, le porte à 16,525 fr.

Commandement est fait à Malherbe par la veuve Gony de payer l'excédant, ou de délaisser l'immeuble. — Tierce opposition par Malherbe, qui soutient qu'il y a eu collusion entre la demanderesse et son

---

vendeur, postérieurement à la vente, au profit d'un vendeur primitif, lorsqu'il établit qu'il y a eu collusion entre eux à son préjudice (Rouen, 15 therm. an 10) (3); — 2° Que l'acquéreur d'un immeuble sur lequel il a été pris inscription pour la conservation d'un capital formant l'objet d'une substitution, est recevable à former tierce opposition à un jugement homologatif d'une délibération de conseil de famille qui lui ordonne de payer, lorsqu'il allègue des faits tendant à prouver qu'il y a eu collusion au préjudice des mineurs appelés à recevoir le capital substitué (Angers, 17 juin 1825) (4).

149. Il y a plus de difficulté lorsque l'acquisition a lieu pen-

---

vendeur, et établit la fraude par diverses circonstances.—14 niv. an 9, jugement qui déclare la tierce opposition recevable. — Appel.—Arrêt.

La cour ; — Considérant que si, en principe général, le tiers détenteur, successeur à titre particulier de l'acquéreur originaire, n'est pas recevable à attaquer par la voie de la tierce opposition les jugements contradictoirement rendus contre ce dernier, ce principe souffre exception toutes les fois que l'acquéreur originaire a, par sa négligence, ou par une mauvaise défense, sacrifié les intérêts de son successeur ; — Considérant, dans le fait, que Bourguignole, en négligeant sa propre défense, en substituant des conventions privées et volontaires à celles résultant des actes, et aux errements judiciaires que comporte le procès, et en dérogeant aux conventions de son traité primitif, aux foi desquelles le sous-acquéreur avait lui-même contracté, a sacrifié ses intérêts et aggravé son sort ; — Confirme.

Du 15 therm. an 10.-C. de Rouen.

(4) (Thibaut C. dame Danso, etc.) — La cour ; — Attendu, en droit, que l'acquéreur d'un immeuble sur lequel il a été pris une inscription, pour la conservation d'un capital formant l'objet d'une substitution, est recevable et fondé à se refuser au payement de ce capital, et à se porter opposant à l'exécution d'un jugement rendu sur requête, homologatif d'une délibération du conseil de famille, lorsqu'il prouve que cette délibération a été illégalement et incompétemment rendue ; que le tuteur à qui l'on oblige de payer est frappé d'incapacité, et qu'il y a eu collusion préjudiciable à des mineurs appelés à la substitution ; — Attendu, en fait, que le conseil de famille a été convoqué à Saumur, tandis que le sieur Lemonnier, tuteur à la substitution, aurait été nommé à Thouars, lieu du domicile des sieurs et dame Danso ; rien ne prouve qu'ils aient changé ce domicile en allant demeurer à Méron ; et, lors même qu'ils eussent transféré leur domicile dans ce dernier lieu, c'eût été devant le juge de paix de Montreuil, et non devant celui de Saumur, que le conseil de famille eût dû s'assembler ; — Que ce prétendu conseil, convoqué à Saumur à la requête de la dame Danso, s'est permis de remplacer ce tuteur en nommant le fils même du grevé, le sieur Eugène Danso, qui était appelé à la substitution, et n'offrait aucune espèce de garantie ; — Que l'on n'a pas justifié que Danso père possédât des propriétés à Porto Ricco, et qu'il redemandât des fonds à trois enfants. D'un autre côté, ses lettres n'étant pas d'une date récente, il est même incertain qu'il ait résidé aujourd'hui en Amérique ; — Que le tuteur, chargé de toucher le capital substitué, inspirait si peu de confiance, qu'on a nommé un avoué pour l'assister dans la réception des fonds, et pour diriger dans le traité à faire avec un armateur pour le prix du passage à Porto-Ricco, quoique, par une contradiction étonnante, la délibération du conseil de famille laissât à ce tuteur, à son arrivée à Porto-Ricco, le surplus des fonds provenant du capital substitué; disposition que le tribunal, par son jugement du 1er mai 1824, a remplacé par une autre non moins illusoire, en ordonnant que ces fonds seraient remis par l'armateur lui-même au sieur Danso père, aux mains duquel l'auteur de la substitution n'avait pas voulu les abandonner ; — Attendu que ces faits prouvent tout à la fois l'illégalité de la délibération du conseil de famille Danso, et la collusion pratiquée entre la mère et le fils Danso, nommé tuteur, pour toucher le capital substitué au préjudice de trois enfants mineurs qui sont au nombre des personnes appelées à le recueillir;

Attendu que, dans une telle circonstance, on ne peut repousser l'action de Thibaut en prétendant qu'il est sans intérêt pour contester, parce que, payant en vertu d'un jugement, il s'était valablement libéré. Une pareille objection, fondée en thèse générale, ne peut l'être dans le cas particulier dont il s'agit ici, où Thibaut avait juste sujet de craindre que le jugement homologatif fût attaqué par la voie de la tierce opposition ou de la requête civile, de la part des enfants nés ou même des enfants à naître, le droit à la substitution n'étant pas légalement ouvert. D'un autre côté, Thibaut pouvait craindre aussi qu'on ne l'impliquât dans la collusion, avec d'autant plus de raison qu'il avait déjà payé aux majeurs Danso quelques sommes sur le capital substitué, sans qu'aucune formalité de justice ait été remplie; il est donc certain que, sous ces deux rapports, Thibaut avait intérêt à se rendre opposant, non pour se dispenser de payer, mais pour payer valablement, et avec la certitude de n'être pas inquiété à l'avenir; opposition d'autant plus recevable qu'il s'agissait d'un jugement sur requête, que l'on obtient souvent avec trop de facilité; — Attendu enfin qu'il est du devoir des **magistrats de res-**

dant le cours de l'instance dirigée contre le vendeur. Certains auteurs refusent dans ce cas la tierce opposition à l'acquéreur, qu'ils soutiennent avoir été représenté par le vendeur (MM. Pigeau, *loc. cit.*; Proudhon, Usufr., t. 3, p. 325, n°° 1343 et suiv.; Chauveau sur Carré, n° 1710 *ter*, p. 275). — En effet, dit-on : 1° quoique le jugement n'ait pas encore été prononcé, l'instance une fois liée entre les parties, le compromis judiciaire est en voie d'exécution, et le fonds contesté se trouvant déjà valablement grevé de la servitude du litige au moment où il passe dans les mains du nouveau possesseur, il ne peut lui être transmis qu'avec cette charge. — 2° La présomption de dol qui entache l'acte de vente passé dans ces circonstances, empêche que l'action à laquelle le vendeur a défendu depuis ne soit exclusivement personnelle; elle demeure aussi réelle contre lui, quoiqu'il ne possède plus, en vertu du principe consacré par la loi romaine : *is qui ante litem contestatam dolo desiit rem possidere tenetur in rem actione* (D. L. 27, tit. 1, § 3, liv. 4 et 6, et M. Chauveau, p. 275). — L'acquéreur ne doit imputer qu'à sa négligence même le préjudice qui lui est causé; il était libre d'intervenir en effet pour soutenir ses droits, et s'il a omis de le faire par suite de la mauvaise foi du vendeur, qui lui a laissé ignorer le procès, il peut encore demander et obtenir contre lui des dommages-intérêts. — Il a été jugé, conformément à l'opinion de ces auteurs que celui qui achète un immeuble pendant une instance en revendication contre son vendeur, n'est pas recevable à former tierce opposition à l'arrêt qui a déclaré, postérieurement à la vente, que son vendeur n'était pas propriétaire de l'immeuble vendu, alors même que cet arrêt a été précédé d'une reprise d'instance à laquelle le tiers acquéreur n'a pas été appelé,... surtout s'il n'a pas fait signifier son contrat au demandeur dont il connaissait les poursuites (Liége, 5 déc. 1811)(1).

150. Mais on peut répondre : Peu importe l'époque à laquelle la vente a eu lieu, l'effet n'en est pas moins le même. Dès que le vendeur s'est dessaisi de ses droits, il ne peut plus en traiter, ni en disposer, ni les compromettre d'aucune manière au préjudice de l'acquéreur, qui en est devenu seul maître et propri-

taire : à partir de ce moment, l'acquéreur n'étant plus représenté par le vendeur, c'est contre lui que doivent être exercées les actions en revendication et en délaissement. La connaissance que l'acquéreur aurait eue de l'action formée contre le vendeur est insuffisante pour élever une fin de non-recevoir contre sa tierce opposition, la loi n'ayant mis nulle part une pareille condition à la recevabilité de cette voie de recours. C'est en vain que l'on oppose que la vente peut être dolosive; car le dol ne se présume jamais. Ce n'est pas sur une pareille présomption que l'on peut se fonder pour mettre obstacle à l'exercice d'un droit reconnu par la loi : il faudrait une preuve complète du dol. Quant à cette idée que l'immeuble est transmis chargé de la servitude du litige, c'est là une considération qu'aucun texte légal ne nous paraît devoir justifier. Enfin la loi romaine, citée à l'appui de la solution que l'on combat, paraît sans influence sur la solution ; car cette loi suppose qu'il y a eu dol dans la transmission de l'objet litigieux, *dolo desiit rem possidere*, ce que précisément l'on conteste ici. — C'est à ce dernier système que nous croyons devoir nous rallier, et c'est aussi celui que la cour de cassation a adopté (V. en ce sens v° Chose jugée, n° 247.—Conf. MM. Carré, quest. 1710 ; Favard, t. 5, p. 602).—Il a été jugé en effet 1° que l'acquéreur peut former tierce opposition à un arrêt rendu contre le vendeur, encore que la vente ait été faite durant le procès, si au moment où l'arrêt est intervenu, l'acquéreur jouissait de la plénitude de ses droits (Rej. 8 mai 1810, aff. Pallès, v° Chose jugée, n° 247.—Conf. Cass. 30 mars 1858, aff. Devau, V. n° 146-5°); — 2° Qu'un acquéreur est recevable à former tierce opposition à un arrêt rendu contre son vendeur après la vente qui condamne celui-ci à délaisser l'immeuble vendu, et lors duquel cet acquéreur n'a pas été appelé, bien que cette vente ait en lieu après l'essai de conciliation et que la transcription de la vente n'ait été opérée qu'après l'introduction de l'instance en délaissement (Cass. 19 août 1818) (2); — 3° Que l'acquéreur n'est pas représenté par le vendeur au jugement rendu depuis la vente, bien que l'introduction de l'instance soit antérieure à la vente; dès lors, si ce jugement préjudicie à ses droits, il peut y former

---

pecter les dispositions faites dans l'intérêt des familles, et de veiller à ce que les droits des mineurs ne soient pas aliénés sans que les formalités légales aient été observées; — Sans avoir égard à la fin de non-recevoir proposée par les intimés, dont ils sont déboutés, met au néant le jugement dont est appel; décharge, etc. — Reçoit Thibaut opposant aux poursuites dirigées contre lui en vertu du jugement sur requête, du 1er mai 1824, et même tiers opposant audit jugement; en conséquence, déclare nul ce jugement, ensemble la délibération qui l'homologue, et les poursuites exercées en exécution d'icelles ; — Ordonne, etc. Du 17 juin 1825.-C. d'Angers.-M. de Beauregard, pr.

(1) (Geradon et consorts *C.* femme Schirps.)—La cour ; — Attendu, en fait, que depuis longues années il avait existé des procès entre N.-N. Dejaer et consorts d'une part, et les parties Clermont (la dame de Schirps) d'autre ; — Que des procès avaient été poursuivis d'abord devant les tribunaux du pays de Stavelot, ensuite portés à la chambre de Wetzlaer, et finalement soumis en appel à la décision de la cour, qui avait terminé la contestation par arrêt définitif; — Qu'en l'an 10, et pendant que l'action en revendication était pendante, ainsi *pendente lite*, la partie Harzé (Geradon, etc.) a acquis de N. Dejaer et consorts une portion de biens-fonds qui faisaient l'objet de la contestation ; — Que, vers l'an 13, ainsi postérieurement à ladite acquisition, la partie Clermont avait assigné Dejaer et consorts en reprise d'instance, sans appeler à la cause la partie Harzé qui avait acheté une partie des biens en contestation ; — Que, sur cette demande en reprise d'instance, le procès avait été poursuivi et terminé par un arrêt rendu le 30 juin 1809, qui adjuge les biens réclamés à la partie Clermont ; — Que la partie Harzé a formé une tierce opposition contre l'exécution de cet arrêt, fondée sur ce qu'elle n'aurait pas été appelée à la cause, et sur ce que la demande en reprise d'instance formée en l'an 13, donc postérieurement à son acquisition, aurait constitué une nouvelle demande dans laquelle elle aurait dû être entendue ;

Attendu, en droit, 1° qu'il résulte de la disposition de l'art. 474 c. pr. civ. qu'une partie ne peut former tierce opposition à un jugement qui préjudicie à ses droits qu'autant qu'elle-même ou ceux qu'elle représente n'auraient pas été entendus ni appelés ; — Que, dans l'espèce, la partie Harzé ayant acquis *pendente lite* une partie des biens-fonds en contestation, est censée avoir été entendue par l'organe de ceux dont elle tient ses droits, et qu'elle a été suffisamment appelée et représentée par eux, puisqu'elle est leur ayant cause ; — Que cela est d'autant plus vrai qu'il n'est pas allégué, dans l'espèce, que le contrat d'acquisition aurait été signifié à la partie Clermont ;

Attendu, 2° qu'une demande en reprise d'instance ne constitue pas une nouvelle action, à laquelle la partie Harzé aurait dû être appelée, parce qu'il est évident qu'une pareille demande ne tend qu'à faire reprendre les errements de l'action déjà intentée, et à la poursuite entre les mêmes parties ou celles qui les représentent ; que s'il est que la partie Harzé n'a pas dû être appelée à la cause ni avant ni après la reprise d'instance, parce qu'elle y était représentée par ceux dont elle tient son droit, et que, par suite, sa tierce opposition doit être rejetée ;—Par ces motifs, déclare la partie Harzé non recevable dans sa tierce opposition. Du 5 déc. 1811.-C. de Liége, 2e ch.-MM. Lhoest, Harzé, Clermont, av.

(2) *Espèce* : — (Larade *C.* Azaïs.)—15 vent. an 10, vente sous seings privés, par Azaïs à Rousset, de la métairie de la Mort, pour 8,500 fr., payables à différentes époques. — 8 oct. 1812, citation devant le bureau de paix, par Azaïs à Rousset, pour se concilier sur la demande qu'il entend former contre lui en délaissement de la métairie. — Le 10 décembre suivant, revente de ce domaine par Rousset à la dame Larade, autorisée de son mari, moyennant 4,000 fr. — Le 19 du même mois, Azaïs assigne Rousset en délaissement du domaine de la Mort. — Le 26 du même mois de décembre, la dame Larade fait transcrire au bureau des hypothèques son contrat d'acquisition. — Rousset répond à la demande formée contre lui par Azaïs, qu'il est propriétaire de la métairie en vertu d'un acte de vente sous seings privés, mais qu'il est dans l'impuissance de produire cet acte, n'ayant pas les fonds nécessaires pour subvenir aux frais d'enregistrement. — 25 mai 1814, jugement du tribunal de Limoux qui condamne Rousset au délaissement du domaine de la Mort.

Appel par Rousset; il fait enregistrer son acte d'acquisition et conclut à l'infirmation du jugement qui l'évinçait d'un immeuble dont il était réellement propriétaire. — Cette production ayant changé l'état de l'affaire, appel incident par Azaïs, qui conclut à ce que la vente qu'il avait consentie à Rousset fût résolue, à défaut de payement du prix.— 23 nov. 1815, arrêt de la cour de Montpellier qui réforme le jugement de première instance, maintient Rousset dans la propriété de la métairie, le condamne à payer à Azaïs la somme de 8,500 fr. dans le délai de trois mois, sinon et ce délai passé, déclare d'ores et déjà la vente du 15 vent. an 10 résiliée et comme non avenue, etc.

La dame Larade a attaqué cet arrêt par voie de tierce opposition.— Mais Azaïs l'a soutenue non recevable, par les raisons déduites dans l'arrêt suivant du 5 juill. 1816 : « Attendu que la vente consentie par Rousset à la dame Larade, du domaine ayant appartenu au sieur Azaïs, est postérieure à l'essai de conciliation entre lesdits Azaïs et Rousset sur

tierce opposition (Req. 26 mars 1838 (1); Bordeaux, 19 août 1839, M. Roullet, 1er pr., aff. Perrocheau C. Belly).

151. Il a même été décidé que lorsque, pendant l'instance d'appel d'un jugement qui a ordonné le rapport de certains biens la demande en délaissement du domaine; — Attendu que la transcription dudit contrat de vente n'a été opérée, de la part de ladite dame Larade, que postérieurement à l'introduction de l'instance en délaissement introduite par Azaïs contre Rousset;—Attendu que, dans l'acte de vente, elle a été assistée et autorisée par le sieur Larade, son mari, présent à l'acte;—Attendu que, des circonstances de la cause, il résulte que a dame Larade a dû avoir connaissance de l'instance qui a existé pendant plus de deux ans et onze mois depuis l'acte de vente consenti par Rousset à la dame Larade, entre lesdits Rousset et Azaïs, du domaine vendu à ladite dame Larade par ledit Rousset, et dont ledit Azaïs demandait le délaissement; la cour déclare ladite dame Larade non recevable dans sa tierce opposition... »

Pourvoi pour violation de l'art. 474 c. pr. civ. — Arrêt.

La cour; — Vu l'art. 474 c. pr. civ.; — Attendu que, des faits qui ont été constatés par l'arrêt dénoncé, la cour royale de Montpellier n'a pas tiré la conséquence qu'il y ait eu, de la part de la demanderesse, dol et fraude au préjudice du défendeur, et que seulement elle en a conclu que la demanderesse était non recevable dans sa tierce opposition ; mais que, suivant la disposition de l'art. 474 c. pr. civ., aucun de ces faits ne pouvait opérer de fin de non-recevoir, puisque, d'après les termes généraux de cette disposition, il suffit, pour qu'une partie puisse former tierce opposition à ce jugement, que ce jugement préjudicie à ses droits, et que ni elle ni ceux qu'elle représente n'y aient été appelés ; que l'on ne peut pas dire qu'un vendeur représente l'acquéreur, relativement aux droits immobiliers qu'il a aliénés, puisque ces droits ne lui appartiennent plus, et que s'en étant irrévocablement dessaisi, il ne peut plus ni en traiter, ni en disposer, ni les compromettre d'aucune manière au préjudice de l'acquéreur, qui en est devenu seul maître et propriétaire, et contre qui doivent être, en conséquence, exercées toutes les actions en revendication et en délaissement ; qu'aucune disposition de loi n'oblige l'acquéreur à intervenir sur les demandes en revendication qui peuvent être formées contre le vendeur, quoiqu'il en ait connaissance, et qu'au contraire l'art. 474 précité décide bien précisément que l'acquéreur n'y est pas obligé, puisque, sans aucune restriction quelconque, il admet la tierce opposition de la partie qui n'a été appelée ni représentée lors du jugement; que la citation en conciliation donnée à Rousset ne l'empêchait pas de vendre, et qu'enfin la demanderesse est devenue propriétaire de l'immeuble dont il s'agit dès le moment de la vente authentique du 10 déc. 1812, et non pas seulement à l'époque de la transcription de l'acte de vente, la transcription n'étant plus nécessaire pour consolider la propriété dans les mains de l'acquéreur, de tout quoi il suit que l'arrêt dénoncé, en déclarant la demanderesse non recevable dans sa tierce opposition, a violé l'art. 474 c. pr. civ., et a d'ailleurs commis un excès de pouvoir en ajoutant aux dispositions de la loi des conditions qu'elle ne prescrit pas pour l'admission de la tierce opposition ; — Casse.

Du 19 août 1818.-C. C., sect. civ.-MM. Brisson, pr.-Chabot, rap.

(1) *Espèce :* —(Trémoulet C. Bonnes frères.) — En 1829, décès de Trémoulet ; Trémoulet, son neveu, assigne sa veuve, héritière instituée, devant le tribunal de commerce pour obtenir payement d'une lettre de change de 12,000 fr. Dans les six mois, il prend inscription sur les biens du défunt, pour la conservation du privilège de séparation des patrimoines ; devant le tribunal, la veuve déclare ne pas reconnaître l'écriture et la signature attribuées à son mari ; elle conteste la date de la lettre de change qu'elle soutient devoir être fixée au 4 janv. 1825 au lieu du 4 janv. 1825. Renvoi devant le tribunal civil. Instance en vérification d'écriture, inscription de faux, suivie d'une ordonnance de non-lieu, et, le 29 mars 1834, jugement qui déclare la signature et l'approuvé d'écriture de la lettre de change véritables, et en fixe la date au 4 janv. 1825. — Cependant la veuve Trémoulet avait vendu, par acte du 4 oct. 1830, aux frères Bonnes, pour 7,000 fr., tous les immeubles provenant de son mari ; ceux-ci avaient fait transcrire leur contrat. Décès de la veuve Trémoulet. Les acquéreurs Bonnes, ses héritiers institués, renoncent à sa succession, qui est acceptée, sous bénéfice d'inventaire, par ses héritiers naturels, lesquels sont la femme de Trémoulet neveu et ses belles-sœurs. Trémoulet neveu demande de nouveau contre les héritiers bénéficiaires le payement de la lettre de change. Ceux-ci déclarent qu'elle n'a pas été acquittée.

25 déc. 1835, jugement qui, sur cette déclaration, les condamne solidairement à en payer le montant. Trémoulet veut ramener le jugement à exécution, par l'action hypothécaire sur les immeubles provenant de la succession de son oncle ; il fait sommation aux héritiers et aux sieurs Bonnes frères de payer ou de délaisser ; ces derniers notifient leur contrat d'acquisition, à fin de purge. Trémoulet, comme créancier inscrit, fait une surenchère qui porte le prix des immeubles vendus à 12,000 fr., et assigne en nullité. Les frères Bonnes demandent la nullité de l'inscription hypothécaire. — 24 déc. 1834, jugement du tribunal de Lodève qui admet la surenchère.

à une succession, ces biens ont été vendus par l'enfant contre qui le rapport était demandé, s'il arrive que le jugement soit confirmé, sans que l'acquéreur ait été mis en cause, l'arrêt confirmatif ne peut lui être opposé, et la tierce opposition qu'il y a

Appel par les frères Bonnes qui forment incidemment tierce opposition au jugement du 25 déc. 1835. — Trémoulet, intimé, conclut-à ce que la tierce opposition soit rejetée comme non recevable et mal fondée, et à ce que l'appel soit mis au néant.

26 mars 1836, arrêt de la cour de Montpellier qui reçoit les frères Bonnes incidemment tiers opposants au jugement du 25 déc. 1835, rétracte le jugement en ce qui les concerne, déclare quant à eux, la lettre de change prescrite, à la charge d'affirmer par serment, suivant leur offre, qu'ils estiment de bonne foi qu'il n'est rien dû, et annule la surenchère. Les motifs de cet arrêt sont ceux-ci : — « Sur la tierce opposition : aux termes de l'art. 474 c. pr., pour qu'une partie soit recevable à former tierce opposition, il suffit que le jugement préjudicie à ses droits, et qu'elle ni ceux qu'elle représente n'y aient été appelés ; les frères Bonnes ont intérêt et qualité pour attaquer le jugement du 25 déc. 1835, puisqu'il fait revivre la lettre de change en vertu de laquelle Trémoulet neveu a fait une surenchère. On ne peut pas dire que les frères Bonnes ont été représentés, lors du jugement, par les héritiers de la veuve Trémoulet, venderesse ; le vendeur représente l'acquéreur lorsque le jugement précède la vente, mais ne la représente pas lorsque la vente précède le jugement, et le jugement du 25 déc. 1835 est postérieur à la vente. Au fond, les frères Bonnes ayant acquis une partie des biens de la succession du sieur Trémoulet oncle, se trouvent, en cette partie, ses ayants cause ; en cette qualité, ils sont recevables, aux termes de l'art. 189 c. com , à opposer la prescription de la lettre de change ; ils sont encore recevables aux termes de l'art. 2225 c. civ., applicable à toute matière. A la vérité, la loi n'admet l'exception de la prescription en matière de commerce que sur la présomption du payement, présomption qui peut être détruite par la preuve contraire; mais aucune circonstance de la cause n'établit que la lettre de change soit due ; la conduite de la veuve Trémoulet prouve le contraire ; les déclarations faites par l'épouse, la tante et les belles-sœurs du sieur Trémoulet neveu, sont de complaisance, ne peuvent exercer aucune influence aux yeux de la justice ; la date de la lettre de change est fixée au 4 janv. 1823 ; les poursuites n'ont commencé que le 17 oct. 1829 ; il y a lieu par conséquent de déclarer la prescription acquise, à charge toutefois du serment ; la solution de ces questions rend inutile l'examen des autres, etc. »

Pourvoi : 1° Fausse application et violation de l'art. 474 c. pr., violation des art. 1515 et 1551 c. civ., 140 c. com., 141 c. pr. et 7 de la loi du 20 avr. 1810 , en ce que : 1° la cour a décidé qu'il n'était pas nécessaire qu'on ait dû être appelé à un jugement pour qu'on puisse y former tierce opposition, bien que le contraire soit constant ; 2° en ce que si, comme ayant cause de la veuve Trémoulet et de ses héritiers, les frères Bonnes peuvent opposer la prescription (c. com. 189), comme tels ils ont été représentés au jugement de 1835 par les héritiers, et ne peuvent, dès lors, y former tierce opposition, l'introduction de l'instance étant antérieure à la vente. 3° Violation des art. 2166, 2167, 2185 c. civ., 834 c. pr. et 7 de la loi du 20 avr. 1810, en ce que, au mépris, tant de la qualité de créancier inscrit du sieur Trémoulet, résultant de son inscription, de la notification qui lui a été faite par les frères Bonnes, conformément à l'art. 2183, de l'acte du 4 oct. 1830, des offres qui accompagnaient cette notification, que des droits résultant de ces diverses circonstances, l'arrêt a annulé, sans même donner de motif, la surenchère du sieur Trémoulet. — Arrêt.

La cour; — Considérant que, pour repousser les diverses fins de non-recevoir proposées, l'arrêt déclare, en droit, que les frères Bonnes n'ont pas été représentés en ce qui les concerne par l'être par la veuve Trémoulet, laquelle antérieurement leur avait vendu les biens contentieux, et, en fait, que le jugement du 25 déc. 1835 portait aux frères Bonnes un préjudice réel ; — Que ce jugement a été rendu au profit du demandeur par suite d'un aveu qui avait été le résultat d'une concertation de famille, et par l'effet d'une collusion entre lui et les héritiers bénéficiaires de la veuve Trémoulet qui étaient sa femme et ses belles-sœurs ; —Que de l'ensemble des considérants de l'arrêt il résulte qu'il existe des motifs suffisants ;

En ce qui touche le fond : — Considérant qu'après avoir déclaré la tierce opposition recevable indépendamment des circonstances de la cause qu'il a appréciés, l'arrêt, en rapprochant la date réelle de la lettre de change de celle de la date de la demande, déclare : 1° qu'il s'est écoulé plus de cinq ans ; — Qu'ainsi la prescription était acquise, sauf aux frères Bonnes le serment déterminé par la loi ; — Que le titre s e trouvant par l'effet de la prescription détruit dans les mains du demandeur, il ne pouvait y avoir lieu, de sa part, à surenchère ; — Considérant, que la prescription des autres moyens invoqués devant la cour, qu'ils n'ont pas été présentés devant la cour royale ; — Qu'ainsi l'arrêt n'a pas violé les articles de code invoqués par le demandeur ;—Rejette, etc.

Du 26 mars 1838-C.C., ch. req.-MM. Zangiacomi, pr.-Lebeau, rap.-Nicod, av.-gén., c. conf.-Goudard.

formée ne peut être déclarée non recevable, sous le prétexte qu'il aurait été représenté par son vendeur, ce dernier s'étant trouvé, au moment de l'arrêt, dessaisi de la propriété des biens vendus (Rej. 25 mars 1828) (1). — Cette solution est critiquée par M. Bioche, v° Tierce opposition, n° 50 : « Elle nous paraît, dit-il, violer le principe qui fait du jugement le titre, en cas d'arrêt confirmatif : l'arrêt confirmatif n'est rien par lui-même ; le jugement est tout, et l'exécution en appartient au tribunal. — Mais, au contraire, s'il s'était agi d'un arrêt infirmatif, c'est-à-dire créateur d'un titre nouveau, cet arrêt, étant postérieur à la vente, n'aurait pu préjudicier aux droits de l'acquéreur. » — Ne pourrait-on pas dire cependant que ni le jugement de première instance ni l'arrêt confirmatif ne peuvent être opposés à l'acquéreur, le premier parce qu'il n'avait pas force de chose jugée contre lui au moment de la vente, à raison de l'appel du vendeur ; le second parce qu'il n'y a été partie ni par lui-même ni par son auteur, le vendeur étant dessaisi de ses droits au moment où il a été rendu et n'ayant plus par conséquent qualité pour le représenter. Autrement il faudrait supposer qu'un arrêt confirmatif peut produire ses effets contre celui qui n'y a pas figuré, ce qui est difficilement admissible. — En cas d'arrêt infirmatif, la difficulté n'existerait pas.— V. n° 162.

152. Au surplus, depuis la loi de 1855, il faudrait, pour que la tierce opposition fût ouverte à l'acquéreur, dans l'hypothèse que nous venons d'examiner, que la transcription de la vente eût été effectuée avant le jugement.

153. L'acquéreur sous une condition suspensive n'est pas représenté par le vendeur dans les jugements rendus contre celui-ci, lorsque la condition s'accomplit. La condition accomplie a un effet rétroactif au jour auquel l'engagement a été contracté (c. nap. 1179, 1181, V. Chose jugée, n° 252 ; Oblig., n° 1185 et s.).

154. En tout cas, les solutions que nous venons d'émettre ne devraient plus être suivies s'il y avait dol ou fraude constatée de la part de l'acquéreur. Ainsi l'acquéreur n'aurait pas le droit de se plaindre de n'avoir pas été appelé dans une cause de son vendeur, et par suite d'y former tierce opposition, lorsqu'il avait une qualité qui l'avait instruit du procès, et qu'il y a pris une part active dans son propre intérêt. — Il a été jugé, par exemple : 1° que l'acquéreur qui a non-seulement connu, mais même dirigé, en qualité d'avoué, sous le nom de son vendeur et dans son propre intérêt, les instances formées contre celui-ci relativement à l'immeuble vendu, est non recevable à se porter tiers opposant à l'arrêt rendu contre son vendeur, sous le prétexte qu'il n'a pas été appelé en cause : ou du moins l'arrêt qui le décide ainsi et qui en conclut en fait que l'acheteur a été représenté par son vendeur, est inattaquable devant la cour de cassation (Req. 2 mai 1811) (2) ; — 2° Que de ce que, dans une instance dirigée contre le vendeur d'un immeuble litigieux, l'acquéreur aurait été son conseil et son avocat, l'acquéreur a pu être déclaré avoir été partie au procès, et par suite être déclaré non recevable à attaquer par tierce opposition le jugement rendu contre le vendeur, alors que la vente est reconnue simulée.

---

(1) *Espèce* : — (Despujos C. Petit-Janon.) — En 1808, décès de Despujos père, laissant six enfants. — Avant ce décès, deux des enfants, Jean dit Janton et Jean-Baptiste, avaient acquis divers immeubles pendant qu'ils demeuraient avec leur père. — En 1812, la dame Couralet, l'une des filles, demande contre ses frères le partage de la succession.— Jugement qui ordonne ce partage, en y comprenant les biens acquis par les deux frères. — Il y a appel qui reste impoursuivi pendant cinq ans. — En 1817, Janton vend à Petit-Janon les immeubles qu'il avait acquis avec son frère. — Il est donné suite à l'appel ; et, le 28 mars 1818, la cour de Pau confirme le jugement. — Un partage a lieu. — Les biens acquis par Janton et Jean-Baptiste échoient à la dame Castay-Babe. — En 1823, celle-ci demande le délaissement de ces biens contre Petit-Janon. — 28 juill. 1823, jugement du tribunal de Saint-Sever qui l'ordonne. — Appel par Petit-Janon. — Il forme tierce opposition à l'arrêt du 28 mars 1818. — Le 24 déc. 1824, arrêt infirmatif de la cour de Pau, conçu en ces termes : « Attendu qu'il résulte de l'acte de vente du 5 août 1807, que les immeubles dont il s'agit furent acquis et payés par Jean et Jean-Baptiste Despujos frères ; qu'à la vérité, ce fut du vivant de leur père et pendant qu'ils vivaient en compagnie qu'ils firent cette acquisition ; mais qu'il a été également soutenu, sans contradiction, qu'au moment de la vente, les frères Despujos étaient majeurs et maîtres de leurs droits ; que, d'ailleurs, à l'époque où fut faite l'acquisition, ce n'était plus sous l'empire des lois, d'après lesquelles tout ce que le fils acquérait en la compagnie de son père appartenait à ce dernier par le seul effet de la puissance paternelle, si le fils ne prouvait pas qu'il avait eu des ressources personnelles pour faire ces acquisitions, et qu'en supposant que Despujos eût fourni à ses enfants l'argent qui servit à payer le prix des immeubles par eux achetés de Gegun, il en résulterait tout au plus une créance en faveur de la succession de Despujos père, sur Jean et Jean-Baptiste Despujos ses enfants, mais que ceux-ci ne cesseraient pas d'être propriétaires desdits immeubles ; — Attendu, sur la tierce opposition, qu'étant décidé que Jeanne Despujos ne peut opposer à Petit-Janon les jugement et arrêt, il est inutile d'examiner si elle est régulière. »

Pourvoi pour violation, entre autres, des art. 1350, 1351 c. civ.— Les actes de vente passés à Petit-Janon, ont-ils dit, sont postérieurs au jugement de 1812 ; ils ont été passés dans le cours de l'instance d'appel, sans avoir été notifiés ; l'instance a donc dû se suivre entre les parties primitives, et Petit-Janon a été représenté par son vendeur, ainsi la chose jugée peut lui être opposée.—Arrêt.

La cour ; — Considérant (sans qu'il soit besoin d'examiner si l'arrêt attaqué est contrevenu à l'art. 182 c. pr.) que la question du procès n'était, devant la cour royale de Pau et n'est encore, devant la cour, que celle de savoir si l'exception de la chose jugée a pu légalement être opposée à Petit-Janon ; — Et attendu qu'au moment où il est devenu acquéreur des biens qui font la matière du procès, le rapport de ces biens au partage à faire des successions des père et mère Despujos n'était ordonné que par un jugement de première instance, frappé d'appel, et que les arrêts qui, depuis cette vente, ont confirmé, en l'absence de Petit-Janon, ce jugement de première instance, n'étaient pas rendus avec lui, mais seulement avec son vendeur Janton, déjà dessaisi par la vente qu'il avait faite à Petit-Janon, ne saurait avoir, contre celui-ci, l'au-

torité de la chose jugée ; — D'où il suit qu'en écartant l'exception tirée de la chose jugée, l'arrêt attaqué ne peut pas avoir violé les art. 1350 et 1351 c. civ. ; — Rejette, etc.

Du 25 mars 1825.-C.C., ch. civ.-MM. Brisson, pr.-Quéquet, rap.-Joubert, av. gén., c. conf.-Nicod et Guillemin, av.

(2) *Espèce* : — (M° V. C. veuve Dupont.) — 13 nov. 1793, décès de Dupont. — Sa veuve renonce à sa succession. — Elle poursuit le recouvrement de son douaire et de ses propres. — En l'an 4 et en l'an 6, Bonvildier acquiert les sept dixièmes de la succession Dupont. — En l'an 12, M° V., avoué, acquiert les trois autres dixièmes. — Quelques mois après, Bonvildier lui vend une terre appelée Lande-Magon, qui faisait partie de la portion par lui acquise. Cet acte est enregistré au 22 vent. an 12. — Les poursuites de la veuve Dupont se continuent, soit contre les héritiers de son mari, soit contre Bonvildier, sans mettre en cause M° V. — 21 therm. an 13, jugement qui fait grief à Bonvildier, et dont il appelle. — En 1808 , il achète de M° V. les trois dixièmes qui lui appartenaient, et se trouve ainsi maître de toute la succession, moins la terre de Lande-Magon que M° V. s'était réservée. — A cette époque, la veuve Dupont prétend que Bonvildier est acquéreur de droits litigieux, et offre d'en exercer le retrait.— 17 août 1808, arrêt qui l'y autorise. — 19 juill. 1809, arrêt déclarant que l'envoie en possession. — Tierce opposition de M° V., comme acquéreur de la terre de Lande-Magon. — 2 mai 1810, arrêt de la cour de Caen qui le déclare non recevable :

« Considérant, sur la deuxième question, qu'il est constant que Bonvildier était cessionnaire d'une grande partie de la succession de Timothée Dupont, de la part de plusieurs héritiers, et que M° V. était son avoué et son conseil dans les différentes contestations dont en lieu entre lui et la veuve Dupont ; — Considérant que M° V. connaissait la nature de ces contestations, qu'il savait que les prétentions de la veuve consistaient dans la délivrance de son douaire, de ses apports, dans la demande du payement d'une rente de fiefs affectée sur les biens de son mari, à obtenir une récompense de la succession mobilière de son père, tous objets qui frappaient les immeubles sur lesquels par conséquent s'élevait un litige ; — Considérant que ce fut M° V. qui soutint ce litige en contredisant par ses conseils la majeure partie des prétentions de la veuve ; — Considérant que dès le 1° niv. et 8 pluv. an 12, M° V. se fit céder les trois dixièmes de la succession de Timothée Dupont par plusieurs de ses héritiers ; que des lors il dévint intéressé à la chose, et qu'en continuant de procéder comme avoué et conseil, la procédure qu'il exerçait était dans ses intérêts ; — Considérant que le 3 vent. an 12 il intervint un jugement qui rejeta les estimations demandées relativement aux immeubles affectés au douaire, qui ordonna sur quels biens le douaire serait exercé, qui accorda à la veuve la récompense d'une rente amortie sur les biens de son mari, ainsi que des arrérages, et qui réserva à faire droit sur tous les autres points litigieux, et sur la succession mobilière du père ; — » Considérant qu'indépendamment de ces réserves qui rendaient de plus en plus les biens de la succession litigieux, M° V., par un autre acte sous seing privé, enregistré le 22 vent. an 12, et qui est la seule date qui puisse être opposée à un tiers, acquit de Bonvildier, cessionnaire, la terre de Lande-Magon, faisant une grande partie de la

Il importe peu que le vendeur ait demandé à être mis hors de cause (Req. 16 fév. 1830, aff. Gaffori, n° 236).

155. Cependant, il a été jugé que lorsqu'un individu a pris des conclusions dans une instance, tant au nom d'un client dont il dirige le procès comme avoué, qu'en son nom personnel, comme prétendant avoir des droits à faire valoir, on ne peut dire qu'il ait été nominativement partie dans l'instance ; il suffit que le jugement ait pu, en quelque manière, lui porter préjudice pour qu'il ait le droit de l'attaquer par voie de tierce opposition, en réclamant le bénéfice de l'art. 474 c. pr. (Orléans, 12 déc. 1816, aff. N... C. N...). Mais nous ne pouvons considérer les trois décisions ci-dessus comme des arrêts de principe : ce sont des cas exceptionnels dans lesquels les faits ont une grande influence sur l'opinion des magistrats.

156. Le vendeur peut-il former tierce opposition au jugement passé en force de chose jugée qui attribue à un tiers revendiquant la propriété de l'immeuble vendu ? En examinant n°s 125 et 126, cette question dans ses rapports avec la garantie formelle, nous avons reconnu, ainsi que nous l'avons dit v° Intervention, n° 94, qu'en principe le vendeur est recevable dans sa tierce opposition. Ceci ne peut faire doute, par exemple, lorsqu'il n'est pas rempli de son prix, lorsqu'il a vendu à réméré ou sous toute autre condition (V. v° Chose jugée, n° 252 ; Proudhon, t. 3, n° 1353) ; dans ce cas, soit comme vendeur, soit comme créancier privilégié, le *jus in re* réside encore en sa personne. Toutefois, nous avons, n° 126, soulevé des doutes sur la portée de l'art. 1640, et par suite sur le droit pour le vendeur payé de son prix de former tierce opposition. Tout en maintenant notre opinion, nous croyons devoir ici compléter notre discussion : pour former tierce opposition, avons-nous dit, il ne suffit pas de n'avoir été ni partie ni représenté au jugement qu'on veut attaquer ; il faut en outre (V. n°s 44 et suiv.), que le vendeur démontre qu'il éprouve un préjudice dans ses droits. Or cette preuve, dit-on, comment pourrait-il la faire, puisqu'il n'a plus le *jus in re* ? D'ailleurs, cette procédure ne renverserait-elle pas toutes les idées qu'on se fait de la tierce opposition ? Cette voie extraordinaire, créée dans l'intérêt du tiers opposant, ne lui profiterait en rien, puisqu'elle ne pourrait aboutir à le faire rentrer dans une propriété sur laquelle il a perdu tous ses droits, et elle

serait également sans effet sur le revendiquant qui a obtenu un jugement passé en force de chose jugée qui le déclare propriétaire. Cette objection est grave, nous devons l'avouer, mais nous y répondons qu'il n'en est pas moins vrai que le vendeur est soumis à une action en garantie de la part de l'acquéreur, et que si cet acquéreur n'a pas mis le vendeur en cause sur l'action en revendication, celui-ci a intérêt à former tierce opposition pour se soustraire à cette action en garantie qui dure trente ans. On nous oppose alors l'art. 1640 c. nap. Cet article, emprunté à l'ancienne jurisprudence et au droit romain, porte : « La garantie pour cause d'éviction cesse lorsque l'acquéreur s'est laissé condamner par un jugement en dernier ressort ou dont l'appel n'est plus recevable, sans appeler son vendeur, si celui-ci prouve qu'il existait des moyens suffisants pour faire rejeter la demande. » Quelle a été la pensée de la loi dans la disposition de cet article ? « Cette disposition, nous dit M. Troplong, Tr. de la vente, t. 1, n° 540, repose sur le principe que l'éviction amenée par le fait de l'acheteur ne saurait être imputable qu'à lui seul. L'acheteur a quelquefois intérêt à être évincé : si un événement de force majeure dégrade la chose achetée ; si, par l'effet des variations dans le prix des biens, elle perd de sa valeur primitive, ce sera pour l'acheteur une bonne fortune qu'une action en délaissement qu'un tiers dirigera contre lui ; car nous avons vu qu'en cas d'éviction il a le droit de répéter le prix entier contre le vendeur ; mais il serait contraire à la stabilité des contrats qu'un acquéreur, dégoûté de l'immeuble qu'il a acheté, colludât avec le demandeur en délaissement pour se soustraire à des obligations précises et forcer le vendeur à lui rendre le prix. La loi a donc voulu que, si l'acheteur se laisse condamner en dernier ressort sans faire valoir tous les moyens de la cause, il soit privé de tout recours contre son vendeur. » Tel est l'esprit qui a inspiré le législateur dans l'art. 1640 (V. en outre ce que nous disons à cet égard v° Vente, n°s 960 et s.). Or que résulte-t-il de cette volonté de la loi de repousser, dans ce cas, l'action en garantie, et de cette défiance qu'elle montre contre une action en garantie faite tardivement ? Ne peut-on pas dire que le législateur a voulu mettre un terme à toutes les contestations qui pouvaient découler d'une action en revendication. — En effet, l'acquéreur poursuivi en délaissement de l'immeuble a le plus grand

---

succession ; qu'il continua de procéder comme avoué et conseil, et qu'il devint intéressé plus que jamais à employer tous les moyens propres à écarter les prétentions de la veuve ; — Considérant que le litige se perpétua jusqu'au 21 therm. an 13, par les soins et l'entremise de M° V., époque où il intervint un jugement définitif, dont les condamnations frappent sur les immeubles, et qui tendent à priver les acquéreurs, dont M° V. fait partie, d'une portion de la propriété des biens, et dont il est très-présumable qu'ils seront privés de la totalité de la jouissance ; — Considérant que les biens ne cessèrent pas d'être litigieux par l'appel qu'interjeta Bonvildier, appel dont M° V. eut parfaite connaissance, puisqu'il rappelle dans son mémoire, page 9, tout ce qu'est fait depuis que la cour est saisie, et que la veuve Dupont soutenait que les contrats avaient pour objet des choses litigieuses ; — Considérant qu'il convient, page 1, que, devenu intéressé au procès par son acquêt des trois dixièmes de la succession, il désira le terminer à l'amiable, proposa une conférence, qu'il consentit et se tint à Caen dans le cabinet d'un avocat ;

» Considérant que M° V. n'était pas seulement acquéreur des trois dixièmes de la succession, mais qu'il possédait encore la terre de la Lande-Magon, au droit de Bonvildier, cessionnaire d'une partie des héritiers, et que s'il consentait céder les trois dixièmes par lui acquis, il ne voulait pas remettre la Lande-Magon, qui était l'objet le plus essentiel, et qui pouvait mettre la veuve hors de perte ; — Considérant que tous les biens restèrent dans un état litigieux ; — Considérant que Bonvildier, l'auteur de M° V., qui avait connaissance de tout, fit valoir dans ses mémoires tous les moyens nécessaires pour prouver que les ventes n'avaient point pour objet des droits litigieux ; que ce n'est pas M° V. qui a fait les mémoires, ils sont souscrits par l'avocat chez lequel il avait indiqué la conférence ; qu'il n'y a rien de négligé ni en fait ni en droit ; que M° V., en répétant les moyens n'y a pas donné plus de force ;

» Considérant que si M° V... n'avait pas eu confiance dans les moyens de Bonvildier, son auteur, il serait intervenu, soit en première instance, soit en appel, lui qui avait connaissance de tout ; s'il ne l'a pas fait, il est présumable qu'il avait pressenti que les choses pouvaient changer de face ; — Considérant qu'on aurait pu conclure personnellement contre lui à la nullité des contrats ; car il est d'une

vérité trop sentie qu'un avoué, qu'un avocat qui achète des immeubles sur lesquels il repose quantité de revendications, achète nécessairement des objets litigieux ;—Considérant que la cour s'est fondée sur les faits et les principes pour déclarer litigieux les objets compris aux ventes dont il s'agit ; — Considérant que lors des jugements et des arrêts, M° V. était représenté par Bonvildier, son vendeur ; qu'en outre M° V. le dirigeait en tout, parce qu'il avait connaissance de tout, et qu'il agissait nécessairement pour lui-même ; — Considérant que l'acquéreur, représenté par son vendeur, ne peut user du bénéfice de la tierce opposition ; que c'est ce qui résulte de la loi romaine, au Dig., liv. 42, tit. 1, L. 65, du sentiment de Pothier, de celui de Cochin, de M. Merlin, et du texte précis du code de procédure civile, etc. »

Pourvoi pour violation de l'art. 474 c. pr., et pour fausse application de l'art. 1351 c. civ. — 1° Il n'y avait pas chose jugée contre le demandeur, puisqu'il n'avait pas été partie aux arrêts qu'il attaquait. — 2° Il n'y avait pas été représenté. En vérité, il est l'ayant cause de son vendeur ; mais il ne peut être condamné dans la personne d'icelui, par suite d'une action intentée depuis la vente. C'est qu'il s'agit d'une action de cette nature, c'est-à-dire de l'action en retrait ; que si elle a été précédée d'instances antérieures à la vente du domaine de Lande-Magon, elle est-elle-même postérieure à cet acte. — Le principe n'a pas été contesté par la cour de Caen, qui a seulement cherché à l'éluder, en appliquant la loi 63, ff., De re jud. qui écarte de la tierce opposition celui qui a connu l'instance où il y est intervenu. Mais la loi romaine a été abrogée par l'art. 474 c. pr. — Arrêt.

La cour. — Attendu que la cour d'appel de Caen, après avoir établi en fait que le demandeur est acquéreur du bien de Lande-Magon non-seulement avait eu connaissance de toutes les contestations décidées par les arrêts attaqués par la tierce opposition, mais encore qu'il les avait suivies et dirigées lui-même sous le nom du sieur Bonvildier son vendeur, et dans les mêmes, et propres intérêts ; et décidant d'après ces faits que ledit demandeur avait été représenté lors desdits arrêts par ledit Bonvildier, en ce qui touche, et en conséquence qu'il n'était pas recevable dans sa tierce opposition ; loin de violer ou faussement appliquer les dispositions des art. 1351 c. civ. et 474 c. pr. civ., en a fait une juste application ;—Rejette. Du 2 mai 1811.—C. C., sect. req.—MM. Lasagni, rap.—Daniels, subst., c. conf.-Sirey, av.

intérêt à actionner immédiatement son vendeur en garantie. Mais s'il croit pouvoir se défendre seul, alors la loi le punit de sa négligence ou de sa mauvaise foi présumée et lui dit : Vous n'aurez plus droit à la garantie, après un jugement passé en force de chose jugé, si votre vendeur prouve qu'il existait des moyens suffisants pour faire rejeter la demande. L'art. 1640 n'exige pas que le vendeur ait un droit évident, mais seulement qu'il ait des moyens sérieux qui auraient pu faire rejeter la demande. Le législateur ne dit pas : des moyens décisifs, mais des moyens *suffisants*, c'est-à-dire que le tribunal apprécie les diverses circonstances de fait *ex æquo et bono*. Pourquoi en est-il ainsi? C'est que dès que vous, acquéreur, vous n'avez pas appelé en cause votre vendeur dans le moment voulu, vous ne pouvez pas le soumettre à la crainte d'une action en garantie, et vous ne pouvez pas non plus soumettre le tiers qui est rentré dans l'immeuble à la crainte d'une action en recours pendant trente ans. Le législateur ne veut pas que la propriété demeure ainsi incertaine entre ses mains.

(1) *Espèce :* — (Com. de Reynel C. Choiseul-Stainville.) — 5 fév. 1825, arrêt de la cour de Dijon en ces termes : — « Considérant que les héritiers de Clermont d'Amboise, appelés en garantie par le sieur de la Rue-Mareille, leur acquéreur, avaient, dès l'origine du procès, pris fait et cause pour lui, et qu'un jugement du 27 mars 1792 avait donné acte à toutes les parties de cette prise en mains ; que depuis, et lorsqu'il fut question de reprendre l'instance devant des arbitres, la commune appela dans la cause le procureur général syndic du département de la Haute-Marne, comme représentant la nation, qui était alors aux droits des héritiers Clermont d'Amboise, émigrés; mais que la dame de Choiseul-Stainville, qui figurait parmi ces héritiers, n'y fut pas appelée, quoiqu'elle n'eût pas émigré, et que le procureur général syndic fût sans qualité pour la représenter; qu'ainsi la dame de Choiseul-Stainville a le droit de former tierce opposition à la sentence arbitrale qui lui fait préjudice, et lors de laquelle ni elle ni ceux qu'elle représente n'ont été appelés;
» Considérant que c'est à tort que les premiers juges ont déclaré qu'elle avait été représentée par le sieur de la Rue-Mareille, son acquéreur; qu'il est bien vrai, en principe, que tout jugement rendu avec l'acquéreur d'un immeuble n'est pas susceptible de tierce opposition de la part de l'ancien propriétaire vendeur, sauf à celui-ci à contester, s'il y a lieu, la garantie que voudrait ensuite exercer l'acquéreur qui se serait laissé évincer sans l'avoir appelé ; mais qu'il ne saurait en être de même lorsque, sur les premières poursuites dirigées contre le détenteur, celui-ci a fait intervenir son vendeur garant, et que ce dernier a pris fait et cause; qu'alors la contestation est liée avec le garant, qui est devenu la véritable partie défenderesse, et qu'en cet état, tout jugement que fait rendre le demandeur originaire, sans y avoir appelé le garant, est susceptible de tierce opposition de la part de ce dernier; que la dame de Choiseul ayant originairement pris fait et cause pour le sieur de la Rue-Mareille, et n'ayant pas été appelée lors de la sentence arbitrale, a droit d'y former tierce opposition;
» Considérant que la dame de Choiseul-Stainville ayant pris d'abord contre cette sentence la voie du recours en cassation, il ne s'ensuit pas qu'elle ait renoncé, ni même qu'elle ait pu renoncer à la voie de la tierce opposition, qui était pour elle le seul recours légal; qu'en admettant que le pourvoi en cassation eût pu être considéré comme renfermant implicitement renonciation aux autres voies qui lui étaient ouvertes, il est de règle qu'un désistement ne produit d'effet qu'autant qu'il a été accepté ; qu'à cet égard, il ne s'est opéré aucun contrat judiciaire entre la dame de Choiseul-Stainville et la commune de Reynel, puisque celle-ci, bien loin de consentir à procéder sur le pourvoi de ladite dame, a elle-même demandé et obtenu qu'elle en fût déclarée déchue; — Considérant que la cour de cassation n'a pas eu à s'occuper du mérite, en la forme ni au fond, de la sentence attaquée; qu'elle n'a pas même pu examiner si la dame de Choiseul-Stainville était recevable à prendre la voie du recours en cassation, de préférence à la tierce opposition, puisqu'au s'arrêtant au moyen de nullité présenté par la commune de Reynel, elle a prononcé seulement la déchéance du pourvoi qui avait été admis; que l'effet de cette déchéance a été d'empêcher la dame de Choiseul-Stainville de former un nouveau recours en cassation contre la sentence, mais ne peut s'étendre aux autres voies de droit ouvertes contre ladite sentence; que l'effet de la déchéance a été d'écarter ce pourvoi comme s'il n'avait jamais eu lieu, et de rendre à la sentence toute la force qu'elle avait auparavant, mais non de la rendre tout à fait inattaquable, si d'ailleurs, laissant le pourvoi de côté, elle était susceptible d'être attaquée par quelque autre voie de droit; qu'enfin on ne peut dire que l'arrêt qui a prononcé la déchéance ait attribué à la sentence arbitrale une force de chose jugée, qu'elle n'avait jamais eue à l'égard de la dame de Choiseul-Stainville. »
Pourvoi pour violation des art. 1 et 2 du tit. 35, fausse interpréta-

Toute cette argumentation est pleine de force, mais nous ne croyons pas qu'elle doive l'emporter sur les raisons que nous avons données à l'appui de la doctrine enseignée par nous v° Intervention, n° 94. — Cependant, il a été jugé, contrairement à notre opinon : 1° que le vendeur n'étant tenu à aucune garantie en cas d'éviction, lorsqu'il prouve qu'il existait des moyens suffisants pour faire rejeter la demande, il doit être déclaré non recevable à défaut d'intérêt, à former tierce opposition au jugement qui a dépouillé l'acquéreur; seulement il pourra faire valoir contre ce dernier tous les moyens propres à démontrer que la vente devait recevoir son exécution (Douai, 20 juill. 1816, aff. Hanquez, V. n° 236, 3° espèce) ; — 2° Que le vendeur est légalement représenté par son acquéreur dans une instance en revendication de l'immeuble vendu, dirigée par un tiers; par suite, il n'a pas qualité pour former tierce opposition au jugement rendu contre l'acquéreur dans cette instance, encore bien qu'il n'y aurait pas été appelé, l'obligation de mettre le vendeur en cause n'étant imposée, ni au tiers réclamant ni à l'acquéreur (Cass. 3 fév. 1829) (1).

tion de l'art. 10 du tit. 8 et contravention à l'art. 5 du tit. 26 de l'ord. de 1667 (art. 474, 182 et 545 c. pr. conformes). — Arrêt.
La cour ; — Vu l'art. 474 c. pr. et les art. 1550 et 1640 c. civ. ;— Attendu, 1° que les héritiers du comte de Clermont d'Amboise, dont la dame de Choiseul-Stainville fait partie, ayant cédé et transporté, par le contrat de vente de 1765, au sieur de la Rue-Mareille, tous leurs droits à la propriété des bois dont il s'agit, ils n'avaient pas de qualité qui obligeât, soit le sieur de la Rue-Mareille, soit la commune de Reynel, à les appeler dans les contestations relatives à la propriété desdits bois, ainsi que cela résulte de l'art. 1640 c. civ. ;
Attendu, 2° que le sieur de Mareille n'avait pas fait citer ses garants au tribunal arbitral; qu'il n'y avait repris contre eux aucunes conclusions sur la demande en garantie restée indécise au tribunal civil de Bourmont, devenu incompétent pour y statuer, par suite de la promulgation de la loi du 10 juin 1793; qu'il avait défendu seul à la demande en éviction formée par la commune, en produisant, ainsi que la commune, les titres respectifs que les arbitres ont appréciés ; qu'enfin il n'a été statué que sur la propriété par les arbitres qui, n'ayant pas été mis à portée de prononcer sur la garantie, ont réservé au sieur de la Rue-Mareille l'exercer contre qui et ainsi qu'il aviserait; — Attendu que c'est encore par le sieur de la Rue-Mareille seul, et sans avoir appelé ses garants, qu'il a formé la demande en cassation de la sentence arbitrale, rejetée par l'arrêt de la section civile du 27 brum. an 14, qui l'en a déclaré déchu parce qu'elle n'avait pas été formée dans le délai légal ; ce qui, d'après les art. 55 et 59 du tit. 5 du règlement de 1738, a produit les mêmes effets que s'il avait été déclaré mal fondé, et s'opposait à ce qu'il pût former un nouveau pourvoi, lors même qu'il aurait eu de nouveaux moyens à faire valoir;
Que de là il résulte, 1° que la sentence arbitrale du 25 oct. 1795 a, quant à la propriété des bois en litige, acquis, par le rejet du pourvoi en cassation, la force de la chose jugée au profit de la commune, non-seulement contre le sieur de la Rue-Mareille, mais encore contre les héritiers Clermont d'Amboise, dont, sous ce rapport, il était le mandataire légal et le représentant; — 2° Que, d'après la disposition de l'art. 1640 c. civ., cette sentence arbitrale n'a pas préjudicié aux droits des héritiers Clermont d'Amboise, relativement à l'action en garantie que le sieur de la Rue-Mareille aura formée contre eux, après que la sentence arbitrale aura acquis la force de la chose jugée, puisqu'aux termes de cet article, la garantie pour cause d'éviction aurait cessé, s'ils avaient prouvé au sieur de Mareille, qui s'était laissé évincer, qu'il existait des moyens suffisants pour faire rejeter la demande en éviction.
Attendu, d'ailleurs, que la dame de Choiseul-Stainville s'étant elle-même, en son nom personnel, et conjointement avec ses cohéritiers, pourvue en cassation contre cette même sentence arbitrale du 25 oct. 1795, comme y ayant été partie, et parce qu'ainsi qu'elle l'avait articulé dans sa requête, la cause avait été instruite et mise en état avec toutes les parties devant les arbitres, lesquels, conformément aux dispositions de l'ord. de 1667, auraient dû, a-t-elle dit, statuer sur le tout par un même jugement, et ayant été déchue de ce pourvoi, par un arrêt de la section civile, du 10 fév. 1817, la sentence arbitrale encore, sous ce deuxième rapport, acquis contre la dame de Choiseul-Stainville et ses cohéritiers;
Attendu que de tout ce qui précède il résulte : 1° que, soit qu'on considère la dame de Choiseul-Stainville comme partie dans la sentence arbitrale, soit qu'on suppose qu'elle n'y avait été ni partie ni régulièrement représentée, elle était, dans tous les cas, non recevable à se rendre tierce opposante à cette sentence qui, d'une part, avait acquis la force de la chose jugée, qui, d'autre part, ne préjudiciait pas à ses droits ; — 2° Qu'en jugeant le contraire, la cour royale de Dijon a violé les art. 1550 et 1640 c. civ. sur l'autorité de la chose jugée et l'art. 474 c. pr., qui n'admet une partie à former tierce opposition à un jugement,

—Conf. Pigeau, Proc., liv. 2, part. 4, t. 1, chap. 1, et Comm., t. 2, p. 45; Chauveau sur Carré, n°° 1681-2°, 1718 *bis*).—Même décision en matière administrative (V. les ordonnances du conseil d'État, rapportées *infrà*, n° 290).

157. Il a encore été jugé que le vendeur ne peut former tierce opposition au jugement consacrant l'éviction, rendu contre son acquéreur et acquiescé par celui-ci, sauf à lui le droit de l'invoquer contre cet acquéreur, lors de la demande en garantie qui serait dirigée contre lui (c. nap., art. 1640; Rennes, 6 août 1821) (1).

158. M. Bioche, n° 54, cite un arrêt qui aurait décidé que le vendeur d'immeubles dont l'acquéreur avait été évincé pouvait se pourvoir en cassation contre le jugement prononçant l'éviction, bien qu'il n'ait pas été partie en cause (Rej. 30 juin 1818) (2), d'où il suivrait que ce vendeur n'aurait point été admis à former tierce opposition. — Mais il suffit de lire cet arrêt pour voir que la question n'a pas été jugée d'une manière aussi absolue.

159. *Cessionnaire, cédant.* — Le cessionnaire peut être défini l'acheteur d'une chose incorporelle : par la cession, il acquiert un droit dont le cédant est dessaisi ; la situation est donc la même que celle de l'acquéreur d'une chose immobilière vis-à-vis du vendeur. Il y a lieu, par conséquent, d'appliquer toutes les règles que nous avons exposées dans les numéros qui précèdent, si ce n'est que la cession ne produisant d'effet que du jour de la notification qui en est faite au débiteur, ou de

l'acceptation consentie par celui-ci dans un acte authentique, et sera à partir seulement de cette notification, ou de cette acceptation que le cessionnaire pourra se prétendre investi de la qualité de tiers (V. aussi v° Appel civ., n° 547; Intervent., n°° 57, 96; Oblig., n°° 3955 et suiv.; Vente, n°° 1727 et suiv., 1746 et suiv.).

— D'où il suit que tant que le cessionnaire n'a pas notifié sa cession au débiteur, il se trouve sans aucun droit pour former une tierce opposition, au jugement rendu entre le cédant et le débiteur, même depuis la cession (Conf. cass. 16 juill. 1816, aff. Foulogne, n° Vente, n° 1743.—Conf. MM. Troplong, n° 892; Duvergier, t. 2, n° 198; Carré et Chauveau, n° 1710; Proudhon, n° 1352). — « La raison en est évidente, dit M. Troplong. Si le débiteur avait payé au cédant, il aurait valablement payé (c. nap., art. 1691) ; donc, s'il est libéré par un jugement intervenu entre lui et le cédant, le cessionnaire ne peut être admis à critiquer cette décision, pas plus qu'il ne pourrait critiquer un payement. »

160. Toutefois, il a été jugé que le cédant de droits héréditaires ne représente pas ses cessionnaires, dans un arrêt rendu postérieurement à la cession entre lui et ses cohéritiers, quoique l'acte de cession, fait sous seing privé, n'ait pas été notifié à ces derniers avant l'arrêt; dès lors, les cessionnaires sont recevables à y former tierce opposition (Rej. 16 juin 1829) (3). —Mais cette décision ne nous paraît pas juridique.

161. Les mêmes questions que nous avons examinées *suprà*,

---

lors duquel ni elle ni ceux qu'elle représente n'ont été appelés, que si ce jugement préjudicie à ses droits ; — Par ces motifs, casse.
Du 5 fév. 1829.—C. C., ch. civ.—MM. Brisson, pr.–Porriquet, rap.–Joubert, 1er av. gén., c. conf.–Guillemin et Granger, av.

(1) Duboisriou C. Richard.) — LA COUR ; — Considérant que si, en général, une partie peut former tierce opposition à un jugement qui préjudicie à ses droits, lors même qu'elle ni ceux qu'elle représente n'ont pas été appelés, il n'en peut être de même d'un garant pour cause d'éviction, lorsque le jugement a été rendu contre son acquéreur, et qu'il a été acquiescé ce dernier, parce que, dans ce cas, le jugement ne porte aucun préjudice au garant, qui peut alors opposer au demandeur en garantie la disposition de l'art. 1640, c. civ.; — Considérant que, dans l'espèce, Pierre le Louarn s'est laissé condamner par le jugement du 27 août 1818, sans appeler ses vendeurs, a exécuté ce jugement; — Que ces mêmes vendeurs n'avaient aucun intérêt à attaquer ledit jugement par la voie de la tierce opposition, puisque si le Louarn s'est bien défendu et n'a négligé aucun des moyens que ces vendeurs eussent pu administrer eux-mêmes; si enfin le jugement du 27 août 1818 a été bien rendu, la garantie était de droit, et pouvait être directement réclamée contre lesdits vendeurs; que si, au contraire, l'acquéreur le Louarn s'est mal défendu, n'a pas fourni tous les moyens que ses vendeurs auraient pu faire valoir, ainsi qu'ils le prétendent, et qu'il paraîtrait résulter du jugement dont est appel, c'est la faute dudit acquéreur, qui doit s'imputer de n'avoir pas appelé ses garants en temps utile, et de ne les avoir pas mis à lieu de défendre avec lui à l'action en éviction, lorsqu'elle lui a été intentée; que, conséquemment, Richard et Guillou étaient sans intérêt et qualité pour former tierce opposition au jugement du 27 août 1818 ; — Par ces motifs, — dit qu'il a été mal jugé ; — Corrigeant et réformant, — Rejette la tierce opposition formée par les intimés; — Ordonne que le jugement du 27 août 1818 sortira son effet ; — Condamne les intimés aux dépens, etc.
Du 6 août 1821.–C. de Rennes, 1re ch.—MM. Legorrec et Miorec, av.

(2) *Espèce* : — (Hér. Terrasse C. Loyette.) — Terrasse qui, avant la révolution, avait acquis du seigneur de Loyette plusieurs pièces de terre, les revendit à Rollet. — Terrasse et Rollet ayant péri révolutionnairement, ces biens furent confisqués. — La commune de Loyette revendiqua ces biens contre l'État, prétendant que son seigneur les avait usurpés par elle. Une sentence arbitrale fit droit à cette demande. — En 1815, les héritiers Rollet qui se trouvaient évincés des biens vendus par Terrasse à leur auteur, formèrent une action en restitution du prix versé. La demande fut accueillie. — Les héritiers Terrasse se pourvurent alors en cassation contre la sentence arbitrale. La commune leur opposa une fin de non-recevoir tirée de ce que leur père n'avait pas été partie dans la sentence arbitrale. — Arrêt.
LA COUR ; — Sur la fin de non-recevoir tirée du défaut de qualité des héritiers Terrasse, en ce que leur auteur n'aurait pas été partie dans la sentence arbitrale; — Attendu qu'en admettant que la comparution de l'agent national du district de Saint-Rambert devant les arbitres, n'a eu lieu que par représentation de Rollet seul, bien que la qualité dans laquelle il a figuré ne soit pas spécifiée dans la sentence arbitrale, le jugement intervenu depuis, le 7 août 1815, entre les héritiers Terrasse et ceux de Rollet, par lequel les héritiers Terrasse ont été condamnés à rembourser aux héritiers Rollet ce que leur auteur avait reçu de ce

dernier, sur le prix des terrains revendiqués par la commune, et qui a fait aussi tomber sur les Terrasse tout le poids de l'éviction prononcée au profit de la commune, doit être considéré, dans les effets, comme une véritable résiliation de la vente que Terrasse avait faite à Rollet, le 20 mai 1792, résiliation qui a fait rentrer le vendeur ou ses ayants cause dans tous les droits de propriété qui avaient fait l'objet de cette vente, et leur a transmis le plein droit toutes les actions qui pouvaient compéter aux héritiers Rollet pour attaquer la sentence arbitrale qui avait dépouillé ce dernier; que cette conséquence légale du jugement du 17 août 1815 résulte encore des réserves expresses judiciairement faites par les héritiers Terrasse d'attaquer, par toutes les voies de droit, la sentence arbitrale et la disposition du jugement du 17 août qui, sans aucune opposition de la part des héritiers Rollet, donne aux héritiers Terrasse acte de ces réserves; qu'il suit de là que les héritiers Terrasse, comme étant aux droits des héritiers Rollet, ont intérêt et qualité pour se pourvoir contre cette sentence; — Rejette la fin de non-recevoir.
Du 30 juin 1818.–C. C., sect. civ.–MM. Brisson, pr.–Boyer, rap.

(3) *Espèce* : — (Torchon de Libu, etc., C. Fouchet.) — Torchon de Libu et la dame Lagrenée avaient demandé, contre Torchon de Fouchet, leur cohéritier, le délaissement de certains immeubles qu'ils disaient appartenir à l'hérédité. — Rejet de cette demande. — Appel. — Longue suspension des poursuites. — Le 12 mars 1822, Torchon de Libu cède ses droits héréditaires à Torchon de Choquenoe, son fils, et aux époux Levavasseur, sa fille et gendre, par acte sous seing privé, qui n'a été notifié ni à la dame Lagrenée ni à Torchon de Fouchet. — Décès de ce dernier, laissant un fils mineur, nommé Torchon de Libu. — Celui-ci (ou son tuteur), demande, tant contre la dame Lagrenée que contre Torchon de Libu cédant, la péremption de l'instance d'appel. — Le 24 janv. 1825, arrêt qui la prononce.
Tierce opposition à cet arrêt de la part des cessionnaires. — 19 août 1825, arrêt de la cour d'Amiens qui reçoit la tierce opposition par les motifs suivants : — « Considérant que, comme il s'agit est du 12 mars 1822; qu'elle a été enregistrée le 4 juin suivant, et déposée le même jour en l'étude d'un notaire de Paris; — Considérant que Leloir ès noms (tuteur du mineur Torchon de Libu), soutient ne l'avoir pas connue avant l'arrêt du 24 janv. 1825; — Considérant que de son dire au procès-verbal du 11 déc. 1824, il ne résulte pas de preuve de l'époque à laquelle il a eu connaissance de cette cession; — Considérant, toutefois, qu'elle est antérieure non-seulement à l'arrêt susdaté, mais qu'elle l'est même à la demande en péremption sur laquelle il est intervenu; — Considérant que la jurisprudence a établi en principe qu'un vendeur ne représente pas son acquéreur, par le motif qu'il ne peut exercer des droits dont il est dessaisi; que l'acquéreur est recevable à former tierce opposition à l'arrêt rendu entre son vendeur et un tiers, pourvu qu'il ait fait signifier à celui-ci sa vente avant le jugement ou l'arrêt, et que ce tiers ne l'ait pas connue antérieurement; — Considérant que la cession du 12 mars 1822 est une vente de droits héréditaires faite par Claude-Honoré Torchon de Libu à ses enfants, au nombre desquels sont les tiers opposants; qu'elle est antérieure à l'arrêt susdaté; que cet Claude-Honoré Torchon de Libu n'a pu y représenter ses enfants; qu'ainsi leur tierce opposition audit arrêt, en leur qualité de ses cessionnaires, est recevable.
« Sur la question de savoir si l'instance d'appel de la sentence arbitrale a dû être déclarée périmée : — Considérant, 1 que la péremp-

n°ˢ 149 et s., relativement à l'acquéreur, se présentent également à l'égard du cessionnaire, lorsque la cession a eu lieu pendant l'instance à la suite de laquelle a été rendu le jugement que le cessionnaire attaque par la voie de la tierce opposition. Il faut distinguer si la cession a été notifiée ou non avant le jugement. Si la notification a eu lieu, le cessionnaire ayant cessé d'être représenté par le cédant à partir de cette notification, il ne peut plus être réputé avoir été partie au jugement en la personne de ce dernier, et, par conséquent, la tierce opposition sera recevable. — Il a été jugé, en ce sens que le cessionnaire d'une

partie de créance constituée par acte authentique, cession qui a été notifiée au débiteur, est recevable et fondé à former tierce opposition au jugement rendu postérieurement à cette notification, et qui déclare, en son absence et sans qu'il ait été appelé, que la partie qui figure dans cet acte comme créancier, n'est que le propriétaire apparent de la créance, laquelle appartient réellement à un autre.. Le cessionnaire, tiers opposant, ne peut être repoussé par le motif que la cession serait postérieure à la contestation de la qualité de son cédant (Colmar, 11 mai 1811 (1). — Conf. Carré et Chauveau, n° 1710 ter; Berriat, p. 442,

tion de cette instance a été interrompue par la signification d'avoué à avoué, faite le 15 nov. 1814, par C.-H. Torchon de Lihu et autres, à C.-M. Torchon de Fouchet; que l'existence de cette signification est prouvée par la mention qui en a été faite sur le registre du receveur de l'enregistrement d'Amiens; que l'original de cette signification a existé dans le dossier des appelants, duquel elle était la vingt-neuvième pièce; que cette pièce a été frauduleusement soustraite de ce dossier; que Belin, avoué du père des opposants, ayant demandé communication, elle ne lui a été faite que de vingt-huit pièces; et que, sur son insistance à les voir toutes, il a été formé un nouveau dossier, dont la première était celle qui était la trentième de l'ancien dossier ; — Considérant que la soustraction n'a pu avoir lieu que dans l'intérêt et au profit du sieur Torchon de Fouchet, alors intimé, ou de ses légataires; qu'il s'ensuit que ceux-ci sont non recevables à exiger des tiers opposants la présentation de l'original de cette signification; que, vainement, on prétend que l'avoué de M. Torchon de Fouchet n'a pas reçu la copie de cette signification; que, s'il l'eût reçue, il n'eût pas, deux jours après sa date, formé une demande en péremption d'instance; que cette objection est réfutée par les circonstances; que cet avoué n'a pas suivi cette demande, et est resté dans l'inaction jusqu'à la mort de Torchon de Fouchet, c'est-à-dire pendant plus de sept ans ; — Considérant que la réunion de présomptions graves, précises et concordantes, prouve suffisamment l'existence et la soustraction frauduleuse de la signification du 15 nov. 1814; qu'ainsi il est inutile d'en ordonner la preuve testimoniale, offerte par les tiers opposants;
» Sur la question s'il y a lieu de donner acte à Leloir, ès noms, de sa déclaration qu'il est dans l'intention de s'inscrire en faux contre l'acte du 15 nov. 1814, et au sursis qu'il demande : — Attendu qu'il n'est pas possible de procéder à une instruction, à fin de faire déclarer fausse une pièce non représentée; que les tiers opposants seraient aussi dans l'impossibilité de défendre à la demande qui aurait cet objet, et que cette impossibilité, étant l'objet de la soustraction frauduleuse commise à leur préjudice, est un obstacle à ce que la demande soit formée après un arrêt qui tient, pour vrai, que la pièce dont il s'agit a existé, et la répute valable à l'égard des tiers opposants; qu'en conséquence, il n'y a lieu d'ordonner le sursis demandé. »
Pourvoi. — 1° Pour violation des art. 1689, 1690 et 1691 c. civ., et 544 et 474 c. pr., en ce que l'arrêt du 24 janv. 1825 ayant été rendu contradictoirement avec le sieur Torchon de Lihu père, qui même en avait consenti l'exécution en payant les frais, les enfants de celui-ci n'étaient pas recevables à attaquer cet arrêt par tierce opposition, comme cessionnaires, en vertu d'un acte du 12 mars 1822, qu'ils n'ont fait connaître et signifier que postérieurement à l'arrêt du 24 janv. — 2° Fausse application des art. 1356, 1343 et 1355 c. civ., et violation des art. 599 c. pr. et 1341 c. civ., en ce que l'arrêt attaqué a rétracté celui du 24 janv. 1825, qui déclarait la péremption acquise, en se fondant sur un acte interruptif non représenté, lorsque, cependant, on déniait l'existence de cet acte, et qu'on déclarait s'inscrire en faux contre lui, si on regardait cet acte comme existant. — 5° Violation de l'art. 214 et des suiv. c. pr., et notamment de l'art. 222, en ce que l'arrêt avait rejeté l'inscription de faux proposée contre un acte et un sursis pour y faire statuer. — Arrêt (ap. délib. en ch. du cons.).
La cour;— Sur le premier moyen, tiré de la violation des art. 1689, 1690 et 1691 c. civ., ainsi que des art. 544 et 474 c. pr., en ce que l'arrêt aurait admis des enfants, cessionnaires de leur père, à former tierce opposition à un arrêt rendu contre leur père, sur une demande en péremption, formée suivant la cession, qu'ils n'avaient point fait notifier ; — Considérant que le sieur Torchon de Lihu père, s'étant par ladite cession du 12 mars 1822, dessaisi en faveur de ses enfants de la totalité de ses droits mobiliers et immobiliers dans les communautés et successions indivises avec son frère de Fouchet et la dame veuve Lagrenée, sa sœur, l'arrêt rendu avec lui seul (de Lihu), le 24 janv. 1825, n'a pu préjudicier auxdits enfants cessionnaires qu'il n'avait pas le droit de représenter ; — Que, dès lors, en déclarant ces derniers recevables dans la tierce opposition par eux formée à l'arrêt du 24 janv. 1825, l'arrêt attaqué n'a point violé les articles ci-dessus invoqués du code civil, et n'a fait qu'une juste application de l'art. 474 c. pr.;
Sur les deuxième et troisième moyens, savoir, le premier de la fausse application des art. 1356, 1358 et 1355 c. civ., et de la violation de l'art. 599 c. pr., ainsi que de l'art. 1341 c. civ.;—Le deuxième

de la violation des art. 214 et suiv. c. pr. : — Considérant que l'arrêt attaqué a déclaré, en fait, qu'il avait été signifié, le 15 nov. 1814, un acte interruptif de la péremption ; mais que cet acte avait été l'objet d'une soustraction frauduleuse, et que cette soustraction ne pouvait avoir eu lieu que dans l'intérêt du sieur Torchon de Fouchet, par qui la péremption avait été demandée ; qu'en déclarant, dans ces circonstances, que les légataires dudit sieur de Fouchet n'étaient pas admissibles à proposer l'inscription de faux incident contre la pièce qui, par le fait même de cette soustraction frauduleuse, ne pouvait être représentée, l'arrêt de la cour royale d'Amiens n'a violé ni faussement appliqué aucune des lois invoquées;—Donne défaut contre les défaillants, et joignant le profit ; — Rejette.
Du 16 juin 1829.-C. C., ch. civ.—MM. Boyer, pr.-Piet, rap.-Cabier, av. gén., c. conf.-Taillandier, Cotelle et Nicod, av.
(1) Espèce : — (Roos C. Rietling.) — 24 vend. an 11, acte notarié, par lequel Lanth et la femme Augst déclarent devoir 6,000 fr. à Georges Rietling. — Le 6 fév. 1810, celui-ci cède à Roos 2,500 fr. sur cette créance. — La cession est dénoncée aux débiteurs. — Cependant, le 27 janvier précédent, Michel Rietling et sa femme, père et mère du créancier apparent, l'assignent, ainsi que les débiteurs de 6,000 fr., pour voir déclarer qu'ils sont seuls propriétaires de la créance.—Lauth avoue, en effet, que Michel Rietling est le véritable prêteur.—26 février, jugement par défaut contre Michel Rietling, qui statue en conformité.— 1er mai 1810, le cessionnaire Roos fait signifier sa cession à Rietling père, et forme tierce opposition au jugement du 26 février. — Michel Rietling et sa femme lui opposent une fin de non-recevoir tirée de ce que sa cession ne leur ayant pas été signifiée, ils n'ont pu l'appeler dans l'instance. — 14 août 1810, jugement conforme à ces conclusions. — Appel.—L'appelant soutient qu'il n'était obligé de signifier sa cession qu'au débiteur, et nullement à celui qui se prétendait créancier (1690 c. civ.); que d'ailleurs il ignorait complètement que son cédant n'eût qu'un titre apparent. — Les intimés répondent que l'instance contre Georges Rietling avait commencé avant sa cession, que par conséquent il n'avait pu ignorer que les droits de son cédant étaient contestés ; et qu'il devait dès lors être mis en cause, faire connaître sa cession à ceux qui prétendaient être les créanciers réels. — Arrêt.
La cour, — Attendu que l'appelant, devenu cessionnaire le 6 février 1810, n'a dû ni pu connaître que les débiteurs cédés ; il leur a dénoncé la cession dès le 15 dudit mois, et ainsi antérieurement au jugement du 26, rendu dans une cause dont rien ne justifie qu'il ait eu la moindre connaissance ; circonstance qui écarte toute idée qu'il ait sciemment acquis des droits litigieux que la cession dont il s'agit ; — Attendu que si les débiteurs cédés qui ont figuré dans la cause jugée le 26 fév. eussent excipé de la cession qui leur avait été dénoncée dès le 15, la mise en cause de l'appelant eût été inévitable; tout comme il eût pu intervenir dans la même cause, s'il ne l'eût pas ignoré; et dès qu'il a pu être mis en cause ou qu'il aurait eu qualité à intervenir, il avait aussi qualité pour former tierce opposition à un jugement qu'il prétendait avoir lésé ses droits ; ainsi la tierce opposition était recevable ; reste à vérifier si elle était fondée ;
Attendu que l'obligation notariée du 14 vend. an 11 est un contrat authentique qui fait foi en justice jusqu'à inscription de faux inclusivement; qu'elle porte que c'est Georges Rietling qui a prêté la somme y portée aux emprunteurs; que d'ailleurs, malgré les allégations de son père et mère, il était vraisemblable qu'il a pu faire ce prêt de ses propres deniers, ainsi que le fait présumer un acte de cession reçu par le notaire Brimsenger, le 15 flor. an 10; dès lors la cession faite à l'appelant par Georges Rietling d'une partie de la créance, ne pouvait être contestée avec succès; et par suite la tierce opposition était fondée ; il y a donc lieu, en émendant, d'y faire droit : l'appelant ne pouvant être victime, ou du concert que pourraient avoir régné entre ses parties adverses et les débiteurs, soit de l'excès de confiance des père et mère du cédant, si celui-ci en a abusé, comme ils le prétendent, abus qu'ils auraient à s'imputer ; — Par ces motifs, émendant, sans s'arrêter aux fins de non-recevoir proposées par les intimés, reçoit l'appelant tiers opposant au jugement du 26 fév. 1810; faisant droit sur la tierce-opposition, rapporte ledit jugement 1810; en ce qui concerne l'appelant ; ordonne que de la somme de 6,000 fr. il sera payé à l'appelant par les débiteurs celle de 2,469 fr. 64 c., montant de la cession, etc.
Du 11 mai 1811.-C. de Colmar.

n° 3; Hautefeuille, p. 283; Favard, t. 5, p. 607, 2° col.).

162. Il a été jugé pareillement que le cessionnaire, dont la cession a été notifiée au débiteur cédé, depuis le jugement qui a reconnu l'existence de la créance au profit du créancier cédant, mais avant l'appel interjeté par le débiteur contre ce dernier, ne doit pas être considéré comme représenté par son cédant dans l'instance d'appel. — Par suite, il est recevable à former tierce opposition à l'arrêt qui, infirmant le jugement, a déclaré la créance cédée nulle ou éteinte ...alors même qu'il aurait eu connaissance personnelle de l'instance d'appel (Cass. 1er juin 1859, aff. Cordonnier, D. P. 58. 1. 236). — On a vu *suprà*, n° 151, que dans une espèce analogue, une assez grave difficulté a été soulevée, parce qu'il s'agissait d'un arrêt confirmatif; mais ici cette difficulté n'existe pas, l'arrêt infirmant le jugement de première instance. — On alléguait aussi dans la présente espèce, comme dans l'espèce précédente, que le cessionnaire avait eu connaissance de l'instance d'appel, dans laquelle le droit cédé se trouvait remis en question. Mais, de même que le cessionnaire ne pourrait, d'après l'opinion commune, opposer au tiers une connaissance personnelle que ceux-ci auraient eue de la cession, comme équivalant à une notification (V. Vente, n° 1781), de même aussi, les tiers ne peuvent exciper contre lui pour le priver du bénéfice de cette notification, de la connaissance qui lui serait parvenue de l'acte qu'il combat et qu'il a le droit de combattre, en sa qualité de tiers.

163. Le cessionnaire est obligé de notifier la cession au débiteur seulement, il n'est pas tenu en outre de la notifier, dans le cas où un procès serait engagé entre le cédant et un tiers avant la cession ; à celui qui conteste les droits du cédant : ce tiers ne pourrait donc opposer, comme fin de non-recevoir, à la tierce opposition des cessionnaires, le défaut d'une pareille notification (Colmar, 11 mai 1811, aff. Roos, V. n° 161).

164. Le cédant soumis à une action en garantie de la part du cessionnaire, comme le vendeur au regard de l'acquéreur (V. n°s 125, 153), peut-il avoir le droit de former tierce opposition au jugement rendu contre son cessionnaire? — Il a été jugé que le cédant est légalement représenté par le cessionnaire et, qu'en conséquence, il ne peut former tierce opposition au jugement rendu contre celui-ci (Agen, 13 juin 1833) (1).—Nous n'admettons pas que le cédant soit représenté par le cessionnaire, parce que nous assimilons le cédant à un vendeur, et le cessionnaire à un acquéreur (V. n° 159; V. aussi v° Appel civ., n°s 550 et suiv.; Chose jugée, n° 249); la cour s'est fondée en outre pour repousser la tierce opposition du cédant sur ce qu'il était sans intérêt, puisque l'arrêt qu'il attaquait par cette voie ne pouvait motiver contre lui une action en garantie régie par l'art. 1640 c. nap. (V. à cet égard notre discussion, n° 155).

165. *Donateur, donataire.* — Les distinctions précédemment admises relativement aux actes antérieurs ou postérieurs à la transmission des droits, doivent aussi être faites pour le donataire. — Le donataire est l'ayant cause du donateur, quant aux droits créés antérieurement à la donation, mais il est tiers à l'égard des droits qui sont nés postérieurement (V. Appel civ., n° 552; Dispositions entre-vifs et testament., n°s 1714 et suiv.; Obligat., n°s 3960 et suiv.). Le donataire ne peut donc former tierce opposition aux jugements rendus contre le donateur anté-

rieurement à la donation, excepté le cas de dol ou fraude.—Il a été décidé, en effet, qu'un jugement passé en force de chose jugée a pu être déclaré sans effet, *pour cause de fraude*, à l'égard du donataire d'un immeuble frappé d'inscription en vertu de ce jugement,encore que la donation serait postérieure à cette inscription, si, à l'époque où elle a eu lieu, le jugement rendu par défaut, était encore susceptible d'opposition (Rej. 14 juill. 1852, aff. Villerette, D. P. 52. 1. 244). — Il était constant dans l'espèce, que la créance dont le juge avait ordonné le payement était frauduleuse, en ce qu'elle résultait d'un abus de blanc seing commis par celui qui poursuivait hypothécairement l'exécution du jugement. — Le jugement était donc entaché du même vice de fraude que le titre en vertu duquel il avait été obtenu, et les tiers au préjudice desquels la fraude avait été ainsi pratiquée pouvaient l'attaquer par la voie de la tierce opposition. — V. *eod.* la note développée dont nous avons accompagné cet arrêt.

166. Le donateur n'étant soumis à aucune garantie envers le donataire n'a aucun intérêt à former tierce opposition au jugement rendu contre celui-ci. Mais lorsque les biens donnés reviennent entre les mains du donateur par l'effet, soit d'un droit de retour conventionnel, soit de la révocation de la donation, le donateur, succédant alors au donataire, pourrait être considéré comme son représentant, non ayant cause. Toutefois, on tient que lorsque le donateur a stipulé le droit de retour en cas de prédécès du donataire, il ne doit pas être réputé avoir été représenté par le donataire lors des jugements rendus contre lui pendant l'existence de la donation ; car, d'après la disposition expresse de la loi, l'effet du droit de retour est de résoudre toutes les aliénations des biens donnés et de faire revenir ces biens au donateur francs et quittes de toutes charges et hypothèques (c. nap., art. 952). — Il en serait encore de même dans le cas où la donation serait révoquée pour inexécution des conditions. Dans ce cas, en effet, l'art. 954 c. nap., veut, comme l'art. 952, que les biens donnés reviennent au donateur libres de toutes charges et hypothèques du chef du donataire.

167. Mais quelle procédure devra suivre le donateur pour faire rentrer les biens donnés en sa possession? Sera-ce simplement une action en résolution? Sera-ce une tierce opposition? Il nous semble qu'il faut distinguer : ou le donataire a consenti des charges et hypothèques sur l'immeuble, par suite desquels des jugements ont été obtenus contre lui, et, dans ce cas, une action en résolution contre celui qui a obtenu ces jugements suffit pour l'exercice du droit de retour. C'est la loi elle-même qui consacre son action en établissant le droit de retour. Ou bien c'est un tiers revendiquant qui a obtenu contre le donataire un jugement qui lui enlève la propriété de l'immeuble; or ce jugement mettant obstacle à l'exercice du droit de retour, le donateur alors a le droit d'y former tierce opposition, car il se trouve parfaitement dans les conditions voulues par l'art. 474.

168. Il y a plus de difficulté dans le cas où le donateur est rentré dans l'objet donné en vertu d'un jugement qui prononce la révocation pour cause d'ingratitude; car dans cette hypothèse les aliénations, charges et hypothèques consenties par le donataire sont opposables au donateur. — Il semble qu'en un tel cas le donateur doive être considéré comme l'ayant cause du donataire, et par conséquent il ne pourra attaquer par tierce

---

(1) (Daubas C. Lajoie.) — LA COUR ; — Attendu qu'aux termes de l'art. 474 c. pr., une partie ne peut former tierce opposition contre un jugement qui préjudicie à ses droits, que lorsqu'elle ou ceux qu'elle représente n'y ont point été appelés ; — Qu'on ne saurait conclure de ces expressions de la loi, qu'une partie est autorisée à former tierce opposition contre un jugement lors duquel ont été appelés ceux par qui elle est représentée ; car on est censé avoir été appelé soi-même toutes les fois qu'on l'a été dans la personne d'un mandataire ou d'un représentant légal ; — Attendu que le cédant est légalement représenté par son cessionnaire, tout comme le vendeur l'est par son acquéreur ; que les voies ordinaires de droit, du recours en cassation, étant ouvertes au cédant ou au vendeur, pour attaquer les jugements ou arrêts rendus contre le cessio nnaire ou l'acquéreur, ils ne peuvent recourir aux voies extraordinaires, qui ne sont accordées qu'au défaut des autres;

Attendu que Daubas ne pouvait être obligé de mettre en cause les héritiers Daubas, et que pour faire statuer valablement sur le mérite de leur créance, il lui suffisait de trouver pour contradicteur celui qui se présentait comme cessionnaire de cette créance ; qu'ainsi l'arrêt rendu

contre Pandelle (cessionnaire) a acquis, dans l'intérêt de Lajoie, toute l'autorité et la force de la chose jugée ; — Que si Pandelle avait intérêt à appeler les héritiers Daubas (cédants) pour faire rendre, en leur présence, un arrêt qui eût à la fois réglé les effets de la demande principale et de la demande en garantie, Lajoie ne peut avoir à souffrir de l'absence d'un garant qu'il n'était pas obligé d'appeler, et voir remettre en question, sous ce prétexte, la chose définitivement jugée avec lui ;

Attendu, au surplus, que les héritiers Daubas sont sans intérêt à former tierce opposition contre l'ar. êt du 4 août 1832; que si cet arrêt pouvait motiver contre eux une action en garantie de la part de Pandelle, il leur serait toujours permis de faire valoir contre celui-ci tous les moyens qu'ils auraient pu opposer à Lajoie, et de faire tomber sur lui toutes les conséquences d'un arrêt dans lequel il se serait mal défendu ; — Par ces motifs, statuant sur la tierce opposition formée par les héritiers Daubas, envers l'arrêt de la cour du 4 août 1832, déclare lesdits héritiers Daubas non recevables dans leur tierce opposition.

Du 13 juin 1833.-C. d'Agen, 2° ch.

opposition les jugements rendus contre celui-ci avant la révocation ? — Toutefois, on a fait des distinctions. Suivant Pigeau, t. 1, p. 774, si le jugement est rendu depuis l'inscription de l'extrait de la demande en révocation faite en exécution de l'art. 958 c. nap. par le donateur, la tierce opposition sera admissible, parce que, d'après cet article, tout ce qui est fait par ou contre le donataire depuis cette inscription ne peut nuire au donateur ; mais si le jugement est rendu auparavant, il ne le pourra, d'après cet article suivant lequel il est considéré, vis-à-vis des tiers, comme successeur du donataire, sauf recours contre celui-ci. — Nous admettons volontiers cette distinction de M. Pigeau. Cependant il nous semble que si le jugement contre le donataire avait été rendu postérieurement à la révocation, il ne serait guère possible de considérer le donateur comme ayant été représenté par le donataire lors de ce jugement, celui-ci étant dessaisi alors de tous ses droits sur les biens donnés, même dans le cas où la demande en révocation n'aurait pas été inscrite, comme l'exige l'art. 958 c. nap. ; car on ne doit pas perdre de vue que cet article n'est pas fait pour un cas de ce genre.

169. *Légataire particulier.* — Il est sans difficulté que ces légataires sont les ayants cause du testateur, dans la limite des droits qu'ils recueillent dans la succession, et que, dans aucun cas, ils ne peuvent se prétendre des tiers. Les jugements rendus contre le défunt peuvent leur être opposés comme ayant force de chose jugée à leur égard, et par conséquent ne peuvent être attaqués par eux par la voie de la tierce opposition (V. aussi v° Appel civ., n° 539).

170. Mais la difficulté s'élève, lorsqu'il s'agit de savoir si les légataires sont représentés par les héritiers. Il faut distinguer, ce semble, si le legs est d'une chose fongible ; ou d'un objet certain et déterminé.—Dans le premier cas, les légataires doivent être assimilés à des créanciers de la succession (Marcadé, sur l'art. 1014, et v° Disposit. entre-vifs, n° 3911), et comme ces créanciers sont représentés par les héritiers, les légataires le seront également. Ils sont donc, en principe, non recevables à attaquer par tierce opposition les jugements rendus contre les héritiers (V. n°s 179 et s.).—Il a été jugé en ce sens : 1° que le légataire particulier ne peut former tierce opposition au jugement rendu contre le curateur à une succession vacante, en faveur d'un créancier de cette succession, lorsque la demande en délivrance du legs est postérieure à ce jugement (Paris, 7 juill. 1809) (1) ; —2° Que les héritiers représentent la succession dans toutes ses actions actives et passives ; que, par conséquent, un légataire particulier, et, par exemple, la veuve, légataire de l'usufruit de la moitié des biens, ne peut se pourvoir par tierce opposition con-

tre un arrêt rendu contradictoirement avec les héritiers au profit d'un créancier de la succession,.∴. surtout lorsque cette tierce opposition n'est dans la réalité qu'une collusion avec les héritiers pour remettre en question ce qui a été souverainement jugé (Nîmes, 18 fév. 1807) (2). Mais d'après l'art. 1017 c. nap., les légataires particuliers ont une action hypothécaires contre les héritiers détenteurs des immeubles de la succession (V. Dispos. entre-vifs, n°s 3888 et s.) ; ne pourraient-ils pas alors former tierce opposition au jugement qui porterait atteinte à leur droit hypothécaire ? — V. *infrà*, n°s 193 et suiv.

171. Au second cas, c'est-à-dire si le legs est d'un objet certain et déterminé, il ne nous parait pas que les héritiers qu'ils aient la saisine de la succession, aient qualité pour représenter le légataire particulier dans les contestations qui s'élèveraient relativement à la propriété de l'objet légué, les héritiers n'étant pas maîtres de disposer de cette propriété. La voie de la tierce opposition sera donc ouverte au légataire pour faire tomber le jugement qui aurait été rendu en ces circonstances contre les héritiers — V. en ce sens M. Proudhon, Usuf., t. 3, n° 1383, 1384 et suiv.

172. Le droit à la tierce opposition appartiendrait encore aux légataires particuliers, dans le cas où le jugement qu'ils attaquent par cette voie aurait été rendu entre les héritiers et d'autres légataires et préjudicierait à leurs droits. Les héritiers ne peuvent plus être réputés représentants des légataires, lorsque ceux-ci sont divisés d'intérêt entre eux (V. sur une question analogue, *suprà*, n° 92). — Il a été jugé en ce sens, que l'héritier bénéficiaire poursuivi en payement de son reliquat par un des légataires, ne représente pas les autres légataires dans les intérêts opposés qu'ils peuvent avoir entre eux. Et spécialement que des légataires sont recevables à former tierce opposition contre un arrêt qui, sur la demande de l'un d'eux, dirigée contre l'héritier bénéficiaire, a exclusivement adjugé à ce légataire l'entier reliquat qui devait être proportionnellement réparti entre tous les légataires (Pau, 16 mars 1824, et sur pourvoi Rej. 22 août 1827, aff. Benquet, V. Succession, n° 929).

De même encore, l'héritier institué ne représente pas les légataires particuliers dans les instances relatives à la validité du testament. Chacun d'eux jouit à cet égard d'un droit qui lui est propre, et le jugement rendu contre l'un d'eux n'a pas force de chose jugée contre les autres (V. Appel civil, n° 434 ; Merlin, Quest., v° Appel, § 2, n° 3) : ceux-ci auront donc le droit d'y former tierce opposition. (Conf. Proudhon, n°s 1390 et s.

173. Suivant un arrêt, bien qu'un testament ne produise ses effets qu'au jour du décès du testateur, tout légataire est re-

---

(1) *Espèce* : —(Dureville C. Doncet.)—Les demoiselles Dureville obtinrent contre le curateur à la succession vacante de la dame Dabos un jugement qui fixa la quotité de leurs créances à 6,000 fr. Doncet, légataire particulier de la dame Dabos, qui, à cause du prélèvement de cette dette, ne pouvait tirer aucun avantage de ce legs, forma tierce opposition à ce jugement ; elle fut accueillie le 6 avr. 1808 par le tribunal de Dreux, en ces termes : « Attendu que la qualité de légataire de Doncet résultant suffisamment du testament de la dame Dabos ; que ses droits étaient également certains, et existaient à l'époque du 28 mess. an 10 ; que l'envoi en possession ou la délivrance n'était pas le mode d'exécution et n'était pas constitutif du droit du légataire, qui prenait sa source et sa consistance dans le testament même ; que le curateur à une succession vacante était bien le représentant de l'héritier et son ayant cause, mais non pas celui des tiers ; qu'un légataire faisant un créancier de la succession qui, par conséquent, ne pouvait pas être valablement représenté par l'homme de la succession ; que sous aucun rapport les dames Dureville ne pouvaient se dispenser d'appeler Doncet lors du jugement du 28 mess. an 10, et que, ne l'ayant pas fait, ce jugement était sans conséquence rigoureuse à son égard. » — Appel.
La cour ; — Attendu que Doncet, légataire, n'a formé sa demande en délivrance de legs que postérieurement au jugement du 28 mess. an 10 ; d'où il suit qu'il n'a pu ni dû être appelé dans l'instance jugée par ce jugement, et qu'il n'a pas droit de l'attaquer par la voie de la tierce opposition ; — Émendant, etc.
Du 7 juill. 1809.—C. de Paris.
(2) (V° Marsial C. héritiers Marsial.) — La cour ; — Considérant que pour être reçu opposant envers un jugement auquel on n'a point été appelé, il faut avoir un intérêt et une qualité qui, avant son émission, eussent donné le droit d'y intervenir ou rendu la mise en cause nécessaire, et n'y avoir point été représenté par les parties contradictoirement **condamnées** : — Que Pierre Marsial, se disant créancier de l'hoirie de

Jean Marsial premier, ne dût diriger son action que contre les enfants et héritiers de celui-ci, sur la tête desquels reposaient toutes les actions actives et passives de sa succession ; — Que les héritiers universels représentent les légataires particuliers dans toutes les discussions y relatives ; — Que pendant cinq ans qu'a duré celle-ci, la veuve Marsial, cohabitant avec l'un d'eux, n'a pu ignorer son existence ; que si elle eût cru avoir le droit d'y intervenir pour veiller à la conservation de ses droits, elle n'eût pas négligé de le faire ; que son inaction doit au moins la faire considérer comme s'en étant reposée sur les héritiers qui y avaient un intérêt bien plus majeur que le sien du soin de la défense commune ; qu'on doit donc la réputer comme ayant été condamnée de leurs personnes ; qu'on ne peut irrecevable à renouveler en son nom l'attaque dans laquelle ils ont déjà échoué, lors surtout qu'elle ne s'étaye pas sur d'autres moyens que ceux qui ont été proscrits avec eux, après une discussion et des débats solennels ; — Qu'au surplus, n'ayant qu'un usufruit sur la moitié des biens de Jean Marsial deuxième, composés par un tiers seulement de ceux de Jean Marsial premier, sur lesquels la créance de Pierre Marsial est assise, elle a, à raison de ce, un intérêt si minime dans le support de cette créance, qu'on ne peut s'empêcher de reconnaître en elle un officieux prête-nom des condamnés pour les faire revenir contre la chose souverainement jugée avec eux ; et que si la loi admet le recours à la tierce opposition en faveur des parties véritablement lésées par des decisions qu'il n'a pas été en leur pouvoir d'empêcher ni de prévenir, ce moyen doit être écarté lorsqu'on n'y aperçoit que des détours artificiels mis en usage par les parties régulièrement condamnées pour remettre en question ce qui ne peut plus l'être avec elles ; — Considérant que François Marsial et David Puech ne peuvent pas s'aider d'une opposition inadmissible pour réclamer un nouveau jugement sur un appel dont ils ont été irrévocablement démis; — Rejette la tierce opposition, etc.
Du 18 fév. 1807.-C. de Nîmes.

cevable, même avant ce décès, dans le cas où le testateur est interdit, à former tierce opposition au jugement qui, sur l'avis du conseil de famille a ordonné la vente de l'objet légué (Angers, 29 mars 1838, aff. Janin, V. Disposit. entre-vifs, n° 217). — Il paraît étonnant au premier examen qu'un légataire ait le droit, avant la mort du testateur, de procéder en justice pour le maintien et l'exécution de son legs ; mais il faut bien se pénétrer de l'effet de l'interdiction. Si le donateur ou le testateur était sain d'esprit quand il a disposé, l'interdiction postérieure ne peut avoir aucun effet sur le testament ou sur la donation (V. Dispos. entre-vifs et test., n°° 215 et suiv.). La volonté du testateur doit être respectée, parce qu'elle est irrévocablement fixée au jour où la démence est constatée par la décision du juge. De là découle le droit du légataire de s'opposer à un jugement qui aurait pour effet de détruire son legs. Mais quelle voie devra-t-il prendre? —Quoique, dans l'espèce, le jugement qui homologue la délibération du conseil de famille soit un jugement sur requête, nous croyons que ce jugement ayant pour effet indirect mais immédiat d'annihiler les dispositions du testament, il acquiert par là un caractère contentieux et d'urgence qui permet au légataire de l'attaquer par la voie de la tierce opposition.

174. *Usufruitier.* — Que l'usufruit soit constitué à titre onéreux ou à titre gratuit, par donation ou testament peu importe, l'usufruitier est l'ayant cause du constituant, comme l'acquéreur, le donataire, le légataire sont ayants cause du vendeur, du donateur, du testateur. Si l'usufruit est constitué par acte entre-vifs, l'usufruitier sera tenu de respecter les actes émanés de son auteur antérieurement à la constitution, et quant aux actes postérieurs, il sera un véritable tiers. Il pourra donc attaquer par la voie de la tierce opposition le jugement auquel il n'a pas participé, et qui déclare celui de qui il tient ses droits n'est pas propriétaire, si son titre est antérieur au jugement (Conf. MM. Favard, t. 5, p. 606, n° 8; Proudhon, n° 1382).—Merlin, Répert., v° Opposit. (tierce), art. 7, rapporte un arrêt du parlement de Paris, du 6 fév. 1778, qui a accordé ce droit à une veuve Douairière. — Une difficulté toutefois se présente ici. Comme le nu-propriétaire a un droit futur à la propriété pleine et entière de l'immeuble soumis à l'usufruit, on pourrait croire qu'il a qualité pour défendre seul aux contestations qui pourraient s'élever relativement à la propriété de cet immeuble, et que, par conséquent, l'usufruitier dont le droit est seulement temporaire, doit être réputé avoir été représenté dans ces contestations par le nu-propriétaire. — Aussi Carré, n° 1720, fait-il observer relativement à l'arrêt cité par Merlin, que la veuve tenait son droit de la loi; mais que s'il s'agissait d'un usufruit conventionnel, on pourrait opposer à l'usufruitier qu'il n'était pas nécessaire de l'appeler dans une contestation qui n'avait que la propriété pour objet.—M. Chauveau, eod., combat avec raison l'opinion de Carré. — C'est précisément parce que le jugement n'avait que la propriété pour objet, que l'usufruitier qui n'est que simple possesseur ne peut être censé y avoir été représenté par le propriétaire. — Il est de principe que l'action en revendication ne peut être valablement intentée que contre le possesseur actuel du fonds. Or comme l'action du tiers n'est qu'une action en revendication, c'était à lui de mettre en cause l'usufruitier pour faire prononcer sur l'ensemble de ses droits par un seul et même jugement. Sa mauvaise procédure ne peut pas nuire à l'usufruitier qui a un droit distinct de la nue propriété. — Telle était aussi l'opinion du président Favre dans son Code, liv. 7, tit. 22, déf. 5 (V. Merlin, *loc. cit.*).—Nous sommes disposés à croire qu'il faut établir une distinction : ou le tiers ne réclame que la nue propriété de l'immeuble, ce qui pourrait peut-être se présenter dans plusieurs cas, et alors l'usufruitier se trouvera sans droit pour former tierce opposition au jugement qui a consacré les droits du revendiquant; ou bien l'action du tiers a pour but de rentrer dans la propriété pleine et entière, et alors l'usufruitier a qualité et intérêt pour former tierce opposition.

175. Si l'usufruit a été constitué par testament, les mêmes règles sont applicables ; le nu-propriétaire et l'usufruitier ont des droits distincts qui ne permettent pas que l'un soit réputé représenté par l'autre. Le jugement rendu contre le nu-propriétaire sera sans effet vis-à-vis de l'usufruitier et réciproquement, chacun d'eux ne pouvant défendre que son droit propre (V. en ce sens v° Action possess., n° 550; Appel civ., n° 554; Intervention, n° 99). Par conséquent, l'usufruitier pourra former tierce opposition au jugement rendu contre le nu-propriétaire seul (Conf. M. Proudhon, n°° 1298, 1384 et suiv.). — Il en serait ainsi, alors même que le procès commencé contre le testateur aurait continué après sa mort contre l'héritier (M. Proudhon, *iisd.*; Merlin, *loc. cit.*).

176. Le *locataire*, le *fermier*, a-t-il qualité pour former tierce opposition aux jugements rendus contre son bailleur, relativement à la propriété de la chose louée? — Il a été décidé dans le sens de la négative qu'il n'est pas recevable à former tierce opposition à un arrêt qui condamne son bailleur sur une question de propriété, surtout lorsqu'il a eu connaissance de l'instance terminée par cet arrêt (Rennes, 23 déc. 1812) (1).

La difficulté à cet égard vient uniquement de la controverse qui s'est élevée dans ces derniers temps sur la nature du droit du preneur. — Si, en effet, l'on considère le droit qui dérive du contrat de louage comme un droit purement personnel, ainsi que cela a été admis longtemps sans contestation, il en résultera que la tierce opposition du locataire ne sera pas admissible, conformément à la décision précitée. Le locataire, en effet, devra être alors assimilé à un simple créancier chirographaire du bailleur, puisqu'il n'a contre lui qu'un droit purement personnel, et devra par suite être réputé non ayant cause. — Mais, on le sait, M. Troplong, dont l'opinion a été suivie par plusieurs jurisconsultes (V. notre traité du Louage, n° 486, et la note de M. Royer, insérée au rec. pér. 1860, 2, 185), se fondant sur la disposition introductive d'un droit nouveau, de l'art. 1743 c. nap., enseigne, au contraire, que le droit du preneur est un droit réel ; par là, le locataire se trouverait assimilé à l'acquéreur : c'est aussi ce qu'enseigne Merlin : « Le bail, dit-il, quest. de dr. v° Tiers, § 2, est, relativement au fermier, un titre translatif de la jouissance temporaire, comme le contrat de vente est, relativement à l'acquéreur, un titre translatif de la jouissance perpétuelle. » — La conséquence de cette doctrine, quant à la question qui nous occupe, serait d'attribuer au preneur le droit de tierce opposition aux jugements rendus contre le bailleur, relativement à la propriété

---

(1) (Besnard.) — La cour; — Considérant que Besnard et sa femme ont eu la plus parfaite connaissance de l'instance dans laquelle a été rendu l'arrêt de la cour, du 24 août 1811, puisqu'ils y ont été tous deux entendus comme témoins; qu'ils furent même reprochés, non-seulement comme fermiers et débiteurs de Marguerite Chevetel, mais encore comme intéressés dans sa cause; que ce reproche ainsi motivé a dû leur donner l'éveil sur l'objet de la contestation; et que s'ils ne sont point intervenus dans l'instance jugée, c'est qu'ils se sont considérés comme suffisamment représentés par leur propriétaire, qui seul même pouvait valablement distinguer la question; — Considérant, d'ailleurs, que Besnard et femme n'emploient contre l'arrêt de 1811 que les mêmes moyens que faisait valoir avant cet arrêt Marguerite Chevetel, leur bailleuse; — Considérant, en droit, que l'art. 474 c. pr. civ. n'admet à la tierce opposition que ceux qui n'ont pas été valablement représentés avant l'arrêt entrepris, et encore ceux à qui l'arrêt porte un préjudice réel; que Besnard et femme ont été valablement représentés dans l'arrêt de 1811, par leur propriétaire, sur une question de propriété, dont le jugement ne préjudicie point à leurs droits, qui se réduisent à une garantie de l'éviction; garantie que l'arrêt n'a ni préjugée ni exclue; — Considérant

que, depuis le code, la jurisprudence s'est fixée sur la fin de non-recevoir, résultant d'une part de la connaissance personnelle que les tiers opposants avaient eue de l'instance jugée, sans y être intervenus, et d'autre part, de l'emploi des mêmes moyens que ceux qui avaient été établis avant l'arrêt; qu'il a bien été jugé que celui qui aurait eu droit d'intervenir avait droit aussi de former la tierce opposition ; mais que, par l'application de cette jurisprudence, il faut que celui qui aurait eu le droit d'intervenir n'ait point eu connaissance personnelle du procès principal, et qu'il n'y ait pas été suffisamment représenté ; que c'est le fait de cette connaissance, fait incontestable et avéré, qui établit contre Besnard et femme une fin de non-recevoir invincible; qu'il faudrait de plus, pour l'admission de la tierce opposition, que le tiers opposant eût d'autres moyens que ceux qui ont été établis lors du premier arrêt; que la tierce opposition, d'un fermier surtout, ne peut être recevable lorsqu'il n'emploie identiquement que les moyens qu'avait fait valoir son propriétaire, par lequel il était valablement représenté. — Rejette, par fin de non-recevoir, la tierce opposition de Besnard et femme contre l'arrêt du 24 août 1811.

Du 25 déc. 1812.—C. de Rennes.

de l'immeuble loué, dans les cas où on l'accorde à l'acquéreur à l'égard des jugements rendus contre le vendeur (V. nᵒˢ 149 et s.).

Quant à nous, tout en reconnaissant que le droit du locataire est empreint d'une certaine réalité, en raison de la disposition de l'art. 1743, nous n'y voyons cependant qu'une réalité particulière anormale, *sui generis* (V. Louage, nᵒ 486 *in fine*), dont les effets doivent être strictement renfermés dans les limites déterminées par le législateur. Nous ne croyons donc pas que le contrat de bail qui laisse entre les mains du bailleur la propriété pleine et entière, et sans démembrement, qui ne confère au locataire qu'un simple droit de jouissance puisse produire les effets d'un véritable *jus in re*, et attribue au preneur qualité pour venir défendre, après le bailleur, les droits de propriété de celui-ci. Il ne le pourrait qu'en exerçant les droits du propriétaire, qu'en se substituant à lui, conformément à la règle de l'art. 1166, et par conséquent qu'en agissant comme son ayant cause. — Nous nous rangeons donc à la solution donnée par l'arrêt ci-dessus cité. — V. aussi vᵉ Intervention, nᵒ 58.

177. Mais si la contestation s'élevait non plus entre un locataire et un prétendant à la propriété de l'immeuble loué, mais entre deux locataires, la situation devrait être différente. Ces locataires seront considérés entre eux comme des tiers, de même que les créanciers sont réputés tiers entre eux (V. nᵒˢ 92, 203). Ils pourront donc, chacun de son côté, contester leurs droits respectifs; ils pourront, ainsi que nous l'avons dit, vᵒ Obligat., nᵒ 3954, repousser les actes du bailleur qui n'ont pas acquis date certaine avant le contrat de bail; ils pourront encore, conséquemment, former tierce opposition au jugement qui tendrait à annihiler, au profit d'un autre locataire, les droits que le bail leur a conférés.

178. Le sous-locataire n'a que les droits du locataire principal; il semblerait dès lors, et à moins qu'il n'ait été agréé par le propriétaire, que la chose jugée avec le principal locataire doit être censée avoir été jugée avec lui, et qu'il ne pourrait se plaindre qu'autant qu'il y aurait fraude.—Il a été jugé en ce sens 1° que le sous-locataire, même en vertu d'un bail enregistré, n'est pas recevable à former tierce opposition au jugement rendu entre le propriétaire et le principal locataire, jugement qui annule le bail consenti à ce dernier (Paris, 1 nov. 1812) (1); —2° Que le locataire principal assigné en résiliation de bail, représente, dans l'instance, son sous-locataire, en sorte que celui-ci, quoiqu'il n'ait pas été mis en cause, n'a pas qualité pour former tierce opposition au jugement (Bordeaux, 3 déc. 1841, aff. Desverges, v. Louage, nᵒ 447, V. aussi Nîmes, 13 nov. 1810, aff. Gilles, *eod.* nᵒ 448).—M. Chauveau, nᵒ 1720 *bis*, critique cette jurisprudence, « il est évident, dit-il, que le sous-locataire ne peut pas avoir plus de droits que son cédant; mais c'est là le fond du procès, tandis qu'il fallait d'abord statuer sur la recevabilité de la tierce opposition. Or le principal locataire s'était dessaisi d'une partie du droit que lui donnait son bail; il était aussi nécessaire de faire juger contre le sous-locataire que contre lui la nullité de ce bail, car il n'avait aucun pouvoir pour représenter son cessionnaire, qui n'était le cédant de son bailleur qu'à l'égard de ce qui avait précédé le bail. — Quel danger n'y au-

rait-il pas pour les sous-locataires, si leurs droits pouvaient être ainsi compromis par un cédant négligent ou de mauvaise foi? — Ces objections de M. Chauveau nous paraissent fondées. Le sous-locataire, comme tous les ayants causes à titre particulier, n'est obligé par les actes émanés de son auteur que lorsqu'ils sont antérieurs à la naissance de son droit. — Relativement aux actes postérieurs, le sous-locataire est un tiers, de même que le cessionnaire vis-à-vis du cédant; par conséquent la voie de la tierce opposition doit lui être ouverte, si le jugement qui a résilié le bail du locataire principal est postérieur à la sous-location.

§ 4. — *Des créanciers.*

179. Les créanciers, en thèse générale, et indépendamment des droits particuliers qu'ils peuvent acquérir sur les biens de leur débiteur, sont ses ayants cause dans toute la force du terme, non-seulement quant aux actes, mais encore quant aux faits de leur débiteur qui sont de nature à amoindrir et même à faire disparaître son droit de propriété.— Mais les créanciers ne restent pas dans cette situation vague et indéterminée; ils peuvent acquérir, soit par la volonté du débiteur, soit par l'effet des actions qu'ils intentent contre lui, des droits spéciaux et déterminés sur ses biens. Il s'agit alors de savoir si cette situation nouvelle n'aura pas pour effet de transformer leur qualité d'ayant cause en celle de tiers, question des plus difficiles, et qui a été déjà de notre part l'objet de longues explications (V. Obligation, nᵒˢ 3964 et s.), et sur laquelle nous avons encore à revenir ici.

180. Les créanciers sont chirographaires, hypothécaires ou privilégiés. — Aux créanciers chirographaires s'applique d'une manière absolue l'observation que nous avons faite au numéro précédent. Comme ils n'ont aucun droit spécial et privilégié sur les biens de leur débiteur, leur droit subit, sauf le cas de fraude, toutes les fluctuations qui peuvent survenir dans le patrimoine de ce débiteur, ils sont nécessairement ses ayant cause, et non des tiers, et se trouvent sans qualité pour attaquer de leur chef les jugements dans lesquels il a été partie (Conf., MM. Poncet, t. 2, p. 109; Berriat, p. 443, note 11; Pigeau, Comm., t. 2, p. 60; Favard, t. 5, p. 599; Thomine, t. 1, p. 734; Carré et Chauveau, nᵒ 1713; Proudhon, t. 3, nᵒ 1339; —V. du reste sur la qualité d'ayant cause ou de tiers du créancier chirographaire, vᵒ Obligat., nᵒ 3972; V. aussi vᵒ Appel civ., nᵒ 555; Cassation, nᵒ 279; Chose jugée, nᵒ 245; Intervention, nᵒˢ 84, 89). — C'est par application de ces principes qu'il a été jugé : 1° Que des créanciers chirographaires n'ont pas le droit d'attaquer, par la tierce opposition, un jugement passé en force de chose jugée qui maintient la vente volontaire d'un immeuble, arguée de nullité par des créanciers hypothécaires (Paris, 19 janv. 1808) (2). — Le jugement et l'arrêt confirmatif se fondent sur ce que les créanciers hypothécaires avaient agi dans l'intérêt commun; ce motif serait insuffisant pour justifier la solution; car les créanciers hypothécaires n'ont pas qualité pour représenter les créanciers chirographaires. Aussi M. Chauveau, nᵒ 1715, repousse-t-il cet arrêt; mais au fond il nous paraît avoir bien jugé, et la raison déterminante, suivant nous, c'est

---

(1) *Espèce* :—(Caillat C. Delpuget.)—Au décès de Delpuget, deux de ses héritiers firent, en l'absence des autres, et avant partage, un bail général d'une maison dépendant de la succession, au profit de la dame Péchon, pour un prix inférieur au véritable produit. Sur la demande des autres héritiers, jugement contradictoire avec la dame Péchon, par lequel ce bail est annulé comme frauduleux. — Vente de la maison. — Conasse, acquéreur, veut se mettre en possession; mais les frères Caillat, sous-locataires de la dame Péchon, suivant bail sous seings privés et enregistré, refusent de lui abandonner le pavillon et terrain qu'ils occupent. — Demande en validité de congé de la part de Conasse. Tierce opposition de la part des frères Caillat au jugement qui déclare nul le bail principal fait à la dame Péchon. — Le tribunal de la Seine a statué en ces termes sur la tierce opposition : — « En ce qui touche la tierce opposition, attendu que la chose jugée avec le principal locataire se trouve par cela même jugée avec le sous-locataire ; d'où il résulte que ce dernier n'a point qualité pour pouvoir par tierce opposition;— Déclare le congé donné aux frères Caillat bon et valable, etc. »—Appel. La cour; — Adoptant les motifs des premiers juges ; — Confirme. Du 11 nov. 1812.-C. de Paris.

(2) *Espèce* — (Lafeuillade.)—Syntives et la dame Vitus et consorts,

créanciers hypothécaires de Dumard, ont provoqué la nullité de la vente d'une maison, consentie par celui-ci à Soudry. Ils ont été déboutés de leur demande par un jugement du tribunal civil de Paris, du 29 août 1806, qui a déclaré valable la vente de la maison. Ce jugement était passé en force de chose jugée, faute d'appel dans le délai, lorsque Lafeuillade et Hannique, créanciers chirographaires, l'ont attaqué par la voie de la tierce opposition. — Le 11 août 1807, jugement qui, statuant sur le mérite de la tierce opposition, contient la disposition suivante : — « Attendu, en droit, que, pour être reçu tiers opposant à l'exécution d'un jugement, il faut avoir dû être partie nécessairement; que, dans le fait, Soudry, attaqué par une partie des créanciers Dumard, ne devait pas appeler les autres; que les premiers ont agi dans l'intérêt commun, et que s'ils n'avaient pas un mandat spécial des seconds, ils n'étaient pas forcés de faire juger le litige avec eux; que c'était à ceux-ci à surveiller leurs intérêts et à intervenir, s'ils le jugeaient à propos ; que le jugement rendu avec les créanciers contestants l'a été avec les parties en cause ; — Déclare les tiers opposants non recevables. » — Appel. — Arrêt. La cour ; — Adoptant les motifs des premiers juges , confirme. Du 19 janv. 1808 (et non 1806).-C. de Paris, 1ᵉ sect.

que le débiteur vendeur était partie dans l'instance et que ses créanciers chirographaires étant ses ayants cause, s'y trouvaient légalement représentés par lui, par conséquent étaient sans droit pour former tierce opposition ; — 2° Que les créanciers du père ne sont pas recevables à former tierce opposition aux jugements qui fixent les droits des enfants dans la communauté, alors que le partage antérieur, à ces jugements, n'était que provisionnel entre le père et ses enfants (Paris, 17 mai 1814) (1). — Cette circonstance, qu'il n'y a eu qu'un partage provisionnel, paraît indifférente. La question aurait dû être décidée en thèse générale ; et l'on comprend que, dans ces termes mêmes, les créanciers, alors qu'ils n'auraient formé aucune opposition au partage et qu'ils n'allégueraient aucune fraude, devraient être déclarés non recevables, parce qu'ils auraient été représentés par leur débiteur. — Les deux arrêts qui précèdent se fondent aussi sur ce motif que les créanciers n'avaient pas dû être appelés dans l'instance, mais on a vu, n°s 42 et suiv., que ce serait là un motif insuffisant pour faire rejeter la tierce opposition.

181. Il a été jugé pareillement : 1° Que lorsqu'une femme, pour obtenir le remboursement de ses reprises matrimoniales, obtient un jugement contre les héritiers de son mari, les créanciers de celui-ci sont censés, sauf le cas où il y a fraude, avoir été représentés à ce jugement par ces héritiers, et, dès lors, ne sont pas recevables à l'attaquer par la voie de la tierce opposition (Agen, 1er mai 1830) (2) ; — 2° Que des liquidateurs ou représentants d'une masse de créanciers ne sont pas recevables à former tierce opposition aux jugements obtenus

sans collusion ou fraude contre le débiteur commun, à une époque où celui-ci jouissait de l'intégralité de ses droits (Paris, 3 fév. 1834) (3) ; — 3° Que des créanciers ne peuvent attaquer, par voie de tierce opposition, le jugement qui, rendu entre leur débiteur **et** un créancier gagiste, ordonne l'exécution du contrat de gage, et, par exemple, la vente de la chose engagée, alors, d'une part, qu'ils n'excipent d'aucun droit personnel, et que, d'autre part, ils n'établissent ni la collusion, ni la fraude : ils sont, en cas pareil, réputés avoir été représentés au jugement par leur débiteur (Req. 8 juill. 1830, aff. chemin de fer de Sceaux. D. P. 50. 1. 224).

182. Le principe que le créancier est valablement représenté par son débiteur, est applicable au cas où le débiteur est un héritier bénéficiaire (V. Succession. V. Succession, n° 818).— L'héritier bénéficiaire est un administrateur légal qui représente tous les intérêts (V. Succession, n°s 814 et suiv.). — Jugé encore dans ce sens qu'un créancier a été valablement représenté par un héritier bénéficiaire à un jugement qui, sur la défense de cet héritier, et conformément aux conclusions du ministère public, a adjugé en payement un effet de la succession à un tiers, alors que ce créancier, qui n'allègue aucune fraude, qui avait assisté à l'inventaire, et, sur son opposition, avait été appelé à la levée des scellés, n'a, depuis et avant ce jugement, formé aucune opposition, saisie-arrêt ou demande ; par suite, il a pu et dû même être déclaré non recevable à se pourvoir contre le jugement, par voie de tierce opposition (Paris, 23 nov. 1825, et sur pourvoi, Rej. 10 nov. 1828) (4).

---

(1) *Espèce :* — (Steculorum, etc. C. Lafontaine.) — Un partage provisionnel avait eu lieu entre Lafontaine père et ses enfants, relativement à la communauté qui avait existé entre lui et son épouse, et qui avait continué après la mort de cette dernière. — Quoique ce partage n'eût pas été qualifié définitif, quelques-uns de ses enfants avaient cependant disposé des portions qui leur avaient été attribuées dans les immeubles de la communauté. — Il fut ensuite question de procéder à la fixation et liquidation des reprises des enfants. — Un jugement du tribunal de première instance de la Seine fixa à la somme de 114,567 fr. l'émolument des enfants Lafontaine dans la communauté, admit en déduction de cette somme la valeur des immeubles qui leur avaient été d'abord abandonnés, et les déclara créanciers de la communauté d'une somme de 54,000 fr. — Ce jugement fut confirmé sur l'appel par un arrêt du 31 juill. 1812, qui se borna à réduire d'environ 7,000 fr. les répétitions des mineurs Lafontaine. — En cet état, Steculorum, Jaulgey et Delamarlière, créanciers du sieur Lafontaine père, ont cru devoir prendre la voie de la tierce opposition. — Arrêt. —
La cour ; — Considérant que les créanciers de Lafontaine n'avaient pas un intérêt légitime pour être appelés lors de l'arrêt du 31 juill. 1812, puisque le partage et la licitation antérieurs à cet arrêt n'étaient que provisionnels, ainsi qu'il résulte des dispositions même dudit arrêt, qui fait rapporter par les enfants Lafontaine la valeur de ce qu'ils avaient reçu ; déclare lesdits Steculorum, Jaulgey et Delamarlière non recevables dans leur tierce opposition ; ordonne que l'arrêt dudit 31 juill. 1812 sera exécuté. — Du 17 mai 1814.—C. de Paris.

(2) *Espèce :* — (Veuve Goubil C. Doat-Roseau, etc.) — Au décès d'Antoine Goubil, la veuve déclara dans la forme légale renoncer à une société d'acquêts stipulée dans son contrat de mariage, pour s'en tenir à ses reprises. — Le 15 nov. 1826, un jugement rendu contre les héritiers du mari, la condamna à le rembourser de sesdites reprises. — Un ordre étant ouvert pour la distribution d'une somme provenant du prix d'une maison propre au mari, elle y fut colloquée au premier rang pour le montant de cette condamnation ; mais, sur une tierce opposition formée par les créanciers du mari, et par décision du tribunal de Marmande, en date du 5 mai 1829, elle fut rejetée de l'ordre. — Appel. — Arrêt. —
La cour ; — Attendu 1° que, par jugement de défaut, en date du 15 nov. 1826, exécuté et passé en force de chose jugée, l'appelante a obtenu contre les enfants de feu Goubil, son mari, condamnation au remboursement de ses reprises matrimoniales résultant de son contrat de mariage ; que la veuve Goubil avait, pour le montant de cette condamnation, une hypothèque légale à la date de son contrat de mariage, antérieure à celle des intimés ; — Attendu 5° que ce jugement ayant été rendu contre les héritiers des intimés, ou quoique ce soit contre ses héritiers, dont les intimés se trouvent les ayants cause, en qualité de créanciers, ils y ont été représentés, ils ne sont tenus qu'il est réputé rendu contre eux, et que, dès qu'il a acquis l'autorité de la chose jugée, ils ne peuvent par aucune voie légale, même par la tierce opposition, faire valoir aucun moyen de droit venant du chef de leur débiteur, à l'exception toutefois du dol et de la fraude, qui vicient essentiellement tous les

actes qu'ils ont produits ; — Mais attendu que les intimés n'ont point allégué que le jugement du 15 nov. 1826 soit le résultat du dol pratiqué par leur débiteur ou contre lui, il s'ensuit que ce jugement ne peut être entrepris par eux au moyen d'une tierce opposition, et qu'il conserve, à leur égard, tout son effet ; d'où résulte ultérieurement que la collocation provisoire de la veuve Goubil doit être définitivement maintenue ; — Emendant, rejette la tierce opposition.
Du 1er mai 1830.—C. d'Agen.—M. Lafontan, pr.

(3) *Espèce :* — (Liquidateurs Ouvrard C. Cecconi.) — Des jugements du tribunal de commerce de Paris et deux arrêts de la cour royale, après la guerre de 1825, condamna Gabriel Ouvrard et Victor Ouvrard, son neveu et prête-nom, au payement de la somme de 106,000 fr. envers le sieur Cecconi, pour fournitures à eux faites à Madrid par celui-ci. — En déc. 1826, nomination de trois liquidateurs du passif et de l'actif de l'entreprise d'Espagne. — Mars 1835, tierce opposition, par ces liquidateurs aux jugements et arrêts obtenus hors leur présence.—Arrêt.
La cour. — Considérant que le jugement rendu en 1824 a précédé la nomination des liquidateurs, et qu'il n'apparaît d'aucun concert frauduleux entre le créancier et le débiteur, jouissant alors de tous ses droits ; — Déclare la tierce opposition non recevable et condamne les liquidateurs Ouvrard, en 50 fr. d'amende et aux dépens.
Du 5 fév. 1834.—C. de Paris, 1re ch.—M. Séguier, 1er pr.

(4) *Espèce :* — (Le trésor C. hér. Roettiers.) — En 1808, décès de Roettiers de Montaleau, ancien directeur de la Monnaie de Paris.—Les héritiers acceptèrent sa succession sous bénéfice d'inventaire. L'agent du trésor forma opposition aux scellés et fut appelé à l'inventaire.—En 1809, une contrainte fut décernée contre les héritiers pour 1,825,585 fr. 95 c. réclamés par le trésor. — Les héritiers payèrent 100,000 fr. à compte. — Plus tard, le compte du bénéfice d'inventaire fut ordonné et rendu ; le résultat fut que la dépense excédait la recette de 193 fr. 60 c. — De graves débats s'élevèrent à ce sujet entre les parties. — Un seul de ces débats demande à être connu. — En l'an 10, Roettiers, poursuivi par le trésor pour 25,000 fr., emprunte cette somme à Petit, son beau-frère, et hypothèque à ce payement une action qu'il avait sur une loterie. — En 1812, Petit cède cette action à Roettiers-Duplessis, l'un des héritiers bénéficiaires. — Plus tard, le 21 avr. 1819, celui-ci se fait attribuer la propriété de cette action en vertu d'un jugement dans lequel on lit : « Le tribunal..., après avoir entendu Drouin, avoué du sieur Roettiers-Duplessis et de son épouse, et Boucher, avoué du sieur Martin Roettiers, ensemble en ses conclusions, M. de Barneville, substitut du procureur du roi ; — Attendu que les sieur et dame Duplessis demandent aujourd'hui leur remboursement ; qu'il n'y a dans la succession d'autres valeurs que ladite action, dont on ne peut disposer qu'au profit desdits Duplessis et femme au moyen de leur privilège, et que ces derniers consentent à la recevoir en payement, leur en attribue la propriété, etc. » — Lors de la reddition du compte du bénéfice d'inventaire, l'agent judiciaire demanda donc le rapport de cette action à la succession ; et comme on lui opposait le jugement du 21 avr. 1819, qui avait fait sortir cette action des propriétés de la succession, il y forma tierce opposition et conclut à ce que les héritiers bénéficiaires fussent condamnés à rapporter cette action, ainsi que les intérêts qu'ils avaient

183. Toutefois, il a été jugé en sens contraire que les créanciers d'une succession bénéficiaire qui ont fait connaître leurs droits, peuvent former tierce opposition aux jugements intervenus entre l'héritier et d'autres créanciers sur la distribution de l'actif de la succession (Paris, 28 juin 1811)(1).

184. Mais la qualité de créancier chirographaire change de caractère, lorsque, agissant par voie de saisie, il met les biens de son débiteur sous la main de la justice. A partir de l'exploit de saisie, s'il s'agit de saisie-exécution ou de saisie-arrêt, à partir de la transcription de la saisie, s'il s'agit d'expropriation forcée, les biens saisis sont frappés d'indisponibilité entre les mains du débiteur, et le créancier acquiert un droit déterminé sur ces biens, auxquels le débiteur ne peut plus porter atteinte. La qualité d'ayant cause dont le créancier chirographaire est revêtu se transforme donc en celle de tiers, ainsi que

nous l'avons déjà expliqué v° Obligation, n° 3979; et par conséquent ce créancier aurait le droit, suivant nous, de former tierce opposition aux jugements rendus contre le débiteur postérieurement aux époques où il a été dessaisi du droit de libre disposition, le débiteur ne pouvant plus, à dater de cette époque, être réputé représentant du créancier saisissant. — Il a été jugé en ce sens, en matière de saisie-arrêt, que les créanciers qui ont pratiqué des saisies-arrêts au préjudice de leur débiteur, sont recevables à attaquer, par la voie de la tierce opposition, le jugement de validité de la consignation faite par les tiers saisis ou leurs ayants droit, lorsqu'ils n'ont été appelés ni à cette consignation ni à l'instance en validité. L'on dirait en vain que ces créanciers ont été valablement représentés par leur débiteur, appelé à l'une et à l'autre (Req. 24 janv. 1828) (2).

185. Toutefois, il a été décidé : 1° que le créancier saisissant

---

touchés. — Ceux-ci soutinrent que la tierce opposition était non-recevable.

Le 10 fév. 1825, le tribunal de la Seine prononça sur les divers débats du compte; et, sur la question relative à l'action, déclara d'abord la tierce opposition recevable. — Toutefois, au fond, il rejeta la prétention du trésor. — Appel. — 25 nov. 1825, arrêt de la cour de Paris qui porte : « En ce qui touche la tierce opposition de l'exposant et sa demande à fin de compte des dividendes de l'action de Romilly ; — Considérant que Roettiers-Duplessis fils n'a formé son action qu'en son nom et comme cessionnaire de Petit; que le jugement du 21 avril a été rendu sur les conclusions du ministère public avec l'héritier bénéficiaire, administrateur légal des biens de la succession, et procédant dans l'intérêt commun de l'hérédité et des créanciers; d'où il suit que l'agent judiciaire n'est recevable ni dans sa tierce opposition ni dans sa revendication de l'action de Romilly. »

Pourvoi pour violation, entre autres, de l'art. 474 c. pr.—Arrêt (ap. dél. en ch. du cons.).

LA COUR ; — Considérant que l'opposition formée chez le juge de paix, à la requête de l'agent judiciaire, et tendant à ce qu'il ne fût procédé à la levée des scellés qu'en l'y appelant, a produit son effet par sa présence à la reconnaissance, à la levée desdits scellés et à l'inventaire, lors duquel fut faite une déclaration relative à l'action des fonderies de Romilly, engagée au sieur Petit pour sûreté des 25,000 fr. par lui prêtés et versés au trésor en l'acquit et à compte du débet du sieur Roettiers de Montaleau ; — Qu'il n'a été formé postérieurement à l'agent du trésor aucune opposition, saisie-arrêt ni demande avant le jugement du 21 avr. 1819, lors duquel les héritiers bénéficiaires du sieur Roettiers de Montaleau, comme administrateurs légaux, ont pu procéder, dans l'intérêt commun de l'hérédité et des créanciers, sur la demande formée par le sieur et dame Roettiers du Plessis, demande accueillie par ce jugement d'après les conclusions du ministère public ;—Que la cour royale, en se fondant sur cette qualité des héritiers, et en prononçant, lorsqu'elle n'avait à statuer sur aucune fraude ou collusion, que la tierce opposition du trésor, à ce jugement du 21 avr. 1819, n'était pas recevable, la cour royale n'a point violé l'art. 474 c. pr. civ., puisque l'hérédité et les créanciers se trouvaient légalement représentés par lesdits héritiers bénéficiaires ; qu'elle n'a violé non plus aucun des autres articles invoqués du même code et du code civil ; — Rejette.

Du 10 nov. 1828.-C. C., ch. civ.-MM. Brisson, pr.-Piet, rap.-Joubert, av. gén., c. conf.-Berton et Petit Degatines, av.

(1) *Espèce* : — (Decaux C. Sully.) — En 1808, Decaux a actionné la dame de Sully, héritière bénéficiaire de son père, en passation du titre nouveau d'une rente de 400 fr. au capital de 8,000 fr., et en payement des arrérages échus. Un jugement du 19 juillet avait accueilli ces deux chefs de demande.—La dame de Sully, dans le courant de la même année, avait.provoqué la vente des biens dépendants de la succession de son père, et obtenu la compensation de ses créances personnelles avec le prix de quelques biens dont elle s'était rendue adjudicataire. Ces opérations avaient été consommées par jugements rendus contradictoirement avec le curateur à la succession et quelques créanciers, mais en l'absence des héritiers Decaux. Ceux-ci attaquèrent ces décisions par la voie de la tierce opposition ; jugement du 9 août 1810 qui accueille la tierce opposition. — Appel. — Arrêt.

LA COUR ; — Considérant qu'antérieurement aux jugements attaqués par la tierce opposition, les héritiers Decaux avaient intenté action contre la veuve de Sully, héritière bénéficiaire de leur père; qu'en succession bénéficiaire, les créanciers qui se sont fait connaître doivent être appelés à tous les actes de distributions de l'actif ; que le curateur au bénéfice d'inventaire ne pouvant disposer des droits des créanciers ne les représente pas valablement; que les jugements contre lesquels cette tierce opposition a été formée ne peuvent avoir les effets des jugements d'ordre auxquels les ayants droit sont appelés; qu'ainsi, l'art. 748 c. civ. est inapplicable ; — Met l'appel au néant.

Du 28 juin 1811.-C. de Paris.

(2) *Espèce :* — (Balguerie, etc. C. Ferbos, etc.) — Les héritiers Delarose devaient à la veuve et aux héritiers Vacquier une rente de 558 fr., au capital de 11,160 fr. — En 1812, les héritiers Delarose vendent un domaine à Balguerie à autres pour 291,000 fr. — Vers ce temps, les héritiers Ferbos, créanciers de la veuve Vacquier, font une saisie-arrêt entre les mains des héritiers Delarose, débiteurs de cette veuve. — En 1813, jugement qui valide saisie. — D'autres saisies-arrêts sont pratiquées par différents créanciers de la veuve Vacquier. — Balguerie et consorts, à qui aucune saisie n'avait été dénoncée, payent à ceux-ci partie du prix du domaine; et, le 28 fév. 1816, quittance en faveur des sieurs Balguerie, qui se chargent d'acquitter la dette des héritiers Delarose envers la veuve et les enfants Vacquier, savoir : 11,160 fr. aux enfants pour le capital de la rente, et 3,673 fr. à la mère, pour les arrérages de cette rente; et cette quittance mentionne la saisie-arrêt faite entre les mains des héritiers Delarose à la requête des sieurs Ferbos. — En 1818 et 1819, saisies-arrêts à la requête de Charrière et autres, entre les mains de Balguerie et consorts, sur la veuve Vacquier. — Jugements qui valident. — Les tiers saisis payent les saisissants. — Ensuite ils consignent, dans la caisse du receveur principal à Blaye, 12,188 fr., reste de leur dette. — Dans le procès-verbal, mention de la saisie-arrêt faite à la requête des héritiers Ferbos. — Les héritiers Delarose et la veuve Vacquier, appelés à la consignation, ne s'y présentent pas. — 7 avr. 1820, jugement par défaut contre eux, qui déclare la consignation libératoire et ordonne la radiation de l'inscription de la veuve Vacquier. — 22 juillet, les héritiers Ferbos assignent : 1° les héritiers Delarose en condamnation à consigner les arrérages de la rente dont ils s'étaient reconnus débiteurs par leur déclaration du 7 janv. 1815; 2° les sieurs Balguerie et consorts, en nullité de la consignation par eux faite, attendu qu'ils n'avaient consigné pour arrérages de rente que 199 fr. 85 c., tandis qu'à l'époque du versement il était dû 5,859 fr. d'arrérages. — Les sieurs Balguerie, Delarose et la veuve Vacquier opposent le jugement du 7 avril, qui valide la consignation déjà faite.

Alors les héritiers Ferbos forment incidemment, et par requête, tierce opposition à ce jugement. — Balguerie et Delarose ont soutenu que cette tierce opposition était irrégulière en la forme, parce qu'elle aurait dû être formée par action principale; au fond, qu'elle était inadmissible, parce que les héritiers Ferbos ne pouvaient pas attaquer un jugement rendu avec la veuve Vacquier, leur débitrice. — 28 fév. 1821, jugement du tribunal de Blaye, qui accueille ce système.

Appel par les héritiers Ferbos de ce jugement et de celui du 7 avril. — Les héritiers Delarose, dans le cas où la nullité de la consignation serait prononcée, ont, pour la première fois, demandé, en appel, la garantie contre les sieurs Balguerie des condamnations qui seraient prononcées au profit des héritiers Ferbos. — Balguerie et consorts soutenaient que les héritiers Ferbos, qui n'avaient pas été parties dans le jugement du 7 avr. 1820, n'étaient pas recevables à appeler de ce jugement, et reproduisaient, quant au jugement du 28 février, les mêmes moyens qu'en première instance.

21 avr. 1826, arrêt de la cour de Bordeaux, qui juge, attendu que, par la quittance du 28 fév. 1816, les héritiers Delarose chargèrent les sieurs Balguerie, Sarget et Verdonnet du payement du capital de 11,160 fr. 50 c., et des arrérages de cette somme, dus jusqu'alors, ce qui formait celle de 14,834 fr.; qu'ils eurent soin d'en indiquer la destination différente en rappelant les divers ordres d'héritiers qui y avaient droit; d'une part, les enfants Vacquier, et, de l'autre, leur mère usufruitière de ce capital, les prévenant, en outre, qu'une saisie-arrêt avait été faite en leurs mains par les héritiers Ferbos, au préjudice de la veuve Vacquier, sur les arrérages échus et à échoir au profit de cette dame, et sur lesquels les héritiers Ferbos avaient un droit acquis; que, par cette indication de payement, acceptée tant par les sieurs Balguerie, Sarget et Verdonnet que par la dame Vacquier, qui a consenti et a été présente au payements faits aux sieurs Landran, Charrière et Maillard, créanciers de cette dame, comme ayant saisi et arrê̂ les sommes

étant représenté par le débiteur saisi, ne peut former tierce opposition au jugement qui prononce contre ce dernier la résolution de la vente de l'immeuble saisi (Amiens, 30 janv. 1825, aff. Denis, V. Vente publ. d'immeub., n° 668-5°); — 2° Que la saisie-arrêt pratiquée entre les mains du débiteur d'une succession, par le créancier personnel d'un des cohéritiers, pour la part indivise revenant à ce dernier dans la dette, ne donne pas le droit à ce créancier de former tierce opposition au jugement qui, depuis la saisie-arrêt, a statué sur le partage des sommes dues entre les héritiers, hors de sa présence. Dans ce cas, il est vrai de dire que le créancier saisissant a été représenté par

arrérageés dont ils étaient nantis, en vertu de cette indication, les sieurs Balguerie et comp. sont devenus débiteurs directs et personnels de la veuve Vacquier, et, par suite, débiteurs des héritiers Ferbos, créanciers indiqués dans la quittance du 28 fév. 1816 par les héritiers Delarose, comme ayant saisi-arrêté en leurs mains ce qui était dû à la dame veuve Vacquier.....; que les sieurs Balguerie ont dû agir, dans cette circonstance, comme les héritiers Delarose auraient fait eux-mêmes, c'est-à-dire ne rien payer sur les arrérages au préjudice de cette saisie-arrêt; que les payements qu'ils ont pris sur eux de faire à d'autres qu'aux créanciers saisissants de la veuve Vacquier, quoique de son consentement, n'ont donc pas pu nuire aux héritiers Ferbos.....; que, quoique les sieurs Balguerie aient appelé la veuve Vacquier devant le tribunal de Blaye, pour voir déclarer valable la consignation par eux faite, parce que, sans doute, ils l'ont considérée comme leur créancière au moyen de l'acceptation de l'indication de payement par elle faite, outre que le jugement de validité est par défaut contre elle, c'est qu'elle n'aurait pas eu qualité pour représenter ses débiteurs directs, et, par son silence ou par d'autres moyens, faire perdre à ses créanciers non intimés le montant de leurs créances; — Déclare les héritiers Ferbos non recevables dans l'appel du jugement du 7 avr. 1820; — Mais, faisant droit à l'appel du jugement du 28 fév. 1821, réforme ce jugement, déclare la tierce opposition des héritiers Ferbos au jugement du 7 avr. 1820, régulière et valable; déclare la consignation faite par MM. Balguerie nulle comme insuffisante; — Condamne, etc...

Pourvoi. — Violation des art. 1122 et 1165 c. civ. et de l'art. 474 c. pr., en ce que la cour de Bordeaux a admis la tierce opposition des héritiers Ferbos au jugement du 7 avr. 1820, tandis que ce jugement était inattaquable de leur part, et ne pouvait d'ailleurs être attaqué par cette voie, parce que les créanciers sont valablement représentés dans l'instance par leur débiteur. — Arrêt.

La cour, — Attendu que les héritiers Ferbos, créanciers saisissants, avaient un droit reconnu sur le prix de l'acquisition resté entre les mains des demandeurs en cassation, et que ceux-ci ne pouvaient le payer à leur préjudice; que cependant ils n'ont été appelés ni à la consignation ni dans l'instance qui en a été la suite; qu'ils étaient donc bien fondés dans la tierce opposition par eux formée au jugement qui a déclaré cette consignation valable; — Rejette.

Du 24 janv. 1828.—C.C., ch. req.—MM. Borel, f. f. pr.—Hua, rap.—Lebeau, av.-gén., c. conf.–Lassis, av.

(1) *Espèce :* —(Delatour de Saint-Igest C. héritiers de Villaines.)—Le marquis Etienne de Villaines avait deux fils, Omer et Nicolas, et une fille, Agathe-Geneviève. En mariant cette dernière au comte d'Estrées, en 1790, il lui constitua une dot de 150,000 fr., en payement de laquelle il lui abandonna la terre de Bony; de son côté, la demoiselle Agathe renonçait à la succession future de son père. — A la suite de l'émigration du marquis de Villaines père et de la comtesse d'Estrées, leurs biens furent confisqués. Rentrée en France, la dame d'Estrées, renouvela sa renonciation à la succession de son père, décédé dans l'intervalle; mais un arrêt de la cour de Paris la déclara déchue du droit de renoncer, pour avoir fait des actes d'héritière.— Survint la loi du 27 avr. 1825, en vertu de laquelle deux indemnités furent liquidées, l'une au profit de la succession du marquis de Villaines père, l'autre au profit de la comtesse d'Estrées, relative à la confiscation et aliénation de la terre de Bony. — Les sommes liquidées furent frappées d'opposition par le comte Delatour de Saint-Igest, créancier personnel du sieur Nicolas, marquis de Villaines, l'un des frères de la dame d'Estrées, pour la portion appartenant à ce dernier. — Lorsque les trois héritiers de Villaines durent régler entre eux le partage de l'indemnité, la dame d'Estrées éleva la prétention de prendre, dans la succession paternelle, le tiers qui lui revenait comme héritière, et de garder néanmoins en entier l'indemnité relative à la terre de Bony, qui lui appartenait en propre. — Les deux frères combattirent cette prétention, en soutenant que la succession de Bony, et, par suite, l'indemnité qui la représentait, devait être rapportée à la masse, ou bien la dot de 150,000 fr. constituée à leur sœur. — Une instance s'était engagée, dans laquelle ne fut pas appelé le comte de Saint-Igest, créancier opposant, il intervint, à la date du 11 janv. 1827, un jugement qui accueillit le système de la dame d'Estrées, et déclara non recevable la demande en rapport formée contre elle, sur le motif que : 1° quant à la terre de Bony, elle n'entrait pas

son débiteur dans l'instance en partage, la saisie-arrêt n'ayant pu avoir l'effet d'une opposition à partage, qui aurait été faite en vertu de l'art. 882 c. nap. (Req. 19 nov. 1838) (1). — Cette dernière décision n'est pas en contradiction avec l'arrêt cité au numéro précédent. En effet, il faut reconnaître sans doute que la saisie-arrêt confère au saisissant un droit personnel à raison duquel il ne peut être représenté par son débiteur; mais ce droit doit être restreint aux effets propres de la saisie, dont le principal est de rendre le payement inefficace envers tout autre que le créancier saisissant, et c'est ce qui explique la décision dont nous venons de parler. Dans l'espèce, le jugement

dans la constitution dotale, et 2° quant aux 130,000 fr., qui seuls formaient la dot de la dame d'Estrées, que l'action en rapport était prescrite par le laps de trente ans, sans réclamation depuis le décès de l'auteur commun.— Appel fut interjeté de ce jugement; mais, plus tard, les appelants se sont désistés.

C'est dans cet état que le comte de Saint-Igest a demandé à être reçu tiers opposant au jugement du 11 janv. 1827, comme étant l'œuvre de la collusion, et diminuant, à son préjudice, la part d'indemnité revenant à son débiteur. — Cette demande a été rejetée par le jugement suivant du tribunal de la Seine, qui fait suffisamment connaître les exceptions sur lesquelles elle était fondée : — « Attendu, en droit, que, d'après l'art. 474 c. civ., une partie ne peut former tierce opposition au jugement qu'autant que ni elle ni ceux qu'elle représente n'y ont été appelés; — Attendu qu'un créancier n'est l'ayant cause de son débiteur, et que, dès lors, il n'est pas recevable à former tierce opposition à un jugement rendu avec celui-ci, à moins qu'il ne prouve qu'il y a eu collusion ; — Attendu, en fait, que le jugement du 11 janv. 1827, attaqué par M. Delatour de Saint-Igest, a été rendu contradictoirement avec le sieur Nicolas, marquis de Villaines, son débiteur, et que non-seulement il n'établit pas que ce jugement ait été le résultat de la collusion, mais que ses allégations à cet égard sont repoussées par toutes les circonstances de la cause ; — Qu'ainsi sa tierce opposition n'est pas recevable ; — Qu'il pouvait sans doute, en sa qualité de créancier de l'un des héritiers de M. de Villaines, s'opposer à ce qu'il procédé, hors sa présence, au partage de la succession, et que, s'il avait usé de son droit à cet égard, il aurait dû être appelé dans l'instance en partage sur laquelle est intervenu le jugement dont il s'agit ; mais qu'il est constant qu'aucune opposition n'a par lui été signifiée, conformément à l'art. 882 c. civ. ; — Qu'à la vérité, il avait formé des saisies-arrêts entre les mains du ministre des finances sur la part à revenir audit sieur de Villaines, son débiteur, dans les intérêts dus par l'État à la succession de son père ; mais qu'il est de toute évidence que ces saisies-arrêts, qui n'ont été dénoncées qu'au débiteur, et non à ses cohéritiers, ne pouvaient tenir lieu de l'opposition dont il est parlé en l'art. 882 c. civ.; — Déclare Delatour Saint-Igest purement et simplement non recevable dans sa tierce opposition. »

Appel. — 8 déc. 1836, arrêt confirmatif de la cour de Paris, portant adoption des motifs des premiers juges.

Pourvoi : — 1° Violation et fausse application de l'art. 474 c. pr. civ. et des principes relatifs aux effets de la saisie-arrêt, en ce que la cour royale a décidé que le créancier opposant sur des deniers n'était pas recevable à former tierce opposition au jugement qui, en son absence, a disposé de ces deniers. — 2° Violation et fausse application de l'art. 474 c. pr. civ. et de l'art. 1167 c. civ., en ce que l'arrêt attaqué a subordonné la recevabilité de la tierce opposition d'un créancier agissant de son chef personnel, à la justification préalable du dol et de la fraude dont il arguait. — Arrêt.

La cour ; — Sur le premier moyen : — Attendu, en droit, qu'une partie ne peut former tierce opposition à un jugement lorsque celui qu'elle représente ou dont elle exerce les droits a été appelé à ce jugement ; — Et attendu, en fait, que le marquis de Villaines, aux droits duquel est aujourd'hui le sieur Delatour, comte de Saint-Igest, a été appelé et était partie au jugement du 11 janv. 1827 ; — Que, dès lors, le sieur Delatour, agissant comme représentant, ou plutôt créancier, ledit marquis de Villaines ne pouvait pas être admis à former tierce opposition à ce jugement ; — Qu'en le décidant ainsi, l'arrêt attaqué a fait une application exacte de l'art. 474 c. pr. civ. ; — Attendu, d'ailleurs, que la saisie-arrêt formée par le demandeur, entre les mains du ministre des finances, sur la part revenant au marquis de Villaines dans l'indemnité liquidée au profit de la succession de son père, ne pouvait pas avoir l'effet d'une opposition faite, suivant l'art. 882 c. civ., au partage de cette succession ;

Sur le deuxième moyen : — Attendu que l'arrêt attaqué déclare expressément que les allégations du demandeur, pour établir que le jugement du 11 janv. 1827 était le résultat de la collusion, étaient repoussées par toutes les circonstances de la cause ; — Que c'est là une appréciation des faits qui appartient souverainement aux juges du fond, et qui ne peut, dès lors, constituer un moyen de cassation ; — Rejette.

Du 19 nov. 1838.-C.C., ch. req.-MM. Zangiacomi, pr.-Brière, rap.

frappé de tierce opposition n'était pas intervenu sur la question du payement de la dette entre le tiers saisi et le débiteur saisi, cas auquel celui-ci n'aurait pu représenter le saisissant : il s'agissait de régler les droits des divers propriétaires d'une somme indivise qui n'avait été saisie qu'au préjudice de l'un d'eux, et pour la part (non déterminée) revenant à ce dernier. On conçoit dès lors que le partage pouvait s'effectuer sans qu'il fût nécessaire d'y appeler le créancier saisissant, puisque le partage n'est que déclaratif. D'ailleurs, l'art. 882 c. nap., en donnant aux créanciers le droit d'intervenir au partage à leurs frais, déclare positivement qu'un partage consommé en leur absence ne peut être par eux attaqué que lorsqu'il a eu lieu au préjudice d'une opposition de leur part, à laquelle ne peut être assimilée une simple saisie-arrêt.

186. Les créanciers qui n'ont formé opposition entre les mains du tiers saisi que depuis le jugement de validité, sont-ils recevables à attaquer ce jugement par voie de tierce opposition ? — V. Saisie-arrêt, n⁰ˢ 457 et suiv.

187. Les créanciers chirographaires doivent encore être considérés comme des tiers, lorsqu'ils demandent, en vertu du droit que leur confère l'art. 1167 c. nap., la révocation des actes passés par le débiteur en fraude de leurs droits (V. Intervent., n⁰ˢ 84 et suiv.; Obligat., n⁰ˢ 3974 et suiv.). En conséquence, ils seraient recevables à former tierce opposition au jugement rendu contre leur débiteur, s'ils alléguaient la fraude ou la collusion de celui-ci (Conf. MM. Pigeau, p. 773 ; Comment., t. 2, p. 60 ; Thomine, t. 1, p. 724 ; Carré, n⁰ 1713).—Il a été jugé en ce sens : 1⁰ que les créanciers peuvent former tierce opposi-

tion aux jugements rendus contre leur débiteur par suite d'un concert frauduleux (Aix, 4 juill. 1810 ; Nîmes, 14 avr. 1812 ; Toulouse, 21 avr. 1819 (1) ; Toulouse, 17 août 1819, M. Hocquart, 1ᵉʳ pr., aff. Lafont-Barlet C. Bernard ; Riom, 3 août 1826, aff. Servant, V. n⁰ 193 ; Agen, 1ᵉʳ mai 1830, aff. Goubil, V. n⁰ 181-1⁰ ; Paris, 2 fév. 1832, aff. Lemaitre, V. n⁰ 193) ; — 2⁰ Que le créancier d'un donataire est recevable à attaquer par la tierce opposition, comme intervenu en fraude de ses droits, un jugement qui, par suite d'une collusion entre ce donataire et le donateur, prononce la révocation de la donation au profit de ce dernier (Grenoble, 2ᵉ ch., 10 fév. 1827, M. Paganon, pr., aff. Barthelon, etc. C. Bajat) ; — 3⁰ Que lorsque, dans une instance sur distribution par contribution, un créancier prétend qu'un jugement rendu par défaut contre le débiteur saisi, au profit d'un autre créancier, l'a été en fraude de ses droits, il peut l'attaquer par la tierce opposition, même pour la première fois en appel (Paris, 30 juill. 1829, aff. Fouchereau, V. Distrib. par contrib., n⁰ 120) ;—4⁰ Que bien que le titre en vertu duquel un créancier se porte tiers opposant à un jugement rendu contre son débiteur n'eût pas de date certaine antérieure au jugement, et que, dès lors, il ne pût pas être opposé aux tiers, néanmoins, s'il est constant que le second créancier qui a obtenu la condamnation connaissait, en fait, l'antériorité du titre du tiers opposant, et que ce n'était que pour frauder ses droits que le jugement avait été provoqué, cette connaissance de fait a pu suppléer à la connaissance légale exigée par l'art. 1328 c. nap., et, par suite, la tierce opposition être déclarée recevable (Req. 8 fév. 1837) (2) ; — 5⁰ Que si l'avoué du dernier créancier col-

---

(1) 1ʳᵉ *Espèce* : — (Tronchet, etc.) — La cour ; — Considérant, que, quoiqu'en thèse ordinaire l'opposition ne compète point au créancier de celui envers lequel le jugement a été rendu, il en est autrement quand il y a eu collusion entre le débiteur et la partie qui a obtenu gain de cause ; que la collusion d'Isoard avec les sieurs Tronchet et compagnie résulte de leur conduite, de leur défense, des circonstances de la cause, et notamment de la facilité avec laquelle Isoard souscrivit par-devant le tribunal de commerce à tout ce que les sieurs Tronchet et compagnie demandèrent lors du jugement du 30 nov. 1807.
Du 4 juill. 1810.-C. d'Aix.

2ᵉ *Espèce :* — (Chariot, etc. C. Lafarre.) — Les demoiselles Lafarre-Latour vendent à la dame Mancler, leur nièce, plusieurs propriétés. Celle-ci les hypothèque à la sûreté d'une créance du sieur Chariot-Corleas, qui bientôt après en poursuit l'expropriation. — Les demoiselles Lafarre-Latour demandent alors la nullité de la vente, comme simulée ; la simulation est avouée dans le cours de l'instance par la dame Mancler. Le 3 août 1809, le tribunal d'Alais déclare cette vente nulle. L'adjudication préparatoire des biens saisis était déjà faite, lorsque les demoiselles Lafarre-Latour interviennent et demandent la nullité de toutes les poursuites en vertu du jugement du 3 août 1809. Le sieur Chariot-Corleas y forme tierce opposition ; cette voie est accueillie, et le jugement obtenu par les demoiselles Lafarre est rétracté à l'égard des créanciers inscrits de la dame Mancler. Sur l'appel, ces créanciers interviennent. — Arrêt.
La cour ; — Attendu que Parret, Goutarel et Bailly, en leur qualité de créanciers inscrits, en vertu d'actes obligatoires, de la dame Mancler, ont intérêt à faire déclarer cette dernière propriétaire des immeubles sur lesquels ils ont entendu faire porter leurs inscriptions, dont la validité ne saurait en ce moment occuper la cour, et que cet intérêt leur donne qualité pour intervenir ; — Qu'il est de principe qu'une intervention peut être reçue en tout état de cause ; — Attendu que la tierce opposition formée devant les premiers juges, au nom de Chariot-Corleas, partie de Boyer, encore le jugement du 3 août 1809, était évidemment recevable, n'ayant pu dépendre desdites Lafarre et Mancler (au moyen de ce jugement, qui par sa contexture, par les circonstances qui l'ont précédé, accompagné ou suivi, et par les consentements qu'y donne ladite Mancler, doit être regardé comme un contrat judiciaire) de porter atteinte aux droits acquis aux créanciers de cette dernière ; qu'en effet, si en général le créancier, considéré comme ayant cause ou représentant de son débiteur, ne peut prendre la voie de la tierce opposition contre le jugement rendu avec ce débiteur, cette inhibition cesse toutes les fois que le jugement attaqué a été collusoirement obtenu, et que les droits du créancier, qui alors agit comme tiers, peuvent être froissés ; — Attendu que ni les aveux de ladite Mancler, ni les contre-lettres qu'on produit, et dont la date certaine ne remonte qu'au 11 nov. 1809, jour de l'enregistrement, ne peuvent préjudicier aux créanciers de ladite Mancler, les contre-lettres et ces aveux leur étant parfaitement étrangers ; — Que la simulation alléguée n'est nullement établie ; qu'en droit, *ex indiciis perspicuis probari convenit*, et que, dans l'espèce, les circonstances invoquées étant combattues par des circonstances contraires,

il convient de se décider pour la sincérité de l'acte de vente du 30 frim. an 7 ; — Que, quand cet acte serait simulé, la feintise ne pourrait exercer son influence qu'entre les parties qui y ont concouru, la simulation étant leur ouvrage commun ; mais qu'il ne saurait jamais nuire à des tiers, qui n'ont pas dû connaître cette simulation ; qu'il suffit pour un tiers de voir un acte régulier, pour qu'il doive croire à sa sincérité et qu'il contracte légalement sur la foi de cet acte ; — Que ce principe conservateur des transactions sociales n'est susceptible d'aucune modification ; que la plus légère atteinte qui lui serait portée faciliterait la fraude, renverserait bientôt tous les actes, exposerait toutes les fortunes à être détruites, et jetterait le trouble dans le sein des familles ; que les magistrats chargés du dépôt sacré de la justice doivent essentiellement veiller à ce que de tels abus ne parviennent pas à s'introduire ; — Par ces motifs, reçoit l'intervention et met l'appel au néant.
Du 14 avr. 1812.-C. de Nîmes.

3ᵉ *Espèce :* — (Maurette C. Teyssèdre, etc.) — La cour ; — Attendu que, quoiqu'en thèse générale un débiteur ne soit pas recevable à attaquer un jugement en dernier ressort contradictoirement rendu avec son créancier, par la raison qu'il a été légalement représenté en justice par ce dernier, néanmoins ce principe reçoit une exception lorsqu'il est constant que ce jugement a été le résultat d'une collusion entre le créancier et le tiers avec lequel il plaidait ; que cette exception est consacrée par la loi 5, C. *De pignor. et hypoth.*, qui décide que le jugement rendu contre le débiteur ne nuit pas au créancier hypothécaire lorsque celui-ci prouve qu'il est le fruit d'une collusion ; que, loin que nos lois actuelles aient dérogé à cette exception ou l'aient détruite, il faut reconnaître que le principe qui lui sert de fondement est au contraire consacré par l'art. 1167 c. civ., portant que les « créanciers peuvent, en leur nom personnel, attaquer les actes faits par leurs débiteurs en fraude de leurs droits ; » en sorte que la question de savoir si la tierce opposition de Maurette est recevable dépend entièrement du fait par lui allégué ; que l'arrêt de la cour du 31 août dernier ne réforme le jugement rendu par le tribunal de première instance de Toulouse, le 30 janv. 1815, entre lesdits Romain et Rebotte, que par l'effet de la collusion entre ces deux derniers et le sieur Teyssèdre, cessionnaire dudit Rebotte, ce qui rentre dans l'examen au fond ; — Attendu que la collusion étant manifeste, ledit Maurette a évidemment qualité pour attaquer l'arrêt du 31 dernier, et que son opposition est recevable ; — Dit, etc.
Du 21 avr. 1819.-C. de Toulouse.-M. Hocquart, 1ᵉʳ pr.

(2) *Espèce :* — (Noël et Lebrun C. de Folleville, Belhomme et autres.) — Le 5 oct. 1827, Folleville souscrivit à Lebrun, son mandataire, une promesse de 50,000 fr. payables en lettres de change. — En 1828, il s'engagea également envers Noël pour 20,000 fr. ; mais il fut convenu que cette dernière somme serait réunie à celle de 50,000 fr., pour former une seule obligation de 50,000 fr., payables en effets de commerce, sous le nom seul de Noël. — L'époque de l'exigibilité des traites arrivée, Folleville ne paya pas. — Noël et Lebrun obtinrent un jugement de défaut du tribunal de commerce de Versailles, à la date du 29 oct. 1828, en vertu duquel ils prirent une inscription générale sur les biens de leur débiteur, aux bureaux des hypothèques de Bernay et du Havre.

loqué tient de l'art. 760 c. pr. le mandat de représenter les créanciers postérieurs aux collocations contestées, il ne peut plus être réputé les avoir représentés, dans le cas où il aurait frauduleusement colludé avec les contestants, à l'effet de faire obtenir à ceux-ci une sentence préjudiciable aux intérêt de la masse.—Par suite, et en admettant l'existence de la fraude, les créanciers postérieurs ont le droit de former tierce opposition au jugement qui leur préjudicie... encore bien qu'ils n'aient pas contredit à l'ordre (Caen, 16 avr. 1845, aff. Jourdain, D. P. 45. 2. 84).

188. C'est ainsi pareillement que nous avons cru devoir admettre la tierce opposition du créancier au jugement, que le débiteur aurait laissé rendre contre lui sans opposer la prescription qui lui était acquise contre la demande (V. Prescript., n° 139). — « Il est difficile, avons-nous dit *loc. cit.*, de ne pas voir une collusion donnant lieu à tierce opposition, dans le fait du débiteur qui se dépouille au profit d'un créancier déchu et au préjudice des créanciers vigilants (*Contrà*, Bordeaux, 21 mars 1846, aff. Laurent, D. P. 49. 2. 108).

189. Du reste, il a été jugé que la tierce opposition formée par un créancier contre un jugement rendu, avec son débiteur, pour cause de collusion, a pu être déclarée non recevable, en ce que ce créancier a été représenté par son débiteur, et que toute idée de collusion est repoussée par les circonstances de la cause, sans qu'une pareille décision en fait soit sujette à censure. On

dirait en vain qu'il suffit que la fraude soit alléguée par un créancier, pour que sa tierce opposition soit recevable, sauf ensuite à la rejeter comme mal fondée, si les allégations de fraude ou de collusion ne sont pas justifiées (Req. 19 nov. 1838, aff. Delatour, V. n° 185).

190. En tous cas, la fraude du débiteur ne pourrait être alléguée pour la première fois devant la cour de cassation (Cass. 21 août 1826, aff. Brochart, V. n° 193).

191. Si au cas de fraude le créancier n'est pas représenté par son débiteur, à plus forte raison, au cas de fraude du créancier, le débiteur n'est-il pas représenté par ce créancier. — Il a été jugé dans ce sens que le débiteur n'est pas représenté par son créancier dans les actes faits en fraude de ses droits par ce dernier (Bastia, 8 déc. 1834, aff. Simonetti, V. n° 146.—Conf. Pigeau, Comm., t. 2, p. 60; Chauveau sur Carré, n° 1713).— Et même dans le cas où il n'y aurait aucune fraude, on ne pourrait admettre que le débiteur fût représenté par le créancier (V. Cassation, n° 279).

192. En ce qui concerne les droits des créanciers chirographaires en matière de faillite et les droits des syndics quant à la tierce opposition, V. *suprà*, n°° 91 et suiv.

193. La question de savoir si les *créanciers hypothécaires ou privilégiés* ont ou n'ont pas été représentés dans les jugements auxquels leur débiteur a été partie, et si, par suite, ils ont ou n'ont pas qualité pour y former tierce opposition, est

---

— Folleville acquiesça à ce jugement. — Le 21 juin 1829, Lebrun se portant fort pour Noël, consentit aux sieur et dame Truffault délégation jusqu'à concurrence de 50,000 fr., sur le montant des condamnations résultant du jugement de Versailles. Mais quand le transport fut signifié par les délégataires à Folleville, celui-ci protesta de nullité contre cet acte.

Une opposition ayant été formée par le sieur et dame Truffault, entre les mains d'un sieur Lamy, notaire, dépositaire de fonds appartenant à Folleville, une instance s'engagea sur la validité de cette opposition et des créances de Noël et Lebrun. — Daumesnil et Belhomme, créanciers de Folleville, intervinrent dans cette instance et ne tardèrent pas à se porter tiers opposants contre le jugement du tribunal de commerce de Versailles, qu'ils prétendaient avoir été obtenu en fraude de leurs droits. Ils concluent à ce que la créance de Noël et Lebrun fût déclarée simulée, et à ce que la radiation de l'inscription, prise par ces derniers sur les biens de Folleville, fût ordonnée. — 5 juill. 1850, jugement du tribunal de la Seine, qui déclara, en effet, simulée en partie l'obligation dont il s'agit, et qui, statuant ensuite sur la délégation au profit du sieur et dame Truffault, valida cette délégation vis-à-vis de Folleville et l'annula à l'égard de Daumesnil et Belhomme.

Appel principal de Lebrun et Noël. Appel incident des créanciers intervenants. — 27 mars 1852, arrêt de la cour de Paris qui prononce la nullité, pour le tout, des créances Lebrun et Noël, de la délégation Truffault, du jugement de Versailles, et de l'acquiescement donné par Folleville, et ordonne la radiation des hypothèques prises en vertu des actes annulés, par les motifs suivants : — « En ce qui touche les fins de non-recevoir opposées à l'intervention et à la tierce opposition formées par Daumesnil et Belhomme : — Considérant qu'ils sont créanciers de Folleville en vertu de titres antérieurs au jugement dont ils demandent l'annulation, et qui ont été connus, avant ce jugement, par Noël et Lebrun, qui étaient alors depuis longtemps les conseils et agents de Folleville ; qu'il n'a pas été établi qu'ils ne sont que les prête-nom de Folleville ou qu'ils sont désintéressés ; que le procès existant entre Noël et Lebrun, d'une part, et Folleville, de l'autre, ayant pour objet le maintien ou le rejet d'une créance qui frappe les biens de ce dernier d'une hypothèque générale antérieure à celle que Daumesnil et Belhomme peuvent faire valoir, il en résulte qu'ils ont le droit d'intervenir dans ladite instance ; — Considérant que, s'il est vrai qu'un créancier, comme l'ayant cause de son débiteur, est représenté dans les jugements où ce dernier a figuré, ce principe cesse d'avoir son application lorsque ces jugements sont le résultat d'une fraude concertée avec le débiteur ; que, dans le cas particulier, Daumesnil et Belhomme allèguent que le jugement auquel ils ont formé tierce opposition n'a été rendu que par suite d'une simulation frauduleuse entre Lebrun, Noël et Folleville, au préjudice de leurs droits ;

« En ce qui touche le fond : — Considérant qu'à diverses reprises, par des actes extrajudiciaires, et en outre, devant les premiers juges, Folleville a, de la manière la plus positive et la plus formelle, déclaré qu'il n'avait souscrit les acceptations qui ont fait la base du jugement du 29 oct. 1828, et qu'il ne les avait confiées à Lebrun et Noël, d'après les conseils de ces derniers, que dans le but d'établir sur ses biens une créance hypothécaire qu'il pût opposer à ceux de ses créanciers qui avaient abusé de sa faiblesse, et qu'ainsi ces acceptations, le jugement et l'acquiescement qui en ont été la suite, n'ont jamais pu constituer

entre leurs mains un titre de créance personnelle ; — Considérant que, si telle est l'origine de la créance dont il s'agit, Daumesnil et Belhomme sont fondés à en demander l'annulation ; — Considérant que des pièces et documents fournis au procès, il résulte des présomptions nombreuses, graves, précises et concordantes, à l'appui des faits déclarés par Folleville ; — Considérant que, si Lebrun et Noël avaient été réellement créanciers de ce dernier pour des sommes et à des titres différents, on ne saurait comprendre pourquoi ces créances auraient été réunies et confondues dans des lettres de change au nom seul de Noël qui en a constamment paru le propriétaire exclusif jusqu'au moment où le procès a éclaté... » — Ici l'arrêt induit de certains faits et circonstances qu'il est inutile de rapporter, que les lettres de change étaient entachées de simulation.

Pourvoi.— 1° Violation des art. 466, 474 c. pr. civ., 1166 et 1167 c. civ., en ce que les sieurs Daumesnil et Belhomme n'étaient pas recevables à intervenir et à demander, par voie de tierce opposition, l'annulation du jugement du tribunal de commerce de Versailles. — 2° Violation de l'art. 1528 c. civ., en ce que les titres dont Belhomme et Daumesnil se prévalaient comme établissant leur qualité de créanciers antérieurement au jugement de Versailles, n'avaient pas de date certaine, et que, par suite, ils n'étaient pas opposables aux tiers et particulièrement aux demandeurs ; qu'en vain l'arrêt attaqué déclare que ceux-ci avaient connaissance de l'antériorité des titres ; que cette circonstance ne saurait faire attribuer à une antériorité de fait, les effets d'une antériorité légalement constatée. — 3°... — 4° Violation des art. 474 et suiv., 480 et suiv. c. pr. civ., 1551 et suiv., 2154 c. civ. — — En prononçant la radiation de l'hypothèque, l'arrêt, disait-on, l'a anéantie tant à l'égard des sieurs Belhomme et Daumesnil qu'à l'égard de Folleville lui-même. Or, s'il est vrai que les tiers opposants pussent obtenir la rétractation d'un jugement qui préjudiciait à leurs droits, il n'était pas permis à la cour royale d'étendre le bénéfice de cette rétractation au delà de ceux qui la demandaient. — Arrêt.

La cour ; — Sur le moyen tiré de la violation des art. 466 et 474 c. pr. et 1166 et 1167 c. civ.: — Attendu que, si l'intervention est régulière quand le créancier vient défendre un intérêt commun à lui et à son débiteur, à plus forte raison, cette intervention ainsi que la tierce opposition doivent être admises quand le créancier agit dans son intérêt personnel, et notamment quand il offre de prouver le dol et la fraude pratiqués par son débiteur ;

Sur le moyen tiré de la violation de l'art. 1528 : — Attendu que, s'il est des cas où la connaissance de fait ne peut suppléer à la connaissance légale, il ne doit jamais en être ainsi quand la connaissance de fait a été accompagnée de dol et de fraude, comme dans l'espèce, ainsi que l'a constaté l'arrêt attaqué ;...

Sur le moyen tiré de la violation des art. 1550 et 1551, ainsi que de l'art. 2154 c. civ. : — Attendu qu'en ordonnant la radiation de l'inscription prise en vertu du jugement de Versailles, la cour royale n'a prononcé cette radiation que par rapport aux parties en cause, sans étendre cette annulation à l'encontre de toutes autres personnes non parties au procès, et que, par conséquent, l'arrêt attaqué n'a pu violer les articles invoqués ; — Rejette.

Du 8 fév. 1857.—C. C., ch. req.—MM. Zangiacomi, pr.—De Montau. r.—Nicod, av. gén.—Letendre, av.

très-controversée.—Suivant plusieurs auteurs, le droit de tierce opposition ne saurait appartenir aux créanciers hypothécaires, d'un côté, parce qu'un tel créancier, malgré son *jus in re*, n'a de droit sur l'immeuble hypothéqué qu'autant que son auteur en avait lui-même et qu'un jugement venant à déclarer que le débiteur qui a consenti l'hypothèque n'était réellement pas propriétaire, l'hypothèque se trouve nulle, d'après le principe que nul ne peut transférer plus de droits qu'il n'en a lui-même; il n'y a plus de créancier hypothécaire, puisqu'il est reconnu qu'il n'y a point eu d'hypothèque véritable.—D'un autre côté, parce que le débiteur qui a hypothéqué son immeuble est le représentant légal des créanciers hypothécaires dans les procès relatifs à la propriété de l'immeuble, que ce débiteur est un véritable contradicteur légitime ayant seul charge de figurer dans les procès qui s'élèvent, soit dans son intérêt, soit dans l'intérêt de ceux auxquels il a conféré des hypothèques (V. en ce sens MM. Merlin, vo Opposition tierce, § 2, art. 3; Proudhon, Usufruit, t. 3, nos 1302 et suiv.; Favard, t. 5, p. 602; Berriat, Pr. civ., p. 442; Carré et Chauveau, nos 1713, 1714, 1715 ; Thomine, t. 1, p. 586).—Dans ce système, toutefois, on fait une distinction : ou le créancier hypothécaire ne fait que reprendre les moyens de droit ou de fait que le débiteur avait déjà présentés ou aurait pu présenter; ou bien il oppose des moyens qui lui sont purement personnels. Dans le premier cas, la tierce opposition n'est pas recevable, par les motifs qu'on vient d'exprimer; dans le second cas, au contraire, la tierce opposition est admise, parce qu'alors le créancier, ayant un droit propre et distinct de celui de son débiteur, ne peut être réputé avoir été représenté par lui.—Nous ne parlons pas ici du cas de fraude qui, pour tous les créanciers, chirographaires ou hypothécaires, ouvre le droit à la tierce opposition (V. no 187). — Une jurisprudence considérable a suivi ce système avec les distinctions que l'on vient de rappeler. — Ainsi, il a été décidé : 1o qu'un créancier hypothécaire, étant l'ayant cause de son débiteur, n'était pas recevable, sous l'ordonnance de 1667, à former tierce opposition à l'arrêt rendu contradictoirement avec lui, postérieurement à la naissance de l'hypothèque (Cass. 12 fruct. an 9) (1); — 2o Sous le code de procédure, que les créanciers hypothécaires n'ont, pas plus que des chirographaires, qualité pour attaquer par tierce opposition un jugement rendu sans fraude contre leur débiteur (Turin, 3 mai 1809; Req. 11 juin 1822) (2); Paris, 20 mars 1810, aff. Guyot-Mouton C. dame Grandin; Rennes,

---

(1) *Espèce* : — (Godet C. Leforestier.) — 18 mai 1740, bail à fieffe de la forge de Putange en Normandie, consenti par M. de Putange, moyennant 700 livres de rente au profit de sa terre seigneuriale. — Ce bail fut cédé successivement à divers preneurs, et enfin à Godet père. — 1776, vente de la terre de Putange à Leforestier. — 1786, cession du bail par Godet père à Delessart. — Celui-ci laisse les arrérages de la rente s'accumuler. — 1790, sentences qui autorisent Leforestier à rentrer dans l'immeuble fieffé, faute de payement de la rente. — Appel par Delessart.—Jugement par défaut contre lui.— Opposition. —Jugement de débouté le 25 janv. 1792, et mise en possession par Leforestier. — En mess. an 7, Godet fils, créancier hypothécaire de Delessart en qualité d'héritier de son vendeur, forme une tierce opposition aux arrêts qui ordonnaient la mise en possession de Leforestier. — Fin de non-recevoir, tirée de ce que le tiers opposant n'étant que créancier de Delessart, ne pouvait avoir plus de droits que lui, et de ce que les arrêts attaqués, ayant acquis la force de chose jugée contre le débiteur, faisaient loi aussi contre ses créanciers, qui ne sont que des ayants cause. 22 mess. an 8, jugement du tribunal d'appel de Caen qui rejette la fin de non-recevoir : « Attendu que, comme créancier hypothécaire de Delessart, Godet avait qualité pour attaquer par tierce opposition le jugement rendu contre son débiteur, cette voie étant ouverte à quiconque avait des droits à l'objet contesté, et qui n'a pas été représenté dans le procès jugé. » Pourvoi pour violation de l'art. 1, tit. 55, de l'ord. de 1667.— M. Merlin a conclu à la cassation. — Qu'un créancier, a-t-il dit, soit, relativement à l'exception de chose jugée, considéré comme l'ayant cause de son débiteur, c'est ce qu'il n'est pas permis de révoquer en doute. — Jousse en fait la remarque expresse, sur ces mots *ayants cause*, de l'art. 1 du tit. 55 de l'ordonnance. — Et en effet, c'est de son débiteur qu'un créancier, même avec hypothèque spéciale, tire son droit. — Il n'est créancier hypothécaire que parce que son débiteur lui a affecté ses biens ; mais en les lui affectant, il ne l'en a rendu ni copropriétaire ni usufruitier ; il ne lui en a donné qu'un droit subordonné à sa propriété personnelle, et s'il vient à être jugé avec le débiteur que sa propriété n'existe pas, ou qu'elle est résoluble par l'effet d'une clause inhérente au titre même d'où elle dérive, alors il faut bien que l'hypothèque du créancier s'évanouisse avec elle : *resoluto jure dantis, resolvitur jus accipientis*. — S'il en était autrement, il faudrait donc, pour pouvoir faire juger sûrement une question de propriété avec un homme chargé de dettes, mettre en cause tous ceux de ses créanciers qui auraient acquis hypothèque sur l'immeuble que l'on entend revendiquer ; mais c'est bien là l'idée la plus absurde que l'on puisse mettre en avant. —Si c'est du débiteur, si c'est du contrat qu'il a passé avec lui que le créancier tire son droit, la chose jugée contre celui-là est commune à celui-ci. — En effet, l'art. 26, tit. 55, de l'ord. de 1667 décide, de la manière la plus générale et la plus positive, que celui qui tire son droit d'une personne contre laquelle il a été rendu en dernier ressort un jugement définitif qu'on lui oppose dans le cours d'une instance, ne peut pas faire rétracter ce jugement sans prendre la voie de requête civile, même devant le tribunal qui a rendu ce jugement. — Et c'est sur ce fondement qu'un arrêt du parlement de Paris, du 22 fév. 1701, a jugé que les créanciers de celui avec lequel des arrêts ont été rendus ne peuvent s'y opposer, non plus qu'aucun ayant cause du débiteur. — Brillon, vo Opposition, no 1, cite également un arrêt du grand conseil, rendu au semestre d'été 1704, qui a consacré le même principe. — Jugement. LE TRIBUNAL; — Vu les art. 5 et 11, tit. 27, et l'art. 1, tit 55,

ord. 1667;—Et attendu que la réserve des droits des tierces personnes, dont parle l'art. 11, tit. 27, de l'ordonnance, ne concerne que celles qui n'ont pas été parties appelées ni représentées ; que cela résulte du rapprochement de cet article avec l'art. 1, tit. 55 ; — Que le sieur Godet, comme créancier du sieur Delessart, qui avait consenti une hypothèque envers lui, était, à cet égard, son ayant cause ; — Qu'il est constant que Delessart a été appelé ; qu'il n'a point été allégué qu'il se soit pourvu dans le délai contre le jugement en dernier ressort rendu par défaut au tribunal du district de Caen ; — Que néanmoins le sieur Godet, en qualité d'ayant cause de Delessart, n'aurait pu être recevable à attaquer ce jugement qu'autant qu'il eût été justifié que Delessart aurait été lui-même admissible à se pourvoir ; — Qu'ainsi les jugements par défaut rendus au tribunal du district de Caen étaient, dans l'état d'instruction devant le tribunal d'appel, censés avoir acquis l'autorité de la chose jugée ; — Qu'il résulte de tout ce que dessus que les juges du tribunal de Caen, ayant reçu la tierce opposition du sieur Godet sous le motif pris des dispositions de l'art. 11, tit. 27, de l'ord. de 1667, ont fait une fausse application dudit article, violé l'art. 5 du même titre, concernant l'autorité de la chose jugée, et contrevenu formellement à l'art. 1 du tit. 55, qui ne permet de rétracter autrement que par requête civile les jugements en dernier ressort rendus avec ceux qui y ont été parties ou leurs ayants cause ; — Casse, etc. Du 12 fruct. an 9.—C. C., sect. civ.—MM. Rousseau, rap.—Merlin, pr. gén., c. conf.

(2) 1re *Espèce* : — (Pensoja.) — Nisia et Métello, créanciers hypothécaires de Pensoja, par deux jugements en date des 10 et 15 déc. 1816, furent envoyés en possession de deux maisons appartenant à leur débiteur, pour les tenir à titre de gage jusqu'à l'entier payement de leurs créances, suivant les usages reçus en Piémont. D'autres créanciers hypothécaires formèrent tierce opposition à ces deux jugements ; il furent déclarés non recevables par jugement du 26 mars 1808. — Appel. — Arrêt. LA COUR; — Considérant que les actes de mise en possession dont il s'agit n'ont eu lieu qu'en exécution des jugements du tribunal civil de cette ville, des 10 et 13 déc. 1806 ; que les parties de Deabbate et Pateri (Nisia et Métello) ont obtenus contre le sieur avocat Pensoja, débiteur commun ; — Que tandis que ces jugements entre ces créanciers et le sieur Pensoja ont acquis la force de la chose jugée, il est évident que tout autre créancier que l'avocat Pensoja n'est point recevable à opposer aux actes susdits tout moyen qui, dans l'intérêt du débiteur, eût pu être invoqué contre la mise en possession accordée par les jugements susdits; car, sous ce rapport, les créanciers opposants ne feraient que représenter le sieur Pensoja, leur débiteur ; — Que si ces créanciers se bornent aux moyens qui ressortissent de leur intérêt direct, du droit d'hypothèque qui puisse leur compéter sur les immeubles, en lesquels les mises en possession ont eu lieu, il est aisé de sentir que les actes susdits ne sauraient dans leurs oppositions qu'en tant que ces actes de mise en possession pourraient préjudicier à leurs droits, tout comme s'il fût question d'un contrat d'antichrèse, passé par le sieur Pensoja, au profit des parties de Deabbate et de Pateri (Nisia et Métello); — Que ces actes de mise en possession, outre qu'ils n'ont pu blesser les droits appartenant aux créanciers quelconques du sieur Pensoja, sur les immeubles y désignés, ne peuvent pas même être d'obstacle à ce que les créanciers susdits puissent exercer sur les immeubles susdits leurs droits, suivant les art. 2091 et 2166 c. civ., qui n'ont fait que consacrer les principes du droit commun ; — Que ce ne sera que lorsque les créanciers opposants dirigeront leurs poursuites sur les immeubles susdits aux termes du prescrit par les codes civil et de procédure, que tout effet des actes de

2ᵉ ch., 4 juin 1811, aff. N... C. N...; Req. 16 juin 1811, aff. Squiroly, V. Louage à locatairie perpétuelle, nᵒ 12; Paris, 30 déc. 1857, aff. Mesnier, sous Req. 9 avr. 1859, vᵒ Surenchère, nᵒ 92); alors même que le jugement condamnerait le débiteur au délaissement des immeubles hypothéqués (Req. 26 mai 1841 (1);—3ᵒ Que le débiteur étant censé représenter ses créanciers, même hypothécaires, dans toutes les actions en justice, la femme, créancière de son mari, ne peut attaquer, par la voie de la tierce opposition, les jugements et arrêts rendus avec et contre lui (Riom, 3 août 1826) (2);—4ᵒ Que le débiteur étant le représentant naturel de ses créanciers, il s'ensuit qu'un créancier hypothécaire n'a pas le droit d'attaquer, par la voie de la tierce

opposition, un jugement rendu même par défaut contre son débiteur et passé en force de chose jugée contre ce dernier...; et, dans ce cas, l'arrêt qui admet la tierce opposition ne peut être maintenu, sous le prétexte, allégué seulement en cassation et non constaté par l'arrêt, qu'il y aurait en fraude pratiquée entre les parties litigantes, au préjudice des créanciers (Cass. 21 août 1826) (3);—5ᵒ Qu'un créancier hypothécaire étant l'ayant cause de son débiteur, est non recevable, sauf le cas de fraude et de collusion, à attaquer par tierce opposition un jugement rendu contre ce dernier, et par suite duquel son hypothèque aurait même perdu son effet (Bordeaux, 8 août 1833) (4);— 6ᵒ Et par exemple, le jugement qui annule la donation, en vertu de la-

---

mise en possession devra cesser; — Que les oppositions des créanciers sont foncièrement sans but; car ce ne serait point aux fins d'obtenir eux-mêmes la mise en possession desdits immeubles qu'ils réclament l'annulation des actes qui ont eu lieu en exécution des jugements susénoncés; car ils n'ont pas même annoncé une telle prétention, tandis qu'elle se trouverait en opposition avec leur système, d'après lequel ils se reconnaissent forcés de se conformer au prescrit de la loi pour obtenir le payement de leurs créances, sur les immeubles hypothéqués à leur profit, fussent-ils tous possédés par leur débiteur.
Du 3 mai 1809.—C. de Turin.
2ᵉ Espèce : — (Bourgeois C. Lemoine.) — La cour ; — Attendu que le sieur Bourgeois ne pouvait, du chef de Sophie Bouquet, sa débitrice, se rendre tiers opposant à l'arrêt du 11 déc. 1820, puisqu'elle y était elle-même partie, et qu'il ne peut avoir plus de droit que sa débitrice ; — Rejette.
Du 11 juin 1822.-C. C., sect. req.-MM. Henrion, pr.-Favard, rap.-Cahier, av. gén., c. conf.-Isambert, av.
(1) Espèce : — (Heurtaux et cons. C. Lebec et Allegret.) — 24 août 1839, arrêt de la cour de Rennes en ces termes : « Considérant que les créanciers peuvent représenter leur débiteur quant à ses droits et actions, lorsqu'il ne les exerce pas lui-même, mais que, lorsqu'il peut et veut les exercer, ils ne peuvent l'en empêcher et se mettre à sa place ; — Que, dans ce cas, la loi leur permet seulement d'attaquer les actes faits en fraude de leurs droits ; — Que la voie de la tierce opposition à un jugement ne leur est ouverte que par application et dans les limites de ces principes ; — Qu'ainsi ils peuvent former tierce opposition au jugement qui préjudicie à leurs droits, si leur débiteur qu'ils représentent n'y a pas été appelé ; — Que si, au contraire, il y a été appelé et y a été partie, comme il n'y a plus lieu à représenter celui qui s'est présenté lui-même, la voie de la tierce opposition leur est fermée, à moins que leur débiteur ne se soit laissé condamner collusoirement, en fraude de leurs droits ; — Que, hors le cas de fraude ou de dol, le tiers qui a gagné un procès contre un plaideur grevé de dettes, ne saurait être obligé de plaider successivement la même cause contre chacun des créanciers de sa partie adverse ; — Considérant que, par un arrêt contradictoire, il a été jugé que Ganbil n'était pas propriétaire d'un immeuble qu'il avait hypothéqué ; — Considérant que les créanciers hypothécaires n'allèguent aucun fait de dol ou de fraude comme cause déterminante de l'arrêt attaqué par tierce opposition ; — Qu'il en résulte que la tierce opposition n'est pas recevable. » — Pourvoi. — 1ᵒ Violation de l'art. 474 c. pr., en ce que l'arrêt attaqué a rejeté comme non recevable la tierce opposition formée par des créanciers hypothécaires, quoique ces créanciers tinssent de leur hypothèque un droit personnel que n'avait pu défendre leur débiteur. — 2ᵒ Violation de l'art. 7 de la loi du 20 avr. 1810, en ce que cet arrêt n'a pas motivé le rejet des conclusions subsidiaires des demandeurs. — Arrêt.
La cour; — Sur le premier moyen : — Attendu, en droit, qu'aux termes de l'art. 474 c. c. pr. civ. qui sert de base à ce moyen, il n'y a que ceux qui n'ont été ni parties ni représentés par leurs ayants cause dans les jugements qui préjudicient à leurs droits, qui puissent y former tierce opposition, et qu'il est également incontestable, en droit, que tous les créanciers, sans distinction des créanciers hypothécaires ou des créanciers chirographaires, sont représentés par leurs débiteurs qui sont restés en pleine jouissance de leurs droits et auxquels on ne peut reprocher ni dol, ni collusion, ni mauvaise foi ; — Et attendu, en fait, que c'était en qualité de créanciers que l'opposition dont il s'agit avait été formée, et que le dol, la collusion ou la mauvaise foi, bien loin d'avoir été prouvés contre le débiteur qui les avait représentés, n'ont pas même été allégués ;
Sur le second moyen : — Attendu que le motif de l'arrêt attaqué par lequel la tierce opposition a été déclarée non recevable s'applique implicitement à la demande subsidiaire, qui n'était, sous une autre forme, qu'une reproduction du moyen par lequel les demandeurs cherchaient à revenir contre ce qui avait été jugé avec leurs débiteurs ; — Rejette.
Du 26 mai 1841.-C. C., ch. req.-MM. Lasagni, f. f. de pr.-Joubert, rap.-Delangle, av. gén., c. conf.-Ledru Rollin, av.
(2) (Servant C. Longevialle jeune.) — La cour ; — En ce qui touche la tierce opposition que Dorothée Servant a formée aux différents juge-

ments et arrêts qui ont ordonné que les frais exposés par Marguerite Despiron et par les mariés Merle seraient employés en frais extraordinaires de poursuites, ainsi qu'aux exécuteurs qui ont liquidé ces mêmes frais, et dont la distraction a été prononcée en faveur de Dusser, avoué à Saint-Flour, et de Coste et Allezard, avoués en la cour : — Considérant que tous les jugements et arrêts attaqués par ladite Servant ont été rendus avec et contre Jean-François-Joseph Redon, son mari, et qu'ils ont acquis, à l'égard de ce dernier, l'autorité de la chose jugée ; — Considérant que les créanciers ne peuvent attaquer les jugements intervenus avec leur débiteur, qui est censé les avoir représentés ; que la femme Redon, agissant comme créancière hypothécaire de son mari, ne peut, en cette qualité, avoir plus de droits qu'il n'en aurait lui-même; qu'étant l'ayant cause de son débiteur, ce qui a été jugé avec lui est réputé avoir été jugé avec elle; qu'elle ne pourrait être admise à faire rétracter les jugements et arrêts par elle attaqués, qu'autant qu'elle établirait qu'ils reposent sur des faits de dol et de fraude, pratiqués à son préjudice; qu'elle n'en articule aucun, et que toutes les circonstances de la cause tendraient même à en faire rejeter la supposition; d'où il suit que la femme Redon doit être déclarée non recevable dans sa tierce opposition.
Du 5 août 1826.-C. de Riom, 2ᵉ ch.-M. Thevenin, pr.
(3) Brochart C. Bulteau-Delbarre.) — La cour (ap. dél. en ch. du cons.); — Vu l'art. 474 c. pr.; — Et attendu que l'arrêt dénoncé (Douai, 26 avr. 1822) a déclaré recevable la tierce opposition formée par le défendeur contre le jugement du 11 août 1819, sur le motif qu'en sa qualité de créancier hypothécaire, il avait le droit d'attaquer ledit jugement rendu par défaut contre son débiteur, et qu'en le jugeant ainsi, la cour de Douai a ouvertement violé l'art. 474 c. pr., le débiteur étant le représentant naturel de ses créanciers; que l'arrêt de ladite cour ne peut être justifié par les manœuvres frauduleuses, alléguées seulement en cassation, qui auraient été pratiquées entre sa débitrice et ses parties adverses; dès lors que rien, dans l'arrêt, ne constate la réalité de ces allégations; — Sans s'occuper des autres ouvertures de cassation invoquées par le demandeur, casse.
Du 21 août 1826.-C. C., ch. civ.-MM. Brisson, pr.-Carnot, rap.-Cahier, av. gén., c. conf.-Petit de Gatines et Guichard père, av.
(4) (Martin C. Griffon.) — La cour; — En ce qui touche la fin de non-recevoir proposée au nom de la dame Griffon, et puisée dans les dispositions de l'art. 474 c. pr. civ. : — Attendu qu'il ne suffit pas à Martin (le tiers opposant) que l'arrêt du 16 mars 1830 préjudicie à ses droits, ce qui est au surplus incontestable; qu'il faut encore, pour la validité de sa tierce opposition, qu'il n'ait été ni appelé ni représenté lors de l'arrêt qui lui fait grief; — Attendu que Griffon, débiteur de Martin, était en cause dans l'instance que termine l'arrêt de la cour; que Martin est l'ayant cause de Griffon, puisque c'est de lui qu'il tire le droit dont il se prévaut contre la dame Griffon; que la qualité d'hypothécaire ne changeant pas les rapports nécessaires qui existent entre le débiteur et le créancier, il est toujours vrai que les droits du deuxième résultent du contrat souscrit par le premier; d'où suit que ce qui a été jugé contre le représentant l'a été jugé contre le représenté; — Attendu, néanmoins, qu'on devrait se refuser à l'application de maximes, s'il était établi qu'une collusion frauduleuse ait existé entre le sieur Griffon et son épouse, au préjudice de Martin; mais que rien de pareil ne se rencontre dans la cause...; que l'exception de dol étant ainsi écartée, il faut en revenir à ce principe, que le créancier hypothécaire, comme tout autre, a l'ayant cause de son débiteur; d'où la conséquence que le jugement rendu contre le débiteur est aussi rendu contre le créancier; — Qu'à la vérité, ce principe trouve encore de la résistance dans plusieurs esprits éclairés, mais qu'il a pour lui la doctrine des auteurs et la jurisprudence de la cour de cassation; qu'en le consacrant de nouveau dans la cause actuelle, la cour croit rendre hommage aux véritables règles du droit; — Par ces motifs, déclare non recevable la tierce opposition formée par J.-F. Martin, tant envers le jugement rendu par le tribunal civil de Bordeaux, le 15 juill. 1830, qu'envers l'arrêt de la cour, du 16 mars 1831, qui a déclaré la femme Griffon, propriétaire de l'immeuble acquis par elle en 1822; ordonne que lesdits jugement et arrêt sortiront leur plein et entier effet.
Vᵘ ⁹ août 1833.-C. de Bordeaux, 1ʳᵉ ch.

quelle le débiteur possédait les biens hypothéqués (Paris, 2 fév. 1852; Req. 3 juill. 1852 (1). — ... Encore bien qu'un ordre aurait été ouvert sur partie des immeubles du donataire, cet ordre ne le dessaisissant pas de l'administration de ses biens (même arrêt du 3 juill. 1852);—... 7° Ou le jugement qui prononce la résolution de la vente de l'immeuble sur lequel le débiteur leur a conféré hypothèque (Lyon, 31 août 1826, aff. Baloffet, sous Rej. 16 juill. 1834, v° Intervention, n° 98-1°).—... S'il n'a à se prévaloir que des droits compétents au débiteur (Lyon, 10 août 1856, aff. Thomas, sous Cass. 21 août 1840, v° Vente publ. d'imm., n° 669);—8° Que, du moins, il n'y a violation d'aucune loi dans l'arrêt qui, pour le décider ainsi, se fonde, entre autres motifs, sur ce que la propriété des biens compris dans la vente était déjà notoirement incertaine sur la tête de l'acquéreur, à l'époque où les créanciers qui veulent se rendre tiers opposants ont imprudemment accepté la cession des créances hypothécaires auxquelles étaient affectés les biens dont il s'agit (Rej. 16 juill. 1834, aff. Baloffet, précitée); — 9° Que le créancier inscrit sur un immeuble possédé par son débiteur en vertu d'une donation faite sous certaines conditions, et qui fait saisir l'immeuble postérieurement à l'action en révocation pour inexécution des conditions, n'a pas qualité pour former tierce opposition au jugement qui prononce cette révocation, sous le prétexte qu'il n'a pas appelé dans l'instance en révocation, un tel jugement ne portant pas préjudice à ses droits qui étaient conditionnels comme ceux de son débiteur (Req. 3 fév. 1836 (2);— 10° Que les créanciers inscrits ne peuvent former tierce opposition au jugement qui admet une surenchère, pas même sous le

---

(1) 1re Espèce : — (Lemaître C. Duhamel et Courtois.) — La cour; — En ce qui touche la tierce opposition : — Considérant qu'une partie ne peut former tierce opposition à un arrêt qu'autant que celle qu'elle représente n'a pas été appelée; — Que le débiteur représente le créancier...; — Que Dumas de Polart, débiteur de la veuve Courtois et de Duhamel, a défendu leurs intérêts avec les siens dans l'instance en nullité de sa donation; qu'il n'est ni justifié ni même allégué qu'il ait laissé prononcer cette nullité pour faire fraude à leurs droits.

Du 2 fév. 1852.-C. de Paris, 2e ch.-M. Berville, av. gén.

2e Espèce : — (D'Arriule C. Huard.) — La cour ; — Sur la première et la deuxième partie du premier moyen : — Attendu qu'il résulte des qualités de l'arrêt attaqué, et notamment des conclusions des parties y relatées et des questions y posées, que l'exception tirée du prétendu concert frauduleux entre le marquis de Villaine et ses parties adverses lors de l'arrêt de la cour royale de Bourges, du 28 juill. 1818, au préjudice de ses créanciers, n'a pas été proposée aux juges de la cause; qu'ainsi l'on ne peut leur reprocher de ne pas s'en être occupés d'une manière particulière et de ne pas avoir donné, à son égard, des motifs exprès et spéciaux ; — Attendu, au surplus, que le marquis de Villaine avait seul qualité, droit et intérêt de soutenir la validité de la donation faite en sa faveur par la dame de Saint-Jullien, sa tante, le 28 juin 1811, d'où dépendait toute sa fortune; qu'on effet, il l'a sérieusement défendue; qu'ayant succombé, il s'est pourvu en cassation, et son pourvoi fut rejeté par arrêt du 18 août 1819; qu'enfin tous les autres créanciers du marquis de Villaine placés dans les mêmes circonstances que le demandeur en cassation, ayant mêmes qualité, droit et intérêt que lui, s'étant prévalus, lors de l'arrêt de la cour royale de Limoges, du 25 mars 1820, de la même exception de dol et de fraude, il a été formellement décidé, d'une part, qu'aucun soupçon de fraude ne s'élevait ni ne pouvait s'élever entre les parties qui avaient figuré au procès lors de l'arrêt de la cour royale de Bourges, du 28 juill. 1818, et, d'autre part, que la donation du 28 juin 1811 était l'ouvrage d'une combinaison aussi odieuse que coupable; de tout quoi il suit que le moyen était dans ces deux parties tout à la fois non recevable et mal fondé ;

Sur la troisième partie du même moyen : — Attendu que le marquis de Villaine étant seul contradicteur légitime pour soutenir la validité de la donation de 1811, lors de l'arrêt de la cour royale de Bourges, du 28 juill. 1818, c'est avec raison que l'arrêt attaqué a décidé qu'il y a représenté tous ses créanciers ; — Attendu que, si la vente du domaine de la Chezotte en faveur de Blanc a obligé Huard et consorts à obtenir de la cour royale de Limoges l'arrêt du 25 mars 1820, qui déclare commun avec Blanc, nouvel acquéreur, le précédent arrêt de la cour royale de Bourges, du 28 juill. 1818, ce second arrêt du 25 mars 1820 ne touchant, à cet égard, qu'aux seuls droits de Blanc, n'a rien changé à la position des créanciers du marquis de Villaine, qui ont toujours continué à être représentés par leur débiteur. Aussi cette partie du moyen n'a pas été présentée aux juges de la cause, et elle était, par conséquent, tout à la fois non recevable et mal fondée;

Sur la quatrième partie du moyen : — Attendu, en droit, qu'à la différence de la faillite, l'ordre ouvert sur quelques-unes des propriétés du débiteur ne le dessaisit pas de l'administration de ses biens ; — Attendu, au surplus, en fait, que l'ordre ouvert en 1816, par-devant le tribunal de première instance d'Aubusson, sur la terre de la Chezotte à la suite de la vente faite à Blanc, fut mis au néant par l'arrêt de la cour royale de Limoges, du 25 mars 1820, et que le demandeur en cassation ne figura jamais dans cet ordre. Aussi cette partie du moyen n'a pas été proposée non plus aux juges de la cause ; et elle était, par conséquent, encore non recevable et mal fondée ;

Sur le second moyen : — Attendu que le traité du 2 mars 1820 n'a eu lieu qu'entre Blanc et les héritiers Huard, et que c'est aussi entre Blanc et les héritiers Huard seulement qu'a été rendu le jugement du tribunal de première instance de Bordeaux, du 11 juill. 1822;—Attendu que ce jugement, loin de rendre commun le traité du 2 mars 1820 aux autres créanciers du marquis de Villain, a, au contraire, déclaré, en termes exprès, que leurs droits continueraient de demeurer tels qu'ils av. ient été réglés et fixés définitivement par les arrêts des cours royales de Bourges et de Limoges, des 28 juill. 1818 et 25 mars 1820;—Que, d'après cela, en décidant que le traité du 2 mars 1820 ne pouvait ni profiter ni nuire aux autres créanciers du marquis de Villaine, l'arrêt attaqué, loin de violer l'autorité de la chose jugée par le jugement du tribunal de première instance de Bordeaux, en a fait la plus exacte application ; — Rejette, etc.

Du 3 juill. 1852.-C. C., ch. req.-MM. Zangiacomi, pr.-Lasagni, r.

(2) Espèce : — (Lecussan C. Cazeneuve.) — Pourvoi contre un arrêt de la cour de Toulouse, du 5 mai 1834, pour, 1° violation de l'art. 474 c. pr., en ce que, bien que le débiteur ait qualité pour représenter son créancier, pour tous les droits que ce dernier tient de son débiteur, ce principe ne s'applique pas au cas où le créancier a des droits privatifs et personnels ; que, dans cette hypothèse, un jugement intervenu entre le débiteur et un autre créancier doit être réputé, eu égard au créancier lésé dans ses droits personnels, res inter alios acta, et susceptible d'être attaqué par la tierce opposition. Or, disait-on dans l'espèce, la demoiselle Lecussan tenait bien son droit d'hypothèque de Cazeneuve fils ; mais les droits que lui avait conférés la saisie immobilière sur la maison dont il s'agit ne provenaient nullement du débiteur ; ces droits sont établis, en faveur du créancier saisissant, par les art. 688, 689, 690, 691 et 692 c. pr. ; ils sont privatifs et personnels à la demoiselle Lecussan. Vainement dirait-on que l'action en révocation était antérieure à la saisie ; rien n'a pu autoriser Cazeneuve père à ne pas appeler la demanderesse dans l'instance en révocation. Ce n'était pas à elle à y intervenir ; c'était à Cazeneuve père à l'y appeler ; car c'est le défaut de vocation en cause qui engendre le droit de tierce opposition. Et la nature des choses l'indique assez : car un créancier peut attendre sans péril le sort du procès, sauf à conserver ses droits par la tierce opposition, s'ils ont été méconnus. — D'ailleurs, c'est à tort que l'arrêt dénoncé avance que la révocation de la donation pour cause d'inexécution des conditions aurait été également prononcée en présence de la demanderesse. En effet, dès que cette révocation était subordonnée à un payement d'arrérages, le créancier intéressé pouvait y satisfaire; et ainsi, sa garantie aurait été conservée sur les biens de son débiteur.

2° Violation de l'art. 692 c. pr. civ., en ce que, d'après cet article, la saisie rend le débiteur saisi incapable d'aliéner les biens qu'elle frappe; que la capacité d'aliéner est inséparable de la capacité pour défendre à une action concernant la propriété d'un immeuble ; que par conséquent, Cazeneuve fils était incapable de défendre à l'action en révocation dont il s'agit. L'art. 692 ne distingue pas entre les aliénations volontaires et les aliénations forcées ; les mêmes motifs devaient commander les mêmes mesures de la part du législateur, dans l'un et dans l'autre cas. Aussi a-t-on constamment jugé que le débiteur saisi était incapable de consentir même des aliénations de biens indivis, qui sont néanmoins forcées, d'après l'art. 815 c. civ. Si, dans l'espèce, il s'agissait d'une action en révocation pour inexécution des conditions, il n'en est pas moins vrai que cette action devait avoir pour résultat une aliénation, et l'art. 692 la prohibe comme toute autre aliénation. — Arrêt.

La cour. — Sur le premier et le deuxième moyen : — Attendu que, pour être recevable à former tierce opposition à un jugement, il ne suffit pas de n'y avoir été ni appelé ni représenté ; il faut encore que ce jugement préjudicie aux droits particuliers qu'on avait à faire valoir ; — Attendu que la qualité de créancier saisissant que faisait valoir la demanderesse ne pouvait lui donner, sur l'immeuble saisi, plus de droits que n'en avait son débiteur, et que les droits de ce dernier, purement conditionnels et subordonnés à l'exécution des stipulations énoncées dans la donation de Cazeneuve père à son fils, avaient été très-sérieusement présentés et discutés en la cause dans laquelle est intervenu l'arrêt contre lequel est dirigée la tierce opposition; — Attendu que l'arrêt attaqué constate, en fait, que ce n'est qu'au moment où le jugement sur la résolution allait être rendu que la saisie immobilière de la demoiselle Lecussan a été faite, ce qui annonce suffisamment que, jusque-là, cette demande était été régulièrement intentée, et qu'il y avait été régulièrement défendu ; et que, si un créancier pouvait ainsi, par une saisie faite en désespoir de cause, obliger à recommencer avec

prétexte que leur débiteur aurait négligé d'exciper d'une fin de non-recevoir opposable au créancier surenchérisseur, alors surtout que cette négligence de leur débiteur n'est incriminée d'aucune mauvaise foi (Req. 9 avr. 1859, aff. Mesnier, V. Surenchère, n° 92).

194. Il a été jugé pareillement que des créanciers inscrits sur un immeuble dont la vente par expropriation a été convertie en vente sur publications judiciaires, ne sont pas recevables à former tierce opposition aux jugements qui ont ordonné la conversion et fixé les délais dans lesquels la vente sera mise à fin (Paris, 2 janv. 1855, aff. Châteaubadeau, V. Vente publ. d'imm., n° 1606). — Mais c'est là une décision spéciale qui tient aux principes de la procédure en matière de conversion de saisie immobilière en vente volontaire, et qui ne devrait être admise, depuis la loi du 2 juin 1841, que sous les distinctions expliquées v° Vente publ. d'imm., n°° 1576 et suiv.

195. Le créancier invoque-t-il au contraire des droits qui lui sont personnels, la jurisprudence déclare, comme nous l'avons dit, la tierce opposition recevable. — Il a été jugé en ce sens que le créancier hypothécaire, bien qu'il soit censé représenté par son débiteur dans les jugements rendus avec celui-ci, est néanmoins recevable à former tierce opposition lorsqu'il a des moyens qui lui sont propres, et que le débiteur était sans droit pour opposer (Paris, 16 ou 23 août 1832, et sur pourvoi, Rej. 9 déc. 1855, aff. Périer, V. Privil. et hyp., n°° 370-1°; Lyon, 10 août 1836, aff. Thomas, sous Cass. 21 août 1840, v° Vente publ. d'imm., n°669; Cass. 6 déc. 1859, aff. Couttolenc, D. P. 60. 1. 17).

196. Par suite, on admet la tierce opposition des créanciers hypothécaires, comme fondés sur un moyen personnel : 1° lorsqu'il y a concert frauduleux entre le vendeur et l'acheteur (Cass. 6 déc. 1859, aff. Couttolenc, D. P. 60. 1. 17); — 2° Lorsque l'acte authentique portant quittance, la résolution de la vente de l'immeuble hypothéqué n'a été obtenue qu'en vertu d'une contre-lettre (même arrêt); — 3° Lorsque le vendeur, sous l'empire de la loi du 23 mars 1855, a négligé de conserver son privilége, et a ainsi perdu le droit d'exercer l'action résolutoire

au préjudice des créanciers inscrits (même arrêt); — 4° Lorsqu'ils contestent le titre ou le rang d'un autre créancier (V. infrà, n° 203); — 5° Lorsque le jugement prononçant la résolution de la vente d'un objet mobilier, les créanciers qui l'attaquent soutiennent que cet objet est devenu immeuble par destination (Paris, 16 ou 23 août 1832, et sur pourvoi, Rej. 9 déc. 1855, aff. Périer, V. Priv. et hypoth., n° 370-1°); —6° Au cas d'expropriation forcée, avant la loi du 2 juin 1841, lorsque le jugement prononçant la résolution de la vente a été rendu contre le débiteur saisi, après la dénonciation de la saisie et l'enregistrement de la notification des placards aux créanciers inscrits (Cass. 21 août 1840, aff. Sigaud, et sur renvoi, Riom, 5 mai 1841, v° Vente publ. d'imm., n° 669) : aujourd'hui qu'il n'y a plus de notification de placards , il faudrait dire après la sommation aux créanciers inscrits, prescrite par l'art. 693 c. pr. (V. eod.).— On admet encore la tierce opposition des créanciers hypothécaires, lorsque le jugement prononcé contre le débiteur le déclare non recevable quant à présent ou dans la forme dans laquelle il agissait (Merlin, Rép., v°Opp. tierce,§ 2, art. 3; Carré, n° 1715); — Lorsque le débiteur a succombé, non faute de preuve que l'objet hypothécaire lui appartenait lors du jugement; car alors le créancier a son action tout entière, pourvu qu'il justifie que cet objet appartenait à son débiteur dans le temps où l'hypothèque a été constituée (Pothier, Oblig., part. 4, chap. 3, sect. 3, art. 5, n° 36; Merlin, Carré, loc. cit.).

197. D'autres arrêts, sans se préoccuper de la question de principe, ont admis la tierce opposition des créanciers hypothécaires dans certaines circonstances déterminées. — Il a été jugé, par exemple : 1° que des créanciers hypothécaires sont recevables à former tierce opposition à un jugement rendu entre leur débiteur et un tiers, qui a envoyé ce dernier en possession des biens du débiteur, alors d'ailleurs que la tierce opposition n'a pas pour objet de faire rétracter le jugement, mais seulement de participer au bénéfice de l'envoi en possession (Caen, 30 mai 1827; Rouen, 28 fév. 1827) (1); — 2° Que les créanciers hypothécaires d'une succession peuvent former tierce opposition à un

---

lui une instance arrivée à son terme, le cours de la justice pourrait être continuellement entravé ; — Attendu, enfin, que la demanderesse n'a allégué, devant la cour royale de Toulouse, aucun moyen, qu'elle pût avoir de son chef, pour empêcher le succès de la demande de Cazeneuve père, et qui eût été négligé pour son débiteur, dont la bonne foi n'a pas, d'ailleurs, été mise en doute; en telle sorte qu'il paraît certain que, si le jugement attaqué par la voie de la tierce opposition préjudiciait aux intérêts de la demanderesse en lui enlevant un gage qu'elle croyait avoir pour sûreté de sa créance, il ne préjudiciait pas à ses droits, puisque le gage était conditionnel dans les mains de son débiteur, et que la condition qui devait le faire rentrer dans la main du précédent propriétaire s'était réalisée ; — Rejette.

Du 5 fév. 1856.-C. , ch. req.-MM. Borel, f. f. pr.-Joubert, rap.

(1) (Pouganne C. Dollé.) — La cour ; — Considérant qu'il est constant en fait que Pouganne et joints étaient créanciers d'Antoine Dollé lors de l'envoi en possession obtenu par Julien-André Leprovost ; que leur droit hypothécaire et inscrite; que même Antoine Dollé leur avait fait notifier son contrat d'acquêt; que si Julien-André Leprovost avait payé, en sa qualité de codébiteur solidaire, des arrérages à la charge d'Antoine Dollé dans la rente foncière dont il s'agit au procès, et avait, pour raison de ce payement, obtenu subrogation aux droits du créancier, cette subrogation n'a pu, sous l'empire du code civil, lui conférer le droit de prendre possession des fonds assujettis aux arrérages par lui payés au préjudice des créanciers inscrits sur ces fonds, dont le prix devait être mis en distribution; — Que ce droit reposerait bien à la vérité dans la personne du créancier de la rente, et que celui-ci était bien fondé à reprendre possession des fonds assujettis, mais qu'en ce cas le contrat de fief eût été résolu, et l'hypothèque des créanciers d'Antoine Dollé éteinte, aux termes de l'art. 2195 c. civ. ; mais qu'il n'en peut être ainsi à l'égard du codébiteur à la rente foncière, lorsque celui-ci n'a pas remboursé le capital de la rente, et s'est borné à en payer les arrérages par son codébiteur ; — Qu'en ce cas, l'envoi en possession qu'il obtient en vertu de la subrogation peut bien avoir l'effet de désapproprier son codébiteur solidaire, mais n'a pas celui de nuire lui-même au préjudice des autres créanciers de ce dernier; que cet envoi en possession ne le saisit des fonds qu'à titre de dépôt, dans l'intérêt et pour la conservation du gage de tous les créanciers, de la même manière que si un de ceux-ci eût acquitté les arrérages dus au créancier de la rente foncière, et eût fait prononcer l'envoi en possession à son profit, en vertu de la subrogation à lui consentie par ce créancier;

Qu'il serait souverainement injuste de décider que l'envoi en possession obtenu par Julien-André Leprovost l'a approprié irrévocablement des fonds de son codébiteur solidaire, au préjudice des créanciers inscrits sur ces fonds, et qui avaient un droit acquis sur le prix de la vente de ces mêmes fonds; qu'on est forcé de reconnaître qu'à l'égard du créancier de la rente foncière, le contrat de fief est resté dans toute sa force; qu'Antoine Dollé est resté obligé envers lui, et que l'envoi en possession ayant été prononcé arrière de ce créancier, on ne pourrait le lui opposer; — Que, s'il est vrai de dire que le créancier de la rente foncière eût action contre Antoine Dollé, dans le cas où, par une circonstance quelconque, sa rente ne serait pas payée, on doit convenir que les créanciers d'Antoine Dollé auraient incontestablement le droit d'offrir, et, en désintéressant le créancier en principal, arrérages et frais, d'obtenir une subrogation entière à ses droits; qu'en ce cas, Jean-Pierre Dollé et joints ne pourraient leur opposer l'envoi en possession obtenu par Julien-André Leprovost, sauf les indemnités qui pourraient leur être dues pour remboursement de leurs avances et des améliorations qu'ils auraient pu faire sur les fonds, s'il y avait lieu ; — Que le droit des créanciers d'Antoine Dollé, dans l'espèce de la cause, doit être le même que dans le cas donné ; qu'en vain Jean-Pierre Dollé et joints opposent une fin de non-recevoir contre la tierce opposition desdits créanciers, fondée sur ce qu'étant les ayants cause d'Antoine Dollé, ils ne peuvent faire rétracter la chose jugée souverainement avec celui-ci, d'après les dispositions de l'art. 474 c. pr., parce que l'action de Pouganne et joints n'a point pour objet de faire rétracter la chose jugée au profit de Julien-André Leprovost, mais au contraire de demander à Jean-Pierre Dollé et joints, successeurs dudit Leprovost, l'avantage de participer comme lui au bénéfice de l'envoi en possession obtenu par le débiteur commun, sauf l'exercice de leurs reprises privilégiées, parce que cet envoi en possession n'a été légalement prononcé au bénéfice de Julien-André Leprovost que dans l'intérêt des créanciers d'Antoine Dollé, et pour la conservation du gage commun ; — Que cependant si Pouganne et joints doivent participer au bénéfice de l'envoi en possession obtenu par Julien-André Leprovost, il ne leur suffit pas d'offrir à Jean-Pierre Dollé et consorts le remboursement des sommes employées par ledit sieur Leprovost et son épouse, en payement des arrérages et frais par eux acquittés; qu'ils doivent encore tenir compte des augmentations et améliorations qui ont pu être faites sur les fonds dont la possession a été prise ; — Rejette la fin de non-recevoir formée contre la tierce opposition à l'arrêt du 10 août 1812, etc.

Du 30 mai 1827.-C. de Caen, 1re ch.-M. Régnée, pr.

jugement rendu contre le curateur au bénéfice d'inventaire de cette succession, qui fixe les reprises dues à certains héritiers, et qui détermine l'immeuble sur lequel les reprises devront s'exercer, si les héritiers ont laissé ignorer au curateur que ces créanciers avaient une hypothèque spéciale sur l'immeuble assigné, et que les reprises ainsi exécutées anéantissaient l'hypothèque (Rennes, 24 mai 1821) (1); — 3° Que les créanciers hypothécaires lésés par le jugement qui prononce la réduction de l'hypothèque légale des mineurs, peuvent former tierce opposition à ce jugement (Bruxelles, 15 fév. 1843, aff. de Ville, V. Privil. et hypoth., n° 2634).

198. L'arrêt du 26 mai 1841 (V. n° 193-2°) contient un terme digne de remarque : il déclare que le principe qu'il consacre, c'est-à-dire que les créanciers hypothécaires sont ayants cause de leur débiteur, excepté au cas où ils auraient des moyens personnels à faire valoir, *est désormais un point de droit incontestable.* Quel que soit notre respect pour la jurisprudence de la cour suprême, nous ne saurions souscrire à cette décision. Nous sommes bien plutôt tentés, au contraire, de regarder comme incontestable la règle opposée à celle que la jurisprudence tend à faire prévaloir. — Sans doute il est bien constant qu'en thèse générale le créancier hypothécaire, tout aussi bien que le créancier chirographaire, est l'ayant cause du débiteur, puisqu'il tient son droit de lui, et qu'il doit subir tous les faits du débiteur qui seraient de nature à amoindrir ou à faire disparaître son droit de propriété. Mais ce principe appelle une distinction indispensable. — Le créancier hypothécaire, à la différence du créancier purement chirographaire, est investi d'un droit déterminé sur l'immeuble hypothéqué, auquel il est interdit au débiteur de porter atteinte. Si donc il est ayant cause, ce ne peut être que relativement aux actes antérieurs à la naissance de ce droit (ou du moins à l'inscription ; car c'est cette formalité seule qui fait produire des effets à l'hypothèque vis-à-vis des tiers) ; quant aux actes postérieurs, le créancier hypothécaire n'est pas obligé de les subir ; il est à leur égard un véritable tiers, tout aussi bien que l'acquéreur, le donataire, etc. — Ces règles, appliquées à la tierce opposition, nous amènent à cette conclusion, conforme du reste à la solution généralement admise à l'égard de tous les ayants cause à titre particulier : si le jugement est antérieur à l'hypothèque ou plutôt à l'inscription, le créancier hypothécaire n'est pas recevable à y former opposition ; mais, au cas contraire, cette voie de recours doit être admise. — Cette opinion est conforme à celle que nous avons déjà adoptée vis Chose jugée, n° 251; Obligation, n°s 3966 et suiv.

On objecte la maxime *resoluto jure dantis, resolvitur jus accipientis.* Le jugement, dit-on, ayant anéanti la propriété du débiteur, l'hypothèque devient nulle ; il n'y a plus de créancier hypothécaire, mais un simple créancier chirographaire, lequel n'a pas droit de recourir à la tierce opposition. — C'est là une pure pétition de principe ; sans doute, si l'hypothèque est nulle, le créancier aura perdu son droit de suite; mais il faut d'abord savoir si elle est nulle et c'est précisément ce que nie le créancier qui soutient au contraire qu'il a traité avec le véritable propriétaire, et que, par conséquent, son hypothèque est valable.

On dit encore : Un homme, en contractant des dettes, ne se prive pas de l'administration de ses biens; il est censé député par ses créanciers pour agir et défendre dans leur intérêt. Le débiteur est seul chargé de figurer dans les procès intéressant la

propriété de l'immeuble hypothéqué, soit dans son propre intérêt soit dans l'intérêt de ceux auxquels il a concédé des droits sur cet immeuble. — Mais d'abord ce principe que le débiteur, en concédant une hypothèque, ne se prive pas de l'administration de ses biens, n'est littéralement vrai que pour les créanciers chirographaires. Quant aux créanciers hypothécaires, il n'en est pas tout à fait de même ; car le débiteur ne peut, même en usant des pouvoirs d'administration et d'aliénation qui lui restent, porter atteinte à leurs droits, qui subsistent toujours malgré la volonté de ce débiteur. Sans doute le propriétaire est libre d'aliéner ; mais en aliénant, il sait et l'acquéreur sait aussi que l'immeuble est grevé d'un droit réel qui le suit en quelques mains qu'il passe; par conséquent, le créancier a des droits sur l'immeuble avec lesquels le nouveau possesseur est obligé de compter. — D'un autre côté, pour pouvoir admettre que le débiteur est chargé de défendre les intérêts des créanciers même hypothécaires, il faudrait supposer que ces créanciers ont tacitement institué le débiteur comme leur mandataire. Mais nulle part on ne trouve dans le droit la pensée d'un pareil mandat; et ce qui prouve qu'il n'existe pas, ce sont les hypothèques consenties et les inscriptions prises sur le bien, précaution de défiance et de garantie en opposition complète avec l'idée d'un mandat.

Chose étrange : on admet aisément que les créanciers hypothécaires sont des tiers dans les cas de l'art. 1328 c. nap. (V. Oblig., n°s 3966 et s.); on leur reconnaît cette même qualité, dans l'application des lois sur la transcription (V. ce mot), et on la leur refuse en matière de tierce opposition. D'un autre côté encore, on décide que les jugements rendus contre un vendeur ne peuvent être opposés à l'acquéreur dont le titre est antérieur au jugement, et l'on veut que ce jugement même à néant les droits du créancier hypothécaire, qui a un droit de suite, un *jus in re* sur l'immeuble ! Ce sont là des contradictions qui ne sauraient raisonnablement se justifier.

La thèse que nous soutenons ici a été longuement et savamment développée par M. Valette dans une dissertation insérée dans la Revue française et étrangère, année 1844, t. 1, p. 33 et suiv.; elle est enseignée également par MM. Duranton, t. 13, n° 507; Bonnier, Tr. des Preuves, 2° édit., n° 776 ; Marcadé, art. 1351, n° 12 ; Rodière, C. de pr. civ., t. 2, p. 327 ; Pont, Privil. et hypoth., sur l'art. 2125, n° 647.—Dans l'ancien droit, Pothier professait la même opinion, n'hésitait pas à déclarer que l'on ne pouvait opposer aux créanciers hypothécaires le jugement qui dépossédait ce débiteur (V. son opinion rapportée v° Chose jugée, n° 251).— Les romains eux-mêmes reconnaissaient un tiers une dissertation en faveur des créanciers hypothécaires, comme en faveur des acquéreurs de la propriété et de tous les droits réels, le droit d'intervention et même le droit de réclamer contre le jugement, et cependant l'hypothèque des romains était occulte et dérivait d'une simple convention. — « D'où il résulte, dit très-bien M. Valette à l'article cité, p. 59, qu'à Rome bien plus que chez nous, on aurait pu alléguer des prétextes spéciaux pour dispenser de mettre en cause les créanciers hypothécaires dans les questions de propriété, et cependant il est incontestable qu'en droit romain, le jugement rendu contre le débiteur ne nuit pas au créancier hypothécaire antérieur au procès, et que ce dernier admis à débattre de nouveau son droit comme entier, peut établir que son débiteur était réellement propriétaire.—A cet égard, on faisait la distinction comme aujourd'hui entre l'hypothèque

---

2° *Espèce :* — (Goude C. Goude.) — La cour; — Attendu que l'envoi en possession à défaut de payement est un moyen qui appartient au créancier de rente foncière, et non au codébiteur, qui en a payé les arrérages ; — Que le droit du créancier foncier ne peut se passer à un tiers par la voie de la subrogation, qu'avec le titre même de la créance; qu'ainsi, il y a lieu à la réformation du jugement au chef de l'envoi de possession qu'il prononce en faveur du codébiteur ; — Réforme, etc.

Du 28 fév. 1827.-C. de Rouen, 1re ch.-M. Eude, pr.

(1) (Le Calvé C. Quenot.) — La cour ; — Considérant qu'il a paru au tribunal de Lorient que les enfants le Calvé et quelques-uns de leurs créanciers se sont entendus pour laisser ignorer au curateur à la succession bénéficiaire de Pierre le Calvé que les époux Quenot avaient une hypothèque spéciale sur l'immeuble de Kerambart, et que les reprises dues aux enfants le Calvé s'exercent sur Kerambart, anéantissaient

l'hypothèque spéciale des époux Quenot ; — Considérant que les héritiers bénéficiaires le Calvé, d'une part, et de l'autre le sieur Duval, et deux autres créanciers hypothécaires, intéressés à ce que l'assiette des reprises fût fixée sur Kerambart, ont facilement obtenu le consentement du curateur qui, par le seul objet, n'aura cru remplir qu'un ministère de pure formalité, sans pouvoir soupçonner que cette opération portait le plus grand préjudice aux droits acquis sur cet immeuble aux époux Quenot;

Considérant que dans cet état il était de la justice du tribunal de Lorient d'admettre les époux Quenot à jouir du bénéfice de l'article 474 du c. pr., en les recevant tiers opposants au jugement du 21 juill. 1817 ; — Par ces motifs et ceux consignés au jugement dont est appel, qu'il a été bien jugé; — Déclare les appelants sans griefs, etc.

Du 24 mai 1821.-C. de Rennes, 2° ch.

antérieure et l'hypothèque postérieure à l'action en revendication, dans laquelle le débiteur a succombé (V. Ulpien, L. 11, § 9, D. *De except. rei jud.*). La même solution est donnée dans la loi 3, D., *De pignor. et hyp.*, où il est dit que si le débiteur a succombé dans son action en revendication, le créancier n'en conserva pas moins son action hypothécaire, à la charge de prouver que la chose appartenait à son débiteur, lorsqu'il la lui a hypothéquée. » — Quelques arrêts ont résolu la question dans le sens de l'opinion que nous venons de soutenir.— Ainsi, il a été jugé 1° que des créanciers hypothécaires ayant contracté avec leur débitrice sur la foi de la communauté qui avait existé entre elle et son premier mari sont recevables à former tierce opposition au jugement rendu contre leur débitrice, qui déclare que cette dernière n'était pas propriétaire de l'immeuble hypothéqué (Paris, 27 mars 1824) (1) ; — 2° Que les créanciers hypothécaires ne sont pas valablement représentés par leur débiteur dans le règlement de ses droits indivis dans l'immeuble hypothéqué ; ils sont donc recevables à former tierce opposition aux jugements rendus même sans fraude contre leur débiteur, et qui préjudicient à leurs droits (Paris, 24 mars 1834) (2) ; — 3° Qu'un créancier hypothécaire n'est pas représenté par son débiteur dans les jugements touchant la propriété des immeubles saisis, rendus postérieurement à l'adjudication préparatoire ; il peut, par conséquent, y former tierce opposition (Pau, 18 déc. 1834) (3) ; — 4° Qu'un créancier hypothécaire peut former tierce opposition à un jugement rendu au profit d'un tiers contre son débiteur, par cela seul que ce jugement aurait pour résultat de lui soustraire son gage (en prononçant, par exemple, la résolution de la vente passée au débiteur de l'immeuble hypothéqué), et encore bien qu'il n'aurait été pratiqué aucune fraude à son préjudice (Paris, 3 fév. 1853, aff. M... D. P. 55. 2. 334.)

199. On pourrait citer dans ce sens d'autres arrêts dont les motifs conçus dans des termes généraux semblent se rattacher au système que nous venons de soutenir ; mais ils ont été rendus dans des circonstances telles qu'elles peuvent faire douter si les cours entendaient donner à leur solution une portée aussi grande.

— Il a été décidé, par exemple, 1° que le créancier investi d'une hypothèque légale a un droit propre pour lequel il n'est ni ne peut être représenté par l'acquéreur ; en conséquence il peut former tierce opposition au jugement qui prononce contre cet acquéreur la résolution de la vente pour défaut de payement du prix, alors qu'il prétend que la somme dont le non-payement a fait résoudre la vente n'était pas de celles qui, entendaient donner à leur solution une portée aussi grande. vente, et c'est à tort qu'on opposerait au demandeur qu'il a été représenté par son débiteur dans l'instance en résolution (Lyon, 3 avril 1851, aff. Beaujeu, D. P. 54. 5. 747) ; — 2° que le créancier auquel un immeuble dotal a été valablement hypothéqué, ayant des droits distincts et séparés de ceux de ses débiteurs, est recevable à former tierce opposition au jugement qui a ordonné, à son préjudice, et sans qu'il ait été appelé, le remploi du prix de vente de cet immeuble en acquisition d'autres immeubles (Lyon, 23 juill. 1858, aff. Combet, D. P. 58. 2. 191); — 3° Qu'un créancier hypothécaire est recevable, même après le délai de l'art. 457 c. com., à former tierce opposition à un second jugement qui, sur la demande d'un créancier et contradictoirement avec le syndic provisoire, change l'époque de l'ouverture de la faillite, et la reporte à une date telle que son droit hypothécaire serait atteint (Rouen, 22 mars 1815) (4).

200. Il a été décidé encore que le créancier hypothécaire utilement inscrit, qui, n'ayant pas été appelé à l'ordre, intente une action en déclaration d'hypothèque contre l'adjudicataire,

---

(1) (Soulavie.) — La cour ; — Considérant que les créanciers de la veuve Soulavie, Jean Brunel ayant contracté avec cette dernière et sur la foi de la communauté qui avait existé entre elle et son premier mari, sont recevables et fondés dans leur tierce opposition aux jugement et arrêt des 31 août et 26 déc. 1820, lors desquels ils n'ont pas été appelés, et qui préjudicient à leur droit ; — Sans s'arrêter aux fins de non-recevoir, etc.

Du 27 mars 1824.—C. de Paris.

(2) (Veuve Royer C. d'Hubert et comp.)— La cour ; — Considérant qu'aux termes de l'art. 474 c. pr. civ., une partie peut former tierce opposition à un jugement qui préjudicie à ses droits, et lors duquel il elle, ni ceux qu'elle représente n'ont été appelés ; —Qu'il est constant, en fait, que la veuve Royer n'a point été partie aux jugements dont il s'agit ; — Que Davia père, de qui elle tenait ses droits hypothécaires, sur l'immeuble dont la licitation a été ordonnée par ces jugements, en vertu de la subrogation par lui consentie à son profit par acte notarié du 31 mars 1827 enregistré, n'a point été non plus appelé auxdits jugements ;—Qu'à l'égard de Davia fils, son débiteur originaire, tombé en faillite, et dont les syndics ont fait défaut, lors des jugements en question, et à l'égard de Lemoine fils aîné, l'un des propriétaires de l'immeuble hypothéqué, avec lequel ces jugements ont été rendus, il est conforme aux principes et à la raison que des créanciers ne puissent être considérés, pour tout ce qui concerne la validité et l'exercice de leurs droits hypothécaires, comme ayant été valablement représentés par un débiteur dont les intérêts sont étrangers et souvent même opposés aux leurs ; — Considérant que les jugements en question préjudicient évidemment aux droits de la veuve Royer, en ce qu'ils ont converti en une part de capital l'usufruit de la veuve Lemoine, au détriment des créanciers de Lemoine aîné, qu'ils l'ont ainsi soumis sans leur aveu à des chances d'éventualité résultant de la prolongation plus ou moins grande de la vie de l'usufruitière ; — Reçoit la veuve Royer, tiers opposante, etc.

Du 24 mars 1834.—C. de Paris, 2e ch.-M. Dehérain, pr.

(3) *Espèce :* — (Lajusan-Lafont C. hér. Passicousset.) — Lajusan-Lafont, créancier de la demoiselle Marie-Carrère, d'une somme principale de 2,600 fr., avait, faute de payement à l'expiration du terme convenu, fait un commandement, le 31 juill. 1852, en expropriation des biens immeubles hypothéqués à la créance par la débitrice qui les possédait. soit de son chef, soit en qualité de légataire universelle de Jeanne Carrère, sa sœur. L'adjudication préparatoire eut lieu en janv. 1853. La veille de l'adjudication définitive, les frères Passicousset interviennent dans l'instance en expropriation, s'opposent à la vente, et demandent la distraction d'une partie des immeubles compris dans la saisie. Leur intervention est fondée sur un jugement rendu entre eux et Marie Carrère, qui les déclarait propriétaires d'une partie des immeubles compris dans la saisie.

Lajusan-Lafont soutient que le jugement du 5 mars 1853 ne peut lui être opposé ; que c'est *res inter alios judicata*, et y forme tierce opposition. — Jugement qui accueille ses conclusions. — Appel. — Arrêt.

La cour ; — Attendu, sur la fin de non-recevoir, que s'il est vrai de dire qu'il ne suffit point de n'avoir pas été partie à un jugement, pour être admis à former tierce opposition, lorsque, d'ailleurs, on a pu être appelé dans l'instance, et que le titre de créancier ne donne pas le droit d'attaquer des jugements rendus sans dol ni fraude contre le débiteur, ces règles deviennent sans application lorsqu'il s'agit d'une instance en partage intentée par des proches parents, en qualité de cohéritiers du débiteur, après qu'il lui avait fait fait un commandement aux fins d'expropriation forcée, et lors surtout que l'adjudication préparatoire avait été donnée au créancier poursuivant, avant que le partage n'eût été ordonné ; — Attendu que Lajusan-Lafont, créancier de Marie Carrère, d'une somme principale de 2,600 fr., en vertu d'un acte public en date du 7 juin 1826, lui fit faire un commandement en expropriation le 31 juill. 1852 ;, que ladite Marie Carrère avait affecté à la sûreté de cette obligation tous les biens qu'elle possédait soit de son chef, soit en qualité de légataire universelle de Jeanne Carrère, décédée le 11 arv. 1820 ; que les parties de Castelnau n'intentèrent leur action en partage contre ladite Marie Carrère, leur tante, que par ajournement du 20 août 1852 ; que l'adjudication préparatoire des biens saisis avait été donnée à la partie de Laborde, créancier poursuivant, dès le mois de janvier 1853, tandis que le partage ne fut ordonné que par le jugement du 3 mars suivant, et que, dans ces circonstances, les premiers juges ont déclaré, avec juste raison, que le jugement ne pouvait être sérieusement opposé à la partie de Laborde, qui n'y avait pas été représenté par Marie Carrère, etc.

Du 18 déc. 1854.—C. de Pau, ch. civ.-M. Dartigaux, 1er pr.

(4) *Espèce :* — (Duclos C. Criquet.) — 17 mars 1815, jugement du tribunal de Rouen qui fixe au 12 du même mois l'ouverture de la faillite Criquet. — Opposition de l'un des créanciers du failli. — 9 juin 1814, second jugement qui fait remonter l'époque de l'ouverture de la faillite au 1er mars 1813. — Le sieur Duclos, créancier hypothécaire, dont les droits se trouvaient compromis par ce second jugement, y forme tierce opposition ; mais il fut déclaré non recevable, attendu que le délai fixé par l'art. 457 c. com. était depuis longtemps expiré. — Appel.

La cour ; — Attendu en fait que la faillite de Criquet a été fixée par sa déclaration au 12 mai 1813, par jugement du 17 du même mois ; — Attendu que c'est plus d'un an après, que la veuve Dupont de l'Arbre, qui n'avait pas encore vérifié et affirmé sa créance, a obtenu, le 5 juin 1814, contradictoirement avec le syndic provisoire, un jugement qui, en rétractant celui du 17 mai 1813, a rapporté l'ouverture de la faillite au 1er mars de l'année 1813 ; — Attendu que Duclos est un créancier hypothécaire qui n'a point été appelé au jugement du 5 mai 1814 ; qu'il n'a point été représenté par le syndic provisoire qui n'a pas qualité de

peut, en même temps qu'il interjette appel du jugement qui le déboute de sa demande, se rendre tiers opposant au jugement d'adjudication qui lui est opposé (Colmar, 16 janv. 1817) (1).

201. La cour de cassation semble elle-même être revenue sur sa jurisprudence ; car elle a décidé que le jugement rendu contre un débiteur touchant la propriété d'un de ses immeubles n'a pas force de chose jugée contre le créancier à qui il a conféré une hypothèque sur cet immeuble, ce créancier n'étant pas réputé avoir été représenté par son débiteur (Rej. 28 août 1849, aff. Jeanron, D. P. 50. 1. 57), ce qui lui donnait nécessairement le droit de tierce opposition. Mais la cour ne s'est pas maintenue dans cette voie (V. Cass. 6 déc. 1859, aff. Couttolenc, D. P. 60. 1. 17, et n°⁵ 195, 196).

202. Les créanciers hypothécaires du vendeur pourraient-ils former tierce opposition au jugement qui prononce contre l'acquéreur la résolution de la vente ? — V. Vente, n° 1289.

203. Si le droit des créanciers hypothécaires, quant à la tierce opposition formée par eux aux jugements rendus contre leur débiteur, est contesté, alors qu'il s'agit d'un litige intéressant la propriété de l'immeuble, il ne l'est plus lorsque la lutte s'élève entre créanciers, c'est-à-dire lorsque des créanciers hypothécaires opposent à d'autres créanciers les vices de leur titre, et combattent les jugements par lesquels ceux-ci auraient obtenu un droit préférable au leur. — Il est en effet de principe et de jurisprudence constante que des créanciers investis d'un droit de préférence sur la chose hypothéquée, sont considérés entre eux

comme des tiers (V. Chose jugée, n° 270 ; Nantissement, n° 79 ; Obligat., n°⁵ 3995 et s.; Privil. et hypoth., n°⁵ 997 et s., 1370, 1406); ils ont dans ce cas, un droit personnel et distinct qui leur permet alors de prendre la voie de la tierce opposition pour faire tomber les jugements rendus en faveur d'autres créanciers et qui auraient pour résultat d'affaiblir ou d'anéantir leur droit hypothécaire. — Il a été jugé conformément à cette règle, 1° que tout créancier inscrit dans l'intervalle de la radiation d'une inscription à l'arrêt qui en ordonne le rétablissement, a droit de former tierce opposition à cet arrêt (Paris, 15 avril 1811, aff. Duval, V. Priv. et hyp., n° 2739) ; — 2° que la femme, créancière hypothécaire de la faillite, est recevable à former tierce opposition à un jugement rendu avec les syndics, qui accorde un privilége sur les immeubles à un autre créancier de cette faillite (Limoges, 15 juin 1813) (2) ; — 3° que le créancier à qui les sommations de produire à un ordre n'ont pas été faites au domicile qu'il avait élu, est recevable à former tierce opposition au jugement qui l'a déclaré forclos (Req. 21 déc. 1824, aff. Beslay, V. Ordre); — 4° Que les créanciers hypothécaires peuvent attaquer, par la voie de la tierce opposition, les jugements rendus postérieurement à leurs inscriptions contre leur débiteur, lorsque ces jugements ont pour objet de les faire primer dans leur rang de collocation par d'autres créanciers, par exemple, d'établir à leur préjudice une subrogation à une hypothèque antérieure aux leurs : en ce cas, le créancier n'est pas l'ayant cause de son débiteur (Saye. 22 juin 1825) (3) ; — 5° que le créancier inscrit, qui a été col-

---

stipuler pour les créanciers hypothécaires ; qu'enfin il a un intérêt majeur à se rendre tiers opposant, lequel est basé sur ce que l'effet du jugement du 5 juin 1814 serait de lui faire perdre son droit hypothécaire ; — Attendu qu'au fond rien ne constate qu'il y ait eu de la part de Criquet cessation de payement avant le 12 mai 1815 ; — Attendu, en droit, que l'art. 457 c. com. ne s'applique qu'au premier jugement, qui, aux termes de l'art. 454, fixe l'ouverture de la faillite, et non au second jugement, qui, sur l'action d'un créancier particulier, réforme ce premier jugement au préjudice et à l'insu des créanciers hypothécaires ; — Faisant droit sur l'appel, réformant, reçoit Duclos, tiers opposant au jugement du 5 juin 1814 ; rapporte ledit jugement ; déclare l'ouverture de la faillite Criquet fixée au 12 mai 1815.
Du 22 mars 1815.—C. de Rouen.

(1) (Lincourt C. Rausch.) — La cour ; — Considérant, quant à la fin de non-recevoir relative à la tierce opposition, que la demande principale est celle en déclaration d'hypothèque qu'y résistant, Ott (l'adjudicataire) a parlé d'adjudication et de jugement d'ordre sans rien signifier ; que la tierce opposition à ces actes est donc très-incidente ; que, n'étant qu'un moyen dirigé contre la défense de Ott, elle ne peut plus être considérée comme une demande nouvelle; qu'ainsi elle est recevable, d'après les art. 464 et 475, § 2, c. pr. civ.; que d'ailleurs les pièces attaquées formant les titres de l'adjudicataire et lui, les opposants, sans se faire seconder par des créanciers poursuivants, ont pu en discuter les effets directement avec lui ;
Considérant, quant à la fin de non-recevoir opposée à la demande principale, que si l'art. 25 de la loi du 11 brum. an 7, concernant les expropriations forcées, dispose que les créanciers ne peuvent exciper contre l'adjudicataire d'aucun moyen de nullité, ou d'omission de formalités, qu'à l'audience où l'adjudication aura lieu, on ne peut combiner avec l'art. 6, qui veut que les affiches et les procès-verbaux d'affiches soient notifiés aux créanciers inscrits dans le préalable par eux élus ; que cette formalité n'ayant pas été remplie à l'égard des appelants, non plus que celles relatives à l'ordre, prescrites par les art. 51, § 5, et 52, c'est res quæ inter alios acta non nocet ; qu'ainsi cette seconde fin de non-recevoir n'est pas plus fondée ;
Considérant, au fond, que la créance des héritiers Lincourt dérive d'une vente du 6 fruct. an 4 à Muler, garantissant de tous troubles, hypothèques, à l'acheteur, tous biens présents et à venir ; que l'inscription du cinquième jour complémentaire de la même année est conforme aux art. 20 et 21 de la loi du 9 mess. an 5; qu'elle a été renouvelée deux fois régulièrement et en temps utile; que, d'après l'art. 45 de la loi du 11 brum. an 7, sur le régime hypothécaire, l'inscription a conservé le rang d'hypothèque sur tous les biens présents et à venir du débiteur; qu'il ne peut être question de la responsabilité du conservateur, puisqu'on ne produit pas de certificat d'inscription délivré par lui; que d'ailleurs, s'il en existait un, cette responsabilité ne serait encourue que dans le cas où la réquisition du certificat eût embrassé les créanciers des anciens possesseurs, au lieu de se borner à ceux du dernier, comme on pourrait l'avoir fait ici ; qu'un adjudicataire prudent, remontant de Meyer à Rausch à Muler, eût aperçu, après une courte vérification, l'hypothèque pesant sur les biens présents et à venir du dernier; que si, victime de son imprévoyance, Ott excite l'intérêt, un

bien plus grand est dû au créancier qui s'est conformé scrupuleusement à tout ce que la loi lui prescrivait ;
Considérant, quant à Rausch, qu'il eût pu former une tierce opposition à l'arrêt obtenu par les appelants contre Ott, seules parties en cause, et eût été ainsi placé dans la nécessité de plaider deux fois devant la cour; que, par une conséquence puisée dans l'art. 466 c. pr. civ., il pouvait intervenir avant l'arrêt; que cependant les autres parties en cause n'auraient pas joui, quant aux conclusions de l'intervenant, des deux degrés de juridiction ; que, par droit de réciprocité, les autres parties peuvent faire figurer en cause d'appel celui qui pourrait s'opposer à l'arrêt rendu sans son concours; que cette doctrine est d'autant plus applicable à l'espèce, que l'arrêt qui a ordonné la mise en cause de Rausch l'a fait d'office, et préjugé dans ses motifs que ce n'était pas le cas à son égard de passer par les deux degrés de juridiction; que, ceci posé, tout ce qui a été dit de Ott est d'ailleurs applicable à Rausch, avec d'autant plus de raison qu'ayant acheté de Muler, et créancier poursuivant, il était plus intéressé et pouvait même plus aisément parvenir, à l'époque de sa vente et avant l'adjudication, à la découverte de l'hypothèque existante sur les biens présents et à venir de Muler; que la demande en garantie formée contre Rausch n'est que la suite nécessaire de la tierce opposition; que celle-ci étant reçue, celle-là a droit à la même discussion ; qu'au fond, Rausch ayant amené, par sa faute, le succès de la tierce opposition, il doit indemniser l'adjudicataire; — Sans s'arrêter etc., reçoit les héritiers Lincourt tiers opposants au jugement d'adjudication du 15 germ. an 12 et à tout ce qui l'a précédé ou suivi ; — Faisant droit sur cette tierce opposition, déclare le tout comme non avenu, en tant qu'il concerne l'hypothèque acquise aux appelants en vertu du contrat de vente du 6 fruct. an 4; — Et prononçant sur l'appel du premier jugement rendu le 11 févr. 1809, met l'appellation et ledit jugement au néant; émendant, déclare affectées et hypothéquées à la créance résultant dudit contrat la maison et dépendances; — Statuant sur la demande en garantie, sans s'arrêter à la fin de non-recevoir, qui est aussi mal fondée, condamne Rausch à porter Ott quitte et indemne, etc.
Du 16 janv. 1817.—C. de Colmar.

(2) (C...) — La cour ; — Considérant, sur la question de tierce opposition, qu'aux termes de l'art. 474 c. pr., une partie peut former tierce opposition au jugement qui préjudicie à ses droits et lors duquel ni elle ni ceux qu'elle représente n'ont été appelés ; — Considérant que la dame C... n'a été ni appelée lors du jugement du 27 août; que le jugement n'a été rendu avec personne qu'elle représente ; que les premiers juges ont erré lorsqu'ils ont posé en fait qu'elle tient son droit de son mari; que de cette erreur de fait ils ont tiré la conséquence que C..., ayant été représentée par son mari dans la faillite, le jugement a force de chose jugée pour elle vis-à-vis d'elle ; reçoit l'appel de la dame C..., ainsi que sa tierce opposition.
Du 15 juin 1813.—C. de Limoges.

(3) Espèce : — (Bédarrides, etc. C. créanc. Fumagalli.) — Les 6 et 22 janv. 1807, le trésor public avait pris inscription sur les biens de Crémieux, pour sûreté d'un recours éventuel à exercer contre lui.—Le 8 avr. 1816, jugement par défaut, faute de plaider, rendu par le tribunal de commerce de Paris, contre Crémieux, tant en l'absence de l'a-

loqué d'office dans le règlement provisoire, peut former tierce opposition au jugement qui, sans que ce créancier ait été appelé ni représenté dans l'instance, aurait rayé sa collocation, sur la demande des autres créanciers (Req. 18 avril 1832, aff. Bussières, V. Priv. et hyp., n° 1687); — 6° qu'un jugement de validité de saisie-arrêt obtenu par un créancier chirographaire ne peut, même lorsqu'il n'est plus susceptible d'opposition ni d'appel, être opposé aux créanciers inscrits sur l'immeuble que représente la somme saisie-arrêtée, alors surtout que les droits de ce créancier étranger à la procédure de saisie-arrêt, n'ont pas même été contestés (Req. 10 déc. 1851, aff. Ordonnateur de la Martinique, D. P. 52. 1. 59); — 7° que les créanciers hypothécaires ne sont pas représentés par leur débiteur dans les instances où sont engagés des intérêts qui leur sont propres .et, par exemple, dans la demande en nullité d'une inscription que l'un d'eux aurait prise sans droit, une telle demande intéressant la conservation de leur rang hypothécaire aussi bien et même plus encore que le crédit du débiteur; qu'en conséquence, ils ont qualité pour frapper de tierce opposition le jugement qui a rejeté cette demande en nullité et validé l'inscription attaquée (Orléans, 15 fév. 1854 et sur pourvoi, Req. 20 juin 1854, aff. Guérin, D. P. 54. 1. 231).

Sect. 3. — *Formes de la tierce opposition, procédure.*

204. La tierce opposition est principale ou incidente (c. pr. 475).—Lorsqu'elle est principale, elle constitue une action ordinaire, et dès lors se forme par assignation à personne ou domicile. — Il est évident que par cela seul que la tierce opposition principale a pour objet de s'opposer par une action directe et distincte à un jugement dont l'exécution ne peut être arrêtée qu'au moyen d'une instance nouvelle, cette tierce opposition ne peut être formée que par exploit conformément au droit commun. — Jugé dans ce sens 1° que la tierce opposition ne peut être formée par acte d'avoué à avoué (Turin, 14 mai 1808, aff. N...C. N...); — 2° Que la tierce opposition principale ne peut être formée par requête (Rennes, 2 sept. 1818, aff. N... C. N...; Conf. Carré, n° 236-2°);—3° Que la tierce opposition portée à un autre tribunal que celui qui est saisi de la cause doit se former par exploit à personne ou domicile (c. pr. 476; Bruxelles, 9 avr. 1808, aff. Schamp, V. n° 236-2°).

205. Si la tierce opposition est incidente. elle se forme, dit

gent du trésor qu'en celle des époux Bédarrides et autres créanciers inscrits postérieurement, et qui subroge les créanciers Fumagalli aux inscriptions du trésor. — Plus tard, les biens de Crémieux sont vendus par expropriation forcée, et, dans l'ordre, les époux Bédarrides et autres contestent la validité de l'hypothèque acquise par subrogation aux créanciers Fumagalli. — Néanmoins ceux-ci sont colloqués par le juge-commissaire. — Les époux Bédarrides et autres attaquent ce règlement provisoire; ils soutiennent que le jugement du 8 avr. 1816 ne peut leur être opposé dans le chef relatif à la subrogation, comme étant à leur égard *res inter alios judicata*, et ils y forment subsidiairement tierce opposition. Le tribunal civil, par jugement du 30 juill. 1817, sans qu'il soit besoin de statuer sur la tierce opposition, réforme le règlement provisoire, et, attendu que la masse Fumagalli n'a pas fait inscrire ses créances, rejette de l'ordre. Sur l'appel, arrêt confirmatif de la cour de Paris, du 4 juin 1818.—Pourvoi : et le 26 déc. 1821, arrêt qui casse celui de la cour de Paris (V. Jugem. par déf., n° 367-5°), et renvoie l'affaire devant la cour d'Orléans.—Devant cette cour, la cause est réduite, en dernière analyse, à la question de savoir si les époux Bédarrides et autres sont recevables à former tierce opposition au jugement du 8 avr. 1816.

Le 15 mars 1823, arrêt infirmatif ainsi conçu : — « Considérant, en fait, que les sieur et dame Bédarrides ne réunissent pas les deux conditions voulues par l'art. 474 c. pr., puisque Saül Crémieux, qui n'a jamais été déclaré en faillite, qui a toujours joui de ses droits, est le seul qui ait dû être appelé au jugement dont il s'agit; d'où il suit que sieur et dame Bédarrides n'ont été valablement représentés par lui ; — Considérant que les créanciers d'un débiteur ne peuvent attaquer un jugement que par les mêmes voies qui sont ouvertes au débiteur lui-même, à moins que ce jugement ne soit attaqué comme étant l'effet d'une collusion frauduleuse, et qu'il n'a rien été articulé dans la cause à cet égard ;— Considérant, d'une part, que le jugement du 8 avr. 1816 ayant acquis l'autorité de la chose jugée et que, de l'autre, la tierce opposition n'étant pas recevable, le bénéfice des dispositions de ce même jugement et toutes les circonstances qui s'y rattachent sont acqui-

l'art. 475 c. pr., par requête au tribunal saisi de la contestation mais comme cet article n'attache aucune sanction pénale à la forme qu'elle prescrit, la tierce opposition incidente ne serait pas nulle si elle était formée par exploit (Conf. M. Chauveau, p. 292). — Jugé dans ce sens qu'une tierce opposition incidente est valablement formée par libellé; il n'est pas exigé, à peine de nullité, qu'elle le soit par requête (c. pr. 475 ; Toulouse, 18 août 1827, aff. Delhom, V. Mariage, n° 912 ; Douai, 23 mars 1831, aff. Dupuis, V. Contr. de mar., n° 1669).

206. Mais pourrait-on former tierce opposition à la barre, c'est-à-dire par conclusions, soit verbales, soit écrites? — Il a été jugé dans le sens de l'affirmative : 1° que des créanciers hypothécaires peuvent former tierce opposition par conclusions verbales à un jugement de liquidation entaché de fraude qui leur est opposé à l'audience même, alors surtout qu'il n'y a point eu d'instructions, ni de conclusions signifiées (Colmar, 9 août 1814, aff. Lévy, V. Contr. de mar., n° 1796);—2° Qu'une tierce opposition incidente peut se former sans requête d'avoué par des conclusions prises à l'audience (Nancy, 2° ch., 14 juin 1837, M. Costé, pr., aff. Pothier C. Menestrel).

207. Toutefois, il a été jugé : 1° que la tierce opposition formée sur le bureau n'est pas recevable (Riom, 13 juill.1820, aff. Vanduerne, V. n° 224); — 2° Que des conclusions subsidiaires par lesquelles une partie déclare se porter, en tant que de besoin, opposante ou tierce opposante à un jugement où elle n'a point figuré, ne constituent point une action régulière, et le tribunal ne peut statuer sur une tierce opposition de cette nature, parce qu'elle n'est point régulièrement formée. Cette tierce opposition doit être écartée par une fin de non-recevoir, celui qui l'oppose n'ayant point attaqué par les voies légales le jugement qui a pu porter préjudice à ses droits (Orléans, 22 nov. 1822, aff. Etchegoyen C. Staël). — Nous croyons que cet arrêt a été bien sévère. Sans doute la tierce opposition est une procédure qui a des conséquences graves, il faut, dès lors, qu'il n'y ait aucun doute sur la pensée de celui qui l'a formée. Mais dans l'espèce, il y avait des conclusions signifiées à fin de tierce opposition subsidiaire, ce qui nous paraît suffisant.

208. Une tierce opposition ainsi conçue : «sans s'arrêter au jugement du..., auquel le demandeur sera, en tant que de besoin, reçu tiers opposant, ordonner, etc., » est suffisamment libellée (Metz, 23 mars 1820) (1).

209. Il a même été décidé que la demande est recevable,

ses à la masse Fumagalli au profit de qui il a été rendu; d'où il suit que les premiers juges n'auraient pas dû l'écarter de l'ordre; — Déclare les sieur et dame Bédarrides non recevables dans leur tierce opposition, etc.

Pourvoi pour violation de l'art. 474 c. pr. — Arrêt.

La cour; — Vu l'art. 474 c. pr. ;—Attendu que la masse Fumagalli ne demandait pas à Saül Crémieux un titre hypothécaire qui ne lui aurait donné rang dans l'ordre que du jour de sa date ; que son but était de se faire subroger à des hypothèques prises, dans l'intérêt du gouvernement seul, par l'agent du trésor public, en vertu d'inscriptions des 7 et 22 janv. 1807, tant contre Crémieux que contre Rouyer, son caissier, et de parvenir ainsi à se faire colloquer dans l'ordre, au préjudice des demandeurs ; — Attendu que ce débat n'était pas personnel à Crémieux et n'intéressait essentiellement que ses créanciers hypothécaires ; d'où il suit que les demandeurs qui n'avaient pas été appelés au jugement du 8 avr. 1816, lequel préjudicie évidemment à leurs droits, étaient recevables à y former tierce opposition, et que l'arrêt attaqué, en les déclarant non recevables dans leur tierce opposition, a violé l'art. 474 c. pr.; — Casse.

Du 22 juin 1825.-C. C., sect. civ.-MM. Brisson, pr.-Minier, rap.-Cahier, av. gén., c. conf.-Nicod et Delagrange, av.

(1) (Niles.) — La cour; — Attendu que l'art. 475, en ordonnant que la tierce opposition incidente une contestation dont un tribunal est saisi, doit être formée par requête à ce tribunal, n'a point prescrit de termes sacramentels; que, dans la requête signifiée à avoué le 9 août dernier, Niles a conclu que, sans s'arrêter ni avoir égard au jugement du 4 mars 1819, auquel il avait pu avoir tout besoin reçu tiers opposant, le règlement provisoire de l'ordre soit rectifié; qu'en s'exprimant ainsi, Niles a évidemment manifesté son intention et s'est conformé à la loi; d'où il suit c'est mal à propos que les premiers juges ont rejeté, comme irrégulière, la tierce opposition qu'a été formée au jugement du 4 mars 1819; — Attendu... (ce motif et les suivants concernant le fond); -- Emendant, etc.

Du 25   1820.-C. de Metz.

quoique l'exploit ne contienne pas le mot *tierce*, mais seulement celui *opposition* (Rennes, 5 juin 1817 (1). — Conf. M. Chauveau, t. 4, p. 292). L'absence du mot tierce, peut n'être qu'un *lapsus calami*, les magistrats apprécient.—Il a été décidé pareillement que l'opposition formée par le créancier ne peut à la poursuite hypothécaire dirigée contre lui par l'épouse et expressément fondée sur la nullité du jugement de séparation de biens, a pu être considérée comme une véritable tierce opposition, et déclarée valable, si elle a été formée dans les délais de la loi (c. nap. 1444; c. pr. 875). On dirait en vain que l'opposition n'a pu dispenser le créancier de se pourvoir par la tierce opposition (Rej. 28 août 1833, aff. Brun, V. Contr. de mar., n° 1890).

210. Toutefois une opposition à un jugement par défaut ne peut point être convertie en tierce opposition (Nîmes, 11 juin 1819, aff. Chabert, V. Appel civ., n° 971).—En effet, dès qu'un jugement par défaut a été rendu contre une partie qui y forme une simple opposition, il est évident que le tribunal saisi doit nécessairement statuer sur cette opposition.—Ce serait se jouer de la justice et de la partie adverse, que de transformer le procès suivant le caprice ou les désirs de celui qui l'a intenté.— Jugé, d'après le même principe, qu'un appel ne peut point, sur la déclaration de l'appelant, être converti en tierce opposition (Req. 21 brum. an 9, aff. préf. des Vosges, V. Appel civ., n° 435).

211. La partie à laquelle on a opposé un jugement en première instance, est recevable à y former tierce opposition en appel (Colmar, 19 déc. 1810) (2). — Aucune disposition de loi ne s'oppose à ce qu'on forme seulement en cour d'appel, une tierce opposition à un jugement qui porte préjudice. — La circonstance qu'il a été opposé en première instance est indifférente, puisqu'il n'y a pas de délai fatal pour former une tierce opposition.—V. n° 222 et s. et v° Distrib., n° 164.

212. Devant les juges de paix et les tribunaux de commerce, la tierce opposition principale se forme par exploit d'ajournement ou de citation, et la tierce opposition incidente par forme de conclusions verbales et à l'audience (Bioche, v° Tierce opposition, n° 91).

213. La tierce opposition est-elle sujette au préliminaire de conciliation?— La négative nous a paru devoir être admise de quelque manière que la tierce opposition soit formée par action principale, ou incidemment à une autre instance, peu importe (V. Conciliat., n° 176; Conf. MM. Pigeon, t. 2, p. 784; Thomine, Comment., n° 70; Rodière, t. 2, p. 431; Rauter,

p. 289; Bioche, v° Tierce opposit., n° 95; Augier, Encyclop. des juges de paix, v° Tierce opposit., n° 5; Bonnin, Comment. sur l'art. 475).—MM. Boitard, t. 2, n° 725; Biret, t. 1, n° 622; Demiau Crouzilhac, p. 557; Chauveau sur Carré, t. 4, p. 292; Carou, n° 724, pensent au contraire que la tierce opposition *incidente* est seule dispensée du préliminaire de conciliation. Mais la jurisprudence paraît en général se conformer à l'opinion que nous avons cru devoir adopter. — V. notamment les arrêts cités, v° Conciliat., *loc. cit.*, qui n'admettent pas le préliminaire de conciliation, même dans le cas d'une tierce opposition principale; d'autres arrêts ont encore jugé dans le même sens (Rennes, 24 juin 1823, sous Cass., 21 déc. 1824, aff. Beslay, V. Ordre; Bordeaux, 17 août 1852, aff. Delignac, D. P. 56. 2. 19). — La question est donc résolue. — En tout cas, il ne pourrait y avoir de difficulté si la tierce opposition était incidente; dans cette hypothèse, tous les auteurs reconnaissent qu'elle n'est pas susceptible d'être précédée de l'épreuve de la conciliation (Conf. Paris, 29 prair. an 10, aff. Bourgmalon, V. n° 147-1°),.. ou si elle avait lieu en cause d'appel, puisque l'art. 48 c. pr. n'exige le préliminaire de conciliation que pour les affaires à porter devant les tribunaux de première instance (Conf. Bordeaux, 14 mars 1831, aff. Baratié, V. Conciliat., n° 177).

214. Les tierces oppositions incidentes sont affranchies du droit de mise au rôle (M. Bioche, v° Greffe [droits de], n° 27).

215. La tierce opposition à un arrêt qui a statué sur une question de propriété d'immeubles, fût-elle agitée par une commune, ne peut, à peine de nullité, être jugée en audience solennelle (Cass. 25 mars 1835) (3). — Ceci est évident, puisqu'il n'y a dans l'espèce ni contestation sur l'état civil, ni prise à partie, ni renvoi après cassation, qui sont les seules affaires qui puissent être portées aux audiences solennelles.

216. Le jugement par défaut rendu sur une tierce opposition est susceptible d'opposition (V. Jugement par déf., n° 195) : cela, ce semble, ne peut faire de doute.

217. Le refus de donner acte à une veuve divorcée, et dont le divorce est ensuite annulé, de la tierce opposition qu'elle forme à un arrêt rendu hors sa présence contre son mari, est suffisamment motivé par la déclaration du jugement rejetant la tierce opposition, attendu que cette veuve n'a jamais cessé d'être commune en biens avec son mari (Req. 5 janv. 1830, aff. Vanlerbergh, V. v° Jugem., n° 997-10°).

218. Le défendeur à la tierce opposition, qui l'a soutenue

(1) (Le Lucifer.) — La cour; — Considérant que l'administration de la marine n'avait pas été mise en cause pour assister à la liquidation générale et définitive de la course du corsaire le Lucifer; que le jugement du 2 nov., qui a procédé à cette liquidation, n'a point été rendu par défaut contre elle; que si, sous ce rapport, l'administration ne pouvait pas se pourvoir contre ce jugement par voie d'opposition dans les formes établies au tit. 8, 1re part. c. pr. civ., l'art. 474 du même code lui ouvrait la voie de la tierce opposition; qu'en effet l'administration de la marine, spécialement chargée de veiller aux intérêts des invalides, ainsi qu'à ceux des équipages du corsaire, n'avait point été appelée à la liquidation; que si elle préjudiciait aux droits, soit des uns, soit des autres, il était du devoir de l'administration de se pourvoir contre le jugement qui l'avait établie; — Considérant que l'administration s'était pourvue conformément à l'art. 475 c. pr. civ., par action principale, qu'elle avait fait signifier le 24 déc. 1816 à l'armateur du corsaire le Lucifer, qu'encore bien que son exploit ne contînt pas le mot *tierce*, son opposition n'en était pas moins recevable, et le tribunal de commerce de Quimper n'aurait pas dû l'écarter par fin de non-recevoir; — Par ces motifs, émendant, etc.
Du 5 juin 1817.—C. de Rennes.

(2) *Espèce* :—(Lincourt.) — Lincourt, se prétendant créancier inscrit sur une maison ayant appartenu à Meyer, actionne en déclaration d'hypothèque Ott, adjudicataire de cette maison. — Celui-ci excipe de son jugement d'adjudication, et justifie en outre de l'accomplissement des formalités prescrites par la loi, à l'égard de tous les créanciers portés dans l'état des inscriptions déposé avec le cahier des charges.—11 fév. 1809, jugement du tribunal civil de Strasbourg, qui déboute Lincourt de sa demande.
Sur l'appel, celui-ci déclare se rendre tiers opposant au jugement d'adjudication; le sieur Ott, en soutenant cette tierce opposition non recevable, demande la mise en cause du sieur Rausch, qui avait poursuivi l'expropriation de la maison dont il s'agit.—Arrêt.
La cour; — Attendu que l'appelant ayant actionné l'intimé en déclaration d'hypothèque, celui-ci lui opposa son adjudication, comme ayant purgé d'hypothèques les immeubles à lui vendus; l'appelant y

forma tierce opposition en cause d'appel, à l'effet de faire annuler à son égard ladite adjudication et les actes qui ont précédé et suivi, pour n'y avoir pas été appelé; — Sous son véritable contradicteur n'est égard ne saurait être l'intimé, qui est étranger auxdits actes, mais bien le sieur Jean Lebrecht Rausch, à la requête duquel a eu lieu la poursuite en expropriation forcée, qui a précédé l'adjudication, lequel doit soutenir la validité de la poursuite en expropriation s'il en a les moyens; et dès lors il devient nécessaire qu'il figure au procès; — Attendu que sa mise en cause peut être ordonnée, même en appel, sans qu'il y ait lieu de passer à son égard par les deux degrés de juridiction, puisqu'il pourrait avoir droit de revenir par tierce opposition contre l'arrêt qui interviendrait à son exclusion, s'il prétendait qu'il a été sans ses droits; — Sous la réserve des droits des parties, continue la cause au mois, pendant lequel temps Rausch sera mis en cause à la diligence de l'appelant.
Du 19 déc. 1810.-C. de Colmar.

(3) (Com. de Verney c. Ducleryet et la com. de Meslay.) — La cour; — ...Attendu que le nombre des juges qui doivent statuer sur l'appel, en matière civile, est déterminé par la loi; que lorsque ce nombre est complet, les chambres civiles ne peuvent s'adjoindre de nouveaux juges à peine de nullité;—D'où il suit que les juges qui ne font pas partie d'une des trois chambres civiles, ne peuvent y être appelés qu'en cas de nécessité et pour compléter le nombre des juges qui doivent les composer, selon le vœu de la loi; — Attendu que les contestations sur l'état civil des citoyens, les prises à partie, et les renvois après cassation d'un arrêt, sont les seules affaires qui doivent être portées aux audiences solennelles; que l'affaire dont il s'agit dans l'espèce, ne rentre dans aucune de ces catégories; que, dès lors, elle devait être jugée par la chambre civile de la cour royale de Dijon, composée conformément à la loi, et que s'adjoignant, pour en connaître, une autre chambre de la même cour, et en y statuant en audience solennelle, les juges qui ont rendu l'arrêt attaqué ont formellement contrevenu aux lois précitées;—Donne défaut contre la commune de Meslay, et casse, etc.
Du 25 mars 1835.-C. C., ch. civ.-MM. Portalis, 1er pr.-Chardel, rap.-Laplagne-Barris, av. gén., c. conf.-Piet et Lacoste, av.

non recevable en première instance, et qui n'a pas appelé du jugement sur le chef qui a rejeté sa fin de non-recevoir, ne la peut reproduire devant la cour de cassation, alors même que la tierce opposition ayant été déclarée mal fondée par les premiers juges, un appel principal se trouvait pour lui sans intérêt : dans ce cas, il devait se rendre incidemment appelant (Req. 6 fruct. an 10) (1).

219. Le tiers opposant dont la demande a été repoussée par

(1) *Espèce :* — (Darfeuil Derff C. femme Paysant et Dupont Dubosquier.) — **2** mars 1761, mariage de Dupont d'Aisy et de la demoiselle Paysant, qui lui apporte la terre de Bremoy, en Normandie. — 1770, il achète la terre de Quesnay, dans la même coutume. — 1772, il vend la terre de Bremoy, et sa femme déclare prendre son remploi sur celle de Quesnay. — 7 nov. 1785, il marie son fils aîné avec la demoiselle Dubosquier, qui apporte 124,000 liv. de dot, consignées par le contrat sur les biens présents et à venir du futur. — Dupont d'Aisy et sa femme promettent en outre de garder à celui-ci la terre de Quesnay; stipulation qui, d'après l'art. **244** de la coutume de Normandie, emportait défense d'aliéner. — Nonobstant cette clause, Dupont d'Aisy vend la terre de Quesnay à Darfeuil Derff. — Après l'obtention des lettres de ratification, l'acheteur devait encore sur son prix 144,000 liv. — Instruit de la promesse de garder insérée au contrat de mariage de 1785, il poursuit son vendeur comme stellionataire. — 50 juin 1792, transaction par laquelle la femme du vendeur et ses trois enfants ratifient la vente, et consentent à ce que le reliquat du prix soit employé à payer les dettes les plus privilégiées de Dupont d'Aisy.

A la fin de 1792, émigration de Dupont d'Aisy et de son fils aîné ; le séquestre est apposé sur leurs biens. — L'administration fait apposer le séquestre sur la terre de Quesnay, comme appartenant à Dupont fils. — Réclamation de l'acheteur. — Arrêté qui lui conserve provisoirement la jouissance. — Second arrêté qui révoque celui-ci, et déclare seulement l'acheteur créancier de l'Etat pour tout ce qu'il a payé sur son prix. — Ce dernier arrêté est annulé par le ministre, attendu que la nullité de la vente ne peut être prononcée que par le tribunal civil.—En effet, l'administration assigne l'acquéreur en nullité du contrat de vente. — La loi du 16 therm. an 7, qui assure aux créanciers des successions échues aux émigrés leur remboursement en valeurs réelles, étant survenue pendant l'instance, le sieur Darfeuil Derff s'en rapporte à justice sur la demande en nullité, et conclut subsidiairement à être déclaré débiteur personnel et hypothécaire de l'Etat et de l'héritière de M. Dupont d'Aisy pour toutes les sommes qu'il a payées. — Arrêté de l'administration, qui déclare n'y avoir lieu de contredire ces conclusions. — 14 frim. an 8, jugement qui les accueille. — Ce jugement est exécuté par toutes les parties ; le séquestre est rétabli sur la terre de Quesnay ; la liquidation s'opère ; la dame Dupont-Dubosquier s'y présente pour le montant de sa dot ; elle est déclarée déchue pour défaut de formalités.

Alors elle forme une tierce opposition au jugement du 14 frimaire, et conclut à ce que Darfeuil soit maintenu en propriété et possession de la terre de Quesnay, et le contrat de vente exécuté. — **28** mess. an 8, jugement du tribunal de Falaise, qui reçoit l'opposition, et, sans y avoir égard, ordonne que le jugement attaqué sortira effet. — Appel. — Arrêté du conseil de préfecture à l'effet d'inviter le ministre à casser les arrêtés de l'ancienne administration, et à ordonner que le préfet du Calvados acquiescera aux conclusions des tierces opposantes. — Cet arrêté est cassé, et le ministre ordonne que le préfet s'en rapportera à justice. — En cet état, et sur une lettre du directeur des domaines, le préfet déclare se désister du bénéfice du jugement attaqué, et s'en rapporter à justice sur la tierce opposition.

5 therm. an 7, jugement du tribunal d'appel de Caen : — « Considérant que la dame Paysant est créancière sur la terre de Quesnay d'une somme de 27,000 liv., et que la dame Dubosquier l'est de son chef d'une somme de 122,000 liv. ; — Considérant que si le contrat de vente du 5 nov. 1791 était déclaré nul au profit de la république, il est plus que probable qu'elles seraient exposées entièrement à perdre leur créance ; tandis que, s'il en est autrement, il est vraisemblable que, si elles ne touchent pas la totalité de ce qui leur est dû, elles en recevront la majeure partie ; — Qu'ainsi leur intérêt à s'opposer au jugement du 14 frimaire est évident ; que ce jugement n'a été rendu que sur la demande de la république et à son seul profit, puisque le sieur Derff, qui jusque-là avait soutenu la validité de son contrat, ne changea pas formellement d'errements, et ne se constitua pas lui-même demandeur en nullité d'icelui, et se borna à déclarer qu'il s'en rapportait à justice ; — Que le sieur Beaussacq et son épouse, héritière de Dupont d'Aisy, de leur côté, figurant au procès comme approchés de la part dudit Derff pour la garantie de la demande en nullité formée par le sieur Derff, loin de demander eux-mêmes cette nullité, s'arrêtèrent à soutenir le sieur Derff non recevable et mal fondé dans son action en garantie ; — Que si le jugement n'a été rendu qu'au seul profit de la république, elle seule aurait été en droit d'opposer une fin de non-recevoir contre une demande ayant pour but de le faire rapporter ; que, loin d'opposer cette fin de non-recevoir, la république a conclu que les dames Paysant et Dubosquier fussent reçues opposantes pour la forme, conclusions absolument exclusives d'une fin de non-recevoir ; que cette fin de non-recevoir a été proposée par le sieur Derff et par le sieur Beaussacq et son épouse ;

mais qu'outre que, d'après les conclusions qu'ils avaient prises lors du jugement opposé, ils ne pouvaient proposer cette fin de non-recevoir, ils en ont été déboutés, *forma negandi*, par le jugement dont est appel, puisque les dames Paysant et Dubosquier ont été reçues opposantes pour la forme ; que les sieurs Derff et Beaussacq ne sont point appelants de leur chef en cette partie ; et qu'ainsi la fin de non-recevoir dont il s'agit est prescrite par une disposition passée en force de chose jugée;
« Considérant qu'il est loisible à une partie de renoncer à l'avantage d'un jugement rendu à son profit ou à bénéfice d'une loi qui lui est avantageuse; que, dans l'espèce particulière, il est de l'intérêt de la république d'user de cette faculté; et que c'est par ce motif qu'on déclare en son nom renoncer au bénéfice de l'art. 40 de la loi du 28 mars 1793, et s'en rapporter à justice ; ce qui équivaut à une renonciation au jugement du 14 frim. an 8 ; que les sieurs Derff et Beaussacq ne pourraient utilement s'y opposer et réclamer l'effet dudit jugement qu'autant qu'il aurait été rendu sur leur poursuite, ou au moins sur leurs conclusions personnelles, tandis que ni l'un ni l'autre n'a formé de demandes à cet égard, tandis qu'à propos lors d'icelui de se constituer partie de la nullité du contrat dont il s'agit ; — Qu'en rapportant ledit jugement, en tant qu'il déclare ledit contrat nul au profit de la république, les sieurs Derff et Beaussacq n'ont d'autant moins à se plaindre, qu'ils ne peuvent être préjudiciés à intenter eux-mêmes personnellement une action pour faire prononcer la nullité, s'ils s'y croient fondés ; — Que, d'autre part, il n'en peut résulter aucune fin de non-recevoir contre la résiliation dont le sieur Derff a déclaré vouloir user, en supposant que d'ailleurs il y soit recevable et fondé ; — Enfin, que si, en rapportant ledit jugement, les droits et actions personnelles des sieurs Derff et Beaussacq restent entiers, il n'en serait pas de même à l'égard des dames Paysant et Dubosquier, dont les intérêts seraient évidemment lésés en laissant subsister le jugement en question, lorsque la partie au profit de laquelle il est rendu consent à l'abandonner, et à même un intérêt direct à le faire. — Sans s'arrêter à la fin de non-recevoir, déclare la tierce opposition bien fondée, rapporte le jugement du 14 frim. an 8, sauf aux sieurs Derff et Beaussacq à former de leur chef telles demandes qu'ils aviseront, soit quant à la nullité, soit quant à la résiliation de contrat de vente consenti à Darfeuil Derff... etc..»

Pourvoi : — 1° pour contravention à l'art. 1, tit. 35, ord. 1667, qui défend de rétracter autrement que par lettres en forme de requête civile, les jugements en dernier ressort à l'égard de ceux qui y ont été parties, et de leurs héritiers ou ayants cause ; — 2° Contravention aux ord. de 1510, 1535 et 1560, relatives à l'exécution des contrats et transactions, et à l'art. 5, tit. 27, ord. 1667, sur l'exécution des jugements passés en forme de chose jugée ; — ... ; — 4° contravention à la loi sur l'organisation judiciaire, qui veut qu'on toute affaire il n'y ait que deux degrés de juridiction ; et déni de justice, résultant du refus de statuer en cause d'appel sur la demande jugée en première instance ; — 5° enfin, excès de pouvoirs et contravention à toutes les lois, qui défendent aux tribunaux d'entreprendre sur les attributions des corps administratifs. — Jugement :

Le tribunal ; — Attendu, sur le premier moyen, que le demandeur avait conclu devant le tribunal de Falaise à ce que la tierce opposition formée par les défenderesses fût déclarée non recevable ; que cependant le jugement du 14 frim. an 8 l'a reçue, mais l'a seulement déclarée mal fondée ; et que le demandeur n'ayant point appelé de cette disposition, est aujourd'hui non recevable à quereller cette même tierce opposition ; que d'ailleurs les défenderesses n'étaient pas seulement créancières de la succession Dupont ; mais que l'une était partie dans l'acte de vente de la terre de Quesnay, et toutes les deux dans la transaction du 30 juin 1792, qui la confirme, et dans laquelle le demandeur s'obligea personnellement envers les défenderesses ; — d'où il suit qu'elles devaient être aussi appelées dans une instance qui n'avait d'autre objet que la validité de cette vente ;— Que le demandeur a reconnu lui-même cette vérité dans sa sommation du 2 therm. an 4, tendant à la consignation de la partie des prix dont il était demeuré débiteur ;—Qu'enfin il est improbable de soutenir que les défenderesses, qui avaient le plus grand intérêt à faire maintenir la vente, fussent représentées, lors du jugement du 14 frim. an 8, soit par la république, qui concluait alors à l'annulation de la vente, et qui ne pouvait agir, en le faisant, comme exerçant les actions des deux dames Dupont qui l'avaient ratifiée, soit par la dame Beaussacq, qui n'était point héritière de Dupont père ; — Qu'ainsi, sous aucun rapport, le jugement attaqué ne peut pas avoir violé les lois en recevant la tierce opposition des défenderesses.

Attendu, sur le deuxième moyen, que, par cela seul que le tribunal d'appel de Caen recevait, comme il le devait, la tierce opposition des défenderesses au jugement du 14 frim. an 8, il ne pouvait plus être arrêté dans sa prononciation au fond sur la question de la validité ou

des moyens tirés du fond, sans qu'il soit besoin de statuer sur sa tierce opposition, n'est pas admissible à prétendre devant la cour de cassation que sa tierce opposition aurait été illégalement déclarée non recevable (Req. 27 avr. 1807) (1).

220. Il a été jugé pareillement, que le créancier dont la tierce opposition contre un jugement rendu avec son débiteur a été rejetée comme mal fondée, et cela d'après une appréciation souveraine des faits, ne peut pas se faire un moyen de cassation contre ce rejet de ce qu'il n'aurait pas été représenté par son débiteur, et qu'il avait des droits personnels et directs à faire valoir; ce système ne pouvant s'appliquer qu'au cas où la tierce opposition aurait été déclarée non recevable (Req. 9 avr. 1839, aff. Mesnier, V. Surenchère, n° 92).

221. L'étranger qui voudrait se pourvoir par tierce opposition principale devrait fournir caution (Praticien, t. 3, p. 255); mais si la tierce opposition était incidente, il ne paraît pas juste qu'il y fût obligé, autrement il pourrait être obligé de donner autant de cautions qu'il y aurait de tierces oppositions formées dans le cours du procès, sur simples incidents.—V. Exception, n° 60.

Sect. 4. — Délais de la tierce opposition.

222. La loi n'a pas fixé le délai dans lequel la tierce opposition doit être formée. Elle peut l'être, tant que la prescription n'a pas mis le droit à l'abri de toute attaque (Conf. MM. Berriat Saint-Prix, p. 445; Demiau-Crouzilhac, t. 1, p. 728; Carré et Chauveau, t. 4, n° 1725; Thomine, t. 1, p. 728). — « Ainsi, en thèse générale, dit avec raison M. Chauveau, loc. cit., le temps de former tierce opposition n'étant pas limité, elle peut

avoir lieu, soit tant que le jugement est susceptible d'exécution, soit alors même qu'il aurait été exécuté, tant que le tiers n'y a acquiescé ni directement ni d'une manière indirecte. » — Jugé, en ce sens, que l'ord. de 1667 ne limitant aucun délai pour l'exercice de la tierce opposition, une tierce opposition pouvait être admise quatorze ans après la date de l'arrêt attaqué (Cass. 17 germ. an 4) (2).

223. Le délai de la prescription est celui de trente ans (c. nap. 2262). — Jugé en ce sens, que le droit de former tierce opposition se prescrit par trente ans (Poitiers, 2 mars 1832, aff. Chereau, V. Prescription, n° 849-5°; Limoges, 20 déc. 1828; sous Cass. 26 janv. 1836, aff. Villangé, V. Priv. et hyp., n° 856-4°). — M. Poncet, des Jugem., t. 2, p. 145, pense au contraire que la tierce opposition principale est perpétuelle par sa nature. « Car, dit-il, quoiqu'elle soit originaire ou introductive d'instance, elle n'a toujours pour objet que de repousser les inductions qu'on aurait tirées ou qu'on voudrait tirer contre nous d'un jugement rendu sans nous. »

224. Ce que dit M. Poncet de la tierce opposition principale, à plus forte raison l'applique-t-il à la tierce opposition incidente. — « Nul doute sur ce point, dit cet auteur, en ce qui concerne la tierce opposition incidente, puisqu'elle n'est qu'une exception contre l'exception de la chose jugée; ce qui est temporaire pour agir est perpétuel pour exciper : *Quœ sunt temporalia ad agendum, sunt perpetua ad excipiendum.* » — Toutefois, il a été décidé en sens contraire, que la tierce opposition incidente n'est recevable que dans les trente ans à compter de la date du jugement ou de l'arrêt attaqué (Riom, 13 juill. 1820) (3).

225. Nous croyons qu'il y a lieu d'adopter l'opinion de

de l'invalidité de la vente, par le prétendu contrat judiciaire formé entre la république, qui avait conclu à la nullité de ce contrat, et le demandeur qui s'en était rapporté à cet égard; que dès lors le tribunal d'appel, en déclarant la vente valide sur l'intervention et la demande formelle des demanderesses, devait expressément la valider dans l'intérêt de la république; le même jugement attaqué par un seul moyen, ne pouvait être annulé dans l'intérêt d'une partie, et subsister pour les autres, mais était indivisible sous ce rapport.

Attendu que le quatrième moyen, que, bien loin que le tribunal d'appel ait commis un excès de pouvoirs en s'en rapportant à l'arrêté du préfet, il l'aurait au contraire commis en le censurant, et qu'il devait, dans la diversité des décisions administratives que présentait cette cause, s'en rapporter nécessairement à la dernière; qu'au surplus, le gouvernement ne s'est jamais plaint de l'interprétation donnée à son propre arrêté;

Attendu sur le cinquième et dernier moyen, que la république seule avait conclu à ce que la vente de la terre de Quesnay fût déclarée nulle; que le demandeur, après avoir défendu à cette demande, avait seulement déclaré depuis qu'il s'en rapportait; mais que jamais il n'avait pris le rôle inverse de demandeur en nullité, ainsi que l'avait au reste déclaré le tribunal d'appel; qu'il avait seulement conclu à ce que la tierce opposition des défenderesses fût déclarée non recevable; d'où il suit que ce tribunal n'avait point à statuer sur une demande en nullité de cette même vente, de la part de Derff, laquelle n'existait pas, mais uniquement sur la tierce opposition, par suite de laquelle et en l'accueillant, le jugement du 14 frimaire avait été rapporté, et la demande en nullité formée par la république avait été rejetée; — Qu'ainsi, en réservant au sieur Derff de former de son chef telle demande qu'il aviserait relativement à la nullité de la vente et à sa résiliation, le tribunal d'appel avait fait tout ce qu'il pouvait et devait faire; — Rejette.

Du 6 truct. an 10.-C. C. ; sect. req.-MM. Babille, rap.-Merlin, pr. gén., c. conf.

(1) (Chantrel, etc. C. Bouret de Vezelay, etc.) — La déconfiture du marquis de Guémênée et de sa femme, qui épouvanta la fin du dernier siècle, donna lieu à de vives contestations entre leurs créanciers. — Le 7 pluv. an 10, un jugement rendu entre Bouret de Vezelay et la femme Delambre d'une part, et la dame de Guémênée d'autre part, déclara les premiers créanciers d'une rente viagère de 22,500 fr., et des arrérages montant à 280,000 fr., sous toute réserve au profit de la débitrice de prouver que la rente aurait été réduite à 21,000 livres.— Expropriation forcée. — Demande en nullité des poursuites. — 26 niv. an 13, arrêt qui en ordonne la continuation.— L'ordre ouvert, demande des rentiers viagers en collocation au 12 août 1774. — Contestation par Chantrel et Bienfait. — Tierce opposition de leur part aux arrêts du 7 pluv. an 10 et du 26 niv. an 13, par le motif que la rente viagère n'est plus due.— 50 août 1806, arrêt de la cour de Paris, qui, « Considérant que Chantrel et Bienfait ne sauraient détruire l'effet des titres, jugements et arrêts de Bouret contre la dame de Guémênée, débitrice commune, qu'on justifiant soit de quittances valables, soit d'une collocation utile,

suivie d'un emploi réel de fonds spécialement affectés à la sûreté et au service de la rente viagère, soit enfin de tous autres actes constatant une véritable libération; et qu'ils ne font aucune justification de ce genre; — Considérant, d'autre part, que la rente viagère en question ayant été liquidée à forfait, doit subsister pour 21,000 livres, montant de la réduction, et y demeurer invariablement fixée; — Emendant en ce que le jugement dont est appel colloque Bouret et la femme Delambre sur le pied de 22,500 liv. de rente viagère, au lieu de 21,000 liv. seulement, décharge Chantrel et Bienfait de ladite disposition; — Au principal, ayant aucunement égard aux demandes desdits Chantrel et Bienfait, et sans qu'il soit besoin de statuer sur leur tierce opposition, ordonne que la rente viagère demeurera réduite à 21,000 liv. » — Pourvoi. — Des divers moyens présentés par les demandeurs, deux ne s'appuyaient que sur des questions de fait ou d'interprétation d'actes; le premier était fondé sur ce que la cour de Paris aurait déclaré leur opposition non recevable, ce qui, suivant eux, était une violation des lois sur la matière. — M. Merlin a établi au contraire que leur tierce opposition avait en effet non recevable, parce qu'ils avaient été représentés par leur débitrice dans les arrêts attaqués : il a conclu au rejet du pourvoi, par le motif principal que la cour de Paris avait écarté la fin de non-recevoir en statuant sur le fond (V. v° Opposition tierce, § 2, art. 2). — Arrêt (ap. délib.).

La cour; — Considérant, sur le moyen fondé sur la contravention à l'art. 5, tit. 55, ord. 1667, que, n'ayant pas été déclarés non recevables dans leur tierce opposition, qui est au contraire restée sans effet par des motifs tirés du fond, dont l'examen porterait uniquement sur une question de bien ou mal jugé, toute discussion sur ce point doit être écartée par cette seule circonstance ; — Rejette.

Du 27 avr. 1807.- C. C., sect. req.-MM. Dunoyer, rap.-Merlin, proc. gén., c. conf.

(2) (Hér. Lesquier C. Née.) — Le tribunal ; — Vu l'art. 2, tit. 55, ordon. de 1667 ; — Considérant, en droit, que la disposition de cet article ouvre, en termes généraux, sans limitation ni détermination de délai, la voie de la tierce opposition contre les arrêts et jugements en dernier ressort, à ceux qui n'y ont été parties ou dûment appelés ; — Considérant que les Lesquier fils n'avaient point été parties ni appelés dans l'arrêt du 20 déc. 1776, rendu contre leur père, dont ils ont répudié la succession ; que cette vérité fut reconnue par la sentence du 18 juill. 1780, qui leur indiqua de faire rapporter cet arrêt ; que cependant les juges du district de Caen les ont déclarés non recevables dans la tierce opposition par eux formée contre ledit arrêt, en quoi ils ont violé l'art. 2, tit. 55, ordonn. de 1667 ; — Casse, etc.

Du 17 germ. an 4.-C. C., sect. civ.-M. Chasles, rap.

(3) (Vandnerne C. Demaistre.) — La cour ; — En ce qui touche la tierce opposition formée sur le bureau à ces mêmes jugements : — Considérant qu'elle n'a point été formée par requête, aux termes de la loi, et qu'ainsi elle n'est pas valablement soumise à l'examen de la cour ; — Considérant qu'en principe, les tierces oppositions ne sont recevables

M. Poncet, en ce qui concerne la tierce opposition incidente. Mais il nous semble qu'il y a erreur de sa part en ce qui concerne la tierce opposition principale. Aux termes de l'art. 2262 c. nap. toutes les actions tant réelles que personnelles se prescrivent par trente ans. Or qu'est-ce que la tierce opposition formée contre un jugement? C'est une action; dès lors elle se trouve soumise à la règle générale. — Vainement dirait-on que la prescription ne peut courir que du jour où le jugement est notifié ou opposé au tiers, parce qu'il ne peut savoir si on veut le mettre à exécution. Ce serait une erreur. Ce raisonnement, bon pour la tierce opposition incidente, d'après la règle *quæ sunt temporalia ad agendum, sunt perpetua ad excipiendum*, est sans force pour la tierce opposition principale, et la règle est même contre le tiers opposant, puisque c'est une action qu'il intente.—Vous, Pierre, tiers opposant, vous venez, par exemple, former tierce opposition contre un jugement rendu entre Paul et Jacques, jugement qui a reconnu que moi, Paul, étais légitime propriétaire de l'immeuble; je repousse votre tierce opposition principale en vous répondant : à quoi doit aboutir votre tierce opposition si vous obtenez gain de cause? — A m'enlever la propriété consacrée par un jugement rendu il y a trente ans; c'est donc une action réelle que vous formez contre moi? Or toutes les actions réelles se prescrivent par trente ans; donc vous, Pierre, vous êtes non recevable.

226. Nous venons de dire qu'on a trente ans pour former tierce opposition.—Mais lorsqu'un jugement adjuge la propriété d'un immeuble à une partie, cette partie ne pourra-t-elle pas, usant du bénéfice de l'art. 2265 c. nap., opposer au tiers opposant la prescription de dix ou vingt ans? — Pigeau, Tr., t. 1, p. 782, 783, pense que le jugement qui adjuge la propriété d'un immeuble à une partie, ne faisant que déclarer ses droits, et ne pouvant lui en attribuer de légitimes s'il n'en a pas, ne saurait, par lui-même, constituer un juste titre au sens de l'art. 2265, tellement qu'il ne pourrait se prévaloir de la prescription de dix ou vingt ans contre le tiers opposant (Conf. Favard, t. 5, p. 596; Poncet, t. 2, p. 145). — Ce dernier aurait donc trente ans pour revendiquer sa propriété, si d'ailleurs son adversaire n'avait d'autre titre que le jugement. — M. Chauveau (n° 1725) repousse avec raison l'application de cette doctrine.—« La loi, dit-il, en exigeant qu'on possède en vertu d'un juste titre, ne veut autre chose qu'un titre légal, en vertu duquel on puisse se dire propriétaire; or un jugement est assurément un titre légal, et s'il n'est pas translatif, il n'en est pas moins attributif, et ce caractère suffit pour servir de base à la prescription. » Il a été jugé en ce sens qu'un jugement qui ordonne un délaissement d'immeubles est, s'il a été rendu avec un légitime contradicteur, un titre attributif de propriété, en vertu duquel on peut prescrire par dix et vingt ans; en conséquence, la tierce opposition formée à ce jugement par un copropriétaire qui n'y a pas été partie, mais dont les droits ont été reconnus postérieurement, n'est plus recevable lorsque cette prescription est acquise (Req. 21 fév. 1827, aff. de Mailly, V. v° Prescription, n° 893.—Conf. Cass. 14 juill. 1835, aff. comm. d'Orbigny, V. eod.).

Toutefois, lorsqu'il s'agit d'un objet mobilier, Pigeau, Traité, t. 1, p. 782, tirant induction de l'art. 2279, pense que celui qui a obtenu un jugement qui le déclare propriétaire d'un meuble, commence à prescrire du moment où la remise lui en est faite; et comme d'après le second alinéa de cet article celui qui a perdu ou auquel il a été volé une chose a trois ans pour le revendiquer, le tiers opposant ne pourra, suivant lui, réclamer son meuble que pendant trois ans (Conf. M. Poncet, t. 2, p. 145 et suiv.). — Nous sommes aussi de cette opinion.

227. On objecte contre l'opinion par nous émise ci-dessus relativement au point de départ de la prescription, qu'elle ne doit courir contre le tiers opposant que du jour où le jugement lui sera légalement notifié ou opposé, avec l'intention d'en prendre droit contre lui, et que la simple connaissance que celui-ci pourrait en avoir à tout autre titre ne serait pas suffisante. Il ne peut savoir si l'on est dans l'intention de le mettre à exécution. Mais

d'après les raisons exposées par nous n° 225, cette objection ne peut être faite utilement que pour la tierce opposition incidente, quant à la tierce opposition principale le point de départ est la date du jugement.

228. En un cas particulier, la loi a déterminé le délai de la tierce opposition. En matière de séparation de biens, suivant l'art. 873 c. pr., les créanciers du mari ou de la femme n'ont qu'une année pour attaquer par cette voie de recours le jugement qui a prononcé la séparation (V. Contr. de mar., n°s 1887 et suiv.). — Toutefois, il y a lieu de distinguer le chef de la sentence qui prononce la séparation des époux quant aux biens de celui qui statue sur la liquidation des reprises de la femme. — Sous ce second rapport, les créanciers du mari ou de la femme ne peuvent être déchus du droit d'attaquer ce jugement que par la prescription trentenaire (Toulouse, 7 déc. 1832, aff. Delpech, V. Saisie-arrêt, n° 316; Rej. 11 nov. 1835, aff. Havas, V. Contr. de mar., n° 1890; Poitiers, 18 juin 1838, aff. Perrol, V. eod. — Contrà, Delvincourt, t. 3, p. 40; Toullier, t. 15, p. 125 et suiv., n° 86). — En tout cas, le délai annal de tierce opposition établi par l'art. 873 c. pr. ne court pas dans le cas où le jugement a été rendu par un tribunal incompétent (Cass. 18 nov. 1835, aff. Béchard, V. Compét. civ. des trib. d'arrond., n° 28).

229. La tierce opposition serait non recevable, si le jugement avait été ratifié (V. n° 63). — Par ratification, on entend ici une exécution consentie par l'individu qui aurait intérêt à former tierce opposition, avec déclaration qu'il renonce à la former, et non l'exécution qui émanerait que de la partie contre laquelle le jugement a été obtenu (MM. Carré et Chauveau, n° 1725; Berriat, p. 440, n° 6; Favard, t. 5, p. 596).

SECT. 5. — *Compétence en matière de tierce opposition.*

230. L'art. 475 c. pr. porte : « La tierce opposition formée par action principale sera portée au tribunal qui aura rendu le jugement attaqué. — La tierce opposition incidente à une contestation dont un tribunal est saisi sera formée par requête à ce tribunal, s'il est égal ou supérieur à celui qui a rendu le jugement. » Et l'art. 476 ajoute : « S'il n'est égal ou supérieur, la tierce opposition incidente sera portée, par action principale, au tribunal qui aura rendu le jugement. » — Ainsi, règle générale, la tierce opposition doit être faite devant le tribunal qui a rendu le jugement. C'est une règle de bon sens autant que de droit. « Il peut sans doute en résulter, a dit M. Bigot-Préameneu, que le tiers opposant soit obligé de plaider devant les juges dont autrement il n'eût point été justiciable; mais une tierce opposition ne peut être considérée que comme une intervention pour arrêter ou prévenir l'exécution d'un jugement. — Or nulle intervention ne peut se faire que devant le tribunal où la cause principale est portée » (motifs, V. suprà, p. 355, note 3).

231. Néanmoins, il fallait prévoir le cas où, à l'occasion d'une contestation qui s'instruit devant un tribunal, l'une des parties se prévaudrait d'un jugement qu'un autre tribunal aurait rendu, et contre lequel son adversaire aurait le droit de former tierce opposition; dans ce cas, les parties sont en présence devant le tribunal saisi de la contestation principale. Doit-on, dit M. Bigot-Préameneu, comme on le faisait autrefois (V. n° 234), les renvoyer devant le tribunal qui a prononcé le jugement attaqué par la tierce opposition?—On ne saurait douter qu'il ne soit en général plus convenable à leurs intérêts de rester devant le tribunal où elles se trouvent et où elles peuvent espérer un jugement plus prompt sur l'un et l'autre différend. — Mais en prenant ce dernier parti, il fallait éviter que la hiérarchie des tribunaux fût troublée : de là sont nés le second alinéa de l'art. 475 et l'art. 476 ci-dessus mentionnés. En principe, un tribunal inférieur ne doit jamais être revêtu du pouvoir de prononcer sur un jugement rendu par un tribunal supérieur. Voilà pourquoi l'art. 475 dit qu'il est égal ou supérieur.

232. Il peut sans doute arriver que dans le cas où les

---

deux ans de la date des jugements de 1717 et 1718; — Sans s'arrêter à la tierce opposition, etc.

Du 15 juill. 1820.-C. de Riom.-M. Verny, pr.

moyens du tiers opposant seraient précisément les mêmes que ceux qui auraient été rejetés par le jugement attaqué, ces moyens soient admis par un autre tribunal d'un pouvoir égal; mais c'est encore un de ces cas très-rares, ajoute l'orateur d'un gouvernement, qui ne suffisent pas pour écarter une mesure d'une utilité certaine et journalière. — D'ailleurs, si le jugement sur la tierce opposition a été rendu par des juges de première instance, on a pour éprouver la bonté de ce jugement la voie de l'appel. — S'il a été rendu un jugement en dernier ressort, la variété d'opinions entre les tribunaux indépendants sur les mêmes questions est un inconvénient général contre lequel il n'y a de remède que dans l'autorité de la cour de cassation, lorsqu'il y a lieu de s'y pourvoir (motifs, V. *suprà*, p. 355, note, n° 4).

233. MM. Bioche, n° 83, et Demiau, p. 337, font la remarque suivante : « Quant à cette expression *égal*, employée dans l'art. 476 c. pr., le tribunal de commerce et le tribunal de première instance sont bien égaux dans la hiérarchie judiciaire, en ce sens qu'ils connaissent en premier ressort des affaires qui leur sont soumises, mais ils ne le sont pas quant à la nature de la juridiction.—Si donc on oppose, devant un tribunal de commerce, un jugement rendu par un tribunal civil, le tribunal de commerce ne pourra connaître de la tierce opposition » (Conf. MM. Carré, t. 4, n° 1730; Favard, t. 5, p. 614, n° 2; Lepage, p. 323). — Toutefois, si la tierce opposition avait pour objet un jugement rendu par un tribunal civil, mais jugeant commercialement, le tribunal de commerce pourrait en connaître.—Jugé, conformément à ces principes, qu'une tierce opposition à un jugement de déclaration de faillite n'est pas recevable devant le tribunal civil (Metz, 30 mars 1833, aff. Dureteste, V. Faillite, n° 76). — Jugé également que l'on ne peut se pourvoir par tierce opposition devant un tribunal civil contre un arrêt rendu par un tribunal criminel (Paris, 18 fruct. an 10) (1).

234. Avant le code de procédure, on décidait que la tierce opposition ne pouvait être jugée que par le tribunal qui avait rendu le jugement attaqué par cette voie (Cass. 14 oct. 1806) (2). — Jugé de même que la tierce opposition ne peut être portée devant d'autres arbitres que ceux qui ont rendu le jugement (Cass. 23 brum. an 3, aff. Tesson, V. n° 79-1°).

235. Un créancier peut-il à la fois intervenir dans une instance, puis attaquer incidemment par tierce opposition un jugement qu'on lui oppose? On a soutenu la négative, en disant que par l'intervention un créancier exerce les droits de son débiteur, et que par la tierce opposition il agit en son nom personnel. Mais il y avait ici erreur de principes; l'intervention comme la tierce opposition peut reposer sur un intérêt personnel indépendant des prétendus droits du débiteur. — Aussi a-t-il été jugé que si l'intervention est régulière quand le créancier vient défendre un intérêt commun à lui et à son débiteur, à plus forte raison cette intervention, ainsi que la tierce opposition, doivent être admises quand le créancier agit dans son intérêt personnel, et notamment quand il offre de prouver le dol et la fraude pratiqués par son débiteur (Req. 8 fév. 1837, aff. Noel, V. n° 187-4°).

236. Lorsqu'il s'agit de la tierce opposition à un arrêt rendu sur appel, est-ce à la cour impériale qui l'a rendu ou au tribunal de qui émane le jugement attaqué qu'il appartient d'en connaître? — Il a été jugé en termes généraux : 1° qu'en cas d'opposition tierce à l'exécution d'un arrêt contradictoire, les opposants peuvent être assignés devant la cour d'appel; il n'est pas nécessaire de les traduire devant le tribunal de première instance avec citation préalable en conciliation (Paris, 3 prair. an 11, aff. Impey C. Gin); — 2° Qu'une cour impériale est compétente pour connaître de tierces oppositions à un arrêt émané d'elle (Req. 16 fév. 1830) (3).

(1) *Espèce* : — (Veuve Rougris C. préfet de la Seine.) — 9 mai 1777, décès de Gabriel-Olivier-Benoît Dumas. — 21 mai, sentence de la chambre du domaine qui adjuge sa succession au roi à titre de bâtardise et déshérence. — Appel par plusieurs prétendant droit à la succession, soit comme parents, soit comme seigneurs haut justiciers ayant droit de déshérence. — 24 août 1780, arrêt du parlement qui déboute les prétendus parents, et adjuge les biens soit au roi, soit aux seigneurs, chacun dans sa justice. — Tierce opposition à cet arrêt par d'autres prétendants, entre autres par Benoît de Montleul, qui fondait sa généalogie sur un acte de mariage qui fut argué de faux par le domaine, et dont le fabricateur fut condamné aux galères perpétuelles par arrêt du 19 mai 1784.

Une autre action ayant été ouverte par le sieur Chevrier, qui présentait aussi parmi ses titres le même contrat de mariage reconnu faux, on lui opposa l'arrêt de 1784; il y forma tierce opposition; et après sa mort, la veuve Rougris, sa fille, poursuivit l'instance. — Elle soutint devant la cour de Paris que, bien que l'arrêt eût été rendu au criminel, rien ne l'empêchait de l'attaquer au civil; qu'en effet, la tierce opposition était ouverte contre tout jugement qui porte préjudice et l'on n'a pas été appelé; qu'elle n'avait été ni partie, ni représentée à l'arrêt de 1784; que tout doit être égal entre les parties; et qu'ainsi le défendeur ayant le droit d'opposer au civil un arrêt rendu au criminel, le demandeur peut avoir celui de faire rétracter cet arrêt par la seule voie qui lui soit ouverte, celle de la tierce opposition.

M. le procureur général Mourre a conclu à ce que la veuve Rougris fût déclarée non recevable : 1° parce qu'un arrêt rendu au criminel est rendu au nom et sur la plainte de la société entière, dont tous les membres sont représentés par le ministère public, et que par conséquent la demanderesse avait été réellement partie à l'arrêt de 1784; 2° parce qu'un tribunal civil ne peut rétracter un arrêt rendu par un tribunal criminel. — Jugement.

Le tribunal ; — Considérant qu'Anthelmette Chevrier, veuve Rougris, s'est rendue tierce opposition à l'arrêt de 1784, comme si un arrêt rendu par un tribunal criminel pouvait être attaqué par la voie civile devant les juges purement civils : en droit tout lien doit se dissoudre de la même manière qu'il s'est formé, et il faut pour le moins autant de pouvoir et les mêmes solennités pour détruire un jugement que pour le rendre ; — Par ces motifs, déclare la veuve Rougris non recevable.

Du 18 fruct. an 10.—C. de Paris; 1re ch.—M. Agier, pr.

(2) (Bruyeron C. Roger-Deschamps.) — La cour ; — Vu l'art. 600 de la loi du 3 brum. an 4 ; — Considérant que le jugement du 30 frim. an 13 a été rendu au tribunal de simple police : que celui du 6 floréal suivant, sur la tierce opposition au premier de ces jugements, l'a été en justice de paix; — Attendu que la tierce opposition n'a pu être portée et jugée que par le tribunal qui a rendu le jugement attaqué par cette

voie; qu'ainsi dans l'espèce il a été contrevenu à l'ordre des juridictions et à la compétence des tribunaux ; — Casse.

Du 14 oct. 1806.-C. C., sect. civ.-M. Schwendt, rap.

(3) *Espèce* : — (Gaffori C. duc de Padoue.) — En 1791, Biaggini, acquéreur d'un domaine national, associe à cet achat les sieurs Arrighi et Montara. — En 1802, il subroge le duc de Padoue dans ses droits sur l'immeuble acquis. — Le duc est mis en possession. — En 1814, Gaffori, prétendant avoir conservé la propriété de ce fonds, en prend possession. — Action en réintégrande; le duc succombe. — En 1822, Arrighi revend à son neveu Gaffori l'immeuble litigieux. — En 1825, le duc de Padoue forme une action pétitoire contre Arrighi; ce dernier demande sa mise hors de cause, attendu qu'il a vendu à son neveu. — Jugement qui rejette cette prétention, et renvoie devant l'autorité administrative. — Appel par le duc. — 6 mars 1827, arrêt de la cour de Corse, qui le déclare véritable propriétaire. — Il est à remarquer que Gaffori ne fut pas mis en cause; aussi le fermier s'est-il refusé à exécuter l'arrêt. — Alors, sommation de délaisser est faite à Gaffori. — Gaffori forme tierce opposition à l'arrêt. — 28 juill. 1828, arrêt qui le démet de sa tierce opposition, attendu la vente est simulée, et qu'en sa qualité de conseil et d'avocat d'Arrighi, son oncle, il est vrai de dire qu'il a été partie dans l'instance.

Pourvoi : 1° Violation de la loi du 5 fruct. an 5, et de l'art. 116 c. pr., en ce qu'il n'est pas constaté dans l'arrêt que les juges se soient livrés à une délibération préalable ; — 2° Violation de l'art. 1551 c. civ., en ce que la cour a déclaré que, par cela seul que Gaffori avait figuré comme conseil et avocat d'Arrighi dans l'instance, il était partie dans la cause, et ne pouvait repousser la force de chose jugée;—3° Violation de la loi du 1er mai 1790, et de l'art. 464 c. pr.; fausse application de l'art. 472 du même code. — Arrêt.

La cour; — Sur le premier moyen : — Attendu qu'en supposant que l'acte du 5 fruct. an 5, dit *constitution*, contint quelques dispositions législatives qui n'auraient pas été abrogées par la charte, ces dispositions, en ce qui concerne la forme des jugements, auraient cessé de produire effet, en vertu de l'art. 1041 c. pr.; et quant à l'art. 116 de ce code, qu'il prescrit une forme de délibération, sans exiger que les jugements et arrêts constatent qu'ils ont été formés à la majorité des opinions ;

Sur le deuxième moyen : — Attendu que le dol et la fraude faisant exception à toutes les règles, l'arrêt dénoncé a pu, en déclarant que l'acte d'acquisition de Gaffori était simulé, et en se fondant sur ce que, depuis le moment où il était devenu acquéreur du domaine contentieux, il avait été le conseil et l'avocat de son vendeur, juger que ce n'était pas le cas d'appliquer l'art. 474 c. pr.;

Sur le troisième moyen : — Attendu que Gaffori s'étant déclaré tiers

Mais n'y a-t-il pas lieu de distinguer, comme l'ont fait plusieurs auteurs et plusieurs cours, entre les arrêts qui ont confirmé et ceux qui ont infirmé? — En confirmant le jugement et mettant par conséquent l'appel au néant, une cour ne fait autre chose qu'anéantir l'obstacle qui s'opposait à l'exécution du jugement dont était appel, et il ne reste rien de tout le procès entre parties que le jugement confirmé; d'où il suit que la décision attaquée par tierce opposition n'est pas l'arrêt de la cour, mais le jugement dont on a appelé à tort. — Au contraire, lorsque la cour infirme, le jugement de première instance est détruit, et c'est conséquemment contre l'arrêt que l'attaque est dirigée. Ces raisons sont graves et ont divisé les auteurs.—En cas d'arrêt confirmatif, MM. Carré, n° 1727; Pigeau, Comment., t. 2, p. 64, décident qu'on doit porter la tierce opposition au tribunal, tandis que MM. Merlin, Rép., t. 8, p. 823; Berriat, p. 440, n° 4; Chauveau sur Carré, Quest. 1727; Bioche, n° 81, pensent qu'elle doit être formée devant la cour impériale. — Jugé, à l'égard d'un arrêt confirmatif dans le sens des observations de MM. Carré et Pigeau : 1° qu'on a pu compétemment former tierce opposi-

tion à des jugements confirmés sur appel, devant le tribunal qui les a rendus (Douai, 14 janv. 1825) (1); — 2° Que la tierce opposition contre un jugement confirmé sur appel doit être portée devant le tribunal de première instance (Bruxelles, 9 avr. 1808) (2).

Mais l'opinion contraire a prévalu. On a soutenu que l'arrêt confirmatif d'un jugement est une décision nouvelle qui seule, dès que la cour est saisie, peut donner à ce jugement toute la force nécessaire pour devenir la loi des parties; que, quoique l'arrêt n'ajoute rien au jugement, ce jugement n'a de force exécutoire que par l'arrêt, qui lève l'obstacle mis à l'exécution par l'appel; qu'en définitive, si devant le tribunal la tierce opposition faisait tomber le jugement, l'arrêt tomberait en même temps, ce qui soumettrait un tribunal supérieur à un tribunal inférieur, et ce qui est contraire aux principes.— Il a été jugé, conformé·· ment à ces principes : 1° que la tierce opposition doit être formée devant la cour qui a rendu l'arrêt confirmatif (Florence, 26 déc. 1809; Limoges, 13 fév. 1816; Douai, 20 juill. 1816; Bourges, 7 juill. 1824; Riom, 2 déc. 1839; Nîmes, 4 mai 1840 (3).—Conf.

---

opposant à l'exécution de l'arrêt du 6 mars 1827, la cour royale de Corse avait, d'après l'art. 475 c. pr., été compétente pour en connaître, et que les principes sur les deux degrés de juridiction ne sont point applicables en pareil cas ; — Rejette, etc.

Du 16 fév. 1830.—C. C., ch. req.—MM. Favard, pr.-Pardessus, rap.-Lebeau, av. gén., c. conf.-Godard–Saponay, av.

(1) (Gérard C. Dussart, etc.)—La cour ; — Vu les art. 472, 474 et 475 c. pr., et les art. 442 et 444 c. com.; — Attendu que la tierce opposition ne peut être considérée que comme une intervention pour arrêter ou prévenir l'exécution d'un jugement ; — Qu'un arrêt confirmatif n'est qu'une approbation judiciaire de la sentence des premiers juges, qui ne fait que lever l'obstacle que l'appel avait apporté à son exécution ; d'où il suit que c'est devant le tribunal qui a rendu le jugement confirmé, que doit être portée la tierce opposition principale.

Du 14 janv. 1825.-C. de Douai, 2° ch.-M. Dupont, pr.

(2) Espèce : — (Veuve Schamp C. Debio.) — La veuve Schamp s'est pourvue devant la cour de Bruxelles, par tierce opposition, contre un arrêt par lequel cette cour avait purement et simplement confirmé un jugement de première instance rendu en faveur de Debio. — Debio oppose l'incompétence de la cour : — Il dit que la confirmation n'a d'autre effet que d'imprimer au jugement de première instance l'autorité de la chose jugée en dernier ressort, autorité que ce jugement aurait acquise de lui-même, à défaut d'appel en temps utile ; — Qu'en confirmant, le juge supérieur ne s'attribue rien, ne se réserve rien, ne juge rien; qu'il n'exerce son pouvoir que pour sanctionner le jugement de première instance, qui tient alors toute sa force de lui-même ; — Que cette maxime suivie en France, que l'on agit ex confirmato et non ex confirmante, était conforme à la saine raison et à la justice, et devait être suivie à l'égard de la tierce opposition ; — Qu'aux termes de l'art. 475 c. pr., la tierce opposition devait être portée au tribunal qui a rendu le jugement attaqué; que le juge supérieur, qui met l'appel au néant, ne rend pas le jugement; qu'il confirme seulement le jugement rendu en première instance ; — Enfin, que l'opposition simple à l'exécution d'un jugement confirmé est de la compétence du tribunal qui a rendu ce jugement, et que la tierce opposition est et doit être soumise à la même règle. — La veuve Schamp répondait en opposant les termes de l'art. 475 c. pr. qui veut que la tierce opposition soit portée au tribunal qui a rendu le jugement attaqué. — Par ces mots tribunal et jugement, il faut entendre les cours d'appel comme les tribunaux de première instance, les jugements proprement dits comme les arrêts ; cela résulte des art. 474, 475, 476 et 477, qui qualifient de jugement toute décision à laquelle on peut former tierce opposition, quel que soit le juge qui l'ait rendue, et qu'appellent tribunal l'autorité judiciaire dont ce jugement est émané. — Or, disait la veuve Schamp, quel est ici le jugement attaqué? Est-ce le jugement confirmé ou l'arrêt confirmatif? — En d'autres termes, la tierce opposition doit-elle être dirigée contre celui-là, et non contre celui-ci? Faut-il faire abstraction de l'arrêt confirmatif, et le mettre à l'écart, ne voir, n'attaquer que le jugement confirmé? — La tierce opposition est, comme la requête civile, une voie extraordinaire. Celle-ci doit, comme celle-là, être portée au même tribunal qui a rendu le jugement attaqué (art. 490). — Or, lorsqu'un jugement a été confirmé sur l'appel, ce n'est pas contre ce jugement, mais contre l'arrêt confirmatif, qu'on peut se pourvoir par requête civile. — La tierce opposition est soumise à cette règle. — En effet, la loi ne fait aucune distinction entre les arrêts qui confirment et ceux qui infirment. — Le jugement confirmé ne vaut rien par lui-même ; ce ne peut être tierce opposition isolément; il se lie essentiellement à l'arrêt qui l'a sanctionné; il s'identifie avec cet arrêt, qui, en le confirmant, en est aussi approprié les dispositions. — C'est donc à l'arrêt confirmatif que la tierce opposition doit être formée, et, dès lors, c'est à la cour d'appel dont cet arrêt est émané

qu'elle doit être portée ; et cela est si vrai, que lors même qu'elle est formée incidemment, elle ne peut être soumise à un tribunal qui n'est pas égal au moins à celui qui a rendu le jugement attaqué. — Il est vrai que l'opposition à l'exécution d'un jugement confirmé ne peut être soumise qu'au tribunal qui a rendu ce jugement. Mais pourquoi ? Parce que, aux termes de l'art. 472, l'exécution d'un pareil jugement appartient au tribunal de première instance, et non à la cour d'appel. — Mais ce cas diffère essentiellement de celui de la tierce opposition. — Dans l'un, il ne s'agit que de l'exécution du jugement ; mais, dans l'autre, c'est la chose jugée elle-même qu'on attaque et qu'on veut faire renverser. — Or on peut être compétent pour faire exécuter un jugement et ne pas l'être pour le rétracter. — Arrêt.

La cour ; — Attendu que la tierce opposition est formée par action principale ; qu'ainsi, conformément à la première partie de l'art. 475 c. pr., elle a dû être portée à la connaissance du juge qui avait rendu le jugement attaqué ; — Attendu que le jugement rendu a été confirmé par arrêt de cette cour, qui, par conséquent, en mettant l'appel au néant, n'a fait autre chose qu'anéantir l'obstacle qui s'opposait à l'exécution du jugement dont est appel, et qu'il n'est rien resté de tout le procès entre les parties que le jugement confirmé : d'où il suit que le jugement attaqué ici par la tierce opposition n'est pas l'arrêt de la cour, mais le jugement dont est appel...; — Déclare qu'elle est incompétente.

Du 9 avr. 1808.-C. de Bruxelles.

(3) 1re Espèce : — (N.) — La cour ; — Considérant que si un tribunal de première instance connaissait du mérite de l'opposition faite par un tiers à son jugement confirmé sur l'appel, il prononcerait ainsi sur le bien ou mal jugé de l'arrêt confirmatif ; qu'un tel résultat est contraire à l'ordre des juridictions et à l'esprit de l'art. 476 c. pr., relatif à la tierce opposition incidente, dont les motifs de la disposition de cet article s'appliquent également au cas où la tierce opposition est formée par action principale ; — Admet, quant à la forme, la tierce opposition à l'arrêt du 26 juin 1809, etc.

Du 26 déc. 1809.-C. de Florence.

2° Espèce : — (Monaud C. Mazuel.) — En 1788, le sieur François Mazuel vendit au sieur Monaud quelques immeubles dépendants d'une succession qu'il se trouvait appelé à recueillir avec Marguerite Mazuel, sa sœur. Peu de temps après, Monaud vendit ces mêmes biens à la veuve Michon, qui était en possession desdits biens lorsqu'il fut procédé au partage entre les héritiers Mazuel. Il paraît qu'elle eut connaissance de ce partage, et qu'elle négligea d'y intervenir pour demander que les biens vendus par François Mazuel fussent attribués à son lot. Ils tombèrent dans le lot de sa sœur ; qui exerça une action en éviction contre la dame veuve Michon; celle-ci appela en garantie le sieur Monaud, son vendeur. De son côté, le garant forma tierce opposition à un jugement intervenu entre les héritiers Mazuel, sur les contestations relatives au partage, et contre purement et simplement par arrêt du 16 therm. an 11. — Le tribunal de Limoges, saisi de cette tierce opposition, se déclara incompétent pour y statuer, par un jugement du 31 janv. 1810. — Le sieur Monaud a interjeté appel de ce jugement à la cour de Limoges ; il a subsidiairement formé de nouveau la tierce opposition devant elle. — Arrêt.

La cour; — Considérant qu'une tierce opposition à un jugement confirmé par arrêt, a pour objet, non pas l'exécution du jugement, au contraire, de remettre de nouveau en discussion ce qui a été décidé par arrêt; que la tierce opposition devant être jugée suivant le code de procédure, par un tribunal au moins égal à celui qui a rendu le jugement, les juges dont est appel se sont conformés à la loi en se déclarant incompétents; qu'autrement, en jugeant le mérite de la tierce opposition, ils auraient pu méconnaître l'autorité de l'arrêt du 16 therm.

Paris, 3 prair. an 11, aff. Impey *C.* Gin; 22 nov. 1825, aff. De-lormel; Bastia, 16 fév. 1830, aff. Gaffori précitée; Paris, 11 mars 1835, aff. Braff, V. n° 70-2°; Bordeaux, 19 août 1839, M. Roullet, 1er pr., aff. Perrocheau *C.* Belly; Amiens, 3 juill. 1842, aff. Caron, D. P. 52. 5. 535; 30 août 1844, aff. Dubos, D. P. 52. 5. 535); — 2° Que lorsqu'il a été statué en appel sur un juge-ment, c'est à la cour et non au tribunal qu'il appartient de con-naître de la tierce opposition, sans qu'il y ait lieu de distinguer

an 11, et que les principes sur la hiérarchie des pouvoirs s'y opposent évidemment; — Considérant qu'en confirmant le jugement du 31 janv. 1810, dont est appel, la cour doit s'occuper de la tierce opposition for-mée devant les premiers juges, et qui, d'ailleurs, a été renouvelée de-vant la cour; — Considérant qu'un principe reconnu par les auteurs en matière de tierce opposition, est que cette action ne soit recevable qu'autant que celui qui la forme avait qualité pour être appelé au juge-ment, et aurait dû y être partie, mais que les héritiers Mazuel n'étaient tenus, sous aucun rapport, d'appeler à leurs partages les tiers acqué-reurs de l'un d'eux; que toutes les opérations du partage devaient avoir lieu entre les cohéritiers seulement, sauf l'action en revendication contre les tiers acquéreurs, après le partage consommé; que, sous ce rapport, les appelants tiers acquéreurs ne sont pas recevables dans leur tierce opposition; — Considérant que la tierce opposition n'est pas fondée; que s'il est de règle fondée sur la loi 9, § 3, *De collatione bonorum,* que le donataire soit admis à moins prendre, à cause des aliénations qu'il a faites, ce n'est que tout autant que ses cohéritiers n'en souffrent pas; qu'ainsi, lors du partage, les donataires ou ses ayants cause eussent pu demander qu'on fît échoir au lot de Mazuel les biens par lui vendus; mais que depuis ce partage, par suite duquel les objets vendus sont échus au lot de Marguerite Mazuel, tous les biens échus au lot de Fran-çoise Mazuel ont été vendus, de manière que, lors de la tierce opposition, il était impossible de distraire du lot de ladite Mazuel les biens précé-demment vendus par son frère avant le partage, puisqu'on ne pouvait l'indemniser par d'autres biens; — Considérant qu'il a été avoué par écrit, et à l'audience, par les appelants, que lors du partage, Françoise Bayou, appelante, a représenté aux experts l'acte de vente consenti par François Mazuel, le 20 mai 1788, d'où il résulte qu'elle a eu connais-sance du partage; mais que, dans ce cas, elle a à s'imputer de n'être point intervenue à ce partage, et de n'avoir pas demandé que les objets vendus par François Mazuel entrassent, fictivement, dans le lot de ce dernier; que la chose jugée contre le précédent propriétaire nuit, en ce cas, à l'acquéreur, suivant la loi 63, ff., *De re judicata;* — Met les ap-pellations au néant avec amende; faisant droit sur les demandes des parties en ce qui concerne la tierce opposition, y déclare la veuve Michon, son mari et Monaud non recevables et mal fondés; — En ce qui concerne la demande en désistat, etc.
Du 15 fév. 1816.—C. de Limoges.

3e Espèce : — (Hanquez *C.* com. de Lacres.) — Le sieur Varlet ac-quit d'un sieur Hanquez diverses propriétés; la commune de Lacres, s'en prétendant propriétaire, forma contre lui une demande en déguer-pissement. Cet acquéreur défendit à cette action, sans appeler en cause son vendeur; le 18 juin 1817, le tribunal de Boulogne ordonna le dé-guerpissement; un arrêt de la cour de Douai, du 29 janv. 1818, con-firma le jugement des premiers juges. Alors le sieur Hanquez forma tierce opposition à cet arrêt, et la porta directement à la cour de Douai. — Arrêt.

La cour; — Attendu que l'arrêt rendu par elle le 19 janv. dernier, entre la commune de Lacres et le sieur Varlet, n'a fait que confirmer le jugement du tribunal de Boulogne, dont ce dernier avait appelé, et en ordonner l'exécution pure et simple; — Attendu que la cour, par son arrêt, ne s'est rien réservé; que c'est qu'il s'est borné à sanctionner la décision première, et à lever l'obstacle qui s'opposait à son exécution; — Que, par suite, il n'est rien resté de tous les procès entre les parties que le jugement confirmé; — Attendu que la tierce opposition du 17 mars tendait à être formée par action principale; qu'ainsi, aux termes de l'art. 475 c. pr., et d'après les principes ci-dessus posés, c'est contre le jugement du tribunal de Boulogne, et devant ce tribunal que cette voie extraordinaire de réformation aurait dû être prise; — At-tendu, d'un autre côté, que le jugement ne peut former tierce opposition au jugement qui dépouille l'acquéreur de la propriété de l'immeuble par lui vendu; — Attendu, en effet, qu'un pareil jugement ne préjudicie pas aux droits du vendeur, puisqu'à la demande en indemnité, qui se-rait formée contre lui par l'acquéreur dépossédé, il peut opposer tous les moyens qui tendraient à prouver que la vente devait recevoir son exé-cution, sans qu'on pût lui opposer efficacement le jugement rendu, hors sa présence, contre l'acquéreur; — Attendu que ces principes sont tex-tuellement consacrés par l'art. 1640 c. civ., d'où il suit que sous tous les rapports la cour ne peut s'occuper de la tierce opposition du 17 mars dernier; — Vu, au surplus, l'art. 479 c. pr., etc.
Du 20 juill. 1816.—C. de Douai.

4e Espèce : — (Tenaille Saligny *C.* hérit. d'Arthel.) — 26 août 1817,

jugement du tribunal de Clamecy qui condamne la veuve d'Arthel, au profit de Tenaille Saligny, à délaisser la propriété du tiers du bois de Moussot. Sur l'appel, arrêt confirmatif de la cour de Bourges, du 17 janv. 1820. — La veuve d'Arthel et ses enfants, majeurs lors de cet arrêt et non appelés, demeurent en possession. — Demande en restitution de fruits. — Tierce opposition. — 14 août 1825, jugement du tribunal de Clamecy, qui renvoie la tierce opposition devant la cour de Bourges, et au fond n'adjuge pas toutes les conclusions du demandeur. — Appel par celui-ci. — Appel incident par les héritiers d'Arthel quant à la disposi-tion relative à leur tierce opposition. — Pour établir l'incompétence de la cour à cet égard, ils disaient qu'un arrêt purement confirmatif n'ajoute rien au jugement confirmé : *Qui confirmat nil dat;* que son seul effet est de faire cesser la suspension momentanée de l'exécution du jugement de première instance, en mettant l'appel au néant; mais qu'ensuite l'arrêt ne fait qu'ordonner l'exécution de ce même jugement, d'où il suit qu'il s'identifie avec lui pour ne faire qu'une seule et même décision; — Que ces principes sont d'ailleurs établis dans l'art. 472 c. pr. civ., qui ac-corde aux juges dont la décision est confirmée, l'exécution du jugement et de l'arrêt confirmatif. La tierce opposition n'est en réalité qu'un ob-stacle apporté à l'exécution; ce n'est qu'un incident arrivé pendant la poursuite : la connaissance ne peut donc en appartenir qu'au juge de l'exécution. — Arrêt.

La cour; — Considérant que la tierce opposition incidente ne peut être portée devant le tribunal saisi de la contestation qu'autant qu'il est égal ou supérieur à celui qui a rendu le jugement; or que, dans l'espèce, elle est formée contre un jugement du 26 août 1817, confirmé par arrêt du 17 janv. 1820, et par conséquent contre l'arrêt lui-même; — Qu'en vain on objecte que cet arrêt confirmatif, n'a rien ajouté au jugement qui a prononcé; que ce jugement, attaqué par la voie de l'appel, n'a reçu de force, n'est devenu la loi des parties que par l'arrêt qui a suivi; qu'ainsi c'est à la cour qu'appartient la connaissance de la tierce opposition des sieur et dame de Tenance et comte d'Arthel; — Dit qu'il a été bien jugé au chef qui renvoie devant juge compétent la tierce op-position formée par les sieur et dame de Tenance et comte d'Arthel aux jugement et arrêt des 26 août 1817 et 17 janv. 1820.
Du 7 juill. 1824.—C. de Bourges, 1re ch.—M. Sallé, pr.

5e Espèce :—(Velay *C.* Douvreleur de Gardel.)—La cour; — Considé-rant que, d'après les dispositions de l'art. 475 c. pr., la tierce opposition doit être portée au tribunal qui a rendu le jugement attaqué; — Consi-dérant que l'arrêt confirmatif d'un jugement est une décision nouvelle qui donne à ce jugement toute la force qui lui est nécessaire pour deve-nir la loi des parties; que, dès lors, on ne saurait, sans violer l'ordre des juridictions, enlever à la cour qui a rendu l'arrêt confirmatif, le droit d'examiner les dispositions qu'elle s'est appropriées en leur don-nant une sanction définitive; — Considérant que le jugement attaqué, en recevant la tierce opposition de la partie d'Allemand, a méconnu les dispositions de la loi en s'attribuant le droit de statuer sur une action dont la connaissance appartient seulement à la cour; — Par ces mo-tifs, dit qu'il a été mal et incompétemment jugé par le jugement dont est appel; déclare le sieur Douvreleur de Gardel non recevable dans sa tierce opposition au jugement du tribunal d'Ambert, du 19 avr. 1857 confirmé par arrêt de la cour du 13 mars 1858, etc.
Du 2 déc. 1839.-C. de Riom, 4e ch.—M. Molin, pr.

6e Espèce :—(Brunel *C.* Félix.) — 24 juill. 1859, jugement du tri-bunal civil d'Uzès qui le décide ainsi par les motifs suivants : « Attendu qu'un arrêt de cour royale, confirmant purement et simplement un juge-ment du tribunal de première instance qui a ordonné un désistat, a ter-miné complétement le litige pendant naguère en première instance, et a dénanti pour toujours les premiers juges; que, dès lors, s'il y a lieu pour une partie étrangère au litige de former tierce opposition, c'est devant le juge d'appel et contre l'arrêt que cette tierce opposition doit être portée : que, s'il en était autrement, le juge de première instance pour-rait infirmer la décision du juge d'appel, ce qui serait monstrueux; que, dès lors, la tierce opposition est irrecevable en la forme; — Par ces motifs, le tribunal rejette la tierce opposition. » — Appel. — Arrêt.

La cour; — Attendu que la tierce opposition formée devant les pre-miers juges, contre le jugement du 25 mai 1854 et l'arrêt de la cour du 20 juill. 1856, était irrecevable aux termes des art. 475 et 476 c. pr., puisqu'elle tendait à faire réformer par le juge inférieur une décision rendue par une cour supérieure qui, par son arrêt, s'était rendu propre le jugement sus-énoncé; — Par ces motifs, confirme, etc.
Du 4 mai 1840.-C. de Nîmes, 3e ch.—M. Vignolles, pr.

237. Pigeau, *loc. cit.*, établit une distinction entre le cas où le jugement est confirmé purement et simplement et celui où la cour l'a confirmé avec des dispositions nouvelles; il estime qu'en ce qui concerne les nouvelles dispositions, c'est devant la cour qu'il faut se pourvoir, à moins que le préjudice éprouvé ne vienne du jugement lui-même.—Mais nous ne pensons pas qu'il y ait lieu de s'arrêter à cette distinction, qui a été d'ailleurs repoussée par la cour suprême. — En effet, il a été jugé que la cour impériale, seule compétente pour connaître de la tierce opposition formée contre un de ses arrêts, l'est aussi pour juger au fond, et sans qu'il soit besoin de renvoyer en première instance à statuer sur les moyens, tels que a prescription, invoqués par le tiers opposant, alors que ce dernier a exercé son recours pour se soustraire à une action dont le succès dépend de l'application de l'arrêt qu'il attaque, et sur laquelle, d'ailleurs, il y a eu longue contestation (Req. 31 mai 1837) (1).

238. Il a même été jugé qu'il suffit que, de trois jugements frappés de tierce opposition, un seul ait été déféré à l'appel et confirmé par la cour, pour que, s'il y a d'ailleurs connexité, la connaissance de la tierce opposition contre les trois jugements simultanément soit de la compétence exclusive de cette cour (Bourges, 28 déc. 1836) (2).

(1) (Com. de Vernois C. Noirot et cons.).—Une sentence arbitrale, du 6 mars 1522, qui fut successivement confirmée dans son exécution par arrêt du parlement de Besançon, rendu en 1712, et par transaction à la date de 1717, consacra des droits réciproques de parcours, sur leurs terrains respectifs, au profit des communes de Vernois et de Voisey. La commune de Voisey était notamment tenue de souffrir que la commune de Vernois usât, de trois ans en trois ans, et après la première herbe levée, du droit de faire pâturer les prés appelés la Rosoy, le Grattery, la Maugeotte, la Corne-Bergeret et la Presle. — En 1818, ces divers héritages se trouvant en état de clôture, la commune de Vernois demanda à être réintégrée dans son droit d'usage. La commune de Voisey défendit seule à cette action, sur laquelle intervint, le 28 déc. 1827, un arrêt de la cour royale de Dijon, qui reconnut les prétentions de la commune de Vernois, et condamna son adversaire au rétablissement des lieux. — Mais, lorsque la commune de Vernois voulut elle-même enlever les obstacles qui gênaient sa jouissance, les sieurs Noirot, Vosgien et autres habitants de Voisey se prétendirent propriétaires exclusifs des terrains grevés de la servitude, et formèrent tierce opposition à l'arrêt de 1827, dès qu'il leur fut opposé. Puis, par leurs conclusions, ils demandèrent à être maintenus dans leur possession exclusive, soutenant, avec offre de le prouver, que les héritages susmentionnés étaient clos depuis 1791, et que, par suite, le droit de parcours de la commune de Vernois était éteint par défaut d'usage pendant trente ans. — La commune conclut, de son côté, à ce que la tierce opposition fût déclarée: 1° irrecevable, en ce que les tiers opposants avaient été représentés, en 1827, par le maire de la commune de Voisey; 2° mal fondée, du moins quant au paquier de la Presle, en ce que ce paquier avait continué d'appartenir à la commune de Voisey; enfin on a prétendu qu'il avait été également conclu à ce que le moyen de prescription fût rejeté comme nouveau et ne pouvant être présenté, pour la première fois, devant la cour royale saisie de la tierce opposition. — Dans ces circonstances, un arrêt interlocutoire, à la date du 24 fév. 1831, admit cette tierce opposition et ordonna une enquête, dans le but de rechercher si la clôture existait depuis 1791, en considérant, d'un côté, que les tiers opposants n'avaient pu être représentés, en 1827, par le maire de Voisey, relativement à leurs droits privés; d'autre part, que si, d'après la coutume de Franche-Comté, le droit de parcours, tel qu'il dérivait des actes de 1552, 1712 et 1717, participait à un droit de copropriété, il avait été valablement concédé à la commune de Vernois, néanmoins ce droit de parcours n'était pas exempt de la loi générale de prescription. — Par arrêt définitif du 7 mars 1834, la cour royale de Dijon déclara prescrits les droits de la commune de Vernois, en se fondant sur les résultats de l'enquête et le défaut de preuve contraire de la part de cette commune.

Pourvoi de la commune de Vernois contre les deux arrêts: 1° Violation et fausse application de l'art. 474 c. pr. civ., en ce que les sieurs Noirot et consorts avaient été représentés, dans l'arrêt du 24 déc. 1827, par la commune de Voisey, dont ils sont habitants; qu'en effet, dès qu'ils n'ont pu tenir leurs droits de propriété que de cette commune, depuis 1522, ils devaient être réputés ses ayants cause; d'où la conséquence que leur tierce opposition n'était pas recevable; — 2° Violation de la règle des deux degrés de juridiction. — En fait, disait-on, la demanderesse avait conclu au renvoi de la question de prescription en première instance, et, dès lors, la cour royale ne pouvait pas statuer *de plano* sur cette question. Cela est, d'ailleurs, conforme aux véritables principes: en effet, une cour saisie d'une tierce opposition n'a à juger que le point de savoir si elle est admissible. Elle ne saurait prononcer sur le fond qu'autant que la connaissance lui en serait dévolue, soit par voie d'évocation, soit par attribution spéciale de compétence. Or, aucun texte de loi ne contient une disposition semblable. Au contraire, l'art. 477 c. pr. civ. suppose qu'après le jugement de la tierce opposition, la connaissance du fond reviendra au tribunal primitivement saisi, puisque cet article autorise à passer outre ou à surseoir; — 3° Violation des règles de la prescription en matière de servitude. — Il est incontestable qu'il s'agissait, dans l'espèce, d'une servitude existant, au profit d'une commune, sur des biens situés en Franche-Comté, et consistant dans un droit de secondes herbes à exercer de trois ans en trois ans. Les défendeurs éventuels n'argumentaient que d'une possession exclusive de 1791 à 1828, c'est-à-dire de trente-sept ans. Toute la question se réduisait

donc à savoir si ce laps de temps avait été suffisant pour opérer prescription. Or, d'une part, les seules prescriptions opposables aux communes sous le droit ancien, étaient celles de quarante ans (Merlin, v° Prescription, sect. 3, p. 5); d'autre part, Dunod (part. 2, chap. 12, p. 299) enseigne que, spécialement en Franche-Comté, l'on n'admettait, pour les droits incorporels, au nombre desquels doivent être rangées les servitudes de parcours, que la prescription quadragénaire. Sous un autre rapport, dès que la servitude litigieuse ne pouvait s'exercer que de trois ans en trois ans, elle tombait sous l'application de la loi romaine, qui décidait que, dans ce cas, la prescription devait être doublée (Merlin, v° Servitude, § 35).—L'art. 2281 c. civ. a laissé subsister ces règles relativement à l'espèce; — 4° Défaut de motifs, en ce que la cour royale ne s'est nullement occupée du paquier de la Presle, qui avait néanmoins été l'objet d'une exception particulière. — Arrêt.

La cour; — Sur le premier moyen; — Attendu qu'il est constant et reconnu en fait, au procès, que les héritages clos, sur lesquels la commune de Vernois prétendait exercer le droit de parcours, appartenaient, à titre privé, aux défendeurs éventuels, étrangers, par conséquent, au procès soutenu par le maire de Voisey contre la commune de Vernois, et sur lequel était intervenu l'arrêt du 28 déc. 1827, dont la commune de Vernois se prévalait contre les défendeurs éventuels; Attendu que ceux-ci n'avaient pu être représentés, en ce qui touchait leurs intérêts privés et leurs propriétés particulières, par le maire agissant en cette qualité: d'où suit que les défendeurs éventuels furent recevables à former tierce opposition à l'arrêt de 1827 qu'on leur opposait, et dans lequel ils n'avaient pas été représentés, pour pouvoir l'écarter dans l'action sur laquelle ils défendaient à titre singulier.

Sur le second moyen; — Attendu, d'une part, qu'il n'apparaît nullement dans la cause que les demandeurs aient conclu à leur renvoi devant le tribunal de première instance (dans l'hypothèse où la tierce opposition des défendeurs éventuels serait admise); — Attendu, d'autre part, qu'il ne pouvait y avoir lieu à ce renvoi sur une demande dans laquelle les parties avaient longuement contesté et où il s'agissait, pour le succès de cette demande, de l'application d'un arrêt rendu par la cour royale, contre lequel était et devait être formée devant elle la tierce opposition à son exécution contre les défendeurs; d'où résulte l'inanité du second moyen de cassation, sous le double rapport invoqué par le demandeur.

Sur le troisième moyen: — Attendu que, loin d'être fondée, en droit, sur quelque texte de loi ou de coutume, la doctrine erronée du demandeur, sur les délais de prescription en matière de servitude et dans l'intérêt des communautés d'habitants est, au contraire, repoussée par les principes généraux du droit, comme par le texte de la plupart des coutumes, de même qu'elle l'est aussi par la disposition formelle de l'art. 2263 c. civ., qui fixe à trente ans la prescription de toutes actions tant réelles que personnelles, desquelles on ne peut excepter les servitudes, sous prétexte qu'elles constituent des droits incorporels, tandis qu'elles sont évidemment des droits réels engendrant des actions purement réelles; d'où résulte qu'en jugeant que la servitude de parcours, réclamée par le demandeur sur des héritages clos depuis plus de trente ans, se trouvait dûment prescrite, la cour royale a fait une juste application des lois sur l'exercice du parcours et sur les effets de la prescription trentenaire.

Sur le quatrième moyen: — Attendu que le pacage ou paquier de la Presle se trouve nommément dans la nomenclature des héritages, dont les défendeurs éventuels se prétendaient propriétaires, qu'ils soutenaient clos, et que l'expertise et l'enquête qui ont précédé l'arrêt définitif ont reconnu, en effet, avoir été en état de clôture depuis plus de trente ans: d'où résulte que le pacage ou paquier, que les autres reconnus clos, est affranchi du parcours par l'arrêt auquel on ne peut faire le reproche de n'avoir pas motivé cet affranchissement, puisqu'il repose précisément sur le motif général de la prescription applicable à tous les héritages possédés par les défendeurs éventuels; — Rejette.

Du 31 mai 1837.-Ch. req.-MM. Zangiacomi, pr.-Voysin de Gartempe, rap.-Nicod, av. gén., c. conf.-Piet, av.

(2) Espèce. (Feuillet C. Châtelain.) — Devenu adjudicataire de la terre Duparc, par jugement du 18 juill. 1816, le sieur Feuillet se vit bientôt en butte aux réclamations de quarante-cinq habitants du village de Dhun-les-Places, qui élevaient des prétentions plus ou moins

239. Jugé, toutefois, que la tierce opposition formée contre un jugement qui a été infirmé en partie, par un arrêt subséquent, est recevable devant le tribunal de première instance, si elle est dirigée contre le chef sur lequel la cour, saisie de l'appel, n'aurait pas eu à se prononcer (Bordeaux, 25 avr. 1833) (1).

240. Si l'objet du jugement est dans l'attribution du dernier ressort, le juge de la tierce opposition peut-il statuer en dernier ressort. Cette question ne peut évidemment se présenter devant les cours, puisqu'elles ne jugent jamais qu'en dernier ressort, mais elle peut se présenter devant les tribunaux d'arrondissement, qui sont en même temps juges d'appel des jugements des justices de paix et juges de première instance. « Deux parties, dit M. Merlin, plaident devant une justice de paix; il y intervient un jugement dont l'une d'elles se rend appelante, le tribunal d'arrondissement prononce sur cet appel et infirme le jugement qui en est l'objet; quelque temps après un tiers se présente et forme tierce opposition au jugement du tribunal d'arrondissement. Comment ce tribunal statuera-t-il sur cette tierce opposition? » Telle est la question soulevée par M. Merlin. (V, Questions de droit, v° Opposition (tierce), § 2). — Alors l'auteur se demande si le tribunal jugera la tierce opposition à la charge d'appel, ou s'il la jugera en dernier ressort, ou bien s'il renverra la cause devant le juge de paix. D'après l'opinion de Merlin, la tierce opposition ne peut être jugée à la charge de l'appel, car, si la cour impériale est compétente pour juger les appels formés contre les jugements des tribunaux de première instance, elle ne l'est pas lorsque ces tribunaux eux-mêmes statuent comme juges d'appel des jugements des juges de paix. Il ne peut pas y avoir deux juges d'appel pour une même cause; mais, si le tribunal juge en dernier ressort, alors le tiers opposant ne jouira pas des deux degrés de juridiction que la loi accorde à toutes les parties, ce qui paraît une violation manifeste du principe général. Renverra-t-il la question devant le juge de paix? mais ce juge est impuissant à réformer le jugement d'un juge supérieur; de sorte que, dans quelque hypothèse qu'on se place, on rencontre en principe un obstacle juridique à la solution que l'on voudrait adopter. — Dans cette position délicate, Merlin et après lui MM. Chauveau, t. 4, quest. 1729, p. 297; Poncet, t. 2, p. 137, n° 421, décident que l'on doit considérer le tribunal d'arrondissement comme investi d'un pouvoir suffisant pour juger la tierce opposition en dernier ressort; et cette doctrine est en harmonie avec plusieurs arrêts de la cour de cassation qui a jugé constamment, sous le régime de la constitution de l'an 3, qui avait établi les tribunaux civils de département juges d'appel les uns des autres, qu'ils devaient prononcer en dernier ressort sur les tierces oppositions formées aux jugements qu'ils avaient rendus en cause d'appel. — V. Merlin, *eod.*

Mais Pigeau (t. 2, p. 66) a soutenu l'opinion contraire, et Carré, qui avait adopté d'abord l'opinion de Merlin, est revenu à

celle de Pigeau (Traité sur la compétence, 2° part., liv. 2, tit. 4, quest. 306). « Qu'importe, dit-il, que le jugement attaqué par la voie de la tierce opposition ait été rendu en premier ou en dernier ressort; dès que la demande qui donne lieu à ce pourvoi est au-dessus ou au-dessous du dernier ressort? Il ne peut résulter du caractère du jugement attaqué par un tiers, et rendu sur une demande formée par une autre partie, que ce tiers puisse être privé de l'avantage du premier ressort, ou de l'avantage du dernier, avantage dont il eût incontestablement joui si, au lieu de se pourvoir par tierce opposition, il avait formé une demande principale dans la forme ordinaire. Ainsi, le jugement à rendre sur une tierce opposition sera en premier ou en dernier ressort, suivant la valeur du litige à vider sur la tierce opposition.

M. Chauveau (*eod.*) répondant à M. Carré, soutient, et sa réponse a une grande valeur, que « Toute la question se réduit à celle de savoir si l'on privera ou non le tiers opposant du bénéfice des deux degrés dont il eût joui en prenant une autre voie. Or qu'arriverait-il s'il, au lieu de se pourvoir contre un jugement de première instance en dernier ressort, le tiers opposant avait exercé son recours contre un arrêt? Dans ce cas, tout le monde le reconnaît, le tiers opposant ne pourrait pas jouir du bénéfice du double degré. S'il est ainsi au cas où la tierce opposition est portée devant une cour, pourquoi cette exception ne serait-elle pas applicable au jugement définitif d'un tribunal, jugeant par appel, aussi bien qu'à un arrêt? « Cette exception au principe général, dit encore le même auteur, tient moins au caractère propre du jugement qu'à la nature même de la voie adoptée (V. M. Chauveau, *eod.*, qui développe parfaitement ce système). — Nonobstant ces raisons très graves, nous persistons dans l'opinion que nous avons émise v° Degré de juridiction, n° 61, et nous disons, avec Pigeau et Carré, que la règle générale sur l'observation des degrés doit être maintenue.

241. La règle suivant laquelle la tierce opposition incidente à une demande peut être soumise au tribunal saisi de cette demande, s'applique-t-elle au cas où la tierce opposition est formée par le demandeur lui-même incidemment à sa propre demande (V. Req. 25 fév. 1837, aff. Begueurry, D. P. 57. 1. 113)? — Cette question n'a pas été résolue par l'arrêt. Mais il est utile de connaître l'opinion manifestée par le rapporteur, M. d'Oms, sur ce point délicat. « Peut-on soutenir utilement, dit ce conseiller, que la tierce opposition formée par le demandeur principal puisse être considérée comme incidente à sa propre demande? Il n'existait pas d'autre contestation que celle que le demandeur lui-même avait introduite. Sa tierce opposition, formée par acte d'avoué à avoué, était bien un accessoire de la demande principale, mais n'était pas un incident; le décider autrement, ne serait-ce pas donner à une partie qui veut user de la faculté de la tierce opposition, le moyen de porter cette tierce opposition devant un autre tribunal que celui qui a rendu le jugement, et par là de se soustraire à la compétence établie

étendues à la copropriété de divers bois dépendant de cette terre.

La contestation avait été décidée au profit des habitants, par jugement du 31 mai 1830, confirmé sur appel, qui ordonnait un rapport d'experts, afin de déterminer la portion de terrain qui revenait à chacun; le rapport était même déposé pour être soumis à l'homologation, lorsque le sieur Châtelain demanda à intervenir. — Feuillet lui fit signifier 1° le jugement du 18 juill. 1816; 2° un autre jugement du 14 juin précédent qui portait sur des prétentions identiques à celles émanée des juges supérieurs; 3° ce dernier jugement. — Châtelain forma tierce opposition à ces trois décisions, devant le tribunal de Clamecy qui les avait rendues et qui se déclara compétent.

Appel de la part de Feuillet. — Il soutient que la cour royale ayant confirmé le jugement de 1830, et les deux autres jugements étant connexes, c'était à la cour seule qu'il appartenait de connaître de la tierce opposition. — L'intimé répondant, au contraire, que l'inconvénient que le législateur avait voulu éviter en défendant aux tribunaux inférieurs de connaître du mérite d'une décision émanée des juges supérieurs, ne se rencontrait pas dans le cas où l'arrêt était confirmatif et que, dès lors, la déclaration de compétence faite par le jugement déféré devait être maintenue. — Arrêt.

LA COUR; — Considérant que la tierce opposition est formée contre plusieurs jugements de première instance, entre autres contre celui du 31 mai 1830, confirmé par un arrêt de la cour, du 31 mars 1832; que la tierce opposition a pour but de faire rétracter les dispositions du jugement du 31 mai 1830, et nécessairement celles de l'arrêt confirmatif;

— Qu'à la cour seule appartient le droit de rétracter ses arrêts dans les formes légales; qu'ainsi une connexité évidente et reconnue existant entre les jugements attaqués et l'arrêt de la cour, c'est devant la cour que la tierce opposition doit être portée; — Dit mal jugé, bien appelé; émendant, déclare la tierce opposition incompétemment formée devant le tribunal de Clamecy, etc.

Du 28 déc. 1856.-C. de Bourges.-M. Mater, 1er pr.

(1) (Montaxier C. Sibilotte-Latour et Becette.) — LA COUR; — Attendu, sur la fin de non-recevoir opposée à la tierce opposition formée par Sibilotte-Latour et les époux Becette au jugement du tribunal de Ruffec, du 3 août 1829, que cet arrêt avait trois chefs distincts : la validité des saisies-arrêts de Montaxier et des époux Poumeau; le sursis à l'exécution des saisies-arrêts jusqu'à la cessation des fonctions du sieur Grouillard, et enfin le chef par lequel il était ordonné que les intérêts du cautionnement seraient versés dans les mains du sieur Montaxier et des époux Poumeau, au prorata du montant de leur créance; — Attendu que la tierce opposition de Sibilotte-Latour et des époux Becette n'a été formée qu'envers le premier et le troisième chef de l'arrêt du 3 août 1829 qui n'avaient point été attaqués par la voie de l'appel et sur lesquels la cour n'avait eu rien à prononcer par son arrêt du 13 juill. 1830; que, par conséquent, aux termes de l'art. 475 c. pr., elle a pu être formée par requête adressée au tribunal de Ruffec qui avait rendu le jugement du 3 août 1829, et qu'il doit être reconnu qu'elle est recevable dans la forme.

Du 25 avr. 1833.-C. de Bordeaux.-M. Roullet, 1er pr.

par le § 1 de l'art. 475 ? — Pour faire de l'exception la règle, il suffirait d'attaquer d'abord par action principale les actes qui n'ont été que l'exécution même du jugement, et joindre ensuite une tierce opposition au jugement. »

Sect. 6. — Effets de la tierce opposition.

242. En exposant, nᵒˢ 10 et suiv., le système qui nous a paru devoir être adopté sur la question de savoir en quoi la tierce opposition peut être utile et surtout nécessaire en présence de la règle *res inter alios judicata*, nous avons signalé ceux des résultats principaux de ce mode de procéder que ne produirait pas la simple invocation de la règle écrite dans l'art. 1351, et qui permettent, dès lors, de concilier cet article avec l'art. 474 c. pr. Nous devons maintenant reprendre en eux-mêmes, et ainsi leur ensemble, les effets attachés à la tierce opposition. Ils appartiennent à deux périodes bien distinctes : celle qui précède le jugement et celle qui la suit. Nous avons donc à examiner : 1° quels sont les effets de la tierce opposition avant le jugement ; et 2° quels sont les effets du jugement auquel elle a donné lieu.

243. 1° *Effets de la tierce opposition avant le jugement.* — Les effets qui découlent de la tierce opposition, par cela seul qu'elle est recevable, et abstraction faite de son mérite, quant au fond, sont déterminés dans les art. 477 et 478 c. pr.—L'art. 477, prévoyant le cas d'une tierce opposition formée contre une décision produite dans le cours d'une instance, porte : « Le tribunal devant lequel le jugement attaqué aura été produit pourra, suivant les circonstances, passer outre ou surseoir. » L'art. 478, déterminant ensuite les conséquences de la tierce opposition, quant à l'exécution de la décision qui en est frappée, ainsi conçu : « Les jugements passés en forme de chose jugée, portant condamnation à délaisser la possession d'un héritage, seront exécutés contre les parties condamnées, nonobstant la tierce opposition et sans y préjudicier. Dans les autres cas, les juges pourront, suivant les circonstances, suspendre l'exécution du jugement. »

244. M. Boitard explique ainsi la disposition de l'art. 477 : « L'art. 477, n'est que la conséquence de celui qui le précède. Il se réfère également à la tierce opposition incidente, mais spécialement à celle dont il est parlé dans l'art. 476. On suppose que la tierce opposition est formée dans le cours d'un débat, c'est-à-dire qu'elle est incidente, mais que le tribunal devant lequel elle s'élève étant inférieur au tribunal qui avait jugé, la tierce opposition est portée à ce dernier tribunal. On se demande alors ce que deviendra l'instance principale pendant l'instruction sur la tierce opposition. Le tribunal saisi de l'instance principale, et qui n'a pas qualité pour connaître de l'instance incidente, devra-t-il surseoir ou passer outre au jugement de l'instance principale ? Il est clair que c'est là une question de fait à laquelle le législateur ne pouvait pas donner de solution générale. » — Ces observations de Boitard expliquent très-bien quelle a été la pensée du législateur dans l'art. 477. — Si le tribunal saisi de l'instance principale, et qui n'a pas le droit de statuer sur la tierce opposition, reconnaît que le jugement invoqué ne peut pas exercer d'influence sur l'instance principale, il pourra passer outre. Si au contraire le jugement opposé et attaqué par la tierce opposition peut influer sur l'instance dont il est saisi, il devra surseoir à l'examen de cette instance. — Cependant, le juge n'a pas toujours cette faculté de surseoir au jugement de l'instance principale jusqu'à ce qu'il ait été statué sur la tierce opposition dont un tribunal supérieur se trouve saisi. C'est ce qui arrive lorsque l'instance principale a été introduite en exécution de la décision qui se trouve frappée de tierce opposition devant le juge supérieur qui l'a rendue. Dans ce cas, le tribunal, saisi de l'instance principale, ne pourrait, sans suspendre cette exécution, surseoir au jugement d'une demande qui n'est précisément qu'une procédure d'exécution. Or, il n'est pas permis à un tribunal inférieur d'apporter directement ou indirectement obstacle à l'exécution de décisions émanées d'une juridiction supérieure. Jugé, par application de ce principe, que le tribunal de commerce devant lequel le syndic d'une faillite est assigné, pour faire procéder à la convocation des créanciers, en

vertu d'un arrêt qui a annulé le concordat, ne peut surseoir au jugement de la demande jusqu'à ce qu'il ait été statué sur la tierce opposition formée devant la cour contre cet arrêt : un tel sursis équivaudrait à une suspension de l'exécution de l'arrêt, suspension que le tribunal ne peut pas prescrire. — V. Paris, 7 janv. 1812, aff. Ragoulleau, vᵒ Appel civil, nᵒ 852.

245. Dans l'hypothèse prévue par l'art. 477 et dans le cas où le tribunal saisi de la contestation principale aurait passé outre en vertu du pouvoir que la loi lui confère, quel serait le moyen de faire réformer sa décision si, plus tard sur la tierce opposition, il intervenait une décision diamétralement contraire ? — Le remède, dit Bigot-Préameneu (V. *suprà*, p. 355, note, nᵒ 4), est écrit textuellement dans l'art. 504 qui prévoit spécialement le cas de cette contrariété de jugements survenus entre les mêmes parties, devant les tribunaux différents et qui autorise dans ces circonstances le pourvoi en cassation.

246. L'art. 478 c. pr. envisage la tierce opposition comme obstacle à l'exécution du jugement qui en est frappé. Il investit, à cet égard, les juges d'un pouvoir discrétionnaire que la loi leur accorde, en principe, dans le § 2 de cet article, et qu'elle ne leur refuse que dans le cas particulier prévu par le § 1. — Sur quels motifs repose la règle ? Quelle est la portée de l'exception ? — En expliquant l'utilité de la tierce opposition, nous avons fait remarquer (nᵒˢ 10 et suiv.), qu'elle avait, sur l'exception tirée de la maxime *res inter alios judicata*, cet avantage que le tiers opposant pouvait, en principe, obtenir du juge qu'il suspendît l'exécution du jugement attaqué. C'est là un des principaux effets de la tierce opposition. Il est nécessaire de s'y arrêter.

La suspension d'exécution est autorisée par l'art. 478, § 2, c. pr., aussi bien en matière de meubles qu'en matière immobilière, sauf le cas prévu par le § 1. — Elle a une grande importance lorsqu'il s'agit d'effets mobiliers. Par exemple, Pierre a obtenu contre Jacques un jugement qui le déclare propriétaire d'un meuble possédé par ce dernier. Paul prétend que ce meuble lui appartient et voudrait en empêcher la délivrance à Jacques qui, insolvable peut-être, échapperait, s'il le détruisait, à tout recours efficace. Une action principale en revendication ne serait pas un obstacle à l'exécution du jugement obtenu par Pierre. Au contraire, une tierce opposition à ce jugement permettra au juge de suspendre cette exécution jusqu'à la solution de la question de propriété soulevée par le tiers opposant.— La même faculté peut aussi être utilement exercée par le juge en matière immobilière. Ainsi, Jacques a été condamné, sur la poursuite de Pierre, à détruire des arbres situés sur le domaine qu'il possède, comme nuisant à une servitude de vue. Paul, qui se dit propriétaire de ce domaine et veut porter sa prétention en justice, ne pourra faire arrêter l'exécution du jugement, c'est-à-dire empêcher une destruction peut-être irréparable, qu'en formant tierce opposition.

247. L'art. 478, § 1, fait fléchir le pouvoir donné aux juges par le § 2, lorsque la tierce opposition est dirigée contre un jugement portant condamnation au délaissement d'un héritage et passé en force de chose jugée. Le sens de cette disposition doit être recherché avec soin.

L'art. 478 déclare que le jugement dont il est question dans le § 1, sera exécuté contre la partie condamnée, *nonobstant la tierce opposition*, et *sans y préjudicier*. Il semble résulter de là que, dans cette hypothèse spéciale, la tierce opposition ne pouvant pas avoir pour effet d'arrêter l'exécution du jugement, ne reste plus qu'un simple mode de rétractation de ce jugement, de telle sorte que celui auquel l'héritage a été délaissé, ne sera tenu d'en restituer la possession au tiers opposant que si ce dernier prouve le droit de propriété par lui invoqué à l'appui de sa tierce opposition. Cependant, M. Boitard, t. 2, p. 86 et 87, 6ᵉ édit., paraîtrait entendre autrement la disposition dont nous nous occupons. « Secundus, dit-il, a revendiqué contre Primus, mon fermier, un immeuble dont lui Secundus, se prétendait propriétaire. Mon fermier devait me dénoncer la demande en revendication afin que je puisse y défendre ; il n'en a rien fait, il a lui-même soutenu le procès contre Secundus qui a fait reconnaître par le tribunal son prétendu droit de propriété ; en conséquence, Primus est condamné à délaisser l'héritage..., ma tierce opposition ne devra pas arrêter l'exécution; l'immeuble devra être délaissé par Primus et remis à Secundus. Il résulte de cette exécution que moi, qui possédais par Primus, mon fermier, je perds ma position de défendeur dispensé de la preuve, et je me vois dans la nécessité de jouer le rôle de demandeur à la revendication, c'est-à-dire de prendre à ma charge la preuve que je suis propriétaire. Au contraire, par la tierce opposition, je ferai rétracter ou réformer le jugement qui a déclaré Secundus propriétaire à l'égard de Primus; je ferai restituer à Primus, mon fermier, c'est-à-dire à moi-même, la possession de l'immeuble, et j'attendrai dans la position de défendeur la revendication de Secundus à qui incombera la preuve de son prétendu droit de propriété. » — Ce système nous semble être inconciliable avec l'art. 478, § 1, c. pr.

A quoi se réduit-il, en effet? Il revient à dire : 1° que le tiers qui forme tierce opposition à un jugement ordonnant le délaissement d'un héritage dont il soutient être propriétaire, peut, à l'aide de cette seule tierce opposition, et sans qu'il ait à prouver sa propriété, obtenir la rétractation du jugement, et faire réintégrer la partie condamnée dans la possession qu'elle avait livrée à son adversaire ; — 2° Qu'alors, ce dernier devra introduire une nouvelle demande en revendication dans laquelle il sera chargé de la preuve, et qu'il dirigera cette fois contre celui qui lui a enlevé, par la tierce opposition, le bénéfice de son jugement.—Mais comment admettre que l'art. 478 ait défendu aux juges de suspendre l'exécution du jugement frappé de tierce opposition, et les ait cependant autorisés à mettre à néant cette exécution, par cela seul qu'une tierce opposition a lieu, et sans qu'il soit besoin que le tiers opposant en justifie le mérite, quand au fond. Si la loi veut que le jugement puisse être exécuté, malgré la tierce opposition, n'entend-elle pas, à plus forte raison, que l'exécution en soit maintenue, tant que le tiers opposant ne prouvera pas sa propriété. La tierce opposition, même en matière de délaissement d'héritage, ne soulève pas, d'ailleurs, une simple question de possession à résoudre pour fixer ultérieurement au pétitoire les rôles respectifs des parties. Le tiers qui veut se faire restituer sa position de possesseur a la ressource de l'action possessoire avec ses conditions de compétence, de délai et de procédure. Il a été décidé, en effet, que le trouble apporté à la possession légale d'un immeuble peut servir de base à une action possessoire exercée par celui qui proviendrait de l'exécution d'un jugement qui aurait attribué cet immeuble à l'auteur du trouble (Cass. 7 fév. 1849, aff. Lagaillarde, D. P. 49. 1. 209; V. Action possessoire, n° 89). — Mais, si le tiers prend la voie de la tierce opposition, il engage une véritable instance au pétitoire dans laquelle il prend le rôle de demandeur, avec les obligations incombant à cette situation qui, sous ce rapport, ne se distingue pas de celle que lui ferait une action principale en revendication de propriété. — L'opinion que nous réfutons nous paraît donc avoir mis en oubli et les termes de l'art. 478 et le but essentiel de la tierce opposition. Sans doute, le tiers opposant ne trouvera dans la tierce opposition, pour le cas indiqué par le § 1 de cet article, aucun avantage de nature à en compenser les inconvénients; cette considération aurait assurément une grande valeur au point de vue de la théorie générale de la tierce opposition, si la voie de recours établie par l'art. 474 n'avait été imaginée que pour la plus grande utilité des tiers, car la procédure dont il s'agit resterait lettre-morte, partout où elle n'aurait que des dangers. Mais il est loin d'en être ainsi. Nous avons vu que souvent la tierce opposition était la seule voie qui fût ouverte au tiers pour arriver à faire reconnaître en justice des droits auxquels préjudicie un jugement qui lui est étranger (V. n°s 10 et suiv.). C'est pour ces hypothèses que l'art. 478, § 1, recevra son application, ainsi que M. Boitard l'enseigne lui-même t. 2, p. 93, 94.

248. On voit que, d'après la première partie de l'art. 478,

si le jugement ordonnant de délaisser la possession d'un héritage n'était pas passé en force de chose jugée, le tribunal pourrait surseoir à l'exécution; le sursis n'est défendu qu'autant qu'il y a concours des deux circonstances que cet article détermine (Demiau, p. 348; Chauveau-Carré, t. 4, p. 301; Boitard, t. 2, p. 93; Bioche, v° Tierce opposition, n° 96; Favard, t. 5, p. 614). Mais pourquoi le législateur exige-t-il que le jugement soit passé en force de chose jugée? C'est que si la partie condamnée a la faculté de former opposition ou appel, alors la crainte de voir un tiers mis en avant par la partie condamnée pour arrêter l'exécution par une tierce opposition simulée n'existe plus. Tant que la partie condamnée, en effet, a une ressource légale et l'espérance de la réformation du jugement, elle n'a pas d'intérêt à user de fraude.

La disposition de l'art. 478 est conforme à l'ordonnance de 1667, tit. 27, art. 11. Nous avons vu *suprà*, p. 355, note, n° 7, que cette disposition a pris sa source dans la nécessité de réprimer l'abus des tierces oppositions provoquées par ceux qui étaient condamnés à délaisser des héritages, et qui employaient tous les moyens possibles pour parvenir à se soustraire à cet abandon. Mais dans l'ordonnance de 1667 on n'avait prévu que le cas où le jugement condamnait à délaisser la possession d'un héritage, tandis que d'après notre code, le législateur, pour tous les autres cas, donne aux juges la faculté de surseoir. « Tel serait, a dit l'orateur du gouvernement, le cas où le tiers opposant réclamerait la propriété d'un meuble dont la vente aurait été ordonnée par le jugement, tels seraient, en général, ceux où l'exécution serait préjudiciable au tiers opposant. »

249. L'art. 478 est-il applicable lorsque le jugement, au lieu d'être passé en force de chose jugée, est seulement exécutoire par provision?—M. Bioche (*eod.*, n° 97) dit avec raison que l'art. 478 étant exceptionnel dans sa première partie, ne peut recevoir son application que dans le concours des deux circonstances énoncées dans cet article. — Si ces deux circonstances ne se rencontrent pas, c'est le second paragraphe du même article qui est applicable, puisque là dit : *dans les autres cas*. Le juge a donc un pouvoir discrétionnaire, même au cas où l'exécution provisoire est ordonnée, de suspendre ou de maintenir l'exécution du jugement (Conf. M. Chauveau, t. 4, p. 302). — Cependant M. Pigeau (t. 2, p. 69) a émis une opinion contraire. « Il y a même raison de décider, dit-il, que dans le cas où le jugement a l'autorité de la chose jugée. » — Mais nous ne pensons pas qu'il y ait lieu de s'arrêter à son opinion. L'analogie de position dans les deux cas ne suffit pas pour étendre l'exception. Il a été jugé dans notre sens que la tierce opposition à un jugement exécutoire par provision ne fait pas obstacle à ce que, avant d'en examiner le mérite et de surseoir, le tribunal ordonne que le jugement attaqué sera provisoirement exécuté (Rej. 4 fév. 1834, MM. Portalis, pr., Delpit, rap., aff. Abautret C. Audebert).

250. La tierce opposition, avons-nous dit n°s 242 et s., suspend l'exécution du jugement on arrêt attaqué, à l'égard de l'opposant, (Thomine, sur l'art. 478; Bioche, n° 95), mais elle n'annule pas la procédure existante. Il résulte de là que les actes d'instruction, par exemple une enquête ou un rapport d'experts sur lesquels repose le jugement attaqué, peuvent être pris en considération par les juges de la tierce opposition (Favard, t. 5, p. 614; M. Bioche, *eod.*; Chauveau-Carré, n° 1733 *bis*). — Jugé qu'il n'est pas exigé à peine de nullité que le jugement qui, sur une tierce opposition, ordonne une nouvelle expertise, déclare expressément nulle ou insuffisante l'expertise qui a eu lieu dans l'instance à la suite de laquelle a été rendu le jugement attaqué par tierce opposition , ni qu'il autorise les nouveaux experts à demander les renseignements dont ils pourraient avoir besoin aux experts précédemment nommés (Req. 5 avr. 1810) (1).

251. La partie qui, sur une instance en nullité d'une

---

(1) (Prairе C. Milliard et Rubins.) — LA COUR; — Attendu que la cour d'appel ayant reconnu en fait que les héritiers Milliard et Rubins n'avaient été ouïs ni personnellement ni par de légitimes représentants, lors de l'arrêt du 30 germ. an 11, et qu'ils étaient par conséquent recevables dans leur tierce opposition contre la cour d'appel de Lyon n'a commis aucun excès de pouvoirs ni violé l'autorité de la chose jugée; — Attendu, sur le quatrième moyen, qu'après avoir reconnu la

nullité du jugement du 25 therm. an 5, et de tout ce qui l'avait suivi, en recevant les héritiers Milliard et Rubins tiers opposants à l'arrêt du 30 germ. an 11, homologatif du rapport des experts nommés en l'absence et sans le consentement desdits tiers opposants, la cour d'appel de Lyon a dû, en remettant sur les deux appelants et tous les opposants dans la même position où ils étaient avant la consignation et la première estimation, ordonner une nouvelle estimation de la terre de

vente consentie à son profit, s'en est toujours rapportée à justice, est non-recevable à prétendre que les tribunaux auraient dû, sur la tierce opposition formée contre le jugement qui a prononcé la nullité de la vente, statuer formellement sur la question de nullité…, surtout si on lui a réservé tous les droits et actions qu'il pourrait avoir au sujet de la nullité ou de la résiliation de la même vente (Req. 6 fruct. an 10. aff. Darfeuil, V. n° 218).

252. 2° *Effets du jugement rendu sur la tierce opposition.* — Au Traité des Obligations, n°s 1573 et suiv., nous nous sommes occupé des effets de la divisibilité et de l'indivisibilité en matière de procédure, c'est-à-dire par rapport à l'action, aux jugements et aux voies de recours. Nous avons démontré avec la loi et l'autorité des auteurs et de la jurisprudence, que l'action est divisible ou indivisible, selon la divisibilité ou l'indivisibilité du droit auquel elle s'applique. Quant aux jugements et à l'autorité de chose jugée qui en résulte, nous avons établi qu'il y avait lieu à la même distinction. Les jugements rendus en matière divisible n'ont d'autorité qu'entre les personnes, parties au jugement ou représentées. Leurs coïntéressés ne sauraient en souffrir ni s'en prévaloir, c'est pour eux *res inter alios acta* (V. v° Oblig., n° 1578, et Chose jugée, n°s 253 et suiv.). — Ainsi, Le jugement, en matière divisible, n'est rétracté qu'en ce qui concerne le droit et l'intérêt personnel du tiers opposant, et il

conserve tout son effet entre les parties qui y ont concouru (Merlin, Rép., t. 8, p. 820) 1re col.; Favard, t. 5, p. 615; Borriat, p. 447, n° 5; Hautefeuille, p. 286; Chauveau sur Carré, t. 4, p. 303, n° 1773; V. aussi des applications de cette règle v° Pérempt., n° 561 ; Priv. et hyp., n° 1401-3°).— Jugé dans ce sens qu'un tribunal ne peut, sur une tierce opposition formée par un cohéritier à un jugement où il n'a pas été partie, autoriser la mise en cause de ses cohéritiers par son adversaire, et rétracter contre eux tous, au profit de ce dernier, le jugement attaqué, lorsqu'il n'y a pas impossibilité d'exécuter en même temps le premier jugement et le second (Cass. 22 germ. an 6, et sur nouveau pourvoi, Sect. réun. cass. 15 pluv. an 9) (1).

253. Jugé aussi 1° que le possesseur d'une partie de l'immeuble affecté au service d'une rente, qui, ayant été actionné séparément, et ayant exécuté le jugement qui le condamne au payement d'une ou plusieurs années d'arrérages échus, est actionné de nouveau pour les arrérages antérieurs, et a mis en cause les autres possesseurs du même immeuble ses cohéritiers, ne peut pas, sur la tierce opposition de ceux-ci audit jugement, obtenir, par une nouvelle décision qui le rétracte et déclare la rente prescrite, la restitution des sommes qu'il avait payées en vertu du jugement précédent (Cass. 3 juill. 1810) (2);—2° Que la tierce opposition formée par un cohéritier à un arrêt où ont

---

Bothéon ; qu'en prononçant ainsi, elle n'a pas violé l'art. 522 c. pr. civ., qui n'était évidemment point applicable à l'espèce ; — Par ces motifs, rejette.

Du 5 avr. 1810.—C. C., ch. req.—MM. Minier, rap.-Merlin, av. gén., c. conf.

(1) *Espèce :* — (Héritiers Debrie C. veuve Debrie.)—22 mars 1767, don mutuel entre les époux Debrie de tous leurs meubles et de l'usufruit de leurs propres, et des acquêts de communauté. — 1791, testament olographe de Debrie, qui lègue à certains parents ses biens propres, sans préjudice du don mutuel. — 7 mess. an 2, second testament par lequel il lègue à sa femme la moitié de tous les acquêts immeubles réels et fictifs qu'ils avaient faits et feraient ensemble, et les meubles qui se trouveraient dans la maison commune, pour en jouir en toute propriété. — Décès du testateur. — La veuve soutient qu'elle doit prélever la totalité des acquêts, savoir, la moitié comme légataire, et l'autre moitié de son chef. — Les héritiers du mari prétendent que le legs de la moitié des acquêts ne peut se rapporter qu'à la moitié de la portion du testateur, et que par conséquent la veuve Debrie n'a droit qu'aux trois quarts de la totalité. — 23 flor. an 5, sentence arbitrale, en dernier ressort, qui le juge ainsi. — 22 niv. an 4, arrêt de cassation qui la confirme, en rejetant le pourvoi de la veuve Debrie. — Assignation au tribunal de la Meuse, pour procéder au partage conformément à ces décisions. — Tierce opposition formée contre la sentence du 23 flor. an 5, par Gabriel Debrie, qui n'y avait pas été appelé. Il soutient que le testament n'accorde à la veuve Debrie que ce que lui attribue la coutume, c'est-à-dire la moitié seulement des acquêts de communauté. — Sur cette demande, la veuve Debrie met en cause les autres héritiers, conclut à la rétractation de la sentence arbitrale, et demande contre eux tous la totalité des acquêts. — 1er flor. an 4, jugement qui la déboute. — Appel. — Jugement infirmatif qui « reçoit Gabriel Debrie tiers opposant, rapporte le jugement arbitral, remet toutes les parties au même état où elles étaient avant qu'il fût rendu, et faisant droit au fond, adjuge à la veuve la totalité des acquêts. »

Pourvoi par les héritiers Debrie pour violation de la chose jugée, et de l'art. tit. 35, ord. de 1667. — Arrêt (ap. délib.).

La Cour.— Vu l'art. 5, tit. 27 ord. 1667 ; — Considérant que le tribunal d'arbitres qui a rendu le jugement du 25 flor. an 5 a été formé en exécution de la loi du 17 niv. an 2 ; qu'il était conséquemment en dernier ressort ; que la veuve Debrie a été déboutée, par jugement du 22 niv. an 4, de la demande en cassation qu'elle avait formée ; d'où il suit que le jugement arbitral ne pouvait plus être attaqué ni par cette veuve, ni par les demandeurs qui y avaient été parties ; — Que la tierce opposition formée par Gabriel Debrie, l'un des héritiers, contre le jugement arbitral, n'a pas pu remettre en jugement la question vis-à-vis des demandeurs, qui, loin d'avoir réclamé, poursuivaient au contraire l'exécution du premier jugement, mais simplement le tiers opposant, d'une part, et la veuve Debrie, d'autre part ; — Que le tribunal de la Meurthe ayant, sur la tierce opposition, rapporté le jugement arbitral du 25 flor. an 5, même à l'égard des demandeurs, qui l'avaient respecté, a, par ce moyen, porté atteinte à la chose jugée, et qu'il a contrevenu aux lois précitées ; — Casse, etc.

Du 22 germ. an 6.—C. C., sect. civ.-M. Chasle, rap.

Sur le renvoi prononcé par cet arrêt devant le tribunal de la Moselle, jugement du 3 flor. an 7, conforme au jugement cassé.

Nouveau pourvoi par les héritiers Debrie. — La défenderesse y ré-

pondait que la tierce opposition devait rétracter entièrement et absolument le jugement qui en était l'objet ; que ce jugement ne pouvait pas être maintenu à l'égard d'une partie et rétracté à l'égard d'une autre ; que la volonté d'un testateur était indivisible ; qu'il serait absurde de laisser subsister deux décisions contradictoires sur l'interprétation de cette volonté ; que, du reste, la décision attaquée ne violait aucun texte de loi. — Arrêt.

La Cour ; — Vu l'art. 27, ord. 1667 ; — Attendu que l'objet général de toute espèce d'action ne peut être que de faire déclarer le droit personnel de celui qui l'exerce ; — D'où il suit que si l'effet d'une tierce opposition jugée valable est de faire prononcer la rétractation du jugement attaqué par cette voie, ce ne peut être qu'à l'égard, au profit et en ce qui concerne l'intérêt personnel de l'opposant ; — Que l'on ne peut s'écarter de ce principe que lorsque le seul cas où il y a impossibilité d'exécuter le premier jugement et le second ; — Que, dans l'espèce dont il s'agit, il n'y aurait eu aucune impossibilité d'exécuter les deux jugements, même dans le cas où la tierce opposition aurait réussi au rescisoire, puisque la veuve Debrie aurait été fondée à soutenir que le bénéfice de la rétractation ordonnée à son profit seul était de lui donner sa part dans la moitié des acquêts, au lieu du quart seulement accordé par le jugement arbitral, sans que ses autres cohéritiers eussent pu s'en prévaloir ; que conséquemment la veuve Debrie n'ayant couru que les forts risque, dans le cas où la tierce opposition aurait été admise au rescisoire, le jugement attaqué n'a pu, en la rejetant ordonner à plus forte raison la rétractation de ce jugement arbitral vis-à-vis des autres cohéritiers du tiers opposant, sans violer ouvertement le principe de l'autorité de la chose jugée, établi par les lois romaines et consacré par l'art. 25, tit. 27, ord. 1667 ; — Casse.

Du 15 pluv. an 9.-C. C., sect. réun.-MM. Blanchet, pr.-Pajon, r.

(2) *Espèce :* — (Domaines C. Louis Labbaye.) — Le domaine de la Forge était grevé d'une rente de 75 boisseaux d'avoine au profit de Jouvre. L'émigration du créancier ayant fait confisquer ses biens, une contrainte fut décernée au nom de la nation contre Louis Labbaye, possesseur d'une partie du domaine, pour 500 fr. d'arrérages. — Sur l'opposition, Louis Labbaye a soutenu la rente prescrite. — 15 prair. an 7, jugement du tribunal de Niort qui rejette l'exception. — Ce jugement est exécuté par le payement des 500 fr. réclamés. — Quelques jours après, nouvelle contrainte fut décernée contre Louis Labbaye en payement de 4,655 fr., montant de vingt-cinq années d'arrérages de la même rente. — Opposition et dénonciation de la contrainte aux enfants de Jacques Labbaye, possesseurs d'une autre partie du domaine de la Forge. — Intervention de ceux-ci : tierce opposition au jugement du 15 prair. an 7 ; exception tirée de la prescription. — 12 nov. 1806, jugement du tribunal de Parthenay qui rejette l'exception. — Appel. — 27 juill. 1808, arrêt infirmatif de la cour de Poitiers, qui ordonne même la restitution des 500 fr. payés en vertu du jugement précité ; — « Attendu que la condition de l'un ne pouvait être différente de celle des autres ; que la cause de tous était la même ; que la question de savoir si la rente est encore due, et indivisible entre tous les codébiteurs ; que, dans les choses indivisibles, la tierce opposition formée par un coïntéressé doit, si elle est admise, profiter à la partie condamnée par le jugement ainsi rétracté. » — Pourvoi des domaines pour violation de la chose jugée. — Arrêt.

La Cour ; — Vu l'art. 5, tit. 27, ordon. 1667, et les art. 460, 475 et 478 c. pr. ; — Et considérant que le jugement rendu par le tribunal

figuré ses cohéritiers, et où il n'a pas été valablement appelé, ne profite pas à ses cohéritiers, à moins qu'il n'y ait impossibilité absolue d'exécuter l'arrêt attaqué en même temps que celui rendu sur la tierce opposition (Cass. 26 août 1811) (1); — 3° Qu'on ne peut, sur la tierce opposition formée par des cohéritiers, rétracter ce jugement à l'égard de ces derniers, si la matière est divisible (Cass. 12 janv. 1814, aff. Vigny, V. n° 47-1°). — Décidé, toutefois, que lorsqu'un arrêt qui a rejeté d'un ordre un héritier, pour défaut de justification de la créance de son auteur, est attaqué par tierce opposition de la part de ses cohéritiers, il peut être rétracté, si ceux-ci font la justification exigée (Caen 8 mai 1827, aff. Luet, V. n° 51).

254. A la différence des jugements rendus en matière divisible, les jugements rendus en matière indivisible ont l'autorité de la chose jugée à l'égard de tous les coïntéressés. En effet, il est impossible dans ce cas de dire qu'ils ont été rendus *inter alios acta*, et que la chose, objet du litige, ne soit pas la même (V. Oblig., n° 1578, et ci-dessus n° 130). — De là il suit que le jugement rendu en faveur de l'un des créanciers profite à ces coïntéressés, qui n'ont pas figuré dans l'instance. — Le même principe s'applique aux débiteurs.

Il semble résulter de là, si l'on ne consulte que la logique, que la tierce opposition ne peut être recevable de la part des coïntéressés qui ne figuraient pas en leur nom personnel au jugement, puisqu'ils y étaient représentés par leur cocréancier ou leur codébiteur. — Cependant nous avons prouvé avec l'autorité de Pothier et des auteurs modernes (V. v° Obligat., *eod.*, et ci-dessus n° 130), que par une exception qu'une haute équité réclamait, il a été admis que lorsque le jugement est défavorable aux coïntéressés, ils ont alors le droit de former tierce opposition sans qu'il soit nécessaire de prouver qu'il y a fraude (Conf. rej. 19 déc. 1832, aff. Heilmann, V. Chose jugée, n° 369, et ci-dessus n° 130).

255. C'est par le même principe d'équité qu'il a été décidé que le jugement annulé à l'égard d'une partie sur sa tierce opposition, doit être annulé à l'égard des autres parties si la matière est indivisible, et, par exemple, s'il s'agit de l'annulation d'une obligation qui ne peut subsister pour l'une et être annulée dans

l'intérêt de l'autre (Req. 6 fruct. an 10, aff. Darfeuil, V. n° 218; Conf. M. Carré sur l'art. 478). — Cet auteur dit : « Le jugement qui admet la tierce opposition ne doit en général rétracter le premier jugement qu'en ce qui concerne le droit et l'intérêt personnel de l'opposant; mais cette règle reçoit exception lorsque l'objet de la première contestation est indivisible; par exemple, lorsqu'il s'agit de servitude, lorsqu'il y a impossibilité absolue d'exécuter le premier et le second jugement : alors il faut bien que le premier soit rétracté à l'égard de toutes les parties. — Au contraire, M. Chauveau sur Carré, t. 4, p. 304, qui n'admet pas d'application possible de la doctrine de M. Carré en cas d'indivisibilité, ajoute : « Nous ne voyons pas l'indivisibilité légale, dans le cas où, pour une vente, pour un ordre, la plainte d'un acquéreur ou d'un créancier fait tomber plusieurs ventes successives, ou un ordre tout entier. Ce n'est pas l'application des principes de l'indivisibilité qui produit ce résultat; c'est que par rapport à celui qui obtient gain de cause, toutes les autres parties étaient des adversaires, et que tout ce qu'elles ont fait juger entre elles ne pourrait pas lui être opposé; car s'il y avait indivisibilité d'intérêt, les principes s'opposeraient à toute rétractation de la part d'une partie liée d'avance par la condamnation obtenue contre son collègue ou son coïntéressé. *Dura lex sed scripta.* » — Ces observations de M. Chauveau sont graves, mais ne détruisent pas, quant à leur application, les principes que nous avons posés ci-dessus, n° 130). —En Bretagne (V. Duparc-Poullain, princip. f. 10), il était permis à la partie condamnée, dans le cas où l'arrêt était rétracté par la tierce opposition, de présenter requête en déclaration d'arrêt commun, de telle sorte que l'arrêt rétracté à l'égard de l'opposant l'était également pour la partie d'abord condamnée avec l'opposant.

256. Lorsque des droits d'usage sont prétendus par une commune sur des propriétés forestières divisibles, et même divisées entre divers propriétaires depuis l'établissement de cette servitude, il n'y a pas indivisibilité telle dans l'action de la commune, que si, la tierce opposition au jugement qui reconnaît l'existence des droits d'usage, est recevable, dans l'intérêt de l'un des défendeurs qui n'y a pas été partie, cette tierce opposition doive pro-

civil du département des Deux-Sèvres, le 13 prair. an 7, avait autorisé les préposés de la régie à exécuter contre Louis Labbaye la contrainte décernée par le directeur des domaines, le 19 vent. précédent; que l'exécution de ce jugement et de cette contrainte, Louis Labbaye paya à la régie la somme de 500 fr. pour arrérages de rente à lui demandés, et en outre les frais et accessoires; que le susdit jugement du 15 prair. an 7, en exécution duquel a été fait ledit payement, n'ayant été attaqué, de la part de Louis Labbaye, par aucune des voies légales qui auraient pu la faire rétracter dans l'intérêt de Louis Labbaye, ce jugement avait acquis, à son égard, toute l'autorité de la chose jugée;

Considérant que la tierce opposition formée par les autres cotenanciers de la terre de la Forge, ne pouvait profiter à Louis Labbaye, puisque cette voie de recours lui était interdite contre un jugement dans lequel il a été partie; et qu'en admettant, même avec la cour d'appel, que le point de savoir si la rente dont il s'agit était due ou non fût une question indivisible entre tous les cotenanciers de la terre de la Forge, cette prétendue indivisibilité n'aurait pu s'entendre des arrérages échus et demandés à Louis Labbaye seul; la tierce opposition de ses cotenanciers ne lui aurait pu profiter, dans ce système, que pour des choses vraiment indivisibles: mais l'en ne saurait qualifier ainsi les arrérages de rente à raison desquels Louis Labbaye fut contraint et exécuté, en vertu du jugement du 15 prair. an 7; — Ainsi, et dans toutes les hypothèses, il est évident que la cour d'appel aurait contrevenu aux lois précitées, lorsque, faisant profiter Louis Labbaye des avantages d'une tierce opposition qui ne lui compétait pas, elle a condamné la régie à restituer à Louis Labbaye, soit le principal de 500 fr., soit les frais et accessoires que le débiteur avait payés en exécution d'un jugement qui avait acquis à son égard toute l'autorité de la chose jugée; — Casse.

Du 3 juill. 1810.-C. C., sect. civ.-MM. Liboret, pr.-Genevois, rap.-Daniels, av. gén., c. conf.

(1) *Espèce :* - (Larivière C. les enfants Bertrand Raynaud.) — La succession du sieur Bertrand donna lieu à de longs débats entre les diverses branches de ses descendants. — En 1791, le sieur Larivière, mari et cessionnaire des droits de l'une des filles de Bertrand l'aîné, assigna les enfants de Bertrand Raynaud, fils cadet, en délaissement d'un domaine qui avait été cédé à leur père pour le remplir de ses droits successifs. — La demande est formée personnellement contre celui de ces enfants qui en majeur; personnellement aussi contre les pubères

mais sous l'assistance de leur mère et tutrice; et dans la personne de celle-ci contre les impubères. — 31 août 1792, jugement du tribunal de Brives qui ordonne que le domaine en question sera partagé, et que les droits de Bertrand Raynaud seront fixés d'après un partage amiable qui aura eu lieu entre les héritiers Raynaud avant l'acte de cession de cet immeuble. — Ce jugement acquiert la force de chose jugée; — L'an 6, tierce opposition y est formée par les enfants de Bertrand Raynaud, qui y étaient défendeurs, et sur ce motif que leur sœur Gabrielle, encore impubère au moment de la demande, est devenue pubère avant le jugement, et que par conséquent elle n'a pas été régulièrement condamnée, l'instance ayant été reprise avec elle : ils soutiennent que la tierce opposition de leur sœur doit leur profiter, attendu qu'il s'agit d'une chose indivisible. — 7 fruct. an 11, arrêt de Limoges, qui reçoit la tierce opposition au profit de tous les enfants Bertrand Raynaud : — « Attendu que le privilège de la minorité cesse d'être personnel et profite aux cohéritiers du mineur, toutes les fois qu'il s'agit de choses indivisibles; et que c'est ici le cas de l'exception, puisque rien n'est moins susceptible de division que la cause du jugé : *Causa judicati individua.* » — Pourvoi par Larivière. — Arrêt.

La cour; — Vu les art. 5 et 11, tit. 27, ordon. 1667 ; — Attendu que le jugement du tribunal de Brives, du 31 août 1792, avait acquis la force de la chose jugée envers les enfants et héritiers de Jean-Bertrand Raynaud autres que Gabrielle, régulièrement assignés et condamnés par ce jugement, contre lequel ils ne s'étaient pas pourvus ; — Que si la tierce opposition de Gabrielle Bertrand Raynaud était recevable à raison de la circonstance particulière dans laquelle elle se trouvait placée, le bénéfice de cette opposition ne pouvait profiter qu'à elle dans son intérêt personnel; que l'on ne peut s'écarter de cette règle que dans le seul cas où il y a impossibilité absolue d'exécuter le premier et le second jugement ; — Que dès lors, en décidant que la tierce opposition de Gabrielle devait profiter à ses cohéritiers, la cour de Limoges a violé les articles de l'ordonnance précités, et l'autorité de la chose jugée à l'égard desdits cohéritiers, puisque rien n'est si facile que de procéder au partage dont il s'agit au profit, d'après les divers modes que les différents jugements qui sont intervenus ont établis pour les divers intéressés; — Par ces motifs, casse la disposition de l'arrêt de la cour d'appel de Limoges, du 7 fruct. an 11, concernant les héritiers de Jean-Bertrand Raynaud autres que Gabrielle....

Du 26 août 1811.-C. C., sect. civ.-M. Guieu, rap.

ôter à tous ses codéfendeurs ; pour qu'elle dût profiter à ceux-ci, il faudrait que l'objet du litige fût tellement indivisible, que l'exécution du jugement fût incompatible avec le résultat de la tierce opposition (Cass. 8 avr. 1829) (1).

257. Un des effets de la tierce opposition est la condamnation à une amende prononcée contre celui qui succombe dans son action. — L'art. 479 porte : « La partie dont la tierce opposition sera rejetée sera condamnée à une amende qui ne pourra être moindre de 50 fr. sans préjudice des dommages et intérêts de la partie, s'il y a lieu. » — Le législateur montre par cette disposition pénale qu'il ne veut pas qu'on puisse facilement et légèrement former tierce opposition à un jugement. Cette peine renferme en outre un avertissement donné au plaideur téméraire.

258. L'amende est prononcée, soit que la tierce opposition ait été rejetée comme mal fondée, soit qu'elle l'ait été comme non recevable ; le code ne distingue pas, à la différence de l'art. 10, tit. 27 de l'ord. de 1667, qui ne prononçait l'amende que contre celui qui était débouté (Pigeau, t. 1, p. 787; Carré,

art. 478 ; Bioche, n° 105; Chauveau, i 4, n° 1735). — Jugé dans ce sens que l'amende encourue par la partie dont la tierce opposition est rejetée, doit être prononcée non-seulement au cas où cette tierce opposition est rejetée comme non recevable, mais encore lorsqu'elle est déclarée mal fondée (Cass. 17 juill. 1849, aff. Doré, D. P. 50. 1. 131).—M. Berriat, p. 444, note 7, excepte le cas où la tierce opposition est rejetée pour incompétence.

259. L'amende n'est pas applicable au cas où la tierce opposition est jugée inutile, en tant qu'elle porte sur un jugement par défaut non exécuté dans les six mois de son obtention, lorsque le défaut d'exécution a été ignoré du tiers opposant (Paris, 26 janv. 1810) (2).

260. L'amende ne doit pas être moindre de 50 fr., mais, dit Merlin, Rép., eod. v°, § 5, n° 2, elle peut excéder cette somme (Conf. Favard, t. 5, p. 516, 240; Mine, p. 730; Bioche, eod., n° 107). MM. Carré, n° 1734; Hautefeuille, p. 86, sont d'un avis contraire. Nous sommes de cet avis avec Boitard, t. 2, n° 727, qui a soutenu que l'amende ne doit être ni au-dessus ni au-des-

(1) *Espèce :* — (Com. de Sornay C. Deslandes, etc.) — La commune de Sornay réclamait un droit d'usage dans des bois détenus par les deux frères Viennot, la commune d'Hugier et le sieur Devault. — L'assignation était, à ce qu'il paraît, irrégulière à l'égard du sieur Viennot. — Néanmoins, l'un d'eux, Pierre-Antoine, se présente avec la commune l'Hugier et Devault. — An 2, sentence arbitrale qui reconnaît le droit d'usage réclamé et ordonne une expertise à fin de cantonnement. — En 1822, la commune de Sornay y donne suite ; elle assigne en nomination d'experts la dame Delandes, représentant de Devault, la commune d'Hugier et Pierre-Antoine Viennot. — Ceux-ci soutiennent d'abord que la sentence de l'an 2 est nulle pour vice de forme : subsidiairement, ils déclarent y former tierce opposition, soutenant que l'un des frères Viennot, auquel appartenait pour partie les bois sur lesquels l'usage était réclamé, n'ayant pas, par suite de l'assignation irrégulière donnée aux deux frères, figuré dans la sentence arbitrale, laquelle ne fait point mention de lui, a le droit d'y former tierce opposition, et que ce droit doit profiter à tous les cointéressés, à cause de l'indivisibilité, à l'égard de tous, de l'objet de la demande. — La commune de Sornay répond, qu'en supposant que la tierce opposition fût permise à l'un des frères Viennot, lui seul aurait le droit de la former et d'en profiter ; que la matière n'est pas du tout indivisible.

14 av. 1826, arrêt de la cour de Besançon, qui accueille la tierce opposition : « Attendu que, d'après les dispositions de l'ordon. de 1667, comme d'après celle des lois qui le précédèrent et la suivirent, le bénéfice de la tierce opposition n'est point exclusivement limité à ceux qui auraient le droit de la former ; qu'il devient commun à toutes les autres parties, même à celles avec qui fut contradictoirement rendu le jugement attaqué ; — Que le point de droit, constant de cette doctrine, se trouve rapporté par M. Merlin dans ses Questions de droit, v° Opposition tierce, 1re édition, p. 495 ; qu'il a été reconnu, dans un arrêt de la cour de cassation du 6 fruct. an 10, rapporté par cet auteur eod. ; - Qu'il est constant, en fait, que les droits revendiqués sont, par leur nature, indivisibles ; qu'ils ne peuvent être exercés à l'égard de l'un des appelants sans l'être à l'égard de tous ; — Que l'action sur laquelle prononça la sentence de l'an 2, fut ouverte contre les appelants ; que, parmi eux, figuraient les frères Viennot ; qu'ils ne reçurent qu'une seule copie... ; que cette omission ne fut point réparée depuis ; qu'elle n'a point été couverte par la comparution devant les arbitres ou par un acquiescement quelconque ; que l'un des sieurs Viennot étant recevable à former tierce opposition à cette sentence, les autres appelants, à raison de l'indivisibilité de leurs droits, le deviennent également ; que du moins elle leur profite, et produit à leur égard, les mêmes effets que relativement à lui... »

Pourvoi de la commune de Sornay, pour fausse application de l'art. 2, tit. 55 de l'ord. de 1667 ; violation de cet article, de l'art. 5, tit. 5 de la même ordonnance, et des art. 474 et 175 c. pr. La tierce opposition, a-t-elle dit, n'est permise qu'à ceux qui n'ont été ni parties, ni appelés aux jugements ou arrêts qu'ils attaquent par cette voie. Or la commune d'Hugier, le sieur Devault, Pierre-Antoine Viennot, ont été parties dans la sentence arbitrale, puisqu'elle fut rendue contradictoirement avec eux. De leur chef donc , la tierce opposition à cette sentence n'était pas permise. — Il est vrai que, s'il y avait indivisibilité dans l'objet de la demande, la tierce opposition étant admise à l'égard des personnes non appelées, pourrait profiter aux personnes appelées ; mais il faudrait que l'on eût réellement indivisibilité, et ce n'est pas le cas de l'espèce : rien de plus divisible que les droits réclamés dans la commune de Sornay ; rien de plus facile que de distraire de la masse des huit cantons du bois sur lesquels est assis le droit d'usage dont il s'agit, ce qui en appartiendrait au frère de Pierre-Antoine Viennot. — Arrêt (après délib. en ch. du cons.).

La cour ; — ...Attendu que si la loi accorde à celui qui n'a pas été partie ou dûment appelé dans un jugement , le droit d'y former tierce opposition , cette tierce opposition ne peut profiter aux parties qui ont figuré dans ce jugement, qu'autant que l'objet du litige est tellement indivisible, que l'exécution du jugement attaqué est absolument incompatible avec le résultat de la tierce opposition ; — Que, dans l'espèce, les droits d'usage dont est question étaient divisibles, puisqu'ils étaient prétendus par différentes communes sur des propriétés naturellement divisibles, et par le fait, divisées entre plusieurs acquéreurs depuis l'établissement de la servitude ; — Que, s'il suit de là , que la tierce opposition formée par les demoiselles Viennot, comme héritières d'une partie non appelée, n'a pu profiter aux autres parties qui ont figuré dans cette sentence, et qu'en la rendant commune à celles-ci, l'arrêt viole formellement les articles de l'ord. de 1667, et du code de procédure ci-dessus cités ; — Casse, etc.

Du 8 avril 1829.-C. C. civ.-M. Boyer, f. f. de prés.-MM. Cassaigne, rap.-Cahier, av. gén., c. conf.-Odilon-Barrot et Nicod, av

(2) *Espèce :* — (Amory et Monnet C. Havard.) — On prétendait dans l'espèce que, si l'art. 479, c. pr., veut que celui qui succombe dans sa tierce opposition soit condamné à une amende qui ne peut être moindre de 50 fr., cet article ne devait s'entendre que de celui qui a pu savoir que son opposition était mal fondée. — Ce sont, disait-on, les coupables que la loi a voulu atteindre ; ce sont ceux qui témérairement formant des oppositions aux jugements rendus par les tribunaux , qu'elle a voulu punir ; elle a voulu intimider, par les peines qu'elle prononce, ceux qui, n'écoutant que leur génie processif, seraient tentés de renouveler des difficultés irrévocablement terminées ; mais il n'est jamais entré dans les desseins d'envelopper l'innocent avec le coupable, et de les confondre dans la châtiment commun. — Or, s'il peut se présenter un cas où celui qui forme opposition n'ait pas pu prévoir que son opposition étant mal fondée, s'il se trouve dans une circonstance telle que les faits qui la rendent non-recevable n'ont pu lui être connus, il ne peut mériter aucune peine. C'est ce qui est arrivé dans l'espèce : on se prévalait contre nous d'un jugement par défaut ; mais nous ignorions si ce jugement avait été ou non signifié, s'il avait été mis à exécution, et surtout si cette exécution avait été poursuivie dans les six mois. Impossible donc de deviner que ce jugement dût être regardé comme non avenu, puisque les faits qui le rendaient tel nous étaient étrangers ; donc notre tierce opposition était régulière, et le rejet ne pouvait entraîner contre nous aucune peine. — Arrêt.

La cour ; — En ce qui touche les appels interjetés par Amory et Monnet du jugement rendu par le tribunal civil de Corbeil, le 22 mars 1809, aux chefs qui ont déclaré les tierces oppositions non-recevables, et condamné lesdits Amory et Monnet au 50 fr. d'amende, au profit du trésor public, et au quart des dépens, dont ils supporteront chacun moitié. — A mis et met les appellations et ce dont est appel au néant ; — Émendant quant à ce, — Décharge lesdits Amory et Monnet des condamnations contre eux prononcées ; — Faisant droit au principal ; — Considérant que lesdits Amory et Monnet étaient étrangers au jugement du 12 mars 1807, ne pouvaient connaître s'il avait reçu ou non son exécution dans un délai utile , que les tierces oppositions étaient régulières et ne pouvaient entraîner aucuns dépens contre les tiers opposants ; — Considérant que ledit jugement, du 12 mars 1807, n'a pas reçu son exécution dans un temps utile ; — Déclare ledit jugement nul et comme non avenu ; — En les parties hors de cause sur leurs tierces oppositions ; — Ordonne la restitution des amendes consignées sur les appels incidents ; — Condamne Havard père et sa femme en tous dépens.

Du 26 janv. 1810.-C. de Paris 1re sect.-M. Cottu, subst.

54

sous de 50 fr., comme en matière de pourvoi devant la cour de cassation. Elle est invariablement de 50 fr. L'esprit général de notre législation moderne repousse l'idée d'une amende arbitraire. Cette grande et incontestable vérité doit dominer, ce nous semble, l'interprétation du texte de la loi dont la rédaction défectueuse ne peut s'expliquer que par une inadvertance du législateur.

261. L'ord. de 1667 condamnait l'opposant débouté de sa tierce opposition à une amende de 150 fr., s'il s'agissait d'un arrêt, et de 75 fr. s'il s'agissait d'une sentence; le tout applicable, moitié au profit du domaine, et moitié au profit de la partie. — Le code de procédure n'a pas renouvelé, comme on l'a vu, ces distinctions (Bioche, *eod.*, n° 106).

262. L'amende peut-elle être exigée si elle n'a pas été prononcée? Merlin (*eod.*) se décide pour la négative, parce que le taux n'en est plus déterminé par la loi, comme dans l'ordonnance. La loi en a seulement fixé le minimum à 50 fr. — Nous pensons que si les magistrats omettaient de statuer à cet égard, l'amende ne pourrait être réclamée *ipso jure* et sans condamnation. La loi dit : « La partie *sera condamnée* » (Conf. MM. Thomine-Desmazures, t. 1, p. 730 ; Chauveau, t. 4, p. 305). Mais cela n'autorise pas les juges à ne pas prononcer la condamnation. L'art. 1029 c. pr. dispose qu'aucune des peines prononcées par le code ne peut être comminatoire.

CHAP. 3. — DE LA TIERCE OPPOSITION EN MATIÈRE ADMINISTRATIVE.

263. En règle générale, la voie de la tierce opposition est ouverte devant les tribunaux administratifs comme devant les tribunaux ordinaires en faveur des parties qui n'ont été ni appelées ni entendues, lorsqu'elles éprouvent un préjudice de la décision rendue.—Nous allons rechercher, comme nous l'avons fait en matière civile, quels sont les arrêtés, ordonnances et décrets susceptibles de tierce opposition, sous quelles conditions et à quelles personnes cette voie de recours est ouverte; nous exposerons ensuite les règles de procédure et de compétence applicables en cette matière.

SECT. 1. — *Des arrêtés, ordonnances et décrets susceptibles de tierce opposition.*

264. 1° C'est un point incontesté que la tierce opposition est admise contre les arrêtés des *conseils de préfecture* (Cons. d'Et. 27 mai 1816, aff. Ginoux *C.* Courbec ; 13 juin 1821, M. de Maleville, rap., aff. com. de Nancy *C.* Douville ; 8 mai 1822, aff. Falgas, V. n° 273-2° ; 10 janv. 1827, M. de Rozière, rap., aff. commune Petit-Quevilley *C.* Rabardy ; 23 mars 1830, M. Sauvaire-Barthélémy, rap., aff. Gaujour *C.* Audebal ; 20 fév. 1835, aff. Wins, V. Commune, n° 2313 ; 17 mars 1835, aff. Laroche, V. Commune, n° 2296 ; 4 nov. 1835, M. Brian, rap., aff. Miroird *C.* Dupuy ; 8 janv. 1836, M. Brian, rap., aff. Prudhomme, V. Jugement par défaut, n° 305 ; 24 avr. 1837, min. des trav. publ. *C.* comm. de Nonant, V. Trav. publics ;—Conf. MM. de Cormenin, t. 1, p. 197; Foucart, t. 3, n° 1943, 4° édit; Macarel, t. 1, p. 23, n° 45 ; Cotelle, t. 1, p. 179, n° 6 ; Serrigny, t. 2, p. 289, n° 935 ; Dufour, t. 1, p. 140, n° 157 ; Chauveau, Code d'inst. adm., p. 559).—Néanmoins, il a été décidé que les arrêtés des conseils de préfecture rendus en matière d'élections communales, ne sont pas susceptibles de tierce opposition (cons. d'Et. 18 juill. 1838 (1) ; 2 nov. 1852, M. Méchin, rap., aff. Bouin-Beaupré ; 17 janv. 1833, M. Ferri-Pisani, rap., aff. élections de Marseille ; 29 juin 1832, M. Chairet-Durieu, rap., aff. élections de Berniers, et aff. élections d'Entrecasteaux ; 6 mai 1836,

MM. du Martroy, rap., aff. Moutte. — Conf. MM. de Cormenin, Droit admin., v° Elections municipales, t. 2, p. 126; Foucart, t. 1, n° 589, 4° édit.) — Cette solution s'appuie sur l'art. 52, § 1, de la loi du 21 mars 1831, aux termes duquel les réclamations des membres de l'assemblée électorale qui ont pour objet de faire annuler les élections d'une assemblée communale doivent être déposées à la mairie dans les cinq jours et jugées dans le mois par le conseil de préfecture (V. du reste sur ce point, v° Organ.).

265. 2° Les décisions contentieuses des *préfets* sont susceptibles de tierce opposition. M. Chauveau (Code d'inst. admin.) fait observer que la jurisprudence ne paraît pas s'être fixée à cet égard ; puis il ajoute avec raison que, « dans les cas où les préfets sont investis d'une juridiction contentieuse, ils rendent de véritables décisions auxquelles il faut appliquer les règles ordinaires (V. v° Compétence administrative, n° 502 et suiv.; V. aussi M. Foucart, 4° édit., t. 3, n° 1949). — La même règle est applicable aux décisions contentieuses des *sous-préfets* et des *maires*.

266. 3° La tierce opposition a été aussi déclarée admissible contre les décisions des *ministres* rendues en matière contentieuse (V. cons. d'Et. 26 fév. 1817, aff. Tabaret, v° Frais et dépens, n° 1209-7°. — Conf. MM. de Cormenin, t. 1, p. 185; Serrigny, t. 2, p. 343, n° 991 ; Chevalier, t. 2, p. 567; Foucart, 4° édit., t. 3, n° 1957, 489 et suiv.

267. 4° A l'égard des décisions du *conseil d'Etat*, il résulte du décret du 22 juill. 1806, art. 37, que toute personne qui n'a été ni appelée ni entendue a le droit de former tierce opposition aux ordonnances rendues en matière contentieuse et qui lui portent préjudice. Ce droit a été reconnu par plusieurs ordonnances du conseil d'Etat (V. notamment, cons. d'Et. 29 mai 1822, aff. entreprise des coches *C.* la ville de Paris; 10 janv. 1827, aff. Gomari, V. n° 280-4°; 16 déc. 1830, aff. Barbaste *C.* faillite Mussart; 23 nov. 1832, aff. Briquet, V. Commune, n° 2264 ; 9 mars 1836, M. Moutard, rap., aff. Derly ; 21 fév. 1845, aff. Giraud, D. P. 45. 3. 126) ; — Spécialement, un décret rendu par le conseil d'Etat, en matière d'appel comme d'abus, peut être attaqué par tierce opposition (V. Culte, n° 230); — Il en est de même des décisions rendues en matière de conflit (V. Conflit, n° 229), de prises maritimes (V. ce mot, n° 295); — Au contraire, la tierce opposition n'est pas admissible contre les décisions du conseil d'Etat rendues au cas de mise en jugement des fonctionnaires publics (V. *infrà*, n° 307).

268. 5° La tierce opposition n'est pas admise devant la *cour des comptes*, cette cour étant incompétente à l'égard des tiers qui se prétendent lésés par les opérations d'un comptable. —V. Cour des comptes, n° 37, 49, et *infrà*, n° 307.

269. 6° Bien que les décisions rendues par le souverain, en son conseil d'Etat, et en matière contentieuse, puissent être attaquées par la voie de la tierce opposition, les ordonnances qui sont de pure administration publique n'en sont point susceptibles (V. Compét. admin., n° 21). Seulement, lorsqu'il en est fait une fausse application au préjudice des tiers, ils doivent d'abord s'adresser au ministre que la matière concerne avant de se pourvoir au conseil d'Etat. Ainsi, les donataires d'inscriptions sur le mont de Milan réunis en société en 1810, société supprimée en 1815 par une décision ordonnant aux administrateurs de déposer, entre les mains du commissaire délégué par le ministre, les registres des caisses et certificats d'inscriptions, doivent, lorsque ces inscriptions leur sont refusées par le commissaire, d'après cette ordonnance, afin de se faire payer des souverains désormais obligés au payement de ces inscriptions, se pourvoir devant le ministre, avant de le faire devant le conseil d'Etat (cons. d'Et. 22 oct. 1817) (2).

---

(1) (Elections de Lixignan (Hautes-Pyrénées.) — Louis - Philippe, etc.; — Vu la loi du 21 mars 1831 ; — Considérant que, aux termes du § 1er de l'art. 52 de la loi ci-dessus visée, les réclamations qui ont pour objet de faire annuler les élections d'une assemblée communale, doivent être déposées dans le délai de cinq jours, à compter de l'élection au secrétariat de la mairie et jugées dans le délai d'un mois par le conseil de préfecture; — D'où il suit que les défenses auxdites réclamations doivent être présentées immédiatement, et que les décisions rendues par le conseil de préfecture, en cette matière, ne

sont pas susceptibles de tierce opposition ; — Qu'ainsi le conseil de préfecture des Hautes-Pyrénées n'a pas pu, sur la tierce opposition des sieurs Casenave et consorts, réformer son arrêté du 24 juillet 1837 ;— Annule l'arrêté du conseil de préfecture des Hautes-Pyrénées, en date du 22 août 1857.

Du 18 juill. 1838.-Ord.-cons. d'Etat.-M. du Martroy, rap.

(2) *Espèce* :—(Sallet et autres.)—En 1810, les donataires d'inscriptions de rentes sur le mont de Milan furent réunis en société.—En 1815, cette société fut supprimée par ordonnance royale avec ordre aux admins

270. Peut-on former tierce opposition aux ordonnances ou décrets rendus en matière gracieuse? Par exemple en matière de concessions de mines, d'usines, de règlements d'eau, et lorsque ces décrets portent atteinte aux droits des tiers, ou n'ont pas été précédés des formalités prescrites par les lois? — En ce qui concerne les *concessions de mines*, il résulte des dispositions de la loi du 21 avr. 1810 et particulièrement de l'art. 5, qu'on n'a le droit d'exploiter une mine que lorsqu'il existe une ordonnance de concession délibérée en conseil d'État, laquelle doit être précédée des formes prescrites par le tit. 4 de la même loi. — Il a été jugé dans ce sens que lorsque les formes ont été observées l'ordonnance ne peut être attaquée (ce qui est, du reste, conforme aux art. 17 et 28 de la même loi) par voie d'opposition de la part du propriétaire de la surface ou de tout autre intéressé (V. les décisions du conseil d'État rapportées v° Mines, n°° 252, 257). — Il faut remarquer ici qu'il n'y a pas lieu de distinguer entre les réclamants ceux qui ont formé opposition dans l'instruction préalable à l'ordonnance de concession ou ceux qui ont gardé le silence (cons. d'Et. 4 août 1811, aff. Benoit); ni les uns ni les autres n'ont le droit de former opposition ni tierce opposition. Ceci paraît illogique, et toutefois c'est très-rationnel, si l'on considère cette doctrine d'un point de vue gouvernemental. En effet, dit très-bien M. de Serrigny, n° 251, « les formes prescrites par la loi de 1810 sont telles, que le public est invité par les affiches et publications à faire valoir ses moyens avant l'ordonnance de concession. Il est vrai que chaque intéressé, qui peut être inconnu du demandeur en concession, n'est pas appelé nominativement, par une assignation individuelle, à comparaître dans l'information pour présenter son opposition. Mais ce mode répugne essentiellement aux matières de ce genre; il n'est pas et ne pouvait pas être prescrit par la loi, qui a indiqué un mode collectif d'ajournement au public, en la forme administrative. Cette publicité suffit pour repousser la tierce opposition : vous avez été appelé comme vous deviez l'être; si vous n'avez pas comparu avant l'ordonnance de concession, tant pis pour vous, vous êtes présumé n'avoir pas eu de bons moyens à présenter; le gouvernement a usé de son pouvoir discrétionnaire en faisant un acte de haute administration, sans aucune contradiction de votre part; vous n'êtes plus recevable à le critiquer. » — Ainsi, il y a dans ce cas une présomption *juris et de jure* qui repousse le tiers opposant. — Mais si les formalités prescrites par la loi n'ont pas été observées, alors la tierce opposition est recevable (V. les décisions du conseil d'État rapportées v° Mines, n° 255. — Conf. ordonn. du conseil d'État du 13 mai 1818, aff. Liotard, *eod.*, n° 251). Le tiers opposant se trouve parfaitement dans le cas prévu par l'art. 474 c. pr. civ. : il n'a été ni appelé ni représenté dans l'instruction d'où est sortie l'ordonnance qui, suivant lui, préjudicie à ses droits.

Nous disons *suivant lui*, parce que de ce que la tierce opposition est recevable, ce n'est pas une raison pour qu'elle soit fondée. C'est alors au tiers opposant à faire preuve du préjudice qu'il souffre par suite de la concession consacrée par l'ordonnance qu'il attaque.

Quant aux *autorisations* pour *élever les établissements dangereux, incommodes ou insalubres*, il faut suivre la même voie que pour les concessions de mines. — Ou les formes ont été observées, ou elles ne l'ont pas été. Au premier cas, l'opposition à l'ordonnance d'autorisation n'est pas recevable, soit que les opposants aient fait valoir leurs moyens dans l'instruction, soit qu'ils aient gardé le silence (V. Manufacture, n° 27). — Au deuxième cas, l'opposition est recevable dans sa jurisprudence, soit pour les concessions de mines (cons. d'Et. 19 juill. 1826, aff. Viel ; 13 fév. 1840, aff. Lessance, V. *eod. v°*, n° 28). Ces décisions sont relatives à des établissements de la première classe ; mais les mêmes règles sont applicables aux établissements de deuxième et de troisième classe (V. v° Manufactures, n°° 100 et s., 123 et s.). — A l'égard des *moulins et usines* sur les cours d'eau, nous avons examiné les difficultés que soulève la tierce opposition en cette matière (V. Eaux , n°° 414 et s.), avec les développements qu'elle comporte. Nous nous bornons à dire que le conseil d'État, qui a varié dans sa jurisprudence, avait d'abord jugé que les tiers lésés par une ordonnance autorisant l'établissement d'un moulin pouvaient former opposition à cette ordonnance par la voie contentieuse dans les trois mois qui suivent la notification faite à leur personne ou domicile, lors même qu'ils avaient présenté leurs moyens dans l'instruction de l'affaire devant le préfet (cons. d'Et. 30 mai 1821, M. Maillard, rap., aff. Torcat; Conf. M. Daviel, t. 1, n° 363, et t. 2, n° 640). Mais le conseil a abandonné promptement cette jurisprudence et a décidé par de nombreux arrêts relatés v° Eaux, n°° 415, 472, que l'opposant qui a fait valoir ses moyens d'opposition dans l'instruction qui a précédé l'ordonnance n'est plus recevable à agir par la voie contentieuse. — Jugé dans le même sens (conseil d'Et. 28 oct. 1831, aff. Cazeau, V. Eau, n° 430-7°; 18 juill. 1836, aff. Tavenaux; 11 janv. 1837, aff. Gayet, V. Eau, n° 465-2°; 24 avr. 1837, M. Humann, rap., aff. Lamarque; 15 août 1839, M. du Martroy, rap., aff. Fauquet; et il en serait ainsi alors même que les tiers intéressés auraient gardé un silence absolu dans l'instruction par les mêmes motifs que nous avons énoncés ci-dessus (Conf. M. Serrigny, t. 1, p. 253. — *Contrà*, M. Daviel, t. 2, p. 640). — En matière de *grande voirie*, il a été jugé qu'on ne peut pas former tierce opposition au décret qui règle la largeur d'une route impériale et fixe l'alignement à observer par les riverains (cons. d'Et. 4 juin 1823) (1). — V. encore sur cette question v°° Compétence admin., n° 336 ; Marais, n° 108; Voirie.

271. Les tiers qui se prétendent propriétaires d'un immeuble

---

trateurs de déposer entre les mains d'un commissaire délégué par le ministre, les registres des caisses et inscriptions de rentes. — Plus tard, les donataires ont réclamé les inscriptions pour se faire payer des souverains obligés à leur payement. Refus du commissaire, approuvé par le ministre et fondé sur l'ordonnance de 1815. Tierce opposition à cette ordonnance devant le conseil d'État.

« LOUIS, etc.; — Vu la requête à nous présentée par le sieur chevalier Sallel, colonel, et divers donataires et propriétaires d'inscriptions sur le mont de Milan, y dénommés ; ladite requête tendante à ce qu'il nous plaise les recevoir, en tant que besoin serait, tiers opposants à notre ordonnance du 29 décembre 1815, concernant les sociétés-de titulaires de dotations dont les biens sont situés hors du royaume; ce faisant, et interprétant l'art. 5 de notredite ordonnance, déclarer que les certificats originaux des inscriptions sur le mont de Milan qui leur appartiennent, n'ont pas dû être compris dans le dépôt aux archives du domaine extraordinaire des livres, registres, titres et papiers, qui est prescrit par ledit article ; et, en conséquence, ordonner que lesdits certificats d'inscription seront remis à leur fondé de pouvoirs ; — L'ordonnance de référé rendue le 20 août 1817 par le président du tribunal de 1re instance du département de la Seine; — Considérant que notre ordonnance susdite, du 29 déc. 1815, est un règlement d'administration publique, et que les décisions rendues par nous, en notre conseil d'État, en matière contentieuse, sont seules susceptibles d'être attaquées par la voie de la tierce opposition, aux termes du décret du 22 juillet 1806; — Considérant que, dans le cas où ledit sieur chevalier Sallel et consorts se croiraient fondés à réclamer contre la fausse application qui aurait été faite à leur préjudice des dispositions de la

notredite ordonnance, ils ne seraient admissibles à se pourvoir, à ce sujet, devant nous, en notre conseil d'État, qu'après avoir procédé préalablement devant le ministre secrétaire d'État de notre maison ;

« Art. 1er. La requête du sieur chevalier Sallel et consorts est rejetée, sauf à eux à se pourvoir, s'ils le jugent convenable, devant le ministre secrétaire d'État de notre maison. »
Du 22 oct. 1817.—Ord. cons. d'État.

(1) 1re *Espèce :* — (Dudoit et autres.) — Les réclamants fondaient leur tierce opposition au décret du 24 janv. 1812 qui a fixé à 84 mèt. 50 centim. la largeur de l'avenue de la barrière du Trône à Vincennes. sur ce qu'aux termes de l'avis du conseil d'État du 25 prair. an 12, il n'était pas exécutoire faute d'avoir été inséré au Bulletin des lois. — Le sieur Dudoit, particulièrement, ajoutait que ce décret constituait à leur égard une expropriation, et qu'aux termes de l'art. 545 c. civ. on ne pouvait l'obliger à son exécution et à suivre l'alignement qu'il prescrit avant de l'avoir indemnisé. Enfin, les réclamants demandaient subsidiairement qu'on achetât immédiatement leurs maisons, de gré à gré, ou d'après les formalités prescrites par la loi du 8 mars 1810. —
LOUIS, etc.; — En ce qui concerne le tiers opposant au décret du 24 janv. 1812 : — Considérant que ce décret ne peut être attaqué que par la voie de l'opposition; — En ce qui concerne personnellement le sieur Dudoit : — Considérant que le décret du 24 janv. 1812, n'ayant pas été rapporté, il n'était pas possible de donner à ce propriétaire un alignement autre que celui qui résulte des dispositions dudit décret; qu'ainsi le conseil de préfecture de la Seine était fondé à ne pas admettre les réclamations;

aliéné par un hospice doivent former tierce opposition à l'ordonnance qui a autorisé l'aliénation. — V. Hospice, n° 463.

Sect. 2. — *Des conditions exigées pour qu'on puisse former tierce opposition.*

272. En matière administrative, rois conditions sont indispensables pour être recevable dans une tierce opposition : 1° il faut démontrer qu'on éprouve un préjudice du jugement qu'on attaque ; 2° n'avoir été partie à ce jugement, ni par soi-même, ni par ceux qu'on représente ; 3° enfin, selon M. Chauveau, qu'il n'y ait pas chose jugée au regard du tiers opposant. Nous allons successivement examiner ces trois conditions.

Art. 1. — *Du préjudice nécessaire pour former tierce opposition devant les tribunaux administratifs.*

273. Il est clair que pour que la tierce opposition soit recevable, il faut que la décision attaquée porte préjudice aux droits de celui qui en demande l'annulation : point d'intérêt, point d'action ; c'est une règle de bon sens et d'équité applicable aux matières administratives comme aux matières civiles (V. cons. d'Et., n° 172). — Il a été jugé en conséquence : 1° qu'une ordonnance du roi qui permet aux habitants d'une commune de s'imposer extraordinairement pour faire face à une condamnation prononcée contre eux en faveur d'un particulier, spécialement à un arrêt qui les condamne à restituer des marais partagés entre eux, en vertu de la loi de 1793, et à payer les fruits perçus depuis cette époque, peut être attaquée par la voie de la tierce opposition, par celui qui a obtenu la condamnation si elle lui préjudicie, en ce qu'elle tend à lui donner pour débiteurs des particuliers peu solvables, tandis que son titre lui donne la commune (cons. d'Et. 21 août 1816, aff. Tronc, V. Commune, n° 346) ; — 2° Que les contribuables surchargés par suite des arrêtés du conseil de préfecture qui ont accordé un dégrèvement à un autre contribuable, ont intérêt et qualité pour former tierce opposition à ces arrêtés (cons. d'Et. 8 mai 1822) (1). — Cette décision nous paraît contraire à l'art. 31, loi 3 mess. an 7, qui ne donne qu'au maire ou à son adjoint le droit de se pourvoir, dans l'intérêt des habitants contre les décisions qui dégrèvent un contribuable (V. les ordonnances rapportées v° Impôt dir., n° 449) : toutefois cet état de chose a été modifié par l'art. 49 de la loi du 18 juill. 1837 (V. *eod.*) ; — 3° Que l'ayant droit à la jouissance de biens communaux, ouverte par le décès de l'un des habitants plus anciens, peut former tierce opposition à un arrêté du conseil de préfecture qui adjuge cette jouissance à un autre habitant (cons. d'Et. 20 fév. 1835, aff. Wins, V. Commune, n° 2313) ; — 4° Que l'usufruitier d'une propriété

comprise dans une zone de servitudes militaires, est recevable à se pourvoir, par voie de tierce opposition, contre l'arrêté qui condamne le nu-propriétaire à supprimer, comme n'étant pas conformes aux règlements, des constructions qui ont été élevées dans cette propriété (cons. d'Et. 24 mars 1853, aff. Salasc, D. P. 54. 3. 23) ; — 5° Que des citoyens appelés aux fonctions de conseillers municipaux ont intérêt à frapper de tierce opposition l'ordonnance qui a annulé leur élection (cons. d'Et. 3 mai 1853, aff. Bouzinac, V. n° 281-3° ; V. aussi Cass. 22 mai 1832, aff. Lecaplain, n° 281-4°).

274. Ce qui est vrai pour les simples particuliers, c'est-à-dire le fait d'un préjudice donnant le droit de former tierce opposition, l'est à plus forte raison pour les ministres, spécialement considérés comme lésés les droits et intérêts qu'ils sont chargés de défendre. — C'est ainsi qu'il a été décidé qu'un ministre peut former tierce opposition à un arrêté de conseil de préfecture qui déclare que la réserve des eaux, faite dans une adjudication nationale, a eu lieu que pour une ville, spécialement pour celle de Lyon, lorsque son exécution peut nuire aux intérêts administratifs qui lui sont confiés, notamment au service militaire (cons. d'Et. 1821, M. Maillard, rap., aff. min. de la guerre *C.* ville de Lyon).

275. Mais lorsque le préjudice n'existe pas ou n'est pas justifié, alors il n'y a pas lieu à former tierce opposition.—C'est ainsi que l'on a décidé que la tierce opposition ne peut être accueillie, lorsque la décision intervenue ne préjuge rien à l'égard des droits et actions du tiers opposant, et ne fait pas obstacle à ce qu'il les exerce devant l'autorité compétente (cons. d'Et. 29 mars 1817, aff. Deshayes ; cons. d'Et. 1821, M. de Cormenin, rap., aff. Duparc *C.* d'Annebaut ; 4 avr. 1837, M. Montaud, rap., aff. Roberjot et de Saint-Ildephont ; 6 août 1839, aff. min. des trav. pub. *C.* comm. de Missy).—Et spécialement il a été jugé 1° que l'arrêt du conseil qui a dégrevé la cote d'un particulier dans la contribution du curage d'une rivière, en raison de ce que la propriété d'un autre riverain du même cours d'eau avait été omise, ne fait pas obstacle à ce que ce dernier se pourvoie lui-même en dégrèvement devant l'autorité compétente ; il n'y a pas lieu à tierce opposition, et par suite l'amende est encourue (cons. d'Et. 9 janv. 1828) (2) ; — 2° Que l'ordonnance qui, en rejetant la demande d'un fournisseur, le renvoie et l'autorise à se pourvoir contre un tiers, ne préjudicie pas à ce dernier et par conséquent n'est pas susceptible de tierce opposition (cons. d'Et. 8 sept. 1824, M. Maillard, rap., aff. Maran *C.* Garreau et Pepin-Lehalleur) ; — 3° Que doit être rejetée la tierce opposition contre un décret à l'occasion duquel on soulève une question de propriété qui n'est pas du ressort de l'autorité administrative et qui n'avait été tranchée ni par le décret auquel on forme tierce opposition, ni par un arrêté préfectoral confirmé par ce

---

Art. 1. La requête du sieur Dudoit est rejetée. — Art. 2. La requête des... tiers opposants au décret du 24 janv. 1812 est rejetée.—Art. 3. Toute contravention faite, par le sieur Dudoit, à l'alignement qui lui a été donné, sera poursuivie devant le conseil de préfecture de la Seine.
Du 4 juin 1825.—Ord. cons. d'Et.-M. Tarbé, rap.
2° *Espèce* — (Champfort et autres.) — Même date.-Ordonnance identique.-M. de Cormenin, rap.
(1) *Espèce :* — (Falgas, Gaxieu et autres *C.* Bruyères de Chalabre.)—Le conseil de préfecture avait décidé que les arrêtés attaqués, ayant été précédés de toutes les formalités voulues par les lois et règlements en matière de contributions directes, ne pouvaient être frappés ni d'opposition ni de tierce opposition. — Arrêt.
Louis, etc.; — Vu la loi du 2 mess. an 7, et l'arrêté du gouvernement du 24 flor. an 8, sur les demandes en décharges et réductions de la contribution foncière ; — Considérant que les sieurs Falgas et consorts avaient intérêt et qualité pour se rendre tiers opposants aux arrêtés du conseil de préfecture de l'Aude, des 13 nov. 1817 et 19 fév. 1818 ; — Considérant que leur tierce opposition n'aurait pu être rejetée que par des fins de non-recevoir, jugées valables, et qu'il n'en est pas fait mention dans l'arrêté attaqué du 27 nov. 1819, qui a déclaré les réclamants non recevables ;
Art. 1. L'arrêté du conseil de préfecture du département de l'Aude, du 27 nov. 1819, est annulé. — Art. 2. Les sieurs Falgas et consorts sont renvoyés devant le conseil de préfecture, pour faire valoir leur tierce opposition, et, s'il y a lieu, leurs moyens au fond.
Du 8 mai 1822.—Ord. cons. d'Et.-M. Tarbé, rap.
(2) *Espèce :* — (Prévost *C.* Méat-Dufourneau.) — Le sieur Prévost

a formé tierce opposition à une ordonnance du 1er mars 1826, rendue au profit du sieur Méat du Fourneau, sous le prétexte qu'on dégrevant la propriété du sieur Méat d'une somme de 590 fr. dans la contribution relative aux frais de curage de la rivière de Puiseaux, elle imposait son moulin d'une somme égale dans la même contribution.—Mais l'ordonnance n'avait fait que rectifier une erreur échappée au conseil de préfecture, qui avait lieu de déclarer que le moulin du sieur Prévost aurait dû être porté sur le rôle pour 590 fr. et de décharger d'autant le sieur Méat, qui se plaignait seul, l'avait seulement dégrevé de 190 fr. et avait ordonné que le surplus de sa cote serait distribué au marc le franc de leurs cotisations entre les autres contribuables.
Charles, etc.; — Vu l'art. 38 du règlement du 22 juillet 1806, portant : — « La partie qui succombera dans sa tierce opposition sera condamnée à 150 fr. d'amende, sans préjudice des dommages-intérêts de la partie, s'il y a lieu ; » — Considérant que notre ordonnance du 1er mars 1826 n'a pas pour objet de fixer la cote contributive du moulin du sieur Prévost ; qu'elle a seulement prononcé que cette cote, quelle qu'elle fût, serait allouée en dégrèvement au sieur Méat du Fourneau ; — Considérant que, si le sieur Prévost ; se croit surchargé sa cote qui lui a été imposée, notredite ordonnance n'y fait point obstacle à ce qu'il se pourvoie en dégrèvement, devant l'autorité compétente ; et que, dès lors, il est sans intérêt à attaquer notre ordonnance du 1er mars 1826 ;
Art. 1. La requête en tierce opposition du sieur Prévost est rejetée. Art. 2. Le sieur Prévost est condamné à l'amende de 150 fr. et aux dépens.
Du 9 janv. 1828.—Ord. o. d'Etat.-M. Tarbé, rap.

décret (cons. d'Et. 1er nov. 1836, M. Hutteau d'Origny, rap., aff. comm. d'Ivry; V. aussi les décisions rapportées *infrà*, n° 306); — 4° Que les propriétaires d'un terrain sur lequel était exploité un établissement insalubre, supprimé par ordonnance royale, n'ont pas qualité pour former tierce opposition aux décisions rendues contre les exploitants locataires du terrain, hors de la présence des propriétaires : ces décisions n'ayant porté aucune atteinte aux droits qu'ils peuvent avoir en leur qualité de propriétaires (cons. d'Et. 8 mars 1842) (1).

276. Le vendeur d'un terrain soumis aux servitudes militaires, n'est pas recevable à former tierce opposition à un arrêté du conseil de préfecture qui ordonne à son acquéreur de démolir les constructions par lui faites qui empiètent sur la rue militaire, alors qu'il allègue qu'il se trouve exposé à une action en garantie de la part de cet acquéreur (cons. d'Et. 22 août 1828, M. Ferri-Pisani, rap., aff. min. de la guerre C. ville de Bergues; V. aussi les décisions rapportées *infrà*, n° 290). — Dans ce cas, en effet, la question de propriété est indépendante de l'application des lois sur les servitudes militaires à la contravention constatée (même ord.).

277. Il n'y a pas non plus de préjudice, et par conséquent la tierce opposition ne peut être admise, lorsque le tiers opposant qui attaque un arrêté portant interprétation d'un acte de vente nationale ne prétend aucun droit de propriété sur l'objet en litige (cons. d'Et. 8 sept. 1824, aff. Conte, V. Conseil d'Etat, n° 173-1°).

Art. 2. — *Des personnes qui n'ont été ni parties ni représentées au procès.*

278. Pour pouvoir former tierce opposition, il faut en matière administrative comme en matière civile, et devant toutes les juridictions n'avoir été ni par soi-même, ni par ceux qu'on représente, parties dans l'instance sur laquelle est intervenue la décision attaquée (V. *suprà*, n° 60 et suiv.); — Il résulte évidemment de ce principe que la tierce opposition n'est pas recevable lorsque la décision a été rendue contradictoirement avec le réclamant (cons. d'Et. 10 août 1825, M. Feutrier, rap., aff. Tronc de Gressac). — Spécialement il a été décidé, 1° que la tierce opposition n'est pas recevable contre un décret et contre ceux qui en ont été la suite et l'exécution, lorsque ce décret a été rendu contradictoirement, même sans consulter une pièce,

si elle n'était ni décisive, ni retenue par l'adversaire (cons. d'Et. 26 fév. 1817, aff. Leroy-Delassus). — Dans une espèce semblable, la requête civile n'aurait pas été plus admissible (V. Requête civ., n° 267, 282); — 2° Que lorsque des biens d'émigrés ont été donnés à des hospices, en remplacement de biens aliénés, et que sur la réclamation des anciens propriétaires, ces biens sont restitués comme excédant la dotation des hospices ceux-ci, après avoir produit dans cette instance l'état comparatif de leurs biens aliénés et de ceux donnés en remplacement et leurs observations ne sont plus recevables à former tierce opposition à cette ordonnance qui est contradictoire avec eux (cons. d'Et. 4 août 1824, aff. Hosp. d'Arras, V.v° Hospices, n° 460-1°);—3° Que l'arrêté qui rejette une pétition est contradictoire avec la partie dont la pétition est rejetée, et dès lors, cette partie n'est pas recevable à y former tierce opposition (cons. d'Et. 15 avril 1828, aff. com. de Moures, V. Chose jugée, n° 67-3°). — V. v° Organ. admin. sur la déchéance du droit de se pourvoir contre les décisions des conseils de préfecture.

279. Les décisions du conseil d'Etat sur la mise en jugement des fonctionnaires publics n'étant pas soumises à un débat contradictoire, sont inattaquables par la voie de la tierce opposition lors même qu'elles sont rendues par défaut. Ainsi on ne peut former tierce opposition à une décision du conseil d'Etat qui refuse la mise en jugement d'un ancien commissaire général de police, prévenu de détention arbitraire, bris de scellés et spoliation de diverses valeurs et effets, bien qu'elle n'ait pas été rendue contradictoirement entre les parties, surtout si la décision est intervenue sur la plainte de la partie civile, se constituant tiers opposant, et sur l'information faite par suite de cette plainte (cons. d'Et. 26 fév. 1817) (2).

280. Mais si la décision n'a pas été rendue contradictoirement avec la partie, aux droits de laquelle elle porte préjudice; si cette partie n'a été ni entendue, ni appelée, elle remplit les conditions exigées pour pouvoir former tierce opposition. Il a été jugé en ce sens, 1° qu'un tiers ne peut demander l'interprétation d'une décision du conseil dans laquelle il n'a pas été partie, à moins d'y former tierce opposition, ou de lier l'instance avec les parties qui y ont figuré (cons. d'Et. 13 juin 1821 (3); 14 août 1822, M. Cormenin, rap., aff. Peschery); — 2° Que l'ayant-droit à la jouissance de biens communaux, ouverte par le décès de l'un des habitants plus anciens, peut former tierce opposition à l'arrêté du conseil de préfecture qui adjuge cette jouissance à un

---

(1) (Fontaine C. Gouvion-Saint-Cyr.) — Louis-Philippe, etc. — Vu les requêtes sommaire et ampliative à nous présentées au nom des sieurs et dame Fontaine de la Grenouillère, et tendant à ce qu'il nous plaise les recevoir tiers opposants à notre ordonnance du 22 mai 1840, laquelle a maintenu la suppression de l'établissement industriel exploité par les sieurs Cuvillier et comp. à Villiers, près Neuilly; ce faisant en statuant sur la tierce opposition, rétracter ladite ordonnance; dire, en conséquence, que l'établissement du sieur Cuvillier demeurera maintenu dans les bâtiments appartenant aux requérants, et condamner la défenderesse aux dépens; — Vu le décret réglementaire du 22 juill. 1806, et notamment l'art. 58; — Considérant que l'autorisation d'établir une fonderie de suif a été accordée au sieur Cuvillier et comp., non au propriétaire du terrain sur lequel devait être exploitée cette fonderie; — Que, devant le conseil de préfecture, ainsi que devant nous en notre conseil d'Etat, l'instance n'a été engagée qu'entre ledit sieur Cuvillier et la dame maréchale Gouvion-Saint-Cyr, opposante; — Que, dès lors, les sieur et dame Fontaine de la Grenouillère, propriétaires du terrain sur lequel était exploitée la fonderie de suif supprimée par notre ord. du 12 mai 1840, n'ont pas dû être appelés en cause, et qu'aucune atteinte n'a été portée par ladite ordonnance aux droits qu'ils peuvent avoir en leur qualité de propriétaires du terrain; — Qu'ainsi ils sont sans droit et sans qualité pour former tierce opposition à notre ordonnance du 12 mai 1840; Art. 1. La requête des sieur et dame Fontaine de la Grenouillère est rejetée. — Art. 2. Les requérants seront condamnés à 150 fr. d'amende et aux frais. Du 18 mars 1842.-Ord. cons. d'Et.-M. du Berthier, rap.

(2) (Van Heyden C. Lacoux.) — Louis, etc.; — Vu la requête à nous présentée en notre conseil d'Etat, par le sieur Christian-Frédéric Van Heyden, adjudant général, demeurant à Paris, et tendante à ce qu'il nous plaise le suppliant tiers opposant à un décret du 4 juin 1815, par lequel il a été décidé qu'il n'y avait pas lieu à autoriser des poursuites contre le sieur Lacoux de Marivaux, ancien commissaire général de police à Rotterdam, à raison de détention arbitraire,

bris de scellés et spoliation de diverses valeurs et effets, montant à 420,000 fr., exercées envers le requérant à Rotterdam, par cet ex-fonctionnaire, sur la fin de l'année 1815; en conséquence, rapportant ledit décret, autoriser, jusqu'à jugement définitif, la continuation des poursuites commencées contre le sieur Lacoux de Marivaux, par notre procureur près le tribunal de première instance séant au Blanc; — Vu le mémoire en défense du sieur Lacoux de Marivaux; — Considérant que, l'art. 75 de la loi du 22 frim. an 8, qui veut qu'aucun fonctionnaire public ne puisse être poursuivi, pour actes commis dans l'exercice de ses fonctions, sans l'autorisation du conseil d'Etat, n'exige, en aucune manière, que la décision intervienne au conseil, sur un débat contradictoire entre les parties; — Considérant, au surplus, dans l'espèce, c'est sur la plainte déposée par le sieur Van Heyden comme partie civile, ès mains de notre procureur près le tribunal de première instance séant au Blanc et sur l'information faite en conséquence de ladite plainte, qu'a été rendu le décret du 4 juin 1815, et que cette plainte et cette information s'y trouvent visées; Art. 1. La requête du sieur Van Heyden est rejetée. — Art. 2. Le sieur Van Heyden est condamné aux dépens. — Art. 3. Il n'y a lieu à statuer sur le surplus des conclusions du sieur Lacoux de Marivaux. Du 26 fév. 1817.-Ord. cons. d'Et.

(3) *Espèce* : — (Duparc.) — Une ord. du 21 mars 1821 autorisa la dame Dannebault à remplir les formalités nécessaires pour être propriétaire de la forêt de Montfort, engagée à ses auteurs. Le sieur Duparc, qui se prétendait héritier des anciens détenteurs de cette forêt, craignit que l'ordonnance ne fît préjudice à ses droits, et en demanda l'interprétation en conseil d'Etat; il voulut même y former tierce opposition et sans appeler aucun contradicteur. — Arrêt. Louis, etc.; — Considérant que le représentant n'a pas formé de tierce opposition à notre ord. du 10 mars 1821; qu'il n'y a pas d'instance liée entre les parties, et que, dans cet état, il n'y a pas lieu de statuer; Art. 1. La requête du sieur Duparc est rejetée. Du 15 juin 1821.-Ord. cons. d'Et.-M. de Cormenin, rap.

autre habitant, s'il n'y a été ni appelé ni entendu, et c'est en vain qu'on opposerait que la notoriété publique a valu interpellation à personne (cons. d'Et. 20 fév. 1835, aff. Wins, V. Commune, n° 2313);—3° Que si un arrêté du conseil de préfecture a déclaré, sur la réclamation des habitants d'une commune, que l'adjudication d'un pré communal vendu par la caisse d'amortissement ne comprend pas les secondes herbes, les acquéreurs qui n'ont pas été parties dans cet arrêté sont recevables à le frapper de tierce opposition (cons. d'Et. 26 juin 1822, M. Villemain, rap., aff. Galiniche et autres C. habit. de Vesoul);—4° Que le particulier qui figurait au nombre des contestants, lors de l'arrêté du préfet, et qui n'a pas été intimé sur le pourvoi dirigé contre cet arrêté, est recevable à frapper de tierce opposition l'arrêt intervenu devant le conseil d'Etat (cons. d'Et. 10 janv. 1827)(1);— Conf. cons. d'Et. 2 fév. 1821, M. Maillard, rap., aff. habit. de Bisschoffsheim, C. Teutsch).

281. Jugé encore, d'après les mêmes principes : 1° qu'est recevable la tierce opposition formée par un sous-acquéreur de domaines nationaux contre un arrêté qui n'a pas été rendu avec les véritables parties, et lors duquel ni lui, ni la partie qu'il représente n'ont été appelés (cons. d'Et. 13 juill. 1825, M. Hut-

leau-d'Origny, rap., aff. Balivière C. hosp. de Vernon);—2° Que les détenteurs des biens communaux sont recevables à former tierce opposition à la décision du conseil d'État qui a annulé le partage, s'ils n'ont pas été entendus lors de cette décision (cons. d'Et. 20 mars 1822, M. de Cormenin, rap., aff. Girard C. comm. de Marigny; Conf. cons. d'Et. 23 nov. 1832, M. Macarel, rap., aff. Briquet, V. Commune, n° 2264);—3° Que des citoyens dont l'élection aux fonctions de conseillers municipaux a été annulée par une ordonnance, lors de laquelle ils n'ont pas été appelés, sont recevables à former tierce opposition (ord. cons. d'Et. 3 mai 1833) (2). Mais leur tierce opposition ne serait pas recevable s'ils n'avaient agi que dans un intérêt public; dans ce cas, en effet, ils ne devaient être ni appelés ni entendus (même ordonnance. — Conf. cons. d'Et. 29 juin 1832, M. Chalret-Durieu, rap., aff. élect. des Berniers, et aff. élect. d'Entrecasteaux);— 4° Qu'un électeur municipal, éliminé de la liste par l'effet d'un jugement ordonnant l'inscription sur cette liste d'un autre citoyen qu'on avait refusé d'y admettre, peut former tierce opposition à ce jugement, s'il n'y a été ni partie ni appelé (Cass. 22 mai 1832) (3). — V. au surplus v° Organ, admin., où toutes les questions relatives au droit électoral se trouvent traitées.

(1) (Gomart C. Damay.) — CHARLES, etc. ; — Considérant que le sieur Gomart a été en cause en première instance, que l'arrêté pris à son profit, le 20 fév. 1821, par le préfet de la Somme, et approuvé par notre ministre de l'intérieur, le 29 nov. 1825, nous ayant été déféré, le sieur Gomart avait intérêt à le défendre; qu'il aurait dû être appelé, et que ne l'ayant pas été, il est fondé à se pourvoir par tierce opposition contre notre ordonnance du 22 juill. 1825 ; — Au fond : — Considérant qu'il s'élève de nouveaux doutes sur la véritable position des repères ; — Art. 1. Le sieur Gomart est reçu tiers opposant à notre ord. du 22 juin 1825. — Art. 2. Avant faire droit sur le fond, à la poursuite de la partie la plus diligente, et devant le juge du canton, il sera, par l'ingénieur en chef du département, les parties dûment appelées, procédé à la reconnaissance des repères qui ont servi de base à l'arrêté réglementaire de l'an 10, soit d'après le procès-verbal du 21 août 1801 (4 fruct. an 11); et, dans le cas où il serait reconnu impossible de faire une exacte application desdits actes, l'ingénieur en chef recueillera tous les documents qui, coïncidant avec l'état des lieux et le mode de jouissance du sieur Damay, postérieurement à l'an 10, pourront fixer notre jugement sur le repère de hauteur du dessus du déservoir.—Art. 3. Le juge de paix dressera du tout procès-verbal; il y consignera les dires des parties, et y annexera le rapport de l'ingénieur en chef, le plan des lieux et les profils de nivellement nécessaires à l'intelligence de l'affaire. Du 10 janv. 1827.-Ord. cons. d'Et.-M. Tarbé, rap.

(2) Espèce : — (Bouzinac.) — Après l'arrêt du conseil d'Etat du 26 fév. 1832, qui maintint l'élection des sieurs Lacombe et Gardès, et, par suite, invalida celle des sieurs Bouzinac et Thiéry, élus pour les remplacer, ceux-ci, qui n'avaient été ni entendus ni appelés, lors de cet arrêt, l'ont frappé de tierce opposition, et plusieurs électeurs se sont joints à eux. Ils ont soutenu que l'arrêté du conseil de préfecture étant souverain et, au fond, que l'élection des sieurs Lacombe et Gardès était nulle. LOUIS-PHILIPPE, etc. ; — Vu la loi du 21 mars 1831 ; — En ce qui touche la tierce opposition formée par les sieurs Bouzinac et Thiéry, membres élus du conseil municipal par la seconde section : — Considérant que les réclamants avaient un intérêt personnel et direct, comme élus aux fonctions de conseillers municipaux, que notre ord. du 26 fév. 1832 leur a retirées, sans qu'ils aient été appelés ni entendus ; qu'il n'apparaît point d'ailleurs que cette ordonnance ait reçu aucune exécution, et qu'ainsi les requérants sont recevables à attaquer par tierce opposition ; En ce qui touche la tierce opposition formée par les sieurs Papailhac, Gaubert, Pezan et autres électeurs municipaux de la deuxième section : —Considérant que la réclamation de ceux-ci est formée dans un intérêt public ; qu'ils ne devaient être ni appelés ni entendus, et qu'en conséquence ils sont non recevables ; En ce qui touche la compétence :— Considérant que toutes les décisions des conseils de préfecture sont sujettes au recours devant nous en notre conseil d'Etat, et que la loi du 21 mars 1831 ne contient aucune dérogation à ce principe général ; Au fond : — Considérant que l'incompatibilité prévue par l'art. 20 de la loi avait cessé d'exister par suite de la démission du sieur Etienne Lacombe, et qu'en conséquence il y a lieu de maintenir l'ordonnance précitée qui déclare les sieurs François Lacombe et Gardès, aptes à exercer les fonctions de conseillers municipaux de la commune d'Alby, à l'exclusion de tous autres nommés à leur place; Art. 1. La tierce opposition à notre ord. du 26 fév. 1832, formée par les sieurs Bouzinac et Thiéry, est admise ; — Art. 2. La tierce opposition à la même ordonnance, formée par les sieurs Papailhac, Gau-

bert, Pezan et autres électeurs, est rejetée ; — Art. 3. La requête des sieurs Bouzinac et Thiéry est rejetée. Du 3 mai 1833.-Ord. cons. d'Et.-M. Montaud, rap.

(3) Espèce : — (Lecaplain C. Butel.) — Le sieur Butel n'ayant pas été inscrit sur la liste définitive des électeurs de la commune de Brehal, fit opposition devant le préfet, qui le renvoya devant le tribunal de Coutances. — Là, il obtint un jugement par défaut portant qu'il y serait inscrit. — Le maire de la commune fit signifier ce jugement au sieur Lecapelain, qui se trouvait inscrit le dernier, et qui fut éliminé.—Alors Lecapelain forma tierce opposition au jugement, auquel il n'avait été ni partie ni appelé. — Le 24 sept. 1831, jugement qui rejette sa tierce opposition en ces termes : « Considérant que, par l'art. 14 de la loi municipale, les difficultés relatives à l'attribution des contributions doivent être portées devant le tribunal civil de l'arrondissement chargé de statuer en dernier ressort suivant les formes établies par l'art. 18 de la loi du 2 juill. 1828 ; — Qu'ainsi les tribunaux civils sont, en matière d'élections municipales, investis des mêmes attributions et régis par les mêmes principes que les cours royales en matière électorale ordinaire ; — Considérant que, d'après l'art. 23 de la loi du 2 juill. 1828, les arrêts rendus par les cours ne sont pas susceptibles d'opposition, et que la loi n'indique d'autres voies d'attaque que le pourvoi en cassation : — Attendu que le but du législateur a été que les contestations fussent terminées promptement, d'une manière définitive; que, dès lors, il n'est pas supposable qu'il ait eu l'intention d'admettre la tierce opposition; que l'action de Lecaplain n'est cependant qu'une opposition au jugement et, subsidiairement, qu'une tierce opposition ; que Butel ayant un droit établi définitivement en sa faveur par le jugement ci-dessus cité, doit être admis à voter, et que le tribunal n'a pas à examiner si Lecaplain doit ou non être maintenu sur la liste. »

Pourvoi pour violation des art. 474 c. pr. et 18 de la loi du 2 juill. 1828, et fausse application de l'art. 25 de cette dernière loi. — On a d'abord soutenu, pour Lecaplain, que les jugements en matière d'élection municipale étaient susceptibles d'opposition, quand ils étaient rendus par défaut ; que l'art. 42 de la loi municipale ne se référait qu'à l'art. 18 de la loi du 2 juill. 1828, qui n'interdit pas l'opposition ; que l'art. 25 de cette loi, placé sous un autre titre, et prévoyant un cas spécial, n'était pas applicable à la cause.—On soutenait, en second lieu, que la tierce opposition n'avait pu être refusée;— Arrêt. LA COUR ; — Vu l'art. 474 c. pr. civ. et l'art. 25 de la loi du 2 juill. 1828 ; — Attendu que la tierce opposition est une voie ouverte par la loi à celui auquel porte préjudice un jugement, lors duquel il n'a été ni appelé ni dûment représenté ; — Qu'on ne pourrait être privé de cette faculté que par une disposition expresse de la loi, et que, dans l'espèce, aucune loi n'en prohibe l'exercice ; — Qu'en effet, l'art. 25 de la loi du 2 juill. 1828, qui n'interdit la voie de l'opposition que dans un cas spécial, celui de la formation du tableau de rectification des listes électorales, au cas d'élection après la clôture annuelle des listes, garde le silence sur la tierce opposition ; que le jugement du tribunal de Coutances, contre lequel le demandeur (le sieur Lecapelain) s'était rendu tiers opposant, lui faisait évidemment préjudice, puisqu'il avait pour effet d'opérer la radiation de son nom de la liste des électeurs communaux de la commune de Brehal, pour y substituer le nom d'un autre (celui du sieur Butel);—Qu'en rejetant la tierce opposition du demandeur, ce tribunal a expressément violé l'art. 474 c. pr. et a faussement appliqué l'art. 25 de la loi du 2 juill. 1828;— Donnant défaut contre Butel et Bréhon, maire de Brehal; cassé, etc. Du 22 mai 1832.-C. C., ch. civ.-MM. Portalis. 1er pr.-Jourde, rap.-Gartempe, av. gén., c. conf.-Nachet, av.

282. Il ne suffit pas de n'avoir pas été partie dans une instance pour avoir le droit de former tierce opposition au jugement intervenu qui préjudicie aux droits du tiers opposant, il faut aussi, avons-nous dit, *suprà*, n° 278, n'avoir pas été représenté, car si l'on a été représenté par une personne ayant qualité à cet effet, c'est comme si l'on avait été partie soi-même. — Nous avons recherché, *suprà*, n°s 64 et suiv., dans quels cas une personne a été représentée, et nous avons examiné les nombreuses difficultés que cette question a soulevées en matière civile. Nous n'avons donc pas à y revenir ici, et il doit nous suffire de rapporter les diverses solutions que ces difficultés ont reçues devant les juridictions administratives.

283. 1° *Mandataires conventionnels ou légaux* (V. *suprà*, n°s 65 et s., 78 et s.). — Nous avons vu v° Chose jugée, n°s 230, 271; v° Emigré, n° 177, et ci-dessus, n°s 99 et s., qu'il y a des personnes qui, aux termes des lois de la révolution, étant réputées représentées par l'Etat dans toutes les instances qu'il a soutennes pour et dans des causes qui les intéressaient ainsi que lui, ne peuvent former opposition aux jugements rendus contre l'Etat en matière civile; il en est de même en matière administrative. — Il a été jugé dans ce sens : 1° que si les héritiers d'un émigré ne justifient pas que l'élimination de leur auteur est antérieure à un décret rendu contradictoirement entre une commune et l'administration des domaines qui le représentait, ils ne sont pas recevables à frapper ce décret de tierce opposition (cons. d'Et. 5 sept. 1821, M. Maillard, rap., aff. hér. de Neuilly *C.* com. de Sanville); — 2° Qu'un émigré, rayé de la liste, n'ayant pu être valablement représenté par le domaine dans une contestation jugée postérieurement à sa radiation, est recevable à former tierce opposition à l'arrêté rendu par le conseil de préfecture à son préjudice (cons. d'Et. 4 août 1824, M. Maillard, rap., aff. comm. des Vertus et autres *C.* hér. de la princesse de Rohan-Guéméné).

284. Les préfets n'ont-que la tutelle administrative des hospices, mais ils ne les représentent pas ; aussi a-t-on déclaré recevable l'opposition à une ordonnance rendue sur le rapport du préfet et du ministre, lorsque rien ne constate que les hospices ont été entendus (cons. d'Et. 12 mai 1820, M. Jauffret, rap., aff. hosp. de Laon).

285. De ce que des observations ont été fournies à titre de renseignements par un ingénieur, sur l'action intentée par une commune contre des entrepreneurs de travaux publics, il ne s'ensuit pas que l'administration ait été mise en cause.... Elle peut dès lors former tierce opposition à un arrêté du conseil de préfecture qui préjudicie à ses droits, lors duquel aucun de ses agents n'a été appelé (cons. d'Et. 24 avr. 1857, aff. min. des trav. pub. *C.* comm. de Nonant, V. Trav. pub.).

286. *Cointéressés, créanciers, débiteurs solidaires, caution*, etc. (V. n°s 114 et s.). — Le conseil d'Etat a décidé qu'une partie non dénommée dans l'arrêté n'a pas le droit d'y former tierce opposition par cela seul que la partie qui a figuré dans cet arrêté avait le même intérêt que la partie non dénommée. — Spécialement il a été jugé que, les décisions du conseil d'Etat ayant l'effet de la chose jugée, non-seulement envers les parties qui y sont dénommées, mais encore envers celles qui n'y sont pas dénommées, mais qui ont le même intérêt, un particulier qui a acquis de l'Etat des biens confisqués sur un émigré ne peut former tierce opposition à un décret intervenu entre d'autres parties, qui déclare que les pièces de terre qui ne sont pas nominativement désignées dans les procès-verbaux d'adjudication de telles ventes, n'y sont pas comprises (cons. d'Et. 11 déc. 1816, aff. Mardelle *C.* Grasleuil).

287. A l'égard de la *caution*, il a été décidé que la caution d'un entrepreneur, condamnée solidairement avec lui par arrêté du conseil de préfecture, sans avoir été ni entendue ni appelée, est recevable à former tierce opposition à cet arrêté (cons. d'Et. 13 juin 1821) (1).—V. *suprà*, n°s 119 et s.

288. *Ayants cause à titre universel : héritiers* (V. *suprà*, n°s 134 et suiv.). — Les héritiers d'un défunt sont ses représentants ; ce qui est jugé avec lui est jugé avec eux. En conséquence, ils ne peuvent former tierce opposition à un décret qui déclare qu'un certain espace de terrain n'a pas été compris dans une adjudication faite à leur auteur : « Considérant que le décret du 1er juill. 1812 a été rendu avec et contre le sieur Morval, et que dès lors il est censé avoir été rendu avec et contre ses héritiers ; que, par conséquent, la tierce opposition est non-recevable, etc. » (ord. c. d'Et. 9 avr. 1817, aff. ville de Cambray *C.* Venture et cons.).

289. *Ayants cause à titre particulier* (V. *suprà*, n°s 142 et suiv.). — 1° *Acquéreur*. — Nous avons vu, n°s 143 et suiv., qu'en matière civile l'acquéreur est l'ayant cause de son vendeur pour tous les actes antérieurs à la vente, et qu'il est réputé tiers pour tous les actes postérieurs. — Le conseil d'Etat n'a pas eu toujours égard à ce principe de logique et d'équité, et il a décidé que l'acquéreur antérieur ou postérieur aux décisions rendues n'a pas le droit d'y former tierce opposition. Il a été jugé, en effet, 1° que la tierce opposition d'un acquéreur d'immeubles n'est pas recevable alors qu'elle est formée contre un arrêté rendu contradictoirement avec le vendeur avant cette vente (cons. d'Et. 18 août 1807 (2); Conf. Cons. d'Et. 14 janv. 1824, M. Brière, rap., aff. Netter); — 2° Que l'arrêté du gouvernement qui ordonne que le séquestre apposé sur les biens d'un accusé contumax, suivant ordonnance judiciaire, sera maintenu, n'est pas susceptible de

---

(1) *Espèce :* — (Ville de Nancy *C.* Humbert Douville et autres.) — Il s'agissait de l'exécution d'un marché d'éclairage passé entre la ville de Nancy et le sieur Humbert Douville, sous le cautionnement du sieur Gerardin. Un premier arrêté du conseil de préfecture condamnait l'entrepreneur et sa caution à diverses réparations. La veuve Gerardin, qui aurait dû être appelée comme représentant son mari, ne l'ayant pas été, forma tierce opposition à cet arrêté ; un deuxième arrêté accueillit sa demande et ordonna une expertise, les experts procédèrent, et ensuite un troisième arrêté, conforme à leur rapport, condamna le sieur Douville et la veuve Gerardin à payer 7,682 fr. pour réparations. — La ville de Nancy ne fut pas satisfaite de cette décision, et se pourvut par trois moyens indiqués dans l'ordonnance ci-après :

Louis, etc. — Considérant aux termes de l'art. 32 du marché du 8 août 1809, la caution a dû être traitée comme l'entrepreneur principal, et qu'en effet, l'arrêté du conseil de préfecture du département de la Meurthe, du 10 sept. 1818, les condamne solidairement au payement du débet établi par le procès-verbal du 24 avril précédent; d'où il suit que la dame veuve Gerardin, au nom qu'elle agit, a été valablement reçue tierce opposante audit arrêté ;

Considérant qu'il résulte du procès-verbal de visite du 18 déc. 1818 que de l'arrêté du conseil de préfecture du 6 juill. 1819, que, contrairement aux dispositions des art. 304 et suiv. cp., les trois derniers experts ont vaqué sans avoir préalablement prêté le serment prescrit par lesdits articles, n'a pas lieu de se borner à l'évaluation des objets dépéris, dans le sens strict et rigoureux de l'art. 10 du marché, lesdits experts se sont livrés à l'interprétation dudit marché; que, sous ces divers rapports, la ville de Nancy est fondée à réclamer contre l'arrêté du conseil de préfecture du 6 juill. 1819, lequel n'a fait qu'homologuer le rapport des experts précité;

Considérant, d'ailleurs, que le sieur Douville ni ses cautions n'ayant fourni de défense depuis la signification qui leur a été faite, en décembre 1819, du pourvoi exercé par la ville de Nancy, il y a lieu d'adjuger à ladite ville ses conclusions ;

Art. 1. L'arrêté du conseil de préfecture du département de la Meurthe, du 6 juill. 1819, est annulé.

2. Le sieur Humbert Douville, ancien entrepreneur de l'éclairage de la ville de Nancy et les héritiers de Pierre-Nicolas Gerardin, sa caution, sont tenus, solidairement l'un pour l'autre, de payer à ladite ville, pour les réparations et mises en état des lanternes et accessoires de l'éclairage, qui avaient été laissés à leur charge par l'art. 10 du marché du 8 août 1809, la somme de 20,498 fr., telle qu'elle est établie par les procès-verbaux de visite du sieur Mique, architecte de la ville. Du 13 juin 1821.-Ord. cons. d'Et.-M. de Maleville, rap.

(2) *Espèce :* — (Meinier, etc.). — Le 22 germ. an 12, un arrêt du conseil de préfecture de Rouen ordonne que le sieur Dupin Dupare se trouvait évincé de la ferme du Taillis. Le conseil d'Etat, sur l'appel interjeté devant lui par le sieur Dupin, confirma cet arrêté le 12 nov. 1806; mais les sieurs Meinier et Lemaignant, qui se croyaient propriétaires, en l'an 3, interjetèrent appel de l'arrêté du 22 germ. an 12, et formèrent tierce opposition au décret du 12 nov. 1806. — Le conseil d'Etat a maintenu sa première décision en ces termes :

Napoléon, etc.; — Vu la requête des sieurs Meinier et Lemaignant, tendante, 1° à être reçus tiers opposants au décret du 12 nov. 1806, et appelant de l'arrêté du conseil de préfecture du département de l'Eure, du 22 germ. an 12 ; 2° à ce qu'il soit sursis à leur égard à toute exécution du décret du 12 nov. 1806, jusqu'à toute décision ultérieure et définitive ; — Vu l'avis de notre commission du contentieux ; — Considérant que le décret du 12 nov. 1806 a été rendu sur l'appel interjeté

tierce opposition devant le conseil d'Etat, de la part de l'acquéreur des biens antérieurement à l'ordonnance judiciaire, cet arrêté ne faisant point obstacle à ce que la question de propriété soit portée par le revendiquant devant les tribunaux civils (cons. d'Et. 19 mars 1817, aff. Deshayes, V. Compét. admin., n° 208-2°); —3° Que la tierce opposition n'est pas recevable, lors même que l'acquisition est antérieure à ces décisions (cons. d'Et. 20 mars 1816, aff. Erouard C. Audefroy); spécialement, qu'un particulier qui a acquis authentiquement sur la foi de la validité d'une déclaration de command faite en faveur de son vendeur, et qui a joui sans trouble de l'immeuble pendant dix ans, ne peut former tierce opposition à un décret contradictoire qui annule cette déclaration de command et déclare qu'elle vaut au profit d'un autre particulier (même ord. de 1816).—Mais il a été jugé avec plus de raison qu'un acquéreur est recevable à former tierce opposition à un arrêt rendu contre son vendeur depuis la vente (cons. d'Et. 16 juin 1824 (1).—Conf. cons. d'Et. 21 juin 1826, M. Cormenin, rap., aff. Kapp). Mais de ce qu'il est recevable, il n'en résulte pas que sa tierce opposition soit fondée (même ord. de 1824). Toutefois si, dans le contrat, l'acquéreur avait chargé le vendeur de poursuivre l'instance sur laquelle la décision est intervenue, il est clair que cet acquéreur serait non recevable dans sa tierce opposition (cons. d'Et. 29 janv. 1841, M. Gomel, rap., aff. Leprevost C. Pouchet-Maugendre).

290. En ce qui concerne *les vendeurs*, il a été décidé : 1° que le vendeur d'un immeuble n'a pas le droit de former tierce opposition à la décision rendue sur une instance en éviction dirigée contre son acquéreur, lors même qu'il serait soumis à la garantie (cons. d'Et. 1er déc. 1819) (2); et cette solution est conforme à celle que la jurisprudence a consacrée en matière civile (V. *supra*, n° 155 et suiv.); — 2° Que le vendeur n'est pas recevable à attaquer une ordonnance qui a rejeté le pourvoi formé par son acquéreur, détenteur actuel du bien litigieux, et exerçant ses droits (cons. d'Et. 4 juill. 1827, M. Feutrier, rap.,

---

par le sieur Duparc, dont les sieurs Meinier et Lemeignant sont les cessionnaires et représentants;—Notre secrétaire d'Etat entendu, nous avons décrété et décrétons ce qui suit : — Art. 1. La tierce opposition des sieurs Meinier et Lemaignant est rejetée. — Art. 2. Ils acquitteront l'amende de 150 fr., encourue par les parties qui succombent dans leur tierce opposition.
Du 18 août 1807.-Décr. cons. d'Et.
(1) *Espèce :* — (Teutsch.) — Des biens de la commune de Rohr, vendus en exécution de la loi du 20 mars 1813, furent acquis, en partie, par le sieur Héring, qui céda les deux tiers de ses droits aux sieurs Mennet et Teutsch. Les biens furent partagés et ensuite vendus par parcelles, et Teutsch transporta à Mennet sa créance sur les sous-acquéreurs. — Postérieurement, la commune de Rohr a revendiqué une partie des biens vendus, et sa revendication a été admise par arrêt du 21 mai 1817, rendu contre Héring et Mennet. Teutsch, qui n'avait pas été appelé dans l'instance, y a formé tierce opposition.
Louis, etc.—Considérant en la forme, que le sieur Teutsch n'ayant pas été partie dans l'ord. du 21 mai 1817, lors de laquelle il aurait dû être appelé comme sous-acquéreur d'une partie des immeubles vendus au sieur Héring, et réclamés par la commune de Rohr, est recevable dans sa tierce opposition;—Considérant, au fond, que le sieur Teutsch ne fait valoir aucun nouveau moyen qui soit de nature à faire rapporter notredite ordonnance;
Art. 1. Le sieur Teutsch est reçu tiers opposant à notre ord. du 21 mai 1817. — Au fond, la tierce opposition est rejetée.
2. Le sieur Teutsch est condamné à l'amende de 150 fr.
Du 16 juin 1824.-Ord. cons. d'Et.-M. de Cormenin, rap.
(2) (Reubell C. Conflans.) — Louis, etc. ; — Considérant que la voie de la tierce opposition n'est ouverte qu'à ceux qui, n'ayant pas été parties dans une instance, auraient dû y être appelés ; — Considérant que, dans l'espèce, le sieur de Conflans exerçant une action en revendication contre le sieur Guenoux de Boissy, dernier acquéreur et détenteur actuel de la maison qu'il réclamait, n'était pas tenu d'appeler en cause les précédents propriétaires ; que le sieur et dame Braccini sont intervenus dans la contestation comme ayant vendu cette maison au sieur Guenoux de Boissy ; mais que ces parties intervenantes n'ont pas appelé devant notre conseil d'Etat le sieur Reubell, leur vendeur ; — Considérant que toute action en garantie qui pourrait être exercée par les sieur et dame Braccini contre les sieurs Reubell pour ladite cause, et toute exception que les sieurs Reubell pourraient leur opposer en prouvant, aux termes de l'art. 1640 du code civil, qu'il existait suffisants pour faire rejeter, en 1817, la demande du sieur de Conflans, des moyens sont étrangères à ce dernier, ainsi qu'à la question

---

aff. Kopp C. Schneider). — V. aussi cons. d'Et. 22 avr. 1853, aff. min. de la guerre, *supra*, n° 276.

291. 2° *Cessionnaire, Cédant.* — Les principes qui règlent les acquéreurs sont applicables aux cessionnaires (V. *supra*, n° 159 et suiv.). — Jugé que le cessionnaire de droits, notamment de ceux d'un hospice, ne peut former tierce opposition à la décision rendue contre son cédant (cons. d'Et. 17 juin 1808, aff. Reise). — Mais il a été jugé, et conformément aux principes, que les cessionnaires ne sont pas représentés par leur cédant; en conséquence, ils sont recevables à former tierce opposition au décret intervenu entre le débiteur et lui (cons. d'Et. 5 juill. 1822) (3).
— A l'égard du cédant il a été décidé qu'il faut rejeter comme non recevable la tierce opposition formée par la partie dont le cessionnaire et ayant cause était en instance devant le conseil d'Etat lors de l'arrêt attaqué (cons. d'Et. 1er sept. 1825, M. Maillard, rap., aff. Clausel de Coussergues C. Briand)

292. 3° *Créanciers* (V. *supra*, n° 179 et suiv.).— En thèse générale, les créanciers sont les ayants cause de leur débiteur.— Il a été jugé que les créanciers d'un munitionnaire général, ne pouvant avoir plus de droits que ce dernier, ne sont pas recevables à former tierce opposition à l'ordonnance rendue contradictoirement avec lui (cons. d'Et. 19 mars 1825) (4).

Art. 3. — *Il faut qu'il n'y ait pas chose jugée à l'égard du tiers opposant.*

293. Cette condition énoncée par M. Chauveau, Code d'instr. admin., p. 539, rentre dans la première, car dès qu'il y a chose jugée à l'égard du tiers opposant, c'est qu'il y a chose jugée pour lui-même ou par ceux qu'il représente. Il y a chose jugée au regard du tiers opposant, et par conséquent la tierce opposition n'est pas recevable : 1° lorsqu'elle a pour but de faire décider de nouveau ce qui a été jugé contradictoirement avec le tiers opposant dont il s'agit aujourd'hui, et que, par conséquent, les sieurs Reubell ne sont pas recevables dans leur tierce opposition à notredite ordonnance;
Art. 1. Les requêtes des sieurs Reubell sont rejetées; notre ord. du 10 sept. 1817 sera exécutée selon sa forme et teneur.
2. Les sieurs Reubell sont condamnés aux dépens.
Du 1er déc. 1819.-Ord. cons. d'Et.-M. de Villefosse, rap.
(3) (Barbe et cons. C. comm. de Gemenos). — Louis. etc. — Considérant, dans la forme, que la signification du transport d'une portion de créances prétendues par le sieur Mourgues, contre la commune de Gemenos, avait été faite régulièrement à ladite commune, les 9 vent., 22 germ., 8 prair. an 9 et 16 mess. an 13, par les requérants cessionnaires dudit sieur Mourgues, aux termes des actes ci-dessus visés, lesdits requérants n'ont pu être représentés valablement par leur cédant, en ce qui concerne lesdites créances transportées et dûment signifiées dans l'instance terminée par le décret du 5 mai 1810, d'où il suit que leur tierce opposition audit décret est recevable; — Considérant, au fond, que la dette de la commune de Gemenos remonte au 18 déc. 1786; — Considérant qu'aux termes des art. 82 et 85 de la loi du 24 août 1795, toutes les dettes des communes antérieures à la promulgation de ladite loi sont devenues dettes nationales;
Art. 1. La requête est rejetée.
Du 5 juill. 1822.-Ord. c. d'Etat.-M. de Cormenin, rap.
(4) (Fournier et Creton.) — Louis, etc. — Vu notre ordonnance du 24 juill. 1822, dont on nous demande la révision et la réformation ; — Considérant que les sieurs Creton et Fournier, agissant comme créanciers du sieur Doumerc, ne peuvent avoir plus de droits que ce dernier à se rendre tiers opposants à notre ordonnance précitée ; — Considérant qu'il est établi par tous les faits de la cause, et reconnu par notre ordonnance, que le sieur Doumerc, dans l'opération du retrait des bons des communes, n'avait agi et n'a pu agir que comme agent de notre ministre de la guerre; qu'aux termes des instructions dudit ministre, il n'avait pu devenir propriétaire desdits bons de fournitures que moyennant le payement stipulé dans la circulaire du 6 oct. 1815; que ce payement n'ayant pas été effectué, les communes et particuliers sont restés créanciers du ministère de la guerre, et que le sieur Doumerc n'a ni droit ni qualité pour se rendre opposant à l'ordonnance qui règle la manière dont les créances desdites communes et particuliers seront ordonnancées et liquidées; qu'ainsi les sieurs Creton et Fournier sont non recevables dans leurs pourvoi et opposition ;
Art. 1. Les requêtes... sont rejetées.
Du 19 mars 1825.-Ord. c. d'Etat.-M. Maillard, rap.

ou avec ceux qu'il représente (cons. d'Et. 5 nov. 1823, M. de Cormenin, rap., aff. Cloq. V. en outre les ordonnances rapportées *suprà*, n° 278); — 2° Lorsque le tiers opposant a acquiescé à la décision qui porte atteinte à ses droits. — Et il en est ainsi, alors même que la décision ne lui aurait pas été notifiée (cons. d'Et. 31 janv. 1817, aff. Marvillet, V. n° 300; 2 fév. 1821, aff. habitants de Bischoffsheim C. Teutch; 4 nov. 1835, M. Brian, rap., aff. Miroird C. Dupuy).

294. L'acquiescement est exprès ou tacite. L'acquiescement exprès ou formel est celui qui résulte d'un acte soit judiciaire, soit extrajudiciaire; il n'est soumis, du reste, à aucune forme spéciale. Il peut même être constaté par une simple lettre écrite à un préfet ou à un ministre (cons. d'Et. 28 oct. 1831, M. Méchin, rap., aff, héritiers Corroyer). — L'acquiescement tacite résulte de tout fait ou de tout acte qui indique clairement l'intention de se soumettre à la décision intervenue et aux conséquences qui en résultent. — Par conséquent, il résulte évidemment de l'exécution volontaire et sans réserve de l'arrêt par la partie condamnée (cons. d'Et. 13 sept. 1813, aff. Luneau et Harscouet C. hosp. de Loudeac; 25 fév. 1815, hérit. Brossard, V. Acquiescement, n° 941; 15 déc. 1824, M. Feutrier, rap., aff. Despouy et Laguens C. domaine; 4 nov. 1835, aff. Petit-Clerc, V. Eaux, n° 449-2°). —V. en outre, quant au cas où il y a acquiescement, M. Chauveau, n° 559, et, dans notre Répert., v° Acquiescement, n° 924 et suiv.

Sect. 3. — *Formes de la tierce opposition, procédure, délai pour la former. — Amende.*

295. La tierce opposition en matière administrative est, de même qu'en matière civile, une voie ouverte à ceux qui n'ont pas été parties ou représentés dans un jugement ou arrêté qui préjudicie à leurs droits pour parvenir à le faire réformer. Nous avons vu quelles décisions peuvent être attaquées par cette voie de recours, et sous quelles conditions elle est recevable; nous allons rechercher maintenant à quelles formes elle est soumise et dans quel délai elle doit être formée.

296. Devant le conseil de préfecture, dit M. Chauveau, p. 540, et les ministres, c'est-à-dire devant les juridictions du premier degré, la tierce opposition est instruite et jugée dans la forme ordinaire. — Si, au lieu de former tierce opposition devant le conseil de préfecture, on formait une simple opposition, la procédure serait-elle régulière? — Oui, suivant MM. Serrigny (t. 2, p. 289, n° 933) et Chauveau (p. 541). — « Devant le conseil de préfecture, dit M. Serrigny, la tierce opposition se rapproche beaucoup, quant à la forme, de l'opposition simple. — Devant les tribunaux ordinaires, où nul ne peut être condamné sans avoir été appelé régulièrement, la tierce opposition a des règles et produit des effets particuliers bien distincts de ceux de l'opposition simple. — Celui qui a la voie de l'opposition simple, comme ayant été appelé et n'ayant pas comparu, n'a pas la tierce opposition judiciaire accordée à ceux qui n'ont pas été appelés, et réciproquement. — La tierce opposition incidente se forme devant le tribunal saisi de la contestation principale, s'il est égal ou supérieur à celui qui a rendu

le jugement. — La partie qui succombe est condamnée à une amende. — Rien de tout cela n'a lieu devant les conseils de préfecture. Comme ces conseils peuvent prendre des arrêtés. contre ceux qui n'ont pas été appelés, les parties condamnées doivent se pourvoir devant l'autorité qui a rendu l'arrêté attaqué, par la voie de l'opposition simple ou de la tierce opposition. La qualification qu'elles donneront à leur requête ne changera rien aux conséquences du moyen employé. » — A plus forte raison doit-il en être de même devant les ministres, qui sont encore plus que les conseils de préfecture dispensés de toutes formes judiciaires, et qui peuvent rendre des décisions spontanées sans que les intéressés aient été régulièrement appelés à se défendre (même auteur, p. 344, n° 994).—M. Chauveau admet aussi que les formes de la tierce opposition sont pareilles à celles de l'opposition simple, et même que la qualification donnée à la requête n'a pas d'importance judiciaire. Néanmoins il maintient que « en matière administrative comme en matière judiciaire, devant les conseils de préfecture et devant les ministres comme devant tout autre tribunal administratif, les parties doivent être appelées avant que le jugement soit rendu, et les arrêtés pris sans qu'elles aient été appelées doivent être attaqués par la voie de la tierce opposition, et non par celle de l'opposition simple. » L'opinion de M. Chauveau est certainement plus conforme aux principes généraux du droit; mais en matière administrative il est des cas exceptionnels et d'urgence dans lesquels on se trouve dans l'impossibilité de suivre les règles ordinaires. — V. sur l'opposition simple v° Jugement par défaut, n° 515 et suiv.

297. La tierce opposition est instruite et jugée devant le conseil d'Etat dans la forme déterminée par le règlement du 22 juill. 1806. Le § 4 traite de la tierce opposition, et l'art. 37 porte : « Ceux qui voudront s'opposer à des décisions du conseil d'Etat rendues en matière contentieuse, et lors desquelles ni eux ni ceux qu'ils représentent n'ont été appelés, ne pourront former leur opposition que par requête en la forme ordinaire; et sur le dépôt qui en sera fait au secrétariat du conseil, il sera procédé conformément aux dispositions du titre 1.» Puis l'art. 39 renvoie aux art. 34 et 35, qui sont relatifs au recours contre les décisions contradictoires et les déclare communs à la tierce opposition. — V. Requête civ., n° 287 et suiv.

298. D'après l'art. 29 du décret de 1806, l'opposition aux décisions du conseil d'Etat, rendues par défaut, doit être formée, à peine de déchéance, dans le délai de trois mois, à compter du jour où la décision par défaut aura été notifiée (V. Jugem. par défaut, n° 521 et suiv.) — Mais il en est tout autrement pour la tierce opposition; la loi gardant le silence à cet égard, la tierce opposition est recevable dans tout délai « par la raison, dit M. Chauveau (*eod.*, p. 544), que les tiers opposants n'ayant pas été parties dans la décision attaquée, sont censés l'ignorer, et qu'il serait contraire à la justice de les soumettre à une déchéance qu'il n'aurait pas été en leur pouvoir d'éviter. » — Il a été jugé que les délais de l'opposition n'étant pas applicables à la tierce opposition, une commune est recevable, après leur expiration, à attaquer par la tierce opposition l'ordonnance qui a mis à sa charge une dette antérieure au 24 août 1793, si elle n'a été ni entendue ni appelée (cons. d'Et. 28 mars 1821) (1).

(1) (Ville de Rochefort C. le sieur et dame de la Touche-Tréville.) —Louis, etc.; — Vu les requêtes à nous présentées au nom de la ville de Rochefort, tendantes à ce qu'il nous plaise la recevoir tierce opposante à notre ordonnance du 10 fév. 1815, qui met à sa charge une dette contractée par elle envers le sieur et dame de la Touche-Tréville, et résultant du prix de maisons que ladite ville acquit, en 1787, pour servir de logements militaires; — Vu la requête en défense pour la dame veuve comtesse de la Touche-Tréville ; — Vu la requête en reprise d'instance pour le sieur comte de Villeblanche, seul et unique héritier de la comtesse de la Touche-Tréville, sa mère ; —Vu les budgets de la ville de Rochefort pour les années 1815 et 1816, ainsi que les délibérations du conseil municipal de ladite ville ; — Vu le tit. 4, art. 1, de la loi du 10 juill. 1791, qui réunit au domaine de l'Etat tous les bâtiments ou établissements militaires appartenant aux provinces ou aux villes; — Vu la loi du 24 août 1797 (art. 82 et 85) ; — Considérant (sur la fin de non-recevoir opposée par la dame de la Touche-Tréville à la commune de Rochefort, tirée de l'expiration des délais) que notre ordonnance du 10 fév. 1815 a été rendue sans que la commune de Rochefort ait été entendue ni appelée et que son pourvoi con-

stitue une tierce opposition à laquelle les délais de l'opposition ordinaire ne sont point applicables ; — Considérant (sur la fin de non-recevoir tirée du payement fait par le receveur municipal, des intérêts de la créance en litige) qu'il résulte desdits budgets et délibérations que le conseil municipal n'a jamais proposé ni consenti l'allocation de ladite créance, qui a été inscrite d'office par l'autorité supérieure sur lesdits budgets ; — Que, si le maire a délivré un premier mandat de payement, il a immédiatement sollicité la convocation extraordinaire du conseil municipal, lequel a protesté contre ledit payement, et que la commune s'est pourvue, par les soins du maire, contre notredite ordonnance ; — Qu'ainsi le payement dont il s'agit ne constitue pas un acquiescement de la part de la commune ; — Considérant que, par l'acte de vente du 15 nov. 1787, la dame de la Touche-Tréville a cessé d'être propriétaire des bâtiments en litige, et est devenue dès cette époque, créancière de la commune ; — Et qu'aux termes des art. 82 et 85 de la loi du 24 août 1795, les dettes des communes, antérieures à cette époque, ont été déclarées nationales, et les créanciers tenus de se pourvoir en liquidation. — Art. 1. Notre ordonnance du 10 fév. 1815 est révoquée. Du 28 mars 1821.-Ord. 4. d'Et.-M.vin Cormenin, rap.

299. Si la décision qui porte préjudice aux tiers opposants leur avait été régulièrement notifiée, ils ne pourraient plus arguer de leur ignorance, et ils devraient alors déposer leur requête dans les trois mois à partir de la notification (cons. d'Et. 9 avr. 1817, aff. fab. de Cambrai C. Venture.— Conf. M. Foucart, t. 3, n° 2015, 4° édit.).— Suivant M. Chauveau (p. 545), la notification ne peut être remplacée par des actes équivalents; il ne suffirait pas que les tiers opposants eussent en connaissance de la décision par une autre voie.— Mais il a été jugé, contrairement à cette opinion : 1° que la tierce opposition à une décision rendue par défaut, et notamment à un décret contre une commune en faveur d'un particulier, n'est plus recevable après l'expiration du délai de trois mois, à compter du jour où elle en a eu connaissance par une lettre préfectorale, surtout s'il est intervenu des jugements dont elle a eu aussi connaissance, et qui ont été rendus en vertu de ce décret (cons. d'Et. 17 juill. 1816) (1); — 2° Qu'aux termes du règlement du 22 juill. 1806, les oppositions ou tierces oppositions ne sont pas recevables après l'expiration du délai de trois mois, à compter du jour de la notification contre les ordonnances rendues par le roi en son conseil d'Etat et en matière contentieuse. — Ainsi, on ne peut pas se pourvoir après le délai de trois mois contre une ordonnance royale insérée au Bulletin des lois et portant que les immeubles d'une ton-

tine, spécialement de celle du Pacte social, seront vendus aux enchères publiques, à la diligence des administrateurs, pour être le produit net des ventes, converti en acquisitions de rentes sur l'Etat au profit de la tontine, s'il résulte d'un des articles de cette ordonnance que sa publication a eu pour objet de la notifier aux intéressés dont le nombre était trop grand pour que le mode de notification ordinaire fût pratiqué (cons. d'Et. 4 juin 1816) (2).

300. Jugé encore que des habitants d'une commune ne sont pas recevables à former tierce opposition à un décret, trois mois après sa publication et son exécution sans opposition ni de leur part, ni de celle de la commune (cons. d'Et. 31 janv. 1817) (3).

301. L'art. 58 du décret de 1806 frappe d'une amende de 150 fr. la partie qui succombe dans sa tierce opposition, sans préjudice, y est-il dit, des dommages-intérêts, s'il y a lieu. — Le conseil peut cependant réduire l'amende de 150 à 50 fr., en ayant égard à la position des parties (ord. cons. d'Et. 31 oct. 1821, aff. Schmith C. Maille, V. Commune, n° 2453), et lorsqu'une requête en opposition est rejetée par le conseil d'Etat, il peut statuer immédiatement sur les dommages-intérêts (même ord. du 31 oct. 1821, sol. impl.).

302. C'est, du reste, une question qui n'est pas sans gravité que celle de savoir si le conseil d'Etat a le droit d'accorder des dommages-intérêts.— MM. de Cormenin (t. 1, p. 79) et Ma-

___

(1) (Com. de Marmoutiers C. Muller-Levieux.) — Louis, etc.; — Considérant qu'il résulte de la lettre du préfet du département du Bas-Rhin, du 22 août 1810, et de l'acte de dépôt du 11 déc. 1809, visé dans ledit décret du 19 juill. 1810, que la commune de Marmoutiers et Georges Hausser et consorts avaient eu communication de la réclamation de Joseph Muller, contre l'arrêté du conseil de préfecture du département, du 14 janv. 1807, qu'ils avaient été sommés de fournir leurs défenses, qu'en conséquence ledit décret du 19 juill. 1810 n'a pas été rendu sans qu'ils aient été appelés; — Considérant qu'aux termes du règlement les oppositions aux décisions rendues par défaut ne sont pas recevables, après l'expiration du délai de trois mois à compter de la notification; qu'il résulte de la lettre du préfet du département du Bas-Rhin, du 22 août 1810, que dès lors notifié ledit décret aux parties intéressées; qu'il est prouvé par la lettre du conseiller d'Etat, chargé du contentieux des domaines nationaux, en date du 8 mars 1811, relative aux réclamations du maire de Marmoutiers contre ledit décret, que la commune en avait connaissance; que ledit décret a été signifié aux détenteurs du terrain en litige, avec commandement d'y satisfaire, par acte d'huissier du 26 avr. 1811; qu'enfin tant la commune de Marmoutiers que Georges Hausser et consorts, ont eu surabondamment connaissance dudit décret dans l'instance introduite avec eux, pour l'exécution devant le tribunal de première instance de Saverne, et dans laquelle sont intervenus les jugements précités des 3 fév., 25 août 1813 et 10 juin 1814; qu'en conséquence, le délai pour former tierce opposition était depuis longtemps expiré lorsqu'elle a été formée par la requête susdite du 31 déc. 1814 et que la même déchéance s'applique à la tierce opposition ;
Art. 1. Les requêtes des maires et habitants de la commune de Marmoutiers et de Georges Hausser et consorts sont rejetées.
2. Les maires et habitants de Marmoutiers et Georges Hausser et consorts sont condamnés aux dépens faits devant notre conseil.
3. Les sieurs Thiébaut, Scholt et consorts sont renvoyés à se pourvoir devant les tribunaux ordinaires sur leur demande en dommages et intérêts et en condamnation des dépens faits devant le tribunal de Saverne.
Du 17 juill. 1816.—Ord. c. d'Etat.
(2) (Action. du Pacte social.) — Louis, etc.; — Vu la requête présentée au nom des sieurs Duval, la Vaquerie, Deprée, Abavant et Cordier, domiciliés à Paris, des sieurs Pierre-Antoine Lazalle, Marie-Guillaume Margaillan, Cheulan et Bernion, domiciliés à Marseille, des sieurs Demourry Avril et Leclerc, domiciliés à Poitiers, des sieurs Si, pourg, Vanel et Dauvergne, domiciliés à Pont-Saint-Esprit, tous se disant actionnaires de la tontine dite du Pacte social, société numéraire-et au nom du sieur Tolozé-Jabin, se disant directeur de ladite tontine, ladite requête enregistrée au secrétariat du comité du contentieux de notre conseil d'Etat, le 15 mars 1815, tendante à ce qu'il nous plaise les recevoir opposants et subsidiairement et en tant que de besoin tiers opposants à notre ord. du 23 oct. 1814; rapporter ladite ordonnance, faire défense aux membres de la commission formée en exécution du décret du 9 fév. 1810, pour la régie de ladite tontine, de faire procéder à la vente des biens immeubles de la tontine, attendu l'impossibilité d'une réunion ou d'une conciliation entre les deux sociétés qui composent ladite tontine, l'une dite société des assignats, l'autre dite société numéraire; renvoyer les parties devant les tribunaux, et déclarer que la susdite commission cessera ses fonctions aussitôt après qu'il aura été prononcé par les tribunaux sur le mode d'administration desdits biens ;
— Notre ordonnance susdite, du 23 oct. 1814, portant que la commis-

sion formée en exécution du décret du 9 fév. 1810, continuera à gérer la tontine du pacte social; que notre cour des comptes fixera incessamment, par un arrêté définitif, la quotité des répétitions à exercer contre le sieur Tolozé; que les immeubles de ladite tontine, conformément à la demande formée, conjointement à cet égard, par les actionnaires de la société des assignats et de la société numéraire, seront vendus, et le produit de la vente employé en acquisition de rentes sur l'Etat; ladite ordonnance prescrivant en outre des mesures, soit pour la conciliation entre les deux sociétés, soit pour le jugement de leurs contestations par les tribunaux ordinaires, soit enfin pour qu'il soit pourvu définitivement à l'administration desdites sociétés après que leurs contestations seront terminées; — L'avis du conseil d'Etat, sur les associations de la nature des tontines, approuvé le 1er avr. 1809;
— Le décret du 9 fév. 1810, lequel, en appliquant les dispositions de l'avis susdit à la tontine du pacte social, ordonne qu'elle sera régie désormais par un ou plusieurs administrateurs pris dans le conseil municipal de la ville de Paris, sous la surveillance du préfet; prescrit diverses mesures d'administration dans l'intérêt des actionnaires, et renvoie à la cour des comptes l'examen de la comptabilité arriérée du sieur Tolozé, ainsi que le jugement des contestations auxquelles elle pourra donner lieu, sous le rapport seulement du règlement et de l'apurement des comptes; — Considérant que notre ordonnance susdite, du 23 oct. 1814, a été insérée au Bulletin des lois le 22 novembre suivant; que sa publication a eu pour objet, ainsi qu'il résulte de l'art. 7 de ladite ordonnance, de la notifier à chacun des intéressés, qui sont trop nombreux pour qu'un autre mode de notification fût praticable; qu'aux termes du règlement du 22 juill. 1806, sur les affaires contentieuses portées au conseil d'Etat, les oppositions et tierces oppositions ne sont pas recevables après l'expiration du délai de trois mois, à compter du jour de la notification ;
Art. 1. La requête susdite, du sieur Duval et autres y dénommés, est rejetée.
Du 4 juin 1816.—Ord. cons. d'Et.
(3) Espèce : — (Marvillet.) — Dans l'espèce du décret attaqué, en date du 6 mars 1810, avait annulé un partage et réservé aux détenteurs dans le cas de l'art. 5 de la loi du 9 vent. an 12, le bénéfice de cette loi.
Louis, etc.; — Considérant qu'il résulte de l'avis du directeur des domaines, approuvé par le conseil de préfecture, que le décret du 6 mars 1810, contre lequel est dirigé le pourvoi par opposition des sieurs Joachim Bazin et consorts, a été publié et exécuté; qu'il est constaté par ledit avis et avoué par les opposants, dans leur requête, que les biens communaux qu'avaient avait été partagés ont été rendus, du consentement des copartageants, à la jouissance communale, et donnés publiquement à bail, pour le compte de la commune; que même plusieurs des opposants en ont pris des portions à titre de bail; — Considérant que le défaut de réclamation dans les trois mois de la publication dudit décret et l'exécution dont il a été suivi, du consentement des copartageants, rendent non recevable aujourd'hui l'opposition du sieur Joachim Bazin et consorts ;
Art. 1. Il est donné acte aux sieurs Alexis Marvillet et consorts de leur requête en désistement susdite, du 16 déc. 1816.
2. Les requêtes introductive et ampliative des 21 fév. et 16 déc. 1816, en ce qui concerne les sieurs Joachim Bazin et consorts, dénommés dans la dernière desdites requêtes, sont rejetées.
Du 31 janv. 1817.—Ord. cons. d'Et.

carel (Eléments de jurispr. adm., t. 1, p. 91, n° 121) le lui contestent formellement. — M. Serrigny, au contraire (t. 1, n° 331), combat vivement le sentiment de ces auteurs et trouve qu'il serait singulièrement bizarre que le conseil d'État qui rejette une tierce opposition fût obligé de renvoyer devant les tribunaux pour appliquer les dommages qu'elle a pu occasionner. — Quant à nous, nous inclinons fortement vers la première de ces deux opinions. La justice administrative n'est point instituée pour juger des questions de dommages-intérêts entre parties. Elle a une mission toute spéciale dans laquelle elle doit strictement se renfermer. La disposition du décret de 1806, invoquée par M. Serrigny à l'appui de sa doctrine, ne contient, d'ailleurs, rien de décisif. — « La partie qui succombera, y est-il dit, sera condamnée à 50 fr. d'amende, *sans préjudice des dommages-intérêts de la partie s'il y a lieu.* » Mais par qui seront-ils prononcés? c'est ce que l'article n'exprime pas. — Qu'y a-t-il de reste d'extraordinaire à ce que le conseil renvoie les parties devant les tribunaux lorsqu'une question accessoire? On sait qu'il y est tenu en cas d'inscription de faux et toutes les fois qu'une question de propriété est soulevée devant lui. — Vainement produirait-on de nombreux monuments de jurisprudence administrative qui résoudraient la question en faveur de l'opinion de M. Serrigny, car la difficulté n'est pas de savoir ce que décide le conseil d'État, mais dans quel sens il devrait juger. — A la vérité on peut citer contre la solution que nous défendons l'art. 21, § 2, de la loi du 22 avr. 1806, aux termes duquel « le conseil d'État prononce définitivement et sans recours entre la banque de France et les membres de son conseil général, ses agents ou employés, toute condamnation civile, *y compris les dommages-intérêts,* et même soit la destitution, soit la cessation des fonctions. » — Mais d'abord ce n'est là qu'une exception, unique et qui confirme la règle de doctrine qu'il appartient aux tribunaux civils de prononcer sur des dommages-intérêts entre parties. Au surplus, depuis plus de cinquante ans qu'elle existe, on ne voit pas que cette disposition ait reçu une seule application, ce qui donne à penser que la juridiction administrative n'est pas très-sympathique à la Banque, car il est difficile d'admettre que dans un aussi long espace de temps, il n'y ait plus eu une seule contestation de nature à être soumise au conseil d'État. — C'est là, ce nous semble, une erreur législative et rien de plus.

303. La tierce opposition ne peut être rejetée sans motifs (cons. d'Et. 8 mai 1822, aff. Falgas, V. n° 273). C'est le principe général du droit civil appliqué aux lois administratives. — Quant à la forme et aux effets de la simple opposition devant les conseils de préfecture, V. Organisation administr. et Jugement par défaut.

Sect. 4. — *De la compétence quant à la tierce opposition en matière administrative.*

304. Le droit d'opposition ou de tierce opposition formée aux ordonnances du chef de l'État découle des art. 29 et 37 du décret du 22 juill. 1806 et d'une jurisprudence incontestée (V. *suprà,* n°ˢ 267, 270); et cette jurisprudence est en harmonie avec l'équité comme avec la raison. — Comme il n'y a pas d'autorité supérieure au souverain, comme il le tribunal suprême appelé à redresser toutes les erreurs possibles et involontaires de l'administration, il faut bien admettre que les parties lésées auront une voie quelconque pour se faire rendre justice; or cette voie ne peut pas être celle de l'appel, d'abord parce qu'il n'y a pas d'autorité au-dessus de l'empereur, et que ce serait le même juge qui statuerait nécessairement; ce serait une révision, ce ne serait pas un appel. — Mais si l'appel n'est ni possible ni admissible, on comprend que la partie lésée s'oppose à

l'exécution de l'ordonnance et procède par voie d'opposition ou de tierce opposition. Dans ce cas, dit M. de Serrigny, « le recours est dirigé contre les actes du roi trompé ou surpris, devant le roi mieux informé, et éclairé par les délibérations de son conseil d'État. » — Les ordonnances soumises à la tierce opposition ne sont pas seulement celles relatives au pouvoir existant, elles s'étendent aux actes des divers gouvernements qui se sont succédé en France depuis 1789, ainsi qu'à ceux des anciens souverains des provinces aujourd'hui françaises, et c'est devant le conseil d'État que la tierce opposition doit être portée (V. Compét. admin., n° 335).

305. Toutefois la règle générale que nous venons d'énoncer a des limites qu'elle ne peut franchir. Ainsi le conseil d'État ne serait pas compétent pour connaître de la tierce opposition aux ordonnances des anciens rois de France, ou aux décrets impériaux qui ont force de loi. Il ne peut pas y avoir de tierce opposition contre la loi, autrement elle cesserait d'être la loi (V. Compét. admin., *eod.*).

306. Le conseil d'État pourrait-il connaître de la tierce opposition formée contre des ordonnances qui ont trait à des questions de propriété? Non. — Les ordonnances rendues en conseil d'État ne préjugent rien sur les questions de propriété et notamment sur des droits d'usage qui peuvent appartenir à certains habitants sur une forêt communale, par suite, l'affaire appartenant aux tribunaux ordinaires, la juridiction administrative serait incompétente pour statuer sur la tierce opposition formée contre l'ordonnance (V. v° Commune, n° 2357, et v° Compét. admin., n°ˢ 143 et suiv.). — Jugé en ce sens que le décret qui, sur l'appel d'un arrêté du préfet, a prononcé entre l'État et des particuliers sur la propriété d'une chapelle, ne fait pas obstacle à ce qu'une commune porte devant les tribunaux la question de savoir si cette chapelle est communale ou domaniale, il n'y a pas lieu de former tierce opposition contre le décret (cons. d'Et. 1ᵉʳ nov. 1826, M. Hutteau d'Origny, rap., aff. commune d'Ivry; V. aussi *suprà,* n°ˢ 275-3°, 4°, 276 et s.).—Toutefois, dans ce cas, le conseil d'État peut ne pas se dessaisir complétement de l'instance de tierce opposition, il peut surseoir à statuer jusqu'à ce que la question de propriété soit vidée par les juges de droit commun. — Jugé dans ce sens lorsque celui qui se prétend propriétaire des biens communaux dont une ordonnance royale a autorisé la vente, forme tierce opposition à cette ordonnance, le conseil d'État sursoit à son exécution et renvoie les parties devant les tribunaux pour faire juger la question de propriété (cons. d'Et. 31 juill. 1822) (1).

307. La cour des comptes est-elle compétente pour connaître de la tierce opposition formée contre l'un de ses arrêts? MM. de Cormenin, t. 1, p. 338, n° 7, et Chauveau, *eod.,* p. 539, se prononcent pour la négative. La cour des comptes étant instituée pour opérer et arrêter les comptes de chaque année d'une manière définitive, et des tierces oppositions qui interviendraient postérieurement remettraient tout en question. C'est aussi ce que nous avons décidé *suprà,* n° 268. — Jugé en ce sens que la cour des comptes est incompétente pour connaître d'une tierce opposition formée contre un de ses arrêts (cons. d'Et. 10 oct. 1811, aff. Laruelle, V. Cour des comptes, n°ˢ 32, 37 et 49).

308. Lorsque la tierce opposition, contre un arrêté d'un conseil de préfecture, est formée par action principale, la décision appartient évidemment au même conseil de préfecture. — Si la tierce opposition est incidente, M. de Serrigny, t. 2, n° 335, signale une différence notable entre la tierce opposition en matière administrative et la tierce opposition en matière civile. « Je ne crois pas, dit-il, que l'on puisse attaquer par voie de tierce opposition incidente un arrêté émané d'un conseil de préfecture devant un autre conseil que celui qui l'a rendu. »

(1) *Espèce :* — (Banquet de Surville, marquis de Campigny C. com. de Surville.) — Le réclamant avait formé tierce opposition, le 24 nov. 1820, à l'ordonnance royale du 19 janv. même année, qui ordonnait la commune de Surville à vendre, aux enchères et par lots, des landes et les terrains dont il se disait propriétaire. Il demandait la révocation de l'ordonnance **et** se maintenue dans la propriété et possession des objets litigieux.

Louis, etc., — Considérant que notre ordonnance du 19 janv. 1820 autorise la vente de deux terrains appelés la Lande et les Mielles de Surville, dont le marquis de Campigny revendique la propriété, et que cette question doit être jugée par les tribunaux;

Art. 1. Il est sursis provisoirement à l'exécution de notre ordonnance du 19 janv. 1820;

2 Le sieur Banquet de Surville, marquis de Campigny, est renvoyé à se pourvoir devant les tribunaux dans le délai de deux mois, à partir de la signification de la présente ordonnance, pour y faire juger ses droits à la propriété des terrains en litige.

Du 31 juill. 1822.-Cons. d'Et.-M. Brière, rap.

Cette réflexion nous paraît juste, et il a été jugé dans une espèce qui se rapproche de cette doctrine qu'en cas de tierce opposition formée par un tiers à un arrêté du conseil de préfecture, rendu au sujet d'une place publique, et déféré au conseil d'Etat par la partie qui succombe, il y a lieu de renvoyer les parties devant le même conseil de préfecture, pour y être statué, contradictoirement avec elles, sur la tierce opposition, et cela, nonobstant la demande de la partie qui a recouru, tendante à ce que le conseil statuât sur son pourvoi (cons. d'Et. 10 janv. 1827) (1).

309. Un conseil de préfecture peut-il rapporter, par suite d'une tierce opposition formée devant lui, un arrêté des anciens directoires ou des administrations centrales de département en matière contentieuse? Non. — Un arrêté du gouvernement du 8 pluv. an 11 (aff. comm. d'Arraumon), annule un arrêté du conseil de préfecture pour avoir rapporté une décision d'un directoire de département. Ce droit, dit l'arrêté de l'an 11, n'appartient qu'au gouvernement (Conf. cons. d'Et. 4 therm. an 13 et 12 nov. 1806, aff. N...; 18 août 1807, M. Neville, rap., aff. Arnaud C. de Francières; 6 juin 1830, aff. Trouche; 4 juin 1839, M. Bouchené-Lefer, rap., aff. Rotalier. — Conf. M. de Serrigny, n° 936; V. au surplus sur ce qui concerne la tierce opposition, en ce qui a trait aux droits du conseil de préfecture, v° Organis. administ.). A plus forte raison les tribunaux civils n'ont-ils pas ce droit. — Jugé en ce sens que le conseil d'Etat seul peut statuer sur le maintien ou l'annulation des arrêtés pris par les administrations centrales de département; en conséquence, la tierce opposition à ces arrêtés doit être portée devant lui et non devant les tribunaux (cons. d'Et. 18 av. 1821) (2).

310. De même que le conseil d'Etat, le conseil de préfecture doit se reconnaître incompétent pour statuer sur des questions de propriété portées devant lui par voie de tierce opposition et il doit renvoyer la cause devant qui de droit (V. n° 306). — Il a été jugé dans ce sens que la femme opposition à un arrêté non contradictoire, pour elle, qui condamne un individu à restituer des biens réclamés par une commune, doit être reçue tierce opposante devant le conseil de préfecture, dès qu'elle prétend que les biens litigieux font partie intégrante de ses biens dotaux, et que l'affaire doit être renvoyée devant les tribunaux (cons. d'Et. 12 avr. 1829) (3).

CHAP. 4. — DE LA TIERCE OPPOSITION EN MATIÈRE CRIMINELLE.

311. Nous avons dit n° 3, avec M. Chauveau, que la

---

(1) *Espèce* : — (Com. du Petit-Quevilly C. Rabardy.) — Sur le débat, au sujet d'une place publique entre la commune du Petit-Quevilly et Rabardy, le conseil de préfecture donne gain de cause à ce dernier. — Tierce opposition à l'arrêté de la part de Lecointe, aux issues sur la place publique.—Le conseil de préfecture déclare qu'il ne peut statuer, n'ayant pas sous les yeux les pièces nécessaires. — La commune, qui s'était pourvue au conseil d'Etat, a demandé qu'il fût statué sur ce pourvoi.

CHARLES, etc. ; — Sur le rapport de notre comité du contentieux : — Considérant qu'il résulte de l'arrêté du conseil de préfecture, du 26 juill. 1826, que le sieur Lecointe, qui n'était point partie dans l'arrêté du 5 juin 1825, contre lequel la commune du Petit–Quevilly se pourvoit devant nous, a formé tierce opposition à ce dernier devant le même conseil de préfecture, et qu'il n'a pas été statué sur cette tierce opposition; d'où il suit que tout se trouve remis en question devant ledit conseil. — Art. 1. Il n'y a pas lieu de statuer sur le pourvoi formé devant nous, par la commune, contre l'arrêté du 2 juin 1825. — Les parties sont renvoyées devant le même conseil, pour y être statué contradictoirement avec elles sur la tierce opposition du sieur Lecointe.

Du 10 janv. 1827.-Ordon. cons. d'Et.-M. de Rozières, rap.

(2) (Ferrand et autres.) — LOUIS, etc. ; — Vu le rapport à nous présenté par notre garde des sceaux, sur un conflit d'attributions élevé par un arrêté du préfet du département de la Nièvre, en date du 1er fév. 1820 ; — Vu ledit arrêté du conflit, par lequel le préfet du département de la Nièvre a revendiqué une affaire portée devant le tribunal civil de Cosne, pour l'exécution d'un arrêté pris, le 8 flor. an 5, par l'administration centrale de ce département, qui enjoignait à tous propriétaires de moulins et usines situés sur la rivière de Nohain, de rabaisser les pelles de leurs moulins et usines à la hauteur exacte de 50 pouces, conformément à un règlement du 13 août 1580, dit *règlement Bodin*; — Vu le jugement rendu sur ladite affaire, le 4 août 1819, par le tribunal civil de Cosne, ledit jugement portant que, « sans s'ar-

---

tierce opposition était peu connue, et peu pratiquée dans l'ancien droit; les ordonnances en matière civile ne contenaient que deux dispositions insuffisantes pour régler cette matière très-compliquée (V. nos 3 et 4), et quant aux causes criminelles l'ordonnance de 1670 gardait le silence le plus absolu sur cette voie de recours. Cependant Merlin cite plusieurs arrêts qui donneraient lieu de penser que la tierce opposition avait été admise par les parlements en matière criminelle (arr. du parl. de Paris, 15 juin 1744, 3 sept. 1759, 13 août 1783, V. Merlin, v° Oppos. tierce, § 1, n° 4).

312. Le code de brumaire an 4 et le code d'instruction criminelle de 1810, pas plus que l'ordonnance de 1670, ne se sont expliqués relativement à la recevabilité de la tierce opposition en matière civile, ce qui laisse encore indécise la question de savoir si cette voie de recours est permise en cette matière. — La jurisprudence antérieure au code d'instruction criminelle présente sur ce point des décisions contradictoires. — Il a été jugé, avant la loi de brumaire, que la tierce opposition n'était pas recevable contre un jugement rendu en matière criminelle (Crim. cass. 29 brum. an 3, M. Lalonde, rap., aff. Wamser C. Larivée). — Et sous le code de brumaire, qu'on n'est pas recevable à former tierce opposition contre les jugements émanés, soit des tribunaux criminels, soit des tribunaux correctionnels; que ces derniers sont seulement susceptibles d'appel (C. de brum. an 4, art. 192, 594; Crim. rej. 13 mess. an 7, MM. Méaulle, pr., Sautereau, rap., aff. Nicolas Courtat). — Mais en sens contraire, il a été décidé, et ce sont là les termes mêmes de l'arrêt, « que les art. 594 et 595 du code des délits et des peines n'ont pas eu en vue de poser les bases et la forme tant de juger que de procéder..., ne s'entendent que du mode de procéder sur la plainte entre le plaignant et l'accusé, seulement, et ne sont nullement prohibitifs de la tierce opposition en matière de police correctionnelle, et que cette tierce opposition est recevable lors même que le tiers opposant aurait eu connaissance du procès » (Crim. rej. 18 vend. an 9, MM. Viellart, pr., Ruperou, rap., aff. com. d'Ellabath).

313. Dans ce dernier arrêt, la cour de cassation pose en principe que la voie de la tierce opposition contre un jugement dont l'effet doit rejaillir sur un tiers qui n'y a pas été appelé, est ouverte de droit à ce tiers, par le motif que la raison et l'équité naturelle veulent que celui qui doit être lésé par un jugement, auquel il a été tout à fait étranger, ait un moyen légal de se pourvoir contre ce jugement. — Mais est-il vrai qu'un jugement criminel puisse porter atteinte aux intérêts ou aux droits de celui qui n'a été ni partie ni représenté à ce jugement. Si l'on admet

---

rêter à la tierce opposition formée par le sieur Frossard à l'exécution dudit arrêté de l'administration centrale du département de la Nièvre, cet arrêté sera exécuté, selon sa forme et teneur, envers tous les propriétaires d'usines situées dans le canton de Cosne, sur la rivière de Nohain; » — Considérant que le sieur Frossard, l'un des propriétaires d'usines sus-énoncés, avait le tribunal civil de Cosnes, par exploit du 2 août 1819, une tierce opposition à l'exécution de l'arrêté d'administration centrale, du 8 flor. an 5, ci-dessus visé; — Considérant qu'aux termes de l'arrêté du gouvernement, du 8 pluv. an 11, ci-dessus visé, le gouvernement seul peut statuer sur le maintien ou l'annulation d'un arrêté pris par une administration centrale de département; qu'ainsi, dans l'espèce, la tierce opposition audit arrêté du 8 flor. an 5 aurait dû être portée devant nous, en notre conseil d'Etat, et que le tribunal civil de Cosne, en statuant sur ladite tierce opposition, a excédé les bornes de sa compétence ; — Art. 1. L'arrêté de conflit pris par le préfet de la Nièvre, le 1er fév. 1820, est confirmé.

Du 18 avr. 1821.-Ord. cons. d'Et.-M. de Villefosse, rap.

(3) (Com. de Saint-Dizier-les-Domaines C. la dame de la Vergne.) — CHARLES, etc. ; — Sur le rapport du comité du contentieux : — Vu l'art. 6 de l'ordonnance royale du 25 juin 1829 ; — Considérant que l'arrêté du 5 août 1826, qui a condamné le sieur Ranon de la Vergne à la restitution des biens réclamés par la commune de Saint-Dizier-les-Domaines, n'a point été rendu contradictoirement avec la dame Ranon de la Vergne ; — Considérant que ladite dame Ranon de la Vergne, en formant opposition au susdit arrêté, a prétendu que les biens réclamés par ladite commune n'ont jamais fait partie des biens communaux, mais qu'ils font partie intégrante de ses biens dotaux ; — Qu'ainsi, le conseil de préfecture a dû recevoir ladite dame Ranon de la Vergne, tierce opposante à l'arrêté du 5 août 1826, et, conformément à l'art. 6 de notre ordonnance ci-dessus visée, renvoyer les parties devant les tribunaux ; — Art. 1. La requête est rejetée.

Du 12 avr. 1829.-Ord. cons. d'Et.-M. Barthélemy, rap.

l'affirmative, il faudra bien reconnaître qu'une voie juridique quelconque devra lui être ouverte pour faire réformer ce jugement ; comme dans cette hypothèse, il n'était pas partie au procès, il ne peut ni former opposition ni interjeter appel. La seule ressource qui lui restera sera donc la tierce opposition. Tel est l'avis de Merlin, *loc. cit.*, et de Carnot, Instruction criminelle, t. 1, p. 62º, qui, en principe, considèrent la tierce opposition comme une voie de réformation applicable aux matières criminelles aussi bien qu'aux matières civiles.—Merlin invoque à l'appui de son opinion un arrêt de la cour de cassation qui semblerait, en effet, confirmer les principes qu'il émet : — « Attendu, lit-on dans cet arrêt, que la tierce opposition est fondée sur le principe que personne ne peut être condamné sans être entendu ; que ce principe de tous les temps et de tous les lieux s'applique aux justices de paix, *comme à toutes autres juridictions*; que, par conséquent, les parties qui n'ont été ni entendues ni appelées dans les contestations portées devant les juges de paix, ont le droit, si elles y ont intérêt, d'y former tierce opposition » (Rej. 23 juin 1806, M. Vallée, rap., aff. Sauveterre, V. nº 20). — Merlin semble tirer argument de ces expressions de l'arrêt, *comme à toutes autres juridictions*, lesquelles comprendraient même les juridictions criminelles. — Mais la cour n'a probablement pas entendu leur attribuer une portée aussi générale : l'arrêt est rendu en matière civile, et il est permis de supposer qu'en opposant le juge de paix aux autres juridictions devant lesquelles la tierce opposition est incontestablement admissible, il a uniquement voulu parler des juridictions civiles. — Cet arrêt ne saurait donc avoir d'autorité dans la question.

314. Quant à nous, il ne nous parait pas que la tierce opposition soit recevable en matière criminelle. — La question s'élève soit que la tierce opposition ait été formée contre la partie du jugement dans laquelle le juge statue comme juge de répression prononçant une condamnation pénale ou un acquittement, soit qu'elle se trouve dirigée contre le chef du jugement intervenu sur l'action civile du plaignant. C'est dans cette double hypothèse qu'il faut se placer pour résoudre la difficulté.

315. Supposons d'abord une tierce opposition formée contre le jugement dans la partie relative à la *pénalité*.—Si le tiers opposant n'est pas désigné dans la décision, il est manifeste que sa tierce opposition ne repose sur aucun intérêt et serait sans but possible. Elle ne repose sur aucun intérêt, car les jugements qui prononcent des condamnations ou des acquittements sont essentiellement personnels à la partie condamnée ou acquittée, et ne sauraient être attaqués par elle ou par le ministère public. Les tiers ne peuvent souffrir du maintien de ces jugements où deux intérêts se trouvent seuls engagés : l'intérêt de la partie poursuivie et l'intérêt de la société, au nom de laquelle la poursuite est exercée. A la vérité, il peut arriver que les *motifs* de la décision criminelle renferment des expressions de nature à porter atteinte à l'honneur d'un tiers. Merlin parle de ce cas (Rép., vᵉ Opposit. tierce, § 1, nº 4, p. 838). Mais on sait que les motifs des jugements ne sont pas plus susceptibles de tierce opposition, qu'ils ne pourraient servir de base à un pourvoi en cassation (V. *supra*, nº 59 et *infrà*, nº 317.) — Pour qu'une tierce opposition serait, d'ailleurs, sans but ; et, en effet, on a vu qu'elle a pour objet de faire suspendre l'exécution du jugement attaqué et d'en faire prononcer la rétractation. Or, il n'y a pas douteux que l'exécution d'un jugement criminel ne peut pas être arrêtée par le fait d'un tiers, et quant à sa rétractation, il n'y a jamais lieu de l'accorder à un tiers, dans son intérêt, par la raison péremptoire que, comme nous venons de le dire, il n'est pas et ne peut pas être intéressé à l'obtenir, puisque la condamnation ou l'acquittement ne sauraient lui causer le préjudice auquel l'art. 474 subordonne la recevabilité de la tierce opposition (sur ce préjudice, V. nᵒˢ 44 et suiv.). — Pour qu'un individu non assigné, ni présent aux débats, ait intérêt à se plaindre, il faut donc de toute nécessité qu'il se trouve personnellement atteint par le jugement, et, par exemple, qu'une condamnation soit prononcée contre lui, bien qu'il n'ait été ni entendu ni appelé à se défendre. C'est uniquement dans ce cas que se con-

cevrait l'intérêt de la tierce opposition. Carnot et Merlin, *loc. cit.*, raisonnent dans cette hypothèse, quand ils déclarent la tierce opposition admissible, en matière criminelle ; et nous avons vu *suprà*, nº 9, qu'en matière civile, M. Chauveau la regarde comme la seule où se manifeste l'utilité de la tierce opposition.

— Nous ne croyons pas cependant que la tierce opposition soit plus recevable de la part de la personne condamnée sans avoir été appelée ni entendue, que de la part du tiers, complètement étranger à la décision. La voie de la tierce opposition est fermée à l'un et à l'autre : au dernier, parce qu'il n'était pas lésé et n'a pas besoin de cette ressource ; au premier, parce que la loi lui ouvre une autre voie pour faire tomber la condamnation dont il a été frappé. N'est-il pas difficile, en effet, de donner la qualification de *tiers* à celui qui se trouve personnellement condamné par un jugement? C'est contre lui que l'exécution de la condamnation sera directement poursuivie ; c'est à lui que le jugement sera signifié. N'est-il donc pas véritablement partie au jugement, malgré l'absence de citation ou de comparution volontaire, de la même manière que s'il avait été cité irrégulièrement? Pour remettre en question la condamnation qui l'a ainsi frappé, sans qu'il ait pu se défendre, il n'a donc que les voies ordinaires de recours, à savoir l'opposition, l'appel et le pourvoi en cassation. Elles lui sont certainement ouvertes, et elles lui sont seules ouvertes, à partir de la mise en demeure résultant de la signification du jugement, et dans les délais fixés par la loi, à compter de cette signification : la tierce opposition lui est interdite (V. vᵒ Appel en matière criminelle, nº 163). — Nous ne parlons ici que de décisions émanées des tribunaux de simple police ou de police correctionnelle, la procédure spéciale engagée devant la cour d'assises, ne permettant pas la même supposition.—Ainsi, et en résumé, une décision criminelle n'est pas susceptible de tierce opposition : 1º parce qu'elle ne peut causer de préjudice à ceux qu'elle ne condamne pas personnellement, et 2º parce que ceux qu'elle a personnellement condamnés, même sans assignation ni comparution volontaire sont réputés y avoir été parties, et n'ont point à leur disposition un mode de rétractation réservé exclusivement aux tiers. — Il nous parait donc démontré que la tierce opposition n'est pas admissible en matière criminelle, en tant que le juge a statué comme juge de répression.

316. La tierce opposition ne serait pas davantage admise de la part de la personne sous le nom de laquelle est intervenue une condamnation prononcée contre un autre individu qui a usurpé ce nom. Dans ce cas, il y a simplement lieu de procéder à une constatation d'identité, suivant le mode déterminé par les art. 518 et suiv. c. inst. crim. (V. Evasion, nᵒˢ 64 et suiv.), et à la rectification de l'erreur de nom contenue dans le jugement (V. Jugement, nº 855-2º).

317. Nous passons maintenant à l'hypothèse où la tierce opposition est dirigée contre le chef du jugement criminel statuant sur les *restitutions* ou *réparations civiles*. — Ici, nous nous trouvons en matière civile, et la décision du juge de répression, décision qui peut porter sur des questions de responsabilité pécuniaire, de propriété, etc., est de nature à nuire aux tiers, aussi bien que si elle avait été rendue par un juge civil. Il semble donc que la tierce opposition doit être recevable de la part des tiers dont les intérêts civils auront été lésés. Mais il s'élève alors un obstacle qui s'oppose d'une manière insurmontable à la recevabilité de la tierce opposition. En principe, les tribunaux criminels ne connaissent des actions civiles, si ce n'est que cas seulement où elles sont formées accessoirement à une poursuite criminelle et se trouvent liées à la poursuite ellemême. Or, une tierce opposition principale se détache nettement de la poursuite criminelle et la connaissance n'en peut dès lors appartenir aux tribunaux de répression. — Il a été jugé, conformément à ces principes : 1º que l'individu qui n'a pas été compris dans la poursuite dirigée devant un tribunal de police ne peut attaquer par tierce opposition le jugement de ce tribunal..., surtout si son action n'a d'autre objet qu'un intérêt civil, et, par exemple, une question de propriété sur laquelle le tribunal de police ne peut statuer (Crim. rej. 3 juin 1808 ; 25 août 1808) (1);

---

(1) 1ʳᵉ *Espèce* : — (Charles C. le min. pub.) — Roux est cité devant le tribunal de police de Joigny comme ayant entrepris sur un cours

d'eau qualifié *rivière publique*, qui coule entre son fonds et celui de Charles.—Le cours d'eau est reconnu par le jugement *propriété publique*,

—2° Que la tierce opposition est une action essentiellement principale et civile, qui n'est pas recevable contre les jugements des tribunaux criminels, lesquels ne connaissent qu'accessoirement des actions civiles (c. pr. 474; c. inst. crim. 172, 177; Crim. cass. 19 fév. 1835) (1). — Et spécialement, qu'elle ne peut être exercée contre les jugements des tribunaux de simple police (même arrêt; Conf. Merlin, Rép., v° Opposit. tierce, *loc. cit.*).
— La tierce opposition ne serait tout au plus recevable que si elle était formée incidemment à une autre instance engagée devant un tribunal de répression égal ou supérieur en degré à celui qui a rendu le jugement attaqué (c. pr. 475). Dans cette hypothèse, on pourrait dire, en effet, que les juges saisis de l'action principale étant alors compétents pour connaître de la tierce opposition, l'unique raison qui fasse déclarer la tierce opposition inadmissible contre les décisions civiles émanées des tribunaux de répression, c'est-à-dire l'absence de juges compétents, disparaît complétement. — Quoi qu'il en soit à cet égard, il est certain que des juges compétents font complétement défaut à l'égard de la tierce opposition principale, et il y a là, dans notre législation, une lacune qui s'explique si l'on songe à la rareté des cas dans lesquels les jugements criminels ont été frappés de tierce opposition.

818. Si des obstacles juridiques s'opposent à ce que l'on forme tierce opposition en matière criminelle contre le dispositif d'un jugement, à plus forte raison ne peut-on former tierce opposition si l'on a à se plaindre des considérants qui précèdent le dispositif, ainsi que nous l'avons démontré plus haut, n° 59. Les considérants ou motifs, en effet, ne sont que des raisonnements qui n'ordonnent ni ne jugent rien, qui peuvent nuire, sans doute, à la considération d'un individu, mais qui ne portent atteinte ni à sa personne ni à sa fortune; il ne peut exister dans ce cas, pour un tiers, qu'un préjudice moral qui ne peut donner lieu à une tierce opposition quelconque devant les tribunaux criminels, mais qui pourrait, dans certains cas, peut-être donner lieu, suivant la rédaction des considérants, à une action en diffamation ou à la prise à partie (V. Cassation, n° 69; Presse-outrage, n° 1086). — Il a été jugé que la tierce opposition ne peut être fondée, en matière criminelle, que sur un intérêt réel froissé par une décision judiciaire à laquelle on est demeuré étranger; qu'en conséquence le particulier qui n'est pas lésé par le dispositif d'un jugement est non recevable à y former tierce opposition, quoiqu'il ait à se plaindre des motifs de ce jugement (Aix, 16 déc. 1825) (2). — Il a été jugé, d'après les mêmes raisons, que l'on ne peut se pourvoir en cassation contre

---

et le prévenu condamné. — Tierce opposition par Charles, qui prétend que le ruisseau est propriété privée. — 28 avr. 1808, jugement qui le déclare non recevable. — Pourvoi. — Arrêt.

La cour; — Attendu que les tribunaux de police ne sont institués que pour prononcer sur les délits que la loi a placés dans leurs attributions; que les délits sont personnels; qu'il en est de même des condamnations qu'ils entraînent; qu'en matière criminelle, un jugement n'existe que vis-à-vis ceux avec qui il a été rendu; que, dans cette matière, la tierce opposition ne peut donc être admise; — Que le demandeur en cassation n'ayant pas été compris dans la poursuite dirigée par le commissaire de police du canton de Joigny contre Mathieu Roux ni dans les jugements qui ont été rendus sur cette poursuite, ces jugements ne peuvent, dans aucun cas, lui être opposés; que d'ailleurs la tierce opposition par lui formée contre ces jugements ne pouvait avoir qu'un intérêt civil; qu'elle tendait donc à saisir le tribunal de police d'une action sur laquelle il était radicalement incompétent; que, sous ce rapport particulier comme sous le rapport des principes généraux, cette tierce opposition n'était pas recevable, et que le jugement qui l'a rejetée est d'ailleurs régulier; — Rejette, etc.
Du 5 juin 1808.-C. C., sect. crim.-MM. Barris, pr.-Lombard, rap.
2° Espèce : — (Deschampsneufs.) — Par jugement rendu par le tribunal de police de Carquefou, le 7 déc. 1807, le sieur Bergoutin, qui tenait à loyer du sieur Deschampsneufs des bâtiments et un chantier, avait été condamné, sur la poursuite du commissaire de police, à enlever, dans quinze jours, ses foins placés dans un grenier dépendant de ces bâtiments et attenant à une maison; à reculer de 10 mèt., dans le chantier, ses piles de bois des murs des maisons adjacentes; à l'amende de la valeur de trois journées de travail et aux dépens; le sieur Deschampsneufs s'est rendu tiers opposant envers ce jugement. Le 25 janv. 1808, jugement par lequel le même tribunal l'a déclaré non recevable dans sa tierce opposition. — Pourvoi en cassation pour excès de pouvoir et fausse application de cet article. — Le demandeur soutenait que sa tierce opposition était recevable, relativement aux condamnations civiles prononcées par le jugement, envers lequel elle était dirigée. — Arrêt.
La cour ;—...Attendu que le jugement du 25 janv. 1808, en rejetant la tierce opposition, a fait une juste application des principes de la matière, puisque les condamnations sont personnelles comme les délits; que les jugements des tribunaux de police ne peuvent donc être opposés qu'à ceux contre qui ils ont été rendus; qu'ils ne peuvent jamais conséquemment être susceptibles d'une tierce opposition ; — Rejette.
Du 25 août 1808.-C. C., sect. crim.-MM. Barris, pr.-Lombard, r.
(1) (Min. pub. C. Maurel.) — La cour ; — En ce qui concerne la tierce opposition : — Vu les art. 172 et 177 c. inst. crim.; — Attendu, en droit, que les tribunaux de simple police ne sont compétents que pour réprimer les contraventions dont la connaissance leur est dévolue, soit par le ministère public, soit par la partie civile, et qu'ils ne peuvent s'occuper des intérêts civils que s'y rattachent qu'accessoirement à l'action publique, et en même temps qu'ils prononcent sur celle-ci; — Que les articles précités n'autorisent contre leurs jugements contradictoires que l'appel et le recours en cassation;—Que la tierce opposition contre ces jugements ne saurait, sous le prétexte du préjudice qu'ils pourraient leur causer, appartenir à des tiers, puisque, d'une part, les condamnations sont personnelles aux prévenus qui les ont encourues, et que, de l'autre, les tribunaux ont consommé leur juridiction en les prononçant ; — Que, d'ailleurs, et lors même que la voie extraordinaire de la tierce opposition ne constituerait pas une action essentiellement princi-

et principale, Maurel n'aurait pas eu le droit de l'exercer dans l'espèce, d'après les art. 1217, 1857 et 1859 c. civ., puisqu'étant propriétaire par indivis avec Courrent, de l'usine dont il s'agit, et cette usine se trouvant exploitée en communauté, il a été nécessairement et légalement représenté par son associé, dans l'instance sur laquelle est intervenu le jugement du 6 avr. 1833, dont l'effet est matériellement et intellectuellement indivisible ; — Que ledit Maurel était donc, sous tous les rapports, non recevable dans la tierce opposition par lui formée à l'exécution de ce jugement; d'où il résulte qu'en décidant le contraire, le tribunal correctionnel de Foix a fait une fausse application de l'art. 474 c. pr. et commis une violation expresse des articles ci-dessus visés;
En ce qui concerne la violation de l'art. 471, n° 15, c. pén., parce que le jugement dénoncé a déchargé Maurel de la peine à laquelle le premier juge l'avait condamné : — Vu l'art. 161 c. inst. crim. et ledit art. 471, n° 15; — Attendu que le jugement dont Maurel s'est rendu appelant déclare que, malgré la communication qu'il a reçue de l'arrêté du 16 juin 1819, et sa connaissance de tout ce qui l'a précédé ou suivi, il n'a cessé, lui aussi bien que Courrent, de violer, et qu'il viole tous les jours cet arrêté, en contrevenant à la défense de mettre en jeu l'usine dite de *Lorto*, et en employant le barrage dont la suppression est ordonnée; que ces faits constituent une contravention à l'arrêté susdaté, et que la décision dénoncée ne l'a point débattus ni détruits; — Qu'en fondant donc l'infirmation de la condamnation à laquelle ils servaient de base, sur le motif notamment qu'il avait reçu pour la justifier, cette décision a expressément violé les articles précités ; — Casse.
Du 19 fév. 1835.-C. C., sect. crim.-MM. de Bastard, pr.-Rives, r.
(2) Espèce : — (Gilbert Boucher C. Tredos.) — M. Gilbert Boucher, procureur général près la cour royale de Bastia, avait dressé un acte d'accusation contre vingt-six individus accusés du pillage d'un navire naufragé. — Tredos, commissaire en chef de la marine, en Corse, ayant cru trouver des imputations attentatoires à son honneur dans cet acte d'accusation, fit imprimer à Marseille, en sept. 1821, un mémoire justificatif, contenant lui-même diverses imputations contre M. le procureur général Gilbert Boucher. — Ce magistrat déposa, en décembre suivant, une plainte en diffamation au parquet de Marseille, et fit élection de domicile dans cette dernière ville, conformément à la loi du 26 mai 1819. — Renvoyé en police correctionnelle, le sieur Tredos fut condamné à 50 fr. d'amende et aux dépens. — Appel. — Le 14 août 1823, arrêt de la cour d'Aix qui infirme ce jugement, et renvoie le sieur Tredos purement et simplement des fins de la plainte. — M. Gilbert Boucher, intervenu comme témoin en première instance, ne prit point, dans le cours de la poursuite, la qualité de partie civile. — Deux ans après, et à une époque où il avait cessé ses fonctions, il se rendit tiers opposant tant à l'arrêt de la cour royale d'Aix qu'au jugement du tribunal de Marseille. — Arrêt.
La cour ; — ...Considérant, sur la tierce opposition, que s'il peut être controversé en droit qu'elle soit admissible en matière criminelle, toutes les opinions se réunissent pour exiger qu'elle soit basée sur un intérêt réel, froissé par une décision judiciaire à laquelle on sera demeuré étranger ; que le sieur Gilbert Boucher n'est nullement lésé par le dispositif de l'arrêt envers lequel il se porte tiers opposant, et que, quant aux motifs, ils ne peuvent être que des raisonnements qui n'ordonnent rien, ne jugent rien, et par conséquent ne disposent ni de l'honneur ni de la fortune des citoyens; — Que le résultat de l'action intentée par le sieur Gilbert Boucher ne tendrait à rien autre chose qu'à faire juger une seconde fois le sieur Tredos, sur un délit de diffamation

les considérants d'un jugement (Cass. 29 janv. 1824, aff. Forbin-Janson, V. v° Cassation, n° 69).

319. Lorsque le tribunal a prononcé l'acquittement du prévenu, celui qui soutient avoir été lésé par le prétendu délit, et qui ne s'est pas porté partie civile dans la poursuite du ministère public, pourrait-il former tierce opposition au jugement d'acquittement? — Non, dit avec raison un arrêt, car l'admission de la tierce opposition constituerait une violation de la règle non bis in idem (Aix, 16 déc. 1825, aff. Gilbert Boucher, V. n° 317). — L'acquittement est irrévocablement acquis au prévenu et ne peut être remis en question ni par la partie publique, ni à plus forte raison par un simple particulier. Celui-ci, s'il croit avoir droit, n'a d'autre ressource que la voie civile, à supposer même que le jugement criminel n'ait pas force de chose jugée au civil contre les vivants, question très-controversée, comme on le sait (V. Chose jugée, n° 531 et suiv, 551 et suiv.).

320. D'après un arrêt, celui qui a porté une plainte relativement à un délit correctionnel, n'est pas recevable à former tierce opposition au jugement qui constate le décès du prévenu et ordonne que son acte de décès sera inscrit sur le registre de l'état civil : un tel jugement ne nuit point à ses droits, c'est-à-dire à son action civile. Il est surtout non recevable, s'il s'est

dont il a été acquitté, prétention évidemment contraire à la maxime non bis in idem ; — Déclare Louis Gilbert Boucher non recevable, etc.
Du 16 déc. 1825.-C. d'Aix.-M. de Laboulie, av. gén., c. conf.

(1) Espèce : —(Turberg et femme Donzé C. Quéloz.) — La femme Donzé avait porté une plainte en escroquerie contre François Meunier. — Le 11 oct. 1806, elle s'en désista, et même consentit au contrat de mariage du prévenu avec sa fille ; mais, avant la célébration, François Meunier disparut. — Le 22 juill. 1807, on trouva à Pierre-Pertuis un cadavre qui parut être celui de Meunier, et que l'on inhuma dans la commune de Tavannes. — Une procédure criminelle s'instruisit à ce sujet : Joseph Turberg et sa femme furent traduits devant un jury de jugement ; mais par arrêt du 27 juin 1808, et sur la déclaration du jury que le cadavre trouvé n'était pas celui de François Meunier, les époux furent acquittés. — Cependant la plainte en escroquerie portée contre Meunier avait été suivie à la requête du ministère-public ; elle allait être soumise au tribunal correctionnel de Belfort, lorsque Quéloz et sa femme, fille naturelle du prévenu, intervinrent dans l'instance, et soutinrent que Meunier était mort, que le cadavre trouvé le 22 juill. 1807 était le sien, qu'ainsi toute poursuite correctionnelle était éteinte.
16 déc. 1808, jugement qui continue la cause à deux mois, et ordonne que pendant ce délai les conjoints Quéloz feront la preuve du fait invoqué. — 4 mars 1809, jugement du tribunal de Porentruy qui, sur la requête de la femme Quéloz, lui permit de justifier, contradictoirement avec le ministère public, du décès de François Meunier, et de son inhumation dans la commune de Tavannes — 27 mars 1809, enquête, dans laquelle la demanderesse produit un procès-verbal d'exhumation du cadavre de François Meunier au cimetière de Tavannes. — 12 avr. 1809, jugement qui déclare Meunier décédé, et ordonne que son acte de décès sera inscrit sur les registres de l'état civil de Tavannes.—Le 18 avril, cette inscription a lieu. — Sur la production de ce jugement, le tribunal de Belfort, déclare l'action éteinte par le décès du prévenu.
Alors deux tierces oppositions furent formées contre le jugement du 12 avril : 1° de la part des époux Turberg, qui prétendaient que ce jugement nuisait à leur réputation, en décidant, contrairement à la déclaration du jury, que Meunier était le même individu dont le cadavre

désisté de la plainte avant le jugement attaqué (Colmar ; 6 nov 1811) (1). — Jugé encore, d'après les mêmes principes, que celui qui, mis en accusation comme meurtrier, a été acquitté par le jury, sur le motif exprès que le cadavre qui formait le corps du délit n'est pas celui de la personne dont on le prétendait l'assassin, ne peut former tierce opposition au jugement rendu par un tribunal civil qui a déclaré, au contraire, que ce même cadavre était bien celui de la même personne, et a ordonné en conséquence que son acte de décès serait inscrit sur les registres de l'état civil. — Un tel jugement ne nuit en aucune manière aux droits de l'accusé qui a été acquitté par une décision souveraine et irrévocable (même arrêt).

321. Nous venons de voir qu'en général la tierce opposition n'est pas admise en matière criminelle. Si cependant un individu forme tierce opposition, le tribunal, en le déclarant non recevable, pourra-t-il le condamner à l'amende prononcée par l'art. 479 c. nap.? Il a été décidé que l'amende n'est pas applicable au tiers opposant à un jugement de simple police. (Rej. 25 août 1808, aff. Deschampsneuf, V. Peine, n° 778-2°). — Ceci ne peut faire doute. L'art. 479 c. pr. ne réglemente que les affaires civiles, et ne peut, en conséquence, être étendu aux matières criminelles.

avait été trouvé le 22 juill. 1807, déclaration qui avait entraîné leur acquittement ; 2° de la part de la femme Donzé, qui voulait continuer sa poursuite au correctionnel. — 14 janv. 1810, jugement qui déclare les tiers opposants non recevables.— Appel.— Arrêt.
LA COUR,— Attendu sur la première question, celle de savoir si les appelants avaient été recevables en leur tierce opposition aux jugements rendus par le tribunal civil de Porentruy les 4 mars et 12 avr. 1809, que ces jugements ont été rendus dans les principes de la matière, par les juges seuls compétents, et avec les véritables parties intéressées, c'est-à-dire entre la fille et le gendre de feu Meunier d'une part, et le ministère public de l'autre ; en ce que les appelants n'avaient aucune qualité ni intérêt à former tierce opposition à ces jugements ;— Attendu, en effet, quant à la femme Donzé, l'un des appelants, qu'elle n'avait aucun intérêt que François Meunier fût déclaré mort ou vivant ; intérêt d'ailleurs, fût-il réel, qu'elle ne pourrait plus faire valoir aujourd'hui, puisque par son acte du 11 oct. 1806 elle a formellement renoncé à toute recherche quant au fait d'escroquerie dont Meunier a été accusé : la tierce opposition de ladite dame n'est donc nullement recevable, d'autant que l'abstraction faite de sa renonciation du 11 oct. 1806, la jugement qui a déclaré le décès de Meunier n'ayant eu d'autre effet que d'éteindre l'action publique, l'action privée de ladite femme était restée intacte en sa faveur ;
Attendu, quant aux conjoints Turberg, qu'ils ne sont pas plus recevables que la femme Donzé dans leur tierce opposition dont s'agit, puisque suivant l'art. 474 c. pr., la tierce opposition ne peut être formée, par une partie, à un jugement, qu'autant qu'il préjudicie à ses droits ;— Or les conjoints Turberg, accusés d'avoir assassiné Meunier, ont été absous par l'arrêt de la cour criminelle du 27 juin 1808 : c'est chose jugée à leur égard ; ils sont irrévocablement à l'abri de toute recherche ultérieure, à raison du fait de l'assassinat, et dès lors ils n'ont pas d'intérêt à faire décider que Meunier n'est pas décédé ; s'ils pouvaient craindre d'être attaqués comme débiteurs de Meunier, ce sera à eux à se défendre contre l'action qui pourrait être intentée à leur égard, s'ils s'y croient fondés ;— Par ces motifs, met l'appel au néant.
Du 6 nov. 1811.-C. de Colmar.-MM. Vautrey et Baumlin, av.

Table sommaire des matières.

Table des articles des codes Napoléon et de procédure civile.

Table chronologique des lois, décrets, arrêts, etc.

TIERS. — AYANT CAUSE. — 1. L'ayant cause est celui qui, ayant succédé à une personne, a les mêmes droits, les mêmes charges, la même condition que son auteur. *Sic enim sud causâ res transferri dicitur, id est, cum suo onere, vel quo jure, quâque conditione est : alienatio cùm fit, cum suâ causâ dominium ad alium transferimus quœ esset futura si apud nos ea res mansisset* (L. 67, D., *De contrah. empt.*; V. aussi L. 31, D., *De reb. cred.*). — Les ayants cause sont universels ou particuliers. Les premiers sont ceux qui, soit qu'ils continuent, soit qu'ils ne continuent pas la personne de leur auteur, succèdent à la totalité ou une quote-part de ses biens : tels sont les héritiers légitimes, les successeurs irréguliers, enfant naturel, conjoint survivant, les légataires universels, etc. — Les seconds comprennent ceux qui ne succèdent à leur auteur que quant à un objet particulier, par exemple, l'acquéreur, le donataire, le cessionnaire, etc. — V. Obligations, n° 5916.

2. Le tiers, à proprement parler, est celui qui n'a été ni partie ni représenté par les parties, à un acte, à une convention, à un jugement. — Cette définition s'applique à deux classes de personnes qu'il importe de bien distinguer. Il y a d'abord le tiers tout à fait étranger aux parties et à la convention, que les docteurs nomment *penitus extraneus;* il y a ensuite le tiers qui, bien qu'étranger à la convention ou au jugement qu'on lui oppose, est cependant sous d'autres rapports l'ayant cause de l'une des parties. Dans l'art. 1165, le mot *tiers* comprend à la fois les deux classes de personnes dont nous venons de parler. — Les art. 1321, 1328, au contraire, ne s'appliquent qu'à la seconde classe, c'est-à-dire aux ayants cause.

3. Ce n'est pas tout encore : le sens du mot *tiers* n'a pas toujours la même étendue. Ainsi, dans l'art. 1321 qui dit que les contre-lettres n'ont pas d'effet à l'égard des tiers, ce mot est plus large que dans l'art. 1328 relatif au cas où un acte sous seing privé peut acquérir date certaine contre les tiers. Le mot *tiers* de l'art. 1321 comprend les créanciers simplement chirographaires, que l'art. 1328 exclut (V. Obligations, n°ˢ 3204, 3972). — Lorsque l'on dit que l'amnistie ne peut porter atteinte aux droits des tiers, le mot *tiers* comprend même les héritiers (V. Amnistie, n° 132). — Les tiers dont parle l'art. 100 c. nap. et auxquels le jugement de rectification d'un acte de l'état civil n'est pas opposable sont les parties intéressées qui n'ont point requis le jugement ou qui n'y ont pas été parties (V. Acte de l'ét. civ., n° 481); et par exemple le débiteur d'un créancier décédé n'est pas un tiers dans le sens de cet article (V. *eod.*, n° 482; — V. encore *infrà*, n°ˢ 10, 24, 51). — La qualité de tiers est donc purement relative : tel individu peut être tiers sous certains rapports et ne pas l'être sous certains autres. — On voit par là qu'il est impossible de déterminer d'une manière absolue quelles personnes sont ou ne sont pas des tiers, le sens de ce mot devant toujours s'interpréter d'après la disposition spéciale qu'il s'agit d'appliquer.

4. La principale difficulté en cette matière consiste à savoir dans quelles circonstance les ayants cause peuvent se prétendre tiers et repousser en cette qualité les actes et jugements qu'on leur oppose. Les détails des liens lesquels nous sommes entrés à cet égard v°ˢ Obligat., n°ˢ 5914 et suiv.; Tierce opposit., n°ˢ 133 et suiv.; Transcription, nous dispensent de revenir ici sur ce point de droit si important : ce ne seraient que des répétitions sans utilité.

5. De la différence qui existe entre les tiers et les ayants cause et que nous avons signalée ci-dessus, dérivent les principes fondamentaux qui les régissent et que la loi a consacrés. Les actes, les conventions et les jugements ne produisent aucun effet à l'égard des tiers, tandis qu'ils obligent les ayants cause comme les parties elles-mêmes (c. nap. 1122, 1165, 1351).

6. Les conventions, dit notamment l'art. 1165, ne nuisent ni ne profitent aux tiers : cette règle a reçu de fréquentes applications dans la jurisprudence (V. Obligat., n°ˢ 878 et s., 3077, 3133 ; V. aussi v°ˢ Bois et Charbons, n° 52 ; Domaine engagé, n°ˢ 91 et s.). — Et spécialement on décide que l'on ne saurait opposer aux tiers, de même qu'ils ne sauraient s'en prévaloir : 1° l'imputation faite par le créancier conformément à l'art. 1255 c. nap. V. Obligat., n° 2024; Société, n°ˢ 543 et s.); — 2° La confir-

mation d'un acte annulable ou rescindable (V. Obligat., n°ˢ 4558 et suiv. ; Privil. et hyp., n°ˢ 1230 et s.); — 3° L'élection de domicile faite dans un contrat (V. Domicile élu, n°ˢ 61 et suiv.), à moins que le domicile n'ait été élu en raison de l'objet du contrat (V. *eod.*, n° 15) ; — 4° Le contrat judiciaire (V. Contrat judic., n° 23); — 5° La prorogation de juridiction (V. Compét. civ. des trib. d'arr., n° 228); — 6° L'acquiescement à un jugement (V. Acquiescement, n°ˢ 829, 860 et suiv. ; V. aussi Dom. de l'Etat, n° 315) ; — 7° Le serment décisoire (V. Obligations, n° 5270).

7. De même, la consignation qui tient lieu de payement à l'égard du débiteur ne produit pas cet effet à l'égard des tiers (V. Obligat., n° 2052). — En matière de saisie immobilière, le désistement du créancier saisissant, après la dénonciation de la saisie, n'est pas opposable aux autres créanciers, qui sont des tiers à son égard (V. Désistem., n° 177; Vente publ. d'imm., n°ˢ 837 et s.).—Les personnes avec lesquelles les entrepreneurs de marché de fournitures ont traité n'ont pas d'action directe contre l'Etat, l'Etat étant un tiers à leur égard (V. Marché de fournit., n° 44).

8. La jurisprudence présente toutefois une espèce assez singulière dans laquelle un tiers tout à fait étranger à une convention a été déclaré devoir participer au bénéfice de cette convention (V. Concess. admin., n° 35).

9. Les jugements par défaut rendus contre une partie qui n'a pas constitué d'avoué doivent être exécutés dans les six mois de leur obtention, sous peine d'être réputés non avenus (c. pr. 156); mais cette péremption est couverte par l'acquiescement de la partie condamnée. On s'est demandé d'abord si cet acquiescement pouvait être opposé aux tiers, alors qu'il était donné après l'expiration des six mois (V. à cet égard v° Jugem. par défaut, n°ˢ 419 et suiv.); — Puis, lorsque l'acquiescement est donné avant le terme par acte sous seing privé, s'il doit avoir date certaine (V. *eod.*, n°ˢ 420 et suiv.).

10. L'endossement en blanc d'un effet de commerce ne vaut que comme procuration vis-à-vis des tiers étrangers à cet acte (V. Effets de commerce, n°ˢ 465 et suiv., 475, 478 et suiv.). — On considère comme tiers dans une lettre de change le tiré, le tireur, les endosseurs antérieurs ; dans un billet à ordre, le souscripteur, les endosseurs (V. *eod.*, n° 465). — Mais on ne doit pas considérer comme tiers les créanciers de celui qui a donné l'endossement en blanc (V. *eod.*, n°ˢ 467, 477). — Il en est de même des endossements irréguliers (V. *eod.*, n°ˢ 390, 448 et suiv., 451 et suiv., 456 et suiv.).

11. C'est encore par suite du principe énoncé n° 6, que les concessions administratives sont toujours faites sous la réserve des droits des tiers auxquels elles ne peuvent préjudicier (V. Concess. admin., n° 21 et suiv.). — Il en est de même soit de l'autorisation d'usines sur un cours d'eau (V. Eau, n° 343), soit de l'autorisation d'établissements dangereux ou insalubres (V. Manufactures, n°ˢ 100 et suiv.).—En conséquence, les tiers ont le droit de former opposition à l'ordonnance qui accorde cette autorisation (V. Eaux, n°ˢ 414 et suiv.; Manufact., n° 86, 100 et suiv., 126 et suiv.). — Et par la même raison, en cas d'autorisation d'un établissement dangereux ou insalubre, l'inexécution des conditions imposées, lorsqu'elle porte préjudice aux tiers, donne à ceux-ci le droit de demander la suppression de l'établissement (V. Manufact., n°ˢ 96 et suiv.).

12. Les actes du gouvernement ne pourraient non plus sans rétroactivité porter atteinte aux droits acquis par des tiers. — Ainsi, l'amnistie n'éteint pas les droits des tiers auxquels le délit amnistié avait causé préjudice (V. Amnistie, n°ˢ 117, 123, 131 et suiv., 138 et suiv.; Emigré, n° 177 et suiv.); il en est de même de la grâce (V. Grâce, n°ˢ 43, 55 et suiv.). — Mais il en serait autrement dans le cas où l'amnistie serait prononcée par une loi qui contiendrait une disposition expresse à cet égard (V. Amnistie, n°ˢ 140 et suiv.). — La naturalisation d'un étranger ne pourrait non plus nuire aux droits acquis par des tiers contre cet étranger avant la naturalisation (V. Droit civ., n°ˢ 172, 175).

13. Si les tiers peuvent méconnaître la convention qu'on leur oppose, il n'en est pas de même de l'exécution matérielle et directe donnée à la convention par le débiteur : cette exécution produit ses effets à l'égard de tous. — Ainsi, les payements de leyers faits sans anticipation sont opposables aux tiers, alors même qu'ils n'auraient pas date certaine (V. Louage, n° 525; Obligat., n° 3909). — Il y a plus de difficulté, lorsque l'exécution n'est pas conforme aux clauses du contrat. Par exemple, »n s'est demandé si les payements par anticipation que le preneur a faits au bailleur obligent les tiers. L'affirmative, bien que cela ait été contesté, est généralement admise (V. Louage, n°s 521 et suiv.; Privil. et hypoth., n°s 1765 et suiv.; Vente, n° 640, 1195). Toutefois, dans ce cas, il faut nécessairement que la quittance ait date certaine (V. Louage, n° 524; Obligat., n° 3910).

14. La rescision ou l'annulation d'une convention produit effet contre les tiers, aussi bien que contre les parties, par cette raison que nul ne peut transmettre plus de droits qu'il n'en a lui-même (V. Oblig., n°s 2980 et s.; V. aussi Tiers acq., n° 3), sauf en ce qui concerne la perception des fruits et la prescription, lorsque le tiers est de bonne foi (V. eod., n° 2982).— Ainsi, on peut opposer aux tiers : 1° la nullité résultant de la lésion (V. Obligat., n° 366; V. aussi v¹e Success., n° 2349; Vente, n°s 1610 et suiv., 1663) ; — 2° La nullité prononcée pour cause de violence (V. Obligat., n° 195; V. aussi v° Effets de com., n° 446; V. toutefois v° Société, n° 1541), ou pour cause de dol, suivant certains auteurs (V. Obligat., n°s 230 et suiv.); — 3° La révocation des donations pour cause d'inexécution des conditions (V. Dispos. entre-vifs et test., n°s 1815 et suiv.), mais non celle pour ingratitude (V. eod., n°s 1847 et suiv.); — 4° La résolution de la vente pour défaut de payement du prix (V. Vente, n°s 1290 et s.; Rente fonc., n° 96) ; — 5° La nullité de la vente pour défaut de qualité du vendeur (V. Société, n°466);—6° La révocation de la vente d'un bien dotal (V. Contr. de mar., n°s 3788 et s.), etc., etc. — Mais si la convention a été annulée sur la demande de l'une des parties seulement, cette annulation ne profite qu'à celui qui l'a obtenue et non à ses cocontractants (V. Oblig., n°s 2983 et s.).

15. En cas d'obligation conditionnelle, l'accomplissement de la condition produit ses effets même à l'égard des tiers.— Ainsi l'accomplissement de la condition suspensive anéantit rétroactivement les hypothèques, aliénations et autres droits accordés aux tiers par le débiteur conditionnel, pendant que la condition est en suspens (V. Obligat., n° 1186 et suiv.; Privil. et hypoth., n°s 1198 et s., 1743 et s., 2573 et s.; V. aussi Dispos. entre-vifs et testament., n°s 1743 et suiv.). — Toutefois, on a fait des distinctions suivant que la condition est casuelle ou potestative (V. eod.). — Pareillement, l'accomplissement de la condition résolutoire remettant les choses au même état que si l'obligation n'avait pas existé (c. nap. 1183), il en résulte que les aliénations, hypothèques ou autres charges créées *pendente conditione*, sont résolues de plein droit, même à l'égard des tiers (V. Obligat., n°s 1214 et suiv.).

16. Mais la renonciation que les parties auraient consenti à la condition résolutoire insérée dans un contrat ne saurait nuire aux tiers : c'est là, en effet, une convention nouvelle qui, conformément à l'art. 1165, ne leur est pas opposable. Dès lors, l'accomplissement de la condition aura pour effet, malgré cette renonciation, de produire à l'égard des tiers la résolution de plein droit du contrat ; et, par exemple, la caution sera déchargée; l'hypothèque consentie par un tiers sera éteinte (V. Oblig., n° 1225), à moins cependant que la condition soit toute dans l'intérêt du créancier (V. eod.). — Si la condition résolutoire est tacite et ne produit pas ses effets de plein droit, la renonciation à la condition pourra être opposable aux tiers qui ont acquis leurs droits après la renonciation, mais non à ceux dont les droits sont antérieurs (V. eod., n° 1226).

17. La simulation dans un contrat n'est pas opposable aux tiers, pourvu qu'ils soient de bonne foi, c'est-à-dire qu'ils n'en aient pas eu connaissance ; les parties, en effet, ne peuvent se prévaloir contre les tiers de l'erreur dans laquelle ils les ont volontairement fait tomber (V. Oblig., n° 1045 et suiv.).—Ainsi, les suppositions de nom, de lieu, dans un effet de commerce, lettre de change ou billet à ordre, ne peuvent être opposées aux tiers de bonne foi (V. Effets de com., n°s 131, 141 et suiv., 190, 194 et suiv., 437). — Il en est de même du vice résultant du défaut de cause dans une obligation (V. Oblig., n° 530). — C'est encore par suite de ce principe que l'art. 1321 déclare que les contre-lettres n'ont pas d'effet à l'égard des tiers (V. Oblig.,

n°s 3196 et suiv.; V. aussi Privil. et hypoth., n° 941), sauf le cas où le tiers aurait eu connaissance de la contre-lettre (V. Oblig., n° 3206).

18. Si la simulation ne peut préjudicier aux tiers, ce n'est pas par application du principe posé en l'art. 1165, mais, comme nous venons de le dire, par suite de cet autre principe que les tiers ne peuvent souffrir de la faute ou de la fraude des parties. Aussi leur est-il permis de repousser la simulation ou de s'en prévaloir suivant leur intérêt. Ainsi, il est admis que les tiers peuvent se prévaloir soit de la supposition de nom, de lieu, etc., dans les effets de commerce (V. Effets de com., n°s 146 et suiv., 437),... soit de la contre-lettre (V. Oblig., n° 3208).

19. D'après quelques dispositions du code, certaines conventions sont assujetties à des formalités spéciales à défaut desquelles elles ne sont pas obligatoires pour les tiers. De ces dispositions il résulterait *à contrario* que si les formalités prescrites ont été remplies, ces conventions auront effet contre les tiers, ce qui semble en opposition avec l'art. 1165 dont nous venons de parler. — Mais, à vrai dire, l'opposition n'existe pas parce que, ainsi que nous avons déjà eu l'occasion de le dire, le mot *tiers*, dans ces différents cas, n'a pas le même sens. — L'art. 1165 s'applique aux tiers proprement dits, *penitus extranei*, tandis que les autres dispositions entendent par le mot *tiers* uniquement ceux qui, représentés à l'acte par l'une des parties, seraient, en vertu des principes généraux de l'art. 1122, obligés en qualité d'ayants cause de respecter cet acte. — Les dispositions dont nous parlons ici ne sont donc pas une exception à l'art. 1165, mais une exception à l'art. 1122. — Voyons maintenant quels sont les actes qui ne peuvent avoir effet contre les tiers, c'est-à-dire les ayants cause des parties, qu'autant qu'ils ont été revêtus des formalités prescrites.

20. Sous l'ancien droit, les ventes d'immeubles n'opéraient transmission de propriété vis-à-vis des tiers, c'est-à-dire des ayants cause du vendeur, que par la tradition (V. Vente, n°s 162 et suiv.). — Sous la loi du 11 brum. an 7, la transcription du contrat fut substituée à la tradition (V. eod., n° 165) ; le code Napoléon supprima même cette formalité, de telle sorte que, sous son empire, les ventes d'immeubles étaient transmissibles de propriété, même vis-à-vis des tiers, par l'effet du seul consentement (V. eod., n° 168). — Mais cet état de choses, contre lequel tous les jurisconsultes s'étaient élevés, a été changé par la loi du 23 mars 1855, qui, revenant au système de la loi de l'an 7, a assujetti à la transcription tous les actes translatifs de propriété immobilière (V. Vente, n° 172; V. aussi v° Transcription). — La loi de 1855 a même rendu la transcription obligatoire pour certains actes que la loi de l'an 7 n'avait pas prévus (V. Transcription).

21. Quant aux ventes d'objets mobiliers, elles ne sont soumises à aucune formalité : c'est la possession réelle qui détermine la transmission de propriété à l'égard des tiers (V. Disposit. entre-vifs, n° 1317; Obligat., n° 897 et s.; Prescript., n° 264 et s.; Vente, n°s 175 et s.).—Cette règle toutefois ne s'applique pas à la cession de créances ou droits incorporels : une pareille cession n'est opposable aux tiers qu'autant qu'elle a été signifiée au débiteur ou acceptée par lui dans un acte authentique (V. Vente, n° 1723 et s.).

22. Les donations de biens susceptibles d'hypothèques n'ont également effet, à l'égard des tiers, qu'autant qu'elles ont été transcrites (V. Disposit. entre-vifs et test., n°s 1317, 1532 et suiv.). Si la donation a pour objet des créances ou des droits incorporels, elle doit, comme la cession (V. le numéro précédent), être signifiée au débiteur (V. eod., n°s 1317, 1532 et suiv.). — Par tiers on entend ici notamment les tiers acquéreurs (V. eod., n°s 1559 et suiv.), les créanciers hypothécaires du donateur (V. eod., n°s 1562 et suiv.), le donataire postérieur à titre particulier (V. eod., n°s 1578 et suiv.).

23. Mais comme cette disposition a uniquement pour objet l'intérêt des tiers qui ont acquis un droit sur l'objet donné, il en résulte que le défaut de transcription ne peut être opposé par le donateur (V. Disposit. entre-vifs, n° 1590), ni par ses ayants cause à titre universel, et, par exemple, ses héritiers (V. eod., n°s 1574 et suiv.), son donataire universel (eod., n° 1578), ses légataires universels ou à titre universel (eod., n° 1581), ni même par ses légataires particuliers (*eod.*), ni par ses créanciers chirographaires ; toutefois la question est controversée (V. *eod.*, n°* 1567 et suiv.), ni par ceux qui sont chargés, en certains cas, de faire procéder à la transcription au nom et dans l'intérêt d'autrui (V. *eod.*, n°* 1591 et suiv.), ni leurs ayants cause universels ou particuliers (V. *eod.*, n°* 1593 et suiv.).

24. Les substitutions sont également soumises à des formes de publicité particulières (c. nap. 1069, V. Substit., n°* 336 et suiv.). — Mais cette publicité n'est pas exigée, comme celle des donations, dans l'intérêt des tiers en général ; elle n'a pour effet que d'avertir ceux qui traiteraient avec le grevé que les biens ne sont pas à sa libre disposition : c'est donc seulement ceux-ci qui peuvent se prévaloir du défaut de publicité, et, par exemple, les créanciers, les tiers acquéreurs (c. nap. 1070, V. Substitut., n°* 342 et suiv.), et non ceux qui auraient traité avec le tuteur à la substitution (*eod.*, n° 345), ni ceux qui ont contracté avec le disposant (*eod.*, n° 346), ni les donataires, légataires, héritiers légitimes de celui-ci (c. nap. 1072 ; *eod.*, n° 348).

25. L'hypothèque encore n'a d'effet vis-à-vis des tiers que par l'inscription qui en est faite sur les registres du conservateur (V. Privil. et hypoth., n° 1370), sauf toutefois les hypothèques légales, qui sont dispensées de l'inscription (*eod.*, n° 1371), et certains privilèges qui sont également dispensés de cette formalité (V. *eod.*, n°* 626 et s.). — Mais le droit de rétention, non soumis à la formalité de l'inscription, ne constitue pas un privilège vis-à-vis des tiers (V. Rétention, n°* 73 et suiv.).

26. Dans les diverses hypothèses que nous venons de faire connaître, le défaut d'accomplissement de la formalité est opposable par les tiers, alors même qu'au moment où ils ont traité avec leur auteur ils avaient connaissance du contrat. C'est ce qu'on décide relativement : 1° au défaut de transcription des donations (V. Disposit. entre-vifs, n°* 1570 et s.) ; 2° au défaut de transcription ou d'inscription des substitutions (c. nap. 1071, V. Substit., n°* 349 et s.) ; 3° au défaut de signification du transport (V. Vente, n°* 1781 et s.), 4° au défaut d'inscription des hypothèques (V. Privil. et hypoth., n° 1370.)

27. En matière de contrat de mariage, les changements ou contre-lettres opérés avant la célébration du mariage ne sont valables vis-à-vis des tiers que si elles sont revêtues des formes prescrites par les art. 1396, 1397 c. nap. (V. Contr. de mar., n°* 435 et suiv.) ; mais les tiers peuvent en tirer avantage (V. *eod.*, n°* 438).

28. La séparation de biens n'est opposable aux tiers que si elle a été rendue publique dans les formes prescrites par les art. 1445 c. nap. et 872 c. pr. (V. Contr. de mar., n°* 1768 et suiv., 1912 et suiv.). Il en est de même de la séparation de biens résultant de la séparation de corps (V. Séparat. de corps, n° 542).

29. Lorsque la séparation de biens a été prononcée, le rétablissement de la communauté ne produit d'effet vis-à-vis des tiers que s'il a eu lieu conformément aux règles de l'art. 1445 c. nap. (V. Contr. de mar., n°* 2075 et suiv.). — Suivant quelques auteurs, le défaut de ces formalités pourrait être opposé même par les époux entre eux (V. *eod.*, n°* 2083). — A l'égard des tiers, le rétablissement de la communauté, même régulièrement constaté, ne produit pas d'effet rétroactif (V. *eod.*, n°* 2087 et suiv.).

30. Les sociétés de commerce doivent être publiées, à peine de nullité (V. Société, n°* 814 et s.). — Les tiers peuvent se prévaloir de la nullité résultant du défaut de publication, ou tenir la société pour valable, selon qu'ils y ont intérêt (V. Société, n°* 369, 874 et suiv., 1150). — Il en est de même pour la prorogation de la société (V. n° 962 et suiv.), pour la dissolution avant l'époque fixée par les statuts (V. *eod.*, n°* 762, 767). — Les sociétés en commandite sont soumises à des formalités particulières dont l'accomplissement rend également l'acte social non opposable aux tiers (V. Société, n°* 1261 et suiv.). — Quel est l'effet du défaut de publicité de la prorogation d'une société en commandite à l'égard des tiers ? (V. Société, n° 1420). — La tardiveté de la publication ne peut non plus être opposée aux tiers (V. Société, n° 822) ; mais si les tiers avaient intérêt à contester les effets de l'association, ils pourraient soutenir valablement qu'à leur égard, la société n'a commencé que du jour de la publication (V. *eod.*). — La dissolution d'une so-

ciété à l'époque fixée par ses statuts met fin à la société vis-à-vis des tiers (V. Société, n° 761) ; mais la dissolution ne peut porter atteinte aux droits acquis à des tiers avant cette dissolution (V. *eod.*, n° 763).

31. Les ventes de navires doivent être passées par écrit. Et l'on décide que la vente même avouée d'un navire ne peut, lorsqu'elle n'a pas été passée par écrit, être opposée aux tiers qui ont intérêt à la contester (V. Droit marit., n° 91). — Toutefois, il n'est pas nécessaire qu'elle ait date certaine (V. *eod.*, n° 93).

32. Suivant l'art. 1328 c. nap., les actes sous seing privé n'ont date certaine contre les tiers, c'est-à-dire contre les ayants cause à titre particulier, que du jour où ils ont été enregistrés, ou du jour de la mort de celui ou de l'un de ceux qui les ont souscrits, ou du jour où leur substance est constatée dans des actes dressés par des officiers publics (V. Obligat., n°* 3879 et s. ; V. aussi v* Acquiescem., n°* 863 et suiv. ; Société, n° 596). — Et il en est ainsi, même dans le cas où le tiers aurait eu connaissance de l'acte (V. Obligat., n°* 3885 et s.). — C'est par le même motif que l'art. 2074 c. nap. exige que l'acte de nantissement soit enregistré. Cette formalité est exigée dans l'intérêt des tiers (V. Nantissem., n° 75, 83). — Du reste, il est admis que la date de l'acte de nantissement peut devenir certaine non pas seulement par l'enregistrement, bien que l'art. 2074 ne parle que de cette formalité, mais aussi par l'un des moyens énoncés en l'art. 1328 (V. *eod.*).

33. En ce qui concerne les tiers, il faut bien distinguer entre les effets et la preuve de la convention. Si la convention n'est pas opposable aux tiers, il en est autrement de la preuve de la convention, laquelle a la même force vis-à-vis des tiers que entre les parties : cette distinction a été mise en lumière v° Obligations, n° 3077. — Ainsi, l'acte authentique fait foi à l'égard des tiers comme entre les parties (V. *eod.*), non-seulement quant aux dispositions principales qu'il renferme, mais aussi quant aux dispositions simplement énonciatives (V. *eod.*, n° 3133), sans qu'il y ait lieu de distinguer, comme autrefois, entre les actes anciens et les actes récents (V. *eod.*, n°* 3134 et suiv.).

34. De même aussi, les actes sous seing privé font preuve contre les tiers tout aussi bien que les actes authentiques (V. Obligat., n° 3858), sauf ce qui a été dit n° 32 quant à la date de ces actes. Et même, s'il s'agissait d'un acte soumis à la formalité du double écrit, le tiers n'aurait pas qualité pour opposer le défaut de mention que la formalité a été accomplie (V. Obligat., n° 4048).

35. En matière de bornage, on peut, à défaut d'actes émanés d'un auteur commun, invoquer contre les tiers les actes qui peuvent servir à déterminer l'étendue de la propriété (V. Bornage, n° 42).

36. De même que les actes sous seing privé forment preuve à l'égard des tiers, de même ces actes peuvent servir de commencement de preuve par écrit contre eux, en tant seulement qu'il s'agit d'établir la preuve de la convention (V. Obligations, n°* 4795, 4809).

37. Les tailles et leurs échantillons ne peuvent servir de preuve contre les tiers que suivant les règles relatives aux actes sous seing privé, excepté en matière commerciale (V. Obligations, n° 4265).

38. Les règles que nous venons de retracer s'appliquent aux copies des actes comme au titre lui-même ; les copies font foi contre les tiers de la même manière qu'elles font foi entre les parties (V. Obligat., n° 4360).

39. Comme les conventions ne peuvent nuire ni profiter aux tiers, il s'ensuit que les tiers ne peuvent demander la communication d'un acte auquel ils n'ont pas été parties. — Cependant il peut arriver que les tiers soient intéressés à l'acte, comme si, par exemple, des stipulations ont été faites en leur faveur (c. nap. 1121) ; ils peuvent alors en demander communication par la voie du compulsoire (V. Compuls., n°* 22 et suiv. ; Obligat., n° 3757), ...à la charge de payer les frais et déboursés de la minute s'ils sont encore dus au dépositaire, sauf leur recours contre le véritable débiteur (V. Compuls., n° 50). — Sur le sens des mots *tiers intéressés*, V. Compuls., n° 22 ; Notaire, n°* 328 et suiv.

40. L'état civil d'une personne ne peut être établi que par des actes émanés de l'officier de l'état civil, actes authentiques qui, d'après ce que nous avons dit n° 33, font foi à l'égard de tous, ou dans certains cas par la preuve testimoniale (c. nap. 323), ou par des actes de notoriété (c. nap. 70 et s.). — Mais ces deux derniers modes de preuve ne font foi qu'à l'égard de ceux qui les ont obtenus. Ainsi, spécialement, un débiteur ne pourrait, au moyen d'un acte de notoriété, établir vis-à-vis de son créancier que lui, débiteur, était mineur au moment de l'obligation (V. Acte de notor., n° 10).

41. La règle qui défend la preuve testimoniale des conventions, excepté dans les cas déterminés par les art. 1341 et suiv., ne peut pas s'appliquer aux tiers, car il ne leur a pas été possible de se procurer une preuve écrite de la convention (c. nap. 1347; V. Obligat., n° 4898).—Ainsi les tiers qui ont traité avec une société dont l'existence n'est constatée par un acte écrit, peuvent, si cette société est déniée, en faire la preuve par témoins (V. Société, n°° 272, 874). — Ils peuvent prouver de la même manière la prorogation de la société (V. eod., n°° 647, 962); et pareillement les tiers qui ont intérêt à prouver l'existence d'une société en participation, peuvent le faire au moyen de la preuve testimoniale (V. eod., n° 1638).

42. De même aussi, la défense de prouver contre et outre le contenu aux actes ne concerne pas les tiers (V. Obligat., n°° 4738 et suiv.). — De là il suit que les tiers peuvent prouver par témoins ou par présomptions la simulation qui leur porte préjudice (V. Obligat., n°° 1035 et suiv., 4934 et suiv., 5050 et s.; V. aussi v° Contr. de mar., n°° 381 et suiv.), ...et, dans le cas où il s'agirait d'un acte authentique, sans qu'il soit besoin de recourir à l'inscription de faux (V. eod., n° 3114).

43. De même que les conventions, les jugements n'ont pas d'effet à l'égard des tiers : les jugements, en effet, n'obtiennent force de chose jugée que contre ceux qui y ont été parties, soit par eux-mêmes, soit par leurs représentants (V. Chose jugée, n°° 223 et suiv.). — Et spécialement, l'arrêt rendu par les huissiers représentés par leur syndic, ne peut être opposé aux huissiers dont la nomination est postérieure à cet arrêt (V. Chose jugée, n° 239).

44. Il en est ainsi, alors même qu'il s'agit d'une question d'état (V. Chose jugée, n° 313 ; et Tierce opp., n° 36), ...ou de la qualité d'héritier (V. Chose jugée, n° 271; Degré de jur., n°° 251 et s.), ...ou de la qualité de femme commune (V. Contr. de mar., n° 2114).— En conséquence, le jugement qui ordonne la rectification d'un acte de l'état civil ne peut être opposé aux tiers (c. nap. 100; V. Acte de l'état civil, n° 481). — De même l'action en désaveu d'enfant intentée par un ou quelques-uns des héritiers n'a pas d'effet à l'égard des autres héritiers qui se sont abstenus (V. Paternité et filiat., n°° 114, 198). — Toutefois, on décide : 1° que le jugement rendu contradictoirement avec le ministère public et qui attribue à un individu la qualité de Français est opposable aux tiers (V. Acte de l'état civil, n° 483);— 2° Que l'admission ou le rejet du désaveu d'enfant a force de chose jugée contre les tiers, quels qu'ils soient, lorsqu'il a été prononcé sur l'action du mari ou de tous les héritiers (V. Paternité, n° 197).— Mais l'admission du désaveu n'aurait pas d'effet contre les tiers, si l'action avait été intentée par quelques-uns seulement des héritiers (V. eod., n° 199).

45. De même, les jugements arbitraux ne peuvent en aucun cas être opposés aux tiers (c. pr. 1022; V. Arbitr., n°° 1140 et suiv.). — D'où il résulte que les tiers n'ont pas qualité pour exercer l'action en nullité ouverte par l'art. 1028 (V. eod., n° 1142).

46. La règle que les jugements n'ont pas force de chose jugée contre les tiers s'applique au criminel aussi bien qu'au civil, c'est-à-dire que le jugement rendu au criminel n'a pas d'effet contre un tiers dans un second procès criminel (V. Chose jugée, n°° 500, 553). — Mais le jugement de condamnation rendu au criminel a force de chose jugée au civil, soit que le procès civil ait été intenté par le condamné contre un tiers, soit qu'il ait été intenté par un tiers contre un autre tiers (V. eod., n° 553).

47. Il arrive quelquefois qu'un jugement est exécutoire contre un tiers; par exemple, le jugement qui prononce la mainlevée ou la radiation d'inscription hypothécaire doit être exécuté par le conservateur des hypothèques, le jugement qui ordonne la mainlevée d'une opposition à mariage, par l'officier de l'état civil, le jugement de validité de saisie-arrêt, par le tiers saisi, etc., etc., bien que ces personnes n'aient pas été parties au procès (V. Jugement, n°° 518, 533). — Pour ces cas divers, le code de procédure présente des règles particulières (art. 164, 548, 549) qui ont été expliquées v° Jugement, n° 517 et suiv. — On s'est demandé si le tiers détenteur est un tiers dans le sens des articles précités : il y a contradiction entre les arrêts (V. eod., n°° 525, 526; Vente publ. d'imm., n° 239). — On statue en référé sur les difficultés relatives à l'exécution des jugements contre les tiers (V. Référé, n° 182).— Dans le cas où un jugement peut être exécuté contre les tiers, l'exécution provisoire prive l'appel de son effet suspensif, même vis-à-vis des tiers (V. Appel civ., n° 1242).

48. Bien que les conventions, les jugements n'aient pas d'effet à l'égard des tiers, cependant il peut arriver que, par le fait, ces conventions, ces jugements portent préjudice à leurs droits, et qu'ils ne puissent éviter ce préjudice en se bornant à repousser l'acte comme leur étant étranger, comme *res inter alios acta*.—S'il s'agit d'une convention, ils ne peuvent avoir une action en nullité ou en révocation : telle est, par exemple, l'action révocatoire accordée aux créanciers par l'art. 1167 (V. Obligat., n°° 954 et s.).—L'action exercée ainsi par les tiers n'est pas soumise à la prescription décennale de l'art. 1304, elle ne s'éteint que par la prescription de trente ans (V. Obligat., n°° 2880 et suiv.).

49. Mais il ne faut pas oublier ce principe que, si le préjudice dont se plaignent les tiers résulte de l'exercice légitime d'un droit, ils n'ont pas d'action pour s'y opposer (V. Action possess., n° 70). — Du reste, le droit de propriété ne va pas cependant jusqu'à permettre au propriétaire de faire de sa chose un usage qui nuise aux propriétaires voisins (V. Propriété, n°° 162 et suiv.).— C'est d'après ce principe que certaines servitudes ont été établies (c. nap. 671, 672, 681, etc.; V. Servitudes).— En conséquence, le propriétaire est tenu de réparer le dommage qu'il a causé, lorsque ce dommage excède les obligations ordinaires du voisinage. — V. Propriété, n° 169; Industrie, n° 211 et suiv.; Manufacture, n° 169 et suiv.; Mines, n°° 297 et suiv.; Respons., n° 117 et suiv.

50. S'il s'agit d'un jugement, les tiers ont le droit de tierce opposition (V. ce mot; V. aussi v° Appel civ., n°° 64, 431, 432; Faux incid., n° 33).— Ils peuvent également chercher à prévenir le préjudice du jugement pour leur faire éprouver en intervenant dans l'instance. — L'intervention diffère suivant qu'elle a lieu en première instance ou en appel, en ce sens que devant les premiers juges elle appartient à toute personne intéressée, même aux ayants cause (V. Intervent., n°° 20 et suiv., 30 et suiv., 44), tandis qu'en appel elle n'est reçue que de la part de ceux qui ont droit de former tierce opposition (V. eod., n° 63).— L'intervention a encore des effets différents, suivant qu'elle est formée par un ayant cause ou par un tiers agissant dans son intérêt propre (V. Intervent., n° 106).— Ainsi le premier ne pourrait faire revivre les nullités de procédure que la défense eut été formée principale aurait couvertes (V. eod., n° 129), droit qui appartiendrait au second.

51. Le préjudice dont les tiers ont à se plaindre peut provenir, non d'une convention ou d'un jugement, mais du fait personnel de l'une des parties : ils ont évidemment action en réparation de ce préjudice, ou bien encore les tiers peuvent être lésés dans leur honneur par des diffamations contenues dans les discours et écrits produits devant les tribunaux : en pareil cas, ils ont l'action en diffamation contre les auteurs de ces écrits (V. Presse-outr., n°° 1240 et suiv.).—Le mot tiers ici est entendu dans un sens tout spécial : il comprend uniquement les personnes qui, de quelque manière que ce soit, n'ont pas comparu au procès. Ainsi, ne sont pas des tiers l'avocat, l'avoué occupant au procès (V. Presse-outr., n°° 1241 et suiv.).— Mais on considère comme tiers l'avocat consultant qui ne défend pas la partie dans le procès (V. eod., n° 1243), les témoins (eod., n° 1244), les experts (eod., n° 1246), les magistrats qui ont jugé dans l'affaire (eod., n° 1247).

52. De même, la suppression d'un établissement dangereux,

Insalubre ou incommode, peut être demandée par les tiers, s'il y a inconvénient pour la salubrité publique ou l'intérêt général (V. Manufact., n° 165).—Si le préjudice est particulier, il ouvre seulement à celui qui l'éprouve une action en indemnité (V. eod., n° 169 et suiv.; Respons., n° 117 et suiv.).

53. Les règles d'après lesquelles le domicile d'une personne est déterminé, n'ont pas non plus d'effet à l'égard des tiers qui auraient été induits en erreur par le fait de cette personne qu'ils ont pu et dû croire domiciliée dans un endroit où elle n'avait pourtant pas son vrai domicile. Ils seraient donc fondés à soutenir qu'en ce qui les concerne, cette personne doit être considérée comme domiciliée dans cet endroit (V. Domicile, n° 9).

54. Les tiers qui ont des poursuites à exercer contre une société en commandite, en liquidation, ne sont pas obligés de s'adresser au liquidateur, ils peuvent actionner les associés directement (V. Société, n° 1435 et suiv.). — En matière d'association en participation, il n'y a pas d'engagements sociaux ; les tiers n'ont qu'une action directe contre celui avec lequel ils ont traité personnellement.— V. Société, n° 1654 et suiv.

55. La rectification d'un acte de l'état civil, peut être demandée par un tiers, si l'acte contient des énonciations qui lui soient applicables.— V. Acte de l'état civ., n° 423 et suiv.

56. Les tiers ne peuvent jamais exercer l'action disciplinaire, contre un membre d'une corporation soumis à une chambre de discipline; ils peuvent seulement dénoncer les faits. — V. Discipline, n° 36.

57. En matière d'élections politiques, les tiers sont admis à former des réclamations contre les inscriptions sur la liste électorale (V. Droit polit., n° 459 et suiv., 506). — Mais il est reçu qu'en matière de garde nationale, un tiers ne peut réclamer contre les inscriptions sur le contrôle (V. Garde nat., n° 192).

58. Dans les instances judiciaires, lorsqu'il y a plusieurs parties demanderesses ou défenderesses, chacune d'elles, pourvu toutefois qu'il n'y ait ni solidarité ni indivisibilité, a un intérêt distinct qui doit la faire réputer tiers vis-à-vis des autres : en conséquence, les actes de la procédure doivent être réputés personnels à celui duquel ils émanent et ne profitent pas à ses colitigants. — Ainsi, 1° l'appel interjeté par une partie ne profite pas aux autres (V. Appel, n° 583) ; mais il en est autrement s'il y a solidarité entre elles (V. eod., n° 584 et suiv.), ou si la matière est indivisible (V. eod., n° 589 et suiv.) ; — 2° La nullité d'un acte d'appel ne peut être opposée par celles des parties auxquelles une copie régulière a été signifiée : disons toutefois que la question est controversée (V. Exploit, n° 404 et suiv.); — 3° La signification de l'arrêt d'admission du pourvoi par la chambre des requêtes ne profite qu'à celui qui l'a faite (V. Cassation, n° 1131); — 4° Si le demandeur en cassation a fait signifier l'arrêt d'admission à quelques-unes des parties seulement, il est déchu vis-à-vis de celles auxquelles la signification n'a pas été faite (V. eod.), excepté en matière de garantie (V. eod.); — 5° En matière de péremption, l'acte fait par une partie ne profite pas aux autres qui ont le même intérêt qu'elle (V. Péremption, n° 303 et suiv.); — 6° En matière criminelle, la citation donnée à deux parties en une seule copie est nulle à l'égard seulement de celui à qui une copie n'a pas été signifiée (V. Exploit, n° 757-3°).

59. Les actes de la procédure ne peuvent être valablement faits que par les parties qui sont dans l'instance. Tout acte émané d'un tiers qui n'intervient pas au procès est sans aucune valeur, et, par exemple, il ne peut couvrir la péremption (V. Pérempt., n° 178).

60. Par la même raison, aussi, les voies ordinaires de recours, l'opposition, l'appel, le pourvoi en cassation et la voie extraordinaire de la requête civile, appartiennent uniquement aux parties; les tiers ont seulement la voie de la tierce opposition. — Mais on considère comme parties, bien qu'elles n'aient pas figuré personnellement dans l'instance, ceux qui sont représentés par un mandataire conventionnel légal, les ayants cause à titre universel ou particulier, etc. — V. sur ces points divers ce qui est dit Ve Appel, n° 433 ; Cassation, n° 266 et s.; Tierce opp., n° 60 et s.).—Mais l'appel peut être formé par un tiers au nom de la partie condamnée, si celle-ci n'a pas désavoué ce tiers qui,

en pareil cas, est présumé avoir reçu un mandat tacite (V. Appel civ., n° 527).

61. L'appel et les autres voies de recours ne peuvent également être formées que contre les parties qui ont figuré dans l'instance du premier degré (V. Appel civ., n° 601 et suiv.). — De même, un appel incident ne peut porter sur un des chefs relatifs à une partie qui n'a pas appelé (V. Appel incid., n° 25).

62. Ceux qui peuvent attaquer le jugement par les voies ordinaires de recours sont ceux également contre lesquels le jugement ou l'arrêt rendu sur l'appel, peut acquérir force de chose jugée (V. Chose jugée, n° 229 et suiv.), et qui, par suite, peuvent s'en prévaloir (V. eod., n° 239 et suiv.).

63. Il est certaines personnes qui, bien que n'ayant pas figuré personnellement au procès, peuvent se prévaloir du jugement s'il leur est favorable, et qui cependant peuvent le repousser s'il leur est préjudiciable. Ainsi, par exemple, le jugement rendu avec le *negotiorum gestor* doit profiter au maître, mais non lui nuire (V. Chose jugée, n° 240). — Il en est de même en quelque cas des créanciers, des débiteurs solidaires (V. Oblig., n° 1378, 1421 et suiv.).—Et pareillement, l'arrêt rendu avec l'exécuteur testamentaire profite aux héritiers et légataires, quoique non parties au procès (V. Chose jugée, n° 239), mais ne saurait leur préjudicier.

64. Nul ne pouvant être obligé que par sa seule volonté, nul non plus ne peut être exposé à une action de la part de celui envers lequel il n'a contracté aucun engagement. Ainsi, par exemple, les créanciers d'une société n'ont pas d'action contre un croupier, puisque celui-ci ne s'est pas engagé personnellement vis-à-vis d'eux (V. Société, n° 595). — De même aussi, une société étant un tiers vis-à-vis de chacun des associés pris individuellement, il en résulte que, lorsqu'un associé a contracté en son nom privé avec un tiers, celui-ci n'a pas d'action contre la société (V. Société, n° 603), et si la chose avait tourné au profit de la société, le tiers n'aurait contre celle-ci que l'action de son débiteur personnel, en vertu de l'art. 1166 (V. eod., n° 612 et suiv.).

65. Toutefois, par exception à la règle énoncée au numéro précédent, l'art. 1798 accorde à l'ouvrier employé par un entrepreneur une action directe contre celui pour le compte duquel les travaux ont été faits (V. Louage d'ouv., n° 116 et suiv.). — Mais ce dernier peut opposer aux ouvriers tout payement fait de bonne foi à l'entrepreneur, même sans date certaine (V. eod., n° 118).

66. Si un associé a traité avec un tiers au nom de la société, celle-ci est obligée vis-à-vis du tiers; mais seulement dans le cas où l'associé a traité dans les limites des pouvoirs que lui accordent la loi ou l'acte social (V. Société, n° 604 et suiv...). Si la chose a tourné au profit de la société, celle-ci est, en toute hypothèse, obligée envers le tiers (V. eod., n° 610). — Si l'associé a contracté, nonobstant l'opposition des associés, le tiers a néanmoins action contre la société s'il était de bonne foi, mais non, s'il avait connu l'opposition (V. eod., n° 510).

67. Les créanciers qui ne sont pas payés de leurs créances peuvent saisir les objets appartenant à leurs débiteurs, et qui sont entre les mains d'un tiers : ils procèdent alors par voie de saisie-arrêt (V. ce mot, n° 9 ; Saisie-foraine, n° 7). — Mais s'il s'agit d'objets mobiliers transportés au domicile d'un tiers, les créanciers pourraient agir par voie de saisie-exécution (V. Saisie-arrêt, n° 10 ; Saisie-exécut., n° 70).—Les demandes contre un tiers saisi sont dispensées du préliminaire de conciliation (c. pr. 49, § 7, 570 ; V. Conciliat., n° 223).

68. Il est de règle qu'on ne peut promettre ni stipuler pour autrui (c. nap., art. 1120 et suiv. ; V. Obligat., n° 241, 269 et suiv.). — Mais ce n'est pas stipuler pour autrui, dans le sens de cette disposition, que de contracter en qualité de mandataire et au nom d'une autre personne. Dans ce cas, le mandant est réputé avoir contracté personnellement ; il est obligé, et les tiers sont obligés vis-à-vis de lui, comme s'il avait consenti lui-même (V. Mandat, n° 382 et s.). — D'où il suit que les tiers ont action contre lui et lui action contre les tiers, sans que le mandataire soit en rien responsable, au moins lorsqu'il s'est renfermé dans les limites de son mandat (V. Mandat, eod.).

69. De même aussi on peut contracter au nom d'autrui, en qualité de gérant d'affaires, et dans ce cas, les tiers avec lesquels le gérant a contracté ont action contre le maître pour lequel l'affaire a été gérée (V. Obligat., n⁰ˢ 5454 et suiv.).—Mais dans ce cas, le gérant n'est pas moins obligé vis-à-vis des tiers, il n'est affranchi de toute obligation que si le maître ratifie (V. eod., n° 5462). — Si le gérant d'affaires s'est personnellement obligé envers les tiers, ceux-ci n'ont pas d'action contre le maître (V. Obligat., n° 5457).

70. On peut même stipuler au profit d'un tiers, lorsque telle est la condition d'une stipulation que l'on fait soi-même ou d'une donation que l'on fait à un autre (c. nap. 1121, V. Oblig., n⁰ˢ 269 et s.). — L'avantage que le tiers peut tirer de cette stipulation n'est pas soumis à la formalité de l'acceptation expresse exigée pour les donations. Il suffit que le tiers déclare vouloir en profiter.—V. Dispos. entre-vifs et test., n⁰ˢ 1388 et suiv.

71. Un tiers peut payer pour le débiteur; mais dans ce cas, il n'est pas subrogé aux droits du créancier; il n'a contre le débiteur qu'une action en remboursement de la somme qu'il a réellement payée, sans aucune des garanties attachées à la créance éteinte (V. Oblig., n⁰ˢ 1651 et suiv.). — Il ne pourrait pas non plus acquitter la dette par voie de compensation (V. Oblig., n° 2684), à moins que le tiers ne soit un cessionnaire (V. eod.). — Le tiers qui a fourni une provision à la femme pendant l'instance en séparation de corps a action contre le mari pour le recouvrement de ses avances (V. Séparat. de corps, n° 155), à moins que ces avances ne soient pas en rapport avec les facultés du mari et les besoins de la famille. (V. eod., n° 156).—On peut aussi hypothéquer son immeuble à la dette d'un tiers (V. Privil. et hypoth., n° 718).

72. Le tiers qui a prêté ses deniers pour payer les frais funéraires ou autres créances énoncées dans l'art. 2101, jouit-il, pour la répétition de la somme prêtée, du privilége accordé par cet article? — Oui, suivant nous; mais la question est controversée. — V. Privil. et hypoth., n° 181.

73. En matière de jeu, le tiers qui a prêté au perdant peut former une action en remboursement de cette somme, s'il est demeuré complètement étranger au jeu; mais il ne le peut pas dans le cas contraire. — V. Jeu et pari, n⁰ˢ 57 et suiv.

74. Un tiers peut être indiqué dans la convention pour recevoir payement: ce tiers n'est alors qu'un simple mandataire dont les pouvoirs consistent uniquement à recevoir un payement effectif, et dans les termes mêmes de la convention (V. Oblig., n⁰ˢ 1721 et suiv.). Mais si l'indication de payement a eu lieu dans l'intérêt de ce tiers, il peut disposer de la créance, et par exemple, consentir novation avec le débiteur (V. Obligat., n° 2586), et celui-ci peut lui opposer la compensation de ce qu'il lui doit (V. eod., n° 2685).

75. Nul ne peut disposer d'une chose qui ne lui appartient pas, ainsi, on ne peut, à peine de nullité, vendre la chose d'autrui (V. Oblig., n⁰ˢ 489 et suiv.; Vente, n⁰ˢ 488 et suiv.);... ni la donner en échange (V. Echange, n° 19),... ni la donner entre-vifs ou la léguer par testament (V. Disposit. entre-vifs et test., n⁰ˢ 1701 et suiv., 3765 et suiv.);... ni la grever d'hypothèque (V. Privil. et hyp., n⁰ˢ 1187 et suiv.), à moins de ratification par le véritable propriétaire (V. Échange, n° 29; Vente, n⁰ˢ 489, 525). — Enfin, celui qui possède pour autrui ne peut prescrire (V. Prescript. civ., n⁰ˢ 347 et suiv.). — L'hypothèque consentie sur l'immeuble d'autrui devient-elle valable pour l'acquisition postérieure que le débiteur fait de cet immeuble. — La question est fort controversée, nous avons admis la négative (V. Privil. et hypoth., n° 1188).

76. La législation révolutionnaire avait apporté, en matière de vente des biens nationaux, une exception immorale au principe que la vente de la chose d'autrui est nulle. La vente faite par l'Etat d'un bien appartenant à un tiers, était valable, et la propriété d'un bien était transmise à l'acquéreur: le véritable propriétaire n'avait droit qu'à un recours en indemnité contre l'Etat (V. Dom. nat., n⁰ˢ 8, 15 et suiv.; Vente admin., n⁰ˢ 370 et s.).—Mais si ces biens se trouvaient en la possession des acquéreurs par surprise ou erreur, et sans qu'ils eussent été vendus, la revendication alors était admise (V. Dom. nation., n⁰ˢ 31 et suiv.). — Du reste, ce droit exceptionnel s'appliquait uniquement aux ventes faites nationalement par l'Etat; il n'a pu

être invoqué par les hospices, à l'égard des biens qui leur ont été restitués (V. Hospices, n° 76).

77. A l'égard des meubles, la possession vaut titre (V. n° 21), et par conséquent, le véritable propriétaire n'est pas admis à les revendiquer entre les mains de celui qui les a achetés de bonne foi; il a simplement une action en indemnité contre le vendeur (c. nap. 1141, 2279; V. Oblig., n⁰ˢ 697 et s.; Prescr., n⁰ˢ 264 et s.). —Cette règle a été spécialement appliquée par l'art. 210 c. com. à la vente des navires.— V. Droit marit., n⁰ˢ 150 et suiv.

78. Lorsque des biens ont été saisis immobilièrement, les tiers qui prétendraient avoir un droit de propriété sur ces biens, ont pendant la poursuite l'action en distraction, dont les formes sont déterminés par les art. 725 et suiv. c. pr. (V. Vente publ. d'imm., n⁰ˢ 1034, 1125 et suiv.), et après l'adjudication, une action en revendication contre l'adjudicataire (V. eod., n° 1230). — S'il s'agit d'objets mobiliers, les tiers ont l'action en revendication.—Cette action, de même que la demande en distraction, en cas de saisie immobilière, ne sont pas considérées comme des incidents de la poursuite: en conséquence, ce sera d'après la valeur des objets revendiqués que se détermine si la contestation est jugée en premier ou en dernier ressort.—V. Degré de jurid., n⁰ˢ 311 et suiv., 521 et suiv., 419.

79. Lorsqu'un tiers a fait des constructions sur le terrain d'autrui, la propriété de ses constructions appartient au propriétaire du fonds, avec les distinctions énoncées sous art. 555 et suiv. c. nap.— V. Propriété, n⁰ˢ 418 et suiv.

80. On peut établir une rente viagère sur la tête d'un tiers qui n'y est point intéressé (V. Rente viag., n° 28).— On peut aussi établir une rente viagère au profit d'un tiers, et dans ce cas, les formes exigées pour les donations ne sont point obligatoires (V. eod., n⁰ˢ 35 et suiv.).—On peut encore assurer la vie d'un tiers, pourvu que l'assureur y ait intérêt, et que le tiers y consente (V. Assur. terr., n⁰ˢ 317 et suiv.).

81. On peut convenir dans un contrat de vente, qu'un tiers appréciera la valeur des biens vendus (V. Vente, n⁰ˢ 376 et s.); il en est de même dans un contrat d'échange (V. Echange, n° 13).

82. Un don manuel peut être fait par l'intermédiaire d'un tiers (V. Dispos. entre-vifs et test., n⁰ˢ 1641 et suiv.). — Mais c'est une question de savoir si l'objet donné pourrait être remis au donataire par le tiers, après la mort du donateur.—V. eod., n⁰ˢ 1646 et suiv., 3471 et suiv. V. aussi vⁱᵉ Dépôt, n° 89; Mandat, n° 456.

83. Si au moment de l'apposition des scellés ou de l'inventaire, des objets et papiers étrangers à la succession sont réclamés par des tiers, ces objets et papiers doivent leur être remis. — V. Scellés et invent., n⁰ˢ 56, 81, 145 et suiv., 221.

84. Un tiers ne peut être soumis à l'interrogatoire sur faits et articles; ce serait un véritable témoignage qui ne peut être reçu que dans les cas où la preuve testimoniale est admissible (V. Interr. sur faits et art., n° 9; Oblig., n⁰ˢ 4633 et s.). — Par cette raison, lorsque la loi permet que l'on interroge l'administrateur ou l'agent d'une administration d'un établissement public, cet administrateur ne peut se faire représenter par un tiers auquel il donnerait mandat (V. Interrog. sur faits et art., n⁰ˢ 90 et suiv.).

85. Le décret du 28 fév. 1852 a établi en faveur de la société du crédit foncier, des formalités spéciales pour la purge des hypothèques, et les tiers ne peuvent invoquer le bénéfice (V. Société de crédit foncier, n° 168).

86. Quels sont les droits des tiers en cas d'absence présumée et déclarée? — V. Absent, n⁰ˢ 341 et suiv.

87. Après avoir parlé des tiers, venons maintenant à ce qui concerne les ayants cause. Les ayants cause, à la différence des tiers, sont, comme nous l'avons déjà dit, obligés par les actes de leur auteur, et par la même raison peuvent aussi s'en prévaloir. — On est censé, dit l'art. 1122, avoir stipulé pour soi et pour ses cohéritiers ou ayants cause, à moins que le contraire ne soit exprimé, ou dans la convention (V. Obligat., n⁰ˢ 474 et s.). — Ainsi, par exemple, en cas d'éviction, la garantie peut être demandée par les ayants cause de l'acheteur, tout aussi bien que par celui-ci (V. Vente, n⁰ˢ 861 et suiv.); — Le désistement oblige le désistant, ses héritiers, ses ayants cause (V. Désistement, n° 175); — L'élection de domicile, faite dans un contrat, produit son effet à l'égard de ceux qui sont aux droits de l'une ou l'autre des parties (V. Domicile élu, n°s 63, 67);—Le défaut de transcription d'une donation peut être opposé par les tiers, non-seulement au donataire, mais aussi aux ayants cause du donataire, par exemple à ceux qui ont acquis les biens donnés (V. Disposit. entre-vifs et test., n° 1572).

88. Ce principe a été appliqué spécialement par l'art. 1013 c. pr. à l'arbitrage volontaire, sauf une exception : le compromis oblige les héritiers, à moins qu'ils ne soient mineurs (V. Arbitr., n°s 571 et suiv.). — Et on décide pareillement que le compromis est opposable aux créanciers des parties, à leurs cessionnaires (V. Arbitr., n° 571. — De même encore, les ayants cause d'un associé sont soumis à la juridiction arbitrale (V. Arbitr., n°s 140 et suiv., 571, 574).

89. Ce que l'on vient de dire des conventions s'applique également aux jugements. De même que l'ayant cause peut faire exécuter le jugement rendu au profit de son auteur (V. Jugement, n° 495), de même aussi le jugement rendu contre l'auteur est exécutoire contre l'ayant cause, toutefois sous certaines conditions (V. eod., n°s 508 et suiv.).

90. L'obligation peut être prouvée contre l'ayant cause, de la même manière qu'elle peut l'être contre son auteur. Et spécialement, la preuve admissible en matière de prêt à usage contre l'emprunteur l'est également contre ses ayants cause (V. Prêt, n° 61).

91. L'ayant cause, continuant la personne de son auteur, peut joindre la possession de celui-ci à la sienne pour compléter la prescription (c. nap. 2235, V. Prescription civile, n°s 381 et suiv.), ...ou pour former l'action possessoire (V. Action possessoire, n° 244).

92. Ce que l'auteur de l'ayant cause ne peut faire, celui-ci ne peut le faire non plus. — Ainsi, l'ayant cause d'un débiteur qui a remis une chose en gage à son créancier (un héritier, par exemple), ne peut invoquer contre ce créancier, le défaut de remise du gage (V. Nantissement, n° 121). — Si l'auteur ne peut former tierce opposition à un jugement, l'ayant cause ne le peut davantage (V. Tierce opposit., n° 73).

93. En certaines circonstances, l'ayant cause peut devenir un véritable tiers, et dans ce cas on applique les règles exposées ci-dessus n°s 6 et suiv.

Table sommaire des matières.

TIERS ACQUÉREUR.—TIERS DÉTENTEUR.

1. Ces expressions s'appliquent à l'acquéreur, au détenteur d'un immeuble, en présence d'un tiers qui possède sur cet immeuble une hypothèque ou autre charge réelle du chef des précédents propriétaires.—Le mot *détenteur* est plus large que le mot *acquéreur* : celui-ci se dit uniquement de la personne à laquelle un immeuble est transmis à titre onéreux, tandis que celui-là s'entend de tout possesseur *animo domini*, à quelque titre que la possession ait été transmise. — Toutefois le mot *tiers détenteur* ne comprend, au moins dans le sens des lois hypothécaires, que ceux qui détiennent l'immeuble à titre particulier, et non ceux qui, succédant à leur auteur dans l'universalité ou une quote-part de ses biens, sont personnellement tenus de remplir les obligations qu'il a consenties (V. n° 10). — On peut cependant considérer comme tiers détenteur le cohéritier qui détient un immeuble hypothéqué à la dette de son auteur et qui a payé le prix de la dette mise à sa charge; car il n'est tenu de la part de ses cohéritiers qu'à raison de la détention (V. Privil. et hyp., n°s 1821 et suiv.).

2. Tous les droits créés pour l'utilité de l'héritage vendu ou transmis de toute autre manière, passent à l'acquéreur ou au détenteur (V. Obligat., n° 1087). — Et par contre, le détenteur est tenu de toutes les obligations réelles dont l'immeuble se trouve grevé (V. eod., n° 1091). — C'est ainsi, par exemple, que le tiers détenteur de partie d'un bien vendu, mais non payé, est tenu, solidairement avec les codétenteurs des autres portions de l'immeuble, au payement du prix V. Obligat., n° 1516-2°). De

même, et par suite du principe de l'indivisibilité de l'hypothèque, le tiers détenteur est hypothécairement tenu pour le tout, bien qu'il ne soit obligé personnellement que pour une partie de la dette (V. Obligations, n° 1536).—Le tiers détenteur est même tenu de maintenir les baux consentis par son auteur (V. Louage, n°s 482 et suiv.); d'où quelques auteurs ont induit que, sous le code Napoléon, la location d'un immeuble constituait un droit réel (V. eod., n° 486).

3. Le vendeur ne peut transmettre plus de droits qu'il n'en a lui-même (c. nap. 2125; c. pr. 717). Il résulte de là que si son titre est vicieux, la nullité peut en être demandée non-seulement contre l'acquéreur, mais même contre les successeurs de celui-ci, les nullités de contrat produisant leur effet vis-à-vis des tiers (V. Tiers, n° 14). — En conséquence, on décide notamment : 1° que le propriétaire spolié peut agir par voie de réintégrande contre les tiers acquéreurs (V. Action possess., n° 131); — 2° Que le copermutant évincé de la chose qu'il a reçue peut revendiquer celle qu'il a donnée, même contre les tiers acquéreurs (V. Echange, n°s 46, 47);—3° De même, l'action en réduction peut être intentée par l'héritier à réserve contre les tiers acquéreurs de la même manière que contre les donataires (V. Disposit. entre-vifs et test., n°s 1247 et suiv.), mais après discussion préalable des biens du donataire (V. eod., n°s 1253 et suiv.); — 4° De même encore, les droits de l'acquéreur d'un bien grevé de substitution sont subordonnés à l'existence des appelés au moment où s'ouvre le droit à la substitution. Mais ces acquéreurs ne pourraient souffrir de l'abandon anticipé de la jouissance par le grevé au profit des appelés. Ils ne sont soumis à l'éviction qu'au cas où à la mort du grevé il existerait des appelés capables (V. Substitut., n° 447).

4. Le détenteur évincé est tenu de restituer les fruits, suivant les distinctions tracées par les art. 548 et suiv. c. nap., en raison de sa bonne ou de sa mauvaise foi (V. Propriété, n°° 271 et suiv.; V. aussi v° Contr. de mar., n°° 3867 et s.).

5. L'éviction peut donner lieu à une action en garantie; mais cette action n'appartient pas à tout détenteur; elle ne peut être réclamée par ceux qui avaient acquis à titre gratuit l'immeuble dont ils ont été évincés (V. Disp. entre-vifs et test., n°° 1701et s.). — Au contraire la garantie est due de droit par le vendeur à l'acquéreur (V. Vente, n°° 861 et suiv.). — Spécialement l'acquéreur d'un immeuble dotal évincé par la femme peut se faire restituer par le mari le prix qu'il a payé (V. Contr. de mar., n°° 3841 et suiv.), et même obtenir de lui des dommages-intérêts, s'il ne lui a pas déclaré lors de la vente que le bien était dotal (V. eod., n°° 3843 et suiv.). — Dans un tel cas, la femme serait-elle tenue à garantir l'acquéreur sur ses paraphernaux? — On distingue suivant que la femme s'est obligée ou non expressément à la garantie (V. eod., n°° 3850 et suiv.).

6. Si le tiers détenteur est obligé de supporter toutes les charges réelles qui pèsent sur l'immeuble vendu, il n'en est pas tenu personnellement et sur ses biens propres; son obligation dérivant de la seule détention de l'immeuble, ne peut être exécutée que sur l'immeuble lui-même. — Il en est ainsi notamment des dettes hypothécaires (V. Privil. et hyp., n° 115); — D'une rente foncière (V. Rente foncière, n°° 74 et suiv.). — De là il suit : 1° que le tiers détenteur ne pourrait être assigné par le créancier pour être condamné personnellement au payement de la dette hypothécaire (V. Privil. et hypoth., n°° 1784 et s.); — 2° Que la saisie de la rente foncière ne pourrait être faite entre les mains du tiers détenteur, mais en celles du débiteur originaire de la rente (V. Saisie des rentes, n° 33). — Mais celui qui a cautionné le détenteur est obligé personnellement (V. Cautionnement, n° 132).

7. Le tiers détenteur n'étant tenu qu'en cette qualité des obligations attachées à la chose, il en résulte que lorsque cette chose a cessé d'être en sa possession, les obligations cessent également (V. Obligat., n° 1095), et que, dès lors, il peut s'en affranchir en abandonnant la chose au créancier (V. Obligat. n° 1098).

8. De ces principes, il suit que, si l'immeuble est grevé de dettes hypothécaires, le tiers détenteur, obligé, vis-à-vis des créanciers et en raison de sa détention au payement de la totalité des dettes, pourra se soustraire à cette obligation par le délaissement de l'immeuble hypothéqué (V. Obligat. n° 1094; Priv. et hyp. n°° 1757 et suiv.; V. aussi v° Saisie-arrêt n° 435); ...et réciproquement, il ne peut éviter le délaissement qu'en payant tous les capitaux et intérêts exigibles (V. Priv et hyp., n°° 1890 et suiv.).—Du reste, pour échapper à l'une ou à l'autre de ses obligations, une troisième ressource lui est ouverte : il peut encore se libérer des hypothèques, au moyen des formalités de la purge (V. Priv. et hyp., n°° 1778, 2008 et suiv.). Dans ce cas, il n'est plus tenu vis-à-vis des créanciers hypothécaires, que jusqu'à concurrence de son prix (V. eod.).

9. Les termes et délais accordés au débiteur originaire profitent au tiers détenteur qui consent à payer les dettes hypothécaires (V. Priv. et hyp., n° 1778), et il peut payer même malgré l'existence d'une saisie-arrêt (V. Saisie-arrêt, n° 400). — Mais, s'il préfère purger les hypothèques, il n'est pas obligé d'attendre l'échéance (V. Priv. et hyp., loc. cit.).

10. Les tiers détenteurs auxquels le délaissement est permis ou auxquels il est permis de purger, sont ceux qui ne sont pas obligés personnellement au payement de la dette, comme l'acquéreur, l'échangiste, le donataire et le légataire particuliers; mais non ceux qui sont tenus personnellement au payement de la dette soit par la nature du titre, soit par la stipulation, comme des débiteurs solidaires, etc., les héritiers, les légataires universels ou à titre universel (V. Privil. et hypoth., n°° 1834 et s., 2013).

11. Le délaissement peut être fait même après que le tiers détenteur a reconnu l'obligation ou subi condamnation en cette

qualité seulement (V. Priv. et hyp., n° 1858). — Quelles personne peuvent délaisser? —V. eod., n°° 1829 et suiv., — Dans quel délai et suivant quelle forme le délaissement doit-il être fait? — V. eod., n°° 1869 et suiv.— Quels en sont les effets?— V. eod., n°° 1882 et suiv.

12. Si le tiers détenteur veut purger, il doit remplir les formalités déterminées par les art. 2181 et suiv. qui sont la transcription au bureau du conservateur des hypothèques (art. 2181, 2182), la notification aux créanciers inscrits d'un extrait de son titre et de l'état des hypothèques et des inscriptions avec déclaration qu'il est prêt à acquitter les dettes et charges hypothécaires jusqu'à concurrence seulement de son prix (c. nap. 2183, 2184, V. Priv. et hyp. n°° 2144 et suiv.). — Par cette notification le tiers détenteur devient débiteur personnel et direct de son prix envers les créanciers hypothécaires, et par conséquent n'a plus la faculté de délaisser l'immeuble (V. eod., n°° 2156 et suiv.).

13. Tout créancier inscrit peut, à la suite de cette notification, surenchérir sur le prix de vente déclaré (c. nap. 2185 et suiv.; V. Surenchère). — Mais ce droit ne saurait appartenir à l'acquéreur qui a fait la notification, alors même qu'il serait en même temps créancier inscrit du vendeur (V. Surenchère, n° 72). — Le tiers détenteur sur lequel une surenchère a été formée est tenu, jusqu'à l'adjudication, de veiller comme propriétaire à la conservation de la chose (V. eod., n° 270).

14. Lorsque le tiers détenteur refuse de payer sans offrir le délaissement ni remplir les formalités de la purge, tout créancier hypothécaire a le droit de faire vendre l'immeuble hypothéqué à sa dette sous la condition de remplir les formalités déterminées par l'art. 2169 c. nap. (V. Privil. et hypoth., n°° 1779 et suiv.). — Sur les formalités de la saisie contre le tiers détenteur, V. aussi v° Vente publ. d'imm., n°° 306 et suiv., 410 et suiv. 953. — Les créanciers ne peuvent faire ordonner contre le tiers détenteur, aussi bien que contre le débiteur, la dépossession et la mise en séquestre de l'immeuble permise par l'art. 681 c. pr. (V. Vente publ. d'imm., n° 711). — La saisie immobilière doit-elle être poursuivie en même temps sur le débiteur originaire et sur le tiers détenteur? V. Vente publ. d'imm., n°° 312 et suiv. — Le tiers détenteur a-t-il qualité pour opposer la nullité des actes de la procédure de saisie poursuivie contre le débiteur? V. Privil. et hyp., n° 1803 et s.; Vente publ. d'imm., n° 1229.

15. Les créanciers hypothécaires ne peuvent agir par voie de saisie-arrêt contre les fermiers ou autres débiteurs du tiers détenteur (V. Saisie-arrêt, n° 12). — Toutefois, à partir de la sommation de payer ou de délaisser, le tiers détenteur ne pouvant plus disposer des fruits, le créancier hypothécaire peut opérer par voie de saisie-arrêt contre les débiteurs de ces revenus. — V. eod.

16. Le tiers détenteur peut se rendre adjudicataire de l'immeuble saisi sur lui (V. Vente publ. d'imm., n° 1632), et dans ce cas, il est dispensé de faire transcrire le jugement d'adjudication (V. Transcript., n° 367). — Il peut ainsi être admis à surenchérir sur le prix de l'adjudication (V. Surenchère, n° 298). — Lorsque l'immeuble a été adjugé, le tiers détenteur a droit à ce qui reste du prix après que tous les créanciers hypothécaires ont été payés, à l'exclusion des simples chirographaires. — V. Priv. et hypoth., n° 1755; V. Transcript eod., n° 2302.

17. Plusieurs exceptions peuvent être opposées par le tiers détenteur à l'action hypothécaire. — Il peut d'abord s'opposer à la vente de l'héritage hypothéqué qui lui a été transmis, s'il est demeuré d'autres immeubles hypothéqués à la même dette dans la possession du principal ou des principaux obligés, et en requérir la discussion préalable (V. Privil. et hypoth., n°° 1913 et suiv.). — En sa qualité de tiers, le cessionnaire peut opposer les actes sous seing privé de son cédant qui n'ont pas date certaine avant la signification de la cession (V. Oblig., n°° 3955 et suiv.; Vente, n°° 1790 et suiv.). — La cession de la même créance antérieure en date à la sienne ne lui est pas opposable s'il a le premier signifié (V. Vente, n°° 1746 et suiv.). — Il peut former tierce opposition aux jugements rendus contre le cédant depuis la signification du transport (V. Tierce opposit., n°° 159 et s.); il peut intervenir en appel (V. Intervent., n° 96). — Il a le droit de répéter les impenses et améliorations qu'il a faites au fonds hypothéqué jusqu'à concurrence de la plus-value résultant de l'amélioration. — V. Privil. et hypoth., n°s 1943 et suiv.; V. aussi v° Echange, n° 49.

Mais il ne peut réclamer de privilége pour les dépenses de réparations faites par lui pendant qu'il avait la détention de l'immeuble (V. Privil. et hypoth., n° 459), à moins que les travaux n'aient été nécessaires pour empêcher l'immeuble de tomber de vétusté (V. eod., n° 460). —Il a encore contre l'action hypothécaire une exception de garantie résultant, par exemple, de ce que le créancier poursuivant serait tenu en qualité d'héritier du vendeur à garantir l'acquéreur de toute éviction. — V. Privil. et hypoth., n°s 965 et suiv.

18. En outre, comme l'hypothèque ne produit d'effet contre les tiers que si elle est inscrite (V. Privil. et hypoth., n° 1370; Vente publ., n°s 158 et suiv.), il en résulte que le tiers détenteur a qualité pour opposer la nullité de l'inscription hypothécaire (V. Privil. et hypoth., n° 1405; V. aussi v° Surenchère, n°s 214 et suiv.). — Il a également qualité pour demander la radiation des hypothèques dont l'immeuble est grevé (V. Priv. et hypoth., n° 2730).

19. Enfin, le tiers détenteur peut échapper à l'action hypothécaire par la prescription de l'hypothèque (V. Priv. et hypoth., n° 2495 et suiv.). — Le délai de cette prescription est de dix ou vingt ans s'il est de bonne foi, et de trente ans dans le cas contraire (V. eod., n°s 2502 et suiv.), à la même manière qu'il prescrit la propriété de l'immeuble (V. v° Prescript. civ., n°s 877 et suiv.; V. aussi Domaine engagé, n° 111). — Si la prescription de l'obligation est acquise au débiteur principal, cette prescription profite aussi au tiers détenteur de l'immeuble affecté à la sûreté de la dette (V. Prescript. civ., n° 142).

20. Le tiers détenteur qui a payé la dette hypothécaire a un recours en garantie contre le débiteur principal (V. Privil. et hypoth., n° 1907 et suiv.). — En outre, il est subrogé de plein droit dans tous les droits des créanciers payés (V. Obligat., n°s 1436, 1920, 1968 et suiv.; Privil. et hypoth., n°s 1971 et suiv., 2314 et suiv.). — Toutefois, il ne résulte pas de là qu'il puisse opposer au créancier l'exception cedendarum actionum de l'art. 2037 (V. Obligat., n°s 987 et suiv.).

21. L'acquéreur est l'ayant cause du vendeur relativement aux actes émanés de celui-ci antérieurement à la naissance de ses droits. — De là il suit : 1° que le jugement rendu contre le vendeur antérieur à la vente a force de chose jugée contre l'acquéreur (V. Chose jugée, n°s 245 et suiv.); — 2° Qu'il peut appeler de ce jugement si les délais de l'appel ne sont pas encore expirés (V. Appel civ., n°s 543 et suiv.); — 3° Qu'il peut, en cette qualité, intervenir en première instance (V. Interv., n° 56); — 4° Que le tiers acquéreur assigné en délaissement a qualité pour opposer à l'action en rescision introduite contre son vendeur tous les moyens du vendeur, encore que celui-ci y ait renoncé (V. Obligat., n° 1088); — 5° Que l'acquéreur dont le titre est postérieur à l'acquiescement donné par le débiteur a un jugement par défaut ou à l'hypothèque prise en vertu de ce jugement, est lié par cet acquiescement (V. Jugem. par défaut, n° 422).

22. Mais relativement aux actes postérieurs à la vente, l'acquéreur est un tiers ; en conséquence : 1° les jugements rendus contre le vendeur, après la vente, n'a pas force de chose jugée contre l'acquéreur (V. Chose jugée, loc. cit.); — 2° L'appel de ces jugements lui est interdit (V. Appel civ., loc. cit.); — 3° Il peut les attaquer par la voie de la tierce opposition (V. Tierce opposit., n°s 144 et s.);—4° Il peut, dès lors, intervenir pour la première fois en appel (V. Intervent., n° 95), et cette intervention même peut être forcée (V. eod., n°s 150 et suiv.); — 5° Lorsque l'acquéreur a fait concourir la tierce opposition avec l'opposition du vendeur au jugement qui prononce contre ce dernier la résolution de la vente, le désistement du vendeur n'est pas opposable au tiers acquéreur (V. Désistem., n° 177); — 6° Les actes sous seing privé passés par le vendeur avant la vente ne sont pas opposables à l'acquéreur s'ils n'ont pas date certaine (V. Obligat., n°s 3943 et suiv.).

23. L'acquéreur est encore un tiers dans le sens de l'art. 1321 c. nap. ; par suite, il peut repousser la contre-lettre, même portant date certaine antérieure à la vente, et par laquelle le

vendeur a reconnu que son titre n'était que fictif (V. Oblig., n°s 3202 et suiv.).

24. Les acquéreurs successifs d'une même chose sont des tiers entre eux, et leurs droits se règlent d'après les principes qui régissent les tiers. Ainsi, aujourd'hui, d'après la loi du 23 mars 1855, la transmission de la propriété ne pouvant s'effectuer vis-à-vis des tiers que par la transcription de l'acte translatif, il s'ensuit qu'entre deux acquéreurs successifs, la propriété appartient à celui qui a fait transcrire le premier (V. Transcrip.). Sous l'empire des principes du code nap., d'après lequel la vente produisait ses effets, même à l'égard des tiers, par le seul consentement des parties, c'était la date des actes, soit authentiques, soit sous seing privé, pourvu que dans ce dernier cas elle fût certaine, qui déterminait la transmission de la propriété (V. Vente, n° 170; Obligat., n° 696).

25. Si l'acquéreur n'a pas fait transcrire son contrat, le créancier qui a de son chef une hypothèque sur l'immeuble vendu prime-t-il le créancier du vendeur antérieur à l'aliénation, mais dont l'inscription est postérieure à celle du créancier de l'acquéreur ? — Non, suivant nous.—V. Privil. et hyp., n°s 1722 et s.

26. Le tiers détenteur poursuivi hypothécairement en vertu du jugement rendu contre le débiteur est-il un tiers dans le sens de l'art. 548 c. pr., de sorte qu'on ne puisse exécuter ce jugement contre lui que sur la présentation du certificat exigé par cet article ? V. Jugem., n° 525, 526 des arrêts en sens contraire.

27. Les droits d'enregistrement sont à la charge de l'acquéreur (V. Enreg., n° 5115). Par suite, lorsqu'un acte de vente est présenté à l'enregistrement par le vendeur, la régie peut faire poursuivre directement l'acquéreur en payement des droits (V. eod., n°s 5116 et suiv.).

28. Pour le recouvrement des droits de mutation par décès, la régie a une action réelle sur le revenu des biens à déclarer (V. Enregistr., n° 5162). — Mais ce droit ne peut s'exercer entre les mains du tiers détenteur que par voie de saisie-arrêt (V. eod., n° 5106 et suiv.).

TIERS ARBITRE. — Celui qui est appelé pour départager les deux premiers arbitres. — V. Arbitr., n°s 742 et suiv.; V. aussi eod., n°s 28, 591, 605, 887, 1097.

TIERS COUTUMIER. — Dans la coutume de Normandie, on désignait sous ce nom ce que, dans d'autres coutumes, on appelait douaire des enfants. — V. Contr. de mar., n° 67; Disposit. entre-vifs et test., n°s 510 et suiv., 550 et suiv.

TIERS ET DANGER. — On appelait ainsi, autrefois, le droit qui appartenait aux seigneurs de la province de Normandie d'exiger le tiers et le dixième dans les ventes de bois qui relevaient d'eux. — V. Propr. féod., n°s 312 et s.; Usages forest.

TIERS DENIER. — Droit qui appartenait au roi et aux seigneurs hauts justiciers dans les duchés de Lorraine et de Bar, et, ce qui est plus douteux, dans le Clermontois : ce droit consistait dans le tiers du prix des ventes extraordinaires des bois et pâturages appartenant aux communautés. — V. Usages forestiers; V. aussi Domaine de l'État, n° 58; Propriété féodale, n°s 312 et suiv.

TIERS DÉTENTEUR. — V. Tiers acquéreur.

TIERS ÉTAT. — C'est le nom qui, dans l'ancien régime, était donné à l'une des trois parties qui composaient la nation : elle comprenait tous ceux qui n'étaient ni nobles ni membres du clergé. — V. Commune, n°s 59, 63; Droit constit., n°s 42, 43 et suiv.

TIERS EXPERT. — V. Expert, n°s 9, 11, 200, 202, 303, 370, 416.

TIERS INTÉRESSÉ. — V. Compulsoire, n° 23 et suiv.; Notaire, n°s 328 et suiv.; Obligat., n°s 3757, 4314 et suiv.

TIERS PORTEUR. — Celui qui est porteur d'un effet de commerce en vertu de la suite d'un effet qui lui en a été faite par voie d'endossement.—V. Appel civ., n° 548; Effets de comm., n°s 37, 106, 555 et suiv., 571, 602, 608 et suiv., 613 et suiv., 637, 656 et suiv., 670 et suiv., 678 et suiv., 927 et suiv.; Faillite, n°s 359 et suiv. ; Vente, n° 1809.

TIERS REVENDIQUANT. — V. Saisie-exécution, n°s 246, 276 et suiv

TIERS SAISI. — Celui entre les mains duquel une saisie-arrêt a été pratiquée.— V. Distrib. par contr., n°ˢ 47 et suiv., 57; Saisie-arrêt, n°ˢ 1, 278, 317, 357 et suiv., 447; Saisie des rentes, n° 25.

TILLAC. — Plancher du pont d'un navire. — V. Droit marit., n°ˢ 396, 1190 et suiv.

TIMBRE. — 1. L'exposé et le commentaire de la législation relative au droit de timbre, ont fait l'objet du titre 4 et dernier de notre traité de l'Enregistrement (n°ˢ 6058 et suiv.). Les changements survenus dans les dix années écoulées depuis qu'il a été publié nous font une nécessité de compléter ce travail par l'étude des dispositions nouvellement édictées, y compris celles de la loi du 5 juin 1850, que nous n'avons pu alors apprécier que très-sommairement. On trouvera ci-dessous le tableau de la législation nouvelle (1).—Nous croyons devoir profiter de cette occasion pour indiquer, à raison de la grande importance pratique de la matière, les applications nouvelles qui ont été faites par la jurisprudence, des dispositions déjà commentées dans le tit. 4 du traité de l'Enregistrement. Nous en ferons autant pour les dispositions sur le timbre des écrits périodiques ou non périodiques dont l'étude a été abordée, à cause de leur caractère spécial, dans notre traité de la Presse (n°ˢ 382 et suiv.).

2. Il est bien entendu que, pour tout ce qui est relatif aux principes généraux, il faudra se reporter au tit. 4 du traité de l'Enregistrement. Le travail complémentaire, présenté ici, contiendra, dans une première division consacrée aux portions déjà traitées de la matière, l'analyse des décisions concernant d'une manière générale le timbre de dimension et le timbre proportionnel, et, sous des rubriques nouvelles, l'examen des dispositions concernant : 1° le timbre des polices d'assurances; 2° le timbre des effets de commerce ; 3° le timbre des actions et obligations ; 4° le timbre des journaux et des annonces.

Division.

Art. 1. — Du timbre de dimension (n° 3).

§ 1. — Principes généraux.— Débits des feuilles de timbre (n° 3).

§ 2. — Des visa pour timbre et des exemptions (n° 44).

§ 3. — Du timbre des polices d'assurances (n° 89).

Art. 2. — Du timbre proportionnel (n° 103).

§ 1. — Du timbre des obligations non négociables (n° 104).

§ 2. — Du timbre des effets de commerce (n° 106).

§ 3. — Du timbre des actions et des obligations des sociétés industrielles (n° 110).

§ 4. — Du timbre des obligations négociables des départements, des communes, etc. (n° 122).

Art. 5. — Du timbre des journaux et des annonces (n° 123).

Art. 4. — Des contraventions aux diverses lois sur le timbre (n° 141).

---

(1) TABLEAU DE LA LÉGISLATION SUR LE TIMBRE A PARTIR DE L'ANNÉE 1850.

5-14 juin 1850.—Loi relative au timbre des effets de commerce, des bordereaux de commerce, des actions dans les sociétés, des obligations négociables des départements, communes, établissements publics et compagnies, et des polices d'assurances (D. P. 50. 4. 114).

16-23 juill. 1850. — Loi sur le cautionnement des journaux et le timbre des écrits périodiques et non périodiques (D. P. 50. 4. 186).

27 juill.-1ᵉʳ août 1850.— Décret pour l'exécution de la loi du 5 juin 1850 (D. P. 50. 4. 179).

18 juin 1850. — Instruction pour l'exécution de la même loi (D. P. 51. 5. 13).

14-20 mars 1851.— Décret relatif au timbre des titres ou certificats d'actions émis en pays étranger par des sociétés ou compagnies créées et gérées à l'étranger et circulant en France (D. P. 51. 4. 54).

17-23 fév. 1852. — Décret organique sur la presse, modifiant les dispositions précédemment édictées sur le timbre des écrits périodiques et non périodiques (D. P. 52. 4. 56).

1ᵉʳ-20 mai 1852. — Décret relatif au timbre des écrits périodiques et des écrits non périodiques, publiés à l'étranger, dans lesquels il est traité de matières politiques et d'économie sociale (D. P. 52. 4. 76).

28 mars-2 avr. 1852.—Décret qui exempte du droit de timbre les journaux et écrits non périodiques, exclusivement relatifs aux lettres, aux sciences, aux arts et à l'agriculture (D. P. 52. 4. 95).

7-23 avr. 1853. — Décret établissant de nouvelles marques de timbre (D. P. 53. 4. 68).

24 mai-1ᵉʳ juin 1854. — Décret sur les émoluments des greffiers (D. P. 54. 4. 90), disposant :

Art. 10. Les greffiers ne peuvent écrire sur leurs minutes ou feuilles d'audience et sur les registres timbrés plus de trente lignes à la page, et de quinze à vingt syllabes à la ligne, sinon une feuille au timbre de 70 centim.; de quarante lignes à la page et de vingt à vingt-cinq syllabes à la ligne, lorsque la feuille est au timbre de 1 fr. 25 c., et de cinquante lignes à la page et de trente-cinq à trente syllabes à la ligne, lorsque la feuille est au timbre de 1 fr. 50 c. — Toute contravention est constatée conformément à la loi du 13 brum. an 7 et punie de l'amende prononcée par l'art. 12 (a) de la loi du 16 juin 1824, sans préjudice des droits de timbre à la charge des contrevenants.

1ᵉʳ oct. 1854. — Décret sur l'organisation des tribunaux musulmans. — Ce décret, après avoir réglé la tenue des registres sur lesquels doivent être inscrits les jugements de kadhis ou de medjlès, ainsi que divers actes, dépôts, demandes, etc., ajoute :

Art. 67. Tous les registres dont la tenue est prescrite par le présent décret sont affranchis du droit et de la formalité du timbre.

68. Aucun extrait, copie ou expédition d'actes ou de jugements, ne pourra être délivré aux parties que sur papier timbré, conformément à l'art. 12 de la loi du 13 brum. an 7, sous peine de l'amende prononcée contre le fonctionnaire public par l'art. 26 de la même loi. Toutefois, ces copies, extraits ou expéditions pour-

ront être délivrés par les kadhis sur papier d'une dimension inférieure à celle du papier dit papier moyen ou d'expédition.

69. En territoire civil, les expéditions des jugements et actes qui emporteront transmission de propriété ou d'usufruit de biens immeubles, les baux à ferme, à loyer ou à rente, les sous-baux, cessions ou subrogations de baux, et les engagements de biens de même nature, seront soumis à l'enregistrement dans les trois mois de leur date. — Pour tous autres actes, l'enregistrement ne sera de rigueur que lorsqu'il en sera fait usage soit par acte public, soit en justice ou devant toute autre autorité constituée.

70. Les jugements et actes autres que ceux mentionnés dans les articles précédents ne seront soumis au timbre et à l'enregistrement que dans les cas prévus par les lois, ordonnances, décrets et arrêtés régissant la matière en Algérie, en ce qui les concerne.

71. Le montant des amendes prononcées en vertu des dispositions du présent décret sera versé dans la caisse du receveur de l'enregistrement, ou dans celle des contributions diverses, suivant le territoire.

23-27 juin 1857. — Loi de finances (D. P. 57. 4. 91) disposant:

Art. 12. Est abrogé l'art. 1 de la loi du 6 prair. an 7, qui assujettit au timbre spécial les avis imprimés qui se crient et se distribuent dans les rues et lieux publics, ou que l'on fait circuler de toute autre manière.

17-28 juill. 1857.— Décret dont l'art. 11 concerne le droit de timbre auquel sont assujetties les actions et obligations des sociétés étrangères, lorsque leurs titres sont créés en France (D. P. 57. 4. 111).

4-12 juin 1858.— Loi de finances (D. P. 58. 4. 77), disposant:

Art. 12. Les formules de patentes sont affranchies du droit de timbre établi par l'art. 26 de la loi du 25 avr. 1844. — En remplacement de ce droit, il est ajouté 4 cent. additionnels au principal de la contribution des patentes.

24 mai-11 juin 1859. — Loi de finances dont les art. 19 et suiv. autorisent l'acquittement, au moyen de timbres mobiles, du droit de timbre auquel la loi du 5 juin 1850 assujettit les effets de commerce venant, soit de l'étranger, soit des îles ou des colonies dans lesquelles le timbre n'aurait pas encore été établi (D. P. 59. 4. 54).

16 août-5 sept. 1859. — Décret concernant les droits de timbre à la charge de la banque de la Réunion (D. P. 59. 4. 77).

18-25 janv. 1860. — Décret relatif aux timbres mobiles autorisés par la loi du 24 mai 1859 qui précède (D. P. 60. 4. 3).

9-14 mai 1860. — Loi portant:

Article unique. Les sociétés, compagnies et tous autres assureurs contre la mortalité des bestiaux, contre la gelée, les inondations et autres risques agricoles, pourront s'affranchir des obligations imposées par l'art. 55 de la loi du 5 juin 1850, en contractant avec l'État un abonnement annuel, à raison de 2 cent. par 1,000 fr., du total des sommes assurées d'après les polices ou contrats en cours d'exécution. L'abonnement de l'année courante se calculera sur le chiffre total des opérations de l'année précédente. — V. le rapport D. P. 60. 4. 47.

25-29 juin 1860. — Décret rendant applicables aux départements de la Savoie et de la Haute-Savoie, ainsi qu'à l'arrondissement de Nice, les lois, décrets et ordonnances relatifs à la perception des droits de timbre (D. P. 60. 4. 78).

2 juill.-11 sept. 1860.—Décret rendant applicable aux mêmes pays la législation sur la presse et le timbre des écrits périodiques, etc. (D. P. 60. 4. 145).

26-27 juill. 1860. — Loi de finances, dont l'art. 20 dispense des formalités et des droits de timbre et d'enregistrement les registres destinés à recevoir les inscriptions des élèves stagiaires en pharmacie (D. P. 60. 4. 96).

(a) Nous devons faire remarquer, avec le rédacteur du Bulletin de l'enregistrement, que le numéro de l'article est probablement inexactement indiqué, et que sans doute ce décret a entendu renvoyer à l'art. 10 au lieu de l'art. 12 de la loi de 1824.

Art. 1. — *Du timbre de dimension.*

§ 1. — *Principes généraux.* — *Débite des feuilles de timbre.*

3. *Débite de papier timbré.* — Pour compléter les renseignements donnés sur ce point v° Enregistrement, n°° 6076 à 6089, nous devons reproduire ici un arrêté ministériel, en date du 27 sept. 1850, qui confirme et régularise l'organisation des bureaux auxiliaires chargés de la vente des divers papiers de timbre (1). Il y a lieu de mentionner également, sur le même sujet, une décision du 7 fév. 1859 portant qu'à partir du 1er juill. 1859 le produit du papier de dimension à 35 et à 70 c. ne pourra entrer dans la liquidation de la remise de chaque distributeur auxiliaire que jusqu'à 500 fr. par mois à Paris, et de 30 fr. par mois dans les autres chefs-lieux de département ou d'arrondissement (instr. n° 2144, du 4 mars 1859). — Dans les villes où il existe un receveur du timbre extraordinaire et un receveur des successions, c'est au premier, suivant une opinion que nous empruntons au Journal de l'enregistrement, qu'est attribuée la recette du droit de timbre par abonnement créé par la loi du 5 juin 1850.

4. Le rétablissement du régime impérial a amené un changement dans l'empreinte du timbre. Le décret du 7 avr. 1853 (D. P. 53. 4. 68), rendu à ce propos, accordait jusqu'au 1er juill. 1854 pour l'apposition des timbres nouveaux sur le papier alors en circulation ou pour le remplacement de ce papier par un papier portant l'empreinte nouvelle, et toutefois permettait jusqu'au jour susindiqué l'emploi du papier à l'ancien timbre. — Le délai fut prorogé, par une décision ministérielle du 17 août 1854, jusqu'au 1er octobre de la même année, pour le changement des papiers revêtus des timbres à l'extraordinaire supprimés. Cette prorogation emportait-elle le droit de faire usage sans contravention, durant le nouveau délai, des papiers à l'ancien timbre? La question a été résolue négativement par la même décision (instr. n° 2011, du 18 août 1854); on sait, d'ailleurs, qu'une disposition essentielle d'un décret ne peut être modifiée par un simple arrêté ministériel (V. Règlem. administr., n° 46 et suiv.).

5. *Actes et pièces soumis au timbre de dimension.* — Aux actes, soit publics, soit privés, qui ont été déclarés passibles du timbre de dimension comme « devant ou pouvant faire titre, ou être produits pour obligation, décharge, justification, demande ou défense », on devra ajouter les actes dont suit l'énumération.

6. 1° Les récépissés que délivrent les receveurs généraux, des taxes annuelles auxquelles donnent lieu les brevets d'invention, sont assujettis au droit de timbre lorsqu'ils sont inscrits sur feuilles particulières et qu'ils ont pour objet des sommes excédant 10 fr. En conséquence, un notaire qui dresse un acte en suite d'un récépissé de ce genre rédigé sur papier non timbré, doit, sous peine d'être déclaré en contravention, l'annexer à son acte pour être soumis avant lui à la formalité du timbre (trib. civ. de Dijon, 18 mai 1858, aff. Durandeau, D. P. 58. 3. 39).

7. 2° Aux termes de l'art. 1 d'une loi du 15 nov. 1848 (D. P. 48. 4. 191), les actes à passer pour la constitution des sociétés ouvrières, encouragées en exécution du décret du 5 juill. 1848 (D. P. 48. 4. 121), ainsi que les prêts faits par l'État à ces associations, doivent être enregistrés gratis. Mais ces actes restent assujettis au timbre (instr. gén. du 29 déc. 1848, n° 1826, § 1; D. P. 49. 3. 47). — V. n° 40.

8. 3° Les états de journées des détenus produits par l'entre-

preneur du travail de ces détenus afin de recevoir des à-compte sur son service.

9. 4° Les états de répartition de saisies et d'amendes en matière d'octroi acquittées au pied ou en marge de l'état, ou par acte séparé, par le receveur des contributions indirectes, tiennent lieu de décharge aux receveurs municipaux, et, à ce titre, sont assujettis à l'art. 12 de la loi du 13 brum. an 7. — Les états de répartition émargés de l'acquit des parties prenantes, étant de la nature des quittances, se trouvent affranchis du timbre, aux termes de la même loi, toutes les fois qu'ils ont pour objet des sommes n'excédant pas 10 fr. ; mais si la créance totale à répartir excède 10 fr., le droit devient exigible, encore bien que la part revenant à chacun des ayants droit serait inférieure à ce chiffre. — Chaque saisie faisant l'objet d'un état de répartition spécial, l'émargement pour acquit donne lieu au timbre dans tous les cas où la somme est supérieure à 10 fr. (décis. min. fin. 7 avr. 1854).

10. 5° Sont également assujettis au droit de timbre de dimension : 1° les bordereaux et arrêtés signés soit par les agents de change ou les courtiers et les parties, soit par les agents de change ou par les courtiers seulement ; 2° les bordereaux ou arrêtés délivrés dans le cours de la même négociation, en quelque nombre qu'ils soient, même ceux remis aux parties qui les rendent ensuite, et ceux appelés *comptes de liquidation ;* 3° les pièces connues sous la dénomination de *cartes, notes, bulletins, extraits, copies, imprimés, spécimen,* etc., qui seraient remises aux parties et qui seraient revêtues de la signature des agents de change ou courtiers seulement, faites soit à la main, soit au moyen d'une griffe, soit par le procédé de l'imprimerie ou de la lithographie, soit aussi celles de ces mêmes pièces qui seraient signées par l'une des parties contractantes, et non par l'officier public ; 4° les pièces remises par les parties aux agents de change et courtiers à titre de reçus ou de décharges (décis. min. fin. 31 janv. 1851). — Les exceptions, quant à l'affranchissement du timbre, peuvent porter uniquement sur les notes ou bulletins échangés entre les agents de change ou courtiers, lorsqu'ils les conservent, et sur les notes, cartes, bulletins, etc., dépourvus de signatures réelles ou figurées, et qui, restant à l'état de pièces informes, ne peuvent jamais faire titre aux parties (même décision).

11. 6° En ce qui concerne les pièces se rattachant à l'exécution de travaux de voirie ou d'utilité publique, il a été décidé qu'il y a lieu de payer sur timbre les états de journées des ouvriers employés à l'exécution des travaux entrepris d'office et par voie de régie par l'État, conformément à la loi du 14 flor. an 11, lorsqu'ils sont émargés de la signature des parties prenantes et que les sommes payées excèdent 10 fr., ainsi qu'il est réglé par les art. 12 et 16 de la loi du 13 brum. an 7. — Mais le mandat délivré au profit de l'agent qui a été chargé de la direction des travaux, pour la régularisation de l'avance, est exempt du timbre comme pièce d'ordre intérieur et de comptabilité publique (décis. min. fin. 16 août 1853; instr. n° 2003. § 4, du 13 juin 1854).—Il a été aussi décidé que les états de salaires des ouvriers employés auxiliairement aux chemins vicinaux, émargés pour acquit par ces ouvriers, sont aussi du nombre des quittances que la loi du 13 brum. an 7 assujettit au timbre, lorsque la somme acquittée est supérieure à 10 fr., qu'il s'agit, soit d'un à-compte, soit d'un payement pour solde sur une créance excédant 10 fr. (décis. min. fin. 31 déc. 1853). — Toutefois, si l'indigence des ouvriers auxiliaires était constatée de la ma-

---

(1) Cet arrêté est ainsi conçu : — 1° La remise accordée à chaque distributeur auxiliaire sera liquidée d'après les produits de l'approvisionnement de chaque mois;

2° Elle sera : 1° de 2 1/2 p. 100 sur les premiers 1,500 fr., de 1 p. 100 sur ce qui dépassera 1,500 fr. jusqu'à 4,000 fr. ; — 2° De 1 1/2 p. 100 sur le surplus, sans qu'elle puisse excéder 100 fr. par mois ;

3° Elle continuera à être retenue par le distributeur sur le prix du papier timbré qu'il doit payer comptant, et le receveur continuera également à en faire écriture de la manière prescrite par les règlements en vigueur ;

4° Les percepteurs des contributions directes pourront, comme les débitants de tabac, être chargés de vendre des papiers au timbre propor-

tionnel de toutes les espèces, lorsque les besoins de la localité paraîtront l'exiger ;

5° Pendant leurs absences, ils devront remettre la débite à une personne de confiance placée dans la maison même où se trouve leur bureau ;

6° Chaque distributeur auxiliaire devra placer : 1° dans son bureau et à la porte du public, une affiche indiquant les espèces et le prix des papiers timbrés qu'il est chargé de débiter; 2° à l'extérieur de la maison, une enseigne ou un écriteau portant ces mots : « *Débit auxiliaire de papiers timbrés.* » — L'absence de l'une ou de l'autre de ces indications donnera lieu à une retenue de 5 fr. au profit du trésor. La retenue sera de 10 fr. si la contravention est constatée une seconde fois dans le courant de la même année.

Du 27 sept. 1850.—Arr. du min. des fin.

nière indiquée par les règlements, on pourrait appliquer aux états nominatifs l'exception posée dans l'art. 16 de la loi du 13 brum. an 7 en faveur des quittances de secours payés aux indizents, selon les dispositions d'une décision du 9 oct. 1835 (instr. du 13 juin 1854, n° 2003, § 3).

11. 7° Il résulte de deux autres décisions relatives à la même matière, que les certificats délivrés par les agents voyers aux entrepreneurs de la voirie vicinale pour payement d'à-compte ou de solde de travaux, et produits à l'appui des liquidations, doivent être sur papier timbré, aux termes de l'art. 12 de la loi du 13 brum. an 7, qui est applicable aux actes du service des communes, comme elle l'est aux actes faits par des particuliers (décis. min. fin. 12 oct. 1854 et 24 janv. 1855, et circul. min. intér. 30 déc. 1854, D. P. 56. 3. 21).— Tenant compte de la pratique qui s'était établie, le ministre prit, à la date du 19 mai 1855, une troisième décision portant que lesdits certificats et les autres pièces relatives à la voirie vicinale qui ont été délivrées sur papier non timbré et employées en dépense jusqu'au 23 nov. 1854, seront admis au timbre extraordinaire ou au visa pour timbre sans amende, et moyennant le payement des droits, selon la dimension du papier (Instr. n° 2034, du 14 juin 1855).

13. 8° Les récépissés constatant le versement à la caisse des dépôts et consignations de sommes à titre de dépôt de garantie des soumissions de travaux ou fournitures à exécuter pour le compte de l'État ou des départements, et les déclarations de versements délivrées aux adjudicataires de ces mêmes travaux ou fournitures, sont assujettis au timbre, aux termes de l'art. 12 de la loi du 13 brum. an 7 (décis. min. fin. 13 déc. 1851).

14. 9° En matière de servitudes militaires, on doit considérer comme soumis au timbre et à l'enregistrement, soit les demandes de permissions spéciales pour construire sur des terrains soumis à des servitudes de cette sorte, soit les soumissions à démolir, soit encore les actes produits par les propriétaires dans les contestations judiciaires ou administratives relatives à ces terrains ou constructions (instr. n° 1994, du 27 avr. 1854) (1).

(1) Voici les termes de cette instruction :
« Les travaux à exécuter dans l'étendue des zones de servitudes sont divisés par les art. 26 et 27 du décret (du 10 août 1853, D. P. 53. 4. 216) en deux catégories, comprenant, l'une, les travaux qui sont l'objet d'une autorisation générale, et qui peuvent être entrepris après une simple déclaration faite au chef du génie ; l'autre, les travaux pour lesquels une permission est nécessaire. — On doit considérer comme exempte de timbre la déclaration à remettre au chef du génie, conformément à l'art. 26, avant l'exécution des travaux de la première catégorie ; mais la demande tendant à obtenir une permission spéciale est sujette au timbre, suivant les termes exprès de l'art. 27. — L'art. 28 exige que les soumissions de démolir, qui doivent être jointes à la déclaration comme à la demande, soient faites en double sur papier timbré, et il ajoute, par exception à la règle posée dans l'art. 8 de la loi du 18 mai 1850, qu'elles seront enregistrées au droit fixe de 1 fr. — La quittance pourra être donnée sur chacun des doubles par duplicata. — Les permissions et les certificats remis aux intéressés par le chef du génie, conformément à l'art. 29, ne donnent lieu à aucun droit de timbre ou d'enregistrement.

» Des contestations sur l'époque à laquelle ont été élevées les constructions qui se trouvent dans les zones de servitudes peuvent naître entre le domaine militaire et les propriétaires. D'après l'art. 32 du décret, ces contestations sont de la compétence des tribunaux ordinaires et doivent être jugées sommairement comme en matière domaniale. Les conseils de préfecture conservent néanmoins, sauf recours au conseil d'État, le droit de statuer sur les questions d'interprétation d'actes administratifs. — Le règlement du 10 août 1853 ne dit pas, comme le faisait l'ord. du 1er août 1821, que l'enregistrement des actes de procédures portées devant les tribunaux dans le cas de l'art. 32 aura lieu gratis. Mais ces actes, étant relatifs à l'établissement des servitudes imposées à la propriété pour cause d'utilité publique, sont du nombre de ceux que l'art. 58 de la loi du 5 mai 1841 (instruction n° 1660) prescrit de viser par timbre et d'enregistrer gratis. Si cependant l'affaire était portée devant le conseil de préfecture, les actes d'instruction faits dans la forme administrative et les décisions du conseil seraient exempts de toute formalité, par application de l'art. 80 de la loi du 15 mai 1818, comme actes administratifs non dénommés dans l'art. 78.

» Les art. 40 et suiv. du décret du 10 août, qui s'occupent de la répression des contraventions, chargent les gardes du génie de rédiger

---

15. 10° Sont soumises au timbre toutes les pièces que les condamnés ont à fournir pour obtenir leur réhabilitation, notamment 1° la quittance des amendes et frais, et celle des dommages-intérêts alloués à la partie civile, excepté pour les sommes au-dessous de 10 fr.; 2° le certificat établissant qu'à défaut de payement, le condamné a subi la contrainte par corps et que la partie civile a renoncé aux dommages-intérêts; 3° la quittance ou la remise du passif de la faillite, en cas de condamnation pour banqueroute frauduleuse. — Les autres pièces que le ministère public est chargé de recueillir sont exemptes de timbre, à condition qu'il y sera fait mention de la destination (décis. min. fin. 9 août 1855; instr. 29 août 1855, n° 1975).

16. Les applications des droits de timbre de dimension énumérées, v° Enregistrem., n°s 6095 et suiv., et *suprà*, n°s 7 et suiv., ne sont pas les seules. Il y a lieu, pour en compléter le tableau, d'y joindre celles qui ont été indiquées dans les divers traités spéciaux et qui dérivent soit de lois nouvelles, soit des interprétations de la jurisprudence. Telles sont celles mentionnées avec plus ou moins de détails : 1° en matière d'exploits et d'actes d'huissier, v° Exploit, n° 17, et Huissier, n° 75 ; — 2° En matière de mandats pour comparaître, v° Défense, n° 268, et Instr. cr., n° 873 ; — 3° En matière de préliminaires de conciliation, v° Conciliation, n° 27 ; — 4° En matière de conclusions devant la juridiction correctionnelle, v° Conclusions, n° 58 ; — 5° En matière de poursuite de délits forestiers, v° Forêts, n° 586 ; — 6° En matière de pourvoi en cassation et de production de pièces à l'appui, v° Cassation, n° 807 ; — 7° En matière de signification de l'arrêt d'admission du pourvoi, *eod.* v°, n° 1135 ; — 8° En matière de rapport d'expert, v° Expert, n° 248 ; — 9° En matière de production de bordereaux et titres de créances à une faillite, v° Faillite, n° 573 ; — 10° En matière de reconnaissance de réception d'un bordereau d'inscription hypothécaire, v° Privil. et hypoth., n°s 1462 et 2882).

17. Telles sont encore, dans les matières administratives, les applications indiquées relativement : *à* aux demandes adressées aux ministres, v° Instruct. admin., n° 8, et Commiss. pris., n° 18 ; — 2° Aux mandats de poste excédant 10 fr., v° Postes,

les procès-verbaux et de faire les notifications et sommations qui en sont la suite. Ces actes doivent être visés pour timbre et enregistrés en débet dans les quatre jours de leur date, selon les termes exprès de l'art. 40, qui reproduit à cet égard les dispositions des art. 20 de la loi du 22 frim. an 7 et 74 de celle du 25 mars 1817. — Mais les mémoires et plans remis au préfet et les significations faites par voie administrative, conformément à l'art. 43 du décret, sont des actes administratifs affranchis du timbre et de l'enregistrement. Il en est de même des décisions des conseils de préfecture intervenues sur les procès-verbaux de contravention. Lorsque des expéditions de ces décisions sont délivrées aux agents militaires, avec mention de leur destination, en exécution des art. 42 et 43, elles sont dispensées du timbre, suivant l'art. 80 de la loi du 15 mai 1818, qui n'assujettit à cet impôt que les expéditions remises à des particuliers. — Les actes que les contrevenants jugent à propos de produire dans l'intérêt de leur défense ne profitent pas de ces exemptions, et demeurent assujettis aux droits ordinaires.

» L'art. 47 du décret du 10 août 1853 dispose qu'après le jugement définitif de condamnation, les droits de timbre et d'enregistrement en débet seront payés par les contrevenants. En conséquence, ces droits seront compris dans les dépens, et les receveurs en suivront le recouvrement d'après les extraits des décisions des conseils de préfecture, qui leur seront remis en conformité de l'art. 70, § 1, de la loi du 22 frim. an 7, et qu'ils consigneront au sommier des droits et produits constatés n° 5.

» S'il est prononcé des amendes contre les contrevenants, en vertu de l'art. 48 du décret elles seront portées dans la colonne intitulée *autres amendes de condamnation*. — Des actes peuvent être faits, après la décision du conseil de préfecture, pour l'exécution des démolitions et des travaux mis à la charge des contrevenants. Ces actes seront visés pour timbre et enregistrés en débet selon leur nature ; et comme les droits auxquels ils donneront lieu ne pourront pas être compris dans les extraits des jugements, ils seront relevés par les receveurs au sommier des droits en débet et recouvrés sur les parties condamnées par les voies ordinaires. Les receveurs auront soin d'émarger les enregistrements portés aux registres du visa pour timbre et de l'enregistrement, du numéro de l'article du sommier des droits en débet où les sommes à recouvrer auront été portées. »

Du 27 avr. 1854.—Instr. de la régie, n° 1994.

n° 34; — 3° Aux passe-ports, v° Passe-ports, n° 19; — 4° Aux expéditions de décrets portant nomination d'officiers ministériels, v° Greffier, n° 83; — 5° Aux certificats de vie exigés des rentiers, v° Certificat de vie, n°ˢ 61 et suiv., et v° Enreg., n°.6157; — 6° Aux procès-verbaux et expéditions des commissaires-priseurs, v° Commiss.-pris., n° 72; — 7° Aux procurations et pièces pour effectuer les dépôts et les retraits à la caisse d'épargne, v° Établissem. d'ép., n° 147, et v° Enreg., n° 6148. — Ces indications qu'il serait facile de multiplier, pourront être complétées à l'aide du travail consciencieux et très-complet publié par M. Sollier, sous le titre de Dictionnaire du timbre et de l'enregistrement en ce qui concerne les actes administratifs et la comptabilité des communes et des établissements publics.

18. Quelques questions ont été élevées dans la doctrine relativement à l'application des droits de timbre de dimension à certains actes. — Doit-on rédiger sur timbre les descriptions accompagnant la demande d'un brevet d'invention? V. Brev. d'inv., n° 129. — Les quittances de fournisseurs et autres pièces produites à l'appui d'un compte doivent-elles être sur timbre? V. Compte, n° 117. — L'obligation de la rédaction sur timbre s'applique-t-elle, en matière de mariage, aux actes respectueux et aux oppositions? La réponse se trouve dans cette règle généralement admise, que les actes respectueux doivent être faits en la forme d'actes notariés (V. Mariage, n° 158), et que les oppositions se font par exploits d'huissiers (ibid., n° 289). — Doit-on rédiger sur timbre le certificat d'affiches que, dans le cas de publication de bans dans deux communes, le maire de l'une d'elles remet aux parties pour être présenté au maire chargé de procéder à la célébration du mariage? L'affirmative s'induit d'une décision ministérielle du 27 oct. 1807 (Inst. 371, n° 2. — Conf. Journ. de l'enreg., art. 16537).

19. Il convient de mentionner ici, avec quelques détails, les difficultés qui ont été élevées relativement à l'application des droits de timbre aux actes de procédure ou de poursuite concernant le contentieux des contributions directes ou des taxes qui leur sont assimilées. Voici à quelles solutions la jurisprudence paraît s'être fixée. — On sait que l'avertissement délivré au contribuable et la sommation sans frais qui lui est adressée dans le cas de retard de payement, ne sont pas sur timbre (V. Imp. dir., n°ˢ 417 et 503). Mais la pétition par laquelle le contribuable élève une réclamation doit être sur timbre, si le chiffre de l'imposition contestée dépasse 30 fr.; et cela, décide-t-on, à peine de non-recevabilité. (L. 21 avr. 1832, art. 28, V. Imp. dir., n° 454; Patentes, n°ˢ 353; Taxe, n° 98, et Voirie). C'est sur ce point que porteront les difficultés que nous avons à examiner.

20. Il est sans difficulté que le timbre est dû dans le cas où l'imposition contestée n'excède 30 fr. que de quelques centimes (cons. d'Et. 19 juill. 1834, aff. Peltier-Chardenal, D. P. 54. 3. 751). — Toutefois, il importe de remarquer que si la pétition a été présentée sur papier libre, elle doit seulement être déclarée non recevable quant à présent; en sorte que si la réclamation était renouvelée dans le délai au moyen d'une pétition sur timbre, le conseil de préfecture, alors même qu'il aurait déjà statué, ne pourrait se refuser d'en connaître : on alléguerait à tort qu'il a épuisé sa juridiction en statuant sur la première pétition (cons. d'Et. 3 janv. 1858, aff. Baruzi, D. P. 58. 3.43).

21. Mais l'irrégularité ne peut plus être utilement réparée, même avant la décision du conseil de préfecture, au moyen d'une pétition nouvelle sur papier timbré, si au moment de la présentation de cette nouvelle pétition, le délai des réclamations se trouve expiré (cons. d'Et. 20 nov. 1854, aff. Theurault, D. P. 58. 3. 98). Cette sévérité de la jurisprudence paraît dépasser le vœu de la loi; et il est à noter que le conseil d'Etat décide autrement dans le cas de réparation après coup du vice de forme résultant soit du défaut de production des quittances des termes échus, soit du défaut de représentation d'un pouvoir pour réclamer. — V. Taxes, n° 98.

22. La réclamation doit être sur timbre, avons-nous dit, si l'imposition contestée excède 30 fr. L'obligation sur timbre ne cesserait pas si le contribuable ne contestait qu'une fraction de l'imposition, inférieure à 30 fr. (cons. d'Et. 9 juill. 1856, aff. Choix, D. P. 57. 3. 14). C'est, en effet, non au chiffre du dé-

grèvement, mais à celui de l'imposition, que la loi s'est attachée; elle a entendu établir une faveur pour les réclamations des petits contribuables et non pour les réclamations d'une importance modique.

23. S'il n'y a pas lieu de distinguer, pour l'application du droit de timbre aux pétitions des contribuables, entre les éléments d'une même imposition, il en est autrement dans le cas où un contribuable, ayant à payer plusieurs impositions, n'élève de réclamation que relativement à l'une d'elles. L'obligation de présenter sa pétition sur timbre dépend alors du point de savoir si le chiffre de 30 fr., fixé par la loi du 21 avr. 1832, est dépassé, non pas par l'ensemble de ses impositions, mais seulement par l'imposition contestée. — Il a été jugé avec raison, par rejet d'un pourvoi du ministre des finances, que le patentable qui, étant imposé à raison de deux professions (celle d'architecte et d'expert pour le partage des propriétés), ne réclame que relativement à l'une d'elles, n'est pas tenu de présenter sa pétition sur timbre dans le cas où le droit contesté est inférieur à 30 fr., alors même que le montant de la cote excéderait cette somme (cons. d'Et. 18 mai 1858, aff. Lazard, D. P. 59. 3. 51).

A ce propos on s'est demandé si, dans le cas de réclamation contre l'imposition mobilière, les agents de l'administration devaient, pour déterminer le véritable chiffre de l'imposition, en retrancher ou non le montant de la taxe personnelle. M. le ministre des finances, par décision du 5 juill. 1858 (D. P. 58. 5. 356), s'est prononcé contre le retranchement. « Ce n'est pas, a dit l'administration, aux diverses fractions d'une cote, mais bien à la cote elle-même, que le législateur a attaché l'exonération du droit de timbre. Or, depuis la loi du 21 avr. 1832, le chiffre total de la contribution personnelle et mobilière ne forme qu'une cote unique » (instr. n° 2132, du 2 oct. 1858, § 6).—Nous avons critiqué cette solution en faisant remarquer que la réunion de la taxe personnelle et de la contribution mobilière n'a été édictée que dans un intérêt de perception qui ne peut tourner au détriment du contribuable, et qu'au fond ces deux impôts toujours distincts, continuent à être soumis à des règles qui leur sont particulières.—Conformément à notre opinion, il a été jugé que la taxe personnelle et la contribution mobilière forment pour les contribuables une cote spéciale et séparée, en sorte que la réclamation dirigée uniquement contre la dernière échappe à la nécessité d'une pétition sur timbre, si cette imposition n'excède 30 fr. qu'au moyen de l'adjonction de la taxe personnelle (cons. d'Et. 20 janv. 1860, aff. min. des fin. C. Bridier-Rouyer, D. P. 60. 3. 33).

24. La règle que, dans le cas où la cote contestée excède 30 fr., la réclamation du contribuable doit être rédigée sur timbre, s'applique aussi aux réclamations concernant des taxes dont le recouvrement s'opère comme celui des contributions directes. Cela a été jugé, notamment, en matière de taxes sur les chiens (cons. d'Et. 9 déc. 1857, aff. Millet, D. P. 58. 3. 51).—Mais, quant aux demandes en dégrèvement de prestations pour les chemins vicinaux, elles sont exemptes de timbre, quel que soit le montant des cotes auxquelles elles se rapportent (déc. min. fin. 22 août 1856). — V. Voirie.

25. Les réclamations présentées en matière de contributions directes sont jugées sans frais (L. 21 avr. 1832, art. 28 et 30). Dans la pratique on a conclu que les avis des répartiteurs et du directeur des contributions directes, ainsi que les opinions motivées des experts, sont affranchis de la nécessité d'une rédaction sur timbre (V. aussi le Dict. de M. Sollier, v° Contrib. dir.). Les frais de l'expertise sont réglés par le préfet et avancés par le percepteur (arrêté du gouvern. du 24 flor. an 8, art. 17 et suiv.); un préfet a demandé si les quittances données par les experts sur les mandats ou ordonnances délivrés conformément aux dispositions de l'arrêté de l'an 8, doivent être sur timbre, dans le cas où la somme payée à l'expert excède 10 fr. Cette question a été résolue affirmativement par une décision du ministre des finances du 6 janv. 1859 (D. P. 60. 3. 86), qui considère ces quittances comme tombant sous l'application combinée des art. 12, 16 et 29 de la loi du 13 brum. an 7. Seulement les percepteurs ne doivent pas faire supporter ces frais de timbre aux experts; car ces frais sont, d'après le principe de l'art. 1248 c. nap., une charge du débiteur.

26. La décision du conseil de préfecture sur la réclamation du contribuable, est portée à la connaissance de celui-ci par l'envoi d'un extrait sur papier libre. — Pour ce qui concerne le recours contre cette décision, il a été jugé que la dispense du droit de timbre dont jouissent les réclamations en matière de contributions directes et de taxes assimilées à ces contributions, lorsqu'elles sont relatives à une cote inférieure à 30 fr., s'applique non-seulement à la pétition présentée au conseil de préfecture, mais aussi, en cas de pourvoi, à la requête adressée au conseil d'Etat par l'entremise du préfet (cons. d'Et. 9 déc. 1857, aff. Millet, D. P. 58. 3. 51). Telle n'était pas l'opinion de l'administration qui, dans l'espèce, s'était abstenue de la transmission de la requête. Mais la pratique du conseil d'Etat est constante dans le sens de la décision qu'on vient d'analyser ; c'est ce qu'atteste M. Aucoc dans la revue l'Ecole des communes, année 1857, p. 225. — V. Patente, n° 390.

27. Relativement à l'application des droits de timbre de dimension aux actes divers compris dans les poursuites exercées par l'administration contre les redevables, il suffira de rappeler que les actes purement administratifs, tels que la contrainte et le bulletin délivré en cas d'envoi d'un garnisaire, ne doivent pas nécessairement être sur timbre (V. Imp. dir., n°° 306 et 508); mais lorsque la poursuite prend un caractère judiciaire et tend à une saisie-arrêt ou à une saisie-exécution, les actes, à partir du commandement, doivent être sur timbre (ibid., n°° 503, 519 et 548).

28. Pour plus de clarté, il nous paraît également nécessaire de faire une mention spéciale et détaillée des dernières décisions intervenues en matière d'application des lois de timbre aux lettres de voiture. — Les dispositions de loi qui concernent ce point ont été indiquées, ainsi que les arrêts qui les ont interprétées, v° Enregistrement, n°° 6159 à 6170. La jurisprudence a continué de consacrer ce principe, déjà rappelé v° cit., n° 6164, que tout acte réunissant les conditions requises pour avoir le caractère d'un contrat entre l'expéditeur et le commissionnaire, constitue la lettre de voiture, et se trouve par conséquent soumis au timbre. — Ainsi il a été jugé : 1° que les feuilles d'expéditions remises à un voiturier par l'expéditeur peuvent être considérées comme des lettres de voiture, et par suite comme écrits soumis au timbre, encore qu'elles ne renfermeraient pas toutes les énonciations prescrites par l'art. 102 c. com., lorsque le contenu de ces feuilles suffit pour les déclarations exigées par la loi ou la police relativement à la nature des chargements, et qu'elles constatent en outre des conventions réciproques en fournissant les moyens de les amener à exécution ; et, spécialement, qu'un écrit saisi sur un voiturier, dans lequel se trouvent énoncés les noms de l'expéditeur, du commissionnaire et du destinataire, le lieu du départ et celui de l'arrivée, la nature, le poids et la marque des marchandises, a pu être déclaré soumis au timbre comme lettre de voiture, nonobstant le défaut d'indication du prix et du temps de transport, de l'indemnité en cas de retard, ces dernières énonciations n'étant pas exigées à peine de nullité, et pouvant être suppléées par les conventions des parties et l'usage du commerce (Civ. cass. 7 juin 1853, aff. Lapolaire, D. P. 53. 1. 204); — 2° Que les bulletins de chargement dont les voituriers sont porteurs peuvent, quoique non signés et manquant de certaines indications énumérées dans les art. 101 et 102 c. com. (telles que l'indication de la qualité du salaire, du temps du transport et de l'indemnité pour cause de retard), caractériser suffisamment par les autres énonciations qu'ils renferment, des lettres de voiture ; qu'ainsi, un écrit sur formule imprimée, qualifié bulletin de chargement, contenant l'indication de la date de l'envoi, de la nature et du poids des objets à transporter, du nom et du domicile du destinataire, du nom du voiturier, de celui de l'expéditeur, et qui a

été représenté par le voiturier sur la demande à lui faite des lettres de voiture dont il était porteur, aurait dû être rédigé sur timbre, quoiqu'il ne fût pas signé par l'expéditeur et qu'il n'indiquât ni le prix ni le temps du transport, ni l'indemnité en cas de retard (Civ. cass. 14 fév. 1854, aff. enreg. C. Fournel, D. P. 54. 1. 77); — 3° Qu'un écrit en forme de facture, lorsqu'il contient les éléments essentiels de la lettre de voiture indiqués en l'art. 102 c. com., savoir la date, le lieu d'expédition de la marchandise et celui de sa destination, les noms de l'expéditeur et du destinataire, le nom du voiturier, la nature, le nombre et le prix des objets transportés, doit être réputé lettre de voiture, puisqu'il en tient lieu (trib. de Nantes, 28 janv. 1858) (1).

29. Au surplus, de tels écrits, quels que soient leurs effets légaux entre les parties, rentrent, par rapport à l'administration, dans la classe des écrits devant ou pouvant faire titre ou être produits pour obligation, décharge, justification, demande ou défense, lesquels sont assujettis d'une manière générale à la formalité du timbre par l'art. 12 de la loi du 13 brum. an 7 (même arrêt de cassation, du 14 fév. 1854).

30. Des difficultés fort délicates se sont présentées relativement à la détermination, au point de vue des dispositions concernant les lettres de voiture, du véritable caractère des feuilles d'expédition ou feuilles de route délivrées, soit par les entreprises de messageries à leurs conducteurs, soit par les compagnies de chemins de fer aux conducteurs de trains, pour accompagner les chargements. La cour de cassation décida d'abord que les feuilles d'expédition dont il s'agit, sont assujetties au timbre comme lettres de voiture, lors même qu'elles ne sont pas signées, qu'elles n'indiquent pas le nombre et la nature des choses transportées, qu'elles désignent l'entreprise de transport tout à la fois comme expéditeur et comme destinataire, si d'ailleurs les énonciations qu'elles renferment sont suffisantes pour leur faire produire les effets des lettres de voiture (Civ. cass. 3 janv. 1853, aff. chem. de fer de Rouen, D. P. 53. 1. 26).

31. Une interprétation contraire fut admise par le tribunal de la Seine, qui considéra les feuilles de route remises par les entreprises des messageries à leurs conducteurs comme des pièces destinées seulement à pourvoir à une mesure d'ordre entre l'administration et ses employés, et refusa d'attribuer à ces feuilles le caractère de lettres de voiture assujetties au timbre (trib. de la Seine, 3 mai 1854, aff. messageries impériales, D. P. 54. 3. 59). — Cette solution a été attaquée par le Journal de l'enregistrement et des domaines, au moyen d'un de ces rapprochements un peu forcés qu'il est facile de trouver dans toutes les affaires de timbre. « Si les feuilles de route sont utiles pour l'intérieur des messageries, a dit ce recueil, il faut reconnaître qu'elles sont en partie copie du registre (décr. 14 fruct. an 12, art. 5, alin.1), puisque, par une autre partie elles sont destinées, en vertu du second alinéa du même article, à constater tous changements faits dans le cours de la route; elles peuvent donc être invoquées par les voyageurs pour justifier d'un payement ou de la remise de colis. Soit donc qu'on les considère comme copies ou comme originaux, elles sont également comprises dans les dispositions générales du dernier alinéa du 1° de l'art. 12 de la loi du 13 brum. an 7. » — Mais quel est l'écrit, dirons-nous, qui ne pourra pas accidentellement devenir un titre ? En pareille matière, si l'on ne veut pas prodiguer les amendes et exposer les citoyens les mieux intentionnés à se trouver perpétuellement en opposition avec les dispositions des lois fiscales, c'est par la destination qui lui est donnée qu'il faut déterminer les caractères d'un écrit au point de vue de l'impôt, et non par l'accident ou la probabilité, qui dans une législation sérieuse ne peuvent, en principe, servir de base à la perception d'un droit.

La question relative à l'application des droits du timbre de dimension aux feuilles d'expédition des chemins de fer, est

(1) (Lavaud.) — Le tribunal ; — Attendu que les écrits non timbrés trouvés le 11 octobre dernier en la possession du voiturier Blondin ne sont pas simples factures, mais bien des lettres de voiture ; qu'en effet ces écrits contiennent les éléments essentiels de la lettre de voiture indiqués dans l'art. 102 c. com., savoir la date, le lieu de l'expédition de la marchandise et celui de sa destination, les noms de l'expéditeur et du destinataire, le nom du voiturier, la nature et le nombre des objets transportés, leur prix ; — Que ces renseignements permet-

taient à l'expéditeur et au voiturier d'obtenir des tribunaux l'exécution du contrat intervenu entre eux ; qu'en outre ils mettaient le voiturier à même de faire, sur la route, toutes les déclarations exigées de lui par la loi ou la police ; que sous ce rapport ils lui tenaient lieu de lettre de voiture ;

Par ces motifs, déboutant Lavaud de son opposition du 10 nov 1857, ordonne l'exécution de la contrainte, etc.

Du 28 janv. 1858.–Trib. civ. de Nantes.

revenue devant la cour de cassation dans l'affaire déjà citée. Après une seconde annulation pour vice de forme et sur un troisième pourvoi de l'administration de l'enregistrement, les chambres réunies ont jugé que les feuilles d'expédition délivrées par les compagnies de chemin de fer aux conducteurs de trains pour accompagner les chargements, constituent des pièces de comptabilité intérieure, étrangères aux expéditeurs et aux destinataires, et, dès lors, n'ont pas le caractère de lettres de voiture dans le sens de l'art. 101 c. com.; qu'en conséquence ces feuilles d'expédition ne sont pas assujetties au timbre (Ch. réun. rej. 28 mars 1860, aff. enreg. C chemin de fer de Rouen, D. P. 60. 1. 215). Cet arrêt des chambres réunies, rendu sur les documents nouveaux de la cause et sur des éclaircissements qui servent à en préciser la portée, n'est pas inconciliable avec l'arrêt de la chambre civile, du 3 janv. 1853, qui, en l'absence de ces documents et de ces éclaircissements, avait décidé que les feuilles litigieuses constituaient des lettres de voiture assujetties au timbre. Le rapprochement que nous indiquons ici a été développé par M. le président Nicias-Gaillard dans un article publié dans la Revue critique, livr. de mars 1860, p. 212 ; l'honorable magistrat y justifie avec beaucoup de force l'appréciation faite par le dernier arrêt du véritable caractère des feuilles d'expédition des chemins de fer : « Comment en effet, dit M. Nicias-Gaillard, trouver un contrat là où le chemin de fer figure seul? Dans ces papiers qui ne se rapportent qu'à lui où est l'expéditeur, où est le destinataire? Ils y sont aussi étrangers l'un que l'autre ; ils ne les voient ni ne les connaissent ; le chemin de fer les fait tout seul, s'en sert tout seul ; ils ne sortent pas de ses mains et cessent d'être quand il n'en a plus besoin. »

32. D'après l'art. 2 du décret du 3 janv. 1809, les propriétaires qui font conduire par leurs voituriers et leurs propres domestiques les produits de leurs récoltes, ne sont pas tenus de se pourvoir de lettres de voiture sur timbre (V. Enreg., n° 6161).—Il a été jugé que les propriétaires n'ont droit à cette dispense du timbre qu'autant qu'ils emploient des voituriers à leur service particulier, et que leurs lettres de voitures sont, au contraire, soumises aux droits du timbre, quand les voituriers par lesquels ils font transporter leurs récoltes, sont des voituriers de profession (Civ. cass. 17 juill. 1855, aff. de Windel, D. P. 55. 1. 294).

33. L'art. 12 de la loi du 13 brum. an 7, on l'a vu v° Enreg., n° 6092, impose le droit de timbre de dimension non-seulement aux actes, mais aussi aux livres et registres. Quelques décisions prises pour l'exécution de cette disposition, ont été mentionnées v° cit., n° 6111 et suiv. Il faut ajouter les indications les renseignements donnés relativement à 1° aux registres de l'état civil, v° Acte de l'état civil, n° 44, 69 et 195 ; 2° aux registres des avoués, v° Avoué, n° 85 ; 3° aux registres des greffiers, v° Greffier, n° 91 et 169 ; 4° aux registres des conservateurs des hypothèques, v° Privil. et hyp., n° 2880 ; 5° aux registres des courtiers d'assurances maritimes, infrà, n° 73.

34. Il ne suffit pas qu'un acte assujetti au timbre soit rédigé sur papier timbré ; il faut encore qu'il soit sur un papier de la dimension voulue. Les diverses dimensions établies par la loi, ont été indiquées v° Enreg., n° 6091. Quant à la question de savoir s'il faut employer, pour la rédaction de tel ou tel acte, du papier de telle dimension plutôt que du papier de telle autre, c'est dans le traité spécialement consacré à cet acte qu'on en trouvera la solution. V. à ce propos : 1° relativement aux grosses et expéditions des actes et jugements, v° Frais, n° 602, et aux grosses, copies et extraits délivrés aux parties par les greffiers, eod. v°, n° 83 ; 2° relativement aux expéditions d'actes délivrées par les notaires, v° Oblig., n° 4291 ; 3° relativement aux copies de pièces, v° Copies de pièces, n° 15 ; 4° relativement aux états, certificats ou extrait délivrés par les conservateurs des hypothèques, v° Privil. et hypoth., n° 2952; 5° relativement aux extraits des registres des receveurs de l'enregistrement, v° Enreg., n° 6120 ; 6° relativement aux affiches de ventes publiques d'immeubles, v° Vente pub. d'imm., n° 949.

35. En matière d'expéditions concernant les publications de promesses de mariage, la dimension du papier timbré que les officiers de l'état civil doivent employer, est déterminé ainsi qu'il suit :—Il résulte d'une solution du ministre des finances, du

13 mess. an 10, que les affiches de publication de promesses de mariage, appartenant à la classe des actes qui peuvent faire titre à l'avantage des particuliers, sont, d'après l'art 12 de la loi du 13 brum. an 7, sujettes à la formalité du timbre, et doivent être rédigées sur du papier de 35 cent. — Une décision ministérielle, en date du 27 oct. 1807, porte, en outre, que les certificats délivrés aux parties qui se marient dans une autre commune que celle où les affiches ont été apposées, peuvent aussi être écrits sur du papier au timbre de 35 cent., mais que, si ces certificats renferme la copie littérale des publications de promesses de mariage, ils doivent, dans ce cas, être faits sur du papier d'expédition au timbre de 1 fr. 25 c., attendu qu'ils sont alors de véritables extraits. — « Cette décision, dit une note ministérielle insérée au bulletin officiel du ministère de l'intérieur, n'est pas généralement exécutée ; un grand nombre de maires délivrent sur des demi-feuilles de 35 cent. des certificats de publication qui sont de véritables expéditions, puisqu'ils sont placés à la suite d'une copie littérale de l'acte de publication, ce qui rend obligatoire l'emploi d'une feuille d'expédition de 1 fr. 25 c. — Il suffira de signaler cette irrégularité pour que chacun tienne la main à ce que la disposition ci-dessus rappelée soit exactement observée. »

36. La loi ne s'est pas bornée à déterminer la dimension des divers papiers à employer pour la rédaction des actes soumis au timbre ; elle fixe également le nombre de lignes que pourra contenir chaque page de ces divers papiers, tant dans l'intérêt de l'impôt que pour proscrire des abus de nature à rendre difficile la lecture des copies d'actes. Il a été fait mention de ces dispositions, que complète l'art. 10 ci-dessus transcrit du décret du 24 mai 1854 ; 1° en matière de grosses et expédition d'actes et de jugements, v° Frais, n° 602 ; 2° en matière d'actes de procédure, v° Avoué, n° 97, et Huissier, n° 70 et suiv. V. aussi ce qui en est dit, v° Enreg., n° 6207 et suiv.—Ajoutons que l'empreinte du timbre ne doit pas être recouverte par l'écriture. V. Copie de pièces, n° 23, et Enreg., n° 6202 et suiv.

37. Par qui doivent être acquittés les droits de timbre? Par qui doivent-ils être supportés en définitive ? — Ces deux points ont été traités v° Enreg., n° 6191 et suiv.; il ne reste à y ajouter que quelques indications. On a vu n° 25 que, conformément au principe de l'art. 1248 c. nap., c'est au débiteur à supporter les frais de timbre de la quittance. Le débiteur ne pourrait, pour échapper à cette nécessité, obliger le créancier à lui délivrer une quittance sur papier libre(V. Oblig., n° 1806).—Sur l'obligation des héritiers de supporter les frais concernant les effets non timbrés trouvés dans l'inventaire, V. Enreg., n° 5157; sur celle du débiteur d'un billet à ordre non timbré de payer les frais d'enregistrement et de visa pour timbre, même dans le cas où il n'a pas été mis en demeure de payer, V. eod., n° 5129.

38. Le papier timbré d'actes frustratoires ne peut être alloué par le juge taxateur à la partie qui a fait ces actes (V. Copie de pièces, n° 13). En matière criminelle, la nullité du procès-verbal ne dispense pas le juge, alors qu'il reconnaît l'existence de la contravention et condamne le prévenu, de mettre à sa charge les frais du procès-verbal et surtout les droits du timbre (V. Frais, n° 1036) ; c'est que le procès-verbal dans ce cas n'est pas un acte frustratoire ; il peut, malgré son irrégularité, être accepté comme renseignement, s'il ne peut servir de fondement à la condamnation elle-même. Par suite, le refus du juge qui déclare un prévenu coupable de mettre à sa charge les frais du procès-verbal sous prétexte qu'il serait entaché d'irrégularité, peut motiver la cassation du jugement sur ce chef (Crim. cass. 17 nov. 1860, aff. Bartholot, D. P. 60. 5. 417), et suffit, dès lors, pour qu'un pourvoi formé par le ministère public à l'effet d'obtenir une condamnation plus complète aux dépens (V. les motifs d'un arrêt de cassation du 30 juin 1860, aff. Fournival, D. P. 60. 5. 390). — Cette solution s'applique, à plus forte raison, aux frais de timbre et d'enregistrement en dehent des rapports réguliers des agents de police, qui, s'ils ne font pas foi jusqu'à preuve contraire, peuvent servir d'éléments de preuve (Crim. cass. 4 juill. 1857, aff. Chaninel, D. P. 57. 1. 378).

39. La nécessité où se trouve le juge de mettre à la charge du prévenu reconnu coupable les frais de timbre et autres dus au trésor, ne le dispense pas d'appliquer la peine encourue; en réduisant au seul payement des frais la condamnation qu'il est obligé de prononcer, il commettrait un excès de pouvoir (Crim. cass. 18 août 1860, aff. Pouzon, D. P. 60. 5. 274; V. Peine, n° 572). Et il a été jugé que la déclaration d'un tribunal « que les frais insolites et tout à fait hors d'usage qui ont été faits dans la poursuite, lui font une loi de n'appliquer aucune peine, » donne lieu à cassation, en ce qu'elle renferme un blâme portant atteinte à la dignité et à l'indépendance du ministère public (Crim. cass. 15 déc. 1859, aff. Sirguet, D. P. 59. 5. 259).

40. D'après l'art. 29 de la loi du 13 brum. an 7, par exception à la règle générale, les frais de timbre des quittances fournies à l'État ou délivrées en son nom, sont toujours à la charge des personnes qui les donnent ou qui les reçoivent. Prévoyant le cas où des créanciers illettrés de l'État seraient obligés de donner des quittances notariées, le ministre des finances, tout en décidant que ces quittances doivent être affranchies des droits d'enregistrement, conformément aux dispositions de l'art. 70, § 2, n° 5, de la loi du 22 frim. an 7, a réservé expressément les droits de timbre qui doivent être supportés par le créancier (décis. min. des fin. 28 avr. 1858 : instr. de la rég. 11 juin 1858) (1). — Les droits de timbre qui peuvent être mis à la charge des communes sont indiqués dans un décret du 17 juill. 1808 (V. Commune, n° 131).

41. A la charge de qui sont les droits de timbre des procès-verbaux et autres actes relatifs à la délivrance des affouages dans les forêts de l'État ? Il a été décidé, par application de la disposition déjà citée de l'art. 29 de la loi du 13 brum. an 7, que c'est à la charge des usagers (trib. civ. de Remiremont, 12 fév. 1852) (2).—Mais quant aux droits d'enregistrement, les usagers en sont affranchis suivant le même jugement, dont la doctrine est en cela conforme à celle d'une décision ministérielle du 4 juin 1838. En effet, l'État est ici débiteur de l'usager, et le procès-verbal de délivrance qui est dressé est véritablement pour l'État un acte de libération. C'est donc le cas d'appliquer les principes rappelés par la décision du 28 avr. 1858, indiquée au numéro qui précède (Conf. la décision de l'enreg., art. 16592). — L'administration peut-elle refuser aux préposés des douanes, des contributions indirectes, etc., etc., le remboursement du droit de timbre et d'enregistrement d'un procès-verbal de contravention en matière de lettre de voiture, lorsqu'elle ne croit pas devoir y donner suite? D'après une lettre du directeur général, du 19 avr. 1806, ce refus ne pourrait avoir lieu que dans le cas d'irrégularité patente et matérielle de la poursuite (Conf. journ. de l'enreg., art. 16592).

42. Il y a des arrangements administratifs dont l'effet est de supprimer la perception du droit de timbre. Dans ce cas, il est ordinairement prescrit de faire entrer dans le calcul des perceptions à stipuler en remplacement, le produit probable des droits de timbre. Ainsi, en matière de contributions indirectes, il est prescrit de tenir compte du montant présumé des droits de timbre dans le calcul de l'abonnement général qui peut être accordé aux communes vignobles (V. Imp. indir., n° 143-4°).

43. L'acte soumis au timbre est-il frappé de nullité s'il a été rédigé sur papier libre? (V. infrà, n° 163). — Relativement au recouvrement des droits et amendes, V. aussi infrà, n° 184 et suiv.

§ 2. — *Des visas pour timbre et des exemptions.*

44. Le visa pour timbre a principalement pour objet de permettre la perception du droit de timbre sur des écrits qui ne sont devenus des titres que par un fait imprévu postérieur à leur création, ou sur des actes venant de l'étranger. Il a aussi pour objet d'assurer le recouvrement, le cas échéant, des droits dus sur les actes des agents et fonctionnaires publics, dont les frais ne peuvent être mis à la charge des particuliers que par des décisions judiciaires, ou sur les actes entachés de contravention. Enfin, le visa pour timbre est prescrit dans certaines matières administratives ou d'utilité publique pour assurer le contrôle des agents de l'administration, et empêcher que les exemptions ne soient étendues à des actes autres que ceux auxquels elles sont applicables.

45. Relativement aux lettres missives, la formalité du visa pour timbre s'explique par cette circonstance que ces écrits n'ont pas été rédigés en vue de servir de titres; c'est donc le fait seul de leur usage en justice qui peut motiver leur assujettissement à l'impôt du timbre, et c'est à cette occasion seulement qu'il peut être nécessaire d'acquitter cet impôt (V. à cet égard Lettres missives, n° 6, et Enregistr., n° 6124). — Le mandat donné par lettre doit être soumis au timbre comme à l'enregistrement, dans le cas où il en est fait usage pour la rédaction d'un acte soumis lui-même à ces formalités (V. Mandat, n° 152, et Enreg., n° 6125).

46. Les actes de l'état civil des étrangers produits en France sont visés pour timbre (V. Actes de l'état civil, n° 352), et les certificats délivrés à l'étranger à des propriétaires de rente sur l'État sont timbrés à l'extraordinaire (V. Certificats de vie, n° 11; V. aussi les renseignements donnés v° Enregistr., n° 6127).

47. La faveur due à certaines situations malheureuses a fait décider qu'on exigerait seulement le visa pour timbre relativement : 1° aux déclarations imposées aux capitaines de navires naufragés (V. Enregistr., n° 4859); 2° aux requêtes, actes et décisions concernant les demandes formées à l'effet de laisser sortir des personnes retenues dans des établissements d'aliénés; les frais de timbre sont ultérieurement recouvrés contre ces personnes en cas d'admission des demandes, sauf le cas d'indigence (V. Aliéné, n°° 231 et 237); 3° aux déclarations d'appel ou de pourvoi émanées d'individus emprisonnés (V. Enreg., n° 4875).

48. Le visa pour timbre est de règle lorsqu'il s'agit de procédures faites d'office par le ministère public ou par les magistrats. Cela s'applique surtout aux procédures en interdiction (V. Enregistr., n° 4855), aux procédures faites par les juges de paix en matière d'apposition de scellés, de tutelle, etc. (ibid., n°° 4852 et 4853). — Il est reconnu d'ailleurs que toute pièce soumise à l'enregistrement en débet l'est également à la formalité du visa pour timbre. Il suffira donc de renvoyer ce sujet à ce qui a été dit relativement à l'enregistrement en débet, v° Enregistr., n°° 4860 et suiv. — Peut-on viser pour timbre les actes concernant les poursuites faites, en matière forestière, par l'administration des domaines? — V. Forêts, n° 586.

49. Le visa pour timbre a été prescrit à la place de la rédaction sur timbre, pour les procès-verbaux destinés à servir de base à des poursuites devant les tribunaux. Il en est ainsi, notamment, des procès-verbaux des gendarmes (décr. 1er mars 1854, art. 491 et 492), des agents forestiers (V. Enregistr., n°° 4860 et suiv.), des gardes du génie (V. Procès-verbal, n° 776, et Place de guerre, n° 108), des agents chargés de la surveillance des

---

(1) Il a été rendu compte de la décision du 28 avr. 1858 dans une instruction ainsi conçue :

« Aux termes de l'art. 31 de la loi du 22 frim. an 7, les droits des actes emportant libération doivent être supportés par les débiteurs. Dans l'espèce, c'est l'État qui est débiteur, et les quittances qui lui sont données pour le prix de fournitures, comme pour toute autre cause, opèrent sa libération. Or il est de principe que l'État ne se paye pas d'impôt à lui-même. C'est par ce motif d'ordre général que l'art. 70, § 2, n° 5, de la loi du 22 frim. an 7, a autorisé l'enregistrement gratis de différents actes faits au profit de l'État, autorisation qui a été étendue, notamment, en ce qui concerne les baux dont le prix est payé avec les fonds du trésor public, et les décharges données à la caisse des dépôts et consignations. Les quittances notariées, délivrées à l'État par ses créanciers illettrés, doivent donc, dans tous les cas, être affranchies des droits d'enregistrement. — Son Excellence le ministre des finances a

---

résolu la question dans ce sens par une décision du 28 avr. 1858, qui modifie celle du 12 sept. 1833, relativement au droit d'enregistrement. Quant au droit de timbre, l'exigibilité n'en saurait être contestée, en présence de l'art. 29 de la loi du 13 brum. an 7, d'après lequel le timbre des quittances fournies à l'État ou délivrées en son nom, est à la charge des parties qui les donnent ou les reçoivent. »

Du 11 juin 1858.-Inst. de la régie.

(2) (Commune de Rochesson.) — Le tribunal; — En ce qui concerne les droits de timbre : — Considérant que la poursuite est fondée sur l'art. 29 de la loi du 13 brum. an 7, qui assujettit au timbre tous les actes intervenus entre l'État et les citoyens et qui en fait supporter les frais à ceux-ci ; — Considérant que les procès-verbaux de délivrance portent essentiellement le caractère prévu par la loi ; — Considérant qu'il y avait lieu à perception ; — ...Dit, etc.

Du 12 fév. 1852.-Trib. civ. de Remiremont.

chemins de fer (V. Procès-verbal, n° 769), des employés de l'en-registrement (*ibid.*, n° 784), des agents chargés de la surveillance de la pêche (*ibid.*, n° 739), des vérificateurs des poids et mesures (V. Poids et mesures, n° 75), des gardiens de batterie (Instr. gén. du 2 oct. 1858, n° 2132, § 2).—Relativement à la perception des droits de timbre sur les procès-verbaux de roulage, V. Procès-verbal, n° 739, et sur les procès-verbaux que redigeaient autrefois les préposés des ponts à bascule, *eod.*, n° 756 et 757.

50. Il faut assimiler aux procès-verbaux qu'on vient de mentionner les procès-verbaux, significations et sommations en matière de contraventions aux lois régissant les servitudes militaires. Ces actes reçoivent l'enregistrement en débet et le visa pour timbre, sauf recouvrement des droits contre les contrevenants en cas de condamnation (décis. 10 août 1853).

51. Les extraits de jugements délivrés, en matière criminelle, au ministère public ou agents forestiers pour poursuivre l'exécution des condamnations, sont soumis au visa pour timbre (V. Greffiers, n° 83).

52. Quant aux actes relatifs à l'exécution de certaines mesures administratives ou d'utilité publique, qui doivent seulement être visés pour timbre, il y a lieu de citer notamment : 1° les procès-verbaux d'assiette ou d'arpentage en matière forestière (V. Enregistr., n° 4875); 2° les actes des procédures relatives aux servitudes imposées pour cause d'utilité publique, excepté lorsque la procédure a lieu devant l'autorité administrative, cas dans lequel il y a exemption (décis. min. 10 août 1853); 3° en matière d'expropriation pour cause d'utilité publique, les extraits de la matrice des rôles de la contribution foncière délivrés aux ingénieurs chargés de lever les plans parcellaires, les actes de cession amiable, les pièces à transmettre au ministère public, etc. (V. Exprop. publ., n° 111, 217 et 245, et Enregistr., n° 6129); 4° en matière de travaux de toute nature exécuté pour le compte des communes et des établissements publics, les formules de certificats d'architecte (Instr. du 2 sept. 1857, n° 2106, § 8); 5° en matière de contentieux du recrutement militaire, les actes signifiés au nom des préfets et les jugements intervenus dans les instances en contestation de nationalité (décis. min. fin. 31 juill. 1855).—V. le Dict. de M. Sollier, v° Timbre extraord. et visa.

53. Dans les divers cas où les particuliers sont autorisés à employer du papier autre que celui de la régie, ce papier est présenté préalablement au bureau de la direction pour être timbré à *l'extraordinaire* (L. 13 brum. an 7, art. 7). Il en est ainsi, notamment, des formules imprimées pour actions, effets de commerce, etc., et du parchemin à employer pour les actes notariés. —V. le Rép. de M. Garnier, 5° éd., n° 13727 *bis* et suiv.

54. *Des exemptions.* — L'exemption des droits de timbre est acquise, en premier lieu, d'après la loi du 13 brum. an 7 elle-même, aux actes qui ne créent aucun droit nouveau en faveur des parties et ne peuvent leur servir de titre. On en a vu un exemple dans les feuilles d'expédition dont font usage les compagnies de chemins de fer (V. *suprà*, n° 31). A ce point de vue, le ministre des finances a déclaré exemptes du timbre les demandes ayant pour objet l'inscription d'un cautionnement versé au trésor public ou l'inscription du privilège de bailleur de fonds d'un cautionnement de cette nature (décis. min. fin. 7 juill. 1851) (1). Mais l'exemption ne s'applique pas aux demandes tendant à l'obtention du remboursement de cautionnements ou d'excédants de cautionnements, non plus qu'aux demandes relatives au payement des intérêts échus (même décision). — De même il faut déclarer exempts de timbre l'acte portant publication d'une

promesse de mariage et l'affiche d'un extrait de cet acte, ces pièces ne concernant que des intérêts spirituels (Conf. journ. de l'Enreg., n° 16537).

55. La loi du 13 brum. an 7, dans son art. 16, exempte du timbre les pièces relatives aux contributions directes, ce qui comprend tant les rôles de recouvrement que les quittances données aux débiteurs. L'exemption est confirmée par la loi du 22 frimaire de la même année (art. 70, § 3, n° 6).—Cette exemption a été déclarée applicable aux rôles et pièces concernant le recouvrement de diverses taxes qui, par leur nature et leur destination, ont un caractère spécial d'utilité publique. Ce sont : 1° les prestations pour la construction et l'entretien des chemins vicinaux (décis. min. fin. 30 déc. 1851); 2° la taxe sur les chiens (décis. min. fin. 19 avr. 1856); 3° les taxes mises à la charge des propriétaires de marais à dessécher (décis. min. fin. 29 oct. 1857); 4° les taxes destinées à pourvoir au curage des canaux et rivières non navigables (décis. min. fin. 7 juin 1858); 5° les taxes d'arrosage établies au profit des concessionnaires de canaux d'irrigation (décis. min. fin. 30 oct. 1858). — Elle a été également déclarée applicable aux écrits sous seings privés destinés à constater les souscriptions volontaires en matière de chemins vicinaux (décis. min. fin. 7 sept. 1854, D. P. 55. 3. 19).

56. Cette exemption doit-elle être étendue aux rôles et pièces concernant le recouvrement des taxes de pavage? La question a été résolue négativement par décision de M. le ministre des finances, du 5 janv. 1860. «Pour affranchir du timbre les pièces qui concernent ces taxes, y est-il dit, on ne saurait se prévaloir de ce que, aux termes de la loi du 18 juill. 1837, art. 44, la perception de ces taxes doit être faite suivant les formes établies pour les contributions publiques. L'assimilation est limitée au mode de recouvrement; la taxe n'en reste pas moins communale quant à sa nature et quant à sa destination. Dès lors, les rôles dressés pour le recouvrement et les quittances au-dessus de 10 fr. sont passibles du timbre, comme les pièces qui se rattachent à la perception des taxes d'affouage et de pâturage. » — Cette dernière décision paraît difficile à concilier avec celles qui déclarent exempts du timbre les rôles et pièces concernant les prestations pour les chemins vicinaux et les autres taxes mentionnées au numéro précédent. Il est fondé à objecter, avec les rédacteurs du journal l'École des communes (vol. de 1860, p. 270), qu'il y a une analogie complète entre les prestations et les taxes pour le pavage des rues, car ce sont deux espèces de ressources destinées à faire face aux dépenses du service de la voirie, l'une dans les villes, l'autre dans les campagnes; on ne saurait d'ailleurs refuser au pavage des rues le caractère d'utilité publique qu'on reconnaît soit à l'entretien des ouvrages de desséchement des marais, soit à l'irrigation des prairies. — « Sans doute, disent les mêmes auteurs, les taxes de pavage sont une ressource communale; mais les prestations pour les chemins vicinaux, la taxe sur les chiens, ont la même destination; et les taxes de pavage ne peuvent en rien être comparées aux taxes d'affouage et de pâturage. Ces dernières taxes sont en quelque sorte le prix de la jouissance des biens communaux, c'est une taxe imposée par la commune en tant que propriétaire des biens communaux; tandis que les taxes de pavage sont établies en vue d'un service public. » Il est permis d'espérer que le ministre des finances reviendra sur cette décision.

57. Les mandats de payement délivrés par les maires aux percepteurs des contributions directes, pour la rétribution de 12 cent. qui leur est allouée par chaque article du rôle de l'impôt sur les chiens, sont-ils sujets au timbre lorsque la somme

---

(1) Cette décision du ministre des finances est ainsi conçue :

« L'inscription du cautionnement versé par un fonctionnaire ou agent de l'État de qui la loi réclame cette garantie constitue une opération d'ordre purement administratif, à laquelle l'agent cautionné reste étranger, dont il ne peut surveiller l'exécution, qui ne crée en sa faveur aucun droit nouveau, et qui, dès lors, ne peut nécessiter la production d'une demande spéciale sur papier timbré. — Il en est de même en ce qui concerne l'inscription du privilège du bailleur de fonds, attendu que la déclaration notariée procède par celui-ci d'après le décret du 22 déc. 1812 contient une réquisition formelle d'inscription. Une pétition serait donc inutile ou surabondante.

» Mais à solution ne peut être la même en ce qui concerne le rem-

boursement des capitaux et le payement des intérêts. Dans ce cas, la production d'une demande écrite est nécessaire pour conserver les droits des titulaires et mettre l'État en demeure de se libérer; car, si la loi du 9 juill. 1836 fournit au trésor public le moyen de se libérer par un versement fait à la caisse des dépôts et consignations du montant des cautionnements dont le remboursement ne lui est pas demandé, ce n'est là qu'une faculté que la loi accorde à l'administration, et non une obligation qu'elle lui impose. Ainsi, les demandes qui ont pour objet les remboursements de cautionnements ou d'excédants de cautionnements, ainsi que le payement des intérêts échus, doivent, aux termes de l'art. 13 de la loi du 13 brum. an 7, être écrites sur papier timbré. »

Du 7 juill. 1851.—Décis. min. fin.

portée au mandat excède 10 fr. ? — Cette question, résolue affirmativement par les rédacteurs du journal de l'Enregistrement, rentre dans celle qui a été soumise au ministre des finances relativement aux rôles et quittances concernant le recouvrement de la taxe sur les chiens, et que ce ministre a tranchée dans le sens de l'exemption (V. n° 54). — Nous avons dit précédemment que les mandats délivrés aux experts en vue du payement des honoraires qui leur sont dus pour vérification de faits servant de base à une imposition, ne sont pas compris parmi les pièces relatives au recouvrement des contributions. (V. *suprà*, n° 25).

58. Les minutes de tous les actes, arrêtés, décisions et délibérations de l'administration publique en général, et de tous établissements publics, sont exempts du timbre, dans les cas où l'enregistrement de ces actes sur la minute ne sont pas obligatoires (L. 13 brum. an 7, art. 16). — Il a été décidé par le ministre des finances, à la date des 8 juin et 7 juill. 1857, que cette exemption comprend les documents publiés par les chambres de commerce, les chambres consultatives des arts et manufactures, ainsi que par les comités d'agriculture (Instr. de la régie du 2 sept. 1857, n° 2106, § 6). — Diverses pièces d'ordre intérieur que l'administration est dans l'usage de délivrer pour certaines justifications d'une administration à l'autre, sont dans le même cas ; il en est ainsi spécialement du certificat qu'en matière de retrait de cautionnement, le directeur doit délivrer pour attester que le comptable n'est pas débiteur envers le trésor (V. Cautionnement de fonctionnaires, n° 119).

59. Comme conséquence de la disposition précédente, l'art. 16 de la loi du 13 brum. an 7 excepte du droit et de la formalité du timbre « les extraits, copies et expéditions qui s'expédient ou se délivrent par une administration ou un fonctionnaire public à une autre administration publique, lorsqu'il y est fait mention de cette destination » (V. par exemple, n° 15, *in fine*). Suivant une opinion exprimée par les ministres de l'intérieur et de la justice, les copies ou expéditions d'actes intéressant les communes, que les notaires doivent, par dérogation à l'art. 41 de la loi du 22 frim. an 7, délivrer avant l'enregistrement pour que le préfet puisse, sur le vu de ces copies, donner son approbation par un arrêté destiné à être annexé à la minute, rentrent dans la classe des expéditions exemptées du timbre par la disposition précitée (Instr. min. intér. 6 sept. 1853, D. P. 53. 3. 44). — Cette solution est applicable aux actes concernant l'administration des biens des fabriques d'églises protestantes de la confession d'Augsbourg dont l'exécution est subordonnée à l'approbation (même disposition). — V. Obligat., n° 3738.

60. Le ministre des finances, à la date des 3 nov. 1855, 6 fév. et 9 juin 1858, a également décidé, par application de la même disposition : 1° que les expéditions des arrêtés préfectoraux qui autorisent les communes et les établissements publics à acquérir, vendre, accepter des dons et legs, etc, sont exemptes du timbre, comme actes concernant l'ordre public ou dérivant de l'exercice de la tutelle administrative ; 2° qu'il en est de même des expéditions des arrêtés préfectoraux portant approbation des contrats intéressant les communes et les établissements publics ; 3° que les expéditions des arrêtés soit d'autorisation, soit d'approbation, délivrées sur papier non timbré aux maires et aux administrateurs des établissements publics, peuvent, comme les ampliations des décrets impériaux rendus dans le même but, être annexées aux contrats de vente et autres, sans qu'il soit nécessaire de les soumettre au timbre à l'extraordinaire ou au visa pour timbre (Instr. de la régie, n° 2073, § 2, du 23 juin 1856, D. P. 57. 3. 27).

61. Ces décisions font tomber une jurisprudence que les notaires avaient justement combattue. Ainsi il avait été décidé : 1° que les actes de l'autorité administrative intéressant les communes et ayant pour objet de les habiliter à aliéner leurs biens, ne devaient pas être considérés comme actes administratifs proprement dits, transmis d'administration à administration dans un intérêt général, et dès lors n'étaient pas exempts du timbre ; que par suite un notaire ne pouvait, à peine d'être déclaré en contravention à l'art. 24 de la loi du 13 brum. an 7, annexer à l'acte de vente d'un bien communal, sans l'avoir soumise au timbre, une expédition de la délibération approuvée du préfet par laquelle le conseil municipal autorise l'aliénation

(Trib. de Lyon, 4 févr. 1834, aff. Pajot, D. P. 54. 3. 55) ; — 2° Que les copies ou expéditions des actes des autorités administratives ne peuvent être délivrées aux particuliers et même aux établissements qui le demandent dans leur intérêt particulier, que sur papier timbré, alors même qu'il s'agirait d'actes non soumis à l'enregistrement ; que, dès lors, un notaire ne peut, à peine d'être déclaré en contravention, annexer à un contrat par lui rédigé une copie d'un tel acte écrite sur papier libre (Trib. d'Yvetot, 12 juill. 1855, aff. X..., D. P. 55. 3. 88).

62. Toutefois, les décisions ministérielles qui déclarent exemptes du timbre les expéditions d'arrêtés d'approbation annexés aux contrats intéressant les communes, ne contredisent pas d'une manière absolue les jugements analysés au numéro précédent, surtout le dernier. Elles font avec raison cette réserve que, « lorsqu'une des parties intervenantes au contrat réclame, dans un intérêt privé, une copie des arrêtés préfectoraux qui s'y trouvent annexés, cette copie revêt le caractère d'une expédition délivrée dans un intérêt non public, et doit être écrite sur papier timbré, par application de l'art. 80 de la loi du 25 mai 1818 » (Même instruction du 23 juin 1856).

63. La loi du 13 brum. an 7, dans le même art. 16 (n° 1, 7° alinéa), établit une exemption des droits du timbre pour « les pièces et écritures concernant les gens de guerre tant pour le service de terre que pour le service de mer. » Il a été décidé par le ministre des finances, à la date du 10 mai 1859, que « le certificat d'exonération du service militaire délivré par le préfet aux termes de l'art. 41 du décret du 9 janv. 1856 doit jouir de l'exemption du timbre, comme le certificat remis par le conseil d'administration aux militaires pour constater leur exonération. » (Instr. gén., n° 2155, § 3, du 19 juill. 1859). — C'est peut-être le lieu de rappeler que les expéditions des actes de décès des militaires morts dans les hôpitaux, les registres de l'État civil des militaires sont exempts du timbre (V. Actes de l'État civil, n°s 323 et 375).

64. Aux termes d'une décision du ministre des finances, du 4 sept. 1858, les commissions ou lettres de service délivrées aux gardiens de batterie sont exemptes du timbre et de l'enregistrement, en vertu des art. 16 de la loi du 13 brum. an 7, et 70, § 3, n° 13, de la loi du 22 frim. an 7. Mais les actes constatant la prestation de serment de ces gardes doivent être rédigés sur papier timbré et enregistrés au droit fixe de 3 fr., conformément aux art. 12 de la loi du 13 brum. an 7, et 68, § 3, n° 3, de celle du 22 frim. (inst. gén., n° 2152, du 2 oct. 1858, § 2).

65. L'art. 16 de la loi du 13 brum. an 7 exempte du timbre les quittances de traitement et émoluments des employés salariés par l'État. C'est par application de cette disposition qu'on déclare non soumise au timbre la quittance de traitement du garde champêtre (V. Garde champêtre, n° 20).—Que décider des quittances de traitement et émoluments des employés des communes ? Il n'existe aucune règle précise sur ce point. L'administration admet cependant en principe que, si le traitement est inférieur à 300 fr., la quittance est exempte des droits de timbre. Cela a été décidé, notamment, à l'égard des cantonniers des chemins vicinaux (V. Enreg., n° 6107), à l'égard des instituteurs communaux (décis. min. int., 16 janv. 1855, D. P. 55. 3. 40), à l'égard des agents voyers et cantonniers-aides (circ. min. int., 22 nov. 1850, D. P. 55. 3. 18 ; et décis, min. fin., 30 déc. 1854, D. P. 56. 3. 21).—Enfin, suivant une décision du ministre des finances, du 6 août 1857, les états collectifs des traitements des employés d'une mairie ou d'un établissement communal, sont dispensés du timbre lorsque chacun de ces traitements n'excède pas 300 fr. par an (inst. de la régie, du 2 sept. 1857, § 7). — V. le Dict. de M. Sollier, v° Traitement.

66. Au surplus, la question de savoir si le timbre est dû n'intéresse que la commune débitrice. « Il est à remarquer, dit à ce propos M. le ministre de l'intérieur, dans sa décision précitée du 16 janv. 1855, que les instituteurs communaux n'ont aucun intérêt à ce que la difficulté soit résolue dans un sens plutôt qu'un autre, car le droit de timbre, quand il est dû, ne saurait être mis à leur charge. C'est aux communes à supporter cette dépense, par application de l'art. 1248 c. nap., qui met le payement à la charge du débiteur. » La même observation est faite par le ministre des finances, dans sa décision précitée du

16 déc. 1854 (V. aussi les circul. min. intér. 22 nov. 1854, D. P. 55. 3. 18, et décis. min. fin. 30 déc. 1854, D. P. 56. 3. 21).
— Des difficultés s'étant élevées dans le département de la Haute-Garonne sur le point de savoir si un desservant d'une paroisse d'une section rurale devait donner sur timbre la quittance de l'allocation trimestrielle accordée par la commune, M. le préfet a prescrit à la commune d'acquitter les frais de timbre si le percepteur exigeait une quittance sur papier timbré (Journ. de dr. admin., 1860, p. 218).

67. Que décider également des quittances de traitement des agents et employés attachés aux établissements de bienfaisance? — Aux termes d'une décision du ministre des finances, du 27 oct. 1809, et de l'art. 872 d'une instruction générale du 17 juin 1840, ces quittances devraient être comprises dans l'exemption de timbre; mais la légalité de ces dispositions a été mise en doute comme étendant abusivement l'exception créée par l'art. 16 de la loi du 13 brum. an 7. En tout cas, on ne devrait pas assimiler à un employé le barbier admis moyennant un prix d'abonnement annuel à faire les barbes des malades dans un hospice ; c'est plutôt un ouvrier ou fournisseur (trib. d'Hazebrouck du 2 déc. 1859) (1).

68. Le même art. 16 de la loi du 13 brum. an 7 exempte également du timbre les quittances de secours payés aux indigents. Cette exemption a été appliquée aux états de secours distribués aux indigents, que se fait remettre l'assistance publique (V. Secours publics, n° 28 et 431). Les quittances des nourrices employées par l'assistance publique sont-elles exemptes? V. Secours publics, n° 202. — Un préfet a soumis au ministre des finances des observations tendant à ce que les mémoires ou états à produire par les médecins pour soins donnés à des indigents, et par les pharmaciens pour fournitures de médicaments à ces mêmes indigents, soient déclarés exempts du timbre, par application de la disposition précitée. Mais considérant que l'art. 16 de la loi de l'an 7 n'a créé d'exemption qu'en faveur des quittances de sommes payées aux indigents ou à leur décharge, et que les mémoires ou factures présentés par les créanciers pour établir leurs droits sont régis par l'art. 12 de la même loi, qui

assujettit au timbre tous les actes ou écrits devant ou pouvant faire titre ou être produits pour justification, demande ou décharge, le ministre des finances a répondu, le 24 mai 1859, que les mémoires des médecins et des pharmaciens doivent, quoique concernant des personnes indigentes, être rédigés sur papier timbré. — Toutefois, le même ministre a décidé, le 11 juill. suivant, que les contrevenants pourraient faire timbrer à l'extraordinaire ou viser pour timbre, sans amende, les mémoires ou factures rédigés sur papier non timbré antérieurement au 31 mai 1859, à la condition toutefois que les droits de timbre seraient acquittés avant le 31 décembre de la même année (Bull. offic. du min. de l'int., année 1859).

69. Mais qui doit payer les frais de timbre des factures et mémoires mentionnés au numéro précédent? C'est la commune, répond avec raison M. Chauveau, et non les médecins ou pharmaciens (Journ. de dr. admin., 1860, p. 217, ad notam). Le timbre d'une facture, exigé par une loi de finances, rentre dans les frais de quittances, et retombe par suite à la charge du débiteur (V. suprà, n° 66). « Ce que je dis des communes, ajoute M. Chauveau, je l'appliquerais au département ou à toute autre personne morale débitrice. Je sais qu'on est dans l'usage d'exiger des fournisseurs des factures, à leurs frais, sur papier timbré, mais c'est un abus. En s'y refusant et en faisant assigner leur débiteur en payement, ils feraient décider qu'au débiteur incombe la charge de payer les frais de libération quels qu'ils soient. — Il n'y a d'exception qu'en faveur de l'État (art. 29 de la loi du 13 brum. an 7). »

70. Aux exemptions déjà citées, l'art. 16 de la loi du 13 brum. an 7 ajoute une exemption relative aux registres des administrations publiques pour ordre et administration générale. Cette exemption s'applique, à Paris, aux livres à souches pour les recettes des droits perçus sur les marchés, et aux registres des recettes des droits de grande et de petite voirie (arr. du min. des fin. et du min. de l'int., du 20 fév. 1860) (2). Les registres à souche et les livres de détail des économes-receveurs des hospices généraux et spéciaux, ainsi que des comptables des autres établissements de l'assistance publique, peuvent n'être pas timbrés ;

---

(1) (Dekytspotter.) — LE TRIBUNAL ; — Attendu que le sieur Dekytspotter a, par l'acte de l'huissier Lynde formé opposition à la contrainte décernée contre lui, se fondant sur les termes de l'art. 2 de la décision du ministre des finances, en date du 27 oct. 1809, et sur le texte de l'art. 872 de l'instruction générale du 17 juin 1840, qui exemptent de la formalité du timbre les quittances de traitements des agents et employés attachés aux établissements de bienfaisance, pour établir que la quittance de la veuve Morelle était exempte du timbre, en prétendant assimiler la qualité de cette barbière à celle du médecin et de l'économe;

Attendu qu'en admettant que les décisions et instructions ministérielles dont se prévaut le sieur Dekytspotter lui soient favorables (ce qui n'est pas, puisqu'elles ne font que reproduire en d'autres termes les exceptions portées par la loi de brumaire an 7), ces décisions ou instructions ne peuvent jamais remplacer la loi, car il est de principe en droit que les administrations ne peuvent, par des instructions réglementaires, déroger à la loi, ni rien ajouter ni rien retrancher, qu'il faut donc se renfermer dans une sage application des dispositions formelles de l'art. 16 de la loi du 13 brum. an 7;

Attendu que cet article 16 de ladite loi, qui admet quelques exceptions aux dispositions générales de l'art. 12, porte : Sont exemptes du droit et de la formalité du timbre, savoir :.... les quittances des traitements d'émoluments des fonctionnaires et employés salariés par la République.... et toutes les autres quittances, même celles entre particuliers, pour créances et sommes non excédant 10 fr. ; qu'il résulte de ces termes qu'il faut être employé salarié, attaché à un établissement public et recevant un traitement annuel, ou bien que la quittance n'excède pas la somme de 10 fr., pour être exemptée de la formalité du timbre;

Attendu que la veuve Morelle, qui se rendait à l'hospice de Cassel deux fois par semaine, pour y faire des barbes, moyennant un prix annuel de 40 fr., ne peut être considérée comme employé attaché audit hospice, recevant un traitement annuel, mais seulement comme une ouvrière avec laquelle l'administration de l'hospice de Cassel était convenue d'un prix fixé pour toutes les barbes par elle faites dans l'année sans devoir les compter, ou n'empêchait pas cette barbière de servir sa clientèle dans la ville ; — Attendu, dès lors, que l'exception de l'art. 16 de la loi précitée ne pouvant être accordée à la veuve Mo-

relle, la quittance par elle signée excédant la somme de 10 fr. doit être soumise au droit de timbre.

Du 2 déc. 1859.–Trib. d'Hazebrouck.

(2) Cet arrêté transmis aux préposés de l'administration par une instruction du 9 avr. 1860 (n° 2171), est ainsi conçu :

1° Les économes-receveurs des hospices généraux et spéciaux, ainsi que les comptables des autres établissements de l'assistance publique, peuvent se dispenser de faire timbrer leurs registres à souche et leurs livres de détail; mais ils doivent tenir leur journal général en papier timbré. En ce qui touche les quittances délivrées aux particuliers, pour constater le payement des créances ou sommes excédant 10 fr., les comptables de cette administration devront, conformément à la décision ministérielle du 15 sept. 1831, avoir, indépendamment du journal à souche, un registre de quittances timbrées d'un nombre de feuilles proportionné à l'importance de chaque établissement. — 2° Les livres à souche sur lesquels est enregistrée la recette des droits de place, de pesage, de jaugeage et mesurage, perçus aux marchés, ports, halles, barrières d'entrée et autres lieux publics de Paris, par les receveurs spéciaux, sont exempts de la formalité du timbre; la même exception est applicable aux registres sur lesquels les receveurs intermédiaires mentionnent les sommes qui leur sont versées provisoirement par les receveurs des marchés, avant d'être versées définitivement à la caisse centrale du trésorier de la ville, où elles sont inscrites sur un registre timbré. Les récépissés de ces versements sont également dispensés du timbre comme pièces d'ordre intérieur ; mais les quittances délivrées aux parties pour constater leur libération, et détachées des livres à souche tenus par les receveurs des marchés et autres préposés à la recette, ne peuvent, sans contravention, être écrites sur papier non timbré, lorsqu'elles ont pour objet le payement de droits, taxes ou créances excédant 10 fr., et ces préposés devront tenir, à cet effet, un registre de quittances timbrées, en exécution de la décision précitée du 15 sept. 1831. — 3° Les registres des recettes des droits de grande et de petite voirie, établis à la préfecture de la Seine et à la préfecture de police, sont affranchis du timbre, et il n'y a pas lieu d'exiger la formalité du timbre pour les quittances provisoires des droits de voirie, qui sont remises aux parties, pourvu qu'il leur soit délivré des expéditions régulièrement timbrées des permis, dans lesquelles il sera fait mention des droits payés.

Du 20 fév. 1860.–Arr. min. des fin. et min. intér.

mais il en est autrement du registre désigné sous le nom de *journal général*. De plus, ces comptables doivent avoir, pour la délivrance des quittances de sommes excédant 10 fr., un registre de quittances timbrées (même arrêté). — V. Enreg., n° 6155, et le Dict. de M. Sollier, v° Registres.

71. Les registres des commerçants étaient autrefois soumis au timbre; cette situation créait de nombreux inconvénients (V. Faillite, n° 30). Depuis la loi du 20 juill. 1837 ces registres jouissent de l'exemption de timbre comme ceux des administrations publiques (V. Commerçant, n° 241; Bourse de commerce, n° 241; et Enregistr., n° 6122). Cette exemption est applicable aux registres d'achat des bijoutiers et horlogers (V. Matières d'or et d'argent, n° 66), et aux registres sur lesquels les industriels doivent inscrire les noms des ouvriers pourvus de livrets qu'ils admettent dans leurs ateliers (L. 22 juin 1854, art. 4).

72. L'exemption établie au profit des registres des commerçants s'applique aussi au carnet des agents de change (V. Bourse de commerce, n° 330). Mais elle serait à tort invoquée en faveur des registres des facteurs ou garde-vente établis par les adjudicataires de coupes de bois, ces registres n'étant pas tenus dans un intérêt purement commercial (V. Forêts, n° 1128).

73. Elle ne s'applique pas non plus aux registres des courtiers d'assurances maritimes, lesquels sont frappés d'un droit de timbre par la loi du 3 juin 1850 (V. Droit maritime, n° 1474; V. aussi *infrà*, n° 102). Toutefois, suivant une décision ministérielle, l'art. 47 de la loi du 3 juin 1850, qui soumet au timbre de dimension le livre dont la tenue est imposée aux courtiers par l'art. 84 c. com., concerne uniquement les courtiers d'assurances maritimes et ceux qui cumulent les fonctions de courtiers d'assurances maritimes avec un autre courtage. — Le livre tenu par les autres courtiers doit être assimilé aux livres de commerce: ainsi, l'art. 72 de la loi du 28 avr. 1816, qui a créé le timbre spécial aux livres de commerce, lui était applicable; par suite, ce livre s'est trouvé affranchi du timbre par l'art. 4 de la loi du 20 juill. 1837 (décis. min. fin. 31 janv. 1851). — Il peut s'élever quelque difficulté relativement au registre que les capitaines de navire doivent tenir sous le nom de livre de bord pour l'établissement ultérieur de leur compte avec l'armateur. Ce registre était, avant la loi de 1837, déclaré soumis au timbre (V. Droit maritime, n° 421).

Que décider relativement aux registres des garde-ports? — V. nos observations v° Bois et Charbons, n° 34.

74. Les ouvriers n'acquittaient aucun droit de timbre pour leur livret, l'art. 2 de l'arrêté du 9 frim. an 7 prescrivant de le confectionner avec du papier libre. Cette exemption a été implicitement confirmée par l'art. 2 de la loi du 22 juin 1854, d'après lequel le livret ne peut coûter plus de 25 cent., prix alloué pour sa confection.

75. L'art. 1 d'une ord. du 10 oct. 1834, ainsi que le rappelle une instruction de l'administration (n° 2148, § 7), a déclaré exempts du timbre, conformément à l'art. 16 de la loi du 13 brum. an 7, les extraits d'inscriptions de rentes sur le grand-livre, les bons du trésor, les mandats et traites du trésor sur les départements, les traites du caissier central du trésor lui-même pour le service des armées et des colonies, et tous autres effets ou valeurs négociables créés et émis directement par le trésor public. — D'après l'art. 2 de la même ordonnance, les mandats servant de moyens de transmission ou de virement des sommes affectées aux services publics, sont assimilés aux effets du trésor, et, à ce titre, également exemptés du droit et de la formalité du timbre. — On a élevé la question de savoir si cette exemption est appli-

cable: 1° aux traites que le caissier payeur central du trésor tire sur lui-même, à l'ordre des trésoriers des colonies, et qui sont destinées à payer les dépenses des services coloniaux; 2° aux traites que les trésoriers des colonies ou tous autres comptables ayant qualité à cet effet tirent à leur ordre sur le caissier central du trésor public à Paris, et qui sont créées en remboursement d'avances faites au service de la marine; 3° aux traites émises à l'extérieur pour le service de la marine, soit par les autorités de bord des bâtiments de guerre en cours de campagne, soit, dans des conditions prévues et déterminées, par les consuls de France et autres agents diplomatiques. — Cette question a été résolue affirmativement par le ministre des finances, à la date des 8 déc. 1858 et 17 janv. 1859 (1).

76. Par application des mêmes dispositions il a été admis que les traites que les consuls de France et autres agents diplomatiques tirent à l'ordre direct des fournisseurs et autres créanciers de l'État, et qui sont émises soit en payement du prix des tabacs achetés pour le compte de la régie, soit afin de pourvoir aux frais de séjour, en pays étranger, des agents de l'administration française, sont exemptes du timbre (décis. min. fin. du 20 avr. 1859). — Mais les traites fournies pour le payement du prix d'adjudication de coupe de bois des domaines doivent être sur timbre (V. Forêts, n° 1036). — V. aussi Enreg., n° 6140.

77. Après les exemptions consacrées par la loi du 13 brum. an 7 il y a lieu de mentionner diverses exemptions créées par les lois postérieures. Nous nous occuperons en premier lieu des exemptions établies à titre de récompenses, de restitution, de secours ou d'encouragements. Une dispense de timbre a été établie relativement: 1° aux extraits d'actes de l'état civil concernant les victimes de juillet (L. 13 déc. 1830, art. 12); 2° aux extraits d'actes de l'état civil et autres documents administratifs que les gens de mer doivent produire à l'appui de leurs demandes de pensions ou de secours (V. Droit maritime, n° 690); 3° aux pièces produites par les émigrés pour la liquidation de l'indemnité qui leur est allouée, pièces parmi lesquelles ne figurent pas les expéditions d'actes de l'état civil (V. Émigré, n° 346); 4° aux certificats exigés des nourrices employées par l'administration de l'assistance publique (V. Nourrices, n° 13; Enregistr., n° 6144; et Secours publics, n°° 170 et 202); 5° au pouvoir ajouté par le certificateur au-dessous des certificats où vise des membres de la Légion d'honneur pour faire toucher le traitement par un tiers (V. Certificat de vie, n° 61); 6° aux certificats demandés aux indigents ou à certaines personnes dignes de protection (L. 22 flor. an 7, art. 10; V. eod. v°, n° 61 et 63). — V. Enreg., n° 6157.

78. La faveur exceptionnelle qui s'attache aux établissements de prévoyance ou d'assistance, a fait déclarer exempts du timbre: 1° les procurations et pièces pour opérer les dépôts et retraits aux caisses d'épargne, les registres de ces établissements et les livrets qu'ils délivrent (V. Établiss. d'épargne, n°° 147 et 170); 2° les pièces à produire pour les dépôts à la caisse des retraites (V. Secours publics, n° 291); 3° les actes intéressant les sociétés de secours mutuels (V. Secours publics, n° 244); 4° les registres, reconnaissances et autres actes des monts-de-piété (V. Mont-de-piété, n° 44). — Il a été décidé que les expéditions d'actes de naissance et de mariage des membres des sociétés de secours mutuels délivrés aux présidents de ces sociétés, dans l'intérêt de l'association, rentrent dans l'exception résultant du décret du 26 mars 1852, qui exempte des droits de timbre tous les actes intéressant les sociétés de secours mutuels approuvées. Ces expéditions peuvent être visées pour timbre gratis, pourvu qu'elles contiennent la mention expresse de leur objet et de leur

---

(1) Nous reproduisons ici les motifs de cette décision :
Les traites tirées par le caissier central du trésor sont destinées au payement des dépenses du service des colonies, que l'État prend à sa charge, et c'est au moyen des autres traites (désignées sous les n°° 2 et 3) qu'ils sont pourvu à l'acquittement des dépenses faites à l'extérieur, notamment pour les besoins des bâtiments de guerre, pour la solde et l'entretien des troupes au compte du *service marine* détachées dans les colonies, et pour le rapatriement des marins naufragés. Toutes ces traites ont le même caractère; les unes et les autres ont pour objet des dépenses publiques. A la vérité, les traites des colonies sont libellées à l'ordre du trésor colonial lui-même, lequel s'en dessaisit par voie d'endossement, au nom de ceux qui en remettent la valeur représentative,

tandis que les traites des autorités de bord des bâtiments et celles des agents diplomatiques sont créées à l'ordre direct des créanciers de l'État, qui ont effectué des fournitures ou avancé le numéraire nécessaire au service; mais cette différence ne saurait avoir pour effet de rendre ces dernières traites passibles du timbre. L'art. 2 de l'ord. du 10 oct. 1834 ne subordonne pas la dispense de l'impôt du timbre au fait de l'émission d'effets négociables à l'ordre des agents comptables qui les souscrivent : il suffit que les effets aient pour objet l'acquittement de dépenses publiques. Les traites tant par les autorités de bord des bâtiments que par les agents diplomatiques se trouvant dans ce cas, il y a lieu de leur appliquer, comme aux autres, le bénéfice de l'exemption.
Du 17 janv. 1859.—Décis. min. fin.

destination spéciale (décis. min. fin., 25 fév. 1854; Inst. gén. du 13 juin 1854, n° 2003, § 6).

79. Pour que l'impôt ne soit pas un obstacle à la constatation de l'état civil et à la célébration des mariages des personnes indigentes, diverses lois ont affranchi du timbre les pièces dont la production est ordinairement imposée. Ainsi, la loi du 25 mars 1817 renonce au droit de timbre sur les actes de procédure à la requête du ministère public et jugements ayant pour objet la rectification d'actes de l'état civil concernant les individus notoirement indigents (V. Enreg., n° 4857). D'autres exemptions ont été établies dans le but de favoriser le mariage des indigents, la légitimation de leurs enfants naturels et le retrait d'enfants déposés dans les hospices, par la loi du 5 juill. 1846, qui a été analysée v° Enreg., loc. cit., et par la loi des 10-18 déc. 1850, dont il a été rendu compte v° Mariage, n°° 360 et suiv. L'impôt du timbre était un tribut fort onéreux pour les sociétés charitables qui prennent à leur charge les démarches et les frais à faire pour arriver à la régularisation des ménages indigents fondés sur le concubinage.

80. Voulant donner des garanties au trésor, la loi du 10 déc. 1850 a exigé que les pièces affranchies du timbre pour faciliter aux indigents les mariages, les légitimations et les retraits d'enfants dans les hospices fussent soumises à l'enregistrement et au visa pour timbre gratis. Dans la pratique on a élevé la question de savoir si les pièces dont il s'agit devaient être rédigées sur du papier visé à l'avance. L'administration a répondu avec raison qu'il n'en pouvait être ainsi et que le contrôle que la loi a voulu assurer exigeait que le visa pour timbre gratis ne fût donné que sur les pièces elles-mêmes (délib. de la régie du 28 nov. 1853; Inst. du 13 juin 1854, n° 2003, § 10).

81. Des décisions des 18 fruct. an 8, 3 sept. 1850 et 10 fév. 1855 ont déclaré exemptes du timbre les lettres de voiture délivrées ou visées par les agents des ministères de la guerre et de la marine, à l'occasion des transports opérés dans l'intérêt de l'Etat. Les dispositions de ces décisions doivent être étendues aux lettres de voitures qui émanent des agents des autres départements ministériels, toutes les fois qu'il s'agit de transports effectués pour le compte direct de l'Etat (Décis. min. fin. 1er juill. 1856; Inst. gén. du 16 janv. 1857, n° 2088, § 6).—Il a été décidé aussi que les lettres de voiture relatives aux transports opérés pour le service télégraphique et qui sont revêtues du visa des fonctionnaires expéditeurs, ou tout au moins annexées, soit à des ordres, soit à des certificats d'agents de l'Etat, constatant des transports concernent un service public, sont exemptes du timbre (décis. min. des fin. 28 mars 1860; Inst. gén. du 7 sept. 1860, n° 2181, § 3). Mais dans le cas où le prix du transport dépasse 10 fr., la quittance ne peut être donnée au bas de la lettre de voiture qu'autant que celle-ci se trouve rédigée sur papier timbré.

82. Les dépôts de dessins, d'après l'art. 2 de l'ord. du 17 août 1825, devaient être reçus gratuitement. — Il a été décidé, par suite, que les actes de dépôt devaient recevoir l'enregistrement gratis (V. Enregistrement, n° 6118). Mais il n'en est pas de même du dépôt des marques de fabrique. La loi du 23 juin 1857 (D. P. 57. 4. 97) soumet la rédaction et l'expédition du procès-verbal de dépôt à un droit de greffe de 1 fr., non compris les frais de timbre et d'enregistrement. Le droit de timbre ne peut être que de 35 cent., aux termes de l'art. 6 du décret du 26 juill. 1858 rendu pour l'exécution de la loi susmentionnée. Ajoutons que les exemplaires des empreintes des marques à déposer peuvent être en papier libre, et qu'il en est de même du registre auquel ces exemplaires sont attachés; mais que le registre sur lequel le greffier dresse le procès-verbal du dépôt est en papier timbré (décr. 26 juill. 1858, art. 2, 4 et 5). — Un recueil spécial a émis l'opinion que la loi du 23 juin 1857 a abrogé l'ord. du 17 août 1825 et soumis, par suite, les dépôts de dessins industriels aux mêmes droits que les dépôts de marques de fabrique (Journ. de l'Enregistr., art. 16745). C'est là une erreur; une instruction du 6 oct. 1858 (n° 2133), rapportée dans le même journal, énonce au contraire formellement, après transcription des termes du décret réglementaire du 26 juill. 1858, que « la loi du 23 juin 1857 et le décret réglementaire du 26 juill. 1858 ne concernent que les marques de fabrique, et remplacent le décret du 11 juin 1809 (instr. 1755, § 5); qu'il

n'y aura donc pas lieu d'en faire l'application aux dépôts de dessins. »

83. En matière disciplinaire, sont exemptes de timbre les citations devant le conseil de discipline de la garde nationale (V. Garde nationale, n° 588); il en est de même des invitations à comparaître devant le conseil de discipline des avocats, lesquelles sont données par lettres du bâtonnier ou du secrétaire de l'ordre (V. Avocat, n° 426).

84. En matière criminelle, les extraits d'arrêts et de jugements remis par les greffiers aux receveurs de l'enregistrement pour le recouvrement des peines pécuniaires et des frais de justice, et communiqués aux huissiers chargés de rédiger les commandements pour l'exercice de la contrainte par corps, ou produits à l'appui des bordereaux d'inscriptions hypothécaires, sont exempts du timbre (solution de la régie, du 23 avr. 1858). — Aux termes de l'art. 2 de l'ord. royale du 28 nov. 1838, dont une circulaire du ministre de la justice du 23 avr. 1856 (V. Addenet, les Codes annotés des circulaires, p. 143, note 4) a de nouveau rappelé l'observation, il est nécessaire que les états ou mémoires de frais en matière criminelle soient dressés en double expédition, l'une de ces expéditions doit seule, d'après le même article, être sur papier timbré, dont le prix est à la charge de la partie prenante; l'autre est sur papier libre. Toutes les deux sont revêtues de la taxe et de l'exécutoire du juge. Et celle qui est sur timbre est remise au procureur de l'enregistrement auquel le payement est demandé; l'autre est transmise au ministre de la justice par le procureur impérial. — Ce mode de procéder nous paraît s'appliquer aussi, en matière d'assistance judiciaire, aux demandes en remboursement de frais de transport formées par les huissiers; il suffit que l'une de ces états soit sur timbre (Conf. Journ. des huissiers, 1860, p. 225).

85. En matière de police maritime, sont exempts de la formalité du timbre et de l'enregistrement les actes de procédure et les jugements relatifs à la répression des infractions commises à bord des bâtiments de la marine marchande, devant les tribunaux maritimes commerciaux institués par un décret du 24 mars 1852 (décis. min. fin. 14 juin 1853; instr. 14 déc. 1853, n° 1983).

86. Dans les affaires qui intéressent l'administration, les greffiers délivrent à ses agents les extraits, sur papier libre, des jugements et arrêts qu'ils requièrent par suite des intérêts qui leur sont confiés, et à titre de renseignement (V. Greffiers, n° 80, in fine).

87. Pour faciliter les conciliations, le législateur a exempté du timbre certaines procédures. Il en est ainsi spécialement des avertissements adressés en exécution de la loi du 2 mai 1855 sur les justices de paix (instr. 2049, § 3).—De même, en matière d'ordre amiable, sont exempts du timbre : 1° les lettres de convocation expédiées par les greffiers (décis. des min. des fin. et de la just. des 27 avr. et 22 mai 1858); 2° le bulletin de chargement de l'administration des postes, destiné à assurer la remise de ces lettres, bulletin qui doit être annexé au procès-verbal d'ordre (mêmes décisions); 3° les lettres par lesquelles des créanciers font connaître au juge-commissaire qu'ils sont étrangers à l'ordre ou qu'ils sont désintéressés, lettres qui doivent être annexées au procès-verbal (décis. min. des fin. et de la just. des 27 juin et 20 juill. 1858); 4° les lettres expédiées par le greffier, au nom et sous la surveillance du juge-commissaire, et donnant avis, savoir : à l'avoué poursuivant, de l'ouverture du procès-verbal d'ordre, de la confection de l'état de collocation provisoire et de la clôture de l'ordre; et à l'avoué commis, du renvoi à l'audience, avec indication du jour fixé (mêmes décisions de 1859).

88. Il a été traité, v° Expropriation publique, n° 821, de l'exemption de timbre établie en matière de travaux urgents de fortifications. Sous une rubrique spéciale, intitulée Dispense des droits de timbre et d'enregistrement (eod., n°° 840 et s.), nous avons examiné d'une manière générale l'exemption relative aux expropriations. Ces renseignements doivent être complétés à l'aide de ceux qui ont été donnés sur le même sujet v° Enregistrem., n°° 3305 et suiv. Nous n'ajouterons ici qu'une seule indication : « On avait pensé que les copies ou expéditions d'actes d'acquisition d'immeubles par suite d'expropriation pour cause d'utilité publique, qui sont destinées à être jointes aux mandats de payement des prix de vente, étaient exemptées de la formalité du visa pour timbre gratis; mais il a été reconnu que le mot *actes* employé dans l'art. 58 de la loi du 3 mai 1841 doit s'entendre aussi bien des copies et expéditions que des minutes; d'où la conséquence que les pièces dont il s'agit sont assujetties au visa pour timbre » (décis. min. fin. 31 oct. 1857; instruct. gén. du 11 déc. 1857, n° 2111, § 4).

89. Dans la matière analogue des servitudes militaires, sont exempts de timbre : 1° les déclarations relatives aux travaux qui sont l'objet d'une autorisation générale; 2° les permissions ou certificats remis aux intéressés; 3° les mémoires et plans remis aux préfets et les significations faites par voie administrative; 4° les décisions des conseils de préfecture intervenues sur les procès-verbaux de contravention et les expéditions de ces décisions délivrées aux agents militaires avec mention de leur destination (instr. du 27 avr. 1854, *suprà*, n° 14). Ces dispositions ont été étendues aux procédures semblables concernant les travaux entrepris dans la zone frontière (instr. du 5 juill. 1854, n° 2007). Les actes que les contrevenants jugent à propos de produire dans l'intérêt de leur défense, ne sont pas compris dans les exemptions qu'on vient d'indiquer (mêmes instructions).

En matière forestière, relativement aux formalités de délimitation et de bornage, il y a exemption de timbre pour l'affiche de l'arrêté du préfet. Quant aux actes de la procédure en délimitation, ils sont soumis au timbre et à l'enregistrement; mais cette formalité est accomplie en débet. — V. Forêts, n° 269.

90. Les patentes étaient autrefois délivrées sur papier au timbre de 1 fr. 25 c. Ce droit de timbre était exigé même pour la patente d'individus exerçant des professions libérales (V. Patente, n° 418). Il est aujourd'hui supprimé ou plutôt remplacé comme celui qui grevait les écritures des commerçants (loi de finances du 4 juin 1858, art. 12). Que décider relativement au certificat délivré pour tenir lieu de la patente perdue? Ce certificat était, sous l'empire de l'ancienne législation, rédigé sur timbre (V. Patente, n° 426). Il l'est par qu'il peut, sous l'empire de la loi nouvelle, être délivré sur papier libre comme la patente de laquelle il tient lieu.

91. Un intérêt politique a fait affranchir du timbre, pendant une période de temps déterminée, les écrits relatifs aux élections générales. Ce temps, fixé d'abord à quarante-cinq jours par l'art. 2 de la loi du 21 avr. 1849, a été réduit à vingt jours par l'art. 10 de la loi du 16 juill. 1850. Dans le principe, l'exemption fut appliquée, en vertu d'une circulaire du 1er mai 1849, tant aux affiches de professions de foi et de demandes de suffrages qu'aux circulaires et autres écrits distribués de la main à la main. Le décret du 17 fév. 1852 qui soumet au timbre les écrits politiques de moins de dix feuilles, a fait remettre en question l'exemption créée par les lois de 1849 et de 1850. Le ministre des finances, par décision du 6 août 1857, s'est prononcé dans le sens du maintien de l'exemption, en ne mentionnant toutefois que les circulaires électorales et les professions de foi distribuées dans l'intérêt des candidats. Cette solution a été étendue aux circulaires des candidats aux fonctions de conseiller général du département, par une décision du 29 janv. 1859 (instr. gén. 14 avr. 1859, n° 2148, § 5 ; D. P. 60. 3. 8). Nous croyons que l'exemption est maintenue aussi bien pour les affiches que pour les circulaires.

Il a été jugé que les réclamations dirigées contre les opérations électorales sont dispensées du timbre tant devant le conseil de préfecture que devant le conseil d'État en cas de recours (cons. d'Et. 10 janv. 1861, D. P. 61. 3. 12).

§ 3. — *Du timbre des polices d'assurances.*

92. Le droit de timbre qui frappait les polices d'assurances était, aux termes de la loi du 9 vend. an 6 et du décret du 3 janv. 1809, le droit de timbre de dimension (V. Assurances, n° 155). Tout en maintenant cet état de choses en principe, la loi du 5 juin 1850 a donné aux compagnies d'assurances la faculté de convertir, au moyen d'un abonnement, le droit de timbre de dimension en une sorte de droit proportionnel. Le prix d'abonnement n'en conserve pas moins le caractère d'équivalent du droit de

dimension, et serait à tort confondu avec le droit proportionnel proprement dit. — Il est de l'intérêt des compagnies de faire usage de la faculté que leur donne la loi de 1850. L'abonnement n'est pas moins favorable au trésor, parce qu'il simplifie le travail de contrôle de l'administration, et permet ainsi de faire cesser les abus que le gouvernement s'était vu forcé de tolérer sous la législation précédente.—Voy. D. P. 50. 4. 120, le n° 36 du rapport de la commission chargée d'examiner la loi de 1850.

Les dispositions de la loi du 5 juin 1850 qui concernent les polices d'assurances, ont été analysées avec détail dans notre Traité de l'enregistrement, n°s 6171 à 6176. Il reste à faire connaître ici la solution de diverses questions qu'a fait naître la mise à exécution de cette loi. — Celles de ces dispositions qui accordent aux compagnies la faculté de s'affranchir de l'obligation de payer le timbre de dimension, et permet ainsi de faire ment, ne concernaient d'abord que les assurances contre l'incendie et les assurances sur la vie. Étendues, lors de la discussion, par l'adoption d'une proposition de M. Sautayra, aux assurances contre la grêle, elles peuvent être également invoquées, aux termes de la loi du 9 mai 1860 (D. P. 60. 4. 47), par les sociétés d'assurances contre la mortalité des bestiaux, la gelée, les inondations et autres risques agricoles, qu'une décision ministérielle, du 17 juin 1851, déclarait non comprises parmi les compagnies d'assurances admises par la loi de 1850 à réclamer le bénéfice de l'abonnement. Par suite, les dispositions des art. 37, 38 et 39 de la loi du 5 juin 1850, concernant 1° le mode de payement du droit de 2 cent. par 1,000 fr., 2° le payement du droit *de timbre de dimension* après la renonciation à un abonnement, 3° l'apposition, sans frais, du timbre d'abonnement sur les polices d'assurances, sont applicables aux compagnies d'assurances désignées dans la loi du 9 mai 1860 (instr. gén., n° 2173).— Mais les assureurs contre les chances du tirage au sort doivent continuer à être exclus du bénéfice de l'abonnement, conformément à une délibération de la régie, des 20-26 déc. 1850.

93. Il y a quelquefois difficulté sur le point de savoir si un contrat consenti en vue de certains risques, présente les caractères d'un contrat d'assurances.— A cet égard, il a été jugé que le contrat d'assurance peut être formé accessoirement à un autre contrat ; qu'ainsi un entrepreneur de transport qui prend à sa charge dans la lettre de voiture les pertes totales ou partielles résultant des cas fortuits ou de force majeure moyennant une prime d'assurance comprise dans le prix de transport, devient un véritable assureur; vainement on objecterait qu'il n'y a là qu'un contrat unique, celui de transport, avec extension des obligations de l'entrepreneur (Rej. 12 août 1856, aff. l'Union riveraine, D. P. 56. 1. 362). — Il résulte de cette interprétation que, lorsque pour faire face aux sinistres ainsi assurés, divers entrepreneurs de transports créent entre eux une bourse commune, ils sont réputés former une société d'assurances assujettie à la déclaration prescrite par l'art. 43 de la loi du 5 juin 1850, sous peine de l'amende de 1,000 fr. prononcée par le même article pour infraction à sa disposition ; et que, si les transports assurés sont des transports sur mer, l'assurance prenant alors le caractère d'assurance maritime, la même déclaration doit, de plus, être faite, sous la même peine, au bureau du siège de chacune des agences de la compagnie de transports, conformément à la loi précitée (même arrêt). — Cette solution, qui concerne surtout les sociétés non admises au bénéfice de l'abonnement, a été transmise aux préposés de l'administration, dans une instruction générale du 19 mai 1857 (n° 2096, § 13).

94. Relativement au mode de calcul de l'abonnement que les compagnies ont la faculté de contracter et qui doit, aux termes de l'art. 37, porter sur le chiffre total des opérations de l'année précédente, M. le ministre des finances avait décidé qu'il n'y a pas lieu de distinguer entre les opérations qui ont pris fin dans le cours de cette année précédente et celles dont l'existence s'est prolongée pendant toute sa durée; que l'art. 37 s'applique donc, quant aux assurances sur la vie, aux versements faits non-seulement pour les assurances souscrites pendant l'année, mais encore à ceux faits en vertu d'assurances antérieures (décis. min. fin. 29 août 1851, D. P. 52. 3. 6). Cette interprétation, vivement combattue par les compagnies d'assurances, a été adoptée par un jugement du tribunal de la Seine du 4 fév. 1852 (aff. Caisse paternelle), puis sanctionnée définitivement par la cour de cassation.—Cette cour a jugé que l'abonnement doit être calculé d'après le chiffre total de l'année précédente, sans distinction entre les opérations terminées dans le cours de cette année et les opérations en cours d'exécution à l'époque de l'abonnement (Req. 23 mai 1853, aff. soc. l'Equitable et Caisse des écoles, D. P. 53. 1. 148; et 2 août 1853, aff. comp. d'ass. la Normandie, D. P. 54. 1. 67).

Le montant des assurances restées à l'état de projet, et pour lesquelles aucune police n'a été rédigée, ne doit pas, en cas d'abonnement, être compris dans les valeurs sur lesquelles doit porter le calcul de la taxe; et dans le cas de changement de police, c'est d'après le chiffre de la nouvelle police que l'abonnement doit être calculé (décis. min. fin. 29 août 1851, D. P. 52. 3. 6).

95. Sur les sommes versées aux compagnies par les assurés, les compagnies accordent ordinairement une remise à leurs agents pour frais de gestion. Suivant la décision ministérielle déjà citée de la même loi. Un représentant, M. Sautayra, voulait qu'on exprimât dans l'art. 33, que le timbre n'atteindrait que les contrats d'assurance souscrits en France. Il lui fut répondu par M. Aubertin, que « la commission avait dû comprendre tous les contrats d'assurance aussi bien ceux souscrits à l'étranger que ceux souscrits en France, par analogie avec les effets de commerce. — Les effets de commerce souscrits à l'étranger et payables en France; ajoutant ce représentant, et ceux souscrits en France et payables à l'étranger, sont soumis au timbre proportionnel comme les effets souscrits et payables en France (art. 3 de la loi). — Et comme l'exécution des contrats d'assurance souscrits à l'étranger par une compagnie française ne peut être poursuivie qu'en France contre la compagnie, il en résulte bien que, par analogie avec les effets de commerce, les contrats d'assurance doivent tous être soumis au timbre (V. l'analyse de la discussion, présentée D. P. 50. 4. 127, note 28). » — Rappelant les observations qui ont fait rejeter la proposition de M. Sautayra, M. le ministre des finances, par sa décision du 29 août 1851 (D. P. 52. 3. 6), a prescrit en conséquence de comprendre dans les valeurs servant de base à l'abonnement, les assurances souscrites en pays étranger par les compagnies dont le siége est en France.—Ici encore, l'interprétation administrative a reçu la consécration de la jurisprudence. Il a été jugé que le montant des assurances faites en pays étranger doit être compris dans le chiffre total des versements ou sommes assurées, sur lequel se calcule le prix de l'abonnement (Rej. 23 janv. 1854, aff. comp. le Phénix, D. P. 54. 1. 65).

On ne peut se dissimuler, toutefois, que l'assujettissement des polices souscrites en pays étranger, à la formalité du timbre français, pourra, dans la pratique, souffrir difficulté, et que peut-être l'espoir d'échapper, dans un grand nombre de cas, à cet impôt, éloignera les compagnies de l'abonnement qui n'est que facultatif. — La réponse à cette objection et la garantie contre ce risque fiscal se trouvent dans la peine que la loi a donnée pour soutien à ses dispositions. L'art. 33 de la loi du 5 juin 1850 prononce une amende de 50 fr. contre l'assureur, sans aucun recours contre l'assuré, le cas où le contrat d'assurance n'est pas rédigé sur papier de timbre; tout contrat pour lequel on essayera à l'étranger de se soustraire au droit de timbre, fera courir le risque de l'amende. Sans doute plus d'une contravention échappera à la loi; elle ne saurait punir que les fraudes dont elle a connaissance; mais chaque fois que l'irrégularité de la police d'assurance se révélera par l'usage qu'il en faudra faire, l'infraction sera punie aussitôt que découverte. Et ce ne sera pas comme au cas de l'art. 13 de la loi du 13 brum.

an 7, le droit simple qui sera perçu : la loi de brumaire, en effet, qui n'exige rien relativement aux actes faits ou passés en pays étranger (V. Enreg., n° 6127), ne commence à leur imposer le droit de timbre qu'au moment où il en est fait usage en France et sans aucune aggravation pénale, car les parties n'étaient pas en faute. La loi nouvelle, au contraire, soumet les polices d'assurance au timbre du moment qu'elles sont souscrites, et quelque part qu'elles le soient, indépendamment de l'usage qui pourra en être fait. Cet usage, s'il a lieu en France, ne constituera pas la contravention, qui déjà était commise au cas où il y a en omission de la formalité; ne fera pas naître l'obligation d'acquitter l'impôt, qui déjà est dû; mais en dénonçant l'infraction, il avertira et donnera les moyens de la punir. La loi n'attend pas le fait de l'usage; la possibilité lui suffit. Elle a pris d'ailleurs certaines précautions pour prévenir la fraude; ainsi, dans l'art. 35, elle exige la tenue d'un répertoire, soumis au visa des préposés de l'enregistrement, sur lequel toutes les assurances sans distinction doivent être inscrites, avec faculté pour les préposés d'exiger la représentation des polices en cours d'exécution.

97. On sait que les compagnies d'assurances sont dans l'usage, pour diminuer leurs risques, de se passer réciproquement une quote-part des assurances par elles contractées, spécialement lorsque la valeur assurée dépasse certaines limites déterminées par leurs statuts ou arrêtées par leur conseil d'administration. Cette opération, appelée réassurance, doit-elle être comprise dans les opérations prises pour base du calcul de l'abonnement? Cela revient à se demander si la réassurance est un véritable contrat d'assurance, et si, en dehors des cas d'abonnement, il serait nécessaire de rédiger la convention sur timbre. — Sur ce point encore, il y a eu discussion et solution législatives. M. Aubertin, répondant à M. Sautayra, qui demandait par amendement l'exemption de timbre pour les réassurances, rappelait que, en votant l'art. 33, l'assemblée législative avait imposé aux compagnies d'assurances l'obligation de rédiger par écrit, sur papier timbré, tous les contrats d'assurances. « Si donc, ajoutait-il, tous les contrats d'assurance doivent être rédigés sur papier timbré, il est dû pour tous un droit de dimension, aussi bien pour les contrats de réassurance que pour les contrats d'assurance, puisque la réassurance n'est qu'un nouveau contrat qui intervient entre d'autres parties que celles qui ont signé le contrat primitif. » M. Sautayra avait objecté que l'opération de réassurance n'était et ne serait jamais constatée par un contrat; qu'elle continuerait à se faire par un échange de bordereaux entre les assureurs en vertu de traités généraux, l'organe de la commission persista dans l'opinion émise. « Tout contrat d'assurance, répliqua-t-il, doit être rédigé sur timbre. Si, comme le prétend M. Sautayra, les conventions de réassurance se font entre les parties sur bordereau, il n'y a pas moins contrat. Il n'y a pas d'acte quant à présent. Eh bien! l'art. 33 oblige les compagnies d'assurance à rédiger dorénavant tous les contrats d'assurance comme de réassurance sur un papier timbré de dimension. Il n'est pas possible de distinguer les contrats de réassurance des contrats d'assurance, car c'est une véritable assurance; seulement les compagnies qui, dans le premier contrat étaient assureurs, deviennent assurées dans le second. C'est un contrat semblable au premier, mais entre d'autres parties » (Voy. D. P. 50. 4. 127, note 31). — Cette solution a été reproduite par le ministre des finances, dans sa décision du 29 août 1851 (D. P. 52. 3. 6). La question ayant été portée devant le tribunal de la Seine, fut résolue dans le même sens par un jugement du 3 août 1852, et, sur pourvoi, par un arrêt de rejet de la chambre civile, du 23 janv. 1854 (aff. comp. le Phénix, D. P. 54. 1. 65). — Il a été fait mention de cette décision dans l'instruction de l'administration du 1er août 1854 (n° 2010, § 11).

98. Dans le cas de réassurance dont on vient de parler, l'abonnement doit-il porter sur les assurances reçues comme sur les assurances cédées, de telle sorte que la même réassurance compte à la fois contre le réassureur et contre le réassuré? — Le jugement précité du tribunal de la Seine paraît résoudre ce point affirmativement. On lit dans ses motifs « qu'il n'y a pas à distinguer, au point de vue du timbre ou de l'abonnement qui remplace le timbre, entre les assurances dites cédées et celles dites *reçues;* la réassurance comprend une assurance cédée et une assurance reçue ; il est dû deux timbres pour chaque réassurance, parce qu'elle est un contrat synallagmatique, et que tout contrat de cette nature doit être passé en deux doubles également sujets au timbre, etc. » — L'arrêt rendu sur le pourvoi, par la cour de cassation, ne paraît pas avoir la même portée. Il décide seulement que, « on doit comprendre dans le calcul des bases de l'abonnement le chiffre de toutes les réassurances *faites* par la compagnie, » c'est-à-dire, si nous le comprenons bien, le chiffre de toutes les sommes prises par la compagnie en réassurance. On ne saurait entendre autrement les art. 33 et 37 de la loi du 5 juin 1850, car c'est à *l'assureur* que s'adressent les prescriptions de la loi et la répression édictée pour le cas de contravention, et c'est aussi sur les versements faits par les assurés que se calcule le prix de l'abonnement.

99. Pour les compagnies dont la prime est unique et ne se proportionne aux risques qu'au moyen d'un exhaussement fictif de la valeur des objets assurés, la valeur ainsi exhaussée doit, suivant l'opinion du ministre des finances, servir de base à la fixation du prix de l'abonnement (décis. du 29 août 1851, D. P. 52. 3. 6).

100. Il va sans dire que l'abonnement ne se calculant que sur les versements faits aux compagnies par les assurés, il n'y a pas lieu de le faire porter sur les arrérages que les compagnies reçoivent par suite de placements sur l'Etat des sommes versées par les assurés ou associés. C'est ce que le ministre des finances a reconnu dans la même décision.

101. Les assurances concernant des individus décédés ou qui ont disparu doivent-elles être distraites des opérations sur le montant desquelles se calcule le prix d'abonnement? Le ministre des finances a résolu cette question négativement (décision déjà citée du 29 août 1851), et cela avec raison, car le contrat n'est pas éteint et son exécution peut être réclamée par les héritiers ou les ayants droit.

102. Pour ce qui concerne les assurances maritimes, on a vu, v° Enregistrem., n° 6175, que, par dérogation à la disposition de l'art. 4 de la loi du 20 juill. 1837 qui exempte du timbre les registres des commerçants, la loi de 1850 soumet au timbre le livre des courtiers. « Ce livre, a dit le rapporteur, est destiné à servir de minute à toutes les opérations faites par le ministère des courtiers, et par conséquent aux contrats d'assurances maritimes. Si l'on maintient l'exemption à l'égard de ce livre, il en résultera que, le plus souvent, les assurances faites par l'entremise des courtiers ne supporteront le droit de timbre que sur le double de la police remise à l'assuré, l'assureur se réservant de recourir au livre du courtier, s'il avait besoin de produire le contrat en justice» (V. D. P. 50. 4. 121, le n° 52 du rapport). C'est pour rétablir l'égalité entre les contractants que le livre des courtiers a été assujetti à la formalité du timbre. Cette décision est fort juste; mais elle engageait, ce semble, le législateur à revenir, en ce qui concerne les courtiers maritimes, sur les dispositions de l'art. 4 de la loi du 20 juill. 1837, qui impose aux commerçants, pour prix de l'exemption de timbre relative à leurs livres de commerce, un impôt de 3 centimes additionnels au principal de la patente.

Art. 2. — *Du timbre proportionnel.*

103. Il a été traité, sous l'intitulé que nous reproduisons ici, v° Enregistrem., n°s 6268 à 6315, des principes relatifs à la perception des droits de timbre proportionnel : 1° sur les obligations non négociables et les mandats à terme ou de place en place; 2° sur les effets de commerce; 3° sur les actions industrielles; 4° sur les obligations négociables des départements, communes, établissements publics et compagnies. Quelques explications complémentaires suffiront pour mettre cette partie de notre premier travail au courant de la législation et de la jurisprudence.

§ 1. — *Du timbre des obligations non négociables.*

104. La loi du 5 juin 1850 est-elle applicable aux billets et obligations non négociables? — Nous avons rappelé, v° En-

registrement, n° 6269, que, dans la pensée de la commission, la loi de 1850 ne concernait pas le timbre des obligations *civiles,* à l'égard desquelles subsistait la législation existante. L'administration des finances, se fondant sur le silence gardé par le législateur, exprima l'avis que cette loi ne concernait pas les billets ou obligations non négociables (instr. 18 juin 1851, D. P. 51. 3. 13). Cette interprétation ayant soulevé de nombreuses difficultés, la question fut examinée de nouveau, et le ministre des finances, prenant en considération l'assimilation que l'art. 6 de la loi du 6 prair. an 7 ~vait établie entre les billets et obligations non négociables et ~ effets de commerce, assimilation que la loi du 5 juin 1850 n'abrogeait point d'une manière formelle, décida que les billets et obligations non négociables et les mandats à terme ou de place en place sont soumis, comme les effets de commerce et les billets négociables, au droit de timbre proportionnel établi par la loi du 5 juin 1850 (décis. min. fin. 29 mai 1859, D. P. 59. 3. 72). Cette solution ayant été précédemment adoptée par le ministre pour un cas particulier indiqué à la fin du numéro qui suit. — Il résulte, notamment, de la décision ci-dessus analysée, du 29 mai 1859, que les coupons de 5, de 10 et de 20 centimes peuvent être employés pour les billets et obligations non négociables de 100 fr. et au-dessous, pour ceux au-dessus de 100 fr. jusqu'à 200 fr., et pour ceux au-dessus de 300 fr. jusqu'à 400 fr. (instr. n° 2152, du 17 juin 1859).

105. Il ne faut pas comprendre, avons-nous dit, v° Enregistrem., n° 6273, parmi les obligations non négociables que le souscripteur doit rédiger sur un timbre proportionnel, les actes désignés dans la pratique sous le nom d'obligations notariées; ces actes sont écrits, comme tous les actes authentiques, sur du timbre de dimension. De là il résulte qu'un acte unilatéral doit, suivant les circonstances, être écrit sur un timbre de dimension ou sur un timbre proportionnel. Cela a été reconnu notamment pour les actes constatant des prêts à la grosse aventure, lesquels sont passés tantôt dans une forme, tantôt dans une autre. Le ministre des finances, ayant été consulté sur les règles à appliquer à ces actes, répondit par les distinctions suivantes: — 1° Lorsque le contrat de prêt à la grosse aventure a été passé devant un notaire ou un chancelier de consulat à l'étranger, il est assujetti, qu'il soit à ordre ou non, au droit de timbre de dimension, conformément à l'art. 12, n° 1, de la loi du 13 brum. an 7 ; — 2° S'il a été fait sous signature privée et qu'il contienne des conventions synallagmatiques, il est également passible du droit de timbre de dimension, d'après les motifs de la solution du 10-14 mai 1831 (inst. 1381, § 11); — 3° Enfin, le contrat à la grosse aventure donne ouverture au droit de timbre proportionnel lorsqu'il a le caractère unilatéral, qu'il soit ou non négociable, aux termes tant de l'art. 6 de la loi du 6 prair. an 7 que de l'art. 1 de la loi du 5 juin 1850 (décis. min. fin. 24 oct. 1857; instr. gén., n° 2123, du 11 juin 1858, § 3).

§ 2. — *Du timbre des effets de commerce.*

106. Nous n'avons pas à revenir sur ce qui a été relativement à la législation régissant le timbre des effets de commerce, v° Effets de commerce, n° 42, et Enregistrem., n° 6280 à 6313. — Les principes de la matière étant connus, nous pouvons nous demander si les billets simples entre commerçants tombent sous l'application des dispositions de la loi du 5 juin 1850 concernant les effets de commerce. La question présentait de l'intérêt avant la dernière jurisprudence qui s'est établie relativement aux effets non négociables, car si le caractère d'effet de commerce devait être refusé aux billets simples entre commerçants, le souscripteur de billets de ce genre ne pouvait, sans contravention, se servir des papiers au timbre de 10, 15 ou 20 cent. créés par la loi de 1850 en faveur des effets de peu de valeur. Elle avait été résolue par l'administration des finances dans le sens de l'application de la loi de 1850, par le motif que l'art. 632 c. com. répute actes de commerce non-seulement les billets à ordre et les lettres de change, mais encore toutes les obligations entre négociants (délib. de la régie du 9 sept. 1851, aff. Baudin).—Mais en dehors de ce cas l'administration était en droit de contester aux souscripteurs de billets simples le droit de faire usage des nouveaux timbres modiques, établis pour la souscription des effets

:nférieurs à 500 fr. (V. le journal de l'enregistrem., art. 16559). C'est pour mettre fin aux difficultés que ces distinctions faisaient naître dans la pratique que le ministre des finances a pris la décision du 29 mai 1859, rappelée *suprà* n° 104, qui considère les obligations non négociables comme étant soumises relativement au timbre, aux mêmes dispositions que les effets de commerce.

107. Un changement de législation fort important s'est produit, en matière de timbre des effets de commerce, relativement aux effets venant de l'étranger, ou des colonies dans lesquelles le timbre n'est pas encore établi. L'impôt était acquitté, sous l'empire des lois du 13 brum. an 7 et du 5 juin 1850, comme pour les actes ordinaires de même provenance dont il était fait usage en France, au moyen d'un visa pour timbre donnant lieu à la perception du droit avant toute négociation en France, acceptation ou payement. — Les dispositions édictées à cet égard, dont nous avons rendu compte v° Enregistrem., n° 6287, sont remplacées par des dispositions nouvelles autorisant l'acquittement du droit de timbre au moyen de l'apposition sur les effets de la provenance sus-indiquée, d'un timbre mobile que l'administration de l'enregistrement est autorisé à vendre et à faire vendre (art. 19 de la loi de fin. du 24 mai 1859, D. P. 59. 4. 34). C'est l'usage des timbres-postes qui a suggéré l'idée des timbres mobiles, idée admise par plusieurs nations avant d'avoir été introduite en France.

108. Le timbre mobile est exclusivement relatif aux effets anciennement soumis au visa pour timbre. La formalité du visa pour timbre est même maintenue pour les effets de plus de 20,000 fr., pour lesquels le droit de timbre est de 50 cent. par 1,000 fr., conformément aux art. 10 et 11 de la loi du 13 brum. an 7 (décr. 18 janv. 1860, art. 2). Le prix des timbres mobiles est le même que celui des papiers d'un timbre proportionnel dont il remplace l'usage (V. l'art. 1 du même décr., et Enregist., n° 6281). — Comme garantie contre la fraude le décret déjà cité, qui règle l'emploi des timbres mobiles, dispose : « Le timbre mobile sera apposé, sur les effets pour lesquels l'emploi en est autorisé, avant tout usage de ces effets en France. — Il sera collé sur l'effet, savoir : avant les endossements, si l'effet n'a pas encore été négocié, et, s'il y a eu négociation, immédiatement après le dernier endossement souscrit en pays étranger. — Le signataire de l'acceptation, de l'aval, de l'endossement et de l'acquit, après avoir apposé le timbre, l'annulera immédiatement, en y inscrivant la date de l'apposition et sa signature » (art. 3). A défaut d'observation des dispositions qui précèdent, l'effet revêtu d'un timbre mobile, est réputé non timbré et il y a lieu à l'application des dispositions répressives des contraventions commises en matière de timbre (L. 11 juin 1859, art. 20).

109. Le timbre étant établi en Algérie et à l'île de la Réunion, les effets en provenant ne sont pas compris parmi ceux pour lesquels il est permis d'acquitter le droit proportionnel au moyen d'un timbre mobile. A défaut de rédaction sur un papier du timbre prescrit, ces effets sont soumis au visa pour timbre et les droits sont perçus avec les amendes, selon les règles tracées par l'administration dans l'instruction n° 1754 (Instr. 3 août 1860, n° 2176).

§ 3. — *Du timbre des actions et des obligations des sociétés industrielles.*

110. Nous devons renvoyer d'abord à ce qui a été dit sur cette matière v° Enregistrem., n°s 6302 à 6312. — Le droit de timbre établi sur les actions industrielles par la loi du 5 juin 1850, n'a reçu aucune atteinte de la création du droit spécial de transmission qui est venu postérieurement frapper la circulation des mêmes titres. — V. Transmission (droit de).

111. La loi du 5 juin 1850 ne s'expliquait sur les actions des sociétés étrangères. Cette lacune a été réparée dans la loi de finances du 23 juin 1857, dont les art. 6 et suiv. frappent d'un droit nouveau, dit *de transmission*, les cessions d'actions dans les sociétés financières ou industrielles. « Les actions et obligations émises par les sociétés, compagnies ou entreprises étrangères, porte l'art. 9 de cette loi, sont soumises en France à des droits équivalents à ceux qui sont établis par la présente loi et par celle du 5 juin 1850 sur les valeurs françaises ; elles ne

pourront être cotées et négociées en France qu'en se soumettant à l'acquittement de ces droits. » — Aux termes de l'art. 11 du décret d'administration publique, du 17 juill. 1857, qui a été pris pour l'exécution de la loi précitée, le droit de timbre auquel sont assujetties les actions et obligations émises par les sociétés françaises, doit être acquitté par les sociétés étrangères dont les titres sont cotés en France. Pour être admises à faire coter leurs titres en France, ces sociétés sont tenues d'avoir en France un représentant responsable agréé par le ministre des finances ; elles font une déclaration du nombre de leurs actions et obligations qui doit servir de base à l'impôt. Le droit assis sur la quotité du capital déclaré, est payé suivant le mode prescrit par les art. 22 et 31 de la loi du 5 juin 1850. Un avis officiel inséré au Moniteur, équivaut à l'apposition du timbre.

112. Dans les sociétés qui admettent le titre au porteur, le propriétaire d'actions et d'obligations a toujours la faculté de convertir ces titres au porteur en titres nominatifs, et réciproquement. Les nouveaux titres sont soumis au timbre ; cela résulte implicitement d'une décision du ministre des finances du 29 août 1857, portant qu'aucun droit de timbre ne sera exigé pour la conversion, dans les trois mois accordés par la loi du 23 juin 1857, des titres au porteur sur lesquels le droit de 5 cent. par 100 fr. a été perçu conformément aux art. 20, 21 et 30 de la loi du 5 juin 1850 (instr. 2 sept. 1857, n° 2106, § 4).

113. Le renouvellement des titres des actions émises avant le 1er janv. 1851 sur papier non timbré, n'est assujetti qu'au droit de timbre de 5 cent. par 100 fr. (L. 5 juin 1850, art. 20). Il a été jugé à cet égard aucune différence ne doit être établie entre les obligations négociables et les actions (trib. civ. de la Seine 24 déc. 1859, aff. comp. chem. de l'Ouest, D. P. 60. 3. 32).

114. Le titre ou certificat d'action, délivré par suite de transfert ou de renouvellement, doit être timbré à l'extraordinaire ou visé pour timbre gratis, si le titre ou certificat primitif a été timbré (art. 17 de la loi du 5 juin 1850). Conformément à cette disposition, il a été admis par le ministre des finances qu'il n'est dû aucun droit de timbre pour les certificats *nominatifs* délivrés par les compagnies en représentations d'actions ou obligations déjà soumises au même impôt (décis. du 26 sept. 1857; instr. du 28 même mois, n° 2107).

115. La conversion d'une société en commandite en société anonyme donne-t-elle lieu, lorsque les actions anciennes sont échangées contre des nouvelles, à la perception d'un nouveau droit de timbre? Les rédacteurs du Journal de l'enregistrement, art. 16672, se prononcent pour l'affirmative et invoquent à l'appui une solution de l'administration du 24 sept. 1853 ; mais le motif sur lesquels ils se fondent, à savoir qu'il n'y aurait aucune relation légale entre la société anonyme et la société primitive, ne paraît pas tout à fait à l'abri de critiques.—Dans tous les cas, lorsqu'une société formée pour une période de temps déterminée est renouvelée au bout de ce temps, la loi de 1850 exige que les certificats d'actions soient de nouveau soumis à la formalité du timbre, à moins que la société n'ait contracté un abonnement qui, dans ce cas, se trouve prorogé pour la nouvelle durée de la société (art. 26).

116. Une des dispositions les plus remarquables de la loi de 1850 en matière de timbre des actions industrielles, c'est, on l'a vu, celle qui accorde aux compagnies la faculté de l'abonnement. Des difficultés s'étant élevées au sujet de l'exercice de cette faculté quant aux actions créées avant la loi de 1850, il a été jugé : 1° que la faculté d'abonnement établie par l'art. 31 de la loi du 5 juin 1850, qui soumet au droit proportionnel de 1 p. 100 les titres d'actions et d'obligations des compagnies industrielles, souscrits à compter du 1er janv. 1851, peut être exercée même pour des titres antérieurs à cette loi, et non encore présentés au timbre à l'époque de sa promulgation (Rej. 27 juill. 1858, aff. Chagot, D. P. 58. 1. 306) ; — 2° Que l'abonnement, en ce cas, affranchit les renouvellements ou cessions de ces derniers titres, comme il le ferait à l'égard des titres postérieurs à la loi de 1850, des droits de timbre et d'enregistrement qui antérieurement frappait ces renouvellements ou cessions, et auxquels le nouveau timbre proportionnel a été substitué ; et, par suite, que la nullité de cet abonnement ne peut être demandée pour cause d'erreur, sous prétexte qu'appliqué à des titres antérieurs à la loi de 1850, il aurait pour résultat de les frapper plusieurs fois du droit de timbre dû pour ces titres en vertu des lois existantes lors de leur souscription, l'élévation du droit nouveau étant compensée par l'exonération des droits de timbre et d'enregistrement auxquels les titres dont il s'agit fussent demeurés soumis sans l'abonnement (même arrêt).

117. L'administration est-elle tenue d'accorder le bénéfice de l'abonnement aux sociétés qui ne sont pas régulièrement constituées? — Cette question est résolue affirmativement par les rédacteurs du Journal de l'enregistrement, art. 16030. « L'administration, qui est un tiers, peut, disent-ils, ne contracter avec une société prétendue qu'autant que cette société existe réellement et légalement. Elle peut donc refuser l'abonnement lorsque, conformément aux art. 1834 c. nap., 37 et 39 c. com., la société n'est pas constatée par acte public ou sous seing privé, que l'autorisation, quand il s'agit d'une société anonyme, n'a pas été accordée. Mais l'abonnement ne peut être refusé aux sociétés d'assurances, lors même qu'elles ne seraient pas légalement autorisées ou constituées. L'art. 37 de la loi du 5 juin 1850 accorde le bénéfice de l'abonnement, non-seulement aux sociétés, comme l'art. 22, mais à tout assureur. Toute personne, avant de commencer des opérations d'assurances, peut donc exiger l'abonnement. L'administration, ajoutent-ils, paraît avoir adopté ces principes dans une solution du 5 mai 1851, relative à l'abonnement réclamé par des sociétés pour le timbre des actions, ainsi qu'à l'abonnement réclamé pour le timbre des polices d'assurances. » — En l'absence d'une disposition expresse, l'opinion ci-dessus reproduite des rédacteurs du Journal de l'enregistrement, était assurément fort délicate. Dans l'état actuel de la législation, elle nous paraît devoir être complétement abandonnée. La loi du 17 juill. 1856 a fixé les conditions de l'existence des sociétés en commandite par actions, de manière à rendre impossibles les sociétés apparentes dont se préoccupaient les rédacteurs du recueil précité, et elle a édicté une répression sévère contre toute émission d'actions antérieures à l'accomplissement des conditions prescrites (V. Société, n° 1174 et suiv.). L'administration ne peut donc plus avoir à traiter qu'avec des sociétés régulières, et ce serait, non plus par un refus d'abonnement, mais par des poursuites, qu'il faudrait répondre aux compagnies qui réclameraient pour leurs actions le bénéfice de la loi de 1850, avant d'être régulièrement constituées.

118. Relativement au point de savoir à partir de quel moment est dû le droit d'abonnement que doit acquitter une société anonyme en vue d'exonérer ses actions, il a été jugé que, pour les actions créées au moment où la société a été autorisée, c'est à partir du décret d'autorisation, tandis que, pour les actions créées postérieurement, c'est à partir du décret qui en a permis l'émission (trib. de la Seine, 12 août 1859, aff. docks du Havre, D. P. 61. 3. 24). La société n'est donc pas fondée à se prévaloir, pour ne payer ce droit qu'à partir de sa déclaration d'abonnement, de ce que, jusqu'à ce moment, elle aurait délivré à ses actionnaires, non des actions, mais seulement des récépissés provisoires, alors d'ailleurs que ces récépissés, rédigés sur papier non timbrés, sont productifs d'intérêts.

119. Lorsqu'une société qui a contracté un abonnement pour le timbre des actions par elle émises, réduit ultérieurement son capital social et annule par suite un certain nombre de titres déjà émis, cette réduction ne lui donne pas le droit de demander que l'abonnement déjà liquidé soit réduit à un prix calculé sur le capital des seules actions conservées (trib. civ. de la Seine, 14 janv. 1860, aff. comp. l'Union des gaz, D. P. 61. 3. 24). Une opinion contraire est exprimée par les rédacteurs du Contrôleur de l'enregistrement (1860, art. 11708).

120. L'art. 24 de la loi du 5 juin 1850, dispense les sociétés par actions du payement des droits de timbre exigibles sur les actions de ces sociétés, lorsque, postérieurement à leur abonnement pour le payement de ces droits, elles justifient n'avoir, pendant les deux dernières années, opéré aucune répartition de dividendes ou intérêts, et tant que dure cette impossibilité de répartition.—Cette disposition de faveur, a-t-il été jugé, ne peut être invoquée par la société qui, malgré son état de gène, a payé des intérêts pendant les deux années précédant sa demande, fût-ce même aux dépens de son capital social (trib. de la Seine, 14 janv. 1860, aff. comp. l'Union des gaz, D. P. 61. 3. 24).

121. Le défaut de distribution de dividendes ou intérêts pendant deux ans, ne fait cesser que pour l'avenir l'obligation d'acquitter le prix de l'abonnement contracté. Mais quant aux droits d'abonnement dus pendant les deux premières années infructueuses, le payement ne peut en être refusé par l'entreprise (Req. 21 déc. 1857, aff. soc. de Leyselle, D. P. 58. 1. 301; Conf. trib. de la Seine, 5 mai 1860, aff. Boutroux).—La mise en liquidation elle-même ne fait pas cesser pour une société l'obligation d'acquitter les termes de la taxe échues jusqu'à la mise en liquidation, si à ce moment il ne s'est pas encore écoulé deux années depuis la cessation des distributions de dividendes ou d'intérêts (trib. de la Seine, 13 août 1858, aff. comptoir du clergé, D. P. 59. 3. 24).

§ 4. — Du timbre des obligations négociables des départements, etc.

122. Nous devons ajouter ici un renseignement à ceux déjà donnés sur le même sujet v° Enreg., n° 6313 à 6315. — Les coupons souscrits pour les intérêts d'un emprunt départemental, sont, comme les obligations principales dont ils sont distincts, assujettis au droit proportionnel de 1 p. 100, s'ils contiennent la mention qu'ils sont payables au créancier ou à son ordre, et ont suivi la forme d'une obligation négociable (instr. gén. 13 juin 1854, n° 2003, § 7, D. P. 55. 3. 45). Mais il y a faculté pour le département, de contracter avec l'Etat, relativement à ces coupons d'intérêts, aussi bien que relativement aux obligations représentatives des capitaux, l'abonnement autorisé par l'art. 31 de la loi du 5 juin 1850 (même instruction).

Art. 3. — Du timbre des journaux et des annonces.

123. Les dispositions qui régissent le timbre des journaux et des écrits non périodiques, ont été exposées v° Presse, n° 382 et suiv. L'application de ces dispositions aux pays annexés de la Savoie et de Nice, a été ordonnée, à partir du 1er janv. 1861, par un décret du 2 juill. 1860 (D. P. 60. 4. 145). L'administration a été d'avis que l'exemption de timbre maintenue dans ces pays au profit des journaux jusqu'au 1er janv. 1861, en autorisait leur circulation dans toute la France sans l'acquittement d'aucun droit de timbre (instr. 4 août 1860, n° 2177).

124. Le décr. du 17 fév. 1852 a fixé le droit de timbre de dimension des journaux, d'après une étendue maximum de 72 centimètres carrés. Au delà, il exige un droit supplémentaire. La loi précédente du 16 juill. 1850 se taxait au contraire sur le cas d'emploi, pour un journal, de feuilles excédant la dimension de 72 centimètres. L'administration, raisonnant par analogie, avait pensé que, même sous l'empire de cette loi, elle pouvait réclamer pour l'excédant de dimension un droit supplémentaire; relevant donc rétroactivement les contraventions qui lui paraissaient avoir été commises par le fait du non-acquittement du droit supplémentaire, elle avait intenté une action en payement de ce droit. Mais la cour de cassation a jugé que l'art. 12 de la loi du 16 juill. 1850, qui soumettait à un droit de timbre de 4 à 5 c. par feuille, les journaux et autres écrits périodiques ayant moins de cinq feuilles de 50 à 72 décimètres carrés, ne frappait d'aucun droit la partie de la feuille qui excéderait 72 décimètres; que, par suite, n'était passible que d'un seul droit de timbre et non de deux droits, le journal périodique publié sur une feuille de dimension supérieure à 72 décimètres, et alternant, par exemple, 83 ou 144 décimètres (Civ. cass. 16 janv. 1854, aff. journ. l'Illustr., D. P. 54. 1. 349 ; et sur renvoi, trib. de Versailles, 20 juill. 1854 ; Civ. cass. 25 août 1854, aff. journ. la Semaine, D. P. 58. 1. 352).

125. Un sénatus-consulte des 2-4 fév. 1861, ayant ordonné pour l'avenir la publication d'un compte rendu sténographique officiel des séances du sénat et du corps législatif, et reconnu aux journaux la faculté de reproduire ces comptes rendus ou seulement la partie relative à un objet déterminé, le gouvernement a présenté un projet de loi tendant à affranchir du timbre les suppléments que les journaux affecteraient à cette repro-duction; ce projet vient d'être voté par le corps législatif dans la séance du 17 avr. 1861 (Voy. D. P. 61, 4° partie).

126. Les écrits périodiques consacrés aux lettres, aux scien-ces, aux arts et à l'agriculture, sont exemptés du timbre (V. Presse, n° 387). — Il a été décidé : 1° que dans l'expression *lettres* il faut comprendre non-seulement les belles-lettres, mais toute œuvre d'esprit, soit d'imagination, soit d'observation mo-rale, critique ou satirique, que la forme en soit sérieuse, lé-gère ou même burlesque (Civ. cass. 21 mars 1854, aff. Journal pour rire, D. P. 54. 1. 240); — 2° Mais que les journaux qui traitent des modes et de la confection des vêtements ne sont pas des publications artistiques; qu'au surplus, à supposer qu'ils puissent être considérés comme publications artistiques lorsqu'ils se bornent à traiter de notions théoriques et générales, ils doi-vent être soumis au timbre s'ils renferment des réclames en faveur d'établissements particuliers de modes et de confection, désignés par des noms et des adresses (trib. de la Seine, 11 juin 1859, aff. le Parisien et autres journaux, D. P. 59. 3. 80).

127. Pour conserver le bénéfice de l'exemption de timbre, les journaux consacrés aux lettres, aux sciences, aux arts ou à l'agriculture ne doivent faire aucune incursion dans le domaine des matières politiques ou d'économie sociale (décr. 28 mars 1852, art. 2); une seule contravention, suivant une jurispru-dence dont nous avons désapprouvé la rigueur, entraînerait for-cément leur suppression (V. Presse, n° 405).

128. La portée des expressions *matières politiques et d'é-conomie sociale*, a été indiquée v° Presse, n° 267 et suiv., lors-qu'il a été traité de l'application des dispositions soumettant à une autorisation préalable et au versement d'un cautionnement, la publication des écrits périodiques traitant de ces matières. — Il a été décidé depuis, 1° qu'on doit y comprendre tout ce qui, dans l'industrie ou le commerce, se rattache aux intérêts géné-raux des populations; que c'est traiter de telles matières que de comparer une industrie à une autre pour préciser leurs condi-tions d'existence, rechercher leurs avantages, leurs inconvé-nients, signaler leur antagonisme et indiquer les réformes à l'aide desquelles on pourrait rétablir entre elles un équilibre qui parait troublé (Amiens, 30 avr. 1858, aff. Revue du Nord, D. P. 58. 2. 203); —2° Qu'on doit considérer comme article politique, l'article dans lequel, sous prétexte d'examiner une question de droit, le rédacteur entreprend la discussion ou la critique des actes et des procédés de l'administration, et par exemple se livre à l'appréciation soit de l'usage fait par les préfets des droits qui leur ont été conférés pour la désignation des journaux dans les-quels seront publiées les annonces judiciaires, soit du taux légal des tarifs arrêtés par ces fonctionnaires relativement à cet objet (Crim. cass. 11 août 1860, aff. Chevalier, D. P. 60. 1. 420).

129. Dans ces matières, il faut encore comprendre le compte rendu de débats judiciaires dans lesquels ont été soulevées et discutées des questions politiques ou d'économie sociale (Crim. rej. 30 avr. 1859, aff. journ. l'Audience, D. P. 59. 1. 283). Faut-il y ranger également les articles consacrés à l'examen de questions d'économie politique? Oui, si on s'en tient à la quali-fication de *politique* donnée ici à une branche des sciences éco-nomiques; non, si on restitue à celle-ci la qualification qui peut seule la définir exactement (D. P. 58. 2. 203). La question a été résolue dans le premier sens par un arrêt dont il a été rendu compte v° Presse, n° 267.

130. Les journaux consacrés aux lettres, aux sciences, aux arts et à l'agriculture doivent également s'abstenir de la publi-cation d'articles relatifs au commerce, à l'industrie et autres matières non exemptées du timbre. Dans ces matières on com-prenait, avant la loi du 23 juin 1857, les annonces industrielles ou commerciales; sur le point de savoir s'il doit en être de même depuis cette loi, V. infrà, n° 137. Un journal littéraire peut-il accidentellement publier des annonces, en soumettant au timbre le numéro qui les renferme? Un jugement du tribunal de la Seine, du 9 mai 1855 (aff. le Figaro, D. P. 55. 3. 92), avait ré-solu cette question d'une manière affirmative et nous avions ap-prouvé sa solution. Mais, sur le pourvoi de l'administration, la cour de cassation s'est prononcée en sens contraire (Cass. 14 déc. 1857, même affaire, D. P. 58. 1. 89). Ainsi, il est indis-

pensable que le journal fasse timbrer tous ses numéros. Mais lorsque le journal a deux éditions et ne publie des annonces commerciales que dans l'une d'elles, l'obligation du timbre n'existe que pour celle qui renferme de telles annonces (trib. de la Seine, 3 fév. 1860, aff. journ. le Figaro et la Gazette de Paris, D. P. 61. 3. 23).

131. Les écrits non périodiques qui, dans une étendue moindre de dix feuilles, traitent de matière politique ou d'éco-nomie sociale, sont soumis au timbre (V. Presse, n° 395). Il a été décidé que la dérogation à l'obligation du timbre établie en faveur des mandements épiscopaux, ne peut être invoquée que pour les mandements et lettres épiscopales imprimés dans le format ordinaire, et destinés à être affichés ou lus en chaire, mais non pour les lettres ou mandements imprimés en forme de brochures destinés à la librairie et à la circulation générale; la publication des écrits épiscopaux de cette dernière sorte reste soumise à toutes les dispositions qui régissent la presse, et peut être conséquemment poursuivie pour contravention aux lois sur le timbre, lorsqu'il y est traité, en une étendue inférieure à dix feuilles, de matières politiques ou d'économie sociale (circ. min. intér. 10 nov. 1860, et circ. min. des cultes 2 janv. 1861, D. P. 61. 3. 7).

132. Les gravures et lithographies politiques sont soumises au timbre (décr. 17 fév. 1852, art. 6); mais les autres en sont exemptes, dans le cas même où elles sont destinées à des profes-sions commerciales et comprennent par exemple des patrons des-tinés aux tailleurs, couturières, modistes, lingères, etc. Il a été jugé, à ce sujet, que l'accompagnement de légendes indicatives ne transforme pas un recueil périodique de patrons de ce genre en journal commercial assujetti au timbre (Civ. cass. 5 juill. 1854, aff. Picard, D. P. 54. 1, 226).

133. Les avis imprimés étaient soumis au droit de timbre. La législation qui les régissait a été exposée en partie, v° En-registrem., n° 6189 et 6190. Aux indications données *loc. cit.*, il convient d'ajouter qu'une exemption des droits de timbre avait été établie 1° au profit des annonces de librairie (L. 25 mars 1817, art. 76); 2° au profit des annonces et catalogues d'ob-jets relatifs aux sciences et aux arts (L. 15 mai 1818, art. 85).

134. Sous l'empire de cette législation on considérait comme soumis au timbre, au même titre que l'avis mis en circulation par celui dont il concerne l'industrie sur les affaires, la recom-mandation désintéressée émanée d'un tiers et consignée notam-ment dans les mentions d'un catalogue (trib. de la Seine, 16 fév. 1854, aff. Lemichez, D. P. 54. 3. 70), et les documents joints à un avis imprimé (trib. de la Seine, 15 fév. 1854, aff. Labelonye, D. P. 54. 3. 40). — En revanche l'exemption relative aux an-nonces, prospectus et catalogues d'objets relatifs aux arts et aux sciences était déclarée applicable non pas seulement à l'annonce faite dans le but élevé d'encourager les arts et les sciences, mais aussi à l'annonce ayant un caractère purement mercantile (trib. de la Seine, 26 juill. 1854, aff. Gambaro, D. P. 54. 3. 70).

135. La perception d'un droit de timbre sur les avis im-primés qui se distribuent de diverses manières donnait lieu dans la pratique à une foule de difficultés et aussi à un grand nombre de fraudes. — L'annonce se glissait à chaque instant, à l'insu de l'imprimeur et même sans intention délictueuse de la part de l'auteur, dans les énonciations ou les notes d'un livre; elle pre-nait, dans le cas de mauvaise foi, les formes les plus détournées. De là des occasions nombreuses de procès. En regard de ces in-convénients il s'en présentait d'autres non moins sérieux. Le com-merce vit de publicité; frapper l'annonce d'un droit de timbre, c'était prélever sur un objet de première nécessité pour lui un impôt beaucoup trop lourd; c'était, sans qu'on eût l'excuse de venir en aide à d'autres intérêts, entraver les relations du producteur et du consommateur. Les raisons exposées dans une pétition adressée au sénat par des commerçants de Paris, déterminèrent le gouvernement à proposer la suppression de tout droit de timbre sur les avis imprimés livrés à la circulation. Telle fut l'origine de la disposition insérée dans l'art. 12 de la loi du 23 juin 1857 (D. P. 57. 4. 91), qui abroge l'art. 1 de la loi du 6 prair. an 7. La suppression du droit de timbre, d'ailleurs, ne devait pas être sans compensation pour le trésor; le rapporteur de la loi fit très-justement remarquer, à ce propos, que la distribution considérable d'avis commerciaux qui se ferait dorénavant par la voie de la poste, augmenterait beaucoup la recette des droits perçus pour le transport des imprimés.

136. Le bénéfice de la suppression du droit de timbre est acquis, avant tout, aux avis imprimés sur des feuilles détachées et distribuées par la poste ou de la main à la main. Les droits de transport par la poste ont été combinés de manière à en favoriser la circulation, et l'administration a créé à cet effet des timbres d'affranchissement au prix de 1 centime. — Mais les avis détachés ne sont pas les seuls auxquels profite la suppression du droit de timbre. Il était admis avant la loi du 23 juin 1857 que l'obligation du timbre atteignait les avis ou annonces imprimés soit à l'intérieur et dans les notes d'un livre (trib. de la Seine 16 fév. 1854, aff. Lemichez, D. P. 54. 3. 70), soit sur la couverture de ce livre (trib. de la Seine, 23 juin 1853, aff. Bescherelle, D. P. 54. 3. 40). — Sous l'empire de la loi de 1857 ces avis ou annonces doivent être réputés exempts de timbre comme ceux imprimés sur feuilles détachées.

137. La suppression du droit de timbre profite-t-elle également aux avis ou annonces insérés dans les journaux? Cette question a donné lieu à une très-vive controverse; elle se posait d'ailleurs en face d'intérêts opposés. L'annonce est pour la presse une source de profits d'une telle importance, que sans elle l'existence de certaines publications serait impossible. Les journaux imprimés sur timbre étaient, avant la loi de 1857, en possession en quelque sorte exclusive du droit de publier les annonces industrielles; c'était pour eux une compensation à l'impôt assez onéreux qu'ils supportent. Si la loi de 1857 était considérée comme autorisant la publication des annonces industrielles même dans les journaux publiés sans timbre, la compensation acquise jusque-là leur échappait en grande partie et la charge de l'impôt se trouvait pour eux tellement aggravée, qu'il eût été difficile de maintenir à leur égard le chiffre des droits édictés par le décret du 17 fév. 1852. L'intérêt de la presse politique et commerciale et celui non moins important du trésor, se trouvaient donc en opposition avec l'intérêt des journaux dispensés du timbre et l'intérêt du commerce, ce dernier réclamant pour l'exemption accordée aux annonces une application aussi large que possible.

Deux systèmes, également absolus, ne tardèrent pas à se produire sur cette question. — Le premier, favorable à l'extension de l'exemption, affirma que la loi du 23 juin 1857, en supprimant le droit de timbre sur les avis imprimés qui circulent *de quelque manière que ce soit*, autorisait soit la création de journaux d'annonces non soumis au timbre, soit l'insertion d'annonces dans les journaux dispensés du timbre à raison de la nature des matières formant l'objet principal de leur publication. Dans les journaux de cette sorte, disait-on, les deux éléments réunis, à savoir les articles et les annonces, sont couverts séparément par une exemption qui leur est spéciale. Comment l'impôt pourrait-il naître de la combinaison des deux exemptions? (V. MM. Garnier, Répert. périod. de l'enreg., art. 960; Chauveau, Journ. de dr. admin., ann. 1858).

Le second système affirma, au contraire, que la loi de prairial an 7 qui a établi le timbre des annonces et la loi du 23 juin 1857 qui l'a supprimé ne concernent, l'une et l'autre, que les avis imprimés sur feuilles détachées, et destinés à être distribués par la poste ou de la main à la main, mais nullement les annonces publiées dans les écrits périodiques. D'après ce système les annonces de librairie et les annonces concernant des objets relatifs aux sciences et aux arts, ne profitent elles-mêmes soit de l'exemption de timbre édictée en 1817 et en 1818, soit de celle plus générale édictée en 1857, qu'autant qu'elles sont publiées sur feuilles détachées comme les adresses et les avis concernant les changements de domicile. Cela résulte de ce que les dispositions qui régissaient la matière avaient précisé, dans les cas où le droit de timbre devait être perçu, la dimension du papier dont l'emploi était autorisé pour la publication des avis et annonces. — De ce qui précède on concluait que, dans les journaux, ce n'est pas comme avis imprimés que les annonces pourraient être exemptées du timbre, mais comme *écrits* relatifs aux lettres, aux sciences et aux arts. Or la qualification d'écrits, ajoutait-on, ne peut pas évidemment leur être appliquée.

Devant les tribunaux, la question a été soulevée en premier lieu à propos des journaux d'annonces. Il a été jugé qu'un journal composé exclusivement d'avis commerciaux, tels que les indications concernant le service des chemins de fer et des autres voies de transport, et en outre d'un grand nombre d'annonces industrielles, rentre dans la classe des écrits périodiques soumis au timbre par l'art. 6 du décr. du 17 fév. 1852, lequel ne distingue pas si le contexte du journal est raisonné ou non (trib. de la Seine, 9 janv. 1858, aff. Maillart, D. P. 58. 3. 71). — Dans une décision postérieure, le même tribunal ajoute, pour la justification de sa doctrine, que l'art. 6 du décr. du 17 fév. 1852 n'est que la reproduction des lois antérieures, notamment des lois des 9 vend. an 6 et 6 juill. 1850, aux termes desquelles les feuilles périodiques d'annonces étaient comprises au nombre des journaux ou écrits périodiques et frappés du même timbre; que du 6 prair. an 7, n'était applicable qu'aux simples avis d'une quotité différente; que cette distinction qui résulte des textes a été d'ailleurs confirmée par l'application; qu'ainsi le décr. du 4 mars 1848, ayant affranchi la presse périodique du timbre, les feuilles spéciales d'annonces ont profité comme les autres journaux de cet affranchissement momentané, tandis que les avis régis par le décr. du 6 prairial ont continué d'acquitter le timbre particulier auquel ils se trouvaient assujettis; qu'il suit de là que l'abrogation de l'art. 1 du décret, prononcée par la loi du 23 juin 1857, n'est pas applicable aux annonces périodiques (trib. civ. de la Seine, 4 juin 1859, aff. Barral, D. P. 59. 3. 56).—L'administration de l'enregistrement s'est prononcée dans le même sens, et a émis l'opinion que les journaux et écrits périodiques relatifs aux lettres, aux sciences, aux arts et à l'agriculture, cessent d'être exempts du timbre, lorsqu'ils contiennent des avis ou annonces commerciaux ou industriels (circ. du dir. gén. de l'enreg. 30 sept. 1858, D. P. 58. 3. 57; V. aussi Presse, n° 390). Par une circulaire qui, paraît-il, fut communiquée seulement aux journaux politiques et non envoyée aux employés de l'enregistrement, l'administration allait jusqu'à contester aux mêmes journaux le droit d'insérer dans leurs colonnes des annonces de librairie. Cette opinion fut combattue dans un mémoire immédiatement adressé au ministre des finances par les imprimeurs de Paris, et la circulaire resta sans suite (Rép. périod. de l'enreg., année 1859, art. 1228).

Mais il fut décidé, postérieurement à ces deux circulaires, que l'exemption de timbre accordée aux journaux et écrits périodiques exclusivement relatifs aux lettres, aux sciences, aux arts et à l'agriculture, profite aux annonces annexées à ces écrits lorsqu'elles rentrent dans la spécialité du journal, parce qu'elles participent ainsi de la nature même de l'écrit (trib. civ. de la Seine, 4 juin 1859, aff. Barral, D. P. 59. 3. 56); qu'ainsi un journal traitant de l'agriculture ne devient pas soumise au timbre à raison des annonces qui y sont annexées, si ces annonces ne concernent que des objets agricoles (même jugement). M. le ministre des finances, par décision du 9 août 1859, a acquiescé à la doctrine de ce jugement (instr. 27 nov. 1860, n° 2167, § 3).

138. Tel est le dernier état de la jurisprudence.— Des critiques fort sérieuses pourraient être adressées à l'interprétation qui a prévalu. On comprend, jusqu'à un certain point, que les bulletins d'annonces dans lesquels les avis relatifs à une même matière sont disposés méthodiquement, puissent être compris dans les documents dont la publication périodique est soumise au timbre; tels sont les bulletins des ventes mobilières, des ventes de fonds de commerce, des cours de marchandises. Ces bulletins, donnés dans chaque numéro, sont l'un des éléments essentiels du journal, l'un de ceux que l'abonné a pris en considération en donnant sa souscription; le timbre qui frappe les publications étrangères aux lettres, aux sciences, aux arts et à l'agriculture a donc pu les atteindre. Mais l'annonce isolée sur tout bulletin, quelle soit imprimée sur la couverture ou à la dernière page d'un journal, ou qu'elle soit placée sur une feuille détachée envoyée à l'abonné en même temps que le journal, conserve toujours son caractère d'avis ou annonce, de publication spéciale et accidentelle ne se rattachant à rien; à ce point de vue on ne saurait admettre qu'elle soit excipée de l'exemption de timbre, que des considérations élevées ont fait établir.

— La doctrine qui a triomphé, a pour inconvénient de créer

pour la publication des annonces, au profit des journaux politiques ou commerciaux, un monopole que rien ne justifie, car les journaux ne puisent pas évidemment dans l'acquittement de l'impôt dont ils sont frappés en tant que publications politiques ou commerciales, le droit qu'on leur reconnaît relativement à la publication des annonces; elle a également le tort de ne justifier l'exemption de timbre des annonces non industrielles dans les publications consacrées aux lettres, aux sciences, aux arts et à l'agriculture, qu'au moyen d'une extension fort contestable de l'exemption applicable aux articles qui forment le fond du journal, extension qui ne se comprend guère lorsque l'annonce, tout en appartenant à l'une des matières protégées par les exemptions établies par la législation, n'a pas de rapport avec l'objet spécial du journal.

139. Quoi qu'il en soit, on doit, d'après la jurisprudence relative aux annonces, considérer comme étrangers aux lettres, aux sciences, aux arts et à l'agriculture, les avis concernant : 1° l'annonce d'un industriel qu'il met des livres en lecture, qu'il fait des reliures et des abonnements aux journaux (Civ. cass. 7 fév. 1832) (1) ; — 2° Le prospectus d'une agence générale de placements temporaires et viagers sur les fonds publics (délib. de la régie 19 avr. 1826); — 3° Les prospectus des établissements privés d'enseignement et d'éducation (décis. min. fin. 5 oct 1825 et 18 avr 1826), mais non ceux des établissements de l'État (lettre du dir. gén. 10 oct. 1817) ; — 4° l'offre de céder le droit d'enseigner une méthode utile aux sciences et aux arts, telle qu'une méthode de calligraphie (délib. 9 oct. 1827) ; — 5° Les indications se rapportant au service des chemins de fer (trib. d'Étampes, 30 mai 1848, aff. chemin de fer de Rouen, D. P. 48. 5. 346; trib. de Corbeil, 7 mai 1849, aff. chemin de fer d'Orléans, D. P. 49. 3. 48; trib. de la Seine, 7 juill. 1853, aff. Danel, D. P. 54. 3. 47).

140. Au contraire, il faut ranger parmi les objets pouvant être annoncés dans les journaux non revêtus du timbre : 1° les instruments de musique aussi bien que les recueils et morceaux détachés de musique (trib. de la Seine 26 juill. 1854, aff. Gambaro, D. P. 54. 3. 70); — 2° Les catalogues et prix courants d'arbres et de plantes (décis. 13 avr. 1829, et trib. de la Seine 16 fév. 1854, aff. Lemichez, D. P. 54. 3. 70). — On considérait autrefois comme objets d'industrie ou de commerce, les grains et les graines de fleurs (Civ. cass. 10 juill. 1839, MM. Dunoyer, f. f. pr., Rupéron, rap., aff. Eloy), et on décidait que les avis relatifs à ces objets, en l'absence de tout intérêt scientifique, devaient être sujets au timbre. Mais, depuis l'exemption de timbre établie dans l'intérêt de l'agriculture, il faut adopter la solution contraire (décr. du 28 mars 1852, art. 1). — Il a été décidé en ce sens qu'il est vrai, à propos d'engrais, que l'annonce faite dans un intérêt purement mercantile ne profite pas de l'exemption accordée aux publications agricoles (Req. 21 déc. 1853, aff. Lainé, D. P. 54. 3. 754). Mais cette considération, réfutée dans deux jugements du tribunal de la Seine, du 26 juill. 1854 et du 4 juin 1859 (V. suprà, n°s 134 et 137, in fine), paraît abandonnée aujourd'hui par l'administration elle-même.

141. Nous considérons aussi comme pouvant être annoncées, même dans les journaux paraissant sans timbre : 1° les ventes volontaires ou forcées de livres, d'objets d'art et d'instruments scientifiques, parce que l'annonce de ces faits favorise la divulgation que la loi a voulu encourager (Contrà, Bruxelles, 2 fév. 1822, aff. Demat); — 2° Les cours publics et particuliers et tout ce qui concerne l'enseignement (Contrà trib. de la Seine 23 juin 1853, D. P. 54. 3. 40). — La pratique s'est d'ailleurs établie en ce sens.

142. Enfin, il est des objets qui, n'ayant dans certains journaux qu'un intérêt commercial, prennent, dans certaines

publications spéciales, un intérêt scientifique. Ainsi on a pu considérer, d'une manière générale, comme n'étant pas dispensés de timbre, les avis concernant : 1° l'annonce de certains traitements médicaux et de l'ouverture d'un cabinet de consultation (Civ. cass. 16 nov. 1855, aff. Benech); — 2° Le rapport fait sur un remède (trib. de la Seine 15, fév. 1854, aff. Labélonye, D. P. 54. 3. 40);—3° Les notices concernant les eaux thermales (trib. civ. de la Seine, 20 juill. 1853, aff. Mongin-Dellamagne, D. P. 55. 5. 441). — Mais, dans les journaux de médecine, qui sont de véritables journaux scientifiques, les annonces concernant ces objets, revêtent un intérêt scientifique qui doit en faire considérer la publication comme autorisée. C'est également ce qui a lieu.

Conformément à la distinction qui précède, il a été jugé que le prix courant des marchandises rentre, à certains égards, comme élément pour les études statistiques ou économiques, dans les matières que les Revues non politiques peuvent publier sans sortir du domaine de la science ; qu'il en est ainsi, à plus forte raison, du tarif des douanes, qui n'est qu'un résumé des lois et règlements en vigueur et a ainsi le caractère de document public ; mais que lorsqu'une Revue publie en même temps des faits étrangers aux théories commerciales, tels que l'indication des navires en charge dans un port indiqué, des bulletins de bourse, ou encore le résumé des transactions de la semaine écoulée, elle ne saurait prétendre à l'exemption du timbre, alors d'ailleurs que, dans son but comme dans ses moyens, elle ne s'adresse qu'aux commerçants de la localité pour servir les intérêts privés de chacun d'eux à son point de vue (trib. de la Seine, 25 nov. 1859, aff. Gari et Poinsot, D. P. 60. 3. 61). — Les bulletins quotidiens de la bourse étaient également classés parmi les documents commerciaux (Req. 13 mars 1854, aff. Bresson, D. P. 54. 1. 105). Mais le tableau des cours moyens destiné à servir de base à l'exécution des lois et à la perception des impôts est considéré dans la pratique comme un document public.

143. Il faut peut-être regretter qu'aux exemptions établies dans l'intérêt des lettres, des sciences, des arts et de l'agriculture, le législateur n'ait pas ajouté quelques exemptions relatives notamment aux avis publiés dans un intérêt de travail ou de secours. On s'étonne, par exemple, que certains journaux spéciaux soient obligés de refuser, par respect pour les lois que le timbre, de publier des offres ou demandes de travaux ou d'emplois qui ne peuvent être utilement adressées qu'aux personnes appartenant aux professions pour l'utilité desquelles ces journaux ont été créés.

Art. 4. — Des contraventions aux diverses lois sur le timbre.

144. La loi a érigé en contravention certaines irrégularités matérielles qui pourraient favoriser l'emploi de feuilles marquées d'un faux timbre ou de feuilles dont il aurait été fait usage une première fois. Ainsi, il est défendu, aux termes de l'art. 21 de la loi du 13 brum. an 7, de rien écrire, en rédigeant un acte, sur les empreintes du timbre noir et du timbre sec de la feuille dont on se sert pour cet objet (V. Enregistrem, n°s 6203 à 6206). Mais il est bien évident que, s'il est par erreur sur l'acte affranchi de tout droit a été écrit sur timbre, il n'y a pas lieu d'avoir égard au fait du rédacteur d'avoir couvert par son écriture l'une ou l'autre des empreintes. C'est que dans ce cas, ainsi que le fait remarquer le Journal de l'enregistrement, le trésor n'ayant à redouter aucun préjudice, ne peut élever un soupçon de fraude contre la manière dont une partie acquitte un droit qu'elle ne doit pas. — L'administration tolère les altérations légères qui proviennent dans la confection des registres imprimés, des filets de colonne que les nécessités de l'impression font souvent porter sur les empreintes du timbre

(1) (Enreg. C. Prudhomme.) — La cour; — Vu l'art. 1 de la loi du 6 prair. an 7, l'art. 76 de la loi du 25 mars 1817, et l'art. 85 de la loi du 15 mai 1818;—Attendu que l'avis imprimé par le sieur Prudhomme, ne peut être considéré ni comme une adresse contenant la simple indication de domicile, ou le simple avis de changement, ni comme un ouvrage périodique relatif aux sciences et arts, ni comme une annonce, ou prospectus ou catalogue de librairie, ni comme une annonce, prospectus ou catalogue d'objets relatifs aux sciences et arts;—Qu'ainsi ne se trouvant compris dans aucune des exceptions admises par les lois

relatives au timbre, cet avis imprimé était assujetti au timbre, conformément à la disposition de la loi du 6 prair. an 7, et qu'en jugeant le contraire, le tribunal civil de Saint-Brieuc a faussement appliqué les art. 76 et 85 des lois des 25 mars 1817 et 15 mai 1818, et, par suite, commis une contravention expresse à l'art. 1 de la loi du 6 prair. an 7; — Par ces motifs, donne défaut contre le sieur Prudhomme ; — Casse et annule, etc.
Du 7 fév. 1852.-C. C., ch. civ.-MM. Boyer, pr.-Poriquet, rap.-Joubert, 1er av. gén., c. conf.-Teste-Lebeau, av.

(V. le Répertoire général de M. Garnier, n°s 13569 et 13570).

145. L'altération légère qui résulterait de l'écriture de deux lettres majuscules sur le timbre suffirait-elle pour constituer une contravention? — Les rédacteurs du Journal de l'enregistrement, art. 15966, répondent affirmativement; mais cette solution est évidemment exagérée. La loi n'a pu vouloir atteindre que les altérations susceptibles de venir en aide à la fraude, et dont l'effet pourrait être d'empêcher de vérifier au premier coup d'œil si les empreintes sont vraies ou fausses. Mais, dès que cette vérification n'est nullement compromise, il ne peut être permis d'ériger en contravention un fait insignifiant et inoffensif.

146. La fraude que l'interdiction de rien écrire sur les empreintes du timbre, a pour objet de prévenir, se produit rarement. Le code pénal, dans son art. 140, classe parmi les crimes de faux et punit des travaux forcés à temps l'emploi fait sciemment de timbres nationaux contrefaits (V. Faux, n°s 80 et 81); il punit en outre de la reclusion le fait de détourner les vrais timbres de leur destination et de s'en servir au préjudice du trésor. La mauvaise foi a dû recourir à des moyens moins périlleux de se soustraire à l'impôt du timbre. Il a été déjà parlé d'une fraude consistant à rendre des feuilles de papier timbré qui ont servi, susceptibles d'être employées de nouveau, en effaçant à l'aide d'une action chimique l'écriture qui les couvre. Les tribunaux ont refusé de voir dans ce fait l'un des crimes de faux prévus par les art. 141, 147 et 148 c. pén.; il a paru que c'était seulement une fraude ayant pour objet de dissimuler la contravention résultant de l'emploi d'une feuille de timbre ayant déjà servi, contravention réprimée par l'art. 32 de la loi du 13 brum. an 7 (V. Faux, n° 88, et Enreg., n° 6252).

147. Une fraude semblable a été imaginée. Un individu, après avoir découpé des empreintes de timbre sur une feuille de papier timbré ayant déjà servi, les a apposées sur une feuille de papier libre, et a rédigé sur la feuille ainsi préparée un acte soumis au timbre. Il a été jugé que ce fait, quelque blâmable qu'il soit en lui-même, ne tombe sous l'application d'aucune loi pénale (Bastia, 5 mars 1858, aff. Mattei, D. P. 60. 2. 27).—Nous avons approuvé cette solution, qui, au premier abord, paraît difficile à justifier, tout en regrettant l'absence d'une disposition spéciale, analogue à celle qui punit l'emploi d'une feuille timbre ayant déjà servi. — Toutefois, si cette fraude échappe à une répression pénale quand elle est le fait d'un individu cherchant à se soustraire au payement d'un impôt qui l'atteint personnellement, il est plus difficile d'accorder le bénéfice de la même impunité à celui qui commet la fraude ci-dessus décrite pour percevoir à la place du trésor ou détourner au préjudice de celui-ci les droits de timbre acquittés par les redevables. Dans l'affaire qui a donné lieu à l'arrêt précité, il s'agissait d'un maire ou d'un secrétaire de mairie qui, se faisant remettre des feuilles de timbres par les parties pour la rédaction des publications de mariage à afficher, y substituait les feuilles préparées de la manière qui a été indiquée. Sans doute, il n'y avait pas filouterie, et les juges ont sagement fait d'écarter l'application de l'art. 401 c. pén.; mais il y avait peut-être détournement, par un commis, dépositaire ou comptable public, de deniers publics qui étaient entre ses mains en vertu de ses fonctions, détournement qui est réprimé par l'art. 169 c. pén. En effet, le droit de timbre déboursé par la partie qui remettait la feuille de timbre à l'employé infidèle, au lieu d'aller dans les caisses du trésor, restait en réalité dans les mains de l'employé qui ressaisissait frauduleusement ce droit de timbre à l'occasion de la rédaction d'un autre acte semblable, et se faisant payer cette fois le prix d'une feuille de timbre qu'il avait détournée au lieu de la prendre dans un bureau de l'administration. La jurisprudence, il importe de le retenir, fait dériver la qualité de dépositaire de deniers publics de toute situation qui transforme occasionnellement un employé d'une administration publique ou même un officier ministériel en intermédiaire entre l'Etat et ses débiteurs. — V. Forfaiture, n°s 33 et suiv.

148. Il a été fait mention, v° Enregistrement, n°s 6250 à 6253, de l'interdiction d'employer des feuilles de timbre ayant déjà servi même pour un acte resté inachevé. Est-il également défendu de réduire la dimension d'une feuille de papier timbré, en retranchant par exemple dans les feuilles composées de deux

feuillets, le second feuillet non frappé de timbre dont l'officier ministériel n'aurait pas eu besoin pour la rédaction de son acte? Il n'existe à cet égard aucun texte précis. L'art. 19 indique bien que les expéditions délivrées par les officiers ministériels ne pourront être rédigés sur du papier timbré d'un format inférieur à celui appelé *moyen papier*; mais il n'a en vue que de fixer la quotité du droit à acquitter. Seulement, comme aucune disposition ne prescrit de commencer la rédaction d'un acte sur le feuillet où se trouvent les empreintes et à côté de celles-ci, la suppression d'un feuillet ou d'une portion quelconque d'une feuille de timbre, donne naissance à la question de savoir s'il n'y a pas lieu de présumer que cette suppression a eu pour objet de dissimuler un fait d'emploi d'une feuille ayant déjà servi.—Il semble que l'interprétation la plus rigoureuse ne peut aller au delà de la présomption que nous indiquons, et qu'il convient de réserver à la partie les moyens de se justifier en représentant la portion détachée de la feuille de papier timbré par suite d'erreur ou d'accident (V. en ce sens le Dict. de M. Sollier, art. 503). Mais il a paru que la fraude pourrait trouver facilement des moyens trompeurs de justification, et il a été jugé que le défaut d'un officier ministériel d'avoir délivré une expédition sur une feuille au timbre de 1 fr. 25 c., dont les deux feuillets, après avoir été détachés, avaient été réunis au moyen d'un onglet, tombe sous l'application de l'art. 26 de la loi du 13 brum. an 7, en ce qu'il constitue une contravention aux dispositions de l'art. 19 relatives à la dimension du papier dont les officiers ministériels doivent faire usage (trib. de Sedan, 29 mars 1860, aff. Leroy, D. P. 60. 3. 23). Il est à remarquer que, dans l'espèce, le détachement du feuillet blanc paraissait devoir être attribué à une erreur du clerc. — Le fait dont il s'agit se produit assez fréquemment à l'occasion des actes envoyés par la poste. Les parties, pour en diminuer les poids, croient pouvoir, sans irrégularité, en détacher le feuillet resté blanc sur lequel n'existe aucune empreinte de timbre. Dans ce cas, l'administration ne devrait pas, ainsi que le fait observer M. Garnier, Rép. pér. de l'enreg., art. 1332, rendre l'officier public responsable d'un fait auquel il est resté étranger.

149. Après les moyens de frauder le trésor pour l'acquittement des droits de timbre, dont il vient d'être parlé, en place un autre prévu par plusieurs lois spéciales, et qui consiste à serrer les lignes des actes ou des expéditions de manière à éviter l'emploi de plusieurs feuilles de timbre. Aux dispositions rappelées à ce propos *suprà*, n° 36, et v° Enregistr., n°s 6207 à 6210, il faut ajouter celle de l'art. 10 du décret du 24 mai 1854, transcrit plus haut dans le tableau de la législation, et qui est spéciale aux greffiers. Les greffiers recevant une indemnité fixe pour chaque acte à titre de remboursement du droit de timbre, il était nécessaire de déterminer un maximum d'écriture sur chaque feuille pour éviter des abus. — Relativement à l'exécution de cette disposition, l'administration a fait connaître à ses préposés que, pour apprécier si, dans la rédaction d'une minute ou feuille d'audience, le greffier a contrevenu à la défense d'excéder le nombre de lignes réglementaires, les employés de l'administration ne doivent pas établir des compensations entre les diverses pages d'une même minute; chaque page prise séparément ne peut rien contenir au delà du nombre de lignes autorisé (instr. gén. du 30 mars 1859, D. P. 60. 3. 15). — Mais il en est autrement lorsqu'il s'agit d'apprécier s'il y a eu contravention aux lois sur le timbre; la compensation doit alors être établie, comme cela se pratique en matière d'expéditions et de copies de pièces, pour déterminer si l'écrit, dans son entier, pouvait régulièrement être contenu dans le nombre de feuilles de timbre qui ont été employées à sa rédaction. — Et à cet égard, les registres cotés et parafés des greffiers doivent être considérés comme ne formant chacun qu'un écrit unique; il en est ainsi même des registres ou cahiers formés par la réunion des feuilles d'audience d'une année, d'un semestre, d'un trimestre ou d'un mois (décr. 30 mars 1808, art. 39; même instr.).

150. Il nous paraît nécessaire, en raison de la grande importance pratique qui s'y rattache, de revenir sur la règle posée par l'art. 23 de la loi du 13 brum. an 7, qu'il ne peut être fait ni expédié deux actes à la suite l'un de l'autre sur la même feuille de papier timbré, sauf certaines exceptions mentionnées au même article. — Nous devons compléter ici le tableau des décisions des tribunaux et de l'administration se rapportant à l'application de cette disposition, tableau qui a été présenté dans notre traité de l'Enregistrement, nᵒˢ 6211 à 6249. — Il a été jugé : 1º dans le sens des décisions que nous avons analysées vᵒ cit., nº 6216, qu'un huissier ne peut, sans contravention, rédiger le procès-verbal d'apposition d'affiches sur un exemplaire des placards annonçant la vente d'un fonds de commerce, ou encore la vente de rentes sur l'Etat (trib. de la Seine 3 janv. 1855, aff. Cauët, D. P. 55. 5. 640); — 2º Dans le sens d'une décision du tribunal de Troyes, analysée eod. vᵒ, nº 6221, qu'un notaire ne peut, sans contravention, rédiger, sur la même feuille de timbre, à la suite d'un procès-verbal constatant l'adjudication d'une partie des lots mis aux enchères, la vente volontaire d'un autre lot relevé par les vendeurs faute d'enchères assez élevées (trib. de Valognes 15 juill. 1857, aff. Leroux); — 3º Qu'un notaire chargé par les propriétaires de divers terrains contigus et situés dans la même localité, de vendre aux enchères publiques les récoltes à faire sur ces terrains, ne peut, sans contravention, écrire sur la même feuille de timbre, à la suite les uns des autres, les différents procès-verbaux de ventes qu'il dresse à cette occasion, bien qu'il y ait procédé le même jour et dans la même vacation (trib. de Bruxelles, 15 juill. 1858, aff. N...; *Contrà* M. Garnier, Rép. gén. de l'enreg., nº 574).

Mais la quittance des frais exposés pour parvenir à la vente publique de biens immeubles appartenant à des mineurs, ou individus entre copropriétaires ou cohéritiers, ou dépendant d'une *succession* bénéficiaire, que la vente ait eu lieu à l'audience des criées du tribunal ou devant un notaire commis, peut, sans contravention, être rédigée à la suite du procès-verbal d'adjudication (solut. de la régie du 5 août 1854, aff. Algrave, D. P. 54. 3. 73). — Il a été décidé, de même, que les quittances données à l'acquéreur d'un immeuble, par les créanciers inscrits auxquels le prix de vente a été délégué, peuvent être rédigées, sans contravention, à la suite l'une de l'autre, non-seulement sur la feuille de timbre contenant l'acte de vente, mais aussi sur une feuille de timbre séparée, à ce spécialement destinée (trib. de la Seine 4 janv. 1854, aff. Jamin, D. P. 54. 5. 749). Cette solution est dans le sens d'une jurisprudence que nous avons fait connaître vᵒ Enregistr., nº 6228.

151. L'art. 23 de la loi du 13 brum. an 7, dans la prohibition que nous avons rappelée, ne s'explique qu'à l'égard des actes et des expéditions. L'administration en a conclu avec raison que cet article est inapplicable aux copies collationnées. Un officier public peut donc, sans contravention, comprendre dans une copie collationnée écrite sur une seule feuille de timbre, plusieurs actes différents, alors que la copie de ces actes réunis constitue un acte nouveau, nécessaire par exemple pour arriver à la purge des hypothèques sur un même vendeur (solut. de la régie du 31 juill. 1854) (1).

(1) Cette solution est intervenue dans les circonstances suivantes : Un avoué avait, en vue de l'accomplissement des formalités de purges d'hypothèques légales, opéré au greffe le dépôt d'une copie collationnée comprenant sur une même feuille de timbre la transcription de divers actes de vente consentis par le même vendeur à deux acquéreurs distincts et par actes passés devant deux notaires différents. Ce fait a paru à un vérificateur de l'enregistrement constituer une contravention à l'art. 23 de la loi du 13 brum. an 7. Mais l'administration a désapprouvé la poursuite par les motifs suivants :

Le code Napoléon détermine la valeur des diverses copies d'un même titre. Suivant l'art. 1335, l'expédition est une copie délivrée par l'officier public dépositaire de la minute, qu'il a rédigée ou qui a été rédigée par l'un de ses prédécesseurs. La première expédition se nomme *grosse;* elle fait foi en justice; comme l'original, elle est exécutoire. — Une copie collationnée est une copie faite par un officier public sur une pièce qui lui est représentée et dont il n'est pas dépositaire. L'officier public certifie cette copie conforme à la pièce représentée, et cette copie est considérée comme simple renseignement (art. 1335, § 4, c. nap.). — L'art. 2194 du même code, en exigeant le dépôt au greffe d'une copie dûment collationnée, a nécessairement prescrit le dépôt d'une pièce ayant au moins la valeur d'un simple renseignement légal.

La différence établie par la loi civile entre une expédition et une copie collationnée n'est pas moins sensible selon les lois fiscales. La loi du 22 frimaire exempte, art. 8, de l'enregistrement, les expéditions, et par comparaison celle du 13 brumaire exige qu'elles soient écrites sur pa-

152. Quelques questions ont été élevées, dans la pratique, relativement à l'application de l'art. 23 précité de la loi du 13 brum. an 7. — On a demandé si la requête tendant à obtenir l'envoi en possession du légataire pouvait être rédigée à la suite de l'acte de dépôt du testament olographe ; il est à remarquer que l'art. 1008 c. nap. veut que l'acte de dépôt soit joint à la requête ; mais l'exécution de cette disposition n'a rien d'incompatible avec la défense de rédiger deux actes distincts sur la même feuille de timbre, et nous pensons avec les rédacteurs du Journal de l'enregistrement (art. 16653), que, dans le cas dont il s'agit, cette défense doit être observée.

153. On a encore demandé si un maire peut réunir dans une même affiche et sur une seule feuille de papier timbré les deux extraits de publication prescrits par l'art. 64 c. nap. Le Journal de l'enregistrement, art. 16537, résout cette question négativement. Nous devons faire observer que si l'art. 63 prescrit de faire deux publications verbales devant la porte de la mairie, formalité dont l'exécution est impossible et abandonnée dans les grandes villes, il n'exige qu'une affiche de la première publication, qui doit rester exposée à la porte de la maison commune pendant les huit jours d'intervalle de l'une à l'autre publication. Sans doute il convient, dans les grandes villes surtout, d'afficher après la deuxième publication (V. Mariage, nº 339); mais, à défaut de disposition spéciale, il ne paraît pas irrégulier de faire servir à cet usage l'extrait déjà affiché en le faisant suivre d'une mention annonçant qu'il est affiché de nouveau à titre de seconde publication. C'est le cas d'appliquer, pour ce qui concerne le point de savoir s'il y a eu contravention, la règle indiquée *suprà*, nº 144.

154. L'acquiescement à un jugement par défaut peut-il être écrit à la suite de la grosse de ce jugement ? L'art. 23 de la loi du 13 brum. an 7 permet d'écrire la ratification à la suite de l'acte auquel elle s'applique. Mais aucune assimilation n'est possible entre l'acquiescement et la ratification. C'est ce qu'établit une délibération de l'administration, du 30 déc. 1831 (Conf. MM. Garnier, Rép. gén., vᵒ Acte à la suite, nº 378, et Harel, Journ. des huiss., 1860, p. 266).

155. Lorsque, dans un inventaire après décès, la veuve du défunt s'est déclarée enceinte, l'acte notarié qui constate la naissance et les prénoms de l'enfant posthume, peut-il, sans contravention, être rédigé à la suite de l'inventaire? — L'affirmative nous paraît devoir être admise, par les motifs qu'en donne le Journal du notariat, art. 15348 : « En effet, dit-on fort bien, d'après les art. 942 et 943 c. pr., l'inventaire doit énoncer les noms de tous les héritiers; cette énonciation est de l'essence même de l'inventaire, qui a pour objet de constater non-seulement les objets composant la succession, mais encore les personnes qui, à quelque titre que ce soit, sont appelées à la recueillir. Quoi de plus naturel que de compléter, dans le cas dont il .s'agit, les énonciations de l'inventaire, en faisant attester, à la suite de l'acte, la naissance de l'enfant annoncé dans cet acte et

pier timbré, d'un format qui ne peut être inférieur à celui du moyen papier. La loi du 22 frimaire considère la copie collationnée comme un acte *sui generis*, et soumis, non pas aux règles qui régissent les expéditions, mais aux règles qui sont applicables aux actes ayant une valeur intrinsèque, c'est-à-dire indépendante des minutes dont ces actes sont la reproduction (art. 68, § 1, nº 18 de cette loi, est ainsi conçu : « Sont sujets au droit fixe de 1 fr.... les collations d'actes et pièces, ou des extraits d'iceux, par quelque officier public qu'elles soient faites. Ce droit sera payé pour chaque acte, pièce ou extrait collationné. »

Le législateur défend d'écrire deux actes à la suite l'un de l'autre sur la même feuille de papier timbré; il défend également d'expédier deux actes, mais il ne défend pas de composer une copie collationnée, c'est-à-dire un acte nouveau au moyen de la transcription de deux actes précédents; le législateur prévoit même cette circonstance en prescrivant de percevoir un droit d'enregistrement par chaque acte collationné. Le paragraphe final de l'art. 68, § 1, nº 18, de la loi du 22 frimaire, n'aurait aucun sens, si le législateur avait défendu de copier divers actes l'un à la suite de l'autre, dans un même contexte, tandis que ce paragraphe s'explique naturellement, si l'on considère que les actes copiés successivement sur la même feuille de papier timbré ne sont que des dispositions indépendantes les unes des autres, insérées dans un seul et même acte, auquel on doit appliquer le principe général posé dans l'art. 11 de la loi, reproduit sous une autre forme dans l'article de cette loi spécial aux copies collationnées.

Du 31 juill. 1854-Solut. de la régie.

en donnant à cet égard toutes les indications exigées? L'art. 23 de la loi du 13 brum. an 7 admet lui-même, d'ailleurs, « que les documents que doit contenir un inventaire ne peuvent être recueillis dans un même jour et dans la même vacation. »

156. Quelques difficultés se sont également présentées sur le point de savoir si le compte de retour d'une lettre de change peut être écrit, sans contravention, sur le même coupon de timbre proportionnel que la retraite. — Dans cette matière, il faut tenir un grand compte des usages du commerce. Ainsi, en ce qui concerne la lettre de change, qui doit, autant que possible, porter l'indication des conventions qui s'y rattachent, l'acceptation, l'aval et l'endossement sont régulièrement donnés sur l'effet de commerce lui-même; et, ainsi que l'administration l'a reconnu, il en est de même de la procuration accordée au tiers par le porteur d'une lettre de change, mentionnée en marge ou au dos de la lettre (délib. des 13-17 oct. 1848). Pourquoi, lorsqu'il s'agit de la retraite qui occasionne des frais improductifs, n'admettrait-on pas l'inscription du compte de retour au dos du titre ? Le code de commerce veut que la retraite soit accompagnée d'un compte de retour (art. 180), mais il ne prescrit pas la rédaction sur un coupon séparé; il s'en rapporte implicitement à la convenance des parties, ainsi qu'il l'a fait formellement pour l'aval. — Ajoutons que l'usage d'inscrire le compte de retour au dos de la retraite a été reconnu et consacré par un décret du gouvernement provisoire, du 23 mars 1848 (D. P. 48. 4. 57). On peut objecter, il est vrai, à l'appui de l'opinion contraire, avec les rédacteurs du Journ. de l'enreg., art. 17160, que ce décret était d'une application essentiellement temporaire. Mais la question de savoir si ce décret est en vigueur importe peu; car il n'avait pas pour objet de modifier le code de commerce sur le point dont nous nous occupons, puisque ce code n'avait rien statué de précis. Il nous paraît donc incontestable que le compte de retour exigé par les art. 180 et suiv. c. com. peut, conformément à l'usage, être donné sur la retraite ou par acte séparé.

157. On a vu, n° 45, que les lettres missives ne supportaient le droit de timbre qu'au moyen d'un visa. Il est nécessaire que ce visa soit apposé avant qu'il soit fait usage de ces écrits en justice. (L. 13 brum. an 7, art. 30). — La présentation de la lettre au visa pour timbre seulement à l'occasion de l'enregistrement du jugement, serait tardive et donnerait lieu à un procès-verbal de contravention (Conf. Journ. de l'enregistr., art. 17019). — Il a été jugé qu'un créancier porteur d'un titre écrit sur papier non timbré, dans le cas où il a produit ce titre en justice sans nécessité, la dette étant avouée par exemple, n'en doit pas moins supporter les droits et l'amende à laquelle la production irrégulière de ce titre donne lieu (Bastia, 26 fév. 1855, aff. Patrimonio, D. P. 55. 2. 304).

158. Nous n'avons pas à insister sur les contraventions que peuvent commettre, en matière de timbre, les diverses classes d'officiers ministériels. Il en a été parlé, soit dans le traité de l'Enregistrement, soit dans les traités spéciaux où ont été indiquées les obligations qui concernent leur profession (V. notamment pour ce qui concerne les conservateurs des hypothèques, Priv. et hypoth., n° 2958).—Mais il est utile de consigner ici quelques renseignements sur la responsabilité pénale en cette matière.

159. C'est surtout à propos des imprimeurs qu'ont été agitées les questions de responsabilité pénale. La loi impose aux imprimeurs l'obligation de veiller à ce que les droits de timbre dus à raison des imprimés qui leur sont demandés soient acquittés par ceux qui commandent ces imprimés et qui se proposent de les distribuer (V. Presse, n° 114). — Il est vrai que les an-

nonces destinées à être distribuées de la main à la main ne sont plus assujetties au timbre; mais l'obligation du timbre subsiste à l'égard des affiches, des prospectus de journaux politiques et de certaines classes d'écrits périodiques. Les solutions que fournit l'examen de la jurisprudence conservent donc tout leur intérêt.

160. Il a été jugé : 1° que, dans le cas où un imprimé a été mis en circulation en contravention aux lois sur le timbre, l'imprimeur doit être déclaré coupable d'autant de contraventions qu'il a fait de tirages distincts, et l'auteur d'autant de contraventions qu'il a fait faire de distributions de cet imprimé, les distributions faites à des jours différents, ou le même jour à des heures et dans des lieux différents, étant considérées comme distributions distinctes (trib. de la Seine, 9 déc. 1852, aff. X..., D. P. 54. 5. 752); — 2° Que l'imprimeur étant solidairement tenu de l'amende prononcée contre le distributeur, peut en conséquence être condamné directement, et sans qu'il soit besoin d'établir qu'il a pris part à la mise en circulation, à toutes les amendes auxquelles donnent lieu les diverses distributions régulièrement constatées de l'écrit répandu sans avoir été soumis au timbre (trib. de la Seine, du 7 juill. 1853, aff. Danel, D. P. 54. 3. 47); — 3° Que la distribution par la poste d'un écrit non timbré et qui était soumis au timbre, donne lieu à la condamnation solidaire du directeur de l'entreprise qui a fait cette distribution et de l'imprimeur de l'écrit (trib. de la Seine, 28 mars 1853, D. P. 55. 3. 80); — 4° Que lorsque l'imprimeur d'un écrit non timbré en est également l'éditeur, il y a lieu de lui appliquer deux amendes (même jugement du 7 juill. 1853); — 5° Que l'imprimeur d'une affiche théâtrale sur papier blanc et non timbré, est passible d'amende, encore que l'ordre de placarder cette affiche n'émanerait pas de lui (Civ. cass. 22 janv. 1851, aff. Arnaud. C. Dagaud, D. P. 51. 5. 523). — Mais en ce qui concerne l'affiche de l'extrait, en forme de placard, dont il est question dans l'art. 496 c. pr. civ., il a été jugé que, dans le cas où le papier employé pour la rédaction de cet extrait a déjà servi, c'est contre l'avoué rédacteur et non contre l'huissier chargé de pourvoir à ce que le placard soit affiché dans les lieux indiqués, que la contravention doit être poursuivie (trib. d'Epernay, 12 août 1853, aff. enreg. C. Mᵉ P....).

161. *Sanction et pénalité.* — La condamnation à l'amende n'est pas la seule sanction édictée par le législateur en matière de contravention aux lois sur le timbre. Il est des cas où la loi a refusé aux contrevenants le concours de la justice, de l'administration et des officiers publics ou ministériels.

162. Parmi les diverses prohibitions de concours édictées à l'égard des contrevenants aux lois sur le timbre, nous devons rappeler ici 1° le refus que l'imprimeur doit faire de ses presses pour le tirage sur papier libre de tout écrit soumis au timbre, à peine de s'exposer à se voir retirer son brevet (V. Presse, n° 114), 2° le refus que l'administration des postes peut opposer à la distribution d'écrits imprimés en contravention aux dispositions qui les soumettent au timbre (V. Postes, n° 41), 3° le refus de la banque de France d'escompter les effets non timbrés (V. Effets de comm., n° 142).

163. En principe, le défaut de rédaction d'un acte sur papier timbré, lorsque l'emploi de ce papier est obligatoire, n'entraîne pas la nullité des actes. Il en est ainsi, spécialement, des actes rédigés pour constater des conventions (V. Obligations, n° 3851), et même, en général, des actes judiciaires. Ainsi le défaut de timbre ne vicie pas les significations faites dans le cours d'une instance et, notamment, la signification des qualités (Req. 13 déc. 1808) (1); ni le procès-verbal de saisie immobilière (V. Vente publ., n° 495); ni l'affiche qui doit être

(1) *Espèce :* — (Plaisir C. Moronval.) — Le sieur Lefèvre est décédé en l'an 12, sans héritier à réserve et après avoir fait des dispositions testamentaires au profit de ses parents qu'il ne connaissait pas. Une contestation s'engagea entre la dame Plaisir, parente au sixième degré, et les sieurs Bouvet et Douchet, parmi-ci agissant au nom de la dame Bouvet, son épouse, héritière au septième degré : celle-là prétendait que le testateur avait exclu les parents les plus éloignés au profit des plus proches; ceux-ci soutenaient le contraire. Le tribunal donna gain de cause à la dame Plaisir. — Appel par Bouvet seul; néanmoins les sieurs et dame Douchet se présentent sur l'appel, et la dame Plaisir conclut au

fond contre ses trois adversaires. 18 déc. 1807, arrêt infirmatif de la cour de Douai. — Pourvoi. Les moyens que l'on faisait valoir sont suffisamment reproduits dans l'arrêt qui suit. — Arrêt.

LA COUR; — Attendu que la pièce informe, produite à l'appui de l'enquête, ne peut établir ni fait aucune contravention à l'art. 142 et 143 c. pr. civ.; — Qu'elle ne justifie aucunement soit l'absence, soit l'irrégularité des actes prescrits par les art. 142 et 143 c. pr. civ., lesquels sont actes de procédure dont les formes ne sont pas prescrites à peine de nullité; — Attendu encore que l'emploi de papier non timbré, au cas même où il aurait eu lieu, n'entraîne pas la nullité des actes, ...

apposée pour annoncer la vente publique d'un immeuble (*ibid.*, n° 950). — V. Enregistrement, n° 6135.

164. Le défaut de timbre ne produit pas, non plus, nullité, en ce qui concerne les actes ou énonciations inscrits sur les registres pour lesquels l'emploi du papier timbré est prescrit. Cela a été décidé, notamment, à l'égard des actes de l'état civil (V. Enregistr., n° 6135). Le registre sur lequel l'avoué inscrit les sommes reçues de ses clients serait-il, dans le cas où le papier employé ne serait pas timbré, privé de l'autorité qui lui est attribuée dans les contestations en payement d'honoraires? — V. Avoué, n° 89.

165. Cependant le défaut de rédaction sur timbre est considéré par la jurisprudence du conseil d'État comme rendant non recevable la demande en dégrèvement d'une contribution directe (V. n° 19). Il a été jugé que le conseil de préfecture ne peut relever le contribuable de la déchéance encourue dans ce cas, même quand cette irrégularité lui paraît avoir pour cause l'état de gêne du réclamant (cons. d'Et. 7 juin 1855, D. P. 56. 3. 4). — Le désistement du pourvoi devant être enregistré et rédigé sur timbre, il a été jugé qu'il n'y a pas lieu d'avoir égard au désistement qu'un condamné correctionnel aurait donné, par lettre adressée au procureur général, du pourvoi formé par lui précédemment sans consignation d'amende, et que, par suite, la cour doit prononcer la déchéance du pourvoi encourue à raison de ce défaut de consignation, et en outre appliquer l'amende (Crim. rej. 18 août 1859, aff. Guénin, D. P. 59. 1. 475).

166. La sanction civile a été ajoutée exceptionnellement à la sanction pénale en matière d'effets de commerce. L'art. 5 de la loi du 5 juin 1850 limite les droits du porteur d'un effet non timbré à son action envers le tireur ou souscripteur et contre l'accepteur (V. Enregistrem., n° 6299). Cette innovation, qui a été importée de l'Angleterre, et qui rend l'État en quelque sorte complice du manquement à la foi promise, ne peut trouver sa justification que dans des nécessités financières (V. M. G. Demante, Principes de l'enreg., n° 498). — Il a été jugé que la loi de 1850, en disposant que le porteur d'un effet de commerce non timbré et non visé pour timbre n'a de recours, à défaut d'acceptation ou de payement, que contre le tireur, a entendu n'exempter de recours que les simples endosseurs et non les donneurs d'aval, lesquels sont les garants solidaires du tireur (Pau, 14 janv. 1854, aff. Soubiès, D. P. 54. 2. 140). Cette solution a été confirmée par la cour de cassation (Rej. 11 fév. 1856, même affaire, D. P. 56. 1. 81); elle nous a paru devoir être préférée à l'opinion contraire, admise par M. Duvergier, Collection des lois, dans ses observations sur la loi du 5 juin 1850.

167. La mesure la plus importante qui ait été édictée contre la fraude en matière d'enregistrement, de timbre, c'est celle qui a pour objet de frapper d'impuissance les actes rédigés en contravention, en privant les contrevenants de tout moyen d'assurer l'exécution de ces actes. Dans une section spéciale de notre traité de l'Enregistrement, n° 5195 et suiv., nous avons présenté avec développement le commentaire des dispositions des lois du 22 frim. an 7, du 28 avr. 1816 et du 16 juin 1824, qui défendent aux officiers publics et aux officiers ministériels de rédiger aucun acte en conséquence d'un autre non timbré, ou non enregistré, et qui réservent toutefois le cas où ce dernier acte devrait être soumis à l'enregistrement avant l'acte nouveau et annexé à celui-ci, restriction qu'il faut appliquer aussi aux actes assujettis seulement au visa pour timbre (V. Enregistrem., n° 6127). Nous avons fait connaître, à cette occasion, les distinctions que la pratique a fait établir entre les mentions purement énonciatives et celles supposant un usage du titre mentionné.

168. Lors de la présentation de la loi du 5 juin 1850, il a paru nécessaire de rappeler aux officiers ministériels, par une disposition spéciale contenant des injonctions nouvelles, les obligations que leur imposent les lois précitées relativement aux titres non revêtus du timbre prescrit. Aux termes de l'art. 49 de cette loi, «lorsqu'un effet, certificat d'action, titre, livre, bordereau, police d'assurance ou tout autre acte sujet au timbre et non enregistré, sera mentionné dans un acte public, judiciaire ou extrajudiciaire, et ne devra pas être représenté au receveur lors de l'enregistrement de cet acte, l'officier public ou officier ministériel sera tenu de déclarer expressément dans l'acte si le titre est revêtu du timbre prescrit, et d'énoncer le montant du droit de timbre payé. — En cas d'omission, les notaires, avoués, greffiers, huissiers et autres officiers publics, seront passibles d'une amende de 10 fr. par chaque contravention.»

169. Plusieurs difficultés ont été soulevées relativement à l'application de l'article dont on vient de reproduire le texte. — Il faut tout d'abord écarter celle relative à la question de savoir si l'injonction contenue dans cet article ne s'applique qu'aux actes de la nature de ceux dont s'occupe la loi dans laquelle il est placé, question que les termes généraux de l'article et la déclaration faite dans l'exposé des motifs de la loi doivent faire résoudre négativement. Un tribunal avait décidé que l'art. 49 précité ne s'applique qu'aux mentions d'effets de commerce ou de titres de créances commerciales, et, par suite, que les notaires ne sont pas astreints à faire la déclaration prescrite par cet article relativement aux titres sous seing privé purement civils dont ils font mention dans les actes par eux dressés (trib. civ. d'Orléans, 3 août 1852, aff. Caperons, D. P. 54. 3. 3). Mais il a été jugé par la cour de cassation que l'obligation imposée par l'art. 49 concerne les actes civils sujets au timbre aussi bien que les actes commerciaux (Req. 31 mai 1853, aff. Lemonnyer, D. P. 54. 1. 234).

170. En ce qui concerne la rétroactivité de l'application du même art. 49, il a été décidé que la mention à laquelle il astreint les officiers ministériels et les officiers publics doit être faite même pour les titres existant déjà avant la loi de 1850, encore bien qu'ils auraient été précédemment relatés dans un acte authentique rédigé également avant cette loi et qu'il s'agirait seulement de reproduire les énonciations de cet acte (même arrêt du 31 mai 1853).

171. L'art. 49 applique formellement les dispositions qu'il renferme aux « effets, certificats d'action, titres, livres, bordereaux et tous autres actes sujets au timbre. » Il a été décidé que cet article ne doit pas être étendu aux expéditions et copies, même certifiées, d'actes authentiques et de registres publics; qu'ainsi un notaire peut, sans indiquer si elle est sur timbre, mentionner dans un acte dressé par lui la grosse d'un acte authentique ou l'expédition d'un jugement (trib. de Vannes, 18 déc. 1851, aff. Taslé); que, de même, aucune amende ne peut être réclamée à l'huissier qui a mentionné dans un procès-verbal de saisie immobilière un extrait de matrice cadastrale, non enregistré et non annexé, sans faire connaître s'il était sur papier timbré (solut. de la régie du 26 oct. 1853, D. P. 54. 3. 55). Il faut en dire autant des simples notes manuscrites qui, pouvant seulement servir de commencement de preuve par écrit, ne sont soumises ni au timbre ni à l'enregistrement (trib. de la Seine 7 fév. 1855, aff. Leduc, D. P. 55. 3. 32.—Conf. Journ. enreg., art. 16648).—V. Enreg., n° 123.

172. Il est à peine utile de faire remarquer que les mentions précédemment faites d'un titre dans des actes authentiques, en ce qui concerne la rédaction de ce titre sur papier timbré, ne dispensent pas de l'obligation de nouvelles mentions dans les

---

la prononciation d'amendes, aux termes de l'art. 26 de la loi du 15 brum. an 7, dont l'application n'a pas été requise;

Attendu que l'art. 83 c. pr. civ. établit la nécessité de la communication au ministère public dans l'intérêt des femmes mariées, lorsqu'il s'agit de leur dot et qu'elles sont mariées sous le régime dotal, et qu'il n'est point établi que ces circonstances se rencontrassent dans l'espèce; que ce moyen appartient exclusivement aux femmes en faveur desquelles il a été établi, et que dans l'espèce l'épouse du sieur Douchet ne réclame point, ayant obtenu gain de cause;

Attendu que l'interprétation des actes privés est exclusivement du

domaine des cours d'appel; qu'il résulte de celles données au testament litigieux que Waast Lefèvre a appelé dans les deux lignes ses parents plus éloignés à concourir avec les plus proches, et par représentation; que cette dérogation au droit commun étant tacite de la part du testateur qui, aux termes de l'art. 916 c. nap., pouvait épuiser la faculté de ses biens par des dispositions entre-vifs ou testamentaires, il en résulte que les art. 733, 734, 741 et 755 dudit code n'étaient pas applicables à la cause, et qu'il n'a pu y être contrevenu; — Rejette le pourvoi, etc.

Du 13 déc. 1808.-C. C., sect. req.-MM. Muraire, pr.-Borel, rap.

actes subséquents. A cet égard, il a été décidé que l'acte sous seing privé, non timbré et non enregistré, qui a été mentionné dans un acte authentique, ne peut, dans le cas où la régie a laissé prescrire, par l'écoulement de deux années sans poursuites, l'action en réclamation des amendes auxquelles une telle énonciation donnait lieu, être considéré comme à jamais affranchi des droits de timbre et d'enregistrement, cet affranchissement ne pouvant résulter que de la prescription trentenaire; — Que, par suite, la mention qui en est postérieurement faite dans un autre acte authentique, donne lieu contre l'officier ministériel à de nouvelles amendes auxquelles ne profite pas la prescription des premières (trib. de la Seine, 7 fév. 1855, aff. Fremyn et Caylus, D. P. 55. 3. 72).

173. Le rapprochement qu'on est conduit à établir entre l'art. 49 de la loi de 1850, qui s'explique seulement sur l'obligation d'énoncer si les titres dont il est fait mention dans un acte sont sur timbre, et les dispositions antérieures qui défendent de faire aucun usage par acte public des actes non timbrés, nous oblige à entrer dans quelques explications. Il est évident que les défenses établies par ces dernières dispositions subsistent complétement. Ainsi l'officier ministériel requis de faire un acte de son ministère en conséquence d'un acte non timbré ou rédigé sur un timbre insuffisant, doit exiger des parties la régularisation préalable du titre, et, en cas de résistance de leur part, leur refuser son ministère, encore bien que la constatation réclamée serait ordonnée par un jugement; à défaut de cette formalité, la passation de l'acte constitue une contravention à l'art. 24 de la loi du 13 brum. an 7 (trib. de Villeneuve, 4 mai 1855, aff. Bosq, D. P. 55. 3. 69. — Conf. M. Garnier, Rép. gén. de l'enreg., 5e édit., n° 878 bis). Dans ce cas, la mention de la quotité du timbre, bien qu'elle permette à l'administration de constater la contravention, n'a pas pour effet de mettre à couvert la responsabilité de l'officier ministériel. Les lois de brumaire an 7 et de juin 1850 ont, en effet, un but différent; si la dernière veut arriver à la dénonciation indirecte de la contravention, la première exige que le titre reste sans exécution. Ces deux objets n'ont rien d'inconciliable.

174. Le point le plus délicat qu'il y ait à résoudre, à l'occasion du rapprochement des dispositions de l'art. 24 de la loi du 13 brum. an 7 et de l'art. 49 de la loi du 5 juin 1850, c'est celui de savoir si ce dernier article s'applique aux actes dans lesquels un officier ministériel mentionne un titre sans en faire usage, sans agir sur ce titre. Lorsqu'il ne s'agissait que de l'application des prohibitions de l'art. 24 de la loi du 13 brum. an 7, une interprétation restrictive des termes de la loi et les nécessités de la pratique avaient fait admettre que la défense de faire usage de titres non enregistrés ne comprenait pas celle de mentionner ces titres, sous un rapport purement descriptif, soit dans les procès-verbaux de scellés ou d'inventaires, soit dans les testaments, soit même dans les partages (V. MM. Demante, Principes de l'enregistrement, n° 825, et notre traité de l'Enregistr., n°s 5240 et suiv.). Mais le langage de l'art. 49 de la loi du 5 juin 1850 est tout autre que celui de la loi du 13 brum. an 7; il exige que toute mention d'un titre fasse connaître si ce titre est sur timbre et quel droit de timbre a été acquitté. Il semblait que cet article, par la nature même de ses dispositions, entendait obliger les officiers ministériels à dénoncer indirectement les contraventions aux lois sur le timbre dans tous les cas où la loi du 13 brum. an 7 ne leur interdit pas de mentionner dans leurs actes les titres non revêtus du timbre prescrit. Telle était l'interprétation que paraissait adopter la doctrine (V. MM. Garnier, G. Demante, n° 826; Journ. de l'enreg., art. 15101 et 15115, et nos observations D. P. 54. 3. 3). Les déclarations faites dans l'exposé des motifs de la loi justifiaient d'ailleurs cette manière de comprendre l'article (V. M. Garnier, loc. cit.). Mais dans la pratique on a compris que le rôle de dénonciateur exigé des officiers ministériels était beaucoup plus difficile à obtenir d'eux que l'exécution de l'obligation de refuser aux parties leur ministère pour agir en conséquence d'un titre irrégulier; que le désir d'éviter aux parties l'application des amendes encourues ferait adopter dans les actes un mode d'indication ambigu ou insuffisant, de nature à compromettre leurs intérêts. Cédant à ces considérations de justice et de haute convenance, l'administration a décidé que « les obligations imposées aux officiers publics et ministériels par

l'art. 49 de la loi du 5 juin 1850, ne s'appliquent qu'aux cas où l'art. 24 de la loi du 13 brum. an 7 leur fait défense d'agir sur des actes non écrits sur papier timbré ou non visés pour timbre, et que cet art. 49 ne concerne pas, notamment, les descriptions de titre dans les inventaires et les mentions d'actes dans les testaments » (décis. min. des fin. 2 fév. 1853). Le directeur général, en transmettant cette décision aux préposés leur a prescrit de s'abstenir « d'exiger l'amende prononcée par l'art. 49, lorsque les notaires se seront bornés à décrire des titres et papiers dans des inventaires, sans en faire usage, ou à mentionner des actes dans des testaments » (instr. gén., n° 1954).

175. Une controverse s'est engagée sur la question de savoir si les notaires doivent avoir, pour les mentions de titres dans les partages, la même latitude que pour les descriptions de titres dans les inventaires. La solution négative pourrait s'induire des termes d'un arrêt de la cour de cassation (Req. 31 mai 1853, aff. Lemonnyer, D. P. 54. 1. 234). Toutefois cet arrêt décide seulement, en termes concis, que le fait d'avoir mentionné et compris, dans un acte de partage, divers actes sous seings privés pouvant faire titre, sans énonciation de la formalité du timbre, constitue de la part du notaire, rapporteur de cet acte, l'infraction punie d'une amende par l'art. 49 de la loi du 5 juin 1850; il ne fait aucune allusion à la distinction entre les mentions purement énonciatives et celles pouvant constituer un usage des actes désignés par l'officier ministériel. Ce n'est qu'à ces dernières qu'il faudrait, paraît-il, appliquer l'interprétation de l'administration (V. M. Garnier, n° 867). Les rédacteurs du Journal de l'enregistrement disent à cet égard (art. 16005) : « Il résulte de l'interprétation donnée à l'instruction n° 1954 que les énonciations faites dans les inventaires d'actes non timbrés ne permettent pas de réclamer les droits, soit aux notaires, soit aux parties, les inventaires étant purement déclaratifs; que les énonciations de ces titres dans les procès-verbaux de liquidation et partage, lorsqu'elles ont lieu en l'absence des souscripteurs et débiteurs, ne constituent pas de contravention de la part du notaire, puisque, d'après la jurisprudence de la cour de cassation, ces procès-verbaux sont alors purement déclaratifs Mais il n'en est pas de même si les débiteurs des titres non timbrés sont présents au partage : leur intervention opérant reconnaissance de la dette, il y a contravention, de la part du notaire, tant aux lois sur le timbre que sur l'enregistrement, et les droits et amendes peuvent être exigés de lui. » (Conf. trib. de la Seine, 5 janv. 1855, aff. Roussel et autres).

176. En pressant un peu l'interprétation que les nécessités sagement appréciées de la pratique ont fait prévaloir, on arrive à reconnaître que c'est surtout pour mettre l'administration à même de constater s'il a été contrevenu à la défense d'agir en conséquence d'actes non timbrés, qu'il est prescrit aux officiers ministériels de déclarer si l'acte dont ils font usage est sur timbre et d'énoncer le droit de timbre qui a été acquitté. La dénonciation indirecte que la loi du 5 juin 1850 a voulu obtenir, serait ainsi dirigée tout autant contre l'officier ministériel qui fait usage d'un titre non timbré, que contre la partie à laquelle est imputable la contravention d'avoir rédigé un acte sur papier libre ou sur papier d'un timbre insuffisant, et cette dénonciation serait ainsi demandée à l'officier même qui est en contravention. Ainsi compris, l'art. 49 de la loi du 5 juin 1850 est d'une exécution à peu près impossible. Si un officier ministériel hésite toujours à dénoncer les contraventions fiscales de ses clients, à plus forte raison faut-il s'attendre à le voir éluder une dénonciation dirigée en même temps contre lui-même. Aussi arrive-t-il souvent que lorsqu'un notaire est amené à faire usage d'une pièce sur papier libre, il s'abstient de donner les indications propres à faire reconnaître si cette pièce peut faire titre comme obligation ou comme décharge, et qu'il laisse présumer que la pièce mentionnée n'est qu'une note manuscrite ou un renseignement. — Il a été jugé, dans un sens favorable à ce procédé, qu'il suffit qu'une mention dans un acte public, d'écrits non timbrés ni enregistrés, laisse du doute sur le point de savoir si ces écrits sont de simples notes ou des actes véritables, pour que le juge ne puisse déclarer en contravention l'officier rédacteur de l'acte (trib. de la Seine, 7 fév. 1855, aff. Leduc, D. P. 55. 3. 32). Cette règle, qui présente quelque danger, n'est peut-être pas rigoureusement exacte. En exigeant que l'officier ministériel déclare si l'acte mentionné est sur timbre, l'art. 49 de la loi du 5 juin 1850 lui impose implicitement l'obligation de faire connaître, lorsqu'il s'explique sur une pièce quelconque, si cette pièce est un *acte* dans le sens des lois sur le timbre, c'est-à-dire si elle est susceptible de faire titre.

177. Les tribunaux ont eu souvent à statuer sur des cas où l'officier ministériel s'était servi de formules dubitatives, laissant supposer que l'existence de l'acte lui avait été simplement déclarée par les parties sans représentation de cet acte. L'absence de mention spéciale avait paru rendre impossible, en ce qui concerne notamment la mention dubitative d'une assurance, l'application des dispositions réprimant l'usage fait d'un titre non timbré ni enregistré (V. Enreg., nos 5200 et s.; trib. de Valenciennes, 23 mai 1855, aff. Herbert, D. P. 55. 3. 70). Mais la jurisprudence de la cour de cassation s'est formée en sens contraire ; le contrat d'assurance ne pouvant être formé que par écrit, cette cour a déclaré sans excuse l'omission de la mention exigée relativement au timbre et à l'enregistrement (Civ. cass. 7 janv. 1851, aff. Berrurier, D. P. 51. 1. 38 ; et 5 avr. 1854, aff. Robinet, D. P. 54. 1. 148). — Il faut, suivant un jugement, excepter le cas où, le notaire ayant inséré dans un acte l'obligation de continuer l'assurance d'un immeuble « si elle existe », aucune preuve de l'existence de cette assurance n'a pu être rapportée par l'administration (Trib. de Mortagne, 5 juill. 1855, aff. Charpentier, D. P. 55. 3. 70). La cour de cassation a consacré implicitement cette solution, en décidant, dans un cas où la mention de l'acte donnait à croire que l'assurance était simplement projetée, que l'officier rédacteur devait être déclaré en contravention, sur la preuve fournie par l'administration que l'assurance indiquée d'une manière dubitative dans l'acte, existait réellement (Civ. cass. 5 juill. 1859, aff. Burtz, D. P. 59. 1. 299).

178. La mention de titres non timbrés, au moyen d'un simple renvoi à un inventaire dans lequel ils ont pu être décrits sans indication relative au timbre, soustrait-elle le notaire à l'application de l'art. 49 de la loi du 5 juin 1850? — L'affirmative a été admise dans une affaire où le cas ci-dessus indiqué se présentait (Trib. de la Seine, 21 fév. 1855, aff. Roussel et autres). Cette solution a été critiquée avec raison par le journal le Contrôleur de l'enregistrement (art. 15988), comme donnant un moyen trop facile d'éluder la loi. — Il a été jugé, dans un sens contraire à la décision précédente que lorsqu'un notaire, après avoir inventorié des billets et reconnaissances sous seings privés, procède, avan l'enregistrement de ces actes, à la vente indiquée en bloc des créances dont ils sont les titres, il contrevient aux art. 23 et 42 de la loi du 22 frim. an 7, alors même que le cahier des charges et le procès-verbal d'adjudication ne feraient aucune mention de l'inventaire où se trouve le détail de ces billets et reconnaissances (Trib. d'Yvetot, 11 juill. 1860, aff. Ollivier, D. P. 60. 3. 87). Cette solution, relative à l'exécution de l'art. 23 de la loi du 22 frim. an 7, nous paraît également s'appliquer, au moins quand il y a renvoi d'un acte à un autre, à l'exécution de l'art. 49 de la loi du 5 juin 1850.

179. *Des amendes.* — En matière de contravention aux lois sur le timbre, les amendes ont le caractère de réparations civiles, en ce sens qu'elles peuvent être prononcées contre les successeurs ou représentants des contrevenants (Civ. rej. 12 août 1856, aff. l'Union riveraine, D. P. 56. 1. 362; V. Enregistr., no 6197, et Peine, no 749). — Elles subissent, comme les droits proprement dits, l'accroissement résultant de la perception des décimes de guerre (V. Impôt, no 53).

180. Dans le cas où plusieurs contraventions ont été commises, les amendes encourues doivent être prononcées cumulativement (V. Peine, nos 173 et suiv.). — A cet égard il a été jugé que le fait d'avoir mentionné dans un titre authentique plusieurs actes sans indication du timbre, constitue de la part du rédacteur autant de contraventions qu'il y a eu d'actes mentionnés (trib. de Paris, 3 août 1852, aff. Lemonnyer, rapporté avec Req. 31 mai 1853, D. P. 54. 1. 234 ; trib. de la Seine 19 déc. 1857). — Ainsi l'huissier qui assigne un débiteur en payement de deux lettres de change sans faire mention du timbre, et alors que les titres ne sont pas présentés à l'enregistrement avec l'assignation, encourt deux amendes (trib. de la Seine, 18 août 1858, aff. Hiard). —Mais le fait d'avoir établi en papier libre un registre dont les

feuilles devraient être timbrées, tel qu'un registre de comptable, ne constitue, quel que soit le nombre de feuilles écrites, qu'une seule contravention (Conf. Journ. de l'enreg., art. 16053).

181. Une même irrégularité peut quelquefois constituer une infraction à deux dispositions différentes et motiver ainsi l'application de deux amendes. — Tel est le cas où un officier ministériel a agi en vertu d'un titre non timbré et n'a pas indiqué l'absence de timbre. Il existe cependant sur ce point quelque incertitude. Suivant un jugement, lorsque le notaire s'est contenté de renvoyer à un autre acte contenant la mention du titre sur lequel il agit, il n'y a lieu de relever que la contravention résultant de l'usage d'un titre dépourvu de timbre (V. no 178). Mais pour ceux qui estiment que l'indication relative au timbre a été exigée pour faciliter la constatation des infractions imputables au rédacteur de l'acte aussi bien que celles imputables aux parties, l'application des deux amendes, dans tous les cas, paraît rentrer dans l'esprit de la loi du 5 juin 1850 (trib. de la Seine, 18 août 1858, aff. Hiard).

182. En matière de presse, le chiffre de l'amende est proportionnel au nombre des exemplaires tirés en contravention aux dispositions concernant le timbre. Toutefois il existe une limitation ; d'après l'art. 11 du décr. du 17 fév. 1852, l'amende ne peut dépasser, au total, le chiffre du cautionnement, s'il s'agit d'écrits périodiques soumis à la formalité de l'autorisation préalable, et celui de 50,000 fr., s'il s'agit d'écrits non périodiques. La loi ne s'explique pas à l'égard des journaux affranchis du cautionnement. Quel sera le maximum de l'amende dans le cas, par exemple, où un journal, paraissant sans timbre comme écrit consacré exclusivement aux lettres, aux arts, aux sciences ou à l'agriculture, serait condamné pour publication d'annonces étrangères aux matières sus-indiquées?—D'après un jugement, l'amende ne pourrait dépasser le chiffre du cautionnement auquel le journal serait assujetti s'il paraissait comme écrit politique (trib. de Lille, 5 juin 1858, aff. Maillard, D. P. 58. 3. 71). Cette solution, que nous croyons exacte, paraîtra encore bien rigoureuse si l'on réfléchit qu'il s'agit, dans notre hypothèse, d'une contravention n'ayant pas un caractère politique et n'étant pas conséquemment de nature à justifier une répression dont l'effet peut être de ruiner une entreprise utile. — Le jugement dont l'analyse précède réserve le cas où il y aurait plusieurs contraventions résultant, par exemple, de tirages différents. Dans ce cas, le maximum ne devrait être respecté par le juge que pour le calcul de l'amende proportionnelle à appliquer à chaque contravention, mais sans obstacle au cumul des amendes ainsi déterminées. Cette doctrine est contestable ; en matière de presse, le chiffre de l'amende prononcée pour défaut de timbre est tellement en disproportion avec le droit dont le non-payement constitue la contravention, qu'il est difficile de lui reconnaître le caractère de simples réparations civiles ; le législateur lui-même n'a pas dissimulé d'ailleurs son intention de donner à l'amende un caractère énergiquement répressif. Il semble en résulter que c'est le lieu d'appliquer la règle prohibitive du cumul des peines, ainsi que cela est admis par la cour de cassation touchant la *répression des* contraventions de la presse. — V. Presse, no 180.

183. Par exception, une amende plus forte est prononcée, en cas de récidive, contre l'auteur d'une contravention aux dispositions sur le timbre des journaux et des gravures (décr. 17 fév. 1852, art. 11). Il n'y a récidive, a-t-on décidé avec raison, que dans le cas d'infraction nouvelle et du même genre après condamnation, mais non dans le cas d'infraction simplement postérieure à la notification d'un procès-verbal de contravention dressé par la régie (trib. de Lille, 5 juin 1858, aff. Maillard, D. P. 58. 3. 71). — V. Peine, no 243.

184. *Des poursuites.* — Les contraventions sont constatées par des procès-verbaux, ainsi que nous l'avons indiqué vo Enregistrement, nos 6261 et suiv. — L'art. 49 de la loi du 5 juin 1850, qui impose aux officiers ministériels l'obligation d'indiquer, relativement aux titres mentionnés dans leurs actes, si ces titres sont sur timbre et quel droit a été acquitté, a fait naître la question de savoir si l'indication dans laquelle un officier ministériel révèle une contravention des parties aux lois sur le timbre, peut dispenser la régie de dresser procès-verbal. — L'affirmative, adoptée par la régie, dans une délibération des

13-19 juin 1851 (D. P. 53. 3. 5), qui assimile ce cas à celui où il y a aveu de la partie, a été consacrée également par un jugement (trib. de Pau, 10 fév. 1852, aff. Seube), Mais le contraire a été jugé avec plus de raison (trib. de Fontainebleau, 2 juin 1852, aff. Desienne, D. P. 53. 3. 5); d'une part, la signature de la partie sur l'acte n'indique nullement qu'elle ait adhéré, en connaissance de cause, à une mention dont l'objet est étranger à l'objet du contrat; d'autre part, l'absence de timbre n'est que l'un des éléments de la contravention, et il reste à établir que la pièce qui en est dépourvue est bien un véritable titre.—V. n° 176.

185. Par exception à la règle qui ne permet la poursuite qu'après rédaction et signification d'un procès-verbal de contravention, il a été jugé que le recouvrement de l'amende encourue pour une contravention en matière de timbre, résultant notamment de ce qu'une reconnaissance de dette n'a pas été écrite sur un papier au timbre proportionnel, peut être poursuivi contre celui au profit duquel la reconnaissance a été souscrite, ou contre son héritier, en qualité de débiteur solidaire de cette amende, quoique le procès-verbal de la contravention ait été dressé contre le souscripteur seul, et n'ait été notifié qu'à ce dernier (Req. 9 mars 1852, aff. Chaumorot, D. P. 52. 1. 70); —...Et il en est ainsi, encore que la contravention serait déclarée non établie à l'égard de l'individu que le procès-verbal désigne comme s'en étant rendu l'auteur : il suffit que l'existence de la contravention soit constante (même arrêt).

186. D'après la loi du 28 avr. 1816, les amendes pour contravention aux lois du timbre doivent être poursuivies par voie de contrainte, et non par voie de signification du procès-verbal de contravention et d'assignation au contrevenant (V. Enregistr., n° 6267). Il suffit donc de signifier le procès-verbal en même temps que la contrainte (Civ. cass. 11 juill. 1849, aff. Dubreuil, D. P. 50. 4. 445, et 2 mai 1854, aff. Jacquot, D. P. 54.1. 253). Mais il n'en est pas de même pour les contraventions concernant le timbre des journaux; il a été jugé, par application de l'art. 10 du décr. du 17 fév. 1852, qu'à défaut de signification, dans les trois jours, du procès-verbal dressé à l'occasion de la saisie de journaux publiés en contravention aux dispositions qui exigent le timbre, la règle est déchue de son action à l'égard du contrevenant; et, toutefois, que le délai de la signification se trouve augmenté proportionnellement à la distance, d'après la règle de l'art.1033 c. pr. civ., lorsque le contrevenant n'est pas domicilié dans l'arrondissement du bureau de perception qui a dressé le procès-verbal (trib. de la Seine, 25 nov. 1859, aff. Gari, D. P. 60. 3. 61).

187. Les attributions de la régie ne sont point limitées à la constatation des contraventions et au recouvrement des amendes, elles comprennent forcément aussi, ainsi que l'a décidé un arrêt, le droit de poursuivre la réparation civile du préjudice résultant de ces contraventions, à l'égard, non-seulement des contrevenants, mais même des personnes que la loi déclare civilement responsables (Paris, 15 mai 1851, aff. Pernoud, D. P. 52. 2. 241). — V. Enregistr., n°s 5367, 5660 et 5755.

188. Nous rappelons ici : 1° que les employés de l'administration peuvent réclamer devant les tribunaux le payement des droits et des amendes, sans avoir besoin du ministère des avoués (V. Conclusions, n° 11); 2° que les jugements répriment les contraventions aux lois sur le timbre ne sont pas susceptibles d'appel (V. Appel civil, n° 300); 3° que le trésor a un privilége pour le recouvrement des droits et amendes en matière de timbre (V. Privil. et hypoth., n° 541). — L'amende et les frais de visa payés au fisc et réclamés au débiteur comme accessoire de la dette principale, entrent-ils dans la computation du dernier ressort? — V. Degrés de juridiction, n° 198.

189. Les employés de l'administration ne sont pas seuls appelés à constater les contraventions aux lois sur le timbre. Pour certains actes, la contravention peut aussi être constatée par d'autres agents. Ainsi, les contraventions au timbre des lettres de voiture peuvent être constatées par les préposés des douanes, des contributions indirectes et des octrois, et par les gendarmes (Décis. min. fin. des 16 mess. an 13 et 14 avr. 1812; Instr. gén. n°s 528, § 3, et 575). — Disons, toutefois, que, d'après une délibération de la régie, des 7-11 oct. 1859, les gendarmes, les préposés de l'octroi et autres agents désignés

dans l'instr. 575, n'ont pas qualité pour dresser des procès-verbaux de contravention au timbre relativement aux notes ou autres pièces dont sont accompagnés les transports faits, soit dans l'intérieur d'une commune, soit d'une commune à la gare du chemin de fer qui l'avoisine (Instr. gén. n° 2167, § 4). — Ainsi encore, les contraventions peuvent être constatées, pour ce qui concerne les affiches peintes sur les murs, par les commissaires de police, gendarmes, gardes champêtres et tous autres agents de la force publique (décr. 25 août 1852, art. 5), et pour ce qui concerne le timbre des journaux, par tous les officiers de police judiciaire (V. Presse, n° 494).

190. La saisie des pièces, registres et journaux est autorisée comme moyen de preuve, lorsqu'il y a lieu de dresser procès-verbal d'une contravention. Cependant les pièces et registres sont laissés aux contrevenants s'ils consentent à signer les procès-verbaux et à acquitter sur-le-champ tant le droit de timbre que l'amende encourue (L. 13 brum. an 7, art. 31). Ces principes sont applicables aux contraventions relatives à l'emploi des timbres mobiles créés pour l'acquittement des droits de timbre sur les effets venant de l'étranger ou des colonies. Dans le cas où l'infraction résulte de l'emploi d'un timbre mobile ayant déjà servi, indépendamment du procès-verbal relatif au défaut d'acquittement du droit de timbre, il y a lieu de constater la fraude par un second procès-verbal qui est remis au procureur impérial par l'entremise du directeur (Instr. gén. n° 2176, du 3 août 1860).

191. Indépendamment de la déchéance, l'action de la régie peut être éteinte par la prescription ou par l'amnistie.

Le délai de la prescription, ainsi que nous l'avons plusieurs fois rappelé, est de deux ans (V. Copie de pièces, n° 24; Huissier, n° 74; Peine, 763, et Enregistrement, n° 6197); le contrevenant, lorsqu'il a omis d'invoquer la prescription devant les juges du fond, n'est pas recevable à soulever ce moyen pour la première fois devant la cour de cassation (Civ. cass. 12 août 1856, aff. l'Union riveraine, D. P. 56. 1. 362; Instr. gén. du 17 mai 1857, n° 2096, § 7).

192. La prescription court, en cette matière, comme en matière d'enregistrement, non du jour où les préposés ont pu rechercher la contravention, mais du jour où ils ont été mis à même de la constater au vu des actes qui la renferment. — Il a été jugé, spécialement, que la prescription d'une contravention consistant en ce que des copies d'exploit comprenaient un nombre de lignes excédant celui prescrit par l'art. 1 de la loi du 29 août 1813, ne peut être considérée comme ayant pris cours à partir de la remise de ces copies dans les lieux publics, tels que les bureaux d'une mairie ou d'une recette particulière, sous prétexte que les préposés eussent pu y faire la vérification des copies, aucune loi ne leur en imposant le devoir (Civ. cass. 2 janv. 1856, aff. Constotte, D. P. 56. 1. 65). La prescription ne court, en pareil cas, qu'à dater du jour où il est établi que les copies dont il s'agit ont été mises sous les yeux de l'administration, et, par exemple , à compter des procès-verbaux qui en constatent la saisie ; il en est ainsi, alors même que les originaux, soumis à l'enregistrement, constateraient la remise des copies dans les lieux publics où elles ont été déposées (même arrêt).

193. La prescription de deux ans, qui atteint l'amende, laisse subsister l'action en payement du droit que le contrevenant n'a pas acquitté. Cette action ne se prescrit que par trente ans (même arrêt, et Instr. gén. n°s 1180, 1187 et 1721). Il en est de même, dirons-nous avec le Journ. de l'Enreg., de l'action en payement de suppléments de droit. — V. Enreg., n° 6197.

194. Des décisions diverses ont été rendues, à l'occasion de changements de législation ou de jurisprudence, pour mettre à l'abri de poursuites les individus qui, par ignorance ou bonne foi, se trouvaient ou étaient exposés à se trouver en contravention. On peut citer à cet égard : 1° un décret du 29 sept. 1855 (D. P. 55. 4. 99), rendu à l'occasion des changements édictés en matière de transcription par la loi du 23 mars 1855, lequel fixe un délai pour la régularisation sans amende des actes sous seings privés non timbrés, translatifs de propriété immobilière ou de droits réels, susceptibles d'hypothèque, etc. ; 2° une décision du ministre des finances, du 19 août 1857, prescrivant de ne pas insister sur le recouvrement des amendes et portions d'amende dues pour contravention au timbre des avis et annonces sup-primé par l'art. 12 de la loi du 23 juin 1857, sous la condition que les contrevenants payeraient les droits de timbre acquis au trésor et les frais de poursuites. — Il nous paraît que, dans les cas où l'administration change de jurisprudence, les personnes que l'abandon de l'ancienne doctrine peut faire déclarer en con-travention sont fondées à demander une remise de l'amende en-courue (Conf. contrôl. de l'Enreg., art. 17129).—V. nos 12 et 68.

Table sommaire des matières.

Table des articles des lois du 13 brumaire an 7 et du 5 juin 1850.

Table chronologique des lois, décrets, arrêts, etc.

—19 août 194.	—19 déc. 160.	—8 juin p. 450.	—50 sept. 157 c.	—20 avr. 76.	—9 août 157.	—18 janv. p. 450.	—17 juill. 178 c.
—29 août 112.	—31 déc. 121 c.	—5 juin 182 c.,	—2 oct. 23, 64.	—36 avr. 129 c.	—12 août 118 c.	—20 janv. 23 c.	—26 juill. p. 450.
—2 sept. 52, 56,	1858. 5 janv. 20 c.	185 c.	—6 oct. 82.	—10 mai 65.	—16 août p. 450.	—5 fév. 130 c.	—5 août 109, 190.
65, 112.	—9 janv. 137 c.	—7 juin 55-4°.	—50 oct. 55-5°.	—24 mai 68, p.450.	—30 août 165 c.	—20 fév. 70.	—20 nov. 70.
—26 sept. 114.	—28 janv. 28-5°.	—11 juin40,105-5°	—8 déc. 75.	—29 mai 104 c.	—25 nov. 142 c.,	—27 fév. 157.	—4 août 125.
—28 sept. 114.	—5 mars 147 c.	—5 juill. 23 c.	1859; 6 janv. 25 c.	—4juin137c.,140c.	—2 déc. 67.	—28 mars 31 c., 81.	—11 août 128 c.
—24 oct. 105-5°.	—23 avr. 84.	—15 juill. 150-5°.	—17 janv. 75.	—11 juin 104.	—16 déc. 59 c.	—29 mars 148 c.	—18 août 39 c.
—29 oct. 55-5°.	—27 avr. 87.	—27 juill. 116 c.	—29 janv. 91.	—17 juin 104.	—24 déc. 113 c.	—9 avr. 69.	—7 sept. 81.
—31 oct. 88.	—28 avr. 40, 41 c.	—15 août 121 c.	—7 fév. 3.	—27 juin 86.	1860. 5 janv. 56.	—5 mai 121.	—9 sept. p. 450.
—9 déc. 24 c., 26 c.	—30 avr. 128 c.	—18 août 180,181.	—4 mars 3.	—5 juill. 177 c.	—14 janv. 119 c.,	—9 mai p. 450.	—10 nov. 131 c.
—11 déc. 88.	—18 mai 6 c., 25 c.	—25 août 124 c.	—50 mars 149 c.	—19 juill. 65.	120 c.	—25 juin p. 450.	—17 nov. 58 c.
—14 déc. 150 c.	—22 mai 87.	—4 sept. 64.	—14 avr. 91 c.	—20 juill. 87.		—50 juin 58 c.	1861. 2 janv. 151 c.
							—10 janv. 91 c.

TIMBRE-CONTROLE. — Cette désignation est donnée à une marque apposée sur les machines à vapeur par les agents de l'administration chargés de les essayer (ord. 22 mai 1843, art. 17 et s.; V. Machines à vapeur, p. 597). Le timbre-contrôle, faisant connaître le degré de tension intérieure des chaudières, doit-il faire réputer apparent le vice résultant d'une insuffisance d'épaisseur des tôles? La négative a été admise par la cour de cassation (Req. 9 fév. 1857, aff. Cavé, D. P. 57. 1. 259).

TIMBRES DE L'ÉTAT. — Sur la contrefaçon des timbres, sceaux, marteaux de l'État, V. Faux, nos 80 et s.; Forêts, nos 215 s.

TIMBRES DE LA POSTE. — On appelle ainsi les empreintes qui, au départ et à l'arrivée, sont apposées sur les dépêches dans les bureaux de l'administration. Les indications qu'elles renferment sont quelquefois invoquées comme pouvant faire attribuer une date certaine aux lettres produites en justice (V. Oblig., no 3884; Nantissem., no 84). L'apposition d'une fausse empreinte d'un bureau de poste est-elle punie comme contrefaçon d'un timbre de l'État? — V. Faux, no 81; V. aussi eod., nos 175-7°.
Les timbres d'affranchissement ou timbres-poste sont régis par des dispositions différentes (V. Timbre, nos 11 et 29). L'envoi de timbres-poste dans les lettres a été toléré par l'administration comme moyen d'effectuer des payements modiques ou de former l'appoint d'un compte. — Voy. D. P. 59. 4. 64, note 1, in fine.

TIMBRES-SCEAUX ET TIMBRES PRIVÉS. — Les fonctionnaires publics et les diverses autorités possèdent un sceau ou timbre dont l'empreinte est apposée aux actes. La contrefaçon de ces sceaux ou timbres, qu'il ne faut pas confondre avec celle des timbres de l'État, est réprimée par l'art. 142 c. pén. (V. Faux, nos 91 et 93, 401). — De même, les établissements particuliers de banque ou de commerce font usage, pour leurs actes et écrits de diverses natures, de timbres dont la contrefaçon est réprimée comme celle des sceaux des autorités. — V. Crim. cass. 10 mars 1855, aff. Osterman, D. P. 55. 1. 184, et nos observations sur un arrêt du 8 janv. 1859 (D. P. 59. 1. 48).

TIR. — V. Commune, no 1048; Contrav., no 89; Jeu, no 12.

TIRAGE AU SORT. — V. Avoué, no 239; Commune, nos 234 et suiv.; Instruct. crim., nos 1731, 1743, 1749; Organ. milit., Succession, nos 1834 et suiv.

TIRANT. — V. Eau, no 332.

TIRÉ. — On désigne sous ce nom, celui que le tireur d'une lettre de change charge de payer à l'échéance indiquée, numerator pecuniæ ou solvens. — V. Effets de comm., nos 37, 117 s., 121, 210 s., 244, 260 s., 275 s. 295 s., 343 s., 670 s., 675 s.

TIRE ET AIRE. — V. Forêts, nos 1275, 1293.

TIREUR. — C'est celui qui crée la lettre de change : trahens ou scribens. — V. Effets de comm., no 37, 203 et suiv., 670 et suiv., 677, 727 et suiv., 735; Faillite, no 338.

TIREUR POUR COMPTE. — V. Effets de com., no 120 s.

TIREUR SUR SOI-MÊME. — V. Effets de com., nos 72 et s.

TISSUS. — V. Douanes, nos 520 et suiv., 620 et suiv., 787 et suiv.; Industrie, p. 671 et suiv.

TITRE. — Ce mot a plusieurs acceptions. — 1° Il est synonyme du mot acte, c'est dans ce sens que l'art. 943-7° c. pr. emploie le mot titre, lorsqu'il dit que l'inventaire devra contenir la déclaration des titres actifs et passifs (V. Scellés et invent., no 258). — Dans l'usage, on donne le nom de titre à l'acte qui confère un droit. A ce point de vue, on distingue le titre ancien, qui a plus de trente ans de date (V. Oblig., no 3154 et s., 4459 et s.); — Le titre authentique, passé devant un officier public chargé de donner l'authenticité aux actes (V. eod., nos 3026 et s., 3057 et s.); — Le titre exécutoire ou paré, qui outre l'authenticité réunit les conditions qui donnent l'exécution parée (V. eod., no 3157 et s.; Jugement, nos 370 et s.; V. aussi vo Action, no 170; Contr., no 9 et s.; 23 et s.; Contr. de mar., no 913; Priv. et hyp., nos 1143 et s.; Référé, nos 4, 8 et s., 67 et s., 165 et s.; Saisie-exécut., nos 8 et s.; Success., no 1319 et s.; Vente publ. d'imm., nos 497 et s.); — Le titre primordial, qui le premier constate l'établissement d'un droit (V. Obligat., nos 4269 et s., 4441 et s.; Propriété féod., nos 427 et s.); — Le titre récognitif, passé depuis le titre primordial et qui a pour objet la reconnaissance de la dette (V. iisd.); lorsqu'il s'agit de la reconnaissance d'une rente ou d'une redevance, on donne au titre récognitif, le nom de titre nouvel (V. Prescript., no 869 et suiv.; V. aussi Enreg., no 785; Rentes const., nos 83; 238 et s.; Retenue, no 37; Servit., no 970; Vente, no 1095); — Le titre confirmatif, par lequel on approuve, on ratifie un acte précédemment fait et qui est vicié de nullité. — V. Oblig., nos 4468 et s.

2° Le mot titre est synonyme du mot qualité : on dit en effet le titre d'héritier, de femme commune, d'acquéreur, etc.

3° Il exprime aussi la cause en vertu de laquelle on possède : par exemple, on dit titre gratuit, titre onéreux, titre lucratif, titre universel, titre particulier (V. Oblig., nos 2999 et s.), titre précaire (V. Prescript. civ., nos 400 et s.), titre successif. — V. Contr. de mar., no 772; Droit polit., no 854; Emigré, no 93.

4° Par titre, on entend encore le droit qu'on a de posséder, de demander ou de faire quelque chose. — Ainsi, le juste titre est celui qui en matière de prescription sert de une nature translatif de propriété, soit à titre gratuit, soit à titre onéreux, quoique par le fait la propriété de la chose n'ait pu être transmise (V. Prescript., nos 880 et s., 908 et s.; Servit., nos 1120 et s). — Le titre nul ou vicieux est celui qui en matière de prescription manque des conditions nécessaires pour transmettre la propriété (V. Prescript. civ., no 899). — Le titre apparent ou coloré est celui qui a toutes les apparences de la bonne foi, qui semble légitime, et qui cependant n'est pas valable pour transférer la propriété (V. Droit polit., nos 181 et s.; Enreg., no 331; Faillite, no 414-1°; Faux, no 178; Oblig., no 3000; Question préjud., nos 131 et s.; Scellés et invent., nos 29, 100, 110; Servit., no 1134). — Le titre présumé est celui qui n'a pas besoin d'être produit, par une certaine raison que la loi en présume l'existence, c'est ainsi par exemple, qu'après un délai de trente ans, la loi suppose qu'il y a un titre (V. Prescript., no 41 et s.). — Le titre putatif est celui que l'on croit avoir, mais qu'on n'a point en réalité, tel est le titre de l'héritier apparent. — V. Prescript. civ., no 898; Succession, nos 403 et s., 412 et s., 541 et s. 573 et s.

5° Le mot titre signifie une dignité, une fonction : les titres de noblesse, le titre de sénateur, etc. — V. Noblesse, Obligat., nos 3436; Ordres civils et milit., Usurpation de titres.

6° Il exprime encore le degré de pureté des matières d'or ou d'argent. — V. Mat. d'or ou d'argent, nos 16 et s., 42, 101,139.

TITRE ADIRÉ. — Titre ou acte perdu ou égaré, soit par force majeure, soit par la faute ou la négligence des parties ou du notaire. — V. Oblig., nos 4446, 4917 et s.; V. aussi vo Disp. entre-vifs et test., no 2518 et s.; Domm.-destruct., nos 184 et s.

TITRES DE NOBLESSE. — V. Noblesse, Usurpation de titres.

TITRES FÉODAUX. — V. Propriété féodale.

TITULAIRE. — Celui qui est revêtu d'une fonction. — V. Caution. de fonct., Office.

TOIT. — V. Commune, nos 683 et suiv., 1279; Impôts dir., no 37; Servitude, nos 422. 751, 768 et suiv., 811, 923.

TOLÉRANCE.— Condescendance, indulgence pour laisser faire ce que l'on pourrait empêcher. — V. Action possessoire, n°ˢ 201 et suiv.; Boulanger, n° 30; Concession, n° 53; Culte, n°ˢ 37, 150 et suiv., 172; Impôts ind., n° 221; Mat. d'or et d'argent, n° 13; Médecine, n° 25; Place de guerre, n°ˢ 90, 100 et s.; Poids et mes.; Prescr. civ., n°ˢ 358 et s., 375; Question préjud., n° 93; Sel, n° 108; Servit., n°ˢ 1044, 1103 et s., 1174.

• TOLÉRANCE (MAISONS DE). — **1.** Les règles de police applicables aux maisons de tolérance, que nous avons exposées vˣ Prostitution, n°ˢ 7 et suiv., ont été confirmées et complétées par la jurisprudence. Ainsi, il a été jugé : 1° que l'arrêté municipal portant que « à l'avenir aucune maison de tolérance ne pourra être ouverte dans la ville ni dans ses faubourgs, sans l'autorisation préalable de l'administration municipale, » s'applique même aux maisons de tolérance ouvertes au moment de sa mise en vigueur, en sorte que le fait de continuer à les tenir constitue, à défaut de l'autorisation exigée, une contravention passible des peines édictées par l'art. 471, n° 15, c. pén. (Crim. cass. 25 fév. 1858, aff. Gallou, D. P. 58. 5. 303); — 2° Que l'autorité municipale, seule juge des conditions sous lesquelles la prostitution peut être tolérée, a le droit de défendre par un règlement de loger sciemment des filles publiques en garni, sans une autorisation préalable de l'autorité (Crim. cass. 18 fév. 1860, aff. Richard, D. P. 60. 5. 308); — 3° Que la prohibition faite à toute personne, d'une manière générale, de loger des filles publiques sans une autorisation préalable, s'applique aux locataires sous-louant une partie de leur logement comme aux propriétaires (même arrêt); — 4° Que l'arrêté interdisant l'habitation à toute femme ou fille de débauche, dans l'intérieur de la ville et notamment dans telles rues qu'il désigne, n'est pas réputé interdire à ces rues la prohibition qu'il renferme (même arrêt). — V. Commune, n°ˢ 1203 et 1204.

2. Il faut remarquer, toutefois, que le bailleur n'est en faute qu'autant qu'il a loué pour exercer le métier de fille publique et qu'il a connu les habitudes de sa locataire. Sans cela, le fait de la locataire, bien que contraire à l'arrêté, ne pourrait donner lieu à l'application d'une peine contre le propriétaire (Crim. cass. 18 juill. 1857, aff. Louillier, D. P. 57. 1. 382). — Lorsque la fille logée est une mineure, le fait de la location, consenti avec connaissance de son inscription comme fille soumise, constitue le délit prévu par l'art. 334 c. pén., dans le cas même où le propriétaire ne demeure pas dans sa maison et n'exerce aucune surveillance sur ses locataires (Crim. cass. 10 nov. 1854, aff. Guilleux, D. P. 55. 1. 44). — V. Attentat aux mœurs, n° 45.

3. La réception des mineurs dans les maisons de tolérance constitue quelquefois le délit d'excitation habituelle de mineurs à la débauche. Tel est le cas où une fille publique se livre habituellement à des actes de débauche en présence de mineurs amenés chez elles; l'intérêt de son honteux métier n'est pas admis comme excuse (Crim. cass. 7 juill. 1859, aff. Alibert Lascoux, D. P. 59. 1. 285).

4. Les maisons de tolérance, lorsqu'elles renferment un débit de boissons, sont soumises aux dispositions qui régissent les cabarets. D'un autre côté, les cabarets peuvent être l'objet de certaines mesures prises en prévision de la prostitution clandestine.—Il a été jugé que le droit accordé aux préfets d'ordonner la fermeture des débits de boissons toutes les fois que l'ordre et les bonnes mœurs y sont intéressés, implique nécessairement le droit de prendre les mesures propres à protéger l'ordre et les bonnes mœurs; que, par suite, un préfet a pu imposer aux débitants de boissons de son département l'obligation de n'admettre des filles et femmes de service dans leur établissement que de l'agrément du commissaire de police de la localité (Crim. cass. 10 mars 1860, aff. Ardoin, D. P. 60. 1. 195).

5. Le voisinage des maisons de débauche soulève des questions d'indemnité analogues à celles auxquelles donne lieu l'établissement des ateliers insalubres. Il a été décidé que le jugement de ces questions est de l'autorité judiciaire (Besançon, 9 fév. 1859, aff. Cuénot, D. P. 59. 2. 73; cons. d'Et. 9 juin 1859, même affaire, D, P. 59. 3. 33), et que la dépréciation causée aux maisons voisines autorise la condamnation à des dommages-intérêts tant du directeur de l'établissement de débauche que du propriétaire de la maison dans laquelle

cet établissement est installé (Besançon, 3 août 1860, aff. Cuénot, D. P. 60. 2. 4).—La permission de police accordée à un tel établissement est toujours donnée sous la réserve du droit des tiers.

TOMBEAU. — V. Culte, n°ˢ 759 et suiv.

TONLIEU.— Terme de droit féodal. — V. Propriété féodale n°ˢ 73 et suiv.

TONNAGE.—Dans un sens, c'est le droit sur la charge d'un navire, et dans un autre sens c'est l'évaluation faite de cette charge par tonneaux : l'arrêté du 13 brum. an 9 (V. Poids et mesures, p. 983) fixe à 1,000 kilogr. le poids du tonneau. — V. Douanes, n°ˢ 494, 579, 638; Dr. mar., n°ˢ 32, 73, 77, 812.

TONNEAU.—V. Biens, n°ˢ 86 et s.; Impôts ind., n°ˢ 122 et s.; 214 et s.; Lonage, n° 769; Dr. mar., n°ˢ 73 et s., 797-2°; Tonnage.

TONTINE. **1.** Dans son acception la plus générale, la tontine est une opération financière faite en commun par plusieurs personnes, et dont le profit est subordonné à une condition de survie. Ainsi, par exemple, plusieurs personnes mettent un fonds en commun et conviennent qu'à une certaine époque ce fonds sera réparti entre les survivants, avec les intérêts accumulés et la part des décédés, en faveur de plusieurs personnes font ensemble un placement en rentes viagères et stipulent que la part des prémourants accroîtra aux survivants jusqu'au décès du dernier, où toutes les rentes s'éteindront. Ces combinaisons et toutes celles qui, s'en éloignant plus ou moins, reposent comme elles sur cette condition de survie, se nomment tontines, du nom de leur inventeur, le banquier napolitain Lorenzo Tonti, qui vint se fixer en France vers le milieu du dix-septième siècle.

Division.

§ 1. — Des tontines en général.

2. Ces sortes de combinaisons furent appliquées dans le principe aux emprunts contractés par les États. L'inventeur y voyait surtout un moyen de créer des ressources au trésor et d'y attirer les capitaux par l'appât des avantages considérables offerts aux prêteurs survivants. Il proposa son plan au cardinal Mazarin, qui l'agréa, et en novembre 1653 fut rendu un édit portant érection de la tontine royale. D'après cet édit, les prêteurs étaient répartis en dix classes, selon leur âge. La première comprenait les enfants des deux sexes jusqu'à sept ans ; la deuxième les enfants de sept à quatorze ans, et ainsi de suite, de sept en sept ans, jusqu'à la dixième classe, qui comprenait les personnes âgées de soixante-trois ans et au-dessus. Chaque prêteur était admis dans la classe déterminée par son âge en payant une somme de 300 livres dont l'État s'engageait à servir l'intérêt à 5 pour 100. Dans chaque classe, au moins dans chaque classe seulement, la part des morts devait accroître aux survivants. L'emprunt total était de 25 millions en capital, et, par conséquent, les rentes créées étaient de 1,250,000 fr., soit 125,000 fr. pour chaque classe.—Le parlement refusa d'enregistrer cet édit, qui, par suite, resta sans exécution.—En 1689, Louis XIV, dont les finances étaient épuisées par la guerre, ouvrit une tontine de 1,400,000 livres de rentes viagères, au denier 10, divisées en quatorze classes de 100,000 livres de rente chacune. Le taux de la souscription était de 300 livres. Cette tontine, dont toutes les classes ne purent être remplies, ne finit qu'en 1726, par le décès d'une veuve, âgée de quatre-vingt-seize ans, qui, au moment de sa mort, jouissait d'un revenu de 73,500 livres de rente. —Louis XIV recourut encore à cet expédient en 1696 et en 1709. Il y fut recouru aussi sous le règne de son successeur, notamment en 1733, 1734 et 1759.

3. Cependant des sérieuses critiques avaient été dirigées contre ce mode d'emprunt. « De tous les expédients de finances, disait notamment Forbonnais (dans ses Recherches et considérations sur les finances de la France), c'est peut-être le plus onéreux pour l'État, puisqu'il faut presque un siècle pour éteindre une tontine, dont les intérêts sont pourtant d'ordinaire à un très-fort denier. » Une déclaration royale du 21 novembre 1763 interdit pour l'avenir toute tontine nouvelle ou rentes viagères portant accroissement au-dessus du denier primitivement constitué. Enfin, en 1770, un arrêt du conseil supprima toutes les tontines du gouvernement et convertit les rentes qui leur étaient affectées en rentes viagères au taux déterminé par un tarif spécial.

4. Le gouvernement anglais essaya plusieurs fois aussi, notamment en 1692 et en 1789, de recourir à ce mode d'emprunt; mais, malgré les avantages qu'il offrait aux souscripteurs, ses essais ne furent pas heureux, et les capitalistes se montrèrent généralement peu disposés à répondre à son appel.

5. L'idée mère des tontines reçut aussi un autre mode d'application. Elle donna naissance à des institutions privées qui furent le point de départ, et qui, pendant quelque temps, ont été la seule forme des assurances sur la vie. Un certain nombre de ces tontines s'était formé au siècle dernier. Sur la plupart d'entre elles les renseignements nous manquent; ils seraient d'ailleurs à peu près sans intérêt. Toutefois, parmi ces anciens établissements, il en est quelques-uns qui subsistent encore aujourd'hui, et sur lesquels, dès lors, il peut être utile d'entrer dans quelques détails : ce sont d'abord la *caisse Lafarge*, qui eut à son origine un si grand succès et qui aboutit à de si grands mécomptes ; la *caisse des employés et artisans*, et enfin la *tontine du pacte social*. Comme chacun de ces établissements a son histoire et son régime particulier, nous leur consacrerons un paragraphe spécial ; nous ne nous occupons ici des tontines que d'une manière générale.

6. Nous venons de dire que la caisse Lafarge avait eu d'abord un grand succès. Ce succès encouragea les imitateurs et donna naissance à un certain nombre d'établissements analogues. Mais l'expérience ne tarda pas à démontrer quels abus devait engendrer la liberté de former de pareils établissements sans l'intervention et le contrôle de l'autorité supérieure. Lorsque les premiers titres du code de commerce eurent été promulgués (sept. 1807), on fut naturellement amené à se demander si l'art. 37 de ce code, qui porte que la société anonyme ne peut exister qu'avec l'autorisation de l'empereur et avec son approbation pour l'acte qui la constitue, était applicable aux tontines. Cette question fut examinée dans un rapport fait au conseil d'État par M. d'Hauterive, en novembre 1808, rapport dont le texte nous a été conservé, au moins pour ses principales parties, par Merlin (Rép., v° Tontine). M. d'Hauterive, dans ce rapport, a soutenu que l'art. 37 c. com. n'était applicable aux tontines ni par son texte ni par l'esprit qui l'a dicté (V. aussi n° 13).

« Dans une tontine, disait-il, la somme des capitaux, une fois déterminée, reste toujours la même : ils ne sont sujets à aucune chance ni susceptibles d'aucune amélioration, et l'industrie, le temps ni la fortune ne peuvent rien changer à leur mesure. Une tontine ne présente ni travail, ni produit, ni concurrence ; c'est une simple convention par laquelle les sociétaires s'engagent à souffrir, au détriment de leurs héritiers naturels, le partage de leur intérêt dans l'association entre ceux de leurs coassociés qui sont destinés à leur survivre ; et le partage est en même temps la seule opération des personnes qui sont chargées d'administrer l'association. Il est difficile de comprendre comment l'existence de cette société pourrait être rapportée à la législation commerciale, qui a pour objet de soumettre l'industrie à des lois particulières, de favoriser ses accroissemens, de déterminer ses droits et de régler ses concurrences. — Le titre 3 c. com. définit très-bien les sociétés anonymes ; mais ce qu'il en dit ne peut s'appliquer sous aucun rapport aux tontines. Les sociétés anonymes se composent d'associés et de mandataires, quand ils ne sont pas associés, n'ont aucun intérêt dans la société ; ils gèrent en vertu d'un mandat déterminé, volontaire et révocable ; leur gestion, leur salaire, peuvent cesser à volonté. Les tontines se composent aussi de sociétaires et de mandataires ; mais les mandataires préexistent à la société qu'ils ont formée ; ils lui imposent, en la constituant, les conditions de la part qu'ils veulent prendre dans le partage des produits de la mise des associés ; leur autorité, quoique sujette à contrôle pour ses effets, est indépendante dans sa consistance ; l'intérêt qu'ils se sont assuré dans la formation dure aussi longtemps que la société qu'ils ont organisée. Cette disposition, commune à toutes

les tontines, est formellement contraire à l'art. 31 c. com., qui règle la forme et l'organisation des sociétés anonymes. — Mais il y a encore d'autres différences. Les sociétés anonymes présentent à tous les associés un intérêt égal : le plus ou moins de valeur dans les résultats dépend de la mesure des mises dont chacun des associés contribue, et qui leur assure à tous un bénéfice proportionné à la somme de leurs actions. Mais cette diversité, quoiqu'elle soit à l'avantage des grands actionnaires, est indifférente à l'égard de ceux qui ne sont porteurs que d'une ou d'un petit nombre d'actions ; car, dans ces sortes d'associations, il n'existe de rapports de droits, d'intérêts et de partage qu'entre les actions, et de chaque action à toutes les autres. Les personnes restent toujours étrangères les unes aux autres ; elles peuvent être anonymes, et, le plus souvent, soit par des transmissions volontaires, soit par des transmissions forcées, leurs actions sont susceptibles de circuler de main en main, sans que ces changements affectent en aucune manière l'intérêt général de la société. Il n'en est pas ainsi des tontines : ici tous les intérêts individuels diffèrent par l'âge, par la profession, par la constitution physique des associés. Les mises, considérées isolément, sont égales ; mais, comme les rapports de droits et d'intérêts existent entre les personnes ainsi qu'entre les actions, et que les lois du partage dépendent de la destinée des personnes, les différences dans les probabilités de la vie par la comparaison des âges, des professions et de tous les indices d'une plus ou moins grande vitalité, les cumulations d'actions sur le même individu et les degrés divers de ces cumulations, détruisent tout principe d'égalité dans la comparaison générale des chances, et la diversité qui en est la conséquence s'établit sur des éléments tellement compliqués, que l'arithmétique la plus déliée fournit à peine des moyens suffisants pour en discerner et en bien apprécier les résultats. — Enfin, la différence qui mérite le plus d'être prise en considération est celle-ci : les sociétés anonymes créent un intérêt nouveau, non-seulement pour les associés, mais pour l'État lui-même. Elles répandent et multiplient l'action vivifiante du travail ; elles forment des capitaux qui, mis en œuvre par leur féconde et toujours active industrie, produisent eux-mêmes de nouvelles propriétés productives. Les sociétés tontinières ne produisent ni mouvement, ni capital, ni industrie. C'est donc sans aucune règle d'analogie qu'on appliquerait à ces sociétés les articles du code de commerce qui sont relatifs à l'établissement des sociétés anonymes. »

7. La conséquence qui semble résulter de là, c'est que, sous l'empire de la législation existante, les tontines ne sont pas soumises à l'autorisation du gouvernement, et que, pour les y assujétir, une loi nouvelle serait nécessaire. Il n'est pas cependant l'avis de M. d'Hauterive, qui, par les considérations suivantes, arrive à une conclusion tout opposée. — « Et d'abord, dit-il, on pourrait rappeler la loi du 24 août 1793, qui, après avoir supprimé la caisse d'escompte, la compagnie d'assurances sur la vie, et généralement toutes celles dont le fonds capital repose sur des actions au porteur, ou sur des effets négociables, ou sur des inscriptions sur un livre transmissibles à volonté, » prescrit (art. 2) qu'à l'avenir « il ne pourra être établi, formé ou conservé de pareilles associations ou compagnies sans une autorisation du corps législatif. » La compagnie des assurances sur la vie, considérée sous le plus important et le plus fécond de ses rapports, était une véritable tontine : les arrêts du conseil des 3 nov. 1787 et 27 juill. 1788, qui autorisent la confirmation de cette compagnie, caractérisent les droits du gouvernement relativement à ces sortes d'établissements d'une manière très-absolue et qui mérite d'être remarquée. Le roi déclare, dans le préambule de l'arrêt de 1787 et dans l'art. 1, que le droit d'établir des assurances sur la vie est *un privilége domanial*; il permet à la ville de Paris d'exercer ce privilége, et l'autorise à le transmettre, pour un temps limité, à une compagnie d'assurances ; mais, ne perdant pas de vue que l'intérêt collectif de ces établissements se composerait d'une multitude d'intérêts individuels ; que toutes les personnes qui traiteraient avec la compagnie seraient éparses et isolées ; qu'un grand nombre d'entre elles seraient incapables de concevoir et de prévenir ou de combattre les fraudes qui pourraient être faites à leur préjudice ; qu'un très-grand nombre encore ne tiendraient à l'association que par

les droits qui, quoique considérables eu égard à leur fortune, seraient intrinsèquement de si peu de prix, qu'ils ne vaudraient
pas les peines qu'il faudrait prendre pour en surveiller la conservation, et qu'ainsi la nécessité ferait à la grande pluralité des
intéressés une loi absolue de s'en rapporter, avec une confiance
aveugle, à la direction de la compagnie, l'arrêt prescrit à la ville
de Paris d'exercer sur cette direction une inspection perpétuelle ;
et, pour s'assurer que cette surveillance sera effectivement exercée, il attribue à l'hôtel de ville le quart des bénéfices de cet
établissement, pour être employé à des objets d'intérêt public.

— L'existence spontanée de la compagnie d'assurances aurait
donc été regardée, sous l'ancienne monarchie, comme une atteinte
portée au *privilége domanial*. On croit devoir observer que cette
expression ne doit pas être prise dans son acception la plus
rigoureuse ; car on pourrait en conclure que toutes les combinaisons les plus étendues qui sont fondées sur des opérations de
prêt, d'emprunt, de prime, de garantie, etc., seraient administratives et tiendraient essentiellement au privilége de la souveraineté. Le principe doit être autrement entendu : le privilége du
gouvernement n'est pas dans la faculté de combiner, d'entreprendre
et de gérer, mais dans le droit vraiment exclusif de connaître de
la légalité des combinaisons, des entreprises et des gestions qui
embrassent un grand ensemble d'intérêts privés, d'intérêts épars,
de petits intérêts ; et ce droit est surtout éminemment légitime
à l'égard des tontines particulières ; car, dans ces sortes d'établissements, les intéressés sont plus faibles contre l'administration, la société leur offre moins de garantie, il est plus facile à
la direction d'abuser, il est presque impossible aux associés de se
défendre contre les fraudes ; et l'intervention d'une autorité tutélaire, non-seulement pour légitimer l'existence de l'établissement, mais encore pour assurer l'exécution des engagements
mutuels, y devient plus indispensable et plus juste. — Il n'est
donc pas besoin d'une loi pour établir sur ce point la compétence
du gouvernement, et ce qui se pratique à cet égard dans d'au-

tres pays ne peut être ici présenté comme règle ni comme
exemple. Il y a des pays où l'on croirait porter atteinte à la liberté publique si l'on garantissait, par des mesures sages et rigoureuses, le bon ordre dans les villes et la sûreté sur les
routes ; si l'on préservait par elles la faiblesse et la crédulité des
piéges de la cupidité et du mensonge ; si l'on mettait, enfin,
quelques entraves aux métiers de fripons et de voleurs de grands
chemins ; mais en France on a toujours pensé que les personnes et
les propriétés étaient sous la garde protectrice du gouvernement,
que tous les intérêts collectifs, tels, par exemple, que ceux des
communes, des corporations et associations de toute espèce, hors
celles du commerce, étaient en tutelle perpétuelle ; que la police,
qui s'exerce contre les désordres cachés ou publics, contre l'injustice combinée et la fraude systématique, loin d'être une atteinte à la liberté publique, en était au contraire la protectrice la
plus nécessaire et la sauvegarde la plus assurée.»

Cette doctrine a été consacrée par un avis du conseil d'Etat
du 25 mars 1809, approuvé le 1er avril suivant (1), par des
motifs résumant ceux que nous venons de faire connaître,
décide qu'aucune association de la nature des tontines ne peut
être établie sans une autorisation spéciale donnée dans la forme
des règlements d'administration publique, et à l'égard des associations de cette nature existant sans autorisation, déclare urgent
de leur donner un mode d'administration qui calme toute inquiétude de la part des actionnaires, soit par le choix d'administrateurs faits pour réunir toute leur confiance, soit par la régularité
et la publicité des comptes.

8. En conséquence, par décrets des 1er avril 1809, 9 fév.
1810 et 22 oct. 1810, il fut pourvu à l'administration de la
caisse Lafarge, de la tontine dite *du Pacte social* et de la *caisse
des employés et artisans*, qui fut retirée aux fondateurs de ces
associations (V. *infrà*, nos 31, 38 et 46). Enfin un décret du 18
nov. 1810 (2) statua à l'égard des associations de la nature des
tontines, autres que celles dont il vient d'être parlé, et qui pou-

(1) 1er avr. 1809. — Avis du conseil d'Etat sur les associations de
la nature des tontines.
Le conseil d'Etat, qui, d'après le renvoi ordonné par Sa Majesté, a
entendu le rapport des sections réunies des finances et de législation
sur les associations dites tontines ; — Considérant qu'une association de
la nature tontines sort évidemment de la classe commune des transactions entre citoyens, soit que l'on considère la foule des personnes
de tout état, de tout sexe et de tout âge, qui y prennent ou qui peuvent
y prendre des intérêts, soit que l'on considère le mode dont ces associations se forment, mode qui ne suppose, entre les parties intéressées,
ni ces rapprochements, ni ces discussions si nécessaires pour caractériser un consentement donné avec connaissance, soit que l'on considère
la nature de ces établissements, qui ne permet aux associés aucun
moyen efficace et réel de surveillance, soit enfin que l'on considère leur
durée toujours inconnue, et qui peut se prolonger pendant un siècle ; —
Qu'une association de cette nature ne peut, par conséquent, se former sans
une autorisation expresse du souverain, qui la donne, sur le vu des
projets de statuts de l'association, et qui lui impose des conditions telles que les intérêts des actionnaires ne se trouvent compromis ni par
l'avidité, ni par la négligence, ni par l'ignorance de ceux à qui ils auraient confié leurs fonds sans aucun moyen de suivre et d'en vérifier
l'emploi, sur la foi de promesses presque toujours fallacieuses ; — Que
l'expérience n'a que trop démontré les conséquences funestes de l'oubli
de ces maximes, et du défaut d'une autorisation spéciale donnée par le
gouvernement ; que, dans la tontine Lafarge, par exemple, le défaut
d'autorisation spéciale et de toutes mesures contre les abus, a laissé
les actionnaires sans défense, et la gestion sans autorité réelle ;
Est d'avis, 1° qu'aucune association de la nature des tontines ne peut
être établie sans une autorisation spéciale donnée dans la forme
des règlements d'administration publique ; — 2° Qu'à l'égard
de toutes les associations de cette nature qui existeraient sans autorisation légale, il n'y a pas un moment à perdre pour suppléer à ce qu'on
aurait dû faire dans le principe ; — Qu'il est par conséquent urgent de
leur donner un mode d'administration qui calme toute inquiétude de la
part des actionnaires, soit par le choix d'administrateurs faits pour réunir
toute leur confiance, soit par la régularité et la publicité des comptes ;
— Qu'en ce qui regarde les difficultés qui pourraient s'élever au sujet
de la gestion et comptabilité des administrateurs jusqu'à ce jour, on ne
pourrait rien faire de plus avantageux aux intéressés que d'en soumettre le jugement à des magistrats dont les lumières garantiraient une
justice entière à toutes les parties ; — Que le bienfait d'une pareille
mesure ne pourrait être contesté que par ceux qui auraient intérêt à la
prolongation des abus ou par ceux qui, voulant les arrêter, auraient

spéculé sur les avantages qu'ils pourraient retirer d'une administration
nouvelle dont ils feraient partie.
(2) 18 nov. 1810.—Décret relatif aux associations de la nature des
tontines qui ont existé à Paris et dans les autres villes de France, et
sur lesquelles il n'a point été statué par les décrets précédents.
NAPOLÉON, etc. ;—Sur le rapport de notre ministre du trésor public,
expositif qu'il résulte de notre décret du 1er avril 1809, approbatif
de l'avis de notre conseil d'Etat du 25 mars précédent, 1° qu'aucune
association de la nature des tontines ne peut être établie sans notre
autorisation spéciale ; 2° qu'à l'égard de toutes les associations de cette
nature qui existeraient sans autorisation légale, il est urgent de suppléer à ce qu'on aurait dû faire dans le principe, et de leur donner un
mode d'administration qui calme toute inquiétude de la part des actionnaires, soit par le choix d'administrateurs faits pour réunir toute
leur confiance, soit par la régularité et la publicité des comptes ;—Que
par notre décret impérial du même jour 1er avr. 1809, nous avons
pourvu à l'administration de la tontine connue sous le nom de *caisse
d'épargne* ou *de Lafarge* ; — Que, par notre décret du 9 fév. 1810, nous
avons également ordonné des mesures pour l'administration de la tontine
dite *du Pacte social* ;—Qu'enfin, par notre décret du 22 oct. 1810, nous
avons prescrit de semblables mesures pour la caisse dite des *Employés
et des Artisans* ; — Qu'il reste à statuer sur les autres associations tontinières qui existent dans bonne ville de Paris et dans les autres
villes de notre empire ;—Voulant régler l'exécution de notre décret du
1er avr. 1809, afin d'assurer la tranquillité de ceux de nos sujets qui
sont intéressés dans ces sortes d'établissements ; — Notre conseil d'Etat
entendu ;— Nous avons décrété et décrétons ce qui suit :
Art. 1. Notre ministre de l'intérieur nous fera un rapport sur chacun des établissements qui, sous les noms de tontines, caisses et autres
dénominations, ont existé dans notre bonne ville de Paris et dans les
autres villes de notre empire, qui ne sont point liquidés, et qui, sous
l'administration d'un ou plusieurs administrateurs ou directeurs, avaient
pour but de réunir des fonds fournis par des actionnaires, de les placer
en rente sur l'Etat, en immeubles, et prêts ou autres opérations, et de
répartir entre les actionnaires ou associés des intérêts et revenus fixes
et annuels, des primes, des accroissements et bénéfices extraordinaires
et des remboursements à des époques fixes ou indéterminées, d'après
les chances de décès et autres combinaisons aléatoires.
2. Notre ministre de l'intérieur fera vérifier et constater la situation
de ces divers établissements ; il pourra suspendre les directeurs et administrateurs en déficit, faire apposer le séquestre sur leurs propriétés,
et prendre, de concert avec notre ministre de la police générale, toute
les mesures nécessaires pour la conservation des intérêts des action-

vaient exister soit à Paris, soit dans toute la France, et prescrivit, en ce qui les concernait, des mesures destinées à sauvegarder les intérêts des actionnaires. Ces mesures consistaient notamment à vérifier et constater la situation de ces établissements ; à suspendre les directeurs et administrateurs en déficit, et faire apposer le séquestre sur leurs propriétés, à nommer provisoirement, s'il en était besoin, des commissaires administrateurs et un caissier; enfin à faire un rapport au gouvernement, qui statuerait définitivement.

9. Il résultait de ces divers actes que les tontines étaient soumises à l'autorisation préalable, et qu'en principe elles étaient placées sous la surveillance du gouvernement. Mais cette surveillance avait besoin d'être organisée par des dispositions réglementaires générales et permanentes. Il y fut pourvu par une ordonnance royale des 12 juin-5 juillet 1842 (1). L'art. 1 de cette ordonnance porte que la surveillance dont il s'agit est exercée, sous l'autorité du ministre de l'agriculture et du commerce, par une commission spéciale composée de cinq membres, y compris le président. Mais, depuis, un arrêté du président de la République des 26 déc. 1848-10 janv. 1849 (D. P. 49. 4. 28) a élevé à neuf le nombre des membres de cette commission. — Ils sont nommés et peuvent être révoqués par le ministre de l'agriculture et du commerce. Le président est un maître des requêtes en service extraordinaire au conseil d'Etat. — Le ministre de l'agriculture et du commerce répartit tous les ans entre les membres de la commission la surveillance à exercer. Elle peut être exercée collectivement ou séparément. Le même commissaire ne peut être plus d'une année consécutivement chargé de la surveillance du même établissement. — Dans chaque établissement, les membres de la commission doivent prendre communication des livres, registres et documents propres à éclairer leur surveillance. Ils doivent constater, au moins une fois par semaine, la situation des sociétés ouvertes ou fermées, le nombre des admissions, le montant des mises versées, leur emploi en rentes sur l'Etat, et généralement l'accomplissement des formalités prescrites par les statuts de chaque agence pour la constitution, l'administration et la liquidation des sociétés, et pour la distribution soit des arrérages, soit des capitaux. Ils doivent prendre connaissance des conditions spéciales de chaque société, et s'assurer de l'exactitude et de l'application des tarifs servant de base à la perception, soit des annuités, soit des frais de ges-

tion. Enfin ils doivent veiller particulièrement à l'exécution des conditions relatives au versement ou au retrait du cautionnement des directeurs. — La commission doit transmettre ses observations au ministre de l'agriculture et du commerce ; elle peut même suspendre provisoirement les opérations qui lui paraîtraient contraires aux lois, statuts ou règlements, à l'ordre public ou aux intérêts des actionnaires, sauf à en référer dans les vingt-quatre heures au ministre. — Un duplicata des états de situation remis au ministre par chaque association est adressé à la commission. — Chaque année la commission doit adresser au ministre un rapport détaillé sur les opérations de chaque association, et un rapport général sur la situation comparée et la gestion des différents établissements. — Les membres de la commission jouissent d'un traitement qui leur est payé sur un fonds spécial auquel concourent tous les établissements, dans la proportion déterminée chaque année par le ministre.

10. En 1848, sous l'empire du décret du gouvernement provisoire qui déléguait aux ministres compétents la décision des mesures qui étaient précédemment réglées par des ordonnances royales, un arrêté du ministre des finances, du 20 mars 1848 (D. P. 48. 3. 31), ordonna que le montant des arrérages et annuités à percevoir par les établissements tontiniers serait provisoirement versé au trésor public, sous la garantie de l'Etat, ajoutant que le capital de ces fonds s'augmenterait d'un intérêt cumulé pour un pour cent par an. Et un autre arrêté du même ministre, du 25 mars 1848 (ibid.), ordonna également le versement au trésor, sous la garantie de l'Etat, des arrérages et annuités perçus jusqu'à ce jour qui n'avaient pas été convertis en rentes. — Mais l'arrêté du 20 mars 1848 fut abrogé par un décret des 29 juill.-8 août 1848 (D. P. 48. 4. 136), qui ordonna que les fonds versés au trésor en vertu de cet arrêté seraient convertis en rentes cinq pour cent, au cours moyen de cette rente, pendant le délai fixé par les statuts, en calculant du jour de chaque versement opéré dans les caisses des diverses compagnies.

11. Un décret du 16 janv.-9 fév. 1854 (D. P. 54. 4. 29) a soumis les sociétés et agences tontinières à la vérification des inspecteurs des finances. « Ces fonctionnaires, porte ce décret, sans préjudice de la surveillance de la commission spéciale instituée par l'ordonnance royale du 12 juin 1842, portent leurs investigations sur la gestion et la comptabilité desdits établissements ; ils se font représenter les livres, registres et tous autres

---

documents; ils vérifient la régularité des écritures et l'exactitude de la caisse et du portefeuille. — Ils rendent compte de leur vérification et adressent leurs avis et propositions au ministre des finances. Ce dernier communique leurs rapports au ministre de l'agriculture, du commerce et des travaux publics. »

12. Nous avons dit précédemment que les opérations des tontines présentent des combinaisons diverses. M. Legoyt, dans le Dictionnaire de l'économie politique, v° Tontine, en indique cinq principales, savoir : 1° *Accroissement du revenu sans aliénation du capital*, l'intérêt produit par les mises sociales étant réparti, aux époques fixées par le contrat, entre les seuls sociétaires survivants, et, à l'expiration de la société, le capital des mises retournant aux souscripteurs ou à leurs ayants droit ; — 2° *Accroissement du revenu avec aliénation du capital*, l'intérêt produit par les mises sociales se répartissant aux époques fixées, et, à l'expiration de la société, le capital des mises étant réparti entre les seuls sociétaires survivants ; — 3° *Accroissement du capital sans aliénation du revenu*, les arrérages des mises sociales étant, jusqu'au terme de l'association, servis chaque année aux souscripteurs et à leurs ayants droit, mais le capital des mises n'étant réparti, à l'expiration de la société, qu'entre les seuls sociétaires survivants ; — 4° *Accroissement du capital avec aliénation totale ou partielle du revenu* ; en cas d'aliénation totale du revenu, l'intérêt produit par les mises sociales s'ajoute successivement au capital jusqu'au terme de l'association ; en cas d'aliénation *partielle* du revenu, les souscripteurs jouissent, leur vie durant, de l'intérêt des mises sociales, et ce n'est qu'à partir de leur décès que le revenu s'accumule avec le capital ; dans les deux cas, le capital des mises, réuni au capital provenant de l'accumulation du revenu, est réparti entre les seuls sociétaires survivants ; — 5° *Formation d'un capital par l'accumulation du revenu*, sans aliénation du capital des mises, l'intérêt produit par les mises sociales retournant aux souscripteurs ou à leurs ayants droit, tandis que le capital formé par l'accumulation du revenu est réparti entre les seuls sociétaires survivants.

(1) 1ʳᵉ *Espèce* :—(Liquidateurs de la banque philanthropique C. Saus sier-Bègue et Bernauda.) — Une société d'assurance mutuelle sur la vie avait été fondée, sous la dénomination de *Banque philanthropique*, par M. Nestor Urbain ; ses statuts fixaient à 5 p. 100 de la valeur des souscriptions les frais de gestion accordés au directeur. Des souscriptions furent reçues avant que cette association eût été légalement autorisée par le gouvernement. Plusieurs souscripteurs ayant fondé sur ce motif une demande en nullité de la société et en remboursement du montant intégral de leurs souscriptions, y compris même les frais de gestion, le tribunal de commerce de Paris accueillit complètement ces conclusions.

Appel par les liquidateurs. Ils soutiennent que la nullité de l'association ne donne pas lieu au remboursement des frais de gestion, lesquels ayant été reçus de bonne foi, et ayant été appliqués à des nécessités prévues par les souscripteurs, ne doivent pas être sujets à répétition de leur part. — Arrêt (après partage.)

La cour ; — En ce qui touche la nullité de l'acte d'association : — Adoptant les motifs des premiers juges ; — En ce qui touche les frais de gestion :—Considérant que, par le contrat intervenu entre la société et les différents souscripteurs ou assurés, il a été stipulé, qu'un abonnement de 5 p. 100 serait acquis à la société pour frais de gestion ; — Que, si la société est nulle pour défaut d'autorisation préalable, il est certain cependant qu'il a existé une gestion de fait, soit à l'égard des souscripteurs au comptant, dont les fonds ont été placés en rente sur l'Etat, soit à l'égard des souscripteurs à terme, qui auraient pu être appelés à concourir au partage des bénéfices de l'association ; — Considérant qu'il résulte des explications de la cause que les fonds destinés aux frais de gestion ont été employés dans l'intérêt des souscripteurs ; — Infirme, en ce que les premiers juges ont ordonné la restitution des frais de gestion, les jugements, au résidu, sortissant effet.

Du 30 nov. 1842.—C. de Paris, 3ᵉ ch.—MM. Pécourt, pr.-Tardiff, subs. du pr. gén., c. conf.-Baroche et Léon Duval, av.

2ᵉ *Espèce* :—(Liquidateurs de la caisse mutuelle d'épargnes C. Méry, Bernier et autres.) — La cour ; — En ce qui touche la nullité de l'acte constitutif de la société fondée par Suau de Varennes : — Considérant que Suau de Varennes a fondé en 1859 deux sociétés : l'une en commandite et dont il était le gérant ; l'autre sous le nom de *Caisse mutuelle d'épargnes*, et dont la gestion devait appartenir à Suau, gérant de la première de ces deux sociétés, et être garantie par les fonds versés par ses commandites ; que la société d'assurance mutuelle, qualifiée *Caisse d'éducation, Caisse dotale, Caisse d'établissement, Caisse de survie, Caisse de recrutement, Caisse de retraite*, et fondée sur des chances de décès et de

13. Nous avons vu (*suprà*, n° 7) que, d'après l'avis du conseil d'Etat du 1ᵉʳ avr. 1809, l'autorisation du gouvernement est nécessaire pour l'établissement d'une tontine. Cela toutefois a été contesté. Il est certain, en effet, que l'art. 37 c. com., qui soumet les sociétés anonymes à l'autorisation, n'est point applicable ici. La tontine, ainsi que les auteurs en conviennent généralement (V. notamment MM. Pardessus, Dr. comm., n° 970 ; Troplong, Sociétés, n° 54) et que le démontre surabondamment M. d'Hauterive dans son rapport précité (n° 6), n'est pas une société, et, par conséquent, elle n'est pas une société anonyme ; on ne peut donc lui appliquer une règle faite seulement pour les sociétés anonymes. Ainsi, en admettant, ce qui est incontestable, qu'il convienne d'étendre aux tontines la règle posée par l'art. 37 c. com., cette extension ne peut résulter que d'une loi, et un simple avis du conseil d'Etat ne peut en tenir lieu.—Cette argumentation est au moins spécieuse ; et, quant aux raisons par lesquelles M. d'Hauterive cherche à établir la nécessité juridique de l'autorisation dont il s'agit en l'absence d'une loi positive qui la prescrive formellement, elles nous semblent peu concluantes. —Quoi qu'il en soit, la question a été soumise à la cour suprême, et il a été décidé par cette cour que l'avis du conseil d'Etat du 1ᵉʳ avr. 1809, et le décret du 18 nov. 1810, qui soumettent à l'autorisation du gouvernement toute association de la nature des tontines, sont obligatoires (Rej. 27 mai 1856, aff. Delamarre, D. P. 56. 1. 192). — Mais il est à remarquer que cet arrêt ne traite pas la question ; il se borne à déclarer qu'aux termes des avis et décret précités « les associations de la nature des tontines ne peuvent valablement exister sans l'autorisation du gouvernement. » Il a été jugé, de même, par plusieurs arrêts de la cour de Paris, que des associations de la nature des tontines, telles, par exemple, que sont celles qui sont fondées sur des chances de décès et de survie des associés, ne peuvent subsister sans l'autorisation du gouvernement (Paris, 30 nov. 1842, 26 janv. 1843, 11 fév. 1843, 23 fév. 1843, 24 nov. 1843, 9 mars 1844, 12 juin 1844) (1).

survie des individus assurés, présente dans ses combinaisons, dans sa durée, qui peut être en certains cas de vingt-cinq années, dans les catégories d'âge suivant lesquelles sont divisés les différents souscripteurs, enfin dans l'accroissement total de la part de l'assuré prédécédé à la part de l'assuré survivant, les caractères d'une véritable tontine ; — Considérant que Suau de Varennes n'a pas obtenu l'autorisation du gouvernement ; qu'aux termes des décrets des 1ᵉʳ avr. 1809 et 10 nov. 1810, aucune tontine ne peut être créée sans autorisation préalable ; — En ce qui touche le chef de demande de Suau de Varennes tendant à être autorisé à retenir les sommes versées entre ses mains pour frais de gestion ; — Considérant que Méry, Bernier et autres, d'une part, Couverchel et autres, d'autre part, et dans les instances qui sont propres à chacun d'eux, ne peuvent être admis à alléguer les obligations qu'ils ont contractées sont le résultat de l'erreur, et qu'ils ont ignoré l'illégalité de la société à laquelle ils ont pris part ; que, si l'association est annulée, comme contraire à l'ordre public, il n'en est pas moins existé, de la part de Suau de Varennes, des actes d'administration, d'où sont résultées pour lui des dépenses considérables dont il ne serait pas, les intimés ne seraient pas fondés à réclamer les sommes par eux versées jusqu'à ce jour, comme frais de gestion, qu'autant qu'ils établiraient que l'engagement par eux pris est le résultat de la fraude, que la seule somme versées n'ont pas reçu l'emploi auquel elles étaient destinées ; que le moyen de fraude tiré de ce que Suau de Varennes aurait pris le titre de directeur, ce qui aurait fait supposer que la société était anonyme et autorisée, est détruit par les mentions des polices d'assurance, qui énoncent que la société, dont le fonds est la garantie des assurés, est une société en commandite, etc. ; — Infirme seulement, en ce que Suau de Varennes a été condamné à restituer les frais de gestion, etc.

Du 26 janv. 1843.—C. de Paris, 2ᵉ ch.—MM. Sylvestre de Chanteloup, pr.-Boucly, av. gén., c. conf.-Coraly, Rivet, Brosset et Manoury, av.

3ᵉ *Espèce* :—(Liquid. de la Caisse mutuelle d'épargnes C. Biot et autres.) — La cour ; — En ce qui touche la nullité de la société : — Considérant que la société d'assurances fondée par Suau de Varennes en 1859, sous le nom de *Caisse mutuelle d'épargnes*, réunissait tous les caractères d'une association de la nature des tontines ; que, dès lors, aux termes de l'avis du conseil d'Etat du 1ᵉʳ avr. 1809, et du décr. du 18 nov. 1810, cette société ne pouvait être établie sans une autorisation expresse du gouvernement, et que Suau de Varennes n'avait point obtenu cette autorisation ; — En ce qui touche la restitution des frais de gestion : — Considérant que, si la société de la Caisse d'épargnes est annulée, il n'en a pas moins existé une administration de fait qui a donné lieu à des dépenses considérables ; — En ce qui touche les moyens de

14. Ce point admis, il est important de discerner si tel ou tel établissement constitue une association de la nature des tontines. La distinction peut n'être pas toujours facile à faire. Nous avons indiqué (*suprà*, n° 12) les combinaisons les plus usitées ; mais ce ne sont pas les seules qui puissent se produire, et l'imagination des fondateurs peut ici se donner carrière. Lors donc que, pour savoir si l'autorisation du gouvernement était exigée, il est nécessaire de déterminer le caractère de l'établissement formé, on doit rapprocher les clauses et conditions qui constituent la forme particulière de cet établissement du type général des associations tontinières, et examiner, par leur comparaison attentive, si cet établissement n'est qu'une espèce particulière du même genre ou s'il appartient à un genre différent. C'est aux tribunaux à faire cette appréciation dans chacune des hypothèses qui peuvent se présenter. Nous trouvons dans la jurisprudence quelques décisions qui se rattachent à cet ordre d'idées.

Suivant un arrêt, doivent être considérées comme des tontines les sociétés particulières dans lesquelles des personnes de tout état peuvent prendre des intérêts, sans rapprochement ni discussions de nature à caractériser un consentement donné avec connaissance, sans moyen efficace et réel de surveillance, et pour une durée toujours inconnue (Req. 6 janv. 1857, aff. Canu, D. P. 57. 1. 199). — Ainsi, une association formée entre personnes qui ne se sont jamais rapprochées, dans le but de mettre en commun des sommes plus ou moins importantes, pour être partagées entre les associés suivant certaines éventualités, a le caractère d'une association tontinière (même arrêt) ; — Et spécialement, une société qui a pour but de former et d'admi-

---

dol et de fraude : — Considérant que les statuts et les polices d'assurances énonçaient que la société était en commandite ; que, dès lors, la qualité de directeur prise par Suau de Varennes n'a pu détruire cette énonciation et faire supposer que la société était anonyme, et par conséquent autorisée par le gouvernement ; — Considérant qu'il résulte des mêmes statuts imprimés et distribués, et mentionnés dans les polices d'assurances, que le capital de deux millions ne devait pas être au moment de la mise en activité de la société, mais qu'il pourrait seulement être réalisé par les actionnaires qui prendraient ultérieurement un intérêt dans la société ; que si Suau de Varennes, par une annonce mensongère, a indiqué comme membres du conseil et patronage des personnes honorables, il n'en résulte pas que Fournerault ait été déterminé par cette désignation fausse à souscrire sa police d'assurance ; — Considérant que les fonds versés ont été placés soit en rentes sur l'État, soit employés en frais de gestion et d'administration dans l'intérêt des assurés, ainsi qu'il en est suffisamment justifié, et qu'ainsi Suau de Varennes est fondé à retenir entre ses mains les sommes qui lui ont été abandonnées à forfait pour frais de gestion ; — Infirme quant à la restitution des frais de gestion.

Du 11 fév. 1845.-C. de Paris, 3e ch.-M. Pécourt, pr.

4e Espèce : — Direct. de la Banque des familles *C.* Madelaine). — LA COUR ; — En ce qui touche le chef d'appel de Jouvenel tendant à être autorisé à retenir entre ses mains les sommes stipulées à son profit comme frais de gestion : — Considérant que, si la société dite *Banque des familles* est nulle faute d'autorisation, il n'en a pas moins existé de fait une gestion de la part de Jouvenel au profit des individus qui se sont associés à son entreprise ; qu'il n'est pas articulé que l'engagement de Madelaine soit le résultat du dol et de la fraude ; que, le mandat ayant été rempli autant qu'il a pu l'être, le mandant est tenu envers le mandataire des frais faits par ce dernier dans son intérêt ; que ces frais ont été stipulés à forfait dans les divers contrats d'assurances passés entre Madelaine et de Jouvenel ;

En ce qui touche les dommages-intérêts alloués à Madelaine : — Considérant que par le fait de Jouvenel ait causé à Madelaine un préjudice dont il lui doive la réparation ; — Infirme ; au principal, déboute Madelaine de ses demandes.

Du 25 fév. 1845.-C. de Paris, 2e ch.-MM. Sylvestre de Chanteloup, pr.-Boucly, av. gén., c. conf.-Coraly et André, av.

5e Espèce : — (Comp. *la* Fraternelle *C.* Gournay et autres.) — LA COUR ; — Considérant que l'association dite la Fraternelle avait évidemment le caractère d'une tontine, laquelle ne pouvait avoir dès lors d'existence valable qu'avec l'autorisation du gouvernement ; — En ce qui touche les frais de gestion : — Considérant qu'il a existé entre les souscripteurs de l'association dite la Fraternelle une société de fait qui a donné lieu dans l'intérêt commun à des frais d'établissement et de gestion dont l'importance avait été réglée à forfait à 5 p. 100 du capital engagé ; — Que le liquidateur de la société a le droit de retenir l'importance de ces frais ; mais que la société n'ayant pas duré jusqu'au terme fixé par les conventions, il n'y a lieu par la cour d'arbitrer la portion des frais de gestion qui doit être considérée comme acquise à la société ; — Sans s'arrêter ni avoir égard à la fin de non-recevoir proposée ; — Infirme ; — Emendant, fixe à 3 p. 100 la somme que le liquidateur aura droit de retenir pour frais de gestion.

Du 24 nov. 1845.-C. de Paris, 4e ch.-MM.Poinsot, subst. pr. gén.-Coraly et A. Rivière, av.

6e Espèce : — (Liquid. de la comp. la Fraternelle *C.* Ygorki, Chevalier et Duval.) — Ainsi jugé par le tribunal de commerce de Paris en ces termes : - « Attendu que Ygorki, demoiselle Chevalier et sieur et dame Duval, demandent contre Simon, directeur de la Fraternelle, 1° la nullité de la société faute d'autorisation ; 2° la restitution des sommes qui ont été versées, avec les intérêts à 5 p. 100 depuis le jour des versements effectués, en se fondant sur le motif que Simon les a induits en erreur, et a employé à leur égard des moyens de dol ou de fraude pour arriver à obtenir des engagements qu'ils n'eussent point donnés s'ils avaient connu la vérité ; — Attendu que Simon déclare s'en rapporter à

justice sur la nullité de la société la Fraternelle, et des engagements qu'il a contractés avec les demandeurs ; — Qu'il offre de restituer les sommes qu'il a reçues d'eux sous la déduction des 5 p. 100 qui lui sont alloués pour frais de gestion, mais en lui accordant terme de six mois pour lui donner la facilité de réaliser le montant de ces diverses souscriptions, qu'il a converties en rentes sur l'État ;

» En ce qui touche la nullité de la société la Fraternelle : — Attendu que cette société est de la classe des tontines, qui n'ont d'existence légale qu'après avoir été autorisées par le gouvernement ; que Simon ne justifie pas de cette autorisation, sans laquelle toute société de cette nature est nulle ;

» En ce qui touche les frais de gestion : — Attendu que, si ce qui est nul ne peut produire effet, il y a lieu néanmoins d'examiner en fait si, dans l'espèce, les parties n'ont contracté sous l'influence d'une erreur commune, et si leur commun intérêt n'entend donner à Simon un mandat qui, dans son exécution, aurait amené ce dernier à faire, dans son intérêt, des frais et des déboursés dont ils devraient l'indemniser ; — Attendu que des pièces produites et des explications des parties il résulte la Fraternelle était constituée conformément à la loi ; qu'ils annonçaient encore que cette compagnie possédait un capital de 1 million ; que cette dernière déclaration figurait également dans les polices d'assurances ; — Attendu que la société la Fraternelle n'a jamais été autorisée, et que le capital de 1 million, dont Simon la disait propriétaire, n'a point existé ailleurs que dans les annonces et prospectus ; — Qu'ainsi ces garanties offertes à la crédulité publique n'étaient autre chose qu'un leurre à l'aide duquel Simon espérait obtenir des engagements ; — Attendu que Simon ne peut être fondé à prétendre qu'il a agi de bonne foi, car il ne pouvait d'une part, ignorer la prétendue société la Fraternelle, dont il se disait directeur, n'avait point été autorisée ; qu'il était, postérieurement aux jugements et aux circulaires ministérielles qui avaient déclaré ces sociétés illicites, à encore prononcé et obtenu des assurances ; et que, d'autre part, il savait très-bien que le million qu'il annonçait comme garantie n'était autre chose qu'un mensonge pour attirer la confiance ; — Attendu qu'aux termes des art. 1109 et 1116 c. civ., tout consentement peut être annulé s'il a été surpris par erreur ou obtenu par des moyens de dol ou de fraude ; — Qu'il est constant pour le tribunal que les demandeurs n'ont donné leur adhésion que sur les promesses faites par Simon et ses agents, dont il est responsable ; — Qu'il est évident que, si les demandeurs avaient connu la vérité, ils ne se seraient point engagés envers la prétendue compagnie la Fraternelle ; que dès lors Simon ne saurait prétendre à rémunération, puisque, loin d'avoir rendu un service aux demandeurs ; — En ce qui touche le terme demandé par Simon : — Attendu qu'il justifie avoir converti les sommes qu'il a reçues en coupons de rentes sur le trésor public, et que, pour en opérer la réalisation sans confusion, il y a lieu de lui accorder un délai. » — Appel. — Arrêt.

LA COUR ; — Adoptant les motifs des premiers juges, confirme.

Du 9 mars 1844.-C. de Paris, 3e ch.-MM. Simonneau, pr.-Monsarrat, subst. pr. gén.-Coraly et Coquet, av.

7e Espèce : — (Liquidateur de la comp. la Fraternelle *C.* Fosse.) — LA COUR ; — En ce qui touche la nature des conventions : — Considérant qu'elles constituent une association tontinière qui ne pouvait être valable qu'avec l'autorisation du gouvernement ; — En ce qui touche les frais de gestion : — Considérant qu'ils avaient été réglés par les conventions à 5 p. 100 du capital engagé ; mais que la société n'ayant eu en fait que quelques années de durée, il y a lieu d'arbitrer la portion de frais acquise à la société, et de déterminer par conséquent la somme dont la restitution doit avoir lieu ; — Que la cour a les éléments nécessaires pour faire cette appréciation ;

Infirme, fixe à 5 p. 100 la somme que le liquidateur aura droit de retenir pour frais de gestion.

Du 12 juin 1844.-C. de Paris, 4e ch.-MM. de Glos, pr.-Poinsot, subst. pr. gén., c. conf.-Coraly et Faivre d'Audelange, av.

nistrer, dans toute la France, des associations mutuelles pour la libération du service actif de l'armée, et de réunir une masse de fonds destinés à être répartie d'abord entre les associés tombés au sort et propres au service militaire, puis entre tous les membres de l'association, en cas d'excédant, est une association tontinière, si les assurances s'y contractent depuis la naissance jusqu'au moment du tirage, avec des éventualités de déchéance et des bénéfices aléatoires ; en conséquence, une telle société est nulle lorsqu'elle n'a point été autorisée par le gouvernement (même arrêt).

Mais il a été jugé, d'un autre côté : 1° qu'une association d'assurances mutuelles contre les chances du recrutement militaire n'a pas le caractère d'une association tontinière, et n'est pas, dès lors, soumise à la nécessité d'une autorisation administrative (Civ. rej. 16 avr. 1856, aff. Touron, D. P. 56. 1. 155) ; — 2° Que l'association formée entre des pères de famille, à l'approche des opérations du recrutement, pour assurer leurs fils contre les chances du tirage, au moyen de la répartition, entre ceux que le sort appellera à faire partie du contingent, de fonds déposés dans une caisse commune ou remis à un dépositaire du choix des associés, ne constitue pas une association tontinière, et n'est pas, dès lors, soumise à l'autorisation du gouvernement (Rej. 27 mai 1856, aff. Delamarre, D. P. 56. 1. 192).

15. Dans le cas où une tontine est annulée pour défaut d'autorisation, la conséquence naturelle de cette annulation, c'est que les sommes versées par les actionnaires doivent leur être restituées. Cette conséquence a été consacrée par plusieurs décisions judiciaires (Paris, 30 nov. 1842, aff. Banque philanthropique, V. *suprà*, n° 13 ; 26 janv. 1843, aff. Caisse mutuelle d'épargnes, *ibid.* ; 11 fév. 1843, aff. Caisse mutuelle d'épargnes, *ibid.* ; 23 fév. 1843, aff. Banque des familles, *ibid.* ; Paris, 9 mars 1844, aff. la Fraternelle, *ibid.*).

16. Quant aux frais de gestion, la question de savoir s'ils sont acquis aux administrateurs de la société annulée n'a pas été résolue avec la même unanimité.—Et d'abord il a été jugé, avec raison selon nous, que le liquidateur d'une association de cette nature n'a pas le droit de retenir, sur les sommes versées par les souscripteurs, celles qui ont été allouées pour frais de gestion, s'il est constant que ces souscripteurs ont été victimes de dol et de fraude, par exemple, s'il était dit mensongèrement dans les prospectus que la compagnie était autorisée conformément à la loi et qu'elle possédait un capital d'un million (Paris, 9 mars 1844, aff. la Fraternelle, V. *suprà*, n° 13). — Mais, en l'absence de dol et de fraude, que faudrait-il décider à cet égard ? Plusieurs arrêts déjà cités de la cour de Paris paraissent admettre que ces frais ne doivent pas être restitués aux souscripteurs. Ces arrêts, en effet, décident que les sommes allouées par les statuts pour les frais de gestion ne sont pas sujettes à répétition ;..... à moins qu'il ne soit établi que le contrat d'assurance a été l'objet d'un dol, ou que les sommes versées pour frais de gestion n'ont pas reçu cette affectation (Paris, 30 nov. 1842 ; 26 janv. 1843 ; 11 et 23 fév. 1843 ; V. *suprà*, n° 13). — Mais nous préférerions dire, avec deux autres arrêts de la même cour, qu'en ce cas il y a lieu d'allouer pour les frais de gestion, non pas la somme fixée par les statuts, mais celle que les tribunaux estiment être due d'après la durée de la société (Paris, 24 nov. 1843 et 12 juin 1844, aff. la Fraternelle, *suprà*, n° 13). En effet, si les conventions constitutives de l'association sont nulles, il semble rationnel d'en conclure que par leur propre force elles ne peuvent produire aucun effet.

17. Nous venons de voir quelles sont les conséquences du défaut d'autorisation. Nous devons supposer maintenant que l'autorisation a été demandée. Pour l'obtenir, les fondateurs de l'association doivent en soumettre les statuts à l'examen et à l'appréciation du gouvernement, qui, dans le cas où il les approuve, se réserve toujours le droit de les reviser. Ces statuts, tels qu'ils sont approuvés, déterminent : 1° la formation et les effets de l'association ; 2° son administration ; 3° son but et la nature de ses opérations.

18. Les associations tontinières sont administrées, ou par un gérant choisi par l'assemblée générale des sociétaires, et placé sous la surveillance d'un conseil nommé par cette assemblée, ou par une société anonyme dont la gestion est soumise à la même surveillance. Dans ce dernier cas, la compagnie dépose un cautionnement comme garantie de ses engagements. Le gérant ou la compagnie sont autorisés à toucher à titre d'indemnité, pour toutes dépenses d'administration, un droit de commission de cinq pour cent du montant de chaque souscription.

Quant aux contestations qui pourraient s'élever pendant la durée d'une tontine, elles devraient être résolues, soit par l'interprétation des statuts de l'association, soit par l'application des principes généraux du droit et particulièrement des règles tracées au titre des contrats et obligations, soit même, selon les cas, par l'application des règles du contrat de société, avec lequel les tontines, bien qu'elles ne soient pas des sociétés proprement dites, présentent cependant à certains égards une étroite analogie.

§ 2. — *Caisse Lafarge ; Tontine du pacte social ; Caisse des employés et artisans.*

19. La Caisse Lafarge est la tentative la plus considérable qui ait été faite en France du système des assurances sur la vie. Autorisée d'abord sous l'ancien régime, puis supprimée, elle se produisit de nouveau dès le début de la Révolution. Le 1er novembre 1790, le sieur Lafarge adressa à l'assemblée constituante un plan dont voici les bases. Il proposait de créer des actions de 90 livres payables chacune en dix années : le prix de ces actions devait être employé au remboursement de contrats perpétuels sur l'Hôtel-de-Ville. Les arrérages dus aux créanciers étaient dus aux actionnaires, mais ils devaient être suspendus pendant dix ans. Après ce temps, ils devaient être joints aux fonds effectifs, et l'État aurait payé l'intérêt de la somme totale à cinq pour cent. Cet intérêt aurait servi à créer des rentes viagères. Les actionnaires seuls existants à cette époque auraient eu part à ces rentes, qui étaient divisées en lots de 50 et de 150 livres, de manière que, sur un million supposé d'actionnaires primitifs, 9,000 auraient joui, après dix ans, de 50 livres de rentes, et 25,498 auraient joui de 150 livres de rente. Cette distribution et les remplacements devaient se faire par la voie du sort entre les actionnaires vivants : les morts de la classe de 150 livres auraient été remplacés par les actionnaires de la classe de 50 livres, et les morts de cette dernière classe l'auraient été par des actionnaires expectants. Le *maximum* de chaque action était fixé à 3,000 livres, après quoi l'État hériterait. — Il était loisible aux actionnaires de payer 90 livres dès la première année ; ceux-ci auraient formé une classe à part. Lafarge estimait que le nombre de ces souscripteurs s'élèverait à cinq millions. Dès la deuxième année, 45,000 devaient jouir de 50 livres de rente, et, après dix ans, ils devaient courir avec la société entière les chances qui devaient augmenter leurs revenus.

20. Dans les sociétés de ce genre, on a toujours soin de former différentes classes, suivant les âges, et il y proportionne les bénéfices. Lafarge avait procédé autrement. Dans son projet, l'enfant, à partir de la conception, concourait avec le vieillard. Quant aux chances de survie, Lafarge disait avoir suivi la table de mortalité de Deparcieux et celle que l'on trouve dans l'Histoire naturelle de Buffon. Mais, à cet égard, il y a une observation importante à faire. A diverses reprises il a été fait des calculs sur la mortalité. Les résultats de ces calculs peuvent différer selon les temps et les lieux, et selon que les observations sur lesquelles ils reposent ont été plus ou moins bien faites. Mais, en supposant les calculs exacts, on doit remarquer qu'ils portent sur la masse de la population tout entière. Or, dans les diverses classes de la population, la mortalité est loin d'être la même ; et il est certain que, dans la classe des rentiers, les chances de longévité sont beaucoup plus grandes que dans les autres. Aussi la durée des rentes se calcule-t-elle ordinairement sur les tables de mortalité des rentiers, et non sur des listes de mortalité d'habitants. Il y avait donc là, pour les calculs de Lafarge, une première cause d'erreur. A celle-là il faut en ajouter une autre : c'est qu'il est impossible de déterminer la mortalité dans un établissement ouvert à tous les âges ensemble.

21. Quoi qu'il en soit, l'assemblée constituante renvoya le projet de Lafarge à l'examen des comités réunis des finances et de mendicité, en leur prescrivant de prendre l'avis de l'Académie des sciences. L'Académie fit son rapport le 1er décembre suivant et déclara « qu'une caisse d'épargnes qui, par une économie insensible, assurerait aux citoyens pauvres leur subsistance dans l'âge où, leurs besoins venant à augmenter et leurs forces à diminuer, le travail ne peut plus leur suffire, serait sans doute très-utile ; que le projet de faire servir à cet usage une partie de la dette nationale à l'avantage d'offrir aux actionnaires un gage assuré de leur créance ; mais que le plan du sieur Lafarge, limité à un seul genre de placement et à une seule époque, étant désavantageux aux actionnaires d'un âge avancé et renfermant une partie des inconvénients attachés aux loteries, il lui paraît loin d'atteindre le degré d'utilité que l'on peut se promettre d'un établissement de cette nature, qui doit offrir à la classe indigente et laborieuse de la société les moyens de placer utilement ses épargnes à tous les instants et à tous les âges. » — Malgré cet avis peu favorable, les comités de finances et de mendicité proposèrent, le 5 mars 1791, à l'assemblée constituante de décréter la création de l'établissement financier de Lafarge, sous l'inspection de la municipalité de Paris, et de charger le fondateur de la direction des bureaux. Cette proposition fut énergiquement appuyée par Mirabeau, qui, à ce propos, décrivit avec une chaleureuse éloquence les bienfaits des associations d'assurance mutuelle. « Vos comités, dit-il, trouvent une foule d'avantages dans ce projet ; il en est un dont ils ne vous parlent point : c'est qu'un pareil établissement, rappelant sans cesse à la classe indigente les ressources de l'économie, lui en inspirera le goût, lui en fera connaître les bienfaits et, en quelque sorte, les miracles. La nature se perpétue par des reproductions ; elle se détruit par les jouissances. Faites que la subsistance même du pauvre ne se consomme pas tout entière ; obtenez de lui, non par des lois. mais par la toute-puissance de l'exemple, qu'il dérobe une très-petite portion de son travail pour la confier à la reproduction du temps, et par cela seul vous doublerez les ressources de l'espèce humaine. Et qui doute que la mendicité, ce redoutable ennemi des mœurs et des lois, ne fût détruite par de simples règles de police économique? Qui doute que le travail de l'homme dans la vigueur de l'âge ne pût le nourrir dans sa vieillesse? Puisque la mendicité est presque la même chez les peuples les plus riches et chez les plus pauvres, ce n'est pas dans l'inégalité des fortunes qu'il faut en chercher la véritable cause : elle est tout entière dans l'imprévoyance de l'avenir, dans la corruption des mœurs, et surtout dans cette consommation sans emportement, qui changerait toutes les terres en désert si la nature n'était pas plus sage que l'homme.... Partout le peuple est à portée de faire des épargnes, mais il n'a presque nulle part la possibilité de les faire fructifier. Qui voudrait se charger chaque jour du denier de la veuve? Supposons même qu'un fils pour son père ou un père pour son fils voulussent retrancher six deniers par jour du travail que cette économie leur rendrait plus doux, dans quelles mains déposeraient-ils la modique somme de neuf livres à la fin de chaque année? Quel serait même l'accroissement de cette somme si elle ne produisait que de simples intérêts? L'esprit d'économie, jusqu'à ce jour, était donc presque impossible dans les classes indigentes ; il n'en sera pas de même lorsqu'une caisse des épargnes aura réalisé les vœux des bons citoyens. Vous craindrez peut-être de diminuer la subsistance du pauvre par des sacrifices, même volontaires, que son état semble ne pouvoir pas supporter? Que vous connaîtriez mal les effets de l'esprit d'économie ! Il double le travail parce qu'il en fait mieux sentir le prix ; il augmente les forces avec le courage. Mais comptez-vous pour rien l'invitation que vous allez faire aux riches? Et lorsque vous autorisez une caisse des pauvres, à qui donc prescrivez-vous de la remplir? Non, j'en atteste tous ceux qui ont vu de près les ravages de la misère, les pauvres ne seront pas les seuls à s'intéresser à cette caisse bienfaisante qui ne va réaliser des épargnes ou des aumônes que pour les multiplier. Une nouvelle carrière va s'ouvrir à la bienfaisance, comme aussi une nouvelle chance à la pauvreté. En est-il de plus douce? Elle embrasse l'avenir, elle est accordée au malheur ; elle a pour base l'espérance. » — Mais ces éloquentes considérations ne réussirent pas à entraîner l'assemblée, qui rejeta la proposition.

22. Lafarge, toutefois, ne se découragea point. Mettant à

profit les observations de l'Académie des sciences et celles de l'assemblée constituante, il rédigea, de concert avec Mitouflet, son associé, un nouveau plan de tontine, et, vingt et un jours après le rejet de son plan primitif, il ouvrit, sous le titre de *Caisse d'épargnes et de bienfaisance*, une société de survie. — Vers la même époque avait été promulguée la loi du 7 janv. 1791, qui assurait aux auteurs la propriété de leurs découvertes ou inventions dans *tous les genres d'industrie*. Et le règlement du 25 mai suivant, rendu pour l'exécution de cette loi, portait qu'il serait délivré, sur une simple requête au roi, et sauf examen préalable, des brevets d'invention à toutes personnes qui voudraient exécuter ou faire exécuter des objets d'industrie jusqu'alors inconnus. Lafarge prit, en conséquence, le 22 août 1791, un brevet d'invention de cinq ans pour son établissement financier. — Le 31 mars 1792, la souscription fut close.

23. Bientôt après, une loi du 20 sept. 1792 spécifia qu'il ne serait plus accordé de brevets pour établissement de finances et supprima l'effet de ceux antérieurement accordés. En exécution de cette loi, Lafarge fut sommé de fermer ses bureaux. Mais il paraît que l'autorité se borna à une simple injonction et ne tint point la main à ce qu'elle fût suivie d'effet, car Lafarge ouvrit, le 1er oct. suivant, une souscription nouvelle sur les mêmes bases que la première, mais distincte quant à l'inscription de rente. Le 24 août 1793 fut rendue une loi portant qu'à l'avenir il ne pourrait être établi, formé ou conservé de pareilles associations sans l'autorisation du corps législatif. Lafarge ne se conforma point à cette loi. La seconde souscription fut close le 30 oct. 1793.

24. Les deux souscriptions dont nous venons de parler donnèrent naissance à deux sociétés distinctes, qui se divisaient chacune en deux classes : la première embrassait les souscripteurs dont l'âge était compris entre la conception et quarante-quatre ans révolus ; la seconde, tous ceux qui avaient dépassé quarante-quatre ans. La première prit le nom de *classe des jeunes*; la seconde celui de *classe des vieillards*. — Chaque action était viagère sur la tête de l'actionnaire ou sur telle autre tête indiquée par le souscripteur. — Le prix de l'action était de 90 livres, payables en espèces ou en contrats de rentes, en une fois ou en dix ans, à raison de 9 livres par chaque année, ou même en fractions de 30 sols, à raison de six payements par année. En cas d'interruption de la nourriture de l'action avant que le payement en fût complété, il y avait déchéance du fractionnement, et les sommes versées par lui étaient acquises à la tontine. Ces sortes de souscripteurs ne jouissaient pas d'intérêts. — Sur dix actions, une seule jouissait immédiatement de 45 livres de rentes ; les neuf autres étaient successivement appelées à jouir d'arrérages, au fur et à mesure des vacances, par décès, des actions rentées, et aussi par suite de la création de rentes nouvelles résultant du placement des fonds restés libres à la fin de chaque exercice. Le sort décidait des actions expectantes qui devaient remplacer les actions rentières déchues ou décédées, ou être appelées à jouir des arrérages résultant du placement des fonds libres. Le maximum du revenu de chaque action, dans chaque société, était fixé à 3,000 fr. Tous les ans, un tirage avait lieu, en proportion des vacances qui s'étaient produites dans l'exercice précédent, ou des rentes nouvelles provenant du payement des bonifications.

25. La loi du 9 vend. an 6 eut pour effet de réduire la rente de 45 liv. à 15 fr. Cette loi, comme on sait, ordonnait que toutes les rentes et autres dettes de l'Etat seraient remboursées pour les deux tiers en bons au porteur, et que le troisième tiers seulement resterait inscrit au grand-livre (ce qu'on appela *le tiers consolidé*, V. Trésor public). Plus tard cette rente fut élevée à 17 fr. 55 c. par la vente des bons des deux tiers. En 1852, par suite de la conversion des rentes opérée par le décret du 14 mars 1852, qui a été déclaré applicable aux rentes possédées par les sociétés tontinières (cons. d'Et. 7 déc. 1854, aff. Caisse Lafarge, V. Trés. publ.), elle descendit à 15 fr. 79 c. Elle est aujourd'hui de 20 fr. 05 c. dans la première société, et de 21 fr. 15 c. dans la seconde. Dans chacune la *classe des vieillards* est éteinte.

26. Voici en quoi la nouvelle tontine Lafarge différait de l'ancienne (V. suprà, n° 19). Il n'y avait plus pour les souscripteurs qui avaient fait leur versement intégral suspension d'arrérages pendant dix ans ; plus de lots de 50 liv. ni de 150. Les cinq millions d'actionnaires disparaissaient et avec eux les quarante-cinq mille qui devaient jouir, dès la seconde année, de 50 liv. de rente. Tous les âges ne concouraient plus ensemble. La distribution des rentes était toujours confiée au sort ; mais, les droits des actionnaires étant égaux, il fallait bien que le sort décidât entre eux. Il n'y avait là de hasard que celui de la survie ; si l'on vivait on était sûr de recueillir tôt ou tard.

27. Nous avons déjà dit que les bases d'après lesquelles Lafarge avait calculé les chances de ses actionnaires étaient inexactes ; aussi ses calculs ont-ils reçu de l'événement un éclatant démenti. Ainsi il avait compté que toutes les actions porteraient rente au bout de quinze ans ; ce résultat ne s'est accompli qu'au bout de soixante ans. En outre, une action qui devrait aujourd'hui rapporter au moins 50 fr., n'en rapporte que 20.

28. Chaque actionnaire pouvait prendre une ou plusieurs actions sur sa tête ou sur telle autre tête indiquée par lui, par exemple, un parent, un ami, un prince, etc. Un grand nombre d'actionnaires (cinquante-trois mille huit cent dix actions pour les deux sociétés) avaient profité de cette faculté pour placer leurs actions sur des têtes dites *génevoises*. Voici quel avantage ils y trouvaient. Comme, avant la révolution, l'État contractait des emprunts sur têtes génevoises, on était sûr de trouver au trésor public les preuves de leur existence, et on n'avait ainsi aucune justification particulière à faire. Mais, le décret de nivôse an 6 ayant forcé les propriétaires des rentes sur l'État assises sur têtes génevoises à les reporter sur eux-mêmes ou sur d'autres têtes à leur choix, les actionnaires de la caisse Lafarge perdirent ainsi la facilité de se procurer sans peine et sans frais la preuve de l'existence de ces têtes. Par suite il dut être pourvu au même objet par un autre moyen. — Une délibération de nivôse an 7, prise par les commissaires des actionnaires et de l'administration, arrêta : — Que les actionnaires des deux sociétés, propriétaires d'actions sur têtes génevoises seraient invités à venir les échanger ; qu'il serait libre aux porteurs de ces actions de les tranférer sur d'autres têtes à leur choix, mais seulement dans la même classe, et pourvu qu'elles fussent, autant que possible, de l'âge de celles qu'elles remplaceraient ; — Que l'administration formerait une liste de cinquante têtes françaises, de jeunes femmes ou filles, et qu'il serait alloué à chacune de ces têtes une rente de la caisse d'épargnes ; que pour faire le service de ces cinquante rentes il serait acheté un fonds suffisant en tiers consolidé, et que les frais de cette acquisition en seraient supportés, au marc le franc d'actions, entre tous ceux qui reporteraient leurs actions sur ces têtes ; qu'au fur et à mesure du décès des têtes composant cette liste, leurs rentes accroîtraient à la masse générale, et celles expectantes, au moment où toutes les actions survivantes auraient des rentes, jouiraient, comme celles-ci, des accroissements annuels et tontiniers. — L'échange des titres ne pouvait, bien entendu, se faire que pour les actions non éteintes ; les titres reposant sur têtes génevoises dont le décès était connu étaient supprimés. — Trente-six mille actions ont été ainsi reportées sur des têtes françaises ; les autres mutations ont eu lieu ou sur la tête des actionnaires eux-mêmes ou sur d'autres têtes choisies par eux.

29. A l'exception des têtes princières, pour lesquelles l'almanach de Saxe-Gotha tient lieu d'état civil, l'existence des têtes sur lesquelles reposent les actions se prouve par un certificat de vie. A défaut de production de ce certificat dans les délais prescrits par les statuts, l'action placée sur la tête dont l'existence n'est pas régulièrement justifiée ne peut participer à aucune répartition d'arrérages. Mais si plus tard cette tête produit son certificat, les actions qu'elle représente recouvrent, mais pour l'avenir seulement, leurs droits aux arrérages dont le défaut de justification les avait privées.

30. Aux termes des statuts, les commissaires des actionnaires devaient chaque année rendre compte à l'assemblée générale des actionnaires de leur administration pendant cette année et lui exposer l'état des affaires de la société. L'assemblée, après avoir arrêté ce compte, devait procéder à la nomination de nouveaux commissaires ou à la confirmation des anciens. — Tout actionnaire propriétaire de cinquante actions, ou tout fondé de procuration jusqu'à concurrence de cinquante actions avait entrée et voix délibérative dans l'assemblée. Mais cette dernière disposition fut modifiée dans l'assemblée générale du 16 nov. 1800, et il fut décidé qu'à l'avenir les propriétaires de cinquante actions pourraient entrer et avoir voix délibérative aux assemblées générales ; mais que les fondés de pouvoir jusqu'à concurrence de cinquante actions ne pourraient être admis à ces assemblées qu'en justifiant qu'ils étaient propriétaires de plusieurs actions, et que les actions dont ils seraient propriétaires feraient indispensablement partie du dépôt qui devait être fait conformément aux statuts pour obtenir un billet d'entrée.

31. La disposition des statuts qui prescrivait un compte annuel ne fut pas régulièrement exécutée. Par l'effet, soit de la négligence des fondateurs, soit d'empêchements de force majeure, il s'écoula quelquefois plusieurs années sans qu'il y eût de réunion. Il en résulta de la méfiance, de l'irritation, des luttes intestines entre les actionnaires et les fondateurs. Pour mettre fin à cette situation, l'intervention du gouvernement fut sollicitée des deux côtés. En conséquence, le 1er avr. 1809, le jour même où était approuvé l'avis du conseil d'État qui soumettait les associations tontinières à l'autorisation du gouvernement, paraissait un décret ayant pour objet spécial de pourvoir pour l'avenir à la gestion de la caisse Lafarge (1). Le décret retirait ladite gestion aux fondateurs, pour la confier à trois administrateurs qui seraient pris dans le conseil municipal de Paris et nommés par le préfet de la Seine. Le caissier, nommé par le préfet de la Seine sur la présentation du conseil municipal, était chargé de faire les payements, à chaque semestre, d'après les états de distribution certifiés par les administrateurs et visés par le préfet. Un état de situation de la tontine devait être produit en janvier de chaque année, au conseil municipal, puis imprimé et affiché. Ce décret fixait à un *maximum* de 60,000 fr. les dépenses d'administration, qui devaient être délibérées par le conseil municipal sur la proposition des administrateurs et définitivement arrêtées par le préfet. Enfin, il ordonnait que le *maximum* des rentes, fixé à 5,000 liv. par les statuts, serait élevé à 6,000 fr., dans les combinaisons et proportions établies par les statuts.

32. Ce décret ne parle pas des assemblées générales d'actionnaires, et de fait il n'en fut plus tenu depuis cette époque, du moins jusqu'à l'ord. du 7 oct. 1818, dont nous allons parler. On pouvait se demander toutefois, dans le silence du décret de 1809, s'il avait bien été dans la pensée de son auteur de les supprimer. Mais un avis du conseil d'État, du 5 fév. 1817, leva à cet égard tous les doutes en déclarant que le décret de 1809 et l'avis approuvé dont il avait fait l'application avaient substitué aux assemblées générales d'actionnaires le conseil municipal de

---

(1) 1er avr. 1809. — Décret relatif à la caisse d'épargnes connue sous la dénomination de caisse Lafarge.

Art. 1. La tontine de la caisse d'épargnes sera désormais régie par trois administrateurs, qui seront pris dans le conseil municipal de la commune de Paris, et nommés par le préfet du département de la Seine ; ces administrateurs géreront l'établissement au plus grand avantage des actionnaires.

2. Les arrérages à payer par le trésor public, pour chaque semestre de rentes appartenant à la caisse d'épargnes, seront remis au caissier qui sera établi par l'administration et nommé par le préfet du département de la Seine, sur la présentation du conseil municipal. Les états de distribution, certifiés par les administrateurs et visés par le préfet de la Seine, seront remis au caissier, qui fera les payements à chaque actionnaire.

3. Le compte général du caissier, avec les pièces à l'appui et les observations des administrateurs, sera présenté, dans le mois de janvier de chaque année, au conseil municipal de la commune, pour être vérifié et apuré.

L'arrêté du conseil sera soumis à l'approbation du préfet de la Seine.

4. Dans le mois de janvier de chaque année, le résultat de la situation de la tontine, tant sous le rapport des extinctions que sous celui de l'augmentation du nombre des actions portant rentes par le produit des bonifications, sera présenté au conseil municipal, et imprimé et affiché.

5. Les dépenses d'administration seront délibérées par le conseil municipal, sur la proposition des administrateurs, et définitivement arrêtées par le préfet ; elles ne pourront excéder 60,000 fr.

6. Le maximum des rentes, fixé à 5,000 liv. par l'art. 25 des statuts, est élevé à 6,000 fr. dans les combinaisons et proportions établies par les statuts.

la commune de Paris, et aux anciens administrateurs les trois membres de ce conseil chargés de gérer l'établissement au plus grand avantage des actionnaires.

33. L'ord. des 7-30 oct. 1818 vint apporter de notables modifications à l'administration de la caisse Lafarge (1). Tout en maintenant les trois administrateurs pris dans le conseil municipal, elle supprima leur traitement et institua, sous leurs ordres, pour les trois tontines Lafarge, du Pacte social et des Employés et artisans, un directeur unique, rétribué, et un caissier également unique, qui toutefois devait tenir des comptes séparés pour chaque tontine, aucune confusion ou mélange ne devant être fait des revenus et de l'actif de chaque établissement.—Cette ordonnance rétablit, pour chaque tontine, les assemblées générales, où seraient appelés les trente plus forts actionnaires demeurant dans le département de la Seine; et elle décida que le directeur y donnerait chaque année connaissance des comptes de l'exercice précédent; qu'il serait tenu un procès-verbal des observations qui pourraient être faites par les actionnaires présents; que ces comptes seraient ensuite soumis, avec les observations, au conseil municipal, pour être par lui vérifiés et apurés; enfin que les arrêtés du conseil municipal seraient soumis à l'approbation du préfet, puis imprimés et publiés.

34. Une lettre du baron Capelle, du 14 fév. 1820, disposa qu'indépendamment des assemblées annuelles il pourrait y avoir, quand les circonstances l'exigeraient, des assemblées extraordinaires. Il y en eut en effet plusieurs. L'une d'elles, tenue le 1er fév. 1847, fut appelée à résoudre plusieurs questions, et notamment la question de savoir si la prescription quinquennale

établie par l'art. 2277 c. nap. devait être appliquée aux arrérages mis en réserve. Il ne s'agissait point là des arrérages à l'égard desquels le certificat de vie n'avait pas été produit en temps utile. Quant à ceux-là, la déchéance était encourue, du moins pour l'année, sauf à l'actionnaire à produire les justifications nécessaires pour les années ultérieures. Il s'agissait des arrérages pour lesquels les justifications avaient été régulièrement produites, mais que les ayants droit n'étaient pas venus toucher. Jusqu'alors aucune prescription ne leur avait été appliquée; les actionnaires auxquels ils étaient dus les touchaient lorsqu'ils se présentaient à la caisse, alors même qu'il y en avait dix ou quinze années d'échues. L'assemblée proposa de leur appliquer la prescription quinquennale de l'art. 2277, et en effet elle a été appliquée depuis ce jour. — Toutefois le ministre de l'agriculture et du commerce, auquel cette décision avait été communiquée, fit observer que l'opinion exprimée par l'assemblée n'était point obligatoire, et que c'était là un point de droit commun que chaque intéressé pouvait contester judiciairement.

35. De nouvelles modifications furent apportées en 1857 au régime administratif de la caisse Lafarge. Des réclamations avaient été élevées sur divers points par certains actionnaires. On s'était plaint notamment de l'insuffisance du contrôle de la gestion. Le conseil d'Etat, saisi de ces réclamations, élabora un décret ayant pour objet de donner satisfaction à ce qu'elles pouvaient avoir de fondé. Ce décret, qui fut rendu le 28 janv. 1857 (2), s'appliquait à la caisse Lafarge et à la caisse des employés et artisans. — En ce qui concerne la première, il in-

---

(1) 7-30 oct. 1818.—Ordonnance du roi relative à la régie et administration des établissements connus sous le nom de *Tontines d'épargnes*.

Art. 1. Les établissements connus sous le nom de *Tontines d'épargnes*, précédemment *Caisse Lafarge, Caisse des employés et artisans et Tontine du pacte social*, continueront à être régis conformément aux décrets du 1er avr. 1809, 9 fév. et 22 oct. 1810, et par trois membres du conseil municipal de Paris, qui seront désignés par le préfet du département de la Seine, et prendront le titre d'administrateurs des tontines.

2. Ces trois administrateurs ne jouiront d'aucun traitement ni émolument. — Ils auront sous leurs ordres, pour la régie des tontines, un directeur, qui sera nommé et dont le traitement et le cautionnement seront fixés par le département sur leur proposition.

3. Il y aura pour les trois tontines un caissier commun, nommé par le préfet, sur la présentation du conseil municipal. — Le traitement et le cautionnement du caissier seront fixés par le préfet, sur la proposition de l'administration des tontines.

4. Le caissier tiendra des comptes séparés pour chaque tontine, sans qu'il puisse être fait aucun mélange ou confusion des revenus et de l'actif de chaque établissement.

5. Il y aura chaque année, pour chaque tontine, une assemblée où seront appelés les trente actionnaires demeurant dans le département de la Seine qui possèdent le plus grand nombre d'actions. — Cette assemblée sera présidée par le préfet de la Seine, et, en son absence, par le conseiller de préfecture qu'il déléguera à cet effet. — Le directeur y donnera connaissance des comptes de l'exercice précédent, et il sera tenu procès-verbal des observations qui pourront être faites par les actionnaires présents.

6. Les comptes annuels de chaque tontine seront ensuite soumis, avec l'avis de l'administration et les observations faites dans l'assemblée générale, au conseil municipal, pour être par lui vérifiés et apurés. — Les arrêtés du conseil seront soumis à l'approbation du préfet, et les comptes rendus publics par la voie de l'impression.

7. Il y aura, près de l'administration des tontines, un comité consultatif, composé de trois jurisconsultes désignés par le préfet de la Seine.

8. L'administration aura sous ses ordres un secrétaire; ce secrétaire et les employés de l'administration seront nommés, sur la proposition des administrateurs, par le préfet, qui fixera leurs traitements.

9. Les frais généraux d'administration, comprenant les loyers, traitements, frais de bureau et autres dépenses, seront fixés par nous, pour chaque tontine, sur l'avis du préfet de la Seine et le rapport de notre ministre secrétaire d'Etat de l'intérieur.

10. Les règlements des trois tontines seront revus, s'il y a lieu, et soumis à notre approbation.

(2) 28 janv.-20 fév. 1857. — Décret impérial portant fixation du régime administratif des deux tontines dites *Caisse Lafarge* et *Caisse des employés et artisans*.

Art. 1. A l'avenir, les deux tontines dites *Caisse Lafarge* et *Caisse des employés et artisans* seront régies conformément aux dispositions suivantes :

TIT. 1. — *De l'administration de la caisse Lafarge*.

2. Le conseil d'administration de la caisse Lafarge est composé : 1° d'un membre nommé par notre ministre de l'agriculture, du commerce et des travaux publics; 2° d'un membre nommé par notre ministre des finances; 3° de trois membres du conseil municipal de Paris, nommés par le préfet; 4° de trois actionnaires choisis par l'assemblée mentionnée en l'art. 5 ci-après, parmi les membres de ladite assemblée. Les membres du conseil d'administration nommés par les actionnaires sont élus pour trois ans et renouvelés par tiers, chaque année. Ils sont toujours rééligibles. Pour les deux années qui suivront la première élection, les membres sortants seront désignés par le sort. En cas de décès ou de démission d'un actionnaire administrateur dans le cours d'un exercice, le conseil d'administration pourvoit provisoirement à son remplacement, jusqu'à ce qu'il y ait été définitivement pourvu par l'assemblée lors de sa réunion annuelle.

3. Le conseil d'administration ne peut délibérer qu'autant que quatre de ses membres au moins sont présents, et à une majorité d'au moins trois voix. Notre ministre de l'agriculture, du commerce et des travaux publics désigne le membre président. La voix du président est prépondérante en cas de partage.

4. Les fonctions de membres du conseil d'administration sont gratuites. Le conseil règle, sous l'approbation de notre ministre de l'agriculture, du commerce et des travaux publics, les frais généraux d'administration, ainsi que le nombre, le titre et le traitement des employés; il les nomme et les révoque. Il fixe également le cautionnement auquel le caissier reste soumis.

5. Il y a, chaque année, une assemblée où sont appelés les actionnaires propriétaires de vingt-cinq actions au moins. Dans le cas où il n'y aurait pas cinquante actionnaires possédant vingt-cinq actions, on appellera les actionnaires qui possèderont, après eux, le plus grand nombre d'actions pour parfaire ce nombre de cinquante. Tout actionnaire ayant droit de faire partie de l'assemblée peut s'y faire représenter, mais seulement par un autre actionnaire; toutefois, l'ascendant, le conjoint, le fils ou le gendre peuvent représenter un actionnaire, sans posséder eux-mêmes d'actions. Un arrêté de notre ministre de l'agriculture, du commerce et des travaux publics fixe le jour de la réunion et désigne le président. L'assemblée prend connaissance des comptes de l'exercice précédent. Elle élit les fonctionnaires appelés à faire partie du conseil d'administration, conformément à l'art. 2.

6. Il est tenu procès-verbal des observations qui pourraient être faites par l'assemblée sur les comptes qui lui sont présentés. Les comptes sont ensuite soumis, avec l'avis du conseil d'administration et les observations de l'assemblée, à notre ministre de l'agriculture, du commerce et des travaux publics, pour être par lui vérifiés et apurés.

TIT. 2. — *De l'administration de la caisse des employés et artisans*.

7. Le conseil d'administration de la caisse des employés et artisans est composé : 1° des cinq membres désignés dans les n°s 1, 2 et 3 de l'art. 2 relatif à l'administration de la caisse Lafarge; 2° de trois ac-

stitue un conseil d'administration composé : 1° d'un membre nommé par le ministre de l'agriculture, du commerce et des travaux publics; 2° d'un membre nommé par le ministre des finances; 3° de trois membres du conseil municipal de Paris, nommés par le préfet; 4° de trois actionnaires choisis par l'assemblée générale annuelle parmi les membres de cette assemblée. — Ce conseil ne peut délibérer qu'autant que quatre au moins de ses membres sont présents, et à une majorité d'au moins trois voix. Il est présidé par le membre que désigne le ministre de l'agriculture, du commerce et des travaux publics. La voix du président est prépondérante en cas de partage. — Ce conseil, dont les fonctions sont gratuites, règle, sous l'approbation du ministre, les frais généraux d'administration, ainsi que le nombre, le titre et le traitement des employés. Il fixe le cautionnement du caissier. — Il y a chaque année une assemblée où sont appelés les actionnaires propriétaires de vingt-cinq actions au moins. Dans le cas où il ne s'en trouverait pas cinquante, on doit parfaire ce nombre en appelant les actionnaires qui, après eux, possèdent le plus d'actions. Un arrêté du ministre de l'agriculture, du commerce et des travaux publics, fixe le jour de la réunion et désigne le président. L'assemblée prend connaissance des comptes de l'exercice précédent et élit les actionnaires appelés à faire partie du conseil d'administration. Il est tenu procès-verbal des observations faites sur les comptes par l'assemblée, et le tout est soumis, avec l'avis du conseil d'administration, au ministre, qui vérifie et apure lesdits comptes. — Tel est le régime auquel est aujourd'hui soumise la caisse Lafarge.

36. La tontine du *Pacte social*, fondée par le sieur Tolosé, embrassait deux sociétés distinctes : la société assignats et la société numéraire.—La première, fondée en 1792, devait être close en 1796. Elle était divisée en six classes, qui devaient se composer chacune de cinquante mille actions au moins. La première comprenait les actionnaires qui avaient moins de vingt ans accomplis; la deuxième, ceux qui avaient de vingt à trente-cinq ans; la troisième, de trente-cinq à quarante-cinq ans; la quatrième, de quarante-cinq à cinquante-cinq; la cinquième, de cinquante-cinq à soixante-cinq; la sixième enfin, au delà de soixante-cinq ans. Les âges se comptaient à partir du 1er nov. 1792 en rétrogradant. — Les actions appartenant à un action-

naire décédé accroissaient au profit de sa classe, sauf les arrérages et accroissements échus au jour de son décès, qui étaient touchés par ses ayants cause. — Lors du décès de tous les actionnaires composant une même classe, les revenus de cette classe et les droits qui lui étaient acquis appartenaient aux autres classes et étaient partagés également entre elles à compter du décès du dernier actionnaire de la classe éteinte. Il en était de même, respectivement, lors de l'extinction des autres classes, jusqu'à ce qu'enfin il ne restât plus que cinquante actions de toutes celles qui composaient les six classes : à cette époque, les quatre cinquièmes du fonds de la société devaient appartenir aux propriétaires de ces cinquante dernières actions. —Une clause des statuts portait que, lorsque de toutes les classes les actions se trouveraient réduites au nombre de cent et au-dessous, les propriétaires pourraient, même alors, convenir entre eux d'éteindre l'association, sans attendre la réduction au nombre de cinquante, et de partager entre eux les quatre cinquièmes du fonds.—Chaque action devait produire intérêt à 3 p. 100 à partir du 1er avr. 1793; mais en fait, cet intérêt ne fut pas payé.

37. La société numéraire, fondée en l'an 3, fut close en 1810. Son règlement portait qu'elle serait composée de cent cinquante mille actions de 50 livres numéraire chaque, divisée en quatre classes; qu'il ne serait payé aucun intérêt pendant quinze ans ; que les intérêts seraient remplacés par un tirage de primes entre les actionnaires. — Le sieur Tolosé avait la prétention, en créant la seconde société, d'annuler la première ; et à cet effet, il remit à la plus grande partie des actionnaires de la société assignats des titres de la société numéraire. De là sont nés de nombreux procès que les deux sociétés ont eu à soutenir plus tard l'une contre l'autre. — Après plusieurs années d'exercice, le fondateur fit faillite. C'est alors que commencèrent les procès.

38. Un décret du 9 fév. 1810 ordonna que la tontine du *Pacte social* serait désormais régie par un ou plusieurs membres pris dans le conseil municipal de la commune de Paris, sous la surveillance du préfet, et il traça la la nouvelle administration les règles qu'elle devrait suivre dans sa gestion (1). — Un autre décret, du 29 déc. 1810, assimila la tontine du Pacte social aux autres établissements publics.

39. Lors de la restauration, une ordonnance royale du 25

---

tionnaires de la caisse des employés et artisans nommés par l'assemblée des actionnaires, telle qu'elle est déterminée par l'art. 5 de l'ord. du 7 oct. 1818. Les dispositions contenues dans les §§ 2, 5 et 4 du même art. 2, dans l'art. 5 et dans le § 1 de l'art. 4 du présent décret, sont applicables au conseil d'administration de la caisse des employés et artisans.

8. L'assemblée établie par l'art. 5 de l'ord. du 7 oct. 1818 se réunit, chaque année, au jour fixé par notre ministre de l'agriculture, du commerce et des travaux publics, qui désigne le président. Les dispositions contenues dans les §§ 2 et 4 de l'art. 5 du présent traité et dans son art. 6 sont applicables à ladite assemblée.

TIT. 3. — *Dispositions communes aux deux caisses.*

9. La caisse des employés et artisans est administrée par les bureaux de la caisse Lafarge.

10. La part contributive de la caisse des employés et artisans dans les frais de l'administration commune est fixée par notre ministre de l'agriculture, du commerce et des travaux publics, sur l'avis des deux conseils d'administration.

11. Ces deux conseils possèdent, vis-à-vis de l'administration commune, les mêmes droits de vérification et de contrôle en ce qui concerne les opérations de leurs caisses respectives.

(1) 9 fév. 1810. — Décret portant établissement d'une nouvelle régie de la tontine du Pacte social.

Art. 1. La tontine du Pacte social (société assignats et société numéraire) sera désormais régie par un ou plusieurs administrateurs pris dans le conseil municipal de la commune de Paris, et nommés par le préfet du département de la Seine. La nouvelle administration gérera l'établissement au plus grand avantage des actionnaires, sous la surveillance du préfet.

2. La nouvelle administration se concertera avec les commissaires et surveillants nommés dans les précédentes assemblées générales des actionnaires, à l'effet : 1° de concilier les intérêts respectifs des deux sociétés, ou à la démarcation bien précise, si le résultat de l'examen prouvait l'impossibilité de les réunir; 2° de procéder à la formation d'un nouveau règlement d'administration, fondé sur ces bases, et qui puisse garantir la garantie des actionnaires et les droits que pourra

conserver le fondateur. Le tout sera rendu exécutoire par nous en notre conseil, s'il y a lieu, sur le rapport de notre ministre de l'intérieur.

3. La nouvelle administration s'attachera particulièrement à faire constater : 1° le nombre des actions prises dans chaque société; 2° l'emploi des mises ; 3° l'existence, la situation, le produit et les charges des immeubles acquis au nom collectif de la société par le sieur Tolosé. Cet état des biens, et les pièces à l'appui, seront présentés au conseil municipal, publiés et affichés, s'il y a lieu.

4. Les états des distributions qui pourront être faites aux actionnaires sur le revenu net desdits biens seront, après avoir été certifiés par l'administration et visés par le préfet du département de la Seine, remis au caissier qui sera désigné à cet effet pour effectuer les payements à faire à chaque actionnaire.

5. Le compte général du caissier, avec les pièces à l'appui et les observations de l'administration sera présenté, dans le mois de janvier de chaque année, au conseil municipal de la commune, pour être vérifié et apuré. — L'arrêté du conseil sera soumis à l'approbation du préfet du département.

6. Dans le mois de janvier de chaque année, le résultat de la situation de la tontine sera présenté au conseil municipal, imprimé et affiché.

7. Les dépenses d'administration et de régie des immeubles seront délibérées par le conseil municipal, sur la proposition de l'administration, et définitivement arrêtées par le préfet.

8. La comptabilité arriérée du sieur Tolosé, ainsi que le jugement des contestations auxquelles elle pourra donner lieu, sous le rapport seulement du règlement et de l'apurement des comptes, sont renvoyés devant notre cour des comptes.

9. Provisoirement, et dans le jour de la réception du présent décret, notre ministre de l'intérieur fera parafer tous les registres, mettre les scellés sur toutes les valeurs et caisses, veiller à la sûreté des biens meubles et immeubles du sieur Tolosé, tous les actes conservatoires propres à empêcher la déperdition des gages des actionnaires.

Ces actes seront faits à la diligence du préfet de la Seine.

10. L'administration et les actionnaires qui auraient connaissance d'abus commis par l'ancien administrateur pourront en instruire notredite cour des comptes, en remettant leurs mémoires et observations à notre procureur général près ladite cour.

oct. 1814 décida que la commission formée en vertu du décret du 9 fév. 1810 continuerait à gérer la tontine (1). Cette ordonnance prescrivait de vendre tous les immeubles appartenant aux deux sociétés. — Une autre ordonnance du même jour enjoignit aux actionnaires des deux sociétés de déposer, dans le délai de quinze mois, les titres d'actions et autres pièces dont ils étaient porteurs. Ce délai a été prolongé de trois mois par une ordonnance ultérieure.

40. L'ord. du 7 oct. 1818 (rapportée ci-dessus, n° 33), réunit les trois tontines Lafarge, du Pacte social et des Employés et artisans sous une seule et même administration, et posa à cet

(1) 25 oct.–22 nov. 1814. — Ordonnance du roi portant que la commission formée en exécution du décret du 9 fév. 1810 continuera à gérer l'établissement dit *Tontine du Pacte social.*

Louis, etc. ; — Considérant qu'il a été d'une bonne administration de confier la gestion d'un grand nombre d'individus peu aisés et sans connaissance des affaires, à des magistrats revêtus de l'estime publique; — Que la demande faite, d'un commun accord, par les commissaires des deux sociétés, d'être autorisés à vendre les biens en litige, pour le produit de la vente être placé, jusqu'à décision définitive, en rentes sur l'Etat, ne peut qu'être avantageuse aux deux associations, en leur épargnant des frais de gestion ruineux et en augmentant leur revenu; — Que le refus positif de se réunir, manifesté par les actionnaires de la première association, constitue entre eux et les actionnaires de la seconde une opposition d'intérêts et des discussions sur la propriété de leurs biens, que les tribunaux seuls sont appelés à terminer ; — Sur le rapport de notre ministre secrétaire d'Etat au département de l'intérieur ; — Notre conseil d'Etat entendu ; — Nous avons ordonné, etc. :

Art. 1. La commission formée en exécution du décret du 9 fév. 1810, continuera à gérer l'établissement dit *Tontine du Pacte social*, conformément audit décret.

2. Conformément au même décret, notre cour des comptes fixera incessamment, par un décret définitif, la quotité précise des répétitions à exercer contre le sieur Tolosé, au nom des actionnaires des deux sociétés qui composent aujourd'hui ladite tontine.

3. Les immeubles de la tontine du Pacte social seront vendus à la diligence des administrateurs des tontines. L'adjudication de ces immeubles sera faite aux enchères, dans les formes prescrites par le décret du 18 mai 1806, pour la vente aux enchères des biens des hospices.

4. Le produit des ventes sera employé par les administrateurs, sous l'autorisation du préfet de la Seine, en acquisition de rentes sur l'Etat au profit de la tontine.

5. La commission susdite rassemblera encore une fois les commissaires des deux sociétés ; et, s'ils persistent dans leur refus de se réunir ou de se concilier sur le partage des biens de la tontine, les commissaires seront autorisés à reprendre l'instance suspendue en 1807, à l'effet de faire prononcer sur leurs droits respectifs auxdits biens, ainsi que sur les indemnités qu'elles peuvent se devoir mutuellement, et sur les droits du sieur Tolosé, s'il lui en reste.

6. Lorsque le jugement définitif sera intervenu, et que l'administration aura opéré le partage qui aura été prescrit, elle réunira respectivement les actionnaires des deux sociétés, pour délibérer sur la dissolution ou la continuation de leurs associations tontinières ; et, dans le cas où ils voudraient les continuer, elle adressera à notre ministre secrétaire d'Etat au département de l'intérieur les règlements qui auront été adoptés, pour obtenir, s'il y a lieu, notre autorisation, conformément à l'avis du conseil d'Etat du 25 mars 1809.

7. Tous les actionnaires sont tenus, dans le délai de dix-huit mois à compter de la publication de la présente ordonnance, de justifier de l'existence des têtes sur lesquelles reposent leurs actions, et d'en rapporter les titres, sous peine par les défaillants d'être déchus de tous droits dans la tontine.

(2) 1er–30 sept. 1819. — Ordonnance du roi qui réunit en une seule et même association la tontine du Pacte social, précédemment divisée en deux sociétés, et contient règlement à cet égard.

Louis, etc. — Par notre ord. du 25 oct. 1814, nous avons prescrit plusieurs dispositions propres à garantir les intérêts de la tontine du Pacte social, à améliorer le sort des actionnaires tant de la première que de la seconde société de cette tontine, et à préparer le règlement de leurs droits respectifs. — Nous avions ordonné, à cet effet, que les anciens commissaires des deux sociétés seraient convoqués en assemblée, afin de se prononcer sur la réunion des actionnaires en une seule société et sur le partage des biens. — Après plusieurs conférences, ces anciens commissaires se sont accordés unanimement sur le maintien de leur association tontinière, ainsi que sur la fusion des deux sociétés en une seule, et ont pris, à la même unanimité, sous la date du 24 fév. 1817, une délibération qui contient les bases de réorganisation et de répartition des biens, auxquelles il nous paraît juste et conforme à l'intérêt des actionnaires de donner notre assentiment. — En conséquence, après nous être fait représenter ladite délibération du 24 fév. ; les statuts du

égard quelques règles nouvelles. Cette ordonnance resta en vigueur, en ce qui concerne la tontine du Pacte social, jusqu'en 1835, où la tontine fut remise à des commissaires, ainsi que nous le verrons bientôt.

41. Une délibération prise en assemblée générale, le 24 juin 1817, avait décidé qu'il y aurait fusion entre les deux sociétés (assignats et numéraire) ; que tous les biens leur appartenant formaient une seule masse ; que toutes répétitions étaient et demeuraient amorties. — Une ord. du 1er sept. 1819 prescrivit cette réunion des deux sociétés (2). — Mais, sur les réclamations auxquelles cette décision donna lieu, intervint, le 26 oct. 1825,

15 juin 1793, auxquels elle se réfère en partie ; les décrets, ordonnances, jugements et arrêts y relatifs, ainsi que le nouveau projet de règlement, dressé par notre conseiller d'Etat préfet de la Seine, nous avons résolu de réunir dans un corps de statuts régulier toutes les dispositions qui doivent désormais régir la tontine du Pacte social. — A ces causes, sur le rapport de notre ministre secrétaire d'Etat de l'intérieur ; — Notre conseil d'Etat entendu, — Nous avons ordonné, etc. :

TIT. 1. — FORMATION DE LA TONTINE.

DIVISION EN CLASSES. — *Création de nouveaux titres d'actions.*

Art. 1. La tontine du Pacte social, précédemment divisée en deux sociétés, est réunie en une seule et même association tontinière, qui se compose, savoir : — De la première société, dite *société assignats*, — des actionnaires qui n'ont pas échangé leurs titres lors de la formation de la seconde société, et dont les actions, déposées à l'administration des tontines, s'élèvent à huit mille cinq cent soixante-neuf ; — Et que la seconde société, dite *société numéraire*, 1° des actionnaires qui, faisant d'abord partie de la société assignats, ont ensuite échangé leurs titres contre des actions de la nouvelle société ; — 2° Des actionnaires qui se sont joints à ceux-ci, en prenant des actions purement numéraires (le nombre d'actions déposées à l'administration des tontines, par ces deux classes d'actionnaires, est de dix mille huit cent trente-huit) ; — 3° Des individus qui ont préféré des rentes fixes sur les fonds de la tontine au hasard des chances, et auxquels il sera accordé, en remplacement de ces rentes, lesquelles sont et demeurent supprimées, un nombre d'actions nouvelles, correspondant aux capitaux par eux fournis, à raison de 100 fr. par action, avec faculté de compléter les excédants inférieurs à 100 fr. ; — 4° Des actionnaires qui n'ont pas complété le prix de leurs actions, et que nous autorisons aussi à fournir les compléments nécessaires ; — 5° Enfin, des individus simples soumissionnaires, que nous autorisons également à remplir le montant de leurs soumissions.

2. Lesdites autorisations ne peuvent profiter qu'aux personnes qui ont déposé leurs titres, conformément à notre ordonnance royale du 25 oct. 1814.

3. Les sommes à fournir par les personnes dont il s'agit devront être versées avant le 1er oct. 1820, pour tout délai, sous peine de déchéance de tout droit et de perte des à-compte payés. Ces fonds seront immédiatement employés en rentes sur l'Etat.

4. Les individus primitivement actionnaires de la tontine, qui ont échangé depuis leurs actions contre des rentes personnellement constituées par le sieur Tolosé, ancien directeur, et qui se sont ainsi retirés de l'association tontinière, sont déchus de tous droits comme actionnaires. Ils sont renvoyés à se pourvoir contre le sieur Tolosé, ainsi qu'ils aviseront.

5. La tontine est divisée en six classes. Ces classes comprennent, savoir : — La première, tous les actionnaires nés depuis et y compris le 1er nov. 1772, jusqu'à ce jour ; — La seconde, les actionnaires nés depuis et y compris le 1er nov. 1757, jusqu'au 1er nov. 1772 exclusivement ; — La troisième, les actionnaires nés depuis et y compris le 1er nov. 1747, jusqu'au 1er nov. 1757 exclusivement ; — La quatrième, les actionnaires nés depuis et y compris le 1er nov. 1737, jusqu'au 1er nov. 1747 exclusivement ; — La cinquième, les actionnaires nés depuis et y compris le 1er nov. 1727, jusqu'au 1er nov. 1737 ; — La sixième, les actionnaires nés antérieurement au 1er nov. 1727.

6. Il sera fait de nouveaux titres d'actions sur un modèle uniforme, mais avec indication de l'origine, pour être délivrés aux ayants droit, en remplacement de leurs actions titres, toutes les actions seront numérotées. Il y aura autant de séries que de classes.

TIT. 2. — PATRIMOINE ET CHARGES DE LA TONTINE.

7. Le patrimoine de la tontine se compose, 1° des rentes sur l'Etat qui ont été ou seront acquises avec les deniers provenant des immeubles vendus en exécution de nos ordonnances ; 2° des autres rentes sur l'Etat qui pourront être acquises avec les sommes provenant des compléments d'actions ou payement d'actions soumissionnées, prévus par le titre précédent ; 3° enfin de toutes les sommes provenant des accroissements et bonifications dont il sera parlé ci-après.

une nouvelle ordonnance qui annula celle du 1er sept. 1819, et enjoignit aux actionnaires de se retirer devant le ministre de

8. Les rentes sont inscrites au nom de la tontine du Pacte social.

9. Les charges de la tontine comprennent tous les frais qui ont pu être faits jusqu'à ce jour, tant à l'occasion des procès des sociétés qu'à l'occasion des ventes des biens, ses dettes, charges et poursuites y relatives; plus les frais annuels d'administration, qui seront fixés par le préfet de la Seine. — Lesdits frais seront prélevés sur les revenus généraux avant tout autre payement.

10. Toute répétition exercée ou à exercer par l'une des anciennes sociétés sur l'autre demeure éteinte et amortie.

TIT. 3. — PREMIÈRE DISTRIBUTION DES RENTES.

11. Les rentes de la tontine se divisent en fractions et forment des rentes de 10 fr.

12. Nonobstant la fusion des deux sociétés en une seule, la première distribution de rentes sera faite inégalement entre les deux sociétés, d'une manière distincte, comme si elles n'étaient pas réunies, et dans la proportion suivante, savoir : deux tiers pour les actionnaires qui font partie de la société assignats, et un tiers pour les actionnaires qui font partie de la société numéraire.

13. Afin d'opérer cette distribution, l'administration reconnaîtra d'abord, distinctement pour l'une et pour l'autre société, quelle est la proportion des rentes de 10 fr. avec le nombre d'actions existant dans chacune des deux sociétés; et lorsqu'il sera reconnu qu'il y a une rente par tel nombre d'actions, les actionnaires, classés selon l'origine de leurs titres, recevront de droit, chacun dans sa société, autant de rentes qu'ils seront de fois propriétaires du nombre d'actions exigé pour avoir une rente.

14. Le nombre des actions excédantes, ainsi que les actions isolées possédées par des actionnaires à qui il n'en appartient pas une quantité suffisante pour obtenir de droit une rente, seront mis, séparément pour chaque société, dans une roue de fortune, d'où il sera tiré un nombre de numéros égal au nombre de rentes restant à distribuer.

15. L'actionnaire ayant des rentes de droit sera tenu d'indiquer immédiatement les numéros auxquels il veut que lesdites rentes soient appliquées; à défaut de quoi les rentes seront attribuées par l'administration aux numéros les plus bas.

16. Cette première distribution de rentes aura lieu à l'époque qui sera déterminée par le préfet de la Seine, sur la proposition de l'administration des tontines.

TIT. 4 — MODE DE JOUISSANCE.

ORDRE DES PAYEMENTS.

FORMALITÉS POUR RECEVOIR. — *Comptes à rendre.*

17. Une fois le partage opéré et la première distribution faite, toute distinction de la société disparaît. Les actionnaires sont soumis généralement aux chances diverses de l'association tontinière, sans aucune distinction que celles des classes auxquelles chacun d'eux appartient. — Les classes sont séparées entre elles; mais dans chaque classe ainsi séparée, les droits respectifs et individuels des actionnaires se confondent dans une égalité parfaite, à quelque société que lesdits actionnaires aient précédemment appartenu.

18. Les actionnaires d'une même classe se survivent les uns aux autres, et profitent, exclusivement aux actionnaires des autres classes, des rentes éteintes et des bonifications acquises dans la classe dont ils font partie.

19. Les classes se survivent ensuite entre elles. Lors de l'extinction entière d'une classe par suite du décès de tous les actionnaires qui la composaient, ses revenus et ses droits sont dévolus aux classes survivantes, qui les partagent par égale portion, c'est-à-dire, par cinquième, par quart, par tiers ou par moitié, suivant qu'il reste encore cinq, quatre, trois ou deux classes, et cela sans avoir égard au nombre proportionnel des actions de chaque classe.

20. Cette succession des actionnaires et des classes a lieu jusqu'à ce qu'il ne reste plus de toutes les classes de la tontine qu'un certain nombre d'actions dont les titulaires deviennent propriétaires du patrimoine de la tontine, fonds et revenus, ainsi qu'il est expliqué au titre 5.

21. Tous les ans, au mois de septembre, il sera fait pour chaque classe un tirage au sort, à l'effet de répartir entre les ayants droit les rentes provenant tant des décès réels et présumés que des classes éteintes et des bonifications dont il est fait mention aux articles suivants.

22. Mais ce tirage n'aura lieu que jusqu'à ce que toutes les actions d'une même classe aient obtenu une rente. A cette époque, les rentes provenant d'actions qui viendront à s'éteindre seront distribuées au marc le franc, entre les actions survivantes, à moins, toutefois, que la somme à répartir ne soit insuffisante pour procurer à chaque action un accroissement d'au moins 5 cent. de rente. dans ce cas, les fonds seront provisoirement mis en réserve, comme fonds de bonification.

23. Les arrérages à payer par notre trésor royal, pour chaque semestre de rentes appartenant à la tontine, seront touchés par le caissier des tontines et distribués par lui aux actionnaires, conformément aux états de distribution qui seront dressés par l'administration des tontines et approuvés par le préfet de la Seine.

24. Les distributions ou payements à faire aux actionnaires seront effectués une fois par an seulement, du 1er octobre d'une année au 51 mars de l'année suivante; les exercices de la tontine commencent audit jour 1er octobre et finissent au 30 septembre suivant.

25. Le caissier présentera son compte dans le mois de juillet.

26. La situation de la tontine sera imprimée tous les ans par classe.

27. Les fonds destinés au service des rentes, ainsi que ceux qui, par l'effet des extinctions, des déchéances ou retards de payement prévus par les art. 29 et 30, forment les fonds de bonification, seront, en attendant leur emploi, placés dans des caisses publiques, pour produire intérêt au profit de la tontine, proportionnellement aux droits de chaque classe.

28. L'administration paye les rentes sur la présentation du titre et du certificat de vie. Le payement est constaté par un timbre appliqué au dos de l'action.

29. Les rentes établies sur des têtes dont le certificat de vie n'a pas été produit dans le cours d'un semestre de payement sont réputées vacantes à l'expiration de ce semestre, et elles sont distribuées comme telles par la voie du sort, sauf le droit de rétablissement dont il sera ci-après parlé. — Les arrérages de ces rentes sont perdus pour l'actionnaire et tournent en bonification au profit de la classe à laquelle l'actionnaire appartenait.

30. Tournent également en bonification au profit des classes, les arrérages dus pour les rentes placées sur des têtes décédées, et que les ayants droit ne se sont pas mis en devoir de toucher dans le semestre de payement qui a suivi le décès. — La production de l'acte de décès et la remise du titre sont les seules formalités exigées des héritiers ou ayants droit pour qu'ils obtiennent le payement.

31. L'ordonnance à délivrer pour le payement des arrérages annuels appartenant à chaque action tontinière, est expédiée après production du certificat de vie.

32. Mais les rentiers qui, après avoir produit leurs certificats, n'auraient pas retiré leur ordonnance, ou qui, ayant retiré leur ordonnance, auraient négligé d'en recevoir le montant dans le cours de la distribution annuelle, sont obligés d'attendre ensuite l'époque de la distribution suivante, et, faute par eux de retirer leur ordonnance ou de toucher le montant dans le cours de cette nouvelle distribution, ils tombent en déchéance pour les arrérages, dont le montant profite à la classe, le tout sans préjudice des dispositions de l'art. 29.

33. Les rentiers tombés en déchéance dans le cas prévu par ledit art. 29, peuvent obtenir de nouvelles rentes, en produisant, dans le cours d'un semestre de payement, les certificats de vie des têtes sur lesquelles les actions ont été placées.

34. Ces nouvelles rentes seront prélevées sur les rentes qui viendront à vaquer dans l'ordre des demandes : en cas d'insuffisance, les numéros restés en souffrance viendront en première ligne dans l'année suivante, mais après qu'il aura été fourni de nouveaux certificats de vie, et sans éprouver d'autres désavantages que celui d'un retard de payement. — Le décès de l'actionnaire survenant dans l'intervalle, les arrérages pourront être reçus par les héritiers ou ayants droit, sauf l'exécution de l'art. 50.

35. Les rentiers rétablis ont droit aux arrérages de leurs nouvelles rentes à compter du jour de l'ouverture de l'exercice dans le cours duquel ils ont justifié de leur existence, c'est-à-dire à partir du 1er octobre qui précède la production du certificat de vie, soit que le rentier ait obtenu de suite sa nouvelle rente, soit que, dans le cas prévu par l'article précédent, il ait été ajourné à l'année suivante.

36. Les actionnaires à qui il échoit des rentes par le sort, sont appelés à la jouissance des arrérages de ces rentes, à partir du jour de l'ouverture de l'exercice qui suit le tirage au sort.

37. Toute action non portant rente et qui n'est pas liée par un même titre à une action portant rente, doit être soumise, de trois ans en trois ans, dans l'intervalle du 1er octobre au 31 mars, au visa de l'administration. — Les actions non visées en temps utile ne participent point aux tirages annuels.

38. Le visa est effectué au dos du titre, sur la présentation d'un certificat de vie.

39. Cette formalité sera exigée pour la première fois en 1825, et ensuite de trois en trois ans. Elle ne peut être remplie dans les années intermédiaires, ou du moins, dans ce cas, elle ne vaut que pour le temps restant à courir jusqu'à la prochaine époque périodique ordinaire des visas.

40. Les certificats de vie sont délivrés par les maires ou par les notaires : ils doivent indiquer les noms, prénoms, qualités, demeures et dates de naissance des personnes sur les têtes desquelles reposent les

l'intérieur à l'effet d'obtenir un nouveau règlement qui se coordonnerait avec celui de 1792 (1). Ces nouveaux règlements furent élaborés en effet, et ils ne tardèrent pas à être mis en activité, sous la direction des administrateurs membres du conseil municipal.

42. Enfin, le 25 st. 1829, nouvelle ordonnance qui rapporte le décret du 9 fév. 1810, et prescrit à l'administration des tontines établie près le préfet de la Seine de remettre, dans le plus bref délai, aux commissaires ayant le droit de représenter chacune des deux sociétés, les papiers, titres et documents relatifs à chacune d'elles (2). — Cette remise n'eut lieu qu'à la fin de 1835. Le procès-verbal qui la constate est du 30 déc. 1835.

43. Il a été jugé que, quoique le gouvernement soit intervenu dans l'administration de la tontine du Pacte social par le décret

actions. Ils seront signés de ces personnes : si elles ne le savent pas ou ne le peuvent, il en sera fait mention, en spécifiant, dans ce dernier cas, la cause de l'empêchement. — Les certificats doivent être légalisés par les autorités compétentes, à l'exception de ceux qui seront délivrés par les maires de notre bonne ville de Paris, ou par les notaires du département de la Seine.

41. Il sera admis des exceptions à l'article précédent, en faveur des militaires ou marins et employés à la suite de l'armée ou employés à bord des bâtiments de notre marine royale, que la nature de leur service ou les chances de la guerre mettraient dans l'impossibilité de s'y conformer. — Il pourra être suppléé, dans ce cas, aux certificats de vie par des certificats délivrés par nos ministres de la guerre ou de la marine, ou approuvés par eux.

42. Notre ministre de l'intérieur est également autorisé à relever des déchéances prescrites par les art. 29, 30 et 32, les militaires, marins ou employés qui justifieraient authentiquement s'être trouvés dans les cas prévus par l'article précédent. — La décision indiquera s'il est fait remise de tout ou de partie seulement des déchéances encourues. Elle sera prise sur la proposition de l'administration des tontines, et d'après l'avis du préfet de la Seine. — Les rétablissements s'effectueront de la manière prescrite par les art. 33 et 34.

43. Les rentes sur l'État qui forment la propriété de la tontine ne perdent pas leur nature en passant dans la caisse de l'administration des tontines; elles y sont insaisissables, et jouissent, comme à notre trésor royal, de tous les privilèges attachés à la dette publique.

TIT. 5. — DISSOLUTION DE LA TONTINE ET PARTAGE DU PATRIMOINE.

44. Le partage des biens de la tontine, à l'époque où sa dissolution aura lieu de la manière prescrite par les anciens statuts, déposés chez Gaillard, notaire, en juin 1795, s'effectuera dans les proportions déterminées par la délibération des commissaires du 24 fév. 1817, que nous homologuons à cet effet dans toute sa teneur.

TIT. 6. — DISPOSITIONS GÉNÉRALES.

45. Tous règlements ou statuts contraires au présent sont abrogés.

46. Les difficultés qui pourraient s'élever sur le sens ou l'exécution des dispositions actuellement prescrites, seront soumises par l'administration des tontines à notre conseiller d'État préfet de la Seine, sauf le recours à notre ministre secrétaire d'État de l'intérieur et au conseil d'État.

(1) 26 oct. 1825. — Ordonnance qui annule celle du 1er sept. 1819. CHARLES, etc. ; — Vu l'ord. royale du 18 mars 1824, rendue sur le rapport du comité du contentieux qui, sur les demandes en rapport des ord. de 1819 et 1822, a renvoyé les parties devant les tribunaux, et a suspendu, jusqu'après jugement, la décision à intervenir sur le maintien ou le rapport desdites ordonnances ; — Vu l'arrêt contradictoire de la cour royale de Paris, du 19 mai 1825, signifié le 21 juin même année, qui a réglé les droits des parties, et les a renvoyées devant qui de droit, pour faire prononcer le rapport de l'ord. du 1er sept. 1819, pour être ensuite statué par qui de droit, sur la répartition, entre la Société assignats et la Société numéraire, des droits appartenant à la tontine ; — Considérant que, par l'ord. de 1824, les parties ont été renvoyées devant les tribunaux pour y faire juger l'étendue des droits résultant de leurs conventions privées ; que l'arrêt de la cour royale, du 19 mai 1825, a décidé que les statuts déposés chez Gaillard, notaire, devaient seuls régir la société organisée en 1792, et que ceux des actionnaires dont les actions ont été converties en numéraire continueraient de faire partie de cette société ; que, dans cette situation, il est nécessaire de coordonner les règles de l'administration de cette tontine avec les statuts de 1792, qui doivent continuer de la régir ;

Art. 1. L'ord. royale du 1er sept. 1819, portant règlement pour la tontine du Pacte social, est rapportée.

2. Les parties se retireront devant notre ministre de l'intérieur, pour obtenir un nouveau règlement, qui sera soumis à notre approbation.

3. Les frais d'instance seront prélevés sur la masse des revenus de la tontine.

du 9 fév. 1810 et diverses ordonnances rendues depuis, les contestations qui s'élèvent entre les diverses catégories d'actionnaires n'en sont pas moins du ressort des tribunaux (cons. d'Ét. 25 mars 1824) (3); — Et qu'il appartient également aux tribunaux de prononcer sur la valeur des oppositions formées par des actionnaires au payement des dividendes, en vertu d'autorisations ministérielles; que ces autorisations n'y font point obstacle (même ordonnance).

44. La tontine des *Employés et artisans* se compose de deux sociétés formées à deux époques différentes par M. Guérin, qui en était tout à la fois fondateur, directeur et administrateur. La première fut ouverte le 24 janv. 1802 et fermée le 19 juin 1804. La seconde ouvrit le 2 janv. 1806 et ferma le 10 oct. 1808. M. Guérin n'avait, ni pour l'une ni pour l'autre, demandé l'auto-

(2) 25 oct.-11 nov. 1829. — Ordonnance du roi qui rapporte le décret du 9 fév. 1810, relatif à la tontine dite du *Pacte social*.

CHARLES, etc. ; — Sur le rapport de notre ministre de l'intérieur ; — Vu les statuts des deux sociétés de la tontine du Pacte social, des 22 juin 1792, et 20 janv. 1797, l'avis du conseil d'État du 1er avr. 1809 sur les associations de la nature des tontines, le décr. du 9 fév. 1810, portant établissement d'une nouvelle administration pour la tontine du Pacte social, les diverses ordonnances royales rendues relativement à cette tontine , et notamment celles des 25 oct. 1814, 7 oct. 1818, 1er sept. 1819, 20 nov. 1822, 24 mars 1824 et 26 oct. 1825 ; — Vu l'arrêt de notre cour royale du 18 mai 1825, qui a définitivement consacré la séparation des deux sociétés de la tontine du Pacte social, et a décidé que la Société des assignats sera régie par les seuls statuts de 1792, le jugement du tribunal du département de la Seine du 15 juill. 1827, portant rejet de la demande en dissolution de la Société assignats, formée par le sieur de Flassan et autres, confirmé par arrêt de la cour royale du 18 déc. 1828 ; — Notre conseil d'État entendu ;

Art. 1. Le décret du 9 fév. 1810, relatif à la tontine dite du *Pacte social*, est rapporté.

2. En conséquence, l'administration des tontines établie près le préfet du département de la Seine remettra, dans le plus bref délai, aux commissaires ayant le droit de représenter chacune des deux sociétés de la tontine du Pacte social, les papiers, titres, papiers et documents relatifs à chacune de ces sociétés, conformément à la division établie entre ces deux sociétés par les arrêts de notre cour royale. — Le compte final de gestion de l'administration actuelle des deux tontines du Pacte social sera rendu, vérifié et apuré de la manière qui a été suivie jusqu'à présent et devant l'autorité actuellement chargée de le recevoir.

3. Toutes dispositions contraires à la présente ordonnance sont rapportées.

(3) (Tontine du Pacte social.) — LOUIS, etc. ; — Sur la demande formée en rapport de l'ord. de 1822 ; — Considérant que les décrets et ordonnances rendus sur la tontine du Pacte social, ont eu pour but d'amener une conciliation entre les divers intérêts de la société assignats et de la société numéraire du Pacte social, alors divisées par un procès ; — Que notre ord. de 1819 n'a été rendue que pour homologuer un projet de transaction qui paraissait avoir été adopté unanimement, et qui réglait définitivement les droits respectifs des actionnaires, tant de la société assignats que de la société numéraire ; — Considérant que, depuis cette ord. de 1819, des réclamations ayant été élevées par les sieurs de Flassan et consorts, qui prétendent avoir des droits distincts, et former une classe séparée comme actionnaires échangistes, nous avons, par notre ord. du 20 nov. 1822, suspendu l'exécution de l'ord. de 1819, et appelé les actionnaires de la société assignats et de la société numéraire à une réunion qui avait pour but la nomination de commissaires pour tenter de nouvelles voies de conciliation ; — Que cette conciliation n'ayant pu s'opérer, il y a lieu de renvoyer devant les tribunaux les sieurs de Flassan et consorts, pour faire juger si les droits qu'ils prétendent exister, et quelle est leur étendue, et de suspendre, jusqu'après le jugement, la question du maintien ou du rapport de notre ord. de 1819 ; — Sur la décision de notre ministre de l'intérieur, qui autorise les sieurs de Flassan et consorts à faire des oppositions aux payements des dividendes ; — Considérant que cette décision ne fait pas obstacle à ce que les tribunaux, chargés du jugement des contestations qui divisent les parties, prononcent également sur la valeur des oppositions mobilières, formées par suite de ces contestations ;

Art. 1. Les requêtes des actionnaires de la tontine du Pacte social (société assignats et société numéraire) sont rejetées.

2. Les parties sont renvoyées devant les tribunaux : 1° pour y faire juger la nature et l'étendue des droits des sieurs de Flassan et consorts, qui prétendent devoir former une classe distincte des actionnaires, sous le nom d'*échangistes*; 2° pour faire prononcer, soit provisoirement, soit définitivement, sur la valeur des oppositions faites au payement des dividendes.

Du 25 mars 1824.-Cons. d'Ét.-M. Maillard, rap.

risation préalable. — Dans la première il fallait fournir, pour avoir une action, 20 fr. de rente en inscriptions sur le Grand-Livre. Dans la seconde, la rente à fournir pour être actionnaire était de 30 fr., également en inscriptions sur le Grand-Livre. Les actionnaires avaient la faculté de verser tout ou partie du capital nécessaire pour obtenir les rentes ci-dessus. Les fractions étaient par dixième, vingtième, trentième ; et, dans ce cas, l'actionnaire ne recevait d'intérêt que lorsque l'action était complétée. Le capital versé retournait au profit de la masse, si, lors de la clôture de ces nourritures, l'actionnaire n'avait pas complété le montant de la rente attachée à son action.

45. D'après les statuts, la première société devait se composer de trois classes; mais dans la première assemblée, qui eut lieu le 8 juin 1802, les actionnaires furent divisés en quatre classes, savoir : la première comprenant ceux qui avaient moins de vingt ans et un jour ; la deuxième ceux de vingt à quarante ans ; la troisième de quarante à soixante ans ; la quatrième de soixante ans et au delà. — La deuxième société fut partagée en cinq classes, savoir : 1° les actionnaires ayant moins de vingt ans et jour ; 2° de vingt à quarante ans ; 3° de quarante à soixante ans ; 4° de soixante à soixante-dix ans ; 5° de soixante-dix et au delà. Les statuts portaient que les accroissements résultant des nourritures d'actions discontinuées, des intérêts des capitaux versés pour mises partielles, ainsi que des extinctions, profiteraient dans une proportion égale aux actionnaires de la même classe. Le maximum du revenu de chaque action était de 4,000 fr.; et, au fur et à mesure des extinctions, la classe la plus âgée héritait de son aînée, et ainsi de suite de classe en classe, jusqu'à ce qu'enfin, les actions survivantes de la dernière classe pourvues elles-mêmes de 4,000 fr. de rente, les titulaires héritassent du capital social en toute propriété.

46. Un décret du 22 oct. 1810 enleva l'administration de la tontine des employés et artisans au fondateur, pour la confier à trois administrateurs municipaux (1). Bientôt un autre décret du 11 juillet 1812 prononça la réunion des deux sociétés en une seule, qui serait divisée en quatre classes, suivant les périodes d'âge fixées par la première société (2). Ce décret déterminait les conditions auxquelles la fusion s'accomplirait, et il établissait en outre quelques règles nouvelles. Il ordonnait notamment que le payement du dividende se ferait désormais par

---

(1) 22 oct. 1810. — Décret relatif à l'administration de la caisse des employés et des artisans.

Art. 1. La caisse des employés et des artisans sera désormais régie par trois administrateurs qui seront pris dans le conseil municipal de la commune de Paris, et nommés par le préfet du département de la Seine. Ces administrateurs géreront l'établissement au plus grand avantage des actionnaires.

2. Les arrérages à payer par le trésor public, pour chaque semestre de rentes appartenant à la caisse des employés et artisans, seront remis au caissier qui sera établi par l'administration, et nommé par le préfet du département de la Seine, sur la présentation du conseil municipal. Le mode du payement et la forme des comptes seront ultérieurement déterminés par le préfet du département de la Seine, sur le rapport des administrateurs choisis dans le conseil municipal de Paris.

3. Le compte général du caissier, avec les pièces à l'appui et les observations des administrateurs, sera présenté, dans le mois de janvier de chaque année, au conseil municipal de la commune, pour être vérifié et apuré. — L'arrêté du conseil sera soumis à l'approbation du préfet de la Seine.

4. Dans le mois de janvier de chaque année, le résultat de la situation de la tontine, tant sous le rapport des extinctions, que sous celui des bonifications attribuées à chaque action, sera présenté au conseil municipal, et imprimé et affiché.

5. Les dépenses d'administration seront délibérées par le conseil municipal, sur la proposition des administrateurs, et définitivement arrêtées par le préfet : elles ne pourront excéder 15,000 fr.

6. La nouvelle administration s'occupera, sans retard, de concert avec les administrateurs actuels de l'établissement, et en présence de l'ancien directeur, ou lui dûment appelé, d'établir la situation générale de la caisse des employés et des artisans, et de reconnaître le montant, la nature et les causes du déficit existant dans les 5 p. 100 consolidés inscrits au nom de ladite caisse.

7. Les anciens et les nouveaux administrateurs prendront immédiatement, contre la personne et les biens de l'ancien directeur, toutes les mesures conservatoires des intérêts des actionnaires; ils s'occuperont simultanément du recouvrement du déficit et de l'emploi retrouvé en 5 p. 100 consolidés, au profit de la caisse, des sommes recouvrées ; ils pourront réclamer, pour l'exécution de ces poursuites, le concours de l'agence judiciaire du trésor public.

8. Il nous sera fait, avant le 1er janvier prochain, par notre ministre de l'intérieur, d'après les renseignements et rapports transmis par les administrateurs de la caisse des employés et des artisans, et par le préfet du département de la Seine, un rapport sur la situation générale de l'établissement ;
Sur les moyens d'assurer les intérêts des actionnaires et d'améliorer leur sort;
Sur les bases à adopter pour la répartition de la perte résultant du déficit causé par la gestion de l'ancien directeur.

9. Le compte de l'ancien directeur sera reçu et arrêté provisoirement par les nouveaux et les anciens administrateurs de la caisse des employés et des artisans, et transmis à notre cour des comptes pour être définitivement jugé par elle.

10. Les administrateurs et tous les actionnaires qui auraient connaissance d'abus commis par l'ancienne administration pourront en instruire notredite cour des comptes, en remettant leurs mémoires et observations à notre procureur général près ladite cour.

(2) 11 juill. 1812. — Décret relatif à la caisse des employés et artisans.

Art. 1. La caisse des employés et artisans, composée jusqu'à ce jour de deux sociétés distinctes, ne formera plus désormais qu'une seule société composée des deux anciennes, et divisée en quatre classes, suivant les périodes d'âge déterminées par la première société.

2. La fusion de ces deux sociétés en une seule s'opérera en réunissant d'abord, pour ce qui concerne la seconde société, la cinquième classe à la quatrième, de manière à n'avoir dans cette société, comme dans la première, que le nombre de quatre classes ; en réunissant ensuite les deux mêmes classes de chaque société en une seule classe.

3. La valeur primitive de chaque action de la société demeure réduite à 15 fr. de rente sur l'État.

4. La somme des rentes restant à distribuer après cette réduction refluera dans la masse des accroissements pour être répartie entre les actions indistinctement.

5. Le payement du dividende se fera désormais par année, au lieu de se faire par semestre ; et ce, jusqu'à ce que les accroissements successifs aient porté à 200 fr. la rente de chaque action. — A cette époque le payement du dividende se fera par semestre.

6. Les fonds touchés pour le premier semestre de chaque année seront placés à intérêt, depuis l'époque de leur recouvrement jusqu'à celle de leur distribution.

7. Seront placés de même les fonds qui pourraient rester en caisse à la clôture de chaque distribution annuelle, et tous autres qui n'auraient pas une application immédiate.

8. Les placements qui auront lieu en vertu des art. 6 et 7 du présent décret, seront faits sur le mont-de-piété de Paris, d'après des autorisations données par le préfet de la Seine, à l'ouverture de chaque exercice.

9. Les produits des divers placements mentionnés des deux articles précédents seront employés en acquisitions de rentes qui accroîtront à la société.

10. Les actionnaires partiels dont les actions ne sont pas encore complètes seront admis à les compléter ; et ceux qui, d'après les statuts de l'une ou de l'autre des anciennes sociétés, avaient encouru la déchéance à cet égard en sont relevés.

11. Les versements partiels qui restent à faire pour les complètements d'actions seront calculés sur le prix de 15 fr., somme à laquelle la valeur primitive des actions est réduite par l'art. 3 du présent décret.

12. Les actionnaires partiels seront tenus de parfaire, avant le 20 mars 1813, 5 fr. de rente par action, pour le premier tiers du prix total d'action ; et les deux autres tiers, montant à 10 fr. de rente, devront être versés dans l'espace de cinq années, à compter du même jour 20 mars 1813 à raison de 2 fr. de rente par année.

13. Ceux des actionnaires partiels dont les versements se trouveraient excéder le montant des portions exigibles de leurs mises pourront ne rentrer en versement pour le restant, qu'après l'épuisement du montant de leurs avances, et dans les délais et proportions des termes à échoir.

14. Les actionnaires partiels qui n'auront pas complété leurs actions dans les délais prescrits ci-dessus seront déchus sans retour, et toutes les mises par eux faites jusqu'alors accroîtront à la société.

15. A partir de l'exercice 1812, il ne pourra être réclamé de dividende que pour cinq années, et toute demande d'excédant sera rejetée sans retour.

16. Le compte de caisse et le résultat de la situation de la tontine, qui, d'après les art. 3 et 4 de notre décret du 22 oct. 1810, devraient se présenter, chaque année, au conseil municipal de notre bonne ville de Paris, dans le courant de janvier, ne lui seront présentés que dans le courant de juillet.

17. Les dispositions des statuts de l'établissement, auxquelles il n'est pas dérogé par le présent décret, et auxquelles il n'a rien été changé par notre décret du 22 oct. 1810, continueront d'avoir leur exécution.

année au lieu de se faire par semestre, et ce jusqu'à ce que les accroissements successifs eussent porté à 200 fr. la rente de chaque action, et qu'à cette époque le payement se ferait par semestre. Il disposait également qu'à partir de l'exercice 1812 il ne pourrait être réclamé de dividende que pour cinq années, et que toute demande d'excédant serait rejetée sans retour.

47. L'ordonnance du 7 oct. 1818 réunit l'administration de la caisse des employés et artisans à celle de la caisse Lafarge et de la tontine du Pacte social, et, tout en maintenant les commissaires municipaux dans leurs fonctions, introduisit de notables modifications dans le régime auquel l'établissement était soumis (V. *suprà*, n° 33).—Enfin le décret du 28 janv. 1837 (V. *suprà*, n° 35) est venu innover encore. Nous avons vu précédemment que, sur les réclamations des actionnaires, ce décret avait établi pour la caisse Lafarge un conseil d'administration dont il avait déterminé la composition et les attributions. Il en établit un également pour la caisse des employés et artisans, composé d'une manière analogue et ayant les mêmes attributions. — Ce décret dispose en outre que la caisse des employés et artisans est administrée par les bureaux de la caisse Lafarge ; que la part contributive de la caisse des employés et artisans dans les frais de l'administration commune est fixée par le ministre de l'agriculture et du commerce, sur l'avis des deux conseils d'administration, et enfin que ces deux conseils possèdent, vis-à-vis de l'administration commune, les mêmes droits de vérification et de contrôle en ce qui concerne les opérations de leurs caisses respectives.

Table sommaire des matières.

Table chronologique des lois, arrêts, etc.

TORRENT. — Cours d'eau intermittent dont les eaux sont alimentées par les pluies ou la fonte des neiges. — V. Servit., n° 93, 820-7°. — V. aussi v° Eau, n° 84 et suiv.

TORTS RÉCIPROQUES. — V. Obligat., n° 807; Responsabilité, n° 124, 137, 165 et suiv., 184, 192; Séparation de corps, n° 193 et suiv., 465 et suiv.

TORTURE. — Tourments que l'on faisait subir autrefois aux accusés par ordre de la justice, à défaut de preuve complète, pour leur faire confesser la vérité sur le fait du crime, sur leur culpabilité et sur leurs complices : on se servait plus souvent du mot *question* qui exprimait la même idée. Il y avait deux sortes de questions : la question préparatoire et la question préalable, la première qui précédait le jugement et la seconde l'application de la peine. — V. Défense, n° 6, 8, 10 et suiv.; Instruct. crim., n° 15; Preuve, n° 5, 80.

TORTURE ET ACTES DE BARBARIE. — Crime puni par l'art. 303 c. pén.—V. Crime contre les pers., n° 54 et suiv.; Liberté individ., n° 77 et suiv.

TORTURES MORALES.—V. Crimes contre les personnes, n° 12.

TOUAGE. — Action de faire avancer un bateau, un navire en tirant du rivage.— V. Droit marit., n° 1938.

TOUCHAU. — Essai des matières d'or ou d'argent par la pierre de touche.— V. Mat. d'or et d'argent, n° 57.

TOUR. — Boîte tournante dans laquelle on exposait les enfants à la porte des hospices. — V. Crimes contre les personnes, n° 267, 271 ; Secours pub., n° 151 et suiv.

TOUR D'ÉCHELLE.— Servitude en vertu de laquelle celui à qui elle est due peut poser une échelle sur l'héritage de son voisin, et occuper l'espace nécessaire pour le tour de l'échelle, lorsqu'il fait des réparations ou des constructions dans la partie de sa maison qui donne du côté de son voisin. On appelle aussi tour d'échelle l'espace de terrain laissé pour cet usage. — V. Servitude, n° 9, 476-8°, 805 et suiv.; V. aussi Action possess., n° 46 et suiv.

TOUR DE ROLE.— V. Organis. judic.

TOURBES-TOURBIÈRES. — V. Mines, n° 708 et suiv.; V. aussi Dom. de l'État, p. 96; Enregist., n° 2863 et suiv.; Forêts, n° 655, 1400; Impôts dir., n° 25; Servitude, n° 31; Patente, n° 254, 262.

TOURNÉE PASTORALE. — V. Préséance, n° 23.

TOURNEUR. — V. Commerçant, n° 33.

TOURNOIS (LIVRE). — Nom d'une ancienne monnaie qui a été remplacée par le franc. — V. Monnaie, n° 56, 61 et suiv.; V. aussi Degré de jurid., n° 76.

TOURS.— V. Propriété féod., n° 59.

TRADITION. — Action de livrer une chose à celui auquel elle est due; on distinguait autrefois, la tradition manuelle, feinte, symbolique, brevemain, de longuemain. — V. Vente, n° 604 et suiv.; V. aussi Abus de conf., n° 114 ; Biens, n° 5 ; Bourse de comm., n° 314 ; Dépôt, n° 24 ; Dispos. entre-vifs, n° 47, 1317 et suiv., 1601 et suiv., 1609, 1624 et suiv.; Enreg., n° 199, 883, 2517 et s.; Faillite, n° 1240, 1250-2°; Nantissement, n° 13, 47, 53, 119 et suiv.; Obligat., n° 7, 23, 675 et suiv., 694 et suiv.; Prêt, n° 11 et suiv., 17, 141, 150; Privil. et hyp., n° 232 et suiv., 352 et suiv., 546; Propriété, n° 172, 174; Saisie-arrêt, n° 149; Saisie-exécut., n° 195; Société, n° 331, 336, 681; Société de crédit foncier, n° 94; Vente, n° 10 et suiv., 157 et suiv., 162 et suiv., 175.

TRADUCTEUR-JURÉ. — V. Acte de l'ét. civ., n° 351; V. aussi Organ. de l'Algérie.

TRADUCTION. — Version d'un écrit en une langue différente. — V. Agent d'aff., n° 10 ; Bourse de comm., n° 474 et suiv., 523; Exploit, n° 608 ; Faux, n° 404 ; Frais, n° 1049, 1115; Instruct. crim., n° 1282, 2404; Propriété litt., n° 69, 91 et suiv., 352, 357 et suiv.; Télégraphe, n° 137 et suiv.

TRAHISON. — Crime puni par les art. 75 et suiv. c. pén. — V. Crimes contre l'État, n° 9 et suiv., 15, 52 et suiv.; Forfaiture, n° 8.

TRAIN. — V. Bois et charbons, n° 150 et suiv.; Eaux, n° 58; Voirie par eau.

TRAITANT.—V. Contr. par corps, n° 373 et suiv.; Marché de fournit., Sous-traitant.

TRAITE. — Nom que l'on donne souvent aux lettres de change.—V. Effets de comm., n° 27 et suiv.; Forêts, n° 1035; Règlement de juge, n° 16-3°; Sel, n° 76; Société, n° 757, 906, 1042 et suiv., 1681.

TRAITE DES NOIRS — C'est ainsi que l'on appelle le trafic des esclaves nègres.—V. Organis. des colonies, Traité intern., n° 67, 195 et suiv.; V. aussi Compétence admin., n° 302-2°; Droit maritime, n° 2; Mandat, n° 33; Obligat., n° 582.

TRAITÉ. — Mot générique pour exprimer toute convention qui peut intervenir entre particuliers. — V. Obligation.

TRAITÉ A FORFAIT. - V. Compte, n° 174 ; Faillite, n° 968, 1130 et suiv.; Marché de fournit., n° 56-4°.

TRAITÉ INTERNATIONAL (1). — **1**. Convention faite de nation à nation, soit à perpétuité, soit à temps, pour régler leurs intérêts réciproques.— Dans le traité, que nous avons précédemment consacré au Droit naturel et au droit des gens, nous ne nous sommes occupés que du droit des gens naturel, celui qui n'est que l'application immédiate des principes du droit de la nature. Mais il est un autre droit des gens bien plus important au point de vue pratique, c'est le droit des gens conventionnel fondé sur les usages et principalement sur les conventions ou traités publics. C'est cette seconde espèce de droit des gens que nous nous proposons d'étudier ici dans son *histoire*, dans ses *formes* et dans les pi ncipales *matières* qu'il régit.

Division.

Art. 1. — Des traités internationaux en général (n° **2**).
  § **1.** — Historique et législation (n° **2**).
  § **2.** — Définitions; division des traités; leurs divers caractères; leurs formes (n° 74).
  § **3.** — Conditions essentielles des traités publics. — Négociation et ratification.— Intervention des tiers (n° 96).
  § **4.** — Effets, exécution et promulgation des traités (n° 131).
  § **5.** — De l'interprétation des traités. — Compétence (n° 136).
  § **6.** — De la confirmation, du renouvellement, de la garantie et de l'extinction des traités (n° 165).
  § **7.** — Des diverses espèces de traités (n° 187).
Art. 2. — Des traités relatifs à l'extradition (n° 265).
  § **1.** — Historique (n° 264).
  § **2.** — Du droit d'extradition (n° 269).
  § **3.** — Des personnes auxquelles peut s'appliquer l'extradition (n° 280).
  § **4.** — Motifs de l'extradition (n° 292).
  § **5.** — De la procédure en matière d'extradition (n° 306).
  § **6.** — De la compétence en matière d'extradition (n° 327).

Art. 1. — *Des traités internationaux en général.*

§ 1. — *Historique et législation.*

2. On a souvent dit que le droit des gens a été peu connu de l'antiquité. Cela n'est guère vrai que des temps barbares. L'étranger alors était l'ennemi. On sait qu'à l'origine le mot *hostis* avait ces deux sens. Les peuples anciens paraissent avoir été entre eux dans cet état de nature qui, selon le philosophe Hobbes, n'était autre chose que l'état de guerre. On trouve encore dans le Digeste des traces de ce droit primitif (L. 5, § 2, D., *De captiv. et postl.*). —La piraterie était alors considérée comme une profession honorable (Justin, 43, cap. 3); et Aristote compte le pillage avec l'agriculture parmi les origines légitimes de la propriété. — Dans les temps héroïques de la Grèce, le droit de la guerre était absolu : les hommes étaient exterminés, les femmes réduites à l'esclavage. Cependant on sentit de bonne heure la nécessité d'apporter quelques limites à ce droit extrême, et de rapprocher les peuples par quelques liens. L'hospitalité fut un de ces liens. Non-seulement l'étranger égaré, affamé put trouver ainsi, grâce à la protection des dieux, un asile et des secours, mais il s'établit même entre les différentes familles, de peuple à peuple, de cité à cité, des liens habituels et réguliers : il y eut un code de l'hospitalité dont les lois non écrites étaient rigoureusement observées et qui réglaient non-seulement les différentes cités de la Grèce, mais quelquefois même les Grecs et les barbares. D'autres usages tempéraient encore la dureté de cet ancien droit public qui, même en temps de paix, n'était jamais que le droit de la guerre. Il était admis universellement que l'on ne devait pas priver les morts de sépulture après un combat. L'asile des temples était respecté par tous à la prise d'une ville. Les jeux publics et les temples étaient ouverts à tous les Grecs. On considérait les hérauts ou les ambassadeurs comme des personnages sacrés, puisque la mort des hérauts de Darius fut vengée comme une injure au droit des gens.

3. On voit aussi que dès une assez grande antiquité, l'usage

des traités publics fut connu. Sans remonter jusqu'à l'Egypte (on nous promet de nous donner prochainement les fragments d'un traité entre Ramses II et le prince de Schéta, Voy. M. Egger, les Traités publics dans l'antiquité, t. 24, 1re partie des Mémoires de l'Académie des inscriptions), sans remonter, comme Barbeyrac, jusqu'à une prétendue alliance entre Eleusis et Athènes au quinzième siècle avant Jésus-Christ, sans parler enfin de l'alliance entre Jacob et Laban, entre Isaac et Melchisédec (Gen., chap. 31, 36), nous trouvons en Grèce, comme premier monument de traités d'alliance, le serment des membres du conseil amphictyonique. Voici les termes de ce serment tels qu'ils nous ont été conservés par Eschine (contre Ctésiphon, 109-113) : « Je jure de ne jamais détruire aucune des villes du corps des amphictyons, et de ne pas détourner le lit des fleuves où empêcher l'usage de leurs eaux courantes, ni en temps de paix, ni en temps de guerre. Et si quelque peuple enfreint cette loi, je lui déclarerai la guerre et je détruirai ses villes. Que si quelqu'un pille les richesses du dieu, ou se rend coupable en quelque manière de ceux qui toucheront aux choses sacrées, ou les aide de ses conseils, je m'emploierai à en tirer vengeance de mes pieds, de mes mains, de ma voix et de toutes mes forces. » — L'un des plus anciens traités d'alliance que l'épigraphie ait retrouvés est celui des Eléens et des Héréens, conclu à peu près à l'époque des guerres médiques. En voici le texte : « Le pacte aux Eléens et aux Héréens. Qu'il y ait alliance de cent ans; qu'elle commence cette année. S'il est quelque besoin de parler ou d'agir, que l'on s'unisse, et pour toute chose et pour la guerre. Ceux qui ne s'uniraient pas payeraient à Zeus Olympius 1 talent d'argent pour amende. Si quelqu'un détruit l'écriture que voici, soit simple allié, soit magistrat, soit ville, il sera soumis à l'amende ici inscrite » (V. M. Egger, Traités publics dans l'antiquité, p. 15). — Le même auteur signale un assez grand nombre de traités d'alliance de ce genre, dont la plupart ont été retrouvés dans les inscriptions (V. M. Egger, même ouvrage, p. 36). Indépendamment des traités d'alliance, il nous reste d'assez nombreuses traces de traités conclus pour protéger le commerce et pour réprimer le mal du brigandage. Tel est l'objet de la convention entre OEanthéa et Chaléion. — Il y est fait une certaine part au droit d'enlever des étrangers ou de piller leurs biens; mais ceux qui commettent de tels actes, en dehors des cas spécifiés, sont punis d'une forte amende. L'étranger n'est pas seulement défendu contre la violence, il est encore protégé dans l'exercice de certains droits civils dans chacune des deux cités contractantes. Le jugement des causes où sa personne est intéressée appartient à des magistrats, les ξενοδίκαι, qui ne sont pas sans ressemblance avec celui que les Romains appelaient le préteur des étrangers (*prætor peregrinorum* ou *peregrinus*). Pour ces mêmes procès, le texte distingue deux degrés de juridiction, d'abord celle des xénodiques, puis en cas de partage des voix dans ce tribunal, un autre tribunal formé, soit de quinze, soit de neuf membres, suivant l'importance de l'objet en litige, et ces nouveaux juges sont choisis parmi une classe particulière de citoyens. Quand le procès a lieu entre deux citoyens de la même ville, c'est encore une autre juridiction qui doit intervenir. — Nous voyons encore quelques vestiges d'un traité entre la ville de Méthone et le roi de Macédoine, où il est fait mention, parmi diverses clauses protectrices du commerce de Méthone, d'une douane jusqu'ici inconnue, celle des gardiens de l'Hellespont (Ἑλλησποντοφύλακες), qui surveillaient et soumettaient à de certains droits de transport les blés produits par les régions voisines de la mer Noire (M. Egger, p. 21, 23). — Nous trouvons encore un exemple de traité de commerce entre Amyntas, roi de Macédoine, et la ville de Chalcis en Eubée, qui règle l'exportation du bois pour les édifices et pour les constructions navales, sous la condition d'une déclaration préalable et d'un droit à payer; un autre entre les Erythréens et Hermias, tyran d'Atarne. Voici un article curieux de ce dernier traité, qui semble emprunté, pour la précision à un traité moderne : Les parties contractantes se reconnaissent réciproquement le droit de débarquer et mettre en sûreté les marchandises sur le territoire allié. Ces marchandises, mises en dépôt, ne seront sujettes à aucun droit, à moins qu'elles ne soient vendues; dans ce cas, elles seront taxées au cinquantième de leur valeur. » —On cite encore

---

(1) M. Paul Janet, auteur de l'*Histoire de la philosophie morale et politique*, ouvrage deux fois couronné par l'Institut, a bien voulu mettre à notre disposition un travail inédit sur le droit des gens et les traités internationaux. Ce travail nous a été d'un précieux secours dans la composition de cet article qui exigeait des recherches et des études spéciales. Nous devions à ce jeune et éminent professeur de publics remercîments pour son obligeante communication.

un traité entre Athènes et Iulis pour l'exploitation du vermillon; un autre encore entre Athènes et Spartacus IV, roi du Bosphore cimmérien, dont le pays fertile fournissait souvent une partie du blé nécessaire à la nourriture du peuple athénien.

C'est donc une grande erreur de croire, comme on le voit affirmé dans la plupart des histoires de droit des gens, que les anciens, et particulièrement les Grecs, ont très peu connu l'usage des traités publics. M. Egger (mémoire cité) démontre au contraire que les actes diplomatiques de l'antiquité sont extrêmement nombreux et variés, qu'ils portent sur une infinité d'objets, et que même les formalités en étaient déjà très-scrupuleuses et assez compliquées.—Voici, suivant le même auteur (p. 5 et suiv.), les différentes espèces de pactes que l'on peut distinguer chez les anciens, et surtout chez les Grecs; les formalités qui accompagnaient ces traités; les personnes qui étaient appelées à les conclure. — 1° Quant à l'objet de ces actes , compris chez les Grecs sous le titre général de συνθῆκαι, ὁμολογίαι, διαλλαγαί ou συντάξεις, et, chez les Latins, sous le nom de pactiones, on distingue : le pacte fédéral, qui unissait plusieurs peuples de même race et ayant des mœurs et des institutions analogues; s'il établit l'égalité civile entre tous ceux qui l'ont conclu, il s'appelle ἱσοπολιτεία ; — Le pacte qui fixait les relations de la colonie avec sa métropole ; — L'arrangement ou le traité de pacification (διάλυσις), conclu après les troubles civils, et la proclamation d'amnistie (ἀμνηστία), qui en était la conséquence ordinaire ;—L'alliance toute pacifique (σύμβολον ou συμβολή), qui règle ou des relations de commerce, ou l'organisation de tribunaux neutres entre des peuples ; — L'alliance toute militaire (ἐπιμαχία) ; — L'alliance conclue en vue de la guerre et de la paix (συμμαχία) ; — Le traité de neutralité (ἀμφ-ησεία) ; — Le traité de paix proprement dit (εἰρήνη) ; — Le traité rectificatif d'un autre traité (ἐπανόρθωσις) ;—La sentence arbitrale que prononcent des juges choisis dans un Etat neutre par deux Etats en rivalité d'intérêts (κρίσις).

2° Quant à la constitution des alliances et à la succession des divers actes d'un même contrat, il y a : les propositions préliminaires, ou, comme nous disons, les ouvertures faites en vue de la paix (σύμβασις, ou συμβατήριος λόγος) ; — La simple suspension d'armes (ἐκεχειρία) et la trève (σπονδαί), distinctes du traité définitif ; — La trève générale et la trève spéciale, en vue de la célébration de certaines fêtes religieuses ;—Le traité général et les traités spéciaux qui le complètent.

Le pacte une fois conclu, il y a souvent le décret d'acceptation ou de promulgation avec ou sans appel à de nouvelles alliances : entre deux Etats monarchiques, il y a l'échange des ratifications (ὁμολογίαι). Il y a toujours :—Les serments qui assurent l'exécution du traité, et pour lesquels chaque partie contractante envoyait souvent chez l'autre des magistrats chargés de cette office ; — L'invocation spéciale des divinités qui garantissent l'alliance, et qui, au besoin, vengeraient les infractions à la foi jurée : à cet égard, les Romains distinguaient expressément entre la sponsio, convention toute profane, et le fœdus, consacré par la religion ; — L'échange des exemplaires officiels, revêtus du sceau public, et quelquefois du sceau particulier des plénipotentiaires ; — L'inscription des actes sur des tables de bronze ou de marbre, qui étaient déposées dans des édifices publics, d'abord dans les temples, plus tard dans les archives; quelquefois aussi le dépôt d'un troisième exemplaire entre les mains d'un peuple neutre dans le débat ;—Le décret qui assure l'exécution du traité au moyen de certaines mesures politiques ou militaires ; — La circulaire officielle qui informe les peuples alliés des conditions auxquelles une alliance est conclue ou confirmée, ou des moyens d'en exécuter les conditions ; — Le décret en l'honneur de ceux qui ont loyalement rempli les conditions de l'alliance. — Les légendes des monnaies comptent aussi parmi les attestations officielles des alliances conclues entre deux ou plusieurs peuples. — On peut encore ranger légitimement parmi les actes diplomatiques les lettres échangées entre les parties contractantes (ἐπιστολαι, γράμματα), surtout les déclarations officielles, décrets des peuples (ψηφίσματα) ou des princes (διαγράμματα). — Enfin, il ne faut pas oublier les assemblées ou fêtes désignées par les Grecs sous le nom de panégyries (πανηγύρεις), institution qui n'a pas d'équivalent parmi les peuples de l'Occident romain, et dont les effets salutaires pour la concorde entre les divers peuples grecs sont éloquemment signalés dans le Panégyrique d'Isocrate.

3° Parmi les négociateurs, il y avait les hérauts (κήρυκες), porteurs des premières propositions de paix; les ambassadeurs proprement dits (πρέσβεις, legati, oratores), qui prenaient quelquefois le titre de plénipotentiaires (αὐτοκράτορες), quand on les dispensait formellement d'en référer à leurs commettants pour la conclusion du traité. Le chef de l'ambassade s'appelait ἀρχιπρεσβευτής, en latin princeps legationis.

4. Si nous passons de la Grèce à Rome, nous trouvons un ensemble de règles établies pour fixer le droit de la paix et de la guerre : c'est le droit fécial. Mais il ne faut pas considérer le droit fécial comme un véritable droit international, admis d'un commun accord par tous les peuples : le droit fécial n'est qu'une partie du droit civil ou du droit religieux de Rome : c'est la loi qu'elle s'impose à elle-même dans ses rapports avec les autres peuples. — Le droit fécial était l'ensemble des règles et des formules qu'on observait pour déclarer la guerre, faire et conclure les traités. Ces règles avaient surtout un caractère religieux. Il y avait un collège de prêtres chargé de veiller à l'accomplissement des formalités : on les appelait les féciaux : quelquefois, à ce que disent les historiens , ils travaillaient à la réconciliation ; mais cela est douteux. — C'était un principe de droit fécial qu'une guerre ne peut être juste si elle n'a été précédée d'une demande en réparation, et si elle n'a pas été déclarée. Avant la déclaration, on envoyait le fécial pour demander satisfaction. Il se couvrait d'un voile et prononçait la formule suivante : « Ecoute, Jupiter, écoutez habitants des frontières, je suis le héraut du peuple romain : je viens chargé par lui d'une mission juste et pieuse... Si moi, le héraut du peuple romain, j'outrage les lois de la justice et de la religion en demandant la restitution de ces choses ou de ces hommes, ne permettez pas que je puisse jamais revoir ma patrie. » — Après cette réclamation que l'on appelait res repetere, le fécial déclarait la guerre : il fixait un terme de trente-trois jours, le même que pour la procédure. Le droit de la guerre était illimité. Quidquid in hostibus feci, jus belli defendit, dit un personnage de Tite-Live (liv. 21, 15; 26, 31). Les biens des vaincus tombaient au pouvoir des vainqueurs qui en usaient à leur gré. La religion venait cependant modérer ce droit de la guerre. Il y avait, comme au moyen âge, une trève de Dieu pendant certaines fêtes.

La conclusion des traités, comme la déclaration de guerre, était soumise à des formalités sacramentelles, dont Tite-Live nous a laissé le curieux tableau. « Le fécial s'adressant à Tullus lui dit : « Roi, m'ordonnes-tu de conclure un traité avec le père patrat du peuple albain?» Et, sur la réponse affirmative : « je te demande l'herbe sacrée. » —Prends-la pure, réplique Tullus. Alors le fécial rapporte de la citadelle l'herbe pure, et s'adressant de nouveau à Tullus : «Roi, dit-il, me nommes-tu l'interprète de la volonté royale et de celle du peuple romain?» — Oui, répondit le roi, sauf mon droit et celui du peuple romain. — Ensuite le fécial consacrait le père patrat en lui touchant la tête et les cheveux avec l'herbe sacrée. Le père patrat consacrait de son côté le traité par de nombreuses formules ; alors le fécial reprenait : « Ecoute Jupiter, écoute père patrat du peuple albain, le peuple romain ne violera jamais les conditions et les lois qui sont inscrites sur ces tablettes de cire... S'il venait à les enfreindre, alors, grand Jupiter, frappe-le, comme je vais aujourd'hui frapper ce porc. » Il frappait alors le porc avec un caillou : les rois ou les consuls prêtaient serment, on faisait un sacrifice ; les traités étaient signés par les féciaux et déposés dans le temple de Jupiter. Mais, malgré toutes ces cérémonies imposantes, les Romains ne se firent pas grand scrupule de violer plus d'une fois les traités, et selon Montesquieu, il serait assez juste de dire la foi romaine que la foi punique. Cette mauvaise foi des Romains leur a valu l'approbation de Machiavel, qui s'exprime en ces termes : « On voit que les Romains, même dans les commencements de leur empire, ont mis en usage la mauvaise foi. Elle est toujours nécessaire à quiconque veut d'un état médiocre s'élever au plus grand pouvoir; elle est d'autant moins blâmable qu'elle est plus couverte, comme fut celle des Romains. »

Un des plus célèbres exemples de la foi romaine est le traité des fourches caudines. Mais il faut reconnaître qu'il y avait dans ce cas une question assez délicate, et qui n'est pas encore résolue. Les Romains distinguaient, et cette distinction a passé depuis dans le droit des gens, entre les traités proprement dits (*fœdera*), ou conventions faites dans les formes voulues par des agents autorisés et enfin par la ratification du peuple, et les simples promesses (*sponsiones*) faites par des agents subalternes, toujours sous la réserve de l'approbation du peuple romain. La convention des fourches caudines était de ce dernier genre.

5. Il est fait mention dans l'histoire, et il y reste des traces d'un grand nombre de traités conclus par les Romains. L'un des plus anciens et l'un des plus importants par son contenu, est le premier traité conclu entre Rome et Carthage, peu de temps après l'expulsion des rois. En voici le texte tel qu'il nous a été conservé par Polybe : « Qu'il y ait amitié, aux conditions suivantes, entre les Romains et leurs alliés (d'une part), et (de l'autre) les Carthaginois et leurs alliés. Les Romains ne navigueront pas au delà du promontoire Kalon, à moins d'y être contraints par la tempête ou par l'ennemi. Si quelqu'un d'eux est forcé de franchir cette limite, il ne pourra ni rien vendre ni rien acheter, si ce n'est pour la réparation des navires ou pour le culte des dieux, et il devra, dans les cinq jours, quitter ces parages. Quant à ceux qui viendront pour le négoce, ils ne feront rien que devant un héraut ou un scribe. Tout ce qui aura été vendu en présence de ces magistrats, soit en Libye, soit en Sardaigne, le prix en sera dû au vendeur sous la garantie publique. Si un Romain vient en Sicile, dans la partie occupée par les Carthaginois, il y jouira d'une pleine égalité de droits. Les Carthaginois ne feront aucun tort aux habitants d'Ardée, d'Antium, de Laurente, de Circée, de Terracine. à aucun des peuples latins soumis à l'autorité de Rome. Sur les autres territoires, ils ne prendront aucune ville, ou, s'ils en ont pris une, ils la rendront intacte. Ils ne construiront pas de place forte sur le territoire des Latins; s'ils y entrent comme ennemis, ils n'y passeront pas la nuit (c'est-à-dire ils n'y resteront pas plus d'un jour). » — V. M. Egger, p. 18.

Tite-Live parle de trois espèces de conventions : 1° les traités d'amitié et d'hospitalité qui ne sont la suite d'aucune guerre; — 2° Les traités d'alliance conclus à la suite d'une guerre où les avantages sont partagés; — 3° Les conventions faites avec les vaincus, et qui étaient plutôt des *lois* que des traités, *quùm bello victis dicerentur leges*. — La première espèce de traités était très-rare : on cite un traité de ce genre avec Marseille, un autre avec les Eduens. Ces traités laissaient aux peuples leur indépendance; mais comme ils donnaient occasion aux Romains d'intervenir dans leurs affaires pour les protéger, c'était déjà un premier degré d'assujettissement. — Les *traités d'alliance* étaient des traités *inégaux* qui, sous prétexte de partager les avantages, consacraient toujours la dépendance des peuples alliés. Le jurisconsulte Proculus les comparait aux clients qui sont libres, mais qui ne sont les égaux de leurs maîtres ni pour l'autorité, ni pour la dignité, ni pour le droit. Les conditions ordinaires de ces traités étaient : 1° la remise des prisonniers et des déserteurs sans réciprocité; 2° une contribution de guerre ou un tribut annuel; 3° la cession d'une partie de territoire; 4° la destruction des flottes; 5° la communauté d'alliés et d'ennemis avec le peuple romain; — La troisième espèce de convention, selon l'expression de Tite-Live, était plutôt une loi qu'un traité, c'était un acte unilatéral. Le peuple romain ne s'engageait à rien; le peuple vaincu se remettait tout entier lui et ses biens entre les mains du peuple romain : *se suaque omnia fidei populi romani permittere* (Tite-Live, 36, 28 ; 45, 4 ; Cæsar, Bell. Gall., 2, 3). C'était une formule contractuelle, une véritable vente. Le vaincu offrait l'herbe à son maître. Voici le dialogue qui s'engageait entre les députés des villes vaincues et les féciaux, représentants du peuple romain : « Etes-vous les députés et les orateurs employés pour vous mettre vous et le peuple de Collatie en ma puissance ? — Oui. — Le peuple collatin est-il libre de disposer de lui ? — Oui. — Vous livrez-vous à moi et au peuple romain, vous le peuple de Collatie, la ville, les champs, les eaux, les frontières, les temples, les propriétés mobilières, toutes les choses divines et humaines ? — Oui. — J'accepte. » Telle était la formule de la **dédition**. Tous les peuples vaincus n'étaient pas assujettis à des conditions si dures. Mais tous, sous une forme ou sous une autre, subirent la même domination, et

Rome n'eut bientôt plus à faire de traités, mais seulement à donner des lois.

Denys d'Halycarnasse nous a transmis le texte d'un traité d'alliance conclu par les Romains avec la ligue latine après l'expulsion des rois et la bataille du lac Régille : « Il y aura paix entre les Romains et les Latins ; tant que le ciel et la terre seront à leur place, aucun des deux peuples ne fera d'invasion chez l'autre; nul n'appellera l'étranger et ne lui accordera passage pour lui livrer son allié. Si l'un des deux peuples est attaqué, l'autre viendra à son secours avec toutes ses forces. Ils partageront également le butin et ce qu'ils auront acquis en commun. Les contestations des particuliers seront jugées dans les dix jours et dans le pays où l'affaire a été conclue. Il ne doit rien être ajouté ni retranché à ce traité que du commun consentement des Romains et des Latins » (Denys d'Halicarnasse, 6, 95).

C'est seulement à l'époque de Cicéron, et dans les livres de ce célèbre philosophe, que l'on trouve les premières règles du droit des gens rassemblées en théorie. Nous recueillerons de son traité (*De officiis*) seulement ce qui se rapporte à notre objet. Son principe est celui-ci : « Il faut garder sa foi même à un ennemi. » Il cite comme exemple la fidélité de Régulus retournant à Carthage, et celle du sénat livrant à Pyrrhus le traître qui s'était offert pour l'empoisonner. Il faut distinguer, dans cette règle, entre une juste guerre et les déprédations des voleurs et des pirates. Dans ce dernier cas, les promesses, consacrées même par un serment, n'engagent à rien. Ce n'est pas être parjure que de refuser de remplir un tel engagement, tandis que Régulus eût été véritablement parjure en refusant de tenir parole à un ennemi qui, comme les Romains, était soumis à la loi féciale.—Cicéron se fait beaucoup d'illusions sur la manière dont le droit des gens avait été pratiqué et exercé par les Romains. Il leur prête une générosité, une bonne foi une sollicitude pour les alliés, qui n'ont jamais existé que dans son imagination. Le droit fécial avait plutôt pour but de donner une sanction aux usages de la guerre que d'en adoucir les maux. Selon ce droit, « la victoire rendait profanes les choses les plus sacrées de l'ennemi. » Elle prononçait la confiscation de tous les biens meubles et immeubles, soit publics, soit privés, condamnait les prisonniers à l'esclavage perpétuel, etc.

6. La chute de l'empire romain et les invasions des barbares ne durent pas être très-favorables au progrès du droit des gens. Cependant, lorsque les premières ténèbres produites par les invasions se furent dissipées, lorsqu'une sorte de sécurité relative reparut et que l'on put, tant bien que mal, se livrer au commerce et à l'industrie, il se forma peu à peu des intérêts généraux qu'il fallut régler; les nations éprouvèrent le besoin de quelque ordre, de quelques usages au moins. Ce fut donc le commerce qui fit renaître le droit des gens : c'est surtout le droit maritime qui fit quelques progrès au moyen âge. Pendant longtemps, la guerre maritime ne faisait point de différence entre l'ami et l'ennemi. Au quatorzième siècle, on commence à poser quelques principes et quelques règles dans un monument antique et curieux, le *Consulat de la mer*. Si, comme l'a démontré M. Pardessus, la rédaction de ce code de jurisprudence maritime est de la fin du quatorzième siècle, il faut penser que les maximes qui y étaient inscrites avaient cours longtemps auparavant. Voici, d'après M. Wheaton (Hist. du dr. des gens, Introduction, p. 75) les principales maximes que l'on peut extraire de ce code, et qui étaient alors les lois de la guerre maritime : 1° les marchandises appartenant à un ennemi et chargées sur un vaisseau ami seront sujettes à être capturées et confisquées comme prises de guerre ; 2° dans ce cas, le capitaine du bâtiment neutre devra être payé pour le fret des marchandises confisquées comme s'il les avait transportées au port de leur destination primitive ; 3° les marchandises appartenant à un neutre, chargées sur un vaisseau ennemi, n'encourront pas de confiscation ; 4° les capteurs de vaisseaux ennemis qui l'avaient amené dans un port de leur pays, devaient être payés comme s'ils l'eussent transporté au port de leur destination primitive. — Ces principes, qui commençaient à établir quelque communauté entre les Etats, furent reconnus et consacrés plusieurs fois par les traités de cette époque. On les rencontre pour la première fois dans un traité entre la ville de Pise et la ville d'Arles en 1221; dans deux traités d'Edouard III, roi d'Angleterre, avec les villes maritimes de Biscaye et de Castille en 1351; avec les villes de Portugal en 1353, et dans le traité entre Edouard IV, roi d'Angleterre, et Maximilien et Marie, ducs de Bourgogne, en 1478.

On peut dire qu'en général le système formulé par le *Consulat de la mer* fut pratiqué du douzième au quinzième siècle, à l'exception des deux cas suivants (Wheaton, Introd. p. 87). 1° Par le traité de 1468, entre Edouard IV, roi d'Angleterre et François, duc de Bretagne, il fut réciproquement stipulé que les marchandises appartenant aux sujets des deux Etats, et chargés à bord des vaisseaux ennemis, seraient de bonne prise. — La ligne hanséatique s'assurant, pour elle-même par les traités, la libre navigation aux ports des nations belligérantes, avec lesquelles elle restait en paix, n'en prohibait pas moins, pendant le temps qu'elle était en guerre, tout commerce de neutres avec le pays ennemi, non-seulement le commerce des objets considérés comme de contrebande, telles que les armes et les munitions de bouche, mais même celui de toute espèce de marchandises. — Sauf ces deux exceptions, on peut dire que le droit maritime du moyen âge consacré par les usages, les traités, la jurisprudence, peut se réduire à ces deux règles, que les marchandises amies le sont partout même chez les ennemis, et que les marchandises ennemies le sont partout même chez les amis. On ne connaît donc ni l'une ni l'autre des deux maximes suivantes, qui datent du seizième et du dix-septième siècle : *Robe d'ennemi confisque celle d'ami*; ni celle-ci : *le pavillon couvre la marchandise*.

Quelque intéressantes que pourraient être pour l'érudition et pour l'histoire des recherches sur le droit public du moyen âge, elles sont trop éloignées du but pratique que nous nous proposons dans cet ouvrage pour nous arrêter plus d'un instant. C'est surtout dans les temps modernes que nous devons chercher l'histoire des traités; et encore, dans ces termes, le sujet est tellement étendu que nous devons le restreindre aux points suivants : quels sont les principaux traités qui ont établi et modifié le droit public, le droit commercial et le droit maritime de l'Europe, ou plutôt de la France, particulièrement depuis la paix de Westphalie?

7. Tout le monde sait ce que c'est que la paix de Westphalie: c'est la terminaison de cette longue et terrible guerre, qui porte le nom de guerre de trente ans, entre les puissances catholiques et les puissances protestantes, les unes ayant à leur tête la maison d'Autriche, les autres soutenues par la France. L'effet de la paix de Westphalie a été de faire entrer les nouvelles puissances protestantes dans le droit public européen, de commencer la ruine de la maison d'Autriche, et d'assurer la prépondérance de la France. La paix de Westphalie (24 octobre 1648), se compose de deux traités séparés, le traité de Munster entre l'Empire et la France, et celui d'Osnabruck entre l'Empire et la Suède. — La France obtient l'Alsace autrichienne, Brisach, Pignerol et le droit de garnison à Philipsbourg. La possession de Toul et Verdun lui est garantie. — La Suède obtient la Poméranie ultérieure, une partie de la Poméranie citérieure, l'île de Rugen, les villes de Wismar, de Brême et de Verden, et les droits d'Etat de l'Empire. — La paix de Westphalie sanctionna l'indépendance des Provinces-Unies et de la confédération suisse, et leur séparation définitive de l'Empire Germanique.

Entre le traité de Westphalie et celui d'Utrecht (1648-1713), on peut compter quatre grands traités importants pour la politique française : le traité des Pyrénées (1659), le traité d'Aix-la-Chapelle (1668), le traité de Nimègue (1678 et 1679) et enfin le traité de Byswyk (1697). — Le traité des Pyrénées complétait celui de Westphalie. Il donnait à la France sur l'Espagne les mêmes avantages que le traité de Westphalie sur l'Empire. La France gagnait Gravelines, Landrécy, Thionville, Montmédy. — Le traité d'Aix-la-Chapelle assure à la France la Flandre française. — Le traité de Nimègue lui donne la Franche-Comté, plus douze places des Pays-Bas, et Fribourg au lieu de Philipsbourg. La paix de Nimègue est l'apogée de la gloire et des conquêtes de Louis XIV. — Par le traité de Ryswyk, la France garde ce qu'elle a acquis, mais n'obtient rien de nouveau. Ce traité est très-important : car il contient la reconnaissance du roi Guillaume III et de la succession de Hanovre en Angleterre. Il est donc le principe des relations diplomatiques de l'Angleterre et de la France depuis cette époque.

Mais le traité le plus important, parce qu'on peut le considérer comme ayant constitué l'état public de l'Europe de 1713 à 1815 (à part quelques modifications), c'est le traité d'Utrecht, qui termina la guerre malheureuse de la succession d'Espagne. Le traité d'Utrecht se compose de plusieurs traités séparés : I. Un traité entre la France et l'Angleterre, avec les stipulations suivantes : 1° reconnaissance des droits de la maison protestante de Hanovre; 2° séparation perpétuelle des couronnes d'Espagne et de France; 3° destruction du port de Dunkerque; 4° cession de Terre-Neuve, à l'exception du cap Breton, de l'Acadie, jusqu'à la baie d'Hudson, de la partie française de Saint-Christophe. Le commerce français ne peut obtenir de privilèges particuliers, ni en Espagne, ni dans les colonies. La France renonce au principe : *le pavillon couvre la marchandise*. — II. Traité entre la France et la Prusse : 1° La France reconnaît le nouveau titre du roi de Prusse; 2° elle reconnaît ses droits de souveraineté sur la principauté de Neufchâtel; 3° elle cède des droits de succession éventuels sur la principauté d'Orange; 4° elle lui accorde, au nom du roi d'Espagne, le droit de tenir garnison dans la province de Gueldre. — III. Traité de Radstadt entre la France et l'Empire Germanique (6 mars 1713) : 1° Les Pays-Bas espagnols sont cédés à l'Autriche; 2° En Italie, elle reçoit Milan, Naples et l'île de Sardaigne qu'elle va échanger contre la Sicile. — IV. Traité entre la France et la Savoie. Le duc de Savoie reçoit la Sicile, et prend le titre de roi. Les droits éventuels à la couronne d'Espagne, en cas d'extinction de la maison d'Anjou, lui sont garantis. — V. Traité de barrière entre la France et les Provinces-Unies. En exécution de ses dispositions, une convention est conclue entre l'Autriche et les Etats-Généraux, qui leur confère le droit de tenir garnison à Namur, à Ypres, à Dornik, etc. — Le traité d'Utrecht est-il encore en vigueur? — Voy. D. P. 54. 1. 207; 59. 1. 277.

8. Pendant le dix-huitième siècle, un certain nombre de traités importants modifient plus ou moins l'état public de l'Europe, tel que l'a fait le traité d'Utrecht. La guerre de la succession d'Autriche aboutit au congrès et au traité de paix d'Aix-la-Chapelle (1748). Mais ce traité de paix n'est qu'une trève. La guerre de sept ans vient de nouveau compromettre les affaires de la France, et se termine malheureusement pour elle en 1763, par le traité de Paris. Par ce traité, la France cède le Canada, le cap Breton, et renonce à ses droits sur la Nouvelle-Ecosse : le Mississipi sert de limite entre la Louisiane et l'Amérique du Nord anglaise. — Dans les Antilles, l'Angleterre obtient Saint-Vincent, Saint-Domingue, Tabago; en Afrique, le Sénégal, en échange de Gorée; dans les Indes, elle conserve toutes ses conquêtes depuis 1749, contre la restitution de Pondichéry; en Europe, elle reprend Minorque; l'Espagne cède la Floride à l'Angleterre en échange de la Louisiane, que la France lui abandonne en 1769. Elle accorde en outre à cette puissance le droit de faire couper des bois de campêche dans la baie de Honduras. Mais si l'Angleterre triompha de la France au traité de Paris de 1763, celle-ci prend sa revanche au traité de Versailles (1782-1783), traité qui termine la guerre de l'indépendance américaine, et dont les principales stipulations sont : 1° Reconnaissance de l'indépendance des treize provinces unies; 2° reconnaissance de leurs droits sur le Western-Territory; 3° Participation aux pêcheries de Terre-Neuve; 4° Droit de navigation commun sur le Mississipi. En outre, la France acquiert les îles de Tabago, de Saint-Pierre et de Miquelon, en Afrique, le Sénégal en échange de Gambie et du fort Saint-James; dans les Indes, toutes les conquêtes qui ont été restituées, et les droits de son allié Tippo-Saïb sont reconnus. L'Espagne conserve la Floride et Minorque.

Le traité de Versailles est le dernier traité important de l'ancien régime. Un monde nouveau se prépare. La révolution éclate le 5 mai 1789, la guerre européenne en 1792. Elle dure plus de vingt ans, à peine entrecoupée par quelques traités de paix qui ne sont que des trèves. Cette lutte gigantesque se termine enfin par le traité de Paris (30 mai 1814), qui maintient la France dans les limites territoriales du 1er janv. 1792, en lui donnant la ville d'Avignon. L'Angleterre lui restitue ses colonies, à l'exception de l'île de France, Sainte-Lucie et Tabago. Mais ce traité de Paris n'est lui-même qu'un acte transitoire. La France recommence encore une fois la lutte, et après des efforts héroïques, elle succombe dans la plaine de Waterloo. De là de nouveaux traités, connus sous le nom de traités de Vienne, ou traités de 1815. Ces traités dépouillent la France de Philippeville, Marienbourg, Landau, lui imposent une contribution de guerre de 700 millions et stipulent l'érection de dix-huit forteresses destinées à surveiller la frontière du nord.

9. Depuis 1815, plusieurs traités importants ont été conclus par la France avec les puissances étrangères : par exemple le traité de Paris, conclu en 1856, après la guerre de Crimée, entre les représentants des grandes puissances de l'Europe : la France, l'Autriche, le Royaume-Uni de la Grande-Bretagne et d'Irlande, la Prusse, la Russie, la Sardaigne et la Turquie. Par ce traité, la question d'Orient, d'un si haut intérêt pour la France, a été réglée de manière à sauvegarder l'intégrité de l'empire ottoman, et de maintenir l'équilibre européen. — La Porte est admise à participer aux avantages du droit public et du concert européen. La Porte donne communication aux puissances du firman par lequel elle assure à tous ses sujets, sans distinction de religion ni de race, une protection et une sollicitude égales. Les puissances constatent la haute valeur de cette communication ; mais il est entendu qu'elle ne saurait donner aux puissances le droit de s'immiscer en aucune manière dans les rapports de S. M. le sultan avec ses sujets. —Quant aux stipulations faites avec la Russie, elles se ramènent aux points suivants : neutralisation de la mer Noire, ouverte à toute marine marchande, interdite à tout pavillon de guerre, soit des puissances riveraines, soit des autres puissances ; liberté du commerce dans la mer Noire ; destruction de tous les arsenaux militaires maritimes élevés sur cette mer ; détermination du nombre de bâtiments légers nécessaires au service des côtes, dans une convention annexée au traité, et ayant la même force que lui ; liberté de la navigation sur le Danube ; rectification des frontières de la Russie en Bessarabie. — Les principautés de Moldavie et de Valachie continuent à jouir, sous la suzeraineté de la Porte, et sous la garantie des puissances contractantes des priviléges et immunités dont elles sont en possession : administration indépendante et nationale ; liberté de culte, de législation, de commerce et de navigation ; convocation d'un divan dans chaque principauté, pour exprimer les vœux des populations relativement à l'organisation définitive des principautés. — La principauté de Servie continuera à relever de la Sublime-Porte, en conservant ses priviléges et immunités.—Dans une annexe du traité, le sultan déclare que, de même que par le passé, il n'admettra aucun bâtiment de guerre étranger dans les détroits des Dardanelles et du Bosphore.—Par une autre annexe, les hautes parties contractantes se réservent d'entretenir chacune dans la mer Noire six bâtiments à vapeur de 50 mètres de longueur à la flottaison, d'un tonnage de 800 tonneaux au maximum, et quatre bâtiments légers à vapeur ou à voiles d'un tonnage qui ne dépassera pas 200 tonneaux chacun.—Enfin, dans une troisième annexe, l'empereur de toute les Russies déclare que les îles d'Aland ne seront pas fortifiées et qu'il n'y sera maintenu ni créé aucun établissement militaire ou naval.

Telles sont les principales stipulations de cet acte important qui, sans avoir rien changé à la situation territoriale de la France telle que l'ont faite les traités de Vienne, lui a donné cependant une grande prépondérance en Europe ; et a contribué pour un temps les empiétements de la Russie. Cet acte, conservateur de l'équilibre européen, a été suivi d'une convention particulière relative aux principautés danubiennes, qui réalisait une des promesses du traité de Paris.

Nous devons mentionner pour mémoire le traité du 16 juin 1857, auquel la France a concouru en qualité de médiatrice, ainsi que l'Angleterre et la Russie, et qui avait pour objet de régler la question pendante depuis si longtemps entre la Prusse et l'Etat de Neufchâtel. D'après ce traité, le roi de Prusse consentait à renoncer à ses droits de souveraineté sur l'État de Neufchâtel, qui, ne relevant plus que de lui-même, devait faire partie de la confédération suisse au même titre que les autres cantons.

10. Depuis le traité de Paris, deux grands actes diplomatiques ont signalé la politique internationale de la France : le

traité de Villafranca, et le traité avec la Sardaigne, relativement à l'annexion de Nice et de la Savoie. — Le traité de Villafranca, qui mit fin à la guerre d'Italie, contenait deux sortes de stipulations, les unes conditionnelles que les événements subséquents devaient rendre inutiles, les autres qui étaient irrévocables, au moins jusqu'à de nouveaux événements. Au nombre des premières était l'établissement d'une confédération italienne, dont le pape serait président, et où l'Autriche devait entrer pour ses possessions d'Italie. Au nombre des secondes, était la cession de la Lombardie par l'Autriche à l'empereur des Français, et par l'empereur des Français au roi de Sardaigne ; en second lieu, la consécration des droits de l'Autriche sur la Vénétie. Le traité de Zurich (10 nov. 1859) vint confirmer ces engagements, en déterminant avec plus de précision la ligne qui devait désormais servir de frontière entre le Piémont et la Vénétie et en partageant entre le Piémont et l'Autriche la dette lombarde, enfin en stipulant pour la France une indemnité de 60 millions.

Le traité relatif à l'annexion de la Savoie fut conclu le 24 mars 1860 et promulgué le 12 juin même année. Il portait : 1° que la Savoie et l'arrondissement de Nice seraient réunis à la France, du consentement du roi de Sardaigne, à la condition qu'aucune contrainte ne fût exercée sur les populations ; 2° que le roi de Sardaigne ne transmettrait les parties neutralisées de la Savoie, c'est-à-dire le Chablais et le Faucigny, qu'aux conditions où il les possédait lui-même ; 3° qu'une commission fixerait la part contributive de la Savoie et Nice dans la dette publique de la Sardaigne, et dans l'exécution des obligations résultant des contrats passés avec le gouvernement sarde ; 4° que le gouvernement français tiendrait compte aux fonctionnaires civils et militaires des droits acquis, notamment du bénéfice de l'inamovibilité pour la magistrature et des garanties assurées à l'armée ; 5° que les sujets sardes, originaires de Savoie ou de Nice, ou domiciliés dans ces provinces, qui entendraient conserver la nationalité sarde, jouiraient pendant l'espace d'un an ; et moyennant déclaration préalable, de la faculté de transporter leur domicile en Italie, et pourront en même temps conserver leurs immeubles sur les territoires réunis à la France.

11. Indépendamment des grands traités politiques dont nous venons de présenter l'histoire, d'autres traités moins importants ont été conclus avec les diverses puissances depuis 1789, et sur lesquels il est inutile de nous appesantir. Pour compléter l'historique qui précède, nous allons présenter le tableau, par simples énonciations, de tous les traités politiques passés par la France depuis 1789, et qui ont été insérés au Bulletin des lois.

Alger (régence d'). — Engagement conclu le 28 oct. 1819, pour l'exécution du traité du 26 frim. an 10, 17 déc. 1801 (L. 24 juill. 1820).

Angleterre. — Traité de paix, dit d'*Amiens*, du 6 germ. an 10, 27 mars 1802 (L. 30 flor. an 10). — Traités de 1814 et 1815, V. ci-après Puissances alliées. — Convention d'alliance du 10 avr. 1854 (décr. 21 avr. 1854). — Traité d'alliance entre la France, la Grande-Bretagne et la Turquie (décr. 22 mai 1854).—Convention du 10 mai 1854 relative aux prises (décr. 23 mai 1854).—Convention du 10 mai 1854 pour régler le sort des prisonniers de guerre (décr. 29 août 1854). — Traité d'alliance du 2 déc. 1854, entre la France, l'Autriche et la Grande-Bretagne (décr. 19 déc. 1854). — Convention militaire du 26 janv. 1855, entre la France, la Grande-Bretagne et la Sardaigne (décr. 9 mars 1855). — Convention du 24 janv. 1855, relative aux fournitures faites ou à faire à l'armée turque (décr. 9 mars 1855). — Convention du 27 juin 1855, entre la France, l'Angleterre et la Turquie, pour la garantie d'un emprunt turc (décr. 19 août 1855). — Traité du 21 nov. 1855, entre la France, l'Angleterre et la Suède (décr. 19 déc. 1855). — Traité de paix et d'amitié du 30 mars 1856, avec la Russie et autres puissances (décr. 28 avr. 1856). — Traité du 26 mai 1857, pour régler la situation politique de l'Etat de Neufchâtel (décr. 19 juin 1857). — Traité du 19 août 1858, pour l'organisation des principautés de la Moldavie et de la Valachie (décr. 7 oct. 1858). — Convention du 22 fév. 1860, relative aux prises pendant l'expédition contre la Chine (décr. 25 juin 1860). —V. encore ci-après Bavière, Empire Ottoman, Espagne, Pays-Bas, Puissances alliées.

Autriche. —Traité de paix , 14 oct. 1809 (décr. 29 oct.).

—Traité d'alliance (14 mars 1812).—Traités de 1814 et de 1815, V. ci-après Puissances alliées. — Traité d'alliance du 2 déc. 1854, entre la France, l'Autriche et l'Angleterre (décr. 19 déc. 1854). — Traité de paix et d'amitié du 30 mars 1856, avec la Russie et autres puissances (décr. 28 avr. 1856). — Traité du 26 mai 1857, pour régler la situation politique de l'État de Neuf-châtel (décr. 19 juin 1857). — Convention du 19 août 1858, pour l'organisation des principautés de Moldavie et de Valachie (décr. 7 oct. 1858).—Traité de paix du 10 nov. 1859 (décr. 27 nov. 1859). — Du même jour, traité de paix entre la France, l'Autriche et la Sardaigne (décr. 27 nov. 1859).—V. ci-après Empire d'Allemagne, Pays-Bas, Porte ottomane, Puissances alliées.

Bade (grand-duché de). — Convention du 5 avr. 1840, pour fixer la limite de souveraineté entre la France et le grand-duché de Bade (ord. 31 mai 1840). — Convention du 16 avr. 1846, pour l'exécution des jugements rendus par les tribunaux des deux-pays (ord. 3 juin 1846).

Bavière.—Traité de paix du 6 fruct. an 9 (L. 17 frim. an 10). — Convention et article explicatif et complémentaire, 7 mai 1832 et 30 avr. 1833, entre la France, la Grande-Bretagne et la Russie, d'une part, et la Bavière de l'autre, pour organiser d'une manière définitive l'état politique de la Grèce (ord. 1er oct. 1833).

Belgique. — Convention du 9 déc. 1852 (décr. 3 janv. 1853).

Brésil. — Convention consulaire 10 déc. 1860 (décr. 17 mars 1861).

Buénos-Ayres. — Convention du 29 oct. 1840 (ord. 16 oct. 1841).

Chine. — Traité de paix 25 oct. 1860 (décr. 12 janv. 1861).

Danemark et Norwége.—Traité d'alliance (10 juill. 1813).—V. Suède.

Deux-Siciles. — Traité de paix, 19 vend. an 5 (L. 3 brum. an 5). — Convention du 17 mai 1847, pour régler l'intervention des consuls respectifs dans les successions des nationaux des deux pays (ord. 1er sept. 1847).

Empire d'Allemagne. — Traité de paix dit *de Campo-Formio*, du 26 vend. an 6, 17 oct. 1797 (L. 13 brum. an 6). — Traité de paix dit *de Lunéville*, du 20 pluv. an 9, 9 fév. 1801 (L. 28 vent. an 9). — Traité de paix du 5 niv. an 14, 26 déc. 1805 (décr. 19 janv. 1806). — V. Autriche.

Empire ottoman. — V. Porte ottomane.

Espagne. — Convention et articles additionnels des 22 avril et 18 août 1834, entre la France, l'Espagne, la Grande-Bretagne et le Portugal, pour rétablir la paix dans la péninsule (ord. 6 déc. 1834). — Traité de délimitation du 2 déc. 1856 (décr. 24 août 1857). — Convention additionnelle du 28 déc. 1858 au traité précédent (décr. 4 avr. 1859).

Etats-Unis d'Amérique. — Convention du 8 vend. an 9 (L. 15 frim. an 10). — Convention du 4 juill. 1831 pour le payement de diverses créances américaines (L. 14 juill. 1835; décr. 19 mars 1836, 18 mai 1836, 21 mai 1836, 7 janv. 1837, 31 janv. 1858). — Convention consulaire du 23 fév. 1853 (décr. 11 sept. 1853).

Genève. — Réunion à la France, traité du 27 flor. an 6 (L. 28 flor. an 6).

Grèce. — V. Bavière.

Haïti. — Ord. qui reconnaît l'indépendance d'Haïti aux conditions y désignées (17 avr. 1825). — Traité du 12 fév. 1858 (ord. 30 mai 1858). — Convention du 15 mai 1847 pour assurer l'exécution du traité de 1838 (ord. 20 oct. 1847). — Convention du 1er oct. 1854 relative au remboursement de l'emprunt de 1825 (décr. 20 déc. 1854).

Maroc. — Convention du 18 sept. 1844 (ord. 7 déc. 1844). — Traité de délimitation du 18 mars 1845 (décr. 23 août 1845).

Mexique. — Traité de paix et d'amitié du 9 mars 1839 (ord. 14 août 1839; exécution, ord. 6 déc. 1839, 30 nov. 1839, 10 mars 1840, 22 mars 1841, 10 juin 1841, 26 juin 1842).

Mulhausen.—Réunion de cette république à la France, traité du 10 pluv. an 6 (L. 11 vent. an 6).

Le pape. — Traité de paix du 1er vent. an 5 (L. 10 flor. an 5). —Concordat des 26 mess. et 23 fruct. an 9 (L. 18 germ. an 10; arrêté 18 germ., 29 germ. an 10; décr. 28 fév. 1810). — Concordat dit *de Fontainebleau* du 25 janv. 1813 (décr. 13 fév. 1813; décr. 25 mars 1813).—Concordat du 11 juin 1817 qui n'a pas reçu la sanction législative.

Parme et Plaisance. — Traité de paix du 13 brum. an 5 (L. 28 brum. an 5).

Pays-Bas. — Traité avec annexe du 19 avr. 1839, entre la France, l'Autriche, la Grande-Bretagne, la Prusse et la Russie, d'une part, et les Pays-Bas, d'autre part, destiné à régler la séparation de la Belgique d'avec les Pays-Bas (ord. 17 juin 1839). — Convention consulaire du 8 juin 1855 (décr. 20 juill. 1855). — Arrangement signé le 14 déc. 1857 (décr. 28 déc. 1857).

Porte Ottomane.—6 mess. an 10, traité de paix entre la France, la Grande-Bretagne, la Prusse et la Russie, d'une part, et l'empire ottoman, d'autre part, destinée à garantir la fermeture des détroits des Dardanelles et du Bosphore aux bâtiments de guerre de toutes les nations (ord. 30 déc. 1841). — Traité d'alliance entre la France, l'Angleterre et la Turquie (décr. 22 mai 1854). —Convention du 27 juin 1855 pour la garantie d'un emprunt turc (décr. 10 août 1855). — Accession à la convention du 10 mai 1854 (V. Angleterre) (décr. 25 janv. 1856). — Traité de paix et d'amitié du 30 mars 1856, entre la France, l'Autriche, l'Angleterre, la Prusse, la Russie, la Sardaigne et la Turquie (décr. 28 avr. 1856). — Traité du 19 août 1858 pour l'organisation des principautés de Moldavie et de Valachie (décr. 7 oct. 1858).

Portugal.—Traité du 23 therm. an 5, non ratifié, déclaré non avenu (arrêté 5 brum. an 6). — Traité de paix du 7 vend. an 10, 29 sept. 1801 (loi 19 frim. an 10). — Adhésion du Portugal au traité du 25 avr. 1818 (V. ci-après Puissances alliées). —Convention du 7 déc. 1839 (ord. 13 fév. 1840, 17 fév. 1840, 15 nov. 1840). — V. Espagne.

Provinces-Unies. — Traité de paix et d'alliance du 27 flor. an 3, 16 mai 1795 (décr. 8 prair. an 3).

Prusse. — Traité de paix du 16 germ. an 3 (décr. 25 germ.; 11 flor. an 3).—Traité explicatif et complémentaire du précédent du 28 flor. an 3 (décr. 8 prair. an 3). — Traité d'alliance (24 fév. 1812). — Traité de paix et d'amitié du 30 mars 1856 avec la Russie et autres puissances (décr. 28 avr. 1856). — Traité du 26 mai 1857 pour régler la situation politique de l'Etat de Neufchâtel (décr. 19 juin 1857).—Traité du 19 août 1858 pour l'organisation des principautés de Moldavie et de Valachie (décr. 7 oct. 1858).—V. Pays-Bas, Porte ottomane, Puissances alliées.

Puissances alliées (traités de 1814 et 1815). — Convention entre S. A. R. Monsieur, lieutenant général du royaume, et les hautes puissances alliées (23 avr. 1814). — Traité de paix (30 mai 1814). — Traité et conventions du 20 nov. 1815. — Convention du 25 avr. 1818, relative à la liquidation des dettes contractées par la France dans les pays hors de son territoire actuel (ord. 15 juin 1818). — Convention du même jour avec la Grande-Bretagne, relative à la liquidation des réclamations formées par des sujets de Sa Majesté Britannique (publ. 15 juin 1818). — Traité dit *d'Aix-la-Chapelle* du 9 oct. 1818 (publ. 26 oct. 1818).

République cisalpine. — Traité d'alliance du 3 vent. an 6 (L. 27 vent. an 6).

Russie. — Traité de paix du 16 vend. an 10 (8 oct. 1801) (L. 18 prair. an 10). — Traité de paix dit *de Tilsitt* (7 juill. 1807). — Traité de paix et d'amitié du 30 mars 1856, entre la France, l'Autriche, l'Angleterre, la Prusse, la Russie, la Sardaigne et la Turquie (décr. 28 avr. 1856). — Traité du 26 mai 1857 pour régler la situation politique de l'Etat de Neufchâtel (décr. 29 juin 1857).— Traité du 19 août 1858, pour l'organisation des principautés de Moldavie et de Valachie (décr. 7 oct. 1858).—V. Grèce, Pays Bas, Porte ottomane, Puissances alliées.

Sardaigne. — Convention du 4 fév. 1852 pour régler les droits, privilèges et immunités consulaires (décr. 13 avr. 1852). — Convention sanitaire du 3 fév. 1852 (décr. 27 mai 1853).— Le 26 janv. 1855, accession du roi du Sardaigne au traité du 10 avr. 1854 (décr. 9 mars 1855, V. Angleterre et Autriche).— Convention militaire du 26 janv. 1855, entre la France, la Grande-Bretagne et la Sardaigne (décr. 9 mars 1855).—Le 15 nov. 1855, accession à la convention du 10 mai 1854 (décr. 25 janv. 1856, V. Angleterre). — Traité de paix et d'amitié du 30 mars 1856 avec la Russie et autres puissances (décr. 28 avr. 1856). — Traité du 19 août 1858 pour l'organisation des principautés de Moldavie et de Valachie (décr. 7 oct. 1858). — Traité de paix du 10 nov. 1859, entre la France, l'Autriche et la Sardaigne (décr. 27 nov. 1859). — Traité du 27 nov. 1859, relatif à la cession de la Lombardie (décr. 27 nov. 1859). — Traité du 24 mars 1860, relatif à la réunion de la Savoie et de l'arrondissement de Nice à la France (décr. 11 juin 1860). — Convention du 23 août 1860 destinée à régler diverses questions auxquelles donnait lieu cette réunion (décr. 21 nov. 1860). — Convention de délimitation du 7 mars 1861 (décr. 31 mars 1861).

Saxe. — Traité de paix et d'alliance du 11 déc.1806 (public. 29 janv. 1807).

Suède. — Traité de paix du 6 janv. 1810 (publ. 24 fév.1810). — Traité du 21 nov. 1855 avec l'Angleterre et la France (décr. 19 déc. 1855).

Suisse. — Maintien des traités (décr. 20 août 1792).—Traité de paix et d'alliance offensive et défensive du 2 fruct. an 6 (L. 23 fruct. an 6). — Traité d'alliance (4 vend. an 12). — Traités du 30 mai 1827 et du 18 juill. 1828 (ord. 23 sept. 1827, 31 déc. 1828).— Ordonnance qui suspend les traités de 1827 et 1828 à l'égard du canton de Bâle (12 sept. 1835). — Convention du 29 mars 1843 avec la principauté et le canton de Neufchâtel, pour la rectification d'une route (ord. 19 août 1843). — Traité du 26 mai 1857, pour régler la situation politique de l'Etat de Neufchâtel (décr. 19 juin 1857).—Le 25 nov. 1859, accession du canton de Glaris à la convention du 30 mai 1827 (décr. 23 déc. 1859).

Toscane. — Traité de paix du 21 pluv. an 3 (décr. 25 pluv.).

Tunis (régence de). — Article additionnel aux traités antérieurs, du 6 prair. an 3 (décr. 28 therm. an 3).

Turquie. — V. Porte Ottomane.

Venezuela. — Convention consulaire du 24 oct. 1856 (décr. 12 août 1857).

Wurtemberg (duché de). — Traité de paix du 20 therm. an 4 (L. 28 therm.).

12. Nous avons résumé très-sommairement l'histoire du droit public de l'Europe depuis la paix de Westphalie jusqu'au traité de Paris; il nous reste à en faire autant pour le *droit commercial* et le *droit maritime.* — C'est à partir des traités de Westphalie en 1648 que le droit public s'est formé en Europe. Mais ce n'est guère qu'après la paix de Nimègue en 1678 que les traités de commerce et de navigation se séparèrent des traités politiques. Au reste, il arrive fréquemment que dans des traités qui ne sont pas des traités de commerce, il se rencontre des clauses relatives aux intérêts du commerce.

13. *Angleterre.* — L'Angleterre est le pays avec lequel nous avons eu le plus tôt des relations commerciales réglées par des conventions. Nous mentionnerons seulement le traité de 1606 entre Henri IV et Jacques Iᵉʳ, comme la base de rapports postérieurs entre les deux pays, et le traité de 1826 qui a été en vigueur jusqu'à l'année 1860 où un nouveau traité a été conclu. — Le traité de 1606 portait que les sujets des deux rois pourraient trafiquer librement dans les Etats l'un de l'autre; que l'on composerait un tribunal mi-partie de deux marchands anglais et de deux français appelés conservateurs, qui s'adjoindraient tel cinquième qui leur conviendrait, pour juger des plaintes respectives des marchands dans les deux pays; que ce tribunal jugerait de la qualité des draps importés d'Angleterre en France, et s'il les déclarait vicieux et mal confectionnés, ces draps ne seraient pas confisqués, nonobstant l'arrêt du 21 avr. 1600, mais reportés en Angleterre sans payer aucuns droits de sortie; que les Français ou Anglais obligés par quelque accident de relâcher dans quelque port de l'un et l'autre royaume, ne payeraient aucun droit ni pour l'entrée ni pour la sortie de leurs marchandises, si ce n'est pour celles qu'ils vendraient. Ce traité stipulait en outre le droit de tester pour les biens meubles et le droit de succéder pour les héritiers, nonobstant le droit d'aubaine, et enfin l'abolition de toutes lettres de représailles, tant que durerait la bonne intelligence des deux Etats.

Ce traité fut confirmé et étendu par un grand nombre de traités postérieurs, notamment par le traité d'alliance offensive et défensive, signé à Londres le 29 août 1610; par le traité de paix du 24 avr. 1629, signé à Suze; par le traité de commerce de Saint-Germain, le 29 mars 1632; par le traité de Ruel, 3 juill. 1644; par le traité de Breda, 31 juill. 1667; par le nouveau traité de commerce de Saint-Germain-en-Laye, le 24 fév. 1677; par le traité de paix de Ryswyk, 20 sept. 1697; par le

traité d'Utrecht, du 11 avr. 1713; par le traité de commerce signé séparément le même jour dans la même ville. Ce traité très-important régla toutes les relations commerciales de la France et de l'Angleterre pendant presque toute la durée du dix-huitième siècle. Il fut remplacé, après la guerre de 1780, par le traité du 26 sept. 1786, signé à Versailles, et qui fut la règle pour les deux pays jusqu'aux grandes guerres de la révolution et de l'empire (V. tous ces traités dans M. d'Hauterive, t. 2, 1ʳᵉ part., liv. 2).

En 1814, des articles additionnels furent ajoutés au traité particulier de la France et de l'Angleterre. Il y était dit, art. 3, que les deux parties contractantes se réservaient de s'entendre prochainement sur leurs intérêts commerciaux pour encourager et augmenter la prospérité de leurs Etats respectifs. En effet, un traité de commerce et de navigation fut conclu en 1826, et c'est lui qui a été jusqu'en 1860 la base de nos relations avec l'Angleterre. Nous devons cependant mentionner avant d'analyser ce traité quelques conventions particulières, entre autres une convention signée à Londres, relativement à la vente du sel, de l'opium et du salpêtre. Dans cette convention, le gouvernement français s'engage à affermer au gouvernement anglais le privilège exclusif d'acheter le sel fabriqué dans les possessions françaises sur les côtes de Coromandel et d'Oréra, moyennant un prix juste et raisonnable réglé d'après celui auquel ledit gouvernement aura payé cet article dans les districts avoisinant lesdites possessions, prix fixé tous les trois ans d'après le prix moyen du sel pendant cet espace de temps, à la réserve toutefois de la quantité que les agents français jugeront nécessaire pour l'usage domestique et la consommation des habitants.

L'un des articles additionnels du traité de paix du 30 mai 1814, portant (art. 4) qu'il serait accordé mainlevée du séquestre, qui aurait été mis depuis 1792 sur les fonds, revenus, créances et autres effets appartenant aux sujets respectifs des deux parties contractantes, plusieurs conventions intervinrent pour régler le mode de restitution. Les sujets anglais, possesseurs de rentes perpétuelles sur l'ancien gouvernement français, durent être inscrits sur le grand-livre de la dette consolidée pour la même somme de rentes (art. 2), à l'exception de ceux qui, en recevant leurs rentes au tiers après le 30 sept. 1797, se sont soumis eux-mêmes volontairement à cette réduction. Les possesseurs de rentes viagères durent être inscrits sur le grand-livre de la rente viagère de France, avec les mêmes exceptions (art. 3). — Quant aux propriétés immobilières (art. 5) qui auront pu être séquestrées, confisquées ou vendues pendant les guerres, leur valeur sera fixée sur la remise de l'extrait de la matrice des rôles de la contribution foncière de l'année 1791, et sur le pied de vingt fois le revenu mentionné dans lesdits rôles, et le capital ainsi reconnu et liquidé devra être inscrit sur le grand-livre de la dette publique. Les titres à produire sont l'acte d'achat et les actes prouvant le fait de séquestre et de confiscation. Pour les propriétés mobilières (art. 6) séquestrées, confisquées ou vendues, on déterminera le montant des créances sur la présentation : 1° du procès-verbal d'inventaire des effets mobiliers saisis ou séquestrés; 2° du procès-verbal de vente desdits effets, en ayant égard à l'augmentation fictive de prix qui résultait de l'emploi du papier-monnaie. Pour les autres créances non comprises dans les articles précédents, elles devraient être liquidées et fixées selon les modes d'admission, de vérification et de liquidation relatifs à leur nature. Une convention nouvelle, du 25 avr. 1818, affecta une rente de 3 millions représentant un capital de 60 millions, à l'effet d'opérer le remboursement et l'extinction totale des créances anglaises.

14. La convention de commerce et de navigation du 26 janv. 1826 met sur le même pied, en France et en Angleterre, pour tous les droits de tonnage, de ports, de phares, de pilotage, de quarantaine, etc., à l'entrée et à la sortie des ports, les navires français et venant de ports quelconques, et les navires anglais, avec ou sans chargement, le gouvernement français se réservant d'élever ou d'abaisser ces droits selon le taux courant en Angleterre (art. 1). — Quant aux marchandises importées, chaque gouvernement s'engage à établir l'égalité de droits entre ses propres sujets et les sujets de l'autre partie contractante, à la condition que les navires se rendront soit des ports d'Angleterre en

France, soit des ports de France en Angleterre (art. 2). — Les produits de l'Asie, de l'Afrique et de l'Amérique ne peuvent être respectivement importés dans les ports français ou britanniques que pour l'entrepôt et la réexportation et non pour la consommation (même art.). Pour les produits d'Europe, ils ne peuvent être exportés sur navires britanniques en France, qu'à la condition d'avoir été chargés dans un port britannique, le gouvernement anglais restant libre d'adopter une mesure analogue et réciproque. Les droits de sortie et d'exportation seront également les mêmes pour navires français ou britanniques se rendant dans les ports respectifs de l'un ou de l'autre pays (art. 3). — L'art. 5 reproduit la clause de la convention de 1606, et autorise les bateaux pêcheurs des deux nations à relâcher par le mauvais temps dans les ports de l'un ou l'autre État, sans être assujettis à aucuns droits de navigation. — Des articles additionnels établirent en outre la faculté, pour les navires britanniques, d'importer dans les colonies françaises et, pour les navires français dans les colonies britanniques, toutes marchandises provenant du sol et des manufactures de France ou d'Angleterre, ou de tout autre pays soumis à la domination française ou britannique sans être assujettis à plus de droits que les bâtiments nationaux (art. 1). — La même égalité de droits a lieu pour la sortie et l'exportation (art. 2). — Il y a une exception, dans les possessions anglaises, pour les colonies possédées par la compagnie des Indes (art. 1 et 2). — Cette convention a été rendue exécutoire en France par une ord. du 8 fév. 1826.

15. Passons au dernier traité signé le 23 janv. 1860, et préparé par les soins de deux célèbres économistes, M. Cobden et M. Michel Chevalier. Ce nouveau traité, est un événement considérable dans notre histoire commerciale, car il peut être considéré comme le premier coup porté au système qui régit l'industrie depuis Colbert; le *système protecteur*, et la première application en grand, au moins parmi nous, d'un nouveau système, le *libre échange*, qui prétend remplacer le précédent. Quelles sont les conditions principales du nouveau traité, et du côté de l'Angleterre et du côté de la France?

L'Angleterre s'engage à abolir, pour nous, tous droits protecteurs dans l'espace de deux ans. En premier lieu, elle admet en franchise tous les objets manufacturés, tels que tissus de soie de toute nature, orfévrerie, bijouterie, articles dits de Paris, tels que bronzes, modes, ganterie, mercerie, fleurs artificielles, dans lesquels l'industrie française excelle, et qui étaient frappés de droits considérables. En second lieu après une diminution transitoire qui devait se prolonger jusqu'au 1er avr. 1861; ce même gouvernement fixe à 1 schelling par gallon l'importation des vins contenant moins de 15 degrés d'esprit; 1 schelling 6 pence, les vins contenant de 15 à 26 degrés; 2 schellings, les vins de 26 à 40 degrés. — Il fixe encore à 14 schellings le droit sur le quintal de papier de tenture, et à 15 schellings au maximum le droit sur le quintal de carton; il admet à un droit égal au taux de la taxe d'accise ou du droit de marque, les eaux-de-vie de France, où les produits de son orfévrerie. On peut se faire une idée de cette diminution générale, si l'on songe que les articles manufacturés passent presque tous d'un droit de 10 et de 20 p. 100 ad valorem, à une franchise absolue; que les vins de France, qui payaient en moyenne 158 fr. de droits par hectolitre n'en payeront plus que 28, et que nos eaux-de-vie tombent de 422 fr. de droits par hectolitre à 225. Ainsi, du côté de l'Angleterre, les tarifs qui subsistent ne sont plus guère que des droits fiscaux, établis presque toujours sur des matières qui n'ont point leurs similaires dans la production intérieure, tels que le sucre, le café, le tabac, le vin.

Le gouvernement français, ayant point de départ un tarif bien plus restrictif, ou se trouvant en présence d'industries beaucoup moins confiantes ou de préjugés beaucoup plus invétérés, dut rester bien en deçà du terme atteint par le gouvernement anglais, et surtout ménager avec plus de lenteur la transition. En conséquence, le traité du côté de la France; stipule : 1° la levée des prohibitions sur tous les objets d'origine ou de manufacture britannique, tels que sucres raffinés, fers forgés, produits chimiques, extraits de bois de teinture, fil de laine, coton, soie, chanvres, coutelleries, aciers, machines, voitures; il remplace ces prohibitions par des droits, dont le maximum fixé à 30 p. 100, pour une première période; à partir du 1er oct.

1861, se réduira à 25 au 1er oct. 1864. Ces termes éloignés étaient exigées par les ménagements dus aux industries jusque-là protégées. Il était stipulé qu'une convention complémentaire (laquelle a paru depuis, V. décr. 26 oct. 1860), établirait ce droit sur chaque article, en francs et centimes, par mètres ou par kilogrammes. — En second lieu, le traité réduit les droits sur certains articles, non prohibés, mais qui n'atteignaient point la nouvelle limite maximum, tels que la houille et le coke, les fers, fontes et aciers, les ouvrages en métaux, machines, outils et mécaniques, et enfin les tissus de lin et de chanvre. Mais on a échelonné avec précaution l'époque des abaissements de tarifs de ces différentes matières, de telle sorte que l'industrie française pût se procurer au moins un an avant l'abolition des prohibitions, à des prix sensiblement réduits, d'abord le combustible, puis les fers, les fontes et les machines, mécaniques, dont elle avait besoin pour soutenir cette nouvelle concurrence.

Ainsi : 1° dès le 1er juill. 1860, la houille et le coke anglais n'ont plus payé d'autres droits que celui de la houille belge, à savoir 10 cent. par 100 kilo : réduction de moitié pour la houille, et des deux tiers pour le coke; — 2° les fers, fontes et aciers, non frappés de prohibitions, sont entrés sous les conditions du nouveau tarif, à partir du 1er oct. 1860, et les ouvrages en métaux, machines, outils, etc., à partir du 31 décembre de la même année; — 3° Les fils et tissus de lin et de chanvre entreront sous les mêmes conditions à partir du 1er juin 1861, et les autres articles, à partir du 1er octobre, même année. Enfin, il a été spécialement décidé, en faveur de l'industrie métallurgique, que le droit sur les fers en barre de qualité commune serait immédiatement réduit à 7 fr. par 100 kilogr., à partir du 1er oct. 1860, et à 6 fr., à partir du 1er oct. 1864.

Cet ensemble de mesures a été combiné, comme on le voit, de manière à fournir successivement à notre industrie, et dans l'ordre de ses nécessités, tous les instruments de travail, combustibles, fers et machines, nécessaires pour se mettre à même d'entrer en lutte en temps utile avec les produits étrangers. Un article établit la règle d'une complète et loyale réciprocité, pour tout ce qui concerne le traitement local, les droits et frais dans les ports; un autre article stipule que les droits fixés à l'importation de marchandises anglaises, sont indépendants des droits différentiels de pavillon et de provenance. La marine de commerce étant un de nos premiers éléments de notre puissance et l'un de nos plus grands intérêts nationaux, on ne pouvait exposer prématurément le pavillon français à une concurrence qu'il pouvait n'être pas en état de soutenir. Tels sont les principales dispositions du nouveau traité de commerce avec l'Angleterre, traité qui sera, à n'en pas douter, le commencement d'une nouvelle ère d'activité dans nos relations commerciales, et une source de prospérité pour le pays. — V. le rapport des plénipotentiaires, D. P. 60. 4. 22 et suiv.

Ce traité a été suivi 1° d'un article additionnel (décr. 10 mars 1860); 2° d'un second article additionnel (décr. 6 juill. 1860); 3° d'une convention complémentaire du mois d'octobre 1860, qui a eu pour objet de changer les droits ad valorem, stipulés par le traité, en droits spécifiques, dont le tarif était fixé par la convention (décr. 26 oct. 1860); 3° d'une deuxième convention complémentaire du 16 nov. 1860 (décr. 30 nov. 1860). — Une circulaire du directeur général des douanes, du 29 oct. 1860, contient toutes les instructions relatives à l'exécution de cette convention.

Indépendamment de ces grands traités, d'autres conventions de moindre importance ont été passées avec l'Angleterre depuis 1826; en voici le tableau : — Convention du 2 août 1839 pour la délimitation des pêcheries sur les côtes respectives des deux pays (ord. 27 août 1839). — Déclaration du 23 juin 1843 portant règlement général des pêcheries entre la France et la Grande-Bretagne (ord. 23 juin 1846). — Abrogation de l'art. 3 de l'ordonnance d'exécution du 8 fév. 1826 (décr. 10 mai 1854). — Convention du 7 mars 1857 relative à Portendic et Albreda (décr. 28 mars 1857). — Convention du 14 janv. 1857 relative aux pêcheries de Terre-Neuve (décr. 4 avr. 1857).

16. *Autriche.* — Les premières stipulations commerciales entre la France et l'Autriche remontent jusqu'au commencement du seizième siècle. Le traité du 14 janv. 1526 conclu par François 1er et Charles-Quint assurait la liberté réciproque du commerce pour les nationaux des deux pays. Le traité de Munster (24 oct. 1646), à la fin de la guerre de trente ans, ajouta de nouvelles dispositions et devint la base de tous les traités qui succédèrent. Ce traité stipulait la liberté de la navigation du Rhin, interdisait d'établir de nouveaux péages et de nouveaux droits, et remettait les choses dans l'état où elles étaient avant la guerre. Ce traité fut confirmé par le traité de Nimègue, 5 fév. 1679, et par le traité de Ryswyk, 20 sept. 1697. Le traité de Rastadt, 6 mars 1714, autorisait les sujets des deux Etats à vendre, changer, aliéner, ou autrement disposer des biens, effets, meubles ou immeubles qu'ils pourraient avoir respectivement dans les deux Etats. Mêmes dispositions dans le traité de Bade, 7 sept. 1714, dans le traité de Vienne, 18 nov. 1738, dans les traités de Versailles du 1er mai 1756 et du 30 déc. 1758. Une convention du 24 juin 1766 abolit le droit d'aubaine entre la France et l'Autriche. Le traité de Campo-Formio, 17 oct. 1797, contient la promesse de la conclusion prochaine d'un traité de commerce entre les deux Etats et remet en attendant, les choses sur le pied où elles étaient avant la guerre (art. 15), c'est-à-dire sous la loi du traité de Munster, successivement confirmé par tous les traités successifs. Or, comme ce traité de commerce n'a pas eu lieu et que le traité de Lunéville (art. 17) se borne à rappeler l'art. 5 du traité de Campo-Formio, il s'ensuit qu'aujourd'hui encore la règle de nos relations commerciales avec l'Autriche doit être cherchée dans le traité de Munster.

Pour compléter l'ensemble des relations commerciales que les traités ont établies entre la France et l'Autriche nous devons mentionner : 1° une convention avec la république de Venise, aujourd'hui possession autrichienne, convention qui abolit le droit d'aubaine ;—2° Une convention du 2 avr. 1771 avec la république de Raguse, aujourd'hui possession autrichienne, convention qui décharge des droits les bois de construction destinés pour le service du roi de France, à la condition d'en déclarer la quantité et d'en prouver par certificat la destination et la réception en France : cette même convention met les Français sur le pied de la nation la plus favorisée, et n'accorde aux Ragusois en France que les droits des autres peuples d'Italie, à l'exception même des privilèges qui auraient pu être accordés par des pactes particuliers ;—3° Un traité du 17 mars 1798, entre la France et la république cisalpine, aujourd'hui royaume Lombard-Vénitien, qui défend toute prohibition d'entrée ou de sortie pour les marchandises du crû ou de la fabrique de chacun des deux Etats, à l'exception toutefois des grains et des farines en cas de disette, et fixe à 6 p. 100 au maximum les droits qui pourraient être établis sur ces marchandises. L'art. 5 du même traité exige que les marchandises françaises ne puissent être importées que sur navires français ou cisalpins, et réciproquement.—Ces conventions conclues avec des Etats qui ont cessé d'exister d'une manière indépendante ont-elles conservé leur autorité, ou ont-elles été détruites par la conquête et par la guerre? L'ont-elles été aussi par la séparation de la Lombardie et de la Vénétie?—V. nos 185 et s.

17. *Bade.* — Il n'existe entre la France et Bade aucune stipulation antérieure aux traités de Westphalie, et depuis cette époque, aucune convention spéciale n'a eu lieu entre les deux Etats, à l'exception des conventions relatives à la navigation du Rhin. Au reste Bade se trouve naturellement compris dans les stipulations de l'Autriche représentant l'empire germanique. — Il y a une première convention relative à la navigation du Rhin, conclue le 28 avr. 1751, entre la France et l'électeur palatin, à laquelle accéda l'électeur de Mayence, le 29 mai 1751; une convention relative au même objet, du 15 août 1804; des annexes au traité de Vienne, 9 juin 1815, du même du 20 août 1820, et enfin une dernière convention qui résume toutes les autres, signée à Mayence, le 31 mars 1831, et suivie de nombreux articles additionnels. — Mais ce dernier règlement dont nous donnerons le texte v° Voirie par eau, est trop détaillé pour être susceptible d'analyse. Nous nous contentons d'exposer les principes, tels qu'ils sont contenus dans l'acte annexe du traité de Vienne, sur la navigation des fleuves. Selon ce règlement général, la navigation d'un fleuve qui sépare ou traverse plusieurs Etats, est libre depuis le point où le fleuve devient navigable, jusqu'à son embouchure, et ne peut être sous le rapport du commerce interdite à personne, sauf les règlements de police. Le même système de

perception et de police doit, autant que possible, être appliqué dans toute l'étendue du fleuve, et même sur ceux de ses embranchements ou confluents qui séparent ou traversent divers Etats. Les droits sur la navigation doivent être fixés d'une manière uniforme et invariable, et surtout dans le but de favoriser et d'encourager le commerce : ces droits une fois fixés ne peuvent être augmentés que du commun accord des puissances riveraines. L'entretien des chemins de halage appartient aux Etats riverains, ainsi que les travaux nécessaires dans le lit de la rivière, mais seulement pour chaque Etat, dans l'étendue de son territoire. Enfin les droits de douane sont expressément séparés des droits de navigation ; la douane ne doit gêner en rien la liberté de la navigation, tout en exerçant cependant une surveillance active pour empêcher toute contrebande. Tels sont les principes généraux qui ont été spécialement appliqués à la navigation du Rhin par la convention signée à Mayence en 1831, entre la France, Bade, la Bavière, Hesse-Darmstadt, la Hollande, Nassau et la Prusse.—Voici les autres conventions conclues avec Bade : — Convention du 25 fév. 1857 relative aux digues du Rhin (décr. 18 avr. 1857). — Convention du 2 juill. 1857 pour la construction de ponts sur le Rhin (décr. 24 juill. 1857).—Convention du 16 nov. 1857 pour l'établissement d'un pont fixe sur le Rhin (décr. 19 juin 1858).

18. *Bavière.* — Il n'y a pas de convention spéciale entre la France et la Bavière. Elle se trouve comprise dans les grands traités généraux conclus entre la France et l'Empire.

19. *Belgique.* — Comprise dans les traités généraux avec les Pays-Bas espagnols ou autrichiens, 25 oct. 1675, 15 mars 1703. — Depuis 1814, comprise dans les traités avec les Pays-Bas. — Depuis 1830, la Belgique étant devenue Etat indépendant, il a été conclu avec elle les conventions suivantes : — Convention du 27 août 1839 pour l'ouverture, sur le territoire belge, du canal dit de l'Espierre (ord. 17 oct. 1839).—Convention de commerce du 16 juill. 1842 (ord. 13 août 1842).—Convention de commerce du 13 déc. 1845 (ord. 5 août 1846). — Traité de navigation et de commerce du 17 nov. 1849 (L. 31 janv. 1850; décr. d'exécut. 25 fév. 1850; 1er mars 1850).—Convention commerciale du 22 août 1852 (décr. 13 avr. 1854); article additionnel à cette convention (décr. 13 avr. 1854). — Traité de commerce du 27 fév. 1854 (décr. 13 avr. 1854). — Convention spéciale du 27 fév. 1859 à l'effet de proroger le traité précédent (décr. 10 mai 1859).—Déclaration du 27 août 1859 relative aux yachts ou bâtiments de plaisance (décr. 14 sept. 1859). — Déclaration du 29 mai 1860 sur les vins et eaux-de-vie d'origine française (décr. 18 juill. 1860).

20. *Bolivie.* — Traité d'amitié, de commerce et de navigation du 9 déc. 1834 (ord. 26 juill. 1837).

21. *Brésil.* — Traité d'amitié, de commerce et de navigation conclu à Rio-Janeiro, le 8 janv. 1826, et promulgué par ord. du 4 oct. 1826. Ce traité contient des clauses perpétuelles et des clauses restreintes à six années. Celles-ci sont le payement des droits de navigation, l'importation de France au Brésil et de Brésil en France, la préemption, le droit des consuls de faire des représentations sur l'évaluation des articles compris au tarif, le transport pour la réexportation et le transbordement. Il n'y a pas eu prorogation de ces clauses, mais elles ont continué d'être exécutées.

Les clauses perpétuelles sont l'établissement des consuls, la liberté de conscience, la résidence libre des étrangers dans les deux pays, sans vexations, même en cas de guerre réciproque ; l'interdiction du territoire à certains criminels, le non-emploi des déserteurs militaires, l'extradition des matelots déserteurs ; la liberté réciproque du commerce dans les ports des deux pays, à la réserve du commerce côtier ; la déclaration que la nationalité se reconnaîtra à la composition de l'équipage, la permission de commercer avec les Etats qui seraient en guerre avec l'une des parties contractantes, sous la condition de respecter les blocus légalement dénoncés, de ne pas faire la contrebande de guerre, de ne pas donner asile aux pirates ; l'exemption des droits sur les produits sauvés des naufrages.

Dans les conventions temporaires, il est dit que les droits sont égaux à ceux de la nation la plus favorisée. Dans les stipulations perpétuelles, on remarque que les négociants des deux puissances pourront gérer leurs affaires par eux, par leurs agents ou commis, sans l'entremise des courtiers. Une ord. du 4 oct. 1826, pour l'exécution de ce traité, dit que les navires brésiliens « ne supporteront les taxes de pilotage, de quarantaine et de bassin que d'après le taux établi pour les navires français. » Il n'est rien dit des droits de courtage, des droits de tonnage et demi-tonnage, expéditions, acquits, etc.—Convention consulaire 10 déc. 1860 (décr. 17 mars 1861).

22. *Chili.*— Traité d'amitié, de commerce et de navigation du 15 sept. 1846 et articles additionnels des 7 oct. 1849 et 30 juin 1852 (L. 15 mars 1850; décr. 8 août 1853).

23. *Chine.* — Traité d'amitié, de commerce et de navigation du 24 sept. 1844 (ord. 22 nov. 1845); traité des 27 juin 1858 et 25 oct. 1861 (décr. 12 janv. 1861).

24. *Confédération argentine.* — Traité du 10 juill. 1853, pour la libre navigation des rivières Parana et Uruguay (décr. 30 nov. 1854).

25. *Costa-Rica.* — Convention (signée le 12 mars 1848) d'accession au traité d'amitié, de commerce et de navigation conclu le 8 du même mois entre la France et la république de Guatémala (L. 10 mai 1849; décr. 22 mars 1850).

26. *Danemark.* — On rencontre un premier traité signé à Cologne le 27 mai 1456, entre Charles VII, roi de France, et Christiern Ier, roi de Danemark, où il est stipulé une entière liberté de commerce entre les sujets respectifs des deux Etats. Nouveau traité conclu à Fontainebleau le 29 nov. 1541, entre François Ier et Christian III; traité de Copenhague, 25 nov. 1645, entre Louis XIV et Christian IV. Ces divers traités furent fondus et développés dans les traités du 14 fév. 1663 et du 23 août 1742, ce dernier renouvelé par la convention du 30 sept. 1749, et renouvelé encore une fois par le traité de Copenhague, 10 juill. 1813.—Depuis, convention du 9 fév. 1842, provisoire et additionnelle au traité du 23 août 1742, de commerce et de navigation (ord. 5 avr. 1842).—Traité du 14 mars 1857 relatif aux droits de passage du Sund et des Belts (décr. 30 mai 1857). — Convention spéciale du 28 sept. 1857 sur le même sujet (décr. 4 nov. 1857).

27. *Deux-Siciles.* — Comprises, jusqu'avant la révolution, dans les traités généraux conclus avec l'Espagne, la Savoie et l'Autriche. Depuis que les Deux-Siciles forment un Etat indépendant, il a été conclu avec elles un traité de commerce et de navigation, le 28 fév. 1817, d'après lequel la France jouit dans les Deux-Siciles du traitement de la nation la plus favorisée. La France a donc droit, en vertu de ce traité, aux avantages accordés depuis par le royaume des Deux-Siciles à l'Espagne et à la Grande-Bretagne (ord. 1er juin 1818).—Ce traité a été remplacé par celui du 14 juin 1845 qui abroge celui de 1817 (ord. 11 août 1845).—Convention additionnelle du 12 mai 1847 (décr. 21 fév. 1852).

28. *Equateur* (république de l'). —Traité d'amitié, de commerce et de navigation du 6 juin 1843 (ord. 28 mars 1845).

29. *Espagne.*— Les rapports commerciaux et maritimes de la France et de l'Espagne ont dû commencer de très-bonne heure, vu les situations limitrophes des deux pays. L'une des premières conventions que l'on puisse citer est celle de 1326, conclue entre François Ier et Charles-Quint. Ce traité fut confirmé et étendu par celui de Cateau-Cambrésis, 3 avr. 1559, entre Henri II et Philippe II; celui de Vervins, le 2 mai 1598; celui du 12 oct. 1604; par le traité des Pyrénées, 7 nov. 1559; la convention du 19 oct. 1685, pour la liberté de la navigation; le traité de Ryswick, 20 sept. 1697, d'Utrecht, 1713, de Séville, 9 nov. 1729. Tous ces traités, qui prouvent à quel point les relations commerciales de la France et de l'Espagne ont été actives, et quel est le lien naturel entre ces deux pays, se sont fondus et résumés dans le pacte fondamental qui est encore aujourd'hui la base de nos rapports avec l'Espagne, le pacte de famille, 15 août 1761. — L'objet de ce traité était d'établir entre les deux pays une amitié plus étroite que celle qui subsiste ordinairement entre alliés, et de ne faire de l'Espagne et de la France qu'une seule famille, par l'égalité complète et la réciprocité absolue de tous les droits et de tous les priviléges des Espagnols en France et des Français en Espagne. En effet, aucun traité de commerce ne contient des stipulations aussi larges que celles contenues dans l'art. 24 du pacte de famille : « Les sujets

des hautes parties contractantes seront traités relativement au commerce et aux impositions dans chacun des deux royaumes en Europe, comme les propres sujets du pays où ils aborront ou résideront, de sorte que le pavillon espagnol jouira en France des mêmes droits et prérogatives que le pavillon français, et pareillement, le pavillon français sera traité en Espagne avec la même faveur que le pavillon espagnol Les sujets des deux monarchies, en déclarant leurs marchandises, payeront les mêmes droits que ceux qui seront payés par les nationaux : l'importation et l'exportation leur sera également libre, comme sujets naturels; et il n'y aura de droits à payer de part et d'autre que ceux qui seront perçus sur les propres sujets du souverain, ni de matières sujettes à confiscation, que celles qui seront prohibées aux nationaux eux-mêmes. » — L'article suivant stipule en outre que lorsqu'il sera promis à un autre pays le traitement de la nation la plus favorisée, on exceptera le traitement des Espagnols en France et des Français en Espagne, les deux parties contractantes ne voulant faire participer aucune autre nation aux priviléges qu'elles jugent convenable de faire jouir réciproquement leurs sujets respectifs.

Dans une convention ultérieure du 2 janv. 1768, destinée à interpréter l'art. 24 du pacte de famille que nous venons de citer, il est dit que l'esprit de ce pacte a été de *ne faire des Français et des Espagnols qu'un seul et même peuple*; que l'intention de ce pacte ayant été d'améliorer la situation respective du commerce dans les deux Etats, en mettant les deux peuples sur le pied de la plus parfaite réciprocité, il ne se pouvait pas qu'il y eût quelques priviléges ou prérogatives attribués aux autres nations, et qui ne le fût pas à la France en Espagne et à l'Espagne en France. On stipula que tous les priviléges accordés par l'un des deux pays à ses propres sujets, diminutions de droits sur l'entrée, la sortie, l'ouvrage, le tonnelage, le lestage, le seraient par le fait même accordés aux sujets de l'autre pays; qu'il n'y aurait point obligation de ne se servir que de bâtiments nationaux pour l'exportation et le commerce de certaines denrées, par exemple les graines; que les pêches sur les côtes de France et d'Espagne seraient communes, à la condition de se conformer aux lois et règlements du pays (art. 2). — Pour la visite des bâtiments par la douane, on s'en réfère à l'art. 20 du traité d'Utrecht, conformément aux règles suivies avec la Grande-Bretagne. Cet article établit qu'il n'y aura pas de visites ni de recherches à bord des bâtiments qui entreront dans les domaines ou ports respectifs, mais que seulement trois officiers de la douane assisteront au débarquement des marchandises pour faire payer les droits dus. Quant au détail de la visite des marchandises, on renouvelle l'art. 11 du traité d'Utrecht. Les capitaines sont obligés de faire deux déclarations ou inventaires des marchandises qu'ils veulent débarquer, l'une au commissaire de la douane, l'autre au juge de la contrebande; ils ne doivent pas ouvrir les écoutilles avant d'en avoir reçu la permission du receveur, et les marchandises ne peuvent être ouvertes par les officiers de la douane qu'à la douane, et en présence du propriétaire : l'ouverture des ballots n'a lieu qu'en cas de soupçon. Une fois les marchandises marquées du sceau et du plomb de la douane, aucun juge ou officier ne pourra les ouvrir de nouveau, et les transporter chez lui ou les échanger de maison en maison (art. 4 et 5). Il est interdit de forcer les capitaines à débarquer leurs marchandises contre leur volonté, si ce n'est cependant le chargement de blé en cas de nécessité publique, et sauf indemnité (art. 7). Défense expresse d'ouvrir et de visiter les ballots destinés à un autre port ou à un autre pays et d'exiger aucun droit à ce sujet (art. 9). Confiscation de marchandises de contrebande, sans que l'équipage soit inquiété pour ce, et les autres marchandises comprises dans la confiscation (art. 12). En cas d'accidents maritimes, permission de relâche pour les vaisseaux avariés et de transbordage des marchandises, sans autres frais que ceux des loyers nécessaires pour réparer les avaries (art. 13). En cas de naufrage, les consuls seront seuls chargés du sauvetage, sans autres droits des officiers de marine et de terre, que de porter les secours demandés; et en cas d'incidents contentieux en matière de naufrage, recours aux ministres de la marine en Espagne, et en France, aux juges de l'amirauté (art. 14). Exemption réciproque de tous droits sur les vivres, effets, pour la marine espagnole dans les ports de France, et réciproquement pour la marine française dans les ports d'Espagne (art. 18). Extradition réciproque des matelots déserteurs (art. 19).

Cette convention ne parut pas assez précise et assez complète : il y en eut une nouvelle en 1786, qui est la dernière intervenue entre la France et l'Espagne. Cette convention déclare confiscable toute marchandise de contrebande non déclarée dans les huit jours, sans que le bâtiment ni l'équipage soit arrêté et puni en aucune façon; mais les coupables seront mis à la disposition des consuls ou vice-consuls pour être jugés et punis selon les ordres de leurs cours (art. 2). Obligation pour les navires français chargés d'or et d'argent espagnols de prouver par certificats, soit que cet or et cet argent viennent d'un port français ou d'un autre pays, soit que l'extraction en a été faite légitimement dans un port d'Espagne. En cas de falsification de papiers, confiscation de la monnaie, sauf remise de l'équipage au consul français, comme dans le cas précédent (art. 3, 4 et 5). Confiscation de la marchandise et jugement de l'équipage, selon la loi de chaque pays, dans le cas où un bâtiment serait saisi jetant l'ancre près des côtes et embouchures de rivières, dans les cales, anses et baies autres que les ports destinés et appropriés au commerce (art. 6). En cas de déclaration de marchandises prohibées ou de transit, obligation de les manifester au départ dans le même état où elles étaient avant la visite, ou même de les emmagasiner, sauf à être rendues sans frais ni droits; même obligation pour le tabac en sus de celui nécessaire à la consommation de l'équipage (art. 7 et 9). En cas de relâche forcée, déclaration du chargement, visite de trois officiers de la douane, qui se borneront à veiller à ce que le capitaine ne vende que les marchandises nécessaires pour payer les vivres, toujours en acquittant les droits (art. 10). Les sujets respectifs des deux pays ne seront pas inquiétés à leur passage aux frontières pour leurs effets et espèces quelconques (art. 14). Extradition réciproque des contrebandiers; dans l'intervalle de quatre lieues, les contrebandiers venus des pays voisins seront rendus pour être jugés selon les lois de leurs pays, à l'exception des vols, homicides, etc. ; secours réciproques des deux États pour empêcher la contrebande (art. 15-20).

Depuis cette époque, aucune convention nouvelle n'a eu lieu entre les deux États relativement au commerce. L'art. 15 du traité du 10 août 1795, conclu à Saint-Ildephonse, et l'art. 2 des articles additionnels du traité de Paris, 20 juill. 1814, promettent la conclusion prochaine d'un traité de commerce qui n'a pas eu lieu. Il y eut seulement en 1822 une convention sur la liquidation des créances espagnoles, analogue à celle dont nous avons donné l'analyse à l'article Angleterre.

30. *États-Unis.* — Nos premières relations commerciales avec les États-Unis datent de l'époque de l'indépendance. En 1778, un premier traité d'amitié et de commerce fut signé entre les deux États. En 1798, le président des États-Unis, John Adams, s'étant plaint des infractions nombreuses qu'il prétendait avoir été faites par la France à ce traité, et du refus de réparation qui avait été opposé, déclara que cette convention avait cessé d'être obligatoire pour les États-Unis. Une nouvelle convention fut signée le 8 vend. an 9 (30 sept. 1800) entre le premier consul et le président de la république américaine (V. L. 15 frim. an 10). Cette convention n'ayant pas été abrogée toujours, mais seulement modifiée et augmentée par celle du 24 juin 1822 (V. ord. 3 juin 1823), subsiste encore, au moins dans ses principes généraux : liberté du commerce entre les deux États, traitement réciproque sur le pied de la nation la plus favorisée, abolition de droits d'aubaine et liberté pour les citoyens des deux États de disposer respectivement de leurs biens, comme ils le voudront, sauf les lois qui pourraient être faites contre l'émigration; délai de six mois et passe-ports pour les citoyens des deux États, en cas de déclaration de guerre; défense de confisquer ou de séquestrer les dettes dues par les individus d'une nation à ceux de l'autre, de même que les actions ou fonds engagés dans les fonds publics ou dans les banques. Il est en outre longuement stipulé sur les règles du commerce en temps de guerre et sur les droits de chaque nation comme peuple neutre.

La convention du 24 juin 1822, conclue à Washington, contient des dispositions plus précises et plus détaillées, qui sont

encore aujourd'hui en vigueur. Elle fixe le droit additionnel que devront payer les produits naturels ou manufacturés importés en France sur les bâtiments des États-Unis à 20 fr. par tonneau, en sus de ce que payent les mêmes produits importés sur navires français; le droit correspondant payé par les navires français aux États-Unis est de 3 dollars 75 cents. Ce droit différentiel n'a lieu que lorsque les produits sont importés pour la consommation, mais non pour le transit et la réexportation. Quant aux droits de tonnage, de phare, de pilotage, droits de ports, courtage, et tous droits enfin autres que ceux mentionnés ci-dessus, ils ne sont que de 5 fr. par tonneau en sus de ceux respectivement payés par la navigation nationale dans les deux pays. Enfin cette convention stipule l'extradition réciproque des matelots déserteurs (V. n° 268). — Il faut mentionner encore la convention du 4 juill. 1831 qui mit fin aux réclamations respectives des deux États pour saisies, captures, séquestres, etc. par un engagement de la France de payer aux États-Unis une somme de 25 millions à répartir entre les ayants droits, et l'engagement des États-Unis de payer une somme de 1,500,000 fr. à répartir de la même manière. Il en sera question plus loin n° 120. L'art. 7 de la même convention permet l'entrée des vins de France dans les États-Unis, moyennant un tarif modéré; il est fait un avantage correspondant aux cotons étrangers des États-Unis.

31. *Guatémala* (république de). — Traités d'amitié, de commerce et de navigation du 8 mars 1848 (L. 10 mai 1849; décr. 17 juill. 1850).

32. *Hanovre.* — Déclaration du 10 avr. 1856, relative aux navires entrant dans les ports de France ou de Hanovre (décr. 22 avr. 1856).

33. *Honduras* (république de). — Traité d'amitié, de commerce et de navigation du 22 fév. 1856 (décr. 17 oct. 1857).

34. *Japon.* — Traité de paix, d'amitié et de commerce du 9 oct. 1858 (décr. 21 mars 1860).

35. *Libéria* (république de). — Traité de commerce et de navigation des 17 et 20 avr. 1852 (décr. 18 oct. 1856).

36. *Maroc.* — Plusieurs traités furent conclus entre l'empereur de Maroc et le roi Louis XIII, l'un du 3 sept. 1630, un autre du 17 sept. 1631, un troisième du 24 sept. 1631, un enfin du 7 sept. 1635. Mais le plus important est celui du 29 janv. 1682, renouvelé et étendu par celui du 28 mai 1767, lequel a été lui-même expressément renouvelé par les articles additionnels du 17 mai 1824, du 28 et du 31 mai 1825, est encore aujourd'hui la base de nos relations commerciales avec le Maroc.

Les principales dispositions de ce traité sont les suivantes : 1° Liberté de trafic, de voyage et de navigation pour les sujets des deux États dans les territoires respectifs des parties contractantes; — 2° Exemption pour tout bâtiment de chacun des deux États rencontré en mer par un bâtiment de l'autre État, de toute autre obligation que de présenter les passe-ports ou certificats exigés par le traité; — 3° Liberté pour tout navire de l'un des deux États d'entrer dans un des ports de l'autre et de s'y approvisionner moyennant le prix courant; — 4° Liberté d'entrer et de sortir pour les navires respectifs des deux nations, sans payer de droits pour les marchandises invendues; la nation française sur le pied de la nation la plus favorisée; — 5° Protection pour un navire français poursuivi par un navire ennemi, soit d'Alger, de Tunis et de Tripoli; liberté pour tout prisonnier français amené sur navire ennemi dans les ports du Maroc, et réciproquement; protection des passagers emmenés sous le pavillon réciproque des deux empires; — 6° Liberté d'établir le nombre de consuls que l'on voudra pour assister les négociants et juger leurs différends, et liberté pour les consuls et leur suite de pratiquer la religion chrétienne dans leurs maisons; liberté égale et réciproque accordée en France aux sujets de l'empereur de Maroc; — 7° En cas de différends entre un Maure et un Français, l'empereur, ou celui qui le représente, le jugera seul, sans que le juge ordinaire puisse en prendre connaissance; en cas de mauvais traitements d'un Maure par un Français, celui-ci ne sera jugé qu'en présence du consul, qui prendra sa défense sans être responsable de sa faute. Le consul n'est pas non plus responsable d'une dette d'un Français envers un Maure, à moins qu'il ne l'ait cautionnée par écrit. — 8° En cas de décès, le consul prend la disposition des biens et effets du Français et prend les mesures qu'il juge convenables sans intervention du gouvernement. — 9° En cas de naufrage, devoir d'assistance des indigènes sans autres droits que le salaire dû pour les travaux de sauvetage ; — 10° Droit d'asile pour les esclaves qui réussiront à se réfugier dans un navire français, avec obligation toutefois pour le consul d'avertir le gouvernement de l'arrivée d'un navire, pour prendre les mesures en conséquence.

37. *Mascate* (Etats de). — Traité d'amitié et de commerce du 17 nov. 1844 (ord. 22 juill. 1846).

38. *Mecklembourg-Schwérin.* — Compris dans les traités généraux conclus avec l'empereur d'Allemagne au nom de l'empire germanique en 1648, 1679, 1697, 1714, 1738 et 1748 et dans les traités de 1814 et 1815. Convention spéciale conclue à Hambourg, le 18 sept. 1779. — Convention de commerce et de navigation du 19 juill. 1836 (ord. 19 sept. 1836).—Déclaration du 20 juill. 1859 relative aux yachts ou bâtiments de plaisance (décr. 24 déc. 1859).

39. *Mexique.* — Pendant longtemps les relations commerciales de la France et du Mexique ont été réglées par une simple déclaration échangée à Paris, le 8 mai 1827, entre les ministres des deux gouvernements, qui exposait les principes d'après lesquels un traité de commerce serait ultérieurement rédigé. En 1830 on sentit la nécessité de ce nouveau traité, qui fut en effet rédigé et signé à Paris le 31 mars 1831, mais ne fut pas ratifié par le gouvernement mexicain. — En 1839, des différends s'étaient élevés entre la France et le Mexique relativement à des indemnités réclamées par des négociants français pour dommages que leur avait fait éprouver le gouvernement mexicain. Des hostilités s'en étaient suivies; mais bientôt un traité de paix rétablit la bonne harmonie entre les deux pays, et, en attendant un traité spécial entre les deux pays sur le commerce et la navigation, il fut convenu que les citoyens de chacun des deux pays jouiraient dans l'autre des franchises, privilèges et immunités quelconques accordés par les traités ou par l'usage à la nation étrangère la plus favorisée (traité du 9 mars 1859, publié le 14 août même année).

40. *Monaco* (principauté de). — Arrangement commercial du 27 avr. 1844 (ord. d'exécution du 8 mai 1846). — Déclarations du 8 nov. 1854, relative à des réductions mutuelles de taxe (décr. 3 déc. 1854).

41. *Nassau-Usingen.* — Traités généraux de 1668, 1679, 1697, 1714, 1738, 1748, 1814, 1815 et 1818. Convention spéciale sur l'abolition des droits d'aubaine du 7 mai 1777.

42. *Nicaragua* (république de). — Traité d'amitié, de commerce et de navigation du 11 avr. 1859 (décr. 21 janv. 1860).

43. *Nouvelle-Grenade.* — Traité d'amitié, de commerce et de navigation du 14 nov. 1832 (ord. 5 juin 1834). — Convention provisoire de commerce et de navigation du 18 avr. 1840 (ord. 3 sept. 1841). — Traité d'amitié, de commerce et de navigation du 28 oct. 1844 (ord. 1er oct. 1846), ...du 15 mai 1856 (décr. 14 sept. 1857).

44. *Paraguay.* — Traité d'amitié, de commerce et de navigation du 4 mars 1853 (décr. 2 fév. 1854).

45. *Parme, Plaisance et Guastalla.* — Traité de paix et de commerce du 5 nov. 1796.

46. *Pays-Bas.* — Il y a des dispositions relatives au commerce dans les traités du 28 janv. 1608, du 10 juin 1624, du 28 août 1627, du 17 juin 1630. Depuis cette époque, un grand nombre de conventions spéciales relatives au commerce et à la navigation ont été conclues entre les deux Etats, notamment le traité du 18 avr. 1646, du 27 avr. 1662, convention sur la liberté réciproque de pêcherie du 17 août 1675 ; le traité de Nimègue, 10 août 1678 ; le traité de Ryswick, 20 sept. 1697 ; le traité d'Utrecht, 11 avr. 1713 ; le traité de Versailles, 12 déc. 1739 ; le traité de Fontainebleau, 10 nov. 1785. — Enfin, traité de commerce et de navigation du 25 juill. 1840 (publicat. ord. 30 juin 1841; exécution L. 25 juin 1841, ord. 26 juin 1841).

47. *Perse.* — Le premier traité conclu entre la France et la Perse est de 1708; il fut conclu par le sieur Michel, envoyé extraordinaire de France en Perse, et renouvelé le 13 août 1715 à Versailles. Les relations des deux pays furent interrompues pendant toute la durée du dix-huitième siècle; mais au commencement de ce siècle, un nouveau traité d'amitié et de commerce

fut signé à Teheran, en janv. 1808. Les stipulations de ce traité ressemblent beaucoup à celles des traités avec la Porte Ottomane (V. n° 48) et avec le Maroc (V. n° 36). — L'art. 1 de ce traité garantit les chrétiens contre les habitudes de pillage fréquentes en Orient. Il défend de s'emparer de leurs effets, marchandises, chevaux, etc. (art. 1). Liberté de louer des maisons ou d'en bâtir, conformément à leur goût (art. 2). Egalité de prix de louage ou d'achat pour les provisions et les bêtes de somme avec les musulmans (art. 4). Point d'impositions sur les domestiques jusqu'à concurrence de vingt (art. 6). Tarif de douane, 3 p. 100 une fois payés, soit pour l'entrée, soit pour la sortie (art. 9). En cas de différends des Français entre eux, des Français avec les musulmans, de dettes d'un Français et d'un musulman, mêmes dispositions ou à peu près que celles qui se trouvent dans la convention avec la Porte Ottomane. En cas de convention passée entre un Français et un Persan, obligation d'un acte authentique conclu en présence du juge du pays et du consul français, acte dont une copie reste entre les mains du consul et une autre entre les mains du juge, afin de faire entrer en justice. Les témoins musulmans ne seront pas crus sur parole; ajournement du procès en cas d'absence du consul ou de l'interprète (art. 13). Liberté d'un esclave français qui tomberait entre les mains d'un Persan, s'il n'a pas changé de religion, moyennant le prix d'achat (art. 14). Droits et liberté des prêtres chrétiens (art. 15). Liberté des propriétés persanes sur navires ennemis; protection aux navires persans, même montés par des capitaines, pilotes ou matelots étrangers (art. 16). Liberté d'exportation pour les marchands français de toute espèce d'objets commerciaux, étoffes, comestibles, etc. (art. 21). — Un nouveau traité a été conclu le 12 juill. 1855 (décr. 14 fév. 1857).

48. *Porte Ottomane.*—Ce fut en 1535 que François Ier, par l'intermédiaire du sieur Jean de la Forest, signa à Constantinople, avec Sultan Soliman, les premières capitulations qui ont été conclues entre la France et la Porte Ottomane. En 1604, Henri IV et Ahmed Ier renouvelèrent ces capitulations, avec quelques additions. Louis XIV et Méhémed IV les renouvelèrent également en 1673, sans y rien ajouter; en 1740, Louis XV et Mahmoud Ier les renouvelèrent encore, en y ajoutant quarante nouveaux articles. En 1802, Napoléon obtint du sultan Selim III de nouveaux privilèges, sans rien abandonner des anciens. Enfin, une dernière convention a eu lieu le 25 nov. 1838, qui forme un appendice aux anciennes capitulations, et la confirme tout en modifiant quelques articles. On peut dire qu'il n'y a pas de pays avec lequel nous ayons des relations plus anciennes, plus régulières et plus constantes. Chacun des traités s'ajoute aux précédents sans les détruire, et il est nécessaire de remonter jusqu'au premier traité pour savoir quelles sont encore aujourd'hui les règles de notre commerce avec la Porte.

Le traité de 1535 reconnaissait aux sujets respectifs des deux parties contractantes, la liberté d'aller et de venir, de voyager, de naviguer, de commercer dans les Etats respectifs, sans payer d'autres droits que ceux dus par les nationaux (art. 1 et 2). Les consuls étaient seuls juges, au civil et au criminel, des différends élevés entre Français seulement (art. 3). Liberté de religion (art. 6). Le consul non responsable des dettes de ses nationaux (art. 7). Liberté de tester, et en cas de mort *ab intestat*, transmission des biens à l'héritier par l'intermédiaire du consul (art. 9). Défense de faire prisonniers ou esclaves les sujets de l'une ou l'autre puissance (art. 11). Salut réciproque des vaisseaux, en cas de rencontre, sans obligation de visite (art. 12 et 13). En cas de naufrage, restitution des effets au propriétaire, ou, à son défaut, au consul (art. 15). Après dix ans de séjour dans le pays, exemption pour tous les sujets de l'autre pays de tout droit de corvée ou d'angarie, etc. (art. 17).

La convention de 1604 contient quelques stipulations nouvelles. Elle met sous la protection de la bannière de France, non-seulement les Français, mais les Vénitiens, les Anglais, les Espagnols, Portugais, Catalans, Ragusais, Génois, Ancositains, Florentins (art. 4). Elle permet aux marchands français et aux étrangers qui porteront la bannière française, d'importer les cuirs, curdouans, cires, cotons, etc., quoique marchandises prohibées (art. 7). Défense de prendre les monnaies françaises pour les convertir en monnaies ottomanes, et de prétendre à aucun droit sur ces monnaies (art. 8). Liberté promise aux Français pris sur navires ennemis (art. 9). Défense de faire prisonniers les Français qui chargeront du blé prohibé, mais confiscation du blé (art. 12). Marchandises ennemies libres sur navires français (*id.*). Liberté de ne payer de droits que pour les marchandises débarquées (*id.*). Quant aux corsaires, défense de piller les vaisseaux français et de faire les personnes esclaves; les vice-rois et gouverneurs des pays dont seraient les voleurs, responsables des pertes (art. 14). Liberté de la pêche du poisson et du corail sur les côtes de Barbarie (art. 15). Inviolabilité du consul français (art. 19). Préséance de l'ambassadeur de France sur celui d'Espagne et des autres nations (art. 20), et des consuls français sur les autres consuls (art. 22). Secours en cas de naufrage (art. 23). Actes authentiques, seules preuves admises contre les consuls et interprètes français (art. 29). Exemption pour les bâtiments français de toute visite, excepté à Constantinople et à la sortie des Dardanelles.

La convention de 1740 contient un certain nombre de dispositions nouvelles. Quelques-unes stipulent la liberté de conscience (art. 32-36). L'art. 37 réduit le droit de 5 p. 100 à 3 p. 100, payables en monnaie courante, sans égard à la plus ou moins-value; les procès excédant 1,000 piastres du ressort exclusif du divan impérial (art. 41); privilèges accordés aux ambassadeurs et aux consuls (art. 44-53); abolitions du droit de mézeterie (art. 55); liberté d'entrée et de sortie à 3 p. 100 pour toutes les marchandises importées de France en Turquie, ou exportées de Turquie en France, à l'exception des marchandises prohibées (art. 56); liberté pour les marchands français de transporter des marchandises de Turquie dans les autres pays, ou d'en rapporter, mais en payant les mêmes droits de douane que les autres nations franques (art. 59); exportation des fruits secs, mais seulement sur deux ou trois bâtiments français et une fois l'an; même liberté pour l'achat et l'exportation du sel (art. 62); en cas de meurtre d'un sujet ottoman par un Français, intervention et présence de l'ambassadeur et des consuls dans le jugement (art. 65); exemption du tribut nommé kharatele (art. 67); il ne peut y avoir révision d'un procès après chose jugée, sans en référer à l'ambassadeur de France (art. 71); en cas de procès, défaut de justice, de commissaires du cassi-gnations fixés à 2 p. 100 (art. 72); exemption de tous droits de donations pour l'achat et le transport des provisions de bouche des navires qui aborderont aux ports ottomans (art. 73), et pour l'achat des objets nécessaires au radoubage du vaisseau (art. 74).

La nouvelle convention, signée le 25 nov. 1838 (V. ord. 3 juin 1859), sous le titre d'appendice aux capitulations garanties à la France par la Porte Ottomane, commence par confirmer et renouveler tous les droits, privilèges immunités conférés par les anciennes conventions, sauf les modifications de la convention présente, et stipule que toute faveur qui serait accordée à l'avenir à une nation quelconque deviendrait immédiatement commune aux Français. Liberté pour les Français d'acheter des produits et des marchandises turques pour le commerce intérieur et pour l'exportation; abolition de tous les monopoles et tous les permis (teskerès) qui gênaient cette liberté, avec promesse de punir les fonctionnaires qui y feraient obstacle et d'indemniser les Français qui en souffriraient; dans les droits pour l'achat à l'intérieur, les Français sont mis sur le pied des musulmans; dans l'achat pour l'exportation, tous droits sont réduits à 9 p. 100 pour le transport libre au lieu d'embarquement, et à 3 p. 100 pour la sortie, ce dernier droit n'étant payé que pour les marchandises achetées au lieu d'embarquement. Voilà pour l'exportation. Voyons ce que fait le traité pour l'importation. Tout produit du sol ou de l'industrie de la France et de ses dépendances (ce qui comprend les colonies), et toutes marchandises apportées sur navires français ou appartenant à des Français, sont admis au droit de 3 p. 100; leur vente donne lieu à un droit de 2 p. 100 pour tous droits de transport, commerce intérieur ou même de réexportation. Les marchandises non vennues, et transportées par mer dans un autre port passent en frannhise, le droit d'entrée étant une fois perçu et le droit de 2 p. 100 de se percevant qu'au moment de la vente. Le droit de 2 p. 100 c'est pas exigé de marchandises appartenant à des Français, quelle que soit leur origine, qui ne sont importées en Turquie

que pour être vendues ailleurs, non plus que pour celles qui, sur navires français, passent par les détroits des Dardanelles, du Bosphore ou de la mer Noire. Les firmans nécessaires aux passages de détroits doivent toujours être délivrés de manière à n'occasionner aucun retard. Les droits étant perçus proportionnellement à la valeur, la valeur des objets importés et exportés doit, suivant l'ancien usage entre la France et la Turquie, résulter d'un tarif dressé tous les trente-quatre ans, et fixant en monnaie du Grand Seigneur la somme d'argent qui devra être payée sur chaque article pour le droit de 3 p. 100. Ce tarif doit aussi déterminer les ports d'importation et d'exportation. Le traité est étendu à toutes les provinces de l'empire ottoman en Asie, Egypte et autres parties de l'Afrique (Beaussant, Code maritime, t. 2, n° 1074).

49. *Portugal.* — La France a été longtemps sans conclure de convention spéciale de commerce avec le Portugal. Les dispositions qui réglaient le commerce entre les deux Etats étaient éparses dans les traités politiques conclus entre les deux cours. Le traité de paix de Madrid, du 29 sept. 1801 (L. 19 frim. an 10), stipulait (art. 5) qu'un traité de commerce et de navigation serait incessamment négocié. Non-seulement il ne fut pas donné d'exécution à cette stipulation, mais encore un article secret additionnel au traité de 1814 annula expressément ce traité et tous les traités antérieurs. Il résulta de là une absence complète de règles en matière de commerce entre les deux Etats. Aussi les deux gouvernements y suppléèrent par un échange de déclarations provisoires des 22 et 29 juill. 1814 qui établirent les franchises et exemptions de droits des ambassadeurs, des consuls et des vice-consuls sur le pied de la plus parfaite réciprocité, et promirent également la plus parfaite réciprocité sur les droits de port à payer par les bâtiments marchands. Il est, du reste, utile de rappeler que par un décret du 22 mars 1834, le gouvernement portugais a érigé Lisbonne en port franc, et que par un autre décret du 18 avril de la même année, il a réduit au taux commun de 15 p. 100 les droits sur les denrées et marchandises de consommation, soit qu'elles soient importées par navires portugais venant des pays qui les produisent ou par les navires de ces mêmes pays. — Enfin, un traité de commerce et de navigation a été conclu avec le Portugal le 9 mars 1853 (V. décr. 27 déc. 1853; décr. d'exécut. 6 avr. 1854).

50. *République dominicaine.* —Traité d'amitié, de commerce et de navigation du 8 mai 1852 (décr. 26 nov. 1852; 17 mai 1853).

51. *Russie.* — Traité du 16 sept. 1846 (V. ordonnance du 17 nov. 1846). Ce traité stipule : la liberté réciproque de navigation et de commerce entre la France et la Russie dans toutes les parties de leurs domaines respectifs où la navigation et le commerce sont ou seront permis à d'autres nations. Les bâtiments français venant de France et les bâtiments russes venant de Russie avec chargement jouiront du traitement national pour les droits de tonnage, pilotage, port, fanal, quarantaines et autres charges pesant sur la coque du navire. Les bâtiments venant sur lest, soit de France, soit de Russie, jouiront du traitement national, relativement aux mêmes droits. Toutes marchandises et objets de commerce qui pourront être légalement importés, déposés et emmagasinés, pourront, sur certificat d'origine, ne payer aucun droit de plus que les mêmes marchandises portées sur des bâtiments russes : mêmes conditions pour les marchandises russes en France. Toutes marchandises et objets de commerce pouvant être légalement exportés ou réexportés des ports de France, ne payeront pas de droits plus forts sur bâtiments russes que sur bâtiments français : conditions réciproques pour les exportations de Russie sur bâtiments français. Les droits d'importation ou les prohibitions ne seront réciproquement pour les deux pays que ce qu'ils sont pour toute autre nation. Il est entendu que les articles précédents ne sont pas applicables à la navigation de côte ou cabotage non plus qu'à la navigation *des* colonies ou possessions extérieures. Aucune priorité ni préférence ne sera accordée directement ou indirectement par l'une ou par l'autre des parties contractantes, ni par aucune compagnie, corporation ou agent agissant en son nom, pour l'achat d'aucun objet de commerce légalement importé, par considération ou préférence pour la nationalité du bâtiment qui aurait effectué le transport desdits objets. Toute faveur accordée **par la suite à**

d'autres nations deviendrait par le fait commune à l'autre partie contractante. Les bâtiments abordant à quelque côte, mais sans l'intention d'entrer au port, ou y entrant sans l'intention de décharger, jouiront du traitement de la nation la plus favorisée. Relativement aux naufrages, il est stipulé que les mêmes secours ou protection seront accordés aux sujets de l'autre partie contractante qu'aux nationaux. Le droit de diriger les opérations de sauvetage est décerné aux consuls. Les marchandises sauvetées ne seront tenues à aucun droit ni frais de douanes, à moins d'être admises à la consommation intérieure. Les dépenses et la taxe du sauvetage ne seront pas plus élevées que pour les nationaux. La relâche forcée est affranchie de tous droits. Le même traité établit le droit réciproque d'établir dans les villes commerçantes des consuls jouissant des privilèges, pouvoirs et exemptions dont jouissent ceux des nations les plus favorisés. Enfin des articles séparés exceptent du droit de réciprocité, de la part de la France : 1° les primes établies en faveur de la pêche maritime nationale; 2° les privilèges accordés aux yachts de plaisance anglais; 3° les immunités accordées aux pêcheurs espagnols par la loi du 12 déc. 1790;—Et de la part de la Russie : 1° les franchises accordées aux vaisseaux construits en Russie et appartenant à des Russes pendant les trois premières années ; 2° les exemptions de même nature accordées aux bâtiments turcs dans les ports russes de la mer Noire, de la mer d'Azof et du Danube; 3° certains privilèges accordés aux habitants de la côte d'Archangel ; 4° le privilège de la compagnie russo-américaine ; 5° celui des compagnies de Lubeck et du Havre; 6° les immunités accordées à différentes compagnies anglaises ou *yacht-clubs*. Quelques difficultés d'interprétation se sont élevées au sujet de ce traité (V. n° 211). — Un nouveau traité a été conclu le 14 juin 1857 (décr. 3 juill. 1857).

52. *Salvador* (république de). — Traité d'amitié, de commerce et de navigation du 2 janv. 1858 (décr. 3 mars 1860).

53. *Sandwich* (îles). — Traité de commerce et de navigation du 26 mars 1846 (décr. 19 juin 1849). — Traité d'amitié, de commerce et de navigation du 29 oct. 1857 (décr. du 21 janv. 1860).

54. *Sardaigne.* — Convention du 2 août 1835, pour régulariser l'établissement des bacs et bateaux de passage sur les fleuves et rivières servant de limites entre les deux pays (ord. 2 déc. 1835).—Traité de commerce et de navigation du 28 août 1843 (ord. 12 oct. 1843). — Convention supplémentaire du 6 déc. 1844, pour fixer la durée du traité précédent (ord. 14 juin 1846). — Exécution de ces traités (L. 9 juin 1845; ord. 8 mai 1846; circ. du dir. des douanes 12 mai 1846). — Convention du 1er mai 1850, pour proroger provisoirement le traité de 1843 (L. 15 mai 1850; décr. 17 mai 1850; décr. 4 juin 1850). — Prorogation de la convention conclue le 1er mai 1850 (L. 18 nov. 1850). — Traité de commerce et de navigation du 5 nov. 1850 (L. 30 déc. 1550; décr. 10 fév. 1851; décr. d'exécution 10 fév. 1851). — Convention du 20 mai 1851, additionnelle au traité précédent (L. 17 juin 1851; décr. 17 juill. 1851; décr. d'exécution 19 juill. 1851). — Traité de commerce et de navigation du 14 fév. 1852 (décr. 2 juin 1852).—Convention du 30 août 1858, pour l'établissement d'un pont sur le Rhône (décr. 14 déc. 1858).

55. *Siam* (roy. de). — Traité d'amitié, de commerce et de navigation du 15 août 1856 (décr. 28 déc. 1857).

56. *Suisse.*—Les conventions de la France avec la Suisse ont été très-nombreuses. La première est le traité de paix perpétuelle conclu le 29 nov. 1516, traité qui pose les bases de la bonne amitié qui n'a jamais cessé d'exister entre les deux nations depuis cette époque. Un traité de commerce a été conclu le 30 mai 1799 ; 27 sept. 1803 (4 vend. an 12), traité d'alliance dont les dispositions principales, renouvelées par les déclarations réciproques des deux gouvernements, ont servi à composer la convention définitive du 18 juill. 1828 (V. ord. 31 déc. 1828). En 1827, une autre convention a statué sur l'état respectif des Suisses en France et des Français en Suisse (V. ord. 23 sept. 1827). Ces deux dernières conventions et le traité de 1799 servent de base aux relations juridiques et commerciales des deux pays. Les marchandises d'origine française ne peuvent être prohibées en Suisse, d'après le traité de 1799, et réciproquement (art. 1).

De même, l'exportation d'aucune marchandise d'origine française ne peut être interdite en France, si elle est destinée à la Suisse, à l'exception des blés, en cas de disette; droits d'entrée et de sortie proportionnels à la valeur déclarée des marchandises et ne peuvent pas excéder 6 pour 100. Les droits perçus sur les vins sont les mêmes pour les vins de France que pour les vins helvétiques. Droits de transit fixé au maximum à un demi pour 100 : droits d'entretien des routes, les mêmes pour les citoyens des deux pays. Monnaies des deux pays frappées au même titre et ayant de part et d'autre le cours légal.

La convention de 1827 règle, nous l'avons dit, l'état respectif des Français en Suisse et des Suisses en France. Elle donne aux premiers les mêmes droits, dans chaque canton, relativement aux personnes et à la propriété, que les ressortissants des autres cantons, les autorisant à aller, venir, séjourner prendre domicile et établissement sans aucune autre condition pécuniaire ni quelconque, si ce n'est un acte d'immatriculation délivré par l'ambassadeur, et les certificats requis. Il y a réciprocité pour les Suisses, c'est-à-dire qu'ils auront en France le traitement qu'ils assurent en Suisse aux Français, et pour ceux des cantons qui les traitent comme leurs propres ressortissants, ils seront traités en France à l'égal des nationaux. Les sujets respectifs des deux Etats exempts des lois militaires du pays qu'ils habitent.

La convention de 1828 contient des principes très-importants, et qui ont été souvent invoqués dans les contestations. Elle stipule que les jugements définitifs en matière civile, ayant force de chose jugée, rendus par les tribunaux français, sont exécutoires en Suisse et réciproquement, pourvu qu'ils soient légalisés par les envoyés respectifs, ou à leur défaut, par les autorités compétentes de chaque pays; qu'il ne sera exigé des Français en Suisse ou des Suisses en France, pour poursuivre une action, aucuns droits, cautions ou dépôts que ceux exigés des nationaux eux-mêmes ; que dans les affaires litigieuses personnelles, ou de commerce, l'action sera portée devant les juges naturels du défendeur, à moins de la présence des parties dans le lieu même de la stipulation des contrats ; qu'en matière de propriété foncière, le procès sera porté devant le tribunal ou magistrat du lieu où la propriété est fixée : quant aux contestations qui pourraient s'élever entre les héritiers d'un Français mort en Suisse, ou d'un Suisse mort en France, ou encore au sujet des tutelles, il est décidé que le lieu de l'action sera le dernier domicile que le défunt a eu dans son propre pays. En cas de faillite ou de banqueroute, les créanciers hypothécaires seront tous colloqués sans distinction, selon l'ordre de leurs hypothèques, qu'ils soient Français ou Suisses, dans les deux pays, à la condition toutefois de s'être conformés aux lois du pays où ils auront pris hypothèques : égalité de traitement pour les simples créanciers ; extradition réciproque ; obligation réciproque de faire comparaître les témoins respectifs des deux pays, liberté pour les habitants des pays limitrophes, à distance d'une lieue des frontières, d'exporter leurs récoltes.

57. *Texas* (républ. du). — Traité d'amitié, de commerce et de navigation du 25 sept. 1839 (ord. 24 juin 1840).

58. *Toscane.* — Traité de commerce et de navigation du 15 fév. 1853 (décr. 15 mars 1853).

59. *Uruguay* (république orientale de l'). — Convention préliminaire d'amitié, de commerce et de navigation du 8 avr. 1856 (ord. 15 avr. 1840). — Prorogation de cette convention (20 juill. 1855; décr. 21 sept. 1855).

60. *Venézuéla.* — Convention préliminaire d'amitié, de commerce et de navigation du 11 mars 1853 (ord. 5 juin 1843). — Traité d'amitié, de commerce et de navigation du 25 mars 1843 (ord. 29 juin 1844).

Telle est l'histoire des relations commerciales de la France avec les pays étrangers depuis le commencement des temps modernes jusqu'à nos jours. Il nous reste pour compléter cet historique à esquisser l'histoire du *droit maritime* dans le même espace de temps.

61. On se rappelle que le *consulat de la mer* fit prévaloir pendant tout le moyen âge le principe de la confiscation des marchandises ennemies à bord des bâtiments neutres, principe qui fut plus tard formulé ainsi : « *Le pavillon ami ne sauve pas la* *marchandise ennemie.* » Tous les traités du quinzième siècle adoptèrent cette règle, par exemple, le traité conclu en 1460 entre Henri VI, roi d'Angleterre et la république de Gênes (V. Lampredi, du Commerce des neutres, § 10). — On trouve les mêmes stipulations d'abord dans le traité de 1406 conclu entre l'Angleterre et Jean Sans-peur, duc de Bourgogne, dans celui de 1446 entre Henri V et les villes de Flandre, et plusieurs autres encore.

62. Le principe contraire fit son apparition pour la première fois dans un traité entre la France et la Turquie (1604). L'art. 12 de ce traité est ainsi conçu : « Voulons et commandons que les marchandises qui seront chargées à nolis sur vaisseaux français, appartenant aux ennemis de notre Porte, ne puissent être prises, sous couleur qu'elles sont de nos ennemis, parce qu'ainsi est notre vouloir » (V. Aitzema, t. 1. p. 331). Il est remarquable que ce principe si libéral, et qui témoigne d'un si grand progrès dans le droit des gens, ait été pour la première fois énoncé par une nation que l'on considère comme barbare. Tous les traités du dix-septième siècle et le traité d'Utrecht adoptèrent et proclamèrent ce principe : navires libres, marchandises libres. Ce principe plus ou moins bien appliqué dans la pratique, régna cependant à peu près pendant les dix-septième et dix-huitième siècles ; on ne peut citer comme exception qu'un traité conclu entre la Suède et l'Angleterre en 1661, un autre entre l'Angleterre et le Danemark, en 1664 ; au dix-huitième siècle, le traité de la France avec les villes anséatiques (1716), seule exception peut-être que la France ait faite à son principe.—A la fin du dix-huitième siècle, l'Europe se divisa sur cette question, l'Angleterre essayant de ramener le droit international aux maximes du consulat de la mer, la France et les autres puissances soutenant le principe de la liberté du pavillon. L'Angleterre, dans presque tous les traités conclus depuis 1789 jusqu'en 1803, fit passer cette maxime : la propriété ennemie est confiscable à bord du navire neutre. Elle imposa ce principe aux États-Unis dans le traité de 1795, à la Russie, à la Suède et au Danemark en 1801. Depuis, dans tous les traités qui sont survenus, et notamment dans les traités de 1814 et de 1815, elle a gardé le silence sur ces points controversés, si ce n'est dans le traité de 1842 avec le Danemark. Excepté les actes auxquels l'Angleterre a pris part directement, tous les autres traités, et particulièrement ceux de la neutralité armée en 1780 et ceux de la seconde neutralité armée en 1800, et depuis 1815, les nombreux traités passés par les États-Unis soit avec les peuples européens, soit avec les autres peuples de l'Amérique, contiennent tous le principe que le pavillon couvre la marchandise. Seulement les États-Unis ont introduit une restriction : c'est que ce principe n'aura de force et ne recevra son exécution qu'autant que l'autre belligérant admettra ce principe. Traité du 13 oct. 1824 entre les États-Unis et la Colombie, art. 12 : « Toutefois il est entendu et convenu que les stipulations contenues dans le présent article, qui portent que le pavillon couvre la marchandise, ne seront applicables qu'aux puissances qui reconnaissent ce principe ; mais si l'une des deux parties contractantes est en guerre avec une tierce puissance, et que l'autre garde la neutralité, le pavillon de celle-ci couvrira la propriété ennemie dont le gouvernement aura reconnu le même principe »(Murrhard, Nouv. suppl., t. 11, p. 412). On rencontre cette clause dans presque tous les traités conclus par les États-Unis.

63. Ainsi l'on peut considérer comme établi par le droit des traités, le principe que les marchandises ennemies sont libres à bord des navires neutres. En est-il de même de la réciproque ? Les marchandises neutres sont-elles libres à bord des navires ennemis ? Il est remarquable que ces deux principes n'ont presque jamais été admis à la fois, et que dans la plus grande partie des traités, pour ne pas dire dans tous, on a admis comme deux principes inséparables : navire libre, marchandises libres ; navire ennemi, marchandises ennemies. Dans le consulat de la mer, où le premier principe se rencontre, le second n'est pas admis. Les marchandises neutres ne sont pas confiscables sur navires ennemis (Wheaton, Hist. du droit des gens, introduction ; Pardessus, Collection des droits maritimes, t. 11). Mais ce principe ne fut pas admis dans la plupart des traités qui, depuis le quinzième siècle, règlent les intérêts maritimes des peuples neutres. Voici la disposition que l'on trouve dans le traité du 2 juill. 1463

entre Edouard III, roi d'Angleterre, et François, duc de Bretagne : « Et par ce qui est dit par ce présent traité, n'est pas entendu que si les gens du pays de Bretagne mettaient leurs personnes, biens ou marchandises en navire de partie d'ennemis de nous et de nos pays et royaume d'Angleterre, non ayant sauf-conduit de nous, que les gens desdits ports d'Angleterre ne puissent prendre et conquérir à eux les personnes et biens qu'ils prendront dedans les navires ennemis departie de nous et de notredit pays et royaume d'Angleterre »(Lampredi, Commerce des neutres, 1re partie). En général tous les traités du dix-septième et du dix-huitième siècle admettent ces deux principes comme inséparables, la liberté des marchandises ennemies sur bâtiments neutres, et la prise légitime des marchandises neutres sur bâtiments ennemis. On peut en citer cependant qui prononcent la confiscation dans les deux cas, par exemple, celui de 1716 entre la France et les villes anséatiques ; d'autres qui, par un complet renversement des usages les plus généralement reçus, déclarèrent libre la propriété neutre sur navires ennemis et confiscable la propriété ennemie à bord des vaisseaux neutres. D'autres enfin, admettent la liberté des marchandises dans les deux cas : c'est ce qui se rencontre dans la célèbre capitulation de la Porte en 1604, dont nous avons déjà parlé. Il y est dit, art. 9 : « Et parce qu'aucuns sujets de France naviguent sur vaisseau appartenant à nos ennemis et y chargent de leurs marchandises, et étant rencontrés ils sont faits le plus souvent esclaves et leurs marchandises prises ; pour cette cause, nous commandons et voulons que d'ici en avant, ils ne puissent être pris sur ce prétexte, ni leurs facultés confisquées s'ils ne sont trouvés sur vaisseaux de cours... » Même clause dans le traité de 1612 entre la Turquie et la Hollande et dans le traité du 10 mai 1655 entre la France et les villes anséatiques. La plupart des traités conclus à la fin du dix-huitième siècle pour fixer les droits des neutres, par exemple les traités de 1780, ne parlent pas de cette question. Elle est également mise de côté dans les traités de 1815, trop occupés du sort de l'Europe et des arrangements territoriaux pour songer aux droits des nations maritimes. — Les États-Unis qui, sauf le traité de 1795, ont reconnu que le pavillon couvre la marchandise, ou se sont tus sur la réciproque (V. traité de 1778 avec la France), ou ont admis le principe de la confiscation des marchandises neutres à bord des navires ennemis. Ils ont même établi entre ces principes une dépendance très-remarquable. Nous avons vu en effet qu'au principe : Navires libres, marchandises libres, ils opposent une clause restrictive, c'est que la partie belligérante adverse admettrait le même principe ; à défaut de réciprocité, ils ne s'engagent plus à ménager la propriété ennemie sur navires neutres. Eh bien ! dans ce cas, les marchandises neutres à bord des navires ennemis cessent d'être confiscables. Par exemple, dans le traité du 16 mai 1832, entre les États-Unis d'Amérique et le Chili, il est dit, art. 13 : « Il est également convenu que, dans le cas où, en vertu des stipulations ci-dessus, le pavillon neutre de l'une des deux parties contractantes couvrira la propriété de l'ennemi de l'autre, il sera toujours entendu que la propriété neutre trouvée à bord de navires ennemis sera tenue et considérée comme ennemie, et comme telle sujette à détention et confiscation. Au contraire, si le pavillon neutre ne doit pas couvrir la propriété ennemie, dans ce cas les biens et marchandises neutres embarquées sur un navire ennemi seront libres. » Même stipulation dans le traité du 3 oct. 1824 entre les États-Unis et le Colombie (V. Martens, Nouv. rec., t. 2, p. 438, et t. 6, p. 984).

64. On apporte souvent une restriction au principe de la confiscation des marchandises neutres sur les navires ennemis : c'est lorsque l'embarquement de ces marchandises a eu lieu avant la déclaration de guerre, ou avant que cette déclaration de guerre ait pu être connue au port d'embarquement. Cette exception se trouve dans le même art. 13 du traité des États-Unis et du Chili que nous venons de citer tout à l'heure. Quelquefois on fixe la limite du temps que l'on suppose nécessaire pour que la déclaration soit connue. Voyez par exemple l'art. 29 de la convention entre la France et l'Angleterre, de 1781 : « ...Excepté les marchandises qui auront été chargées dans ce vaisseau, avant la déclaration de guerre, ou même depuis la déclaration, pourvu que ç'ait été dans les termes qui suivent : de deux mois après cette déclaration, si elles ont été chargées dans quelque ports et lieux compris dans l'espace qui est entre Archangel, Saint-Pétersbourg et les Sorlingues, et entre les Sorlingues et la ville de Gibraltar; de dix semaines dans la mer Méditerrannée, et de huit mois dans tous les autres pays et lieux du monde. » On trouve des stipulations analogues dans les traités de 1677 entre la France et l'Angleterre, 1678 entre la France et la Hollande, etc.

65. Enfin ces deux questions si débattues de la liberté des pavillons et de la liberté des marchandises, ont été résolues de la manière la plus libérale dans la déclaration du 16 avr. 1856 (D. P. 56. 4. 51), annexée au traité de Paris. La France, qui a été dans tous les temps favorable aux droits des neutres, entendus dans le sens le plus large, a enfin entraîné l'Angleterre après elle, et le droit des gens peut signaler cet acte comme une de ses plus importantes conquêtes. Il contient les quatre stipulations suivantes, qui sont de la plus haute importance : 1° la course est et demeure abolie ; 2° le pavillon neutre couvre la marchandise ennemie à l'exception de la contrebande de guerre ; 3° la marchandise neutre, à l'exception de la contrebande de guerre, n'est pas saisissable sous pavillon ennemi ; 4° les blocus, pour être obligatoires, doivent être effectifs, c'est-à-dire maintenus par une force suffisante pour interdire réellement l'accès du littoral de l'ennemi. — Depuis, un grand nombre d'adhésions ont été données par des gouvernements étrangers aux principes qu'on vient de rappeler (V. rapport du ministre des affaires étrangères du 12 juin 1858, D. P. 58. 4. 147). Sur ce principe que le pavillon couvre la marchandise, V. encore D. P. 59. 1. 88, note.

66. Indépendamment des traités politiques ou des traités de commerce, qui sont les deux catégories les plus importantes des conventions internationales, les relations de plus en plus compliquées des peuples modernes ont donné naissance à des conventions particulières de diverses espèces, dont nous mentionnerons les règles plus loin (n°s 227 et s., 255 et s., 260 et suiv.), mais dont nous devons ici rapidement esquisser l'histoire : ce sont les conventions relatives à la traite des noirs, à la propriété littéraire ou industrielle, les conventions postales, les conventions télégraphiques, celles relatives aux chemins de fer, à l'exécution des jugements étrangers. Quant aux conventions relatives à l'extradition, nous nous en occupons dans l'art. 2 (V. infrà, n°s 263 et suiv.).

67. Plusieurs conventions ont été passées pour la répression de la traite des noirs. Nous y reviendrons plus loin, n° 227. Nous nous bornons ici à faire connaître la date de ces conventions.—Conventions entre la France et l'Angleterre relatives à la répression du crime de la traite des noirs, conclues les 30 nov. 1831 et 22 mars 1833 (ord. de public. 25 juill. 1833), auxquelles ont accédé : 1° le Danemark (convention du 26 juill. 1834, promulguée le 24 déc. 1834) ; — 2° La Sardaigne (convention 8 août 1834, promulguée 26 sept. 1835) ; — 3° Les villes libres et hanséatiques de Lubeck, de Brême et de Hambourg (convention 9 juin 1837, promulguée le 6 déc. 1838) ; — 4° La république d'Haïti (convention du 29 août 1840, promulguée le 10 juill. 1841). — Conventions particulières relatives au même objet avec la Suède (convention 21 mai 1836, promulguée le 20 août 1836). — Nouvelle convention entre la France et l'Angleterre pour assurer plus efficacement la répression de la traite (convention 29 mai 1845, publication le 28 janv. 1846).

68. C'est en 1843 qu'a eu lieu la première convention internationale sur la propriété littéraire et artistique. Elle fut conclue avec les Etats sardes ; elle interdisait la contrefaçon des livres et protégeait des mêmes garanties que les livres la représentation des œuvres théâtrales et l'exécution des œuvres musicales. En outre, elle garantissait à de certaines conditions le droit de traduction. Une seconde convention, en 1846, interdit la reproduction des articles de revues et de journaux toutes les fois que les auteurs ont réservé leurs droits. Une troisième convention, du 5 nov. 1850, a pour but de rendre plus efficaces les garanties ci-dessus désignées, en soumettant l'envoi des livres, gravures, lithographies, etc., à la formalité du certificat d'origine. Les stipulations, valables pour six années, doivent se prolonger d'autant d'années qui s'écouleront sans qu'une des parties contractantes ait signifié à l'autre son intention d'en faire cesser les effets. — Depuis cette convention, un très-grand nom-

bre de conventions du même genre ont été conclues avec d'autres puissances. — Voici le tableau général de ces traités par ordre alphabétique des pays avec lesquels ils ont été contractés :

Angleterre, traité 3 nov. 1851, promulgué le 22 janv. 1852.

Bade (grand-duché de), traité 3 avr. 1854, promulgué le 30 mai même année. — Nouvelle convention 2 juill. 1857, promulguée le 26 août 1857.

Belgique, traité 22 août 1852, promulgué le 13 avr. 1854, avec un article additionnel du 27 fév. 1854 et une déclaration du 12 avril même année (déc. 13 avr. 1854) : décret du 19 avr. 1854 pour l'exécution de la convention du 22 août 1852.

Brunswick, traité 8 août 1852, promulgué le 19 oct. même année.

Espagne, traité 15 nov. 1853, promulgué le 4 fév. 1854.

Genève, traité 30 oct. 1853, promulgué le 8 janv. 1859.

Hambourg, traité 2 mai 1856, promulgué 8 juillet même année. — Décret du 10 sept. 1857 qui fixe le délai dans lequel la vente des ouvrages publiés dans cette ville et réimprimés en France est interdite.

Hanovre, traité 20 oct. 1851, promulgué 16 janv. 1852.

Hesse-Cassel (électorat de), traité 7 mai 1853, promulgué le 25 août même année.

Hesse-Darmstadt (grand-duché de), traité 18 sept. 1852, promulgué le 23 nov. même année.

Hesse-Hombourg (landgraviat de), traité 2 oct. 1852, promulgué 23 nov. même année.

Luxembourg (grand-duché de), traité 4 et 6 juill. 1856, promulgué 1er déc. même année.

Nassau (duché de), traité 2 mars 1853, promulgué 27 avril même année : décret 8 juin 1853 pour l'exécution de cette convention.

Oldenbourg (grand-duché de), traité 1er juill. 1853, promulgué 30 nov. même année.

Pays-Bas, traité de commerce du 25 juill. 1840, promulgué le 30 juin 1841, dont l'art. 14 pose, en principe général, que la propriété littéraire sera réciproquement garantie, mais sans régler les conditions d'application et d'exécution qui devaient faire l'objet de conventions spéciales ; traité 29 mars 1855, promulgué le 10 août même année. — Arrangement supplémentaire à cette convention (décr. 15 mai 1860).

Portugal, traité 12 avr. 1851, promulgué 27 août même année, en vertu de la loi du 30 juin 1851.

Reuss (branche aînée, principauté de), traité 24 fév. 1853, promulgué 29 avr. même année.

Reuss (branche cadette, principauté de), traité 30 mars 1853, promulgué 10 juin même année.

Sardaigne, traité 28 août 1843, promulgué 12 oct. 1843 ; loi pour l'exécution de cette convention 9 juin 1845 ; convention supplémentaire 22 avr. 1846, promulgué le 13 mai 1846 ; nouvelle convention du 5 nov. 1850, promulguée le 10 fév. 1851, en vertu de la loi du 30 déc. 1850 ; décret pour l'exécution de cette convention le 10 fév. 1851.

Saxe (royaume de), traité 19 mai 1856, promulgué 13 juin même année.

Saxe-Weimar-Eisenach (grand-duché de), traité 17 mai 1853, promulgué 27 juin même année.

Schwarzbourg-Rudolstadt, traité 16 déc. 1853, promulgué 9 fév. 1854.

Schwarzbourg-Sondershausen, traité 7 déc. 1853, promulgué 24 fév. 1854.

Toscane (grand-duché), traité de commerce du 15 fév. 1853, avec une clause spéciale sur la propriété littéraire, promulgué 15 mars même année.

Waldeck et Pyrmont, traité 4 fév. 1854, promulgué 27 avr. même année.

Le traité du 8 janv. 1859 avec *Genève* est remarquable en ce qu'il énonce le premier les photographies parmi les œuvres d'art auxquels la protection est due.

69. Quelques conventions, peu nombreuses jusqu'à présent, se sont occupées aussi de la garantie réciproque de la *propriété des marques de fabrique*. Ce sont : avec l'*Angleterre*, la convention du 23 janv. 1860 (V. décr. 10 mars 1860) ; — Avec le grand-duché de *Bade*, celle du 2 juill. 1857 (V. décr. 26 août

1857); —Avec Genève, la convention du 30 oct. 1858, art. 19 (V. décr. 8 janv. 1859); — Avec le *Portugal*, celle du 12 avr. 1851, art. 17 (V. L. 30 juin 1851 ; décr. 27 août 1851);—Avec la *Sardaigne*, la convention du 5 nov. 1850, art. 8 (V. L. 30 déc. 1850; décr. 10 fév. 1851) ; — Avec la *Saxe*, la convention du 19 mai 1856, art. 19 (V. décr. 13 juin 1856).

70. La France a conclu de très-nombreuses *conventions postales* avec les divers États européens : en voici le tableau par ordre de pays.

Allemagne (postes féodales d'). — Conventions 20 mai 1818, non promulguées. Ord. d'exécution 18 nov. 1818; modifiée par celle du 25 juill. 1841. — Nouvelle convention 11 sept. 1844, promulguée 16 déc. 1844. Ord. d'exécution 27 déc. 1844. — Conventions additionnelles 4 avr. 1846 et 22 nov. 1847; promulguées 29 avr. 1846 et 30 déc. 1847.

Angleterre. — Convention avec articles additionnels 14 juin 1833, promulguée 17 juin 1836. — Convention 30 mars 1836, promulguée 17 juin 1836. Ordonnance d'exécution 26 juin même année. — Convention additionnelle 10 mai 1839, promulguée 12 juin 1839. — Nouvelle convention 5 avr. 1843, promulguée 30 avr. Ord. d'exécution 19 mai 1843. — Conventions additionnelles 8 déc. 1847, 12 déc. 1854; 10 déc. 1855 : promulgation et décret d'exécution 23 déc. 1847, 23 et 24 déc 1854, 27, 29 déc. 1855. — Nouvelle convention 24 sept. 1856, promulguée 20 nov. 1856. Décr. d'exécution 26 nov. et 3 déc. suivants. Modifications au décret du 3 déc.: 28 fév., 12 oct. 1857, "6 mai 1860.

Autriche. — Première convention 10 août 1817. Ord. d'exécution 3 juin 1818. — Deuxième convention 9 mars 1825. Ord. d'exécution 31 juill. 1825. Modification 31 juill. 1841. — Troisième convention 18 avr. 1831. Article additionnel promulgué 1er mars 1843; nouveaux articles additionnels conclus 18 mai, 30 nov. 1843, promulgués 12 août 1843, 9 fév. 1844. Ord. d'exécution de la convention additionnelle du 30 nov. 1843, 20 mars 1844, 23 juin 1851. — Quatrième convention 3 sept. 1857, promulguée 31 oct. 1857. Décr. d'exécution 17 nov. même année.

Bade (grand-duché de). —Première convention 27 nov. 1824. Ord. d'exécution 1er déc. 1824, modifiée par celle du 25 juill. 1841. Convention additionnelle 28 sept. 1835, promulguée 3 oct. même année. — Deuxième convention 10 fév. 1846, promulguée 18 mars. Ord. d'exécution 23 mars 1846. — Troisième convention 14 oct. 1856, promulguée 20 déc. 1856. Décr. d'exécution 24 déc. même année.

Bavière. — Première convention 16 mai 1821. Ord. d'exécution 22 août même année, modifiée par celle du 25 juill. 1841. — Deuxième convention 15 mai 1857, promulguée 25 juin suivant. Ord. d'exécution 26 juin.—Troisième convention 19 mars 1858, promulguée 22 mai. Décr. d'exécution 1er juin 1858.

Belgique. — Première convention 27 mai 1836 : promulgation 20 août suivant, ord. d'exécution, 18 sept. Articles additionnels conclus 19 juill., 11 mai, 13 sept. 1841, 1er sept. 1844, 6 déc. 1845, 11 avr. 1846, promulgués 14 nov. 1840, 30 août, 15 déc. 1841, 18 oct. 1844, 21 mars, 22 mai 1846.—Deuxième convention 3 nov. 1847, promulguée 9 déc. 1847, ord. d'exécution 28 déc. Convention additionnelle 27 avr. 1849, promulguée 4 juill. déc. d'exécution 17 sept., modifié 6 juin 1850. Nouveaux articles additionnels conclus 16 août 1854, promulgués 9 sept. 1854, décr. d'exécution 22 sept. — Troisième convention 3 déc. 1857, promulguée 20 janv. 1858, décr. d'exécution 27 fév. 1858.

Deux-Siciles. — Première convention 9 mai 1842, promulguée 11 juill. 1842, ord. d'exécution 21 août suivant. — Deuxième convention 23 déc. 1852, promulguée 16 sept. 1853, décr. d'exécution 1er nov. même année.

Espagne. — Première convention 1er avr. 1849, promulguée 8 mai, décret et arrêté d'exécution 22 et 27 juin suivants.— Deuxième convention 3 août 1859, promulguée 30 sept., décr. d'exécution 31 déc. même année.

États romains. — Convention 9 août 1838, promulguée 18 nov. suivant; ord. d'exécution 30 nov. 1838. Nouvelle convention 1er avr. 1853, promulguée 1er juill. 1853; décr. d'exécution 14 sept. suivant.

États-Unis. — Convention 2 mars 1857, non promulguée; décr. d'exécution 28 mars même année.

Genève. — V. Suisse.

Grèce. — Convention 2 janv. 1838, promulguée 31 mars; ord. d'exécution 4 mai 1838. — Convention additionnelle 1er juin 1844, promulguée 7 janv. 1845.

Luxembourg (grand-duché de). — Convention 28 nov. 1851; promulguée 15 fév. 1852 ; ord. d'exécution 19 fév. suivant.

Pays-Bas. — Première convention 12 sept. 1817, non promulguée; ord. d'exécution 29 juill. 1818. Arrangements 10 oct. 1836; ord. d'exécution 14 déc. suivant. — Nouveaux arrangements 12 sept. 1837, 20 sept. 1839, 8 juill. 1840, 5 nov. 1842, non promulgués. Articles additionnels à ces divers arrangements 26 nov. 1845, promulgués 25 mars 1846. — Deuxième convention 1er nov. 1851, promulguée 15 fév. 1852 ; décr. d'exécution 19 mars suivant.

Prusse. — Première convention 16 juill. 1817, non promulguée; ord. d'exécution 6 fév. 1818. — Deuxième convention 26 mars 1836, promulguée 30 sept. suivant. Articles supplémentaires 20 déc. 1836, promulgués 16 fév. 1837. — Troisième convention 11 août 1847, promulguée 16 déc. suivant; ord. d'exécution 26 déc. — Convention additionnelle 19 avr. 1853, promulguée 25 juin 1853 ; décr. d'exécution 29 juin. — Quatrième convention 21 mai 1858, promulguée 25 juin; décr. d'exécution 26 juin 1858.

Sardaigne. — Première convention 20 juin 1817, non promulguée ; ord. d'exécution 6 nov. suivant. — Deuxième convention 28 nov. 1838, promulguée 26 oct. suivant; ord. d'exécution 28 nov. Articles additionnels 21 juill. 1840, promulgués 3 sept. 1840. — Troisième convention 9 nov. 1850, promulguée 8 fév. 1851; décrets d'exécution 14 mars, 23 juin 1853, 10 fév. 1855.

Suède. — Convention 1er sept. 1854, promulguée 15 déc., décr. d'exécution 27 janv. 1855.

Suisse. — Conventions 1er mai, 9 et 23 juin 1828 avec les cantons de Berne, Vaud, Neufchâtel; ordonnance d'exécution 24 août 1828, portant que l'affranchissement est facultatif pour la Suisse. — Conventions 21, 22 et 31 nov. 1828 avec les cantons de Zurich, Saint-Gall, Bâle; ordonnance d'exécution 8 mars 1829; modifiant celle du 24 août 1828. — Convention 31 mai 1831 avec le canton de Genève, article additionnel 16 août 1841, promulgués 15 déc. 1841. — Convention 25 juin 1845 avec le canton de Bâle-Ville, promulguée 30 août 1845.— Conventions 26 juill. 1845 avec les cantons de Berne, de Genève, de Neuchâtel et Valangin, de Vaud et de Zurich, promulguées 30 oct. 1845 ; ord. d'exécution 26 nov. suivant. Convention additionnelle avec le canton de Bâle-Ville, 15 sept. 1846; promulguée 24 oct. 1846. — Convention avec le canton de Saint-Gall, 15 oct. 1846, promulguée 20 mars 1847.— Articles additionnels aux cinq conventions du 26 juill. 1845, conclus le 31 juill. 1847, promulgués 12 oct. même année. — Convention avec la confédération suisse, 25 nov. 1849, promulguée 3 mai 1850 : loi y relative 16 mars même année, décret d'exécution 6 juin suivant.

Toscane. — Convention 15 mars 1851 : loi y relative 20 mai 1851, promulgation 17 juill. 1851, décr. d'exécution 19 sept. 1851.

71. Les conventions relatives au service des *dépêches télégraphiques* n'ont été conclues que depuis l'application de la télégraphie électrique. En voici l'énumération depuis 1853 :

Bade (grand-duché de). — Convention 23 janv. 1855, promulguée 26 fév. suivant. — Deuxième convention 9 déc. 1859, promulguée 25 janv. 1860.

Bavière. — Convention 10 mai 1853, promulguée 29 juill. suivant. — Nouvelle convention 9 déc. 1859, promulguée 18 janv. 1860.

Belgique. — Déclaration du 24 déc. 1858, promulguée 1er mars 1859.

Belgique et Prusse. — Convention 4 août 1852, promulguée 25 avr. 1853. Article additionnel 22 sept. 1854, promulgué 11 nov. suivant. — Nouvelle convention 29 juin 1858, promulguée 6 nov. même année. — Troisième convention 30 juin 1858, promulguée 5 janv. 1859.

Belgique, Espagne, Sardaigne et Suisse. — Convention 29 déc. 1855, promulguée 12 avr. 1856.

Belgique, Pays-Bas, Sardaigne, Suisse. —Convention 1er sept. 1858, promulguée 15 fév. 1859.

Espagne. — Convention 24 nov. 1854, promulguée le 22 fév. 1855. — Accession aux conventions des 30 juin et 1er sept. 1858, promulguée 26 août 1859. — V. Belgique.

Pays-Bas. — V. Belgique.

Prusse. — Arrangement 19 mars 1859, promulgué 2 août suivant. — V. Belgique.

Sardaigne. — Convention 18 mars 1855, promulguée 28 avr. suivant. Déclaration 7 janv. 1859, promulguée 1er mars suivant. — V. Belgique.

Suède. — Convention 19 mai 1856, promulguée 15 juin suivant.

Suisse. — Convention provisoire 23 déc. 1852, promulguée 7 fév. 1853. — V. Belgique.

72. *Chemins de fer.* — Convention du 4 fév. 1848 avec la Bavière pour l'établissement d'un chemin de fer de Strasbourg à Spire (décr. 25 mai 1852). — Convention du 10 juin 1857, entre la France et le grand-duché de Luxembourg, pour l'établissement d'un chemin de fer international (décr. 12 juill. 1857). — Convention du 3 juill. 1857, entre la France et la Bavière, relativement aux chemins de fer internationaux (décr. 7 sept. 1857). — Convention du 16 nov. 1857, avec le duché de Bade, pour l'établissement d'un pont fixe sur le Rhin et d'un chemin de fer de Strasbourg à Kehl (décr. 19 juin 1858).—Convention du 23 nov. 1858, avec la Sardaigne, relative aux chemins de fer internationaux (décr. 8 janv. 1859).

73. Quelques traités, fort peu nombreux du reste, portent une exception au principe que les jugements rendus par un tribunal étranger ne sont exécutoires en France qu'après avoir été revêtus du *pareatis* du juge (V. Droits civils, n** 417 et suiv., et Jugement, n** 403 et suiv.). — Ainsi, 1° un traité du 24 mars 1760, entre la France et la Sardaigne, porte que les cours suprêmes déféreront de part et d'autre, à la forme du droit, aux réquisitions qui leur seront adressées à ces fins mêmes sous les noms desdites cours (V. le tableau qui suit). Ce traité est encore en vigueur (V. Droit civil, n° 437). — Une difficulté s'était élevée sur cette disposition. On avait pensé que la disposition précitée du traité n'empêchait pas la révision par les tribunaux français; mais les deux gouvernements de France et de Sardaigne, pour faire cesser les doutes qui pouvaient s'élever sur ce point, ont échangé la déclaration suivante : « Désirant écarter à l'avenir toute espèce de doute ou de difficulté dans l'application dans cette des deux pays sont appelées à en faire, les gouvernements de France et de Sardaigne, à la suite d'explications mutuellement échangées, sont convenus qu'il doit être interprété de la manière suivante : Il est expressément entendu que les cours, en déférant, à la forme du droit, aux demandes d'exécution des jugements rendus dans chacun des deux États, ne devront faire porter leur examen que sur les trois points suivants, savoir : 1° Si la décision émane d'une juridiction compétente; — 2° S'il a été rendu les parties dûment citées et légalement représentées ou défaillantes; — 3° Si les règles du droit public ou les intérêts de l'ordre public du pays où l'exécution est demandée ne s'opposent pas à l'exécution du tribunal étranger ait son exécution. — La présente déclaration servira de règle aux tribunaux respectifs dans l'exécution du § 3 de l'art. 22 du traité de 1760 » (déclar. 11 sept.-15 nov. 1860, V. Monit. du 16 novembre);

2° La convention du 18 juill. 1828 avec la Suisse, art. 1 et suiv. (V. ord. 31 déc. 1828), décide que les jugements définitifs en matière civile, ayant force de chose jugée, rendus par les tribunaux français, seront exécutoires en Suisse, et réciproquement, après légalisation (V. n° 56);

3° Une convention semblable du 16 avr. 1846 avec le grand-duché de Bade (V. ord. 3 juin 1846);

4° La convention du 31 mars 1851, qui rend exécutoires en France les jugements rendus par la commission établie à Mayence pour l'appel des sentences émanées de juges de paix dans les affaires relatives à la navigation du Rhin (V. Voirie par eau; V. aussi L. 21 avr. 1832, art. 5, *eod.*).

24 mars 1760.—Traité entre la France et la Sardaigne (extrait).

Art. 18. Les sujets des deux cours continueront à jouir réciproquement, et sans aucune difficulté, des biens et droits quelconques qui leur appartiennent dans les États de l'autre, avec liberté d'en extraire des fruits en provenant, sans être assujettis au payement d'aucun droit pour ce regard, mais seulement aux précautions nécessaires pour prévenir les abus, toutefois sans frais ni angaries.

19. Pour se prêter au besoin du district de la Semine et des communautés circonvoisines, S. M. T. C. consent qu'elles puissent extraire du Bugey et Valromey (toutefois hors du cas de propre nécessité), jusqu'à la quantité de quinze mille sacs de blés par année, les deux faisant la charge de mulet, sans payement d'aucun droit de sortie ou autre, et cette extraction se fera de la manière et avec les précautions qui seront concertées entre les intendants de Bourgogne et de Savoie, pour prévenir tout abus et inconvénient.

22. Pour étendre la réciprocité qui doit former le nœud de cette correspondance, aux matières contractuelles et judiciaires, il est encore convenu :

Premièrement, que de la même manière que les hypothèques établies en France par actes publics ou judiciaires, sont admises dans les tribunaux de S. M. le roi de Sardaigne, l'on aura aussi pareil égard dans les tribunaux de France, pour les hypothèques qui seront constituées à l'avenir soit par contrats publics, soit par ordonnances ou jugements, dans les États de S. M. le roi de Sardaigne.

En second lieu, que pour favoriser l'exécution réciproque des décrets et jugements, les cours suprêmes déféreront de part et d'autre à la forme du droit, aux réquisitions qui leur seront adressées à ces fins mêmes sous les noms desdites cours.

Enfin, que pour être admis en jugement, les sujets respectifs ne seront tenus, de part et d'autre, qu'aux mêmes cautions et formalités qui s'exigent de ceux du propre ressort, suivant l'usage de chaque tribunal.

29 juill. 1790. — Décret qui ordonne la formation d'un comité pour prendre connaissance des traités conclus entre la France et les puissances voisines. — *Nota.* Ce comité a reçu le nom de *comité diplomatique.*

13 avr. 1791. — Décret qui charge le comité diplomatique de rendre compte à l'assemblée de la négociation qui a dû être ouverte entre la France et l'État de Bâle pour ses possessions en Alsace.

23 juin 1791. — Décret relatif à deux lettres écrites, l'une par le ministre des États-Unis d'Amérique, l'autre par les représentants de l'État de Pensilvanie, et par lequel l'Assemblée nationale charge son président de répondre à la lettre des représentants de l'État de Pensilvanie, et d'exprimer au ministre des États-Unis de l'Amérique qu'elle désire voir se resserrer de plus en plus les liens de fraternité qui unissent les deux peuples; — Décrète, en outre, que le roi sera prié de faire négocier avec les États-Unis un nouveau traité de commerce qui puisse multiplier entre les deux nations des relations également avantageuses à l'une et à l'autre.

3-14 sept. 1791. — Constitution portant : Il appartient au roi de faire les traités de paix, d'alliance et de commerce, sauf ratification du corps législatif (tit. 3, chap. 4, sect. 3, art. 5).—V. Droit constit., p. 295.

10 mars 1792. — Décret qui ordonne au ministre de la marine de rendre compte de divers objets relatifs au traité fait avec le dey d'Alger pour la délivrance des Français captifs.

13-14 août 1792. — Décret qui ajourne la ratification du traité de commerce passé entre le roi et la république de Mulhausen.

20-22 août 1792. — Décret qui, vu l'expiration du terme des capitulations avec la Suisse, déclare que les régiments suisses cesseront d'être au service de la France, et qu'il porte en outre : Art. 9. L'Assemblée nationale charge le pouvoir exécutif de faire déclarer aux cantons helvétiques, par l'ambassadeur de France, les intentions de la nation française d'entretenir avec eux toutes les relations d'amitié, de fraternité, de commerce et de bon voisinage, conformément au traité d'alliance du 28 mai 1777.

19-21 fév. 1793. — Décret portant : Art. 4. Le conseil exécutif négociera avec le congrès des États-Unis pour obtenir, en faveur des commerçants français une réduction de droits, semblable à celle qui est accordée, par la présente loi, aux commerçants américains, et pour resserrer ainsi les liens de bienveillance qui unissent les deux nations.

1er mars 1793. — Décret qui annule tous les traités d'alliance et de commerce passés entre la France et les puissances avec lesquelles elle est en guerre, et qui défend l'introduction en France de diverses marchandises étrangères. — V. v° Douanes, p. 556.

24 juin 1793. — Constitution suivant laquelle les traités sont négociés par le conseil exécutif et ratifiés par le corps législatif (art. 54, 55, 70). — V. Droit constit., p. 299.

21 sept. 1793. — Décret portant que les traités de navigation et de commerce existant entre la France et les puissances avec lesquelles elle est en guerre, seront exécutés selon leur forme et teneur, sans qu'il y soit apporté aucun changement par le présent décret (art. 1).—V. Orga. pisat. marit.

2-7 niv. an 2 (22-27 déc. 1793). — Décret qui ordonne l'exécution de traités existant entre la France et la république de Gênes.

_____

(1) Voyez, pour les traités antérieurs à 1789, l'analyse qui en a été donnée dans l'historique qui précède.

9 niv. an 2 (29 déc. 1793). — Décret relatif aux relations de la France avec la Suisse.

4 germ. an 2 (24 mars 1794). — Décret portant que les traités de navigation et de commerce existant entre la France et les nations avec lesquelles elle est en paix seront exécutés selon leur forme et teneur (tit. 1, art. 1). — V. Douanes, p. 558.

25 pluv. an 3 (13 fév. 1795). — Décret qui confirme et ratifie le traité de paix passé le 21 pluviôse entre le comité de salut public et le ministre plénipotentiaire du grand-duc de Toscane.

27 vent. an 3 (17 mars 1795). — Décret sur la direction des opérations diplomatiques.

Art. 1. Le comité de salut public, chargé par la loi du 7 fruct. de la direction des relations extérieures, négocie, au nom de la République, les traités de paix, de trêve, d'alliance, de neutralité et de commerce. — Il en arrête les conditions.

2. Il prend toutes les mesures nécessaires pour faciliter et pour accélérer la conclusion de ces traités.

3. Il est autorisé à faire des stipulations préliminaires et particulières, telles que des armistices, des neutralisations y relatives pendant le temps de la négociation, et des conventions secrètes.

4. Les engagements secrets contractés avec des gouvernements étrangers, ne peuvent avoir pour objet que d'assurer la défense de la République, ou d'accroître ses moyens de prospérité.

5. Dans le cas où les traités renferment des articles secrets, les dispositions de ces articles ne peuvent être ni contraires aux articles patents, ni les atténuer.

6. Les traités sont signés, soit par les membres du comité, lorsqu'ils ont traité directement avec les envoyés des puissances étrangères, soit par les ministres plénipotentiaires auxquels le comité a délégué à cet effet des pouvoirs.

7. Les traités ne sont valables qu'après avoir été examinés, ratifiés et confirmés par la convention nationale, sur le rapport du comité de salut public.

8. Néanmoins, les conditions arrêtées dans les engagements secrets reçoivent leur exécution, comme si elles avaient été ratifiées.

9. Aussitôt que les circonstances permettent de rendre publiques les opérations politiques qui ont donné lieu à des conventions secrètes, le comité rend compte à la convention nationale de l'objet de la négociation et des mesures qu'il a prises.

25 germ. an 3 (14 avr. 1795). — Décret qui ratifie le traité de paix passé le 16 germinal (5 avr. 1795) entre l'ambassadeur de la République française et le ministre plénipotentiaire du roi de Prusse.

11 flor. an 3 (30 avr. 1795). — Décret qui ordonne la publication du traité de paix ratifié entre la République française et le roi de Prusse.

2 prair. an 3 (21 mai 1795). — Décret qui ordonne la publication et l'affiche d'un rapport et d'une lettre annonçant la conclusion d'un traité d'alliance avec les Provinces-Unies.

3 prair. an 3 (22 mai 1795).—Décret qui ordonne l'impression d'un rapport relatif à un nouveau traité avec la Prusse.

8 prair. an 3 (27 mai 1795). — Décret qui confirme et ratifie le traité de paix et d'alliance conclu le 27 floréal (16 mai 1795) entre la République française et celle des Provinces-Unies.

8 prair. an 3 (27 mai 1795). — Décret qui ratifie le traité conclu le 28 flor. an 3 (17 mai 1795) entre la République française et le roi de Prusse.

28 therm. an 3 (15 août 1795). — Décret qui ratifie l'article additionnel au traité conclu le 6 prair. an 3 (25 mai 1795) entre la République française et la régence de Tunis, et dont voici le texte :

Quoique, dans les anciens traités faits entre la France et Tunis, il soit dit que les corsaires de la régence doivent faire leurs courses à l'éloignement de 30 milles des côtes de France, cependant, comme cette stipulation est un sujet de discussions fréquentes entre les deux puissances, elles sont convenues de l'abolir ; et, à l'avenir, les limites de l'immunité, tant pour les armements de la République française, les armements tunisiens, que pour leurs ennemis respectifs, sont fixées à la portée du canon des côtes de France et de Barbarie, soit que sur le rivage il y ait des canons, soit qu'il n'y en ait point, excepté dans les golfes de la Goulette et de Port-Farine, où les Français ni leurs ennemis ne pourront faire des prises, ni inquiéter en aucune manière la navigation. — L'exécution du présent supplément n'aura son effet qu'après quatre mois, à compter d'aujourd'hui, afin d'avoir le temps d'en prévenir les puissances intéressées.

5 fruct. an 3 (22 août 1795). — Constitution portant que le directoire exécutif fait les traités, sauf ratification par le corps législatif (tit. 12, art. 331, 333). — V. Droit constit., p. 310.

17 prair. an 4 (5 juin 1796). — Loi qui ordonne la remise au Directoire exécutif d'un paquet déposé aux archives de la République, contenant les articles secrets des traités conclus entre elle et diverses puissances.

28 therm. an 4 (15 août 1796). — Loi contenant ratification du traité de paix conclu le 20 therm. an 4, entre la République française et le duc de Wurtemberg et Teck.

3 brum. an 5 (24 oct. 1796). — Loi contenant ratification du traité de paix conclu, le 19 vend. an 5 (10 oct. 1796), entre la République française et le roi des Deux-Siciles.

28 brum. an 5 (18 nov. 1796). — Loi contenant ratification du traité de paix conclu, le 15 brum. an 5 (5 nov. 1796), entre la République française et le duc de Parme et de Plaisance, dont les art. 1 à 14 contiennent certaines stipulations concernant les relations commerciales des deux pays.

10 flor. an 5 (29 avr. 1797). — Loi contenant ratification du traité de paix conclu à Tolentino, le 1er vent. an 5 (19 fév. 1797), entre la République française et le pape.

Art. 1. Le traité de paix conclu a Tolentino le 1er vent. an 5 (19 fév. 1797), entre la République française et le pape Pie VI, par le citoyen Bonaparte, général en chef de l'armée d'Italie, et Cacault, ministre de la République, munis des pleins pouvoirs du directoire exécutif, d'une part, et son éminence le cardinal Mattei, M. Callepi, M. le duc de Braschi, M. le marquis de Massimo, plénipotentiaires de Sa Sainteté, d'autre part, accepté, approuvé, ratifié et confirmé par le pape le 23 fév. 1797, arrêté par le directoire exécutif le 12 germ. an 5 de la République française, une et indivisible, et dont la teneur suit :

Art. 1. Il y aura paix, amitié et bonne intelligence entre la République française et le pape Pie VI.

2. Le pape révoque toute adhésion, consentement et accession par écrit ou secrète, à la coalition armée contre la République française, à tout traité d'alliance offensive ou défensive avec quelque puissance ou Etat que ce soit. Il s'engage à ne fournir, tant pour la guerre actuelle que pour les guerres à venir, à aucune des puissances armées contre la République française, aucun secours en hommes, vaisseaux, armes, munitions de guerre, vivres et argent, à quelque titre et sous quelque dénomination que ce puisse être.

3. Sa Sainteté licenciera, dans cinq jours après la ratification du présent traité, les troupes de nouvelle formation, ne gardant que ses régiments existant avant le traité d'armistice signé à Bologne.

4. Les vaisseaux de guerre ou corsaires des puissances armées contre la République ne pourront entrer et encore moins demeurer, pendant la présente guerre, dans les ports et rades de l'Etat ecclésiastique.

5. La République française continuera à jouir, comme avant la guerre, de tous les droits et prérogatives que la France avait à Rome, et sera en tout traitée comme les puissances les plus considérées, et spécialement à l'égard de son ambassadeur ou ministre et des consuls et vice-consuls.

6. Le pape renonce, purement et simplement, à tous les droits qu'il pourrait prétendre sur les villes et territoire d'Avignon, le Comtat-Vénaissin et ses dépendances, et transporte, cède et abandonne lesdits droits à la République française.

7. Le pape renonce également à perpétuité, cède et transporte à la République française tous ses droits sur les territoires connus sous les noms de légations de Bologne, de Ferrare, et de la Romagne : il ne sera porté aucune atteinte à la religion catholique dans les susdites légations.

8. La ville, citadelle et villages formant le territoire de la ville d'Ancone, resteront à la République française jusqu'à la paix continentale.

9. Le pape s'oblige, pour lui et ceux qui lui succéderont, de ne transporter à personne le titre de seigneurie attaché au territoire par lui cédé à la République française.

10. Sa Sainteté s'engage à faire payer et délivrer, à Foligno, aux trésoriers de l'armée française, avant le 15 du mois de vent. courant (le 5 mars 1797), la somme de 15 millions de livres tournois de France, dont 10 millions en numéraire et 5 millions en diamants et autres effets précieux, sur celle d'environ 16 millions qui restent dus suivant l'art. 10 de l'armistice signé à Bologne le 5 mess. an 4, et ratifié par Sa Sainteté le 27 juin.

11. Pour acquitter définitivement ce qui restera à payer pour l'entière exécution de l'armistice signé à Bologne, Sa Sainteté fera fournir à l'armée huit cents chevaux de cavalerie enharnachés, huit cents chevaux de trait, des bœufs et des buffles, et autres objets, produits du territoire de l'Eglise.

12. Indépendamment de la somme énoncée dans les deux articles précédents, le pape payera à la République française, en numéraire, diamants, ou autres valeurs, la somme de 15 millions de livres tournois de France, dont 10 millions dans le courant du mois de mars, et 5 millions dans le courant du mois d'avril prochain.

13. L'art. 8 du traité d'armistice signé à Bologne, concernant les manuscrits et objets d'art, aura son exécution entière et la plus prompte possible.

14. L'armée française évacuera l'Umbria, Perrugia, Camerino, aussitôt que l'art. 10 du présent traité sera exécuté et accompli.

15. L'armée française évacuera la province de Macerata, à la réserve d'Ancone, de Fano, et de leur territoire, aussitôt que les 5 premiers millions de la somme mentionnée à l'art. 12 du présent traité auront été payés et délivrés.

16. L'armée française évacuera le territoire de la ville de Fano et du duché d'Urbin, aussitôt que les 5 seconds millions de la somme mentionnée à l'art. 12 du présent traité auront été payés et délivrés, et que les art. 3, 10, 11 et 13 du présent traité auront été exécutés : les 5 derniers millions faisant partie de la somme stipulée dans l'art. 12, seront payés au plus tard dans le courant d'avril prochain.

17. La République française cède au pape tous ses droits sur les différentes fondations religieuses françaises dans les villes de Rome et de Loreto ; et le pape cède en toute propriété à la République, tous les biens allodiaux appartenant au Saint-Siége, dans les trois provinces de Ferrare, de Bologne et de la Romagne, et notamment la terre de la Merrola et ses dépendances : le pape se réserve cependant, en cas de vente, le tiers des sommes qui en proviendront, lequel devra être remis à ses fondés de pouvoirs. — Sa Sainteté fera désavouer, par un ministre à Paris, l'assassinat commis sur la personne du secrétaire de légation Basseville. Il sera payé par Sa Sainteté, et par elle mis à la disposition du gouvernement français, la somme de 300,000 livres, pour être répartie entre ceux qui ont souffert de cet attentat.

19. Sa Sainteté fera mettre en liberté les personnes qui peuvent se trouver détenues à cause de leurs opinions politiques.

20. Le général en chef rendra la liberté de se retirer chez eux à tous les prisonniers de guerre des troupes de Sa Sainteté, aussitôt après avoir reçu la ratification du présent traité.

21. En attendant qu'il soit conclu un traité de commerce entre la République française et le pape, le commerce de la République sera rétabli et maintenu dans les Etats de Sa Sainteté sur le pied de la nation la plus favorisée.

22. Conformément à l'art. 6 du traité conclu à la Haye le 27 flor. de l'an 3, la paix conclue par le présent traité entre la République française et Sa Sainteté, est déclarée commune à la république batave.

23. La poste de France sera rétablie à Rome, de la même manière qu'elle existait auparavant.

24. L'école des arts, instituée à Rome pour tous les Français, y sera rétablie, et continuera d'être dirigée comme avant la guerre. Le palais appartenant à la République, où cette école était placée, sera rendu sans dégradations.

25. Tous les articles, clauses et conditions du présent traité, sans exception

Tome XLII. 65

sont obligatoires à perpétuité, tant pour Sa Sainteté Pie VI que pour ses successeurs.

5 brum. an 6 (26 oct. 1797). — Arrêté par lequel le Directoire exécutif, considérant que la reine de Portugal, au lieu d'envoyer une ratification pure et simple du traité de paix conclu avec le Directoire exécutif au nom de la République française, le 23 therm. an 5, dans le délai de deux mois fixé par ledit traité, a mis ses forts et postes principaux entre les mains de l'armée anglaise, arrête ce qui suit : — Le traité entre la République française et la reine de Portugal, conclu le 23 therm. an 5, et non ratifié de la part de ladite reine de Portugal, est censé non avenu. — Le ministre des relations extérieures est chargé de notifier à M. Daranjo d'Azevedo, ministre plénipotentiaire de la reine de Portugal, de se retirer sans délai du territoire de la République.

13 brum. an 6 (3 nov. 1797). — Loi contenant ratification du traité de paix conclu, le 26 vend. an 6 (17 oct. 1797), à Campo-Formio, entre la République française et S. M. l'empereur, roi de Hongrie et de Bohême, et dont la teneur suit :

Art. 1. Il y aura à l'avenir, et pour toujours, une paix solide et inviolable entre Sa Majesté l'empereur des Romains, roi de Hongrie et de Bohême, ses héritiers et successeurs, et la République française. Les parties contractantes apporteront la plus grande attention à maintenir entre elles et leurs Etats une parfaite intelligence, sans permettre dorénavant que, de part ni d'autre, on commette aucune sorte d'hostilités par terre ou par mer, pour quelque cause ou sous quelque prétexte que ce puisse être, et l'on évitera soigneusement tout ce qui pourrait altérer à l'avenir l'union heureusement établie. Il ne sera donné aucun secours ou protection, soit directement, soit indirectement, à ceux qui voudraient porter quelque préjudice à l'une ou à l'autre des parties contractantes.

2. Aussitôt après l'échange des ratifications du présent traité, les parties contractantes feront lever tout séquestre mis sur les biens, droits et revenus des particuliers résidant sur les territoires respectifs et les pays qui y sont réunis, ainsi que des établissements publics qui y sont situés : elles s'obligent à acquitter tout ce qu'elles peuvent devoir pour fonds à elles prêtés par lesdits particuliers et établissements publics, et à payer ou rembourser toutes rentes constituées à leur profit sur chacune d'elles. — Le présent article est déclaré commun à la République cisalpine.

3. Sa Majesté l'empereur, roi de Hongrie et de Bohême, renonce, pour elle et ses successeurs, en faveur de la République française, à tous ses droits et titres sur les ci-devant provinces belgiques, connues sous le nom de *Pays-Bas autrichiens*. La République française possédera ces pays à perpétuité, en toute souveraineté et propriété, et avec tous les biens territoriaux qui en dépendent.

4. Toutes les dettes hypothéquées, avant la guerre, sur le sol des pays énoncés dans les articles précédents, et dont les contrats seront revêtus des formalités d'usage, seront à la charge de la République française. Les plénipotentiaires de Sa Majesté l'empereur, roi de Hongrie et de Bohême, en remettront l'état, le plus tôt possible, au plénipotentiaire de la République française, et avant l'échange des ratifications, afin que, lors de l'échange, les plénipotentiaires des deux puissances puissent convenir de tous les articles explicatifs ou additionnels au présent article, et les signer.

5. Sa Majesté l'empereur, roi de Hongrie et de Bohême, consent à ce que la République française possède en toute souveraineté les îles ci-devant vénitiennes du Levant, savoir : Corfou, Zante, Céphalonie, Sainte-Maure, Cerigo, et autres îles en dépendant, ainsi que Butrinto, Larta, Vonizza et, en général, tous les établissements ci-devant vénitiens en Albanie qui sont situés plus bas que le golfe de Lodrino.

6. La République française consent à ce que Sa Majesté l'empereur et roi possède en toute souveraineté et propriété les pays ci-dessous désignés, savoir : l'Istrie, la Dalmatie, les îles ci-devant vénitiennes de l'Adriatique, les bouches du Cattaro, la ville de Venise, les lagunes et les pays compris entre les Etats héréditaires de Sa Majesté l'empereur et roi, la mer Adriatique, et une ligne qui partira du Tyrol, suivra le torrent en avant de Gardola, traversera le lac de Garda jusqu'à la Cise; de là une ligne militaire jusqu'à San-Giacomo, offrant un avantage égal aux deux parties, laquelle sera désignée par les officiers du génie nommés de part et d'autre avant l'échange des ratifications du présent traité. La ligne de limite passera ensuite l'Adige à San-Giacomo, suivra la rive gauche de cette rivière jusqu'à l'embouchure du canal Blanc, y compris la partie de Porto-Legnago qui se trouve sur la rive droite de l'Adige, avec l'arrondissement d'un rayon de 3,000 toises. La ligne se continuera par la rive gauche du canal Blanc, la rive gauche du Tartaro, la rive gauche du canal dit *la Polisella*, jusqu'à son embouchure dans le Pô, et la rive gauche du grand Pô, jusqu'à la mer.

7. Sa Majesté l'empereur, roi de Hongrie et de Bohême, renonce à perpétuité, pour elle, ses successeurs et ayants cause, en faveur de la République cisalpine, à tous les droits et titres provenant de ces droits, que Sadite Majesté pourrait prétendre sur les pays qu'elle possédait avant la guerre, et qui font maintenant partie de la République cisalpine, laquelle les possédera en toute souveraineté et propriété, avec tous les biens territoriaux qui en dépendent.

8. Sa Majesté l'empereur, roi de Hongrie et de Bohême, reconnaît la République cisalpine comme puissance indépendante. — Cette république comprend la ci-devant Lombardie autrichienne, la Bergamasque, le Bressan, le Cremasque, la ville et forteresse de Mantoue, le Mantouan, Peschiera, la partie des Etats ci-devant vénitiens à l'ouest et au sud de la ligne désignée dans l'art. 6 pour la frontière des Etats de Sa Majesté l'empereur en Italie, le Modénois, la principauté de Massa et Carrara, et les trois légations de Bologne, Ferrare et la Romagne.

9. Dans tous les pays cédés, acquis ou échangés par le présent traité, il sera accordé à tous les habitants et propriétaires quelconques, mainlevée du séquestre mis sur leurs biens, effets et revenus, à cause de la guerre qui a eu lieu entre Sa Majesté impériale et royale et la République française, sans qu'à cet égard ils puissent être inquiétés dans leurs biens ou personnes. Ceux qui, à l'avenir, voudront cesser d'habiter lesdits pays seront tenus d'en faire la déclaration trois mois après la publication du traité de paix définitif : ils auront le terme de trois ans pour vendre leurs biens meubles, immeubles, ou en disposer à leur volonté.

10. Les pays cédés, acquis ou échangés par le présent traité, porteront à ceux auxquels ils demeureront les dettes hypothéquées sur leur sol.

11. La navigation de la partie des rivières et canaux servant de limites entre les possessions de Sa Majesté l'empereur, roi de Hongrie et de Bohême, et celles de la République cisalpine, sera libre, sans que l'une ni l'autre puissance puisse y établir aucun péage, ni tenir aucun bâtiment armé en guerre, ce qui n'exclut pas les précautions nécessaires à la sûreté de la forteresse de Porto-Legnago.

12. Toutes ventes ou aliénations faites, tous engagements contractés, soit par les villes ou par le gouvernement ou autorités civiles et administratives des pays ci-devant vénitiens, pour l'entretien des armées allemandes et françaises, jusqu'à la date de la signature du présent traité, seront confirmés et regardés comme valides.

13. Les titres domaniaux et archives des différents pays cédés ou échangés par le présent traité seront remis, dans l'espace de trois mois, à dater de l'échange des ratifications, aux puissances qui en auront acquis la propriété. Les plans et cartes des forteresses, villes et pays que les puissances contractantes acquièrent par le présent traité, leur seront fidèlement remis. — Les papiers militaires et registres pris dans la guerre actuelle aux états-majors des armées respectives, seront pareillement rendus.

14. Les deux parties contractantes, également animées du désir d'écarter tout ce qui pourrait nuire à la bonne intelligence heureusement établie entre elles, s'engagent, de la manière la plus solennelle, à contribuer de tout leur pouvoir au maintien de la tranquillité intérieure de leurs Etats respectifs.

15. Il sera conclu incessamment un traité de commerce établi sur des bases équitables, et telles qu'elles assurent à Sa Majesté l'empereur, roi de Hongrie et de Bohême, et à la République française, des avantages égaux à ceux dont jouissent dans les Etats respectifs les nations les plus favorisées. — En attendant, toutes les communications et relations commerciales seront rétablies dans l'état où elles étaient avant la guerre.

16. Aucun habitant de tous les pays occupés par les armées autrichiennes ou françaises ne pourra être poursuivi ni recherché, soit dans sa personne, soit dans ses propriétés, à raison de ses opinions politiques ou actions civiles, militaires et commerciales, pendant la guerre qui a eu lieu entre les deux puissances.

17. Sa Majesté l'empereur, roi de Hongrie et de Bohême, ne pourra, conformément aux principes de neutralité, recevoir dans chacun de ses ports, pendant le cours de la présente guerre, plus de six bâtiments armés en guerre, appartenant à chacune des puissances belligérantes.

18. Sa Majesté l'empereur, roi de Hongrie et de Bohême, s'oblige à céder au duc de Modène, en indemnité des pays que ce prince et ses héritiers avaient en Italie, le Brisgaw, qu'il possédera aux mêmes conditions que celles en vertu desquelles il possédait le Modénois.

19. Les biens fonciers et personnels non aliénés de Leurs Altesses royales l'archiduc Charles et l'archiduchesse Christine, qui sont situés dans les pays cédés à la République française, leur seront restitués, à la charge de les vendre dans l'espace de trois ans. — Il en sera de même des biens fonciers et personnels de Son Altesse royale l'archiduc Ferdinand dans le territoire de la République cisalpine.

20. Il sera tenu à Rastadt un congrès uniquement composé des plénipotentiaires de l'empire germanique et de ceux de la République française, pour la pacification entre ces deux puissances. Ce congrès sera ouvert un mois après la signature du présent traité, ou plus tôt, s'il est possible.

21. Tous les prisonniers de guerre faits de part et d'autre, et les otages enlevés ou donnés pendant la guerre, qui n'auraient pas encore été restitués, le seront dans quarante jours, à dater de celui de la signature du présent traité.

22. Les contributions, livraisons, fournitures et prestations quelconques de guerre, qui ont eu lieu dans les Etats respectifs des puissances contractantes, cesseront à dater du jour de l'échange des ratifications du présent traité.

23. Sa Majesté l'empereur, roi de Hongrie et de Bohême, et la République française, conserveront entre elles le même cérémonial, quant au rang et aux autres étiquettes, que ce qui a été constamment observé avant la guerre. — Sadite Majesté et la République cisalpine auront entre elles le même cérémonial d'étiquette que celui qui était d'usage entre Sadite Majesté et la République de Venise.

24. Le présent traité de paix est déclaré commun à la République batave.

25. Le présent traité sera ratifié, etc.

11 vent. an 6 (1er mars 1798). — Loi qui ratifie le traité de réunion de la république de Mulhausen à la République française, passé à Mulhausen et à Ilzach, les 9 et 10 pluv. précédent.

27 vent. an 6 (17 mars 1798). — Loi contenant ratification d'un traité d'alliance, conclu le 3 vent. an 6, entre la République française et la république cisalpine.

27 vent. an 6 (17 mars 1798). — Loi contenant ratification d'un traité de commerce conclu le 3 vent. an 6 entre la République française et la république cisalpine.

28 flor. an 6 (17 mai 1798). — Loi qui approuve le traité de réunion de la république de Genève à la République française.

23 fruct. an 6 (9 sept. 1798). — Loi contenant ratification du traité de paix et d'alliance offensive et défensive, conclu le 4 fruct., entre la République française et la république helvétique. — V. 4 vend. an 12.

17 flor. an 7 (6 mai 1799). — Proclamation du Directoire exécutif sur l'assassinat des plénipotentiaires au congrès de Rastadt.

18 flor. an 7 (7 mai 1799). — Manifeste du Directoire exécutif sur l'assassinat des plénipotentiaires français égorgés à Rastadt.

22 flor. an 7 (11 mai 1799). — Loi relative à l'assassinat des ministres de la République française à Rastadt.

22 frim. an 8 (13 déc. 1799). — Constitution portant, art. 49 : « Le gouvernement entretient des relations politiques au dehors, conduit les négociations, fait les stipulations préliminaires, signe, fait signer et conclut tous les traités de paix et d'alliance, de trêve, de neutralité, de commerce et autres conventions. » Et, art. 50 : « Les déclarations de guerre et les traités de paix, d'alliance et de commerce, sont proposés, discutés, décrétés et promulgués comme des lois. — V. Dr. constit., p. 313.

28 vent. an 9 (19 mars 1801). — Loi qui ordonne la promulgation du traité de paix définitif conclu à Lunéville, le 20 pluv. an 9

(9 fév. 1801), entre S. M. l'empereur, roi de Hongrie et de Bohême, et la France, dont la teneur suit :

Sa Majesté l'empereur, roi de Hongrie et de Bohême, et le premier consul de la République française, au nom du peuple français, ayant également à cœur de faire cesser les malheurs de la guerre, ont résolu de procéder à la conclusion d'un traité définitif de paix et d'amitié.

Sadite Majesté impériale et royale ne désirant pas moins vivement de faire participer l'empire germanique aux bienfaits de la paix, et les conjonctures présentes ne laissant pas le temps nécessaire pour que l'empire soit consulté et puisse intervenir par ses députés dans la négociation, Sadite Majesté, ayant d'ailleurs égard à ce qui a été consenti par la députation de l'empire au précédent congrès de Rastadt, a résolu, à l'exemple de ce qui a eu lieu dans des circonstances semblables, de stipuler au nom du corps germanique. — En conséquence de quoi les parties contractantes ont nommé pour leurs plénipotentiaires, savoir, etc.

Art. 1. Il y aura à l'avenir, et pour toujours, paix, amitié et bonne intelligence entre Sa Majesté l'empereur, roi de Hongrie et de Bohême, stipulant tant en son nom qu'en celui de l'empire germanique, et la République française ; s'engageant, Sadite Majesté, à faire donner par ledit empire sa ratification en bonne et due forme au présent traité. La plus grande attention sera apportée, de part et d'autre, au maintien d'une parfaite harmonie, et à prévenir toute sorte d'hostilités par terre ou par mer, pour quelque cause et sous quelque prétexte que ce puisse être, en s'attachant avec soin à entretenir l'union heureusement rétablie. Il ne sera donné aucun secours et protection, soit directement, soit indirectement, à ceux qui voudraient porter préjudice à l'une ou à l'autre des parties contractantes.

2. La cession des ci-devant provinces belgiques à la République française, stipulée par l'art. 3 du traité de Campo-Formio, est renouvelée ici de la manière la plus formelle; en sorte que Sa Majesté impériale et royale, pour elle et ses successeurs, tant en son nom qu'au nom de l'empire germanique, renonce à tous ses droits et titres aux susdites provinces, lesquelles seront possédées à perpétuité, en toute souveraineté et propriété, par la République française, avec tous les biens territoriaux qui en dépendent. — Sont pareillement cédés à la République française par Sa Majesté impériale et royale, et du consentement formel de l'empire : 1° le comté de Falkenstein avec ses dépendances ; — 2° Le Fricktal et tout ce qui appartient à la maison d'Autriche sur la rive gauche du Rhin, entre Zurzach et Bâle ; la République française se réservant de céder ce dernier pays à la république helvétique.

3. De même, en renouvellement et confirmation de l'art. 6 du traité de Campo-Formio, Sa Majesté l'empereur et roi possédera, en toute souveraineté et propriété, les pays ci-dessous désignés, savoir : l'Istrie, la Dalmatie et les îles ci-devant vénitiennes de l'Adriatique en dépendant, les bouches du Cattaro, la ville de Venise, les lagunes et les pays compris entre les États héréditaires de Sa Majesté l'empereur et roi, la mer Adriatique et l'Adige, depuis sa sortie du Tirol jusqu'à son embouchure dans ladite mer ; le thalweg de l'Adige servant de ligne de délimitation ; et comme par cette ligne les villes de Véronne et de Porto-Legnago se trouveront partagées, il sera établi, sur le milieu des ponts desdites villes, des ponts-levis qui marqueront la séparation.

4. L'art. 18 du traité de Campo-Formio est pareillement renouvelé, en cela que Sa Majesté l'empereur et roi s'oblige à céder au duc de Modène, en indemnité des pays que ce prince et ses héritiers avaient en Italie, le Brisgaw, qu'il possédera aux mêmes conditions que celles en vertu desquelles il possédait le Modénois.

5. Il est en outre convenu que Son Altesse royale le grand-duc de Toscane renonce, pour elle et ses successeurs et ayants cause, au grand-duché de Toscane et à la partie de l'île d'Elbe qui en dépend, ainsi qu'à tous droits et titres résultant de ses droits sur lesdits États, lesquels seront possédés désormais en toute souveraineté et propriété par Son Altesse royale l'infant duc de Parme. Le grand-duc obtiendra en Allemagne une indemnité pleine et entière de ses États d'Italie.—Le grand-duc disposera à sa volonté des biens et propriétés qu'il possède particulièrement en Toscane, soit par acquisition personnelle, soit par hérédité des acquisitions personnelles de feu Sa Majesté l'empereur Léopold II, son père, ou de feu Sa Majesté l'empereur François Ier, son aïeul ; il est aussi convenu que les créances, établissements et autres propriétés du grand-duché, aussi bien que les dettes dûment hypothéquées sur ce pays, passeront au nouveau grand-duc.

6. Sa Majesté l'empereur et roi, tant en son nom qu'en celui de l'empire germanique, consent à ce que la République française possède désormais en toute souveraineté et propriété, les pays et domaines situés à la rive gauche du Rhin, et qui faisaient partie de l'empire germanique ; de manière qu'en conformité de ce qui avait été expressément consenti au congrès de Rastadt par la députation de l'empire, et approuvé par l'empereur, le thalweg du Rhin soit désormais la limite entre la République française et l'empire germanique, savoir : depuis l'endroit où le Rhin quitte le territoire helvétique, jusqu'à celui où il entre dans le territoire batave.— En conséquence de quoi la République française renonce formellement à toute possession quelconque sur la rive droite du Rhin, et consent à restituer à qui il appartient les places de Dusseldorf, Ehrenbreistein, Philisbourg, le fort de Cassel et autres fortifications vis-à-vis de Mayence à la rive droite, le fort de Kehl et le vieux Brisach, sous la condition expresse que ces places et forts continueront à rester dans l'état où ils se trouveront lors de l'évacuation.

7. Et comme, par suite de la cession que fait l'empire à la République française, plusieurs princes et États de l'empire se trouvent particulièrement dépossédés en tout ou en partie, tandis que c'est à l'empire germanique collectivement à supporter les pertes résultant des stipulations du présent traité, il est convenu entre Sa Majesté l'empereur et roi, tant en son nom qu'au nom de l'empire germanique, et la République française, qu'en conformité des principes formellement établis au congrès de Rastadt, l'empire sera tenu de donner aux princes héréditaires qui se trouvent dépossédés à la rive gauche du Rhin, un dédommagement qui sera pris dans le sein dudit empire, suivant les arrangements qui, d'après ces bases, seront ultérieurement déterminés.

8. Dans tous les pays cédés, acquis ou échangés par le présent traité, il est convenu, ainsi qu'il avait été fait par les art. 4 et 10 du traité de Campo-Formio, que ceux auxquels ils appartiendront se chargeront des dettes hypothéqués sur le sol desdits pays ; mais, attendu les difficultés qui sont survenues à cet égard sur l'interprétation desdits articles du traité de Campo-Formio, il est expressément entendu que la République française ne prend à sa charge que les dettes résultant d'emprunts formellement consentis par les États des pays cédés, ou des dépenses faites pour l'administration effective desdits pays.

9. Aussitôt après l'échange des ratifications du présent traité, il sera accordé, dans tous les pays cédés, acquis ou échangés par ledit traité, à tous les habitants ou propriétaires quelconques, mainlevée du séquestre mis sur leurs biens, effets et revenus, à cause de la guerre qui a eu lieu. Les parties contractantes s'obligent à acquitter tout ce qu'elles peuvent devoir pour fonds à elles prêtés par lesdits particuliers, ainsi que par les établissements desdits pays, et à payer ou rembourser toute rente constituée à leur profit sur chacune d'elles. En conséquence de quoi il est expressément reconnu que les propriétaires d'actions de la banque de Vienne, devenus Français, continueront à jouir du bénéfice de leurs actions, et en toucheront les intérêts échus ou à échoir, nonobstant tout séquestre et toute dérogation, qui seront regardés comme non avenus, notamment la dérogation résultant de ce que les propriétaires devenus Français n'ont pu fournir les trente et les cent pour cent demandés aux actionnaires de la banque de Vienne par Sa Majesté l'empereur et roi.

10. Les parties contractantes feront également lever tous séquestres qui auraient été mis, à cause de la guerre, sur les biens, droits et revenus des sujets de Sa Majesté l'empereur ou de l'empire, dans le territoire de la République française, et des citoyens français dans les États de Sadite Majesté ou de l'empire.

11. Le présent traité de paix, notamment les art. 8, 9, 10 et 15 ci-après, est déclaré commun aux républiques batave, helvétique, cisalpine et ligurienne.—Les parties contractantes se garantissent mutuellement l'indépendance desdites républiques, et la faculté aux peuples qui les habitent d'adopter telle forme de gouvernement qu'ils jugeront convenable.

12. Sa Majesté impériale et royale renonce pour elle et ses successeurs, en faveur de la république cisalpine, à tous les droits et titres provenant de ces droits, que Sadite Majesté pourrait prétendre sur les pays qu'elle possédait avant la guerre, et qui, aux termes de l'art. 8 du traité de Campo-Formio, font maintenant partie de la république cisalpine, laquelle les possédera en toute souveraineté et propriété avec tous les biens territoriaux qui en dépendent.

13. Sa Majesté impériale et royale, tant en son nom qu'au nom de l'empire germanique, confirme l'adhésion déjà donnée par le traité de Campo-Formio à la réunion des ci-devant fiefs impériaux à la république ligurienne, et renonce à tous droits et titres provenant de ces droits sur lesdits fiefs.

14. Conformément à l'art. 11 du traité de Campo-Formio, la navigation de l'Adige, servant de limite entre les États de Sa Majesté impériale et royale et ceux de la république cisalpine, sera libre, sans que, de part ni d'autre, on puisse y établir aucun péage, ni tenir aucun bâtiment armé en guerre.

15. Tous les prisonniers de guerre faits de part et d'autre, ainsi que les otages enlevés ou donnés pendant la guerre, qui n'auront pas encore été restitués, le seront dans quarante jours, à dater de celui de la signature du présent traité.

16. Les biens fonciers et personnels non aliénés de Son Altesse royale l'archiduc Charles, et des héritiers de feu Son Altesse royale madame l'archiduchesse Christine, qui sont situés dans les pays cédés à la République française, leur seront restitués, à la charge de les vendre dans l'espace de trois ans.—Il en sera de même des biens fonciers et personnels de Leurs Altesses royales l'archiduc Ferdinand et madame l'archiduchesse Béatrix, son épouse, dans le territoire de la république cisalpine.

17. Les art. 12, 13, 15, 16, 17 et 23 du traité de Campo-Formio sont particulièrement rappelés, pour être exécutés suivant leur forme et teneur, comme s'ils étaient insérés mot à mot dans le présent traité.

18. Les contributions, livraisons, fournitures et prestations quelconques de guerre cesseront d'avoir lieu, à dater du jour de l'échange des ratifications données au présent traité, d'une part, par Sa Majesté l'empereur et par l'empire germanique ; d'autre part, par le gouvernement de la République française.

19. Le présent traité sera ratifié, etc.—Il est aussi convenu que dix jours après l'échange desdites ratifications, les armées de Sa Majesté impériale et royale seront rentrées sur ses possessions héréditaires, lesquelles seront évacuées dans le même espace de temps par les armées françaises, et que, trente jours après ledit échange, les armées françaises auront évacué la totalité du territoire dudit empire.

15 frim. an 10 (6 déc. 1801). — Loi qui ordonne la promulgation de la convention conclue, le 8 vend. an 9 (30 sept. 1800), entre la France et les États-Unis d'Amérique.

La convention dont la teneur suit, conclue à Paris le 8 vend. an 9, et dont les ratifications ont été échangées à Paris le 12 therm. même année, sera promulguée comme loi de la République.

Art. 1. Il y aura une paix ferme, inviolable et universelle, et une amitié vraie et sincère, entre la République française et les États-Unis d'Amérique, ainsi qu'entre leurs pays, territoires, villes et places, et entre leurs citoyens habitants, sans exception de personnes ni de lieux.

2. Les ministres plénipotentiaires des deux parties ne pouvant, pour le présent, s'accorder relativement au traité d'alliance du 6 fév. 1778, au traité d'amitié et de commerce de la même date, et à la convention en date du 14 nov. 1788, non plus que relativement aux indemnités dues ou réclamées, les parties négocieront ultérieurement sur ces objets dans un temps convenable ; et, jusqu'à ce qu'elles se soient accordées sur ces points, lesdits traités et convention n'auront point d'effet, et les relations des deux nations seront réglées ainsi qu'il suit :

3. Les bâtiments d'État qui ont été pris de part et d'autre, ou qui pourraient être pris avant l'échange des ratifications, seront rendus.

4. Les propriétés capturées et non encore condamnées définitivement, ou qui pourront être capturées avant l'échange des ratifications, excepté les marchandises de contrebande destinées pour un port ennemi, seront rendues mutuellement, sur les preuves suivantes de propriété, savoir :

De part et d'autre, les preuves de propriété, relativement aux navires marchands armés ou non armés, seront un passe-port de la forme suivante :

« A tous ceux qui les présentes verront, soit notoire que faculté et permission a été accordée à... maître ou commandant du navire appelé... de la ville de... de la capacité de... tonneaux ou environ, se trouvant présentement dans le port et havre de... et destiné pour... chargé de... qu'après que son navire aura été visité, et avant son départ, il prêtera serment entre les mains des officiers autorisés à cet effet, que ledit navire appartient à un ou plusieurs sujets de... dont l'acte sera mis à la fin des présentes ; de même qu'il gardera et fera garder par son équipages les ordonnances et les règlements maritimes, et remettra une liste signée et confirmée par témoins, contenant les noms et surnoms, les lieux de naissance et la demeure des personnes composant l'équipage de son navire et de tous ceux qui s'y embarqueront, lesquels il ne recevra pas à bord sans la connaissance et permission des officiers autorisés à ce ; et, dans chaque port ou havre où il entrera avec son navire, il montrera la présente permission aux officiers à ce autorisés, et leur fera un rapport fidèle de ce qui s'est passé durant son voyage, et il portera les couleurs, armes et enseignes (de la République française ou des Etats-Unis) durant sondit voyage. En témoin de quoi, nous avons signé les présentes. les avons fait contre-signer par... et y avons fait apposer le sceau de nos armes.

« Donné le... l'an de grâce, le... »

Et ce passe-port suffira sans autre pièce, nonobstant tout règlement contraire. Il ne sera pas exigé que ce passe-port ait été renouvelé ou révoqué, quelque nombre de voyages que ledit navire ait pu faire, à moins qu'il ne soit revenu chez lui dans l'espace d'une année.

Par rapport à la cargaison, les preuves seront des certificats contenant le détail de la cargaison, du lieu d'où le bâtiment est parti et de celui où il va, de manière que les marchandises défendues et de contrebande puissent être distinguées par les certificats, lesquels certificats auront été faits par les officiers de l'endroit d'où le navire sera parti, dans la forme usitée dans le pays ; et si ces passe-ports ou certificats, ou les uns ou les autres, ont été détruits par accident ou enlevés de force, leur défaut pourra être suppléé par toutes les autres preuves de propriété admissibles d'après l'usage général des nations.

Pour les bâtiments autres que les navires marchands, les preuves seront la commission dont ils sont porteurs. Cet article aura son effet à dater de la signature de la présente convention ; et si, à dater de ladite signature, des propriétés sont condamnées contrairement à l'esprit de ladite convention, avant qu'on ait connaissance de cette stipulation, la propriété ainsi condamnée sera, sans délai, rendue ou payée.

5. Les dettes contractées par l'une des deux nations envers les particuliers de l'autre, ou par des particuliers de l'une envers des particuliers de l'autre, seront acquittées, ou le payement en sera poursuivi comme s'il n'y avait eu aucune mésintelligence entre les deux Etats ; mais cette clause ne s'étendra point aux indemnités réclamées pour des captures ou pour des condamnations.

6. Le commerce entre les deux parties sera libre : les vaisseaux des deux nations et leurs corsaires, ainsi que leurs prises, seront traités, dans les ports respectifs, comme ceux de la nation la plus favorisée, et, en général, les deux parties jouiront, dans les ports l'une de l'autre, par rapport au commerce et à la navigation, des privilèges de la nation la plus favorisée.

7. Les citoyens et habitants des Etats-Unis pourront disposer, par testament, donation ou autrement, de leurs biens meubles et immeubles possédés dans le territoire européen de la République française, et les citoyens de la République française auront la même faculté à l'égard des biens meubles et immeubles possédés dans le territoire des Etats-Unis, en faveur de telle personne que bon leur semblera. Les citoyens et habitants d'un des deux Etats, qui seront héritiers de biens meubles ou immeubles situés dans l'autre, pourront succéder *ab intestat*, sans qu'ils aient besoin de lettres de naturalité, et sans que l'effet de cette stipulation leur puisse être contesté ou empêché, sous quelque prétexte que ce soit, et seront lesdits héritiers, soit à titre particulier, soit *ab intestat*, exempts de tout droit quelconque chez les deux nations. Il est convenu que cet article ne dérogera en aucune manière aux lois qui sont à présent en vigueur chez les deux nations, ou qui pourraient être promulguées à la suite contre l'émigration, et ainsi, que dans le cas où les lois de l'un des deux Etats limiteraient pour les étrangers l'exercice des droits de la propriété sur les immeubles, on pourrait vendre ces immeubles ou en disposer autrement en faveur d'habitants ou de citoyens du pays où ils seraient situés, et il sera libre à l'autre nation d'établir de semblables lois.

8. Pour favoriser de part et d'autre le commerce, il est convenu que si, ce qu'à Dieu ne plaise, la guerre éclatait entre les deux nations, on allouera, de part et d'autre, aux marchands et autres citoyens ou habitants respectifs, six mois après la déclaration de guerre, pendant lequel temps ils auront la faculté de se retirer avec leurs effets et meubles, qu'ils pourront emmener, envoyer ou vendre, comme ils le voudront, sans le moindre empêchement. Leurs effets, et encore moins leurs personnes, ne pourront point, pendant ce temps de six mois, être saisis : au contraire, on leur donnera des passe-ports qui seront valables pour le temps nécessaire à leur retour chez eux, et ces passe-ports seront donnés pour eux, ainsi que pour leurs bâtiments et effets qu'ils désireront emmener ou renvoyer. Ces passe-ports serviront de sauf-conduits contre toute insulte et contre toute capture de la part des corsaires, tant contre eux que contre leurs effets ; et si, dans le terme ci-dessus désigné, il leur était fait, par l'une des parties, ses citoyens ou ses habitants, quelque tort dans leurs personnes ou dans leurs effets, on leur en donnera satisfaction complète.

9. Les dettes dues par des individus de l'une des deux nations aux individus de l'autre ne pourront, dans aucun cas de guerre ou de démêlés nationaux, être séquestrées ou confisquées, non plus que les actions ou fonds qui se trouveraient dans les fonds publics ou dans des banques publiques ou particulières.

10. Les deux parties contractantes pourront nommer, pour protéger le négoce, des agents commerciaux qui résideront en France et dans les Etats-Unis : chacune des parties pourra excepter telle place qu'elle jugera à propos, des lieux où la résidence de ces agents pourra être fixée. Avant qu'aucun agent puisse exercer ses fonctions, il devra être accepté, dans les formes reçues, par la partie chez laquelle il est envoyé ; et quand il aura été accepté et pourvu de son *exequatur*, il jouira des droits et prérogatives dont jouiront les agents semblables des nations les plus favorisées.

11. Les citoyens de la République française ne payeront, dans les ports, havres, rades, contrées, îles, cités et lieux des Etats-Unis, d'autres ni de plus grands droits, impôts, de quelque nature qu'ils puissent être, quelque nom qu'ils puissent avoir, que ceux que les nations les plus favorisées sont ou seront tenues de payer ; et ils jouiront de tous les droits, libertés, privilèges, immunités et exemptions en fait de négoce, navigation et commerce, soit en passant d'un port desdits Etats à un autre, soit en y allant ou en revenant, de quelque partie du monde que ce soit, dont les nations susdites jouissent ou jouiront. — Et réciproquement, les citoyens des Etats-Unis jouiront, dans le territoire de la République française en Europe, des mêmes privilèges, immunités, tant pour leurs biens et leurs personnes que pour ce qui concerne le négoce, la navigation et le commerce.

12. Les citoyens des deux nations pourront conduire leurs vaisseaux et marchandises (en exceptant toujours la contrebande) de tout port quelconque, dans un autre port appartenant à l'ennemi de l'autre nation. Ils pourront naviguer et commercer en toute liberté et sécurité, avec leurs navires et marchandises, dans les pays, ports et places des ennemis des deux parties, ou de l'une ou de l'autre partie, sans obstacles et sans entraves, et non-seulement passer directement des places et ports de l'ennemi susmentionnés, dans les ports et places neutres, mais encore de toute autre place appartenant à un ennemi, qu'elle soit ou ne soit pas soumise à la même juridiction, à moins que ces places ou ports ne soient réellement bloqués, assiégés ou investis.

Et dans le cas, comme il arrive souvent, où les vaisseaux feraient voile pour une place ou port appartenant à un ennemi, ignorant qu'ils sont bloqués, assiégés ou investis, il est convenu que tout navire qui se trouvera dans une pareille circonstance, sera détourné de cette place ou port, sans qu'on puisse le retenir ni confisquer aucune partie de sa cargaison (à moins qu'elle ne soit de contrebande, ou qu'il ne soit prouvé que ledit navire, après avoir été averti du blocus ou investissement, a voulu rentrer dans ce port) ; mais il lui sera permis d'aller dans tout autre port ou place qu'il jugera convenable. Aucun navire de l'une ou de l'autre nation, entré dans un port ou place, avant qu'ils aient été réellement bloqués, assiégés ou investis par l'autre, ne pourra être empêché de sortir avec sa cargaison : s'il s'y trouve lorsque ladite place sera rendue, le navire et sa cargaison ne pourront être confisqués, mais seront remis aux propriétaires.

Pour régler ce qu'on entendra par contrebande de guerre, seront compris sous cette dénomination, la poudre, le salpêtre, les pétards, mèches, balles, boulets, bombes, grenades, carcasses, piques, hallebardes, épées, ceinturons, pistolets, fourreaux, selles de cavalerie, harnais, canons, mortiers avec leurs affûts, et généralement toutes armes et munitions de guerre et ustensiles à l'usage des troupes. Tous les articles ci-dessus, toutes les fois qu'ils seront destinés pour le port d'un ennemi, sont déclarés de contrebande, et justement soumis à la confiscation ; mais le bâtiment sur lequel ils étaient chargés, ainsi que le reste de la cargaison, seront regardés comme libres, et ne pourront, en aucune manière, être viciés par les marchandises de contrebande, soit qu'ils appartiennent à un même ou à différents propriétaires.

14. Il est stipulé par le présent traité, que les bâtiments libres assureront également la liberté des marchandises, et qu'on jugera libres toutes les choses qui se trouveront à bord des navires appartenant aux citoyens d'une des parties contractantes, quand même le chargement ou partie d'icelui appartiendrait aux ennemis de l'une des deux ; bien entendu néanmoins que la contrebande sera toujours exceptée. Il est également convenu que cette même liberté s'étendra aux personnes qui pourraient se trouver à bord du bâtiment libre, quand même elles seraient ennemies de l'une des deux parties contractantes, et elles ne pourront être enlevées desdits navires libres, à moins qu'elles ne soient militaires et actuellement au service de l'ennemi.

15. On est convenu au contraire que tout ce qui se trouvera chargé par les citoyens respectifs sur des navires appartenant aux ennemis de l'autre partie ou à leurs sujets, sera confisqué, sans distinction des marchandises prohibées ou non prohibées, ainsi et de même que si elles appartenaient à l'ennemi, à l'exception toutefois des effets et marchandises qui auront été mis à bord desdits navires avant la déclaration de guerre, ou même après ladite déclaration, si, au moment du chargement, on a pu l'ignorer ; de manière que les marchandises des citoyens des deux parties, soit qu'elles se trouvent du nombre de celles de contrebande ou autrement, lesquelles, comme il vient d'être dit, auront été mises à bord d'un vaisseau appartenant à l'ennemi avant la guerre, ou même après ladite déclaration lorsqu'on l'ignorait, ne seront en aucune manière sujettes à confiscation, mais seront fidèlement et de bonne foi rendues, sans délai, à leurs propriétaires qui les réclameront ; bien entendu néanmoins qu'il ne soit pas permis de porter dans les ports ennemis les marchandises qui seront de contrebande. Les deux parties contractantes conviennent que, le terme de deux mois passé depuis la déclaration de guerre, leurs citoyens respectifs, de quelque partie du monde qu'ils viennent, ne pourront plus alléguer l'ignorance dont il est question dans le présent article.

16. Les navires marchands appartenant à des citoyens de l'une ou de l'autre des deux parties contractantes, lorsqu'ils voudront passer dans le port de l'ennemi de l'une des deux parties, et que leur voyage, ainsi que les effets de leur cargaison, pourront donner de justes soupçons, lesdits navires seront obligés d'exhiber, en pleine mer comme dans les ports ou rades, non-seulement leurs passe-ports, mais encore leurs certificats prouvant que ces effets ne sont point de la même espèce que ceux de contrebande, spécifiés dans l'art. 13 de la présente convention.

17. Et afin d'éviter des captures sur des soupçons frivoles, et de prévenir les dommages qui en résultent, il est convenu que quand une des deux parties sera en guerre et l'autre neutre, les navires de la partie neutre seront pourvus de passe-ports semblables à ceux spécifiés dans l'art. 4, de manière qu'il puisse par là apparaître que les navires appartiennent véritablement à la partie neutre. Ces passe-ports seront valides pour un nombre quelconque de voyages ; mais ils seront renouvelés chaque année si le navire retourne chez lui dans l'espace d'une année.

Si ces navires sont chargés, ils seront pourvus non-seulement des passe-ports susmentionnés, mais aussi de certificats semblables à ceux mentionnés au même article, de manière que l'on puisse connaître s'il y a à bord des marchandises de contrebande. Il ne sera exigé aucune autre pièce, nonobstant tous usages et règlements contraires : et s'il n'apparaît pas par ces certificats qu'il y ait des marchandises de contrebande à bord, les navires seront laissés à leur destination. Si au contraire il apparaît par ces certificats que lesdits navires aient des marchandises de contrebande à bord, et que le commandant offre de les délivrer, l'offre sera acceptée, et le navire sera remis en toute liberté de poursuivre son voyage ; à moins que la quantité de marchandises de contrebande ne soit trop grande pour pouvoir être prise convenablement à bord du vaisseau de guerre ou corsaire : dans ce cas, le navire pourra être amené dans le port pour y délivrer ladite marchandise.

Si un navire est trouvé sans avoir le passe-port ou les certificats ci-dessus exigés, l'affaire sera examinée par les juges ou tribunaux compétents ; et s'il conste par d'autres documents ou preuves admissibles par l'usage des nations, que le navire appartient à des citoyens de la partie neutre, il ne sera pas condamné, et il sera remis en liberté avec son chargement, la contrebande exceptée, et aura la liberté de poursuivre sa route.

Si le capitaine nommé dans le passe-port du navire venait à mourir ou à être ôté, par toute autre cause, et qu'un autre fût nommé à sa place, le navire et sa cargaison n'en seront pas moins en sûreté, et le passe-port demeurera dans toute sa force.

18. Si les bâtiments des citoyens de l'une ou l'autre nation sont rencontrés le long des côtes ou en pleine mer par quelques vaisseaux de guerre ou corsaires de l'autre, pour prévenir tout désordre, lesdits vaisseaux ou corsaires se tiendront hors

de la portée du canon, et enverront leur canot à bord du navire marchand qu'ils auront rencontré : ils n'y pourront entrer qu'au nombre de deux ou trois hommes, et demander au patron ou capitaine dudit navire exhibition du passe-port concernant la propriété dudit navire, fait d'après la formule prescrite dans l'art. 4, ainsi que les certificats susmentionnés relatifs à la cargaison. Il est expressément convenu que le neutre ne pourra être contraint d'aller à bord du vaisseau visitant pour y faire l'exhibition demandée des papiers, et pour toute autre information quelconque.

19. Il est expressément convenu par les parties contractantes, que les stipulations ci-dessus, relatives à la conduite qui sera tenue à la mer par les croiseurs de la partie belligérante envers les bâtiments de la partie neutre, ne s'appliqueront qu'aux bâtiments naviguant sans convoi ; et dans les cas où lesdits bâtiments seraient convoyés, l'intention des parties étant d'observer tous les égards dus à la protection du pavillon arboré sur les vaisseaux publics, on ne pourra point en faire la visite ; mais la déclaration verbale du commandant de l'escorte, que les navires de son convoi appartiennent à la nation dont ils portent le pavillon, et qu'ils n'ont aucune contrebande à bord, sera regardée par les croiseurs respectifs comme pleinement suffisante, les deux parties s'engageant à ne point admettre sous la protection de leur convoi des bâtiments qui porteraient des marchandises prohibées à une destination ennemie.

20. Dans le cas où les bâtiments seront pris ou arrêtés sous prétexte de porter à l'ennemi quelque article de contrebande, le capteur donnera un reçu des papiers du bâtiment qu'il retiendra, lequel reçu sera joint à une liste énonciative desdits papiers : il ne sera point permis de forcer ni d'ouvrir les écoutilles, coffres, caisses, caissons, balles ou vases trouvés à bord dudit navire, ni d'enlever la moindre chose des effets, avant que la cargaison ait été débarquée en présence des officiers compétents, qui feront un inventaire desdits effets ; ils ne pourront, en aucune manière, être vendus, échangés ou aliénés, à moins qu'après une procédure légale, le juge ou les juges compétents n'aient porté contre lesdits effets sentence de confiscation (en exceptant toujours le navire et les autres objets qu'il contient).

21. Pour que le bâtiment et la cargaison soient surveillés avec soin, et pour empêcher les dégâts, il est arrêté que le patron, capitaine ou subrécargue du navire capturé ne pourront être éloignés du bord, soit pendant que le navire sera en mer, après avoir été pris, soit pendant les procédures qui pourront avoir lieu contre lui, sa cargaison ou quelque chose y relative. Dans le cas où le navire appartenant à des citoyens de l'une ou de l'autre partie serait pris, saisi et retenu pour être jugé, ses officiers, passagers et équipages seront traités avec humanité ; ils ne pourront être emprisonnés, ni dépouillés de leurs vêtements, ni de l'argent à leur usage, qui ne pourra excéder, pour le capitaine, le subrécargue et le second, 500 dollars chacun, et pour les matelots et les passagers, 100 dollars chacun.

22. Il est, de plus, convenu que, dans tous les cas, les tribunaux établis pour les causes de prises dans les pays où les prises seront conduites, pourront seuls en prendre connaissance, et quelque jugement que le tribunal de l'une ou de l'autre partie prononce contre quelques navires ou marchandises ou propriétés réclamés par des citoyens de l'autre partie, la sentence ou décret fera mention des raisons ou motifs qui ont déterminé ce jugement, dont copie authentique, ainsi que de toute la procédure, sera, à leur réquisition, délivrée sans délai au capitaine ou agent dudit navire, moyennant le payement des frais.

23. Et afin de pourvoir plus efficacement à la sûreté respective des citoyens des deux parties contractantes, et prévenir les torts qu'ils auraient à craindre des vaisseaux de guerre ou corsaires, et tous autres citoyens de l'une des deux parties, s'abstiendront de tout dommage envers les citoyens de l'autre et de toute insulte envers leurs personnes : s'ils faisaient le contraire, ils seront punis et tenus à donner, dans leurs personnes et propriétés, satisfaction et réparation pour les dommages avec intérêt, de quelque espèce que soient lesdits dommages.

A cet effet, tous capitaines de corsaires, avant de recevoir leurs commissions, s'obligeront, devant un juge compétent, à donner une garantie au moins par deux cautions responsables, lesquelles n'auront aucun intérêt sur ledit corsaire, et dont chacune, ainsi que le capitaine, s'engagera, particulièrement et solidairement, pour la somme de 7,000 dollars ou 36,820 fr., et si lesdits vaisseaux portent plus de cent cinquante matelots ou soldats, pour la somme de 14,000 dollars ou 73,640 fr., qui serviront à réparer les torts ou dommages que lesdits corsaires, leurs officiers, équipages ou quelqu'un d'eux auraient faits ou commis, pendant leur croisière, de contraire aux dispositions de la présente convention, ou aux lois et instructions qui devront être la règle de leur conduite ; en outre, lesdites commissions seront révoquées et annulées dans tous les cas où il y aura eu agression.

24. Lorsque les vaisseaux de guerre des deux parties contractantes, ou ceux que leurs citoyens auraient armés en guerre, seront admis à relâcher avec leurs prises dans les ports de l'une des deux parties, lesdits vaisseaux publics ou particuliers, de même que leurs prises, ne seront obligés à payer aucun droit, soit aux officiers du lieu, soit aux juges ou à tous autres. Lesdites prises entrant dans les havres ou ports de l'une des deux parties ne pourront être arrêtées ou saisies, et les officiers des lieux ne pourront prendre connaissance de la validité desdites prises, lesquelles pourront sortir et être conduites, en toutes franchise et liberté, aux lieux portés par les commissions, dont les capitaines desdits vaisseaux seront obligés de faire apparoir. Il est toujours entendu que les stipulations de cet article ne s'étendront pas au delà des privilèges des nations les plus favorisées.

25. Tous corsaires étrangers ayant des commissions d'un Etat ou prince en guerre avec l'une ou l'autre nation, ne pourront armer leurs vaisseaux dans les ports de l'une ou de l'autre nation, non plus qu'y vendre leurs prises, ni les échanger en aucune manière : il ne leur sera permis d'acheter des provisions que la quantité nécessaire pour gagner le port le plus voisin de l'Etat ou prince duquel ils ont reçu leurs commissions.

26. Il est, de plus, convenu qu'aucune des deux parties contractantes non-seulement ne recevra point de pirates dans ses ports, rades ou villes, et ne permettra pas qu'aucun de ses habitants les reçoive, protége, accueille ou recèle en aucune manière, mais encore livrera à un juste châtiment ceux de ses habitants qui seraient coupables de pareils faits ou délits. Les vaisseaux de ces pirates, ainsi que les effets et marchandises par eux pris et amenés dans les ports de l'une ou l'autre nation, seront saisis partout où ils seront découverts, et restitués à leurs propriétaires, agents ou facteurs dûment autorisés par eux, après toutefois qu'ils auront prouvé, devant les juges compétents, le droit de propriété.

Que si lesdits effets avaient passé, par ventes, en d'autres mains, et que les acquéreurs fussent ou pussent être instruits ou soupçonnaient que lesdits effets avaient été enlevés par des pirates, ils seront également restitués.

27. Aucune des deux nations ne viendra participer aux pêcheries de l'autre sur ses côtes, ni la troubler dans l'exercice des droits qu'elle a maintenant ou pourrait acquérir sur les côtes de Terre-Neuve, dans le golfe de Saint-Laurent ou partout ailleurs, sur les côtes d'Amérique, au nord des Etats-Unis ; mais la pêche de la baleine et du veau marin sera libre pour les deux nations dans toutes les parties du monde.

Cette convention sera ratifiée de part et d'autre, etc.

16 frim. an 10 (7 déc. 1801). — Loi qui ordonne la promulgation du traité de paix conclu le 7 germ. an 9 (28 mars 1801), entre la France et le roi des Deux-Siciles, et dont les ratifications ont été échangées le 7 flor. an 9 (27 avr. 1801).

17 frim. an 10 (8 déc. 1801).—Loi qui ordonne la promulgation du traité de paix conclu le 6 fruct. an 9 (24 août 1801), entre la France et l'électeur palatin de Bavière, et dont les ratifications ont été échangées le 27 fruct. de la même année (14 sept. 1801).

18 frim. an 10 (9 déc. 1801).—Loi qui ordonne la promulgation du traité de paix conclu le 16 vend. an 10 (8 oct. 1801), entre la France et l'empereur de toutes les Russies, et dont les ratifications ont été échangées à Paris le 19 vend même année (11 oct. 1801).

L'art. 5 de ce traité porte : Les deux parties contractantes conviennent, en attendant la confection d'un nouveau traité de commerce, de rétablir les relations commerciales entre les deux pays, sur le pied où elles étaient avant la guerre, en tant que faire se pourra, et sauf les modifications que le temps et les circonstances peuvent avoir amenées, et qui ont donné lieu à de nouveaux règlements.

19 frim. an 10 (10 déc. 1801). — Loi qui ordonne la promulgation du traité de paix conclu le 7 vend. an 10 (29 sept. 1801), entre la France et le prince régent du royaume de Portugal et des Algarves, et dont les ratifications ont été échangées le 27 du même mois (19 oct. 1801).

L'art. 5 de ce traité porte : Il sera négocié entre les deux puissances un traité de commerce et de navigation, qui fixera définitivement les relations commerciales entre la France et le Portugal : en attendant, il est convenu : 1° que les communications seront rétablies immédiatement après l'échange des ratifications, et que les agences et commissariats de commerce seront, de part et d'autre, remis en possession des droits, immunités et prérogatives dont ils jouissaient avant la guerre ; — 2° Que les citoyens et sujets des deux puissances jouiront également et respectivement, dans les Etats l'un de l'autre, de tous les droits dont y jouissent ceux des nations les plus favorisées ; — 3° Que les denrées et marchandises provenant du sol ou des manufactures de chacun des deux Etats seront admises réciproquement sans restriction, et sans pouvoir être assujetties à aucun droit qui ne frapperait pas également sur les denrées et marchandises analogues importées par d'autres nations ; — 4° Que les draps français pourront de suite être introduits, en Portugal, sur le pied des marchandises les plus favorisées ; — 5° Qu'au surplus, toutes les stipulations relatives au commerce, insérées dans les précédents traités, et non contraires au traité actuel, seront exécutées provisoirement, jusqu'à la conclusion d'un traité de commerce définitif.

26 frim. an 10 (17 déc. 1801). — Traité de paix entre la République francaise et la régence d'Alger.

18 germ. an 10 (8 avr. 1802). — Publication du concordat conclu le 26 mess. an 9, entre le pape et le gouvernement français. —V. Culte, p. 685.

30 flor. an 10 (20 mai 1802).—Loi qui ordonne la promulgation du traité de paix conclu le 6 germ. an 10 (27 mars 1802), entre la France, le roi d'Espagne, la république batave et le roi du Royaume-Uni de la Grande-Bretagne et de l'Irlande.

6 mess. an 10 (25 juin 1802). — Traité de paix entre la République française et la Sublime-Porte.

16 therm. an 10 (4 août 1802). — Sénatus-consulte organique de la constitution, portant que le premier consul ratifie les traités de paix et d'alliance (art. 58). —V. Droit constit., p. 318.

4 vend. an 12 (27 sept. 1803).—Extrait du traité d'alliance conclu entre la République française et la confédération suisse.

Art. 9. Le gouvernement français accordera l'extraction de ses salines pour tous les sels dont la Suisse aura besoin. Cette extraction et le transport continueront à être exempts de toute espèce d'impôts. — De son côté, la Suisse s'engage à prendre tous les ans 200,000 quintaux de sels de France. Les prix et les conditions de livraison, ainsi que le mode de payement, seront fixés de gré à gré entre les cantons et la régie des sels ; mais ces prix ne pourront jamais être plus forts pour la Suisse que pour les Français eux-mêmes.

10. De même, il sera accordé, depuis le 12 prairial jusqu'au 24 brumaire de chaque année (du 1er juin au 15 novembre), à tous les habitants suisses des cantons limitrophes de la France, la libre importation des denrées provenant des biens-fonds dont ils seraient propriétaires sur le territoire de la République française, à une lieue des frontières respectives, et réciproquement en faveur des Français qui auraient des propriétés foncières en Suisse. — L'exportation et l'importation de ces denrées territoriales seront libres et exemptes de tous droits, lorsque les propriétaires respectifs auront rempli les formalités exigées par les autorités compétentes des deux puissances.

12. Les citoyens des deux républiques seront respectivement traités, sous le rapport de commerce et des droits d'importation, d'exportation et de transit, sur le même pied que ceux des nations les plus favorisées, et il sera fait, dans le plus court délai possible, un règlement commercial qui sera ajouté au présent traité en forme d'articles supplémentaires. — Il ne pourra être exigé des Français qui formeront un établissement en Suisse, ou qui voudraient y exercer un genre d'industrie que la loi permet aux nationaux, aucun droit ou condition pécuniaire plus onéreux qu'on ne l'exige pour l'établissement des nationaux eux-mêmes.—Ils pourront aller et venir en Suisse, munis de passe-ports en forme, et s'y établir, après avoir

produit à la légation française en Suisse des certificats de bonne conduite et mœurs, ainsi que les autres attestations nécessaires pour obtenir d'être immatriculés. On suivra, à l'égard de leurs personnes et de leurs propriétés, les mêmes lois et usages qu'envers les nationaux. — Les Suisses jouiront en France des mêmes avantages.

Nota. Les art. 13 à 19 qui terminent cet extrait dans le Bulletin des lois sont reproduits dans le traité du 18 juill. 1828. — V. ord. du 31 déc. 1828.

19 janv. 1806. — Traité de paix conclu le 5 niv. an 14 (26 déc. 1805), à Presbourg, entre l'empereur des Français, roi d'Italie, et l'empereur d'Allemagne et d'Autriche.

29 janv. 1807.— Traité de paix et d'alliance conclu le 11 déc. 1806, entre l'empereur des Français et le roi de Saxe.

7 juill. 1807. — Traité conclu à Tilsitt le 7 juill. 1807, entre l'empereur des Français, roi d'Italie, protecteur de la confédération du Rhin, et l'empereur de toutes les Russies.

9 juill. 1807. — Traité de paix conclu à Tilsitt le 9 juill. 1807, entre Sa Majesté l'empereur des Français, roi d'Italie, protecteur de la confédération du Rhin, et le roi de Prusse.

10 mai 1808.— Traité par lequel le prince des Asturies adhère à la cession faite par le roi Charles IV.

29 oct. 1809.— Traité de paix conclu le 14 oct. 1809, entre Sa Majesté l'empereur des Français, roi d'Italie, protecteur de la confédération du Rhin, médiateur de la confédération suisse, et Sa Majesté l'empereur d'Autriche, roi de Hongrie et de Bohême, et dont les ratifications ont été échangées le 20 octobre.

24 fév. 1810.— Traité de paix conclu le 6 janv. 1810, entre Sa Majesté l'empereur des Français, roi d'Italie, protecteur de la confédération du Rhin, médiateur de la confédération Suisse, et Sa Majesté le roi de Suède.

24 fév. 1812.—Traité d'alliance entre Leurs Majestés l'empereur des Français et le roi de Prusse.

14 mars 1812.— Traité d'alliance entre Leurs Majestés l'empereur des Français et l'empereur d'Autriche.

13 fév. 1813.— Publication du concordat de Fontainebleau. — V. Culte, p. 705.

25 mars 1813.— Décret relatif à l'exécution du concordat de Fontainebleau.— V. *eod.*, p. 708.

10 juill. 1813.—Traité conclu entre Sa Majesté l'empereur des Français, roi d'Italie, protecteur de la confédération du Rhin, médiateur de la confédération suisse, et Sa Majesté le roi de Danemark et de Norwége.

23 avr.-4 juin 1814.—Conventions arrêtés entre S. A. R. Monsieur, lieutenant général du royaume et les hautes puissances alliées.

Les puissances alliées, réunies dans l'intention de mettre un terme aux malheurs de l'Europe, et de fonder son repos sur une juste répartition de force entre les Etats qui la composent; voulant donner à la France, revenue à un gouvernement dont les principes offrent les garanties nécessaires pour le maintien de la paix, des preuves de leur désir de se placer avec elle dans des relations d'amitié; voulant aussi faire jouir la France, autant que possible, d'avance, des bienfaits de la paix, même avant que toutes les dispositions en aient été arrêtées, ont résolu de procéder, conjointement avec Son Altesse royale Monsieur, fils de France, frère du roi, lieutenant général du royaume de France, à une suspension d'hostilités entre les forces respectives et au rétablissement des rapports anciens d'amitié entre elles;

Son Altesse royale Monsieur, fils de France, etc., etc., d'une part, et Leurs Majestés, etc., etc., d'autre part, ont nommé, en conséquence, des plénipotentiaires pour convenir d'un acte, lequel, sans préjuger les dispositions de la paix, renferme les stipulations d'une suspension d'hostilités, et qui sera suivi, le plus tôt que faire se pourra, d'un traité de paix, savoir (*désignation des hautes puissances contractantes et de leurs plénipotentiaires*), lesquels, après l'échange de leurs pleins pouvoirs, sont convenus des articles suivants :

Art. 1. Toutes hostilités sur terre et sur mer sont et demeurent suspendues entre les puissances alliées et la France, savoir : pour les armées de terre, aussitôt que les généraux commandant les armées françaises et places fortes auront fait connaître aux généraux commandant les troupes alliées qui leur sont opposées, qu'ils ont reconnu l'autorité du lieutenant général du royaume de France, et, tant sur mer qu'à l'égard des places et stations maritimes, aussitôt que les flottes et ports du royaume de France, ou occupés par les troupes françaises, auront fait la même soumission.

2. Pour constater le rétablissement des rapports d'amitié entre les puissances alliées et la France, et pour la faire jouir, autant que possible, d'avance, des avantages de la paix, les puissances alliées feront évacuer par leurs armées le territoire français, tel qu'il se trouvait le 1er janv. 1792, à mesure que les places occupées encore hors de ces limites par les troupes françaises seront évacuées et remises aux alliés.

3. Le lieutenant général du royaume de France donnera, en conséquence, aux commandants de ces places, l'ordre de les remettre, dans les termes suivants, savoir : les places situées sur le Rhin, non comprises dans les limites de la France du 1er janv. 1792, et celles entre le Rhin et ces mêmes limites, dans l'espace de dix jours, à dater de la signature du présent acte; les places du Piémont et dans les autres parties de l'Italie qui appartenaient à la France, dans celui de quinze jours; celles de l'Espagne, dans celui de vingt jours, et toutes les autres places, sans exception, qui se trouvent occupées par les troupes françaises, de manière que la remise totale puisse être effectuée jusqu'au 1er juin prochain. Les garnisons de ces places sortiront avec armes et bagages, et les propriétés particulières des militaires et employés de tout grade. Elles pourront emmener l'artillerie de campagne, dans la proportion de trois pièces par chaque millier d'hommes, les malades et blessés y compris. — La dotation des forteresses et tout ce qui n'est pas propriété particulière demeurera et sera remis en entier aux alliés, sans qu'il puisse en être distrait aucun objet. Dans la dotation sont compris non-seulement les dépôts d'artillerie et de munitions, mais encore toutes autres provisions de tout genre, ainsi que les archives, inventaires, plans, cartes, modèles, etc., etc., etc.— D'abord, après la signature de la présente convention, des commissaires des puissances alliées et françaises seront nommés et envoyés dans les forteresses, pour constater l'état où elles se trouvent, et pour régler en commun l'exécution de cet article. — Les garnisons seront dirigées par étapes sur les différentes lignes dont on conviendra pour leur rentrée en France. — Le blocus des places fortes en France sera levé sur-le-champ par les armées alliées. Les troupes françaises faisant partie de l'armée d'Italie, ou occupant les places fortes dans ce pays ou dans la Méditerranée seront rappelées sur-le-champ par Son Altesse royale le lieutenant général du royaume.

4. Les stipulations de l'article précédent seront appliquées également aux places maritimes : les puissances contractantes se réservent, toutefois, de régler, dans le traité de paix définitif, le sort des arsenaux, vaisseaux de guerre armés et non armés qui se trouvent dans ces places.

5. Les flottes et bâtiments de la France demeureront dans leur situation respective, sauf la sortie des bâtiments chargés de missions; mais l'effet immédiat du présent acte à l'égard des ports français sera la levée de tout blocus par terre ou par mer, la liberté de la pêche, celle du cabotage, particulièrement de celui qui est nécessaire pour l'approvisionnement de Paris et le rétablissement des relations de commerce, conformément aux règlements intérieurs de chaque pays; et cet effet immédiat, à l'égard de l'intérieur, sera le libre approvisionnement des villes et le libre transit des transports militaires ou commerciaux.

6. Pour prévenir tous les sujets de plaintes et de contestations qui pourraient naître à l'occasion des prises qui seraient faites en mer après la signature de la présente convention, il est réciproquement convenu que les vaisseaux et effets qui pourraient être pris dans la Manche et dans les mers du Nord après l'espace de douze jours, à compter de l'échange des ratifications du présent acte, seront, de part et d'autre, restitués; que le terme sera d'un mois, depuis la Manche et les mers du Nord jusqu'aux îles Canaries, de deux mois jusqu'à l'équateur, et enfin de cinq mois dans toutes les autres parties du monde, sans aucune exception, ni autre distinction plus particulière de temps et de lieu.

7. De part et d'autre, les prisonniers, officiers et soldats de terre et de mer, ou de quelque nature que ce soit, et particulièrement les otages, seront immédiatement renvoyés dans leurs pays respectifs, sans rançon et sans échange. Des commissaires seront nommés réciproquement pour procéder à cette libération générale.

8. Il sera fait remise par les cobelligérants, immédiatement après la signature du présent acte, de l'administration des départements ou villes actuellement occupés par leurs forces, aux magistrats nommés par Son Altesse royale le lieutenant général du royaume de France. Les autorités royales pourvoiront aux subsistances et besoin des troupes, jusqu'au moment où elles auront évacué le territoire français; les puissances alliées voulant, par un effet de leur amitié pour la France, faire cesser les réquisitions militaires, aussitôt que la remise au pouvoir légitime aura été effectuée. — Tout ce qui tient à l'exécution de cet article sera réglé par une convention particulière. — V. ord. 5 mai 1814.

9. On s'entendra respectivement, aux termes de l'art. 2, sur les routes que les troupes des puissances alliées suivront dans leur marche, pour y préparer les moyens de subsistances; et des commissaires seront nommés pour régler toutes les dispositions de détail, et accompagner les troupes jusqu'au moment où elles quitteront le territoire français.

Article additionnel. — Le terme de dix jours admis en vertu des stipulations de l'art. 3 de la convention de ce jour pour l'évacuation des places sur le Rhin, et entre ce fleuve et les anciennes frontières de la France, est étendu aux places, forts et établissements militaires, de quelque nature qu'ils soient, dans les Provinces-Unies des Pays-Bas. — Le présent article additionnel aura la même force et valeur comme s'il existait textuellement inséré à la convention de ce jour (1).

5 mai-8 juin 1814. — Ordonnance qui enjoint aux autorités dans les départements de pourvoir aux subsistances et besoins des troupes alliées (art. 1), et en conséquence leur défend d'obtempérer aux réquisitions qui leur seraient faites par les commandants ou intendants des puissances alliées (art. 2), et déclare nulles toutes ventes de bois de futaie ou de taillis ou de mobilier appartenant à la couronne, à l'Etat ou aux établissements publics faites de l'autorité desdits commandants ou intendants (art. 3 et 4).

30 mai-8 juin 1814.— Traité de paix entre le roi et les puissances alliées.

Au nom de la très-sainte et indivisible Trinité.

Sa Majesté le roi de France et de Navarre, d'une part, et Sa Majesté l'empereur d'Autriche, roi de Hongrie et de Bohême, et ses alliés, d'autre part, étant animés d'un égal désir de mettre fin aux longues agitations de l'Europe et aux malheurs des peuples, par une paix solide, fondée sur une juste répartition de forces entre les puissances, et portant dans ses stipulations la garantie de sa durée; et Sa Majesté l'empereur d'Autriche, roi de Hongrie et de Bohême, et ses alliés, ne voulant plus exiger de la France, aujourd'hui que, s'étant replacée sous le gouvernement paternel de ses rois, elle offre ainsi à l'Europe un gage de sécurité et de stabilité, des conditions et des garanties qu'ils lui avaient à regret demandées sous son dernier gouvernement, Leursdites Majestés ont nommé des plénipotentiaires, pour

(1) *Article secret*. — Les places fortes qui doivent être évacuées par la France étant débloquées aussitôt après la signature de la présente convention, toutes les réquisitions de la part des commandants auront à cesser; les propriétés publiques et particulières desdites places seront conservées; celles qui auraient été distraites, et qui existent encore en tout ou en partie, seront restituées : cette dernière stipulation est particulièrement applicable à la banque de Hambourg; le gouvernement français s'offre de donner les ordres nécessaires pour l'exécution de cet article. Le présent article secret aura la même force et valeur comme s'il était textuellement inséré en la convention de ce jour (Histoire des traités de paix de Schoel, t. 10, p. 44).

discuter, arrêter et signer un traité de paix et d'amitié, savoir (désignation des plénipotentiaires), lesquels, après avoir, etc. :

Art. 1. Il y aura, à compter de ce jour, paix et amitié entre Sa Majesté le roi de France et de Navarre, d'une part, et Sa Majesté l'empereur d'Autriche, roi de Hongrie et de Bohême, et ses alliés, de l'autre part, leurs héritiers et successeurs, leurs Etats et sujets respectifs à perpétuité. — Les hautes parties contractantes apporteront tous leurs soins à maintenir, non-seulement entre elles, mais encore autant qu'il dépend d'elles, entre tous les Etats de l'Europe, la bonne harmonie et intelligence si nécessaires à son repos.

2. Le royaume de France conserve l'intégrité de ses limites, telles qu'elles existaient à l'époque du 1er janvier 1792. Il recevra, en outre, une augmentation de territoire comprise dans la ligne de démarcation fixée par l'article suivant.

3. Du côté de la Belgique, de l'Allemagne et de l'Italie, l'ancienne frontière, ainsi qu'elle existait le 1er janv. 1792, sera rétablie, en commençant de la mer du Nord entre Dunkerque et Nieuport, jusqu'à la Méditerranée, entre Cagnes et Nice, avec les rectifications suivantes :

1° Dans le département de Jemmapes, les cantons de Dour, Merbes-le-Château, Beaumont et Chimay resteront à la France : la ligne de démarcation passera, là où elle touche le canton de Dour, entre ce canton et ceux de Boussu et Pâturage, ainsi que plus loin, entre celui de Merbes-le-Château et ceux de Binch et de Thuin.

2° Dans le département de Sambre-et-Meuse, les cantons de Valcour, Florennes, Beauraing et Gédinne appartiendront à la France : la démarcation, quand elle atteint ce département, suivra la ligne qui sépare les cantons précités du département de Jemmapes et du reste de celui de Sambre-et-Meuse.

3° Dans le département de la Moselle, la nouvelle démarcation, là où elle s'écarte de l'ancienne, sera formée par une ligne à tirer depuis Perle jusqu'à Fremesdorf, et par celle qui sépare le canton de Tholey du reste du département de la Moselle.

4° Dans le département de la Sarre, les cantons de Saarbruck et d'Arneval resteront à la France, ainsi que la partie de celui de Lebach qui est située au midi d'une ligne à tirer le long des confins des villages de Herchenbach, Ueberhofen, Hilsbach et Hall (en laissant ces différents endroits hors de la frontière française), jusqu'au point où, près de Querseille (qui appartient à la France), la ligne qui sépare les cantons d'Arneval et d'Ottweiler atteint celle qui sépare ceux d'Arneval et de Lebach, la frontière de ce côté sera formée par la ligne ci-dessus désignée, et ensuite par celle qui sépare le canton d'Arneval de celui de Bliecastel.

5° La forteresse de Landau ayant formé avant l'année 1792 un point isolé dans l'Allemagne, la France conserve au delà de ses frontières une partie des départements du Mont-Tonnerre et du Bas-Rhin, pour joindre la forteresse de Landau et son rayon au reste du royaume. La nouvelle démarcation, en partant du point où, près d'Obersteinbach (qui reste hors des limites de la France), la frontière entre le département de la Moselle et celui de Mont-Tonnerre atteint le département du Bas-Rhin, suivra la ligne qui sépare les cantons de Weissembourg et de Bergzabern (du côté de la France), des cantons de Pirmasens, Dahn et Anweiler (du côté de l'Allemagne), jusqu'au point où ces limites, près du village de Wolmersheim, touchent l'ancien rayon de la forteresse de Landau : de ce rayon, qui reste ainsi qu'il était en 1792, la nouvelle frontière suivra le bras de la rivière de la Queich, qui, en quittant ce rayon près de Queicheim (qui reste à la France), passe près des villages de Merlenheim, Knittelsheim et Belheim (demeurant également français), jusqu'au Rhin, qui continuera ensuite à former la limite de la France et de l'Allemagne. — Quant au Rhin, le thalweg constituera la limite, de manière cependant que les changements que subira par la suite le cours de ce fleuve n'auront à l'avenir aucun effet sur la propriété des îles qui s'y trouvent : l'état de possession de ces îles sera rétabli tel qu'il existait à l'époque de la signature du traité de Lunéville.

6° Dans le département du Doubs, la frontière sera rectifiée de manière à ce qu'elle commence au-dessus de la Rançonnière près de Locle, et suive la crête du Jura, entre le Cerneux-Péquignot et le village de Fontenelles, jusqu'à une cime du Jura située environ à sept ou huit mille pieds au nord-ouest du village de la Brevine, où elle retombera dans l'ancienne limite de la France.

7° Dans le département du Léman, les frontières entre le territoire français, le pays de Vaud et les différentes portions du territoire de la république de Genève (qui fera partie de la Suisse), restent les mêmes qu'elles étaient avant l'incorporation de Genève à la France. Mais le canton de Frangy, celui de Saint-Julien (à l'exception de la partie située au nord d'une ligne à tirer du point où la rivière de la Laire entre, près de Chancy, dans le territoire genevois, le long des confins de Seseguin, Lacouex et Seseneuve, qui resteront hors des limites de la France), le canton de Reigner (à l'exception de la portion qui se trouve à l'est d'une ligne qui suit les confins de la Muraz, Bussi, Pers et Cornier, qui seront hors des limites françaises), et le canton de la Roche (à l'exception des endroits nommés la Roche et Armanoy, avec leurs districts), resteront à la France : la frontière suivra les limites de ces différents cantons et les lignes qui séparent les portions qui demeurent à la France de celles qu'elle ne conserve pas.

8° Dans le département du Mont-Blanc, la France acquiert la sous-préfecture de Chambéry (à l'exception des cantons de l'Hôpital, de Saint-Pierre-d'Albigny, de la Rocette et de Montmélian), et la sous-préfecture d'Annecy (à l'exception de la partie du canton de Faverge située à l'est d'une ligne qui passe entre Ourchaise et Marlens du côté de la France, et Marthod et Ugine du côté opposé, et qui suit après la crête des montagnes, jusqu'à la frontière du canton de Thones) : c'est cette ligne qui, avec la limite des cantons mentionnés, formera de ce côté la nouvelle frontière.

Du côté des Pyrénées, les frontières restent telles qu'elles étaient entre les deux royaumes de France et d'Espagne à l'époque du 1er janv. 1792 ; et il sera de suite nommé une commission mixte de la part des deux couronnes pour en fixer la démarcation finale.

La France renonce à tous droits de souveraineté, de suzeraineté et de possession sur tous les pays et districts, villes et endroits quelconques situés hors de la frontière ci-dessus désignée, la principauté de Monaco étant toutefois replacée dans les rapports où elle se trouvait avant le 1er janvier 1792.

Les cours alliées assurent à la France la possession de la principauté d'Avignon, du comtat Venaissin, du comté de Montbéliard, et de toutes les enclaves qui ont appartenu autrefois à l'Allemagne, comprises dans la frontière ci-dessus indiquée, qu'elles aient été incorporées à la France avant ou après le 1er janv. 1792.

Les puissances se réservent réciproquement la faculté entière de fortifier tel point de leurs Etats qu'elles jugeront convenable pour leur sûreté.

Pour éviter toute lésion de propriétés particulières, et mettre à couvert, d'après les principes les plus libéraux, les biens d'individus domiciliés sur les frontières, il sera nommé, par chacun des Etats limitrophes de la France, des commissaires pour procéder, conjointement avec des commissaires français, à la délimitation des pays respectifs.

Aussitôt que le travail des commissaires sera terminé, il sera dressé des cartes signées par les commissaires respectifs, et placé des poteaux qui constateront les limites réciproques.

4. Pour assurer les communications de la ville de Genève avec d'autres parties du territoire de la Suisse situées sur le lac, la France consent à ce que l'usage de la route par Versoy soit commun aux deux pays : les gouvernements respectifs s'entendront à l'amiable sur les moyens de prévenir la contrebande, et de régler le cours des postes et l'entretien de la route.

5. La navigation sur le Rhin, du point où il devient navigable jusqu'à la mer, et réciproquement, sera libre, de telle sorte qu'elle ne puisse être interdite à personne; et l'on s'occupera, au futur congrès, des principes d'après lesquels on pourra régler les droits à lever par les Etats riverains, de la manière la plus égale et la plus favorable au commerce de toutes les nations. — Il sera examiné et décidé de même, dans le futur congrès, de quelle manière, pour faciliter le communication entre les peuples, et les rendre toujours moins étrangers les uns aux autres, la disposition ci-dessus pourra être également étendue à tous les autres fleuves qui, dans leur cours navigable, séparent ou traversent différents Etats.

6. La Hollande, placée sous la souveraineté de la maison d'Orange, recevra un accroissement de territoire. Le titre et l'exercice de la souveraineté n'y pourront, dans aucun cas, appartenir à aucun prince portant ou appelé à porter une couronne étrangère. —Les Etats de l'Allemagne seront indépendants et unis par un lien fédératif. — La Suisse, indépendante, continuera de se gouverner par elle-même. — L'Italie, hors les limites des pays qui reviendront à l'Autriche, sera composée d'Etats souverains.

7. L'île de Malte et ses dépendances appartiendront, en toute propriété et souveraineté, à Sa Majesté Britannique.

8. Sa Majesté Britannique, stipulant pour elle et ses alliés, s'engage à restituer à Sa Majesté Très-Chrétienne, dans les délais qui seront ci-après fixés, les colonies, pêcheries, comptoirs et établissements de tout genre que la France possédait au 1er janv. 1792, dans les mers et sur les continents de l'Amérique, de l'Afrique et de l'Asie, à l'exception toutefois des îles de Tabago et de Sainte-Lucie, et de l'île de France et ses dépendances, nommément Rodrigue et les Séchelles, lesquelles Sa Majesté Très-Chrétienne cède en toute propriété et souveraineté à Sa Majesté Britannique, comme aussi de la partie de Saint-Domingue cédée à la France par la paix de Bâle, et que Sa Majesté Très-Chrétienne rétrocède à Sa Majesté Catholique en toute propriété et souveraineté.

9. Sa Majesté le roi de Suède et de Norwége, en conséquence d'arrangements pris avec ses alliés, et pour l'exécution de l'article précédent, consent à ce que l'île de la Guadeloupe soit restituée à Sa Majesté Très-Chrétienne, et cède tous les droits qu'il peut avoir sur cette île.

10. Sa Majesté Très-Fidèle, en conséquence d'arrangements pris avec ses alliés et pour l'exécution de l'art. 8, s'engage à restituer à Sa Majesté Très-Chrétienne, dans le délai ci-après fixé, la Guyane française, telle qu'elle existait au 1er janv. 1792. — L'effet de la stipulation ci-dessus étant de faire revivre la contestation existant à cette époque au sujet des limites, il est convenu que cette contestation sera terminée par un arrangement amiable entre les deux cours, sous la médiation de Sa Majesté Britannique.

11. Les places et forts existant dans les colonies et établissements qui doivent être rendus à Sa Majesté Très-Chrétienne en vertu des art. 8, 9 et 10, seront remis dans l'état où ils se trouveront au moment de la signature du présent traité

12. Sa Majesté Britannique s'engage à faire jouir les sujets de Sa Majesté Très-Chrétienne, relativement au commerce et à la sûreté de leurs personnes et propriétés, dans les limites de la souveraineté britannique sur le continent des Indes, des mêmes facilités, priviléges et protection qui sont à présent ou seront accordés aux nations les plus favorisées. De son côté, Sa Majesté Très-Chrétienne, n'ayant rien plus à cœur que la perpétuité de la paix entre les deux couronnes de France et d'Angleterre, et voulant contribuer, autant qu'il est en elle, à écarter dès à présent des rapports des deux peuples ce qui pourrait un jour altérer la bonne intelligence mutuelle, s'engage à ne faire aucun ouvrage de fortification dans les établissements qui lui doivent être restitués, et qui sont situés dans les limites de la souveraineté britannique sur le continent des Indes, et à ne mettre dans ces établissements que le nombre de troupes nécessaire pour le maintien de la police.

13. Quant au droit de pêche des Français sur le grand banc de Terre-Neuve, sur les côtes de l'île de ce nom et des îles adjacentes et dans le golfe de Saint-Laurent, tout sera remis sur le même pied qu'en 1792 (V. arr. des 30 août 1784, 18 sept. 1785, 11 fév. 1787, et décis. des 11 janv. 1784, 7 janv. 1785, 25 déc. 1785 et 9 fév. 1788; loi des 7 mars-10 avr. 1791.—V. Pêche marit., nos 8 et suiv.).

14. Les colonies, comptoirs et établissements qui doivent être restitués à Sa Majesté Très-Chrétienne par Sa Majesté Britannique ou ses alliés seront remis, savoir : ceux qui sont dans les mers du Nord ou dans les mers et sur les continents de l'Amérique ou de l'Afrique, dans les trois mois, et ceux qui sont au delà du cap de Bonne-Espérance, dans les six mois qui suivront la ratification du présent traité.

15. Les hautes parties contractantes s'étant réservé, par l'art. 4 de la convention du 23 avr. dernier, de régler dans le présent traité de paix définitif le sort des arsenaux et des vaisseaux de guerre armés et non armés qui se trouvent dans les places maritimes remises par la France, en exécution de l'art. 2 de ladite convention, il est convenu que lesdits vaisseaux et bâtiments de guerre armés et non armés, comme aussi l'artillerie navale et les munitions navales, et tous les matériaux de construction et d'armement, seront partagés entre la France et le pays où les places sont situées, dans la proportion de deux tiers pour la France et d'un tiers pour les puissances auxquelles lesdites places appartiendront. — Seront considérés comme matériaux et partagés comme tels dans la proportion ci-dessus énoncée, après avoir été démolis, les vaisseaux et bâtiments en construction qui ne seraient pas en état d'être mis en mer six semaines après la signature du présent traité. — Des commissaires seront nommés de part et d'autre pour arrêter le partage et en dresser l'état, et des passe-ports ou sauf-conduits seront donnés par les puissances alliées pour assurer le retour en France des ouvriers, gens de mer et employés français.— Ne sont compris dans les stipulations ci-dessus les vaisseaux et arsenaux existant dans les places maritimes qui seraient tombées au pouvoir des alliés antérieurement au 23 avr., ni les vaisseaux et arsenaux qui appartenaient à la Hollande, et nommément la flotte du Texel. — Le gouvernement de France s'oblige à retirer ou à faire vendre tout ce qui lui appartiendra par les stipulations ci-dessus énoncées,

dans le délai de trois mois après le partage effectué.—Dorénavant le port d'Anvers sera uniquement un port de commerce.

16. Les hautes parties contractantes, voulant mettre et faire mettre dans un entier oubli les divisions qui ont agité l'Europe, déclarent et promettent que, dans les pays restitués et cédés par le présent traité, aucun individu, de quelque classe et condition qu'il soit, ne pourra être poursuivi, inquiété ou troublé, dans sa personne ou dans sa propriété, sous aucun prétexte, ou à cause de sa conduite ou opinion politique, ou de son attachement, soit à aucune des parties contractantes, soit à des gouvernements qui ont cessé d'exister, ou pour toute autre raison, si ce n'est pour les dettes contractées envers les individus, ou pour des actes postérieurs au présent traité.

17. Dans tous les pays qui doivent ou devront changer de maîtres, tant en vertu du présent traité que des arrangements qui doivent être faits en conséquence, il sera accordé aux habitants naturels et étrangers, de quelque condition et nation qu'ils soient, un espace de six ans, à compter de l'échange des ratifications, pour disposer, s'ils le jugent convenable, de leurs propriétés acquises, soit avant, soit depuis la guerre actuelle, et se retirer dans tel pays qu'il leur plaira de choisir.

18. Les puissances alliées, voulant donner à Sa Majesté Très-Chrétienne un nouveau témoignage de leur désir de faire disparaître, autant qu'il est en elles, les conséquences de l'époque de malheur si heureusement terminée par la présente paix, renoncent à la totalité des sommes que les gouvernements ont à réclamer de la France, à raison de contrats, de fournitures ou d'avances quelconques faites au gouvernement français dans les différentes guerres qui ont eu lieu depuis 1792. — De son côté, Sa Majesté Très-Chrétienne renonce à toute réclamation qu'elle pourrait former contre les puissances alliées, aux mêmes titres. En exécution de cet article, les hautes parties contractantes s'engagent à se remettre mutuellement tous les titres, obligations et documents qui ont rapport aux créances auxquelles elles ont réciproquement renoncé.

19. Le gouvernement français s'engage à faire liquider et payer les sommes qu'il se trouverait devoir d'ailleurs dans des pays hors de son territoire, en vertu de contrats ou d'autres engagements formels passés entre des individus ou des établissements particuliers et les autorités françaises, tant pour fournitures qu'à raison d'obligations légales. — V. conv. du 15 juin 1818.

20. Les hautes parties contractantes nommeront, immédiatement après l'échange des ratifications du présent traité, des commissaires pour régler et tenir la main à l'exécution de l'ensemble des dispositions renfermées dans les art. 18 et 19. Ces commissaires s'occuperont de l'examen des réclamations dont il est parlé dans l'article précédent, de la liquidation des sommes réclamées, et du mode dont le gouvernement français proposera de s'en acquitter. Ils seront chargés de même de la remise des titres, obligations et documents relatifs aux créances auxquelles les hautes parties contractantes renoncent mutuellement, de manière que la ratification du résultat de leur travail complétera cette renonciation réciproque.—V. ord. du 8 juin 1814.

21. Les dettes spécialement hypothéquées dans leur origine sur les pays qui cessent d'appartenir à la France, ou contractées pour leur administration intérieure, resteront à la charge de ces mêmes pays. Il sera tenu compte, en conséquence, au gouvernement français, à partir du 22 déc. 1813, de celles de ces dettes qui ont été converties en inscriptions au grand-livre de la dette publique de France. Les titres de toutes celles qui ont été préparées pour l'inscription et n'ont pas encore été inscrites seront remis aux gouvernements des pays respectifs. Les états de toutes ces dettes seront dressés et arrêtés par une commission mixte.

22. Le gouvernement français restera chargé, de son côté, du remboursement de toutes les sommes versées par les sujets des pays ci-dessus mentionnés dans les caisses françaises, soit à titre de cautionnements, de dépôts ou de consignations. De même, les sujets français, serviteurs desdits pays, qui ont versé des sommes à titre de cautionnement, dépôts ou consignations, dans leurs trésors respectifs, seront fidèlement remboursés.

23. Les titulaires de places assujetties à cautionnement qui n'ont pas de maniement de deniers seront remboursés avec les intérêts jusqu'à parfait payement, à Paris, par cinquième et par année, à partir de la date du présent traité. — A l'égard de ceux qui sont comptables, ce remboursement commencera au plus tard six mois après la présentation de leurs comptes, le seul cas de malversation excepté. Une copie du dernier compte sera remise au gouvernement de leur pays pour lui servir de renseignement et de point de départ (V. ord. des 10 fév. 1815 et 14 fév. 1816).

24. Les dépôts judiciaires et consignations faits dans la caisse d'amortissement, en exécution de la loi du 28 niv. an 13 (18 janv. 1805), et qui appartiennent à des habitants des pays que la France cesse de posséder, seront remis, dans le terme d'une année à compter de l'échange des ratifications du présent traité, entre les mains des autorités desdits pays, à l'exception de ceux de ces dépôts et consignations qui intéressent des sujets français; dans lequel cas, ils resteront dans la caisse d'amortissement pour n'être remis que sur les justifications résultant des décisions des autorités compétentes.

25. Les fonds déposés par les communes et établissements publics dans la caisse de service et dans la caisse d'amortissement, ou dans toute autre caisse du gouvernement, leur seront remboursés par cinquième, d'année en année, à partir de la date du présent traité, sous la déduction des avances qui leur auraient été faites, et sauf les oppositions régulières faites sur ces fonds par des créanciers desdites communes et desdits établissements publics.

26. A dater du 1er janv. 1814, le gouvernement français cesse d'être chargé du payement de toute pension civile, militaire et ecclésiastique, solde de retraite et traitement de réforme, à tout individu qui se trouve n'être plus sujet français

27. Les domaines nationaux acquis à titre onéreux par des sujets français dans les ci-devant départements de la Belgique, de la rive gauche du Rhin et des Alpes, hors des anciennes limites de la France, sont et demeurent garantis aux acquéreurs.

28. L'abolition des droits d'aubaine, de détraction et autres de la même nature, dans les pays qui l'ont réciproquement stipulée avec la France, ou qui lui avaient précédemment été réunis, est expressément maintenue.

29. Le gouvernement français s'engage à faire restituer les obligations et autres titres qui auraient été saisis dans les provinces occupées par les armées ou administrations françaises, et, dans le cas où la restitution ne pourrait en être effectuée, ces obligations et titres sont et demeurent anéantis.

30. Les sommes qui seront dues pour tous les travaux d'utilité publique non encore terminés, ou terminés postérieurement au 31 déc. 1812 sur le Rhin et dans les départements détachés de la France par le présent traité, passeront à la charge des futurs possesseurs du territoire, et seront liquidées par la commission chargée de la liquidation des dettes des pays.

31. Les archives, cartes, plans et documents quelconques appartenant aux pays cédés, ou concernant leur administration, seront fidèlement rendus en même temps que le pays, ou, si cela était impossible, dans un délai qui ne pourra être de plus de six mois après la remise des pays mêmes.—Cette stipulation est applicable aux archives, cartes et planches qui pourraient avoir été enlevées dans les pays momentanément occupés par les différentes armées.

32. Dans le délai de deux mois, toutes les puissances qui ont été engagées de part et d'autre dans la présente guerre enverront des plénipotentiaires à Vienne, pour régler, dans un congrès général, les arrangements qui doivent compléter les dispositions du présent traité.

33. Le présent traité sera ratifié, etc.

Article additionnel. Les hautes parties contractantes, voulant effacer toutes les traces des événements malheureux qui ont pesé sur leurs peuples, sont convenus d'annuler explicitement les effets des traités de 1805 et 1809, en autant qu'ils ne sont déjà annulés de fait par le présent traité. En conséquence de cette détermination, Sa Majesté très-chrétienne promet que les décrets portés contre des sujets français ou réputés français étant ou ayant été au service de Sa Majesté impériale et royale apostolique demeureront sans effet, ainsi que les jugements qui ont pu être rendus en exécution de ces décrets. — Le présent article additionnel aura la même force et valeur que s'il était inséré mot à mot au traité patent de ce jour ; il sera ratifié, et les ratifications en seront échangées en même temps. En foi de quoi, les plénipotentiaires respectifs l'ont signé, et y ont apposé le cachet de leurs armes.

Fait à Paris, le 30 mai de l'an de grâce 1814.

Le même jour, dans le même lieu et au même moment, le même traité de paix définitif a été conclu, entre la France et la Russie, entre la France et la Grande-Bretagne, entre la France et la Prusse, avec les articles additionnels suivants :

Article additionnel au traité avec la Russie.

Le duché de Varsovie étant sous l'administration d'un conseil provisoire établi par la Russie, depuis que ce pays a été occupé par ses armes, les deux hautes parties contractantes sont convenues de nommer immédiatement une commission spéciale composée, de part et d'autre, d'un nombre égal de commissaires, qui seront chargés de l'examen, de la liquidation et de tous les arrangements relatifs aux prétentions réciproques. — Le présent article additionnel aura la même force et valeur que s'il était inséré mot à mot au traité patent de ce jour ; il sera ratifié, et les ratifications en seront échangées en même temps. En foi de quoi, les plénipotentiaires respectifs l'ont signé et y ont apposé le cachet de leurs armes.

Articles additionnels au traité avec la Grande-Bretagne.

Art. 1. Sa Majesté Très-Chrétienne, partageant sans réserve tous les sentiments de Sa Majesté Britannique relativement à un genre de commerce que repoussent et les principes de la justice naturelle et les lumières des temps où nous vivons, s'engage à unir, au futur congrès, tous ses efforts à ceux de Sa Majesté Britannique, pour faire prononcer par toutes les puissances de la chrétienneté l'abolition de la traite des noirs ; de telle sorte que ladite traite cesse universellement, comme elle cessera définitivement et dans tous les cas de la part de la France, dans un délai de cinq années, et qu'en outre, pendant la durée de ce délai, aucun trafiquant d'esclaves n'en puisse importer ni vendre ailleurs que dans les colonies de l'État dont il est sujet (V. décr. 29 mars 1815; ord. 8 janv. 1817; L. 15 avr. 1818).

2. Le gouvernement britannique et le gouvernement français nommeront incessamment des commissaires pour liquider leurs dépenses respectives pour l'entretien des prisonniers de guerre, afin de s'arranger sur la manière d'acquitter l'excédant qui se trouverait en faveur de l'une ou de l'autre des deux puissances.

3. Les prisonniers de guerre respectifs seront tenus d'acquitter, avant leur départ du lieu de leur détention, les dettes particulières qu'ils pourraient y avoir contractées, ou de donner au moins caution satisfaisante.

4. Il sera accordé de part et d'autre, aussitôt après la ratification du présent traité de paix, mainlevée du séquestre qui aurait été mis, depuis l'an 1792, sur les fonds, revenus, créances et autres effets quelconques des hautes parties contractantes ou de leurs sujets. — Les mêmes commissaires dont il est fait mention à l'art. 2 s'occuperont de l'examen et de la liquidation des réclamations des sujets de Sa Majesté Britannique envers le gouvernement français pour la valeur des biens meubles ou immeubles indûment confisqués par les autorités françaises, ainsi que pour la perte totale ou partielle de leurs créances ou autres propriétés indûment retenues sous le séquestre depuis l'année 1792. — La France s'engage à traiter à cet égard les sujets anglais avec la même justice que les sujets français ont éprouvée en Angleterre, et le gouvernement anglais, désirant concourir pour sa part au nouveau témoignage que les puissances alliées ont voulu donner à Sa Majesté Très-Chrétienne, de leur désir de faire disparaître les conséquences de l'époque de malheur si heureusement terminée par la présente paix, s'engage, de son côté, à renoncer, dès que justice complète sera rendue à ses sujets, à la totalité de l'excédant qui se trouverait en sa faveur relativement à l'entretien des prisonniers de guerre, de manière que la ratification du résultat du travail des commissaires susmentionnés, et l'acquit des sommes ainsi que la restitution des effets qui seront jugés appartenir aux sujets de Sa Majesté Britannique, compléteront sa renonciation.

5. Les deux hautes parties contractantes, désirant d'établir les relations les plus amicales entre leurs sujets respectifs, se réservent et promettent de s'entendre et de s'arranger, le plus tôt que faire se pourra, sur leurs intérêts commerciaux, dans l'intention d'encourager et d'augmenter la prospérité de leurs États respectifs. — Les présents articles additionnels auront, etc.

Article additionnel au traité avec la Prusse.

Quoique le traité de paix conclu à Bâle, le 5 avr. 1795, celui de Tilsitt, du 9 juill. 1807, la convention de Paris, du 20 sept. 1808, ainsi que toutes les conventions et actes quelconques conclus depuis la paix de Bâle entre la Prusse et la France, soient déjà annulés de fait par le présent traité, les hautes parties contractantes ont jugé néanmoins à propos de déclarer encore expressément que lesdits traités cessent d'être obligatoires pour tous leurs articles, tant patents que secrets, et qu'elles renoncent mutuellement à tout droit et se dégagent de toute obligation qui pourraient en découler — Sa Majesté Très-Chrétienne promet que les décrets portés contre des sujets français ou réputés français étant ou ayant été au service de Sa Majesté Prussienne demeureront sans effet, ainsi que les jugements qui on pu être rendus en exécution de ces décrets. — Le présent article additionnel aura, etc.

4 juin 1814. — Charte dont l'art. 14 attribue au roi le droit de faire les traités. — V. Droit constit., p. 326.

20 nov. 1815. — Traité et conventions conclus à Paris, le 20 nov. 1815.

Au nom de la très-sainte et indivisible Trinité.

Les puissances alliées ayant, par leurs efforts réunis et par le succès de leurs armes, préservé la France et l'Europe des bouleversements dont elles étaient menacées par le dernier attentat de Napoléon Buonaparte, et par le système révolutionnaire reproduit en France pour faire réussir cet attentat;—Partageant aujourd'hui avec Sa Majesté Très-Chrétienne le désir de consolider, par le maintien inviolable de l'autorité royale et la remise en vigueur de la charte constitutionnelle, l'ordre de choses heureusement rétabli en France, ainsi que celui de ramener entre la France et ses voisins ces rapports de confiance et de bienveillance réciproques que les funestes effets de la révolution et du système de conquête avaient troublés pendant si longtemps; — Persuadées que ce dernier but ne saurait être atteint que par un arrangement propre à leur assurer de justes indemnités pour le passé et des garanties solides pour l'avenir, — Ont pris en considération, de concert avec Sa Majesté le roi de France, les moyens de réaliser cet arrangement; et ayant reconnu que l'indemnité due aux puissances ne pouvait être ni toute territoriale, ni toute pécuniaire, sans porter atteinte à l'un ou à l'autre des intérêts essentiels de la France, et qu'il serait plus convenable de combiner les deux modes, de manière à prévenir ces deux inconvénients, Leurs Majestés impériales et royales ont adopté cette base pour leurs transactions actuelles; et se trouvant également d'accord sur celle de la nécessité de conserver pendant un temps déterminé, dans les provinces frontières de la France, un certain nombre de troupes alliées, elles sont convenues de réunir les différentes dispositions fondées sur ces bases, dans un traité définitif.

Dans ce but et à cet effet, Sa Majesté le roi de France et de Navarre, d'une part, et Sa Majesté le roi du Royaume-Uni de la Grande-Bretagne et d'Irlande, pour elle et ses alliés, d'autre part, ont nommé leurs plénipotentiaires pour discuter, arrêter et signer ledit traité définitif, savoir : (suit la désignation des plénipotentiaires.)

Lesquels, après avoir, etc.;

Art. 1. Les frontières de la France seront telles qu'elles étaient en 1790, sauf les modifications de part et d'autre qui se trouvent indiquées dans l'article présent.

1° Sur les frontières du nord, la ligne de démarcation restera telle que le traité de Paris l'avait fixée, jusque vis-à-vis de Quiévrain; de là elle suivra les anciennes limites des provinces belgiques, du ci-devant évêché de Liége et du duché de Bouillon, telles qu'elles étaient en 1790, en laissant les territoires enclavés de Philippeville et Marienbourg, avec les places de ce nom, ainsi que tout le duché de Bouillon, hors des frontières de la France. Depuis Villers près d'Orval (sur les confins du département des Ardennes et du grand-duché de Luxembourg) jusqu'à Perle, sur la chaussée qui conduit de Thionville à Trèves, la ligne restera telle qu'elle avait été désignée par le traité de Paris. De Perle, elle passera par Launsdorf, Walwich, Schardorf, Niederweiling, Pellweiler, tous ces endroits restant avec leurs banlieues à la France, et jusqu'à Houvre, et suivra de là les anciennes limites du pays de Sarrebruck, en laissant Sarrelouis et le cours de la Sarre, avec les endroits situés à la droite de la ligne ci-dessus désignés et leurs banlieues, hors des limites françaises. Des limites du pays de Sarrebruck, la ligne de démarcation sera la même qui sépare actuellement de l'Allemagne les départements de la Moselle et du Bas-Rhin, jusqu'à la Lauter, qui servira ensuite de frontière jusqu'à son embouchure dans le Rhin. Tout le territoire sur la rive gauche de la Lauter, y compris la place de Landau, fera partie de l'Allemagne; cependant la ville de Weissembourg, traversée par cette rivière, restera tout entière à la France, avec un rayon sur la rive gauche n'excédant pas mille toises, et qui sera plus particulièrement déterminé par les commissaires que l'on chargera de la délimitation prochaine.

2° A partir de l'embouchure de la Lauter, le long des départements du Bas-Rhin, du Haut-Rhin, du Doubs et du Jura, jusqu'au canton de Vaud, les frontières resteront comme elles ont été fixées par le traité de Paris. Le thalweg du Rhin formera la démarcation entre la France et les Etats de l'Allemagne; mais la propriété des îles, telle qu'elle sera fixée à la suite d'une nouvelle reconnaissance du cours de ce fleuve, restera immuable, quelques changements que subisse ce cours par la suite du temps. Des commissaires seront nommés de part et d'autre par les hautes parties contractantes, dans le délai de trois mois, pour procéder à ladite reconnaissance. La moitié du pont entre Strasbourg et Kehl appartiendra à la France, et l'autre moitié au grand-duché de Bade.

3° Pour établir une communication directe entre le canton de Genève et la Suisse, la partie du pays de Gex bornée à l'est par le lac Léman, au midi par le territoire du canton de Genève, au nord par celui du canton de Vaud, à l'ouest par celui de la Versoix et par une ligne qui renferme les communes de Collex-Bossy et Meyrin, en laissant la commune de Ferney à la France, sera cédée à la confédération helvétique, pour être réunie au canton de Genève. La ligne des douanes françaises sera placée à l'ouest du Jura, de manière que tout le pays de Gex se trouve hors de cette ligne.

4° Des frontières du canton de Genève jusqu'à la Méditerranée, la ligne de démarcation sera celle qui, en 1790, séparait la France de la Savoie et du comté de Nice. Les rapports que le traité de Paris de 1814 avait rétablis entre la France et la principauté de Monaco cesseront à perpétuité, et les mêmes rapports existeront entre cette principauté et Sa Majesté le roi de Sardaigne.

5° Tous les territoires et districts enclavés dans les limites du territoire français, telles qu'elles ont été déterminées par le present article, resteront reunis à la France.

6° Les hautes parties contractantes nommeront, dans le délai de trois mois, après la signature du présent traité, des commissaires pour régler tout ce qui a rapport à la délimitation des pays de part et d'autre; et aussitôt que le travail de ces commissaires sera terminé, il sera dressé des cartes et placé des poteaux qui constateront les limites respectives.

2. Les places et les districts qui, selon l'article précédent, ne doivent plus faire partie du territoire français seront remis à la disposition des puissances alliées, dans les termes fixés par l'art. 9 de la convention militaire annexée au présent traité, et Sa Majesté le roi de France renonce à perpétuité, pour elle, ses héritiers et successeurs, aux droits de souveraineté et propriété qu'elle a exercés jusqu'ici sur lesdites places et districts.

3. Les fortifications d'Huningue ayant été constamment un objet d'inquiétude pour la ville de Bâle, les hautes parties contractantes, pour donner à la confédération helvétique une nouvelle preuve de leur bienveillance et de leur sollicitude, sont convenues entre elles de faire démolir les fortifications d'Huningue; et le gouvernement français s'engage, par le même motif, à ne les rétablir dans aucun temps, et à ne point les remplacer par d'autres fortifications à une distance moindre que 3 lieues de la ville de Bâle.

La neutralité de la Suisse sera étendue au territoire qui se trouve au nord d'une ligne à tirer depuis Ugine, y compris cette ville, au midi du lac d'Annecy, par Faverge, jusqu'à Lecheraine, et de là au lac du Bourget jusqu'au Rhône, de la même manière qu'elle a été étendue aux provinces de Chablais et de Faucigny par l'art. 92 de l'acte final du congrès de Vienne.

4. La partie pécuniaire de l'indemnité à fournir par la France aux puissances alliées est fixées à la somme de 700 millions de francs. Le mode, les termes et les garanties du payement de cette somme seront réglés par une convention particulière, qui aura la même force et valeur que si elle était textuellement insérée au présent traité (V. ci-après convention, n° 1).

5. L'état d'inquiétude et de fermentation dont, après tant de secousses violentes et surtout après la dernière catastrophe, la France, malgré les intentions paternelles de son roi et les avantages assurés par la charte constitutionnelle à toutes les classes de ses sujets, doit nécessairement se ressentir encore, exigeant, pour la sûreté des Etats voisins, des mesures de précaution et de garantie temporaires, il a été jugé indispensable de faire occuper pendant un certain temps, par un corps de troupes alliées, des positions militaires le long des frontières de la France, sous la réserve expresse que cette occupation ne portera aucun préjudice à la souveraineté de Sa Majesté Très-Chrétienne, ni à l'état de possession tel qu'il est reconnu et confirmé par le présent traité.—Le nombre de ces troupes ne dépassera pas 150,000 hommes. Le commandant en chef de cette armée sera nommé par les puissances alliées. — Ce corps d'armée occupera les places de Condé, Valenciennes, Bouchain, Cambray, le Quesnoy, Maubeuge, Landrecies, Avesnes, Rocroy, Givet avec Charlemont, Mézières, Sedan, Montmédy, Thionville, Longwy, Bitche, et la tête du pont de Fort-Louis. — L'entretien de l'armée destinée à ce service devant être fourni par la France, une convention spéciale réglera tout ce qui peut avoir rapport à cet objet. Cette convention, qui aura la même force et valeur que si elle était textuellement insérée dans le présent traité, réglera de même les relations de l'armée d'occupation avec les autorités civiles et militaires du pays. — Le maximum de la durée de cette occupation militaire est fixée à cinq ans. Elle peut finir avant ce terme, si, au bout de trois ans, les souverains alliés, après avoir, de concert avec Sa Majesté le roi de France, mûrement examiné la situation et les intérêts réciproques et les progrès que le rétablissement de l'ordre et de la tranquillité aura faits en France, s'accordent à reconnaître que les motifs qui les portaient à cette mesure ont cessé d'exister. Mais, quel que soit le résultat de cette délibération, toutes les places et positions occupées par les troupes alliées seront, au terme de cinq ans révolus, évacuées sans autre délai, et remises à Sa Majesté Très-Chrétienne ou à ses héritiers et successeurs (V. ci-après convention, n° 2).

6. Les troupes étrangères autres que celles qui feront partie de l'armée d'occupation évacuront le territoire francais dans les termes fixés par l'art. 9 de la convention militaire annexée au présent traité.

7. Dans tous les pays qui changeront de maître, tant en vertu du présent traité que des arrangements qui doivent être faits en conséquence, il sera accordé aux habitants naturels et étrangers, de quelque condition et nation qu'ils soient, un espace de six ans, à compter de l'échange des ratifications, pour disposer, s'ils le jugent convenable, de leurs propriétés, et se retirer dans tel pays qu'il leur plaira de choisir.

8. Toutes les dispositions du traité de Paris du 30 mai 1814, relatives aux pays cédés par ce traité, s'appliqueront également aux différents territoires et districts cédés par le présent traité.

9. Les Hautes Parties contractantes s'étant fait représenter les différentes réclamations provenant du fait de la non-exécution des art. 19 et suiv. du traité du 30 mai 1814, ainsi que les articles additionnels de ce traité signés entre la France et la Grande-Bretagne, désirant de rendre plus efficaces les dispositions énoncées dans ces articles, et ayant, à cet effet, déterminé par deux conventions séparées la marche à suivre de part et d'autre pour l'exécution complète des articles susmentionnés, les deux dites conventions, telles qu'elles se trouvent jointes au présent traité, auront la même force et valeur que si elles y étaient textuellement insérées (V. ci-après convention, n°s 3 et 4).

10. Tous les prisonniers faits pendant les hostilités, de même que tous les otages qui peuvent avoir été enlevés ou donnés, seront rendus dans le plus court délai possible. Il en sera de même des prisonniers faits antérieurement au traité du 30 mai 1814, et qui n'auraient point encore été restitués.

11. Le traité de Paris du 30 mai 1814, et l'acte final du congrès de Vienne, du 9 juin 1815, sont confirmés et seront maintenus dans toutes celles de leurs dispositions qui n'auraient pas été modifiées par les clauses du présent traité.

12. Le présent traité, avec les conventions qui y sont jointes, sera ratifié en un seul acte, et les ratifications en seront échangées dans le terme de deux mois, ou plus tôt, si faire se peut.

En foi de quoi, etc. — Fait à Paris, le 20 novembre, l'an de grâce 1815.

Article additionnel.—Les Hautes Puissances contractantes, désirant sincèrement de donner suite aux mesures dont elles se sont occupées au congrès de Vienne, relativement à l'abolition complète et universelle de la traite des nègres d'Afrique, et ayant déjà, chacune dans ses Etats, défendu sans restriction à leurs colonies et sujets toute part quelconque à ce trafic, s'engagent à réunir de nouveau leurs efforts pour assurer le succès final des principes qu'elles ont proclamés dans la déclaration du 4 fév. 1815, et à concerter, sans perte de temps, par leurs ministres aux cours de Paris et de Londres, les mesures les plus efficaces pour obtenir l'abolition entière et définitive d'un commerce aussi odieux et aussi hautement réprouvé par les lois de la religion et de la nature.

Le présent article additionnel aura la même force et valeur, etc.

Le même jour, dans le même lieu et au même moment, le même traité, ainsi que les conventions et articles y annexés, a été conclu entre la France et l'Autriche; entre la France et la Prusse, entre la France et la Russie.

N° 1. 30 nov. 1815.—Convention conclue en conformité de l'art. 4 du traité principal, et relative au payement de l'indemnité pécuniaire à fournir, par la France, aux puissances alliées.

N° 2. 20 nov. 1815. — Convention conclue en conformité de l'art. 5 du traité principal, et relative à l'occupation d'une ligne militaire en France par une armée alliée, suivie d'un tarif qui comprend : 1° vivres, fourrages, logement, chauffage ; 2° hôpitaux ; 3° charrois ; 5° postes ; 5° douanes.

N° 3. 20 nov. 1815.—Convention conclue en conformité de l'art. 9 du traité principal, et relative à l'examen et à la liquidation des réclamations à la charge du gouvernement français.

N° 4. 20 nov. 1815.—Convention conclue en conformité de l'art. 9 du traité principal, et relative à l'examen et à la liquidation des réclamations des sujets de Sa Majesté Britannique envers le gouvernement français.

11 juin 1817. — Concordat avec le pape. — *Nota.* Ce concordat n'a pas reçu la sanction législative. — V. Culte, p. 713.

20 juin 1817. — Convention avec l'office général des postes sardes pour la correspondance entre la France et la Sardaigne (1).

16 juill. 1817. — Convention avec l'office des postes de Prusse pour la correspondance entre la France et le royaume de Prusse (2).

12 sept. 1817. — Convention avec l'office des postes des Pays-Bas, relative à la correspondance entre la France et le royaume des Pays-Bas (3).

6-22 nov. 1817. — Ordonnance du roi contenant règlement pour la taxe des lettres entre la France et la Sardaigne, et qui vise les conventions conclues et signées, le 20 juin 1817, entre l'office général des postes françaises et l'office général des postes sardes.

6-19 fév. 1818. — Ordonnance portant règlement pour l'exécution des conventions arrêtées, le 16 juill. 1817, entre les offices des postes de France et de Prusse pour le transport de la correspondance des deux royaumes.

6-8 mai 1818. — Loi relative à divers moyens de libération de la France envers les puissances alliées et leurs sujets.

20 mai 1818. — Conventions conclues à Paris avec l'office général des postes féodales héréditaires de divers États d'Allemagne (4).

1er-9 juin 1818. — Convention conclue, le 28 fév. 1817, entre Sa Majesté Très-Chrétienne et Sa Majesté Sicilienne (abrogée par le traité du 14 juin 1845, V. ord. 11 août 1845).

Article séparé et additionnel. — Pour éviter toute équivoque, relativement à la diminution de 10 p. 100 sur les droits, stipulée en faveur du commerce français par la convention signée aujourd'hui, il est déclaré, par le présent article, que cette concession doit s'entendre comme il suit, savoir : — Que, dans le cas où les droits se monteraient à 20 p. 100 sur la valeur de la marchandise, l'effet de la diminution de 10 p. 100 sera de réduire cet impôt de 20 à 18, et ainsi de suite dans la même proportion pour tous les autres cas ; — Et que sur les articles qui ne sont pas taxés ad valorem dans le tarif, la diminution de l'impôt sera proportionnelle, c'est-à-dire qu'on accordera la diminution de la dixième partie sur le montant de la somme payable. — Le présent article séparé et additionnel aura, etc.

Article séparé. — Il est expressément convenu entre les Hautes Parties contractantes que les sujets de Sa Majesté Très-Chrétienne dans le royaume des Deux-Siciles, et réciproquement les sujets de Sa Majesté sicilienne en France, ne pourront être assujettis à aucun droit d'aubaine, de détraction, ou autres de la même nature, lesquels sont et demeureront abolis à perpétuité entre les deux États. — Le présent article séparé aura, etc.

3-15 juin 1818. — Ordonnance concernant les taxes de correspondances de la France avec les États autrichiens, et qui vise la convention conclue et signée, le 10 août 1817, entre l'office général des postes françaises et l'office général des postes autrichiennes.

15-20 juin 1818. — Convention conclue, le 25 avr. 1818, entre Sa Majesté Très-Chrétienne et les cours d'Autriche, de la Grande-Bretagne, de Prusse et de Russie, relative à une transaction destinée à éteindre toutes les réclamations mises à la charge de la France par les traités de 1815, moyennant une somme déterminée.

15-20 juin 1818. — Convention conclue, le 25 avr. 1818, entre Sa Majesté Très-Chrétienne et Sa Majesté Britannique pour l'exécution de la convention conclue en conformité de l'art. 9 du traité du 20 nov. 1815, relative à la liquidation des réclamations des sujets de Sa Majesté Britannique envers le gouvernement français.

29 juill.-13 sept 1818. — Ordonnance portant règlement pour le service des postes aux lettres entre la France et le royaume des Pays-Bas, et qui vise les conventions conclues et signées à Paris, le 12 sept. 1817, entre l'office général des postes de France et l'office général des postes des Pays-Bas.

26 oct.-5 nov. 1818. — Ordonnance portant publication de la

---

(1) Cette convention n'est pas imprimée au Bulletin des lois ; elle est rappelée dans l'ord. du 6 nov. 1817.

(2) Cette convention, non imprimée au Bulletin des lois, est rappelée par l'ord. du 6 fév. 1818, relative au service des postes pour ce royaume.

(3) Cette convention n'est pas insérée au Bulletin des lois ; elle est rappelée dans l'ord. du 29 juill. 1818.

(4) Ces conventions ne sont pas insérées au Bulletin des lois ; elles sont rappelées par l'ord. du 18 nov. 1818 qui règle la correspondance avec l'Allemagne.

---

convention conclue à Aix-la-Chapelle, le 9 oct. 1818, et ratifiée à Paris, le 15 du même mois, entre la France et l'Autriche.

Au nom de la très-sainte et indivisible Trinité.

Leurs Majestés l'empereur d'Autriche, le roi de Prusse et l'empereur de toutes les Russies s'étant rendus à Aix-la-Chapelle, et Leurs Majestés le roi de France et de Navarre et le roi du royaume-uni de la Grande-Bretagne et d'Irlande y ayant envoyé leurs plénipotentiaires, les ministres des cinq cours se sont réunis en conférence ; et, le plénipotentiaire français ayant fait connaître que, d'après l'état de la France et l'exécution fidèle du traité du 20 nov. 1815, Sa Majesté Très-Chrétienne désirait que l'occupation militaire stipulée par l'art. 5 du même traité cessât le plus promptement possible, les ministres des cours d'Autriche, de la Grande-Bretagne, de Prusse et de Russie, après avoir, de concert avec ledit plénipotentiaire de France, mûrement examiné tout ce qui pouvait influer sur une décision aussi importante, ont déclaré que leurs souverains admettaient le principe de l'évacuation du territoire français à la fin de la troisième année de l'occupation ; et voulant consigner cette résolution dans une convention formelle, et assurer en même temps l'exécution définitive dudit traité du 20 nov. 1815, Sa Majesté Très-Chrétienne et de Navarre, d'une part, et sa Majesté l'empereur d'Autriche, roi de Hongrie et de Bohême, d'autre part, ont nommé, à cet effet, pour plénipotentiaires, savoir :

Art. 1. Les troupes composant l'armée d'occupation seront retirées du territoire de France le 30 novembre prochain, ou plus tôt si faire se peut.

2. Les places et forts que lesdites troupes occupent seront remis aux commissaires nommés à cet effet par Sa Majesté Très-Chrétienne, dans l'état où ils se trouvaient au moment de l'occupation, conformément à l'art. 9 de la convention conclue en exécution de l'art. 5 du traité du 20 nov. 1815.

3. La somme destinée à pourvoir à la solde, l'équipement et l'habillement des troupes de l'armée d'occupation sera payée, dans tous les cas, jusqu'au 30 novembre, sur le même pied qu'elle l'a été depuis le 1er nov. 1817.

4. Tous les comptes entre la France et les puissances alliées ayant été réglés et arrêtés, la somme à payer par la France, pour l'exécution de l'art. 4 du traité du 20 nov. 1815, est définitivement fixée à 265 millions de francs.

5. Sur cette somme, celle de 100 millions, valeur effective, sera acquittée en inscriptions de rente sur le grand-livre de la dette publique de France, portant jouissance du 22 sept. 1818. Lesdites inscriptions seront reçues au cours du lundi 5 oct. 1818.

6. Les 165 millions restants seront acquittés par neuvième, de mois en mois à partir du 6 janv. prochain, au moyen de traites sur les maisons Hope et comp. et Baring frères et comp., lesquelles, de même que les inscriptions de rentes mentionnées en l'article ci-dessus, seront délivrées aux commissaires des cours d'Autriche, de Grande-Bretagne, de Prusse et de Russie, par le trésor royal de France, à l'époque de l'évacuation complète et définitive du territoire français.

7. A la même époque, les commissaires desdites cours remettront au trésor royal de France les six engagements non encore acquittés qui seront restés entre leurs mains, ainsi que les quinze engagements délivrés conformément à l'art. 2 de la convention conclue pour l'exécution de l'art. 4 du traité du 20 nov. 1815. Les mêmes commissaires remettront en même temps l'inscription de 7 millions de rente créée en vertu de l'art. 8 de la susdite convention.

8. La présente convention sera ratifiée, etc.

26 oct. 1818. — Ordonnance portant publication de la même convention conclue à Aix-la-Chapelle et ratifiée à Paris les mêmes jours que ceux indiqués dans la précédente ordonnance, entre la France et la Grande-Bretagne.

26 oct. 1818. — Ordonnance portant publication de la même convention conclue à Aix-la-Chapelle et ratifiée à Paris les mêmes jours que ceux indiqués dans la précédente ordonnance, entre la France et la Prusse.

26 oct. 1818. — Ordonnance portant publication de la même convention conclue à Aix-la-Chapelle et ratifiée à Paris les mêmes jours que ceux indiqués dans la précédente ordonnance, entre la France et la Russie.

18 nov.-9 déc. 1818. — Ordonnance concernant le service des postes entre la France et divers États d'Allemagne, et qui vise les conventions conclues et signées à Paris, le 20 mai 1818, entre l'office général des postes françaises et l'office général des postes féodales héréditaires de divers États d'Allemagne.

28 mars 1820. — Traité qui fixe les limites entre la France et les Pays-Bas. — V. infrà, n° 198.

24-28 juill. 1820. — Loi relative à l'exécution d'un engagement conclu entre la France et la régence d'Alger.

Article unique. Le ministre des finances est autorisé à prélever, sur le crédit en rentes affecté par la loi du 15 mai 1818 au payement de l'arriéré de 1801 à 1810, la somme nécessaire pour acquitter celui de 7 millions en numéraire dont le payement a été stipulé par l'arrangement conclu le 28 oct. 1819, pour l'exécution du traité du 17 déc. 1801 entre la France et la régence d'Alger.

22 août-12 sept. 1821. — Ordonnance qui règle le mode d'exécution des conventions passées, le 16 mai 1821, entre les offices des postes françaises et bavaroises.

5-13 juin 1822. — Ordonnance concernant le service des postes aux lettres entre la France et le grand-duché de Bade.

23 juin-19 juill. 1823. — Ordonnance qui prescrit la publication de la convention de navigation et de commerce conclue entre la France et les États-Unis d'Amérique, le 24 juin 1822, et ratifiée à Paris le 6 nov. suivant.

Art. 1. Les produits naturels ou manufacturés des États-Unis, importés en France aux bâtiments des États-Unis, payeront un droit additionnel qui n'excédera pas 20 fr. par tonneau de marchandise, en sus des droits payés sur les mêmes produits naturels ou manufacturés des États-Unis, quand ils sont importés par navires français.

2. Les produits naturels ou manufacturés de France importés aux Etats-Unis sur bâtiments français payeront un droit additionnel qui n'excédera pas 3 dollars 75 cents par tonneau de marchandise, en sus des droits payés sur les mêmes produits naturels ou manufacturés de France, quand ils sont importés par navires des Etats-Unis.

3. Aucun droit différentiel ne sera levé sur les produits du sol et de l'industrie de France qui seront importés par navires français dans les ports des Etats-Unis pour transit ou réexportation. Il en sera de même dans les ports de France pour les produits du sol et de l'industrie de l'Union qui seront importés pour transit ou réexportation par navires des Etats-Unis.

4. Les quantités suivantes seront considérées comme formant le tonneau de marchandises pour chacun des articles ci-après spécifiés :

Vins, 4 barriques de 61 gallons chaque, ou 244 gallons de 231 pouces cubes, mesure américaine.

Eaux-de-vie et tous autres liquides, 244 gallons.

Soieries et toutes autres marchandises sèches, ainsi que tous autres articles généralement soumis au mesurage, 42 pieds cubes, mesure française, en France ; et 50 pieds cubes, mesure américaine, aux Etats-Unis.

Cotons, 804 l., avoir-du-poids, ou 365 kilog.

Tabacs, 1,600 l., avoir-du-poids, ou 725 kilog.

Potasse et perlasse, 2,240 l., avoir-du-poids, ou 1,016 kilog.

Riz, 1,600 l., avoir-du-poids, ou 725 kilog.; et, pour tous les articles non spécifiés et qui se pèsent, 2,240 l., avoir-du-poids, ou 1,016 kilog.

5. Les droits de tonnage, de phare, de pilotage, droits de port, courtage et tous autres droits sur la navigation étrangère, en sus de ceux payés respectivement par la navigation nationale dans les deux pays, autres que ceux spécifiés dans les art. 1 et 2 de la présente convention, n'excéderont pas, en France pour les bâtiments des Etats-Unis, 5 fr. par tonneau d'après le registre américain du bâtiment, ni, pour les bâtiments français aux Etats-Unis, 94 cents par tonneau d'après le passe-port français du bâtiment.

6. Les parties contractantes, désirant favoriser mutuellement leur commerce en donnant dans leurs ports toute assistance nécessaire à leurs bâtiments respectifs, sont convenues que les consuls et vices-consuls pourront faire arrêter les matelots faisant partie des équipages des bâtiments de leurs nations respectives qui auraient déserté desdits bâtiments, pour les renvoyer et faire transporter hors du pays : auquel effet lesdits consuls et vice-consuls s'adresseront aux tribunaux, juges et officiers compétents, et leur feront par écrit la demande desdits déserteurs, en justifiant, par l'exhibition des registres du bâtiment ou rôles d'équipage, ou autres documents officiels, que ces hommes faisaient partie desdits équipages ; et sur cette demande ainsi justifiée, sauf toutefois la preuve contraire, l'extradition ne pourra être refusée, et il sera donné toute aide et assistance auxdits consuls et vice-consuls pour la recherche, saisie et arrestation des susdits déserteurs, lesquels seront même détenus et gardés dans les prisons du pays, à leur réquisition et à leurs frais, jusqu'à ce qu'ils aient trouvé une occasion de les renvoyer ; mais, s'ils n'étaient renvoyés dans le délai de trois mois à compter du jour de leur arrestation, ils seront élargis et ne pourront plus être arrêtés pour la même cause.

7. La présente convention temporaire aura son plein effet pendant deux ans à partir du 1er octobre prochain ; et, même après l'expiration de ce terme, elle sera maintenue jusqu'à la conclusion d'un traité définitif, ou jusqu'à ce que l'une des parties ait déclaré à l'autre son intention d'y renoncer, laquelle déclaration devra être faite au moins six mois d'avance. Et, dans le cas où la présente convention viendrait à continuer sans cette déclaration par l'une ou l'autre partie, les droits extraordinaires spécifiés dans les premier et deuxième articles seront, à l'expiration desdites deux années, diminués de part et d'autre d'un quart de leur montant, et successivement d'un quart dudit montant, d'année en année, aussi longtemps qu'aucune des parties n'aura déclaré son intention d'y renoncer, ainsi qu'il est dit ci-dessus.

8. La présente convention sera ratifiée de part et d'autre, et les ratifications en seront échangées dans l'espace d'une année à compter de ce jour, ou plus tôt si faire se peut. Mais l'exécution de ladite convention commencera dans les deux pays le 1er octobre prochain, et aura son effet, dans le cas même de non-ratification, pour tous les bâtiments partis *bonâ fide* pour les ports de l'une ou l'autre nation, dans la confiance qu'elle était en vigueur.

Article séparé. — Les droits extraordinaires levés de part et d'autre jusqu'à ce jour, en vertu de l'acte du congrès du 15 mai 1820 et de l'ordonnance du 26 juillet de la même année et autres la confirmant, qui n'ont point été déjà remboursés, seront restitués.

17 mai 1824. — Traité avec le Maroc. — V. *suprà*, n° 36.

1er-13 déc. 1824. — Ordonnance portant règlement pour le service des postes aux lettres entre la France et le grand-duché de Bade.

17 avr.-15 sept. 1825. — Ordonnance qui concède aux habitants actuels de la partie française de Saint-Domingue l'indépendance pleine et entière de leur gouvernement, aux conditions exprimées dans ladite ordonnance (V. Organ. des colonies). — L'exécution de cette ordonnance a donné lieu à plusieurs lois et ordonnances rapportées *eod. v°*.

28 et 31 mai 1825. — Traités avec le Maroc. — V. *suprà*, n° 36.

31 juill.-13 août 1825. — Ordonnance portant règlement pour le service des postes aux lettres entre la France et l'Autriche.

8-9 fév. 1826. — Ordonnance qui prescrit la publication de la convention de navigation et des articles additionnels conclus entre Sa Majesté Très-Chrétienne et Sa Majesté Britannique le 26 janv. 1826, et ratifiés à Paris le 31 du même mois. — V. le traité du 23 janv. 1860, promulgué le 10 mars même année.

8-22 fév. 1826. — Ordonnance qui prescrit l'accomplissement des conditions de réciprocité stipulées par une convention du 26 janv. 1826, à l'égard de la navigation britannique.

Charles, etc.; — Vu la convention conclue et signée entre nous et Sa Majesté Britannique, le 26 janv. de la présente année ; — Voulant assurer, en tout ce qui ne résulte pas déjà des règlements français sur la navigation générale, l'accomplissement de conditions de réciprocité stipulées en ladite convention à l'égard de la navigation britannique ; — Sur le rapport, etc.

Art. 1. A dater du 5 avr. prochain, les navires britanniques venant avec ou sans chargement des ports du royaume uni de l'Angleterre et de l'Irlande, et des possessions dudit royaume en Europe, dans les ports de France, et les navires français revenant des ports du royaume uni et de ses possessions en Europe, payeront un droit de tonnage égal, lequel, jusqu'à ce qu'il en soit autrement ordonné, n'excédera pas le droit maintenant perçu à l'entrée des ports de France sur tous navires étrangers. — Les navires britanniques venant des ports du royaume uni ou des possessions de ce royaume en Europe ne supporteraient les redevances de pilotage, de bassin, de quarantaine, et autres analogues, que d'après le taux établi pour les navires français.

2. A dater de la même époque, toutes marchandises et tous objets de commerce qui peuvent ou pourront être légalement importés des ports du royaume uni et de ses possessions en Europe, pour la consommation de notre royaume, ne payeront à leur importation par navires britanniques, que les mêmes droits qui sont ou seront perçus sur lesdites marchandises et objets de commerce à leur importation par navire français.

3. Les produits de l'Asie, de l'Afrique et de l'Amérique, importés de quelque pays que soit par navires britanniques, ou bien chargés par navires français, ou tous autres, dans un des ports de la domination britannique en Europe, ne pourront, à dater de la même époque du 5 avr. prochain, être admis en France pour la consommation du royaume, mais seulement pour l'entrepôt et la réexportation. — La même disposition est applicable aux produits des pays d'Europe autres que le royaume uni ou ses possessions, lorsqu'ils seront importés par navires britanniques venant d'un autre port que ceux du royaume uni ou de ses possessions en Europe.

4. Seront affranchis de tout droit de navigation les bateaux pêcheurs appartenant au royaume uni ou à ses possessions en Europe, lorsqu'étant forcés par le mauvais temps de chercher un refuge dans les ports ou sur les côtes de France, ils n'y auront effectué aucun chargement ni déchargement.

4-7 oct. 1826. — Ordonnance qui prescrit la publication du traité d'amitié, de navigation et de commerce, conclu, le 8 janv. 1826, entre Sa Majesté Très-Chrétienne et Sa Majesté l'empereur du Brésil, et ratifié à Paris le 19 mars.

Au nom de la très-sainte et indivisible trinité.

Sa Majesté le roi de France et de Navarre et Sa Majesté l'empereur du Brésil, désirant établir et consolider les relations politiques entre les deux couronnes, et celles de navigation et de commerce entre la France et le Brésil, ont résolu de faire le présent traité d'amitié, de navigation et de commerce, dans l'intérêt commun de leurs sujets respectifs et à l'avantage réciproque des deux nations. Par cet acte, Sa Majesté le roi de France et de Navarre, dans son nom et dans celui de ses héritiers et successeurs, reconnaît l'indépendance de l'empire du Brésil et la dignité impériale dans la personne de l'empereur Don Pierre Ier et de ses légitimes héritiers et successeurs. Les deux souverains, d'après ces principes et à cette fin, ont nommé pour leurs plénipotentiaires, savoir :

Art. 1. Il y aura paix constante et amitié perpétuelle entre Leurs Majestés le roi de France et de Navarre et l'empereur du Brésil, leurs héritiers et successeurs, et entre leurs sujets de tous territoires sans exception de personne ni de lieu.

2. Sa Majesté Très-Chrétienne et Sa Majesté impériale conviennent d'accorder les mêmes faveurs, honneurs, immunités, privilèges et exemptions de droits et charges à leurs ambassadeurs, ministres et agents accrédités dans leurs cours respectives, selon les formalités d'usage ; et, quelque faveur que l'un des souverains accorde, à cet égard, dans sa propre cour, l'autre souverain s'oblige à l'accorder également dans la sienne.

3. Chacune des hautes parties contractantes aura le droit de nommer des consuls généraux, consuls et vice-consuls, dans tous les ports ou villes des domaines de l'autre, où ils sont ou seraient jugés nécessaires pour le développement du commerce et des intérêts commerciaux de leurs intérêts respectifs, à l'exception des ports ou villes dans lesquelles les hautes parties contractantes jugeraient que ces agents ne sont pas nécessaires.

4. Les consuls, de quelque classe qu'ils soient, dûment nommés par leurs souverains respectifs, ne pourront entrer dans l'exercice de leurs fonctions sans l'approbation préalable du souverain dans les Etats duquel ils seront employés. Ils jouiront, dans l'un et l'autre pays, tant dans leurs personnes que pour l'exercice de leur charge et la protection qu'ils doivent à leur nationaux, des mêmes privilèges qui sont ou seraient accordés aux consuls de la nation la plus favorisée.

5. Les sujets de chacune des hautes parties contractantes jouiront, dans toute l'étendue des territoires de l'autre, de la plus parfaite liberté de conscience en matière de religion, conformément au système de tolérance établi et pratiqué dans leurs pays respectifs.

6. Les sujets de chacune des hautes parties contractantes, en restant soumis aux lois du pays, jouiront en leurs personnes, dans toute l'étendue des territoires de l'autre, des mêmes droits, privilèges, faveurs, exemptions, qui sont ou seraient accordés aux sujets de la nation la plus favorisée. Ils pourront disposer librement de leurs propriétés par vente, échange, donation, testament, ou de toute autre manière, sans qu'il y soit mis aucun obstacle ou empêchement. Leurs maisons, propriétés et effets ne pourront être saisis par aucune autorité contre la volonté des possesseurs ; ils seront exempts de tout service militaire, de quelque nature que ce soit, et de tous emprunts forcés ou impôts et réquisitions militaires, ils ne seront tenus à payer aucunes contributions ordinaires plus fortes que celles que payent ou viendraient à payer les sujets du souverain dans les Etats duquel ils résident. De même, ils ne seront point assujettis aux visites et recherches arbitraires, ni à aucun examen ou investigation de leurs livres et papiers, sous quelque prétexte que ce soit. Il est entendu que, dans les cas de trahison, contrebande ou autres crimes dont les lois des pays respectifs font mention, les recherches, visites, examens et investigations, ne pourront avoir lieu qu'avec l'assistance du magistrat compétent, et en présence du consul de la nation à qui appartiendra la partie prévenue, du vice-consul ou de son délégué.

7. En cas de mésintelligence ou de rupture entre les deux couronnes (puisse Dieu ne le permettre jamais !), lequel cas ne sera réputé exister qu'après le rappel ou le départ des agents diplomatiques respectifs, les sujets de chacune des hautes parties contractantes résidant dans les domaines de l'autre pourront y rester pour l'arrangement de leurs affaires, ou commercer dans l'intérieur, sans être gênés en quelque manière que ce soit, tant qu'ils continueront à se comporter pacifiquement et à ne commettre aucune offense contre les lois. — Dans le cas cependant où

ils se rendraient suspects par leur conduite, ils seront sommés de sortir du pays, leur accordant la liberté de se retirer avec leurs biens dans un délai qui n'excédera pas six mois.

8. Les individus accusés, dans les Etats de l'une des hautes parties contractantes, des crimes de haute trahison, félonie, fabrication de fausse monnaie ou du papier qui la représente, ne seront pas admis ni ne recevront protection dans les Etats de l'autre; et, pour que cette clause reçoive sa pleine exécution, chacun des deux souverains s'engage à faire expulser de ses Etats lesdits accusés, aussitôt qu'il en sera requis par l'autre.

9. Chacune des hautes parties contractantes s'oblige également à ne pas recevoir sciemment et volontairement dans ses Etats, et à ne pas employer à son service les individus, sujets de l'autre, qui déserteraient du service militaire de mer et de terre : devant les soldats et matelots déserteurs, tant des bâtiments de guerre que des navires marchands, être arrêtés et remis aussitôt qu'ils seront réclamés par les consuls ou vice-consuls respectifs.

10. Il y aura une liberté réciproque de commerce et de navigation entre les sujets respectifs des hautes parties contractantes, tant en navires français qu'en navires brésiliens, dans tous les ports, villes et territoires appartenant aux hautes parties contractantes, excepté dans ceux qui sont positivement interdits aux nations étrangères, restant entendu qu'aussitôt qu'ils seront rendus au commerce des autres nations, ils seront dès ce moment ouverts aux sujets des deux couronnes, de la même manière que si cela était expressément stipulé dans le présent traité.

11. En conséquence de cette réciproque liberté de commerce et de navigation, les sujets des hautes parties contractantes pourront respectivement entrer avec leurs navires dans tous les ports, baies, anses et mouillages des territoires appartenant à chacune d'elles; y décharger tout ou partie de leurs marchandises, prendre chargement et réexporter. Ils pourront résider, louer des maisons et des magasins, voyager, commercer, ouvrir boutique, transporter des produits, métaux et monnaie, et gérer leurs affaires par eux, par leurs agents ou commis, comme bon leur semblera, sans l'entremise de courtiers. — Il en est excepté toutefois les articles de contrebande de guerre et ceux réservés à la couronne du Brésil, de même que le commerce côtier de port à port, consistant en produits indigènes ou étrangers déjà dépêchés pour la consommation, lequel commerce ne pourra se faire qu'en embarcations nationales, étant libre cependant aux sujets des hautes parties contractantes de charger leurs effets et marchandises sur lesdites embarcations, en payant les uns et les autres les mêmes droits.

12. Les navires et embarcations des sujets de chacune des hautes parties contractantes ne payeront dans les ports et mouillages de l'autre, à titre de phare, tonnage ou autre dénomination quelconque, que les mêmes droits que payent ou viennent à payer les navires et embarcations de la nation la plus favorisée.

13. Les hautes partie contractantes conviennent de déclarer que seront considérés navires brésiliens ceux qui seront construits ou possédés par des sujets brésiliens, et dont le capitaine et les trois quarts de l'équipage seront brésiliens : cette dernière clause cependant ne devant pas être en vigueur tant que le demandera le manque de matelots, pourvu toutefois que le maître et le capitaine du navire soient Brésiliens, et que tous les papiers du bâtiment soient dans les formes légales. — De la même manière seront considérés navires français, ceux qui navigueront et seront possédés conformément aux règlements en vigueur en France.

14. Tous les produits, marchandises et articles quelconques qui sont de production, manufacture et industrie des sujets et territoires de Sa Majesté Très-Chrétienne, importés des ports de France pour ceux du Brésil, tant en navires français que brésiliens, et dépêchés pour la consommation, payeront généralement et uniquement les mêmes droits que payent ou viendraient à payer les sujets de la nation la plus favorisée, conformément au tarif général des douanes, qui, à cette fin, sera promulgué dans tous les ports du Brésil où des douanes sont ou seraient établies. — Il est convenu qu'en parlant de la nation la plus favorisée, la nation portugaise ne devra pas servir de terme de comparaison, même quand elle viendrait à être privilégié au Brésil en matière de commerce.

15. Il est bien entendu que, lorsque des produits français, agricoles ou industriels, n'auront pas une valeur déterminée dans le tarif brésilien, l'expédition en douanes s'en fera sur une déclaration de leur valeur, signée de la partie qui les importera : mais, dans le cas où les officiers de la douane, chargés de la perception des droits, auraient lieu de soupçonner fautive cette évaluation, ils auront la liberté de prendre les objets ainsi évalués, en payant 10 p. 100 en sus de ladite évaluation; et ce, dans l'espace de quinze jours, à compter du premier jour de la détention, et en restituant les droits payés.

16. Tous les articles de production, manufacture et industrie des sujets de Sa Majesté impériale, importés des ports du Brésil pour ceux de France, en navires brésiliens ou français, et dépêchés pour la consommation, payeront généralement et uniquement des droits qui n'excéderont pas ceux qu'ils payent actuellement par le tarif français, étant importés en navires français. — En conséquence, Sa Majesté Très-Chrétienne, supprime en faveur de la navigation brésilienne, la surtaxe de 10 p. 100 établie en France sur les marchandises importées par navires étrangers. — Sa Majesté Très-Chrétienne supprime en outre, en faveur des colons du Brésil, la distinction existante dans le tarif français entre les cotons à longue et courte soie.

17. On est également convenu qu'il sera permis aux consuls respectifs de faire des représentations quand il leur sera prouvé que quelque article compris dans les tarifs est excessivement évalué, afin que ces représentations soient prises en considération dans le plus court délai possible, sans arrêter pour cela l'expédition des mêmes produits.

18. Sa Majesté impériale accorde aux sujets de Sa Majesté Très-Chrétienne le privilége de pouvoir être signataires des douanes du Brésil avec les mêmes conditions et sûreté que les sujets brésiliens. Et, d'autre part, il est convenu que les sujets brésiliens jouiront, dans les douanes de France, de la même faveur, autant que les lois le permettent.

19. Tous les produits et marchandises exportés directement du territoire de l'une des Hautes Parties contractantes pour le territoire de l'autre seront accompagnés de certificats d'origine signés par les officiers compétents des douanes dans le port d'embarquement, les certificats de chaque navire devant être numérotés progressivement et joints avec le sceau de la douane au manifeste qui devra être certifié par les consuls respectifs, pour être le tout présenté à la douane du port d'entrée. Dans les ports où il n'y aurait ni douanes ni consuls, l'origine des marchandises sera légalisée et certifiée par les autorités locales.

20. Tous les produits et marchandises de production et manufacture des territoires de chacune des Hautes Parties contractantes qui seront dépêchés de leurs ports respectifs pour la réexportation ou le transbordement, payeront réciproquement, dans lesdits ports, les mêmes droits que payent ou viendraient à payer les sujets de la nation la plus favorisée.

21. S'il arrive que l'une des Hautes Parties contractantes soit en guerre avec quelque puissance, nation ou Etat, les sujets de l'autre pourront continuer leur commerce et navigation avec ces mêmes Etats, excepté avec les villes ou ports qui seraient bloqués ou assiégés par terre ou par mer. — Mais, dans aucun cas, ne sera permis le commerce des articles réputés contrebande de guerre, qui sont les suivants : canons, mortiers, fusils, pistolets, grenades, saucisses, affûts, baudriers, poudre, salpêtre, casques, balles, piques, épées, hallebardes, selles, harnais, et autres instruments quelconques fabriqués à l'usage de la guerre.

22. Afin de protéger plus efficacement le commerce et la navigation de leurs sujets respectifs, les deux Hautes Parties contractantes conviennent de ne pas recevoir de pirates ni écumeurs de mer dans aucun des ports, baies, ancrages de leurs Etats, et d'appliquer l'entière vigueur des lois contre toutes personnes connues pour être pirates, et contre tous individus résidant dans leurs territoires qui seraient convaincus de correspondance ou complicité avec elles. Tous les navires et cargaisons appartenant aux sujets des Hautes Parties contractantes, que les pirates prendraient ou conduiraient dans les ports de l'une ou de l'autre, seront restitués à leurs propriétaires ou à des fondés de pouvoirs dûment autorisés, en prouvant l'identité de la propriété; et la restitution sera faite, même quand l'article réclamé serait vendu, pourvu qu'il soit prouvé que l'acquéreur savait ou pouvait savoir que ledit article provenait de piraterie.

23. S'il arrive que quelques navires de guerre ou marchand appartenant aux deux Etats naufrage dans les ports ou sur les côtes de leurs territoires respectifs, le plus grand secours possible leur sera donné tant pour la conservation des personnes et effets que pour la sûreté, le soin et la remise des articles sauvés. Les produits sauvés du naufrage ne seront pas assujettis à payer les droits, excepté quand ils seront dépêchés pour la consommation.

24. Les Hautes Parties contractantes sont convenues d'employer des paquebots pour faciliter les relations entre les deux pays; une convention spéciale réglera ce service.

25. Les stipulations du présent traité seront perpétuelles, à l'exception des art. 12, 14, 15, 16, 17 et 20, qui dureront pendant le cours de six années, à commencer de la date des ratifications.

4-7 oct. 1826. — Ordonnance qui prescrit la publication des articles additionnels et explicatifs des art. 4, 13 et 15 du traité d'amitié, de navigation et de commerce, conclu entre Sa Majesté Très-Chrétienne et Sa Majesté l'empereur du Brésil, signé le 7 juin 1826 et ratifiés à Paris le 2 octobre suivant.

Art. 1. On est convenu de déclarer que non-seulement, comme il est dit dans l'art. 4 du traité mentionné, les consuls respectifs jouiront dans l'un et l'autre pays, tant dans leurs personnes que pour l'exercice de leur charge et la protection qu'ils doivent à leurs nationaux, des mêmes priviléges qui sont ou seraient accordés aux consuls de la nation la plus favorisée, mais encore que ces agents seront traités sur tous ces rapports, dans chacun des deux pays, d'après les principes de la plus exacte réciprocité.

2. Il est également déclaré qu'en convenant, par l'art. 13 du même traité, que la cause qui exige les trois quarts des nationaux dans l'équipage de tous navires brésiliens ne devra pas être en vigueur tant que le demandera le manque de matelots, les Hautes Parties contractantes n'entendent, dans aucun cas, prolonger la suspension de ladite clause au delà de six années, déjà assignées pour terme de plusieurs autres stipulations du traité.

3. Il est déclaré enfin que le premier paragraphe de l'art. 14, portant que tous les produits, marchandises et articles quelconques qui sont de production, manufacture et industrie des sujets et territoires de Sa Majesté Très-Chrétienne, importés des ports de France pour ceux du Brésil, tant en navires français que brésiliens, et dépêchés pour la consommation, payeront généralement et uniquement les mêmes droits que payent ou viendraient à payer les sujets de la nation la plus favorisée, doit être entendu en ce sens que le *quantum* des droits est de 15 p. 100 de la valeur des marchandises dont l'évaluation sera, selon le mode général, établie ou à établir, ayant pour base le prix du marché.

4. Les présents articles additionnels auront la même force et valeur que s'ils avaient été insérés mot à mot dans le traité du 8 janv. 1826.

4-7 oct. 1826. — Ordonnance relative à l'exécution d'un traité de commerce et de navigation conclu avec l'empire du Brésil.

Charles, etc.; — Vu le traité d'amitié, de navigation et de commerce, conclu entre nous et Sa Majesté l'empereur du Brésil, le 8 janvier de la présente année; — Voulant assurer, en tout ce qui ne résulte pas déjà des lois générales du royaume, l'accomplissement des stipulations consenties à l'égard de la navigation et du commerce de l'empire du Brésil; — Sur le rapport, etc.

Art. 1. A partir de la publication de la présente ordonnance, les navires brésiliens venant de quelque lieu que ce soit dans les ports de France ne supporteront les redevances de pilotage, de bassins et de quarantaine que d'après le taux établi pour les navires français.

2. Les produits du sol et de l'industrie du Brésil importés des ports dudit empire dans ceux de la France par navires brésiliens ne payeront que les mêmes droits qui sont perçus sur lesdits produits venant des mêmes ports par navires français, pourvu qu'ils soient accompagnés de certificats d'origine délivrés par les agents des douanes du port d'embarquement, et attestés par les consuls ou vice-consuls de France dans le même port; lesquelles attestations devront être suppléées par celle de l'autorité locale, au cas où il n'existerait dans le susdit port aucun agent consulaire de France.

3. Jusqu'à ce qu'il en soit autrement ordonné, seront admis au bénéfice des deux articles précédents tous navires possédés par des sujets brésiliens, dont le capitaine sera également sujet brésilien, à quelque nation qu'appartienne le reste de l'équipage. — En conséquence, demeure suspendue à l'égard desdits navires, l'application de l'art. 3 de l'acte du 21 sept. 1793, qui ne reconnaît la nationalité des bâtiments étrangers qu'autant que les officiers et les trois quarts de l'équipage sont du pays dont les mêmes bâtiments portent le pavillon.

4. Les cotons *longue-soie* provenant du Brésil, et qui seront apportés direc-

lement de ce pays par navire brésilien ou français, ne payeront que le droit des cotons *courte-soie*.

5. La différence entre les droits des cotons longue-soie et celui des cotons courte-soie sera remboursée pour les quantités de coton du Brésil qui ont été importées en France aux conditions de l'article précédent, depuis le 8 juin 1826, jour où le traité du 8 janvier de la présente année a reçu son exécution au Brésil en faveur du commerce français.

23-29 sept. 1827. — Ordonnance qui prescrit la publication de la convention et de l'article additionnel concernant l'établissement réciproque des Français en Suisse et des Suisses en France, conclus entre Sa Majesté Très-Chrétienne et les cantons et Etats du corps helvétique y dénommés.

Charles, etc.; — Nous avons ordonné et ordonnons que la convention et l'article additionnel suivants concernant l'établissement réciproque que des Français en Suisse et des Suisses en France, conclus et signés à Berne, le 30 mai de la présente année, entre nous et les cantons et Etats du corps helvétique dont les noms suivent, savoir : Zurich, Berne, Lucerne, Fribourg, Soleure, Bâle, Schaffouse, Saint-Gall, Grisons, Argovie, Thurgovie, Tessin, Vaud, Valais, Neufchâtel et Genève ; laquelle convention et l'article additionnel qui y est joint ont été ratifiés par nous le 18 juill. dernier, et par la diète fédérale suisse, au nom et pour les cantons susnommés, le 14 août suivant, et dont les ratifications ont été échangées à Berne le 22 du même mois, seront insérés au Bulletin des lois, pour être exécutés suivant leur forme et teneur.

Sa Majesté le roi de France et de Navarre et la confédération helvétique ayant jugé nécessaire d'arrêter d'un commun accord, relativement à l'établissement des Français en Suisse et des Suisses en France, des règles fixes, stables et propres à faciliter les rapports des deux pays, les plénipotentiaires soussignés .savoir, etc.

Art. 1. Les Français seront reçus et traités dans chaque canton de la confédération, relativement à leurs personnes et à leurs propriétés, sur le même pied et de la même manière que le sont, ou pourront l'être à l'avenir, les ressortissants des autres cantons. Ils pourront en conséquence aller, venir et séjourner temporairement en Suisse, munis de passe-ports réguliers, en se conformant aux lois et règlements de police. Tout genre d'industrie et de commerce permis aux ressortissants des divers cantons le sera également aux Français, et sans qu'on puisse exiger d'eux aucune condition pécuniaire ou autre plus onéreuse. Lorsqu'ils prendront domicile ou formeront un établissement dans les cantons qui admettent celui des ressortissants de leurs coétats, ils ne seront également astreints à aucune autre condition que ces derniers.

2. Pour prendre domicile ou former un établissement en Suisse, ils devront être munis d'un acte d'immatriculation constatant leur qualité de Français, qui leur sera délivré par l'ambassade de France, après qu'ils auront produit des certificats de bonne conduite et de bonnes mœurs, ainsi que les autres attestations requises.

3. Les Suisses jouiront en France des mêmes droits et avantages que l'art. 1 ci-dessus assure aux Français en Suisse, de telle sorte qu'à l'égard des cantons qui, sous les rapports spécifiés audit article 1, traiteront les Français comme leurs propres ressortissants, ceux-ci seront, sous les mêmes rapports, traités en France comme les nationaux. Sa Majesté Très-Chrétienne garantit aux autres cantons les mêmes droits et avantages dont ils feront jouir ses sujets.

4. Les sujets ou ressortissants de l'un des deux Etats établis dans l'autre ne seront pas atteints par les lois militaires du pays qu'ils habiteront, mais resteront soumis à celles de leur patrie.

5. Les sujets ou ressortissants de l'un des deux Etats, établis dans l'autre, et qui seraient dans le cas d'en être renvoyés par sentence légale, ou d'après les lois et règlements sur la police des mœurs et la mendicité, seront reçus en tout temps, eux et leur famille, dans le pays dont ils sont originaires et où ils auront conservé leurs droits, conformément aux lois.

6. Les Français établis en Suisse, de même que les Suisses établis en France, en vertu du traité de 1803, continueront à jouir des droits qui leur étaient acquis. Toutes les dispositions de la présente convention leur sont d'ailleurs applicables.

7. La présente convention sera ratifiée, etc.

Article additionnel. — Il est expressément entendu que les cantons qui n'adhéreraient point présentement à la convention de ce jour, relativement aux établissements respectifs des Français et des Suisses, en conserveront en tout temps la faculté, nonobstant le terme fixé pour la ratification. — Le présent article additionnel aura, etc.

24 août-8 sept. 1828. — Ordonnance qui porte qu'à dater du 1er oct. 1828, l'affranchissement pour la correspondance entre la France et huit cantons suisses sera facultatif, et contient des dispositions y relatives.

31 déc. 1828-30 janv. 1829. — Ordonnance qui prescrit la publication du traité concernant les rapports de voisinage, de justice et de police, conclu entre Sa Majesté Très-Chrétienne et les Etats de la confédération helvétique.

Charles, etc.; — Nous avons ordonné et ordonnons que le traité suivant, concernant les rapports de voisinage, de justice et de police, conclu et signé à Zurich, le 18 juill. 1828, entre nous et les Etats composant la confédération helvétique, ratifié par nous, le 17 oct. suiv., et dont les ratifications ont été échangées, à Berne, le 16 du présent mois de décembre, sera inséré au Bulletin des lois, pour être exécuté suivant sa forme et teneur. — Sa Majesté le roi de France et de Navarre, et les Etats composant la confédération helvétique, également animés du désir de consolider de plus en plus les liens d'amitié et les relations de bon voisinage qui subsistent depuis si longtemps entre eux, et dans ce but, ayant jugé convenable de fixer définitivement et sur la base d'une parfaite réciprocité les règles à suivre de part et d'autre, tant pour l'exercice de la justice qu'à l'égard de divers autres points d'un intérêt commun pour les deux pays, ont, à cet effet, nommé pour leurs plénipotentiaires, savoir, etc.;

Art. 1. Les jugements définitifs en matière civile, ayant force de chose jugée, rendus par les tribunaux français, seront exécutoires en Suisse, et réciproquement, après qu'ils auront été légalisés par les envoyés respectifs, ou, à leur défaut, par les autorités compétentes de chaque pays.

2. Il ne sera exigé des Français qui auraient à poursuivre une action en Suisse, et des Suisses qui auraient une action à poursuivre en France, aucuns droits, caution ou dépôt, auxquels ne seraient pas soumis les nationaux eux-mêmes, conformément aux lois de chaque localité.

3. Dans les affaires litigieuses personnelles ou de commerce qui ne pourront se terminer à l'amiable ou sans la voie des tribunaux, le demandeur sera obligé de poursuivre son action devant les juges naturels du défendeur, à moins que les parties ne soient présentes dans le lieu même où le contrat a été stipulé, ou qu'elles ne fussent convenues des juges par-devant lesquels elles se seraient engagées à discuter leurs difficultés. Dans les affaires litigieuses ayant pour objet des propriétés foncières, l'action suivie passera devant le tribunal ou magistrat du lieu où ladite propriété est située. Les contestations qui pourraient s'élever entre les héritiers d'un Français mort en Suisse, à raison de sa succession, seront portées devant le juge du dernier domicile que le Français avait en France. La réciprocité aura lieu à l'égard des contestations qui pourraient s'élever entre les héritiers d'un Suisse mort en France. Le même principe sera suivi pour les contestations qui naîtraient au sujet des tutelles.

4. En cas de faillite ou de banqueroute de la part de Français possédant des biens en France, s'il y a des créanciers suisses et des créanciers français, les créanciers suisses qui se seraient conformés aux lois françaises pour la sûreté de leur hypothèque, seront payés sur lesdits biens, comme les créanciers hypothécaires français, suivant l'ordre de leur hypothèque ; et réciproquement, si des Suisses possédant des biens sur le territoire de la confédération helvétique se trouvaient avoir des créanciers français et des créanciers suisses, des créanciers français qui se seraient conformés aux lois suisses pour la sûreté de leur hypothèque en Suisse, seront colloqués, sans distinction, avec les créanciers suisses, suivant l'ordre de leur hypothèque. — Quant aux simples créanciers, ils seront aussi traités également, sans considérer auquel des deux pays ils appartiennent, mais toujours conformément aux lois de chaque pays.

5. Si des Français ou des Suisses, déclarés juridiquement coupables, dans leurs pays respectifs, des crimes suivants, savoir : crimes contre la sûreté de l'Etat, assassinats, empoisonnements, incendies, faux sur des actes publics et en écriture de commerce, fabrication de fausse monnaie, vols avec violence ou effraction, vols de grand chemin, banqueroute frauduleuse, ou qui seraient poursuivis comme tels, en vertu de mandats d'arrêts décernés par l'autorité légale, venaient à se réfugier, les Français en Suisse, et les Suisses en France, leur extradition sera accordée à la première réquisition. Il en sera de même à l'égard des fonctionnaires ou dépositaires publics, poursuivis pour soustraction de fonds appartenant à l'Etat. Chacun des deux pays supportera jusqu'aux frontières de son territoire les frais d'extradition et de transport. — Les choses volées dans l'un des deux pays, et déposées dans l'autre seront fidèlement restituées.

6. Dans toutes les procédures criminelles ayant pour objet les mêmes crimes, spécifiés à l'article ci-dessus, dont l'instruction se fera, soit devant les tribunaux français, soit devant ceux de Suisse, les témoins suisses qui seront cités à comparaître en personne en France, et les témoins français qui seront cités à comparaître en personne en Suisse, seront tenus de se transporter devant le tribunal qui les aura appelés, sous les peines déterminées par les lois respectives des deux nations. Les passe-ports nécessaires seront donnés aux témoins, et les gouvernements respectifs se concerteront pour fixer l'indemnité et l'avance préalable qui seront dues à raison de la distance et du séjour. Si le témoin se trouvait complice, il sera renvoyé par-devant son juge naturel, aux frais du gouvernement qui l'aurait appelé.

7. Les habitants suisses des cantons limitrophes de la France auront la faculté d'exporter les denrées provenant des biens-fonds dont ils seraient propriétaires sur le territoire du royaume, à 1 lieue des frontières respectives, et la même faculté est accordée réciproquement aux Français qui posséderaient en Suisse des propriétés foncières situées à la même distance des frontières. L'exportation et l'importation de ces denrées territoriales seront libres et exemptes de tous droits. Néanmoins, les propriétaires qui voudront user de la faculté qui leur est accordée par le présent article, se conformeront aux lois de douane et de police de chaque pays ; mais, pour éviter que les formalités à remplir ne causent des retards préjudiciables aux récoltes, leur transport d'un pays dans l'autre ne pourra être retardé, si ceux qui en auron préalablement demandé l'autorisation fournissent, jusqu'à ce qu'ils aient pu l'obtenir, une caution solvable. — Il est bien entendu que cette faculté ne sera pas limitée, et qu'elle durera toute l'année ; mais il est également convenu qu'elle ne s'appliquera qu'aux récoltes brutes et telles que le terrain sur lequel elles auront cru les aura produites.

8. Il sera conclu un arrangement particulier entre Sa Majesté Très-Chrétienne et les cantons limitrophes de la France, pour régler l'exploitation des forêts voisines des frontières, et en prévenir la dégradation.

9. Si, par la suite, on venait à reconnaître le besoin d'éclaircissement sur quelques articles du présent traité, il est expressément convenu que les parties contractantes se concerteront pour régler à l'amiable les articles sujets à interprétation.

10. Le présent traité sera ratifié, etc.

8-21 mars 1829.—Ordonnance portant règlement du service de la correspondance entre la France et les cantons suisses y dénommés.

16-24 août 1829. — Ordonnance qui prescrit la publication de l'article additionnel conclu et signé, le 21 août 1828, entre Sa Majesté Très-Chrétienne et Sa Majesté l'empereur du Brésil, à l'effet de fixer d'une manière précise le sens de l'art. 21 du traité d'amitié, de navigation et de commerce du 8 janv. 1826.

Au nom de la très-sainte et indivisible Trinité.

Sa Majesté le roi de France et de Navarre et Sa Majesté l'empereur du Brésil, désirant accroître et resserrer chaque jour davantage les relations d'amitié, de commerce et de bonne intelligence qui subsistent heureusement entre les deux Etats, en prévenant autant qu'il est possible tout sujet de discorde entre eux, et considérant en même temps de quelle importance il est, tant dans les circonstances actuelles que pour l'avenir, que le sens de l'art. 21 du traité conclu entre leursdites Majestés à Rio de Janeiro le 8 janv. 1826, qui jusqu'à présent a été interprété d'une manière différente par chacune des Hautes Parties contractantes, demeure fixé dorénavant d'une manière précise, claire et conforme au principe de la réciprocité, en cette partie de l'article qui stipule que les sujets de chacune des Hautes Parties contractantes pourront continuer leur commerce et navigation avec toute puissance, nation ou Etat qui viendrait à se trouver en guerre avec l'autre, à l'exception des villes ou ports bloqués ou assiégés par mer ou par terre, ont résolu d'un commun accord de fixer pour l'avenir le sens dudit article et d'établir la règle qui doit être invariablement suivie dans son application, au moyen d'un article additionnel au traité susmentionné, et, à cet effet, ont nommé pour leurs plénipotentiaires, savoir, etc.

Article additionnel.

Aucun bâtiment de commerce appartenant aux sujets de l'une des Hautes Parties contractantes qui sera expédié pour un port, lequel se trouvera bloqué par l'autre, ne pourra être saisi, capturé ou condamné, si préalablement il ne lui a été fait une notification ou signification de l'existence ou continuation du blocus par les forces bloquantes ou par quelque bâtiment faisant partie de l'escadre ou division du blocus ; et, pour qu'on ne puisse alléguer une prétendue ignorance du blocus, et que le navire qui aura reçu cette intimation soit dans le cas d'être capturé s'il vient ensuite à se présenter devant le port bloqué pendant le temps que durera le blocus, le commandant du bâtiment de guerre qui fera la notification devra apposer son visa sur les papiers du navire visité, en indiquant le jour, le lieu ou la hauteur où sera faite la signification de l'existence du blocus, et le capitaine du navire visité lui donnera un reçu de cette signification contenant les mêmes déclarations exigées pour le visa. — Le présent article additionnel aura la même force ou valeur que s'il était ou avait été inséré mot à mot dans le susdit traité : il est bien entendu toutefois que sa durée expirera avec celle des autres articles qui, conformément à l'art. 25, doivent durer seulement l'espace de six ans.

16-24 août 1829. — Ordonnance qui prescrit la publication de la convention conclue, le **21** août **1828**, entre Sa Majesté Très-Chrétienne et Sa Majesté l'empereur du Brésil, relative aux indemnités à donner à des sujets français pour la valeur des cargaisons et navires français saisis et capturés par l'escadre brésilienne de la rivière de la Plata, et définitivement condamnés par les tribunaux du Brésil, et ratifiée à Paris le 3 déc. 1828.

Au nom de la très-sainte et indivisible Trinité.

Sa Majesté le roi de France et de Navarre et Sa Majesté l'empereur du Brésil, ayant, par un article additionnel au traité du 8 janv. 1826, signé par leurs plénipotentiaires respectifs en date de ce jour, fixé, dans l'intérêt commun du commerce de leurs sujets, d'une manière claire, précise et conforme au principe de la réciprocité, le sens que doit avoir à l'avenir cette partie de l'art. 21 du même traité qui est relative aux droits des belligérants envers les neutres, en cas de blocus d'un port ou ville quelconque, et considérant que de la diversité du principe suivi jusqu'à présent par les Hautes Parties contractantes est résultée la diversité et l'incertitude de la règle adoptée dans les jugements de quelques-uns des bâtiments français arrêtés et capturés par l'escadre brésilienne dans la rivière de la Plata ; et Sa Majesté l'empereur du Brésil, voulant concilier, d'une part, le respect dû aux lois et formes judiciaires qui régissent l'empire, avec ce que, de l'autre, prescrit l'équité en faveur des réclamants ou personnes lésées par suite de la condamnation définitive qui, par ce motif, a été prononcée contre les bâtiments et leurs cargaisons, et désirant en même temps donner à Sa Majesté Très-Chrétienne une preuve non équivoque du prix qu'il attache à sa fidèle amitié et à sa puissante alliance; Leursdites Majestés ont résolu de conclure, à cet effet, une convention spéciale, et ont nommé pour leurs plénipotentiaires, savoir, etc. :

Art. 1. Le gouvernement du Brésil s'oblige et s'engage à payer au gouvernement français, en indemnité de pertes causées à ses sujets, la valeur des coques, agrès et cargaisons des navires français nommés le Courrier, le Jules et le San-Salvador, qui ont été saisis et capturés par l'escadre de la rivière de la Plata, et définitivement condamnés par les tribunaux du Brésil.

2. Ces indemnités auront pour base, quant aux navires, la valeur de leurs coques et agrès, estimés d'après les polices d'assurance, lorsqu'il ne s'élèvera contre elles aucun soupçon fondé de dol ou de fraude dans leur évaluation, à laquelle seront ajoutés le montant du fret acquis et les frais et débours extraordinaires pour solde et entretien d'équipage et pour toutes dépenses quelconques occasionnées par l'arrestation et la capture du bâtiment ; et, quant aux cargaisons, le compte sera réglé d'après les manifestes, connaissements et factures, et d'après les prix courants des marchandises dans le port de Rio de Janeiro au moment de l'arrestation. Les polices d'assurance, connaissements, factures, comptes de frais et débours, et tous autres documents quelconques, devront être présentés légalisés en bonne et due forme.

3. A la valeur de l'indemnité qui sera liquidée pour chaque bâtiment, sera ajouté, à titre de dommages-intérêts, un intérêt de 6 p. 100 par an, à partir d'un mois après la capture, jusqu'aux époques ci-dessous fixées pour les payements ; et au montant total des indemnités qui seront liquidées pour les cargaisons, fret, dépenses et débours extraordinaires occasionnés par la capture, sera ajouté, à titre de dommages-intérêts, un intérêt de 5 p. 100 par an, à partir de six mois après la capture jusqu'auxdites époques.

4. Les indemnités seront liquidées et fixées par une commission composée de quatre membres, savoir : deux commissaires liquidateurs et deux commissaires arbitres, l'un de ceux-ci devant être appelé dans les cas seulement où les deux premiers ne seraient pas d'accord : il sera alors désigné par la voie du sort. Un commissaire liquidateur et un commissaire arbitre seront nommés par le gouvernement du Brésil, et l'autre commissaire liquidateur et l'autre commissaire arbitre par le représentant de Sa Majesté très-chrétienne près la cour de Rio de Janeiro. — Les susdits commissaires recevront des réclamants ou autres personnes intéressées les comptes et documents ci-dessus énoncés, et tous autres titres qui pourront être présentés à l'appui de leurs droits; et quoique les réclamants aient la faculté de produire toutes les pièces justificatives qui leur conviendront, jusqu'à la clôture des travaux de la commission, il est néanmoins expressément convenu et réglé qu'aucune réclamation ne sera examinée et prise en considération, si elle n'a été présentée dans les soixante jours qui suivront immédiatement l'installation de la commission.

5. La commission sera installée dans l'espace d'un mois après la signature de la présente convention, et ses fonctions devront être définitivement terminées au 28 fév. de l'année 1829.

6. La liquidation sera faite en monnaie du Brésil, en tenant compte de la différence existant entre le change de l'époque de la capture et celui du moment où le payement aura lieu; et les sommes qui seront liquidées et fixées seront soldées en payements égaux effectués à Rio de Janeiro : le premier, douze mois, le second, dix-huit mois, et le troisième, vingt-quatre mois après la fin et la clôture des travaux de la commission. Les cédules de payement seront remises à la légation française près la cour du Brésil, et comprendront les intérêts stipulés par l'art. 3 : chacune d'elles énoncera le nom ou les noms des intéressés au profit desquels elle sera délivrée, et indiquera la personne ou les personnes qui devront en acquitter le montant pour le compte du gouvernement du Brésil, ainsi que le lieu du payement.

7. La présente convention sera ratifiée, etc.

14-24 août 1830. — Charte portant, art. 13 : « Le roi fait les traités. » — V. Droit constit., p. 333.

24 juin-13 juill. 1833. — Ordonnance portant que les droits attribués aux capteurs de navires saisis pour faits de traite des noirs seront remis au consul général d'Angleterre, à Paris, lorsque la capture aura été opérée par des croiseurs de la marine royale britannique.

Louis-Philippe, etc., vu l'art. 16 de la loi du 4 mars 1831 et les conventions conclues entre nous et Sa Majesté Britannique, les 30 nov. 1831 et 22 mars dernier, pour la répression de la traite des noirs; voulant pourvoir au règlement des droits des capteurs, dans les cas où l'arrestation des bâtiments qui seront saisis et vendus par jugement des tribunaux pour faits de traite, aura été opérée par des croiseurs de la marine royale britannique; sur le rapport de nos ministres secrétaires d'État aux départements des affaires étrangères et de la marine, etc.

Art. 1. Lorsque l'arrestation des navires et cargaisons, dont la saisie et la vente seront prononcées par les tribunaux, en exécution de la loi du 4 mars 1831, sur la répression du crime de la traite des noirs, aura été opérée par des croiseurs de la marine royale britannique, en vertu des conventions conclues entre nous et Sa Majesté Britannique, le 30 nov. 1831 et le 22 mars 1833, les 65 pour 100 du produit de la vente de ces navires et cargaisons attribués aux capteurs par l'art. 16 de la loi susmentionnée, conformément aux lois et règlements sur les prises maritimes, seront versés entre les mains du consul général de Sa Majesté Britannique, à Paris, pour être, par ses soins, répartis entre les ayants droit.

25 juill.-30 août 1833. — Ordonnance qui prescrit la publication des conventions conclues entre la France et la Grande-Bretagne, les 30 nov. 1831 et 22 mars 1833, relativement à la répression du crime de la traite des noirs.

Louis-Philippe, etc.; — Savoir faisons que, entre nous et notre très-cher et très-amé bon frère le roi du Royaume-Uni de la Grande-Bretagne et d'Irlande, il a été conclu et signé à Paris, savoir : — 1° Le 30 nov. 1831, une *convention tendante à la répression du crime de la traite des noirs;* — 2° Le 22 mars de la présente année 1833, une *convention supplémentaire* relative au même objet; — 3° Enfin, à la même date du 22 mars dernier, et comme une annexe à la précédente convention supplémentaire, des *instructions à donner aux croiseurs*, en exécution de l'art. 2 de ladite convention ; — Lesquelles convention et convention additionnelle, avec son annexe, ont été ratifiées par nous, savoir : — La première, le 16 déc. 1831, et les ratifications en ont été échangées, à Paris, avec Sadite Majesté le roi du Royaume-Uni de la Grande-Bretagne et d'Irlande, le 22 suivant ; — La seconde, ainsi que son annexe, le 30 mars dernier, et les ratifications en ont été échangées également à Paris avec Sadite Majesté, le 12 avril suivant.

Convention, convention additionnelle et annexe dont la teneur suit :

Traité entre la France et la Grande-Bretagne, relatif à la répression du crime de la traite des noirs.

Les cours de France et de la Grande-Bretagne, désirant rendre plus efficaces les moyens de répression jusqu'à présent opposés au trafic criminel connu sous le nom de *traite des noirs*, ont jugé convenable de négocier et conclure une convention, pour atteindre un but si salutaire, et elles ont, à cet effet, nommé pour leurs plénipotentiaires, savoir, etc.

Art. 1. Le droit de visite réciproque pourra être exercé à bord des navires de l'une et de l'autre nation, mais seulement dans les parages ci-après indiqués, savoir : — 1° Le long de la côte occidentale d'Afrique, depuis le cap Vert jusqu'à la distance de dix degrés au sud de l'équateur, c'est-à-dire du dixième degré de latitude méridionale au quinzième degré de latitude septentrionale, jusqu'au trentième degré de longitude occidentale, à partir du méridien de Paris ; — 2° Tout autour de l'île de Madagascar, dans une zone d'environ 20 lieues de largeur ; — 3° A la même distance des côtes de l'île de Cuba ; — 4° A la même distance des côtes de l'île de Porto-Rico ; — 5° A la même distance des côtes du Brésil. — Toutefois, il est entendu qu'un bâtiment suspect, aperçu et poursuivi par les croiseurs en dedans dudit cercle de 20 lieues, pourra être visité par eux, en dehors même de ces limites, si, ne l'ayant jamais perdu de vue, ceux-ci ne parviennent à l'atteindre qu'à une plus grande distance de la côte.

2. Le droit de visiter les navires de commerce de l'une et l'autre nation, dans les parages ci-dessus indiqués, ne pourra être exercé que par des bâtiments de guerre, dont les commandants auront le grade de capitaine, ou au moins celui de lieutenant de vaisseau.

3. Le nombre des bâtiments à investir de ce droit sera fixé, chaque année, par une convention spéciale ; il pourra n'être pas le même pour l'une et l'autre nation ; mais, dans aucun cas, le nombre des croiseurs de l'une ne devra être de plus du double de celui des croiseurs de l'autre.

4. Les noms des bâtiments et ceux de leurs commandants seront communiqués par chacun des gouvernements contractants à l'autre, et il sera donné réciproquement avis de toutes les mutations qui pourront survenir parmi les croiseurs.

5. Des instructions seront rédigées et arrêtées en commun par les deux gouvernements, pour les croiseurs de l'une et de l'autre nation, qui devront se prêter une mutuelle assistance dans toutes les circonstances où il pourra être utile qu'ils agissent de concert. — Des bâtiments de guerre, réciproquement autorisés à exercer la visite, seront munis d'une autorisation spéciale de chacun des deux gouvernements.

6. Toutes les fois qu'un des croiseurs aura poursuivi et atteindra, comme suspect, un navire de commerce, le commandant, avant de procéder à la visite, devra montrer au capitaine les ordres spéciaux qui lui confèrent le droit exceptionnel de le visiter ; et lorsqu'il aura reconnu que les expéditions sont régulières et les opérations licites, il fera constater, sur le journal du bord, que la visite n'a eu lieu

qu'en vertu desdits ordres ; ces formalités étant remplies, le navire sera libre de continuer sa route.

7. Les navires capturés pour s'être livrés à la traite, ou comme soupçonnés d'être armés pour cet infâme trafic, seront, ainsi que leurs équipages, remis sans délai à la juridiction de la nation à laquelle ils appartiendront. — Il est d'ailleurs bien entendu qu'ils seront jugés d'après les lois en vigueur dans leurs pays respectifs.

8. Dans aucun cas, le droit de visite réciproque ne pourra s'exercer à bord des bâtiments de guerre de l'une ou l'autre nation. — Les deux gouvernements conviendront d'un signal spécial, dont les seuls croiseurs, investis de ce droit, devront être pourvus, et dont il ne sera donné connaissance à aucun autre bâtiment étranger à la croisière.

9. Les hautes parties contractantes au présent traité sont d'accord pour inviter les autres puissances maritimes à y accéder dans le plus bref délai possible.

10. La présente convention sera ratifiée, etc.

Convention supplémentaire conclue, à Paris, entre la France et la Grande-Bretagne, le 22 mars 1833, relativement à la répression de l traite des noirs.

Sa Majesté le roi des Français et Sa Majesté le roi du Royaume-Uni de la Grande-Bretagne et d'Irlande, ayant reconnu la nécessité de développer quelques-unes des clauses contenues dans la convention signée entre Leurs Majestés, le 30 nov. 1831, relativement à la répression du crime de la traite des noirs, ont nommé pour leurs plénipotentiaires, etc.

Art. 1. Toutes les fois qu'un bâtiment de commerce, naviguant sous le pavillon de l'une des deux nations, aura été arrêté par les croiseurs de l'autre, dûment autorisés à cet effet, conformément aux dispositions de la convention du 30 nov. 1831, ce bâtiment, ainsi que le capitaine et l'équipage, la cargaison et les esclaves qui pourront se trouver à bord, seront conduits dans tel port où les deux parties contractantes auront respectivement désigné, pour qu'il y soit procédé à leur égard suivant les lois de chaque État; la remise en sera faite aux autorités préposées dans ce but par les deux gouvernements respectifs. — Lorsque le commandant du croiseur ne croira pas devoir se charger lui-même de la conduite et de la remise du navire arrêté, il ne pourra en confier le soin à un officier d'un rang inférieur à celui de lieutenant de la marine militaire.

2. Les croiseurs des deux nations autorisés à exercer le droit de visite et d'arrestation, en exécution de la convention du 30 nov. 1831, se conformeront exactement, en ce qui concerne les formalités de la visite et de l'arrestation, ainsi que les mesures à prendre pour la remise à la juridiction respective des bâtiments soupçonnés de se livrer à la traite, aux instructions jointes à la présente convention, et qui seront censées en faire partie intégrante. Les deux hautes parties contractantes se réservent d'apporter à ces instructions, d'un commun accord, les modifications que les circonstances pourraient rendre nécessaires.

3. Il demeure expressément entendu que, si le commandant d'un croiseur d'une des deux nations avait lieu de soupçonner qu'un navire marchand, naviguant sous le convoi ou en compagnie d'un bâtiment de guerre de l'autre nation, s'est livré à la traite ou s'est armé pour ce trafic, il devra communiquer ses soupçons au commandant du convoi ou du bâtiment de guerre, lequel procédera seul à la visite du navire suspect; et, dans le cas où celui-ci reconnaîtrait que les soupçons sont fondés, il fera conduire le navire, ainsi que le capitaine et l'équipage, la cargaison et les esclaves qui pourront se trouver à bord, dans un port de sa nation, à l'effet d'être procédé à leur égard conformément aux lois respectives.

4. Dès qu'un bâtiment de commerce, arrêté et renvoyé pour devant les tribunaux, ainsi qu'il a été dit ci-dessus, arrivera dans l'un des ports respectivement désignés, le commandant du croiseur qui en aura opéré l'arrestation, ou l'officier chargé de sa conduite, remettra aux autorités préposées à cet effet une expédition, signée par lui, de tous les inventaires, procès-verbaux et autres documents spécifiés dans les instructions jointes à la présente convention; et lesdites autorités procéderont en conséquence à la visite du bâtiment arrêté et de sa cargaison, ainsi qu'à l'inspection de son équipage et des esclaves qui pourront se trouver à bord, après avoir préalablement donné avis du moment de cette visite et de cette inspection au commandant du croiseur ou à l'officier qui aura amené le navire, afin qu'il puisse y assister ou s'y faire représenter. Il sera dressé de ces opérations un procès-verbal en double original, qui devra être signé par les personnes qui y auront procédé ou assisté, et l'un de ces originaux sera délivré au commandant du croiseur ou à l'officier qui aura été chargé de la conduite du bâtiment arrêté.

5. Il sera procédé immédiatement, devant les tribunaux compétents des États respectifs et suivant les formes établies, contre les navires arrêtés, ainsi qu'il est dit ci-dessus, leurs capitaines, équipages et cargaisons; et, s'il résulte de la procédure que lesdits bâtiments ont été employés à la traite des noirs ou qu'ils ont été armés dans le but de faire ce trafic, il sera statué sur le sort du capitaine, de l'équipage et de leurs complices, ainsi que sur la destination du bâtiment et de sa cargaison, conformément à la législation respective des deux pays.—En cas de confiscation, une portion du produit net de la vente desdits navires et de leurs cargaisons sera mise à la disposition du gouvernement du pays auquel appartiendra le bâtiment capteur, pour être distribuée par ses soins entre les état-major et équipage de ce bâtiment : cette portion, aussi longtemps que la base indiquée ci-après, pourra se concilier avec la législation des deux États, sera de 65 p. 100 du produit net de la vente.

6. Tout bâtiment de commerce des deux nations, visité et arrêté en vertu de la convention du 30 nov. 1831 et des dispositions ci-dessus, sera présumé de plein droit, à moins de preuve contraire, s'être livré à la traite des noirs ou avoir été armé pour ce trafic, si, dans l'examen desdits navires, l'armement ou à bord dudit navire, il s'est trouvé l'un des objets ci-après spécifiés, savoir :

1° Des écoutilles en treillis, et non en planches entières, comme les portent ordinairement les bâtiments de commerce;

2° Un plus grand nombre de compartiments dans l'entrepont ou sur le tillac qu'il n'est d'usage pour les bâtiments de commerce;

3° Des planches en réserve actuellement disposées pour cet objet, ou propres à établir de suite un double pont, ou un pont volant, ou un pont d'à esclaves;

4° Des chaînes, des colliers de fer, des menottes;

5° Une plus grande provision d'eau qu'n'exigent les besoins de l'équipage d'un bâtiment marchand;

6° Une quantité superflue de barriques à eau, ou autres tonneaux propres à contenir de l'eau, à moins que le capitaine ne produise un certificat de la douane du lieu de départ constatant que les armateurs ont donné des garanties suffisantes pour

que des barriques ou tonneaux soient uniquement remplis d'huile de palme, ou employés à tout autre commerce licite;

7° Un plus grand nombre de gamelles ou de bidons que l'usage d'un bâtiment marchand n'en exige;

8° Deux ou plusieurs chaudières en cuivre, ou même une seule évidemment plus grande que ne l'exigent les besoins de l'équipage d'un bâtiment marchand;

9° Enfin une quantité de riz, de farine, de manioc du Brésil ou de cassade, de maïs ou de blé des Indes, au delà des besoins probables de l'équipage, et qui ne serait pas portée sur le manifeste comme faisant partie du chargement commercial du navire.

7. Il ne sera, dans aucun cas, accordé de dédommagement, soit au capitaine, soit à l'armateur, soit à toute autre personne intéressée dans l'armement ou dans le chargement d'un bâtiment de commerce qui aura été trouvé muni d'un des objets spécifiés dans l'article précédent, alors même que les tribunaux viendraient à ne prononcer aucune condamnation en conséquence de son arrestation.

8. Lorsqu'un bâtiment de commerce de l'une ou de l'autre des deux nations aura été visité et arrêté sans motif suffisant de suspicion, ou lorsque la visite et l'arrestation auront été accompagnées d'abus ou de vexations, le commandant du croiseur ou l'officier qui aura abordé ledit navire, ou enfin celui à qui la conduite en aura été confiée, sera, suivant les circonstances, passible de dommages et intérêts envers le capitaine, l'armateur et les chargeurs. Ces dommages et intérêts pourront être prononcés par le tribunal devant lequel aura été instruite la procédure contre le navire arrêté, son capitaine, son équipage et sa cargaison; et le gouvernement du pays auquel appartiendra l'officier qui aura donné lieu à cette condamnation payera le montant desdits dommages et intérêts dans le délai d'un an à partir du jour du jugement.

9. Lorsque, dans la visite et l'arrestation d'un bâtiment de commerce, opéré en vertu des dispositions de la convention du 30 nov. 1831 ou de la présente convention, il aura été commis quelque abus ou vexation, mais que le navire n'aura pas été livré à la juridiction de sa nation, le capitaine devra faire la déclaration sous serment des abus ou vexations dont il aura à se plaindre, devant les autorités compétentes du premier port de son pays où il arrivera, ou devant l'agent consulaire de sa nation, si le navire aborde dans un port étranger où il existe un tel officier. Cette déclaration devra être vérifiée au moyen de l'interrogatoire sous serment des principaux hommes de l'équipage ou passagers qui auront été témoins de la visite ou de l'arrestation, et il sera dressé du tout un seul procès-verbal dont les expéditions seront remises au capitaine, qui devra en faire parvenir une à son gouvernement à l'appui de la demande en dommages-intérêts qu'il croira devoir former. Il est entendu que, si un cas de force majeure empêche le capitaine de faire sa déclaration, celle-ci pourra être faite par l'armateur ou par toute autre personne intéressée dans l'armement ou dans le chargement du navire.

Sur la transmission officielle d'une expédition du procès-verbal ci-dessus mentionné, par l'intermédiaire des ambassades respectives, le gouvernement du pays auquel appartiendra l'officier à qui des abus ou vexations seront imputés, fera immédiatement procéder à une enquête, et, si la validité de la plainte est reconnue, il fera payer au capitaine, à l'armateur ou à toute autre personne intéressée dans l'armement ou dans le chargement du navire molesté, le montant des dommages et intérêts qui lui seront dus.

10. Les deux gouvernements s'engagent à se communiquer respectivement, sans frais et sur leur simple demande, des copies de toutes les procédures intentées et de tous les jugements prononcés relativement à des bâtiments visités ou arrêtés, en exécution des dispositions de la convention du 30 nov. 1831 et de la présente convention.

11. Les deux gouvernements conviennent d'assurer la liberté immédiate de tous les esclaves qui seront trouvés à bord des bâtiments visités et arrêtés, en vertu des clauses de la convention principale ci-dessus mentionnée et de la présente convention, toutes les fois que le crime de traite aura été déclaré constant par les tribunaux respectifs; néanmoins, ils se réservent, dans l'intérêt même des esclaves, de les employer comme domestiques ou comme ouvriers libres, conformément à leurs lois respectives.

12. Les deux hautes parties contractantes conviennent que, toutes les fois qu'un bâtiment arrêté, sous la prévention de traite, par les croiseurs respectifs, en exécution de la convention du 30 nov. 1831 et de la présente convention supplémentaire, aura été mis à la disposition des gouvernements respectifs, en vertu d'un arrêt de confiscation émané des tribunaux compétents, à l'effet d'être vendu, ledit navire, préalablement à toute opération de vente, sera démoli en totalité ou en partie, si sa construction ou son installation particulière donne lieu de craindre qu'il ne puisse de nouveau servir à la traite des noirs ou à tout autre objet illicite.

13. La présente convention sera ratifiée, etc.

Annexe à la convention supplémentaire relative à la répression de la traite des noirs, en date du 22 mars 1833.

Art. 1. Toutes les fois qu'un bâtiment de commerce de l'une des deux nations sera visité par un croiseur de l'autre, l'officier commandant le croiseur exhibera au capitaine de ce navire les ordres spéciaux qui lui confèrent le droit exceptionnel de visite, et lui remettra un certificat signé de lui, indiquant son rang dans la marine militaire de son pays ainsi que le nom du vaisseau qu'il commande, et attestant que le seul but de la visite est de s'assurer si le bâtiment se livre à la traite des noirs, où s'il est armé pour ce trafic. Lorsque la visite devra être faite par un officier du croiseur autre que celui qui le commande, cet officier ne pourra être d'un rang inférieur à celui de lieutenant de la marine militaire, et, dans ce cas, ledit officier exhibera au capitaine du navire marchand une copie des ordres spéciaux ci-dessus mentionnés, signée par le commandant du croiseur, et lui remettra de même un certificat signé de lui, indiquant le rang qu'il occupe dans la marine, le nom du commandant par les ordres duquel il agit, celui du croiseur auquel il appartient et le but de la visite, ainsi qu'il est dit ci-dessus. S'il est constaté par la visite que les expéditions du navire sont régulières et ses opérations licites, l'officier mentionnera sur le journal du bord que la visite n'a eu lieu qu'en vertu des ordres spéciaux ci-dessus mentionnés, et le navire sera libre de continuer sa route.

2. Si, d'après le résultat de la visite, l'officier commandant le croiseur juge qu'il y a des motifs suffisants de supposer que le navire se livre à la traite des noirs, ou qu'il a été équipé ou armé pour ce trafic, et s'il se décide en conséquence à l'arrêter et à le faire remettre à la juridiction respective, il sera dressé sur-le-champ,

en double original, inventaire de tous les papiers trouvés à bord, et signera cet inventaire sur les deux originaux, en ajoutant à son nom son rang dans la marine militaire, ainsi que le nom du bâtiment qu'il commande. — Il dressera et signera de la même manière, en double original, un procès-verbal énonçant l'époque et le lieu de l'arrestation, le nom du bâtiment, celui de son capitaine et ceux des hommes de son équipage, ainsi que le nombre et l'état corporel des esclaves trouvés à bord; ce procès-verbal devra en outre contenir une description exacte de l'état du navire et de sa cargaison.

3. Le commandant du croiseur conduira ou enverra sans délai le bâtiment arrêté, ainsi que son capitaine, son équipage, sa cargaison et les esclaves trouvés à bord, à l'un des ports ci-après spécifiés pour qu'il soit procédé à leur égard conformément aux lois respectives de chaque Etat, et il en fera la remise aux autorités compétentes, ou aux personnes qui auront été spécialement préposées à cet effet par les gouvernements respectifs.

4. Nul ne devra être distrait du bord du navire arrêté; et il ne sera enlevé non plus aucune partie de la cargaison ou des esclaves trouvés à bord, jusqu'à ce que le navire ait été remis aux autorités de sa propre nation, excepté dans le cas où la translation de la totalité ou d'une partie de l'équipage ou des esclaves trouvés à bord, serait jugée nécessaire, soit pour conserver leur vie, ou par toute autre considération d'humanité, soit pour la sûreté de ceux qui seront chargés de la conduite du navire après son arrestation. Dans ce cas, le commandant du croiseur, ou l'officier chargé de la conduite du bâtiment arrêté, dressera de ladite translation un procès-verbal dans lequel il en énoncera les motifs, et les capitaines, matelots, passagers ou esclaves ainsi transbordés seront conduits dans le même port que le navire et sa cargaison, et la remise, ainsi que la réception, auront lieu de la même manière que celles du navire, conformément aux dispositions ci-après énoncées.

5. Tous les navires français qui seront arrêtés par les croiseurs de Sa Majesté Britannique de la station d'Afrique, seront conduits et remis à la juridiction française à Gorée. — Tous les navires français qui seront arrêtés par la station britannique des Indes Occidentales, seront conduits et remis à la juridiction française à la Martinique. — Tous les navires français qui seront arrêtés par la station britannique de Madagascar, seront conduits et remis à la juridiction française à l'île de Bourbon. — Tous les bâtiments français qui seront arrêtés par la station britannique du Brésil, seront conduits et remis à la juridiction française à Cayenne. — Tous les navires britanniques qui seront arrêtés par des croiseurs de Sa Majesté le roi des Français de la station d'Afrique, seront conduits et remis à la juridiction de Sa Majesté Britannique à Bathurst, dans la rivière de Gambie. — Tous les bâtiments britanniques arrêtés par la station française des Indes Occidentales seront conduits et remis à la juridiction britannique à Port-Royal dans la Jamaïque. — Tous les navires britanniques arrêtés par la station française de Madagascar seront conduits et remis à la juridiction britannique au cap de Bonne-Espérance. — Tous les navires britanniques arrêtés par la station française du Brésil, seront conduits et remis à la juridiction britannique à la colonie de Démérary.

6. Dès qu'un bâtiment marchand, qui aura été arrêté comme il a été dit ci-dessus, arrivera dans l'un des ports ou des lieux ci-dessus désignés, le commandant du croiseur, ou l'officier chargé de la conduite du navire arrêté, remettra immédiatement aux autorités dûment préposées à cet effet par les gouvernements respectifs, le navire et sa cargaison, ainsi que le capitaine, l'équipage, les passagers et les esclaves trouvés à bord, comme aussi les papiers saisis à bord et l'un des exemplaires de l'inventaire desdits papiers, l'autre devant demeurer en sa possession. — Ledit officier remettra en même temps à ces autorités un exemplaire du procès-verbal ci-dessus mentionné, et il y ajoutera un rapport sur les changements qui pourraient avoir eu lieu depuis le moment de l'arrestation jusqu'à celui de la remise, ainsi qu'une copie du rapport des transbordements qui ont pu avoir lieu, ainsi qu'il a été prévu ci-dessus. En remettant ces diverses pièces, l'officier en attestera la sincérité sous serment et par écrit.

7. Si le commandant d'un croiseur d'une des hautes parties contractantes, dûment pourvu des instructions spéciales ci-dessus mentionnées, a lieu de soupçonner qu'un navire de commerce naviguant sous le convoi ou en compagnie d'un vaisseau de guerre de l'autre partie, se livre à la traite des noirs ou a été équipé pour ce trafic, il devra se borner à communiquer ses soupçons au commandant du convoi ou du vaisseau de guerre, et laisser à celui-ci le soin de procéder seul à la visite du navire suspect, et de le placer, s'il y a lieu, sous la main de la justice de son pays.

8. Les croiseurs des deux nations se conformeront exactement à la teneur des présentes instructions, qui servent de développement aux dispositions de la convention principale du 30 nov. 1831, ainsi que de la convention à laquelle elles sont annexées. — Les plénipotentiaires soussignés sont convenus, conformément à l'art. 2 de la convention signée entre eux, sous la date de ce jour 22 mars 1833, que les instructions qui précèdent seront annexées à ladite convention, pour en faire partie intégrante.

26 juill.-30 août 1833. — Ordonnance qui prescrit la publication de la convention conclue, le 31 mars 1831, entre la France et les autres Etats riverains du Rhin, ladite convention portant règlement relatif à la navigation de ce fleuve. — V. Voirie par eau.

1er-24 oct. 1833. — Ordonnance qui prescrit la publication de la convention et de l'article explicatif et complémentaire, signés à Londres les 7 mai 1832 et 30 avr. 1833, entre la France, la Grande-Bretagne et la Russie, d'une part, et la Bavière de l'autre, pour organiser d'une manière définitive l'état politique de la Grèce, après la nomination du prince Othon de Bavière au trône de ce nouveau royaume.

7-19 oct. 1833. — Ordonnance qui prescrit la publication de la convention et des articles additionnels conclus entre la France et l'Angleterre pour le transport des dépêches.

5-23 juin 1834. — Ordonnance qui prescrit la publication de la convention préliminaire d'amitié, de commerce et de navigation conclue, le 11 mars 1833, entre la France et la république de Venezuela. — V. traité 25 mars 1843, promulgué le 29 juin 1844.

5-27 juin 1834. — Ordonnance qui prescrit la publication de la convention provisoire d'amitié, de commerce et de navigation, conclue le 14 nov. 1832, entre la France et l'Etat de la Nouvelle-Grenade. — V. ord. 3 sept. 1841, 1er oct. 1846, décr. 14 sept. 1857.

8-15 juill. 1834. — Ordonnance relative au traité de navigation avec l'Angleterre. — V. Douane, p. 604.

9-21 déc. 1834. — Ordonnance qui prescrit la publication de la convention et des articles additionnels conclus, les 22 avr. et 18 août 1834, entre la France, l'Espagne, la Grande-Bretagne et le Portugal, pour régler les moyens propres à rétablir la paix dans la Péninsule.

24 déc. 1834-16 janv. 1835. — Ordonnance qui prescrit la publication de la convention conclue, le 26 juill. 1834, entre la France, la Grande-Bretagne et le Danemark, pour l'accession de cette dernière puissance aux conventions signées entre la France et la Grande-Bretagne, dans le but d'assurer la répression de la traite des noirs.

14-17 juill. 1835. — Loi relative au traité conclu, le 4 juill. 1831, entre la France et les Etats-Unis, et par lequel, d'une part, le gouvernement français s'engage à payer aux Etats-Unis la somme de 25 millions de francs, et, d'autre part, le gouvernement des Etats-Unis s'engage à payer à la France la somme de 1,500,000 fr.

12 sept.-25 nov. 1835. — Ordonnance qui suspend à l'égard du canton de Bâle (campagne) l'exécution des traités conclus les 30 mai 1827 et 18 juill. 1828 entre la France et les cantons suisses.

Louis-Philippe, etc.; — Considérant qu'au mépris du droit des gens, et contrairement aux stipulations des traités qui règlent les rapports entre la France et les cantons suisses, le gouvernement du canton de Bâle (campagne) a méconnu le libre exercice du droit d'établissement et de propriété envers MM. Wahl et Mulhausen, en annulant, par un arrêté du grand conseil rendu le 18 avr. dernier, et motivé sur ce que MM. Wahl sont israélites, un contrat d'acquisition passé par eux légalement et d'après l'autorisation préalable qu'ils en avaient reçue de ce même gouvernement; — Considérant, en outre, que toutes les représentations de notre ambassade en Suisse, pour obtenir la révocation de cet arrêté, ont été infructueuses, et que le gouvernement de Bâle (campagne) entend persister dans un tel déni de justice; — Sur le rapport, etc.;

Art. 1. L'exécution de la convention signée à Berne, le 30 mai 1827, et du traité signé à Zurich le 18 juill. 1828, entre la France et les cantons suisses, est provisoirement suspendue à l'égard du canton de Bâle (campagne) et de ses ressortissants.

2. Les relations de chancellerie entre notre ambassade en Suisse et le canton de Bâle (campagne) sont également suspendues.

26 sept.-5 oct. 1835. — Ordonnance qui prescrit la publication de la convention et de l'article additionnel conclus, les 8 août et 8 déc. 1834, entre la France, la Grande-Bretagne et la Sardaigne, pour l'accession de cette dernière puissance aux conventions signées entre la Grande-Bretagne et la France, dans le but d'assurer la répression de la traite des noirs.

Convention d'accession.

Sa Majesté le roi des Français et Sa Majesté le roi du Royaume-Uni de la Grande-Bretagne et d'Irlande ayant conclu, le 30 nov. 1831 et le 22 mars 1833, deux conventions destinées à assurer la répression complète de la traite des noirs, les Hautes Parties contractantes, conformément à l'art. 9 de la première de ces conventions, qui porte que les autres puissances maritimes seront invitées à y accéder, ont adressé cette invitation à Sa Majesté le roi de Sardaigne, et Sadite Majesté, animée des mêmes sentiments, et empressée de concourir, avec ses deux augustes alliés, au même but d'humanité, n'ayant pas hésité à accueillir leur proposition, les trois hautes puissances, dans la vue d'accomplir ce dessein généreux, et pour donner à l'accession de Sa Majesté Sarde, ainsi qu'à son acceptation par Sa Majesté le roi des Français et par Sa Majesté Britannique, l'authenticité convenable et toute la solennité usitée, ont résolu de conclure, à cet effet, une convention formelle, et en conséquence ont nommé pour leurs plénipotentiaires, savoir, etc.

Art. 1. Sa Majesté le roi de Sardaigne accède aux conventions conclues et signées, le 30 nov. 1831 et le 22 mars 1833, entre Sa Majesté le roi des Français et Sa Majesté le roi du Royaume-Uni de la Grande-Bretagne et d'Irlande, relativement à la répression de la traite des noirs, ainsi qu'à leurs annexes, sauf les réserves et modifications exprimées dans les art. 2, 3 et 4 ci-après, qui seront considérés comme additionnels auxdites conventions et à leurs annexes, et sauf les différences qui résultent nécessairement de la situation de Sa Majesté sarde, comme partie accédant aux conventions en question après leur conclusion. — Sa Majesté le roi des Français, ainsi que Sa Majesté le roi du Royaume-Uni d'Angleterre et d'Irlande, ayant accepté ladite accession, tous les articles de ces deux conventions et toutes les dispositions de leurs annexes seront, en conséquence, censés avoir été conclus et signés de même que la présente convention, directement entre Sa Majesté le roi des Français, Sa Majesté le roi du Royaume-Uni de la Grande-Bretagne et d'Irlande, et Sa Majesté le roi de Sardaigne. — Leursdites Majestés s'engagent et promettent réciproquement d'exécuter fidèlement, sauf les réserves et modifications stipulées par les présentes, toutes les clauses, conditions et obligations qui en résultent; et pour éviter toute incertitude, il a été convenu que les susdites conventions, ainsi que leurs annexes, seront insérées ici mot à mot, ainsi qu'il suit :

(Suivent les conventions et convention supplémentaire conclues entre la France et la Grande-Bretagne, les 30 nov. 1831 et 22 mars 1833 (V. *suprà*, ord. 25 juill. 1833).

2. Il a été convenu, relativement à l'art. 3 de la convention du 30 nov. 1831, ci-dessus transcrite, que sa Majesté le roi de Sardaigne fixera, suivant sa convenance, le nombre des croiseurs sardes qui devront être employés au service mentionné dans ledit article, et les stations où ils devront établir leurs croisières.

3. Le gouvernement de Sa Majesté le roi de Sardaigne fera connaître aux gouvernements de la France et de la Grande-Bretagne, conformément à l'art. 4 de la convention du 30 nov. 1831, les bâtiments de guerre sardes qui devront être employés à la répression de la traite, afin que les mandats nécessaires à leurs commandants soient délivrés. Les mandats qui devront être délivrés par la Sardaigne seront remis après que la notification du nombre des croiseurs français et britanniques, destinés à être employés, aura été faite au gouvernement sarde.

4. Il est convenu, en ce qui concerne l'art. 3 des instructions annexées à la convention supplémentaire du 22 mars 1833, que tous les navires sardes ou portant le

pavillon de Sardaigne qui pourront être arrêtés, en exécution des conventions ci-dessus transcrites, par les croiseurs de Sa Majesté le roi des Français ou de Sa Majesté le roi du Royaume-Uni de la Grande-Bretagne et d'Irlande, employés dans les stations d'Amérique, d'Afrique et de Madagascar, seront conduits et remis dans le port de Gênes.

5. Le présent traité sera ratifié, etc.

Article additionnel.—Attendu que, par l'art. 4 du traité signé à Turin le huitième jour d'août 1834, par lequel Sa Majesté le roi de Sardaigne accède aux deux conventions conclues entre Leurs Majestés le roi des Français et le roi du Royaume-Uni de la Grande-Bretagne et d'Irlande, le 30 nov. 1831 et le 22 mars 1833, il est stipulé que tous les navires sous pavillon sarde qui, en vertu du traité et des conventions susmentionnés, seraient arrêtés par les croiseurs de Sa Majesté le roi des Français ou de Sa Majesté le roi du Royaume-Uni de la Grande-Bretagne et d'Irlande, stationnés sur les côtes de l'Amérique, de l'Afrique ou de Madagascar, seront conduits ou envoyés à Gênes ; et attendu que le débarquement à Gênes des nègres qui se trouveraient à bord de ces bâtiments pourrait entraîner de graves inconvénients, les soussignés plénipotentiaires des trois puissances signataires du susdit traité d'accession, à ce spécialement autorisés, et conformément aux instructions que chacun d'eux a reçues de son souverain, sont convenus de l'article suivant additionnel au susdit traité :

Article. — Les nègres trouvés à bord de bâtiments sous pavillon sarde qui seraient ainsi arrêtés ; et qui, conformément aux stipulations dudit traité, doivent être renvoyés à Gênes, seront débarqués sur un point plus rapproché que Gênes du lieu où lesdits bâtiments négriers auront été rencontrés ; — C'est-à-dire que :

1° Si un bâtiment négrier sarde est arrêté par un croiseur anglais, les nègres trouvés à bord de ce navire seront débarqués au port ou dans l'endroit auquel un bâtiment négrier anglais, trouvé et arrêté, dans des circonstances semblables et dans le même endroit, par un croiseur français, serait, d'après les susdites conventions avec la France, envoyé ou conduit ;

2° Si un bâtiment négrier sarde est arrêté par un croiseur français, les nègres trouvés à bord dudit navire seront débarqués au port ou dans l'endroit auquel un bâtiment négrier français trouvé et arrêté, dans des circonstances semblables et dans le même endroit, par un croiseur anglais, serait, d'après les susdites conventions avec la France, envoyé au conduit ;

3° Si un bâtiment négrier sarde est arrêté par un croiseur sarde, les nègres trouvés à bord de ce bâtiment seront débarqués au plus rapproché des ports ou lieux de débarquement anglais ou français auquel, d'après les susdites conventions avec la France, le navire ayant des esclaves à bord aurait été conduit ou envoyé, si ledit navire eût été anglais ou français, au lieu d'être sarde, et s'il eût été arrêté par un croiseur anglais ou français.

Le présent article additionnel, après avoir été dûment ratifié, aura la même force, etc.

3-13 oct. 1835. — Ordonnance qui prescrit la publication de la convention additionnelle conclue, le 20 août 1835, entre la France et le grand-duché de Bade, pour le service des postes.

2-18 déc. 1835. — Ordonnance qui prescrit la publication de la convention conclue à Turin, le 2 août 1835, entre la France et la Sardaigne, pour régulariser l'établissement des bacs et bateaux de passage sur les fleuves et rivières servant de limites entre les deux pays, et dont les ratifications ont été échangées le 12 sept. 1825.

Louis-Philippe, etc. ; — Savoir faisons, etc.

Sa Majesté le roi des Français et Sa Majesté le roi de Sardaigne, voulant faire cesser les inconvénients qui résultent de l'état actuel des passages d'eau sur les fleuves et rivières servant de limites entre leurs Etats, et régler, d'un commun accord et d'une manière uniforme, l'établissement des bacs et bateaux de passage sur les mêmes fleuves et rivières, ont, à cet effet, nommé leurs plénipotentiaires, savoir, etc.

Art. 1. Le droit d'établir ou d'autoriser l'établissement de bacs ou bateaux de passage sur les fleuves et rivières servant de limites entre les deux Etats appartient exclusivement aux deux gouvernements.

2. Aucun bac ou bateau de passage ne sera établi que du commun consentement des deux gouvernements.

3. L'indemnité à laquelle les possesseurs ou détenteurs des bacs ou bateaux de passage actuellement existant pourraient légalement prétendre pour la valeur des constructions, appareils et agrès, ainsi que pour cessation de jouissance, ne sera point réglée en commun par les deux gouvernements. Les intéressés présenteront leurs demandes ou réclamations séparément auprès de chaque gouvernement, pour la moitié qui le concerne, sans qu'il y ait lieu à l'intervention de l'un ou de l'autre pour appuyer les réclamations de leurs sujets respectifs, chacun des deux gouvernements se réservant de les examiner conformément à ses lois et règlements sur la matière.

4. L'établissement de tout bac, bateau ou barque de passage, sera dorénavant affermé, aux enchères publiques, alternativement, par une des deux administrations et les produits seront annuellement partagés entre elles par égales portions. Les sujets des deux Etats seront admis, moyennant caution et garantie valable, à concourir aux enchères.

5. Les employés des deux administrations pourront, conformément aux lois et règlements de chaque Etat, constater les contraventions, et les porter, s'il y a lieu, au jugement des tribunaux compétents.

6. Il ne pourra être établi aucun pont sur les fleuves et rivières servant de limites aux deux Etats que du commun consentement des deux gouvernements. Les particuliers qui voudront en établir devront obtenir à la fois l'autorisation des administrations respectives. Les conditions, les garanties, les tarifs, seront réglés, dans ce cas, de commun accord, par des conventions spéciales négociées soit entre les deux gouvernements, soit entre les autorités locales déléguées à cet effet.

7. La présente convention sera ratifiée, etc.

19 mars-1er avr. 1836. — Ordonnance qui autorise le ministre des finances à faire payer au gouvernement des Etats-Unis la somme due au 2 fév. 1836 sur les 25 millions, dont le payement a été stipulé par le traité du 4 juill. 1831.

18-28 mai 1836. — Ordonnance qui prescrit la publication de la convention conclue à Paris, le 4 juill. 1831, entre la France et les Etats-Unis d'Amérique, pour régler d'une manière définitive les réclamations formées par les gouvernements respectifs.

L'art. 7 du traité est ainsi conçu : — A partir de l'échange des ratifications de la présente convention, les vins de France seront admis à la consommation dans les Etats de l'Union, à des droits qui ne pourront pas excéder, par gallon (tel qu'il est actuellement usité pour les vins aux Etats-Unis) savoir : 6 cents pour les vins rouges en futailles, 10 cents pour les vins blancs en futailles, et 22 cents pour les vins de toute sorte en bouteilles. Le rapport dans lequel les droits, ainsi réduits, sur les vins de France se trouvent avec les taxations générales du tarif mis en vigueur le 1er janv. 1829, sera maintenu dans le cas où le gouvernement des Etats-Unis jugerait à propos de diminuer, dans un nouveau tarif, ces taxations générales. — Au moyen de cette stipulation, qui demeurera obligatoire pour les Etats-Unis pendant dix années, le gouvernement français abandonne les réclamations qu'il avait élevées relativement à l'exécution de l'art. 8 du traité de cession de la Louisiane. — Il s'engage, en outre, à établir sur les cotons longue soie des Etats-Unis qui, à compter de l'échange des ratifications de la présente convention, seront directement apportés de ce pays en France, par navires des Etats-Unis ou par navires français, les mêmes droits que sur les cotons courte soie.

21-28 mai 1836. — Ordonnance relative à la liquidation des créances fondées sur l'art. 3 de la convention conclue, le 4 juill. 1831, entre la France et les Etats-Unis d'Amérique.

17-25 juin 1836. — Ordonnance qui prescrit la publication de la nouvelle convention conclue, le 30 mars 1836, entre la France et la Grande-Bretagne pour le transport des dépêches et des journaux.

26 juin-1er juill. 1836. — Ordonnance pour l'exécution de cette convention.

20 août-17 sept. 1836. — Ordonnance qui prescrit la publication de la convention conclue, le 21 mai 1836, entre la France et le royaume de Suède et de Norwége, pour la répression du crime de la traite des noirs, et dont les actes de ratification ont été échangés le 30 juill. 1836.

Art. 1. Le droit de visite réciproque pourra être exercé à bord des navires de l'une et de l'autre nation, mais seulement dans les parages ci-après indiqués, savoir : — 1° Le long de la côte occidentale d'Afrique, depuis le cap Vert jusqu'à la distance de 10 degrés au sud de l'équateur, c'est-à-dire du dixième degré de latitude méridionale au quinzième degré de latitude septentrionale, et jusqu'au trentième degré de longitude occidentale, à partir du méridien de Paris ;

2° Tout autour de l'île de Madagascar, dans une zone d'environ 20 lieues de largeur ;

3° A la même distance des côtes de l'île de Cuba ;

4° A la même distance des côtes de l'île de Porto-Rico ;

5° A la même distance des côtes du Brésil.

Toutefois il est entendu qu'un bâtiment suspect, aperçu et poursuivi par les croiseurs en dedans dudit cercle de 20 lieues, pourra être visité par eux en dehors même de ces limites, si, ne l'ayant jamais perdu de vue, ceux-ci ne parviennent à l'atteindre qu'à une plus grande distance de la côte.

2. Le droit de visiter les navires de commerce de l'une et l'autre nation dans les parages ci-dessus indiqués ne pourra être exercé que par des bâtiments de guerre dont les commandants auront le grade de capitaine ou au moins celui de lieutenant de vaisseau.

3. Chacune des deux Hautes Parties contractantes notifiera, tous les ans, à l'autre le nombre de bâtiments qu'elle destinera à la répression de la traite, et qui devront être investis du droit spécifié en l'article précédent. Néanmoins, il est entendu que Sa Majesté le roi de Suède et de Norwége pourra, selon ses convenances et les moyens affectés au service de sa marine, se borner à envoyer des croiseurs suédois et norwégiens sur certaines stations, ou même se dispenser entièrement de leur envoi.

4. La notification prescrite par l'article précédent comprendra les noms des capitaines et l'indication des stations où chacun des bâtiments devra être employé. Si, dans le courant de l'année, il survient des mutations parmi les croiseurs, il en sera réciproquement donné avis.

5. Des instructions seront rédigées et arrêtées en commun par les deux gouvernements pour les croiseurs de l'une et de l'autre nation, qui devront se prêter une mutuelle assistance dans toutes les circonstances où il pourra être utile qu'ils agissent de concert. — Les bâtiments de guerre réciproquement autorisés à exercer la visite seront munis d'une autorisation spéciale de chacun des deux gouvernements.

6. Toutes les fois qu'un des croiseurs aura poursuivi et atteindra comme suspect un navire de commerce, le commandant, avant de procéder à la visite, devra montrer au capitaine les ordres spéciaux qui lui confèrent le droit exceptionnel de le visiter ; et lorsqu'il aura reconnu que les expéditions sont régulières et les opérations licites, il fera constater sur le journal du bord que la visite n'a eu lieu qu'en vertu desdits ordres : ces formalités étant remplies, le navire sera libre de continuer sa route.

7. Les navires capturés pour s'être livrés à la traite, ou comme soupçonnés d'être armés pour ce trafic odieux, seront, ainsi que leurs équipages, remis sans délai à la juridiction de la nation à laquelle ils appartiendront. — Il est d'ailleurs bien entendu qu'ils seront jugés d'après les lois en vigueur dans leurs pays respectifs.

8. Dans aucun cas, le droit de visite réciproque ne pourra s'exercer à bord des bâtiments de guerre de l'une ou de l'autre nation. — Les deux gouvernements conviendront d'un signal spécial, dont les seuls croiseurs investis de ce droit devront être pourvus, et dont il ne sera donné connaissance à aucun autre bâtiment étranger à la croisière.

9. Toutes les fois qu'un bâtiment de commerce naviguant sous le pavillon de l'une des deux nations aura été arrêté par les croiseurs de l'autre, dûment autorisés à cet effet, conformément aux dispositions des articles précédents, ce bâtiment, ainsi que le capitaine et l'équipage, la cargaison et les esclaves qui pourront se trouver à bord, seront conduits dans tel port que les deux parties contractantes auront respectivement désigné, pour qu'il y soit procédé à leur égard suivant les lois de chaque Etat ; et la remise en sera faite aux autorités préposées dans ce but par les gouvernements respectifs. — Lorsque le commandant du croiseur ne croira pas devoir se charger lui-même de la conduite et de la remise du navire arrêté, il ne

pourra en confier le soin à un officier d'un rang inférieur à celui de lieutenant dans la marine militaire.

10. Les croiseurs des deux nations autorisés à exercer le droit de visite et d'arrestation, en exécution de la présente convention, se conformeront exactement, en ce qui concerne les formalités de la visite et de l'arrestation, ainsi que les mesures à prendre pour la remise à la juridiction respective des bâtiments soupçonnés de se livrer à la traite, aux instructions jointes à la présente convention, et qui seront censées en faire partie intégrante. — Les deux Hautes Parties contractantes se réservent d'apporter à ces instructions, d'un commun accord, les modifications que les circonstances pourraient rendre nécessaires.

11. Il demeure expressément entendu que, si le commandant d'un croiseur d'une des deux nations avait lieu de soupçonner qu'un navire marchand, naviguant sous le convoi ou en compagnie d'un bâtiment de guerre de l'autre nation, s'est livré à la traite ou a été armé pour ce trafic, il devra communiquer ses soupçons au commandant du convoi ou du bâtiment de guerre, lequel procédera seul à la visite du navire suspect; et, dans le cas où celui-ci reconnaîtrait que les soupçons sont fondés, il fera conduire le navire, ainsi que le capitaine et l'équipage, la cargaison et les esclaves qui pourront se trouver à bord, dans un port de sa nation, à l'effet d'être procédé à leur égard conformément aux lois respectives.

12. Dès qu'un bâtiment de commerce, arrêté et renvoyé par devers les tribunaux, ainsi qu'il a été dit ci-dessus, arrivera dans l'un des ports respectivement désignés, le commandant du croiseur qui en aura opéré l'arrestation, ou l'officier chargé de sa conduite, remettra aux autorités préposées à cet effet une expédition, signée par lui, de tous les inventaires, procès-verbaux et autres documents spécifiés dans les instructions jointes à la présente convention, et lesdites autorités procéderont en conséquence à la visite du bâtiment arrêté et de sa cargaison, ainsi qu'à l'inspection de son équipage et des esclaves qui pourront se trouver à bord, après avoir préalablement donné avis du moment de cette visite et de cette inspection au commandant du croiseur ou à l'officier qui aura amené le navire, afin qu'il puisse y assister ou s'y faire représenter. — Il sera dressé de ces opérations un procès-verbal en double original, qui devra être signé par les personnes qui y auront procédé ou assisté, et l'un de ces originaux sera délivré au commandant du croiseur ou à l'officier qui aura été chargé de la conduite du bâtiment arrêté.

13. Il sera procédé immédiatement devant les tribunaux compétents des États respectifs, et suivant les formes établies, contre les navires arrêtés ainsi qu'il est dit ci-dessus, leurs capitaines, équipages et cargaisons; et s'il résulte de la procédure que lesdits bâtiments ont été employés à la traite des noirs, ou qu'ils ont été armés dans le but de faire ce trafic, il sera statué sur le sort du capitaine, de l'équipage et de leurs complices, ainsi que sur la destination du bâtiment et de sa cargaison, conformément à la législation respective des deux pays. — En cas de confiscation, une portion du produit net de la vente desdits navires et de leurs cargaisons sera mise à la disposition du gouvernement du pays auquel appartiendra le bâtiment capteur, pour être distribuée par ses soins entre les état-major et équipage de ce bâtiment. Cette portion, aussi longtemps que la base indiquée ci-après pourra se concilier avec la législation des deux États, sera de 65 p. 100 du produit net de la vente.

14. Tout bâtiment de commerce des deux nations, visité et arrêté en vertu des dispositions ci-dessus, sera présumé de plein droit, à moins de preuve contraire, s'être livré à la traite des noirs ou avoir été armé pour ce trafic, si dans l'installation, dans l'armement ou à bord dudit navire, il s'est trouvé l'un des objets ci-après spécifiés, savoir:

1° Des écoutilles en treillis, et non en planches entières comme les portent ordinairement les bâtiments de commerce;

2° Un plus grand nombre de compartiments dans l'entrepont ou sur le tillac qu'il n'est d'usage pour les bâtiments de commerce;

3° Des planches en réserve actuellement disposées pour cet objet, ou propres à établir de suite un double pont, ou un pont volant, ou un pont dit à esclaves;

4° Des chaînes, des colliers de fer, des menottes;

5° Une plus grande provision d'eau que n'exigent les besoins de l'équipage d'un bâtiment marchand;

6° Une quantité superflue de bariques à eau ou autres tonneaux propres à contenir de l'eau, à moins que le capitaine ne produise un certificat de la douane du lieu de départ, constatant que les armateurs ont donné des garanties suffisantes pour que ces bariques ou tonneaux soient uniquement remplis d'huile de palme, ou employés à tout autre commerce licite;

7° Un plus grand nombre de gamelles ou de bidons que l'usage d'un bâtiment marchand n'en exige;

8° Deux ou plusieurs chaudières en cuivre, ou même une seule évidemment plus grande que ne l'exigent les besoins de l'équipage d'un bâtiment marchand;

9° Enfin une quantité de riz, de farine, de manioc du Brésil ou de cassave; de maïs ou de blé des Indes, au delà des besoins probables de l'équipage, et qui ne serait pas portée sur le manifeste comme faisant partie du chargement commercial du navire.

15. Il ne sera, dans aucun cas, accordé de dédommagement, soit au capitaine, soit à l'armateur, soit à toute autre personne intéressée dans l'armement ou dans le chargement d'un bâtiment de commerce qui aura été trouvé muni d'un des objets spécifiés dans l'article précédent, alors même que les tribunaux viendraient à ne prononcer aucune condamnation en conséquence de son arrestation.

16. Lorsqu'un bâtiment de commerce de l'une ou de l'autre des deux nations aura été visité et arrêté indûment ou sans motif suffisant de suspicion, ou lorsque la visite et l'arrestation auront été accompagnées d'abus ou de vexations, le commandant du croiseur ou l'officier qui aura abordé ledit navire, ou enfin celui à qui la conduite en aura été confiée, sera, suivant les circonstances, passible de dommages-intérêts envers le capitaine, l'armateur et les chargeurs. — Ces dommages-intérêts pourront être prononcés par le tribunal devant lequel aura été instruite la procédure contre le navire arrêté, son capitaine, son équipage et sa cargaison; et le gouvernement du pays auquel appartiendra l'officier qui aura donné lieu à cette condamnation payera le montant desdits dommages-intérêts dans le délai d'un an à partir du jour du jugement.

17. Lorsque dans la visite ou l'arrestation d'un bâtiment de commerce, opérée en vertu des dispositions de la présente convention, il aura été commis quelque abus ou vexation, mais que le navire n'aura pas été livré à la juridiction de sa nation, le capitaine devra faire la déclaration, sous serment, des abus ou vexations dont il aura à se plaindre, ainsi que des dommages-intérêts auquel il prétendra, devant les autorités compétentes du premier port de son pays où il arrivera, ou devant

l'agent consulaire de sa nation, si le navire aborde dans un port étranger où il existe un tel officier. Cette déclaration devra être vérifiée au moyen de l'interrogatoire, sous serment, des principaux hommes de l'équipage ou passagers qui auront été témoins de la visite ou de l'arrestation, et il sera dressé du tout un seul procès-verbal, dont deux expéditions seront remises au capitaine, qui devra en faire parvenir une à son gouvernement, à l'appui de la demande en dommages et intérêts qu'il croira devoir former. Il est entendu que si un cas de force majeure empêche le capitaine de faire sa déclaration, celle-ci pourra être faite par l'armateur ou par toute autre personne intéressée dans l'armement ou dans le chargement du navire. — Sur la transmission officielle d'une expédition du procès-verbal ci-dessus mentionné, par l'intermédiaire des ambassades respectives, le gouvernement du pays auquel appartiendra l'officier à qui des abus ou vexations seront imputés fera immédiatement procéder à une enquête, et, si la validité de la plainte est reconnue, il fera payer au capitaine, à l'armateur, ou à toute autre personne intéressée dans l'armement ou le chargement du navire molesté, le montant des dommages et intérêts qui lui seront dus.

18. Les deux gouvernements s'engagent à se communiquer respectivement, sans frais et sur leur simple demande, des copies de toutes les procédures intentées et de tous les jugements prononcés relativement à des bâtiments visités ou arrêtés en exécution des dispositions de la présente convention.

19. Les deux gouvernements conviennent d'assurer la liberté immédiate de tous les esclaves qui seront trouvés à bord des bâtiments visités et arrêtés en vertu des clauses de la présente convention, toutes les fois que le crime de traite aura été déclaré constant par les tribunaux respectifs; se réservent, dans l'intérêt même de ces esclaves, de les employer comme domestiques ou comme ouvriers libres, conformément à leurs lois respectives.

20. Les deux hautes parties contractantes conviennent que, toutes les fois qu'un bâtiment arrêté sous la prévention de traite par les croiseurs respectifs, en exécution de la présente convention, aura été mis à disposition des gouvernements respectifs, en vertu d'un arrêt de confiscation émané des tribunaux compétents, à l'effet d'être vendu, ledit navire, préalablement à toute opération de vente, sera démoli en totalité ou en partie, si sa construction ou son installation particulière donne lieu de craindre qu'il ne puisse de nouveau servir à la traite des noirs ou à tout autre objet illicite.

21. La présente convention sera ratifiée, etc.

ANNEXE. — Instructions pour les croiseurs.

Art. 1. Toutes les fois qu'un bâtiment de commerce de l'une des deux nations sera visité par un croiseur de l'autre, l'officier commandant le croiseur exhibera au capitaine de ce navire les ordres spéciaux qui lui conféreront le droit exceptionnel de visite, et lui remettra un certificat, signé de lui, indiquant son rang dans la marine militaire de son pays, ainsi que le nom du vaisseau qu'il commande, et attestant que le seul but de la visite est de s'assurer si le bâtiment s'est livré à la traite des noirs, ou s'il est armé pour ce trafic. Lorsque la visite devra être faite par un officier du croiseur, autre que celui qui le commande, cet officier ne pourra être d'un rang inférieur à celui de lieutenant de la marine militaire; et, dans ce cas, ledit officier exhibera au capitaine du navire marchand une copie des ordres spéciaux ci-dessus mentionnés, signée par le commandant du croiseur, et lui remettra de même un certificat, signé de lui, indiquant le rang qu'il occupe dans la marine, le nom du commandant par les ordres duquel il agit, celui du croiseur auquel il appartient, et le but de la visite, ainsi qu'il est dit ci-dessus. S'il est constaté par la visite que les expéditions du navire sont régulières et en règle, et que les ordres spéciaux ci-dessus mentionnés, et le navire sera libre de continuer sa route.

2. Si, d'après le résultat de la visite, l'officier commandant le croiseur juge qu'il y a des motifs suffisants de supposer que le navire se livre à la traite des noirs, ou qu'il a été équipé ou armé pour ce trafic, et s'il se décide en conséquence à l'arrêter et à le faire remettre à la juridiction respective, il fera dresser sur-le-champ, en double original, inventaire de tous les papiers trouvés à bord, et signera cet inventaire sur les deux originaux, en ajoutant à son nom son rang dans la marine militaire, ainsi que le nom du bâtiment qu'il commande. — Il dressera et signera de la même manière, en double original, un procès-verbal énonçant l'époque et le lieu de l'arrestation, au fond du bâtiment, celui de son capitaine et ceux des hommes de son équipage, ainsi que le nombre et l'état corporel des esclaves trouvés à bord; ce procès-verbal devra en outre contenir une description exacte de l'état du navire et de sa cargaison.

3. Le commandant du croiseur conduira ou enverra sans délai le bâtiment arrêté, ainsi que son capitaine, son équipage, sa cargaison et les esclaves trouvés à bord, à l'un des ports ci-après spécifiés, pour qu'il soit procédé à leur égard conformément aux lois respectives de chaque État, et il ne fera la remise aux autorités nécessairement respectifs.

4. Nul ne devra être distrait du bord du navire arrêté, et il ne sera enlevé non plus aucune partie de la cargaison ou des esclaves trouvés à bord, jusqu'à ce que le navire ait été remis aux autorités de sa propre nation, excepté dans le cas où la translation de la totalité ou d'une partie de l'équipage ou des esclaves trouvés à bord serait jugée nécessaire, soit pour conserver leur vie ou pour toute autre considération d'humanité, soit pour la sûreté de ceux qui seront chargés de la conduite du navire après son arrestation : dans ce cas, le commandant du croiseur, ou l'officier chargé de la conduite du bâtiment arrêté, dressera de ladite translation un procès-verbal, dans lequel il énoncera les motifs; et les capitaines, matelots, passagers ou esclaves, ainsi transbordés, seront conduits dans le même port que le navire et sa cargaison; et la remise ainsi que la réception auront lieu de la même manière que celles du navire, conformément aux dispositions ci-après énoncées.

5. Il est convenu que tous les navires suédois ou norwégiens qui, par suite de la convention en date de ce jour, seraient arrêtés par les croiseurs de Sa Majesté le roi des Français, employés dans quelque station que ce soit, seront conduits à l'île de Saint-Barthélemy et remis à la juridiction suédoise de ladite colonie; que tous les navires français qui, par suite de la convention en date de ce jour, seraient arrêtés par les croiseurs de Sa Majesté le roi de Suède et de Norwège, dans quelque station que ce soit, seront conduits, d'après la proximité des lieux où des juridictions françaises sont établies, soit à Gorée, soit à l'île de Bourbon, soit à la

Martinique, soit à Cayenne, et, dans tous les cas, remis aux autorités françaises de ces colonies.

6. Dès qu'un bâtiment marchand qui aura été arrêté comme il a été dit ci-dessus arrivera dans l'un des ports ou des lieux ci-dessus désignés, le commandant du croiseur, ou l'officier chargé de la conduite du navire arrêté, remettra immédiatement aux autorités dûment préposées à cet effet par les gouvernements respectifs le navire et sa cargaison, ainsi que le capitaine, l'équipage, les passagers et les esclaves trouvés à bord, comme aussi les papiers saisis à bord et l'un des deux exemplaires de l'inventaire desdits papiers, l'autre devant demeurer en sa possession. — Ledit officier remettra en même temps à ces autorités un exemplaire du procès-verbal ci-dessus mentionné, et il y ajoutera un rapport sur les changements qui pourraient avoir eu lieu depuis le moment de l'arrestation jusqu'à celui de la remise, ainsi qu'une copie du rapport des transbordements qui ont pu avoir lieu, ainsi qu'il a été prévu ci-dessus. En remettant ces diverses pièces, l'officier en attestera la sincérité, sous serment et par écrit.

7. Si le commandant d'un croiseur d'une des hautes parties contractantes, dûment pourvu des instructions spéciales ci-dessus mentionnées, a lieu de soupçonner qu'un navire de commerce, naviguant sous le convoi ou en compagnie d'un vaisseau de guerre de l'autre partie, se livre à la traite des noirs, ou a été équipé pour ce trafic, il devra se borner à communiquer ses soupçons au commandant du convoi ou du vaisseau de guerre, et laisser à celui-ci le soin de procéder seul à la visite du navire suspect, et de le placer, s'il y a lieu, sous la main de la justice de son pays.

8. Les croiseurs des deux nations se conformeront exactement à la teneur des présentes instructions, qui servent de développement aux dispositions de la convention en date de ce jour, à laquelle elles sont annexées.

Les plénipotentiaires soussignés sont convenus, conformément à l'art. 10 de la convention signée entre eux, sous la date de ce jour, que les instructions qui précèdent seront annexées à ladite convention pour en faire partie intégrante.

20 août-17 sept. 1836. — Ordonnance qui prescrit la publication de la convention conclue, le 27 mai 1836, entre la France et la Belgique, pour le transport des dépêches et des journaux.

16-26 sept. 1836.—Ordonnance pour l'exécution de la convention postale conclue, le 27 mai 1836, entre la France et la Belgique.

19-26 sept. 1836. — Ordonnance qui prescrit la publication de la convention de commerce et de navigation conclue, le 19 juill. 1836, entre la France et le grand-duché de Mecklembourg-Schwérin, et dont les ratifications ont été échangées le 7 août 1836.

Art. 1. Les navires français venant en droiture et avec chargement des ports de France, ou sur lest d'un port quelconque, seront affranchis, dans les ports du Mecklenbourg, du droit de tonnage, et ils seront traités comme navire mecklenbourgeois en tout ce qui concerne la perception des autres droits s'appliquant au corps du navire. Et quant aux redevances qui seraient le salaire d'industries privées, ils ne pourront être soumis à d'autres ni de plus élevées que celles dont seraient passibles les sujets mecklenbourgeois. — Les navires mecklenbourgeois venant en droiture et avec chargement des ports du Mecklenbourg, ou sur lest d'un port quelconque, seront traités dans les ports de France comme navires français, en tout ce qui concerne la perception des droits de navigation, et affranchis des droits différentiels établis sur les navires étrangers, à quelque titre que ce soit.

2. Les produits du sol et des manufactures de la France, importés directement en Mecklenbourg, y seront exempts de toute surtaxe, et notamment de celle de 50 p. 100 des droits de douane, imposée uniformément en Mecklenbourg sur les marchandises importées pour compte étranger. — Les produits du sol et des manufactures du Mecklenbourg, importés directement en France par navires mecklenbourgeois, y seront exempts de la surtaxe établie sur les marchandises importées par navires étrangers. — Il sera justifié de l'origine de ces produits au moyen de certificats délivrés, pour chaque marchandise, par le consul français résidant au port d'embarquement, ou, s'il n'y existe pas de consul français, par le magistrat du lieu, et, dans ce dernier cas, le certificat devra être visé par l'agent consulaire de France. — La nature et la quantité annuelle des produits de Mecklenbourg qui pourront être admis en France à la condition du présent article seront spécifiées dans un tableau annexé à la présente convention. La nomenclature de ces produits, aussi bien que leurs quantités pourront d'ailleurs être ultérieurement étendues d'un commun accord entre les Hautes Parties contractantes.

3. Les exportations faites, pour quelque destination que ce soit, des ports de l'un des deux pays par les navires de l'autre, seront affranchies de toute surtaxe, et particulièrement de celle de 16 shillings par last imposée en Mecklenbourg sur les produits exportés par navires étrangers. Les expéditeurs jouiront de tous les avantages, primes, remboursements et autres qui sont accordés aux exportations faites sous pavillon national.

4. Seront reconnus pour navires mecklenbourgeois ceux dont le propriétaire et les officiers seront sujets mecklenbourgeois, et qui auront un équipage composé, pour les deux tiers au moins, de sujets mecklenbourgeois ou de sujets de tous autres Etats de la confédération germanique avec lesquels la France se lierait ultérieurement par des stipulations de navigation et de commerce analogues à celles qui font la base de la présente convention. — Seront reconnus pour navires français ceux dont le propriétaire et les officiers seront Français, et qui auront un équipage composé, pour les deux tiers au moins, de marins français.

5. Les navires chargés qui, durant le cours de leur traversée de l'un des deux pays dans l'autre, auront relâché dans un ou plusieurs ports intermédiaires, conserveront le bénéfice de la présente convention, lorsque leur relâche n'aura donné lieu à aucune opération de commerce. — Ces circonstances devront être constatées par un certificat du consul ou de l'agent consulaire de la puissance pour le port de laquelle seront destinés lesdits navires, et, en l'absence d'un consul ou d'un agent consulaire, par un acte émané de l'autorité locale. Ce certificat sera délivré sur la demande des capitaines, formée dans les vingt-quatre heures de la relâche, et sur leur déclaration écrite de l'intention où ils sont de suivre leur destination.

6. Jouiront également du bénéfice de la présente convention les navires de l'un des deux pays en *relâche forcée* dans les ports de l'autre, avec ou sans chargement, de quelque lieu qu'ils viennent et quelle que soit leur destination, à condition qu'ils se borneront à débarquer, s'il y a lieu, leurs marchandises pour réparer les avaries, et à les rembarquer sans faire aucune opération de commerce, et qu'ils ne séjourneront dans le port de relâche que le temps nécessaire pour se mettre en état de reprendre la mer.

7. Son Altesse royale le grand-duc de Mecklenbourg-Schwérin, prenant en considération la faveur particulière qui résulte des stipulations ci-dessus pour les sujets mecklenbourgeois, et voulant, autant qu'il se peut, établir la plus exacte réciprocité d'avantages, s'oblige à ne point élever le taux des droits d'entrée, de sortie, de transit, de consommation, ou tous autres actuellement existants et perçus dans ses Etats sur les produits du sol et de l'industrie de la France; à ne point en créer de nouveaux; à ne point établir d'exception ni de limite à la libre introduction et circulation de ces produits; enfin, à les assimiler à ceux du Mecklenbourg dans toutes les conditions dont ces derniers pourraient devenir l'objet.

8. En outre, Son Altesse royale le grand-duc de Mecklenbourg-Schwérin déclare que les Français ne seront pas soumis dans ses Etats, pour l'acquisition du droit de bourgeoisie, à des droits autres ni plus élevés que ceux que payeraient les sujets mecklenbourgeois, et que, par rapport aux droits annuels et charges bourgeoises, ils seront traités absolument de la même manière que les bourgeois et habitants du Mecklenbourg.

9. Les consuls et agents consulaires de France jouiront, dans le grand-duché de Mecklenbourg, des franchises, immunités et privilèges dont jouissent les consuls ou agents consulaires des nations les plus favorisées; et, réciproquement, les consuls et agents consulaires mecklenbourgeois jouiront en France des franchises, immunités et privilèges qui y sont déterminés par les lois, les règlements et les usages.

10. En cas de naufrage ou d'échouement d'un navire de l'un des deux pays dans les ports ou sur les côtes de l'autre, toutes les opérations relatives au sauvetage seront dirigées par le consul ou l'agent consulaire de la nation à laquelle appartiendra le navire. Les autorités locales interviendront, d'ailleurs, s'il y a lieu, pour maintenir l'ordre, garantir tous les intérêts, et, dans tous les cas, pour assurer l'exécution des dispositions à observer à l'entrée et à la sortie des marchandises sauvées, lesquelles ne seront soumises aux droits qu'autant qu'elles seraient introduites pour la consommation.

11. Le droit d'aubaine et le droit de détraction sont et demeurent abolis en Mecklenbourg, en faveur des Français, de même qu'en France, en faveur des sujets mecklenbourgeois.

12. La présente convention demeurera en vigueur pendant dix années, à dater du jour de l'échange des ratifications : néanmoins, à l'expiration de ce terme, elle continuera d'être appliquée, et elle ne cessera d'être obligatoire que douze mois après que l'une des Hautes Parties contractantes aura notifié à l'autre son intention d'en faire cesser les effets.

13. La présente convention sera ratifiée, etc.

ANNEXE. — *Tableau des produits du Mecklenbourg qui seront admis en France avec l'exemption de la surtaxe, en conformité de l'art. 2 de la convention de navigation et de commerce du 19 juill. 1836.*

1° Les céréales en quantité indéterminée;

2° Les bois de construction (*stabholz*), en quantité indéterminée;

3° Les graines oléagineuses et leurs huiles; les légumes secs en quantité annuelle et collective de 4,000 tonnes de mer;

4° Les chanvres, lins et laines, en quantité annuelle et collective de 3,000 tonnes de mer;

5° Les beurres, fromages, viandes salées et autres comestibles, en quantité annuelle et collective de 1,000 tonnes de mer.

30 sept. 1836-25 fév. 1837. — Ordonnance qui prescrit la publication de la convention conclue, le 26 mars 1836, entre la France et la Prusse, pour le transport des correspondances.

14-30 déc. 1836. — Ordonnance relative au transport des correspondances entre la France et les Pays-Bas.

7-24 janv. 1837. — Ordonnance qui autorise le payement du cinquième terme de la créance des Etats-Unis reconnue par le traité du 4 juill. 1831.

16-25 fév. 1837.— Ordonnance qui prescrit la publication des articles supplémentaires à la convention du 26 mars 1836, relative à la transmission des correspondances entre la France et la Prusse.

26 juill.-17 août 1837. — Ordonnance qui prescrit la publication du traité d'amitié, de commerce et de navigation conclu, le 9 déc. 1834, entre la France et la Bolivie, dont les ratifications ont été échangées à Paris, et dont la teneur suit :

Nota. Les dispositions des art. 1 à 10 de ce traité sont presque identiquement semblables à celles des mêmes articles du traité du 25 mars 1843, conclu avec la république de Venezuela (V. Ord. du 25 juin 1844).

Art. 11. Il est convenu :

1° Que le taux des droits imposés, dans les ports de la Bolivie, à l'importation des vins et eaux-de-vie d'origine française, n'excédera pas, pendant la durée du présent traité, le taux de 10 p. 100 de la valeur assignée auxdits produits dans le tarif actuel des douanes de la Bolivie;

2° Que les tissus et marchandises de soie de toute espèce provenant des fabriques françaises ne seront évalués, pour la perception des droits, dans le tarif des douanes de la Bolivie, qu'à la *moitié des prix* qui y seront assignés aux tissus et marchandises de même espèce provenant de la Chine.

Seront considérés comme de cette dernière provenance, tous tissus et objets de soie qui ne seront point accompagnés de certificats d'origine délivrés par les consuls ou agents de la Bolivie, s'il s'en trouve dans le lieu de la provenance, et, dans le cas contraire, par les consuls ou agents d'une puissance amie de la Bolivie.

Il est convenu en retour que le quina, la cascarille, le cacao, le cuivre et l'étain provenant de la Bolivie ne payeront, pendant le même temps, à leur entrée dans les ports de France, que les droits actuellement existants.

Pour la plus exacte exécution des deux paragraphes antérieurs, les plénipotentiaires conviennent qu'ils se transmettront réciproquement, avant la signature du présent traité, des copies certifiées, tant des ordonnances royales qui fixent les droits actuellement perçus en France sur le quina, la cascarille, le cacao, le cuivre et l'étain, que de la partie du tarif actuel de la Bolivie, qui détermine les prix d'après lesquels sont perçus dans ses ports les droits sur les vins et eaux-de-vie étrangers.

Le gouvernement bolivien transmettra aussi au chargé d'affaires de France, avant la mise en exécution du présent traité, une copie certifiée de la partie du tarif de la Bolivie, qui déterminera les prix d'après lesquels seront perçus dans ses douanes les droits sur les tissus et objets de soie provenant de la Chine.

Pour que les produits de la Bolivie énumérés dans le présent article puissent jouir du traitement de faveur qui leur est attribué, il est entendu :

1° Qu'ils seront transportés en droiture des ports de la Bolivie ou du port péruvien d'Arica en France;

2° Qu'ils seront accompagnés de certificats d'origine délivrés par la douane de la ville de la Paz ou du port d'embarquement. — Les certificats de chaque navire seront numérotés et joints au manifeste avec le sceau de la douane, et cette dernière pièce devra être visée et certifiée par le consul ou l'agent consulaire de France, lorsqu'il y en aura d'établi dans le lieu où sera délivré le certificat, ou dans le port d'embarquement. — Le gouvernement bolivien pourra imposer les mêmes conditions de transport direct et de certificats d'origine aux vins et eaux-de-vie français, quand il le jugera convenable.

12. Dans tous les cas, si, pendant la durée du présent traité, l'une des deux parties contractantes jugeait convenable d'imposer, sur le commerce ou la navigation, d'autres ou de plus forts droits que ceux actuellement existants, cette mesure ne sera applicable aux produits et aux navires de l'autre partie qu'un an au moins après que le commerce en aura été légalement informé. — Il en sera de même à l'égard des marchandises payant des droits à raison de leur valeur, dans le cas où des changements seraient apportés aux prix qui leur sont actuellement assignés dans le tarif des évaluations.

13. Les navires respectifs qui relâcheront dans les ports ou sur les côtes de l'un ou de l'autre Etat, ne seront assujettis à aucun droit de navigation, sous quelque dénomination que ces droits soient respectivement établis, sauf les droits de pilotage et autres de même nature représentant le salaire de services rendus par des industries privées, pourvu que ces navires n'effectuent aucun chargement ni déchargement de marchandises; et même dans le cas où, à raison de relâche forcée, les navires respectifs seraient obligés de déposer à terre les marchandises composant leurs chargements, ou de les transborder sur d'autres navires pour éviter qu'elles ne dépérissent, il ne sera exigé d'eux d'autres droits que ceux relatifs au loyer des magasins et chantiers publics, qui seraient nécessaires pour déposer les marchandises et pour réparer les avaries du bâtiment.

14. Il est convenu que les bâtiments construits en France ou ceux qui, capturés sur l'ennemi par les armements français, auront été déclarés de bonne prise, ou enfin ceux qui auront été condamnés par les tribunaux français pour infractions aux lois, devront être considérés comme français, pourvu que d'ailleurs les propriétaires, les capitaines et les trois quarts des équipages soient Français. — De même, devront être considérés comme boliviens tous les bâtiments construits dans le territoire de la Bolivie, ou ceux capturés sur l'ennemi par les armements de cet Etat et déclarés de bonne prise, ou ceux enfin qui auront été condamnés par les tribunaux de la Bolivie pour infractions aux lois; et de plus, comme il est de fait que, dans l'état actuel de la marine de la Bolivie, il ne serait pas possible à ce pays de profiter des avantages stipulés par le présent traité en faveur des bâtiments respectifs, si l'on tenait à l'exécution de toutes les conditions de nationalité indiquées dans le paragraphe précédent pour les navires français, il est entendu que tout bâtiment, de quelque construction qu'il soit, qui appartiendra de bonne foi à un ou plusieurs citoyens de la Bolivie, et dont le capitaine et la moitié au moins de l'équipage seront également citoyens de ce pays, devra être réputé bolivien. — Il est convenu, d'ailleurs, que tout navire français ou bolivien, pour jouir aux conditions ci-dessus du privilége de sa nationalité, devra être muni d'un passeport, congé ou registre dont la forme sera réciproquement communiquée, et qui, certifié par l'autorité compétente pour le délivrer, constatera d'abord le nom, la profession et la résidence en France ou en Bolivie du propriétaire, en exprimant qu'il est unique, ou des propriétaires, en indiquant dans quelle proportion chacun d'eux possède; puis ensuite le nom, la dimension, la capacité, et enfin toutes les particularités du navire qui peuvent le faire reconnaître aussi bien qu'établir sa nationalité.

15. Les navires, marchandises et effets appartenant aux citoyens respectifs qui auraient été pris par les pirates, et conduits ou trouvés dans les ports de la dénomination de l'un ou de l'autre pays, seront remis à leurs propriétaires (en payant, s'il y a lieu, les frais de reprise qui seront déterminés par les tribunaux respectifs), lorsque le droit de propriété aura été prouvé devant les tribunaux, et sur la réclamation qui devra en être faite, dans le délai d'un an, par les parties intéressées, par leurs fondés de pouvoirs ou par les agents des gouvernements respectifs.

16 à 28. *Nota :* ces articles sont semblables aux art. 15 à 27 du traité précité.

29. Les droits établis par le présent traité en faveur des citoyens français sont et demeurent communs aux habitants des *Antilles françaises*, et réciproquement les citoyens boliviens jouiront dans les *Antilles françaises* des avantages qui sont ou seront accordés au commerce et à la navigation de la nation la plus favorisée.

30. Il est formellement convenu entre les deux parties contractantes qu'indépendamment des stipulations qui précèdent, les agents diplomatiques et consulaires, les citoyens de toute classe, les navires et les marchandises de l'un des deux Etats, jouiront de plein droit dans l'autre, des franchises, priviléges et immunités quelconques consentis ou à consentir en faveur de la nation la plus favorisée, et ce, gratuitement si la concession est gratuite, ou avec la même compensation, si la concession est conditionnelle.

31. Dans le cas où l'une des parties contractantes jugerait que quelques-unes des stipulations du présent traité ont été enfreintes à son préjudice, elle devrait d'abord présenter à l'autre partie un exposé des faits, ainsi qu'une demande en réparation, accompagnée des documents et des preuves nécessaires pour établir la légitimité de sa plainte, et elle ne pourrait autoriser des représailles ni se porter elle-même à des hostilités qu'autant que la réparation demandée par elle aurait été refusée ou arbitrairement différée.

32. Le présent traité sera en vigueur pendant neuf années, à compter du jour de l'échange des ratifications, et si, douze mois avant l'expiration de ce terme, ni l'une ni l'autre des deux parties contractantes n'annonce, par une déclaration officielle, son intention d'en faire cesser l'effet, ledit traité restera encore obligatoire pendant une année, et ainsi de suite jusqu'à l'expiration des douze mois qui suivront la déclaration officielle en question, à quelque époque qu'elle ait lieu.—Il est bien entendu que, dans le cas où cette déclaration viendrait à être faite par l'une ou l'autre des parties contractantes, les dispositions du traité relatives au commerce et à la navigation seraient seules considérées comme ayant cessé et expiré; mais qu'à l'égard des autres articles qui concernent les relations de paix et d'amitié, le traité n'en resterait pas moins perpétuellement obligatoire pour les deux puissances.

33 et dernier. Le présent traité sera ratifié, etc.

Article additionnel unique. Il est entendu que, quant aux certificats qui devront constater l'origine des soieries françaises, il sera procédé, comme il est dit à l'art. 11 du présent traité, au sujet des certificats d'origine relatifs aux quinas, cascarilles, cacaos, cuivres et étains de la Bolivie, c'est-à-dire que lesdits certificats seront délivrés en France par la douane du lieu d'embarquement, et en pays étranger par les consuls ou agents consulaires de France; que tous les certificats de chaque navire seront numérotés et joints au manifeste, sous le sceau de la douane ou de l'agent signataire; et qu'enfin cette dernière pièce devra être visée et certifiée par le consul ou l'agent consulaire de la Bolivie, lorsqu'il y en aura d'établi dans le port d'embarquement. — Il est également entendu que le gouvernement bolivien pourra à l'avenir déterminer et déterminera les formalités propres à prouver l'origine des tissus et marchandises de soie provenant d'autres pays européens et destinés pour la Bolivie.

25 août-9 sept. 1837. — Ordonnance qui autorise le ministre des finances à faire payer au gouvernement des Etats-Unis le complément d'intérêts des quatre premiers termes de la créance de 25 millions.

31 janv.-22 fév. 1838. — Ordonnance qui autorise le payement du sixième et dernier terme de la créance des Etats-Unis, reconnue par le traité du 4 juill. 1831.

31 mars-12 avr. 1838. — Ordonnance qui prescrit la publication de la convention conclue, le 2 janv. 1838, entre la France et la Grèce, pour la transmission des correspondances.

4-26 mai 1838. — Ordonnance pour l'exécution de la convention postale conclue, le 2 janv. 1838, entre la France et la Grèce.

30 mai-2 juin 1838. — Ordonnance qui prescrit la publication de deux traités conclus, le 12 fév. 1838, entre la France et la république d'Haïti.

Louis Philippe, etc. ; — Savoir faisons qu'entre nous et le président de la république d'Haïti, il a été conclu et signé au Port-au-Prince, le 12 fév. de la présente année 1838 : 1° un traité d'amitié entre la France et Haïti ; 2° un autre traité relatif à l'indemnité due à la France par ladite république ; — Traités dont les ratifications respectives ont été échangées à Paris, le 28 du présent mois de mai, et dont la teneur suit :

Premier traité.

Art. 1. Sa Majesté le roi des Français reconnaît pour lui, ses héritiers et successeurs, la république d'Haïti comme Etat libre, souverain et indépendant.

2. Il y aura paix constante et amitié perpétuelle entre la France et la république d'Haïti, ainsi qu'entre les citoyens des deux Etats, sans exception de personnes ni de lieux.

3. Sa Majesté le roi des Français et le président de la république d'Haïti se réservent de conclure le plus tôt possible, s'il y a lieu, un traité spécialement destiné à régler les rapports de commerce et de navigation entre la France et Haïti. En attendant il est convenu que les consuls, les citoyens, les navires et les marchandises ou produits de chacun des deux pays jouiront à tous égards dans l'autre du traitement accordé ou qui pourra être accordé à la nation la plus favorisée, et ce gratuitement, si la concession est gratuite, ou avec la même compensation, si la concession est conditionnelle.

4. Le présent traité sera ratifié, etc.

Deuxième traité.

Art. 1. Le solde de l'indemnité due par la république d'Haïti demeure fixé à la somme de 60 millions de francs. Cette somme sera payée conformément au mode ci-après :—Pour chacune des années 1838, 1839, 1840, 1841 et 1842, 1,500,000 fr.; — Pour chacune des années 1843, 1844, 1845, 1846 et 1847, 1,600,000 fr.;—Pour chacune des années 1848, 1849, 1850, 1851 et 1852, 1,700,000 fr.;—Pour chacune des années 1853, 1854, 1855, 1856 et 1857, 1,800,000 fr.; — Pour chacune des années 1858, 1859, 1860, 1861 et 1862, 2,400,000 fr.; — Et pour chacune des années 1863, 1864, 1865, 1866 et 1867, 3 millions de francs. — Lesdites sommes seront payées dans les six premiers mois de chaque année. Elles seront versées à Paris, en monnaie de France, à la caisse des dépôts et consignations.

2. Le payement de l'année 1838 sera effectué immédiatement.

3. Le présent traité sera ratifié, etc.

26 oct.-7 nov. 1838. — Ordonnance qui prescrit la publication de la convention conclue, le 27 août 1838, entre la France et la Sardaigne pour la transmission des correspondances.

18-24 nov. 1838. — Ordonnance qui prescrit la publication de la convention conclue, le 9 août 1838, entre la France et le Saint-Siége pour la transmission des correspondances par voie de mer.

28 nov.-11 déc. 1838. — Ordonnance pour l'exécution de la convention postale conclue, le 27 août 1838, entre la France et la Sardaigne.

30 nov.-11 déc. 1838. — Ordonnance pour l'exécution de la convention postale conclue, le 9 août 1838, entre la France et le Saint-Siége.

6-24 déc. 1838.— Ordonnance qui prescrit la publication de la convention conclue, le 9 juin 1837, entre la France, la Grande-Bretagne et les villes libres et anséatiques de Lubeck, de Brême et de Hambourg, dans le but d'assurer la répression de la traite des noirs,

Art. 1. Les sénats des villes libres et anséatiques de Lubeck, Brême et Hambourg accèdent aux conventions conclues et signées, le 30 nov. 1831 et le 22 mars 1833, entre Sa Majesté le roi des Français et Sa Majesté le roi du Royaume Uni de la Grande-Bretagne et d'Irlande, relativement à la répression de la traite des soirs, ainsi qu'à l'annexe de la seconde convention, contenant les instructions pour les croiseurs, sauf les réserves et modifications exprimées dans les art. 2, 3 et 4 ci-après, qui seront considérés comme additionnels auxdites conventions et à l'annexe susmentionnée, et sauf les différences qui résultent nécessairement de la situation des villes anséatiques, comme parties accédantes aux conventions en question après leur conclusion. Sa Majesté le roi des Français et Sa Majesté le roi du Royaume-Uni de la Grande-Bretagne et d'Irlande ayant accepté ladite accession, tous les articles de ces deux conventions et toutes les dispositions de ladite annexe seront, en conséquence, censés avoir été conclus et signés de même que la présente convention, directement entre Sa Majesté le roi des Français, Sa Majesté le roi du Royaume-Uni de la Grande-Bretagne et d'Irlande, et les sénats des villes libres et anséatiques de Lubeck, de Brême et de Hambourg. Leursdites Majestés et les sénats des villes libres et anséatiques s'engagent et promettent réciproquement d'exécuter fidèlement, sauf les réserves et modifications stipulées par les présentes, toutes les clauses, conditions et obligations qui en résultent; et, pour éviter toute incertitude, il a été convenu que les susdites conventions, ainsi que l'annexe de la seconde, contenant les instructions pour les croiseurs, seront insérées ici mot à mot, ainsi qu'il suit :

(Suivent les convention et convention supplémentaire, avec les instructions annexées à cette dernière, conclues entre la France et la Grande-Bretagne, les 30 nov. 1831 et 22 mars 1833. — V. *suprà*, p. 526).

2. Il est convenu, en ce qui concerne l'art. 5 des instructions annexées à la convention supplémentaire du 22 mars 1833, que tous les navires portant le pavillon de Lubeck, et paraissant par leurs papiers appartenir à Lubeck, qui pourront être arrêtés, en exécution des conventions ci-dessus transcrites, par les croiseurs de Sa Majesté le roi des Français ou de Sa Majesté le roi du Royaume-Uni de la Grande-Bretagne et d'Irlande, employés dans les stations d'Amérique, d'Afrique ou de Madagascar, seront conduits ou envoyés dans le port de Travemunde; que tous les navires portant le pavillon de Brême, et paraissant, par leurs papiers, appartenir à Brême, qui pourront être arrêtés de même, seront conduits ou envoyés dans le port de Bremerhaven, et que tous les navires portant le pavillon de Hambourg, et paraissant, par leurs papiers, appartenir à Hambourg, qui pourront être arrêtés de même, seront conduits ou envoyés dans le port de Cuxhaven. Dans le cas où la navigation de la Baltique serait interrompue ou impraticable, les trois sénats s'accorderont à indiquer Bremerhaven et Cuxhaven comme les ports où pourront être conduits ou envoyés les navires lubecquois arrêtés comme ci-dessus mentionné.

3. Attendu que le débarquement, dans les ports susmentionnés, des nègres qui se trouveraient à bord de bâtiments portant le pavillon anséatique, et paraissant, par leurs papiers, appartenir auxdites villes anséatiques, ou à l'une d'elles, pourrait entraîner de graves inconvénients, il est convenu que les nègres trouvés à bord d'un pareil navire, arrêté par un croiseur français ou britannique, seront préalablement débarqués au port ou dans l'endroit le plus rapproché, soit français, ou britannique, auquel un bâtiment négrier, sous le pavillon d'une de ces deux nations, trouvé et arrêté dans des circonstances semblables, serait, d'après les susdites conventions, envoyé ou conduit. Seront considérés comme respectivement indiqués à cet effet, pour les croisières françaises et britanniques d'Afrique, des Indes Occidentales, de Madagascar et du Brésil, les ports français de la Gorée, de la Martinique, de Bourbon et de Cayenne, ainsi que les ports britanniques de Bathurst dans la Gambie, Port-Royal à la Jamaïque, le cap de Bonne-Espérance et Demerary.

4. Dans le cas où les sénats des villes libres anséatiques ne trouveraient pas dans leurs convenances d'armer sous leurs pavillons des croiseurs pour la suppression de la traite, ils s'engagent néanmoins à fournir aux commandants des croiseurs français et britanniques les autorisations requises par l'art. 5 de la convention du 30 nov. 1831, aussitôt que les noms et le nombre de ces croiseurs leur auront été notifiés.

5. La présente convention sera ratifiée, etc.

8-24 déc. 1838. — Ordonnance qui prescrit la publication de la convention conclue, le 24 nov. 1837, entre la France, la Grande-Bretagne et la Toscane, dans le but d'assurer la répression de la traite des noirs.

Art. 1. Son Altesse impériale et royale le grand-duc de Toscane accède aux conventions conclues et signées, le 30 nov. 1831 et le 22 mars 1833, entre Sa Majesté le roi des Français et Sa Majesté le roi du Royaume-Uni de la Grande-Bretagne et d'Irlande, relativement à la répression de la traite des noirs, ainsi qu'à l'annexe de la seconde convention contenant les instructions pour les croiseurs, sauf les réserves et modifications exprimées dans les art. 2, 3 et 4 ci-après, qui seront considérées comme additionnels auxdites conventions et à l'annexe susmentionnée, et sauf les différences qui résultent nécessairement de la situation de Son Altesse impériale et royale le grand-duc de Toscane, comme partie accédante aux conventions en question après leur conclusion. Sa Majesté le roi des Français et Sa Majesté la reine du Royaume-Uni de la Grande-Bretagne et d'Irlande ayant accepté ladite accession, tous les articles de ces deux conventions et toutes les dispositions de ladite annexe seront, en conséquence, censés avoir été conclus et signés de même que la présente convention, directement entre Sa Majesté le roi des Français, Sa Majesté la reine du Royaume-Uni de la Grande-Bretagne et d'Irlande et Son Altesse impériale et royale le grand-duc de Toscane. Les trois hautes parties contractantes s'engagent et promettent réciproquement d'exécuter fidèlement, sauf les réserves et modifications stipulées par les présentes, toutes les clauses, conditions et obligations qui en résultent; et, pour éviter toute incertitude, il a été convenu que les susdites conventions, ainsi que l'annexe de la seconde, contenant les instructions pour les croiseurs, seront insérées ici mot à mot, ainsi qu'il suit :

(Suivent la convention et la convention supplémentaire, avec son annexe, conclues entre la France et la Grande-Bretagne, les 30 nov. 1831 et 22 mars 1833. — V. *suprà*, p. 526).

2. Il est convenu, en ce qui concerne l'art. 5 des instructions annexées à la convention supplémentaire du 22 mars 1833, que tous les navires portant pavillon toscan, et paraissant, par leurs papiers, appartenir à la Toscane, qui pourront être arrêtés, en exécution des conventions ci-dessus transcrites, par les croiseurs de Sa Majesté le roi des Français ou de Sa Majesté la reine du Royaume-Uni de la Grande-Bretagne et d'Irlande, employés dans les stations d'Amérique, d'Afrique ou de Madagascar, seront conduits ou envoyés dans le port de Livourne.

3. Attendu que le débarquement, dans le port de Livourne, des nègres qui se trouveraient à bord de bâtiments portant pavillon toscan, et paraissant, par leurs papiers, appartenir à la Toscane, pourrait entraîner de graves inconvénients, il est convenu que les nègres trouvés à bord de pareils navires, arrêtés par un croiseur français ou britannique, seront préalablement débarqués au port ou dans l'endroit le plus rapproché, soit français ou britannique, auquel un bâtiment négrier, sous le pavillon d'une de ces deux nations, trouvé et arrêté dans des circonstances semblables, serait, d'après les susdites conventions, envoyé ou conduit. Seront considérés comme respectivement indiqués à cet effet, pour les croisières françaises et britanniques d'Afrique, des Indes Occidentales, de Madagascar et du Brésil, les ports français de la Gorée, de la Martinique, de Bourbon et de Cayenne, ainsi que les ports britanniques de Bathurst dans la Gambie, Port-Royal à la Jamaïque, le cap de Bonne-Espérance et Demerary.

4. Dans le cas où Son Altesse impériale et royale le grand-duc de Toscane ne trouverait pas dans ses convenances d'armer sous son pavillon des croiseurs pour la répression de la traite, il s'engage néanmoins à fournir aux commandants des croiseurs français et britanniques l'autorisation requise par l'art. 5 de la convention du 30 nov. 1831, aussitôt que les noms et le nombre de ces croiseurs lui auront été notifiés.

5. La présente convention sera ratifiée, etc.

10-24 déc. 1838. — Ordonnance qui prescrit la publication de la convention conclue, le 14 fév. 1838, entre la France, la Grande-Bretagne et le royaume des Deux-Siciles, dans le but d'assurer la répression de la traite des noirs.

Art. 1. Sa Majesté le roi du royaume des Deux-Siciles accède aux conventions conclues et signées, le 30 nov. 1831 et le 22 mars 1833, entre Sa Majesté le roi des Français et feu Sa Majesté le roi du Royaume-Uni de la Grande-Bretagne et d'Irlande, relativement à la répression de la traite des noirs, ainsi qu'à l'annexe de la seconde convention, contenant les instructions pour les croiseurs, sauf les réserves et modifications exprimées dans les art. 2, 3 et 4 ci-après, qui seront considérés comme additionnels auxdites conventions et à l'annexe susmentionnée, et sauf les différences qui résultent nécessairement de la situation de Sa Majesté le roi du royaume des Deux-Siciles, comme partie accédante aux conventions en question après leur conclusion. Sa Majesté le roi des Français et Sa Majesté la reine du Royaume-Uni de la Grande-Bretagne et d'Irlande ayant accepté ladite accession, tous les articles de ces deux conventions et toutes les dispositions de ladite annexe seront, en conséquence, censés avoir été conclus et signés de même que la présente convention, directement entre Sa Majesté le roi des Français, Sa Majesté la reine du Royaume-Uni de la Grande Bretagne et d'Irlande, et Sa Majesté le roi du royaume des Deux-Siciles. — Leursdites Majestés s'engagent et promettent réciproquement d'exécuter fidèlement, sauf les réserves et modifications stipulées par les présentes, toutes les clauses, conditions et obligations qui en résultent; et, pour éviter toute incertitude, il a été convenu que les susdites conventions, ainsi que l'annexe de la seconde convention, contenant les instructions pour les croiseurs, seront insérées ici mot à mot, ainsi qu'il suit :

(Suivent la convention et la convention supplémentaire, avec son annexe, conclues entre la France et la Grande-Bretagne, les 30 nov. 1831 et 22 mars 1833, relativement à la répression du crime de la traite des noirs. — V. *suprà*, p. 526).

2. Il est convenu, relativement à l'art. 3 de la convention du 30 nov. 1831, ci-dessus transcrite, que Sa Majesté le roi du royaume des Deux-Siciles fixera, suivant sa convenance, le nombre des croiseurs des Deux-Siciles qui devront être employés au service mentionné dans ledit article, et les stations où ils devront établir leurs croisières.

3. Le gouvernement de Sa Majesté le roi du royaume des Deux-Siciles fera connaître aux gouvernements de France et de la Grande-Bretagne, conformément à l'art. 4 de la convention du 30 nov. 1831, les bâtiments de guerre des Deux-Siciles qui devront être employés à la répression de la traite, afin que les mandats nécessaires à leurs commandants soient délivrés. — Les mandats qui devront être délivrés par le gouvernement des Deux-Siciles seront remis après que la notification du nombre des croiseurs français et britanniques destinés à être employés lui aura été faite. — Mais si le gouvernement de Sa Majesté le roi du royaume des Deux-Siciles ne trouvait pas convenable d'envoyer des bâtiments croiseurs sous le pavillon des Deux-Siciles, pour la répression de la traite des noirs, il s'engage néanmoins à fournir aux commandants des croiseurs français et anglais qui doivent être employés à ce service les mandats nécessaires, aussitôt que les noms et la destination de ces croiseurs lui seront officiellement notifiés, ainsi qu'on l'a stipulé plus haut.

4. Il est convenu, en ce qui concerne le § 5 des instructions annexées à la convention supplémentaire du 22 mars 1833, que tous les navires des Deux-Siciles, ou portant le pavillon des Deux-Siciles et paraissant, par leurs papiers, appartenir aux Deux-Siciles, qui pourront être arrêtés, en exécution des conventions ci-dessus transcrites, par les croiseurs de Sa Majesté le roi des Français ou de Sa Majesté la reine du Royaume-Uni de la Grande-Bretagne et d'Irlande, employés dans les stations d'Amérique, d'Afrique ou de Madagascar, seront conduits ou envoyés dans le port de Naples.

5. Attendu que le débarquement, dans le port de Naples, des nègres qui se trouveraient à bord des bâtiments portant le pavillon des Deux-Siciles, et paraissant, par leurs papiers, appartenir aux Deux-Siciles, pourrait entraîner de graves inconvénients, il est convenu que les nègres trouvés à bord d'un pareil navire arrêté par un croiseur français ou britannique, seront préalablement débarqués au port ou dans l'endroit le plus rapproché, soit français ou britannique, auquel un bâtiment négrier, sous le pavillon d'une de ces deux nations, trouvé et arrêté dans des circonstances semblables, serait, d'après les susdites conventions, envoyé ou conduit. Seront considérés comme respectivement indiqués à cet effet, pour les croisières françaises et britanniques d'Afrique, des Indes Occidentales, de Madagascar et du Brésil, les ports français de la Gorée, de la Martinique, de Bourbon et de Cayenne, ainsi que les ports britanniques de Bathurst dans la Gambie, Port-Royal à la Jamaïque, le cap de Bonne-Espérance et Demerary.

6. La présente convention sera ratifiée, et les ratifications en seront échangées à Naples, dans le délai de trois mois, ou plus tôt, s'il est possible.

3-10 juin 1839. — Ordonnance qui prescrit la publication de la convention conclue à Constantinople, le 25 nov. 1838, et formant appendice aux capitulations garanties à la France par la Porte-Ottomane.

Louis-Philippe, etc.; — Savoir faisons qu'entre nous et Sa Hautesse le sultan Mahmoud, il a été conclu à Constantinople, le 25 nov. de l'année dernière, une convention formant appendice aux capitulations garanties à la France par la Porte-

Ottomane ; — Convention dont les ratifications ont été respectivement échangées à Constantinople, le 21 mars de la présente année, et dont la teneur suit :

Pendant la longue alliance qui a heureusement subsisté entre la France et la Sublime Porte, des capitulations obtenues de la Porte, et des traités conclus entre les deux puissances, ont réglé le taux des droits payables sur les marchandises exportées de Turquie, comme sur celles importées dans les domaines du Grand Seigneur, et ont établi et consacré les droits, privilèges, immunités et obligations des marchands français trafiquant ou résidant dans l'étendue de l'empire ottoman. Cependant, depuis l'époque où les capitulations ont été revisées pour la dernière fois, des changements de différente nature sont survenus, tant dans l'administration intérieure de l'empire turc que dans ses relations extérieures avec les autres puissances, et Sa Majesté le roi des Français et Sa Hautesse le sultan sont convenus de régler de nouveau, par un acte spécial et additionnel, les rapports commerciaux de leurs sujets, le tout dans le but d'augmenter le commerce entre leurs Etats respectifs, comme dans celui de faciliter davantage l'échange des produits de l'un des deux pays avec ceux de l'autre. — A cet effet, ils ont nommé pour leurs plénipotentiaires, etc.

Art. 1. Tous les droits, privilèges et immunités qui ont été conférées aux sujets ou aux bâtiments français par les capitulations et les traités existants sont confirmés aujourd'hui et pour toujours, à l'exception de ceux qui vont être spécialement modifiés par la présente convention ; et il est, en outre, expressément entendu que tous les droits, privilèges et immunités que la Sublime Porte accorde aujourd'hui, ou pourrait accorder à l'avenir, aux bâtiments et aux sujets de toute autre puissance étrangère, seront également accordés aux sujets et aux bâtiments français, qui en auront, de droit, l'exercice et la jouissance.

2. Les sujets de Sa Majesté le roi des Français ou leurs ayants cause pourront acheter dans toutes les parties de l'empire ottoman, soit qu'ils veuillent en faire le commerce à l'intérieur, soit qu'ils se proposent de les exporter, tous les articles, sans exception, provenant du sol ou de l'industrie de ce pays. La Sublime Porte s'engage formellement à abolir tous les monopoles qui frappent les produits de l'agriculture et les autres productions quelconques de son territoire, comme aussi elle renonce à l'usage des teskérès, demandés aux autorités locales pour l'achat de ces marchandises, ou pour les transporter d'un lieu à l'autre, quand elles étaient achetées. Toute tentative qui serait faite par une autorité quelconque pour forcer les sujets français à se pourvoir de semblables permis ou teskérès sera considérée comme une infraction aux traités, et la Sublime Porte punira immédiatement avec sévérité tous vézirs ou autres fonctionnaires auxquels on aurait une pareille infraction à reprocher, et elle indemnisera les sujets français des pertes ou vexations dont ils pourront prouver qu'ils ont eu à souffrir.

3. Les marchands français ou leurs ayants cause qui achèteront un objet quelconque, produit du sol ou de l'industrie de la Turquie, dans le but de le revendre pour la consommation dans l'intérieur de l'empire ottoman, payeront, lors de l'achat ou de la vente, les mêmes droits qui sont payés, dans les circonstances analogues, par les sujets musulmans ou par les rayas les plus favorisés parmi ceux qui se livrent au commerce intérieur.

4. Tout article, produit du sol ou de l'industrie de la Turquie, acheté pour l'exportation, sera transporté, libre de toute espèce de charge et de droits, à un lieu convenable d'embarquement, par les négociants français ou leurs ayants cause. Arrivé là, il payera, à son entrée, un droit fixe de 9. p. 100 de sa valeur en remplacement des anciens droits de commmerce intérieur supprimés par la présente convention. A sa sortie il payera le droit de 3 p. 100 anciennement établi, et qui demeure subsistant. Il est, toutefois, bien entendu que tout article acheté au lieu d'embarquement pour l'exportation, et qui aura déjà payé, à son entrée, le droit intérieur, ne sera plus soumis qu'au seul droit primitif de 3 p. 100.

5. Tout article, produit du sol ou de l'industrie de la France et de ses dépendances, et toutes marchandises, de quelque espèce qu'elles soient, embarquées sur des bâtiments français et étant la propriété de sujets français, ou apportées, par terre ou par mer, d'autres pays, par des sujets français, seront admis comme antérieurement dans toutes les parties de l'empire ottoman, sans aucune exception, moyennant un droit de 3 p. 100, calculé sur la valeur de ces articles. — En remplacement de tous les droits de commerce intérieur qui se perçoivent aujourd'hui sur lesdites marchandises, le négociant français qui les importera, soit qu'il les vende au lieu d'arrivée, soit qu'il les expédie dans l'intérieur pour les y vendre, payera un droit additionnel de 2 p. 100. Si, ensuite, ces marchandises sont revendues à l'intérieur ou à l'extérieur, il ne sera plus exigé aucun droit, ni du vendeur, ni de l'acheteur, ni de celui qui, les ayant achetées, désirera les expédier au dehors. — Les marchandises qui auront payé l'ancien droit d'importation de 3 p. 100 dans un port pourront être envoyées dans un autre port, franches de tout droit, et ce n'est que lorsqu'elles y seront vendues ou transportées de celui-ci dans l'intérieur du pays, que le droit additionnel de 2 p. 100 devra être acquitté. — Il demeure entendu que le gouvernement de Sa Majesté le roi des Français ne prétend pas, soit par cet article, soit par aucun autre du présent traité, stipuler au delà du sens naturel et précis des termes employés, ni priver, en aucune manière, le gouvernement de Sa Hautesse de l'exercice de ses droits d'administration intérieure, en tant, toutefois, que ces droits ne porteront pas une atteinte manifeste aux stipulations des anciens traités et aux privilèges accordés par la présente convention aux sujets français et à leurs propriétés.

6. Les sujets français ou leurs ayants cause pourront librement trafiquer, dans toutes les parties de l'empire ottoman, des marchandises apportées des pays étrangers ; et si ces marchandises n'ont payé à leur entrée que le droit d'importation, le négociant français, ou son ayant cause, aura la faculté d'en trafiquer en payant le droit additionnel de 2 p. 100 auquel il serait soumis pour la vente des propres marchandises qu'il aurait lui-même importées, ou pour leur transmission faite dans l'intérieur avec l'intention de les y vendre. Ce payement une fois acquitté, ces marchandises seront libres de tous autres droits, quelle que soit la destination ultérieure qui sera donnée à ces marchandises.

7. Aucun droit quelconque ne sera prélevé sur les marchandises françaises, produit du sol ou de l'industrie de la France et de ses dépendances, ni sur les marchandises provenant du sol ou de l'industrie de tout autre pays étranger, quand ces deux sortes de marchandises, embarquées sur des bâtiments français appartenant à des sujets français, passeront par les détroits des Dardanelles, du Bosphore ou de la mer Noire, soit que ces marchandises traversent ces détroits sur les bâtiments qui les ont apportées, ou qu'elles soient transbordées sur d'autres bâtiments, ou que, devant être vendues ailleurs, elles soient, pour un temps limité, déposées à terre pour être mises à bord d'autres bâtiments et continuer leur voyage. — Toutes les marchandises importées en Turquie pour être transportées en d'autres pays, ou qui, restant entre les mains de l'importateur, seront expédiées par lui dans d'autres pays pour y être vendues, ne payeront que le premier droit d'importation de 3 p. 100, sans que, sous aucun prétexte, on puisse les assujettir à d'autres droits.

8. Les fermans exigés des bâtiments marchands français, à leur passage dans les Dardanelles et dans le Bosphore, leur seront toujours délivrés de manière à leur occasionner le moins de retard possible.

9. La Sublime Porte consent à ce que la législation créée par la présente convention soit exécutable dans toutes les provinces de l'empire ottoman (c'est-à-dire dans les possessions de Sa Hautesse situées en Europe et en Asie, en Egypte et dans les autres parties de l'Afrique appartenant à la Sublime Porte), et qu'elle soit applicable à toutes les classes de sujets ottomans. — La Sublime Porte déclare aussi ne point s'opposer à ce que les autres puissances étrangères cherchent à faire jouir leur commerce des stipulations contenues dans la présente convention.

10. Suivant la coutume établie entre la France et la Sublime Porte, et afin de prévenir toute difficulté et tout retard dans l'estimation de la valeur des articles importés en Turquie ou exportés des Etats ottomans par les sujets français, des commissaires versés dans la connaissance du commerce des deux pays ont été nommés, tous les quatorze ans, pour fixer, par un tarif, la somme d'argent en monnaie du Grand Seigneur, qui devra être payée sur chaque article. Or, le terme de quatorze ans, pendant lequel le dernier tarif devait rester en vigueur, étant expiré, les hautes parties contractantes sont convenues de nommer conjointement de nouveaux commissaires, pour fixer et déterminer le montant en argent qui doit être payé par les sujets français, comme droit de 3 p. 100, sur la valeur de tous les articles de commerce importés et exportés par eux. Lesdits commissaires s'occuperont de régler avec équité le mode de payement des nouveaux droits auxquels la présente convention soumet les produits turcs destinés à l'exportation, et détermineront les lieux d'embarquement dans lesquels l'acquittement de ces droits sera le plus facile. — Le nouveau tarif établi restera en vigueur pendant sept années, à dater de sa fixation. Après ce terme, chacune des hautes parties contractantes aura droit d'en demander la révision. Mais si, pendant les six mois qui suivront l'expiration des sept premières années, ni l'une ni l'autre n'use de cette faculté, le tarif continuera d'avoir force de loi pour sept autres années, à dater du jour où les premières seront expirées, et il en sera de même à la fin de chaque période successive de sept années.

12-24 juin 1839. — Ordonnance qui prescrit la publication de la convention additionnelle à la convention du 30 mars 1836, et destinée à régler le transport, à travers la France, des correspondances des Indes Orientales pour l'Angleterre, et *vice versâ*.

17-22 juin 1839. — Ordonnance qui prescrit la publication du traité, avec une annexe de vingt-quatre articles, signé à Londres, le 19 avr. 1829, entre la France, l'Autriche, la Grande-Bretagne, la Prusse et la Russie, d'une part, et les *Pays-Bas*, de l'autre part, et destiné à régler, d'une manière définitive, la séparation de la Belgique d'avec les Pays-Bas, et les limites de leurs territoires respectifs.

17-22 juin 1839. — Ordonnance qui prescrit la publication du traité, avec une annexe de vingt-quatre articles, signé à Londres, le 19 avr. 1839, entre la France, l'Autriche, la Grande-Bretagne, la Prusse et la Russie, d'une part, et la *Belgique*, de l'autre part, et destiné à régler d'une manière définitive la séparation de la Belgique d'avec les Pays-Bas, et les limites de leurs territoires respectifs.

17-22 juin 1839.— Ordonnance qui prescrit la publication du traité d'accession de la confédération germanique aux dispositions concernant le grand-duché de Luxembourg, contenues dans les traités signés à Londres, le 19 avr. 1839, pour régler d'une manière définitive la séparation de la Belgique d'avec les Pays-Bas, et les limites de leurs territoires respectifs.

14-17 août 1839. — Ordonnance qui prescrit la publication du traité de paix et d'amitié conclu à la Vera-Cruz, le 9 mars 1839, entre la France et la république du Mexique.

14-17 août 1839. — Ordonnance qui prescrit la publication de la convention conclue à la Vera-Cruz, le 9 mars 1839, relativement aux indemnités à réclamer entre la France et la république du Mexique.

L'art. 3 de ce traité porte : — En attendant que les deux parties puissent conclure entre elles un traité de commerce et de navigation qui règle, d'une manière définitive et à l'avantage réciproque de la France et du Mexique, leurs relations à venir, les agents diplomatiques et consulaires, les citoyens de toute classe, les navires et marchandises de chacun des deux pays, continueront de jouir, dans l'autre, des franchises, privilèges et immunités quelconques qui sont ou qui seront accordés, par les traités ou par l'usage, à la nation étrangère la plus favorisée; et ce gratuitement, si la concession est gratuite, ou avec les mêmes compensations, si elle est conditionnelle.

27-30 août 1839.— Ordonnance qui prescrit la publication de la convention conclue à Paris, le 2 août 1839, entre la France et la Grande-Bretagne, pour la délimitation des pêcheries sur les côtes respectives des deux pays, et ratifié le 17 août. — V. Pêches maritimes, n° 58.

17-19 oct. 1839. — Ordonnance qui prescrit la publication de la convention conclue le 27 août 1839, entre la France et la Belgique, pour l'ouverture, sur le territoire belge, du canal dit *de l'Espierre*, destiné à servir de prolongement au canal français de Roubaix.

30 nov.-14 déc. 1839.— Ordonnance relative à la liquidation des réclamations d'indemnités fondées sur l'art. 1 de la convention conclue, le 9 mars 1839, entre la France et le Mexique.

6-14 déc. 1839. — Ordonnance portant nomination des membres des commissions chargés de statuer sur les réclamations auxquelles l'indemnité stipulée dans la convention du 9 mars 1839 entre la France et le Mexique a pour but de satisfaire.

8-23 fév. 1840.— Ordonnance pour l'exécution des art. 2 et 3 de la convention conclue à Paris, le 7 déc. 1839, entre la France et le Portugal.— V. Ord. 15 fév. qui suit.

15-23 fév. 1840. — Ordonnance qui prescrit la publication de la convention conclue à Paris, le 7 déc. 1839, entre la France et le Portugal.

Convention.

Sa Majesté le roi des Français et Sa Majesté la reine du Portugal et des Algarves, étant également animés du désir de mettre un terme aux difficultés qui ont retardé jusqu'à présent l'adhésion de Sa Majesté Très-Fidèle à la convention conclue à Paris, le 25 avr. 1818, entre la France et les quatre puissances signataires du traité du 20 nov. 1815, ainsi que le règlement des indemnités dues à des Français par le gouvernement de Sa Majesté Très-Fidèle, en exécution de traités et conventions antérieurement conclus entre les deux Etats, ont nommé, dans ce but et cet à cet effet, pour leurs plénipotentiaires, savoir, etc.

Art. 1. Sa Majesté la reine du Portugal donne son adhésion pleine et entière à la convention conclue à Paris, le 25 avr. 1818, entre les cours de France, d'Autriche, de la Grande-Bretagne, de Prusse et de Russie.

2. Au moyen de l'adhésion stipulée par l'article précédent, Sa Majesté le roi des Français s'engage à faire remettre aux personnes autorisées à cet effet par Sa Majesté la reine du Portugal et des Algarves, immédiatement après l'échange des ratifications de la présente convention, l'inscription de 40,900 fr. de rente 5 pour 100, allouée au Portugal par l'art. 7 de la convention du 25 avr. 1818, laquelle a été et se trouve encore déposée, du consentement des deux gouvernements, entre les mains de deux commissaires français, suivant procès-verbal dressé à Paris le 18 juill. 1821.

3. Quant aux 78,743 fr. de rente 5 pour 100, aussi déposés entre les mains des mêmes commissaires (dont le bordereau, dressé et parafé par eux, est annexé à la présente convention), et provenant de l'emploi, 1° de 81,800 fr., produit de quatre semestres de la rente principale de 40,900 fr., échus le 22 mars 1820, perçus par M. le marquis de Marialva, et comptés auxdits commissaires dépositaires, le 18 juill. 1821, par le consul général de Portugal à Paris; 2° du montant, au fur et à mesure du payement qui leur en a été fait, chaque semestre, depuis le 22 sept. 1820 jusqu'au 22 septembre dernier, des intérêts accumulés et composés de ladite rente principale, Sa Majesté Très-Fidèle consent à ce qu'il en soit retenu, par le gouvernement de Sa Majesté le roi des Français, une portion suffisante pour que la vente, qui en sera faite immédiatement après l'échange des ratifications de la présente convention, au cours moyen de la bourse de Paris, produise une somme nette de 800,000 fr.; que ladite somme soit versée sur-le-champ à la caisse des dépôts et consignations, et qu'elle y soit tenue à la disposition du gouvernement de Sa Majesté le roi des Français, pour être employée par ses soins à l'acquit des réclamations formées par des Français contre le gouvernement portugais, fondées sur les dispositions des divers traités et conventions conclus entre les deux Etats.

4. De son côté, Sa Majesté le roi des Français, en considération de l'abandonnement stipulé par l'article précédent, s'engage à faire remettre aux personnes autorisées par Sa Majesté Très-Fidèle la portion des rentes provenant du placement des intérêts, dont la vente n'aura pas été nécessaire pour la réalisation des 800,000 fr. dont il est question audit article. Sa Majesté le roi des Français s'engage, en outre, à prescrire les mesures nécessaires pour effectuer la liquidation des réclamations, à l'extinction desquelles ladite somme est exclusivement affectée.

5. Au moyen des stipulations contenues dans les articles précédents, la France et le Portugal se trouveront complétement libérés des dettes de toute nature prévues par les traités et conventions en vigueur.

6. Pour faciliter les liquidations qui devront avoir lieu par suite de la présente convention, Leurs Majestés le roi des Français et la reine du Portugal et des Algarves s'engagent réciproquement à fournir tous les documents, explications et renseignements qui seront demandés par l'intermédiaire de leurs légations respectives.

7. Il est bien entendu que les stipulations ci-dessus, relatives seulement à l'exécution des traités et conventions, ne préjudicieront en rien aux réclamations de toute autre nature que des Français auraient à faire valoir sur le gouvernement portugais, ou des Portugais sur le gouvernement français, lesquelles réclamations seront jugées conformément aux lois et règlements du gouvernement auquel elles auront été adressées.

8. La présente convention sera ratifiée, etc.

Article additionnel à la convention du 7 déc. 1839, entre la France et le Portugal.

Dans le cas où la liquidation des réclamations formées par des Français, et comprises dans les stipulations de l'art. 3 de la convention de ce jour (laquelle liquidation sera faite suivant les formes usitées dans les cas analogues), laisserait sans emploi une portion quelconque de la somme de 800,000 fr. abandonnée par le Portugal pour servir à l'acquit desdites réclamations, Sa Majesté le roi des Français consent à ce que la portion non employée fasse retour au gouvernement de Sa Majesté la reine du Portugal et des Algarves. Le présent article additionnel aura, etc.

17-23 fév. 1840. — Ordonnance relative à la liquidation des réclamations formées par des Français contre le gouvernement portugais, et fondées sur les traités et conventions conclus entre la France et le Portugal antérieurement au 25 avr. 1818.

15-23 avr. 1840. — Ordonnance qui prescrit la publication de la convention préliminaire d'amitié, de commerce et de navigation, conclue à Montevideo, le 8 avr. 1836, entre la France et la république orientale de l'Uruguay.

Art. 1. Les agents diplomatiques et consulaires, les Français de toute classe, les navires et les marchandises des Etats et possessions de Sa Majesté le roi des Français, jouiront, dans l'Etat oriental de l'Uruguay, de tous les droits, priviléges, franchises et immunités concédés ou à concéder en faveur de toute autre nation; et réciproquement les agents diplomatiques et consulaires, les Orientaux de toute classe, les navires et les marchandises de l'Etat oriental de l'Uruguay jouiront, dans les Etats et possessions de Sa Majesté le roi des Français, de tous les droits, priviléges, franchises et immunités concédés ou à concéder en faveur de toute autre nation. Ces concessions seront gratuites, dans les deux pays, si la concession est gratuite; et il sera accordé la même compensation, si la concession est conditionnelle.

2. Pour la meilleure intelligence de l'art. 1, les deux hautes parties contractantes conviennent de considérer comme navires français ou orientaux ceux qui, de bonne foi, seront la propriété des citoyens respectifs, pourvu que cette propriété résulte des titres authentiques délivrés par les autorités de l'un et de l'autre pays, et quelle que soit la construction.

3. Les consuls respectifs pourront faire arrêter et renvoyer, soit à bord, soit dans leur pays, les matelots qui auraient déserté des bâtiments de leur nation; à cet effet ils s'adresseront, par écrit, aux autorités locales compétentes, et justifieront par l'exhibition des registres des bâtiments ou rôles d'équipage, ou, si le navire était parti, par copie desdites pièces, dûment certifiée par eux, que les hommes qu'ils réclament faisaient partie dudit équipage, et qu'ils étaient obligés à suivre le voyage. Sur cette demande, ainsi justifiée, la remise ne pourra leur être refusée; il leur sera, de plus, donné toute aide et assistance pour la recherche, saisie et arrestation desdits déserteurs, qui seront même détenus et gardés dans les prisons du pays, à la réquisition et aux frais des consuls, jusqu'à ce que ces agents aient trouvé une occasion de les faire partir. — Si pourtant cette occasion ne se présentait pas dans un délai de trois mois, à compter du jour de l'arrestation, les déserteurs seront mis en liberté et ne pourront plus être arrêtés pour la même cause. — Le droit de réclamer les déserteurs ne pourra, toutefois, s'exercer que pendant l'espace de trois mois, à compter du jour de la désertion; mais les effets de cette réclamation dureront une année, après laquelle elle sera considérée comme non avenue, si les déserteurs réclamés n'ont pas été arrêtés.

4. Les stipulations ci-dessus exprimées demeureront, de part et d'autre, en vigueur, depuis le jour de l'échange des ratifications jusqu'à la mise à exécution du traité d'amitié, de commerce et de navigation que les parties contractantes se réservent de conclure ultérieurement entre elles. — Mais si ledit traité de paix et d'amitié n'est pas conclu dans le délai de quinze ans, à compter du jour de la ratification de la présente convention, celle-ci deviendra nulle et sans effet.

5. La présente convention sera ratifiée, etc.

31 mai-14 juill. 1840.— Ordonnance qui prescrit la publication de la convention conclue à Carlsruhe, le 5 avr. 1840, et destinée à fixer la limite de souveraineté entre la France et le grand-duché de Bade, et ratifiée le 14 mai 1840.

Convention entre la France et le grand-duché de Bade.

Art. 1. La démarcation entre la France et le grand-duché de Bade se compose de deux limites : l'une, destinée, sauf les exceptions stipulées au présent traité, à séparer les droits de souveraineté des deux pays, et déterminée par le thalweg du Rhin; l'autre, ayant pour objet, suivant les dispositions ci-après, de séparer les droits de propriété sur les îles et atterrissements du Rhin, et formée d'une série de lignes continues et invariables de position.

2. Le thalweg du Rhin est la voie la plus propre à la navigation descendante durant les basses eaux. En cas de contestation à l'égard de deux bras du fleuve, celui qui, dans le cours de l'axe de son thalweg particulier, offrira la sonde la moins profonde, ne pourra être considéré comme le bras du thalweg du fleuve. On nomme axe du thalweg la ligne de son cours qui est déterminée par la suite non interrompue des sondes les plus profondes.

3. Il sera procédé chaque année, vers le mois d'octobre, époque habituelle des basses eaux, à la reconnaissance de la position du thalweg, sauf aux deux gouvernements à différer exceptionnellement cette opération par un accord commun.—La reconnaissance sera effectuée par des commissaires spéciaux, assistés de maîtres bateliers assermentés, en présence de fonctionnaires civils, municipaux, d'agents des ponts et chaussées, des forêts, et autres, respectivement désignés par chacun des deux gouvernements. — La position du bras du thalweg sera indiquée sur les rives de son cours au moyen d'une inscription marquant l'année de la reconnaissance, et placée sur des poteaux, des arbres ou tout autre objet fixe.

4. L'axe du thalweg, dont la position aura été reconnue et constatée par un procès-verbal rédigé en double expédition, et accompagné d'une carte figurative, formera, jusqu'à la reconnaissance suivante, la limite de la souveraineté des deux Etats, nonobstant tous les changements qui pourront survenir, avant cette époque, dans la position du thalweg naturel. — Cette limite conventionnelle réglera l'application des lois civiles et criminelles et l'exercice de toutes les parties de l'administration publique. — Les deux gouvernements conviennent de s'entendre ultérieurement sur l'exécution réciproque des contrats et jugements civils, la poursuite des délits commis sur les frontières et la police dont il est parlé en l'article suivant.

5. Les droits de chasse, de pêche, de lavage de l'or, sur les îles et les eaux du fleuve, seront exercés par le domaine, les communes, les établissements publics ou les particuliers de chaque Etat, jusqu'à la limite fixe des bans des communes, sans aucun égard à la position de la limite de souveraineté. — Il en sera de même des droits de pacage et de vaine pâture, là où ils auront été conservés. — Quant au droit d'épave, il s'étendra, de part et d'autre, jusqu'à la limite de souveraineté.

6. Les propriétés appartenant au domaine public, aux communes riveraines et aux établissements publics de la France et du grand-duché de Bade, sont séparées par une série de lignes qui sera désignée sous le nom de *limite de propriété ou des bans.* — Les propriétés particulières pourront seules être traversées par la limite des bans.

7. La propriété des alluvions et celle des îles et atterrissements qui se forment dans le lit du Rhin continuera, conformément aux anciens traités et aux usages établis, d'appartenir aux propriétaires des îles, atterrissements et terrains riverains du lit du fleuve, d'une formation antérieure, qui en sont le plus rapprochés, s'il n'y a titre contraire. — Toutefois l'exercice de ce droit ne s'étend pas au delà de la limite du ban; les parties d'atterrissements qui la dépassent appartiennent aux propriétaires du ban de la commune contiguë.

8. Il n'est pas dérogé aux droits de propriété de chaque Etat sur des terrains situés dans l'étendue de sa souveraineté et employés à des constructions d'utilité publique, telles que digues, épis, barrages, fossés et autres quelconqués, ou à des établissements de bacs ou de ponts. — Les deux gouvernements se réservent éga-

sement le droit de faire extraire sans indemnité, comme par le passé, sur les îles et atterrissements non boisés, le gravier destiné à l'exécution des travaux du Rhin, ainsi que toutes les autres servitudes d'état usitées sur ce fleuve dans l'intérêt de la navigation et de la défense des rives, ou dans tout autre intérêt public.

9. La limite de propriété ou des bans restera invariable de position ; elle est continue et de figure polygonale, et elle traverse alternativement les eaux et les îles du Rhin sur toute l'étendue de la frontière. Sa figure géométrique, assurée par des bornes et des repères, sa position topographique, sont décrites dans le procès-verbal historique et descriptif de la limite des propriétés et sur la carte qui y est annexée. — Ce procès-verbal aura la même force et la même valeur que la présente convention, dont il est censé faire partie intégrante. — La limite des propriétés qu'il décrit est approuvée et sera établie dans son intégrité. — Chaque propriétaire sera envoyé en possession de ce que cette limite lui a adjugé par voie d'échange ou de compensation. — Dans le cas où, par des aliénations, cette restitution ne pourrait plus s'effectuer en nature, elle s'opérerait par voie d'indemnité, qui sera réglée entre les deux gouvernements. — Les prescriptions du présent article devront être exécutées dans le délai d'une année, à compter de l'échange des ratifications de la présente convention.

10. Les deux gouvernements veilleront à ce que la nomenclature des îles soit invariablement maintenue et observée dans tous les actes, telle qu'elle se trouve portée sur la carte annexée au procès-verbal de la description de la limite de propriété. — Ils se feront connaître, l'un à l'autre, les noms qu'auront reçus, de la part de leurs propriétaires, les îles de nouvelle formation.

11. Chacun des deux gouvernements concourra à l'entretien et à la conservation de la limite des propriétés et de ses repères, ainsi qu'au prolongement de ces lignes dans les nouveaux atterrissements. Les tranchées pratiquées dans les bois pour marquer, soit la limite, soit les transversales qui lui servent de repères, devront toujours être tenues ouvertes, et les divers signes de la limite seront successivement placés, à mesure que de nouvelles formations de terrains permettront de les rétablir, sur les points indiqués dans sa description géométrique — Les deux gouvernements se communiqueront réciproquement les mesures qu'ils auront adoptées pour l'exécution du présent article.

12. Les tranchées qui auront servi à établir la ligne de la limite fixe sont déclarées propriétés domaniales, indivises entre les deux États. — Les tranchées qui auront servi à établir les transversales, ainsi que l'emplacement des bornes repères, sont déclarées propriétés domaniales de l'État dans les communes duquel ces signes ou repères sont situés. — Les possesseurs seront indemnisés, s'il y a lieu, par leurs gouvernements respectifs. — Les deux gouvernements supporteront, par portions égales, le montant des indemnités qui seront allouées pour les tranchées de la ligne limite.

13. Les souverains des deux rives continueront à jouir du droit de faire faire, dans les îles et terrains soumis à leur souveraineté, des exploitations de bois de fascinage pour la défense des rives du fleuve. — Ce droit s'exerce sur le bois qui n'a pas encore atteint sa huitième feuille, de même que sur celui qui, ayant dépassé cet âge, n'aurait pas été coupé, dans le délai d'une année, par le propriétaire ; dans ce cas, le droit de chaque gouvernement se prolonge de cinq autres années. — Tout canton ou portion de canton boisé, mis en coupe à quelque titre que ce soit, sera exploité en totalité, soit immédiatement, soit par le mode de ravalement.

14. L'enlèvement du bois fabriqué en vertu de l'article précédent ne sera permis qu'après que la quantité en aura été constatée par un dénombrement contradictoire, dont il sera dressé procès-verbal dans les formes déterminées par les lois du pays où la coupe aura eu lieu.

15. Le prix du bois dont il aura été disposé en vertu des articles précédents sera fixé à l'amiable, et au besoin d'après les lois qui règlent la matière dans le pays sous la souveraineté duquel l'exploitation aura eu lieu. — Le payement en sera fait, au plus tard, dans le délai d'une année, à dater de l'époque où la quantité de bois ainsi exploitée aura été constatée.

16. Les propriétaires des îles du Rhin, ou des droits utiles dont il est disposé dans l'art. 5 de la présente convention, sont autorisés à nommer des gardes, qui devront réunir les qualités requises pour être assermentés.

17. Les deux gouvernements veilleront à ce que les autorités compétentes statuent, dans le plus court délai, sur les demandes qui leur seront adressées par les communes et autres propriétaires de la rive opposée pour obtenir, soit autorisation de faire des coupes, soit celle de jouir des herbes, roseaux et pâturages, lorsque les demandes leur seront présentées en temps utile, et d'après les formalités prescrites par chacun des deux gouvernements, qui s'en donneront respectivement connaissance.

18. Le régime des douanes ne pourra, dans aucun cas, porter obstacle ni à l'exportation ni à l'importation, en franchise de tous droits, des produits des terrains spécifiés dans l'art. 6 de la présente convention, ni de ceux qui proviendront de la jouissance des droits utiles désignés dans l'art. 5. — Les propriétaires de ces produits seront, néanmoins, assujettis aux formalités relatives, soit à l'exportation, soit à l'importation.

19. Les deux gouvernements conviennent de faire diriger désormais les travaux, sur chaque rive du Rhin, dans un but purement défensif et de manière à arriver successivement à la régularisation de son cours. — A cet effet, les ingénieurs des deux États chargés de ces travaux formeront une commission mixte, qui se réunira au mois d'octobre, alternativement à Strasbourg et à Carlsruhe.—Le président de cette commission sera nommé par le gouvernement du pays où en sera le siége. — Les dispositions concertées en commission ne seront obligatoires qu'après l'approbation des gouvernements respectifs. — Dans sa première réunion, la commission tracera un projet général de lignes de régularisation, qui servira de base aux travaux à exécuter dans l'année; et dans les années subséquentes, la commission apportera à ce tracé les corrections que les changements survenus dans le cours du fleuve auront rendues nécessaires, ainsi que celles qui seront indiquées par les résultats de l'expérience. — Aucun des deux États ne fera exécuter des travaux en dehors des lignes convenues, sauf le cas où des circonstances extraordinaires nécessiteraient l'exécution d'urgence d'ouvrages imprévus. — Dans les réunions annuelles, les ingénieurs se communiqueront l'indication des travaux qu'ils ont le projet d'exécuter dans le cours de l'année. — Les ingénieurs des deux rives se donneront réciproquement avis des modifications qui auront été prescrites par leurs gouvernements. — Si des circonstances extraordinaires nécessitaient l'exécution d'urgence d'ouvrages imprévus, l'ingénieur de la rive attaquée en donnerait immédiatement avis motivé à l'ingénieur de la rive opposée.—Dans ce cas, la commission aurait à examiner, à sa prochaine réunion, s'il y a lieu de changer les lignes convenues antérieurement ou de les maintenir, en remplaçant les travaux d'urgence par des ouvrages définitifs.

20. Afin de faciliter autant qu'il est en eux l'exécution des travaux de défense et de régularisation du cours du Rhin, les deux gouvernements s'engagent à n'apporter aucun obstacle à l'exploitation et au transport d'une rive à l'autre, des matériaux destinés aux susdits travaux. — Toutefois ces matériaux resteront soumis aux droits ordinaires et au régime des douanes établis dans le pays d'où ils auront été tirés.

21. Les deux gouvernements conviennent de faire faire, à l'égard des ponts et bacs existants, une enquête à la suite de laquelle la position et le nombre de ces moyens de passage seront déterminés par un accord mutuel, en ayant égard aux concessions et aux titres de ceux qui les exploitent. — En cas de suppression ou de modification d'un ou de plusieurs de ces moyens de passage, les exploitants actuels, après vérification faite de leurs concessions et titres, seront indemnisés, s'il y a lieu, par leurs gouvernements respectifs. — Lorsque, pour favoriser les relations entre leurs États, les deux souverains auront, d'un accord mutuel, trouvé utile d'augmenter le nombre des moyens de passages déterminés, l'établissement des nouveaux ponts ou bacs sera réglé sur le principe d'égalité d'avantages réciproques. — L'établissement des ponts et des bacs ne peut, en aucune façon, porter obstacle à la liberté de navigation du Rhin, sous le rapport du commerce, telle qu'elle est consacrée par les traités. Il ne peut non plus priver les habitants des communes riveraines du droit de traverser le fleuve pour transporter leurs produits agricoles, en se conformant, toutefois, aux lois de police et de douane de chaque État. — La même faculté de libre navigation est réservée pour le transport des matériaux destinés aux travaux du Rhin.

22. La présente convention sera ratifiée, etc.

Nota. Suivent les tableaux descriptifs des limites. — V. au Bulletin des lois, p. 425 et suiv.

24 juin-7 juill. 1840. — Ordonnance qui prescrit la publication du traité d'amitié, de navigation et de commerce, conclu à Paris, le 25 sept. 1839, entre la France et la république du Texas, et ratifié le 14 fév. 1840.

Art. 1. Il y aura paix constante et amitié perpétuelle entre Sa Majesté le roi des Français, ses héritiers et successeurs, d'une part, et la république du Texas, d'autre part, et entre les citoyens des deux États, sans exception de personnes ni de lieux.

2. Les Français et les Texiens jouiront en leurs personnes et propriétés, dans toute l'étendue des territoires respectifs, des mêmes droits, privilèges, faveurs, exemptions qui sont ou seraient accordés à la nation la plus favorisée. Ils pourront disposer librement de leurs propriétés, par vente, échange, donation, testament, ou de toute autre manière, sans qu'il y soit mis aucun obstacle ni empêchement. De même, les citoyens de l'un des deux États qui seraient héritiers de biens situés dans l'autre pourront hériter sans empêchement de ceux desdits biens qui leur seraient dévolus *ab intestat*, et sans être tenus d'acquitter des droits de succession autres ou plus élevés que ceux qui seraient supportés, dans des cas semblables, par les nationaux eux-mêmes. Ils seront exempts de tout service militaire de quelque nature que ce soit, ainsi que de toutes contributions de guerre, emprunts forcés, réquisitions militaires ; et, dans tous les autres cas, ils ne pourront être assujettis, pour leurs propriétés, soit mobilières, soit immobilières, à d'autres charges ou impôts que ceux qui seront supportés par les nationaux eux-mêmes.

Les art. 3 à 10 de ce traité contiennent les mêmes dispositions que les art. 16 à 22 du traité avec Venezuéla (V. ord. 29 juin 1844).

11. Les consuls, vice-consuls et agents consulaires respectifs auront le droit, au décès de leurs nationaux morts sans avoir testé ni désigné d'exécuteurs testamentaires, de remplir soit d'office, soit à la réquisition des parties intéressées, en ayant soin de prévenir d'avance l'autorité locale compétente, les formalités nécessaires, dans l'intérêt des héritiers, de prendre en leur nom possession de la succession, de la liquider et administrer, soit personnellement, soit par des délégués, nommés sous leur responsabilité.

12. Les consuls, vice-consuls et agents consulaires respectifs seront exclusivement chargés de la police interne des navires de commerce de leur nation, et les autorités locales ne pourront y intervenir qu'autant que les désordres survenus seraient de nature à troubler la tranquillité publique, soit à terre, soit à bord d'autres bâtiments.

13. Les consuls, vice-consuls et agents consulaires respectifs pourront faire arrêter et renvoyer, soit à bord, soit dans leurs pays, les matelots qui auraient déserté des bâtiments de guerre ou de commerce appartenant à leur nation. A cet effet, ils s'adresseront par écrit aux autorités locales compétentes, et justifieront, par l'exhibition des registres du bâtiment ou du rôle d'équipage, ou, si ledit navire était parti, par copie desdites pièces dûment certifiées par eux, que les hommes qu'ils réclament faisaient partie dudit équipage. Sur cette demande, ainsi justifiée, la remise ne pourra leur être refusée. Il leur sera de plus donné toute aide et assistance pour la recherche, saisie et arrestation desdits déserteurs, qui seront même détenus et gardés dans les prisons du pays, à la requête et aux frais des consuls, jusqu'à ce que ces agents aient trouvé une occasion de les faire partir. Si pourtant cette occasion ne se présentait pas dans un délai de quatre mois, à compter du jour de l'arrestation, les déserteurs seraient mis en liberté et ne pourraient plus être arrêtés pour la même cause.

14. Les navires français arrivant dans les ports du Texas ou en sortant, et les navires texiens, à leur entrée dans les ports de France ou à leur sortie, ne seront assujettis à d'autres ni à de plus forts droits de tonnage, de phare, de port, de pilotage, de quarantaine ou autres affectant le corps du bâtiment, que ceux auxquels sont ou seront assujettis les navires nationaux.

15. Les produits du sol et de l'industrie de l'un des deux pays importés directement dans les ports de l'autre, et dont l'origine sera dûment constatée, y payeront les mêmes droits, qu'ils soient chargés sur navires français ou texiens. — De même les produits exportés acquitteront les mêmes droits et jouiront des mêmes franchises, allocations et restitutions de droits qui sont ou pourront être réservées aux exportations faites sur bâtiments nationaux.

16. Les *cotons* du Texas, sans distinction de qualité, payeront à leur entrée dans les ports de France, lorsqu'ils seront importés directement par bâtiments français ou texiens, un droit unique de 20 fr. par 100 kilogr. — Toute réduction de droits

qui pourrait être faite par la suite en faveur des *cotons* des Etats-Unis sera également appliquée à ceux du Texas, gratuitement si la concession est gratuite, ou avec la même compensation si la concession est conditionnelle.

17. A partir de l'échange des ratifications du présent traité, les droits actuellement prélevés au Texas sur les *tissus et autres articles de soie*, ou dont la soie forme la matière principale, provenant des fabriques françaises, et importés directement au Texas par navires français ou texiens, seront réduits *de moitié*. — Il est bien entendu que si le gouvernement texien venait à réduire les droits sur les produits similaires des autres nations, jusqu'à un taux inférieur à la moitié du taux actuellement établi, la France ne pourrait, en aucun cas, être tenue d'acquitter des droits plus élevés que ceux payés par la nation la plus favorisée. — Les droits actuellement établis au Texas sur les *vins et eaux-de-vie* de France, également importés directement par navires français ou texiens, seront réduits, les premiers de *deux cinquièmes*, les seconds d'*un cinquième*. — Il est entendu que, dans le cas où le gouvernement texien jugerait à propos de diminuer, par la suite, les droits actuels sur les vins et eaux-de-vie provenant des autres pays, une réduction correspondante sera faite sur les vins et eaux-de-vie de France, gratuitement si la concession est gratuite, ou avec la même compensation si la concession est conditionnelle.

18. Les habitants des colonies françaises, leurs propriétés et navires, jouiront, au Texas, et réciproquement les citoyens du Texas, leurs propriétés et navires, jouiront, dans les colonies françaises, des avantages qui sont ou seront accordés à la nation la plus favorisée.

19. Les stipulations du présent traité sont perpétuelles, à l'exception des art. 14, 15, 16, 17 et 18, dont la durée est fixée à *huit années*, à partir du jour de l'échange des ratifications.

20. Le présent traité sera ratifié, etc.

Articles additionnels.

Art. 1. La législation française exigeant, comme conditions de la nationalité d'un bâtiment : — Qu'il ait été construit en France; — Que le propriétaire, le capitaine et les trois quarts de l'équipage soient français; — Et le Texas se trouvant, par suite des circonstances particulières où il est placé, dans l'impossibilité de satisfaire aux mêmes conditions, les deux parties contractantes sont convenues de considérer comme navires texiens ceux qui seront, de bonne foi, la propriété réelle et exclusive d'un citoyen ou de citoyens texiens résidant dans le pays depuis deux ans au moins, et dont le capitaine et les deux tiers de l'équipage seront également, de bonne foi, citoyens du Texas.

2. Il est entendu que si le gouvernement texien croit devoir, par la suite, diminuer les droits actuellement existants sur les *soieries*, il laissera subsister, entre les tissus et marchandises de soie venant de pays situés au delà du cap de Bonne-Espérance, et les produits similaires provenant d'autres pays, une différence de 10 p. 100 au profit des derniers.

3. Les présents articles additionnels auront, etc.

5-25 sept 1840. — Ordonnance qui prescrit la publication des articles additionnels à la convention conclue, le 27 août 1838, entre la France et la Sardaigne, pour la transmission des correspondances.

14-24 nov. 1840. — Ordonnance qui prescrit la publication de plusieurs articles additionnels à la convention de poste conclue, le 27 mai 1836, entre la France et la Belgique.

15 nov.-4 déc. 1840. — Ordonnance portant prorogation des délais accordés par l'art. 2 de l'ord. du 17 fév. 1840 aux personnes qui auraient des pièces à produire à l'appui de réclamations formées contre le gouvernement portugais.

22 mars-5 avr. 1841.— Ordonnance qui autorise le payement d'un à-compte de 50 p. 100 sur les liquidations opérées en exécution de l'art. 1 de la convention conclue, le 9 mars 1839, entre la France et le Mexique.

10-21 juin 1841.— Ordonnance qui autorise la délivrance d'un nouvel à-compte aux ayants droit à l'indemnité mexicaine.

25 juin-10 juill. 1841.— Loi sur le traité de commerce et de navigation conclu, le 25 juill. 1840 (V. ci-après ord. 30 juin 1841), entre la France et les Pays-Bas.— V. Douanes, p. 614.

26 juin-10 juill. 1841. — Ordonnance pour l'exécution du traité conclu, le 25 juill. 1840 (V. l'ord. 30 juin 1841 qui suit), entre la France et les Pays-Bas, et de la loi du 25 juin 1841, relative à ce traité.— V. Douanes, p. 614.

30 juin-7 juill. 1841. — Ordonnance qui prescrit la publication du traité de commerce et de navigation conclu, le 25 juill. 1840, entre la France et les Pays-Bas, et ratifié le 3 sept. 1840.

Art. 1. Il y aura pleine et entière liberté de commerce et de navigation entre les habitants des deux royaumes; ils ne seront pas soumis, à raison de leur commerce ou de leur industrie, dans les ports, villes ou lieux quelconques des deux royaumes, soit qu'ils s'y établissent, soit qu'ils y résident temporairement, à des droits, taxes ou impôts, sous quelque dénomination que ce soit, autres ni plus élevés que ceux perçus sur les nationaux; et les priviléges, immunités et autres faveurs quelconques dont jouiraient, en matière de commerce, les citoyens de l'un des deux Etats, seront communs à ceux de l'autre.

2. Les navires français venant directement des ports de France avec chargement, et sans chargement de tout port quelconque, ne payeront, dans les ports du royaume des Pays-Bas, soit à l'entrée, soit à la sortie, d'autres ni de plus forts droits de tonnage, de pilotage, de quarantaine, de port, de phares, ou autres charges qui pèsent sur la coque du navire, sous quelque dénomination que ce soit, que ceux dont sont ou seront passibles, dans le Pays-Bas, les navires néerlandais venant des mêmes lieux ou ayant la même destination. — D'autre part, et jusqu'à ce que le gouvernement néerlandais exempte ses propres navires du droit de tonnage, comme la France le fait pour les siens, les navires néerlandais venant directement des ports des Pays-Bas avec chargement, et sans chargement de tout port quelconque, ne payeront, dans les ports du royaume de France, soit à l'entrée, soit à la sortie, d'autres ni de plus forts droits de tonnage que ceux que les navires français auront à payer dans les Pays-Bas, conformément à la stipulation qui précède. Ils seront d'ailleurs assimilés aux navires français pour tous les autres droits ou charges énumérés dans le présent article. — Il est convenu : 1° que les exceptions à la franchise de pavillons qui atteindraient en France les navires français venant d'ailleurs que des Pays-Bas, seront communes aux navires néerlandais faisant les mêmes voyages; et cette disposition sera réciproquement applicable, dans les Pays-Bas, aux navires français; — 2° Que le cabotage maritime demeure réservé au pavillon national dans les Etats respectifs.

3. Seront complétement affranchis des droits de tonnage et d'expédition dans les ports respectifs : 1° les navires qui, entrés sur lest, de quelque lieu que ce soit, en ressortiront sur lest; — 2° Les navires qui, passant d'un port de l'un des deux Etats dans un ou plusieurs ports du même Etat, soit pour y déposer tout ou partie de leur cargaison, soit pour y composer ou compléter leur chargement, justifieront avoir déjà acquitté ces droits; — 3° Les navires qui, entrés avec chargement dans un port, soit volontairement, soit en relâche forcée, en sortiront sans avoir fait aucune opération de commerce. — Ne seront pas considérés, en cas de relâche forcée, comme opération de commerce, le débarquement et le rechargement des marchandises pour la réparation du navire, le transbordement sur un autre navire, en cas d'innavigabilité du premier; les dépenses nécessaires au ravitaillement des équipages et la vente des marchandises avariées, lorsque l'administration des douanes en aura donné l'autorisation.

4. La nationalité des bâtiments sera admise, de part et d'autre, d'après les lois et règlements particuliers à chaque pays, au moyen des titres et patentes délivrés, par les autorités compétentes, aux capitaines, patrons et bateliers.

5. Les marchandises de toute nature dont l'importation, l'exportation et le transit sont ou seront légalement permis dans les Etats respectifs en Europe, ne payeront, tant à l'importation directe entre les ports desdits Etats qu'à l'exportation des mêmes ports ou au transit, d'autres ni de plus forts droits quelconques de douane, de navigation et de péage, que si elles étaient importées ou exportées sous pavillon national; et elles jouiront, sous tous ces rapports, des mêmes primes, diminution, exemption, restitution de droits ou autres faveurs quelconques.

6. Il ne sera perçu aucun droit autre que ceux de magasinage et de balance sur les marchandises importées dans les entrepôts de l'un de ces deux royaumes par les navires de l'autre, en attendant leur réexportation ou leur mise en consommation.

7. Les hautes parties contractantes s'engagent réciproquement : 1° à n'adopter aucune mesure de prohibition; à n'établir, soit au profit de l'Etat, soit à celui des communes ou établissements locaux, aucune augmentation des droits d'entrée, de sortie ou de transit, qui, affectant les produits de l'autre partie, ne s'étendrait pas généralement aux produits similaires des autres Etats; — 2° A faire participer les sujets et les produits quelconques de l'autre Etat aux primes, remboursement de droits et autres avantages analogues qui pourraient être accordés à certains objets de commerce, sans distinction de pavillon, de provenance ni de destination. — Toutes les mesures exceptionnelles existantes, contraires aux principes énoncés au présent article, seront abolies et cesseront leur effet dès le jour de la mise à exécution du présent traité.

8. Toutes les stipulations qui précèdent (en tant qu'il n'y aurait pas déjà été pourvu par les traités existants) s'appliqueront également à la navigation et au commerce, tant sur ceux des fleuves qui, dénommés aux art. 108 à 117 de l'acte du congrès de Vienne du 9 juin 1815, sont, dans leur cours navigable, communs aux deux Etats, que sur les eaux intermédiaires desdits fleuves dans le royaume des Pays-Bas.

9. Les hautes parties contractantes s'engagent également à admettre, sans équivalents et de plein droit, les sujets, navires et produits de toute nature de l'autre Etat, dans les colonies respectives, sur le pied de toute autre nation européenne la plus favorisée. — En conséquence de ce principe, et sans préjudice d'autres applications auxquelles il pourrait y avoir lieu, les vins mousseux de France, en bouteilles, seront assimilés, à l'entrée dans les colonies néerlandaises des Indes Orientales, aux autres vins fins en bouteilles. En outre, les droits actuellement y existant sur les autres vins de France, soit en cercles, soit en bouteilles, seront réduits de moitié, tant à l'importation sous pavillon français qu'à l'importation par bâtiment néerlandais.

10. Voulant se donner des gages de leur désir mutuel d'étendre et de faciliter les relations commerciales entre les deux pays, les hautes parties contractantes sont convenues, dans ce but, des stipulations suivantes : — § 1. Sa Majesté le roi des Pays-Bas consent : 1° à affranchir de tout droit de douane, à l'entrée dans ses Etats d'Europe, les vins, eaux-de-vie et esprits de France en cercles; — et à réduire de trois cinquièmes pour les vins en bouteilles, et de moitié pour les eaux-de-vie et esprits aussi en bouteilles, les droits d'entrée (celui sur le verre compris), lorsque lesdits vins, eaux-de-vie et esprits, tant en cercles qu'en bouteilles, seront importés par mer sous l'un ou l'autre des deux pavillons; et par terre, et par les fleuves et rivières spécifiés en l'art. 8, sous pavillon quelconque; — 2° A abaisser comme suit, en faveur des produits français ci-dessous dénommés, à leur importation par toutes les voies précitées et sous tout pavillon, les droits d'entrée actuellement établis par le tarif général, savoir : — De 4 à 2 flor. par livre néerlandaise sur les étoffes, tissus et rubans de soie; — De 10 à 5 p. 100 de la valeur sur la bonneterie, la dentelle et les tulles; — De 6 à 3 p. 100 de la valeur sur la coutellerie et la mercerie; — De 10 à 6 p. 100 de la valeur sur les papiers de tenture; — D'un quart du chiffre actuel sur les savons de toute nature; le tout suivant les spécifications du tarif néerlandais; — 3° A admettre, à l'entrée par lesdites voies, la porcelaine blanche et autre que dorée aux mêmes droits que la faïence, et la verrerie au droit perçu à l'importation par le Rhin, et, en tout cas, au droit le plus modéré qui serait fixé pour un point d'importation quelconque; — 4° A faire jouir, pendant toute la durée du présent traité, les bateaux français ainsi que leurs chargements, sur les fleuves et voies navigables indiqués à l'art. 8, de toute exemption, réduction et faveur quelconque de droits de douane, de navigation, de droits fixes, etc., qui sont actuellement accordés, soit aux bateaux et chargements néerlandais, soit à ceux de tout autre Etat riverain, sans préjudice de faveurs plus grandes, qui, si elles venaient à être accordées à d'autres, nationaux ou étrangers, profiteraient aussi gratuitement à la France. — § 2. En retour des concessions ci-dessus accordées, Sa Majesté le roi des Français consent : 1° à réduire d'un tiers les droits sur les fromages de pâte dure et la céruse (carbonate de plomb pur ou mélangé), de fabrication néerlandaise, et directement importés par mer, sous l'un des deux pavillons; — 2° A admettre pour la consommation intérieure du royaume, au taux établi pour les provenances des entrepôts d'Europe sous pavillon français, les marchandises spécifiées à l'art. 22

de la loi du 28 avr. 1816, importées sous pavillon de l'un des deux pays, par la navigation du Rhin et de la Moselle, et par les bureaux de Strasbourg et de Sierck; — Sa Majesté le roi des Français se réservant d'ailleurs expressément le droit d'étendre cette faveur au pavillon de tels autres Etats qu'elle jugera convenable de désigner par la suite. — On déterminera, de commun accord, les mesures de contrôle et les formalités des certificats d'origine propres à constater la nationalité des produits énoncés dans le présent article, hors celle des vins et eaux-de-vie, directement expédiés de France, pour lesquels les manifestes ou lettres de chargement dont les capitaines, patrons ou bateliers seront régulièrement porteurs, tiendront lieu de certificats d'origine.

11. Les concessions faites de part et d'autre dans le présent traité ayant été consenties à titre d'ensemble et d'équivalent aux avantages réciproquement acquis par le même traité, les hautes parties contractantes se sont néanmoins réservé d'admettre à la participation auxdites concessions, soit en totalité, soit en partie seulement, avec ou sans équivalents, d'autres Etats, et même d'en rendre l'application générale. — Si l'une des parties contractantes accordait par la suite à quelque autre Etat des faveurs en matière de navigation, de commerce ou de douanes, autres ou plus grandes que celles convenues par le présent traité, les mêmes faveurs deviendront communes à l'autre partie, qui en jouira gratuitement, si la concession est gratuite, ou en donnant un équivalent, si la concession est conditionnelle : auquel cas, l'équivalent fera l'objet d'une convention spéciale entre les hautes parties contractantes.

12. Indépendamment des privilèges et attributions généralement dévolus à leur charge, les consuls respectifs pourront faire arrêter et renvoyer, soit à bord, soit dans leur pays, les marins qui auraient déserté des bâtiments de leur nation. A cet effet, ils s'adresseront par écrit aux autorités locales compétentes, en justifiant par l'exhibition des rôles d'équipages ou registres du bâtiment, ou par copies desdites pièces dûment certifiées, si le navire était parti, que les hommes qu'ils réclament faisaient partie dudit équipage. Sur cette demande ainsi justifiée, la remise ne pourra leur être refusée. De plus, il leur sera donné toute aide et assistance pour la recherche, saisie et arrestation desdits déserteurs, lesquels seront même détenus et gardés dans les prisons du pays, à la réquisition et aux frais des consuls, jusqu'à ce que ces agents aient trouvé une occasion de les faire partir. Néanmoins, si cette occasion ne se présentait pas dans un délai de trois mois, à compter du jour de l'arrestation, les déserteurs seront mis en liberté et ne pourront plus être arrêtés pour la même cause. — Il est entendu que les marins sujets du pays où la désertion a eu lieu seront exceptés de la présente disposition.

13. Toutes les opérations relatives au sauvetage des navires naufragés, échoués ou délaissés, seront dirigées par les consuls respectifs dans les deux pays. — L'intervention des autorités locales respectives aura seulement lieu pour maintenir l'ordre, garantir les intérêts des sauveteurs, s'ils sont étrangers aux équipages naufragés, et assurer l'exécution des dispositions à observer pour l'entrée et la sortie des marchandises sauvées. En l'absence et jusqu'à l'arrivée des consuls ou vice-consuls, les autorités locales devront d'ailleurs prendre toutes les mesures nécessaires pour la protection des individus et la conservation des effets naufragés. — Les marchandises sauvées ne seront tenues à aucun droit ni frais de douane, qu'au moment de leur admission à la consommation intérieure.

14. La propriété littéraire sera réciproquement garantie. — Une convention spéciale déterminera ultérieurement les conditions d'application et d'exécution de ce principe dans chacun des deux royaumes.

15. Le présent traité sera ratifié, et les ratifications en seront échangées, à Paris, dans le délai de six semaines, ou plus tôt, si faire se peut. — Il aura force et vigueur pendant trois années, à dater du jour dont les hautes parties contractantes conviendront pour son exécution simultanée, dès que la promulgation en sera faite, d'après les lois particulières à chacun des deux Etats. — Si, à l'expiration des trois années, le présent traité n'est pas dénoncé six mois à l'avance, il continuera à être obligatoire d'année en année, jusqu'à ce que l'une des parties contractantes ait annoncé à l'autre, mais un an à l'avance, son intention d'en faire cesser les effets.

10 juill.-5 août 1841. — Ordonnance qui prescrit la publication de la convention conclue, le 29 août 1840, entre la France et la république d'Haïti, dans le but d'assurer la répression de la traite des noirs.

Art. 1. Le président de la république d'Haïti accède aux conventions conclues et signées le 30 nov. 1831 et le 22 mars 1833, entre Sa Majesté le roi des Français et feu Sa Majesté le roi du Royaume-Uni de la Grande-Bretagne et d'Irlande, relativement à la répression de la traite, ainsi qu'à l'annexe de la seconde convention, contenant les instructions pour les croiseurs, sauf les réserves et modifications exprimées dans les art. 2, 3, 4, 5, 6 et 7 ci-après, qui seront considérés comme additionnels auxdites conventions et à l'annexe susmentionnée, et sauf les différences qui résultent nécessairement de la situation du président de la république d'Haïti, comme partie accédante aux conventions en question après leur conclusion. Sa Majesté le roi des Français accepte l'accession du président de la république d'Haïti. En conséquence, tous les articles des deux conventions susdites, et toutes les dispositions de l'annexe susmentionnée, sauf les réserves et modifications dont il est ci-dessus parlé, seront censés avoir été conclus et signés de même que la présente convention, directement entre Sa Majesté le roi des Français et le président de la république d'Haïti. Les hautes parties contractantes s'engagent et promettent réciproquement d'exécuter fidèlement, sauf les réserves et modifications exprimées aux présentes, toutes les clauses, conditions et obligations qui y sont stipulées, et, pour éviter toute incertitude, il a été convenu que les susdites conventions, ainsi que l'annexe de la seconde convention, contenant les instructions pour les croiseurs, seront insérées ici mot à mot, ainsi qu'il suit :

(Suivent la convention et la convention supplémentaire, avec son annexe, conclues entre la France et la Grande-Bretagne, les 30 nov. 1831 et 22 mars 1833, V. *suprà*, p. 526).

2. Les hautes parties contractantes, considérant que chacune des îles de Cuba et de Porto-Rico n'est séparée de l'île d'Haïti que par un canal de peu de largeur, conviennent que, par exception aux nos 3 et 4 de l'art. 1 de la convention du 30 nov. 1831, les croiseurs français ne pourront point visiter les bâtiments haïtiens naviguant dans cette moitié de l'un et de l'autre canal qui baigne les côtes d'Haïti.

3. Il est entendu que l'art. 2 de la convention du 30 nov. 1831, l'art. 1 de la convention du 22 mars 1833, et l'art. 1 des instructions y annexées, seront, en ce qui concerne les commandants des croiseurs haïtiens, compris en ce sens que lesdits commandants devront avoir le grade de capitaine, ou, au moins, celui de lieutenant dans la marine de la république.

4. La dernière disposition de l'art. 5 de la convention du 22 mars 1833 sera ainsi conçue : Cette portion, aussi longtemps que la législation de la république d'Haïti ne permettra pas qu'elle soit augmentée, sera de 50 pour 100 du produit net de la vente, sans aucune autre indemnité de quelque nature que ce soit.

5. L'art. 11 de la convention du 22 mars 1833 sera modifié de la manière suivante : Les deux gouvernements conviennent d'assurer la liberté immédiate de tous les captifs qui seront trouvés à bord des bâtiments visités et arrêtés en vertu des clauses de la convention principale ci-dessus mentionnée, ou de la présente convention, toutes les fois que le crime de traite aura été déclaré constant par les tribunaux respectifs; et ils se réservent de pourvoir au bien-être desdits captifs libérés, conformément aux lois respectives des deux Etats.

6. L'art. 5 des instructions annexées à la convention du 22 mars 1833 sera ainsi conçu : Tous les navires haïtiens qui seraient arrêtés par les croiseurs de Sa Majesté le roi des Français, employés dans quelque station que ce soit, seront conduits et remis à la juridiction haïtienne, au Port-au-Prince. Tous les navires français qui seraient arrêtés par les croiseurs haïtiens, dans quelque station que ce soit, seront conduits au choix desdits croiseurs, soit à Gorée, soit à la Martinique, soit à la Guadeloupe, soit à l'île Bourbon, soit à Cayenne, et remis, dans tous les cas, à la juridiction française dans ces colonies.

7. Dans le cas où la république d'Haïti le jugerait convenable à sa situation, elle pourra n'envoyer de croiseurs que sur certaines stations, et même n'en armer aucun, sans cependant que pour cela elle soit dispensée d'accorder aux croiseurs français les autorisations stipulées en l'art. 5 de la convention du 30 nov. 1831.

8. La présente convention sera ratifiée, etc.

25 juill.-9 août 1841.—Ordonnance concernant le service des postes aux lettres entre la France, d'une part, et de l'autre, les divers états d'Allemagne desservis par l'office des postes du prince de la Tour-et-Taxis, la Bavière, le grand-duché de Bade et l'Autriche.

30 août-4 sept. 1841.— Ordonnance qui prescrit la publication d'un article additionnel à la convention de poste conclue, le 27 mai 1836, entre la France et la Belgique.

8-24 sept. 1841.—Ordonnance qui prescrit la publication de la convention provisoire de commerce et de navigation conclue entre la France et la république de la Nouvelle-Grenade. — V. ord. 1er oct. 1846; décr. 14 sept. 1857.

16-30 oct. 1841.— Ordonnance qui prescrit la publication de la convention conclue, le 29 oct. 1840, pour régler les différends survenus entre la France et le gouvernement de la province de Buenos-Ayres.

15 nov. 1841. — Traité avec divers Etats de l'Allemagne concernant la navigation de l'Escaut. — V. *infrà*, n° 216, et v° Voirie par eau.

15-20 déc. 1841. — Ordonnance qui prescrit la publication des articles additionnels à la convention de poste du 31 mai 1831, conclus entre la France et la république et canton de Genève.

15-20 déc. 1841.—Ordonnance qui prescrit la publication d'une convention additionnelle à la convention du 27 mai 1836, destinée à régler le transport des correspondances entre la France et la Belgique.

30 déc. 1841-8 janv. 1842. — Ordonnance qui prescrit la publication de la convention conclue, le 13 juill. 1841, entre la France, l'Autriche, la Grande-Bretagne, la Prusse et la Russie, d'une part, et l'empire ottoman, de l'autre part, et destinée à garantir la fermeture des détroits des Dardanelles et du Bosphore aux bâtiments de guerre de toutes les nations.

Art. 1. Sa Hautesse le sultan, d'une part, déclare qu'il a la ferme résolution de maintenir, à l'avenir, le principe invariablement établi comme ancienne règle de son empire, et en vertu duquel il a été de tout temps défendu aux bâtiments de guerre des puissances étrangères d'entrer dans les détroits des Dardanelles et du Bosphore; et que, tant que la Porte se trouve en paix, Sa Hautesse n'admettra aucun bâtiment de guerre étranger dans lesdits détroits; — Et Leurs Majestés le roi des Français, l'empereur d'Autriche, roi de Hongrie et de Bohême, la reine du Royaume-Uni de la Grande-Bretagne et d'Irlande, le roi de Prusse et l'empereur de toutes les Russies, de l'autre part, s'engagent à respecter cette détermination du sultan et à se conformer au principe ci-dessus énoncé.

2. Il est entendu qu'en constatant l'inviolabilité de l'ancienne règle de l'empire ottoman mentionnée dans l'article précédent, le sultan se réserve, comme par le passé, de délivrer des firmans de passage aux bâtiments légers sous pavillon de guerre, lesquels seront employés, comme il est d'usage, au service des légations des puissances amies.

3. Sa Hautesse le sultan se réserve de porter la présente convention à la connaissance de toutes les puissances avec lesquelles la Sublime Porte se trouve en relations d'amitié, en les invitant à y accéder.

4. La présente convention sera ratifiée, etc.

5-9 avr. 1842. — Ordonnance qui prescrit la publication de la convention provisoire et additionnelle de commerce et de navigation, conclue, le 9 février dernier, entre la France et le Danemark, et ratifiée le 4 avr. 1842.

Sa Majesté le roi des Français et Sa Majesté le roi de Danemark, désirant imprimer aux rapports mutuels de commerce et de navigation, entre la France et le Danemark, un nouveau degré d'activité qui pourrait servir à resserrer encore plus étroitement les liens d'amitié qui unissent si heureusement les deux Etats, ont jugé utile de conclure une convention provisoire et additionnelle au traité de commerce entre la France et le Danemark, du 23 août 1742, laquelle convention demeurera en vigueur jusqu'à la conclusion d'un nouveau traité définitif de commerce et de navigation;

Et, dans ce but, les hautes parties contractantes ont nommé pour leurs plénipotentiaires, savoir, etc.;

Art. 1. Les Français en Danemark et dans les duchés, et les Danois en France, continueront à jouir, pour leurs personnes et leurs propriétés, de tous les droits et priviléges stipulés, en faveur des sujets respectifs, dans le traité conclu, le 23 août 1742, entre la France et le Danemark, autant que ces droits et priviléges seront compatibles avec la législation actuelle des deux Etats.

2. Les navires français dans les ports de Danemark et des duchés, et les navires danois dans les ports de France, n'acquitteront, soit à l'entrée, soit à la sortie, d'autres ni de plus forts droits de tonnage et de navigation que ceux dont les navires danois sont passibles dans les ports de Danemark : les uns et les autres seront d'ailleurs assimilés aux navires nationaux, dans les ports respectifs, pour les droits de pilotage, de jaugeage, de courtage, de quarantaine ou autres de même nature, et ce, quel que soit le lieu de leur départ ou celui de leur destination, conformément à l'esprit du traité de 1742.

Des commissaires, nommés par les gouvernements respectifs, seront chargés de rechercher le terme moyen des divers droits qui se perçoivent en Danemark sur le pavillon national et qui correspondent à ceux qui se trouvent compris en France dans le droit de tonnage, afin d'en déduire le chiffre du droit unique que le pavillon danois aura à acquitter, dans les ports français, conformément au principe de réciprocité établi par le présent article.

Les exceptions au traitement national qui atteindraient en France les navires français venant d'ailleurs que du Danemark, ou allant ailleurs qu'en Danemark, seront communes aux navires danois faisant les mêmes voyages, et cette disposition sera réciproquement applicable en Danemark aux navires français.

3. La navigation et le commerce français continueront à être traités dans le Sund, les Belts et le canal de Holstein, comme ceux des nations les plus favorisées, et conserveront notamment tous les avantages qui leur ont été reconnus par le traité de 1742.

4. En tout ce qui concerne les droits de douane et de navigation, les deux hautes parties contractantes se promettent réciproquement de n'accorder aucune faveur, privilége ou immunité à un autre Etat, qu'il ne soit aussi, et à l'instant, étendu à leurs sujets respectifs, gratuitement si la concession en faveur de l'autre Etat est gratuite, et en donnant la même compensation ou l'équivalent si la concession a été conditionnelle.

5. Les consuls respectifs et leurs chanceliers jouiront dans les deux pays des priviléges généralement attribués à leur charge, tels que l'exemption des logements militaires, et celle de toutes les contributions directes, tant personnelles que mobilières ou somptuaires, à moins toutefois qu'ils ne soient sujets du pays ou qu'ils ne deviennent soit propriétaires, soit possesseurs de biens immeubles, ou enfin qu'ils ne fassent le commerce; pour lesquels cas ils seront soumis aux mêmes taxes, charges et impositions que les autres particuliers. Les consuls jouiront, en outre, de tous les autres priviléges, exemptions et immunités qui pourront être accordés dans leur résidence aux agents du même rang de la nation la plus favorisée. — Ils pourront nommer des vice-consuls ou agents consulaires dans l'arrondissement de leur consulat.

6. Les consuls respectifs pourront faire arrêter et renvoyer soit à bord, soit dans leur pays, les marins qui auraient déserté des bâtiments de leur nation. A cet effet, ils s'adresseront par écrit aux autorités locales compétentes, et justifieront par l'exhibition des registres du bâtiment ou du rôle d'équipage, ou, si le navire était parti, par copies desdites pièces, dûment certifiées par eux, que les hommes qu'ils réclament faisaient partie dudit équipage. Sur cette demande, ainsi justifiée, la remise ne pourra leur être refusée. Il leur sera, de plus, donné toute aide et assistance pour la recherche, saisie et arrestation desdits déserteurs, qui seront même détenus et gardés dans les prisons du pays, à la réquisition et aux frais des consuls, jusqu'à ce que ces agents aient trouvé une occasion de les faire partir. Si pourtant cette occasion ne se présentait pas dans un délai de trois mois, à compter du jour de l'arrestation, les déserteurs seraient mis en liberté et ne pourraient plus être arrêtés pour la même cause. — Il est entendu que les marins sujets du pays où la désertion a lieu sont exceptés de la présente disposition.

7. En cas d'échouement d'un navire français sur les côtes de Danemark, ou d'un navire danois sur les côtes de France, le consul de la nation en sera immédiatement informé, à l'effet de faciliter au capitaine les moyens de remettre à flot le navire, sous la surveillance et avec l'aide de l'autorité locale. — S'il y a bris et naufrage ou abandon du navire, l'autorité concertera avec le consul les mesures à prendre pour la garantie de tous les intérêts dans le sauvetage du navire et de la cargaison, jusqu'à ce que les propriétaires ou leurs fondés de pouvoirs se présentent. — Les marchandises sauvées ne seront passibles d'aucun droit de douane, à moins qu'elles ne soit admises à la consommation intérieure. Pour les droits et frais de sauvetage et de conservation du navire et de la cargaison, le bâtiment échoué sera traité comme le serait un bâtiment national en pareil cas.

8. Les dispositions de la présente convention ne s'étendront pas aux colonies françaises d'outre-mer ni aux colonies danoises d'outre-mer, y compris les îles de Færoë, l'Islande et le Groenland. Il est toutefois arrêté que les navires de commerce français ou danois y seront respectivement admis aux mêmes conditions et traités de la même manière que les navires de la nation la plus favorisée le sont actuellement ou le seront à l'avenir; et, en outre, que les stipulations contenues dans le dernier paragraphe de l'art. 7, sur les échouements et naufrages, seront exécutoires dans les possessions d'outre-mer des deux Couronnes.

9. La présente convention sera ratifiée, etc.

26 juin-5 juill. 1842. — Ordonnance portant dissolution des commissions de liquidation et de révision créées en exécution de l'ord. du 30 nov. 1839, pour la répartition de l'indemnité payée par le Mexique.

11 juill.-1er août 1842. — Ordonnance qui prescrit la publication d'une convention de poste conclue, le 9 mai dernier, entre la France et le royaume des Deux-Siciles.

13-17 août 1842. — Ordonnance qui prescrit la publication de la convention de commerce conclue, le 16 juill. 1842, entre la France et la Belgique, et dont la teneur suit :

Art. 1. Les droits d'entrée en France sur les fils et tissus de lin ou de chanvre importés de Belgique par les bureaux situés d'Armentières à la Malmaison, près Longwy, inclusivement, seront rétablis tels qu'ils existaient avant l'ordonnance du gouvernement français du 26 juin 1842; et les droits d'entrée en Belgique sur les fils et tissus de lin ou de chanvre importés de France par la frontière limitrophe des deux pays seront maintenus tels qu'ils existent actuellement, sans que ces différents droits puissent être augmentés, de part ni d'autre, avant l'expiration du présent traité. Si, au contraire, les droits d'entrée en France sur les fils et tissus de lin ou de chanvre provenant de Belgique venaient à être réduits, une réduction semblable serait immédiatement introduite dans le tarif belge sur les mêmes articles de provenance française, de façon que les droits fussent uniformes des deux côtés à la frontière limitrophe. Le gouvernement de Sa Majesté le roi des Belges s'engage d'ailleurs à appliquer, à l'entrée des fils et tissus de lin ou de chanvre par les frontières autres que celle limitrophe, des droits semblables à ceux qui sont ou pourront être établis par le tarif français aux frontières analogues : il n'y aura point d'autres exceptions à cet égard que celles qu'indique la loi belge du 25 fév. 1842, et qui seulement sont limitées par le présent traité à l'introduction en Belgique de 250,000 kilog. de fils d'Allemagne et de Russie. Enfin, dans le cas où les droits d'entrée en France sur les fils et tissus de lin ou de chanvre importés par des frontières autres que celle limitrophe viendraient à être réduits de plus d'un sixième au-dessous de ceux fixés par l'ord. du 26 juin 1842, le gouvernement de Sa Majesté le roi des Français s'engage à abaisser aussitôt, et dans la proportion de cet excédant de réduction, les droits d'entrée sur les fils et tissus importés par la frontière limitrophe, de telle façon qu'il y ait toujours, au moins, la proportion de *trois à cinq* entre les droits existant à cette dernière frontière et ceux existant aux autres frontières françaises.

2. Le gouvernement de Sa Majesté le roi des Belges s'engage, en outre : 1° d'une part, à réduire le droit de douane sur l'importation des vins de France, tant par terre que par mer, à 50 c. *par hectolitre* pour les vins en cercles et à 2 fr. *par hectolitre* pour les vins en bouteilles ; d'une autre part, à réduire de 25 p. 100 le droit d'accise maintenant existant sur les vins de France : bien entendu que, pendant la durée du présent traité ces droits de douane et d'accise, ainsi réduits, ne pourront être élevés, et que les vins d'aucune autre provenance étrangère ne sauraient être soumis, en Belgique, à des droits quelconques plus favorables que ceux acquittés par les vins de France; 2° de réduire à 20 p. 100 le droit actuel d'entrée sur les tissus de soie venant de France, sans que ce droit ainsi réduit puisse être augmenté, ni que les tissus de soie de toute autre provenance puissent, en aucun cas, être soumis, en Belgique, à des droits quelconques plus favorables que ceux appliqués aux tissus français pendant la durée de la présente convention.

3. Le déchet alloué par la loi belge du 24 déc. 1829 ayant été reconnu insuffisant dans son application aux sels de France, il leur sera accordé, pour qu'ils puissent concourir, sous des conditions égales, à l'approvisionnement de la Belgique avec les sels de toute autre provenance, une déduction de 7 p. 100 pour déchet au raffinage en sus de la déduction accordée ou à accorder à ces derniers sels, et ceux-ci ne pourront d'ailleurs, pendant la durée de la présente convention, être soumis à des droits quelconques plus favorables que les droits imposés au sel de France.

4. Il y aura réciprocité du transit pour les ardoises des deux pays. Ce transit sera régi, de part et d'autre, par le tarif actuellement en vigueur en France. Le gouvernement belge s'engage à ouvrir au transit des ardoises françaises le bureau de Menin.

5. Les bateliers belges naviguant dans les eaux intérieures de la France continueront à y naviguer aux mêmes conditions que les bateliers français; réciproquement, les bateliers français naviguant dans les eaux intérieures de la Belgique y navigueront aux mêmes conditions que les bateliers belges, sans être soumis à aucun droit extraordinaire de navigation ou de patente.

6. Chacune des deux parties contractantes convient de prohiber, sur son territoire, le transit de fils et tissus de lin ou de chanvre de provenance tierce et à destination du territoire de l'autre partie.

7. Si des augmentations aux droits actuels d'octroi ou autres des communes de Belgique venaient à altérer le bénéfice pour la France des stipulations contenues dans les articles précédents, il suffirait de la simple déclaration du gouvernement français pour que, dans le délai d'un mois, le présent traité tout entier fût considéré comme résilié.

8. La présente convention sera ratifiée, et les ratifications en seront échangées dans le plus bref délai possible. Elle sera en vigueur pendant quatre années, à partir du jour de l'échange des ratifications; et, si elle n'est pas dénoncée six mois avant son expiration, elle durera une année de plus et pourra ainsi se prolonger d'année en année à défaut de dénonciation faite dans le terme ci-dessus indiqué.

21 août-17 sept. 1842. — Ordonnance relative au transport des correspondances entre la France et le royaume des Deux-Siciles, et qui vise la convention postale du 9 mai 1842.

1er-10 mars 1843. — Ordonnance qui prescrit la publication de l'article additionnel à la convention de poste du 16 avr. 1831, conclu entre la France et l'Autriche.

30 avr.-3 mai 1843. — Ordonnance qui prescrit la publication de la convention de poste conclue, le 3 avr. 1843, entre la France et la Grande-Bretagne.

19-30 mai 1843. — Ordonnance pour l'exécution de la convention de poste conclue, le 3 avr. 1843, entre la France et la Grande-Bretagne.

12-25 août 1843. — Ordonnance qui prescrit la publication des articles additionnels à la convention de poste du 16 avr. 1831, conclus, le 18 mai 1843, entre la France et l'Autriche.

19-28 août 1843. — Ordonnance qui prescrit la publication de la convention signée le 29 mai 1843, pour la rectification d'une route entre la France et la principauté et canton de Neufchâtel.

12-14 oct. 1843. — Ordonnance qui prescrit la publication du traité de commerce et de navigation conclu, le 28 août 1843, entre la France et la Sardaigne.

Nota. — Les dispositions de ce traité, pour lesquelles l'intervention des chambres législatives étaient nécessaires, ont été sanctionnées par la loi du 9 juin 1845 (D. P. 45. 3. 130). — La durée en a été fixée, par une convention du 6 déc. 1844, à quatre années à partir du jour où il serait exécuté dans les deux Etats. — Cette époque a été fixée par l'ordonnance du 8 mai 1846, qui en a réglé également divers détails d'application du tarif. — Il a été remplacé depuis par d'autres conventions

(V. ci-après, L. 18 nov. 1850 ; 30 déc. 1850 ; 17 juin 1851 ; décr. 2 juin 1852).

12-14 oct. 1843.— Ordonnance qui prescrit la publication de la convention conclue, le 28 août 1843, pour garantir, dans les royaumes de France et de Sardaigne, la propriété des œuvres littéraires ou artistiques, et dont les ratifications ont été échangées le 27 sept. 1843.

Sa Majesté le roi des Français et Sa Majesté le roi de Sardaigne, également animés du désir de protéger les sciences et les arts et d'encourager les entreprises utiles qui s'y rapportent, ont, à cette fin, résolu d'adopter, d'un commun accord, les mesures qui leur ont paru les plus propres à garantir aux auteurs, ou à leurs ayants cause, la propriété de leurs œuvres littéraires ou artistiques dont la publication aurait lieu dans leurs Etats respectifs ; — Dans ce but, Leurs Majestés ont nommé pour leurs plénipotentiaires, savoir, etc.

Art. 1. Le droit de propriété des auteurs ou de leurs ayants cause sur les ouvrages d'esprit ou d'art, comprenant les publications d'écrits, de composition musicale, de dessin, de peinture, de gravure, de sculpture, ou autres productions analogues, en tout ou en partie, tel que ce droit est réglé et déterminé par les législations respectives, s'exercera simultanément sur le territoire des deux Etats, de telle sorte que la reproduction ou la contrefaçon dans l'un des deux Etats, d'ouvrages publiés dans l'autre Etat, soit assimilée à celle des ouvrages qui auraient été originairement publiés dans l'Etat même.

2. La traduction faite dans l'un des deux Etats d'un ouvrage publié dans l'autre Etat est assimilée à sa reproduction, et comprise dans les dispositions de l'art. 1, pourvu que l'auteur sujet de l'un des deux souverains contractants, en faisant paraître un ouvrage, ait notifié au public qu'il entend le traduire lui-même, et que sa traduction ait été publiée dans le délai d'un an, à partir de la publication du texte original.

3. Sont également comprises dans les dispositions de l'art. 1, et assimilées aux productions originales, en ce qui concerne leur reproduction dans la même langue, les traductions faites dans l'un des deux Etats d'ouvrages publiés hors du territoire des deux Etats. — Toutefois, ne sont pas comprises dans lesdites dispositions les traductions faites dans une langue qui ne serait pas celle de l'un des deux Etats.

4. Les dispositions des art. 1 et 2 sont applicables à la représentation des pièces de théâtre, sur lesquelles les auteurs ou leurs ayants cause percevront les droits déterminés par la législation du pays où elles seront représentées.

5. Nonobstant les dispositions des art. 1 et 2, les articles extraits des journaux ou écrits périodiques publiés dans l'un des deux Etats pourront être reproduits dans les journaux ou écrits périodiques de l'autre Etat, pourvu que l'origine en soit indiquée.

6. L'introduction et la vente dans chacun des deux Etats d'ouvrages ou d'objets de contrefaçon définis par les art. 1, 2 et 3 ci-dessus sont prohibées, lors même que les contrefaçons auraient été faites dans un pays étranger.

7. En cas de contravention aux dispositions des articles précédents, la saisie des contrefaçons sera opérée et les tribunaux appliqueront les peines déterminées par les législations respectives, de la même manière que si le délit avait été commis au préjudice d'un ouvrage ou d'une production d'origine nationale.—Les caractères qui constituent la contrefaçon seront déterminés par les tribunaux de l'un et de l'autre Etat, d'après la législation en vigueur dans chacun des deux Etats.

8. Pour faciliter l'exécution de la présente convention, les gouvernements contractants se communiqueront réciproquement les lois et les règlements spéciaux que chacun d'eux pourra adopter relativement à la propriété des ouvrages ou productions définis par les art. 1, 2, 3 et 4 ci-dessus.

9. Les dispositions de la présente convention ne pourront porter préjudice, en quoi que soit, au droit que se réserve expressément chacun des deux Etats de permettre, surveiller ou interdire, par des mesures de législation ou de police intérieure, la circulation, la représentation ou l'exposition de tels ouvrages ou productions sur lesquels il jugera convenable de l'exercer.

10. La présente convention aura force et vigueur pendant six années, à dater du jour dont les Hautes Parties conviendront pour son exécution simultanée, dès que la promulgation en sera faite d'après les lois particulières à chacun des deux Etats. Si, à l'expiration des six années, elle n'est pas dénoncée six mois à l'avance, elle continuera à être obligatoire d'année en année, jusqu'à ce l'une des parties contractantes ait annoncé à l'autre, mais un an à l'avance, son intention d'en faire cesser les effets.

11. La présente convention sera ratifiée, etc.

9-15 fév. 1844.— Ordonnance qui prescrit la publication de la convention additionnelle à la convention de poste du 16 avr. 1831, conclue, le 30 nov. 1843, entre la France et l'Autriche.

20-25 mars 1844. — Ordonnance pour l'exécution de la convention additionnelle à la convention de poste du 16 avr. 1831, conclue et signée, le 30 nov. 1843, entre la France et l'Autriche.

29 juin-11 juill. 1844.— Ordonnance qui prescrit la publication du traité d'amitié, de commerce et de navigation, conclu, le 25 mars 1843, entre la France et la république de Vénézuéla, et dont les ratifications ont été échangées le 25 mars 1844.

Art. 1. Il y aura paix constante et amitié perpétuelle entre Sa Majesté le roi des Français, ses héritiers et ses successeurs, d'une part, et la république de Vénézuéla, d'autre part, et entre les sujets et citoyens de l'un et de l'autre Etat, sans exception de personnes et de lieux.

2. Les Français au Vénézuéla et les Vénézuéliens en France pourront, réciproquement et en toute liberté, entrer avec leurs navires et cargaisons, comme les nationaux eux-mêmes, dans tous les lieux, ports et rivières qui sont ou seront ouverts au commerce étranger. — Ils seront, pour le commerce d'échelle, traités respectivement et tant qu'il existera dans ce commerce une parfaite réciprocité, comme les sujets ou citoyens de la nation la plus favorisée. Quant au cabotage, il demeure exclusivement réservé, de part et d'autre, aux nationaux. — Ils pourront comme les nationaux, sur les territoires respectifs, voyager ou séjourner, commercer tant en gros qu'en détail, louer et occuper les maisons, magasins et boutiques qui leur sont nécessaires, effectuer des transports de marchandises et d'argent et recevoir des consignations, tant de l'intérieur que des pays étrangers. — Ils seront également libres, dans tous leurs achats comme dans toutes leurs ventes, d'établir et de fixer le prix des effets, marchandises et objets quelconques, tant importés que nationaux, soit qu'ils les destinent à l'exportation, sauf à se conformer aux lois et règlements du pays. — Ils seront entièrement libres de faire leurs affaires eux-mêmes, de présenter en douane leurs propres déclarations ou de se faire suppléer par qui bon leur semblera, facteur, agent, consignataire ou interprète, soit dans l'achat ou la vente de leurs biens, de leurs effets ou marchandises, soit dans le chargement ou le déchargement ou l'expédition de leurs navires. — Enfin ils ne seront assujettis, dans aucun cas, à d'autres charges, taxes ou impôts que ceux auxquels sont soumis les nationaux ou les sujets et citoyens de la nation la plus favorisée.

3. Les sujets et citoyens respectifs jouiront, dans l'un et dans l'autre Etat, d'une constante et complète protection pour leurs personnes et leurs propriétés. Ils auront, en conséquence, un libre et facile accès auprès des tribunaux de justice, pour la poursuite et la défense de leurs droits en toute instance et dans tous les degrés de juridiction établis par les lois. Ils seront libres d'employer dans toutes les circonstances les avocats, avoués ou agents de toute classe qu'ils jugeraient à propos ; enfin ils jouiront, sous ce rapport, des mêmes droits et priviléges que ceux qui seront accordés aux nationaux, et seront soumis aux mêmes conditions imposées à ces derniers. — Ils seront d'ailleurs exempts de tout service personnel, soit dans les armées de terre ou de mer, soit dans les gardes ou milices nationales, ainsi que de toute contribution de guerre, emprunts forcés, réquisitions ou services militaires quels qu'ils soient, et, dans tous les autres cas, ils ne pourront pas être assujettis pour leurs propriétés soit mobilières, soit immobilières, à d'autres charges, exactions ou impôts que ceux auxquels seraient soumis les nationaux eux-mêmes, ou les sujets et citoyens de la nation la plus favorisée sans exception ; bien entendu que que celui qui réclamera l'application de la dernière partie de cet article sera libre de choisir celui des deux traitements qui lui paraîtrait le plus favorable.

4. Les sujets et citoyens de l'un et l'autre Etat ne pourront être respectivement soumis à aucun embargo, ni être retenus avec leurs navires, cargaisons, marchandises ou effets, pour une expédition militaire quelconque, ni pour quelque usage que ce soit, sans une indemnité débattue et fixée préalablement par les parties intéressées, et suffisante pour cet usage et pour les torts, pertes, retards et dommages qui dépendent ou qui naîtront du service auquel ils seront obligés.

5. Les sujets et citoyens de l'un et de l'autre Etat jouiront respectivement de la plus entière liberté de conscience, et ils pourront exercer leur culte de la manière que leur permettront la constitution et les lois du pays où ils se trouveront.

6. Les sujets et citoyens des deux pays seront libres de posséder des immeubles et de disposer comme il leur conviendra, par vente, donation, échange, testament ou de quelque autre manière que ce soit, de tous les biens qu'ils posséderaient sur les territoires respectifs. De même, les sujets et citoyens des deux Etats, qui seraient héritiers de biens situés dans l'autre, pourront succéder, sans empêchement, à ceux desdits biens qui leur seraient dévolus *ab intestat*, et en disposer selon leur volonté ; et lesdits légataires ne seront pas tenus à acquitter des droits de succession ou autres plus élevés que ceux qui seront supportés, dans des cas semblables, par les nationaux eux-mêmes.

7. Si (ce qu'à Dieu ne plaise) la paix entre les deux parties contractantes venait à être rompue, il sera accordé, de part et d'autre, un terme qui ne sera pas moins de six mois, aux commerçants qui se trouveront dans le pays, pour régler leurs affaires et pour disposer de leurs propriétés, et, en outre, un sauf-conduit leur sera délivré pour s'embarquer dans tel port qu'ils indiqueront de leur propre gré, à moins qu'il ne soit occupé ou assiégé par l'ennemi, et que leur propre sûreté ou celle de l'Etat s'opposent à leur départ par ce port. — Tous les autres sujets et citoyens ayant un établissement fixe et permanent dans les Etats respectifs, pour l'exercice de quelque profession ou occupation que ce soit, pourront conserver leur établissement et continuer leur profession sans être inquiétés en aucune manière, et la possession pleine et entière de leur liberté et de leurs biens leur sera laissée tant qu'ils ne commettront aucune offense contre les lois du pays. Enfin, leurs propriétés ou biens, de quelle nature qu'ils soient, ne seront assujettis, à aucune saisie ou séquestre, ni à d'autres charges et imposition que celles exigées des nationaux. De même, les deniers dus par des particuliers, non plus que les fonds publics, ni les actions de banques et compagnies, ne pourront jamais être saisis, séquestrés ou confisqués au préjudice des sujets et citoyens respectifs.

8. Le commerce français dans la république de Vénézuéla, et le commerce vénézuélien en France, seront traités, sous le rapport des droits de douane, tant à l'importation qu'à l'exportation, comme celui de la nation étrangère la plus favorisée.—Dans aucun cas, les droits d'importation imposés en France sur les produits du sol ou de l'industrie du Vénézuéla, et dans le Vénézuéla sur les produits du sol ou de l'industrie de la France, ne pourront être autres ou plus élevés que ceux auxquels sont ou seront soumis les mêmes produits de la nation la plus favorisée. Le même principe sera observé pour l'exportation. — Aucune prohibition ou restriction d'importation ou d'exportation n'aura lieu dans le commerce réciproque des deux pays, qu'elle ne soit également étendue à toutes les autres nations, et les formalités qui pourraient être requises pour justifier de l'origine et de la provenance des marchandises respectivement importées dans l'un des deux Etats seront également commune à toutes les autres nations.

9. Tous les produits du sol et de l'industrie de l'un des deux pays, dont l'importation n'est point expressément prohibée, payeront, dans les ports de l'autre, les mêmes droits d'importation, qu'ils soient chargés sur navires français ou vénézuéliens. De même, les produits exportés acquitteront les mêmes droits et jouiront des mêmes franchises, allocations et restitutions de droits qui sont ou pourraient être réservées aux exportations faites sur bâtiments nationaux.

10. Les navires français arrivant dans les ports du Vénézuéla ou en sortant, et les navires vénézuéliens, à leur entrée ou à leur sortie des ports de France, ne seront assujettis ni à d'autres, ni à de plus forts droits de tonnage, de phares, de ports, de pilotage, de quarantaine ou d'autres affectant le corps du bâtiment, que ceux auxquels sont ou seront assujettis les navires nationaux.

11. Les bâtiments français au Vénézuéla, et les bâtiments vénézuéliens en France, pourront décharger une partie de leur cargaison dans le port de prime abord, et se rendre ensuite, avec le reste de cette cargaison, dans d'autres ports du même Etat, soit pour y achever de débarquer leur chargement d'arrivée, soit pour y compléter leur chargement de retour, en ne payant, dans chaque port, d'autres ou de plus forts droits que ceux que payent les bâtiments nationaux dans des circonstances semblables.

12. Lorsque, par suite de relâche forcée ou d'avarie constatée, les navires de l'une des deux puissances contractantes entreront dans les ports de l'autre ou tou-

cheront sur les côtes, ils ne seront assujettis à aucun droit de navigation, sous quelque dénomination que ces droits soient respectivement établis, sauf les droits de pilotage et autres représentant le salaire de services rendus par des industries privées, pourvu que ces navires n'effectuent aucun chargement ni déchargement de marchandises. Il leur sera permis de déposer à terre les marchandises composant leur chargement, pour éviter qu'elles ne dépérissent, et il ne sera exigé d'eux d'autres droits que ceux relatifs au loyer des magasins et chantiers publics qui seraient nécessaires pour déposer les marchandises et pour réparer les avaries du bâtiment.

13. Seront considérés comme Français au Vénézuéla, et comme Vénézuéliens en France, les navires qui navigueront sous les pavillons respectifs, et qui seront porteurs des papiers de bord et des documents exigés par les lois de chacun des deux Etats pour la justification de la nationalité des bâtiments de commerce. Les deux parties contractantes se réservent d'ailleurs le droit, si les intérêts de leur navigation venaient à souffrir de la teneur de cet article, d'y apporter, cinq ans après la ratification du présent traité, telles modifications qui leur paraîtraient convenables, aux termes de leur législation respective.

14. Les navires, marchandises et effets appartenant aux sujets et citoyens respectifs, qui auraient été pris par des pirates, et conduits ou trouvés dans les ports de la domination de l'un ou de l'autre pays, seront remis à leurs propriétaires, en payant, s'il y a lieu, les frais de reprise qui seront déterminés par les tribunaux respectifs, lorsque le droit de propriété aura été prouvé devant ces tribunaux et sur la réclamation qui devra en être faite, dans le délai d'un an, par les parties intéressées, par leurs fondés de pouvoirs ou par les agents des gouvernements respectifs.

15. Les bâtiments de guerre de l'une des deux puissances pourront entrer, séjourner et se radouber dans ceux des ports de l'autre puissance dont l'accès est accordé à la nation la plus favorisée; ils y seront soumis aux mêmes règles et y jouiront des mêmes avantages.

16. S'il arrive que l'une des deux parties contractantes soit en guerre avec quelque autre pays tiers, l'autre partie ne pourra, dans aucun cas, autoriser ses nationaux à prendre ni accepter des commissions ou lettres de marque, pour agir hostilement contre la première ou pour inquiéter le commerce et les propriétés de ses sujets ou citoyens.

17. Les deux parties contractantes adoptent, dans leurs relations mutuelles, le principe que le pavillon couvre la marchandise. Si l'une des deux parties reste neutre quand l'autre est en guerre avec quelque autre puissance, les marchandises couvertes du pavillon neutre sont aussi réputées neutres, même quand elles appartiendraient aux ennemis de l'autre partie contractante. — Il est également convenu que la liberté du pavillon assure aussi celle des personnes, et que les individus appartenant à une puissance ennemie, qui seraient trouvés à bord d'un bâtiment neutre, ne pourront pas être faits prisonniers, à moins qu'ils ne soient militaires, et actuellement engagés au service de l'ennemi.— En conséquence du même principe sur l'assimilation du pavillon et de la marchandise, la propriété neutre trouvée à bord d'un bâtiment ennemi sera considérée comme ennemie, à moins qu'elle n'ait été embarquée dans ce navire avant la déclaration de guerre ou avant qu'on eût connaissance de cette déclaration dans le port d'où le navire est parti.— Les deux parties contractantes n'appliqueront ce principe, en ce qui concerne les autres puissances, qu'à celles qui le reconnaîtront également.

18. Dans le cas où l'une des parties contractantes serait en guerre avec une autre puissance, et où ses bâtiments auraient à exercer en mer le droit de visite, il est convenu que, s'ils rencontrent un navire appartenant à l'autre partie demeurée neutre, ils y enverront dans leur canot deux vérificateurs chargés de procéder à l'examen des papiers relatifs à sa nationalité et à son chargement. Les commandants seront responsables dans leurs personnes et leurs biens de toute vexation ou acte de violence qu'ils commettraient ou toléreraient en cette occasion. La visite ne sera permise qu'à bord des bâtiments qui navigueraient sans convoi : il suffira, lorsqu'ils seront convoyés, que le commandant du convoi déclare verbalement et sur sa parole d'honneur que les navires placés sous sa protection et sous son escorte appartiennent à l'Etat dont il arbore le pavillon, et qu'il déclare, lorsque ces navires sont destinés pour un port ennemi, qu'ils n'ont pas de contrebande de guerre.

19. Dans le cas où l'un des deux pays serait en guerre avec quelque autre puissance, nation ou Etat, les sujets ou citoyens de l'autre pays pourront continuer leur commerce et navigation avec ces mêmes Etats, excepté avec les villes ou ports qui seraient réellement bloqués ou assiégés. — Bien entendu que cette liberté de commerce et de naviguer ne s'étendra pas aux articles réputés contrebande de guerre, bouches et armes à feu, armes blanches, projectiles, poudre, salpêtre, objets d'équipement militaire et tous instruments quelconques fabriqués à l'usage de la guerre. — Dans aucun cas, un bâtiment de commerce appartenant à des sujets ou citoyens de l'un des deux pays qui se trouvera expédié pour un port bloqué par l'autre Etat, ne pourra être saisi, capturé et condamné, si, préalablement, il ne lui a été fait une notification ou signification de l'existence du blocus par quelque bâtiment faisant partie de l'escadre ou division de ce blocus. Et, pour qu'on ne puisse alléguer une prétendue ignorance des faits et que le navire qui aura été dûment averti soit dans le cas d'être capturé s'il vient ensuite à se représenter dans le même port, pendant le temps que durera le blocus, le commandant du bâtiment de guerre qui le rencontrera d'abord, devra apposer son visa sur les papiers de ce navire, en indiquant le jour, le lieu ou la hauteur où il l'aura visité et lui aura fait la signification en question, laquelle contiendra d'ailleurs les mêmes indications que celles exigées par le visa.

20. Il pourra être établi des consuls de chacun des deux pays dans l'autre pour la protection du commerce; mais ces agents n'entreront en fonctions qu'après en avoir obtenu l'autorisation du gouvernement territorial. Celui-ci conservera, d'ailleurs, le droit de déterminer les résidences où il lui conviendra d'admettre les consuls; bien entendu que, sous ce rapport, les deux gouvernements ne s'opposeront respectivement aucune restriction qui ne soit commune dans leur pays à toutes les nations.

21. Les consuls respectifs, ainsi que leurs chanceliers ou secrétaires, jouiront dans les deux pays des privilèges généralement attribués à leur charge, tels que l'exemption des logements militaires et celle de toutes les contributions directes tant personnelles que mobilières ou somptuaires, à moins, toutefois, qu'ils ne soient sujets ou citoyens du pays, ou qu'ils ne deviennent soit propriétaires, soit possesseurs de biens immeubles, ou, enfin, qu'ils ne fassent le commerce, pour lesquels cas ils seront soumis aux mêmes taxes, charges et impositions que les autres particuliers. Ces agents jouiront en outre de tous les autres privilèges, exemptions et immunités qui pourront être accordés dans leur résidence aux agents du même rang de la nation la plus favorisée.

22. Les archives, et en général tous les papiers des chancelleries des consulats respectifs, seront inviolables, et, sous aucun prétexte, ni dans aucun cas, ils ne pourront être saisis ni visités par l'autorité locale.

23. Les consuls respectifs pourront, au décès de leurs nationaux morts sans avoir testé ni désigné d'exécuteur testamentaire : — 1° apposer les scellés, soit d'office, soit à la réquisition des parties intéressées, sur les effets mobiliers et les papiers du défunt, en prévenant d'avance de cette opération l'autorité locale compétente, qui pourra y assister, et même, si elle le juge convenable, croiser de ses scellés ceux qui auront été apposés par le conseil, et, dès lors, ces doubles scellés ne seront levés que de concert; — 2° Dresser aussi, en présence de l'autorité compétente du pays, si elle croit devoir s'y présenter, l'inventaire de la succession; — 3° Faire procéder, suivant l'usage du pays, à la vente des effets mobiliers en dépendant; enfin, administrer et liquider personnellement, ou nommer, sous leur responsabilité, un agent pour administrer et liquider ladite succession, sans que l'autorité locale ait à intervenir dans ces nouvelles opérations, à moins qu'un ou plusieurs sujets ou citoyens du pays dans lequel serait ouverte la succession, ou les sujets d'une tierce puissance, n'aient à faire valoir des droits dans cette même succession; car dans ce cas, et s'il survient quelques difficultés entre les intéressés, elles seront jugées par les tribunaux du pays, le consul agissant alors comme représentant la succession. — Mais lesdits consuls seront tenus de faire annoncer la mort du défunt dans une des gazettes qui se publieront dans l'étendue de leur arrondissement, et ils ne pourront faire la délivrance de la succession ou de son produit aux héritiers légitimes ou à leurs mandataires qu'après avoir fait acquitter toutes les dettes que le défunt pourrait avoir contractées dans le pays, ou qu'autant qu'une année se sera écoulée depuis la date du décès, sans qu'aucune réclamation n'ait été présentée contre la succession.

24. En tout ce qui concerne la police des ports, le chargement et le déchargement des navires, la sûreté des marchandises, biens et effets, les sujets et citoyens des deux pays seront respectivement soumis aux lois et statuts du territoire. Cependant les consuls respectifs seront exclusivement chargés de l'ordre intérieur à bord des navires de commerce de leur nation, et connaîtront seuls de tous les différents qui surviendraient entre les hommes, le capitaine et les officiers de l'équipage; mais les autorités locales pourront intervenir lorsque les désordres survenus seront de nature à troubler la tranquillité publique à terre ou dans le port, et pourront également connaître de ces différends lorsqu'une personne du pays ou un étranger s'y trouveront mêlés.

25. Les consuls respectifs pourront faire arrêter et renvoyer soit à bord, soit dans leur pays, les matelots qui auraient déserté des bâtiments de leur nation. A cet effet, ils s'adresseront par écrit aux autorités locales compétentes, et justifieront, par l'exhibition des registres du bâtiment ou du rôle d'équipage, ou, si le navire était parti, par copie desdites pièces dûment certifiée par eux, que les hommes qu'ils réclament faisaient partie dudit équipage. Sur cette demande ainsi justifiée, la remise ne pourra leur être refusée. Il leur sera donné, de plus, toute aide et assistance pour la recherche, saisie et arrestation desdits déserteurs, qui seront même détenus et gardés dans les prisons du pays, à la réquisition et aux frais des consuls, jusqu'à ce que ces agents aient trouvé une occasion de les faire partir. Si, pourtant, cette occasion ne se présentait pas dans un délai de trois mois à compter du jour de l'arrestation, les déserteurs seraient mis en liberté et ne pourraient plus être arrêtés pour la même cause.

26. Toutes les fois qu'il n'y aura pas de stipulations contraires entre les armateurs, les chargeurs et les assureurs, les avaries que les navires des deux pays auraient éprouvées en mer, en se rendant dans les ports respectifs, seront réglées par les consuls de leur nation, à moins, cependant, que des habitants du pays où résideraient les consuls ne se trouvassent intéressés dans ces avaries; car elles devraient être réglées, dans ce cas, par l'autorité locale.

27. Toutes les opérations relatives au sauvetage des navires français naufragés sur les côtes du Vénézuéla seront dirigées par les consuls de France, et, réciproquement, les consuls vénézuéliens dirigeront les opérations relatives au sauvetage des navires de leur nation naufragés ou échoués sur les côtes de France. — L'intervention des autorités locales aura seulement lieu dans les deux pays pour maintenir l'ordre, garantir les intérêts des sauveteurs, s'ils sont étrangers aux équipages naufragés, et assurer l'exécution des dispositions à observer pour l'entrée et la sortie des marchandises sauvées. En l'absence et jusqu'à l'arrivée des consuls ou vice-consuls, les autorités locales devront d'ailleurs prendre toutes les mesures nécessaires pour la protection des individus et la conservation des effets naufragés. — Il est de plus convenu que les marchandises sauvées ne seront tenues à aucun droit de douane, à moins qu'elles ne soient admises à la consommation intérieure.

28. La république de Vénézuéla jouira dans toutes les possessions et colonies de Sa Majesté le roi des Français en Amérique, y compris la Guyane, des mêmes droits, privilèges, et de la même liberté de commerce et de navigation dont jouit actuellement ou jouira la nation la plus favorisée, et, réciproquement, les habitants des possessions et colonies de la France en Amérique jouiront, dans toute leur extension, des mêmes droits, privilèges, et de la même liberté de commerce et de navigation, qui, par ce traité, sont accordés, au Vénésuéla, aux Français, à leur commerce et à leur navigation.

29. Il est formellement convenu entre les deux parties contractantes, qu'indépendamment des stipulations qui précèdent, les agents diplomatiques et consulaires, les sujets de toute classe, les navires, les chargements et les marchandises de l'un des deux Etats jouiront de plein droit, dans l'autre, des franchises, privilèges et immunités quelconques consentis ou à consentir en faveur de la nation la plus favorisée, et ce gratuitement, si la concession est gratuite, ou avec la même compensation, si la concession est conditionnelle.

30. Le présent traité sera en vigueur pendant dix ans, à compter du jour de l'échange des ratifications, et si, un an avant l'expiration de ce terme, ni l'une ni l'autre des deux parties n'annonce, par une déclaration officielle, son intention d'en faire cesser l'effet, ledit traité restera encore obligatoire pendant une année pour les deux parties, et ainsi de suite jusqu'à l'expiration des douze mois qui suivront la déclaration officielle en question, à quelque époque qu'elle ait lieu. — Dans le cas où l'une des deux parties contractantes jugerait que quelques-unes des stipulations du présent traité ont été enfreintes à son préjudice, elle devrait d'abord présenter à l'autre partie un exposé des faits, ainsi qu'une demande en réparation accompagnée des documents et des preuves nécessaires pour établir la légitimité de

la plainte, et elle ne pourra, d'aucune manière, autoriser des représailles ni déclarer la guerre, qu'autant que la réparation demandée par elle aurait été refusée ou mal accueillie.

31. Le présent traité sera ratifié, etc.

18-25 oct. 1844. — Ordonnance qui prescrit la publication des articles additionnels à la convention de poste du 27 mai 1836, conclus, le 1er sept. 1844, entre la France et la Belgique.

7-16 déc. 1844. — Ordonnance qui prescrit la publication de la convention conclue, le 18 sept. 1844, pour régler et terminer les différends survenus entre la France et le Maroc (D. P. 45. 3. 16).

16-24 déc. 1844. — Ordonnance qui prescrit la publication de la convention de poste conclue, le 11 sept. 1844, entre la France et l'office des postes féodales d'Allemagne (D. P. 45. 3. 28).

27 déc. 1844-1er janv. 1845. — Ordonnance pour l'exécution de la convention de poste conclue, le 11 sept. 1844, entre la France et l'office des postes féodales d'Allemagne (D. P. 45. 3. 50).

7-14 janv. 1845. — Ordonnance qui prescrit la publication de la convention additionnelle à la convention de poste du 2 janv. 1838, conclue, le 1er juin 1844, entre la France et la Grèce (D. P. 45. 3. 51).

28 mars-9 avr. 1845. — Ordonnance qui prescrit la publication du traité d'amitié, de commerce et de navigation, conclu, le 6 juin 1843, entre la France et la république de l'Equateur (D. P. 45. 3. 86).

9-13 juin 1845. — Loi pour l'exécution de la convention conclue entre la France et la Sardaigne le 28 août 1843, et destinée à garantir la propriété des œuvres littéraires ou artistiques (D. P. 45. 3. 132).

11-25 août 1845. — Ordonnance qui prescrit la publication du traité de commerce et de navigation conclu, le 14 juin 1845, entre la France et le royaume des Deux-Siciles (D. P. 45. 3. 151).

23-29 août 1845. — Ordonnance qui prescrit la publication du traité de délimitation conclu, le 18 mars 1845, entre la France et le Maroc (D. P. 45. 3. 154).

30 août-8 sept. 1845. — Ordonnance qui prescrit la publication de la convention de poste conclue, le 25 juin 1845, entre la France et le canton de Bâle-Ville (D. P. 45. 3. 156).

30 oct.-10 nov. 1845. — Cinq ordonnances qui prescrivent la publication des conventions de poste conclues le 27 juill. 1845, entre la France et les cantons de Berne, de Genève, de Neuchâtel et Valangin, de Vaud et de Zurich. — Le texte de ces ordonnances, qui n'ont qu'un intérêt bursal et ne sont pas susceptibles de donner lieu à des difficultés devant les tribunaux, est semblable, à quelques légères variantes près, au texte de la convention conclue avec le canton de Bâle-Ville ci-dessus.

22 nov.-1er déc. 1845. — Ordonnance qui prescrit la publication du traité d'amitié, de commerce et de navigation conclu, le 24 sept. 1844, entre la France et la Chine (D. P. 46. 3. 11).

26 nov.-6 déc. 1845. — Ordonnance pour l'exécution des conventions de poste conclues, les 25 juin et 26 juill. 1845, entre la France et les cantons suisses de Bâle-Ville, Berne, Genève, Neuchâtel, Vaud et Zurich (D. P. 46. 3. 14).

28 janv.-18 fév. 1846. — Ordonnance qui prescrit la publication de la convention conclue, le 29 mai 1845, entre la France et la Grande-Bretagne, pour la suppression de la traite des noirs.

Convention.

Sa Majesté le roi des Français et Sa Majesté la reine du royaume-uni de la Grande-Bretagne et d'Irlande, considérant que les conventions du 30 nov. 1831 et du 22 mars 1833 ont atteint leur but, en prévenant la traite des noirs sous les pavillons français et anglais, mais que ce trafic odieux subsiste encore, et que lesdites conventions sont insuffisantes pour en assurer la suppression complète; Sa Majesté le roi des Français ayant témoigné le désir d'adopter, pour la suppression de la traite, des mesures plus efficaces que celles qui sont prévues par ces conventions, et Sa Majesté la reine du royaume-uni de la Grande-Bretagne et d'Irlande, ayant à cœur de concourir à ce dessein, elles ont résolu de conclure une nouvelle convention qui sera substituée, entre les deux Hautes Parties contractantes, au lieu et place desdites conventions de 1831 et 1833, et, à cet effet, elles ont nommé pour leurs plénipotentiaires, savoir, etc.

Art. 1. Afin que le pavillon de Sa Majesté le roi des Français et celui de Sa Majesté la reine du royaume-uni de la Grande-Bretagne et d'Irlande ne puissent être usurpés, contrairement au droit des gens et aux lois en vigueur dans les deux pays, pour couvrir la traite des noirs, et, afin de pourvoir plus efficacement à la suppression de ce trafic, Sa Majesté le roi des Français s'engage à établir, dans le plus court délai possible, sur la côte occidentale de l'Afrique, depuis le cap Vert jusqu'au 16e degré 30 minutes de latitude méridionale, une force navale composée au moins de vingt-six croiseurs, tant à voile qu'à vapeur; et Sa Majesté la reine du royaume-uni de la Grande-Bretagne et d'Irlande s'engage à établir, dans le plus court délai possible, sur la même partie de la côte occidentale de l'Afrique, une force navale composée au moins de vingt-six croiseurs, tant à voile qu'à vapeur; et, sur la côte orientale de l'Afrique, le nombre de croiseurs que Sadite Majesté jugera suffisant pour la suppression de la traite sur cette côte; lesquels croiseurs seront employés dans le but ci-dessus indiqué, conformément aux dispositions suivantes.

2. Lesdites forces navales françaises et anglaises agiront de concert pour la suppression de la traite des noirs. Elles établiront une surveillance exacte sur tous les points de la partie de la côte occidentale d'Afrique où se fait la traite des noirs, dans les limites désignées par l'art. 1. Elles exerceront, à cet effet, pleinement et complètement tous les pouvoirs dont la couronne de France et celle de la Grande-Bretagne sont en possession pour la suppression de la traite des noirs, sauf les modifications qui vont être ci-après indiquées, en ce qui concerne les navires français et anglais.

3. Les officiers au service de Sa Majesté le roi des Français et les officiers au service de Sa Majesté la reine du royaume-uni de la Grande-Bretagne et d'Irlande, qui seront respectivement chargés du commandement des escadres françaises et anglaises destinées à assurer l'exécution de la présente convention, se concerteront sur les meilleurs moyens de surveiller exactement les points de la côte d'Afrique ci-dessus indiqués, en choisissant et en désignant les lieux de station, et en confiant ces postes aux croiseurs des deux nations, agissant ensemble ou séparément, selon qu'il sera jugé convenable; de telle sorte néanmoins que, dans le cas où l'un de ces postes serait spécialement confié aux croiseurs de l'une des deux nations, les croiseurs de l'autre nation puissent en tout temps y venir exercer les droits qui leur appartiennent, pour la suppression de la traite des noirs.

4. Des traités pour la suppression de la traite des noirs seront négociés avec les princes ou chefs indigènes de la partie de la côte occidentale d'Afrique ci-dessus désignée, selon qu'il paraîtra nécessaire aux commandants des escadres françaises et anglaises. Ces traités seront négociés ou par les commandants eux-mêmes, ou par des officiers auxquels ils donneront à cet effet des instructions.

5. Les traités ci-dessus mentionnés n'auront d'autre objet que la suppression de la traite des noirs. Si l'un de ces traités vient à être conclu par un officier de la marine britannique, la faculté d'y accéder sera expressément réservée à Sa Majesté le roi des Français; la même faculté sera réservée à Sa Majesté la reine du royaume-uni de la Grande-Bretagne et d'Irlande, dans tous les traités qui pourraient être conclus par un officier de la marine française. Dans le cas où Sa Majesté le roi des Français et Sa Majesté la reine du royaume-uni de la Grande-Bretagne et d'Irlande deviendraient tous deux parties contractantes à de tels traités, les frais qui auraient pu être faits pour leur conclusion, soit en cadeaux ou autres dépenses semblables, seront supportés également par les deux nations.

6. Dans le cas où il deviendrait nécessaire, conformément aux règles du droit des gens, de faire usage de la force pour assurer l'observation de traités conclus en conséquence de la présente convention, on ne pourra y avoir recours, soit par terre, soit par mer, que du commun consentement des officiers commandant les escadres françaises et anglaires. Et, s'il était jugé nécessaire, pour atteindre le but de la présente convention, d'occuper quelques points de la côte d'Afrique ci-dessus indiquée, cette occupation ne pourrait avoir lieu que du commun consentement des deux Hautes Parties contractantes.

7. Dès l'instant où l'escadre que Sa Majesté le roi des Français doit envoyer à la côte d'Afrique sera prête à commencer ses opérations sur ladite côte, Sa Majesté le roi des Français le notifiera à Sa Majesté la reine du royaume-uni de la Grande-Bretagne et d'Irlande; et les deux Hautes Parties contractantes feront connaître, par une déclaration commune, que les mesures stipulées dans la présente convention sont sur le point d'entrer en cours d'exécution; ladite déclaration sera publiée partout où besoin sera. Dans les trois mois qui suivront la publication de ladite déclaration, les mandats délivrés aux croiseurs des deux nations, en vertu des conventions de 1831 et 1833, pour l'exercice du droit de visite réciproque, seront respectivement restitués.

8. Attendu que l'expérience a fait voir que la traite des noirs, dans les parages où elle est habituellement exercée, est souvent accompagnée de faits de piraterie dangereux pour la tranquillité des mers et la sécurité de tous les pavillons; considérant en même temps que, si le pavillon porté par un navire est *primâ facie* le signe de la nationalité de ce navire, cette présomption ne saurait être considérée comme suffisante pour interdire, dans tous les cas, de procéder à sa vérification, puisque, s'il en était autrement, tous les pavillons pourraient être exposés à des abus, en servant à couvrir la piraterie, la traite des noirs ou tout autre commerce illicite; afin de prévenir toute difficulté dans l'exercice de la présente convention, il est convenu que des instructions, fondées sur le principe du droit des gens et sur la pratique constante des nations maritimes, seront adressées aux commandants des escadres et stations françaises et anglaises sur la côte d'Afrique. En conséquence, les deux gouvernements se sont communiqué leurs instructions respectives, dont le texte se trouve annexé à la présente convention.

9. Sa Majesté le roi des Français et Sa Majesté la reine du royaume-uni de la Grande-Bretagne et d'Irlande s'engagent réciproquement à continuer d'interdire, tant à présent qu'à l'avenir, toute traite des noirs dans les colonies qu'elles possèdent ou pourront posséder par la suite, et à empêcher, autant que les lois de chaque pays le permettront, leurs sujets respectifs de prendre dans ce commerce une part directe ou indirecte.

10. Trois mois après la déclaration mentionnée en l'art. 7, la présente convention entrera en cours d'exécution. La durée en est fixée à dix ans. Les conventions antérieures seront suspendues. Dans le cours de la cinquième année, les deux Hautes Parties contractantes se concerteront de nouveau, et décideront, selon les circonstances, s'il convient, soit de remettre en vigueur tout ou partie desdites conventions, soit de modifier ou d'abroger tout ou partie de la convention actuelle. A la fin de la dixième année, si les conventions antérieures n'ont pas été remises en vigueur, elles seront considérées comme définitivement abrogées. Les Hautes Parties contractantes s'engagent, en outre, à continuer de s'entendre pour assurer la suppression de la traite des noirs par tous les moyens qui leur paraîtront les plus utiles et les plus efficaces, jusqu'au moment où ce trafic aura été complètement aboli.

11. La présente convention sera ratifiée, etc.

18-24 mars 1846. — Ordonnance qui prescrit la publication de la convention de poste conclue, le 10 fév. 1846, entre la France et le grand-duché de Bade (D. P. 46. 3. 51).

21 mars-16 avr. 1846. — Ordonnance qui prescrit la publication d'articles additionnels à la convention de poste du 27 mai 1836, conclus, le 6 déc. 1845, entre la France et la Belgique (D. P. 46. 3. 51).

23 mars-10 avr. 1846. — Ordonnance pour l'exécution de la convention de poste conclue, le 10 fév. 1846, entre la France et le grand-duché de Bade (D. P. 46. 3. 75).

25 mars-1er avr. 1846. — Ordonnance qui prescrit la publication d'articles additionnels aux divers arrangements arrêtés entre la France et les Pays-Bas pour le service des postes, articles conclus le 26 nov. 1845.

29 avr.-9 mai 1846. — Ordonnance qui prescrit la publication de la convention additionnelle à la convention de poste du 11 sept. 1844, conclue, le 4 avr. 1846, entre la France et l'office des postes féodales d'Allemagne (D. P. 46. 3. 69).

8-15 mai 1846.—Ordonnance relative à l'importation des fruits de table frais, provenant de la principauté de Monaco, et qui vise l'arrangement commercial, du 27 avr. 844, entre la France et la principauté de Monaco (D. P. 46. 3. 72).

8-15 mai 1846. — Ordonnance relative à l'importation de la céruse, du riz de Piémont, des fruits de table frais et des bestiaux de la race bovine provenant des États sardes (D. P. 46. 3. 71). — Cette ordonnance destinée à régler divers détails d'application du traité du 28 août 1843 (V. ord. 12 oct. 1843) a été suivie de deux circulaires de l'administration des douanes du 12 mai 1846 (D. P. 46. 3. 91, 92).

13-19 juin 1846. — Ordonnance qui prescrit la publication de la convention supplémentaire du 22 avr. 1846 faisant suite à celle du 28 août 1843 conclue, le 6 déc. 1844, entre la France et la Belgique et d'art dans les royaumes de France et de Sardaigne (D. P. 46. 3. 72).

22-29 mai 1846. — Ordonnance qui prescrit la publication des articles additionnels à la convention de poste du 27 mai 1838, conclus, le 11 avr. 1846, entre la France et la Belgique (D. P. 46. 3. 77).

3-8 juin 1846. — Ordonnance qui prescrit la publication de la convention conclue, le 16 avr. 1846, entre la France et le grand-duché de Bade pour l'exécution des jugements rendus par les tribunaux des deux pays (D. P. 46. 3. 85).

14-18 juin 1846. — Ordonnance qui prescrit la publication de la convention supplémentaire au traité de commerce et de navigation du 28 août 1843 conclue, le 6 déc. 1844, entre la France et la Sardaigne (D. P. 46. 3. 86).

25 juin-2 juill. 1846.—Ordonnance qui prescrit la publication de la déclaration du 25 juin 1843 portant règlement général des pécheries entre la France et la Grande-Bretagne (D. P. 46. 3. 110).

23 juill.-1er août 1846. — Ordonnance qui prescrit la publication du traité d'amitié et de commerce conclu, le 17 nov. 1844, entre la France et les États de Mascate (D. P. 46. 3. 133).

5-14 août 1846. — Ordonnance qui prescrit la publication de la convention de commerce conclue, le 13 déc. 1845, entre la France et la Belgique (D. P. 46. 3. 137).

1er-5 oct. 1846. — Ordonnance qui prescrit la publication du traité d'amitié, de commerce et de navigation conclu, le 28 oct. 1844, entre la France et la république de la Nouvelle-Grenade (D. P. 46. 3. 176).

24 oct.-1er nov. 1846. — Ordonnance qui prescrit la publication d'une convention additionnelle à la convention du 25 juin 1843, conclue, le 15 sept. 1846, entre la France et le gouvernement du canton de Bâle-Ville (D. P. 47. 3. 3).

17-28 nov. 1846. — Ordonnance qui prescrit la publication du traité de commerce et de navigation conclu, le 16 sept. 1846, entre la France et la Russie (D. P. 47. 3. 50).

20-26 mars 1847. — Ordonnance qui prescrit la publication de la convention de poste conclue, le 15 oct. 1846, entre la France et le gouvernement du canton de Saint-Gall (D. P. 47. 3. 71).

25-30 mai 1847. — Ordonnance qui prescrit la publication de la convention de poste conclue, le 15 mai 1847, entre la France et la Bavière (D. P. 47. 3. 114).

26 juin-1er août 1847. — Ordonnance pour l'exécution de la convention de poste conclue, le 15 mai 1847, entre la France et la Bavière (D. P. 47. 3. 151).

1er-11 sept. 1847. — Ordonnance qui prescrit la publication de la convention conclue, le 17 mars 1847, entre la France et le royaume des Deux-Siciles, pour régler l'intervention des consuls respectifs dans les successions de leurs nationaux (D. P. 47. 3. 178).

12-31 oct. 1847. — Ordonnance qui prescrit la publication des articles additionnels à la convention de poste du 26 juill. 1845, conclus, le 31 juill. 1847, entre la France et le canton de Zurich (D. P. 47. 3. 186).

12-31 oct. 1847. — Ordonnance qui prescrit la publication des articles additionnels à la convention de poste du 26 juill. 1845, conclus, le 31 juill. 1847, entre la France et le canton de Vaud (D. P. 47. 3. 185).

12-31 oct. 1847. — Ordonnance qui prescrit la publication des articles additionnels à la convention de poste du 26 juill. 1845, conclus, le 31 juill. 1847, entre la France et le canton de Berne (D. P. 47. 3. 185).

12-31 oct. 1847. — Ordonnance qui prescrit la publication des articles additionnels à la convention de poste du 26 juill. 1845, conclus, le 31 juill. 1847, entre la France et le canton de Genève (D. P. 47. 3. 186).

12-31 oct. 1847. — Ordonnance qui prescrit la publication des articles additionnels à la convention de poste du 26 juill. 1845, conclus, le 31 juill. 1847, entre la France et le canton de Neufchâtel (D. P. 47. 3. 186).

20-29 oct. 1847.—Ordonnance qui prescrit la publication de la convention conclue, le 15 mai 1847, entre la France et la république d'Haïti, pour assurer l'exécution du traité du 12 fév. 1838 (D. P. 47. 3. 195).

9-21 déc. 1847. — Ordonnance qui prescrit la publication de la convention de poste conclue, le 3 nov. 1847, entre la France et la Belgique (D. P. 48. 4. 3).

16-24 déc. 1847. — Ordonnance qui prescrit la publication de la convention de poste conclue, le 11 août 1847, entre la France et la Prusse (D. P. 48. 4. 9).

23-27 déc. 1847.—Ordonnance qui prescrit la publication de la convention additionnelle à la convention de poste du 5 avr. 1843, conclue, le 8 déc. 1847, entre la France et l'Angleterre (D. P. 48. 4. 15).

26 déc. 1847-18 janv. 1848. — Ordonnance pour l'exécution de la convention de poste conclue, le 3 nov. 1847, entre la France et la Belgique (D. P. 48. 4. 30).

26 déc. 1847.-18 janv. 1848. — Ordonnance pour l'exécution de la convention de poste conclue, le 11 août 1847, entre la France et la Prusse (D. P. 48. 4. 30).

30 déc. 1847-1er janv. 1848. — Ordonnance qui prescrit la publication des articles additionnels à la convention de poste du 11 sept. 1844, conclus, le 22 nov. 1847, entre la France et l'office des postes féodales d'Allemagne (D. P. 48. 4. 16).

4 mars 1848. — Circulaire du ministre des affaires étrangères, posant les principes que la République se propose de suivre dans ses relations avec les puissances étrangères (D. P. 48. 3. 17).

21 mai-1er juin 1848. — Résolution de l'assemblée nationale concernant l'Allemagne, la Pologne et l'Italie (D. P. 48. 4. 100).

25 mai-1er juin 1848. — Décret par lequel l'assemblée nationale offre au peuple américain les remercîments de la République et l'expression de sa fraternelle amitié (D. P. 48. 4. 100).

4-10 nov. 1848. — Constitution dont l'art. 55 porte que le président de la République négocie et ratifie les traités, et qu'aucun traité n'est définitif qu'après avoir été approuvé par l'assemblée nationale (D. P. 48. 4. 234).

31 mars-4 avr. 1849. — Résolution relative à l'Italie (D. P. 49. 4. 72).

8-11 mai 1849. — Résolution relative aux affaires d'Italie (D. P. 49. 4. 101).

8-11 mai 1849. — Loi relative à la convention postale conclue, le 1er avr. 1849, entre la France et l'Espagne (D. P. 49. 4. 101).

10-21 mai 1849. — Loi qui approuve les traités d'amitié, de commerce et de navigation, conclus, le 8 mars 1848, avec les républiques de Guatemala et de Costa-Rica (D. P. 49. 4. 102).

23-25 mai 1849. — Résolution relative aux affaires d'Italie et de Hongrie (D. P. 49. 4. .106).

19 juin-8 juill. 1849. — Décret portant publication du traité de commerce et de navigation conclu entre la France et les îles Sandwich, le 26 mars 1846, et dont les ratifications ont été échangées à Honolulu, le 5 mars 1848 (D. P. 49. 4. 111).

22 juin-6 juill. 1849. — Décret relatif à l'exécution de la convention de poste conclue, le 1er avr. 1849, entre la France et l'Espagne (D. P. 49. 4. 112).

27 juin-13 juill. 1849. — Arrêté pour l'exécution de la convention de poste conclue le 1er avr. 1849, entre la France et l'Espagne (D. P. 49. 4. 114).

30 juill.-16 août 1849. — Loi qui autorise le président de la République à ratifier la convention de poste additionnelle conclue, le 27 avr. 1849, entre la France et la Belgique (D. P. 49. 4. 144).

16-27 sept. 1849.—Décret relatif à la promulgation de la convention de poste additionnelle conclue, le 27 avr. 1849, entre la France et la Belgique (D. P. 49. 4. 151).

17-22 sept. 1849. — Décret pour l'exécution de la convention additionnelle à la convention de poste du 3 nov. 1847 conclue, le 27 avr. 1849, entre la France et la Belgique (D. P. 49. 4. 149).

31 janv.-14 fév. 1850. — Loi relative au traité de navigation et de commerce conclu entre la France et la Belgique, le 17 nov. 1849 (D. P. 50. 4. 17).

25 fév.-11 mars 1850.—Décret relatif à l'exécution du traité de navigation et de commerce conclu le 17 nov. 1849 entre la France et la Belgique (D. P. 50. 4. 21).

1er-11 mars 1850. — Décret pour l'exécution du traité de navigation et de commerce conclu le 17 nov. 1849 entre la France et la Belgique (D. P. 50. 4. 21).

15-28 mars 1850. — Loi relative au traité d'amitié, de commerce et de navigation conclu, le 15 sept. 1846, entre la France et le Chili et aux articles additionnels signés le 7 oct. 1848 (D. P. 50. 4. 58).

22-28 mars 1850. — Décret relatif à la promulgation de la convention d'accession du 12 mars 1848 de la république de Costa-Rica au traité d'amitié, de commerce et de navigation, conclu le 8 mars entre la France et la république de Guatemala (D. P. 50. 4. 67).

16 mars-4 avr. 1850. — Loi relative à la convention de poste conclue, le 25 nov. 1849, entre la France et la confédération suisse (D. P. 50. 4. 71).

3-24 mai 1850. — Décret relatif à la promulgation de la convention de poste conclue le 25 nov. 1849 entre la République française et la confédération suisse (D. P. 50. 4. 94).

15-17 mai 1850. — Loi relative à la convention signée à Turin le 1er mai 1850, pour la prorogation du traité conclu, le 28 août 1845, entre la France et la Sardaigne (D. P. 50. 4. 84).

17-24 mai 1850. — Décret portant que les modifications à la législation générale des douanes, résultant du traité du 28 août 1845 et des dispositions y relatives de la loi de douane du 9 juin 1845, continueront d'avoir leur effet jusqu'à nouvel ordre, à dater du 20 mai courant (D. P. 50. 4. 95).

4-11 juin 1850. — Décret relatif à la promulgation de la convention du 1er mai 1850 destinée à proroger provisoirement le traité de commerce et de navigation actuellement en vigueur entre la France et la Sardaigne (D. P. 50. 4. 115).

6-21 juin 1850. — Décret qui modifie l'art. 10 du décret du 17 sept. 1849, sur les correspondances échangées entre la France et la Belgique (D. P. 50. 4. 157).

6-21 juin 1850. — Décret pour l'exécution de la convention de poste, du 25 nov. 1849, entre la France et la Suisse (D. P. 50. 4. 157).

17-25 juill. 1850. — Décret relatif à la promulgation du traité d'amitié, de commerce et de navigation, conclu, le 8 mars 1848, entre la France et la république de Guatemala (D. P. 50. 4. 176).

18-23 nov. 1850. — Loi qui autorise la prorogation de la convention, du 1er mai 1850, entre la France et la Sardaigne (D. P. 50. 4. 205).

30 déc. 1850-4 janv. 1851. — Loi relative au traité de commerce et de navigation conclu, le 5 nov. 1850, entre la France et la Sardaigne (D. P. 51. 4. 17).

30 déc. 1850-4 janv. 1851. — Loi relative à la convention littéraire, du 5 nov. 1850, entre la France et la Sardaigne (D. P. 51. 4. 18).

8-15 fév. 1851. — Loi relative à la convention de poste conclue, le 9 nov. 1850, entre la France et la Sardaigne (D. P. 51. 4. 37).

10-12 fév. 1851. — Décret relatif à la promulgation du traité de commerce et de navigation conclu, le 5 nov. 1850, entre la France et la Sardaigne (D. P. 51. 4. 36).

10-12 fév. 1851. — Décret pour l'exécution du traité de commerce et de navigation conclu, le 5 nov. 1850, entre la France et la Sardaigne (D. P. 51. 4. 56).

10-12 fév. 1851. — Décret pour l'exécution des art. 3 et 5 de la convention conclue, le 5 nov. 1850, entre la France et la Sardaigne (D. P. 51. 4. 37).

10-15 fév. 1851. — Décret relatif à la promulgation de la convention supplémentaire conclue, le 5 nov. 1850, entre la France et la Sardaigne, pour la garantie réciproque de la propriété des œuvres d'art et d'esprit (D. P. 51. 4. 40).

14 mars-17 avr. 1851. — Décret relatif à la promulgation de la convention de poste conclue, le 9 nov. 1850, entre la France et la Sardaigne (D. P. 51. 4. 64).

20-23 mai 1851. — Loi relative à la convention de poste conclue, le 15 mars 1851, entre la France et la Toscane (D. P. 51. 4. 74).

17-19 juin 1851. — Loi sur la convention additionnelle au traité de commerce et de navigation du 5 nov. 1850, conclue, le 20 mai 1851, entre la France et la Sardaigne (D. P. 51. 4. 90).

23 juin-9 juill. 1851. — Décret concernant les correspondances expédiées au moyen des paquebots français, soit des parages de la Méditerranée où la France possède des établissements de poste, pour le royaume de Sardaigne, soit du royaume de Sardaigne pour les mêmes parages (D. P. 51. 4. 124).

23 juin-9 juill. 1851. — Décret pour l'exécution de la convention de poste conclue, le 9 nov. 1850, entre la France et la Sardaigne (D. P. 51. 4. 122).

23 juin-9 juill. 1851. — Décret relatif aux correspondances échangées entre l'administration des postes de France et l'administration des postes autrichiennes (D. P. 51. 4. 124).

30 juin-4 juill. 1851. — Loi relative à la convention littéraire conclue, le 12 avr. 1851, entre la France et le Portugal (D. P. 51. 4 114).

17-23 juill. 1851. — Décret relatif à la promulgation de la convention additionnelle au traité de commerce et de navigation du 5 nov. 1850, conclue, le 20 mai 1851, entre la France et la Sardaigne (D. P. 51. 4. 135).

17-23 juill. 1851. — Décret relatif à la promulgation de la convention de poste conclue, le 15 mars 1851, entre la France et la Toscane (D. P. 51. 4. 133).

19-21 juill. 1851. — Décret pour l'exécution de la convention additionnelle au traité de commerce et de navigation du 5 nov. 1850, conclu, le 20 mai 1851, entre la France et la Sardaigne (D. P. 51. 4. 135).

27 août-5 sept. 1851. — Décret relatif à la promulgation de la convention conclue, le 12 avr. 1851, entre la France et le Portugal, pour la garantie réciproque de la propriété des œuvres d'esprit et d'art, et de celle des marques de fabrique (D. P. 51. 4. 175).

19 sept.-1er oct. 1851. — Décret pour l'exécution de la convention de poste conclue, le 15 mars 1851, entre la France et la Toscane (D. P. 51. 4. 179).

14-22 janv. 1852. — Constitution dont l'art. 6 porte que le président de la République fait les traités de paix, d'alliance et de commerce (D. P. 52. 4. 55).

16-22 janv. 1852. — Décret relatif à la promulgation de la convention conclue, le 20 oct. 1851, entre la France et le Hanovre, pour la garantie réciproque de la propriété des œuvres de littérature et d'art (D. P. 52. 4. 55).

22-27 janv. 1852. — Décret relatif à la promulgation de la convention conclue, le 5 nov. 1851, entre la France et le royaume-uni de la Grande-Bretagne et d'Irlande, pour la garantie réciproque de la propriété des œuvres de littérature et d'art (D. P. 52. 4. 58).

15-21 fév. 1852. — Décret promulguant la convention de poste du 1er nov. 1851, entre la France et les Pays-Bas (D. P. 52. 4. 52).

15-21 fév. 1852. — Décret relatif à la promulgation de la convention de poste conclue, le 28 nov. 1851, entre la France et le grand-duché de Luxembourg (D. P. 52. 4. 54).

19-fév.-13 mars 1852. — Décret pour l'exécution de la convention de poste conclue, le 28 nov. 1851, entre la France et le grand-duché de Luxembourg (D. P. 52. 4. 69).

21-24 fév. 1852. — Décret de promulgation de la convention additionnelle de commerce et de navigation conclue, le 12 mai 1847, entre la France et le royaume des Deux-Siciles (D. P. 52. 4. 59).

19-30 mars 1852. — Décret pour l'exécution de la convention de poste, du 1er nov. 1851, entre la France et les Pays-Bas (D. P. 52. 4. 89).

13-22 avr. 1852. — Décret relatif à la promulgation de la convention, du 4 fév. 1852, entre la France et la Sardaigne, pour régler les droits, privilèges et immunités consulaires dans les deux pays (D. P. 52. 4. 126).

30 avr.-6 mai 1852. — Décret portant : — Art. 1. La déclaration du 27 avr. 1852 relative à l'assimilation réciproque au pavillon national des navires français et néerlandais pour les taxes de pilotage, est ratifiée et recevra sa pleine et entière exécution à dater du 1er juin prochain.

25 mai 2 juin 1852. — Décret de promulgation de la convention, du 4 fév. 1848, entre la France et la Bavière, pour l'établissement et l'exploitation d'un chemin de fer de Strasbourg à Spire (D. P. 52. 4. 158).

2-5 juin 1852. — Décret de promulgation du traité de commerce et de navigation, du 14 fév. 1852, entre la France et la Sardaigne (D. P. 52. 4. 159).

19-22 oct. 1852. — Décret de promulgation du traité conclu, le 8 août 1852, entre la France et le duché de Brunswick, pour la garantie des œuvres d'esprit et d'art (D. P. 52. 4. 202).

23 nov. 3 déc. 1852. — Décret de promulgation de la convention conclue, le 18 sept. 1852, entre la France et le grand-duché de Hesse, pour la garantie réciproque de la propriété des œuvres littéraires et des compositions musicales (D. P. 52. 4. 212).

23 nov.-3 déc. 1852. — Décret de promulgation de la convention conclue, le 2 oct. 1852, entre la France et le landgraviat de Hesse, pour la garantie réciproque de la propriété des œuvres littéraires et des compositions musicales (D. P. 52. 4. 213).

26 nov.-7 déc. 1852. — Décret de promulgation du traité d'amitié, de commerce et de navigation conclu, le 8 mai 1852, entre la République française et la République dominicaine (D. P. 52. 4. 214).

25-30 déc. 1852. — Sénatus-consulte portant, art. 3 : Les traités de commerce faits en vertu de l'art. 6 de la constitution ont force de loi pour les modifications de tarif qui y sont stipulées (D. P. 52. 4. 221).

3-7 janv. 1853. — Décret promulguant la convention commerciale, du 9 déc. 1852, entre la France et la Belgique (D. P. 53. 4. 1).

7-10 fév. 1853. — Décret portant ratification et promulgation de la convention provisoire du 23 déc. 1852 pour la correspondance télégraphique entre la France et la Suisse (D. P. 53. 4. 10).

15-17 mars 1853. — Décret portant promulgation du traité de commerce et de navigation conclu le 15 fév. 1853, entre la France et la Toscane (D. P. 53. 4. 17).

25-26 avr. 1853. — Décret portant promulgation de la convention conclue, le 4 oct. 1852, entre la France, la Belgique et la Prusse, pour régler la transmission des correspondances télégraphiques (D. P. 53. 4. 69).

27 avr.-7 mai 1853. — Décret portant promulgation de la convention conclue, le 2 mars 1852, entre la France et le duché de Nassau pour la garantie réciproque de la propriété des œuvres littéraires et des compositions musicales (D. P. 53. 4. 73).

28 avr.-7 mai 1853. — Décret portant promulgation de la convention conclue, le 18 mars 1852, entre la France et la Sardaigne, pour régler la transmission des correspondances télégraphiques (D. P. 53. 4. 75).

29 avr.-9 mai 1853. — Décret portant promulgation de la convention conclue, le 24 fév. 1853, entre la France et la principauté de Reuss, branche aînée, pour la garantie réciproque de la propriété des œuvres littéraires et des compositions musicales (D. P. 53. 4. 75).

17-31 mai 1853. — Décret qui détermine les modifications que le traité conclu, le 8 mai 1852, entre la France et la République dominicaine apporte à la législation en matière de douane (D. P. 53. 4. 82).

27-31 mai 1853. — Décret portant promulgation de la convention sanitaire internationale conclue, les 3 fév. et 3 mai 1852, 5 mars et 21 avr. 1853, entre la France, la Sardaigne et diverses autres puissances maritimes (D. P. 53. 4. 82).

4-16 juin 1853. — Décret pour l'exécution de cette convention (D. P. 53. 4. 120).

10-24 juin 1853.—Décret portant promulgation de la convention conclue, le 30 mars 1853, entre la France et la principauté de Reuss, branche cadette, pour la garantie réciproque de la propriété des œuvres littéraires et des compositions musicales (D. P. 53. 4. 156).

25-28 juin 1853. — Décret portant promulgation de la convention additionnelle de poste, du 11 août 1847, conclue, le 19 avr. 1853, entre la France et la Prusse (D. P. 53. 4. 159).

27 juin-2 juill. 1853. — Décret portant promulgation du traité conclu, le 17 mai 1853, entre la France et le grand-duché de Saxe-Weimar-Eisenach, pour la garantie réciproque des œuvres d'esprit et d'art (D. P. 53. 4. 143).

29 juin-19 juill. 1853. — Décret pour l'exécution de la convention additionnelle à la convention de poste du 11 août 1847, conclue, le 19 avr. 1853, entre la France et la Prusse (D. P. 53. 4. 153).

1er-18 juill. 1853. — Décret portant promulgation de la convention de poste conclue, le 1er avr. 1853, entre la France et les Etats romains (D. P. 53. 4. 147).

29 juill.-4 août 1853. — Décret portant promulgation de la convention télégraphique conclue, le 10 mai 1853, entre la France et la Bavière (D. P. 53. 4. 156).

8-20 août 1853. — Décret portant promulgation du traité d'amitié, de commerce et de navigation conclu, le 15 sept. 1846, et des articles additionnels, signés le 30 juin 1852, entre la France et le Chili (D. P. 53. 4. 157).

25 août-26 sept. 1853. — Décret portant promulgation de la convention conclue, le 7 mai 1853, entre la France et l'électorat de Hesse, pour la garantie réciproque de la propriété des œuvres d'esprit et d'art (D. P. 53. 4. 210).

11-15 sept. 1853. — Décret portant promulgation de la convention consulaire conclue, le 23 fév. 1853, entre la France et les Etats-Unis d'Amérique (D. P. 53. 4. 214).

14-23 sept. 1853. — Décret pour l'exécution de la convention de poste conclue, le 1er avr. 1853, entre la France et les Etats romains (D. P. 53. 4. 220).

14-23 sept. 1853. — Décret concernant les correspondances expédiées au moyen des paquebots français, soit des parages de la Méditerranée où la France possède des établissements de poste, pour les Etats romains, soit des Etats romains pour les mêmes parages (D. P. 53. 4. 221).

16-26 sept. 1853. — Décret portant promulgation de la convention de poste conclue, le 26 déc. 1852, entre la France et le royaume des Deux-Siciles (D. P. 53. 4. 222).

30 nov.-7 déc. 1853. — Décret portant promulgation de la convention conclue, le 1er juill. 1853, entre la France et le grand-duché d'Oldenbourg, pour la garantie réciproque de la propriété des œuvres d'esprit et d'art (D. P. 54. 4. 12).

7-23 déc. 1853. — Décret pour l'exécution de la convention de poste conclue, le 25 déc. 1852, entre la France et le royaume des Deux-Siciles (D. P. 54. 4. 14).

27 déc. 1853-24 janv. 1854.— Décret portant promulgation du traité de commerce et de navigation conclu, le 9 mars 1853, entre la France et le Portugal (D. P. 54. 4. 19).

2-9 fév. 1854. — Décret portant promulgation du traité d'amitié, de commerce et de navigation conclu, le 4 mars 1853, entre la France et le Paraguay (D. P. 54. 4. 26).

4-9 fév. 1854. — Décret portant promulgation de la convention conclue, le 15 nov. 1853, entre la France et l'Espagne pour la garantie réciproque de la propriété des œuvres d'esprit et d'art (D. P. 54. 4. 28).

9-17 fév. 1854. — Décret portant promulgation de la convention conclue, le 16 déc. 1853, entre la France et la principauté de Schwarzbourg Rudolstadt, pour la garantie réciproque de la propriété des œuvres d'esprit et d'art (D. P. 54. 4. 30).

24 fév.-4 mars 1854.— Décret portant promulgation de la convention conclue, le 17 déc. 1853, entre la France et la principauté de Schwarzbourg-Sondershausen, pour la garantie réciproque de la propriété des œuvres d'esprit et d'art (D. P. 54. 4. 33).

13-20 avr. 1854. — Décret portant promulgation de la convention conclue, le 22 août 1852, entre la France et la Belgique, pour la garantie réciproque de la propriété des œuvres d'esprit et d'art (D. P. 54. 4. 68).

6-21 avr. 1854. — Décret pour l'exécution des art. 9 et 15 du traité de commerce et de navigation conclu, le 9 mars 1853, entre la France et le Portugal (D. P. 54. 4. 74).

13-20 avr. 1854. — Décret portant ratification et promulgation de la déclaration signée, le 12 avr. 1854, entre la France et la Belgique, pour la garantie réciproque de la propriété des œuvres d'esprit et d'art (D. P. 54. 4. 74).

13-20 avr. 1854. — Décret portant promulgation de la convention commerciale conclue, le 22 août 1852, entre la France et la Belgique (D. P. 54. 4. 70).

13-20 avr. 1854. — Décret portant promulgation d'un article additionnel à cette convention, signé le 27 fév. 1854 (D. P. 54. 4. 71).

13-20 avr. 1854. — Décret portant promulgation du traité de commerce conclu, le 27 fév. 1854, entre la France et la Belgique (D. P. 54. 4. 71).

19-20 avr. 1854. — Décret portant règlement pour l'exécution de la convention littéraire conclue, le 22 août 1852, entre la France et la Belgique (D. P. 54. 4. 73).

21-23 avr. 1854. — Décret portant promulgation de la convention d'alliance conclue, le 10 avr. 1854, entre la France et l'Angleterre (D. P. 54. 4. 74).

27 avr.-6 mai 1854. — Décret portant promulgation de la convention conclue, le 8 fév. 1854, entre la France et la principauté de Waldeck, pour la garantie réciproque de la propriété des œuvres d'esprit et d'art (D. P. 54. 4. 78).

10-18 mai 1854. — Décret qui abroge l'art. 3 de l'ord. du 8 fév. 1826, rendue pour l'exécution du traité de navigation conclu, le 26 janv. de la même année, entre la France et l'Angleterre (D. P. 54. 4. 81).

22-24 mai 1854. — Décret portant promulgation du traité d'alliance conclu, le 12 mars 1854, entre la France, la Grande-Bretagne et la Turquie (D. P. 54. 4. 82).

23-25 mai 1854. — Décret portant promulgation de la convention conclue, le 10 mai 1854, entre la France et le royaume-uni de la Grande-Bretagne et d'Irlande, relativement aux prises (D. P. 54. 4. 82).

30 mai-4 juin 1854. — Décret portant promulgation de la convention conclue, le 3 avr. 1854, entre la France et le grand-duché de Bade pour la garantie réciproque de la propriété des œuvres d'esprit et d'art (D. P. 54. 4. 96).

29-30 août 1854. — Décret portant promulgation de la convention conclue, le 10 mai 1854, entre la France et le royaume-uni de la Grande-Bretagne et d'Irlande, pour régler le sort des prisonniers de guerre (D. P. 54. 4. 140).

9-15 sept. 1854. — Décret portant promulgation des articles additionnels aux conventions de poste des 5 nov. 1847 et 27 avr. 1849, conclus, le 16 août 1854, entre la France et la Belgique (D. P. 54. 4. 144).

23 sept.-6 oct. 1854. — Décret pour l'exécution des articles additionnels aux conventions de poste des 5 nov. 1847 et 27 avr. 1849, conclus entre la France et la Belgique (D. P. 54. 4. 158).

11-15 nov. 1854. — Décret portant promulgation de l'article additionnel à la convention du 4 août 1852, signé le 22 sept. 1854, entre la France, la Belgique et la Prusse, pour la transmission des dépêches télégraphiques internationales (D. P. 54. 4. 183).

30 nov.-6 déc. 1854. — Décret portant promulgation du traité conclu, le 10 juill. 1853, entre la France et la confédération argentine, pour la libre navigation des rivières Parana et Uruguay (D. P. 55. 4. 3).

5-16 déc. 1854.— Décret portant promulgation des déclarations signées, le 8 nov. 1854, entre la France et la principauté de Monaco, relativement à des réductions mutuelles de taxes entre les deux Etats (D. P. 55. 4. 4).

15-28 déc. 1854.— Décret portant promulgation de la convention de poste conclue le 1er sept. 1854, entre la France et les royaumes unis de Suède et de Norwége (D. P. 55. 4. 7).

19-21 déc. 1854.— Décret portant promulgation du traité d'alliance conclu, le 2 déc. 1854, entre la France, l'Autriche et la Grande-Bretagne (D. P. 55. 4. 4).

20-23 déc. 1854. — Décret portant promulgation de la convention relative au remboursement de l'emprunt de 1825, conclue entre la France et Haïti, le 1er oct. 1854 (D. P. 55. 4. 5).

23-25 déc. 1854. — Décret portant promulgation de la convention additionnelle à la convention de poste du 5 avr. 1843, conclue entre la France et la Grande-Bretagne, le 12 déc. 1854 (D. P. 55. 4. 6).

24-29 déc. 1854. — Décret pour l'exécution de la convention additionnelle de poste conclue, le 12 déc. 1854, entre la France et la Grande-Bretagne (D. P. 55. 4. 9).

27 janv.-7 fév. 1855. — Décret portant promulgation de la convention de poste conclue, le 1er sept. 1854, entre la France et les royaumes unis de Suède et de Norwége (D. P. 55. 4. 14).

10-23 fév. 1855.— Décret concernant les correspondances originaires ou à destination des duchés de Parme et de Modène, transmises par la voie de Sardaigne (D. P. 55. 4. 17).

22 fév.-2 mars 1855. — Décret portant promulgation de la convention du 24 nov. 1854 relative à la correspondance télégraphique entre la France et l'Espagne (D. P. 55. 4. 19).

26 fév.-6 mars 1855. — Décret portant promulgation de la convention du 22 janv. 1855 relative au service des correspondances télégraphiques entre la France et le grand-duché de Bade (D. P. 55. 4. 21).

9-13 mars 1855.— Décret portant promulgation de l'acte d'acceptation signé à Turin, le 26 janv. 1855, sur l'accession de Sa Majesté le roi de Sardaigne à la convention du 10 avr. 1854 (D. P. 55. 4. 24).

9-13 mars 1855.— Décret portant promulgation de la convention militaire conclue le 26 janv. 1855, entre la France, la Grande-Bretagne et la Sardaigne (D. P. 55. 4. 24).

9-13 mars 1855.— Décret portant promulgation de la convention du 24 janv. 1855 relative aux fournitures faites ou à faire à l'armée turque par les armées alliées en Crimée (D. P. 55. 4. 24).

20-27 juill. 1855. — Décret portant promulgation de la convention consulaire conclue, le 8 juin 1855, entre la France et les Pays-Bas (D. P. 55. 4. 78).

10-14 août 1855.— Décret portant promulgation de la convention du 29 mars 1855, entre la France et les Pays-Bas pour la garantie réciproque de la propriété des œuvres d'esprit et d'art (D. P. 55. 4. 79).

10-14 août 1855.— Décret portant promulgation de la convention conclue, le 27 juin 1855, entre la France, le royaume-uni de la Grande-Bretagne et d'Irlande et la Sublime-Porte pour la garantie d'un emprunt turc (D. P. 55. 4. 80).

21-29 sept. 1855.— Décret portant ratification et promulgation de l'article, signé le 20 juill. 1855, qui proroge la convention conclue, le 8 avr. 1856, entre la France et la république orientale de l'Uruguay (D. P. 55. 4. 90).

6-11 nov. 1855.—Décret portant promulgation de la convention conclue, le 29 juin 1855, entre la France, la Belgique et la Prusse, pour la transmission des correspondances télégraphiques (D. P. 55. 4. 102).

19-90 déc. 1855.— Décret portant promulgation du traité conclu, le 21 nov. 1855, entre la France, le royaume-uni de la Grande-Bretagne et d'Irlande, et les royaumes-unis de Suède et de Norwége (D. P. 55. 4. 120).

27-29 déc. 1855.— Décret portant promulgation de la convention additionnelle à la convention de poste du 5 avr. 1843, conclue, le 10 déc. 1855, entre la France et le royaume-uni de la Grande-Bretagne et d'Irlande (D. P. 56. 4. 1).

29 déc. 1855.-18 janv. 1856.— Décret pour l'exécution de cette convention additionnelle (D. P. 56. 4. 9).

25 janv.-2 fév. 1856.—Décret portant promulgation de la convention d'accession à la convention du 10 mai 1854 signée, le 15 nov. 1855, par la Porte-Ottomane et la Sardaigne (D. P. 56. 4. 30).

12-20 avr. 1856.— Décret portant promulgation de la convention conclue, le 29 déc. 1855, entre la France, la Belgique, l'Espagne, la Sardaigne et la Suisse, pour régler la transmission des dépêches télégraphiques (D. P. 56. 4. 46).

22-25 avr. 1856. — Décret portant promulgation de la déclaration du 10 avr. 1856, entre la France et le Hanovre (D. P. 56. 4. 48).

28-29 avr. 1856. — Décret portant promulgation du traité de paix et d'amitié conclu, le 30 mars 1856, entre la France, l'Autriche, le royaume-uni de la Grande-Bretagne et d'Irlande, la Prusse, la Russie, la Sardaigne et la Turquie (D. P. 54. 4. 49).

28-29 avr. 1856. — Décret portant promulgation de la déclaration du 16 avr. 1856, qui règle divers points du droit maritime (D. P. 56. 4. 51).—Adhésions à cette déclaration, 17 juin 1856 et 12 juin 1858 (D. P. 58. 4. 147 et 59. 4. 1).

13-14 juin 1856. — Décret portant promulgation de la convention littéraire du 19 mai 1856, entre la France et la Saxe (D. P. 56. 4. 61).

13-14 juin 1856.— Décret portant promulgation de la convention du 19 mai 1856, relative à la transmission privilégiée des dépêches d'État, entre les lignes télégraphiques, entre la France et les royaumes-unis de Suède et de Norwége (D. P. 56. 4. 62).

17 juin 1856.-24 déc. 1858.—Publication des notes officielles portant accession à la déclaration du congrès de Paris du 16 avr. 1856, relative au droit maritime en temps de guerre (D. P. 59. 4. 1).

8-21 juill. 1856.— Décret portant promulgation de la convention conclue, le 2 mai 1856, entre la France et la ville libre et anséatique de Hambourg pour la garantie réciproque de la propriété des œuvres d'esprit et d'art (D. P. 56. 4. 84).

18 oct.-1er nov. 1856.— Décret portant promulgation du traité de commerce et de navigation conclu, les 17 et 20 avr. 1852, entre la France et la république de Liberia (D. P. 56. 4. 145).

20-27 nov. 1856.— Décret portant promulgation du traité de poste conclu le 24 sept. 1856, entre la France et le royaume-uni de la Grande-Bretagne et d'Irlande (D. P. 56. 4. 149).

26 nov.-3 déc. 1856.— Décret relatif à l'exécution de la convention de poste conclue, le 24 sept. 1856, entre la France et la Grande Bretagne (D. P. 56. 4. 155).

1er-8 déc. 1856.— Décret portant promulgation de la convention littéraire conclue, les 4 et 6 juill. 1856, entre la France et le grand-duché de Luxembourg (D. P. 56. 4. 154).

3-9 déc. 1856. — Décret pour l'exécution de la convention de poste du 24 sept. 1856, entre la France et l'Angleterre (D. P. 56. 4. 154).

3-9 déc. 1856.—Décret relatif aux correspondances transportées par les paquebots-postes français ou par les paquebots britanniques naviguant dans la Méditerranée, et expédiées de la France, de l'Algérie et de divers pays étrangers, pour les bureaux de poste français établis en Turquie en Égypte, et vice versâ (D. P. 56. 4. 155).

20-24 déc. 1856. — Décret impérial qui prescrit la promulgation de la convention de poste conclue, le 14 oct. 1856, entre la France et le grand-duché de Bade (D. P. 57. 4. 58).

24-28 déc. 1856.—Décret pour l'exécution de la convention de poste conclue, le 14 oct. 1856, entre la France et le grand-duché de Bade (D. P. 57. 4. 40).

14-21 fév. 1857. — Décret portant promulgation du traité d'amitié et de commerce conclu, le 12 juill. 1855, entre la France et la Perse (D. P. 57. 4. 51).

28 fév.-6 mars 1857. — Décret qui modifie l'art. 4 du décret du 3 déc. 1856, concernant l'exécution de la convention de poste conclue entre la France et la Grande-Bretagne (D. P. 57. 4. 58).

28 mars-7 avr. 1857.—Décret pour l'exécution de la convention conclue, le 2 mars 1857, entre l'administration générale des postes de France et l'administration générale des postes des États-Unis (D. P. 57. 4. 56).

28 mars-7 avr. 1857. — Décret qui modifie celui du 3 déc. 1856, relatif aux correspondances originaires ou à destination des bureaux de poste français établis en Turquie et en Égypte (D. P. 57. 4. 57).

28 mars-8 avr. 1857.—Décret portant promulgation de la convention relative à Portendic et Albreda, conclue, le 7 mars 1857, entre la France et l'Angleterre (D. P. 57. 4. 57).

4-8 avr. 1857.— Décret portant promulgation de la convention relative aux pêcheries de Terre-Neuve, conclue le 14 janv. 1857, entre la France et l'Angleterre (D. P. 57. 4. 58).

18-22 avr. 1857.— Décret portant promulgation de la convention relative aux digues du Rhin, conclue, le 25 fév. 1857, entre la France et le grand-duché de Bade (D. P. 57. 4. 62).

30 mai-7 oct. 1857. — Décret portant promulgation du traité conclu, le 14 mars 1857, relativement aux droits de passage du Sund et des Belts (D. P. 57. 4. 189).

19-21 juin 1857. — Décret portant promulgation du traité conclu, le 26 mai 1857, pour régler la situation politique de l'État de Neuchâtel (D. P. 57. 4. 85).

12-20 juill. 1857.—Décret portant promulgation de la convention signée, le 10 juin 1857, entre la France et le grand-duché du Luxembourg, pour l'établissement d'un chemin de fer international (D. P. 57. 5. 106).

24-31 juill. 1857.—Décret portant promulgation de la convention conclue, le 2 juill. 1857, entre la France et le grand-duché de Bade, pour la construction de ponts sur le Rhin (D. P. 57. 4. 113)

30 juill.-8 août 1857.— Décret portant promulgation du traité de commerce et de navigation conclu, le 14 juin 1857, entre la France et la Russie (D. P. 57. 4. 165).

13-19 août 1857. — Décret portant promulgation de la convention consulaire conclue, le 24 oct. 1856, entre la France et la république de Venezuela (D. P. 57. 4. 168).

24-31 août 1857. — Décret portant promulgation du traité de délimitation conclu, le 2 déc. 1856, entre la France et l'Espagne (D. P. 57. 4. 170).

26 août-7 sept. 1857. — Décret portant promulgation de la nouvelle convention littéraire conclue, le 2 juill. 1856, entre la France et le grand-duché de Bade (D. P. 57. 4. 177).

26 août-7 sept. 1857. — Décret portant promulgation de la convention conclue, le 2 juill. 1857, entre la France et le grand-duché de Bade, pour la garantie réciproque du droit de propriété industrielle (D. P. 54. 4. 178).

7-17 sept. 1857.—Décret portant promulgation de la convention conclue, le 5 juill. 1857, entre la France et la Bavière, relativement aux chemins de fer internationaux (D. P. 57. 4. 182).

10-24 sept. 1857.—Décret portant qu'à dater du 1er oct. 1857 la vente des impressions ou reproductions d'ouvrages dont la propriété est établie sur le territoire de la ville de Hambourg cessera d'avoir lieu dans l'empire français (D. P. 57. 4. 185).

14-29 sept. 1857. — Décret portant promulgation du traité d'amitié, de commerce et de navigation conclu, le 15 mai 1856, entre la France et la république de la Nouvelle-Grenade (D. P. 57. 4. 186).

12-20 oct. 1857. — Décret qui modifie celui du 3 déc. 1856 concernant l'exécution de la convention de poste conclue entre la France et la Grande-Bretagne (D. P. 57. 4. 192).

17 oct.-2er nov. 1857. — Décret portant promulgation du traité d'amitié, de commerce et de navigation conclu, le 22 fév. 1856, entre la France et la république de Honduras (D. P. 57. 4. 193).

31 oct.-10 nov. 1857. — Décret portant promulgation de la convention de poste signée, le 3 sept. 1857, entre la France et l'Autriche (D. P. 57. 4. 196).

4-20 nov. 1857. — Décret portant promulgation de la convention spéciale relative aux droits de péage du Sund et des Belts, conclue, le 28 sept. 1857, entre la France et le Danemark (D. P. 58. 4. 1).

17 nov. -1er déc. 1857.—Décret pour l'exécution de la convention de poste conclue, le 3 sept. 1857, entre la France et l'Autriche (D. P. 58. 4. 2).

28-31 déc. 1857.— Décret portant promulgation de l'arrangement signé, le 14 déc. 1857, entre la France et les Pays-Bas (D. P. 58. 4. 5).

28 déc. 1857-11 janv. 1858.— Décret portant promulgation du traité d'amitié, de commerce et de navigation, conclu, le 15 août 1856, entre la France et le royaume de Siam (D. P. 58. 4. 6).

20-25 janv. 1858.—Décret portant promulgation de la convention de poste conclue, le 3 déc. 1857, entre la France et la Belgique (D. P. 58. 4. 10).

27 fév.-12 mars 1858. — Décret pour l'exécution de cette convention signé, le 14 déc. 1857. (D. P. 58. 4. 19).

22-28 mai 1858. — Décret portant promulgation de la convention de poste conclue, le 19 mars 1858, entre la France et la Bavière (D. P. 58. 4. 36).

1er-6 juin 1858. — Décret pour l'exécution de cette convention (D. P. 58. 4. 68).

12 juin-3 août 1858. — Rapport à l'empereur, par le ministre des affaires étrangères, sur la publication des notes officielles par lesquelles la plupart des Etats non représentés au congrès de Paris ont constaté leur adhésion à la déclaration du 16 avr. 1856 qui règle divers points du droit maritime (D. P. 58. 4. 147).

19-25 juin 1858.— Décret portant promulgation de la convention conclue, le 16 nov. 1857, entre la France et le grand-duché de Bade, pour l'établissement d'un pont fixe sur le Rhin et d'un chemin de fer de Strasbourg à Kehl.

25-29 juin 1858.—Décret portant promulgation de la convention de poste conclue, le 21 mai 1858, entre la France et la Prusse (D. P. 58. 4. 158).

26 juin-1er juill. 1858. — Décret pour l'exécution de cette convention de poste (D. P. 58. 4. 140).

7-13 oct. 1858.— Décret portant promulgation de la convention conclue, le 19 août 1858, pour l'organisation des principautés de Moldavie et de Valachie (D. P. 58. 4. 162).

14-21 déc. 1858. — Décret portant promulgation de la convention conclue, le 30 août 1858, entre la France et la Sardaigne, pour l'établissement d'un pont sur le Rhône.

5-8 janv. 1859. — Décret portant promulgation de la convention télégraphique internationale conclue, le 20 juin 1858, entre la France, la Belgique et la Prusse (D. P. 59. 4. 2).

8-17 janv. 1859. — Décret portant promulgation de la convention relative aux chemins de fer internationaux, conclue, le 23 nov. 1858, entre la France et la Sardaigne (D. P. 59. 4. 6).

8-17 janv. 1859. — Décret portant ratification et promulgation du règlement relatif au transit international par chemins de fer signé, le 15 nov. 1858, entre la France et la Sardaigne (D. P. 59. 4. 7).

8-17 janv. 1859. — Décret portant promulgation de la convention conclue, le 30 oct. 1858, entre la France et le canton de Genève, pour la protection de la propriété des œuvres d'esprit et d'art (D. P. 59. 4. 8).

15 fév.-1er mars 1859. — Décret portant promulgation de la convention télégraphique internationale conclue, le 1er sept. 1858, entre la France, la Belgique, les Pays-Bas, la Sardaigne et la Suisse (D. P. 59. 4. 12).

1er-12 mars 1859. — Décret portant promulgation de la déclaration signée, le 24 déc. 1858, entre la France et la Belgique, pour la taxe des dépêches télégraphiques échangées entre bureaux-frontières des deux pays (D. P. 59. 4. 17).

1er-12 mars 1859. — Décret portant promulgation de la déclaration signée, le 7 janv. 1859, entre la France et la Sardaigne, pour la taxe des dépêches télégraphiques échangées entre bureaux-frontières des deux pays (D. P. 59. 4. 17).

1er-12 mars 1859. — Décret portant promulgation de la déclaration signée, le 14 déc. 1858, entre la France et la Suisse, pour la taxe des dépêches télégraphiques échangées entre bureaux-frontières des deux pays (D. P. 59. 4. 17).

4-13 avr. 1859. — Décret portant promulgation d'une convention

additionnelle au traité de délimitation du 2 déc. 1856, conclue, le 28 déc. 1858, entre la France et l'Espagne (D. P. 59. 4. 23).

10-12 mai 1859. — Décret portant promulgation de la convention spéciale signée, le 18 avr. 1859, à l'effet de proroger le traité de commerce conclu entre la France et la Belgique, le 27 fév. 1854 (D. P. 59. 4. 50).

2-8 août 1859. — Décret portant promulgation de l'arrangement signé, le 19 mars 1859, entre la France et la Prusse, pour la taxe des dépêches télégraphiques échangées entre bureaux-frontières des deux pays (D. P. 59. 4. 74).

26 août-5 sept. 1859. — Décret portant promulgation de l'acte d'acceptation de l'accession du 18 mai 1859, du canton d'Uri à la convention du 30 mai 1827, relative à l'établissement des Français en Suisse et des Suisses en France (D. P. 59. 4. 76).

26 août-5 sept. 1859. —Décret portant promulgation de l'acte d'acceptation de l'accession de l'Espagne aux deux conventions télégraphiques des 30 juin et 1er sept. 1858 (D. P. 59. 4. 76).

27 août-5 sept. 1859. — Décret portant promulgation de la déclaration signée, le 29 avr. 1859, entre la France et l'Espagne, pour la taxe des dépêches télégraphiques échangées entre bureaux-frontières des deux pays (D. P. 59. 4. 76).

10-16 sept. 1859. — Décret portant promulgation de la déclaration échangée, le 31 août 1859, entre la France et le Danemark, relativement aux yachts ou embarcations de plaisance (D. P. 59. 4. 77).

14-22 sept. 1859. — Décret portant promulgation d'une déclaration semblable échangée, le 27 août 1859, entre la France et la Belgique (D. P. 59. 4. 77).

30 sept.-10 oct. 1859. — Décret portant promulgation de la convention de poste conclue, le 5 août 1859, entre la France et l'Espagne (D. P. 59. 4. 80).

10-29 oct. 1859. — Décret relatif aux dépêches échangées, par la voie des services britanniques, entre la France et les établissements français dans l'Inde (D. P. 59. 4. 84).

27 nov.-1er déc. 1859. — Décret portant promulgation du traité de paix conclu, le 10 nov. 1859, entre la France et l'Autriche (D. P. 59. 4. 116).

27 nov.-1er déc. 1859. — Décret portant promulgation du traité de paix conclu, le 10 nov. 1859, entre la France, l'Autriche et la Sardaigne (D. P. 59. 4. 118).

27 nov.-1er déc. 1859. — Décret portant promulgation du traité du 10 nov. 1859 relatif à la cession de la Lombardie, conclu entre la France et la Sardaigne (D. P. 59. 4. 118).

23 déc. 1859.-1er janv. 1860. — Décret portant promulgation de l'acte d'acceptation de l'accession du 25 nov. 1858 du canton de Glaris à la convention du 30 mai 1827, relative à l'établissement des Français en Suisse et des Suisses en France (D. P. 60. 4. 1).

24 déc. 1859.-1er janv. 1860.—Décrets portant promulgation des déclarations échangées entre la France et le Grand-Duché de Mecklenbourg-Schwérin, le grand-duché d'Oldenbourg, les villes libres et anséatiques de Brême, de Hambourg et de Lubeck, relativement aux yachts ou bâtiments de plaisance (D. P. 60. 4. 1).

31 déc. 1859.-9 janv. 1860. — Décret pour l'exécution de la convention de poste conclue, le 5 août 1859, entre la France et l'Espagne (D. P. 60. 4. 1).

18-25 janv. 1860. — Décret portant promulgation de la convention télégraphique conclue, le 9 déc. 1859, entre la France et la Bavière (D. P. 60. 4. 3).

21-31 janv. 1860. — Décret portant promulgation du traité d'amitié, de commerce et de navigation conclu, le 11 avr. 1859, entre la France et la république de Nicaragua (D. P. 60. 4. 4).

21-31 janv. 1860. — Décret portant promulgation du traité d'amitié, de commerce et de navigation conclu entre la France et les îles Sandwich, le 29 oct. 1857 (D. P. 60. 4. 8).

25-30 janv. 1860. — Décret portant promulgation de la convention télégraphique conclue, le 9 déc. 1859, entre la France et le grand-duché de Bade (D. P. 60. 4. 4).

3-10 mars 1860. — Décret portant promulgation du traité d'amitié, de commerce et de navigation conclu, le 2 janv. 1858, entre la France et la république du Salvador (D. P. 60. 4. 17).

10-13 mars 1860. — Décret qui prescrit la promulgation du traité de commerce conclu, le 23 janv. 1860, entre la France et le royaume-uni de la Grande-Bretagne et d'Irlande, précédé d'un rapport à l'empereur par le ministre des affaires étrangères (D. P. 60. 4. 20).

10-23 mars 1860. — Décret qui prescrit la promulgation de l'article additionnel, du 23 janv. 1860, au traité qui précède (D. P. 60. 4. 22).

21 mars-4 avr. 1860. — Décret portant promulgation du traité de paix, d'amitié et de commerce, conclu à Yédo, le 9 oct. 1858, entre la France et le Japon (D. P. 60. 4. 29).

28 mars-17 juill. 1860. — Décision impériale relative aux principes de droit maritime qui seront appliqués pendant les hostilités contre la Chine (D. P. 60. 4. 88).

15-17 mai 1860. — Décret portant promulgation d'un arrangement supplémentaire à la convention littéraire dr 29 mars 1855, conclu, le 27 avr. 1860, entre la France et les Pays-Bas (D. P. 60. 4. 49).

26 mai-13 juin 1860. — Décret qui modifie celui du 5 déc. 1856, concernant l'exécution de la convention de poste conclue entre la France et la Grande-Bretagne (D. P. 60. 4. 68).

11-12 juin 1860. — Décret portant promulgation du traité relatif à la réunion de la Savoie et de l'arrondissement de Nice à la France, conclu, le 24 mars 1860, entre la France et la Sardaigne (D. P. 60. 4. 67).

25-28 juin 1860. — Décret portant promulgation de la convention conclue, le 22 fév. 1860, entre la France et la Grande-Bretagne, relativement aux prises pendant l'expédition contre la Chine (D. P. 60. 4. 77).

6-10 juill. 1860. — Décret qui prescrit la promulgation du deuxième article additionnel au traité de commerce du 23 janv. 1860, conclu entre la France et la Grande-Bretagne, signé le 27 juin 1860 (D. P. 60. 4. 80].

18-20 juill. 1860. — Décret qui prescrit la promulgation de la déclaration relative aux droits imposés en Belgique, sur les vins et eaux-de-vie d'origine française, signée le 29 mai 1860 entre la France et la Belgique (D. P. 60. 4. 91).

18-23 août 1860. — Décret portant promulgation de la convention conclue, le 25 juill. 1860, entre la France et le royaume-uni de la Grande-Bretagne et d'Irlande, pour régler l'immigration des travailleurs indiens dans la colonie de la Réunion (D. P. 60. 4. 138).

8-17 sept. 1860. — Décret portant promulgation de la convention de poste conclue, le 7 juill. 1860, entre la France et le Brésil (D. P. 60. 4. 146).

26-27 oct. 1860. — Décret portant promulgation de la convention complémentaire de commerce conclue, le 12 oct. 1860, entre la France et la Grande-Bretagne (D. P. 60. 4. 154).

26 oct.-8 nov. 1860. — Décret qui indique les marchandises d'origine et de manufacture britannique auxquelles les droits d'entrée établis par la convention du 12 oct. 1860 entre la France et la Grande-Bretagne, sont applicables à partir du 1er novembre (D. P. 60. 4. 156).

28 oct.-8 nov. 1860. — Décret qui soumet à différentes surtaxes les marchandises d'origine et de manufacture britannique inscrites dans le traité conclu, le 23 janv. 1860, entre la France et l'Angleterre, importées autrement que par navires français ou britanniques (D. P. 60. 4. 156).

28 oct.-8 nov. 1860. — Décret qui détermine les ports par lesquels seront importées les marchandises d'origine et de manufacture britanniques dénommées dans la convention conclue, le 12 oct. 1860, entre la France et la Grande-Bretagne (D. P. 60. 4. 156).

21-22 nov. 1860. — Décret portant promulgation de la convention du 25 août 1860, destinée à régler diverses questions auxquelles donne lieu la réunion de la Savoie et de l'arrondissement de Nice à la France (D. P. 60. 4. 158).

21-24 nov. 1860. — Décret portant promulgation de la convention conclue, le 30 sept. 1860, entre la France et le grand-duché de Bade, pour l'établissement et le service des bacs sur le Rhin (D. P. 60. 4. 159).

24-29 nov. 1860. — Décret portant promulgation de la convention conclue, le 20 sept. 1860, entre la France et la Belgique, pour le raccordement du réseau des chemins de fer des Ardennes avec le chemin de fer de Namur (D. P. 61. 4. 1).

24-29 nov. 1860. — Décret portant promulgation de la convention conclue, le 20 sept. 1860, entre la France et la Belgique, pour le raccordement du chemin de fer des Ardennes avec le chemin de fer de Luxembourg (D. P. 61. 4. 1).

24-30 nov. 1860. — Décret portant promulgation de la convention de poste conclue, le 4 sept. 1860, entre la France et la Sardaigne (D. P. 61. 4. 2).

30 nov.-1er déc. 1860. — Décret portant promulgation de la deuxième convention complémentaire de commerce conclue, le 16 nov. 1860, entre la France et la Grande-Bretagne (D. P. 61. 4. 5).

1er-21 déc. 1860. — Décret pour l'exécution de la convention de poste conclue, le 4 sept. 1860, entre la France et la Sardaigne (D. P. 61. 4. 10).

1er-21 déc. 1860. — Décret qui modifie celui du 5 déc. 1856, relatif aux correspondances originaires ou à destination des bureaux de poste français établis en Turquie et Egypte (D. P. 61. 4. 11).

12-22 janv. 1861. — Décret portant promulgation du traité d'amitié, de commerce et de navigation, ainsi que de la convention de paix, conclus les 27 juin 1858 et 25 oct. 1860, entre la France et la Chine (D. P. 61. 4. 20].

6-13 fév. 1861. — Décret portant la promulgation d'une déclaration relative à la limite de souveraineté sur les ponts du Rhin échangée, le 26 janv. 1861, entre la France et le grand-duché de Bade (D. P. 61. 4. 34).

16-22 fév. 1861. — Décret portant promulgation de la convention relative à la construction d'un pont fixe près de Mayence, signée le 5 avr. 1860 (D. P. 61. 4. 35).

17-28 mars 1861. — Décret portant promulgation de la convention consulaire conclue, le 10 déc. 1860, entre la France et le Brésil (D. P. 61. 4. 42).

27-29 mars 1861. — Décret qui prescrit la publication de la déclaration relative à l'exportation des sels signée, le 25 mars 1861, entre la France et la Suisse (D. P. 61. 4. 45).

31 mars-7 avr. 1861. — Décret portant promulgation de la convention de délimitation, signée le 7 mars 1861, entre la France et la Sardaigne (D. P. 61. 4. 46).

§ 2.—*Définitions; division des traités; leurs divers caractères; leurs formes.*

74. Les nations ont entre elles, avant toute convention, des obligations et des droits qui dérivent de la loi naturelle. Le droit des gens, *universel* ou *primaire*, établit et détermine ces droits et ces obligations (V. Droit naturel et des gens). Mais il est une autre partie du droit des gens : c'est celle qui repose sur les conventions des peuples, ou sur les usages généralement reçus, on l'appelle droit des gens *secondaire* ou *positif*, et on le divise en *conventionnel* et *coutumier*, selon qu'il résulte des conventions ou des usages.

75. Nous avons peu de choses à dire des *usages*, qui intéressent plus la diplomatie que la jurisprudence. On appelle usages, certains actes qui n'étant obligatoires, ni en vertu de la loi naturelle, ni en vertu des traités, sont cependant passés en habitude par une fréquente répétition. Il est évident qu'il ne résulte pas de là un droit strict, mais seulement une *présomption* suffisante pour donner à croire que ce qui s'est toujours fait se fera encore. Il s'établit ainsi un droit tacite entre les nations, qui a souvent plus de force que le droit naturel ou le droit écrit (V. M. Ortolan, Diplom. de la mer, t. 1, p. 72). La durée des usages est en général garantie, soit par la force de l'habitude, soit par l'avantage réciproque qui en résulte, soit par le désir de passer pour une nation polie et éclairée. Cependant, il ne faut pas croire que les usages soient perpétuels : ils peuvent être abolis, ou par des traités, ou par la volonté réciproque des nations. Mais il est de principe, dans le droit des gens, qu'une nation ne doit pas renoncer à ses usages sans en avertir les autres Etats. — V. Martens, Précis du droit des gens de l'Europe, édit. Vergé, 1858, § 66.

Quoiqu'en principe, un peuple ne soit obligé qu'aux traités qu'il a conclus lui-même, il est arrivé souvent qu'une nation s'est considérée comme engagée par des traités non conclus par elle. Cela arrive, lorsqu'un principe ayant été admis par un très-grand nombre de traités, est passé pour ainsi dire en loi par l'usage, et est généralement adopté. Dans ce cas, un peuple qui veut s'affranchir de ce principe, est obligé de le déclarer explicitement.

Il arrive encore qu'un peuple ayant admis une certaine règle dans un traité avec une nation, consent à suivre cette même règle à l'égard d'autres peuples, avec lesquels il n'a pas de convention spéciale : c'est ce qui arriva par exemple en 1780, dans les traités de la neutralité armée. Une convention fixaient ce que l'on devait entendre par les mots de *contrebande de guerre*. La Russie avait un traité avec l'Angleterre sur cet objet (1761), mais elle n'en avait pas avec la France et avec l'Espagne : ces deux puissances avaient de leur côté conclu des traités analogues avec d'autres peuples. La Russie leur demanda et obtint d'elles d'adopter à son égard les règles qui leur étaient communes, mais qui ne reposaient pas sur une convention réciproque. La France et l'Espagne y consentirent. La Prusse même qui n'avait de traité avec aucune nation sur ce point, se conforma pourtant aux principes des traités auquel elle n'avait pas participé.

Du droit des gens *coutumier* passons au droit *conventionnel*, c'est-à-dire à celui qui repose sur les *traités*.

76. Comme les relations de droit international se bornaient jadis pour la plupart aux peuples de l'Europe, le droit des gens positif a été aussi appelé *droit européen*. Mais cette dénomination devient de plus en plus inexacte, depuis que d'autres parties du monde sont entrées en communication avec les puissances européennes (Falck, Encycl. jurid., c. 2, sect. 6, § 135).

77. Les *obligations naturelles* des nations se divisent en *parfaites* et *imparfaites* : les premières sont celles qui doivent s'accomplir strictement, sans aucune réserve : les secondes, au contraire, permettent une certaine latitude dans l'exécution. Par exemple, c'est un devoir strict et parfait pour une nation, de ne point envahir à main armée un territoire ami : c'est un devoir imparfait, d'entretenir avec ses voisins des rapports d'amitié, parce qu'il y a des degrés dans l'amitié, et qu'entre la simple politesse et l'alliance intime, tous les degrés sont permis selon les circonstances.— Or, on peut dire en général, que l'objet des traités, est de transformer les obligations imparfaites en parfaites; car l'observation des traités étant de devoir strict, toutes les clauses contiennent une obligation parfaite. Mais il faut observer pourtant : 1° que certains traités portent sur des obligations déjà parfaites; 2° que d'autres imposent des obligations qui n'étaient pas même imparfaites (V. Martens, édit. Vergé, § 56, Vattel, Traité du droit de gens, l. 2, c. 12, § 169).— Comme à toute obligation, correspond un droit, et à toute obligation parfaite, un droit parfait, les traités donnent à chaque partie contractante le droit : 1° d'exiger de la partie adverse l'accomplissement des stipulations ou de l'y contraindre par la force; 2° de contraindre les étrangers à ne pas la troubler dans la jouissance du droit acquis par les traités (Martens, § 54).

78. On divise les traités en *conventions transitoires*, ou simplement *conventions*, *accords*, et *traités proprement dits*. Les *conventions* sont des pactes qui ont pour objet des affaires déterminées et transitoires, qui s'accomplissent par un acte unique, et se consomment dans leur exécution une fois pour toutes : par exemple, des traités de *limite*, de *cession*, d'*échange*. Ces conventions sont perpétuelles de leur nature (V. *infrà*, n° 179). Les *traités proprement dits*, sont des pactes qui obligent à des prestations successives et réitérées; ils ne reçoivent donc qu'une exécution successive dont la durée est égale à celle des traités : par exemple, les traités d'alliance ou de commerce. — Dans la pratique, on emploie indifféremment le mot de traité ou de convention. Cependant le terme de convention indique d'ordinaire un engagement moins important, ou sur une matière plus restreinte (Martens, édit. Vergé, § 58).

79. Les traités se divisent encore en *égaux* et *inégaux*. Les traités égaux sont ceux où l'on se promet des choses égales ou équivalentes : par exemple, dans des alliances relatives à la guerre, on se promettra un nombre égal de troupes ou de vaisseaux. Dans les traités de commerce, on stipulera que de part et d'autres, les sujets respectifs seront exempts ou seront taxés des mêmes droits. Il faut distinguer les traités égaux des alliances égales : ce sont celles où l'on traite d'égal à égal sur le même pied. Souvent l'inégalité dans les avantages est compensée par l'inégalité dans les honneurs et réciproquement (Vattel, § 172; Martens, édit. Vergé, § 62; Burlamaqui, Principes du droit politique, 4° part. ch. 9, § 11).

80. Une autre division très-importante est celle des traités *réels* et des traités *personnels* : ceux-ci se rapportent aux personnes mêmes qui contractent, et leur durée se mesure à la durée de la vie ou du règne des contractants; ceux-là sont indépendants des personnes et durent autant que l'Etat lui-même. — C'est une grande question en diplomatie en droit des gens, de distinguer si un traité est réel ou personnel. Souvent on le spécifie dans l'acte même; souvent aussi on peut le conclure de certaines expressions : par exemple, si un monarque traite *pour lui ou ses successeurs* ou *pour le bien du royaume*, il est bien évident que le traité est réel. On doit observer encore que le nom des contractants inséré dans le traité ne le rend pas nécessairement personnel. On admet qu'une convention avec une république est toujours réelle; il faut pourtant faire une exception : si, par exemple, le traité a eu pour cause unique la constitution du gouvernement républicain, le traité est ainsi attaché à l'existence du gouvernement et périt avec lui : il est donc en quelque sorte personnel. Au contraire, les traités réels subsistent malgré tous les changements de gouvernement (Vattel, §§ 184-192; Burlamaqui, §§ 15-16). — On a dit, du reste avec raison, que la plupart des traités personnels, qui ne concernent

que les intérêts personnels des souverains, ne sont pas de vrais traités publics (Pinheiro-Ferreira, Notes au précis du droit des gens, de Martens, § 61).—Cependant il ne nous paraît pas exact de dire que ces sortes de traités ne doivent pas être mentionnés dans le droit des gens; car les conventions des souverains ont toujours un grand rapport avec les intérêts de leur empire. D'ailleurs ces sortes de traités ne rentrent pas dans le droit privé. Il faut donc les reconnaître dans le droit des gens.

81. Enfin les traités sont *purs et simples* ou *conditionnels*. Les conditions sont *suspensives* ou *résolutoires*, *expresses* ou *tacites*. Ces expressions qui sont de droit commun n'ont pas besoin d'explication.

82. Les *articles* d'un traité sont les différentes clauses dont il se compose. On les distingue en *principaux* et *accessoires*, *connexes* et *non connexes*. Tous les articles principaux ont une liaison entre eux, même sans être connexes, et ils ne forment qu'un seul traité. Car tel article qui n'a aucun rapport avec un autre, n'a peut-être été introduit que par compensation pour celui-là. C'est donc une erreur de soutenir que les divers articles d'un traité sont entre eux comme plusieurs traités (Martens, § 59).

83. Aucune forme précise n'est prescrite pour la constatation des traités internationaux. Ils existent dès qu'une des parties s'est engagée à faire quelque chose avec l'intention de se regarder comme liée par l'acceptation de l'autre et cette acceptation est suffisamment constatée. — Plusieurs publicistes soutiennent que les traités pour être obligatoires, doivent être rédigés par écrit. Mais il nous semble que cela est inutile. Car, lorsque l'engagement est sérieux, qu'il a été accepté et qu'on peut le prouver, pourquoi ne serait-il pas admissible? C'est ainsi que sont conclus les concordats entre le saint-siége et les puissances non catholiques. — L'une des parties peut s'engager par écrit, l'autre par actes, ou signes incontestables (V. Vattel, § 234; Wheaton, t. 1, p. 228; Vergé sur Martens, § 51; Hefter, Droit intern. de l'Europe, traduit de l'allemand, par Bergson, § 87, et les autorités qu'il cite).

84. « C'est une erreur commune parmi les jurisconsultes et les publicistes, dit Pinheiro-Ferreira (Notes sur Martens, édit. Vergé, § 59), de considérer la signature des contrats comme l'origine de la convention. C'est confondre l'obligation civile avec l'obligation naturelle. Les législateurs ont eu sans doute raison, pour fermer la porte à d'interminables litiges, d'établir que l'on considérerait comme nul tout traité dont on ne pourrait pas produire un document signé par les deux parties contractantes : mais ce n'est là qu'une précaution. L'écriture n'est que la preuve du contrat, elle n'est pas le contrat. » — Mais cela n'est exact qu'autant que la signature n'a pas été considérée par les parties contractantes, comme une condition essentielle de la perfection du traité. C'est aussi ce qui est admis en matière de conventions privées. — V. Obligat., n°ˢ 3003, 4498.

85. Il est de la plus haute importance que les négociateurs connaissent parfaitement la langue dans laquelle ils ont à rédiger les traités; autrement leur ignorance pourrait donner lieu à beaucoup d'équivoques et de difficultés. Autrefois cette langue était le latin. Aujourd'hui presque tous les peuples sont convenus d'adopter la langue française à cause de sa clarté et de sa précision. Le gouvernement ottoman n'a jamais consenti à abandonner la langue turque dans ses conventions. Dans ce cas, et dans les cas semblables, on fait une traduction du traité, et chaque partie contractante signe les deux exemplaires.

86. Le choix d'une langue commune dans un traité n'oblige pas pour l'avenir. La langue française, par exemple, quoique employée généralement, ainsi que nous venons de le dire n'est pas reconnue comme langue officielle entre les Etats. Au contraire, dans les traités rédigés en cette langue, les puissances contractantes ont souvent fait insérer un article séparé, pour déclarer que cet usage ne tire pas à conséquence; c'est ce qui a été fait, par exemple, dans l'acte du congrès de Vienne (art. 120). — V. Martens, § 179 et note de M. Vergé, *eod.*

87. La clarté et la précision sont les qualités indispensables d'un traité. Mais il ne faut pas croire, comme certaines personnes, que la brièveté en soit la condition absolue. Rayneval dit avec raison qu'un traité ne se mesure et ne s'apprécie pas à la toise, qu'il doit avoir tout le développement que son objet exige et que souvent la trop grande concision peut avoir des conséquences dangereuses pour le repos des nations.

88. La plupart des grands traités publics ont été précédés d'un *congrès*. On appelle congrès une réunion de plénipotentiaires des grandes puissances européennes, appelés à décider en commun les affaires d'un intérêt général pour l'Europe entière. Le titre de grande puissance est donné par l'usage et souvent emporté par la force. Depuis Frédéric II, la Prusse a été comptée au nombre des grandes puissances. Récemment la France a fait des efforts pour faire entrer l'Espagne au rang des grandes puissances. — Depuis que le droit public européen a commencé à se former, il s'est tenu déjà beaucoup de congrès. Nous avons eu, dans notre siècle, ceux d'Amiens en 1802, d'Erfurt en 1808, de Châtillon en 1814, de Vienne en 1815, d'Aix-la-Chapelle en 1818, de Carlsbad et de Troppau en 1820, de Laybach en 1821, de Vérone en 1822, et de Paris en 1856, sans compter les conférences. — Avant les congrès de ce siècle, il s'en était réuni d'autres fort célèbres, comme ceux de Munster et d'Osnabrück, qui précédèrent la paix de 1648, comme ceux des Pyrénées en 1659, de Breda en 1667, d'Aix-la-Chapelle en 1668, de Cologne en 1673, de Nimègue en 1678, de Ratisbonne en 1682, de Ryswyk, en 1697, d'Utrecht en 1713, de Bade en 1714, de Hanovre en 1715, de Cambrai en 1724, de Soissons en 1728, d'Aix-la-Chapelle en 1748, de Teschen en 1779, de Paris en 1782, de Versailles en 1784, et enfin de Rastadt en 1797.

89. En général, les congrès *préventifs*, ont peu réussi. On peut citer comme exemples, ceux de Radstadt, d'Amiens et d'Erfurt. Tant que les passions ne sont pas apaisées, ou comprimées par le sort des armes, les congrès ont peu de chances de succès. En général, ils servent plutôt à sanctionner et à régler les faits accomplis. Ainsi le congrès de Munster qui aboutit à la paix de Westphalie, consacra l'indépendance de la Hollande et de la Suisse, indépendance qui déjà existait de fait, et que de nombreuses victoires avaient déjà consacrée aussi. C'est ainsi que le congrès de 1782, reconnut l'indépendance des Etats-Unis (paix de Versailles, 3 sept. 1783). Il en est de même non-seulement pour l'indépendance des nations, mais aussi pour quelques grandes conquêtes invinciblement annexées par la force des armes à des Etats puissants. Nous n'avons pas besoin de nommer à cet égard le congrès des Pyrénées, celui de Nimègue, celui de Breda, celui de Teschen, et d'autres. — Sur la manière de négocier à un congrès, V. Martens, § 330, et la note de M. Vergé, *eod.*

§ 3. — *Conditions essentielles des traités publics.* — *Négociation et ratification.* — *Intervention des tiers.*

90. Les principes qui régissent les conventions internationales sont, en général, les mêmes qui s'appliquent aux conventions privées. — Cependant il s'évident que les Etats diffèrent trop des particuliers pour qu'on puisse toujours tirer de ces règles générales les mêmes conséquences de détail et d'application. Ainsi, ce qui concerne la violence, les manœuvres frauduleuses, les erreurs substantielles, prend à l'égard des nations un caractère à part, et mérite dans la pratique une détermination appropriée à la nature des nations. Il en est de même de ce qui concerne la capacité et les pouvoirs des personnes qui forment la convention ; les manières de s'y faire représenter ; les choses ou les actes qui peuvent ou qui ne peuvent pas en faire l'objet ; les causes licites ou illicites ; enfin, les formes exigées (V. sur ce dernier point *supra*, nos 83 et 84). Il y a évidemment sur tous ces points des différences notables dont il faut tenir compte dans l'application (V. M. Théodore Ortolan, Règles internationales et diplomatie de la mer, t. 1, p. 89).

91. Suivant certains auteurs, les traités publics se distingueraient des conventions privées par les particularités suivantes : 1° Souvent la convention principale est accompagnée de conventions accessoires (*articles séparés*), dans la forme de conventions indépendantes. 2° Les traités publics sont souvent accompagnés d'*articles secrets* qui seuls donnent au traité sa véritable signification. Cette seconde particularité, comme le remarque Falck (Encycl. jurid., ch. 2, sect. 6, § 137), n'est devenue fréquente que dans les temps modernes et fait peu d'honneur à la diplomatie européenne. 3° Le droit international n'admet pas,

comme le droit civil, la distinction relative aux contrats nommés et innomés, à ceux qui ne donnent ou ne donnent pas lieu à une action en justice (Hefter, Droit intern. de l'Eur., § 83). — Mais les deux premiers cas ne diffèrent nullement du droit privé, car celui-ci admet également des conventions accessoires à une convention principale, et l'existence de conventions secrètes, par exemple les contre-lettres. — Sur le dernier point seulement les traités publics nous paraissent différer des conventions privées.

Ces réserves faites, les conditions essentielles des pactes internationaux sont, comme les conventions entre particuliers : 1° le consentement ; 2° une cause licite ; 3° la capacité des parties contractantes (Hefter, l. 1, ch. 3, sect. 1).

92. 1° *Consentement.* — Le consentement doit avoir trois qualités. Il doit être : 1° déclaré ; 2° libre ; 3° mutuel (Martens, édit. Vergé, §§ 49, 51, 52). — Le consentement doit être effectivement et purement déclaré. Toutes les négociations qui précèdent une telle déclaration ne sont que des pourparlers qui n'ont rien d'obligatoire (Martens, Essai concernant les armateurs, § 65, p. 192). De même, les arrangements pris par rapport à quelques articles du traité, sous la condition expresse ou tacite de convenir des autres, perdent leur valeur dès qu'il conste qu'on ne peut s'arranger sur ceux-ci. — Le consentement peut être donné explicitement ou tacitement, et dans le premier cas, verbalement ou par écrit. Aujourd'hui il est d'usage de le rédiger par écrit (V. *suprà*, nos 83 et 84).

93. Le consentement ne doit pas seulement être déclaré ; il doit être libre. L'erreur, la fraude, la violence, produisent dans les traités publics les mêmes effets que dans les contrats privés. — Dans le cas d'une signature extorquée par une force physique, il n'y aurait pas consentement. Mais dans le cas où la crainte d'un mal plus grand présent ou futur contraindrait à signer, on ne peut alléguer l'exception tirée de la contrainte. Il faudrait apprécier alors la justice ou l'injustice des moyens employés pour extorquer le consentement. — Comme il n'y a pas de juge qui puisse prononcer entre les nations, on est convenu de considérer la force employée de nation à nation comme non injuste *quant aux effets externes*, et on ne peut se dédire d'un traité, sous prétexte que la supériorité de la force nous a contraints à le signer (V. n° 126; Martens, édit. Vergé, § 50; V. aussi Wheaton, Elém. de droit intern., t. 1, p. 241, et les autorités qu'il cite). — Le traité qui a pour but de faire cesser un état de contrainte ou de violence légale n'est entaché d'aucun vice, celui, par exemple, qui est destiné à faire cesser une captivité ou à évacuer un pays conquis (Hefter, Droit intern., § 61).

94. Enfin le consentement doit être *mutuel*. Pour cela, il faut que la promesse concoure avec l'acceptation ; peu importe la forme, soit celle d'un instrument commun signé par les parties, soit celle d'une déclaration et contre-déclaration. D'ordinaire, la déclaration suit la promesse ; mais il est des cas où l'on peut l'inférer d'une déclaration précédente. — Le consentement doit porter sur le même objet. Celui que sa propre négligence a induit en erreur peut être tenu à une indemnité. La bonne foi défend de prendre les mots dans un sens inusité, sans avertir (Vattel, l. 2, ch. 15, § 231; Martens, § 51).

95. Toutes les conventions supposant l'accord des volontés, c'est-à-dire la promesse et l'acceptation, il suit de là que de simples pollicitations, non suivies d'acceptation, ne confèrent aucun droit, lors même qu'il y a eu un commencement d'exécution, à moins qu'il n'implique une acceptation. De même, le serment ou le vœu (*votum*) ne peut suppléer au défaut d'acceptation (Cocceius, Comm. sur Grotius, 2, 11, 3).

96. Tant que les négociations ou arrangements préliminaires continuent encore, un traité n'a pas d'existence légale, fût-on d'accord sur certains points, à moins cependant que l'on convienne de se regarder mutuellement comme engagés par les points arrêtés (V. Cocceius, *ibid.*). — En aucun cas, le simple acquiescement d'une partie à des actes faits par une autre n'équivaut à un consentement contractuel ; tout au plus constate-t-il la disposition, mais nullement l'intention arrêtée d'une renonciation de droits au profit d'autrui. — Les conventions dites présumées ne constatent pas non plus d'une manière régulière et sûre l'accord des volontés. Une convention présumée a lieu lorsqu'une des parties adopte dans la pratique des règles de conduite proposées par l'autre (V. n° 75). Il n'en résulte aucun engagement permanent entre les parties.

97. Aux conventions présumées se rapporte la question de la prescription en matière de droit des gens. C'est là une question délicate et souvent controversée. Vattel approuve la prescription de peuple à peuple; Gérard de Rayneval la rejette. Avant eux, Pierre Dupuy avait soutenu l'opinion de Rayneval dans une dissertation intitulée : *Si la prescription a lieu entre les princes souverains* (Recueil des traités touchant les droits du roi très-chrétien, Paris 1655). Un professeur d'Helmstadt, Werlhof, l'a réfuté dans ses *Vindiciæ Grotiani dogmatis de præscriptione inter gentes liberas*, *contrà illustrem scriptorem Gallicum Petrum Puteanum*, « ouvrage, dit Barbeyrac sur Puffendorff (L. 4, chap. 12, § 11), digne d'être lu, et dans lequel, entre autres choses, l'auteur demande qu'on lui explique de quel droit la couronne de France a passé à la branche des Carlovingiens par le moyen de Pépin, et à celle des Capétiens par Hugues Capet. » — Voici les raisons de Vattel et de Rayneval pour et contre la prescription en matière du droit des gens.—Vattel prouve d'abord que la prescription est de droit naturel, ce que nous n'avons pas à établir ici (V. Prescript., n° 37). Or les rapports des nations entre elles sont comme les rapports des individus, et le droit des gens n'est que le droit naturel lui-même appliqué aux États. La prescription est bien plus nécessaire encore en droit des gens qu'en droit civil; car, en droit des gens, les contestations n'ont pas de juges et ne sont décidées que par la guerre. Il est donc indispensable au bonheur et à la paix des hommes que les possessions des souverains ne soient pas troublées facilement. A la vérité, l'argument tiré du silence des parties n'a pas autant de force en droit des gens qu'en droit civil, et souvent ce silence est imposé au plus faible par le plus fort, c'est-à-dire par celui-là même qui s'en sert comme d'une présomption pour établir son pouvoir. Mais, d'un autre côté, le bonheur et la tranquillité des peuples exigent que les affaires se terminent et qu'on ne soit pas éternellement exposé à des guerres renaissantes. Lorsque le silence a duré un temps très-long, on ne peut s'empêcher de le considérer comme un consentement. Tout cela n'a pas lieu quand il s'agit d'une possession de peu d'années pendant lesquelles la prudence peut engager à garder le silence. La prescription étant une condition absolue de la paix entre nations, on présume que tous les peuples en ont volontairement admis l'usage. Et il n'est pas permis d'opposer que la possession est de mauvaise foi, car, hors le cas d'évidence, tout souverain est supposé posséder de bonne foi. — M. de Rayneval ne se rend pas à ces raisons; et il oppose que la prescription ne peut être fondée que sur la loi. La prescription, en effet, fixe le temps après lequel une possession non contestée devient légitime. Or, il n'y a qu'une loi qui puisse fixer ce temps. A défaut de loi, l'usage pourrait servir de principe; mais il n'y a pas d'usage général sur ce point. Sans doute l'équité et la convenance peuvent, dans des cas donnés, conseiller la prescription : mais elles ne peuvent imposer aucune obligation et ne donnent aucun droit. — Merlin, en rapportant cette doctrine, demande si l'équité n'est pas précisément la même chose que le droit naturel? On peut répondre que non, dans le cas strict. Mais il faut reconnaître que, dans la pratique, l'équité et le droit se confondent au moins ici, et qu'il suffit d'établir que la prescription est conforme à l'équité pour en légitimer l'application d'État à État. D'ailleurs, pour éviter les inconvénients de ce principe, il ne faut pas oublier cette règle de Vattel : « Tout cela n'a pas lieu quand il s'agit d'une possession de peu d'années, pendant lesquelles la prudence peut engager à garder le silence, sans que l'on puisse être accusé de laisser tomber les choses dans l'incertitude et de renouveler des querelles sans fin » (Vattel, liv. 2, chap. 11, § 143; V. aussi Grotius, 2, 4, § 7; Hefter, intr., 3, § 11; Merlin, Rép., v° Prescript., sect. 1, § 1, 2°; Pinheiro-Ferrera, notes sur Martens, § 70; Vergé, *eod.*).

98. 2° *Causes licites des traités.* — On entend par cause licite d'un traité la possibilité de l'engagement contracté. Un traité n'est valide qu'autant que son objet est physiquement et moralement possible. Ne seraient pas valables, par exemple, les conditions qui blesseraient l'ordre moral, les stipulations relatives à l'établissement de l'esclavage, à l'exclusion de tel ou tel État des rapports internationaux nécessaires à la satisfaction de

ses besoins physiques ou moraux, au mépris des engagements pris vis-à-vis des tiers (Hefter, § 83). — C'est encore une cause illicite que l'abandon gratuit d'un don naturel essentiel, par exemple, l'indépendance même partielle. C'est pourquoi nous verrons plus bas (n° 128), que les traités contenant des obligations de ce genre ne sont pas obligatoires pour la partie lésée. —En général, un traité ne peut imposer aux États des souverains des obligations contraires à la morale et au droit.

99. 3° *Capacité des parties contractantes : négociation et ratification.* — Les représentants ou détenteurs actuels du pouvoir souverain, même usurpé, possèdent seuls la capacité nécessaire pour conclure des traités proprement dits. Le prince légitime, au contraire, dépouillé du pouvoir souverain, ne peut valablement contracter pour l'État qu'après avoir recouvré le pouvoir. — V. Lois, n° 110.

100. Le pouvoir de négocier, de faire et conclure les traités appartient à tout souverain, quel que soit son rang dans l'ordre des souverains. Quant aux États mi-souverains, c'est-à-dire ceux qui n'ont pas une souveraineté entière, ils peuvent avoir le même pouvoir, plus ou moins modifié par les conventions. Par exemple, tous les souverains de la Confédération germanique ont le pouvoir de traiter. Au contraire, les différents États souverains dont se compose la république des États-Unis ne peuvent faire absolument aucun traité sans l'intervention du pouvoir central (Martens, § 47, et note de M. Vergé, *eod.*).

101. La question de savoir jusqu'à quel point il peut appartenir à des parties sujettes d'un État de négocier et de conclure des traités publics avec des nations étrangères, dit Martens, § 47, doit être jugée d'après la constitution particulière de chaque État. Dans le moyen âge, on accordait fréquemment ce droit, même à des villes municipales et commerçantes. Il est reconnu, du reste, que dans les États souverains, ce droit ne peut appartenir aux villes, aux États provinciaux, qu'autant qu'ils sont munis d'une permission spéciale du gouvernement, ou qu'une loi fondamentale fait exception en leur faveur.

102. Quelquefois les souverains traitent eux-mêmes et personnellement sans intermédiaire. C'est, par exemple, ce qui a eu lieu à une époque récente de l'histoire contemporaine pour le traité de Villafranca. Mais d'ordinaire, ils ne le font que par leurs ministres : les intermédiaires entre souverains sont les *agents diplomatiques* (V. ce mot). — Outre le caractère général dont ces agents sont revêtus et qui les rend aptes à ouvrir toutes les négociations qui peuvent survenir, ils reçoivent, pour traiter une affaire déterminée, une autorisation spéciale que l'on appelle des *pleins pouvoirs* : et ceux qui ont cette autorisation sont dits *plénipotentiaires*. Ces pleins pouvoirs laissent toute latitude au négociateur, et il peut, sans recourir continuellement à son gouvernement, suivre toutes les phases des affaires et profiter du hasard des négociations.

103. Grotius et Puffendorf assimilent l'ambassadeur à un mandataire, et déclarent le souverain engagé par son ambassadeur, lorsque celui-ci a négocié selon les termes de son plein pouvoir, quand même il aurait dépassé ses instructions secrètes. — Selon Bynkershœck, il faut distinguer entre le plein pouvoir général et les instructions spéciales et secrètes. Si le ministre a agi conformément à son plein pouvoir et à ses instructions, nul doute que le souverain ne doive ratifier; mais s'il dépasse ses instructions, le souverain a droit de refuser la ratification. — Selon Vattel, tout ce que le mandataire promet dans les termes de sa commission lie son constituant. — Mais l'usage a fait admettre, dans presque tous les cas et depuis fort longtemps, la nécessité des *ratifications*. — Dans la pratique, le plein-pouvoir le plus étendu est nécessaire; mais pour en éviter les inconvénients, on admet la liberté de non-ratification, même lorsque le plénipotentiaire est muni de la promesse de ratification (V. encore sur ces différents points Wheaton, t. 1, p. 229 et suiv.; M. Vergé sur Martens, § 48; Ortolan, t. 1, p. 96).

104. Vattel dit que le souverain ne doit refuser la ratification que pour de bonnes et de solides raisons (Droit des gens, L. 2, chap. 13, § 516). — Il y a plusieurs cas où le souverain peut refuser de ratifier, même quand l'agent n'a pas dépassé ses instructions, ce sont : 1° l'impossibilité physique ou morale d'exécuter; 2° l'erreur mutuelle des parties relativement à un point de fait; 3° le changement des circonstances de l'existence desquelles le traité dépend; 4° le non-concours du pouvoir législatif dans les pays où la constitution exige leur sanction. — La ratification peut être tacite et résulter, par exemple, de l'exécution donnée au traité (M. Vergé, *loc. cit.*).

105. Tout traité oblige à partir du jour de la signature : les ratifications ont un *effet rétroactif* (Hefter, § 87; M. Vergé sur Martens, § 48). Quelquefois même, il y a commencement d'exécution du traité avant la ratification : c'est par exemple ce qui fut formellement stipulé dans le traité du 15 juill. 1840.

106. C'est une question de savoir si un souverain peut être engagé par une convention faite sans son autorisation par un agent subalterne. Il faut distinguer. Il y a des agents qui, dans les limites de leur pouvoir, ont le droit de conclure certaines conventions sans en référer au souverain : tels sont, par exemple, les généraux d'armée; ils peuvent céder certaines places ou les prendre à de certaines conditions; ils peuvent conclure des armistices, etc. Il en est de même des amiraux et aussi de tout agent du gouvernement qui, étant trop éloigné pour avoir le temps de recevoir des ordres précis, doivent souvent prendre sur eux de s'engager, sauf à demander et à attendre la ratification du souverain. Souvent aussi, un ambassadeur chargé de traiter, pressé par les circonstances, par l'opportunité, peut avoir à prendre un parti qui n'a pas été prévu dans ses instructions. Quelles sont, dans ces circonstances, les obligations du gouvernement? — Il est évident qu'en principe, nul n'est tenu à un engagement qu'il n'a pas pris par lui-même et qu'il n'a pas autorisé de prendre en sa place. Le souverain ne peut donc jamais être obligé d'une manière absolue de ratifier un simple *sponsum*, c'est-à-dire une promesse non autorisée d'un de ses agents. Cependant il est des cas où il vaut mieux ratifier : cela dépend d'un nombre infini de circonstances qu'il est impossible d'apprécier *à priori*.

107. Mais si le souverain refuse la ratification, est-il obligé de replacer les choses dans l'état où elles étaient avant la convention? Cela dépend encore des circonstances. Si, comme garantie de la convention, l'agent a cédé certains avantages pour se tirer d'un mauvais pas, on ne peut exiger ni que l'un se remette dans la situation fâcheuse dont il s'est délivré, ni que l'autre restitue les avantages, par exemple les places fortes, dont il a fait payer le salut de la partie opposée. Mais si l'agent est allé plus loin, s'il a engagé le souverain lui-même par des conditions inacceptables, comme serait par exemple un traité de paix ou d'alliance, une cession de territoire, etc., engagements pour lesquels un agent subalterne n'a aucun pouvoir; le peuple étranger, qui a conclu à ces conditions s'est exposé lui-même à perdre tous les avantages de la convention; le souverain n'est donc pas tenu à le ratifier, et il n'est pas tenu davantage à remettre les choses dans l'état où elles étaient, à moins que cela n'ait été rigoureusement spécifié dans le traité. Il est bien entendu aussi que la partie contractante a dû savoir que l'agent n'avait pas pouvoir pour traiter; car dans le cas contraire, ayant agi de bonne foi, il ne serait pas juste qu'elle fût dupe, et le souverain ennemi ne doit pas profiter du subterfuge de son agent. Hors de là, si un général obtient le salut de ses soldats moyennant une convention à laquelle il ne s'engage que sous réserve et sauf ratification du gouvernement, il n'est pas tenu de remettre l'armée entre les mains de l'ennemi si la convention n'est pas ratifiée : c'est à celui-ci à prendre ses mesures. Tel est l'avis de Vattel et de Rayneval à propos de la convention conclue avec les Samnites par le consul Postumius au défilé des Fourches Caudines. La même question s'est présentée en 1513 entre la Trémouille et les Suisses à la capitulation de Dijon (Rayneval, liv. 2, chap. 5, § 14, sect. 9).

108. Le pouvoir de faire, de négocier et de ratifier les traités dépend de la constitution de chaque État. Aux États-Unis, par exemple, la constitution porte « que le président aura le droit de contracter les traités, de l'avis et du consentement du sénat, pourvu que les deux tiers des sénateurs présents y donnent leur approbation. » Les pleins pouvoirs donnés aux ministres des États-Unis contiennent toujours cette réserve : « sauf le consentement du sénat. »

109. En France, le pouvoir de faire les traités a varié suivant les diverses constitutions qui s'y sont succédé. Dans l'ancienne constitution monarchique, c'était un principe incontesté que les aliénations de domaines ou les cessions de territoires ne pouvaient s'accomplir sans le concours des états généraux. Les états généraux firent plusieurs fois application de ce principe. Après la bataille de Poitiers, ils rejetèrent le traité de Brétigny, par lequel Jean renonçait à la possession de la Guyenne. En 1506, les états généraux de Tours engagèrent Louis XII à rompre le traité conclu récemment avec l'empereur Maximilien, comme pernicieux au royaume. Enfin, le traité de Madrid, conclu avec Charles-Quint par François Ier, prisonnier, et par lequel il cédait la Bourgogne, fut cassé par l'assemblée des notables réunis à Cognac, par les députés de la Bourgogne et le parlement de Paris : ce droit des états était même implicitement reconnu par le traité même, puisqu'il y était dit, art. 5, « que les otages ne seraient pas rendus jusqu'à ce que le roi eût fait ratifier et approuver le traité par les états généraux de son royaume. »

110. Mais à partir de 1604, les états généraux ayant cessé de s'assembler, le roi parut investi par un consentement tacite de la nation du pouvoir de traiter et de négocier sans aucune réserve. Cependant les puissances étrangères demandèrent quelquefois, pour plus de sûreté, que les traités fussent enregistrés au parlement de Paris : mais cette formalité même tomba en désuétude, et Louis XIV et Louis XV purent conclure sans le parlement et les états généraux, le premier, les traités de Ryswyk et d'Utrecht; le second, en 1762 et 1763, les traités qui cédèrent à l'Angleterre la Louisiane, le Sénégal et le Canada.

111. La révolution française et les constitutions qui suivirent modifièrent d'une manière importante les droits du pouvoir exécutif dans la négociation des traités. — La constitution de 1791 portait, chap. 4, sect. 3, art. 3 : « Il appartient au roi d'arrêter et de signer, avec toutes les puissances étrangères, tous les traités de paix, d'alliance et de commerce et autres conventions qu'il jugera nécessaires au bien de l'État, sauf la ratification du corps législatif. » La constitution de 1793, qui, comme on sait, ne fut pas appliquée, donnait au pouvoir exécutif le droit de *négocier*, mais réservait au pouvoir législatif celui de *ratifier* par un décret. Les mêmes dispositions existaient dans la constitution de l'an 3, avec cette réserve que les articles secrets pourraient recevoir une exécution immédiate, pourvu qu'ils ne renfermassent aucune clause contraire aux articles patents, ou portant aliénation de territoire.

112. La constitution de l'an 8 (1800) commença à rendre au pouvoir exécutif une partie des prérogatives qui lui avaient été enlevées par les constitutions précédentes : l'art. 49 du tit. 4 de cette constitution porte : « Le gouvernement entretient des relations politiques au dehors, conduit les négociations, fait les stipulations préliminaires, signe, fait signer et conclut tous les traités de paix, d'alliance, de trève, de neutralité et de commerce et autres conventions. — Art. 50. Les déclarations de guerre et les traités de paix sont proposés, discutés, décrétés et promulgués comme les lois. Seulement les discussions et délibérations sur ces objets, tant dans le tribunal que dans le corps législatif, ont lieu en comité secret quand le gouvernement le demande. » — Malgré ces dernières restrictions, les consuls n'hésitèrent pas à ratifier les traités selon les formes anciennes, et le droit du corps législatif se bornait presque à un enregistrement. Le sénatus-consulte du 16 therm. an 10, qui institua le consulat à vie, fit un pas de plus. L'art. 58 du tit. 3 dit : « Le premier consul ratifie les traités de paix et d'alliance après avoir pris l'avis du conseil privé. Avant de les promulguer, il en donne connaissance au sénat. Ces mêmes règles subsistèrent dans la constitution de l'empire (28 flor. an 12). —V. n° 134.

113. La charte de 1814 reconnut au roi, parmi ses prérogatives, la négociation et la ratification de tous les traités (art. 14). —Mais ce principe absolu trouve une limite dans l'art. 48, portant qu'aucun impôt ne peut être consenti ni perçu sans le consentement des chambres. Il résultait de ce second article que si les chambres n'avaient point à donner leur avis sur les traités qui, sans s'écarter des limites constitutionnelles, n'impliquaient aucun vote de finances, aucun changement à la législation douanière, d'un autre côté, elles étaient nécessairement appelées à prononcer sur toutes les clauses de nature à influer sur l'assiette etla perception de l'impôt ou sur les tarifs de douanes.—C'est ce qui fut consacré par une grande discussion qui eut lieu en 1826 à la chambre des députés, discussion provoquée par Casimir Perier, et à laquelle prit part M. Royer-Collard. Un traité conclu avec l'Angleterre établissait un droit de tonnage sur les navires revenant.en France des ports du Royaume-Uni. Les membres de l'opposition soutinrent que ce droit constituait un impôt, et comme tel, devait être soumis à l'approbation de la chambre pour y être converti en loi. La chambre sanctionna ce principe par son vote.

114. Sous le régime de 1830, il n'y eut pas d'opposition à ce principe. Les traités n'étaient pas soumis directement aux chambres ; mais lorsqu'un traité contenait des clauses financières ou commerciales, ces clauses étaient présentées à la chambre sous la forme spéciale de lois de finance ou lois de douanes. — Toutefois, le gouvernement s'arrangeait pour ne présenter ces lois qu'après la ratification des traités, et le concours des chambres devenait de cette manière presque illusoire.—Il y eut cependant plusieurs exemples de l'intervention des chambres dans le vote des traités. Le traité relatif à l'emprunt grec, du 7 mai 1832, contenait, dans l'art. 12, une réserve des droits des parlements français et anglais. Dans la discussion qui eut lieu à ce sujet dans la chambre des députés, on proposa un amendement qui équivalait à un rejet indirect. M. le duc de Broglie, ministre des affaires étrangères, s'opposa de toutes ses forces à cet amendement : la chambre, disait-il, peut accepter ou rejeter le traité, mais elle n'y peut faire d'amendement ; sans quoi ce serait elle qui négocierait : l'amendement fut rejeté.

115. Dans une seconde occasion, la chambre fut moins complaisante. Une négociation était dès longtemps ouverte entre la France et les Etats-Unis pour payement de diverses créances américaines, à l'occasion de navires brûlés, ou saisis, ou vendus pendant nos guerres avec l'Angleterre, et en contravention aux droits des neutres. Un traité signé le 4 juill. 1831 entre le roi des Français et le président des Etats-Unis avait porté à 25 millions la somme due par la France. A une première session, le projet fut repoussé par les chambres. Ce rejet donna occasion au président des Etats-Unis d'introduire dans son message des expressions offensantes pour la France. Le projet fut présenté de nouveau l'année suivante à la chambre des députés, avec une clause qui déclarait que la somme ne serait payée qu'avec des explications satisfaisantes du président pour les paroles de son message. La chambre admit le projet, après avoir critiqué la forme de la négociation. Le gouvernement, disait-on, n'aurait pas dû conclure avant le vote de la chambre, et quoiqu'on alléguât que cela se pratique ainsi en Angleterre, et que le duc de Richelieu n'avait pas agi autrement en 1818 avec les puissances étrangères, il eût été mieux dans la dignité de la prérogative royale et de l'indépendance des chambres de surseoir jusqu'à ce qu'on eût un crédit ouvert — M. Dumont, rapporteur, eut même quelques paroles sévères pour le gouvernement : il dit que la réserve relative au consentement des chambres eût dû être insérée dans le traité, comme elle l'avait été dans le traité de l'emprunt grec. Avertis par cette réserve, les Etats-Unis eussent mis moins d'insistance au payement d'une créance que la loi n'avait pas encore autorisée, et l'on eût évité des discussions fâcheuses.

116. La convention de 1842 avec la Belgique, connue sous le nom de convention linière, donna lieu aussi à quelques difficultés. Conclue le 16 juill. 1842, elle ne fut soumise à la sanction des chambres françaises que le 3 juin 1843 ; et c'est à la fin de la session : la commission ne déposa son rapport qu'à la fin de 1844, et c'est seulement en 1845 que la discussion eut lieu, de telle sorte que la convention était exécutée depuis trois ans, et le premier terme allait échoir en 1846, lorsque les chambres eurent à donner leur avis : il est évident que dans ces termes le concours des chambres était illusoire. Cependant la chambre obtint du ministre que la convention ne serait pas prolongée au delà de 1846. L'année suivante, le gouvernement, suivant une marche plus régulière, fit passer devant les chambres et approuver par elles une nouvelle convention conclue le 13 déc. 1845, qui prolongeait de six ans la convention de 1842. Enfin, un traité avec la Sardaigne fut également présenté aux chambres, qui en limitèrent la durée de six ans à quatre ans.

TOME XLII.

117. En 1848, le gouvernement de 1830 est remplacé par la République : on revient aux principes de la constitution de 91. Dans la constitution de 1848, il est dit, art. 53 : « Le président de la République négocie et ratifie les traités. Aucun traité n'est définitif qu'après avoir été approuvé par l'Assemblée nationale. » En 1851, une proposition fut présentée à l'Assemblée législative par M. Casimir Périer, pour régler le mode d'application de cet article ; mais cette proposition ne fut pas votée.

118. La constitution de 1852, art. 6, donne au chef de l'Etat le pouvoir de faire les traités de paix, d'alliance et de commerce, sans faire mention des chambres, et le sénatus-consulte des 25-30 déc. 1852 interprète ainsi qu'il suit cet article : « Les traités de commerce faits en vertu de l'art. 6 de la constitution ont force de loi pour les modifications de tarif qui y sont stipulées. » Ainsi se trouve tranchée la question débattue sous la restauration, décidée sans contestation sous le gouvernement de juillet, que tous les articles des traités portant modification à la loi des impôts, doivent être votés par le pouvoir législatif. Aujourd'hui il ne peut plus y avoir de débat sur cette question. Les modifications de tarif appartiennent exclusivement au chef de l'Etat (V. les observations faites à ce sujet au sénat par M. Hubert de Lisle, à l'occasion d'une pétition relative au traité de 1860 avec l'Angleterre ; Monit. 12 juin 1860). Mais il faut observer que cette disposition du sénatus-consulte des 25-30 déc. 1852 n'enlève au corps législatif le droit d'intervenir qu'en matière de tarif. Il subsisterait donc toujours en principe que toutes les autres clauses financières qui peuvent se rencontrer dans un traité doivent être proposées à l'approbation du corps législatif. Ainsi, un traité semblable au traité de l'emprunt grec ou au traité des 25 millions, serait, ce semble, aujourd'hui comme sous la monarchie constitutionnelle, du ressort du pouvoir législatif.

119. On a établi (v° Lois, n° 94) qu'il était encore de droit public, même sous la constitution actuelle, quoiqu'elle soit muette sur ce point, qu'aucune aliénation du territoire ne peut être stipulée dans un traité sans être soumise à l'approbation du pouvoir législatif.

120. *Intervention d'un tiers : effets des traités vis-à-vis des tiers.* — Quelquefois un tiers intervient entre les parties contractantes, soit bénévolement, soit formellement : c'est ce qu'on appelle la *tierce intervention* (Hefter, § 88).—Dans l'intervention bénévole, dit M. Hefter, *loc. cit.*, on distingue deux choses : *les bons offices* et *la médiation.*—Les bons offices sont les actes par lesquels un tiers essaye d'ouvrir la voie aux négociations des parties intéressées, ou de les renouer quand elles sont interrompues. Quelquefois les bons offices sont proposés spontanément ; quelquefois ils sont demandés. Résultent-ils d'une obligation antérieure ; en général, les bons offices n'emportent aucune responsabilité, à moins d'une stipulation expresse. — La médiation a lieu lorsqu'une tierce puissance participe avec le consentement des parties aux négociations qui ne peuvent avoir lieu qu'en sa présence. Le médiateur fait des propositions équitables, donne son avis sur les propositions faites, et repousse celles qui sont trop injustes. La médiation ne peut être que pacifique : une médiation armée contiendrait un commencement d'hostilité (Vogt, *Europstaatsrelationen*). Les fonctions du médiateur cessent avec la conclusion du traité : il n'en garantit pas l'exécution (V. aussi Martens, édit. Vergé, § 176).

121. Quant à l'intervention formelle, ajoute M. Hefter, Dr. intern. de l'Europe, *loc. cit.*, elle consiste à donner son adhésion à un traité précédemment conclu, soit spontanément, soit sur l'invitation des parties. On distingue à cet égard les cas suivants : 1° accession d'une tierce puissance comme partie principale, lorsque le traité contient des stipulations à son égard, ou est de nature à modifier ses rapports internationaux : par là, elle devient partie cocontractante directe ; 2° accession d'une tierce puissance, à l'effet de faire approuver par elle les dispositions qui peuvent lui nuire, et par laquelle elle renonce notamment aux exceptions contre leur validité ; 3° accession solennelle et de pure convenance, afin de donner au traité plus de solennité et une espèce de témoignage de sa valeur, ce qui a lieu surtout dans le cas où une puissance supérieure approuve le traité. Celle-ci ne contracte par là aucun engagement ; seule-

70

.nent elle ne peut plus faire valoir qu'elle ignorait le traité.

122. En général, une convention ne peut produire d'effet qu'entre les parties; elle ne peut ni profiter ni nuire à un tiers (Lang, *De nonnullis fundamentis obligationum ex pacto tertii quæsitarum*, Gœttingue, 1798 ; Vattel, §§ 165, 167). — Dans le cas où un tiers croit éprouver, par suite d'un traité, un préjudice direct ou indirect, il peut prendre des mesures conservatoires et réserver provisoirement ses droits par une protestation, laquelle ne peut préjudicier à la validité et à l'exécution d'un traité régulièrement conclu. L'Église romaine a souvent protesté contre des traités qui lui étaient nuisibles : par exemple, l'évêque d'Augsbourg contre la paix de religion de 1555; Rome contre le traité de Westphalie (Hefter, § 94).

123. Suivant M. Hefter, § 83, on ne peut pas davantage s'engager ni stipuler au nom d'un tiers sur lequel on n'a aucun pouvoir. Néanmoins on peut se porter fort pour un tiers en promettant le fait de celui-ci, soit par l'emploi de bons offices, soit par une intervention proprement dite (V. n° 120), en employant toutes les voies licites selon les circonstances, à l'exception de la force. Une indemnité en cas de non-réussite n'est exigible que lorsqu'elle a été expressément convenue.

124. Il faut encore, ainsi que le dit M. Hefter, *loc. cit.*, excepter les cas suivants : 1° lorsqu'il y a mandat; 2° lorsque le tiers, par suite de rapports de protection, se trouve d'une manière conditionnelle ou relative dans la dépendance d'une ou de plusieurs des parties contractantes ; 3° lorsqu'il a été stipulé au profit du tiers ce qu'il a droit d'exiger en vertu d'un titre précédent, lequel acquiert par là un accroissement de force ; 4° enfin, dans le cas où une tierce adhésion a été réservée, ou lorsqu'elle a été la condition d'une stipulation qu'on faisait pour soi-même, condition comprise implicitement dans toute convention passée au nom d'autrui.

§ 4. — Effets, exécution et promulgation des traités.

125. Les traités internationaux sont des contrats *bonæ fidei*. Ils obligent non-seulement à tout ce qui est stipulé expressément, mais aussi à ce qui convient le mieux à la matière du contrat et à la commune intention des parties contractantes (Hefter, § 94 ; V. ci-après, n°ˢ 136 et suiv.).

126. L'obligation d'observer les traités repose sur la loi naturelle, *pacta sunt servanda* : c'est l'un des premiers articles de cette loi. Que les conventions soient contractées entre particuculiers ou entre États, peu importe, les États sont par rapport les uns aux autres comme des particuliers. Certains publicistes, et notamment Machiavel, ont soutenu que l'obligation d'observer les traités ne dure qu'autant qu'ils sont conformes à notre intérêt. Autant dire qu'il ne faut pas faire de conventions. Au reste, l'opinion de Machiavel est tellement décriée, qu'il est presque inutile de la discuter. On peut se contenter de lui opposer cette belle pensée d'un grand politique : « Les rois doivent bien prendre garde aux traités qu'ils font ; mais lorsqu'ils sont faits, ils doivent les observer avec religion. Je sais bien que beaucoup de politiques enseignent le contraire; mais sans considérer ce que la loi chrétienne nous peut fournir contre ces maximes, je soutiens que puisque la perte de l'honneur est plus que celle de la vie, un grand prince doit plutôt hasarder sa personne et même la perte de son État que de manquer à sa parole, qu'il ne peut violer sans perdre sa réputation, par conséquent sa plus grande force de souverain. » (Testament politique de Richelieu, 2ᵉ part., ch. 6.)

127. On a soulevé la question de savoir si les traités inégaux sont *obligatoires*. — Un tel doute mettrait en péril tout le droit des traités, et particulièrement des traités de paix. Tout traité de paix est la conséquence de la guerre, et par conséquent, une loi imposée au vaincu par le vainqueur. Si ces sortes de traités ne sont pas obligatoires, autant dire qu'ils sont inutiles. Au lieu d'une convention signée entre les deux parties, pourquoi ne se contenterait-on pas d'un acte unilatéral, c'est-à-dire d'une loi que le plus fort imposerait au plus faible, sous la garantie de la force? C'est précisément pour éviter cet abus, qui ne serait que la continuation de l'état de guerre, que l'on signe des traités de paix, qui sont presque toujours inégaux dans leurs stipulations.

— Pour se convaincre que de tels traités sont obligatoires, il suffit de penser que les deux peuples, en en appelant aux armes, ont consenti d'avance aux résultats de leur rencontre; ils ont espéré, chacun de son côté, avoir le dessus ; ils doivent donc accepter les conséquences de leurs résolutions. Celui qui cède aurait certainement exigé de son adversaire, s'il eût été vainqueur, les mêmes choses que celui-ci exige maintenant, et il aurait cru l'engager d'une manière durable par un traité. Pourquoi refuserait-il de se regarder comme engagé lui-même?

— Si un peuple a certains désavantages dans un traité avec un autre peuple, il peut avoir l'avantage, relativement à un troisième. Chaque peuple pourrait avoir à son tour l'occasion de réclamer l'observation des traités à son égard : il est donc de l'intérêt général que toutes les conventions soient considérées comme obligatoires. — Il y a de plus à considérer qu'un traité de paix est une transaction entre le vainqueur et le vaincu : c'est la garantie de celui-ci contre celui-là, car c'est l'assurance d'échapper à la loi de la force. Pour retrouver la sécurité, le vaincu fait des sacrifices; mais il faut évidemment qu'il se considère comme engagé par sa parole, sans quoi le vainqueur ne pouvant faire aucun fond sur sa promesse, serait dans la nécessité de continuer l'état de guerre. Si l'on veut donc établir entre les États un certain ordre, il faut absolument que l'engagement soit considéré comme sacré.

Ainsi, en général, l'inégalité des avantages n'est pas pour les nations une raison justificative pour se dédire d'un traité, sous le prétexte de *lésion*, vu que : 1° c'est à chaque partie contractante à peser d'avance les avantages et les désavantages qui résultent du traité; 2° il n'est pas contraire à la loi naturelle de se faire promettre de plus grands avantages que l'on n'en accorde ; 3° comme il est impossible, dans l'état naturel qui existe entre les nations, de déterminer le degré nécessaire pour la résiliation d'un traité, et de prononcer sur l'existence d'une telle lésion, l'avantage réciproque des nations doit les engager à ne pas faire usage d'une exception qui saperait les fondements de tous les traités (Martens, § 52).

Ce serait donc une erreur de considérer comme une condition essentielle d'un traité que les prestations soient réciproques, par cette raison que tout engagement doit reposer sur un équivalent. En effet, la faculté de disposer librement du domaine implique celle d'y renoncer, même à titre gratuit au profit d'un tiers (Grotius, 11, 14, 4 et 12; de Neumann, *De pactis principum*, I, 3. 90; I, 3. 219). Le défaut d'utilité apparente ni la lésion ne peuvent donc vicier ces sortes de contrats, à moins qu'il n'existe d'autres causes de rescision (Hefter, Droit intern. publ. de l'Europe, § 83; V. aussi MM. Ortolan, t. 1, p. 98; Vergé sur Martens, §§ 7, 52).

128. Les traités, qui contiennent l'abandon gratuit d'un don naturel essentiel, tel que l'indépendance partielle, dit M. Hautefeuille (Droits et devoirs des nations neutres, 2ᵉ éd., t. 1, p. 9), ne sont obligatoires qu'autant qu'il convient aux parties. Chacune d'elles a le droit de renoncer au traité, en prévenant l'autre partie. La raison en est que les droits naturels sont inaliénables, et ne sont pas dans le commerce. Suivant le même auteur, les traités inégaux conclus pour un temps indéterminé, ne sont obligatoires qu'autant que dure l'accord des volontés entre les parties contractantes. — Mais, peut-être, est-ce là trop accorder à la faculté de résiliation. — Dans le cas où un État est contraint par la force à renoncer à son indépendance politique, le traité qui contient cette renonciation n'est pas obligatoire, de l'avis de tous les publicistes (Rayneval, l. 3., ch. 25, § 2; Hefter, § 83; Ortolan, *loc. cit.*). En effet, un peuple n'a pas le droit de détruire l'existence politique de ses descendants, de même qu'un homme n'a pas le droit de vendre sa postérité.

129. De ce principe qu'un traité ne fait naître des droits que par l'accord des volontés (*duorum vel plurium in idem consensus*), M. Hefter, liv. 1, chap. 3, § 1, conclut qu'il ne subsiste qu'avec cet accord, et que dès qu'un changement de volonté survient du côté de l'une des parties, l'autre peut exiger seulement le rétablissement de l'ancien état de choses et des dommages-intérêts à raison du préjudice par elle éprouvé. — Une telle opinion ne saurait être admise en droit naturel. *Pacta sunt servanda* est un principe supérieur à toute volonté particulière. Sans doute, les traités publics, comme les conventions privées, sont susceptibles de résiliation, mais par accord des deux parties, et non par la volonté d'une seule. Les anciens publicistes se servaient aussi de ce principe : « La parole d'un prince vaut un serment. » Mais comme M. Heffer le remarque avec raison, il est inutile de recourir à de pareilles distinctions; car la principe moral du droit ne permet pas de distinguer entre les engagements des grands et ceux des inférieurs.

130. Cependant, il y a quelques exceptions aux principes rigoureux que nous venons d'établir : 1° impossibilité physique. Cette impossibilité peut dispenser de l'exécution du traité, mais non du payement d'une indemnité, si elle a été prévue par la nation qui invoque le traité; — 2° Impossibilité morale, par exemple, violation des droits d'un tiers; — 3° Conflit avec des traités antérieurs.—Dans tous ces cas, il y a lieu à une indemnité.

131. Les traités une fois ratifiés par les pouvoirs compétents, à qui appartient leur exécution? « L'exécution, dit M. Dupin (aff. Richmond, V. n° 156), est dévolue, non pas à une seule autorité, mais à toutes, dans l'ordre de leur compétence. L'exécution appartient à la diplomatie, quand un traité principal exige des conventions accessoires : par exemple pour la Belgique, dans le traité des vingt-quatre articles, qui a nécessité tant de conférences et de protocoles subséquents. L'exécution peut être confiée à l'armée, si on ne peut l'obtenir autrement; vous en avez un exemple dans le siége et la prise d'Anvers; l'expropriation a eu lieu *manu militari*. — L'exécution sera politique s'il s'agit d'un traité d'alliance, d'un acte de médiation; elle pourra exiger le concours de l'administration si les actes sont du son ressort. Ainsi, par exemple, la convention postale conclue récemment avec l'Angleterre, sera exécutée par la direction des postes françaises. — Il faut bien admettre enfin que l'autorité judiciaire aura sa part d'attributions dans l'exécution des traités, si à leur occasion il s'élève des contestations privées qui soient de sa compétence, telles que des questions de propriété, de famille, de succession ou autres de ce genre. » Mais ce dernier point sera discuté séparément avec l'importance qu'il mérite (n° 156).

132. Dans l'exécution des traités, il faut procéder avec modération, d'après la maxime qu'on doit traiter les autres comme on voudrait être traité soi-même. On accordera donc tout délai convenable, afin que la partie obligée subisse le moins de préjudice possible. En général, l'exécution doit être précédée d'une mise en demeure : en cas de retard ou de non-exécution, elle serait alors tenue à des dommages-intérêts. Cependant, quand il s'agit de prestations à termes fixes, il n'y a pas lieu à sommation préalable, et les dommages-intérêts peuvent courir sans cette condition (Heffer, § 94).

133. Les traités politiques légalement stipulés, reçus et publiés en France, deviennent lois de l'État (Req. 11 avr. 1838, aff. tenanciers de Caramany, V. Lois, n° 91-2°; V. sur ce point v^te Compét. admin., n°* 33 et suiv.; Droit nat. et des gens, n°* 178 et suiv.; Lois, n° 91, et *infrà*, n° 154).

134. Nous avons vu qu'un traité est obligatoire *pour les parties contractantes*, aussitôt après la ratification, et même à partir de la signature du traité (V. n° 105). Mais il y a des traités qui doivent être aussi exécutés par les *simples citoyens*. On demande sous quelles conditions ces traités pourront avoir force de loi et être opposés aux citoyens. Ces conditions sont les mêmes que celles qui accompagnent l'exécution des lois, c'est-à-dire la promulgation et la publication. — Ainsi, il a été jugé qu'un traité, même ratifié, qui n'a pas été promulgué en France, n'a pu légalement devenir la base d'une poursuite judiciaire (Cass. 28 nov. 1834, aff. Jauge, V. Crimes contre la sûreté de l'État, n° 28). — Dans l'espèce, la discussion roulait sur l'interprétation différente des art. 58 du sénatus-consulte du 16 therm. an 10 (4 août 1802) et 41 de celui du 28 flor. au 12 (18 mai 1804), et de l'art. 13 de la charte constitutionnelle. Le premier porte « que le premier consul, avant de *promulguer* les traités, en donne connaissance au sénat; » le second, « que l'archichancelier fait les fonctions de chancelier pour la *promulgation* des traités de paix et d'alliance, etc. » Mais l'art. 13 de la charte dit simplement que le roi fait les traités de paix, d'alliance et de commerce, sans parler de promulgation. — La cour de Paris avait entendu que les articles ci-dessus avaient conservé force de lois,

et que les traités non promulgués, suivant la teneur de ces articles, pouvaient être exécutoires pour les parties contractantes, mais non pour les simples citoyens. Le procureur général se pourvut en cassation, sur ce motif, que la cour avait mal interprété les articles qu'elle invoquait. Ces articles, en effet, se rapportent à l'art. 50 de l'acte constitutionnel du 22 frim. an 8, d'après lequel les déclarations de guerre et les traités de paix, d'alliance et de commerce devaient être proposés, discutés, décrétés et promulgués comme des lois. Mais l'art. 50 de l'acte constitutionnel du 22 frim. an 8, est évidemment abrogé par l'art. 13 de la charte, puisqu'il est certain, d'après cet article, que les traités ne sont plus proposés ni discutés comme des lois. Les articles des sénatus-consultes ultérieurs, qui sont les connexes de cet article primitif, doivent évidemment périr avec lui. — Telles étaient en substance les raisons que l'on faisait valoir contre la nécessité de la promulgation des traités.

M. le procureur général Dupin répondit de son côté que les articles des sénatus-consultes invoqués contenaient la disposition formelle de la promulgation; que ce n'est pas à dire que cette disposition est abrogée, parce qu'elle ne se trouve pas dans la charte; que la jurisprudence emprunte chaque jour des règles importantes aux sénatus-consultes qui ne sont pas reproduits dans la charte; que le droit de censure de la cour de cassation elle-même n'a pas d'autre origine, et cette interprétation a été admise, comme on l'a vu, par la cour suprême. Cette raison, si elle eût été la seule, ne serait peut-être pas péremptoire. Comment, en effet, un article abrogé dans sa disposition essentielle, pourrait-il subsister dans une simple disposition incidente ? — Mais si l'argumentation du procureur général était faible dans cette partie des débats, elle était irréprochable quand, au lieu de s'arrêter à un texte écrit, il allait au fond des choses. Le pouvoir du roi, disait-il, ne pouvait pas être plus étendu que celui de l'empereur, et l'empereur était tenu à la promulgation. L'effet de la charte a été de *moraliser* la prérogative et non de de la rendre immorale et contraire au droit naturel. Sans doute, les traités sont obligatoires de nation à nation, sans la promulgation, qui est un acte purement intérieur; mais, au point de vue civil et criminel, comment les traités seraient-ils obligatoires pour les citoyens, si ceux-ci ne les ont pas connus? Comment soumettre les citoyens à des pénalités pour des faits et d'après des conventions qu'ils ne connaissaient pas? — Ce n'est pas qu'il ne puisse exister des traités non publiés, des traités secrets, gardés en portefeuille; mais alors leurs effets se bornent aux gouvernements qui les ont signés, et ne s'étendent pas aux citoyens pour qui ils sont inconnus. La politique peut user de réticence ou de dissimulation, elle a ses *ignoscenda quidem*....La justice procède autrement : avant qu'on puisse punir un fait, il faut que la défense du fait ait été publiée et connue. — Du moment qu'un traité entraîne après lui des défenses ou des prescriptions aux citoyens, il est une loi à leur égard : il faut donc lui appliquer les mêmes principes.

135. Il en est des traités de commerce et de navigation comme des traités politiques : ils ne sont exécutoires qu'autant qu'ils sont insérés au Bulletin des lois. « Comment un tribunal de commerce, dit M. Beaussant (C. marit., t. 2, liv. 4, tit. 9, n° 1071), saisi d'une question de pilotage entre un pilote et un étranger, saura-t-il s'il faut, ou non, appliquer la surtaxe, s'il n'est pas en position de consulter le texte qui en aurait exempté? Comment un juge de paix sur une question de douane, une commission sanitaire sur une question de droits à exiger, agiront-ils en dehors de la loi générale, si le gouvernement n'a donné à ses magistrats l'ordre d'exécuter une exemption portée au traité? Aussi l'usage est-il d'insérer les traités au Bulletin des lois, et même souvent de les faire suivre d'une ordonnance qui prescrit leur application. »

§ 5. — *De l'interprétation des traités.* — *Compétence.*

136. Les traités, tout aussi bien que les lois, ne sont pas toujours clairs : de plus, ils ne peuvent pas prévoir tous les cas; ils peuvent donc donner lieu à interprétation; c'est là un des points les plus délicats de la jurisprudence internationale, et dont les règles doivent être le plus soigneusement établies.

137. Les traités, dit la cour de cassation, doivent s'interprêter suivant les règles du droit sur l'interprétation des conventions (Cass. 24 juin 1839, aff. duc de Richmond, V. n° 156).—Nous devons donc rappeler ici les règles données par le code, et qui s'appliquent en général, sauf quelques modifications à l'interprétation des traités.

138. 1° On doit dans les conventions entre nations plutôt rechercher quelle a été la commune intention des parties contractantes, que de s'arrêter au sens littéral des termes (c. nap. 1156, V. Obligat., n° 849.—Conf. Cass. 24 juin 1839, aff. Fox C. duc de Richmond, n° 156). *In conventionibus contrahentium voluntas potius quàm verba spectari placuit* (leg. 219, ff., *De verb. signif.*, 50, 16). — Mais cette règle doit être modifiée par cette autre règle : Il n'est pas permis d'interpréter ce qui n'a pas besoin d'interprétation. *Cum in verbis nulla ambiguitas est, non debet admitti voluntatis quæstio* (leg. 25, § 1, ff., *De leg.* 3°).

139. 2° Lorsqu'une clause est susceptible de deux sens, on doit plutôt l'entendre dans celui avec lequel elle peut avoir quelque effet, que dans celui avec lequel elle n'en pourrait produire aucun (c. nap. 1157, V. Obligat., n° 860).

140. 3° Les termes susceptibles de deux sens doivent être pris dans le sens qui convient le plus à la matière du traité (c. nap. 1158, V. Obligat., n° 863).

141. 4° Ce qui est ambigu s'interprète par ce qui est d'usage entre les pays qui ont conclu le traité (c. nap. 1159, V. Obligat., n° 864). — On sait quelle est la force de l'usage en matière diplomatique. Il y a donc lieu, en droit des gens comme en droit civil, de recourir à l'usage pour suppléer à l'obscurité des conventions. On peut même suppléer dans le traité les clauses qui y sont d'usage, quoiqu'elles n'y soient pas exprimées (c. com. 1160, V. Obligat., n° 866).

142. 5° Toutes les clauses des conventions s'interprètent les unes par les autres, en donnant à chacune le sens qui résulte de l'acte entier (c. nap. 1161; V. Obligat., n° 867. — Conf. Cass. 24 juin 1839, aff. duc de Richmond, n° 156). Nous avons vu en effet (n° 81), que tous les articles d'un traité forment un tout indivisible, un seul et même acte, dont toutes les parties sont solidaires, et dont on ne peut violer une clause sans les détruire toutes. Il est donc évident qu'il ne faut pas prendre chaque clause en elle-même sans s'enquérir du rapport qu'elle peut avoir avec les autres. Il faut donc que toutes les parties de l'acte soient d'accord entre elles, à moins qu'il ne soit constant que dans les dernières clauses on a voulu changer quelque chose aux précédentes. — De même il ne faut pas interpréter chaque expression isolément ; mais il faut la mettre en rapport avec le reste du discours — V. Obligat., n° 867.

143. 6° Dans le doute, la convention s'interprète contre celui qui a stipulé et en faveur de celui qui a contracté l'obligation (c. nap. 1162). A défaut de tout autre moyen, l'interprétation doit être faite contre celui qui donne, parce qu'il est censé avoir donné sans restriction tout ce que comporte la nature de la chose donnée. Par exemple, l'Angleterre accorde le droit de pêcher sur les côtes de Terre-Neuve. Il est entendu qu'elle accorde en même temps tout ce qui est contenu dans le droit de pêche, comme de relâcher, de conduire le poisson à terre pour le sécher et arranger, de couper les bois nécessaires, etc. — Quelque raisonnable cependant que soit cette règle, elle est soumise à une foule d'exceptions : par exemple, lorsque celui qui s'oblige ne s'est pas expliqué clairement sur intention, c'est lui qui en est responsable. Une des règles d'interprétation les plus fréquentes et les plus certaines est d'expliquer les doutes et les obscurités contre celui qui les a fait naître ou laissé subsister, lorsqu'il devait et pouvait les dissiper : *placet pactionem obscuram iis nocere in quorum potestate fuit legem apertius conscribere* (L. 39, Dig., *De pactis*, liv. 2, t. 14). — V. Obligat., n° 871.

144. 7° Quelque généraux que soient les termes dans lesquels une convention est conçue, elle ne comprend que les choses sur lesquelles il paraît que les parties se sont proposé de contracter (c. nap. 1163). — V. Obligat., n° 873.

145. 8° Lorsque, dans un traité, on a exprimé un cas pour l'explication de l'engagement, on n'est pas censé avoir voulu par là restreindre l'étendue que l'engagement reçoit de droit aux cas non exprimés (c. nap. 1164). — V. Obligat., n° 875.

146. A ces règles que le code a admises pour l'interpréta-

tion des contrats, et qui toutes peuvent avoir leur application par rapport aux traités, nous pouvons en ajouter quelques autres, tirées des publicistes et des jurisconsultes.

Lorsque dans un acte il se trouve une clause obscure et ambiguë, le moyen le plus sûr d'en fixer le véritable sens est de s'attacher à la possession, c'est-à-dire à l'interprétation que les parties ont faites elles-mêmes de l'acte, par la manière dont elles l'ont exécuté. *Talis enim præsumitur processisse titulus, qualis apparet usus et possessio*, dit Dumoulin (Toullier, t. 6, n° 320; Merlin, Quest. de dr., t. 2, p. 232 et 838, 2° éd.).—V. Obligat., n° 865.

147. C'est d'après cette règle qu'il a été soutenu dans une consultation importante rédigée par nous en 1830 et signée par les principaux avocats de Paris, que les traités politiques de nation à nation s'apprécient comme les actes civils, par leurs effets réels, et non pas seulement par leurs formes ou par la lettre de leurs textes. — La raison en est sensible, c'est qu'en définitive les transactions d'homme à homme ou de peuple à peuple affectent les intérêts des parties par leurs résultats et non par leurs formes (V. cette consultation, D. P. 32. 3. 62).

148. Voici quelques règles relativement à l'interprétation des mots dans les traités. — 1° Personne n'est présumé s'être écarté du sens ordinaire des mots et l'on ne doit jamais s'en écarter, dans l'interprétation des actes, sans des raisons évidentes (Wolf, Instit. jur. nat., § 798). Ainsi, en cas d'amphibologie et d'équivoque, il faut prendre les mots dans leur signification ordinaire et non dans celle que leur donnent les savants et les grammairiens (V. Obligations, n° 856). — Cependant les termes techniques doivent s'interpréter suivant la définition qu'en donnent les maîtres de l'art. — 2° Lorsqu'une expression qui a plusieurs sens est employée plusieurs fois dans un acte, on ne doit pas se faire une loi de la prendre partout dans la même signification. — 3° Il ne faut point interpréter chaque expression séparément, mais la mettre en rapport avec le reste du discours.

149. Les traités diplomatiques doivent encore être entendus dans un sens qui concorde avec l'ordre public établi chez les peuples contractants, et particulièrement avec leurs maximes de droit public et leur ordre de juridiction (Req. 17 mars 1830, aff. Challier, v. Droit civil, n° 443-2°) ; — Dans le doute, et à moins qu'il n'y ait des preuves irrécusables, on doit préférer l'interprétation qui concorde avec le droit civil et public de la France, à celle qui créerait un droit privilégié et exceptionnel (Cass. 24 juin 1839, aff. Fox C. duc de Richmond, V. n° 156).

150. On distingue deux sortes d'interprétation : l'interprétation extensive et l'interprétation restrictive. Dans l'une et dans l'autre, on s'attache à l'esprit plutôt qu'à la lettre : mais dans l'une on étend une disposition à des cas semblables, qui ne sont pas compris dans la signification des termes : dans l'autre, on excepte d'une disposition un cas particulier, quoiqu'il soit compris dans cette même signification : l'une et l'autre se tire de la raison de l'acte bien connu et qui invite à y faire rentrer ou à en exclure certains cas imprévus. — C'est ici qu'il faut placer la distinction célèbre en droit des gens, des choses *favorables* et des choses *odieuses* : c'est aux premières que s'applique l'interprétation extensive, et aux secondes l'interprétation restrictive. Dans ces différents cas, il faut plutôt suivre l'esprit du traité, que la lettre, et consulter l'équité plutôt que le droit strict. Mais il est évident que cette latitude d'interprétation n'est laissée qu'autant que la pensée de l'acte n'est pas claire. Car même une chose favorable doit être prise dans un sens étroit, et une chose odieuse dans le sens large, lorsqu'il est évident que les contractants l'ont voulu ainsi.

151. Il peut arriver que les traités, de même que les lois soient en opposition les uns avec les autres. Il y a alors un conflit qui doit être décidé par certaines règles. On distingue trois espèces de lois : *prohibitives*, *impératives* et *permissives*. Nous laissons de côté la sanction des lois, qui donne naissance à une quatrième espèce de lois, les lois pénales. En d'autres termes, la loi a trois effets : la défense, l'ordre et la permission. Il est d'abord évident qu'en cas de conflit, la simple permission doit céder à l'ordre ou à la défense. Ainsi, si dans un traité une chose est rigoureusement défendue, et simplement permise dans un antre, c'est le premier traité qui doit l'emporter : il en est de même si la simple permission est contraire à un ordre exprès. Mais entre l'ordre et la défense, lequel des deux l'emporte de droit ? Vattel décide que c'est la défense : mais il n'y a pas de raison absolue pour qu'il en soit ainsi dans tous les cas : car l'ordre et la défense n'ont pas l'un sur l'autre une supériorité évidente d'obligation. Dans ce cas, il faut donc chercher d'autres motifs pour se décider. En général, l'obligation la moins importante doit céder à la plus considérable. A défaut de ce criterium, on peut considérer la date des traités. En cas de conflit entre deux traités avec un même peuple, le plus récent l'emporte : entre des peuples différents : c'est le plus ancien : la raison en est simple : c'est que dans le premier cas, le second traité abroge le premier ; mais il ne peut pas en être de même dans le second cas : car c'est un principe de droit des gens qu'on ne peut faire avec une nation de traités qui rendraient impossible l'exécution de ceux qui subsistent avec une autre.

152. Quels sont maintenant les pouvoirs compétents pour l'interprétation des traités ? En principe, l'existence, la validité, l'interprétation et l'application des traités diplomatiques, dans leurs rapports avec le droit national et l'intérêt public, sont hors du domaine des tribunaux soit administratifs, soit judiciaires. Comme la loi elle-même, ces traités sont à l'abri de toute réclamation. *Cujus est condere legem, ejusdem est interpretari.* Les actes diplomatiques, quels qu'ils soient, ne procèdent que du droit de souveraineté. La constitution ne comporte nulle délégation de ce droit : il reste déposé dans sa plénitude aux mains du chef suprême de l'Etat qui seul en a l'exercice.

C'est en vertu de ce principe qu'il a été décidé : 1° que les arrêtés par lesquels le gouverneur de Pondichéry a réglé l'exécution d'une convention diplomatique conclue avec l'Angleterre et la répartition des indemnités dues par celle-ci en suite de cette convention, non plus que la décision ministérielle qui rejette le recours formé contre ces arrêtés, ne sont de nature à être déférés au conseil d'Etat par la voie contentieuse (cons. d'Et. 5 janv. 1847) (1) ; — 2° Que les questions relatives à l'existence et à la validité des engagements diplomatiques ne peuvent être déférés au conseil d'Etat par la voie contentieuse (cons. d'Et. 4 mai 1835, M. Brian, rap., aff. Attal.—Conf. cons. d'Et. 24 mars 1824, aff. la Nueva-Veloz-Marianna, v° Prises marit., n° 250). — V. au surplus les nombreuses décisions rapportées v° Compét. adm., n° 33 et suiv.; Conseil d'Etat, n° 71, 72; V. aussi Crim. rej. 23 déc. 1854, aff. Featherstonhaugh, D. P. 59. 1. 185.

153. Mais quoique ces décisions soient inattaquables, il ne faudrait pourtant pas aller jusqu'à soutenir que les engagements diplomatiques donnent naissance à des règles de compétence absolues et qui ont à peine besoin d'être énoncées (Dufour, Droit administratif, t. 2, n° 1331); qu'il n'est aucune autre autorité

qui puisse connaître de ces actes pour les apprécier et les interpréter (*ibid.*). Il vaut mieux restreindre cette assertion et dire avec M. Chauveau (Principes de compét. et de juridict. admin., t. 2, n° 414 et suiv.) : les effets des traités diplomatiques et leur exécution peuvent être l'objet, comme la loi elle-même, de discussions qui sont gracieuses ou contentieuses, administratives ou judiciaires, selon leur nature.

154. En effet, ainsi que le dit la cour de cassation, les traités entre nations ne sont pas de simples actes administratifs et d'exécution ; ils ont le caractère de loi et ne peuvent être appliqués et interprétés que par les autorités chargées d'appliquer toutes les lois dans l'ordre de leurs attributions (Cass. 24 juin 1839, aff. Fox C. duc de Richmond, V. n° 156). — « Les traités ont force de loi, disait M. Dupin dans cette affaire ; et ce n'est pas même une simple assimilation, c'est une réalité, quand ils stipulent une abdication de territoire, une aliénation de domaine, un payement de subsides; car, dans tous ces cas, notre constitution exige l'intervention et la sanction du pouvoir législatif; aussi est-il de règle que les traités doivent être promulgués au Bulletin des lois ; ils obligent tous les citoyens, comme les lois elles-mêmes, et non pas à la manière des actes administratifs, qui n'obligent ou n'atteignent que ceux-là seulement qu'ils concernent. » — Par suite, il a été décidé que les tribunaux ont le droit d'interpréter les traités diplomatiques, toutes les fois que les contestations qui donnent lieu à cette interprétation ont pour objet des intérêts rentrant dans leurs attributions (même arrêt).

155. Mais ces contestations tombent sous la compétence administrative ou judiciaire, selon les circonstances.—Le premier cas a lieu, par exemple, lorsque la demande n'a pas pour objet de réclamer contre l'interprétation donnée aux traités par le ministre à l'égard du gouvernement ou des particuliers comme sujets des autres puissances, mais uniquement d'obtenir comme citoyens français du gouvernement français le payement d'obligations qu'on soutient avoir été, en vertu de conventions faites avec l'étranger, mises à la charge de la France : cette demande dans ses limites est contentieuse.—En conséquence, il a été décidé, par les motifs qui viennent d'être exprimés, que la demande en payement d'une créance que, par suite de conventions avec une puissance étrangère, aurait été mise à la charge de la France, peut être portée par la voie contentieuse devant le conseil d'Etat (cons. d'Et. 5 déc. 1833, M. Bouchené-Lefer, rap., aff. Perret, etc.). — Le conseil d'Etat, interprétant ainsi, en matière d'intérêt privé, des conventions diplomatiques, a également jugé 1° qu'on ne peut réclamer, en vertu du traité du 4 juill. 1831, le payement d'une créance antérieure au 8 vend. an 9, non comprises parmi celles mentionnées en l'art. 5 du traité du 8 vend. an 9, lorsque d'ailleurs elle n'est relative ni à des fournitures, emprunts et prises à la mer, ni aux captures spécifiées dans cet art. 5 (cons. d'Et. 27 mars 1839) (2) ; — 2° Que la créance dont

---

(1) (Courson, etc. C. min. de la marine.) — Louis-Philippe, etc.; — Vu la convention conclue à Londres le 7 mai 1815 entre l'Angleterre et la France relativement au commerce du sel et de l'opium dans l'Inde ; — Vu la convention passée entre le gouvernement de Pondichéry et celui de Madras, à Pondichéry, le 13 mai 1818 ; — Vu toutes les pièces jointes au dossier ; — Considérant que l'allocation et l'attribution de l'indemnité de 4,000 pagodes que le gouvernement anglais s'est engagé à payer au gouvernement français pour les propriétaires des salines de Pondichéry et de Karikal ont été opérées par suite de négociations diplomatiques, et que, dès lors, la réclamation des requérants n'est pas de nature à nous être déférée par la voie contentieuse. — Art. 1. La requête des héritiers de Courson et consorts est rejetée.
Du 5 janv. 1847.-Cons. d'Et.-M. Vuitry, rap.
(2) *Espèce :*—(Nadau et Coulon.)—Pendant les guerres de la République, Nadau et Coulon, armateurs du corsaire la Bellone, arrêté par des vents contraires, avaient conduit à Wilmington, en Amérique, la prise qu'ils avaient faite de deux navires anglais la Betty-Cotheart et l'Aaron. Par suite des entraves de toute nature qui leur furent suscitées par le gouvernement américain, Nadau et Coulon ne purent vendre les marchandises chargées sur les navires capturés, et après avoir subi des pertes considérables, se virent mettre dès lors, la nécessité de faire abandon de leur prise au gouvernement américain. — L'indemnité à laquelle ils avaient droit ne fut jamais liquidée. — Les sieurs Nadau et Coulon présentèrent plusieurs réclamations, mais sans succès. — Leurs héritiers, espérant un meilleur résultat, depuis le traité de 1831, reprennent la réclamation formée par leurs auteurs.

Louis-Philippe, etc. — Vu les conventions passées avec les Etats-Unis, les 8 vend. an 9 et 4 juill. 1831, la loi du 14 juin 1835 et l'ord. du 21 mai 1836 ; — Considérant que la convention conclue le 8 vend. an 9, entre les représentants de la France et les Etats-Unis d'Amérique, réservait par son article second, à des négociations ultérieures, le soin de régler les indemnités mutuellement dues ou réclamées, et que, par l'art. 5, elle ordonnait le payement des dettes contractées par l'une des deux nations envers les particuliers de l'autre ; ou par des particuliers de l'une envers des particuliers de l'autre ; — Que, lors des ratifications échangées par le sénat américain, et il a été stipulé pour la France que, par ce retranchement, les deux Etats renonçaient aux prétentions respectives qui étaient l'objet dudit article ; qu'ainsi, toute réclamation pour indemnités mutuellement dues se trouvait éteinte ; — Que, dans la convention annexée au traité passé, le 10 flor. an 10, avec les Etats-Unis d'Amérique, ladite convention ayant pour objet de pourvoir au payement des créances dues aux citoyens des Etats-Unis par la France, il n'est question que des dettes contractées par la France envers des citoyens des Etats-Unis, et aucune mention n'est faite de l'indemnité dont la convention du 8 vend. an 9 avait prononcé l'abolition réciproque ; — Que si ladite convention, par son préambule, mentionne à la fois les art. 2 et 5 de celle du 8 vend. an 9, il résulte de ces dispositions qu'elle ne s'y réfère pour déterminer avec plus de précision la nature des droits que comprenaient respectivement les art. 2 et 5 afin d'en assurer l'exécution ; — Que c'est ainsi que l'art. 4 de ladite convention du 10 flor. an 10 dispose que la liquidation à faire au

la cause est postérieure au traité du 4 juill. 1831 ne peut être colloquée, concurremment avec les créances antérieures, sur les fonds de 1,500,000 fr. affectés, en vertu de ce traité, au payement des créances américaines (L. 14 juin 1835; ord. 21 mai 1836): la collocation ne peut même être faite à la suite et en sous-ordre (même décision).

156. Quant aux tribunaux civils, ils sont compétents pour interpréter les traités toutes les fois que les contestations qui donnent lieu à cette interprétation ont pour objet des intérêts privés; par exemple, des questions de successibilité et de propriété privée, qui sont attribuées par la loi au pouvoir judiciaire. Dans ces sortes de questions, les parties et les tribunaux ont le droit de recourir à l'interprétation doctrinale, non en vue de modifier en quoi que ce soit un traité dans ses effets politiques, mais en vue d'appliquer les conséquences naturelles qui dérivent du traité, d'après son esprit, le sens logique de ses termes, et les maximes générales du droit; en un mot, en procédant comme on fait dans l'application des lois et des conventions qui en tiennent lieu. Ce droit est implicitement contenu dans cette disposition de l'art. 14 du traité d'Amiens : « La décision de toutes réclamations entre les individus des nations respectives pour dettes, propriétés, effets ou droits quelconques, qui, conformément aux usages reçus et au droit des gens doivent être reproduites à l'époque de la paix, sera renvoyée devant les tribunaux compétents. » Beaucoup d'arrêts ont consacré la compétence de l'autorité judiciaire, quant au droit d'interpréter les traités pour les appliquer aux diverses questions qui sont du ressort des tribunaux (V. notamment Cass. 27 janv. 1807, aff. de Noailles-Poix, v° Domaine engagé, n° 36; 15 juill. 1811, aff. Champeaux, v° Droit civil, n° 445; 11 déc. 1816, aff. Séguin, *infrà*, n° 201; Req. 17 mars 1830, aff. Challier, v° Droit civ., n° 443-2°; V. aussi v° Compét. admin., n° 35). — Toutes ces questions ont été débattues dans la célèbre affaire du duc de Richmond, qui prétendait avoir été investi seul de la terre d'Aubigny, au détriment de ses cohéritiers, par un article secret du traité de 1814, ainsi conçu : « Le séquestre sur le duché d'Aubigny et les biens qui en dépendent, sera levé, et le duc de Richmond remis en possession de ces biens, tels qu'ils sont maintenant. » Mais la cour de cassation interprétant cette disposition a décidé qu'elle doit être entendue en ce sens qu'on a stipulé, dans l'intérêt à la fois du duc de Richmond et de ses *cohéritiers*, conformément à la disposition générale du même traité qui restitue à tous les sujets anglais sans distinction les biens à eux appartenant en France (Cass. 24 juin 1839, et sur nouveau pourvoi Req. 11 août 1841) (1). — « Jamais une nation, comme la France, disait M. Dupin avec un grand bonheur et une

---

moyen de l'allocation consentie aux Etats-Unis sur le prix de la cession des Florides ne comprendra que les créances des Français pour fournitures, embargos et prises faites à la mer, et détermine ainsi, en ne l'appliquant qu'aux créances non comprises dans les catégories, l'étendue de l'abolition de créance portée par la convention de l'an 9 ; — Que l'art. 5 déclare ensuite que la même liquidation ne s'appliquera qu'aux créances mentionnées dans l'art. 5 de la convention de l'an 9 et aux captures dont la restitution ou mainlevée aurait été ordonnée par le conseil des prises, lesquelles captures se trouvaient énoncées dans la disposition finale dudit art. 5 ;

Qu'il suit de ces dispositions que l'abolition de créance convenue en l'an 9 a continué à subsister pour toutes les réclamations comprises dans l'art. 2 ainsi expliqué, et que, en admettant qu'à titre de réciprocité, les créances des Français contre les Etats-Unis se soient trouvées soumises, de droit, aux règles qui étaient ainsi établies pour celles des citoyens des Etats-Unis contre la France, elles ne pouvaient donner lieu, à aucune réclamation qu'autant qu'elles étaient de celles que la convention de l'an 9 avait admises ;

Considérant que la créance réclamée par les héritiers Nadau et Coulon est antérieure au 8 vend. an 9; qu'elle n'est point comprise parmi celles qui étaient mentionnées dans l'art. 5 du traité de 3 vend. an 9, qu'elle n'est relative ni à des fournitures, embargos et prises faites à la mer, ni à des captures dont le conseil des prises aurait ordonné la restitution ou mainlevée, et qu'ainsi elle est restée dans la catégorie des indemnités auxquelles il avait été respectivement renoncé lors du traité du 8 vend. an 9; — Que, dès lors, elle n'a pu être comprise dans les stipulations du traité du 4 juill. 1831, ainsi que l'avait reconnu la commission nommée le 14 oct. 1830, pour l'examen préalable des créances susceptibles d'être prises en considération dans ledit traité.

Art. 1. Les requêtes sont rejetées.

Du 27 mars 1859.-Ord. cons. d'Et.-M. Vivien, rap.

(1) *Espèce :* — (Fox, Bambury et cons. C. duc de Richmond.) — La terre d'Aubigny, dans le Berry, fut inféodée par Charles VII, en 1422, à Jean Stuart, seigneur écossais. Cette inféodation, devenue caduque par l'extinction de la race masculine de Jean Stuart, en 1672, fut renouvelée l'année suivante par Louis XIV, en faveur de la duchesse de Portsmouth, dame française, née de Quéroal, « pour en jouir par elle, et, après son décès, par celui des fils naturels du roi de la Grande-Bretagne qu'il désignerait, et les descendants mâles en droite ligne de ce fils naturel. » — Charles II, roi d'Angleterre, désigna, pour succéder à la duchesse de Portsmouth, un fils naturel qu'il avait eu d'elle, nommé Charles Lennox, qui prit le titre de 1er duc de Richmond. Il jouit jusqu'à sa mort de la terre d'Aubigny, qui passa ensuite successivement à son fils aîné et à ses petits-fils, 2e et 3e ducs de Richmond.

Cette propriété fut frappée du séquestre de guerre prononcé sur les propriétés des Anglais en France, par le décret de Berlin du 21 nov. 1806. — A cette dernière époque, elle était possédée par le 5e duc de Richmond qui décéda le 19 déc. suivant, sans postérité, laissant pour héritiers naturels quatre sœurs et les enfants d'un frère-germain, décédé avant lui, dont l'aîné prit le titre de 4e duc de Richmond. — Survint le traité de paix du 30 mai 1814. L'art. 18 de ce traité stipulait, en termes généraux, en faveur des sujets britanniques, la mainlevée du séquestre de guerre. Mais on ajouta une clause secrète relative à la terre d'Aubigny et qui était ainsi conçue : « Le séquestre sur le duché d'Aubigny et les biens qui en dépendent sera levé, et le duc de Richmond remis en possession de ces biens, tels qu'ils sont maintenant. » — Le 4e duc de Richmond réclama pour lui seul l'exécution de cette clause. Une ord. royale du 8 juill. 1814 et un arrêté du préfet du Cher, du 5 août suivant, l'envoyèrent en possession de la terre d'Aubigny. — Il est décédé en 1819, laissant pour unique héritier son fils, 5e duc de Richmond, qui a continué de jouir exclusivement de cette terre. — Mais, en 1850, il a été actionné devant les tribunaux en partage et en restitution des fruits par les représentants des quatre sœurs du 5e duc de Richmond, héritières de leur frère, conformément au code civil en vigueur au moment du décès. — A cette action, le défendeur opposait l'attribution nominale qui avait été faite à son père par la clause secrète de 1814 et diverses autres exceptions qui ont été repoussées par jugement du tribunal de Sancerre.

— Appel du duc de Richmond. — 11 mars 1855, arrêt infirmatif de la cour de Bourges qui déclare les héritiers non recevables dans leur action par ce motif que le duc de Richmond a été mis en possession de la terre d'Aubigny, en vertu d'une clause particulière et non par suite des dispositions générales du traité politique intervenu entre la France et l'Angleterre, le 30 mai 1814, d'une ord. royale du 8 juill. suivant, et d'un arrêté du préfet du Cher du 5 août, même année, par procès-verbal du 50 nov. suivant; — Que la cour n'a pas le droit de modifier ces actes ni d'en rechercher l'esprit; qu'elle doit s'en tenir à leur texte positif qui investit le duc de Richmond de la propriété de l'immeuble revendiqué, et qu'avant de se pourvoir de leur qualité prétendue ou réelle d'héritiers portionnaires du 5e duc de Richmond, ce qui touche l'objet litigieux, les demandeurs doivent, s'il y a lieu, se faire relever, devant l'autorité compétente, de l'effet des actes plus haut mentionnés; que, jusque-là, ces actes restent dans toute leur force, et sont un obstacle à l'exercice de leur action.

Pourvoi. — 1° Violation des lois des 24 août 1790 et 16 fruct. an 5, des sous-prétexte de se maintenir dans la limite de la séparation des pouvoirs administratif et judiciaire, la cour d'appel a méconnu sa propre compétence, en refusant d'interpréter la clause de 1814, lequel a le caractère d'une loi et tombe ainsi sous l'appréciation des tribunaux. — 2° Violation dudit traité de 1814 et des art. 3, 745, 750 et 896 c. civ., en ce que la clause secrète relative à la restitution de la terre d'Aubigny ne doit pas être entendue dans le sens absolu que lui ont prêté les arrêts attaqués; et qu'en y voyant une attribution exclusive de cette terre au profit du duc de Richmond, ces arrêts ont contrevenu aux dispositions de loi qui règlent la transmission des biens par voie héréditaire, et le partage égal entre les cohéritiers. — M. le procureur général Dupin a conclu à la cassation de l'arrêt de la cour de Bourges (V. son réquisitoire D. P. 39. 1. 259). — Arrêt (après dél. en ch. du cons.).

LA COUR; — Vu l'art. 13, tit. 2, de la loi du 24 août 1790, et celle du 16 fruct. an 3; — Vu les art. 3, 745, 750, 896, 1156, 1158 et 1161 c. civ.; l'art. 18 du traité de paix du 30 mai 1814 et des clauses additionnelles au traité du 30 mai 1814, et les art. 1 et 5 de la convention du 20 nov. 1815; — Sur la première branche : — Attendu que le défendeur, assigné à fin de partage de la terre d'Aubigny, et de restitution des fruits et indemnités perçus tant par lui que par le 4e duc de Richmond, son père, a opposé, comme principale exception, la clause secrète du traité de 1814 portant : « Le séquestre apposé sur le duché d'Aubigny et sur les biens qui en dépendent, sera levé, et le duc de Richmond sera remis en possession de ces biens, tels qu'ils sont actuellement; » — Que le défendeur ayant tiré de cette clause la conséquence qu'il avait été investi de la

grande justesse d'expression, n'a pu être amenée à ce point d'accorder qu'une portion quelconque de son territoire serait régie par une autre loi que la loi française, et constituerait dans

propriété exclusive de cet immeuble par les conventions diplomatiques de 1814, et les demandeurs ayant contesté cette interprétation, la première question à résoudre dans le procès était celle relative au sens véritable, et aux effets de la stipulation ci-dessus transcrite ;

Attendu que les tribunaux, légalement saisis de l'action, étaient nécessairement juges compétents de l'exception, à moins que la connaissance ne leur en fût interdite par une disposition de la loi ; — Que le défendeur invoque inutilement le principe qui défend à l'autorité judiciaire l'interprétation des actes administratifs ; que les traités passés entre les nations ne sont pas de simples actes administratifs et d'exécution, qu'ils ont le caractère de lois et ne peuvent être appliqués et interprétés que dans les formes, et par les autorités chargées d'appliquer toutes les lois dans l'ordre de leurs attributions, toutes les fois que les contestations qui donnent lieu à cette interprétation, ont pour objet des intérêts privés ; que l'action des demandeurs, fondée sur la qualité d'héritiers, élevait des questions de successibilité et de propriété privée, qui étaient attribuées par la loi au pouvoir judiciaire ;

Attendu que les arrêts attaqués, au lieu de prononcer sur ces questions en déterminant le sens réel de cette clause, qui n'avait jamais été publiée, ni insérée au Bulletin des lois, ont déclaré que la cour d'appel n'avait pas le droit de rechercher l'esprit du traité, et que les demandeurs devaient se faire relever, devant l'autorité compétente, de l'effet de cet acte, avant de se prévaloir de leur qualité prétendue ou réelle d'héritiers portionnaires du 3e duc de Richmond ; qu'il résulte de ces motifs que la cour d'appel a refusé de prononcer, tant sur l'action principale et sur la qualité d'héritiers qui en était l'objet, que sur l'exception et le sens de la clause ; qu'elle a renvoyé sur tous les points, dont elle était régulièrement saisie, devant une autre autorité qu'elle n'a pas indiquée ; que les demandeurs seraient privés, par ce renvoi, de tout moyen d'obtenir une décision légale sur leur action ;

Attendu que l'ord. royale du 8 juill. 1814, et l'arrêté préfectoral du 3 août suivant, ne sont que des actes d'exécution du traité et de l'obligation que l'art. 4 des clauses additionnelles, imposait à chacune des puissances contractantes de lever les séquestres respectivement apposés ; qu'ainsi ces actes, qui n'ont rien ajouté au traité, avec lequel ils s'identifient, ne peuvent être considérés comme des actes rentrant dans l'exercice du pouvoir administratif, dont la connaissance est interdite aux tribunaux ;

Sur la deuxième branche : — Attendu que les arrêts dénoncés avoir, dans leurs motifs, déclaré l'incompétence des tribunaux, et prononcé le renvoi devant une autre autorité, ont cependant déclaré les demandeurs non recevables dans leur action, par la raison que le traité investit le défendeur de la propriété de l'immeuble revendiqué ; que les motifs de ces arrêts et leurs dispositions impliquent contradiction ; qu'ils ont, en outre, méconnu : 1° le texte des lois qui régissent les immeubles situés en France, et leur transmission par voie héréditaire ; 2° la véritable sens du traité et de la clause secrète ; 3° les règles établies par le code civil sur l'interprétation des conventions ; — Qu'en effet, la terre d'Aubigny, étant située en France, était régie, dans la succession du 3e duc de Richmond, par la loi française ; que les substitutions étant abolies, et les privilèges d'aînesse et de masculinité supprimés, tous les héritiers de ce duc étant appelés à recueillir cette propriété par égales portions, et en ont été investis par la seule force de la loi ; que le défendeur ne peut invoquer le droit des gens pour s'attribuer un droit exclusif ; que la transmission des biens, par voie de succession, est réglé par le droit civil de chaque peuple ; que le séquestre n'oppose pas avec plus de succès au séquestre apposé sur cette terre, et le droit d'aubaine ; que le séquestre de guerre n'a affecté que la jouissance et n'a pas dépouillé les héritiers du droit de propriété ; que le droit d'aubaine, appartenant en 1806, au gouvernement français seul, était purement facultatif ; qu'à aucune époque le gouvernement français n'en a réclamé l'exercice contre les héritiers du 3e duc de Richmond ; qu'il l'a exprimé, par le traité de 1814 et la convention du 20 nov. 1815, la volonté de restituer à tous les sujets du royaume britannique la possession entière des biens et créances qui leur appartenaient, soit de leur chef, soit comme héritiers ; que les art. 1 et 5 de la convention de 1815 placent sur la même ligne les Anglais qui ont été atteints par le séquestre et leurs héritiers ou ayants cause ; que, par ces dispositions, le gouvernement français a renoncé au droit d'aubaine sur les biens frappés du séquestre de guerre ; qu'ainsi, les représentants des quatre sœurs du duc de Richmond sont fondés à exercer les droits héréditaires, dont elles avaient été saisies, par la loi française, sur la terre d'Aubigny ;

Attendu qu'elles n'ont pas été dépouillées de cette propriété par les conventions diplomatiques de 1814 ; que l'art. 4 des clauses additionnelles au traité du 30 mai, règle que la mainlevée du séquestre qui aurait été mis, depuis 1792, sur les fonds, revenus, créances et autres effets quelconques des hautes parties contractantes, ou de leurs sujets ; que cette convention était générale et

son sein une espèce d'oasis étranger. Ce serait abdiquer la souveraineté. »

157. Ce même duc de Richmond prétendait encore, dans un

embrassait tous les séquestres de guerre respectivement apposés ; qu'elle avait pour objet de rendre une justice égale, soit à ceux qui avaient été atteints par cette mesure, soit à leurs héritiers, et de leur remettre la possession des biens séquestrés, suivant leurs droits ; que ce but était la pensée principale et l'esprit de cet article ;

Attendu que la clause secrète, relative au domaine d'Aubigny, lors même qu'elle aurait été promulguée, n'aurait pas dérogé à l'article précité ; qu'en effet elle a disposé que le séquestre serait levé, et que le duc de Richmond serait remis en possession ; que la première partie de cette clause est la copie fidèle de l'art. 4 précité ; que la seconde partie indique clairement que la remise à effectuer se réfère à la possession qui avait précédé le séquestre, et que la clause entendait rétablir dans les mains des propriétaires anciens, ou de leurs héritiers ;

Attendu que, si le texte de cette stipulation laissait quelque doute sur son véritable sens, il serait dissipé par les règles du droit sur l'interprétation des conventions ; que la première est de rechercher la commune intention des parties contractantes, plutôt que de s'arrêter au sens littéral des termes ; qu'il est impossible de supposer que l'intention des plénipotentiaires ait été de régler des droits de succession entre cohéritiers, d'attribuer à l'un la propriété intégrale de la terre, à l'exclusion des autres, sans aucune indemnité pour ces derniers ; que cette attribution au 4e duc de Richmond seul, aurait été une dérogation à la législation française, et aurait créé en France une propriété régie par un droit privilégié et exceptionnel ; qu'une pareille intention qui serait en opposition avec toutes les dispositions du traité, ne pourrait être admise sans des preuves irrécusables ; que celle aurait été exprimée en termes positifs si elle avait existé ; que toutes les clauses devant s'interpréter les unes par les autres, en donnant à chacune le sens qui résulte de l'acte entier, la clause secrète doit être entendue dans le sens d'une remise en possession en faveur de celui qui avait joui, ou de ses héritiers, conforme à l'esprit du traité ; — Que cette remise n'était pas un acte de munificence, mais un acte de justice rigoureuse et réciproque, il est dans la nature du traité qu'elle soit faite à tous les héritiers de celui sur lequel le séquestre avait été établi ; — Que les traités diplomatiques doivent être entendus dans le sens qui les met en harmonie avec le droit civil et public admis chez les peuples qui contractent ; que l'interprétation, donnée à la terre dans les arrêts attaqués, la mettrait en opposition avec toutes les lois tant du droit civil que du droit public français ; — Que en désignant pas nommément le duc de Richmond qui serait remis en possession, la clause n'a pu avoir en vue que celui qui avait été dépouillé, ou ses représentants ; qu'en admettant que le 4e duc ait été indiqué pour recevoir la remise, ce serait tant pour lui que pour ses cohéritiers ;

Attendu que, dans tous les cas, la clause est bornée à la remise de la possession, qu'elle laisse les droits de propriété réglés par le droit commun, sans leur porter aucune atteinte ; — Qu'il résulte des considérations qui précèdent que les arrêts attaqués, en refusant d'apprécier les droits des parties, d'après l'interprétation des conventions diplomatiques, et en décidant que le texte apparent de ces conventions avait dépouillé les héritiers du 3e duc de Richmond de leurs droits sur la terre d'Aubigny, ont violé et faussement appliqué les lois précitées ; — Joint les deux pourvois, attendu leur connexité ; — Casse.

Du 24 juin 1839.-C. C., ch. civ.-MM. Portalis, 1er pr.-Tripier, rap.-Dupin, pr. gén., c. conf.-Galisset et Moreau, av.

La cour de Paris devant laquelle l'affaire a été renvoyée par l'arrêt qui précède a purement et simplement confirmé le jugement du tribunal de Sancerre, par arrêt du 18 mai 1840.—Pourvoi du duc de Richmond.

LA COUR ; — Sur le deuxième, troisième et quatrième moyens : Attendu que les traités ne sont pas de simples actes administratifs, mais qu'ils ont le caractère de lois et ne peuvent être conséquemment, interprétés et appliqués que par les autorités chargées d'appliquer les lois ; — Attendu que la clause secrète du traité du 30 mai 1814 ne déroge pas aux lois civiles qui régissent la France et que les plénipotentiaires signataires de ce traité n'ont pas voulu régler des droits de succession entre cohéritiers, en attribuant à l'un d'eux la propriété du domaine d'Aubigny à l'exclusion des autres cohéritiers et sans indemnité ; — Sur le moyen tiré de la violation des art. 11 et 726 c. civ., en ce que des sujets anglais ne pouvaient pas être admis, en 1806, à recueillir une succession ouverte en France ; —Attendu que le droit d'aubaine appartenant, en 1806, au gouvernement seul, était purement facultatif et que le gouvernement ne l'ayant point exercé, quant au domaine d'Aubigny, et ayant, au contraire, consenti à la mainlevée du séquestre, il a manifesté, par là, l'intention de ne pas se prévaloir du droit d'aubaine ; que conséquemment l'arrêt attaqué a pu juger, sans violer aucune disposition de loi, que les cohéritiers du duc de Richmond étaient bien fondés à exercer les droits héréditaires dont ils étaient saisis par les lois françaises sur la terre d'Aubigny ; — Rejette.

Du 11 août 1841.-C. C., ch. req.-MM. Zangiacomi, pr.-Jaubert, rap.-Pascalis, av. gén., c. conf.-Moreau, av.

autre procès qui lui avait été suscité par le domaine, que la loi du 14 vent. an 7 (V. Domaines engagés, p. 190), en exécution de laquelle l'Etat réclamait de lui le payement du quart de la valeur des biens concédés, pour devenir propriétaire incommutable, n'était pas applicable à la terre d'Aubigny, parce que, suivant lui, l'aliénation de cette terre avait été confirmée virtuellement et d'une manière irrévocable par les divers traités diplomatiques qui lui avaient restitué sans réserve l'immeuble, après les séquestres de guerre dont il avait été frappé. — La cour de cassation, usant de nouveau du droit qu'elle reconnaît aux tribunaux d'interpréter les traités diplomatiques quand il s'agit de contestations privées, a jugé que le traité diplomatique du 30 mai 1814, en stipulant la restitution du domaine d'Aubigny au duc de Richmond, n'a pas eu pour effet de purger cette terre du caractère de domanialité dont elle était entachée, ni, par suite, de la soustraire à l'application de la loi du 14 vent. an 7 (Req. 17 fév. 1840, aff. duc de Richmond, V. Dom. eng., n° 18-7°).

158. Ces mêmes principes sont consacrés dans un autre arrêt, où il est dit que les droits de propriété des immeubles situés en France sont régis par des lois générales qui ne comportent que des exceptions établies par des lois spéciales ou des actes de l'autorité souveraine ayant force de loi, et revêtus du caractère d'authenticité et de publicité nécessaire (Cass. 8 fév. 1842, aff. com. de Marckolsheim, V. Lois, n° 95).

159. Il a encore été jugé par un arrêt de la cour de Liége, du 24 juill. 1824 (aff. de Rohan, V. Compét. admin., n° 35), qu'en thèse générale un des principes fondamentaux de toute société civile, est que tous les débats relatifs aux propriétés seront soumis à l'autorité judiciaire du territoire dont les propriétés font partie. Par suite, la contestation qui s'éleva entre le duc de Rohan et le prince de Condé relativement à la propriété du duché de Bouillon, qui avait été attribuée par l'art. 69 de l'acte final du congrès de Vienne au roi des Pays-Bas, moyennant une indemnité à qui de droit et qui devait être réglée par des arbitres, cette contestation, disons-nous, revenait évidemment, après décision arbitrale, aux tribunaux du pays, les puissances ayant déclaré elles-mêmes qu'elles ne prétendaient pas s'immiscer dans l'affaire de Bouillon; que l'action pétitoire que le prince de Bour-

bon et consorts voudraient intenter en suite de l'adjudication antérieure du duché de Bouillon rentrait dans la juridiction de la justice réglée. Il fut jugé en outre par cet arrêt que la décision arbitrale rendue en faveur du duc de Rohan n'a rien fait que d'adjuger la propriété à celui des compétiteurs qui avait le droit le plus apparent, mais que les princes appelants ne pouvaient être jugés en dernier ressort par des arbitres qu'ils n'avaient pas nommés. La cour arguait enfin pour établir sa compétence, qu'aucun des actes du congrès de Vienne ne contenait de clauses coercitives aux parties lésées pour y comparaître et réclamer leurs droits, aucunes peines, aucune déchéance contre les non-comparants : d'où il suit évidemment que le congrès déclinait toute intervention ultérieure dans les contestations qui pouvaient naître entre particuliers par suite des actes politiques du congrès.

160. Les tribunaux sont encore compétents pour statuer sur la répartition, entre deux créanciers, des sommes qui leur sont dues par une puissance étrangère, et que le gouvernement français est chargé de leur payer, en vertu d'une délégation résultant d'un traité diplomatique (cons. d'Etat 25 mai 1832) (1).

161. Un arrêt de la cour de Douai a jugé que, la question de savoir si les biens particuliers que le prince de Salm-Kirbourg possédait en France lors des traités de Campo-Formio et de Lunéville avaient été, comme ses biens princiers, réunis par ces traités au domaine national, question, qui s'élevait au principal entre un particulier et un établissement de bienfaisance relativement à des immeubles dont ils se prétendaient tous deux propriétaires, est de la compétence des tribunaux ordinaires, parce que les traités sont des lois dont on peut leur demander, et dont ils doivent faire l'application dans le cercle des intérêts privés qui s'agitent devant eux (Douai, 2 janv. 1843) (2). — Et faisant application de ce principe, la cour a jugé au fond que les traités de Campo-Formio et de Lunéville en faisant dévolution à l'Etat, des propriétés des princes de l'empire germanique détenaient en cette seule qualité, doivent être réputés avoir maintenu ces princes dans la propriété des biens qui leur appartenaient comme simples particuliers (même arrêt). —Il a été encore jugé, en interprétation des traités, que les princes de Montbéliard

(1) (Pontus C. Aiguillon.) — Louis-Philippe, etc. ; — Considérant que les prétentions de Pontus ne dérivent point de la convention diplomatique du 21 mai 1824, et qu'il ne s'agit, dans la contestation, que d'intérêts privés soumis au droit commun ; — ... Art. 2. La décision du ministre secrétaire d'Etat au département des affaires étrangères, en date du 14 janv. 1830, est annulée. — Les parties sont renvoyées par-devant les tribunaux pour leur être fait droit.
Du 25 mai 1832.—Ord. cons. d'Et.-M. Janet, rap.

(2) (Hospices de Béthune C. Goudemetz.) — La cour; — Attendu que la demande originaire formée par les héritiers Goudemetz, comme exerçant les droits et actions de la succession du prince Frédéric Salm-Kirbourg, leur débiteur, avait pour objet de faire rentrer dans ladite succession trois moulins à eau et un manoir, sis à Colonne-sur-la-Lys, arrondissement de Béthune, qui auraient fait partie des biens particuliers de ce prince, et dont il a joui jusqu'à l'époque où, par un arrêté provisoire du préfet du Pas-de-Calais en date du 30 flor. an 12, confirmé par la loi du 7 sept. 1807, ils furent attribués aux hospices de Béthune, et subsidiairement, de faire déclarer que ces mêmes biens, malgré leur attribution aux hospices, restaient affectés hypothécairement au payement de la créance desdits héritiers Goudemetz contre la succession de ce prince ; — Que cette demande était de la compétence du tribunal de Béthune, comme le reconnaît, du moins implicitement, le jugement dont est appel en prononçant un simple sursis ; — Que le recours en garantie exercé ce sujet par les hospices contre l'Etat, ne peut, quelle que soit l'autorité qui doive en connaître, rendre ce tribunal incompétent pour statuer sur la demande originaire dont il a été régulièrement saisi ;
Attendu qu'il ne s'agit pas, dans la cause, d'une vente de domaine national, déclarée irrévocable par l'art. 94 de la constitution de l'an 8, dont le contentieux a été, par les lois spéciales, réservé à l'autorité administrative, mais de l'attribution de biens faite à divers hospices par la loi précitée de 1807 ; que la question de savoir si cette attribution n'a pas eu lieu sauf le droit des tiers, si la réserve qui est faite expressément des biens qui ne seraient plus disponibles, ne doit pas s'appliquer aux biens qui n'auraient jamais appartenu à la nation, et si, par suite, cette loi peut ou non faire obstacle à l'action en revendication des prétendants à la propriété desdits biens, est évidemment de la compétence de l'autorité judiciaire ; — Que, quant au point de savoir si les biens

particuliers que le prince de Salm-Kirbourg possédait en France, lors des traités de Campo-Formio et de Lunéville avaient été, comme ses biens princiers, réunis par ces traités au domaine national, cette question qui s'élevait au principal entre un particulier et un établissement de bienfaisance relativement à des immeubles dont ils se prétendaient tous deux propriétaires, est aussi de la compétence ;
Attendu que les traités de Campo-Formio et de Lunéville, des 18 brum. an 6 et 28 vent. an 9, sont assez clairs qu'explicites ; que si, dans l'art. 5 du premier de ces traités et par les art. 2 et 5 du second, les biens et domaines que les princes de l'empire germanique tenaient de cette seule qualité ont été dévolus à la France, et si l'arrêté du 21 flor. an 12 a fait l'application de ces articles, notamment aux biens du prince Salm-Kirbourg, l'art. 9 de ces deux traités leur a conservé les biens qu'ils possédaient comme simples particuliers ; que les rapports à l'occasion de l'arrêté du 21 flor. an 12 ne laissent aucun doute à cet égard ;
Attendu que si les héritiers Goudemetz ont eux-mêmes, en première instance, conclu à ce qu'il fût sursis au jugement jusqu'après interprétation à donner par l'autorité administrative, ce n'a été que subsidiairement et pour le cas de doute sur le sens des traités de paix relativement aux biens revendiqués ; que leurs conclusions principales tendaient à ce que, sans s'arrêter au déclinatoire proposé par le préfet, il fût passé outre au jugement du fond de la contestation, n'ayant point été accueillies, ils sont recevables et fondés à demander de ce chef la réformation du jugement ; — Par ces motifs, sans s'arrêter au déclinatoire proposé devant les premiers juges par le préfet, et reproduit en appel par le ministère public, en tant qu'il aurait pour but de faire déclarer le tribunal de Béthune incompétent pour connaître de la demande originaire, et sans entendre rien préjuger sur la compétence de ce tribunal relativement au recours en garantie formé par les hospices contre l'Etat, question réservée aux premiers juges ; sans s'arrêter non plus au sursis ordonné par eux, dit qu'ils étaient compétents pour statuer sur la demande intentée par les appelants, et pour faire à la cause l'expresse-ment des traités de Campo-Formio et de Lunéville, de l'arrêté du 21 flor. an 12, et de la loi du 7 sept. 1807, renvoie devant eux la cause et les parties pour être fait droit au fond, etc.
Du 2 janv. 1843.-C. de Douai, 1re ch.-MM. Colin, 1er pr.-Rabou, av. gén.-Dumont, Roty et J-aloux, av.

étaient princes souverains, nonobstant les liens de suprématie qui les rattachaient à l'empire d'Allemagne, et que les tribunaux ne peuvent leur refuser cette qualité sans violer le traité de Lunéville qui la leur reconnaît, et est devenu loi de l'État (Cass. 10. fév. 1842, aff. préf. du Doubs, V. Propriété féodale, n° 190-3°).

162. Un arrêt, interprétant le traité du 3 juin 1846 entre la France et le duché de Bade (V. n° 73-3°), a décidé que la disposition d'un traité international dans laquelle le gouvernement français consent à ce que les jugements rendus par les tribunaux des deux États contractants soient réciproquement exécutés dans l'un et l'autre, n'implique pas, de sa part, renonciation au profit des sujets de l'autre État à l'obligation de fournir la caution *judicatum solvi*, lorsqu'ils plaident en France contre un Français; spécialement, les sujets badois continuent à être soumis en France à l'obligation de fournir la caution *judicatum solvi*, le traité contracté avec leur gouvernement ne s'expliquant que sur l'exécution des jugements rendus dans les deux États (Colmar, 12 avr. 1859, aff. N..., D. P. 59. 2. 186). — Sur l'interprétation du traité de 1760 avec la Sardaigne, qui permet aussi l'exécution des jugements rendus par les tribunaux sardes en France, et réciproquement, V. n° 73.

163. Selon M. Chauveau (Princ. de comp. et de jur. adm., t. 2, p. 159), les tribunaux devraient encore se déclarer compétents lors même que l'État serait en cause, mais à condition qu'il n'y fût que comme propriétaire, et non comme unité nationale ou personne politique. Le même auteur critique en conséquence un jugement rendu par le tribunal de Melle dans l'affaire des héritiers Murat. Murat ayant échangé par les traités de Bayonne son grand-duché de Berg contre le royaume de Naples, avait également échangé un bien patrimonial qu'il possédait en France contre des immeubles appartenant à Napoléon dans le royaume de Naples. En 1815, la famille Murat ayant été chassée et dépossédée de Naples, se trouva avoir perdu en même temps ses biens de France, qu'elle n'avait cédés qu'à titre d'échange, lesquels biens compris d'abord dans le domaine extraordinaire, puis donnés au général Lobau comme majorat, étaient enfin revenus à l'État, par le décès de celui-ci. — Dans cette situation, la question n'était pas, comme le dit avec raison M. Chauveau, d'interpréter les effets politiques du traité de Bayonne, et leur valeur intrinsèque, mais seulement de décider, si, ces traités étant invalidés, l'échange qui avait été fait des propriétés privées de Murat contre celles de Napoléon, ne se trouvait pas annulé par là même; et l'État n'entrait pas dans le débat à titre de personne politique et souveraine, mais à titre de propriétaire, et à ce point de vue l'interprétation du traité et de ses suites tombaient évidemment sous la compétence des tribunaux civils.

164. Il n'en était pas de même dans une autre espèce jugée par un arrêt de la cour de Douai de 8 mars 1841, aff. Féry, et dont nous avons rendu compte v° Compét. administ., n° 36. Le traité du 30 mai 1814 et la convention du 20 nov. 1815 avaient, comme nous l'avons vu déjà, stipulé qu'il serait donné mainlevée des séquestres qui auraient été mis depuis 1792 sur les fonds revenus, créances, et autres effets quelconques des hautes parties contractantes et de leurs sujets. Question de savoir si des immeubles appartenant à des fondations anglaises, mais dont une partie avait été attribuée au département du Pas-de-Calais par décret impérial, tombaient sous l'application de cet article. Mais ici, l'État agit à titre de personne souveraine par deux actes, un décret du 27 déc. 1812, et une ordonnance royale de 25 mai 1828, pour limiter la portion restituable aux fondations anglaises, les tribunaux n'avaient pas le droit d'intervenir contre cette double décision; ils ne pouvaient que se déclarer incompétents, et renvoyer le demandeur auprès du pouvoir administratif.

§ 6. — De la confirmation, du renouvellement, de la garantie et de l'extinction des traités.

65. Lorsque l'on est dans le doute si un traité subsiste encore ou lorsqu'on craint que la validité n'en soit contestée, on le confirme par une nouvelle déclaration; par exemple, un monarque à son avénement à la couronne promet d'observer les traités antérieurs; une nation qui change son gouvernement déclare qu'elle reconnaît les traités. Souvent, en cassant certains traités, on en confirme d'autres, qui pourraient paraître compromis par l'abolition des premiers (V. Wheaton, t. 1, p. 256; Vergé sur Martens, § 64).

166. La fin d'un traité peut arriver par la dissolution ou par la rupture. La dissolution est la fin naturelle du traité : la rupture en est la fin violente et illicite.

167. Les traités s'éteignent : — 1° par leur exécution complète, lorsqu'ils n'ont pas pour objet des prestations permanentes, mais des actes qui s'accomplissent d'une seule fois ; — 2° Par l'accomplissement d'une condition résolutoire et par l'expiration du terme prescrit ; — 3° Par une renonciation expresse de la partie intéressée ; — 4° par la résiliation mutuelle des deux parties, à moins qu'elle ne puisse être empêchée par un tiers ; — 5° par l'anéantissement complet de la chose qui forme l'objet du traité, pourvu qu'il n'ait pas été occasionné par la faute des parties ;—6° par le décès de la personne intéressée ou obligée, sans que personne succède de plein droit (Hefter, § 99).

168. Un traité expiré peut être renouvelé, soit par un engagement exprès et déclaré, soit par un consentement tacite. Mais ce consentement tacite ne doit pas se présumer aisément. Lorsque à l'expiration d'un traité, on continue à en exercer quelques-uns des articles, on ne doit pas prendre ces simples marques de bienveillance pour un renouvellement tacite du traité. — Il faut des actes formels et réciproques pour bien établir la présomption. Par exemple, il existe entre deux souverains un traité de subsides pour l'entretien d'un certain nombre de troupes. A l'expiration du traité, le subside est continué et reçu : il est présumé que les deux contractants ont voulu prolonger le traité pour tout le temps pour lequel le subside a été reçu. Mais si après l'expiration du traité, le subside n'est plus continué, l'autre partie contractante ne peut en réclamer la continuation sous prétexte qu'il a conservé sur pied les troupes, objet du subside. Dans le cas même de la continuation du subside, le traité n'est pas renouvelé, s'il est vrai que prolongé selon la convenance des parties (Rayneval, l. 2, c. 6, § 15). S'il n'y a de renouvellement, ni exprès, ni tacite, le traité expire purement et simplement, et les nations rentrent dans l'état naturel.

169. Mais un traité peut finir avant le terme par l'infidélité de l'un des contractants. Voici les règles pour ce cas : — 1° La violation d'un traité par l'un des contractants entraîne évidemment pour l'autre le droit de rompre également. — 2° La violation d'un seul article entraîne la ruine du traité entier. Car, comme dit Grotius, *les articles d'un même traité, sont des conditions dont le défaut le rend nul* (V. n° 81). — 3° La ruine des articles principaux entraîne celle des accessoires : mais la réciproque n'est pas vraie. — 4° La violation d'un traité n'annule pas les autres traités subsistants.

170. Lorsqu'un gouvernement manque aux stipulations qui ont été convenues, et refuse toute réparation aux demandes qui lui sont faites, le gouvernement lésé, avant d'en venir à la rupture du traité, a le droit de suspendre provisoirement l'exécution de la convention. C'est ainsi que le gouvernement de Bâle, ayant méconnu le libre exercice du droit d'établissement et de propriété envers les habitants de la ville de Mulhouse, en annulant par un arrêté du grand conseil, motivé sur la qualité d'israélites de ces personnes, un contrat d'acquisition passé légalement par elles après autorisation préalable du gouvernement bâlois, et toutes les représentations de l'ambassadeur français en Suisse ayant été infructueuses, le gouvernement français suspendit provisoirement, à l'égard du canton de Bâle, l'exécution des conventions du 30 mai 1827 et du 18 juil. 1828 (ord. 12 sept. 1833. V. *suprà*, p. 528).

171. Les traités qui ne sont pas toujours détruits par la guerre (V. n° 179 s.), le sont encore moins par les révolutions. Une révolution est un acte de souveraineté intérieure, qui n'a pas pour conséquence nécessaire l'annulation des traités avec les autres puissances. Un peuple en révolution peut, il est vrai, dans une pensée de défense, se mettre en état de guerre avec ses puissances qui lui paraissent menacer ses principes; mais tant qu'il n'a pas déclaré la guerre, il est censé continuer à reconnaître les traités conclus par les gouvernements antérieurs. Sans quoi une révolution romprait toutes les relations internationales des peuples. La révolution de 1830 quoique dirigée contre les principes de la sainte alliance a cependant laissé subsister les traités de 1814 et de 1815. La république de 1848 avait bien déclaré, il est vrai, que les traités de 1815 n'existaient plus en droit; mais elle promettait de reconnaître en fait les conséquences de ces traités, et de ne chercher à les modifier que d'un commun accord (Circ. minist. aff. étrang., 4 mars 1848, D. P. 48. 3. 17), ce qui était les reconnaître implicitement; car accepter les conséquences d'un traité, et consentir à ne les modifier qu'avec le concours des cosignataires, c'est ce que l'on appelle adhérer à un traité : l'opinion que l'on peut avoir de sa justice ne change rien à la légalité. Le nouveau gouvernement qui a succédé à la république, n'a pas déclaré expressément qu'il acceptait les traités de 1815; mais il n'a rien dit, ni rien fait dont on pût conclure le contraire. Il en est des traités publics, comme des contrats passés par l'Etat, et des engagements qu'il prend avec les particuliers. Si une révolution était un motif de suspendre l'exécution des engagements et des contrats, l'Etat ne trouverait personne avec qui traiter.

172. D'après les principes exposés plus haut (nos 90 et suiv.), un traité peut être attaqué, comme entaché de nullité, suivant ce que dit M. Heffter, Droit intern. de l'Europe, trad. Bergson, § 98 : 1° pour cause d'impossibilité absolue ou relative, connue des deux parties, à l'époque où l'engagement a été contracté; — 2° pour cause d'erreur de fait, soit que l'erreur porte sur la substance de l'affaire, soit sur la personne de l'un des contractants, soit sur l'objet même. Dans les deux cas précités, le traité est nul et n'a pas d'existence légale. — Mais il peut encore être attaqué par l'une des deux parties : 1° pour défaut de capacité; 2° pour cause de violences exercées sur le contractant; 3° pour cause de fraude. Dans ces différents cas, la validité du traité ne peut être attaquée que par la partie qui a été victime. — Ce n'est que l'application des principes du droit civil aux traités publics.

173. La partie obligée, ajoute M. Heffter, loc. cit., peut encore refuser l'exécution de l'engagement : 1° dans le cas d'une impossibilité survenue et durable, bien que relative. Mais elle sera tenue à des dommages-intérêts, si, lors de la conclusion du traité, elle avait connaissance de cette impossibilité; — 2° Dans le cas d'un changement de circonstances survenues depuis la conclusion du traité. Il est donc indispensable d'admettre la conclusion implicite, rebus sic stantibus.—Parmi les changements de circonstances que l'on vient d'indiquer, il faut compter, par exemple, celui qui ne permettrait pas à l'Etat obligé, de maintenir sa position politique antérieure, et le placerait dans une condition d'infériorité vis-à-vis des autres, infériorité qui n'existait pas, lors de la conclusion du traité, et qui n'était pas dans les intentions des parties; celui, où l'événement qui aurait déterminé l'engagement ne se serait pas réalisé, par exemple une alliance de famille, qui serait la condition tacite d'une alliance politique. — Lorsque ces cas divers n'atteignent qu'une partie du traité, on ne peut en demander que la modification partielle, et non la résiliation entière. — Dans quelques traités, il est expressément stipulé, qu'en cas de violation, il faudra faire une tentative de conciliation amiable (Traité de Westphalie, art. 17, § 5).

174. La seule sanction qui existe pour l'observation des traités, c'est la guerre. Mais, comme celui qui rompt les traités est ordinairement le plus fort, il est clair que cette sanction est bien insuffisante. Aussi a-t-on cherché des moyens d'une autre nature pour assurer le maintien des traités. Autrefois on employait surtout les moyens religieux; le serment, le baiser de la croix, la soumission à la censure ecclésiastique. Ces moyens sont en général tombés en désuétude. Le serment même est aujourd'hui rarement employé. On a cherché des sûretés plus positives, mais qui ne sont pas toujours efficaces dans la garantie, la caution, le gage, etc. (Martens, édit. Vergé, § 63).

175. La garantie est une espèce de traité par lequel on promet assistance et secours à quelqu'un, au cas qu'il en ait besoin pour contraindre un infidèle à remplir son engagement. Son origine est dans les warrandi du moyen âge, espèces d'arbitres qui étaient obligés de prendre les armes pour défendre la partie lésée, même contre leur propre suzerain. Il est contre la nature même de la garantie, que le garant puisse intervenir quand il veut dans l'exécution du traité : il serait alors partie contractante : il n'intervient que lorsqu'il en est requis par les

parties. En outre, il ne doit un secours actif à la partie lésée, que si elle est impuissante à se défendre elle-même. En tous cas il ne doit rien que le secours stipulé : si ce secours est insuffisant, c'est au requérant à y subvenir. Enfin la garantie ne peut jamais aller jusqu'à violer le droit des tiers. La garantie peut s'appliquer à la possession ou aux limites du territoire, à la souveraineté, à la constitution, au droit de succession, etc. Elle peut être l'objet d'une convention spéciale, ou d'articles annexés à la convention principale. Quelquefois la garantie est stipulée par une puissance tierce qui n'est pas partie au traité; quelquefois aussi par l'une ou plusieurs des parties contractantes : souvent les parties se déclarent réciproquement garantes des arrangements pris par toutes. C'est ce qui est arrivé aux traités de Vienne en 1815. La durée de la garantie est la même que celle des traités.

176. Lorsque le garant est requis par l'une des parties, il a le droit d'examiner si le cas de garantie existe; car le garant ne peut être engagé d'une manière indéfinie et illimitée à protéger son allié contre toute entreprise. Par exemple, la France était garante de la cession de la Silésie faite à la Prusse par la maison d'Autriche. Si celle-ci eût essayé de reprendre par la force ce qu'elle avait cédé, la France était engagée à s'y opposer; mais si la guerre éclatant entre la Prusse et l'Autriche, la Silésie était de nouveau conquise, le cas de garantie n'existait pas, le traité entre la Prusse et la Silésie étant annulé par le fait de guerre, et tous les titres avec eux (Rayneval, l. 2, c. 7, § 4, note 20). — Il faut distinguer la médiation de la garantie (V. nos 120 et s.).

177. La caution est un degré de plus que la garantie. C'est l'engagement que prend une tierce partie de remplir une promesse; par exemple, de payer une dette à défaut de la partie principale. — Il arrive encore que pour plus de sûreté, la partie qui promet remet à celle qui stipule un dépôt qui garantisse soit le payement d'une somme, soit l'exécution d'une clause. Ce dépôt est un gage, s'il consiste en choses mobilières; une hypothèque, s'il est un immeuble, par exemple une ville ou une province : ces immeubles sont alors en engagement. Si le créancier en touche les revenus, comme montant des intérêts de la dette, c'est alors le pacte appelé antichrèse. — L'engagement ne donne pas droit de souveraineté sur le territoire engagé. Une fois la dette payée ou le traité accompli, l'engagement finit. Dans le cas contraire, on peut s'approprier le gage, jusqu'à concurrence de la dette ou d'un juste dédommagement (Martens, § 63; Vattel, §§ 235 et suiv.).

178. Une autre espèce de sûreté employée souvent dans les traités de paix, ce sont les otages; mais il en a déjà été question, v° Droit naturel et des gens, n° 197.

179. Les conventions appelées transitoires (expression inexacte, sans doute, mais qui indique que ces traités ayant eu leur effet dans un acte unique et accompli une fois pour toutes, sont perpétuelles de leur nature : V. n° 78), ne sont pas révocables, ni ne peuvent être détruites même par le fait de guerre. Par exemple, un traité a fixé la délimitation réciproque de deux pays, la guerre ne détruit pas cette disposition; la conquête même et l'occupation n'y changent rien; et il est de doctrine en droit des gens, et même en jurisprudence, que la conquête n'altère pas le droit des parties belligérantes, chacune d'elles conservant son droit de propriété et de souveraineté, jusqu'à ce que des traités nouveaux en aient décidé, en maintenant ou modifiant l'état préexistant des choses (Colmar, 2 avr. 1824, aff. Zwickert, V. Success., n° 113). — Autre exemple : un traité survenu à la suite d'une révolution entre une métropole et ses colonies, a reconnu à celle-ci l'indépendance et le droit de souveraineté. La guerre survenue ensuite entre ces deux puissances indépendantes l'une de l'autre par suite de ce traité n'en peut pas détruire l'effet; et la métropole n'aurait pas le droit de traiter comme rebelles ses adversaires, qui, par un traité solennel ont obtenu la reconnaissance de leur nationalité. La guerre ne peut donc pas annuler les conventions transitoires (Martens, édit. Vergé, § 58).

180. Mais une convention transitoire, perpétuelle de sa nature, communique-t-elle ce caractère à toutes les clauses qu'elle contient? Cette question s'est débattue encore entre l'Angleterre et les États-Unis à l'occasion du droit de pêche dans les possessions anglaises. Le traité de 1783, qui reconnaissait l'indépendance des États-Unis, était incontestablement une convention transitoire, c'est-à-dire irrévocable. Selon les États-Unis, le droit de pêche, qui était reconnu également dans ce traité, avait le même caractère que le traité tout entier. L'Angleterre soutenait, au contraire, que l'intention principale du traité, à savoir, la reconnaissance du gouvernement américain, ne rendait pas perpétuelles et irrévocables toutes les clauses particulières. Elle ne prétendait pas contester l'indépendance des États-Unis, mais soumettre le droit de pêche à de nouvelles conditions. Cette contestation fut réglée en 1818 par une convention nouvelle. — Il nous semble que dans ce débat, l'Angleterre avait raison.

181. Réciproquement, ne peut-il pas y avoir dans les traités, qui de leur nature sont révocables, des clauses perpétuelles? Les États-Unis nous offrent encore un exemple de cette question. La convention de 1794 entre l'Angleterre et les États-Unis assurait la propriété réciproque des Anglais en Amérique et des Américains en Angleterre. La cour suprême des États-Unis décida que cette clause n'était pas détruite par la guerre qui survint en 1812 entre ces deux États.

182. Quant aux *traités proprement dits* (V. n° 78), c'est aussi une question de savoir s'ils sont complétement détruits par la guerre, si toutes les clauses doivent cesser absolument d'être exécutées, et s'il faut un nouveau traité pour leur rendre leur plein effet, ou bien si la guerre ne les détruit qu'en partie et même ne fait que les suspendre, et si la paix leur rend leur autorité sans nouvel engagement. La question est complexe et donne lieu à des distinctions.

Abstraction faite des traités transitoires, c'est un principe, suivant M. Merlin (Jugement, § 7 *bis*), reçu dans tous les temps et dans tous pays, que la guerre annule les traités entre les peuples (V. aussi Martens, édit. Vergé, § 58; Pinheiro-Ferreira, notes sur Martens, *eod.*); et c'est selon ce principe que la Convention nationale, par un décret du 15 mars 1793, avait annulé tous traités de commerce et d'alliance entre l'ancien gouvernement et les puissances avec lesquelles la république était en guerre. On pourrait conclure de ce décret qu'à partir de cette époque tous les traités antérieurs ont été anéantis et [n'ont plus eu aucune valeur, à moins d'un renouvellement exprès, car, selon Grotius, *fœdus tacite renovatum intelligi non debet: non enim facile præsumitur nova obligatio* (l. 2, c. 15, § 14). Cette opinion a été soutenue par MM. Jouhaud, Tripier et Dupin dans une consultation relative au traité de 1760 avec la Sardaigne (V. Dr. civ., n° 438).—C'est encore d'après ce principe qu'il a été décidé que l'état de guerre a pour effet, entre les nations belligérantes, d'abroger sans retour et non pas seulement de suspendre les conventions de bonne amitié et de commerce antérieurement conclues, en sorte que la remise en vigueur de ces conventions, loin d'être la conséquence nécessaire du rétablissement de la paix, ne peut résulter que de l'expression à nouveau de la volonté des deux gouvernements; spécialement, que l'état de guerre qui a existé entre la France et l'Angleterre de 1787 à 1802 et de 1802 à 1814 et 1815, a mis fin aux traités intervenus entre les deux nations les 26 sept. 1786, 16 janv. 1787 et 1er mai 1802 (Crim. rej. 23 déc. 1854, aff. Featherstonhaugh, D. P. 59. 1. 185).—Cette proposition cependant ne saurait être admise sans restriction. — Il y a deux choses à considérer dans les traités : leurs effets politiques et leurs effets civils. Les effets politiques sont évidemment détruits par l'état de guerre, et l'on ne peut pas supposer que la paix les rétablisse, sans aucun renouvellement de conventions ; car les rapports politiques des deux peuples ayant changé, il ne va pas de soi que les gouvernements doivent rentrer après la guerre exactement dans le même état où ils étaient avant la paix. Il faut accepter toujours les clauses qui sont perpétuelles de leur nature et irrévocables, et qui n'ont par conséquent besoin ni de confirmation ni de renouvellement. — Mais il n'en est pas de même des effets civils des traités, par exemple des clauses qui assurent l'exécution réciproque des jugements dans les deux pays, ou l'admission réciproque devant les tribunaux des hypothèques légales, ou enfin le droit réciproque de succéder, avant que toutes entraves relatives à ce droit aient été abolies par la loi du 14 juill. 1819.

Une discussion s'est élevée en 1811 devant la cour de cassation sur la question de savoir si le traité de commerce conclu, en 1787, entre la France et la Russie pour une durée de douze ans et qui portait exemption réciproque du droit d'aubaine, était encore obligatoire en 1803. On disait que ce traité conclu pour douze ans, avait dû expirer de droit en 1799. Mais M. Merlin fit observer que ce traité avait dû être annulé auparavant, c'est-à-dire en 1793, par le décret de la convention, cité plus haut, puisque la Russie se trouvait alors en guerre avec la France, c'est-à-dire sept ans après sa conclusion. Seulement, les deux gouvernements ayant fait la paix, le 8 oct. 1801, convinrent par un traité spécial et provisoire de rétablir les relations commerciales des deux pays dans l'état où elles étaient avant la guerre, sauf les modifications que le temps et les circonstances pourraient avoir amenées, et qui auraient donné lieu à de nouveaux règlements (traité converti en loi par un décret du corps législatif, du 18 frim. an 10). Par suite de cette convention nouvelle, le traité reprit sa force obligatoire et fut de nouveau exécuté jusqu'à l'année 1804, époque où la Russie reprit les armes contre la France : mais en 1807, au traité de Tilsitt, il fut de nouveau convenu que les relations commerciales seraient rétablies sur le même pied qu'auparavant, c'est-dire que le traité de 1787 serait encore une fois exécutoire. Le ministre des affaires étrangères, M. de Bassano, consulté sur la question de savoir à quelle époque et jusqu'à quel temps le traité avait été obligatoire, répondit : « Le traité de commerce de 1787, conclu pour douze ans, a subsisté jusqu'au milieu de l'année dernière, les deux gouvernements étant demeurés d'accord de ne le considérer comme ayant été non annulé, mais simplement suspendu par l'état de guerre, qui deux fois depuis sa conclusion, a divisé les deux peuples, et d'en prolonger la durée pour autant d'années qu'il avait été suspendu » (V. Cass. 15 juill. 1811, aff. Champeaux, v° Droit civil, n° 445, et Merlin, Rép., v° Jugem., § 7 *bis*). — Voilà un curieux exemple d'un traité, deux fois suspendu, deux fois repris par les gouvernements qui l'avaient conclu, et suivant son cours, abstraction faite des années de guerre. Mais dans cette circonstance, il faut reconnaître que les gouvernements l'avaient en quelque sorte renouvelé expressément par la convention de 1801 et le traité de Tilsit. On ne pourrait donc pas conclure de ce fait qu'en thèse générale, un traité reprend sa force de lui-même au retour de la paix, et qu'il n'est que suspendu sans être annulé par la guerre.

183. Mais il a été jugé expressément par plusieurs arrêts que les traités qui règlent l'état des personnes sont non pas annulés, mais simplement suspendus par l'état de guerre, et que, par la nature même des choses, ils reprennent leur vigueur par le retour de la paix (Cass. 3 vend. an 10, aff. Fassi, V. Success., n° 113; Turin, 10 janv. 1810, aff. Beugero, *eod.*; Metz, 16 août 1817, aff. Flavigny : cet arrêt a été cassé le 6 avr. 1819, mais, sur d'autres questions, V. Droit civil, n° 182, 300; Colmar, 2 avr. 1824, aff. Zwickert, V. Succession, n° 113; Poitiers, 2 juin 1824, aff. Romieux, et sur pourvoi, Req. 9 juin 1825, v° Dr. civ., n° 184), surtout lorsque les traités ne ramenaient pas la paix, loin de modifier les anciens rapports entre les deux États, les a au contraire rapprochés par des liens plus forts (même arrêt du 9 juin 1825), et spécialement que l'incorporation de la ville libre de Francfort dans un nouvel État n'avait été considérée sous un autre titre, peut d'autant moins être considérée comme ayant anéanti les relations formées entre cette ville et la France, que ce changement fut l'ouvrage du gouvernement qui régissait alors la France (même arrêt).

184. Quelques arrêts ont été plus loin encore que les précédents, et ont paru admettre l'autorité des traités, même pendant la guerre, mais seulement dans la partie qui règle les droits civils. — Il n'en était pas ainsi dans l'ancienne jurisprudence : dès le moment que la France était en guerre avec une autre puissance, les droits d'aubaine, ou autres, qui avaient été abolis par les traités, étaient remis en vigueur. On en peut citer comme exemples deux arrêts rendus par le parlement de Paris, l'un du 16 janv. 1668, l'autre du 13 mars 1712.—Mais un arrêt de la cour de Turin a jugé, au contraire, que, si l'état de guerre qui existait en 1793 entre la France et le Piémont avait pu autoriser le roi de Sardaigne et le gouvernement français à ne plus reconnaître les traités de 1760, il est cependant sûr qu'un tel traité, et notamment l'art. 67 (destructif du droit d'aubaine), ne pouvant être rangé dans les conventions qui cessent de plein droit d'avoir leur effet par la seule circonstance de la guerre, a dû continuer de recevoir son exécution jusqu'à ce qu'il eût été formellement révoqué (Turin, 10 janv. 1810, aff. Beugero, V. Success., n° 113). Le même arrêt dit que, par le décret du 1er mai 1793, la convention n'annula que les seuls traités d'alliance et de commerce; mais elle ne prétendit pas annuler les clauses compatibles avec l'état de guerre.

185. La conquête détruit-elle les traités passés avec une puissance? Oui, selon Vattel, qui dit, l. 2, § 202, que, lorsqu'un Etat est subjugué, tous ses traités périssent avec la puissance qui les avait contractés. Cette question s'est présentée dans l'affaire Ricardi (Req. 14 juill. 1825, V. Droit civil, n° 438-4°). Mais la cour de cassation a évité de se prononcer sur ce point. On peut dire cependant, en tirant les conséquences des arrêts qui précèdent, que, si la conquête n'est que momentanée, elle peut simplement suspendre l'action des traités, qui renaissent avec l'indépendance de la nation qui les a contractés. On peut dire encore que la nation conquérante doit, en thèse générale, reconnaître à la nation conquise au moins les droits admis par les traités, et qui s'attachent à l'état des personnes.

186. Une question, à laquelle les derniers événements d'Italie pourraient donner quelque importance, et que nous n'avons vu discuter nulle part, est celle-ci : Les provinces qui, par conquête ou par volonté libre, passent d'un Etat à un autre, ou encore les Etats souverains qui deviennent partie intégrante d'un nouvel Etat, imposent-ils à l'Etat auquel ils s'annexent l'obligation de leurs traités antérieurs, ou ces traités sont-ils abrogés et remplacés par ceux de l'Etat auxquels ils s'agrégent? Par exemple, la Lombardie, devenue province piémontaise, est-elle régie maintenant, pour les relations commerciales, par les traités de l'Autriche ou par ceux du Piémont? Le royaume de Naples est-il régi par ses propres traités ou par ceux du Piémont? Et ainsi de la Savoie et de Nice. Ces provinces, devenues départements français, sont-elles régies par les traités de commerce du Piémont ou par ceux de la France? D'abord, pour ce qui est de la Lombardie, le cas est particulier, au moins relativement aux traités passés entre la France et l'Autriche. La Lombardie a été remise à l'empereur d'Autriche à l'empereur des Français, qui l'a cédée au roi de Piémont. Il y a donc eu un moment où cette province est devenue française, et où par conséquent les traités autrichiens expiraient à notre égard. Nous l'avons donc livrée libre de traités au roi de Piémont; et par conséquent elle est régie, par rapport à nous, par les traités piémontais.—Mais il n'en est pas de même pour la Lombardie, par rapport aux autres Etats de l'Europe. Il n'en est pas de même pour le royaume de Naples. Les Etats européens qui avaient des traités plus avantageux avec l'Autriche ou avec Naples qu'avec le Piémont, pourrait-on dire, ne doivent pas être responsables du changement apporté dans la situation de ces Etats, de telle sorte que la Lombardie, les Romagnes, les duchés italiens, Naples, continueraient à être régis par les anciens traités, et que ces traités ne pourraient être remplacés par les traités piémontais qu'avec le consentement des intéressés exprès ou tacite, et par exemple, par la reconnaissance du nouvel état de choses par les autres puissances; et de même pour la Savoie et pour Nice. — A supposer que cette solution soit exacte, ce qui peut paraître douteux, au moins faudrait-il décider que, dans tous les cas, les traités qui régissent les provinces annexées ne pourraient subsister qu'en tant qu'ils ne seraient pas inconciliables avec le droit public et économique du pays auquel elles se sont agrégées.

§ 7. — Des diverses espèces de traités.

187. Il est évident qu'il n'existe pas de droit positif international, si par cette expression l'on entend, comme Pinheiro-Ferreira, notes sur Martens, § 7, éd. Vergé, p. 50, un ensemble de principes émanés des autorités constituées qui ont reçu, de l'assentiment général de la nation, ce caractère qui les élève à la catégorie de volonté du peuple ou loi de la nation. Mais au moins faut-il reconnaître qu'il est des principes généraux que l'usage a répandus, et qui résultent de la plupart des traités : ces usages

forment une jurisprudence pratique, connue en général de tous ceux qu'elle intéresse, et dont l'ensemble peut, si l'on ne s'attache pas trop à la rigueur des termes, être considéré comme formant aujourd'hui le code international des nations. Toutefois, ces principes généraux ont reçu des applications particulières, selon les différents Etats et les différentes circonstances. Nous exposerons ces principes, et nous en suivrons les modifications dans les principaux traités, avec la brièveté que le cadre de notre ouvrage nous impose.

188. *Traités d'alliance.* — Les nations peuvent s'unir entre elles dans l'intention de se soutenir les unes les autres contre les périls actuels ou futurs : ce sont des *traités d'alliance*. Il n'y a d'alliances que de nation à nation. On les divise en alliances *offensives* et alliances *défensives*. Ces dernières sont aussi appelées innocentes, parce qu'elles n'ont pour but que de protéger la conservation et l'indépendance de ceux qui les contractent. Quant aux alliances offensives, contractées pour porter la guerre contre une nation déterminée, elles sont rarement innocentes, et proviennent le plus souvent de l'ambition ou du désir des conquêtes. Elles sont contractées soit par plusieurs peuples puissants qui s'unissent pour partager les dépouilles d'un peuple faible, soit par un peuple faible entraîné par la pression d'un plus puissant. Il y a des traités d'alliance offensive générale, c'est-à-dire par lequel on ne désignent aucune nation ni aucune époque déterminées, mais par lesquels un peuple s'allie à un autre pour toutes les circonstances qui peuvent se présenter, et s'engage à participer à toutes les guerres qu'il peut entreprendre. De ce genre est, par exemple, le *pacte de famille* conclu entre la France et l'Espagne en 1761. Il est rare que les alliances soient exclusivement ou offensives ou défensives. Elles sont ordinairement à la fois l'une et l'autre : tel est, par exemple, le traité d'alliance offensive et défensive entre la France et l'Angleterre, d'une part, et de l'autre la Turquie, pour résister aux empiétements de la Russie (déc. 22 mai 1854).

189. Lorsqu'une alliance offensive ou défensive existe entre deux Etats, et que l'un réclame le secours de l'autre, conformément aux stipulations de l'alliance, celui-ci a le droit d'examiner si le cas de l'alliance existe; c'est ce que l'on appelle *casus fœderis*. Il y a cependant des alliances indéterminées qui, conçues pour toutes circonstances, engagent l'un ou les deux alliés, dans le cas où l'autre serait attaqué, à fournir des secours. Le pacte de famille, par exemple, conclu entre la France et l'Espagne, portait que l'un des contractants prenant les armes, l'autre était tenu de les prendre également. Mais ces sortes d'alliances, qui enchaînent d'avance un Etat aux destinées d'un autre, ont beaucoup d'inconvénients. Ainsi le pacte de famille stipulait l'adhésion de l'Espagne à la France pour toutes les guerres maritimes qui pourraient éclater. La France eut cependant beaucoup de peine à entraîner le roi d'Espagne Charles III dans la guerre d'Amérique.

190. Dans le cas d'alliance définie, rien n'est plus difficile à déterminer, et de plus facile à éluder pour les gouvernements cauteleux, que le *casus fœderis*. Si l'allié requis, dit Rayneval, est lui-même attaqué ou menacé, ou s'il a lui-même une injure à venger, ou s'il a des troubles à réprimer ou à craindre, ou enfin si la guerre pour laquelle il est requis est injuste, il peut, dans tous les cas, refuser le secours stipulé. On voit combien ces exceptions, et beaucoup d'autres qu'on ne peut prévoir, laissent de latitude à l'allié infidèle (V. aussi MM. Heffer, § 115; Vergé sur Martens, § 299).

191. En cas de guerre, quelle conduite doit tenir un gouvernement à l'égard de ceux qui sont unis à l'ennemi par des traités d'alliance? Il faut distinguer : si l'alliance est offensive, ils sont ennemis par cela même, et on peut les traiter comme tels; si elle est défensive, il faut examiner si elle est antérieure ou postérieure à la déclaration de guerre; car postérieure ou tenue secrète, elle peut être considérée comme un fait de guerre. Quant aux alliances antérieures à la déclaration, il y a lieu de distinguer si les alliés n'ont promis que des secours déterminés ou limités, sans désignation d'ennemis, ou s'ils promettent un appui illimité : dans le premier cas, ce sont de simples auxiliaires; dans le second cas, on est autorisé à les considérer comme ennemis (Rayneval, l. 3, c. 10).

192. Il y a une sorte de traités qui rentrent dans les traités d'alliance : ce sont les *traités de subsides* : par ces traités une puissance s'engage à fournir de l'argent à une autre pour l'entretien de troupes ou de bâtiments. Ces traités sont une sorte d'alliance défensive, et donnent lieu aux mêmes considérations (Rayneval, *loc. cit.*).

193. C'est un principe du droit des gens qu'un gouvernement ne doit pas faire de traité d'alliance avec des rebelles. Ce principe est vrai dans sa généralité ; mais il est sujet à des exceptions, et il est toujours permis d'examiner jusqu'à quel point ceux que l'on secourt peuvent être considérés comme rebelles. Dans certains cas, l'appui donné à des insurgés ne rompt pas toujours la paix entre deux pays. On en a un exemple dans la guerre des Pays-Bas et de l'Espagne, lors de l'insurrection de ces provinces. Après la pacification de Gand en 1556, la reine Elisabeth s'unit aux insurgés par un traité de subsides ; elle fit avec eux un nouveau traité le 7 janv. 1578, et enfin, après la déclaration d'indépendance en 1585, elle conclut encore avec les Provinces-Unies un traité d'alliance offensive, accompagné d'un manifeste où elle exposa sa conduite. Malgré cette connivence avec les rebelles de Hollande, la paix ne fut pas troublée entre l'Angleterre et l'Espagne. — On peut citer encore, comme exemple d'exception au principe que nous venons de poser, l'alliance de la France et de la Suède avec les princes protestants de l'Allemagne, pendant la guerre de trente ans, et l'alliance de la France avec les Etats-Unis d'Amérique. Dans ce dernier cas, la France, après notification authentique de l'indépendance, conclut avec les Etats-Unis une convention d'amitié et de commerce qu'elle annonça à la cour de Londres, laissant à celle-ci le soin de tirer les conséquences de ce fait ; elle se détermina à la guerre, et c'est ainsi que la France fut amenée à prendre les armes pour les insurgés. On voit par ces exemples qu'il y a des cas où un gouvernement peut se croire autorisé à se lier avec des rebelles, soit qu'il ne les considère pas comme tels, soit qu'il soit amené là par des provocations.

194. Il ne faut pas confondre avec les traités d'alliance les simples *traités d'amitié* : les premiers engagent à des secours et à un appui effectif dans un moment donné ; les seconds ne sont qu'un témoignage de la bonne intelligence qui règne entre deux peuples ; mais il est rare qu'ils ne soient point un acheminement aux premiers, et qu'ils ne contiennent pas quelque stipulation secrète (Rayneval, l. 2, c. 5, § 10).

195. *Traités de limites.* — Il y a une espèce particulière de traités qu'on appelle *traités de limites* : ce sont ceux qui règlent les limites respectives de deux Etats. Ces sortes de conventions ont besoin de la plus grande clarté, parce qu'il n'y a rien de si difficile à préciser que la délimitation d'un territoire L'ambiguïté dans les termes des traités de limite est souvent une cause de guerre entre les nations. C'est ce qui est arrivé par exemple, entre l'Angleterre et la France après la paix de 1748. La France avait cédé l'Acadie et la Nouvelle-Ecosse avec leurs anciennes limites. La difficulté de s'entendre ramena la guerre en 1755, qui fut terminée par une nouvelle paix en 1763 (Rayneval, l. 2, c. 2, § 2, note 2).

196. Il a été jugé qu'un traité international ne peut statuer que sur la ligne séparative des territoires français et étrangers, et des bans respectifs des communes françaises et étrangères, et ne saurait être applicable au bornage des propriétés privées et à leur séparation des terrains voisins, qu'il laisse ainsi les propriétés sous l'empire du droit civil (Cass. 14 avr. 1837, aff. com. de Marckolsheim, V. Lois n° 95).

197. Les délimitations politiques faites par traités diplomatiques ne peuvent déroger aux lois qui régissent la propriété privée, qu'autant que ces traités ont la forme et la force des lois (Cass. 8 fév. 1842, aff. com. de Marckolsheim, V. Lois n° 95).

198. Pour donner une idée des différentes dispositions contenues d'ordinaire dans ces traités de limites, des obligations et des avantages qui y sont stipulés, nous analyserons le traité du 28 mars 1820, signé à Courtrai pour fixer la limite entre la France et les Pays-Bas. Ainsi, la France par ce traité accorde le libre passage sur la Lys, par le territoire d'Armentières et nombre de bateaux jugé nécessaire à l'exploitation des fermes et fabriques dépendantes de l'exploitation rurale et au transport des objets nécessaires à la subsistance des personnes attachées à ces exploitations, et cela pour les fermes situées sur les bords de la Lys, et comprenant huit habitations, à la charge des propriétaires à se pourvoir d'un acte signé par le préfet du département du Nord et le gouverneur de la Flandre occidentale, actes fournis par les bateliers au passage, et à la charge pour lesdits bateliers d'être visités par la douane. Par l'art. 6 du même traité, la Lys, au-dessus du territoire d'Armentières est mitoyenne entre les deux Etats. En outre, si par l'effet des cessions respectives des deux Etats, quelques propriétés se trouvaient morcelées, les propriétaires ou fermiers jouiraient de la faculté de transporter les engrais nécessaires, et d'emporter librement et en exemption de tous droits les récoltes provenant des terrains concédés réciproquement. Des chemins mitoyens sont à l'usage des deux Etats, sans qu'il soit porté aucune atteinte aux propriétés des particuliers ; aucun des deux royaumes ne peut exercer d'acte de souveraineté sur ces chemins, autres que ceux exigés par la sûreté publique.

199. *Traités de cession.* — Il y a des traités qui sont de véritables *ventes* : ce sont ceux où l'Etat cède à une autre puissance un territoire ou une portion de territoire moyennant un prix ou une indemnité. Nous pouvons citer comme exemple de cette espèce de traité la cession de la Louisiane aux Etats-Unis, par la convention du 30 avr. 1803. L'art. 1 de cette convention déclare faire cession à toujours et en toute souveraineté du territoire de la Louisiane avec tous ses droits et appartenances, telle enfin qu'elle avait été cédée à la France par l'Espagne au traité de Saint-Ildefonse, le 1er oct. 1800. On comprend dans cette cession toutes les îles adjacentes et dépendantes, les emplacements et places publiques, les terrains vacants, les bâtiments publics, fortifications, casernes, et tout ce qui n'est pas propriété individuelle (art. 2). Engagement d'incorporer les habitants des provinces cédées dans l'Union des Etats-Unis, et de les admettre à la jouissance des droits et immunités des citoyens (art. 3). Engagement de la part des Etats-Unis d'exécuter les traités et articles conclus entre l'Espagne et les tribus indigènes (art. 6). Pendant douze ans, les navires français ou espagnols venant directement de France et d'Espagne ou de leurs colonies, et chargés exclusivement des produits de ces pays, sont admis dans tous les ports des provinces cédées, sans payer d'autres droits ni de plus élevés sur les marchandises ou sur le tonnage que les navires des Etats-Unis (art. 7). A l'avenir et pour toujours, après ces douze années, les navires français auront le traitement de la nation la plus favorisée (art. 8). — Un autre exemple de traité de cession est le traité du 17 avr. même année, qui accorda l'indépendance à la république de Saint-Domingue, moyennant une indemnité fixée à la somme de 150 millions.

200. Le souverain peut-il en vertu d'un traité faire cession d'une partie du territoire français ? — La question est examinée v° Lois, n°s 94, 95. — V. aussi *supra*, n° 109.

201. Le chef du gouvernement ne saurait disposer, par un traité, de la propriété ou de la vie de ses sujets. C'est la doctrine que nous développons dans notre consultation pour les propriétaires de la Veloz Mariana, distribuée à la chambre des députés (Moniteur, 13 avr. 1829), et à laquelle avaient adhéré MM. Delacroix-Frainville, Delagrange, Berryer fils, Odilon-Barrot, Nicod, Berville et Dupin jeune. Nous prouvions que les gouvernements espagnol et français n'auraient pu consentir, par le traité du 3 janv. 1824, la cession réciproque des navires appartenant à leurs sujets respectifs, et arrêtés injustement avant le commencement des hostilités de 1823. — « Tous les monuments de notre droit public, disions-nous, nous apprennent que le pouvoir du prince, trans et divin, finit là où commencent les intérêts privés des citoyens et les principes du droit commun, qui les protègent. Les conventions diplomatiques ne peuvent porter la plus légère atteinte à ces intérêts et aux lois qui les garantissent, qu'autant qu'elles sont revêtues elles-mêmes de la sanction de la loi. Entre plusieurs exemples, on se rappelle les dispositions du traité d'Utrecht, qui définissaient les conditions de successibilité des sujets respectifs de la France et de l'Angleterre. Chacun sait que cette partie du traité, parce qu'elle avait trait à des intérêts privés, au droit civil de l'Etat, quoique cette dérogation n'eût rien que de raisonnable et ne blessât aucun des principes du droit naturel, ne reçut d'exécution en France qu'après avoir été revêtue des formes législatives qui existaient à cette époque, c'est-à-dire qu'après qu'elle fut confirmée par la déclaration du 19 juill. 1729, vérifiée et enregistrée par les parlements... Si les traités ne peuvent créer de simples impôts , tels légers qu'ils soient, à moins qu'ils n'aient reçu la sanction législative, à combien plus forte raison sont-ils impuissants pour disposer de la propriété privée !...

« L'inviolabilité de la propriété privée est le principe de toute monarchie ; elle est un des attributs qui servent à distinguer ce gouvernement du gouvernement despotique. «Dans le gouvernement monarchique, dit Montesquieu, il faut que la propriété et la vie des citoyens soient assurés comme la constitution de l'Etat.» (Voy. aussi Bossuet, dans sa Polit. sacrée, liv. 8, art. 2 ; et la loi des Visigoths, qui a régi autrefois une partie de nos provinces, liv. 2, ch. 6.)— Ce principe n'admet qu'une seule dérogation, c'est l'expropriation pour cause d'utilité publique, laquelle encore est plutôt une vente forcée, qu'une expropriation véritable ; car, d'après l'art. 10 de la charte constitutionnelle,

qui n'a fait que confirmer une maxime invariablement suivie dès les temps les plus reculés de la monarchie, « nul ne peut être dépossédé, que moyennant une juste et préalable indemnité. » (Voy. Lettres patentes conformes de Charles VI, du mois d'août 1607 ; Hist. de Charles VI, par Godefroy, p. 730). »

Ces principes ont été consacrés par plusieurs arrêts qui ont décidé : 1° que dans la cession de tous ses droits de souveraineté et de propriété que fait au conquérant le souverain d'un pays conquis, ne sont compris que les biens qui composent le domaine public, et non ceux appartenant à de simples particuliers. Ainsi, quand l'empereur d'Allemagne a cédé à la France tous ses droits sur les ci-devant provinces Belgiques, les princes de l'empire germanique (tels que les ducs Guillaume de Looz) ont bien été dépossédés des domaines qu'ils tenaient de cette seule qualité ; mais ils ont conservé leurs propriétés particulières : c'est dans ce sens qu'il faut entendre les traités de Campo-Formio, art. 3 et 9, et de Lunéville, art. 2, 6, 9 (Cass. 11 déc. 1816) (1); — 2° Que le simple séquestre de guerre n'est pas dévolutif de propriété ; quand la levée en est ordonnée, et

(1) *Espèce : —* (Séguin C. héritiers du duc Guillaume Looz.)— Après les traités de Campo-Formio et de Lunéville, le duc de Looz pensa que la propriété des domaines qu'il possédait dans la Belgique, comme simple particulier, lui était garantie; et en conséquence, il les hypothéqua à plusieurs obligations, en partie transmises au sieur Séguin. — Le 20 mars 1805, décès du duc Guillaume de Looz, laissant un testament par lequel il institue son fils , le duc Joseph Arnould , héritier universel de ses biens. Le duc Arnould avait cinq sœurs et un frère. Ceux-ci attaquèrent le testament qui constituait le duc Arnould héritier universel; et, pendant que l'action s'instruisait devant les tribunaux, ils réclamèrent auprès de l'autorité administrative contre l'arrête qui avait mis le duc en possession de la succession. — Arrête du 13, décret par lequel le gouvernement révoque l'arrêté du 21 flor. an 12, portant mainlevée du séquestre, et remettant les choses au même état qu'auparavant, ordonne que le séquestre sera réapposé. — Les 18 brum. an 13 et 9 fév. 1805, nouveaux prêts faits par le sieur Séguin au duc Arnould, nouvelles garanties hypothécaires accordées sur le débiteur à son créancier sur les biens de Belgique séquestrés.

Le 12 oct. 1807 , décret du chef du gouvernement par lequel les biens sous séquestre, provenant de la succession du duc Guillaume de Looz Corswarem, sont déclarés faire partie du domaine (art. 1); et, en considération de leur situation particulière, sont gratifiés d'un sixième dans ces biens les enfants du duc, *autres que le duc Joseph Arnould* (art. 3), *à la charge des dettes affectées sur lesdits biens* (art. 4). — En 1808, le sieur Séguin forma des oppositions entre les mains des fermiers des biens donnés. — Le 31 août 1810, jugement du tribunal de la Seine, qui, distinguant les créances antérieures à l'arrêté du 10 brum. an 13, qui avait ordonné la réapposition du séquestre, des créances postérieures à ce même arrêté, condamne les enfants du duc de Looz au payement des premières, et les décharge des secondes.

Appel de ce jugement par toutes les parties. — Le 2 mars 1812, la cour de Paris déclare nulles toutes les hypothèques postérieures aux traités de Campo-Formio et de Lunéville.

Pourvoi du sieur Séguin : 1° Contravention aux traités de Campo-Formio et de Lunéville. Il commentait les articles de ces traités, de la même manière que l'arrêt qui suit, fondant cette interprétation sur un principe de droit public reconnu par tous les gouvernements d'Europe , c'est que les Etats ne font la guerre qu'aux Etats, et non pas aux particuliers ; ainsi le droit de conquête, sanctionné par les traités, fait bien passer une province avec la souveraineté sous la domination du conquérant ; ainsi les propriétés publiques, qui, dans cette province, appartenaient au souverain, entrent bien dans les mains du vainqueur , mais aussi toutes les propriétés particulières sont maintenues et respectées. — L'arrêt dénoncé disait-il, fait remonter l'effet du décret du 12 oct. 1807 au séquestre de guerre; d'où découle la conséquence immédiate que, dès le moment de ce séquestre, le duc de Looz a été dépouillé de ses propriétés, et n'a pu en consentir aucune aliénation, ni les frapper d'aucune hypothèque. Rien n'est moins exact que ce raisonnement. — Il est de principe, en droit public, que la conquête ne donne qu'une possession précaire jusqu'à ce qu'elle ait été sanctionnée par les traités. Ainsi, lorsque par ces traités les biens conquis sont dévolus au conquérant, l'effet de cette dévolution remonte à la vérité au moment de la guerre ; mais si par suite de ces mêmes traités, ces biens n'ont pas été cédés au vainqueur, s'ils ont été rendus à leurs propriétaires, il est certain qu'alors le séquestre de guerre ne produit plus aucun effet; que les propriétaires sont censés n'avoir jamais été dépossédés (Grotius, lib. 6, cap. 9, t. 7), et qu'ils ont pu valablement consentir et hypothéquer même pendant le séquestre de guerre; car ce séquestre n'est, comme le séquestre civil , autre chose qu'un simple acte conservatoire, qui ne porte point atteinte à la propriété. Or, dans l'espèce, les traités de

Campo-Formio et de Lunéville n'avaient-ils pas garanti les propriétés particulières du duc de Looz dans les Pays-Bas autrichiens? Et si ces propriétés lui étaient garanties, n'a-t-il pas pu, depuis comme avant le séquestre, les frapper de toutes les hypothèques qu'il a jugé à propos de faire peser sur eux ?

2° Violation du décret du 12 oct. 1807 , en ce que ce décret ne distingue point les dettes antérieures de celles postérieures au séquestre, et que pour toutes il impose également la charge de les payer aux cessionnaires des biens sur lesquels elles sont affectées.

3° Contravention aux lois des 16 août 1790, et 16 fruct. an 3, qui ont défendu aux tribunaux d'étendre, modifier, ou même interpréter les actes émanés de l'autorité administrative, en ce que le décret dont il s'agit est un acte de haute administration. — Arrêt.

LA COUR; — Vu les art. précités des traités de Campo-Formio et de Lunéville, les deux arrêtés du gouvernement français, du 12 flor. an 12, et les décrets des 10 brum. an 13 et 12 oct. 1807; statuant d'abord sur le troisième moyen de cassation , relatif à la compétence : — Attendu que la contestation qui existe entre les parties n'est relative qu'à des intérêts purement privés entre particuliers , et qu'ainsi elle est de la compétence de l'autorité judiciaire ; — Rejette ce moyen ; — En ce qui touche le premier et le second moyen de cassation : — Attendu, en fait, qu'il est constant et même reconnu par les défendeurs, qu'avant la conquête faite par les armées de la république française des Pays-Bas autrichiens et des parties de l'empire germanique sur la rive gauche du Rhin , le duc Guillaume de Looz Corswarem était propriétaire, non pas en qualité de prince de l'empire germanique, mais comme simple particulier, de biens et domaines situés dans les Pays-Bas autrichiens, faisant partie des Etats héréditaires de la maison d'Autriche ; — Attendu que, par l'art. 3 du traité de Campo-Formio et par les art. 2 et 6 du traité de Lunéville, l'empereur d'Allemagne, roi de Hongrie et de Bohême, stipulant tant en son nom qu'au nom de l'empire germanique, céda, en toute souveraineté et propriété, à la république française tous ses droits et titres sur les ci-devant provinces belgiques , connues sous le nom de Pays-Bas autrichiens , avec tous les biens territoriaux qui en dépendaient, et en outre les pays et domaines situés à la rive gauche du Rhin qui faisaient partie de l'empire germanique; mais que, par l'art. 9 du traité de Campo-Formio, et par l'art. 9 du traité de Lunéville, il fut stipulé qu'il serait accordé, dans tous les pays cédés par les articles précédents à tous les habitants et propriétaires quelconques, mainlevée du séquestre qui avait été mis sur leurs biens, effets et revenus, à cause de la guerre qui avait eu lieu ; qu'il résulte bien de l'art. 3 du traité de Campo-Formio, et des art. 2 et 6 du traité de Lunéville que le duc Guillaume Looz aurait été dépossédé des biens et domaines qu'il aurait pu avoir en qualité de prince de l'empire germanique; mais qu'il résulte aussi de l'art. 9 du traité de Campo-Formio, et de l'art. 9 du traité de Lunéville, que le duc Guillaume conserva la propriété des biens qu'il possédait, comme simple particulier, dans les Pays-Bas autrichiens et autres réunis à la France sur la rive gauche du Rhin , et que cette distinction est, en effet, conforme aux principes du droit des gens qui ont été constamment professés par les publicistes ; d'où il suit qu'en vertu des traités de Campo-Formio et de Lunéville, le duc Guillaume de Looz, et, après lui, le duc Joseph-Arnould, son fils et son héritier, conservèrent le droit de vendre et d'hypothéquer les biens qu'avant ces traités le duc Guillaume possédait, comme simple particulier, dans les Pays-Bas autrichiens, et qu'ils purent exercer ce droit, même avant la mainlevée effective du séquestre de guerre, promise et stipulée par ces traités, puisque le simple séquestre de guerre ne suffit pas pour dépouiller de la propriété, et qu'au moins, quant à la propriété, tous ses effets sont anéantis par les traités de paix qui en ordonnent la mainlevée ; — Attendu que le gouvernement français a plusieurs fois reque les biens retournent aux mains de leurs anciens propriétaires, ils sont censés n'en être jamais sortis ; et en conséquence sont valables les hypothèques consenties pendant le séquestre (même arrêt ; conf. Cass. 24 juin 1839, aff. Fox C. duc de Richmond, V. n° 156).—3° Que le décret du 12 oct. 1807, qui a déclaré que les biens provenant de la succession du duc Guillaume Looz faisaient partie des domaines de l'Etat, n'a pu avoir d'effet rétroactif ; par conséquent, si les traités de Campo-Formio et de Lunéville ont maintenu le duc ou ses héritiers dans la propriété de ses biens, les hypothèques qu'ils auront consenties dans l'intervalle de ces traités au décret, doivent être réputées valables, et comprises ainsi dans la disposition qui impose aux concessionnaires des biens la charge de payer les dettes auxquelles ils sont affectés (même arrêt).

202. Il a été décidé que l'échange du 20 mars 1651, par lequel Louis XIV a cédé le duché de Bouillon en échange des principautés de Sédan et de Raucourt, a les caractères d'un traité politique intervenu d'un prince souverain à un autre prince souverain ; par suite, le duché de Bouillon a été valablement aliéné par ce traité (Ch. réun. cass. 3 fév. 1842, aff. Roy, V. Dom. engagé, n° 56-2°).

203. Les aliénations du domaine de l'Etat par traité politique, ne sont pas soumises à la règle de l'inaliénabilité de ce domaine en France (même arrêt).

204. Le traité de 1825 avec Saint-Domingue (V. n° 199), souleva une question subsidiaire très-intéressante, et qui donna lieu à une consultation des principaux avocats de Paris. Il s'agissait de savoir si l'indemnité imposée par le traité à la république d'Haïti représentait la valeur des possessions particulières des anciens colons, définitivement et légalement dépossédés par ce traité, et dans ce cas, si le gouvernement français était garant de la dette contractée par le gouvernement d'Haïti. Dans cette consultation déjà mentionnée (n° 201), nous établissions d'une

connu lui-même que, par les traités de Campo-Formio et de Lunéville, les ducs de Looz n'avaient pas perdu leurs propriétés particulières dans les Pays-Bas autrichiens ; qu'en effet, le 2 juillet 1803, il fit annoncer au duc de Looz, par le préfet du département de la Dyle, qu'il y aurait levée du séquestre, conformément à l'esprit du traité de Lunéville ; que, par un arrêté du 21 flor. an 12, en déclarant que tous les biens qui, avant le traité de Lunéville, avaient appartenu aux ducs de Looz et autres princes de l'empire, étaient réunis au domaine national, il en excepta formellement ceux desdits biens qui étaient situés dans les Pays-Bas autrichiens, et à l'égard desquels il serait statué par des arrêtés particuliers ; que statuant de suite, par un autre arrêté du même jour, à l'égard de la famille de Looz, il accorda définitivement au duc Joseph-Arnould, comme héritier du duc Guillaume, mainlevée du séquestre apposé sur ceux de ses biens meubles et immeubles qui étaient situés dans les départements de la Dyle, de Jemmapes et autres, qui formaient précédemment les Pays-Bas autrichiens ; et que la condition, imposée par cet arrêté au duc Joseph-Arnould, de vendre, dans le délai de trois ans, les biens à l'égard desquels était accordée la mainlevée du séquestre, ne fut qu'un rappel de ce qui avait été prescrit, par l'art. 9 du traité de Campo-Formio, à tous les habitants et propriétaires quelconques dans les Pays-Bas autrichiens, et prouve évidemment que le gouvernement français appliquait lui-même cet article du traité à la famille de Looz, pour les propriétés particulières qu'elle avait dans les Pays-Bas autrichiens ; qu'à la vérité, par un décret du 10 brum. an 13, le chef du gouvernement annula le second arrêté du 21 flor. an 12, sur les réclamations qui lui présentées par les six autres enfants du duc Guillaume, qui prétendaient avoir droit, comme le duc Joseph-Arnould, aux biens qui n'avaient été rendus qu'à lui seul, et annonçaient vouloir lui contester la qualité d'héritier universel ; mais que l'arrêté ne fut point annulé sur les motifs que les biens à l'égard desquels il avait été donné au duc Joseph-Arnould mainlevée du séquestre, fussent dévolus à la France par les traités de Campo-Formio et de Lunéville ; qu'il fut annulé par le motif unique, formellement exprimé dans le décret, que la mainlevée n'ait point été accordée au duc Joseph-Arnould, s'il eût été connu qu'il n'avait que des droits incertains et indéterminés sur les biens ; que le décret du 10 brum. an 13 eut donc pour objet de conserver les droits que réclamaient, de leur côté, les six autres enfants du duc Guillaume, et que le gouvernement, en cherchant à conserver ces droits, reconnaissait par là même que les biens n'avaient pas été dévolus à la France par les traités, et qu'ils faisaient partie de la succession du duc Guillaume ; qu'enfin on ne peut pas dire que ce décret dépouilla le duc Joseph-Arnould de la propriété des biens, en remettant les choses au même état où elles étaient, tant au droit qu'au fait, avant le second arrêté du 21 flor. an 12, puisqu'au droit, avant cet arrêté, il n'y

manière irréfragable : 1° que l'Etat est débiteur envers les colons, parce qu'il a de fait aliéné la propriété de leurs biens, et qu'à ce titre, ils ont droit de lui en demander le prix ; 2° qu'il est leur débiteur, parce qu'il était tenu de leur en faire recouvrer la possession. — Lorsqu'une nation impose à quelques-uns de ses membres le sacrifice de leurs propriétés particulières, elle doit les indemniser de la perte qu'elle leur inflige. Or, il est évident que le traité passé avec la république d'Haïti était un contrat qui aliénait les héritages des colons : car, quoique le traité ne le dise pas expressément, c'en était une conséquence évidente et inévitable. Pourquoi le gouvernement haïtien traitait-il ? D'une part, pour obtenir la reconnaissance de son indépendance, de l'autre, pour prévenir toutes contestations qui pourraient naître entre les anciens planteurs, et les propriétaires subséquents. La loi constitutive d'Haïti ne reconnaît qu'aux seuls Haïtiens le droit de propriété immobilière : le gouvernement français en traitant avec eux, ne pouvait pas ignorer ce principe de leur acte constitutionnel : en reconnaissant leur indépendance et leur souveraineté, il reconnaissait implicitement leur constitution : il adhérait donc à la dépossession légale des anciens colons. Au reste le sens de cette convention ne pouvait pas être douteux, après ces paroles du ministre des finances, dans l'exposé des motifs de la loi elle-même : «150 millions, disait-il, nous ont paru la somme qui pouvait être exigée, comme le montant de l'indemnité qui pouvait être due aux anciens colons auxquels la concession de l'indépendance du gouvernement d'Haïti enlevait la chance de recouvrer leurs propriétés, par suite du rétablissement possible de l'autorité du roi à Saint-Domingue.» Il n'est donc pas douteux que par le traité de 1825, le gouvernement français a aliéné les biens des anciens colons : mais s'il a disposé de leurs propriétés, il est évident que c'est à lui qu'ils ont droit d'en réclamer le prix ; et, soit par autrui, soit par lui-même, il faut qu'il les en fasse jouir.

avait de dépossession, ni par les traités de Campo-Formio et de Lunéville, ni par le premier arrêté du 21 flor. an 12, à l'égard des biens particuliers de la famille de Looz, situés dans les Pays-Bas autrichiens, et qu'au fait, avant le second arrêté, il n'y avait qu'un simple séquestre de guerre, qui seul n'était pas dévolutif de la propriété, et dont la mainlevée avait d'ailleurs été promise et stipulée par les traités ; — Attendu qu'il résulte de tout ce qui précède, que le décret du 12 oct. 1807, qui a déclaré que les biens provenant de la succession du duc Guillaume de Looz faisaient partie du domaine de l'Etat, est le premier acte qui ait dépouillé les ducs de Looz de la propriété des biens qu'ils avaient, comme simples particuliers, dans les Pays-Bas autrichiens, et que la déclaration même, faite dans ce décret, que les biens qu'il réunissait à l'Etat provenaient de la succession du duc Guillaume, prouve de plus en plus qu'il n'a pas été fondé sur une dévolution qui aurait été prononcée en faveur de la France par les traités, puisqu'en cas de dévolution par les traités, les biens n'auraient pu faire partie, et conséquemment ne seraient pas provenus de la succession du duc Guillaume ; que, dès lors, le décret du 12 oct. 1807 ne peut avoir d'effet rétroactif, et ne peut pas empêcher que les hypothèques qui avaient été consenties sur les biens, par les ducs Guillaume et Joseph-Arnould, avant la dépossession, avant la réunion à l'Etat, soient valables ; — Attendu enfin que la charge imposée aux défendeurs, par le décret du 12 octobre 1807, d'acquitter les dettes affectées sur lesdits biens dont ils étaient gratifiés, s'applique nécessairement à toutes les dettes qui, lors de ce décret, se trouvaient légalement et valablement affectées sur lesdits biens, et qu'il est forcé d'établir que les dettes affectées avant ce décret, par les ducs Guillaume et Joseph-Arnould de Looz, sur les biens qu'ils possédaient comme simples particuliers dans leurs ci-devant Pays-Bas autrichiens, étaient légalement affectées par personnes ayant droit de les consentir ; de tout quoi il suit qu'en décidant que le duc Guillaume de Looz n'avait pu, après les traités de Campo-Formio et de Lunéville, vendre ou hypothéquer aucun des biens qu'il possédait antérieurement, et que le duc Arnould, son fils et son héritier, n'avait pu également hypothéquer aucun de ces biens, même avant le décret de 1807, et qu'en conséquence les inscriptions hypothécaires prises par le demandeur avant ce décret, et les oppositions par lui formées sur les biens que les ducs Guillaume et Joseph-Arnould de Looz possédaient, comme simples particuliers, dans les Pays-Bas autrichiens, étaient nulles et ne devaient produire aucun effet, l'arrêt dénoncé a formellement violé les dispositions de l'art. 9 du traité de Campo-Formio et de l'art. 9 du traité de Lunéville, et a fait une fausse application du décret du 21 oct. 1807 ; — Casse.

Du 11 déc. 1816.-C. C., sect. civ.-MM. Brisson, pr.-Chabot, rap.-Darrieux, Rochelle et Coste, av.

L'Etat n'est pas seulement le débiteur direct des colons, à la dépossession desquels il a consenti par un traité : il l'est encore à titre de garant de la créance contractée par Saint-Domingue. C'est ce qui résulte de l'explication qui eut lieu à la chambre des députés, à l'occasion de cette convention même. L'art. 1 ayant été mis en délibération, M. de Cambon proposa d'y ajouter un paragraphe ainsi conçu : « La somme de 150 millions affectée par l'ord. du 17 avr. 1825, aux anciens colons de Saint-Domingue, sera répartie entre eux intégralement, et sans aucune garantie. » M. Hyde de Neuville se leva et dit : « Décider, comme le demande M. de Cambon, que l'Etat ne garantit aucunement l'indemnité aux colons, ce serait les mettre hors la charte, hors la loi fondamentale. Expropriés par l'Etat, ils ont droit à ce que l'Etat leur garantisse l'indemnité applicable à cette expropriation, » et la proposition de M. de Cambon fut rejetée ; par conséquent la garantie de l'Etat fut implicitement votée par la chambre.

On peut donc conclure de cette discussion cette règle générale, que, lorsque par un traité de cession, l'Etat abandonne à un autre Etat non-seulement la souveraineté d'un territoire, mais la possession de toutes les propriétés privées, contenues sur ce territoire, il est responsable envers les propriétaires dépossédés, et leur doit une indemnité qui doit être basée sur les règles de l'équité.

205. *Traités de navigation et de commerce.* — De toutes les espèces de traités qui peuvent être conclus avec les nations étrangères, il y en a un qui intéresse plus particulièrement les citoyens, et qui peut être surtout invoqué dans la pratique familière des affaires : ce sont les conventions de commerce. — Nous avons fait connaître plus haut dans notre historique les divers traités passés par la France avec les puissances étrangères ; nous allons exposer ici les règles générales qui paraissent ressortir de l'ensemble de ces traités, et les modifications qu'elles ont pu recevoir.

206. Les traités de commerce, pour être vraiment avantageux et durables, doivent être fondés sur la réciprocité : ceux qui n'existent qu'en vue de l'intérêt d'un des contractants sont la source de mille difficultés : on en peut citer pour exemple les traités de commerce entre l'Angleterre et l'Espagne, le premier de 1667, le second de 1723. Ces traités n'ont été que l'occasion de discussions continuelles entre les deux Etats, à cause des prétentions des Anglais à tirer à eux seuls tous les avantages de la convention. Un second exemple d'une convention inégale de commerce est la convention de Méthuen, conclue en 1703 entre l'Angleterre et le Portugal. Les Anglais avaient obtenu le privilège exclusif d'importer des laines en Portugal, moyennant quoi les vins de Portugal payaient en Angleterre un tiers de moins que ceux des autres nations. C'est par des conventions de cette nature que l'Angleterre s'est peu à peu attribué le monopole du commerce maritime (Ad. Smith, Richesse des nations, l. 4, c. 6).

207. On n'est pas encore fixé sur la portée et les principes des traités de commerce. Rayneval marque très-bien la raison de cette incertitude. « Dans tous les pays du monde, dit-il, il est vrai que l'intérêt des manufactures réclame l'exclusion, tandis que celui du consommateur et du commerçant réclame la liberté : c'est entre ces deux écueils qu'est placé le gouvernement, et il lui est difficile de trouver un milieu entre ces deux intérêts qui se froissent » (Rayneval, l. 2, c. 4, § 3).

208. Les matières des traités de commerce et de navigation sont, en général : l'importation, l'exportation, l'entrepôt et le transit des marchandises ; les tarifs des douanes ; les droits de navigation (tonnage, ancrage, pilotage, balises, etc.) ; les quarantaines, les péages des fleuves et des canaux ; le séjour des bâtiments dans les *docks* ou bassins, et des marchandises dans les magasins de la douane ; les primes d'exportation ou d'importation ; les amendes pour introduction de marchandises prohibées ; le droit de préemption, la taxe légale en faveur de certaines marchandises ; la *réfraction des droits*, ou remise partielle des droits à percevoir sur marchandises avariées ; le transbordement ; les déclarations en douane, la visite des marchandises par les employés du fisc ; les papiers de bord, dont le capitaine doit être pourvu, savoir : la patente de nationalité (*acte de francisation*), le congé ou passe-port de mer,

rôle d'équipage, la patente de santé ; les documents relatifs au chargement, à savoir la charte-partie, le manifeste, les connaissements, les certificats d'origine, les factures originales des marchandises frappées d'un droit *ad valorem* ; les cas d'angarie ou arrêt de prise (*embargos*), de relâche forcée, d'échouement, de naufrage et de sauvetage ; les frais de magasinage dans les entrepôts de la douane ; le radoub des bâtiments avariés ; l'hivernage, l'admission des paquebots porteurs de valises, de lettres, et de ceux qui transportent les voyageurs ; l'admission dans un port, en un même temps, des bâtiments de guerre ; le cérémonial maritime ; le cabotage ; l'admission des consuls et leurs droits ; la langue des livres de commerce pour les commerçants étrangers, et le droit de choisir des hommes de loi de leurs pays ; les lettres de représailles ; les colonies ; la pêche (M. de Cussy, Phases et causes cél. du dr. marit., t. 1, p. 52 et s.).

209. Voici quel est à peu près le code du commerce international, résultant de la plus grande majorité des traités : — 1° Les peuples unis par des traités de commerce sont libres de transporter les uns chez les autres toutes les marchandises qui ne sont pas prohibées par les lois de l'Etat ; toutefois, avec l'obligation de se soumettre aux tarifs régulateurs des droits de douane. — 2° Les étrangers qui font le commerce peuvent, dans leurs contestations, se pourvoir d'un homme de loi de leur pays. — 3° Ils peuvent aussi tenir leurs livres de compte et de commerce dans la langue qu'ils choisiront à leur gré. — 4° Un navire marchand, forcé de relâcher dans un port pour y radouber, peut le faire sans payer de droits que pour les marchandises mises à terre. — 5° Le capitaine de navire marchand peut ne débarquer que la quantité de marchandises qui lui convient. — 6° Les bâtiments et les marchandises ne peuvent être saisis qu'à la suite d'un arrêt de justice obtenu par les intéressés, et selon les lois ordinaires. — 7° Tout navire marchand est tenu d'être muni de certificats ou passe-ports qui attestent sa nationalité, la nature et la quantité de marchandises qui composent son chargement. — 8° Obligation de se conformer aux lois sanitaires du pays et à toutes les formalités requises par l'administration de la douane. — 9° Les bâtiments naufragés ont droit, sur leur réclamation dans l'an et un jour, et à charge de payer les frais de sauvetage, à la restitution de tous les objets sauvés, tels que navires, agrès, cargaison, etc. — Le traitement des traités de comm. et de navig., t. 1, introd., p. 11). — 10° Les négociants ne peuvent quitter le pays étranger sans avoir payé leurs dettes ; en cas de décès, on leur assure le droit de faire passer leurs propriétés, effets ou marchandises à leurs héritiers, et l'on reproduit d'ordinaire les clauses des traités antérieurs qui ont aboli les droits d'aubaine et de détraction (M. de Cussy, L. 1, tit. 1, § 23).

210. Les *traitements* stipulés par les traités au profit du commerce maritime se ramènent à trois espèces principales : l'exacte et parfaite réciprocité, le traitement de la nation la plus favorisée, le traitement national. Quelques traités vont jusqu'à stipuler ces trois conditions réunies, par exemple ceux de l'Espagne et de la France au dix-huitième siècle. — Dans le cas de la réciprocité, ce que l'un des deux Etats contractants accorde à la navigation et au commerce maritime de l'autre doit, dans la même mesure, être accordé par ce dernier aux sujets du premier. — Le traitement de la nation la plus favorisée consiste à étendre réciproquement aux navires et sujets respectifs les mêmes avantages qui ont été ou seront accordés aux nations les plus favorisées (moins celles, bien entendu, qui jouissent du traitement national), de sorte qu'un avantage accordé à une autre nation par tout traité subséquent devient, *ipso facto*, un droit dont on peut réclamer l'exercice. Cette circonstance rend indispensable la connaissance de tous les traités d'une nation, pour tous ceux qui ont besoin de réclamer cette clause, ou qui ont à en éprouver le bénéfice. Il n'y aurait pas cependant à réclamer la jouissance d'un avantage qui serait accordé à une nation à titre onéreux, par exemple comme le prix d'une cession quelconque. — Enfin, le traitement national consiste à faire jouir dans les ports, rades, places de commerce, en ce qui concerne les droits de navigation, les navires et les sujets de la puissance amie, des mêmes privilèges, des mêmes avantages qui sont assurés, par les lois et règlements du pays, aux nationaux propres. Le traitement national n'emporte pas nécessairement le privilége d'exercer le cabotage de part et d'autre : il faut que ce privilége ait été accordé par une clause spéciale (M. de Cussy, Phases du droit marit., L. 1, t. 11, § 24) — La stipulation la plus ordinaire est celle qui assure le traitement de la nation la plus favorisée ; elle est contenue dans la plupart des traités. Quant au traitement national, il est beaucoup plus rare. On en pourrait citer tout au plus 30 ou 40 traités en Europe depuis 200 ans, et pour la France les suivants seulement : 1° celui qui a été conclu avec le Danemark en 1742 et renouvelé en 1842; 2° le pacte de famille avec l'Espagne, du 15 août 1761 (V. suprà, n° 29); 3° les traités passés en 1697, 1713, 1739, avec les Pays-Bas.

211. Le traité de commerce de 1846 avec la Russie a soulevé récemment une difficulté. Ce traité établissait que les navires des deux nations seraient traités dans les ports des deux pays sur le pied de la plus parfaite égalité. L'art. 3 de ce traité disait : « Les bâtiments français venant des ports de France avec chargement dans les ports de Russie, et réciproquement les bâtiments russes venant des ports de Russie avec chargement dans les ports de France, seront traités dans les deux pays, soit à leur arrivée et à leur sortie, soit durant leur séjour, sur le même pied que les bâtiments nationaux, pour tout ce qui regarde *les droits de tonnage, de pilotage, de port, de fanal, de quarantaine* et autres charges pesant sur la coque des navires, sous quelque dénomination que ce soit. » Par les art. 5 et 6, les marchandises sont affranchies de toute surtaxe à l'occasion du pavillon, et sur ce point encore la réciprocité est établie. — A la vérité, il existe une exception considérable aux dispositions libérales de ce traité. On a exclu la navigation russe dans la Méditerranée, et la navigation française dans les mers Noire et d'Azof. Dans ces mers, nos navires, surchargés de taxes de navigation, ne peuvent lutter contre la marine russe ou même la marine grecque, que nous recevons à Marseille presque en franchise. — Mais pour la navigation de la Baltique, la réciprocité doit être complète, absolue ; l'égalité doit être entière quant au payement des droits de tonnage, pilotage, port, fanal, quarantaine et autres charges pesant sur la coque du navire, et quant aux droits de douane prélevés sur les marchandises.

De cette égalité absolue, ne doit-on pas conclure que les deux parties contractantes, la France et la Russie, se sont réciproquement retiré le droit d'accorder des avantages spéciaux et des subventions à quelques-uns de leurs navires de commerce, à quelques-unes de leurs compagnies de navigation? Il est vrai qu'en dépit des traités de réciprocité, la navigation transatlantique à vapeur est partout subventionnée; mais une infraction à un traité n'en autorise pas une autre, et les précédents ne peuvent faire loi, surtout en affaires internationales, que lorsqu'ils sont basés sur quelque texte ou quelque droit évident. — D'ailleurs, les articles séparés, annexés au traité, tranchent nettement et clairement la difficulté. Il est également entendu, disent ces articles, que ne seront pas censés déroger au principe de réciprocité, qui est la base du traité de ce jour, les franchises, immunités et priviléges mentionnés ci-après, savoir : de la part de la Russie : 1° la franchise dont jouissent les bâtiments construits en Russie et appartenant à des sujets russes, lesquels, pendant les trois premières années, sont exempts des droits de navigation; — 2° Les exemptions de même nature accordées dans les ports russes de la mer Noire, de celle d'Azof et du Danube, aux bâtiments turcs venant des ports de l'empire ottoman situés sur la mer Noire et ne jaugeant pas au delà de 80 lasts ; — 3° La faculté accordée aux bâtiments de la côte du gouvernement d'Archangel d'importer en franchise ou moyennant des droits modérés, dans les ports dudit gouvernement, du poisson sec ou salé, ainsi que certaines espèces de fourrures, et de les exporter, de la même manière, des blés, cordes et cordages, du goudron et du ravendoue ; — 4° Le privilége de la compagnie russe américaine ; — 5° Celui des compagnies de Lubeck et du Havre pour la navigation à vapeur ; les immunités accordées en Russie à différentes compagnies anglaises, dites *yacht clubs.* »

— Les §§ 4 et 5 de l'article que nous venons de rapporter décident complètement la question que nous nous étions posée. Il est évident que les cabinets de Pétersbourg et de Paris n'auraient pas solennellement déclaré que les priviléges dont il s'agit n'étaient pas censés déroger aux dispositions du traité, si la liberté d'accorder des priviléges, immunités ou subventions existait, pour chaque gouvernement, après comme avant le traité.

A la date de ce traité, c'est-à-dire en 1846, il existait une compagnie franco-russe qui faisait la navigation entre le Havre et Saint-Pétersbourg. Quelques années plus tard, cette compagnie se liquida , et toute navigation à vapeur cessa entre la France et la Russie. Le § 5 de l'art. 2 des articles séparés devint donc nul et non avenu. Le privilége cessa par extinction. —Pourrait-on faire revivre ce privilége en faveur d'une compagnie nouvelle, sous prétexte que ce droit a été suspendu, mais non aboli par la liquidation de l'ancienne compagnie ? — Cette opinion ne serait pas soutenable , parce que le § 5 ne stipule pas un privilége, ne proclame pas une exception en faveur d'une compagnie quelconque née ou à naître ; il cite nominativement et spécialement une société de navigation, et pas d'autres. Cette compagnie n'existant plus, le privilége est mort, et rien, sinon un nouveau traité, ne saurait le faire revivre.

212. *Propriété et territorialité de la mer.* — Nous avons vu (v° Droit des gens, n° 74) que le principe de la liberté des mers n'est plus contesté aujourd'hui (V. MM. Vergé sur Martens, § 43; Ortolan, liv. 2, chap. 7, qui donne l'analyse de *Mare liberum* de Grotius et du *Mare clausum* de Selden; Hautefeuille, t. 1, p. 33 et suiv.). Le droit des gens primitif l'établit, et le droit des gens secondaire le consacre : car on ne peut citer aucun traité qui soit un abandon absolu de ce principe, et qui reconnaisse explicitement le droit d'aucune nation à la souveraineté de la mer. Selden cite pourtant un traité de 1303, entre Philippe le Bel, roi de France, et Edouard Iᵉʳ, roi d'Angleterre, pour combattre d'un commun accord la piraterie dont les mers étaient alors infestées. Mais ce traité va directement contre l'opinion de Selden, car il institue une commission mixte, composée à la fois de Français et d'Anglais, pour connaître des plaintes relatives à ces actes de piraterie. On peut conclure au contraire de ce fait même qu'à cette époque l'Angleterre ne manifestait pas de prétention à la propriété de la mer, et que la France ne lui reconnaissait pas ce droit.. Les autres traités cités par Selden, ceux de l'Angleterre avec la Hollande, en 1654, en 1662, 1667, 1674 et 1684, n'ont pas plus de portée. Ces traités accordent, il est vrai, à l'Angleterre le salut en mer, c'est-à-dire qu'en cas de rencontre, les bâtiments marchands de la Hollande étaient obligés à baisser leurs voiles hautes devant le pavillon de l'Angleterre. Mais la Hollande avait expressément signifié qu'elle n'accordait le salut que comme marque de déférence, et non comme reconnaissance du droit exclusif de l'Angleterre à la propriété de la mer. Louis XIV exigeait le même honneur, quoiqu'il n'eût jamais prétendu à la souveraineté des mers. — En 'supposant qu'il existe de pareils traités, ce serait encore une question de savoir s'ils sont obligatoires. On ne peut, en effet, céder à un autre ce qui est un objet de commerce. Mais la mer ne peut pas être un objet de commerce ; elle n'appartient à personne et appartient à tous; elle ne peut céder sa part sur cette propriété commune, et les traités qui consacreraient cette cession seraient nuls par les termes mêmes.

213. Si les conventions expresses ne fondent pas ce droit prétendu, les conventions tacites ont-elles plus de pouvoir? Faut-il avec Selden (*Mare clausum*) et Vattel (Droit des gens, L. 1, chap. 23, § 283) admettre un pacte tacite en vertu duquel certaines nations, abandonnant leur droit sur la mer, reconnaîtraient ainsi implicitement le droit d'un autre? Mais il faudrait d'abord que cet abandon fût universel, car s'il restait quelque résistance, la prétendu souverain de la mer ne serait pas à l'égard de ceux qui résisteraient ; il aurait donc à la fois et n'aurait pas la propriété de la mer, ce qui est absurde, car le domaine est une chose indivisible et absolue de la nature : il est ou il n'est pas. Le droit des traités ne peut donc pas aller contre le droit primitif; ni l'un ni l'autre n'autorise la propriété exclusive des mers.

214. Une des questions qui sont à régler par les traités est celle de la territorialité de la mer. On entend par là la partie de la mer qui avoisine les côtes, et dont la possession a été jugée nécessaire pour garantir les côtes et le droit de pêche. Grotius a établi le vrai principe sur ce point, en disant que la limite de la souveraineté de la mer est celle qu'on peut défendre de la terre. Ce principe général se modifie suivant les conventions particulières. Plusieurs traités ont quelquefois fixé cette limite à quinze lieues en mer, d'autres à quatre lieues. La France, dans les traités de 1685 et de 1767 avec le Maroc, a stipulé que les corsaires de ce dernier Etat ne pourraient faire de prises dans l'étendue de six lieues en face des côtes de France. Le traité de 1774, art. 8, entre la France et l'Espagne, donne aux douaniers le droit de visiter les petits bâtiments de 100 tonneaux et au-dessous à deux lieues de distance au large de la mer. Le traité de 1786 avec la Grande-Bretagne fixa la limite à une portée de canon. Il en est de même des traités de 1787 entre la France et la Russie, et de celui de 1795 entre la France et la régence de Tunis. En 1839, le traité entre la France et la Grande-Bretagne a fixé la limite de la pêche sur les côtes respectives à 3 milles géographiques de 60 au degré de latitude, à partir de la laisse de la basse mer (art. 9 et 10). Enfin, le traité du 3 juill. 1842 limite le droit de visite à la portée du canon des batteries de terre (M. de Cussy, Phases du dr. marit.,L. 2, t. 2, § 40 ; Ortolan, t. 1, p. 164 et s.).—V. aussi vᵒ Dr. natur., nᵒ 75 ; Eaux, nᵒ 6. **215.** *Mers intérieures. Détroits. Fleuves et canaux.* — Les mers intérieures semblent ne devoir être considérées comme mers fermées que lorsqu'elles communiquent à l'Océan seulement par un étroit passage qui fait partie du ...ne maritime de la puissance maîtresse des côtes, et en outre que toutes les côtes de la mer intérieure sont soumises à la nation maîtresse du détroit (M. Hautefeuille, des Droits et des devoirs des nations neutres, 2ᵉ édit., t. 1, p. 93).—Cette dernière condition se trouverait remplie en cas d'accord unanime de tous les peuples propriétaires des rivages de la mer intérieure. C'est ainsi que les traités de 1759 entre la Russie et la Suède avec l'adhésion de la France, de 1780 entre le Danemark et la Russie, de 1781 entre la Prusse et la Russie, et enfin de 1794 entre le Danemark et la Suède, ont déclaré la mer Baltique une mer *fermée*, c'est-à-dire à l'abri des hostilités en temps de guerre, et que le commerce maritime de toutes les nations pourrait s'y exercer en toute liberté (V. M. Hautefeuille, p. 95).—L'entrée de la Baltique est défendue par le détroit du Sund, dont le passage a été longtemps l'objet de certains droits, fixés par les traités : traité de 1430 et 1490 entre l'Angleterre et le Danemark ; traité d'Odensée, 1560, entre le Danemark et les villes anséatiques ; traité de 1645 avec les Pays-Bas, lequel constitua la loi conventionnelle des droits du Sund, et reproduit depuis dans tous les traités du Danemark avec les autres nations ; traité de la même année 1645 avec la France, renouvelé en 1663, 1742 et 1842. Ces traités portent qu'il ne sera pas fait de visite des navires français au Sund, et qu'il sera ajouté foi aux déclarations du maître de navire, ainsi qu'aux papiers de bord. Les droits du Sund ont été récemment abolis par le traité du 14 mars 1857, et par la convention spéciale du 28 sept. 1857 (D. P. 57. 4. 189 ; 58. 4. 1 ; V. sur le péage du Sund, MM. Vergé, sur Martens, § 153 ; Ortolan, t. 1, p. 159 et s.; de Cussy, t. 1, § 54 et suiv.). — De nombreux traités, avant 1829, avaient accordé la libre navigation dans la mer Noire : ce droit a été consacré par le traité d'Andrinople en 1829, et suivant par le dernier traité de Paris, de 1856 (V. nᵒ 9, et M. de Cussy, § 56). **216.** Quant aux fleuves et canaux, la liberté de la navigation est un principe qui a passé dans le droit public depuis les traités de 1815. Voici le résumé des articles de ces traités qui règlent cette matière. Les puissances dont les Etats sont séparés ou traversés par une même rivière s'engagent à régler d'un commun accord tout ce qui a rapport à la navigation. La navigation est libre pour le commerce depuis le point où le fleuve est navigable jusqu'à son embouchure, en se conformant aux règlemens de la police de cette navigation, qui sera autant que possible égale pour tous et soumise à un régime uniforme. Les droits doivent être fixés d'une manière uniforme et invariable, indépendants de la qualité différente des marchandises. Chaque Etat riverain se charge de l'entretien des chemins de halage. On n'établira nulle part des droits d'étape, d'échelle et de relâche forcée. Les douanes des Etats riverains n'ont rien de commun avec les droits de navigation ; les fonctions de douanier ne doivent pas mettre d'entraves à la navigation ; mais on surveillera toute tentative des habitants de faire la contrebande à l'aide des bateliers (traité du 9 juin 1815, art. 108, 117).—Des règlements

particuliers règlent ce qui a rapport à la navigation du Rhin, du Necker, du Mein, de la Moselle, de la Meuse, de l'Escaut. Quant à l'Escaut, il a été ouvert à la libre navigation par le traité du 15 nov. 1841, signé à Londres entre la France, l'Autriche, la Grande-Bretagne, la Prusse et la Russie. Le traité du 17 août 1848, entre l'Autriche et la Russie, a prononcé la liberté de navigation des rivières de la Duna, du Dnieper, du Dniester, du Pruth. En 1834, une convention entre l'Autriche et la Sardaigne a réglé la navigation sur le Pô, le Tessin et le lac Majeur. En 1835, une convention entre l'Espagne et le Portugal a réglé la navigation du Douro. Enfin la navigation du Weser a été réglée le 10 sept. 1823 ; celle de l'Elbe, les 23 juin 1829, 30 août 1843 ; celle du Rhin, le 31 mars 1831. Le 24 avr. 1844, la France et le grand-duché de Bade ont signé un traité concernant la franchise des droits du Rhin. La liberté du Danube a été consacrée par le traité du 25 juill. 1840 entre la Russie et l'Autriche, et surtout par le traité de 1856 (M. de Cussy, L. 1, t. 2, § 57).—V. quant à la navigation du Rhin, vᵒ Voirie par eau. **217.** *Droits de relâche simple ou forcée.* — La *relâche simple* est l'entrée volontaire d'un bâtiment dans un port ouvert au commerce et gardé par un bureau de douanes, soit pour réparer une avarie, soit pour acheter des vivres, déposer des malades, etc. Quelques traités renferment une clause favorable à la relâche simple : par exemple, le traité du 13 juin 1841 entre la Belgique et le Danemark (art. 5). La *relâche forcée* est celle qui a lieu pour chercher un abri contre le gros temps ou contre la poursuite d'un ennemi. La plupart des traités conclus depuis deux cents ans ont exempté de droits de navigation (en les assimilant, sous ce rapport, aux bâtiments nationaux) les navires qui entrent dans un port en relâche forcée, et déclarent, en outre, qu'il ne sera prélevé aucun droit sur le chargement, si le navire ne fait aucune opération de commerce. Cette clause, que l'on trouve en 1606 dans le traité entre la France et l'Angleterre, se retrouve dans plus de cent traités depuis cette époque. Voici, en ce qui concerne la relâche, un arrangement récent entre la France et la Sardaigne (du 12 juin 1838) : « A partir du 1ᵉʳ janvier, tout navire de commerce sarde entrant en relâche forcée dans un port de France ou des possessions françaises du nord de l'Afrique, y sera exempté de tout droit de port et de navigation, si les causes qui ont nécessité la relâche sont réelles et évidentes, pourvu qu'il ne se livre, dans le port de relâche, à aucune opération de commerce en chargeant ou déchargeant des marchandises ; bien entendu, toutefois que les chargements motivés par l'obligation de réparer le navire ne seront pas considérés comme opération de commerce, et pourvu que le navire ne prolonge pas son séjour dans le port au delà du temps nécessaire, d'après les causes qui auront donné lieu à la relâche » (M. de Cussy, § 40). **218.** *Consuls.* — Les traités de commerce reconnaissent en général aux consuls le droit de réclamer les matelots déserteurs (nᵒ 298), de régler les différends entre nationaux, d'exercer la police sur les équipages des navires de leur nation, de procéder au sauvetage des bâtiments naufragés, de délivrer des passe-ports, de faire apposer les scellés sur les effets de leurs nationaux décédés dans leur circonscription consulaire, et de procéder à l'inventaire de ces effets ; en outre, ils leur imposent l'obligation de faire débarquer les malfaiteurs ou déserteurs du pays qui se seraient réfugiés sur les bâtiments de leur nation. — V. Consul ; V. aussi MM. Vergé sur Martens, § 147 ; de Cussy, t. 1, p. 37 et s. **219.** *Naufrage et sauvetage.* — Au moyen âge, l'usage s'était établi de confisquer les débris des navires naufragés et les marchandises que la tempête portait sur le rivage, et quelquefois même de réduire les naufragés en captivité. Ce droit barbare a été aboli peu à peu et par les lois intérieures et par les traités publics des nations. On l'a remplacé par le droit de *sauvetage* (*jus bona naufragorum colligendi*), en vertu duquel les biens naufragés ou de jet à la mer qui ont été sauvés sont restitués à leurs propriétaires, lorsqu'ils les réclament dans le délai d'un an et un jour, à la charge par ceux-ci de rembourser les frais de sauvetage, de vente ou de conservation dans les magasins publics. Dans le cas où les propriétaires restent inconnus, les objets naufragés sont des épaves que la loi adjuge en général aux tiers sauveurs.—V. Organ. marit.

220. La plupart des traités de commerce et de navigation contiennent, sur le naufrage et le sauvetage des bâtiments, des clauses dont l'exécution est en général réservée aux consuls. Voici à peu près ce que contiennent ces clauses, presque toujours les mêmes. En cas de naufrage, un vaisseau a droit aux mêmes secours et à la même protection dont jouissent les bâtiments de la nation où l'événement a eu lieu. Toutes les opérations de sauvetage sont dirigées par les consuls ou agents consulaires. Les navires ou leurs débris et marchandises sauvétées sont consignés auxdits consuls. En leur absence, les autorités locales pourvoiront aux opérations de sauvetage. Les marchandises sauvetées ne sont tenues à acquitter aucuns droits ou frais de douane, à moins qu'elles ne soient admises à la consommation intérieure. Les dépenses ne seront pas plus élevées que celles dues, en pareil cas, à un bâtiment national. Quelques traités fixent le délai d'un an et un jour pour la réclamation à faire par les propriétaires ; d'autres ne fixent aucun délai. Sur quatre-vingt-dix traités qui présentent des clauses relatives au naufrage, au sauvetage et à la restitution des effets sauvetés, quarante appartiennent au dix-huitième siècle ; le reste a été conclu depuis 1815 (M. de Cussy, L. 1, tit. 2, § 43; Martens et la note de M. Vergé, §§ 154, 155).

221. *Droit d'embargo.* — Un des droits ue souveraineté les plus contraires soit à la liberté du commerce, soit à la liberté des mers, soit enfin à l'indépendance des neutres, c'est le droit d'embargo. Il consiste à retenir un navire dans les ports de l'État, soit pour empêcher les communications avec l'ennemi, soit pour obtenir réparation d'un déni de justice, soit par représailles, soit enfin pour employer ces navires au service momentané de l'État. On appelle *angaries* les prestations ou obligations forcées qui peuvent résulter d'un pareil droit. Un grand nombre de traités ont pour objet de limiter ce dangereux privilège de la souveraineté. Parmi les traités conclus depuis le dix-septième siècle, il y en a, suivant Cussy, plus de soixante-dix qui se prononcent d'une manière absolue contre les angaries et le service militaire imposé aux équipages et aux passagers. L'art. 10 du traité de 1643, entre la France et le Danemark, portait que les *vaisseaux de guerre* ou marchands ne seraient point forcés d'aller en guerre sans le consentement du roi. L'art. 16 du traité de 1713, entre la France et les Provinces-Unies, porte que les navires, pilotes, officiers et soldats, matelots, denrées et marchandises ne sauraient être saisis, même sous prétexte de la conservation et de la défense de l'État. En l'absence de traités publics, les auteurs enseignent que le capitaine ne peut se dispenser de se soumettre à l'obligation imposée par le souverain territorial (M. de Cussy, § 49 ; Martens, § 258, et la note de M. Vergé, Hautefeuille, t. 3, p. 416 et s., 426 et s.).

222. *Lettres de représailles.* — Ces lettres sont accordées par le souverain à ceux de ses sujets lésés par un gouvernement étranger, et qui n'ont pu en obtenir justice (V. Prises maritimes, nos 207 et suiv.). Les *lettres de représailles* sont abolies de fait en France (V. eod., n° 210) : cependant elles sont encore mentionnées dans le code de commerce, et il en est fait mention dans un certain nombre de traités récents : traité de 1843 (art. 30), entre la France et la république de Venezuela ; traité de 1843 (art. 28), entre la France et la république de l'Équateur ; traité de 1846 (art. 27), entre la France et la Nouvelle-Grenade (Cussy, § 51). Un grand nombre de traités stipulent qu'en cas de violation, par malentendu, des articles du traité, il ne sera pas délivré de *lettres de représailles* ni exercé aucunes représailles, si ce n'est en cas de déni de justice évident (*ibid.* § 23). — V. M. Vergé sur Martens, §§ 255 et suiv.

223. *Clauses sanitaires.* — Un grand nombre de traités du dix-huitième siècle contiennent des clauses sanitaires. Mais depuis, on a abrégé beaucoup l'usage des quarantaines ; et les traités publics, depuis une quarantaine d'années, ne présentent plus que fort rarement des stipulations relatives aux quarantaines. Il en est cependant encore question dans le traité de 1828, entre la France et la Grande-Bretagne (M. de Cussy, Phases et causes célèbres du droit maritime, L. 1 t. 2 § 12).— V. Salubrité publique.

224. *Conventions relatives à la pêche.* — En vertu du principe de la liberté de la mer, la pêche en pleine mer ou grande

pêche appartient également à tous les peuples. Cependant, lorsqu'il s'agit d'une espèce de poissons qui se tient habituellement dans certains parages, la circonscription nécessaire du lieu de pêche peut donner occasion à des difficultés qui amènent des conventions : telles sont, par exemple, celles qui sont relatives à la pêche de la morue sur les côtes de Terre-Neuve, des îles Saint-Pierre et Miquelon ; et quant à la pêche côtière, dans les limites de la territorialité de la mer, elle appartient exclusivement aux pêcheurs du pays. Mais les conventions peuvent étendre ce privilège aux étrangers : par exemple, par les traités de 1685 et de 1768, les Français et les Espagnols ont le droit égal de pêche sur la rivière de Bidassoa et sur les côtes respectives de France et d'Espagne. Même convention entre la France et la Hollande par le traité de 1675 (M. de Cussy, § 52). — V. Pêche maritime.

225. *Colonies.* — On appelle *système colonial* le système qui consiste à réserver pour la métropole le commerce des colonies, à l'exclusion de tout étranger. L'exagération de ce système a amené des maux que certaines nations ont essayé de conjurer en faisant participer, dans une certaine mesure, leurs colonies, aux bénéfices des traités de commerce, toutefois avec certaines exceptions et restrictions. Par exemple, dans les articles additionnels du traité de 1826 entre la France et la Grande-Bretagne, on lit 1° que les navires français pourront faire voile pour toutes les colonies du Royaume-Uni, à l'exception de celles possédées par la Compagnie des Indes, et importer dans ces colonies toutes les marchandises (produits du sol ou des manufactures de France ou de quelque pays que ce soit, soumis à la domination française), à l'exception de celles dont l'importation dans ces colonies serait prohibée ; et lesdits navires français et lesdites marchandises ne seraient pas assujetties à des droits plus élevés que celles apportées par des navires britanniques ; que, réciproquement, les mêmes facilités seront accordées dans les colonies de France aux navires britanniques ; 2° Que les navires français pourront exporter de toutes les mêmes colonies toutes les marchandises dont l'exportation ne serait pas prohibée, et que les droits ne seraient pas plus élevés pour ces navires qu'ils ne le seraient sur les navires britanniques ; que les mêmes avantages pour l'exportation seront accordés réciproquement dans les colonies françaises. — Les mêmes stipulations se trouvent dans un traité entre la France et le Texas (1839), et dans un grand nombre de traités de la Grande-Bretagne.

226. *Vaisseaux de guerre.* — Les vaisseaux de guerre peuvent entrer dans les ports des nations amies, alliées et neutres, tant pour y remplir une mission pacifique que pour y donner protection et asile à leurs nationaux. Les conventions déterminent le nombre des vaisseaux qui peuvent être admis dans les ports. Le traité de 1789 entre le Danemark et Gênes fixe ce nombre à *trois*; le traité de 1801 entre la Russie et la Suède, à *quatre*; le traité de 1715 entre l'Espagne et le Portugal, et celui de 1798 entre le Portugal et la Russie, à *six* dans les grands ports, et à *trois* dans les petits. Un seul traité n'a pas limité ce nombre : c'est celui de 1810 entre la Grande-Bretagne et le Portugal; il porte qu'un *nombre quelconque* de vaisseaux de guerre pourra être admis à la fois dans les ports du Portugal, mais que ce privilège ne pourra être accordé à aucune autre nation (M. de Cussy, § 60 ; Ortolan, t. 1, p. 154 et s.).

227. *Abolition de la traite des noirs.* — C'est le Danemark qui, dès 1792, a pris l'initiative de l'abolition de la traite des noirs (V. M. de Cussy, t. 1, § 64, p. 156, t. 2, p. 362); mais l'Angleterre a le mérite d'en avoir amené, par tous les moyens en son pouvoir, l'abolition entre toutes les nations civilisées. Le chef de cette croisade fut l'illustre Wilberforce, qui finit par entraîner l'opinion de son pays et celle de l'Europe. Pitt et Fox, ennemis en tout le reste, se réunirent sur ce terrain. Mais comme on ne pouvait arriver à l'abolition de la traite que par le consentement de toutes les parties intéressées, ce fut par des conventions successives que ce résultat fut obtenu. Depuis 1810, l'Angleterre a conclu plus de quarante traités dans ce but. Les principaux sont : les traités de Vienne en 1815, où elle obtint une déclaration de principes de toutes les puissances européennes contre la traite; les traités avec l'Espagne (10 déc. 1822) et (31 déc.) avec les Pays-Bas; avec la Suède (6 nov. 1824); avec le Portugal (2 oct. 1826); avec le Brésil (23 nov. 1826); avec la France (30 nov. 1831 et 22 mars 1833); avec la Prusse, l'Autriche et la Russie (20 nov. 1841); avec le Portugal (3 juill. 1842); avec les Etats-Unis (9 août 1842); avec la France (29 mai 1845). — V. suprà, n° 67.

228. Le principe le plus grave, au point de vue du droit des gens, introduit par ces traités, c'est le principe du droit de visite en temps de paix. Jusque-là, le droit de visiter les vaisseaux d'une autre nation ne s'était appliqué que pendant la guerre (V. n°s 239 et s.). Les traités conclus par l'Angleterre pour l'abolition de la traite portent que les puissances contractantes consentent mutuellement à ce que les vaisseaux de leur marine royale, munis d'instructions spéciales, puissent visiter tels navires marchands des deux nations, qui, sur des présomptions raisonnables, seraient suspects d'avoir des esclaves à bord, destinés pour un commerce illicite, et, dans le cas seulement où ils trouveraient de pareils esclaves à bord, ils pourront arrêter et amener les navires afin d'être mis en jugement devant les tribunaux établis pour cet objet. — Des conventions subséquentes et plus sévères ne se sont pas contentées d'exiger comme conditions de captures la présence à bord des esclaves. Il a été stipulé que tout bâtiment rôdant ou naviguant près des côtes d'Afrique, dans l'espace d'un degré géographique à l'ouest, entre le 20e degré latitude nord de la ligne équinoxiale et le 20e degré latitude sud de la même ligne, ou à l'ancre dans les baies, criques et rivières de ladite côte, est considéré comme suspect et déclaré de bonne prise, si l'une ou quelques-unes des indications suivantes existent et prouvent son emploi actuel au trafic des esclaves : Si le bâtiment a ses écoutilles en caillebotis ou treillis ouvertes au lieu de les avoir fermées ; s'il a plus de séparations ou cloisons à fond de cale ou sur le pont qu'il n'en faut à des navires marchands ; s'il a à bord des ais en réserve déjà appropriés, ou de nature à l'être, pour poser aisément un second pont mobile, ou pont négrier ; s'il a à bord une quantité exorbitante d'eau en barriques et en cuves, et plus qu'il n'en faudrait pour la consommation de l'équipage, ou un nombre exorbitant de barriques ou autres vaisseaux à eau (à moins que les certificats délivrés au port de départ n'indiquent que cette quantité surabondante est destinée à recevoir de l'huile de palmier) ; s'il possède une plus grande quantité de baquets à portion que ceux requis par le service de l'équipage ; s'il a deux chaudières en cuivre ou davantage, ou même une seule chaudière d'une grandeur exorbitante, et plus grande que ne l'exigeraient les besoins de l'équipage ; s'il a à bord des chaînes, des entraves ou des menottes ; enfin, s'il a à bord une quantité extraordinaire de riz, de maïs ou de fleurs de manioc, etc., excédant la provision raisonnablement requise pour la consommation de l'équipage, et lorsque les manifestes n'indiqueront pas ces provisions comme faisant partie de la cargaison mercantile. En lisant ces différentes dispositions si minutieuses, et dont quelques-unes sont si vagues, on ne peut s'empêcher de dire, avec M. de Cussy : « La prévision n'a-t-elle pas dépassé la limite de l'utile ? »

229. Les traités ont encore autorisé le droit de visiter les bâtiments voyageant sous convoi d'un ou de plusieurs vaisseaux de guerre, ce qui est contraire à tous les principes du droit ordinaire. L'officier commandant du vaisseau, dûment autorisé et commissionné à faire pareille visite, peut y procéder conjointement avec l'officier qui commande le convoi, lequel doit accorder toute facilité à pareille visite et à la détention éventuelle du vaisseau marchand visité. « Ainsi, dit encore avec raison M. de Cussy, la parole de l'officier commandant le convoi qui, en temps de guerre, est considérée comme suffisante, quand il déclare que les bâtiments placés sous son escorte n'ont pas de marchandises de contrebande à leur bord (V. n° 243), cesse de l'être en temps de paix, quand il s'agit de la traite ; sous ses yeux, les bâtiments qui marchent sous l'escorte du pavillon militaire, doivent subir la visite d'un officier étranger (M. de Cussy, L. 2, ch. 31, t. 2, p. 373). — Au reste, la France qui, dans ses conventions de 1831 et de 1833 avec la Grande-Bretagne, avait accepté le principe de la visite réciproque, n'a pas accordé le droit de visiter les bâtiments voyageant sous convoi. Cette convention ayant été renouvelée en 1841, ne fut pas ratifiée par le roi. En 1845, un nouveau traité, signé à Londres, fixa le chiffre des forces

navales qui, de part et d'autre, devaient par leur surveillance concourir à l'extinction du trafic des noirs ; et même supprima les droits de visite réciproque ; les mandats délivrés aux croiseurs des deux nations devaient être respectivement retirés. Enfin, d'après les instructions envoyées par les deux gouvernements à leurs croisières d'Afrique, pour l'exécution du traité, il résulte suivant M. de Cussy : 1° que la visite réciproque n'aura plus lieu à l'avenir ; — 2° Qu'aux seuls vaisseaux de chacune des deux croisières appartient le droit de visiter les bâtiments nationaux ; — 3° Que dans le but d'éviter une simulation de pavillon, tout commandant faisant partie de la croisière pourra, lorsqu'il aura lieu de soupçonner cette simulation, héler ledit navire, et détacher une chaloupe pour s'assurer de sa nationalité, sans le forcer à s'arrêter dans le cas où il appartiendrait réellement à la nation dont il porte le pavillon, mais qu'il ne pourra pas le visiter; si la force du vent ou toute autre circonstance rendait ce mode d'examen impraticable, le bâtiment soupçonné devrait amener, afin que le commandant du bâtiment croiseur puisse vérifier la nationalité. Enfin, le traité de 1845 porte que si à la fin de la dixième année les traités antérieurs n'ont pas été rétablis, ils seront considérés comme abrogés. Or c'est ce qui a eu lieu (M. de Cussy, L. 2, ch. 31, t. 2, § 7; V. encore sur le droit de visite en temps de paix, MM. Ortolan, t. 1, p. 259 et s.; Hautefeuille, des Droits, etc., 2e éd., t. 3, p. 93 et suiv.).

230. *Traités de neutralité.* — On a soutenu que les neutres n'ont d'autres droits que ceux qui sont assurés par les traités (M. de Gentz, Mémoires, p. 365, p. 414) et que, le commerce et la navigation étant de droit conventionnel, les belligérants peuvent en interdire l'usage aux neutres, tant que ceux-ci ne sont pas protégés par des conventions (Puffendorf, dans une lettre écrite à Groeningius en 1692, citée par Barbeyrac sur Puffendorf, t. 2, liv. 3, ch. 6, § 8, n° 2, et rapportée par Azuni, t. 2, p. 32); M. Massé (Droit commercial, dans ses rapports avec le droit des gens et le droit civil, t. 1, p. 181) repousse en ces termes cette opinion : « s'il en était ainsi, il n'y aurait pas de droits des neutres ; il n'y aurait pas même à chercher si les traités et les conventions internationales leur accordent quelques droits, puisque les belligérants, qui, en vertu du droit du plus fort, pourraient s'affranchir des entraves du droit naturel, pourraient, par la même raison méconnaître les obligations conventionnelles qu'ils auraient contractées. » Mais quoiqu'il y ait un droit naturel qui protège les droits des neutres, il est souvent nécessaire de fixer et d'interpréter ces droits, soit pour les étendre, soit pour les restreindre, selon les intérêts réciproques des parties. De là l'utilité des *traités de neutralité*.

231. Nous avons vu (v° Droit des gens, n° 160), que le droit de rester neutre ou de prendre part à une guerre, appartient essentiellement à toute nation, sans avoir besoin de rendre compte de sa conduite. D'où il suit (*eod.*, n° 162), que la nation qui veut rester neutre, n'a pas besoin pour cela d'aucun acte public comme une déclaration, ou un traité de neutralité. Ce principe est contraire à l'opinion de Wolf, qui soutient que la neutralité doit être stipulée dans des traités spéciaux. Mais il faudrait que ces traités fussent passés à la fois avec les deux parties belligérantes. On n'a pas d'exemple de convention de cette sorte, et les nombreux traités de neutralité qui existent, ont pour but non de faire reconnaître le principe incontestable de neutre, mais de déterminer, de limiter ou d'étendre les droits ou ses obligations. — Dans la plupart des cas, ces traités sont conclus en pleine paix, dans la prévision d'une guerre possible : ils stipulent quels seront dans cette hypothèse les droits respectifs des neutres et des belligérants, et préviennent ainsi les contestations qui pourraient naître des prétentions injustes des uns ou des autres.—V. M. Hautefeuille, des Droits, etc., t. 1, p. 227.

232. Les traités étant des actes particuliers conclus entre deux peuples déterminés, il n'y a rien d'absolu dans les stipulations qu'ils peuvent contenir : mais comme il arrive la plupart du temps que les mêmes articles se reproduisent à peu de différence près, dans des conventions diverses, il résulte de là une sorte de jurisprudence universelle, qui finit par devenir obligatoire en pratique, même en l'absence de stipulations expresses. Nous avons donc à rechercher ici quels sont les principes généraux de cette jurisprudence, relativement aux droits des neutres.

—V. du reste sur ce point M. Hautefeuille, t. 1, p. 227 et suiv.

233. *Contrebande de guerre.* — En principe, la neutralité étant la continuation de l'état pacifique d'une puissance avec les puissances belligérantes, il est évident que cet état pacifique ne peut pas être atteint par la guerre, et que le neutre doit pouvoir jouir des mêmes droits que dans l'état antérieur, et ne souffrir en rien des hostilités, tant qu'il reste absolument impartial entre les deux parties. Mais comme ce principe général souffre nécessairement des restrictions dans l'application, il importe que ces restrictions soient déterminées et spécifiées par des conventions. — Ainsi il n'est pas douteux que la liberté du commerce ne peut pas souffrir d'atteinte, de l'état de neutralité, à la condition toutefois de ne pas nuire à l'un des belligérants, à l'avantage de l'autre. — Le neutre fait évidemment acte de partialité, lorsqu'il transporte pour le compte de l'une des deux parties, des objets qui sont d'une utilité directe pour la guerre; dans ce cas, il ne peut pas être considéré comme neutre, mais jusqu'à un certain point comme auxiliaire, et celui des deux adversaires qui se trouve lésé par ce secours, et qui a droit, d'après le droit des gens, à nuire à son ennemi par tous les moyens, doit pouvoir empêcher ce secours, s'il le peut, et par conséquent le saisir s'il le rencontre. C'est là ce que l'on appelle *contrebande de guerre* (V. v° Droit des gens, n° 165, et Prises marit., n° 152 et suiv.).

234. Mais on a fixé d'une manière plus ou moins large ces différents objets, et ç'a été la matière d'un très-grand nombre de traités. Le traité qui est resté longtemps la base de toutes les transactions a été celui de la paix de traité des Pyrénées, du 7 nov. 1659, dont l'art. 12 est ainsi conçu : « En ce genre de marchandises de contrebande, s'entend seulement être comprises toutes sortes d'armes à feu, et autres assortiment d'icelles; comme canons, mousquets, mortiers, pétards, bouches, grenades, saucisses, cercles poissés, affûts, fourchettes, bandolières, poudres, mèches, salpêtres, balles, piques, espées, morions, casques, cuirasses, hallebardes, javelines, chevaux, selles de cheval, fourreaux de pistolets, baudriers et autres assortiments servant à l'usage de la guerre. » L'art. 13 du même traité déclare libres toutes les autres denrées, même tout ce qui appartient à la nourriture et sustentation de la vie (V. Dumont Corps diplom., t. 6, part. 2, p. 264, et Fréd. Léonard, t. 4). Ce traité servit de règle, et les dispositions que nous venons de citer sont reproduites dans la plupart des traités qui furent conclus depuis cette époque, jusqu'à la paix d'Utrecht. Les traités d'Utrecht remplacèrent le traité des Pyrénées, comme règles de la plupart des conventions passées pendant le dix-huitième siècle; les principes restèrent les mêmes, quant à la contrebande de guerre, et même on excepta nommément dans un article spécial un grand nombre d'objets, qui à cause de leur usage commun en paix et en guerre, auraient pu donner matière à contestation, par exemple, les métaux précieux, monnayés ou non monnayés, les substances alimentaires de toute espèce, tous les tissus, les métaux ordinaires, le charbon et toutes les matières propres à la construction, au radoub, à l'armement des vaisseaux. On retrouve ces dispositions dans un très-grand nombre de traités : par exemple, le traité du 28 sept. 1716, entre la France et les Iles Anséatiques, celui de 1720 entre l'Angleterre et la Suède (Rousset, Recueil d'actes, mémoires et traités, t. 2, p. 476), les traités de 1754 et 1766, entre l'Angleterre et la Russie (Martens, Recueil, t. 1, p. 394), 1er avr. 1769, entre la France et les villes Anséatiques. Les Etats-Unis, après leur séparation, adoptèrent les mêmes règles, V. le traité entre la France et les Etats-Unis, 6 fév. 1778 (Martens, t. 2). — Un petit nombre de traités ont aboli toute espèce de prohibition, ce sont, les traités de 1642 entre l'Angleterre et le Portugal, renouvelé en 1654 (Dumont, Corps diplom., t. 6, part. 1, p. 254, et part. 2, p. 82), le traité de 1647, entre l'Espagne et les villes Anséatiques (ib. t. 6, part. 1), 1661 entre le Portugal et les Provinces-Unies (ib. part. 2), 10 sept. 1785, renouvelé le 11 juill. 1799, entre la Prusse et les Etats-Unis d'Amérique (Martens, t. 4, p. 85). Encore ce dernier traité n'abolit-il pas absolument la contrebande de guerre; il se contente de substituer le droit de rétention et de préemption au droit de confiscation. « Il sera permis, est-il dit à l'art. 13, d'arrêter ces sortes de

vaisseaux et effets, et de les retenir pendant tout le temps que le preneur croira nécessaire... Mais dans ce cas, on accordera une compensation raisonnable pour les pertes qui auront été occasionnées par la saisie. »

235. Si la plupart des traités limitent la contrebande de guerre aux objets qui servent directement à la guerre, et si quelques-uns excluent toute contrebande, quelques-uns aussi étendent la liste de ces objets jusqu'à la matière non fabriquée, et même jusqu'aux métaux monnayés et aux vivres. Ces traités sont au nombre de neuf : 19 août 1604, entre l'Espagne et l'Angleterre; 5 avr. 1614 entre la Suède et les Provinces-Unies des Pays-Bas. (Dumont, t. 5, part. 2, p. 247); 15 nov. 1630 entre la France et l'Espagne ; 1630 entre l'Espagne et l'Angleterre ; 1654 entre l'Angleterre et la Hollande (ib. t. 6, part. 2, p. 74); 21 fév. 1651 entre l'Angleterre et le Danemark (ib. t. 6, part. 2, p. 341); 21 oct., même année entre l'Angleterre et la Suède ; 1742 entre la France et le Danemark ; 29 oct. 1794-1795 entre l'Angleterre et les Etats-Unis d'Amérique (Martens, t. 6, p. 369); 25 juill. 1803 entre l'Angleterre et la Suède (ib. t. 8, p. 77). — Ces deux derniers actes n'étendent pas expressément le nombre des objets de contrebande, mais ils laissent une certaine latitude d'interprétation, qui équivaut à une extension. Dans le premier de ces deux traités, art. 18, § 2, il est dit : « Attendu que la difficulté de préciser le cas où les provisions de bouche et autres articles, qui, en général, ne sont pas de contrebande, peuvent être considérés comme tels, fait qu'il est nécessaire de pourvoir aux inconvénients et mésintelligences qui pourront en résulter. » On décida en conséquence que la confiscation des articles sera absolue; mais on ne détermina pas quels sont ces articles, et l'on décida implicitement qu'ils seront considérés comme étant de contrebande. Le vague de cet article donna naissance à une contestation. L'année même de la conclusion du traité, les Anglais saisirent comme étant de contrebande, des vivres destinées aux ports français : ils soutinrent que lorsque l'on a un juste espoir de réduire son ennemi par la famine, les vivres peuvent être considérés comme objets de contrebande. Les Américains, s'appuyant sur l'autorité même de Vattel et de Grotius, soutinrent que cette qualification n'était légitime qu'en cas de blocus, mais que, hors ce cas extrême, c'était porter atteinte à la liberté du commerce des neutres. La question fut portée devant la société mixte instituée par ce traité même, et les propriétaires des denrées saisies furent complétement indemnisés.

236. En résumé, les objets de contrebande de guerre étant divisés par les publicistes en trois classes : les choses servant positivement à la guerre ; les choses de luxe évidemment inutiles pour la guerre ; les choses qui peuvent être à la fois utiles en temps de paix et en temps de guerre, voici les principes qui résultent relativement à ces trois classes d'objets, du droit des traités ou de la jurisprudence internationale : 1° Quant aux objets de la première classe, ils sont prohibés par tous les traités, à part quelques rares exceptions que nous avons signalées; 2° Pour les objets de la seconde classe, ils sont exclus par tous les traités sans exception ; 3° Il n'y a de difficultés que pour les objets de la troisième classe, tel que, or, argent et cuivre monnayés, denrées, vivres, substances alimentaires, toiles et draps propres à l'habillement du soldat, bois de construction, chanvre, toiles à voile et munitions navales, matières premières propres à la fabrication des armes et munitions, machines à vapeur et houille, chevaux et mulets. Nous avons vu que tous les traités ne sont pas d'accord pour accorder le libre commerce de ces objets : cependant les traités qui les excluent sont en petit nombre, et presque toujours expliqués par quelques circonstances spéciale : par exemple, lorsque l'un des belligérants est considéré comme rebelle : dans ce cas, les lois ordinaires de la guerre ne lui sont pas applicables. — V. encore sur ce point MM. Vergé sur Martens, § 315; Hefter, § 160; Wheaton, t. 2, p. 141; Hautefeuille, t. 2, p. 69 et suiv.; Ortolan, t. 2, p. 165 et suiv.).

237. *Blocus.* — Une seconde restriction rapportée à la liberté du commerce des neutres en temps de guerre par le droit des gens naturel et conventionnel est le blocus. Tous les traités et particulièrement le traité d'Utrecht du 11 avr. 1713, en énonçant les objets dont le commerce reste libre, ajoutent cette exception : « Excepté dans les places assiégées, bloquées et investies. » Mais comme le vague de ces expressions avait donné naissance à des abus, le traité du 9 juill. 1780 conclu entre le Danemark, la Russie et la Suède, et connu sous le nom de traité de la neutralité armée définirent le blocus, art. 3 : « Pour déterminer ce qui caractérise un port bloqué, on n'accorde cette dénomination qu'à celui où il y a, par la disposition des puissances qui l'attaquent avec des vaisseaux arrêtés et suffisamment proches, un danger évident d'entrer. » On retrouve le même principe dans le traité de neutralité armée de 1800. — Cependant l'Angleterre prétendit longtemps faire prévaloir la doctrine du blocus fictif, prétention qu'elle a définitivement abandonnée dans le traité de Paris de 1854. — V. Prise marit., n° 180 et suiv., et MM. Ortolan, t. 2, p. 292 et s.; Hautefeuille, t. 2, p. 189 et s.).

238. *Marchandises sur navires neutres ou ennemis.* — Une des questions les plus importantes du droit des neutres, c'est la double question si débattue entre les diverses nations maritimes, du sort de la propriété ennemie sur navires neutres, et de la propriété neutre sur navires ennemis. Nous avons vu, n° 61 à 65, les diverses phases que cette question a traversées et la solution définitive qu'elle a reçue par l'acte additionnel du traité de Paris (art. 2 et 3 ; V. v° Prise marit., n° 164 et s., 174 et s., et MM. Ortolan, t. 2, p. 71 et s.; Hautefeuille, t. 2, p. 290 et s.).

239. *Droit de visite en temps de guerre.*—Les diverses interdictions imposées au commerce des neutres en temps de guerre, par exemple, l'interdiction des contrebandes de guerre, l'interdiction de commercer avec un port bloqué, l'interdiction des marchandises ennemies sur navires neutres, ou de marchandises neutres sur navires ennemis, emportent évidemment comme conséquence, le droit de s'assurer, de la part des belligérants, de la nationalité d'un vaisseau rencontré en mer, de la nature de sa cargaison, et du lieu de sa destination. De là le droit de visite, universellement admis par les traités de toutes les nations en temps de guerre et introduit récemment par quelques conventions en temps de paix (V. v° Droit des gens, n° 168, 170, et *supra*, n° 228, 229). — C'est dans le traité des Pyrénées, en 1659, et dans les traités d'Utrecht, en 1713, qu'il faut chercher les règles de cette matière, comme de la plupart de celles qui regardent le droit maritime. Il est dit dans l'art. 17 du traité des Pyrénées : « Les navires d'Espagne, pour éviter tout désordre, n'approcheront pas de plus près les Français que de la portée du canon, et pourront envoyer leur petite barque ou chaloupe à bord des navires français, et faire entrer dedans deux ou trois hommes seulement à qui seront montrés les passe-ports par le maître du navire français, par lesquels il puisse apparoir non-seulement de la charge, mais aussi du lieu de sa demeure et résidence, et du nom tant du maître ou patron que du navire même, afin que par ces deux moyens on puisse connaître s'il porte des marchandises de contrebande, et qu'il apparaisse suffisamment tant de la qualité dudit navire que de son maître ou patron, auxquels passe-ports et lettres de mer se devra donner entière foi et créance (décis. corp. dipl., t. 6, 2° part., p. 264). Citons encore l'art. 24 du traité d'Utrecht, 11 avr. 1713, entre la France et l'Angleterre : « Les vaisseaux de guerre ou armateurs particuliers, pour éviter tout désordre, demeureront hors de la portée du canon, et pourront envoyer leur chaloupe à bord du bâtiment marchand qu'ils auront rencontré, et y entrer seulement au nombre de deux ou trois hommes, à qui seront montrés par le maître ou capitaine de ce vaisseau ou bâtiment, les lettres de mer qui contiennent la preuve de la propriété du vaisseau, et conçues dans la forme insérée au présent traité, et il sera libre au vaisseau qui les aura montrées, de poursuivre sa route sans qu'il soit permis de le molester et de le visiter en façon quelconque, ou de lui donner la chasse, ou de l'obliger à se détourner de sa destination. » Les mêmes dispositions se retrouvent dans tous les traités du dix-septième siècle, particulièrement dans les traités de 1668 et 1674, entre l'Angleterre et la Hollande, celui de 1667, entre l'Espagne et l'Angleterre.

240. On voit, en lisant ces articles, que les règles du droit de visite, d'après les principaux traités sont : 1° le navire visiteur devra toujours rester au moins à une portée de canon. Il y a cependant trois traités qui font exception à cette règle : le premier, 31 déc. 1786 et 11 janv. 1787, entre la France et la Russie, fixe la distance à une demi-portée de canon. Le se-

cond est la convention de 1801 entre l'Angleterre d'une part la Russie, la Suède et le Danemark de l'autre. Il y est dit, art. 3 que « on se tiendra hors de la portée du canon, à moins que l'état de la mer ou le lieu de rencontre ne nécessite un plus grand rapprochement. Enfin un traité de 1832, entre les Etats-Unis et le Chili, ne fait même pas mention de la portée de canon et déclare simplement que le bâtiment de guerre doit s'arrêter à la plus grande distance que le permettra l'état de la mer et le degré de suspicion encourue par le navire visité. — 2° C'est le visiteur qui est chargé par tous les traités d'aller à bord du bâtiment neutre pour lui demander communication des papiers : ce n'est pas le neutre qui doit aller lui-même au visiteur. Le traité de 1800 entre la France et les Etats-Unis, art. 18, établit formellement cette règle : « Il est expressément convenu que le neutre ne pourra être contraint d'aller à bord du vaisseau visitant pour y faire l'exhibition demandée des papiers, ou pour toute autre information quelconque. » — 3° Le visiteur ne doit envoyer à bord que trois hommes au plus, y compris l'officier : c'est ce qui résulte de tous les traités sans exception. — 4° Le visiteur se contentera de demander les papiers attestant le nom du chef du bâtiment et du navire, la nature du chargement et le lieu de la destination, et il est ajouté dans la plupart des traités qu'on devra ajouter une entière créance à ces papiers. Le nombre et la nature de ces papiers ne sont pas déterminés : la seule pièce essentielle signalée expressément dans tous les traités est le passe-port, dont quelques-uns mêmes donnent la formule (V. Prises marit., n° 65 et suiv.).

241. Les règles du droit maritime international posées par le traité des Pyrénées et les traités d'Utrecht eurent à souffrir, on a déjà eu occasion de le remarquer, des grandes guerres de la révolution française. C'est ainsi qu'il faut expliquer l'article équivoque et dangereux du traité de 1797 entre l'Angleterre et la Russie : « Quant à la visite des vaisseaux marchands, les vaisseaux de guerre et corsaires se conduiront avec autant de modération *que les circonstances de la guerre permettront* d'en user avec toute les puissances amies qui sont restées neutres, et en observant *le plus qu'il sera possible* les principes généralement reconnus et les préceptes du droit des gens. »

242. Il est remarquable qu'un certain nombre de traités importants gardent le silence sur les règles et les limites du droit de visite. On peut citer les traités de 1780 : ces traités, quoiqu'ils aient été conclus précisément pour assurer les droits des neutres, négligent cependant de s'expliquer sur deux questions importantes : le droit des marchandises neutres sur vaisseaux ennemis et le droit de visite. L'Angleterre garde le même silence dans son traité de 1794 et 1795 avec les Etats-Unis et dans tous ses traités depuis 1815.

243. Plusieurs difficultés se sont élevées au sujet de la visite et ont nécessité des stipulations particulières dans les traités. L'une des plus importantes est celle qui est relative aux navires convoyés. — En principe, les seuls bâtiments soumis à la visite sont les bâtiments marchands. La raison en est que les bâtiments de guerre appartiennent à l'Etat, on ne peut mettre en doute leur sincérité, sans porter atteinte à la dignité du souverain neutre dont ils sont les délégués. On reconnaît donc que, pour les bâtiments de guerre, le pavillon et le coup de canon d'assurance suffisent pour témoigner de la nationalité du bâtiment. Il n'en est pas de même des vaisseaux marchands qui, appartenant à des particuliers, n'offrent pas les mêmes garanties. — Mais la visite des bâtiments marchands ayant entraîné des abus, les gouvernements neutres ont imaginé de faire accompagner les navires sujets à la visite par un convoi de bâtiments de guerre, qui en sont naturellement exempts : de là la question : Les vaisseaux convoyés sont-ils assujettis à la visite?—Jusqu'à la fin du dix-huitième siècle, cette question fut débattue entre les divers gouvernements, notamment entre la Suède, la Hollande et l'Angleterre, sans qu'aucun traité intervint pour décider la question : même les traités de la neutralité armée en 1780 passèrent ce point sous silence. Mais à partir de 1782, le plus grand nombre des traités déclarent exempts de la visite les navires convoyés, et exigent seulement la déclaration de l'officier neutre commandant le convoi, ou quelquefois sa parole d'honneur, que le navire convoyé appartient à sa nation, et qu'il ne porte point de contrebande de guerre ou de marchandises ennemies, au cas où ce transport serait prohibé par les traités. — Quelques traités semblent même autoriser des navires de guerre à couvrir un autre pavillon que le leur. Dans les traités de la neutralité armée, on autorisait les bâtiments marchands de l'une des nations neutres à se faire convoyer par des bâtiments de guerre d'une autre nation neutre. Le traité de 1801 entre la Suède et la Russie n'exige la parole du commandant que pour prouver l'innocuité du chargement. Le traité de 3 oct. 1824 entre les Etats-Unis et la Colombie va plus loin encore : « Art. 20. Lorsqu'ils seront convoyés, la déclaration du commandant, faite sous sa parole d'honneur, suffira pour attester que les bâtiments qui sont sous sa protection appartiennent à la nation dont ils portent le pavillon» (Murrhard, Nouv. suppl., t. 2, p. 402). — On voit que ce traité admet expressément que le pavillon de guerre d'une nation peut couvrir les navires marchands d'une autre nation ; mais ce n'est là qu'une stipulation particulière et non pas une règle que l'on puisse conclure de la majorité des traités. — Un seul traité se prononce expressément contre l'exemption de visite de navires convoyés : c'est le traité de 1801, traité conforme d'ailleurs sur tous les points aux droits des peuples neutres. Ce traité, conclu entre l'Angleterre d'une part, la Suède, le Danemark et la Russie de l'autre, à la suite de l'incendie de la flotte danoise, contient la stipulation suivante : « Art. 4, § 1. Le droit de visiter les vaisseaux marchands appartenant aux sujets de l'une des puissances contractantes et naviguant sous le convoi d'un vaisseau de guerre de ladite puissance, ne pourra être exercé que par les vaisseaux de guerre de la partie belligérante, et ne s'étendra jamais aux corsaires, armateurs ou autres bâtiments qui n'appartiennent pas à la flotte impériale de Leurs Majestés, mais que leurs sujets auraient armés en guerre » (Martens, Rec., t. 7, p. 260). — Le principe de la visite est donc reconnu dans cet article : seulement on y ajoute une exception, exigée par la juste susceptibilité des peuples neutres, c'est que ce droit n'appartiendra qu'aux bâtiments de l'Etat et non aux corsaires. Depuis cette convention, et dans la plupart des traités intervenus, l'Angleterre a gardé le silence sur cette question comme sur la plupart de celles qui intéressent les neutres, se réservant de faire valoir ou d'abandonner ses prétentions, selon les circonstances.

244. On a donné dans l'usage une grande extension au droit de visite en autorisant le visiteur non-seulement à s'assurer de la nationalité des vaisseaux par l'inspection des papiers, mais encore à visiter effectivement le vaisseau entier, et en le soumettant à une sorte d'enquête que l'on appelle les *recherches*. Nous n'avons pas à décider si cet usage est juste en lui-même et conforme au droit naturel des nations, mais s'il est autorisé par la jurisprudence internationale positive, celle qui ressort des traités. Or, des nombreux traités dont nous avons déjà parlé, plusieurs des plus importants rejettent expressément ce droit de recherches : le plus grand nombre se tait sur ce point, un ou deux seulement en font une mention expresse.—Les traités qui rejettent le droit de recherches sont d'abord les traités des Pyrénées et les traités d'Utrecht. Ces traités déclarent que l'on devra ajouter pleine et entière créance aux papiers du bâtiment neutre, et qu'il est interdit de le *visiter* et de le molester en aucune façon. L'expression de *visite* est ici évidemment synonyme de *recherches*; or ces traités reconnaissent les principes essentiels de la visite, à savoir le droit d'arrêter le neutre par un avertissement appelé *semonce*, le droit de monter à bord, de demander ses papiers, etc. Il reste donc à entendre par cette interdiction des visites, l'interdiction des recherches. Un certain nombre de traités ont reproduit cette forme; d'autres, sans exclure explicitement les recherches, les condamnent implicitement : car ayant réglé avec le détail le plus minutieux toutes les parties de la visite, ils s'arrêtent à l'inspection des papiers. Comment croire, s'ils avaient voulu autoriser les recherches effectives, qu'ils n'aient point réglé avec le même soin un droit si délicat et dont il est si facile d'abuser. La simple demande de papiers n'est autre chose qu'un moyen de s'assurer de la neutralité du vaisseau visité : les recherches et les perquisitions sont déjà une sorte d'enquête judiciaire, une invasion du territoire neutre et un empiétement sur une souveraineté étrangère. Comment con-

sidérer un droit aussi considérable comme implicitement contenu dans le silence des traités? — Quant aux traités qui admettent explicitement le droit de recherches, c'est tout au plus si l'on en peut compter deux de cette nature; car le traité de 1761 entre la France et l'Angleterre a été cité inexactement par Lampredi, qui reproduit ainsi l'art. 10 : « Quant *aux recherches* à faire sur les vaisseaux marchands... » Mais le texte authentique donné par les recueils porte : « Lors de la visite des vaisseaux marchands » (Wenck, *Cod. Juris gent.*, t. 3, p. 37). Reste le traité de 1801 si souvent cité, traité que nous avons vu sur tous les points contraire à toutes les franchises et à l'indépendance des neutres. Ce traité autorise les recherches dans le cas où le visiteur a des doutes sur la validité des papiers. Voici comment ce principe est établi et réglementé, art. 4, §§ 4 et 5 : « Cette vérification faite, il n'y aura lieu à aucune visite si les papiers sont reconnus en règle, et s'il n'existe aucun motif valable de suspicion. Dans le cas contraire, le commandant du vaisseau de guerre neutre (y étant dûment requis par le commandant du vaisseau ou des vaisseaux de la puissance belligérante) doit amener et détenir son convoi pendant le temps nécessaire pour la visite des bâtiments, laquelle se fera en sa présence sur chaque navire marchand, conjointement avec un ou plusieurs officiers préposés par le commandant du vaisseau de la partie belligérante. » ... « S'il arrive que le commandant du vaisseau ou des vaisseaux de la puissance en guerre ayant examiné les papiers trouvés à bord ou ayant interrogé le maître et l'équipage du vaisseau aperçoive des raisons justes et suffisantes de détenir le vaisseau marchand, afin de procéder à une recherche ultérieure, il notifie cette intention au commandant du vaisseau du convoi, qui aura le pouvoir d'ordonner à un officier de rester à bord du navire ainsi détenu et d'assister à l'examen de la cause de sa détention.» — V. encore sur le droit de visite, MM. Ortolan, t. 2, p. 214; de Cussy, t. 1, p. 222 et s.; Wheaton, t. 2, p. 185; Massé, Dr. commerç. dans ses rapp. avec le dr. des gens, t. 1, n° 301; Hautefeuille, t. 3, p. 1 et s.

245. Nous n'avons parlé jusqu'ici que des conventions relatives à la visite en temps de guerre. C'est en effet là son domaine naturel. Mais des conventions récentes ont introduit l'usage de la visite en temps de paix; nous en avons parlé n° 227.

246. *Droit de saisie.* — Qu'arrive-t-il lorsque le belligérant s'est assuré par la visite que le navire neutre porte des marchandises prohibées. Quelques traités ne vont pas jusqu'à autoriser la confiscation des marchandises, mais se contentent d'établir un droit de détention et de préemption. Le traité de 1785 entre la France et les Etats-Unis d'Amérique, par exemple, porte, art. 5 : « Il sera permis d'arrêter ces sortes de vaisseaux et effets et de les retenir pendant tout le temps que le preneur croira nécessaire pour prévenir les inconvénients et le dommage qui pourraient en résulter autrement. Mais, dans ce cas, on accordera une compensation convenable pour les pertes qui auront été occasionnées par la saisie, et il sera permis, en outre, aux preneurs, d'employer à leur service, en tout ou en partie, les munitions militaires détenues, en payant au propriétaire la pleine valeur à déterminer sur le prix qui aura cours à l'endroit de leur destination. »—Mais la plupart des traités admettent en ce cas le droit de confiscation; seulement ils limitent ce droit aux marchandises prohibées et laissent libres le navire lui-même et le reste de la marchandise. Telles sont les dispositions des traités suivants : 1er déc. 1674, entre l'Angleterre et les Provinces-Unies, art. 7, 21, 26; 12 oct. 1679, entre la Suède et les Provinces-Unies, art. 21 et 26; 10 août 1678, entre la France et la Hollande; 20 sept. 1697 et 11 avr. 1713, entre les mêmes puissances; depuis 1800, traité de 1800 entre la France et les Etats-Unis; 3 oct. 1824, entre les Etats-Unis et la Colombie, art. 16; 16 juin 1843, entre la France et la république de l'Equateur, art. 28, § 3. Tous ces traités autorisent le preneur à confisquer les marchandises prohibées; mais, la confiscation faite, ils permettent au navire neutre de continuer sa route; seulement, si le transbordement des marchandises à bord du preneur n'est point possible, soit à cause de l'état de la mer, soit à cause de la charge même, le navire neutre est obligé de suivre le preneur dans un des ports de la nation, pour y déposer les marchandises de contrebande, après quoi il doit pouvoir continuer sa route.

247. En cas de *procus*, la saisie peut être exercée, soit sur un navire qui cherche à entrer dans un port bloqué, soit sur un navire rencontré en haute mer et se dirigeant vers ce port; mais dans ce cas, il faut qu'il ait eu connaissance du blocus (traité du 30 sept. 1800 entre la France et les États-Unis, art. 12, § 2); et, dans le cas où les vaisseaux feraient voile pour une place ou un port appartenant à l'ennemi, ignorant qu'ils sont bloqués, assiégés ou investis, il est convenu que tout navire qui se trouve dans cette circonstance sera détourné de cette place ou port sans que l'on puisse retenir ou confisquer aucune partie de la cargaison, à moins qu'elle ne soit de contrebande, ou qu'il ne soit prouvé que ledit navire, après avoir été averti du blocus ou avertissement, a voulu rentrer dans le même port. Des traités plus récents limitent le droit de saisie au navire qui cherche à entrer dans le port bloqué. — V. Prises marit., n°° 183 et suiv.

248. Une des questions résolues par un assez grand nombre de traités est relative aux conditions qui déterminent la composition de l'équipage des bâtiments neutres. Le traité de 1800 entre la Russie et le Danemark exige que le capitaine du navire et la moitié au moins de l'équipage soient nationaux. Le traité du 29 sept. 1825 entre l'Angleterre et les villes Anséatiques, art. 1, exige les trois quarts de nationaux. Celui du 7 nov. 1841 entre le Mexique et les villes Anséatiques, art. 3, exige seulement que le capitaine soit de la nation neutre. Enfin beaucoup de traités, sans rien spécifier particulièrement, ont reconnu que la nationalité des navires serait établie conformément aux règlements de la nation propriétaire.—V. Prises marit., n°° 189 et s.

249. Les traités règlent aussi la conduite du capitaine belligérant après la saisie du navire neutre. Ils interdisent toute violence envers les hommes de l'équipage et même ils prescrivent de ne pas toucher aux marchandises, ne pas ouvrir les colis, les armoires, etc., mais de considérer toute la cargaison comme demeurant la propriété des neutres jusqu'à comparution devant le tribunal compétent. Il serait trop long d'énumérer les nombreux traités qui contiennent cette prescription.—V. n° 253.

250. Quelles sont les limites du droit de saisie? Ce droit commence-t-il avec la déclaration de la guerre, finit-il avec la signature de la paix? Pour ce qui est du commencement de la guerre, il est évident qu'il serait injuste de traiter selon les lois de la guerre un navire qui, n'en ayant pas connaissance, n'a pas pu se prémunir d'avance contre un péril qu'il ne prévoyait pas. Par exemple, pour les bâtiments ennemis, qui se trouvent dans les ports de la puissance opposée, au moment de la déclaration de guerre, il est évidemment contre toute justice de s'en emparer; il en est de même de bâtiments rencontrés en pleine mer; pour les uns comme pour les autres, les traités accordent un délai pendant lequel ils pourront se mettre en sûreté. Cette disposition se trouve dans le traité d'Utrecht (11 avr. 1713, art. 19), dans le traité du 26 sept. 1786 et dans presque tous les traités de commerce conclus entre les différents pays. — Les mêmes stipulations ont été faites en faveur des neutres, qui, dans l'ignorance de la guerre, ne se sont pas munis des papiers nécessaires. Quant aux denrées prohibées, même contrebande de guerre, les traités reconnaissent qu'elles doivent être restituées au propriétaire du navire, s'il est rencontré dans le délai où la déclaration de guerre n'a pu lui être parvenue.—V. le traité du 26 sept. 1786 entre la France et l'Angleterre, art. 29, et celui du 8 vendém. an 9 (1800) entre la France et les Etats-Unis, art. 13.—V. aussi Prises marit., n°° 12 et suiv.

251. Relativement à la fin des hostilités, la plupart des traités de paix fixent aussi une limite de temps pendant lequel les prises et les captures pourront être considérées comme valables. Voici par exemple l'art. 22 du traité de Versailles, 23 janv. 1783, entre la France et l'Angleterre : « Pour prévenir tous les sujets de plainte et de contestation qui pourraient naître à l'occasion des prises qui pourraient être faites en mer depuis la signature des articles préliminaires, on est convenu réciproquement que les vaisseaux et effets qui pourront être pris dans la Manche ou dans les mers du Nord dans l'espace de douze jours à compter depuis la ratification des présents articles préliminaires, seront de part et d'autre restitués; que le terme sera d'un mois depuis la Manche et les mers du Nord jusqu'aux îles Canaries inclusivement, soit dans l'Océan, soit dans la mer Méditerranée : de deux mois depuis lesdites îles Canaries jusqu'à la ligne équinoxiale ou à l'Equateur ; enfin de cinq mois dans tous les autres endroits du monde, sans aucune exception, ni aucune distinction plus particulière de temps, ni de lieu. » Beaucoup de traités contiennent des dispositions analogues. Mais les auteurs discutent si ces articles sont applicables aux prises faites sur les navires neutres ou seulement sur les navires ennemis. Quelques-uns pensent que les prises sur navires neutres sont restituables à partir de la signature du traité avant même toute notification du traité (Hubner, De la saisie des bâtiments neutres, t. 2, l. 1, ch. 4, § 10; Hautefeuille, t. 13, ch. 2, sect. 11, § 11). D'autres assimilent sur ce point les neutres avec les ennemis (Valin, Traité des prises ch. 4, sect. 4, § 6; Massé, droit commercial, t. 1, l. 2; t. 1, ch , 2, sect. 3). Nous inclinons vers la première opinion. — V. encore sur ce point v° Prises marit., n°° 14 et suiv.

252. A qui appartient-il de connaître des prises et de la saisie des bâtiments, et de toutes les contestations qui en naissent? Tous les traités sont d'accord pour reconnaître ce droit aux tribunaux institués par les belligérants. Voyez par exemple le traité du 11 janv. 1787, entre la France et la Russie, art. 33 : « Le capteur aura seulement le droit d'amener le navire dans un port, où l'on instruira son procès devant les juges de l'amirauté, selon les lois et forme judiciaires de cet endroit, et après qu'on aura rendu là-dessus une sentence définitive, les seules marchandises reconnues contrebande de guerre seront confisquées. » Les traités imposent au preneur l'obligation de ne rien enlever du vaisseau saisi, et de laisser au juge compétent le droit de faire l'inventaire en forme, et de juger la validité de la saisie. D'autres exigent que le jugement soit rendu dans le plus court délai possible ; quelques-uns veulent que le juge remette à la partie condamnée une notification et une copie officielle du jugement prononcé, et règle le cas d'appel. Quelques auteurs, et notamment Azuni (Droit maritime de l'Europe, t. 2, c. 4, art. 3, § 8), pensent que le souverain neutre, dans le port duquel le capteur belligérant conduit sa prise, est compétent pour la juger, quoique le navire saisi n'appartienne pas même à ses sujets ; mais cette opinion est démentie par tous les traités; au moins, aucun ne l'autorise, et quelques-uns sont expressément contraires à ce droit. Voyez par exemple le traité de 1795 entre l'Angleterre et les Etats-Unis d'Amérique, art. 24 : « Il sera permis aux vaisseaux de guerre ou bâtiments armés en course, appartenant auxdites parties respectivement de conduire partout où il leur plaira les vaisseaux et effets pris sur leurs ennemis, sans être astreints à payer aucun honoraire aux officiers de l'amirauté, ou à aucun juge, quel qu'il puisse être... et lesdits officiers ne pourront prendre connaissance de la validité des prises. » — V. encore v° Prises marit., n°° 251 et suiv.

253. En cas d'erreur ou de violences injustes de la part du capteur, sur qui retombe la responsabilité de la réparation? Il semble, selon la plupart des traités, que cette responsabilité tombe seulement sur le capteur quel qu'il soit, commandant de vaisseaux de guerre ou corsaire. Par exemple le traité de 1800 entre la France et les Etats-Unis, porte, art. 23 : « ... Tous commandants de vaisseaux de guerre ou de corsaires s'abstiendront de tous dommages envers leurs personnes (les neutres) ; s'ils faisaient le contraire, ils seraient punis et tenus de donner dans leurs personnes et propriétés satisfaction et réparation pour les dommages avec intérêts, de quelque espèce que soient lesdits dommages. A cet effet tous capitaines de corsaires, avant de recevoir leurs commissions, s'obligeront devant un juge compétent, à donner une garantie au moins par deux cautions solvables... pour réparer les torts ou dommages que lesdits corsaires, leurs officiers ou quelqu'un d'eux auraient faits ou commis pendant leur croisière. » — V. Prises marit., n° 39.

254. Lorsqu'un navire pris par un croiseur belligérant est repris par un croiseur du parti contraire, à qui appartient le bâtiment repris? Revient-il à son propriétaire, ou le second preneur succède-t-il au premier dans la capture du bâtiment. Les traités ont eu des décisions bien diverses sur cette question. Dans les traités passés par la France avec la Hollande, 1781, avec l'Angleterre, 1786, on adopta la règle suivante : si le navire est repris vingt-quatre heures après la prise, le droit de reprise est du tiers de la valeur si le repreneur est un corsaire, et du trentième si c est un bâtiment de guerre. Si le navire est repris au delà de ce délai, la cargaison et le navire appartiennent au repreneur, si c'est un corsaire; et le dixième seulement, si c'est un bâtiment de guerre. Dans les traités avec la Hollande, l'Angleterre n'accordait jamais au corsaire plus de la moitié et attribuait un huitième dans tous les cas aux bâtiments de guerre. Dans ses traités avec l'Espagne, elle donne un huitième au bâtiment de guerre, un sixième au corsaire, sans égard au temps. Le traité le plus remarquable sur cette question, est celui du Danemark avec la république de Gênes du 30 juill. 1789, qui rejette toute espèce de droit de reprise : « Si un tel bâtiment marchand neutre, qui avait été arrêté en mer par un vaisseau de guerre ou un corsaire fût recous et repris par un vaisseau de guerre ou un armateur de la partie contractante qui est en guerre contre la nation du premier capteur, ce bâtiment sera incontinent remis en liberté pour continuer son voyage, sous quelque prétexte que ce soit qu'il ait ait été détenu en premier lieu, et sans que le libérateur puisse prétendre à aucune rétribution ou part dans le bâtiment ou la cargaison : qu'il ait été plus ou moins longtemps au pouvoir du capteur, puisqu'aucun bâtiment neutre ne peut 'être considéré comme prise avant qu'il soit légitimement condamné dans un tribunal d'amirauté. » De même, les Etats-Unis, dans leur traité de 1783 avec la Suède ont admis les mêmes principes. — V. Prises marit., n°s 193 et suiv.

255. Telles sont les principales décisions des traités sur les questions relatives aux droits des neutres. Mais il faudrait se garder de croire que ces décisions, forment la jurisprudence complète des nations sur ces questions. Les usages viennent souvent suppléer à la jurisprudence des traités, souvent aussi y contrevenir, soit pour l'améliorer, soit pour la dénaturer. En outre, chaque nation a sur cet objet sa jurisprudence spéciale-très-souvent contraire à l'autre (V. l'exposé de la législation française, v° Prises marit.).

256. *Conventions relatives à la propriété littéraire et artistique.* — On a donné plus haut, n° 68, les dates des traités passés à ce sujet entre la France et les puissances étrangères. Voici maintenant les règles qui ressortent de ces traités. — Nous avons avec vingt-cinq puissances européennes vingt-huit conventions ayant pour objet la protection réciproque de la propriété intellectuelle. Sur ce nombre, dix-huit sont à la fois littéraires et artistiques, c'est-à-dire s'appliquent à toutes les manifestations de la pensée ; ce sont les conventions avec les États sardes, le Portugal, le Hanovre, l'Angleterre, le Brunswick, la Belgique, l'électorat de Hesse-Cassel, le grand-duché de Saxe-Weimar Eisenach, le grand-duché d'Oldenbourg, l'Espagne, les principautés de Schwarzbourg-Sondershausen, de Schwarzbourg-Rudolstat, le grand-duché de Bade, la ville libre de Hambourg, le royaume de Saxe, le grand-duché de Luxembourg, et le canton de Genève ; enfin la Toscane, en vertu d'une clause spéciale d'un traité de navigation et de commerce. Sept conventions n'ont que les œuvres littéraires pour objet, sans garantie des œuvres artistiques. Ce sont les conventions avec le grand-duché de Hesse-Darmstadt, le landgraviat de Hesse-Hombourg, les deux principautés de Reuss, le duché de Nassau, la principauté de Waldeck et les Pays-Bas.

Dans tous ces traités on a voulu réprimer la contrefaçon sous ses deux faces : 1° fabrication intérieure ; 2° entrée de reproductions illicites. Les mêmes garanties s'appliquent à la représentation des pièces de théâtre et à l'exécution des compositions musicales, excepté en Toscane, en Hollande et dans le canton de Genève.

Dix conventions garantissent le droit de traduction : ce sont celles avec la Sardaigne, le Portugal, l'Angleterre, la Belgique, l'Espagne, le grand-duché de Bade, les Pays-Bas, la ville de Hambourg, le royaume de Saxe et Genève. Les autres conventions ne garantissent pas ce droit.

Les articles littéraires ou scientifiques, insérés dans les journaux, revues ou recueils périodiques, ne peuvent être reproduits ou traduits sans le consentement de l'auteur dans les neuf Etats qui suivent : Sardaigne, Portugal, Angleterre, Belgique, Espagne, grand-duché de Bade, Hollande, Saxe et Genève.

257. Quelles sont maintenant les conditions de l'exercice des droits garantis par ces traités ? — Ces conditions sont dans quatre Etats seulement (Espagne, Angleterre, Belgique et Portu-

gal), l'enregistrement. ou un dépôt d'exemplaires ; en Saxe, l'enregistrement sans dépôt. Mais dans tous les autres Etats, les garanties peuvent être réclamées sur la simple production d'un titre, établissant qu'il s'agit d'une œuvre originale, qui, dans le pays où elle a été publiée, jouit de la protection légale contre la contrefaçon, ou la reproduction illicite. Pour les ouvrages français, ce titre consiste dans le duplicata du récépissé de dépôt, délivré au ministère de l'intérieur, ou dans les préfectures. —Les envois réciproques de livres, gravures, cartes géographiques et musique, entre la France et la Sardaigne, le Portugal, la Belgique et l'Espagne, doivent être accompagnés de certificats d'origine. Ces pièces sont visées à Paris, au ministère de l'intérieur et dans les départements aux secrétariats des préfectures. Les mêmes objets, expédiés du grand-duché de Bade, du royaume de Saxe et du canton de Genève en France, doivent être accompagnés de certificats, sous peine d'être privés du bénéfice des réductions de taxes douanières. Les ouvrages expédiés de Hambourg doivent porter la marque de la douane de cette ville ou celles de tout autre Etat germanique ayant conclu avec la France une convention littéraire. Les ouvrages expédiés de France à Hambourg, à Genève et en Saxe, ne sont pas soumis à la formalité du certificat. — Aux termes de l'art. 8 de la loi du 6 mai 1841, tous les livres en langue française, dont la propriété est établie à l'étranger, ou qui sont une édition étrangère d'ouvrages français tombés dans le domaine public, ne peuvent être admis, soit à l'importation, soit au transit, sans être accompagnés d'un certificat d'origine, confirmé et légalisé par l'autorité administrative du lieu de l'expédition.

Tels sont les principes généraux qui, d'après la circulaire du ministre de l'intérieur du 1er sept. 1859, règlent la matière de la propriété intellectuelle dans la plupart des conventions.

258. Une autre circulaire avait déjà expliqué les différences qui distinguent les traités passés avec l'Angleterre et le Hanovre, de ceux consentis avec les Etats sardes et le Portugal, relativement aux ouvrages déjà contrefaits au moment de leur publication, et rappelle les formalités à remplir à l'effet de constater la propriété (circ. min. pol. gén. 7 mai 1852, D. P. 53. 3. 46).— Suivant cette circulaire, les expressions *œuvres de littérature ou d'art*, employées au § 1 du traité passé avec l'Angleterre, comprennent toute production quelconque de littérature et de beaux arts. — Avis doit être donné au ministre, des contrefaçons commises, pour qu'il soit donné cours, s'il y a lieu, aux poursuites judiciaires établies par la législation française (même circ.).

259. *Conventions relatives à la propriété industrielle.* — Quelques traités, comme nous l'avons déjà dit plus haut, n° 69, garantissent la propriété réciproque des marques de fabrique. Voici quelles sont les dispositions généralement suivies à cet égard dans les différents traités : nous les extrayons de la convention passée spécialement pour cet objet avec le grand-duché de Bade, le 2 juill. 1857 : — La reproduction, dans chacun des pays liés par le traité, des timbres et marques de fabrique, apposés sur les produits industriels ou manufacturiers de l'autre pays pour en constater l'origine et la qualité, sera assimilée à la contrefaçon des œuvres d'art et d'esprit, et les dispositions concernant la répression de cette contrefaçon, insérées dans le traité y relatif de ce jour, seront applicables à la reproduction desdits timbres et marques de fabrique. Les timbres et marques de fabrique dont les sujets de l'un des deux Etats voudront s'assurer la propriété dans l'autre devront être déposés exclusivement, savoir : les timbres et marques d'origine étrangère, au greffe du tribunal de commerce de la Seine, et les timbres et marques d'origine française, au lieu indiqué par la convention.

On avait prétendu que le traité d'Utrecht qui proclamait, entre la France et la Grande-Bretagne, la liberté réciproque et en toute manière absolue de navigation et de commerce, donnait aux nationaux des deux pays la faculté de poursuivre la réparation de toute atteinte à cette liberté, et spécialement attribuait aux Anglais le droit de poursuivre en France la réparation du préjudice à eux causé par l'usurpation de leur nom commercial ; mais cette interprétation n'a pas été admise (Bordeaux, 20 juin 1853, aff. Kirby-Beard, D. P. 54. 2. 34, et sur pourvoi, Req. 12 avr. 1854, D. P. 54. 1. 207).

260. *Conventions postales.* — On a vu, dans l'historique, n° 70, qu'un très-grand nombre de conventions postales ont été conclues depuis 1841 jusqu'à présent. Pour donner une idée de la nature de ces conventions, qui en général diffèrent assez peu les unes des autres, nous analyserons l'une des plus récentes, celle qui a été conclue avec la Prusse le 21 mai 1852, et promulguée les 25-29 juin même année. — Cette convention porte : il sera établi des services ordinaires ou spéciaux entre des points désignés de la frontière des deux pays, pour l'échange périodique et régulier de lettres, d'échantillons de marchandises et d'imprimés de toute nature. Ces services seront exécutés par les moyens dont disposeront les deux administrations, et les frais supportés proportionnellement par l'une et par l'autre, en proportion des parties de territoire parcourues. Indépendamment de ces services directs d'un pays à l'autre, les deux administrations pourront s'expédier les dépêches, soit par la voie de la Belgique, soit par la voie du pays de Bade. Les droits de transit par la Belgique seront payés par la Prusse, à la charge pour la France de rembourser la moitié de ces droits; mais les droits de transit par l'Allemagne seront supportés par la Prusse seule. Pour les lettres ordinaires non chargées, elles pourront être affranchies ou non affranchies. Le public des deux pays pourra envoyer des lettres chargées d'un pays pour l'autre, et autant que possible pour les pays auxquels les offices respectifs servent d'intermédiaires; mais le port des lettres chargées devra toujours être payé jusqu'à destination; en outre, les deux pays se payeront un droit réciproque, 25 cent. pour la France, 2 gros d'argent pour la Prusse, en sus du prix du port pour toute lettre chargée. Quant aux lettres chargées à destination des pays auxquels la France et la Prusse servent respectivement d'intermédiaires, les droits seront fixés d'un commun accord entre les deux administrations. Dans le cas de perte de lettres chargées, celle des deux administrations sur le territoire de laquelle elle aura été perdue, sera tenue à une indemnité de 50 fr. dans le délai de deux mois, à dater du jour de la réclamation; mais les réclamations ne sont admises que dans les six mois qui suivent la date du dépôt des chargements. La correspondance exclusivement relative aux services publics, sera transmise exempte de tout prix de port. Les taxes à percevoir sur les échantillons de marchandises de nulle valeur, les journaux, gazettes, ouvrages périodiques, livres brochés, brochures, papiers de musique, catalogues, prospectus, annonces et avis divers imprimés, gravés, lithographiés et autographiés, seront établies d'après le poids brut de chaque paquet; seront considérés comme paquets simples ceux dont le poids n'excédera pas 40 gr.; les paquets au-dessus de 40 gr. et jusqu'à 80, payeront deux fois le prix des paquets de 40, et ainsi de suite en ajoutant de 40 gr. en 40 gr. un port simple en sus. Les échantillons de nulle valeur expédiés de France ou d'Algérie par la Prusse et les pays pour lesquels desservira par les postes prussiennes, pourront être affranchis jusqu'à destination, moyennant un port de 10 cent. par paquet simple. Les journaux, gazettes, ouvrages périodiques, livres brochés, etc., devront être affranchis de part et d'autre jusqu'à destination, à raison de 10 cent. par paquet simple pour la France, de 9 pfennings par paquet simple pour la Prusse. Par exception, les journaux, gazettes et ouvrages périodiques, qui seront expédiés par les éditeurs, pourront n'être affranchis que jusqu'à la frontière de sortie de France, et ne supporteront d'autre taxe que celles fixées pour les objets de même nature à destination de l'intérieur de la France. Pour jouir de ces modérations de port, les imprimés devront être mis sous bande et ne porter aucune écriture, chiffres ou signes quelconques à la main; les imprimés qui ne réuniraient pas ces conditions, seraient considérés comme lettres et taxés en conséquence. Le poids des correspondances de toute nature tombées en rebut, ainsi que celui des feuilles d'avis et autres pièces de comptabilité ne sera pas compris dans les pesées de lettres, journaux ou imprimés. Les administrations des postes de France et de Prusse dresseront chaque mois les comptes résultant de la transmission réciproque des correspondances, et ces comptes après avoir été arrêtés et débattus contradictoirement par eux seront, seront soldés à la fin de chaque trimestre par l'administration qui sera reconnue redevable envers l'autre : ce solde sera établi en monnaie de France. Les lettres ordinaires ou chargées et les imprimés de toute nature, mal adressés ou mal dirigés, seront sans nul délai réciproquement renvoyés, par l'intermédiaire des bureaux d'échange respectifs, pour le prix auquel l'office envoyeur aura livré ces objets en compte à l'autre office; les objets de même nature adressés à des destinataires qui ont changé de résidence, seront respectivement rendus chargés du port qui aurait dû être payé par les destinataires; les lettres ordinaires ou chargées, les échantillons de marchandises et les imprimés de toute nature tombés au rebut pour une cause quelconque, devront être renvoyés de part et d'autre à la fin de chaque mois; ceux de ces objets qui auront été comptés par l'office envoyeur; ceux qui auront été livrés affranchis jusqu'à destination ou jusqu'à la frontière, seront renvoyés sans taxe ni décompte. Les deux administrations n'admettront à destination des deux pays ou des pays qui empruntent leur intermédiaire, aucun paquet ou lettre qui contiendrait soit de l'or ou argent monnayé, soit des bijoux ou effets précieux, soit tout autre objet passible des droits de douane. Afin de s'assurer réciproquement l'intégralité du produit des correspondances, les deux gouvernements s'engagent à empêcher par tous les moyens qui sont en leur pouvoir, que ces correspondances ne passent par d'autres voies que par leurs postes respectives. Les deux administrations désigneront d'un commun accord les bureaux par lesquels devra avoir lieu l'échange des correspondances; elles détermineront les conditions des correspondances insuffisamment affranchies au moyen de timbres-poste. Toutes ces mesures et autres semblables pourront être modifiées d'un commun accord. Enfin, cette convention est obligatoire d'année en année, jusqu'à ce qu'une des deux parties ait annoncé les modifications qui peuvent résulter de la situation des pays; par exemple, lorsque la correspondance a lieu en tout ou en partie par mer, il peut y avoir là quelques conditions particulières (V. la convention avec l'Espagne du 5 août 1859, promulguée le 24 sept. et 10 oct. même année.)

261. *Conventions relatives aux chemins de fer.* — Un nouveau genre de conventions amenées par les progrès industriels du siècle sont les conventions relatives aux chemins de fer internationaux. Nous en donnerons pour exemple la convention du 23 nov. 1856, promulguée le 17 janv. 1859 entre la France et la Sardaigne pour le service des douanes sur le chemin de fer franco-sarde. A cet objet se rapportent encore les conventions relatives à la construction des ponts pour raccorder un chemin de fer à un autre, par exemple, la convention du 16 nov. 1857, promulguée le 19-25 juin 1858 entre la France et le grand-duché de Bade pour l'établissement d'un pont sur le Rhin, et l'établissement d'un chemin de fer de Strasbourg à Kehl; et celle du 30 août 1858, promulguée le 14-21 déc. 1858, entre la France et la Sardaigne pour l'établissement d'un pont sur le Rhône, destiné à relier les chemins de fer internationaux.

262. *Conventions télégraphiques.* — Enfin, l'établissement des télégraphes électriques a donné lieu aux conventions télégraphiques, dont la teneur est en général assez brève. Voici les dispositions de la convention franco-belge qui a servi de modèle pour plusieurs autres. Il y est dit que « toutes les fois que les deux bureaux télégraphiques frontières ne seront pas éloignés l'un de l'autre de plus de 50 kilomètres en ligne directe, la taxe à appliquer aux dépêches de vingt mots pour le parcours sur les deux territoires voisins ne sera que de 1 fr. 50 cent.; chaque série de dix mots ou fraction de série de dix mots en sus sera taxée suivant les règles établies par la convention signée à Berne le 1er sept. 1858. Le montant de la taxe sera partagé par moitié entre les offices des deux pays contigus sans égard à la différence réelle du parcours sur le territoire de chacun d'eux. »— V. Télégraphe, n°* 104 et suiv.

ART. 2. — *Des traités relatifs à l'extradition.*

263. L'extradition est l'acte par lequel un gouvernement livre l'individu prévenu d'un crime ou d'un délit à un autre gouvernement qui le réclame afin de le juger et de le punir à raison de cette infraction (Fœlix, Traité du droit international, l. 2, tit. 9, chap. 7).

§ 1. — Historique.

264. L'extradition, dit M. Faustin Hélie (Revue de législat., t. 17, p. 221, et Trait. de l'instruct. crim. t. 2, p. 640) remonte aux temps les plus reculés. L'histoire nous la montre luttant successivement, soit avec le droit d'asile, soit avec le principe de la souveraineté des territoires. — Le droit d'asile est un droit appuyé sur la religion, et qui dans les temps primitifs sert à protéger le malheur ou même le crime contre la vengeance. Moïse avait établi trois villes qui devaient servir d'asiles aux homicides involontaires (Exod. c. 21; Deuter. 10); mais il ordonnait en même temps d'en arracher les assassins. En Grèce, les temples servaient d'asile, mais il fallait qu'ils fussent consacrés par la loi : il y en avait quatre à Athènes, ouverts à tous les malheureux, aux exilés, aux homicides par imprudence. Mais ces asiles étaient devenus le refuge de tous les malfaiteurs. L'impunité des asiles était devenue une source d'abus : les esclaves fugitifs, les débiteurs insolvables, les accusés de crimes capitaux remplissaient ces lieux sacrés, et formaient en quelque sorte un État dans l'État. — Cependant nous voyons déjà dans ces premiers temps des exemples d'extradition. La tribu d'Israël réclamait de la tribu de Benjamin les hommes de Gabaa qui s'y étaient réfugiés après avoir commis un crime. *Tradite homines de Gabaa, qui hoc flagitium perpetrarunt, ut moriantur* (Jud. c. 20, vers. 12 et 13). Les Israélites livraient Samson aux Philistins qui leur faisaient la guerre. Les Lacédémoniens déclaraient la guerre aux Messéniens, parce qu'ils refusaient de leur remettre un meurtrier. Les Achéens menaçaient Sparte de la rupture de leur alliance, si quelques-uns de ses concitoyens qui avaient attaqué une de leurs villes ne leur étaient pas livrés. Les Athéniens publiaient qu'ils livreraient ceux qui après avoir attenté à la vie de Philippe, se réfugieraient sur leur territoire (M. F. Hélie, *loc. cit.*, p. 641). Mais tous ces exemples prouvent que ces extraditions n'étaient jamais demandées ni obtenues sans violence : tant elles paraissaient contraires à ce droit des premiers âges.

265. A Rome, l'extradition commença à être assujettie à certaines règles. Quelque respect que Rome eût pour ses citoyens, elle consentait cependant quelquefois à les livrer à d'autres peuples. Si un citoyen romain offensait un citoyen étranger, et mettait en péril la paix avec un peuple ami, le coupable était conduit au tribunal que l'on appelait tribunal des récupérateurs, et qui décidait s'il devait être livré à l'État. Dans le cas où l'offense avait eu lieu envers l'État étranger, et non plus seulement envers un citoyen, le coupable était toujours livré. On livrait également celui qui avait offensé un ambassadeur, le général d'armée qui avait conclu une convention non ratifiée, comme on le vit dans l'affaire des fourches Caudines, enfin un ambassadeur même qui aurait commis un crime envers l'État auprès duquel il était accrédité. Mais à part les crimes publics, on ne voit pas que les Romains aient pratiqué l'extradition, au moins d'une manière régulière. Le droit d'asile existait chez eux comme en Grèce, et s'y était étendu d'une manière non moins exagérée. Il ne s'étalent d'abord que des lieux de refuge pour les esclaves maltraités : bientôt ils s'ouvrirent à tous les malfaiteurs. La superstition de la majesté impériale ouvrit un crime une nouvelle issue : le pied des statues des empereurs devint aussi un asile sacré. Il suffisait même de toucher la statue impériale pour devenir inviolable : *Si qui vel extrema imaginum nostrarum vestigia forte contigerint, is ab omnibus minis adversæ fortunæ liberati ac securi gaudeant.* (J. Théod., l. 4. *De his qui ad eccl. confug.* Edict. imperat.)

266. Le droit d'asile fut réclamé par les églises chrétiennes comme il l'avait été par les temples. Mais on voit dans le temps des premiers empereurs chrétiens une lutte entre ce principe d'une part, et de l'autre l'intérêt de l'ordre public et de la justice. On déclare en principe que les églises ne seront ouvertes qu'aux malheureux et non aux criminels; mais, entraînés par l'esprit du temps, on oublie peu à peu cette doctrine salutaire. En 466, l'empereur Léon déclare que tout accusé, quelle que soit la nature du crime qu'on lui impute, trouvera un asile sûr dans les

églises. Tous les débiteurs insolvables y eurent un refuge contre les poursuites de leurs créanciers, et les évêques cessèrent d'être responsables des dettes de ceux qu'ils avaient cachés. Mais l'empereur Justinien revient à des mesures plus tempérées, et il interdit l'asile aux homicides, aux adultères, aux accusés de rapt. On comprend que les exceptions ne se maintinrent pas, lorsque les barbares ayant envahi l'empire apportèrent à la foi chrétienne leur jeune enthousiasme et leur ignorante superstition. Dans les lois des Bourguignons et des Bavarois, dans les capitulaires de Charlemagne et de Louis le Débonnaire, il est dit, qu'il n'est point de crime si grave qui ne puisse obtenir son pardon pour la crainte de Dieu et le respect des lieux saints (Baluze, t. 2, p. 98). Devant cette extension illimitée du droit d'asile, il n'y avait plus de justice : « Mais, dit M. Faustin Hélie, quand on se reporte aux désordres du moyen âge, à l'absurdité des preuves, à la faiblesse des juridictions... on est disposé à penser que cette institution des asiles, quels que fussent ses abus, a rendu autant de services à la société qu'elle lui a fait de mal et a dû sauver autant d'innocents qu'elle a protégé de coupables » (M. Hélie, p. 647). Mais aussitôt que quelques principes d'ordre reparurent dans la société du moyen âge, on revint aux principes de Justinien ; du treizième au seizième, les exceptions au droit d'asile se multiplièrent, et enfin Henri II, en 1547, autorisa expressément l'arrestation des meurtriers et autres malfaiteurs dans les lieux d'asile. Dès lors, la justice publique ne rencontra plus d'obstacle dans toute l'étendue du territoire. Bossuet dit éloquemment (Politique tirée de l'Ecriture sainte, l. 2, prop. 7) : « L'autel n'est pas fait pour servir d'asile aux assassins, et l'autorité royale se doit faire sentir aux méchants quelque grands qu'ils soient. »

267. Néanmoins, la justice a continué à rencontrer des obstacles sur les territoires étrangers. Dans l'antiquité, on ne voit pas que le territoire étranger ait toujours été une protection absolue pour le fugitif ; nous avons cité quelques exemples d'extradition. Cependant ces faits étaient rares, parce que l'exil paraissait une peine suffisante pour le criminel, et qu'on ne se donnait pas la peine de le poursuivre sur le territoire étranger. Quand l'empire romain occupa presque tout le monde, il n'y avait guère lieu d'établir l'extradition. Seulement, Rome demandait quelquefois et obtenait des barbares les chefs qui y fomentaient la discorde. Au moyen âge, les malfaiteurs qui trouvaient asile dans les églises le trouvaient, à plus forte raison, sur le territoire étranger, et il y avait trop peu de rapports suivis entre les Etats pour qu'on s'occupât de fixer les règles de l'extradition réciproque des malfaiteurs. Les souverains furent jaloux de l'inviolabilité de leur territoire, et prirent sous leur protection les réfugiés qui venaient leur demander asile. Ce fut un principe longtemps admis par la jurisprudence française : *Fit liber quisquis solum Galliæ cum asyli vice contigerit.* C'est ce que proclamait encore en 1777, au parlement d'Aix, l'avocat général de Calissane à propos d'un débiteur réfugié. « L'asile est du droit des gens ; la mauvaise foi du débiteur n'est qu'un fait particulier... Tout étranger coupable qui se réfugie en France est à l'abri de toutes poursuites. » — Ces principes sont évidemment exagérés, et si on les suivait à la rigueur, on reviendrait au droit d'asile absolu, qui a opposé au moyen âge tant d'obstacles aux poursuites de la justice. Aussi voit-on d'assez bonne heure les gouvernements se relâcher sur ce point d'un droit qui leur était cher, demander et accorder des extraditions. En France, les témoignages les plus anciens qui nous restent sont un traité du 4 mars 1376 entre le comte de Savoie et Charles V, par lequel les deux parties s'engagent à se livrer réciproquement les coupables fugitifs qui demanderaient asile à l'un ou à l'autre territoire, considérant, dit le préambule, que l'impunité qui résulte de l'asile augmente les crimes et les forfaits. On cite aussi une lettre du 14 sept. 1413, adressée par Charles VI au roi d'Angleterre, pour demander qu'on lui remette les auteurs des troubles de Paris. On ne faisait pas à cette époque de différence qu'on a faite plus tard entre les crimes ordinaires et les crimes politiques.

268. Nous voyons plus tard les conventions d'extradition se multiplier : avec les Pays-Bas (ord. 17 août 1736), avec le Wurtemberg (27 mars 1759, 5 déc. 1765), avec l'Autriche (6 sept.

1766), avec la Suisse (28 mai 1777), avec l'électeur de Trèves (25 juin 1778), avec l'Espagne (29 sept. 1765, 24 déc. 1786), avec la Sardaigne (16 juin 1782), avec le Portugal et l'Espagne (5 juill. 1783), avec la Suisse (2 fruct. an 6, 19 août 1798), renouvelé le 4 vend. an 12 et le 18 juill. 1828. Le traité de paix d'Amiens (27 mars 1802) et celui du 7 mars 1815 contenaient 'engagement réciproque de se livrer les malfaiteurs entre la France et la Grande-Bretagne. — Quelques auteurs ont dit que le gouvernement français, en 1831, avait déclaré qu'il n'accorderait et ne solliciterait pas d'extradition (V. n° 269), et même qu'il avait notifié à la Confédération sa renonciation à la disposition des traités relatifs à l'extradition. Mais on ne trouve aucune trace de cette déclaration dans l'ouvrage de M. Snell (Manuel du droit public de la Suisse). De plus, le gouvernement, s'il avait eu cette pensée, y a bientôt renoncé.

Voici, du reste, le tableau de toutes les conventions conclues avec les puissances étrangères pour l'extradition des malfaiteurs et des déserteurs :

Angleterre. — Malfaiteurs; convention du 13 fév. 1843 (ord. de publ. 18 mars 1843); convention du 28 mai 1852, non promulguée. — Matelots déserteurs; déclaration du 23 juin 1834 (décr. de publ. 4 juill. 1834).

Autriche. — Malfaiteurs; convention du 13 nov. 1855 (décr. de publ. 2 fév. 1856).

Bade (grand-duché). — Malfaiteurs; convention du 27 juin 1844 (ord. de publ. 24 août 1844); déclaration du 17 nov. 1854, relative à cette convention (décr. de publ. 5 déc. 1854).

Bavière. — Déserteurs; convention du 10 mars 1827 (ord. de publ. 9 mai 1827). — Malfaiteurs; convention du 23 mars 1846 (ord. de publ. 28 mai 1846); déclaration du 20 juin 1854, relative à cette convention (décr. de publ. 4 août 1854).

Belgique. — Malfaiteurs; convention du 22 nov. 1834 (ord. de publ. 19 déc. 1834); convention additionnelle du 22 sept. 1856 (décr. de publ. 15 oct. 1856).

Brême (ville de). — Malfaiteurs; convention du 10 juill. 1847 (ord. de publ. 30 sept. 1847).

Brésil. — Malfaiteurs et matelots déserteurs; traité du 8 janv. 1826, art. 8, 9 (ord. de publ. 4 oct. 1826); traité du 10 déc. 1860 (décr. 17 mars 1861).

Danemark. — Matelots déserteurs; convention provisoire de commerce du 9 fév. 1842, art. 6 (ord. de publ. 5 avr. 1842).

Deux-Siciles. — Malfaiteurs; convention du 14 juin 1843 (ord. de publ. 11 août 1843). — Matelots déserteurs; déclaration du 16 août 1853 (décr. de publ. 15 sept. 1853).

Espagne. — Contrebandiers; traité du 24 déc. 1786, art. 15, 16. — Malfaiteurs; traités du 29 sept. 1765 et du 6 germ. an 10, art. 20), remplacés par la convention du 26 août 1850 (ratif. et publ. loi 29 janv. 1851; décr. 11 mars 1851).

Etats pontificaux. — Malfaiteurs; convention du 19 juill. 1859 (décr. de publ. 20 oct. 1859).

Etats-Unis. — Matelots déserteurs; traité du 24 juin 1822, art. 6 (ord. de publ. 23 juin 1823). — Malfaiteurs; convention du 9 nov. 1843 (ord. de publ. 12 juin 1844); articles additionnels du 24 fév. 1845 (ord. de publ. 11 août 1845), et du 10 fév. 1858 (décr. de publ. 4 mars 1859).

Francfort (ville de).—Malfaiteurs; convention du 9 avr. 1853 (décr. de publ. 24 mai 1853).

Hambourg (ville de).—Malfaiteurs; convention du 5 fév. 1848 (ratif. et publ. loi 22 juill. 1851; décr. 3 sept. 1851).

Hanovre. — Malfaiteurs; convention du 13 mars 1855 (décr. de publ. 19 juin 1855).

Hesse (grand-duché).—Malfaiteurs; convention du 26 janv. 1853,(décr. de publ. 22 mars 1853).

Hesse (électoral de). — Malfaiteurs; convention du 12 nov. 1852 (décr. de publ. 11 nov. 1854).

Hesse (Landgraviat de). — Malfaiteurs; convention du 18 avr. 1853 (décr. de publ. 30 juin 1853).

Lippe (princip. de). — Malfaiteurs; convention du 11 avr. 1854 (décr. de publ. 28 juin 1854).

Lubeck (ville de). — Malfaiteurs; convention du 31 août 1847 (ord. de publ. 12 oct. 1847).

Lucques (duché de). — Malfaiteurs; convention du 10 nov. 1843 (ord. de publ. 25 janv. 1844).

Luxembourg (grand-duché de). — Malfaiteurs; convention du 26 sept. 1844 (ord. de publ. 6 déc. 1844).

Mecklembourg-Schwérin (grand-duché de). — Malfaiteurs; convention du 26 janv. 1847 (ord. de publ. 3 avr. 1847).

Mecklembourg-Strélitz. — Malfaiteurs; convention du 10 fév. 1847 (ord. de publ. 20 avr. 1847).

Nassau (duché de). — Malfaiteurs; convention du 30 juin 1853 (décr. de publ. 18 août 1853).

Nouvelle-Grenade. — Malfaiteurs; convention du 9 avr. 1850 (ratif. et publ. loi 22 juill. 1851; décr. 10 août 1852).

Oldenbourg (grand-duché de). — Malfaiteurs; convention du 6 mars 1847 (ord. de publ. 6 mai 1847).

Parme (états de). —Malfaiteurs; convention du 14 nov. 1856 (décr. de publ. 24 janv. 1857).

Pays-Bas. — Déserteurs; convention du 2 oct. 1821 (ord. de publ. 20 oct. 1821); convention du 25 juill. 1840, art. 12 (ord. de publ. 30 juin 1841). — Malfaiteurs; traité du 6 germ. an 10, art. 20 (décr. 30 flor. an 10); convention du 7 nov. 1844 (ord. de publ. 29 nov. 1845); convention additionnelle du 2 août 1860 (décr. de publ. 18 oct. 1860). — Extradition entre les colonies françaises et les colonies néerlandaises des Indes occidentales; convention du 3 août 1860 (décr. de publ. 18 oct. 1860).

Portugal. — Malfaiteurs; convention du 13 juill. 1854 (décr. de publ. 11 nov. 1854).

Prusse. — Déserteurs; convention du 25 juill. 1828 (ord. 21 sept. 1828). — Malfaiteurs; convention du 21 juin 1845 (ord. de publ. 30 août 1845).

Sardaigne. — Déserteurs; convention du 9 août 1820 (ord. de publ. 11 déc. 1820). — Malfaiteurs; convention du 23 mai 1838 (ord. de publ. 16 déc. 1838).

Saxe. — Malfaiteurs; convention du 28 avr. 1850 (ratif. et publ. loi 27 nov. 1850; décr. 31 janv. 1851).

Saxe-Weimar (grand-duché de). — Malfaiteurs; convention du 7 août 1858 (décr. de publ. 20 nov. 1858).

Suisse. — Malfaiteurs; traité du 2 fruc. an 6, art. 14 (L. 23 fruct. an 6); traité du 4 vend. an 12 (27 sept. 1803); traité du 18 juill. 1828, art. 5 (ord. de publ. 31 déc. 1828).

Texas. — Matelots déserteurs; traité du 25 sept. 1839, art. 13 (ord. de publ. 14 juin 1840).

Toscane. — Malfaiteurs; convention du 11 sept. 1844 (ord. de publ. 28 nov. 1844).

Uruguay (répubI. orient. de l'). — Matelots déserteurs; traité du 8 avr. 1836, art. 13 (ord. de publ. 29 avr. 1840).

Venezuela. — Matelots déserteurs; convention du 25 mars 1843, art. 25 (ord. de publ. 29 juin 1844). —Malfaiteurs; convention du 23 mars 1853 (décr. de publ. 26 mai 1856).

Waldeck et *Pyrmont* (princip. de). — Malfaiteurs; convention du 10 juill. 1854 (décr. de publ. 24 nov. 1854).

Wurtemberg. — Malfaiteurs; convention du 25 janv. 1853 (décr. de publ. 10 mars 1853).

TABLEAU DES TRAITÉS RELATIFS A L'EXTRADITION ET DE LA LÉGISLATION QUI S'Y RÉFÈRE.

29 sept. 1765. — Convention entre la France et l'Espagne pour l'extradition réciproque des malfaiteurs (abrogée et remplacée par celle du 26 août 1850 (V. Loi 29 janv. 1851; décr. 11 mars 1851)

24 déc. 1786. — Convention entre la France et l'Espagne, relativement à la contrebande, dont les art. 15, 16 contiennent l'engagement réciproque de se livrer les individus qui auront fait la contrebande sur le territoire respectif de chaque pays.

19 fév. 1791. — Décret qui charge les comités de constitution et diplomatique de présenter une loi sur l'extradition réciproque des prévenus de certains crimes, entre la France et les autres nations de l'Europe, et relatif aux personnes détenues à Huningue, prévenues d'avoir contrefait les billets de la banque de Vienne.

23 fruct. an 6 (9 sept. 1798). — Publication du traité du 2 fruct. avec la Suisse, dont l'art. 14 autorise l'extradition des malfaiteurs (V. ci-dessus décr. 4 vend. an 12, p. 517, et ord. 31 déc. 1828, p. 525).

30 flor. an 10 (20 mai 1802). — Loi qui ordonne la promulgation du traité conclu à Amiens, le 6 germ. an 10 (27 mars 1802), entre la France, le roi d'Espagne, la République batave et le roi du royaume-uni de la Grande-Bretagne et de l'Irlande. L'art. 20 contient l'engagement réciproque des parties contractantes de livrer en justice les personnes accusées des crimes de meurtre, de falsification et de banqueroute frauduleuse commis dans la juridiction de la partie requérante.

23 oct. 1811. — Décret relatif au cas où un gouvernement étranger demanderait l'extradition d'un Français prévenu d'avoir commis un crime contre des étrangers sur le territoire de ce gouvernement.

N...; Sur le rapport de notre grand-juge, ministre de la justice, ayant pour objet de faire statuer sur le cas où un Français se serait réfugié en France, après avoir commis un crime sur le territoire d'une puissance étrangère; — Vu les art. 5 et 7 c. inst. crim.; — Considérant que, dans la question présentée, il ne s'agit que de crimes commis par un Français hors de France et contre des étrangers; que le Français prévenu d'un tel crime ne peut, lorsqu'il s'est réfugié en France, être livré, poursuivi et jugé en pays étranger, que sur la demande d'extradition qui nous serait faite par le gouvernement qui se prétend offensé; que si, d'un côté, il est de notre justice de ne pas apporter d'obstacle à la punition du crime, lors même qu'il ne blesse ni nous, ni nos sujets; d'un autre côté, la protection que nous leur devons ne nous permet pas de les livrer à une juridiction étrangère, sans de graves et légitimes motifs, reconnus et jugés tels par nous; — Notre conseil d'Etat entendu, nous avons décrété et décrétons ce qui suit :

Art. 1. Toute demande en extradition, faite par un gouvernement étranger contre un de nos sujets prévenu d'avoir commis un crime contre des étrangers sur le territoire de ce gouvernement, nous sera soumise par notre grand-juge ministre de la justice, pour y être par nous statué ainsi qu'il appartiendra. — Art. 2. A cet effet, ladite demande, appuyée de pièces justificatives, sera adressée à notre ministre des relations extérieures, lequel la transmettra, avec son avis, à notre grand-juge ministre de la justice.

7 mars 1815. — Convention conclue entre la France et la Grande-Bretagne contenant l'engagement réciproque de se livrer tous les individus poursuivis en justice pour offenses commises dans leurs possessions aux Indes orientales (V. Martens, nouv. Recueil, t. 2, p. 104).

11-24 déc. 1820. — Ordonnance portant publication de la convention conclue le 9 août 1820, entre Sa Majesté Très-Chrétienne et Sa Majesté le roi de Sardaigne, pour l'extradition réciproque des déserteurs, et ratifiée le 14 août suivant.

Art. 1. Tout militaire admis ou immatriculé, d'après les lois, dans l'un des corps composant l'armée de terre, qui déserterait le service de l'une des deux puissances, et passerait sur le territoire de l'autre, soit pour y prendre du service, soit pour y chercher un asile, sera arrêté afin d'être rendu, à moins qu'il ne soit sujet du pays où il se sera réfugié; mais, dans ce dernier cas, les chevaux et effets d'armement, d'habillement et d'équipement, appartenant à la puissance dont il aurait abandonné le service, seront renvoyés au commandant de la première place frontière.— Dans le cas où le déserteur arrêté aurait abandonné antérieurement le service d'un autre gouvernement avec lequel la puissance requise aurait conclu un semblable cartel d'échange, il sera remis à l'Etat qu'il aura abandonné en dernier lieu.

2. Lorsque l'arrestation d'un déserteur aura lieu, la puissance à laquelle il appartiendra en sera immédiatement informée par un avis adressé aux autorités militaires ou civiles de la place la plus voisine de la frontière. Cet avis portera, s'il est possible, l'indication du régiment que le déserteur aura quitté, et fera connaître l'époque précise de son arrestation et la nature des effets qu'on aura trouvés sur lui. — Aussitôt que, de part et d'autre, les autorités limitrophes auront déterminé le jour où l'extradition devra s'effectuer, le déserteur sera conduit jusqu'à la frontière et remis entre les mains de la force armée.

3. Les frais de détention, ceux de nourriture, et la gratification mentionnée en l'art. 5 seront payés au moment de la remise du déserteur. — Il sera alloué, pour frais de détention et de nourriture, par jour, pour chacun des déserteurs, 75 cent., et la valeur d'une ration de pain de vingt-quatre onces, au prix courant de cette denrée.

4. Les déserteurs, fantassins ou cavaliers, seront rendus avec les armes, les habits, les équipages et l'argent qu'ils pourront avoir au moment de leur arrestation. — Il en sera de même des chevaux que les déserteurs de cavalerie emmèneraient avec eux. La nourriture des chevaux, réglée sur le pied d'une ration par jour pour chaque cheval, sera payée au prix de la ration de fourrage allouée en France à la gendarmerie, et, dans les Etats de Sa Majesté le roi de Sardaigne, aux carabiniers exerçant leurs fonctions dans le lieu où l'arrestation aura été faite.

5. Il sera accordé une gratification de 25 fr. à quiconque aura arrêté un déserteur d'infanterie ou un cavalier non monté, et le double pour l'arrestation d'un cavalier avec son cheval; cette gratification sera payée dans le lieu même où la remise du déserteur aura lieu, et par les soins de l'autorité qui le recevra. — Les receveurs des contributions publiques fourniront les fonds nécessaires au payement des gratifications de ce genre, et des frais de détention et d'extradition énoncés en l'art. 3. En France, cette avance sera faite en vertu d'un mandat de l'autorité supérieure locale, et sera remboursée aux receveurs par le ministère dans la juridiction duquel se trouvera le déserteur extradé. En Piémont, cette avance sera faite d'après un mandat de l'intendant de la province.

6. Lorsqu'un déserteur aura atteint le territoire de celle des deux puissances à laquelle il n'appartiendra pas, il ne pourra, sous aucun prétexte, y être poursuivi par les officiers de son gouvernement. — Ces officiers se borneront à prévenir de son passage les autorités locales, afin qu'elles aient à le faire arrêter. Néanmoins, pour accélérer l'arrestation de ce déserteur, une ou deux personnes, chargées de la poursuite, pourront, au moyen d'un passe-port ou d'une autorisation en règle, qu'elles devront obtenir de leur chef immédiat, se rendre au plus prochain village situé en dehors de la frontière, à l'effet de réclamer des autorités locales l'exécution du présent traité.

7. L'arrestation et l'extradition des déserteurs de la marine et des forçats auront également lieu dans les formes et aux conditions énoncées ci-dessus à l'égard des déserteurs des corps composant l'armée de terre.

8. Les effets et l'argent qui seraient au pouvoir des déserteurs au moment de leur arrestation seront exactement rendus, s'ils les ont volés : toutefois, on prélèvera sur leur valeur les frais de justice qu'il aura été indispensable de faire, à moins que ces effets ne soient des pièces de conviction sans lesquelles la preuve du crime serait perdue. — Les autorités supérieures veilleront, de part et d'autre, à ce qu'il ne se commette aucun abus dans ce prélèvement.

9. Le déserteur qui se sera rendu coupable d'un crime emportant la peine de mort, ou une peine afflictive à vie, dans le pays où il se sera réfugié, ne sera point rendu : mais, s'il a commis un crime emportant une peine moins grave, il sera remis à la disposition de son gouvernement, après avoir subi la peine qu'il a encourue dans le pays où il avait cherché asile.

10. La présente convention est conclue pour deux ans, à l'expiration desquels elle continuera d'être en vigueur pour deux autres années, et ainsi de suite, sauf déclaration contraire de la part de l'un des deux gouvernements.

11. La présente convention sera ratifiée, etc.

20 oct.-3 nov. 1821. — Ordonnance portant publication de la convention conclue le 2 oct. 1821, entre Sa Majesté Très-Chrétienne et Sa Majesté le roi des Pays-Bas, pour l'extradition réciproque des déserteurs, et ratifiée le 15 octobre suivant.

Art. 1. A dater de l'échange des ratifications de la présente convention (échange qui a eu lieu le 26 oct. 1821), tous les individus qui déserteront le service militaire des Hautes Parties contractantes seront restitués de part et d'autre.

2. Seront réputés déserteurs, non-seulement les militaires de toute arme et de tout grade qui quitteront leurs drapeaux, mais encore les individus appartenant à la marine, et ceux qui, appelés au service actif de la milice nationale ou de toute autre branche militaire quelconque des deux pays, ne se rendraient pas à l'appel, et chercheraient à se réfugier sur le territoire de l'une des Hautes Parties contractantes.

3. Sont exceptés de la restitution ou de l'extradition qui pourra être demandée en vertu de la présente convention : 1° Les individus nés sur le territoire de l'Etat dans lequel ils auraient cherché un asile, et qui, moyennant la désertion, ne feraient que rentrer dans leur pays natal; — 2° Les individus qui, soit avant, soit après leur désertion, se seraient rendus coupables d'un crime ou délit quelconque à raison duquel il y aurait lieu de les traduire en justice devant les tribunaux du pays où ils se seront retirés. — Néanmoins, en ce dernier cas, l'extradition aura lieu après que le déserteur aura été acquitté ou aura subi sa peine.

4. Lorsqu'un déserteur aura atteint le territoire de celle des deux puissances à laquelle il n'appartiendra pas, il ne pourra, sous aucun prétexte, y être poursuivi par les officiers de son gouvernement; les officiers se borneront à prévenir de son passage les autorités locales, afin qu'elles aient à le faire arrêter. Toutefois, pour accélérer l'arrestation de ce déserteur, une ou deux personnes chargées de la poursuite pourront, au moyen d'un passe-port ou d'une autorisation en règle qu'elles devront obtenir de leur chef immédiat, se rendre au plus prochain village, situé en dehors de la frontière, à l'effet de réclamer des autorités locales l'exécution de la présente convention.

5. Les autorités qui voudront réclamer un déserteur adresseront leurs réclamations à l'administration, soit civile, soit militaire, qui, dans les deux pays, se trouvera le mieux à portée d'y satisfaire. — Lesdites autorités réclamantes accompagneront leur réquisitoire du signalement du déserteur; et, dans le cas où l'on serait parvenu à l'arrêter, l'autorité requérante en sera prévenue par un avis accompagné d'un extrait du registre du geôlier ou concierge de la prison où le déserteur aura été écroué.

6. Dans le cas où les déserteurs seraient encore porteurs de leurs armes ou revêtus de leur équipement, habillement ou marques distinctives, sans être munis d'un passe-port, et de même dans tous les cas où il serait constant, soit par l'aveu du déserteur, soit d'une manière quelconque, qu'un déserteur de l'une des Hautes Parties contractantes se trouve sur le territoire de l'autre, il sera arrêté sur-le-champ, sans réquisition préalable, pour être immédiatement livré entre les mains des autorités compétentes établies sur les frontières de l'autre souverain.

7. Si, par suite de la dénégation de l'individu arrêté ou autrement, il s'élevait quelques doutes sur l'identité d'un déserteur, la partie réclamante ou intéressée devra constater, au préalable, les faits non suffisamment éclaircis, pour que l'individu arrêté puisse être mis en liberté ou restitué à l'autre partie. — Dans tous les cas, les déserteurs arrêtés seront remis aux autorités compétentes, qui feront effectuer l'extradition selon les règles déterminées par la présente convention. L'extradition se fera avec les armes, chevaux, selles, habillements et tous autres objets quelconques dont les déserteurs étaient nantis ou qui auraient été trouvés sur eux lors de l'arrestation. Elle sera accompagnée du procès-verbal de l'arrestation de l'individu, des interrogatoires qu'il aurait subis, et de toutes autres pièces nécessaires pour constater la désertion. Pareille restitution aura lieu des chevaux, effets d'armement, d'habillement et d'équipement, emportés par les individus désignés dans l'art. 3 de la présente convention, comme exceptés de l'extradition. — Les hautes parties contractantes se concerteront ultérieurement sur la désignation des places frontières où la remise des déserteurs devra être opérée.

8. Les frais auxquels aura donné lieu l'arrestation des déserteurs seront remboursés de part et d'autre, à compter du jour de l'arrestation, qui sera constaté par l'extrait dont est fait mention à l'art. 5, jusqu'au jour de l'extradition inclusivement. — Ces frais comprendront la nourriture et l'entretien des déserteurs et de leurs chevaux, et sont fixés à 74 cent., argent de France, ou 35 cent., argent des Pays-Bas, par jour, pour chaque homme, et à 1 fr. 6 c., argent de France, ou 50 cent., argent des Pays-Bas, par jour, pour chaque cheval. Il sera payé, en outre, par la partie requérante ou intéressée, une gratification de 25 fr., argent de France, ou 11 flor. 81 vingt-cinq centièmes de cent, argent des Pays-Bas, pour chaque homme, et de 158 fr. 73 c., ou 75 flor., pour chaque cheval et son équipage, au profit de quiconque sera parvenu à découvrir et faire arrêter un déserteur, ou qui aura contribué à la restitution d'un cheval et de son équipage.

10. Les frais et gratifications dont il est fait mention dans l'article précédent seront acquittés immédiatement après l'extradition. — Les réclamations qui pourraient être faites à cet égard ne seront examinées qu'après que le payement aura été provisoirement effectué.

11. Les hautes parties contractantes s'engagent mutuellement à prendre les mesures les plus convenables pour la répression de la désertion et pour la recherche des déserteurs. Elles feront usage, à cet effet, de tous les moyens que leur offrent les lois du pays, et elles sont convenues particulièrement : 1° de faire porter une attention scrupuleuse sur les individus inconnus qui franchiraient les frontières des deux pays, sans être munis de passe-ports en règle; — 2° De défendre sévèrement à toute autorité quelconque d'enrôler ou de recevoir dans le service militaire, soit pour les armes de terre, soit pour la marine, un sujet de l'autre des hautes parties contractantes qui n'aura pas justifié, par des certificats ou attestations en due forme, qu'il est dispensé du service militaire dans son pays. — La même mesure sera applicable dans le cas où l'une des hautes parties contractantes aura permis à une puissance étrangère de faire des enrôlements dans ses Etats.

12. La présente convention est conclue pour deux ans, à l'expiration desquels elle continuera à être en vigueur pour deux autres années, et ainsi de suite, sauf déclaration contraire de la part de l'un des deux gouvernements.

23 juin-19 juill. 1823.—Publication du traité du 2 juin 1822, entre la France et les Etats-Unis d'Amérique, dont l'art. 6 autorise l'extradition réciproque des matelots déserteurs. — V. ci-dessus, p. 522.

4-7 oct. 1826. — Publication du traité de 8 janv. 1826 avec le Brésil, dont les art. 8 et 9 permettent l'extradition réciproque des malfaiteurs et matelots déserteurs. — V. ci-dessus, p. 523.

9-30 mai 1827. — Ordonnance qui prescrit la publication de la convention conclue le 10 mars 1827 entre la France et la Bavière pour l'extradition réciproque des déserteurs.

Nota. Cette convention est identiquement semblable à celle du 2 oct. 1821 (V. ord. 20 oct. 1821), sauf les articles suivants qui ont reçu quelques modifications :

Art. 2. Seront réputés déserteurs, non-seulement les militaires de toute arme et de tout grade qui quitteront leurs drapeaux, mais encore tous les individus qui appelés au service de toute branche militaire quelconque, ne se rendraient pas à l'appel, et chercheraient à se réfugier sur le territoire de l'une des Hautes Parties contractantes; enfin les condamnés aux travaux dans les forteresses et ateliers qui seraient susceptibles de rentrer au service militaire.

3, dernier §. Néanmoins en ce dernier cas, l'extradition sera effectuée après que le déserteur aura été acquitté ou aura subi sa peine, et il n'y aura lieu à aucun remboursement de frais pour le temps pendant lequel il aura été détenu à raison du délit ou du crime dont il aura été accusé. Dans tous les cas, on communiquera réciproquement les actes de l'instruction qui concernent les délinquants, pour en prendre connaissance, soit en copies authentiques, soit par extraits légalisés, afin que l'on puisse juger si le coupable est encore digne de rentrer, ou non, au service.

Art. 8, dernier §. La remise des déserteurs bavarois se fera à Bergzabern, et celle des déserteurs français à Weissembourg.

9. Les frais auxquels aura donné lieu l'arrestation des déserteurs seront remboursés de part et d'autre, à compter du jour de l'arrestation, qui sera constatée par l'extrait dont il est fait mention à l'art. 5, jusqu'au jour de l'extradition inclusivement. Ces frais comprendront la nourriture et l'entretien des déserteurs et de leurs chevaux, et sont fixés à 75 cent., argent de France, ou 20 kreutzers 6 deniers de monnaie bavaroise, par jour, pour chaque homme; et à 1 fr. 6 c., argent de France, ou 29 kreutzers et demi, monnaie bavaroise, par jour, pour chaque cheval. Les frais de voitures nécessaires pour le transport des déserteurs extradés ne seront remboursés que sur la déclaration des médecins, qu'elles étaient absolument nécessaires. — En cas de maladie, il sera remboursé pour chaque journée d'hôpital 1 fr. ou 29 kreutzers, d'après les états dûment certifiés qui seront fournis.— Il ne sera accordé de remboursement pour fourniture d'objets d'habillement que dans le cas de la plus urgente nécessité. — Il sera payé en outre par la partie requérante ou intéressée une gratification de 25 fr., argent de France, ou 11 florins 29 kreutzers de Bavière, pour chaque homme, et de 120 fr. ou 55 florins, pour chaque cheval et son équipage, au profit de quiconque sera parvenu à découvrir et à faire arrêter un déserteur, ou qui aura contribué à la restitution d'un cheval et de son équipage. Si on rendait le cheval sans l'équipage, ou l'équipage sans le cheval, la gratification serait, dans le premier cas de 100 fr. ou 46 florins ; et, dans le second cas, de 18 fr. 75 c., ou 8 florins 41 keutzers.

10. Les frais et gratifications dont il est fait mention dans l'article précédent, seront acquittés immédiatement après l'extradition, dans le lieu même où la remise du déserteur aura été faite, et par les soins de l'autorité qui le recevra. — Les réclamations qui pourraient être faites à cet égard ne seront examinées qu'après que le payement aura été provisoirement effectué.

21 sept.-13 oct. 1828. — Ordonnance qui prescrit la publication de la convention conclue, le 25 juill. 1828, entre la France et la Prusse pour la restitution réciproque des déserteurs.

31 déc. 1828. — Ordonnance qui prescrit la publication du traité du 18 juill. 1828 avec la Suisse (V. plus haut, p. 525). — L'art. 5 de ce traité autorise l'extradition des malfaiteurs entre les deux pays.

19-27 déc. 1834. — Ordonnance qui prescrit la publication de la convention d'extradition des malfaiteurs conclue à Bruxelles, le 22 nov. 1834, entre la France et la Belgique.

Art. 1. Les gouvernements français et belge s'engagent, par la présente convention, à se livrer réciproquement, à l'exception de leurs nationaux, les individus réfugiés de Belgique en France ou de France en Belgique, et mis en accusation ou condamnés, pour l'un des crimes ci-après énumérés, par les tribunaux de celui des deux pays où le crime aura été commis, savoir : — 1° Assassinat, empoisonnement, parricide, infanticide, meurtre, viol ;— 2° Incendie ;— 3° Faux en écriture authentique ou de commerce, et en écriture privée, y compris la contrefaçon des billets de banque et effets publics, mais non compris les faux certificats, faux passe-ports et autres faux qui, d'après le code pénal, ne sont point punis de peines afflictives et infamantes ;— 4° Fabrication et émission de fausse monnaie ;— 5° Faux témoignage ; — 6° Vol, lorsqu'il a été accompagné de circonstances qui lui impriment le caractère de crime ;— 7° Soustractions commises par les dépositaires publics, mais seulement dans le cas où elles sont punies de peines afflictives et infamantes ; — 8° Banqueroute frauduleuse.

2. Chacun des deux gouvernements entend cependant se réserver le droit de ne pas consentir à l'extradition dans quelques cas spéciaux et extraordinaires rentrant dans la catégorie des faits prévus par l'article précédent.— Il sera donné connaissance au gouvernement qui réclame l'extradition des motifs du refus.

3. L'extradition ne sera accordée que sur la production de l'arrêt de condamnation ou de l'arrêt de la chambre des mises en accusation, en original ou en expédition authentique.

4. L'étranger pourra être arrêté provisoirement, dans les deux pays, sur l'exhibition d'un mandat d'arrêt décerné par l'autorité étrangère compétente, pour l'un des faits mentionnés dans l'art. 1. Cette arrestation aura lieu dans les formes et suivant les règles prescrites par la législation de chacun des deux pays. L'étranger arrêté sera mis en liberté si, dans les trois mois, il ne reçoit notification d'un arrêt de mise en accusation ou de condamnation.

5. Il est expressément stipulé que l'étranger dont l'extradition aura été accordée ne pourra, dans aucun cas, être poursuivi ou puni pour aucun délit politique antérieur à l'extradition ou pour aucun fait connexe à un semblable délit, ni pour aucun des crimes ou délits non prévus par la présente convention.

6. L'extradition ne pourra avoir lieu si, depuis les faits imputés, la poursuite ou la condamnation, la prescription de l'action ou de la peine, est acquise d'après les lois du pays dans lequel se trouve l'étranger.

7. Les frais auxquels auront donné lieu l'arrestation, la détention et le transport à la frontière des individus dont l'extradition aura été accordée, seront remboursés, de part et d'autre, d'après les règlements légaux et les tarifs existant dans les deux pays.

8. La présente convention ne sera exécutoire que dix jours après son insertion dans le Bulletin des lois et dans le Moniteur de chacun des deux pays.

9. La présente convention continuera à être en vigueur jusqu'à déclaration contraire de la part de l'un des deux gouvernements.

16-24 déc. 1838. — Ordonnance qui prescrit la publication de la convention conclue le 23 mai 1838, entre la France et la Sardaigne, pour l'extradition réciproque des malfaiteurs.

Art. 1. Lorsque des Français ou des sujets sardes mis en accusation ou condamnés dans leur pays respectif pour l'un des crimes énumérés dans l'article suivant, seront trouvés, les Français dans les Etats de Sa Majesté le roi de Sardaigne, et les sujets sardes dans le royaume de France, ils seront réciproquement livrés aux autorités respectives de leur pays, sur la demande que l'un des deux gouvernements en adressera à l'autre par voie diplomatique.

2. 1° Assassinat, empoisonnement, parricide, infanticide, meurtre, viol ; 2° incendie ; 3° faux en écriture authentique ou de commerce, et en écriture privée, y compris la contrefaçon des billets de banque et effets publics, mais non compris les faux certificats, faux passe-ports et autres faux qui, d'après le code pénal, ne sont point punis de peines afflictives et infamantes ; 4° fabrication et émission de fausse monnaie ; 5° faux témoignage ; 6° vol, lorsqu'il a été accompagné de circonstances qui lui impriment le caractère de crime ; 7° soustractions commises par les dépositaires publics, mais seulement dans le cas où elles sont punies de peines afflictives et infamantes ; 8° banqueroute frauduleuse.

3. Les objets volés dans l'un des deux pays et déposés dans l'autre seront restitués, de part et d'autre, en même temps que s'effectuera la remise des individus qui en auront été trouvés nantis lors de leur arrestation.

4. Les pièces qui devront être produites à l'appui des demandes d'extradition sont le mandat d'arrêt décerné contre les prévenus, ou tous autres actes ayant au moins la même force que ce mandat, et indiquant également la nature et la gravité des faits poursuivis, ainsi que la disposition pénale applicable à ces faits.

5. Si l'individu dont l'extradition est demandée était poursuivi ou avait été condamné dans le pays où il s'est réfugié, pour crimes ou délits commis dans ce même pays, il ne pourra être livré qu'après avoir subi la peine prononcée contre lui.

6. Les crimes et délits politiques sont exceptés de la présente convention. Il est expressément stipulé que l'individu dont l'extradition aura été accordée ne pourra être, dans aucun cas, poursuivi ou puni pour aucun délit politique antérieur à l'extradition, ou pour aucun fait connexe à un semblable délit.

7. L'extradition ne pourra avoir lieu si, depuis les faits imputés, les poursuites ou la condamnation, la prescription de l'action ou de la peine est acquise d'après les lois du pays où le prévenu s'est réfugié.

8. Chacun des deux Etats supportera les frais occasionnés par l'arrestation, la détention et le transport à la frontière des individus dont l'extradition aura été accordée.

9. Les dispositions des articles précédents s'appliquent également aux malfaiteurs qui se réfugieraient de l'île de Corse dans celle de Sardaigne, et de cette dernière dans l'île de Corse.

10. La présente convention est conclue pour cinq ans, et continuera d'être en vigueur pendant cinq autres années, dans le cas où, six mois avant l'expiration du premier terme, aucun des deux gouvernements n'aurait déclaré y renoncer, et ainsi de suite de cinq ans en cinq ans. Elle sera ratifiée, etc.

15-23 avr. 1840. — Publication du traité du 8 avr. 1836 avec la république orientale de l'Uruguay, dont l'art. 5 est relatif à l'extradition des matelots déserteurs (V. *suprà*, p. 555).

24 juin-7 juill. 1840. — Publication du traité du 25 sept. 1839 avec le Texas, dont l'art. 13 autorise l'extradition des matelots déserteurs entre les deux pays (V. *suprà*, p. 536).

30 juin-7 juill. 1841. — Publication du traité du 25 juill. 1840, entre la France et les Pays-Bas, dont l'art. 12 autorise l'extradition des matelots déserteurs entre les deux pays (V. p. 541).

5-9 avr. 1842. — Publication de la convention provisoire de commerce entre la France et le Danemark, dont l'art. 6 est relatif à l'extradition des matelots déserteurs des deux pays (V. p. 558).

18-21 mars 1843. — Ordonnance qui prescrit la publication de la convention conclue le 13 fév. 1843, entre la France et la Grande-Bretagne, pour l'extradition réciproque des malfaiteurs.

Art. 1. Il est convenu que les hautes parties contractantes, sur les réquisitions faites, en leur nom, par l'intermédiaire de leurs agents diplomatiques respectifs seront tenues de livrer en justice les individus qui, accusés des crimes de meurtre (y compris les crimes qualifiés dans le code pénal français d'assassinat, de parricide, d'infanticide et d'empoisonnement), ou de tentative de meurtre, ou de faux, ou de banqueroute frauduleuse, commis dans la juridiction de la partie requérante, chercheront un asile ou seront rencontrés dans les territoires de l'autre, pourvu que cela n'ait lieu que dans le cas où l'existence du crime sera constatée, de telle manière que les lois du pays où le fugitif ou l'individu ainsi accusé sera rencontré justifieraient sa détention et sa mise en jugement, si le crime y avait été commis — En conséquence, l'extradition ne sera effectuée, de la part du gouvernement français, que sur l'avis du garde des sceaux, ministre de la justice, et après production d'un mandat d'arrêt, ou autre acte judiciaire équivalent, émané d'un juge ou d'une autorité compétente de la Grande-Bretagne, énonçant clairement les faits dont le fugitif se sera rendu coupable, et elle ne sera effectuée, de la part du gouvernement britannique, que sur le rapport d'un juge ou magistrat commis à l'effet d'entendre le fugitif sur les faits mis à sa charge par le mandat d'arrêt ou autre acte judiciaire équivalent, émané d'un juge ou magistrat compétent en France, et énonçant également d'une manière précise lesdits faits.

2. Les frais de toute détention et extradition opérées en vertu de l'article précédent seront supportés et payés par le gouvernement au nom duquel la réquisition aura été faite.

3. Les dispositions de la présente convention ne s'appliqueront en aucune manière aux crimes de meurtre, de faux ou de banqueroute frauduleuse, commis antérieurement à sa date.

4. La présente convention sera en vigueur jusqu'au 1er janv. 1844; après cette époque, l'une des hautes parties contractantes pourra déclarer à l'autre son intention de la faire cesser, et elle cessera, en effet, à l'expiration des six mois qui suivront cette déclaration.

25 janv.-1er fév. 1844. — Ordonnance qui prescrit la publication de la convention conclue le 10 nov. 1843, entre la France et le duché de Lucques, pour l'extradition réciproque des malfaiteurs.

Art. 1. S. M. le roi des Français et S. A. R. l'infant duc de Lucques s'engagent par la présente convention à se livrer réciproquement, à l'exception de leurs nationaux, les individus réfugiés du duché de Lucques en France et de France dans le duché de Lucques, et poursuivis ou condamnés comme auteurs ou complices de l'un des crimes énumérés ci-après par les tribunaux de celui des deux pays où le crime aura été commis. Cette extradition aura lieu sur la demande que l'un des deux gouvernements adressera à l'autre par voie diplomatique.

2. Les crimes à raison desquels l'extradition devra être réciproquement accordée sont : 1° assassinat, empoisonnement, parricide, infanticide, meurtre, viol, attentat à la pudeur consommé ou tenté avec violence; 2° incendie; 3° faux en écriture authentique ou de commerce et en écriture privée, y compris la contrefaçon des billets de banque et effets publics, mais non compris les faux certificats, faux passeports et autres faux qui, d'après la législation des deux pays, ne sont point punis de peines afflictives et infamantes; 4° fabrication et émission de fausse monnaie; 5° faux témoignage, subornation de témoins; 6° vol, lorsqu'il a été accompagné de circonstances qui lui impriment le caractère de crime, d'après la législation des deux pays; 7° soustractions commises par les dépositaires publics, mais seulement dans le cas où, suivant la législation des deux Etats, elles sont punies de peines afflictives et infamantes; 8° banqueroute frauduleuse.

3. Tous les objets saisis en la possession d'un prévenu, lors de son arrestation, seront livrés au moment où s'effectuera l'extradition, et cette remise ne se bornera pas seulement aux objets volés, mais comprendra tous ceux qui pourraient servir à la preuve du délit.

4. Les pièces qui devront être produites à l'appui des demandes d'extradition sont le mandat d'arrêt décerné contre le prévenu, ou tous autres actes ayant au moins la même force que ce mandat, et indiquant également la nature et la gravité des faits poursuivis, ainsi que la disposition pénale applicable à ces faits.

5. Si l'individu dont l'extradition est demandée était poursuivi, dans le pays où il s'est réfugié, pour crimes ou délits commis dans ce même pays, il ne pourra être livré qu'après avoir subi la peine prononcée contre lui.

6. Les crimes et délits politiques sont exceptés de la présente convention. Il est expressément stipulé que l'individu dont l'extradition aura été accordée ne pourra être, dans aucun cas, poursuivi ou puni pour aucun délit politique antérieur à l'extradition, ou pour aucun fait connexe à un semblable délit.

7. L'extradition ne pourra avoir lieu si, depuis les faits imputés, les poursuites ou la condamnation, la prescription de l'action ou de la peine est acquise, d'après les lois du pays où le prévenu s'est réfugié.

8. La remise des individus dont l'extradition aura été accordée par S. M. le roi des Français s'effectuera à Marseille, et celle des individus dont l'extradition aura été accordée par S. A. R. l'infant duc de Lucques s'effectuera à Viareggio, entre les mains des agents consulaires respectifs établis dans ces résidences. Les frais occasionnés par l'arrestation, la détention et le transport des prévenus au lieu où cette remise s'effectuera seront supportés par celui des deux Etats où les prévenus auront été saisis.

9. La présente convention est conclue pour cinq ans, et continuera d'être en vigueur pendant cinq autres années, dans le cas où, six mois avant l'expiration du premier terme, aucun des deux gouvernements n'aurait déclaré y renoncer, et ainsi de suite, de cinq ans en cinq ans. Elle sera ratifiée, etc.

12-17 juin 1844. — Ordonnance qui prescrit la publication de la convention conclue le 9 nov. 1843, entre la France et les Etats-Unis d'Amérique, pour l'extradition réciproque des malfaiteurs.

Art. 1. Il est convenu que les hautes parties contractantes, sur les réquisitions faites en leur nom par l'intermédiaire de leurs agents diplomatiques respectifs, seront tenus de livrer en justice les individus qui, accusés des crimes énumérés dans l'article suivant, commis dans la juridiction de la partie requérante, chercheront un asile ou seront rencontrés dans les territoires de l'autre, pourvu que cela n'ait lieu que dans le cas où l'existence du crime sera constatée de telle manière que les lois du pays où le fugitif, ou l'individu ainsi accusé, sera rencontré, justifieraient sa détention et sa mise en jugement, si le crime y avait été commis.

2. Seront livrés en vertu des dispositions de cette convention, les individus qui seront accusés de l'un des crimes suivants, savoir : meurtre (y compris les crimes qualifiés, dans le code pénal français, d'assassinat, de parricide, d'infanticide et d'empoisonnement), ou tentative de meurtre, ou viol, ou faux, ou incendie, ou soustractions commises par les dépositaires publics, mais seulement dans le cas où elles seront punies de peines infamantes.

3. L'extradition ne sera effectuée, de la part du gouvernement français, que sur l'avis du ministre de la justice, garde des sceaux; et, de la part du gouvernement des Etats-Unis, l'extradition ne sera effectuée que sur l'ordre de l'exécutif des Etats-Unis.

4. Les frais de toute détention et extradition opérées en vertu des articles précédents seront supportés et payés par le gouvernement au nom duquel la réquisition aura été faite.

5. Les dispositions de la présente convention ne s'appliqueront en aucune manière aux crimes énumérés dans l'art. 2, commis antérieurement à sa date ni aux crimes ou délits purement politiques.

6. Cette convention continuera d'être en vigueur jusqu'à ce qu'elle soit abrogée par les Parties contractantes, ou l'une d'elles; mais elle ne pourra être abrogée que d'un consentement mutuel, à moins que la partie qui désirerait l'abroger ne donne avis, six mois d'avance, de son intention de le faire. Elle sera ratifiée, etc.

29 juin-11 juill. 1844. — Publication du traité conclu le 25 mars 1843, entre la France et la république de Venezuela, dont l'art. 25 autorise l'extradition des matelots déserteurs (V. p. 540).

24-30 août 1844. — Ordonnance qui prescrit la publication de la convention conclue le 27 juin 1844, entre la France et le grand-duché de Bade, pour l'extradition réciproque des malfaiteurs.

Art. 1. Lorsque des Français ou des sujets badois, poursuivis ou condamnés dans leur pays respectif pour l'un des crimes énumérés ci-après, seront trouvés, les Français dans les Etats de son altesse royale le grand-duc de Bade, et les sujets badois dans le royaume de France, ils seront réciproquement livrés aux autorités respectives de leurs pays, sur la demande que l'un des deux gouvernements en adressera à l'autre par voie diplomatique : — 1° Assassinat, empoisonnement, parricide, infanticide, meurtre, viol ou attentat à la pudeur avec violence; — 2° Incendie; — 3° Faux en écriture authentique ou de commerce et en écriture privée, contrefaçon des billets de banque et effets publics, vol, soustraction commise par des dépositaires publics, lorsque ces faits ont le caractère de crimes et sont punis de peines afflictives ou infamantes par la loi pénale du pays où le prévenu s'est réfugié; — 4° Fabrication et émission de fausse monnaie; — 5° Faux témoignage; — 6° Banqueroute frauduleuse.

2. Les objets trouvés en la possession du prévenu et qui auraient été saisis dans l'un des deux pays comme provenant de vols commis dans l'autre, ou comme pouvant servir à la preuve des délits, seront restitués, de part et d'autre, au moment où s'effectuera l'extradition.

3. Si des individus étrangers à la France ou aux Etats de son altesse royale le grand-duc de Bade, venaient à se réfugier d'un pays dans l'autre, après avoir commis un des crimes énumérés à l'art. 1, leur extradition sera accordée toutes les fois que le gouvernement du pays auquel ils appartiendront y aura donné son assentiment.

4. Les pièces qui devront être produites à l'appui des demandes d'extradition sont le mandat d'arrêt décerné contre les prévenus, ou tous autres actes ayant au moins la même force que ce mandat, et indiquant également la nature et la gravité des faits poursuivis, ainsi que la disposition pénale applicable à ces faits.

5. Si l'individu dont l'extradition est demandée était poursuivi ou avait été condamné, dans le pays où il s'est réfugié, pour crimes ou délits commis dans ce même pays, il ne pourra être livré qu'après avoir été jugé et acquitté, et, en cas de condamnation, qu'après avoir subi la peine prononcée contre lui. — Les crimes et délits politiques sont exceptés de la présente convention. Il est expressément stipulé que l'individu dont l'extradition aura été accordée ne pourra être, dans aucun cas, poursuivi ou puni pour un délit politique antérieur à l'extradition ou pour aucun fait connexe à un semblable délit.

7. L'extradition ne pourra avoir lieu si, depuis les faits imputés, les poursuites ou la condamnation, la prescription de l'action ou de la peine est acquise, d'après les lois du pays où le prévenu s'est réfugié.

8. Chacun des deux Etats supportera les frais occasionnés par l'arrestation, la détention et le transport à la frontière des individus dont l'extradition aura été accordée.

9. La présente convention est conclue pour cinq ans, et continuera d'être en vigueur pendant cinq autres années, dans le cas où, six mois avant l'expiration du premier terme, aucun des deux gouvernements n'aurait déclaré y renoncer, et ainsi de suite de cinq ans en cinq ans. — Elle sera ratifiée, etc.

28 nov.-4 déc. 1844. — Ordonnance qui prescrit la publication de la convention conclue le 11 sept. 1844, entre la France et la Toscane, pour l'extradition des malfaiteurs (D. P. 45. 3. 14).

6-11 déc. 1844. — Ordonnance qui prescrit la publication de la convention conclue le 26 sept. 1844, entre la France et le grand-duché de Luxembourg, pour l'extradition réciproque des malfaiteurs (D. P. 45. 3. 15).

29 janv.-3 fév. 1845. — Ordonnance qui prescrit la publication de la convention conclue le 7 nov. 1844, entre la France et les Pays-Bas, pour l'extradition réciproque des malfaiteurs (D. P. 45. 3. 55).

11-25 août 1845. — Ordonnance qui prescrit la publication de la convention conclue le 14 juin 1845, entre la France et le royaume des Deux-Siciles, pour l'extradition réciproque des malfaiteurs (D. P. 45. 3. 152).

11-25 août 1845. — Ordonnance qui prescrit la publication d'un article signé le 24 fév. 1845, et additionnel à la convention d'extradition conclue entre la France et les Etats-Unis d'Amérique (D. P. 45. 3. 153).

30 août-8 sept. 1845. — Ordonnance qui prescrit la publication de la convention d'extradition conclue le 21 juin 1845, entre la France et la Prusse (D. P. 45. 3. 155).

28 mai-4 juin 1846. — Ordonnance qui prescrit la publication de la convention d'extradition conclue le 23 mars 1846, entre la France et la Bavière (D. P. 46. 3. 78).

3-13 avr. 1847. — Ordonnance qui prescrit la publication de la convention d'extradition conclue le 26 janv. 1847, entre la France et le grand-duché de Mecklembourg-Schwérin (D. P. 47. 3. 72).

20-29 avr. 1847. — Ordonnance qui prescrit la publication de la convention d'extradition conclue le 10 fév. 1847, entre la France et le grand-duché de Mecklembourg-Strélitz (D. P. 47. 3. 87).

6-13 mai 1847. — Ordonnance qui prescrit la publication de la convention d'extradition conclue le 6 mars 1847, entre la France et le grand-duché d'Oldenbourg (D. P. 47. 3. 89).

30 sept.-6 oct. 1847. — Ordonnance qui prescrit la publication de la convention d'extradition conclue le 10 juill. 1847, entre la France et la ville libre et anséatique de Brême (D. P. 47. 3. 181).

12-15 oct. 1847. — Ordonnance qui prescrit la publication de la convention d'extradition conclue le 3 août 1847, entre la France et la ville libre et anséatique de Lubeck (D. P. 47. 3. 185).

27 nov.-5 déc. 1850. — Loi relative à la convention d'extradition conclue le 28 avr. 1850, entre la France et la Saxe (D. P. 50. 4. 204).

29 janv.-4 fév. 1851. — Loi relative à la convention d'extradition conclue le 26 août 1850, entre la France et l'Espagne (D. P. 51. 4. 54).

31-janv.-5 fév. 1851. — Décret relatif à la promulgation de la convention d'extradition conclue le 28 avr. 1850, entre la République française et le royaume de Saxe (D. P. 51. 4. 34).

11-15 mars 1851. — Décret portant la promulgation de la convention d'extradition conclue le 26 août 1850 entre la France et l'Espagne (D. P. 51. 4. 50).

22-26 juill. 1851. — Loi relative à la convention d'extradition conclue le 9 avr. 1850, entre la France et la république de la Nouvelle-Grenade (D. P. 51. 4. 141).

22-26 juill. 1851. — Loi relative à la convention d'extradition conclue le 5 fév. 1848, entre la France et la ville libre de Hambourg (D. P. 51. 4. 141).

3-10 sept. 1851. — Décret relatif à la promulgation de la convention d'extradition conclue le 5 fév. 1848, entre la France et la ville libre et anséatique de Hambourg (D. P. 51. 4. 175).

28 mai 1852. — Convention conclue avec l'Angleterre destinée à remplacer la convention incomplète du 13 fév. 1843. — Non promulguée. V. Gaz. des trib. du 13 juin 1852.

10-15 août 1852. — Décret relatif à la promulgation de la convention d'extradition conclue le 9 avr. 1850, entre la France et la Nouvelle-Grenade (D. P. 52. 4. 188).

10-17 mars 1853. — Décret portant promulgation de la convention conclue le 25 janv. 1853 entre la France et le Wurtemberg pour l'extradition réciproque des malfaiteurs (D. P. 53. 4. 15).

22-29 mars 1853. — Décret portant promulgation de la convention d'extradition conclue le 26 janv. 1853, entre la France et le grand-duché de Hesse (D. P. 53. 4. 66).

24-31 mai 1853.—Décret portant promulgation de la convention d'extradition conclue le 9 avr. 1855 entre la France et la ville libre de Francfort (D. P. 53. 4. 78).

30 juin-11 juill. 1853. — Décret portant promulgation de la convention d'extradition du 18 avr. 1853 entre la France et le landgraviat de Hesse (D. P. 53. 4. 145).

18-26 août 1853. — Décret portant promulgation de la convention d'extradition conclue le 30 juin 1853 entre la France et le duché de Nassau (D. P. 53. 4. 168).

15 26 sept. 1853. — Décret portant ratification et promulgation de la déclaration signée entre la France et le royaume des Deux-Siciles, le 16 août 1853, relativement à l'arrestation et à la remise des matelots déserteurs (D. P. 53. 4. 222).

28 juin-5 juill. 1854. — Décret portant promulgation de la convention d'extradition conclue le 11 avr. 1854 entre la France et la principauté de Lippe (D. P. 54. 4. 128).

4-8 juill. 1854. — Décret portant ratification et promulgation de la déclaration signée le 25 juin 1854 entre la France et l'Angleterre, relativement à l'extradition réciproque des matelots déserteurs (D. P. 54. 4. 129).

4-22 août 1854. — Décret portant ratification et promulgation de la déclaration du 20 juin 1854 relative à la convention d'extradition du 25 mars 1846, entre la France et la Bavière (D. P. 54. 4. 157).

11-15 nov. 1854. —Décret portant promulgation de la convention d'extradition conclue le 13 juill. 1854 entre la France et le Portugal (D. P. 54. 4. 181).

11-15 nov. 1854. — Décret portant promulgation de la convention d'extradition conclue le 12 nov. 1852 entre la France et l'électorat de Hesse (D. P. 54. 4. 182).

24 nov.-6 déc. 1854. — Décret portant promulgation de la convention d'extradition conclue le 10 juill. 1854 entre la France et la principauté de Valdeck et Pyrmont (D. P. 55. 4. 2).

5-16 déc. 1854. — Décret portant ratification et promulgation de la déclaration du 17 nov. 1854 relative à la convention d'extradition du 27 juin 1844, entre la France et le grand-duché de Bade (D. P. 55. 4. 4.)

19-27 juin 1855.—Décret portant promulgation de la convention d'extradition du 13 mars 1855 entre la France et le Hanovre (D. P. 55. 4. 73).

2-7 fév. 1856. — Décret portant promulgation de la convention d'extradition du 13 nov. 1855 entre la France et l'Autriche (D. P. 56. 4. 32).

26-31 mai 1856. — Décret portant promulgation de la convention d'extradition des malfaiteurs, conclu le 23 mars 1853 entre la France et la république de Venezuela (D. P. 56. 4. 59).

15-21 oct. 1856. — Décret portant promulgation de la convention additionnelle conclue le 22 sept. 1856, entre la France et la Bel-

gique, pour l'extradition réciproque des malfaiteurs (D. P. 56. 4. 144).

24-28 janv. 1857. — Décret portant promulgation de la convention d'extradition conclue le 14 nov. 1856 entre la France et les États de Parme (D. P. 57. 4. 50).

20 nov.-8 déc. 1858. — Décret portant promulgation de la convention d'extradition conclue le 7 août 1858 entre la France et le grand-duché de Saxe-Weimar (D. P. 58. 4. 149).

4-10 mars 1859. — Décret portant promulgation d'un article signé le 10 fév. 1858 et additionnel à la convention d'extradition du 9 nov. 1845, entre la France et les États-Unis d'Amérique (D. P. 59. 4.16).

20-29 oct. 1859. — Décret portant promulgation de la convention d'extradition conclue le 19 juill. 1859 entre la France et les États pontificaux (D. P. 59. 4. 83).

18-29 oct. 1860. — Décret portant promulgation de la convention additionnelle à la convention d'extradition du 7 nov. 1844, conclue le 2 août 1860, entre la France et les Pays-Bas (D. P. 60. 4. 154).

18-29 oct. 1860. — Décret portant promulgation de la convention d'extradition entre les colonies françaises et les colonies néerlandaises des Indes occidentales, conclue le 3 août 1860, entre la France et les Pays-Bas (D. P. 60. 4. 154).

17-28 mars 1861. — Décret portant promulgation de la convention consulaire conclue le 10 déc. 1860, entre la France et le Brésil, convention dont l'art. 9 autorise l'extradition réciproque des matelots déserteurs (D. P. 61. 4. 42).

§ 2. — *Du droit d'extradition.*

269. L'extradition après avoir longtemps combattu, comme nous l'avons vu, contre le double principe du droit d'asile et de la souveraineté du territoire, est enfin passée dans le droit international moderne : c'est une des dispositions les plus familières aux gouvernements actuels ; ils ont cessé y répugner, et ils ont vu que cette mesure était de l'intérêt commun et égal de tous les souverains. Aujourd'hui surtout que la rapidité des communications peut en quelques jours transporter un coupable heureux d'une extrémité de l'Europe à l'autre, la justice aurait perdu toute sanction, s'il ne s'établissait pas entre les gouvernements un système d'action commune et de garantie réciproque contre les malfaiteurs, qui tend à réaliser bientôt ce principe de Beccaria : « La persuasion de ne trouver aucun lieu sur la terre où le crime puisse rester impuni, serait le moyen le plus efficace de le prévenir. » — Cependant, malgré cette pratique universelle, il reste quelques doutes pour certains esprits sur la légitimité du droit d'extradition. M. Pinheiro-Ferreira (Cours de droit public, t. 2, p. 32 et 179) repousse toute extradition, et même il paraît, selon M. Mangin (Action publique, n° 74), que le gouvernement de Juillet aurait déclaré en 1831, qu'il ne demanderait ni n'accorderait d'extradition, principe dont il n'a pas tardé à se désister (V. n° 268).

270. Il faut donc rechercher et démontrer ce principe de l'extradition. Comme l'extradition suppose deux termes : un gouvernement qui demande, et un gouvernement qui accorde l'extradition, la question peut et doit être examinée à ce double point de vue.—Quant au gouvernement qui demande, quelle est sa situation ? Un crime a été commis sur son territoire : l'auteur du crime est son sujet : nous prenons cette hypothèse, parce qu'elle est la seule où l'extradition soit ordinairement accordée ; il sait ce coupable réfugié sur un pays voisin, son devoir est de poursuivre le crime commis par tous les moyens qui sont en son pouvoir. Il ne peut pas directement arrêter le coupable en pays étranger ; car sa puissance expire à la frontière ; il ne tente pas d'exercer une action illicite sur un souverain indépendant ; il se contente de solliciter, de réclamer de la puissance limitrophe, la reddition du malfaiteur, c'est-à-dire le concours de sa police, mais non de ses tribunaux. Dans ces limites, nous ne voyons rien qui puisse paraître contraire au droit public, ni même au droit individuel. Car le malfaiteur réfugié n'a pas acquis un droit de plus contre son gouvernement, on en général contre le gouvernement dont il aurait été le justiciable, s'il n'eût échappé par la fuite. Le seul droit qui pût s'opposer dans cette circonstance au droit du gouvernement requérant, ce serait le droit du gouvernement requis. Examinons donc celui-ci. — Le droit absolu d'un gouvernement quelconque, c'est de ne pas laisser violer son territoire par un souverain étranger, mais ce droit ne va pas jusqu'à refuser à tout gouvernement une satisfaction juste fondée sur l'intérêt réciproque des deux Etats. Or, dans l'hypothèse en question, il faut voir où est l'intérêt des deux gouvernements. L'intérêt du premier est évident, il veut punir un attentat commis sur son territoire. Mais où est l'intérêt du second gouvernement? Cet intérêt est double : d'une part, en restituant le coupable, il assure la répression d'un crime commis : or un crime, en quelque endroit que ce soit, menace l'existence de la société, et par conséquent toute société particulière. Quoiqu'un gouvernement soit spécialement chargé de protéger une société particulière, il est chargé aussi indirectement de protéger l'ordre social, autant qu'il est en son pouvoir, quand il est menacé : c'est en vertu de ce principe, qu'il y a des cas légitimes d'intervention d'Etat à Etat. Le même intérêt général doit donc déterminer le souverain d'un Etat à abandonner un coupable dans l'intérêt de la sécurité de son voisin.—Il a un second intérêt non moins évident, c'est celui de la réciprocité. Ce que l'un fait à l'égard de son voisin, celui-ci le fera à son égard : pour un coupable qu'il livre actuellement, il pourra en réclamer un autre, de telle sorte qu'en assurant la tranquillité de son voisin, il assure lui-même la sienne. Le droit d'asile réciproque laissait impunis dans chaque Etat les crimes dont les auteurs pouvaient se réfugier dans un Etat voisin : l'extradition rend impossible l'impunité. A vrai dire, lorsqu'un gouvernement livre un coupable, il ne faut pas dire qu'il agisse dans l'intérêt d'une société voisine ; car c'est comme s'il réprimait un crime commis sur son propre territoire; il a acquis par là même un droit dont il jouira à son tour, bien loin de sacrifier un des droits essentiels de la souveraineté.

271. Mais quoique l'intérêt commun des deux gouvernements ne soit pas douteux, ce ne serait pas encore une raison suffisante de reconnaître la légitimité de l'extradition; si le réfugié avait de son côté un droit rigoureux et incontestable à faire valoir contre le gouvernement qui lui a donné asile. — Qu'est-ce que le droit d'asile? où commence-t-il? et jusqu'à quel point peut-il contre-balancer le droit d'extradition? — Le droit d'asile a son fondement dans la nature des choses. Un homme malheureux, proscrit, poursuivi par des vengeances particulières, ou des passions de parti, demande l'hospitalité à un pays étranger. Il y a là un droit sacré respecté par tous les temps et inscrit dans toutes les consciences. Un Etat qui livrerait un réfugié dans ces conditions se déshonorerait. —Mais il est évident qu'un tel droit ne peut être obéi qu'à la condition : 1° que celui qui le réclame le mérite ; 2° que ce droit ne mette pas en péril le pays auprès duquel il est réclamé. — Tout gouvernement a le droit et le devoir de protéger ses nationaux ; ce premier droit ne peut être anéanti ou compromis par un droit rival au profit d'un étranger. Il est donc évident que le gouvernement peut et doit examiner jusqu'à quel point le réfugié mérite son intérêt, ou menace sa sécurité, et selon les résultats de cet examen accorder ou solliciter l'hospitalité pleine et entière, ou en prononcer l'expulsion. Or, s'il résulte de cet examen, ou de pièces émanées d'un gouvernement voisin, que l'individu réfugié est prévenu d'un crime, peut-on faire valoir en sa faveur les principes du droit d'asile qui ne sont réservés en général qu'au malheur, aux fautes excusables? Un individu sous le poids d'une telle inculpation, peut-il être considéré comme méritant l'intérêt, et sans danger pour le pays qu'il a choisi pour refuge? — On ne peut donc contester le droit du gouvernement à lui interdire l'habitation, et par conséquent à l'expulser, sans manquer au droit naturel.

272. Mais expulser un étranger, c'est qu'un acte de simple police, qui n'implique aucun droit de juridiction de la part du souverain sur celui qui en est l'objet. Il y a quelque chose de plus dans l'extradition : il y a arrestation, c'est-à-dire commencement d'action judiciaire. Comment concilier ce fait avec le principe que le souverain d'un Etat n'a de juridiction sur un étranger, que pour les actes commis sur son territoire. — L'arrestation, dans ce cas, n'est autre chose qu'un acte de souveraineté, déterminé par des conventions internationales ou par la seule volonté du souverain. C'est un acte de droit public, et non de droit civil ou de droit criminel ordinaire. Un souverain agit alors en vertu des rapports qui unissent les Etats : il se met en lieu et place d'un souverain ami, et lui prête le concours de sa puissance. — C'est donc un scrupule exagéré qui a déterminé M. Pinheiro-Ferreira à rejeter toute extradition. Il n'admet qu'une poursuite contre l'accusé dans le lieu où il s'est réfugié. C'est, ce nous semble, entendre assez mal les intérêts du prévenu ; car s'il est innocent, il vaut mieux pour lui discuter l'affaire dans le lieu même où il lui est plus facile de rassembler ses preuves; et pourquoi trouverait-il plus d'impartialité dans un tribunal étranger ?

273. Il résulte de ces principes que l'extradition est libre de la part du gouvernement. Cependant Vattel (Dr. des gens, liv. 1, ch. 19, §§ 232, 233), et Grotius (De jure belli, cap. 21), Burlamaqui, t. 2, part. 4, chap. 3, §§ 23 à 29, enseignent que l'extradition est une mesure nécessaire, que le souverain du territoire où est le coupable est obligé de le livrer,et qu'en s'y refusant il se déclare complice de l'attentat et en devient responsable. M. Faustin Hélie dit avec raison qu'une telle doctrine est erronée : « Le seul refus de livrer un coupable ne saurait d'abord établir un lien de complicité avec le crime. Ensuite l'extradition cesserait d'être légitime, si elle n'avait pas pour cause une infraction aux lois de la justice morale. Le gouvernement a donc le droit d'examiner le titre et la nature de l'accusation : or l'examen suppose le pouvoir de rejeter la demande. Enfin, comment concevoir une obligation parfaite et absolue dans une matière qui est nécessairement subordonnée aux rapports des gouvernements entre eux? Tel est donc le véritable caractère de l'extradition : elle est un acte de souveraineté » (Revue de législation, t. 17, p. 236). Puffendorf, Elementa, lib. 8, cap. 3, §§ 3 et 24 ; Voët, De statut., § 11, ch. 1, n° 6 ; Martens, § 101, et M. Vergé, eod.; Kluber, Droit des gens, part. 2, t. 1, chap. 2, § 66 ; Kluyt, De dedit. profug., § 1, p. 7; de Saafeld, Handbuch des positiven Völkerrecht, p.160 ; Schmalz, Europaisches Völkerrecht, p. 160; Mittermaier, das deutsche Strafverfahren, th. 1, § 59 ; Mangin, t. 1,n° 74 ; Wheaton, Elém. de dr. internat., t. 1, § 139 ; de Cussy, t. 2, n. 434 ; Fœlix, Droit internat., t. 2, n° 608, sont de la même opinion. Ce principe a été appliqué en Angleterre dans l'affaire du navire américain la Créole (V. infrà, n° 279).

274. Le principe de l'extradition une fois démontré en droit naturel, on peut se demander si elle est légale en droit positif. C'est en se plaçant à ce point de vue qu'on a contesté au gouvernement français le droit d'accorder l'extradition. — Aucune autorité étrangère, a-t-on dit, n'a qualité en France pour saisir et arrêter le prévenu dont il s'agit. Cette règle est la conséquence de l'indépendance respective des nations. Mais des poursuites pourront-elles être dirigées contre cet étranger par les autorités françaises? — Examinons la question par rapport à un individu prévenu d'un crime ou d'un délit commun et étranger à la politique. Toutes les constitutions antérieures à la charte de 1814 avaient assimilé les étrangers aux nationaux sous le double rapport de la liberté individuelle et de l'inviolabilité du domicile. Celle de 1791 garantissait à tout homme, et non à tout citoyen seulement, la liberté d'aller, de rester, de partir, sans pouvoir être arrêté ni détenu que selon les formes déterminées par la constitution. L'art. 16 du chapitre intitulé du pouvoir judiciaire, porte : «Tout homme, quelle que soit sa place ou son emploi, autre que ceux à qui la loi donne le droit d'arrestation, qui donnera, signera, exécutera ou fera exécuter l'ordre d'arrêter un citoyen ou quiconque...., sera coupable du crime de détention arbitraire. » La constitution de l'an 8 reproduit à peu près les mêmes dispositions. L'art. 76 porte : « La maison de toute personne habitant le territoire français est un asile inviolable ; » et l'art. 81 ajoute : « Tous ceux qui n'ayant pas reçu de la loi le pouvoir de faire arrêter, donneront, signeront, exécuteront l'arrestation d'une personne quelconque, seront coupables, etc. » Il a été souvent jugé que ces dispositions constitutionnelles sont encore en vigueur ; on les retrouve dans l'édition officielle du code d'instruction criminelle, postérieure à la charte. — Or, à ne considérer que ces lois, l'extradition serait illégale, puisque, pour livrer un étranger réfugié, il faut le saisir, l'arrêter, le constituer, au moins jusqu'à l'extradition, en état d'arrestation, et qu'elles ne reconnaissent même aux autorités ayant juridiction sur les personnes, le droit de contrainte, qu'en cas de prévention de crime ou délit. — Les lois privées contiendraient-elles en ce point quelque dérogation aux lois politiques? Elles ne font que les confirmer. Les seules, en effet, qui, dans nos codes, concernent sous cet aspect les étrangers, sont l'art. 3 c. nap., l'art. 6 c. inst. crim., qui autorise le gouvernement à demander l'extradition d'étrangers, coupables de certains délits à l'étranger, de complicité avec des Français; enfin l'art. 272 c. pén., ainsi conçu : « Les individus déclarés vagabonds par jugement pourront, s'ils sont étrangers, être conduits par les ordres du gouvernement hors du territoire de l'empire. » L'art. 15 de la loi du 3 brum. de l'an 4 était plus explicite encore : « A l'égard des délits de toute autre nature (c'est-à-dire de ceux qui ne sont pas justiciables des tribunaux français), les étrangers qui sont prévenus de les avoir commis hors du territoire de la république, ne peuvent être jugés et punis en France; mais sur la preuve des poursuites faites contre eux dans les pays où ils les ont commis, si ces délits sont au nombre de ceux qui attentent aux personnes ou aux propriétés, et qui, d'après les lois françaises, emportent peine afflictive ou infamante, ils seront condamnés par les tribunaux correctionnels à sortir du territoire français, avec défense d'y rentrer jusqu'à ce qu'ils se soient justifiés devant les tribunaux compétents. » — De ces lois combinées, il résulte qu'un étranger ne saurait être conduit par les ordres du gouvernement hors du territoire, si un jugement ne l'a formellement déclaré coupable, soit de vagabondage en France, soit d'attentats aux propriétés ou aux personnes, commis à l'étranger et emportant des peines afflictives ou infamantes.— Cela posé, on raisonne ainsi contre le droit d'extradition que le gouvernement prétendrait hors des limites. — Le pouvoir exécutif tient ses attributions de la loi seule; la loi ici lui refuse celles qu'il veut exercer. — Mais un simple étranger a déclaré coupable le réfugié. Ce jugement n'a aucune autorité en France. Le réfugié ne sera ni meurtrier ni voleur aux yeux de la loi française, tant que nos magistrats n'auront pas eux-mêmes déclaré la culpabilité. — Sur quoi donc se fonde le droit d'extradition accordé au gouvernement seul, sans le concours de l'autorité judiciaire dans les cas et de la manière prévus par les articles que nous citions tout à l'heure? Invoquera-t-on l'art. 13 c. nap., qui porte que « l'étranger admis par autorisation du roi à établir son domicile en France, y jouira de tous les droits civils, tant qu'il continuera d'y résider? » En conclura-t-on que le roi peut accorder et refuser, et même retirer, après qu'il l'a accordée, la permission à un étranger de résider en France? — Mais cet article ne concerne que l'établissement du domicile avec les droits civils, et non la simple résidence sans ces droits : résidence que la constitution de 1791 déclarait un droit naturel subordonné à la seule condition de respecter les lois du pays. Aussi le code pénal de 1810 n'a-t-il autorisé le gouvernement, par l'art. 272, à transférer hors des frontières un étranger vagabond, qu'autant que le fait de vagabondage était constaté par un jugement, et la nécessité de ce jugement a été, depuis la charte, reconnue par la jurisprudence (Crim. cass. 9 sept. 1826 et 7 juill. 1827, aff. Muzzioli, v° Compét. crim., n° 474-4°; 7 juill. 1827, aff. Melziger, v° Instr. crim., n° 832).—Dira-t-on que l'article cité de la loi du 3 brum. an 4 a été abrogé comme n'étant pas reproduit dans les codes postérieurs? Outre que la question d'abrogation est fort controversable, on sera toujours reçu à dire que l'esprit de la loi actuelle, manifesté par l'art. 6 c. inst. crim. sur l'étranger vagabond, a été de soustraire les étrangers à la pure discrétion du gouvernement, pour placer leur liberté individuelle sous la sauvegarde des tribunaux. On ajoutera qu'à moins d'une dérogation expresse, il ne faut pas présumer qu'une matière de droit public, placée hier dans le domaine du législateur, en soit sortie de plein droit pour passer dans celui du pouvoir exécutif; que la loi a été implicitement ou indirectement remplacée par l'arbitraire de l'administration.

M. Serrigny (Traité du droit public, t. 1, p. 436) repousse l'objection, en disant en premier lieu que les lois protectrices de la liberté individuelle ne concernent en définitive que les seuls Français, ainsi qu'il résulte de l'ensemble de notre législation, et, en second lieu, que les officiers de la police judiciaire et du ministère public français n'étant pas chargés d'instruire et de poursuivre les crimes commis en pays étranger, hors les cas prévus par les art. 5 et suiv. c. inst. crim.; on ne voit pas en quelle

qualité ils interviendraient pour faire arrêter un individu coupable d'un crime en pays étranger. — Cependant on pourrait regretter que dans notre législation on n'ait fait aucune part à l'autorité judiciaire en matière d'extradition, et il est permis de préférer le système de la loi belge du 1er oct. 1833, qui établit que « l'extradition ne sera accordée qu'après avis de la chambre des mises en accusation du ressort où l'étranger aura été arrêté; que le ministère public et l'étranger seront entendus en chambre du conseil dans la quinzaine de la réception des pièces. » Une disposition analogue se trouve dans la convention avec l'Angleterre de 1855.

275. Ce qui est dit au numéro précédent n'est applicable qu'aux étrangers prévenus de crimes ou de délits communs. — Quant aux réfugiés politiques, depuis 1832 (car jusqu'à cette époque ils avaient été soumis aux mêmes règles) ils sont régis en France par une législation spéciale, en vertu de laquelle le gouvernement peut : 1° les interner dans telle ville qu'il désigne; 2° les expulser du territoire, s'ils ne se rendent pas dans la ville désignée, ou s'il juge leur présence susceptible de troubler l'ordre et la tranquillité publique (L. 21-26 avr. 1832, renouvelée chaque année par le pouvoir législatif, et Loi du 3 déc. 1849). Cette dernière loi autorise les préfets des départements frontières à user du même droit d'expulsion, à la charge d'en référer immédiatement au ministre de l'intérieur. — V. v° Droit civ., nos 54, 570 et s.

276. L'extradition est donc un acte libre de souveraineté, et même elle est tous les jours pratiquée entre la France et des pays avec lesquels nous n'avons pas de traité d'extradition, la Suède, l'Autriche, la Russie. — Il a été jugé, en conséquence, que le droit d'extradition est inhérent à tout gouvernement et indépendant des traités; que les traités ne font que régler l'exercice de ce droit préexistant (cour d'ass. Seine, 15 déc. 1846, aff. Davis, D. P. 47. 4. 249).

277. Il a été jugé également, sous le gouvernement monarchique, que le droit de livrer un étranger prévenu de délit dans le pays dont il est originaire, aux tribunaux de ce pays, appartient au roi, en vertu des droits qu'il tient de sa naissance, et non en suite des traités : il peut, dès lors, l'exercer sans qu'il en résulte une atteinte au droit qu'il a d'accorder protection et asile aux infortunés qui se réfugient en France, et l'arrestation ainsi opérée en vertu d'une simple ordonnance, et même dans le silence des traités, constitue une détention légale (Crim. cass. 30 juin 1827, aff. de la Granville, V. Evasion, n° 36). — Le principe de cette décision subsiste, malgré les changements de gouvernement; car il n'est pas nécessaire que le chef du gouvernement tienne de droit de sa naissance ou d'un autre principe. Ce qui est décidé par cet arrêt, c'est que le droit d'extradition appartient au souverain, quel qu'il soit, en vertu de son droit de souveraineté et non en vertu des traités.

278. Au reste, le droit d'asile ne doit pas être considéré comme un droit personnel aux fugitifs, mais comme un effet des droits respectifs de souveraineté, qui cesse par conséquent par la réunion de deux territoires sous la même souveraineté (Crim. rej. 11 juin 1808, aff. Odoul, V. Compétence crim., n° 124. — Conf. Merlin, Rép., v° Pays réun., § 5). — Il n'y a pas à opposer à cette décision que la réunion des deux territoires ne peut avoir d'effet rétroactif; car le fugitif n'avait aucun droit d'échapper à la poursuite et à la peine : il était seulement protégé de fait par la séparation des territoires. Cette protection doit donc cesser avec la séparation.

279. Une remarquable question d'extradition s'est élevée en 1841 entre les Etats-Unis et l'Angleterre au sujet du vaisseau la Créole. Ce vaisseau transportait un planteur américain avec ses esclaves, au nombre de cent trente-cinq. Ces esclaves se révoltèrent, tuèrent leur maître, enchaînèrent le capitaine, blessèrent les officiers et, maîtres du bâtiment, ils abordèrent à un port anglais, dont le gouverneur mit en prison les auteurs de l'assassinat et les chefs de la révolte, et rendit aux autres la liberté. Question de savoir si le gouvernement anglais doit aux Etats-Unis l'extradition des coupables. Lord Brougham soutint devant le parlement : 1° que le gouvernement anglais n'avait pas le droit de tenir les esclaves fugitifs qui devenaient libres par le seul fait qu'ils avaient touché le sol anglais; 2° que, relativement à ceux qui étaient accusés d'homicide et de révolte, le gouvernement n'était tenu à les rendre qu'en vertu des traités. Or, le traité de 1794 entre la Grande-Bretagne et les Etats-Unis étant expiré, il n'y avait plus lieu de l'appliquer. Lord Aberdeen, alors ministre des affaires étrangères, refusa l'extradition, et mit les coupables en liberté. M. Wheaton, dans son Histoire du progrès du droit des gens, M. de Cussy, dans ses Phases du droit maritime, attaquent cette décision comme contraire au droit. Il nous semble au contraire que cette décision est très-correcte et conforme aux principes qui régissent la matière. D'abord, pour ce qui est des esclaves fugitifs non inculpés d'assassinat, nulle difficulté. Tout le débat porte sur les auteurs du crime. Mais quels sont les principes du droit d'extradition? N'est-ce pas évidemment qu'un gouvernement n'est tenu à l'extradition qu'en vertu des traités? Si l'on n'admet pas ce principe, que l'on explique pourquoi il y a des traités d'extradition? Ne serait-il pas plus simple d'établir d'une [manière générale comme règle, que toute extradition demandée sera accordée? Mais il n'y a pas un seul Etat qui consentirait à cette règle. S'il y a des traités qui contraignent les gouvernements à l'extradition, il est de toute évidence qu'en dehors de ces traités, ils ne peuvent y être contraints. « Le traité de 1794, dit M. de Cussy, avait cessé d'exister en tout ce qui concernait les clauses commerciales; mais les principes généraux du droit des nations devaient survivre à la durée du traité : le principe d'extradition des criminels avait été sanctionné par le traité. L'Angleterre devait à une nation amie de livrer les assassins. » Il ne suffit pas, à notre avis, que le principe d'extradition subsiste en général ; il faut qu'il soit réglé par des conventions spéciales. La convention, qui avait régi ce principe étant expirée, rien ne prouvait que les deux Etats consentissent encore à accorder l'extradition réciproque dans les mêmes conditions.

S'il y a une vérité évidente, c'est que nul Etat n'est tenu d'accorder l'extradition quand il n'y a pas de traité. Mais il est vrai de dire qu'il peut l'accorder, même sans traité, s'il le juge convenable, puisque l'extradition, comme nous l'avons vu, est un acte de souveraineté qui dépend du plein pouvoir du gouvernement. Dans ce cas, il y a lieu d'apprécier si l'extradition doit être accordée en raison de telles circonstances. Or, dans l'espèce, il n'y avait pas lieu, suivant nous, à accorder l'extradition. En effet, en quel cas le gouvernement se doit-il à lui-même et à la société en général de priver un réfugié du droit d'asile qu'il est venu chercher sur son territoire? C'est quand, en le livrant, il a des raisons de croire qu'il le confie à une justice non-seulement exacte, mais encore équitable et humaine : car ce sont les conditions de la justice dans les pays civilisés. Or, quand il a des raisons de croire que ces conditions ne se rencontrent pas dans le pays étranger, il peut, s'il le juge convenable, préférer le principe de l'asile au principe de l'extradition. Or, c'était là le cas où jamais, dans l'affaire de la *Créole*. Le gouvernement qui réclamait l'extradition n'offrait aucune garantie d'une véritable justice. Et que l'on ne dise pas que c'est là une appréciation arbitraire d'un souverain par rapport à un autre souverain; car elle n'avait rien d'arbitraire : elle reposait sur la condition d'état des réfugiés. Pour l'Angleterre, les hommes étaient des hommes; pour l'Amérique ils étaient des esclaves, c'est-à-dire des choses. Comment un pays qui regarde les noirs comme des hommes devait-il consentir à les livrer à un pays qui les regarde comme des choses? Il n'y avait pas de commune mesure entre la justice des deux Etats, appliquée à des criminels. L'équité défendait l'extradition. Quant à ce qu'on peut dire, qu'un Etat n'est pas juge des institutions d'un autre Etat, rien de plus vrai, mais ce principe n'est pas applicable ici; car, par le fait même que certains individus se réfugient sur le sol d'un Etat, cet Etat contracte des devoirs envers eux : il se trouve investi d'un droit naturel de protection, auquel nous n'a-t-il se soit dessaisi à l'avance par un traité; et, pour accomplir ce devoir de protection, il est bien obligé de faire entrer en ligne de compte les institutions des pays qui demandent l'extradition. Il juge ces institutions, non pas en elles-mêmes, mais dans leur rapport avec le droit de protection dont il est investi. Si, en livrant les réfugiés, il a des raisons de croire qu'il les livre non à la justice, mais à la barbarie, il doit se refuser à les livrer. La conduite de l'Angleterre, dans l'affaire de la Créole, est donc absolument inattaquable

au point de vue du droit. Mais, dit-on, elle a fait mettre les esclaves, même criminels, en liberté. Comment aurait-elle pu faire autrement, ces hommes n'étant pas justiciables de la loi anglaise? Voilà donc un crime impuni ; sans doute, puisqu'il n'y avait point de juges, ou, du moins, que les seuls qui fussent compétents étaient récusables au nom de l'humanité. C'est ce qui arrive, d'ailleurs, toutes les fois qu'un crime n'a pas été prévu par la loi. Ici la loi, c'est-à-dire les traités, faisait défaut. C'est donc en raison de principes vagues, non applicables à la matière et à l'espèce, que l'on a pu blâmer la conduite de l'Angleterre en cette circonstance. — V. sur cette affaire Rev. étrangère, t. 2, p. 352.

§ 3. — *Des personnes auxquelles peut s'appliquer l'extradition.*

280. La première question est de savoir si le gouvernement peut accorder l'extradition d'un Français qui s'est réfugié en France après avoir commis un crime en pays étranger. La question ne fait plus de doute aujourd'hui : elle est universellement résolue par la négative. En effet, si le droit des gens exige, comme nous venons de le voir, que les gouvernements se prêtent un mutuel secours pour la répression des crimes, ce n'est jamais, cependant, sans leur laisser le droit d'examiner jusqu'à quel point il leur convient de remplir cette obligation. Or, il y a ici deux principes en présence : d'une part l'intérêt général de la société, de l'autre le droit de nationalité, que tout gouvernement a pour mission spéciale de protéger. Sans doute un coupable doit être puni ; mais la justice étrangère offre-t-elle assez de garanties pour lui livrer un de nos nationaux? trouvera-t-il dans les juges étrangers l'impartialité, l'équité, l'indulgence qui sont une partie essentielle de la justice? — M. Faustin Hélie, *loc. cit.*, p. 668.

281. A ces raisons, qui sont excellentes, M. Faustin Hélie en ajoute d'autres qui sont contestables. «L'extradition, dit-il, n'a plus de motif dans ce cas. Pour quelle raison doit-on livrer les malfaiteurs étrangers? C'est que le gouvernement n'a aucune action sur eux. L'extradition est le seul moyen d'empêcher l'impunité. Mais, dans le cas dont il s'agit, le gouvernement est armé contre un Français accusé d'un crime à l'étranger. Ses tribunaux, continue l'auteur du traité d'Instruction criminelle, sont compétents pour connaître des crimes que ses sujets auraient commis en pays étranger, même contre les étrangers. » — Mais cette dernière assertion est inexacte. Les art. 5 et 7 du code d'instruction criminelle parlent seulement des crimes commis par un Français, soit contre la sûreté de l'Etat, soit contre un *Français*; mais il n'y est pas question des crimes commis, à l'étranger, par un Français contre un étranger. Cette erreur est d'autant plus remarquable que M. Faustin Hélie dit lui-même (§ 130, p. 615) : « Le premier soin de l'instruction doit être de constater la nationalité de *la victime*; » et p. 119 : « Lorsqu'il est constaté que le prévenu et *le plaignant* sont tous deux français, la juridiction française devient compétente. » Elle ne l'est donc pas lorsque le plaignant est étranger. Dans ce cas, par conséquent, la justice est désarmée, et, s'il ne fallait considérer que ce point de vue de la justice, on ne voit pas pourquoi le gouvernement serait tenu de refuser l'extradition de ces régnicoles. — C'est aussi là la raison qui a déterminé le décret du 23 oct. 1811 (V. ci-dessus p. 581), et non pas, comme le soutient M. Mangin (Act. publique, n° 78), la prétention d'exercer la plénitude de souveraineté qu'avait le monarque dans l'ancien régime. Dans ce décret, il est dit que l'on ne peut livrer un Français à la juridiction étrangère sans de graves et légitimes motifs, et l'on décide que toute demande de ce genre sera soumise à l'appréciation du chef de l'Etat. — M. Faustin Hélie reconnaît lui-même que ce décret aurait été provoqué par l'insuffisance des art. 5 et 7 du code d'instruction criminelle. Il est donc tout à fait inexact de dire que l'extradition, dans ce cas, n'aurait plus de motifs : au contraire, elle semble le seul moyen d'assurer la justice dans un cas oublié ou négligé par le code.

282. M. Faustin Hélie ajoute que le décret de 1811 paraît avoir été abrogé par l'article de la charte de 1814, qui porte que nul ne sera distrait de ses juges naturels; mais cet article n'est pas applicable au cas en question, car les tribunaux français étant incompétents pour connaître des crimes commis par un

Français contre des étrangers à l'étranger, ne sont pas ses juges naturels, puisqu'ils ne sont pas même ses juges. Les juges naturels, dans ce cas, ce sont ceux qui auraient jugé le coupable, s'il n'avait pas échappé à leur justice. M. Faustin Hélie dit lui-même deux pages plus bas, p. 673, sans s'apercevoir qu'il se contredit : « Les juges du lieu de la perpétration du crime sont les juges naturels de l'accusé. » Il ajoute plus loin, p. 677 : «Si un gouvernement n'est pas tenu de livrer un de ses sujets, il est du moins tenu de le punir. » Mais en vertu de quel pouvoir, dans le cas en question, le gouvernement fera-t-il punir un coupable, qu'aucun article du code ne fait tomber sous la juridiction du pays?

283. M. Legraverend (Lég. crim., chap. 1, sect. 8), dit aussi que le code d'instruction criminelle n'ayant autorisé les poursuites contre les Français, à raison des crimes commis par eux sur le territoire étranger, que lorsque ces crimes intéressent tous les gouvernements ou qu'ils ont été dirigés contre des Français, cette restriction pourrait favoriser l'impunité de grands coupables, qui, après avoir commis le crime hors de France, rentreraient en France pour échapper à toute poursuite. Il ajoute que l'on ne peut douter que Sa Majesté ne fût disposée à autoriser, en pareil cas, l'extradition des Français sur la demande des gouvernements respectifs, et que le décret de 1811 a rempli à cet égard une lacune du code d'instruction criminelle. MM. Carnot et Bourguignon soutiennent également l'autorité du décret de 1811 sous la charte de 1814; et quoique M. Hélie affirme que depuis cette époque, aucune extradition de cette nature n'a eu lieu, M. Mangin prétend au contraire qu'il y en a eu plusieurs exemples.

284. Mais ce dernier auteur soutient à son tour (n° 78, p. 155) que le décret, qui n'a pas été abrogé par la charte de 1814, l'a été par celle de 1830. La raison qu'il en donne, c'est que le préambule de la charte de 1814 a été supprimé, que l'ordre de successibilité au trône a été interrompu, que le chef du gouvernement ne tenait son droit que de la constitution de 1830, et que tous les droits que cette constitution ne lui confère pas demeurent dans le domaine de la loi. L'art. 4 de la charte de 1830 garantit la liberté individuelle et déclare que personne ne peut être poursuivi ni arrêté que dans les cas prévus par la loi. Cet article n'est point modifié par le droit de souveraineté qui vivait dans la personne de nos rois : ce droit est éteint; un simple contrat le remplace : ses stipulations ne peuvent être éten-

dues au profit du pouvoir. — Ces raisons sont tout à fait insuffisantes. Nous avons fait voir que le décret de 1811 avait pour principe non le droit absolu de souveraineté, qui permet au chef de l'État de disposer de ses sujets comme il l'entend, mais la nécessité toute pratique de suppléer à l'insuffisance du code d'instruction criminelle. Ce décret n'a rien à voir avec la question de souveraineté; s'il a gardé son autorité après 1814, ce n'est point à cause du préambule de la charte ni à cause de la loi salique, mais c'est parce que toutes les lois non abrogées par une loi spéciale ou un article spécial de la charte ont subsisté malgré le changement de gouvernement. Il en a été de même en 1830. — On dit que l'art. 61 garantit la liberté individuelle, hors les cas prévus par la loi. Mais le décret de 1811 prévoit précisément l'un de ces cas, et il doit être réputé avoir force de loi, tant qu'il n'a pas été détruit par une loi contraire. — Concluons donc que si le gouvernement ne doit pas livrer les nationaux à la justice étrangère, ce n'est ni parce qu'il aurait perdu ce droit par des révolutions, ni parce que la justice nationale est suffisante, mais par la seule raison que la nationalité peut contre-balancer aux yeux du gouvernement l'intérêt de la justice étrangère. Ajoutons qu'il n'y a ni constitution ni lois qui puissent empêcher le gouvernement, s'il le jugeait à propos, d'exécuter le décret de 1811 et d'accorder l'extradition des nationaux pour crimes commis à l'étranger contre des étrangers.

285. Cependant la pratique est contraire à cette assertion, et quoiqu'en principe le décret de 1811 nous paraisse avoir conservé sa force, on peut dire qu'il est tombé en désuétude, par le défaut d'exécution, et par les déclarations contraires du gouvernement de 1830, à plusieurs reprises, et par la multitude de conventions qui ont consacré le principe de la non-extradition des nationaux (V. infrà, n° 289). La remarquable circulaire de M. Martin (du Nord), garde des sceaux, qui a fixé avec tant de précision les principes et les règles de l'extradition, déclare comme un principe sans exception que les gouvernements ne consentent pas à livrer leurs nationaux, et qu'en conséquence la France ne peut demander que l'extradition d'un Français ou d'un étranger à tout pays autre que celui auquel il appartient (circ. min. int. 5 avr. 1841) (1). En effet, elle est interdite par la constitution du grand-duché de Bade (§§ 13 et 15); par celle du duché de Brunswick (art. 206); par une ord. du roi

(1) Cette circulaire est conçue dans les termes suivants :
Monsieur le procureur général, la plupart des puissances étrangères livrent à la France les malfaiteurs qui ont fui son territoire, et le gouvernement français use de réciprocité. J'ai remarqué que les magistrats ne connaissent pas toujours, d'une manière assez précise, les relations qui existent sur ce point entre la France et les autres nations, et que les règles qui régissent cette matière ne leur sont pas assez familières. De là des fautes graves : des coupables ont échappé à la punition qu'ils avaient méritée; des procédures ont été inutilement suspendues, dans l'espoir d'obtenir une extradition qui ne pouvait être accordée ; enfin, les magistrats, ne sachant pas sur quels documents les demandes d'extradition doivent être appuyées, ont omis de me transmettre les pièces nécessaires, et les négociations, qui devaient être suivies avec promptitude, ont ainsi été retardées. Le but de cette instruction est de vous bien faire connaître les rapports établis entre le gouvernement français et les gouvernements étrangers relativement à l'extradition des malfaiteurs, et de vous indiquer les pièces, les documents qui doivent accompagner la demande d'extradition. — Je m'occuperai, à la fin de cette circulaire, de l'exécution des commissions rogatoires que les magistrats français adressent à l'étranger, et de celles qui, intéressant la France, émanent d'une autorité étrangère.

§ 1. Le gouvernement du roi obtient l'extradition d'un Français qui a commis un crime, soit en vertu des traités intervenus à cet effet, soit par voie de négociations qui ont lieu chaque fois qu'une extradition est demandée. — La France a conclu des traités d'extradition avec l'Espagne (29 sept. 1765), avec la Suisse (18 juill. 1828), avec la Belgique (29 nov. 1834), avec la Sardaigne (25 mai 1838). — Ces traités doivent être étudiés avec d'autant plus de soin que les règles qui y sont tracées s'appliquent aux négociations particulières qui peuvent s'engager avec d'autres puissances en pareille matière. — A l'égard des autres nations, nous sommes avec elles dans des relations qui nous permettent d'en obtenir, par des négociations particulières, la délivrance des malfaiteurs. Il faut excepter l'Angleterre et les États-Unis d'Amérique. Ces deux puissances n'accordent pas d'extradition : la première, parce que sa législation ne le permet pas ; la seconde, parce que la question de savoir si le droit de livrer les criminels appartient à chacun des États

ou au gouvernement central n'est pas encore vidée ; cette difficulté s'est opposée jusqu'à présent à toute extradition.

§ 2. L'extradition des malfaiteurs est soumise à des restrictions dont il faut bien se rendre compte. — En premier lieu, les puissances ne consentent pas à livrer leurs nationaux : il en résulte que la France ne peut réclamer que l'extradition d'un Français ou d'un étranger réfugié dans un pays autre que celui auquel il appartient.

En second lieu, le fait qui a été commis par l'individu dont on veut obtenir l'extradition doit être puni par la loi d'une peine afflictive ou infamante, et constituer un crime. Ce principe a été adopté par la France comme par les autres puissances étrangères ; il est aussi consacré par les traités que quelques-unes de ces puissances ont faits entre elles. En effet, il faut une raison puissante pour faire rechercher sur la terre étrangère l'homme qui s'est puni par l'éloignement volontaire de sa patrie ; et d'ailleurs, les infractions graves ont toujours un caractère de criminalité absolue qui rend la répression nécessaire dans l'intérêt de la société tout entière, tandis que les faits qualifiés délits n'ont souvent qu'une criminalité relative, et n'offensent que l'État seul dans le sein duquel ils ont été commis. C'est une règle dont le gouvernement du roi n'entend dans aucun cas se départir. — Les traités contiennent la liste des crimes pour lesquels l'extradition est accordée ; mais il ne faut pas s'arrêter à cette nomenclature, qui est plutôt indicative que limitative.

Du principe que l'extradition ne peut être accordée pour délit, il résulte que si un individu qui a commis un fait qualifié crime en France, est livré au gouvernement français pour être jugé de ce fait, et qu'en même temps il soit prévenu d'un délit, il ne doit pas être jugé sur ce délit. L'application du principe est susceptible de quelques difficultés. Il est évident que, si le délit est isolé, il sera facile de ne juger l'individu livré que sur le crime ; mais, dans certains cas, le délit est connexe ; en outre, il devient souvent, par sa connexité, une circonstance aggravante. Quand ces difficultés se présenteront, vous m'en référerez, et je vous ferai connaître, avec mon avis, les précédents de mon administration.

L'extradition ne peut être demandée que pour un crime ; mais elle ne peut être obtenue pour tous les crimes.—Une distinction doit être établie. Les crimes politiques s'accomplissent dans des circonstances si difficiles à apprécier, ils naissent de passions si ardentes, qui souvent sont leur

de Hanovre (26 fév. 1822); par le code pénal de Bavière (art 30); | par ceux des duchés d'Oldenbourg (501), et du Wurtemberg

excuse, que la France maintient le principe que l'extradition ne doit pas avoir lieu pour fait politique. C'est une règle qu'elle met son honneur à soutenir. — Elle a toujours refusé, depuis 1830, de pareilles extraditions ; elle n'en demandera jamais. — Quand un Français livré par une puissance étrangère, comme auteur d'un crime ordinaire, est en même temps accusé d'un crime politique, il ne peut être jugé que pour le crime ordinaire. Immédiatement après le jugement, s'il est acquitté, et après l'expiration de sa peine, s'il a été condamné, le gouvernement du roi lui indique, pour sortir de France, un délai, passé lequel, s'il est trouvé sur le territoire, il est jugé pour le crime politique.

Comme les actes d'extradition sont non-seulement personnels à celui qu'on livre, mais qu'ils énoncent en outre le fait qui donne lieu à l'extradition, l'individu qu'on a livré ne peut être jugé que sur ce fait. Si, pendant qu'on procède à l'instruction du crime pour lequel il est livré, il surgit des preuves d'un nouveau crime pour lequel l'extradition pourrait être également accordée, il faut qu'une nouvelle demande soit formée à cet effet.— Ces règles me paraissent suffisantes pour vous mettre à même de trancher la plupart des difficultés qui se présenteront à vous ; mais dans une matière si délicate, qui intéresse la paix du royaume, puisqu'il importe de ne pas troubler les rapports qui existent avec les puissances amies, je vous recommande de me consulter souvent.

J'ai raisonné jusqu'à présent dans l'hypothèse où les questions relatives à l'extradition seraient soumises à l'administration, où les procureurs généraux s'en trouveraient saisis comme maîtres de l'action publique ; mais les tribunaux peuvent être appelés incidemment à en connaître. Quelle est, à cet égard, leur compétence ? En principe général, le gouvernement seul est juge de la validité d'une extradition, et il en résulte qu'il lui appartient d'en fixer la portée, d'en interpréter les termes. Dès lors, quand on soutient devant un tribunal, ou qu'une extradition est irrégulière, ou qu'elle est interprétée dans un sens, soit trop favorable, soit préjudiciable à l'inculpé, le tribunal doit surseoir jusqu'à ce que le gouvernement ait fait connaître sa décision. C'est ce que la cour de cassation a jugé le 29 août 1840 (a).

§ 3.—Maintenant, quelles sont les pièces qui appuieront la demande d'extradition ; et, en premier lieu, comment cette demande sera–t–elle formée ? — C'est au gouvernement seul à agir ; il ne vous est pas permis, en cette matière, d'avoir vous entendre, avec aucun prétexte, avec les agents des puissances étrangères ; vous ne pouvez pas non plus vous adresser directement aux autorités judiciaires des pays voisins, pour obtenir l'extradition ; vous pouvez correspondre seulement avec les magistrats étrangers pour avoir des renseignements.

Les pièces qui doivent être jointes à la demande sont différentes, selon que la procédure contre l'individu dont on réclame l'extradition est plus ou moins avancée. Si l'arrêt de la chambre des mises en accusation est rendu, vous m'enverrez cet arrêt ; s'il y a eu condamnation par contumace ou contradictoire, vous m'adresserez les arrêts de condamnation. —Quand l'extradition est demandée au commencement de la procédure, vous me transmettrez un mandat d'arrêt. Ce mandat ne peut être remplacé par le mandat d'amener, qui ne contient pas la qualification du fait, et qui est presque toujours décerné avant que ce fait soit connu. — Le mandat d'arrêt n'est point un acte exécutoire à l'étranger, c'est simplement un document. Je fais cette remarque parce que des juges d'instruction, des officiers du ministère public ont souvent accompagné les mandats d'invitations de réquisitions adressées aux autorités étrangères. Cela est contraire au principe qui renferme l'autorité des magistrats dans le territoire. Quelques juges d'instruction saisissent la chambre du conseil, pour obtenir une ordonnance qui homologue, pour ainsi dire, le mandat d'arrêt. Cette formalité est surabondante et inutile. — Le mandat doit être rédigé avec soin, et la qualification du fait y recevoir le développement nécessaire. — Ce mandat me sera transmis par vous avec une lettre explicative.

Le gouvernement belge consent à faire arrêter l'individu dont l'extradition est demandée, sur le vu du mandat d'arrêt ; mais il ne le livre que sur la présentation de l'arrêt de la chambre des mises en accusation. — Le gouvernement espagnol exige aussi la production de l'arrêt de la chambre des mises en accusation. —Cette pièce devra donc m'être transmise après le mandat, quand il s'agira d'un individu réfugié en

hors des frontières, s'il avait été amené en France. Il est inutile de dire que, dans le cas où une ordonnance, un arrêt de non-lieu, une ordonnance d'acquittement intervient, je dois en être averti sans délai.

Quand un individu est livré et amené en France, c'est à l'autorité administrative qu'il doit d'abord être remis ; mais, comme il importe qu'il soit le plus promptement possible à la disposition de l'autorité judiciaire, le procureur général dans le ressort duquel il est conduit le reçoit des mains de l'autorité administrative, et, si le jugement ne doit pas être rendu dans son ressort, il s'entend immédiatement avec le procureur général dans le ressort duquel l'accusation doit être purgée, pour que la translation soit opérée. L'autorité administrative remet l'ordre de conduite, ou tout autre document équivalent, qui suffit pour saisir le procureur général du lieu où est transféré le prévenu.

§ 4.— Je me suis occupé jusqu'ici de l'extradition en ce qui concerne les individus qui, après avoir commis un crime en France, ont fui à l'étranger ; mais la France, usant de réciprocité envers les puissances étrangères, consent à leur livrer les malfaiteurs qui ont commis des crimes sur leur territoire .Les magistrats sont tout à fait étrangers à la négociation qui intervient alors ; mais il est important que vous sachiez dans quelles limites est renfermée l'autorité judiciaire française, quant à l'aide qu'elle peut prêter aux autorités du pays étranger où un crime a été commis. Souvent des magistrats étrangers transmettent directement aux procureurs généraux, à leurs substituts et même aux tribunaux, des mandats, des ordres d'arrestation, des jugements de condamnation. Ces mandats, ces jugements ne sont point exécutoires en France : l'arrestation d'un étranger ne peut être opérée qu'en vertu de l'ordonnance du roi qui ordonne l'extradition. Les mandats ou jugements doivent m'être adressés par les magistrats qui les ont reçus, pour que je m'entende sur la question d'extradition avec M. le ministre des affaires étrangères. — Vous êtes souvent instruit qu'un étranger qui a commis un crime dans son pays se trouve dans votre ressort. Cet étranger est porteur d'un passe-port falsifié, s'il se livre à la mendicité, au vagabondage, etc., vous ferez opérer son arrestation, et vous m'en instruirez immédiatement ; mais, quand cet étranger n'a commis aucun délit en France, vous vous rappellerez que c'est à l'autorité administrative seule à prendre les moyens de surveillance, à adopter les mesures de police qui peuvent l'empêcher d'échapper aux poursuites commencées contre lui hors de France.

L'exécution de l'ordonnance d'extradition est confiée aux agents de l'ordre administratif ; mais, quand l'étranger qu'on livre à la France se trouve sous le coup de poursuites dans le royaume, qu'il est écroué en vertu d'un ordre de la justice française, vous avez diverses déterminations à prendre.

Si l'étranger dont l'extradition est accordée subit une peine en France, il ne pourra être livré qu'après que cette peine aura été subie. Si des poursuites ont été commencées contre lui, elles doivent être mises à fin ; s'il est acquitté, l'ordonnance d'extradition sera immédiatement exécutée ; s'il est condamné, elle ne le sera qu'après sa peine subie. — Mais c'est dans l'intérêt de la vindicte publique seule que l'extradition peut être retardée ; l'intérêt particulier ne pourrait être écouté, et, en conséquence, un créancier qui retient en prison un débiteur étranger dont l'extradition serait accordée ne saurait s'opposer à ce qu'il fût livré à la puissance étrangère qui l'a réclamé ? En effet, par suite de l'extradition, l'étranger se trouve sous la main de la justice étrangère, il est complétement à sa disposition, et l'assurance du payement d'une dette ne peut être mise en balance avec l'utilité qu'il y a à punir un malfaiteur. Si, dans un cas pareil, des créanciers réclamaient auprès de vous, vous n'auriez aucun égard à leurs réclamations ; et si, comme il y en a eu des exemples, ils s'adressaient aux tribunaux, vous soutiendriez l'incompétence de l'autorité judiciaire, et vous vous entendriez, au besoin, avec l'autorité administrative pour que le conflit fût élevé. Le conseil d'État a, le 2 juill. 1836, approuvé un arrêté de conflit rendu dans de semblables circonstances (V. n° 325).

§ 5.—Il me reste à vous entretenir de l'exécution des commissions rogatoires qui peuvent être transmises à l'étranger, et aussi de l'exécution de celles qui sont envoyées par les autorités étrangères. — Nos relations avec les puissances étrangères sont diverses, relativement à

(art. 6), etc. Or, le principe de réciprocité, sur lequel repose en général la matière de l'extradition, veut que nous n'accordions pas plus aux puissances étrangères qu'elles ne nous accordent. De là vient que, dans la plupart des conventions d'extradition de la France avec les puissances étrangères, les nationaux sont exceptés (V. n° 289). C'est donc aujourd'hui un principe universellement reçu que le gouvernement n'accorde pas l'extradition de ses nationaux ; mais ce principe est plutôt du droit des gens que du droit politique.

286. La seconde question est de savoir si un gouvernement doit accorder l'extradition d'un étranger qui appartient à une autre nation que celle qui le réclame. Les auteurs sont partagés sur ce point. Martens, Droit des gens, § 101, nie que l'on puisse livrer à un gouvernement d'autres personnes que ses propres sujets. Kluit (*De deditione profugorum*, p. 61) et M. Faustin-Hélie (p. 679), croient à la légitimité de cette extradition, sauf l'appréciation des convenances politiques. — En principe, le gouvernement sur le territoire duquel le crime a été commis a toujours le droit de réclamer le coupable ; d'un autre côté, le gouvernement chez lequel le coupable ou le prévenu s'est réfugié a le droit, nous l'avons vu, de l'arrêter et de le livrer à la justice étrangère ; on ne voit donc pas pourquoi il ne le livrerait pas à celui qui le réclame. — Mais il y a un troisième droit qu'il faut considérer, c'est celui du gouvernement dont le prévenu est le sujet : doit-on livrer un coupable sans en avertir la nation dont il fait partie ? ou bien faut-il l'autorisation de ce tiers pour permettre l'extradition ? ou enfin, s'il réclame lui-même l'extradition, est-ce à lui ou au premier gouvernement qu'il faudra le livrer ? Questions complexes sur lesquelles les auteurs ne sont pas d'accord. Examinons-les par les principes naturels.

287. De quel droit le gouvernement auquel appartient le prévenu interviendrait-il pour arracher à la punition d'un crime qui ne s'est pas commis chez lui un prévenu qui ne s'est pas réfugié chez lui ? On comprend sans doute que le pays auquel un de ses regnicoles a semblé demander protection en retournant sur le territoire natal, ne soit pas légèrement livré par son gouvernement, on comprend que l'ayant en sa possession, ce gouvernement écoute plutôt le devoir de protection qu'il doit à ses sujets que le devoir de concours qu'il doit à une justice étrangère ; mais lorsque son sujet, coupable envers un Etat, s'est réfugié dans un autre Etat, tout ce que son gouvernement lui doit, c'est d'intercéder en sa faveur, s'il le mérite, pour modérer la peine qu'il a encourue ; mais son devoir ne va pas plus loin, et son droit s'arrête encore à ce devoir. — D'ailleurs, le gouvernement dans les Etats duquel le coupable s'est réfugié n'est nullement engagé par le devoir plus ou moins étroit qu'un autre gouvernement a envers ses nationaux. Lorsqu'il accorde l'extra-

dition, c'est en vue de la justice, et non en vue des intérêts de tel ou de tel Etat, et s'il est tenu de défendre ses propres sujets, il n'a pas la même obligation envers les sujets d'un autre. Si donc il se trouve placé entre deux demandes, celle du pays où le crime a été commis, celle du pays auquel le prévenu appartient, il est libre de se décider selon les convenances et selon l'appréciation des faits. S'il livre le coupable au premier, il aura tenu plus compte du principe de la justice, car il vaut mieux que le coupable soit puni là même où le crime a été commis ; s'il le livre au second, il fera plus d'état du principe de la nationalité. On sent qu'il puisse y avoir des raisons diverses de prendre tel ou tel parti ; mais de considérer l'un des deux comme absolument obligatoire, c'est ce qui ne paraît pas pouvoir résulter d'aucun principe. — V. n° 290.

288. Si un accusé a commis deux crimes dans deux nations différentes et que l'une et l'autre réclament l'extradition, à laquelle des deux doit-on le livrer ? Si l'une des deux est sa patrie, c'est celle-là qui a le plus de droit (Kluits, p. 64) ; s'il est étranger à l'une et à l'autre, il faut considérer soit la première en date de réclamation, soit la gravité du crime (Tittmann, *Strafrechtspflege*, p. 26 ; Schmalz, L. 4, c. 3, p. 160).

289. Les conventions d'extradition se ressemblent presque toutes : cependant il peut être utile de distinguer les différences qui se rencontrent dans quelques-unes et les dispositions qui sont généralement communes. Ainsi, comme nous l'avons dit déjà, un principe admis dans presque tous les traités est que les nationaux des deux pays sont réciproquement exceptés de l'extradition. Cette exception se trouve dans la convention d'extradition de la France et de la Belgique, 22 novembre 1834, publiée le 19 décembre suivant ; dans la convention entre la France et le grand-duché de Lucques, du 10 nov. 1843, publiée le 25 janv. 1844 ; dans la convention entre la France et les Pays-Bas, 7 nov. 1844, publiée le 29 janv. 1845 ; dans la convention entre la France et le royaume de Deux-Siciles, 14 juin, et publiée le 10 août 1845 ; dans la convention entre la France et la Prusse, conclue le 21 juin et publiée le 30 août 1845 ; dans la convention entre la France et le grand-duché de Mecklembourg, 26 janvier, et publiée le 3 avril 1847 ; dans la convention entre la France et le grand-duché d'Oldenbourg, conclue le 6 mars et publiée le 6 mai 1847 ; dans la convention entre la France et la Saxe, 28 avril 1850, publiée le 5 déc. 1850, etc. — Cette exception ne se trouve pas cependant dans deux ou trois conventions, par exemple celle du 13 fév. 1843 entre la France et la Grande-Bretagne, dont les termes sont les plus généraux. Art. 1. « Il est convenu que les hautes parties contractantes, sur les réquisitions faites en leur nom par l'intermédiaire de leurs agents diplomatiques respectifs, seront tenues de livrer en justice les individus qui

---

quisitions auxquelles il ne peut être obtempéré. Il faut, si l'on juge nécessaire d'employer une formule, se servir d'une formule d'invitation, de prière ; et cette formule devra être aussi simple et aussi brève que possible.

Il y a une exception aux règles qui précèdent : elle est relative à l'exécution des commissions rogatoires émanées des Etats de S. M. Sarde. L'art. 22 d'un traité conclu à Turin, le 24 mars 1760, est ainsi conçu : « Pour favoriser l'exécution réciproque des décrets et jugements, les cours suprêmes déféreront de part et d'autre à la forme de droit, aux réquisitoires qui leur seront adressés à ces fins, même sous le nom desdites cours. » Les sénats des diverses provinces dont se composent les Etats sardes, se fondant sur cette disposition, permettent l'envoi en France que des commissions qu'ils ont délibérées. Ces commissions rogatoires sont rédigées en leur nom et adressées à la cour royale dans le ressort de laquelle elles devront être exécutées. Ces mêmes sénats exigent, par réciprocité, que les commissions rogatoires, venant de France, quel que soit le magistrat saisi de l'information ou le nécessité, leur soient adressées par la cour royale du ressort, et ils en subordonnent l'exécution à leur propre autorité. — Ainsi, quand une commission rogatoire devra être envoyée dans les Etats de S. M. Sarde, vous la soumettrez à la cour royale pour que cette cour en délibère ; et, si le juge convenable de la transmettre, elle rendra un arrêt portant invitation à l'un des sénats des Etats de Sardaigne de l'exécuter. C'est par la première chambre civile de la cour et en chambre du conseil, que l'arrêt doit être rendu. Vous m'en transmettrez ensuite une expédition ; car les corps judiciaires de deux pays étrangers ne doivent pas correspondre entre eux, et l'arrêt de la cour royale ne sera exécuté qu'en vertu du consentement réciproque des deux gouvernements.

Le gouvernement français consent à ce que des commissions rogatoires émanées de tribunaux étrangers soient exécutées en France ; mais il veut les examiner avant d'autoriser leur exécution, pour s'assurer qu'elles ne contiennent rien de contraire aux lois du royaume. Le magistrat auquel une commission rogatoire est transmise directement de l'étranger, et ce cas est très-fréquent, doit donc me l'envoyer immédiatement pour que je décide s'il y a lieu d'y faire droit. — Ces commissions rogatoires seront exécutées par le juge d'instruction, sur la réquisition du ministère public : les témoins doivent être entendus dans la forme ordinaire ; ils peuvent être contraints par les voies de droit à déposer ; quand le magistrat instructeur aura accompli sa mission, il rendra une ordonnance de *soit remis au parquet*, et vous me transmettrez toutes les pièces dans le plus bref délai.

Telles sont, monsieur le procureur général, les instructions qu'il m'a paru nécessaire de vous transmettre sur la matière de l'extradition. C'est une des parties de l'administration criminelle où il se commet le plus d'erreurs, où j'ai le plus souvent occasion de rappeler les règles aux magistrats. Faites, par vos soins, qu'il n'en soit plus ainsi. Je compte sur votre zèle et vos lumières pour ce service, sur ce point, soit régularisé. — Je vous prie de m'accuser réception de la présente circulaire, dont je vous adresse des exemplaires en nombre suffisant pour que vous puissiez en transmettre aux procureurs du roi, aux substituts et aux juges d'instruction de votre ressort.

Vous voudrez bien considérer comme abrogées les circulaires relatives à l'extradition qui ont été adressées par la chancellerie à vos prédécesseurs, et notamment celles des 6 oct. 1810, 12 juin 1816 et 51 juill. 1821.

Du 5 avr. 1841.—Circ. min. de la justice et des cultes·

accusés de crimes, de meurtre, etc., commis dans la juridiction de la partie requérante, chercheront un asile sur le territoire de l'autre.... » Le même article est reproduit textuellement dans la convention du 9 nov. 1843, entre la France et les Etats-Unis d'Amérique.—Dans d'autres on spécifie d'une manière toute particulière que les deux pays se rendront réciproquement leurs sujets respectifs. Par exemple, dans la convention du 18 juillet 1828 avec la Suisse, il est dit, art. 5 : « Si des Français ou des Suisses déclarés coupable dans leurs pays respectifs des crimes suivants (suit la mention des crimes), venaient à se réfugier, les Français en Suisse, et les Suisses en France, leur extradition sera accordée à la première réquisition. La même disposition se trouve dans la convention avec la Sardaigne, 23 mai 1838, art. 1, dans la convention avec le grand-duché de Bade, 27 juin 1844.

290. Dans les traités où il est dit d'une manière générale que l'on accordera réciproquement l'extradition des individus réfugiés dans les deux Etats respectifs, il y a d'ordinaire une clause relative aux étrangers des deux Etats (V. la convention du 6 mars 1847 entre la France et le grand-duché d'Oldenbourg, art. 7) : « Si le prévenu ou le condamné n'est pas le sujet de celui des deux Etats contractants qui le réclame, il ne pourra être livré qu'après que son gouvernement aura été consulté et mis en demeure de faire connaître les motifs qu'il pourrait avoir de s'opposer à l'extradition. » La même clause se trouve dans la convention avec le grand-duché de Mecklembourg-Schwérin, 28 janv. 1847, dans celle avec le grand-duché de Mecklembourg-Strélitz 26 fév. 1847; dans celle du 31 août 1847 avec Lubeck, dans celle du 10 juill. 1847 avec Brême, et dans celle avec la Saxe citée plus haut. Mais dans ces trois dernières conventions, l'article que nous venons de citer est complété ainsi qu'il suit : « Dans tous les cas, le gouvernement saisi de la demande d'extradition restera libre de donner à cette demande la suite qui lui paraîtra convenable, soit en le prévenu pour être jugé, soit à son pays natal, soit au pays où le crime aura été commis. » On voit que ces stipulations sont tout à fait conformes à la doctrine que nous avons exposée, n° 287.

291. Il peut être convenu entre deux puissances que l'étranger poursuivi pour contravention à certaines lois sera renvoyé devant les juges de son pays. Telle est la convention avec l'Espagne, du 24 déc. 1786, art. 16, qui est encore en vigueur. —Il a été jugé, par application de cette convention, que, sur l'introduction faite par un Espagnol de marchandises prohibées en France, le tribunal français, au lieu de statuer, doit, conformément à cette convention, renvoyer le délinquant avec le procès-verbal constatant le délit et les marchandises, pour être jugé par les magistrats de son pays (Crim. cass. 2 déc. 1824, aff. Belloqui, V. Douanes, n° 748-1°).

§ 4. — Motifs de l'extradition.

292. L'extradition ne peut être admise qu'à l'égard du prévenu d'un fait passible d'une peine afflictive ou infamante, c'est-à-dire d'un crime, autre qu'un crime politique, et non d'un délit. (circ. min. just. 5 janv. 1841, § 2, V. n° 285).— Tels sont les deux principes qui régissent la matière : 1° l'extradition ne doit avoir lieu que pour un crime et non pour un délit; 2° pour un crime commun et non un crime politique.—« Quant aux délits, dit M. Legraverend, p. 109, de quelque nature qu'ils soient, il est évident qu'ils ne sauraient donner lieu à l'emploi de cette mesure. En effet, le gouvernement français ne pourrait pas, sans se mettre, en quelque sorte, en contradiction avec les principes de sa propre législation, autoriser, dans l'intérêt d'un gouvernement étranger, l'extradition même momentanée, et par conséquent l'arrestation et la translation, avec des formes rigoureuses, d'un de ses sujets ou d'un autre sujet étranger qui aurait commis hors du territoire français un fait pour lequel le prévenu, dans le cas même où le délit aurait été commis en France, pourrait pendant toute l'instruction de la procédure rester en liberté sous caution. » —Il y a deux raisons graves pour ne pas accorder l'extradition pour délit : la première, c'est que le coupable s'est déjà volontairement puni en s'éloignant de son pays et en se privant de ses moyens ordinaires de subsistance; la seconde, c'est que le

délit n'a souvent qu'une sorte de criminalité relative, et offense un Etat particulier plutôt que la société tout entière. — C'était l'opinion de Vattel, liv. 1, ch. 19, § 233, qui ne défend le droit d'extradition que pour les grands crimes, et ne le réclame qu'à l'égard « des assassins, des empoisonneurs, des incendiaires de profession, de ceux qui attaquent et outragent toutes les nations en foulant aux pieds les fondements de leur sûreté commune. » Enfin, si le droit d'asile ne suffit pas à contre-balancer l'intérêt de la justice lorsqu'il s'agit de ces actes qui mettent en péril l'ordre social, il doit faire équilibre au principe de la justice sociale lorsqu'il ne s'agit que de simples délits. Et dans ce cas, on peut dire qu'il ne protège pas l'impunité, puisque l'exil est déjà une punition.

293. Tels sont les principes généraux de la matière. Cependant il faut reconnaître qu'ils sont susceptibles de quelques restrictions. M. Faustin-Hélie fait à ce sujet des réflexions très-justes. La distinction entre les crimes et les délits ne résulte pas toujours, dit-il, de la gravité intrinsèque des actes classés sous l'un ou l'autre titre : c'est une différence de compétence qui n'a de valeur que dans les limites particulières de chaque législation. Au contraire, l'extradition doit être basée sur la gravité intrinsèque des faits, et surtout sur le caractère de criminalité commune pour tous les Etats. Si un fait est qualifié crime dans un pays, mais sans avoir le même caractère de criminalité aux yeux d'un autre pays, cette dénomination ne doit pas suffire pour en faire un motif d'extradition. Quant aux délits, sans doute il convient en général qu'ils ne donnent pas matière à l'extradition. Cependant si l'on considère que certains délits peuvent avoir une assez grande gravité, et que d'un autre côté, par la facilité de communications actuelles entre les peuples, l'évasion d'un coupable en pays étranger peut devenir de plus en plus fréquente, on comprend que cette règle qui exclut les délits de l'extradition ne doit pas être une règle absolue. Ajoutez que l'exil n'est plus guère aujourd'hui une véritable peine, surtout pour celui qui, échappant à sa mauvaise réputation, peut trouver à l'étranger des moyens de vivre que lui refuse sa patrie. Enfin, l'extradition tend à devenir de jour en jour, selon l'expression de M. Faustin-Hélie, une voie ordinaire d'exécution des jugements et des mandements de justice. Aussi y a-t-il déjà quelques exemples de conventions d'extradition pour simples délits entre quelques gouvernements de l'Allemagne. C'est ainsi que le délit d'escroquerie est rangé, tant par la loi belge du 1er oct. 1833 que par la convention conclue entre la Belgique et la Prusse, le 29 juill. 1836, et insérée au bulletin officiel de la même année, n° 462, au nombre des faits coupables qui peuvent motiver l'extradition des étrangers qui en sont légalement prévenus ou en ont été déjà déclarés convaincus par la justice de leur pays. — En conséquence, il a été jugé par la cour de Liège que la loi et la convention précitées parlant de tout étranger mis en accusation ou condamné, sans distinction de la nature de la condamnation pour l'un des faits qui y sont énumérés, elles s'appliquent indistinctement aux individus condamnés par défaut ou par contumace, comme à ceux qui ont été frappés d'une condamnation contradictoire re (Liège, 27 déc. 1843, ch. des mises en acc., aff. H..).—Mais la France jusqu'à présent est restée fidèle dans toutes les convention aux aux principes de la circulaire du 5 avr. 1841, et n'accorde pas l'extradition pour simples délits.

294. Le type des conventions passées avec les pays étrangers pour l'extradition réciproque des malfaiteurs est la convention du 22 nov. 1834 avec la Belgique (publié le 19 déc. même année). Les crimes mentionnés dans cette convention sont : 1° assassinat, empoisonnement, parricide, infanticide, meurtre, viol; 2° incendie; 3° faux en écriture authentique ou de commerce ou en écriture privée, y compris les contrefaçons des billets de banque et effets publics, mais non compris les faux certificats, faux passe-ports et autres faux qui ne sont point punis de peines afflictives et infamantes; 4° fabrication et émission de fausse monnaie; 5° faux témoignage; 6° vol, lorsqu'il a été accompagné des circonstances qui lui impriment le caractère de crime; 7° soustractions commises par les dépositaires publics, mais seulement dans le cas où elles sont punies de peines afflictives et infamantes; 8° banqueroute frauduleuse.—Le traité belge contient une réserve qui n'a pas été reproduite dans les autres traités : c'est la faculté de refuser l'extradition dans les cas extraordinaires. — Quelques additions ont été faites dans les traités postérieurs. Ainsi l'attentat à la pudeur avec violence est ajouté aux crimes mentionnés ci-dessus dans le traité avec le duché de Lucques (11 nov. 1843, publié le 25 janv. 1844), dans le traité avec la Toscane (11 sept. 1844, publié le 28 nov.), dans le traité avec la Prusse (21 juin 1845, publié le 30 juin même année).—La convention avec la Bavière, du 23 mars 1846, ajoute la contrefaçon des poinçons de l'État servant à marquer les matières d'or et d'argent.—Ces diverses additions sont reproduites dans la convention du 26 janv. 1847 avec le grand-duché de Mecklembourg-Schwerin, et dans la plupart des conventions passées depuis cette époque. — La subornation de témoins se trouve dans la convention avec le duché de Lucques, dans celle avec la Toscane, dans celle du 14 juin 1845 (publiée le 11 août suiv.) avec les Deux-Siciles, dans le traité avec la Prusse, etc.— Le traité du 9 avril 1850, entre la France et la Nouvelle-Grenade, publié le 15 août 1852, contient plusieurs additions importantes : la castration et la fabrication de faux papier-monnaie ou l'altération de papier-monnaie. — La convention du 26 août 1850 avec l'Espagne, publiée le 4 février 1851, ajoute aux crimes mentionnés plus haut l'avortement. — La convention du 5 fév. 1848 avec la ville libre de Hambourg, publiée le 26 juil. 1851, ajoute les faits de baraterie dans tous les cas où, selon la loi française, ils sont punis de peines afflictives et infamantes, et le crime de sédition parmi l'équipage dans le cas où des individus faisant partie de l'équipage d'un navire ou bâtiment de mer se seraient emparés dudit bâtiment par fraude ou violence envers le capitaine ou commandant, et aussi dans le cas où ils auraient livré ledit capitaine ou navire aux pirates.

295. Quelques conventions, au contraire, sont moins étendues. Dans la convention avec l'Angleterre (13 fév. 1843, publiée le 18 mars 1843), il n'est mentionné que le meurtre (y compris assassinat, parricide, infanticide, empoisonnement), le faux et la banqueroute frauduleuse. Ni l'incendie, ni le viol, ni le faux témoignage, ni la soustraction frauduleuse, etc. ne sont compris dans cette convention.—La convention avec les États-Unis est plus explicite : elle ajoute l'incendie, le viol, les soustractions commises par les dépositaires publics, et, dans un article additionnel, on mentionne expressément le crime de *robbery*, ou vol avec violence, et le crime de *burglary*, qui consiste à s'introduire nuitamment, avec escalade et effraction, dans une maison habitée.

296. Il faut mettre dans une classe à part les conventions faites pour l'extradition réciproque des déserteurs. Des conventions de cette sorte existent avec la Sardaigne (9 août 1820, publiée le 11 déc.), avec la Bavière (10 mars 1827, publ. 9 mai 1827), les Pays-Bas (2 oct. 1821), la Prusse (25 juill. 1828). Voici l'art. 1 de la convention avec la Sardaigne : « Tout militaire admis ou immatriculé d'après les lois dans l'un des corps composant l'armée de terre, qui déserterait le service de l'une des deux puissances et passerait sur le territoire de l'autre, soit pour y prendre du service, soit pour y chercher un asile, sera arrêté afin d'être rendu, à moins qu'il ne soit sujet du pays où il se sera réfugié ; mais, dans ce dernier cas, les chevaux et effets d'armement, d'habillement et d'équipement appartenant à la puissance dont il aurait abandonné le service, seront envoyés au commandant de la première place frontière. Dans le cas où le déserteur arrêté aurait abandonné antérieurement le service d'un autre gouvernement avec lequel la puissance requise aurait conclu un semblable cartel d'échange, il sera remis à l'État qu'il aura abandonné en dernier lieu. » — Il y a un article analogue pour les matelots déserteurs dans les conventions de navigation et de commerce conclues avec le Brésil (8 janv. 1826, art. 8, 9, publ. 4 oct. 1823) ; — les États-Unis d'Amérique (24 juin 1822, art. 6, publié le 23 juin 1823) ; mais il est dit seulement, dans cet article, que les consuls et vice-consuls pourront faire arrêter les matelots déserteurs de leurs nations respectives, *pour les transporter hors de pays*; — le Texas (25 sept. 1839, art. 13, publ. 14 juin 1840) ; — la république orientale de l'Uruguay (8 avr. 1836, art. 13, publ. 15 avr. 1840) ; — la république de Venezuela (23 mars 1843, publ. 29 juin 1844). — Avec deux nations, il y a convention spéciale pour l'extradition des matelots déserteurs, ce sont : les Deux-Siciles (décl. 16 août 1853, publ. 15 sept. 1853) ; — l'Angleterre (décl. 23 juin 1854, publ. 4 juill. 1854).

297. On trouve dans la convention du 18 juill. 1828 avec la Suisse (publiée le 31 déc.) une remarquable disposition qui ne se rencontre pas ailleurs : c'est que, dans toutes les procédures criminelles ayant pour objet les crimes spécifiés dans le traité, dont l'instruction se fera, soit devant le tribunal français, soit devant ceux de Suisse, les témoins suisses qui seront cités à comparaître en personne en France, et les témoins français qui seront cités à comparaître en personne en Suisse, seront tenus à se transporter devant le tribunal qui les aura appelés, sous les peines déterminées par les lois respectives des deux nations (art. 6).

298. Il peut encore y avoir extradition pour les *matelots déserteurs*, ainsi que nous l'avons dit n° 296, *in fine*. Aucune puissance ne se refuse à faire rechercher et arrêter les matelots étrangers qui ont déserté pendant que le bâtiment auquel ils appartenaient se trouvait dans un de ses ports, sur la demande adressée par le consul de la nation du bâtiment au bord duquel était engagé et servait le matelot déserteur. Le fugitif est remis à ce fonctionnaire, à moins qu'il ne soit sujet propre de la puissance dans le port de laquelle a eu lieu la désertion. L'entretien du matelot déserteur dans la prison où il est déposé jusqu'à ce que le consul de sa nation ait trouvé le moyen de le rapatrier, reste au compte du consulat qui en rembourse les frais à l'autorité locale. Si, après un certain délai de deux, trois ou quatre mois, selon ce qui a été réglé par les traités en vigueur, le consul n'a pu trouver une occasion favorable pour renvoyer ce matelot dans son pays, il est remis en liberté, et les traités portent, en général, qu'il ne pourra plus être arrêté pour la même cause (M. de Cussy, Phases du droit maritime, t. 22, III. 2, § 38). Le délai passé lequel le matelot déserteur pourra être remis en liberté a été fixé : à trois mois, par les traités de 1836 entre la France et l'Uruguay, de 1843 entre la France et la république de Venezuela, de 1822 entre la France et les États-Unis ; à quatre mois par le traité de 1839 entre la France et le Texas, annexé depuis aux États-Unis. Les traités fort nombreux, antérieurs à l'année 1836, et plusieurs depuis, ne contiennent pas de clause relativement au temps où les matelots déserteurs pourront être retenus en prison (M. de Cussy, *ibid.*).

299. La seconde condition ou règle de l'extradition, adoptée aujourd'hui par la plupart des gouvernements, c'est que l'extradition ne doit pas être accordée pour motifs politiques. Citons encore les paroles du garde des sceaux : « Les crimes politiques, dit-il, s'accomplissent dans des circonstances si difficiles à apprécier, ils naissent de passions si ardentes, qui souvent sont leur excuse, que la France maintient le principe que l'extradition ne doit pas avoir lieu pour fait politique. C'est une règle qu'elle met son honneur à soutenir. Elle a toujours refusé, depuis 1830, de pareilles extraditions ; elle n'en demandera jamais » (circ. 5 avr. 1841, § 2, V. n° 285). — Kluits (*De deditione profugorum*, p. 44) a donc raison, au nom de ces principes, de désapprouver les traités obtenus par l'Angleterre du Danemark, 23 fév. 1661, et des Pays-Bas, 14 sept. 1662, pour l'extradition des complices de la condamnation de Charles Ier, mais il faut dire qu'à cette époque on n'admettait pas, comme aujourd'hui, de circonstances atténuantes en faveur des crimes politiques : c'étaient, au contraire, les premiers de tous. Grotius admet l'extradition pour les crimes d'État (L. 2, c. 21, n° 4). — Un traité beaucoup plus récent, celui du 4 janv. 1834, entre la Prusse, l'Autriche et la Russie, relativement à l'extradition des réfugiés polonais, n'est évidemment pas à la hauteur des principes de notre temps. — Le roi des Pays-Bas a refusé, en 1826 et 1828, l'extradition des réfugiés politiques français, et l'empereur du Maroc a refusé également de livrer des réfugiés politiques espagnols.

300. M. Faustin-Hélie (t. 2, p. 687-688), demande s'il faut entendre seulement par crimes politiques les faits qualifiés exclusivement de cette manière, ou les crimes communs qui peuvent avoir pour cause les passions politiques. Excepté le cas où les conventions excluent expressément les faits connexes aux faits politiques, il n'est pas évident que ces faits doivent en général jouir du privilège accordé aux crimes et délits exclusivement politiques. Autre chose est en effet un crime ainsi qualifié seulement par le parti politique ou le pouvoir contre lequel il a été consommé ; autre chose sont les crimes qui, plus ou moins déterminés par des causes politiques, n'en sont pas moins des crimes pour tous les temps ou tous les pays, comme l'assassinat politique, et, dans certains cas, le pillage, l'incendie, etc. Il est, croyons-nous, évident que de pareils actes ne peuvent pas, à moins de convention spéciale, jouir dans tous les cas de l'immunité accordée aux faits politiques. Sans doute il peut y avoir des cas où, la cause politique dominant, le pays auquel on demande l'extradition pour des actes de cette nature, pourra se croire autorisé à la refuser. Mais on ne peut pas admettre en thèse générale que ce soit là une exception absolue et que, dans ce cas, le gouvernement ne puisse pas demander ou accorder d'extradition. —Au reste, la plupart des conventions conclues dans ces derniers temps contiennent expressément l'exception des crimes politiques, par exemple, celle du 9 nov. 1843 avec les Etats-Unis, celle du 4 déc. 1844 avec la Toscane. Dans ces deux traités, il n'est pas fait mention des faits connexes. Dans d'autres conventions, au contraire, la double exception existe. (Voyez, par exemple, la convention du 26 sept. 1844 avec le Luxembourg, ou celle du 23 mai 1838 avec la Sardaigne ; celle du 23 avr. 1850 avec la Saxe). Cette disposition est en général ainsi formulée : « Les crimes et délits politiques sont exceptés de la présente convention. Il est expressément stipulé que l'individu dont l'extradition aura été accordée ne pourra être, dans aucun cas, poursuivi ou puni pour aucun fait politique antérieur à l'extradition, ou pour aucun fait connexe à un semblable délit. » Il n'y a qu'un traité qui comprenne les crimes contre la sûreté de l'Etat dans les motifs de l'extradition : c'est le traité avec la Suisse du 18 juill. 1828, art. 5. Mais cet article n'a jamais été invoqué, et l'on peut le considérer comme abrogé par la coutume constante du gouvernement français depuis cette époque. — En 1849, la Russie et l'Autriche ont exigé de la Turquie l'extradition des réfugiés hongrois et polonais compromis dans la révolution de 1848. Des traités existants en autorisaient la demande, mais le droit des puissances était réciproque, et la Turquie a opposé avec succès à la lettre des traités la non-exécution résultant de la conduite antérieure des gouvernements de Russie et d'Autriche (M. Laferrière, Cours de droit public, t. 1, liv. 3, ch. 3, § 1).— M. Le Sellyer (Tr. du droit crim., t. 5, p. 209), enseigne que le gouvernement français peut accorder l'extradition pour certains crime commis en France contre un gouvernement étranger. Mais il semble que cette solution est écartée par le principe général qui interdit l'extradition pour cause politique. Seulement, il ne faut pas considérer comme crimes politiques le crime de fausse monnaie, ou le complot d'assassinat contre un souverain. Quant aux crimes politiques proprement dits, c'est-à-dire complots pour le renversement d'un gouvernement étranger, le gouvernement français a le droit de l'expulsion ; mais il pourrait refuser l'extradition.

301. La circulaire du 5 avr. 1841, § 2 (V. n° 285), pose en principe que la nomenclature des crimes dans les conventions d'extradition est plutôt indicative que limitative, c'est-à-dire qu'aucun gouvernement ne s'interdit de demander et d'accorder l'extradition pour des crimes non mentionnés dans les conventions. Cela résulte du principe que nous avons posé, que l'extradition est un acte libre de souveraineté, qui peut être régi par des conventions, mais qui ne repose pas sur elles. Il faut cependant excepter les cas où la convention limite expressément aux faits mentionnés la possibilité de l'extradition, comme dans la convention avec Hambourg, art. 8. Il y est expressément stipulé « que le prévenu ou le condamné dont l'extradition aura été accordée ne pourra être, dans aucun cas, poursuivi ou jugé pour aucun des crimes ou délits non prévus par la présente convention. »

302 Mais lorsque certains actes non compris dans les traités d'extradition paraissent cependant d'assez grande gravité pour mériter cette mesure, ils sont l'objet de conventions particulières, lorsque là l'espèce dont il s'agit. Les deux seules conditions pour ces sortes de conventions sont d'abord que le fait soit qualifié crime par la loi pénale ; en second lieu, que l'Etat qui demande l'extradition consente à l'accorder dans les mêmes cas. Les crimes qui peuvent donner lieu à des conventions de cette nature sont, par exemple, les rébellions, les coups et blessures volontaires qui ont occasionné la mort, les pillages commis

en troupe, etc., enfin tous les crimes dont les éléments sont complexes et peuvent être l'objet d'appréciations diverses (M. F. Hélie, Instr. crim., t. 2, p. 694).

303. De ce principe que l'extradition ne s'accorde que pour les crimes, et non pour les délits, pour les crimes communs, et non les crimes politiques, il résulte : 1° que si l'extradition d'un individu accusé à la fois d'un crime et d'un délit a été obtenue, il ne doit pas être jugé sur le délit (circ. min., 5 avr. 1841, § 2, V. n° 285; V. aussi la lettre du garde des sceaux dans l'aff. Dermenon, Crim. cass. 4 sept. 1840, n° 532; Conf. MM. Legraverend, t. 1, chap. 1, sect. 8, p. 112; Bourguignon, sur l'art. 5 c. inst. inst. crim.; Mangin, Act. publ., t. 1, n° 76; Le Sellyer, t. 5, n°° 1954, 1955; Fœlix, n° 609; F. Hélie, Instruct. crim., t. 2, p. 719 ; Morin, Rép., v° Extradit., n° 20) ;—2° Que si l'extradition a été obtenue à l'égard d'un individu prévenu d'un crime ordinaire et d'un crime politique, il ne doit être jugé que pour le premier, et après acquittement ou après l'expiration de la peine, il doit sortir du territoire et du gouvernement et dans le délai fixé (même circul.) ; — 3° Que si, durant la demande d'extradition, le fait qui l'a provoquée a perdu le caractère de crime pour prendre celui de délit, ou s'il est intervenu un arrêt de non-lieu, le ministre doit en être averti sans délai, pour que la demande soit retirée ou que le prévenu soit rendu à la liberté et conduit hors des frontières (même circ., § 3).

304. Il a été jugé que l'art. 7 c. inst. crim., d'après lequel le Français qui a commis un crime en pays étranger contre un autre Français peut, à son retour en France, être jugé par les tribunaux français, ne distingue pas entre le retour volontaire et le retour forcé, résultant par exemple de l'extradition obtenue pour ce crime (c. d'ass. de la Seine, 20 mars (ou nov.) 1846, aff. Pron de la Maisonfort sous Crim. rej. 23 janv. 1847, D. P. 47. 1. 153). — Voici là question à laquelle se rapporte cet arrêt. C'est un principe admis par tous les auteurs que la légalité des poursuites contre un Français accusé d'un crime à l'étranger contre un autre Français suppose le retour volontaire de l'accusé en France (M. Carnot, sur l'art. 7, n° 13; Legraverend, t. 1, chap. 1, p. 91, n° 2; Bourguignon, sur l'art. 7, n° 5; Mangin, Act. publ., t. 1, n° 70; Le Sellyer, Traité de droit crim., t. 5, n° 1986; Faustin-Hélie, Inst. crim., t. 2, p. 619) : La seule raison de la compétence de la juridiction française, dit ce dernier auteur, à la présence de l'agent sur le territoire ; or cette présence ne trouble l'ordre, et ne donne à la cité un intérêt à la répression, que parce qu'il vient y exercer ses droits et jouir de la protection des lois qu'il a violées. Le droit de juridiction suppose donc la présence volontaire. » — Il existe d'ailleurs, sur la question, un précédent remarquable : la décision connue sous le nom des émigrés naufragés à Calais, on se demandait si l'on devait profiter de cette fortune de mer, pour exercer contre ces naufragés les poursuites à raison du fait d'émigration : « Il nous suffit de savoir, a dit alors M. Portalis au conseil des Anciens, que les émigrés dont il s'agit ne sont ni des émigrés rentrés ni des émigrés pris, mais des émigrés naufragés.... Des hommes naufragés ne sont proprement justiciables d'aucun tribunal particulier ; il ne s'agit pas de les juger, mais de les secourir. Le naufrage constaté, toute procédure était interdite. » — Ce principe une fois admis, que l'accusé, dans le cas précité, ne peut être jugé qu'après retour volontaire, quoique de savoir si l'extradition implique un retour volontaire. Il est évident que non. Mais, d'un autre côté, on ne peut assimiler l'extradition à un cas de force majeure, car l'extradition n'a rien qui tienne à un événement dirigé par l'aveugle volonté de la fortune : c'est un moyen légal créé par le droit international moderne, d'étendre jusqu'au pays étranger la souveraineté de chaque peuple sur les nationaux qui en dépendent. L'exercice de ce droit nouveau ne peut constituer un cas de force majeure, et le Français qui subit l'extradition ne saurait être assimilé à celui qui serait victime d'un naufrage. — Il est vrai qu'on a une autre question à résoudre : celle de savoir jusqu'à quel point l'extradition est légale dans cette circonstance : « Nous croyons, dit à ce sujet M. Faustin-Hélie (d'accord sur ce point avec MM. Carnot, Bourguignon et Mangin), que la justice ne peut saisir le prévenu que lorsque son retour a été volontaire.... Il résulte de là que son extradition ne pourrait être demandée à raison du crime même qu'il a commis en pays étranger, puisque tant qu'il réside dans ce pays, les tribunaux français ne peuvent être saisis. » — En conséquence, si l'extradition était obtenue, l'accusé ne pourrait pas faire valoir l'exception de force majeure : c'est ce que décide l'arrêt de la cour ; mais l'extradition n'aurait pas dû être demandée.

305. Les traités d'extradition peuvent être appliqués sans effet rétroactif à des crimes ou délits antérieurs à ces traités (c. d'ass. de la Seine, 15 déc. 1846, aff. Davia, D. P. 47. 4. 249). —Cette décision repose sur ces motifs, que le droit d'extradition est un droit inhérent à tout gouvernement et indépendant des traités ; que les traités ne font que régler l'exercice de ce droit préexistant, et que ce n'est pas leur donner un effet rétroactif que de reconnaître la régularité d'une extradition faite en vertu d'un traité de cette nature ; que d'ailleurs la cour n'a pas à juger les actes des gouvernements.—V. en ce sens M. Fœlix, n° 614.

§ 5. — De la procédure en matière d'extradition.

306. Passons à la procédure à suivre en matière d'extradition. Le principe qui domine toute la matière est celui-ci : l'extradition étant un acte de droit des gens et émanant directement de la souveraineté, le gouvernement a seul qualité pour demander à l'étranger des extraditions et pour statuer sur les demandes de ce genre qui lui sont faites (circ. min. just. 5 avr. 1841, § 3, V. n° 285).

307. Lorsqu'il y a lieu, d'après une procédure, à une demande d'extradition, le juge d'instruction, le ministère public ou le tribunal saisi rendent compte des motifs au procureur général : celui-ci transmet la demande au ministre de la justice, qui s'entend sur ce point avec le ministre des affaires étrangères, et sur les ordres qui leur sont donnés, les agents diplomatiques transmettent la réclamation au gouvernement étranger dont elle dépend (Legraverend, p. 110).

308. Les magistrats n'ont aucune qualité, aucun pouvoir pour requérir directement l'extradition, et pour s'adresser, soit au pouvoir exécutif étranger, soit aux autorités judiciaires du même pays. La circulaire du 5 avr. 1841, § 3 (V. n° 285), les autorise seulement à correspondre avec les magistrats étrangers pour obtenir des renseignements. — M. Legraverend va plus loin : il autorise les magistrats à demander aux autorités étrangères, en cas d'urgence, d'arrêter le délinquant ou de prévenir son évasion, en les avertissant de la demande d'extradition qui est en suspens.

309. Il y a deux cas où les principes précédents semblent fléchir, ou au moins présenter quelques difficultés dans l'application. Le premier cas a lieu lorsque le pays dont il s'agit de réclamer l'extradition ne jouit que d'une demi-souveraineté ; le second, lorsque le crime dont il s'agit a été commis sur un navire étranger, résidant dans un port français. — Le premier cas s'est présenté dans la république d'Andorre, pays neutre et mi-souverain, situé entre la France et l'Espagne. Il a été jugé que, dans l'état des relations existantes légalement, résultant des usages établis de temps immémorial, et définitivement consacrés par le décret du 27 mars 1806 (V. v° Andorre, n° 3) entre la France et le pays d'Andorre, l'extradition d'un Français poursuivi pour crimes et réfugié dans ses vallées, peut être valablement opérée sur la réquisition d'un magistrat français, agissant en vertu d'un mandat de justice délivré régulièrement (Crim. cass. 9 mai 1845, aff. Langé, D. P. 45. 1. 223).—Dans ce premier cas, la demi-souveraineté que la France possède dans le pays d'Andorre, puisque ce pays nous doit le serment d'allégeance, le tribut, et que l'administration y appartient par moitié à l'autorité française (réquisit. de M. Dupin dans la même aff.), cette demi-souveraineté a paru un titre suffisant aux juges pour autoriser l'arrestation d'un prévenu, sans recours à aucune convention diplomatique. Cet acte a été considéré comme acte de justice ordinaire, et non point comme un acte international.

310. Le second cas est d'une nature bien plus délicate, et peut donner lieu à d'importantes considérations. La question qui est engagée ici est celle de la *territorialité* du navire. Elle se rattache au grand principe si discuté jusqu'à nos jours : *le pavillon couvre la marchandise*. Les peuples neutres qui soutenaient ce

principe, affirmaient qu'un navire n'est qu'une parcelle du territoire, participant aux privilèges du territoire, c'est-à-dire à l'inviolabilité. On sait (V. plus haut, n° 65) que la France a toujours soutenu le principe du droit des neutres. Elle a dû être favorable, par une conséquence naturelle, au principe de la territorialité des navires marchands, au moins en pleine mer. C'est l'opinion de plusieurs publicistes (Hubner, de la Saisie des bâtiments neutres ; Rayneval, de la Liberté des mers ; Ortolan, Diplomatie de la mer, t. 2, ch. 10 ; Hautefeuille, des Droits et des devoirs des nations neutres, 2° éd., t. 1, p. 237). Au contraire, l'Angleterre qui, jusqu'au traité de Paris, n'avait jamais consenti à admettre le droit du pavillon, rejetait en même temps le principe de la territorialité du navire, et plusieurs publicistes défendent cette doctrine (Jenkinson, *Discourse on the conduct of the government of Great Britain in respect to neutral nations*, London, 1757 ; Lampredi, du Commerce des neutres, part. 1, § 10 ; Azuni, Droit maritime de l'Europe, t. 1, ch. 5, art. 7). — La territorialité du bâtiment en pleine mer étant admise, cette qualité se perd-elle parce qu'il entre dans les eaux d'une autre puissance, dans les ports d'un gouvernement étranger? Non, sans doute ; car ce serait dire que le navire cessant d'être partie du territoire dont il porte le pavillon, deviendrait partie du territoire où il est entré. Mais changeant de territoire, il changerait de souverain ; le capitaine de navire ne serait plus soumis aux lois de son pays, mais à celles du pays nouveau qui lui ouvre son port. Or c'est ce qui n'a pas lieu. Le souverain du port ne peut révoquer le capitaine, ne peut faire sur le navire étranger aucun acte de souveraineté. Celui-ci reste soumis aux pouvoirs et aux lois de son pays d'origine. Cependant il faut reconnaître que le souverain du port a un droit de juridiction plein et entier sur toutes les parties de son territoire et sur tous ceux qui s'y trouvent, mais cette souveraineté s'arrête devant le navire étranger. Il peut le repousser de son port ; mais, en le recevant, il ne peut le dénationaliser.

Il résulte de ces principes que tout ce qui se passe dans l'intérieur du vaisseau ressort de la juridiction du capitaine étranger ; mais tout ce qui se passe en dehors du vaisseau sur le fait des matelots étrangers ressort de la juridiction du souverain du port : les faits *internes* sont soumis au premier ; les faits *externes* au second. — Il n'y a pas, sous ce rapport, de différences entre les bâtiments de guerre et les bâtiments marchands.—Ces principes ont toujours été soutenus par la France, comme le prouvent l'avis du conseil d'État du 28 oct. 1806, l'ordonnance du 29 oct. 1833 sur les fonctions des consuls dans leurs rapports avec la marine commerciale, un très-grand nombre de traités, et en particulier celui du 22 sept. 1853 avec les États-Unis : ils ont été récemment appliqués par la cour de cassation (Crim. rej. 25 fév. 1859, aff. Jally, D. P. 59. 1. 88 ; V. eod. les observations de M. Hautefeuille sur cet arrêt).

311. D'après ces principes, un inculpé réfugié sur un vaisseau étranger, même dans le port, doit être considéré comme étant sur le territoire étranger, et ne peut être livré à la juridiction française qu'au moyen de l'extradition. S'il en est ainsi, on doit critiquer l'arrêt de la cour de cassation qui a décidé que la remise libre et volontaire de l'inculpé par le capitaine du navire, sur la réquisition du magistrat français et l'approbation ultérieure, expresse de la part du gouvernement français, implicite de la part du gouvernement français, suffisaient pour constituer la légalité de l'arrestation (Crim. rej. 31 juill. 1845, aff. Bastianesi, D. P. 45. 1. 353). — En effet, l'arrestation d'un inculpé sur un navire est un acte tout à fait semblable à l'arrestation en pays étranger. On ne voit donc pas comment cette arrestation pourrait devenir légale par le consentement du capitaine de navire. Il est vrai que dans l'espèce les deux gouvernements avaient approuvé ; mais cette approbation ultérieure peut légaliser l'arrestation une fois opérée ; elle ne peut pas rétroactivement rendre légale l'arrestation au moment où elle s'opère. — Nous ne croyons donc pas que l'on puisse tirer cette conclusion de cet arrêt que dans le cas où un prévenu serait trouvé sur un vaisseau étranger dans un port français, le simple mandat d'arrêt émané d'une autorité française suffit pour l'arrestation, sans extradition préalable. Seulement, il y aurait lieu sans doute à appliquer la doctrine de M. Legraverend, c'est-à-dire que le magistrat pourrait inviter le capitaine de navire à procéder lui-même préventivement à l'arrestation de l'inculpé, jusqu'à ce que le recours aux deux gouvernements ait eu lieu.—Ainsi des deux exceptions signalées au principe de l'incompétence du pouvoir judiciaire pour l'exécution de l'extradition, l'une s'explique très-bien par le fait d'une souveraineté incomplète; l'autre peut donner lieu à quelques critiques.

312. Les pièces qui doivent être transmises par l'autorité judiciaire à l'autorité administrative, et par celle-ci au gouvernement étranger, sont différentes selon l'état de la procédure, ou selon les diverses conventions. Quand l'extradition est demandée au commencement de la procédure, le mandat d'arrêt est suffisant. Le mandat d'amener ne l'est pas; car il ne contient pas la qualification du fait, et c'est là le point essentiel en matière d'extradition. Quand la chambre des mises en accusation a rendu son arrêt, il faut joindre cet arrêt au dossier; quand enfin il y a eu condamnation par contumace ou contradictoire, l'arrêt de condamnation est également nécessaire (circ. min. 5 avr. 1841, § 7, V. n° 285).—Il est inutile d'ajouter au mandat d'arrêt des invitations ou réquisitions adressées aux magistrats étrangers, cette pièce n'ayant aucune force exécutoire hors du territoire. —Il est également inutile de faire homologuer le mandat d'arrêt par une ordonnance de la chambre du conseil (même circ.).

313. Le mandat d'arrêt est la seule pièce exigée par la convention avec la Sardaigne, avec la Suisse, la Grande-Bretagne, les Etats-Unis, la Toscane, Lucques, Bade, la Prusse, les Deux-Siciles et la Bavière. Il en est de même des pays avec lesquels nous n'avons pas de convention générale. — Et il a été jugé que l'extradition, accordée par le gouvernement sarde, du prévenu de l'un des crimes spécifiés au traité peut être régulièrement obtenue avant l'arrêt de la chambre des mises en accusation et avant qu'une prise de corps ait été décernée contre l'inculpé (Crim. rej. 11 mars 1847, aff. Cruveillé, D. P. 47. 1. 94). Le traité avec la Toscane exige en outre le signalement du prévenu, afin de faciliter la recherche et l'arrestation.—Mais les traités avec la Belgique, le Luxembourg, la Hollande et l'Espagne demandent l'arrêt de mise en accusation pour livrer le malfaiteur, quoiqu'ils se contentent du mandat d'arrêt pour autoriser l'arrestation. Cette disposition se rencontre dans la plupart des conventions plus récentes déjà citées, avec les Deux-Mecklembourg, avec Oldenbourg, avec Lubeck, Brême (1847), avec Hambourg (1848), avec la Saxe (1850).

314. Lorsque les magistrats étrangers adressent directement aux magistrats près les tribunaux français des mandats, ordres d'arrestation ou jugements de condamnation, ces pièces doivent aussitôt être transmises à la chancellerie (circ. 5 avr. 1841, § 4, V. n° 285). — Les magistrats sont absolument incompétents pour statuer sur l'extradition et pour l'ordonner, soit que l'individu réclamé ait été arrêté ou non. L'extradition ne sera autorisée que par le chef de l'Etat, sur le rapport du ministre de la justice (même circ., § 4) : ce serait porter atteinte à la prérogative souveraine que de livrer à des juges étrangers, alors que le pouvoir exécutif en eût donné l'ordre, soit un sujet français, soit un étranger qui s'est placé sous la protection (Legraverend, p. 111). — C'est aussi ce qui résulte du décret de 1811, art. 1.

315. Il n'en est pas de même dans quelques autres pays. En Belgique, le mandat d'arrêt décerné par l'autorité étrangère compétente n'est rendu exécutoire que par le tribunal de première instance du lieu où le prévenu est trouvé, et l'extradition n'est accordée qu'après débats contradictoires du prévenu et du ministère public devant la chambre des mises en accusation, et après arrêt de cette même chambre. — La convention du 18 mars 1843 avec l'Angleterre contient une disposition analogue. « L'extradition ne sera effectuée de la part du gouvernement britannique que sur le rapport d'un juge ou magistrat commis à l'effet d'entendre le fugitif sur les faits mis à sa charge. » M. Faustin-Hélie approuve avec raison ces dispositions, qui auraient, dit-il, l'avantage de régulariser l'arrestation et la détention de l'inculpé, d'assurer à ces mesures un caractère légal et de concilier ainsi l'extradition avec le droit commun.

316. En France, l'acte émané du chef du gouvernement suffit. — Jugé ainsi que l'arrestation opérée en vertu d'une simple ordonnance royale constitue une détention légale (Crim.

cass. 30 juin 1827, aff. Delagranville, V. Evasion, n° 56).

317. Un Français coupable de vol à Genève se réfugie à Lyon. Il est condamné par cette cour pour recel de ce vol. Le ministère public se pourvoit en cassation, et conclut à ce que l'accusé dont l'extradition a été demandée soit mis à la disposition du gouvernement; la cour de cassation juge « que le droit d'ordonner cette mesure est hors de la compétence de la cour » (Crim. cass. 17 oct. 1834, MM. Bastard, pr., Ricard, rap., aff. Cresciat).

318. Lorsque le prévenu est livré au gouvernement français, il est d'abord remis à l'autorité administrative, puis reçu par le procureur général qui prend des mesures pour la translation au lieu où l'accusation doit être purgée. L'autorité administrative remet l'ordre de conduite ou tout autre document équivalent qui suffit pour saisir le procureur général du lieu où est transféré le prévenu (circ. 5 avr. 1841, § 3, V. n° 285).

319. Il a été jugé que le Français qui, s'étant réfugié en pays étranger pour échapper à des poursuites correctionnelles a été reconduit à la frontière française en vertu d'une mesure d'expulsion émanée des autorités de ce pays, et motivée, par exemple, sur son état de vagabondage, n'est pas fondé, en cas d'arrestation en France pour l'exécution des mandats décernés contre lui, à se prétendre victime d'une extradition opérée en dehors des traités, l'extradition supposant une remise directe de l'individu par les agents d'un pays aux agents de l'autre (Crim. rej. 3 mai 1860, aff. Gallard, D. P. 60. 1. 376).

320. Telles sont les règles les plus ordinaires de la procédure lorsque le gouvernement français demande l'extradition à un gouvernement étranger. Quelles sont-elles lorsque c'est lui qui l'accorde?

C'est encore à l'autorité administrative qu'est confiée en France l'exécution de l'ordonnance ou du décret qui accorde l'extradition. — A elle seule appartient le droit de prendre les moyens de surveillance et d'adopter les mesures de police qui peuvent empêcher l'étranger dont on demande l'extradition d'échapper aux poursuites commencées contre lui hors de France. C'est aussi à elle à donner les ordres nécessaires pour le faire conduire à la frontière et remettre aux autorités étrangères (circ. 5 avr. 1841, § 4, V. n° 285). — On peut rapprocher du même principe une décision de la cour suprême, qui a jugé que l'art. 272 c. pén., qui défère au tribunal correctionnel la connaissance du fait de vagabondage imputé à un étranger, ne l'autorise pas à ordonner que celui qu'il condamne sera conduit par la gendarmerie jusqu'aux frontières de France (Crim. cass. 9 sept. 1826, aff. Muzzioli, V. Compét. crimin., n° 474-4°; V. aussi v° Vagabondage, n°s 80 et 81). — L'art. 272 porte formellement que l'expulsion alors se fera *par les ordres du gouvernement.* Le tribunal déclare le vagabondage et l'autorité administrative apprécie la nécessité d'expulser.—Selon M. Legraverend, l'exécution de l'ordonnance qui autorise l'extradition n'a lieu que sur les réquisitions des procureurs généraux aux agents de l'ordre administratif. Cette mesure, si elle a été adoptée par le gouvernement de la restauration, a été abrogée par la circulaire ministérielle. — L'exécution des décrets qui autorisent l'extradition est constatée par des procès-verbaux ou récépissés délivrés par les agents étrangers aux agents français et représentés par ceux-ci à l'autorité administrative (MM. Legraverend, p. 112; Le Sellyer, n° 1958).

321. Suivant M. Legraverend, p. 113, dans le cas où le gouvernement français se croirait autorisé à accorder l'extradition d'un de ses nationaux, l'extradition ne devrait être accordée qu'après avis préalable du ministre des affaires étrangères.

322. Quand il y a lieu à l'extradition, tous les objets saisis qui peuvent servir à constater le délit ou les délits, ainsi que les objets provenant des autorités de vol, doivent être remis à la personne réclamante, soit que l'extradition puisse avoir lieu, l'accusé ayant été arrêté, soit qu'elle ne puisse avoir son effet, l'individu s'étant échappé de nouveau. Cette disposition se retrouve dans la plupart des conventions d'extradition. La convention avec la Nouvelle-Grenade (du 9 avr. 1850) ajoute même que la remise des objets ou objets qui servent à constater le crime aura encore lieu, même en cas de mort de l'inculpé.

323. En général, les frais d'arrestation, de détention et de translation sont à la charge de la partie réclamante. Cependant il y a des exceptions : la convention avec l'Espagne met ces frais à la charge de pays où s'est réfugié le coupable. La convention avec la Nouvelle-Grenade ordonne que l'avance de ces frais sera faite par le pays requis et le remboursement par la partie réclamante.

324. Il y a dans la convention espagnole du 26 août 1850 une condition remarquable, et qu'il est intéressant de signaler : « Art. 9. Le gouvernement espagnol étant tenu de respecter le droit qu'acquièrent en Espagne certains coupables, de se soustraire à la peine de mort en vertu de l'asile ecclésiastique, il est entendu que l'extradition qu'il accordera au gouvernement français des prévenus placés dans ce cas aura lieu sous cette condition, que la peine de mort ne pourra leur être infligée, si cette peine qui, dans l'état actuel de la législation française, n'est applicable à aucun des prévenus admis en Espagne au bénéfice du droit d'asile leur devenait plus tard applicable. Une copie légalisée de la procédure qui aura été instruite à ce sujet devra être fournie, comme preuve à l'appui, au moment de la remise du prévenu. »

325. Si l'étranger dont l'extradition est accordée est sous le coup d'une prévention ou d'une condamnation, les poursuites commencées ou la condamnation prononcée doivent être mises à fin avant l'exécution de l'ordonnance d'extradition (circ. min. 5 avr. 1841, § 4, V. n° 285). — Ce principe est consacré par la plupart des conventions d'extradition (V. par exemple celle de Mecklembourg-Strelitz, Mecklembourg-Schwérin, Oldenbourg, Brême, Lubeck, etc.). — Toutefois l'extradition ne peut être retardée pour une autre cause que la vindicte publique, par exemple parce que l'étranger serait retenu pour dette (même circ.), principe restrictif du précédent et contenu également dans toutes les conventions. — C'est en vertu de ce principe que le conseil d'Etat a jugé qu'un tribunal n'est pas compétent pour statuer sur la demande d'un particulier qui prétend retenir dans les prisons, en vertu d'un jugement accordant la contrainte par corps, un étranger dont l'extradition a été ordonnée et a reçu un commencement d'exécution (cons. d'Et. 2 juill. 1836) (1).

326. C'est encore une règle qui résulte de tous les traités,

que l'extradition ne peut avoir lieu, si, depuis les faits imputés, la poursuite ou la condamnation, la prescription de l'action ou de la peine est acquise, d'après les lois du pays où le prévenu s'est réfugié.

§ 6. — De la compétence en matière d'extradition.

327. Le gouvernement est exclusivement compétent pour fixer la portée d'une extradition, et en interpréter les termes : les tribunaux doivent surseoir jusqu'à sa décision. — Voilà le principe posé dans la circulaire du 5 avr. 1841 (V. n° 285), mais ce principe n'est pas sans difficulté dans l'application.

328. D'abord, il est reconnu que l'inculpé a le droit de faire valoir l'exception qui peut résulter en sa faveur, soit de l'illégalité, soit de l'irrégularité de l'extradition. C'est ce qu'a admis la cour de cassation : « Attendu que l'accusé traduit devant la cour d'assises de l'Ariège avait droit d'invoquer la nullité de l'acte par suite duquel il avait été arrêté sur le territoire neutre de l'Andorre » (Crim. cass. 9 mai 1845, aff. Laugé, D. P. 45. 1. 223). — Et le droit d'invoquer la nullité de l'acte d'arrestation n'est pas détruit par le fait que l'accusé n'en a pas fait usage avant la mise en jugement (même arrêt). — Ce droit n'est pas non plus détruit par le défaut de pourvoi contre l'arrêt de la chambre d'accusation, cette chambre n'ayant eu compétence que pour apprécier la gravité des charges, et n'ayant pas formellement écarté l'exception préjudicielle (même arrêt). — Par conséquent, en cas de doute sur la légalité de l'extradition, « cette question, aux termes d'un arrêt, ne peut avoir d'influence sur la validité de l'arrêt de mise en accusation, ni dès lors être débattue à l'appui du pourvoi dirigé contre cet arrêt; l'exception ne pourrait être proposée que devant la cour d'assises, saisie de l'accusation » (Crim. rej. 18 mai 1838, aff. N..., Journ. du droit crim., t. 10, p. 162).

329. Voici donc un premier point établi : c'est que l'exception que l'accusé a toujours droit de faire valoir dans cette circonstance, ne doit pas être portée devant la chambre d'accusa-

---

(1) *Espèce :* — (Boidron.) — Le gouvernement espagnol demande au gouvernement français l'extradition de Casado, accusé de vol commis en Espagne avec circonstances aggravantes. — L'extradition est accordée. — Casado, arrêté par la gendarmerie, allait être conduit à la frontière lorsque Boiron, son créancier, en vertu d'un jugement du tribunal de commerce, le poursuivit et le fit écrouer dans la maison d'arrêt d'Orthez. — L'autorité administrative ayant refusé d'obtempérer à l'écrou, Boidron se pourvut en référé. Le juge renvoya à l'audience en maintenant provisoirement l'écrou.

Le préfet élève le déclinatoire qui est rejeté par jugement du 31 mars 1836, en ces termes : — « Considérant qu'en supposant qu'il fût uniquement question du mérite d'un acte de recommandation, aux tribunaux civils seuls appartient la connaissance du mérite d'un acte de cette nature; — Que leur compétence est fondée sur les dispositions du code de procédure civile; — Que leur compétence est encore établie par les art. 14 et 15 L. 17 avr. 1832; que l'art. 15 de cette loi est ainsi conçu : « Avant le jugement de condamnation, mais après l'échéance ou l'exigibilité de la dette, le président du tribunal de première instance dans l'arrondissement duquel se trouvera l'étranger non domicilié pourra, s'il y a de suffisants motifs, ordonner son arrestation provisoire, sur la requête du créancier français; » — Qu'il n'est point douteux que ce qui pouvait être fait avant un jugement de condamnation pouvait être fait après, la dette étant exigible; — Que jusque-là la compétence du tribunal est évidemment fondée; — Que, pour établir son incompétence, M. le préfet, dans un mémoire remis par M. le procureur du roi, a prétendu qu'ordonner provisoirement la détention du sieur Casado serait empêcher l'exécution de l'ordonnance royale du 28 janv. 1836, qui ordonne son extradition et sa remise aux autorités espagnoles, et méconnaître ainsi les dispositions de l'art. 15, tit. 2, L. 24 août 1790; — Qu'il est évident que cet article n'a pour objet que les opérations des corps administratifs, et que ce serait forcer le sens de cette disposition que de l'étendre à l'ordonnance dont il s'agit; — Qu'on trouverait difficilement un acte de cette nature qui émane du chef de l'Etat, dans la nomenclature des opérations des corps administratifs; — Que, rigoureusement parlant, l'ordonnance ne portant point de délai pour son exécution, cette exécution ne serait que différée, et le débiteur, après qu'il aurait satisfait à ses obligations envers le créancier ou à la loi, demeurerait sous les liens de l'ordonnance de la même manière que le débiteur reconnu demeure sous les liens de la contrainte par corps après qu'il a été acquitté du délit pour lequel il a été arrêté; — Que, si l'exécution d'une ordonnance d'extradition est de

droit public, l'observation de l'art. 13 de la charte de 1830 ne le serait pas moins; — Que cet article porte que le chef de l'Etat fait les règlements et ordonnances nécessaires pour l'exécution des lois, sans pouvoir jamais suspendre les lois elles-mêmes, ni dispenser de leur exécution; — Qu'on a encore opposé que le sieur Casado, n'étant pas écroué, ne pouvait être recommandé; — Que ce n'est point dans ce moment qu'il convient d'examiner si, comme l'allègue le créancier, l'art. 792 ne le dit point; — Qu'il a été aussi allégué qu'ayant été remis aux agents de l'autorité espagnole, le sieur Casado était censé n'être plus en France; — Que le sieur Casado se trouvant, de fait, sur le sol français, il y aurait lieu d'examiner s'il aurait cessé d'être le gage de son créancier, et si l'on aurait pu le ravir à ce dernier; — Que ces questions pourront venir plus tard; que, dans le moment, il ne s'agit que de savoir si le tribunal est compétent; que sa compétence est établie; — Que, si le juge ne peut procéder au jugement d'une affaire dont l'autorité administrative revendique la connaissance avant la décision de l'autorité supérieure, se refuser à l'exécution de la loi dont il est l'organe, avant que cette revendication ait eu lieu, serait, de sa part, un acte de faiblesse, un déni de justice. » — Le préfet élève le conflit.

LOUIS-PHILIPPE, etc.; — Vu les ordonnances réglementaires des 1er juin 1828 et 12 mars 1831; — Vu les lois des 24 août 1790 et 21 fruct. an 5; — Vu les art. 13 et 15 de la charte constitutionnelle de 1830; — Considérant que, par ordonn. du 28 janv. 1836, nous avons ordonné que le sieur Pierre Casado serait recherché, arrêté et mis à la disposition du gouvernement espagnol, comme prévenu de crime commis en Espagne; — Que l'arrestation de cet étranger a été effectuée en vertu de notre ordonnance et son extradition commencée; — Que le sieur Boidron, se disant créancier du sieur Casado, en vertu d'un jugement du tribunal de commerce de Bayonne, du 2 mars 1836, a prétendu, à ce titre, s'opposer à l'extradition, a fait recommander le sieur Casado dans la maison d'arrêt d'Orthez, et a formé, devant le tribunal de la même ville, une demande tendant à ce qu'il y fût gardé nonobstant tout ordre d'extradition; — Que cette demande avait pour objet de soumettre à l'autorité judiciaire l'appréciation d'un acte de haute administration fait en vertu d'un traité diplomatique, et qu'une question de cette nature ne pouvait, dès lors, être soumise à l'autorité judiciaire;
Art. 1. L'arrêté de conflit, ci-dessus visé, de 1836, est approuvé. — Art. 2. Les assignations données au nom du sieur Boidron les 12 et 18 mars 1836, et le jugement du 31 du même mois, rendu par le tribunal d'Orthez, seront considérés comme non avenus, etc.
Du 2 juill. 1836.-Ord. cons. d'Et.-M. Macarel, rap.

tion, mais devant la cour d'assises. — Quelle est maintenant la compétence de la cour d'assises, quant à la question de légalité de l'acte d'extradition? — M. Faustin-Hélie, t. 2, p. 713, dit avec raison qu'en renvoyant les exceptions devant la cour d'assises, la cour de cassation n'a pas nécessairement supposé la compétence de cette cour pour les juger. C'est une règle générale que toutes les exceptions invoquées par la défense doivent être présentées à la cour d'assises. C'est ensuite à cette cour à décider si ces exceptions sont de sa compétence ou non, si elle doit passer outre en écartant ces fins de non-recevoir, ou si elle doit surseoir en renvoyant à l'autorité compétente le soin de décider la question préjudicielle contenue dans l'exception. — Lorsque l'on conteste devant une cour d'assises la légalité ou la validité d'une extradition, la cour a le droit d'examiner si l'exception est sérieuse, ou si elle n'est qu'une vaine difficulté opposée par le prévenu pour arrêter la justice. Si l'on ne reconnaissait pas ce droit préalable à la cour d'assises, il résulterait de là qu'il suffirait d'invoquer la nullité d'un acte d'extradition même sans motif sérieux, pour empêcher l'action de la cour et obtenir un sursis. Ce n'est qu'après avoir examiné et discuté l'exception, et reconnu qu'il y a en effet des doutes sur la légalité ou le sens des termes de l'extradition, que la cour doit renoncer à juger jusqu'à recours auprès de l'administration. — C'est ce qu'a décidé la cour de cassation dans l'affaire Laugé, dont nous avons déjà parlé. L'arrestation du prévenu sur le territoire d'Andorre, sans acte préalable d'extradition, avait paru d'une légalité douteuse à la cour d'assises de l'Ariège, et cette cour avait ordonné un sursis jusqu'à ce que le gouvernement eût statué. La cour de cassation déclara que la légalité de l'arrestation résultait dans ce cas des rapports particuliers de la France avec la république d'Andorre; qu'il n'y avait dans l'espèce aucune difficulté qui intéressât les relations diplomatiques des deux États; que, par conséquent, la cour d'assises avait méconnu la compétence, et commis un excès de pouvoir en refusant de juger (Crim. cass. 9 mai 1845, aff. Laugé, D. P. 45. 1. 225).

330. Dans l'affaire Bastianesi (V. n° 311), où le prévenu avait été saisi sur un navire sarde, sur un simple mandat d'arrêt d'un magistrat français, le président d'assises, invoquant le manque de renseignement, avait remis l'affaire à une autre session. Dans l'intervalle arriva l'approbation des deux gouvernements. Sur cette pièce, la cour d'assises procéda au jugement. L'accusé se pourvut en cassation. Mais la cour rejeta le pourvoi en déclarant que l'arrestation étant légale, la cour d'assises, saisie de l'accusation par arrêt de la chambre des accusations passé à l'état de chose jugée, doit rejeter l'exception fondée sur la prétendue illégalité de l'extradition (Crim. rej. 31 juill. 1845, aff. Bastianesi, D. P. 45. 1. 353).

331. C'est en vertu des mêmes principes qu'il a été jugé : 1° que l'accusé est sans qualité pour attaquer, sous le rapport de la forme, l'extradition dont il est l'objet (Crim. rej. 11 mars 1847, aff. Cruveillé, D. P. 47. 1. 95); — 2° Que l'autorité judiciaire est incompétente pour apprécier la légalité d'une extradition accordée par un gouvernement étranger, en vertu de traités passés avec ce gouvernement, l'interprétation de ces traités appartenant exclusivement aux puissances entre lesquelles ils sont intervenus; qu'en conséquence, le seul fait de la remise au gouvernement français de l'accusé extradé suffit pour investir les tribunaux du droit de prononcer sur l'accusation, sans que l'illégalité prétendue de l'extradition puisse donner lieu

à sursis (Crim. rej. 18 juill. 1851, aff. Vitemaître, D. P. 51. 5. 248). — Dans ces différentes espèces, le refus du sursis résulte précisément de l'incompétence des tribunaux à s'immiscer dans l'interprétation des conventions diplomatiques; car du moment que les accusés sont livrés du consentement réciproque des gouvernements, les tribunaux n'ont plus à s'informer si cette extradition est ou non conforme aux conventions dont les termes ne peuvent être interprétés que par les gouvernements eux-mêmes, lesquels peuvent, même d'un commun accord, déroger quand il leur plaît, à leurs propres conventions. —C'est ce qui a été jugé dans une affaire où l'accusé, saisi en Suisse, dans le canton de Berne, faisait valoir que le crime pour lequel il avait été livré n'était pas compris dans le traité conclu entre la France et la Suisse. La cour de cassation déclara que les parties contractantes du traité du 18 juill. 1828 ont pu en étendre ou modifier les dispositions par des conventions postérieures, selon les besoins et les convenances des rapports de bon voisinage établis entre elles; que les tribunaux français n'ont point à s'enquérir des motifs qui ont déterminé le gouvernement de la république bernoise, seul gardien de son indépendance et de sa dignité, à consentir l'extradition du demandeur, et que, par conséquent, il n'y avait point lieu à surseoir (Crim. rej. 16 sept. 1841) (1).

332. Mais il y a des cas où l'exception proposée par le prévenu peut et doit être pour la cour d'assises un motif de sursis : par exemple, un extradé ne peut être mis en jugement pour un fait autre que celui qui a motivé l'extradition. M. Legraverend, t. 1, p. 111 et 112, cite à cet égard deux exemples donnés par le gouvernement français, et qui présentent une juste application des principes du droit des gens. Un officier supérieur français avait été condamné en France, par contumace, à une peine afflictive et infamante. Depuis, il fut accusé d'un crime politique à raison duquel le gouvernement français obtint son extradition. Il fut acquitté : on agita alors la question de savoir s'il pouvait être jugé contradictoirement sur le crime qui l'avait fait condamner par contumace. Mais le gouvernement décida que ce serait violer le droit des gens que d'aller au delà de l'extradition qui n'avait été accordée que pour le crime politique, et l'individu livré fut, en conséquence, remis au gouvernement étranger qui avait autorisé son extradition. — Un individu, condamné en 1815 ou 1816, pour crime politique, et réfugié en pays étranger, fut accusé de complicité dans la tentative d'assassinat commise sur la personne du duc de Wellington; le gouvernement français obtint son extradition à raison de cette accusation. Il fut absous, et il reçut un sauf-conduit pour retourner à l'étranger. — En pareil cas, l'accusé peut faire valoir l'exception tirée de l'acte d'extradition, et la cour, jugeant qu'il y a lieu d'admettre l'exception, doit surseoir au jugement jusqu'à décision du gouvernement. — C'est ainsi qu'il a été décidé, que lorsqu'un individu, livré par le gouvernement sur le territoire duquel il s'était réfugié, pour le crime dont il est accusé, a été acquitté de cette accusation et renvoyé, malgré la prévention de délits élevée contre lui, par ordre du gouvernement français, au gouvernement étranger, le refus de la part de celui-ci de recevoir cet individu présente une question préjudicielle sur laquelle les juges français saisis de la prévention des délits doivent surseoir jusqu'à ce que le gouvernement français ait déterminé le véritable caractère du refus opposé par le gouvernement étranger, et notamment si ce refus constitue ou non une extradition nouvelle (Crim. cass. 4 sept. 1840) (2).

(1) (Burgerey C. min. pub.) — LA COUR ; — Sur le moyen tiré de l'illégalité de l'extradition du demandeur, et, subsidiairement, du refus que la cour d'assises aurait fait de surseoir au jugement du procès jusqu'à ce qu'il ait été statué par l'autorité compétente sur la validité de ladite extradition : — Attendu qu'il résulte des documents authentiques produits au procès que le demandeur est Français; que c'est sur le territoire français que les crimes dont il est accusé auraient été commis; qu'il avait été renvoyé devant la cour d'assises, par un arrêt de la cour royale de Besançon, chambre des mises en accusation, du 22 sept. 1838, passé en force de chose jugée; qu'il était dans les liens d'une ordonnance de prise de corps ; qu'il avait été conduit en France et remis à l'autorité française, en vertu des ordres émanés du gouvernement et de la direction centrale de la police de la république de Berne ; — Attendu que, si les attentats aux mœurs ne sont point classés parmi les crimes énumérés dans l'art. 5 du traité conclu entre la France et les États de

la confédération helvétique, le 18 juill. 1828, les parties contractantes ont pu en étendre ou modifier les dispositions par des conventions postérieures, selon les besoins et les convenances des rapports de bon voisinage, établis entre elles; que les tribunaux français n'ont point à s'enquérir des motifs qui ont déterminé le gouvernement de la république bernoise, seul gardien de son indépendance et de sa dignité, à consentir l'extradition du demandeur; que, soit qu'elle ait été faite spontanément, il ait été légalement remis aux mains de la justice qui avait mission de le poursuivre; qu'ainsi, en rejetant ses conclusions principales et subsidiaires, la cour d'assises n'a violé aucune loi; — Rejette.
Du ... sept. 1841.—C. C., ch. crim.—MM. Bastard, pr.—Bresson, rap.
(2) Espèce : — (Dermenon C. min. pub.) — Bernard Dermenon a été mis en accusation devant la cour d'assises de la Côte-d'Or pour fait de banqueroute frauduleuse. Il est à remarquer que l'arrêt de renvoi rendu à

333. Lorsque la question préjudicielle ne peut être résolue que par l'interprétation du traité d'extradition, c'est au gouvernement à décider : le tribunal doit surseoir, et non se déclarer purement et simplement incompétent. Un traité avait été concl· le 16 oct. 1821, entre la France et les Pays-Bas, pour l'extradition réciproque des déserteurs. On traduisit devant le conseil de guerre des déserteurs arrêtés en Belgique postérieurement au traité, mais dont la désertion était. antérieure. Le conseil de guerre se déclara incompétent. Cette décision était irrégulière : car le fait de la prévention était essentiellement de leur compétence ; seulement la défense des prévenus donnait lieu à la question préjudicielle de savoir si le traité du 16 octobre s'appliquait à tous les individus en état de désertion au moment de l'échange des ratifications, ou s'il ne s'appliquait qu'à ceux qui déserteraient postérieurement : question qui appartenait essentiellement au gouvernement (M. Mangin, Act. pub., t. 1, p. 576).

334. Cependant l'acte d'extradition n'est pas un acte si rigoureux de la puissance publique, qu'il ne soit susceptible de recevoir, avec le consentement de l'accusé, des modifications considérées par celui-ci comme utiles à sa position. Ainsi, par exemple, on a vu, nos 292 et s., que l'extradition n'est pas accordée pour les simples délits. Si donc un individu est accusé à la fois d'un crime pour lequel l'extradition a été accordée et d'un délit connexe, la cour d'assises ne peut connaître de ce délit ; mais il semble que l'accusé est libre de renoncer au bénéfice qui résulte, en sa faveur, de l'acte d'extradition, et donner à la cour d'assises le droit de statuer sur le délit excepté. — Il a été jugé en ce sens que lorsque l'accusé d'un crime de banqueroute frauduleuse et d'un délit d'abus de confiance a été livré aux tribunaux français, en vertu d'un acte d'extradition relatif uniquement au crime de banqueroute, l'accusé peut renoncer au bénéfice que cet acte d'extradition fait naître en sa faveur en ce qui touche le délit d'abus de confiance, et donner à la cour d'assises le droit de juger ce délit : « Attendu, porte l'arrêt, que l'accusé dûment interpellé déclare renoncer au bénéfice de l'exception résultant en sa faveur des termes de l'acte d'extradition, et consentir à ce qu'il soit par la cour statué sur celle des réponses du jury qui est affirmative à son égard, en conséquence..... etc. » (c. d'ass. Pas-de-Calais, 15 fév. 1843, M. Cahier, pr. aff. min. C. L....).

335. Cette renonciation doit être expresse. — En consé-

ce sujet ordonne qu'il sera traduit ultérieurement en police correctionnelle, relativement à des faits de banqueroute simple et d'abus de confiance, dans le cas où il parviendrait à être acquitté de l'accusation portée contre lui. — Le gouvernement de Genève, sur le territoire duquel il s'était réfugié, accorde son extradition concernant cette accusation. — Acquittement de Dermenon prononcé par la cour d'assises. — M. le procureur général près la cour royale de Dijon demande alors s'il faut le traduire devant le tribunal correctionnel de cette ville ou le renvoyer à Genève, pour être mis à la disposition du gouvernement qui l'a livré.

M. le garde des sceaux pense qu'il faut adopter ce dernier parti. — La lettre écrite par M. le ministre de l'intérieur au préfet de la Côte-d'Or pour lui faire connaître cette décision, porte : « Ce n'est que comme accusé du crime de banqueroute frauduleuse que Dermenon a été livré à la France par le canton de Genève. Cette accusation est maintenant purgée par l'arrêt d'acquittement. Dermenon se trouve dans la même position que si l'on n'avait eu à lui imputer qu'un délit ; il est évident que, dans ce cas, son extradition n'aurait pu être obtenue. Il en résulte que nous ne pouvons pas profiter de ce que, sur un autre motif, il a été livré à l'autorité française pour le juger sur des faits qui n'ont pas motivé et ne pouvaient même pas motiver son extradition.— M. le ministre de la justice vient, en conséquence, de charger M. le procureur général de mettre Dermenon à votre disposition, et je m'empresse, de mon côté, de vous inviter à le faire conduire immédiatement à la frontière où il devra être remis entre les mains des autorités génevoises. »

Cet ordre reçoit son exécution. Mais M. le conseiller d'État lieutenant de police de la république et canton de Genève refuse d'accepter la remise de Dermenon. Il répond au préfet de Dijon : « Comme vous le présentez dans votre lettre du 4 de ce mois, le gouvernement de Genève n'a pas accepté l'offre que lui ont faite les autorités françaises. Cet individu n'est point notre ressortissant, et il n'est pas muni de papiers réguliers. Lorsqu'il fut arrêté à Genève, il s'y cachait sous le nom de Bernard. En conséquence, arrivé avant-hier à Genève, il a été laissé ès mains du brigadier Perimont, qui l'avait amené... » — Reconduit à Dijon, Dermenon est traduit devant le tribunal correctionnel, conformément à l'arrêt précité. Il oppose cette exception préjudicielle que le tribunal ne peut statuer en l'état sur la poursuite, et qu'il doit être ra-

quence il a été jugé que, lorsque l'extradition n'a été accordée que sur quelques-uns des chefs de l'accusation , le condamné ne peut se plaindre de ce que le jury n'a été interrogé que sur les seuls chefs autorisés par l'ordonnance d'extradition, s'il n'a point renoncé au bénéfice de cette ordonnance, et s'il n'a pas requis sa mise en jugement sur tous les chefs de l'accusation (Crim. rej. 24 juin 1847, aff. Pascal, D. P. 47. 1. 202).

336. Mais ces principes ne sont pas admis par l'administration. « Il est de règle, a dit le garde des sceaux dans une lettre adressée au procureur général près la cour de Douai, à la suite de l'affaire citée no 334, qu'un accusé livré par un gouvernement étranger ne peut être mis en jugement que pour le fait même qui a motivé son extradition, et qu'en cas d'acquittement sur ce fait, il doit être immédiatement reconduit à la frontière pour y être remis en liberté. La connexité du délit avec le fait principal et le consentement de l'accusé à sa mise en jugement pour délit connexe non spécifié dans l'acte d'extradition, ne sauraient motiver une exception à cette règle. » En conséquence, le ministre ordonna que l'accusé condamné pour abus de confiance, mais acquitté sur le chef de banqueroute frauduleuse, sur lequel seul l'extradition avait été accordée, fût reconduit en liberté à la frontière. Cette règle n'a pas lieu dans l'intérêt de l'accusé, mais seulement par respect du droit du souverain étranger. C'est une question d'État à État, et non pas de juge à accusé. — Et même s'il y a lieu de supposer, par des actes exprès ou même tacites, que le gouvernement étranger renonce à faire valoir ses privilèges, l'accusé ne peut tirer aucune exception des conditions auxquelles l'extradition a été accordée (Crim. cass. 31 juill. 1845, aff. Bastianesi, D. P. 45. 1. 353).

337. Comme les actes d'extradition sont non-seulement personnels à celui qu'on livre, mais qu'ils énoncent en outre le fait qui donne lieu à l'extradition, l'individu qu'on a livré ne peut être jugé que sur ce fait. Si, pendant qu'on procède à l'instruction du crime pour lequel il est livré, il surgit des preuves d'un nouveau crime pour lequel l'extradition pourrait être également accordée, il faut qu'une nouvelle demande soit formée à cet effet (circ. 5 avr. 1841, § 2, V. no 285).

338. L'appréciation de la portée d'une extradition appartenant exclusivement au gouvernement, c'est lui seul qui peut permis d'une extradition d'un individu prévenu des crimes de

mené à la frontière. — Jugement qui lui adjuge ses conclusions et ordonne qu'après l'expiration des délais de l'appel, Dermenon sera reconduit, par les soins de l'autorité compétente, sur le territoire suisse, pour y être mis en liberté. — Appel de la part du ministère public. — 14 août 1840, arrêt infirmatif de la cour de Dijon, chambre correctionnelle, qui décide qu'il sera passé outre, notamment sur le motif « que, si les Français poursuivis en France pour crimes et délits et réfugiés en pays étranger, sont protégés par l'inviolabilité du territoire étranger, ils ne peuvent se prévaloir de cette protection lorsque, loin de les en couvrir, le pays étranger les repousse et les livre lui-même spontanément aux autorités françaises. » — Pourvoi. — Arrêt (ap. dél. en ch. du cons.)

La cour ; — Vu les art. 408 et 413 c. inst. crim., qui prescrivent l'annulation des arrêts en dernier ressort, contenant une violation des règles de la compétence ; — Attendu que le demandeur oppose à la poursuite exercée contre lui que son extradition n'a été demandée et obtenue du gouvernement de Genève, sur le territoire duquel il s'était réfugié, qu'à cause du crime de banqueroute frauduleuse dont il se trouvait accusé, et que, depuis son acquittement de cette accusation, aucun acte du dit gouvernement ne l'a livré à la justice française pour les délits qui sont actuellement l'objet de l'action du ministère public ; — Que sa défense présente nécessairement à décider, dès lors, si le refus fait par le lieutenant de police de Genève, de le recevoir, lorsqu'il a été conduit devant lui en exécution des ordres du gouvernement français, peut tenir lieu d'une extradition nouvelle ; — Que la cour royale de Dijon devait donc surseoir à procéder sur l'appel dont elle est saisie, jusqu'à ce que le gouvernement français aura déterminé quel est, à ses yeux, le véritable caractère de ce refus, à l'égard du réclamant, puisque celui-ci ne serait pas régulièrement traduit devant elle, si la lettre écrite par ledit lieutenant de police au préfet de la Côte-d'Or, le 7 juin dernier, ne lui paraissait point un acte suffisant d'extradition, quant aux délits dont il s'agit ; — D'où il résulte qu'en ordonnant qu'il serait passé outre au jugement contradictoire de la prévention, sans s'arrêter à l'exception préjudicielle, proposée par l'inculpé, l'arrêt attaqué a commis une violation expresse des règles de la compétence ; — Casse.

Du 4 sept. 1840.—C. C., ch. crim.—MM. Bastard, pr.-Rives, rap.

faux et d'enlèvement de mineure n'ait autorisé la mise en jugement de l'extradé que pour le premier de ces crimes, la chambre d'accusation n'en est pas moins tenue d'apprécier l'accusation sur son double chef ; et dans le cas où elle constate qu'il n'existe pas de charges suffisantes sur le crime de faux, mais qu'il en existe sur le crime d'enlèvement de mineure, elle est tenue, en rendant un arrêt de non-lieu sur le premier crime, de renvoyer le prévenu devant la cour d'assises en état de prise de corps, nonobstant les réserves de l'extradition (Crim. rej. 5 sept. 1845, aff. Grandvaux, D. P. 45. 1. 405). — Au premier abord, dans l'espèce qui a motivé cet arrêt, les attributions dévolues par la loi criminelle du pays à la cour d'appel semblaient se trouver en conflit avec les termes exprès et patents d'un acte diplomatique conforme à un traité public. En effet, d'après l'art. 231 c. inst. crim., il suffit qu'un crime soit qualifié crime par la loi française et que des charges suffisantes existent contre le prévenu, pour que la chambre d'accusation doive le renvoyer devant la cour d'assises en état de prise de corps. Une double prévention s'élevait, dans ce cas particulier, contre l'extradé, et l'extradition n'autorisait la mise en jugement qu'à l'égard de l'une d'elles. Comment concilier, en cette circonstance, le devoir imposé par la loi à la cour d'appel et l'obligation de respecter la lettre du traité? Il paraît certain que ce traité ne pouvait paralyser en aucune façon les ressorts ordinaires de l'action publique. Si l'extradition du prévenu eût été complètement refusée, il aurait été déféré par contumace à la justice du pays, et il aurait pu être mis en jugement sur les deux chefs ou sur l'un d'eux indistinctement. De ce que l'extradition l'a mis entre les mains de l'autorité française, la compétence de la chambre des mises en accusation a-t-elle pu en être affectée? Non, sans doute. Le prévenu doit donc être renvoyé en cour d'assises, abstraction faite de l'acte d'extradition. Si la chambre d'accusation omettait ce renvoi, elle violerait l'art. 231. Mais lorsque cette chambre aura accompli sa mission, c'est alors que celle du gouvernement commencera. Comme l'arrêt de renvoi ne peut être mis à exécution que sur les diligences du ministère public, si des conventions diplomatiques ne permettent pas que cet arrêt soit exécuté, le prévenu, dont l'accusation au chef qui a amené l'extradition a été écartée, pourra, sur l'ordre du gouvernement, être soustrait aux débats sur le chef que l'acte d'extradition a réservé, et être reconduit à la frontière.— Dans l'espèce dont il s'agit, la chambre d'accusation, par égard pour la condition mise à l'extradition, avait cru pouvoir exprimer, dans les motifs de son arrêt, que l'extradé ne devrait être mis en jugement que comme contumax. La cour de cassation décida, tout en rejetant le pourvoi, que cette réserve et l'effet qu'elle devait obtenir étaient étrangers aux attributions de la chambre d'accusation. Mais comme cette réserve n'était rappelée qu'à titre de considération, et que d'ailleurs la présence ou l'état de contumace de l'accusé ne pouvait porter aucune atteinte à la compétence de la cour d'assises, ni en modifier l'exercice, la cour suprême jugea que cette simple mention ne devait pas entraîner la cassation de l'arrêt. Du reste, en insérant cette réserve, non-seulement la chambre d'accusation dépassait les limites de sa compétence, mais elle s'exprimait encore inexactement ; car dans le cas où, par une cause quelconque, le gouvernement n'aurait pas interposé son office, mais aurait laissé les prévenu comparaître en cour d'assises, il semble qu'il aurait été bien et dûment jugé contradictoirement, et non pas par contumace, puisque, d'après la jurisprudence citée, la cour d'assises ne peut avoir nul égard pour l'acte et les conditions de l'extradition, qui échappent à son appréciation, sauf toujours, bien entendu, le droit pour le prévenu de réclamer du gouvernement l'ordre d'empêcher l'exécution. La mise en jugement sera,

il est vrai, une violation du traité, l'exécution du jugement en serait une autre ; mais le pouvoir judiciaire se serait tenu dans la stricte légalité. Les conséquences de ces faits seraient débattues de gouvernement à gouvernement.

339. C'est sur le titre originaire de la poursuite et de l'accusation, et non pas seulement d'après la qualification légale plus ou moins grave que le crime a reçue dans l'arrêt de condamnation, que la légalité de l'extradition doit être appréciée.
— Il a été jugé spécialement que, de ce qu'un Français a été extradé de Suisse sous la prévention de complicité de faux en matière de commerce, il ne s'ensuit pas qu'il doive être reconduit à la frontière de ce ce pays lorsque, les débats ayant atténué l'accusation, il a été condamné comme complice de faux en écriture privée (Crim. rej. 1er fév. 1845, aff. Wolf-Cromback, D. P. 45. 1. 111). — Ainsi, un prévenu livré pour un crime n'est puni que d'une peine correctionnelle, par suite de l'admission en sa faveur de circonstances atténuantes ; ou bien, un jury ayant écarté les circonstances aggravantes, le fait sort encore du débat avec un caractère purement correctionnel. Dans les deux cas, le jugement ne laisse pas d'avoir son effet, quoique le fait qualifié crime dans l'acte d'accusation ait été réduit à l'état de délit par l'arrêt définitif. Cet arrêt est inattaquable, ainsi que nous l'avons remarqué (D. P. 45. 1. 111, note). De ce que l'extradition a été accordée sur l'accusation d'un crime, peut-on soutenir qu'elle ne vaut qu'autant que la peine de ce crime aura été prononcée? Ne doit-on tenir aucun compte des chances favorables des débats? Entend-on refuser, au cas de poursuites après extradition, le bienfait des circonstances atténuantes, et mettre le jury ou la cour dans l'alternative de prononcer des peines trop rigoureuses ou un acquittement immérité? Il n'est pas possible de limiter à ce point le droit d'extradition. Sans doute, lorsque l'extradition n'a été accordée que pour un crime déterminé, on ne peut, ainsi qu'il a été dit plus haut, mettre l'accusé en jugement pour un crime différent ou pour un autre délit ; mais on ne doit pas assimiler ce cas à celui où, les poursuites étant conformes à l'acte d'extradition, il arrive que l'accusé réussit à se disculper d'une portion de l'accusation, que le fait se trouve réduit à un simple délit, et qu'il devient ainsi passible d'une peine moindre que celle qui le menaçait.

340. Suivant un arrêt, lorsque l'extradition a été autorisée pour crime de banqueroute frauduleuse, l'extradé déclaré coupable de ce crime a pu être déclaré, en outre, coupable des délits de banqueroute simple et d'escroquerie pour d'autres faits déclarés constants par le jury, sans qu'il en résulte une violation du pacte de l'extradition, si d'ailleurs il n'a été fait application au condamné que de la peine la plus forte encourue par ces crimes et délits, alors même que des circonstances atténuantes auraient été admises en faveur du condamné (Crim. rej. 26 avr. 1844, aff. Coupé, D. P. 45. 4. 264). — Cet arrêt pourrait être critiqué ; car ce n'est pas seulement l'application de la peine qui est interdite par les conventions, pour un délit non spécifié dans l'acte d'extradition, c'est le jugement lui-même et la condamnation. Or la cour d'assises, dans l'espèce en question, a jugé le prévenu, puisqu'elle l'a déclaré coupable. Il y avait donc lieu, de la part de l'accusé, d'invoquer les termes de l'acte d'extradition, puisque, selon les termes de la circulaire ministérielle du 5 avr. 1841 (V. n° 285), la connexité d'un délit avec le crime principal n'est pas une raison suffisante pour les juger tous les deux ensemble. Nous avons vu que, sur ce point, la jurisprudence n'est pas d'accord avec l'administration, et que les tribunaux croient pouvoir juger sur des faits non mentionnés dans l'acte d'extradition, pourvu que l'inculpé y consente. Mais, dans l'espèce, on ne pouvait arguer du consentement de l'accusé.

Table sommaire des matières.

Table chronologique des lois, décrets, arrêts, etc.

mai 1854.	—17 nov. V. 8 déc. 1854.	janv. 1856.	—24 oct.V. 12 août 1857.	—3 sept.V. 31 oct., 17 nov. 1857.	1858.	—27 août p. 547. 1860.
—3 avr. V. 30 mai 1854.	—24 nov. p. 584.	—21 nov.V.19déc. 1855.	—14 nov.V.24janv. 1857.	—7 sept. p. 546.	—1er sept.V.15 fév. 1859.	—31 août. V. 10 —6 juill. p. 548.
—6 avr. p. 545.	—30 nov. p. 545.	1855.	—20 nov. p. 546.	—10 sept. p. 546.	—7 oct. p. 547.	sept. 1859. —7 juill.V. 8 sept.
—10 avr. V. 21 avr. 1854.	—2 déc. V. 19 déc. 1854.	—10 déc.V. 27, 29 déc. 1855.	—26 nov. p. 546.	—14 sept. p. 546.	—9 oct. V. 21 mars 1860.	1860. —14 sept. p. 547. 1860.
—11 avr. V. 28 juin 1854.	—5 déc. p.545,584.	—19 déc. p. 546.	—1er déc. V. 546.	—28 sept.V. 4 nov. 1857.	—30 sept. p. 547.	—10 oct. p. 547. —18 juill. p. 548.
—12 avr. 259 c. V. 15 avr. 1854.	—12 déc. V. 25 et 24 déc. 1854.	—27 déc. p. 546.	—2 déc. V. 24 août 1857.	—12 oct. p. 546.	—30 oct. V. 8 janv. 1859.	—25 juill. V. 18 août 1860.
—15 avr. p. 545.	—15 déc. p. 545.	—29 déc. p. 546.	—5 déc. p. 546.	—17 oct. p. 547.	—20 nov. p. 584.	—2 août. V. 18 oct. 1860.
—19 avr. p. 545.	—19 déc. p. 545.	V. 12 avr. 1856.	—20 déc. p. 546.	—29 oct.V. 21janv. 1859.	—23 nov. V. 8 janv. 1859.	—3août. V. 12 oct. 1860.
—21 avr. p. 545.	—20 déc. p. 545.	1856. 25 janv. p. 546.	—24 déc. p. 546.	—31 oct. p. 547.	—14 déc. p. 547.	—18 août p. 548.
—27 avr. p. 545.	—25 déc. 152-4ec., 183 c., p. 545.	—2 fév. p. 584.	1857. 14 janv. V. 4 avr. 1857.	—4 nov. p. 547.	—28 déc. V. 4 avr. 1859.	—23 août.V.21nov. 1860.
—10 mai p. 545 V. 25 mai, 29 août 1854.	—24 déc. p. 545.	—22 fév.V. 17 oct. 1857.	—24 janv. p. 584.	—16nov.V. 19juin 1859.	—8 janv. p. 547.	—4 sept.V.26 nov., 1er déc. 1860.
—22 mai p. 545.	1855. 22 janv.V.26 fév. 1855.	—30 mars. V. 28 avr. 1856.	—25 fév.V. 18 avr. 1857.	—17 nov. p. 547.	—15 fév. p. 547.	—8 sept. p. 548.
—25 mai p. 545.	—24 janv.V. 9 mars 1855.	—10 avr.V. 22 avr. 1856.	—28 fév. p. 546.	—5 déc.V. 20 janv. et 27 fév. 1858.	—25 fév. 510 c. 1859.	—20 sept. V. 24 nov. 1860.
—30 mai p. 545.	—27 janv. p. 545.	—12 avr. p. 546.	—2 mars. V. 28 mars 1857.	—28 déc. p. 547.	—4 mars p. 584.	—30 sept. V. 21 nov. 1860.
—20 juin.V. 4 août 1854.	—10 fév. p. 546.	—16 avr.V. 28 avr. 1856.	—7 mars. V. 28 mars 1857.	1858. 2 janv. V. 3 1858.	—19 mars.V. 2 août 1859.	—12 oct. V. 26 oct. 1860.
—25 juin. V. 4 juill. 1854.	—22 fév. p. 546.	—22 avr. p. 546.	—14 mars. V. 30 mai 1857.	—20 janv. p. 547.	—30 mars. V. 26 août 1859.	—18 oct. p. 584.
—28 juin p. 584.	—26 fév. p. 546.	—2 mai.V. 8 juill. 1856.	—28 mars p. 546.	—10 fév.V. 4 mars 1859.	—11 avr. V. 21 janv. 1860.	—23 oct. V. 12 janv. 1861.
—4 juill. p. 584.	—9 mars p. 546.	—15 mai.V.14sept. 1857.	—4 avr. p. 546.	—14 fév.V.1er mars 1859.	—12 avr. 162 c. juin 1858.	—26 oct. p. 548.
—10 juill. V. 24 nov. 1854.	—15 mars. V. 19 juin 1855.	—19 mai.V.13 juin 1856.	—18 avr. p. 546.	—2 avr. V. 547.	—18 avr. V. 10 mai 1859.	—28 oct. p. 548.
—15 juill. V. 11 nov. 1854.	—29 mars. V. 10 août 1855.	—26 mai p. 584.	—26 mai.V. 19juin 1857.	—19 mars. V. 22 mai,1er juin1858.	—29 avr. V. 27 janv. 1859.	—16 nov.V.30nov. 1860.
—16 août. V. 9 et 22 sept. 1854.	—8 juin.V. 20juill. 1855.	—15 juin p. 546.	—30 mai p. 546.	—22 mai p. 547.	—10 mai p. 547.	—21 nov. p. 548.
—29 août p. 545.	—19 juin p. 584.	—4 juill.V.1er déc. 1856.	—10 juin. V. 12 juill. 1857.	—1er juin p. 547.	—19 juill. V. 20 oct. 1859.	—24 nov. p. 548.
—1er sept. V. 15 déc. 1854,27janv. 1855.	—12 juill. V. 14 déc. 1856.	—6 juill.V.1er déc. 1856.	—14 juin. V. 30 juill. 1857.	—19 juin p. 547.	—29 mai. V. 18 juill. 1860.	—30 nov. p. 548.
—9 sept. p. 545.	—20 juill. p. 546.	—8 juill. p. 546.	—19 juin p. 546.	—26 juin p. 547.	—5 août.V.30sept., 1859.	—1er déc. p. 548.
—22 sept. p. 545. V. 11 nov. 1854.	—21 juill. p. 546.	—15 août. V. 1er déc. 1857.	—2 juill. V. 4 juill., 26 août 1857.	—27 juin. V. 12 janv. 1861.	—26 août p. 547.	—10déc.V. 17mars 1861.
—1er oct. V. 20 déc. 1854.	—27 juill. V. 10 1856.	—22 sept. V. 15 oct. 1856.	—5 juill.V. 7 sept. 1857.	—30juin.V.5janv. 1859.	1859.	1861.
—8 nov. V. 8 déc. 1854.	—29juill.V.6nov. 1855.	—24 sept. V. 20,26 nov., 3 déc. 1856.	—12 juill. p. 546.	—7 août.V.20nov. 1858.	V. 14 sept. 1859.	1861. 12 janv. p. 548.
—11 nov. p. 545, 584.	—10 août p. 546.	—14 oct. V. 20 et 24 déc. 1856.	—30 juill. p. 546.	—19août. V. 7 oct.	—27 juin.V. 6 juill.	—16 fév. p. 548.
	—21 sept. p. 546.	—15 oct. p. 584.	—24 août p. 546.			—7 mars. V. 31 mars 1861.
	—6 nov. p. 546.	—18 oct. p. 546.	—26 août p. 546.			—17 mars p. 548.
	—13 nov. V. 2 fév. 1856.					—25 mars. V. 27 mars 1861.
	—15 nov. V. 25					—27 mars p. 548.
						—31 mars p. 548.

TRAITEMENT. — **1**. On entend par *traitement* la rémunération accordée aux fonctionnaires, magistrats, employés et agents des diverses administrations publiques, le prix de services permanents rendus dans l'intérêt général. — On dit aussi les *appointements* des employés, les *émoluments* d'une charge, d'une place. — Quant à la rétribution donnée aux militaires, elle prend plus spécialement le nom de *solde*. — Les *honoraires* sont la rémunération de services rendus par les médecins, avocats, avoués, notaires, etc., etc., et les ecclésiastiques pour les fonctions du culte qui sont rétribuées. — Mais on dit les *salaires* des huissiers, des ouvriers. — Quant au mot *gages*, c'est le prix des occupations serviles. — On dit pourtant les gages d'un capitaine de navire, d'un matelot. — Nous nous occupons uniquement ici des traitements des fonctionnaires de l'État et de la solde des armées de terre et de mer. — Quant aux honoraires des officiers ministériels, médecins, avocats, etc., V. v^{le} Avoué, n°s 119 et suiv. ; Avocat, n°s 241 et s. ; Honoraires, Médecine, n°s 77 et s.; Notaire, n°s 440 et s.

Division.

SECT. 1. — HISTORIQUE ET LÉGISLATION (n° 2).
SECT. 2. — DES TRAITEMENTS CIVILS (n° 58).
ART. 1. — Du droit au traitement et de l'autorité compétente pour en connaître. — Prescription (n° 59).
ART. 2. — Des retenues faites sur les traitements pour la pension de retraite (n° 91).
ART. 3. — Du mode de liquidation des traitements et de perception des retenues (n° 118).
SECT. 3. — DES TRAITEMENTS OU SOLDES MILITAIRES (n° 135).
ART. 1. — Soldes de l'armée de terre (n° 135).
ART. 2. — Soldes de l'armée de mer (n° 150).
SECT. 4. — DES DROITS DES CRÉANCIERS SUR LES TRAITEMENTS ET LES SOLDES (n° 169).
ART. 1. — Droits des créanciers sur les traitements civils (n° 170).

ART. 2. — Droits des créanciers sur les soldes militaires (n° 178).
§ 1. — Droits des créanciers sur les soldes de l'armée de terre (n° 178).
§ 2. — Droits des créanciers sur les soldes de l'armée de mer (n° 187).
SECT. 5. — DU CUMUL DES TRAITEMENTS ET PENSIONS (n° 197).
ART. 1. — Cumul de plusieurs traitements (n° 198).
ART. 2. — Cumul des traitements avec les pensions (n° 206).

SECT. 1. — HISTORIQUE ET LÉGISLATION.

2. Nous n'avons que des notions fort incomplètes sur le mode de rétribution et l'importance des traitements des agents de l'État chez les anciens.—Selon Diodore de Sicile, liv. 1, p. 67, les soldats, chez les Égyptiens, avaient douze arrures exemptes de tout tribu et de toute imposition. L'arrure était une portion de terre labourable qui répondait à peu près à la moitié d'un arpent (c'est-à-dire au cinquième d'un hectare). — Outre ce privilège, on fournissait par jour à chacun d'eux 5 livres de pain, 2 livres de viande et une pinte de vin. — Cyrus assigna aux satrapes, pour faire face aux frais de leur gouvernement, des fonds de terre et des revenus proportionnels à l'importance de leur emploi (Rollin, Hist. anc., t. 1, p. 515).

3. Chez les Grecs, Solon laissa toutes les magistratures aux mains des riches et en interdit l'entrée aux *thètes* qui formaient la quatrième et dernière classe des citoyens. Voulant pourtant donner aux thètes quelque part au gouvernement, il leur accorda le droit de voter dans les assemblées et dans les jugements, droit qui ne parut rien d'abord, et qui dans la suite devint très-considérable; car la plupart des procès finissaient par tomber sous la juridiction populaire. Mais cette attribution ne donnait lieu à aucun émolument (Aristote, Politique, liv. 2, ch. 9, et Plutarque, Vie de Solon, traduction Pierron, p. 197).—Périclès est le premier qui fit donner aux juges une obole pour salaire

(Aristote, Politique, liv. 2, ch. 9). — Plus tard ils reçurent jusqu'à trois oboles par jour (Aristophane, Guêpes, trad. Artaud, t. 2, p. 235). — Quant aux orateurs ou avocats, ils recevaient une drachme par jour lorsqu'ils étaient chargés de la défense d'une ville ou d'un citoyen (ibid.).

4. A Rome, les fonctions honorifiques étaient, en général, le partage de ceux qui payaient un certain cens et, par ce motif, elles n'étaient pas rémunérées. — Auguste voulut qu'une indemnité fixe fût allouée aux proconsuls pour leurs équipages et leur logement; auparavant, cette dépense était mise en adjudication publique : « Ut proconsulibus ad mulos et tabernacula quæ publicè locari solebant, certa pecunia constitueretur » (Suétone, Vie d'Auguste, § 36, collection Nisard). — Alexandre Sévère accorda des honoraires à un seul des médecins de la cour : tous les autres, au nombre de six, recevaient seulement deux ou trois pains, dont un de fleur de farine et les autres de farine ordinaire. — Lorsqu'il créait des magistrats, il leur donnait, à l'exemple des anciens et comme le recommande Cicéron, de l'argenterie et toutes les choses nécessaires; ainsi des gouverneurs de province recevaient chacun vingt livres pesant d'argent, six vases, deux mulets, deux chevaux, deux robes pour la ville, une robe pour le particulier, une autre pour le bain, cent pièces d'or et un cuisinier. S'ils n'étaient pas mariés ils recevaient aussi une concubine, dont ils ne pouvaient se passer. En sortant de charge ils restituaient les mules, les mulets, les chevaux, les muletiers et les cuisiniers, et ils gardaient le reste pour eux s'ils s'étaient bien conduits. Dans le cas contraire, ils rendaient le quadruple, nonobstant la condamnation qu'ils pouvaient avoir encourue pour crime de péculat ou de concussion : Medicus sub eo unus palatinus salarium accepit; cæteri omnes, qui usque ad sex fuerunt, annonas binas aut ternas accipiebant, ita ut mundas singulas consequerentur, alias aliter. — Judices cum promoveret, exemplo veterum, ut et Cicero docet, et argento et necessariis instruebat, ita ut præsides provinciarum acciperent argenti pundo vicena, phialas senas, mulos binos, æquos binos, vestes forenses binas, domesticas singulas, balneares singulas, aureos centenos, coquos singulos; et si uxores non haberent, singulas concubinas (quod sine his esse non possent). Reddituri, deposita administratione, mulas, mulos, æquos, muliones et coquos; cætera sibi habituri, si bene egissent; in quadruplum reddituri, si malè. Præter condemnationem aut peculatûs aut repetundarum, leges innumeras sancit (Lampride, Hist. auguste, Vie d'Alexandre Sévère, § 41, collection Nisard). — Donnait-il un successeur à quelque gouverneur de province, il lui disait : « La République vous remercie,» et il le mettait par ses libéralités en état de vivre honorablement comme particulier. C'étaient des terres, des bœufs, des chevaux, du blé, du fer, des matériaux pour bâtir une maison, du marbre pour l'orner, et autant d'ouvriers qu'en demandait cette construction. Il fit rarement, excepté aux soldats, des dons en argent : Si unquam alicui præsidum successorem dedit, semper illud addidit : Gratias tibi agit respublica; eumque muneratus est, ita ut privatus pro luco suo posset honestè vivere. His quidem muneribus, agris, bobus, equis, frumento, ferro, impendiis ad faciendam domum, marmoribus ad ornandum, et operis quas ratio fabricæ requirebat, æurum et argentum rarò unquam, nisi militi, divisit (ibid., § 31).

5. Chez les Germains, il était d'usage que les cités offrissent à leurs chefs un don en troupeaux et en grains, auquel on contribuait par tête, et qui, reçu comme un honneur, subvenait aussi aux dépenses de la table de ces chargés. — Quant aux soldats, la table du chef à laquelle ils étaient admis, et qui était d'une somptuosité grossière mais pourtant dispendieuse, leur tenait lieu de solde (Tacite, Mœurs des Germains, trad. Burnouf, édit. Lahure, §§ 14 et 15).

6. Pendant le moyen âge et sous la féodalité, le clergé et les seigneurs suzerains se partageaient l'administration des personnes et des choses soumises à leur dépendance, par l'intermédiaire d'agents inférieurs attachés à leurs domaines, et dont l'existence se trouvait assurée de la même manière que celle des autres serviteurs. — Écoutons Juvénal des Ursins, Histoire de Charles VI : « Le médecin du roi a par jour trois pièces de chair, deux poules, cinq quartes de vin, deux pains de bouche,

cinq pains de commun et 8 sous. Le confesseur du roi a, par jour, pour lui, son compagnon, ses clercs et ses gens, quatre pièces de chair, quatre poules, une demi-longe de veau, deux setiers de vin, quatre pains de bouche, trente-six pains de commun, 200 fr. de pension et 28 fr. pour menues nécessités. La maîtresse lingère n'a que 18 liv. de gage et 100 sous pour la façon de chaque robe. Le pourvoyeur général du poisson de mer n'a pas plus de 45 liv. »

7. Lorsque les rois eurent substitué leur autorité à l'arbitraire des seigneurs, et que l'administration publique fut constituée, le pouvoir royal s'exerçait, en général, comme s'exerce aujourd'hui celui du chef de l'Etat, au moyen d'agents rétribués, soit directement par le trésor, soit sur les contributions imposées aux provinces. Il n'y avait d'exception que pour la perception des impôts qui formait l'objet d'entreprises privées concédées à forfait à des particuliers connus sous le nom de fermiers généraux et dont les agents ne relevaient nullement de l'Etat (V. Impôts, n° 37). — Mais souvent, au lieu et place de traitements et sous le prétexte de récompenser des services militaires ou d'encourager les lettres et les sciences, le roi concédait à ses courtisans des bénéfices et des abbayes. C'est ainsi que Boileau, historiographe du grand roi, avait obtenu le bénéfice de 800 liv. du prieuré de Saint-Paterne, dont il jouit pendant huit années, et auquel, dans un sentiment de piété bien entendue, il renonça ensuite en restituant les revenus qu'il avait touchés (Œuvres de Boileau, édit. Didot de 1821, t. 2, p. 510, en note).

8. On lit, dans les mémoires manuscrits de Colbert, qu'après la disgrâce de Fouquet, Louis XIV, à l'instigation de ce grand ministre, réduisit le nombre des charges des officiers relevant de la couronne et le montant de leurs traitements. — Colbert tenta même d'apporter des réformes dans les attributions des grands dignitaires de la couronne : il proposa au roi, mais, paraît-il, sans aucun succès, de réduire les privilèges de l'amiral de France, en supprimant les droits de diverses natures perçus à son profit, tels que ceux d'ancrage, de collation des grades, etc., etc., et de ne lui laisser que son traitement fixe de 100,000 *livres* (Chéruel, Admin. monarchique de la France, t. 2).

9. Mais c'est à partir de 1789 que la matière des traitements prend une large place dans la législation. — Il importe de jeter un coup d'œil rapide sur les dispositions principales édictées à cet égard depuis la première assemblée constituante. Nous classerons à part les règlements qui sont relatifs au cumul des traitements et pensions, aux retenues extraordinaires faites dans les temps de crise sur les traitements, à l'étendue des droits des créanciers des agents de l'Etat sur leurs salaires, aux dotations de la pairie et du sénat, et aux indemnités accordées aux représentants et députés. Nous terminerons, enfin, par l'examen de la question, soulevée récemment, de la nécessité d'augmenter les traitements et l'indication des mesures qui ont été prises dans ce but.

L'Assemblée nationale constituante, qui jeta les bases de l'administration qui nous régit aujourd'hui, s'empressa de porter son examen sur les traitements existants sous l'ancienne monarchie. — Après avoir supprimé un grand nombre de traitements, elle suspend provisoirement le payement de ceux qu'elle a conservés, ainsi que les dons et gratifications annuelles (décr. du 5-14 janv. 1790, art. 2). — Elle prescrit la nomination d'un comité de douze membres, sur le rapport duquel les traitements, dons et gratifications annuelles existants, devront être réduits, supprimés ou augmentés (même décret, art. 3). — Elle défend de payer, même provisoirement, les dons, gratifications, appointements et traitements attachés à quelques fonctions publiques, ainsi qu'aux Français habituellement domiciliés dans le royaume et alors absents sans mission expresse du gouvernement (même décret, art. 4). — Elle ordonne de surseoir au payement de sommes importantes imposées par la commission provisoire de Languedoc pour traitements de divers agents de l'ancienne administration (décr. 23 juill.-3 août 1790). — Elle règle le traitement de table dans les rades et à la mer des officiers de la marine commandant les bâtiments de guerre (décr. 26-31 juill. 1790). — Elle détermine les traitements de tous les membres du clergé et supprime, à partir du 1er janv. 1791, le casuel, ainsi que les prestations qui se percevaient sous le nom de mesures par feu, ménages, moissons, passions, etc., etc. (décr. des 12 juill.-24 août, 24 juill.-24 août et 3-24 août 1790). — Elle prescrit de nouveau la suppression de divers traitements et gratifications (décr. 13 août-5 sept. 1790). — Elle ordonne que les états des gages, traitements et appointements des différents départements, seront remis sans délai au commissaire de la liquidation pour en rendre compte au comité de liquidation chargé de présenter à cet égard un rapport à l'assemblée (décr. du 6-11 fév. 1791). — Elle prescrit des mesures pour régler le sort des ci-devant employés dans les administrations, fermes et régies publiques (décr. du 8-20 mars 1791).—Elle règle les formalités nécessaires pour toucher, soit au trésor, soit à la caisse de l'extraordinaire, les traitements et pensions (décr. des 24-25 juin 1791 et 13-17 sept. 1791).

10. L'Assemblée législative et la Convention nationale continuent l'œuvre de l'Assemblée constituante, en ce qui touche les traitements et les intérêts du trésor. — Elles déterminent le maximum des traitements des divers administrateurs ou régisseurs nationaux pour les années 1792 et 1793 (décr. des 18 sept. 1792 et 5 fév. 1793). — L'assemblée législative défend de nouveau de payer les appointements des agents qui ne justifieraient pas de leur résidence actuelle sur le territoire français, et supprime le traitement de ceux qui ne satisfont pas à cette formalité (décr. du 31 mars-4 avr. 1792).

11. La convention nationale déclare que les fonctionnaires publics qui auraient touché deux fois leur traitement, seront destitués et condamnés, outre la restitution de la somme indûment perçue, au payement du quadruple de cette somme (décr. 26 frim. an 2). — Elle fixe le traitement des agents nationaux établis près les administrations de district (décr. 16 germ. an 2). — Elle décrète, en principe qu'elle ne recevra, de la part d'aucun fonctionnaire salarié par la République, la renonciation au traitement attaché à son emploi, sauf aux fonctionnaires à propager, par les moyens qu'ils préféreront, les actes de vertu, de générosité et de fraternité *dont le peuple français ne cesse de donner l'exemple* (décr. 10-18 flor. an 2). — Elle déclare que la solde fixée par jour de service, sera payée les sansculottides à ceux qui auront fait leur service pendant ces jours, mais que les traitements par mois ou par année n'éprouveront aucun changement à raison de ces mêmes jours (décr. 19 fruct. an 2). — Elle fixe le traitement des hauts-jurés, des membres du tribunal de cassation, des juges des tribunaux civils, des commissaires du directoire exécutif, du président du tribunal, de l'accusateur public et des juges de paix. Elle décide, en outre que les traitements des fonctionnaires publics fixés en myriagrammes de froment, ne seront point payés en nature, mais que le prix du myriagramme de froment servira de règle pour évaluer ces traitements (décr. 4 brum. an 4).

12. Le directoire exécutif décide que les traitements non fixés en myriagrammes de froment seront portés dans les états et calculés en francs (loi 4 vent. an 4). — Peu après les traitements sont réduits à un taux fixe et payés en mandats (loi 17 germ. an 4). — Mais bientôt la pénurie du trésor fait décider que la moitié du traitement des fonctionnaires et employés sera payée en blé, calculé à raison de 10 fr. le quintal ou en valeurs équivalentes (loi 18 therm. an 4). — Cette mesure fut maintenue provisoirement par la loi du 4 brum. an 5 qui décréta, en outre que la moitié du traitement, payable en mandats valeur nominale, serait réduite en numéraire sur le cours de 6 fr. espèces contre 100 liv. mandats, et que chaque ordonnance de payement serait composée de la moitié payable en espèces et de la moitié en mandats, réduite comme il vient d'être dit, de manière que l'ordonnance ne puisse se présenter à la trésorerie nationale que stipulée en numéraire effectif. — Mais cette loi fut bientôt rapportée, et la totalité du traitement des fonctionnaires et employés leur fut payée en numéraire métallique (loi 2 niv. an 5).—Trois arrêtés du directoire exécutif, en date des 7 frim. an 4, 17 frim. an 4 et 16 pluv. de la même année, déterminent, avec la loi du 15 vent. an 4, les traitements des employés de bureau des administrations publiques, tant à Paris qu'en province, des substituts et des commissaires près les tribunaux civils, des greffiers et de plusieurs autres fonctionnaires. — Un arrêté du

29 germ. an 4, fixe ceux des employés et agents dans les grands établissements de l'administration centrale, et un autre arrêté du 5 vend. an 7, contenant règlement du travail dans les bureaux des administrations, la rétribution des employés de ces bureaux.

13. Pendant tout le temps de la tourmente révolutionnaire et jusqu'au consulat, le trésor était souvent obéré. On recourait alors à tous les moyens propres à suppléer à son insuffisance, principalement en étendant le domaine des matières imposables. —En l'an 7 les traitements, salaires et remises de tous les fonctionnaires publics, employés, commis et autres salariés des deniers publics, tant de ceux provenant de la trésorerie nationale que des centimes additionnels et de toute autre caisse publique, furent assujettis à une contribution mobilière au moyen d'une retenue de 5 cent. par franc (loi 3 niv. an 7, art. 5 et 40 à 49). —L'épuisement du trésor n'avait pas des conséquences funestes seulement pour l'État : il compromettait aussi le sort des employés, dont les appointements ne pouvaient être payés.— En l'an 7, la pénurie du trésor était si grande, que pour assurer tout à la fois, et les services publics et l'existence des agents, l'on dût affecter par privilège au payement des traitements une partie du principal des contributions directes (loi 7 prair. an 7) — Mais déjà les abus, en matière de traitements, ont disparu. — Sous le consulat, l'administration embrasse la généralité des services publics, et pourvoit à tous les besoins, les fonctions sont nettement définies et circonscrites, les institutions se consolident, les ressources financières s'accroissent et les traitements sont régulièrement acquittés.

14. *Cumul des traitements et pensions.* — On s'est efforcé dans tous les temps de prohiber le cumul de plusieurs fonctions ou plutôt de plusieurs traitements ou pensions au profit du même individu. Cette prohibition a été proclamée dans une mesure plus ou moins restreinte par tous les gouvernements qui se sont succédé en France depuis 89. — Les dispositions relatives au cumul, soit des traitements entre eux, soit des traitements avec les pensions, sont très-nombreuses : elles diffèrent suivant les gouvernements qui les ont édictées et en raison des circonstances particulières qui y ont donné lieu.

15. La loi du 3-22 août 1790, sur les pensions, disposait, art. 10, que nul ne pouvait recevoir en même temps une pension et un traitement, et, art. 11, qu'il ne pourrait être accordé de pensions à ceux qui jouiraient d'appointements, gages ou honoraires, sauf à leur accorder des gratifications s'il y avait lieu. Toutefois, les juges de paix, les membres des corps administratifs et les défenseurs de la patrie employés aux frontières furent autorisés ou après à jouir des pensions qu'ils avaient méritées, tout en conservant l'indemnité attribuée à leurs fonctions, ou les traitements attachés à leur grade (décr. 18-22 août 1791).

Un décret de l'assemblée nationale législative avait permis à ceux qui réunissaient sur leur tête deux fonctions, d'opter entre les deux traitements qui y étaient affectés. Mais, sur un rapport de Barère, qui dénonça à l'assemblée un représentant du peuple qui touchait les appointements de général et non l'indemnité attribuée aux représentants, la convention nationale rapporta ce décret en décidant que nul citoyen ne pourrait désormais percevoir d'autre traitement que celui attaché à la fonction qu'il exerçait (décr. 7-10 flor. an 2).

16. Les militaires qui, retirés avec traitement ou pension *avant la guerre de la liberté*, s'étaient dévoués de nouveau au service de la république, furent autorisés à cumuler leur traitement de retraite avec leurs appointements (décr. 18 therm. an 2). Cette exception, déjà édictée par le décret du 18-22 août 1791, fut presque aussitôt restreinte aux sous-officiers volontaires et invalides employés à la défense des frontières (décr. 16 frim. an 3).

17. Bientôt les savants, les gens de lettres et les artistes attachés à l'instruction publique purent en cumuler les traitements (décr. 16 fruct. an 3). Les invalides, moins favorisés, n'eurent cet honneur d'une proposition semblable et qui ne fut suivie d'aucune décision (même décret). Cette exception fut provisoirement généralisée au profit de tous les fonctionnaires publics et employés de la république qui furent autorisés à cumuler pensions et traitements jusqu'à concurrence de 3,000 livres (décr. 14 et 24 mess. an 3). — Les instituteurs primaires ainsi que les professeurs des écoles centrales et spéciales purent également cumuler, sans fixation de maximum, leurs traitements et pensions (L. 3 brum. an 4, tit. 1, art. 7).

18. Un arrêté du directoire exécutif du 3 prair. an 7, relatif aux pensions ecclésiastiques, aux pensionnaires de la liste civile, aux militaires pensionnés, imposa aux intéressés, entre autres formalités, l'obligation d'affirmer dans leurs certificats de vie qu'ils ne jouissaient d'aucune autre pension ni d'aucun traitement d'activité. L'ord. du 20-28 juin 1817 et la loi de finances du 15 mai 1818, renouvelèrent cette prescription en édictant des pénalités contre ceux dont l'affirmation serait reconnue mensongère et qui ne pourraient invoquer aucun règlement d'exception aux lois prohibitives du cumul.

19. La loi du 28 fruct. an 7 sur la solde de retraite de l'armée de terre, prohiba le cumul de cette solde avec celle d'activité pour un service militaire permanent (V. également le décret du 19 oct. 1811, art. 1). — Mais le traitement de réforme et la solde de retraite pouvaient se cumuler avec tout autre traitement que la solde d'activité (même loi et loi 8-10 flor. an 11). — Les dispositions plus larges de l'arrêté du 23 frim. an 12 permirent bientôt aux militaires appelés à des fonctions civiles de toucher, indépendamment du traitement attaché à leurs fonctions, celui de non-activité de leur grade ou celui de réforme et même, dans certains cas, celui d'activité, avec le fourrage et le logement. — L'ord. du 25 déc. 1837, sur la solde de l'armée de terre, a prohibé d'une manière absolue, art. 28, le cumul des soldes d'activité, de disponibilité ou de non-activité avec un traitement ou une pension quelconque, soit à la charge de l'Etat, soit à la charge des communes, sauf le traitement des membres de la Légion d'honneur. — Le décret du 19 oct. 1851, sur la solde de l'armée de mer, édicte, art. 17, une disposition semblable en ce qui concerne les traitements; il garde le silence quant au cumul de la solde avec une pension. — Mais le cumul de la solde de réforme avec un traitement civil d'activité, a continué d'être permis (L. 19 mai 1834, art. 34, et ord. 25 déc. 1837, art. 629).

20. Un décret du 8 fruct. an 12, qui n'a point été inséré au Bulletin des lois, consacre en faveur des maréchaux de France une exception qui leur permet de cumuler le traitement attaché à leur dignité avec tout autre traitement civil et militaire.

21. Un règlement postérieur du 19 oct. 1811, additionnel au décret du 27 février de la même année qui ordonnait l'inscription au grand livre des pensions des soldes de retraite de 3,000 fr. et au-dessus, dispose que ces soldes continueront à pouvoir être cumulées avec les traitements attachés aux fonctions civiles, et qu'elles seront toujours incompatibles avec la solde ou les traitements d'activité attribués pour un service militaire permanent, conformément à la loi du 28 fruct. an 7. — Mais, en principe, tout fonctionnaire admis à la retraite et remis depuis en activité, n'avait droit qu'au traitement de la place à laquelle il avait été appelé et ne devait plus toucher sa pension tant que son activité continuait, sauf les cas particuliers d'exceptions prononcées par les lois (avis cons. d'Et. 15 fév. 1811).

22. Pendant les premières années de la restauration le gouvernement prit un grand nombre de mesures relatives au cumul. — Les lieutenants généraux employés dans les régiments de la garde comme colonels, et les maréchaux de camp employés comme majors, furent admis à cumuler avec les appointements de leur emploi dans ces régiments, ceux de leur grade dans l'état-major de l'armée comme disponibles (ord. 21 juin 1814, art. 12). — Peu de temps après les militaires de tous grades sont autorisés de nouveau à cumuler leur solde de retraite avec tout autre traitement d'activité (ord. 27 août-13 sept. 1814, art. 13). — Mais les militaires en non-activité de service de quelque grade que ce fût, qui acceptaient ou qui remplissaient des emplois dans les administrations et dans les tribunaux civils, cessèrent d'avoir droit au traitement de non-activité sur les fonds du ministère de la guerre (ord. 7-18 mars 1817). Toutefois, furent exceptés de l'application de cette mesure les officiers généraux et supérieurs qui étaient appelés à des fonctions diplomatiques en qualité d'ambassadeurs, d'envoyés ou de consuls (même ord.).

23. Le traitement alloué par l'ord. du 30 déc. 1818 aux lieutenants généraux gouverneurs de divisions militaires, en rem-

placement de la solde de leur grade et du traitement particulier affecté jusqu'alors à ce titre, fut déclaré également incompatible avec une solde d'activité, de disponibilité ou de retraite (ord. 30 déc. 1818, art. 2), et les maréchaux de France qui conservaient nécessairement le traitement affecté à leur dignité, ne purent recevoir aucun traitement particulier comme gouverneurs lorsqu'ils n'avaient pas de lettres de service pour résider dans leurs gouvernements : néanmoins ceux déjà pourvus du titre de gouverneurs continuèrent à jouir du demi-traitement qui leur avait été alloué en cette qualité par l'ord. du 7 mars 1817 (même ord., art. 3).

24. Le traitement des conseillers d'État jouissant d'un autre traitement fut réduit à moitié, sans que pourtant le montant des deux traitements pût être inférieur au traitement de conseiller d'Etat (L. 1er janv. 1816). — Puis il fut décidé, en règle générale, qu'en cas de cumul de deux ou plusieurs traitements de la part de qui que ce fût, le moindre des deux serait réduit à moitié, le troisième au quart, et ainsi de suite (L. de finances du 28 avr. 1816, art. 79). — Cette dernière disposition a été reproduite par l'art. 44 de l'ord. du 31 mai 1838 sur la comptabilité publique, qui ajoute que la réduction dont il s'agit ne doit pas avoir lieu pour les traitements cumulés au-dessous de 3,000 fr., ni pour les traitements plus élevés qui en ont été exceptés par les lois.

25. Les fonctionnaires de l'ordre judiciaire et du ministère de la justice admis à la jouissance d'une pension de retraite ne pouvaient, s'ils étaient remis en activité, cumuler, pendant la durée de leur activité, le traitement de leur place avec leur pension de retraite, si elle surpassait ou égalait le traitement. Si le traitement était moindre que la pension, elle leur était continuée jusqu'à concurrence seulement de ce qui manquait pour qu'ils reçussent une somme égale à celle dont ils jouissaient avant leur rentrée en activité (ord. 14-20 août 1816).

26. La loi de finances du 25 mars 1817 établit en principe, dans son art. 27, que nul ne peut cumuler deux pensions, ni une pension avec un traitement d'activité, de retraite ou de réforme. Le pensionnaire a le choix de la pension ou du traitement le plus élevé. Néanmoins elle permet de cumuler les pensions de retraite pour services militaires avec un traitement civil d'activité. Cette double disposition, qui a été reproduite par les art. 233 et 234 de l'ord. du 31 mai 1838, fut déclarée applicable aux pensionnaires du département de la marine (ord. 27 août-12 sept. 1817).

27. La loi de finances du 15 mai 1818 renferme plusieurs dispositions importantes relativement aux pensions et traitements. — Elle dispose que les pensions des vicaires généraux, chanoines, curés de canton septuagénaires et celles des chevaliers de Malte (V aussi L. 14-16 juill. 1819 en ce qui concerne ces derniers) pourraient se cumuler avec un traitement d'activité, pourvu que la pension et le traitement ne s'élevassent pas ensemble à plus de 2,500 fr. — Les pensions des académiciens, des hommes de lettres attachés à l'instruction publique, à la bibliothèque du roi (aujourd'hui Bibliothèque impériale), à l'Observatoire ou au Bureau des longitudes (lorsqu'elles n'excédaient pas 2,000 fr. et jusqu'à concurrence de cette somme si elles l'excédaient), pouvaient aussi se cumuler avec un traitement d'activité, pourvu que la pension et le traitement ne s'élevassent pas ensemble à plus de 6,000 fr. (même loi, art. 12, et ord. 31 mai 1838, art. 235). — La même loi décide également, par exception au principe, que les pensions et traitements de même nature pourront se cumuler jusqu'à concurrence de 700 fr. — Ont été encore et successivement exceptées de la disposition des lois qui prohibent le cumul certaines pensions énumérées ci-dessous. — V. infrà, nos 214 et suiv.

28. Sous le gouvernement de Louis-Philippe, les lois des 11 et 18 avr. 1831, sur les pensions des armées de terre et de mer, ont prohibé le cumul d'un traitement civil d'activité avec les pensions de retraite militaires dans la fixation desquelles est compté, conformément à l'art. 4 de ces lois, le temps passé dans un service civil donnant droit à pension, et cette disposition a été renouvelée dans l'art. 234 de l'ord. du 31 mai 1838. — Les agents diplomatiques, les préfets et sous-préfets qui obtiennent un traitement de non-activité ne peuvent le cumuler avec un autre traitement ni avec une pension sur le trésor, si ce n'est avec une pension de retraite pour services militaires (ord. 22 mai-30 juin 1843, art. 6, et décr. 27 mars 1854, art. 4 et 5). — La loi du 29 juin 1855, art. 10, édicte la même prohibition pour les pensions servies par la caisse de vétérance de l'ancienne liste civile.

29. En 1848, le gouvernement provisoire décréta, dans l'intérêt des caisses de retraite, que nul ne pourrait désormais jouir simultanément d'un traitement d'activité et d'une pension de retraite, servis l'un et l'autre, soit par les fonds de l'État ou des communes, soit par les fonds de retenue. — Mais le cumul continua d'avoir lieu dans tous les cas jusqu'à concurrence de 700 fr. (décr. 13 mars 1848). — Peu de temps après une commission fut chargée de présenter un rapport sur les questions relatives au cumul des fonctions publiques salariées. Cette commission, présidée par un membre du gouvernement provisoire, était composée des sous-secrétaires d'État ou secrétaires généraux et des directeurs ou chefs de division choisis par chaque ministre dans les différents services (arr. 22 avr. 1848).

30. Mais bientôt les dispositions du décret du 13 mars 1848 furent déclarées inapplicables aux majors, adjudants-majors, adjudants sous-officiers, tambours-majors et tambours-maîtres de la garde nationale (décr. 19 juin 1848). — Il en fut de même pour les anciens militaires, anciens marins, ouvriers des ports et employés du service actif des douanes, qui furent admis à jouir à la fois d'un traitement civil sur les fonds du trésor, des départements ou des communes, et d'une pension de retraite ou demi-solde sur les fonds du trésor public ou sur la caisse des invalides de la marine (décr. 12-18 août 1848), ainsi que pour les officiers et sous-officiers employés dans l'administration des palais nationaux (décr. 24 mars 1852).

31. Une disposition édictée dans le même esprit qui avait présidé au décret du 13 mars 1848 et qui forme l'art. 5 de la loi du 12-28 déc. 1848, portait que les savants, les gens de lettres et les artistes ne pourraient occuper plus de deux fonctions ou chaires rétribuées sur les fonds du trésor public, et que le montant de leurs traitements cumulés, tant fixes qu'éventuels, ne devait, dans aucun cas, dépasser 12,000 fr. — N'était pas considérée comme un traitement l'indemnité allouée aux membres de l'Institut. — Le chiffre maximum de ce cumul fut bientôt élevé à 20,000 fr. (décr. 9 mars-19 avr. 1852). — Mais la loi de finances du 8 juill. 1852, après avoir abrogé (art. 27) le décret du 13 mars 1848, a fait revivre, art. 28, au profit des professeurs, gens de lettres, savants et artistes, la faculté de cumuler, sans limite aucune, plusieurs fonctions et d'occuper plusieurs chaires rétribuées sur les fonds du trésor public, sans, néanmoins, que le montant des traitements cumulés tant fixes qu'éventuels pût dépasser 20,000 fr.

32. Les dotations des sénateurs, assimilées à ce point de vue aux dotations de la pairie (V. L. 28 mai 1829, art. 1) ont été soustraites à l'application des lois sur le cumul des traitements et pensions (décr. 24 mars 1852, art. 3).

33. Enfin la loi du 9 juin 1853, sur les pensions civiles, déclare (art. 28) que le pensionnaire remis en activité dans un service différent de celui dans lequel il est pensionné ne peut cumuler sa pension et son traitement que jusqu'à concurrence de 1,500 fr.

34. Tel est l'historique sommaire des dispositions édictées successivement pour régler le cumul, soit des traitements entre eux, soit des traitements avec les pensions de retraite. — Les deux faits les plus saillants, qui résultent de cet exposé, sont qu'en matière de cumul de plusieurs fonctions ou traitements les savants, les professeurs, les gens de lettres, les artistes sont l'objet d'un privilége tout spécial, et qu'en matière de cumul de traitements avec une pension, les anciens militaires jouissent d'une faveur plus grande que les employés civils.

35. *Retenues extraordinaires exercées sur les traitements.* — Les traitements des fonctionnaires et employés ont été soumis, plusieurs fois, dans des circonstances critiques pour le trésor, à des retenues progressives considérables. — La première retenue de cette nature fut prescrite par la loi du 27 flor. an 7, qu soumit à cette mesure les traitements de 3,000 fr. et au-dessus seu-

lement, à raison de 5 p. 100 sur les trois premiers mille francs et de 10 p. 100 sur le surplus.

36. Une retenue plus forte fut bientôt édictée par la loi du 1er therm. an 7. Aux termes de l'art. 1 de cette loi «tous mandats, fonctions ou emplois civils donnant lieu à traitements, indemnités, salaires ou remises, payés soit directement par le trésor public, soit indirectement sur les centimes additionnels aux contributions, soit par retenue sur le produit des sommes perçues pour le compte du trésor national, subiront, quant auxdits traitements, indemnités, salaires ou remises et jusqu'à la paix générale, une réduction proportionnelle». — Les traitements de 600 fr. et au-dessous furent exemptés de cette retenue. Ceux de 600 à 2,000 fr. subirent une retenue de un dixième, sans que cette retenue, pour cette classe d'employés, pût porter sur les premiers 600 fr., mais seulement sur l'excédant. Les traitements de 2,000 à 3,000 eurent à supporter une retenue d'un sixième, ceux de 3,000 à 4,000, un cinquième, ceux de 4,000 et au-dessus, un quart, le tout eu égard au traitement total et sans distinction des premiers 600 fr. Les indemnités ou traitements des représentants du peuple, des membres du directoire exécutif, des ministres, des ambassadeurs et autres agents diplomatiques étaient également soumis à cette mesure. — La loi du 1er therm. an 7 fut abrogée par la loi du 25 frim. 8, qui substitua à la retenue prescrite par la première de ces lois une retenue d'un vingtième sur les traitements et indemnités. Mais postérieurement à la loi du 25 frim. an 8 les traitements ayant été réduits dans l'intérêt du trésor, cette nouvelle retenue fut supprimée pour l'an 9 (avis du conseil d'État du 27 vend. an 9), et ne fut plus exercée pendant les années suivantes.

37. Après la chute du premier empire, l'épuisement du trésor fit recourir à une mesure semblable. Une ordonnance du 15 oct. 1815 réduisit les traitements des membres de la cour de cassation et de la cour des comptes. — Une seconde ordonnance du 24-27 janv. 1816 autorisa provisoirement et en attendant la loi de finances, à opérer sur les salaires, traitements et remises de tous les fonctionnaires et employés, des retenues pendant l'année 1816, conformément au tarif annexé au projet de loi de finances proposée à la chambre des députés. — L'art. 79 de la loi de finances du 28 avr. 1816, confirma cette mesure. D'après cet article, les traitements, salaires et remises de toute nature furent soumis à une retenue progressive qui s'élevait depuis 1 centime jusqu'à 33 centimes par franc, suivant l'élévation des traitements. Furent seuls affranchis de cette retenue les employés dont le traitement était au-dessous de 500 fr. et les militaires au-dessous du grade de sous-lieutenant. — Une ordonnance du 17-22 mai 1816, qui avait pour objet de régler plusieurs traitements dans l'administration des finances, les soumit à la retenue dont il s'agit. Une ordonnance antérieure, rendue dans le même but, celle du 7-18 mars 1816, supprima le traitement de non-activité des militaires qui remplissaient des emplois dans les administrations et dans les tribunaux civils. — Cette retenue fut maintenue pendant les années 1817, 1818, 1819 et 1820 (V. Lois des 25 mars 1817, 15 mai 1818, 14 juill. 1819 et 23 juill. 1820). — Elle fut supprimée par la loi du 31 juill. 1821.

38. A la suite de la révolution de juillet et aux termes de la loi du 18 avr. 1831, art. 10 et 11, les traitements, appointements, salaires et remises de toute nature payés sur les fonds de l'État furent également soumis, du 1er mai au 31 déc. 1831, à une retenue progressive depuis 2 centimes jusqu'à 25 centimes par franc sur les traitements de 1,000 fr. à 20,000 fr. et au-dessus. Mais cette disposition n'était pas applicable aux armées de terre et de mer jusqu'au grade de chef de bataillon et de capitaine de corvette et grades correspondants exclusivement, ni aux traitements au-dessous de 1,000 fr. — Une ordonnance du 11 mai 1831 déclara applicable aux traitements payés dans les colonies la retenue dont il s'agit qui fut maintenue dans la métropole pendant les trois premiers mois de 1832, sauf décompte, s'il y avait lieu, après l'adoption du budget de l'exercice de cette année (L. 16 déc. 1831, art. 4).

39. Les nécessités impérieuses que fit naître la révolution de 1848 suggéra au gouvernement provisoire de cette époque la · nsée de faire revivre, au moins pour un temps, la mesure qui avait déjà été si souvent prise dans des circonstances ..alogues.

Un décret du 4-6 avr. 1848 soumit, du 1er avril au.31 décembre de la même année, tous les traitements de 2,000 à 25,000 fr. et au-dessus à une retenue progressive de 4 à 30 centimes par franc suivant leur élévation. Les traitements de 2,000 fr. et au-dessous furent exemptés de cette mesure qui n'était pas non plus applicable aux militaires qui n'avaient pas été soumis à celle prescrite par la loi du 18 avr. 1831.

40. *Des saisies-oppositions sur les traitements.* — Il est de l'intérêt des services publics que les moyens d'existence des agents de l'État qui viendraient à éprouver des revers de fortune restent pleinement assurés, et que la rémunération de ces agents ne puisse être saisie en totalité par leurs créanciers. — Une loi du 10 juill. 1791 avait décidé que les appointements des militaires ne pourraient être frappés d'opposition que pour ce qui excéderait 600 livres. Cette mesure fut bientôt reconnue insuffisante et la loi du 19-22 pluv. an 3 décida que les traitements des officiers, commissaires des guerres et employés dans les armées ne seraient à l'avenir saisissables que jusqu'à concurrence d'un cinquième. — Cette dernière disposition a été reproduite et maintenue par l'art. 451 de l'ord. du 25 déc. 1837 sur la solde de l'armée de terre, et par l'art. 160 du décr. du 19 oct. 1851 sur la solde de l'armée de mer.

41. La même protection a été accordée aux employés civils par la loi du 21 vent. an 9, qui est restée en vigueur , et aux termes de laquelle « les traitements des fonctionnaires publics et employés civils sont saisissables jusqu'à concurrence d'un cinquième sur les premiers 1,000 fr. et toutes les sommes au-dessous; du quart sur les 5,000 fr. suivants, et du tiers sur la portion excédant 6,000 fr., à quelque somme qu'elle s'élève et le tout jusqu'à l'entier acquittement des créances. »

42. Les ministres du culte ont été de la part du législateur l'objet d'une faveur plus grande encore, leurs traitements sont complétement et pour la totalité déclarés incessibles et insaisissables (arrêtés des 18 niv. an 11 et 15 germ. an 12).

43. *Indemnités des représentants et des députés.* — Sous l'empire d'une constitution qui accorde le droit d'éligibilité à tous les citoyens , sans aucune condition de cens et de fortune, il est juste d'indemniser ceux auxquels la nation confère le mandat de les représenter. Il ne faut pas imposer à ceux qui se dévouent aux intérêts du pays des sacrifices trop onéreux : on écarterait de ce mandat les hommes éclairés, intelligents, laborieux, investis de la confiance publique, mais auxquels leur modeste position ne permet pas d'abandonner sans compensation des professions dont les bénéfices sont leur principale fortune (exposé des motifs du projet de sénatus-consulte du 25 déc. 1852).

44. Déjà , sous l'ancienne monarchie, les députés aux états généraux touchaient une indemnité pour leurs frais de déplacement et de séjour. Aux états de Blois, en 1576 et 1577, elle s'élevait à 25 liv. par jour pour les archevêques, à 9 et 8 liv. pour les députés de la noblesse et du tiers état.

45. Lorsque, en 1789, les états généraux se furent convertis en une assemblée nationale permanente, cette indemnité devint une dépense normale de la nation. — Les membres de la première assemblée constituante recevaient chacun un traitement de 18 fr. par jour, plus frais de voyage à raison de 5 fr. par poste. Ils avaient droit, en outre, à la franchise postale pour leur correspondance (décret du 1er sept. 1789). — Cette indemnité fut successivement maintenue par l'assemblée législative et la convention.

46. La constitution du 5 fruct. an 3 alloua , art. 68 , aux membres des conseils des cinq-cents et des anciens une indemnité fixée à la valeur de 3,000 myriagrammes de froment. — Peu de temps après, cette rémunération fut élevée à 670 fr. par mois. Ils recevaient, en outre, des frais de voyage, à raison de 10 fr. par poste, une somme de 330 fr. par mois à titre de frais de logement, de bureau et de costume, et, enfin, une indemnité mensuelle de 70 fr. environ pour le dédommager de la franchise postale qui leur était retirée (Lois des 29 therm. an 6, 20 vend. an 7 et 8 frim. an 8).

47. L'art. 36, de la constitution du 22 frim. an 8, attribua un traitement annuel de 15,000 fr. aux tribuns et de 10,000 fr. aux législateurs. — Pendant le consulat et l'empire, les mem-

bres de la représentation nationale avaient un traitement fixe de 10,000 fr. — Mais, sous la restauration, d'autres idées prévalurent et la gratuité du mandat de député fut proclamée. — Elle fut maintenue sous le gouvernement de juillet.

48. La révolution de 1848, en rétablissant le principe de l'égalité politique, fit renaître le principe de l'indemnité au profit des représentants du peuple (constitution du 4 nov. 1848, art. 38). — La constitution qui nous régit aujourd'hui avait décrété d'abord la gratuité du mandat de représentant (constitution du 14 janv. 1852, art. 22). — Mais le gouvernement est revenu peu après sur cette décision en accordant aux députés une indemnité mensuelle de 2,500 fr., pendant la durée de chaque session ordinaire ou extraordinaire (sénatus-consulte du 25 déc. 1852, art. 14).

49. *Dotation de la pairie et du sénat.* — La constitution du 22 frim. an 8 avait affecté les revenus de domaines nationaux déterminés aux dépenses du sénat. Le traitement annuel de chacun de ses membres se prenait sur ces revenus. Il était égal au vingtième de celui du premier consul, qui fut fixé, pour l'an 8, à 500,000 fr. par la même constitution. — En l'an 11, des sénatoreries furent créées par le sénatus-consulte du 14 nov. de cette année : chaque arrondissement de tribunal d'appel devait avoir une sénatorerie, qui était dotée d'une maison et d'un revenu annuel en domaines nationaux de 20 à 25,000 fr. Cette dotation était viagère. Le revenu tenait lieu, au sénateur qui en était pourvu , de toute indemnité pour frais de déplacement et de dépenses de représentation.

50. Le projet de constitution du 6 avr. 1814 conservait aux sénateurs la dotation préexistante du sénat et des sénatoreries; mais l'ordonnance du 14 juin de la même année disposa que la dotation du sénat réunie au domaine de la couronne, qu'elle y demeurerait incorporée quoique distincte, et accorda aux membres du sénat une pension annuelle de 30,000 fr. — Le 3 déc. 1823, un décision du roi, contre-signée par le président du conseil des ministres, fixa à 24,000 fr. les pensions des anciens sénateurs, et déclara irrévocables les pensions possédées par d'anciens sénateurs-pairs, ainsi que celles accordées à des pairs de France, sur la dotation du sénat qui avait été incorporée au domaine de la couronne. — Enfin la loi du 28 mai 1829 ordonna l'inscription, au livre des pensions, des pensions accordées par le roi à des pairs et de celles dont jouissaient d'anciens sénateurs.

51. Sous le gouvernement de juillet , aucun traitement, aucune pension, aucune dotation ne fut attachée à la dignité de pair; mais les pensions et dotations antérieures furent conservées aux anciens sénateurs ou pairs (Loi du 29 déc. 1831, § 31).

52. Le gouvernement actuel n'avait attaché d'abord aucun émolument à la dignité de sénateur : toutefois le président de la république s'était réservé le droit d'accorder aux sénateurs , en raison de services rendus et de leur position de fortune, une dotation personnelle qui ne devait pas excéder 30,000 fr. par an (constitution du 14 janv. 1852, art. 37). — Mais il a bientôt érigé en règle générale cette exception en affectant une dotation annuelle de 30,000 fr. à la dignité de sénateur (sénatus-consulte du 25 déc. 1852, art. 11).

53. *De la nécessité d'augmenter les traitements.* — Dans ces derniers temps, on a agité de toutes parts la question de l'insuffisance des traitements. Cette insuffisance est généralement admise et personne ne conteste que par suite du renchérissement des objets de consommation , la plupart des employés ne soient dans une position extrêmement précaire. — M. Paul Dupont, député au corps législatif, a fait paraître, en 1859 et 1860, deux brochures remarquables où il démontre victorieusement l'insuffisance des traitements, la nécessité d'une prompte augmentation et d'un règlement général pour toutes les administrations centrales des ministères. Lors de la discussion du projet de loi portant modification des cours et tribunaux de l'empire, l'honorable député, poursuivant la même œuvre, a fait voir qu'à l'époque où nous vivons , il faut élever les traitements des fonctionnaires publics, et que le moyen le plus efficace d'y parvenir promptement, c'est de supprimer les emplois inutiles et d'accroître ainsi le travail et les émoluments. — Dans la discussion du projet de loi portant fixation du budget général des rece tes et dépenses de 1861, M. Paul Dupont, reprenant la même question, a proposé un amendement ainsi conçu : « Les ordonnances de 1844 et les arrêtés ministériels postérieurs qui régissent aujourd'hui l'organisation des administrations centrales des ministères, seront, avant la présentation au corps législatif du projet de l'exercice de 1862, remplacés par un décret rendu dans la forme des règlements d'administration publique. Ce décret statuera à la fois sur l'organisation de toutes les administrations centrales des ministères et des services divers qui en dépendent. »

Déjà la loi de finances, du 24 juill. 1843, contenait, dans son art. 5, la disposition suivante : « Avant le 1er janv. 1845, l'organisation centrale de chaque ministère sera réglée par une ordonnance insérée au Bulletin des lois. » — Conformément à cette disposition, des ordonnances rendues à la date des 17 janv.-2 fév. ; 13 août-24 sept. ; 14-19 déc. ; 16-20 déc. ; 15-26 déc. ; 16-26 déc. ; 17-26 déc. ; 24-31 déc. ; et 24-31 déc. de l'année 1844 ont réglé l'organisation des administrations centrales des ministères de la guerre, des affaires étrangères, des travaux publics, de l'agriculture et du commerce, de l'intérieur, de l'instruction publique, des finances, de la justice et des cultes. — L'ord. du 17 déc. 1844 a également réglé l'organisation des administrations et du personnel des contributions directes et indirectes, des douanes, de l'enregistrement et des domaines, des forêts, des postes et des tabacs. — Une autre loi, celle du 5 juill. 1850, décidait que, dans l'année qui suivrait sa promulgation, des règlements d'administration publique détermineraient les conditions d'admission et d'avancement pour tous les services publics où ces conditions ne seraient pas déjà réglées par une loi. — En présence de ces dispositions, la commission du budget, tout en donnant son approbation entière à la pensée de l'amendement de l'honorable M. Dupont, n'a pas cru devoir l'adopter. Mais elle a appelé l'attention du gouvernement sur la nécessité d'exécuter complétement les dispositions précitées.

54. Il est certain que l'augmentation des traitements est la conséquence nécessaire de l'accroissement du prix de toutes choses. — La hausse est générale : elle croît d'année en année, sans que rien puisse l'arrêter. Ce n'est point une crise passagère, comme on pourrait le croire, mais une révolution économique qui bouleverse une foule d'existences, et particulièrement celle des employés dont les charges augmentent, mais dont les ressources restent invariablement les mêmes. — L'accroissement du prix des choses n'a pas été funeste aux ouvriers, aux propriétaires et cultivateurs, aux commerçants et industriels, comme il l'a été aux employés. — Depuis cinquante ans les salaires de l'ouvrier se sont élevés progressivement de 25 à 30 pour 100. L'ouvrier, par suite de la libre concurrence, peut réclamer une augmentation de salaire ou quitter l'atelier où il est mal rétribué et trouver ailleurs l'emploi de ses aptitudes. — L'employé, au contraire, quel que soit le prix des objets de consommation, ne peut exiger une augmentation de traitement. Il est condamné à rester attaché à son emploi, parce que dans les fonctions publiques il n'y a pas d'autre concurrence que celle qui consiste à les briguer. — Les propriétaires et les cultivateurs ne souffrent pas, ils s'enrichissent même dans les temps de crise, parce qu'une récolte médiocre leur est souvent plus profitable qu'une récolte abondante. Pour eux la valeur de la monnaie a beau diminuer, la plus-value du sol et par conséquent l'élévation des fermages comble toujours la différence. — La crise monétaire n'atteint non plus que faiblement le commerce et l'industrie qui ont pris depuis quelques années un extrême développement. D'ailleurs, le prix de vente des objets manufacturés et les conditions des transactions commerciales finissent toujours par se régler d'après la situation économique du pays. — Mais, pour les employés de l'État, rien n'a changé. Leur position s'est même aggravée. Chaque année la cherté est venue diminuer leurs moyens d'existence. Leurs traitements, qui sont à peu près les mêmes qu'il y a cinquante ans, se trouvent par le fait avoir subi une véritable réduction de plus du tiers.

55. Cette situation, au surplus, n'est pas particulière à la France, plusieurs États de l'Europe s'en préoccupent sérieusement. — A Saint-Pétersbourg l'empereur a décidé récemment que les employés de l'administration de la justice et des finances

dont le traitement était très-insuffisant auraient à l'avenir le double de ce qu'ils recevaient jusqu'alors. — A Varsovie, on construit un édifice considérable pour loger, avec leur famille, les employés de l'État, dont les appointements sont insuffisants pour payer les loyers exorbitants exigés par le propriétaire. — A Madrid, une mesure dont le duc de Valence avait pris l'initiative et qui consistait à supprimer la retenue faite sur les traitements des employés civils et militaires, a été accueillie avec la plus grande faveur.

56. La question de la réforme des traitements a fait un grand pas depuis quelques années. La presse entière, d'accord avec l'opinion publique, a prêté un appui empressé aux efforts qui ont été tentés dans ce but. — Le gouvernement, de son côté, est entré depuis quelques années déjà dans la voie des augmentations de traitement. — C'est ainsi qu'il a porté à un taux plus élevé les traitements (nous suivons l'ordre chronologique) :—Des préfets, des sous-préfets, des secrétaires généraux et des conseillers de préfecture (décret du 27 mars-1er mai 1852) ; — Des premiers présidents et procureurs généraux près des cours d'appel de Bordeaux, Lyon, Rouen et Toulouse, des commis assermentés près la cour d'appel de Paris, du secrétaire général du ministère de la justice et des directeurs au même ministère (décret des 28-26 oct. 1852) ; — Des magistrats de l'ordre judiciaire et des présidents et conseillers maîtres à la cour des comptes (décret du 25-28 mai 1854) ; — Des magistrats et autres fonctionnaires des cours et tribunaux de la Guyane et du Sénégal (décret du 17 sept. 1854) ; — Des commis-greffiers du tribunal de police de Paris (décret du 8 sept. 1855) ; — Du secrétaire général du ministère de la justice (décret du 28 oct. 1857) ; — Des inspecteurs de l'instruction primaire (décret du 21 juin 1858) ; — Des censeurs et professeurs des lycées impérial (décret du 26 juin 1858) ; — Des desservants âgés de plus de cinquante ans (décret du 29 juill. 1858) ; — Des greffiers des tribunaux de première instance et de police et des greffiers des tribunaux d'Ajaccio, de Bastia et de l'île Rousse (trois décrets du 23 août 1858) ; — Des juges de paix (décret du 23 août 1858) ;—De divers magistrats de l'ordre judiciaire (décret des 23 août-1er sept. 1858) ; — Des membres des tribunaux de Saint-Étienne, Chollet et Mulhouse (deux décrets du 17 sept. 1859) ;—Des maîtres de port de 3e et 4e classe (décret des 21 déc. 1859-7 fév. 1860) ; — Des conducteurs des ponts et chaussées et des gardes-mines (décret du 21 déc. 1859) ; — Des employés secondaires des ponts et chaussées, des gardes de navigation et éclusiers, et des maîtres et gardiens de phares (décret du 21 déc. 1859) ; — Des fonctionnaires et employés du service judiciaire de l'Algérie et des fonctionnaires et agents du service télégraphique de l'Algérie, qui connaissent la langue arabe (décrets des 25 mars et 25 juin 1860).—Le gouvernement a également élevé le traitement des agents inférieurs de l'administration des finances (facteurs des postes, agents des douanes, des contributions indirectes, etc., etc.). — Il a en outre été depuis 1858 fait demander des crédits nécessaires pour ajouter 150 fr., aux traitements des capitaines, lieutenants et sous-lieutenants de l'armée. — Enfin la loi de finance du 26 juillet 1860, portant fixation du budget général des recettes et dépenses pour l'exercice 1861, consacre implicitement le principe de l'élévation de divers traitements de l'ordre judiciaire comprise audit budget mais elle en a réparti l'accomplissement par tiers sur trois exercices. — Par suite un décret récent du 24 sept.-2 oct. 1860 a augmenté divers traitements dans l'ordre judiciaire. Cette augmentation sera parfaite successivement dans les deux années suivantes.

57. Ainsi déjà beaucoup de traitements ont été sensiblement améliorés, mais il reste encore à faire. La justice veut que tous ceux qui consacrent à l'État leur intelligence et leur temps puissent vivre honorablement. Les administrations publiques, sous peine d'être mal servies, doivent donc à ceux qu'elles emploient des avantages équivalents à ceux que leur offrirait l'industrie privée. — Les nécessités financières ne permettent pas sans doute de réaliser tout d'un coup ces améliorations. Ce sera seulement dans les budgets ultérieurs que l'on pourra compléter cette œuvre. L'honorable M. Dupont, à qui nous avons emprunté la plupart des considérations qui précèdent, pense que le problème ne saurait être promptement et complétement résolu, qu'en réduisant le nombre des employés : cette réduction serait facilement obtenue, selon lui, par la suppression des emplois inutiles, la simplification des formes et une meilleure répartition du travail.

SECT. 2. — DES TRAITEMENTS CIVILS.

58. Il n'entre pas dans le plan de ce travail de faire connaître toutes les dispositions aujourd'hui en vigueur qui déterminent les traitements de tous les fonctionnaires, employés et agents des diverses administrations publiques. — Nous ne voulons que passer en revue les règles de principe qui régissent cette matière, et plus particulièrement celles sur lesquelles la jurisprudence a eu à se prononcer.

ART. 1. — *Du droit aux traitements et de l'autorité compétente pour en connaître. — Prescription.*

59. Les traitements fixes et suppléments de traitements, les remises et taxations, les indemnités fixes ou éventuelles allouées à titre d'émolument personnel, sont déterminés par les lois, décrets, ordonnances, arrêtés ou règlements relatifs aux services dans lesquels les emplois sont exercés, ou par des décisions de l'autorité compétente (règlement de comptabilité des dépenses du ministère des finances, art. 47).

60. Le droit au traitement afférant à une fonction publique ou à un emploi du gouvernement n'existe que lorsque la nomination à cet emploi ou à cette fonction émane de l'autorité compétente pour la faire. — Ainsi les gouverneurs des colonies qui, aux termes des règlements, ont la faculté de pourvoir provisoirement aux vacances qui surviennent dans les divers services des colonies, par exemple dans les emplois judiciaires, ne peuvent conférer aux intérimaires aucun traitement pour ces fonctions provisoires : c'est au chef de l'État, sur le rapport du ministre de la marine et des colonies, qu'il est réservé de pourvoir à la nomination définitive et, par conséquent, de créer le droit au traitement. — Il a été jugé, en effet, que si, aux termes de l'arrêté du directoire exécutif, en date du 27 therm. an 7 et des ord. des 9 fév. 1827 et 24 sept. 1828, le gouverneur de la Martinique peut pourvoir provisoirement aux vacances survenues dans la colonie, il ne peut conférer aux intérimaires le titre ni le traitement des fonctions qu'il leur confie : « Considérant que si le gouverneur de la Martinique a la faculté de pourvoir provisoirement aux vacances survenues dans les emplois judiciaires de la colonie, dans les cas et de la manière prévus par les ordonnances susvisées, il ne peut, aux termes de ces mêmes ordonnances, conférer aux intérimaires le grade ou le titre des fonctions qui leur sont confiées, et qu'il nous est réservé de pourvoir au remplacement définitif, art. 62, § 2, de l'ordon. du 9 fév. 1827 et art. 115, 120 et 121 de l'ordon. du 24 sept. 1828 » (cons. d'Et., 16 nov. 1832, M. Brian, rapp., aff. Hermé-Duquesne; V. aussi, dans ce sens, cons. d'Et., 26 août 1824, M. de Cormenin, rap., aff. Froidevaux). — Et la circonstance qui résulterait du fait d'avoir touché au trésor le traitement attaché aux fonctions confiées provisoirement par une autorité incompétente pour les conférer définitivement, ne saurait d'ailleurs être considérée, dans aucun cas, comme équivalant à une confirmation : « Considérant que la dame veuve Corlasse-Bablonet de Minuty ne produit, à l'appui de ses conclusions, d'autres pièces qu'un certificat du greffier en chef de notre cour des comptes; que ce certificat constate bien qu'il a été fait des payements au sieur Minuty comme grand juge provisoire, mais ne suffit pas pour établir aucun droit payement, droits qui, aux termes de l'arrêté du 30 vend. an 11, pourraient résulter que de la confirmation du sieur Minuty en ladite qualité, par le gouvernement de la métropole; » (cons. d'Et., 29 mai 1822, M. de Peyronnet, rapp., aff. Minuty C. min. de la mar.).

61. Il a été jugé, dans le même sens, que le commissaire de police nommé en pays conquis par la commission chargée de l'organisation de ce pays, n'est pas fondé à réclamer son traitement si sa nomination n'avait pas été autorisée ou confirmée en France, soit par le ministre de la guerre, soit par celui de la police générale (cons. d'Et., 24 mars 1824, M. de Senones, rapp., aff. Villemejane).

62. La loi du 12 niv. an 6 a fixé, entre autres dispositions, les traitements des divers fonctionnaires publics aux colonies au double de ceux que ces fonctionnaires recevaient en Europe. Mais les dispositions de cette loi ont été complétées, modifiées et même abrogées par un très-grand nombre de règlements. — D'après ces règlements, le traitement des fonctionnaires des colonies est, en général, égal au traitement d'Europe augmenté de moitié en sus, en sorte que ce traitement des fonctionnaires publics dans les colonies forme le supplément attaché à la résidence (V. notamment décr. 22 niv. an 13, art. 5). — Pour l'Algérie, il est égal au même traitement augmenté d'un quart en sus, en sorte que le cinquième du traitement des fonctionnaires en Algérie forme le supplément attaché à la résidence (V. notamment décr. 16 août 1839, art. 7). — Il est alloué, en outre, à certains fonctionnaires coloniaux des frais de premier établissement ou de déplacement. — V. notamment l'arrêté du 28 vend. an 6.

63. Le supplément colonial n'est pas dû pendant la durée du temps pendant lequel le fonctionnaire est absent de la colonie. — Ainsi il a été jugé : 1° que le tiers qui forme le supplément attaché aux fonctionnaires résidant dans les colonies, leur est enlevé lorsqu'ils sont en congé, mais qu'ils ont droit au traitement fixe : « Considérant que les membres des cours et tribunaux, absents par congé, ont droit au traitement fixe déterminé par la loi; que le sieur Gilbert Boucher a été prévenu, à l'époque de sa nomination, que dans les 15,000 fr. de traitement alloués au procureur général près la cour royale de Bourbon le supplément colonial serait réputé compris; qu'il résulte de l'art. 5 du décr. du 22 niv. an 13 que le tiers du traitement des fonctionnaires publics dans les colonies forme le supplément attaché à la résidence, et que les deux tiers restant constituent le traitement fixe d'Europe auquel ils ont droit pendant leur absence; que, dans l'espèce, le congé a été régulièrement accordé en vertu de l'art. 10 de la déclaration du 4 oct. 1766, et qu'il n'y a pas de motifs pour refuser à celui qui l'a obtenu le traitement fixe attaché à sa place » (cons. d'Et. 27 oct. 1819, M. Jauffret, rap., aff. Gilbert Boucher) ;—2° Et que lorsqu'un juge est renvoyé en France par le gouverneur de la colonie pour rendre compte de sa conduite, le traitement colonial cesse de lui être dû à partir du jour de son embarquement et qu'il n'a plus droit qu'au traitement d'Europe (cons. d'Et. 16 nov. 1832, M. Brian, rapp., aff. Hermé-Duquesne).

64. Les frais de déplacement et de premier établissement, ainsi que les frais de voyages et de tournées, ne sont dus, toutefois, aux fonctionnaires des colonies que lorsque ces allocations ont été régulièrement autorisées. Ainsi, il a été jugé : 1° qu'il n'est pas dû de frais de déplacement et de premier établissement au fonctionnaire colonial si, à l'époque où ces déplacement et établissement ont eu lieu, il n'existait aucune disposition législative ou réglementaire à ce sujet : « Considérant qu'à l'époque dont il s'agit aucun règlement ni tarif ne déterminait une indemnité fixe pour frais de déplacement et de premier établissement des préfets coloniaux; que les indemnités de ce genre étaient allouées pour chaque cas particulier par le gouvernement de cette époque; que le sieur Lescalier a touché une somme de 3,000 fr. avant son départ de Paris, pour frais de voyage et diverses dépenses, et qu'il ne produit aucune décision de laquelle il puisse résulter que ledit gouvernement ait voulu lui allouer une indemnité excédant cette somme; » (cons. d'Et. 27 oct. 1819, M. de Villefosse, rapp., aff. Lescalier); — 2° Qu'un gouverneur colonial ne peut réclamer des frais de voyage et de tournées si ces indemnités ne sont autorisées par aucune loi ou règlement : « Considérant que le comte de Bouvet n'oppose à la décision de notre ministre de la marine, qui lui refuse des allocations de frais de voyage, aucune disposition de loi ou de règlement qui les lui accorde, ni aucun acte d'où il résulte pour lui un droit positif; » (cons. d'Et. 10 janv. 1821, M. Brière, rapp., aff. de Bouvet.) — Mais l'enfant mineur de seize ans, qui suit son père, fonctionnaire public envoyé dans les colonies, doit jouir d'une indemnité de transport égale à la moitié de celle allouée à celui-ci : « Considérant, en ce qui concerne l'enfant de l'exposant, que notre ministre secrétaire d'État de la marine propose de passer en compte pour son passage moitié de la somme allouée pour celui du père, ainsi que cela se pratique à l'égard des enfants au-dessous de seize ans, passagers à bord de nos bâtiments » (cons. d'Et. 27 oct. 1819, M. Jauffret, rapp., aff. Gilbert Boucher).

65. Les agents politiques ou consulaires nommés pour aller résider en pays étrangers, ont droit également à une indemnité pour frais d'établissement, aux termes de l'arrêté du 28 vend. an 6. Cette indemnité, qui doit leur être payée avant leur départ, doit être indistinctement du tiers des appointements annuels accordés auxdits agents. — Mais il a été jugé que cet arrêté a entendu seulement fixer un maximum : « Considérant qu'il résulte de l'instruction que le sieur Bucquet a été nommé consul général le 14 avril 1848, et qu'en ce qui touche les frais d'établissement auxquels il a droit, sa position doit être réglée par l'arrêté du 28 vend. an 6; qu'aux termes de l'art. 2 de cet arrêté le maximun des frais d'établissement est fixé au tiers du traitement annuel accordé à l'agent politique ou consulaire ; mais qu'il appartient au ministre des affaires étrangères de fixer à chaque mutation et dans la limite du maximun, le chiffre de ces frais d'établissement à raison de l'exigence de chaque localité ; » (cons. d'Et. 22 août 1853, M. Marchand, rap., aff. Bucquet).

66. Lorsqu'un emploi est sans titulaire, la jouissance du traitement et des émoluments attachés à cet emploi, peut être accordée en totalité ou en partie à toute personne appelée à remplir l'intérim. Cette personne supporte alors les charges inhérentes au titre de l'emploi (régl. de comptabil. des dép. du ministère des finances, art. 94).

67. La jouissance du traitement et des émoluments du nouveau titulaire d'un emploi, court à partir du jour de son installation, à moins que l'arrêté de nomination n'ait fixé spécialement l'époque de l'entrée en jouissance (régl. de comptab. des dépenses du min. des fin. art. 93). — Ainsi le traitement des évêques et archevêques, qui, aux termes du décret du 1er fruct. an 10, courrait du jour de leur nomination ne court que d'aujourd'hui que du jour de leur prise de possession (ord. du 4 sept. 1820). — Il en est de même de celui des ministres des cultes protestants et israélites qui ne court que du jour de leur installation (ord. 13 mars 1852). — Le traitement alloué aux agents diplomatiques qui se rendent dans un poste occupé par un titulaire, ne court non plus que du jour de leur arrivée à leur poste : « Considérant qu'aux termes des règlements qui déterminent les droits des agents diplomatiques, le traitement d'un agent qui se rend dans un poste occupé par un titulaire ne court que du jour de son arrivée à son poste et de la prise de possession des fonctions actives qui lui sont confiées (cons. d'Et. 1er déc. 1852, rap., M. Marchand, aff. Guillemot).

68. Les traitements des fonctionnaires coloniaux courent, en général, non du jour de leur entrée en fonctions, mais de l'époque de leur serment. — Toutefois il a été jugé que le fonctionnaire colonial, qui a été prévenu par une lettre du ministre de la marine que ses appointements ne commenceraient à courir que du jour de son installation, et qui au lieu de réclamer en temps utile contre cette décision, a reçu une somme à titre d'indemnité, n'est plus recevable à réclamer : « Considérant, sur l'allocation du traitement sur le pied d'Europe à dater de l'époque où l'exposant a prêté serment jusqu'à celle de son entrée en fonctions, qu'il a été prévenu par une lettre de notre ministre secrétaire d'Etat de la marine que ses appointements ne commenceraient à courir que du jour de son installation, qu'il n'a point réclamé en temps utile contre cette décision, et même qu'il a reçu à titre d'indemnité une somme de 3,333 fr. 33 c. ; » (cons. d'Et., 27 oct. 1819, M. Jauffret, rap., aff. Gilbert Boucher).

69. Les droits d'un titulaire d'emploi ou d'un intérimaire à la jouissance du traitement s'éteignent à partir du lendemain de la cessation d'activité de service. — Le traitement d'un employé décédé est dû à ses héritiers ou représentants jusques et y compris le jour de son décès. — Le traitement d'un démissionnaire lui est payé jusques et y compris le jour de la date de sa démission, à moins que, dans l'intérêt du service, il n'ait continué d'exercer ses fonctions jusqu'à l'installation de son successeur, ou que l'arrêté de l'autorité compétente, qui aurait statué sur sa démission, n'ait fixé une époque pour la cessation de ces fonctions (régl. de comptab. des dépenses du min. des fin., art. 95).

70. En cas de révocation, le traitement ne cesse de courir, au plus tôt, lorsqu'il n'y a pas eu interruption de fonctions imputable à l'agent, que du jour de la décision de l'autorité compétente pour prendre cette mesure. — Ainsi il a été jugé que la révocation d'un fonctionnaire de l'ordre judiciaire nommé par le roi, ne date et son traitement ne cesse de courir que du jour de l'ordonnance du roi portant révocation; une décision ministérielle ne suffit pas pour opérer la révocation : « Considérant que l'art. 17 de notre ordonnance du 16 nov. 1816 sur l'organisation des tribunaux de l'île Bourbon, porte textuellement que tous les membres de l'ordre judiciaire seront nommés par nous et que les officiers du ministère public exerceront leurs fonctions *autant qu'il nous plaira*; qu'il résulte de ces dispositions que le sieur Gilbert Boucher ne pouvait être révoqué que du jour de notre volonté (cons. d'Et. 27 oct. 1819, M. Jauffret, rap., aff. Gilbert Boucher).

71. Le traitement cesse également de courir à partir du jour où le fonctionnaire a été admis à faire valoir ses droits à la retraite. Et à cet égard il a été jugé qu'une ordonnance royale qui admet un ingénieur à faire valoir ses droits à la retraite, est un acte purement administratif qui ne peut être attaqué par la voie contentieuse : « Considérant que l'art. 35 du décret du 7 fruct. an 12 reconnaît aux ingénieurs des ponts et chaussées le droit d'obtenir la pension d'ancienneté afférente à leur grade, après trente années de services effectifs; mais que si l'ingénieur qui se trouve dans le cas de l'application dudit article, n'use pas du droit qui lui est conféré, l'administration demeure juge de la question de savoir s'il doit être conservé en activité ou admis à la retraite, et que l'ordonnance qui admet l'ingénieur à faire valoir ses droits à la retraite est un acte purement administratif qui ne peut nous être déféré par la voie contentieuse » (cons. d'Et. 16 nov. 1833, M. Robillard, rap., aff. Jousselin).

72. Il existe des fonctions dont les titulaires obtiennent, dans certains cas déterminés, un traitement, même après avoir cessé d'occuper leur emploi. — Dans quelques autres ils ont droit à des traitements différents selon la position qu'ils occupent. — Ainsi le taux des traitements des ingénieurs des ponts et chaussées et des ingénieurs des mines, des conducteurs des ponts et chaussées et des gardes-mines, varie suivant les positions diverses de ces fonctionnaires et agents, lesquelles sont l'activité, la disponibilité, le congé illimité, le retrait d'emploi (décrets des 13 oct. 1851, art. 16, et 24 déc. 1851, art. 15). — L'ingénieur des ponts et chaussées ou des mines en activité a droit au traitement et aux indemnités attachés à son grade et à ses fonctions (mêmes décrets art. 17 et 16).—L'ingénieur des ponts et chaussées ou des mines en disponibilité a droit à la moitié du traitement affecté à son grade, sans aucun accessoire. Il peut obtenir les deux tiers de ce traitement, lorsque la disponibilité a pour cause le défaut d'emploi (mêmes décrets, art. 18 et 17). — L'ingénieur des ponts et chaussées ou des mines en congé illimité ne reçoit aucun traitement (mêmes décrets art. 19 et 18).—L'ingénieur des ponts et chaussées ou des mines en retrait d'emploi ne reçoit aucun traitement ou reçoit seulement les deux cinquièmes de son traitement d'activité, sans aucun accessoire (mêmes décrets, art. 20 et 19). — Toutes les dispositions qui précèdent sont applicables aux conducteurs embrigadés aux gardes-mines (mêmes décrets, art. 37 et 41).

73. Les préfets et les sous-préfets qui, au moment où ils cessent d'être en activité, ne réunissent pas les conditions voulues pour obtenir une pension de retraite, peuvent recevoir un traitement de non-activité, pourvu qu'ils comptent au moins six ans de services rétribués par l'Etat (décret du 27 mars 1854, art. 1). — La durée ce traitement ne peut s'étendre au delà de six ans (même décret, art. 3).

74. Les fonctionnaires et agents des lignes télégraphiques mis en disponibilité pour défaut ou suppression d'emploi, peuvent être admis à jouir, pendant deux ans au plus, de la moitié du traitement affecté à leur grade (décret du 29 nov. 1858, art. 23).

75. Les agents diplomatiques et consulaires comptant plus de dix ans d'activité de service, avec traitement annuel et personnel, dans le département des affaires étrangères, ont droit à un traitement d'inactivité lorsqu'ils cessent d'être employés : 1° par suite de la suppression de leur emploi ; 2° par suite de suspension temporaire de la mission à laquelle ils sont attachés (ord. des 22 mai 1833 et 30 juin 1843, art. 1).—Ils ont droit au même traitement lorsque comptant plus de dix ans d'activité de services, avec traitement annuel et personnel, dans le département, et qu'étant rappelés pour une cause étrangère au mérite de leurs services, ils sont admis par la même décision au traitement d'inactivité (même ordon., art. 2). — Les agents temporaires ne sont point assimilés aux agents titulaires et n'ont droit, en aucun cas, au traitement d'inactivité (même ord., art. 3). — La durée du traitement d'inactivité n'est que de trois ans pour les agents qui comptent moins de quinze ans d'activité de service; elle est de cinq ans pour ceux qui en comptent quinze (même ordon., art. 5).

76. Mais l'agent diplomatique qui, pendant toute la durée des dix années d'activité qu'il invoquerait, n'aurait pas touché *directement* son traitement de l'Etat, ne serait pas fondé à invoquer le bénéfice des dispositions qui précèdent. — Ainsi, il a été jugé que le temps passé comme chancelier, avec rétribution *sur les frais de service du consulat*, ne pouvait compter pour compléter les dix ans d'activité avec traitement qui, aux termes de l'ordonnance précitée, donnent aux agents diplomatiques hors d'activité pour suppression d'emploi, droit à un traitement d'inactivité : « Considérant que le sieur Prier n'a exercé les fonctions de vice-consul que pendant neuf ans, dix mois et vingt-six jours ; que les trois mois pendant lesquels il a été chancelier à Milan, en 1808, ne peuvent être comptés pour compléter le temps exigé; qu'en effet, s'il a reçu alors une rétribution pour les fonctions dont il était revêtu, cette rétribution allouée par le consul et payée sur les frais de service de son consulat, sans qu'aucune somme ait été ordonnancée au nom du requérant, ne constituait pas un traitement dans le sens de l'ordonnance du 22 mai 1833 dont les termes ne peuvent s'entendre que d'un traitement payé par l'Etat » (cons. d'Et. 27 nov. 1833, M. de Felcourt, rap., aff. Prier).

77. Les professeurs du collége de France, ainsi que les professeurs des facultés des sciences et des lettres, de droit et de médecine, et même les professeurs des lycées, sont admis à jouir, dans certains cas déterminés par les règlements (V. Organ. de l'instruct. publ.), d'une sorte de traitement d'inactivité. — Aux termes de l'art. 1 du décret du 3 juill. 1857, les professeurs du collége de France comptant vingt années de services effectifs dans l'établissement, et ceux qui par suite d'une infirmité grave ou de leur âge avancé, se trouvent hors d'état de remplir leurs fonctions, peuvent obtenir du ministre de l'instruction publique qu'il leur soit donné un suppléant. — Ce traitement du suppléant est prélevé sur celui du professeur qu'il est appelé à suppléer. Le chiffre en est fixé par le ministre de l'instruction publique (même décret, art. 2).

78. Les fonctionnaires et agents du gouvernement qui sont admis à jouir d'un traitement d'inactivité, de disponibilité ou en cas de retrait d'emploi, peuvent être par lui employés à un travail quelconque, sans pour cela être fondés à réclamer un émolument particulier en sus de ce traitement. — Il a été jugé spécialement que l'agent diplomatique en disponibilité qui, à la demande du ministre, a rédigé un mémoire sur la question politique et financière d'un pays dans lequel il a résidé, n'a droit, pour ce travail, à aucun honoraire spécial en sus de son traitement de disponibilité, si aucun engagement d'augmenter ce traitement n'a été pris à cette occasion par le ministre : « Considérant que le sieur Billecocq ne justifie pas qu'en le chargeant, en 1847, de rédiger un mémoire sur la situation financière et politique de la Suède, le ministre des affaires étrangères ait pris l'engagement d'augmenter le traitement de disponibilité dont le sieur Billecocq jouissait à cette époque; que, dès lors, c'est avec raison que la décision attaquée a repoussé la demande dudit sieur Billecocq en payement d'une indemnité annuelle de 4,000 fr. en sus du traitement de pareille somme qu'il a touché jusqu'au 9 mai 1851 » (cons. d'Et. 22 juin 1854, M. de Lavenay, rap., aff. Billecocq). — Il semble résulter de cette décision que lorsqu'un travail est demandé à un fonctionnaire en disponibilité, cette circonstance ne le place pas dans une situation analogue à la mise en activité, de telle sorte que le traitement de disponibilité puisse être considéré comme ne suffisant plus. Et en cela le conseil d'E-

tat n'aurait fait que poser un principe difficilement contestable. Du moment, en effet, où un agent touche de l'Etat un traitement, il semble rationnel qu'on puisse exiger de lui, en échange, certains services isolés dont l'exécution ne constitue pas l'exercice même de la fonction dont il conserve le titre.

79. Le décret du 21 déc. 1808 avait accordé également, dans certains cas spécifiés, un traitement d'inactivité aux agents diplomatiques et consulaires rappelés sans être remplacés. — Il a été jugé que les dispositions de ce décret ne s'appliquaient pas au cas de suppression d'emploi (cons. d'Et. 27 nov. 1833, M. de Felcourt, rap., aff. Prier).

80. Un arrêté consulaire du 7 vent. an 11, qui n'a pas été inséré au Bulletin des lois, avait alloué 45,000 fr. aux cardinaux pour frais d'installation, et un traitement annuel de 30,000 fr. indépendant de tout autre traitement. — Cependant le conseil d'Etat a, sous l'empire de cette disposition, déclaré non recevable une réclamation tendant à obtenir le payement de l'arriéré d'un traitement de cette nature. — L'arrêté précité avait été appliqué au cardinal Maury par décret du 16 fév. 1807. Mais, après la restauration, le traitement de ce dignitaire ne fut plus porté au budget, et il cessa d'en jouir. En 1822, ses héritiers réclamèrent les trois années qui étaient dues à cette époque. Le ministre de l'intérieur rejeta cette réclamation par le motif que le traitement accordé aux cardinaux était une faveur essentiellement révocable, que, depuis 1814, le cardinal Maury avait cessé d'être compris dans le budget des dépenses ecclésiastiques, et qu'ainsi, par le fait, le traitement du cardinal Maury avait été supprimé. Le conseil d'Etat a maintenu cette décision par les motifs suivants : « Considérant qu'aucune loi de l'Etat n'a attaché de traitement à la dignité de cardinal; que s'il nous a plu, pour honorer la pourpre romaine, accorder un traitement à ceux de nos sujets revêtus de cette dignité, c'est une faveur essentiellement révocable » (cons. d'Et. 3 déc. 1823, M. de Senones, rapp., aff. hér. Maury). — Cette décision nous paraît difficile à justifier. — Il en eût été autrement pendant les premières années du gouvernement de juillet : une ord. des 21 oct.-4 déc. 1830 a rapporté, en effet, l'arrêté consulaire du 7 vent. an 11, en déclarant que le traitement dont jouissaient les cardinaux résidant en France cesserait de leur être acquitté à compter du 1er janvier 1831. — Mais, sur les observations de la cour de Rome, l'arrêté précité a été remis en vigueur en ce qui touche les frais d'installation qui ont toujours été demandés aux chambres et alloués à chaque promotion au cardinalat (V. notamment lois des 28 avr. 1836, 3 mars 1840, 17 juin 1841, etc., etc.). — Quant au traitement de ces dignitaires, les budgets accordent chaque année, depuis 1836, une somme de 10,000 fr. qui est ajoutée au traitement des archevêques et évêques cardinaux.— Les cardinaux étant de droit sénateurs (constitution du 14 janv. 1852, art. 20) jouissent en outre, à ce dernier titre, d'une dotation de 30,000 fr. par an (V. *suprà*, n° 52).

81. La loi du 16 niv. an 9, relative à l'organisation de l'administration forestière, a déterminé les bases des traitements des employés et agents de ce service. — Les budgets de l'administration générale des forêts approuvés par ordonnance royale ont réduit, dans le commencement de la restauration, les traitements de cinq conservateurs généraux et forêts. — Sur leur réclamation, il a été jugé que la loi précitée n'avait réglé que le maximum des traitements de cette administration, dont le taux avait pu, par conséquent, être réduit par un règlement : « Considérant qu'il ne s'agit pas, dans l'espèce, d'une retenue, mais d'une réduction de traitement; considérant que la loi du 16 niv. an 9 ne règle que le maximum des traitements de l'administration forestière; que la réduction dont se plaignent les réclamants a été déterminée par un règlement qu'ils ne sont pas recevables à attaquer » (cons. d'Et. 1er nov. 1820, M. Brière, rap., aff. Fleury).

82. Le fonctionnaire qui a perdu son emploi par suite de la cession du territoire où il l'exerçait, et qui plus tard est rentré en fonctions, n'est pas fondé à réclamer un traitement pendant le temps qu'il est resté sans emploi. — Un sieur Rey remplissait les fonctions de président du tribunal de Rumilly, département du Mont-Blanc, lorsque, en 1815, ce département fut détaché du territoire. Rentré en 1830 dans la magistrature, il réclama son traitement de 1815 à 1830, en se fondant sur ce que le principe de l'inamovibilité des juges devait avoir une sanction pour n'être pas illusoire ; que cette sanction ne pouvait se trouver que dans l'alternative laissée au gouvernement ou d'appeler à la première place vacante dans l'ordre de la magistrature et au même degré le magistrat inamovible qui, pour toute autre cause qu'une destitution légale, se trouvait dépouillé de ses fonctions, ou de continuer le service annuel de son traitement. — Mais le conseil d'État n'a pas admis ce système : « Considérant que l'arrondissement de Rumilly ayant été détaché du territoire français par suite du traité du 20 nov. 1815, le sieur Rey a cessé, dès ce moment, de faire partie de la magistrature française, et que, dès lors, il n'a droit à aucun traitement, depuis 1816, en raison de ses fonctions de président du tribunal de Rumilly » (cons. d'Et. 25 janv. 1833, M. Jauffret, rap., aff. Rey).

83. Les juges suppléants qui sont appelés à siéger en remplacement des juges titulaires empêchés ne reçoivent le traitement de juges que dans certains cas déterminés par les règlements. — Il a été décidé notamment qu'un juge suppléant qui, à la suite des événements de 1848, a rempli temporairement les fonctions de juge en l'absence du titulaire nommé représentant du peuple à l'Assemblée nationale, n'est pas fondé à réclamer le traitement de juge pour le service auquel il a été appelé : « Considérant qu'aux termes des lois et décrets susvisés (L. 27 vent. an 8 ; décr. 30 mars 1808 et 30 janv. 1811 ; avis du cons. d'Et. du 3 mai 1811 et loi du 11 avr. 1838), les juges suppléants n'ont droit à tout ou partie du traitement de juge que dans les cas suivants, savoir : 1° lorsqu'ils sont nommés membres d'une chambre temporaire ; 2° lorsqu'ils remplacent un juge, soit par suite d'absence pour tout autre motif que la maladie ou un service public, soit par suite de démission, d'admission à la retraite ou de décès, soit enfin par suite de suspension pour plus d'un mois par mesure disciplinaire ; considérant, d'une part, que le sieur Berthon n'a pas été nommé membre de la chambre temporaire formée près le tribunal de première instance de Bourgoin, et que s'il a siégé comme juge dans cette chambre, depuis le 1er mai 1848 jusqu'au 7 mai 1849, il n'a fait ce service qu'accidentellement et par suite de l'absence du sieur Tranchand, président du tribunal, élu membre de l'Assemblée nationale ; considérant, d'autre part, que l'absence dudit sieur Tranchand, dont la place n'était pas devenue vacante par sa nomination de représentant, a eu pour cause un service public ; que dès lors le sieur Berthon ne se trouve, pour le service temporaire auquel il a été appelé, dans aucun des cas qui peuvent donner aux suppléants droit au traitement de juge » (cons. d'Et. 23 mars 1851, M. Pascalis, rap., aff. Berthon).

84. Les fonctionnaires, employés et agents du gouvernement seraient-ils admis à renoncer au bénéfice du traitement qui leur est alloué, tout en conservant l'emploi qui leur est confié ? — Cette question a déjà été résolue deux fois négativement. — Nous avons vu *supra*, n° 11, que par un décret en date des 10-18 floréal an 2, la Convention nationale avait décidé, en principe, qu'elle ne recevrait, de la part d'aucun fonctionnaire salarié par la République, la renonciation au traitement attaché à son emploi, sauf aux fonctionnaires à propager, par les moyens qu'ils préféreraient, les actes de vertu, de générosité et de fraternité dont le peuple français ne cessait de donner l'exemple. — La même question, en ce qui concerne l'indemnité qui est accordée aux députés, a été soulevée et résolue en 1848. — L'Assemblée nationale a pensé que tous ses membres devaient siéger aux mêmes conditions et aux mêmes titres, et que cette situation ne devait pas pouvoir être changée par une générosité irréfléchie qui, facile à quelques-uns, serait impossible à d'autres. Elle a, en conséquence, interdit à tout représentant de faire abandon de l'indemnité qui lui était accordée (décr. 14-22 juin 1848, art. 3). — Le même principe a été reproduit par l'art. 38 de la constitution du 4 nov. 1848, lequel est ainsi conçu : « Chaque représentant du peuple reçoit une indemnité à laquelle il ne peut renoncer » — Nous doutons que les mêmes motifs puissent être invoqués pour décider que les employés du gouvernement pourraient n'être pas admis à conserver leurs fonctions en renonçant à leur traitement. Le cas se présentera rarement dans la pratique, on le comprend ; cependant, il s'est présenté, et le con-

sell d'État n'a vu aucune raison pour refuser au fonctionnaire qui, dans l'espèce, se trouvait y avoir intérêt, le droit de renoncer au traitement afférant à ses fonctions (V. *infrà*, n° 200).

85. *Compétence.* — Le principe de la juridiction administrative, en matière de liquidation des dettes de l'État, a été consacré par de nombreuses dispositions de nos lois de finances. — L'ord. du 31 mai 1838, portant règlement général sur la comptabilité publique, a formulé notamment d'une manière catégorique cette règle « aucune créance ne peut être liquidée à la charge du trésor que par l'un des ministres ou par ses mandataires » (art. 39). — Il résulte de là que l'autorité administrative est seule compétente pour connaître des réclamations relatives aux traitements. Et d'ailleurs le droit aux traitements dérive d'un acte d'administration dont les tribunaux ne peuvent connaître. — La cour de cassation de Belgique a cependant jugé que le droit que prétend avoir un fonctionnaire au traitement que lui donnent les lois ou les règlements d'administration constitue une créance, et par conséquent un droit civil de la compétence des tribunaux (C. cass. de Belgique, 18 nov. 1842, M. de Gerlache, pr., aff. de Broglie). — Mais cet arrêt est en opposition radicale avec les principes de compétence de nos lois, principes que la jurisprudence a d'ailleurs consacrés. Ainsi il a été jugé qu'il appartient à l'autorité administrative, et non aux tribunaux, de fixer et de liquider les salaires administratifs réclamés par un agent de l'administration : « Considérant qu'il s'agit de la liquidation de salaires administratifs réclamés par un agent de l'administration, et qu'aux termes de l'arrêté ci-dessus visé (l'arrêté du 2 germ. an 3), c'est à l'autorité administrative seule qu'il appartient de fixer et de liquider les salaires » (cons. d'Et. 1er mai 1822, M. de Peyronnet fils, rap., aff. Reinquin.).

86. Les réclamations relatives à l'allocation d'un traitement, d'une indemnité, ou de frais d'installation et de déplacement, qui sont, ainsi que nous venons de le voir, de la compétence exclusive de l'autorité administrative, ne sont pas d'ailleurs, dans tous les cas, recevables par la voie contentieuse. — Ainsi il a été jugé que cette voie n'était pas ouverte : 1° aux demandes des fonctionnaires des colonies tendant à obtenir une indemnité ou des frais de déplacement et de premier établissement, lorsque ces demandes ne sont fondées ni sur une loi ni sur un règlement administratif (cons. d'Et. 27 oct. 1819, M. Villefosse, rap., aff. Lescalier ; 16 nov. 1832, M. Brian, rap., aff. Hermé-Duquesne);— 2° Aux réclamations contre les décisions du ministre des affaires étrangères relatives à la fixation, dans la limite du maximum déterminé par l'arrêté du 28 vent. an 6, des frais d'établissement des agents politiques ou consulaires nommés pour aller en pays étranger (cons. d'Et. 22 août 1853, M. Marchand, rap., aff. Bucquet);— 3° Aux demandes en payement de salaires et de remboursement de dépenses de la part d'un agent qui prétend avoir été employé dans des négociations politiques où tout avait un caractère secret (cons. d'Et. 19 déc. 1834, M. de Gerando, rap., aff. Sidi-Hambden) ; — 4° Aux réclamations d'indemnités faites par un consul pour le temps où il ne recevait pas de traitement (cons. d'Et. 18 sept. 1833, M. Brian, rap., aff. hérit. Dubois de Thainville) ; — 5° Enfin, aux réclamations de traitements dans les circonstances prévues par l'art. 16, § 8, du décret du 9 nov. 1853 (V. *infrà*, n° 110, où cette question importante a été examinée).

87. Un décret du 2 mars 1848 avait autorisé chaque ministre à décider toutes les affaires qui ne pouvaient l'être précédemment que par ordonnance royale. — Par un arrêté en date du 15 avr. de la même année, le ministre des affaires étrangères, statuant en vertu du décret précité, a déclaré que les agents politiques ou consulaires nommés postérieurement à cette dernière date, n'auraient droit à aucune somme quelconque pour frais de premier établissement, si elle ne leur était accordée par une décision spéciale qui en fixerait la quotité. — Il a été jugé que les décisions qui avaient fixé ultérieurement le chiffre des frais d'établissement accordé à ces agents n'étaient pas attaquables par la voie contentieuse (cons. d'Et. 22 août 1853, M. Marchand, rap., aff. de Lobstein).

88. Lorsque le pouvoir législatif a refusé de voter les crédits nécessaires au payement d'un traitement, ou lorsqu'un règlement du chef de l'État a, en règle générale, suspendu la liquidation des traitements de certains fonctionnaires, les décisions du ministre portant refus de liquider ces traitements ne sont pas non plus attaquables par la voie contentieuse.— Ainsi il a été jugé : 1° que lorsqu'une ordonnance royale a, par une mesure générale, suspendu la liquidation des traitements, indemnités et gratifications de certains fonctionnaires, le ministre des finances refuse avec raison de donner suite à une liquidation de cette nature et que ce n'est pas par la voie contentieuse que l'on peut demander l'abrogation de cette ordonnance : « Considérant que l'ordonnance royale du 29 juill. 1815 ayant, par une mesure générale, suspendu la liquidation des traitements, indemnités et gratifications de la nature de ceux dont il s'agit, c'est avec raison que notre ministre de l'intérieur a refusé de donner suite à la liquidation de la créance réclamée par le sieur Duval; considérant que la révocation de l'ordonnance royale du 29 juill. 1815 ne peut nous être demandée par la voie contentieuse » (cons. d'Ét. 10 juill. 1832, M. Jouvencel, rap., aff. Duval);—2° Que la lettre par laquelle le ministre des affaires étrangères se borne à déclarer que le pouvoir législatif ayant refusé de voter le crédit nécessaire au payement des arrérages du traitement d'inactivité accordé à un agent diplomatique par une décision ministérielle, il n'a aucun moyen de donner suite à cette décision, ne constitue pas un acte susceptible d'être attaqué par la voie contentieuse : « Considérant que par sa lettre en date du 8 mai 1852, le ministre des affaires étrangères s'est borné à déclarer qu'un vote de l'Assemblée nationale, en date du 25 juill. 1851, ayant, sur la proposition de la commission du budget, retranché dans une demande de crédits supplémentaires la somme nécessaire au payement des arrérages du traitement d'inactivité accordé au comte Mortier depuis nov. 1847, par décision ministérielle du 25 juill. 1850, il n'a aucun moyen de donner suite à la décision prise par son prédécesseur, et que par sa nature cet acte ne peut nous être déféré par la voie contentieuse » (cons. d'Ét. 24 mars 1853, M. Marchand, rap., aff. Mortier).

89. Les réclamations de traitement, lorsqu'elles sont recevables par la voie contentieuse, doivent, dans tous les cas, être soumises au double degré de juridiction : elles doivent d'abord être appréciées par le ministre compétent avant d'être portées devant le conseil d'État. — Ainsi il a été jugé que le consistoire israélite qui prétend avoir droit à des traitements en remplacement de prestations en nature qui lui étaient dues par une ancienne abbaye et qui ont été abolis par la loi du 24 août 1793, doit s'adresser en premier ressort au ministre de l'intérieur : « Considérant que si le consistoire se croit fondé à réclamer des traitements en remplacement des prestations qui ne peuvent lui être payées, c'est à notre ministre de l'intérieur qu'il doit s'adresser. » (Cons. d'Ét. 17 mars 1825, M. Maillard, rap., aff. consistoire de la conf. d'Augsbourg.)

90. *Prescription du droit au traitement.* — Les traitements pour services accomplis constituent des créances contre l'État, lorsque, d'ailleurs, il n'y a pas contestation sur le droit à y prétendre. Lorsque par suite de circonstances particulières les traitements ne sont pas ordonnancés pendant l'exercice de l'année où ils ont couru, les ayants droit n'ont qu'un délai de cinq années pour en réclamer le payement. Les art. 9 de la loi du 29 janv. 1831 et 103 de l'ordonnance du 31 mai 1838, déclarent, en effet, que toutes créances qui, n'ayant pas été acquittées avant la clôture des crédits de l'exercice auquel elles appartiennent, n'auraient pu, à défaut de justifications suffisantes, être liquidées, ordonnancées et payées dans un délai de cinq années, à partir de l'ouverture de l'exercice, pour les créanciers résidant en Europe, et de six années pour les créanciers résidant hors du territoire européen, sont prescrites et définitivement éteintes au profit de l'État. Toutefois cette disposition n'est pas applicable aux créances dont l'ordonnancement et le payement n'ont pu être effectués, dans les délais déterminés, par le fait de l'administration ou par suite de pourvois formés devant le conseil d'État (même ord., art. 104). — V. Trésor public.

Art. 2. — *Des retenues faites sur les traitements pour la pension de retraite.*

91. En l'an 4 et dans les années suivantes, les employés des bureaux des administrations centrales, et bientôt après les employés de presque toutes les autres administrations publiques, formèrent des caisses de retraite alimentées par des retenues sur les traitements. Plus tard, diverses circonstances suggérèrent au gouvernement la pensée de former lui-même des caisses de retenues qui, en donnant de nouvelles ressources au trésor, permirent d'améliorer la position des employés après la cessation de leurs services, ainsi que celle de leurs veuves et de leurs enfants. La loi du 9 juin 1853, sur les pensions civiles, a supprimé toutes ces caisses, à partir du 1er janv. 1834, et a établi des règles uniformes pour les retenues à opérer sur les traitements. — V. Pension.

92. Aux termes de cette loi, qui a donné à environ deux cent mille agents les garanties d'une existence modeste mais assurée, après la cessation de leurs fonctions, tous les fonctionnaires et employés directement rétribués par l'État et nommés à partir du 1er janv. 1854, n'ont droit à une pension de retraite qu'à la charge de supporter indistinctement, sans pouvoir les répéter dans aucun cas, les retenues ci-après : 1° une retenue de 5 pour 100 sur les sommes payées à titre de traitement fixe ou éventuel, de préciput, de supplément de traitement, de remises proportionnelles, de salaires, ou constituant, à tout autre titre, un émolument personnel; 2° une retenue du douzième des mêmes traitements lors de la première nomination, ou dans le cas de réintégration, et du douzième de toute augmentation ultérieure; 3° les retenues pour cause de congés et d'absences ou par mesure disciplinaire (art. 3). — Toutefois sont affranchies de ces retenues les commissions allouées en compte courant par le trésor aux receveurs généraux des finances; ces comptables, les receveurs particuliers et les percepteurs des contributions directes, ainsi que les agents ressortissant au ministère des finances, qui sont rétribués par des salaires ou remises variables, supportent ces retenues sur les trois quarts seulement de leurs émoluments de toute nature, le dernier quart étant considéré comme indemnité de loyer et de frais de bureau (même article).—V. Pension, n° 33.

93. Par exception aux règles qui précèdent, aucune retenue n'a lieu sur les traitements des ministres secrétaires d'État, des sous-secrétaires d'État, des membres du conseil d'État, des préfets et des sous-préfets, auxquels les dispositions de la loi du 22 août 1790 et du décret du 13 sept. 1806, sur les pensions, continuent à être appliquées (même loi, art. 32, V. Pension, n° 29). — Il résulte de la discussion de l'art. 1 de la loi du 9 juin 1853, que cette loi ne s'applique pas non plus aux ouvriers rétribués par l'État (par exemple aux ouvriers de l'Imprimerie impériale et des manufactures des tabacs) ni aux ministres des cultes. Une caisse spéciale de pensions a été organisée pour ces derniers par le décret du 23 juin 1853.

94. Les fonctionnaires de l'enseignement, rétribués en tout ou en partie sur les fonds départementaux et communaux, ou sur le prix des pensions payées par les élèves des lycées nationaux, n'ont droit à pension, conformément aux dispositions de la loi du 9 juin 1853, qu'à la charge de supporter, sur leur traitement et leurs différentes rétributions, les retenues déterminées plus haut (même loi, art. 4). — La retenue opérée sur les traitements des instituteurs porte : 1° sur le traitement fixe; 2° sur le produit de la rétribution scolaire; 3° sur le supplément accordé, s'il y a lieu, à tous ceux dont le traitement joint au produit de la rétribution scolaire n'atteint pas 600 fr. (décret 5 janv. 1851, art. 1). — Les traitements des fonctionnaires et employés attachés à l'administration de la dotation de la couronne et rétribués sur les fonds de la liste civile sont soumis également à ces retenues.

95. Les mêmes retenues sont exercées sur les traitements des fonctionnaires et employés qui, sans cesser d'appartenir au cadre permanent d'une administration publique et en conservant leurs droits à l'avancement hiérarchique, sont rétribués en tout ou en partie sur les fonds départementaux ou communaux, sur les fonds des compagnies concessionnaires et même sur les remises et salaires payés par les particuliers (même loi, art. 4). Ces fonctionnaires et employés supportent la retenue sur l'intégralité de leurs rétributions (décret du 9 nov. 1853, art. 13, § 1). — Aux termes des art. 21 et 37 du décret du 13 oct. 1851 et des art. 20 et 41 du décret du 24 déc. de la même année, les ingénieurs des ponts et chaussées et les ingénieurs des mines, les conducteurs des ponts et chaussées et les gardes-mines, en disponibilité, en congé illimité ou en retrait d'emploi, conservaient leurs droits à la retraite en versant successivement les retenues imposées par les règlements au profit de la caisse des retraites et calculées sur le montant intégral du traitement d'activité de de leur grade. Cette dernière disposition se trouve donc aujourd'hui modifiée dans le cas où ces fonctionnaires et agents reçoivent un traitement sur d'autres fonds que ceux de l'Etat ; dans ce cas la retenue ne s'exerce plus sur le montant du traitement d'activité de leur grade, mais bien sur l'intégralité des rétributions qu'ils reçoivent.

96. Les percepteurs des contributions directes qui sont en même temps receveurs municipaux et receveurs d'établissements de bienfaisance, sont appelés au bénéfice de la loi du 9 juin 1853, pour l'ensemble de leur gestion, et soumis aux retenues prescrites par l'art. 3 de ladite loi pour la totalité de leurs émoluments personnels payés, soit sur les fonds de l'Etat, soit sur ceux des communes (décret du 9 nov. 1853, art. 20).

97. Pour les fonctionnaires et employés qui sont rétribués par des remises et des salaires variables, la retenue du premier douzième des augmentations s'exerce en se reportant au dernier prélèvement subi par le titulaire, soit à titre de premier mois de traitement, soit à titre de premier douzième d'augmentation, et la différence existant entre la moyenne du traitement frappé de la retenue et celle des émoluments afférents au nouvel emploi constitue l'augmentation passible de la retenue du premier douzième (même décret, art. 23).

98. Les professeurs du Collége de France qui sont admis, aux termes des décrets des 3 juill. 1857 et 8 oct. de la même année, à être supplés dans leurs fonctions par des intérimaires dont le traitement est fixé par le ministre de l'instruction publique et prélevé sur celui qui leur est alloué personnellement, continuent néanmoins à supporter les retenues déterminées par la loi du 9 juin 1853, sur l'intégralité de leur traitement, sans que dans aucun cas la portion de ce traitement attribuée au suppléant puisse constituer un émolument personnel donnant droit à pension (décret du 3 juill. 1857, art. 2). — Les mêmes règles semblent devoir être appliquées à ces autres professeurs admis à être remplacés provisoirement par des intérimaires.

99. Le fonctionnaire démissionnaire, révoqué ou destitué, s'il est réadmis dans un emploi assujetti à la retenue, subit de nouveau la retenue du premier mois de son traitement et celle du premier douzième des augmentations ultérieures (décret du 9 nov. 1853, art. 25). Mais le fonctionnaire dont l'emploi est *supprimé* et qui est replacé plus tard dans cet emploi rétabli, ou dans tout autre emploi, ne doit pas subir de nouveau la retenue du premier mois. — Celui qui, par mesure disciplinaire ou par mutation volontaire d'emploi, est descendu à un traitement inférieur, subit la retenue du premier douzième des augmentations ultérieures. — Le fonctionnaire placé dans la situation indiquée par le dernier paragraphe de l'art. 10 de la loi du 9 juin 1853, c'est-à-dire qui est mis dans la position d'inactivité, est assujetti à la retenue du premier mois du traitement d'inactivité ; mais il ne subit pas la retenue du premier douzième lorsqu'il est rappelé à un emploi actif (décret du 9 nov. 1853, art. 25).

100. Des retenues déterminées sont opérées dans certains cas sur les traitements des fonctionnaires et employés en congé ou frappés d'une peine disciplinaire (V. *infrà*, n° 104 et s.). Ces retenues s'exercent sur les rétributions de toute nature constituant l'émolument personnel passible de la retenue de 5 pour 100 d'après le § 2 de l'art. 3 de la loi du 9 juin 1853 (même décret, rt. 18).

101. Aux termes de l'art. 35 de la loi du 9 juin 1853, un règlement d'administration publique devait déterminer la portion des rétributions diverses qui pouvait être affranchie de la retenue mentionnée au § 1 de l'art. 3 de ladite loi, c'est-à-dire de la retenue de 5 p. 100 (V. *supra*, n° 92). — Conformément à cette disposition, ont été affranchies de ces retenues les sommes payées à titre d'indemnité pour frais de représentation et de stations navales, de gratifications éventuelles, de salaires de travail extraordinaire, d'indemnité pour missions extraordinaires, d'indemnité de perte, de frais de voyage, d'abonnements et d'allocations pour frais de bureau, de régie, de table et de loyer, de supplément de traitement colonial et de remboursement de dépenses (décret du 9 nov. 1853, art. 21). — Sont considérées comme payées à titre de frais de voyage, les indemnités attribuées aux présidents d'assises, et comme payées à titre de frais de bureau, les indemnités attribuées aux procureurs impériaux des chefs-lieux de départements et aux juges de paix de Paris pour traitements des secrétaires (même article). — Les agents politiques et consulaires supportent la retenue de 5 p. 100 sur l'intégralité des premiers 20,000 fr. de leurs émoluments personnels, sur les quatre cinquièmes des seconds 20,000 fr., sur les trois cinquièmes des troisièmes 20,000 fr., sur les deux cinquièmes des quatrièmes 20,000 fr., et enfin sur le cinquième de tout ce qui excède 80,000 fr. (même décret, art. 19). — Quant aux fonctionnaires et employés envoyés d'Europe dans l'Algérie et dans les colonies, le traitement normal assujetti à la retenue est fixé, dans chaque grade, d'après le traitement de l'emploi correspondant ou qui lui est assimilé en France. Dans les emplois qui se divisent en plusieurs classes en France et qui ne sont pas soumis à cette classification dans les colonies, le traitement normal est réglé d'après celui de la première classe du grade en France. Le surplus constitue le supplément de traitement colonial, qui est exempt de la retenue (même décret, art. 22).

102. Un règlement d'administration publique devait également, d'après l'art. 35 de la loi du 9 juin 1853, déterminer la fixation des prélèvements autorisés sur les amendes et confiscations en matière de douanes, de contributions indirectes et de postes. — Conformément à cette disposition, les prélèvements sur les amendes et confiscations dont il s'agit, qui doivent être versés au trésor au compte des pensions civiles, ont été fixés et doivent être exercés dans les proportions déterminées au tableau n° 2 annexé au décret du 9 nov. 1853 (même décret, art. 24).

103. Un règlement d'administration publique devait, enfin, aux termes du même article, déterminer les retenues pour cause de congé et d'absences, ou par mesure disciplinaire. Ces retenues, que nous allons faire connaître, ont été fixées, par le décret du 9 nov. 1853, de la manière suivante :

104. Les fonctionnaires et employés ne peuvent obtenir chaque année un congé ou une autorisation d'absence de plus de quinze jours sans subir une retenue de traitement. — Toutefois un congé d'un mois sans retenue peut être accordé à ceux qui n'ont joui d'aucun congé et d'aucune autorisation d'absence pendant trois années consécutives (décr. du 9 nov. 1853, art. 16). — Pour les congés d'une durée plus longue, mais de moins de trois mois, la retenue est de la moitié au moins et des deux tiers au plus du traitement (même article). — Après trois mois de congés consécutifs ou non dans la même année, l'intégralité du traitement est retenue, et le temps excédant les trois mois n'est pas compté comme service effectif pour la pension de retraite (même article). — La durée du congé avec retenue de la moitié au moins et des deux tiers au plus du traitement peut être portée à quatre mois pour les fonctionnaires et employés exerçant hors de France, mais en Europe ou en Algérie, et à six mois pour ceux qui sont attachés au service colonial ou aux services diplomatiques et consulaires hors d'Europe (même article).

105. Les membres des cours et tribunaux qui n'ont pas joui de vacances peuvent obtenir, en une ou plusieurs fois dans l'année, un congé d'un mois sans retenue (même décret). — Ce congé peut être de deux mois pour les magistrats composant la chambre criminelle de la cour de cassation (même décret, art. 16). — Il existe à cet égard des règles spéciales pour les magistrats des colonies. Ainsi il a été jugé : 1° que, suivant l'art. 122 de l'ord. du 30 sept. 1827, les magistrats de la cour de Bourbon ont besoin d'un congé pour s'absenter de la colonie, et que, d'après l'art. 124, tout congé qui excède quinze jours entraîne la privation de traitement et de l'indemnité ; qu'ainsi, le magistrat qui obtient du gouverneur un congé de plus de quinze jours, même pendant les vacances, doit être privé de traitement pendant son absence (cons. d'Et. 29 juin 1832, M. Jauffret, rap., aff. Michel). — Nous croyons cependant qu'en vertu de la disposition qui précède, les magistrats des colonies peuvent aujourd'hui obtenir, chaque année, un congé d'un mois sans retenue de traitement; — Jugé 2° que le ministre de la marine et des colonies est seul juge des motifs qui peuvent donner lieu à accorder une prolongation de congé à un magistrat des colonies (cons. d'Et. 16 déc. 1835, M. de Gerando, rap., aff. Barrière de la Benne).

106. Les indemnités spéciales accordées aux fonctionnaires coloniaux, et spécialement aux magistrats, ne leur sont pas dues pendant la durée de leurs congés. Ainsi il a été jugé que l'indemnité accordée aux fonctionnaires supérieurs de l'île de Bourbon (par exemple au procureur général) ayant pour objet spécial de les indemniser des frais de représentation, n'est pas due pour le temps écoulé pendant un congé : « Considérant que l'indemnité accordée aux fonctionnaires supérieurs de l'île de Bourbon avait pour objet spécial de les dédommager des frais de représentation, et que le sieur Boucher, ayant été absent de la colonie depuis le 24 déc. 1817 jusqu'au 13 mars 1819, est sans titres pour réclamer ladite indemnité pendant cette époque » (cons. d'Et. 20 mars 1822, M. Villemain, rap., aff. Gilbert Boucher).

107. Si pendant l'absence de l'employé il y a lieu de pourvoir à des frais d'intérim, le montant en est précompté, jusqu'à due concurrence, sur la retenue qu'il doit subir (décr. du 9 nov. 1853, art. 16).

108. Les absences autorisées ou non des membres du corps législatif et du sénat peuvent-elles donner lieu à des retenues sur l'indemnité des représentants et sur la dotation des sénateurs? — Il n'existe à cet égard que les dispositions qui régissaient les membres de l'Assemblée législative de 1849. — Aux termes de l'art. 101 du règlement de l'Assemblée législative du 6 juill. 1849, l'indemnité cessait de droit pour tout représentant absent sans congé, ou qui prolongeait son absence au delà du terme du congé qui lui avait été accordé. — Et l'art. 102 réputait absent sans congé tout représentant qui, pendant trois séances consécutives, n'avait point répondu aux appels nominaux, ou n'avait pris part ni aux scrutins publics ni aux discussions de tribune. — L'Assemblée législative avait statué aussi sur le sort de l'indemnité des représentants contre lesquels des poursuites étaient autorisées. — Lorsque le représentant contre lequel des poursuites étaient exercées s'était soustrait au mandat décerné contre lui, il perdait son droit à l'indemnité pendant la durée de son absence (règl. 6 juill. 1849, art. 1). — Le représentant détenu en vertu d'une condamnation pour délit ou pour crime, même lorsque cette condamnation n'entraînait pas la perte de la qualité de représentant, était privé également de l'indemnité pendant la durée de sa détention (ibid., art. 3). — Mais le représentant qui n'était qu'à l'état de détention préventive continuait à recevoir son indemnité (ibid., art. 2). — L'indemnité d'un représentant pouvait encore se trouver atteinte dans deux autres cas : ceux de rappel à l'ordre avec inscription au procès-verbal, de censure simple et de censure avec exclusion temporaire. Dans le premier cas, l'indemnité était retenue pour moitié pendant quinze jours, et, dans le second, pendant un mois (règlement de l'Assemblée législative, art. 115, 116 et 124).

109. En cas d'absence pour cause de maladie dûment constatée, le fonctionnaire ou l'employé peut être autorisé à conserver l'intégralité de son traitement pendant un temps qui ne peut excéder trois mois. Pendant les trois mois suivants, il peut obtenir un congé avec la retenue de la moitié au moins et des deux tiers au plus du traitement (décret du 9 nov. 1853, art. 16).

110. Lorsque la maladie est déterminée par l'une des causes exceptionnelles prévues par le premier et le deuxième paragraphes de l'art. 11 de la loi du 9 juin 1853, le fonctionnaire peut conserver l'intégralité de son traitement jusqu'à son rétablissement ou jusqu'à sa mise à la retraite (décret du 9 nov. 1853, art. 16). — Cette disposition importante a récemment donné lieu, en matière de réclamation de traitements, à une décision que nous avons rappelée plus haut n° 86, et sur laquelle nous devons nous arrêter. — Le premier et le deuxième paragraphe de l'art. 11 de la loi du 9 juin 1853 sont ainsi conçus : « Peuvent exceptionnellement obtenir pension, quel que soit leur âge et quelle que soit la durée de leur activité: 1° les fonctionnaires et employés qui auront été mis hors d'état de continuer leur service, soit par un acte de dévouement dans un in-

térêt public, ou en exposant leurs jours pour sauver la vie d'un de leurs concitoyens, soit par suite de lutte ou combat soutenu dans l'exercice de leurs fonctions; — 2° Ceux qu'un accident grave résultant notoirement de leurs fonctions, met dans l'impossibilité de les continuer. » — La question de savoir si la maladie d'un fonctionnaire, qui a cessé son service, résulte ou non de l'exercice de ses fonctions, est-elle de la compétence exclusive de l'autorité administrative, ou peut-elle être déférée au conseil d'État par la voie contentieuse? En d'autres termes, le fonctionnaire qui prétend être malade par suite d'un accident grave résultant notoirement de l'exercice de ses fonctions, peut-il réclamer par la voie contentieuse, soit l'intégralité de ses appointements jusqu'à son rétablissement, soit la faculté de faire valoir ses droits à la retraite? — Cette question a été résolue négativement, en matière de réclamation de traitement, par un arrêt du conseil d'État ainsi motivé : « Considérant qu'en disposant que le fonctionnaire malade en congé peut conserver l'intégralité de son traitement jusqu'à son rétablissement, si sa maladie a été déterminée par l'une des causes exceptionnelles prévues aux premier et deuxième paragraphes de l'art. 11 de la loi du 9 juin 1853, l'art. 16, § 8, du décret du 9 nov. 1853 a accordé à l'administration la faculté de tenir compte des circonstances qui l'ont forcé à interrompre son service, mais n'a pas entendu conférer au fonctionnaire, lorsque l'administration n'a point usé de cette faculté à son égard, le droit de réclamer par la voie contentieuse, un traitement pour des fonctions qu'il n'a pas remplies » (cons. d'Et. 13 juin 1860, M. L'hopital, rap., aff. Leseurre). — Nous avons peine à nous soumettre à l'autorité de cette décision qui nous semble en contradiction flagrante avec la jurisprudence antérieure du conseil d'État (V. notamment ord. 26 nov. 1839) sur une question identique, celle qui était relative à l'application du § 2 de l'art 8 du règlement des 12-18 janv. 1825 sur les pensions des agents dépendant du ministère des finances, et au point de savoir si les infirmités invoquées par un employé comme lui donnant droit à une pension, résultaient ou non de l'exercice de ses fonctions. — L'appréciation des faits qui peuvent donner lieu à l'alternative laissée par le règlement nouveau ou de conserver, dans les circonstances précitées, à l'agent malade son traitement intégral jusqu'à son rétablissement, ou de l'admettre à faire valoir ses droits à la retraite, doit dans l'un et l'autre cas, être soumise à la même juridiction. — La doctrine est d'ailleurs conforme à cette interprétation : « S'agit-il d'examiner, dit M. Dufour (2e éd., t. 6, p. 503), non plus si l'employé doit cesser ses fonctions ou les continuer, mais si les infirmités qui le rendent incapable de les remplir plus longtemps, résultent de l'exercice de ses fonctions? Ici encore l'appréciation n'est pas exclusivement du ressort de l'administration; elle est aussi de l'office du juge. Le ministre des finances avait élevé à cet égard une prétention qui n'allait à rien moins qu'à enlever au conseil d'État, statuant au contentieux, l'appréciation des faits en matière de pension.... Mais le conseil d'État a considéré...., en principe, que la mission qui lui est attribuée est celle d'un véritable tribunal d'appel, et qu'il connaît de la question dans les mêmes termes que le ministre lui-même. » — Cette première jurisprudence et cette doctrine s'appliquent évidemment à la difficulté dont il s'agit. La disposition qui y a donné lieu, bien que postérieure à cette doctrine et à cette jurisprudence, fait l'objet en effet, d'un règlement exclusivement relatif aux pensions civiles et soulève une difficulté identique à celle qui a été précédemment décidée dans la même matière.— Il nous paraît donc impossible de soutenir que le ministre est souverain appréciateur du point de savoir si la maladie du fonctionnaire doit être attribuée à un accident grave résultant notoirement de l'exercice de ses fonctions.

111. Il n'est dérogé, par les précédentes dispositions relatives aux congés ni aux dispositions des art. 18 et 17 des décrets des 13 oct. et 24 déc. 1851 concernant la mise en disponibilité, pour défaut d'emploi, des ingénieurs des ponts et chaussées et des mines, ni aux règles spéciales concernant la mise en activité des agents extérieurs du département des affaires étrangères et des fonctionnaires de l'enseignement (décr. 9 nov. 1853, art. 16, § 11; V. suprà, nos 72 et s.). —Toutefois, aux termes de l'art. 15 du décret du 8 oct. 1857, portant règlement pour le collège de France, les dispositions de l'art. 16 du décret du 9 nov. 1853, relatives aux congés, sont applicables, dans tous les cas, aux professeurs de ce collége qui suspendent ou interrompent leurs cours sans un congé régulier. — Il nous semble que les professeurs des facultés des sciences et des lettres, de droit et de médecine ne sauraient être plus favorablement traités dans des circonstances analogues. — Quant à ceux des fonctionnaires de l'enseignement qui obtiennent l'autorisation de se faire suppléer dans leurs fonctions, nous avons vu (*suprà*, n° 77) qu'ils conservent une portion de leur traitement, sous les conditions déterminées par les règlements (V. Organis. de l'instruction publique). — En ce qui concerne les ingénieurs des ponts et chaussées ou des mines, les conducteurs des ponts et chaussées et les gardes-mines, et les agents extérieurs du département des affaires étrangères, nous renvoyons à ce que nous avons dit à leur égard *suprà*, n°s 72 et 75.

112. Sont affranchies de toutes retenues les absences ayant pour cause l'accomplissement d'un des devoirs imposés par la loi (décr. 9 nov. 1853, art. 16); mais le fonctionnaire ou l'employé qui s'est absenté dans toute autre circonstance, ou qui a dépassé la durée de son congé ou de ses vacances, sans autorisation, peut être privé de son traitement pendant un temps double de celui de son absence irrégulière (même décret, art. 17). — Une retenue, qui ne peut excéder deux mois de traitement, peut être infligée par mesure disciplinaire, dans le cas d'inconduite ou de manquement au service (même article). — Les deux dispositions qui précèdent ne sont applicables ni aux magistrats, qui restent soumis, quant aux peines disciplinaires, aux prescriptions des art. 50 et 56 de la loi du 20 avr. 1810, 55 du décret du 28 sept. 1807 et 3 du décret du 19 mars 1852, ni aux membres du corps enseignant, qui restent soumis aux art. 33 de la loi du 15 mars 1850 et 3 du décret du 9 mars 1851 (même article).

113. Les membres des cours et tribunaux qui sont frappés de la censure avec réprimande sont, par là même, privés de tout traitement pendant un mois. — Lorsqu'ils sont l'objet d'une suspension provisoire, cette suspension emporte privation de traitement pendant toute sa durée (L. 20 avr. 1810, art. 50). — Mais, dans tous les cas, il doit être rendu compte au ministre de la justice, par les procureurs généraux, de la décision prise par les cours impériales, quand elles auront prononcé ou confirmé la censure avec réprimande, ou la suspension provisoire : cette décision ne doit être mise à exécution qu'après avoir été approuvée par le ministre. Néanmoins, en cas de suspension provisoire, le juge est tenu de s'abstenir de ses fonctions jusqu'à ce que le ministre ait prononcé, sans préjudice du droit que l'art. 82 du sénatus-consulte du 16 therm. an 10 donne au ministre de déférer le juge inculpé à la cour de cassation, si la gravité des faits l'exige (même loi, art. 56).

114. Les référendaires de la cour des comptes ne pouvaient, aux termes du décret du 28 sept. 1807, art. 35, être privés de leur traitement que d'après un rapport adressé par le premier président au ministre des finances. — Aujourd'hui la cour des comptes peut elle-même, d'office ou sur la réquisition du procureur général, prononcer contre ceux de ses membres qui auraient manqué aux devoirs de leur état ou compromis la dignité de leur caractère : 1° la censure; 2° la suspension des fonctions; 3° la déchéance (décret du 19 mars 1852, art. 3). Cette dernière peine fait cesser nécessairement le droit au traitement. Pour la suspension des fonctions, elle nous semble devoir entraîner pendant toute sa durée la suspension du même droit (arg. de l'art. 50 de la loi du 20 avr. 1810, V. *suprà*, n° 113). Quant à la censure, il y a lieu, pour en rechercher les conséquences, de se reporter également à ce dernier article : la censure simple n'emporte pas privation du traitement, à la différence de la censure avec réprimande qui doit la suspendre pendant un mois.

115. Quant aux magistrats coloniaux, la suspension provisoire de leur traitement, prononcée par le gouverneur d'une colonie, ne peut entraîner la privation provisoire de plus de moitié de ce traitement (ord. des 21 août 1825, art. 76; 9 fév. 1827, art. 79, et 27 août 1828, art. 78). — Et il a été jugé à cet égard : 1° que les décisions prises par le ministre de la justice, en matière disciplinaire, ne peuvent être déférées au

conseil d'Etat par la voie contentieuse (cons. d'Et. 27 nov. 1835, aff. Martineau de Villeneuve, et 6 juin 1844, même affaire, V. Discipline, n° 175); — 2° Que l'absence sans congé d'un magistrat qui a quitté la colonie emporte démission ; que, dans ce cas, c'est au chef de l'Etat qu'il appartient de statuer définitivement ; qu'il n'est dû ni traitement ni pension de retraite aux magistrats déclarés démissionnaires, et qu'aucune demande d'indemnité pour cessation de fonctions, autre qu'une pension à titre légal, ne peut être déférée au conseil d'Etat par la voie contentieuse : « Considérant qu'aux termes des art. 119 et 122 de l'ord. royale du 30 sept. 1827, les membres de la cour royale de Bourbon ne peuvent s'absenter sans congé, si ce n'est pour cause de service ; qu'aux termes du dernier paragraphe de l'art. 123, l'absence sans congé hors de la colonie emporte démission ; que, dans ce cas, il nous appartient de statuer définitivement ; considérant qu'il résulte de l'instruction que le requérant est resté absent de la colonie après l'expiration du congé qui lui avait été accordé par notre ministre de la marine, et malgré les ordres réitérés de départ qui lui avaient été donnés par ce ministre ; qu'aux termes de l'art. 122, le ministre seul était juge des motifs qui auraient pu donner lieu à accorder une prolongation de congé ; considérant qu'aux termes des art. 124, 154 et 155 de l'ord. royale du 30 sept. 1827, il n'est dû ni traitement ni pension de retraite aux magistrats déclarés démissionnaires ; considérant qu'aucune demande d'indemnité pour cessation de fonctions, autre qu'une pension à titre légal, ne peut nous être déférée en notre conseil d'Etat par la voie contentieuse (cons. d'Et. 16 déc. 1835, M. de Gerando, rap., aff. Barrière de la Benne).

116. Les membres de l'instruction secondaire publique et les professeurs de l'enseignement supérieur peuvent être, par décision du ministre, suspendus de leurs fonctions pour une année au plus, avec ou sans privation totale ou partielle du traitement (L. 15 mars 1850, art. 16; V. aussi décret du 9 mars 1852, art. 3). — Le recteur peut, suivant les cas, réprimander, suspendre avec ou sans privation totale ou partielle de traitement, pour un temps qui n'excède pas six mois, ou révoquer l'instituteur communal (L. 15 mars 1850, art. 33).

117. Il n'est pas dérogé non plus par les deux dispositions ci-dessus, n° 112, aux dispositions des art. 20 et 21 du décret du 13 oct. 1851 concernant les ingénieurs des ponts et chaussées, ni à celles des art. 19 et 20 du décret du 24 déc. 1851, concernant les ingénieurs des mines (décr. 9 nov. 1853, art. 17). — Les ingénieurs des ponts et chaussées et les ingénieurs des mines, les conducteurs des ponts et chaussées et les gardes-mines auxquels le ministre a retiré leur emploi par mesure disciplinaire, ne reçoivent aucun traitement ou ne reçoivent seulement que les deux cinquièmes de leur traitement d'activité, sans aucun accessoire (décr. 13 oct. 1851, art. 20 et 37 et 24 déc. 1851, art. 19 et 41). — Lorsque ces fonctionnaires et agents excèdent les limites de leurs permissions ou congés, ou ne se rendent pas à leur poste aux époques assignées, ils sont privés de leurs appointements pour tout le temps de leur absence de ce même poste, sans préjudice des peines disciplinaires qui pourraient leur être appliquées (mêmes décrets, art. 22 et 23).

Art. 3. — *Mode de liquidation des traitements et de perception des retenues.*

118. *Mode de liquidation des traitements.* — Les traitements et les émoluments assimilés aux traitements se liquident par mois et sont payables à l'échéance. — Chaque mois, quel que soit le nombre de jours dont il se compose, compte pour trente jours ; ainsi le trente et unième jour d'un mois est négligé, tandis qu'il est ajouté un ou deux jours au mois de février. — Le douzième de l'allocation annuelle se divise, en conséquence, par trentième ; chaque trentième est indivisible. — La même règle est établie pour le calcul des retenues en cas de congé (règlem. de comptab. des dépenses du min. des finances, art. 90).

Les décomptes mensuels de liquidation des traitements et émoluments assimilés aux traitements portent sur le douzième intégral des allocations annuelles. Les centimes compris dans ce douzième entrent dans le décompte ; mais toute fraction de cenl'imt se néglige, sans rappel ultérieur de la valeur des fractions négligées. Ces décomptes présentent distinctement les diverses retenues dévolues à la caisse des retraites ; un centime entier lui est bonifié toutes les fois qu'elle a droit à une fraction quelconque de centime (même règlem., art. 91).

119. Lorsqu'un état collectif de liquidation de traitements ou autres émoluments, déjà arrêté, est susceptible d'être modifié, pour quelque cause que ce soit, cet état lui-même n'est pas altéré : les résultats, quant aux décomptes erronés, en sont relevés sur un certificat où sont énoncés les motifs et les détails des modifications reconnues nécessaires, lesquelles s'imputent, par voie d'addition ou de soustraction, sur les sommes provenant de la liquidation primitive (même régl., art. 92).

120. Les indemnités fixes ou variables attachées à l'exercice de divers emplois, en raison soit de circonstances locales, soit de services spéciaux extraordinaires ou temporaires, ne sont point assimilées aux traitements fixes, lors même qu'elles sont payables par imputation sur les crédits affectés aux traitements. — Il en est de même de tout salaire alloué à titre d'indemnité et de toute allocation cumulée accidentellement ou temporairement avec un traitement fixe. — Les dépenses de ces diverses natures sont, dans les décomptes de liquidation, distinguées des traitements proprement dits, et classées dans la comptabilité sous la dénomination qui leur appartient (même règl., art. 96).

121. Tout rappel de traitement et autre émolument personnel se liquide distinctement à la charge de l'exercice déterminé par l'année pendant laquelle les droits au rappel ont été acquis. Il n'est, pas question, procédé par voie d'augmentation tacite aux droits susceptibles d'être liquidés pour l'année courante (même règl., art. 97).

122. Les reprises à opérer pour traitements et émoluments indûment payés peuvent être précomptées sur des liquidations de droits ultérieurement acquis, mais seulement lorsque la dépense à annuler et la dépense à acquitter sont parfaitement homogènes et concernent le même exercice et le même article du budget ; il suffit alors d'expliquer l'opération dans le nouveau décompte de liquidation, sur le montant duquel il est fait déduction de la somme à répéter aux titulaires d'emplois. — Ce mode de reprise par voie de compensation s'applique à la liquidation des traitements nets, comme aux décomptes des retenues. Il cesse d'être praticable à la clôture de l'exercice (même règlem., art. 98).

123. Tout état ou certificat, joint à une ordonnance ou à un mandat ayant pour objet le payement de traitements et d'indemnités fixes à titre d'abonnement payables par douzième, doit faire connaître le grade et l'emploi de l'ayant droit, le montant annuel du traitement ou de l'indemnité, le décompte pour le temps de service et, en outre, les retenues pour la caisse des retraites, et le net à payer (art. 30 des observations générales du même règlement sur les pièces à produire à l'appui des ordonnances et mandats de payement).

124. Il n'y a point d'acquit à exiger d'un titulaire, sur le mandat individuel délivré pour le premier mois de traitement dévolu à la caisse des retraites, ou sur l'état collectif d'émargement portant décompte de la retenue de ce premier mois, au profit de ladite caisse. Il suffit au comptable, pour justifier la dépense, de mentionner sur le mandat ou sur l'état, qu'il s'est d'office chargé en recette du montant de la retenue (mêmes observ., art. 34).

125. *Perception des retenues.* — Les traitements ou allocations passibles de retenues, qui sont acquittés par les comptables du trésor, sont portés pour le brut dans les ordonnances et mandats, et il y est fait mention spéciale des retenues à exercer pour pension. — Les comptables chargés du payement de ces ordonnances ou mandats les imputent en dépense pour leur montant intégral, et ils constatent en recette les retenues opérées au crédit du budget de chaque exercice et à un compte distinct intitulé : *Retenues sur traitements pour le service des pensions civiles* (décr. 9 nov. 1853, art. 5).

Les traitements des fonctionnaires des services qui ont une comptabilité spéciale, tels que l'administration de la dotation de la couronne, la Légion d'honneur, les chancelleries consulaires, les caisses d'amortissement et des dépôts et consignations

ou autres, sont portés pour le brut dans les mandats délivrés sur les caisses particulières chargées de l'acquittement des dépenses de ces services, et il y est fait mention spéciale des retenues à exercer (même décret, art. 6). — Les décomptes et retenues sont établis sur les états mensuels de traitement. Un bordereau récapitulatif de ces retenues, visé par l'ordonnateur, est remis par lui, comme titre de perception, au receveur des finances à qui il en fait en même temps verser le montant. Un duplicata de ce bordereau récapitulatif est adressé par l'ordonnateur de chaque service au ministre des finances (même article). — Les règles établies par les deux dispositions qui précèdent, en ce qui concerne les bordereaux de retenues, comme titre de perception, ne sont pas applicables aux retenues sur les émoluments des receveurs des communes et d'établissements de bienfaisance, lesquelles doivent être soumises aux dispositions spéciales indiquées au numéro suivant (même article).

126. Les liquidations établies sur les mandats de payement, en ce qui concerne les retenues sur les remises attribuées aux percepteurs comme agents de l'État, constatent et justifient les recettes à effectuer à ce titre par les receveurs des finances. — Quant aux retenues sur les émoluments des mêmes agents, en qualité de receveurs des communes et d'établissements de bienfaisance, le receveur des finances de chaque arrondissement forme, tous les trois mois, au vu des liquidations individuelles, un décompte des sommes dues pour le trimestre, et dont il fait opérer le versement. Des décomptes généraux sont établis en outre, pour l'exercice, par les soins des receveurs particuliers et du receveur général, et les résultats en sont soumis à la certification du préfet. Les décomptes trimestriels et d'exercice constituent les titres de perception (même décret, art. 20).

127. Les retenues afférentes aux traitements tant fixes qu'éventuels des fonctionnaires des lycées sont précomptées chaque mois ou chaque trimestre, à l'instant du payement, par l'économe, et par lui versées à la caisse du receveur des finances. — A l'appui de chaque versement et comme titre de perception, l'économe fournit au receveur une expédition des états de traitements certifiée par le proviseur et visée par le recteur (même décret, art. 7).

128. Les retenues à exercer sur les traitements des fonctionnaires des écoles secondaires de médecine et de pharmacie et des collèges communaux en régie, au compte des villes, sont précomptées de la même manière par le receveur municipal et par lui versées dans la caisse du receveur des finances, auquel il remet, comme titre de perception, une expédition des états de traitements certifiée par le directeur de l'école ou par le principal, et visée par le recteur (même décret, art. 8).

129. A l'égard des collèges communaux où le pensionnat est au compte des principaux, le montant des retenues est précompté par le receveur municipal sur les différents termes de la subvention allouée par la ville à l'établissement. A cet effet, le principal remet au receveur, chaque mois ou chaque trimestre, selon que les traitements sont acquittés mensuellement ou trimestriellement, un état des traitements dressé en double expédition, certifié par lui et visé par le recteur. Le traitement attribué au principal, pour le décompte de la retenue qu'il doit subir, est calculé sur le traitement du régent le mieux rétribué, augmenté d'un quart. — Une des deux expéditions est produite par le receveur municipal au receveur des finances pour justifier le versement des retenues. — Dans les collèges auxquels la ville n'alloue pas de subvention, les retenues sont précomptées par le principal et versées directement par lui dans la caisse du receveur des finances, à qui il remet une expédition de l'état des traitements, certifiée comme il a été dit ci-dessus, n° 128 (même décret, art. 9).

130. Les retenues acquises au trésor sur le trélement des instituteurs communaux, quelleque soit l'origine des rétributions dont ce traitement se compose, sont prélevées par le receveur municipal lors du payement, lequel a lieu sur la production de mandats délivrés par le maire et indiquant le montant brut des rétributions, les retenues à exercer et le net à payer. — Lorsque l'instituteur est autorisé à percevoir lui-même la rétribution scolaire conformément au § 2 de l'art. 41 de la loi du 15 mars 1850, il remet le vingtième de cette rétribution au receveur municipal, qui le verse, avec les autres retenues acquises au trésor, dans la caisse du receveur des finances. — A l'appui des versements effectués, le receveur municipal produit des mandats de payement et, en outre, lorsque la rétribution scolaire a été perçue par l'instituteur, une copie du rôle de rétribution (même décret, art. 10). — Indépendamment des pièces indiquées par la disposition qui précède, le receveur municipal adresse tous les trois mois au receveur des finances, pour être transmis au sous-préfet, un bordereau récapitulatif des sommes recouvrées dans le cours du trimestre, pour traitement de l'instituteur, et des retenues dont elles ont été frappées au profit du trésor. — Le sous-préfet, après avoir, de concert avec l'inspecteur des écoles primaires, opéré le rapprochement de l'état des mutations du personnel avec les bordereaux remis par le receveur des finances, arrête et transmet au préfet, en double expédition, un tableau général des traitements et rétributions de toute nature afférents aux instituteurs communaux de l'arrondissement, et des retenues qui ont été exercées sur ces traitements et rétributions pendant le trimestre écoulé. — Ce tableau est vérifié par le préfet qui en adresse une expédition visée de lui, au ministre de l'instruction publique et des cultes (même décret, art. 11).

131. Tous les trois mois le ministre de l'instruction publique fait parvenir au ministre des finances un état récapitulatif, par catégorie de fonctionnaires, des retenues acquises au trésor pour tous les services de l'instruction publique. — Cet état indique le total brut des traitements qui ont été payés et le montant des retenues qui ont dû être précomptées par les payeurs ou versées dans les caisses des receveurs des finances. — En ce qui concerne les instituteurs communaux, cette production n'a lieu que tous les six mois. L'état est dressé par arrondissement (même décret, art. 12).

132. Nous avons vu plus haut, n° 95, que les fonctionnaires et employés rétribués sur d'autres fonds que ceux de l'État et qui ont néanmoins droit à pension, conformément au dernier paragraphe de l'art. 4 de la loi du 9 juin 1853, supportent la retenue sur l'intégralité de leurs rétributions. — Ceux qui sont placés en France et en Algérie doivent effectuer le versement de cette retenue par trimestre et dans les premiers jours du trimestre qui suit le trimestre échu, à la caisse du receveur des finances; ils transmettent la déclaration de ce versement au ministre du département auquel ils ressortissent. — Ceux qui résident à l'étranger sont tenus de faire acquitter, pour leur compte, les retenues qui les concernent, et de faire faire en même temps la déclaration ci-dessus prescrite; ils sont autorisés à faire un seul versement par année. — Les ministres transmettent chaque trimestre au ministre des finances des états nominatifs par département desdits fonctionnaires et employés; ces états, indiquant le traitement applicable à chaque agent et la retenue à exercer, sont transmis, comme titre de perception à recouvrer, aux receveurs des finances (même décret, art. 13).

133. Pour les services tels que celui des haras, dans lesquels les traitements et salaires sont, comme les autres dépenses, payés par les comptables à titre d'avance et sauf justification ultérieure, l'ordonnancement des retenues a lieu tous les trois mois, au profit du trésor, par l'administration centrale. — La vérification et la liquidation définitive des décomptes de retenues perçues sur les agents des chancelleries diplomatiques et consulaires sont faites par le ministère des affaires étrangères, lors du règlement des comptes desdites chancelleries (même décret, art. 14).

134. Le compte général des retenues exercées pour le service des pensions civiles établi par ministères et administrations, est annexé au compte définitif des recettes publié par le ministre des finances pour chaque exercice (même décr., art. 15).

SECT. 3. — DES TRAITEMENTS OU SOLDES MILITAIRES.

ART. 1. — *Soldes d l'armée de terre.*

135. Dans l'armée de terre on distingue deux espèces principales de solde : la solde d'activité et la solde de non-activité (ord. 25 déc. 1837, art. 15: V Organ. milit.). — La solde d'ac-

tivité se divise en solde de présence, en solde d'absence et en solde de disponibilité (même ordonn., art. 16). — La solde de présence diffère dans les circonstances ci-après : 1° en station sur le pied de paix; 2° en route sur le pied de paix; 3° sur le pied de guerre (art. 17). — La solde d'absence se modifie dans les positions suivantes : 1° en congé ou en semestre; 2° à l'hôpital; 3° à l'hôpital en congé; 4° en jugement ou en détention; 5° en captivité à l'ennemi (art. 18). — La solde de disponibilité ne se modifie que dans le cas d'emprisonnement ou de séjour à l'hôpital (art. 19). — La solde de non-activité varie dans sa fixation, selon les causes pour lesquelles les officiers ont été placés dans cette position. — Des accessoires de solde sont, en outre, accordés dans certains cas, sous le titre d'indemnités et de gratifications (art. 133 à 230), ainsi que des prestations en nature pour les subsistances, le chauffage et le logement (art. 276 à 325).

136. La solde de disponibilité est due aux officiers généraux du cadre d'activité et aux officiers compris dans les cadres d'organisation du corps impérial d'état-major, de l'intendance militaire et des états-majors particuliers de l'artillerie et du génie, qui ne sont pas pourvus de lettres de service (ord. du 25 déc 1837, art. 120).

137. La solde de non-activité est due à tout officier appelé à la recevoir dans les cas déterminés par la loi du 19 mai 1834 sur l'état des officiers. Cette solde varie suivant les causes d'admission spécifiées par la même loi, et s'applique au grade selon la spécialité des armes. Lorsque le grade ou l'emploi se divise en classes, la solde n'est allouée que sur le pied de la dernière classe, à moins que la classe ne corresponde à un grade différent (même ord., art. 231).

138. Les droits à la solde de réforme sont déterminés par la loi précitée du 19 mai 1834. — Il a été jugé que les aumôniers de régiment n'ont pas droit à cette solde : « Considérant qu'aucune disposition de loi ni d'ordonnance n'admet les aumôniers de régiment à la jouissance d'un traitement de réforme » (cons. d'Et. 12 avr. 1838, M. d'Ormesson, rap., aff. l'abbé Julie, V. v° Pension, n° 143). — V. aussi *eod.*, n°* 124, 138 et suiv.

139. Pour avoir droit à la solde, les militaires et employés militaires doivent être nommés régulièrement à l'emploi qu'ils occupent dans l'armée. — Ainsi il a été jugé que si un régisseur général des vivres a été chargé d'organiser le personnel d'un service, et qu'après avoir fait approuver par l'intendant en chef les nominations faites, il en a opéré d'autres et ne les a pas fait confirmer par l'intendant, les agents dont la nomination n'a pas été approuvée sont sans recours contre l'État pour leurs appointements : ils n'ont d'action que contre le régisseur général et peuvent le poursuivre devant les tribunaux (cons. d'Et. 20 fév. 1822, M. Villemain, rap., aff. Schirmer C. Reibell). — Aux termes du même arrêt, la décision du conseil d'Etat qui maintient le conflit par lequel un préfet a revendiqué pour l'autorité administrative la contestation élevée entre un régisseur général des vivres et un employé, au sujet des appointements de ce dernier, conserve à l'administration le pouvoir de vérifier la qualité du régisseur et n'empêche pas le renvoi du débat aux tribunaux, s'il est reconnu que cet agent a excédé ses attributions.

140. Tout militaire ou employé militaire commissionné pour remplir temporairement des fonctions attribuées à un grade supérieur ou inférieur au sien, a droit à la solde du grade dont il a le brevet (ord. du 25 déc. 1837, art. 20).

141. Aucun militaire ou employé militaire ne peut jouir d'une solde quelconque d'activité s'il n'est pas en activité de service (ord. 25 déc. 1837, art. 21). —Les officiers sans troupes et employés militaires entrent en solde lorsqu'ils prennent possession de leur emploi ou lorsqu'ils se mettent en route pour aller en prendre possession. — L'officier de troupes entre en solde le jour où il est reçu sous les drapeaux ou lorsqu'il se met en route pour se rendre à sa destination (art. 22). — L'officier rentré de captivité à l'ennemi n'a droit qu'à la solde de non-activité à compter du jour de son arrivée en France, s'il a été remplacé dans son emploi (art. 26).

142. Les droits à la solde d'activité cessent pour les officiers et employés militaires, le lendemain du jour où ils reçoivent l'ordre de rentrer dans leurs foyers, et par l'officier démissionnaire, le lendemain du jour où l'acceptation de sa démission lui a été notifiée. Toutefois. si l'officier démissionnaire est en congé, il perd ses droits à tout rappel de traitement pour le temps de son absence (art. 24 et 242). — Tout militaire proposé pour la pension de retraite cesse, à moins d'ordres contraires émanés du ministre de la guerre, de jouir de la solde de présence à partir du jour où il reçoit la notification officielle du règlement de sa pension (art. 30).

142. Le militaire ou l'employé militaire qui s'absente de son corps ou de son poste sans autorisation régulière ne reçoit aucune solde pour le temps de son absence (art. 239).

144. Les militaires en permission et en congé de semestre ou de convalescence ont droit à la solde de congé fixée par les tarifs. Le ministre de la guerre peut, dans des cas particuliers, accorder des congés de convalescence avec solde de présence (art. 73). — Les congés pour affaires personnelles donnent droit à la solde de congé dans la limite de six mois. Les prolongations qui ont pour effet d'étendre au delà de six mois la durée totale de l'absence par permissions, congés de semestre ou congés pour affaires personnelles, ne donnent point droit à la solde (art. 73). — Toutefois, les dispositions qui précèdent ne sont point applicables aux officiers qui s'absentent par congé pour aller exercer leurs droits d'électeurs, ou siéger aux conseils généraux de département comme membres de ces conseils. Dans ce cas, les officiers jouissent de la solde et des accessoires de solde, comme s'ils étaient présents à leur corps ou à leur poste (art. 74). — Les congés accordés pour aller en pays étrangers ne donnent droit à aucune solde. Les congés pour aller aux colonies ne peuvent donner droit à la solde pendant plus d'une année, y compris le temps de la traversée pour l'aller et le retour (art. 76). — Tout militaire en congé, en permission ou en semestre, qui use de la faculté qui lui est acquise de rentrer à son corps ou à son poste avant l'expiration de son congé ou de sa permission, recouvre ses droits à la solde de présence à compter du lendemain de son retour (art. 93). — Les congés illimités délivrés aux sous-officiers, caporaux ou brigadiers et soldats ne donnent droit à aucune solde (art. 101). — La solde d'hôpital, la solde d'hôpital en congé, ainsi que la solde de captivité, sont réglées par les art. 102 à 111 et 115 à 120 de l'ord. du 25 déc. 1837, à laquelle nous renvoyons. — V. Organ. milit.

145. L'officier en disponibilité qui s'absente régulièrement de son domicile est rappelé de sa solde à son retour (art. 124). — L'officier en disponibilité qui s'absente de son domicile sans autorisation régulière n'a droit à aucun rappel de solde pour tout le temps de son absence (art. 124 et 125). Les officiers en non-activité sont, en cas d'absence, soumis aux mêmes règles (art. 233).

146. Les officiers et employés militaires en jugement reçoivent, pendant le temps de leur emprisonnement et jusqu'au jour inclus où la décision judiciaire rendue à leur égard est devenue définitive, la moitié de la solde d'activité de leur grade sans accessoires, s'ils étaient en activité de service ou en disponibilité au moment de leur arrestation. En cas d'acquittement ils sont rappelés du surplus de leur solde pour tout le temps pendant lequel ils ont été détenus. S'ils sont condamnés ils n'ont droit à aucun rappel. Dans ce dernier cas, si la condamnation n'emporte pas la perte du grade, l'officier ou l'employé continue à recevoir la moitié de sa solde jusqu'au moment où sa position militaire est de nouveau fixée, s'il y a lieu, ou jusqu'à l'expiration de sa peine. Si au contraire la condamnation emporte la perte du grade, l'officier ou l'employé qui en est l'objet cesse d'avoir droit à tout traitement à partir du jour où le jugement est devenu définitif (art. 111). — L'officier en non-activité qui est mis en jugement reste en possession de sa solde jusqu'au jour du jugement. S'il est condamné et que sa position militaire ne change point, il conserve la jouissance de la même solde. — Les mêmes dispositions sont applicables aux officiers en congé illimité (art. 112).

147. Le droit à l'obtention ou à la jouissance de la solde de réforme est suspendu : par la condamnation à une peine afflictive ou infamante, pendant la durée de la peine; par les circonstances qui font perdre la qualité de Français, durant la privation de cette qualité; par la résidence hors de l'empire sans autorisation (art. 631).

148. Les officiers sans troupe, les officiers des corps de troupe, les officiers en non-activité et en congé illimité, les employés militaires qui ne sont point passibles de retenues particulières pour fonds de retraite et les vétérinaires subissent, sur leur traitement, une retenue de 2 p. 100 au profit du trésor public, substituée aux droits de l'ancienne dotation des invalides. Cette retenue est exercée sur la solde, les suppléments de solde et l'indemnité de représentation. La gratification d'entrée en campagne, l'indemnité allouée en cas de rassemblement, celle de vivres, de logement, de fourrages et de frais de bureau, ainsi que les indemnités pour pertes de chevaux et d'effets, n'en sont point passibles (art. 435). — L'officier et l'employé militaire en congé ou à l'hôpital ne doivent supporter la retenue que sur la solde déterminée pour leur position (art. 436). — L'officier qui se trouve dans une position donnant droit à la solde de route doit subir la retenue sur le montant intégral de cette solde (art. 437). — Lorsqu'un officier ou employé militaire doit supporter sur son traitement une retenue, pour quelque motif que ce soit (V. *infrà,* n°³ 159 et s.), la retenue de 2 p. 100 n'en est pas moins exercée sur le montant intégral de sa solde (art. 438). — La solde des prisonniers de guerre étrangers n'est point assujettie à la retenue de 2 p. 100 (art. 439). — La retenue de 2 p. 100, spécifiée ci-dessus, est exercée sur les soldes de réforme dont la quotité annuelle dépasse 500 fr. (art. 652). — La retenue dont il s'agit ne peut être exercée que sur les sommes régulièrement et définitivement mandatées au profit des ayants droits, et il a été jugé à cet égard que la retenue opérée au profit des invalides de la guerre ne pouvait être perçue sur des sommes que les militaires ont touchées et qu'ils sont obligés de restituer : « Considérant que, d'après les règlements, les retenues sur les traitements ne sont dues par les fonctionnaires que sur les sommes qu'ils ont réellement touchées sans répétition; qu'ainsi le sieur de Bouvet ne peut être tenu de rendre lesdites retenues pour les sommes qui ne lui sont point allouées » (cons. d'Et. 10 janv. 1821, M. Brière, rap., aff. de Bouvet). — Les sommes à retenir en vertu des dispositions précédentes sont portées d'une manière distincte sur les états de payement, et la déduction en est faite sur le montant desdits états qui ne sont, en conséquence arrêtés et quittancés que pour le *net* revenant à la partie prenante (art. 440).

149. Conformément à l'art. 9 de la loi du 29 janv. 1831, sont prescrites et définitivement éteintes au profit de l'Etat toutes créances de solde, accessoires de solde et indemnités quelconques qui, à défaut de justifications suffisantes, n'auraient pu être liquidées, ordonnancées et payées dans un délai fixé à cinq années pour les créanciers domiciliés en Europe et à six années pour les créanciers résidant hors du territoire européen. Ce délai court du 1er janv. de l'année à laquelle les créances appartiennent (ord. 25 déc. 1837, art. 246). — Toutefois, aux termes de l'art. 10 de la même loi, la prescription ne peut avoir lieu à l'égard des créances dont l'ordonnancement et le payement auraient été différés au delà des délais déterminés, par le fait de l'administration ou par suite de pourvois formés devant le conseil d'Etat (même article). — La solde de réforme dont les arrérages n'ont pas été réclamés pendant une année révolue est provisoirement considérée comme éteinte et ne peut être rétablie sur les contrôles que par une décision du ministre de la guerre (même ord., art. 647).

Art. 2. — *Soldes de l'armée de mer.*

150. Dans la marine on distingue trois espèces principales de solde : la solde d'activité pour les officiers, les aspirants et les employés de tous grades à la nomination du ministre; la solde de non-activité et la solde de réforme pour les officiers des divers corps de la marine (décr. 19 oct. 1851, art. 1, D. P. 52. 4. 14). — La solde d'activité se divise en solde de présence et en solde d'absence (même décret, art. 2). — La solde de présence est de deux espèces pour les officiers de vaisseau, savoir : solde à la mer ou solde intégrale, solde à terre (même décret, art. 3). — La solde d'absence se modifie dans les positions suivantes : en congé, à l'hôpital, à l'hôpital en congé, en jugement ou en détention, en captivité à l'ennemi (même décret, art. 4). — Des accessoires de solde sont en outre accordés sous le titre de suppléments à la mer, de suppléments de fonctions, de supplément de solde pour ancienneté de grade, etc., etc. (même décret, art. 74 à 86). — Enfin il est alloué, dans certains cas, des indemnités et gratifications sous le titre d'indemnités de logement et d'ameublement, de représentation, de frais de bureau, de pertes d'effets, etc., etc. (même décret, art. 90 à 113).

151. L'officier, aspirant ou employé, appelé à remplir temporairement des fonctions attribuées à un grade supérieur au sien, n'a droit qu'à la solde du grade dont il a le brevet (même décret, art. 10).

152. Le droit de statuer sur les réclamations des soldes des militaires de l'armée de mer appartient au ministre de la marine. Et, à cet égard, il a été jugé que la décision ministérielle qui règle le traitement dû à un officier, après la suppression de son emploi, n'est pas susceptible d'être déférée au conseil d'Etat par la voie contentieuse. — Mais, pour être bien apprécié, cet arrêt doit être rapproché des faits qui y ont donné lieu. — En 1817, le vice-amiral Emériau réclama la moitié du traitement qui lui appartenait comme grand officier, premier inspecteur général de la marine, en se fondant sur l'art. 51 du sénatus-consulte du 28 flor. an 12. Le ministre a rejeté cette réclamation par le motif que l'ordonnance réglementaire du 9 déc. 1815, qui avait supprimé cet emploi, portait que les traitements et prérogatives y attachés cesseraient à partir du 1er janv. 1816. — Le conseil d'Etat, saisi de la contestation, a décidé « que la demande formée par le comte Emériau n'était pas point de nature à être poursuivie par la voie contentieuse » (cons d'Et. 25 juin 1817, aff. Emériau). — Cette décision peut difficilement se justifier en présence de la disposition invoquée par le réclamant. L'art. 51 du sénatus-consulte du 28 flor. an 12 est, en effet, ainsi conçu : « Si par un ordre de l'empereur, ou par toute autre cause que ce puisse être, un titulaire d'une grande dignité de l'empire ou un grand officier vient à cesser ses fonctions, il conserve son titre, son rang, ses prérogatives et la moitié de son traitement : il ne les perd que par un jugement de la haute cour impériale. » — Une simple ordonnance, celle sur laquelle s'était fondée la décision ministérielle, ne pouvait prévaloir contre la disposition précitée, qui n'aurait pu être abrogée que par une loi.

153. Des frais de voyage et de tournées ne peuvent être accordés aux officiers de marine qu'autant qu'ils seraient autorisés par les règlements. — Ainsi il a été jugé qu'un gouverneur colonial ne peut réclamer des allocations de frais de voyage et de tournées, si elles ne sont autorisées par aucune loi ou règlement : « Considérant que le comte de Bouvet n'oppose à la décision de notre ministre de la marine, qui lui refuse ces allocations, aucune disposition de loi ou de règlement qui les lui accorde, ni aucun acte d'où il résulte pour lui un droit positif » (cons. d'Et. 10 janv. 1821, M. Brière, rap., aff. de Bouvet).

154. Les pertes et les services rendus ne peuvent non plus donner lieu qu'à une demande en indemnité par-devant le ministre, ou à une demande en gratification qui ne peut être formée par la voie contentieuse : « Considérant que les pertes d'équipages et autres que le requérant a éprouvées par suite de la mission que des événements de force majeure l'ont empêché de remplir, ne peuvent donner lieu qu'à une demande en indemnité par-devant notre ministre secrétaire d'Etat de la marine et des colonies; considérant que le service que ledit requérant a rendu à l'Etat, en faisant tourner au profit du notre trésor le produit de la vente de l'opium, ne peut donner lieu qu'à une demande en gratification, qui ne peut être formée par la voie contentieuse » (cons. d'Et. 4 mars 1819, M. Froidefond de Bellisle, rap., aff. général Montigny). — Et la décision ministérielle qui rejette la demande en indemnité réclamée par un commandant colonial, ne peut être attaquée par la voie contentieuse, à moins que cette demande ne s'appuie sur une loi ou un règlement, ou sur une décision antérieure : « Considérant que la réclamation contre la décision de notre ministre n'étant fondée sur aucune loi ou règlement, ou sur une décision antérieure, mais seulement sur des considérations d'équité, ne peut être l'objet d'un recours par la voie contentieuse » (cons. d'Et. 5 sept. 1821, M. Maillard, rap., aff. général Montigny).

155. Le droit à la solde d'activité commence pour les officiers et pour les aspirants à la nomination de l'empereur, à compter de la date du décret conférant le grade; pour les employés de la nomination du ministre, à compter de la date de l'arrêté de nomination ou d'avancement; pour les officiers et employés auxiliaires, à compter du jour de l'entrée en fonctions, et en cas d'augmentation de solde, à compter du jour fixé par la décision (décret du 19 oct. 1851, art. 6). — La solde de non-activité est due à l'officier dans les cas déterminés par la loi du 19 mai 1834. Elle est réglée suivant les différentes positions de l'officier. Cette solde, lorsque le grade est divisé en classes et que le passage d'une classe à l'autre n'a lieu qu'à l'ancienneté, est allouée sur le pied de la dernière classe. Nul ne peut recevoir la solde de non-activité que dans le lieu de sa résidence et après autorisation du ministre (même décret, art. 113 et 114). — Les arrérages de la solde de réforme sont dus et payés, à partir du jour où l'officier a cessé d'avoir droit à une solde d'activité ou de non-activité (même décret, art. 162).

156. Les suppléments de traitement et gratifications alloués à des agents, à raison des fonctions qui leur sont confiées dans les colonies, ne sont dus qu'à partir du moment où ils prennent possession de leur emploi. — Il a été jugé, en effet, que les suppléments de traitement et gratifications accordés à un commandant colonial ne sont acquis que par l'exercice de ses fonctions, alors même que des événements de force majeure l'auraient empêché de les exercer et lui auraient causé des pertes : « Considérant qu'aux termes de l'arrêté du 10 et de la lettre ci-dessus visée (la lettre ministérielle de service), le traitement ordinaire et extraordinaire du requérant était fixé, savoir : appointements fixes en qualité de général de brigade en activité, 15,000 fr.; supplément comme commandant à Chandernagor, 10,000 fr.; gratification sur le produit de l'opium, 15,000 fr., et que ce supplément et cette gratification étant attachés à la qualité de commandant de Chandernagor, ne pouvaient lui être acquis que par l'exercice de ses fonctions; considérant que la guerre qui a éclaté en 1803, l'ayant empêché de prendre possession de son commandement et l'ayant forcé à se replier sur les îles de France et de Bourbon, il ne pouvait réclamer que le traitement de général de brigade en activité, et qu'il en a joui jusqu'au 15 déc. 1811, époque de son retour en France » (cons. d'Et. 4 mars 1819, M. de Bellisle, rap., aff. général de Montigny).

157. Les droits à la solde d'activité cessent, pour les officiers et aspirants passant à la non-activité ou à la réforme, à compter du lendemain du jour de la notification qui est faite à l'officier du décret ou de la décision prononçant la mise en non-activité ou en réforme; — Pour les officiers et aspirants démissionnaires, à compter du lendemain du jour où l'acceptation de leur démission leur est notifiée, sauf le cas prévu par l'art. 118, du décret du 19 oct. 1851, aux termes duquel l'officier, aspirant ou employé qui donne sa démission étant en congé, perd ses droits à tout rappel de traitement pour le temps de son absence, si sa démission est acceptée; — Pour les employés à la nomination du ministre, lorsqu'ils sont licenciés, à compter du lendemain du jour où leur est notifiée la décision du ministre prononçant leur licenciement; — Pour les officiers auxiliaires, à compter du jour de la cessation de leurs fonctions; — Pour les officiers et employés admis à la retraite, à compter du lendemain du jour où le règlement de leur pension leur est notifié (décret du 19 oct. 1851, art. 7).

158. La solde des officiers, aspirants ou employés présents à terre, ainsi que les suppléments de solde, les indemnités de représentation, les frais de bureau et les autres accessoires de solde inhérents aux positions respectives des officiers ou employés en activité de service à terre, se payent par mois et à terme échu. Le payement de la solde et des accessoires de la solde pour les officiers, aspirants ou employés embarqués, est soumis à des règles spéciales (même décret, art. 15).

159. L'officier, aspirant ou employé qui s'absente de son poste sans autorisation régulière, ne reçoit aucune solde pour le temps de son absence (même décret, art. 113). — Les congés pour affaires personnelles accordés aux officiers, aspirants, employés et aux divers agents de la marine, donnent droit à la moitié de la solde de présence à terre (même décret, art. 51).

—Toutefois, pour les permissions de quinze jours et au-dessous, la totalité des traitements est conservée (même décret, art. 46).
— Mais la première des deux dispositions qui précèdent n'est point applicable aux officiers ou employés qui s'absentent par congé pour aller siéger aux conseils généraux des départements, ou qui obtiennent des prolongations pour le même objet. Dans ces cas, les officiers ou employés jouissent de la solde et des accessoires de solde comme s'ils étaient présents à leur poste (même décret, art. 44).

160. Les congés accordés aux officiers, aspirants et employés, au retour d'une campagne de mer d'une année de durée au moins, donnent droit, pendant six mois au plus, aux deux tiers de la solde de présence à terre.—Les congés accordés après quatre ans de séjour consécutif aux colonies donnent également droit, pendant six mois, aux deux tiers de la solde à terre. — Des prolongations de congé, donnant droit à la moitié de la solde de présence à terre, peuvent être accordés par le ministre (même décret, art. 35).

161. Les congés accordés aux chirurgiens de la marine de première ou de deuxième classe, pour se pourvoir du titre de docteur en médecine devant les facultés, et les congés accordés aux pharmaciens de la marine de première classe ou de deuxième classe, pour se pourvoir du titre de pharmacien devant les écoles spéciales de pharmacie, leur donnent droit, pendant trois mois, à l'intégralité de la solde de présence. Cette concession ne peut se renouveler (même décret, art. 36). — Les congés accordés aux chirurgiens, aux pharmaciens de première classe autorisés à se rendre auprès des facultés ou des écoles de pharmacie, à l'effet de se préparer aux concours pour le grade de professeur dans les écoles de santé de la marine, donnent droit à l'intégralité de la solde de présence pendant une année. Cette concession ne peut se renouveler (même article). — Les congés accordés aux officiers de santé en chef et aux professeurs autorisés à se rendre près des facultés, dans l'intérêt des études médicales des écoles de santé de la marine, donnent droit, pendant quatre mois, à l'intégralité de la solde de présence. Cette concession ne peut se renouveler que de cinq ans en cinq ans (même article). — Dans les cas prévus aux art. 34, 35 et 36 du décr. du 19 oct. 1851 (V. *suprà*, n°° 103 et s.), les prolongations qui ont pour effet d'étendre la durée totale de l'absence par congé au delà du terme d'un an, ne donnent droit à aucune solde (même décret, art. 40).

162. Quand l'officier, aspirant ou employé, admis à faire valoir ses droits à la retraite, obtient un congé pour se retirer immédiatement dans ses foyers, sans cesser en même temps de faire partie des cadres d'activité, il reçoit, dans cette position, la demi-solde de son grade et de sa classe, sans accessoires (même décret, art. 11).

163. Les congés pour aller aux colonies françaises ne peuvent donner droit à la solde pendant plus d'une année pour les colonies situées dans l'Atlantique, ou pendant plus de dix-huit mois pour les colonies situées au delà du cap de Bonne-Espérance ou du cap Horn, y compris, dans l'un et l'autre cas, le temps de la traversée pour l'aller et le retour (même décret, art. 42).

164. L'officier aspirant ou employé qui, étant en congé avec solde, rentre après le terme fixé pour l'expiration de son congé, ne reçoit point le rappel de la solde qui peut lui être due, à moins que le retard n'ait été causé, soit par circonstance de force majeure, soit par maladie (même décret, art. 50). — Quant à celui qui quitte sans l'approbation du ministre des colonies le poste qu'il occupait aux colonies, il a été jugé qu'il n'avait droit de recouvrer son traitement, d'après les règlements, qu'à partir du moment où il était rappelé au service (cons. d'Ét. 24 mars 1824, M. de Senonnes, rap., aff. Peyre).

165. Les congés de convalescence donnent droit à la moitié de la solde de présence à terre, sauf les cas déterminés ci-après, savoir : les congés de convalescence délivrés par les gouverneurs des colonies donnent droit à la solde de présence à terre pendant six mois au plus. Le ministre de la marine peut, dans des cas particuliers, accorder des congés de convalescence ou des prolongations de congés de convalescence avec solde de présence à terre, aux officiers ou employés présents en France (même décret, art. 37). — Les officiers de vaisseau auxiliaires, les officiers de santé auxiliaires et les employés du commissariat char-

gés des fonctions d'officiers d'administration auxiliaires à bord des bâtiments de l'Etat peuvent, dans les cas analogues à ceux qui donnent droit aux congés de convalescence, obtenir une indemnité mensuelle représentative du traitement de congé. Cette allocation ne peut se prolonger au delà de six mois (même décret, art. 53). — La solde d'hôpital, la solde d'hôpital en congé, ainsi que la solde de captivité, sont réglées par les art. 54 à 59 et 62 à 66 du décret du 19 oct. 1851, auquel nous renvoyons. — Voy. D. P. 52. 4. 14.

166. Les officiers, aspirants ou employés en jugement reçoivent, pendant le temps de leur emprisonnement et jusqu'au jour inclus où la décision judiciaire rendue à leur égard est devenue définitive, la moitié de la solde de présence à terre assignée à leur grade, sans accessoires, s'ils étaient en activité de service au moment de leur arrestation. — En cas d'acquittement, ils sont rappelés du surplus de leur solde pour tout le temps pendant lequel ils ont été détenus. — S'ils sont condamnés, ils n'ont droit à aucun rappel. Dans ce dernier cas, si la condamnation n'entraîne pas la perte du grade, l'officier, aspirant ou employé continue à recevoir la moitié de sa solde d'activité jusqu'au jour où sa position est de nouveau fixée, s'il y a lieu, ou jusqu'à l'expiration de sa peine. — Si la condamnation emporte la perte de son grade, l'officier, aspirant ou employé qui en est l'objet cesse d'avoir droit à tout traitement à partir du jour où le jugement est devenu définitif. L'officier ou l'aspirant en non-activité qui est mis en jugement reste en possession de sa solde jusqu'au jour du jugement. S'il est condamné et sa position légale comme officier ne change point, il conserve la jouissance de la même solde (même décret, art. 59 et 60).

167. Les officiers, aspirants et employés supportent sur le montant des allocations diverses qui leur sont attribuées une retenue de 3 p. 100 au profit de la caisse des invalides de la marine. Cette retenue s'opère, tant sur la portion desdites allocations qui peut être payée à des tiers, pour le compte de l'officier, aspirant ou employé, que sur la portion qui lui est directement payée à lui-même (même décret, art. 156).

168. Le décret du 19 oct. 1851, sur la solde de l'armée de mer, ne renferme aucune disposition relative à la prescription du droit de réclamer les soldes dont le payement serait arriéré. Il y a lieu de se reporter, à cet égard, aux principes posés par l'art. 9 de la loi de finances du 29 janv. 1831 (V. *suprà*, n°° 90 et 149). — La solde de réforme dont les arrérages n'ont pas été réclamés pendant une année entière, est provisoirement considérée comme éteinte et ne peut être payée de nouveau que d'après une décision du ministre de la marine (même décret, art. 165).

SECT. 4. — DES DROITS DES CRÉANCIERS SUR LES TRAITEMENTS ET LES SOLDES.

169. En principe les biens d'un débiteur sont, pour la totalité, le gage commun de ses créanciers; tout créancier peut, en vertu de titres authentiques ou privés, saisir-arrêter entre les mains d'un tiers les sommes et effets appartenant à son débiteur ou s'opposer à leur remise (c. pr. 557). — Mais le législateur a cru devoir apporter un tempérament à l'application de ce principe aux traitements, dont il n'a autorisé la saisie que dans une mesure très-restreinte. — Les règles générales relatives à la saisie des traitements ont été exposées v° Saisie-arrêt, n° 163 à 181. Nous ne ferons ici que résumer et compléter ces règles auxquelles nous renvoyons ainsi qu'au mot Trésor public, pour ce qui concerne les formalités applicables à cette espèce de saisie.

ART. 1. — *Droits des créanciers sur les traitements civils.*

170. Nous avons vu (v° Saisie-arrêt, n° 163) qu'aux termes de la loi du 21 vent. an 9 les traitements des fonctionnaires publics et employés civils sont saisissables jusqu'à concurrence du cinquième sur les premiers mille francs et sur toutes les sommes au-dessous; du quart sur les 5,000 fr. suivants et du tiers sur la portion excédant 6,000 fr., à quelque somme qu'elle s'élève. —La retenue doit être calculée sur le traitement brut entier, sans déduction du prélèvement, soit pour la caisse des retraites, soit pour cause de congé (règl. de compt. min. int., art. 151).

171. Les indemnités, gratifications et autres allocations accordées par l'État aux fonctionnaires ou employés sont considérées comme des accessoires des appointements fixes et peuvent, comme eux, être grevés d'oppositions : dans ce cas l'indemnité ou la gratification est cumulée avec le traitement et la retenue a lieu sur le tout (instr. min. fin. 1845, art, 111; règl. de compt. min. intér., art. 151). Pour les membres de l'Institut, notamment, les oppositions frappent tant sur les traitements fixes dont ils jouissent que sur leurs droits de présence (décis. min. 4 août 1825, après avis du contentieux des finances). — L'indemnité de logement est saisissable comme le traitement lui-même, lors même qu'elle serait mandatée séparément (instr. div. du contentieux des finances).

172. La loi du 21 vent. an 9 régit les traitements de tous les agents de l'État, sauf les exceptions énumérées ci-après, n° 176. — Elle s'applique notamment : 1° aux traitements des instituteurs communaux et des employés de l'octroi, ainsi qu'à ceux des officiers de la garde nationale qui touchent une solde pour leur service (V. Saisie-arrêt, n° 163); — 2° Aux traitements des percepteurs des contributions et aux receveurs des hospices et des communes (instruct. gén. 13 juin 1810); mais les remises allouées aux percepteurs sont saisissables en totalité (v° Saisie-arrêt, n° 165); — 3° Aux traitements des employés civils à la suite des armées (M. Roger, n° 299); — 4° A ceux des capitaines marins, des pilotes et officiers marins (Aix, 3 juin 1829, aff. Dou, V. Droit marit., n° 356; 24 janv. 1834, aff. Hesse, V. eod. v°, n° 1300; Pardessus, t. 3, n° 701); — 5° Aux traitements des fonctionnaires civils de la marine, des écrivains et gardiens des ports. Cette disposition s'applique également aux ouvriers cordiers, aux ferblantiers, forgerons, manœuvres et autres qui reçoivent un salaire mensuel ; ce salaire prenant ainsi le caractère des traitements est saisissable comme eux (lettre du secr. gén. des fin., 21 juin 1849). Mais si ce salaire est journalier, il ne peut être saisi (même lettre). — Les traitements des employés des particuliers et les salaires des ouvriers peuvent être déclarés insaisissables, soit pour partie, soit même pour le tout, lorsqu'il est constaté qu'ils ont un caractère alimentaire (Rej. 10 avr. 1860, aff. Bernier et aff. Velle, D. P. 60. 1. 166).

173. Nous avons exposé (v° Saisie-arrêt, n° 164) que la portion des traitements déclarée insaisissable pour les créanciers en général peut cependant être saisie elle-même, dans certains cas, lorsque le fonctionnaire est condamné à servir une pension alimentaire à sa femme, à ses enfants ou à ses ascendants. — Mais les oppositions formées pour cause d'aliments dans les cas prévus par les art. 203, 205 et 214 c. nap. ne peuvent être reçues par les payeurs que lorsqu'elles sont faites en vertu de *jugements* qui ont déterminé la quotité saisissable du traitement (Paris, 18 août 1842, aff. Ginisty, V. Saisie-arrêt, n° 164).

174. Les sommes retenues par suite de saisie-arrêt sur les traitements et indemnités des fonctionnaires publics et employés civils sont, partout ailleurs qu'à Paris, versées à la fin de chaque mois dans la caisse du receveur général comme préposé de la caisse des dépôts et consignations (arr. min. fin. 24 oct. 1837, art. 2).—A Paris, elles sont versées directement dans cette caisse.

175. La portion insaisissable des traitements des fonctionnaires publics et employés civils doit toujours, sauf l'exception qui précède, n° 173, rester *libre* pour le titulaire : toute signification d'un acte portant transport ou délégation de tout ou partie d'un traitement ne doit être reçue que pour la portion saisissable (instr. gén. 1845, art. 112). — La portion saisissable et déléguée peut être payée au délégataire s'il n'existe sur le traitement du fonctionnaire aucune opposition ; si, au contraire, il existe ou s'il survient des oppositions, le payeur ne peut payer la portion saisissable qu'après le règlement en justice ou à l'amiable des droits du cessionnaire et des opposants (même instr.). — Mais il en est autrement pour le cas où la délégation est faite par le titulaire pour la subsistance et l'entretien de sa famille : dans ce cas toute la portion déléguée est payée au délégataire sans préjudice de la portion saisissable qui, calculée sur la totalité du traitement, doit toujours être retenue et réservée pour les opposants, s'il en existe, et versée à la caisse des dépôts et consignations (même instr., art. 113).—En ce qui concerne les signifi-

cations de transport ou de cession de traitement, V. Trésor public.

176. Il existe une certaine catégorie de traitements qui ne peuvent être saisis pour aucune partie. Ainsi, sont complètement insaisissables : 1° les traitements des ministres du culte, ainsi que les revenus de la cure et le casuel (V. Saisie-arrêt, n°* 172 et 173); — 2° Les sommes allouées aux directeurs des contributions directes à titre de frais de bureau, et pour la confection des matrices cadastrales (décis. 22 janv. 1858); — 3° Les sommes allouées aux contrôleurs des contributions directes, à titre de frais de tournées, et pour leur concours aux mutations cadastrales (décis. min. 19 oct. 1859); — 4° Les sommes allouées à titre d'indemnités, pour frais de tournée, aux vérificateurs et contrôleurs d'armes de la garde nationale : ces agents ne recevant pas de traitement, aucune opposition ne peut être mise sur eux (arr. min. 17 janv. 1845; instr. 1845); — 5° Les sommes allouées aux inspecteurs généraux, aux recteurs et inspecteurs d'académie et autres fonctionnaires pour frais de tournées ou missions (instr. 1845, art. 114); — 6° Les sommes allouées aux agents consulaires pour frais d'établissement (décis. min. 29 sept. 1849); — 7° Les sommes ordonnancées mensuellement au profit des conducteurs et piqueurs des ponts et chaussées pour frais de déplacement et de découcher (règlem. 16 sept. 1843 sur le compt. du min. des trav. publ., p. 116); — 8° Les sommes allouées aux agents des bâtiments civils et aux géomètres en Algérie pour indemnités de déplacement et de tournées (Fasquel, Code des payeurs); — 9° Les sommes allouées à titre de frais de tournées aux conservateurs, inspecteurs et sous-inspecteurs des forêts (décis. min. 21 fév. 1853);—10° Les sommes ordonnancées au nom des commissaires de police à titre de frais de tournées ou de bureau (lettre min. 2 mars 1853); — 11° Les sommes ordonnancées au profit des médecins coloniaux en Algérie pour remboursement du prix de médicaments à distribuer gratuitement aux indigents, en exécution des arrêtés ministériels des 21 janv. et 5 déc. 1853 (déc. min. fin. 9 mai 1855); — 12° Les allocations ordonnancées au nom des directeurs des fermes-écoles pour les indemnités des frais de nourriture, blanchissage, médicaments, etc. laissés à leur charge, et celles pour couvrir les frais d'entretien du trousseau des élèves (décis. 3 juin 1851);—13° Le salaire des sous-employés civils près des comptables des subsistances militaires en Algérie, lequel est payé par jour comme celui des simples ouvriers (Fasquel, Code des payeurs); — 14° Enfin les sommes allouées aux nourrices par l'administration des hospices pour la nourriture des enfants trouvés : ces sommes doivent être considérées comme destinées moins au traitement des nourrices qu'à l'allaitement des enfants et sont en conséquence insaisissables (*id.*).

177. Les dotations affectées à la dignité de sénateur et les indemnités accordées aux députés peuvent-elles être l'objet d'une saisie-arrêt ou opposition ? — Pour les dotations la question est clairement résolue : aux termes de l'art. 3 du décr. du 24 mars 1852, elles sont incessibles et insaisissables. — Mais elle offre plus de difficultés en ce qui concerne l'indemnité des représentants. Jusqu'au décret du 21 vent. an 9 le traitement des membres de toutes les assemblées qui se sont succédé est resté assimilable comme tous les autres traitements et sujet aux mêmes poursuites et oppositions. Mais à partir de cette époque la règle commune lui a été appliquée.—Appelée à se prononcer sur la question de savoir si l'indemnité des représentants pouvait être saisie, l'assemblée nationale constituante de 1848 s'est écartée du principe admis par la législation antérieure en décidant que l'indemnité attribuée aux représentants était de sa nature incessible et insaisissable, et qu'aucune opposition ne pouvait arrêter le payement (décr. 10 juill. 1848). — La constitution du 4 nov. 1848 ne contenait aucune disposition à cet égard; mais la loi électorale du 15 mars 1849 décidait, par son art. 97, que l'indemnité fixée pour les représentants pouvait être saisie, même en totalité. — La constitution qui nous régit est muette sur ce point. Nous pensons que l'indemnité allouée aux députés ne doit pas être assimilée à un traitement, et qu'elle peut être saisie en totalité comme l'a proclamé la loi de 1849 précitée. La députation n'est point une carrière : on n'y entre pas, comme dans les fonctions publiques, pour se faire une position et se créer des moyens d'existence.

Art. 2. — *Droits des créanciers sur les soldes militaires.*

§ 1. — *Soldes de l'armée de terre.*

178 Les traitements des officiers et employés militaires, de même que les traitements des employés civils, ne peuvent être saisis-arrêtés que pour une portion déterminée (V. Saisie-arrêt, nᵒˢ 166 et s.).—Les retenues de traitements pour dettes contractées par ces officiers et employés ne peuvent avoir lieu qu'en vertu d'oppositions juridiques. — Toutefois, le ministre de la guerre peut aussi ordonner des retenues d'office lorsqu'il le juge convenable (ord. 25 déc. 1837, art. 446). — Dans les corps de troupe les dettes des officiers, particulièrement celles qui ont pour objet leur subsistance, leur logement, leur habillement ou d'autres fournitures relatives à leur état, peuvent aussi être payées au moyen d'une retenue sur leurs appointements ordonnée par le chef du corps, conformément à ce qui est prescrit par les règlements sur le service intérieur des corps de troupe (même ordonn., art. 447).

179. Nous avons vu vᵒ Saisie-arrêt, nᵒ 166, qu'aux termes de la loi des 8-10 juill. 1791, art. 65, les appointements militaires ne pouvaient être saisis que pour ce qui excédait 600 liv. — On reconnut bientôt que cette partie de la solde des militaires, mise à l'abri des créanciers, était insuffisante à leurs besoins les plus impérieux, et il fut décidé que les traitements des officiers, commissaires des guerres et employés dans les armées ne seraient, à l'avenir, saisissables que jusqu'à concurrence d'un cinquième (décr. 19-22 pluv. an 3). — Cette disposition a été maintenue : aujourd'hui les retenues à effectuer pour sommes à rembourser soit au trésor, à raison des avances de solde qui auraient été faites, soit à des tiers, ne peut excéder le cinquième de la solde brute des officiers et employés militaires en activité, et des officiers en non-activité ou en congé illimité, à moins de décisions contraires du ministre de la guerre (ord. 25 déc. 1837, art. 451). Ainsi le ministre peut ordonner une retenue plus forte.

180. Le ministre de la guerre peut encore prescrire, sur la solde des officiers ou employés militaires, une retenue pour aliments dans les cas prévus par les art. 203, 205 et 214 c. nap. Cette retenue peut être indépendante de toute autre que subirait l'officier, pour quelque cause que ce fût (même ordonn., art. 444). En conséquence elle peut porter sur la partie insaisissable du traitement, en sorte que le cinquième reste, nonobstant cette retenue, saisissable par les créanciers (Paris, 4 déc. 1813) (1). — Mais cette retenue exceptionnelle ne peut être ordonnée par les tribunaux civils et exercée que du consentement du ministre de la guerre, qui peut toujours, à raison des circonstances, la restreindre dans les limites fixées par la loi. — V. *infrà*, nᵒ 188.

181. Toutes les dispositions qui précèdent sont applicables aux appointements des officiers, sous-officiers, brigadiers et gendarmes du corps de la gendarmerie (ord. 13 fév. 1839, art. 1 et 5; instr. 1843, art. 131 et 132).

182. Le traitement des membres de la Légion d'honneur est incessible et insaisissable dans tous les cas, même pour cause d'aliments de la part de leurs femmes et de leurs enfants; ceux-ci ne peuvent que s'adresser au ministre de la guerre pour obtenir une retenue à leur profit (Paris, 27 juin 1835). (2).

183. Les frais de représentation et de bureau, les indemnités de rassemblement de vivres, de logement, de fourrages, les indemnités de déplacement et de frais de route, la gratification d'entrée en campagne et les indemnités pour pertes d'effets et de chevaux, ne sont pas passibles d'oppositions, tant pour le courant que pour l'arriéré (règl. de la guerre et instr. de 1845, art. 119; V. aussi Saisie-arrêt, nᵒ 169).

184. Le décret du 19 pluv. an 3 et l'ord. du 25 déc. 1837, qui ont déclaré saisissable le cinquième seulement des appointements des officiers et employés militaires, n'ont pas statué, non plus qu'aucun autre règlement, à l'égard des traitements des sous-officiers et soldats. Il en résulte que la solde de ces derniers ne peut être frappée de saisie-arrêt. Il en est ainsi notamment de la solde d'un cent-garde, qui, d'après l'art. 9 du décret du 24 mars 1855, conserve le rang de sous-officier dans l'armée (instr. de la div. du contentieux des fin.).

185. Les soldes de réforme et leurs arrérages sont, pour la totalité, incessibles et insaisissables, excepté dans les cas de débet envers l'Etat et les corps, ou dans les circonstances prévues par les art. 203, 205 et 214 c. nap. (ord. 25 déc. 1837, art. 633). — Dans ces deux cas les soldes de réforme sont passibles de retenues qui ne peuvent excéder le cinquième pour cause de débets envers l'Etat, et le tiers pour aliments (même article). Ces dispositions sont d'ailleurs basées sur les lois des 11 avr. 1831, art. 28, et 19 mai 1834, art. 20, et sur le décret du 24 juin 1808 rendu sur l'avis du conseil d'Etat.

186. Les officiers et les employés militaires destinés à aller en Corse, ceux embarqués pour toute autre destination que les colonies et ceux qui font partie d'une armée employée hors du territoire français, ont la faculté de déléguer, en faveur de leur famille ou d'un tiers, jusqu'à concurrence du quart de la solde du grade ils sont pourvus au moment de leur départ. Toutefois cette proportion peut être dépassée lorsque, sur la demande motivée des officiers, le ministre de la guerre juge convenable d'autoriser une exception (ord. 25 déc. 1837, art. 126). Les délégations ne peuvent avoir d'effet que pour une année, mais elles peuvent être renouvelées (même ord., art. 129). — Toute délégation cesse de plein droit un mois après la rentrée du délégant dans l'intérieur de l'empire (même ord., art. 131).

§ 2. — *Solde de l'armée de mer.*

187. Des retenues pour dettes contractées peuvent être faites sur les traitements des officiers, aspirants ou employés de la marine en activité de service et des officiers en non-activité (L. 28 pluv. an 3 et décr. 19 oct. 1851, art. 158 et suiv.). — Elles ont lieu en vertu d'oppositions judiciaires. Néanmoins le ministre de la marine peut en ordonner d'office lorsqu'il le juge nécessaire. Les gouverneurs dans les colonies et les comman-

---

(1) (Vandevoorde C. Vaugrigneuse.) — La cour; — En ce qui touche la demande de Vandevoorde en validité de ses oppositions; — Attendu que ces oppositions arrêtent le payement du traitement de la partie de Vaugrigneuse, dont le ministre de la guerre a ordonné que le payement serait fait à la femme Vaugrigneuse à titre d'aliments; — Attendu qu'il est de règle que les traitements des officiers en activité de service se payent eux-mêmes dans les lieux où se trouvent les officiers, et sauf la retenue du cinquième lorsqu'il y a des créanciers saisissants; que le ministre de la guerre, en autorisant la femme Vaugrigneuse à toucher 400 fr. par mois, a ordonné que cette somme serait prise sur les quatre cinquièmes non saisissables du traitement de Vaugrigneuse, lesquels sont payables à l'armée; qu'il résulte de là que Vandevoorde n'a pu même, en qualité de créancier de Vaugrigneuse, saisir et arrêter à Paris une portion du traitement déclaré insaisissable; que néanmoins Vandevoorde a pu saisir entre les mains du payeur le cinquième des appointements qui peuvent être dus par ce payeur à Vaugrigneuse, et qu'à cet égard l'opposition de Vandevoorde doit subsister, etc. — Du 4 déc. 1813.—C. de Paris, 3ᵉ ch.—M. Faget de Baure, pr.

(2) (Chorel C. Chorel.) — La cour; — En ce qui touche la fin de non-recevoir invoquée par la femme Chorel : — Considérant qu'il s'agit dans l'espèce, des arrérages d'une pension alimentaire, qui sont, de leur nature, d'une valeur indéterminée; qu'ainsi, l'appel est recevable ; — En ce qui touche le fond : — Considérant qu'il résulte du décret du 7 therm. an 10, que le traitement des membres de la Légion d'honneur est, en principe général, insaisissable; que, s'il y a eu dérogation à ce principe par une exception exceptionnelle d'un décret postérieur du 11 (ou 25) janv. 1808, qui a eu pour objet non-seulement d'assurer leur subsistance aux militaires concernés, mais encore d'assurer des aliments à leurs femmes et enfants, ce même décret a autorisé le ministre de la guerre à ordonner une retenue du tiers au plus rare la pension ou solde de retraite de tout militaire qui ne remplirait pas, à l'égard de sa femme ou de ses enfants, les obligations qui lui sont imposées par les chap. 5 et 6 c. civ.; que c'est donc à tort que la femme Chorel a formé une opposition entre les mains du grand chancelier de la Légion d'honneur; qu'elle doit s'adresser au ministre de la guerre; — Considérant qu'en prononçant la validité de l'opposition formée par la femme Chorel, à la date du 29 janv. 1834, sur le traitement de son mari comme légionnaire, le tribunal de première instance a violé les dispositions du décret du 11 (ou 25) janv. 1808; — Sans s'arrêter à la fin de non-recevoir invoquée contre l'appel par la femme Chorel, infirme ; au principal, annule l'opposition de la femme Chorel, etc. — Du 27 juin 1835.—C. de Paris, 3ᵉ ch.—M. Lepoitevin, pr.

dants en chef peuvent également et pour les mêmes causes ordonner d'office des retenues sur les traitements des mêmes agents. Ils en rendent compte au ministre (même décr., art. 158).

188. Les retenues dont il s'agit, à effectuer pour sommes à rembourser, soit au trésor pour avances de soldes, soit à des tiers, ne peuvent excéder le cinquième de la solde brute des officiers, des aspirants et des employés en activité, ou des officiers en non-activité, à moins de décision contraire du ministre de la marine (même décr., art. 160). Ainsi le ministre peut ordonner une retenue plus forte. Il peut, notamment, prescrire sur la solde des officiers ou employés une retenue pour aliments dans les cas déterminés par les art. 203, 205 et 214 c. nap. Cette retenue est indépendante de toute autre que l'officier ou l'employé peut déjà subir pour quelque cause que ce soit (même décr., art. 157). En conséquence elle s'exerce sur la partie insaisissable du traitement lorsqu'elle concourt avec des retenues exercées sur le cinquième réservé aux tiers créanciers. — Aux termes de l'art. 111 du règlement de la marine de 1840, la retenue dont il s'agit peut s'élever jusqu'au tiers du traitement.

189. Mais le ministre peut s'opposer, s'il lui plaît, à l'exécution d'un jugement qui condamne un militaire à prester à sa femme une pension alimentaire, en tant que cette pension excède le cinquième des appointements du mari : « Considérant que, la loi du 19 pluv. an 3 n'étant pas abrogée, le ministre de la marine ne peut accorder qu'une retenue du cinquième sur les appointements du sieur Richer; mais que cette loi ne faisant aucune distinction entre les divers traitements des militaires en activité de service, et n'ayant pas dit que la retenue ne pourrait être faite que sur les émoluments fixes, ladite retenue doit porter sur la totalité des appointements du sieur Richer, à quelque titre et pour quelque taux qu'il en jouisse, sauf à être diminuée ou augmentée selon les diverses variations qu'ils pourront subir » (cons. d'Et. 30 janv. 1809, aff. Richer). — Ainsi le ministre qui, de sa propre initiative, peut accorder aux créanciers au delà du cinquième, peut aussi, à raison des circonstances, s'opposer à ce que la limite fixée par la loi soit dépassée même à l'égard des femmes et des enfants. Nous avons vu *suprà*, n° 173, que la jurisprudence s'est prononcée dans un sens contraire lorsqu'il s'agit du traitement des employés civils.

190. Il appartient aux tribunaux de faire l'application des dispositions de loi qui réservent aux créanciers des officiers le cinquième des appointements de ces militaires (cons. d'Et. 22 fév. 1821, M. Tarbé, rap., aff. le Dunois).— Cependant il a été jugé que la solde des marins et militaires ne pouvait être saisie, dans les cas prévus par la loi, lorsque des arrêtés pris par un préfet maritime avaient fait défense aux payeurs de la marine, aux commissaires des ports ou de l'inscription maritime, et aux quartiers-maîtres des corps militaires, de recevoir aucun acte ou saisie sur cette solde, et que le juge de paix qui avait prononcé une condamnation personnelle contre le quartier-maître qui n'avait pas opéré la retenue, avait excédé ses pouvoirs (cons. d'Et. 8 janv. 1810, aff. Lenoir, V. Saisie-arrêt, n° 283). — Mais cette décision a été évidemment rendue sous l'empire de circonstances qui commandaient de grands ménagements pour les officiers de la marine, et elle n'est rien moins que juridique.

191. La solde et accessoire de solde des officiers, mariniers, marins et autres, *faisant partie des équipages de la flotte*, sont incessibles et insaisissables (décr. 11 août 1856, art. 250 et 252).

192. Nous avons vu (v° Saisie-arrêt, n° 170) que la solde des marins de tous grades, et les parts de prise revenant aux équipages des corsaires ou aux marins des bâtiments de l'Etat, sont, comme leurs salaires, incessibles et insaisissables, à moins que les sommes réclamées ne soient dues par les marins ou leurs familles pour loyers de maisons, subsistances et vêtements qui leur auraient été fournis du consentement du commissaire des classes (ord. 17 juill. 1816, art. 37; règl. sur les paquebots, 23 fév. 1839); mais que ce privilége ne peut s'étendre aux salaires des capitaines de marine marchande, pilotes ou officiers marins (Aix, 3 juin 1829, aff. Dou), ni à la commission due à un capitaine sur le produit de la vente des prises (Req. 11 vent. an 9, aff. Malleux, V. Saisie-arrêt. n° 170); cette commission

est, à ce point de vue, considérée comme un accessoire du traitement.

193. Sont également insaisissables les sommes revenant, pour leur solde, aux ouvriers charpentiers, calfats, voiliers, mécaniciens et chauffeurs des bâtiments à vapeur, lesquels font partie des corps organisés, d'après les ord. des 24 mai 1840 et 28 nov. 1845 (let. du secr. gén. des fin. 21 juin 1849).

194. Les commissaires aux vivres de la marine font partie de l'équipage d'un bâtiment armé, et ils figurent sur les états d'effectif au même titre que les marins embarqués. Ils touchent ainsi une solde qui est incessible et insaisissable comme celle des autres marins (décr. 15 août 1851, art. 679, et 19 oct. 1851, art. 169).

195. La solde de réforme accordée par la loi du 19 mai 1834, aux officiers de marine réformés ayant moins de vingt ans de service, est incessible et insaisissable. Toutefois il y a exception en ce qui concerne la saisie, s'il y a débet envers l'Etat ou envers les corps, et dans les circonstances prévues par les art. 203, 205 et 214 c. nap. Les retenues pour aliments peuvent être exercées simultanément avec celles pour débet. Dans l'un et l'autre cas, les retenues n'ont lieu qu'en vertu d'une décision du ministre de la marine (décr. 19 oct. 1851, art. 163).

196. Les officiers, aspirants ou employés embarqués à bord des bâtiments de l'Etat, ou attachés au service des colonies, ont seuls la faculté de déléguer une portion de leurs appointements à leur famille ou à un tiers. Le maximum de ces délégations est fixé : pour les officiers, aspirants ou employés embarqués, aux deux tiers de leurs appointements et du supplément à la mer; pour les officiers ou employés attachés au service des colonies, à la moitié de leur solde coloniale dégagée de tous accessoires, en ce qui concerne les délégations faites en faveur de leurs femmes, descendants ou ascendants, et au quart de ladite solde en ce qui concerne tous autres délégataires (décret du 19 oct. 1851, art. 66). — Ces délégations continuent d'avoir leur effet pendant la durée de la campagne si elles ne sont pas révoquées. Celles qui sont souscrites par les officiers ou employés servant aux colonies n'ont leur effet que pendant une année. Cette durée peut être néanmoins portée à deux années, à l'égard des officiers et employés servant dans les établissements français situés au delà du cap Horn et du cap de Bonne-Espérance. Ces délégations peuvent être renouvelées. Elles cessent, dans tous les cas, d'avoir leur effet à compter du jour du débarquement en France des personnes qui les ont consenties (même décret, art. 70 et 71). — Quant aux délégations ou cessions pour aliments que les officiers, marins et autres peuvent faire, V. le décret du 11 août 1856, art. 74 à 84, D. P. 57. 4. 17.

SECT. 5. — DU CUMUL DES TRAITEMENTS ET DES PENSIONS.

197. Le cumul des traitements et des pensions n'a jamais été prohibé d'une manière complétement absolue. On comprend, en effet, que, soit dans l'intérêt de la science, à laquelle il faut donner l'organe le plus convenable, soit dans l'intérêt de l'administrateur, du savant, du professeur, de l'artiste qui doivent être récompensés plus généreusement, ou de l'agent méritant dont les services passés ne sont rémunérés que par une pension modique, l'absence de cette faculté tendrait, dans certains cas, à gêner l'action utile du gouvernement.

ART. 1. — *Du cumul de plusieurs traitements.*

198. Le décret du 16 fruct. an 3, introduisant en ce point une exception aux mesures prohibitives du cumul décrétées antérieurement (décret 18-22 août 1791, 7-10 flor. an 2, 18 therm. an 2), autorisa les savants, les gens de lettres et les artistes attachés à l'instruction publique à cumuler les traitements des fonctions qu'ils remplissaient. — Une seconde exception à ces mesures fut créée implicitement par la loi du 1er janv. 1816, aux termes de laquelle les membres du conseil d'Etat, jouissant d'un autre traitement, n'eurent plus droit qu'à la moitié de celui de conseiller d'Etat, sans néanmoins que ces traitements réunis pussent être inférieurs à celui de conseiller d'Etat.

199. Généralisant la pensée qui avait dicté la disposition qui précède, la loi du 28 avr. 1816, sur les finances, dispose, art. 78 : « Nul ne pourra cumuler en entier les traitements de plusieurs places, emplois ou commissions, dans quelque partie que ce soit : en cas de cumul de deux traitements, le moindre sera réduit de moitié ; en cas de cumul de trois traitements, le troisième sera en outre réduit au quart, et ainsi en suivant cette proportion. Cette réduction n'aura pas lieu pour les traitements cumulés qui seront au-dessous de 3,000 fr. » — L'art. 44 de l'ord. du 31 mai 1838 reproduit cette disposition en ajoutant que la réduction dont il s'agit n'aura pas lieu pour les traitements au-dessus de 3,000 fr. qui n'auraient été exceptés par les lois. — Ces règles sont encore aujourd'hui en vigueur. — Toutefois elles souffrent quelques exceptions. Ainsi, les dotations des sénateurs, qui peuvent être considérées indifféremment comme des traitements ou des pensions, ne sont pas soumises aux lois ou décrets qui régissent les appointements, traitements, pensions ou retraites (décret du 24 mars 1852, art. 3). — Les dotations de la pairie qui étaient de la même nature que les dotations du sénat, n'étaient pas non plus soumises à la prohibition du cumul (loi du 28 mai 1829, art. 1). — Quant à l'indemnité accordée aux députés, la même question ne peut se soulever, puisque toute fonction publique rétribuée est incompatible avec le mandat de député (décret du 2 fév. 1852, art. 29).— Au contraire, les préfets et les sous-préfets qui obtiennent un traitement de non-activité (V. *supra*, n° 73) ne peuvent le cumuler avec un traitement quelconque à la charge du trésor public (décret du 27 mars 1854, art. 4 et 5). — Il en est de même du traitement d'inactivité des agents diplomatiques et consulaires qui ne peut se cumuler avec un traitement quelconque payé par le trésor public (ord. 22 mai-30 juin 1843, art. 6).

200. Mais en ce qui concerne l'exception beaucoup plus large consacrée par le décret du 16 fruct. an 3, elle a été, à partir de 1848, l'objet de restrictions, puis d'extensions successives que nous allons faire connaître. En 1848, on considéra que le cumul permis par faveur aux artistes, aux savants et aux hommes de lettres avait donné lieu à divers abus qui rendaient nécessaire la révision des règles en vigueur sur ce point. Une proposition présentée à cet effet donna lieu à la disposition de l'art. 5 de la loi des 12-28 déc. 1848, sur le budget rectifié de l'exercice 1848. Cet article est ainsi conçu : « Les savants, les gens de lettres et les artistes ne pourront, à partir du 1ᵉʳ janv. 1849, occuper plus de deux fonctions ou chaires rétribuées sur les fonds du trésor public. Le montant des traitements cumulés, tant fixes qu'éventuels, ne pourra pas dépasser 12,000 fr. N'est pas considéré comme traitement l'indemnité allouée aux membres de l'Institut. » — Il a été jugé, sous l'empire de cette disposition, que les savants, gens de lettres ou artistes qui occupaient deux fonctions ou chaires rétribuées sur les fonds du trésor, avaient la faculté, en renonçant au traitement de l'une de ces fonctions, de toucher l'intégralité du traitement de l'autre fonction, encore qu'il dépassât le maximum légal de 12,000 fr. : « Considérant que l'art. 5 du décret du 12 déc. 1848 autorise les savants et gens de lettres et les artistes à occuper deux fonctions ou chaires rétribuées sur les fonds du trésor public, sous la condition que le montant des traitements cumulés, tant fixes qu'éventuels, ne pourra pas dépasser 12,000 fr. ; que cet article n'enlève pas aux savants, gens de lettres et artistes le droit soit de toucher l'intégralité d'un seul traitement, soit, en cas de cumul de deux traitements, de choisir celui des deux qu'ils préfèrent toucher intégralement ; que le sieur de Portets, par lettre transmise au ministre de l'instruction publique, le 25 avril 1849, avait déclaré l'intention de toucher le traitement attaché à sa qualité de professeur attaché à l'école de droit, et de s'abstenir de toucher tout ou partie du traitement attaché aux fonctions de professeur au Collège de France ; que, dès lors, c'est à tort que le ministre a décidé, le 16 mai 1849, que le traitement intégral de professeur au Collège de France serait porté dans l'ordonnancement des traitements attribués au sieur de Portets » (cons. d'Et. 28 déc. 1849, M. Marchand, rap., aff. de Portets).

201. Mais ce maximum ne tarda pas à être fixé à un chiffre plus élevé. Aux termes de l'art. 9 du décret des 9 mars-19 avr. 1852, les professeurs, les gens de lettres les savants et les ar-

tistes dépendant du ministère de l'instruction publique continuèrent à ne pouvoir cumuler que deux fonctions sur les fonds du trésor public ; mais le montant des traitements cumulés tant fixes qu'éventuels fut porté jusqu'à 20,000 fr. — Cette dernière disposition reçut bientôt elle-même une extension à un double point de vue. On crut d'abord devoir la compléter dans son esprit en la généralisant l'application à l'égard des professeurs, des gens de lettres, des savants et des artistes dépendant des différents départements ministériels. On pensa en outre que, dans l'intérêt de la science elle-même et dans celui des professeurs qui auraient bien mérité par leurs services, la restriction du cumul à deux chaires ou fonctions ne devait pas être maintenue. Conformément à une proposition présentée à cet effet par le gouvernement, la loi du 8 juill. 1852 sur le budget porte, art. 28 : « Les professeurs, les gens de lettres, les savants et les artistes peuvent remplir plusieurs fonctions et occuper plusieurs chaires rétribuées sur les fonds du trésor public ; néanmoins le montant des traitements cumulés tant fixes qu'éventuels ne pourra dépasser 20,000 fr. »

202. La loi du 1ᵉʳ janv. 1816, ainsi que la loi de finances du 28 avr. 1816, art. 78, relatives aux limites posées au cumul des traitements entre eux, ainsi que tous les règlements ultérieurs sur la matière, n'ont été édictés que dans l'intérêt du trésor public. Les dispositions de ces lois et règlements n'interdisent donc pas le cumul d'un traitement sur les fonds du trésor public avec un traitement payé sur des fonds départementaux ou communaux. — V. au surplus *infrà*, n° 216, où nous avons examiné la même question relativement au cumul d'une pension sur les fonds du trésor avec un traitement sur des fonds communaux.

203. La faveur de cumuler plusieurs traitements a aussi été accordée aux militaires dans une mesure plus ou moins restreinte. — Un décret du 8 fruct. an 12, qui n'a point été inséré au Bulletin des lois, consacre une exception aux prohibitions du cumul au profit des maréchaux de France, qu'il autorise à jouir à la fois du traitement attaché à leur dignité avec tout autre traitement civil ou militaire. — Le ministre des finances avait pensé que cette disposition se trouvait implicitement abrogée par les lois des 25 mars 1817 et 15 mai 1818, relatives au cumul (V. *supra*, n° 27, et *infrà*, n° 206).— Mais, postérieurement à ces lois, et il n'en existe pas d'autres que l'on puisse invoquer aujourd'hui dans le même sens, il a été jugé, sur notre plaidoirie pour M. le maréchal comte de Molitor, que le traitement de maréchal de France pouvait être cumulé avec tout autre traitement civil ou militaire, bien que le cumul de plusieurs traitements ait été généralement prohibé par la loi du 28 avril 1816 : « Considérant que le décret du 8 fruct. an 12 consacre en faveur des maréchaux de France une exception qui permet le cumul du traitement attaché à leur dignité avec tout autre traitement civil ou militaire ; que ce traitement a ainsi reçu un caractère qui lui est propre ;— Considérant que ce décret a été constamment appliqué nonobstant les dispositions générales contre le cumul, et que c'est dans ce sens qu'a été interprété jusqu'à présent, par une exécution non interrompue, l'art. 78 de la loi du 28 avr. 1816, qui prohibe le cumul de plusieurs traitements ; que dès lors ce traitement ne saurait être atteint par les dispositions de l'art. 27 de la loi du 25 mars 1817 » (cons. d'Et. 5 août 1837, M. Vivien, rap., aff. des maréchaux comte de Molitor, duc de Reggio, etc., D. P. 39. 3. 21).

204. Un arrêté du 23 frim. an 12 avait permis aux militaires de cumuler un traitement civil avec leur solde de non-activité, de réforme et même, dans certains cas, avec leur solde d'activité (V. aussi loi des 8-18 flor. an 11, art. 12). — Il a été jugé, sous l'empire de cette disposition, que cette faculté ne devait être appliquée dans les colonies, et qu'on ne pouvait, pour la revendiquer, tirer argument de concessions qui auraient été faites dans quelques cas particuliers : « Considérant que l'arrêté du gouvernement, du 23 frim. an 12, qui autorise les militaires appelés à des fonctions civiles à cumuler le traitement de ces fonctions leur solde de non-activité, ne renferme aucune disposition qui le rende applicable aux colonies, lesquelles sont régies par des lois et règlements particuliers ; que si ce traitement a été, en faveur de quelques fonctionnaires, ajouté au traitement de leur emploi dans les colonies **ce sont des concessions parti-**

culières qui ne peuvent faire loi » (cons. d'Et. 10 janv. 1821, M. Brière, rap., aff. de Bouvet.)

205. Aujourd'hui, aucune solde d'activité, de disponibilité ou de non-activité des militaires de l'armée de terre ne peut être cumulée avec un traitement quelconque à la charge de l'Etat ou des communes, sauf le traitement des membres la Légion d'honneur (ord. 25 déc. 1837, art. 28).—Il en est de même pour l'armée de mer : aucune solde d'activité ou de non-activité des officiers, aspirants, employés et des divers agents de le marine ne peut être cumulée avec un traitement quelconque à la charge de l'Etat,ou des communes, sauf le traitement des membres de l'ordre impérial de la Légion d'honneur (décr. 19 oct. 1851, art. 17).—Toutefois ces dernières dispositions ne font plus obstacle aujourd'hui à ce qu'un officier de l'armée de terre ou de l'armée de mer en service détaché comme professeur dans une école militaire du gouvernement, par exemple à l'école polytechnique, ne cumule son traitement de professeur avec celui de son grade : ce cumul est devenu possible par l'effet de l'art. 28 de la loi du 8 juill. 1852 (V. *suprà*, n° 201). C'est ce qui a été jugé par un arrêt du conseil d'Etat, dont les motifs sont ainsi conçus : « Considérant qu'aux termes de l'art. 28 de la loi du 8 juill. 1852, les professeurs, les gens de lettres, les savants et les artistes qui remplissent plusieurs fonctions et occupent plusieurs chaires rétribuées sur les fonds du trésor public, ont le droit de cumuler les traitements attachés à ces fonctions et à ces chaires jusqu'à concurrence de 20,000 fr.; considérant qu'il résulte de l'instruction que le sieur Bravais est attaché, par une mission spéciale du ministre de la marine, comme lieutenant de vaisseau au dépôt des cartes et plans de la marine, et qu'il remplit en même temps les fonctions de professeur à l'école polytechnique ; que, dès lors, il est fondé à réclamer le bénéfice des dispositions de la loi du 8 juill. 1852 » (cons. d'Et. 28 juill. 1853, M. Gomel, rap., aff. Bravais). — L'officier réformé peut de même cumuler sa solde de réforme avec un traitement civil d'activité (L. 19 mai 1834, art. 19, et ord. 25 déc. 1837, art. 629).

ART. 2. — *Cumul des traitements avec les pensions.*

206. Nous avons vu *suprà*, n° 14 et suiv., les dispositions successivement édictées sous la République et l'empire relativement au cumul des traitements avec les pensions. Le gouvernement de la restauration s'empressa de décréter à cet égard des mesures nouvelles. — L'art. 27 de la loi du 25 mars 1817 interdit le cumul de deux pensions ou d'une pension avec un traitement d'activité, de retraite ou de réforme; mais il établit une exception en faveur des militaires qui furent autorisés à cumuler les pensions qui leur avaient été concédées, pour services militaires, avec un traitement civil d'activité (V. aussi ord. du 31 mai 1838, art. 233 et 234). — Les art. 12 et 13 de la loi du 15 mai 1818 établissent à cette règle quelques autres exceptions dont nous parlerons tout à l'heure, et qui ont subsisté jusqu'au 13 mars 1848.

207. A cette dernière époque, le gouvernement provisoire rendit un décret qui prononça d'une manière absolue l'interdiction du cumul d'un traitement d'activité et d'une pension de retraite, et à l'instar de l'art. 13 de la loi du 15 mai 1818, et de l'art. 233 de l'ordonnance du 31 mai 1838, il n'autorisa d'exception que relativement aux traitements qui, cumulés avec une pension de retraite, n'excéderaient pas 700 fr. — Le décret du 19 juill 1848, relatif aux majors, adjudants-majors, adjudants sous-officiers, tambours-majors et tambours-maîtres, la loi des 5-9 avr. 1851, relative aux sapeurs-pompiers, municipaux ou gardes nationaux, victimes de leur dévoûment dans les incendies, et enfin le décret de 24 mars 1852 relatif aux officiers et sous-officiers employés dans l'administration des palais nationaux, apportèrent de nouvelles exceptions à la règle générale du décret de 13 mars 1848. — Mais la modification la plus importante, apportée à ce règlement, se trouve dans le décret du 12 août 1848, qui permit aux anciens militaires, anciens marins, ouvriers des ports et employés du service actif des douanes, de cumuler la pension de retraite ou la demi-solde qu'ils touchaient sur les fonds du trésor public, ou sur la caisse des invalides de la marine, avec un traitement civil sur les fonds du trésor. des

départements et des communes, sous la condition de subir sur leur traitement une retenue proportionnelle, dont le maximum ne pouvait s'élever au delà de la moitié de ce traitement.

208. L'art. 27 de la loi de finances du 8 juill. 1852 a abrogé purement et simplement les décrets des 13 mars et 12 août 1848, relatifs au cumul des pensions et traitements, et a remis en vigueur les dispositions contenues dans les art. 27 de la loi du 25 mars 1817, 12 et 13 de la loi du 15 mai 1818. — Peu après la loi du 9 juin 1853 (D.♦P.53. 4.98) est venue donner à la disposition de l'art. 13 de la loi de 1818, laquelle a été reproduite par l'art. 233 de l'ord. du 31 mai 1838, une extension plus grande, en autorisant, jusqu'à concurrence de 1,500 fr., le cumul des pensions et traitements de toute nature, qui jusqu'alors n'était permis que dans la limite de 700 fr.

209. Des dispositions diverses que nous venons de rappeler et de quelques lois spéciales que nous allons faire connaître, il résulte que le cumul des pensions et traitements est prohibé en principe, mais qu'il peut avoir lieu, par exception, dans certains cas déterminés, soit dans une mesure limitée, soit d'une manière absolue. — Ainsi peuvent se cumuler avec un traitement d'activité, les pensions des vicaires généraux, chanoines, celles des curés de canton septuagénaires et celles des chevaliers de Malte, pourvu que la pension et le traitement ne s'élèvent pas ensemble à plus de 2,500 fr. (L. des 15 mai 1818, art. 12 et 14 juill. 1819, art. 6; ord. du 31 mai 1838, art. 235). — Conformément à cette disposition, il a été jugé que les chevaliers de Malte ne peuvent pas jouir simultanément de plusieurs pensions ou traitements dont le cumul avec leurs pensions de chevalier excède 2,500 fr. : « Considérant qu'il résulte de l'art. 6 de la loi des finances du 14 juill. 1819, et de l'art. 14 de celle du 15 mai précédent, que le cumul de toute pension de retraite et de tout traitement quelconque avec la pension dont jouissaient les chevaliers de Malte, est limitée au cas où la réunion de ladite pension et de toute autre pension et traitement n'excéderait pas 2,500 fr. » (cons. d'Et. 22 fév. 1821, M. Villemain, rap., aff. de Pina).

210. Peuvent également se cumuler avec un traitement d'activité les pensions des académiciens et hommes de lettres attachés à l'instruction publique, à la bibliothèque du roi, aujourd'hui bibliothèque impériale, à l'observatoire ou au bureau des longitudes (lorsqu'elles n'excèdent pas 2,000 fr., et jusqu'à concurrence de cette somme si elles l'excèdent), pourvu que la pension et le traitement ne s'élèvent pas ensemble à plus de 6,000 fr. (L. du 15 mai 1818, art. 12, et ord. du 31 mai 18?? art. 235).

211. Les pensions et traitements de toute nature peuvent aussi être cumulés, lorsque le montant de ces pensions et traitements réunis n'excède pas 1,500 fr. (L. du 9 juin 1853, art. 28). —Et à cet égard il a été jugé qu'un pensionnaire jouissant d'un traitement d'activité ne peut pas échapper à l'application de cette dernière disposition, à raison de ce que sa pension aurait été liquidée avant le 1er janv. 1854, époque à partir de laquelle la loi du 9 juin 1853 a été mise en vigueur : « Considérant qu'aux termes de l'art. 28 de la loi du 9 juin 1853, lorsqu'un pensionnaire est remis en activité dans le même service, le payement de sa pension est suspendu, et lorsqu'il est remis en activité dans un service différent, il ne peut cumuler sa pension et son traitement que jusqu'à concurrence de 1,500 fr.; que cette disposition s'applique par sa nature à tous les cas où un pensionnaire est remis en activité, quelle que soit d'ailleurs l'époque à laquelle remonte la concession de la pension; qu'en effet si les pensions liquidées antérieurement à la promulgation de la loi du 9 juin 1853 constituent des droits acquis, que ne peut modifier l'application des dispositions de cette loi, les conditions auxquelles est subordonnée l'allocation d'un traitement d'activité peuvent, au contraire, être changées et réglées à nouveau sans violation d'aucun droit acquis; qu'ainsi c'est par une juste application de l'art. 28 de la loi que monsieur des finances a décidé que le sieur Corneille ne pouvait cumuler avec la pension liquidée à son profit le 6 nov. 1853, un traitement d'activité de 3,000 fr. » (cons. d'Et. 10 sept. 1855, M. l'Hôpital, rap., aff. Corneille).

212. Il a été jugé également que les pensions accordées aux veuves d'employés par réversion de partie de la pension de leur mari, ne peuvent être cumulées avec le traitement d'un emploi public : — « Considérant que, aux termes des lois et ordonnances précitées (Lois des 25 mars 1817 et 15 mai 1818, ord. du 8 juill. 1818), nul ne peut cumuler deux pensions, ni une pension avec un traitement d'activité, de retraite ou de réforme, s'il ne se trouve dans un des cas prévus par lesdites lois et ordonnance ; — Considérant que la dame Thévenin est veuve du sieur Baud, ancien chef de bureau à l'administration des postes et directrice du bureau de poste aux lettres de la Salpêtrière ; que, dès lors, elle ne se trouve dans aucun des cas d'exception établis par les lois et ordonnance précitées ; — Considérant que l'ord. du 8 juill. 1818, en autorisant dans certains cas déterminés le cumul de deux pensions, l'une sur le trésor, l'autre sur le fonds de retenue, n'a apporté aucune modification dans les dispositions qui s'opposent au cumul d'une pension avec un traitement d'activité ; qu'ainsi c'est avec raison que notre ministre des finances a mis la dame Baud en demeure d'opter entre le traitement attaché aux fonctions qu'elle exerce et la pension à laquelle elle a droit comme veuve d'un employé de l'administration des postes » (cons. d'Et. 6 juill. 1843, M. Fremy, rap., aff. veuve Baud). — Cette décision qui nous semble en contradiction avec les principes qui régissent la matière, a été rendue conformément aux conclusions du ministre des finances, dans lequel la modification apportée en 1818 au principe trop absolu de la loi de 1817, ne devait s'appliquer qu'au cumul de deux pensions, et avait laissé intacte la prohibition formelle du cumul d'une pension, quelle qu'en fût la nature, avec un traitement d'activité payé des fonds de l'État. Nous voyons, au contraire, que d'après les art. 13 de la loi du 15 mai 1818 et 233 de l'ord. du 31 mai 1838, le cumul de deux pensions ou d'une pension avec un traitement d'activité, de retraite ou de réforme, était permis lorsque les deux allocations réunies n'excédaient pas 700 fr. et jusqu'à concurrence de cette somme.

212. Il a encore été jugé, à cet égard, que le magistrat pensionné comme ancien préfet, et qui ayant à opter entre le traitement de conseiller ou la pension qui lui a été concédée antérieurement, opte pour celle-ci, ne peut recevoir même les sommes qui lui sont attribuées à titre de droits d'assistance, attendu que ces sommes sont comprises par la loi du 27 vent. an 8, sous la dénomination générale de traitement, et que l'art. 13 de la loi du 15 mai 1818, oblige les pensionnaires à déclarer qu'ils ne jouissent d'aucun traitement, sous quelque dénomination que ce soit (cons. d'Et. 29 avr. 1829, M. de Villebois, rap., aff. de Verneuil de Puiraseau ; Conf. cons. d'Et. 17 mai 1826, M. de Villebois, rap., aff. Laffon de Ladebat ; 16 déc. 1831, M. Ferri-Pisani, rap., aff. Gilbert des Voisins, et 17 avr. 1834, M. Cafarelli, rap., aff. Faure). — Nous ferons sur cet arrêt la même observation que sur l'arrêt précédent : il n'y aurait sans doute pas lieu, d'après les faits, d'appliquer la disposition de l'art. 13 de la loi du 15 mai 1818, laquelle se trouve remplacée aujourd'hui par celle de l'art. 28 de la loi du 9 juin 1853.

213. Nous avons dit, *suprà*, n° 209, qu'il existe une certaine catégorie de pensions qui peuvent, au contraire, être cumulées d'une manière absolue avec un traitement quelconque d'activité, quel que soit le montant réuni de ces pensions et traitements. — Ainsi ne sont soumises, dans aucun cas, aux lois qui prohibent le cumul des traitements et des pensions : — 1° Les pensions des grands'croix, commandeurs et chevaliers de Saint-Louis (L. du 14 juill. 1819, art. 7) ; — 2° Les pensions accordées aux donataires français originaires de leurs dotations situées en pays étrangers (L. du 26 juill. 1821, art. 6) ; — 3° Les pensions sur le domaine extraordinaire autres que les précédentes (même loi, art. 5) ; — 4° Les dotations de la pairie, qui peuvent être considérées indifféremment comme des pensions ou des traitements (L. du 28 mai 1829, art. 1) ; — 5° Les pensions des combattants de juillet 1830 (L. du 13 déc. 1830) ; — 6° Les pensions accordées à des gardes nationaux ou parents de gardes nationaux (L. du 21 avr. 1833) ; — 7° Les pensions accordées aux vainqueurs de la Bastille (L. du 26 avr. 1833, art. 2) ; — 8° Les pensions accordées aux victimes ou parents des victimes de l'attentat Fieschi (L. du 4 sept. 1835, art. 2) ; — 9° Les pensions

de quelque nature qu'elles soient, avec les traitements des membres de la Légion d'honneur (arg. de l'art. 28 de l'ord. du 25 déc. 1837 et de l'art. 17 du décret du 19 oct. 1851) ; — 10° Les soldes de réforme des officiers réformés, lesquelles peuvent être considérées indifféremment comme des traitements ou des pensions (ord. du 25 déc. 1837, art. 629) ; — 11° Les pensions pour services militaires antérieurs dont jouissent les agents diplomatiques et consulaires mis en retrait d'emploi, et qui obtiennent par ce motif un traitement d'inactivité (ord. 22 mai-30 juin 1843, art. 6) ; — 12° Les pensions accordées aux majors, adjudants-majors, adjudants sous-officiers, tambours-majors et tambours-maîtres de la garde nationale (déc. du 19 juin 1848) ; — 13° Les secours et pensions accordés aux sapeurs-pompiers municipaux ou gardes nationaux victimes de leur dévouement dans les incendies, à leurs veuves et à leurs orphelins (L. du 5-9 avr. 1851, art. 11) ; — 14° Les dotations des sénateurs, qui peuvent être considérées indifféremment comme des pensions ou des traitements (décr. du 24 mars 1852, art. 3) ; — 15° Les indemnités temporaires accordées par l'art. 2 du décret du 2 mai 1848, aux employés réformés pour cause de suppression d'emploi ou par toute autre mesure administrative. Ces indemnités peuvent être cumulées avec des pensions servies par les fonds généraux du trésor (cons. d'Et. 16 avr. 1852, M. Gomel, rap., aff. Herbillon) ; — 16° Enfin, les pensions pour services militaires antérieurs dont jouissent les préfets et sous-préfets mis en retrait d'emploi, et qui obtiennent par ce motif un traitement de non-activité (décr. du 27 mars 1854, art. 4 et 5).

214. Aux termes de l'art. 28 de l'ord. du 25 déc. 1837, aucune solde d'activité, de disponibilité ou de non-activité des militaires de l'armée de terre ne peut être cumulée avec une pension civile ou militaire, accordée à quelque titre que ce soit, sauf la pension des donataires. — Il y a deux observations importantes à faire sur ce point. — Et d'abord cette disposition n'est pas reproduite dans le décret du 19 oct. 1851, sur la solde de l'armée de mer, qui ne prohibe que, art. 17, le cumul de la solde d'activité et de non-activité qu'avec un traitement quelconque à la charge de l'État ou des communes. — En second lieu la même disposition, lorsqu'elle a été édictée, devait se combiner avec celle de l'art. 13 de la loi du 15 mai 1818 qui permettait, d'une manière absolue, aussi bien pour les employés civils que pour les militaires, le cumul d'un traitement et d'une pension jusqu'à concurrence de 700 fr. On ne comprendrait pas, en effet, que dans une matière où les militaires ont toujours été traités beaucoup plus favorablement que les employés civils, une faveur accordée à ceux-ci ait été interdite à ceux-là. Il est certain pour nous que si l'ord. du 25 déc. 1837 ne s'est pas référé dans son art. 28 au principe de l'art. 13 de la loi précitée, ce n'est pas parce qu'elle a voulu soustraire à l'application de ce principe les militaires en activité de service : son silence à cet égard s'explique par cette circonstance que cette application pouvait difficilement se présenter en fait. — Mais il pourrait en être autrement aujourd'hui que le cumul d'un traitement et d'une pension est autorisé d'une manière générale, jusqu'à concurrence de 1,500 fr., par la loi du 9 juin 1853, dont l'art. 28 doit, selon nous, compléter et modifier la disposition de l'art. 28 de l'ord. du 25 déc. 1837.

215. Les diverses dispositions des lois de finances des 25 mars 1817, 15 mai 1818 et de l'ord. royale du 20 juin 1817, ainsi que celles de la loi du 9 juin 1853 sur les pensions civiles, relatives aux interdictions de cumul de traitements et pensions, n'ont été rendues que dans l'intérêt du trésor public : aucun règlement n'interdit le cumul d'une pension sur les fonds du trésor avec un traitement payé sur des fonds communaux. Ainsi il a été jugé qu'il n'était pas interdit de cumuler une pension sur la caisse de retenue d'un ministère avec un traitement d'activité payé sur des fonds municipaux : « Considérant qu'aucunes lois ou ordonnances royales n'ont formellement interdit le cumul d'une pension de retraite sur la caisse des retenues des ministères, avec un traitement d'activité payé sur les fonds municipaux » (cons. d'Et. 17 mai 1826, M. de Villebois, rap., aff. Laffon de Ladebat). — Et *vice versâ* le cumul d'une pension sur les fonds communaux avec un traitement d'activité payé sur les fonds du trésor n'est pas non plus prohibé. Ainsi il a été jugé qu'aucune loi n'interdisait le cumul d'une pension sur la caisse des retenues de la ville de Paris avec un traitement d'activité sur les fonds de l'Etat : « Considérant qu'aucune disposition législative n'a interdit le cumul d'une pension de retraite sur la caisse des retenues des employés de la ville de Paris avec un traitement d'activité payé sur les fonds du trésor» (cons. d'Et. 17 avr. 1834, M. Cafarelli, rap., aff. Ville de Paris *C.* Faure et autres). — Le conseil d'Etat a, en outre, décidé qu'en présence de décisions par lesquelles le ministre de l'intérieur déclarait possible le cumul d'une pension de retraite sur la caisse des retenues des employés de la ville de Paris, avec un traitement d'activité payé sur les fonds du trésor, l'ayant droit, au lieu de se pourvoir devant le conseil d'Etat contre le refus fait néanmoins par le préfet de la Seine de lui payer sa pension sur la caisse des retraites de la préfecture, aurait dû s'adresser au ministre de l'intérieur pour obtenir l'exécution de ses décisions (cons. d'Et. 21 juill. 1853, M. Robert, rap., aff. Faure).

217. Mais il en était autrement sous l'empire du décr. du 13 mars 1848, aux termes duquel nul ne pouvait jouir simultanément d'un traitement d'activité et d'une pension de retraite servis l'un et l'autre soit par les fonds de l'Etat ou des communes, soit par les fonds de retenue. — Il a même été jugé qu'on ne pouvait alors cumuler une pension servie par une caisse spéciale de retraite dans une commune avec un traitement d'activité payé par une autre commune, et que les dispositions du décret dont il s'agit s'appliquaient également aux titulaires de pensions acquises antérieurement à sa promulgation : «Considérant que le décret du 13 mars 1848 interdit d'une manière générale et sans distinction le cumul d'une pension et d'un traitement d'activité servis l'un et l'autre, soit par les fonds de l'Etat ou des communes, soit par les fonds de retenue ; que conséquemment c'est avec raison qu'il a été fait application au sieur Ducros de la disposition précitée ; — Considérant que le décret du 13 mars 1848 a disposé que nul ne pouvait désormais jouir simultanément d'un traitement d'activité et d'une pension de retraite ; qu'aux termes de cette disposition les titulaires de pensions acquises antérieurement ont été mis en demeure d'opter entre la conservation de leur droit à pension et celle de leur traitement d'activité» (cons. d'Et. 22 juin 1854, M. Lacaze, rap., aff. Ducros).

218. Toutefois il existe encore aujourd'hui à cet égard deux anomalies que nous devons signaler. L'art. 28 de l'ord. du 25 déc. 1857, sur la solde de l'armée de terre, interdit le cumul de la solde d'activité, de disponibilité ou de non-activité avec un traitement ou une *pension*, soit à la charge de l'Etat, soit à la charge des communes. — Le décret du 19 oct. 1851 sur la solde de l'armée de mer renferme une disposition analogue mais plus restreinte en ce qu'elle ne prohibe le cumul de la solde d'activité ou de non-activité qu'avec un traitement sur les fonds du trésor ou des communes ; il est muet relativement au cumul de cette solde avec une *pension*. — Ainsi, d'une part et contrairement à ce que nous avons vu plus haut, nos 202 et 216, les prohibitions de cumul qui précèdent ont été édictées aussi bien dans l'intérêt des communes que dans celui du trésor. — D'autre part et malgré la faveur dont les militaires ont toujours joui en matière de cumul, il faut reconnaître qu'en présence d'une disposition aussi formelle que celle de l'art. 28 de l'ord. du 25 déc. 1857, les militaires de l'armée de terre ne peuvent, dans aucun cas, cumuler comme les employés civils et les militaires de l'armée de mer leur solde d'activité avec une pension, quel que soit le chiffre de ces deux allocations.

219. Il est à peine besoin de rappeler que la disposition de l'art. 28 de la loi du 9 juin 1853 qui ne permet le cumul des pensions et traitements de toute nature que jusqu'à concurrence de 1,500 fr., n'est pas applicable dans le cas où les pensions de retraite sont accordées pour services militaires soit dans l'armée de terre, soit dans la marine. La disposition de l'art. 28 précité, qui fait partie d'un règlement exclusivement consacré aux pensions des fonctionnaires et employés civils, ne peut régir les pensions des militaires. D'ailleurs toutes les mesures législatives édictées depuis la fin du dernier siècle jusqu'à ce jour pour permettre le cumul des pensions militaires avec les traitements civils d'activité n'ont jamais déterminé de limite maximum à ce cumul. Le décret du 19 oct. 1811, additionnel au décret du 27 fév. de la même année, disposait même expressément que les soldes de retraite de 3,000 fr. et au-dessus, inscrites au gr⸗li-

livre des pensions d'après ce dernier décret, continueraient à pouvoir être cumulées avec les traitements attachés aux fonctions civiles. L'art. 27 de la loi du 25 mars 1817 et l'art. 234 de l'ord. du 31 mai 1838, autorisent, sans restriction aucune, le cumul des pensions de retraite pour services militaires avec un traitement civil d'activité. Le décret du 12-18 août 1848 a rétabli en faveur des militaires le principe absolu du cumul que le décr. du 13 mai de la même année avait mis un instant à néant, et le décr. du 24 mars 1852 a pris une mesure analogue au profit des officiers et sous-officiers employés dans l'administration des palais nationaux. — Enfin le même principe est confirmé implicitement mais nécessairement par l'ord. du 22 mai-30 juin 1843 et le décr. du 27 mars 1854 qui permettent aux agents diplomatiques et consulaires, aux préfets et aux sous-préfets de cumuler la pension qu'ils peuvent avoir obtenu pour services militaires antérieurs à leurs fonctions civiles avec le traitement d'inactivité qui leur est concédé à raison de ces dernières fonctions.

220. Toutefois il y a une exception importante à faire à cette règle. D'après l'art. 4 de la loi des 11-14 avril 1831, et l'art. 4 de la loi du 18 du même mois, relatives aux pensions des armées de terre et de mer, le temps passé dans un service civil qui donne droit à pension est compté pour la pension militaire, pourvu que la durée des services militaires soit au moins de vingt années. Mais dans ce cas, et aux termes des art. 29 de ces deux lois, les pensions de retraite dans la fixation desquelles il a été fait application de cette disposition, ne peuvent être cumulées avec un traitement civil d'activité. Et cependant, à l'époque où ces deux lois ont été promulguées, le pensionnaire civil pouvait, aux termes de l'art. 13 de la loi du 15 mai 1818, cumuler traitement et pension jusqu'à concurrence de 700 fr. Il est difficile de croire que dans cette circonstance le législateur ait voulu traiter plus défavorablement les pensionnés militaires. Il est probable que la prohibition dont il s'agit a été édictée ainsi d'une manière absolue parce que, à raison du chiffre peu élevé jusqu'à concurrence duquel le cumul était possible, le cumul pouvait difficilement se présenter en fait. Mais il en serait autrement aujourd'hui que le cumul est permis aux employés civils jusqu'à concurrence de 1,500 fr. (L. 9 juin 1853, art. 28). — Il est d'ailleurs certain que nul ne peut à la fois jouir de la solde de retraite et de celle d'activité pour un service militaire permanent (L. 28 fruct. an 7, art. 4, et décr. du 19 oct. 1811, art. 1).

221. Aux termes de la loi du 29 juin 1835, art. 10, le payement de toute pension servie par la caisse de vétérance de l'ancienne liste civile est suspendu à l'égard des ayants droit qui toucheront un traitement dans une administration publique. — Il a été jugé que cette disposition, en prononçant cette suspension, avait entendu interdire le cumul tant aux agents salariés par l'Etat qu'aux autres agents de toutes les administrations publiques départementales et communales, que l'administration des hospices de Paris devait être considérée comme une administration publique dans le sens de ladite loi, et qu'en conséquence le cumul dont il s'agit était interdit aux employés qui en dépendaient (cons. d'Et. 6 avr. 1854, M. Richaud, rap., aff. Delannoy).

222. Il a été jugé également que la commission de la caisse des vétérans de l'ancienne liste civile n'était pas compétente pour appliquer aux pensionnaires de ladite caisse les dispositions spéciales de l'art. 10 de la loi précitée, et que c'était seulement au ministre des finances qu'il appartenait de statuer à cet égard ; que les délibérations prises à ce sujet par ladite commission devaient être considérées comme de simples avis ne faisant pas obstacle à la décision ultérieure du ministre des finances et ne pouvaient être déférées directement au conseil d'Etat (cons. d'Et. 23 août 1836, M. Montaud, rap., aff. More de Quingery ; 29 mars 1851, M. Maigne, rap., aff. Delannoy).

223. L'ord. des 20-28 juin 1817, rendue pour régler le mode d'exécution du titre 4, concernant les pensions, de la loi de finances du 25 mars 1817, et la loi de finances du 15 mai 1818, art. 14, renouvelant la disposition de l'arrêté du 3 prair. an 7, obligent tous les pensionnaires à déclarer, dans leurs certificats de vie, qu'ils ne jouissent d'aucun traitement, sous quelque dénomination que ce soit, ni d'aucune autre pension ou solde de retraite, soit à la charge de l'Etat, soit sur les fonds de retenue des diverses administrations ou des invalides de la marine, sauf les cas d'exception déterminés par les règlements. L'ord. des 20-28 juin 1817 ajoute que, « en cas de fausses déclarations, la restitution des sommes indûment perçues sera poursuivie contre les délinquants, sans préjudice des autres peines édictées par les lois et règlements; » et l'art. 15 de la loi du 15 mai 1818 dispose « que ceux qui, par de fausses déclarations ou de quelque manière que ce soit, auraient usurpé plusieurs pensions ou un traitement avec une pension, seront rayés de la liste des pensionnaires et poursuivis en outre en restitu-tion des sommes indûment perçues. » — Mais le conseil d'État a un pouvoir discrétionnaire pour ordonner, d'après les faits, la radiation du pensionnaire qui s'est rendu coupable de fausses déclarations ou son maintien sur la liste des pensions. Il a décidé, en effet, tout en reconnaissant qu'une pension de retraite avait été indûment cumulée avec un traitement d'activité ou de réforme, qu'il n'y avait pas lieu, à raison des circonstances particulières de l'affaire qui lui était soumise, d'ordonner la radiation de la pension (cons. d'Ét. 17 déc. 1841, M. Gomel, rap., aff. Lacaille).

Table sommaire des matières.

Absence non autorisée 112,159.
Acte administratif 85 s., 110, 115.
Activité 72.
Agents diplomatiques 65, 75 s., 87, 101; (cumul) 199.
Algérie 62; (retenues) 101.
Aliments 175.
Amendes (prè ments) 102.
Appointements 1.
Augmentation des traitements 55 s.
Aumônier 158.
Certificat de vie 225.
Cessation 69.
Collège de France 98.
Colonies 60 s.; (cumul) 204; (discipline judic.) 115; (jour à quo) 68; (retenues) 101, 105 s. V. Supplément.
Compensation 122.
Compétence administrative 85 s., 110, 115; (solde militaire) 152.
Confiscation (prélèvement) 102.
Congé (retenues) 100, 105 s., 160 s.; (supplém., colonies) 65;—illimité 72.
Conseil d'État 93.
Consul 65, 75 s., 87,101; (cumul) 199.
Contributions mobilières 93.
Corps législatif. V.
Cour des comptes 154.
Cumul 197 s.; (législation) 14 s.; (traitement communal) 202, 216 s.; (traitement et pension) 206 s.
Définition 1.
Délégation175,186, 196.
Démission 99.
Députés 108; (cumul) 199; (indemnité) 45 s.; (saisie-arrêt) 177.
Destitution 99.
Discipline 99 s., 112 s.
Disponibilité 72.
Dotation. V. Sénateur.
Droit ancien 6 s.
Droit au traitement 59 s.
Égyption 2.
Émoluments 1.
Fonds départementaux et communaux 95, 216 s.
Forêts 81.
Frais de déplacement, d'établissement, etc. (colonies, pays étranger) 64 s.; — de voyage 153.
Gages 1.
Grèce 3.
Historique 2 s.
Hommes de lettres (cumul) 17, 27, 51, 198, 200 s.
Honoraires 1.
Imprimerie impériale 93.
Inactivité 73 s., 99.
Indemnité. V. Frais de déplacement. Insaisissabilité40s., 176.
Instituteurs 94. V. Professeurs.
Instruction publique 127 s.
Intérimaire 60, 66, 69, 98,107.
Jour à quo 67.
Juge suppléant 83.
Légion d'honneur 182, 205.
Législation 9 s.
Liquidation 118 s.
Liste civile94,224s.
Maladie 109 s.
Maréchaux de France 20, 203.
Maximum 10.
Militaire (cumul) 19 s. V. Solde.
Mines 95, 117.
Ministre du culte (cumul) 27; (insaisissabil. du traitement) 42; (jour à quo) 67.
Ministre d'État 93.
Nomination (compétence) 60 s.
Non-activité 75 s., 99. V. Solde militaire.
Pair. V. Sénateur.
Payement 124 s.
Pension 91 s.; (cumul) 14 s.; (remise en activité) 55.
Percepteurs 92, 96.
Pertes (indemnités) 154.
Ponts et chaussées 72, 95, 117.
Préfets 75, 95; (cumul) 199.
Prescription 90.
Prisonniers de guerre 155, 148.
Professeurs 77, 94, 98, 111, 116, 200 s.
Quittance 124.
Receveurs généraux et particuliers 92.
Réclamations (voie contentieuse)86 s.
Renonciation 11,84.
Répétition 122.
Résidence 10.
Retenues 35 s.; (affranchissem.)101; (pension) 91 s.; (perception)125 s.
Retraite 71.
Révocation 70, 99.
Rome 4.
Saisie-arrêt 169 s.; (législation)40 s.; (solde de l'armée de mer) 187 s.; (solde de l'armée de terre) 178 s.; (traitements civils) 170 s.
Salaires 1;— variables 97;(retenues) 92.
Savants (cumul) 17, 27,51,198,200 s.
Sénat (dotation) 49 s.
Sénateur 108; (cumul) 199; (dotation, cumul) 52; (saisie-arrêt) 177.
Solde 1; (armée de mer) 150 s.; (armée de terre) 153 s.; (congé de convalesc.) 150,165; (cumul) 19 s., 205 s.; (cumul, pension) 215,218 s.; (déplacement) 149, 168; (militaires en jugem.) 146, 166; (retenues) 148, 167; (saisissabilité)178 s.; — d'activité, de non- activité, de disponibilité 155 s., 150, 155 s.; — de congé 144, 150, 159 s.;—déréforme 138, 147, 150; (insaisissabilité) 185, 195.
Sous - secrétaires d'État 93.
Sous-préfet 75, 95; (cumul)199.
Supplément colonial 63 s., 156.
Tabacs 95.
Télégraphie 74.
Temps intermédiaire 82.
Traitements civils 58 s.
Tribunaux (discipline) 113 s.

Table chronologique des lois, décrets, arrêts, etc.

1789. 1er sept. 45.
1790 5 janv. 9,
—12 juill. 9.
—25 juill. 9.
—24 juill. 9.
—26 juill. 9.
—5 août 9, 15.
—13 août 9.
1791. 6 fév. 9.
— 8 mars 9.
—24 juin 9.
—10 juill. 40.
—18 août 15.
—13 sept. 9.
1792. 31 mars 10.
—18 sept. 10.
1793. 5 fév. 10.
An 2. 26 frim. 11.
—16 germ. 11.
—7 flor. 15.
—10 flor. 11.
—18 therm. 11.
—19 fruct. 11.
An 3. 16 frim. 16.
—19 pluv. 40.
—14 mess. 17.
—5 fruct. 46.
—16 fruct. 17.
An 4. 3 brum. 17.
—4 brum. 11.
—7 frim. 12.
—17 frim. 12.
—18 niv. 42.
—16 pluv. 12.
—4 vent. 12.
—15 vent. 12.
—17 germ. 12.
—29 germ. 12.
—18 therm. 12.
An 5. 2 niv. 12
An 6. 29 therm. 46.
An 7. 5 vend. 13.
—20 vend. 46.
—3 niv. 13.
—27 flor. 15.
—5 prair. 13.
—7 prair. 15.
—1er therm. 56.
—28 fruct. 19.
An 8. 6 frim. 46.
—22 frim. 47, 49.
An 9. 27 vend. 36.
—11 vent. 192 c.
—21 vent.41,170s.
—8 flor. 19.
An 12. 23 frim. 19.
—15 germ. 42.
—8 fruct. 20.
1809. 30 janv. 180.
1810. 8 janv. 190 c.
1811. 15 fév. 21.
—19 oct. 21.
—14 nov. 49.
1813. 4 déc. 180.
1814. 14 juin 50.
—21 juin 22.
—27 août 22.
1815. 15 oct. 37.
1816. 1er janv. 24.
—24 janv. 37.
—7 mars 57.
—28 avr. 24, 57.
—11 août 25.
1817. 7 mars 22.
—25 mars 26, 57.
—25 juin 152.
—28 mai 195.
—50 déc. 25.
1819. 4 mars 154,
156.
—14 juill. 27, 57.
—27 oct. 64-1°, 2°,
68,70, 86-1°.
—23 juill. 37.
1820. 1er nov. 81.
1821. 10 janv. 64-
2°,148,155,204.
—22 fév. 190, 204
—31 juill. 37.
—5 sept. 154.
1822. 30 fév. 154.
—20 mars 106.
—1er mai 85.
—29 mai 60.
1825. 5 déc. 50,80.
1824. 24 mars 61,
164.
—26 août 60.
1825. 17 mars 84.
1826. 17 mai 215,
216.
1829. 20 avr. 215.
1837. 5 déc.203.
—5 juin172c.,192c.
—24 oct. 174,
—25 déc. 19, 40,
155 s., 178 s.
—18 avr. 28c.,58.
—16 déc. 58, 213.
—27 avr. 158.
—31 mai 24.
1852. 29 juin 105-
—10 juill. 88-1°
—1er nov. 60, 63,
86-1°
1855. 25 janv. 84.
—18 sept. 86-4°.
1854. 24 janv.172c.
—17 avr. 215, 216.
1847. 17 janv. 176-
4°.
1855. 27 juin 182.
—29 juin 28.
—27 nov. 76, 79,
113-1°.
—16 déc. 105-2°,
113-2°.
—23 août 222.
1849. 21 juin 172,
194.
—9nov.100s.,124s.
1851. 11 avr. 28 c.
—18 avr. 28c.,58.
1858. 22 janv. 176-
—3 juin 176-12°.
—19 oct. 19, 40,
150 s.
1852. 11 janv. 48,
52.
—24 mars 50, 52.
—27 mars 56.
—8 juill. 201, 205.
1844.6 juin 113-1°.
—20 oct. 56.
—25 déc. 48, 52.
1855. 21 fév. 176-
9°.
—4 avr. 59.
—19 juin 30.
—2 août 50.
—19 juin. 216.
—28 juill. 205.
—22 août65,86-2°,
87.
—9nov.100s.,124s.
1854. 23 mars 85.
—27 mars 28.
—8 avr. 221.
—25 mai 56.
—22 juin 78, 217.
—17 sept. 56.
—28 oct. 56.
1855. 2 mars 176-
10°.
—9 mai 176-11°.
—8 sept. 56.
—10 sept. 211.
—21 juin 56.
—26 juin 56.
—99 juill. 56.
—23 août 56.
1850. 21 oct. 56.
1860. 25 mars 56.
—10 avr. 172 c.
—15 juin 110.
—25 juin 56.
—26 sept. 56.

TRANQUILLITÉ ET SURETÉ PUBLIQUES. — 1. — La tranquillité publique, c'est le calme du pays, la paix entre les citoyens. — La sûreté publique consiste dans la protection accordée par la société à chacun de ses membres, pour la conservation de sa personne, de ses droits et de ses propriétés (constit. 24 juin 1793, déclarat. des droits, art. 8; V. Droit constit., p. 298). « Chaque citoyen, disait la constitution de 1848, doit être protégé dans sa personne, sa famille, sa religion, sa propriété, son travail. »

2. Dans l'état de liberté naturelle, ont dit certains publicistes, l'homme fait tout ce qu'il veut; ses volontés ne rencontrent d'autre obstacle que les limites mêmes de ses forces. Mais, dès qu'il entre en société avec d'autres hommes, il comprend qu'il doit abandonner une partie de cette liberté naturelle, pour prix des avantages qu'il retire de l'état social dans lequel il veut vivre; car, rencontrant chez les autres le droit auquel il prétend lui-même, il ne peut chercher à faire prévaloir le sien sans donner à l'instant même un adversaire au droit identique, prétentions réciproques que la force, la guerre seule pourraient résoudre, et qui ne produiraient que la ruine, la destruction de la société elle-même, en enlevant toute sécurité à ceux qui la composent. — La liberté que laisse l'état social, ou liberté politique, est donc moindre que la liberté naturelle; c'est celle-ci, restreinte et limitée pour l'avantage commun de tous, pour la tranquillité, la sûreté commune. — Mais quelles seront les limites de la liberté politique? — Voilà ce qu'il est difficile de déterminer. Montesquieu dit : « La liberté consiste à pouvoir faire ce que l'on doit vouloir et à n'être pas contraint de faire ce qu'on ne doit pas vouloir. » Cela est juste; mais il ajoute : « La liberté est le droit de faire tout ce que permettent les lois »; ce n'est pas assez, car les lois peuvent être tyranniques. « La liberté, dans son vrai sens, dit M. Paul Janet, Hist. de la philos. morale et polit., t. 2, p. 385, c'est le droit que nous avons d'user de nos facultés, comme nous l'entendons, en tant qu'elles ne nuisent pas à autrui, réserves faites des sacrifices nécessaires à la sûreté commune. La liberté politique, c'est la garantie, ou l'ensemble des garanties par lesquelles chaque individu et le peuple en masse est assuré, autant qu'il est possible, que la loi naturelle sera sauvegardée par les lois de l'Etat. De là, la nécessité d'une constitution qui définit les pouvoirs publics et en détermine l'étendue, et de là aussi le principe de l'équilibre et de la pondération des pouvoirs et la théorie de la séparation des pouvoirs, si célèbre depuis Montesquieu et qui est devenu le principe de toutes nos constitutions depuis 1791. »—V. v° Droit constit., n° 86, et M. Paul Janet, loc. cit.

3. Quoi qu'il en soit, du principe qui doit servir à limiter la liberté de l'homme en société, il est évident que c'est à la loi civile seule à déterminer les restrictions à la liberté naturelle qu'exige le salut social, et ce qu'elle ne défend pas est permis. — Il a été jugé par application de cette règle qu'il n'y a de délit que dans l'infraction de la loi; tout ce qu'elle n'a pas prévu et défendu ne peut être puni; qu'en conséquence, la loi du 27 germ. an 4 sur les provocations à des crimes contre le gouvernement (V. Crimes contre la sûreté de l'Et., p. 537) ayant indiqué les caractères positifs des délits qu'elle prévoit, et gardé le silence pour le cas où les faits qu'elle indique se sont passés dans l'intérieur des familles ou des sociétés particulières, les propos séditieux tenus dans une maison particulière au milieu d'un repas ne sont passibles d'aucune peine; et la publicité donnée à ces propos par les débats judiciaires n'en changent pas le caractère (Crim. cass. 29 frim. an 5) (1).

4. De même que nul ne doit souffrir de la tyrannie de son semblable, de même aussi nul ne doit souffrir de la tyrannie de la loi. Il serait insensé que le gouvernement institué par l'accord volontaire des hommes, pour la conservation et la protection de leur liberté, de leurs biens, de leur vie, pût user de son pouvoir contre ces propriétés mêmes. Les lois sont faites pour empêcher les hommes de se nuire les uns aux autres, et non pour les appauvrir, les ruiner ou les détruire. « La crainte, dit M. Paul Janet, loc. cit., p. 372, ne doit être que pour ceux qui veulent résister à l'Etat, et non pas pour ceux qui, contents des limites qui leur sont imposées, ne demandent qu'à ne pas être tourmentés dans ces limites. Mais si la crainte s'introduit jusque-là, ce n'est plus un gouvernement, c'est un brigandage. » —Il est certains principes naturels que les lois doivent toujours respecter : nul ne doit être arbitrairement puni sans avoir été jugé; nul ne peut être jugé qu'en vertu de lois consenties et dans les formes prescrites; nul ne peut être empêché d'exercer ses facultés physiques, morales, intellectuelles ou industrielles d'une

manière innocente et paisible : ce sont là des principes de tous les temps et de tous les lieux (V. Droit constit., n° 1).

5. L'Angleterre est le pays où le principe de la liberté individuelle a été proclamé avec le plus de puissance. On connaît le droit d'habeas corpus, lequel n'est que l'application de la règle posée dans la grande charte, *que nul homme libre ne peut être arrêté ou emprisonné qu'en vertu d'un jugement de ses pairs et par une permission ou par un ordre exprès de la loi*. Toute personne arrêtée peut obtenir, sur sa simple demande, un rescrit d'habeas corpus pour qu'il soit conduit devant les juges du banc du roi ou devant ceux des plaids communs, lesquels juges décident si l'emprisonnement est juste et légitime : s'il est déclaré tel, la justice peut agir alors contre le prisonnier (Blackstone, liv. 1, chap. 1, p. 198, édit. 1774). Et encore dans beaucoup de cas le prisonnier peut-il obtenir sa liberté sous caution (eod.). — V. Liberté individ., n° 11, note 2.

6. La loi d'Ecosse est plus jalouse de la liberté du sujet qu'aucun code de l'Europe. D'après cette loi, il est de principe que nul ne peut être emprisonné pour dettes, ce qui n'empêche pas cependant, dans la pratique, l'emprisonnement des débiteurs récalcitrants. Le célèbre romancier, Walter Scott, qui comme on le sait exerçait une fonction qui le rattachait à la magistrature anglaise, donne de cette contradiction une explication fort singulière, et qui, à ce qu'il paraît, a été regardée exacte par la cour suprême d'Ecosse, le 5 déc. 1828, dans une affaire Tom C. Black. « Le roi, dit Walter Scott, est assez bon pour intervenir en faveur et à la requête du créancier, et pour envoyer au débiteur son ordre royal de le satisfaire dans un délai fixe, six jours, quinze jours suivant les cas. Si le débiteur résiste à cet ordre, s'il y désobéit, que s'ensuit-il? Qu'il est justement et légalement déclaré rebelle à notre gracieux souverain, dont il a méprisé les commandements, ce qui se fait au son du cor, trois fois répété sur la place du marché d'Edimbourg, capitale de l'Ecosse. Alors on le met légitimement en prison, non comme débiteur, mais comme réfractaire aux ordres du roi. » — Nous ne savons trop lequel est préférable ou de poser dans les lois un principe protecteur qu'il est aussi facile d'éluder, ou de reconnaître franchement et légalement les limites du droit de liberté individuelle. — Quoi qu'il en soit, nous devons reconnaître que bien que les lois françaises aient, aussi bien que les lois anglaises, des dispositions protectrices de la liberté des citoyens (V. Liberté individuelle), cependant dans la pratique le libéralisme anglais est bien supérieur au nôtre sur ce point.

7. Toute atteinte à la sûreté des citoyens est une violation du pacte social qui appelle une répression : celui qui viole les lois se déclare par là même l'ennemi du genre humain, par conséquent de chaque homme en particulier, et ainsi chaque homme est intéressé à punir l'offense et à en obtenir la réparation. Mais la loi sociale ne permet pas que l'on se fasse justice à soi-même; à la loi seule appartient la détermination des peines; aux magistrats l'application de la loi; au gouvernement l'exécution des

---

(1) (Vaumalle.) — LE TRIBUNAL; — Vu les art. 70, 228 et 232 c. des dél. et des pein., les art. 1, 2, 5 et 6 de la loi du 27 germ. an 4; — Considérant qu'il n'y a de délit que dans l'infraction des lois; que tout ce qu'elles n'ont pas prévu ni défendu ne peut être puni; que c'est dans l'observation exacte de ce principe que réside absolument le maintien de la société, et que, pour le consacrer, le code des délits et des peines a porté les dispositions des art. 70, 228 et 232 ci-dessus cités; — Considérant que la loi du 27 germ. an 4 ne parle que des provocateurs à des crimes antisociaux d'un intérêt public et général, et de leurs fauteurs; qu'elle ne veut punir que ceux qui sont coupables, et que, pour les atteindre, elle indique les caractères positifs de leurs délits, et les genres de peine dont ils sont susceptibles;— Que, conformément à l'art. 612 c. des dél. et pein., l'art. 1 de cette loi n'applique la peine de mort qu'à ceux qui sont rendus coupables des délits y énoncés, par des discours ou par des écrits imprimés, affichés ou distribués; que même il commue cette peine en celle de la déportation, lorsque le jury déclare qu'il y a des circonstances atténuantes;— Que si l'art. 6 prononce la même peine contre les étrangers ou déportés rentrés en France qui se trouvent dans les rassemblements où se provoquent ces délits et ne s'en retirent pas aussitôt après la première sommation, il ne punit cependant que de la déportation les fonctions publiques au choix du peuple ou à tout autre titre, qui, ayant été mis en accusation, ou hors de la loi, et n'ayant pas été acquittés par un jugement, y prennent part et

n'obéissent pas à la même sommation; enfin qu'il ne prononce contre tous autres que cinq années de fers et n'étend pas ses dispositions à des cas d'une moindre gravité; — Considérant que nulle autre loi ne s'en est expliquée, ce qui prouve le respect que le législateur voue aux actes qui se passent dans le sein des familles et des sociétés particulières; — Considérant que dans la dénonciation du commissaire du pouvoir exécutif près l'administration municipale du canton de Genolhac, les propos imputés à Deleure Vaumalle ne présentent aucun des caractères indiqués par la loi du 27 germ., que l'information et l'interrogatoire qu'elle a nécessité ne font que les confirmer; que dès lors ils n'étaient pas de nature à mériter peine afflictive ou infamante, ni même un emprisonnement quelconque, et conséquemment ne pouvaient légitimer le mandat d'arrêt décerné contre Vaumalle par le directeur du jury de l'arrondissement d'Alais non plus que de son acte d'accusation; — Considérant que loin d'inculper Vaumalle, les autres actes de l'instruction prouvent à sa décharge que ces propos n'ont été tenus que dans une maison particulière au milieu d'un repas et par suite d'une provocation inconsidérée; — Considérant enfin que la loi du 27 germ., en attribuant aux directeurs du jury pour les cas prévus à son art 26 les fonctions d'officier de police judiciaire, les dispense pas d'observer les dispositions des articles ci-dessus cités du code des délits et des peines, et que cependant elles ont été enfreintes dans la circonstance; — Casse, etc. Du 20 frim. an 5.-C. C., sect. crim.-MM. Brun, pr.-Poya, rap.

sentences. — Une question dont se sont beaucoup occupés les publicistes, mais qui est hors de notre sujet, est la proportionnalité des peines à l'offense. Quoi qu'il en soit de cette question, il nous semble que nos lois, en laissant aux juges la faculté de fixer la peine entre un minimum et un maximum et en leur permettant en outre d'abaisser la peine d'un degré par l'application des circonstances atténuantes ont suffisamment résolu le problème. — V. Peine, n°s 39 et s.

8. Montesquieu, Esprit des lois, liv. 12, chap. 4, divise les crimes en quatre classes : 1° crimes contre la religion; — 2° Contre les mœurs; — 3° Contre la tranquillité;—4° Contre la sûreté des citoyens. — Il restreint la troisième classe, c'est-à-dire les atteintes à la tranquillité, aux choses qui constituent une simple lésion de police; et dans la quatrième classe il fait rentrer les attaques contre la personne des citoyens ou contre leurs biens. — Montesquieu oublie dans cette classification, qui du reste est exacte, une cinquième classe de crimes; ceux qui sont dirigés contre la chose publique, et par exemple, les crimes contre la constitution, contre le souverain. — Cette division des crimes est à peu près celle qui a été adoptée par le code pénal. Toutes les matières qui font l'objet de ce code ont été largement traitées dans le cours de notre Répertoire; il est inutile d'y revenir, même par la plus simple analyse. — Quant aux crimes contre la religion, V. Cultes, n°s 102 et s. ;—Contre les mœurs, V. Adultère, Attentat aux mœurs; — Aux atteintes à la tranquillité publique, V. Commune, n°s 1040 et s., 1067 et s., 1081 et s., 1140 et s.; Contravention; — Aux crimes contre la sûreté des citoyens, V. Crimes contre les personnes, V. aussi Abus de confiance, Avortement, Bigamie, Vol, etc., etc.; — Aux crimes contre la chose publique, V. Crimes contre la sûreté de l'État, Faux et fausse monnaie, Forfaiture, etc.

9. Il ne suffit pas, pour assurer le repos des citoyens, d'épouvanter les ennemis de l'ordre social par la perspective d'un châtiment; il ne suffit pas, le crime une fois exécuté, d'en poursuivre la réparation; il faut encore arrêter les projets criminels dans leur préparation, mettre des entraves à l'accomplissement du crime. Une justice qui prévient le crime mérite, en bonne politique et selon tous les principes de la raison et de l'humanité, d'être préférée à celle qui ne fait que punir. Ce n'est plus là le rôle de la loi, mais de l'action purement administrative du gouvernement : cette partie de ses attributions reçoit le nom de *police*. Par son objet, par le but qu'elle se propose, par les moyens qu'elle emploie, l'action de la police est empreinte d'un certain arbitraire qui, sans doute, peut quelquefois offrir des dangers pour la liberté, la sûreté des citoyens, mais que le salut public explique et justifie. Du reste, bien que les limites de ce pouvoir soient difficiles à déterminer avec précision, la loi ne laisse pas les citoyens sans garantie. D'abord il y a des règles que nul, fonctionnaire public ou simple citoyen, ne peut impunément enfreindre; et, en outre, la loi prévoit et punit les abus que certains fonctionnaires pourraient faire de leur autorité. Ainsi, elle punit les attentats à la liberté de fonctionnaires publics (c. pén. 114, V. Forfaiture, n° 8); les coalitions de fonctionnaires (c. pén., art. 123 et suiv., V. eod., n° 9); les empiétements des autorités administratives et judiciaires (c. pén. 127 et suiv., V. eod., n° 21); les crimes et délits commis par les fonctionnaires publics dans leurs fonctions, ce qui comprend les soustractions commises par eux (c. pén. 169 et suiv., V. eod., n° 28); les concussions (c. pén. 174 et suiv., V. n° 58); la corruption (c. pén., art. 177 et suiv., V. eod., n° 98); les abus d'autorité (c. pén., art. 184 et suiv., V. eod., n° 158), etc., etc.

10. Les règles dont nous venons de retracer si brièvement le tableau sont fondamentales et permanentes; elles suffisent aux situations ordinaires de la société. Mais il arrive de ces périls imminents où la société semble abandonner sa foi dans les règles de protection qu'elle a posées elle-même, de ces convulsions sociales, de ces bouleversements où les esprits perdent le sens du juste et de l'injuste. La situation appelle des mesures vigoureuses en rapport avec les attaques dont le pays, dont la société est l'objet. Il faut alors des moyens extraordinaires; les garanties sociales sont mises de côté, la loi est suspendue; et le premier besoin c'est de vivre, c'est de sauver la société : *salus populi suprema lex esto*, tel est le principe du moment.

11. Les Romains qui professaient un si profond respect pour la loi, se soumettaient volontairement dans les grandes crises, à toutes les mesures d'exception qui pouvaient assurer le salut de la patrie. On sait que, dans les circonstances suprêmes, le sénat, abdiquant momentanément son pouvoir, déférait à un *dictateur* la puissance souveraine, sans limites et sans contrôle. Le décret du sénat qui précédait la nomination de ce magistrat était énoncé en ces termes : *dent operam consules ne quid respublica detrimenti capiat.* Ce décret était nommé *senatusconsultum ultimæ necessitatis.* — Plus tard, on ne nomma plus de dictateur; mais dans les cas d'extrême nécessité, un décret semblable donnait aux consuls le droit de faire tout ce qui était nécessaire au salut de la république. Armés de ce décret, les consuls devenaient en quelque sorte souverains de Rome : ils pouvaient prendre les mesures les plus violentes, lever des troupes, infliger des châtiments, réprimer à leur gré les séditieux. Le décret *Permittitur exercitum parare*, dit Salluste, Conjurat. de Catilina, ch. 29, *bellum gerere, coercere omnibus modis socios atque cives ; domi, militiæque, imperium atque judicium summum habere. Aliter sine populi jussu, nulli earum rerum consuli jus est.* — Cette souveraineté exceptionnelle ne durait pas plus longtemps que le danger.

12. De même, en Angleterre, et quoique les Anglais soient si fortement attachés au droit d'*habeas corpus*, les jurisconsultes reconnaissent que ce droit pourrait être suspendu par la puissance législative qui donnerait ainsi au roi le pouvoir de faire emprisonner ses sujets suspects sans être obligé d'en dire les motifs (V. Blackstone, loc. cit., p. 200). Et l'histoire nous fournit un exemple qui n'est pas là seulement une pure hypothèse de juriste. — Il est encore un cas fort remarquable où les Anglais apportent une exception à la loi fondamentale, que nul ne peut être jugé et convaincu que suivant les lois. — En cas de crime de trahison, la loi exige qu'il y ait deux témoins contre l'accusé; une autre preuve ne suffirait pas. Or, si cette preuve vient à manquer, de sorte qu'il soit impossible de faire condamner l'accusé par la justice légale, on peut recourir à la puissance législative qui, par une exception au reste peu justifiable, sort du cercle de ses attributions et se constitue en corps judiciaire. Le corps rend une loi particulière contre celui qui est ainsi soumis à sa juridiction, et à laquelle on donne le nom de *bill d'attainder*. On y procède comme pour les autres lois; il faut que le bill passe dans les deux chambres et que le roi y donne son consentement, sans quoi il n'y a point de bill, c'est-à-dire de jugement. — « Dans l'affaire de sir John Fenwick, dit Blackstone, liv. 4, chap. 27, édit. 1776, t. 6, p. 357, sous le règne du roi Guillaume, où il n'y avait qu'un témoin, il fut fait à cette occasion un acte du parlement pour le convaincre de trahison, et lequel fut exécuté. » — Montesquieu, liv. 12, chap. 19, rapporte les bills *d'attainder* à ces lois d'Athènes qui statuaient contre un particulier, pourvu qu'elles fussent faites par le suffrage de six mille citoyens (l'ostracisme). Ils se rapportent encore, dit-il, à ces lois qu'on faisait à Rome contre des citoyens particuliers et qu'on appelait *privilèges*. Cicéron voulait qu'on abolît ces lois, par ce motif que la force de la loi ne consiste qu'en ce qu'elle statue sur tout le monde. Mais Montesquieu, loc. cit., n'est pas de cet avis. « J'avoue pourtant, dit-il, que l'usage des peuples les plus libres qui aient jamais été sur la terre, me fait croire qu'il y a cas où il faut mettre pour un moment un voile sur la liberté, comme l'on cachait les statues des dieux. » — A supposer que cela soit vrai, nous croyons qu'il y a toujours pour un pays, danger à intervertir les fonctions des corps politiques, et à attribuer exceptionnellement à la puissance législative les fonctions de l'autorité judiciaire.

13. Nous ne chercherons pas dans le passé de l'histoire de France les mesures exceptionnelles qui ont pu être inspirées à notre ancien gouvernement par les circonstances politiques ou religieuses dans lesquelles se trouvaient le pays : on connaît les commissions instituées par le cardinal de Richelieu, et dont le fameux Laubardemont était le président; les chambres ardentes, etc., etc. Les principes de droit public n'étaient pas alors assez enracinés pour que l'étude de la législation, au point de vue particulier qui nous occupe ici, puisse offrir une utilité réelle. Les lettres de cachet n'étaient-elles pas alors une institution du gouvernement : — Nous nous arrêterons uniquement sur la législation de notre pays depuis 1789.

14. Au moment même où les pouvoirs révolutionnaires consacraient, dans les préambules de nos constitutions, les grands principes de droit naturel si courageusement défendus par les philosophes et les publicistes du dix-huitième siècle, ils ne craignaient pas d'en proclamer ouvertement l'audacieuse violation. La loi protège la propriété, disaient les constitutions, et la moitié du sol de la France était sous le coup de la confiscation ; la liberté individuelle est inviolable, et les arrestations arbitraires étaient telles, que les prisons ne suffisaient plus à contenir les détenus ; nul ne peut être puni sans avoir été jugé, et des déportations, des exécutions sans jugement faisaient des victimes par milliers ; nul ne peut être condamné que suivant les formes prescrites, et les tribunaux révolutionnaires étaient dispensés de toute espèce de forme, etc., etc. — Les circonstances si extraordinaires, si impérieuses qu'elles fussent, peuvent expliquer ce vertige, mais elles ne le justifient pas. — Nous ne voulons pas retracer ici l'ensemble de toutes les lois contraires aux principes constitutionnels qui ont été rendues pendant la période révolutionnaire. Ces lois ont statué sur tant d'objets divers que nous

avons déjà eu l'occasion d'en reproduire les textes dans différents traités de notre répertoire. Ainsi, un grand nombre de lois ont statué sur le séjour des étrangers en France et sur leur expulsion ; elles ont été indiquées vᵉ Droit civil, p. 30 et s. ; d'autres ont trait aux émigrés et à la confiscation de leurs biens (V. Emigrés, p. 417 et s.) ; d'autres à la déportation des prêtres non assermentés (V. Culte, p. 665 et s.; Peine, p. 549 et s.) ; d'autres au gouvernement révolutionnaire (V. Dr. constit., p. 300) ; d'autres à l'institution des tribunaux révolutionnaires (V. Organ. judic.) ; quelques-unes touchent particulièrement aux principes de la liberté individuelle (V. Liberté indiv., p. 16 s.) ; il en est qui fixent le maximum des denrées et des marchandises (V. Industrie, p. 665 et nᵒˢ 231 et s.), qui punissent les accapareurs (V. eod., p. 665), qui statuent sur les approvisionnements de grains et farines et sur la circulation de ces denrées (V. Grains, p. 533 et suiv., et les décrets ci-dessous indiqués) (1) ; sur les réquisitions (V. ce mot) ; d'autres enfin se rapportent plus spécialement à la répression des crimes contre la sureté de l'Etat (V. Crimes contre la sureté de l'Etat, p. 535 et suiv.). — Nous nous bornerons à recueillir ici quelques textes qui, par leur objet tout exceptionnel, nous ont paru devoir mériter une place à part (2). Parmi ces textes

---

(1) **1ᵉʳ-10 juill. 1793.** — Décret qui autorise les administrateurs des départements et des districts qui éprouvent la disette des subsistances, à en faire acheter chez les particuliers, dans les départements où elles sont abondantes.

Les administrateurs des départements et districts qui éprouvent la disette de subsistances sont autorisés à en faire acheter chez les particuliers dans les départements où elles sont abondantes, et ce aux prix fixés dans les lieux où se feront les achats. — Les commissaires chargés de ces achats les feront constater sur les registres des municipalités où ils seront faits. Il leur sera délivré copie de l'enregistrement. Les municipalités seront obligées d'en envoyer un duplicata aux administrations de département et de district, et aux municipalités pour lesquelles les achats auront été faits.

1ᵉʳ brum. an 2 (22 oct. 1793). — Décret qui établit une commission de subsistances et d'approvisionnement.

25 brum. an 2 (15 nov. 1793). — Décret qui charge la commission des subsistances de faire remplacer dans chaque commune, et à proportion des besoins, la quantité de blé qui en a été tirée pour l'approvisionnement de Paris. — V. Grains, p. 557.

12-13 germ. an 2 (1ᵉʳ-2 avr. 1794). — Décret qui institue une commission du commerce et des approvisionnements, en remplacement du ministère supprimé. — V. Organisat. admin.

19 brum. an 3 (9 nov. 1794). — Décret portant que les réquisitions ne pourront être faites que par la commission des approvisionnements (art. 6).

20 therm. an 3 (7 août 1795). — Décret portant que dans le délai de quatre décades, la commission connue sous le nom de *commission des approvisionnements*, rendra compte au comité de commerce de toutes les denrées ou matières coloniales qu'elle a eues à sa disposition.

15 fruct. an 3 (1ᵉʳ sept. 1795). — Décret qui supprime la commission des approvisionnements.

6-13 sept. 1815. — Ordonnance qui crée une commission de subsistances. — V. Grains, p. 540.

(2) **10-14 août 1789.** — Décret pour le rétablissement de l'ordre et de la tranquillité dans le royaume.

L'assemblée nationale ; — Considérant que les ennemis de la nation ayant perdu l'espoir d'empêcher, par la violence ou l'artifice, la régénération publique et l'établissement de la liberté, paraissent avoir conçu le projet criminel de ramener au même but, par la voie du désordre et de l'anarchie ; — et dans d'autres moyens, ils ont, à la même époque, et presque le même jour, fait semer de fausses alarmes dans les différentes provinces du royaume, et qu'en annonçant des incursions et des brigandages qui n'existaient pas, ils ont donné lieu à des excès et des crimes qui attaquent également les biens et les personnes, et qui, troublant l'ordre universel de la société, mettent les peines les plus sévères ; que ces hommes ont porté l'audace jusqu'à répandre de faux ordres, et même de faux édits du roi, qui ont armé une portion de la nation contre l'autre, donné pour motif même où l'assemblée nationale portait les décrets les plus favorables à l'intérêt du peuple ; — Considérant donc, dans l'effervescence générale, les propriétés les plus sacrées, et les moissons mêmes, seul espoir du peuple dans ces temps de disette, n'ont pas été respectées ; — Considérant, enfin, que l'union de toutes les forces, l'influence de tous les pouvoirs, l'action de tous les moyens et le zèle de tous les bons citoyens, doivent concourir à réprimer de pareils désordres, arrête et décrète que toutes les municipalités du royaume, tant dans les villes que dans les campagnes, veilleront au maintien de la tranquillité publique, et que, sur leur simple réquisition, les milices nationales, ainsi que les [maréchaussées, seront assistées des troupes, à l'effet de poursuivre et d'arrêter les perturbateurs du repos public, de quelque état qu'ils puissent être ; — que tous attroupements séditieux, soit dans les villes, soit dans les campagnes, même sous prétexte de chasse, seront incontinent dissipés par les milices nationales, les maréchaussées et les troupes, sur la simple réquisition des municipalités ; — Que dans les villes et municipalités des campagnes, ainsi que dans chaque district des grandes villes il sera dressé un rôle des hommes

sans aveu, sans métier ni profession et domicile constant, lesquels seront désarmés, et que les milices nationales, les maréchaussées et les troupes veilleront particulièrement sur leur conduite ; — Que toutes les troupes, savoir les officiers de tout grade et les soldats prêteront serment à la nation et au roi chef de la nation, avec la solennité la plus auguste ;—Que les soldats jureront, en présence du régiment entier sous les armes, de ne jamais abandonner leurs drapeaux, d'être fidèles à la nation, au roi et à la loi, et de se conformer aux règles de la discipline militaire ; — Que les officiers jureront, à la tête de leurs troupes, en présence des officiers municipaux, de rester fidèles à la nation, au roi et à la loi, et de ne jamais employer ceux qui seront sous leurs ordres contre les citoyens, si ce n'est sur la réquisition des officiers civils ou municipaux, laquelle réquisition sera toujours lue aux troupes assemblées. — Sa Majesté sera suppliée de donner les ordres nécessaires pour la pleine et entière exécution de ce décret ;—En conséquence, le roi a ordonné et ordonne ce qui suit :

Art. 1. Les troupes donneront main-forte aux milices nationales et aux maréchaussées, toutes les fois qu'elles en seront requises par les officiers civils ou les officiers municipaux.

2. Il sera prêté par les troupes, ainsi que par les officiers qui les commandent, de quelque grade qu'ils soient, le serment ci-après.

3. A cet effet, les officiers prêteront leur serment à la tête de leurs troupes, en présence des officiers municipaux.

4. Chaque corps de troupes sera assemblé, pour qu'avec la solennité la plus auguste, le serment soit prêté par les bas-officiers et soldats sous les armes.

5. Le serment des officiers sera : « Nous jurons de rester fidèles à la nation, au roi et à la loi, et de ne jamais employer ceux qui seront à nos ordres contre les citoyens, si nous n'en sommes requis par les officiers civils ou les officiers municipaux. »

6. Le serment des soldats sera : « Nous jurons de ne jamais abandonner nos drapeaux, d'être fidèles à la nation, au roi et à la loi, et de nous conformer aux règles de la discipline militaire. »

23-26 fév. 1790. — Décret concernant la sureté des personnes, des propriétés, et la perception des impôts. — V. Commune, n° 72.

28 janv.-4 fév. 1791. — Décret relatif aux moyens de pourvoir à la sureté tant intérieure qu'extérieure du royaume.

Art. 1. Le roi sera prié de donner des ordres pour presser l'organisation de l'armée, et pour que les différents corps de troupes soient incessamment portés au complet.

2. Pour être en état de porter au pied de guerre tous les régiments de l'armée, aussitôt que les circonstances l'exigeront, on s'assurera de cent mille soldats auxiliaires destinés à être répartis dans ces régiments.

3. Les auxiliaires seront engagés pour trois ans, sous la condition de joindre, aussitôt qu'ils en seront requis, les corps qui leur auront été désignés, pour y servir sous les mêmes lois et ordonnances et avec le même traitement que les troupes militaires. — Cette réquisition sera faite par les corps administratifs, en conséquence des ordres qui leur seront donnés par le roi, lesquels ordres ne pourront être donnés que d'après un décret du corps législatif.

4. Il ne sera reçu à contracter l'engagement de soldat auxiliaire, que des personnes domiciliées, ayant au moins dix-huit ans et pas plus de quarante ans d'âge, et réunissant d'ailleurs toutes les qualités requises par les ordonnances militaires : on admettra de préférence ceux qui auront servi dans les troupes de ligne. — Les auxiliaires seront libres de contracter des engagements dans l'armée, et alors ils seront remplacés dans les auxiliaires.

5. Les auxiliaires recevront, pendant la paix, 3 sous par jour, et il sera fait un fonds extraordinaire de 50 liv. par homme pour leur équipement à leur arrivée au corps, lorsqu'ils seront tenus de joindre. Ils jouiront, dans le lieu de leur domicile, des droit ade citoyen actif, pendant le temps de leur engagement, quand même ils ne payeraient pas la contribution exigée, si d'ailleurs ils remplissent les autres conditions requises, et il leur sera assuré une retraite après un certain nombre d'années de service. Le comité militaire présentera incessamment à l'assemblée des vues sur cet objet.

6. Les municipalités du chef-lieu de canton recevront les soumissions des personnes qui se présenteront pour contracter l'engagement d'auxiliaires ; elles les feront parvenir, à mesure qu'elles les recevront, au directoire de leur district ; ceux-ci les feront passer sans délai au directoire de leur département pour être adressées par eux au ministre de la guerre.

on remarquera la fameuse loi des *suspects*, qui doit être considérée comme l'extrême abus de la puissance révolutionnaire.

15. Après la chute du directoire, en l'an 8, le calme rétabli dans la nation, la marche régulière du gouvernement semblait

---

6 mars 1792. — Décret qui ordonne la formation d'une commission chargée de présenter les mesures propres au rétablissement de la tranquillité publique.

5 (4 et)-8 juill. 1792. — Décret qui fixe les mesures à prendre quand la patrie est en danger.

L'assemblée nationale; — Considérant que les efforts multipliés des ennemis de l'ordre, et la propagation de tous les genres de troubles dans les diverses parties de l'empire, au moment où la nation, pour le maintien de sa liberté, est engagée dans une guerre étrangère, peuvent mettre en péril la chose publique et faire penser que le succès de notre régénération politique est incertain; — Considérant qu'il est de son devoir d'aller au-devant de cet événement possible, et de prévenir, par des dispositions fermes, sages et régulières, une confusion aussi nuisible à la liberté et aux citoyens, que le serait alors le danger lui-même; — Voulant qu'à cette époque, la surveillance soit générale, l'exécution plus active, et surtout que le glaive de la loi soit sans cesse présent à ceux qui, par une coupable inertie, par des projets perfides, ou par l'audace d'une conduite criminelle, tenteraient de déranger l'harmonie de l'Etat; — Convaincue qu'en réservant le droit de déclarer le danger, elle en éloigne l'instant et rappelle la tranquillité dans l'âme des bons citoyens; — Pénétrée de son serment *de vivre libre ou de mourir, et de maintenir la constitution*; forte du sentiment de ses devoirs et des vœux du peuple pour lequel elle existe, décrète qu'il y a urgence; — L'assemblée nationale, après avoir entendu le rapport de sa commission des Douze, et décrété l'urgence, décrète ce qui suit :

Art. 1. Lorsque la sûreté intérieure ou la sûreté extérieure de l'Etat seront menacées, et que l'assemblée nationale aura jugé indispensable de prendre des mesures extraordinaires, elle le déclarera par un acte du corps législatif, conçu en ces termes : *Citoyens, la patrie est en danger*.

2. Aussitôt après la déclaration publiée, les conseils de département et de district se rassembleront, et seront, ainsi que les conseils généraux des communes, en surveillance permanente; dès ce moment, aucun fonctionnaire public ne pourra s'éloigner ou rester éloigné de son poste.

3. Tous les citoyens en état de porter les armes, et ayant déjà fait le service de gardes nationales, seront aussi en état d'activité permanente.

4. Tous les citoyens seront tenus de déclarer, devant leurs municipalités respectives, le nombre et la nature des armes et munitions dont ils sont pourvus. Le refus de déclaration, ou la fausse déclaration dénoncée et prouvée, seront punis par la voie de la police correctionnelle; savoir : dans le premier cas, d'un emprisonnement dont le terme ne pourra être moindre de deux mois ni excéder une année, et dans le second cas, d'un emprisonnement dont le terme ne pourra être moindre d'une année ni excéder deux ans.

5. Le corps législatif fixera le nombre de gardes nationales que chaque département devra fournir.

6. Les directoires de département en feront la répartition par district, et les districts entre les cantons, à proportion du nombre de gardes nationales de chaque canton.

7. Trois jours après la publication de l'arrêté des directoires, les gardes nationales se rassembleront par canton, et sous la surveillance de la municipalité du chef-lieu, elles choisiront entre elles le nombre d'hommes que le canton devra fournir.

8. Les citoyens qui auront obtenu l'honneur de marcher les premiers au secours de *la patrie en danger*, se rendront trois jours après au chef-lieu de leur district; ils s'y formeront en compagnies, en présence d'un commissaire de l'administration du district, conformément à la loi du 4 août 1791 : ils y recevront le logement sur le pied militaire, et se tiendront prêts à marcher à la première réquisition.

9. Les capitaines commanderont alternativement et par semaine les gardes nationales choisies et réunies au chef-lieu de district.

10. Lorsque les nouvelles compagnies de gardes nationales de chaque département seront en nombre suffisant pour former un bataillon, elles se réuniront dans les lieux qui leur seront désignés par le pouvoir exécutif, et les volontaires y nommeront leur état-major.

11. Leur solde sera fixée sur le même pied que celle des autres volontaires nationaux; elle aura lieu du jour de la réunion au chef-lieu de canton.

12. Les armes nationales seront remises, dans les chefs-lieux de canton, aux gardes nationales choisies pour la composition des nouveaux bataillons de volontaires. L'assemblée nationale invite tous les citoyens à confier volontairement, et pour le temps du danger, les armes dont ils sont dépositaires, à ceux qu'ils chargeront de les défendre.

13. Aussitôt après la publication du présent décret, les directoires de district se fourniront chacun de mille cartouches à balle, calibre de guerre, qu'ils conserveront en lieu sain et sûr, pour en faire la distribution aux volontaires, lorsqu'ils le jugeront convenable. — Le pouvoir exécutif sera tenu de donner les ordres pour faire parvenir aux départements les objets nécessaires à la fabrication des cartouches.

14. La solde des volontaires leur sera payée sur les états qui seront délivrés par les directoires de district, ordonnancés par les directoires de département, et les quittances en seront reçues à la trésorerie nationale comme comptant.

15. Les volontaires pourront faire leur service sans être revêtus de l'uniforme national.

16. Tout homme résidant ou voyageant en France, est tenu de porter la cocarde nationale. — Sont exceptés de la présente disposition, les ambassadeurs et agents accrédités des puissances étrangères.

17. Toute personne revêtue d'un signe de rébellion, sera poursuivie devant les tribunaux ordinaires; et, en cas qu'elle soit convaincue de l'avoir pris à dessein, elle sera punie de mort : il est ordonné à tout citoyen de l'arrêter ou de la dénoncer sur-le-champ, à peine d'être réputé complice. Toute cocarde autre que celle aux trois couleurs nationales est un signe de rébellion.

18. La déclaration du danger de la patrie ne pourra être prononcée dans la même séance où elle aura été proposée; et, avant tout, le ministère sera entendu sur l'état du royaume.

19. Lorsque le danger de la patrie aura cessé, l'assemblée nationale le déclarera par un acte du corps législatif con en ces termes : *Citoyens, la patrie n'est plus en danger*.

31 juill. 1792. — Proclamation du roi pour le maintien de la tranquillité publique.

19-19 sept. 1792. — Décret relatif aux mesures de sûreté et de tranquillité publiques pour la ville de Paris.

L'assemblée nationale, considérant que l'époque de la réunion de la convention nationale, doit être marquée par le retour de l'ordre, l'union de tous les citoyens et le concours de tous les pouvoirs pour le maintien de la tranquillité publique; — Que cette époque est aussi celle où les malveillants vont redoubler d'efforts pour rompre l'unité du gouvernement et désorganiser toutes les sections de l'empire; — Que le but de ces coupables manœuvres est d'appeler la résurrection du pouvoir royal par l'excès des désordres qu'elles provoquent, de dissoudre la puissance nationale, et de faire renaître le despotisme et les horreurs même de l'anarchie; considérant enfin qu'il est pressant de prendre les mesures les plus efficaces pour déjouer ces funestes complots, décrète qu'il y a urgence. — L'assemblée nationale, après avoir décrété l'urgence, décrète ce qui suit :

Tit. 1.—*Des mesures de sûreté et de tranquillité publiques pour la ville de Paris.*

Art. 1. Les citoyens domiciliés à Paris depuis plus de huit jours, seront tenus, dans le délai de vingt-quatre heures après la publication du présent décret, de se faire enregistrer dans la section de leur domicile.

2. Ils seront également tenus de déclarer le lieu de leur habitation ordinaire, l'époque de leur arrivée à Paris, et leur occupation journalière. Le registre contiendra à chaque article une énonciation sommaire desdites déclarations.

3. Il sera délivré à chaque citoyen un extrait de cet enregistrement, sur une carte signée par le président et les secrétaires de sa section.

4. Les citoyens seront tenus de présenter leur carte civique, à la première réquisition des officiers de police et des commandants de la force armée.

5. Tout citoyen qui ne pourra pas représenter sa carte, sera conduit à la section dont il se réclamera; et s'il n'est pas reconnu par elle, il pourra être détenu dans une maison d'arrêt pendant l'espace de trois mois.

6. Ceux qui auront fait de fausses déclarations, ou qui seront surpris avec de fausses cartes, pourront être détenus pendant l'espace de six mois.

7. Les étrangers arrivant à Paris, seront tenus de faire, dans les vingt-quatre heures de leur arrivée, la déclaration prescrite par l'art. 2, et de se conformer aux dispositions du présent décret. Les personnes qui les logeront, seront personnellement responsables de l'exécution du présent article, sous peine d'une amende qui pourra être portée au double de leur contribution mobilière.

8. En cas de changement de domicile, les citoyens seront tenus, dans le même délai, de se faire inscrire dans la section où ils prendront leur nouveau domicile; et dans le cas où ils ne sortiraient pas de l'arrondissement de la même section, de faire énoncer sur l'article du registre qui les concerne, l'indication de leur nouvelle habitation.

9. Il sera procédé à la réélection de tous les membres composant la municipalité de Paris et le conseil général de la commune, dans les formes et suivant le mode prescrits par le décret du mois de mai 1790.

10. Ces élections seront commencées dans le délai de trois jours après la publication du décret, et continuées sans interruption.

11. Il sera procédé dans chaque section, et dans les mêmes délais, à l'élection d'un commissaire de police, conformément au même décret. Les commissaires seront tenus de se conformer, dans l'exercice de leurs fonctions, aux dispositions de ce décret; et ils ne pourront envoyer dans une maison d'arrêt les personnes domiciliées et arrêtées en flagrant délit, sans avoir la signature de deux commissaires de leur section.

12. La municipalité de Paris se conformera aux dispositions du décret du mois d'août dernier, sur la police de sûreté générale.

13. Les mandats d'arrêt, dans le cas où le décret lui permet de les décerner, seront délibérés et signés par le maire et quatre officiers municipaux.

14. La municipalité sera tenue de donner connaissance à l'assemblée nationale, dans le délai de trois jours après la prononciation de chaque mandat d'arrêt, des motifs qui l'auront déterminé, et des informations qui auront été faites.

15. L'accusateur public près le tribunal criminel établi à Paris en vertu du décret du 17 août dernier, est spécialement chargé de la poursuite de tous ceux qui ordonneront ou signeront des ordres arbitraires.

16. Le ministre de la justice est aussi spécialement chargé de surveiller l'exécution du présent article, et d'enjoindre à l'accusateur public de poursuivre les auteurs de semblables arrestations, s'il négligeait de le faire.

17. Indépendamment de la peine de six années de gêne portée par le code pénal contre les auteurs d'une arrestation arbitraire, les signataires d'un pareil ordre, et ceux des fonctionnaires publics chargés de le poursuivre, et qui auront négligé de le faire, seront condamnés solidairement aux intérêts civils dus aux personnes ainsi arbitrairement détenues.

18. L'asile du citoyen est déclaré inviolable, même au nom de la loi, durant la nuit; en conséquence, nulle perquisition ne pourra être faite dans la maison d'un citoyen d'un soleil à l'autre, hors le cas d'un coupable surpris en flagrant délit.

19. Hors le cas prévu par l'article précédent, tout citoyen dont on voudrait violer l'asile, est autorisé à résister à une telle violence par tous les moyens qui sont en son pouvoir; et les auteurs d'une pareille tentative seront poursuivis à la requête de l'accusateur public, comme coupables d'attentat à la liberté individuelle.

20. Dans les villes où le corps législatif tiendra ses séances, l'ordre pour faire sonner le tocsin et tirer le canon d'alarme, ne pourra être donné sans décret du corps législatif. En cas de contravention au présent article, ceux qui auront donné cet ordre, ou qui auront sonné le tocsin et tiré le canon d'alarme, seront punis de mort.

Tit. 2. — *De l'organisation provisoire d'une force armée.*

Art. 1. Indépendamment du service ordinaire que doivent faire les sections de Paris, armées, il sera formé, immédiatement après la publication du présent décret, dans chacune desdites sections, une réserve de cent hommes armés, équipés et prêts à marcher; cette réserve sera placée dans une seule maison ou corps de garde, et, autant qu'il se pourra, au centre de chaque section de Paris.

ne plus devoir rendre nécessaire le recours aux lois d'exception. Cependant l'on était encore trop près de l'agitation, certaines pas-

2. Chaque section est autorisée à composer cette réserve de la manière qui lui paraîtra la plus convenable et la plus analogue à sa population.

3. De quelque manière que les réserves des sections armées soient composées, il leur sera fait, aux frais de la nation, les mêmes fournitures de bois, chandelles, ustensiles, etc., et les mêmes distributions de vivres toutes les vingt-quatre heures, que si lesdites réserves étaient campées.

4. Ces réserves, principalement destinées à maintenir l'ordre public, devront aussi occuper les postes extérieurs nécessaires à la défense commune, toutes les fois que cette disposition sera jugée nécessaire par le général de la division militaire centrale; mais, dans ce cas-là, une moitié seulement desdites réserves marchera, soit au camp, soit dans les postes désignés pour chaque section, et l'autre moitié restera dans l'intérieur pour le maintien de l'ordre.

5. Les réserves, de quelque manière qu'elles soient composées, seront commandées alternativement et à tour de rôle par les capitaines des sections armées.

6. Les fusils destinés par les sections à armer leurs réserves seront marqués au numéro de la section, et ne pourront être déplacés sous peine d'une amende de 36 liv., et du remplacement de l'armée déplacée.

7. Les réserves ne pourront être requises, soit en tout ou partie, pour le service intérieur ou pour le service extérieur, que par l'intermédiaire du maire de Paris, et sur les ordres donnés au commandant général des sections armées, qui demeurera responsable de leur transmission et de leur exécution.

8. Il sera ajouté à chaque réserve des sections armées, douze cavaliers au moins et trente cavaliers au plus, suivant la force de chaque section armée, montés, armés et équipés, dont une moitié seulement sera de service chaque nuit.

9. Les sections choisiront dans leur sein ces cavaliers : l'officier qui devra les commander sera choisi par les cavaliers. L'indemnité accordée à ces citoyens pour les dédommager et les mettre en état de s'entretenir, sera égale à la solde accordée à la gendarmerie nationale; et ils auront, au camp et au grand corps de garde de la réserve, les mêmes distributions.

10. Toute autre troupe que les sections armées et les réserves indiquées ci-dessus, qui serait levée ou formée, soit dans le département de Paris, soit dans toute autre partie de l'empire, et qui se trouverait dans l'enceinte de Paris ou dans l'arrondissement de la division militaire centrale, sera sous les ordres immédiats du général de la division, et soumise à la discipline et à l'ordre prescrit pour les troupes employées à l'armée.

11. Les troupes désignées dans l'article précédent ne feront point partie de la force armée destinée au maintien de l'ordre public dans Paris, et ne pourront y être employées que sur la réquisition des représentants de la nation.

12. Le pouvoir exécutif rendra compte, dans trois jours, de l'entière exécution du présent décret, dont une expédition sera adressée à chacune des sections de Paris.

26 fév. 1793. — Décret qui enjoint aux propriétaires ou locataires de donner à leurs municipalités respectives la liste des personnes logées chez eux.

Art. 1. Tous citoyens de la République, propriétaires, locataires, sous-locataires, concierges ou autres, jouissant, à quelque titre que ce soit, de maisons ou portions de maisons, et qui les ont louées ou sous-louées en tout ou partie, ou mêmes remises gratuitement à des personnes non inscrites sur le rôle des habitants du lieu, seront tenus de déclarer dans leurs municipalités ou sections, vingt-quatre heures après la promulgation du présent décret, les noms, qualités et domiciles ordinaires desdits étrangers logés chez eux ou avec eux.—Pour s'assurer de la sincérité desdites déclarations, elles seront, dans les vingt-quatre heures suivantes, affichées à la porte principale du lieu où se tiennent les séances, soit de la municipalité, soit de la section, avec invitation à tous les citoyens de dénoncer les omissions et imperfections qu'ils pourront découvrir dans les listes.

2. Les mêmes déclarations auront lieu, jusqu'à ce qu'il en ait été autrement ordonné, à l'égard de ceux qui recevront par la suite aucun étranger, aux mêmes titres que ci-dessus.

3. À défaut de faire ces déclarations, ceux qui y sont assujettis par les articles précédents seront punis d'un emprisonnement qui ne pourra être moindre d'un mois ni en excéder trois, hors néanmoins le cas ci-après expliqué.

4. Toute personne qui aura recélé ou caché, moyennant salaire ou gratuitement, une autre personne assujettie aux lois de l'émigration ou de la déportation, sera punie de six ans de fers.

5. Il est enjoint aux corps administratifs de tenir sévèrement la main à ce que les gardiens des maisons des émigrés n'en transmettent, même momentanément, l'usage à qui que ce soit, sous peine de destitution, et sans préjudice des plus fortes peines portées par les articles précédents, dans le cas où ils les auraient encourues.

1er-2 août 1793. — Décret contenant différentes mesures de sûreté publique.

Art. 1. La convention nationale confirme la nomination faite par le comité de salut public, et l'envoi des citoyens Billaud-Varenne et Niou, en qualité de représentants du peuple, dans les départements du Pas-de-Calais et du Nord ; elle les investit de pouvoirs illimités pour prendre toutes les mesures de sûreté générale nécessaires au succès de leur mission; ordonne aux autorités constituées et à la force armée d'exécuter leurs arrêtés, et d'obéir à toutes leurs réquisitions.

2. Les ministres, les corps administratifs et les municipalités sont particulièrement chargés de donner sur-le-champ les ordres les plus précis pour la surveillance la plus sévère de tous les ports, arsenaux, magasins et autres établissements nationaux, et des caisses publiques.

3. La déclaration de Charrier, la lettre anglaise et les notes anglaises renfermées dans le portefeuille déposé au comité de salut public, seront envoyées par des courriers extraordinaires à tous les départements, ainsi que le rapport du comité de salut public, et il en sera délivré six exemplaires à chaque député.

4. La convention nationale dénonce au nom de l'humanité outragée, à tous les peuples, et même au peuple anglais, la conduite lâche, perfide et atroce du gouvernement britannique, qui soudoie l'assassinat, le poison, l'incendie et tous les crimes pour le triomphe de la tyrannie, et pour l'anéantissement des droits de l'homme.

5. Les biens de toutes les personnes qui ont été ou qui seront hors de la loi par décret de la convention, sont déclarés appartenir à la République.

6. La reine Marie-Antoinette est renvoyée au tribunal extraordinaire ; elle sera transférée sur-le-champ à la Conciergerie.

7. Tous les individus de la famille des Bourbons seront déportés hors du territoire de la République, à l'exception des deux enfants de Louis XVI, et des individus de la famille qui sont sous le glaive de la loi.

8. Elisabeth, sœur de Louis XVI, ne pourra être déportée qu'après le jugement de la reine Marie-Antoinette.

9. Les membres de la famille des Bourbons qui sont sous le glaive de la loi, seront déportés après le jugement s'ils sont absous.

10. La dépense des deux enfants de Louis XVI sera réduite à ce qui est nécessaire pour l'entretien et la nourriture de deux individus.

11. Les tombeaux et mausolées des ci-devant rois, élevés dans l'église de Saint-Denis, seront détruits le 10 août prochain.

17 sept. 1793. — Décret relatif aux gens suspects.

Art. 1. Immédiatement après la publication du présent décret, tous les gens suspects qui se trouvent dans le territoire de la République, et qui sont encore en liberté, seront mis en état d'arrestation.

2. Sont réputés gens suspects, 1° ceux qui, soit par leur conduite, soit par leurs relations, soit par leurs propos ou leurs écrits, se sont montrés partisans de la tyrannie ou du fédéralisme, et ennemis de la liberté ; 2° ceux qui ne pourront pas justifier, de la manière prescrite par le décret du 21 mars dernier, de leurs moyens d'exister et de l'acquit de leurs devoirs civiques; 3° ceux à qui il a été refusé des certificats de civisme; 4° les fonctionnaires publics suspendus ou destitués de leurs fonctions par la convention nationale ou par ses commissaires, et non réintégrés, notamment ceux qui ont été ou doivent être destitués en vertu du décret du 14 août dernier; 5° ceux des ci-devant nobles, ensemble les maris, femmes, pères, mères, fils ou filles, frères ou sœurs, et agents d'émigrés, qui n'ont pas constamment manifesté leur attachement à la révolution; 6° ceux qui ont émigré dans l'intervalle du 1er juill. 1789, à la publication du décret du 30 mars-8 avr. 1792, quoiqu'ils soient rentrés en France dans le délai fixé par ce décret, ou précédemment.

3. Les comités de surveillance établis d'après le décret du 21 mars dernier, ou ceux qui leur ont été substitués, soit par les arrêtés des représentants du peuple envoyés par les armées et dans les départements, soit en vertu des décrets particuliers de la convention nationale, sont chargés de dresser, chacun dans son arrondissement, la liste des gens suspects, de décerner contre eux les mandats d'arrêt, et de faire apposer les scellés sur leurs papiers. Les commandants de la force publique à qui seront remis ces mandats, seront tenus de les mettre à exécution sur-le-champ, sous peine de destitution.

4. Les membres du comité ne pourront ordonner l'arrestation d'aucun individu, sans être au nombre de sept, et qu'à la majorité absolue des voix.

5. Les individus arrêtés comme suspects seront d'abord conduits dans les maisons d'arrêt du lieu de leur détention; à défaut de maison d'arrêt, ils seront gardés à vue dans leurs demeures respectives.

6. Dans la huitaine suivante, ils seront transférés dans les bâtiments nationaux que les administrations de département seront tenues, aussitôt après la réception du présent décret, de désigner et faire préparer à cet effet.

7. Les détenus pourront faire transporter dans ces bâtiments les meubles qui leur seront d'une absolue nécessité; ils y resteront gardés jusqu'à la paix.

8. Les frais de garde seront à la charge des détenus, et seront répartis entre eux également : cette garde sera confiée de préférence aux pères de famille et aux parents de citoyens qui sont ou marcheront aux frontières. Le salaire en est fixé par chaque homme de garde à la valeur d'une journée et demie de travail.

9. Les comités de surveillance enverront sans délai au comité de sûreté générale de la convention nationale, l'état des personnes qu'ils auront fait arrêter, avec les motifs de leur arrestation, et les papiers qu'ils auront saisis sur elles.

10. Les tribunaux civils et criminels pourront, s'il y a lieu, faire retenir en état d'arrestation comme gens suspects, et envoyer dans les maisons de détention ci-dessus énoncées, les prévenus de délits à l'égard desquels il serait déclaré n'y avoir pas lieu à accusation, ou qui seraient acquittés des accusations portées contre eux.

3 oct. 1793. — Décret portant que les dispositions de l'art. 10 du décret du 17 septembre dernier, sur les personnes suspectes, s'étendent aux tribunaux criminels militaires.

14-16 frim. an 2 (4-6 déc. 1793). — Décret sur le mode de gouvernement provisoire et révolutionnaire. — V. Droit constit., p. 300.

27 germ.-5 flor. an 2 (16-24 avr. 1794). — Décret concernant la répression des conspirateurs, l'éloignement des nobles, et la police générale.

Art. 1. Les prévenus de conspiration seront traduits, de tous les points de la République, au tribunal révolutionnaire de Paris.

2. Les comités de salut public et de sûreté générale rechercheront promptement les complices des conjurés, et les feront traduire au tribunal révolutionnaire.

3. Les commissions populaires seront établies pour le 15 floréal.

4. Il est enjoint à toutes les administrations et à tous les tribunaux civils de terminer dans trois mois à compter de la promulgation du présent décret, les affaires pendantes, à peine de destitution ; et à l'avenir, toutes affaires privées devront être terminées dans le même délai, sous la même peine.

5. Le comité de salut public est expressément chargé de faire inspecter les autorités, et les agents publics chargés de coopérer à l'administration.

6. Aucun ex-noble, aucun étranger des pays avec lesquels la République est en guerre, ne peut habiter Paris, ni les places fortes, ni les villes maritimes, pendant la guerre. Tout noble ou étranger dans le cas ci-dessus, qui y serait trouvé dans dix jours, est mis hors la loi.

7. Les ouvriers employés à la fabrication des armes à Paris, les étrangères qui ont épousé des patriotes français, les femmes nobles qui ont épousé des citoyens non nobles, ne sont point compris dans l'article précédent.

8. Les étrangers ouvriers, vivant du travail de leurs mains antérieurement au présent décret, les marchands détaillants établis aussi antérieurement au présent

sions étaient encore trop vivantes pour que le gouvernement pût renoncer sans péril à ces moyens exceptionnels de défense. — Immédiatement après la révolution du 18 brumaire, un arrêté des consuls, du 20 brum. an 8 (11 nov. 1799), prononce le bannissement de certains individus hostiles au nouveau gouvernement, ordonne à d'autres de se rendre à la Rochelle, département de la Charente-Inférieure, pour être ensuite conduits et retenus dans tel lieu de ce département qui sera indiqué par le ministre de la police générale, et décide enfin que tous ces individus seront dessaisis de l'exercice de tout droit de propriété, et que la remise ne leur en sera faite que sur la preuve authentique de leur arrivée au lieu fixé, et que ce droit leur sera enlevé de nouveau, s'ils quittent le lieu où ils se sont rendus ou celui où ils auront été conduits. — Dans plusieurs départements, la constitution est suspendue (L. 23 niv. an 8, V. Droit constitut., p. 315; arr. 26 niv. an 8; *eod.*, p. 316), et le droit de faire des règlements, même portant peine de mort, est accordé aux généraux commandant les armées (arrêté 26 niv. an 8, *eod.*).

16. L'attentat de la rue Saint-Nicaise, connu sous le nom d'*affaire de la machine infernale*, provoqua de la part du gou-

vernement de nouvelles mesures de sûreté générale. Le premier consul, consultant à ce sujet le conseil d'Etat, disait : « Un grand exemple est nécessaire pour attacher la classe intermédiaire à la république. Il est impossible de l'espérer tant que cette classe se verra menacée par deux cents loups enragés qui n'attendent que le moment de se jeter sur leur proie. Dans un pays où les brigands restent impunis et survivent à toutes les crises révolutionnaires, le peuple n'a point de confiance dans le gouvernement des honnêtes gens, timides et modérés ; il ménage toujours les méchants qui peuvent lui devenir funestes. Les métaphysiciens sont une sorte d'hommes à qui nous devons tous nos maux. Il ne faut rien faire, il faut pardonner comme Auguste, ou prendre une grande mesure qui soit une garantie de l'ordre social. Il faut se défaire des scélérats en les jugeant par accumulation de crimes » (Hist. pariem. de la révolut., t. 38, p. 370). — Le conseil d'Etat fut d'avis que, pour assurer la constitution et la liberté publique, le gouvernement devait mettre en surveillance hors du territoire européen de la République, les individus que le ministre de la police lui indiquerait, et que cet acte de haute police n'était pas de nature à être l'objet d'une loi, mais devait cependant, à cause

décret, les enfants au-dessous de quinze ans, et les vieillards âgés de plus de soixante-dix ans, sont pareillement exceptés.

9. Les exceptions relatives aux nobles et étrangers militaires sont renvoyées au comité de salut public, comme mesure de gouvernement.

10. Le comité de salut public est également autorisé à retenir, par réquisition spéciale, les ci-devant nobles et les étrangers dont il croira les moyens utiles à la République.

11. Les comités révolutionnaires délivreront les ordres de *passe* ; les individus qui les recevront, seront tenus de déclarer le lieu où ils se retirent ; il en sera fait mention dans l'ordre.

12. Les comités révolutionnaires tiendront registre de tous les ordres de *passe* qu'ils délivreront, et feront passer un extrait de ce registre, chaque jour, aux comités de salut public et de sûreté générale.

13. Les ci-devant nobles et étrangers compris dans le présent décret, seront tenus de faire viser leur ordre de *passe*, au moment de leur arrivée, par la municipalité dans l'étendue de laquelle ils se retireront. Ils seront également tenus de se représenter tous les jours à la municipalité de leur résidence.

14. Les municipalités seront tenues d'adresser, sans délai, aux comités de salut public et de sûreté générale, la liste de tous les ci-devant nobles et des étrangers demeurant dans leur arrondissement, et de tous ceux qui s'y retireront.

15. Les ci-devant nobles et étrangers ne pourront être admis dans les sociétés populaires et comités de surveillance, ni dans les assemblées de commune ou de section.

16. Le séjour de Paris, des places fortes, des villes maritimes, est interdit aux généraux qui n'y sont point en activité de service.

17. Le respect envers les magistrats sera religieusement observé ; mais tout citoyen pourra se plaindre de leur injustice, et le comité de salut public les fera punir selon la rigueur des lois.

18. La convention nationale ordonne à toutes les autorités de se renfermer rigoureusement dans les limites de leurs institutions, sans les étendre ni les restreindre.

19. Elle ordonne au comité de salut public d'exiger un compte sévère de tous les agents, de pourvoir ceux qui auront renversé les complots, et auront tourné contre la liberté le pouvoir qui leur aura été confié.

20. Tous les citoyens sont tenus d'informer les autorités de leur ressort et le comité de salut public, des vols, des discours inciviques, et des actes d'oppression dont ils auraient été victimes ou témoins.

21. Les représentants du peuple se serviront des autorités constituées, et ne pourront déléguer ce pouvoir.

22. Les réquisitions sont interdites à tous autres que la commission des subsistances et les représentants du peuple près les armées, sous l'autorisation expresse du comité de salut public.

23. Si celui qui sera convaincu désormais de s'être plaint de la révolution, vivait sans rien faire, n'était ni sexagénaire ni infirme, il sera déporté à la Guiane : ces sortes d'affaires seront jugées par les commissions populaires.

24. Le comité de salut public encouragera par des indemnités et des récompenses, les fabriques, l'exploitation des mines, les manufactures, le dessèchement des marais. Il protégera l'industrie, la confiance entre ceux qui commercent ; il fera des avances aux négociants patriotes qui offriront des approvisionnements au maximum. Il donnera des ordres de garanties à ceux qui amèneront des marchandises à Paris, pour que les transports ne soient pas inquiétés ; il protégera la circulation des routiers dans l'intérieur, et ne souffrira pas qu'il soit porté atteinte à la bonne foi publique.

25. La convention nationale nommera dans son sein deux commissions, chacune de trois membres : l'une chargée de rédiger un code succinct et complet des lois et des finances jusqu'à ce jour, en supprimant celles qui sont devenues confuses ; l'autre commission sera chargée d'organiser un corps d'institutions civiles, propre à conserver les mœurs et l'esprit de la liberté. Ces commissions feront leur rapport dans un mois.

28 germ. an 2 (1ᵉʳ avr. 1794). — Décret contenant une exception et une nouvelle disposition au décret du 27 germ. an 2, relatif aux conspirateurs, aux nobles et à la police générale.

Art. 1. Sont exceptés du décret des 26 et 27 de ce mois (germinal) les étrangers domiciliés en France depuis vingt ans, et ceux qui, étant domiciliés depuis six ans seulement, ont prise une femme française non noble.

2. Sont assimilés aux nobles et compris dans la même loi ceux qui, sans être nobles suivant les idées ou les règles de l'ancien régime, ont usurpé ou acheté les

titres ou les privilèges de la noblesse, et ceux qui auraient plaidé ou fabriqué de faux titres pour se les faire attribuer.

29 germ. 1ᵉʳ flor. an 2 (18-20 avr. 1794). — Décret contenant une nouvelle rédaction de l'art. 8 de celui du 27 germ. an 2 sur la police générale.

La convention nationale décrète que l'art. 8 du décret rendu dans la séance du 27 germinal, sur la police générale, demeurera définitivement rédigé dans les termes suivants : — Les étrangers ouvriers, vivant du travail de leurs mains antérieurement au décret du mois d'août (vieux style) relatif aux mesures de police contre les étrangers ; ceux des étrangers seulement qui seront reconnus pour avoir été marchands détaillants antérieurement au mois de mai 1789 ; les enfants au-dessous de quinze ans, et les vieillards âgés de plus de soixante-dix ans, sont pareillement exceptés.

18 frim. an 3 (8 déc. 1794). — Décret qui rapporte celui du 27 germ. an 2, sur la police générale, à l'exception des art. 1 et 2.

28 germ. an 3 (17 avr. 1795). — Décret par lequel la convention nationale invite les bons citoyens à se tenir prêts à employer tous les moyens pour maintenir la tranquillité publique.

21 flor. an 4 (10 mai 1796). — Loi contenant des mesures pour assurer la liberté et la tranquillité publiques.

Art. 1. Tout citoyen qui, ayant été membre de la convention nationale, se trouve aujourd'hui dans le département de la Seine, sans y avoir de fonctions publiques, et qui n'y avait pas de domicile établi avant l'époque de sa nomination ; tout ex-fonctionnaire public ; tout militaire destitué ou licencié, dont le domicile n'était point établi dans ledit département avant le 1ᵉʳ janv. 1795 ; tout prévenu d'émigration non rayé définitivement de la liste des émigrés, encore qu'il eût son domicile dans le département de la Seine, sera tenu de sortir dudit département dans l'espace de trois fois vingt-quatre heures après la publication de la loi, et de se tenir à 10 lieues au moins de la commune de Paris.

2. Seront pareillement tenus de sortir du département de la Seine, et dans le même délai, tous particuliers nés hors des terres de la République, qui ne seraient pas attachés par leurs fonctions au corps diplomatique, et qui ne seraient pas établis dans le département de la Seine avant le 14 juill. 1789.

3. Tout citoyen qui, ayant été prévenu de jugement ou mis en état d'accusation, n'aurait recouvré sa liberté que par l'effet de la loi d'amnistie du 4 brumaire, sera également tenu de sortir du département dans les trois fois vingt-quatre heures.

4. Le directoire exécutif est néanmoins autorisé, à l'égard de celles des personnes dénommées dans les art. 1 et 2, dont il jugerait la présence utile à la République, de leur permettre de rester dans le département de la Seine.

5. Quiconque n'ayant pas obtenu la permission mentionnée dans l'article précédent, sera trouvé dans l'étendue de 10 lieues de la commune de Paris après le délai porté par les articles ci-dessus, sera jugé suivant les formes établies par la loi du 27 germinal, et puni de la déportation.

30 flor. an 4 (19 mai 1796). — Arrêté du directoire exécutif, concernant les formalités à observer pour les demandes d'exception à la loi du 21 floréal, qui prescrit des mesures pour assurer la tranquillité publique

Le directoire exécutif arrête qu'il ne sera prononcé sur les demandes existantes actuellement de citoyens qui réclament une exception à la loi du 21 floréal, non plus que sur aucune de celles du même genre qui parviendraient au directoire, à moins que les pétitionnaires ne joignent à leur demande une attestation de la municipalité du lieu où ils se sont retirés, à l'effet de constater qu'ils ont obéi à la loi.

9 prair. an 5 (28 mai 1797). — Loi qui abroge celle du 21 flor. an 4, contenant des mesures de sûreté publique.

11 mess. an 5 (29 juin 1797). — Loi qui rapporte l'art. 2 de celle du 21 flor. an 4, concernant des mesures de police envers les particuliers nés hors le territoire de la République.

24 mess. an 7 (12 juill. 1799). — Loi sur la répression du brigandage et des assassinats dans l'intérieur. — V. Crimes contre la sûreté de l'Etat, p. 558.

22 brum. an 8 (13 nov. 1799). — Loi qui abroge celle du 24 mess. an 7.

de son importance, devenir la matière d'un sénatus-consulte. — En conséquence, un acte du gouvernement du 14 niv. an 9 (4 janv. 1801), disposa : « Seront mis en surveillance hors du territoire européen de la République les citoyens dont les noms suivent, etc. » — Le sénat conservateur appelé à se prononcer sur cet acte, le considéra comme une mesure conservatrice de la constitution, par ce motif que « dans le silence de la constitution et des lois, sur les moyens de mettre un terme à des dangers qui menacent chaque jour la chose publique, le désir et la volonté du peuple ne peuvent être exprimés que par l'autorité qu'il a spécialement chargée de conserver le pacte social, et de maintenir ou d'annuler les actes favorables ou contraires à la charte constitutionnelle » (Sén.-cons. 15 niv. an 9 [5 janv. 1801]).

17. En l'an 12, un sénatus-consulte suspend les fonctions du jury pendant les années 12 et 13 pour les crimes de trahison, d'attentat contre la personne du premier consul, et autres contre la sûreté intérieure et extérieure de la République (sénat.-cons. 8 vent. an 12-28 fév. 1804). — Une loi du 9 ventôse de la même année (29 fév. 1804) déclare que le recèlement du nommé Georges et des soixante brigands soudoyés par l'Angleterre pour attenter à la vie du premier consul, sera jugé et puni comme le crime principal : étaient considérés comme recéleurs ceux qui avaient sciemment reçu, retiré ou gardé l'un de ces individus sans en faire la déclaration à la police dans les vingt-quatre heures ; étaient punis de six ans de fer ceux qui, ayant reçu Pichegru ou les individus ci-dessus mentionnés avant la publication de la présente loi, n'en faisaient pas la déclaration dans le délai de huit jours. — Enfin, un décret du 3 mars 1810, dont les considérants, fort curieux à étudier, montrent que le gouvernement impérial songeait plutôt à légaliser un état de choses antérieur qu'à se créer des pouvoirs nouveaux, rétablit les prisons d'État pour y renfermer certains individus dangereux qu'il n'était convenable, dit le décret, ni de traduire devant les tribunaux, ni de faire mettre en liberté (V. Prisons, p. 990).

18. Le gouvernement de la Restauration eut aussi ses lois exceptionnelles : il fut enjoint à certains individus qui, pendant les Cent-Jours, avaient pris parti pour Napoléon, de sortir de Paris et de se retirer dans l'intérieur de la France dans les lieux que le ministre de la police devait leur indiquer et où ils devaient rester sous sa surveillance en attendant que les chambres statuassent sur ceux d'entre eux qui devaient sortir du royaume ou être livrés aux tribunaux. — La loi du 12 janv. 1816, rendue sous prétexte d'amnistie, ordonnait le bannissement à perpétuité des régicides qui avaient voté pour l'acte additionnel ou accepté des fonctions ou emplois sous le gouvernement de Napoléon (V. Amnistie, p. 512). Cette loi fut suivie d'une ord. des 17-20 janv. 1816, qui ordonna à ces personnes de sortir du royaume au plus tard le 25 février. — La loi du 12 janv. 1816 a été révoquée par celle du 11 sept. 1830 (V. Amnistie, p. 530; Peine, nos 659 et suiv.). — Outre ces actes purement individuels, la Restauration eut aussi des lois relatives à des mesures de sûreté générale. Plusieurs lois permirent au gouvernement royal l'arrestation et la détention sans jugement de ceux qui étaient arrêtés comme prévenus de crimes ou de délits contre la personne et l'autorité du roi, contre les personnes de la famille royale ou contre la sûreté de l'État (V. L. 29 oct. 1815, 12 fév. 1817, 26 mars 1820, v° Liberté indiv., p. 18 et 19).

19. Le gouvernement issu de la révolution de 1830, malgré les attaques furieuses des partis qui lui étaient hostiles, malgré les troubles si graves qui ensanglantèrent plusieurs fois les rues de la capitale, semble n'avoir cherché à combattre ses ennemis que par les moyens que lui fournissaient les lois régulières du pays. On ne voit pas en effet qu'il ait usé de pouvoirs extraordinaires autres que ceux résultant des lois qui lui permettaient la mise en état de siège des localités envahies par l'émeute ou par l'insurrection, à moins qu'on ne veuille donner ce caractère aux lois de septembre votées par les trois pouvoirs de l'État. Du reste, les meilleurs gouvernements et les plus attachés aux idées d'une sage et véritable liberté se sont trouvés parfois dans la nécessité de recourir à ces moyens extrêmes, et de voiler, pendant un temps plus ou moins long, l'image de la liberté pour la sauver elle-même, et avec elle, la société tout entière menacée par l'audace et la violence des factions et des minorités dissidentes.

20. Après la révolution de 1848, les lois d'exception reparaissent ; les journées de juin, où les efforts insensés des ennemis de l'ordre public mirent la société dans le plus grand péril qu'elle ait jamais couru, laissèrent entre les mains du gouvernement un tel nombre de prisonniers qu'on ne pouvait songer à les déférer aux tribunaux réguliers, sous peine de perpétuer dans le pays l'agitation la plus pernicieuse. L'assemblée nationale ordonna, comme mesure de sûreté générale et sans jugement préalable, la transportation dans les possessions françaises d'outre-mer de tous les détenus reconnus pour avoir pris part à l'insurrection des 23 juin et jours suivants (décr. 27 juin 1848, D. P. 48. 4. 118). — Après le coup d'État du 2 déc. 1851, le gouvernement fut aussi investi du pouvoir de transporter, par mesure de sûreté générale, dans une colonie pénitentiaire, à Cayenne ou en Algérie, tout individu placé sous la surveillance de la haute police et en rupture de ban, ainsi que ceux qui auraient été reconnus coupables d'avoir fait partie d'une société secrète (décr. 8 déc. 1851, D. P. 52. 4. 8).

21. Le calme qui suivit ces derniers événements, la force morale d'un gouvernement acclamé par plusieurs millions de suffrages semblaient faire supposer que le règne des lois exceptionnelles était enfin terminé. Il ne devait pas en être ainsi : les ennemis de la société n'avaient pas déposé leurs armes. « Ni la clémence du souverain, disait l'orateur du gouvernement en présentant la loi dont nous allons parler, ni le spectacle de la France prospère et glorieuse n'ont pu les ramener encore. Liés par leur passé à une détestable cause, ils ajournent, mais n'abandonnent pas leurs desseins. » — L'assassinat est le moyen désespéré des partis vaincus ; c'est aussi à l'assassinat qu'ils eurent recours. L'attentat odieux du 14 janv. 1858 vint imposer au gouvernement d'impérieux devoirs. — Il ne suffisait pas de punir le crime accompli, il fallait encore prévenir les crimes futurs. C'est dans ce but que le gouvernement demanda au corps législatif de nouveaux moyens de défense qui lui furent accordés par la loi du 27 fév. 1858 (D. P. 58. 4. 14). Démembrer cette armée du désordre qui, constituée en sociétés secrètes et correspondant avec les meneurs réfugiés en pays étranger, espérait profiter des conséquences du crime, priver les sociétés secrètes de leurs chefs par l'éloignement, tel fut le but de cette loi. Elle contient du reste deux parties bien distinctes, l'une judiciaire et permanente, qui comble des lacunes de notre code criminel ; l'autre administrative, qui doit être temporaire. La première comprend les art. 1, 2, 3, 4, et la seconde les art. 5, 6, 7 de la loi.

22. L'art. 1 punit d'un emprisonnement de deux à cinq ans et d'une amende de 500 fr. à 10,000 fr. tout individu qui a *provoqué publiquement*, d'une manière quelconque, aux crimes prévus par les art. 86 et 87 c. pén., lorsque cette provocation n'a pas été suivie d'effet. — Des difficultés se sont élevées lors de la discussion, sur le point de savoir ce que l'on devait entendre par provocation publique *d'une manière quelconque*, et il a été reconnu que par ces derniers mots on doit entendre exclusivement la provocation par l'un des moyens énoncés dans la loi du 17 mai 1819 (séance du corps législ., 19 fév. 1858, D. P. 58. 3. 40; V. eod. nos observations en note). — Et quant au mot *publiquement*, la jurisprudence en a jusqu'ici parfaitement déterminé la portée. L'appréciation du fait appartient aux tribunaux, et jamais, devant les tribunaux, on n'a confondu ce qui était du domaine de la vie privée et confidentielle avec des attaques publiques (observat. présentées au corps législatif par M. Langlais, commissaire du gouvernement, D. P. 58. 4. 14, note 2). — Il est utile de rapprocher de cette interprétation l'arrêt du 29 frim. an 5, rapporté ci-dessus n° 5. — V. du reste sur le sens du mot *publiquement*, ce qui est dit v° Presse-outrage, nos 533 et suiv.

23. L'art. 2 punit d'un emprisonnement d'un mois à deux ans, et d'une amende de 100 fr. à 2,000 fr. tout individu qui, dans le but de troubler la paix publique ou d'exciter à la haine ou au mépris du gouvernement de l'empereur, a pratiqué des *manœuvres* ou entretenu des *intelligences*, soit à l'intérieur, soit à l'étranger. — Il a été jugé que par *manœuvres* et *intelligences*, la loi du 27 fév. 1858 entend un ensemble de faits ou d'actes, un concours ou un accord de volontés et d'intentions tendant, soit à troubler la paix publique, soit à exciter à la haine et au mépris du gouvernement de l'empereur ; — Spécialement, il y a lieu de considérer comme constituant de telles manœuvres ou intelligences le fait d'avoir rédigé, signé et fait signer en France, puis fait remettre en pays étranger une adresse politique dont le contenu est de nature à ranimer des sentiments hostiles au gouvernement et à conduire à la guerre civile (Crim. rej. 11 déc. 1858, aff. de Curzon, D. P. 59. 1. 93). — V. encore sur ces expressions de la loi de 1858 les explications données par M. Baroche lors de la discussion, D. P. 58. 4. 14, note 3.

24. D'après l'art. 3 tout individu qui sans y être légalement autorisé «a fabriqué ou fait fabriquer, débité ou distribué : 1° des machines meurtrières agissant par explosion ou autrement ; 2° de la poudre fulminante, quelle qu'en soit la composition, est puni d'un emprisonnement de six mois à cinq ans, et d'une amende de 50 fr. à 3,000 fr. — La même peine est applicable à quiconque est trouvé détenteur ou porteur, sans autorisation, des objets ci-dessus spécifiés. — Ces peines sont prononcées sans préjudice de celles que les coupables auraient pu encourir comme auteurs ou complices de tous autres crimes et délits. »

25. L'art. 4, commun à toutes les dispositions précédentes, porte que les individus condamnés par application de ces dispositions peuvent être interdits en tout ou en partie des droits mentionnés en l'art. 42 c. pén. pendant un temps égal à la durée de l'emprisonnement prononcé.

26. Les art. 5, 6, 7 forment, nous l'avons dit, la partie de cette loi ayant un caractère purement administratif et transitoire. La commission du corps législatif a pensé que l'application de cette loi pendant un certain nombre d'années suffirait pour purifier le pays ; aussi a-t-elle d'une part proposé de fixer la durée temporaire de cette loi, et d'autre part repoussé les amendements qui pourraient en atténuer la force et l'efficacité (V. Rapport, D. P. 58. 4. 16, n° 9). — Les art. 5, 6, 7 sont ainsi conçus : — «Art. 5. Tout individu condamné pour l'un des délits prévus par la présente loi peut être, par mesure de sûreté générale, interné dans un des départements de l'empire ou en Algérie, ou expulsé du territoire français. — Art. 6. Les mêmes mesures de sûreté générale peuvent être appliquées aux individus qui seront condamnés pour crimes ou délits prévus : 1° par les art. 86 à 101, 155, 154, § 1, 209 à 211, 213 à 221 c. pén. ; 2° par les art. 3, 5, 6, 7, 8 et 9 de la loi du 24 mai 1834, sur les armes et munitions de guerre ; 3° par la loi du 7 juin 1848, sur les attroupements ; 4° par les art. 1 et 2 de la loi du 27 juill. 1849. — Art. 7. Peut être interné dans un des départements de l'empire ou en Algérie, ou expulsé du territoire, tout individu qui a été, soit condamné, soit interné, expulsé ou transporté, par mesure de sûreté générale, à l'occasion des événements de mai et juin 1848, de juin 1849 ou de décembre 1851, et que des faits graves signaleraient de nouveau comme dangereux pour la sûreté publique. » — Ces mesures sont prises par le ministre de l'intérieur, sur le préfet du département, du général qui y commande et du procureur général. L'avis de ce dernier sera remplacé par l'avis du procureur impérial, dans les chefs-lieux où ne siège pas une cour impériale (art. 10). — Les dispositions qu'on vient de retracer n'ont pas besoin de commentaire. Elles donnent au gouvernement, dans un but de sûreté publique, un pouvoir discrétionnaire dont les tribunaux ne sont pas appelés à contrôler l'application.

27. Le délai pendant lequel les art. 6 et 7 doivent rester en vigueur ont été fixés par l'art. 8 qui porte : «Les pouvoirs accordés au gouvernement par les art. 5, 6 et 7 de la présente loi cesseront au 31 mars 1865, s'ils n'ont pas été renouvelés avant cette époque. »

28. L'art. 9 de cette même loi prévoit le cas où un individu interné en Algérie, ou expulsé du territoire, rentrerait en France sans autorisation : cet article décide qu'il pourra être placé dans une colonie pénitentiaire, soit en Algérie, soit dans une autre possession française.

29. On sait que par décret du 16 août 1859 (D. P. 59. 4. 74), une amnistie pleine et entière a été accordée à tous les individus qui ont été condamnés pour crimes politiques, ou qui ont été l'objet de mesures de sûreté générale. — Quelques esprits se sont demandé si par cette amnistie ne se trouvait pas virtuellement abrogée la loi du 27 fév. 1858, dans sa partie purement administrative. Ce qui pourrait faire supposer, en effet, cette abrogation, c'est que l'amnistie faisant disparaître non

seulement la condamnation prononcée, mais le délit lui-même, doit annuler toutes les conséquences du délit et de la condamnation : il n'y aurait donc plus personne en France soumis à l'application de la loi. Mais telle ne paraît pas être l'opinion du gouvernement, qui ne croit pas, par l'amnistie, s'être désarmé des moyens extraordinaires de défense, dont la loi de 1858 l'avait investie. — Voici, en effet, ce qu'on lit dans le compte rendu de la séance du corps législatif du 14 juill. 1860 : « ...L'honorable M. Darimon, dit M. Baroche, pose cette question : N'est-il pas vrai que l'amnistie a mis aussi à néant les lois faites pour des circonstances qui n'existent plus ? — Que ces lois soient mises en fait à néant, M. le président du conseil d'Etat l'espère profondément, et il croit que l'amnistie aura été un des moyens les plus sûrs et les plus politiques d'empêcher le retour des faits qui en ont nécessité l'application ; mais, en droit, il est impossible que l'amnistie ait fait tomber les lois rendues par le corps législatif... L'orateur le répète, il a pleine confiance que rien n'amènera le réveil de cette loi (celle du 27 fév. 1858) qui actuellement sommeille » (V. D. P. 60. 4. 100).

30. Parmi les mesures de salut public auxquelles le gouvernement peut légalement recourir, il faut mentionner aussi la faculté accordée au chef de l'Etat de mettre en état de siège des localités envahies par une insurrection (V. Place de guerre, n°° 29 et suiv.). — Aujourd'hui des départements entiers pourraient être mis en état de siège (V. eod., n° 29, in fine). C'est même ce qui a eu lieu en 1830 et 1851.

31. En terminant cette rapide esquisse historique des lois exceptionnelles de la France, nous ne devons pas manquer de mentionner les lois, suites de nos troubles et de nos convulsions politiques, qui ont prononcé le bannissement des souverains déchus et des membres de leur famille. Ce sont : 1° la loi du 12 janv. 1816 et celle des 10-11 avr. 1832 qui excluent du royaume à perpétuité les membres de la famille Bonaparte, loi révoquée par le décret du 11 oct. 1848 (D. P. 48. 4. 177) ; — 2° La loi des 10-10 avr. 1832 qui prononce le bannissement des princes de la branche aînée des Bourbons ; — 3° Le décret des 26 mai-9 juin 1848 (D. P. 48. 4. 103) aux termes duquel le territoire de la France et de ses colonies est interdit à Louis-Philippe et à sa famille. — V. Peine, n° 659 et suiv.

TRANSACTION. — 1. La transaction est un acte par lequel les parties terminent une contestation née, ou préviennent une contestation à naître : telle est la définition de la transaction donnée par le code Nap., art. 2044, et qui a été critiquée par plusieurs jurisconsultes.—V. n°ˢ 14 et suiv.

Division.

Art. 1. — Historique et législation. — Droit comparé (n° 2).
Art. 2. — Caractères, définition de la transaction (n° 14).
Art. 3. — Formes de la transaction, preuve de ce contrat (n° 50).
Art. 4. — Des personnes capables de transiger (n° 42).
Art. 5. — Choses sur lesquelles on peut transiger (n° 70).
Art. 6. — Autorité et effets des transactions.—Clause pénale (n° 98).
Art. 7. — Règles d'interprétation des transactions (n° 125).
Art. 8. — Causes d'annulation ou de rescision des transactions (n° 136).

Art. 1. — Historique et législation. — Droit comparé.

2. « De tous les moyens de mettre fin aux différends que font naître entre les hommes leurs rapports variés et multipliés à l'infini (a dit M. Bigot de Préameneu dans son discours au corps législatif), le plus heureux dans tous ses effets est la transaction, ce contrat par lequel sont terminées les contestations existantes, ou par lequel on prévient les contestations à naître. Chaque partie se dégage alors de toute prévention ; elle balance de bonne foi, et avec le désir de la conciliation, l'avantage qui résulterait d'un jugement favorable et la perte qu'entraînerait une condamnation ; elle sacrifie une partie de l'avantage qu'elle pourrait espérer pour ne pas éprouver toute la perte qui est à craindre ; et lors même que l'une d'elles se désiste entièrement de sa prétention, elle se détermine par le grand intérêt de rétablir l'union, et de se garantir des longueurs, des frais et des inquiétudes d'un procès. »—Cette opinion de l'orateur du gouvernement est confirmée par tous les jurisconsultes anciens et modernes. — Cicéron a dit : *Proprium hoc statuo esse virtutis, conciliare animos hominum* (Cic., *De offic.* 2. 5). C'est d'un homme sage de concilier les hommes.—Bartole, sur la loi 1, *in princip.*, C. *De transact.*, regardait la transaction comme l'un des contrats les plus utiles entre tous ceux dont les règles sont tracées dans le code Justinien. — Et nous lisons dans le Traité des transactions de M. Troplong une pensée aussi juste qu'elle bien exprimée : « Les procès assiègent la vie par de nombreux tourments ;

ils sont souvent la ruine des familles. La transaction qui les étouffe est le parti du sage. On ne perd pas en transigeant, car, quelque sacrifice que l'on s'impose, on gagne en retour le premier de tous les biens, la tranquillité : *Melior est certa pax quàm sperata victoria.* »

3. Le droit romain contient deux titres sur les transactions, un titre au Digeste : *De transactionibus*, et un titre au code sur le même sujet. — Comme les principes généraux que ces deux titres renferment se retrouvent rappelés dans notre traité, nous croyons inutile d'en parler ici, pour éviter des répétitions.

4. Il paraîtrait que dans l'ancien droit la matière des transactions était considérée comme hérissée de difficultés : *Hœc materia*, disent-ils, *difficillima et speculativa est* (Urceolus, *De trans. exord.*, n° 2 ; Valeron, *De trans. prœm.*, n° 1). Mais aujourd'hui que les principes auxquels les transactions sont soumises sont réglés spécialement par le code, les anciennes difficultés sont éteintes (Conf. M. Troplong, Trans., n° 1).

5. D'après la loi romaine (L. 16 et 41, D. *De transact.*), les transactions doivent être accueillies favorablement par les tribunaux, et par conséquent, les clauses qu'elles renferment doivent être interprétées *prout sonant*. Les officiers publics doivent faire tous leurs efforts pour concilier les parties ; ils ne doivent pas oublier, dit encore très-bien M. Troplong (n° 2), que le procès est *l'ultima ratio*.

6. Le mot *transaction* a un sens large et un sens restreint. Dans son acception large, il embrasse toute conclusion définitive d'une affaire quelconque ; par exemple, les traités de paix qui interviennent de nation à nation sont de véritables transactions. — Dans son acception restreinte, il est employé pour désigner les stipulations qui mettent fin à un procès commencé, ou préviennent un procès sur le point de naître : *Litigiis jam motis et pendentibus, seu posteà movendis*. C'est dans ce sens que le droit romain (L. 1. D. *De trans.* ; L. 38 ; C. *De trans.* ; L. ult., C., *De transact.*), et le code Napoléon ont entendu le mot *transaction*. — La transaction est un contrat du droit des gens (Valeron, *quœst.* 2 ; M. Troplong, n° 14).

7. Le projet de loi sur les transactions a été présenté le 17 vent. an 12 (6 mars 1804) au conseil d'État par M. Berlier, en l'absence de M. Bigot de Préameneu, rapporteur de la section de législation. Adopté à la même séance, il fut communiqué officieusement le 17 vent. au tribunal, qui fit quelques observations. Le 22 vent., M. Bigot de Préameneu fit le rapport au conseil d'État, qui adopta, le même jour, la rédaction définitive du projet. Le 24 vent., M. Bigot de Préameneu, accompagné de MM. Boulay et Dupuy, en exposa les motifs au corps législatif (1).

---

(1) *Exposé des motifs de la loi sur les transactions par le conseiller d'État Bigot-Préameneu* (séance du 24 vent. an 12].

1. Législateurs, de tous les moyens de mettre fin aux différends que font naître entre les hommes leurs rapports variés et multipliés à l'infini, le plus heureux dans tous ses effets est la transaction, ce contrat par lequel sont terminées les contestations existantes, ou par lequel on prévient les contestations à naître. — Chaque partie se dégage alors de toute prévention. Elle balance de bonne foi, et avec le désir de la conciliation, l'avantage qui résulterait d'un jugement favorable, et la perte qu'entraînerait une condamnation ; elle sacrifie une partie de l'avantage qu'elle pourrait espérer, pour ne pas éprouver toute la perte qui est à craindre ; et lors même que l'une d'elles se désiste entièrement de sa prétention, elle se détermine par le grand intérêt de rétablir l'union, et de se garantir des longueurs, des frais et des inquiétudes d'un procès.

2. Un droit douteux, et la certitude que les parties ont entendu balancer et régler leurs intérêts ; tels sont les caractères qui distinguent et qui constituent la nature de ce contrat. — Il n'y aurait pas de transaction si elle n'avait pas pour objet un droit douteux. — On a souvent, en donnant à des actes d'une autre nature, ou même à des actes défendus, le nom de transactions, cherché à leur en attribuer la force et l'irrévocabilité ; mais il sera toujours facile aux juges de vérifier si l'objet de l'acte était susceptible de doute. Il n'y avait point pour une pareille vérification, de règle générale à établir.

3. La capacité nécessaire pour transiger est relative à l'objet de la transaction. Ainsi le mineur émancipé pourra transiger sur les objets d'administration qui lui sont confiés, et sur ceux dont il a la disposition. — Une transaction excède les bornes de la gestion d'un tuteur : cependant on ne peut se dissimuler qu'il ne soit avantageux pour un mineur même, que ce mode de terminer ou de prévenir les procès ne lui soit pas absolument interdit ; et si la vente de ses biens peut, lorsqu'il y a des motifs suffisants, être faite avec l'autorisation du conseil de famille et de la justice, les formalités mettront également à l'abri ses intérêts dans les transactions. Plusieurs coutumes avaient, en prenant ces précautions, donné aux tuteurs la faculté de transiger. Lorsqu'au titre de *la Minorité*, on en a fait le droit commun, on a de plus assujetti les tuteurs à prendre l'avis de trois jurisconsultes ; ils en obtiendront des lumières qui leur sont nécessaires et qui doivent aussi éclairer la famille dans ses délibérations. — Quant aux transactions que le mineur devenu

majeur consentirait à faire avec son tuteur sur son compte de tutelle, on a aussi maintenu et perfectionné l'ancienne règle, en statuant, au même titre *de la Minorité*, que tout traité qui pourra intervenir entre le tuteur et le mineur devenu majeur sera nul, s'il n'a été précédé de la reddition d'un compte détaillé et de la remise des pièces justificatives, le tout constaté par un récépissé ayant au moins dix jours de date avant le traité.

4. Un délit peut-il être l'objet d'une transaction ? — On trouve dans les lois romaines plusieurs textes relatifs à cette question. On y distingue, à cet égard, les délits privés et les crimes publics. — A l'égard des délits privés, *quæ non ad publicam læsionem*, ad *id rem familiarem respiciunt*, tels que le larcin ou l'injure, il y avait toute liberté de transiger (*Leg.* 7 *et* 27 *ff. De pact.* — On pouvait aussi transiger sur les crimes publics lorsqu'ils emportaient peine capitale. Il n'y avait d'exception que pour l'adultère. Cette faculté de transiger sur de pareils crimes était fondée sur le motif qu'en ne peut pas interdire à chacun les moyens de sauver sa vie. — Quant aux crimes publics contre lesquels la peine n'était pas capitale, il n'était pas permis de transiger. — Les accusateurs étaient obligés de poursuivre la punition de ces crimes : il n'y avait point de partie publique. — Le crime de faux était-il excepté ? On entend parler en sens inverse, d'un *falsi accusationem*, employés dans la loi 18, au Cod. *De trans.*, que tout pacte sur les crimes publics non capitaux était, regardé comme imposture qui pouvait devenir une nouvelle accusation ? C'est une question sur laquelle l'obscurité de cette loi et la diversité d'opinions des auteurs laissent encore du doute. — Cette législation sur la poursuite des crimes et sur la faculté de la défense de transiger, était très-défectueuse.

En France, le délit a toujours été distingué des dommages-intérêts qui peuvent en résulter. Dans tous les délits publics ou privés, contre lesquels de poursuivre la vengeance publique, elle ne dépend point de l'action des particuliers ; un pareil intérêt, qui est celui de la société entière, est confié à des officiers publics. — La vengeance publique étant ainsi assurée, et n'ayant point à prendre préjudice ou même pouvant être traiter sur le délit même, mais seulement sur son indemnité, cette indemnité a toujours été considérée comme un intérêt privé sur lequel il est permis de transiger.—Mais celui qui exerce la vengeance publique peut-il présenter comme avec d'un délit l'acte par lequel on a transigé sur l'indemnité qui en résulte ? — On avait mis, dans le projet de l'ordonnance de 1670, un article qui portait défense à toute personne de transiger sur des crimes de nature à provoquer une peine afflic-

Le lendemain eut lieu la communication officielle au tribunat, et le 28 vent., le tribun Albisson fit le rapport sur le projet (1) à

tive ou infamante, et, dans ce cas, une amende de 500 liv. eût été prononcée tant contre la partie civile que contre l'accusé, qui eût été tenu pour convaincu. — Cet article fut retranché comme trop rigoureux, et comme n'étant point nécessaire dans nos mœurs, où l'intérêt social qui exige que les crimes soient punis, est indépendant de toutes conventions particulières. On a dû encore considérer que celui même qui est innocent peut faire un sacrifice pécuniaire pour éviter l'humiliation d'une procédure dans laquelle il serait obligé de se justifier, et on a dû en conclure que la transaction n'étant pas faite sur le délit même avec celui qui est chargé de le poursuivre, on ne doit pas en induire un aveu. C'est aussi par ce motif que toute transaction entre ceux qui remplissent le ministère public et les prévenus, serait elle-même un délit. — On a établi, comme règle générale dans le projet de loi, que l'on peut transiger sur l'intérêt civil qui résulte d'un délit, mais que la transaction n'empêche pas la poursuite du ministère public. — Cette règle s'applique au crime de faux comme à tous les délits. Lorsque celui contre lequel on veut se prévaloir d'une pièce fausse, et qui en opposait la fausseté, cesse d'user de cette exception et transige, on ne peut pas induire de cette transaction qu'il n'y ait plus de corps de délit, et que non-seulement les dommages-intérêts, mais encore la poursuite du même délit pour l'intérêt public soient subordonnés à la volonté des parties. Si la transaction ne fait pas preuve contre le prévenu, elle ne doit aussi, en aucun cas, lier les mains au ministère public, qui ne pourrait pas lui-même transiger.

5. Quoique la transaction ait pour but de régler définitivement la contestation qui en est l'objet, cependant il est permis, comme dans toute autre convention, de stipuler une peine en cas d'inexécution. Si, pour faire subir cette peine, il s'élève un nouveau débat, c'est une contestation différente de celle réglée par la transaction.

6. La transaction termine les contestations qui y donnent lieu ; mais, le plus souvent, elle ne porte pas l'énumération de tous les objets sur lesquels on a entendu transiger ; le plus souvent encore elle contient des expressions générales qui peuvent faire douter si tel objet y est compris. — On a rappelé à cet égard les règles les plus propres à guider les juges. — La première est que les transactions ne doivent avoir d'effet qu'à l'égard des contestations qui en ont été l'objet : *iniquum est perimi pacto id de quo cogitatum non est* (leg. 9, ff. *in fine*, *De transact.*). — Quant aux clauses générales, qui sont le plus souvent employées, voici comment on doit les entendre : — Si, dans une transaction sur un différend, il y a renonciation à tous droits, actions et prétentions, cette renonciation ne doit pas être étendue à tout ce qui n'est point relatif au différend.

7. Pour connaître si plusieurs différends sont terminés par la même transaction, il faut ou que les parties aient manifesté leur intention par des expressions spéciales ou générales, ou que l'on reconnaisse cette intention par une suite nécessaire de ce qui est exprimé.

8. Il peut arriver que celui qui aurait transigé sur un droit douteux, ait ensuite, du chef d'une autre personne, un droit pareil ; quoique l'un et l'autre de ces droits soient d'une nature semblable et présentent le même doute, cependant on ne peut pas dire que celui qui n'était point encore acquis dans le temps de la transaction en ait été l'objet. Il y a même raison de transiger ; mais il n'y a point de lien de droit qui puisse, à l'égard du droit nouvellement échu, être opposé. C'est la décision de la loi 9 au Cod., *De transact.*, où on l'applique à l'espèce d'un mineur qui a transigé avec son tuteur sur la part qu'il avait de son chef dans la succession de son père, et qui devient ensuite héritier de son frère pour l'autre part.

9. On tirerait aussi de ce qu'il y a parité de raison pour transiger, une fausse conséquence, si l'on en induisait que la transaction, faite seulement avec l'un de ceux qui ont le même intérêt, doive avoir son effet à l'égard des autres. Il est d'ailleurs de règle générale que les obligations n'ont de force qu'entre ceux qui les ont contractées, et que si celui qui n'a point été partie dans un acte ne peut pas s'en prévaloir, cet acte ne doit pas aussi lui être opposé.

10. Les transactions se font sur une contestation née ou à naître, et les parties ont entendu y balancer et régler leurs intérêts. C'est donc en quelque sorte un jugement que les parties ont prononcé entre elles ; et lorsqu'elles-mêmes se sont rendu justice, elles ne doivent plus être admises à s'en plaindre. S'il en était autrement, les transactions ne seraient elles-mêmes qu'une nouvelle cause de procès. C'est l'irrévocabilité de ce contrat qui le met au rang de ceux qui sont les plus utiles à la paix des familles et à la société en général. Aussi, l'une des plus anciennes règles de droit est que les transactions ont entre les parties une force pareille à l'autorité de la chose jugée. *Non minorem auctoritatem transactionum quam rerum judicatarum esse rectâ ratione placuit* (leg. 20, Cod., *De trans.*). — Les transactions, comme les jugements, ne peuvent donc point être attaquées à raison des dispositions par lesquelles les parties ont terminé leur différend ; il suffit qu'il soit certain que les parties ont consenti à traiter sous ces conditions.

11. Ce serait donc en vain qu'une partie voudrait réclamer contre une transaction, sous prétexte qu'il y aurait une erreur de droit. En général, les erreurs de droit ne s'excusent point ; et dans les jugements auxquels on assimile les transactions, de pareilles erreurs n'ont jamais été mises au nombre des motifs suffisants pour les attaquer.

12. Mais c'est surtout sous le prétexte de la lésion que les tentatives, pour revenir contre les transactions, ont été le plus multipliées. Cependant il n'y a point de contrat à l'égard duquel l'action en lésion soit moins admissible. Il n'est point, en effet, dans la classe des contrats commutatifs ordinaires, dans lesquels les droits ou les obligations des parties sont possibles à reconnaître et à balancer par la nature même du contrat. Dans la transaction tout était incertain avant que la volonté des parties l'eût réglé. Le droit était douteux, et on ne peut pas déterminer à quel point il était convenable à chacune des parties de réduire sa prétention ou même de s'en désister. — Lorsqu'en France on a négligé de se conformer à ces principes, on a vu revivre des procès sans nombre qu'aucune transaction ne pouvait plus amortir. Il fallut dans le seizième siècle (avr. 1560) qu'une ordonnance fût rendue, pour confirmer toutes les transactions qui auraient été passées entre majeurs sans dol ni violence ; et pour interdire sous de grandes peines aux juges d'avoir égard à l'action en rescision pour cause de lésion d'outre-moitié ou même de lésion plus grande, aux officiers des chancelleries de délivrer les lettres alors nécessaires pour intenter cette action, et à toutes personnes d'en faire la demande.

13. Il n'y a ni consentement, ni même de contrat, lorsqu'il y a erreur dans la personne. Telle serait la transaction que l'on croirait faire avec celui qui aurait qualité pour élever des prétentions sur le droit douteux, tandis qu'il n'aurait aucune qualité, et que ce droit lui serait étranger. — Il n'y a point de consentement, s'il a été surpris par dol, ou extorqué par violence. Ce sont les principes communs à toutes les obligations.

14. Lorsqu'un titre est nul, il ne peut en résulter aucune action pour son exécution : ainsi, lors même que, dans ce titre, il y aurait des dispositions obscures, elles ne pourraient faire naître de contestation douteuse, puisque celui contre qui l'on voudrait exercer l'action aurait dans sa nullité un moyen certain d'en être déchargé. Il faut donc pour que, dans ce cas, la transaction soit valable, que les parties aient expressément traité sur la nullité.

15. Il a toujours été de règle qu'une transaction faite sur le fondement de pièces, alors regardées comme vraies, et qui ont ensuite été reconnues fausses, est nulle. Celui qui voudrait en profiter serait coupable d'un délit, lors même que, dans le temps du contrat, il aurait ignoré que la pièce était fausse, s'il voulait encore en tirer avantage lorsque sa fausseté serait constatée. — Mais on avait dans la loi romaine tiré de ce principe une conséquence qu'il serait difficile d'accorder avec la nature des transactions et avec l'équité. On suppose dans cette loi que, dans une transaction, il peut se trouver plusieurs chefs qui soient indépendants, et auxquels la pièce fausse ne soit pas commune. On y décide que la transaction conserve sa force pour les chefs auxquels la pièce fausse ne s'applique pas. — Cette décision n'est point admise dans le projet de loi. On ne doit voir dans une transaction que des parties corrélatives ; et lors même que les divers points sur lesquels on a traité sont indépendants, quant à leur objet, il n'en est pas moins incertain, s'ils ont été indépendants quant à la volonté de contracter, et si les parties eussent traité séparément sur l'un des points. — On eût moins risqué de s'écarter de l'équité en décidant que celui contre lequel on se serait servi de la pièce fausse aurait l'option ou de demander la nullité du contrat en entier, ou d'exiger qu'il fût maintenu, quant aux objets étrangers à la pièce fausse ; mais la règle générale que tout est corrélatif dans une transaction, est celle qui résulte de la nature de ce contrat ; et ce qui n'y serait pas conforme ne peut être exigé par celui même contre lequel on s'est servi de la pièce fausse.

16. La transaction qui aurait été faite sur un procès terminé par un jugement passé en force de chose jugée, dont les parties, ou l'une d'elles, n'avaient point connaissance, doit être nulle, puisque le droit n'était plus douteux lorsque les parties ont transigé. — Si le jugement était ignoré des parties, le fait qu'il n'existait plus ni procès ni doute n'en serait pas moins certain. Il y aurait eu erreur sur l'objet même de la transaction. — Si le jugement n'était ignoré que de l'une des parties, il y aurait une seconde cause de rescision, celle résultant du dol de la partie qui savait qu'elle était irrévocablement condamnée. — Il en serait autrement si le jugement ignoré des parties était susceptible d'appel. On peut à la vérité présumer que si la partie qui aurait obtenu ce succès l'eût connu, elle eût cherché à en tirer avantage dans la transaction ; mais il suffit que le jugement rendu fût alors susceptible d'appel pour qu'il y eût encore du doute ; et lorsque la base principale de la transaction reste, on ne saurait l'anéantir sur une simple présomption. — On ne fait point mention dans la loi du pourvoi en cassation qu'elle autorise, en certains cas, contre les jugements qui ne sont pas susceptibles d'appel. Le pourvoi en cassation n'empêche pas qu'il n'y ait un droit acquis, un droit dont l'exécution n'est pas suspendue ; mais si les moyens de cassation présentaient eux-mêmes une question douteuse, cette contestation pourrait, comme toute autre, être l'objet d'une transaction.

17. La transaction sur un procès précédemment jugé est nulle, parce qu'il n'y avait pas de question douteuse qui pût en être l'objet. Le motif est le même pour déclarer nulle la transaction ayant un objet sur lequel il serait constaté par des titres nouvellement découverts que l'une des parties n'avait aucun droit. Il eût pu arriver que la partie à laquelle les titres sont favorables eût été condamnée par un jugement sans appel avant que ces titres fussent découverts, et sans que son adversaire fût coupable de les avoir retenus ; mais ce n'est pas sur cette espèce d'incertitude que les parties ont traité, et on peut encore moins intervertir le véritable objet de la transaction, lorsque l'effet de cette interversion serait d'enrichir aux dépens de l'une des parties celle qui n'avait même pas un droit douteux. Il en serait autrement, si les parties ayant transigé généralement sur toutes les affaires qu'elles pouvaient avoir ensemble, des titres alors inconnus eussent été postérieurement découverts. — On doit d'abord décider, d'après la règle de corrélation entre toutes les clauses de la transaction, que les parties n'ont souscrit aux autres dispositions que sous la condition qu'elles ne pourraient élever l'une contre l'autre de nouvelle contestation sur aucune de leurs affaires antérieures. Cette condition emporte la renonciation à tout usage des titres qui pourraient être postérieurement découverts.

18. Si, dans les opérations arithmétiques sur les conventions, qui sont le résultat de la transaction, il y avait erreur, cette erreur serait évidemment contre la volonté réciproque des parties. — Mais on ne pourrait pas également regarder comme certaine cette volonté, s'il s'agissait d'erreurs de calcul faites par les parties dans l'exposition des prétentions sur lesquelles on a transigé. Ainsi, la transaction sur un compte litigieux ne pourrait être attaquée pour cause de découverte d'erreurs ou d'inexactitude dans les articles du compte.

Telles sont, citoyens législateurs, les règles générales sur les transactions, et les observations dont ces règles ont paru susceptibles.

(1) *Rapport fait au tribunat par le tribun Albisson, au nom de la section de législation, sur la loi relative aux transactions* (séance du 28 vent. an 12).

19. Tribuns, je viens, au nom de votre section de législation, vous porter son suffrage sur le projet de loi relatif aux *transactions*, que vous lui avez renvoyé dans votre séance du 24 de ce mois, pour vous en faire le rapport aujourd'hui. — Les transactions sur procès (car, dans le projet dont il s'agit, c'est dans ce sens particulier que doit s'entendre le mot de *transaction*, employé quelquefois dans une acception plus générale) ; ces transactions, dont le caractère particulier est de mettre fin aux procès ou de les prévenir, méritent particulièrement à ce titre la faveur de la loi, dont le but final doit être d'entretenir la paix parmi les citoyens. — En effet, si les jugements terminent les contestations civiles, si la prescription les absorbe, ce n'est pas le plus souvent sans laisser des regrets à la partie vaincue ou repoussée sans jeter entre les contendants des germes d'animosité dont, tôt ou tard, les développements pourront leur être également funestes. La loi leur prête et leur doit prêter toute sa force, parce qu'il importe à la société que la sollicitude et les dis-

l'assemblée générale du tribunat, qui l'adopta à l'unanimité de 54 voix. Le lendemain, le tribun Gillet, accompagné de MM. Albisson et Sedillez, porta le vœu du tribunat au corps législatif, et en exposa les motifs (1). Le même jour fut décrété, à la majo-

---

gers des procès aient un terme (*Finis sollicitudinis ac periculi litium.* Cicer. pro Cæcinâ) ; mais elle ne peut rien sur les ressentiments particuliers que peut faire naître l'application, même la plus juste et la plus impartiale, de son autorité. — Il n'en est pas ainsi des transactions : par elles les procès sont terminés ou avortés ; mais ce sont les parties elles-mêmes qui, éclairées sur leurs droits respectifs, se rendent volontairement la justice qu'elles jugent leur être due, ou se déterminent, par lassitude ou par générosité, soit à se départir en tout ou en partie de leurs prétentions, soit à se relâcher de leurs droits, et à s'affranchir, par des sacrifices offerts et acceptés librement, des peines et des inquiétudes auxquelles une plus longue lutte les eût laissées exposées. — Aussi l'effet ordinaire de ces rapprochements est d'étouffer l'esprit de dissension, si fatal au repos de la société, de réunir des familles longtemps divisées, de renouer d'anciennes amitiés ; et plus ce spectacle touchant pourrait se renouveler, plus son influence serait sensible sur les agréments et les douceurs de la société. — Il importait donc au complément de notre nouveau code civil, que les règles particulières aux transactions vinssent s'y placer à la suite de celles qui doivent fixer nos droits et nos obligations dans toutes les circonstances de la vie, dans toutes les positions où peuvent nous mettre les chances si variables de la fortune, la nécessité de pourvoir à nos besoins et le légitime emploi de nos moyens, la multiplicité de nos relations domestiques et sociales, les diverses nuances de la possession et de la propriété, la bienveillance ou la confiance de nos concitoyens, et les dispositions de la loi. — Cette importance était d'autant plus grande, que l'uniformité de nos lois civiles ne faisant plus du peuple français qu'une même et grande famille, et leur lecture n'exigeant plus la connaissance d'une langue morte, et des divers idiomes dont on retrouve des traces jusque dans les rédactions les plus récentes des coutumes, chacun pourra les consulter sans être trop obligé de s'en rapporter à la raison d'un autre, et se rendre justice lui-même, s'il est assez sensé pour se défier de ses passions et de celles d'autrui. — Que dès lors, ni les contrariétés, ni les différences des lois ci-devant locales, ni l'obscurité de la loi vivante, n'empêchant plus de s'entendre, d'un bout de la France à l'autre, les rapprochements des parties auront bien moins à craindre les divers obstacles jusqu'ici suscités par les seules distances ; et les transactions deviendront plus fréquentes, du moins entre les parties qui seront de bonne foi, et assez calmes, assez raisonnables pour n'estimer au besoin, dans un ministère étranger, que les lumières et la probité.

Je viens au projet dont presque toutes les dispositions sont implicitement renfermées dans la définition que présente l'art. 2044. — « La transaction est *un contrat par lequel les parties terminent une contestation née, ou préviennent une contestation à naître.* » — C'est un *contrat :* elle doit donc réunir les conditions essentielles pour la validité des conventions prescrites par la loi générale des contrats. — Ces conditions sont, la capacité de contracter, le consentement des parties contractantes, un objet certain qui fasse la matière de l'engagement, une cause licite dans l'obligation (Loi sur les contrats, art. 1108). — La seule condition que le projet ajoute, et qui devait l'être par rapport à la nature particulière de la transaction, c'est *qu'elle soit rédigée par écrit ;* ce qui est infiniment sage ; car la transaction devant terminer un procès, c'eût été risquer d'en faire naître un nouveau, que d'en laisser dépendre l'effet de la solution d'un problème sur l'admissibilité ou les résultats d'une épreuve testimoniale. — Je vais à présent suivre la marche du projet, article par article ; et, dans l'application que vous pourrez faire de chacun à quelqu'une des règles fondamentales établies dans la loi générale des contrats, vous aurez une nouvelle occasion d'applaudir à l'esprit d'ensemble et d'unité qui a dirigé le législateur dans la rédaction du grand ouvrage, à la perfection duquel vous avez coopéré avec tant de suite et de zèle.

20. « Pour transiger, dit l'art. 2045, il faut avoir la capacité de disposer des objets compris dans la transaction. » — Mais le mineur est incapable de contracter, et son intérêt peut exiger qu'il termine ou prévienne un procès ; ce qu'il ne peut faire que par le ministère de son tuteur ; d'autre part, le tuteur est comptable de son administration au mineur devenu majeur, et il ne peut cesser de l'être qu'après avoir rendu son compte en forme légale. Cependant l'espèce d'empire ou d'ascendant que lui a donné la tutelle sur l'esprit de son mineur, pourrait, même après l'expiration de son pouvoir, lui donner les moyens d'abuser de sa confiance par quelque traité dommageable, consenti à l'aveugle et sans connaissance des résultats de son administration. La loi sur les tutelles a pourvu à l'un et à l'autre cas, et le projet y renvoie sagement (art. 467 et 472). — Les communes et les établissements publics sont essentiellement sous la tutelle et la surveillance du gouvernement : ils ne peuvent acquérir ni aliéner sans son autorisation. Il ne doit donc leur être permis de transiger qu'avec son autorisation expresse, et le projet l'exige textuellement.

21. Le sujet d'une transaction est une contestation née ou à naître entre les parties : mais une contestation entre des citoyens, à l'occasion d'un délit commis par l'un d'eux, n'oblige l'auteur du délit envers celui qui en souffre un dommage, qu'à la réparation de ce dommage, qui forme ce qu'on appelle son *intérêt civil ;* et cette obligation, déjà résultant du droit naturel, est déclarée par la loi sur les *engagements qui se forment sans convention* (art. 1382). — Cependant tout délit blesse plus ou moins l'ordre public, et sa poursuite ne doit pas dépendre de la volonté des simples citoyens. Il ne peut donc, sous ce rapport, faire la matière d'une transaction ; aussi la loi en réserve-t-elle la poursuite au ministère public, quelque accord qui puisse intervenir entre les parties sur leur *intérêt civil* respectif.

22. La transaction, comme les autres contrats en général, est susceptible de la stipulation d'une peine contre celui qui manquera de l'exécuter. Cette stipulation a ses règles particulières relativement à son exécution ; et ces règles sont expliquées avec soin dans la sect. 6, chap. 3 de la loi sur *les contrats* (art. 1226 et suiv.).

23. La transaction est, suivant sa définition, un contrat *qui termine une contestation née.* — Cette contestation roule donc sur un ou plusieurs objets connus et déterminés dès le commencement ou dans le cours du litige ; et ce sont ces objets, et non d'autres, sur lesquels les parties entendent mettre fin au litige. Une renonciation générale à tous droits, actions et prétentions, ne doit et ne peut donc s'entendre que de ce qui est relatif au différend que les parties veulent terminer ; et telle est la disposition de l'art. 2048. — L'art. 2049 ne fait que la développer en des termes plus précis, en statuant que : « les transactions ne règlent que les différends qui s'y trouvent compris, soit que les parties aient manifesté leur intention par des expressions spéciales ou générales, soit que l'on reconnaisse cette intention par une suite nécessaire de ce qui est exprimé (*Iniquum est perimi pacto id de quo cogitatum non docetur.* Leg. 9 *in fine*, ff. *De transact*). » — L'art. 2050 n'en est encore qu'une conséquence. « Si celui, y est-il dit, qui a transigé sur un droit qu'il avait de son chef, acquiert ensuite un droit semblable du chef d'une autre personne, il n'est point, quant au droit nouvellement acquis, lié par la transaction antérieure. » Il est évident en effet que le droit nouvellement acquis étant, quoique semblable, différent de celui sur lequel il a transigé, il ne peut être lié par un acte qui a précédé l'acquisition du nouveau droit. Le droit romain en fournit un exemple dans la personne du majeur qui, ayant transigé avec son tuteur sur le compte de sa portion des biens de son père, succéderait ensuite à son frère, à qui le même tuteur devrait rendre compte de sa portion dans les mêmes biens, en décidant que le droit nouvellement acquis n'était nullement altéré par la première transaction (Leg. *ed in princip.*)

24. L'art. 2051 établit en termes très-généraux une règle susceptible de diverses applications ; il est ainsi conçu : « La transaction faite avec l'un des intéressés ne lie point les autres intéressés, et ne peut être opposée par eux. » Ce qui est généralement vrai (Leg. 1, Cod. *De transact.* Legr. 3. ff. *eod.*), une telle transaction étant étrangère aux autres intéressés ; mais, dans le cas où il s'agirait d'intéressés tels que des codébiteurs ou des cautions solidaires, l'application de cette règle serait sujette à des limitations et à des modifications expliquées dans la loi générale sur les contrats (art. 1210, 1211, 1285, 1287 et 1288), à laquelle il faut avoir recours.

25. Jusqu'ici le projet, après avoir défini la transaction, n'a rien laissé à désirer sur les conséquences résultant de sa nature et de son objet. L'art. 2052 consacre son effet entre les parties, en lui donnant la force et l'autorité de la chose jugée en dernier ressort, et la mettant à l'abri de toute attaque sous prétexte d'erreur de droit et de lésion. — Mais il est d'autres causes qui peuvent la vicier ; et ce sont toutes celles qui excluent le consentement, sans lequel nulle convention ne peut subsister. — Ainsi, l'erreur dans la personne ou sur l'objet de la contestation, le dol ou la violence, qui vicient tous les contrats, donnent ouverture à l'action en rescision. — Ainsi, une transaction faite en exécution d'un titre nul, à moins que sa nullité étant connue elle n'ait été expressément l'objet du traité, peut également être rescindée. — Telles sont en effet les dispositions des art. 2053 et 2054.

26. Mais il est d'autres cas où elle est entièrement nulle, ou tout au moins sujette à rescision ; et ce sont ceux qui peuvent faire anéantir un jugement en dernier ressort, auquel l'art. 2052 assimile la transaction. — Telle est, d'après la disposition de l'art. 2055, la transaction faite sur pièces qui ont été depuis reconnues fausses. Dol d'une part, erreur de l'autre : un accord qui n'aurait pas d'autres éléments ne saurait subsister ; aussi le projet le déclare-t-il entièrement nul.

27. L'art. 2057 suppose le cas où des parties qui ont eu diverses affaires, voulant enfin en sortir, *transigent généralement sur toutes celles qu'elles pouvaient avoir*, et viennent ensuite, les unes ou les autres, à découvrir des titres qui leur étaient inconnus lors de la transaction.—Cette transaction pourra-t-elle être attaquée sur ce fondement ? — Le projet distingue : ou ces titres nouvellement découverts avaient été retenus par le fait de l'une des parties, ou non. — Au premier cas, la découverte de ces titres est un juste cause de rescision, fondée, d'une part, sur le dol de celui qui a retenu les titres, et, de l'autre, sur l'erreur invincible de celui à qui ils ont été cachés. — Au second cas, l'erreur étant commune, l'acte par lequel les parties ont entendu faire cesser ou prévenir toutes les contestations que pouvaient occasionner entre eux ou leurs héritiers les diverses affaires qu'elles avaient eues ou pu avoir, doit subsister. — Il en serait autrement, si la transaction n'avait eu qu'un objet sur lequel il serait constaté, par des titres nouvellement découverts, que l'une des parties n'avait aucun droit. — Alors l'accord serait nul, parce que ce serait une convention sans cause ; ce dernier cas, si différent de celui de l'art. 2057, écartant comme inutile la question de savoir si les titres nouvellement découverts avaient été retenus ou non par le fait de l'une des parties.

28. La transaction serait également nulle, si elle était intervenue sur un jugement passé en force de chose jugée, dont les parties, ou l'une d'elles, n'avaient point connaissance ; mais elle serait valable, si le jugement ignoré des parties était susceptible d'appel. — Au premier cas, la transaction doit être nulle, soit que l'ignorance du jugement eût été commune entre les parties, parce que toute contestation entre elles ayant cessé à leur insu, elles auraient erré l'une et l'autre sur l'existence de la contestation ; soit que l'une des parties eût connaissance du jugement, parce que ce serait de sa part un dol que la loi doit punir. — Au second cas, la faculté de l'appel faisant revivre la contestation, aucun doute que la transaction ne fût valable, soit que les parties, ou l'une d'elles, eussent connu ou ignoré le jugement susceptible d'appel.

29. Reste l'erreur du calcul, intervenue dans une transaction, que l'art. 2058 déclare devoir être réparée.—Il est constant en effet que l'erreur de calcul est toujours réparable, et ne peut être couverte que par un jugement en dernier ressort ou une transaction sur cette erreur (Leg. *unicd.* Cod. *De errore calculi.*

Telle est, citoyens mes collègues, le projet de loi sur les transactions. Mais comment prononcer ce mot dans cette tribune, sans que la pensée se reporte avec une vive satisfaction sur l'achèvement très-prochain de notre code civil, qui est lui-même la plus grande, la plus utile, la plus solennelle transaction dont aucune nation ait jamais donné le spectacle à la terre ?...

(1) *Discours prononcé au corps législatif, par le tribun Gillet (de Seine-et-Oise), l'un des orateurs chargés de présenter le vœu du tribunat, sur la loi relative aux transactions* (séance du 29 vent. an 12).

30. Législateurs, le principal objet que la loi se propose, en donnant aux citoyens des règles sur leurs intérêts respectifs, c'est de maintenir entre eux, par une juste connaissance de leurs droits, la paix et l'harmonie. — Quand cette harmonie est troublée, il est, pour la rétablir, trois moyens ouverts aux parties :

La voie judiciaire, qui soumet leurs débats à l'autorité publique : moyen certain, mais rigoureux, qui n'est nécessaire que parce qu'il est le supplément et la garantie de tous les autres ; — La voie du compromis ou de l'arbitrage, qui leur donne des juges amiables et de leur choix : moyen moins hostile, qui substitue la balance approximative de l'équité, à la balance exacte de la justice ; — Enfin, la voie des transactions, qui les rend elles-mêmes leurs propres arbitres, et qui résout leurs différends par les dispositions qu'elles trouvent bon d'arrêter ensemble. — De ces trois moyens, les deux premiers appartiennent au code judiciaire ; le troisième, qu'

rité de 218 voix contre une, le projet qui est devenu le titre du livre 3 c. nap. (1).

8. *Droit comparé.* — Après ce rapide exposé de notre législation, jetons un coup d'œil sur les législations étrangères. Elles consacrent en général les mêmes principes que le code Napoléon; cependant quelques dispositions particulières méritent d'être signalées. — Ainsi nous voyons qu'en *Angleterre* l'offre de payer une somme à titre de transaction, avec réserve de tous ses droits, n'est pas l'aveu du droit de la partie adverse, parce qu'il doit être permis à toute personne d'acheter sa tranquillité et d'éviter un procès par des concessions (V. M. Anthoine de Saint-Joseph, t. 2, p. 287, nº 952). En ce qui touche la transaction sur un fait de nature à entraîner des peines criminelles, elle peut avoir lieu, mais avec la permission de la cour devant laquelle est portée l'action, et moyennant satisfaction; mais une composition faite dans ce cas, sans la permission de la cour, est punissable. — V. *eod.*, nº 946.

9. D'après le code *autrichien*, la remise à titre gratuit faite à l'obligé d'un droit litigieux ou douteux constitue une donation (art. 1381). — En matière de délit, la règle est celle-ci : la transaction pour les réparations civiles ne peut empêcher les poursuites d'office à moins que les poursuites ne puissent avoir lieu que sur la plainte de la partie lésée (art. 1384). Quant aux suites de la transaction, elles sont garanties par les gages et les garants attachés à la dette primitive; mais si la transaction a été faite sans le consentement des garants, tous les moyens qu'ils avaient contre la dette leur sont réservés (art. 1390).

10. En *Danemark* il existe une institution qui a une grande

---

est une branche de la famille nombreuse des contrats, appartient au code civil. — Ce qui donne à cette sorte de traité un caractère distinctif et particulier, c'est qu'il a tout à la fois l'autorité d'une convention et celle d'un jugement, et qu'il participe de la nature de l'un et de l'autre. — Examinons quels principes sont attachés à chacun de ces deux éléments; et, de leur combinaison, nous verrons naître, par des conséquences évidentes et directes, toutes les dispositions de la loi.

31. Toute convention s'arrête aux seuls objets qui sont dans le commerce; ainsi les droits de la nature, les droits de la société ne peuvent pas devenir une matière à transaction : c'est pour cela que le projet annonce que, pour transiger, il faut avoir la capacité de disposer des objets compris dans la transaction; ce qui suppose nécessairement que ces objets sont disponibles. — Par ce seul raisonnement, on aperçoit d'abord comment il se fait qu'on peut bien traiter des intérêts civils résultant d'un délit, et que cependant on ne peut pas traiter de la peine.

32. Toute convention suppose la faculté de consentir : c'est pour cela que la transaction ne peut pas être entièrement consommée par ceux qui n'ont qu'une volonté subordonnée; tels que les tuteurs pour les mineurs, les administrateurs publics pour les établissements qu'ils dirigent.

33. Toute convention peut être garantie par des peines que les parties stipulent. La transaction est susceptible aussi des clauses pénales.

34. Toute convention doit s'exécuter de bonne foi ; et lorsqu'il s'agit de l'interpréter, c'est l'intention des parties contractantes qu'il faut consulter plutôt que de s'arrêter au sens littéral des termes. — De même, la transaction quelle qu'elle soit, se renferme toujours dans son objet et ne règle que les différends qui y sont compris, soit que les parties aient manifesté leur intention par des expressions spéciales, soit qu'elles l'aient annoncée par des expressions générales, principe que les Romains exprimaient très-bien par cette courte sentence : *Iniquum est perimi pacto id de quo cogitatum non docetur.* Les art. 2048, 2049 et 2050 ne sont que des corollaires de cette pensée.

35. Toute convention n'a d'effet qu'entre les parties contractantes : de même la transaction faite avec l'un des intéressés ne lie point les autres et ne peut être opposée par eux. Dans ce mot *intéressés*, la loi ne comprend pas les cautions, dont la décharge et les droits se règlent comme il est dit au titre des *Cautionnements*.

36. Toute convention exige un consentement effectif : ainsi le dol, la violence l'erreur de fait, qui touchent à la personne ou à l'objet, font rescinder la transaction comme les autres contrats. L'erreur de calcul, qui est aussi une sorte d'erreur de fait, n'opère pas la rescision; mais elle doit être elle-même réparée.—Toute convention a une cause; celle de la transaction est la crainte des procès : *Propter timorem litis.* Ainsi, lorsque le procès est terminé par un jugement passé en force de chose jugée, il ne peut y avoir de transaction, parce qu'il ne peut plus y avoir de doute. — Il faut en dire autant si la transaction n'est que l'exécution d'une pièce nulle. La convention manque de cause, à moins que les difficultés élevées sur la nullité même n'en aient été l'objet. — Enfin, la cause manque également, si les parties, ayant transigé sur un seul objet avec la confiance qu'elles y avaient des droits respectifs, il arrive néanmoins que des titres ultérieurement découverts leur fassent connaître que l'une d'elles n'y avait aucun droit. Cette absence totale de la matière du litige fait disparaître en même temps toute matière à transaction. — Il en serait autrement si les pièces inconnues, nouvellement découvertes, étaient produites après un traité plus étendu, où les parties auraient transigé généralement de toutes les affaires qu'elles pouvaient avoir. Comme il serait alors évident que leur consentement aurait embrassé la masse entière de leurs intérêts le néant de quelqu'un de ces intérêts ne serait pas pour cela l'anéantissement des motifs qu'elles auraient eus de transiger, et la généralité de leur prévoyance deviendrait pour leur convention légitime. — Voilà les points par lesquels la transaction se confond avec les contrats.

37. Voici maintenant ceux par lesquels elle rentre dans les conditions propres aux jugements. — Elle a pour sujet un différend éclos, ou qui peut éclore, et elle est le prononcé qui le termine : elle devient pour les droits litigieux la mesure définitive qui les règle, et la déclaration résumée des opinions de ceux qui avaient le pouvoir de décider sur eux. C'est ce que le projet exprime très-bien en disant qu'elle a l'autorité de la chose jugée en dernier ressort. — Ainsi les jugements définitifs sont annulés, lorsqu'il y a eu falsification de pièces, ou rétention malicieuse de celles qui pouvaient éclairer la décision : les mêmes circonstances doivent donc faire annuler la transaction. — Quant à l'erreur de droit, quoiqu'elle puisse être en certains cas un motif de casser les jugements, elle n'en est pas un de rescinder les transactions. C'est que les jugements sont la voix de la puissance publique; et partant, ce que la puissance publique a dicté est ce qu'ils doivent exprimer. Au lieu que les transactions sont l'ouvrage de la volonté individuelle, et leur règle principale, c'est que les volontés s'y soient rapprochées dans une détermination commune, L'objet de la justice est d'imposer silence aux passions, et c'est pour cela que sa mesure doit être exacte. Le but des transactions est de rapprocher les sentiments; c'est pour cela que leur mesure est flexible.

Il suffit de méditer ces divers caractères, essentiels à la transaction, pour y trouver la solution de plusieurs questions retracées dans le droit romain, et qui ont exercé depuis la sagacité des écrivains. L'art principal du législateur est de découvrir d'abord à la raison ce petit nombre de principes clairs et féconds d'où découlent toutes les dispositions comme par une pente naturelle, et de laisser ensuite à la jurisprudence la recherche des cas particuliers. — Cet art a été rigoureusement observé dans la rédaction du code civil ; aussi, lorsqu'on vient à considérer ce qu'est ce code et d'où il a été puisé, l'esprit s'étonne comment cette masse prodigieuse, qui composait l'ancienne doctrine, a pu être réduite à un si petit nombre de titres, dont plusieurs eux-mêmes sont si courts : c'est qu'on y a laissé le moins de place possible aux applications de détail, pour y présenter avec plus de clarté les idées principales. Ainsi résumée, la science offrira un texte plus facile, l'élève y verra mieux ce qu'il doit étudier, le magistrat ce qu'il doit méditer et approfondir, le citoyen ce qu'il doit connaître. — Le vœu du tribunat est pour l'adoption du projet.

(1) Tit. 15.—*Des transactions* (décr. le 20 mars 1804; prom. le 30).

Art. 2044. La transaction est un contrat par lequel les parties terminent une contestation née, ou préviennent une contestation à naître. — Ce contrat doit être rédigé par écrit.—V. exposé des motifs et rapport, nos 1, 19, 30.

2045. Pour transiger, il faut avoir la capacité de disposer des objets compris dans la transaction. — Le tuteur ne peut transiger pour le mineur ou l'interdit que conformément à l'art. 467 du titre de la Minorité, de la Tutelle et de l'Emancipation; et il ne peut transiger avec le mineur devenu majeur, sur le compte de tutelle, que conformément à l'art. 472 au même titre. — Les communes et établissements publics ne peuvent transiger qu'avec l'autorisation expresse du roi. — V. nos 3, 20, 31 s.

2046. On peut transiger sur l'intérêt civil qui résulte d'un délit. — La transaction n'empêche pas la poursuite du ministère public. — V. nos 4, 21, 31.

2047. On peut ajouter à une transaction la stipulation d'une peine contre celui qui manquera de l'exécuter. — V. nos 5, 22, 33.

2048. Les transactions se renferment dans leur objet : la renonciation qui y est faite à tous droits, actions et prétentions, ne s'entend que de ce qui est relatif au différend qui y a donné lieu. — V. nos 6, 23, 34.

2049. Les transactions ne règlent que les différends qui s'y trouvent compris, soit que les parties aient manifesté leur intention par des expressions spéciales ou générales, soit que l'on reconnaisse cette intention par une suite nécessaire de ce qui est exprimé.—V. nos 7, 23, 34.

2050. Si celui qui avait transigé sur un droit qu'il avait de son chef, acquiert ensuite un droit semblable du chef d'une autre personne, il n'est point, quant au droit nouvellement acquis, lié par la transaction antérieure. — V. nos 8, 23, 34.

2051. La transaction faite par l'un des intéressés ne lie point les autres intéressés, et ne peut être opposée par eux. — V. nos 9, 24, 35.

2052. Les transactions ont, entre les parties, l'autorité de la chose jugée en dernier ressort. — Elles ne peuvent être attaquées pour cause d'erreur de droit, ni pour cause de lésion. — V. nos 10 s., 25, 37.

2053. Néanmoins une transaction peut être rescindée, lorsqu'il y a erreur dans la personne ou sur l'objet de la contestation. — Elle peut l'être dans tous les cas où il y dol et violence. — V. nos 13, 25, 36.

2054. Il y a également lieu à l'action en rescision contre une transaction, lorsqu'elle a été faite en exécution d'un titre nul, à moins que les parties n'aient expressément traité sur la nullité. — V. nos 14, 25, 36 s.

2055. La transaction faite sur pièces qui depuis ont été reconnues fausses, est entièrement nulle. — V. nos 15, 26.

2056. La transaction sur un procès terminé par un jugement passé en force de chose jugée, dont les parties ou l'une d'elles n'avaient point connaissance, est nulle. — Si le jugement ignoré des parties était susceptible d'appel, la transaction sera valable. — V. nos 16, 28, 36.

2057. Lorsque les parties ont transigé généralement sur toutes les affaires qu'elles pouvaient avoir ensemble, les titres qui leur étaient alors inconnus, et qui auraient été postérieurement découverts, ne sont point une cause de rescision, à moins qu'ils n'aient été retenus par le fait de l'une des parties. — Mais la transaction serait nulle si elle n'avait qu'un objet sur lequel il serait constaté, par des titres nouvellement découverts, que l'une des parties n'avait aucun droit. — V. nos 17, 27, 36.

2058. L'erreur de calcul dans une transaction doit être réparée. — V. nos 18, 29, 36.

analogie avec nos bureaux de conciliation : c'est la commission des transactions. Les citoyens choisissent eux-mêmes plusieurs membres des tribunaux de transaction dont le devoir est de terminer les contestations nées et de prévenir celles à naître (ord. 10 juill. 1795 ; V. M. Anthoine de Saint-Joseph, t. 2, p. 163, nos 496, 497). Dans les tribunaux extraordinaires, tels que le tribunal de police, les juges doivent eux-mêmes tâcher de réaliser des transactions (V. eod., n° 499).

11. L'art. 3043 du code de la *Louisiane* contient une application de la règle consacrée par l'art. 2051 c. nap. ; il dispose que le créancier qui transige avec la caution de son débiteur peut ne décharger que la caution, et la transaction ne lui fera pas de préjudice à l'égard de ce débiteur ; mais si c'est avec le débiteur même qu'il a transigé, la transaction sera commune à la caution.

12. Le code *prussien* définit ainsi la transaction : c'est un contrat par lequel des parties mettent fin à des prétentions litigieuses ou douteuses moyennant un abandon réciproque de quelques-uns de leurs droits. Nous verrons, *infrà*, n° 15, que l'omission de ces derniers mots, dans la définition donnée par les rédacteurs du code Napoléon, a été l'objet de critiques. Le code prussien a prévu les transactions sur des payements futurs d'aliments et il décide qu'elles doivent être suivies de la ratification judiciaire (V. art. 412 à 414). Les transactions sur les successions testamentaires ne peuvent avoir lieu avant la publication du testament (art. 442 à 444). — Les art. 445 à 448 décident que la caution qui n'est pas intervenue dans les transactions reste responsable de l'obligation primitive, si elle n'aime mieux profiter de la transaction, et d'après l'art. 449 le gage reste engagé pour l'obligation née de la transaction comme pour l'obligation primitive.

13. On trouve dans le code *sarde* la solution de deux questions encore controversées en France. En effet l'art. 2086 de ce code, après avoir dit, comme l'art. 2047 c. nap., que l'on peut ajouter à une transaction la stipulation d'une peine contre celui qui manquera de l'exécuter, se termine par une disposition qui ne laisse aucun doute sur la portée de cet article : « cette peine tiendra lieu des dommages-intérêts résultant du retard, sans préjudice de l'exécution de la transaction qui sortira son effet » (V. *infrà*, nos 116 et suiv.). — Enfin, d'après l'art. 2098 c. sarde, on ne peut transiger sans l'approbation du tribunal compétent sur les provisions ou pensions alimentaires non encore exigibles, adjugées en justice, non plus que sur celles acquises en vertu d'un testament, d'une donation ou d'un autre acte (V. *infrà*, nos 81 et suiv.).

ART. 2.—*Caractères, définition de la transaction.*

14. L'art. 2044 c. civ. dit que la transaction est un acte par lequel les parties terminent une contestation née, ou préviennent une contestation à naître. — Cette définition est-elle bien exacte ? Si on l'acceptait pleinement, il en résulterait que l'on devrait ranger parmi les transactions le désistement, l'acquiescement, les actes confirmatifs, qu'on peut regarder aussi comme des moyens de terminer une contestation née, ou de prévenir une contestation à naître. M. Bigot-Préameneu (exposé des motifs, n° 1) semble, il est vrai, confondre ces actes avec les transactions. Ce serait à tort qu'on le déciderait ainsi. En effet, le désistement, lorsqu'il porte sur le fond du droit, n'a pas besoin, comme la transaction, du consentement de l'autre partie, pour être parfait, il n'y a donc pas là cette réciprocité de lien, ce caractère synallagmatique qui distingue la transaction (V. Désistement, nos 109 et s.). De même, l'acquiescement, bien qu'il produise des effets analogues à ceux de la transaction, ne peut être confondu avec elle (V. Acquiescem., nos 28, 29, 831). — Quant aux actes confirmatifs, la distinction entre eux et les transactions est établie par le code lui-même, qui en traite dans deux titres séparés (c. nap. 1338 et 2044, V. Obligat., n° 4469).

15. On s'est demandé, dès lors, s'il ne conviendrait pas d'ajouter à la définition du code ces mots : « ...par l'abandon réciproque d'une partie de leurs prétentions, ou la promesse que l'une d'elles fait à l'autre de quelque chose pour en obtenir le droit entier. » *Transactio nullo dato vel retento seu promisso, minime procedit*, ce qui n'a pas nécessairement lieu dans les autres contrats dont nous avons parlé. Tous les auteurs (V. ci-

après) sont d'accord à cet égard, et M. Troplong, conformément à leur doctrine, modifiant le texte du code, définit la transaction : un contrat synallagmatique par lequel le consentement des parties termine, moyennant quelque chose que l'on promet, que l'on donne, ou que l'on retient, une affaire douteuse, ou un procès incertain. — « Cette définition, dit-il, ajoute à notre article, mais il le faut pour être exact. » Dans notre première édition du Répertoire, nous avions déjà fait ressortir ce que la définition du code avait d'incomplet (V. aussi ce que nous disons v° Enreg., nos 1094 et suiv.). — Le président Favre avait déjà dit : *Hinc et inde dari aut retineri necesse est* (c. 4, 3, note 8). Il dit encore : *Si res dubia remittatur, nullo accepto vel retento, pactum est, non transactio* (Conf. Urceolus, quæst. 2, n° 7 ; Vinnius c. 1, n° 2, Donneau, sur le code, *De transact.*, cap. 1, n° 8). — Domat, seul (Lois civ., liv. 1, § 2), a soutenu qu'on pouvait transiger, sans rien donner, sans rien promettre, sans rien retenir, et, suivant lui, « ce qui est dit dans la loi 38 c. *De transact.*, qu'il n'y a point de transaction sans que l'un de ces caractères se rencontre dans l'acte, ne doit pas être pris à la lettre. » — Suivant MM. Troplong (Transact., nos 20 et 21), Duranton, t. 18, nos 391 et suiv. ; Aubry et Rau sur Zachariæ, t. 3, p. 476 ; Rigal, p. 14 et 15, Domat est tombé dans l'erreur. Il n'est pas vrai qu'on puisse transiger sans rien donner, sans rien promettre, sans rien retenir. «L'acte, ajoute M. Troplong, sera tout ce qu'on voudra, mais il ne sera pas une transaction. » — Il est vrai qu'il peut arriver que dans une transaction l'une des parties renonce à toutes ses prétentions, lorsque l'autre ne fait qu'un abandon partiel. Mais ceci, dit encore M. Troplong, (n° 20) « n'est pas en contradiction avec le caractère commutatif que nous donnons à la transaction ; car ce ne sont pas les valeurs pécuniaires qu'il faut considérer exclusivement ici, il faut tenir compte de cet autre intérêt que procure la transaction, le rétablissement de la concorde, l'affranchissement d'un procès, la cessation des inquiétudes. » Ainsi tout ce que peut constituer un intérêt appréciable, quoique non pécuniaire, peut donner à l'acte un caractère commutatif qui a pour résultat de le classer parmi les transactions.

16. Lorsqu'un héritier, qui avait actionné le légataire en nullité d'un testament, renonce à demander la nullité de ce testament qui le dépouille, il n'y a pas là une transaction, car s'il abandonne complétement ce qu'il croyait être son droit, s'il fait ainsi un sacrifice, son adversaire n'abandonne rien et ne fait aucun sacrifice en sa faveur (L. 3, c. *De repud. vel. abst. hæred.*; V. Disp. entre-vifs, n° 2557 ; Désistement, n° 66). Aussi MM. Championnière et Rigaud (t. 1, n° 610) disent-ils avec raison qu'un tel engagement ne peut valoir que comme désistement ou renonciation (Conf. M. Troplong, n° 19). — Mais l'acte par lequel les parties mettent fin par des concessions réciproques à une contestation, élevée entre elles relativement à une hérédité, est une transaction et non une donation déguisée (Toulouse, 30 juill. 1818, aff. Déaddé C. Lostenges ; V. aussi Disposit. entre-vifs et testam., n° 1515). — De même, une renonciation d'hériter au profit des autres, après débat et moyennant une somme, est une transaction, non une cession (Grenoble, 3 juill. 1824, aff. Ferrand, V. Succession, n° 1886 ; V. en outre, *eod.*, n° 2252 et s.

17. Le code dit (art. 2044) : que le caractère de la transaction est de terminer une contestation née, ou de prévenir une contestation à naître. On ne transige, en effet, que sur les affaires contestées et douteuses, *quasi de re dubiâ et lite incertâ* (L. 1, D. *De transact.*). — S'il y avait abandon d'un droit certain, il y aurait vente ou donation, il n'y aurait pas transaction (V. Enreg., nos 1096 et suiv.). Aussi la loi romaine décidait-elle que lorsqu'un procès est jugé en dernier ressort l'acte contenant accord entre les parties après l'arrêt n'est pas une véritable transaction.—V. nos 167 et suiv., et v° Enregistr., nos 1118 et suiv.

18. L'art. 2044 porte : *ou préviennent une contestation à naître.* Ainsi il n'est pas nécessaire que le procès ait éclaté, il suffit que la partie qui fait des concessions ait pu concevoir une crainte réelle (L. 65, D., § 1, *De condic. indeb.*). Favre sur la loi 1, D. *De transact.*, et après lui M. Troplong disent que la transaction a un caractère bien plus grand d'utilité, quand elle va au-devant des débats judiciaires, que lorsqu'elle termine un procès commencé.

19. C'est aux juges à apprécier dans leur prudence les circonstances déterminantes de l'accord fait entre les parties ; MM. Duranton, t. 18, n°s 395 et 398, Zachariæ, édit. Massé et Vergé, t. 8, p. 84, note 6 ; Aubry et Rau, 3e éd., t. 3, p. 476, note 2, Championnière et Rigaud , t. 1, n° 674, Troplong, sont unanimes dans cette pensée, que les juges, appelés à statuer sur une transaction, ne peuvent, sans de très-graves motifs, déclarer le droit tellement certain, qu'il ne pouvait faire l'objet d'une transaction. Quand il s'agit d'apprécier les motifs déterminants d'un accord qui évite un procès, il faut ne pas oublier la maxime du droit romain rappelée par M. Troplong : *Plus est in opinione quàm in veritate* (L. 15, D., *De acq. rer. dom.*).— Il a été décidé, en conséquence, que la simple menace faite par l'héritier légitime non réservataire au légataire universel, d'arguer le testament de nullité, suffit pour faire regarder comme une transaction l'acte contenant constitution d'une rente viagère par le dernier en faveur du premier ; en conséquence, il ne doit être perçu qu'un droit de 2 pour 100 (Délib. de la rég. 8 sept. 1835, aff. Haury, V. Enregistr. , n° 1054). — Cependant une cour d'appel a pu juger,, sans que son arrêt tombât sous la censure de la cour suprême, que la déclaration sous seing privé faite par un adjudicataire à un tiers qui le menace d'une surenchère, qu'il accepte le taux de cette surenchère et la considère comme judiciaire, ne vaut pas transaction, alors surtout qu'elle n'a pas été faite en autant d'originaux qu'il y avait de parties ayant un intérêt distinct (Req. 6 mai 1840) (1).

20. Nous devons rappeler ici la divergence qui existe dans la jurisprudence de la cour de cassation entre la chambre civile et la chambre des requêtes, sur le point de savoir s'il appartient aux juges du fond d'apprécier souverainement les caractères des actes qualifiés de transactions. La chambre civile décide qu'elle peut non-seulement redresser la qualification erronée que les juges ont donnée à ces actes produits devant eux,

mais aussi en apprécier les clauses et en constater la portée et la nature. — La chambre des requêtes, au contraire, ne croit pas avoir le droit de se livrer à leur interprétation, et déclare que l'appréciation des tribunaux est souveraine, alors même qu'elle serait susceptible d'être critiquée au fond (V. Cassation, n°s 1628 à 1631, et *infrà*, n°s 131 et s.).

21. La jurisprudence nous fournit des exemples nombreux d'espèces dans lesquelles il était difficile de déterminer le caractère véritable des actes. Nous avons déjà déjà signalé sur ce point quelques décisions rendues par application des lois fiscales (V. Enreg., n°s 1102 et suiv.). — Il a été jugé, en outre : 1° que l'acte qui, dans l'ignorance des droits qui appartiennent à deux individus, dans un fonds sur lequel il n'y a pas litige entre eux, détermine la part qui reviendra à chacun, dans le cas où le procès soutenu par l'un d'eux contre un autre individu, serait jugé en leur faveur, a pu être qualifié de transaction, sans que cette appréciation donne prise à la censure de la cour de cassation (Req. 26 nov. 1828, aff. Bouvet, V. Obligat., n° 5190-3°) ; — 2° Qu'il y a transaction sur une rente mélangée de féodalité, et non simple acte récognitif de cette rente, dans le contrat par lequel le créancier et le débiteur, dans la vue de terminer une contestation existante entre eux et à ce sujet, conviennent de réduire les arrérages réclamés, substituent une hypothèque spéciale à une hypothèque générale qu'avait le créancier, stipulent des délais pour le payement des arrérages échus, ainsi que pour la solidarité des débiteurs et la retenue sur la rente. Peu importe que cet acte renferme des termes généraux qui expriment l'intention des parties de confirmer le titre originaire, si ces termes sont expliqués et restreints par l'exécution que le nouveau contrat a reçue, et par les circonstances dans lesquelles il a été passé (Cass. 15 fév. 1815, et un nouveau pourvoi, Cass., sect. réun., 26 juill. 1823) (2) ; — 3° Que l'acte par lequel des individus, assignés comme détenteurs d'un héritage accensé, en

---

(1) *Espèce:* — (Syndics Grandin C. Lefort.) — Des immeubles dépendant de la faillite de Jacques et Pierre Grandin avaient été adjugés, sur la poursuite des créanciers hypothécaires, au sieur Lefort, moyennant 22,000 fr. — La demoiselle Grandin, sans être créancière, résolut toutefois de surenchérir. Elle conféra mandat à cet effet à Victor Grandin, son frère, et celui-ci ayant donné avis à Lefort du projet de sa sœur, il en reçut la réponse suivante, à la date du 22 mai 1852 : — « En réponse à la communication que vous m'avez faite de l'intention où était mademoiselle votre sœur de surenchérir de 20,000 fr. la teinturerie de MM. Jacques et Pierre Grandin qui m'a été adjugée le mardi 15 courant, je viens par la présente vous déclarer que, pour éviter les frais qu'entraînerait cette surenchère, que je couvrirais de nouveau, je considère ladite surenchère comme ayant eu lieu, et que j'en porterai le montant au crédit de MM. Jacques et Pierre Grandin, à valoir sur la somme dont ils sont débiteurs envers Madame Donay, somme pour laquelle elle a hypothèque sur la teinturerie en question...; tenant ainsi quittes lesdits Jacques et Pierre Grandin d'une somme de 20,000 fr., comme susdit est ; promettant de mettre la chose en bonne et due règle à la première occasion, avec vous et non avec d'autres, parce que en semble nous nous entendrons parfaitement sur cette affaire, dans laquelle nous n'avons eu d'autre intention que de mettre MM. Jacques et Pierre Grandin dans la position où ils eussent été si l'enchère que voulait mettre mademoiselle votre sœur eût eu lieu, ce qui, du reste, me laisse entièrement réservé à tous les droits. » — Signé, Lefort. — Cependant, après l'expiration du délai de la surenchère, Lefort a refusé d'exécuter son engagement. — Assignation par les syndics de la faillite en payement de la somme de 20,000 fr., montant de la surenchère projetée.

12 mai 1858, jugement qui déclare que l'écrit du 22 mai 1852 ne peut valoir comme transaction, parce qu'il aurait dû être fait en autant de doubles qu'il y avait de parties ayant des intérêts distincts ; qu'ainsi les règles relatives aux transactions ne sont pas applicables ; — Qu'en fait, cet écrit ne constitue qu'une obligation unilatérale ; mais que la demoiselle Grandin ni Victor Grandin n'étant créanciers de la faillite et n'ayant pas agi au nom et dans l'intérêt de la masse des créanciers, il s'ensuit que cette obligation doit renfermer sans effet comme consentie au profit d'un tiers qui n'y était pas partie, aux termes des art. 1119 et 1165 c. civ. — Appel. — 18 juin 1859, arrêt de la cour royale de Rouen, qui confirme, en adoptant les motifs des premiers juges.

Pourvoi des syndics, pour violation et fausse application des art. 2044 et 2052 c. civ.; sur le caractère et les effets des transactions ; fausse application des art. 1119 et 1165, violation de l'art. 1121 du même code, en ce que l'arrêt attaqué a refusé de reconnaître que la demoiselle Grandin avait agi par son mandataire dans l'intérêt de la

masse des créanciers, en acceptant une transaction sur la surenchère de 20,000 fr. qu'elle voulait former. — Arrêt.

La cour ; — Attendu que la cour royale de Rouen, en appréciant l'acte ou écrit du 22 mai 1852 et en tirant de cette appréciation, qui rentrait dans ses attributions, la conséquence que les règles relatives aux transactions ne lui étaient pas applicables, a justement appliqué les principes sur la matière ; — Attendu qu'il résulte des faits déclarés constants par l'arrêt attaqué que, soit Victor Grandin, soit sa sœur, au nom de laquelle une augmentation du prix de l'immeuble adjugé était stipulée, n'ont agi que dans leur propre intérêt ; — Qu'ils n'avaient ni l'intention ni le pouvoir d'agir au nom et pour le profit de la masse des créanciers de la faillite de Michel Grandin ; — Qu'ils n'étaient, d'ailleurs, ni l'un ni l'autre, des créanciers de ladite faillite, et qu'en déclarant, dans de telles circonstances, que les demandeurs en cassation étaient non recevables à réclamer, au nom de ladite masse des créanciers, les effets d'une stipulation qui n'avait pas été faite à son profit, la cour royale de Rouen, loin de les violer, a fait une saine application des articles invoqués à l'appui du pourvoi ; — Rejette.

Du 6 mai 1840.-C. C., ch. req.-MM. Zangiacomi, rap.-Faure, rap.

(2) (Hérit. Cisterne-Delorme C. hérit. Hardy, etc.) — La cour ; — Vu les art. 2044 et 2052 c. civ., et les art. 1 et 2 de la loi du 17 juill. 1793 ; — Considérant qu'antérieurement au contrat authentique du 9 flor. an 13, les parties étaient en procès pendant près de deux ans sur la question de savoir si la rente réclamée par le demandeur était ou n'était pas féodale ; qu'afin d'établir que ladite rente était purement foncière, le demandeur invoquait, dans ce procès, quelques dispositions de la coutume d'Auvergne et des arrêts qu'il soutenait être applicables à sa prétention ; que les défendeurs soutenaient, au contraire, que ladite rente était féodale, et par conséquent comprise dans la suppression ordonnée par les lois ; que les parties se rapprochèrent et souscrivirent le contrat authentique du 9 flor. an 13 ; qu'il résulte d'une clause expresse de ce contrat qu'il y avait à Clermont-Ferrand une instance entre les parties ; que, par la même clause, les défendeurs se soumirent à payer au demandeur les frais de cette instance ; que la cour royale de Riom (arrêt du 17 fév. 1815), tout en reconnaissant l'existence de cette clause qui caractérise la transaction, a néanmoins décidé que le contrat ne contenait pas une transaction, soit parce que l'objet du procès n'y était pas rappelé, soit parce qu'il n'avait pas annexé à cet acte les pièces de procès ; que, n'étant pas contesté, étant reconnu au contraire qu'il n'y a eu entre les parties d'autres procès que celui qui a été terminé par ledit contrat, l'objet du procès était bien positivement déterminé ; que la loi ne fait pas dépendre le sort d'une transaction de l'annexe des pièces du procès au contrat, mais bien uniquement de la fin que mettent les parties au procès pendant entre elles ;

passation d'un titre nouvel du cens, se reconnaissent détenteurs de l'héritage et s'engagent à payer le cens, peut être réputé une transaction sur procès (c. nap. 1337; Metz, 26 mai 1835, aff. Hensienne, V. Obligation, n° 4448).

22. Il a été jugé encore : 1° que lorsqu'à la suite d'un règlement de compte entre associés, il a été dit que, pour terminer d'une manière définitive, les parties renoncent expressément à se rechercher directement ou indirectement pour cause de leur

en outre, que la clause par laquelle les défendeurs se sont soumis, tant en exécution des anciens contrats qu'en vertu de la transaction à payer nuellement la quantité de six setiers de blé, ne contient aucune obligation féodale ; qu'en effet le résultat de cette soumission n'a produit qu'une obligation de payer purement et simplement une rente annuelle de six setiers de blé évidemment foncière, circonstance qui, bien loin d'imprimer à la transaction un caractère de féodalité, l'a dégagée au contraire de tout ce que les anciens contrats pouvaient conserver de féodal ; qu'enfin les transactions ont entre les parties l'autorité de la chose jugée, et ne peuvent être attaquées pour cause d'erreur de droit, qu'un avis du conseil d'État, des 15 et 25 sept. 1810, a consacré en principe que les transactions sur procès, au sujet de rentes mélangées de féodalité, devaient être pleinement exécutées ; que, par conséquent, la cour royale de Riom a violé les art. 2044 et 2052 c. civ., l'art. 2 du décret du 17 juill. 1793, et faussement appliqué l'art. 1 du même décret ; — Casse, etc.

Du 15 fév. 1815.-C. C., sect. civ.-MM. Muraire, 1er pr.-Vergés, rap.-Lecoutour, av. gén., c. conf.-Roger et Sirey, av.

Par suite de cette cassation, l'affaire fut portée devant la cour de Lyon, qui, adoptant le système consacré par la cour de Riom, a déclaré, par arrêt du 27 déc. 1820, l'acte du 9 flor. non récognitif du titre primordial, mélangé de féodalité, et annulé cet acte comme tel.

Pourvoi nouveau de la part des héritiers Cisterne-Delorme. — Arrêt (après un long délibéré).

LA COUR ; — Vu les art. 2044 et 2052 c. civ., l'art. 2, L. 17 juill. 1793, les art. 1151, 1135 et 2054 c. civ.;—Attendu que la cour de cassation a le droit d'apprécier le mérite des arrêts des cours royales, lorsque ces arrêts déterminent le caractère des contrats dans leurs rapports avec les lois qui en assurent la validité; qu'il serait contraire au but de son institution qu'elle dût s'abstenir d'annuler ces arrêts, lorsqu'ayant donné de fausses qualifications aux contrats, et les ayant placés dans une classe à laquelle ils ne devraient pas appartenir, ils les auraient affranchis des règles spéciales auxquelles ils étaient soumis, ou les auraient soumis à des règles qui ne pouvaient pas leur être appliquées ; — Attendu que l'acte du 9 flor. an 15 a les caractères d'une véritable transaction ; que nonseulement il avait pour objet de terminer une contestation existante, mais qu'en outre le sieur Delorme y réduisit les arrérages qu'il réclamait, y accorda des délais à ses débiteurs, et substitua une hypothèque spéciale à l'hypothèque générale qui résultait pour lui de ses premiers titres ; que ce contrat ne saurait être assimilé à un acte récognitif, ni se confondre par conséquent avec l'obligation primitive, puisqu'il contient des stipulations différentes pour la solidarité, pour la retenue, et pour l'hypothèque, et qu'il ne renouvelle d'ailleurs qu'une partie des engagements contractés dans ce premier acte ; que les termes généraux par lesquels les parties expriment l'intention de confirmer le titre originaire, sont évidemment expliqués et restreints par la clause destinée à spécifier les obligations qu'elles se proposaient de maintenir ; qu'il n'est pas plus permis d'induire de la généralité de ces expressions, qu'on a stipulé la conservation des anciennes redevances féodales, qu'il ne lui serait d'en conclure qu'on a constitué de nouveau l'hypothèque générale qui résultait des premiers titres; que l'exécution que l'acte a reçue achève d'ailleurs de prouver que la rente foncière était l'unique objet des conventions qu'il constate, puisque, pendant les cinq années qui en ont suivi la rédaction, et qui ont précédé le procès actuel, les payements qui ont été volontairement effectués par les débiteurs ont toujours été bornés au prix de cette rente, et que les créanciers, à leur tour, n'ont jamais rien exigé de plus; que le contrat dont il s'agit ne peut être considéré comme illicite, puisqu'il n'impose l'obligation d'aucune redevance féodale ; qu'il le peut d'autant moins, que les contrats doivent être jugés selon les principes en vigueur à l'époque où ils ont été souscrits, et qu'il a été fait sous l'empire de la jurisprudence qui s'était établie antérieurement à l'avis du conseil d'État du 8 avr. 1809;—Qu'il suit de là qu'en refusant d'attribuer à l'acte du 9 flor. an 13 le caractère et les effets d'une transaction, et en décidant qu'il devrait, dans tous les cas, être annulé, parce qu'en supposant qu'il constituât une transaction, elle serait illicite, la cour royale a fait une fausse application des art. 1151, 1155 et 2054 c. civ., et a directement violé les art. 2044 et 2052 du même code, et l'art. 2 L. 17 juill. 1793 ; — Casse, etc.

Du 26 juill. 1825.-C. C., sect. réun.-MM. de Peyronnet, garde des sceaux, pr.-Trinquelague, rap.-Mourre, pr. gén., c. contr.-Garnier, Naylies, Cessac, av.

(1) *Espèce* : — (Lemarchand C. Varin.) — Les sieurs Lemarchand et Varin s'étaient associés pour l'exploitation des forges de Martigné, ainsi

association, de quelque manière ou pour quelque cause que ce soit, sans exception ni réserve, il a pu être décidé qu'un acte de cette nature renferme les éléments d'une véritable transaction, et une décision semblable échappe à la censure de la cour suprême (Req. 3 janv. 1831) (1); — 2° Sur notre plaidoirie, que l'arrêté de compte, par lequel deux associés, à la suite d'une longue liquidation pendant laquelle ils avaient passé plusieurs transactions sur quelques points particuliers qui les

que pour diverses acquisitions immobilières nécessaires à cette exploitation. — Varin gérait seul l'établissement. — En 1820, les associés règlent leurs comptes. — Ils arrêtent que toutes les affaires relatives aux forges de Martigné se trouvent terminées entre eux, à l'effet de quoi « ils renoncent à se rechercher directement ou indirectement pour cause de leur association du bail des forges de Martigné, ou de leurs acquisitions et pour quelque cause que ce soit, sans exception et sans réservation. — Après le décès de Varin, Lemarchand réclame la somme de 9,396 fr. 50 c. résultant d'inexactitudes importantes commises à son préjudice dans l'arrêté de compte entre lui et le sieur Varin. — Refus de la part des héritiers Varin d'acquitter la somme demandée. — La contestation est portée devant les arbitres. — Les héritiers Varin repoussent la demande du sieur Lemarchand par une fin de non-recevoir, fondée sur ce que le règlement du 20 mai 1820 a déterminé d'une manière irrévocable les droits et les obligations respectives des parties. — Le 21 mars 1828, jugement arbitral qui rejette l'exception proposée par les héritiers Varin. — Appel. — Et le 17 janv. 1829, arrêt infirmatif de la cour de Rennes : « Attendu que le traité qui suivait immédiatement leur règlement de compte avait le caractère d'une véritable transaction, qui, d'après l'art. 2052 c. civ., a l'autorité de la chose jugée en dernier ressort, et ne peut pas être attaquée pour cause d'erreur de droit, ni pour cause de lésion. »

Pourvoi par la veuve Lemarchand : — 1° Violation de l'art. 2044, en ce que l'on a considéré comme transaction un acte contenant seulement un règlement de compte et une division de l'avoir commun entre deux associés, bien qu'il n'y eût ni procès né, ni procès à naître entre les parties qui l'ont souscrit. — Pour raccommoder à un acte le caractère de transaction, et pour lui accorder les conséquences graves résultant de ce caractère, il faut le fait présent d'un discord menaçant, l'imminence d'un procès. — Au moment de la souscription de l'acte du 20 mai, il n'y avait pas de contestation engagée entre les parties, et il n'y en avait pas non plus sur le point de s'engager. — Cette preuve résulte de l'acte même qui ne déclare et ne donne à entendre en nul endroit, que les parties aient été divisées ou menacées de l'être. — Elle se confirme aussi par l'absence de la volonté de transiger.—On voit, au contraire, dans cet acte, deux associés réglant leurs comptes, et renonçant à s'inquiéter, ni rechercher réciproquement, clause finale ordinairement adaptée à tous les comptes. — Enfin rien n'établit que des difficultés susceptibles d'amener un procès aient existé entre les associés ; dès lors, on ne doit supposer aux parties d'autre volonté que celle qu'elles ont clairement manifestée dans leur arrêté de compte. — 2° Violation des art. 2052 et 2055 c. civ., en ce que l'acte considéré comme une transaction, n'en est pas moins rescindable pour erreur de fait. — Les réclamations de la veuve Lemarchand étaient fondées sur des omissions de sommes ou sur des erreurs de chiffre, qui n'ont pas été déniées par les défendeurs ; elles devaient, par conséquent, être allouées. Le procès présentait le cas où le principe, qui permet de relever une erreur de fait, est le plus évidemment applicable, celui d'erreurs commises dans un compte. — 3° Violation des art. 2048 et 2049 c. civ., en ce que l'arrêt attaqué a fait porter l'effet de l'acte sur des objets auxquels il ne pouvait pas s'appliquer. Parmi les diverses réclamations de la veuve Lemarchand, il y en avait (la première et la deuxième) qui n'étaient relatives ni au bail des forges, ni aux acquisitions. — Elles étaient purement personnelles au sieur Varin, puisque l'une résultait d'un payement reçu par ce dernier d'une somme due à Lemarchand, par un débiteur particulier, l'autre provenant d'un versement fait par Lemarchand à un créancier particulier de Varin.—Ces deux objets étaient donc entièrement en dehors des termes du règlement. En conséquence, ce règlement ne pouvait être opposé comme une exception à l'action en remboursement de ces deux sommes. — Les demandeurs s'efforçait aussi d'établir qu'en matière de transaction, les appréciations des cours royales n'étaient pas souveraines dans ce cas. — Arrêt.

LA COUR : — Sur le premier moyen, tiré de l'art. 2044 c. civ. : — Attendu que l'arrêt attaqué a reconnu, en fait, que l'acte du 20 mai 1820 réunissait tous les caractères d'une transaction ; — Attendu que la cour royale de Rennes, en jugeant ainsi, s'est déterminée par une appréciation d'actes et de faits qui entrait dans ses attributions ; — Sur le deuxième moyen, tiré des art. 2052 et 2053 du même code : — Attendu que l'arrêt a également reconnu, d'après la même appréciation, que l'acte ne contenait aucune de ces erreurs qui peuvent donner lieu à la rescision des transactions ; — Sur le troisième moyen, tiré des art. 2048 et 2049 du même code : — Attendu qu'il a encore été reconnu par l'arrêt que la transaction, dont il s'agit, embrassait toutes les

divisaient, ont déclaré qu'ils se tenaient respectivement quittes, à raison de tout leur compte, sans pouvoir, en aucun cas, et pour quelque prétexte que ce soit, revenir sur l'arrêté de compte, renonçant même à en demander la révision pour quelque cause que ce soit : un tel arrêté de compte a pu être justement qualifié de transaction, quoique les parties ne lui aient pas donné cette qualification (Rej. 21 nov. 1832 (1); V. Compte, n° 162); — 3° Que lorsque, par une des clauses d'une liquidation de compte faite entre deux parties, l'oyant a reconnu que le rendant, moyennant une certaine somme, était quitte et libéré de tous comptes envers lui, cet acte est une véritable transaction (Cass. 21 août 1832 (2), 21 janv. 1835, aff. Laurent, V. n° 131-2°), ce qui ne serait exact qu'autant qu'il résulterait de l'acte que, de son côté, l'oyant entendait renoncer . toute demande en compte ; — 4° Que l'acte par lequel les comptes d'un mandataire sont liquidés, a pu être regardé non comme un compte, mais comme une véritable transaction, non sujette à rescision par erreur, alors que, d'une part, il a été qualifié transaction par les parties, et que, d'autre part, il est intervenu à la suite d'un état de situation précédemment envoyé ou remis par le mandataire (Req. 8 juill. 1834) (3); — 5° Que si, à la suite d'une opposition formée par le débiteur contre un juge-

---

parties de l'acte sans exception ni réserve ; d'où il suit qu'on ne peut reprocher à l'arrêt la violation des dispositions de loi invoquées par la demanderesse en cassation ; — Rejette.
Du 3 janv. 1831.-C. C., ch. req.-MM. Favard, pr.- Faure, rap.
(1) *Espèce:* — (Créanciers Joly *C.* hérit. Joly.) — An 13, société pour la filature des cotons entre Samuel Joly de Bammeville, Jean Joly l'aîné, son cousin, et le sieur Possel, commanditaire. Sa durée est de dix-huit ans ; le capital est de 600,000 fr. ; l'intérêt est ainsi réparti : trois sixièmes pour Samuel, deux pour Joly l'aîné, un pour Possel. L'acte porte que les deux associés gérants pourront acquérir, et mettre à l'usage de la société, les immeubles qu'ils croiront nécessaires à la société, et qui leur appartiendront: mais la société leur payera, à titre de loyer annuel, l'intérêt de leurs dépenses à ce sujet, à raison de 9 p. 100 par an, sans retenue, et la société acquittera tous les impôts. — Jean Joly avait des biens considérables ; mais il n'avait pas de capitaux. Sa mise sociale de 200,000 fr. fut avancée par son coassocié Samuel avec stipulation de l'intérêt à 9 p. 100 ; un compte fut ouvert par celui-ci à son débiteur. — Il parait qu'un autre compte personnel à Joly l'aîné et à Samuel existait, portant aussi l'intérêt à 9 p. 100, et dans lequel Joly l'aîné a été constamment créditeur. — Ceci se passait avant la loi du 3 sept. 1807. — En 1810, Joly l'aîné remboursa à Samuel les 200,000 fr. prêtés, avec les seuls bénéfices produits par la société: le compte d'intérêts, ouvert à raison de cette somme, cessa entre eux ; mais il parait que l'autre compte se continua jusqu'en 1820. — En 1814, la société fut dissoute : les bénéfices avaient été rapides et considérables, les opérations immenses ; la liquidation fut longue et difficile : durant le cours de cette liquidation, plusieurs transactions avaient eu lieu sur quelques points secondaires.
En 1822, elle se termina par un arrêté de compte intervenu entre Joly l'aîné et les héritiers de Samuel décédé, dans lequel on lit:—« Vu 1° les comptes de liquidation de la maison Samuel et Jean Joly; 2° tous les comptes dudit sieur Joly l'aîné, tant dans ladite maison Samuel et Jean Joly et leurs fils, que dans l'ancienne et la nouvelle maison Samuel Joly et fils, tant de capital que comptes courants, intérêts, biens sociaux et autres ; 3° le résultat desdits comptes au 31 déc. 1820, donnant pour solde audit sieur Joly l'aîné la somme de 2,091 fr., étant, d'autre part, soldant tous lesdits comptes ; tous lesdits comptes faits et rédigés et arrêtés d'après les livres desdites maisons et autres pièces justificatives, par M. Dubois-Alavoine, chargé à cet effet par les parties, auxquelles il a remis à chacune copie desdits comptes et états à l'appui, sont convenus et demeurés d'accord de ce qui suit:—« Art. 1. La liquidation de la maison Samuel et Jean Joly et leurs fils est définitivement terminée et arrêtée, et lesdits sieurs Samuel Joly et fils, seconds comparants, sont libérés de tous engagements à cet égard. — 2. Le reliquat de ce qui est dû au sieur Joly l'aîné pour balance et résultat de tous ses comptes en capital, comptes, biens sociaux et autres dans lesdites deux maisons, est et demeure fixé et arrêté à 2,091 fr. au 31 déc. 1820. — 3. Au moyen desdits règlements, les parties se tiennent respectivement quittes de toutes choses pour raison de tous lesdits comptes, sans pouvoir, en aucun cas, et pour tel prétexte que ce soit, revenir de part et d'autre sur le résultat ci-dessus fixé, renonçant même les parties à demander, en aucun temps, aucune révision ou redressement, sous tel prétexte que ce soit. »
Depuis cet acte, le sieur Joly l'aîné a vu sa fortune entièrement détruite par suite d'une foule d'engagements qu'il avait souscrits pour son fils, tombé en faillite. — Alors les créanciers du fils, devenus par là ceux du père, et exerçant les droits de ce dernier, ont cru découvrir dans les comptes qui avaient existé entre Samuel et Jean Joly une énorme perception d'intérêts usuraires postérieurs à la loi de 1807 ; ils ont intenté une action qui a été rejetée par jugement du tribunal de Saint-Quentin, du 24 mars 1829, dans les qualités duquel il est constaté, en fait, que « un compte courant était intervenu entre Joly l'aîné et Samuel Joly; que, pendant toute la durée de ce compte, et à chaque balance d'icelui, tel était Joly fut créditeur, et la balance fut en sa faveur; que les intérêts y furent portés en débit et en crédit au même taux égal ; qu'il en fut de même des intérêts des autres comptes mis par suite de la société, et de l'acquisition de biens faite de moitié entre Samuel Joly et Jean Joly. » — Ici le jugement reprend les faits rappelés plus haut ; puis il continue en ces termes : — « Attendu que tous les comptes arrêtés par l'acte de liquidation susrelaté, du 26 janv. 1822, ont pris naissance dès l'origine de cette société de commerce; qu'en exécution des conventions de l'acte social, le sieur Samuel Joly versa personnellement dans la société, pour fonder l'établissement, des sommes importantes, tandis que le sieur Jean Joly ne faisait pas de versement; que cette position relative des deux associés devant amener nécessairement des arrangements entre eux, il fut convenu que Jean Joly l'aîné bonifierait à Samuel Joly l'intérêt à raison de 9 p. 100 l'an sur les avances que ce dernier ferait, tant pour la mise à laquelle ledit sieur Joly l'aîné était obligé envers la société, que pour sa moitié dans l'achat des immeubles en participation ; à l'effet de quoi des comptes furent ouverts sur les livres de la société de Samuel et Jean Joly et leurs fils, et sur ceux du commerce particulier que Samuel Joly conservait sous la signature ordinaire de Samuel Joly et fils, et les intérêts y furent passés réciproquement sur le même taux, en débit et en crédit, en règle de commun accord ; — Attendu qu'il résulte de ces divers comptes liquidés le 28 janv. 1822 devaient être considérés comme se rattachant à des actes sociaux et à des stipulations entre associés, à l'occasion et pour l'exécution des clauses du pacte social, et que, par suite, la loi du 3 sept. 1807, qui régit le prêt conventionnel, n'est pas applicable; — Attendu que le sieur Jean Joly l'aîné a approuvé de la manière la plus expresse la liquidation de tous les comptes, en renonçant même au droit de révision, sous tel prétexte que ce soit ; — Attendu que les demandeurs ne peuvent prétendre exercer plus de droit que le sieur Joly l'aîné, leur débiteur ; — Attendu, d'ailleurs, que leurs titres de créances ne datant que des années 1826 et 1827, ils n'avaient pas un intérêt né à l'époque où la société Samuel et Jean Joly a été dissoute et liquidée entre Jean Joly l'aîné et les défendeurs, par acte définitif du 28 janv. 1822; que, dès lors, ils sont sans qualité et sans droit pour demander la révision des comptes auxquels ils sont étrangers. »
Appel, et, le 8 déc. 1829, arrêt de la cour d'Amiens, qui, s'appropriant l'exposé des faits contenu dans les qualités du jugement, s'exprime ainsi à cet égard : « Les faits antérieurs au jugement dont était appel sont suffisamment rapportés dans le point de fait de ce jugement, auquel on se réfère ici. » — Puis viennent les motifs et le dispositif, ainsi conçus : « Considérant que les appelants n'attaquent point les arrêtés de comptes et transactions intervenus entre Joly l'aîné et ses associés comme ayant été faits en fraude de leurs droits; qu'ils prétendent seulement exercer le droit qu'aurait, suivant eux, Joly l'aîné de demander la révision et la rectification des comptes ; qu'à ce titre, ils ne peuvent avoir plus de droit que leur débiteur lui-même ; que celui-ci, conformément à l'art. 2052 c. civ., ne pourrait revenir, pour cause d'erreur ou de lésion, contre la convention de 1822, qui constitue une véritable transaction ; qu'en fait, il s'agit, d'après les motifs et les fins de la demande, de réclamer contre l'allocation dans des comptes antérieurs à la transaction, d'intérêts excessifs et en opposition formelle avec les dispositions de la loi de 1807 ; que, dès lors, aux termes de l'art. précité, les appelants doivent être déclarés non recevables. »
Pourvoi des créanciers pour violation des art. 2048 et 2049 c. civ., et fausse application de l'art. 2052, en ce que l'arrêt attaqué a qualifié *transaction* un acte qui, dans la réalité, n'était qu'un arrêté de compte.
Arrêt (après délib. en ch. du cons.) — LA COUR; — Attendu qu'en qualifiant de transaction l'acte du 28 janv. 1822, la cour royale d'Amiens a légalement déterminé le caractère essentiel de ce contrat ; — Attendu qu'au lieu d'exercer l'action ouverte par la loi du 3 sept. 1807, l'emprunteur a consommé, de concert avec les héritiers du prêteur, la liquidation de leur compte ; qu'ils ont fait une transaction par laquelle ils se sont obligés à ne point revenir contre les dispositions de ce traité, sous quelque prétexte que ce fût, et que ce traité a eu aussi pour objet les intérêts ; — Attendu que la loi autorise les transactions sur les intérêts civils résultant même des délits ; — Rejette.
Du 21 nov. 1832.-Ch. civ.-MM. Portalis , 1er pr.-Vergès, rap.-Laplagne-Barris, 1er av. gén., c. conf.-Piet et Dalloz, av.
(2 et 3) *Espèce :*—(Rancès *C.* faillite Giron et fils.)—Le duc d'Ossuna avait établi à Madrid, sous la raison D. P. Giron et fils, une maison de banque qui avait des relations fort étendues en Europe et en Amérique. — En 1806, cette maison, qui ne pouvait régler par correspondance des comptes d'intérêts qu'elle avait avec plusieurs maisons de Hambourg, y envoya Rancès avec tous les documents nécessaires afin de toucher les reliquats. — Depuis, cette maison fit faillite. Ce fut un sieur Villela, membre du conseil de Castille, qui fut nommé, conformément aux lois

ment par défaut, obtenu par le créancier, il intervient, entre les

d'Espagne, directeur de la faillite ; il continua à Rancès les pouvoirs qu'il avait, par lettre du 25 juill. 1806 ; et, par lettre du 15 oct. suivant, il le chargea, en lui confirmant sa lettre du 25 juillet, de remettre au marquis de la Romana tout ce qu'il lui demanderait, en retirant de lui des lettres de change sur son fondé de pouvoir à Madrid. — Rancès répondit à ces lettres peu de temps après. — Depuis lors, toute correspondance cessa à cause des guerres entre la France et l'Espagne. — Rancès était rentré en France et habitait la ville de Pau. — Les syndics de la faillite Giron, qui remplacèrent la curatelle de Villela, firent, suivant ce qu'ils disent, de nombreuses démarches pour découvrir Rancès. — Quoi qu'il en soit, en 1819, ils lui firent demander son compte ; ce ne fut qu'en 1825, et le 4 mars, qu'il le présenta et qu'un mandataire spécial, le sieur Manota, chargé de se rendre à Pau et de recevoir ce compte, le reçut en effet. — Au chapitre des dépenses, Rancès fait figurer 20,000 frédérics d'or, qu'il aurait remis au marquis de la Romana, conformément à ce qu'il avait reçu (Rancès allègue que cette somme a été employée à favoriser la désertion de la division des troupes espagnoles qui faisaient partie de la grande armée française) ; il y fait figurer d'autres sommes qui restaient encore dues à cette époque par diverses maisons avec lesquelles il avait transigé en sa qualité de mandataire. — Il se reconnaît enfin débiteur de 205,092 fr. — Les art. 11 et 12 de ce compte sont ainsi conçus : « Moyennant la présente convention et transaction, et sauf le payement des neuf effets souscrits en faveur de la liquidation de D. P. Giron et fils, qui vont être remis contre son reçu à M. Manota, signés par le susdit Frédéric Rancès, celui-ci sera quitte et libéré envers la susdite liquidation de D. P. Giron et fils de Madrid pour tous comptes qu'il a eus avec elle jusqu'à ce jour. » — « Art. 12. Mais Rancès offre de fournir tous les renseignements qui dépendront de lui et tous les papiers qu'il a, appartenant à ladite liquidation Giron et fils, pour qu'elle puisse s'en aider pour les réclamations qu'elle pourra faire contre MM. Brentano, Bovara et Urbieta, de Hambourg, contre Firmin de Tastet et comp., de Londres, et contre le marquis de la Romana. » — Plus tard, Manota s'adressa à Rancès pour qu'il lui remît la preuve qu'il avait versé au marquis de la Romana les 20,000 frédérics d'or (faisant 450,000 fr.) qu'il lui avait été alloués en dépense, parce que les héritiers de ce dernier niaient cette dette. — Rancès répondit qu'il avait laissé cette pièce à Hambourg, où probablement elle avait été détruite ou égarée ; il fut alors cité devant le tribunal de commerce de Pau, puis devant le tribunal civil de cette ville, la juridiction consulaire s'étant déclarée incompétente. — Devant ce tribunal, les syndics de la faillite demandaient, entre autres choses, la révision du compte, et que Rancès fût condamné à leur remettre le titre de créance des 20,000 frédérics d'or sur le général de la Romana, ou à leur payer cette somme.

Le 21 juill. 1829, jugement du tribunal civil de Pau, qui renvoie Rancès de toutes les demandes formées contre lui, attendu que, par la transaction du 4 mars 1825, il se trouvait entièrement libéré vis-à-vis la maison D. P. Giron et fils. — Sur l'appel, arrêt de la cour de Pau, du 9 fév. 1831, en ces termes : « Attendu, 1° que, du rapprochement des diverses dispositions de l'acte du 4 mars 1825, il résulte évidemment qu'il a été dans l'intention des parties de traiter, non d'une manière provisoire, mais bien définitivement sous l'accomplissement de la condition imposée au sieur Rancès, dont il sera parlé ci-après ; — Qu'en effet, après avoir fixé à une somme de 205,092 fr. 85 c. le débet du sieur Rancès, ce dernier s'oblige, par l'art. 8, de fournir, aux fins de se libérer, au sieur Manota, en qualité de mandataire de la maison Giron et fils, de Madrid, des traites payables à Paris de mois en mois, à peu près d'égale somme ; — Attendu, en droit, que ces stipulations contenues dans un acte sont toujours censées définitives, à moins que le contraire ne résulte d'une disposition formelle ; — Attendu, 2° que, d'après l'ordonnance de Bilbao et la jurisprudence observée en Espagne en semblable matière, ainsi que les faits et circonstances de la cause l'indiquent, il était dans les attributions des syndics de passer tous les actes que les intérêts de la masse peuvent exiger ; que, dans le cas actuel, une délibération des créanciers les avait autorisés à traiter sur toutes les affaires de la faillite, quelque part qu'elles fussent pendantes ; — Attendu que les syndics, en investissant le sieur Manota du mandat en vertu duquel il a traité avec Rancès, n'ont fait que ce qu'ils étaient en droit de faire ; — Attendu que, dans l'interprétation des conventions, on doit moins s'en tenir à la qualification que les parties leur ont donnée, qu'à ce qu'elles ont voulu faire ; que, dans l'espèce, il est certain qu'elles ont voulu liquider la gestion du sieur Rancès et non pas faire une transaction proprement dite ; — Attendu qu'au failli seul appartiendrait de se plaindre, si ses intérêts y avaient été lésés et compromis ; ce que les syndics ne sauraient faire sans exciper des droits d'un tiers et sans revenir sur leur propre fait ; — Attendu, 3° en droit, que les manœuvres pratiquées par l'une des parties sont un moyen dont on peut exciper, mais il est constant que, sans elles, l'autre n'aurait pas contracté ; — Attendu que le dol ne se présumant pas, c'était aux parties de Déjernon à prouver que l'acte du 4 mars 1825 était le fruit des machinations employées par le sieur

Rancès ; — Attendu qu'elles n'ont pas rapporté cette preuve, non plus que celle des erreurs, omissions ou faux emplois dont elles se plaignent ; — Attendu, 4° en fait, que le sieur Rancès était mandataire des syndics de la faillite ; que c'est en cette qualité qu'il a opéré le recouvrement des valeurs qui ont passé dans ses mains ; qu'en droit, tout administrateur doit compte de sa gestion ; qu'il doit l'appuyer sur des pièces qui prouvent qu'il a loyalement rempli son mandat ; — Attendu qu'il est constant qu'il a été tenu compte au sieur Rancès, par l'acte du 4 mars 1825, des 20,000 frédérics d'or dont il s'agit ; que c'est en les y comprenant que le sieur Rancès était trouvé en définitive reliquataire que de 205,092 fr. 85 c. ; mais qu'il est certain que le sieur Manota n'a entendu lui en tenir compte qu'autant qu'on le mettrait à portée de pouvoir les recouvrer ; c'est ce qui résulte, en effet, de l'art. 11, « moyennant, y est-il dit, la présente convention, et sauf le payement des neuf effets souscrits en faveur de la liquidation, le sieur Rancès sera quitte et libéré pour tous comptes qu'il a eus avec elle jusqu'à ce jour ; » — Attendu qu'aux termes de l'article suivant, cette libération ne doit être définitive qu'après que le sieur Rancès aura fourni les renseignements qui dépendront de lui, et tous, y est-il ajouté, les papiers qu'il a, appartenant à ladite liquidation Giron et fils ; — Que l'expression offre, dont on s'est servi, constitue, dans l'espèce, et d'après la nature de la convention, une obligation et non une faculté ; que cela est d'autant plus incontestable, qu'il est ajouté encore à l'art. 12, que cette remise doit avoir lieu pour que la liquidation Giron et fils puisse s'en aider pour les réclamations qu'elle pourra faire contre le marquis de la Romana ; qu'il est certain que, ne pouvant faire aucune demande sans être munie de ces pièces, cette liquidation doit donc nécessairement les obtenir ; — Attendu que le sieur Rancès, qui se trouve nanti des lettres qui ouvraient au général la Romana un crédit entre ses mains, doit aussi avoir en son pouvoir la quittance qu'il en a retirée lors de la remise des fonds ; que c'est en vain que le sieur Rancès prétend qu'il a perdu cette quittance, lors de la prise de Hambourg en 1814, d'un côté, parce qu'il avait quitté cette ville depuis 1809, et qu'il n'est pas présumable qu'il y eût laissé, lors de son départ, des pièces aussi précieuses sans nécessité ; d'autre part, parce qu'il résulte des documents de l'époque que, lors de la prise de Hambourg, les propriétés et les personnes furent respectées ; d'ailleurs, enfin, pourquoi le sieur Rancès aurait-il promis des papiers qui n'étaient pas en son pouvoir ? Pourquoi, au contraire, ne pas en stipuler une décharge spéciale ? — Attendu que le traité du 4 mars 1825 n'a eu lieu que sous la condition substantielle de cette remise ; qu'elle doit donc être effectuée ; que le sieur Rancès ne saurait être relevé de cette obligation par la quittance que lui a donnée Manota de certaines pièces, parce que cet acte ne contient pas de renonciation ; renonciation inefficace, quand elle y serait exprimée, ce mandataire n'ayant pas le pouvoir de la faire ; — Attendu, 5° quant aux intérêts réclamés, qu'aux termes de l'art. 1996 c. civ., le mandataire ne les doit que du jour où il a employé les sommes à son usage ; que, dans l'espèce, les parties de Déjernon ne prouvant pas cet emploi, et le sieur Rancès étant tenu de remettre les pièces constatant sa libération, ceux courus depuis la demande seulement doivent être mis à sa charge, au taux de 5 pour 100 par an, n'étant pas une affaire de commerce dans l'état ; — Attendu, 6°..., 7°..., 8° que c'est pour se conformer à la loi que les parties de Déjernon ont consigné 10,000 fr. ; d'où il suit que le sieur Rancès n'en doit pas payer l'intérêt ; — Attendu, 9° que les parties de Déjernon ne peuvent pas obtenir les 25,552 fr. qu'elles demandent pour réparations de la dépense de 5 pour 100 payables par la maison Giron, comme peine attachée à leur diligence contre la morosité du sieur Rancès, cette dépense n'étant pas reconnue par la loi ; — Attendu, 10° que l'acte du 4 mars 1825 porte, que les 55,650 fr. réclamés par les parties de Déjernon ; que celles-ci ne prouvant pas la surprise imputée au sieur Rancès, cette réclamation doit être rejetée ; que les prétendus bénéfices faits par Rancès à la banque de Hambourg ou ailleurs n'étant pas prouvés, les 150,000 fr. réclamés par les parties de Déjernon ne sauraient leur être accordés ; — Attendu, 11° que... ; — Par ces motifs, la cour, sans s'arrêter aux nullités proposées contre le traité du 4 mars 1825 ; et, prenant droit de l'art. 12 de ce traité, ordonne que, dans le délai de huitaine, à partir de la signification du présent arrêt, sous peine de n'être plus écouté, Rancès fera la remise aux parties de Déjernon d'un titre obligatoire, leur donnant droit de réclamer contre la succession du marquis de la Romana, le payement de 20,000 frédérics d'or ; — Faute de ce faire dans ledit délai, condamne Rancès à payer cette somme avec l'intérêt à 5 pour 100, à partir de la demande, déboute les parties de Déjernon du surplus de leurs demandes. »

Pourvoi de Rancès pour, entre autres moyens, violation des art. 2044, 2052, 2057 et 1234 c. civ.—Arrêt (ap. délib. en ch. du cons.).

La cour ; — Vu les art. 2044, 2052 et 2057 c. civ. ; — Attendu que l'acte du 4 mars 1825 constitue une véritable transaction, soit qu'on se tienne aux expressions employées par les parties, soit qu'on se pénètre de leur but et de leurs intentions ;—Qu'aussi la cour royale a-t-elle reconnu elle-même que les syndics ne pouvaient pas revenir

parties, un acte qui règle leurs droits, et qui donne mainlevée de l'opposition, cet acte, bien que le débiteur se soit engagé à payer sur les faits par eux reconnus dans la transaction, et que le droit de se plaindre aurait appartenu au failli exclusivement, si ses intérêts avaient été lésés dans la transaction ; — Que la cour royale a reconnu, en outre, qu'il avait été tenu compte dans la transaction, au sieur Rancès, de la somme de 20,000 frédérics d'or, qu'il soutenait avoir remise au marquis de la Romana, en vertu du crédit illimité accordé à ce dernier par le sieur Villela, curateur de la faillite Giron ; — Que cette transaction est intervenue sur un compte rendu par le sieur Rancès, et approuvé nar le mandataire de la maison Giron ; — Que, dans ce compte, vu et approuvé, il a été fait emploi, par ledit sieur Rancès, de ladite somme de 20,000 frédérics d'or, comme ayant été comptée au marquis de la Romana ; — Que la transaction n'exprime la mention d'aucune réserve faite par les syndics, ni sur l'article relatif au marquis de la Romana, ni sur tout autre ; que cependant une pareille réserve aurait été nécessaire pour modifier les effets d'une transaction illimitée sur tous les comptes et sur toutes les affaires ; — Que l'art. 12 de la transaction, sur lequel la cour royale s'est uniquement fondée, ne contient, de la part du sieur Rancès, qu'une offre vague de fournir les renseignements qui dépendaient de lui et les papiers qu'il avait appartenant à la liquidation ; que, cependant, la cour royale a transformé cette offre en une obligation précise de remettre un titre obligatoire déterminé contre les héritiers du marquis de la Romana, quoique l'offre fût limitée aux renseignements et aux seuls papiers que le sieur Rancès avait en sa possession ; — Qu'en ordonnant la remise de ce titre déterminé, dont il n'avait pas été fait mention dans la transaction, la cour royale de Pau a créé une obligation totalement différente de l'offre faite par le sieur Rancès, et violé les articles du code civil ci-dessus cités ; — Attendu, d'ailleurs, qu'en supposant même qu'on pût faire résulter de l'art. 12 de la transaction et de l'offre vague qui y est contenue, la charge reconnue par la cour royale, cette cour n'aurait pu condamner le sieur Rancès qu'aux dommages-intérêts résultant du préjudice causé par l'inexécution de cette obligation ; que, sous ce rapport, elle aurait dû apprécier ce préjudice d'après toutes les circonstances de la cause, et notamment d'après l'état de solvabilité des héritiers du marquis de la Romana ; que, cependant, au lieu de se livrer à cette appréciation, qui était de nature à influer sur le taux des dommages-intérêts, la cour royale a condamné purement et simplement le sieur Rancès à représenter, dans le délai de huit jours, le titre obligatoire, ou à payer les 20,000 frédérics d'or ; que, même sous ce rapport, la cour royale serait contrevenue aux art. 1142, 1150 et 1151 c. civ. ; — Casse, etc. Du 21 août 1832.-C. C., ch. civ.-MM. Portalis, 1er pr.—Vergès, rap.-De Gartempe, av. gén., c. conf.-Deschaux et Lacoste, av.

A la suite du renvoi prononcé par l'arrêt qui précède, la cour de Bordeaux a été saisie de l'affaire. Il convient de faire remarquer que les considérants de l'arrêt de la cour de Bordeaux, qu'on va retracer, parlent de l'envoi d'un premier compte par le sieur Rancès en 1809, qui a été pris en considération par cette cour, tandis que ce point n'avait pas fixé l'attention de la première cour royale. — Voici maintenant les motifs de l'arrêt de la cour de Bordeaux, rendu à la date du 5 juin 1833, et qui a donné gain de cause à Rancès :

« Attendu, portent ces motifs, que, pour déterminer la nature de l'acte du 4 mars 1825, et pour savoir si on doit le considérer comme une transaction, ou comme un règlement de compte, il faut avoir égard aux circonstances qui l'ont précédé, à son économie et à l'exécution qui lui a été donnée ; — Que le mandat dont Rancès a été chargé, dans l'intérêt de la maison Giron et fils, lui fut donné en 1806, et confirmé en 1807 ; qu'à l'époque de l'acte du 4 mars 1825, il prétendait avoir envoyé, le 4 mars 1809, à de Villela, son compte avec la maison Giron et fils, quoique soldat à cette époque, en faveur de cette maison, par 78,503 marcs 12 schellings 8 deniers ; qu'il faisait figurer notamment en recette, dans ce compte, une somme de 1,909 marcs, et trois sommes, chacune de 95,493 marcs 13 schellings ; qu'il portait en dépense 20,000 frédérics d'or comptés au marquis de la Romana, et faisant au change 232,416 marcs 7 schellings ; — Attendu que la principale difficulté existante entre Rancès et les syndics de Giron et fils, était de savoir si ce compte qu'il avait à fournir devait remonter à l'époque où ce mandat lui avait été donné, ou bien s'il devait partir du 4 fév. 1809, dans lequel on admettrait que le premier article du débet de Rancès, ce solde de 78,503 marcs dont il était débité dans ce compte envoyé à de Villela ; — Que cette base de règlement ne pouvait être admise qu'autant que le représentant de la maison Giron et fils reconnaîtrait la sincérité et l'exactitude de tous les articles du débit et du crédit du compte du 4 fév. 1809, et principalement les sommes reçues des maisons de Hambourg, ainsi que la remise de 20,000 frédérics d'or, alléguée avoir été faite au marquis de la Romana ; — Attendu que, dans cette situation, admettre le solde du compte du 4 fév. 1809, c'était traiter sur les difficultés existantes et reconnaître notamment la remise des 20,000 frédérics d'or au marquis de la Romana ;

» Attendu que, dans l'art. 3 de l'acte du 4 mars 1825, le fondé de pouvoir de Giron et fils a reconnu que le compte du 4 fév. 1809 avait été envoyé à Martinez de Villela, et qu'il soldait en faveur de Giron et fils par 78,503 marcs 12 schellings 8 deniers ; que l'acte énonce ensuite qu'il est convenu et arrêté, par les parties contractantes, que Rancès remettra au procureur fondé de la liquidation Giron et fils, son compte courant avec cette liquidation, dans lequel il portera, pour première partie au crédit de ladite liquidation, les 140,982 fr. qui valent net les 78,503 marcs banco de Hambourg 12 schellings 8 deniers, qu'il a reconnu leur devoir pour le solde dudit compte courant qui lui remit le 4 fév. 1809 ; — Qu'il résulte clairement de cet article, que le procureur fondé de la liquidation a reconnu l'envoi du compte du 4 fév. 1809, qu'il est convenu d'en fixer le solde à 78,503 marcs 12 schellings, ou de porter ce solde pour premier article au crédit de la liquidation, d'où il suit que les articles antérieurs du débit et du crédit étaient définitivement arrêtés, tels qu'ils étaient portés dans ledit compte ; — Attendu que par l'effet de cette convention, les 1,909 marcs et les 95,493 marcs 13 schellings, portés en recette se trouvaient admis et passés en compte, et que, d'autre part, les 20,000 frédérics d'or portés en dépense étaient également reconnus ; — Que cette base de compte à faire le 4 mars 1825, étant ainsi convenu, le compte définitif a été réglé, et que par suite Rancès a été reconnu débiteur de 205,092 fr. 85 c. ; — Attendu que l'on trouve là une transaction sur la base du compte et un règlement fait en exécution de la transaction ; que l'objet de la transaction a été d'éteindre les difficultés que pourraient faire naître l'existence et l'envoi du compte du 4 fév. 1809, et les divers articles dont il se compose au débit et au crédit ; que, vouloir faire revivre ces difficultés, ce n'est pas attaquer le règlement du compte, mais la transaction qui lui sert de base ; — Attendu que, si la substance de l'acte du 4 mars 1825 constitue une véritable transaction, il a été également reconnu pour tel par les parties, dans les art. 3, 8 et 11 de l'acte ; — Attendu qu'elles lui ont donné la même qualification dans le récépissé du 14 mars 1825 ; — Attendu que le même motif résultant de ce que les papiers ont été remis, que les billets ont été souscrits par Rancès et acquittés, conformément à l'acte du 4 mars 1825 ; — Attendu que, loin de considérer la substance de cet acte, la qualification que les parties lui ont donnée, l'exécution qu'il a reçue, il faut y reconnaître une véritable transaction ; — Attendu que, d'après l'art. 2052 c. civ., les transactions ont, entre les parties, l'autorité de la chose jugée en dernier ressort, et qu'elles ne peuvent être attaquées pour cause d'erreur de droit, ni pour cause de lésion ; que, suivant l'art. 541 c. pr., il ne doit être procédé à la révision d'aucun compte, sauf aux parties, s'il y a erreur, omission, faux ou doubles emplois, à en former la demande devant les mêmes juges ; — Que les demandes formées par les syndics des créanciers de Giron et fils n'ont pas pour objet de faire réparer des erreurs, des omissions, des faux ou des doubles emplois, mais de faire admettre ou de rejeter des articles sur lesquels les parties ont traité en pleine connaissance de cause ; qu'admettre leur demande, ce serait autoriser une révision de compte prohibée par la loi ; — Attendu que, l'acte du 4 mars 1825, les parties ont transigé généralement sur toutes les affaires qu'elles pourraient avoir ensemble ; qu'une telle transaction ne peut être rescindée même pour des titres postérieurement découverts, à moins qu'ils n'aient été retenus par le fait de l'une des parties, et qu'il n'en est point ainsi dans le procès actuel ; — Attendu que l'art. 12 de l'acte du 4 mars 1825 contient, de la part de Rancès, une offre qui, ayant été acceptée par le syndic, oblige Rancès à l'effectuer, mais qu'il ne doit l'exécuter que conformément à sa promesse ; — Attendu qu'il a offert de fournir tous les renseignements qui dépendraient de lui, et tous les papiers qu'il a, est-il dit, appartenant à la liquidation ; qu'aux termes de cet article, il ne pourrait être condamné à la remise du reçu du marquis de la Romana, et aux dommages-intérêts résultant du refus qu'il ferait de le produire, qu'autant qu'il serait prouvé que ce reçu est à sa disposition et que cela n'est nullement établi ; — Que les syndics des créanciers Giron et fils allèguent, à la vérité, que l'obligation de remettre ce reçu a été l'objet de l'art. 12 de la transaction, et que telle a été l'intention des parties;—Attendu qu'il est difficile de supposer cette intention, lorsque l'on voit que, longtemps avant la transaction, par les lettres des 27 fév. 1819 et 3 janv. 1822, Rancès écrivait que ses papiers avaient été perdus et dispersés à Hambourg, et qu'il était dépourvu des documents nécessaires ; lorsque l'on considère ensuite que, instant que ce reçu ne fût pas représenté, le solde du compte du 4 fév. 1809 fut adopté, et que le payement fait à la Romana fut aussi implicitement reconnu, sans exiger néanmoins la remise de ce reçu ; — Que supposer que cette remise est exigée par l'art. 12 du traité, c'est en dénaturer la disposition et la restreindre à un cas qui ne s'y trouve point expliqué, etc. »

Pourvoi en cassation, de la part des syndics, pour violation de l'art. 1134 c. civ., et des principes qui régissent les obligations. — L'avocat, après avoir essayé de démontrer que la cour suprême semblait être sortie des limites de ses attributions, en cassant l'arrêt de la cour de Pau, aborde le point de droit, et demande comment la cour de Bordeaux a pu donner une si fausse interprétation de l'acte de ratification, en décidant que le mot *offre* ne peut pas constituer une obligation pour Rancès ; mais c'était décider que ce dernier était maître de donner ou

on comme un arrêté de compte, mais bien comme une transaction (Rej. 9 fév. 1836, aff. Gaffet, V. Prêt à intérêt, n° 205-2°).
— On doit aussi considérer comme transaction le traité par lequel le rendant compte s'est reconnu débiteur sans aucun détail de recette ou de dépense. — V. Compte, n° 169.

22. La transaction diffère du compromis (V. Arbitr., n° 369).
— De là sont nées les questions suivantes : 1° Quel est l'effet d'une sentence arbitrale à laquelle les parties sont convenues d'attacher les effets d'une transaction (V. Arbitr., n° 1287)?
2° Une telle sentence peut-elle être attaquée par requête civile (V. eod.)? — 3° La remise d'un blanc seing avec la faculté de le remplir d'une transaction, peut-elle être considérée comme un arbitrage? — V. Arbitr., n°s 50 et suiv., 373 et suiv.

24. L'acte par lequel la partie saisie déclare consentir à ce que le tiers saisi verse entre les mains des créanciers auteurs de la saisie, acceptant les sommes dont il est redevable envers elle, constitue une transaction et non une délégation.—V. Enregistrement, n° 1722.

25. Le serment décisoire contient une espèce de transaction. — V. Oblig., n° 5185.

26. La transaction est-elle un titre translatif ou un titre déclaratif? — Il semble au premier coup d'œil que la transaction est translative, d'après le principe qui transigit alienat que l'art. 2045 a implicitement reproduit (V. n° 42). Toutefois, ce principe n'est vrai que par rapport à l'une des parties. Celui qui renonce à son droit fait un sacrifice; pour lui, il peut y avoir aliénation, mais la partie adverse qui prétendait avoir droit, et qui obtient ce qu'elle désire, n'entend pas qu'une aliénation soit faite à son profit. « A ses yeux, dit M. Troplong (n° 7), on ne fait que lui laisser ce qui lui appartient et reconnaître la justice de sa contestation. » — Le législateur n'examine pas qui a tort ou raison; il veut arriver au terme du procès, ou empêcher qu'il ne naisse; il suppose que chaque partie s'est rendu justice (M. Troplong, eod.) et il écarte tout débat ultérieur sur un contrat qui a eu pour but de mettre fin aux contestations des parties (Merlin, v° Partage, § 11). Aussi déclare-t-il, dans l'art. 2052, que les transactions ont l'autorité de la chose jugée. — Il faut donc dire, avec les auteurs ci-dessus cités, que la transaction ne crée pas le droit, que seulement elle le reconnaît, le constate; elle ne fait qu'écarter la controverse (Championnière et Rigaud, t. 1, n° 598 ; Pothier, Communauté, n° 164), et, dès lors, en principe, elle n'est que déclarative et non translative de propriété. Telle est la doctrine que nous avons émise v° Enregistrem., n°s 1058, 1059 ; Transcription, n° 196.

27. Toutefois ce principe n'est pas absolu, les faits peuvent le modifier. Ainsi il peut se présenter des cas où, pour parvenir à une transaction, l'une des parties donne à son adversaire, pour prix de sa renonciation, une chose qui était étrangère au procès. Par exemple, Primus dirige contre Secundus une action en revendication d'un immeuble situé à Meudon; Secundus, pour arriver à un arrangement, lui concède la propriété d'une prairie située à Saint-Cloud près de sa campagne. Dans cet état de choses, Secundus aliène évidemment sa prairie, alors la transaction est translative, mais elle reste simplement déclarative à l'égard de l'immeuble qui faisait l'objet du procès. Elle ne donne à Secundus aucun droit nouveau sur l'immeuble contesté, et qu'il conserve. Mais, à l'égard de la prairie abandonnée, la titre de Primus, participe de la vente (M. Troplong, n° 8), il possède pro emptore (Conf. d'Argentré sur la cout. de Bretagne, art. 265, chap. 3 ; Dumoulin, § 33, glose 1, n° 67 ; Deluca, De feudis, disc. 47, n° 9. — Contrà, Tiraqueau, De retract. gentil., § 1, glose 14, n° 16; Fonmaur, n° 414). Mais il n'y a pas lieu de

s'arrêter à l'opinion de ces deux jurisconsultes, qui ont prétendu que la transaction est toujours translative, ce qui est une erreur évidente, d'après ce que nous venons de dire. — V. Enregistrement., n°s 1060 à 1094 ; Transcription, n° 200.

28. Les conséquences de ces principes se font sentir quant à la question de garantie en matière de transaction. Ainsi, il y aura lieu à garantie dans une transaction, comme au cas de vente, si la chose donnée à titre de transaction ne faisait pas auparavant l'objet de la contestation qui divisait les parties (Pothier, Vente, n° 647; Marbeau, n° 175; Championnière et Rigaud, n° 602; Troplong, n° 11; L. 3, C., De transact.). Mais si cette chose était l'objet même du débat, on distingue : ou bien l'une des parties en la recevant reconnaît qu'elle appartient à l'autre; alors il y a lieu à garantie : ou bien l'une des parties ne fait qu'abandonner ses prétentions sur cette chose; en ce cas point de garantie, parce qu'alors la transaction est simplement déclarative de propriété, et que la chose, au lieu de passer d'une partie à l'autre, est censée avoir toujours appartenu à celle qui la conserve (M. Rolland, n° 82). Cette distinction paraît devoir être suivie en thèse générale (M. Duranton, t. 18, n° 426. — Conf. Voët, De eviction., n° 10; Pothier, eod.; Cujas, consult. 48; Troplong, n°s 12 et 13). — V. Vente, n°s 785, 859 et suiv., 976.

29. La transaction est-elle un juste titre pour prescrire?— V. Prescript. civ., n° 892.

Art. 3. — Formes de la transaction. — Preuve de ce contrat.

30. En principe, toute convention peut être faite verbalement ; il semble, si l'on interprète strictement les termes de l'art. 2044 c. nap., qu'il n'en est pas de même des transactions (V. Oblig., n°s 3009, 4673). — Cet article, en effet, porte : « Ce contrat doit être rédigé par écrit. » Rien de plus formel. Quel est le motif de cette disposition qui, au premier coup d'œil, renferme une exception au droit commun? — Le législateur a pensé que l'écriture est plus propre que la mémoire à fixer le sens d'une convention presque toujours compliquée, et dont le but serait manqué si son sort dépendait d'une preuve testimoniale. Une convention, en effet, destinée à terminer ou à prévenir un procès, ne doit pas être elle-même l'objet d'un procès sur le fait de son existence (Conf. disc. du tribun Albisson, V. suprà, p. 639, n° 19). — Mais cela ne prouve pas que l'écriture soit de l'essence de la transaction. La transaction n'est pas un contrat solennel comme le contrat de mariage et la donation. Une transaction verbale reconnue, avouée dans toutes ses dispositions, a la même force qu'une transaction écrite (MM. Merlin, Quest. de dr., v° Transact., § 8, n° 3; Delvincourt, t. 3, p. 477; Troplong, Transact., n° 27; Duranton, t. 18, n° 406; Massé et Vergé sur Zachariæ, t. 5, p. 85, note 6). — L'art. 2044 ne traite pas de solemnitate, mais seulement de probatione transactionis (V. MM. Aubry et Rau, t. 3, p. 479, 3e édit.). Ceci est conforme au droit romain. La loi 28, C., De transact., nous dit : Sive apud acta rectoris provinciæ, sive sine actis, scripturâ intercedente vel non, transactio interposita sit, hanc servari convenit. — Il a été jugé, contrairement à ce système, qu'une transaction est nulle lorsqu'elle n'a pas été rédigée par écrit (Caen, 12 avr. 1845, aff. Legregeois, D. P. 45.2.108; Conf. Liége, 29 août 1814, aff. Wolters, V. n° 38). Mais tout en posant le principe d'une manière formelle, nous ne pensons pas que la cour de Caen ait étendu la conséquence au cas où la partie attaquée reconnaîtrait la convention formant transaction, et se bornerait à se refuser à son exécution uniquement parce qu'elle n'a pas été rédigée par écrit.

31. Le sens de la disposition de l'art. 2044 c. nap., dit

---

de retenir ces papiers qui devaient constater la remise faite au général la Romana. D'ailleurs, en espagnol, le mot offre est le synonyme exact du mot promet. Or, en droit, toute promesse constitue un engagement. Qui ne voit, au surplus, que le syndic n'avait accordé l'allocation des 20,000 frédérics, que parce que Rancès s'engageait à fournir les papiers propres à faire rentrer cette somme? — En supposant même que Rancès n'aurait fait qu'une offre, dès l'instant qu'elle avait été consignée dans un acte bilatéral, revêtu de la signature des parties, il en devait résulter nécessairement une obligation. Autrement, à quoi serviraient les écrits, les contrats? — Arrêt (ap. dél. en ch. du cons.).
La cour; — Considérant que l'arrêt attaqué a reconnu qu'e l'acte

4 mars 1825 était, en fait et en droit, une véritable transaction dont le but avait été de régler définitivement les comptes du sieur Rancès avec la liquidation de la maison Giron et fils, de Madrid, dont il avait été le mandataire; — Qu'après avoir ainsi fixé le caractère de l'acte par les termes de l'acte lui-même, par les circonstances qui l'avaient précédé et par l'exécution que les parties lui avaient donnée, la cour royale a pu et dû interpréter, d'après les mêmes éléments, les dispositions contestées de l'acte; — Que cette interprétation rentrait dans les attributions exclusives de la cour royale, et par suite, sa décision à cet égard ne peut être soumise à la cour de cassation;—Rejette.
Du 8 juill. 1834.-C, C., ch. req.-MM. Zangiacomi, pr.-Brière, rap.

M. Troplong, n° 27, est que, en cas de contestation, la seule preuve admissible de l'existence d'une transaction est la représentation de l'écrit qui la contient ; et cela, lors même qu'il s'agirait d'une valeur inférieure à 150 fr. — Le législateur, dans cet article comme dans l'art. 1715, relatif au bail (V. Louage, n°s 121 à 127), a voulu prohiber la preuve testimoniale. — Il a été jugé, en ce sens, que l'une des parties ne peut être admise à prouver par témoins l'existence d'une transaction (Bruxelles, 1er déc. 1810, aff. Quertemont, V. Interrog. sur faits et articles, n° 22), quoiqu'elle ait pour objet un intérêt inférieur à 150 fr. (Caen, 12 avr. 1845, aff. Legregeois, D. P. 45. 2. 108.— Conf. MM. Merlin, Quest., v° Transact., § 8, n° 1 ; Delvincourt, t. 3, part. 2, n° 247 ; Duranton, t. 18, n° 406 ; Marbeau, n° 203).

32. Mais s'il y avait commencement de preuve par écrit, la preuve testimoniale serait-elle admissible? La même cour de Caen décide la négative (arrêt précité.—Conf. MM. Troplong, eod.; Bonnier, n° 158; Massé et Vergé sur Zachariæ, eod.; Aubry et Rau, t. 3, p. 480. — Contra Merlin, loc. cit.).—Les jurisconsultes qui repoussent le commencement de preuve par écrit, comme suffisant pour rendre admissible la preuve testimoniale, s'appuient principalement sur le rapport fait au tribunat par le tribun Albisson. « On n'a pas voulu, disent MM. Aubry et Rau, t. 3, p. 480, note 7, 3e édit., que la transaction destinée à terminer une contestation pût devenir, quant à sa preuve, l'objet d'un nouveau procès long et dispendieux, ni que le sort d'un pareil contrat, d'ordinaire assez compliqué, fût livré à l'incertitude des témoignages » (V. le rapport suprà, p. 639, n° 19). Mais ce raisonnement, qui appuie très-fortement l'opinion des jurisconsultes qui exigent que la transaction soit écrite à peine de nullité, perd de sa force, dit-on, en présence d'un commencement de preuve par écrit. — Il a été jugé, dans le sens de Merlin, que les conventions d'une transaction peuvent être prouvées par témoins lorsqu'il y a un commencement de preuve par écrit (Bordeaux, 28 mai 1834, aff. Calvimont). — Sur le pourvoi, la cour de cassation, dans son arrêt du 25 fév. 1835, a évité de décider la question. (V. Obligation, n° 4070-1°; V. aussi Req. 17 mars 1825, aff. Denivelle, sol. impl., eod. v°, n° 4405). — Quant à nous, nous n'admettons pas la preuve par témoins, lors même qu'il y aurait un commencement de preuve par écrit; ce qui est conforme à l'opinion par nous émise dans notre première édition du Répertoire, et nous nous fondons sur les mêmes motifs que nous avons fait valoir sur une question analogue dans notre traité du Louage de la présente édition, n° 126.

33. Si la transaction avait été rédigée par écrit, et si l'acte qui la contenait avait été perdu par un accident de force majeure, il nous semble que l'une des parties pourrait, dans ce cas, par application de l'art. 1348-4° c. nap., établir par témoins la transaction niée par son adversaire (Conf. MM. Aubry et Rau, t. 3, p. 480, 3e édit.; V. aussi v° Louage, n° 126, in fine).

34. Lorsqu'une transaction est relative à une contestation commerciale, MM. Massé, Traité du droit commerc., t. 6, n° 332 ; Massé et Vergé sur Zachariæ, t. 5, p. 86, note 6, 2e col., pensent qu'elle constitue alors un acte essentiellement commercial, puisqu'elle a pour but de régler des intérêts commerciaux en modifiant des obligations commerciales, et qu'on doit lui appliquer, en ce qui concerne la preuve, les règles du droit commercial, et que par conséquent elle peut être prouvée par témoins. — Cependant il a été jugé que l'existence d'une transaction ne peut être établie par témoins, même en matière commerciale (Bordeaux 5 fév. 1857) (1).

35. Si l'écrit, avons-nous dit, n'est pas de l'essence de la transaction, s'il n'est exigé que pour exclure la preuve testimoniale, ne résulterait-il pas de là que la partie qui prétendra qu'il a existé une transaction pourra déférer le serment décisoire à son adversaire sur l'existence même de la convention? — Il a été jugé, dans le sens de la négative, qu'il suffit qu'une transaction n'ait pas été rédigée par écrit pour qu'une partie ne soit pas recevable à déférer le serment décisoire, à l'effet d'en établir l'existence contre l'autre partie, qui refuse de l'exécuter (Montpellier, 5 déc. 1825, aff. Brail, sous Req. 7 juill. 1829, V. Obligat., n° 5194-4°). — M. Troplong s'est rangé à la doctrine de cet arrêt. — Suivant lui, « la nature particulière de la transaction a fait exiger la preuve écrite afin de prévenir tout débat sur l'existence d'un acte destiné à mettre les parties d'accord. Le serment litis-décisoire est donc un moyen de preuve qui répugne à la nature de ce contrat. Il suppose un procès sur la preuve, et la loi ne veut pas qu'il puisse y en avoir. — Toute transaction non rédigée par écrit n'est pas censée sérieuse aux yeux de la loi. Il n'y a que l'aveu des parties qui puisse la faire échapper à cette présomption. »

36. Mais nous préférons l'opinion contraire de MM. Aubry et Rau, t. 3, p. 479; Delvincourt, t. 3, p. 477; Merlin, Quest. de droit, v° Transact., § 8, n° 3 ; Massé et Vergé sur Zachariæ, t. 6, p. 85; Duranton, t. 18, n° 406. Ces auteurs se fondent sur les art. 1358 et 1360, qui permettent de déférer le serment sur toute espèce de contestation, encore qu'il n'existe aucun commencement de preuve. — Il a été jugé, dans le sens de ces auteurs : 1° que celui qui allègue qu'une transaction a eu lieu verbalement, a la faculté de déférer à son adversaire le serment décisoire sur l'existence du contrat intervenu entre eux (Bruxelles, 1er déc. 1810, aff. Quertemont, V. Interrog. sur faits et articles, n° 22-1°) ; — 2° Que l'existence d'une transaction peut être établie au moyen du serment litis-décisoire (c. nap. 1341, 1348, 2044 ; Nancy, 29 juill. 1857) (2); — 3° Qu'un serment décisoire peut être déféré pour établir l'existence d'une transaction non rédigée par écrit (Limoges, 6 fév. 1845, aff. Choury, D. P. 46, 4. 458).

37. M. Troplong, n° 31, repousse aussi l'interrogatoire sur

(1) (Blandeau C. Duranthon.) — LA COUR; — Attendu que les premiers juges étaient nantis, par l'assignation donnée, le 29 août 1856, par Blandeau à Duranthon, de la question de savoir s'il y avait lieu à prononcer la résolution de conventions verbales qui seraient intervenues, le 19 déc. 1855, entre ledit Duranthon, d'une part, et Blandeau et Magne, d'autre part, au sujet d'une exploitation commerciale de grains et farines ; — Attendu que les premiers juges, au lieu de prononcer sur cette contestation, ont autorisé Duranthon à faire la preuve d'une transaction qui serait intervenue depuis l'introduction de l'instance entre lui et Magne, associé de Blandeau, transaction qui aurait mis fin au procès ; — Attendu que cette exception ne saurait être admise ;... — Attendu que Duranthon était non recevable dans son offre de preuve par témoins de l'existence de cette transaction ; — Attendu que l'art. 2044 c. nap. exige que le contrat soit passé par écrit; que le but des transactions est d'éteindre les contestations entre les parties ou de prévenir les contestations à naître; — Qu'il répugne à la nature d'un tel contrat d'en livrer la preuve aux chances toujours incertaines des enquêtes, laissant ainsi les voies ouvertes aux procès, en substituant le litige sur l'existence de la transaction au litige sur le fond du procès ; que le danger est plus grave encore lorsque l'on considère ce qu'il peut y avoir de compliqué dans les stipulations principales et accessoires d'une transaction, stipulations dont la condition la moins importante en apparence peut avoir modifié la volonté des parties ; — Attendu que c'est dans ce sens que l'art. 2044 a été expliqué dans le rapport fait au tribunat ; — Attendu qu'il n'y a pas lieu de distinguer entre les matières civiles et les matières commerciales, les inconvénients et les dangers étant d'ailleurs les mêmes ; — Attendu donc que c'est à tort que le jugement attaqué a autorisé la preuve par témoins d'une prétendue transaction ;

Au fond, etc... : — Faisant droit de l'appel interjeté par Blandeau du jugement rendu par le tribunal de commerce de Périgueux le 14 oct. dernier, met ledit jugement au néant, etc.

Du 5 fév. 1857.-C. de Bordeaux, 2e ch.-M. Troplong, pr.

(2) (Cholley C. Claudel.) — LA COUR; — Attendu que si l'art. 2044 c. civ. porte que l'acte de transaction doit être rédigé par écrit, cette simple énonciation de la loi n'est pas exclusive de la preuve de l'existence d'une transaction, ou pour l'aveu de la partie, ou par le serment litis-décisoire ; — Que la loi, en prescrivant l'écriture pour la preuve d'une transaction souvent compliquée dans ses stipulations et conditions ne l'a pas fait à peine de nullité, comme dans le cas de l'art. 931 relatif à la donation entre-vifs ; — Qu'elle n'a pas non plus employé les termes impératifs des art. 1394 et suiv. concernant les conventions matrimoniales ;—Que si la preuve testimoniale est inadmissible pour prouver le fait d'une transaction, aux termes de l'art. 1341, la disposition de l'art. 1348 sur le serment litis-décisoire qui l'admet sur quelque espèce de contestation que ce soit, paraît comprendre dans la généralité de ses dispositions la preuve d'une transaction ; — Que, néanmoins, en matière de transaction surtout, le serment litis-décisoire doit être déféré dans les termes les plus simples; qu'il ne doit porter que sur la substance même de la transaction pour éviter de tomber dans les écueils qui ont fait exiger la preuve par écrit.

Du 29 juill. 1857.-C. de Nancy, ch. civ.-M. de Metz, pr.

faits et articles comme moyen de prouver une transaction. Mais son opinion nous paraît trop rigoureuse. Du moment qu'on admet que l'aveu des parties peut suppléer à l'écriture, il n'y a aucune raison de rejeter l'interrogatoire qui a pour but précisément de provoquer un aveu (V. v° Interrog. sur faits et articles, n° 22, et Obligat., n° 5061).—MM. Aubry et Rau, t. 3, p. 479, note 6, qui enseignent cette dernière opinion, exigent, avec raison, que l'interrogatoire porte « sur le fait même de la conclusion et sur les conditions de la transaction, » et qu'il en fournisse un aveu formel et complet, le juge ne pourrait la compléter par des présomptions qui sont, comme la preuve testimoniale, inadmissibles en cette matière.

38. Une transaction peut être faite par acte authentique ou sous seing privé : dans ce dernier cas, il doit y avoir autant d'originaux que de parties ayant un intérêt distinct (V. Oblig., n° 4000 et s., 4070-1°).—Toutefois, si elle était constatée dans un procès-verbal de conciliation, cet acte, quoiqu'il n'ait que force d'obligation privée (c. pr. 54), mais qui est à certains égards un acte authentique, ne serait pas fait en double (V. Conciliation, n° 350; Obligat., n° 3044, 3897, 3902). — Il faudrait en tout cas qu'il fût revêtu de la signature des parties (V. Conciliation, n° 351 et suiv., et spécialement n° 354 ; —V. aussi v° Contrat judic., n° 4). — De même, lorsque des parties en instance devant un tribunal ont comparu en chambre du conseil, afin de se concilier, et qu'il a été tenu note par le greffier des conventions avenues entre elles, cet écrit qui n'est signé ni des comparants ni du greffier, ne peut être invoqué comme une transaction contre celle des parties qui soutient qu'il n'est jamais intervenu qu'un projet d'arrangement sans lien obligatoire, par l'absence de signature et d'acceptation (Liége, 29 août 1814) (1).

39. Il existe une espèce de transaction authentique qu'on appelle jugements d'expédient. Elle consiste à rédiger un projet de jugement que les parties présentent aux juges, signé de leurs mains, et qui termine leur contestation (V. Jugement, n° 22 et 23 ; Contrat judic., n° 4). « Cette espèce de transaction, dit M. Rolland de Villargues, n° 59, est soumise aux règles des jugements en général, sauf quelques modifications. » — Mais de quelles modifications cet auteur entend-il parler? Est-ce de celles qui résulteraient de ce qu'on aurait compromis de cette manière sur un objet qui ne pourrait faire la matière d'une transaction, ou de ce qu'on n'aurait pas suivi, à l'égard d'un mineur, les formalités requises en cas de transaction ? — Il semble que si, sous cette forme, on cherchait à éluder des règles d'ordre public, les tribunaux, nonobstant l'expiration des délais ou l'autorité de la chose jugée, dépouilleraient l'acte de son prétendu caractère de jugement pour n'y voir qu'une transaction dans laquelle on ne se serait pas conformé à la loi. — V. Appel civil, n° 289 et suiv.

40. Nous venons de parler de la forme extrinsèque des transactions, mais il y a en outre une forme en quelque sorte intrinsèque, indispensable pour la régularité de ces stipulations. Ainsi tout acte de transaction doit exposer d'abord la cause de la contestation. Ensuite il faut y indiquer les prétentions respectives des parties, les titres sur lesquels elles se fondent, et, s'il y a déjà procès engagé entre elles, à quel point se trouve la procédure. — Si la transaction porte sur plusieurs points différents, on doit les exprimer séparément en autant de divisions et subdivisions que l'on croira nécessaire pour répandre le plus de clarté. On passera enfin aux articles de la transaction.

41. Indépendamment des règles générales que nous venons d'indiquer, les transactions qui intéressent les mineurs, les interdits, les prodigues, les communes, les établissements publics, sont soumises à des formes spéciales.—V. infrà, n° 43 et s., et v° Commune, n° 120-6°, 2470 et suiv., 2493; Hospices, n° 448 et suiv.; Interdiction, n° 169, 293; Minorité-tutelle, n° 556 et suiv.

---

(1) (Wolters C. Deweys.) — LA COUR; — La transaction est-elle prouvée? — Attendu que , d'après l'art. 2044 du code civil, toute transaction doit être prouvée par écrit, et que la note tenue par le greffier du tribunal de première instance n'a pas été tenue à l'audience publique, ni signée par lui, ni par les parties; que d'ailleurs il n'y a point de commencement de preuve par écrit. puisqu'on n'a

Art. 4. — *Des personnes capables de transiger.*

42. L'art. 2045 porte : « Pour transiger, il faut avoir la capacité de disposer des objets compris dans la transaction. Le tuteur ne peut transiger pour le mineur ou l'interdit que conformément à l'art. 467 au titre de la Minorité, de la tutelle et de l'émancipation, et il ne peut transiger avec le mineur devenu majeur sur le compte de tutelle que conformément à l'art. 472 au même titre. — Les communes et établissements publics ne peuvent transiger qu'avec l'autorisation expresse de l'empereur. » — Ainsi, comme tout autre contrat, la transaction est assujettie aux mêmes règles et mêmes distinctions que les conventions en général. Ces conditions sont : la capacité de contracter et de disposer de l'objet de la transaction, le consentement des parties contractantes, un objet certain qui fasse la matière de l'engagement, une cause licite dans l'obligation. Il résulte de là que la capacité nécessaire pour transiger est relative tout à la fois, et à la qualité de la personne, et à l'objet même de la transaction.

43. De ce que l'incapable de contracter est incapable de transiger, il résulte, en principe général, que les mineurs ne peuvent faire une transaction valable (Urceolus, quæst. 11, n° 2 et suiv.; Valeron, t. 4, quest. 1, n° 1; MM. Duranton, t. 18, n° 408; Troplong, n° 42). Et même d'après l'art. 467 c. nap. le tuteur ne peut transiger au nom du mineur qu'après autorisation du conseil de famille, et de l'avis de trois jurisconsultes (V. Minorité-tutelle, n° 556 et suiv.) la transaction doit être homologuée (V. eod.). — Ainsi, le législateur impose pour la transaction des conditions plus rigoureuses que pour l'aliénation (V. eod.). Mais la nullité résultant de l'inobservation de ces formes n'est que relative. Le mineur seul peut s'en prévaloir (V. v° Obligat., n° 370, 395, 2898 et s.; Nullité, n° 36).—En droit romain le tuteur pouvait transiger sur un procès concernant les intérêts de son pupille (L. 46, § dernier. D., *De administ. et periculo tutorum*; L. 54, § dernier; L. 56, § 4, D., *De furtis*; L. 35, D., *De jure jurando*). — Cette décision toutefois était restreinte au cas où la transaction n'excédait pas les pouvoirs du tuteur (L. 1, § 9, D., *Si quid in fraudem patroni*; L. 4, C., *De Prædiis minorum*). Ainsi, le tuteur ne pouvait pas abandonner un immeuble du mineur sans avis de parents ni décret de justice (Conf. Merlin, v° Transact., p. 747; V. aussi Conf. rej. 10 mai 1813, aff. Rioust, v° Minor. tut., n° 557, et 14 oct. 1806, aff. Navailles, rapporté par Merlin, v° Curateur, § 2). — Mais aujourd'hui le droit romain se trouve sans autorité en présence de l'art. 467. — Le tuteur n'a-t-il pas au moins le droit de transiger, sans observer les formes prescrites par cet article, en ce qui concerne les actions mobilières ? — Non. — V. Minor., eod.

44. Le mineur émancipé peut transiger sur les objets d'administration qui lui sont confiés, et sur ceux dont il a la disposition (V. Minor. tut., n° 803 et 838 ; Conciliat., n° 132), tandis que cette faculté est enlevée au mineur non émancipé et aux interdits. A l'égard des formalités exigées dans les transactions qui intéressent cette classe de personnes, V. eod., n° 556 et suiv., 642 et suiv., 633 et suiv. — Conf. MM. Rigal, p. 23 et suiv.; Troplong, n° 39 et suiv.). — Ces garanties pour la validité des transactions sont conformes aux principes du droit romain. C'est un adage consacré par les lois 4 C. *De prædiis minor*, et 1, § 9. D. *Si quid in fraud. patron.*, que celui qui transige aliène : *Qui transigit alienat*. L'incapable de disposer devait donc être déclaré incapable de transiger (Urceolus, quest. 11, n° 2 et suiv.; Valeron, t. 4, quest. 1, n° 1).

45. Le mineur devenu majeur est encore incapable de transiger avec son tuteur en tout ce qui est relatif au compte de tutelle, tant que le tuteur n'a pas rendu son compte (c. nap., art. 467.) — En outre Minor. tut., n° 642, où nous avons exposé les raisons qui ont déterminé le législateur à adopter ce principe

point rapporté d'écrit émané de la partie appelante; — Par ces motifs, sans avoir égard au serment offert par la partie intimée, met l'appellation et ce dont est appel au néant; émendant, déclare qu'il n'existe pas de transaction, et qu'il n'y a pas lieu d'admettre la preuve testimoniale.

Du 29 août 1814.-C. de Liége, 1re ch

général). — Mais le mineur devenu majeur pourrait-il transiger avec le tuteur qui n'aurait pas rendu son compte, lorsqu'il s'agit d'objets et d'intérêts étrangers au compte de tutelle ? Nous avons traité cette question avec tous les développements qu'elle comporte (V. Minorité tut., nos 650 et suiv.). — Aux autorités citées (eod.), nous devons ajouter l'opinion de M. Troplong, t. 17, n° 44, p. 581, qui s'est prononcé pour l'affirmative. — « Cette question, dit-il, ne peut se présenter que dans le cas où des biens sont échus au mineur après sa majorité ; alors il est évident que le tuteur n'a pu s'en occuper, et qu'il ne doit pas compte de leur administration. Cette hypothèse étant donnée, j'admets la possibilité de la transaction entre le mineur devenu majeur et le tuteur, encore bien que ce dernier n'ait pas rendu son compte. » — Néanmoins, comme nous l'avons dit (eod., n° 652), le plus sage serait d'exiger avant tout traité la reddition du compte de tutelle.

46. Un père peut-il transiger sans autorisation sur les droits de ses enfants ? Merlin, v° Transact., p. 751, rend compte sur cette question des principes de la législation romaine suivie dans les pays de droit écrit, et dit que la loi 10, D. De transactionibus déclarant que la transaction faite par un père ne préjudicie pas aux enfants, lorsqu'ils sont émancipés, cela laisse penser que s'ils étaient encore sous la surveillance paternelle, ils étaient obligés de respecter les transactions faites par leur père. Du reste, il cite à cet égard plusieurs arrêts qui ont décidé que le père pouvait aliéner sans formalité les immeubles de ses enfants non émancipés, lorsque la nécessité ou les avantages de leurs affaires l'exige ; à plus forte raison peut-il transiger. — En pays coutumier, le père n'avait que les droits d'un simple tuteur. —Maintenant, sous l'empire de notre code, on pourrait soutenir que le père ne peut transiger qu'en remplissant les formalités imposées au tuteur. Mais nous avons vu v° Puiss. patern., n° 82, que l'autorisation du conseil de famille n'était pas nécessaire, qu'il suffisait au père d'être autorisé par le tribunal.

47. La personne placée sous l'assistance d'un conseil judiciaire peut transiger sur les objets dont elle pourrait disposer sans son conseil (c. nap., art. 513. — V. au surplus à cet égard v° Interdict., nos 285, 289, 291 et suiv.; Conciliat., n° 133).

48. La femme mariée ne peut transiger sans le consentement spécial de son mari. Toute autorisation générale, même stipulée par contrat de mariage, n'est valable que quant à l'administration des biens de la femme (art. 223, 1538 c. nap.). Cette nécessité de l'autorisation maritale souffre cependant quelques exceptions, dans les cas, par exemple, où la femme s'est fait autoriser par justice, au refus du mari ; où elle est marchande publique et pour ce qui concerne son négoce ; où elle est mariée sous le régime dotal ou séparée de biens, pour les objets dont elle a la libre disposition (c. nap., art. 1449 et 1536 ; — V. Conciliat., n° 125 et suiv.). — Ainsi la femme séparée peut, sans autorisation maritale, transiger sur toutes les contestations concernant son mobilier, parce qu'elle est maîtresse de ce bien. Toutefois, si l'acte sortait, par son importance et ses effets sur l'avenir, de la classe des actes de simple administration, on devrait, suivant nous, requérir l'autorisation. — Et de là il suit naturellement, comme le remarque M. Marbeau, n° 94, qu'elle peut transiger seule sur tous les différends relatifs à l'administration et à la jouissance de ses biens.

49. La femme séparée peut-elle transiger avec son mari ? L'affirmative ne peut souffrir l'absence d'un texte précis quant à ce cas spécial, et sur cette considération que la transaction facilite la bonne harmonie. Toutefois il semble à MM. Rolland de Villargues, n° 52, et Marbeau, n° 100, que la transaction est prohibée par les mêmes raisons que les ventes entre époux. — Mais cette opinion, en termes généraux, ne doit, selon nous, être comprise que sous les distinctions que comporte l'art. 1595 c. nap. — Conf. M. Troplong, qui dit : « Entre époux toute transaction est nulle (transigere est alienare). Dès lors, on peut appliquer ici l'art. 1595 sur les ventes entre époux, et les exceptions par lesquelles cet article tempère la prohibition de vente entre époux doivent également s'étendre à la transaction. »

50. La femme mariée sous le régime dotal ne peut, quoique autorisée de son mari, abandonner par transaction ses biens dotaux, à moins qu'ils n'aient été déclarés aliénables par le contrat

de mariage (art. 1554. — Conf. MM. Duranton, t. 18, n° 407 ; Troplong, Aubry et Rau, t. 3, § 420, p. 478. — V. Contr. de mar., n° 13484 et suiv.) ; mais elle transige valablement sur l'administration de ses paraphernaux (c. nap. 1576).

51. lorsque des époux mariés sans communauté sont convenus que la femme touchera sur ses seules quittances une portion de ses revenus ; elle pourra transiger sur les procès relatifs à ces revenus (art. 1534).

52. Marchande publique, la femme transige seule sur tout ce qui concerne son commerce, et aliène ainsi tous ses immeubles non dotaux ; mais il faut que ces objets ne soient pas étrangers à son commerce (c. com. 7).

53. Dans tous les autres cas, la femme est incapable de transiger (c. nap. 1124). Mais ceux qui ont traité avec elle ne peuvent se prévaloir de son incapacité (c. nap. 1125).—M. Duranton, t. 18, n° 407 ; Troplong, t. 17, n° 42, p. 580 ; V. au surplus v° Contrat de mariage, nos 3479 et suiv., 3484 et suiv., et v° Obligation, n° 395.

54. Un mari peut-il transiger au nom de sa femme et sans son concours ? — D'après le droit coutumier et la jurisprudence adoptée sous l'empire de ce droit, le mari était dans une position identique à celle du tuteur. Il pouvait transiger sur les actions purement mobilières ; mais lorsqu'il s'agissait de transiger sur les actions immobilières, la femme devait figurer à la transaction et y consentir (Conf. Voët, ad Pandectas, liv. 2, tit. 15, n° 5 ; Charondas, liv. 3, rép. 14 ; Rodenburg, De jure conjugum, tit. 2, ch. 3, n° 16 ; Merlin, v° Transact., p. 751). Cependant, sous l'ancien droit, on regardait comme nulle toute transaction par laquelle un mari renonçait pour sa femme à la revendication d'un bien. Aujourd'hui la question, dit Merlin (eod.), est nettement décidée par l'art. 2045, qui déclare que « pour transiger il faut avoir la capacité de disposer des objets compris dans la transaction. »—V. à cet égard ci-après, nos 70 et s.

55. Les envoyés en possession provisoire des biens d'un absent peuvent, à notre avis et bien que cela soit contesté, transiger sur les actions mobilières de celui-ci (V. Absent, nos 350 et suiv.), mais non sur les actions immobilières (V. eod., et v° Conciliation, nos 134 et suiv.).

56. L'héritier bénéficiaire a capacité pour transiger sur les actions dépendantes de la succession ; mais dans ce cas il doit être déchu du bénéfice d'inventaire (Limoges, 10 mars 1836, aff. S.:: C. Filloulaud, V. v° Success., n° 948 ; Conciliation, nos 137 et suiv.).

57. Un mandataire a-t-il le droit de transiger au nom de son mandant ? La négative résulte clairement de l'art. 1988 c. nap., à moins que la procuration ne confère expressément ce pouvoir au mandataire (V. v° Mandat, n° 95. — Conf. M. Rigal, nos 41 et suiv.; Troplong, du Mandat, n° 295).—Le mandataire chargé pour une seule affaire ne peut la transiger sans un pouvoir exprès (V. eod. v°, nos 102 et 110). — Le pouvoir de transiger renferme-t-il celui de compromettre (V. eod., n° 113)? — Ces principes sont conformes à la loi 67, C., De transactionibus ; L. 30, De procuratoribus ; L. 18, D., De jure jurando. — En matière de procédure, le mandat a fin de transiger comprend le pouvoir de renoncer à une exception (V. Mandat, n° 133.—Conf. Req. 26 mars 1834, aff. Blondel, v° Désaveu, n° 69-6°). — Le pouvoir à l'effet de se concilier emporte celui de transiger (V. Conciliation, nos 21, 291 et suiv., et Mandat, n° 135).—Du reste, les circonstances particulières qui accompagnent le mandat peuvent servir à en faire apprécier l'étendue. V. Mandat, n° 136, où nous relatons plusieurs arrêts qui ont jugé conformément à cette doctrine. Les tribunaux sont appréciateurs de la pensée du mandant.

58. L'art. 1856 c. nap. porte : « L'associé chargé de l'administration par une clause spéciale du contrat de société, peut faire nonobstant l'opposition des autres associés, tous les actes qui dépendent de son administration, pourvu que ce soit sans fraude. » Résulte-t-il de là qu'il puisse transiger ? — Nous avons examiné v° Société, n° 484, quelle est l'étendue des pouvoirs de l'associé administrateur, et résumé à cet égard les opinions de Pothier, de Pardessus, et de MM. Troplong, Duvergier, Delangle, etc. Nous pensons, conformément à l'opinion de MM. Troplong et Delangle, que l'associé ne peut transiger, en matière civile comme en matière commerciale, sur les procès de la société sans l'avis de ses coassociés, mais qu'il peut transiger et même compromettre sur les choses dont il a la disposition.

59. Le gérant a-t-il le pouvoir de transiger et de compromettre? Il y a lieu d'adopter la même solution qu'au cas où il s'agit d'un associé administrateur (V. le n° précédent, et v° Société, n°° 484 et 1301). Il a, comme celui-ci, le droit de transiger sur les choses dont il peut disposer dans les affaires qui concernent la société. — Le gérant d'une société en commandite ne peut donc, par transaction, délier des commanditaires de leurs engagements (Req. 12 avr. 1842, aff. Germain, V. Société, n°° 1295-2° et 1303 et suiv.). — Un tel acte excède évidemment ses pouvoirs (V. eod.).

60. Aux termes de l'art. 14 de la loi des 17-23 juill. 1856, « lorsque les actionnaires d'une société en commandite par actions, ont à soutenir collectivement et dans un intérêt commun, comme demandeurs ou défendeurs un procès contre les gérants, ou contre les membres du conseil de surveillance, ils sont représentés par des commissaires nommés soit dans une assemblée générale, soit dans une assemblée spéciale, suivant les cas prévus par la loi. » Quelle sera l'étendue des pouvoirs des commissaires? Pourront-ils transiger et compromettre sans un pouvoir exprès?—V. Société, n°° 1401 et 1414, où nous avons décidé qu'ils avaient besoin d'un pouvoir spécial et formel.

61. Dans la société anonyme, le droit de transiger lorsqu'il n'a pas été accordé aux administrateurs par l'acte, social, ne peut leur appartenir qu'en vertu d'une autorisation obtenue de l'assemblée générale des actionnaires.—V. Société, n° 1531.

62. Des administrateurs nommés avec la mission de liquider l'actif et le passif d'une société, ni le pouvoir de transiger et de compromettre sur toutes les contestations, sont par cela seul investis du droit de défendre aux actions intentées par des tiers contre la société (Douai, 17 déc. 1842, aff. Arnoust, V. Acte de comm., n° 285, et Société, n° 491). — Mais le liquidateur qui n'a pas reçu spécialement le pouvoir de transiger, trouve-t-il ce pouvoir dans la nature même de ses fonctions?— Les avis sont à cet égard partagés. Nous nous sommes décidés pour la néga-'tive (V. Société, n°° 1056 et suiv.).

63. D'après l'art. 487 c. com., les syndics peuvent transiger sur toutes les contestations qui intéressent la masse, et la transaction est homologuée par le tribunal (V. Faillite, n°° 523 et suiv.). — Il en est de même des syndics d'une union de créanciers (c. com., 535, V. eod., n°° 959 et suiv.).

64. *Communes.—Administrations publiques et particulières.* — Dans l'ancien droit, le maire et les officiers municipaux d'une ville pouvaient-ils transiger? Oui, suivant la loi 12 C. *De transactionibus.* — Mais cette décision était modifiée par la loi 4 C. *De prædiis minorum,* suivant laquelle les administrateurs d'une communauté ne pouvaient transiger de leur chef, lorsqu'il s'agissait d'un bien ou droit immobilier (Conf. Merlin, v° Transaction, p. 49, qui cite à cet égard d'anciens arrêts du parlement de Flandre). Mais au cas d'aliénation ne fallait-il pas, indépendamment de l'autorisation du juge, des lettres patentes du prince? Les opinions étaient très-partagées à cet égard sous l'ancien droit (V. sur ce point Merlin, v° Transact., § 1, n° 4; Dunod, Traité

de l'aliénation des biens ecclésiastiques ; Gonzalez, sur le ch *veniens, extrà, De transactionibus;* Pirrhus Coradus, t. 1, liv. 9, ch. 10). Mais aujourd'hui cette question n'a plus qu'un intérêt historique en présence de nos lois sur les communes (V. v° Commune, n°° 2470 et suiv.), et surtout en raison de la loi de 1837.

— L'art. 59 de cette loi porte : « Toute transaction consentie par un conseil municipal ne peut être exécutée qu'après l'homologation par ordonnance royale, s'il s'agit d'objets immobiliers ou d'objets mobiliers d'une valeur supérieure à 3,000 fr., et par l'arrêté du préfet en conseil de préfecture dans tous les autres cas» (V. Commune, n°° 2472 et suiv.). — Il est reconnu que la loi de 1837 n'a point abrogé l'arrêté du 21 frim. an 12, relatif aux formes des transactions. D'après cet arrêté, les communes et établissements publics ne peuvent transiger, sans une autorisation expresse du gouvernement. Le maire de la commune s'adresse au préfet du département, et lui expose l'avantage ou la nécessité de la transaction. Sur la consultation des trois jurisconsultes désignés par le préfet, et sur l'autorisation donnée par lui, d'après l'avis du conseil de préfecture, une délibération du conseil municipal consent la transaction (arr. 21 frim. an 12). Cette transaction doit de plus être homologuée par un arrêté du gouvernement rendu dans la forme des règlements d'administration publique. Dans cette autorisation, l'empereur intervient comme tuteur des communes et des établissements publics, pour examiner s'il a été suffisamment pourvu à la conservation de leurs droits. Après ces formalités, les transactions qui concernent les communes sont entièrement assimilées à celles passées entre particuliers (V. Commune, n°° 2475, 2477). — Elles sont souscrites par le maire au nom de la commune (L. 18 juill. 1837, art. 10, V. Commune, n° 325). — En conséquence, la contestation qui s'élèverait sur tous ces points serait sans nul doute de la compétence des tribunaux et non de celle de l'autorité administrative (MM. Merlin, Rép., v° Transaction, § 1, n° 4; Rolland, eod., n° 26 ; Duranton, t. 18, n° 411 *bis* ; V. v° Commune, n° 2484, un arrêt du 31 janv. 1837, aff. Marion, qui se fonde sur un décr. du 21 janv. 1812, portant annulation d'un arrêté de conflit élevé dans un procès entre l'administration des hospices de Turin et des particuliers. — V. aussi v° Hospices, n°° 449 et 463, où ce décret est rapporté).

65. Les règles ordinaires d'après lesquelles une aliénation de biens communaux ne peut valablement avoir lieu sans le concours et l'avis préalable du conseil municipal, ne peuvent faire annuler un partage intervenu sans le concours entre deux communes, en exécution d'une transaction approuvée par un décret impérial, quand ce partage, autorisé par ce même décret, a été fait dans les formes qu'il traçait à l'avance (Req. 18 janv. 1841) (1).

66. Les fabriques d'églises ne peuvent transiger qu'avec l'autorisation du gouvernement (V. Culte, n° 608). — Les bureaux de bienfaisance peuvent transiger avec l'autorisation du préfet (V. Secours publ., n° 394). — Il en est de même des hospices (V. ce mot, n°° 448 et suiv.).

67. Les transactions qui intéressent l'administration des contributions indirectes et l'administration des douanes sont soumises à des règles et des lois particulières (V. art. 25, décr. 5

---

germ. an 12, et art. 10, ord. 30 janv. 1822, v¹ª Impôts indirects, nᵒˢ 538 et suiv., et p. 404, nᵒˢ 12-3ᵉ, 256, 294; Douanes, nᵒˢ 1011 et suiv.; Instr. crim., nᵒˢ 215 et suiv.; Poudres, nᵒˢ 43 et s.).—L'administration des postes est autorisée à transiger dans toutes les affaires qui intéressent son service (ord. 19 fév. 1843; V. Postes, nᵒˢ 10, 128). Cette faculté a été consacrée aussi par la loi du 4 juin 1859 sur le transport des valeurs déclarées (art. 9; Voy. D. P. 59. 4. 58 et suiv.).

68. La loi du 18 juin 1859, modificative du code forestier (D. P. 59. 4. 95 et s.), a donné à l'administration des forêts le pouvoir de transiger. — Aux termes du nouvel art. 159 c. for., § 4, cette administration est autorisée à transiger, avant jugement définitif, sur la poursuite des délits et des contraventions en matière forestière, commis dans les bois soumis au régime forestier. — Après jugement définitif, la transaction ne peut porter que sur les peines et les réparations pécuniaires.»—Un décret des 21-28 déc. 1859 a été rendu pour l'exécution de cette disposition (Voy. D. P. 59. 4. 115; V. aussi arrêté du ministre des finances du 30 janv. 1860, D. P. 60. 3. 12, et circ. dir. gén. des forêts 31 janv. 1860, eod.).

69. Les transactions en matière de prises maritimes ne peuvent être exécutées sans l'approbation du conseil des prises, le commissaire du gouvernement entendu, ou sans l'autorisation du ministre de la marine, s'il s'agit de transactions consenties par les équipages des bâtiments de l'Etat. — V. ce que nous avons dit sur ces transactions vᵒ Prises maritimes, nᵒˢ 300 et suiv.

Art. 5. — *Choses sur lesquelles on peut transiger.*

70. En règle générale, et de même qu'on peut contracter sur toute espèce de droits, on peut transiger sur ces mêmes droits quelles qu'en soient l'origine et la nature (MM. Aubry et Rau, 3ᵉ édit., t. 3, p. 480). — Mais il est de nombreuses exceptions au principe général. Ainsi il n'est pas permis de transiger sur les matières qui intéressent l'ordre public comme contraire aux droits qui sont placés hors du commerce, et qui ne sont par cela même sus-

ceptibles d'aucune convention (V. sur tous ces points vᵒ Obligat., nᵒˢ 403 et suiv., 550 et suiv.). Nous allons énumérer successivement ces exceptions.

71. *État des personnes.* — Puisque, d'après l'art. 1128, « il n'y a que les choses qui sont dans le commerce qui puissent être l'objet des conventions » et, par conséquent, des transactions, un citoyen ne peut transiger sur son état, lors même qu'il y aurait déjà procès intenté (MM. Duranton, t. 18, nᵒ 599; Troplong, nᵒ 63 et suiv.). Ainsi l'on ne peut transiger sur sa nationalité, sur sa légitimité, sa filiation, son mariage, sa puissance paternelle ou maritale, en un mot sur tous ses droits de famille. — Tout ce qui tient à l'état civil est d'ordre public et, par conséquent, supérieur aux conventions privées (V. Obligat., nᵒˢ 597 et suiv.; Etat des personnes, nᵒ 7; V. aussi Valeron, t. 3, quæst. 2, nᵒ 3; Vinnius. c. 4; Cujas, 12, observ. 33). — Cette question qui ne présente plus de doute aujourd'hui, était autrefois très-controversée. Voët et plusieurs autres auteurs, cités par Valeron (eod.), professaient l'opinion contraire. S'appuyant sur la loi dernière au code De transact. et sur les lois 2 et 30, D., De jure jur., ils prétendaient qu'un homme libre pouvait être encore au regard des parties qui avaient transigé sur son état, et rester libre à l'égard des personnes étrangères à la transaction. De sorte que le même individu pouvait tout à la fois être libre et esclave. — C'était une de ces subtilités qui tiennent au caractère du droit romain, et que notre législation n'admet pas.

72. En ce qui concerne la qualité de *Français*, il a été jugé qu'en matière d'état politique, nul n'est présumé abandonner celui qu'il tient de la loi, ni admis à transiger à cet égard (Rennes, 12 fév. 1824) (1). — V. Droit polit., nᵒ 111.

73. Quant à l'état civil des personnes, il a été jugé, conformément aux principes exposés vᵒ Obligat., loc. cit. : 1ᵒ qu'une transaction relative à des conventions sur cet état est entachée de nullité (Req. 3 juill. 1811, aff. Roseleur, V. Etat des personnes, nᵒ 7); — 2ᵒ Que la transaction sur l'état d'enfant naturel est nulle comme contraire à l'ordre public (Cass. 27 fév. 1839) (2); 12 juin 1838, aff. Martin, V. Paternité, nᵒ 633-2ᵒ);

---

(1) (Haentjens C. préfet de la Loire-Inférieure.) — La cour; — Attendu, premièrement, qu'Haentjens père doit être réputé Français, lors même qu'il n'aurait pas la qualité de citoyen français, et qu'il ne serait pas admissible à l'exercice des droits politiques, question qu'il est inutile d'examiner dans l'espèce ; que le titre de Français lui est acquis, aux termes de la loi du 2 mai 1790; qu'en effet, cette loi fait une distinction entre les étrangers qui doivent être considérés comme Français, et ceux qui sont aptes à être admis à exercer des droits politiques; qu'elle impose à ceux qui veulent acquérir la simple qualité de Français, les deux seules conditions suivantes : Premièrement, d'avoir dans le royaume, un domicile continu de cinq ans; secondement, d'avoir acquis des immeubles en France, ou épousé une Française, ou formé un établissement de commerce;—Que, quant à ceux qui veulent exercer des droits politiques, outre les deux conditions ci-dessus, la même loi exige qu'ils aient prêté le serment civique ; que cette distinction, qui résulte des termes de la loi du 2 mai, est justifiée par la raison que les droits civils attachés à la qualité de Français, et les droits politiques inhérents au titre de citoyen français, ont cette même distinction, établie d'ailleurs par les art. 7 et 8 c. civ., a été reconnue et consacrée par la cour de cassation. dans un arrêt du 27 avr. 1819 ; — Attendu, secondement, qu'il est suffisamment appris qu'Haentjens père avait fixé sa résidence à Nantes, dès 1780, et qu'il l'a conservée depuis; qu'il y avait fondé une société de commerce en 1781 ; qu'il avait épousé une Française en 1785 ; qu'il avait conséquemment rempli les conditions voulues par la loi du 2 mai 1790, pour obtenir la qualité de Français; — Attendu, troisièmement, que cette seule qualité de Français, conférée à Haentjens père, a fait acquérir, aux termes du § 2, art. 2, L. 14 sept. 1791, le titre et les droits de citoyens français à ses deux fils réclamants, qui sont nés en France ; — Attendu enfin, que l'on ne peut opposer à Haentjens père, et encore moins à ses enfants les actes ou acquiescements émanés dudit Haentjens, desquels on prétendrait induire qu'il aurait, par erreur ou autrement, paru renoncer à la qualité de Français, qui lui était acquise, nul, en matière d'état, n'étant présumé abandonner celui qu'il tient de la loi, ni admis à transiger à cet égard ; — Par ces motifs, déclare que lesdits Haentjens frères sont citoyens français, etc.

Du 12 fév. 1824.-C. de Rennes.-M. Gaillard-Kerbertin, av.

(2) Espèce :—(Dusillet et cons. C. Delille.) — En 1791, testament du baron de Grusse par lequel il institue pour son légataire universel M. Lampinet, l'un de ses neveux, à la charge de faire une pension annuelle et viagère de 1 500 fr. à Désiré Delille qu'il déclarait être son fils naturel.

—M. de Grusse émigra en 1792 et mourut en Bavière le 7 janv. 1810 — Il laissait alors pour héritiers deux sœurs, M. de Lampinet, son neveu, et madame Dusillet, sa nièce. — Ceux-ci renoncèrent d'abord à cette succession ; mais ayant trouvé dans les papiers laissés en Bavière par le baron de Grusse une créance de 150,000 fr. échue par déshérence au gouvernement, ils la réclamèrent à celui-ci qui leur en fit l'abandon.— Les défendeurs opposèrent d'abord la fin de non-recevoir tirée de ce qu'ils avaient renoncé à la succession du baron de Grusse : d'où ils concluaient que le sieur Delille n'avait rien à leur demander en qualité d'héritier. Ils soutenaient au fond que le baron de Grusse, étant décédé en état de mort civile, il n'avait pu valablement reconnaître le sieur Delille pour son fils naturel.

9 avr. 1821, jugement du tribunal de Lons-le-Saulnier qui rejette la fin de non-recevoir; mais, quant au fond, le jugement décide qu'attendu son état de mort civile, le baron de Grusse n'avait pas capacité pour reconnaître le sieur Delille comme son enfant naturel ; et néanmoins, se fondant sur ce que la législation en vigueur lors de la naissance du sieur Delille autorisait la recherche de la paternité et assurait des aliments à l'enfant, et sur ce que le testament prouvait suffisamment le fait de la paternité, condamne les défendeurs à lui payer une pension alimentaire. — Sur l'appel interjeté par les héritiers de Grusse, un arrêt de la cour royale de Besançon, en date du 31 déc. 1822, a infirmé ce jugement en admettant la fin de non-recevoir rejetée par le jugement de première instance. — Le sieur Delille a acquiescé à cet arrêt.

Depuis survint la loi du 27 avr. 1825, sur l'indemnité des émigrés. — L'indemnité due en vertu de cette loi au baron de Grusse ayant été liquidée sur la demande de ses héritiers, le sieur Delille forma contre eux, le 7 janv. 1832, une demande tendante à ce qu'ils fussent tenus de lui rendre compte de l'indemnité qu'ils avaient recueillie, indemnité à laquelle sa qualité d'enfant naturel lui donnait droit pour une certaine quotité. Cette demande était principalement fondée sur l'art. 7 de la loi du 27 avr. 1825, qui, relativement à l'indemnité, relève les émigrés et leurs ayants droit de toutes les incapacités résultant des lois antérieures. — En cet état, et le 6 mars 1832, transaction entre les parties, par laquelle , moyennant la double condition de l'usufruit d'une rente sur l'Etat, de 2,000 fr. prise dans celles provenant de l'indemnité, le sieur Delille «se désiste de tous droits, qualités et prétentions résultant à son profit, soit du testament du 13 oct. 1791, soit de tous autres actes ou dispositions de lois qu'il pourrait invoquer. » Il est dit de même que cette donation est faite par les héritiers de Grusse « sans reconnaître au sieur Delille aucune des qualités et prétentions dont il a voulu se prévaloir, en

— 3° Et spécialement que l'action en réclamation d'état d'enfant naturel est inaliénable et imprescriptible ; qu'en conséquence, la transaction par laquelle un individu renonce, moyennant une somme d'argent, à toutes prétentions et droits sur la succession d'une femme, en qualité de fils naturel, ne le rend pas non recevable à exercer plus tard une action en réclamation d'état d'enfant naturel de cette femme ; ...et à réclamer ses droits héréditaires en cette qualité (Grenoble, 18 janv. 1839, et sur pourvoi, Req. 22 avr. 1840, aff. Martin, *eod.*).

74. Cependant une distinction indiquée par les anciens jurisconsultes et rappelée par M. Troplong (n° 63), ne doit pas être omise. Ou la transaction tend à détruire l'état de la personne, et alors elle ne saurait subsister, ou elle est favorable à l'état de cette personne, et alors elle est valable. — V. nos annotations D. P. 50. 1. 113 ; 54. 1. 392, et *infrà*, n° 78.

vertu du testament précité, faisant au contraire toutes protestations contre lesdites qualités et prétentions ; et aussi en considération de ce qu'il se désiste de tous ses droits et prétentions, et que, par ce moyen, tous procès seront ainsi éteints et anéantis. » —Malgré cet acte, le sieur Delille a peu après assigné Dusillet et de Lampinet en nullité de la transaction du 6 mars 1852, en rectification de son acte de naissance, et en reddition de compte de l'indemnité à laquelle il disait avoir droit en qualité d'enfant naturel reconnu du baron de Grusse.

25 août 1852, le tribunal de Lons-le-Saulnier, admettant une exception de chose jugée proposée par les défendeurs, démet le sieur Delille de sa demande. Il considère, en substance, que le jugement du 9 avr. 1821, qui rejetait une première demande du sieur Delille à fin d'être reconnu comme enfant naturel du baron de Grusse, avait acquis l'autorité de la chose jugée, en ce qui concernait l'état du demandeur, et que, dans cette position, l'acte du 6 mars 1852 avait mis fin à la contestation.

Appel du sieur Delille. — 27 fév. 1857, arrêt de la cour de Besançon qui décide au contraire que le jugement du 9 avr. 1821 n'a pas l'autorité de la chose jugée contre Delille, sur la réclamation d'état, puisque la demande actuelle repose sur une cause nouvelle résultant de la loi du 27 avr. 1825, abolitive des incapacités établies par les lois révolutionnaires contre des émigrés. — L'arrêt décide ensuite que le testament du baron de Grusse contient une reconnaissance formelle de Désiré Delille, comme fils naturel du testateur, et il ordonne la rectification en ce sens de l'acte de naissance de Delille. — Enfin, statuant sur les effets de l'acte du 6 mars 1852, la cour royale, tout en reconnaissant en principe la nullité d'une transaction sur l'état d'enfant naturel, valide néanmoins celle qui fait l'objet du procès, en ce qui touche les droits et intérêts pécuniaires qui s'y trouvent réglés : — « Considérant, porte l'arrêt, que la transaction porte sur l'état de Delille et sur les avantages qui pouvaient en résulter à son profit, et que sous ce rapport la transaction du 6 mars 1852 ne peut produire aucun effet quant à l'état d'enfant naturel légalement reconnu ; — Qu'il en est autrement quant au règlement des intérêts pécuniaires deDelille, entièrement à sa disposition ; — Que la renonciation à la qualité et la renonciation aux intérêts pécuniaires sont distinctes ; que la nullité de la première n'entraîne pas nécessairement la nullité de la seconde, parce qu'il était permis à Delille de renoncer à l'indemnité sans renoncer à son état ; — Que les intimés ne réclament point la réduction du viager de 2,000 fr., prix de la double renonciation ; — Que d'ailleurs l'objet principal de la transaction était évidemment d'exclure Delille de tous droits à l'indemnité ; que si la renonciation à l'indemnité seulement remplissait cet objet, la renonciation à la qualité d'enfant naturel venait à l'appui de la fin que se proposaient les parties ; — Qu'il suit de là que la renonciation de Delille à sa qualité d'enfant naturel reconnu, n'étant que secondaire, la nullité de cette renonciation ne doit point entraîner la nullité de la convention intervenue sur les intérêts pécuniaires. »

Pourvoi en cassation de la part de toutes les parties. — Le pourvoi du sieur Dusillet et autres était fondé : 1° sur la violation des art. 1550 et 1551 c. civ., relatifs à l'autorité de la chose jugée ; — 2° Violation de l'art. 2 c. civ., de l'art. 1 de la loi du 5 déc. 1814, et de l'art. 34 de la loi du 27 avr. 1825 ; — 3° Fausse application de la loi de 1825, et par suite, violation de son art. 4, ainsi que de l'art. 1 de la loi du 5 déc. 1814.

Le pourvoi du sieur Delille était fondé sur la violation tant des art. 6, 1108, 1128, 1131, 1133, 1172, 2045 c. civ., que de l'art. 1004 c. pr. civ., et dirigé contre le chef de l'arrêt qui, tout en jugeant que la transaction du 6 mars 1852 était nulle comme portant sur une question d'état, l'avait néanmoins validé en ce qui touche les intérêts pécuniaires qui y étaient réglés. — Arrêt (après délib. en ch. du cons.).

LA COUR ; — Joint les deux pourvois ; — En ce qui touche le pourvoi des sieurs Dusillet et consorts ;

Sur le premier moyen : — Attendu qu'en accordant des aliments à Delille, la transaction de ce qu'il avait prouvé, en fait, par le testament du baron de Grusse, qu'il était le fils naturel de ce dernier, le jugement du 9 avr. 1821 s'est borné à juger que, néanmoins, dans l'état de la législation, ce testament fait par un émigré, décédé en état de mort

75. Si une transaction sur l'état d'une personne est nulle, quand elle porte atteinte à cet état, il n'est pas défendu de transiger sur les intérêts pécuniaires qui se rattachent à cet état. — Ces intérêts ne se lient pas à l'ordre public (Conf. Vinnius, c. 4 ; Valeron, *loc. cit.* ; Cujas, 12, observ. 35 ; Merlin, v° Transcr., § 2, n° 3 ; MM. Troplong, n° 64 ; Demolombe ,t. 5, n°* 333, 334 ; Aubry et Rau, t. 3, p. 481, 3° édit. ; Zachariæ, édit. Massé et Vergé, t. 5, p. 87, note 10 ; V. Patern. et filiat., n°* 349, 634 et s., 667 ; Obligat., n° 598). — Il a été jugé, dans ce sens, que la reconnaissance de la qualité civile d'une personne peut être l'objet licite d'une transaction, en ce sens qu'elle se rattache seulement à des intérêts pécuniaires, et que ceux qui l'ont consenti ne peuvent, plus tard, réclamer les droits auxquels ils auraient pu prétendre si cette reconnaissance n'avait pas eu lieu (Req. 24 juill. 1835, aff. Mas, V. v° Patern., n° 388-3°.

civile, était nul à raison de l'incapacité du testateur, et que, par suite, il ne pouvait pas être invoqué par Delille comme acte authentique, portant à son profit une reconnaissance légale ; qu'en signifiant ce jugement avec sommation de l'exécuter, et en concluant, sur l'appel, à la confirmation, Delille n'a fait qu'acquiescer à ce qui était déclaré et jugé sur l'état et les conséquences de la législation existante, et n'a manifestement pas pu renoncer, à l'avance, aux droits nouveaux et exceptionnels que pouvait lui ouvrir une législation future ; que ce jugement a même été infirmé par l'arrêt du 31 déc. 1822, sur l'appel des adversaires de Delille, qui soutenaient d'une manière absolue n'avoir pas à répondre à l'action, fin de non-recevoir qui a été admise par ledit arrêt ; — Attendu que l'action en partage de l'indemnité, qui a été introduite par Delille en 1852, et reprise bientôt après par voie de demande en nullité des transactions, avait pour base la disposition de la loi du 27 avr. 1825, qui, relativement à l'indemnité accordée par cette loi, a relevé, au profit de leurs ayants droits les émigrés décédés, de toute incapacité résultant des lois antérieures ; que cette loi nouvelle constituait manifestement une cause nouvelle de demande, en ce qui concerne l'indemnité, puisqu'elle levait l'obstacle qui résultait de la législation précédente ; qu'ainsi, c'est avec raison que l'arrêt attaqué a écarté l'exception de chose jugée et d'acquiescement qui lui était prise, soit du jugement du 9 avr. 1821, soit de l'arrêt du 31 déc. 1822 ;

Sur les deuxième et troisième moyens : —Attendu que, par son art. 7, la loi du 27 avr. 1825 a formellement appelé à réclamer l'indemnité, l'ancien propriétaire, et, à son défaut, les Français qui étaient appelés par la loi ou par sa volonté à le représenter à l'époque de son décès, sans qu'on puisse leur opposer aucune incapacité résultant des lois révolutionnaires ; que, par son art. 24, ladite loi a rappelé l'art. 1 de la loi du 5 déc. 1814 et maintenu les droits acquis, soit à l'État, aux tiers, il en résulte bien, dans l'espèce, que Delille eût été non recevable à réclamer contre la succession du baron de Grusse, soit toute partie de cette succession, autre que l'indemnité, soit une partie de la créance de 150,000 fr. ; mais qu'il n'en résulte nullement que Delille fût non recevable à faire valoir, pour réclamer l'indemnité, la reconnaissance faite à son profit dans le testament du baron de Grusse, puisque cet acte est au nombre de ceux auxquels la loi d'indemnité a rendu leur force, et que l'état des citoyens faisant partie intégrante et essentielle de l'ordre public, aucun droit acquis contre la réhabilitation des citoyens ne peut résulter de la cela seul qu'une législation précédente les privait de tout ou partie des droits civils ; — Attendu qu'en ordonnant la rectification de l'acte de naissance de Delille, l'arrêt attaqué n'a fait que tirer la conséquence qui résulte de l'art. 7 de la loi du 27 avr. 1825 ; qu'en effet, la question d'état, attribuée aux tribunaux par l'art. 11, était le préalable nécessaire de l'admission aux droits pécuniaires qui ont été ouverts par ladite loi ; — D'où il suit que, dans les chefs dont il s'agit, l'arrêt attaqué n'a violé aucune loi ; — Sans qu'il soit besoin de statuer sur la fin de non-recevoir, rejette, etc.

En ce qui touche le pourvoi de Désiré Delille : — Vu les art. 6, 1128 et 2045 c. civ. ; les art. 1108, 1131, 1133 et 1172 même code ; — Attendu qu'il est constaté, en fait, par l'arrêt attaqué, que la transaction du 6 mars 1852 a porté sur la qualité d'enfant naturel ; qu'à cet égard, l'arrêt reconnaît lui-même la nullité de la transaction ; que, pour valider néanmoins ladite transaction, il se fonde sur la divisibilité de la convention ; — Attendu que ledit arrêt constate lui-même qu'un seul et même prix a été stipulé, tant pour la renonciation à l'état que pour la renonciation à l'indemnité ; qu'il ne parvient à diviser la convention qu'en écartant entièrement la renonciation à l'état ; qu'il reconnaît néanmoins avoir formé partie intégrante de la convention, alors même qu'elle n'y serait entrée que secondairement ; — Attendu que la nullité d'une transaction portant sur l'état des personnes est d'ordre public ; D'où il suit qu'en validant une telle transaction, l'arrêt attaqué a formellement violé les articles précités du code civil, et faussement appliqué les principes sur la divisibilité des obligations ; — Casse, etc.

Du 27 fév. 1859.-C. C.,ch. civ.—MM. Portalis, 1er pr.—De Broé, rap.— Tarbé, av. gén., c. conf.-Piet et Moreau, av.

— Conf. Rej. 29 mars 1852, aff. Touzan, D. P. 54. 1. 392).

76. Mais si la transaction avait lieu en même temps et sur les intérêts pécuniaires et sur l'état, et si elle avait été conclue pour un seul et même prix, elle serait nulle pour le tout.—C'est ainsi qu'il a été jugé : 1° que lorsqu'une transaction comprend en même temps l'abandon de la réclamation d'état d'enfant naturel et des droits successifs qui en résultent, moyennant un seul et même prix, elle est nulle pour le tout (Cass. 27 fév. 1839, aff. Dusillet, V. n° 73-2°); — 2° Que la transaction par laquelle le demandeur en réclamation d'état d'enfant naturel déclare se désister irrévocablement, moyennant une certaine somme, tant de sa réclamation de la qualité d'enfant naturel que des droits qu'il aurait eu à exercer en cette qualité, doit être réputée indivisible dans ses deux parties, de telle sorte que cette transaction, nulle comme renonciation illicite à la qualité d'enfant naturel, doit être également déclarée nulle comme règlement conventionnel des droits de l'enfant dans la succession de son auteur naturel, alors qu'il est reconnu que le prix stipulé dans l'acte se réfère à la renonciation à la demande en réclamation d'état (Req. 22 avr. 1840, aff. César Martin, V. Paternité, n° 633-2°). — MM. Aubry et Rau, t. 3, p. 481 ; Demolombe, t. 5, n° 517 ; Troplong, Transact., n° 68, pensent même que les diverses clauses d'une transaction étant indivisibles (V. n° 160), elle doit être déclarée nulle dans toutes ses parties, lors qu'un prix distinct ait été stipulé pour la renonciation à l'état et pour l'abandon des intérêts pécuniaires.

77. Les mêmes questions peuvent se présenter sur la validité ou la nullité d'un mariage, sur la séparation de corps. Elles doivent être résolues dans le même sens. — Ainsi, on ne peut opérer, par transaction, une séparation de corps, les séparations volontaires étant nulles (V. Sép. de corps, n°s 13 et suiv., 192; M. Duranton, t. 18, n° 401).—Valeron, t. 3, quest. 2, n° 63, dit : *Transactionis prætextu matrimonium dissolvi non potest aut separari*.

78. Mais si la transaction, au lieu de porter atteinte au mariage, avait pour but de le valider, que devrait-on décider ? — M. Troplong, dans son Traité des transactions, n°s 71 et suiv., rapporte les conclusions qu'il a données dans une affaire Guérini, devant la cour de Bastia, qui ont été accueillies par cette cour et consacrées par son arrêt du 7 juill. 1825. — Il est utile de lire cette savante dissertation ; nous nous bornons ici à résumer la distinction établie par le célèbre magistrat : — « Si le mariage n'existe pas, si aucun acte de célébration n'est représenté, une transaction par laquelle un homme et une femme consentent à se séparer comme époux n'a pas de valeur. Sans le concours de l'autorité publique, il n'y a que concubinage. . . . . Si le mariage existe, si l'acte de célébration est représenté, une sous-distinction est nécessaire. — Ou l'acte

de mariage constate la preuve d'un de ces vices qui font rougir la morale (comme l'inceste), ou bien il n'est entaché que de vices qui ne blessent en rien l'honneur (comme le défaut de publicité). Dans le premier cas, la transaction pour valider le mariage sera nulle ; dans le second elle sera valable. »—Ces principes, professés par M. Troplong, sont conformes aux règles du droit canonique, qui décide que s'il est défendu de transiger pour annuler un mariage, une transaction qui tend à le valider doit recevoir son exécution. C'est l'opinion que nous venons d'énoncer sur les questions d'état, n° 74. C'est aussi ce que la cour de Bastia a jugé (7 juill. 1825 (1). — Conf. Gonzalès, Commentateur des Décrétales, sur le chap. 11, *ex parte tuâ, De transact.*; Vinnius, *De transact.*, ch. 4, n° 12 ; Voët, Transact., n° 15 ; Tholosanus, *De transact.*, p. 3, lib. 28, C. 2, n° 17, *Syntagma juris*; Urceolus, *De transact.*, *quæst.* 28, n°s 32 et 36 ; Merlin, Répert., v° Transact., § 3, n° 5, et Quest. de droit, v° Rente foncière.

79. *Conventions matrimoniales.—Biens dotaux.*—D'après l'art. 1395 c. nap., ces conventions ne peuvent recevoir aucun changement après la célébration du mariage; il résulte de là cette conséquence qu'aucune transaction ne peut intervenir pendant le cours du mariage entre les époux, sur les dispositions de leur contrat. L'immutabilité des conventions matrimoniales est d'un principe d'ordre public, basé sur le repos et la stabilité des familles. — Mais si le mariage n'existe plus, ou même s'il n'a existé que de fait, ces principes ne sont plus applicables. — Il a, en effet, été jugé qu'est valable la transaction par laquelle on confère à la communauté de fait qui a existé entre un homme et une femme mariés seulement devant l'église, tous les effets, relativement aux intérêts civils et pécuniaires, qui résultent d'une communauté conjugale. Ce n'est pas là transiger sur une matière d'ordre public (C. sup. de Liège, 4 fév. 1822) (2). — Une telle transaction n'est pas un pacte sur le mariage même ; ne constitue qu'un pacte sur des intérêts pécuniaires dont les parties ont la disposition. Et comme le dit la cour, les parties n'ont pas traité sur la validité ou la nullité du mariage, mais sur les intérêts civils et pécuniaires résultant d'une communauté de fait (conf. Merlin, v° Mariage, sect. 6, § 2, quest. 5, sur l'art. 183 c. nap.).

80. La femme, autorisée du mari, peut-elle transiger à l'occasion du partage amiable des biens dotaux entre les époux? V. sur cette question v° Contrat de mariage, n°s 3479 et suiv., où se trouve relaté l'état de la jurisprudence. — Est-il permis aux époux de transiger, soit quant à la propriété des immeubles dotaux, soit quant aux actions et droits immobiliers dépendant de la dot? V. sur cette question v° Contrat de mariage, n°s 3484 et suiv. — Les biens dotaux, même stipulés aliénables, ne peuvent être l'objet d'une transaction, lorsque la faculté d'aliéner a été soumise à une condition, celle, par exemple, de rem-

---

(1) (Guérini C. Stella Pietri); — LA COUR ; — ...Considérant qu'en envisageant l'acte du 29 sept. 1821 comme une transaction sur un mariage, il n'est pas moins de principe que même dans les matières d'ordre public, les particuliers peuvent se lier par des transactions sur tout ce qui concerne leurs intérêts privés; que relativement au mariage, il a toujours été reconnu que si les époux ne peuvent dissoudre le lien matrimonial par des conventions, ils peuvent le resserrer et le corroborer en transigeant sur les vices réels ou prétendus qui pouvaient exister dans l'acte constatant leur union, etc. —
Du 7 juill. 1825.—C. de Bastia.-M. Troplong, av. gén., c. conf.

(2) *Espèc* : — (Christiaens C. Luc Crombez.) — En 1812, Elisabeth Christiaens meurt sans enfants, après avoir vécu plusieurs années avec Luc Crombez, qui lui était uni seulement par le lien religieux. — La sœur de la défunte fait assigner Luc Crombez en reddition de compte de la société universelle qui avait existé entre lui et Elisabeth Christiaens.
26 août 1814, transaction par laquelle les parties attribuent à cette société tous les effets d'une société conjugale régie par la coutume de Bruges. — La demoiselle Christiaens demande la nullité de cette transaction comme portant sur des matières d'ordre public. — Jugement qui accueille cette prétention. — Appel. — 18 oct. 1819, arrêt de la cour supérieure de justice de Bruxelles, qui maintient la transaction.
Pourvoi en cassation pour violation des art. 6, 1131, 1185 c. civ., en ce que l'arrêt attaqué avait maintenu une transaction sur une matière d'ordre public, puisque cette transaction aurait pour effet de reconnaître une véritable communauté conjugale là où il n'y avait pas de mariage légal, ni par conséquent d'époux · Arrêt

LA COUR; — Attendu que l'arrêt attaqué a posé en fait que les parties qui ont transigé avaient connaissance : 1° que le mariage de Luc Crombez avec feu Marie-Elisabeth Christiaens n'avait pas été contracté devant l'officier de l'état civil, mais seulement devant le ministre du culte catholique; 2° que ce nonobstant, Luc Crombez et Marie-Elisabeth Christiaens avaient, depuis le 29 oct. 1799, époque de leur union devant le curé, jusqu'au 18 juin 1812, jour du décès de cette dernière, cohabité ensemble; que, partant de ces faits, la cour a décidé que la transaction du 26 août 1814 avait pour cause de terminer le procès existant entre les parties, sur les conclusions de la demanderesse en cassation, tendantes à demander à Luc Crombez compte de la société universelle ayant existé entre lui et feu Marie-Elisabeth Christiaens; que, dans cette transaction, les parties n'ont pas traité sur la validité ou sur la nullité du mariage, mais uniquement sur les dispositions et pécuniaires résultant d'une communauté qui avait existé entre deux individus, et sur lesquels intérêts l'un des associés, après la dissolution de la société, a transigé avec l'ayant droit de l'associé prédécédé; que si cette décision, en fait, est basée sur l'interprétation de la transaction, cette interprétation, qui ne point contraire au texte littéral de la transaction ni à l'intention des parties, et qui, par suite, ne tend pas à dénaturer le sens de la stipulation pour éluder la loi qui en prononcerait la nullité, rentre dans les attributions de la cour d'appel ; d'où il suit que la transaction ayant eu pour cause de mettre fin au procès, et les parties n'ayant traité que sur leurs intérêts civils, l'art. 13, sect. 1, tit. 4, de la loi du 20 sept. 1792, ni les art. 1131, 1134 et 2054 c. civ. n'ont pas été violés.
Du 4 fév. 1822.—C. supér. de Liège.

ploi (Bordeaux, 17 déc. 1841, aff. Rieupeyroux, V. v° Contrat de mariage, n° 4072). L'arrêt se base sur l'art. 2045.

81. *Aliments.* — Il faut distinguer entre les aliments dus en vertu des droits du sang et de la nature, et les aliments dus par contrat ou par donation ou testament. — A l'égard des premiers, ils constituent une créance inaliénable; une transaction ne pourrait donc porter atteinte pour l'avenir aux droits du créancier qui se trouverait dans le besoin. On ne pourrait, dans cette situation, lui opposer la transaction pour le faire déclarer mal fondé dans sa demande. — Il a été jugé, conformément à ces principes, que la renonciation par voie de transaction au droit de demander des aliments entre personnes qui sont dans l'obligation de s'en fournir est nulle (Aix, 18 janv. 1841, aff. P...; V. v° Mariage, n° 640-1°, et les arrêts et autorités rapportés eod., n° 712.—Conf. MM. Delvincourt, t. 3, part. 2, p. 249; Duranton, t. 18, n° 405; Marbeau, n° 112; Troplong, n° 96; Aubry et Rau, 3° édit., t. 3, p. 483; Zachariæ, édit. Massé et Vergé, t. 1, p. 226, note 33).—Il a même été jugé que la transaction, par cela seul qu'elle portait sur des aliments à venir, était nulle, sans qu'il y ait lieu de rechercher si le créancier était ou non dans le besoin (Toulouse, 9 janv. 1816)(1).—Mais nous pensons, avec la cour de cassation et la cour de Metz (V. ci-dessous, n° 82-1°) et avec M. Troplong (n° 96), que la transaction doit être maintenue tant que l'alimentaire se trouve, par l'effet même de cette transaction, dans une situation qui le met à l'abri du besoin.

82. Quant aux aliments dus par contrat, donation ou testament, les opinions sont très-partagées. — Suivant M. Duranton (t. 18, n° 403), toute transaction sur les dons et legs d'aliments doit être prohibée. Il se base sur la loi 8, D., *De transact.*, et sur les art. 581 c. nap. et 1004 c. pr.—La loi 8 proscrit ces transactions par deux motifs : d'une part, l'attente du donateur se trouverait déçue, et de l'autre, les donataires, qui souvent sont des prodigues, en feraient facilement l'abandon pour la plus modique somme payée au comptant (V. Mariage, n°° 710 et 711). ;—Jugé dans ce sens qu'on ne peut transiger sur un don d'aliments : ainsi est nul l'acte par lequel un donataire renonce au don d'aliments qui lui a été fait, moyennant une somme d'argent représentative du capital de sa pension alimentaire (Nîmes, 18 déc. 1822, aff. Barjeton-Durfort, V. eod., n° 711, et Rente viagère, n° 94). — Cependant M. Duranton, t. 18, n° 403, admet qu'il peut quelquefois être de l'intérêt du créancier de transiger plutôt que de plaider ; aussi, avec l'homologation du tribunal sur les conclusions du ministère public, la transaction devrait-elle, suivant cet auteur, produire son effet. Telle est la disposition de l'art. 2098 c. sarde (V. *suprà*, n° 13, *in fine*). — Ce système a contre lui presque tous les jurisconsultes, Merlin, v° Aliments; Carré, sur l'art. 1004 c. pr.; Rigal, p. 82

et suiv.; Rolland de Villargues, v° Aliments; Troplong, n° 97; et les arguments en faveur de cette seconde opinion sont en effet très-puissants. D'abord les aliments dus par donation, testament ou par contrat sont cessibles. La cour de cassation l'a ainsi décidé par arrêt du 31 mai 1326 (aff. W. Rolin, V. Contrat de mariage, n° 4222 ; V. en outre les arrêts cités v° Mariage, n° 713, et les autorités rapportées eod.). C'est donc là une créance dont on a la liberté de disposer. Or si le créancier peut céder sa créance, pourquoi ne pourrait-il pas transiger? « On peut transiger, dit M. Troplong (n° 97), aux termes de l'art. 2045, toutes les fois qu'on a la capacité de disposer des objets compris dans la transaction ; pour mettre l'alimentaire en dehors du droit commun, il faudrait un texte. Où en trouve-t-on dans notre droit qui reproduise les prohibitions de la loi romaine? » — On oppose, il est vrai, les art. 581 et 1004 c. pr. A l'égard du premier, on répond que cet article ne met pas obstacle à la volonté du créancier, à la liberté de disposer; qu'il prouve seulement que l'alimentaire ne peut être privé de sa pension sur la poursuite des créanciers et malgré lui ; qu'il en doit être autrement lorsqu'il y a un acte librement consenti. A l'égard de l'art. 1004, on soutient que la défense de s'en rapporter à des arbitres et de compromettre sur des dons et legs d'aliments, ne peut s'étendre à une interdiction pour le créancier de transiger comme il lui convient (Conf. les auteurs ci-dessus cités).—Jugé dans ce sens : 1° qu'on peut valablement transiger sur une pension alimentaire due par l'un des époux à l'autre, en cas de séparation. On peut même y renoncer entièrement (Metz, 13 déc. 1822) (2); — 2° Que, bien qu'on ne puisse compromettre sur une pension alimentaire constituée par contrat de mariage, il ne s'ensuit pas que l'indisponibilité de la pension soit telle qu'elle ne puisse être l'objet d'une transaction (Req. 22 fév. 1831) (3).—Nous croyons qu'il y a lieu d'adopter cette dernière opinion.

83. *Ordre des juridictions.* — Serait pareillement nulle la transaction qui dérogerait à l'ordre des juridictions, quand il s'agit d'incompétence à raison de la matière. — Mais serait valable celle qui porterait seulement sur le sens d'un acte administratif, pourvu qu'aucune action ne pût en réfléchir contre le domaine; car ceci rentre dans l'art. 2045 (M. Duranton, t. 18, n° 402). — C'est en effet ce qui a été jugé (Req. 17 janv. 1811, aff. Lenoir, V. v° Arbitrage, n° 325).

84. D'après le principe posé ci-dessus, que l'on ne peut déroger par transaction à ce qui intéresse l'ordre public, la transaction qui maintient, même pour partie, une stipulation que la jurisprudence a déclarée contraire à l'ordre public est nulle (Req. 7 juill. 1841, aff. Legrip, V. Office).

85. *Choses dont on n'a pas la propriété, succession future, chose d'autrui, etc.* — Il est évident que l'on ne peut transiger

---

(1) (Valette C. Valette.) — LA COUR; — Considérant que la pension pour laquelle la saisie-arrêt a eu lieu, a commencé à être due à dater du 14 avr. 1811; il y avait donc d'échu au 5 juill. 1815, jour de la saisie-arrêt, quatre années et un trimestre, se montant à 1,275 fr.; la dame Salse a été payée en vertu de la saisie-arrêt du 2 déc. 1814, de ce qui était dû à cette époque; elle a reçu depuis 600 fr. lors de la transaction du 27 avr. 1815 ; il est donc évident qu'en précomptant ces 600 fr. sur les arrérages dus et les frais dus également, ledit Valette n'était pas entièrement libéré envers son épouse; — Considérant que la transaction du 27 avr. 1815 ne contient pas une quittance de ce qui était dû à cette époque, on y voit seulement que, moyennant les 600 fr. que paya Valette, ladite Salse renonça à rien plus demander tant pour l'avenir que pour le passé ; il n'y eut donc que le prix de cette renonciation, et non un payement des arrérages échus; — Considérant que la transaction ayant eu lieu pour des aliments à venir doit être annulée suivant les lois 8, C. *De trans.*; 8, ff., *De trans.*, et 5, § 2, C., eod. titulo; — Par ces motifs, annule la transaction du 27 avr. précédent.

Du 9 janv. 1816.—C. de Toulouse.-M. Hocquart, 1er pr.

(2) (N... C. N...) — LA COUR; — Attendu qu'une pension alimentaire constituée dans le cas de l'art. 301 c. civ., est incontestablement susceptible d'être modifiée par une transaction, et même que l'époux qui l'a obtenue peut tout aussi bien y renoncer que l'autre la révoquer ou la faire révoquer : ainsi la transaction intervenue entre les parties le 30 mai 1821 ne peut point être déclarée nulle, lorsque d'ailleurs il n'est pas justifié qu'elle ait été l'effet de la surprise ou de la fraude ; — Mais attendu, et l'appelant en convient lui-même, qu'une renonciation à des aliments ne peut jamais être absolue ni faire obstacle à une demande ultérieure pour obtenir, s'il y a évidemment besoin d'un côté et fa-

cultés suffisantes de l'autre; — Attendu qu'on ne peut douter de l'état d'indigence de l'intimée; — Attendu, à l'égard de l'appelant, qu'à la vérité les produits de sa profession paraissent être fort diminués, mais néanmoins qu'il résulte de diverses circonstances de la cause qu'il ne serait pas sans avoir d'autres ressources qui doivent le mettre à même de venir au secours de l'intimée, du moins jusqu'à concurrence d'une faible somme; — A mis l'appellation tant principale qu'incidente et ce dont est appel au néant ; — Emendant, statuant par jugement nouveau, ayant aucunement égard à la demande, condamne la partie de Parant à payer à celle de Vivien, à titre de pension alimentaire et d'avance, la somme de 15 fr. par mois à partir du jour de la demande, etc.

Du 15 déc. 1822.-C. de Metz.-M. Gérard d'Hannoncelles, pr.

(3) (Belet C. Couturier.) — LA COUR; — ... Sur le second moyen allégué de la violation des art. 581 et 1004 c. pr. : — Attendu que la cour royale de Lyon, interprétant les actes, a déclaré que la pension viagère constituée à la femme, quoiqu'elle fût en denrées, ne l'avait point été à titre alimentaire ; que cette appréciation peut être revisée, parce qu'elle ne doit pas prévaloir sur le caractère que la loi elle-même aurait attribué à l'acte, la question est toujours de savoir si la pension même à titre d'aliments était indisponible ; que cette indisponibilité ne résulte d'aucun texte de loi; que l'art. 1004 défend de compromettre, mais qu'il ne défend pas de transiger, sans que la prohibition, dans ce cas, ne peut être induite d'un autre qui en est bien différent; qu'il n'y a lieu à argumenter du droit romain qui n'interdisait la disposition qu'à l'égard des legs d'aliments et non à l'égard des aliments stipulés par contrat, et que la pension dont il s'agit est de cette dernière espèce; — Rejette, etc.

Du 22 fév. 1831.-C. C., ch. req.-MM. Dunoyer, f. f. de pr.-Hua, rap.-Laplagne-Barris, c. conf.-A. Chauveau, av.

que sur les choses dont on a la propriété ou dont la loi ne prohibe pas l'aliénation (art. 2045; V. entre autres les art. 1130, 1554, 2220, 1388 c. nap. et L. 6 mess. an 3, sur les blés en herbe et les fruits non encore recueillis, et décr. 22 déc. 1812, sur les majorats). — Par exemple, on ne peut transiger sur succession future (V. Obligat., n°° 421 et s.; Success., n°° 602 et s.; Vente, n°° 543 et s.). — Mais il a été jugé que des parties majeures, ayant capacité pour contracter et pour aliéner, peuvent valablement transiger sur des prétentions éventuelles et sur les droits qui ne seraient pas encore ouverts (Req. 31 déc. 1835) (1). — Cela ne nous paraît pouvoir soulever aucune objection sérieuse. Dès que l'on a la capacité de contracter et d'aliéner, on peut transiger même sur des droits non encore ouverts, lorsque la loi n'en prohibe pas l'aliénation.—V. Obligation, n°° 409 et s.

86. Mais quoique la transaction sur la chose d'autrui soit nulle, on maintiendrait cependant celle qui serait consentie de bonne foi par un héritier apparent. C'est là une conséquence forcée de la jurisprudence (V. v° Succession, n°° 541 et suiv.; Tierce opposition, n° 137). — L'absent, d'après Marbeau, n° 124, serait lié aussi par la transaction passée avec l'envoyé en possession définitive de ses biens (c. nap. 132; V. Absent, n°° 446 et suiv.; Tierce opposition, n° 81).

87. C'était une question très-controversée autrefois de savoir si l'on peut transiger sur un *testament.* — On décidait que l'on ne pouvait transiger sur ses dispositions sans en avoir fait la lecture. Si l'on transigeait avant d'avoir pris connaissance de son contenu, la transaction était nulle. Cette solution était conforme à la loi 3, § 1, D., *De transactionibus,* à la loi 6 et à la loi 12 même titre. — Mais ne pouvait-on pas, dit Merlin, v° Transaction, p. 755, en transigeant, renoncer à l'inspection

du testament et au droit de résilier que produit le défaut de cette inspection? Les auteurs étaient d'accord pour décider la question négativement, parce que si la loi romaine exige que l'on prenne connaissance des clauses testamentaires avant de transiger, c'est parce que la volonté des testateurs doit être respectée et produire son effet. Il importe à l'ordre public, dit la loi 5, D., *Testamenta quemadmodum aperiantur,* que les dernières volontés de l'homme mourant soient exécutées. — Les lois romaines sont implicitement abrogées, puisque le code Napoléon ne renouvelle pas la prohibition. — Aussi Merlin dit-il qu'aujourd'hui une transaction sur un testament, avant que les parties en connaissent les dispositions, serait valable; mais il est plusieurs cas où elle pourrait être rescindée. — V. n° 151.

88. *Donation.* — M. Rolland de Villargues enseigne, n° 73, qu'un donateur ne pourrait, par aucun acte confirmatif, sous la forme d'une transaction, couvrir les vices d'une donation nulle en la forme qu'il aurait faite. C'est là, à nos yeux, forcer le sens de l'art. 1338. — Sans doute, si la transaction n'était qu'une voie détournée employée pour couvrir une nullité manifeste, cette opinion devrait être admise. — Mais supposez qu'une question ardue s'élève, soit sur la capacité d'un témoin instrumentaire, soit sur le point de savoir si, d'un certain ensemble de phrases, il résulte une mention suffisante de formalités dont l'accomplissement est prescrit à peine de nullité, etc., ne pourrait-on mettre fin à un débat pareil par une transaction? Il nous semble qu'on le pourrait. — M. Duranton, t. 18, n° 397, pense même qu'on ne devrait pas annuler une donation cachée sous le nom de transaction, parce qu'il est naturel de faire produire aux actes les effets que les parties ont voulu leur donner. — V. Obligation, n° 855.

(1) *Espèce :* — (De Fumel C. de Fumel.) — En 1775, le comte de Fumel marie sa fille au sieur d'Argicourt et lui constitue en dot une somme de 600,000 fr. — En 1793, décès de la dame d'Argicourt. Sa succession est dévolue à son père, le comte de Fumel. Celui-ci décède bientôt après, laissant pour héritiers quatre neveux ou nièces: Pons, Laure, Marie-Joseph et Joseph de Fumel. Ce dernier se trouve en état d'émigration. — Marie-Joseph est également absent, mais non à titre d'émigré. — En l'an 7, Pons et Laure de Fumel, se prétendant seuls héritiers de la dame d'Argicourt, réclament contre l'Etat, en sa qualité de détenteur des biens du sieur d'Argicourt, émigré, le montant des reprises matrimoniales de la dame d'Argicourt. Ces reprises sont liquidées à 758,000 fr., et la totalité de cette somme est versée entre les mains de Pons et Laure de Fumel. — En l'an 9, Joseph et Marie-Joseph de Fumel rentrent en France et réclament alors les droits qu'ils leur reviennent dans la succession paternelle. Une transaction du 25 prair. an 13 met fin aux contestations élevées entre Laure et Joseph de Fumel, au sujet des réclamations formées par ce dernier. On lit dans cet acte l'article suivant : « Le sieur Joseph Fumel déclare qu'au moyen des cession et abandon à lui faits par sa sœur Laure de Fumel, il se tient pour suffisamment apportionné, rempli et payé des droits qui pourraient lui revenir à raison et pour cause de la succession du père commun. » Il est à remarquer que cet acte ne parle pas spécialement des droits relatifs aux reprises matrimoniales de la dame d'Argicourt. — Après la loi du 27 avr. 1825, la dame Joseph de Fumel, héritière de son mari, forme opposition sur l'indemnité revenant aux héritiers du sieur d'Argicourt; mais ceux-ci ayant présenté la quittance, qui prouvait que l'Etat avait payé le montant des reprises de la dame d'Argicourt, la dame de Fumel forme alors, contre Pons de Fumel et les héritiers de Laure de Fumel, une action en restitution de la partie de la créance de la dame d'Argicourt revenant au sieur Joseph de Fumel. On oppose à cette demande la transaction du 25 prair. an 13. La dame de Fumel cherche à repousser la fin de non-recevoir que l'on veut faire résulter de cet acte, en disant que cette transaction ne concerne point la créance de la dame d'Argicourt. Jugement qui déclare la dame de Fumel non recevable dans sa demande. — Appel. — 1er juin 1835, arrêt de la cour de Bordeaux ainsi conçu : « Attendu que si, d'après l'art. 2048 c. civ., les transactions se renferment dans leur objet, et si la renonciation qui y est faite à tous droits, actions et prétentions ne s'entend que de ce qui est relatif au différend qui a donné lieu, il est également disposé par l'art. 2049, que les transactions règlent les différends qui s'y trouvent compris, soit que les parties aient manifesté leur intention par des expressions spéciales ou générales, soit que l'on reconnaisse cette intention par une suite nécessaire de ce qui y est exprimé...; qu'il faut bien reconnaître que la répétition d'une partie de la dot d'Argicourt était, aux yeux de Fumel aîné, sinon un de ses droits incontestables, au moins une de ses prétentions, et qu'ayant transigé sur toutes les prétentions, par l'acte du 25 prair. an 13, on doit décider, par une juste conséquence, que la creance d'Argicourt est comprise dans ce traité : — Confirme. »

Pourvoi.—Violation des art. 1 du décr. du 28 mars 1793, 17 du sénatus-consulte du 6 flor. an 10 et 2045 c. civ. On ne peut transiger, a-t-on dit, sur des droits dont on n'a pas la libre disposition. Il s'ensuit dès lors que la transaction du 25 prair. an 13 ne pouvait porter sur la créance d'Argicourt. L'Etat seul, en effet, aurait pu exercer contre Pons et Laure de Fumel une action en restitution de la part qui lui revenait dans cette créance, comme représentant le sieur Joseph de Fumel. Vainement prétendrait-on que la radiation de la liste des émigrés avait transmis à ce dernier le droit d'intenter cette action en restitution ; car l'art. 17 du sénatus-consulte du 6 flor. an 10, exceptait des biens à restituer aux émigrés amnistiés les créances qui leur appartenaient sur le trésor public, et dont l'extinction s'était opérée par confusion au moment où la République fut saisie de leurs droits et dettes actives. Ce n'est donc que par l'effet de la loi du 27 avr. 1825 que le sieur Joseph de Fumel a acquis le droit d'agir à la place de la nation. Il faut, dès lors, reconnaître que la transaction de l'an 13 n'a pu comprendre la créance de la dame d'Argicourt, puisqu'à cette époque le sieur Joseph de Fume était sans qualité pour exercer une action en restitution contre ses frère et sœur. — Arrêt.

LA COUR ; — Sur le moyen fondé sur la violation de l'art. 1 de la loi du 28 mars 1793, de l'art. 17 du sénatus-consulte du 6 flor. an 10 et de l'art. 2045 c. civ. : — Attendu que, loin de considérer la réclamation du comte de Fumel, comme l'exercice d'un droit rigoureux, l'arrêt attaqué n'a envisagé cette réclamation que comme une prétention fondée uniquement sur des motifs d'équité et des considérations de famille ; Attendu, d'un autre côté, qu'on ne saurait induire de l'art. 2045 c. civ., que des parties majeures, ayant toute la capacité nécessaire pour contracter et pour aliéner, ne peuvent pas transiger sur des prétentions éventuelles et sur des droits qui ne se seraient ouverts que postérieurement à la transaction ; Sur le moyen tiré de la violation prétendue des art. 2048, 2049 et 2055 c. civ. sur les transactions : — Attendu que, pour déterminer l'étendue des transactions intervenues entre le comte de Fumel et ses frère et sœur, la cour royale s'est fondée tout à la fois et sur la généralité des expressions dans lesquelles ces transactions sont conçues et sur divers actes produits au procès et servant à faire connaître quelles étaient les prétentions du comte de Fumel au moment où les transactions sont intervenues ; — Attendu qu'usant du droit qui lui appartenait de faire l'appréciation de ces actes et de les rapprocher des termes lesquels les transactions sont conçues, la cour royale a pu, sans commettre un excès de pouvoir et sans violer les lois de la matière, décider que la réclamation élevée par le comte de Fumel, relativement à une portion de la dot de la dame d'Argicourt, était comprise au nombre des prétentions sur lesquelles les transactions étaient intervenues ; qu'il suit de tout ce tout ce que dessus, qu'aucune des lois citées n'a été violée ; — Rejette.

Du 31 déc. 1835.—C. C., ch. req.-MM. Zangiacomi, pr.—Moreau, r.

89. *Substitution.* — Le grevé de substitution peut-il faire, en ce qui concerne la propriété des biens compris dans le fidéicommis, une transaction capable de lier le substitué ? — Les opinions des anciens jurisconsultes étaient très-partagées sur cette question. Les uns pensaient que la transaction était sans force par rapport au substitué ; d'autres, au contraire, pensaient que cette substitution devait produire son effet. (On peut consulter, sur cette ancienne jurisprudence, Fusarius, des Subst. q. 562 ; Voët, *De trans.*, n° 8 ; Peregrinus, art. 52, n°⁸ 81 et suiv. ; Ricard, part. 2, ch. 13, n° 10 ; Casaregis, disc. 222, n° 66 ; Urceolus, *quæst.* 50, et Cochin, t. 4, p. 306.) — Cochin, dont l'autorité était imposante, soutenait la validité de la transaction. Dans l'affaire René de Beuil, il a dit : « Un donataire grevé de substitution est seul propriétaire des biens chargés de fidéicommis ; c'est une erreur de le regarder comme simple usufruitier et de supposer que la propriété réside dans la personne de ceux qui sont appelés à la substitution. — Tous les droits de la propriété ne résident que dans la personne du grevé, et les droits de ceux qui sont appelés après lui ne consistent que dans une simple espérance très-fragile. » — De là Cochin tirait la conséquence que le grevé peut transiger et même compromettre, parce que, disait-il encore, « c'est un parti que la sagesse inspire, et que les lois elles-mêmes autorisent pour terminer des contestations qui ruineraient des parties en frais. » — Tout en adoptant cette opinion, l'ordonnance de 1747 (tit. 2, art. 53) y mit certaines restrictions de prudence pour pourvoir à la sûreté des biens substitués. Elle déclara que la transaction ne pourrait être opposée au substitué si elle n'avait été homologuée par le parlement sur les conclusions du ministère public, le tout à peine de nullité. Le code Napoléon, il est vrai, n'a pas rappelé cette disposition ; cependant, comme elle offre toutes les garanties désirables, il ne nous semble pas impossible de l'introduire dans la jurisprudence : telle est l'opinion que nous avons adoptée (V. Substit., n° 403), contrairement à celle de MM. Troplong, n° 101 ; Rigal, p. 48 et suiv. ; Marbeau, n° 119, qui enseignent que dans l'absence de toutes dispositions de garantie en faveur du substitué, on doit, pour résoudre la question, se retrancher dans l'art. 2045 et dire que quels que soit les droits du grevé, il ne peut par une aliénation ravir au substitué ses droits éventuels, et que, dès lors, il ne peut transiger.

90. *Rentes féodales.* — Il est permis, dans le but de prévenir un procès prêt à s'élever entre le créancier et le débiteur d'une rente, de transiger sur la question de savoir si cette rente est purement féodale ou purement foncière, et si, en conséquence, elle a été maintenue ou abolie par la loi du 17 juill. 1793. L'affirmative a été jugée par un arrêt de la chambre des requêtes, du 5 juill. 1810 , aff. Urain-Pilate (V. Propr. féod., n° 464). — Jugé encore que ne peut être attaquée comme dépourvue de cause licite, la transaction qu'une société qui exploite dans le ci-devant Hainaut des mines de houille a passée avec les ci-devant seigneurs haut-justiciers sur le point de savoir si la redevance stipulée dans le contrat de concession est une redevance purement foncière et représentative du droit de propriété que les ci-devant seigneurs prétendaient avoir dans les mines trouvées dans l'étendue de leurs domaines (Bruxelles, 8 juin 1818, MM. Goubau, pr., Spruyt, av. gén., c. conf., aff. société Strepy-Brocquegnies *C.* dames Dandelot et Vanderburch).

91. *Délits, quasi-délits.* — Peut-on transiger sur un délit ? Non, l'ordre public s'y oppose. A Rome, on distinguait à cet égard les délits privés et les délits publics. Quant aux délits privés, *qui non ad publicam læsionem, sed ad rem familiarem respiciunt,* tels que le larcin ou l'injure, il y avait toute liberté de transiger (L. 7 et 27, D., *De pact.*). On pouvait aussi transiger sur les crimes, lorsqu'ils emportaient la peine capitale (L. 18, C., *De trans.*) ; il n'y avait d'exception que pour l'adultère (L. 30, C., *De adult.*). Cette faculté de transiger sur de pareils crimes était fondée sur le motif qu'on ne peut pas interdire à chacun les moyens de sauver sa vie, *quia ignoscendum ei qui sanguinem suum redemptum voluit* (L. 1, ff. *De bonis eorum qui ante sent.*). A l'égard des autres crimes publics qui n'emportaient pas la peine capitale, ils ne pouvaient pas faire la matière d'une transaction (L. 18, C., *De trans.*). Cette législation sur la poursuite des crimes, et sur la faculté ou la défense de transiger, qui n'a ja-

mais été suivie en France (M. Troplong, n° 57), était très-défectueuse et d'ailleurs fort compliquée (V. à cet égard Vinnius, *De trans.*, c. 7 ; Cujas, 6, observat. 11 ; Voët, ad Pandect., *De trans.*, n° 17 ; Fachin, *Controv.*, lib. 1, c. 9 ; Noodl, ouvrage intitulé *Diocletianus et Maximianus, sive de transactione et pactione criminum.* Quant au crime de faux, les interprètes étaient partagés sur le sens de la loi 18, C., *De trans.*, loi fort obscure. Cette législation tenait à ce que les Romains n'ont point connu l'institution du ministère public chargé des intérêts de la société, et la distinction naturelle qui existe entre l'action publique et l'action privée (M. Rigal, p. 104).

Mais s'il n'est pas permis de transiger sur le délit en lui-même, il est licite de transiger sur le dommage qui en résulte, parce que la transaction sur le dommage privé n'empêche pas le dommage social d'exister et par conséquent d'être réprimé. — De cette distinction rationnelle entre les deux actions , il résulte qu'il est permis chez nous de transiger sur l'intérêt civil qui résulte d'un délit sans que la transaction empêche la poursuite du ministère public (c. nap. 2046 ; V. Instr. crim., n°ˢ 214 et suiv. ; Abus de conf., n°ˢ 78 et 79 ; MM. Duranton, t. 18, n° 400 ; Rigal, p. 89 et suiv. ; Troplong, n° 58 ; V. décr. du 18 juin 1811, art. 157). — Cette opinion est en tout point conforme à la pensée des législateurs (V. exp. des mot., *suprà*, p. 638, n° 4).

92. On avait soumis au conseil d'Etat la question suivante :—Celui qui exerce l'action publique peut-il présenter comme aveu d'un délit l'acte par lequel on a transigé sur l'indemnité qui en résulte ? On avait mis, a dit M. Bigot de Préameneu en répondant à cette question, dans le projet de l'ordonnance de 1670, un article qui portait défense à toute personne de transiger sur les crimes de nature à provoquer une peine afflictive ou infamante, et, dans tous les cas, une amende de 500 fr. était prononcée, tant contre la partie civile que contre l'accusé qui *eût été tenu pour convaincu.* Cet article fut retranché, comme trop rigoureux et comme n'étant point nécessaire dans nos mœurs, où l'intérêt social, qui exige que les crimes soient punis, est indépendant de toutes conventions particulières. On a dû encore considérer que celui qui est innocent peut faire un sacrifice pécuniaire pour éviter l'humiliation d'une procédure laquelle il serait obligé de se justifier, et l'on a dû en conclure que la transaction n'étant pas faite sur le délit même avec celui qui est chargé de le poursuivre, on ne doit pas en induire un aveu. C'est aussi par ce motif que toute transaction entre ceux qui remplissent les fonctions du ministère public et les prévenus, parait elle-même un délit (V. Instr. crim., n° 128) ; mais, par exception, certaines administrations publiques ont le droit de transiger sur les délits qu'elles sont chargées de poursuivre (V. *supra*, n°ˢ 67 et s.).

93. Si la transaction sur l'intérêt civil résultant d'un délit ne met pas obstacle à la poursuite du ministère public, il n'en faudrait pas conclure que la partie lésée qui a transigé avec son adversaire fût admise après cette transaction à porter plainte contre lui, et à susciter ainsi des poursuites auxquelles elle est présumée avoir renoncé. — V. Presse-outrage, n° 1094.

94. Il n'est pas permis de transiger sur le faux incident à moins que la transaction ne soit homologuée en justice après communication au ministère public (V. Faux incident, n° 15, 97 et suiv.). Mais cela est permis en matière de vérification d'écriture (V. *eod.* et v° Vérif. d'écrit).

95. *Dol, fraude, usure.* — L'art. 2046 c. nap. permettant de transiger sur l'intérêt civil résultant d'un délit, une transaction, dès lors, n'est pas nulle pour être intervenue sur des actes infectés de dol, de fraude ou d'usure (Douai, 27 avr. 1827, sous Req. 29 mai 1828, aff. Crinon, v° Jugem. d'avant dire droit, n° 21-3°.—Conf. Req. 22 janv. 1833, aff. Pruvost, V. Désistem., n° 104).—Jugé dans ce sens, quant au dol : 1° qu'il peut devenir la matière d'une transaction, en ce sens qu'un communiste, par exemple, qui croit avoir des soustractions frauduleuses à reprocher à l'autre communiste, peut transiger sur les effets de ces soustractions (c. nap. 2053) ; — Et, dans ce cas, bien que celui auquel les soustractions sont reprochées soit trouvé plus tard détenteur de titres qui en établissent la réalité, et qui étaient restés inconnus à l'autre partie, cette découverte ne peut pas être invoquée par celle-ci comme une cause de rescision de la transaction, alors qu'il est reconnu qu'en la souscrivant, elle avait connaissance de la fraude constatée par les titres (c. nap. 2057; Rej. 18 mai 1836) (1); — 2° Que la transaction dans laquelle il est exprimé qu'elle a eu pour objet de prévenir des contestations prêtes à naître entre les parties au sujet d'un acte de société formé entre elles, ne peut, si elle n'est déclarée entachée de dol ou de fraude, être annulée sur de simples présomptions, et cela, encore bien qu'il serait reconnu que la société, base de la transaction, était frauduleuse (Cass. 11 mars 1807) (2).

96. Et quant à l'usure, il a été jugé : '° qu'une transaction sur les intérêts que se doivent les associés à raison de leur versement, a pu être déclarée compensatoire tant les intérêts légitimes que les intérêts usuraires (Rej. 21 nov. 1832, aff. Joly, V. n° 22-2°); — 2° Que la transaction qui a lieu sur des intérêts usuraires est valable, alors même qu'elle a été souscrite avant que le débiteur ne se fût complétement libéré, et à une époque où il était sous le coup des poursuites de son créancier (Rej. 9 fév. 1836, aff. Gaffet, V. Prêt à int., n° 203-2°); — 3° Que la transaction ayant pour objet, non de faire produire des intérêts usuraires à la créance sur laquelle elle est intervenue, mais de réduire ces intérêts, est licite (Req. 22 janv. 1833, aff. Pruvost, V. Désistem., n° 104). — Cependant, comme l'usure est un véritable dol, s'il y a usure dans la transaction elle-même qui a eu pour objet de couvrir ce vice dans un acte qui en était infecté, la transaction doit être annulée (Req. 22 juin 1830, aff. Dublan, V. v° Vente, n° 1719).

97. Il a été jugé qu'une transaction sur une obligation usuraire, lorsqu'elle laisse subsister l'usure, ne valide pas l'obligation qui lui sert de base (Douai, 11 fév. 1826, aff. Crinon, rapportée sur Req. 29 mai 1828, v° Jugem. d'avant dire droit, n° 21-3°). Ceci n'est décidé que par un arrêt interlocutoire; l'arrêt définitif de la même cour valide la transaction par ce motif qu'on peut tran-

siger sur l'intérêt civil qui résulte d'un délit (c. nap., art. 2046; Douai, 27 avr. 1827, même aff., eod.).

ART. 6. — *Autorité et effets des transactions.* — *Clause pénale.*

98. L'art. 2052 porte : « Les transactions ont entre les parties l'autorité de la chose jugée en dernier ressort. » Ce qui donne à la transaction un caractère distinctif et particulier, c'est qu'elle a simultanément le caractère et l'autorité d'une convention et la force d'un jugement (art. 2052 c. nap.). Les transactions, dit Domat, tit. 13, sect. 1, n° 9, ont une force pareille à l'autorité des choses jugées, parce qu'elles tiennent lieu d'un jugement d'autant plus ferme que les parties y ont consenti, et que l'engagement qui délivre d'un procès est tout favorable : *Non minorem auctoritatem transactionum quàm rerum judicatarum esse, rectâ ratione placuit* (L. 20, C., *De trans.*; V. aussi L. 16, C., *De trans.*; L. unic., C., *De errore calculi*). L'assimilation de la transaction paraît avoir été généralement admise dans l'ancien droit, *habet speciem rei judicatœ*, disait aussi le cardinal Deluca (*De empt.*, disc. 19, n° 6). Et même on lui attribuait une autorité plus grande que celle des jugements. *Quanto majoris auctoritatis est transactio, quàm res judicata*, lit-on dans le président Favre, sur la loi 3, *De transact.* (V. aussi Doneau, sur la loi 20, C., *De transact.*, n° 3). L'influence du droit romain, devant laquelle nos législateurs ont trop souvent courbé la tête, a fait également dire par M. Tronchet au premier consul, qu'une transaction est plus sacrée qu'un jugement (V. Locré, t. 15, p. 409). — Nonobstant ces autorités, et même malgré la disposition de l'art. 2052, nous n'hésitons pas à redire aujourd'hui avec MM. Troplong, n° 129; Aubry et Rau, t. 3, p. 484, et Massé et Vergé, t. 3, p. 88, que l'assimilation d'une transac-

---

(1) (Veuve Janson de Sailly C. l'Université.) — LA COUR (ap. dél. en ch. du cons.); — Sur le premier moyen : — Attendu qu'il résulte de l'acte du 5 mai 1821, des motifs du jugement adoptés par l'arrêt attaqué, que les époux Janson de Sailly ont transigé sur les combinaisons frauduleuses pratiquées par Janson de Sailly pour faire disparaître la presque totalité de sa fortune personnelle et de l'actif de la communauté; — Attendu qu'aux termes de l'art. 2046 c. civ., on peut transiger sur les intérêts civils résultant d'un délit; — Qu'ainsi, et à plus forte raison, le simple dol peut être la matière d'une transaction; — Attendu, dès lors, qu'en jugeant que la dame Janson de Sailly avait pu valablement transiger sur le dol commis par son mari pour la priver d'une partie de ses droits et reprises matrimoniales, la cour royale de Paris a fait une juste application de l'art. 2046, et n'a pas violé les art. 1116 et 2055 c. civ.;

Sur le deuxième moyen : — Attendu que l'arrêt attaqué déclare que les fraudes commises par Janson de Sailly étaient connues de sa femme avant la transaction du 5 mai 1821, et avaient été signalées par elle devant les tribunaux; — Qu'il résulte, en outre, de cet arrêt, que la transaction du 5 mai, conclue sur toutes les soustractions faites par Janson, a eu pour objet de couvrir tous ses actes; — Attendu que, dans cette transaction, la dame Janson de Sailly a renoncé à toutes prétentions sur les biens qui en étaient l'objet, ou sur leur valeur, dans le cas où, par suite de rétrocession, ou de toute autre manière, tout ou partie desdits biens rentrerait, par la suite, à une époque quelconque, dans les mains de Janson de Sailly; — Attendu que les pièces inventoriées après la mort de Janson de Sailly ne sont invoquées par la demanderesse que pour établir la réalité des soustractions et des fraudes qu'elle avait reprochées à son mari, et sur lesquelles les parties avaient traité à ce titre de transaction, avant et sur procès, définitivement et à forfait, et avec la volonté de comprendre tous droits et prétentions prévus ou imprévus; — Attendu qu'en s'attachant aux stipulations de la transaction du 5 mai dont elle a fait une juste interprétation, et en appréciant, ainsi qu'elle en avait le droit, les faits et circonstances qui avaient déterminé les époux Janson de Sailly à transiger, la cour royale de Paris a pu, sans violer l'art. 2057 c. civ., rejeter le moyen de rescision que la demanderesse faisait résulter des pièces dont Janson de Sailly était resté saisi et qu'elle avait fait inventorier; — Rejette, etc.

Du 18 mai 1836.-C. C., ch. civ.-MM. Portalis, 1er pr.-Thil, rap.-Laplagne-Barris, 1er av. gén., c. conf.-Letendre de Tourville et Verlière, av.

(2) *Espèce* : — (Prinet C. d'Affry.) — La veuve d'Affry, créancière de son père pour 640,000 fr., poursuivit contre lui l'expropriation du domaine de la Charité, dont elle fixa la mise à prix 170,000 fr. — An 8, elle fit avec le sieur Prinet, alors son avocat, un traité de société pour l'acquisition de ce domaine. Il est dit que s'il est adjugé à la veuve d'Affry, celle-ci fera déclaration de commande pour la moitié en faveur

de Prinet; que celui-ci payera sa moitié, savoir : 42,500 fr. en une rente viagère de 4,250 fr. au profit de la veuve d'Affry, et des 42,500 fr. restants il payera les frais d'acte et d'enregistrement, et le surplus dans l'année : l'acte contient partage des biens, sauf à la dame d'Affry à en demander un nouveau dans un délai fixé. — L'adjudication a lieu en faveur de la veuve d'Affry : celle-ci fait la déclaration de command convenue. — 14 brum. an 8, la veuve d'Affry donne procuration notariée à l'effet de poursuivre Prinet. — Le lendemain les parties réunies prorogent le délai fixé pour la demande d'un nouveau partage. — Le 20, elles souscrivent une transaction portant : « Pour terminer la difficulté qui allait s'élever entre les parties relativement à la validité du traité de société convenu entre elles le 19 therm. an 8, et pour prévenir la nécessité d'un nouveau partage des biens…, il a été traité et transigé ce qui suit : le partage convenu au traité de société du 19 therm. an 8 est confirmé, et sortira sa pleine et entière exécution, à l'exception que, etc… » Suivent les dispositions nouvelles, et un compte duquel il résulte que le sieur Prinet doit à la dame d'Affry, sur les 42,500 liv. non constituées, une somme de 31,000 liv. Puis l'acte est ainsi terminé : « Au moyen de la présente transaction, tous procès, toutes difficultés existant entre les parties, demeurent finis et terminés, sans pouvoir y revenir directement ni indirectement. »—An 12, la dame d'Affry fit citer Prinet devant le bureau de paix, où elle dit qu'elle veut se pourvoir contre lui en revendication de tous les fonds qu'il s'est appropriés, faire déclarer nulles toutes conventions qui auraient pu exister entre les parties, comme pactes réprouvés et infectés du dol le plus répréhensible. — Prinet répondit que l'action était dérisoire, non recevable et mal fondée; il conclut contre elle à 10,000 liv. de réparations civiles. Bientôt il saisit le tribunal de Gray de sa demande en dommages–intérêts, applicables en œuvres pies. — La dame d'Affry s'est défendue, puis elle a conclu à ce que le traité de société fût déclaré nul. — Prinet la soutint non recevable par plusieurs raisons, et notamment par celles qui sortent de la transaction. — An 13, jugement qui déclare nuls le traité de société, tous les actes qui s'en sont suivis, notamment la transaction. — Appel. — Arrêt confirmatif de la cour de Besançon. — Pourvoi. — Arrêt.

LA COUR; — Vu l'ord. de 1560; — Considérant que la transaction n'est arguée ni de dol ni de violence; qu'elle énonce formellement qu'il a été dans l'intention des parties de prévenir les contestations prêtes à naître sur la validité de l'acte de société, comme sur le partage qui en avait été la suite; — Considérant que contre cette preuve, que la transaction était relative au différend qu'a élevé depuis la dame d'Affry, la cour d'appel de Besançon n'a fait valoir que des présomptions incapables de détruire ladite preuve; qu'il en résulte que ladite cour a contrevenu aux lois qui prohibent de porter atteinte à l'autorité des transactions; — Casse.

Du 11 mars 1807.-C. C., sect. civ.-M. Vallée, rap.

tion à un jugement en dernier ressort manque d'exactitude, et que cette comparaison ne se soutient « que parce que la transaction est un jugement prononcé par les parties dans leur propre cause » (M. Troplong, *eod.*).—Les transactions ont tantôt plus, tantôt moins de force que les jugements. — Ainsi, d'une part, un jugement même passé en force de chose jugée peut être attaqué par la requête civile, par un pourvoi en cassation; la transaction est à l'abri de ces atteintes (art. 2052). — Un jugement peut être cassé sur un point et maintenu sur un autre, tandis que la nullité d'une des dispositions d'une transaction entraîne, en thèse générale, la nullité des autres, parce que les parties d'une transaction s'enchaînent d'une manière inséparable (Conf. M. Troplong, Transaction, n° 133; Aubry et Rau, p. 484). Et, d'autre part, la transaction peut être attaquée pour cause de dol et de violence, tandis qu'une pareille attaque contre un jugement est impossible et d'ailleurs inadmissible. — Un jugement est réputé la vérité même, *pro veritate habetur*, on ne peut ni l'augmenter ni l'amoindrir. La transaction est une diminution du droit de chacun, une concession réciproque, et reçoit sa force d'un consentement de raison, indépendamment de la vérité du fait accepté, non comme vrai, mais comme base nécessaire de la transaction.

99. C'en est assez sur ce point pour démontrer que le principe posé par le législateur dans l'art. 2052 est inexact sous plusieurs rapports, mais il est exact à un point de vue juridique. Une transaction a, en effet, entre les parties, et par conséquent entre leurs héritiers et ayants cause, l'autorité de la chose jugée en dernier ressort, en ce sens qu'elle donne naissance entre ces personnes à une exception analogue à la chose jugée : *exceptio litis per transactionem finitæ* (MM. Aubry et Rau, t. 3, p. 482). Mais cette exception ne peut avoir effet que sous les conditions exigées pour l'exception de chose jugée et dans les termes indiqués par l'art. 1351.

100. De là il suit : 1° que l'exception tirée de l'art. 2052 ne pourra être invoquée qu'autant que la contestation nouvelle portera nécessairement sur le même objet que la précédente (V. n° 125 et s.). Tous les auteurs sont d'accord à cet égard.—C'est en vertu de ce principe que deux arrêts des 18 janv. 1631 et 21 déc. 1652, rapportés au Journal des audiences, ont jugé que les héritiers d'un blessé qui est mort de ses blessures, après avoir transigé sur les dommages et intérêts qu'il avait à prétendre, peuvent poursuivre le meurtrier nonobstant cette transaction. L'action des héritiers porte sur un objet différent de celui qui a donné lieu à la transaction passée par leur auteur. C'est ce que fait observer Serpillon (Code crimin., p. 1111) qui, s'expliquant sur le fait et l'arrêt que nous venons de citer, décide que les héritiers ont le droit de poursuivre le meurtrier et que la transaction ne peut pas leur être opposée comme fin de non-recevoir, parce que leur auteur l'a faite à l'occasion de *simples blessures* et non d'*un meurtre, de vulnerato et non de occiso*. — Depuis, il a été jugé en ce sens que la transaction qu'un voyageur, blessé par le versement d'une diligence, aurait faite avec l'entrepreneur moyennant une indemnité, à une époque où rien ne faisait prévoir sa mort, n'empêche pas ses héritiers de pouvoir réclamer de nouveaux dommages-intérêts par suite de cet événement (Aix, 29 janv. 1833) (1). — Il est bien évident qu'il n'en serait ainsi qu'au cas où il serait bien avéré que la mort était la suite nécessaire de la blessure.

101. ...2° Que la contestation qui s'engage doit avoir lieu entre les parties qui ont consenti la transaction, et y procédant en la *même qualité* (Conf. MM. Aubry et Rau sur Zachariæ, t. 3, p. 482). — Ainsi, et c'est ce que décide formellement l'art. 2050 c. nap., si celui qui a transigé sur un droit qu'il avait de son chef, acquiert ensuite un droit semblable du chef d'une autre personne, il n'est point, quant au droit nouvellement acquis, lié par la transaction antérieure. La loi 9, ff.,

De transact., nous en offre un exemple : « Si un majeur a transigé avec son tuteur, dit cette loi, sur le compte, de sa portion dans les biens de son père, et qu'il succède ensuite à son frère, à qui ce même tuteur était comptable de l'autre portion, la transaction n'est pas un obstacle à ce que les mêmes contestations qu'elle a éteintes pour une portion subsistent pour l'autre; et elle n'a, quant à cette dernière, aucun effet. *Qui cum tutoribus suis de solá tutelæ portione administratæ suæ egerat et transegerat adversùs eosdem tutores ex personâ fratris sui cui hæres exstiterat, agens præscriptione factæ transactionis non summovetur.*

102. Un principe commun aux jugements et aux conventions, c'est que ni les uns ni les autres ne sauraient produire d'effet à l'égard des tiers (c. nap. 1165, 1351), soit à leur profit, soit à leur préjudice. Que l'on reconnaisse aux transactions l'autorité de la chose jugée, ou qu'on leur attribue seulement les effets ordinaires des conventions, on devra décider dans tous les cas que les transactions n'ont d'effet qu'entre les parties contractantes, et par suite, ainsi que le déclare l'art. 2051, que « la transaction faite par l'un des intéressés ne lie pas les autres intéressés et ne peut être opposée par eux, » les intéressés dont parle cet article étant des tiers par rapport à celui qui a transigé avec leur cointéressé. — Par exemple, « si je transige avec l'un des héritiers de mon débiteur, en lui faisant une réduction sur sa part dans la dette, ses cohéritiers ne pourront prétendre à la même remise, en invoquant la transaction; car j'ai pu avoir des motifs pour transiger avec lui qui n'existent pas à l'égard des autres; et je ne peux pas de mon côté argumenter de la transaction contre eux pour prétendre que le droit existe bien réellement, qu'il a été par là reconnu : le droit de le contester, au contraire, est encore entier à leur égard » (M. Duranton, t. 18, n° 417). — L'art. 2051, conforme, comme nous venons de le dire, aux principes du droit commun en matière de convention, ne fait que rappeler les règles appliquées par le droit romain, spécialement à la transaction (Voy. L. 1, C., *De transact.*; L. 3, D., *De transact.*; L. 11, D., *De tut. et rat. distr.*).

103. Il a été jugé, conformément à ces principes : 1° que les effets d'une transaction ont été valablement restreints aux seuls parents héritiers qui y ont figuré, quoique d'autres parents aient les mêmes droits (Rej. 4 mars 1840, aff. Buhot, V. Peine, n° 606-2°); — 2° Que la transaction passée entre héritiers est étrangère à celui qui, avant cette transaction, avait acquis les droits de l'un des héritiers et qui, par suite, peut, à défaut d'intérêt, réclamer sa mise hors de l'instance entre les héritiers (Req. 27 déc. 1837, aff. hér. Colombe, V. v° Absence, n° 463).

104. Mais il est clair que la transaction devra lier les héritiers des parties, car c'est le fait de leur auteur, fait dont ils sont obligés d'accepter les conséquences; elle engagera également les mandants, les représentants légaux, ce qui est conforme au droit commun; point de difficulté sur tout ceci. On sait, quant aux ayants cause à titre particulier, qu'ils ne sont obligés par les actes de leur auteur qu'autant que ces actes sont antérieurs à la naissance de leurs droits; d'où il suit que la transaction ne lie l'ayant cause de celui qui l'a consenti que si cette transaction a été passée avant l'acte qui a donné naissance à cette qualité d'ayant cause, et qu'elle lui est étrangère si elle est postérieure. Ainsi et spécialement, on décide que, en cas de cession de droits successifs, les transactions passées par l'héritier avant la cession sont obligatoires pour les cessionnaires (V. Vente, n° 1944). — Quant aux transactions postérieures à la cession, elles devraient, suivant le principe que nous venons de poser, pouvoir être opposées au cessionnaire; cependant une autre règle vient faire fléchir ici la solution. — Il est admis par la jurisprudence que les actes passés par l'héritier apparent sont valables et lient l'héritier véritable qui ne s'est pas fait connaître, en tant que le tiers avec lequel ils ont

---

(1) *Espèce :* — (Michel C. Trucheman.) — Le 25 juill. 1832, jugement du tribunal civil d'Aix, ainsi conçu : « Attendu que les accords intervenus entre feu David et le sieur Michel ont eu pour objet de transiger sur la fracture de la cuisse du sieur David, dans la journée du 5 septembre dernier, par suite du versement de la diligence d'Aix à Arles, dont ledit Michel est entrepreneur, laquelle diligence était conduite par François Gayet, postillon, mais n'ont pas eu pour objet de

transiger sur la mort dudit David, mort que l'on ne pouvait prévoir à l'époque susdite, et qui cause un nouveau préjudice à la veuve et aux enfants de celle-ci ; — le tribunal déboute lesdits Michel, Gayet et Jacquème des fins de non-recevoir par eux proposées. » — Appel. — Arrêt.

LA COUR · — Adoptant les motifs des premiers juges, confirme. Du 29 janv. 1833.-C. d'Aix.-M. d'Arlatan-Lauris, pr.

été passés a été de bonne foi (V. Success., n°° 541 et s.), règle qui a été spécialement appliquée à une transaction passée par l'héritier apparent (V. eod., n° 545). — Par application de cette règle, on a décidé pareillement que les transactions passées par l'héritier après la cession de ses droits successifs doivent être maintenus si les tiers ont été de bonne foi, et annulées au contraire si les tiers étaient de mauvaise foi (V. Vente, n° 1944).

105. Nous avons dit ailleurs (v° Tierce opposit., n° 156) que le vendeur qui a conservé des droits sur l'immeuble vendu est un tiers relativement aux actes passés par l'acquéreur qui seraient de nature à porter atteinte aux droits qu'il s'est réservés. Par conséquent les transactions passées par l'acquéreur ne lui seraient point opposables. — Toutefois, quelques auteurs décident par induction de la disposition finale de l'art. 1673, que le vendeur qui recouvre sa propriété par l'effet du rachat doit exécuter les transactions faites par l'acquéreur pour arrêter des contestations relatives à l'administration du bien vendu (MM. Rolland, Transact., n° 35 ; Marbeau, n°° 115 et 130).

106. La transaction par laquelle un héritier reconnaît, vis-à-vis d'un légataire universel, la validité du testament, donne-t-elle à ce légataire le droit d'exercer le retrait successoral, alors que sur la demande des autres héritiers le testament a été annulé ? — V. Succession, n° 1873.

107. L'art. 2051 doit recevoir son application lors même que l'intérêt des tiers se trouve connexe à celui des parties qui ont consenti la transaction. La connexité d'*intérêt* ne s'oppose pas, en effet, à l'application de l'article, ce qui est conforme à la loi 1, C., De transact. Trois tuteurs avaient géré une tutelle en commun, et le mineur n'avait transigé qu'avec deux seulement. La loi décide que les actions restent entières contre le troisième. — C'est conformément à ces principes que Voët (De transact., n° 22) et après lui M. Troplong (des Transact., n° 124) enseignent « que lorsque plusieurs personnes sont associées, la transaction faite par l'une d'elles, sans pouvoir exprès ou tacite, ne nuit pas aux autres associés » (V. en outre M. Troplong, Société, t. 2, n° 690). « Un associé peut bien faire meilleure la condition de ses coassociés ; il ne peut la rendre plus mauvaise » (M. Troplong, eod.). — V. Société, n°° 502 et s.

108. La transaction faite par le débiteur avec l'un des créanciers solidaires ne vaut-elle que pour la part de ce créancier ? L'affirmative nous semble résulter de l'art. 1198, § 2, c. nap., aux termes duquel la remise qui n'est faite que par l'un des créanciers solidaires ne libère le débiteur que pour la part de ce créancier. C'est aussi l'avis de MM. Delvincourt, t. 3, p. 478 ; Marbeau, n° 263 ; Rolland de Villargues, n° 277, parce qu'en effet la transaction doit, à moins de disposition contraire, être restreinte à ses termes rigoureux, et qu'on ne peut se dissimuler qu'un pareil acte a plutôt le caractère d'une remise que d'un payement.—Toutefois les créanciers qui n'ont pas été parties à la transaction pourraient s'en prévaloir si elle leur était favorable, conformément à ce principe que chaque créancier est réputé mandataire de ses cocréanciers pour améliorer leur situation, mais non pour la rendre pire (V. Obligat., n°° 1377 et s.).

109. La même règle est applicable aux débiteurs solidaires. En conséquence, la transaction faite par le créancier avec l'un des débiteurs, profitera aux autres débiteurs lorsqu'ils y auront intérêt, mais ne pourra leur être opposée si elle leur est préjudiciable. Cette doctrine, conforme aux principes que nous avons exposés v° Obligat., n°° 1445 et s., est enseignée par MM. Marbeau, n° 263 ; Duranton, t. 18, n° 420 ; Troplong, Transaction, n°° 125 et 124 ; Massé et Vergé sur Zachariæ, t. 5, p. 88, note 4 ; Aubry et Rau, 3° édit., t. 3, p. 482. — Dans notre précédente

édition, nous avions admis l'avis contraire de MM. Delvincourt loc. cit.; Rolland de Villargaes, n° 88 ; mais une étude plus attentive des principes nous a ramenés au sentiment de la majorité des auteurs.

110. Toutefois, si la transaction a eu lieu sur un moyen purement personnel au débiteur, et que le créancier ait réservé tous ses droits contre les autres codébiteurs, il est évident que la transaction ne profitera aux codébiteurs qui n'y ont pas été partie que pour la part que le débiteur qui l'a consentie a dans la dette. — Dans ce cas, en effet, le débiteur qui a transigé est censé *avoir* simplement *payé* sa part dans la dette. Or il est de principe que le créancier qui consent à la division de sa dette à l'égard de l'un des codébiteurs conserve son action solidaire contre les autres, en faisant toutefois raison de la partie de sa dette dont était tenu le débiteur avec qui il a traité. On doit donc appliquer ici l'art. 1210 et non l'art. 1285 c. nap. (Conf. M. Duranton, loc. cit.). Mais quelle est alors cette part qu'il faut déduire ? Est-ce la part virile, est-ce la part réelle ? V. ce que nous disons à cet égard v° Obligat., n° 2601.

111. Les distinctions que nous venons d'établir pour la solidarité s'appliquent à la transaction conclue avec l'un des intéressés dans une obligation indivisible (Conf. MM. Troplong, n° 127 ; Aubry et Rau, t. 3, p. 483 ; Duranton, t. 18, n° 418). — Il a été jugé que la transaction passée par un majeur, tant en son nom qu'en celui d'un mineur, doit, bien que nulle à l'égard de celui-ci, être déclarée valable quant à celui-là, alors que l'objet de la transaction est susceptible de division (Cass. 25 nov. 1834, aff. Ladague, V. Obligat., n° 2983-1°).

112. Quel est l'effet de la transaction passée avec la caution ? Elle ne libère pas le débiteur principal, tandis que celle passée avec le débiteur principal libère la caution (L. 7, § 1, ff., De trans.), dont l'obligation n'est qu'accessoire (c. nap. 2036 ; V. à cet égard v° Cautionnement, n°° 319 et suiv.; V. en outre MM. Duranton, n°° 381 et 420 ; Troplong, n° 128 ; Rolland, n° 87). — Un article du projet portait : « On ne peut préjudicier par une transaction à une caution qui n'y est pas appelée : cette caution peut se prévaloir des dispositions de la transaction qui seraient à la décharge du débiteur principal. » Cette disposition a été supprimée comme inutile et comme résultant suffisamment des règles retracées dans plusieurs titres du code et notamment dans ceux des Obligations conventionnelles et du Cautionnement (V. Locré, t. 15, p. 410).

113. Mais que décider si la transaction a eu lieu en considération d'une exception personnelle au débiteur, de ce que, par exemple, il s'était obligé en minorité ? La caution ne serait point libérée, ou du moins elle ne le serait que jusqu'à concurrence de la somme donnée au créancier, par suite de la transaction : car le débiteur a pu renoncer à une exception purement personnelle, sans que la caution soit déchargée d'autant. — V. v° Cautionnement, n° 328, et M. Duranton, t. 18, n° 420.

114. Il a été jugé que celui de deux débiteurs d'un même créancier qui, par une transaction avec ce créancier, s'est engagé à payer la dette de l'autre, peut demander, comme caution, à être indemnisé par celui-ci, lorsqu'il est poursuivi en payement, encore bien qu'il n'ait pas encore payé. — Dans ce cas, le débiteur qu'il a cautionné ne peut pas s'y refuser, sous prétexte que la transaction lui est étrangère, ou que celui qui se dit fidéjusseur est insolvable, lorsque celui-ci ne demande à toucher aucune somme, mais laisse l'alternative au débiteur de payer et rapporter décharge ou de faire cesser les poursuites dirigées contre lui (Colmar, 5 juin 1816) (1). —V. Cautionnem., n° 262 et 263.

---

(1) *Espéce* : —(Houssmann C. Schauffler.)—Houssmann et Schauffler étaient tous deux débiteurs du sieur Salomon, en vertu d'un jugement. Sur la menace du créancier, Houssmann fit avec lui une transaction par laquelle il s'obligeait, se portant fort pour Schauffler, de payer l'intégralité de la dette. — Salomon ayant poursuivi Houssmann en exécution de cette transaction, ce dernier conclut en garantie contre Schauffler. — Le 24 nov. 1815, le tribunal de Schelestadt, considérant que nulle garantie n'est et ne peut être due qu'elle n'ait été stipulée et consentie par acte souscrit par le garant ; or, dans l'espèce, Schauffler n'a pas contracté d'obligation vis-à-vis de Houssmann, qui a transigé avec Salomon hors sa présence, sans son consentement et sans mandat de sa part ; que cette transaction profite seule à Houssmann et non à Schauffler ; conséquemment Houssmann ne peut avoir d'action récursoire à exercer contre Schauffler que lorsqu'il aura rempli la transaction, et qu'il aura obtenu la subrogation aux droits du créancier direct de Schauffler ; déboute, quant à présent, Houssmann de sa demande en garantie, etc. — Appel. — Arrêt.

LA COUR ; — Considérant, quant au sieur Schauffler, que Salomon lui a vainement, le 4 frim. an 14, fait faire commandement de payer 766 fr. de principal, intérêts et frais, en vertu d'un arrêt du 19 fructidor précedent, qui condamnait aussi Houssmann à rapporter 540 fr. 10 cent. de principal ; mais que, dans une transaction du 15 janv. 1807,

115. Quant à la transaction faite par un grevé de substitution avec un tiers, V. *suprà*, n° 89, et v° Substitution, n° 403, où nous avons examiné cette question.

116. Pour assurer l'exécution des transactions, les parties y ajoutent quelquefois la stipulation d'une peine contre celui qui refusera de l'exécuter (art. 2047 c. nap. et L. 37, C., *De trans.*). Dans ce cas, pourra-t-on réclamer contre le refusant et la peine et l'exécution de la transaction? — Dans les conventions ordinaires, la stipulation d'une clause pénale fait qu'il existe deux obligations distinctes, l'une primitive et actuelle, l'autre accessoire et conditionnelle, qui n'est que la compensation des dommages et intérêts que l'inexécution de l'obligation principale fait éprouver au créancier : c'est ce qui explique pourquoi celui-ci ne peut exiger tout à la fois et le principal et la peine, à moins qu'elle n'ait été stipulée pour simple retard (art. 1229 c. nap.), ou qu'il ne résulte de la convention expresse des parties que la peine sera payée sans préjudice de l'exécution de l'obligation principale. — Mais dans les transactions quel est le but des parties en stipulant une clause pénale? La peine est-elle ajoutée ici comme une compensation des dommages et intérêts qui résultent de l'inexécution absolue de la transaction? Pas du tout : elle n'est, dans l'intention de celui qui l'a stipulée, qu'une indemnité de l'ennui et des inquiétudes d'un procès que la transaction était destinée à prévenir. Du moment donc où l'autre partie fait revivre ce procès en refusant d'exécuter la transaction, pour ce seul motif elle contracte l'obligation de payer la peine convenue (MM. Duranton, t. 11, n° 345; Rigal, p. 134; Troplong, sur l'art. 2047). — Mais dès que la peine est payée, le débiteur a le droit d'attaquer la transaction, s'il espère réussir dans son attaque. Le créancier ne pourrait élever une fin de non-recevoir résultant de l'exécution de la clause pénale. La peine n'étant qu'un mode de dédommagement des inquiétudes, dépenses et soucis d'un nouveau procès (Conf. MM. Toullier, *eod.*, n° 831; Troplong, n° 105; Massé et Vergé sur Zachariæ), le créancier, c'est-à-dire celui qui était tel par rapport à la peine, ne peut donc reculer devant le procès. « La partie qui a payé la peine, dit M. Troplong, a recouvré sa liberté. » — V. aussi ce qui est dit v° Obligat., n° 1613.

117. Le juge ne pourrait, d'après M. Toullier, t. 6, n° 829, joindre au fond la demande relative à la clause pénale, et en retarder la condamnation jusqu'au jugement à rendre sur le fond. — Et de là MM. Toullier, t. 6, n° 830; Rolland de Villargues,

v° Transact., n° 66; Marbeau, *eod.*, induisent que la peine est encourue et exigible lors même que celui qui a enfreint la transaction serait ensuite forcé de l'exécuter, ou qu'il se désisterait volontairement; car la condition de la clause pénale, disent ces auteurs, n'était pas qu'il fît rescinder l'acte, mais qu'il l'attaquât, quelle que fût l'issue de l'attaque. — Néanmoins, cette rigueur est souvent adoucie dans la pratique. — Au surplus, il paraît sans difficulté que si l'on parvenait à faire annuler la transaction, la peine ne pourrait être exigée (Conf. MM. Toullier, n° 832; Marbeau, n° 182; Rolland de Villargues, n° 67; Troplong, *eod.*).

118. Mais la peine ayant été payée, et la partie qui a attaqué la transaction ayant obtenu gain de cause, a-t-elle le droit de répéter la peine? Remarquez que la peine a été stipulée uniquement dans la crainte d'un procès. Néanmoins il faut décider qu'il y a lieu à répétition. M. Troplong nous en donne très-bien la raison : « Quel sera le résultat de l'attaque par rapport à la peine? Si la partie qui a dirigé le procès contre la transaction échoue, dit-il, la peine sera bien payée, et la transaction devra de plus être exécutée; si elle réussit, c'est-à-dire si elle fait déclarer la transaction nulle, frauduleuse, etc., la peine n'est pas due; et si elle a été payée, il y a lieu à la répétition *condictione indebiti* ou *sine causâ* (c. nap., art. 1127). La clause pénale en effet participe du vice qui infecte le contrat dont elle est l'accessoire » (M. Troplong, n° 107).

119. Il a été jugé que l'inexécution, sous le droit romain, d'une transaction contenant une clause pénale, entraînait la résolution de plein droit contre la partie qui s'était soumise à cette clause, encore bien qu'elle n'eût pas été mise en demeure par l'autre partie... tellement que si un délai suffisant pour prescrire s'est écoulé depuis l'époque où l'exécution de la transaction aurait dû avoir lieu, l'autre partie est fondée à opposer la prescription libératoire de l'engagement par elle contracté (Req. 20 nov. 1853, aff. Sillac-Delapierre, V. v° Obligation, n° 1198).

120. Lorsqu'il existe une erreur de calcul dans une transaction, elle peut être réparée comme dans toutes les conventions (V. n° 171), et ce fait ne donnerait pas le droit d'exiger la clause pénale, si une telle clause avait été stipulée. — C'est ainsi qu'il a été jugé que la clause pénale, stipulée dans une transaction, n'est pas encourue, si la partie qui attaque cette transaction croit de bonne foi qu'il y a eu erreur de calcul, et si elle ne demande que la réparation de cette erreur (Bastia, 8 fév. 1837 (1); Conf. M. Troplong, n° 104).

qui embrasse l'exécution de cet arrêt et un autre procès qui a quelque liaison avec elle, on voit Salomon exiger la condition et Houssmann prendre l'engagement personnel de payer pour Schauffler et lui, moyennant une remise de 250 fr. qui, combinés avec les 574 fr. payés à Streicher, les deux sommes principales énoncées audit arrêt, et les 905 fr. dus aujourd'hui, prouvent que Houssmann a dû payer bien au delà de sa dette personnelle ; que celle de Schauffler faisant seule l'objet de la contestation actuelle, il doit en supporter tout le poids pour n'avoir pas, dans le temps, déféré au commandement dont on a parlé ; qu'en rapprochant les art. 1256, 2028 et 2052 c. civ., l'on acquiert la conviction qu'une obligation peut être acquittée par une personne intéressée; qu'un cautionnement peut être donné à l'insu du débiteur; que la caution, même avant d'avoir payé, peut agir contre celui-ci, lorsque la dette est exigible, ou qu'elle est poursuivie pour le payement, trois circonstances qui se réunissent dans l'espèce et sont applicables à Houssmann qui, n'étant pas débiteur originaire, ne doit être envisagé que comme caution; que l'équité exige donc qu'il soit complètement indemnisé de toutes les condamnations quelconques intervenues contre lui ; émendant, etc.

Du 5 juin 1816.—C. de Colmar.

(1) (Mattei C. veuve Cannelli.) — LA COUR (après délib. en ch. du cons.); — Attendu que les procureurs à transiger, nommés par les parties à l'effet de fixer la part revenant à chacune d'elles dans la succession de feu Antoine-Marie Cannelli, leur père et époux, n'ont ni excédé leurs pouvoirs, ni commis aucune erreur de calcul ; — Que le jugement du 2 sept. 1827 et l'arrêt du 16 juill. 1828, auxquels lesdits procureurs à transiger étaient tenus de se conformer ne déterminent pas la part de chacune des parties dans les dettes de la succession, que les expressions du jugement susénoncé « celle d'entre les parties qui aura payé des dettes de la succession de son propre argent en sera remboursé proportionnellement » n'ont fait que laisser dans le domaine des principes de droit la question de la contribution aux dettes ; — Attendu, quant à ce, que les parties reconnaissent qu'aux termes du susdit arrêt, qui a servi de base à la transaction, la succession de feu Cannelli devait être par-

tagée de la manière suivante, savoir : 1° à la dame Mattei, d'abord, la moitié de la succession en sa qualité de fille unique du défunt et à titre de réserve : ensuite, le montant de la quotité entre-vifs à elle faite par son père, par acte authentique du 7 nov. 1821, à prendre à titre de préciput sur l'autre moitié de la succession formant la portion disponible; 2° à la dame Chappuy, veuve Cannelli, tout ce qui restait de ladite portion disponible non excédant le quart de la succession, qui en réalité n'a pu être complété par l'insuffisance des biens après le prélèvement de la donation ;—Attendu que pour connaître les forces d'une succession et la quotité de la réserve ainsi que de la portion disponible, il faut, d'après l'art. 922 c. civ., rapporter fictivement à la masse les biens donnés antérieurement au décès, et prélever les dettes du défunt, comme l'ont fait les procureurs à transiger; que si, au moyen de cette opération, la veuve Cannelli s'est trouvée supporter la moitié des dettes, malgré sa part dans la succession soit de beaucoup inférieure à la moitié de la même succession, cela provient de la nature du legs universel à elle fait de la portion disponible, déjà ébréchée par une donation entre-vifs ; que ladite veuve n'est point fondée à soutenir qu'elle ne doit concourir au payement des dettes que proportionnellement à la somme qu'elle prend dans la succession, eu égard à celle revenant à la dame Mattei pour sa réserve;

Attendu que la règle du payement des dettes proportionnellement à l'émolument ne s'applique pas à deux d'héritiers venant tous dans une succession au même titre (quoique avec des parts différentes) et nullement quand il y a concours d'un légataire universel de la portion disponible avec un héritier à réserve, et avec un donataire à titre particulier, ce qui se décide de la combinaison des art. 870, 871, 1009 et 1012 c. civ.; — Que, dans l'espèce, l'application de ladite règle violerait tous les principes, ce qui résulte évidemment 1° de ce que la succession de feu Cannelli s'est trouvée divisée en deux parts égales, l'une indisponible réservée par la loi en faveur de la dame Mattei, fille unique du défunt; l'autre disponible et dont le défunt a disposé au moyen de la donation précipuaire faite à sa fille, et du legs universel fait par testament à sa veuve ; 2° de ce que la moitié de la succession appartenant à la

121. Il a été jugé que lorsqu'une obligation a été modifiée, sans opposition de la part du demandeur, par un jugement qui a réduit la créance, en interprétant les actes et déclarations des parties entendues en personne, le créancier est non recevable à prétendre ensuite que cette obligation était une transaction irrévocable (c. nap. 1134, 2052; Req. 1er fév. 1830, aff. Lelein, V. Acquiescement, n° 527). — Cet arrêt consacre implicitement la force irrévocable d'une transaction.

122. Une transaction peut produire certains effets particuliers. Ainsi, par exemple, 1° la transaction consentie par l'héritier bénéficiaire entraîne la déchéance du bénéfice d'inventaire (V. Succession, n° 947 et s.); — 2° Une transaction faite en cours d'un procès peut, alors même qu'elle serait annulée, être considérée comme acte interruptif de la péremption d'instance (V. Péremption, n° 258 et s.).

123. Lorsque l'exécution donnée par une partie à une transaction n'est pas conforme au contrat, l'autre partie ne peut en requérir l'exécution rigoureuse, si celle qui a eu lieu lui est plus favorable (V. Action, n° 181).

124. Les difficultés qui s'élèvent sur l'exécution d'une transaction sont soumises au préliminaire de conciliation (V. Conciliation, n° 86 et s.).

Art. 7. — Règles d'interprétation des transactions.

125. Nous avons vu, n° 98, que les transactions ont entre les parties l'autorité de la chose jugée. — Mais plus une transaction a de force, plus on doit avec soin en restreindre les dispositions aux objets qui y sont exprimés; elle est, quant à son interprétation, *strictissimi juris* (Valeron, tit. 5, quest. 2, n° 1; M. Troplong, n° 109). — Ce principe existait dans la loi romaine qui dit: *Transactio quæcumque sit, de his tantum de quibus inter convenientes placuit, interposita creditur* (L. 9, § 1, D., *De transact.*). — La loi 21, C., *De transact.*, enseigne encore que la renonciation dans une transaction à tous droits, actions et prétentions ne doit s'entendre que des droits relatifs à l'objet qui faisait la matière de la contestation. — Ces principes du droit romain sont pleinement confirmés par les art. 2048, 2049 c. nap. — Art. 2048: « Les transactions se renferment dans leur objet; la renonciation qui y est faite à tous droits, actions et prétentions, ne s'entend que de ce qui est relatif au différend qui a y donné lieu. » — Art. 2049: « Les transactions ne règlent que les différends qui s'y trouvent compris, soit que les parties aient manifesté leur intention par des expressions générales ou spéciales, soit que l'on reconnaisse cette intention par une suite nécessaire de ce qui y est exprimé. » — Il est à remarquer que ces dispositions ne sont que le développement du principe posé par l'art. 1163 au titre des Obligations: « Quelque généraux que soient les termes dans lesquels une convention est conçue, elle ne comprend que les choses sur lesquelles il paraît que les parties se sont proposé de contracter. » — Lequel principe repose encore sur la loi romaine: *Iniquum est perimi pacto, id de quo cogitatum non docetur* (L. 9, § 3, in fine, D., *De transact.*; L. 5, eod.). — V. aussi v° Obligat., n° 873.

126. Il a été jugé par interprétation de la convention, que

la transaction ou renonciation à toute recherche directe ou indirecte, intervenue entre associés, à la suite d'un règlement de compte, a pu être déclarée s'étendre non-seulement à tout ce qui faisait l'objet de leur association, mais aussi à tout ce qui pouvait être personnel à chacun des associés, et étranger à la gestion de la société, comme, par exemple, aux dettes personnelles à l'un des associés, que l'autre aurait acquittées (Req. 3 janv. 1831, aff. Lemarchand, V. *suprà*, n° 22-1°).

127. Si l'on rapproche les art. 2048, 2049 de l'art. 2057. on voit qu'il est deux sortes de transactions: les unes générales, les autres particulières. Dans les premières, la renonciation à tous droits, actions et prétentions, comprend tous les droits quelconques du renonçant, parce qu'alors les parties ont voulu tout terminer. Dans les secondes, elle ne s'étend, ainsi que nous l'avons dit, qu'à celui qui est relatif au différend qui y a donné lieu, attendu qu'elles se renferment dans leur objet.—V. quant à l'art. 2057, n° 170.

128. La transaction, nous l'avons déjà remarqué (V. n° 5), doit s'interpréter *quantum verba sonant* (Urceolus, q. 81, n° 4 et 5; M. Troplong, n° 110). Mais quand son but est bien réglé par l'acte, on ne doit pas l'étendre au delà. De là, il résulte que si la transaction ne doit pas être étendue, elle ne doit pas, comme le dit très-bien M. Troplong (n° 111), être amoindrie dans sa véritable sphère. — Par voie de conséquence, on doit conclure des règles ci-dessus que la transaction, quels que soient ses termes généraux ou spéciaux, est toujours réputée mettre fin non-seulement à la contestation présente, mais même à toute contestation future, si cette contestation a sa source dans la même cause (Urceolus, loc. cit., n° 18; Troplong, n° 112).

129. Mais la transaction ne doit pas s'étendre aux cas imprévus, *ad incogitata* (Conf. M. Troplong, n° 108, 113). — Il a été décidé en ce sens que l'abandon de droits éventuels fait dans une transaction ne doit s'entendre que des droits que les parties pouvaient prévoir et connaître (arg. Req. 8 fév. 1830, aff. Folin, v° Emigré, n° 229). — Et spécialement: 1° que quelque généraux que soient les termes d'une cession de tous droits à la succession d'un émigré, antérieurement à la loi de 1825, cette cession a pu être déclarée ne point comprendre l'indemnité accordée par cette loi (même arrêt). M. Troplong, opposé à cette décision spéciale, dit qu'elle s'explique par les circonstances qui ont donné naissance à l'indemnité des émigrés; — 2° Qu'un grevé de substitution a pu invoquer la loi abolitive des substitutions, quoiqu'à une époque antérieure à cette loi il se fût obligé, par transaction, à maintenir la substitution (Cass. 17 nov. 1812, aff. Gauthier, V. Substitution, n° 271).

130. Il a été jugé cependant qu'une transaction, passée en 1809 entre les héritiers d'un émigré sur les biens dépendant alors de sa succession, a pu être déclarée devoir servir de base au règlement de quotité des droits de ces héritiers sur les biens confisqués par l'Etat, et remis en vertu de la loi du 5 déc. 1814, et sur l'indemnité résultant de la loi du 27 avril 1825, encore bien que des mineurs fussent intéressés dans cette transaction (Req. 16 janv. 1834) (1). — V. Emigré, n° 230.

131. Les diverses règles et dispositions du code, que nous venons d'énumérer, ont donné naissance à une question des plus

---

dame Mattei, ne pouvait sous aucun rapport être grevée de plus de la moitié des dettes, parce que différemment elle payerait au delà de sa portion et n'aurait plus la part entière à elle réservée par la loi, et que la volonté même expresse du père ne pouvait diminuer; 5° de ce que l'autre moitié des dettes devait nécessairement peser sur l'autre moitié de la succession qui était disponible, et dont la veuve Cannelli doit supporter la totalité en sa qualité de légataire universelle, puisque la donation à titre particulier d'une partie de ladite portion disponible se trouve dispensée du droit (de l'obligation) de concourir au payement des dettes; Attendu d'ailleurs, que si les considérations qui précèdent pouvaient être combattues, il s'ensuivait que les procureurs à transiger, qui les ont prises pour bases du règlement et du partage qu'ils ont arrêté dans l'intérêt des parties, se seraient trompés en droit, et que de toute manière la transaction intervenue devrait avoir l'autorité de la chose jugée en dernier ressort, l'erreur de droit n'étant pas une cause de rescision des transactions (art. 2052 c. civ.); — Attendu, néanmoins, que ne saurait prétendre que la veuve Cannelli a encouru la pénalité stipulée dans la transaction par le seul fait de l'action par elle intentée; — Que cette .ction étant fondée sur une prétendue erreur de calcul, qui aurait dû

être réparée, si elle existait réellement, aux termes de l'art. 2058 c. civ., il ne peut y avoir application de ladite pénalité, d'autant plus que la bonne foi de la veuve Cannelli sur le droit qu'elle croyait lui compéter a été renforcée par la déclaration écrite de deux des procureurs à transiger, portant que dans leur opinion la transaction renfermait une erreur de calcul; — Attendu que les parties succombent respectivement il y a lieu à la compensation des dépens.
Du 8 fév. 1837.-C. de Bastia.-M. Colonna d'Istria, pr.

(1) *Espèce:* — (Desnoyers C. de Lillers.) — Le pourvoi formé contre un arrêt de la cour de Paris du 10 déc. 1832 était fondé sur la violation des art. 2048 et 2049 c. civ., de la loi du 5 déc. 1814 et de l'art. 7 de la loi du 27 avr. 1825.—On a dit que les transactions ne réglant dans leurs termes ni le présent ni le futur; qu'au lieu d'interpréter la transaction de 1809, la cour l'avait dénaturée; qu'elle renfermait une convention à forfait sur les droits de madame Desnoyers dans la succession de M. de Bieville, et non un règlement de quotité, puisqu'il avait été pris un terme moyen entre les prétentions des deux adversaires; que les biens dont se composait la succession de M. de Bieville, en 1809, étaient seulement ceux que la confiscation n'avait point frappés, tandis que ceux dont le

graves et dont nous avons déjà parlé v° Cassation, n°• 1628 et suiv. — La loi disposant que la transaction ne règle que le différend, c'est-à-dire l'objet qui y a donné lieu, et que le règlement a la force d'un arrêt passé en force de chose jugée, il semble résulter de là que les juges n'ont pas le droit d'apprécier, d'interpréter l'acte et d'en étendre ou d'en restreindre la nature et la portée ; sans quoi en transigeant les parties peuvent voir renaître, sur le prétendu sens de l'acte, des difficultés que le législateur a voulu faire disparaltre entièrement par la puissance qu'il donne lui-même à la transaction. — La chambre civile de la cour de cassation a pensé qu'il rentrait parfaitement dans la nature de son institution (qui a pour but principal d'assurer à la France l'unité de jurisprudence (V. v° Cassation, n°• 1194 et 1628), de redresser les erreurs que les juges pouvaient commettre dans l'appréciation des diverses clauses des transactions, en interprétant faussement les termes dans lesquels elles peuvent être conçues. — C'est par application de cette doctrine qu'elle a jugé : 1° que la fausse interprétation des clauses d'une transaction donne ouverture à cassation (Cass. 21 août 1832, aff. Rancès, V. n° 22) ; — 2° Que le droit d'interprétation dont sont investis les cours, n'est pas tellement absolu qu'elles puissent changer et même détruire une transaction, sous prétexte de l'interpréter, sans que leurs arrêts tombent sous la censure de la cour de cassation ; et spécialement, lorsque, dans une transaction, les parties ont déclaré qu'elles traitaient à nouveau, sans avoir égard à une décision arbitrale antérieure, qu'elles voulaient confondre dans un seul et même règlement définitif tous leurs droits, tous leurs comptes, toutes leurs prétentions, et que, de plus, elles ont, en effet, réglé leurs comptes et conventions à forfait, en répétant à plusieurs reprises que, par cette transaction, tout était réglé, soldé et terminé à nouveau, il n'est pas loisible à une cour d'appel de faire revivre la sentence arbitrale et des règlements que les parties ont rejetés *expressis verbis*, etc... Et si elle le fait, elle viole l'autorité de la chose jugée et la loi qui attache cette autorité à une transaction légalement faite (Cass. 21 janv. 1835) (1) ; — 5° Que lorsqu'une transaction comprend en même temps l'abandon de la réclamation d'état d'enfant naturel, et des droits successifs qui en résultent moyennant un seul et même prix, la convention est nulle pour le tout. ...Et c'est à tort qu'on prétendrait que l'arrêt qui maintient la transaction quant aux intérêts pécuniaires, en considérant la renonciation à ceux-ci comme la chose principale, la

renonciation de l'état civil comme l accessoire, ne présente en cela qu'une appréciation de faits qui échappe à la censure de la cour de cassation (Cass. 27 fév. 1839, aff. Dusillet, V. *suprà*, n° 73) ; — 4° Que lorsque des parties ont transigé, en termes généraux, sur leurs droits et prétentions dans la succession du testateur, ainsi que dans celle de son père, déclarant qu'elles ne pourront jamais faire valoir aucun droit dans lesdites successions, lors même qu'il serait relativement au traité a été préjudiciable à l'une ou à l'autre des parties et s'interdisant toutes facultés de poursuivre une instance en raison du testament, quelles que soient les causes de nullité qu'elles ont pu et auraient pu invoquer par la suite, il s'agit là d'une transaction générale, s'appliquant non pas seulement à certaines causes de nullité qui auraient été d'abord spécialement indiquées, mais à toutes les causes qui auraient pu empêcher l'exécution du testament. — En conséquence, doit être cassé l'arrêt d'une cour d'appel qui déclare une telle transaction non applicable à la nullité prononcée par l'art. 907 c. nap., sous le prétexte qu'il n'a pas été spécialement traité sur cette nullité et qu'il n'est pas établi que l'héritier qui maintenant s'en prévaut, sût, au moment de la transaction, que le tuteur n'avait pas rendu son compte de tutelle (Cass. 19 nov. 1851, aff. Sepret, D. P. 51. 1. 321).

132. Mais la chambre des requêtes a cru qu'il ne lui appartenait pas de se livrer à l'appréciation des actes, à leur interprétation, et qu'en conséquence elle était sans droit pour relever les décisions des tribunaux à cet égard, quelles que soient les erreurs qu'ils pussent commettre. Pour faire tomber l'interprétation des clauses d'une transaction sous le droit de révision de la cour suprême, on invoque, a-t-on dit, l'art. 2052 c. nap. qui donne aux transactions l'autorité de la chose jugée, et on en conclut qu'il appartient à la cour de cassation d'en apprécier les éléments, et de rechercher si les juges n'ont pas, en déterminant le sens contesté de la convention, violé cette autorité ; M. l'avocat général Nicod, sur les conclusions duquel a été rendu l'arrêt ci-après cité du 31 janv. 1835, repoussait avec force un telle doctrine : « Qu'elle s'établisse, disait-il, et la cour de cassation descendra, en matière de transaction, à n'être qu'un troisième degré de juridiction. On discutera, en effet, devant nous comme devant les cours royales, pour vous démontrer qu'une transaction doit être interprétée dans un sens et non dans un autre. Il n'en saurait être ainsi. La cour connaît de la qualification des contrats et non de l'interprétation des actes... L'art.

---

partage était réclamé avaient été confisqués ; que ces biens avaient été la propriété légale de l'Etat ; qu'en outre, ces biens confisqués avaient été rendus et non restitués ; ce qui constituait une libéralité n'ayant d'effet que du jour de sa date ; qu'ainsi, la transaction n'avait pu s'appliquer qu'à des biens qui n'ont jamais fait partie de la succession du confisqué, ouverte antérieurement à leur remise ; qu'ainsi madame Desnoyers, dont on avait abandonné les droits lors de la transaction de 1809, pouvait réclamer la moitié attribuée par la loi du 12 brum. an 2 aux enfants naturels venant en concurrence avec un héritier légitime ; que l'incertitude qui avait régné sur l'application de cette loi, avait cessé par celle interprétative du 14 flor. an 11, qui exigeait que les droits des enfants naturels fussent constatés par jugements ; ce qui avait eu lieu à l'égard de madame Desnoyers, notamment par celui du 3 fruct. an 5, rendu entre elle et le bureau national. — Arrêt.

LA COUR ; — Sur les premier et deuxième moyens, tirés de la violation des art. 2048 et 2049 c. civ., de la loi du 5 déc. 1814 et de l'art. 7 de la loi du 27 avr. 1825, de l'art. 3 de la loi transitoire du 14 flor. an 11, et de l'art. 295 de la coutume de Normandie : — Attendu que l'arrêt attaqué a reconnu, en fait, 1° que la transaction du 22 juill. 1809 avait eu pour objet de régler les parts et portions appartenant à la dame Desnoyers dans les biens de la succession du marquis de Biéville, suivant la nature et la situation des diverses natures de biens composant ladite succession ; — 2° Que l'objet de cette transaction avait été de régler de la même manière les droits de ladite dame Desnoyers dans les objets dépendant de la même succession qui ne se trouveraient pas compris dans le partage opéré à cette époque ; — Que c'est sur ce double motif que l'arrêt attaqué s'est fondé pour ordonner le supplément de partage auquel donnaient lieu les biens confisqués par la loi du 5 déc. 1814 et l'indemnité accordée par la loi du 27 avr. 1825, serait fait conformément aux bases de la transaction du 22 juill. 1809, et qu'en jugeant ainsi, la cour royale de Paris n'a fait qu'user du droit qu'elle avait d'apprécier les dispositions de ladite transaction, et d'en déterminer l'objet et les effets, et n'a violé ni les lois ci-dessus citées ni aucune autre loi ; — Rejette.

Du 16 janv. 1834.-C. C., ch. req.-MM. Zangiacomi, pr.-Moreau, rap.-Nicod, av. gén.-Cons. av. conf.-Bénard, av.

(1) (Laurent C. Blanche et Malfrain.) — LA COUR (après dél. en ch. du cons.) ; — Vu l'art. 2052 c. civ. ; — Considérant que la transaction du 16 nov. 1827, au préambule de laquelle l'arrêt attaqué dit que l'on ne doit pas s'arrêter, n'est pas moins dispositive dans ce préambule que dans les articles eux-mêmes ; que la volonté de mettre fin à tous les procès, tant à ceux soumis au jugement des trois arbitres, qu'à ceux nés et à naître, s'y trouve exprimée dans les termes les plus énergiques et les plus absolus ; — Qu'il y est dit que les parties traitent à nouveau, sans avoir égard à la décision arbitrale, laquelle à leur égard sera considérée comme nulle et non avenue ; qu'elles ont résolu de confondre dans un seul et même règlement définitif et à forfait, tous leurs droits, tous leurs comptes et toutes leurs prétentions ; — Qu'en conséquence transigeant sur le tout, elles ont arrêté les dispositions suivantes, art. 1, dans lesquels en effet sont établis les règlement, comptes et conventions à forfait, en y répétant à plusieurs reprises que tout est terminé, soldé, réglé à nouveau et à forfait, d'une manière irrévocable ; — Que l'autorité de la chose jugée en dernier ressort étant attachée par la loi même à cette transaction, il n'était pas au pouvoir de la cour royale de substituer à ce traité à forfait des dispositions qui lui sont contraires, qu'il a même rejetées *expressis verbis*, en déclarant, entre autres, que la sentence arbitrale dont l'arrêt a fait revivre les décisions, serait considérée comme nulle et comme non avenue, à l'effet de confondre tout dans un même règlement définitif et à forfait ; — Que, si l'intention peut être recherchée pour l'interprétation de quelques clauses dont le sens serait obscur ou douteux, la substance des actes doit être respectée, et l'on ne peut en changer, en répétant même les dispositions. *comme* l'a fait l'arrêt attaqué (Rouen, 27 août 1831), sans porter atteinte à l'autorité de la chose jugée et sans violer la loi qui attache cette autorité à la transaction dont il s'agit ; — Casse, etc.

Du 21 janv. 1835.-C. C., ch. civ.-MM. Dunoyer, pr.-Piet, rap.-Laplagne-Barris, 1er av. gén., c. conf.-Scribe, Mandaroux-Vertamy, Chauveau-Lagarde, av.

2052 reproduit uniquement le principe posé dans l'art. 1134, aux termes duquel les conventions sont des lois pour les parties. D'ailleurs les jugements sont soumis à une forme déterminée par la loi; les transactions, au contraire, ne sont soumises à aucune forme. Donc, point de similitude entre les jugements et les transactions. » — Depuis, M. Troplong, des Transact., n° 1154, s'est également élevé contre le pouvoir de révision qu'on entendrait attribuer à la cour suprême, dans la matière qui nous occupe, sous prétexte que l'interprétation inexacte d'une transaction équivaudrait à la violation de la chose jugée. « Est-ce bien, dit M. Troplong, le travail de cette cour de rechercher l'intention des parties, cachée sous la formule des actes; de la reconnaître, comme dit l'art. 2049, par une suite nécessaire de ce qui y est exprimé; d'entrer dans le détail de ce qui est exprès ou de ce qui est tacite? N'est-ce pas plutôt l'œuvre du juge du fait, et non pas le devoir du juge qui n'a à s'occuper que du point de droit?» M. Troplong, répondant à l'objection prise de ce que la transaction est comparée à la chose jugée, ajoute : « N'est-ce pas par pure assimilation que l'on tient ce langage? N'est-il pas certain qu'il y a de nombreuses et profondes différences entre la transaction et la chose jugée? Enfin, la transaction peut-elle être autre chose qu'une convention privée, et n'est-ce pas le nom que lui donnait le jurisconsulte Scœvola, privata pactio (L. 3, Dig., De trans.)? » — Il a été jugé conformément à ces principes : 1° que lorsque, sur des réparations dont le besoin se fait annuellement sentir, il est intervenu une ou plusieurs transactions, sans qu'il y soit rien stipulé pour l'avenir, les juges peuvent, sans violer l'autorité de la chose jugée ou transigée, limiter l'objet des transactions aux réparations à faire aux époques où elles ont été passées, et déclarer qu'elles ne règlent pas également les réparations à venir(Req. 24 nov. 1832, aff. Gauguier, V. Louage, n° 665); — 2° Que lorsque, par transaction, deux communes se sont réciproquement accordé le droit de dépaissance sur leurs terrains respectifs, avec faculté de pernocter, c'est-à-dire de laisser leurs bestiaux, pendant la nuit, sur quelques-uns seulement de ces terrains spécialement désignés, il a pu être déclaré par les juges que cette faculté comprenait implicitement celle d'établir des cabanes sur tous les terrains soumis au droit de compascuité, sans que celle des communes sur le territoire de laquelle ces cabanes ont été construites, soit fondée à se plaindre devant la cour de cassation de l'extension qui aurait été donnée aux termes de la transcription par les juges du fond, dont la décision, à cet égard, ne repose que sur une appréciation d'acte qui échappe à la censure de la cour régulatrice : « Attendu que l'arrêt dénoncé ne fait qu'ordonner l'exécution de la transaction du 29 oct. 1607, qui faisait la loi des parties, et qu'en jugeant ainsi, l'arrêt n'a violé aucune loi; rejette » (Req. 20 déc. 1832, MM. Zangiacomi, pr.-De Ménerville, rap.-Tarbé, av. gén., c. conf., aff. com. d'Aulus C. com. d'Erce); — 3° Que de ce qu'une transaction a, entre les parties, l'autorité de la chose jugée en dernier ressort, il ne résulte pas qu'on puisse, devant la cour de cassation, attaquer un arrêt comme ayant violé la chose jugée, s'il s'est borné, d'ailleurs, à apprécier la transaction et les faits articulés : « Considérant que la cour royale se fonde principalement sur l'appréciation qu'il lui appartenait de faire des faits articulés et des actes produits par les parties; que cette appréciation ne peut constituer aucune violation de la loi; rejette»(Req. 20 juin 1832, MM. Zangiacomi, pr.,Brière, rap., aff. Noel C. Nogent); — 4° Qu'une transaction entre des frères et sœurs dont quelques-uns, en l'absence de l'un d'entre eux, qui était émigré, ont recueilli les successions du père et d'un oncle communs, et dans laquelle l'émigré déclare qu'au moyen de l'abandon qui lui est fait par ses cohéritiers, il se tient pour suffisamment apportionné des droits lui revenant à raison de la succession de son père commun, a pu être déclarée comprendre aussi les droits ou prétentions qu'il aurait pu élever dans la succession collatérale, sans que l'arrêt qui le décide ainsi, par ap-

préciation des actes qui exprimaient les prétentions de cet héritier, et de la généralité des termes de la transaction, tombe sous la censure de la cour de cassation (Req. 31 déc. 1835, aff. Fumel, V. n° 85); — 5° Que, bien que la transaction qui accorde à des usagers le droit de prendre, dans une forêt, du bois pour leurs constructions neuves, ne contienne aucune mention relativement au droit de prendre aussi du bois pour les réparations, ce droit a pu néanmoins être déclaré par le juge résulter de l'interprétation la plus naturelle à donner aux titres, de l'exécution qu'ils ont reçue et du droit commun local, sans que cette décision sorte de leurs attributions exclusives d'interprétation (Rej. 1er fév. 1837, aff. de Rohan Rochefort, V. Usage); — 6° Que lorsque, par transaction, le droit de faire paître les troupeaux sur des biens situés dans le territoire d'une commune, a été reconnu au profit des possédants biens en cette commune, lesquels étaient parties en cet acte, il a pu être jugé qu'il en résultait que le droit d'hébergement ou résidence des troupeaux et de leurs propriétaires, sur le territoire de la commune où ils continuaient de posséder des biens, n'était pas nécessaire pour l'exercice du droit de pâturage, et qu'ainsi on n'avait pu, sous ce prétexte, ni les en priver, ni les soumettre, pour l'exercice de ce droit, à une redevance ou taxe plus grande que celle imposée aux domiciliés, envers ceux qui avaient concédé les biens soumis au pâturage (Req. 8 fév. 1837, aff. com. de Caillé, V. Forêts, n° 1941); — 7° Qu'un droit de vaine pâture sur un terrain a pu être déclaré résulter, au profit d'une commune, des termes d'une transaction, encore bien que le contraire soit prétendu, sans que l'arrêt qui le décide ainsi, par interprétation de cette transaction, et en se fondant, en outre, soit sur l'exécution qu'elle a constamment reçue dans le même sens, en faveur de la commune, soit sur la longue possession de cette dernière, puisse être annulé pour violation de la même transaction (Req. 12 avr. 1837, aff. comm. d'Anguilcourt, V. Droit rural, n° 44); — 8° Qu'il appartient souverainement aux cours d'appel de décider, par appréciation des titres, de l'intention présumée des parties et des documents de la cause, si une transaction s'applique à tel objet litigieux ; et spécialement que bien qu'une transaction attribue à une commune les bois situés sur le canton désigné de son territoire, il peut être décidé, au profit des tiers, que certaines parties de ce canton n'ont pas été comprises dans cette transaction, sans que l'arrêt qui le reconnaît ainsi, d'après l'appréciation des plans, des titres produits et de l'intention commune qui a présidé à la transaction, soit sujet à la censure de la cour de cassation (Req. 5 janv. 1841 (1); — 9° Que l'interprétation d'une transaction appartient exclusivement aux juges du fait: l'autorité de la chose jugée attachée aux transactions n'a pas pour résultat de les faire assimiler à des décisions judiciaires soumises à la censure de la cour de cassation; et il en est ainsi, même à l'égard des transactions homologuées par un jugement, cette homologation laissant subsister le caractère de contrat qui appartient à la transaction; et spécialement, l'arrêt qui, par interprétation des termes d'une transaction portant partage entre deux communes de terrains leur appartenant par indivis, décide que ce partage est un partage de propriété, et non de simple jouissance, ne peut être soumis au contrôle de la cour de cassation (Req. 20 avr. 1837, aff. comm. d'Oullins, D. P. 57. 1. 396; V. encore dans le même sens Civ. rej. 7 fév. 1809, aff. Reynaud, v° Success., n° 2256-2°; Req. 9 avr. 1829, aff. Folleville, v° Emigré, n° 318; 12 août 1829, aff. Massa, v° Usage; 25 juin 1834, aff. Hiller, v° Dispos. entre-vifs, n° 1878; 18 juin 1839, aff. Perrier, v° Transaction, n° 1306).

133. Ces deux systèmes ne nous paraissent pas devoir être admis dans leur expression générale; les deux chambres de la cour de cassation ont elles-mêmes, comme on le verra bientôt, posé des limites mieux connues au droit qu'elles se contestaient mutuellement. L'interprétation des transactions, comme de tout autre contrat, n'appartient aux juges du fond

_____

(1) Com. de Mailleroncourt C. Gouttefroy et autres.) — LA COUR ;... —Sur le deuxième moyen tiré de la violation de la transaction de l'an 11; — Attendu que c'est encore en appréciant les plans, titres produits et les intentions présumées des parties contractantes dans ladite transaction, que l'arrêt attaqué a décidé que cette transaction ne pouvait pas s'appliquer aux terres réclamées; et qu'en le jugeant ainsi, la cour royale de Dijon (par son arrêt rendu le 3 août 1838), n'a fait qu'user du pouvoir discrétionnaire qui lui appartient et n'a pu violer aucune loi ; — Rejette.
Du 5 janv. 1841.-C. C., ch. req.-MM. Zangiacomi, pr.-Joubert, rap.

que dans certaines limites. Il faut distinguer entre l'interprétation qui tendrait à caractériser les clauses d'une transaction, c'est-à-dire à déterminer la qualification du contrat, et celle qui aboutirait simplement à fixer l'étendue de ces clauses. Au premier cas, la cour suprême nous parait incontestablement investie du droit de révision; c'est ce que nous avons longuement établi v° Cassation, nos 1206 et suiv., 1567 et suiv., 1580, relativement aux contrats en général, et ce qui s'applique par conséquent à la transaction en particulier; il nous est donc inutile de revenir sur ce point. La chambre des requêtes avait d'abord admis l'opinion contraire en matière de transaction, en décidant que la disposition par laquelle un arrêt déclare qu'un acte intervenu entre cohéritiers indivis est une transaction et décide, par

(1) (Bloch C. Berr.) — LA COUR; — Sur le moyen, fondé sur la violation de l'art. 888 c. civ., et la fausse application de l'art. 2044 du même code; — Attendu que la cour royale (de Colmar), en rapprochant l'acte authentique du 11 nov. 1829 de l'acte sous signature privée du même jour, a vu, dans l'ensemble des dispositions de ces actes, non un partage intervenu entre Raphaël Berr et ses enfants, mais un traité sur les difficultés auxquelles pouvaient donner lieu les dispositions du contrat de mariage du 5 juin 1784 ;—Que cette interprétation, qui rentrait dans les attributions de la cour royale, se trouve d'ailleurs justifiée par le procès élevé depuis par les enfants contre leur père; qu'on ne saurait y trouver une fausse application de l'art. 2044 c. civ., et qu'il en résulte que l'art. 888 était sans application dans la cause; — Rejette.
Du 27 août 1835.-C. C., ch. req.-MM. Borel, f. f. pr.-Moreau, rap.
(2) (Com. de Bonneuil C. Damainville.) — La commune de Bonneuil s'est pourvue contre un arrêt de la cour d'Amiens du 19 mars 1841. Le pourvoi était fondé 1° sur la violation des art. 2048 et 2049 c. civ., suivant lesquels les transactions doivent se renfermer dans leur objet et ne peuvent régler que les différends qui s'y trouvent compris, en ce que l'arrêt attaqué avait décidé que la transaction du 31 mars 1829, passée entre les habitants du Berval et le sieur Damainville, comprenait le marais du Lauval qui provenait de l'abbaye de Lieu-Restauré, tandis que les parties n'avaient en vue de régler entre elles, par cette transaction, que les marais communaux du Berval, provenant de la maison d'Orléans, et ce, par une fausse interprétation des clauses de cette transaction.
«Toute l'argumentation du demandeur, a dit M. le rapporteur, tend à établir, contrairement à ce qui a été jugé, que la transaction de 1829 ne s'applique au marais qui a fait l'objet du procès. Or nous demandons s'il entre dans vos attributions de vous livrer aux mêmes investigations, et si vous pouvez, en appréciant les titres produits, les plans, les délimitations invoquées, et même les intentions présumées des parties contractantes, rechercher si les clauses de la transaction s'appliquent ou non à telle ou telle portion de terrain. Nous nous demandons si, sur ce point, l'appréciation faite par la cour royale n'a pas été souveraine. Il nous parait que, dans plus d'une occasion, on a cherché à faire prévaloir une doctrine qui, en matière de transaction, n'irait à rien moins qu'à faire de la cour de cassation un troisième degré de juridiction. — Sous le prétexte que les transactions, aux termes de l'art. 2052 c. civ., ont entre les parties l'autorité de la chose jugée en dernier ressort, on a voulu étendre outre mesure le droit de censure et d'appréciation de la cour suprême, en la faisant pénétrer dans chacune des clauses de la transaction. — Est-ce là, Messieurs, une conséquence légitime de l'art. 2052 c. civ.? et faudra-t-il considérer et traiter les clauses d'une transaction comme les parties du dispositif d'un jugement? L'art. 2052 c. civ., qui attribue l'autorité de la chose jugée aux transactions, doit-il vous mener plus loin que l'art. 1134, qui veut que les conventions légalement formées tiennent lieu de loi à ceux qui les ont faites? N'admettrez-vous pas plutôt que de même que la convention est la loi, mais seulement la loi des parties, la transaction n'a l'autorité de la chose jugée qu'au même titre et sous la même restriction? La loi 20 c. De transact., à laquelle l'art. 2052 a été emprunté, après avoir dit que la transaction a l'autorité de la chose jugée, ajoute : Si quidem nihil ita fidei congruit humanæ, quam ea quæ placuerunt custodiri. — Il ne s'ensuit assurément qu'une transaction marche de pair avec un jugement et que chacune de ses parties ou de ses clauses puisse être l'objet de votre appréciation.
« Il est vrai cependant qu'elle a des caractères que n'ont pas les autres contrats, la loi a pris soin de les déterminer et de les spécialiser, en fixant avec soin les conséquences mêmes de quelques-unes des clauses qu'elle comporte (art. 2048, 2049, 2050, 2051, 2057). Alors, il faut reconnaître que, si les juges du fait se trompent sur les véritables caractères d'une transaction, s'ils les admettent là où ils n'existent pas, soit en les méconnaissant là où ils se rencontrent, leur erreur sur ce point constitue autre chose qu'un mal jugé. Il en est de même si, dans l'appréciation des conséquences légales d'une transaction, ils s'écartaient des dispositions de la loi qui les a déterminées; ici encore, il y aurait violation de la loi elle-même et ouverture à cassation.
«Mais toutes les fois que les juges du fait, au lieu de méconnaître les caractères essentiels de la transaction, et de se refuser aux conséquences

suite, que les règles relatives aux partages lui sont étrangères, ne contient qu'une appréciation de la nature et des caractères d'un contrat, appréciation qui échappe à la censure de la cour suprême (Req. 27 août 1835 (1); V. aussi les arrêts cités v° Succession, n° 2268). — Mais on peut induire d'un autre arrêt qu'elle ne persiste pas dans cette solution beaucoup trop absolue; admettant la distinction que nous venons d'émettre, elle a jugé que l'interprétation des transactions, lorsqu'elle tend non à en caractériser les clauses, mais seulement à en étendre ou à en restreindre la portée, et, par exemple, à déclarer par appréciation des faits, des titres et de l'intention des parties, qu'elle s'applique à tel ou tel objet, échappe à la censure de la cour de cassation (Req. 20 juin 1842) (2).

légales qu'elle doit produire, se seront bornés à apprécier un fait, d'après les documents fournis et l'intention présumée des parties, des clauses neutres, qui ne se rattachent pas aux conséquences ou aux interprétations spécialement voulues par la loi, on doit, ce nous semble, décider que leur appréciation est souveraine, parce que, renfermée dans les limites du fait, elle ne touche à la loi par aucun point;
« A l'aide de cette distinction, le premier moyen de cassation peut recevoir une solution plus facile. Il est fondé sur une prétendue violation des art. 2048 et 2049 c. civ. Ces articles sont au nombre de ceux où le législateur a manifestement exprimé sa volonté sur les conséquences de certaines clauses des transactions. — Mais il faut s'entendre sur le sens de la portée de ces articles. — Le premier, en disant que les transactions se renferment dans leur objet, a voulu que la transaction réglât uniquement le différend en vue duquel les parties avaient compromis : Transactio enim quacumque sit, de his tantum de quibus inter convenientes placuit, interposita creditur, L. 9 ff. De transact. C'est pour cela que les renonciations générales à tous droits et actions doivent y être sévèrement restreintes à ce qui se rattache au différend. Mais il faut reconnaître que tout ce qui, relatif à ce différend, en dépend, tout ce qui peut y trouver légalement place, rentre nécessairement dans l'objet de la transaction destinée à le régler en cela. — L'art. 2049 n'est que la confirmation des principes posés par l'art. 2048. — Il y aura donc violation de la loi toutes les fois que le juge du fait, étendant une transaction au delà de son objet, lui ferait régler autre chose que ce qui se rattachait au différend sur lequel on a compromis. » Ici, M. le rapporteur cite un texte fourni par Celsus, L. 12, Dig. De transact... «Maintenant, dit en terminant M. le rapporteur, qu'a fait l'arrêt attaqué? Il a décidé qu'il résultait des différentes clauses de la transaction, rapprochées des nombreux documents présentés, que tel marais, le marais de Lauval se trouvait compris dans les dispositions de cette transaction. En quoi pourrait-il avoir violé, en jugeant ainsi, les art. 2048, 2049? Par cela seul que les droits des communes étaient contestés sur toute l'étendue du marais du Berval, toutes ces portions de marais étaient comprises dans le différend qui faisait l'objet de la transaction. Il se peut, sans doute, que les juges du fait, en interprétant la transaction, aient commis une erreur, en décidant qu'ils disposaient des marais au profit de Damainville. Mais il est fort clair qu'en cela ils n'auraient pas étendu la transaction au-delà de son objet; qu'ils auraient seulement mal apprécié certains faits; qu'ils auraient mal jugé et non pas violé la loi. » A l'appui de ces principes, M. le rapporteur cite la jurisprudence de la cour résultant de l'arrêt du 5 janv. 1841 (V. suprá, n° 152-8°). »
2° Violation de l'art. 1155 c. civ., qui veut que les conventions n'aient d'effet qu'entre les parties contractantes, en ce que l'arrêt attaqué s'est étayé d'une transaction passée le 15 mars 1824 entre le sieur Damainville et la princesse d'Eckmuhl, transaction qui était, à l'égard de la commune, res inter alios acta.
M. le rapporteur fait observer que cette dernière transaction, visée effectivement dans l'arrêt, n'a point été et n'a pu être le motif déterminant du dispositif de l'arrêt attaqué; que ce motif est tout entier dans l'attendu suivant : «Qu'en définitive, en présence des termes clairs et précis de la transaction de 1829, la prétention du Berval tendante à une délimitation ou fixation du marais de Lauval, ne saurait être accueillie.» — Arrêt.
LA COUR; — Sur le 1er moyen, attendu que, s'il est posé en principe par l'art. 2052 c. civ. que les transactions ont, entre les parties, l'autorité de la chose jugée en dernier ressort, il appartient toujours aux juges de la cause, en appréciant l'ensemble des clauses, des faits et des actes, et en interprétant les intentions présumées des parties, de déterminer ce qui est réellement renfermé dans la transaction à laquelle s'attache l'autorité de la chose jugée ; — Attendu qu'il est vrai que la loi a fait, à l'égard de la transaction, ce qu'elle n'avait pas fait en général à l'égard des autres contrats; que, ne se bornant pas, en effet, à fixer les caractères essentiels qui constituent cette convention, elle a pris soin de définir quelques-unes des clauses qu'elle peut comporter, de les caractériser, de les spécialiser et d'en déterminer les conséquences avec une rigoureuse précision, en traçant ainsi aux tribunaux des règles dont il ne leur est pas permis de s'écarter; mais attendu, d'un autre côté, qu'il

124. Au second cas, c'est-à-dire lorsqu'il s'agit d'apprécier l'étendue, la portée des clauses de la transaction, une nouvelle distinction est nécessaire. Ou bien ces clauses sont parfaitement claires et précises, et l'arrêt, méconnaissant la force et la valeur des expressions dans lesquelles elles étaient conçues, leur a attribué un effet différent de celui que les parties avaient manifestement voulu obtenir : dans ce cas, il nous paraît impossible de voir là une appréciation souveraine : il serait aussi contraire au vœu manifeste du législateur que périlleux pour l'intérêt et la sécurité des parties, d'abandonner aux tribunaux un pouvoir discrétionnaire et sans contrôle pour interpréter à leur gré des conventions et des contrats que le code déclare tenir lieu de loi à ceux qui les ont faits (V. Cassation, n° 1574; Obligations, n° 849). — Ou bien, il y a doute, obscurité, incertitude dans les clauses de la transaction, alors les juges du fond seront souverains dans leur interprétation (V. Cassat., n° 1580 et s.; Obligations, n° 850 et suiv.). — La chambre civile a pleinement admis cette distinction. Ainsi, elle décide : 1° que quand les termes d'une transaction sont clairs et sans équivoque, il ne doit pas être permis aux juges de les méconnaître, de les restreindre ou de les étendre; que la disposition qui attache l'autorité de la chose jugée en dernier ressort aux transactions, ne permet de rechercher par voie d'interprétation les intentions des parties que lorsque le sens en est obscur et douteux; et spécialement que lorsqu'il est exprimé dans une transaction que les parties ont eu l'intention de mettre fin à tous les procès qui existaient entre elles, sur l'existence et le taux de plusieurs rentes et créances; qu'il est, en outre, ajouté qu'elles ont résolu de confondre tous leurs droits, tous leurs comptes et toutes leurs prétentions dans un seul compte définitif, les tribunaux n'ont pas le droit de faire revivre les rentes et créances annulées par la transaction, alors surtout qu'elles ont été remplacées par une nouvelle rente viagère (Cass. 6 juill. 1836 (1); V. aussi Cass. 21 janv. 1835, aff. Laurent, n° 131-2°; — 2° Que les transactions sont, comme les autres conventions, interprétées souverainement par les juges du fait, lorsqu'elles contiennent des clauses obscures ou ambiguës (c. nap. 2055 et 2057); et spécialement, la décision qui, par interprétation des termes d'une transaction, déclare que parmi les objets sur lesquels elle porte se trouve l'approbation d'une vente faite par l'une des parties qui s'était constituée à cet effet mandataire de l'autre partie au moyen d'un abus de blanc seing, échappe au contrôle de la cour de cassation (Req. 21 déc. 1859, aff. Polge-Montalbert, D. P. 60. 1. 26). — En rapprochant ces arrêts de ceux qui sont relatés au n° 131, il est permis de croire que la chambre civile n'a révisé et cassé les arrêts qui lui étaient déférés, que parce que les clauses de la transaction liti-

arrive souvent que les clauses d'une transaction ne deviennent litigieuses ni à l'occasion de certains faits ou de certains actes dont l'interprétation doit avoir pour effet, *non de caractériser ces clauses*, mais d'en étendre ou d'en restreindre la portée; qu'en pareil cas, on ne saurait refuser aux juges du fait le pouvoir d'apprécier souverainement les faits et les actes qui leur sont soumis, et de les appliquer avec la même indépendance aux clauses de la transaction dont ils ont pour objet de déterminer le sens et la portée; — Attendu que les art. 2048 et 2049 c. civ., spécialement invoqués par le demandeur, ne pourraient avoir été violés qu'autant que l'arrêt attaqué aurait étendu la transaction, dont il s'agit au delà de son objet reconnu, c'est-à-dire au delà du différend qu'elle était destinée à régler; mais que les termes dans lesquels la cause s'est précisée en appel et a été jugée par la cour royale, ne sauraient autoriser un pareil reproche; qu'en effet, l'arrêt attaqué, loin d'étendre ou d'appliquer la transaction à un autre différend que celui qui s'y trouvait compris, s'est borné, en appréciant les titres, les faits, les plans et les documents produits par les parties, et même en interprétant leurs intentions présumées, à décider que l'une des clauses de cette transaction s'appliquait aux portions de terrain réclamées par le sieur Damainville; que, sous ce rapport, l'arrêt attaqué a été rendu dans les limites du pouvoir discrétionnaire attribué par la loi aux cours royales, et ne saurait alors être soumis à la révision de la cour de cassation;

Sur le 2° moyen, attendu que, si l'arrêt attaqué a visé dans un de ses motifs une transaction de 1824, à laquelle il est prétendu par le demandeur que le sieur Damainville était étranger, cette simple énonciation de l'arrêt a été évidemment sans influence sur le dispositif; — Par ces motifs; — Rejette.

Du 20 juin 1842.—C. C., ch. req.—MM. Zangiacomi, pr.—Mesnard, rap.

(1)(Laurent C. Blanche. — La cour; — Vu l'art. 2052 c. civ.; —

gieuse n'étaient ni obscures ni douteuses et qu'ainsi, il n'y avait pas lieu de les interpréter; il ne faut donc pas attribuer à ces derniers arrêts une portée absolue qui n'a probablement pas été dans les intentions de la chambre civile.

125. Un autre arrêt de la chambre civile semblerait se rapprocher de ceux de la chambre des requêtes. Cet arrêt juge, en effet, que la cour qui, malgré la généralité des termes d'une transaction, juge, par appréciation des circonstances de la cause et de l'intention des parties, que cette transaction ne s'applique qu'à un différend particulier que son arrêt détermine, est restée dans les limites du pouvoir discrétionnaire qui lui appartenait (Rej. 16 nov. 1853, aff. Carbillet-Jourdy, D. P. 53. 1. 343; V. aussi anal. Civ. rej. 7 fév. 1809, aff. Reynaud, n° 132-9°; 1er fév. 1857, aff. Rohan-Rochefort, n° 132-5°). — Mais en présence de la persistance des arrêts de la chambre civile, il serait difficile de voir là un abandon de jurisprudence. Il est plutôt à présumer qu'il s'agissait dans l'espèce d'une clause obscure et ambiguë dont l'interprétation par les juges du fond est souveraine.

Art. 8. — *Des causes d'annulation ou de rescision des transactions.*

126. D'après l'art. 2052, les transactions ne peuvent être annulées pour cause d'erreur de droit. — C'est là une exception aux principes admis en matière de conventions (V. Obligat., n° 142 et s.). Cette exception se justifie non par cette maxime, dont il serait facile d'abuser, que chacun est censé connaître le droit, car cette maxime serait applicable à toute espèce de convention aussi bien qu'à la transaction (V. *eod.*, n° 144), mais par ces considérations, d'une part, que la transaction suppose un examen préalable et approfondi de la validité des droits litigieux, et qu'en conséquence, l'erreur ne peut se présumer, et, d'autre part, que la transaction ayant précisément pour objet de prévenir ou d'éteindre un débat judiciaire, ne peut être facilement admise à devenir le principe d'un procès nouveau. — Le mot *transaction*, d'ailleurs, suppose une modification et même une altération du droit dans son acception rigoureuse. L'erreur de droit ne pouvait donc porter atteinte à l'acte que la loi avait précisément pour but de favoriser (V. aussi MM. Duranton, t. 18, n° 423 et 424; Rigal, p. 149, n° 1; Troplong, Transact., n° 135).

127. C'est par application des principes qu'il a été jugé : 1° que la transaction fondée sur l'erreur où étaient les parties que la vente de domaines nationaux pouvait être annulée pour cause de lésion, est valable, encore qu'une loi postérieure ait déclaré que ces sortes de ventes étaient affranchies de l'action en lésion (Cass. 10 prair. an 12) (2) ; — 2° Que la transaction

Considérant qu'il résulte du préambule de la transaction, du 16 nov. 1827, et de l'ensemble de cet acte, que la volonté des parties, exprimée de la manière la plus explicite, était de mettre fin à tous les procès existant entre elles, tant à ceux soumis au jugement des arbitres qu'à ceux nés ou à naître; qu'il y est dit que les parties traitent à nouveau, sans avoir égard à la sentence arbitrale, et qu'elles ont résolu de confondre tous leurs droits, tous leurs comptes et toutes leurs prétentions dans un seul et même règlement définitif à forfait; qu'en conséquence, elles transigent, en répétant plusieurs fois que tout est terminé, soldé, réglé entre elles, à nouveau et à forfait, d'une manière irrévocable; — Considérant que la loi attache l'autorité de la chose jugée en dernier ressort aux transactions; que, si l'on peut y chercher la volonté des parties, par voie d'interprétation, c'est seulement quand le sens en est obscur et douteux; mais qu'on ne peut en changer les dispositions, quand elles sont, comme dans l'espèce, claires, expresses et positives, et qu'en le faisant, la cour de Rouen (par son arrêt du 22 fév. 1855) a expressément violé la loi citée; — Casse.

Du 6 juill. 1836.—C. C., ch. civ.—MM. Royer, pr.-Chardel, rap.-Tarbé, av. gén., c. conf.-Scribe et Garnier, av.

(2) *Espèce :*—(Bouchot C. Lagarde.)— 8 avr. 1791, vente par Bouchot à Lagarde d'une maison qu'il avait acquise de la nation. — Et fruct. an 6, il l'attaque en rescision de cette vente pour cause de lésion. — Même mois, transaction par laquelle Bouchot renonce à toute action en lésion, moyennant une somme que Lagarde s'oblige à lui payer. — Survient la loi du 2 prair. an 7, qui déclare que les ventes et reventes de biens originairement nationaux ne pouvaient pas être annulées en rescision pour cause de lésion. — Refus de Lagarde de remplir son engagement. — 9 flor. an 10, jugement du tribunal de Beaune, qui accueille sa défense sur le motif que son obligation se

passée entre un prêtre ci-devant déporté, et l'héritier que la loi avait appelé à recueillir ses biens, et de laquelle il résulte que celui-ci, moyennant une somme fixe, laisse le premier jouir des biens qui lui appartenaient, ne peut être annulée pour défaut de cause, sur le motif que la loi avait dépouillé le prêtre de toute espèce de droits sur les biens que la transaction lui restitue, que, dès lors, ce contrat n'avait plus d'objet, qu'il est sans cause et conséquemment nul; s'il a été reconnu et constaté que l'autre partie connaissait cette loi, il est dès lors présumé avoir renoncé à s'en prévaloir, il n'y a plus dans le contrat défaut de cause, mais bien erreur de droit, ce qui ne peut produire la nullité de la transaction (Cass. 22 juill. 1811) (1);—3° Que l'erreur, dans une transaction, sur le mode de prélèvement des dettes, est une erreur de droit, et non pas une erreur de calcul, et, par conséquent, elle ne pouvait être réparée (Bastia, 8 fév. 1837, aff. Mattei, V. n° 120);—4° Que l'erreur d'un émigré qui abandonne par transaction des biens que la loi lui accordait, est une erreur de droit (Rej. 4 mars 1840, aff. Buhot, V. Peine, n° 606-2°).

138. Sous l'ord. de 1560, une transaction ne pouvait être annulée pour cause d'erreur de droit, alors surtout que cette erreur n'a été reconnue d'une manière certaine que par les dispositions d'une loi postérieure à la transaction, et que d'ailleurs elle a déjà été exécutée en partie par celui qui en demande la nullité (Cass. 10 prair. an 12, aff. Bouchot, V. n° 137-1°).

139. Mais si l'erreur de droit n'annule pas les transactions, en est-il de même de l'erreur de fait? — Comme le législateur, dans l'art. 2052, a dit : « Les transactions ne sont pas annulées pour cause d'erreur de droit, » on pourrait en conclure, par argument à contrario, que l'erreur de fait annule toujours la transaction. — Il n'en est pas ainsi. —En effet, sur quoi repose une transaction? — Nécessairement sur des points contestés et douteux. Pierre prétend qu'il lui est dû 10,000 fr. par Paul; celui-ci prétend, au contraire, qu'il n'en doit que 5,000 fr. L'on transige à 7,000 fr. pour éviter de part et d'autre un procès dont l'issue est douteuse. — Il peut cependant y avoir erreur en fait de part et d'autre, et c'est précisément sur cette erreur possible qu'on a voulu transiger ; de sorte que la transaction doit recevoir son exécution, quoique en principe ce qui est payé sans être dû soit sujet à répétition. — Il faut donc dire qu'en thèse générale, l'erreur de fait n'annule pas plus la transaction que l'erreur de droit. Et ceci est conforme à la décision du jurisconsulte Paul, qui dit : *Quod transactionis nomine datur, licet res nulla media fuerit non repetitur. Nam si lis fuit, hoc ipsum quod a lite disceditur causa videtur esse.* (L. 65, § 1, D., *de Condict. indebiti*; Conf. M. Daniel, dans son réquisitoire rapporté sous le n° 151-1°; Merlin, Rép., v° Transact., § 5, n° 4, et M. Troplong, Transact., n° 137, qui explique d'après Accurse cette loi peu claire). — Et, comme le dit très-bien M. Troplong,

---

trouvait sans cause d'après la loi du 2 prair. an 7, puisqu'elle n'avait été contractée que d'après l'erreur commune où étaient les parties, que les ventes de biens nationaux étaient sujettes à l'action en lésion. — Pourvoi. — Arrêt.

LA COUR; — Vu l'ord. de 1560; — Attendu qu'il est convenu au procès que les parties avaient volontairement et librement transigé sur l'action en rescision de l'acte de vente du 8 avr. 1791, pour cause de lésion d'outre-moitié du juste prix ; qu'en principe, cette transaction ne pouvait pas être rescindée pour prétendue erreur de droit; qu'en fait, la demande de Bouchot en payement de 600 liv. énoncées en la transaction dont il s'agit, souscrite le 12 fruct. an 6, n'était que l'exécution de cette transaction ; — Attendu aussi que rien, dans la loi du 2 prair. an 7, ni dans aucune autre, ne peut faire supposer que les législateurs aient voulu annuler les transactions faites avant cette loi, sur des actions en lésion d'outre-moitié du juste prix, dirigées contre des ventes de domaines nationaux ; et que c'est en partant de cette supposition, que les juges de Beaune ont créé une disposition particulière qui ne se trouve point dans la loi du 2 prair. an 7, et ont donné à cette loi un effet rétroactif qu'elle n'autorise nullement; — Casse, etc.

Du 10 prair. an 12.-C. C., sect. civ.-MM. Maleville, pr.-Bailly, r.

¶(1) *Espèce*: — (Cabiro C. Caussade.) — Cabiro, curé à Gassar, fut forcé de quitter le territoire français comme prêtre insermenté. Par suite de la loi du 22 fruct. an 3, ses biens, frappés du séquestre national, furent accordés à ses héritiers présomptifs. De ce nombre était Marie-Jeanne Cabiro, sa nièce, mariée en l'an 6 au sieur Caussade, à qui elle fit donation de tous ses biens dans le cas où elle décéderait sans enfants.—En l'an 10, le prêtre Cabiro rentre en France ; il va demeurer avec sa nièce, et reprend l'administration de son ancien patrimoine. — Jeanne Cabiro meurt sans enfants ; une contestation s'élève entre le prêtre Cabiro et Caussade, qui prétend exercer ses droits et jouir des biens appartenant à sa femme. — 17 vent. an 13, transaction sur les prétentions respectives des parties. — Caussade attaque cette transaction, dont il demande la nullité pour erreur de fait, absence de cause ou fausse cause. — Jugement du tribunal civil de Mirande du 6 déc. 1808, qui ordonne l'exécution de cette transaction. — Sur l'appel, la cour d'Agen, considérant que la fausse opinion qu'avaient les parties que le prêtre Cabiro était resté propriétaire de ses biens et qui a été le mobile de la transaction, constituait plutôt une erreur de droit qu'une erreur de fait, ne prononça pas la nullité de la transaction pour ce motif : mais elle l'annula comme fondée sur une fausse cause (art. 1131 c. civ.).

Pourvoi pour fausse application de l'art. 1131 c. civ. — La perspective d'un procès quelconque, a-t-on dit, suffit pour motiver une transaction. Dans l'espèce, la transaction a été précédée d'actes qui formaient un véritable commencement d'hostilités. Donc elle portait en elle-même une cause réelle. — Mais, à supposer que le prêtre Cabiro eût été irrévocablement dépouillé de ses biens aux yeux de la loi civile, la loi naturelle n'imposait-elle pas à Caussade l'obligation de les lui rendre ? Cette obligation naturelle seule constitue une juste cause de transaction. Le demandeur invoquait à cet égard un arrêt de cassation du 17 janv. 1809 (V. Arbitrage, n° 577). — Tout se réduit donc à une simple erreur de droit, qui consistait en ce que les parties croyaient que, d'après les lois concernant les prêtres déportés, le prêtre Cabiro était resté propriétaire de ses biens. Cette erreur, aux termes de l'art.

2052 c. civ., n'entraîne pas la nullité de la transaction. Si une partie était recevable à attaquer une transaction sous prétexte que les droits de l'autre étaient chimériques, il n'est pas de transaction qui ne devînt elle-même une source de procès.

Pour qu'il y ait lieu à transaction, a répondu le défendeur, il faut qu'il existe entre les parties un procès commencé ou des droits litigieux (L. 1, ff., *De trans.*, art. 2044 c. civ.). — Dans l'espèce, nulle incertitude sur la question de savoir à qui appartenaient les biens qui faisaient l'objet de la transaction. Il était de toute évidence que le prêtre Cabiro n'avait aucun droit sur les biens dont il s'agit, et que Caussade en était devenu propriétaire incommutable, comme donataire de sa femme. Il n'y avait, par rapport à ces biens, rien de litigieux, rien de douteux. — Dans lors, les parties auraient-elles pu faire une transaction, si elles n'avaient pas d'intérêts communs, s'il n'existait, s'il ne pouvait exister aucune réclamation de l'une contre l'autre? Elles ne purent transiger ; il n'y eut pas matière à transaction. La transaction qui fut faite, le fut donc sans cause ; elle a donc dû être annulée.—Quelle est la cause qui peut porter deux personnes à transiger? C'est l'envie qu'elles ont d'éteindre ou de prévenir un procès ruineux sur un droit douteux ; c'est la préférence qu'elles accordent à la certitude d'avoir une partie du droit, sur l'incertitude de l'avoir ou de le perdre en entier. Voilà la seule cause de toutes les transactions. Or, encore une fois, il n'y avait pas ici de procès à éteindre entre les parties; il n'y en avait pas non plus à prévenir ou à craindre; car il était clair comme le jour que les biens possédés par Caussade lui appartenaient en pleine propriété, et que le prêtre Cabiro n'avait absolument aucun droit, aucune action relativement à ces biens. Il n'y eut donc pas de cause de transaction entre les parties ; et une fausse cause fut exprimée dans le préambule de l'acte du 17 ventôse an 13, lorsqu'il y fut dit que le prêtre Cabiro avait des réclamations à faire contre Caussade. — Arrêt (après délib. en ch. du cons.).

LA COUR; — Vu les art. 1131 et 2052 c. civ.; — Et attendu que la transaction faite entre Jean-Marie Cabiro et Jean Caussade eut une cause bien réelle et bien déterminée, ainsi qu'on le voit, soit dans l'acte résiliatif par Caussade au prêtre Cabiro le 9 vent. an 13, soit dans l'exposé de cette transaction, où sont expliquées les demandes respectives que les parties entendaient former l'une contre l'autre, et sur lesquelles il fut transigé ; — Que si Caussade se prévalut pas dans cette transaction de tous les droits que pouvait lui conférer l'arrêté du département du Gers, du 9 niv. an 6, que ledit Caussade connaissait, ainsi que l'arrêt attaqué le déclare en fait, c'est, ou qu'il ne voulut pas s'en prévaloir, ou, de sa part, une erreur de droit ; mais non pas une fausse cause de la transaction ; — Que Caussade limitant l'effet de la demande en nullité de la transaction au recouvrement intégral des droits de sa femme, dont il était héritier, de laquelle déclaration limitative l'arrêt lui donne acte, il est évident qu'il a entendu revenir réellement par voie de lésion contre cette transaction, dont les droits dérivant de la succession de sa femme formaient l'objet spécial ; — D'où il suit que la cour d'appel d'Agen, en paraissant n'annuler la transaction intervenue entre les parties que sous le prétexte du défaut de cause ou de la fausseté de la cause, quoiqu'elle l'annulât pour cause de l'erreur de droit et pour cause de lésion, a faussement appliqué l'art. 1131 c. civ., et formellement violé l'art. 2052 du même code; — Casse, etc.

Du 22 juill. 1811.-C. C., sect. civ.-MM. Muraire, 1er pr.-Oudot, rap.

loc. cit., d'après le président Favre : « dans la transaction, la matière est beaucoup moins une chose due qu'une chose douteuse : *Materia transactionis non versatur circa rem debitam, sed tantum circa rem dubiam* » (sur la loi 65 ci-dessus citée). — L'abandon d'un droit incertain, la renonciation à une prétention douteuse, la crainte d'un procès, voilà la cause légitime d'une transaction, quelle que soit l'erreur. — Cependant il est reconnu et consacré par le législateur lui-même que l'erreur de fait annule dans plusieurs des cas les transactions (art. 2053 et suiv.). Mais ce ne sont que des exceptions au principe général ; et pourquoi ces exceptions? — C'est qu'alors l'erreur devient un vice qui atteint la convention elle-même, comme on le verra n°ˢ 144 et suiv.

140. Aux termes du même art. 2052, la transaction ne peut non plus être annulée pour cause de lésion. — Il est difficile, en effet, qu'un pareil vice puisse exister dans une transaction, puisque le droit qui y donne lieu est supposé douteux et incertain. Quelle serait la base appréciable qui servirait à déterminer s'il y a ou s'il n'y a pas lésion? — Toutefois, plusieurs anciens jurisconsultes soutenaient l'opinion contraire. Casaregis (disc. 213, n° 14); Deluca, *de Regalib.* (disc. 195, n° 11), admettaient la lésion comme cause de nullité, lorsqu'elle était énorme.—Mais ces opinions, contraires à la loi 78, § 16, D., *ad senatús-cons. trebellian.*, et à l'opinion de Favre, *de Errorib. pragmatic.* (decad. 4, *error* 10), de Scævola, *lib.* 18, Dig., ont été proscrites par l'ord. de Charles IX d'avr. 1560, citée par Favre dans son traité *de Erroribus*, laquelle déclare que toute transaction faite sans dol ni violence n'est pas soumise à l'action en rescision pour lésion. On ne peut pas évidemment dire qu'il y a lésion dans une transaction sur un droit douteux. L'étendue du sacrifice se justifie par l'incertitude du droit.

141. Mais que doit-on décider si l'une des parties qui a transigé est mineure? — Il nous semble qu'il y a lieu de distinguer : ou le mineur a agi et transigé seul, sans autorisation, et alors il pourrait attaquer la transaction, au cas d'une lésion notable; car dans ce cas la lésion équivaudrait à dol ; ou bien la transaction n'a été consentie et signée qu'après que toutes les formes légales ont été observées, et alors la lésion ne peut être un motif d'annuler la transaction. — S'il en était autrement, personne n'oserait transiger avec les mineurs. — M. Troplong (p. 658) fait observer que si les lois 1 et 2, C. *si adversus transactionem* admettent des mineurs à restitution contre des transactions, c'est qu'il s'agissait de mineurs ayant transigé personnellement, et réclamant le bénéfice de leur âge : *Propter ætatis auxilium.*

142. Il a été jugé que l'on ne peut pas affranchir de la rescision pour cause de lésion l'acte par lequel deux époux, sous l'empire de la législation qui permettait le divorce par consentement mutuel, ont dissous la communauté qui existait entre eux et réglé leurs intérêts et droits respectifs, en qualifiant cet acte de *transaction* ou de forfait de communauté (Cass. 8 avr. 1807, aff. Bazovin, V. Contr. de mar., n° 2326).

143. L'art. 888 c. nap. porte : « L'action en rescision est admise contre tout acte qui a pour objet de faire cesser l'indivision entre cohéritiers, encore qu'il fût qualifié de vente, d'échange et de transaction ou de toute autre manière.—Mais après le partage ou l'acte qui en tient lieu, l'action en rescision n'est plus admissible contre la transaction faite sur les difficultés réelles que présentait le premier acte, même quand il n'y aurait pas eu à ce sujet de procès commencé. » — Nous avons traité v° Success., n°ˢ 2252 et suiv., des actes sujets à rescision, vente, transaction, dans leurs rapports avec le partage ; nous nous bornons à rappeler ici un arrêt qui a décidé qu'il suffit que, dans un partage rescindable pour lésion, il se trouve une transaction se liant essentiellement au partage, pour que cette transaction doive aussi être rescindée (Caen, 3 mars 1855, aff. Lenoir, D. P. 56. 2. 91).

144. L'art. 2053 dit que l'erreur sur la personne ou sur l'objet de la contestation fait rescinder la transaction : c'est là une des exceptions que nous avons signalées ci-dessus au principe que l'erreur de fait ne saurait motiver l'annulation d'une transaction. C'est qu'ici, le contrat manque d'une des conditions vitales de son existence. C'est le consentement qui est vicié, et là où il n'y a pas de consentement valable, il n'y a pas non plus de convention valable. Le contrat pêche par sa base (Conf. MM. Troplong, n°ˢ 137 et s.; Duranton, t. 18, n° 425 ; Rigal, p. 149, § 2). — Du reste, l'erreur sur l'objet de la contestation se présentera bien rarement puisque l'idée de transaction et la réalisation de cette idée supposent un objet, ou une somme quelconque, mentionné dans l'acte, et par conséquent connu. — Du reste, V. v° Obligation, n°ˢ 119 et suiv., 128 et suiv., les explications que nous avons données relativement à l'erreur sur l'objet des obligations ou sur la personne avec laquelle on contracte.

145. L'art. 2053 dit encore que la transaction peut être rescindée dans tous les cas où il y a dol. Cette exception rentre dans les principes généraux du droit, puisque dans ce cas il n'y a pas de consentement valable (Paul, L. 65, 1, D., *De condict. indebit.*; Diocl. et Max., L. 13, C., *De transact.*; Casarégis, disc. 214, n° 9; MM. Troplong, sur l'art. 2053; Duranton, t. 18, p. 427). — Il a été jugé, par application de ce principe, que l'assureur qui, par transaction, a accepté l'abandon anticipé d'un navire présumé perdu, à la condition qu'il jouira de la propriété entière dudit navire s'il vient à être retrouvé, peut obtenir la rescision de la transaction, si l'assuré a caché ou négligé de faire connaître, au moment de la transaction, l'existence de contrats à la grosse qui diminuaient la valeur donnée au navire (Bordeaux, 2 avr. 1855, aff. Leali Assecuratori, V. Oblig., n° 2555-1°).

146. Mais il a été jugé que de ce que la somme offerte par un prétendu héritier qui avait appréhendé et géré la succession, comme étant la seule par lui recouvrée et qui a été acceptée à titre de forfait et de transaction par l'héritier véritable, est démontrée inférieure à celle qu'il avait réellement recouvrée, il ne résulte pas que la transaction soit rescindable, soit pour dol et fraude, soit pour défaut de cause, soit pour erreur de fait, si d'ailleurs il est reconnu que le consentement de l'acceptant a été libre et non surpris par dol (Req. 5 déc. 1838) (1). — Le dol,

(1) *Espèce :* — (Ducôté C. dames Moret et Rottier.) — Au décès du sieur Ringuenoire, sans héritiers directs, le 22 juillet 1852, les dames Moret et Rottier se saisissent de sa succession, et un sieur Larivé est chargé de la liquidation. — Plus tard, les époux Ducôté, ayant établi une parenté plus proche avec le défunt, ont demandé leur mise en possession de l'hérédité. Par acte notarié du 25 sept. 1855, les dames Moret et Rottier ayant effectivement reconnu que les époux Ducôté avaient droit sur elles à la totalité de la succession, s'engagèrent à donner un compte de toutes les sommes et valeurs dont elles avaient profité dans ladite succession. Il est à remarquer que ces dernières avaient déclaré dans cet acte : « Qu'ayant confié l'administration d'une partie de la succession à une personne qui avait abusé de leur mandat, sans avoir rendu un compte définitif, il leur serait impossible de préciser toutes les sommes « provenant de la succession. » — Enfin, le compte est dressé par un acte en date du 9 oct. 1855, dont la balance au profit des époux Ducôté s'élève à 66,590 fr. — Les dames Moret et Rottier renouvelant leur observation, sur l'infidélité de leur mandataire, offrent 52,000 fr. comme représentant les valeurs dont elles avaient profité. — Les époux Ducôté acceptent cette somme à titre de *transaction* ou de *forfait.* — Cependant Larivé, mandataire des dames Moret et Rottier, étant de retour de l'Amérique, où il se trouvait au moment de la passation des actes en ques-

tion, se voit assigner par les époux Ducôté en reddition de compte, pour une somme s'élevant à 54,590 fr. — Les dames Moret et Rottier sont également assignées aux fins des mêmes condamnations, pour le cas où le mandataire établirait qu'il a rendu compte de son administration, et, dans tous les cas, à la restitution de divers titres et valeurs qui n'avaient pas été compris dans l'inventaire, et enfin en une somme de 60,000 fr. à titre de dommages-intérêts. — Il parait que le mandataire, prétendu infidèle, avait, au contraire, comme cela a été reconnu par les mandants eux-mêmes, rendu un compte exact et fidèle. — 9 août 1856, jugement du tribunal civil de la Seine, qui, considérant que les époux Ducôté se sont contentés à titre de transaction et de forfait, d'une somme de 52,000 fr., et qu'il n'est pas établi que leur consentement ait été surpris par dol, les déclare non recevables. — Appel, et, le 16 juin 1837, arrêt confirmatif de la cour de Paris.

Pourvoi : 1° Violation de l'art. 1116 c. civ., en ce que la déclaration des dames Moret et Rottier avait évidemment le caractère du dol et de la fraude ; — 2° Violation des art. 1131 et 2053 c. civ., en ce que le contrat du 9 oct. n'ayant pas de cause, ne pouvait produire aucun effet, en ce que la transaction était rescindable comme erronée quant à l'objet de la contestation. Il est manifeste, en effet, que les époux Ducôté n'auraient pas transigé s'ils eussent cru frauduleuse la déclaration qui

comme dans les conventions ordinaires, n'existe légalement que lorsque les manœuvres pratiquées par l'une des parties sont telles qu'il est évident que sans ces manœuvres, l'autre partie n'aurait pas contracté (c. nap. art. 1116). — Conf. M. Troplong, Transact., n° 142, qui ajoute avec raison qu'on ne doit pas considérer comme dol certaines jactances et vanteries déplacées, employées par une personne pour arriver à son but. L'auteur rapporte à cet égard les faits d'un procès sur lequel Cujas fut consulté (Cujas, Consult. 48; M. Troplong, eod.). — Dans l'espèce ci-dessus citée, la cour d'appel avait décidé formellement que le dol n'existait pas, de là l'arrêt de rejet de la cour suprême.

147. La violence, d'après l'art. 2053, peut aussi entraîner la nullité des transactions, et il doit en être ainsi lors même qu'elle aurait été exercée par un tiers, ou sur les conjoint, ascendant, descendant du contractant (MM. Duranton, t. 18, n° 427; Rigal, p. 146, § 1).

148. Une transaction pourrait aussi être annulée pour défaut de cause. Mais, il est souvent difficile d'apprécier si une transaction a une cause suffisante aux yeux de la loi. — Dans les cas dont la solution paraît difficile, il ne faut pas oublier ce que nous avons dit n° 5, que la cause de la transaction est valable lors même qu'elle ne prendrait pas sa source dans un intérêt appréciable en argent, mais dans un désir d'union, de paix et dans la volonté de mettre un terme aux inquiétudes d'un procès. Un sentiment d'honneur et de haute équité peuvent même être considérées comme une cause légitime. — C'est ainsi qu'il a été jugé que le désistement d'une adjudication de biens nationaux, donné par l'adjudicataire, sous forme de transaction, en faveur d'un émigré qui avait obtenu des arrêtés administratifs déclarant qu'il avait été porté à tort sur la liste des émigrés, a pu, encore bien que ces arrêtés soient nuls vis-à-vis de l'adjudicataire protégé par le principe constitutionnel de l'irrévocabilité de la vente des domaines nationaux, être maintenu, sans que l'arrêt tombe sous la censure de la cour de cassation. En un tel cas, il n'est pas vrai de dire qu'il y a eu erreur de fait de la part de l'adjudicataire, et un pareil désistement, qui rentre dans la catégorie des arrangements volontaires autorisés entre les acquéreurs et les émigrés par le décret de 1807, a une cause suffisante dans le sentiment d'équité qui l'a déterminé (Rej. 3 déc. 1815) (1).

149. Il a été jugé aussi que la transaction entre un ancien seigneur et une commune, motivée sur les revendications que celle-ci était en droit d'exercer en vertu des lois de 1792 et 1793, doit être réputée avoir une cause valable (Rej. 3 mai 1841), aff. Albert, V. Commune, n° 2487).

150. D'après l'art. 2054, « il y a également lieu à la rescision contre une transaction, lorsqu'elle a été faite en exécution d'un titre nul, à moins que les parties n'aient expressément traité sur la nullité. » — Ce texte a fait naître une difficulté qui, depuis la promulgation du code divise tous les jurisconsultes, à

---

leur a été faite, et s'ils eussent supposé la mauvaise foi et le dol des dames Moret et Rottier. — Arrêt.

LA COUR; — Sur le premier moyen, tiré du dol qui aurait vicié la transaction dont il s'agit, et sur le second moyen tiré de la fausse cause de cette même transaction qui la rendrait nulle ; — Attendu que la cour royale déclare formellement, dans son arrêt, qu'il n'est nullement établi que le consentement donné par la dame Ducôté, demanderesse, à cette transaction, lui ait été surpris par dol ; — Qu'il est au contraire prouvé qu'elle l'a souscrit librement et en pleine connaissance de cause ; — Attendu qu'une telle appréciation de l'acte attaqué ne peut être soumise à la censure de la cour de cassation ; — Rejette, etc.

Du 5 déc. 1838.—C. C., ch. req.—MM. Zangiacomi, pr.—Jaubert, rap.

(1) (Héritiers Bourgoin.)—LA COUR; — Attendu, 1° que les lois constitutionnelles qui garantissent l'irrévocabilité des ventes des domaines nationaux ne contiennent aucune disposition prohibitive des arrangements volontaires qui peuvent avoir lieu entre les acquéreurs de ces biens et leurs anciens propriétaires ; — Que cette vérité a été même appliquée en l'espèce, par la disposition du décret impérial du 20 juill. 1807, qui a réservé à Bourgoin la faculté de se prévaloir devant les tribunaux des désistements qu'il avait pu obtenir de la part de quelques acquéreurs de ses biens ; — Qu'il suit de là que la cour impériale de Dijon (arrêt du 5 juill. 1810) a pu reconnaître la validité de ces désistements, sans porter atteinte aux principes constitutionnels, et qu'à cet égard elle n'a fait, au contraire, qu'user d'un pouvoir qui lui était formellement déféré par le décret impérial susénoncé ; — Attendu

---

savoir comment devra se combiner cet art. 2054 avec l'art. 2052 qui, comme on l'a vu, déclare que les transactions ne peuvent être annulées pour cause d'erreur de droit. — Transiger sur l'exécution d'un titre qui est nul en vertu d'une disposition de la loi, le croyant valable, c'est commettre une erreur de droit. Et cependant, le législateur nous dit que dans ce cas, la transaction pourra être rescindée, bien qu'il ait déclaré dans l'art. 2052 qu'elle ne peut être annulée pour cause d'erreur de droit. Il y a donc antinomie au moins apparente entre ces deux articles. Comment expliquer et concilier ces dispositions qui, au premier abord, semblent contradictoires?

151. Différents systèmes ont été imaginés par les docteurs pour parvenir à concilier ces deux articles. — MM. Duranton, t. 18, n° 423; Troplong, Transact., n°° 145 à 149 ; Massé et Vergé sur Zachariæ, t. 5, p. 90, note 6, prétendent que l'art. 2054 doit être combiné avec l'art. 2052, et qu'il faut, pour le concilier, restreindre l'application de l'art. 2054 au cas seulement où le titre seul, en exécution duquel on a transigé avait été supposé valable par erreur de fait, et, au contraire, valider cette transaction au cas où il n'y a qu'une erreur de droit. Par ce moyen, les deux articles s'expliqueraient rationnellement et sans aucune antinomie. Prenons un exemple déjà signalé par les docteurs, et qui, par sa clarté fasse bien saisir la difficulté.—Pierre, héritier ab intestat de Jacques, transige sur la succession avec Paul, héritier testamentaire ; et il fait cette transaction dans l'ignorance que ce testament a été révoqué par un testament postérieur. Le premier testament était donc sans valeur, cependant c'est ce testament qui a donné lieu à la transaction et sur lequel elle repose. Mais comme l'ignorance de Pierre sur la nullité tient à une erreur de fait, la transaction devra être annulée. Mais si, au contraire, il n'y a eu qu'un testament, et que Pierre, connaissant parfaitement ce testament, en ignore cependant les vices, alors la transaction est valable. Pierre n'est pas fondé dans l'action qu'il voudrait intenter, car cette action reposerait sur une erreur de droit, et la loi dit précisément que les transactions ne peuvent être attaquées pour cause d'erreur de droit. Pierre est réputé avoir connu la nullité de l'acte qu'il avait entre ses mains, parce que nul n'est censé ignorer la loi, et ne peut dès lors, être admis devant les tribunaux à soutenir qu'il l'ignore. — Il a été jugé, conformément à ce système : 1° que l'art. 2054 c. civ., d'après lequel il y a lieu à l'action en rescision contre une transaction faite en exécution d'un titre nul, si les parties n'ont pas expressément traité sur la nullité, ne s'applique pas au cas où le titre sur l'exécution duquel il a été transigé n'était supposé valable que par une erreur de droit, comme il s'applique au cas où il était supposé valable par erreur de fait ; et spécialement, que celui qui a fait un partage en exécution d'un testament nul, ne peut pas revenir contre cette convention, sous le prétexte qu'il n'a pas expressément traité de la nullité du testament, s'il n'a ignoré cette nullité que par une erreur de droit (Req. 25 mars 1807) (2);

---

que l'appréciation des faits et l'interprétation des actes sont du ressort exclusif des tribunaux ordinaires, et que la cour impériale de Dijon, chargée de l'examen des actes dont excipait le sieur Bourgoin, a pu, sans violer aucun des articles du code Napoléon invoqués par les demandeurs, décider en fait que les désistements souscrits par ces derniers avaient été libres et volontaires de leur part, qu'aucune erreur de fait n'y était intervenue, et qu'ils avaient eu une cause suffisante dans le sentiment d'équité qui les avait déterminés ; — Rejette.

Du 3 déc. 1815.—C. C., sect. civ.—MM. Muraire, pr.—Boyer, rap.—Jourde, av. gén., c. conf.—Guichard et Darrieux, av.

(2) Espèce : — (Rigot de Montjoux C. Montjoux.) — De Montjoux père, en 1759, institua sa femme héritière, à la charge de rendre son hérédité à son fils aîné. — Contestation entre les enfants de Montjoux sur la composition et le partage de la succession paternelle.—Traité du 28 fruct. an 12, par lequel ils règlent leurs portions respectives. — Ils ne s'occupèrent point de la validité ou de la nullité du testament.— Les frères de Montjoux s'aperçoivent qu'il n'avait pas été fait d'institution particulière et directe en faveur de leur frère aîné, ce qui constituait le vice de prétérition dans les pays de droit écrit (nov. 115), demandent alors la nullité du testament et par suite celle de la transaction du 28 fruct. an 12. — Il est écrit dans la loi, disaient-ils, que les transactions se renferment dans leur objet (art. 2048 c. civ.); qu'elles ne règlent que les différends qui s'y trouvent compris (art. 2049); qu'il y a lieu à l'action en rescision contre une transaction, lorsqu'elle a été faite en exécution d'un titre nul, à moins que les parties n'aient expressément

— 2° Qu'il en est de même, dans le cas où des héritiers naturels ont transigé avec le légataire universel, sur l'effet d'un testament contenant des dispositions secrètes, sans approuver expressément la partie du testament qui contient ces dispositions (Paris, 21 fév. 1814) (1); — 3° Que l'action en rescision que la loi autorise contre les transactions, dans le cas où les parties ont transigé sur l'exécution d'un acte, dans l'ignorance de la nullité

traité sur la nullité (art. 2054). — L'institué répondait, qu'en principe général, il suffit d'avoir exécuté volontairement un testament, pour qu'il ne soit plus permis de le quereller (art. 1340 c. nap.). — Par arrêt du 26 août 1806, la cour de Grenoble décida que l'art. 2054 était applicable seulement aux actes onéreux, et que l'art. 1340 s'appliquait aux donations ou testaments; d'où la conséquence que, dans l'espèce, on n'était pas recevable à quereller le testament exécuté par acte du 28 fruct. an 12.

Pourvoi. — Les demandeurs repoussent par la généralité des termes de l'art. 2054 la distinction établie par la cour de Grenoble. L'art. 1340 était sans application, attendu que l'exécution volontaire dont parle cet article n'existe pas dans le cas de transaction en exécution d'un titre nul. L'erreur cause de la transaction ayant vicié la volonté, cette espèce d'exécution ne peut produire aucun effet. C'était donc le cas d'appliquer l'art. 2054 qui permet l'action en rescision contre une transaction faite en exécution d'un titre nul. — Sans doute, s'il y avait eu contestation actuelle ou imminente sur l'étendue et l'effet du testament, si ce litige présent ou futur avait été la matière d'une transaction, il n'y aurait pas lieu à revenir contre cette transaction, sous prétexte d'une erreur ni de droit, ni de fait, pourvu qu'il y eût eu esprit sain et volonté libre. — Mais par l'acte du 28 fruct. an 12, on n'a pas traité précisément sur l'étendue et l'effet du testament, parce que de toute part on le croyait valide : le testament n'a pas été la matière de la transaction; il n'en a été que la cause. Or un traité est-il susceptible de rescision lorsqu'il a eu pour objet et pour cause l'exécution d'un titre nul? lorsqu'il a été fait en exécution d'un titre qui ne devait pas avoir exécution? L'art. 2054 décide positivement l'affirmative; et sa décision est d'autant plus respectable, qu'il consacre un nouveau point de doctrine sur une matière jadis bien controversée. — Plusieurs auteurs pensaient que l'erreur dans le motif ou dans la cause viciait le consentement comme l'erreur dans la substance (Pothier, des Oblig., 1re part., chap. 1er, art. 3, §1er). Domat, tout en distinguant entre l'erreur de fait et l'erreur de droit, ajoute que si l'ignorance ou l'erreur de droit est telle qu'il suit la cause unique d'une convention où l'on s'oblige à une chose qu'on ne devait pas, et qu'il n'y ait eu aucune autre cause qui pût fonder l'obligation, cette erreur doit avoir pour effet de résoudre la convention. — Le code civil, après avoir réglé en ses art. 1110 et 1111 l'effet de l'erreur sur la matière des conventions, détermine, en ses art. 2052, 2053 et 2054, l'effet de l'erreur considérée comme cause de la convention. — L'art. 2052 porte, à la vérité, qu'une transaction ne peut être attaquée pour cause d'erreur de droit; mais le législateur ajoute que, néanmoins, la transaction peut être rescindée, s'il y a eu erreur sur la personne (art. 2053), ou lorsqu'elle a été faite en exécution d'un titre nul (art. 2054). — Ces expressions de l'art. 2054 disent clairement que, lorsqu'il y a eu transaction en exécution d'un titre nul, cette erreur efficace annule la transaction, soit parce que cet article n'existe pas dans le cas de transaction en exécution d'un titre nul, soit parce que si c'était une erreur de droit, elle ferait exception et emporterait nullité. — Et la même disposition se trouvait littéralement dans la loi 4, Cod. de juris et facti ignor. : *Si post divisionem factam, testamenti vitium in lucem emerserit, non per ignorantiam confecta sunt, praejudicium tibi comparabitur.* — L'art. 2054, rattaché à l'art. 2053, est évidemment une exception à l'art. 2052; il en est une modification; il doit donc être pris dans toute l'étendue du sens qu'il présente: donc, l'effet d'annuler une transaction faite en exécution d'un titre nul, c'est contrevenir à l'art. 2054 c. civ.

M. Daniels, avocat général, tout en critiquant les motifs de l'arrêt, en a soutenu le bien jugé. « Lorsque je transige, a-t-il dit, et que les clauses renfermées dans la transaction emportent par leur nature l'exécution d'un titre nul, il ne peut bien que je sois recevable à demander la rescision; mais ce serait une erreur de croire que cette demande est fondée dans tous les cas, à moins que les parties n'aient expressément traité sur la nullité. — De deux choses l'une: ou la nullité du titre m'était connue à l'époque de la transaction, ou je l'ignorais absolument. — Dans le premier cas, la transaction emporte renonciation tacite aux moyens de nullité que j'aurais pu proposer avant la transaction ; c'est une exécution libre et volontaire qui, suivant l'art. 1358, emporte renonciation aux moyens d'exception que l'on pourrait opposer contre cet acte. — Dans le second cas, si j'ignorais la nullité du titre, mais que du moins je n'en ignorasse pas l'existence, j'aurais été seulement en erreur sur les effets que ce titre pouvait produire, ce qui est une erreur de droit qui ne doit pas empêcher l'effet de la transaction... — L'art. 2054 doit être pris dans un sens dans lequel il s'accorde avec l'art. 2052, et cet article déclare que les transactions ne peuvent être attaquées pour cause d'erreur de droit. L'art. 2054 suppose par conséquent que celui qui demande la rescision d'une transaction, a ignoré la nullité du titre par une

erreur de fait. » — Pris dans un autre sens, l'art. 2054 serait en opposition avec l'art. 2052... : il renverserait tous les principes. C'est dans ce sens que le droit romain admet la demande en rescision d'une transaction faite en exécution d'un titre nul: il faut que les parties aient ignoré la nullité du titre pour une erreur ou une ignorance de fait, et que les parties n'aient pas transigé sur la nullité. — Ainsi, par exemple, lorsque l'héritier *ab intestat* transige sur la succession avec l'héritier testamentaire, et qu'il ignore que par un testament postérieur le testateur a révoqué le premier testament, ou lorsque l'héritier d'un débiteur transige sur le montant de sa dette avec l'héritier du créancier, et qu'il ignore que le défunt lui a fait remise de sa dette ; — il y a nullité ou révocation du titre en vertu duquel on transige. L'héritier ignore cette nullité par une ignorance ou une erreur de fait. La transaction n'est qu'une suite de l'ignorance de cette vérité; il y a donc lieu d'appliquer le principe établi par l'art. 2054, par le même motif sur lequel est fondée la loi pénultième, cod. *De transaction.*; et telle est aussi la doctrine de Domat, liv. 12, tit. 13, sect. 2.—Dans l'espèce, les demandeurs étaient bien instruits de l'existence et de la teneur du testament; et si la prétendue nullité de cet acte leur était inconnue au moment de la transaction, leur erreur n'était qu'une erreur de droit : néanmoins ils ont transigé en exécution de ce testament; ils en ont par conséquent ratifié les dispositions. — Dira-t-on que toute erreur déterminante suffit pour faire annuler une transaction, n'importe quel soit l'objet par rapport auquel on était en erreur...? Il serait impossible d'établir un pareil système. — La règle générale est que ni l'erreur de fait ni l'erreur de droit ne font obstacle à la validité de la transaction : *Quod transactionis nomine datur, licet res nulla media fuerit, non repetitur,* dit la loi 65, § 1, ff. *de condict. indebit.* Tel est aussi le sens de la loi 2, cod. *De transaction.* Or, c'est par le même principe qu'on doit expliquer la loi 19, cod. *ibid. Sub praetextu instrumenti post reperti, transactionem bonâ fide fuitam rescindi, jura non patiuntur.* La raison en est simple : lorsqu'on transige, au lieu d'attendre la décision des tribunaux, on s'expose volontairement à toutes sortes d'erreurs. Cependant, lorsque ces parties sont en erreur par rapport à la validité du titre en exécution duquel elles passent une transaction, il y a lieu à une distinction. — Si c'est une erreur de fait, la transaction est nulle: si c'est une erreur de droit, il est bien constant qu'elle ne peut être un motif suffisant pour faire annuler la transaction. Ainsi, dans l'espèce de la loi 2, cod. *De transaction.*, il y a erreur de droit relativement à la successibilité de l'une des parties, et cependant la transaction a été déclarée valable. Les art. 2052 et 2054 c. civ. doivent donc être expliqués d'après ces principes. — Arrêt.

LA COUR; — Attendu qu'aux termes de l'art. 2052 c. civ. les transactions ont, entre les parties, l'autorité de la chose jugée en dernier ressort, et qu'elles ne peuvent être attaquées pour cause d'erreur de droit ni pour cause de lésion; que l'erreur qui, suivant les demandeurs en cassation, vicierait les transactions passées entre eux et Claude-Esprit Rigot de Montjoux, le 28 fruct. an 12, serait une erreur de droit : que, par conséquent, ils étaient non-recevables et mal fondés à en demander la nullité; — Qu'en rejetant cette demande, et en jugeant en conformité de l'article précité, l'arrêt attaqué a fait une juste application du code civil, et que le motif invoqué pour le justifier, etc.; — Rejette, etc.

Du 25 mars 1807.-C. C., sect. req.-MM. Henrion, rap.-Daniels, c. conf.

(1) (Veuve Joly C. Thiesset.) — LA COUR; — Considérant que les cohéritiers Robin et Cognasse Desjardins, tous majeurs et libres, après avoir reconnu dans la personne de Nicolas Thiesset la qualité de légataire universel, à la charge d'acquitter les dispositions secrètes mentionnées aux testaments, ont transigé avec lui sur les testaments et sur le fait de l'existence des dispositions secrètes, et ainsi sur tous les effets, quels qu'ils fussent, de ces mêmes dispositions ; que les transactions contiennent en outre un traité à forfait, et moyennant un prix convenu, de tout ce qui pourrait leur revenir, soit en vertu et les montant des dispositions secrètes, soit en leur qualité d'héritiers paternels, et avec subrogation du légataire universel dans tous leurs droits; — Considérant que les transactions n'ont été exécutées volontairement par plusieurs actes; qu'à l'égard de Marie-Anne Desjardins et de la veuve Truchy, le jugement du 31 nov. 1811 qui a ordonné l'exécution des transactions, a acquis l'autorité de la chose jugée; qu'aucune erreur de fait, aucune nullité résultant d'actes inconnus à l'époque des transactions, ne rendent applicables les art. 2053 et 2054 c. civ.; que leurs effets sont devenus irrévocables suivant les art. 1358 et 1340 du même code ; — A mis l'appel au néant.

Du 21 fév. 1814.-C. de Paris, aud. solen.-M. Séguier, 1er pr.

(2) (Sabattier C. Lyonnet.) — LA COUR ; — Attendu, sur le grief relatif aux art. 2048, 2049 et 1358 c. civ., qu'en droit, aux termes de

arrêts qui précèdent ne sont que l'application, est susceptible de sérieuses objections.— D'une part, en effet, on peut dire que, si l'art. 2052 est général dans son expression, l'art. 2054 l'est également, et qu'il n'y a pas plus de raison de restreindre la portée de ce dernier que celle de l'art. 2052. Mais nous allons plus loin et nous disons que, de ces deux articles, c'est au contraire l'art. 2054 qui restreint l'étendue de l'autre, comme l'exception restreint l'étendue de la règle générale. L'art. 2052 ne parle, à la vérité, que de l'erreur de droit, mais nous avons vu précédemment (n° 139), et cela du reste est généralement reconnu, que sa disposition embrasse virtuellement l'erreur de fait. S'il en est ainsi, il faut nécessairement admettre, même dans le système des auteurs précités, que l'art. 2054 fait exception à l'art. 2052, au moins en ce qui concerne l'erreur de fait. Mais alors pourquoi n'admettrait-on pas qu'il y fait exception également quant à l'erreur de droit?— Ce caractère exceptionnel de l'art. 2054 ressort manifestement de la comparaison de l'art. 2052 avec les articles qui suivent. L'art. 2052, entendu comme il doit l'être, établit cette règle générale que la transaction ne peut être attaquée pour cause d'erreur (de fait ou de droit). Puis les articles suivants indiquent aussitôt les diverses exceptions que la loi croit devoir faire à cette règle générale. «Néanmoins ..», dit l'art. 2053 : « Il y a également lieu à rescision...», ajoute l'art. 2054. C'est bien là la formule qui convient à des dispositions exceptionnelles. Or, si l'art. 2054 est une exception à l'art. 2052, on ne peut évidemment trouver dans celui-ci un motif de restreindre celui-là. Ce n'est pas la règle générale qui déroge à l'exception, c'est au contraire l'exception qui déroge à la règle générale.

152. M. Mourlon, Répét. écrites, t. 3, p. 384, adopte aussi la distinction qui précède entre l'erreur de fait et l'erreur de droit. Il n'admet pas que la rescision de la transaction puisse être demandée à raison de la nullité du titre, dans le cas où ce titre n'avait été supposé valable que par erreur de droit. D'après cet auteur, l'art. 2054 ne serait que l'application du principe, posé par l'art. 2053, que la transaction peut être rescindée lorsqu'il y a erreur sur l'objet de la contestation. Si la transaction faite en exécution d'un titre nul est rescindable, c'est que, dans ce cas, il y a erreur sur *l'objet de la transaction;* ce qui revient à dire, suivant M. Mourlon, que la transaction *manque d'objet.* « Primus et Secundus, dit-il, ont transigé sur un différend relatif à l'exécution ou à l'étendue d'un legs ; plus tard Primus, prétendu débiteur du legs, découvre que le testament était nul, et en fait prononcer la nullité; la transaction est nulle *faute d'objet,* car la prétention de Secundus, sur laquelle elle est intervenue, étant fondée sur un titre nul, était dénuée de toute espèce de fondement. » — Mais si les parties avaient expressément transigé sur un différend relatif à la nullité elle-même, on ne peut dire alors qu'il y a erreur; on ne peut dire non plus que la transaction manque d'objet; la nullité ou la validité de l'acte litigieux pouvant donner la crainte légitime d'un procès, ou le juste espoir de le gagner. — Mais M. Mourlon ne pense pas que l'on doive prendre à la lettre le mot *expressément* de l'art. 2054; il suffira, selon lui, pour que la transaction soit valable, que les parties aient eu *connaissance* de la nullité au moment de la transaction, parce qu'alors il n'y a pas d'erreur sur l'objet de la transaction; et il ajoute que cette connaissance sera présumée exister s'il s'agit d'une nullité de forme susceptible d'être découverte à la première inspection de l'acte, attendu que la partie qui s'en prévaudrait ultérieurement serait obligée de prétendre avoir ignoré que ce fût une nullité, ce qui serait invoquer, non une erreur de fait, mais une *erreur de droit.*

Nous croyons devoir faire ici quelques observations. Et d'abord, s'il est vrai que la nullité du titre fasse disparaître l'objet

de la transaction, cela est également vrai soit qu'il y ait eu erreur de fait ou erreur de droit. On n'aperçoit pas dès lors de motif pour distinguer, comme le fait l'auteur, entre l'une et l'autre hypothèse. D'un autre côté, M. Mourlon emploie indistinctement et paraît considérer comme synonymes ces expressions : *erreur sur l'objet, défaut d'objet.* Cela nous semble peu exact. M. Mourlon se trouve amené par là à confondre la nullité qui peut résulter d'une imperfection du consentement avec la nullité plus radicale résultant de ce que le contrat manque d'objet.

153. La distinction sur laquelle reposent ces systèmes, entre l'erreur de fait et l'erreur de droit, a été combattue par Merlin, Rép., v° Transact., § 5, n° 4. Selon ce jurisconsulte, si la transaction est rescindable dans le cas de l'art. 2054, c'est parce que la nullité du titre n'était pas l'objet de la transaction, et qu'une transaction ne peut pas s'étendre d'un objet à un autre. « Pourquoi, dit-il, la transaction faite en vertu d'un titre nul et par laquelle il n'a pas été expressément traité sur la nullité de ce titre est-elle sujette à rescision? C'est sans doute parce que supposer, par une transaction, un titre valable, ce n'est pas le reconnaître pour tel par la transaction elle-même, et qu'une transaction ne peut jamais, suivant les art. 2048 et 2049, s'étendre à des objets sur lesquels ne portaient pas les différends que les parties ont voulu terminer ou prévenir. » Or, ajoute-t-il, ce motif n'est pas restreint au cas où le titre nul, en exécution duquel on a transigé, a été supposé valable par une erreur de fait, il est commun au cas où le titre a été supposé valable par une erreur de droit; et dès lors à quel propos voudrait-on restreindre au premier de ces deux cas la disposition de l'art. 2054? » — Merlin appuie son système d'une autre considération que M. Troplong trouve avec raison peu sérieuse. Il se fonde sur une différence de rédaction entre le projet de l'art. 2052 et son texte définitif. Dans le principe il y avait : « Les transactions ne peuvent être attaquées pour cause d'*erreur dans la nature du droit litigieux.* » A ces dernières expressions le tribunal a proposé de substituer celle d'*erreur de droit.* La première rédaction, suivant Merlin, aurait laissé à l'art. 2054 un sens indéfini qu'il a dû conserver malgré la substitution de termes. C'est là une erreur échappée au savant jurisconsulte. S'il était vrai que la seconde rédaction de l'art. 2052 emportât un sens plus général que la première, il est bien évident que la portée de l'art. 2054 s'en trouvait nécessairement restreinte. Bien plus il résulte des observations du tribunal que le changement de rédaction de l'art. 2052 n'a nullement eu pour objet d'en modifier le sens, mais seulement de le rendre plus clair : on a substitué une expression précise, dont le sens était depuis longtemps fixé, à une expression abstraite, susceptible de faire naître des difficultés sur l'étendue et la limite de son application (V. Locré, t. 15, p. 412). La modification apportée à l'art. 2052 n'a donc pu influer en rien sur la portée de l'art. 2054.—Ainsi, l'argument sur lequel Merlin cherchait à s'étayer tombe de lui-même ; mais il est vrai de dire que son système n'en souffre aucune atteinte, et qu'il se soutient toujours, bien que de ses appuis vienne à lui faire défaut. — Merlin développait ces idées dans une affaire Fregeville (Cass. 23 juin 1813, V. Dispos. entre-vifs et test., n° 2438); mais la cour n'a pas eu besoin de s'expliquer positivement sur la question.

154. Voilà donc, sur l'interprétation de l'art. 2054, et sauf les différences de détail, deux premiers systèmes bien distincts. D'après l'un (celui de MM. Duranton, Troplong, Massé et Vergé, Mourlon), la rescision ne peut être demandée à raison de la nullité du titre qu'autant que ce titre avait été supposé valable par erreur de fait; d'après l'autre (celui de Merlin), la rescision peut être demandée toutes les fois qu'un moment de la transaction le titre avait été supposé valable, soit par erreur de fait, soit par

ces articles du code, l'action en rescision d'une transaction est admissible au cas où les parties ont traité dans l'ignorance de la nullité d'un acte, et sans avoir exprimé qu'elles traitaient sur ladite nullité, mais que cette action cesse, au cas où les contractants ont connu l'acte litigieux, et que, n'ayant pas transigé sur une erreur de fait, ils ne peuvent invoquer une erreur de droit;—Attendu, en fait, que, dans l'espèce, l'arrêt constate, d'une part, que le testament de l'auteur commun, dont la nullité a été demandée, ne contenait pas de prétérition mais bien une véritable fiducie en faveur de Jean-Baptiste part, que la garantie à laquelle les filles Sabattier étaient soumises comme héritières de leur père, qui s'était, personnellement et expressément obligé à ladite garantie, éteignait l'action que leur mère avait pu leur transmettre; que, en statuant ainsi, la cour de Lyon, par arrêt du 14 janv. 1826, a fait une juste application de l'art. 1120 c. civ., et n'a pas violé les art. 1338, 2048 et suiv. c. civ., invoqués par les demandeurs; — Rejette.

Du 28 déc. 1829.-C. C., ch. req.-MM. Favard, pr.-Borel, rap.-Laplagne-Barris, av. gén., c. conf.-Guillemin, av.

erreur de droit. Mais il est à remarquer que, dans l'un et dans l'autre de ces systèmes, il est nécessaire que l'erreur ait existé, que la nullité du titre ait été ignorée de celui qui vient s'en prévaloir plus tard à l'appui de sa demande en rescision. — MM. Aubry et Rau (3e édit., t. 3, p. 488) vont plus loin, et, dans un troisième système qu'ils ont proposé, ils soutiennent que la rescision peut être demandée à raison de la nullité du titre, non pas seulement lorsque cette nullité avait été ignorée, soit par erreur de fait, soit par erreur de droit, mais même lorsqu'elle avait été connue. Selon ces auteurs, si la transaction faite en exécution d'un titre nul est elle-même nulle, c'est que, la nullité du titre faisant disparaître le droit sur lequel on a transigé, la transaction se trouve alors n'avoir pas de cause ; or une obligation sans cause est nulle, soit que la partie qui s'est obligée ait connu ou ait ignoré le défaut de cause, et à fortiori soit qu'elle l'ait ignoré par erreur de fait ou par erreur de droit. Ce système trouve un appui considérable dans l'explication de l'art. 2054 donnée par les orateurs du gouvernement. Et, d'abord, M. Bigot de Préameneu, après avoir dit, dans l'exposé des motifs, que « lorsqu'un titre est nul, il n'en peut résulter aucune action pour son exécution », ajoute, quelques lignes plus loin : « Il faut donc, pour que, dans ce cas, la transaction soit valable, que les parties aient expressément traité sur la nullité ». Et le tribun Gillet, plus explicite encore, semble avoir formulé d'avance le système que nous exposons : « Toute convention, dit-il, a une cause ; celle de la transaction est la crainte des procès. Ainsi..., si la transaction n'est que l'exécution d'une pièce nulle, la convention manque de cause, à moins que les difficultés élevées sur la nullité même n'en aient été l'objet. » — MM. Aubry et Rau font ressortir nettement la différence profonde qui, à leurs yeux, distingue le cas prévu par l'art. 2054 des hypothèses auxquelles se réfèrent les art. 2055 et 2056. Laissons-les ici exprimer eux-mêmes leur pensée : « Lorsque la transaction est intervenue sur un droit dont l'existence est indépendante de la nullité ou telle pièce destinée seulement à en fournir la preuve, la fausseté des pièces produites par l'une des parties n'empêche pas d'une manière absolue que le droit ne puisse exister, et laisse ainsi à la transaction une cause réelle. Il en est de même lorsque la transaction est conclue après un jugement passé en force de chose jugée. Tout jugement n'est, en effet, que déclaratif et non constitutif de droit ; il n'engendre qu'une présomption en faveur de celui qui l'a obtenu, et cette présomption, pouvant être contraire à la vérité, n'enlève pas nécessairement toute cause à la transaction. Dans ces deux hypothèses, la transaction ne peut donc être attaquée pour défaut de cause ; et, comme l'indiquent les art. 2055 et 2056, elle n'est sujette à annulation qu'autant qu'il y a eu erreur de la part de celui qui l'attaque ; la solution est toute différente dans le cas de l'art. 2054 : lorsqu'on a transigé sur un droit qui ne peut exister indépendamment du titre qui le constitue, l'annulation de ce titre fait disparaître ce droit d'une manière absolue, et ne laisse plus aucune cause à la transaction. L'exposé des motifs de Bigot-Préameneu et le discours du tribun Gillet au corps législatif établissent nettement que c'est à ce point de vue que s'est placé le législateur. Or, du moment où l'on admet que la nullité prononcée par l'art. 2054 est fondée, non sur un vice du consentement, mais sur un défaut de cause, il n'y a plus à rechercher si les parties avaient, ou non, connaissance de la nullité, et bien moins encore si c'est par une erreur de droit ou par une erreur de fait qu'elles l'avaient supposée valable ; la connaissance même du défaut de cause ne saurait en effet valider la convention qui en est destituée. Seulement, comme la question de nullité ou de validité d'un titre peut elle-même présenter des doutes plus ou moins sérieux, la transaction devra être maintenue, quoique faite en exécution d'un titre nul, si elle a simultanément porté, et sur la question d'efficacité du titre, et sur les difficultés que présentait son exécution. »

155. Pour nous, nous n'hésitons pas, avec Merlin et avec MM. Aubry et Rau, à repousser la distinction faite par plusieurs auteurs entre l'erreur de fait et l'erreur de droit. Que l'on adopte le motif donné par Merlin, qu'une transaction ne peut être étendue d'un objet à un autre, ou celui de MM. Aubry et Rau, que la transaction passée en exécution d'un titre nul sans que les parties aient expressément traité de la nullité manque de cause, la solution est suffisamment justifiée. Et ainsi s'évanouit l'antinomie apparente des articles 2052 et 2054. — Nous croyons même, avec MM. Aubry et Rau, que la connaissance de la nullité du titre par les parties au moment où elles transigent sur l'exécution de ce titre, est insuffisante pour valider les transactions. Ce qui nous touche surtout, ce sont les termes si précis de l'art. 2054, lequel exige, pour la validité de la transaction, que les parties aient *expressément* traité sur la nullité. Ce mot *expressément* ne nous paraît pas pouvoir être rejeté arbitrairement de l'article.—Toutefois, nous n'admettrions pas qu'il a été jugé, contrairement à notre opinion, qu'il suffit qu'un titre portant annulation d'un titre antérieur ait été connu des parties qui ont transigé sur l'exécution de ce dernier acte, pour qu'elles doivent être réputées avoir transigé sur la validité de cet acte et qu'il ne puissent plus se prévaloir de l'erreur résultant de ce qu'il aurait été à tort réputé valable : ce serait là, en tout cas, une erreur de droit et non de fait, insusceptible de faire rescinder la transaction (Req. 14 nov. 1838) (1). — V. aussi les arrêts cités n° 151.

(1) Espèce : — (Cavay C. Duclerc.) — 15 déc. 1818, acte sous seing privé par lequel Cavay vend à Duclerc les biens qu'il possède à Cayenne, et notamment l'habitation du Chenil ou Sainte-Agathe. — 9 fév. 1825, acte de société entre les mêmes parties, par lequel elles conviennent que les biens précités leur appartiendront par moitié et qu'elles se partageront les revenus sous certaines déductions. — Plus tard, Cavay intente contre Duclerc, représenté par Lesage, son mandataire, une action en résolution de la vente de 1818, faute de payement du prix. — Sur cette instance, il intervient, à la date du 30 août 1836, une transaction entre Lesage et Vuillaume, mandataire de Cavay. On y traite de la vente de 1818, mais l'acte de société de 1825, qui avait annulé cette vente, y est entièrement passé sous silence. — Vuillaume a même prétendu qu'il ignorait l'existence de cet acte. Aussi, communication lui en ayant été donnée par Lesage, il a d'abord demandé à ce dernier de revenir sur leurs arrangements ; puis, sur son refus, il l'a assigné en rescision de la transaction comme ayant été faite en exécution d'un titre nul (la vente de 1818), sans qu'on eût entendu traiter sur cette nullité (c. civ. 2054). — Le tribunal de première instance a accueilli le système du demandeur.

Appel. — 7 juin 1837, arrêt infirmatif de la cour de la Guyane française, qui maintient la transaction du 30 août 1836, par les motifs suivants : — «.... Considérant, en droit, que, si le mandant est censé former par lui-même les engagements contractés par le ministère d'un mandataire, celui-ci doit généralement être réputé avoir connaissance, comme celui qu'il représente, des faits, actes et circonstances même antérieurs au mandat, pourvu qu'ils soient relatifs à son exécution et qu'ils proviennent du mandant ; qu'il suit de là qu'en ce qui concerne le contrat de vente (du 15 déc. 1818)... et l'acte de société (du 9 fév. 1825)..., Vuillaume ne peut se prévaloir de son ignorance qu'autant que ce moyen peut être opposé par son mandant lui-même ; — Considérant encore que, si, en droit, le principe plus haut posé et sa déduction étaient contestés, en fait il est établi jusqu'à la dernière évidence que Vuillaume, avant la transaction du 30 août 1836, n'ignorait pas plus que son mandant l'existence des actes précités et leur objet ; qu'en effet, »...(ici la cour relève plusieurs faits qui prouvent, à ses yeux, que Vuillaume avait été instruit de l'existence de la société de 1825 par Cavay lui-même ; puis, examinant la question du procès au point de savoir si la transaction a eu lieu sur le titre nul et si les parties ont dû traiter sur la nullité, l'arrêt poursuit en ces termes) : — « Vu les art. 2052 et 2054 c. civ. combinés ; — Considérant qu'il est nécessaire, pour concilier la contradiction qui résulterait des deux articles précités, de distinguer le cas où celui qui demande la rescision de la transaction basée sur un titre nul, a ignoré la nullité du titre par une erreur de droit ou par une erreur de fait sur un titre nul et où il n'a pas été traité expressément sur la nullité, la transaction doit être annulée, puisque l'erreur de droit n'est pas un motif de rescision ; — Considérant qu'il est prouvé par ce qui précède que Vuillaume, en transigeant sur un titre nul, ne traitait point sous l'empire d'une erreur de fait ; qu'il connaissait l'existence du contrat formé en 1825 entre Benoît Cavay et Duclerc, et par suite, qu'il ne pouvait ignorer (ignorance qui, d'ailleurs, ne constituerait qu'une erreur de droit) que la société de 1825 ne pouvait exister concurremment et simultanément avec la vente de 1818 ; qu'en demandant l'exécution ou la résolution de ce dernier contrat et en provoquant plus tard la transaction sur le procès qu'il avait lui-même entamé, Vuillaume a tacitement renoncé aux moyens de nullité qu'il aurait pu proposer, avant le 30 août 1836, contre la vente de 1818 ; qu'il a donc consenti à anéantir l'acte de 1825 pour faire revivre celui de 1818, qui a reçu doublement une exécution libre et volontaire, d'abord par une transaction dont

156. Mais ici une grave difficulté s'élève. Comment concilier l'article 2054, tel qu'il est entendu par MM. Aubry et Rau, avec les art. 1338 et 1340, qui veulent que l'exécution volontaire d'une obligation par les parties, ou d'une donation par les héritiers ou ayants cause du donateur, emporte la renonciation aux moyens et exceptions que l'on pouvait opposer contre l'acte exécuté? Ne doit-on pas considérer la transaction passée sur l'exécution du titre nul comme une exécution volontaire de ce titre, emportant ratification? On suppose que les parties connaissaient ou étaient présumées connaître la nullité ; car c'est dans ce cas seulement que les art. 1338 et 1340 reçoivent leur application (V. Obligat., nᵒˢ 4520 et s.).—Merlin avait aperçu la difficulté, car dans la discussion même où il a traité la question, il cite l'art. 1340, et l'on voit que la règle posée par cet article était présente à sa pensée. C'est pour cela sans doute que, malgré la généralité de son principe que les transactions ne peuvent être étendues d'un objet à un autre, il subordonne cependant la rescision à l'existence d'une erreur de fait ou de droit, au risque de n'être pas, peut-être, parfaitement d'accord avec lui-même. —MM. Aubry et Rau (t. 3, p. 489, note 11) n'hésitent pas, eux, à voir dans l'art. 2054 une exception aux art. 1338 et 1340, et ils invoquent ici le principe même posé par Merlin. « Cette exception, disent-ils, dont le mérite est contestable au point de vue des principes généraux du droit, peut cependant s'expliquer par la considération que les transactions doivent strictement se renfermer dans leur objet, et que , du moment où il n'a point été expressément traité sur la nullité, les droits des parties restent entiers à cet égard. » — C'est à cette opinion que nous croyons devoir nous arrêter. Pour échapper à la nécessité de voir dans l'art. 2054 une exception aux art. 1338 et 1340, on pourrait dire peut-être que la transaction par laquelle les parties expliquent un acte antérieur et déterminent le sens dans lequel il devra être exécuté, est bien une préparation à l'exécution, mais n'est pas encore l'exécution, et dès lors ne peut être considérée comme important renonciation à opposer les vices dont l'acte peut être entaché. Mais, si l'on considère que la transaction implique, de la part de celui qui y concourt, abandon partiel des droits ou du moins des prétentions fondées sur le titre nul, il sera difficile de ne pas voir dans cette transaction même, et abstraction faite de tout acte ultérieur, une exécution du titre. C'est ainsi du reste que l'art. 2054 paraît l'envisager, car il dit, parlant de la transaction : « ...Lorsqu'elle a été faite en *exécution* d'un titre nul.... » — Quoi qu'il en soit , si la transaction elle-même avait été suivie d'exécution, la solution devrait être différente : la transaction se confond, dans ce cas, avec l'acte en vertu duquel elle est passée, et l'on ne peut exécuter celle-là sans exécuter en même temps celui-ci ; dans ce cas, il y a exécution volontaire de l'acte annulable, et par conséquent ratification. Il a été jugé, en ce sens, que l'on n'est pas recevable à faire annuler, comme n'ayant point statué sur une nullité, la transaction que l'on a exécutée volontairement (Paris, 21 fév. 1814, aff. Joly, V. nᵒ 151-2ᵉ).—Cet arrêt n'est pas bien explicite sur le point de savoir si les parties connaissaient ou non la nullité de l'acte qui a servi de base à la transaction. — Il est bien entendu que dans notre pensée cette connaissance est nécessaire : il n'y a pas de ratification si les parties ignoraient cette nullité au moment de la transaction.

157. Mais faudra-t-il prouver la connaissance de la nullité d'une manière formelle? ou bien suffira-t-il de la présumer sur ce seul motif qu'il s'agissait d'une nullité de forme qu'une simple inspection de l'acte suffisait pour faire reconnaître? C'est en ce dernier sens que la jurisprudence se prononce en matière de ratification tacite par exécution volontaire de l'acte annulable (V. ce qui est dit sur ce point vᵒ Dispos. entre-vifs et test., nᵒ 4529 et suiv. ; Obligat., nᵒˢ 2544 et suiv.; V. aussi M. Mourlon, loc. cit.) — Toutefois, il a été jugé qu'une transaction sur un testament ne peut être valable que lorsque le testament a été lu et reconnu (Poitiers, 23 therm. an 11, aff. Serventeau, V. Disp. entre-vifs, nᵒ 266).

158. MM. Aubry et Rau admettent une exception au principe absolu qu'ils posent; c'est lorsqu'une obligation naturelle doit survivre à l'annulation du titre. Dans ce cas, la connaissance de la nullité de la part de l'une des parties la rendrait non recevable à attaquer la transaction. Et , par exemple, l'héritier qui, connaissant les vices de forme qui existent dans un testament, transige avec un légataire sur les effets de son legs, ne peut être admis à critiquer la transaction, par le motif qu'elle aurait été conclue en exécution d'un titre nul, et qu'on n'aurait pas traité spécialement sur les nullités. On doit présumer qu'il a voulu, malgré la nullité du testament, faire honneur aux dernières volontés du défunt. C'est l'exécution d'une obligation naturelle. —V. en ce sens Rej. 3 déc. 1813, aff. Bourgoin, nᵒ 148.

159. Une dernière difficulté que soulève l'application de l'art. 2054 est de savoir dans quel sens doit être entendu le mot *titre*, dont se sert cet article, question qui paraît avoir peu occupé les auteurs. MM. Aubry et Rau, p. 448, note 9, les seuls, à ce qu'il nous semble, qui aient prévu la difficulté, pensent que le mot *titre*, dans l'art. 2054, doit être réputé comprendre non pas seulement l'*acte instrumentaire* servant de preuve à la convention ou à la disposition, dans le cas où cet acte est une condition de la validité de cette convention ou de cette disposition, mais aussi l'*acte juridique* sur lequel se fondent les prétentions qui forment l'objet de la transaction, c'est-à-dire, et nous croyons que c'est là le sens dans lequel MM. Aubry et Rau entendent le mot *acte juridique*, la convention, le contrat, cause, origine du droit : cela ne peut faire de doute. — Mais faut-il aller plus loin, et considérer comme placé sous la disposition de l'art. 2054, le titre qui dérive non pas seulement de la volonté de l'homme, mais aussi de la volonté de la loi? Et, par exemple, la personne qui dans une transaction serait reconnue, par erreur des parties, avoir droit à une hérédité, bien qu'elle ne fût pas appelée par la loi au rang utile pour succéder, devrait-elle être réputée avoir un titre nul, dans le sens de l'art. 2054? — Nous serions porté à adopter l'affirmative, par cette raison que celui qui invoque un titre légal qui ne lui appartient pas, c'est-à-dire qui n'a pas de titre du tout, ne peut être placé dans une situation plus favorable que celui qui a un titre réel : les raisons qui font prononcer la nullité de la transaction passée sur l'exécution d'un titre nul, nous paraissent, sous tous les rapports, applicables à la transaction passée en vertu d'un titre légal qui n'existe pas. C'est dans cette hypothèse surtout qu'il est vrai de dire que la transaction est sans cause.

160. La transaction est indivisible dans ses différentes parties : nulle en un point, elle est viciée dans son intégralité. —

---

il est la base et l'occasion, ensuite par le payement en l'acquit de Benoît Cavay, qui s'y trouve stipulé et qui a été immédiatement effectué par le mandataire du Duclerc... »

Pourvoi, pour violation de l'art. 2054 et fausse application de l'art. 2052 c. civ. — En fait, dit-on, Vuillaume n'ignorait pas l'existence même du contrat de société de 1825, mais il croyait qu'il lui serait impossible de retrouver l'acte qui était sous seing privé, pour en poursuivre l'exécution. C'est là une erreur de fait qui est établie par tous les documents du procès, et qui devait faire prononcer la nullité de la transaction de 1836, en admettant la distinction de la cour d'appel entre le cas où il y a erreur de fait et celui où il y a erreur de droit. — Mais, du reste, cette distinction est inadmissible. Le motif de l'art. 2054 n'est pas, en effet, restreint au cas où le titre nul, en exécution duquel on a transigé, a été supposé valable par une erreur de fait. Si une transaction qui a porté sur la nullité d'un titre d'un titre, ne peut être rescindée sous le prétexte que l'une des parties aurait ignoré ou méconnu l'avantage qu'elle pouvait ignorer d'un point de droit ; en revanche, la transaction qui n'a

porté que sur le mode d'exécution d'un titre nul et dans la discussion de laquelle on a, *par une erreur quelconque*, supposé ce titre valable, est sujette à la rescision prononcée par l'art. 2054. — On cite la doctrine de Merlin (Rép., 4ᵉ édit., vᵒ Transact., § 5, p. 82). — Dans l'espèce, la transaction de 1836 n'a point porté sur la validité ou la nullité de la vente de 1818, auquel cas elle serait inattaquable en vertu de l'art. 2052: des deux parts, la vente de 1818 était, par une erreur quelconque, supposée valable, et la transaction n'a porté que sur son exécution. — Arrêt.

LA COUR ; — Attendu que l'arrêt attaqué décide, en fait, qu'il est établi jusqu'à la dernière évidence que l'acte de 1825, sur lequel il avait été transigé le 30 août 1836, était parfaitement connu des parties et qu'elles ont entendu traiter sur la nullité dudit acte ; — D'où il suit que ledit arrêt, loin d'avoir violé l'art. 2054 c. civ., en a fait une juste application ; — Rejette.

Du 14 nov. 1858.-C. C., ch. req.—MM. Zangiacomi, pr.—Bernard de Rennes, rap.—Hervé, av. gén., c. conf.-Galisset, av.

On doit présumer, dit Julien (statuts de Provence, t. 2, p. 211-212-213), ainsi que d'Argentré, sur Bretagne, art. 453, glose, 2), que tous les chefs d'un même acte, d'une même transaction, quoique distincts, ont été accordés les uns en considération des autres; ...nous tenons pour maxime que tous les pactes d'un même contrat sont corrélatifs et accordés les uns en considération des autres. — Grotius observe que tous les articles d'un même contrat sont censés être les uns dans les autres par manière de condition (*De jure pacis et belli*, lib. 3, c. 19, n° 14). —Ces principes sont en harmonie avec l'opinion manifestée par les orateurs du gouvernement : « Lors même que les divers points sur lesquels on a traité sont indépendants quant à leur objet, il n'en est pas moins incertain, s'ils ont été indépendants quant à la volonté de contracter, et si les parties eussent traité séparément sur l'un des points » (M. Bigot-Préameneu, V. *suprà*, p. 639, n° 15; Conf. MM. Duranton, t. 18, n° 429; Rigal, p. 150, n° 2 et 3; Troplong, Trans., n° 132). — Jugé, en conséquence, qu'il y a indivisibilité entre les clauses corrélatives d'une transaction, en telle sorte que la nullité d'une clause défavorable au demandeur empêche qu'il puisse réclamer l'exécution d'une clause qui lui serait avantageuse (Paris, 2° ch., 15 mars 1826, M. Agier, pr., aff. Dasson; Conf. Merlin, v° Transact., § 5, n° 3; M. Troplong, sur l'art. 2055).—V. aussi n°° 76, 131-3°.

---

(1) (Gardel C. Roques.) — LA COUR; — Attendu que, lors de l'acte convenu, le 14 juill. 1821, par la dame Françoise Gardel, veuve et héritière de Paul Roques, d'une part, et, de l'autre part, les demoiselles Jeanne et Françoise Roques, il existait, entre ces parties, de nombreuses et très-sérieuses difficultés, relativement à l'attribution que l'on devait faire à telle ou telle autre des successions à partager, des créances et valeurs mobilières trouvées lors de l'inventaire, des objets composant celle de Paul Roques, et encore à cause des reprises à exercer sur la succession paternelle et sur celle même de Paul Roques; — Qu'en effet, les demoiselles Roques, indépendamment des leurs droits de légitime sur la succession de Jean Roques, leur père, prétendaient que l'une d'elles était créancière de cette succession en une somme de 950 liv., à elle léguée le 7 août 1785, par son oncle Bernard Begon, et reçue par son père le 29 oct. 1784 ; tandis que la dame veuve Roques soutenait que cette somme avait été plus tard remboursée à sa belle-sœur; que celle-ci prétendait encore donner à un legs que lui avait fait Paul Roques plus d'étendue que ne voulait en accorder sa veuve;—Que, sur tous ces objets, il y avait une instance engagée dès le 1er juin 1821; de sorte que les parties, en appliquant, par égales parts aux successions paternelle, maternelle et fraternelle l'entier mobilier qui garnissait la maison de Paul Roques, et toutes les créances et valeurs mentionnées dans l'inventaire, et renonçant, d'ailleurs, à leurs réserves respectives, ont fait une véritable transaction, indépendante de l'acte de partage, et dont le résultat a été de fixer les bases sur lesquelles le partage devrait être fait ; — Que l'on a également renoncé aux accusations de soustraction et latitation frauduleuses que les parties s'étaient réciproquement reprochées; ce qui donne, de plus en plus, à cette portion des accords, le caractère d'une véritable transaction; — Que cette transaction, ainsi arrêtée, laissait subsister l'indivision, et qu'il restait à faire le partage proprement dit, c'est-à-dire la distribution aux intéressés des biens dépendants des successions dans la mesure de leurs intérêts respectifs ; qu'il est donc constant que deux actes bien distincts, bien caractérisés, ont été faits le 14 juill. 1821, savoir : la transaction et le partage ; que le premier ne peut être exposé à aucune rescision pour lésion, et qu'une demande de ce genre ne saurait atteindre que l'acte de partage, au cas d'un préjudice de plus du quart; ce qui est le sens naturel de l'art. 888 c. civ., dont il faut rapprocher l'art. 2052 du même code ; — Que si le premier permet la rescision de l'acte de partage, même alors qu'il est qualifié de transaction, cela ne doit et ne peut s'entendre que d'un véritable partage faussement qualifié, et dans lequel il n'existe point de transaction réelle; mais qu'il répugne de vouloir qu'il en soit ainsi lorsque, comme dans l'espèce, le partage est précédé d'un acte contenant transaction, indépendant de celui qui le suit; — Que, si l'on admettait le système que, dès qu'un partage a été réglé dans un acte, la rescision de ce partage doit entraîner celle des conventions extrinsèques au partage, mais écrites dans le même acte, on rendrait impossible tout traité entre des cohéritiers sur les contestations incidentes au partage, et qui en sont le préliminaire; tandis qu'il importe de faciliter, au contraire, les moyens de faire cesser toutes ces contestations ; — Que ce but moral est le plus digne de la sagesse de la loi, qui veut seulement que l'égalité préside au partage, et que chacun des copartageants reçoive la part qui lui revient dans la masse reconnue et constatée ; — Que, s'il en était autrement, il faudrait admettre que les copartageants pourraient se jouer d'un acte contenant transaction et partage, et de toutes les mentions qui y seraient écrites; revenir, par conséquent, contre les

---

161. Cependant il a été jugé que l'existence d'un acte est divisible : qu'il y a autant d'actes différents que de chefs distincts, séparés et indépendants. Ainsi, lorsque des cohéritiers, entre lesquels des difficultés s'étaient élevées touchant la consistance du patrimoine du défunt et l'étendue des reprises qu'ils pouvaient avoir à exercer respectivement, ont transigé sur ces difficultés, et procédé ensuite par le même acte au partage des biens, suivant les bases préliminaires arrêtées; si, plus tard, l'un d'eux prétend avoir été lésé, son action en rescision ne peut frapper que la seconde partie de l'acte, relative aux opérations matérielles du partage ; la transaction contenue dans la première partie doit être maintenue (Toulouse, 11 juill. 1828) (1).

162. De même, si une transaction est reconnue contenir des clauses distinctes et indépendantes les unes des autres, les tribunaux ont pu valider celles des clauses qui sont conformes à la loi, et annuler celle qui lui est contraire, en ce que, par exemple, elle présentait une stipulation sur une succession future; ils ne sont pas obligés d'annuler la transaction en totalité (Req. 9 fév. 1830) (2). — Mais il est à remarquer que dans ces deux affaires les juges ont eu soin de constater que les clauses de l'acte étaient distinctes et indépendantes les unes des autres. —V. aussi v° Obligat., n° 432.

163. L'art. 2055 a fait une application spéciale du prin-

aveux, les reconnaissances de tout genre, faits dans la transaction, et se prévaloir de la destruction de l'acte, où leurs déclarations et leurs accords auraient été consignés ; — Que ces conséquences du système de la rescision possible de la transaction qui précède un partage en démontrent suffisamment l'absurdité, et, par suite, l'illégalité; — Que le système contraire, qui n'est point en opposition avec l'art. 888, sainement entendu, est conforme à celui de l'art. 2052, et que ce système est sans danger; qu'il est tout à la fois moral et utile aux cohéritiers ; — Qu'il suit de là que c'est avec raison que les premiers juges ont respecté les accords, qui ne sont point le partage, en autorisant, seulement quant au partage, les vérifications nécessaires pour constater la lésion dont se plaint la dame veuve Roques; que l'appel qu'elle a relevé de ce jugement est sans fondement, et qu'elle en doit être démise ; — Par ces motifs, déboutè de l'appel.

Du 11 juill. 1828.—C. de Toulouse.—M. de Miégeville, pr.

(2) Espèce : —(Bonmarchand C. Alviset, etc.)—La dame de Bouligney décéda en 1818, laissant un testament par lequel elle lègue à la dame de Bonmarchand, l'un de ses quatre enfants, le domaine de Ranzevelle, à la charge de soulte à payer en argent, pour ce qui excéderait sa part. — La dame Alviset, autre enfant, manifestait l'intention d'attaquer ce legs ; M. de Bouligney père vivait encore, mais était fort âgé. — Le 30 mai 1818, intervint, entre tous les cohéritiers, une transaction, par laquelle il fut convenu, 1° que les parties resteraient dans l'indivision pendant cinq ans; 2° que, si, à cette époque, les parties possédaient d'autres biens indivis, on ferait du tout un seul partage; 3° que Mad. de Bonmarchand pourrait choisir celui des lots qui comprendrait le domaine de Ranzevelle, pourvu qu'il cet immeuble ne donnât pas lieu à une soulte excédant 10,000 fr.; 4° au cas de soulte plus forte, Mad. de Bonmarchand renonçait à toute préférence sur ce domaine. — Quel fut le motif de ce traité ? — Voulut-on épargner à M. de Bouligney père la douleur de voir un procès au sein de sa famille ? Voulut-on attendre son décès, afin de composer, avec les deux successions réunies, des lots qui donneraient à chacun des enfants leur part héréditaire en immeubles, tandis que, par le testament de la dame de Bouligney, la dame Bonmarchand, seule, recevait sa part en corps immobiliers ? — C'est ce que cette dame a en effet prétendu.

Quoi qu'il en soit, et après le décès de M. de Bouligney, la dame Alviset n'a accepté sa succession que sous bénéfice d'inventaire, dans la vue, peut-être, comme on l'a prétendu, de ne point confondre les biens du père avec ceux de sa mère. — Ensuite, elle a prétendu, 1° que la disposition faite au profit de sa sœur, la dame de Bonmarchand, ne contenait point dispense de rapport; 2° que la clause du traité du 30 mai 1818, par laquelle la dame de Bonmarchand consentait à ne posséder qu'une partie du domaine de Ranzevelle, si cette terre dépassait, en valeur, l'importance de sa portion dans les deux hérédités réunies, ne s'appliquait point, seulement, au cas de leur réunion ; qu'elle était absolue, et faite pour le cas même où la succession maternelle se partagerait indépendamment de la succession paternelle. Elle conclut, subsidiairement, à ce que la dame de Bonmarchand, si elle était autorisée à prendre ses droits maternels dans le domaine à elle légué, ne pût, du moins, se l'approprier que jusqu'à concurrence de sa part, et que le reste de la terre fût réparti entre les autres héritiers. — La dame de Bonmarchand soutint, 1° qu'elle n'avait consenti à laisser modifier son legs, comme il l'était dans cet acte, que pour le cas où les deux successions se trouveraient réunies; 2° Qu'au surplus, et pour éviter toute discussion d'in-

cipe de l'indivisibilité de la transaction, en décidant que la transaction faite sur pièces, depuis reconnues fausses, est entièrement nulle. On ne suit pas dans notre droit la loi 42, C., *De
transact.*, qui n'annulait la transaction que sur les chefs relatifs
à la pièce fausse. — Il résulte de notre article que, quand même
les actes produits ne seraient pas tous faux, la transaction n'en
serait pas moins nulle en totalité; car tout y est corrélatif, les
sacrifices y sont réciproques.

164. Il résulte encore de l'art. 2053, dit M. Duranton, t. 18,
n° 429, que si la transaction portait sur l'allégation de la fausseté des pièces, elle serait valable, lors même que ce ne serait
que depuis l'acte que le faux viendrait à être clairement établi
[L. 42, *in fine*, C., *De trans.*]; car si elle est nulle lorsqu'elle a eu
lieu sur pièces qui depuis ont été reconnues fausses, c'est qu'a-
lors elle était sans cause; il n'y avait en réalité rien de litigieux

entre les parties; tandis que lorsqu'elle a lieu sur l'allégation de
la fausseté des pièces, elle a une cause, puisque le point de savoir si les pièces étaient ou non fausses était précisément la matière d'une contestation entre les parties.

165. On peut même transiger sur un faux certain, puisqu'on le peut sur l'intérêt civil résultant d'un délit (2046, 2055
c. nap., et 249 c. pr.; M. Duranton, *eod.*).—V. n° 91 et suiv.

166. Il a été jugé que dans le cas où il a été transigé entre
un cohéritier et le légataire universel sur l'irrégularité qu'un
testament peut présenter, si plus tard, et sur la demande d'un
autre cohéritier, le testament a été déclaré faux, le premier cohéritier n'est pas fondé à se prévaloir de ce jugement, auquel
il est demeuré étranger, pour prétendre que la transaction, qu'il
a d'ailleurs exécutée, doit être annulée comme basée sur une
pièce fausse (Req. 17 nov. 1830) (1).

---

terprétation, quelque avantage qu'elle y dût d'ailleurs avoir, elle en demandait la nullité, en ce qu'il avait pour cause une convention sur une
succession future. — 7 janv. 1828, jugement du tribunal de Besançon,
qui accueille cette défense.

Appel par les dames Alvizet et Bourgon. — Dans l'instance, l'intimée produisit une lettre de M. Bouvot, leur cohéritier, portant qu'il était
bien vrai que l'acte du 30 mai 1818 avait été souscrit uniquement en
vue du cas où les deux successions paternelle et maternelle seraient confondues en une seule masse, et ne devait avoir d'effet que dans ce cas.
Néanmoins, le 8 mars 1828, arrêt infirmatif de la cour de Besançon,
qui admit les conclusions des appelantes, et décida que madame de Bonmarchand ne pourrait s'approprier le domaine de Ranzevelle que jusqu'à
concurrence dans sa part de la succession de sa mère. Les motifs portent:
— « Considérant que, par le testament de la dame de Bouligney, la
dame de Bonmarchand devait, pour son quart dans la succession, obtenir le domaine de Ranzevelle, sauf à rapporter en argent le mieux-
value; que cette disposition n'est point contraire à la loi; que la dame
de Bouligney, en déclarant que le rapport serait fait en argent, a suffisamment exprimé qu'elle dispensait la dame de Bonmarchand, à l'elle,
de tout autre rapport; que, dès lors, cette disposition doit être maintenue
dans toutes les parties auxquelles il n'a pas été dérogé par le traité du
30 mai 1818; — Considérant, sur ce traité: 1° que la dame de Bonmarchand est recevable à en soutenir la nullité, puisqu'en demandant
l'exécution, elle n'a en d'autre but que d'obtenir le cumul et le partage
de la succession paternelle et maternelle; que cette demande, ayant été
rejetée doit être considérée comme non avenue, ne peut préjudicier aux
droits de la dame de Bonmarchand; que, si elle est recevable à attaquer
l'acte du 30 mai 1818, elle n'en peut demander la nullité que pour la partie
qui pourrait se rapporter au partage de la succession du sieur de Bouligney,
cette partie seule se trouvant contraire à la loi, qui ne permet aucune
stipulation sur la succession d'une personne vivante; — 2° Que cet acte du
30 mai a eu trois causes : 1° celle de prévenir un procès; 2° celle d'é-
viter les inconvénients d'un partage judiciaire, et 3° celle d'attendre la
mort du sieur de Bouligney, pour qu'il ne soit fait qu'un seul partage
des deux successions paternelle et maternelle; que les deux premières
sont expresses et licites; que la troisième résulte suffisamment de
l'intention des parties, mais peut être attaquée comme contraire à la loi;
— 3° Que l'art. 2 du traité renferme deux dispositions bien distinctes:
l'une relative au partage des immeubles de la succession de la dame de
Bouligney; l'autre au partage de ces mêmes immeubles, auxquels seraient réunis ceux qui pourraient se trouver alors indivis entre les copartageants; que cette dernière disposition, se rapportant à la troisième
clause du traité, par conséquent à la succession d'un homme vivant, ne
peut se soutenir; — Mais qu'il n'en est pas de même de la première
qui, étant claire, distincte de la seconde, et n'ayant besoin, pour être
entendue, d'aucune interprétation, doit être maintenue; qu'il résulte de
ce même article que, dans le premier cas, comme dans le second, madame de Bonmarchand consent à ce que la succession de la dame sa
mère soit divisée en quatre lots égaux en nature, autant que faire se
pourra, se réservant, seulement par les articles suivants, la faculté de
choisir le lot dans lequel sera compris le château de Ranzevelle et ses
dépendances, lequel lot sera composé en entier de fonds provenant du
domaine de Ranzevelle; que cette disposition n'ayant rien d'illicite, et
ayant une juste cause énoncée dans l'acte, celle de prévenir les difficultés entre les copartageants, doit être d'autant plus maintenue que,
d'une part, il résulte des plaidoiries que le domaine de Ranzevelle
entrait en entier dans la composition d'un lot, il excéderait de plus de
11,000 fr. la valeur des autres lots; que, d'autre part, la dame de
Bonmarchand, tout en consentant à la formation de quatre lots égaux
en nature, conserve encore le moyen d'obtenir un avantage véritable, la faculté de choisir
un lot composé d'un seul domaine. »

Pourvoi pour violation des art. 1130 et 1131 c. civ. — La demanderesse s'efforce d'établir que la transaction ne pouvait être scindée; que
toutes les parties d'une transaction, entre elles, une relation intime;

qu'elles sont mutuellement subordonnées à une dépendance réciproque;
qu'elles forment toutes ensemble les conditions sous lesquelles les parties consentent à relâcher quelque chose de leurs droits, et dont une
seule, retranchée contre leur gré, entraînerait immédiatement la révocation de ces sacrifices et l'annihilation du pacte total; que la cour a commis une erreur de droit, quand elle a jugé qu'une transaction pouvait
être annulée partiellement.

M. Laplagne-Barris, av. gén., dans ses conclusions, a reconnu le
danger qu'il pourrait y avoir, surtout en matière de transaction, à permettre aux tribunaux de valider un acte dans une partie, et de l'annuler
dans une autre; mais il a soutenu qu'aucune loi formelle ne leur défendait de scinder ainsi un acte, lorsqu'il renfermait des conventions
distinctes dans leur cause et dans leur objet : or, la question de savoir
si cette distinction existe, est, évidemment, une simple interprétation
d'acte qui est dans les attributions exclusives des cours royales. — L'arrêt attaqué, en constatant que la transaction contenait deux dispositions
distinctes, qui pouvaient exister indépendamment l'une de l'autre, a-
t-il fait autre chose que d'interpréter le contrat? non, à notre avis. —
Arrêt.

La cour; — Attendu que l'arrêt, étant fondé sur l'interprétation des
clauses de l'acte, et sur la volonté des parties, dans le traité du 30 mai
1818, qu'il déclare renfermer des conventions distinctes et indépendantes les unes des autres, échappe à la censure de la cour de cassation,
puisqu'il ne peut alors renfermer la violation d'aucunes lois; — Rejette, etc.

Du 9 fév. 1830.-C. C., ch. req.-MM. Favard, pr.-Voysin de Gartempe, rap.-Laplagne-Barris, av. gén., c. conf.-Dalloz, av.

(1) *Espèce:* — (Gilmaire C. Pinson.) — Décès de la veuve Heurotel.—
Pinson présente un testament olographe de cette dame, et se fait envoyer
en possession de ses biens. — Les héritiers légitimes, au nombre desquels se trouvait Gilmaire, ne pouvant vérifier l'écriture de ce testament, se doutant cependant, qu'il était faux, transigèrent avec Pinson,
qui leur paya à chacun la somme de 1,000 fr. — Plus tard, la veuve Lardenois, nièce et successible aussi de la testatrice, fait prononcer la nullité de ce testament comme faux. — Gilmaire refuse alors d'exécuter la
transaction qu'il avait passée avec Pinson, et il n'accepte pas les offres
de ladite somme de 1,000 fr. à lui faites par ce dernier. — Devant le
tribunal de première instance où la contestation fut portée, Gilmaire invoquait, notamment, les dispositions de l'art. 2055 c. civ., d'après lequel la transaction faite sur pièces, qui depuis ont été reconnues fausses,
est entièrement nulle; il déclarait subsidiairement, pour le cas où le tribunal n'admettrait pas ce moyen, vouloir s'inscrire en faux contre le
testament dont il s'agit. — 4 juin 1828, jugement du tribunal de Sédan,
qui, sans avoir égard à la demande en nullité de la transaction, et attendu que la déclaration subsidiaire faite par Gilmaire, tendant à ce que
se pourvoir en faux incident civil contre le testament, s'il était produit,
ne peut être assimilée à une inscription de faux, déclare les offres de
Pinson bonnes et valables. — Appel. — 9 avr. 1829, arrêt de la cour de
Metz, qui adopte les motifs des premiers juges.

Pourvoi : 1° Fausse application des art. 2053, 2054 et 2055 c. civ.,
en refusant d'annuler une transaction faite sur pièce reconnue fausse postérieurement; — 2° Fausse application des art. 214 et suiv. c. pr., en
exigeant une inscription de faux incident, avant que la partie adverse eût
produit en justice la pièce fausse. — Arrêt.

La cour; — Attendu, sur le premier moyen, qu'en motivant l'arrêt sur
le consentement donné à l'exécution du testament et sur ce
que la décision rendue au profit de la veuve Lardenois était étrangère au
demandeur, la cour royale de Metz a donné, explicitement, des motifs
très-directement applicables aux moyens invoqués devant elle; — Attendu,
sur le deuxième moyen, que, d'une part, il n'est pas possible de considérer un acte sous signature privée, non vérifié, comme un acte faux, au
défaut de vérification pouvant, comme dans l'espèce, n'avoir d'autre cause
que l'insuffisance des pièces produites, et que, d'une autre part, ce n'est
point avec le demandeur que le testament dont il s'agit a été déclaré

167. L'art. 2056 porte : « La transaction sur un procès terminé par un jugement passé en force de *chose jugée* dont les parties ou l'une d'elles n'avaient pas *connaissance*, est nulle. » — « Si le jugement ignoré des parties était *susceptible d'appel* la transaction serait valable. » — Cet article prévoit deux cas : 1° Les deux parties ou l'une d'elles n'ont pas connaissance du jugement passé en force de chose jugée, et alors la transaction est nulle; et, en effet, la transaction a été consentie dans la pensée qu'il existait une difficulté sérieuse, un doute sur le droit, et ce doute n'existait plus, puisque le jugement passé en force de chose jugée, avait tranché la question d'une manière définitive. La transaction reposait sur une fausse cause (Merlin, v° Transact., § 2, n° 1; Brillon, v° Transact., n° 7; MM. Marbeau, n° 112, 116; Rolland, n° 49; Troplong, sur l'art. 2056 ; Rigal, p. 60 et 61) ; — 2° Le jugement est ignoré, mais il est susceptible d'appel, alors la transaction est valable, car la difficulté existe toujours, le débat n'est pas terminé (Despeisses, t. 1, p. 832, n° 7; et les auteurs ci-dessus cités).

168. L'art. 2056 ne s'explique pas sur le cas où le jugement ignoré des parties serait susceptible d'un pourvoi en cassation. Ce pourvoi, a dit M. Bigot-Préameneu (Fenet, t. 15, p. 111), n'empêche pas qu'il n'y ait un droit acquis, un droit dont l'exécution n'est pas suspendue (Observation conforme à l'art. 5 du tit. 27 de l'ordon. de 1669). Mais si les moyens de cassation présentaient eux-mêmes une question douteuse, cette contestation pourrait, comme toute autre, être l'objet d'une transaction. » —Quant à la requête civile, lors même que le jugement ignoré des parties pourrait être attaqué par cette voie, la transaction serait nulle (MM. Duranton, t. 18, n° 431; Troplong, n° 155). Le procès est jugé en dernier ressort. — Il a été jugé qu'un procès jugé en dernier ressort peut devenir la matière d'une transaction, dans le cas où le jugement intervenu est susceptible du recours en cassation (Cass. 16 prair. an 13) (1).—L'arrêt tranche la question, sans rechercher si le droit est ou non douteux. L'opinion de MM. Duranton et Troplong, fortifiée du discours de l'orateur au conseil d'État, est plus conforme au principe strict et de droit rigoureux. Cependant on peut dire, en rentrant dans les idées exprimées par M. Troplong lui-même, que le seul désir de terminer un procès et d'acquérir sa tranquillité, peut être considéré comme un motif suffisant pour transiger dans ce cas.

169. La transaction serait-elle valable si les deux parties connaissaient le jugement? Il faut répondre affirmativement par un argument à contrario, tiré du texte même de l'art. 2056 (Conf. MM. Merlin, v° Transact., § 2; Rolland, eod., n° 49; Marbeau, n° 115, 116). — En droit romain, il en était autrement, la loi 32, c. De transact., décide qu'on ne doit avoir aucun égard à une transaction faite sur un procès jugé en dernier ressort, alors même que les parties ont connu les dispositions du jugement (Conf. Favre, qui cite un arrêt du sénat de Chambéry de 1588, qui annule une transaction faite avec cette clause, « soit qu'il y ait arrêt définitif, soit qu'il n'y en ait pas »). — Et cela, ajoute M. Troplong, eod., par la raison qu'on ne peut transiger sur la chose jugée. Puis, le même auteur ajoute : « Dans notre droit, cette rigueur n'est pas admise; et si le traité intervenu entre les parties, en connaissance de cause du jugement, peut ne pas mériter le nom de transaction, il vaut au moins comme renonciation, comme pacte sans nom » (Conf. MM. Aubry et Rau, 3e édit., t. 5, p. 476 et note 4). — Il a été jugé qu'il y a une transaction valable lorsque le jugement est connu des parties, et que celle qui l'a obtenu abandonne des droits qui lui étaient acquis, pour

se procurer ceux qu'elle n'avait pas (Cass. 8 therm. an 10, aff. Guyenot, V. Mariage, n° 773-1°).

170. Que décider à l'égard d'une transaction faite dans l'ignorance de titres postérieurement découverts? Il faut distinguer : si la transaction est générale, elle reste valable, à moins que les titres n'aient été retenus par l'une des parties; alors il y aurait dol de sa part; si elle est spéciale, la découverte de titres constatant que l'une des parties n'avait aucun droit, sera toujours une cause de rescision (c. nap. 2057). — Mais, avant le code, des pièces nouvellement découvertes ne pouvaient, si elles n'avaient pas été retenues par le dol de la partie, déterminer la rescision d'une transaction, lors même que ces pièces seraient des quittances de la créance, qui a fait la matière de la transaction (Cass. 1er germ. an 10, M. Coffinhal, rap., aff. Binet C. Guillot).—Sous le code civil, le contraire devrait être décidé, en vertu de l'art. 2057, § 2.

171. L'erreur de calcul, dans une transaction n'est pas une cause de nullité, mais elle doit être réparée (c. nap. 2058).—Voët n° 23 a dit : L'erreur de calcul ne tire pas à conséquence (Conf. Merlin, Rép. v° Transact. § 5, n° 12 ; M. Troplong sur l'art. 2058, p. 680). Mais cette erreur doit être strictement renfermée dans la signification pure et simple que les mots nous représentent. Ainsi, a dit M. Bigot-Préameneu « on ne pourrait pas regarder comme certaine la volonté des contractants, s'il s'agissait d'erreurs de calcul faites par les parties dans l'exposition des prétentions sur lesquelles on a transigé. Ainsi la transaction sur un compte litigieux ne pourrait être attaquée pour cause de découverte d'erreur ou d'inexactitude dans les articles du compte. » — M. Troplong (p. 681) fait observer avec raison que par ces paroles, il ne faut pas entendre que l'on doive respecter une erreur de calcul qui s'est glissée dont un compte litigieux ; et que l'erreur qu'on n'a pas le droit de rectifier est celle qui reposerait sur une prétention qui se traduirait en chiffres dans un compte. Du reste, l'esprit de l'article ressort parfaitement de la discussion qui a eu lieu au conseil d'État (V. Locré, t. 15, p. 409). A la suite de ces mots : « L'erreur de calcul dans une transaction doit être réparée, » le projet du code ajoutait : « Mais la transaction sur un compte litigieux ne peut être attaquée pour cause d'erreur ou d'inexactitude dans les articles de compte. »—M. Tronchet fit observer que ce paragraphe portait atteinte au principe reçu de tout temps, qu'on a toujours le droit de revenir contre une erreur de calcul, et le paragraphe a été retranché. Ainsi l'erreur matérielle qui se détache de toute prétention des parties, doit toujours être réparée.

172. Il a été jugé qu'encore bien qu'il ne serait pas exprimé dans l'acte que les parties ont voulu transiger, ou qu'une contestation fût née entre les parties, ou sur le point de naître, les omissions de sommes et les erreurs de chiffre, qui se trouvent dans une transaction sur un règlement de compte, ont pu n'être pas regardées comme des erreurs de fait, et par suite comme susceptibles d'entraîner la rescision de la transaction (Req. 3 janv. 1851, aff. Lemarchand, V. n° 22-1°). — Il ne s'agit pas ici de simples erreurs de calcul, cas où d'après l'art. 2058 l'erreur peut être réparée, mais d'omissions de sommes, ce qui est fort différent. — V. aussi n° 120.

173. L'action tendant à faire prononcer la résolution d'une transaction, est une action personnelle qui, aux termes de l'art. 59 c. pr., doit être portée devant le tribunal du domicile du défendeur ; elle ne peut être formée incidemment en cour d'appel devant le juge saisi du débat dans lequel on s'est prévalu

---

non vérifié, c'est avec un autre héritier et par un jugement étranger au demandeur, tandis que le demandeur, sachant parfaitement ce qu'était un testament olographe, avait, volontairement et librement, consenti à ce qu'il fût exécuté ; — Attendu, sur le troisième moyen, qu'au lieu de s'inscrire en faux contre le testament, le demandeur demanda seulement acte des réserves qu'il faisait de s'inscrire en faux, et que la cour royale n'a pu y voir autre chose qu'une réserve ; — Rejette.
Du 17 nov. 1850.—C. C., ch. req.-MM. Dunoyer, pr.-Mestadier, rap.
(1) *Espèce* : — (Bourgeois C. Lamotte.) — Jugement qui condamne Bourgeois à payer à Lamotte la somme de 472 fr. — Une transaction a lieu entre eux. — Nonobstant cette transaction, Lamotte fait, en vertu du jugement, une saisie-exécution sur Bourgeois. — Opposition de celui-ci. — Jugement du tribunal d'Autun, qui annule cette transaction.

sur le fondement que le jugement qui condamnait Lamotte était en dernier ressort. — Pourvoi. — Arrêt.
LA COUR; — Vu les lois romaines qui ordonnent l'exécution des transactions, et l'édit du mois d'avril 1560; — Attendu que le jugement du 6 germ. an 9 avait été signifié à Bourgeois de la part de Lamotte, et qu'ainsi chacune des parties connaissait un vrai l'état des contestations ; qu'en la position où elles se trouvaient elles pouvaient encore transiger sur la résiliation du jugement; enfin, que les juges d'Autun n'ont ni précisé les circonstances de fraude, ni affirmé positivement que la transaction dont il en fût la suite ; — Casse.
Du 16 prair. an 13.-C. C., sect. civ.-MM. Maleville, pr.-Brillat, rap.

(Liége, 23 déc. 1816) (1). — Car la demande en résolution d'un contrat, au lieu d'une demande qui en première instance ne tendait qu'à en faire prononcer la nullité, constitue une demande nouvelle qui n'est point admissible en instance d'appel ; elle doit subir les deux degrés de juridiction (même arrêt). — De plus, l'instance sur un procès terminé par une transaction ne peut pas être reprise tant que cette transaction subsiste et n'a pas été résolue par un jugement (même arrêt).

(1) (Defavereau C. Jaymaert.) — LA COUR ; — Attendu que par acte sous seing privé fait double à Liége le 25 fév. 1805, entre feu B..., d'une part, et la dame Defavereau, mère des appelants, d'autre part, l'ancien procès existant depuis plus d'un siècle au sujet des biens de Mezeret, a été transigé et mis à néant, au moyen des stipulations énoncées audit acte;

Attendu que cet acte de transaction a été exécuté par plusieurs payements de la rente de 2,400 liv., créée par ledit acte au profit de la dame Defavereau; — Attendu que ce même acte subsiste et doit produire ses effets aussi longtemps qu'il n'a pas été résolu par un jugement rendu compétemment et en dernier ressort; — Attendu que les appelants ont conclu, devant les premiers juges, à ce que, sans s'arrêter ni avoir égard à ladite transaction qui demeurerait nulle et comme non avenue, le défendeur, aujourd'hui intimé, serait condamné, en sa qualité de curateur à la succession dudit B..., à reprendre et à résumer l'instance du procès transigé; — Attendu qu'ils n'ont articulé aucun moyen valable de nullité contre ladite transaction, qui a été faite librement et entre personnes majeures;

Attendu que la conclusion qu'ils ont prise en instance d'appel, tendante à faire résoudre ladite transaction, est une conclusion nouvelle qui n'est point admissible en instance d'appel, comme devant subir les deux degrés de juridiction; — Attendu, au surplus, que les appelants ne pouvaient demander cette résolution par forme de réplique, et que, s'ils se croyaient fondés à la provoquer, ils auraient dû la demander par action principale, en formant à cet effet une demande devant les juges compétents; — Attendu que l'action tendante à faire prononcer la résolution de ladite transaction est une action personnelle qui, aux termes de l'art. 59 c. pr., doit être portée devant le tribunal du domicile de feu B..., ou plutôt devant le tribunal du lieu où la succession de celui-ci a été ouverte; — Ordonne que le jugement dont est appel sera exécuté suivant sa forme et teneur.
Du 25 déc. 1816.=C. de Liége.

TRANSBORDEMENT. — Transport de marchandises d'un navire soit sur un autre navire, soit sur un bateau, soit même sur des véhicules de terre. — V. Douanes, nos 326 et suiv.; Droit maritime, n° 573.

TRANSCRIPTION HYPOTHÉCAIRE (1). — **1.** Nous avons déjà parlé, dans notre traité des Priviléges et hypothèques (n°⁵ 1700 à 1736, et 2056 à 2072), de la transcription hypothécaire, considérée, soit comme mise en demeure, sous l'empire des art. 834 et 855 c. pr. civ. (aujourd'hui abrogés), des créanciers, ayant privilége ou hypothèque sur un immeuble, de s'inscrire sur cet immeuble, dans un délai de quinzaine, à peine de perdre leur privilége ou leur hypothèque; soit comme formalité préliminaire de la purge (c. nap. 2181 et suiv.). Nous avons maintenant à parler de la transcription, considérée comme condition essentielle et fondamentale de la transmission de la propriété immobilière, par rapport aux tiers, et comme moyen de publicité des charges et autres droits réels dont elle peut être affectée. — C'est l'objet de la loi du 23 mars 1855 que nous allons commenter.

Division.

CHAP. 1. — HISTORIQUE ET LÉGISLATION. — ORIGINE DE LA TRANSCRIPTION. — SON OBJET. — DROIT COMPARÉ.

2. La transcription est proprement, et sous un autre nom, ce qu'était la formalité du *nantissement*, dans les coutumes dites de nantissement. Dans ces coutumes, en effet, la transmission de la propriété immobilière n'était parfaite que par l'accomplissement de certaines formalités, appelées *vest* et *dévest, saisine* et *dessaisine*, *adhéritance* et *déshéritance*, *devoirs de loi, mise de fait, main-assise*, etc.

3. Dans les principes du droit féodal, on admettait comme maxime *qu'il n'y a nulle terre sans seigneur*. « Les seigneurs, dit Guyot, l'auteur de l'ancien Répertoire, v° Nantissem., n° 2, étaient autrefois propriétaires de tous les héritages situés dans l'étendue de leurs territoires respectifs. Dans la suite, ils en ont inféodé ou acensé une partie à leurs vassaux. Mais, le domaine direct de ces fonds demeurant toujours dans leurs mains, ceux-ci n'ont jamais pu et ne peuvent pas encore se dire propriétaires, dans toute l'étendue de ce mot; par conséquent, il ne peut pas être en leur pouvoir de transférer leurs droits à des tiers, sans l'intervention des seigneurs; et les donations, ventes ou constitutions d'hypothèque qu'ils en font, ne sont, pour ainsi dire, que des procurations *ad resignandum* : semblables à des bénéficiers qui ne peuvent pas transporter directement leurs prébendes à ceux qu'ils jugent à propos, mais seulement les remettre aux collateurs pour les conférer aux personnes qui leur sont indiquées par les actes de résignation. » — Telle est l'origine de la formalité du nantissement.

4. Déjà, chez les Romains, le simple pacte, ou la convention, était insuffisant pour transférer la propriété ; il fallait la tradition, réelle ou feinte : *Traditionibus... dominia rerum, non nudis pactis, transferuntur* (L. 20, C., *De pactis*). — V. notre traité de la Vente, n° 157.

5. La formalité du nantissement consistait dans une reconnaissance du contrat faite devant l'officier public compétent. Voici ce que portait, à cet égard, l'art. 264 de la coutume de Péronne : « Les deux contractants doivent comparaître devant le bailli ou lieutenant du lieu (où le fief était situé), et illec déclarer, en présence du greffier et de deux témoins, le contrat qui aura été fait, dont sera fait acte, qui vaudra dessaisine et saisine, *sans autre solennité*. »

6. Dans d'autres coutumes, on joignait à la reconnaissance du contrat, faite par écrit, un signe matériel de l'ensaisinement du nouveau propriétaire. Le vendeur et l'acquéreur se présentaient devant l'officier public : puis le vendeur mettait entre les mains du juge entier, ou bûchette, symbole de l'héritage, que ce dernier mettait, ensuite, dans les mains de l'acheteur (art. 126 de la cout. de Vermandois, et 165 de la cout. de Reims; Rép., v° Devoirs de loi, § 1, n° 1).

7. Le nantissement, quelle que fût sa forme, avait pour objet, dit un placard de Charles-Quint, du 10 fév. 1538, « en établissant l'impossibilité d'aliéner ou de charger aucun héritage, sans le secours du nantissement, de prévenir les fraudes et les stellionnats. » Pour cela, les *devoirs de loi* devaient contenir une déclaration exacte de chaque partie d'héritage vendue, donnée ou hypothéquée; en spécifier l'étendue et les limites, afin d'éviter les surprises, et de donner à ceux qui contractaient avec quelqu'un le moyen, en recourant aux registres des seigneurs, où les *devoirs de loi* étaient transcrits, de connaître ses facultés, et de savoir quels biens il avait aliénés ou hypothéqués (Rép., v° Devoirs de loi, § 3, n° 1).

8. Toutefois, lorsque l'aliénation ou l'hypothèque embrassait

(1) M. Flandin, conseiller à la cour impériale de Paris, notre ancien collaborateur et ami, vient de publier, sur la matière, un ouvrage en deux volumes, le plus complet des commentaires qui aient paru, jusqu'à présent, sur la loi du 23 mars 1855; cet ouvrage nous a été fort utile pour la composition du présent traité, et, avec l'autorisation de l'auteur, nous lui avons fait de nombreux emprunts.

tous les biens que possédait le vendeur ou le débiteur qui constituait l'hypothèque, une spécification détaillée n'était plus nécessaire : on se contentait, dans ce cas, d'une déclaration des confins dans l'acte de dessaisine (Rép., *loc. cit.*).

9. Ce n'était donc pas assez, pour la validité du nantissement, qu'il en fût passé déclaration, avec toutes les solennités requises, devant l'officier public compétent : il fallait, en outre, que cette déclaration fût enregistrée au greffe du juge qui l'avait reçue, pour que les tiers pussent y recourir. C'est ce qu'établissent, en termes exprès, les art. 119 et 120 de la coutume de Vermandois, 177 de celle de Reims, et 145 de celle d'Amiens. Des arrêts de règlement ont confirmé les dispositions de ces coutumes. Un arrêt du parlement de Paris, notamment, du 29 nov. 1599, rendu sous la coutume de Vermandois, enjoignait aux juges et aux greffiers de faire un registre pour insérer les nantissements par ordre, et leur défendait de laisser les actes en feuilles, à peine de répondre, en leur nom, des dommages-intérêts des parties

10. La formalité du nantissement, du reste, ne s'appliquait pas seulement aux actes d'aliénation ou de constitution d'hypothèque, mais à tous actes constitutifs d'un droit réel ou d'une charge quelconque, pouvant diminuer la valeur vénale de l'immeuble. « Détacher du gros d'un fief quelque fonds ou droit réel, dit le Répertoire, vᵒ Nantissement, § 2, art. 1, et le concéder à titre d'inféodation ou d'acensement, c'est n'est point, à la vérité, s'en dépouiller totalement, mais c'est au moins en abandonner le domaine utile et se priver des plus précieux avantages de la propriété. D'après cela, il est clair que, si l'on s'attache rigoureusement aux principes du nantissement, il faudrait, pour donner à une opération de cette espèce un effet assuré contre des tiers, en passer les *devoirs de loi* devant les officiers du seigneur dominant. On sent, en effet, qu'il en doit être de la partie comme du tout, et que, si l'on ne peut aliéner le gros d'un fief, sans dessaisine et saisine, on doit être obligé aux mêmes formalités, lorsqu'on veut en aliéner quelques portions. »

11. La même chose est dite pour le bail emphytéotique et la servitude. « C'est, en quelque sorte, aliéner un fonds, poursuit l'auteur, que de le bailler en emphytéose. La loi 7, C., *De reb. alien.*, le décide expressément ainsi. Et de là il résulte que le preneur ne peut s'assurer la jouissance incommutable de son bail qu'en le faisant nantir. Tant que cette formalité n'est pas remplie, il n'a que des droits personnels contre le bailleur et ses héritiers : tout successeur, à titre singulier, peut l'évincer et l'exclure du fonds » (Rép., *loc. cit.*, art. 2). — L'auteur ajoute plus loin : « La loi 7 précitée met pareillement au nombre des actes d'aliénation ceux par lesquels on charge son bien d'un usufruit ou de toute autre servitude. Il faut donc, pour donner à ces actes un effet réel, que le nantissement les confirme. C'est l'opinion de Voët, sur le Digeste, liv. 8, tit. 4; et elle est, sans contredit, préférable à celle de Grotius (*Responsa, jurisc. Holland.*, part. 3, vol. 2, consult. 216), qui regarde ces formalités du vest et du dévest comme inutiles en cette matière. » — Il y avait, au surplus, diversité des coutumes à cet égard.

12. Il faut observer encore, ainsi que le fait remarquer le même auteur (§ 1, nᵒ 4), que c'était seulement par rapport aux tiers que la formalité du nantissement était nécessaire pour transférer la propriété à l'acquéreur qui s'était mis en possession de l'immeuble. « Quoique l'acquéreur, dit-il, qui n'a ni pris saisine, ni possédé pendant le temps requis pour y suppléer, ne soit pas réputé propriétaire du bien qu'il possède de fait, il ne laisse pas de jouir, à certains égards, des effets d'une propriété véritable, et l'on peut dire, en général, que ses droits sont les mêmes, dans tous les cas où il n'y a pas de tiers intéressés, que s'il avait rempli les formalités du nantissement. C'est ce qui résulte de la note de Dumoulin sur l'art. 119 de la coutume de Vermandois..... »

13. L'édit du mois de juin 1771, en substituant les lettres de ratification au décret volontaire pour la purge des hypothèques, abrogea « l'usage des saisines et nantissements pour acquérir hypothèque et préférence, dérogeant, à cet effet, par l'art. 35, à toutes les coutumes et usages à ce contraires. » Mais cet édit, indépendamment de ce qu'il n'avait pas été reçu partout, n'abolissait la formalité du nantissement que par rapport

à l'hypothèque, et la laissait subsister, par conséquent, par rapport aux actes d'aliénation. C'est ce qui résulte de ce même art. 35, et, plus explicitement encore d'une déclaration du roi, du 23 juin 1772, rendue pour l'interprétation dudit article. « Ainsi, dit Le Camus d'Houlouve, sur la coutume du Boulonnais, le nouvel édit (de 1771) ne change rien aux dispositions de la coutume, relativement à un acquéreur, qui ne peut posséder réellement et irrévocablement l'immeuble par lui acquis qu'il n'en ait été saisi par la voie de la saisine et mise de fait. Par cette raison, depuis l'édit, tous les nouveaux acquéreurs d'immeubles, situés dans cette province, n'obtiennent des lettres de ratification, pour purger tous les droits, priviléges et hypothèques sur les biens par eux acquis, qu'après s'être fait nantir et réaliser sur leurs acquisitions, conformément aux dispositions de la coutume à ce sujet, que l'édit a laissées dans toute leur intégrité » (V. M. Flandin, de la Transcript., Résumé historique).

14. L'abolition de la formalité du nantissement fut la conséquence de l'abolition des justices seigneuriales, en 1789. Elle fut remplacée provisoirement par la transcription des contrats au greffe du tribunal du district de la situation des biens. Voici ce que portait, à cet égard, l'art. 3 du décret du 19 sept. 1790 : « A compter du jour où les tribunaux de district seront installés, dans les pays de nantissement, les formalités de saisine, dessaisine, déshéritance, adhéritance, vest, dévest, reconnaissance échevinale, mise de fait, main-assise, plainte à loi, et généralement toutes celles qui tiennent au nantissement féodal ou censuel, seront et demeureront abolies; et, jusqu'à ce qu'il en ait été autrement ordonné, la transcription des grosses des contrats d'aliénation ou d'hypothèque en tiendra lieu, et suffira, en conséquence, pour constater les aliénations et les constitutions d'hypothèques, sans préjudice, quant à la manière d'hypothéquer les biens, de l'exécution de l'art. 35 de l'édit du mois de juin 1771 et de la déclaration du 27 juin 1772, dans ceux des pays de nantissement où ces lois ont été publiées. »

15. La loi du 9 mess. an 3 et, plus tard, celle du 11 brum. an 7 ont fait cesser les dispositions transitoires des art. 3 et 4 du décret du 19 sept. 1790, en créant un régime hypothécaire nouveau pour toute la France. La loi du 11 brum. an 7 adopta, en changeant seulement le nom, le système de publicité en usage, dans les pays de nantissement, pour les actes translatifs de la propriété immobilière. L'art. 26 de cette loi était ainsi conçu : « Les actes translatifs de biens et droits susceptibles d'hypothèque doivent être transcrits sur les registres du bureau de la conservation des hypothèques dans l'arrondissement duquel les biens sont situés. — Jusque-là, ils ne peuvent être opposés aux tiers qui auraient contracté avec le vendeur, et qui se seraient conformés aux dispositions de la présente. » — Dans les principes de cette loi, par conséquent, comme dans ceux particuliers aux pays de nantissement, entre deux acquéreurs successifs du même immeuble, celui-là était préféré qui avait fait transcrire le premier son contrat d'acquisition, quoique ce contrat ne fût pas le premier en date.

16. Le code Napoléon s'était écarté de ces principes, et il avait consacré pour la vente, dans l'art. 1583, la règle que le contrat est parfait, par le seul consentement des parties, aussi bien vis-à-vis des tiers que vis-à-vis des parties elles-mêmes. C'est du moins toujours ainsi que l'art. 1583 a été interprété par la jurisprudence et par le plus grand nombre des auteurs. Le code ne conserva la transcription que comme acte préliminaire de la purge des priviléges et des hypothèques (V. Priv. et hyp., nᵒˢ 1702 et suiv.; Vente, nᵒ 167).

17. Il faut en excepter, cependant, les donations et les substitutions, pour lesquelles la transcription continua de former une condition essentielle de la transmission de la propriété, respectivement aux tiers (c. nap., art. 939 à 942, et 1069 à 1074; V. Disp. entre-vifs et test., nᵒˢ 1559 et suiv., et Substitution, nᵒˢ 336 et suiv.).

18. Le code de procédure, sans rétablir le principe de la loi de l'an 7, apporta, cependant, une grave modification aux dispositions du code Napoléon, relativement à l'inscription des priviléges et des hypothèques. Dans les principes de ce dernier code, tout créancier, ayant privilége ou hypothèque sur un immeuble, qui ne les avait pas fait inscrire avant la vente dudit immeuble, perdait son droit de suite sur la chose hypothéquée, qui passait libre aux mains de l'acquéreur. L'art. 834 c. pr., corrigeant cet état de choses, d'où pouvaient résulter de fréquentes surprises pour les créanciers, permit à ces derniers de s'inscrire, tant que l'acquéreur ne s'était pas mis en devoir de purger, c'est-à-dire tant qu'il n'avait pas fait transcrire son contrat, et leur accorda même la faculté de prendre inscription jusqu'à l'expiration de la quinzaine depuis la transcription de ce même contrat.

19. L'exercice de cette faculté fut, néanmoins, soumis à une double condition : la première, qu'il s'agit d'aliénation volontaire, non d'expropriation forcée ; la seconde, que la vente fût postérieure au code de procédure, afin de ne pas donner un effet rétroactif à la loi (V. Priv. et hyp., nᵒˢ 1708 et 1710).

20. En 1841, le gouvernement songea à réaliser le vœu formé, depuis longtemps, par les jurisconsultes et les publicistes pour la réforme hypothécaire. Le garde des sceaux d'alors, M. Martin (du Nord), voulut, avant de formuler le projet de loi, s'entourer des lumières dont la matière était susceptible et des facultés de droit. Leurs observations ont été consignées dans trois volumes, publiés, en 1844, sous le titre de *Documents relatifs au régime hypothécaire*. Toutes les cours (à l'exception de la cour de Bordeaux, de celle de Toulouse, et de la moitié des membres de la cour de Besançon, qui se sont décidées en faveur du système consacré par l'art. 1583 c. nap.) et toutes les facultés ont demandé le rétablissement du principe de la loi de brumaire, ainsi que son extension aux droits réels qui sont une charge de la propriété et qui en diminuent la valeur. La commission, instituée par l'arrêté du président de la République, du 15 juin 1849, pour la rédaction du projet de loi ; le conseil d'État, par l'organe de leurs rapporteurs, se sont prononcés dans le même sens (rapports de M. Persil, p. 12 et suiv. ; de M. Bethmont, p. 13 et suiv.) ; et un projet de loi fut apporté à l'Assemblée nationale, en 1850, qui mettait au rang des réformes hypothécaires le rétablissement de la transcription, comme moyen de consolidation de la propriété, respectivement aux tiers. L'Assemblée nationale avait adopté le principe (V. le rapport de M. de Vatimesnil, du 25 avr. 1850, p. 118 et suiv., et le projet de loi de la commission, imprimé en regard de celui du gouvernement et d'un autre projet dû à l'initiative d'un membre de l'assemblée, M. Pougeard) ; mais on sait pour quelle raison ce projet, qui parvint jusqu'à la troisième lecture, n'a pas abouti (V. Priv. et hyp., nᵒ 65).

21. De ce projet ont été extraites les dispositions relatives à la transcription hypothécaire ; dispositions qui, après avoir subi quelques modifications au cours du présent traité, sont devenues la loi du 23 mars 1855.

22. A ces dispositions le législateur en a ajouté quelques autres, qui ne s'y rattachent pas directement, mais appartiennent au régime hypothécaire. Ce sont celles qui imposent à la femme devenue veuve, au mineur devenu majeur, à l'interdit relevé de l'interdiction, à leurs héritiers ou ayants cause, l'obligation d'inscrire leur hypothèque légale, dispensée d'inscription par le code Napoléon, dans l'année qui suit la dissolution du mariage ou la cessation de la tutelle, à peine de ne prendre rang que du jour des inscriptions qui seraient prises ultérieurement ; — et

celles relatives à la subrogation dans l'hypothèque légale de la femme, laquelle ne peut plus avoir lieu que par acte authentique et à charge d'inscription (L. 23 mars 1855, art. 8 et 9).—Nous nous sommes expliqués sur ces dispositions, dans notre traité des Privilèges et hypothèques, d'une façon assez complète, pour être dispensés d'y revenir.

23. La loi du 23 mars 1855 soumet à la transcription, c'est-à-dire à la publicité, de même que la loi de brumaire, non-seulement tout acte entre-vifs (ou jugement en tenant lieu), translatif de propriété immobilière ou de droits réels susceptibles d'hypothèque, mais encore tout acte constitutif d'antichrèse, de servitude, d'usage et d'habitation. Elle y soumet également les actes de renonciation à des droits de même nature ; les baux d'une durée de plus de dix-huit années, et tout acte ou jugement constatant, même pour un bail de moindre durée, quittance ou cession d'une somme équivalente à trois années de loyers ou fermages non échus (art. 1 et 2 de la loi précitée). Et, comme sanction de ces dispositions, l'art. 3 de la même loi porte que, « jusqu'à la transcription, les droits résultant des actes et jugements énoncés aux articles précédents, ne peuvent être opposés aux tiers qui ont des droits sur l'immeuble et qui les ont conservés, en se conformant aux lois... » C'est la reproduction presque textuelle du deuxième alinéa de l'art. 26 de la loi du 11 brum. n° 7 (V. suprà, n° 15). — Le texte de la loi du 23 mars 1855, l'exposé des motifs et le rapport fait au corps législatif, au nom de la commission chargée de l'examen du projet de loi, ont été rapportés D. P. 55. 4. 27. Nous ne reproduisons pas ici ces documents, pour ne pas faire double emploi. Cependant, comme cette loi est l'objet du commentaire que nous suivre, il nous a paru convenable d'en reproduire ici le texte intégral et l'accompagnant sous chaque article de l'analyse, telle qu'elle est donnée par le Moniteur dans les numéros des 15, 17, 18 et 19 janv. 1855, des principaux passages de la discussion du projet au sein du corps législatif, que se réfèrent à ces articles. Nous aurons fréquemment à y renvoyer, dans le cours du présent traité, pour éclaircir le sens douteux de la loi.

23-25 mars 1855. — *Loi sur la transcription en matière hypothécaire.*

Art. 1. Sont transcrits au bureau des hypothèques de la situation des biens :

1° Tout acte entre-vifs translatif de propriété immobilière ou de droits réels susceptibles d'hypothèque ;

2° Tout acte portant renonciation à ces mêmes droits ;

3° Tout jugement qui déclare l'existence d'une convention verbale de la nature ci—dessus exprimée ;

4° Tout jugement d'adjudication autre que celui rendu sur licitation au profit d'un cohéritier ou d'un copartageant. — Voy. D. P. 55. 4. 28, 30, l'exposé des motifs, n° 4, et le rapport, nᵒˢ 26 et suiv. (1).

2. Sont également transcrits :

1° Tout acte constitutif d'antichrèse, de servitude, d'usage et d'habitation ;

2° Tout acte portant renonciation à ces mêmes droits ;

3° Tout jugement qui en déclare l'existence en vertu d'une convention verbale ;

4° Les baux d'une durée de plus de dix-huit années ;

5° Tout acte ou jugement constatant, même pour bail de moindre durée, quittance ou cession d'une somme équivalente à trois années de loyer ou fermages non échus. — V. eod., nᵒˢ 5, 26 et suiv. (2).

(1, 2) 1. Lors de la discussion generale au sein du corps législatif (séance du 15 fév. 1855, Mon. du 15) ces deux articles ont été l'objet de quelques critiques de la part de MM. Duclos, Millot, Lequien. — M. Duclos aurait voulu que ces articles se bornassent à poser des principes généraux au lieu de préciser des espèces particulières dont la nomenclature, selon lui, devait être si fait incomplète. Comme premier exemple des omissions qu'il signale, il fait remarquer que le § 1 de l'art. 1 est le seul dans lequel soit énoncée la qualification d'acte entre-vifs ; dès lors, selon lui, on pourrait croire que les autres dispositions des deux articles sont applicables même à des actes qui n'ont pas la nature d'actes entre-vifs, et cependant, d'après l'opinion de la commission, partagée par le conseil d'État, ces derniers actes sont seuls soumis à la transcription, à cette occasion, à l'acte de renonciation à succession devront ou non être transcrits.

2. L'orateur critique la disposition de l'art. 2, qui n'exige la transcription des baux que lorsque leur durée excède dix-huit années. Il soutient que, pour les propriétés urbaines, ce terme devrait être réduit à neuf ans, sauf à admettre dix-huit ans pour les baux d'immeubles ruraux. Il est également d'avis qu'on a mal à propos rejeté de la nécessité de la transcription les quittances de loyers anticipés pour une durée moindre de trois années ; il voudrait que, conformément à l'avis émis par les cours souveraines dans une enquête faite en 1841, toute quittance de loyers anticipés pour une durée de plus d'une année fût soumise à la transcription; il demande qu'il soit bien entendu, dans tous les cas, que les tribunaux resteront toujours maîtres, comme par le passé, d'apprécier les circonstances dans lesquelles les payements anticipés auraient eu lieu au préjudice des créanciers.

3. S'expliquant au sujet de l'art. 3 du projet originaire, article dont le conseil d'État, sur la proposition de la commission, a consenti la suppression, l'orateur exprime le regret que cet article n'ait pas été remplacé par une disposition qui aurait repoussé de la transcription les actes sous seing privé ; il est convaincu que les actes sous seing privé transcrits seront un danger sérieux pour la société et pour le crédit foncier. Il rappelle que, lors de la rédaction du code civil, on disait précisément, pour repousser la nécessité de la transcription en général, ce que l'on dit aujourd'hui pour combattre l'opinion qu'il soutient à l'égard de la transcription des actes sous seing privé. Il affirme que, dans tous les pays où les institutions de crédit foncier ont été établies, on a refusé d'admettre à la transcription les actes faits dans cette forme; il voudrait que, sur ce point, la loi émise dans l'enquête de 1841 par toutes les cours d'appel et les facultés de droit, opinion partagée par MM. Grenier et Dupin.

L'honorable membre soutient, avec la minorité de la commission, que les actes sous seing privé n'ont pas, jusqu'à présent, répondu aux espérances conçues par les rédacteurs du code civil. Il fait observer que souvent ces actes sont incomplets et qu'ils n'expriment pas d'une manière infidèle les intentions des parties ; il n'est pas même exigé qu'ils soient rédigés en français, de telle sorte qu'un acte informe ou écrit en patois alsacien, basque ou bas-breton, pourrait et devrait être transcrit sur les registres des hypothèques; l'orateur voudrait qu'avant la transcription d'un acte sous seing privé on exigeât la reconnaissance des signatures qui y sont apposées, ou tout au moins que ces actes fussent nécessairement soumis à l'examen d'un fonctionnaire capable d'avertir les parties des vices dont ils seraient entachés.

3. Jusqu'à la transcription, les droits résultant des actes et jugements énoncés aux articles précédents ne peuvent être opposés aux tiers qui

Ces précautions, selon l'honorable membre, seraient d'autant plus nécessaires, que les actes sous seing privé dont le code Napoléon restreignait l'effet aux parties seulement qui y avaient figuré, sembleraient aujourd'hui, par suite de la transcription, devoir nécessairement produire leur effet à l'égard des tiers; il pense néanmoins que la transcription des actes sous seing privé sera une formalité inutile pour les tiers, si on laisse l'original de l'acte entre les mains de celui qui aura requis la transcription, puisque celui-ci pourra à son gré ou reconnaître l'existence de la convention ou la nier impunément, la transcription, aux termes de l'art. 1536 c. nap., n'étant pas même considérée comme un commencement de preuve par écrit de l'existence de la convention. L'honorable membre déclare néanmoins que la minorité de la commission, tout en présentant ces diverses objections, n'a pas été jusqu'à dire qu'on ne devrait admettre la transcription que des actes notariés.

4. L'orateur rappelle que l'art. 5 du projet crééit un nouveau mode de transcription et prescrivait tout à la fois le dépôt de la copie de l'acte et sa transcription par extrait sur le registre du conservateur. Le dépôt de la copie a été remplacé par l'obligation imposée au conservateur de transcrire l'acte en entier sur ses registres; tout en approuvant cette disposition, l'honorable membre voudrait, en outre, comme l'a demandé M. le premier président Troplong, que le conservateur fût obligé de faire, sur un registre spécial, un extrait de l'acte en forme d'inscription d'office; les tiers qui n'auraient besoin que de connaître sommairement les transcriptions pourraient se contenter de demander un état de ces inscriptions d'office, au lieu de se faire délivrer à grands frais la copie littérale de tous les actes qui intéressent leur débiteur. L'orateur demande aussi qu'il soit bien entendu que la loi en discussion ne repousse pas du usage jusqu'ici établi, et qui consiste, lorsqu'un acte contient des conventions de diverses natures, à ne transcrire que celles de ces conventions qui concernent la transmission d'un droit immobilier; il constate aussi que, d'après l'opinion de la commission, et quels que soient les termes du § 1 de l'art. 5 du projet, la transcription du dernier contrat suffira pour saisir l'acquéreur à l'égard de tous les propriétaires antérieurs dont le nom et le titre se trouveront indiqués au contrat. Il invoque à ce sujet l'opinion formellement exprimée par MM. Troplong et Persil...

5. M. Adolphe DE BELLEYME, rapporteur,... abordant les critiques formulées par le précédent orateur, répond en premier lieu à ce qui a été dit des actes entre-vifs. Selon M. Duclos, le projet n'aurait pas assez nettement indiqué qu'il n'y a que les actes entre-vifs translatifs de propriété qui soient soumis à la transcription. Cependant M. le rapporteur se réfère aux textes des art. 1 et 2; il y voit que le principe est nettement posé dans ces deux articles; il voit que les actes entre-vifs translatif de propriété immobilière ou de droits réels susceptibles d'hypothèque. Ces expressions paraissent à M. le rapporteur poser nettement le principe, et il soutient que la rédaction des deux premiers articles dans son ensemble ne permet pas de supposer qu'ils s'appliquent à autre chose qu'à des actes entre-vifs.

6. L'honorable M. Duclos avait également parlé des baux. M. le rapporteur fait observer que les baux frauduleux peuvent causer un préjudice considérable à un acquéreur. Un bail fait pour vingt ans à moitié prix de la valeur sincère de location enlève moitié de sa valeur à l'immeuble. Il y aurait donc lieu, pour les auteurs du projet, de porter leur attention sur ce point; mais il fallait, à cet égard, chercher une transaction équitable. Le bail est une convention ordinaire qui doit garder sa liberté. Toutes les fraudes ne peuvent pas se prévoir; il ne fallait pas, en allant trop loin, entraver la facilité des conventions, rendre un service aussi signalé, si pour qu'un acte sous seing privé puisse être opposé à des tiers, il faut le convertir en acte authentique, des obstacles très-sérieux se rencontreront. Le concours de toutes les parties sera nécessaire; or, ce concours sera le plus souvent impossible. La transcription est une mesure de défiance de la part d'une des parties à-vis de l'autre. La partie intéressée à la transcription sera donc à la merci du refus de la partie qui aura un intérêt contraire. Celle-ci sera investie d'un droit de veto. Ces mauvaises chances attachées à l'acte sous seing privé auront pour effet nécessaire d'en gêner l'emploi, de le rendre moins usuel. M. le rapporteur dit que c'est là ce que la commission n'a pas voulu; elle a craint d'ôter à l'acte sous seing privé les facilités qui en ont rendu l'usage si habituel. Dans le cas où cela eût été nécessaire, on eût pu y résoudre; mais cela n'importait nullement pour le but que le projet se propose. Ce but est d'informer les tiers. Or, la publicité est la même pour l'acte sous seing privé que pour l'acte authentique : c'est à chacun de se rendre bien compte de ce que l'acte contient. La publicité que l'on a voulu obtenir, on l'a aussi bien par la transcription de l'acte sous seing privé que par celle de l'acte authentique.

La majorité de la commission a reculé devant l'idée d'apporter au code Napoléon un changement qui aurait cet effet si grave de supprimer la validité des actes sous seing privé. Selon elle, c'eût été, à propos de la transcription, soulever une question toute différente, car de savoir si les actes sous seing privé étaient une chose bonne ou mauvaise. Or, cette question-là, le code Napoléon l'a tranchée en faveur de l'acte sous seing privé, et nulle réclamation ne s'est élevée...

8. M. LEQUIEN demande à exprimer quelques doutes sur certaines dispositions du décret de loi. A ses yeux l'innovation qui consiste à exiger la transcription, pour qu'il y ait translation de propriété à l'égard des tiers, est un changement très-grave. Ce sera le bouleversement des principes du code. Ce sera détruire brusquement cette règle d'après laquelle une convention est parfaite par le seul consentement des parties. Selon l'honorable membre, il est inexact de prétendre que la formalité nouvelle soit exigée seulement à l'égard des tiers; elle lui paraît l'être même à l'égard d'une partie contractante. Ainsi, lorsqu'un individu a vendu deux fois son immeuble par deux actes authentiques successifs, et que le second acquéreur est préféré parce qu'il a été le premier à faire transcrire son contrat, ce second acquéreur ne peut pas être considéré comme un tiers; il est l'ayant droit, le représentant du vendeur, lequel n'a pu céder plus de droits qu'il n'en avait lui-même.

Les dispositions nouvelles, a-t-on dit, sont proposées dans l'intérêt de l'acquéreur qui, d'après la législation actuelle, ne peut pas savoir si l'immeuble est bien la propriété du vendeur, elles sont fondées sur ce qu'il pourrait se faire qu'à 200 lieues de distance de la situation de l'immeuble, on eût fait enregistrer clandestinement une première vente, qu'on viendrait ensuite opposer à un second acquéreur. A cela M. Lequien répond que s'il y a en en effet deux acquéreurs successifs, le second doit s'imputer de n'avoir pas pris ses précautions. Quand le receveur de l'enregistrement voit qu'on lui présente un contrat relatif à un immeuble situé à une grande distance, il ne manque jamais d'en envoyer avis à son collègue du lieu où l'immeuble est situé; cet avis est transmis au bureau des mutations. Il suffit que l'honorable membre se présente à ce bureau pour être complètement renseigné et pour s'assurer qu'aucun contrat antérieur ne prime celui qu'on projette.

L'orateur fait observer d'ailleurs que, dans l'hypothèse qu'on a posée, il y aurait stellionat : le vendeur vend, sachant qu'il ne peut pas vendre : or la fraude ne se présume pas ; l'honorable membre ne s'explique pas comment on donnerait pour base à une loi un cas de fraude qui est tout exceptionnel. Il y a plus, selon l'orateur : le projet aurait pour effet de bouleverser le code Napoléon sans remédier au mal ; le mal serait seulement déplacé. Un homme qui se propose d'acheter un immeuble va s'informer auprès du conservateur des hypothèques si tel individu qui se dit propriétaire n'a pas déjà vendu. Le conservateur délivre un certificat négatif, après l'acquisition a lieu. Mais, aussitôt après la délivrance du certificat négatif, un tiers qui a acheté le même immeuble il y a quelques jours peut présenter son contrat à la transcription; il a le temps de se mettre en règle avant que le second acquéreur s'en doute, rassuré qu'il est par le certificat négatif. Le second acquéreur est donc dépossédé par ce seul fait qu'un autre acte aura été transcrit dans le court espace de temps qui sépare la signature de la transcription du son contrat. C'est celui qui aura fait transcrire le premier qui sera légalement acquéreur ; pour lui, qu'il soit ou non de bonne foi, le droit sera le prix de la course.

9. L'orateur déclare ne pouvoir admettre l'argument tiré de ce que la disposition proposée existait dans le droit antérieur. L'ancien système avait sa raison d'être qui n'existe plus aujourd'hui. La France, autrefois, était divisée en pays de droit écrit et en pays de droit coutumier. Dans les premiers, la loi romaine était restée en vigueur, voulait que la vente fût parfaite par le seul consentement des parties; disposition qui a passé dans le code Napoléon. Dans le droit coutumier, la vente n'était pas parfaite par le seul consentement, il ne fallait des formalités équivalentes à la transcription. Mais cet état de choses tenait à ce qu'en ce pays-là, pour acheter, s'adresser à un seul vendeur. Il fallait acheter de deux personnes : le vendeur qui n'y avait pas de terre sans seigneur. Le seigneur ne pouvait ni aliéner ni amoindrir sa seigneurie, on avait imaginé de diviser le droit de propriété, et de distinguer entre le domaine utile et le domaine direct. Le seigneur conservait le second et disposait du premier. On ne pouvait devenir acquéreur qu'après s'être fait agréer par le seigneur, dont le consentement remplaçait la transcription. Dans le droit nouveau, il n'y avait plus à s'occuper de ces restes du passé ; aussi a-t-on dit dans le code que la vérité, comme les actes conventions, était parfaite par le seul consentement des parties. L'orateur soutient que, vouloir rétablir la transcription, c'est reconstituer en quelque sorte la féodalité, c'est faire de nouveau la séparation du domaine direct et du domaine utile, c'est dire que le domaine utile sera seul transféré.

...En terminant, l'orateur exprime le regret que des changements considérables soient introduits par le projet dans une législation qui a surtout besoin de stabilité. Le remplacement d'un principe par un principe contraire, ce n'est pas une modification qui améliore, c'est un bouleversement qui détruit. Mieux vaudrait imiter la prudence d'un pays voisin, qui trouve qu'il y a toujours moins d'inconvénient à maintenir une loi actuelle qu'à introduire dans les institutions une funeste mobilité.

10. M. Adolphe DE BELLEYME, rapporteur, répond qu'avec un tel respect de la chose établie, il n'y aurait jamais aucune amélioration possible. A l'entendre l'honorable préopinant, on croirait que le projet porte une main profane à l'édifice de nos lois et en trouble profondément l'harmonie. Il n'en est rien. Quelques mots sur les précédents de la question suffiront pour dissiper toute incertitude à cet égard. S'agit-il d'une réforme imprévue et soudaine à laquelle rien n'avait préparé les esprits ? Nullement. Avant le code civil, la transcription existait. Le principe en avait été écrit dans le projet du code, et toutes les dispositions avaient été faites en vue de ce principe. Il ne se retrouve pas dans le code aujourd'hui; mais cette omission a toujours été signalée comme une lacune; beaucoup de bons esprits ont été jusqu'à soutenir que la transcription existait implicitement dans le code, quoiqu'elle n'y fût pas écrite littéralement; la jurisprudence, il est vrai, n'a pas admis cette interprétation, mais une sorte de cri public s'est élevé pour demander que cette lacune fût comblée. Comment la transcription a-t-elle disparu dans la discussion du code ? La discussion s'égara, dit M. Troplong, l'article où elle était écrite ne reparut pas, quoiqu'il n'y eût eu à cet égard ni vote ni résolution du conseil d'État; et ainsi, ajoute l'éminent jurisconsulte, une grande question fut emportée par omission, par malentendu ou par escamotage. L'orateur ne trouve pas de telles paroles trop sévères contre un pareil oubli. Il ajoute que, depuis, il n'est pas un auteur ayant écrit sur les hypothèques qui n'ait signalé ce vice de la loi. Les tribunaux ont toujours déclaré que le rétablissement de la transcription était nécessaire. Dans la grande enquête qui au lieu sur notre régime hypothécaire, vingt-sept cours d'appel sur vingt-huit et sept facultés de droit sur neuf ont exprimé le même opinion; opinion partagée successivement par toutes les commissions qui ont eu à s'occuper de la matière. Un projet de loi qui vient donner satis-

ont des droits sur l'immeuble et qui les ont conservés en se conformant aux lois. — V. n° 53.

Les baux qui n'ont point été transcrits ne peuvent jamais leur être opposés pour une durée de plus de dix-huit ans. — V. n° 7 (1).

4. Tout jugement prononçant la résolution, nullité ou rescision d'un acte transcrit doit, dans le mois à dater du jour où il a acquis l'auto-

---

faction à un vœu si général ne saurait donc être accusé d'apporter une réforme irréfléchie.

Mais on en conteste l'utilité. On suppose deux ventes successives faites par le même vendeur, le premier acquéreur ne faisant pas transcrire, le second transcrivant : on demande quel sera le propriétaire, et l'on répond avec raison que ce sera le second. Mais on fait observer que, dans ce cas, le deuxième acquéreur n'est pas un tiers, qu'il est un ayant droit, et qu'il ne devrait pas profiter de la transmission de propriété, puisque la transcription n'est obligatoire qu'à l'égard des tiers.

M. le rapporteur dit que c'est là une erreur. En dehors des deux parties contractantes, il n'y a que des tiers, et le principe posé par la loi, c'est que la vente en pareil cas, valable pour les parties contractantes, est nulle à l'égard des tiers; tellement nulle, que si le vendeur consent des hypothèques, tant pis pour l'acquéreur qui n'a pas fait transcrire.

Cela est-il juste? Essentiellement juste : il fallait choisir entre l'acquéreur et le tiers celui des deux qui serait victime de la non-exécution de la loi. L'acquéreur a été rendu responsable; car c'est lui qui aurait dû remplir les formalités de la loi, les tiers ne pouvant être chargés de le faire, puisqu'ils ne connaissent pas la vente. La faute étant à la partie contractante, le préjudice doit être supporté par elle. Dans l'exemple qui a été cité, le deuxième acquéreur est un tiers vis-à-vis du vendeur primitif; mais il a fait transcrire avant tout autre. Il doit donc être investi de la propriété; car il est naturel que la loi préfère celui qui la fait exécuter.

11. L'honorable membre ne veut pas revenir sur les explications qu'il a déjà données pour démontrer l'utilité de la transcription. Il n'ajoutera à cet égard qu'un mot : c'est qu'en France il n'existe, pour ainsi dire, pas de titre régulier de propriété; car il est à peu près impossible d'établir qu'il n'y a pas d'actes de transmission restés inconnus et infirmant les actes de transmission que l'on connaît. On dit que la loi repose sur la supposition du stellionat; mais d'abord, pour avoir voulu prévenir la fraude, une loi ne peut être déclarée mauvaise; ensuite, la fraude elle-même peut remonter à plusieurs générations de vendeurs. Il peut y avoir eu, dans l'intervalle, différents acquéreurs de bonne foi, dont le droit se trouverait être nul : c'est là ce qu'il faut empêcher. Aujourd'hui, on ne trouverait guère de titre régulier de propriété qu'en remontant à la prescription trentenaire. Il faudrait cela pour arriver à un titre parfaitement probant; de sorte qu'on pourrait dire qu'en France c'est la prescription qui est véritablement notre titre de propriété. Un tel état de choses doit cesser : il faut une règle certaine, visible pour tous, qui constate aisément pour tout le monde, même pour les personnes étrangères au langage du droit, les translations de propriété. Tout le monde alors pourra s'en rendre compte exactement et facilement, et le résultat de la loi sera ainsi la simplification et la sécurité pour tous.

12. M. LEQUIEN fait observer qu'il n'a pas été répondu à son objection, que la loi ne ferait que déplacer le mal. Par exemple, il pourra toujours arriver qu'un second acquéreur vienne faire transcrire une vente un instant après que le conservateur du bureau des hypothèques aura délivré à un premier acquéreur un certificat constatant que l'immeuble est libre.

13. M. ALLART demande à faire une courte réponse sur ce point. On dit que la propriété va devenir le prix de la course. L'honorable membre fait observer que dans la pratique il n'en peut jamais être ainsi. Lorsqu'on vend, on ne reçoit jamais immédiatement le prix de la chose vendue; ce prix reste ordinairement entre les mains d'un tiers, d'un notaire, qui ne le délivre que quand la transcription a eu lieu et qu'on est ainsi bien assuré que la propriété a été transmise définitivement. Si donc un vendeur, après avoir fait une première vente, en fait une seconde, comme le premier acquéreur ne doit livrer son argent qu'après la transcription opérée, la mauvaise foi du vendeur ne pourrait évidemment lui profiter. Les inconvénients dont on parle n'existeront donc jamais dans la pratique...

(1) 14. Sur cet article, M. Millet a présenté quelques observations ayant pour objet 1° d'examiner ce qu'il peut y avoir de vrai dans les accusations portées contre le droit actuellement en vigueur; 2° de montrer que le nouveau système entraînerait des inconvénients plus graves que ceux dont on se plaint aujourd'hui; 3° d'indiquer les moyens de sanction qui pourraient efficacement et raisonnablement garantir l'exécution des art. 1 et 2, adoptés dans la dernière séance par un vote auquel l'honorable membre s'est associé. — Après une courte réponse dans laquelle M. Desmaroux de Gaulmin, membre de la commission, s'est borné à relever quelques inexactitudes dans le discours de l'honorable préopinant, M. Duclos a pris la parole pour insister, avant le vote de cet article, sur diverses modifications qu'il voudrait y voir introduire. L'art. 3 est peut-être le plus grave de la loi, car, selon l'orateur, il change tous les principes du code. D'après cet article, il ne suffira plus à l'avenir de faire une convention, de réunir le consentement des deux parties, pour que les droits immobiliers soient créés et transférés à l'égard des tiers. Tant que la transcription de la vente n'aura pas eu lieu, le droit n'existera pas à l'égard des tiers. Une innovation si grave demanderait tout au moins à être exprimée avec une grande clarté : or, la loi ne paraît pas suffisamment claire à l'honorable membre. Il ne s'explique pas, par exemple, ces mots de l'art. 3 : « qui ont des droits sur l'immeuble et qui les ont conservés en se conformant aux lois... » A quelle époque ces droits doivent-ils être acquis pour pouvoir être opposés aux tiers? Est-ce au moment de l'acte, ou bien au moment de la transcription? D'après le code, c'est au moment où intervient l'acte ou le jugement. Si l'on suit le principe nouveau du projet, il suffit que ces droits soient acquis avant la transcription. L'orateur demande que l'on précise davantage. Il voudrait qu'il fût dit dans le § 1 de l'art. 3 que « les actes énoncés aux articles précédents ne peuvent être opposés aux tiers qui ont acquis des droits avant la transcription. Il craint, si la rédaction de l'article est maintenue telle qu'elle est, de voir s'ouvrir, pour la doctrine et la jurisprudence, le champ des interprétations arbitraires. La loi nouvelle, on ne doit pas l'oublier, va avoir à lutter contre des idées reçues et des habitudes contractées; des intérêts légitimes pourront se trouver compromis. Ainsi le projet semble rendre obligatoires pour tous les tiers sans distinction les baux et les quittances de loyers dont la transcription a eu lieu. Quelle sera alors, par exemple, la position du créancier vis-à-vis d'un débiteur qui aura consenti, depuis le prêt, un bail à long terme, et perçu plusieurs années de loyer d'avance? Les juges pourront-ils, malgré le texte de la loi, prononcer la nullité du bail et des payements anticipés?

15. Le § 2 de l'art. 3 dit que les baux non transcrits pourront être opposés aux tiers pour une durée de dix-huit ans. Aux yeux de l'honorable membre, ce paragraphe est incomplet à tous égards. En effet, le projet de loi va créer trois catégories de baux : ceux d'une durée moindre de dix-huit ans, qui ne sont pas sujets à la transcription; ceux de plus de dix-huit ans, qui ne seront pas transcrits, bien que le projet les astreigne à cette formalité; enfin, les baux de plus de dix-huit ans, qui seront transcrits. Or le projet ne s'occupe que d'une seule de ces catégories, celle des baux de plus de dix-huit ans non transcrits, qui pourront être opposés aux tiers pour dix-huit ans. Mais à partir de quelle époque? Est-ce du jour où l'acte sous seing privé aura été signé entre les parties? du jour où cet acte aura acquis date certaine, ou bien de celui où il sera opposé aux tiers? Le projet ne s'explique pas sur ce point si important, d'où peuvent sortir tant de contestations et de procès. Une telle lacune demande à être comblée.

16. Sur les baux transcrits, même silence dans la loi. Qu'en faudrait-il conclure? Ces baux, auxquels le projet donne une existence légale par la transcription, pourront-ils être opposés à tous les tiers, et même aux créanciers inscrits avant cette transcription? S'il en doit être ainsi, il n'y aura plus de prêt possible, et le crédit hypothécaire que l'on veut développer se trouvera anéanti. L'honorable membre regrette donc vivement que l'art. 3 ne s'occupe pas des baux transcrits et de leur effet à l'égard des créanciers inscrits avant la transcription. Selon lui, l'effet en devrait être réduit à la période de neuf ans, à partir du moment où le bail sera opposé pour la première fois à ces créanciers.

17. L'orateur dit, en terminant, que la question qui est discutée devant la chambre a donné lieu aux dissentiments les plus profonds entre les auteurs et les tribunaux. La jurisprudence, obligée de se plier aux exigences de la loi, a souvent validé les baux et les quittances de loyers anticipés, même à l'égard des créanciers inscrits; mais tous les auteurs ont cherché le moyen de réduire ces baux et quittances malgré la loi. Merlin, Delvincourt, Pigeau, Duranton, cherchent un moyen pour les combattre. Si Toullier, M. Troplong et tant d'autres jurisconsultes, se croyant liés par les termes de nos codes, admettent la validité de ces actes, tous conviennent que leur opinion est contraire à l'équité. La chambre fait en ce moment la loi; l'orateur ne voudrait pas qu'on pût dire qu'elle l'a faite contraire à la justice, et que la fraude y pourra trouver une protection.

18. M. ROUHER, *vice-président du conseil d'Etat, commissaire du gouvernement*, dit qu'il ne se propose pas de suivre l'honorable préopinant dans les diverses hypothèses qu'il a faites; ce qu'on doit demander à une loi, ce n'est pas qu'elle résolve à l'avance toutes les difficultés d'application; il suffit qu'elle soit claire et précise; tel est, selon l'orateur, le caractère du projet. Les dispositions que ce projet tend à consacrer ont été attentivement élaborées par les hommes les plus compétents sur la matière; dans le comité de législation, dans l'assemblée du conseil d'Etat, huit ou dix séances ont été consacrées à ce travail, indépendamment de l'examen approfondi qui a eu lieu dans le sein de la commission : on peut donc être certain que les dispositions du projet de loi sont très-familières aux membres de la commission et aux commissaires du gouvernement. Or ni les uns ni les autres n'ont trouvé dans ce projet les obscurités signalées par M. Duclos; cet honorable membre, qui lui-même faisait partie de la commission, n'a pas présenté, dans le cours de ce travail préparatoire, les objections qu'il vient de produire aujourd'hui.

M. le commissaire du gouvernement rappelle que le principe posé dans l'art. 3 n'est pas nouveau; il a existé dans la loi romaine, sous le droit coutumier et sous la législation intermédiaire : lors de la rédaction du code Napoléon, il a cessé, pour la première fois, d'être exprimé. C'est ce principe que l'art. 3 propose de rétablir avec une rédaction claire et précise; il résulte des termes de cet article que, jusqu'à la transcription, les droits résultant d'actes ou de jugements ne pourront être opposés aux tiers qui ont des droits sur l'immeuble et qui les ont conservés en se conformant aux lois, ce qui exclut les créanciers chirographaires, puisqu'ils n'ont pas de droit sur l'immeuble.

19. Répondant aux diverses questions soulevées par l'honorable M. Duclos sur le point de savoir quelle sera la condition des droits qui auraient été acquis antérieurement à l'acte ou au jugement, ou dans le temps intermédiaire entre l'acte ou le jugement et la transcription, l'orateur dit que dans toute hypothèse, qu'il s'agisse d'une vente ou d'une hypothèque judiciaire ou conventionnelle, la question sera résolue par la date de la transcription : si un premier acquéreur n'a pas fait transcrire son contrat, si un créancier n'a pas pris son inscription, ils ne seront pas protégés contre les effets d'une vente, même postérieure, qui aurait été transcrite; s'ils ont fait transcrire ou pris l'inscription antérieurement à la transcription de cette seconde vente, leur droit sera consacré. En cas de concurrence entre un contrat de vente transcrit et un contrat antérieur, la question de savoir lequel doit prévaloir est résolue par les termes mêmes du projet de loi. L'art. 3 porte que la vente n'est valable vis-à-vis des tiers que quand le contrat a été transcrit; il n'y a pas là d'équivoque possible. On demande si la transcription purgera les hypothèques à l'égard des personnes dont le nom serait indiqué au contrat; c'est là une question judiciaire, une question de régime hypothécaire, dont la solution ne saurait trouver place dans la loi actuelle.

Quant à la rédaction même de l'art. 3, M. le commissaire du gouvernement fait remarquer qu'elle n'a pas été improvisée; elle ne fait que reproduire les dispositions de la loi de brumaire an 7, avec les améliorations qu'ont suggérées l'enquête judiciaire de 1841, les avis des facultés de droit, le projet présenté à l'assemblée législative, et les deux discussions approfondies dont le projet sur le régime hypothécaire a été l'objet dans cette assemblée.

En terminant, l'orateur déclare qu'il a voulu s'expliquer en peu de mots et seulement sur la question de principe; il a évité à dessein de discuter des hypothèses, des questions de détail et d'application, sur lesquelles, à son avis, les organes du gouvernement ne sauraient se montrer trop circonspects. Il importe en effet d'éviter que des intérêts privés, mis en jeu par suite de contestations sur l'application de la loi, puissent chercher, dans un débat judiciaire, à se faire une arme des paroles qui auraient été prononcées dans la discussion législative.

20. M. DUCLOS dit que, dans une matière aussi épineuse, on ne s'étonnera pas qu'après avoir mûrement examiné le projet, il éprouve le besoin de s'éclairer sur quelques points douteux; il désirerait particulièrement que M. le rapporteur s'expliquât sur la question très-controversée de savoir si la transcription du dernier contrat de vente suffirait pour opérer la purge au profit de l'acquéreur relativement

rité de la chose jugée, être mentionné en marge de la transcription faite sur le registre.

L'avoué qui a obtenu ce jugement est tenu, sous peine de 100 fr. d'amende, de faire opérer cette mention, en remettant un bordereau rédigé et signé par lui au conservateur, qui lui en donne récépissé. — V. n°s 8, 34.

5. Le conservateur, lorsqu'il en est requis, délivre, sous sa responsabilité, l'état spécial ou général des transcriptions et mentions prescrites par les articles précédents. — V. nos 9, 35.

6. A partir de la transcription, les créanciers privilégiés ou ayant hypothèque, aux termes des art. 2123, 2127 et 2128 c. nap., ne peuvent prendre utilement inscription sur le précédent propriétaire.

Néanmoins, le vendeur ou le copartageant peuvent utilement inscrire les priviléges à eux conférés par les art. 2103 et 2109 c. nap., dans les quarante-cinq jours de l'acte de vente ou de partage, nonobstant toute transcription d'actes faits dans ce délai.

Les art. 834 et 835 c. pr. civ. sont abrogés. — V. nos 10 et suiv., 37 (1).

---

aux précédents propriétaires dont les noms seraient mentionnés dans le contrat.

21. M. Adolphe DE BELLEYME, *rapporteur*, fait remarquer que la question posée par l'honorable M. Duclos, et qui partage les cours souveraines, est une question de jurisprudence et de régime hypothécaire; la loi actuelle n'a donc pas pour objet de la résoudre, et, pour que cette loi soit bien comprise, il suffit des explications générales qui ont été données au nom du gouvernement.

22. M. ALLART répond à la question qui vient d'être posée, celle de savoir si, lorsqu'un contrat contient les noms de précédents vendeurs, la transcription faite par un dernier acquéreur a son effet relativement à ces anciens propriétaires. Cette question lui paraît résolue par la loi nouvelle, qui dit clairement que la transcription opère la purge à l'égard de tous ceux qui n'ont pas fait inscrire antérieurement leurs droits.

23. Pour repousser les objections soulevées par l'honorable M. Duclos relativement aux dispositions qui fixent à dix-huit ans la durée maximum des baux et à trois années de revenus la quotité des loyers perçus à l'avance, et qui, au delà de ces limites, exigent la transcription de l'acte constatant ces opérations, l'honorable membre fait remarquer que, dans le cas où les baux et quittances seraient antérieurs à la vente ou à l'hypothèque, il n'est rien innové au droit existant; ces conventions ne nuiront pas plus à l'acquéreur ou au créancier qu'elles ne peuvent lui nuire aujourd'hui; seulement, sous la législation actuelle, le propriétaire, avant de vendre la propriété ou de l'hypothéquer, pouvait faire un bail de quatre-vingt-dix-neuf ans ou toucher d'avance une quotité illimitée de loyers; la loi nouvelle, dans les deux cas, pose la limite de dix-huit et de trois années, de telle sorte que le dommage causé à l'acquéreur ou au créancier ne peut s'étendre au delà. Si le bail ou la quittance anticipée sont postérieurs à la transcription du contrat de vente ou à l'inscription de l'hypothèque, il est évident qu'ils ne peuvent avoir aucun effet.

M. DELAPALME insiste pour qu'il soit bien entendu que la transcription faite par le dernier acquéreur ne peut, en aucun cas, avoir pour effet de priver le créancier d'un précédent vendeur du bénéfice d'une hypothèque régulièrement inscrite; ce créancier n'a aucunement à s'occuper des transcriptions postérieures.

L'art. 5 est mis aux voix et adopté.

(1) 24. Les observations faites sur cet article ont porté principalement : 1° sur l'insuffisance du délai accordé au vendeur et au copartageant, délai qui, dans le projet en discussion à la séance du 15 janv., n'était que de trente jours ;—2° Sur l'abrogation des art. 834 et 835 c. pr.

Sur le premier point, M. Delapalme, *président de la commission*, a déclaré qu'il votera pour la loi, parce que la somme du bien qu'elle produira l'emporte sur celle de ses inconvénients et de ses dangers; mais c'est à condition qu'il obtiendra sur l'art. 6 une modification en ce qui concerne le délai de la transcription. Si une extension de ce délai lui était refusée, il ne pourrait se résoudre à voter une disposition qui, dans son opinion, consacrerait une spoliation. Il rappelle que le code Napoléon a religieusement sauvegardé la propriété comme une chose sacrée. Pour protéger le vendeur, le législateur lui a conféré deux droits efficaces : le privilége du vendeur conservé par l'inscription d'office, et l'action résolutoire. Le vendeur qui a laissé périmer son privilége peut toujours réclamer l'immeuble non payé en exerçant l'action résolutoire. C'est là ce qu'on veut supprimer aujourd'hui.

L'honorable membre reconnaît que l'extrême division de la propriété et les transactions nombreuses dont elle est l'objet l'ont fait entrer dans le domaine de la spéculation; les besoins de la spéculation exigent quelques modifications dans le mode de transmission de la propriété. C'est pour cela que la loi actuelle, considérant comme exorbitant cet excès de garanties, a voulu soumettre à une condition commune le privilége du vendeur et son action résolutoire. L'orateur approuve cette innovation, mais à une condition très-formelle : c'est que du moment où l'on réduit le vendeur à un simple privilége, on lui accordera les moyens de conserver utilement son droit; c'est ce que, dans son opinion, ne fait pas l'art. 6 du projet. Le projet originaire ne proposait d'accorder aucun délai au vendeur ou au copartageant pour l'inscription de leur privilége. La commission a demandé qu'un délai fût fixé; le conseil d'Etat a proposé quinze jours, la commission en aurait voulu soixante; enfin la commission et le conseil d'Etat sont tombés d'accord pour fixer un délai de trente jours.

Pour établir l'insuffisance du délai de trente jours, l'orateur se livre à des calculs qu'il applique à l'hypothèse d'une adjudication judiciaire; il fait la supputation des délais qu'entraîneraient toutes les formalités que la loi prescrit en pareille matière et il maintient que, sous peine de compromettre les droits du vendeur, il y a nécessité d'accorder un délai de soixante jours pour l'accomplissement de la transcription.

L'argument qu'on voudrait tirer de ce que la loi aujourd'hui existante ne donne que quinze jours pour la transcription, est repoussé par l'honorable membre; il fait remarquer que l'art. 834 c. pr. accorde au vendeur, pour faire inscrire son privilége, un délai de quinze jours à partir de la transcription de la vente, tandis que l'art. 6 du projet, qui abroge l'art. 834, aurait ce résultat, que, si l'acquéreur ne faisait pas transcrire son contrat dans les trente jours de sa date, le privilége du vendeur pourrait périr. Ainsi le droit du vendeur dépendra du plus ou moins de diligence de l'acquéreur; ce sera donc lui surtout qui devra s'inquiéter de la transcription, et souvent il sera obligé, pour l'obtenir en temps utile, de faire, à la place de l'acquéreur, l'avance des frais de vente et d'enregistrement.

L'honorable membre s'explique sur un procédé qu'on paraîtrait avoir imaginé comme remède au mal qu'il vient de signaler, procédé qui consisterait à insérer dans le contrat une clause portant qu'il est frappé d'une condition suspensive jusqu'à la transcription; il fait remarquer d'abord que les rédacteurs les plus ordinaires des actes sous seing privé, c'est-à-dire les maîtres d'école et les écrivains de village, ne s'aviseront probablement pas de cet expédient et seront, ou du moins ceux qui les consultent, surpris par l'échéance du délai fatal. Dans tous les cas, ce serait, à ses yeux, méconnaître le caractère d'une loi destinée à venir en aide aux parties contractantes, que de la rédiger dans des conditions telles que les parties, par un renversement de rôles, fussent obligées de venir en aide à la loi. L'orateur ne votera pour le projet que s'il est rectifié sur ce point; à son avis, il ne s'agit pas ici d'une question de principe, mais d'une simple erreur de chiffre dans la détermination du délai (Monit. univ. du 18 janv. 1855 rectifiant le numéro du 17 janv. 1855).

25. M. Adolphe DE BELLEYME, *rapporteur*, dit que si la parole n'est pas réclamée en ce moment par MM. les commissaires du gouvernement, il la demande pour appuyer l'art. 6.

L'honorable membre rappelle d'abord qu'aux termes de la législation actuelle, le vendeur a pour garantie du payement du prix de son immeuble un double droit : le privilége et l'action résolutoire. Au moyen du privilége, le vendeur peut poursuivre la revente de l'immeuble dont il n'a pas reçu le prix; et, sur le produit de la revente, il touche ce qui lui est dû. Au moyen de l'action résolutoire, il fait annuler la vente et rentre dans sa propriété. Il peut donc, à son choix, se faire payer soit en argent, soit en nature. Telle est la garantie que la législation donne à la propriété, et il ne pouvait venir à la pensée d'un seul des membres de la commission d'y porter atteinte.

Mais il y a dans l'exercice de ces deux droits une différence grave. Le privilége est soumis à la publicité. Il doit être transcrit sur le registre du conservateur des hypothèques; tout le monde peut donc savoir si le privilége existe. L'action résolutoire, au contraire, reste secrète; elle peut s'exercer dix ans, trente ans, cinquante ans après la vente. C'était là un des vices les plus graves que l'on pût signaler dans l'établissement de la propriété. Il a paru aux auteurs du projet de loi qu'il était impossible de laisser plus longtemps subsister dans ses conditions actuelles l'exercice de l'action résolutoire; car ce n'est pas de l'action elle-même qu'il s'agit, mais seulement de son exercice.

M. le rapporteur déclare que la commission, s'associant pleinement à cette idée, a été unanime pour reconnaître que l'exercice de l'action résolutoire devait être soumis à la publicité. Il n'y aura lieu désormais à exercice de cette action que s'il y a eu inscription. C'est cela et uniquement cela qu'on a voulu par l'art. 6.

Mais il y a eu dissidence sur la question d'un délai à accorder. Les auteurs du projet avaient cru qu'il convenait de restreindre les facilités et les délais qui existaient pour remplir la formalité de la publicité. Dans l'état actuel des choses, le vendeur non payé a quinze jours, à partir de la transcription, pour assurer par une inscription la conservation de son privilége. Le projet primitif supprimait ce délai, et tout vendeur non payé devait instantanément faire inscrire son contrat, sous peine d'être déchu de son privilége et de l'action résolutoire, dans le cas où une nouvelle vente aurait eu lieu et aurait été transcrite avant la sienne.

La commission n'a pas cru pouvoir adhérer à une innovation si radicale : elle a insisté pour qu'il y eût un délai, et un délai supérieur à celui de quinze jours. Elle a indiqué deux mois. Le conseil d'Etat a été d'avis d'accorder quinze jours. Sur de nouvelles observations de la commission, le conseil d'Etat a concédé un mois. Ce n'est pas, il est vrai, ce qu'avait réclamé la commission, mais il est juste aussi de reconnaître qu'entre un mois et l'absence de tout délai, la différence est grande.

Avec le délai d'un mois, il n'y avait plus lieu de craindre que le droit de propriété manquât de garantie. La préoccupation qui avait dominé la commission devait disparaître. La question du fond étant ainsi écartée, une seule question restait à examiner, celle de savoir si un mois était matériellement suffisant pour que le vendeur pût prendre inscription, afin de conserver soit son privilége, soit son action résolutoire.

Le précédent orateur a fait observer que quand on n'avait qu'un délai de quinze jours pour prendre inscription, il restait toujours la ressource de l'action résolutoire, puisque cette action n'était pas sujette à la publicité. Mais M. le rapporteur fait observer que c'est précisément à cette non-publicité qu'on a voulu obvier par le projet de loi. Encore une fois il n'y avait donc qu'un point à examiner pour la commission, et elle s'est demandé si le délai d'un mois suffit pour prendre inscription. La fixation d'un délai matériellement suffisant pour inscrire le privilége sauvegardera par cela même l'action résolutoire.

Dès le premier aperçu, trente jours paraissent suffire. M. le rapporteur déclare qu'un examen plus approfondi confirme cette première impression. La preuve qu'on peut inscrire en un mois, c'est que, depuis que le code Napoléon est en vigueur, on s'est contenté du délai de quinze jours. C'est bien, en effet, ce seul délai de quinze jours qui existe dans nombre de cas, Ainsi, que l'on suppose deux ventes faites à une heure de distance, celui qui aura acheté un immeuble à midi et qui le revendra une heure après n'aura que quinze jours pour prendre inscription. Si la revente a lieu le lendemain de la vente, le délai sera de seize jours.

En définitive, il ne paraît pas à la majorité de la commission que le délai de quinze jours ait été fixé par les auteurs du code avec légèreté et sans examen. Leur attention fut éveillée sur cette question, et c'est avec maturité qu'ils décidèrent que quinze jours étaient un délai suffisant. S'il en eût été autrement, des réclamations se seraient produites, soit dans les ouvrages des jurisconsultes, soit dans l'enquête solennelle de 1841. Or aucune plainte sur le délai de quinze jours ne s'est élevée.

Mais cependant une objection a été faite : comme preuve que le délai de quinze jours ne suffisait pas, on a soutenu que, dans la pratique, un second délai de même durée avait été tacitement convenu pour la facilité des affaires. Selon cette objection, la pratique aurait refait pour son usage l'œuvre de la loi. Mais M. le rapporteur fait remarquer que si, en effet, la pratique s'était ainsi attribué à elle-même sa part, c'est qu'elle l'avait cru suffisante. Avec cette addition, le délai n'était en

7. L'action résolutoire établie par l'art. 1654 c. nap. ne peut être exercée après l'extinction du privilége du vendeur, au préjudice des

tout que d'un mois. La pratique se contentait d'un mois; or c'est ce que porte le projet de loi.

L'honorable membre ajoute que s'il ne se fût agi que de donner deux mois au lieu d'un, cela n'eût rien coûté à personne, et que deux mois pouvaient aussi bien qu'un être accordés par le conseil d'Etat, si le plus long des deux délais lui eût paru convenable. Tout le monde reconnaîtra qu'en se décidant, le conseil d'Etat a dû s'appuyer sur des motifs très-sérieux.

Ces motifs, en effet, ont paru tels à la commission; ils reposent sur l'intérêt des tiers. Lorsqu'on accorde un délai d'un mois pour inscrire le privilége et l'action résolutoire, on fait une chose grave. On confère un droit rétroactif qui remonte au premier jour et peut faire annuler tous les actes survenus dans l'intervalle. Il y a là des destructions de droits qui sont d'autant plus exorbitantes que le délai est plus prolongé. C'est pour cela que le conseil d'Etat n'avait voulu d'abord adhérer qu'à un délai de quinze jours, et que la commission s'est contentée d'un mois, ce qui, selon elle, restreint dans de justes limites les conséquences possibles de la rétroactivité. Après avoir, par deux fois et avec insistance, présenté des observations au conseil d'État, la commission n'a pas cru que ce délai d'un mois, qui lui était en définitive concédé, laissât subsister une cause sérieuse de dissentiment. Elle pense donc que la chambre doit adopter l'art. 6 (séance du 15 janv., Monit. univ., 17 janv. 1855).

26. M. ROUHER, *vice-président du conseil d'Etat*, dit que toutes les objections présentées hier par M. Delapalme contre l'art. 6 ont été concentrées sur un seul point, le délai de trente jours accordé au vendeur et au copartageant pour faire utilement inscrire leur privilége. Ce délai a paru insuffisant. La raison qui avait décidé le conseil d'Etat à ne pas l'étendre davantage était l'inconvénient de laisser pendant ce temps la propriété dans l'incertitude. Ce délai de trente jours était déjà une concession faite par le conseil d'Etat à la commission de la chambre. Les commissaires du gouvernement, dans leur désir de voir toujours régner la bonne harmonie entre le gouvernement et le corps législatif, ont examiné de nouveau avec soin les objections qu'on avait exposées hier avec une grande autorité; sur leur rapport, le gouvernement les a prises en sérieuse considération, et un décret sera présenté demain à la chambre pour porter à quarante-cinq jours le délai précédemment fixé à trente. Les opinions se trouveront ainsi conciliées, et une loi utile sera livrée à la pratique.

M. DELAPALME dit que, dans son opinion, le délai de soixante jours serait seul tout à fait satisfaisant; mais, pour répondre de son côté au sentiment de conciliation qui vient d'être exprimé, il acceptera le délai de quarante-cinq jours.

M. ROUHER, *commissaire du gouvernement*, fait observer que le vote sur l'art. 6 pourrait être réservé; la discussion continuerait sur les articles suivants, à moins que, sur l'art. 6, on ne désirât présenter immédiatement des objections d'un autre ordre.

27. M. RIGAUD demande à combattre l'art. 6 à un point de vue nouveau. Hier, le débat n'a porté que sur l'insuffisance du délai accordé au vendeur et au copartageant. Mais l'article a une portée plus grande : il supprime le délai de quinzaine accordé jusqu'ici au créancier hypothécaire pour inscrire son hypothèque sur le nouvel acquéreur. L'honorable membre ne saurait consentir à cette suppression. En la combattant, il aura pour lui l'assentiment des hommes spéciaux de l'assemblée, l'autorité d'un précédent grave et l'expérience des hommes pratiques.

Dans l'état actuel de la législation, un immeuble est vendu, cet immeuble est grevé d'hypothèque ou de privilége. L'acquéreur fait transcrire la vente. Le créancier hypothécaire ou privilégié a un délai de quinze jours, à partir de la transcription, pour prendre inscription sur l'acquéreur; c'est cet état de choses que le projet de loi veut faire cesser. A l'avenir, le créancier hypothécaire ne pourra plus faire inscrire son hypothèque dès que la vente aura été transcrite. L'honorable membre repousse cette innovation. Il fait observer d'abord que ce qu'on veut faire aujourd'hui a existé déjà. Avant la promulgation du code de procédure civile, qui n'eut lieu que deux ou trois ans après celle du code Napoléon, le droit du créancier hypothécaire était anéanti par la vente. Une expérience de deux années fut suffisante pour révéler les inconvénients de ce système, et les art. 834 et 835 furent insérés dans le code de procédure pour arrêter le mal. Ce sont ces articles, adoptés par le conseil d'État après une discussion solennelle, à laquelle assistait l'empereur lui-même, qu'on veut abroger aujourd'hui. Ainsi, sur ce point, le projet de loi a contre lui un précédent mémorable. L'opinion des hommes spéciaux, chargés par leurs fonctions de faire descendre ces lois dans la pratique, ne condamne pas moins hautement l'innovation que l'on propose. Dans ces questions, les meilleurs jurisconsultes sont les notaires. Eh bien! les notaires, représentés par leurs délégués, ont été unanimes pour demander la conservation du délai de quinzaine, le maintien des art. 834 et 835. L'orateur ajoute qu'il croit que la même unanimité existe parmi les membres de la chambre versés dans ces matières spéciales. Il cite l'opinion de M. Troplong, qui n'a pas eu à s'occuper de l'abrogation des art. 834 et 835, n'ayant pu la prévoir, mais qui a constaté nettement l'amélioration apportées par ces articles dans le régime primitif du code civil.

Contre tant d'autorités, quelles raisons fait-on valoir? Depuis la promulgation du code de procédure civile, des inconvénients nouveaux se sont-ils révélés? Ni l'exposé des motifs du projet de loi, ni le rapport de la commission, ni la discussion qui a lieu depuis deux jours, n'ont fait connaître les motifs au nom desquels on demande l'abrogation des art. 834 et 835. Une seule raison a été donnée, c'est que le système nouveau amènerait une grande simplification. Par ce système, en effet, l'acquéreur pourrait arriver très-vite à sa libération; il lui suffirait de faire transcrire la vente; et, aussitôt après, sans avoir à attendre l'expiration d'un délai quelconque, il pourrait payer son prix avec une entière sécurité. C'est là l'avantage qu'on attend de la loi. L'orateur ne conteste pas que ce système, qui anéantit tous les droits des créanciers par la transcription, ne soit effectivement fort simple; mais un tel avantage le séduit peu. Il n'admet pas d'ailleurs que la loi doive produire ce résultat de libérer l'acquéreur aussi rapidement qu'on le dit. On a senti, en effet, la nécessité de faire une exception au profit du vendeur et du copartageant; on leur accorde un délai de quarante-cinq jours pour faire inscrire leur hypothèque ou leur privilége. Avant de payer son prix, l'acquéreur prudent attendra évidemment l'expiration de ce délai. Sa libération ne pourra donc avoir lieu avec toute la célérité qu'on se promet. Ce n'est pas tout : il peut exister sur l'immeuble des hypothèques légales, qui ne se purgent que par l'accomplissement de formalités très-longues; on ne payera pas avant que la purge ait été opérée. L'acquéreur sera encore obligé d'attendre. L'avantage qu'on espère de la loi est donc chimerique.

Au moins faudrait-il qu'une innovation, qui ne doit produire aucun bon effet, ne fût pas dangereuse; mais l'honorable membre en voit sortir des inconvénients graves. On est touché de la situation qui serait faite au vendeur et au copartageant, et on leur laisse le moyen de sauvegarder leur droit. Rien de mieux : mais alors pourquoi sacrifier le créancier hypothécaire? Au vendeur, à qui l'on retire l'action résolutoire, à qui l'on ferait perdre son privilége si la transcription avait lieu promptement, on accorde un délai de quarante-cinq jours pour qu'il puisse se défendre contre la fraude; mais les mêmes raisons s'appliquent tout aussi bien au créancier hypothécaire : il a prêté sur immeuble; il lui faut le temps de faire inscrire son hypothèque, d'enregistrer son acte, de dresser son bordereau. Avant l'accomplissement de ces formalités, que l'emprunteur vende, que l'acquéreur fasse transcrire, et voilà le gage du prêteur qui disparaît, son hypothèque est perdue. C'est là un danger sérieux, un obstacle absolu, selon l'honorable membre, à l'adoption de l'art. 6. Le vendeur n'est pas plus digne d'intérêt que le créancier hypothécaire; ce dernier est encore plus exposé à la fraude : cependant on prolonge le délai accordé au vendeur, délai qui était seulement de quinze jours, à partir de la transcription d'une seconde vente; on le porte maintenant à quarante-cinq jours, et en même temps on veut supprimer tout délai pour le créancier hypothécaire. C'est là une anomalie que l'honorable membre ne saurait accepter. Selon lui, le délai de quinzaine pourrait être conservé, et l'art. 6 supprimé, sans altérer l'ensemble de la loi : on se trouverait simplement replacé, en ce qui concerne le délai de quinzaine, sous le régime de la législation antérieure.

28. M. ROULAND, *conseiller d'Etat, commissaire du gouvernement*, se propose de faire ressortir par une réflexion préliminaire ce qu'il y a de défectueux dans des objections qui ont une apparence de gravité. Lorsqu'un projet de loi se présente avec un but spécial, avec un sens qui lui est propre, on s'expose à commettre une sorte d'anachronisme si, négligeant ce sens propre, on va emprunter des objections à une législation antérieure qui a un autre esprit et un autre caractère. L'orateur s'attache à préciser le sens de la loi dans son ensemble : on s'est proposé, en la présentant, d'atteindre un résultat qui depuis longtemps était l'objet d'une préoccupation générale. La propriété immobilière, le meilleur de tous les gages, était mal définie et incertaine; son état civil était difficile à établir. Afin d'arriver à quelque chose de plus net et de plus facile, on a voulu que la transcription fût désormais nécessaire pour opérer la transmission même de la propriété; c'est là une différence radicale entre la transcription prescrite par le projet de loi et la transcription telle qu'elle existe dans le code Napoléon. L'orateur rappelle qu'en effet, sous l'empire du code, le simple consentement sur la chose et sur le prix rendait la vente parfaite entre les parties; la transcription n'était que le premier acte par lequel le vendeur pouvait arriver à la purge des hypothèques au moyen de la notification de son contrat aux créanciers inscrits. Le projet de loi pose un tout autre principe, non pas capricieusement et sans principe, mais pour rendre la transmission de la propriété plus facile et plus sûre.

Dans le délai de quinzaine après la transcription, accordé aujourd'hui aux créanciers hypothécaires des précédents propriétaires pour prendre inscription, M. le commissaire du gouvernement ne voit que la conséquence logique du principe qui régissait la vente sous le code Napoléon; par cela même que la vente transférait immédiatement la propriété de l'immeuble à l'acquéreur, personne ne pouvait plus désormais faire inscrire d'hypothèque du chef des précédents propriétaires. C'est sous l'empire de ce système que les art. 834 et 835 c. pr. ont été rédigés. Le législateur a voulu, par esprit d'équité, s'occuper des créanciers, et, considérant la transcription non pas comme opérant la transmission de la propriété, mais comme le premier acte de la purge, il a permis que, dans la quinzaine après l'accomplissement de cette formalité, tous ceux qui auraient sur l'immeuble un droit hypothécaire pussent le faire inscrire. Aujourd'hui, la transcription a un tout autre caractère; si l'on veut qu'elle donne pleine sécurité au vendeur, il n'est pas possible de conserver les art. 834 et 835.

Dans l'opinion de l'orateur, c'est nier la loi nouvelle que de l'attaquer avec des arguments puisés dans un système qui n'est pas le sien. On comprendrait qu'un adversaire du projet vînt dire qu'on a eu tort de considérer la transcription comme opérant la translation de propriété; mais, dès que l'on admet ce principe, il n'est plus permis de faire confusion entre le nouvel état de choses et celui qui existait sous le code Napoléon combiné avec les art. 834 et 835 c. pr.

Tout en insistant sur la nécessité de rester d'accord avec le principe salutaire du projet de loi, M. le commissaire du gouvernement reconnaît que l'intérêt des prêteurs mérite protection; mais il soutient que, sous l'empire de la loi nouvelle, cet intérêt sera aussi efficacement protégé qu'il l'est aujourd'hui. L'honorable préopinant, se plaçant au point de vue du projet, a présenté l'hypothèse suivante : une personne fait un emprunt et consent au profit du prêteur une hypothèque sur un immeuble; mais à l'instant même cet emprunteur, dans une intention frauduleuse, se hâte de vendre son immeuble; l'acquéreur, usant d'une extrême diligence, fait transcrire son contrat; le prêteur, s'il n'arrive qu'après la transcription, perdra son argent.

L'orateur soutient d'abord qu'il n'est pas bon d'attaquer une loi qui repose sur un principe général par des exemples tirés de faits exceptionnels; il reconnaît que l'inconvénient signalé tout à l'heure pourra exister; mais il sera facile d'y remédier dans la pratique. Le prêteur déposera ses fonds chez le notaire, et ils ne seront délivrés à l'emprunteur que s'il est reconnu qu'avant l'inscription il n'existait pas de transcription faite dans une intention frauduleuse. C'est ce qui se fait constamment aujourd'hui, jusqu'à ce qu'on soit certain qu'il n'y a pas d'inscription prise au préjudice du prêteur. Il est donc évident, dans l'opinion de l'orateur, d'une part, que le projet est mal à propos attaqué par des arguments empruntés à la législation qu'il s'agit de modifier, et, de l'autre, que les inconvénients de détail dont on a parlé peuvent être facilement évités.

29. M. BARAGNON déclare qu'il approuve le projet dans son principe et dans ses dispositions essentielles; il le votera, quel que puisse être le résultat de ses observations; mais il pense qu'on rendrait la loi meilleure en supprimant l'art. 6. Tout en se référant à cet égard aux arguments invoqués par l'honorable M. Rigaud, il veut répondre à quelques objections présentées par l'organe du conseil d'État. Il n'admet pas que l'art. 6 soit une conséquence forcée du principe dont le projet de loi est l'expression, et il se propose d'établir que cet article pourrait être supprimé sans que, pour cela, les bons résultats que l'on est en droit d'attendre de la loi nouvelle fussent amoindris en aucune manière. Il s'attache à définir le caractère et

le but du projet tels qu'ils lui apparaissent dans l'exposé des motifs et dans le rapport de la commission. Ce qu'on se propose, c'est de faire connaître aux tiers, par une publicité certaine, les mutations de propriété des immeubles et les démembrements qui peuvent en atténuer la valeur; on veut ainsi rendre les transactions plus sûres et favoriser les opérations de cette grande institution qu'on appelle le crédit foncier. Mais, pour arriver à ce résultat, l'honorable membre ne croit pas qu'il soit nécessaire d'abroger les art. 834 et 835 c. pr. Selon lui, cette abrogation serait une innovation sans utilité et sans opportunité; ce serait porter une main indiscrète sur le code Napoléon, sur ce magnifique édifice qui fait l'orgueil de la France, l'admiration de l'étranger, et qui aurait suffi pour illustrer tout autre règne.

L'orateur examine la question à un triple point de vue : celui de l'acquéreur, celui des créanciers de l'acquéreur et celui des créanciers du vendeur. Il reconnaît que le projet de loi a beaucoup fait dans l'intérêt de l'acquéreur, puisqu'il lui donne un moyen certain d'éviter qu'un vendeur de mauvaise foi lui fasse payer une propriété déjà vendue, grevée d'un usufruit ou de tout autre démembrement; mais l'acquéreur n'a aucun intérêt à la suppression du délai de quinzaine. En ce qui concerne les créanciers, l'honorable membre soutient que la loi nouvelle ne leur donnera pas autant de sécurité que leur en donne la loi actuellement existante. S'il s'agit d'un créancier de l'acquéreur, la législation lui garantit toute sécurité, pourvu qu'il s'assure qu'il n'est survenu, dans la quinzaine de la transcription, aucune inscription du chef du vendeur ou de ses créanciers, et qu'il n'en existe aucune sur son emprunteur. S'il s'agit d'un créancier du vendeur, la loi actuelle lui donne aussi toute sûreté, puisqu'elle lui réserve le droit de s'inscrire dans la quinzaine de la transcription du contrat. Cette sécurité, le projet la lui enlève, et il semble être dirigé spécialement contre son intérêt. La suppression du délai de quinzaine n'étant nécessaire ni au vendeur, ni au créancier de l'acquéreur, ni à celui du vendeur, l'honorable membre est d'avis que l'article qui prononce l'abrogation des art. 834 et 835 c. pr. doit disparaître du projet.

30. M. SUIN, *conseiller d'État, commissaire du gouvernement*, pose en fait que le projet en discussion ne tend pas à créer un droit nouveau; il est, au contraire, un retour à la législation ancienne, à la loi de brumaire an 7. La loi de brumaire avait considéré la transcription comme la consécration radicale de la translation de propriété; dans le système de cette loi, la transcription, comme l'a fait remarquer M. le rapporteur, était un acte de défiance de l'acquéreur contre le vendeur. Le code Napoléon n'a pas parlé de la transcription, ou du moins, s'il en est fait mention dans l'art. 2181, ce n'est plus avec les conséquences que lui donnait la loi de brumaire an 7; d'après cet article, la transcription n'est plus que le premier acte de la purge des hypothèques, un moyen d'obtenir la délivrance de l'état des inscriptions, afin de pouvoir, aux termes de l'art. 2183, notifier le contrat aux créanciers inscrits. Dans ce système, puisque l'acquéreur retenait le prix entre ses mains jusqu'après l'événement des notifications faites aux créanciers, le législateur a pensé qu'il n'y avait aucun inconvénient à offrir aux créanciers qui s'inscriraient dans la quinzaine de la transcription la même condition qu'aux créanciers antérieurement inscrits.

L'orateur répète que le projet de loi considère la transcription, non plus comme le premier acte de la purge, mais comme le moyen de consacrer la translation de la propriété. C'est à tort, selon lui, que l'on présenterait les art. 834 et 835 c. pr. comme une modification à la loi de brumaire; ces articles n'étaient qu'une modification au code Napoléon. Répondant ensuite à l'argument qu'on a prétendu tirer, en faveur des art. 834 et 835, d'une opinion consignée par M. le premier président Troplong dans un de ses ouvrages, M. le commissaire du gouvernement rappelle qu'en 1849 une commission a été nommée par le garde des sceaux d'alors pour examiner les questions relatives au régime hypothécaire; cette commission, présidée par M. Troplong, a été d'avis, à l'unanimité, de la suppression des art. 834 et 835, considérés comme inutiles dès que l'on admettait le principe de la loi de brumaire an 7 et que l'on attribuait à la transcription le pouvoir de transférer la propriété. Le conseil d'État de cette époque, présidé par M. Bethmont, a, également à l'unanimité, adopté les mêmes conclusions; les commissaires du gouvernement, en insistant pour cette suppression, sont donc d'accord avec l'opinion des jurisconsultes les plus accrédités et avec les traditions du corps auquel ils appartiennent.

M. le commissaire du gouvernement examine une objection présentée par un des précédents orateurs, et qui consiste à dire que le prêteur pourra être lésé s'il ne prend pas immédiatement inscription, puisqu'un contrat de vente postérieur à l'emprunt, mais transcrit avant l'inscription, pourra le priver de sa garantie. Il fait remarquer qu'aujourd'hui la même déception est à craindre, puisque, dans l'intervalle entre l'acte de prêt et l'inscription, il peut toujours survenir une autre inscription. Aussi, dans la pratique, lorsque l'obligation a été signée, le prêteur ne livre pas les fonds à l'emprunteur; il les conserve entre ses mains ou les dépose dans celles du notaire pour n'être délivrés qu'après l'inscription utilement prise. Ce que l'on fait aujourd'hui, on le fera sous la loi nouvelle. L'objection que, dans l'intérêt du prêteur, on a produite contre le projet de loi, on pourrait avec plus juste raison la faire dans l'intérêt de l'acquéreur contre la loi actuelle. On peut vendre un immeuble, en toucher le prix avant la transcription et hypothéquer ce même immeuble; le créancier pourra même, dans la quinzaine de la transcription, prendre inscription sur cet immeuble, dont le prix aura été payé; le seul moyen d'éviter cet inconvénient, c'est que l'acquéreur ne délivre les fonds qu'après la transcription et l'expiration du délai de quinzaine; c'est ce qui a toujours lieu.

L'orateur n'admet pas qu'on puisse se prévaloir, contre la thèse qu'il soutient, de cette circonstance que le projet de loi accorde trente ou même quarante-cinq jours aux vendeurs ou aux copartageants pour faire inscrire leur privilége; il déclare d'abord qu'il était d'avis qu'aucun délai ne fût accordé. Si le conseil d'État s'est rendu au vœu exprimé par la commission et par l'assemblée, c'est dans son désir de maintenir toujours la parfaite harmonie de ses rapports avec le corps législatif; mais, dans l'opinion de l'orateur, quand même aucun délai n'aurait été admis pour la transcription, il n'y aurait eu péril ni pour les vendeurs ni pour les créanciers. M. le commissaire du gouvernement s'explique ensuite sur une hypothèse qui a été développée dans le cours de la discussion, en vue de prouver que le premier vendeur pourrait être spolié au moyen d'une revente faite par l'acquéreur avant le payement du prix, et transcrite avant la première vente; il répond qu'une pareille manœuvre constituerait un dol et une fraude dont les magistrats feraient nécessairement justice.

En terminant, l'orateur fait observer que la position du vendeur était toute spéciale; il était dépossédé et à la merci de son acquéreur. C'est pour cela que le projet s'est préoccupé du besoin de donner au vendeur et au copartageant des garanties particulières. Mais le délai de quarante-cinq jours, qui va être introduit dans le projet, diffère essentiellement du délai de quinze jours dont il s'agit dans les art. 834 et 835 c. pr. civ. Ce dernier délai a pour point de départ non pas le jour du contrat, mais le jour de la transcription, et le prêteur peut toujours se garantir en ne délivrant ses fonds que lorsqu'il a fait inscrire son hypothèque. Pour le vendeur, au contraire, le délai de quarante-cinq jours court du jour du contrat, c'est-à-dire du jour où il est dépossédé (séance du 16 janvier, Monit. du 18).

31. A la séance du lendemain, M. Rouher, commissaire du gouvernement, répondant à de nouvelles objections présentées par M. le marquis d'Andelarre contre l'abrogation des art. 834 et 835, a résumé les motifs sur lesquels on s'est appuyé pour réclamer le maintien de ces articles. On a invoqué d'abord l'intérêt sérieux et légitime du créancier hypothécaire; on a prétendu ensuite que le principe de l'égalité serait violé, si la faveur d'un délai accordé au vendeur et au copartageant n'était pas également octroyée au créancier hypothécaire. L'orateur se propose de démontrer par des considérations pratiques : 1° le défaut d'intérêt sérieux pour le créancier à obtenir le délai que l'on réclame pour lui; 2° la différence radicale qui existe entre la position du créancier et celle du vendeur ou du copartageant.

S'expliquant d'abord sur le défaut d'intérêt du créancier, M. le vice-président du conseil d'État fait remarquer que la loi ne doit sa protection à ce créancier que pour favoriser ses intérêts légitimes et non pour protéger sa négligence. Un homme prête un capital par un contrat authentique; ce contrat ne lui confère aucun droit vis-à-vis des tiers, il faut qu'il remplisse une formalité sans laquelle son hypothèque demeure inerte et sans valeur; il faut qu'il la fasse inscrire. Si ce prêteur délivrait son argent avant l'inscription, il pourrait être primé par un contrat hypothécaire même postérieur en date, mais inscrit antérieurement au sien. La prudence commande donc au prêteur de ne remettre son argent que lorsque l'inscription a été prise. Un autre danger peut se présenter encore : au moment où l'obligation est contractée, l'emprunteur peut être engagé dans un procès; malgré lui et sans même qu'il le sache, une hypothèque judiciaire peut survenir et être inscrite avant celle du prêteur. A ce point de vue encore, il est prudent de ne délivrer les fonds que lorsqu'on s'est assuré qu'aucune inscription n'est survenue depuis le contrat.

Telles sont les précautions que M. le commissaire du gouvernement signale comme indispensables pour la sûreté du créancier. Il ajoute qu'on les emploie presque toujours, et qu'il peut arriver pourtant qu'après les avoir prises, le prêteur ne soit pas certain encore de profiter de la garantie qu'il a voulu s'assurer. Il se peut en effet qu'un ou deux jours avant l'emprunteur, par un acte sous seing privé, enregistré dans un bureau éloigné, ait vendu l'immeuble qu'il hypothèque à son créancier. Celui-ci n'aura rencontré aucune inscription antérieure, il aura délivré les fonds, et cependant son gage lui aura échappé par l'effet d'une vente faite la veille du prêt; l'art. 834 ne le protégera pas; il perdra sa créance sans avoir pourtant aucune négligence à s'imputer, car il n'a pu vérifier, dans plus de deux mille bureaux de l'enregistrement, l'existence de cette vente concertée pour le spolier. C'est là un intérêt sérieux auquel le projet de loi donne satisfaction d'une manière absolue; il suffira désormais au prêteur de s'assurer qu'avant l'inscription de son hypothèque il n'existe aucune transcription d'acte de vente ni aucune inscription antérieure d'hypothèque; il sera parfaitement garanti, et c'est pour cela que les art. 834 et 835 deviennent inutiles. Quant au prêteur négligent qui aura versé son argent avant d'avoir pris l'inscription, la loi ne lui doit plus sa protection; il n'est pas nécessaire de lui donner un délai de quinzaine pour une inscription qu'il aurait pu prendre immédiatement après le contrat. Par suite de cette négligence, d'autres personnes, ne voyant aucune inscription sur les biens du débiteur, lui auront peut-être prêté chirographairement; le créancier hypothécaire, en se faisant inscrire, aurait la faculté de les primer ou de les exclure sur le prix de l'immeuble du débiteur commun, et ces créanciers chirographaires porteraient la peine de la négligence du créancier hypothécaire.

D'autres inconvénients sont encore signalés par M. le vice-président du conseil d'État comme résultant de la législation actuelle; il peut arriver qu'un capitaliste achète un terrain pour y élever des constructions et pour y faire des travaux considérables; l'acquéreur croit pouvoir disposer immédiatement de l'immeuble sur lequel il a vérifié qu'il n'existe pas d'inscriptions. Néanmoins, dans la quinzaine de la transcription, des créanciers viennent se faire inscrire; l'acquéreur est obligé de leur notifier son contrat, et jusqu'à l'expiration du délai de surenchère, la propriété reste incertaine dans ses mains; les travaux sont suspendus, le tout parce que les créanciers ont apporté de la négligence à faire inscrire leurs hypothèques. Le conseil d'État n'a pas voulu le maintien des art. 834 et 835, parce qu'il a été convaincu que ces articles ne répondraient plus, dans le système nouveau, à une nécessité sérieuse; c'est sous l'influence de cette conviction profonde qu'il s'est refusé à toute concession sur ce point.

32. L'orateur passe à l'argument tiré par ses honorables contradicteurs de ce que l'art. 6, tel qu'il est rédigé, introduirait une inégalité de condition entre les vendeurs ou les copartageants et les créanciers. Il s'attache à prouver que cette différence de traitement tient à la différence même des situations. Il rappelle à ce sujet les dispositions de la législation actuelle en faveur du vendeur. L'art. 2108 confère d'abord un privilége pour le payement du prix sur la valeur de l'immeuble; lorsque l'acquéreur fait transcrire son contrat, le vendeur n'a rien à faire, et le conservateur des hypothèques est obligé d'inscrire d'office ce privilége. Cependant il pourrait arriver que l'acquéreur, avant d'avoir transcrit, vendît à une autre personne, et que cette dernière vente fût transcrite avant la première; dans ce cas, la jurisprudence a admis que la mention des noms des anciens propriétaires dans un contrat transcrit suffit pour purger à leur égard. Le premier vendeur peut donc être exposé à perdre son privilége s'il ne l'a pas fait inscrire; mais, sous la loi actuelle, il lui reste du moins son action résolutoire. Dans la loi nouvelle, au contraire, on a solidarisé le privilége du vendeur et l'action résolutoire; à défaut de transcription, le premier vendeur pourrait donc perdre sa créance, dans le cas où la seconde vente aurait été transcrite avant la première. Pour éviter cet inconvénient, le projet, ajoutant à la disposition de l'art. 2108 qui, en cas de non-transcription par l'acquéreur, a autorisé le vendeur à faire inscrire son privilége, lui accorde, avec un délai suffisant, le droit de faire transcrire lui-même. Cette disposition était d'autant plus nécessaire que la non-transcription laisserait périr tout à la fois et le privilége et l'action résolutoire du vendeur.

33. Arrivant à ce qui concerne le copartageant, M. le vice-président du conseil d'É-

tiers qui ont acquis des droits sur l'immeuble du chef de l'acquéreur, et qui se sont conformés aux lois pour les conserver. — V. nos 12, 57 (1).

8. Si la veuve, le mineur devenu majeur, l'interdit relevé de l'interdiction, leurs héritiers ou ayants cause n'ont pas pris inscription dans l'année qui suit la dissolution du mariage ou la cessation de la tutelle, leur hypothèque ne date, à l'égard des tiers, que du jour des inscriptions prises ultérieurement. — V. no 13.

9. Dans le cas où les femmes peuvent céder leur hypothèque légale ou y renoncer, cette cession ou cette renonciation doit être faite par acte authentique, et les cessionnaires n'en sont saisis à l'égard des tiers que par l'inscription de cette hypothèque prise à leur profit, ou par a mention de la subrogation en marge de l'inscription préexistante.

Les dates des inscriptions ou mentions déterminent l'ordre dans lequel ceux qui ont obtenu des cessions ou renonciations exercent les droits hypothécaires de la femme. — V. nos 14 et suiv., 58.

10. La présente loi est exécutoire à partir du 1er janv. 1856. — V. no 16 (2).

---

tat rappelle qu'aux termes de l'art. 2109 c. nap., le copartageant au profit duquel est stipulée une garantie de soulte ou retour de lots, a soixante jours pour faire inscrire son privilége sur les immeubles abandonnés à son copartageant, faute de quoi il peut être primé par des créanciers inscrits du chef de ce dernier. Mais ce délai même de soixante jours, la jurisprudence a décidé que, dans certaines circonstances, il pourrait être réduit à une moindre durée. Si le copartageant possesseur de l'immeuble le vend, et que l'acquéreur fasse transcrire son contrat, il a été jugé que le copartageant ayant droit à la soulte ne jouirait, pour faire inscrire son privilége, que du délai de quinzaine après la transcription, comme les créanciers ordinaires; il peut donc, en vertu de cette jurisprudence, par le résultat d'un acte qu'il aura ignoré, être privé du retour de lots pour lequel la loi avait voulu lui assurer un privilége. Et cependant il n'aura à se reprocher aucune négligence, il n'aura pas fait comme le créancier hypothécaire qui a omis de prendre inscription. C'est donc avec raison, et sans violer le principe de l'égalité, que le projet de loi, pour garantir le vendeur et le copartageant de périls que toute la prudence possible ne saurait conjurer, leur accorde la faculté et le délai portés dans l'art. 6. C'est également à juste titre qu'il refuse cette double faveur au créancier qui n'a pas pris les précautions indispensables à l'aide desquelles il pouvait se préserver de tout dommage, et même de tout risque.

(1) 54. M. MILLET a pris la parole contre cet article. Il déclare ne pas s'expliquer pourquoi le projet de loi semble n'avoir été fait, pour ainsi dire, que dans l'intérêt des tiers. Selon l'honorable membre, l'art. 5 a sacrifié les droits de l'acquéreur; l'art. 6 a sacrifié ceux des créanciers du vendeur. C'est le vendeur qui, à son tour, est lésé par l'art. 7. Cet article dépouille le vendeur au profit des tiers qui ont acquis des droits sur son immeuble, du chef de l'acquéreur.

Pour combattre l'art. 7, l'orateur dit qu'il ne veut puiser ses arguments que dans le code Napoléon et dans l'exposé des motifs du projet actuel. Aux termes de l'art. 1184 c. nap., la condition résolutoire est toujours sous-entendue dans les contrats synallagmatiques pour le cas où l'une des deux parties ne satisfera point à son engagement. Après avoir fait de ce principe une règle générale dans l'art. 1184, les auteurs du code l'ont rappelé comme règle spéciale dans l'art. 1654. Enfin, il est dit dans l'art. 1655 que, si l'acheteur ne paye pas le prix, le vendeur peut demander la résolution de la vente. Tout cela est changé par le projet de loi. Au vendeur non payé qui réclamera son immeuble ou le prix de cet immeuble, il suffira pour l'acquéreur de répondre : « Votre prix, je ne peux pas le payer, je suis insolvable; votre immeuble, je ne l'ai plus, il est entre les mains d'un tiers. » Et tout sera dit pour l'acquéreur. Le détenteur de l'immeuble fera au vendeur une réponse analogue, et la voici : « Votre propriété m'appartient en vertu de la transmission que votre acquéreur m'en a faite. Qu'il vous ait payé ou non, peu importe; moi, j'ai payé. Votre acquéreur n'avait pas fait transcrire; moi, j'ai fait transcrire. Je suis complétement en règle. »

Cependant l'orateur croit que le vendeur serait pleinement fondé à repousser cette argumentation en disant : « Le détenteur de mon immeuble le tient de mon acquéreur. Vis-à-vis de celui-ci, le dessaisissement ne s'était opéré que sous la condition de la conservation de mon droit. Comment alors le dessaisissement a-t-il pu lui conférer un droit destructif du mien? Comment le détenteur, simple ayant cause de mon acquéreur, aurait-il plus de droits que lui?

Quoi qu'il en soit, il est bien certain que si le vendeur voulait se prévaloir de ce que la transcription seule arrête le droit de disposer de l'immeuble, et disait que, son acquéreur n'ayant pas transcrit, il a conservé, lui, tous ses droits de propriétaire, on lui répondrait par les expressions suivantes de l'exposé des motifs : « L'action résolutoire ne fait point partie du système hypothécaire; elle n'est pas même mentionnée dans le titre des Priviléges et hypothèques; il est donc permis d'en régler l'exercice vis-à-vis des tiers sans altérer l'économie de la loi préexistante. Ce n'est point une réforme; et, si l'on donnait ce nom à cette nouvelle disposition, il faudrait dire qu'elle a été tentée et même opérée en partie par l'art. 717 c. pr. civ., modifié par la loi du 25 juin 1841. » Mais l'orateur prie la chambre de pas oublier dans quelles circonstances et à quelle occasion la loi de 1841 fut faite. Des garanties sérieuses étaient alors assurées au vendeur; au contraire, d'après le projet, l'acquéreur qui est en voie de dépouiller le vendeur n'est assujetti à aucune formalité préservatrice. On donne à peine au vendeur le temps de se reconnaître, on lui marchande minute par minute un délai qui, pour être maintenant porté à quarante-cinq jours au lieu de trente, restera néanmoins très-insuffisant encore.

Une autre citation de l'exposé des motifs est faite ensuite par l'orateur en ces termes : « La nouvelle règle que nous posons n'apporte aucune modification à l'action résolutoire du vendeur contre son acquéreur resté propriétaire de l'immeuble; elle n'exerce son influence qu'en faveur des tiers de bonne foi et qui ont rempli les formalités pour consolider leur droit. Est-ce que la protection de la loi n'est pas due à ceux qui lui ont obéi? Ou le vendeur a conservé son privilége, et il n'a pas besoin d'action résolutoire, car il est certain d'être colloqué en premier ordre; ou bien il a laissé perdre son privilége, et, dans ce cas, sa négligence n'est imputable qu'à lui seul. Il est juste que les résultats retombent sur lui plutôt que sur des tiers vigilants et de bonne foi. »

L'honorable membre ne saurait admettre ces dernières expressions. Selon lui, la vigilance et la bonne foi sont, dans ce cas spécial, tout à fait inconciliables. Si le tiers a été vigilant, il n'a pas pu être de bonne foi; et s'il a été de bonne foi, il n'a pas pu être vigilant. Si l'acquéreur, si le prêteur ont négligé ou omis les précautions si simples qui consistaient à se faire représenter le titre de propriété et à le vérifier, ils n'ont pas été vigilants; s'ils se sont entourés de ces précautions et s'ils prétendent ensuite avoir traité dans l'ignorance du droit qui leur est opposé, ils ne sont pas de bonne foi.

Quant à ce qui est dit dans le même passage de l'exposé des motifs, que le vendeur, s'il a conservé son privilége, n'a pas besoin de l'action résolutoire, l'orateur exprime à cet égard un dissentiment formel. Le vendeur peut avoir besoin de l'action résolutoire pour se soustraire aux frais et aux lenteurs d'une procédure en expropriation et d'une procédure d'ordre qui pourraient reculer indéfiniment le payement de sa créance et la réduire à néant.

L'orateur ajoute qu'au surplus il y a dans le code Napoléon deux dispositions dont le but est de protéger le droit du propriétaire qui vend à crédit; l'une est celle de l'art. 1654; si l'art. 7 du projet de loi est voté, cette sauvegarde disparaîtra, puisque l'art. 7 en propose l'abrogation expresse. Mais il y a une disposition du code dont le projet ne dit rien; c'est celle de l'art. 1656, dont voici le texte : « S'il a été stipulé, lors de la vente d'immeubles, que, faute de payement du prix dans le terme convenu, la vente serait résolue de plein droit, l'acquéreur peut néanmoins payer après l'expiration du délai, tant qu'il n'a pas été mis en demeure par une sommation; mais, après cette sommation, le juge ne peut plus lui accorder de délai. »

L'orateur pense que cette disposition, puisque l'abrogation n'en est pas proposée, suffira pour sauvegarder complétement les droits qu'il a défendus. Il dit en terminant qu'il votera contre l'art. 7 du projet (Séance du 16 janv., *Monit.* 18 janv. 1855).

55. A la séance du lendemain M. LEGRAND a répondu aux critiques dont cet article a été l'objet de la part de M. Millet. Selon l'orateur, les membres qui ont combattu le projet de loi n'ont pas manqué de protester en même temps de leur respect pour le principe de publicité qu'il renferme; mais cependant ils attaquaient le projet dans des dispositions qui étaient de nature à féconder ce grand principe. De quoi s'agit-il? De l'exercice de l'action résolutoire. Quoi qu'en ait dit un des préopinants, on ne songe pas à supprimer cette action. Elle est maintenue, mais on en subordonne l'exercice à une condition nécessaire. L'honorable M. Millet a dit que l'action résolutoire était un droit naturel. Un autre jurisconsulte l'avait déjà qualifiée d'action souveraine. Tous deux avaient raison. — Avant eux encore, le code Napoléon a dit, dans son art. 1654, que l'action résolutoire est toujours sous-entendue quand une des parties ne satisfait pas à son engagement. La suppression de l'action résolutoire n'est réclamée par personne; on demande seulement qu'elle soit subordonnée à une condition.

Dans l'état actuel des choses, le vendeur a deux garanties quand il n'est pas payé : le privilége et l'action résolutoire. Mais il y a cette différence que, pour conserver son privilége, il doit le faire inscrire; tandis que, pour l'action résolutoire, il n'est assujetti à aucune formalité. Que résulte-t-il de là? Quand un vendeur négligent a laissé périmer l'inscription d'office prise pour lui par le conservateur des hypothèques; quand, après avoir été appelé comme simple créancier chirographaire dans un ordre, il n'a pas produit et a été déclaré forclos, il peut encore, pendant trente ans, exercer son action résolutoire. C'est là une anomalie que le projet de loi a pour but de faire cesser, et cela, par une combinaison dont l'honneur revient à M. Rouher, qui en avait fait l'objet d'un amendement dans le sein de l'assemblée législative. Dans la discussion d'alors on demandait la suppression de l'action résolutoire. L'amendement eut pour but d'en limiter seulement l'exercice par la condition de l'inscription.

L'honorable membre déclare qu'à son avis cette disposition, qui fait aujourd'hui l'objet de l'art. 7, est essentiellement utile. Sur ce point les hommes pratiques sont d'accord, et aucun dissentiment ne s'est élevé entre eux. Il y a plus, cette disposition est déjà entrée dans la législation, et l'on fera seulement un pas de plus dans une voie de progrès. Lorsqu'il s'agissait d'aliénation forcée, d'expropriation publique, on hésitait à se porter acquéreur, parce que l'on craignait des charges occultes. En 1841, la loi du 3 mai modifia l'art. 717 c. pr., et il fut décidé qu'en matière d'adjudication, pour que l'on pût opposer à l'adjudicataire l'action résolutoire, il faudrait que le vendeur vînt au greffe faire la déclaration qu'il entendait exercer cette action. Ce qu'on a fait pour tranquilliser l'adjudicataire en matière de vente par expropriation forcée, l'art. 7 le fait également pour celui qui achète en matière de vente ordinaire.

56. M. MILLET se bornera à présenter sur cet article deux observations : la première, c'est que le projet maintient l'action résolutoire pour les seuls cas où le vendeur peut s'en passer, c'est-à-dire pour les cas où son privilége est conservé; il la supprime pour le seul cas où le vendeur n'aura pas d'autre ressource contre la mauvaise foi de son acquéreur, et alors il sacrifie les droits du vendeur aux ayants droit de l'acquéreur frauduleux.

La seconde, c'est que si le projet veut réformer le code, il doit aller plus loin et le compléter par les dispositions que le code aurait nécessairement édictées s'il n'avait pas admis l'action résolutoire. Or, il est évident que si le code n'avait pas admis l'action résolutoire, il aurait prescrit pour la purge du privilége du vendeur, droit occulte non moins sacré que les hypothèques légales, les formalités qu'il exige pour la purge de ces hypothèques, qui constituent aussi un droit occulte.

Quant à ce qui a été dit de l'innovation introduite dans le code de procédure civile en 1841, l'honorable membre s'en réfère aux observations qu'il a présentées hier : le législateur a justement pensé que le vendeur était suffisamment averti par la publicité de la poursuite en expropriation.

L'art. 7 est mis aux voix et adopté.

(2) 57. M. ANDRÉ a la parole sur cet article : il appelle l'attention de la chambre et celle de MM. les commissaires du gouvernement sur les conséquences financières qu'entraînera la mise à exécution de la loi. Le but de la loi est de rendre obligatoire la transcription de tous les contrats translatifs de la propriété immobilière qui, jusqu'ici, n'étaient pas présentés à la transcription. Tous les contrats seront donc dorénavant transcrits; vendeurs et acquéreurs rempliront cette formalité. L'honorable membre recherche quel pourra être le nombre des contrats non transcrits jusqu'à présent auxquels la transcription devra être attribuée. Les documents

11. Les art. **1, 2, 3, 4** et **9** ci-dessus ne sont pas applicables aux actes ayant acquis date certaine et aux jugements rendus avant le 1er janv. 1856.

Leur effet est réglé par la législation sous l'empire de laquelle ils sont intervenus.

Les jugements prononçant la résolution, nullité ou rescision d'un acte non transcrit, mais ayant date certaine avant la même époque, doivent être transcrits conformément à l'art. 4 de la présente loi.

Le vendeur dont le privilége serait éteint au moment où la présente loi deviendra exécutoire, pourra conserver vis-à-vis des tiers l'action résolutoire qui lui appartient, aux termes de l'art. 1654 c. nap., en faisant inscrire son action au bureau des hypothèques dans le délai de six mois à partir de la même époque.

L'inscription exigée par l'art. 8 doit être prise dans l'année à compter du jour où la loi est exécutoire; à défaut d'inscription dans ce délai, l'hypothèque légale ne prend rang que du jour où elle est ultérieurement inscrite.

Il n'est point dérogé aux dispositions du code Napoléon relatives à la transcription des actes portant donation ou contenant des dispositions à charge de rendre; elles continueront à recevoir leur exécution. — V. nos 16, 39.

12. Jusqu'à ce qu'une loi spéciale détermine les droits à percevoir, la transcription des actes ou jugements qui n'étaient pas soumis à cette formalité avant la présente loi sera faite moyennant le droit de 1 fr. — V. n° 40 et la note de l'art. 10 ci-dessus.

24. *Droit comparé.* — Presque toutes les législations, qui admettent la publicité de l'hypothèque, ont soumis au même principe la transmission des immeubles ou des droits réels immobiliers.

25. *Autriche.*—D'après le code autrichien de 1811 (art. 431 et suiv.), tout acte translatif de propriété immobilière ou de droits réels immobiliers, doit être inscrit sur les registres publics à ce destinés : cette inscription se nomme *intabulation.* — C'est par le vendeur que doit, en principe, être requise l'intabulation. Elle ne peut l'être, par l'acquéreur, qu'autant qu'il a été dressé un acte écrit du contrat de vente, signé par les contractants et par deux témoins dignes de foi, et que, dans cet acte, ou dans un autre séparé, le vendeur a donné son consentement à l'inscription de l'acquéreur comme propriétaire. L'inscription est également nécessaire, lorsque la propriété est transférée en vertu d'un jugement ou d'un acte de partage judiciaire, ou par suite de la délivrance judiciaire d'une succession. — Entre deux acquéreurs, à qui la même chose a été successivement vendue, c'est celui, qui le premier a requis l'intabulation, qui est préféré.

26. *Prusse.* — En Prusse, ce sont les mêmes principes.

Tout droit de propriété, d'usufruit, de servitude, d'antichrèse, d'emphytéose, de retour, de résolution, de réméré, de fidéicommis, etc., ne peut exister, à l'égard des tiers, qu'au moyen de l'intabulation, c'est-à-dire de l'inscription du propriétaire et du créancier sur un registre public où chaque fonds a un compte ouvert, où sont portés tous les droits réels qui viennent, soit le grever, soit l'augmenter. — Cette intabulation constitue, d'ailleurs, une présomption légale du droit de propriété (Doc. relatifs au rég. hyp., t. 1, p. 18 de l'introd.).

27. *Bade.* — Les additions faites au code civil français, dans le grand-duché de Bade, dès 1809, établirent, en principe, que le droit réel de propriété et le pouvoir de conférer hypothèque ne pourraient s'acquérir que par l'inscription de l'acte translatif sur le registre des immeubles.

28. *Bavière.* — En Bavière (sauf dans la Bavière rhénane qui a conservé le code Napoléon), lorsqu'un immeuble est aliéné, tant que le titre de l'acquéreur n'est pas inscrit, des inscriptions hypothécaires peuvent être valablement prises sur l'ancien propriétaire : il en est autrement, dès que l'acquéreur est inscrit (L. 1er juin 1822).

29. Afin d'éviter les inconvénients, souvent irréparables, qui peuvent résulter du retard de l'inscription, lorsque le droit auquel elle s'applique est contesté, la loi permet de recourir à la voie des *prénotations*, qui donnent rang, du jour de leur date, aux droits contestés, pour le cas où ils viendraient à être ultérieurement reconnus, et qui empêchent qu'aucun acte ne puisse porter préjudice aux droits pour lesquels elles ont été formées. Ainsi la prénotation, faite par un acquéreur avant l'inscription de son titre, empêche qu'aucune hypothèque ne puisse être inscrite, sans qu'il soit exprimé que son effet est subordonné à l'issue de la contestation dont la propriété est l'objet. — Les prénotations sont mentionnées, sur le registre hypothécaire, en marge de l'inscription à laquelle elles se référent (art. 114 de la loi précitée). — Ce système de *prénotations* est, d'ailleurs, commun à tous les pays allemands.

30. On doit inscrire, d'après l'art. 22 de la même loi : les modifications faites à la propriété, comme partage, cens, fidéicommis, etc.; — Les dîmes, cens, etc., dont l'immeuble est chargé, mais non les servitudes réelles; — Les faits et droits limitatifs de la libre disposition du possesseur : par exemple, la substitution fidéicommissaire, l'usufruit, l'interdiction de vente, etc.

31. D'après nos lois, toute personne a le droit de se faire délivrer des extraits des registres hypothécaires (V. *infrà*, sous le chap.). — En Bavière le droit est limité au propriétaire de

---

sur le régime hypothécaire recueillis en 1841 par M. Martin (du Nord), garde des sceaux, fournissent le moyen de répondre à cette question. En 1841, on comptait 1,059,441 contrats de vente. Sur ce nombre, 231,777 seulement étaient transcrits, 827,000 (chiffre rond) ne l'étaient pas. Ce dernier chiffre serait-il encore le même aujourd'hui?

De 1852 à 1841, la progression a été d'un quart. Si elle est la même de 1841 à 1854, on arrive au chiffre d'au moins 1 million de contrats de vente qui n'étaient pas transcrits, et qui devront l'être désormais. Les frais de transcription pour chaque contrat sont de 12 fr., soit pour 1 million de contrats, 12 millions de francs. Voilà donc une charge de 12 millions de francs imposée à la propriété foncière. Ce n'est pas tout : d'après le projet de loi, outre le vendeur qui sera obligé de transcrire pour conserver son action résolutoire, la transcription sera également obligatoire pour tout acte constitutif d'antichrèse, de servitude, d'usage et d'habitation, pour les baux d'une durée de plus de dix-huit ans, pour tout acte ou jugement constatant quittance ou cession d'une somme équivalente à trois années de loyers ou fermages non échus, etc. Par suite de ces innovations, l'honorable membre n'évalue pas à moins de 20 millions de francs le chiffre des frais qui résulteront de la loi. Ce qui le touche particulièrement, c'est que ce sera la petite propriété qui aura à supporter la plus lourde partie de cette charge. Il résulte, en effet, des documents publiés en 1841, que sur 1,059,441 contrats de vente qui avaient été enregistrés, il y en avait 701,021 d'une valeur de 600 fr. et au-dessous, dont 85,959 seulement, c'est-à-dire 12 p. 100, étaient transcrits ; 162,503 d'une valeur de 600 fr. à 1,200 fr., dont 48,500 transcrits, soit 30 p. 100, et 195,917 d'une valeur de 1,200 fr. et au-dessus, dont 97,538 transcrits, soit 50 p. 100. Ainsi c'est la petite propriété qui sera particulièrement atteinte. Les frais de transcription, qui s'élèvent en moyenne à 12 fr par contrat, sont peu de chose pour les ventes d'un certain prix ; mais ils aggravent considérablement les charges de l'acquéreur pour les ventes de 600 fr. et au-dessous. Le prix moyen de ces ventes, qui forment les deux tiers du nombre total des ventes enregistrées, est d'un peu plus de 200 fr. Les frais de transcription égaleraient donc les frais de timbre et d'enregistrement. L'orateur s'inquiète de ces conséquences de la loi ; l'épargne des campagnes se trouvera attaquée. Aujourd'hui, quand le domestique, la maçon de la Creuse, l'ouvrier de l'Auvergne et du Cantal, touche son salaire, il ne le dépose pas à la caisse d'épargne, qui est loin, il le place sur une parcelle de terre qu'il s'empresse d'acheter. Si l'on augmente indirectement le prix du sol, ne craint-on pas d'éloigner peu à peu des campagnes les petits acquéreurs et de les

rejeter dans les villes? On se plaint déjà dans tous les comices agricoles de la tendance des habitants de la campagne à se porter vers la ville. Il faut donc bien se garder de les y pousser. Il faut laisser sur ce sol auquel les attachent les liens de famille, ces populations fortes et saines dans lesquelles la société en péril a trouvé naguère un si ferme appui.

Aux yeux de l'orateur, le grand inconvénient de la loi est de rendre la transcription obligatoire sans fixer en même temps le tarif des frais. Il craint que la mise à exécution de la loi, avant la fixation des frais qu'elle doit imposer, ne laisse s'établir des habitudes de perception qu'il ne sera peut-être pas facile ensuite de faire cesser ; il redoute les abus de la transition. — Il ne combat pas la loi, mais il demande que le rejet, mais il voudrait que la discussion en fût ajournée à huitaine, ce qui permettrait au gouvernement d'apporter à la chambre la loi de tarif.

58. M. ROUHER, *vice-président du conseil d'État*, s'oppose à l'ajournement. Le tableau qui vient d'être tracé lui paraît empreint d'exagération. Dans l'état actuel de la législation, que l'on fasse ou ne fasse pas transcrire, le droit de transcription est perçu en même temps que les frais d'enregistrement; c'est ce qui fut établi en 1816, dans un intérêt fiscal. Un droit proportionnel de transcription peut-il donc aujourd'hui sur tous les contrats de vente, excepté sur ceux, qui ne sont pas enregistrés, et c'est le nombre. A ce droit il faut ajouter le droit de copie et de timbre. Que fait la loi nouvelle? Pour tous les actes qui, originairement, n'étaient pas soumis à la transcription, elle établit par l'art. 12, au lieu du droit proportionnel, un droit fixe, le plus minime qui existe dans nos lois fiscales en matière d'enregistrement, le droit fixe de 1 fr. Le droit de transcription est régi par des règlements particuliers. Ce sont ces tarifs qu'il s'agira d'examiner et de rectifier, s'il y a lieu. M. le commissaire du gouvernement n'hésite pas à dire que si la loi nouvelle, en augmentant le nombre des transcriptions, élevait considérablement le chiffre des recettes, il y aurait sans doute lieu d'entrer dans un système qui réduirait le droit proportionnel de 1816, et cela surtout dans l'intérêt de la petite propriété. Mais ces modifications de tarifs ne peuvent s'improviser; il faut attendre qu'on ait fait l'expérience de la loi, qu'on ait recueilli les explications des directeurs de l'enregistrement et des conservateurs des hypothèques. Si c'est un ajournement, n'étaient pas soumis à la transcription, elle établit par l'examen appro fondi. Mais il n'y a pas lieu d'ajourner l'adoption du projet de loi.

L'art. 10 est mis aux voix et adopté.

l'immeuble, aux créanciers inscrits sur cet immeuble, et aux intéressés qui justifient de leurs titres. Tout autre individu ne peut demander communication des registres que s'il y est autorisé par le propriétaire (même loi, art. 24).

32. C'est au tribunal du lieu de la situation des immeubles que la loi a confié la tenue des registres hypothécaires. — Ce tribunal forme la chambre hypothécaire (art. 86 à 92). —Il répond de l'intégrité des registres, de la confection et de la validité des inscriptions, de la délivrance exacte des extraits. — Enfin, il est tenu, sous sa responsabilité, de faire avertir ceux dont les droits pourraient éprouver un préjudice, lorsqu'il s'agit de changements à opérer sur les registres, ou de mesures à prendre dans leur intérêt (art. 95, 97 et 98).

33. Sans parcourir la liste entière des Etats allemands, on peut dire, d'une manière générale, que le principe distinctif du système germanique, c'est la publicité la plus large des droits réels ou autres charges qui peuvent affecter la propriété. C'est sur ce principe que l'Allemagne a fondé ses institutions de crédit foncier, dont les excellents résultats ont fait naître la pensée de créer en France des institutions du même genre (V. des Instit. de crédit foncier en Allemagne et en Belgique, par M. Royer; des Instit. de crédit foncier et agricole dans les divers Etats de l'Europe, par M. Josseau; V. aussi les diverses lois sur la matière rendues en 1852, 1853 et 1854, v° Sociétés de crédit foncier).

34. *Etats de l'Eglise.* — Une ordonnance du 10 nov. 1834, complétant la loi hypothécaire du 1er sept. 1816, déclare que les actes translatifs d'immeubles ne deviennent valables, vis-à-vis des tiers, que par la transcription (art. 183).

35. *Pays-Bas.* — Le code civil des Pays-Bas, promulgué en 1838, consacre également le principe, que la propriété d'un immeuble ne s'acquiert que par la transcription du titre dans un registre public (art. 671).

36. *Belgique.* — La Belgique appartenait, autrefois, aux pays de nantissement, où le régime hypothécaire était soumis au principe de publicité. Après sa réunion à la France, l'ancien système fut remplacé, d'abord par la loi du 11 brum. an 7, puis par le code civil français, qui continua de le régir, après la séparation. Mais, là aussi, la réforme était désirée, et elle fut réalisée par une loi du 16 déc. 1851. — Cette loi est divisée en deux parties, dont l'une, sous le titre de *Dispositions préliminaires*, se rapporte à la transmission des droits de propriété et autres droits réels. — Dans cette partie, la loi belge exige que tous actes entre-vifs, à titre gratuit ou onéreux, translatifs ou *déclaratifs* de droits réels immobiliers (autres que les privilèges et hypothèques), soient rendus publics par leur transcription intégrale sur un registre à ce destiné, au bureau de la conservation des hypothèques dans l'arrondissement duquel les biens sont situés : elle ajoute que, jusque-là, ils ne pourront être opposés aux tiers qui auraient contracté sans fraude. — Même règle, à l'égard des jugements passés en force de chose jugée, tenant lieu de conventions ou de titres pour la transmission de ces droits; des actes de renonciation à ces droits, et des baux excédant neuf années, ou contenant quittance d'au moins trois années de loyer. — S'ils n'ont pas été transcrits, la durée peut en être réduite, conformément à l'art. 1429 c. civ. — Toute demande, tendant à faire prononcer l'annulation ou la révocation des droits dont il s'agit, et toute décision sur une semblable demande, doivent être inscrites en marge de la transcription. — Toute cession d'une créance privilégiée ou hypothécaire inscrite, et toute subrogation à un droit semblable, doivent, pour pouvoir être opposées aux tiers, être mentionnées en marge de l'inscription. — Pour compléter ce système de publicité, la loi permet à tout cessionnaire d'une créance inscrite de faire assigner le débiteur, à l'effet de déclarer et affirmer le montant actuel de la dette, qui peut avoir été, depuis l'inscription, éteinte ou diminuée, soit par le payement intégral ou partiel, soit par d'autres causes.

On verra, dans le cours de ce traité, que ce sont à peu près les mêmes dispositions qui ont passé dans la loi française du 23 mars 1855.

CHAP. 2. — Des actes ou jugements qui doivent être transcrits.

37. Nous avons fait connaître, dans le chapitre qui précède,

quel était l'objet de la transcription. On peut la définir, avec l'exposé des motifs de la loi du 23 mars 1855, « l'accomplissement d'une formalité, destinée à procurer aux tiers, créanciers ou acquéreurs, la publicité matérielle, durable et facile à chercher, des mutations de la propriété immobilière et des démembrements ou charges qui peuvent en altérer la valeur. »

38. Il y a donc, d'après cette définition et d'après les art. 1 et 2 de la loi précitée, trois classes d'actes qui sont de nature à être transcrits : ce sont 1° les actes ou jugements translatifs de propriété immobilière; 2° les actes ou jugements translatifs de droits réels susceptibles d'hypothèque; 3° les actes ou jugements constitutifs d'antichrèse, de servitude, d'usage et d'habitation. La loi du brumaire n'avait parlé que des *actes translatifs de biens et droits susceptibles d'hypothèque* : la loi nouvelle a, comme on le voit, agrandi le domaine de la transcription.

39. Mais la définition même, qui vient d'être donnée, n'est pas complète, et il faut encore classer, parmi les actes susceptibles d'être transcrits, les baux d'une durée supérieure à dix-huit années, et les quittances ou cessions anticipées de trois années de loyers ou fermages, même pour les baux au-dessous de dix-huit années.

40. Nous diviserons ce chapitre en sept sections. Dans la première, il sera parlé de la transcription des actes entre-vifs à titre onéreux, translatifs de propriété immobilière; — Dans la seconde, de la transcription des actes entre-vifs à titre onéreux, translatifs de droits réels susceptibles d'hypothèque; — Dans la troisième, de la transcription des actes entre-vifs à titre onéreux, constitutifs ou translatifs d'antichrèse, de servitude, d'usage et d'habitation; — Dans la quatrième, de la transcription des baux excédant dix-huit années; —Dans la cinquième, de la transcription des actes ou jugements portant quittance ou cession anticipée de loyers ou fermages; — Dans la sixième, de la transcription des actes de renonciation à des actes susceptibles d'être transcrits;—Dans la septième, de la transcription des jugements, et de leur mention en marge de la transcription d'un acte transcrit.

Sect. 1. — *De la transcription des actes entre-vifs (à titre onéreux) translatifs de propriété immobilière.*

41. L'art. 1 de la loi du 23 mars 1855 porte : « Sont transcrits au bureau des hypothèques de la situation des biens : 1° tout acte entre-vifs translatif de propriété immobilière ou de droits réels susceptibles d'hypothèque; — 2° Tout acte portant renonciation à ces mêmes droits; — 3° Tout jugement qui déclare l'existence d'une convention verbale de la nature ci-dessus exprimée;—4° Tout jugement d'adjudication autre que celui rendu sur licitation au profit d'un cohéritier ou d'un copartageant. » — Nous ne nous occupons, dans cette section, que des actes translatifs de propriété immobilière.

42. Une première remarque à faire sur l'art. 1 de la loi du 23 mars 1855, c'est qu'il ne parle que des actes *entre-vifs* : les *mutations par décès*, ni les *testaments*, ne sont donc pas assujettis à la formalité. Il en était ainsi déjà dans la plupart des coutumes de nantissement. « Il ne faut pas de nantissement, dit l'auteur du Répertoire, v° Nantissement, § 1, n° 6-5°, pour transférer les biens d'un défunt à son héritier légitime, parce que la loi l'en saisit de plein droit. Les coutumes de Valenciennes et de Mons sont peut-être les seules qui en disposent autrement à l'égard des successions collatérales. » — L'auteur ajoute plus loin (n° 6-8°) : « On a vu à l'article Légataire, § 5, que, suivant les lois romaines et notre droit commun, tout légataire, quoique tenu de demander la délivrance de son legs, quant à la *possession*, ne laisse pas d'être saisi, au moment de la mort du défunt, de la propriété de ce qui lui a été légué. Cette saisine a-t-elle lieu de plein droit, dans les pays de nantissement? L'affirmative ne me paraît pas susceptible de la moindre difficulté. Qu'ont fait les coutumes, en introduisant les formalités du vest et du dévest? Elles ont substitué une tradition symbolique à la tradition réelle et de fait, qui était un usage dans le droit romain. Or, dans le droit romain, la propriété des choses léguées passait directement de la tête du défunt sur celle du légataire, sans le secours de la tradition réelle et de fait : donc, dans les pays de nantissement, elle doit pareillement se transférer sans le secours de la tradition symbolique... Il y a, cependant, quelques coutumes qui ont adopté une jurisp: idence toute différente... »

43. Il a été jugé, toutefois, sous l'empire de la loi du 11 brum. an 7, que la transcription d'un testament purgeait les immeubles, légués à titre particulier, de toutes hypothèques non encore inscrites : —« La cour,... considérant qu'Aubanel ayant fait transcrire, le 30 niv. an 11, ledit testament qui lui léguait, à titre particulier, la maison dont il s'agit, en exécution de l'art. 26 de la loi du 11 brum., alors en vigueur, qui lui en donnait le droit, et aucune inscription ne frappant, à cette époque, cet immeuble, il l'a affranchi de toute hypothèque...; confirme » (Nîmes, 11 fév. 1807, aff. Antonioz C. Aubanel).

44. La commission, chargée par M. le garde des sceaux, en 1849, de formuler le projet de loi de la réforme hypothécaire, appliquait aux testaments, comme aux actes entre-vifs, la formalité de la transcription. C'est ce qui résulte du rapport de M. Persil : « Les testaments et les donations, dit-il, p. 17, sont placés sur la même ligne que la vente et les échanges. »—Dans le projet de loi se trouvait, en effet, un art. 2092 ainsi conçu : « Tous actes à titre gratuit et onéreux, translatifs ou déclaratifs de propriété immobilière, etc., seront transcrits, en entier, sur les registres du bureau de la conservation des hypothèques dans l'arrondissement duquel les biens sont situés. — Jusque-là, ils ne peuvent être opposés aux tiers qui auraient contracté, sans fraude, avec le vendeur. » — *Tous actes à titre gratuit ou onéreux :* on ne distinguait pas entre les actes entre-vifs et les testaments.

45. A l'égard des successions *ab intestat*, M. Persil s'exprimait comme suit : « La conviction que, sans la publicité de toutes les mutations, de tous les établissements de propriétés immobilières, de quelque source qu'ils vinssent, il n'y avait pas à compter sur le complet développement du crédit, nous aurait amenés à étendre l'obligation de la transcription jusqu'aux successions *ab intestat*, si cela avait été possible. Mais le premier élément de cette formalité nous manquait. Nous n'avions pas d'acte à soumettre à la transcription, comme pour les successions testamentaires. La nature des choses s'est montrée ici plus forte que la logique, et nous avons été obligés de renoncer à en poursuivre jusque-là les conséquences. Mais nous avons voulu commencer à ouvrir la voie d'une universelle publicité, en imposant aux receveurs de l'enregistrement, à qui les déclarations *ab intestat* doivent être faites, dans les six mois du décès, l'obligation de donner immédiatement connaissance aux conservateurs, dans le ressort desquels étaient situés les immeubles dépendants de la succession, de la mutation qui venait de s'opérer, afin qu'il en pût être fait mention sur les registres des transcriptions. Ce ne sera, sans doute, qu'un renseignement, auquel ne pourront pas s'attacher, à l'égard des tiers, les effets légaux de la transcription ; mais ce renseignement pourra leur être utile, et cela suffit pour que nous vous proposions d'en exiger la mention, tant sur les registres des conservateurs que sur les états qui seront demandés à ces derniers. » — La mesure indiquée, dans le rapport de M. Persil, pour les successions *ab intestat*, a paru n'être qu'une complication inutile, et n'a point été reproduite dans la loi du 23 mars 1855.

46. A l'égard des testaments, le législateur de 1855 n'a point adopté, non plus, l'avis exprimé par M. Persil, au nom de la commission dont il était l'organe, et les testaments ont été affranchis de la transcription. La question fut agitée, néanmoins, dans le sein de la commission du corps législatif, et l'on peut lire, dans le rapport de M. A. Debelleyme, le résumé des raisons alléguées dans un sens et dans l'autre (D. P. 55. 4. 27, n° 29).

47. C'était une autre question que celle de savoir si l'on devait assujettir les partages d'immeubles à la formalité de la transcription. Ils n'y étaient point soumis dans les coutumes de nantissement, au moins dans la généralité de ces coutumes. Voici, sur ce point, comment s'exprime le Répertoire : « Le nantissement, dit-il (v° Nantissement, § 1, n° 6-7°), est inutile pour le partage entre cohéritiers. C'est ce que décide la coutume de Cambresis, tit. 14, art. 1 : « Partage et division se peut faire, entre cohéritiers, des héritages, terres et rentes à eux échus par succession, soit par-devant notaires ou témoins, ou autrement dûment, *sans qu'il soit requis de le réaliser par œuvres de loi,*

par-devant *les justices des lieux, où lesdits héritages, terres e rentes sont situés* ; et est, par tel partage, chacun saisi des biens et héritages à lui pour sa part assignés. » — Cette disposition, poursuit l'auteur, se retrouve encore dans la coutume de la châtellenie de Lille, tit. 2, art. 591, et elle est fondée sur une raison qui doit la faire admettre partout. Le partage n'est pas attributif, mais seulement déclaratif des droits de chacun des copartageants ; il ne leur donne rien de nouveau ; il ne fait que déclarer les portions dont ils sont respectivement saisis par la loi ; en sorte que chaque héritier est réputé avoir eu, dès le moment du décès, ce qui est tombé dans son lot, et n'avoir jamais été saisi de ce qui ne lui a pas été assigné.

48. Mais le projet de loi, soumis à l'assemblée nationale, en 1850, pour la réforme hypothécaire, en avait jugé autrement ; et l'art. 2092, cité plus haut (n° 44), après avoir posé, en principe, que les actes *déclaratifs* de propriété immobilière (ce qui s'appliquait évidemment aux partages) seraient transcrits en entier, ajoutait, dans un paragraphe final : « Les actes *authentiques* de partage seront transcrits sur extrait, contenant la copie textuelle des parties de ces actes relatives aux qualités des copartageants, à la désignation des immeubles, à la composition des lots, à leur abandonnement et aux conditions de l'abandonnement. » — Voici de quelle manière M. Persil justifiait cette disposition : « La commission, disait-il, a cru devoir placer les *actes déclaratifs de propriété immobilière,* tels que les partages entre héritiers et autres copartageants, et les déclarations ou reconnaissances de propriété émanées de la justice, sur le même rang que les actes translatifs. C'est une innovation, sans doute, au texte de la loi actuelle ; mais, éclairée par une longue pratique, la commission n'a pas hésité à l'admettre. Sans la transcription des actes de partage, de licitation et des jugements qui statuent sur la propriété immobilière, ou sur les droits réels qui la concernent, la publicité serait incomplète, et laisserait subsister des nuages qui paralyseraient encore les transactions » (rapport, p. 17).

49. Mais la commission de l'assemblée nationale fut d'un autre avis : elle pensa que les actes de partage et les adjudications sur licitation ne devaient pas être transcrits. « On ne doit soumettre à la nécessité de la transcription, disait son rapporteur, que les actes qui opèrent une transmission de propriété. Or, le partage n'opère pas de transmission, il n'est que déclaratif ; le cohéritier auquel un immeuble échoit est censé le tenir directement du défunt. — Il en est de même de la licitation, lorsque c'est un des cohéritiers qui se rend adjudicataire (c. nap. 883). — Il n'y a de mutation de propriété que celle qui s'opère au moment de l'ouverture de la succession : les biens passent du défunt aux héritiers qui en sont immédiatement saisis (c. nap. 724). — Mais cette mutation n'exige pas de transcription : elle n'en exige pas plus dans le cas où la succession échoit à plusieurs héritiers que dans le cas où elle est recueillie par un héritier unique. « Pour que le partage, qui intervient ultérieurement, rendît la transcription nécessaire, il faudrait que le partage opérât une seconde mutation. Or, c'est ce qui n'a pas lieu » (rapport de M. de Vatimesnil, p. 84).—Ce sont, comme on voit, les mêmes raisons que celles données par l'auteur du Répertoire.

« A quoi, d'ailleurs, disait encore M. de Vatimesnil, servirait la transcription du partage ? A rien absolument. Dans le système du projet de la commission, comme dans le système du projet du gouvernement, l'un des objets de la transcription est d'avertir les tiers que la propriété a changé de mains, et qu'ils ne peuvent plus contracter avec l'ancien propriétaire. Mais ceux qui contractent avec un cohéritier avant le partage savent parfaitement que les droits qu'ils tiennent de lui sont conditionnels et dépendent de l'événement du partage ; et ceux qui contractent, après le partage, ont soin de se faire représenter cet acte. La transcription, poursuit M. le rapporteur, sert, en outre, à mettre un terme à la faculté de prendre inscription sur le précédent propriétaire ; mais la transcription du partage ne saurait avoir un tel but. Elle ne peut empêcher que les créanciers du défunt, qui ont des titres hypothécaires, ne prennent inscription, et, quant aux hypothèques que les héritiers autres que celui auquel échoit l'immeuble auraient pu, antérieurement au partage, constituer sur leur part indivise, elles s'évanouissent par cela seul que cet immeuble ne tombe pas dans leur lot (*ibid.*, p. 18). »

50. Le législateur de 1855 a pensé de même, et le mot *déclaratif*, qui avait été inséré dans l'art. 1 du projet de loi, en a été retranché avec l'assentiment du conseil d'Etat.— Aux motifs présentés par M. de Vatimesnil, le rapporteur de la commission du corps législatif ajoutait, pour justifier la suppression, que cette transcription n'avait aucune utilité, à l'égard des créanciers de la succession qui peuvent conserver leurs droits, nonobstant tout partage; que l'intérêt ne pouvait exister qu'à l'égard du créancier de l'un des cohéritiers, et dans le cas où ce créancier aurait pris inscription avant que le partage eût été transcrit; mais que ce créancier avait dans les mains un droit équivalent à celui qu'il puiserait dans la nécessité de la transcription; que ce droit consistait dans la faculté de former opposition au partage (c. nap. 882); que cette opposition suffisait pour que le partage ne pût avoir lieu hors de la présence et en fraude de ce créancier, et que lui donner le pouvoir de faire considérer comme nul tout partage non transcrit antérieurement à l'inscription par lui prise, alors qu'il aurait négligé de former opposition et de veiller à ses droits, ce serait lui concéder une faculté qui ferait double emploi avec le droit d'opposition (rapport de M. Debelleyme, D. P. 55. 4. 27, n° 30).

51. Une troisième question, non moins vivement débattue, en 1855, fut celle de savoir si l'on admettrait à la transcription les actes sous seing privé (V. le rapport de M. A. Debelleyme, D. P. 55. 4. 27, n° 32, et le procès-verbal de la discussion au corps législatif, *suprà*, p. 681, n°˙ 5 et 7). — La question, déjà agitée sous la loi de brumaire an 7 et sous le code Napoléon, fut résolue, pour un avis du conseil d'Etat du 3 flor. an 13, en faveur de l'acte sous seing privé. — « Cette doctrine, dit M. Flandin, de la Transcription, n° 23, si conforme à la liberté des transactions, que la loi de l'an 7, que le code Napoléon avait implicitement consacrée, en ne distinguant pas entre l'acte authentique et l'acte sous seing privé, a de nouveau prévalu dans la loi du 23 mars 1855. »

52. La transcription ne s'applique qu'aux *immeubles*. C'est ce qui résulte, en termes exprès, des art. 1 et 2 de la loi du 23 mars 1855, qui ne font mention que des actes translatifs de *propriété immobilière*, de droits réels *susceptibles d'hypothèque*, de *droits d'antichrèse*, de *servitude, d'usage et d'habitation*, droits incorporels de nature évidemment immobilière.

53. Il n'y a d'exception qu'en ce qui concerne les quittances ou cessions de loyers ou fermages non échus, lorsque ces quittances ou cessions portent sur une somme équivalente à trois années de ces loyers ou fermages (art. 2 de la loi précitée, n° 5). — L'art. 1069 c. nap. consacre une autre exception pour les substitutions fidéicommissaires, lorsqu'il s'agit de sommes colloquées avec privilège sur des immeubles. Et encore, dans ce dernier cas, s'agit-il moins de transcription que d'inscription à prendre sur les immeubles affectés au privilège.

54. Dans l'ancien droit, la formalité du nantissement ne s'appliquait pas aux immeubles *fictifs*. « Il ne faut pas plus de nantissement, nous dit le Répertoire, pour aliéner des immeubles fictifs, tels qu'une rente constituée, un office. Cette manière de tradition (dit Cogniaux, Pratique du retrait, p. 12) n'est introduite que pour les immeubles réels et effectifs, et nullement pour les fictifs.—On en exceptait cependant, du moins en Hainaut, les rentes *foncières*, qui ne pouvaient être aliénées sans déshéritance et adhéritance. — Mais en Hainaut, comme ailleurs, lorsque les rentes ne sont immeubles que par fiction, c'est-à-dire lorsqu'elles ne sont pas hypothéquées sur des héritages, il ne faut ni déshéritance pour s'en dépouiller, ni adhéritance pour les acquérir. C'est ce qui a été jugé par quatre arrêts du conseil souverain de Mons, etc. » (Rép., v° Nantissement, § 1, n° 6-2°).

55. La même doctrine ne saurait être suivie aujourd'hui, la loi ne faisant aucune distinction, et les immeubles fictifs étant, comme les immeubles réels, susceptibles d'hypothèque (c. nap. 2118; V. v° Priv. et hypoth., n°˙ 777 et 778, 791 et suiv., 801 et suiv.).

56. Il suit de là qu'on doit faire transcrire tout acte entre-vifs emportant transmission d'actions de la banque de France, du canal du Midi. des canaux d'Orléans et de Loing, lorsque ces

actions, dont des décrets spéciaux ont permis l'immobilisation (décr. 16 janv. 1808, art. 7; 10 et 16 mars 1810, art. 13, V. Banque, n° 80), ont été immobilisées par leur propriétaire (Conf. MM. Troplong, De la transcr., n° 90; Bivière et Huguet, Quest., n° 135; Mourlon, Rev. prat., t. 1, p. 109, n° 23; Flandin, De la transcr., n° 37).—V. aussi v¹ª Banque, n° 105; Priv. et hypoth., n° 778; Vente publ. d'imm., n° 74.

57. A l'égard des rentes sur l'Etat, nous avons dit, v° Priv. et hyp., n° 779 (V. aussi n° 782), qu'elles ne peuvent être immobilisées que dans un seul cas, celui de la constitution d'un majorat. Mais comme, d'un autre côté, les biens composant un majorat sont inaliénables, il en résulte que la loi du 23 mars 1855 ne peut trouver, dans ce cas, son application.

58. Il est un autre cas d'immobilisation dont nous n'avons point parlé, c'est celui où des rentes sur l'Etat sont achetées par la caisse d'amortissement, au moyen des sommes affectées à sa dotation (L. 28 avr. 1816, art. 109). Mais, comme ces rentes sont pareillement frappées d'inaliénabilité, elles échappent, comme nous venons de le dire, à la loi du 23 mars 1855.

59. Les actions ou intérêts dans les compagnies de finance, de commerce ou d'industrie, sont meubles, porte l'art. 529 c. nap., encore que des immeubles dépendent de ces entreprises. Le transport ou cession de ces actions ou intérêts ne constitue, par conséquent, qu'une vente mobilière, non sujette à transcription.

60. Il en est de même de la vente de coupes de bois, ou de récoltes sur pied, parce que, ces bois, ces récoltes n'étant vendus que pour être coupés, la vente qui en est faite ne constitue, en réalité, qu'une vente mobilière, comme nous l'avons établi v¹ª Biens, n° 38 et suiv.; Priv. et hyp., n° 792; Vente publ. d'imm., n°˙ 59 et suiv. (Conf. MM. Demolombe, t. 9, n°˙ 156 et suiv.; Troplong, De la transcr., n° 83; Mourlon, Rev. prat., t. 1, p. 14, n° 9; Flandin, De la transcr., n° 30).

61. Il en est encore de même de la vente d'une maison pour être démolie. Cette vente, lorsqu'elle est faite abstractivement du sol, n'est proprement qu'une vente de matériaux, objets mobiliers (V. également v¹ª Biens, n° 53; Privil. et hyp., n° 794. Conf. M. Flandin, *loc. cit.*, n° 31).

62. Nous avons, établi v° Vente publ. d'imm., n° 58, que les constructions faites par le locataire dans les lieux loués, ne conférant à celui-ci, d'après l'art. 555 c. nap., que le droit de les enlever, à la fin du bail, ou d'obtenir du propriétaire, qui veut les conserver, une indemnité pécuniaire, sont meubles, et, à ce titre, non susceptibles de faire l'objet d'une saisie immobilière. Nous en tirons la conséquence que l'aliénation qui serait faite, par le locataire, de ces mêmes constructions, pendant sa jouissance, n'est pas un acte de nature à être transcrit (*Contrà*, M. Flandin, de la Transcript., n° 32) — M. Mourlon distingue sur la question : il admet la nécessité de la transcription dans le cas où les constructions ont été faites du consentement du propriétaire, et sous la condition que le locataire ou le fermier en sera propriétaire, tant qu'elles dureront. « Dans cette hypothèse, dit-il, le constructeur acquiert une propriété superficiaire susceptible d'hypothèque. La cession qu'il en fera ne produira donc son effet, à l'égard des tiers, qu'à compter du jour où elle sera transcrite » (Rev. prat., t. 1, p. 22, n° 13; Conf. M. Ducruet, Etudes sur la loi de la transcr., n° 6).— La restriction apportée par M. Mourlon fait penser qu'il déciderait autrement, si le locataire, en faisant ces constructions, n'avait pas pris la précaution de s'assurer du consentement du propriétaire. — Nous n'apercevons aucun motif à la distinction faite par M. Mourlon.

63. On doit décider de même pour les constructions faites par l'usufruitier sur le fonds dont il a la jouissance, puisque ces constructions doivent appartenir au propriétaire, à la cessation de l'usufruit, en conformité de l'art. 599, qui n'accorde même à l'usufruitier aucune indemnité pour raison des améliorations qu'il peut avoir faites dans le fonds sujet à usufruit, « encore, dit l'article, que la valeur de la chose en fût augmentée » (*Contrà*, MM. Flandin, n° 33; Mourlon, *loc. cit.*). — V. aussi Vente publ. d'imm., n° 57.

64. Lorsque le bailleur use du droit qui lui appartient de retenir les constructions édifiées par son locataire, moyennant le remboursement de la valeur des matériaux et du prix de la main d'œuvre, la somme qui est ainsi payée au locataire, à titre d'indemnité, ne saurait être considérée comme un prix de vente, pouvant donner lieu à transcription. M. Ducruet, Études sur la transcr., n° 16, en donne des raisons si concluantes, que nous ne pouvons rien faire de mieux que de les transcrire. « La construction, dit il, est une accession qui appartient, de plein droit, au propriétaire du sol; elle ne constitue, avec le sol, qu'une seule et même propriété. Quand le propriétaire manifeste sa volonté de conserver les constructions, il ne les acquiert pas; il n'y a pas vente, par la raison que le consentement du constructeur n'est pas nécessaire. Dès lors, l'acte, qui fixe la valeur à rembourser au constructeur, présente le même caractère que le marché par lequel un entrepreneur s'oblige à construire pour le compte et sur le sol du propriétaire, moyennant un prix déterminé. Ce marché n'est pas, évidemment, translatif de la propriété des constructions. Il doit en être de même du cas où le traité intervient après le fait des constructions. L'accession augmente, il est vrai, la valeur de la propriété; mais elle ne transfère pas une propriété nouvelle » (Conf. M. Flandin, De la Transcript., n° 34).

65. L'art. 8 de la loi du 21 avr. 1810, sur les mines, met au nombre des immeubles les mines, ainsi que les machines, chevaux, agrès, outils et ustensiles servant à l'exploitation, alors même que ces mines sont concédées au propriétaire de la surface. Ce sont des immeubles par la détermination de la loi, que les art. 19 et 21 déclarent, en outre, être susceptibles d'hypothèque. Il en résulte que l'acte contenant transmission d'une mine concédée est un acte sujet à transcription (Conf. M. Flandin, de la Transcript., n° 42).

66. Mais il en serait autrement de la vente des matières extraites, qui sont *meubles*, de même que les approvisionnements et autres objets mobiliers, ainsi que l'exprime l'art. 9 de la loi précitée. — Il ne faut pas confondre, en effet, le droit d'exploitation, avec les matières extraites : c'est le droit d'exploitation seul qui est immeuble; de même que, dans l'usufruit, le droit de percevoir les fruits forme un droit immobilier et les fruits eux-mêmes : ceux-ci sont meubles, tandis que l'usufruit, droit incorporel, est qualifié, par l'art. 526, *d'immeuble par l'objet auquel il s'applique* (M. Flandin, loc. cit., n° 43).

67. Nous avons dit *suprà*, n° 59, que la cession ou transport d'actions ou intérêts dans les compagnies de finances, de commerce ou d'industrie, ne donne pas lieu à transcription, parce que ces actions ou intérêts sont *meubles*, lors même que des immeubles dépendent de l'entreprise. Le même principe est appliqué par l'art. 8 de la loi du 21 avr. 1810, en ce qui concerne les mines. « Les actions ou intérêts dans une société ou entreprise pour l'exploitation des mines, porte cet article, sont réputés meubles, conformément à l'art. 529 c. civ. » Le transport de ces actions ou intérêts n'est donc pas soumis à la formalité de la transcription (M. Flandin, n° 44).

68. A l'égard de la redevance que le concessionnaire de la mine est obligé, par l'acte de concession, de payer au propriétaire de la surface, les art. 18 et 19 de la loi du 21 avr. 1810 déclarent que cette redevance réunie à la valeur de la surface, et sera affectée, avec elle, aux hypothèques prises par les créanciers du propriétaire. — Cette redevance, avons-nous dit dans notre Traité des priv. et hypoth., n° 832, livrée un accessoire de la propriété superficiaire; on doit, dès lors, lui appliquer les principes qui régissent les accessoires, réputés immeubles, des choses données en hypothèque. Ces principes sont que lesdits accessoires peuvent bien être hypothéqués avec l'immeuble, mais qu'ils ne peuvent l'être séparément, parce que, isolés du fonds, ils reprennent leur nature de meubles (v° Priv. et hyp., n° 795). — Il suit de là que le transport de cette redevance, non accompagné de l'aliénation de la superficie, ne donnerait pas lieu à transcription (Conf. M. Flandin, n° 46).

69. On doit décider, par la même raison, relativement aux machines, chevaux, agrès, outils et ustensiles servant à l'exploitation de la mine, et qui sont déclarés immeubles par destination par l'art. 8 précité, que, s'ils étaient détachés, sans fraude, de l'exploitation, pour être vendus séparément, ils reprendraient leur caractère mobilier, et que l'acte de vente ne serait pas soumis à la transcription. C'est ce qui a été implicitement décidé

par deux arrêts (Cass. 13 nov. 1848, aff. Chol, D. P. 48. 1. 245; Rej. 15 janv. 1849, aff. de Chazotte, D. P. 49. 1. 74. V. aussi v° Enreg., n°° 2865 et suiv.).

70. Et, généralisant cette proposition, il faut dire la même chose de tous les objets mobiliers que le propriétaire d'un fonds y a placés pour le service et l'exploitation de ce fonds, ou qu'il y a attachés à perpétuelle demeure, et qui, pour ce motif, sont réputés immeubles par destination (c. nap. 522 et suiv.). De même que ces accessoires ne peuvent être hypothéqués séparément, ainsi la vente isolée qu'en ferait le propriétaire, toujours maître de les détacher du fonds, ne constituerait qu'une vente mobilière; et l'acte, par conséquent, ne serait pas sujet à transcription (M. Flandin, loc. cit., n° 54).

71. Ainsi que nous l'avons dit dans notre Traité des priv. et hyp., n° 834, la loi du 21 avr. 1810 n'a pas fait des minières et carrières une propriété distincte de la propriété de la surface, et nous en avons conclu que ces minières et carrières ne peuvent être isolément l'objet d'une affectation hypothécaire. Plusieurs arrêts de la cour de cassation ont, en effet, décidé que la vente du droit d'exploiter une carrière, même pour un temps indéfini, constitue une vente mobilière (Req. 19 mars 1816, aff. Merlin, v° Biens, n° 52; rej. 12 août 1833, aff. Mazard, v° Enregistrem., n° 2874; 11 janv. 1843, aff. Boggio, *eod.* n° 1789).—M. Troplong, Privil. et hyp., 5° édit., t. 2, n° 404 *bis*, a critiqué le premier de ces arrêts : «Rien n'empêche, dit-il, que le *dessous* ne soit séparé du *dessus* par convention. Le droit de propriété se trouve alors scindé en deux droits secondaires, mais néanmoins *immobiliers*. Car le droit de *dessous* n'est pas moins immobilier que les droits qui, tels qu'emphytéose, superficie, usufruit, etc., affectent le *dessus*. Si donc un individu possède un droit à une carrière, à une minière, quoique le droit à la surface soit possédé par un autre, il aura un droit immobilier susceptible d'hypothèque... »

Tel est également l'avis de M. Mourlon (Rev. prat., t. 1, p. 22, n° 12). «Si un propriétaire, dit cet auteur, a vendu, pour un prix unique, le droit d'exploiter une carrière, ou toute autre minière, jusqu'à épuisement, la vente alors a pour objet non point les matières extraites et considérées à l'état d'objets mobiliers, mais la minière elle-même, c'est-à-dire, ajoute-t-il, *la propriété du dessous...*» M. Mourlon conclut qu'à défaut de transcription, cette vente resterait sans effet à l'égard des tiers: «Il y a, fait observer M. Flandin (De la transcript., n°° 47 et suiv.), dans l'opinion de M. Mourlon, comme dans celle de M. Troplong, une équivoque qui a besoin d'être éclaircie. — Ce que disent ces auteurs serait vrai, si le propriétaire du fonds, qui renferme une carrière, n'avait pas seulement vendu le droit d'exploiter cette carrière, mais, avec le droit d'exploitation, avait vendu le tréfonds, de sorte que, la carrière épuisée, le tréfonds demeurât à l'acheteur et que le propriétaire de la superficie n'eût plus rien à y prétendre. Dans ce cas, en effet, le droit d'exploiter, n'étant pas séparé de la propriété du tréfonds, se confondrait avec lui, et il y aurait deux propriétés distinctes, celle du dessous et celle du dessus, immobilières toutes les deux. Si c'est ainsi que l'entendent les auteurs cités, je suis d'accord avec eux.— Mais ce n'est pas de cette manière que les choses se passent ordinairement: celui qui achète le droit d'exploiter une carrière, même jusqu'à épuisement, ne songe nullement à se réserver la propriété du tréfonds; il n'a en vue que les pierres à extraire; et, dans ces termes, il en doit être de la vente dont il s'agit comme d'une vente de bois pour être abattus, de fruits pour être coupés, laquelle, comme je l'ai dit plus haut (n° 30), ne constitue qu'une vente mobilière...»— M. Troplong compare ce droit d'exploiter, accordé pour un temps indéfini, à un droit d'emphytéose, de superficie, d'usufruit : mais, pour que l'assimilation fût exacte, il faudrait que le droit d'exploitation d'une minière, d'une carrière, fût accordé pour un temps illimité, constituât, comme la concession d'une mine, une propriété particulière et distincte; ce qui n'est pas, de l'aveu même de l'auteur, à moins que la concession ne comprenne, comme il vient d'être dit, en même temps que le droit d'exploiter, l'aliénation du tréfonds. »

72. Quoi qu'il en soit, du reste, de cette question, il est indubitable que la cession, moyennant un prix unique, du droit d'exploiter une carrière, lorsque ce droit est limité à l'extraction d'une certaine quantité de matériaux, ne constitue qu'une vente mobilière, et, par conséquent, n'est point sujette à transcription (Conf. MM. Flandin, n° 51; Troplong et Mourlon, *loc. cit.*).

73. Nous examinerons, sous la sect. 4, n° 342, la question de savoir si le droit d'exploiter une mine, une carrière ou minière, peut être l'objet d'un bail.

74. Les actes entre-vifs, passés en pays étranger, lorsqu'ils sont de nature à être transcrits, sont, comme les actes passés en France, soumis à la transcription. Ces actes ont des immeubles pour objet; ils sont, par conséquent, régis par la loi française, conformément à l'art. 3 c. nap.

75. Ils peuvent être présentés à la formalité avant d'avoir été revêtus de la formule exécutoire par un tribunal français, parce que la transcription n'est pas, ainsi que le fait observer M. Flandin, De la transcr., n° 55, un acte d'*exécution*, pas plus que l'enregistrement auquel sont soumis, par les art. 22 et 23 de la loi du 22 frim. an 7, les actes de mutation ou autres passés en pays étranger.

76. Il va de soi, comme le fait remarquer encore M. Flandin, *loc. cit.*, n° 24, que la transcription est une formalité extrinsèque du contrat, et qui ne tient nullement à son essence; que le défaut de transcription, par conséquent, ne rend pas nulle la convention, laquelle doit s'exécuter, entre les parties, de la même manière que si la formalité avait été remplie. Il n'y a que les tiers qui soient admis à exciper de l'absence de transcription.— C'est déjà ce qu'avaient déclaré, pour les donations et les substitutions, les art. 938, 941 et 1071 c. nap. — Il en était ainsi du nantissement, dans l'ancien droit: il n'y était pas regardé comme une formalité substantielle de l'acte. « Le nantissement, dit le Répertoire, v° Nantissement, § 1, n° 7, n'est que l'image et le symbole de la tradition réelle et de fait : il ne peut donc être nécessaire à la validité des actes qu'autant que, par le droit commun, la tradition réelle et de fait y est essentiellement requise. Or, suivant les lois romaines, cette tradition n'est requise dans aucun acte, pas même dans les donations. Elle en forme, à la vérité, l'accomplissement et l'exécution; mais son défaut n'est jamais une nullité, et n'empêche pas que l'acte ne produise une action personnelle contre celui qui l'a signé et ses héritiers. Il en doit donc être de même du nantissement. »

Chez nous, l'action ne serait pas simplement *personnelle*, mais réelle, parce que, entre le vendeur et l'acheteur, comme entre le donateur et le donataire, la propriété est transférée, de plein droit, par le contrat de vente et par l'acte de donation (c. nap. 938 et 1583; V. Dispos. entre-vifs et test., n°° 1316 et suiv.; Vente, n°° 156 et s.; Conf. M. Flandin, De la transcr., n° 25).

77. Ces préliminaires exposés, nous allons parcourir la série des actes qui font l'objet de la présente section, en consacrant à chacun d'eux un paragraphe particulier.

§ 1. — De la vente et de la promesse de vente.

78. C'est en vue de la vente, particulièrement, qu'a été établie la formalité de la transcription.

79. *Promesse de vente.* — Se présente, tout d'abord, la question de savoir si l'acte, contenant promesse de vente, doit être transcrit?—Avant de répondre à cette question, il faut rappeler les distinctions que nous avons faites entre la simple pollicitation, la promesse de vente unilatérale et la promesse de vente réciproque. — « La promesse de vente, avons-nous dit, v° Vente, n° 283, est susceptible de trois modalités bien distinctes. On peut supposer, premièrement, une promesse, faite par une personne à une autre, de lui vendre telle chose, moyennant tel prix, promesse qui n'est ni acceptée, ni refusée. — On peut supposer, en second lieu, que la promesse est acceptée par celui à qui elle est faite, sans que, toutefois, ce dernier promette lui-même d'acheter. — On peut supposer, enfin, que les promesses ont été réciproques, c'est-à-dire qu'il y a eu, d'une part, promesse de vendre, et, de l'autre, promesse d'acheter.— Dans le premier cas, la promesse n'est qu'une simple *pollicitation*, une simple proposition; dans le second cas, il y a promesse *unilatérale*; et, dans le troisième, promesse *synallagmatique*. »

80. Dans le cas de simple pollicitation, il ne peut y avoir lieu à transcription, puisqu'il n'y a pas de lien de droit, et que

celui qui a fait la promesse peut la révoquer, tant qu'elle n'a pas été acceptée (V. Obligat., n° 47; Vente, n° 286).

81. Il doit en être de même, selon nous, lorsque la promesse de vente n'est pas réciproque, mais unilatérale. Dans ce cas, en effet, la convention ne donne à celui en faveur de qui elle est faite, et qui l'a accepté, aucun moyen de s'obliger de son côté, que le droit de contraindre l'autre partie à réaliser le contrat. Il n'y a donc pas encore transmission de propriété, pouvant donner lieu à transcription. C'est seulement l'acte qui réalisera la vente, ou le jugement en tenant lieu, qui devra être transcrit (Conf. MM. Rivière et Huguet, quest., n° 53; Troplong, de la Transcr., n° 52; Gauthier, Résumé de doctrine et de jurisp. sur la transcr. hyp., n° 19; Flandin, De la Transcr., n° 61).

82. M. Mourlon (Rev. prat., t. 2, p. 193, n° 39) estime, au contraire, que la promesse de vente unilatérale contient une vente conditionnelle, subordonnée, à la vérité, au consentement de l'acheteur, mais qui remonte, lorsque ce consentement intervient, au jour où la promesse a été faite. La transcription immédiate est donc nécessaire, selon lui, pour mettre la propriété conditionnelle dont l'acheteur éventuel est investi à couvert des actes ultérieurs du vendeur. — Nous avons déjà repoussé (V. Vente, n° 306) une doctrine pareille de M. Duranton, appliquée à la transmission de propriété. La vente, avons-nous dit, ne peut exister, et la propriété, par conséquent, ne peut être transmise, qu'à partir du jour où il y a eu, d'une part, volonté de vendre, et, de l'autre, volonté d'acquérir. Dans une vente conditionnelle, le concours des volontés, le contrat synallagmatique, existe, dès l'origine, et la condition n'est qu'un fait extrinsèque, qui suspend l'effet du contrat, mais qui ne l'empêche pas d'exister. Dans la promesse de vente unilatérale, le contrat ne se forme qu'au moment où l'acheteur éventuel fait connaître sa volonté d'acheter. Les deux cas ne sont donc pas identiques, et la transcription, faite avant la réalisation de la vente, serait inefficace (Conf. MM. Troplong, de la Transcr., n° 52; Gauthier, Résumé, etc., n° 19; Flandin, de la Transcr., n° 64).

83. Mais, lorsqu'il y a promesse de vente synallagmatique, il semble, d'après les termes de l'art. 1589 c. nap., suivant lequel « la promesse de vente vaut vente, lorsqu'il y a consentement réciproque des deux parties sur la chose et sur le prix, » il semble, disons-nous, que la vente soit parfaite, et que la propriété se trouve, dès ce moment, transférée de la tête du vendeur sur celle de l'acheteur. — Nous avons, cependant, fait une distinction : ou bien les parties, avons-nous dit (V. Vente, n°° 320), ayant fait une vente *actuelle*, verbale ou sous seing privé, se sont mutuellement promis d'en passer ultérieurement acte authentique; et, dans ce cas, la vente a, dès le principe, produit tous ses effets, c'est-à-dire a transféré la propriété à l'acquéreur et mis la chose à ses risques; ou bien il n'y a pas eu de vente actuelle, mais une simple promesse mutuelle pour un temps futur; et, dans ce cas, la propriété n'est pas immédiatement transférée, puisque les parties n'ont pas eu l'intention qu'elle le fût : seulement les parties ont, l'une contre l'autre, une action personnelle tendant à l'exécution de la promesse; en sorte que, si l'une d'elles se refusait à passer contrat, l'autre pourrait faire ordonner, par justice, qu'elle y serait tenue, ou que le jugement à intervenir en tiendrait lieu. — Nous devons ajouter, pourtant, que la question est controversée, et que des auteurs et des arrêts attribuent, dans tous les cas, et sans aucune distinction, à la promesse de vente synallagmatique les effets de la vente, en prenant tout à fait à la lettre la disposition précitée de l'art. 1589 (V. Vente, n°° 320 et 321).

Dans notre opinion, il n'y aurait pas lieu à transcription, même dans le cas d'une promesse de vente synallagmatique, à moins, comme nous venons de le dire, qu'il ne s'agît d'une vente déjà consommée, et improprement appelée promesse de vente (Conf. M. Troplong, *loc. cit.*, n°° 52 et 53. — *Contrà*, MM. Mourlon et Gauthier, *loc. cit.*; Flandin, de la Transcript., n° 68).

84. Les opinions, du reste, ainsi que le fait remarquer M. Flandin, n°° 70 et 71, diffèrent bien peu sur la question, puisque la solution, dans un sens ou dans l'autre, dépend entièrement de l'interprétation à donner à l'intention des parties. Aussi nous réunissons-nous à lui pour conseiller, comme un acte de prudence, la transcription immédiate de la promesse de vente, afin d'empêcher le vendeur de constituer des hypothèques sur l'immeuble, ou même de le vendre à un autre, dans l'intervalle de la date de cette promesse à sa transcription.

85. Lorsque la promesse de vente est accompagnée d'arrhes, il faut examiner quel est le caractère des arrhes; si elles ont été données en signe d'une vente simplement projetée, dans les termes de l'art. 1590 c. nap., ou comme preuve d'une vente consommée, *in argumentum emptionis et venditionis contractæ* (Inst., lib. 3, tit. 24, *in princip.*; Pothier, de la Vente, n° 496; V. aussi notre traité de la Vente, n°° 334 et suiv.). Dans le premier cas, la transcription ne devient nécessaire qu'au moment où la vente se réalisera. Elle doit être immédiate dans le second (Conf. M. Flandin, de la Transcript., n°° 72 et suiv.).

86. La question de savoir si les arrhes se réfèrent à une vente consommée ou seulement en projet, est encore une question d'interprétation de la volonté des parties. « Lorsque ce qui a été donné pour arrhes, dit Pothier, Vente, n° 509, est quelque chose de nulle considération, on ne peut guère regarder cette espèce d'arrhes comme des arrhes d'un marché seulement projeté; on doit, au contraire, les regarder comme des arrhes de la seconde espèce, qui ont été données pour servir de preuve et de témoignage d'un marché conclu et arrêté. C'est pourquoi, lorsque, dans nos campagnes, les paysans donnent, pour arrhes de leur marché, un sol marqué, quelquefois même un liard seulement, ce qu'ils appellent le *denier d'adieu*, ces arrhes doivent passer pour des arrhes de la seconde espèce. »

87. *Vente verbale.* — Un auteur (M. Mourlon, Rev. prat., t. 1, p. 165, n° 26) propose, si la vente a été faite verbalement, ou que le titre en soit adiré, de suppléer à la transcription du titre par une mention sur le registre des transcriptions, contenant l'énoncé de la vente et toutes les indications que les tiers ont intérêt à connaître, telles que les noms et prénoms du vendeur et de l'acheteur, la désignation de l'immeuble vendu, le prix, etc. En cas de refus par le conservateur, dit-il, d'opérer cette mention, à la demande de l'acquéreur, une ordonnance du juge, rendue sur requête, l'y contraindrait. — Il est bien entendu, toutefois, ajoute l'auteur, que la vente, ainsi constatée sur le registre des transcriptions, ne serait opposable aux tiers qu'autant que l'acquéreur en aurait fait, ensuite, reconnaître en justice, avec tous les intéressés, l'existence et la validité.

88. Ce que propose là M. Mourlon, dit très-bien M. Gauthier, n° 40, n'est autre chose qu'un emprunt fait au système des *prénotations*, usité dans d'autres pays; mais, le législateur français n'ayant point adopté ce système, c'est une raison péremptoire pour faire rejeter l'idée de M. Mourlon. En l'absence d'un acte écrit, l'acquéreur n'a d'autre ressource que de faire constater la vente par jugement, et, ensuite, de faire transcrire le jugement obtenu, comme l'y autorise le n° 3 de l'art. 1 de la loi du 23 mars 1855 (Conf. M. Flandin, de la Transcrip., n°° 78 et 79).

89. *Vente par correspondance.* — On peut contracter une vente par correspondance. C'est ce que porte textuellement la loi romaine : *Est autem emptio, juris gentium, et ideo consensu peragitur et inter absentes contrahi potest, et per nuntium, et per* LITTERAS (L. 1, § 2, D., *De contrah. emp.*; V. Obligations, n°° 97 et s., 106; Vente, n°° 84 et suiv.). — Il suit de là que l'acquéreur, qui voudra se mettre en garde contre les actes ultérieurs de son vendeur, devra présenter à la transcription la lettre de ce dernier, où seront relatées toutes les conditions de la vente (Conf. MM. Flandin, de la Transcript., n°° 80 et suiv.; Mourlon, Rev. prat., t. 1, p. 212, n° 27).

90. *Vente conditionnelle.* — La vente peut avoir été contractée sous condition suspensive ou sous condition résolutoire. Dans ce dernier cas, la nécessité de faire transcrire est évidente, puisque la condition résolutoire n'empêche pas l'acquéreur d'être propriétaire du jour de la vente (c. nap. 1183). Ainsi, dans la vente à réméré, quoique l'effet du rachat, lorsqu'il a lieu dans le délai fixé, soit de faire revenir l'immeuble aux mains du vendeur, libre de toutes les charges et hypothèques qui lui auraient été imposées par l'acquéreur (c. nap. 1673), la propriété n'en est pas moins transmise à ce dernier; et les tiers, par conséquent, doivent être avertis, par la transcription, de la mutation effectuée.

91. Il semblerait, de prime abord, qu'il en dût être autrement, par la raison contraire, lorsque la condition est suspensive, puisque, d'après l'art. 1182, la chose, jusqu'à l'accomplissement de la condition, demeure aux risques du débiteur; ce qui est la preuve qu'il en est toujours propriétaire. Or, la transcription, peut-on dire, n'est exigée que pour les actes translatifs de propriété. — Mais il ne faut pas s'arrêter à cette objection. « Il faut voir, dit M. Flandin, n° 87, si la transcription immédiate ne sera pas utile à l'acquéreur, propriétaire éventuel, quoique l'événement de la condition doive seul le rendre propriétaire incommutable. L'art. 1179 ne laisse aucun doute à cet égard. Il porte que « la condition accomplie a un effet rétroactif au jour auquel l'engagement a été contracté. » Dans les principes du code Napoléon, cet effet, attaché à l'accomplissement de la condition, qui efface le trait de temps, qui fait réputer l'acquéreur propriétaire *ab initio*, aurait pour résultat de faire résoudre toutes les aliénations, toutes les hypothèques, que le vendeur aurait pu consentir sur la chose vendue, dans l'intervalle (c. nap. 2125) : *Resoluto jure dantis, resolvitur jus accipientis* (V. notre Traité de la vente, n° 197). — Mais il ne peut plus en être ainsi, reprend M. Flandin, sous la loi du 23 mars 1855, si l'acquéreur, sous condition suspensive, ne fait pas immédiatement transcrire son contrat; car les tiers de bonne foi traiteront valablement avec le vendeur; et, quand arrivera la condition, l'acquéreur, qui n'aura transcrit qu'après eux, ne pourra se prévaloir, à leur égard, de l'effet rétroactif attaché à l'accomplissement de cette condition dont on leur aura laissé ignorer l'existence. L'acquéreur ici serait d'autant plus inexcusable que l'art. 1180 l'autorise à exercer, avant que la condition soit accomplie, tous les actes conservatoires de son droit » (Conf. MM. Rivière et Huguet, Quest., n° 106; Troplong, de la Transcript., n° 54; Mourlon, Revue prat., t. 1, p. 87, n° 14; Gauthier, Rés., etc., n° 25; Bressoles, Explic. des règles sur la transcript., n° 28). — La même doctrine a déjà été enseignée par nous, en matière de donation (V. Dispos. entre-vifs et test., n° 1552).

92. *Vente à terme.* — Lorsque la vente est faite à terme, elle ne diffère pas, quant à l'époque de transmission de la propriété, d'une vente pure et simple (c. nap. 1185); elle est donc, comme celle-ci, sujette à transcription.

93. *Vente à l'arbitrage d'un tiers.* — La vente, dont le prix est laissé à l'arbitrage d'un tiers (c. nap. 1592), est, ainsi que nous l'avons dit, v° Vente, n°° 376 et 392, une vente sous condition suspensive; laquelle est comme non avenue, si le tiers ne veut ou ne peut remplir sa mission. Elle est valable, au contraire, et son effet rétroagit au jour de la vente, lorsque l'estimation a eu lieu. — Il est clair que, dans ce dernier cas, la transcription est nécessaire, suivant les principes que nous avons exposés *suprà*, n° 91 (Conf. MM. Flandin, de la Transcription, n° 90; Mourlon, Revue prat., t. 1, p. 311, n° 35).

94. Les auteurs ne sont point d'accord sur le point de savoir si l'on doit considérer comme valable et pouvant produire effet la vente dont le prix est laissé à l'arbitrage d'un tiers non désigné dans l'acte, mais que les parties se sont réservé de nommer ultérieurement. — Les uns enseignent que la vente est nulle, à moins qu'il ne soit ajouté, dans l'acte, qu'à défaut de nomination par les parties, les arbitres seront désignés par la justice (MM. Delvincourt, t. 3, p. 125; Duranton, t. 16, n°° 113 et 114; Troplong, de la Vente, t. 1, n° 157; Marcadé, sur les art. 1591 et 1592; Aubry et Rau sur Zachariæ, t. 3, p. 252, note 19). Une telle vente, dit M. Troplong, est faite sous une condition potestative de part et d'autre, puisqu'il dépend de chacune des parties de rendre l'estimation impossible, en refusant de désigner les arbitres. — D'autres auteurs, au contraire, estiment que la vente est valable, sans la condition exigée par les auteurs précités, et que les arbitres, au refus de l'une des parties de les désigner, pourront être nommés par la justice (MM. Duvergier, de la Vente, t. 1, n° 153; Mourlon, *loc. cit.*, n° 36; Flandin, de la Transcript., n° 99).

95. Pour nous, nous avons exprimé, v° Vente, n° 380, l'opinion que, dans le cas dont il s'agit, la vente n'était point nulle de plein droit; que, si les parties nommaient l'arbitre, comme elles s'y étaient engagées, et que cet arbitre fixât le prix, aucune raison ne pouvait s'opposer à la validité de la vente.—Mais nous avons ajouté qu'en cas de refus de l'une des parties de nommer l'arbitre, la désignation ne pouvait en être faite par la justice, à moins que la convention n'autorisât ce mode de désignation. —M. Gauthier (Rés., etc., n° 30), qui, du reste, ne prend point parti sur la question, croit que le système de la nullité absolue de la vente peut trouver un point d'appui dans l'art. 1006 c. pr., d'après lequel le compromis doit contenir les noms des arbitres, à peine de nullité, et dans la jurisprudence, aujourd'hui bien constante, de la cour de cassation, qui prononce la nullité de la clause compromissoire dans laquelle les arbitres n'ont pas été désignés (V. v° Arbitrage, n° 454). — Mais l'arbitrage dont il est question dans l'art. 1006, ainsi que le fait observer M. Flandin (loc. cit., n° 100), se réfère uniquement au cas où il y a litige; cas très-différent de celui de l'art. 1592; et il serait contre toute raison, dit l'auteur, d'appliquer à l'un les règles qui gouvernent l'autre.

Dans notre opinion donc, qui ne tient pas pour nul, ou non obligatoire, ipso facto, l'acte de vente dans lequel le prix est laissé à l'arbitrage d'un tiers que les parties se réservent de nommer ultérieurement, il y a nécessité de transcrire; mais il n'y a aucune obligation de faire transcrire, à la suite de l'acte de vente, l'acte contenant nomination de l'arbitre chargé de déterminer le prix, le second acte n'étant, comme la détermination du prix lui-même, qu'une conséquence du premier et se confondant, en quelque sorte, avec lui (Conf. MM. Flandin, n° 104; Mourlon, loc. cit.).

96. *Vente alternative.*—Dans les ventes alternatives, quoique la chose à livrer reste incertaine jusqu'à ce que le vendeur ou l'acheteur ait fait son choix (c. nap. 1584 et 1190), la vente, dit M. Flandin, de la Transcr., n° 105 et suiv., n'en est pas moins une vente ferme; car, le choix une fois fait, la propriété de l'acheteur remonte au jour même du contrat. — « Dans la vente alternative, ajoute l'auteur, n° 108, il n'en est pas tout à fait comme dans la vente faite sous condition suspensive: dans celle-ci, il n'y a pas de vente si la condition vient à défaillir (c. nap. 1168 et 1182). Dans l'autre, au contraire, il y a toujours une vente; et, lors même que les deux immeubles viendraient à périr, par cas fortuit, avant l'option, l'acquéreur n'en devrait pas moins le prix, quoiqu'il fût devenu impossible de lui livrer la chose. C'est ce que décide textuellement la loi romaine : *Si emptio ita facta fuerit* : Est mihi emptus Stichus, aut Pamphilus; *in potestate est venditoris quem velit dare, sicut in stipulationibus. Sed, uno mortuo, qui superest dandus est; ideo prioris periculum ad venditorem, posterioris ad emptorem respicit.* Sed, et si pariter decesserunt, pretium debebitur : Unus enim utique periculo emptoris vixit. — *Idem dicendum est, etiam si emptoris fuit arbitrium, quem vellet habere : si modo hoc solum arbitrio ejus commissum sit, ut, quem voluisset, emptum haberet, ne illud, an emptum haberet* (L. 34, § 6, D., *De contrah. empt.*).—Les mêmes principes sont adoptés par le code : « Si les deux choses sont péries, sans la faute du débiteur, et avant qu'il soit en demeure, porte l'art. 1195, l'obligation est éteinte, conformément à l'art. 1302. » L'obligation est éteinte, de son côté, mais non du côté de l'autre partie, qui n'en doit pas moins le prix, dit M. Duranton, si la convention est à titre onéreux; par exemple, si c'est une vente » (V. Obligat., n° 1330.— Conf. Pothier, de la Vente, n° 312; MM. Duranton, t. 11, n° 150, et t. 16, n°s 80 et s.; Toullier, t. 6, n° 173).

97. M. Mourlon, Rev. prat., t. 1, p. 517, n° 37, voit, au contraire, dans la vente de deux choses, sous une alternative, deux ventes conditionnelles, ayant chacune pour objet l'une de ces deux choses. « De ces deux ventes, dit-il, l'une seulement vaudra; car l'accomplissement de la condition, qui parfera l'une des deux, fera forcément défaillir la condition à laquelle l'autre est subordonnée » (Conf. M. Gauthier, Rés. etc., n° 32).— Mais, à quelque point de vue qu'on se place, la solution reste la même, en ce qui concerne la transcription; car l'auteur ajoute que, « cette condition devant, conformément au droit commun, rétroagir au jour même du contrat, la propriété de la chose sur laquelle le choix se sera fixé passera, dans le domaine de l'acheteur, franche et quitte des droits que le vendeur aura pu consentir *medio tempore.* » On rentre, alors, dans le cas établi *suprà*, n° 91.

98. *Vente nulle ou sujette à rescision.* —La vente, quoique pouvant être annulée ou rescindée, pour cause de nullité absolue ou de nullité relative, ne laisse pas que d'être translative de propriété, et sujette, par conséquent, à transcription; car, tant que l'acte n'a pas été annulé, il conserve son caractère apparent. Il est possible, en effet, que les parties renoncent à se prévaloir de la nullité, ou qu'elles laissent prescrire leur action (c. nap. 1304).

99. Qu'arrivera-t-il, en effet, si l'acquéreur ayant acheté, par exemple, d'un incapable, ne faisait pas transcrire immédiatement, et qu'il attendît à remplir la formalité que l'incapable, devenu maître de ses droits, eût ratifié l'acte sujet à rescision ou à nullité? — D'après l'art. 1338, « la confirmation, ratification ou exécution volontaire (laquelle équivaut à ratification), dans les formes et à l'époque déterminées par la loi, emporte la renonciation aux moyens et exceptions que l'on pouvait opposer contre cet acte, *sans préjudice, néanmoins, du droit des tiers.* » L'effet de cette ratification remonte, par conséquent, à l'acte ratifié : *Si, nesciente domino,* porte la loi 16, § 1, D., *De pign. et hyp., res ejus hypothecæ data sit, deinde posteà dominus ratam habuerit, dicendum est, hoc ipso quod ratum habet,* voluisse eum retro recurrere ratihabitionem ad illud tempus quo convenit.—La loi romaine, ainsi que nous l'avons dit v° Priv. et hyp., n° 1232, ne distinguait pas; elle n'exceptait pas, comme notre art. 1338, le droit des tiers; mais ce tempérament avait déjà été admis dans l'ancien droit : *Actus medius intervenies,* disait Barthole (sur la loi 16, § 1, D., *rem ratam haberi*), *impedit ratihabitionem trahi retrò, in præjudicium tertii cui jus intermedio tempore quæsitum fuit.* Mornac, sur cette même loi 16, s'exprimait de même : *Distinctio tamen, et in schold et in foro, perpetua hæc est, ut nimirum, si agatur de præjudicio tertii, retrò trahatur nunquam ratihabitio; secùs, si de solo ratificantis damno.* — Il résulte de là, dit M. Flandin, Transcript., n° 115, que, « si l'incapable, après que la cause d'incapacité a cessé, avait aliéné l'immeuble à un autre, ou lui avait constitué des hypothèques sur cet immeuble, avant la ratification, cette ratification ne pourrait nuire à ce dernier. Le premier acquéreur n'a par conséquent qu'un moyen de se mettre à l'abri de ce danger, c'est de faire transcrire immédiatement, parce que la transcription avertit les tiers du péril qu'il y aurait, pour eux, à traiter avec l'incapable, devenu maître de ses droits, sous l'éventualité d'une ratification dont l'effet rétroactif ne serait pas neutralisé par des droits prétendus acquis sur l'immeuble, au mépris d'une formalité qui les constituerait en mauvaise foi » (Conf. MM. Rivière et Huguet, Quest., n° 214 ; Troplong, Transcript., n° 174).

100. Nous pensons, du reste, avec M. Troplong, et avec M. Flandin, que l'acquéreur, qui a acheté d'un incapable, et qui a fait transcrire immédiatement son titre, sans attendre la ratification, n'est pas obligé de faire transcrire ultérieurement l'acte de ratification. M. Troplong en donne une raison convaincante, c'est qu'un pareil acte, qui n'est que la renonciation à l'exercice de l'action en nullité, n'est pas translatif de propriété : *confirmatio nihil novi juris addit.* Par la transcription qui a été faite antérieurement, les tiers, ajoute M. Flandin, n° 116, ont connu l'aliénation, et c'est tout ce que la loi exige ; cela suffit à leur sécurité ; on ne doit pas, en cette matière, ajouter aux exigences de la loi. L'incapable, au lieu de ratifier, pouvait garder le silence pendant le temps requis pour faire acquérir la déchéance de l'action : aucune transcription, dans ce cas, n'eût été nécessaire : pourquoi en serait-il autrement dans le cas de ratification? (Conf. MM. Rivière et Huguet, Quest., n°s 63 et 215 ; Mourlon, Rev. prat., t. 6, p. 390, n° 125). — V. aussi *infrà*, n°s 313 et suiv.

101. MM. Rivière et Huguet, qui, lorsqu'il s'agit de la ratification d'un acte souscrit par un incapable, regardent la transcription de l'acte de ratification comme inutile, lorsque l'acte de vente a été transcrit, sont d'un avis différent, lorsqu'il est question d'un de ces actes qui sont nuls, par défaut de convention, et sont faussement qualifiés contrats ; lorsqu'il s'agit, par exemple, d'un acte de vente sous seing privé, qui n'est pas revêtu de la signature des deux parties. Dans ce cas, l'acte de ratification ne serait, suivant eux, confirmatif que de nom, et devrait être considéré comme un nouveau titre, assujetti à la formalité, puisqu'il serait le véritable titre translatif de propriété.

MM. Rivière et Huguet ont pour eux l'autorité de Pothier, qui s'exprimait ainsi, au sujet des actes passés par la femme, sans l'autorisation de son mari, actes qui, dans les principes de l'ancien droit, étaient nuls, d'une nullité absolue, tandis que ceux du mineur étaient seulement frappés d'une nullité relative. « De là naît, dit Pothier, une autre différence, qui est que l'acte du mineur, fait sans autorisation, peut être validé par la ratification du mineur devenu majeur, et qu'il a, du jour de sa date, toutes les hypothèques qui en résultent, s'il a été fait par-devant notaire. — Au contraire, l'acte fait par une femme non autorisée ne peut être validé par la ratification de la femme devenue veuve ; *ce qui est absolument nul ne pouvant être confirmé.* C'est pourquoi cette ratification ne pourra avoir l'effet que d'une nouvelle convention entre les parties » (Cout. d'Orléans, Introduc. au tit. 10, n° 144). — La même chose a été jugée, sur les conclusions conformes de Merlin (Req. 27 mars [et non août] 1812, aff. Filion, v° Obligat., n° 3719). Mais, sur la critique, faite par Toullier, de cet arrêt et de l'opinion du procureur général, Merlin l'a rétractée dans ses Quest. de droit, v° Ratification, § 5, n° 5. — « Nous ne connaissons point, dit Toullier, t. 8, n° 517, de nullité, fondée sur l'intérêt privé, qui ne puisse être réparée par la ratification expresse ou tacite. Le vice le plus absolu des conventions, le défaut ou la non-existence du consentement, peut néanmoins être réparé par la ratification soit expresse, soit tacite... » (Conf. M. Flandin, de la Transcript., n° 482).

La solution que nous adoptons sur ce point controversé est commandée par les principes enseignés par nous v° Obligation. — S'il s'agit d'une vente nulle d'une manière absolue, par exemple, pour défaut de consentement, pour défaut de cause, comme alors le contrat n'a pu se former, il n'y a pas de ratification possible ; car on ne peut ratifier le néant. Dans ce cas, la prétendue ratification constitue un contrat nouveau, qui ne produit d'effets que du jour où il a été consenti (V. Obligat., n°* 4470 et suiv.), c'est donc ce contrat nouveau qui doit être présenté à la transcription. — S'agit-il au contraire d'une vente seulement annulable, c'est-à-dire atteinte d'une nullité relative telle que celles résultant de la minorité, du défaut d'autorisation de la femme mariée, la ratification est valable (V. Obligat., n°* 4480 et suiv.) ; et comme l'effet de cette ratification rétroagit au jour du contrat primitif, elle n'a pas besoin d'être transcrite, ainsi que nous l'avons enseigné *suprà* n° 100, pourvu que le contrat lui-même ait été transcrit. Pothier, il est vrai, considère le défaut d'autorisation de la femme mariée comme entraînant une nullité radicale ; mais c'était là une opinion particulière à l'ancien droit et qui n'est plus compatible avec le principe du code civil (V. Obligat., n° 4556). — Enfin, s'agit-il d'un acte de vente non signé par toutes les parties, et ce que nous disons ici est applicable à toute nullité de formes, quelle qu'elle soit, il faut se rappeler ce principe que toute convention est indépendante de l'acte qui sert à la constater, et qu'en conséquence elle peut encore subsister, bien que cet acte ne puisse valoir comme preuve. La ratification qui interviendrait en pareille hypothèse ne peut être considérée comme une véritable ratification, puisque l'on ne peut ratifier que les conventions atteintes d'un vice, et que dans l'espèce la convention est réputée existante et valable. Une pareille ratification ne peut constituer qu'une preuve à ajouter à celle que peut offrir la partie qui se prévaut de la convention (V. Obligat., n°* 4495 et suiv.). En une telle occurrence, nous croyons que la transcription de la prétendue ratification n'est pas absolument nécessaire, et que la transcription de l'acte de vente seul, bien qu'il soit atteint d'une nullité de formes, produira tous ses effets si, plus tard, la vente est reconnue valable par jugement. Il en sera de ce cas, comme de celui où aucune ratification ne serait intervenue. — Mais il peut se faire que le défaut de signature provienne d'un défaut de consentement : on rentre alors dans la première des hypothèses que nous venons d'examiner : la ratification constitue le véritable contrat (V. Obligat., n° 4498) ; dès lors, c'est elle qui, comme nous l'avons dit, est soumise à la formalité de la transcription.

102. Quoi qu'il en soit, nous conseillons, alors que la transcription de l'acte de ratification ne soit pas obligatoire, de faire, dans tous les cas, mentionner cet acte en marge de la transcription de l'acte de vente, afin que les tiers voient qu'ils peuvent

traiter avec confiance avec l'acquéreur (Conf. M. Flandin, *loc. cit.*, n° 118).

103. *Vente par mandataire.* — Lorsque la vente a été conclue, soit de la part du vendeur, soit de la part de l'acheteur, par l'intermédiaire d'un mandataire, on n'est pas obligé de faire transcrire, avec l'acte de vente, la procuration. « Ce n'est pas, dirons-nous avec M. Troplong, Transcrip., n° 126, la procuration qui transfère la propriété, c'est la vente consentie en vertu de cette procuration. Il suffit que le mandat soit énoncé dans l'acte de mutation pour que les tiers soient avertis de ce qui les intéresse. Ils pourront le faire représenter la procuration, s'ils le jugent à propos » (Conf. Merlin, Quest. de dr., v° Transcr., § 5, n° 2 ; MM. Rivière et François, Explic. de la loi du 23 mars 1855, n° 52 ; Rivière et Huguet, Quest., n° 60 ; Mourlon, Rev. prat., t. 1., p. 215, n° 28 ; Flandin, de la Transcr., n° 119).

104. Il a été jugé, ainsi, par application de la loi du 11 brum. an 7, que la transcription de la procuration, en vertu de laquelle a été passé un contrat de vente, n'est pas nécessaire pour valider la transcription de ce contrat : « La cour ; ... attendu que la demoiselle Guymond, qui a acquis d'un procureur fondé, et qui n'a point fait transcrire aux hypothèques la procuration donnée à Chatillon, son vendeur, ne peut pas exciper, contre les défendeurs, de ce qu'ils auraient omis de faire transcrire la procuration donnée à Bucquet, leur vendeur ; que la loi du 11 brumaire n'exige la transcription que de l'acte translatif des biens et droits susceptibles d'hypothèque ; que toutes lois, coutumes et usages antérieurs sur les moyens de consommer et consolider les aliénations d'immeubles, et d'en purger les hypothèques, sont abrogés par l'art. 56 de ladite loi du 11 brumaire ; qu'ainsi, sous aucun rapport, les jugements attaqués n'ont violé les lois ; rejette » (Rej. 27 niv. an 12, MM. Lasaudade, rap., Merlin, pr. gén., c. conf., aff. Guymond C. Delavaut et Leclerc).

105. M. Martou (des Priv. et hyp. sous la loi belge, t. 1, n° 54), qui est d'un autre avis, va plus loin encore : il ne se contente pas d'exiger la transcription des procurations ; « il en doit être de même, dit-il, de toutes les pièces qui, autres qu'une procuration, sont, comme celle-ci, le complément du contrat et doivent y être annexées. Tels sont l'autorisation maritale, les jugements en vertu desquels il est procédé à la vente de biens de mineurs, etc. » — Où s'arrêtera-t-on, dira avec raison, dit avec raison, M. Flandin, Transcr., n° 121 ? Et que deviendraient les registres du conservateur, déjà surchargés de la transcription, *en entier*, de tous les actes translatifs de propriété ? Ce serait un véritable chaos et une énorme augmentation de frais pour les parties (Conf. Merlin, Quest. de dr., v° Transcr., § 5, n° 2 ; Troplong, de la Transcript., n° 127 ; Mourlon, Rev. prat., t. 1, p. 508, n° 34).

106. *Vente pour autrui sans mandat.* — On peut, dit l'art. 1120 c. nap., se porter fort pour un autre, en promettant le fait de celui-ci ; sauf indemnité contre celui qui s'est porté fort, ou qui a promis de faire ratifier, si le tiers refuse de tenir l'engagement. — Il suit de cette disposition que la vente, faite par un individu, sans mandat, au nom d'un tiers dont il s'est constitué le *negotiorum gestor*, et il a promis la ratification, est valable et translative de propriété, si ce tiers la ratifie. Cette vente a un caractère conditionnel, qui, lorsque la ratification intervient, la fait rétroagir, conformément à l'art. 1179, à la date de l'acte fait par le *negotiorum gestor*.

107. Toutefois, ainsi qu'il a été dit *suprà*, n° 99, cette rétroactivité ne saurait nuire aux droits que le propriétaire de l'immeuble aurait conférés à des tiers sur cet immeuble, avant la ratification, pourvu que ces tiers aient eu le soin de faire transcrire : autrement, l'acquéreur, qui a acheté du *negotiorum gestor*, et qui aurait transcrit avant eux, leur serait préféré. Tel est aujourd'hui, d'après l'art. 3 de la loi du 23 mars 1855, l'effet attaché à la transcription (V. *infrà*, sous le chap. 4).

108. On a vu, au même numéro, que celui qui a acheté d'un incapable ne doit pas attendre, pour faire transcrire, la ratification de ce dernier, s'il veut se mettre à l'abri des hypothèques ou autres droits réels dont l'incapable, devenu maître de ses droits, pourrait grever l'immeuble, avant la ratification. En pourrait-il être de même, dans le cas d'une vente faite sans mandat ? — L'affirmative est enseignée par M. Troplong. — « La vente, dit-il (de la Transcript., n° 128), quoique faite sans mandat, doit être transcrite immédiatement; car il faut préparer la rétroactivité que produira la ratification; il faut poser une base sur laquelle reposeront les droits constitués par l'acheteur. D'ailleurs, ne transcrit-on pas une vente conditionnelle, avant l'événement de la condition? La position de celui qui achète d'un gérant n'est-elle pas analogue à celle d'un acheteur sous condition? » (V. aussi *eod.*, n° 55).

109. M. Flandin, de la Transcript., n°' 125 et suiv., et M. Mourlon, Rev. prat., t. 1, p. 213, n° 28, et p. 502, n° 32, distinguent entre le cas où le *negotiorum gestor* a agi pour le compte du vendeur, et celui où il a agi pour le compte de l'acquéreur. « Si c'est au nom de l'acquéreur, dit M. Flandin, qu'a agi le *negotiorum gestor*, j'admets, comme M. Mourlon, que l'acquéreur éventuel, ou plutôt son *negotiorum gestor*, pourra et devra même faire transcrire immédiatement le contrat, pour garantir cet acquéreur éventuel contre les droits que le vendeur pourrait constituer à des tiers sur l'immeuble, ou que ceux-ci pourraient y acquérir du chef de ce dernier, avant la ratification. Le vendeur a contracté une obligation conditionnelle dont il ne peut se délier que si la condition vient à défaillir; il s'est dessaisi conditionnellement de la propriété de son immeuble au profit de l'acquéreur éventuel, qui, de son côté, s'en trouve conditionnellement investi. Cette obligation conditionnelle du vendeur, cette transmission éventuelle de la propriété, est un titre suffisant, comme je l'ai établi *supra*, n° 87, pour servir de base à une transcription immédiate, dont l'effet sera de mettre à néant, à quelque époque qu'intervienne la ratification, tous les actes que le vendeur aura pu faire, dans l'intervalle, au mépris de son engagement » (Conf. M. Gauthier, Rés., etc., n° 36).

110. Et, dans ce cas, ajoute M. Flandin, n° 127, l'acquéreur sera dispensé, lorsque la ratification interviendra, de faire transcrire l'acte de ratification (V. *supra*, n° 100.—Conf. M. Mourlon, *loc. cit.*, n° 28.—*Contrà*, MM. Rivière et Huguet, Quest., n° 36 et suiv.).

111. Si c'est au nom du vendeur, reprend M. Flandin, n°' 128 et suiv., qu'a agi le *negotiorum gestor*, la transcription que ferait l'acquéreur, avant la ratification, serait inefficace. Non pas qu'il faille, comme le prétend M. Mourlon, *loc. cit.*, dénier à la vente le caractère conditionnel, afin d'écarter l'effet rétroactif attaché à la ratification, mais parce que l'acquéreur ne peut trouver, dans l'acte de vente que lui a consenti le *negotiorum gestor*, un titre qui l'autorise à faire transcrire cet acte, avant que la ratification du propriétaire soit intervenue.

« Ne peut-on pas, en effet, dit l'honorable magistrat, opposer à cet acquéreur que le *negotiorum gestor*, n'ayant aucun droit sur l'immeuble qu'il lui a vendu, n'a pu lui transmettre, sur cet immeuble, plus de droits qu'il n'en avait lui-même : *Nemo plus juris ad alium transferre potest quàm ipse haberet* (L. 54, D., *De div. reg. jur.*)? Que, jusqu'à la ratification du propriétaire, il n'a qu'une expectative, qui ne peut convertir, dès à présent, en un titre translatif de propriété, lequel peut seul servir de base à la transcription? Que la transcription, par conséquent, effectuée avant la ratification, serait inopérante, parce qu'elle serait sans cause?

» On va m'objecter, sans doute, continue M. Flandin, ce que j'ai dit, au n° 87 (V. *supra*, n° 91), de la vente faite par le propriétaire sous une condition suspensive. Mais ce cas est tout différent de celui que j'examine. Lorsque le propriétaire lui-même qui vend, quoique la vente reste subordonnée à un événement futur, qui se réalisera ou ne se réalisera pas, s'il n'y a pas encore de mutation consommée, il y a le germe d'une mutation; il y a, comme je l'ai établi dans la question précédente, n° 126 (*supra*, n° 109), une transmission conditionnelle de la propriété de la personne du vendeur en celle de l'acquéreur; et c'est là un titre apparent qui doit suffire pour la transcription. De quoi se plaindra l'acquéreur éventuel qui fait immédiatement transcrire? Est-ce qu'il lui est permis, désormais, de constituer des hypothèques sur l'immeuble, ou de le vendre à un autre? Est-ce que ces aliénations, ces hypothèques, ne se résoudraient pas par l'accomplissement de la condition? — Au contraire, dans l'hypothèse où ce n'est ni le propriétaire, ni son mandataire, mais un simple *negotiorum gestor*,

qui a vendu, si l'on admettait l'acquéreur à transcrire, avant que le propriétaire ait ratifié la vente, on paralyserait, dans les mains de ce dernier, le droit de disposer de sa chose; car qui voudrait acheter, qui voudrait accepter de lui une hypothèque, en présence d'une transcription qui, la ratification intervenant, et par le seul effet de la rétroactivité attachée à cette ratification, rendrait l'acquéreur, qui a fait transcrire prématurément, préférable aux tiers qui ont contracté directement avec le propriétaire, *rebus integris*? C'est là, selon moi, la raison vraiment déterminante de l'opinion qui m'a semblé, après quelques hésitations, devoir être préférée. »

Ces raisons nous semblent concluantes en faveur de l'opinion qui vient d'être exprimée, et nous la font préférer à celle de M. Troplong.

112. Mais alors, la conséquence de cette doctrine, ce sera, contrairement à ce qui est dit *supra*, n° 110, pour le cas où le *negotiorum gestor* a agi au nom de l'acquéreur, ce sera que l'acte de ratification devra être transcrit en même temps que l'acte de vente. C'est, en effet, comme le fait observer M. Flandin, n° 132, l'acte de ratification qui, la ratification intervenant, réellement la mutation de propriété, puisqu'il n'y a pas d'autre acte émanant du propriétaire de l'immeuble. La force des choses l'emporte ici sur le principe de l'art. 1179, qui, dans le cas de ratification, fait remonter la transmission de propriété à l'acte ratifié (Conf. MM. Troplong, de la Transcript., n° 129 ; Mourlon, Rev. prat., t. 1, p. 215, n° 28'; Rivière et Huguet, Quest., n° 36 ; Gauthier, Rés., etc., n° 36. V. aussi, comme analogie, Paris, 11 août 1808, aff. Lucq ; Bruxelles, 26 déc. 1816, aff. N., v° Priv. et hyp., n° 1556).—Cette opinion, d'ailleurs, n'est que la conséquence de celle que nous avons déjà exprimée plus haut, n° 101, que la ratification d'un contrat nul pour défaut de consentement ne produit d'effet que du jour où elle est donnée.

113. *Vente avec déclaration de command.*—Par déclaration de command, on entend la faculté que se réserve l'acquéreur d'indiquer, dans un certain délai, la personne pour laquelle il achète, et qui s'appelle, dans la langue juridique, son *command* ou son *ami*. Il y a, ainsi, une grande similitude entre la vente faite sous mandat, dont il vient d'être parlé, et celle dont nous allons nous occuper.

114. Nous n'avons point à retracer les règles qui concernent la vente faite sous déclaration de command : nous les avons exposées dans notre traité de la Vente, n°' 213 et suiv. (V. aussi v° Enregistr., n°' 2539, 2541 et suiv.) Nous rappelons seulement que l'effet de la déclaration de command, faite et acceptée dans le terme fixé, est de faire considérer le command élu comme ayant acquis directement du vendeur : *Ita ut*, dit le président Favre, *licet non incontinenti, sed distinctis temporibus contractuque separato, fiat electio, unus tamen contractus, una emptio esse intelligatur, emptorisque jure non tàm qui elegit, quàm qui electus est, censeatur; quoniam unica tantùm dominii translatio est quæ fit à venditore in electum, tanquàm verum emptorem* (sur le code *lib. 4, tit. 34, def. 1,* n° 2).

115. Il suit de là qu'à l'exemple de ce que nous avons établi *supra*, n° 109, pour le cas d'acquisition faite par un tiers, par un *negotiorum gestor*, l'acquéreur sous faculté d'élire un command, devra faire transcrire immédiatement, pour se mettre à couvert, lui ou son command, des actes ultérieurs de son vendeur, qui n'est réputé dessaisi, à l'égard des tiers, que du jour de la transcription (Conf. M. Flandin, de la Transcript., n° 141).

116. Il existe, cependant, comme le fait remarquer M. Flandin, n° 142, une différence entre le cas où l'acquisition est faite, par un *negotiorum gestor*, au nom d'un tiers désigné dans l'acte même, et celui où elle est faite sous faculté d'élire un command. Dans le premier cas, le tiers, indiqué comme le futur bénéficiaire de l'acte, a un droit acquis à la chose, droit subordonné, il est vrai, à son acceptation, mais auquel ne peut préjudicier les actes ultérieurs du *negotiorum gestor*. — Mais il en est autrement, dans le cas de vente faite sous réserve d'élire un command. Tant que la déclaration de command n'a pas eu lieu, l'acheteur reste propriétaire, et peut faire, par conséquent, tous les actes qui découlent du droit de propriété. Jusque-là, en effet, il est incertain si l'acquéreur usera, ou n'usera pas de la faculté qu'il s'est réservée de se substituer un autre acquéreur : il ne peut donc y avoir encore de droit acquis à ce dernier ; son droit n'existe que du moment où il a été désigné pour prendre la place du premier acquéreur.

117. Il en résulte que si, avant de déclarer command, l'acquéreur vend l'immeuble ou le grève d'hypothèques, la vente ou les hypothèques subsisteront, nonobstant toute déclaration qu'il ferait ultérieurement d'un prétendu command. Dans ces actes, en effet, il est impossible de ne pas voir une renonciation tacite, de la part de l'acquéreur, à la faculté qu'il s'était réservée d'élire un command ; et cette faculté, il ne lui est plus loisible de l'exercer au préjudice des tiers auxquels il a concédé des droits sur l'immeuble. — « Si la déclaration de command, dit M. Flandin, *loc. cit.*, n° 145, suivie de l'acceptation de la personne élue, devait avoir pour effet de résoudre tous les droits conférés antérieurement par l'acquéreur sur l'immeuble, il serait trop facile à celui-ci de se jouer des engagements qu'il aurait pris, au moyen d'une déclaration de command qui viendrait, après coup, anéantir ces engagements » (Conf. M. Mourlon, Rev. prat., t. 1, p. 253, n° 31).

118. Nous avons dit *suprà*, n° 115, que l'acquéreur sous faculté d'élire un command devait faire transcrire immédiatement l'acte de vente, pour se mettre à couvert, lui et son command, des actes ultérieurs de son vendeur. Mais le command, aussitôt qu'il aura été élu, devra faire transcrire, de son côté, la déclaration de command pour se défendre contre les tiers à qui l'acquéreur viendrait à transmettre des droits sur l'immeuble, postérieurement à cette déclaration. Cette déclaration forme son titre ; elle est, pour lui, l'acte véritablement translatif de propriété, devant se rattacher, il est vrai, par l'effet rétroactif de son acceptation, à l'acte de vente, mais se confondant avec cet acte, dont elle est, par rapport à lui, un complément nécessaire (Conf. M. Flandin, n° 147).

119. Le command peut faire transcrire avant son acceptation, parce que la transcription, comme nous l'avons établi *suprà*, n°s 74 et 91, n'est qu'un acte conservatoire ; et, par une conséquence du même principe, cette transcription n'impliquera pas, de sa part, acceptation de la déclaration de command faite à son profit. Il sera donc toujours libre de prendre ou de refuser le marché, s'il n'avait donné mandat d'acheter pour lui.

120. Mais, s'il accepte, le command sera-t-il obligé de faire transcrire son acte d'acceptation ? Nous ne le pensons pas. Cette acceptation, en effet, ainsi que nous l'avons expliqué *suprà*, n° 114, rétroagit au jour de la vente ; elle n'est donc pas l'acte translatif de propriété ; et de plus, par la transcription de la déclaration de command, les tiers ont été suffisamment avertis des droits éventuels de ce dernier (Conf. MM. Flandin, De la Transcr., n° 150 ; Labbé, Rev. prat., t. 4, p. 51). — M. Mourlon, qui avait d'abord émis une opinion contraire (Rev. prat., t. 1, p. 223, n° 31 *ter*), l'a plus tard rétractée (*ibid.*, t. 5, p. 74, note 1).

121. Les règles que nous venons d'établir pour la vente faite sous faculté d'élire un command ne s'appliquent, bien entendu, qu'au cas où l'élection de command a été faite avec toutes les conditions légales. Rappelons brièvement ces conditions. Il faut : 1° que la faculté d'élire un command ait été réservée, par l'acquéreur, dans l'acte de vente ; — 2° Que l'élection soit faite dans le délai déterminé par le même acte ; — 3° Qu'elle soit gratuite ; — 4° Que le command qui accepte dans le même délai ; — 5° Qu'il prenne le marché aux conditions stipulées, et sans y rien changer (V. Vente, n°s 213 et suiv.). « A défaut de l'une d'elles, dit M. Flandin, n° 153, la vente cesse d'être conditionnelle et demeure une vente pure et simple ; en sorte que la substitution d'un second acquéreur au premier n'a plus pour effet de faire disparaître celui-ci et de faire passer la propriété, *rectà vid*, de la personne du vendeur à celle de l'acquéreur substitué, mais donne lieu à deux mutations successives, qui doivent être transcrites toutes les deux. »

122. Dans quel délai doit avoir lieu la déclaration de command, à peine de passer par une mauvaise foi ? Il y avait à cet égard, dans l'ancien droit, une grande diversité d'opinions (V. Rép., v° Command, Déclaration au profit d'un tiers, Élection d'ami), Pothier, résumant ces opinions diverses, disait que la déclaration de

vait avoir lieu, dans *un temps court* ; « autrement, fait-il observer, on faciliterait les fraudes de ceux qui, acquérant pour leur compte, et ayant néanmoins l'intention de revendre, si, par la suite, ils trouvaient une occasion favorable, feraient cette déclaration pour frauder le seigneur du profit qui lui serait dû pour la revente.— Livonnière, ajoute Pothier, fixe ce temps à *un an* ; Chopin à *deux mois* ; Guyot pense qu'il ne doit pas excéder *quarante jours*. Je pense que cela doit être laissé à l'arbitrage du juge, qui doit avoir égard aux circonstances » (Introd. à la Cout. d'Orl., tit. 1, n° 145). — Le décret des 13 sept.-16 oct. 1791, sur la vente des biens nationaux, accordait *six mois*, après la vente ou l'adjudication, pour faire la déclaration de command. — Les lois sur l'enregistrement fixent ce délai à *vingt-quatre heures* (L. 22 frim. an 7, art. 68, § 1, n° 24 ; art. 69, § 5, n° 4, et § 7, n° 3 ; L. 28 avr. 1816, art. 44, n° 3). — Mais ces lois ne statuent qu'au point de vue des intérêts du fisc. A l'égard des intérêts privés, les parties restent maîtresses de régler le délai à leur convenance (MM. Toullier, t. 8, n° 174 ; Troplong, De la vente, n° 69 ; Flandin, *ibid.*, n° 159. V. aussi notre Traité de la vente, n° 219).

123. *Contre-lettres.* — Les contre-lettres sont sans effet contre les tiers (c. nap. 1321). Il semble, dès lors, qu'il soit inutile de s'en occuper, au point de vue de la transcription. « Une remarque, cependant, est à faire, dit M. Flandin, De la transcr., n° 166, c'est que les tiers, auxquels est opposée une contre-lettre, ne peuvent la faire écarter qu'à raison de leur bonne foi. C'est le motif pour lequel se fondent tous les arrêts (V. Obligat., n° 3206 ; Vente, n°s 150 et suiv.). Il en résulte que, s'il était établi qu'au moment où ils ont contracté, les tiers avaient connaissance de l'existence de la contre-lettre, l'art. 1321 cesserait d'être applicable.

124. M. Flandin, *loc. cit.*, n° 167, en tire la conséquence, relativement à la transcription, « que celui qui a intérêt à invoquer la contre-lettre n'a qu'à la faire transcrire pour constituer aussitôt les tiers en mauvaise foi... Vainement ils allégueraient, lorsqu'on leur opposera cette transcription, n'avoir pas eu connaissance de la contre-lettre, parce qu'ils auraient négligé de consulter les registres du conservateur. On leur répondrait qu'aujourd'hui, avec le système de publicité établi par la loi pour garantir les tiers de toute surprise, celui qui achète un immeuble, ou qui accepte une hypothèque sur cet immeuble, sans consulter ces registres, pour s'assurer si celui avec lequel il traite est le véritable propriétaire, commet une grave imprudence dont il doit porter la peine... »

125. *Donation déguisée.* — Il pouvait être douteux, avant la loi du 23 mars 1855, si une donation déguisée sous la forme d'un contrat à titre onéreux, sous la forme d'une vente, par exemple, était, ou non, soumise à la transcription. — M. Troplong, Des donat. et test., t. 3, n° 1172, s'était prononcé pour la négative ; M. Coin-Delisle, sur l'art. 939, n° 17, pour l'affirmative. — La question aujourd'hui sans intérêt, puisque la vente, de même que la donation, est soumise à la transcription.

§ 2. — De la dation en payement.

126. La dation en payement est un acte équipollent à vente (V. Oblig., n° 1744) : *dare in solutum est vendere*. C'est pourquoi les lois romaines donnent au créancier évincé de la chose qui lui a été donnée en payement, la même garantie qu'au vendeur : *Si prædium tibi pro soluto datum est, quod aliis creditoribus fuerat obligatum, causa pignoris mutata non est. Igitur, si hoc jure fuerit evictum, utilis tibi actio contra debitorem competit. Nam hujusmodi contractus vicem venditionis obtinet* (L. 4, C., *De evict.*).

127. Il suit de là que, lorsque le mari cède à sa femme, séparée ou non, de ses immeubles en restitution de sa dot ou en payement de ses reprises, ou lorsque la femme cède des immeubles à son mari en payement de la dot constituée, lorsqu'il y a exclusion de communauté entre eux (c. nap. 1595), dans ces cas et autres semblables, il y a mutation, et lieu, par conséquent, à transcription (Conf. MM. Rivière et Huguet, n° 27 ; Troplong, De la transcr., n° 61 ; Mourlon, Rev. prat., t. 2, p. 354 ; Gauthier, n° 70 ; Flandin, De la t.anscr., n° 176).

128. D'après Pothier, «l'acte par lequel le mari ou ses héritiers cèdent à la femme, qui a renoncé à la communauté, ou à ses héritiers, un conquêt pour la payer de ses reprises, ne passe pas pour une dation en payement équipollente à vente, et ne donne lieu à aucun profit. C'est une jurisprudence, dit-il, reçue depuis longtemps.... En renonçant à la communauté, la femme ne renonce qu'à ce qui pourrait rester, après le prélèvement de ses reprises, qui sont à exercer sur les biens de la communauté ; elle ne renonce pas à ce qu'elle a droit d'en prélever pour ses reprises. C'est pourquoi, lorsqu'on lui donne, pour ses reprises, un conquêt de la communauté, ce n'est pas tant une acquisition qu'elle fait, que son droit *habituel* dans les biens de la communauté qui se réalise et se détermine à ce conquêt » (Cout. d'Orl., Introd. au tit. 1, n° 153 ; V. aussi le Traité des fiefs, t. 1, part. 1, ch. 5, sect. 1, art. 2, § 3 ; conf. Pocquet de Livonière, p. 191).

L'art. 1495 dit également que la femme renonçante exerce ses reprises « tant sur les biens de la communauté, que sur les biens personnels du mari. » Mais un arrêt récent des chambres réunies, après un débat solennel, a décidé, sur les conclusions conformes de M. le procureur général Dupin, que la femme qui a renoncé à la communauté, lorsqu'elle exerce ses reprises sur les conquêts, les exerce, non à titre de *propriétaire*, mais à titre de *créancière* (Rej. 16 janv. 1858, aff. Moinet, D. P. 58. 1. 5).

129. Dans l'ancien droit, on ne regardait pas non plus comme une dation en payement, sujette au profit de vente, l'acte par lequel un père, après avoir constitué de cette somme la somme à l'un de ses enfants, lui donnait un immeuble pour lui tenir lieu de la somme promise : c'était la disposition de l'art. 26 de la Coutume de Paris ; et l'on avait étendu cette disposition, par voie d'analogie, au cas où l'enfant, qui avait reçu un immeuble en dot, le restituait à son père, moyennant une somme d'argent que celui-ci lui remettait en retour. — « La raison est, dit Pothier, sur le premier point, que la donation de la somme promise en dot n'ayant pas encore été exécutée, les parties ont pu, *rebus integris*, s'en désister, et sont censées, en effet, s'en être désistées, pour faire, à la place, donation de l'héritage »(Cout. d'Orl., Introd. au tit. 1, n° 154 ; Brodeau, art. 26, Cout. de Paris). — Mais on ne jugerait pas de même aujourd'hui : l'art. 1595 c. nap., qui déclare que les conventions matrimoniales « ne peuvent recevoir aucun changement après la célébration du mariage », s'y oppose. La constitution dotale a rendu l'enfant créancier d'une somme d'argent ; et il ne peut recevoir un immeuble à la place de cette somme, sans que ce fait donne naissance au contrat appelé, en droit, *datio in solutum* (Conf. M. Flandin, De la Transcr., n° 179).

130. Pothier (*ibid.*, n° 155) ajoute, sur le second point, « que ces donations (les constitutions dotales) étant censées faites en avancement de succession, et à la charge du rapport à la succession, l'acte, par lequel l'enfant rétrocède cet héritage au donateur, est une anticipation du rapport qu'il doit. » — Les rapports, en effet, comme nous le dirons plus bas, ne donnent pas lieu à transcription. Mais ici il ne s'agit pas d'un véritable rapport, puisque le rapport n'a lieu que lorsque la succession est ouverte. Le contrat qui s'opère par la rétrocession de l'immeuble au donateur n'est autre chose qu'une vente : c'est le père qui rachète de son fils, moyennant espèces, l'héritage qu'il lui avait constitué en dot (Conf. M. Flandin, *loc. cit.*).

131. *Cession de biens.* — La cession de biens est de deux sortes : volontaire ou judiciaire (c. nap. 1266). La cession volontaire n'a d'effet, porte l'art. 1267, que celui résultant des stipulations mêmes du contrat passé entre les créanciers et le débiteur. — L'obligation de transcrire, ou non, dépendra donc de ces stipulations. — Si l'abandon que fait le débiteur de ses immeubles à ses créanciers a pour effet de le libérer envers eux, soit en totalité, soit pour partie et jusqu'à concurrence seulement de la valeur des immeubles abandonnés (V. Obligat., n° 2281), c'est une véritable dation en payement, et l'acte qui constate cet abandon doit, par conséquent, être transcrit (Conf. MM. Flandin, De la Transcr., n° 171 ; Rivière et Huguet, Quest., n° 40 ; Mourion, Rev. prat., t. 5, p. 192, n° 171 ; Gauthier, Rés., etc., n° 52).

132. Mais, si la cession de biens volontaire, à l'instar de la cession judiciaire, « qui ne confère point la propriété aux créanciers, mais leur donne seulement le droit de faire vendre

les biens à leur profit et d'en percevoir les revenus jusqu'à la vente » (c. nap. 1269), n'avait que le caractère d'un mandat général donné aux créanciers de faire vendre les immeubles abandonnés, pour se payer sur le prix, sauf à remettre l'excédant, s'il y en a, au débiteur (V. Obligat., n° 2282), il est indubitable que, dans ce cas, l'acte de cession ne serait pas sujet à transcription, puisqu'il n'opère aucune transmission de propriété aux créanciers (Conf. M. Flandin, *loc. cit.*, n° 172).

133. Il est difficile de supposer, comme le fait remarquer encore M. Flandin, n° 174, que la cession de biens puisse affecter la forme et produire les effets d'une antichrèse. C'est donc une hypothèse toute gratuite que fait M. Mourlon, lorsqu'il déclare que, dans ce cas, le contrat deviendrait susceptible de transcription, conformément à l'art. 2 de la loi du 23 mars 1855.—« On comprend, dit M. Flandin, qu'un créancier, individuellement, stipule de son débiteur que celui-ci lui abandonnera, pendant un certain temps, la jouissance d'un ou de plusieurs de ses immeubles, dont ce dernier percevra les fruits, pour les imputer annuellement, d'abord sur les intérêts, s'il lui est dû, et ensuite sur le capital de sa créance (c. nap. 2085). Mais une pareille convention entre un débiteur et la généralité de ses créanciers est, sinon tout à fait impossible, au moins un contrat fort insolite. Il faudrait, de la part des créanciers, constituer un syndicat qui administrerait les biens donnés en antichrèse pendant le temps convenu, pourvoirait à leur entretien, ferait les réparations utiles et nécessaires, prélèverait sur les revenus les frais de culture et autres charges, et ferait annuellement la répartition de ce qui resterait au prorata de la créance de chacun. Cette administration collective créerait des embarras et des frais auxquels il est peu présumable que des créanciers veuillent se soumettre. La cession de biens est plus qu'un indice, c'est la certitude de l'insolvabilité du débiteur ; et, en pareil cas, ce que les créanciers ont de mieux à faire, c'est de réaliser le gage au plus tôt, en en faisant opérer la vente pour s'en partager le prix. L'art. 1269 dit bien que les créanciers, auxquels le débiteur a fait la cession judiciaire de ses biens, en percevront les revenus jusqu'à la vente ; mais c'est la nécessité des choses, en dehors de toute convention, qui le veut ainsi ; et, quoiqu'une telle situation ait quelque chose d'analogue avec le contrat d'antichrèse, il n'est pas plus possible d'y reconnaître l'existence de ce contrat que dans l'union qui se forme entre les créanciers, après une déclaration de faillite. »

§ 3. — De l'échange.

134. L'échange a une grande affinité avec la vente : *Permutatio vicina est emptioni* (L. 2, D., *De rerum permut*; V. aussi L. 2, C., *eod. tit.*). Il est régi par les mêmes règles (c. nap. 1707). Il est, comme la vente, translatif de propriété, et doit, par conséquent, être transcrit, lorsqu'il porte sur des immeubles. Dans l'échange, chaque copermutant est vendeur et acheteur ; en sorte qu'il y a deux mutations au lieu d'une. Il en résulte que, si les immeubles échangés sont situés dans des arrondissements différents, la transcription de l'acte *entier* doit avoir lieu dans chacun des bureaux de la situation (V. sous la sect. 1 du chap. 3).

135. Suivant MM. Rivière et Huguet (Quest., n° 96), « on ne doit point considérer comme une disposition translative, sujette à transcription, la convention par laquelle les parties échangent, avant le partage consommé, les immeubles qui peuvent leur échoir. » Ils s'appuient sur l'art. 888 c. nap., d'après lequel est considéré comme partage tout acte qui fait cesser l'indivision entre cohéritiers, qu'il soit qualifié de vente, d'échange, de transaction ou de toute autre manière. — Toutefois, ils ajoutent, *ibid.*, n° 97, « qu'il en serait autrement si, le partage étant consommé, les parties échangeaient leurs lots. Ce serait, disent-ils, une véritable aliénation, puisque les copartageants ont cessé d'être copropriétaires, et n'ont fait qu'un échange de ce qui leur appartenait désormais exclusivement. »

136. M. Mourlon (Rev. prat., t. 8, p. 235, n° 197-8°) fait une distinction. Si la convention, dit-il, n'est insérée dans l'acte de partage, elle en fait naturellement partie ; et, comme elle n'est que la substitution de l'attribution, par la voie du choix, à

.l'attribution par la voie du sort, on ne peut y voir qu'un règlement particulier de parts, lequel ne sera pas soumis à la transcription. — Mais, si la convention n'est pas mentionnée dans l'acte de partage, elle reste un pacte occulte entre les parties, qui n'aura pas, dit-il, le caractère translatif, mais qui ne pourra avoir d'effet, relativement aux tiers, tant qu'il n'aura pas été rendu public par la voie de la transcription.

137. M. Flandin, de la Transcript., n° 187, combat et le sentiment de MM. Rivière et Huguet et la distinction de M. Mourlon. « A mes yeux, dit-il, que la convention soit antérieure ou postérieure au partage consommé, cela importe peu, et je ne fais aucune différence entre les deux cas. — Dans quelles conditions faut-il se placer pour que l'hypothèse, présentée par MM. Rivière et Huguet, soit réalisable? Il faut, évidemment, supposer plus de deux copartageants; car, s'ils n'étaient que deux, ils partageraient, à leur convenance, et n'auraient pas besoin de stipuler un échange. — Je suppose donc trois héritiers, Primus, Secundus et Tertius, et trois immeubles, A, B, C, à partager. Le premier lot est formé de l'immeuble A, le second de l'immeuble B, et le troisième de l'immeuble C. Le premier lot conviendrait à Primus, et Secundus s'accommoderait volontiers du second. Mais le sort est capricieux : le premier lot peut échoir à Secundus, et le second à Primus. Dans cette prévision, Primus et Secundus conviennent, à l'avance, d'échanger leurs lots. — Que font-ils autre chose, par cette convention, que reporter, par la pensée, la réalisation de l'échange au moment où le sort aura prononcé, et où, par conséquent, le partage sera consommé? Tant qu'il demeure incertain auquel des deux écherra l'immeuble A, auquel l'immeuble B, aucun échange entre eux n'est possible; la matière manque au contrat. Que l'un des deux immeubles, par exemple l'immeuble A, tombe à Primus et l'immeuble B à Secundus, voilà la convention annihilée. Jusqu'au partage donc, il n'y a encore, et il ne peut y avoir qu'une promesse d'échange. Et c'est le cas d'appliquer ici la distinction proposée par M. Dalloz pour la promesse de vente synallagmatique, laquelle, dit-il ne peut avoir le caractère d'une vente *actuelle*, ni en produire les effets, lorsqu'il a été dans l'intention des parties de reporter l'existence de la vente à une époque *future* (V. *suprà*, n° 83).... » — Nous adhérons entièrement à cette opinion de M. Flandin.

138. Pothier enseigne que, si, après le partage, les copartageants échangeaient leurs lots, *avant qu'ils en eussent pris possession réelle*, cet acte passerait pour un nouveau partage qu'ils auraient fait entre eux, à la place du premier, qui, n'ayant pas encore été exécuté, ne consistant que dans le seul consentement des parties, a pu être anéanti par un consentement contraire et, par conséquent, qu'il ne doit y avoir lieu, en ce cas, à aucun profit...» (Cout. d'Orl., tit. 1, obs. sur l'art. 113, V. aussi Introd. gén., n° 102).

139. Mais, en s'exprimant ainsi, Pothier raisonnait d'après les principes du droit romain, suivant lequel le simple pacte, non suivi de tradition, n'opérait pas transmission de propriété : *Traditionibus .... dominia rerum, non nudis pactis, transferuntur* (L. 20, C., *de Pactis*). Il cite, en effet, la loi 5, § 1. D., *de rescind. vend.*, qui porte : *Emptio nudâ conventione dissolvitur*, SI RES SECUTA NON FUERIT. Mais il en est autrement, dans les principes actuels, qui n'exigent plus la tradition pour la perfection des contrats, en matière de vente, notamment, où le législateur a posé la règle « que *la propriété est acquise, de droit, à l'acheteur*, à l'égard du vendeur, dès qu'on est convenu de la chose et du prix, *quoique la chose n'ait pas encore été livrée*, ni le prix payé » (c. nap., 1583). — L'acte dont parle Pothier ne serait donc pas un nouveau partage, mais un acte d'échange; et, pas plus dans ce cas que dans celui mentionné par MM. Rivière et Huguet, on ne pourrait se dispenser de faire transcrire (Conf. MM. Mourlon, Rev. prat., t. 8, p. 235, n° 201; Flandin, de la Transcr., n° 189).

140. Lorsque l'échange a véritablement le caractère de partage, il échappe à la transcription, comme nous l'avons dit *suprà*, n° 50. — Et il n'importe, dans ce cas, ainsi que l'établit Pothier pour le partage proprement dit, que l'acte soit fait avec soulte, ou sans soulte. En effet, après avoir énoncé la règle, consacrée depuis par notre art. 883, sur le caractère purement *déclaratif*

du partage, Pothier, Vente, n° 630, ajoute : « cela a lieu, quoique le partage ait été fait, avec retour en deniers ou en rente. Celui à qui est tombé le lot le plus fort est censé avoir été héritier, ou légataire, ou acheteur du total de ce qui est contenu, à la charge du retour; et celui à qui est tombé le plus faible lot est censé n'avoir été héritier, ou légataire, ou acheteur que des choses qui y sont tombées, au moyen du retour que lui font ses copartageants» (V. aussi Pothier, Cout. d'Orl., introd. au tit. 1er, n° 152, et les renvois; conf. MM. Rivière et Huguet, Quest., n° 99; Mourlon, Rev. prat., loc. cit., n° 199-1°; Flandin, De la transcr., n° 190). — On opposerait vainement que les lois sur l'enregistrement, qui ne soumettent qu'au simple droit fixe les partages de biens meubles et immeubles (L. 22 frim. an 7, art. 68, § 3, n° 2; 28 avr. 1816, art. 45, n° 3), soumettent au droit proportionnel les *retours d'échanges* et de partages de biens immeubles (L. 22 frim. an 7, art. 69, § 7, n° 5; 16 juin 1824, art. 2; 24 mai 1834, art. 16). — Cette disposition, comme le fait observer M. Flandin, n° 191, n'a été établie qu'en vue des intérêts du fisc, et n'apporte aucune modification aux règles du droit civil sur les partages.

141. Ces principes sont certains, lorsque la soulte consiste en valeurs héréditaires. — Mais en serait-il de même, dans le cas où, une succession étant à partager entre deux héritiers, l'un d'eux recevrait la totalité des biens héréditaires, moyennant l'abandon qu'il ferait à l'autre d'un immeuble à lui propre? — Il y a, sur ce point, une distinction importante à faire. Relativement à celui des héritiers qui reçoit la totalité des biens héréditaires, l'acte n'a bien réellement que le caractère de partage, puisqu'il est le premier acte faisant cesser l'indivision (c. nap. 888). Telle est aussi la doctrine de d'Argentré, cité par MM. Rivière et Huguet : *Nec, si res immobilis pro immobili*, dit-il, *permutatio putanda, etiamsi de proprio compensantis fiat, non de corporibus hereditariis; quia id non agitur ut permutetur, sed potius ut divisio fiat.*—L'héritier recevra donc ces biens libres de toute hypothèque dont son cohéritier aurait pu les grever pendant l'indivision, et il en sera saisi, à l'égard de *toute personne*, sans transcription (Conf. MM. Rivière et Huguet, Quest., n° 98; Mourlon, Rev. prat., *loc. cit.*, n° 199-2°; Flandin, De la transcr., n° 192).

142. Mais, par rapport à l'immeuble étranger que l'autre cohéritier a reçu comme équivalent de sa part dans les biens héréditaires, l'acte a bien évidemment le caractère translatif, et il reste, par conséquent, soumis à la transcription (Conf. les auteurs précités). — Il existe, cependant, un arrêt de la cour de cassation qui, dans un cas semblable, ne paraît tenir aucun compte de la nature mixte de l'acte, et le considère comme translatif, aussi bien à l'égard de l'un qu'à l'égard de l'autre cohéritier (Cass. 17 juin 1850, aff. Thiry, D. P. 50. 1. 282). Mais on verra, en se reportant à cet arrêt, qu'il a été rendu dans des circonstances particulières, et qu'il ne contredit pas la doctrine que nous venons d'émettre.

§ 4. — Du partage.

143. Dans les principes du droit romain, le partage était regardé comme une sorte de contrat d'échange, par lequel l'un des copropriétaires était censé échanger la portion indivise qu'il avait dans les choses échues à ses copartageants contre celle appartenant à ces derniers dans les choses qui lui étaient échues à lui-même : *Divisionem prædiorum vicem emptionis obtinere placuit* (L. 1, C., *Communia utriusque judic.*, etc.).

144. Dans notre droit, au contraire, ces partages, dit Pothier, Vente, n° 630; Successions, chap. 4, art. 5, § 1, n'ont aucun rapport ni avec le contrat d'échange, ni avec le contrat de vente. Ce ne sont pas des actes par lesquels les copartageants acquièrent, ou soient censés acquérir quoi que ce soit les uns des autres. Le partage, en un mot, est un acte qui détermine, aux seuls effets qui tombent dans son lot, la part indéterminée qu'avait, avant le partage, chaque cohéritier ou copropriétaire dans la masse à partager (V. notre traité des Success., n°s 2078 et suiv.; V. aussi v° Enreg., n°s 6021 et suiv.). C'est à raison de leur caractère *déclaratif* que les partages, ainsi qu'on l'a vu *suprà* n° 50, ne sont point assujettis à la transcription.

145. Il ne faut pas perdre de vue qu'aux termes de l'art.

888 c. nap., on doit regarder comme un acte équivalent à partage, « tout acte qui a pour objet de faire cesser l'indivision entre cohéritiers, encore qu'il fût qualifié de vente, d'échange et de transaction, ou de toute autre manière. » C'est l'observation que nous avons déjà faite *suprà*, n° 140.

146. Il en résulte que, s'il n'y a que deux héritiers ou deux copartageants, l'acte, par lequel l'un d'eux vend à l'autre sa part dans la chose commune, ne doit pas être transcrit. C'est par application de ce principe que l'art. 1, n° 4, de la loi du 23 mars 1855 affranchit de la transcription le jugement d'adjudication rendu, sur licitation, au profit d'un cohéritier ou d'un copartageant (Conf. MM. Troplong, de la Transcript., n° 50 ; Flandin, *ibid.*, n° 196 ; Rivière et Huguet, Quest., n° 95 ; Gauthier, Rés., etc., n° 51). — M. Mourlon, après avoir enseigné le contraire (Rev. prat., t. 6, p. 495, n° 132), est revenu à cette opinion (*ibid.*, t. 8, p. 171, en note, et p. 211, n° 178).

147. Il faut excepter, pourtant, le cas où la vente de la portion indivise ne servirait qu'à masquer une fraude contre les droits du fisc, ou contre les tiers.—Par exemple, dit M. Flandin, de la Transcript., n° 198, « Primus a l'intention d'acquérir la maison de Secundus, qui vaut 100,000 fr. Pour ménager les droits d'enregistrement, il imagine la combinaison suivante. Il commence par acheter une portion privative de cette maison, la moitié, je suppose, et acquitte le droit de mutation. Puis, par un acte subséquent, il achète de Secundus, avec lequel il était en indivision, l'autre moitié, et prétend n'acquitter, pour cette seconde opération, que le droit fixe de partage. Ou bien, pour me renfermer plus étroitement dans mon sujet, il invoque, contre les créanciers hypothécaires de Secundus, postérieurs au premier acte de vente, le principe admis en matière de partage, principe d'après lequel sont résolues toutes les hypothèques constituées, durant l'indivision, sur la chose commune, par tout autre que celui des propriétaires auquel sont échus les immeubles affectés (Pothier, des Success., ch. 4, art. 5, § 1 ; Dalloz, v° Success., n° 2079, et les auteurs par lui cités).—Une pareille prétention ne devra pas être accueillie, parce qu'il est manifeste que, dans de semblables circonstances, le second acte ne peut avoir le caractère *déclaratif* ; qu'il est, comme le premier, un acte *translatif*, et doit en produire les effets.—Pothier fait la même remarque : Observez, dit-il, que, lorsque quelqu'un vend, d'abord, le bois de haute futaie pour l'abattre, et ensuite, peu de jours après, le fonds au même acheteur ; ou, lorsqu'il vend d'abord l'usufruit, et, peu de jours après, la propriété, ces deux contrats sont présumés n'avoir été faits séparément qu'en fraude du seigneur : c'est pourquoi, ils sont réputés n'en faire qu'un, qui donnera ouverture au quint des prix payés par les deux contrats » (cout. d'Orléans, Introduct. au tit. 1, n° 161).

148. Mais, ajoute M. Flandin, « si un long intervalle séparait les deux actes ; qu'une possession indivise sérieuse eût réellement existé ; qu'en un mot, les circonstances du fait, dont l'appréciation souveraine appartient aux tribunaux, fussent exclusives de toute supposition de fraude, on ne devrait voir, dans le second acte de vente, qu'un acte équipollent à partage. — La même réserve est faite par Pothier, *loc. cit.* » (Conf. MM. Rivière et Huguet, Quest., n° 105 ; Mourlon, Rev. prat., t. 8, p. 235, n° 199-7°).

149. Si, au lieu d'une vente, c'était une cession, à titre gratuit, que fît le cohéritier de sa part héréditaire, l'acte tomberait, comme donation, si la succession comprenait des immeubles, sous l'application de l'art. 939 c. nap., qui soumet à la transcription les donations de *biens susceptibles d'hypothèque*. — Il n'y a pas à objecter que le droit cédé est un droit incorporel, dont la nature mobilière ou immobilière n'aurait pu être déterminée que par le partage. Nous répondons, avec la cour de cassation, « que l'héritier, qui, par une vente, a pu disposer de sa part d'héritage, peut, à plus forte raison, grever d'hypothèques les immeubles qui la composent ; et que, si cette part est encore incertaine, puisqu'elle n'est pas déterminée par un partage accompli, l'hypothèque est, dans ce cas, selon l'art. 2125 c. nap., soumis aux mêmes conditions que l'immeuble, et subordonnée à l'événement du partage... » (Cass. 21 janv. 1839, aff. Chatain, v° Priv. et hyp., n° 1740. — Conf. MM. Troplong, des Donat., n° 1166 ; Flandin, de la Transcript., n° 197 ; Rivière et

Huguet, Quest., n° 92, à la note ; Mourlon, Rev. prat., t. 8, p. 232, n° 197. V. aussi Cass. 5 mai 1841, aff. Louet de Terrouenne, v° Enreg., n° 5975.—V. encore v° Success., n° 2118).

150. S'il y a plus de deux héritiers, la vente que ferait un d'eux de sa part héréditaire à un autre héritier n'aurait pas le caractère de partage, puisqu'elle ne ferait pas cesser entièrement l'indivision. Cela est de jurisprudence constante, quoique la question soit encore controversée parmi les auteurs (V. Succession, n°° 2120 et suiv.). Sans rappeler ici tous les arrêts, nous nous contenterons de citer le dernier, celui de la chambre des requêtes, du 18 mai 1858, aff. Huet (D. P. 58. 1. 400). — M. Flandin, dans son traité de la Transcription, n°° 199 et suiv., après avoir reproduit tous les éléments de la question et exprimé des doutes sur la valeur juridique de la jurisprudence qui a prévalu, conclut, cependant, dans le sens de cette jurisprudence. « On ne peut méconnaître, dit-il, que la logique ne soit en faveur de l'interprétation restrictive donnée à l'art. 883 ; car l'idée de partage emporte naturellement celle de la cessation absolue de l'indivision ; et l'idée contraire n'a pu prévaloir, dans l'ancien droit, que par une extension peut-être excessive de la règle qui attachait au partage un effet *purement déclaratif*. Je me rallie donc, par ce motif, à la jurisprudence. Je m'y rallie par une autre considération, toute-puissante au point de vue spécial dont je m'occupe, c'est que la doctrine qu'elle consacre fait rentrer dans le système de publicité de la loi du 23 mars 1855 des actes qui resteraient clandestins, si on les considérait comme participant de la nature du partage. Aujourd'hui, tout ce qui peut contribuer à la sécurité des tiers doit primer, dans le doute, c'est de ce côté qu'il faut pencher : *favores ampliandi.* » —Il ne faut donc pas hésiter à soumettre à la transcription toute vente, faite par un cohéritier à un autre cohéritier, de sa part héréditaire, lorsque la succession comprend des immeubles, si cette vente ne fait pas cesser l'indivision entre tous les héritiers (Conf. MM. Rivière et François, Explic., n° 12 ; Rivière et Huguet, Quest., n° 92 ; Gauthier, Rés., etc., n° 51. — *Contrà*, M. Mourlon, loc. cit., n° 199-4°).

151. La solution ne serait pas douteuse, si la vente avait eu lieu au profit d'un étranger. — Vainement dirait-on que le partage seul peut décider si le cessionnaire aura, ou non, des immeubles dans son lot ; que le caractère mobilier ou immobilier de la cession ne pourra donc être déterminé qu'à cette époque ; qu'ainsi, la transcription doit être différée jusque-là.— Nous rappelons ce que nous avons dit *suprà*, n° 91, au sujet de la vente sous condition suspensive, qu'il suffit qu'il y ait translation éventuelle de propriété pour rendre la transcription nécessaire, dans l'intérêt même de l'acquéreur ou cessionnaire. — Il arrivera, en effet, de deux choses l'une, dit M. Troplong, Transcript., n° 58, ou le cessionnaire n'aura, dans son lot, que des meubles, et la formalité aura été inutile ; ou son lot se composera d'immeubles ; et, par l'effet rétroactif du partage, le cohéritier vendeur étant considéré comme propriétaire de ces immeubles depuis l'ouverture de la succession, l'acheteur, son ayant droit, en sera réputé propriétaire du jour de la cession des immeubles successifs (Conf. MM. Mourlon, Rev. prat., t. 2, p. 197, n° 41 ; Gauthier, Rés., etc., n° 50 ; Rivière et Huguet, Quest., n°° 136 et 137 ; Flandin, de la Transcr., n° 206).

152. Il résulte du principe que nous avons posé *suprà*, n° 145, que l'acte, par lequel un héritier, déjà cessionnaire de l'une des parts héréditaires, se rendrait cessionnaire des autres parts, ne serait pas sujet à transcription, puisque cet acte ferait cesser l'indivision entre tous les héritiers (Conf. Req. 29 mars 1854, aff. Chabrier-Delasalle, D. P. 54. 1. 331).

153. Mais en serait-il de même, si c'était un étranger qui, après avoir acquis la part d'un des cohéritiers, se rendit cessionnaire de la part des autres ? — Cette question s'est présentée souvent dans le cas de licitation. Jusqu'en 1857, la cour de cassation avait, à peu près constamment, jugé que l'adjudication, sur licitation, d'immeubles indivis, prononcée au profit d'un tiers, déjà cessionnaire de la part indivise de l'un des héritiers dans ces immeubles, avait le caractère de vente, et était passible du droit proportionnel de mutation et de transcription (V. les arrêts cités en note d'un arrêt de rejet du 27 janv. 1857, aff. veuve Mesplès, D. P. 57. 1. 5. V. aussi v° Enreg., n° 6027).

— « Mais qu'importe, dit M. Flandin, Transcript., n° 209, que la propriété des coïndivisaires ne procède pas d'un titre commun? De quelque manière que l'indivision se soit établie, ne faut-il pas pour la faire cesser, procéder à une licitation ou à un partage? Est-il même bien exact de dire que le cessionnaire étranger ne soit pas propriétaire au *même titre* que ses colicitants? A son égard, il y a deux époques à considérer : celle où, n'étant pas encore propriétaire, il le devient par un acte emportant transmission de propriété à son profit, acte, par conséquent, soumis à la transcription, et celle où, devenu propriétaire en vertu de cet acte, il a, du chef de son auteur, dont il prend la place, les mêmes droits, dans les immeubles indivis, qu'y avait son auteur lui-même. — De ce moment, en effet, le titre *successif*, qui résidait en la personne de ce dernier, passe de la tête du cédant sur la tête du cessionnaire ; et, dès lors, il n'est plus vrai de dire que ce cessionnaire et ses coïndivisaires ne soient pas propriétaires au même titre. »

C'est, effectivement, ce qu'a jugé, depuis, l'arrêt précité du 27 janv. 1857 : « Attendu, dit cet arrêt, ...qu'aucune disposition de la loi n'exige, pour l'application de ce principe (celui de l'art. 883), que les héritiers ou associés le soient devenus *au même titre* ; que, s'il résulte des lois spéciales sur l'enregistrement *que les dispositions de l'art. 883 ne sont pas applicables dans les matières que ces lois régissent*, elles reprennent tout leur empire dans les matières de droit commun... » — Nous examinerons, sous le chap. 6, la valeur de ce dernier principe, et nous chercherons s'il n'y a pas un autre moyen de concilier, la première jurisprudence de la cour de cassation et celle que consacre l'arrêt du 27 janv. 1857 (V. les notes placées sous cet arrêt et sous un autre de la chambre des requêtes du 21 juill. 1858, aff. Massif, D. P. 58. 1. 456, dont nous parlerons bientôt).

L'arrêt reprend : « Attendu que la vente que fait un cohéritier de ses droits successifs emporte, lorsque le retrait n'a pas été exercé, subrogation pleine et entière de l'acquéreur dans les droits de son vendeur ; ...qu'il serait impossible d'admettre, sans violer le principe d'égalité qui doit régner dans les partages, que les immeubles, compris dans le lot du cessionnaire, fussent grevés des hypothèques créées par les copartageants, durant l'indivision, pendant que les immeubles, échus à ces derniers, seraient libres de toutes hypothèques de même nature; qu'il n'en peut être autrement, lorsqu'il y a licitation, puisque la licitation est assimilée au partage ; qu'il suit de là que la licitation qui s'opère entre l'acquéreur des droits d'un copartageant et les autres copropriétaires, doit produire le même effet que celle qui aurait eu lieu entre tous les cohéritiers avant la vente... » (V. dans le même sens Rej. 6 nov. 1827, aff. Imbault, v° Enreg., n° 6027 : ce dernier arrêt rendu en matière d'enregistrement; Bourges, 31 août 1814, aff. Bosredon, v° Vente publ. d'imm., n° 2128. — Conf. MM. Rivière et Huguet, Quest., n° 104 ; Mourlon, Rev. prat., t. 8, p. 235, n° 199-5° et 8°).

154. La chambre des requêtes, cependant, a jugé plus récemment, mais en matière d'enregistrement, que l'adjudication, sur licitation, d'un immeuble indivis (une mine de houille) n'est affranchie de la transcription que lorsqu'elle est prononcée au profit de l'un des colicitants, propriétaire au *même titre* que ses coïndivisaires ; qu'elle est, au contraire, soumise au droit de transcription, lorsqu'elle a lieu au profit d'un cessionnaire étranger de la portion indivise de l'un des copropriétaires, même depuis la loi du 23 mars 1855, *qui ne dispense de la transcription que les jugements d'adjudication prononcés au profit de cohéritiers ou de copartageants* (Req. 21 juill. 1858, aff. Massif, D. P. 58. 1. 456).

155. M. Flandin, n° 211, relève ces dernières expressions, qui sont extraites de l'arrêt, et qui nous paraissent, comme à lui, contenir une fausse interprétation du n° 4 de l'art. 1 de la loi du 23 mars 1855. L'argument, en effet, ne repose que sur une équivoque : « Ni la jurisprudence, ni la loi, disait le jugement attaqué, qui ne s'était pas laissé tromper par l'argument, n'ont jamais établi d'opposition entre les cohéritiers et les copartageants, et jamais ce mot de *copartageants* n'a désigné les cessionnaires des cohéritiers. Si la loi de 1855 parle des *copartageants* aussi bien que des *cohéritiers*, c'est que la fiction que le partage est seulement déclaratif de propriété, s'applique aux communistes aussi

bien qu'aux cohéritiers ; et, dans la loi, le mot de *copartageants* indique les personnes dont parlent les art. 1476 et 1872 c. nap., comme le mot de *cohéritiers* s'applique à celles dont parle le titre des successions... » — Cette réfutation est péremptoire.

« Il n'y a donc, comme le fait observer M. Flandin, aucune induction à tirer, dans un sens ni dans l'autre, des termes de la disposition précitée, qui n'est qu'un corollaire du principe établi dans les alinéas précédents, à savoir qu'il n'y a de soumis à la transcription que les actes *translatifs* de propriété, et que les actes purement *déclaratifs* en sont exempts. Ce principe posé, le législateur a laissé à la jurisprudence le soin d'en déduire les conséquences. »

156. On ne peut pas considérer l'usufruitier et le nu-propriétaire comme étant en état d'indivision, puisque l'usufruit forme une propriété distincte de la nue propriété. Il en résulte qu'on ne saurait qualifier d'acte équivalent à partage la cession, à titre non gratuit, de l'usufruit au nu-propriétaire, ou réciproquement. Ainsi le déclarait la loi romaine : *Sed si forte alius proprietatem fundi habeat, alius usufructum, magis est ut cesset hæc pars orationis quæ de divisione loquitur : nulla enim communio est* (L. 6, D., *De reb. eor. qui sub tut.* —Conf. Trebonien, de l'Usufr., t. 1, n° 7 ; Req. 3 août 1829 (cité par erreur sous la date de 1822), aff. Dusaillant, v° Success., n° 2137). — Un acte de cette nature a nécessairement le caractère de vente, et, par conséquent, doit être transcrit (Conf. MM. Rivière et Huguet, Quest., n° 100 ; Mourlon, Rev. prat., t. 8, p. 235, n° 199-7° ; Flandin, de la Transcript., n° 213).

157. Mais si l'usufruit ne portait que sur une partie aliquote de l'immeuble, comme la moitié, le tiers, le quart, etc., il y aurait véritablement indivision entre l'usufruitier et le propriétaire. Si l'acte qui interviendrait entre eux pour assigner à la jouissance de l'usufruitier telle portion de l'immeuble, exclusivement au reste, serait un véritable partage : *Sed, si inter duos fructuarios sit controversia* (dit la loi 13, § 5, D., *De usufr. et quemad.*, etc.), *Julianus, lib. 58 Digest., scribit æquissimum esse quasi communi dividundo judicium dari ; vel stipulatione inter se eos cavere qualiter fruantur... Quam sententiam Celsus quoque, lib. 20 Digest., probat, et ego puto veram* (Conf. Proudhon, de l'Usufr., t. 3, n° 1245 ; V. aussi v° Succes., n° 1572). — D'où la conséquence que, si, au lieu d'un partage, c'était un acte de vente qui intervînt entre l'usufruitier et le propriétaire, on serait dans le cas de l'art. 888, et que, d'après ce qui a été dit plus haut, l'acte serait affranchi de la transcription (Cass. 8 août 1836, aff. veuve Loiselot, v° Enreg., n° 2625 ; V. aussi Rej. 16 juin 1824, aff. Hémin, eod. n° 830. — Conf. MM. Rivière et Huguet, Quest., n°s 101 et 102 ; Flandin, *loc. cit.*, n° 214).

§ 5. — *Des sociétés, et particulièrement de l'association conjugale.*

158. Société. — On a toujours distingué, en droit, la société, être moral, des personnes qui la composent : ce qui s'applique aux sociétés civiles comme aux sociétés commerciales. (V. v° Sociétés, n°s 182 et suiv., 487 et suiv.; Priv. et hyp., n°s 773 et 774).

159. Il y a des auteurs, cependant, qui distinguent entre les sociétés civiles et les sociétés commerciales, et qui n'accordent qu'à ces dernières une existence individuelle et séparée de celle des associés (MM. Vincens, Lég. comm., t. 1, p. 297, et des Sociétés par actions, p. 6 et 7; Frémery, Études du dr. comm., chap. 4, p. 30; Aubry et Rau, § 381 *bis*); V. également, dans le même sens, une dissertation de M. Thiry, professeur à l'Université de Liège, insérée dans la Revue de légis., t. 1, année 1854, p. 412 et suiv.). —Toullier est le seul, parmi les auteurs, qui, à propos de la communauté conjugale, ait nié à la société, d'une façon absolue, cette personnalité distincte qui empêche de la confondre avec la communauté d'intérêts. « Une pareille doctrine, dit-il, t. 12, n° 82, confond toutes les idées. » Au t. 7, cependant, n° 378, ainsi que l'a fait remarquer M. Flandin, de la Transcript., n° 264, il s'exprimait d'une façon bien différente. Il y enseigne « que les créances de la société ne peuvent être compensées avec les dettes de chaque associé, lorsque ces dettes n'ont point été contractées pour le compte de la société..., » et cela, dit-il, « parce qu'une société est une personne morale, différente de la personne naturelle de chaque associé. »

160. Quoi qu'il en soit, au reste, de cette théorie, il ne faut la considérer que comme une pure abstraction, « dont l'objet, avons-nous dit v° Sociétés, n° 184, est de rendre plus sensibles les relations que le contrat de société crée, soit entre les associés eux-mêmes, soit entre les associés et les tiers. » — Mais, qu'on l'adopte, ou qu'on la rejette, il n'en est pas moins certain, ainsi que le déclare, en termes exprès, l'art. 1845 c. nap., que l'immeuble, apporté dans la société par l'un des associés cesse, aussitôt cet apport, d'être la propriété individuelle de cet associé, et devient, pendant tout le temps que dure la société, la propriété exclusive de celle-ci, ou, si l'on veut, la propriété commune des associés, considérés *ut universi*. Il est si vrai que la société est propriétaire qu'elle peut hypothéquer l'immeuble ou le vendre. Or, dès qu'il y a mutation de propriété, il y a matière à transcription (Conf. MM. Troplong, de la Transcript., n° 63; Gauthier, Résumé, etc., n° 61; Mourlon, Rev. prat., t. 2, p. 379, n° 52; Flandin, de la Transcript., n° 266. — *Contrà*, M. Sellier, Comment. de la loi du 23 mars 1855, n° 123).

161. Il n'importe que l'art. 68, § 3, n° 4, de la loi du 22 frim. an 7, ne soumette qu'au simple droit fixe « les actes de société qui ne portent ni obligation, ni libération, ni transmission de biens meubles ou immeubles *entre les associés* ou autres personnes. » Nous verrons, sous le chap. 6, que les questions de transcription et d'enregistrement ne se résolvent pas toujours par les mêmes règles. Et, quoiqu'il soit déclaré, par la jurisprudence, « qu'il n'y aurait mutation (au point de vue du droit fiscal) qu'autant que, lors de la dissolution de la société, l'immeuble, par suite du partage, serait attribué à un autre associé, tandis que, si ledit propriétaire le reprend en vertu de ce partage, la propriété sera censée n'avoir pas cessé de résider en sa personne, aux termes des art. 883 et 1872 c. civ. » (Cass. 23 mars 1846, aff. Aubry et Guillemin, D. P. 46. 1. 45), on n'en doit pas moins transcrire immédiatement, pour empêcher l'associé, propriétaire originaire de l'immeuble, de l'aliéner de nouveau, au préjudice de la société (Conf. M. Flandin, *loc. cit.*, n° 267).

162. Un auteur, M. Sellier, cité *suprà*, n° 160, prétend qu'il n'y a pas lieu à transcription, dans le cas dont il s'agit, parce que, entre autres raisons qu'il donne, les tiers sont suffisamment avertis par la publication de l'acte de société. « Cette raison, en tout cas, fait observer M. Flandin, n° 268, ne serait pas bonne pour les sociétés civiles, qui ne sont pas publiées. Mais, même pour les sociétés commerciales, la publication, prescrite par l'art. 42 c. com., ne suppléerait pas au défaut de transcription. Pour les actes emportant transmission de propriété immobilière, la loi ne reconnaît pas d'autre mode de publicité que la transcription; et on verra plus bas (sous le chap. 4) que la connaissance que les tiers peuvent avoir eue, par une autre voie, de l'existence de l'acte non transcrit, ne les empêche pas de se prévaloir de l'absence de la formalité. »

163. La transcription ne serait pas moins nécessaire, alors même que ce serait la jouissance seulement, et non la propriété de l'immeuble, qui serait apportée dans la société (c. nap. 1851). Cette jouissance est un véritable usufruit constitué, pour un certain temps, au profit de la société. C'est pareillement le caractère que lui assigne M. Duranton : « La société, dit-il, t. 17, n° 407, quant aux choses dont la jouissance seulement lui a été apportée, doit être assimilée à un usufruitier... » L'auteur la compare au mari, à qui appartient, soit sous le régime exclusif de la communauté, soit sous le régime dotal, la jouissance des biens de sa femme, et qui est tenu, à raison de cette jouissance, de toutes les obligations de l'usufruitier (1533 et 1562), quoiqu'il ne soit pas, ajoute-t-il, un usufruitier proprement dit. M. Flandin, de la Transcript., n° 269, l'assimile, plus exactement encore, à la communauté conjugale, être moral comme la société, et à qui appartient la jouissance des biens propres des époux (c. nap. 1401, n° 2). « Il y a seulement, ajoute M. Flandin, cette différence entre les deux cas, que la jouissance usufructuaire de la communauté conjugale, étant une conséquence

légale de l'association des époux, ne donne lieu à aucune transcription » (V. sous la sect. 2).

164. Nous avons dit *suprà*, n° 59, que le transport d'actions ou intérêts dans les compagnies de finances, de commerce ou d'industrie, ne donne pas lieu à transcription, parce que ces actions ou intérêts sont réputés meubles à l'égard de chaque associé, tant que dure la société, encore, porte l'art. 529 c. nap., que des immeubles dépendant de ces entreprises, appartiennent aux compagnies. Il faut tirer de là la conséquence que, si quelqu'un achetait, successivement, toutes les actions, moins la dernière, d'une de ces entreprises, il n'y aurait pas lieu à transcription, puisque, tant qu'il resterait une action entre les mains d'un autre, la société ne serait pas dissoute (Conf. MM. Rivière et Huguet, Quest., n° 132; Flandin, de la Transcript., n° 270).

165. Mais en serait-il de même de l'acquisition de la dernière? Le doute vient de ce que, par l'acquisition de cette dernière action, l'acheteur opère, de fait, la dissolution de la société, puisqu'il réunit dans ses *mains* tout l'avoir social. Nous pensons, néanmoins, avec les auteurs précités, que la transcription ne sera pas plus nécessaire, dans ce cas, que dans celui qui précède. — Il y a, dit Pothier, des contrats d'aliénation qui sont à deux faces : à titre gratuit, par rapport à celui qui aliène; à titre onéreux, par rapport à celui qui acquiert; et réciproquement... — Touchant ces contrats à deux faces, Dumoulin établit cette règle : qu'on doit estimer leur nature, plutôt par rapport à celui qui aliène, que par rapport à l'acquéreur... Il en donne cette raison, que *tradens est primitiva, originalis et efficacissima causa mutationis manús; accipiens autem est tantum causa concurrens et concomitans* (Cout. d'Orl., Introd. au tit. 1, n° 157). — Appliquant les principes au cas particulier, nous dirons, avec M. Flandin, *loc. cit.*, n° 271, que, relativement au cédant, le transport est, bien évidemment, mobilier, et qu'il n'y pas à s'occuper, dès lors, des conséquences qu'il produit, par rapport au cessionnaire.

166. Mais, ajoutent MM. Rivière et Huguet, *loc. cit.*, n° 134, si, au lieu d'acheter les actions successivement, le cessionnaire en faisait l'acquisition simultanément, par un seul et même contrat, l'acte ne devrait-il pas être transcrit? Avec eux, nous répondons affirmativement. — Il n'y a pas à appliquer ici le principe de Dumoulin, parce qu'il faut voir, dans l'acte, moins ce qu'il est, en apparence, que ce qu'il est en réalité. Or, cette cession simultanée de toutes les actions au même individu, qu'est-elle autre chose, de la part des cédants eux-mêmes, qu'une vente du fonds social, vente immobilière, en partie du moins, dès qu'on suppose qu'il y a des immeubles dépendant de l'entreprise? (Conf. M. Flandin, *loc. cit.*, n° 272).

167. *Communauté entre époux.*—La communauté est aussi, considérée, en droit, comme un être moral, ayant une existence propre et distincte de celle des conjoints (V. v° Contrat de mariage, n° 546, 603).

168. *Clause d'ameublissement.* — Il suit de là que lorsque, par la clause dite *d'ameublissement*, l'un ou l'autre des époux fait entrer en communauté, conformément à l'art. 1505 c. nap., tout ou partie de ses immeubles, présents ou futurs, ces immeubles deviennent aussitôt la propriété de la communauté. — La conséquence, c'est que la communauté doit faire transcrire, puisqu'il y a mutation (V. *supra*, n° 160).

169. M. Troplong ne conteste pas le principe, et cependant il conclut dans un sens opposé. « Il n'est pas douteux, dit-il, Transcript., n° 64, qu'en soi, la clause d'ameublissement ne renferme une mutation. Pothier dit très-bien qu'elle est *une espèce d'aliénation*. L'immeuble aliéné pour la communauté, et non plus pour l'époux; l'époux est garant de l'éviction, comme s'il y eût eu vente véritable. D'un autre côté, la communauté est une personne morale, qui se distingue des époux, et devient propriétaire des choses apportées en commun. Donc la propriété change de mains ; elle se déplace, et la transcription est aussi bien nécessaire ici que dans le cas d'une société civile ou commerciale.... Ceci posé, il semble que la conclusion naturelle de ces idées est que la transcription doit avoir lieu. Mais, si on y regarde avec attention, on verra que la communauté, en vue de qui elle existe, a, au contraire, intérêt à ce qu'elle ne soit pas réalisée. » — Et

M. Troplong, pour mettre en saillie cet intérêt, propose deux exemples.

170. Voici l'un de ces exemples : M. Troplong suppose que la femme ameublit, par son contrat de mariage, un immeuble qu'elle avait vendu auparavant, mais qu'elle n'avait pas livré. Si le mari transcrit, l'acquéreur, dit-il, privé de son droit réel, aura, contre la femme, une action en dommages-intérêts. Mais cette action, remontant à une époque antérieure au mariage, retombera sur la communauté, qui est chargée des dettes mobilières des époux antérieures au mariage (c. nap. 1409) ; de sorte que, si la communauté échappe à la revendication de l'immeuble, elle reste sous le coup de l'action en dommages-intérêts, et ne profite pas, en réalité, de la transcription.—Si, au contraire, la transcription n'a pas lieu, la communauté, sans doute, est évincée de l'immeuble par l'effet de l'action réelle de l'acquéreur ; mais elle en est pleinement indemnisée par l'action en garantie qui lui appartient contre la femme. — La communauté, poursuit M. Troplong, *gagne donc à ne pas transcrire* ; car le défaut de transcription la préservera de toute perte, au lieu qu'elle en supportera une, si elle fait transcrire (de la Transcr., n°ˢ 65 et 66).
—« M. Troplong se trompe évidemment, dit M. Mourlon ; la transcription de l'ameublissement ne peut point *nuire à la communauté.* Nous admettons qu'au cas où elle conservera l'immeuble ameubli , le payement des dommages-intérêts dus à l'acquéreur évincé pourra être poursuivi contre elle ; mais est-il également vrai qu'ils resteront, *sans récompense*, à sa charge? C'est ce qu'il nous est impossible d'admettre » (Rev. prat., t. 2, p. 373, n° 49).

Nous croyons, en effet, comme M. Mourlon, que l'époux, auteur de l'ameublissement, étant tenu, comme l'établit M. Troplong lui-même (Du Contr. de mar., n° 1998), de la garantie envers la communauté, en cas d'éviction, « cette obligation (nous citons encore M. Mourlon) implique, pour l'époux qui a fait l'ameublissement, l'obligation de prendre, *à sa charge exclusive*, les dommages et intérêts qu'elle (la communauté) pourra être contrainte de payer pour la conservation de l'immeuble. Autrement, où serait l'utilité de l'ameublissement?... » C'est alors le cas d'appliquer l'art. 1437 c. nap., aux termes duquel toutes les fois que l'un des deux époux a tiré un profit personnel des biens de la communauté, il en doit la récompense.

MM. Rivière et Huguet sont du même avis : « Lorsqu'un immeuble, disent-ils, Quest. n° 38, est ameubli par la femme, la propriété en passe à la communauté d'une manière aussi complète que celle des meubles (art. 1507 c. nap.). Par suite de cette clause, la femme perd le droit de disposer de l'immeuble, et le mari acquiert un droit pareil à celui qu'il possède à l'égard des conquêts immeubles... La clause de reprise d'apports ne donne pas même le droit à la femme, qui renonce à la communauté, de revendiquer contre les tiers détenteurs l'immeuble ameubli que le mari a aliéné ; elle est obligée de respecter les hypothèques ou les servitudes qu'il peut avoir consenties sur cet immeuble. Pothier lui-même le dit. L'acte est donc véritablement translatif de propriété... Nous pensons donc que cette transmission de propriété devra être transcrite, et que, si elle ne l'est pas, les tiers qui auraient, avant le mariage, acquis, du chef de la femme, des droits sur l'immeuble ameubli, et qui auraient transcrit, pourront les faire maintenir, quand même ils n'auraient soumis leur contrat à la formalité qu'après le mariage » (Conf. M. Flandin, De la Transcr., n°ˢ 275 et suiv.).

Au reste, comme la transcription n'est jamais obligatoire, mais de simple faculté, c'est le mari, chef de la communauté, qui sera juge de l'intérêt que peut avoir celle-ci à faire transcrire ou non. M. Troplong n'a probablement pas voulu dire autre chose.

171. Mais, ajoutent MM. Rivière et Huguet (Quest., n° 37), « en ce qui concerne l'ameublissement émanant du mari, l'acte n'est nullement translatif. Il n'y a pas une transmission de propriété au profit d'un être moral. La communauté ne constitue pas, selon nous, une personne juridique, distincte de chacun des époux... ».—C'est, comme on voit, la doctrine de Toullier, doctrine à peu près universellement rejetée (V. *suprà*, n° 159).

Le mari, il est vrai, n'est pas exactement dans la même position que la femme, puisque, d'une part, c'est lui, comme re-

présentant la communauté, qui doit faire transcrire, et que, de l'autre, il peut disposer, en maître, des biens de la communauté (c. nap. 1421). Mais, supposé que l'immeuble, ameubli par le mari, soit encore dans la communauté, lors du décès de ce dernier, si le contrat de mariage n'a pas été transcrit, les droits éventuels de la femme sur cet immeuble, en cas d'acceptation de la communauté, seront compromis, si les héritiers du mari vendent l'immeuble à un tiers qui fasse transcrire avant le partage. — « On opposerait en vain, dit M. Flandin, Transcript., n° 277, dans un cas analogue, celui de l'ameublissement fait par la femme, que, si l'immeuble, ameubli par le mari, vient à tomber dans le lot du mari ou de ses héritiers, l'effet purement déclaratif de ce partage faisant remonter la propriété de ces derniers au jour du contrat de mariage qui a mis l'immeuble dans la communauté (c. nap. 883), aura en même temps pour résultat de résoudre l'obligation consentie, pendant l'indivision, par la veuve ou par ses héritiers (Pothier, de la Communauté, n° 712 ; cout. d'Orléans, Introduction au tit. 1, n°ˢ 213 et 214.—*Contrà*, M. Bugnet, sur Pothier, t. 7, p. 360). — En admettant le principe, il faut le combiner avec la règle qu'aujourd'hui la transmission de la propriété immobilière n'a d'effet, à l'égard des tiers, que par la transcription. Or il est bien vrai que le mari ou ses héritiers, dans le lot desquels on suppose qu'est tombé l'immeuble ameubli de la femme, n'auront pas eu besoin de faire transcrire l'acte de partage, puisque les partages ne sont pas assujettis à la formalité (*suprà*, n° 50). Mais est-ce le partage qui fonde leur droit à la propriété de cet immeuble? Nullement, puisque cet acte, comme le fait remarquer M. Mourlon, n'est que déclaratif d'un droit *antérieurement acquis*. Ce droit antérieurement acquis, d'où vient-il, si ce n'est de la clause d'ameublissement? C'est cet ameublissement qui a dessaisi la femme au profit de la communauté. Mais, respectivement aux tiers, la communauté ne peut devenir propriétaire que par transcription. Cette transcription étant supposée n'avoir pas été opérée par le mari, la femme a continué d'être propriétaire, aux yeux des tiers ; elle a pu, par conséquent, après la dissolution du mariage, elle ou ses héritiers, disposer de cet immeuble, comme de sa chose propre; et l'acquéreur, en faisant transcrire, a acquis sur cet immeuble un droit incommutable contre lequel ne saurait prévaloir l'événement ultérieur du partage » (Conf. M. Mourlon, Rev. prat., t. 2, p. 373, n° 49).

172. Les règles que nous venons d'exposer s'appliquent particulièrement à l'*ameublissement déterminé*, avec *limitation de somme*, à celui dont « l'effet, suivant l'art. 1507, est de rendre l'immeuble, ou les immeubles qui en sont frappés, biens de la communauté, comme les meubles mêmes, » en sorte que le mari, s'il s'agit d'immeubles ameublis, en totalité, par la femme, « en peut disposer, comme des autres effets de la communauté, et les aliéner en totalité. »

173. A l'égard de l'*ameublissement indéterminé*, c'est-à-dire de celui qui s'applique à la généralité des immeubles, ameublis seulement jusqu'à une certaine somme (c. nap. 1506), la transcription du contrat de mariage sera-t-elle de même nécessaire? — Evidemment, M. Troplong, qui ne la croit pas utile, dans le cas de l'ameublissement déterminé, sans limitation de somme, se prononce, à plus forte raison, contre la transcription, lorsque l'ameublissement est indéterminé. « La communauté, dit-il (Transcript., n° 67), ne devient pas propriétaire exclusif de l'immeuble ou d'une portion précise d'immeuble, en vertu de cette clause ; elle n'a pas la libre disposition de la partie de l'immeuble ameubli ; elle acquiert seulement le droit d'hypothéquer l'immeuble ou les immeubles, pour se procurer la somme promise. Or on aperçoit déjà, et sans aller plus loin, que la transcription n'est pas applicable à un tel pacte. Elle n'est pas prescrite par le n° 1 de l'art. 1, puisque ce n'est pas un acte translatif d'une propriété déterminée ; elle ne l'est pas non plus par le n° 2, puisque le droit d'hypothéquer n'est pas un droit susceptible d'hypothèque. »

174. Il est bien vrai que la propriété des immeubles, dans le cas dont il s'agit, n'est pas immédiatement transmise à la communauté, et que le mari n'a que le droit de les hypothéquer jusqu'à concurrence de la somme promise (c. nap. 150˝ et 1508). Mais il suffit que la communauté ait un droit de propriété éventuelle à ces immeubles pour que, d'après les principes exposés *supra*, n° 91, elle ait intérêt à faire transcrire. Or, si l'ameublissement indéterminé ne rend point la communauté propriétaire des immeubles qui en sont frappés, il a pour effet, dit l'art.

1508, « d'obliger l'époux qui l'a consenti à comprendre, dans la masse, lors de la dissolution de la communauté, quelques-uns de ses immeubles jusqu'à concurrence de la somme par lui promise. » C'est assurément là une obligation conditionnelle et alternative. L'époux qui a consenti l'ameublissement peut se libérer, à son choix, ou par le payement de la somme convenue, ou en confondant, dans la communauté, de ses immeubles propres jusqu'à concurrence de cette somme. La communauté est donc propriétaire de ces immeubles, sous une condition suspensive, qui se réalisera ou qui ne se réalisera pas, mais qui, en se réalisant, fera réputer la communauté propriétaire, dès l'origine, de ceux de ces immeubles qui auront été abandonnés à la communauté. La transcription peut seule conserver ce droit éventuel. Si la communauté ne transcrivait pas, la clause d'ameublissement pourrait facilement être rendue illusoire par la faculté, laissée à l'époux propriétaire, d'aliéner les immeubles frappés éventuellement de cette clause d'ameublissement.

« Objectera-t-on, dit M. Flandin, De la transcr., n° 282, que la transcription aurait pour effet exorbitant de frapper d'interdit, dans les mains de l'époux propriétaire, tous ses immeubles, tous ceux au moins qui sont l'objet de la clause d'ameublissement, puisqu'il n'en pourrait plus aliéner aucun autrement que sous la réserve des droits de la communauté ? Je réponds qu'il est facile à l'époux débiteur de s'affranchir de cette entrave, en abandonnant à la communauté certains de ces immeubles pour libérer les autres... » (V. v° Contrat de mariage, n°s 2778 et 2779).

175. Il faudrait décider, à plus forte raison, de même, dans le cas où l'ameublissement ne porte que sur un ou plusieurs immeubles déterminés, mais avec limitation de somme. « Si l'immeuble n'est ameubli que pour une certaine somme, porte l'art. 1507, le mari ne peut l'aliéner qu'avec le consentement de la femme ; mais il peut l'hypothéquer, sans son consentement, jusqu'à concurrence seulement de la portion ameublie. » — Nous avons, dans notre Traité du contrat de mariage, n° 2774, exprimé l'opinion, quoique la question soit controversée, que la communauté était propriétaire de l'immeuble jusqu'à concurrence de la somme promise, et que de cette disposition, que le mari ne peut l'aliéner sans le consentement de sa femme, il ne découlait pas nécessairement que l'immeuble demeurât, pour la totalité, propre à celle-ci. — La communauté, avons-nous dit, n'est propriétaire que pour partie ; il y a indivision avec le conjoint qui a fait l'ameublissement ; voilà pourquoi le mari ne peut aliéner qu'avec le consentement de sa femme. Il n'a le droit d'aliéner, sans le concours de celle-ci, que lorsque la communauté a la propriété exclusive de l'immeuble ameubli. Ainsi se concilient les dispositions des art. 1507 et 1508 (V. encore *loc. cit.*, n° 2771). — Si donc, dans ce dernier cas, la communauté a un droit de propriété indivis à conserver, la conséquence, c'est qu'elle devra faire transcrire, pour empêcher que l'immeuble ne soit aliéné par l'époux qui a consenti l'ameublissement, au préjudice de ses droits.

176. Quoi qu'il en soit, au reste, de cette question de copropriété, ce point, ainsi que le fait observer M. Flandin, De la transcr., n° 286, est indifférent, en ce qui concerne la transcription, puisque nous venons de dire (*supra*, n° 174), qu'il suffisait que la communauté eût un droit éventuel à la propriété pour rendre la transcription nécessaire.

177. Il n'est en rien dérogé à ces principes par la clause que la femme, en cas de renonciation à la communauté, reprendra son apport franc et quitte de toutes dettes et charges, autres que ses dettes personnelles (c. nap. 1514). « Lorsque le mari, pendant la communauté, a aliéné, selon Pothier, Communauté, n° 410, les héritages que la femme y a apportés, la femme, qui exerce le droit de reprise de son apport, n'est pas fondée à les revendiquer contre les acquéreurs : la clause pour la reprise de l'apport doit se concilier avec la clause d'ameublissement. L'intention des parties, dans la clause d'ameublissement, étant principalement de donner au mari la faculté de disposer des héritages ameublis par sa femme, et de les convertir en argent, quand il en aura besoin, la clause de reprise de l'apport, qui doit se concilier avec elle,

ne doit pas priver le mari de cette faculté. C'est pourquoi, lorsque le mari use du droit qu'il avait de vendre les héritages ameublis par sa femme, le droit de reprise de la femme doit, en ce cas, se convertir au droit de reprise de la somme que valaient lesdits héritages, lors de l'aliénation que le mari en a faite... » (V. aussi Pothier, Cout. d'Orl., introd. au tit. 10, n° 75. V. également notre traité du Contrat de mar., n° 2895. Conf. MM. Rivière et Huguet, n° 170 ; Flandin, De la transcr., n° 290).

178. *Prélèvements.* D'après les art. 1470 et suiv. c. nap., chacun des époux, ou son héritier, qui a des reprises à exercer, lors de la dissolution de la communauté, les prélève sur les biens de la communauté, porte l'art. 1471, s'exercent avant ceux du mari. — Ils s'exercent, pour les biens qui n'existent plus en nature, d'abord sur l'argent comptant, ensuite sur le mobilier, et subsidiairement sur les immeubles de la communauté : dans ce dernier cas, le choix des immeubles est déféré à la femme ou à ses héritiers. »

179. Lorsque ces prélèvements s'exercent sur les immeubles, ces prélèvements opèrent-ils une mutation de propriété, qui oblige l'époux abandonnataire à faire transcrire ? En d'autres termes : à quel titre s'exercent ces prélèvements ? Est-ce à titre de propriété ? est-ce à titre de créance ? Si c'est à titre de propriété, l'acte ne sera pas translatif : il n'y aura, par conséquent, pas lieu à transcription. Si, au contraire, c'est à titre de créance, ce sera une dation en payement, et l'on appliquera les principes exposés *supra*, n° 127, toutefois, avec les distinctions dont nous parlerons plus tard.

180. Or, il est aujourd'hui souverainement jugé, ainsi que nous l'avons rappelé au n° 128, que la femme commune, qui renonce à la communauté, et à laquelle des immeubles dépendant de la communauté sont abandonnés par le mari, en payement de l'indemnité qui lui est due, à raison de ses propres aliénés, reçoit ces immeubles, non à titre de propriétaire, mais à titre de créancière (Rej., ch. réun., 16 janv. 1858, aff. Moinet, D. P. 58. 1. 5).

181. Mais de là faut-il conclure, avec M. Troplong, Transcription, n° 62, que l'acte qui constate un prélèvement de cette nature, soit nécessairement, et dans tous les cas, un acte translatif de propriété, et qu'il doit être transcrit, « sans qu'il y ait à distinguer entre le mari et la femme; entre le cas où la femme accepte, et le cas où elle répudie la communauté. » — Nous croyons qu'il y a des distinctions à faire à cet égard.

182. Voyons la question d'abord, en ce qui concerne la femme. Si elle accepte la communauté, elle est propriétaire de la moitié des immeubles dépendant de la communauté. Le prélèvement qu'elle exercera sur ces immeubles, en le supposant translatif de propriété, ne le serait donc, en tout cas, que de moitié. Mais nous pensons, avec plusieurs auteurs, qu'on ne doit voir, dans ce prélèvement, qu'un acte faisant cesser l'indivision entre copropriétaires, un acte équivalent à partage, par conséquent (c. nap. 888), et non sujet à transcription (*supra*, n° 145).

A la vérité, M. Troplong prétend, dans son Commentaire sur le contrat de mariage, n°s 399 et 673, que les prélèvements, quoique faisant partie des opérations du partage (c. nap. 828 et suiv.), ne sont pas encore le partage, puisqu'ils le précèdent; qu'on ne doit attribuer l'effet déclaratif qu'au tirage des lots ou à la licitation. — « Mais la loi, dit, avec raison, selon nous, M. Flandin, Transcript., n° 294, ne doit pas être entendue dans ce sens étroit; et l'art. 888 en est la preuve, puisqu'il qualifie implicitement de partage tout acte qui a pour objet de faire cesser l'indivision entre cohéritiers, encore qu'il fût quadifié de vente, d'échange et de transaction, ou de toute autre manière. — Le chapitre du *Partage et des Rapports*, au titre des *Successions*, continue l'auteur, nous offre des dispositions d'une analogie frappante avec le cas actuel. Chaque cohéritier, dit l'art. 829, fait rapport à la masse des choses dont lui ont été faits, et des sommes dont il est débiteur.—Art. 830. Si le rapport n'est pas fait en nature, les cohéritiers, à qui il est dû, prélèvent une portion égale sur la masse de la succession. — Après ces prélèvements, ajoute l'art. 831, il est procédé, sur ce qui reste dans la masse, à la composition d'autant de lots égaux qu'il y a d'héritiers copartageants. — Quel est le caractère de ces prélèvements? celui du partage évidemment, puisqu'ils tiennent lieu des objets ou des sommes que le cohéritier débiteur, ou donataire, devrait rapporter à la masse, et qu'il n'y rapporte pas. Et si les objets prélevés sont des immeubles (c. nap. 869), qui pourrait douter qu'ils ne soient affranchis, dans les mains du cohéritier qui les reçoit, de toutes charges créées pendant l'indivision, de même que les immeubles qui lui seraient échus par la voie du sort, ou qu'il aurait acquis par celle de la licitation? Pourquoi en serait-il autrement des prélèvements faits par les époux, ou par l'un d'eux, avant le partage de la communauté? L'art. 1476 ne déclare-t-il pas applicables au partage de la communauté toutes les règles concernant le partage des successions » (Conf. MM. Rivière et Huguet, Quest., nos 398 et suiv.; Mourlon, Rev. prat., t. 2, p. 353, n° 47; Lesenne, Comment., n° 15; Gauthier, Résumé, etc., nos 71 et suiv.).

183. Il a été jugé, dans ce sens, et par les motifs qui viennent d'être exprimés, que les reprises, exercées par la femme sur les biens de la communauté, qu'elle a acceptée, ne sont pas soumises au droit de mutation (Cass. 3 août 1858, aff. Villet, et quatre autres arrêts semblables rendus à la même audience, aff. Raucher, Legoux, Debès et Gallot, D. P. 58. 1. 310).

184. Mais, lorsque la femme renonce à la communauté, cette renonciation lui fait perdre toute espèce de droits sur les biens de la communauté (c. nap. 1492), et, dès lors, les reprises qu'elle exerce sur ces mêmes biens constituent une véritable dation en payement, qui rend, comme nous l'avons dit *suprà*, n° 173, la transcription nécessaire. C'est encore ce qu'a décidé la cour de cassation dans les arrêts précités, et ce qu'elle avait jugé antérieurement dans un autre arrêt, rendu, non plus en matière fiscale, mais en matière de droit commun.

185. Il a été jugé, ainsi, que la femme qui renonce à la communauté, et elle consent à recevoir de son mari des immeubles pour le montant de ses reprises, les prend, non en vertu d'un droit de propriété, mais à titre de dation en payement; qu'une telle convention constitue une véritable vente et en a tous les effets vis-à-vis des tiers (Rej. 8 fév. 1858, aff. Belliard, D. P. 58. 1. 70. — Conf. Rivière et Huguet, Mourlon, Lesenne et Gauthier, *loc. cit.*; Flandin, de la Transcription, n° 296).

186. A l'égard du mari, les prélèvements qu'il exerce sur les biens de la communauté, ne peuvent, en aucun cas, donner lieu à transcription. En effet, ou la femme accepte, ou elle répudie la communauté. Si elle accepte, les prélèvements du mari formant l'un des actes du partage, participent de la nature du partage lui-même (*suprà*, n° 182). — Si elle renonce, il ne peut plus être question de prélèvements du mari, puisque la communauté lui appartient tout entière (Conf. MM. Mourlon, *loc. cit.*; Flandin, de la Transcript., n° 297).

187. D'après l'art. 1472 c. nap., la femme ou ses héritiers, en cas d'insuffisance des biens de la communauté, exercent leurs reprises sur les biens personnels du mari. Il est évident que, dans ce cas, il y a transmission de propriété au profit de la femme, acceptante ou non, ou de ses héritiers, et nécessité, par conséquent de faire transcrire.

188. Il a été jugé, dans le même sens, que la femme, qui exerce ses reprises sur les biens du mari, agit comme simple créancière de ce dernier, et reçoit de lui, en payement, des biens sur lesquels elle n'a aucun droit de propriété; qu'ainsi il s'opère réellement une mutation à son profit (Cass. 3 août 1858, aff. Villet, et les autres arrêts cités *suprà*, n° 183).

189. *Remploi.* — Lorsque, dans la communauté, le mari achète un immeuble pour tenir lieu de remploi à sa femme, la déclaration que fait le mari, dans l'acte, *que l'acquisition est faite des deniers provenus de l'immeuble vendu par la femme, et pour lui servir de remploi*, ne suffit point pour en faire attribuer la propriété à la femme; il faut l'acceptation expresse de celle-ci (c. nap. 1435). Suffira-t-il, dans ce cas, de faire transcrire l'acte de vente; ou faudra-t-il, en outre, faire transcrire l'acte d'acceptation ultérieure de la femme? — M. Mourlon examine la question dans deux hypothèses : la première, lorsque le mari a acheté, au nom et pour le compte de sa femme, et sans se porter fort pour elle; la seconde, lorsqu'il a acheté en son nom personnel, mais, dans les deux cas, avec la déclaration que l'acqui-

sition a été faite des deniers provenant de l'aliénation d'un des propres de la femme et pour lui servir de remploi.

190. Au premier cas, dit-il, Revue prat., t. 3, p. 49, n° 51, l'acceptation a un effet rétroactif au jour du contrat; la femme est réputée avoir acquis directement du vendeur, et la transcription du contrat de vente suffit, sans qu'il soit nécessaire de faire transcrire également l'acte d'acceptation. Le mari n'ayant jamais été propriétaire, n'ayant agi que comme *negotiorum gestor* de sa femme, il n'aurait pu aliéner valablement, ni consentir aucun droit réel valable sur cet immeuble. La non-acceptation de la femme, ajoute M. Mourlon, n'aurait pas même pour résultat de faire attribuer la propriété au mari, puisqu'il n'a contracté aucun engagement personnel envers le vendeur, qui se trouverait, ainsi, forcé de reprendre son immeuble (Conf. M. Flandin, de la Transcript., nos 303 et suiv.). — Pothier, Obligat., n° 56, dit, en effet : « Lorsque j'ai promis qu'un autre vous donnerait quelque chose, ou ferait quelque chose, sans me porter fort de lui, ni rien promettre de ma part, cette convention ne peut obliger ni ce tiers, ni moi. Elle ne peut obliger le tiers ; car il n'est pas en mon pouvoir d'obliger un autre, sans son fait. Elle ne m'oblige pas non plus ; car, puisqu'on suppose que j'ai promis pour un autre, et non pour moi, je n'ai pu entendre m'obliger. »

191. Au second cas, la question souffre plus de difficulté. — Pour ceux qui admettent, avec Pothier et d'Aguesseau (V. v° Contr. de mar., n° 1435), que l'acceptation ultérieure de la femme a un effet rétroactif au jour de l'acquisition, et fait considérer l'immeuble comme propre à la femme, dès cette époque, la solution doit être la même qu'au numéro précédent, et c'est l'opinion embrassée par M. Flandin, de la Transcr., n° 307 et s.

« Les auteurs du Code, dont ce magistrat, ont-ils voulu déroger à ces principes? Rien ne l'annonce, au moins dans les termes de l'art. 1435. Si telle eût été leur pensée, on doit croire qu'ils s'en seraient expliqués, avec d'autant plus de raison que les art. 1434 et 1435 sont littéralement extraits de Pothier, des ouvrages duquel on sait que les rédacteurs du Code se sont particulièrement inspirés. — Mais ce qu'on ne trouve pas dans l'art. 1435, continue l'auteur, on va le demander aux procès-verbaux du conseil d'Etat (V. dans notre traité du Contr. de mar., *loc. cit.*, le passage que nous avons cité). M. Flandin combat les inductions qu'on en veut tirer, dans l'opinion contraire; opinion d'après laquelle le mari aurait la libre disposition de l'immeuble jusqu'à l'acceptation de la femme. Selon lui, les paroles de Tronchet, sur lesquelles on s'appuie, sont au moins obscures, et il faudrait, dit-il, quelque chose de plus sûr et de plus précis pour le déterminer à penser que les auteurs du Code aient voulu rompre avec l'ancien droit, tel qu'il est interprété par Pothier. — « Où seraient, d'ailleurs, poursuit M. Flandin, les raisons de ce changement? On dit que, donner à l'acceptation de la femme un effet rétroactif, c'est tenir la propriété en suspens jusqu'à ce que la femme ait fait connaître sa volonté; que, les actes passés par le mari, dans l'intervalle, n'offrant aucune solidité, on s'abstiendra de traiter avec lui; qu'il naîtra de là une entrave à la circulation des biens, et, par suite, une atteinte au crédit. — Cela est vrai, dans une certaine mesure; mais n'en faut-il pas dire autant de toutes les ventes conditionnelles? Le code les admet pourtant, au risque de quelques inconvénients, parce qu'il faut laisser aux convention une entière liberté. A plus forte raison, devait-il faire céder cet intérêt à celui de la femme, objet des constantes sollicitudes de la loi. Le mari, d'ailleurs, ne saurait se plaindre d'une situation que lui-même a créée. Si elle l'embarrasse, il a les moyens de la faire cesser, en mettant la femme en demeure de se prononcer. La femme le peut faire valablement, pendant le mariage, quoique placée sous la dépendance de son mari. Et non-seulement elle le peut faire, mais la loi exige même qu'elle le fasse, puisqu'elle lui retire son droit d'option, aussitôt qu'est arrivée la dissolution de la communauté. N'est-ce pas même pour que la propriété ne reste pas trop longtemps incertaine que la loi oblige la femme à déclarer son option avant la dissolution de la communauté? Et ne sort-il pas de là un argument plus contre la droit de libre disposition du mari? — J'ajoute que la disposition de l'art. 1435, interprétée comme on veut qu'elle le soit, est presque un non-sens. A quoi bon, effet, cette déclaration du mari, que l'immeuble qu'il achète, avec les deniers de sa femme, est destiné à servir à celle-ci de remploi, si cette déclaration ne doit pas le lier; si, dès le lendemain, il peut la rendre vaine, en aliénant l'immeuble, ou en le grevant d'hypothèques? De quelle utilité peut être à la femme la faculté qui lui est laissée d'accepter ou de refuser le remploi, si, en dehors même de tout acte d'aliénation ou d'engagement de l'immeuble par le mari, l'immeuble demeure soumis aux hypothèques légales ou judiciaires qui frappent la généralité des biens de ce dernier? Pour un tel résultat, ce n'était pas la peine d'insérer une disposition particulière dans la loi; il n'y avait qu'à laisser les parties dans les termes du droit commun. Evidemment donc, cette interprétation répugne à l'esprit de l'article. — Cette interprétation, de plus, est contraire aux principes, puisque la faculté, réservée à la femme, d'accepter ou de refuser le remploi, imprime à la disposition un caractère conditionnel, dont l'effet est réglé par l'art. 1179, à moins d'une dérogation expresse à cet article, dérogation qui n'apparaît pas dans l'art. 1435. »(Conf. M. Labbé, Opuscule sur les effets de la ratification des actes d'un gérant d'affaires, 2ᵉ part., nᵒˢ 77 et suiv., et Rev. prat., t. 4, p. 51).

192. Mais nous devons dire que la plupart des auteurs modernes n'admettent pas que l'acceptation de la femme, au cas spécifié, puisse avoir un effet rétroactif au préjudice des tiers; qu'ils regardent la déclaration de remploi comme une offre que le mari peut retirer, tant qu'elle n'a pas été acceptée, et qu'il est censé la retirer implicitement, lorsqu'il accorde aux tiers des droits sur l'immeuble. Ils en concluent que la femme, si elle accepte, doit prendre les choses dans l'état où les a mises le mari (Toullier, t. 12, nᵒ 360; MM. Duranton, t. 14, nᵒ 393; Troplong, Contr. de mar., nᵒˢ 1135 et suiv.; Rodière et Pont, ibid., t. 1, nᵒ 511). Telle est aussi l'opinion que nous avons suivie, dans notre traité du Contrat de mar., nᵒˢ 1421 et 1435.

Il est clair que, dans ce système, la transcription du contrat d'acquisition ne serait pas suffisante, et que, si la femme veut se mettre à couvert des actes ultérieurs de son mari, il faudra qu'elle fasse transcrire son acte d'acceptation (Conf. MM. Rivière et Huguet, Quest., nᵒ 61; Gauthier, Résumé, etc., nᵒ 75).

193. M. Mourlon, Rev. prat., loc. cit., nᵒ 59, adopte sur la question une opinion intermédiaire. — Il admet que la déclaration d'emploi, faite par le mari, dans les termes de l'art. 1435, n'est qu'une offre adressée par lui à sa femme, non pas, dit-il, d'une datio in solutum, mais de subrogation aux effets du contrat d'acquisition. Cette offre est révocable, tant que la femme ne l'a pas acceptée. Jusque-là, la propriété de la chose acquise réside en la personne du mari, qui peut en disposer, à son gré, et aussi valablement que dans l'hypothèse d'un achat ordinaire. S'il en dispose, d'une façon quelconque, soit en la vendant, soit en l'hypothéquant, il manifeste, par cet acte, que l'offre est retirée, et l'acceptation de la femme ne peut plus, dès lors, intervenir utilement. — Mais, si l'acceptation de la femme intervient avant tout acte de disposition du mari, rien ne s'oppose à ce que cette acceptation rétroagisse au jour de l'acquisition faite par ce dernier. Alors, au lieu de deux mutations successives, l'une du vendeur au mari, l'autre du mari à sa femme, il n'y en a plus qu'une, effectuée directement du vendeur à la femme. — Ainsi, poursuit l'auteur, point de double droit de mutation; exonération, pour la femme, des hypothèques légales ou judiciaires établies sur les biens de son mari, qu'elles aient pris naissance avant ou depuis l'achat; car, en les supposant postérieures, elles n'impliqueraient point, puisqu'elles sont indépendantes de la volonté du mari, la révocation de l'offre de subrogation qu'il a faite à sa femme.

194. Mais, dit avec raison M. Flandin, la vente est une vente conditionnelle ou elle ne l'est pas. Si elle est une vente conditionnelle, il faut lui appliquer les règles qui régissent ces sortes de conventions, et il ne peut dépendre du mari de faire du contrat une vente pure et simple ou une vente conditionnelle, à son gré. Sans doute, entre le vendeur et le mari, la vente demeure une vente pure et simple, si la femme n'accepte pas le remploi, parce que l'intention des parties n'a pas été de subordonner la perfection du contrat à l'acceptation de la femme; mais, pour cela, il n'y a toujours qu'une vente, dont le caractère prin-

cipal et prédominant est le caractère conditionnel, puisque l'obligation du mari n'est que subsidiaire à celle de la femme. — Au contraire, dans le système où la déclaration de remploi, faite par le mari, n'est qu'une offre qu'il peut révoquer, tant que la femme ne l'a pas acceptée, il y a bien réellement deux ventes successives : la première, pure et simple, entre le vendeur et le mari; la seconde éventuelle entre le mari et sa femme, et n'ayant même pas le caractère conditionnel, puisqu'elle ne résout point les aliénations ou les hypothèques antérieurement consenties par le mari. — C'est entre ces deux systèmes qu'il faut opter, et il n'y a pas de place pour un troisième.

195. Au point de vue de la transcription, du reste, l'opinion de M. Mourlon concorde avec celle de M. Flandin. « Il sera évidemment nécessaire, dit-il, Rev. prat., loc. cit., nᵒ 60, de transcrire l'acte de vente, afin d'apprendre aux tiers que le vendeur, ayant cessé d'être propriétaire de l'immeuble vendu, a perdu le droit d'en disposer. Cette transcription faite, rien ne sera plus à craindre du chef du vendeur... — Mais, ajoute M. Mourlon, la transcription de la vente a fait connaître aux tiers que la propriété ne résidait plus en la personne du vendeur; elle les a, en outre, prévenus que le titre de propriétaire et les pouvoirs attachés à cette qualité résideront en la personne du mari jusqu'à la date de l'acceptation du remploi, et, à partir de cette époque, en la personne de la femme; ils n'ignorent donc rien de ce qu'il leur importe de savoir... A la vérité, la transcription qui a eu lieu n'apprend point aux tiers qui, du mari ou de la femme, est actuellement propriétaire; car, tant qu'on ignore si le remploi a été, ou non, utilement effectué, l'assiette définitive de la propriété reste forcément inconnue. Mais la transcription n'a pas été conçue et organisée en vue d'une publicité complète et absolue, appropriée à chacun des faits qui, par leur nature, touchent au crédit public. Ainsi, lorsqu'une vente a lieu, il est essentiel d'apprendre aux tiers que le propriétaire de la chose a cessé de l'être; mais là s'arrête la prescription de la loi. Si l'achat a été fait par deux acheteurs, sous une alternative, ou par un seul, sous une condition suspensive, les tiers auront à rechercher, en dehors des registres du conservateur, si cette alternative a cessé, ou si cette condition a été accomplie; la transcription ne leur doit, à cet égard, aucun renseignement... Les actes translatifs de propriété sont seuls, d'ailleurs, soumis à la formalité de la transcription. Or l'acceptation du remploi n'a rien de translatif, puisque l'acquisition que fait la femme a son principe dans le contrat de vente auquel elle est réputée avoir été partie elle-même. »

§ 6. — De la transaction.

196. La transaction, de sa nature, n'est pas un acte translatif de propriété; c'est, au contraire, un acte déclaratif, puisqu'elle n'intervient et ne peut intervenir que sur une chose douteuse : qui transigit, quasi de re dubia et lite incertâ neque finitâ transigit... (L. 1, D., De transact.).—Telle est également la doctrine de d'Argentré et Dumoulin. Transactio, dit d'Argentré, non est titulus, sed tituli prætenti confessio. Hoc ergo casu, nec laudimia debentur, nec Gabellæ, nec cæteræ consequentiæ contractuum dominii translativorum, sur l'art. 66 de la cout. de Bretagne; V. aussi le traité De laudimiis, cap. 1, § 55). — Dumoulin (sur la Cout. de Paris, § 33, glos. 1, nᵒ 67), de son côté, s'exprime ainsi : Clarum est quod nullum dominium transfertur, nec novum jus; nec novus titulus adquiritur, sed sola liberatio controversiæ (V. également vᵒ Transaction, nᵒˢ 26 et s.).—C'est pour cette raison que l'art. 68, § 1, nᵒ 45, de la loi du 22 frim. an 7 soumet au simple droit fixe les transactions qui ne contiennent aucune stipulation de somme et de valeur, quoique l'art. 69, § 3, nᵒ 3, de cette loi assujettisse, d'un autre côté, au droit proportionnel (V. ce que nous avons dit, pour expliquer et concilier les deux dispositions, vᵒ Enreg., nᵒˢ 1049 et suiv.).

Il suit de ces principes qu'il n'y a pas lieu à transcription, puisqu'il n'y a pas mutation (Conf. MM. Rivière et François, Explic., etc., nᵒ 8; Rivière et Huguet, Quest., nᵒˢ 19 et suiv.; Troplong, de la Transcript., nᵒˢ 70 et suiv.; Gauthier, Rés., etc., nᵒˢ 82 et 83; Flandin, de la Transcript., nᵒ 329 ; — Contra,

MM. Mourlon, Rev. prat., .. 2, p. 322, nᵒˢ 72 et s.; Lesenne, Comment., nᵒ 38).—V. aussi *infrà*, nᵒ 388.

197. Des auteurs de l'ancien droit, se fondant sur la disposition de la loi 33, C., *De transact.*, apportaient, cependant, une modification à cette doctrine : ils attribuaient à la transaction le caractère translatif, lorsqu'il y avait déplacement dans la possession de l'objet litigieux (Tiraqueau, du Retrait lignager, § 1, glos. 14, nᵒ 16 ; Fonmaur, des lods et ventes, nᵒ 414 ; Favre, sur la loi précitée, tit. 34, def. 3 ; Mornac, sur la même loi). — Mais cette distinction était rejetée par d'Argentré et par Dumoulin, *loc. cit.*—Merlin, dans l'ancien Répertoire, vᵒ Transaction, § 4, nᵒ 6, disait également : « Ou l'héritage est abandonné à celui qui en avait déjà la possession ; et, comme alors il n'y a point de mutation, nul doute qu'il n'est rien dû au seigneur (des lods et ventes) ; ou le possesseur restitue l'héritage à la partie avec laquelle il transige, en reconnaissant qu'elle en est le véritable propriétaire ; et, comme cette restitution ne transfère pas à celle-ci le domaine d'une chose qui est reconnue lui avoir précédemment appartenu, nul doute encore que le seigneur ne peut exiger aucun droit, quand même cette transaction serait faite moyennant quelque somme d'argent ; à moins qu'on ne prouvât que c'est réellement une vente que les parties ont faite, sous le nom de transaction » (Conf. Pothier, Cout. d'Orléans, Introd. au tit. 1, nᵒ 158). — C'est également la doctrine universellement admise dans le nouveau droit (V. aussi vᵒ Enregistr., nᵒˢ 1058 et suiv.).

198. Ces principes, de tout temps admis, sur le caractère purement déclaratif de la transaction, ont cependant rencontré, dans M. Mourlon, un contradicteur. M. Mourlon ne conteste pas précisément le caractère *non translatif* de la transaction. — « Mais, bien loin, dit-il, qu'elle ait un caractère *déclaratif*, elle y répugne, au contraire, et de la manière la plus énergique, par sa nature même, par sa propre essence. » — Mais alors, dirons-nous avec M. Flandin, de la Transcript., nᵒ 334, si elle n'est pas translative, et si elle n'est pas déclarative, qu'est-elle donc ? Elle est purement *extinctive*, répond M. Mourlon, et soumise, à ce titre, comme l'est toute *renonciation*, à la formalité de la transcription.

Voici les paroles de l'auteur : « Au reste, dit-il, Revue prat., *loc. cit.*, nᵒ 73, que la transaction soit *extinctive* ou *translative*, il n'importe ; elle devra être transcrite dans tous les cas, puisque, selon les termes de la loi, toute convention qui opère le déplacement d'un droit réel, ou qui, sans le déplacer, *l'éteint*, est soumise au régime de la publicité (art. 1 et 2 de la loi du 23 mars 1855).—Il est vrai, ajoute-t-il, que la transaction ne transfère ou n'éteint qu'un droit *douteux* ; mais qu'importe encore? La loi ne distingue pas si le droit qui passe d'une personne à une autre, ou qui cesse d'exister, était *litigieux* ou *certain*. Elle ne pouvait même pas, elle ne devait pas distinguer ; car elle aurait manqué de logique, si elle avait permis de tenir clandestins des actes qui, en définitive, ont pour effet d'anéantir, en la personne de leur auteur, un droit qu'il pouvait céder à un tiers, ou sur lequel il pouvait constituer, non point, sans doute, une hypothèque solide et sûre, mais une hypothèque telle quelle, une hypothèque incertaine et douteuse, comme le titre dont il était investi. Par exemple : Primus revendique la maison A contre Secundus qui la possède. Tertius intervient au procès et la dit sienne. Secundus, transigeant alors avec Primus, obtient de lui l'abandon de sa prétention. Cette transaction n'est autre chose qu'une *cession* que régit l'art. 1701 c. nap.

Nous pouvons admettre cela, dans le cas particulier, parce qu'on peut dire, en effet, avec l'auteur, « qu'en ce cas, celui des trois adversaires, qui paye le désistement de l'un des autres, entend, non point supprimer et mettre à néant le droit de ce dernier, mais, au contraire, l'acquérir pour s'en servir, au besoin, contre la partie avec laquelle il reste aux prises... »

199. Mais, continue M. Mourlon, « Primus et Secundus sont, quant à présent, seuls aux prises, et rien ne donne lieu de craindre l'intervention d'un tiers prétendant. Secundus stipule de Primus l'abandon de sa prétention et lui en paye le prix. Cette transaction n'a aucun rapport avec la cession ; elle ne déplace pas le droit abandonné ; elle *l'éteint*, non point même absolument, mais en tant seulement qu'il pourrait préjudicier à

Secundus... Cette renonciation, purement extinctive, mais non translative du droit de Primus, sera, néanmoins, sujette à transcription, par cela seul qu'elle est une *renonciation* à un droit de propriété sur un immeuble » (Rev. prat., *loc. cit.* ; V. aussi dans l'Examen crit. du comment. de M. Troplong sur les privil., Append., nᵒ 362).

Nous établirons, au contraire, nᵒˢ 290 et suiv., que les renonciations dont il est parlé dans les art. 1 et 2 de la loi du 23 mars 1855 ne sont pas les renonciations purement *abdicatives* ou *extinctives*, mais les seules renonciations *translatives* ou *in favorem* (Conf. MM. Rivière et Huguet, Quest., nᵒˢ 19 et suiv. ; Troplong de la Transcript., nᵒˢ 70 et suiv. ; Flandin, *ibid.*, nᵒ 339).

— N'y a-t-il pas, d'ailleurs, ainsi que le fait remarquer M. Flandin, quelque contradiction à dire, comme le fait M. Mourlon, que Primus, resté nanti de son titre, malgré la transaction qu'il a faite avec Secundus, pourra s'en prévaloir contre Tertius, si ce dernier vient à évincer Secundus, parce que la transaction est, pour Tertius, *res inter alios acta*, et que, néanmoins, cette transaction devra être transcrite? Mais, dès que Primus n'a rien transmis à Secundus, quel prétexte peut-il y avoir à l'application de la loi du 23 mars 1855?

Pour nous résumer sur la question, nous disons, avec Pothier, des Retraits, nᵒ 110, que « la transaction étant, par sa nature, *de re incertâ et dubiâ*, il demeure incertain, si la partie, qui, par la transaction, délaisse l'héritage à l'autre, moyennant une somme d'argent qu'elle a reçue d'elle, en était propriétaire, plutôt que la partie à qui elle l'a délaissé ; » en sorte que celle-ci, par la transaction, « est censée avoir acquis plutôt le désistement du procès qu'on lui faisait sur cet héritage que cet héritage même » (V. aussi Pothier, Communauté, t. 1, nᵒ 164).

200. Il peut arriver, cependant, que la transaction, au lieu d'être simplement déclarative, devienne, à certains égards, translative de propriété ; c'est lorsque l'une des parties, pour prix de la transaction, reçoit un objet *non litigieux* (V. Transaction, nᵒ 27). Dans ce cas, si l'objet abandonné est un immeuble, ou quelque droit réel susceptible d'hypothèque, il y aura lieu à transcription, mais, pour cet objet seulement, la transaction conservant, pour le fond du litige, son caractère purement déclaratif. Par exemple, dit M. Troplong, de la Transcr., nᵒ 70, Primus est en débat avec Secundus, sur l'immeuble A ; un procès est imminent, et, pour l'éviter, Primus abandonne à Secundus un demi-hectare de pré qui lui appartient, pour que celui-ci renonce à ses prétentions sur l'immeuble A. Pour ce demi-hectare de pré, Secundus devra faire transcrire, parce que la transaction est, à cet égard, translative de propriété ; mais Primus en sera dispensé pour l'immeuble A, à l'égard duquel, comme nous venons de le dire, la transaction a un effet purement déclaratif. C'est également ce que fait observer Merlin : « Si, par la transaction, dit-il, l'une des parties abandonnait à l'autre un objet *non litigieux*, pour l'indemniser du sacrifice de ses prétentions sur les choses en litige, l'abandon de cet objet constituerait une mutation de propriété, qui donnerait nécessairement ouverture à un droit proportionnel d'enregistrement » (Rép., *loc. cit.* — Conf. MM. Rivière et Huguet, Quest., nᵒˢ 70 et suiv. ; Gauthier, nᵒ 85 ; Flandin, de la Transcr., nᵒ 332).

201. Il est un autre cas où la transaction elle-même, et non plus seulement la convention accessoire qui en forme le prix, serait sujette à transcription, c'est celui où l'acte, qualifié de transaction, n'en aurait que l'apparence, et ne serait, au fond, qu'un acte de libéralité ou une vente déguisée. C'est la remarque que fait Merlin, dans le passage que nous avons cité plus haut, nᵒ 197 (Conf. Pothier, de la Vente, nᵒ 647 ; des Retraits, nᵒ 110 ; M. Flandin, de la Transcr., nᵒ 333).

§ 7. — Des retraits.

202. Notre code ne fait mention que de trois espèces de retraits : le retrait *successoral* (art. 841) ; le retrait d'*indivision* (1408), et le retrait *litigieux* (1699). — On en reconnaissait, dans l'ancien droit, jusqu'à vingt-cinq (Rép., vᵉ Retrait).—On y donnait aussi quelquefois, mais improprement, le nom de *Retrait conventionnel* à la faculté de rachat (*Ibid.*, vᵒ Retrait convent.).-

203. Le retrait conventionnel, d'après Pothier, des Retraits, n° 531, était «le droit qui naît d'une convention apposée lors de l'aliénation qui a été faite de l'héritage, par laquelle celui qui l'a aliéné a stipulé que lui et ses successeurs auraient le droit, toutes les fois que l'héritage serait vendu, soit par l'acquéreur, soit par ses successeurs, d'avoir la préférence sur les acheteurs, et de prendre leur marché » (V. aussi Pothier, cout. d'Orléans, Introd. au tit. 1, n° 144). — Ce retrait a été aboli, comme tous les autres, par un décret du 13 mai 1792 (1).

204. Suivant la définition qu'en donne Pothier, « le droit de retrait n'est autre chose que le droit de prendre le marché d'un autre et de se rendre acheteur à sa place. Il ne tend pas, ajoute-t-il (des Retraits, n° 1 : V. aussi Cout. d'Orl., loc. cit.), à rescinder et détruire le contrat, mais à subroger, en tous les droits résultants du contrat, la personne du retrayant à celle de l'acheteur sur qui le retrait est exercé. » — En un mot, le retrayant, (suivant l'acquéreur, ou la Cout, de Paris, tit. 1, § 15, gl. 1, n°° 5 et 6), est réputé avoir acquis directement du vendeur, comme si l'acheteur, auquel il est substitué, n'avait jamais acheté : *Perinde est ac si emisset ab ipso venditore, et primus emptor non est amplius in consideratione, et perinde habetur ac si non emisset.*—Tiraqueau (du Retr. lignager, § 29, gl. 2, n° 2) dit également : *Ob retractum fingitur emptor retrô non acquisivisse.*

205. Un des principaux effets du retrait, le seul dont nous ayons à nous occuper, au point de vue de la transcription, est la résolution des hypothèques ou autres droits réels, constitués par l'acheteur, ou existant, de son chef, sur l'immeuble, avant le retrait. Cette résolution est la conséquence du principe que le retrayant prend la place de l'acheteur, sans nouvelle mutation, *perinde ac si non emisset* (Pothier, des Retr., n°° 189 et 431).

206. Mais il faut observer, dit encore Pothier, des Retraits, n° 432, « qu'il n'y a que les hypothèques, imposées sur l'héritage par l'acquéreur, qui soient éteintes par le retrait; mais que, si un créancier de l'acquéreur, qui a prêté de l'argent à l'acquéreur pour payer le prix dû au vendeur, était subrogé à l'hypothèque du vendeur, le retrait ne lui ferait pas perdre cette hypothèque, qui, n'ayant pas été imposée par l'acheteur, mais retenue par le vendeur dans l'aliénation de l'héritage, subsiste, nonobstant le retrait (arrêt cité par Duplessis). »

207. Nous pensons, avec M. Flandin, de la Transcr., n° 233, que cette doctrine devrait encore être suivie. L'art. 2103, n° 2, accorde, en effet, le privilège de vendeur à ceux qui ont fourni les deniers pour l'acquisition d'un immeuble, « pourvu, ajoute l'article, qu'il soit authentiquement constaté, par l'acte d'emprunt, que la somme était destinée à cet emploi, et, par la quittance du vendeur, que ce payement a été fait des deniers empruntés.» — Le retrayant, en succédant aux droits de l'acquéreur sur la chose, succède aussi à ses obligations envers le vendeur ou ceux qui sont aux droits de ce dernier (Conf. M. Labbé, Étude sur les Retraits, Rev. crit., t. 6, année 1855, p. 142, n° 23). Appliquons ces principes à chaque espèce de retrait en particulier.

208. *Retrait successoral.* — Dès que le retrait, ainsi que nous venons de le dire, n'est pas une nouvelle vente, et qu'il ne fait que mettre le retrayant à la place de l'acheteur, la conséquence doit être que l'acte qui constate le retrait n'est pas susceptible de transcription (Conf. MM. Rivière et Huguet, quest., n° 49; Mourlon, Rev. prat., t. 3, p. 186, n° 65; Gauthier, Rés. etc., n° 78; Flandin, de la Transcr., n° 237).

209. M. Troplong, Transcript. n° 247, est, cependant d'opinion contraire. « Sans doute, dit-il, le retrait laisse subsister, à l'égard de l'héritier qui l'exerce, la vente qui avait été consentie à un étranger; le contrat primitif n'est pas résolu, en ce qui concerne le retrayant. Mais, cependant, il surgit une circonstance grave qui modifie le contrat primitif : une personne prend la place d'une autre comme acheteur, et la vente n'est plus faite au profit des parties originaires. Or, n'est-il pas clair que l'acte translatif n'est pas complet, si, au lieu de l'acheteur défi-

nitif, on ne désigne au public que l'acheteur éliminé? Dès lors, ne faut-il pas que le registre des transcriptions reproduise les deux opérations successives? Nous disons donc que, puisque le retrait est devenu un véritable complément de la vente, il doit être transcrit avec elle. »

Nous verrons plus tard (n° 225) que, lorsqu'un acte translatif de propriété, une vente par exemple, est résolu pour une cause inhérente au contrat, l'acte de résolution n'est pas soumis à la transcription. Et M. Troplong admet cette doctrine (de la Transcr., n° 244). Or, les raisons qu'il donne pour exiger la transcription, en matière de retrait, seraient tout aussi applicables au cas de résolution ; car les tiers ont le même intérêt à savoir, dans un cas que dans l'autre, que l'acheteur a cessé d'être propriétaire, pour n'être pas exposés à traiter avec lui, comme s'il l'était encore. N'oublions pas que la loi du 23 mars 1855 a posé comme règle que les actes *translatifs* seuls sont soumis à la transcription. — C'est à ce principe qu'il faut strictement se rattacher ; autrement, on se jetterait, sous prétexte de l'intérêt des tiers, dans une foule d'exceptions qui auraient bientôt fait disparaître la règle. Une déchéance est, d'ailleurs, attachée au défaut de transcription, et c'est une raison de plus pour ne pas étendre, en cette matière, les dispositions de la loi (Conf. M. Flandin, de la Transcr., n°° 238 et suiv.).

210. M. Troplong, du reste, admet une exception à sa doctrine, dans le cas où le retrayant est l'unique cohéritier du vendeur. Dans ce cas, dit-il, n° 248, « le retrait réunit sur une seule tête tous les droits aux biens de la succession ; il fait cesser l'indivision ; il équivaut à un partage ; et l'on sait que le partage n'a pas besoin d'être transcrit » (V. *suprà*, n° 146).

211. Une observation que fait M. Flandin, Transcr., n° 241, et qu'il faut reproduire, c'est que le retrayant n'est dispensé de faire transcrire l'acte de retrait qu'autant que l'acheteur, dont il prend la place, aura fait lui-même transcrire son acte d'acquisition : autrement, il est bien évident que le retrayant, qui devient, par l'exercice du retrait, le véritable acheteur, demeure soumis, comme tout nouveau possesseur, à l'obligation de faire transcrire son titre.

212. *Retrait d'indivision.* — L'art. 1408 c. nap. contient deux dispositions qu'il ne faut pas confondre. La première est une disposition de droit commun, étrangère à la matière des retraits ; la seconde établit un droit de retrait au profit de la femme. — Voici, d'abord, la première de ces dispositions : « L'acquisition, faite pendant le mariage, porte l'article, à titre de licitation ou autrement, de portion d'un immeuble dont l'un des époux est propriétaire par indivis, ne forme point un conquêt.... » — Cette disposition, commune au mari et à la femme, n'est que l'application du principe établi par l'art. 883, principe d'après lequel chacun des communistes est réputé propriétaire, *ab initio*, de l'immeuble que le partage, ou tout autre acte équivalent à partage (c. nap. 888), lui attribue pour la totalité. L'acquisition, dans ce cas, ne donne pas lieu à transcription, d'après les règles que nous avons exposées *suprà*, n° 146.

213. Mais il résulte également de ce que nous avons dit au n° 150, que l'acte d'acquisition de la chose indivise ne peut avoir le caractère de partage qu'autant qu'il met fin à l'indivision. L'acquisition, autrement, formerait un conquêt (Paris, 3 déc. 1836, aff. Ragois, v° Contrat de mar., n° 623. V. encore, *eod. v°*, n°° 821 et 823), et l'acte devrait être transcrit (Conf. M. Flandin, de la Transcr., n° 246).

214. La deuxième disposition de l'art. 1408 est ainsi conçue : « Dans le cas où le mari deviendrait seul, et en son nom personnel, acquéreur ou adjudicataire de portion ou de la totalité d'un immeuble appartenant, par indivis, à sa femme, celle-ci, lors de la dissolution de la communauté, a le choix, ou d'abandonner l'effet à la communauté, laquelle devient alors débitrice envers la femme de la portion appartenant à celle-ci dans le prix, ou *de retirer l'immeuble, en remboursant à la communauté le prix de l'acquisition.* » — Cette disposition a été empruntée à la loi 78, § 4, D., *De jure dot.* : *Si fundus communis in dotem datus erit, et socius egerit cum marito communi dividundo, adjudicatusque fundus socio fuerit, in dote erit quantitas quâ socius marito damnatus fuerit; aut si, omissâ licitatione, extraneo addictus is fundus fuerit, pretii portio quæ distracta est....*

---

(1) 13 mai 1792. — Décret d'ordre du jour portant que toute espèce de retraits est abolie.

L'assemblée nationale, en supprimant les retraits lignager, demi-denier féodal, censuel et autres, a entendu abolir toutes les autres espèces de retraits ; en conséquence l'assemblée passe à l'ordre du jour.

Quod si marito fundus fuerit adjudicatus, pars utique data in dotem dotalis manebit : DIVORTIO AUTEM FACTO, SEQUETUR RESTITUTIONEM PROPTER QUAM AD MARITUM PERVENIT ETIAM ALTERA PORTIO, scilicet ut recipiat tantum, pretii nomine, à muliere quantum dedit, ex condemnatione, socio... Toutefois, la loi romaine ajoutait : *Nec audiri debebit alteruter eam æquitatem recusans, aut mulier in suscipiendâ parte alterâ quoque, aut vir in restituendâ...* La femme était ainsi, d'après le droit romain, propriétaire, même malgré elle, de la portion acquise par son mari dans l'immeuble indivis qu'elle avait apporté en dot. — Il résulte, au contraire, des termes de l'art. 1408 que la femme *a le choix* d'opérer ou non le retrait. L'ancienne jurisprudence avait déjà modifié, dans le même sens, la disposition de la loi romaine (Req. 8 mars 1837, aff. Falèze, v° Contr. de mar., n° 847).

215. Le retrait ayant pour effet, d'après ce que nous avons dit *supra*, n°s 204 et 205, de substituer la personne du retrayant à celle du retrayé, et de résoudre les hypothèques ou aliénations consenties par ce dernier avant le retrait, il en résulte que l'immeuble ou la portion de l'immeuble indivis acquise par le mari, passe à la femme libre de toutes charges qui y auraient été constituées par le mari, ou dont elle aurait été grevée de son chef. — V. Contr. de mar., n° 858 ; Conf. M. Flandin, de la Transcrip., n°s 249 et 250.

216. Il en était autrement, dans l'ancien droit, du retrait de mi-denier, qui avait de l'analogie, mais qui présentait cependant d'assez notables différences avec notre retrait d'indivision. « Lorsque ce retrait, dit Pothier, des Retr., n° 519, s'exerce par le conjoint lignager, ou par ses héritiers, au partage des biens de la communauté, le conjoint lignager, lorsqu'il est le survivant, possède cet héritage comme une chose à laquelle, avec les autres choses qui sont tombées dans son lot, s'est déterminée sa part dans les biens de la communauté qui a été entre lui et l'autre conjoint, et, par conséquent, *comme un conquêt de cette communauté.....* De là il suit : que les hypothèques dont cet héritage a été chargé par le mari étranger ne sont aucunement éteintes, en ce cas, par le retrait ; car la femme lignagère ou ses héritiers, tenant cet héritage en entier comme une chose dont leur part en la communauté est composée, et, par conséquent, comme un conquêt de cette communauté, ils ne peuvent le tenir qu'à la charge des hypothèques dont le mari, comme chef de la communauté, a eu le droit de charger, pour le total, les conquêts de la communauté, et, par conséquent, même pour la part qui tombe dans le lot de la femme ou de ses héritiers. Il en est de même des autres droits réels imposés par le mari..... »

On aperçoit, de suite, la raison de la différence entre les effets de l'un ou de l'autre retrait : c'est que, dans le retrait de mi-denier, l'immeuble sujet au retrait formait *un conquêt de communauté*, tandis que l'art. 1408 déclare, au contraire, que l'acquisition faite, pendant le mariage, de portion d'un immeuble dont l'un des époux était propriétaire par indivis, *ne forme point un conquêt.* Puisque l'immeuble indivis, acquis par le mari, ne devient pas un conquêt de communauté, c'est donc, dit M. Flandin, de la Transcript., n° 255, qu'il reste éventuellement, et pour le cas où la femme voudra exercer le retrait, un propre de celle-ci ; que le mari, dans ce cas, est réputé n'avoir été que le *negotiorum gestor* de sa femme ; d'où la conséquence qu'il n'a pu, dans l'intervalle, l'aliéner ou le grever d'hypothèques au préjudice de cette dernière.

217. Il suit de là que le retrait d'indivision est, comme le retrait successoral, affranchi de la transcription (*supra*, n° 208).

218. Il faut ajouter, d'après ce que nous avons dit au n° 212, que si l'acquisition faite par le mari de portion de l'immeuble appartenant par indivis à sa femme, avait mis fin à l'indivision entre elle et ses communistes, cette acquisition, dans le cas où la femme viendrait plus tard à exercer le retrait, serait ellemême affranchie de la transcription, puisqu'elle équivaudrait à un acte de partage. — Mais la prudence, fait observer M. Flandin, *loc. cit.*, n° 261, conseille au mari de faire transcrire immédiatement, parce qu'il peut arriver que la femme, au lieu d'exercer le retrait, préfère abandonner l'immeuble à la communauté ; que, dans ce cas, l'acquisition faite par le mari aura un caractère translatif, et que la transcription seule peut le mettre à l'abri

des droits réels que le vendeur ou le solicitant pourrait conférer, sur l'immeuble, à des tiers qui feraient transcrire avant lui.

219. — *Retrait litigieux.* — M. Troplong, de la Transcript., n° 249, conseille, pour le retrait litigieux, comme il l'a fait pour le retrait successoral, de faire transcrire l'acte qui constate le retrait. — « Par le retrait, dit-il, je prends la place d'un acheteur ; je me porte acheteur moi-même. Sans doute, il y a déjà eu un acte transcrit ; mais cet acte ne contient pas le véritable acquéreur, depuis que je me suis substitué à autrui ; il faut donc compléter la publicité par la transcription de l'acte de retrait... » Mais, indépendamment des raisons que nous avons données, dans le cas du retrait successoral, à l'appui de l'opinion contraire (*suprà*, n° 209), raisons de tous points applicables au retrait litigieux, il y en a une particulière à ce dernier cas. — M. Troplong pose cet exemple : « Je revendique, dit-il, un immeuble que vous possédez. Durant le procès, vous vendez cet immeuble à un tiers. Je m'interpose ; j'indemnise le tiers acheteur, et je m'approprie le bénéfice de la vente. » Si, après avoir exercé le retrait, j'obtiens le possesseur de l'immeuble revendiqué qu'il m'abandonne volontairement cet immeuble, cet abandon, véritable transaction sur procès, a, comme nous l'avons établi *suprà*, n° 196, un caractère purement déclaratif, dont le résultat est de faire considérer comme non avenue par absence de droit dans la personne du vendeur, l'aliénation qu'il a faite de cet immeuble, et, par voie de conséquence, le retrait qui a suivi. La transcription, que recommande M. Troplong, manquerait donc, ainsi que le fait observer M. Flandin, *loc. cit.*, n° 262, entièrement de base (Conf. MM. Rivière et Huguet, Quest., n° 50 ; Gauthier, n° 79).

§ 8. — De la résolution des contrats.

220. *Résolution conventionnelle.* — Il y a deux sortes de résolutions : celles qui procèdent d'une cause inhérente au contrat, *ex causâ antiquâ et necessariâ*, par exemple, en matière de vente, le défaut de payement du prix ; et celles qui procèdent d'une cause extrinsèque, *ex causâ novâ et voluntariâ* : telle est, en matière de donation, l'ingratitude du donataire. Les premières font considérer la vente ou la donation comme non existantes, et résolvent les hypothèques ou autres droits réels constitués par l'acquéreur ou le donataire sur l'immeuble, *medio tempore* (c. nap. 954, 1184, 1658). Les autres, sans effet sur le passé, n'annulent le contrat que pour l'avenir (c. nap. 958).

221. Dans l'ancien droit, le mutuel dissentiment des parties, lorsqu'il intervenait avant la *tradition réelle* de la chose, opérait, *ipso facto*, la résolution du contrat, et le réduisait *ad non actum.* C'est ce que déclare Pothier : « Quoique le contrat de vente, dit-il, ait été, d'abord, valablement contracté par un vendeur..., si, par la suite, *avant la tradition réelle*, la chose étant entière, les parties se désistent du contrat, le contrat est censé, par ce désistement, anéanti et réduit *ad non actum* ; et le profit, auquel il avait donné ouverture, cesse d'être dû. — La raison est que, le contrat ne consistant encore que dans le consentement des parties, ce consentement peut facilement être détruit par un consentement contraire (LL. 35 et 100, D., *De reg. jur.*). — Cette maxime a lieu, quand même il serait intervenu une tradition feinte, telle que celles qui se font par la rétention d'usufruit, les clauses de constitut, de dessaisine, etc... » (Cout. d'Orléans, Introd. gén., n° 72 ; Introd. au tit. des fiefs, n°s 129 et suiv.— Conf. Dumoulin, Cout. de Paris, § 78, gl. 1, n°s 32 et suiv.).

Nous avons expliqué *suprà*, n° 138, pourquoi il n'en pouvait plus être de même aujourd'hui.

222. En général, la résolution des contrats, même lorsqu'elle procède d'une cause ancienne et nécessaire, doit être demandée en justice (c. nap. 1184). Mais rien n'empêche que les parties ne conviennent, à l'amiable, de la résolution, et qu'il ne soit passé un acte de leurs conventions à cet égard. Un pareil acte pourra bien être soupçonné de ne renfermer, sous l'apparence d'une résolution, qu'une véritable rétrocession, dont l'effet ne serait point d'anéantir les hypothèques ou autres droits réels antérieurement conférés sur l'immeuble ; mais, en dehors des cas de fraude, le droit des parties de convenir elles-mêmes de la résolution, au lieu de la demander à la justice, ne nous semble pas pouvoir être mis en doute, excepté en matière d'enregistrement. — **V.** Obligat., n°° 680 et suiv.; Priv. et hyp., n° 1743 ; Vente, n° 1368.—Conf. Req. 30 août 1827; aff. Coens, v° Louage emphyt , n° 31; 12 mars 1829, aff. Guenedey, v° Vente, n° 1300 ; 10 mars 1836, aff. Roussan, v° Priv. et hyp., n° 1743; Bourges, 12 fév. 1853, aff. Demay, D. P. 53. 2. 175; mais V., pour les matières fiscales, v° Enreg., n°° 2459 et suiv.).

223. Lorsque la résolution s'opère à l'amiable, l'acte qui la constate doit-il être transcrit? —« L'affirmative, répond M. Flandin, Transcrip., n° 221, ne saurait être douteuse, en ce qui regarde les résolutions qui procèdent d'une cause extrinsèque, *ex causâ novâ et voluntariâ*. Puisque les choses ne sont pas remises dans leur premier état; puisque les aliénations faites, les hypothèques concédées, dans le temps intermédiaire, sont maintenues, c'est une nouvelle transmission de propriété qui s'opère, et il y a lieu, par conséquent, à l'application de l'art. 1 de la loi du 23 mars 1855 » (Conf. MM. Troplong, ib., n° 244; Rivière et François, Expl., etc., n° 9; Rivière et Huguet, Quest., n°° 6 et suiv.; Mourlon, Rev. prat., t. 2, p. 199, n° 44; Gauthier, Rés. etc., n° 48).

224. M. Troplong, dans le cas dont il vient d'être parlé, semble n'exiger la transcription de l'acte de résolution que lorsque la première vente a été transcrite. « Si un acheteur et un vendeur, dit-il, se désistent, à l'amiable, d'un contrat de vente, sans qu'il y ait aucune des causes pour lesquelles la résolution ou la rescision serait prononcée par les tribunaux, cet acte n'est, en réalité, qu'une revente, une rétrocession; et, *dans le cas où la première vente a été transcrite*, une nouvelle transcription est nécessaire. » — Mais nous préférons le sentiment de M. Flandin, Transcript., n° 222, qui pense que le vendeur, redevenu propriétaire, a intérêt à transcrire, dans tous les cas, pour prévenir l'effet de la transcription que l'acquéreur, ou des tiers tenant leurs droits de lui, pourraient faire ultérieurement de la vente dont la résolution n'aurait pas été rendue publique (Conf. M. Mourlon, loc. cit.).

225. Mais, lorsque la résolution procède d'une cause inhérente au contrat, elle anéantit ce contrat, et fait rentrer les biens dans les mains du vendeur, comme s'ils n'en étaient jamais sortis. La transcription, dès lors, n'est plus nécessaire, puisque l'acte n'est pas translatif de propriété. — « Après la tradition réelle, disait également Pothier (cout. d'Orléans, introduct: au tit. des fiefs, n° 138), le contrat ne peut plus être anéanti, si ce n'est *ex causâ necessariâ* et *inexistenti* contractui, pour raison de quelque vice du contrat; et *il n'est pas dû de profit pour ce contrat rescindé et anéanti...* » (Conf. Dumoulin, Cout. de Paris, § 78, gl. 1, n° 13; V. aussi MM. Troplong, de la Transcr., loc. cit.; Flandin, ib., n° 223; Bressoles, Exposé, etc., n° 28).

226. On verra sous la sect. 7, n°° 383 et s., que, lorsque la résolution est prononcée par jugement, l'art. 4 de la loi du 23 mars 1855 prescrit à l'avoué qui a obtenu ce jugement de le faire mentionner en marge de la transcription de l'acte résolu, à peine de 100 fr. d'amende. — On peut se demander s'il n'est pas également dans l'esprit de la loi que l'acte de résolution soit mentionné en marge de la transcription de l'acte originaire, en vue d'avertir les tiers de cette résolution?

« Il n'est pas douteux, répond M. Flandin, Transcript., n° 224, qu'une pareille mention ne fût fort utile ; car la transcription ne peut pas, comme dans le cas d'une vente à réméré, par exemple, révéler aux tiers les causes multiples qui peuvent, un jour, faire évanouir les droits de l'acquéreur, ni les mettre, par conséquent, en garde contre le danger de traiter avec ce dernier, que, nonobstant la résolution, ils croiront toujours propriétaire. Mais, si utile que fût la mesure, la loi ne pouvait l'imposer, sans faire violence à son principe, qui est de ne soumettre à la transcription que les actes translatifs de propriété. — Elle l'a fait, dira-t-on, pour les jugements qui prononcent une résolution ! — En aucune façon : l'unique sanction de la disposition, qui enjoint à l'avoué de faire opérer la mention du jugement de résolution en marge de la transcription de l'acte résolu, est, comme je le dirai en son lieu (V. cette même sect. 7), cette peine d'amende qu'elle prononce contre lui. Mais le défaut de mention n'entraîne nullement, ainsi que le font remarquer tous les auteurs, l'inefficacité du jugement, à l'égard des tiers qui tiennent des droits réels de celui dont la propriété est annulée ou réso-

lue » (Conf. MM. Troplong, ibid.; n° 232; Rivière et Huguet, loc. cit.; Mourlon, Examen crit. etc., Append., n° 362).

227. On ne doit pas confondre, au reste, la résolution d'un acte translatif, consentie à l'amiable, mais en vertu d'une *cause nécessaire*, avec la renonciation que ferait un individu aux droits qu'il tient de cet acte, renonciation qui devrait être transcrite conformément aux art. 1 et 2 de la loi du 23 mars 1855. C'est une observation que nous empruntons à MM. Rivière et Huguet : « On ne peut pas, évidemment, dire, ainsi que le font remarquer ces auteurs; Quest., n° 18, que l'acheteur, qui rend l'immeuble parce qu'il est dans l'impossibilité de payer, *renonce* à son droit. Il ne fait pas plus, dans l'espèce, une renonciation que lorsqu'il est contraint par un jugement qui prononce la résolution. Il est permis de dire qu'une personne renonce à son droit quand elle en fait une abdication libre, volontaire, spontanée ; mais ici l'acheteur ne convient de résoudre la vente que pour éviter les frais d'un jugement qui le contraindra à déguerpir. Si l'on décidait que l'acte de résolution doit être transcrit, il en résulterait que, tandis que le bénéficiaire d'un jugement n'aurait aucun risque à courir, le vendeur, qui ferait une convention de résolution de gré à gré, serait, au contraire, exposé, faute de transcription, à se voir évincé par les tiers. Or où serait la raison de différence? La position du vendeur n'est-elle pas la même dans les deux hypothèses...? » (Conf. MM. Troplong, de la Transcr., n° 98 ; Flandin, ibid., n° 227).

228. Il n'y a pas lieu de soumettre à la transcription le rapport que fait l'héritier donataire, en exécution de l'art. 843 c. nap., de l'immeuble qu'il a reçu en avancement d'hoirie.—Si l'on considère ce rapport comme un acte de résolution, cette résolution procédant d'une cause inhérente au contrat, puisqu'elle fait rentrer l'immeuble dans la masse, *franc et quitte de toutes charges créées par le donataire* (c. nap. 865), il suit des principes que nous venons de développer qu'aucune transcription n'est nécessaire.—D'un autre côté, le partage fait-il tomber cet immeuble dans le lot du donataire qui l'a rapporté ? Il n'y a plus de résolution. — L'immeuble échoit-il à un autre cohéritier? On applique l'art. 883, d'après lequel « chaque cohéritier est censé avoir succédé seul et immédiatement à tous les effets compris dans son lot ; » ce qui n'est pas moins exclusif de la transcription (supra, n°° 50 et 144. — Conf. M. Flandin, de la Transcr., n° 228).

§ 9. — Des actes administratifs.

229. Il est de principe que les personnes civiles, telles que l'Etat, les départements, les communes, les établissements publics, sont régies, dans leurs intérêts privés, par les mêmes règles que les particuliers. Ainsi, lorsque l'Etat vend, ou achète, ou qu'il passe des baux, si la forme des actes qui sont passés administrativement, nous n'apercevons aucune raison d'affranchir ces actes de la transcription, dans tous les cas où ils sont de simples particuliers et seraient assujetis (Conf. MM. Bressolles, Exp., etc., n° 26 ; Lesenne, Comment., n° 1; Mourlon, Rev. prat., t. 4, p. 111 et suiv., n° 76 ; Flandin, n° 340).

230. M. Troplong, Transcript., n° 80, est d'une opinion contraire. — « Les actes passés en la forme administrative, dit-il, sont de deux sortes : les uns, où, pourvoyant à des intérêts généraux, concèdent des droits à des particuliers : Je cite les concessions de droits d'usage, de mines, de chemins de fer, de canaux, etc. Les autres sont de même nature que les conventions des particuliers ; ils sont relatifs aux intérêts de l'Etat, considéré comme personne civile. Ainsi l'Etat a des biens qu'il peut vendre, grever de servitudes et louer, comme le feraient des personnes privées. L'acte est reçu en la forme administrative, mais le fond est celui d'un acte ordinaire. — Ceci posé, continue l'auteur, il est facile de voir que, quel que soit l'acte administratif dont il s'agit, la loi du 23 mars 1855 ne l'a pas envisagé dans ses prévisions. — Prenons, d'abord, les actes administratifs par lesquels l'Etat, un département, une commune, un établissement d'utilité publique aliènent un immeuble. La transcription est un acte de méfiance, de la part du nouveau propriétaire, contre son vendeur. Or cette méfiance peut-elle exister vis-à-vis de l'Etat, et peut-on craindre que l'Etat, ayant vendu un terrain à un citoyen, vende ensuite ce terrain à un autre ?...»

Pourquoi non? L'Etat, sans doute, lorsqu'il vendra une seconde fois, n'agira pas de mauvaise foi ; mais des erreurs ne sont-elles pas possibles? Et il a été jugé, dans ce cas, qu'il fallait appliquer le droit commun, c'est-à-dire que, d'après les principes du code Napoléon, c'était le premier acquéreur qui devait être préféré au second, sauf à ce dernier à se pourvoir administrativement en restitution du prix, également dans les termes du droit commun (V. les nombreuses décisions que nous avons rapportées v[le] Dom. nation., n°s 24 et suiv., et Vente administr., n°s 21 et 22). — « Mais aujourd'hui, dit M. Flandin, Transcript., n°s 342 et 343, que l'on est revenu au principe de la loi de brumaire, pourquoi, par identité de raison, le second acquéreur ne serait-il pas préféré au premier, s'il avait transcrit avant lui? Puisque l'on a fait de la transcription une sauvegarde pour les tiers, pourquoi la loi cesserait-elle de les protéger, dans le cas où c'est l'Etat qui a vendu, et non un particulier? Est-ce que celui-ci, lorsqu'il a vendu deux fois le même objet (lorsque c'est un héritier, par exemple, qui a ignoré la première vente faite par son auteur), ne peut pas être d'aussi bonne foi que l'administrateur stipulant au nom de l'Etat? La transcription, d'ailleurs, n'est point à examiner, au point de vue de la bonne ou de la mauvaise foi du vendeur, mais au point de vue de l'intérêt des tiers qui ne doivent pas plus avoir à souffrir de l'erreur que de la mauvaise foi. — Objectera-t-on que le second acquéreur est désintéressé, puisqu'il a son recours contre l'Etat, et que l'Etat est toujours solvable ; *fiscus semper solvendo est* ? — Mais ce n'est pas la même chose que d'avoir l'immeuble ou le prix. Puis, à côté de l'intérêt du second acquéreur, il peut y avoir bien d'autres intérêts engagés : ceux de ses créanciers, par exemple, auxquels il aura constitué des hypothèques sur l'immeuble, qui ont eu juste sujet de le croire propriétaire incommutable, aucun autre n'ayant fait transcrire avant lui, et à qui il importe ainsi beaucoup que la seconde vente soit maintenue... »

231. M. Troplong objecte que, devant la commission du sénat, MM. les commissaires du gouvernement ont déclaré que la pensée de la loi du 23 mars 1855 n'avait pas été de soumettre les actes administratifs, translatifs de propriété immobilière, à la transcription (V. le rapport de la commission, p. 11; Impressions du sénat, n° 27). — Mais, dit M. Bressolles, *loc. cit.*, « quel que soit le respect auquel a droit une telle interprétation de la loi, elle ne peut l'emporter sur les principes incontestables qui régissent les personnes morales, quant à leur patrimoine, et auxquels rien ici ne déroge... » — Et il faut ajouter, avec M. Flandin, Transcript., n° 345, «que ce n'est pas devant la commission du sénat, mais devant le corps législatif, qu'une telle observation pouvait utilement se produire, parce que là elle eût pu être relevée, provoquer la contradiction, et, suivant que l'exception eût été admise ou rejetée, déterminer, avec l'assentiment du conseil d'Etat, la modification des art. 1 et 2 de la loi, ou leur maintien pur et simple. Mais pour les tribunaux, chargés d'appliquer la loi, non de la faire, ils n'ont qu'à en consulter les termes et à appliquer la règle : *ubi non lex distinguit, nec nos distinguere debemus.*»

232. A l'égard des actes émanés directement du pouvoir administratif, tels que concessions de mines, de chemins de fer, de canaux, etc., les auteurs que nous venons de citer admettent, ainsi que l'enseigne M. Troplong, n° 81, que la transcription ne leur est pas applicable. « Lorsqu'une mine est concédée, dit M. Bressolles, à l'endroit cité; lorsqu'une prise d'eau est accordée; lorsqu'un atelier insalubre est autorisé, il n'y a pas transmission d'un droit existant, ni même concession d'une servitude ou d'un usage, dans le sens du droit civil, mais plutôt création d'un droit dont l'existence est suffisamment publiée par les formes administratives. Ce ne seront donc que les conventions qui pourront, ensuite, avoir lieu entre particuliers, dans les limites et avec les autorisations légales, à l'occasion de ces droits concédés, qui tomberont sous l'application de la loi du 23 mars » (Conf. MM. Flandin, *loc. cit.*, n° 348; Gauthier, Rés., etc., n° 120; Mourlon, Rev. prat., t. 4, p. 120, n° 77). « C'est vraisemblablement, ajoute M. Flandin, tout ce qu'ont voulu dire MM. les commissaires du gouvernement dans les explications par eux données à la commission du sénat. »

233. Mais il en serait autrement, par les raisons exposées *suprà*, n° 229, de la concession que ferait l'Etat d'un droit de servitude dans une forêt domaniale, parce que, dans une semblable concession, l'Etat agit comme propriétaire, comme personne civile (Conf. M. Flandin, n° 349. — *Contrà*, M. Troplong, *loc. cit.*).

SECT. 2. — *De la transcription des actes entre-vifs (à titre onéreux) translatifs de droits réels susceptibles d'hypothèque.*

234. Nous avons, dans notre traité des Priv. et hyp., n°s 801 à 843, mis au nombre des droits réels, susceptibles d'hypothèques, indépendamment de l'usufruit des immeubles et de leurs accessoires réputés immeubles, dont il est fait mention dans l'art. 2118 c. nap., les droits d'emphytéose et de superficie, les concessions de mines, de chemins de fer, de canaux, et les actions immobilières. — Il en résulte, d'une manière générale, que les actes entre-vifs, emportant transmission de droits de cette nature, sont assujettis à la transcription. — Nous allons parler successivement de chacun de ces droits réels.

235. *Usufruit.* — Nous ne pensons pas avoir besoin de nous arrêter à une difficulté, purement grammaticale, qu'a suggérée à M. Mourlon le mot *translatif*, employé seul dans l'art. 1 de la loi du 23 mars 1855.—Lorsqu'un propriétaire, dit-il, constitue, sur un de ses immeubles, un droit d'usufruit, l'acte *constitutif* de cet usufruit sera-t-il soumis à la transcription? — Evidemment, il faut répondre, avec M. Mourlon, Rev. prat., t. 1, p. 104, n° 20, que, dès que l'art. 2 de la loi précitée met au rang des actes qui doivent être transcrits les actes *constitutifs* d'antichrèse, de servitude, d'usage et d'habitation, il en doit être, à plus forte raison, de même des actes *constitutifs* d'usufruit, l'usufruit n'étant pas seulement une charge mais un démembrement de la propriété. — Ainsi que le fait observer, d'ailleurs, M. Flandin, Transcript., n° 352, l'acte constitutif d'un droit d'usufruit est, dans la réalité, un acte *translatif*. Que fait, dit-il, le propriétaire qui constitue un usufruit sur son immeuble? Il aliène, il *transfère* à un autre une portion de son droit de propriété.

236. Une difficulté plus sérieuse consiste à savoir si l'on doit soumettre à la transcription les contrats de mariage, à raison de l'usufruit légal qui appartient à la communauté sur les propres des époux (c. nap. 1401, 1403 et 1409), au mari sur les biens personnels de la femme, mariée sous le régime exclusif de la communauté (c. nap. 1530, 1533), ou sous le régime dotal (c. nap. 1549 et 1562)?—L'affirmative est enseignée par MM. Rivière et Huguet, Quest., n° 44. « Supposons, disent-ils, que la femme ait aliéné son immeuble avant le mariage, ou cédé l'usufruit de cet immeuble : si le contrat de mariage n'était pas transcrit, l'acquéreur pourrait, en soumettant son acte d'acquisition à la formalité, revendiquer, soit la pleine propriété, soit l'usufruit, à l'encontre des droits, soit de la communauté, soit du mari. — D'un autre côté, si le mari a transcrit le premier, il triomphera, en ce qui concerne la jouissance à laquelle il a droit, contre l'acquéreur qui n'a pas eu le soin de remplir la formalité... »

237. MM. Troplong, de la Transcr., n°s 84 et suiv., et Flandin, *ibid.*, n° 354, sont d'une opinion contraire. — « Sous le régime de la communauté, dit M. Troplong, la communauté n'est pas usufruitière (du Contr. de mar., n° 472) : il n'y a pas lieu à transcription. — Sous le régime exclusif de la communauté, le mari a un droit qu'on ne lui compare au droit d'usufruit (c. nap. 1533). Néanmoins, il est une situation tout exceptionnelle, qui rend la transcription inutile. Il ne peut ni aliéner, ni hypothéquer le droit qu'il a sur les biens de sa femme; il a la jouissance attachée à sa qualité de mari. — D'un autre côté, comme il est appelé à jouir de l'universalité des biens de sa femme, il doit accepter la fortune de celle-ci telle qu'elle est ; par conséquent, il doit subir l'effet des ventes ou constitutions d'usufruit ou d'hypothèques que la femme aurait consenties avant de se marier, et il ne saurait opposer aux tiers le défaut de publication de leur droit avant la transcription du contrat de mariage... » — Sous le régime dotal, M. Troplong distingue entre la constitution de dot à titre universel et celle faite à titre particulier. Pour la première, le mari, usufruitier de la dot (du Contr. de mar., n° 3104), étant tenu de toutes les dettes antérieures de la femme, il ne peut y avoir, comme il vient d'être dit, aucune utilité à transcrire. — « Mais, ajoute M. Troplong, il en est autrement lorsque la constitution de dot est faite à titre particulier. Dans ce cas, le mari a intérêt à faire transcrire le contrat de mariage, afin d'arrêter le cours des inscriptions, du chef de la femme, et de faire évanouir, du moins en ce qui concerne son droit sur les immeubles, le droit d'un acheteur antérieur qui n'aurait pas transcrit. « Sans doute, dit-il, la femme est obligée personnellement; elle reste tenue envers ceux avec qui elle a contracté; mais ses créanciers, qui n'ont pas consolidé leur droit de suite avant le mariage, n'ont pas d'action contre le mari, qui n'est qu'un usufruitier à titre singulier » (Conf. M. Mourlon, Rev. prat., t. 2, p. 77, n° 50 et 51).

238. Selon M. Flandin, il n'y a lieu à transcription dans aucun cas. « Dans les termes, comme dans l'esprit de la loi du 23 mars 1855, dit ce magistrat, pour qu'il y ait lieu à transcription, il ne faut pas seulement qu'il existe un acte translatif de propriété qui puisse être soumis à la formalité, il faut, de plus, que la mutation soit le résultat d'une convention ; en d'autres termes, que cette mutation soit le fait de l'homme, non le fait de la loi. Cela ressort très-nettement du n° 3 de l'art. 1 de la loi précitée, lequel soumet à la transcription « tout jugement qui déclare l'existence d'une *convention* verbale de la nature ci-dessus exprimée, » c'est-à-dire d'une convention opérant transmission de propriété immobilière ou d'un droit réel susceptible d'hypothèque (V. également le n° 3 de l'art. 2). Cette proposition est si évidente qu'on ne trouvera personne, assurément, qui prétende qu'on soit obligé de transcrire un droit de servitude légale, par exemple (V. ci-après, n° 278 et suiv.). La transcription, en effet, n'a été imaginée que pour garantir les tiers de toute surprise, pour empêcher qu'un second acquéreur ne soit victime de la mauvaise foi de son vendeur, qui aurait déjà vendu l'immeuble à une autre personne. Une pareille surprise n'est point à craindre lorsqu'il s'agit d'un droit que la loi confère, parce que nul ne peut dire qu'il a traité dans l'ignorance ce droit qui vient primer le sien. Or, quand les époux se sont mariés sous le régime de la communauté, ou sous le régime exclusif de la communauté, ou sous le régime dotal, ce n'est pas du contrat de mariage, mais de la loi, que découle le droit de jouissance qui appartient à la communauté sur les propres des époux, au mari sur les biens personnels de la femme. La preuve n'en est que la communauté n'en a pas moins droit à cette jouissance, lorsque les époux se sont mariés sans contrat » (Conf. M. Gauthier, Rés., etc., n° 64).

239. Il nous paraît, toutefois, comme à MM. Flandin et Gauthier, qu'il y aurait lieu à transcription si l'immeuble constitué en dot à la femme mariée sous le régime dotal avait été estimé par le contrat de mariage, avec déclaration que cette estimation en transporte la propriété au mari (c. nap. 1552). Il y a, dans ce cas, transmission de propriété immobilière résultant du contrat même, et, par conséquent, matière à transcription.

240. Ce que **nous avons dit** *suprà,* n° 238, de l'usufruit légal de la communauté **ou du mari,** s'applique, par les mêmes raisons, à l'usufruit légal des père et mère sur les biens de leurs enfants, mineurs de dix-huit ans (c. nap. 384 et suiv.) Cet usufruit est conféré directement par la loi : il n'est donc pas assujetti à la transcription (Conf. M. Flandin, de la Transcr., n° 357).

241. *Emphytéose.* — La question de savoir si le bail emphytéotique doit être considéré, à l'instar de l'usufruit, comme un démembrement de la propriété, comme conférant le *jus in re,* ou, au contraire, comme un simple bail, ne différant du bail ordinaire que par la durée, est une question fort controversée. Nous l'avons traitée, avec tous les développements nécessaires, dans divers endroits de cet ouvrage (V. v° Enreg., n° 3031 et suiv.; Louage emphyt., n° 9; Priv. et Hyp., n° 820). — Pour ceux qui ne voient, dans le bail emphytéotique, qu'un bail à longues années, il sera, à la vérité, comme bail à ferme d'une durée de plus de dix-huit ans, soumis à la transcription, en vertu du n° 4 de l'art. 2 de la loi du 23 mars 1855; mais, quoique non transcrit, il restera opposable aux tiers pour dix-huit ans (art. 3, n° 2, de la loi précitée). —C'est cette opinion qui est embrassée par M. Mourlon (Rev. prat., t. 1, p. 105, n° 21).

242. Au contraire, selon nous, qui mettons l'emphytéose

au nombre des *droits réels susceptibles d'hypothèque,* si le bail emphytéotique n'a pas été transcrit, il ne pourra être opposé aux tiers, même pour une durée moindre de dix-huit ans, parce qu'il tombe sous l'application de l'art. 1 de la loi du 23 mars (Conf. MM. Rivière et Huguet, Quest., n° 138 et suiv.; Gauthier, Rés. etc., n° 88; Flandin, de la Transcr., n° 359).

243. Mais à quels caractères, avons-nous dit, v° Priv. **et** Hyp., n° 821, reconnaîtra-t-on le bail emphytéotique, et comment le distinguera-t-on du bail à longues années? Ordinairement l'emphytéose est fait pour quatre-vingt-dix-neuf ans; mais cela n'est pas de règle absolue; et, s'il ne peut aujourd'hui être fait pour un plus long terme (L. 18-29 déc. 1790, tit. 1, art. 1), il peut, certainement, être fait pour un terme plus court. Nous en avons tiré la conséquence que c'est aux tribunaux à rechercher, d'après les principes anciens, puisque le code est muet sur la matière, et d'après l'étendue des droits ou obligations du preneur, quelle est l'espèce de bail que les parties ont voulu faire. On peut consulter, sur ce point, un arrêt de la chambre des requêtes du 24 août 1857, enreg. *C.* le chemin de fer d'Orléans, D. P. 57. 1. 326.

244. *Droit de superficie.* — Le droit de superficie a une grande analogie avec l'emphytéose. On entend par *superficie,* avons-nous dit encore, v° Priv. et hyp., n° 822, ce qui est à la surface du sol et lui est adhérent, comme les bâtiments, les arbres, les plantes de toute espèce : *Superficies, quod suprà soli faciem est, veluti si quid satum aut ædificatum est : itaque vites, arbores, planta, segetes* SUPERFICIES *appellantur.*—Le droit de superficie peut être défini : le droit de jouir et de disposer, à temps ou à toujours, de tout ou partie des édifices existant sur le fonds d'autrui, comme de tout ou partie des arbres ou des plantes qui y croissent; que ce droit résulte d'un bail ou d'une vente, d'un legs ou d'une donation; qu'il soit constitué pour un prix unique, ou moyennant une rente ou prestation annuelle (V. la loi 1, §§ 1 et 7, et la loi 2, *De superf.*).

245. Le droit de superficie est donc un droit réel immobilier, susceptible, comme l'emphytéose, de l'affectation hypothécaire (L. 16, § 2, D., *De pignor. act.*; L. 15, D., *Qui pot. in pign.*; L. 1, § 3, D., *De superf.*; V. aussi v° Priv. et hyp., n° 823 et 824); et, par conséquent, l'acte constitutif d'un pareil droit doit être transcrit (Conf. MM. Troplong, de la Transcr., n° 82; Flandin, *ib.,* n° 364).

246. Mais, si c'était par concession administrative, dit M. Troplong, *loc. cit.,* que l'emphytéose ou le droit de superficie eussent été créés, il n'y aurait pas lieu à transcription. — Nous avons, *suprà,* n° 229 et 233, manifesté une opinion contraire.

247. Dans le bail à *convenant,* ou à *domaine congéable,* ainsi que le fait observer M. Flandin, Transcript., n° 366, le droit du colon sur les édifices et autres superficies est un véritable droit de superficie (V. v° Louage à dom. cong., n° 2 ; Priv. et hyp., n° 825 et suiv.). Sous ce rapport, par conséquent, le bail serait sujet à transcription, quand même il aurait une durée inférieure à dix-huit ans (Conf. MM. Mourlon, Rev. prat., t. 1, p. 14, n° 8; Gauthier, Résumé, etc., n° 90).

248. *Mines.* — Nous avons dit *suprà,* n° 65, que les mines concédées par le gouvernement, même au propriétaire de la surface, forment une propriété distincte, de nature immobilière et susceptible d'hypothèque ; et nous en avons conclu que l'acte, contenant transmission d'un immeuble de cette nature, devait être transcrit.

249. Mais nous avons ajouté, n° 71, qu'il en était autrement des minières et carrières, lesquelles ne forment pas, comme les mines, une propriété particulière et distincte de la propriété de la surface. Nous en avons tiré la conséquence que la vente ou la cession du droit d'exploiter une minière, une carrière, faite même pour un temps illimité et jusqu'à épuisement des matières à extraire, si elle ne comprend, en même temps, la vente du tréfonds, ne constitue qu'une vente mobilière, non sujette à transcription. — Nous avons encore donné, '*loc. cit.*, d'autres détails sur la matière, auxquels il nous suffit de renvoyer.

250. *Chemins de fer.* — La loi du 11 juin 1842, ainsi que nous l'avons expliqué v° Priv. et hypoth., n° 857 et suiv., avait admis pour l'établissement de ces grandes voies de communication, un système mixte, qui consistait à mettre à la charge de l'Etat, avec le concours des départements et des communes, la construction de la voie et l'acquisition des terrains, en laissant à la charge de la compagnie concessionnaire la pose des rails et l'achat du matériel d'exploitation. L'Etat, dans ce système, était propriétaire des chemins, et il en concédait l'exploitation à la compagnie, à titre de bail, dont la loi de concession fixait les conditions et la durée (loi précitée, art. 6). — L'exploitation d'un chemin de fer, dans ces conditions, constitue une véritable jouissance emphytéotique, ainsi que l'exprimait M. Béthmont, dans son rapport au conseil d'Etat sur le projet de réforme hypothécaire (rapp., p. 38, impressions de l'assemblée nationale, annexe du nᵒ 915; Conf. M. Flandin, de la Transcript., nᵒ 369).

251. Mais le mode de construction qui prévaut aujourd'hui est celui de la confection entière de la voie, y compris l'acquisition des terrains, par l'industrie privée. Dans ce système, ce n'est plus l'Etat, mais la compagnie concessionnaire, qui est propriétaire du chemin. La concession, toutefois, n'est que temporaire et l'Etat se réserve la faculté de racheter la voie, au terme de la concession. — Il est évident qu'un chemin de fer, dans ces conditions, est susceptible d'hypothèque, puisqu'il constitue une propriété immobilière, quoique résoluble (c. nap. 2125). Partant, l'aliénation qu'en ferait la compagnie concessionnaire serait sujette à transcription.

252. *Canaux.* — Ce que nous venons de dire des chemins de fer, il faut l'appliquer aux canaux. — Lorsqu'ils ont été exécutés par l'industrie privée, la compagnie concessionnaire, propriétaire du canal, peut l'affecter hypothécairement à la garantie de ses obligations; et, si elle l'aliène, l'acquéreur sera tenu de faire transcrire.

253. Lorsque c'est l'Etat qui est propriétaire du canal, ce canal fait partie du domaine public, et n'est plus, dès lors, comme chose placée hors du commerce, susceptible d'hypothèque (c. nap. 2118, V. vᵒ Priv. et hyp., nᵒˢ 839 et 840; Conf. M. Flandin, *loc. cit.*, nᵒˢ 371 et 372).

254. L'Etat, propriétaire d'un chemin de fer ou d'un canal, peut en concéder l'exploitation à autrui ou à toujours. D'ordinaire, ces concessions se font pour quatre-vingt-dix-neuf ans. Elles constituent, alors, de véritables baux emphytéotiques, auxquels il faut appliquer ce que nous avons dit *supra*, nᵒ 242 (V. Privil. et hyp., nᵒ 840; Conf. M. Flandin, *loc. cit.*, nᵒ 372).

255. La commission de l'assemblée nationale, dans le projet de réforme hypothécaire de 1850, avait ajouté à la rédaction définitive du nouvel art. 2118 une disposition qui mettait au rang des biens susceptibles d'hypothèque « les concessions de chemins de fer, canaux, ponts et autres travaux d'utilité publique, faites pour *vingt ans* ou plus. » Mais nous avons dit, vᵒ Priv. et hyp., *loc. cit.*, qu'il était douteux qu'on pût attribuer le caractère de jouissance emphytéotique à une concession de cette nature, faite pour *vingt ans* seulement. C'est, au reste, comme nous l'avons fait remarquer au même endroit, une question abandonnée à l'appréciation des tribunaux (V. *supra*, nᵒ 243; Conf. M. Flandin, *loc. cit.*, nᵒ 373).

256. On a vu *supra*, nᵒ 232, que, lorsque les concessions de mines, de chemins de fer, de canaux, sont faites directement par l'Etat à des particuliers ou à des compagnies financières, elles ne tombent pas sous l'application de la loi du 23 mars 1855, et qu'il n'y a d'assujetties à la transcription que les conventions qui ont lieu entre les particuliers, à l'occasion des droits concédés. — Nous en avons déduit les raisons, et nous n'avons point à y revenir (Conf. M. Flandin, *loc. cit.*, nᵒ 376).

257. *Actions immobilières.* — Les actions immobilières, telles que l'action en réméré, l'action en rescision pour lésion, l'action en résolution ou en nullité, et, en général, toutes actions qui ont pour objet la propriété ou l'usufruit d'un immeuble, ne sont pas, en elles-mêmes, susceptibles d'hypothèque; mais on peut, ce qui revient au même, hypothéquer les immeubles auxquels elles se réfèrent (V. Priv. et hyp., nᵒ 843). — Sous ce premier rapport donc, l'art. 1, nᵒ 1, de la loi du 23 mars 1855 leur est applicable.

258. Mais il leur est encore applicable sous un autre rapport. C'est un principe de droit que celui qui possède une action pour recouvrer un immeuble est censé posséder l'immeuble lui-même :

Is qui actionem habet ad rem recuperandam, ipsam rem habere videtur (L. 15, D., *De div. reg. jur.*). On peut donc, sans forcer le sens de la loi, ranger parmi les actes translatifs de *propriété immobilière* toute cession d'une action qui a pour objet la revendication d'un immeuble. « Si l'on y regarde de près, dit M. Troplong, Transcr., nᵒ 56, on verra que, dans le cas où l'action réussit en justice, l'immeuble revendiqué n'a été transféré, de l'ancien propriétaire au nouveau, que par la cession de l'action. Ce n'est pas, assurément, par le jugement que cette translation s'est opérée; car le jugement n'est que déclaratif. Et où trouverait-on le principe de la translation, si on ne le rencontrait dans la cession de l'action, au moyen de laquelle on s'est fait mettre en pleine possession et jouissance... ? » — Il est évident, dès lors, comme le fait remarquer le même auteur, que, si le cessionnaire de l'action ne faisait pas transcrire immédiatement son acte de cession, le cédant pourrait vendre l'immeuble à un autre avant l'événement du procès; et que, si celui-ci faisait transcrire avant le cessionnaire, il ne servirait de rien à ce dernier de gagner le procès; car il ne pourrait se faire préférer au tiers acquéreur de bonne foi qui aurait transcrit avant lui (Conf. MM. Mourlon, Rev. prat., t. 1, p. 68, nᵒˢ 15, 16 et 17, et t. 2, p. 322; Gauthier, Rés., etc., nᵒˢ 27, 46 et 47; Bressolles, nᵒ 17; Flandin, de la Transcr., nᵒˢ 377 et 378. V. aussi MM. Troplong, des Donat., t. 3, nᵒ 1165; Duranton, t. 8, nᵒ 504; Grenier, des Donat., t. 2, nᵒˢ 165 et 164; Bayle-Mouillard, sur Grenier, *loc. cit.*, note a).

259. Suivant MM. Rivière et Huguet, Quest., nᵒ 107, au contraire, si l'acquéreur d'un immeuble, sous condition suspensive, cède à un autre le droit éventuel qu'il a dans cet immeuble, avant l'événement de la condition, cette cession, quoique le premier acte doive être transcrit, ne sera pas soumise elle-même à la transcription. — « Supposons, disent-ils, que Pierre vende à Paul son immeuble sous condition, et que Paul vende son droit à Jacques, ce dernier sera-t-il obligé de faire transcrire, de telle sorte que, si, après la vente, Paul vendait son droit à Jean, et que ce dernier transcrive, il pourrait, en cas de réalisation de la condition, évincer Jacques? » — MM. Rivière et Huguet répondent négativement. — « Ce que Paul cède à Jacques, ce n'est pas, prétendent-ils, le droit de propriété immobilière, c'est un simple droit qui, par suite de la réalisation de la condition, pourra bien se convertir en un droit de propriété immobilière, mais enfin qui n'a pas cette nature au moment du contrat, au moment de la transmission. — D'un autre côté, ce droit, quoi qu'il soit immobilier, n'est pas susceptible d'hypothèque. Sans doute, Jacques, après avoir acquis, pourrait bien consentir une hypothèque sur l'immeuble, laquelle serait irrévocablement assise, si la condition arrivait; mais il ne pourrait pas hypothéquer le droit conditionnel qui lui est cédé. Cette doctrine est assez généralement admise. Or, si ce qui est transmis par Paul à Jacques n'est ni le droit de propriété immobilière, ni un droit qui puisse être grevé d'hypothèque, la transcription n'est pas exigée; car ce sont seulement les actes translatifs de *propriété immobilière*, ou de *droits susceptibles d'hypothèque*, que l'art. 1 de la loi du 23 mars soumet à la transcription... » (Conf. Zachariæ, t. 3, § 704, note 9, éd. Aubry et Rau).

260. Il y a là, comme le fait remarquer M. Flandin, Transcr., nᵒ 379, une double erreur. « MM. Rivière et Huguet, dit l'honorable magistrat, commencent par déclarer que ce qui est cédé par Paul à Jacques n'est pas un droit de propriété immobilière, quoiqu'il puisse le devenir par la réalisation de la condition... Les auteurs, sans doute, n'entendent pas dire que le droit cédé n'ait pas le caractère immobilier. Cela serait contraire à la maxime : *Actio quæ tendit ad mobile mobilis est, quæ tendit ad immobile immobilis est.* Eux-mêmes, d'ailleurs, lui reconnaissent, un peu plus bas, ce caractère. Ce qu'ils veulent dire, c'est que le droit cédé, quoique de nature immobilière, n'est pas encore un droit réalisé, enfin un droit purement éventuel. — Mais qu'importe? Ce que Paul cède à Jacques n'est pas autre chose que ce que Paul a acquis de Pierre. Si donc la transcription du contrat primitif était nécessaire, à raison de la nature du droit transmis au premier acquéreur (V. *supra*, nᵒ 91), on ne voit pas par quelle raison la transmission que celui-ci en ferait, à son tour, serait affranchie de la même formalité. — MM. Rivière et

Huguet disent, ensuite, que le droit cédé, quoiqu'il soit immobilier, n'est pas susceptible d'hypothèque. — Ils conviennent, pourtant, que Jacques, après avoir acquis de Paul, pourrait consentir une hypothèque sur l'immeuble, sans attendre la réalisation de la condition. — Mais, alors, n'est-ce pas la même chose que donner en hypothèque le droit lui-même? Et MM. Rivière et Huguet, pour rester conséquents avec leur système, sont obligés d'ajouter (loc. cit., n° 108) que, « lors même que Paul, dans l'espèce, après la condition accomplie, revendrait l'immeuble à un tiers, qui ferait transcrire, celui-ci ne pourrait évincer Jacques, dont le titre n'aurait pas été transcrit, » parce que « c'est au moment où l'acte a lieu qu'il faut considérer la nature du droit, pour décider s'il doit, ou non, être transcrit. » L'énormité de cette conséquence, qui serait la violation la plus flagrante du droit des tiers, aurait dû les avertir de la fausseté de leur principe. »

261. On pourra objecter, continue M. Flandin, Transcript., n° 380, qu'aux termes de l'art. 1690 c. nap., le cessionnaire de l'action immobilière est saisi, à l'égard des tiers, par la signification du transport faite au débiteur, ou par l'acceptation de ce dernier dans un acte authentique; ce qui rend inutile la transcription, prescrite également dans l'unique intérêt des tiers. — « Cette objection, dit l'auteur, ne laisse pas que d'embarrasser, au premier abord; mais peu de réflexion suffit pour la faire écarter. — En effet, l'art. 1 de la loi du 23 mars 1855 soumet à la transcription « tout acte entre-vifs translatif de propriété immobilière, ou de droits réels susceptibles d'hypothèque. » Veut-on que ces mots, propriété immobilière, ne s'appliquent qu'aux choses corporelles, parce que le sens en serait restreint et limité par les expressions droits réels qui suivent? Soit. Mais je viens de dire que les actions immobilières, telles que l'action en rescision pour lésion, l'action en nullité, et généralement toutes actions qui ont pour objet la revendication d'un immeuble, sont susceptibles d'hypothèque, en ce sens que celui qui a une action pour recouvrer un immeuble peut donner cet immeuble lui-même en hypothèque : donc l'art. 1 de la loi du 23 mars 1855 s'applique déjà, par son texte, au transport des actions immobilières, comme à la vente d'un fonds de terre ou d'une maison. Il ne s'y applique pas moins par son esprit. Que s'est-on proposé par la transcription? D'appeler la publicité sur les actes emportant transmission immobilière, afin de garantir, par ce moyen, la sécurité des tiers. La signification faite au débiteur, ou l'acceptation de transport par ce dernier, dans un acte ignoré de ceux qui contracteront plus tard avec le cédant, ne saurait remplir ce but. Elle pouvait suffire, dans les principes du code Napoléon, pour empêcher le débiteur de se libérer entre les mains du cédant, au préjudice de celui qui s'était rendu cessionnaire de la créance. Mais aujourd'hui elle ferait disparate avec le système absolu de publicité organisé par la loi du 23 mars 1855. — Vainement dirait-on qu'en s'adressant au débiteur, à qui signification aurait été faite de l'acte de cession (au possesseur de l'immeuble, dans notre hypothèse), les tiers seront avertis qu'ils ne doivent plus traiter avec le cédant, qui se trouve dessaisi. Ce moyen de s'éclairer sur les véritables droits de ce dernier ne leur présente ni la même commodité ni la même sécurité que leur offrent les registres, toujours ouverts à leurs recherches, et les certificats délivrés par un fonctionnaire de qui il n'y a aucune collusion à craindre avec le cédant. L'unité, l'homogénéité de dispositions sont, d'ailleurs, des conditions indispensables pour une loi telle que la loi sur la transcription, et il n'est pas à présumer que le législateur ait voulait donner une base plus large au crédit, en le faisant reposer sur la sécurité des transactions, ait songé à admettre deux modes de publicité pour les transmissions immobilières : l'un pour les choses corporelles, comme les fonds de terre ou les bâtiments; l'autre pour les choses incorporelles ou les actions. Sa pensée même se révèle, sur ce dernier point, par l'art. 2 de la loi précitée, qui soumet à la transcription tout acte constitutif (et il faut ajouter translatif, comme je le dirai dans la section suivante) d'antichrèse, de servitude, d'usage et d'habitation, qui ne sont autre chose que des droits incorporels, régis, à ce titre, par l'art. 1690 c. nap....... » (V., dans le même sens, Caen, 19 mai 1855. aff. Huvet, D. P. 55. 2. 347).

262. Les principes ci-dessus sont applicables au transport que fait le vendeur, à pacte de rachat, du droit de reprendre, dans le délai fixé pour l'exercice du réméré, l'immeuble qu'il a vendu. — MM. Rivière et Huguet, Quest., n° 109 et suiv., renouvellent ici leur objection. On ne doit pas transcrire, disent-ils, parce que l'acte de cession n'est pas, en soi, translatif de propriété. « A l'époque où il a été consenti, l'acheteur à réméré, ou celui contre lequel la résolution serra, plus tard, prononcée, est encore propriétaire : ce n'est donc pas le droit de propriété qui est cédé par le vendeur. » — Mais si l'acheteur à réméré, répond M. Flandin, loc. cit., n° 385, demeure propriétaire, tant que le réméré n'est pas exercé, cela n'empêche pas que le vendeur à pacte de rachat ne soit, de son côté, propriétaire éventuel de l'immeuble qu'il a vendu sous condition de réméré. Il y a donc, du cédant au cessionnaire, transmission éventuelle d'une propriété immobilière, et cela suffit, comme on l'a vu au n° 91, pour que l'acte soit sujet à transcription. « La preuve en est, dit M. Troplong, Transcript., n° 60, que le rachat échéant, c'est en vertu de cette cession d'action que le cessionnaire refrayant est devenu propriétaire et que la mutation s'est effectuée » (Conf. MM. Mourlon, Revue prat., t. 1, p. 74, n° 16 et 17, et t. 2. p. 322; Gauthier, n° 48 ; Lesenne, n° 10. V. aussi Cass. 21 germ. an 12, aff. Haësebeyt; 5 août 1806, aff. de Montbrun, v° Enreg., n° 2774; 26 août 1859, aff. Charriet, eod., n° 600).

263. Si c'est le vendeur lui-même qui exerce le rachat, dans le délai fixé pour le réméré, l'acte de rachat, comme le dit la cour de cassation, dans les arrêts précités, n'opère, en faveur du vendeur, aucune translation de propriété; il ne fait que le rétablir dans les droits de propriété qui lui appartenaient avant la vente. Il n'y a pas lieu, dès lors, à transcription. On dirait en vain que, si rien n'annonce aux tiers que le rachat a eu lieu, ils pourront traiter avec l'acquéreur à pacte de rachat comme s'il était encore propriétaire. — Il faut répondre que si, comme on doit le supposer, le vente à pacte de rachat a été transcrite, ils ont été avertis, par cette transcription, de la condition résolutoire attachée à l'acte de vente. — Nous avons déjà dit, d'ailleurs, suprà, n° 209, que l'intérêt des tiers ne devait pas servir de prétexte pour introduire dans la loi des exceptions que son texte ne comporte pas (Conf. MM. Flandin, de la Transcription, n°s 386 et 587; Troplong, ibid., n° 245; Gauthier, Résumé, etc., n° 28 ; Lesenne, Comment., n° 8).

264. Les notaires feront bien, néanmoins, de suivre le conseil que leur donne M. Lesenne, de faire mentionner, en marge de la transcription de l'acte de vente, l'acte de résolution, à l'instar de ce que prescrit l'art. 4 de la loi du 23 mars 1855 pour les jugements (V. infrà, n°s 383 et suiv.); sans, toutefois, ajoute-t-il, que la loi y oblige, ni qu'elle leur impose aucune amende pour ne l'avoir pas fait. La sécurité des tiers, dit M. Flandin, Transcript., n°s 118, 388, ne peut que gagner à cette sage précaution, et le conservateur ne pourrait se refuser à faire la mention, sous prétexte qu'elle ne rentre pas dans les termes de l'art. 4, dès qu'il s'agit d'une mesure utile et qu'on lui offrirait le salaire de la formalité.

265. Si le réméré était exercé hors du délai, il y aurait une nouvelle mutation, et l'acte de rétrocession devrait être transcrit. La loi du 22 frim. an 7, art. 69, § 7, n° 6, assujettit, en effet, dans ce cas, le retrait de réméré au droit proportionnel (Conf. MM. Rivière et Huguet, Quest., n° 44; Flandin, n° 86).

266. L'acte, par lequel un vendeur transporte à un tiers le prix qui lui est dû, quoique comprenant accessoirement le privilége et l'action résolutoire attachés à la créance, ne doit pas être transcrit. — Si l'on considère, en effet, dit M. Flandin, Transcript., n°s 190 et suiv., que ce qui forme l'objet direct et principal de la cession, c'est la créance, chose mobilière; que l'action en résolution, quoique immobilière de sa nature, n'y est comprise qu'à titre d'accessoire, comme les autres garanties attachées à la créance, pour en assurer le payement, on reconnaîtra que l'action en résolution, chose accessoire, ne doit pas être transcrite (Conf. MM. Mourlon, Rev. prat., t. 1, p. 77, n° 18; Gauthier, n° 49). — On appliquera, dans ce cas, l'art. 1690 c. nap. : non pas que la signification du transport faite au débiteur, dans les termes de cet article, soit équivalente, pour les tiers, ainsi que le prétend M. Mourlon, à la transcription (V. ce qui est dit n° 261), mais parce que, comme le dit très-bien M. Flandin, il est impossible de concevoir l'action résolutoire comme pouvant produire un effet utile, détachée de la créance à laquelle elle se réfère.—Il est cependant un cas où la transcription pourrait être utile au cessionnaire, c'est celui dont il est parlé *infrà*, n° 325.

267. On a vu, v° Priv. et hyp., n°⁸ 730 et 783, que le droit d'hypothèque, quoique qualifié, par l'art. 2114 c. nap., de *droit réel sur les immeubles*, n'a pas, pour cela, le caractère immobilier, parce que la fin de l'hypothèque étant la vente de l'immeuble affecté, elle n'a, en réalité, pour objet qu'une somme d'argent, chose essentiellement mobilière. C'est cette raison qui nous a fait décider, avec tous les auteurs, que le droit d'hypothèque n'est pas, en soi, susceptible d'hypothèque, quoiqu'on puisse arriver au même résultat, dit M. Duranton, t. 19, n° 272, par la subrogation d'hypothèque. —M. Bressolles, Exposé des règles sur la transcript., n° 18, en a très-justement conclu que la constitution d'hypothèque n'est pas soumise à la formalité de la transcription. Le mode de publicité de l'hypothèque, dit l'auteur, c'est l'inscription (Conf. M. Flandin, de la Transcript., n° 394).

268. On doit décider, par la même raison, que la cession ou subrogation d'hypothèque n'est pas non plus susceptible de transcription (M. Flandin, *loc. cit.*, n° 395).

Sect. 3. — *De la transcription des actes entre-vifs (à titre onéreux), constitutifs de droits d'antichrèse, de servitude, d'usage et d'habitation.*

269. La loi du 23 mars 1855, en remettant en vigueur le principe de la loi du 11 brum. an 7, a complété ce principe, en soumettant à la transcription, en même temps que les actes translatifs de *biens et droits susceptibles d'hypothèque* (art. 26 de la loi de brumaire), les actes constitutifs d'antichrèse, de servitude, d'usage et d'habitation, dont cette dernière loi ne faisait aucune mention (L. 23 mars 1855, art. 2, n° 1). Ce sont des droits réels, en effet, qui affectent gravement la propriété, et que les tiers sont intéressés à connaître, puisqu'ils en diminuent la valeur.

270. En déclarant qu'on doit transcrire « tout acte constitutif d'antichrèse, de servitude, d'usage et d'habitation, » l'art. 2 précité n'a pas reproduit, dans son texte, le mot *entre-vifs* qui se trouve dans l'art. 1 : faut-il en conclure qu'un droit réel de cette nature, qui serait établi par *testament*, serait sujet à transcription? — Evidemment non; et c'est ce qui résulte des explications données, dans la discussion, par le rapporteur de la loi. Un membre du corps législatif, M. Duclos, avait signalé l'omission : M. A. Debelleyme répondit que « la rédaction des deux premiers articles, dans son ensemble, ne permettait pas de supposer qu'ils s'appliquassent à autre chose qu'à des actes entre-vifs » (séance du 13 janv. 1855, V. *suprà*, p. 682, note des art. 1 et 2, n° 5).

271. Une autre remarque à faire sur l'art. 2, c'est qu'il ne parle pas, comme l'art. 1, des actes *translatifs*, mais seulement des actes *constitutifs* d'antichrèse, de servitude, d'usage et d'habitation. — Il y en a une raison pour les droits d'usage et d'habitation, qui sont, de leur nature, incessibles (c. nap. 631 et 634). — Il est également de règle qu'un droit de servitude ne peut être vendu séparément du fonds auquel il est attaché, puisque l'art. 637 définit la servitude : « une charge imposée sur un héritage *pour l'usage et l'utilité d'un héritage* appartenant à un autre propriétaire. » — Ce n'est donc qu'à raison de l'antichrèse que la question peut se présenter, et nous l'examinerons plus bas, lorsque nous parlerons spécialement de l'antichrèse (V. n°⁸ 274 et suiv.).

272. Il est une autre question, sur laquelle nous voulons nous expliquer auparavant, c'est celle de savoir si la constitution d'un droit de servitude, d'un droit d'usage ou d'habitation, faite par acte entre-vifs, mais *à titre gratuit*, est soumise à la transcription? — Le doute vient de l'art. 11 de la loi précitée du 23 mars 1855, qui porte, dans son paragraphe final, « qu'il n'est point dérogé aux dispositions du code Napoléon relatives à la transcription des actes portant donation, ou contenant des dispositions à charge de rendre, (lesquelles) continueront à rece-

voir leur exécution. » Or, peut-on dire, l'art. 939 c. nap. ne soumet à la transcription que la donation de biens *susceptibles d'hypothèque*, au nombre desquels ne figurent pas les droits de servitude, d'usage ou d'habitation (V. Priv. et hyp., n°⁸ 818 et 819). — Mais il faut répondre que ce n'est pas proprement déroger au code Napoléon que d'ajouter à ses prescriptions une disposition évidemment conçue dans le même esprit. La loi du 11 brum. an 7, dans son art. 26, n'avait appliqué la transcription qu'aux actes translatifs de biens et droits *susceptibles d'hypothèque*; elle avait laissé dans le droit commun les actes translatifs de droits réels immobiliers non susceptibles d'hypothèque. Le code Napoléon reproduisit la disposition de la loi de brumaire pour les actes translatifs à titre gratuit, mais sans l'étendre aux actes translatifs à titre onéreux. Est intervenue la loi du 23 mars 1855, qui a étendu le principe de la loi de brumaire, en soumettant à la transcription, non plus seulement les actes translatifs de biens et droits susceptibles d'hypothèque, mais, en outre, les actes constitutifs d'antichrèse, de servitude, d'usage et d'habitation. Le but, la pensée dominante de cette loi, a été de combler la lacune du code Napoléon, de rétablir, en son entier, le principe de la loi de brumaire, en soumettant à la transcription tous les actes translatifs de propriété immobilière, sans distinction des actes à titre onéreux et des actes à titre gratuit. Mais la loi de 1855 n'avait pas à refaire, pour les actes de cette dernière classe, ce qui avait été fait pour le code Napoléon ; et, en conséquence, dans un article (l'art. 11) où elle réglait quels devaient être les effets de la loi pour le passé, elle a dit, par forme d'abréviation, « qu'il n'était point dérogé aux dispositions du code Napoléon relatives à la transcription des actes portant donation ou contenant des dispositions à charge de rendre. » Mais elle ne l'a pas dit, assurément, pour exempter les donations de la formalité de la transcription, lorsqu'elles ne porteraient que sur un droit de servitude, un droit d'usage ou d'habitation; et c'est bien le cas de répéter ici ce que nous avons déjà dit, sur la même question, v° Dispos. entre-vifs et test., n° 1546, « qu'il serait bizarre que, dans notre législation, la constitution de servitudes réelles, de droits d'usage, d'habitation, lorsqu'elle est faite à titre onéreux, fût soumise à la formalité de la transcription, et qu'elle s'en trouvât dispensée, du moment qu'elle a lieu à titre gratuit. Les tiers ont, en effet, le même intérêt à connaître l'établissement de ces droits réels, dans les deux cas, pour avoir la mesure du crédit de celui avec lequel ils vont contracter.... » (Conf. MM. Rivière et Huguet, Quest., n° 435; Troplong, de la Transcript., n°⁸ 110 et suiv.; Gauthier, Rés., etc., n° 95; Mourlon, Examen crit., etc., Append., n° 334; Flandin, de la Transcr., n°⁸ 679 et suiv.).

273. Il a, ainsi, été jugé, antérieurement à la loi du 23 mars 1855, que, bien que le droit d'habitation ne puisse être isolément ni saisi, ni hypothéqué, il constitue, néanmoins, un droit immobilier, un démembrement du fonds sur lequel il est établi, soumis lui-même, à ce titre, aux hypothèques qui grèvent ce fonds (V. Priv. et hyp., n°⁸ 1774 et 1775; V. aussi M. Pardessus, des Servit., n° 243); que, par suite, la donation d'un tel droit ne peut être opposée aux tiers qu'autant qu'elle a été transcrite (Caen, 19 mai 1855, aff. Huvet, D. P. 55. 2. 347. — Conf. Riom, 23 mai 1842, aff. Broquin, v° Dispos. entre-vifs et test., n° 1546).

274. *Antichrèse.* — L'antichrèse est de la classe des contrats *réels*, qui ne deviennent parfaits que par la tradition de la chose. C'est ce que déclare l'art. 2076 c. nap., d'après lequel « le privilége ne subsiste sur la gage qu'autant que le gage a été mis et est resté en la possession du créancier, ou d'un tiers convenu entre les parties; » disposition qu'on doit considérer comme commune au gage et à l'antichrèse, bien qu'il ne soit pas interdit au créancier de donner à bail l'immeuble antichrésé, auquel cas il n'a pas à s'en mettre en possession civile (Caen, 12 fév. 1855, aff. Lapeyrière, D. P. 55. 2. 101. V. aussi v° Nantissement, n° 251. — *Contra*, M. Mourlon, Rev. prat., t. 5, p. 440, n°⁸ 90 et a.).

275. Quoiqu'il suit, ainsi, de la nature du droit d'antichrèse de ne pouvoir être transporté à un tiers, le contraire peut arriver, cependant, lorsque le transport d'une antichrèse alléne la créance à laquelle le droit d'antichrèse est attaché (c· nap. 1692). Dans ce cas, il nous semble, comme à M. Flandin, Transcript. n° 404, contre **le**

sentiment de M. Mourlon, Rev. prat., *loc. cit.*, n° 104, que l'acte de cession doit être transcrit. « Si la loi ne l'a pas dit, fait observer M. Flandin, c'est parce que ce cas sera nécessairement fort rare, et que *ex his quœ plerumque fiunt jura constituuntur*. Lorsqu'il y a aliénation d'un droit de servitude, comme conséquence de l'aliénation du fonds auquel la servitude est due, la transcription de l'acte translatif de la servitude se confond avec la transcription de l'acte translatif de la propriété, puisqu'il s'agit d'un seul et même acte. Mais, s'il était possible de concevoir ces actes séparés, la formalité devrait s'appliquer à tous les deux. Il en doit être ainsi, lorsqu'il s'agit de l'aliénation d'un droit d'antichrèse, comme conséquence de l'aliénation de la créance à laquelle ce droit d'antichrèse se réfère. L'acte de transport de la créance n'est point, quant à cette créance, passible de la transcription, parce qu'il s'agit de chose mobilière ; mais il y demeure soumis, quant au droit d'antichrèse, droit incorporel immobilier... »

276. Si nous avons *suprà*, n° 266, exprimé une opinion différente dans un cas qui a du rapport avec celui-ci, c'est qu'il n'y a pas similitude complète entre les deux hypothèses. Lorsque nous avons dit, en effet, que le cessionnaire d'un prix de vente, qui se trouve en même temps saisi de l'action résolutoire du vendeur, n'est pas obligé de faire transcrire, à raison de l'action résolutoire, nous en avons donné pour motif que l'action résolutoire ne peut produire aucun effet utile, séparée de la créance à laquelle elle se réfère. — Mais il n'en est pas de même du cessionnaire à qui le créancier antichrésiste a transporté, avec sa créance, le droit d'antichrèse qui y est attaché. Si ce cessionnaire ne fait pas transcrire ; s'il se contente de notifier son transport au débiteur cédé, il s'expose à se voir préférer des tiers auxquels le débiteur aura constitué des hypothèques ou autres droits réels sur l'immeuble donné en antichrèse, et que les auront conservés par la transcription (L. 23 mars 1855, art. 3). En faisant transcrire, au contraire, il n'aura rien à redouter des actes ultérieurs du débiteur cédé. — La loi du 23 mars, en effet, en soumettant le contrat d'antichrèse à la transcription, a tranché, et il faut le dire, dans un sens opposé à l'opinion par nous soutenue, v° Nantissement, n° 241, une question, autrefois controversée, celle de savoir si le droit qu'a le créancier antichrésiste de se payer sur les fruits de l'immeuble, par préférence à tous autres créanciers, et de retenir cet immeuble jusqu'à parfait payement (c. nap. 2085 et 2087), est un droit purement personnel, *jus ad rem*, ou s'il constitue un droit réel, *jus in re*, opposable aux tiers qui ont traité avec le débiteur depuis la dation de l'immeuble en antichrèse, et notamment aux créanciers hypothécaires postérieurs ? Evidemment, ainsi que le dit M. Gauthier, Rés., n° 94, si l'antichrèse doit être rendue publique, c'est que la convention, loin de se restreindre entre le débiteur et le créancier, est opposable aux tiers (Conf. MM. Pont, Priv. et hyp., n° 28 ; Mourlon, Rev. prat., *loc. cit.*, n° 92 et 93; Flandin, de la Transcr., n° 405).

277. Il faut répondre à une objection qu'on peut nous faire. — Partant de la supposition que le créancier antichrésiste a fait transcrire l'acte constitutif du droit d'antichrèse, on nous dira que son cessionnaire, que nous appellerons Primus, pourra opposer au créancier Secundus à qui le débiteur cédé aura, depuis la cession, donné en hypothèque l'immeuble antichrésé, qu'il connaissait, ou était réputé connaître, par cette transcription, l'existence de l'antichrèse, et que, par conséquent, il a été imprudent d'accepter une hypothèque sur un immeuble qu'il savait ne pas être libre.

« En fait, dit M. Flandin, Transcript., n° 409, 410, Secundus pourra répondre que, ne voyant plus l'immeuble dans les mains du premier créancier antichrésiste, de celui au profit de qui la transcription avait été faite, il a dû supposer que l'antichrèse avait pris fin, puisqu'il est de l'essence de ce contrat que l'immeuble engagé soit en la possession de l'antichrésiste, ou de quelqu'un qui le détienne pour lui (V. *suprà*, n° 274). — Et il répondra, en droit, que la transcription, qui indique, comme propriétaire du droit d'antichrèse, un autre que Primus, ne saurait être invoquée par ce dernier. Tel est, à notre sens, l'esprit de la loi du 23 mars 1855. — Vainement Primus dira-t-il qu'il est l'ayant cause de son cédant, et qu'il peut se substituer à lui ;

que ce dernier, en lui transportant sa créance, la lui a transportée avec le droit d'antichrèse qui y était attaché ; qu'il peut donc faire valoir ce droit d'antichrèse de la même manière que l'eût fait celui dont il tient la place, lequel eût opposé, avec succès, à Secundus, sa transcription antérieure à l'inscription de ce dernier. — Si cela était vrai pour l'antichrèse, cela serait également vrai pour l'usufruit, qui est aussi un droit incorporel, un droit de même nature que l'antichrèse, quoique plus étendu et en différant, sous plusieurs rapports, qui ne sont point à considérer ici. Supposons donc que Primus, propriétaire de l'immeuble A, ait donné cet immeuble en usufruit à Secundus, qui a transcrit; que Secundus ait cédé son droit d'usufruit à Tertius, qui, lui, n'a pas fait transcrire. Si Primus réussit à persuader à Quartus que la transcription opérée par Secundus n'a plus d'objet, qu'il même, pour l'en convaincre mieux, il obtient de Secundus un acte de renonciation à son droit d'usufruit sur l'immeuble A, et qu'ensuite il vende ou hypothèque ce même immeuble, comme libre, à Quartus, croit-on que Tertius, en se disant aux droits de Secundus, puisse se prévaloir de la transcription opérée par ce dernier, et l'opposer à Quartus ? Que deviendront, alors, et l'art. 1 de la loi du 23 mars 1855, qui ordonne de transcrire « *tout* acte entre-vifs, translatif de propriété immobilière et de droits réels susceptibles d'hypothèque », et l'art. 3 de la même loi, qui déclare que « *jusqu'à la transcription*, les droits résultant des actes énoncés aux articles précédents, ne peuvent être opposés aux tiers qui ont des droits réels sur l'immeuble, et qui les ont conservés en se conformant aux lois » ? — L'acte de renonciation de Secundus à un droit d'usufruit qu'il avait cédé est une fraude, sans doute, qui donnera lieu, contre lui, à une action récursoire de la part de Tertius ; mais est-ce Quartus qui doit souffrir de cette fraude ? N'a-t-il pas dû croire à la sincérité de cet acte de renonciation ? La loi lui prescrivait-elle, afin de se renseigner sur les charges pouvant grever l'immeuble qu'il se proposait d'acquérir, ou que son débiteur lui offrait en hypothèque, d'autres précautions à prendre que de recourir aux registres hypothécaires ? Admettre des prétentions semblables à celles de Tertius, ce serait rendre illusoire, dans bien des cas, le système de publicité établi par la loi du 23 mars 1855, et retourner contre les tiers les sages garanties établies dans leur intérêt...

« Il est vrai, continue M. Flandin, qu'en matière d'inscription, la jurisprudence admet que le cessionnaire d'un titre de créance inscrit profite de l'inscription prise par son cédant, et qu'il n'est pas obligé de s'inscrire personnellement pour avertir les tiers qu'un autre que le créancier, désigné dans l'inscription, est devenu le bénéficiaire de cette inscription (V. v° Privilèges et hypoth., n° 1497 et suiv.). Mais il serait dangereux de transporter les règles du régime hypothécaire dans une matière dont je ne méconnais pas l'analogie avec ce régime, mais qui a pourtant ses règles spéciales. — Les auteurs de la loi du 23 mars 1855 ont voulu, dans l'intérêt des tiers, et pour favoriser le crédit, ajouter aux garanties de la loi hypothécaire ; ils ont cherché à établir une publicité plus complète des charges de la propriété ; ...ce ne serait donc pas faire, à mon avis, une application judicieuse de cette même loi que d'en restreindre, contre son esprit et contre son texte, la portée et les effets. » — Nous n'avons rien à ajouter à ces raisons données par M. Flandin, et qui nous semblent une réfutation péremptoire de l'objection.

278. *Servitudes.* — L'art. 2 de la loi du 23 mars 1855, en exigeant la transcription de tout *acte* constitutif de servitude, ne peut évidemment s'appliquer, sauf quelques exceptions qui seront faites plus bas (V n° 281 et 282), aux servitudes légales, c'est-à-dire à celles qui dérivent, soit de la situation naturelle des lieux, soit des obligations imposées entre voisins (c. nap. 639, 640 et 651). Pour ces servitudes, il n'existe pas d'*acte* qu'on puisse faire revêtir de la formalité. Les tiers, d'ailleurs, comme nous l'avons dit *suprà*, n° 236 et suiv. de l'usufruit légal, sont investis de l'existence de ces servitudes par les textes mêmes qui les consacrent (Conf. M. Flandin, de la Transcr., n° 411).

279. Il en doit être ainsi de la servitude qui résulte de la destination du père de famille (c. nap. 692 et 693). — M. Mourlon, Rev. prat., t. 6, p. 155, n° 115, conteste qu'elle soit une servitude légale. — Cela résulte, dit-il, de la place qu'occupent, dans le code, les art. 692 et 693, lesquels font partie du chap. 3, intitulé : *Des servitudes établies par le fait de l'homme.* — On n'est pas mieux fondé à dire, ajoute-t-il, qu'elle soit le résultat d'un *simple fait* : elle est, au contraire, basée sur une *convention tacite*, ou *sous-entendue* entre les parties. — Enfin, de ce qu'il n'existe pas d'*écrit* pour la constater, on n'en saurait conclure qu'elle échappe à la transcription, parce que ce n'est pas l'*acte*, mais la *convention* elle-même que la loi soumet à la formalité.

280. Mais qu'importe, répondrons-nous, la place qu'occupent dans le code les art. 692 et 693 ? Qu'importe encore que la servitude dont il s'agit soit fondée sur une convention tacite ou sous-entendue entre les parties ? Ce n'en est pas moins la loi qui l'établit, puisque c'est elle qui prend soin de déclarer, dans l'art. 692, que « la destination du père de famille *vaut titre* à l'égard des servitudes continues et apparentes ». — Puis, à moins d'admettre la théorie de M. Mourion sur les *déclarations affirmatives* destinées à suppléer à l'absence du titre, théorie que nous avons précédemment combattue (V. n° 87 et 88), où serait le moyen de faire transcrire un acte qui n'existe pas ? (Conf. MM. Rivière et François, Expl. etc., n° 38 ; Lesenne, Comm., n° 50 ; Gauthier, Rés. etc., n° 96 ; Hervieux, Comment., n° 43 ; Grosse, *ibid.*, n° 85 ; Flandin, de la Transcr., n° 412 et suiv.).

281. Il est, cependant, comme le fait observer M. Flandin, *loc. cit.*, n° 417 et suiv., telle servitude légale dont l'exercice suppose l'existence d'un titre et qui, par cela même, nous semble, comme à lui, ne pouvoir être affranchie de la transcription. Nous citerons, comme exemple, le droit qu'a tout propriétaire joignant un mur de le rendre mitoyen, en tout ou en partie, en remboursant au maître du mur la moitié de sa valeur, avec la moitié de la valeur du sol sur lequel le mur est bâti (c. nap. 661). Ce droit du voisin n'est qu'une faculté dont il peut user ou ne pas user. S'il en use, il faut qu'il l'achète ; et les conditions du marché seront, dans ce cas, fixées par un acte, où déterminées par le juge, si les parties ne parviennent pas à s'entendre. Le principe de la servitude est dans la loi, sans doute ; mais puisqu'il faut un acte ou un jugement pour en régler les conditions, il ne peut y avoir aucune raison d'affranchir cet acte ou le jugement de la formalité de la transcription (Conf. M. Mourion, Rev. prat., t. 4, p. 385, à la note).

282. La servitude de passage, en cas d'enclave, est dans le même cas. Elle est établie par la loi ; mais le propriétaire du fonds enclavé et le propriétaire du fonds assujetti ont à la régler, dit encore M. Flandin, *loc. cit.*, n° 421, d'une part, sur l'endroit par lequel le passage devra être exercé pour qu'il soit le moins dommageable possible, et, de l'autre, sur le montant de l'indemnité à payer à ce dernier (c. nap. 682 et suiv.). — Et, quoique l'art. 683 porte que « le passage doit *régulièrement* être pris du côté où le trajet est le plus court du fonds enclavé à la voie publique », il est admis que ce n'est là qu'une règle générale, à laquelle il est permis aux tribunaux de déroger, lorsqu'ils sont appelés à décider lequel des voisins doit fournir le passage au propriétaire du fonds enclavé (Req. 29 déc. 1847, aff. Cayol, D. P. 48. 1. 204. — V. aussi v° Servitudes, n° 824).

283. Il ne nous paraît pas douteux qu'on ne doive appliquer la transcription aussi bien aux servitudes *apparentes* qu'aux servitudes *non apparentes*. La loi du 23 mars 1855 ne fait aucune distinction entre les unes et les autres. L'art. 2092 du projet de loi présenté, en 1850, pour la réforme hypothécaire, en avait fait une disposition expresse. Cet article prescrivait la transcription de « tous actes, à titre gratuit ou onéreux, translatifs ou déclaratifs de propriété immobilière, d'emphytéose, d'usufruit, d'usage, d'habitation, ou constitutifs de servitude *apparente ou non apparente*, etc. ». — Mais la commission de l'assemblée nationale législative avait modifié l'article par une disposition ainsi conçue : « Néanmoins, en matière de servitude *continue et apparente*, le défaut de transcription de l'acte, qui aura établi ou supprimé la servitude, ne pourra être invoqué par les tiers qui n'auront fait inscrire leur titre que postérieurement à la création ou à la destruction du signe extérieur de la servitude » (art. 2153 de la commission, correspondant à l'art. 2092 du projet). — Ni l'une ni l'autre de ces dispositions n'ayant été reproduite par la loi de 1855, il faut en conclure que la pensée d'une distinction entre ces deux espèces de servitude a été aban-

donnée (Conf. MM. Lesenne, Comm., n° 42 ; Lemarcis, *ibid.*, p. 18, n° 2 ; Fons, Précis sur la transcr., p. 28, n° 28 ; Mourion, Rev. prat., t. 6, p. 130, n°° 106 et suiv. ; Flandin, n° 424).

284. Des auteurs enseignent non-seulement que les servitudes continues et apparentes peuvent se prescrire par dix ou vingt ans, avec juste titre et bonne foi, conformément à l'art. 2265 c. nap., mais encore que les servitudes continues non apparentes et les servitudes discontinues apparentes ou non, bien que, suivant l'art. 691, elles ne puissent s'établir que par *titre*, sont, néanmoins, susceptibles de prescription, soit par dix ou vingt ans, soit par trente ans, lorsqu'elles sont possédées avec juste titre et bonne foi (V. Servitudes, n°° 1121 et 1124). — Il y aurait à se demander, dans ce cas, si le titre qui sert de base à la prescription doit être transcrit ? — Cette question, qui se confond avec une autre plus générale, celle relative à la prescription décennale de la propriété, sera examinée dans le chap. 4, n°° 508 et s.

285. Quant aux servitudes, telles que les servitudes *continues et apparentes*, qui peuvent s'établir par la prescription de trente ans (c. nap. 690), lorsqu'une servitude de cette nature est fondée sur le fait unique de la possession, il ne peut y avoir lieu à transcription, puisqu'il n'y a pas d'*acte* à transcrire (V. *suprà*, n°° 278 et 280. — Conf. MM. Flandin, de la Transcript., n° 427 ; Lesenne, n° 51).

286. *Droits d'usage et d'habitation.* — D'après M. Lesenne, *loc. cit.*, n° 49. « quand le vendeur d'un immeuble réserve un droit d'usage ou d'habitation pour lui-même, ou bien un droit de servitude pour un autre immeuble qui lui appartient, il y a translation de la propriété, avec rétention d'un droit réel ; et, sous ce dernier rapport, c'est toujours un acte constitutif de servitude. Cet acte doit donc être transcrit, à un double point de vue. — Mais si l'on ne faisait transcrire que la partie qui renferme la vente de l'immeuble, sans faire mention de la réserve de servitude, cet immeuble serait, à l'égard des tiers, considéré, dans les mains de l'acheteur, comme libre de cette servitude. » — L'auteur (n° 23) applique la même doctrine à la vente d'un immeuble, faite avec réserve d'usufruit.

287. Nous croyons, avec M. Flandin, de la Transcr., n° 432, que l'auteur se trompe. Lorsque le propriétaire d'un immeuble le vend, avec réserve d'usufruit, ce n'est qu'une seule mutation qu'il vend : il n'y a donc qu'une seule mutation. On n'établit pas un usufruit sur soi-même, puisque l'art. 578 définit l'usufruit : « le droit de jouir des choses dont *un autre* a la propriété » (V. Priv. et hyp., n° 814).

288. Il en est absolument de même, d'après la maxime : *res sua nemini servit*, lorsque c'est un droit de servitude, ou un droit d'usage où d'habitation que se réserve le vendeur. — Pour qu'il en fût autrement, dit M. Flandin, n° 434, « il faudrait que la réserve ne fût pas contenue dans l'acte de vente, et que ce ne fût qu'après l'aliénation consommée que le vendeur eût stipulé un droit d'usage ou de servitude à son profit. Dans ce cas, en effet, l'immeuble ayant été transmis, comme bien libre, à l'acquéreur, il y aurait réellement constitution de servitude sur le fonds d'autrui, dans les termes de l'art. 637, et lieu, par conséquent, à transcription, à raison de la double mutation. »

Sect. 4. — *De la transcription des actes entre-vifs portant renonciation à des droits qui sont de nature à être transcrits.*

289. Nous confondons, dans cette section, les renonciations dont il est fait mention dans les art. 1 et 2 de la loi du 23 mars 1855, le principe sur lequel ces dispositions reposent étant le même pour les unes et les autres.

290. Les jurisconsultes admettent deux espèces de renonciations : celles qu'ils appellent *abdicatives* ou *extinctives*, et celles auxquelles ils donnent le nom de *translatives* ou *in favorem*. « Il y a une espèce de renonciation, dit Furgole, des Subst., tit. 1, art. 28, p. 161, qui n'est autre chose qu'une répudiation, une abdication et un abandon pur et simple du droit, sans aucune intention de le transporter à autrui, et qui ne produit qu'une simple exclusion du renonçant. — Il y a encore une autre espèce de renonciation, qui n'est pas simplement exclusive, mais qui est, en même temps, translative du droit du renonçant en faveur d'une certaine personne qui traite avec lui, soit avec prix, ou sans prix : là forme et les effets de ces deux espèces de renonciation peuvent être différents. » — La même idée est exprimée par le cardinal Deluca (*De renunt.*, t. 2, disc. 1, nos 5 et 6) : *Alia verò (renuntiatio) translativa dicitur, quæ in ipso renuntiante jurium vel bonorum... præsupponit acquisitionem, eademque jura in renuntiatarium transfert.*

291. Les renonciations dont il est question dans les art. 1 et 2 de la loi du 23 mars sont les renonciations translatives ou *in favorem*. — « Ce ne sont pas celles, dit M. Troplong (de la Transcript., n° 93), par lesquelles on répudie un droit dont on n'a pas encore été investi; ce sont celles par lesquelles on se dépouille, en faveur de quelqu'un, d'un droit acquis... »—Cela est conforme au principe sur lequel est basée la loi nouvelle, qui ne soumet à la transcription que les actes constitutifs ou translatifs de biens ou droits immobiliers (Conf. MM. Rivière et François, Explic., etc., n° 13; Rivière et Huguet, Quest., n° 66; Duvergier, Coll. des lois, sur l'art. 1 de la loi du 23 mars 1855; Flandin, de la Transcript., nos 436 et 438).

292. Au contraire, suivant M. Mourlon, Rev. prat., t. 6, p. 390, nos 124, 125, il n'y aurait aucune distinction à faire entre les renonciations *translatives*, ou *in favorem*, et celles qui sont purement *extinctives*. — « Voici, dit-il, quelle est, en cette matière, notre manière de voir : La loi n'a visé que les renonciations *entre-vifs* : les renonciations *testamentaires* restent donc soumises au régime du code Napoléon. Nous concédons ce point. — Il nous paraît également certain qu'elle n'a aucun trait à certains actes qui, bien que portant, dans nos codes eux-mêmes, la qualification de *renonciations*, ne sont, à vrai dire, que des refus d'acquérir, ou des *déclarations du droit d'autrui...* Mais, en ce qui touche les renonciations proprement dites, la règle établie est absolue. Aucune distinction n'en limite l'étendue; aucune condition n'en entrave l'application. Toute renonciation, ayant trait à des droits de propriété, d'usufruit, d'antichrèse, de servitude réelle, d'usage ou d'habitation, doit être placée sous les yeux des tiers. — Ainsi : 1° qu'elle soit *unilatérale* ou *bilatérale*, il n'importe;... 2° qu'elle soit *transmissive*, ou simplement *extinctive* du droit du renonçant, ce point est peut-être plus indifférent encore. En résumé, conclut l'auteur, deux espèces de renonciations *seulement* sont à considérer, savoir : 1° les renonciations improprement dites; ce qui comprend les *simples refus d'acquérir* et les *reconnaissances du droit d'autrui;* 2° les renonciations transmissives et simplement extinctives du droit qu'elles ont pour objet. — Les premières demeurent sous l'empire du code Napoléon qui les régit; les secondes appartiennent à la loi nouvelle.»

293. Mais, ainsi que le fait remarquer M. Flandin, ce que M. Mourlon appelle *simple refus d'acquérir* est qualifié, par M. Troplong, de *renonciation extinctive*. On est donc ainsi, dit-il, plus près de s'entendre qu'on ne pense.

294. Toutes les renonciations auxquelles s'appliquent les art. 1 et 2 de la loi du 23 mars 1855 sont exclusivement celles qui résultent *d'actes entre-vifs* : cela est hors de doute, quoique ces articles ne fassent pas la distinction. C'est une conséquence virtuelle du principe qui exempte de la transcription les testaments (V. *suprà*, n° 46. — Conf. MM. Troplong, de la Transcript., n° 92; Mourlon, *loc. cit.*; Flandin, n° 439).

295. Mais, ainsi que le dit M. Lesenne (Comment., n° 24), « encore bien que les renonciations soient, le plus souvent, des abandonnements gratuits, le texte ne distingue pas entre la renonciation à titre gratuit et la renonciation à titre onéreux... » Ce sont même, ajoute M. Flandin, Transcript., n° 440, les renonciations, à titre gratuit, que la loi a particulièrement en vue; car, pour celles qui sont faites à titre onéreux, et qui ont le caractère de vente, d'échange, de dation en payement, etc., elles sont, à ces divers titres, susceptibles de transcription (Conf. MM. Rivière et François, Explic., n° 13).

296. On est d'accord que l'acte de renonciation à une succession ne doit pas être transcrit. L'héritier qui renonce est censé n'avoir jamais été héritier (c. nap. 785), et celui qui est appelé à recueillir la succession, à son défaut, ne tient pas ses droits de lui, mais de la loi seule (Conf. MM. Duvergier, *loc. cit.*, Rivière et François, n° 13 ; Rivière et Huguet, n° 74; Troplong, de la Transcrip., n° 94; Mourlon, n° 125; Gauthier, n° 105;

Bressolles, n° 17; Lesenne, nos 27 et 28; Fons, n° 15; Hervieu n° 33; Flandin, n° 441).

297. Il en est de même de la renonciation du légataire à son legs. Lorsque le légataire renonce, le legs est caduc (c. nap. 1043); et l'objet légué est acquis à l'héritier, non en vertu de la renonciation, mais en vertu de son droit héréditaire : *Si legatarius repudiaverit*, dit Dumoulin (sur la Cout. de Paris, § 43, gl. 1, n° 174), *fingitur nunquam fuisse legatum, et consequenter remanet legatum hæredi, non ex repudiatione, sed hereditario jure* (Conf. MM. Rivière et Huguet, n° 80 ; Troplong, de la Transcr., n° 95 ; Gauthier, n° 105; Flandin, n° 442; Cass. sect. réun., 9 juin 1806, aff. Despeyrouse, v° Enreg., n° 2449).

298. Il en est encore de même de la renonciation de la femme ou de ses héritiers à la communauté, puisque, par l'effet de cette renonciation, la femme est réputée n'avoir jamais eu aucun droit sur les biens de la communauté (Conf. les auteurs précités).

299. La renonciation n'interviendrait qu'après l'acceptation, soit de la succession, soit du legs, soit de la communauté, elle équivaudrait à une véritable cession, et la transcription serait nécessaire (mêmes autorités).

300. La transcription serait également nécessaire, si la renonciation, quoique intervenant avant une acceptation formelle de la succession, était faite, non pas au profit de tous, mais au profit d'un ou de plusieurs des cohéritiers du renonçant seulement, ou même si elle était faite au profit de tous, mais moyennant un prix. Dans ces cas, en effet, la renonciation équivaut à une acceptation tacite de la succession (c. nap. 780). C'était déjà ce que décidait la loi 2, D., *Si quis, omissâ causâ test.*, etc. : *licet pro hærede gerere non videatur qui, pretio accepto, prætermisit hæreditatem, tamen dandam in eum actionem, exemplo ejus qui, omissâ causâ testamenti, ab intestato possidet hæreditatem, Divus Adrianus rescripsit. Proinde legatariis et fideicommissariis tenebitur* (V. aussi Domat, Lois civ., part. 2, liv. 1, tit. 1, sect. 1, n° 18; Conf. MM. Duvergier, *loc. cit.* ; Rivière et François, n° 13; Rivière et Huguet, nos 76 et suiv.; Troplong; de la Transcr., n° 95; Flandin, n° 445; Gauthier, n° 106; Lesenne, n° 29; Mourlon, Rev. prat., *loc. cit.*, n° 132). — Il a été jugé, par suite, en matière d'enregistrement, que l'acte par lequel le légataire particulier d'un immeuble, ou le légataire à titre universel, dont le legs comprend des immeubles, soit en propriété, soit en usufruit, renonce, même avant la délivrance de son legs, au profit des héritiers naturels, et moyennant certains avantages, aux droits résultant pour lui de ce legs, contient, en réalité, et quelles que soient les expressions dans lesquelles l'acte a été conçu, une transmission d'un droit immobilier, passible du droit de transcription (Cass. 2 déc. 1839, aff. hér. de Brainville, v° Enreg., n° 5993).

301. Mais s'il n'y avait que deux héritiers, la renonciation que ferait l'un d'eux, alors même qu'il en recevrait le prix, et qu'elle aurait ainsi le caractère de vente, ne serait pas soumise à la transcription, d'après les principes que nous avons exposés *suprà*, n° 146, puisqu'elle équivaudrait à partage (Conf. MM. Gauthier, n° 107; Flandin, de la Transcr., n° 446. V. aussi nos observations sur un arrêt de la chambre des requêtes, du 15 nov. 1858, aff. Foubard, D. P. 58. 1. 133).

302. La renonciation, faite par un usufruitier à son droit d'usufruit, doit-elle être transcrite? L'affirmative est enseignée par M. Troplong, de la Transcr., n° 94. « Il y a, dit l'éminent auteur, une grande différence entre une renonciation à un droit d'usufruit et une renonciation à une succession. La première n'efface pas rétroactivement le droit qu'a eu le renonçant; ce droit ne cesse d'exister que pour l'avenir. Et, comme il y a une autre personne, le nu-propriétaire qui, par l'effet du même acte, commence à avoir un droit semblable au droit éteint par la renonciation, il y a, dans cette hypothèse, non pas, si l'on veut, une transmission proprement dite, mais l'équivalent d'une transmission. — Au contraire, la renonciation à une succession fait considérer le renonçant comme n'ayant jamais été héritier; il n'a jamais été héritier, puisqu'il n'a jamais rien eu » (Conf. MM. Rivière et Huguet, n° 72; Gauthier, n° 104).

303. Mais, pour qu'il en soit ainsi, il faut, ainsi que le fait observer M. Flandin, de la Transcr., n° 448, qu'il s'agisse d'un usufruit déjà accepté par l'usufruitier, et auquel il renonce, soit pour se soustraire aux charges que cet usufruit lui impose, soit même pour en faire indirectement profiter le nu-propriétaire. Car, s'il s'agissait d'un usufruit simplement ouvert, mais non encore accepté par l'usufruitier, d'un usufruit qui lui aurait été légué, par exemple, il faudrait appliquer ce que nous avons dit *supra*, n° 297.

304. La renonciation à un droit de servitude est pareillement sujette à transcription. — « Le projet de la commission, disait M. de Vatimesnil, dans son rapport sur le projet de loi relatif à la réforme hypothécaire, p. 83, assimile, quant à l'obligation de la transcription, l'acte de suppression d'une servitude à l'acte constitutif de cette même servitude. N'est-il pas évident, en effet, que l'héritage dominant perd autant par la suppression d'une servitude existante que l'héritage servant par la création d'une servitude nouvelle? »

305. On doit ainsi décider, avec M. Flandin, Transcript., n° 455, que, si le propriétaire d'un fonds auquel est attachée activement la servitude *non œdificandi*, autorise le propriétaire du fonds servant à y élever des constructions, cette autorisation n'aura d'effet, à l'égard des tiers, qu'à compter du jour où elle aura été transcrite. — Il y a là, en effet, une renonciation tacite et indirecte à un droit de servitude (Conf. M. Mourlon, Rev. prat., t. 6, p. 493, n° 129).

306. Quant aux renonciations tacites résultant d'une prescription, d'une déchéance encourue, il est évident qu'elles ne peuvent être soumises à la transcription, puisqu'elles ne reposent sur aucune convention ni verbale, ni écrite. Nous admettrons donc encore, avec M. Flandin, *loc. cit.*, n° 457, que, lorsqu'un vendeur aura laissé écouler dix ans sans exercer l'action en nullité ou en rescision fondée sur l'erreur, le dol ou la violence (c. nap. 1304); ou lorsqu'un usufruitier, un usager, le propriétaire du fonds dominant, auront laissé leur droit s'éteindre par le non-usage continué pendant trente ans (art. 617, 625 et 706), la ratification ou la renonciation qui résulteront de ces déchéances n'auront pas besoin de la transcription pour produire leur effet vis-à-vis des tiers (Conf. M. Mourlon, Rev. prat., *loc. cit.*, n° 129).

307. Lorsque la renonciation n'implique que la reconnaissance du droit d'un tiers, il n'y a pas matière à transcription, parce qu'il n'y a, nous l'avons déjà dit, de soumis à la transcription que les actes translatifs. — Ainsi, l'acte de renonciation à une prescription acquise (c. nap. 2220) ne doit pas être transcrit. Cette renonciation est une implicite, de la part du renonçant, qu'il n'a jamais été propriétaire de l'immeuble qu'il possédait et qu'un autre revendique. La prescription, en effet, est souvent un moyen contraire à la bonne foi et qui répugne aux consciences honnêtes : le refus d'en user n'est donc qu'un hommage rendu à la vérité. C'est pour cela qu'il n'est pas permis aux juges de la suppléer (c. nap. 2223). Renoncer à se prévaloir de la prescription, ce n'est donc pas transmettre un droit qu'on a, mais ne pas vouloir acquérir ce droit (Conf. MM. Flandin, de la Transcript., n° 459; Troplong, *ibid.*, n° 96; Rivière et Huguet, n° 83; Mourlon, Revue prat., t. 6, p. 393, n° 125; Gauthier, n° 108).

308. Mais il en serait autrement, si, après avoir opposé en justice l'exception de prescription et l'avoir fait admettre, on renonçait, plus tard, au bénéfice du jugement obtenu. Il est évident que, dans ce cas, l'acte de renonciation étant translatif de propriété, devrait être transcrit (Conf. MM. Flandin, *loc. cit.*, n° 460; Rivière et Huguet, Quest., n° 84).

309. Telle n'est pas l'opinion de M. Mourlon, Rev. pratiq., *loc. cit.* — « Il est bien vrai, dit-il, que, dès qu'elle est invoquée, la prescription produit son effet; mais, si nous ne nous trompons, l'effet qu'elle produit n'est point tel qu'on puisse dire que, dès ce moment, elle constitue une acquisition si pleinement définitive et si essentiellement irrévocable qu'il ne soit même pas au pouvoir de l'acquéreur de rétablir les choses dans leur primitif état, lorsque, par un repentir qui l'honore, il ne voit plus en elle qu'une spoliation dont il tient à décharger sa conscience... Et, si cet acte d'honnête homme peut s'accomplir sans que le public en souffre, où est la raison d'y faire obstacle? Or se peut-il qu'il se soit trouvé une loi assez aveugle pour défendre un acte auquel elle peut et doit applaudir, sans qu'il en coûte rien à la société? C'est ce que personne ne croira jamais... »

Des considérations ne sont pas des raisons de droit, et « nul ne peut faire, comme le dit très-bien M. Flandin, n° 461, que l'immeuble n'ait pas appartenu, pendant un certain temps, à celui qui en a prescrit la propriété, et que, pendant le même temps, des tiers n'aient pu acquérir, sur cet immeuble, des droits qu'il n'est plus au pouvoir du renonçant d'anéantir. — C'est ce que M. Mourlon ne peut s'empêcher de reconnaître; car, nonobstant la renonciation, dit-il, il sera toujours permis aux tiers intéressés d'établir, en fait, qu'elle n'est, au fond, qu'une libéralité, une vente même, ou toute autre aliénation, à titre onéreux, déguisée sous l'apparence mensongère d'une restitution... — Mais, quel que soit le caractère que l'auteur veuille assigner à cette restitution, il lui est impossible d'échapper à la conséquence juridique de ce fait, que l'immeuble, avant de retourner à son propriétaire, était devenu, par la prescription accomplie au profit du tiers acquéreur, invoquée par lui, et consacrée par un jugement, la propriété de ce dernier, propriété qu'il a pu transmettre à un tiers, d'après notre principe, par un acte entre-vifs, sans que cet acte, quelle qu'en fût la dénomination ou la forme, fût soumis à la formalité de la transcription... »

310. Mais, pour que l'acte de renonciation au bénéfice du jugement qui a déclaré la prescription acquise puisse être considéré comme acte translatif de propriété, et passible, à ce titre, de la transcription, il faut que le jugement ait acquis l'autorité de la chose jugée; car, s'il pouvait encore être attaqué par la voie de l'opposition ou de l'appel, la renonciation qui interviendrait serait, comme nous l'avons dit *supra*, n° 307, de la part du renonçant, moins un abandon de son droit de propriété sur l'immeuble en litige qu'une reconnaissance implicite du droit de son adversaire (Conf. MM. Rivière et Huguet, n° 85 et suiv.; Flandin, de la Transcript., n°s 462 et 463. — *Contra*, M. Mourlon, *loc. cit.*).

311. Que faut-il décider, disent MM. Rivière et Huguet, Quest., n° 88, si la renonciation est faite après que le jugement a acquis l'autorité de la chose jugée, mais pendant les délais du recours en cassation ou de la requête civile?—« Il est permis, répondent-ils, de transiger, en ce qui concerne l'admissibilité et les suites d'une voie extraordinaire. Or, si l'acte, par lequel le bénéficiaire du jugement renonce aux droits qu'il lui confère, a tous les caractères d'une transaction, nous pensons que, dans ce cas encore, la transcription ne sera pas exigée. La transaction, nous le savons, n'est pas translative, elle n'est que déclarative. »—V. *supra*, n°s 196 et s.

312. Cette solution, fait observer M. Flandin, n° 465, ne peut être admise qu'autant que l'acte de renonciation exprime que les parties transigent sur les moyens de cassation ou de requête civile : autrement, la décision conservant, malgré le pourvoi en cassation ou la requête civile, son caractère de chose jugée en dernier ressort (régl. de 1738, art. 29; décr. 27 nov.-1er déc. 1790, art. 16; c. pr. 497), la renonciation aux effets d'un acte translatif aurait, comme on l'a vu *supra*, n° 308, tous les effets d'un acte translatif.

313. La renonciation aux moyens de nullité ou de rescision qu'on avait à opposer à un acte, a quelque chose d'analogue à la renonciation que fait le possesseur à une prescription acquise : cette renonciation est moins la transmission d'un droit acquis au renonçant que la reconnaissance du droit de son adversaire : *Qui confirmat nihil dat*; *confirmatio nihil novi juris addit* (V. *supra*, n° 307). « Que s'il en est ainsi, dit M. Troplong, Transcr., n° 97, dans les cas où la nullité de forme paraît fondée, combien, à plus forte raison, quand elle est douteuse et que la renonciation ne fait que prévenir un procès qui pouvait être perdu! » — Nous avons émis *supra*, n° 100, une opinion semblable, à propos de la ratification d'un acte fait par un incapable, ratification qui n'est autre chose, aux termes de l'art. 1338 c. nap., que la renonciation aux moyens et exceptions que l'on pouvait opposer contre cet acte (Conf. MM. Flandin, de la Transcript., n° 466; Gauthier, n° 108).

314. M. Mourlon, qui admet aussi que la transcription n'est pas nécessaire, lorsque c'est un majeur qui ratifie l'acte qu'il a souscrit en minorité, pense différemment, lorsqu'il s'agit d'actes portant ratification d'une aliénation annulable ou rescindable pour cause de violence, d'erreur ou de dol. — « Lorsqu'une aliénation, dit-il, Rev. prat., t. 6, p. 401, n° 126-4°, est annulable ou rescindable, le droit qu'elle transfère à l'acquéreur est révocable comme elle, c'est-à-dire subordonné à l'événement futur et incertain de son annulation ou de sa rescision ; d'où cette proposition corrélative et nécessaire : la chose aliénée appartient à l'aliénateur, *sous la condition suspensive* de la même annulation ou rescision ; car toute condition résolutoire implique forcément la coexistence d'une condition suspensive... — Ainsi, continue l'auteur, l'action en nullité ou en rescision d'une aliénation annulable ou rescindable s'analyse en une propriété conditionnelle retenue par l'aliénateur. Cette propriété est cessible ; elle est même susceptible d'hypothèque, ainsi qu'on le peut voir dans l'art. 2125 c. nap... — Dès lors, n'est-il pas vrai qu'au cas où l'aliénateur y renonce, l'acte qui l'en dépouille doit être placé sous les yeux des tiers? La loi le serait, en effet, montrée bien imprévoyante, et surtout bien peu conséquente avec elle-même, si elle avait souffert qu'il restât capable, en apparence, de disposer du droit dont elle lui retire la disposition. »

315. Ce raisonnement, comme le fait observer M. Flandin, Transcript., n°° 474 et suiv., n'est que spécieux. « Je fais remarquer d'abord, dit ce magistrat, et c'est déjà ce qui me fait douter de la vérité de l'argument, qu'il est applicable, de tous points, à la ratification d'un acte d'aliénation souscrit par un incapable; et l'on a vu précédemment que M. Mourlon admet que la transcription, dans ce cas, n'est pas nécessaire. — L'auteur a pressenti l'objection; mais il ne la détruit pas, en disant que ce n'est qu'à son grand regret, et contraint par la logique des principes, qu'il a été conduit à reconnaître « que les ratifications des aliénations annulables pour cause de minorité ne sont point sujettes à transcription, parce qu'elles sont simplement *déclaratives* de l'inexistence de toute action en nullité. » — Je fais remarquer encore, continue M. Flandin , que , si l'acte d'aliénation, prétendu infecté de violence, de dol ou d'erreur , a été transcrit, à l'origine, les tiers ont été suffisamment avertis, par cette transcription, qu'il n'y avait aucune sécurité, pour eux, à traiter avec l'ancien propriétaire, à cause de l'éventualité d'une ratification, soit expresse, soit tacite, de l'acte supposé nul ; et que, si cet acte n'a pas été transcrit, la ratification ne peut nuire à ceux qui ont acquis des droits réels sur l'immeuble avant la ratification, ou postérieurement à la ratification , mais avant sa transcription. » — C'est également ce que nous avons établi *suprà*, n° 99.

« Or, reprend M. Flandin, la vraie raison de décider, dans la difficulté présente, se trouve, à mon avis, dans la rétroactivité de l'acte de ratification, rétroactivité dont le résultat est d'effacer complétement le vice dont l'acte ratifié pouvait être infecté, et de faire considérer cet acte comme valable *ab initio*. Si l'acquéreur, en effet, par une fiction légale, doit être réputé rétroactivement saisi de la propriété de l'immeuble, du jour de son contrat, il est vrai de dire que l'acte de ratification ne lui a rien transmis, et que, par suite, la transcription de cet acte ne saurait être exigée... »

316. M. Mourlon conteste cette rétroactivité. « Nous ne connaissons, dit-il, *loc. cit.*, aucun texte d'où on la puisse déduire. « Il est bien vrai, poursuit l'auteur, qu'au cas où une condition résolutoire casuelle vient à défaillir, le contrat qu'elle affectait est réputé avoir été pur et simple, dès le principe ; mais *cette rétroactivité n'a jamais été appliquée aux ratifications*, puisqu'elles laissent subsistants et pleinement efficaces les droits acquis, du chef du ratifiant, sur l'immeuble dont il était, avant qu'il eût renoncé à son action en nullité ou en rescision, propriétaire conditionnel... » (art. 1338 c. nap.).

M. Mourlon s'appuie de l'intérêt des tiers pour nier le caractère rétroactif de la ratification ; mais M. Flandin lui répond, avec Toullier, t. 8, n°° 513 et 514, que l'art. 1338, dont il invoque la dernière disposition, contient deux principes également certains, deux principes anciens : « l'un que la ratification a, de sa nature, un effet rétroactif relativement à la personne qui ratifie; l'autre l'effet rétroactif de la ratification ne saurait préjudicier aux droits acquis à des tiers antérieurement à la ratifi-

Tome XLII.

cation » (V. Obligat., n°° 4556 et suiv.; V. également Pothier, Introd. à la cout. d'Orléans, tit. 20, n° 24, et *suprà*, n° 99).

317. Il a été jugé, dans le même sens, que l'hypothèque, consentie par un mineur, mais ratifiée en majorité, prime tous les créanciers inscrits postérieurement à la ratification, sans qu'il soit besoin d'une inscription nouvelle, ni même de la mention, dans l'inscription déjà existante, de la ratification intervenue,... lors, surtout, que la ratification a été promise dans l'acte constitutif d'hypothèque (Rej. 23 nov. 1856, aff. Saissé et Guyon, D.P. 56. 1. 385).

318. Suivant M. Lesenne, Comment., n° 39, on devrait transcrire l'acte par lequel on se désiste d'une action en revendication d'un immeuble. « Si le désistement, dit-il, porte uniquement sur la procédure, il n'est qu'une renonciation à une instance actuellement engagée, une déréliction de certains actes déjà faits ; mais il ne touche nullement au fond de la prétention ou du droit : ...il n'y a donc rien à faire transcrire.—Mais, si celui qui se désiste de l'instance va jusqu'à renoncer au fond du droit ; s'il abandonne toute prétention à la maison, cet acte devient une renonciation, *qui a la plus grande analogie avec la renonciation au droit de propriété ou d'usufruit* ;... et alors il faut faire transcrire. » — Nous sommes d'un sentiment contraire. Tant que l'on jugement, passé en force de chose jugée, n'a pas consacré la prétention du revendiquant, on ne peut pas dire que l'immeuble lui appartienne ; et par conséquent, en se désistant de son action, avant le jugement, il ne fait pas un acte translatif (Conf. MM. Mourlon, *loc. cit.*, n° 125-5°; Flandin, de la Transcript., n° 484).

319. Nous disons : *tant qu'un jugement, passé en force de chose jugée, n'a pas consacré la prétention du revendiquant*, parce que, comme nous l'avons expliqué *suprà*, n° 308, pour un cas analogue, la renonciation au bénéfice du jugement obtenu serait translative de propriété (Conf. M. Flandin, n°° 486 et 487. — *Contrà*, M. Mourlon, n° 125-6°).

320. Si c'est le défendeur à l'action en revendication qui acquiesce à la demande, s'il n'aliène pas, comme le dit très-justement M. Mourlon (Rev. prat., *loc. cit.*, n° 125-7°), la chose qu'il remet au demandeur ; il reconnaît simplement qu'elle appartient à ce dernier. » Il n'y a donc pas lieu à transcription (Conf. M. Flandin, n° 488).

321. Il en est, à plus forte raison, de même, lorsque le défendeur acquiesce au jugement qui l'a condamné à restituer l'immeuble, puisque cet immeuble est reconnu, judiciairement, être la propriété du revendiquant (M. Flandin, *ibid.*).

322. Mais l'acte par lequel un vendeur à pacte de rachat, qui est encore dans le délai pour exercer le réméré, renonce à user de cette faculté, serait sujet à transcription. Ce n'est plus là un droit douteux auquel on renonce; c'est, au contraire, un droit certain, un droit acquis, qu'on abandonne : l'acte, par conséquent, est translatif (V. *suprà*, n° 291. — Conf. MM. Flandin, n° 489, et Mourlon, *loc. cit*, n° 127).

323. On devrait décider de même pour l'acte contenant renonciation à l'action en réduction de donations immobilières inofficieuses, puisque l'effet de cette action est de faire rentrer, dans la masse, les immeubles qui font l'objet de ces donations, quand même ils excéderaient la part des donataires (c. nap. 929 et 930). — « C'est donc bien là, comme le dit encore M. Flandin, n° 490, un droit réel immobilier qu'on aliène, en y renonçant » (Conf. M. Mourlon, *loc. cit.*).

324. Le même principe est évidemment applicable aux dispositions testamentaires sujettes à réduction. — Il n'importe que les testaments soient affranchis de la formalité (*suprà*, n° 46) : il ne s'agit pas ici de l'acte de dernière volonté, mais de l'acte de renonciation, qui est un acte entre-vifs et un acte translatif (M. Flandin, *loc. cit.*).

325. *Quid* de l'acte par lequel le vendeur impayé ferait abandon de son action résolutoire (c. nap. 1654 et 1656)? — Si le vendeur, tout en renonçant à l'action résolutoire, conserve sa créance, l'acte de renonciation devra être transcrit. — L'acheteur, en effet, en ne le transcrivant pas, serait primé par le cessionnaire à qui le vendeur aurait, depuis, transporté sa créance, avec l'action résolutoire, et qui aurait transcrit avant lui.

326. Mais si le vendeur fait abandon, tout à la fois, de la créance et de l'action résolutoire, la transcription ne sera point nécessaire. A quoi servirait, en effet, cette transcription, puisque nous avons montré *suprà*, n° 266, que l'action résolutoire ne peut être d'aucune utilité, dans les mains d'un cessionnaire, séparée de la créance à laquelle elle se réfère? — Conf. MM. Mourlon, *loc. cit.*; Flandin, de la Transcript., n°* 492 et 493.

327. Nous dirons la même chose de l'acte de renonciation à un droit d'antichrèse. On a vu *suprà*, n°* 275 et suiv., que le droit d'antichrèse peut être cédé avec la créance dont il est l'accessoire, et que la transcription de l'acte de cession, si elle n'est pas ordonnée directement par la loi, est dans l'intérêt du cessionnaire. « Supposé donc, dit M. Flandin, n° 494, que le créancier antichrésiste, pour se décharger des soins et des frais que lui impose la détention de l'immeuble (c. nap. 2087), renonce à son droit d'antichrèse par un acte non suivi de la remise immédiate de cet immeuble à son propriétaire; qu'ensuite, il transporte à un tiers la créance à laquelle il n'a pas renoncé, sans faire mention de l'abandon qu'il a fait au débiteur du droit d'antichrèse. Si celui-ci ne fait pas transcrire avant le cessionnaire, le droit d'antichrèse continuera de subsister au profit de ce dernier, en admettant, toutefois, qu'il ait été mis, par son cédant, en possession réelle de l'immeuble; condition essentielle, ainsi que je l'ai dit au n° 403 (V. *suprà*, n° 274), pour la validité du contrat d'antichrèse. »

« Mais, si le créancier antichrésiste, poursuit M. Flandin, ne s'est pas borné à faire remise au débiteur du droit d'antichrèse; s'il lui a fait, en même temps, remise de la dette, de quelle utilité pourrait être, dans ce cas, la transcription, puisque le créancier, ne pouvant plus disposer d'une créance éteinte, ne peut, par la même raison, disposer d'un droit accessoire à cette créance, et qui s'est éteint avec elle...? »

SECT. 5. — *De la transcription des baux excédant dix-huit années.*

328. Nous avons examiné ailleurs la question de savoir si, d'après le Code Napoléon, le bail ne confère pas au preneur, par dérogation aux anciens principes, une sorte de droit *réel*, d'une nature particulière et limité dans ses effets (V. v° Louage, n° 486). Nous n'avons donc pas à revenir ici sur la question.

329. Que le droit du preneur soit personnel ou réel, peu importe : la loi du 23 mars 1855 a tranché la question, en ce qui concerne la transcription, et elle a soumis à la formalité, non pas tous les baux indistinctement, mais seulement les baux excédant les dix-huit ans (art. 2, n° 4), en ajoutant que les baux, qui n'ont point été transcrits, ne peuvent être opposés aux tiers pour une durée de plus de dix-huit ans (art. 3, 2° alinéa).

La loi belge, du 16 déc. 1851, art. 1, exige la transcription pour « les baux excédant *neuf* années. » Notre loi du 23 mars 1855 a pris un moyen terme entre la proposition du gouvernement qui reculait jusqu'à vingt-sept ans la limite des baux sujets à transcription, et celle de la commission du corps législatif qui la ramenait à douze ou quinze ans. — V. la discussion, *supra*, p. 681 et suiv., note des art. 1 et 2, n° 2 et 6.

330. De quel jour fera-t-on partir ces dix-huit années? C'est une question que nous examinerons sous le chap. 4, quand nous aurons à développer les principes de l'art. 3.

331. Lorsqu'un bail, d'une durée inférieure à 18 ans, a été prorogé, avant son expiration, pour une autre période n'excédant pas dix-huit années, on ne doit voir là, suivant M. Troplong, Transcript., n° 117, que deux baux successifs, individuellement exempts de la transcription, puisque la loi ne prescrit pas de publier des baux successivement renouvelés, et dont chacun ne dépasse pas le maximum fixé. « Ce n'est, dit-il, que lorsque la fraude est prouvée, qu'on peut arriver à un autre résultat. Dans cet ordre d'idées, il est évident qu'un bail d'une durée excessive ne sera pas soustrait à la règle de la transcription, par cela seul qu'il aura été divisé, adroitement et fictivement, en plusieurs baux successifs, dont aucun ne dépassera la durée légale. Il appartient aux tribunaux d'apprécier les circonstances. » — Peut-être, ajoute l'auteur, pour prévenir les fraudes, eût-on pu, à l'imitation de l'art. 1430 c. nap., fixer un délai dans lequel le renouvellement aurait dû avoir lieu, pour échapper à la

nécessité de la transcription. Mais cette précaution n'a pas été prise, et on doit reconnaître que les baux successifs, de dix-huit ans chacun, sont obligatoires, sans publicité »(Conf. MM. Marton, de la Transcr., n° 504). — MM. Gauthier, Rés., etc., n° 98; Mourlon, Rev. prat., t. 7, p. 150, n°* 144 et suiv., sont d'un avis contraire).

332. Nous nous rallions à la première opinion. « Il n'en est pas, dit avec raison M. Flandin, *loc. cit.*, d'un bail de dix-huit ans, prolongé d'une autre période de dix-huit années, comme d'un bail fait pour trois, six ou neuf années. Dans ce dernier cas, il n'y a qu'un seul bail, quoiqu'il soit divisé en trois périodes, et qu'il soit loisible à chacune des parties de le faire cesser, à la première ou à la seconde. Dans le premier cas, au contraire, il y a réellement deux baux se succédant l'un à l'autre, quoiqu'au moyen du renouvellement fait (sans fraude, on le suppose) avant l'expiration du premier bail, la jouissance du preneur ne soit pas interrompue. La preuve que la loi voit, dans ces baux successivement renouvelés, plusieurs jouissances continues, et non pas une seule et même jouissance, c'est que, bien que l'art. 1429 c. nap. interdise au mari de passer des baux des biens de sa femme pour un temps excédant neuf ans, où, ce qui revient au même, ne les déclare obligatoires, à l'égard de la femme ou de ses héritiers, que pour la période de neuf ans qui se trouve en cours d'exécution, au moment de la dissolution de la communauté, l'art. 1430 lui permet de les renouveler, pourvu qu'il ne le fasse pas plus de trois ans avant l'expiration du bail courant, s'il s'agit de biens ruraux, et plus de deux ans avant la même époque, s'il s'agit de maisons... — On ne conteste pas, ajoute M. Flandin, qu'il soit loisible au propriétaire, un an, deux ans et même plus, avant l'expiration du bail courant, d'en faire un autre avec un nouveau locataire ou fermier; et ce nouveau bail, fût-il de dix-huit ans, comme le premier, ne serait, pas plus que celui-ci, sujet à transcription (M. Mourlon, *loc. cit.*). Je demande pourquoi il ne serait pas permis à ce même propriétaire, satisfait de son locataire ou fermier, de faire avec ceux ci, de très-bonne foi bien entendu, et sans arrière-pensée d'éluder la loi ou de tromper les tiers, ce qu'il peut faire avec un autre? Seulement il ne faudrait pas que ce renouvellement fût fait trop longtemps à l'avance, plus de trois ans, par exemple, avant l'expiration du bail courant, puisque c'est le terme fixé par l'art. 1430 c. nap. : autrement, la nouvelle convention deviendrait, à bon droit, suspecte, et pourrait être considérée, par les tribunaux, moins comme un nouveau bail, que comme une prorogation, une continuation du premier. »

333. Quoique le bail à colonage partiaire participe plus du contrat de société que du contrat de louage (V. v° Louage à colonage partiaire, n° 3), il est, cependant, compris dans la classe des baux (c. nap. 1763), et il n'est pas douteux que l'art. 2 de la loi du 23 mars 1855 ne lui soit applicable. Par ses effets, d'ailleurs, un bail, comme le dit M. Troplong, « de gêner la liberté de la vente de la chose et la réalisation du gage, » il rentre dans l'esprit de la disposition qui assujettit à la transcription les baux d'une durée de plus de dix-huit années (Conf. MM. Rivière et François, Expl., n° 28; Rivière et Huguet, Quest., n°* 148 et 149; Troplong, de la Transcript., n° 121; Gauthier, Rés., n° 100; Mourlon, Rev. prat., t. 7, p. 149, n° 141; Flandin, de la Transcript., n° 509).

334. Nous devons ajouter, pourtant, avec MM. Rivière et Huguet, que les baux à colonage partiaire sont rarement, en France, d'une bien longue durée, quoiqu'on puisse voir, dans certaines contrées, en Bretagne, par exemple, des familles de métayers se perpétuer dans le même domaine. Mais alors, comme le fait observer M. Flandin, c'est en vertu de locations verbales, ou de locations fréquemment renouvelées.

335. La cession d'un bail excédant dix-huit ans, lorsqu'il n'a pas été interdit au preneur de céder son bail (c. nap. 1717), doit-elle être transcrite, comme le bail lui-même? — Nous ne le pensons pas. Indépendamment de ce que la loi ne l'a pas prescrit, les principes, il nous semble, s'y opposent. — Si l'on considère le bail, même à longues années, comme ne conférant au preneur qu'un droit personnel, *jus ad rem* (et c'est ainsi que la commission du corps législatif, par l'organe de son rapporteur, l'a envisagé : **V.** le rapp. de M. A. Debelleyme, D. P. 55. 4. 27, n°s 27 et 28), il n'est pas possible de faire application de la loi du 23 mars 1855 à un acte translatif d'un droit purement personnel, c'est-à-dire d'une simple créance. — Si l'on considère ce bail, ainsi que nous l'avons fait v[o] Louage, n° 486, comme conférant au preneur un droit réel, d'une nature particulière et limité dans ses effets, il est certain du moins, de l'aveu de tout le monde, que ce droit réel n'est pas *susceptible d'hypothèque*; et, à cet autre point de vue, il y a même impossibilité d'appliquer à l'acte dont il s'agit la loi du 23 mars 1855 (Conf. MM. Rivière et Huguet, Quest., n° 150; Troplong, de la Transcript., n° 118; Flandin, *ibid.*, n°s 511 et suiv.; Mourlon, Revue prat., t. 7, p. 158, n° 147; Gauthier, Rés., etc., n° 101).

336. La même règle s'applique à la sous-location, qui a des effets moindres encore que la cession, Le sous-locataire sera donc pareillement dispensé de transcrire la sous-location. « Plaçons-nous, dit M. Troplong, n° 120, au point de vue du propriétaire et de ceux qui lui succéderont : ils n'ont pas d'intérêt à connaître un sous-locataire, dont les droits sont nécessairement renfermés dans les limites du bail principal transcrit » (Conf. MM. Rivière et Huguet, n° 154; Gauthier, n° 101; Mourlon, *loc. cit.*, n° 150; Flandin, n° 323).

337. Mais, si le bail n'avait pas été transcrit, la transcription de l'acte de cession pourrait-elle y suppléer? — « On pourrait dire, répondent MM. Rivière et Huguet, Quest., n° 151, que la transcription de cet acte est, pour le tiers, un avertissement suffisant, et que, puisqu'elle a eu lieu avant la transcription de la vente, elle peut être opposée à l'acquéreur. — Mais celui-ci ne peut-il pas répondre : le cédant, n'ayant pas fait transcrire son bail, ne pourrait pas s'en prévaloir pour une durée de plus de dix-huit ans; je pourrais l'évincer pour le surplus : or, le cessionnaire ne peut avoir plus de droits que son cédant? »

Pour que la conséquence fût rigoureuse, fait observer M. Flandin, de la Transcript., n° 516, il faudrait que le cessionnaire ne fût pas dans une autre position que le cédant; ce qui n'est pas, puisqu'il a transcrit et que le cédant ne l'a pas fait. — M. Flandin, néanmoins, conclut dans le même sens que MM. Rivière et Huguet.—Il fait remarquer, en premier lieu, que la transcription, faite par le cessionnaire, ne pourrait être considérée comme un équivalent de la transcription du bail qu'autant que l'acte de cession reproduirait toutes les conditions essentielles de ce bail, tout ce que les tiers ont intérêt à connaître. Mais, ajoute-t-il, cela ne suffit pas encore : il faudrait que les tiers, qui traitent avec le propriétaire, dans l'ignorance du bail, eussent un moyen assuré de connaître l'existence de l'acte de cession, et, par cet acte, l'existence du bail, avec ses clauses et conditions. Or, il est certain, dit M. Flandin, ainsi que le déclare M. Mourlon (Revue prat., *loc. cit.*), et que je l'ai moi-même vérifié à la conservation des hypothèques de Paris, il est certain que, si le cessionnaire d'un bail, d'une durée supérieure à dix-huit années, jugeait à propos de requérir la transcription de son acte de cession, sans requérir la transcription du bail lui-même, aucun article ne serait ouvert, par le conservateur, sur ses registres, au nom du propriétaire de l'immeuble, pour y mentionner le bail relaté dans l'acte de cession; en sorte que le propriétaire pourrait impunément, en dissimulant l'existence du bail, conférer à des tiers des droits réels sur l'immeuble, au préjudice du cessionnaire, que ces tiers n'avaient aucun moyen de connaître, puisqu'il n'avait pas traité directement avec le propriétaire... »

338. Ce que devra faire, dans ce cas, le cessionnaire, c'est de faire transcrire le bail en même temps que son acte de cession. De cette façon, il n'aura plus à craindre les exceptions que pourraient élever les tiers contre la clandestinité du bail. — Il pourra même, ainsi que nous l'avons dit *suprà*, n° 335, se dispenser de faire transcrire l'acte de cession, et se borner à faire transcrire le bail (Conf. M. Flandin, n° 517).

339. Si le propriétaire intervenait dans l'acte de cession du bail, pour accepter le cessionnaire au lieu et place du cédant et décharger celui-ci de ses obligations envers lui, il y aurait novation dans les termes des art. 1271 et 1273 c. nap., et par conséquent, il faudrait une nouvelle transcription (Conf. MM. Rivière et Huguet, n° 153; Gauthier, n° 101; Troplong, de la Transcript., n° 119 Flandin *ibid.* n° 518).

340. M. Mourlon, Rev. prat., t. 7, p. 160, n° 148, est d'un autre avis. Il suffit, d'après lui, qu'il y ait un bail transcrit, quelle que soit la personne du preneur. « On ne saurait, dit-il, sans fausser l'esprit de la loi, rien exiger de plus. » — Mais M. Flandin fait très-bien ressortir l'intérêt qu'ont les tiers à connaître le véritable titulaire du bail. Ceux-ci, en effet, en ne voyant plus le preneur originaire en possession de l'immeuble, seront induits à penser que la transcription qui existe sur les registres n'a plus d'objet; ils traiteront ainsi, sans défiance, avec le propriétaire qui, pour mieux les abuser, pourra leur dire que le nouveau preneur jouit en vertu d'une location verbale. « Et cependant, dit M. Flandin, il serait contraire à ce dernier leur opposer que le bail, en vertu duquel il jouit, est un bail transcrit, et que cette transcription, quoique faite dans l'intérêt d'un autre, doit lui profiter! A mon tour, je dirai qu'on ne saurait, *sans fausser l'esprit de la loi*, l'interpréter ainsi ! »

341. Il est vrai, fait observer le même magistrat, *loc. cit.*, n° 521, que le même inconvénient se produit, lorsqu'il y a cession du droit au bail, sans novation, c'est-à-dire sans que l'ancien preneur soit délié de ses engagements envers le propriétaire; et l'on a vu plus haut, n° 335, que le cessionnaire est dispensé de faire transcrire l'acte de cession. Mais, dans ce cas, dirons-nous avec M. Flandin, c'est la force des principes qui le veut ainsi, dès que le premier bail subsiste avec tous ses effets, et que l'acte de cession n'est pas, de sa nature, un acte susceptible d'être transcrit.

342. Nous avons dit *suprà*, n° 73, que nous examinerions ici la question de savoir si le droit d'exploitation des mines ou carrières peut faire l'objet d'un bail? — Sans revenir sur les développements que nous avons donnés à cette question, v[o] Enregistrement, n°s 2875 et suiv.; Louage, n° 47, Mines, n°s 14 et suiv., nous nous bornons à dire que la cour de cassation, persistant, par deux arrêts récents, rendus, le premier en matière d'enregistrement, le second en matière ordinaire, dans son ancienne jurisprudence, se refuse à voir une location dans la cession, faite pour un certain nombre d'années, du droit d'exploiter une mine, moyennant une somme payable périodiquement, et qualifie le contrat de *vente mobilière* (Req. 28 janv. 1857, aff. société de Caronte, D. P. 57. 1. 391; 15 déc. 1857, aff. Gontard, D. P. 59. 1. 365). — Mais nous avons soutenu, avec la plupart des auteurs, l'opinion contraire, et nous y persistons. — Telle est également l'opinion de M. Flandin, de la Transcript., n° 527 et suiv. : « Il me semble, dit ce magistrat, qu'on se tient, avec trop de scrupule, au principe établi par Pothier (Louage, n° 11), et qui est vrai, « que les choses, qui se consomment par l'usage qu'on en fait, comme l'argent comptant, le blé, le vin, etc., ne sont pas susceptibles du contrat de louage; » principe emprunté à la loi romaine : *non potest commodari id quod usu consumitur, nisi forte ad pompam vel ostentationem, quis accipiat* (L. 3, § 6, D., *Commod. vel contra*). Pourquoi les choses fongibles ne peuvent-elles, à part ce cas extraordinaire dont parle la loi précitée, *nisi forte ad ostentationem quis accipiat*, faire l'objet d'une location? « La raison en est sensible, dit Pothier. Il est de la nature du contrat de louage que le locateur conserve la propriété de la chose dont il n'accorde au locataire que la jouissance et l'usage, et qu'en conséquence le locataire contracte l'obligation de la rendre, à l'expiration du temps pendant lequel l'usage lui en a été accordé. Or, il est évident que cela ne peut avoir lieu dans les choses qui se consomment entièrement par l'usage qu'on en fait; elles ne sont donc pas susceptibles du contrat de louage. » — Mais, ainsi que le fait remarquer M. Troplong, du Louage, n° 93, « bien différente des choses fongibles est une mine qui survit aux extractions de chaque année. » Ce ne sont pas, en effet, tels et tels produits fongibles qui sont loués, mais le droit d'extraire ces produits de la terre qui les recèle. Et je ne puis mieux comparer la location de ce droit d'extraction qu'à la location d'un droit d'usufruit, permise à l'usufruitier par l'art. 595 c. nap......... Ce sont là, me semble-t-il, dit en terminant M. Flandin, les vrais principes; et il serait d'autant plus nécessaire d'y revenir aujourd'hui que les tiers trouveraient, dans la transcription à laquelle sont assujettis les baux d'une durée supérieure à dix-huit ans, une garantie qui leur manquera, si la cession dans le cas spécifié, doit être considérée comme une vente mobilière. — Pour cette raison, et parce que la question est au moins douteuse, et qu'on peut prévoir un retour de la cour de cassation sur sa jurisprudence, je conseille, comme un acte de prudence, de faire transcrire » (Conf. MM. Rivière et Huguet, n° 128; Mourlon, Rev. prat., t. 1, p. 22, n° 12).

342. Ainsi que nous l'avons dit *suprà*, n° 88, pour les ventes verbales, les locations verbales (s'il en est), faites pour un temps excédant dix-huit années, ne sont susceptibles de transcription que lorsque leur existence a été constatée par un jugement. C'est ce jugement que le preneur devrait faire transcrire, et la location verbale n'aurait d'effet, à l'égard des tiers, qu'à partir de cette transcription (Conf. M. Flandin, de la Transcr., n° 531).

344. La loi du 23 mars 1855 n'ayant soumis à la transcription que les baux excédant dix-huit années, il en résulte que ceux d'une moindre durée sont opposables aux tiers, sans transcription. On a vu même *suprà*, n° 329, que les baux excédant dix-huit années, quoique non transcrits, n'en conservent pas moins, d'après la disposition finale de l'art. 3, leur effet, à l'égard des tiers, pour dix-huit ans.

345. Cette disposition, toutefois, n'apporte aucune modification au principe d'après lequel les créanciers hypothécaires sont en droit, au moment où ils exercent le droit de suite, de provoquer l'annulation d'un bail, même inférieur à dix-huit ans, lorsque ce bail a été fait en fraude de leurs droits : par exemple, si la location avait été faite à vil prix. Ce droit est écrit dans l'art. 1167 c. nap. (V. v° Privil. et hyp., n° 1764 et suiv.; Conf. MM. Gauthier, Rés., etc., n° 99 ; Flandin, n° 532).

Sect. 6. — *De la transcription des actes ou jugements portant quittance ou cession d'une somme équivalente à trois années de loyers ou fermages non échus.*

346. La loi du 23 mars 1855 ne s'est pas contentée d'assujettir à la formalité de la transcription les baux excédant dix-huit ans, elle y a soumis également « tout acte ou jugement constatant, même pour bail de moindre durée, quittance ou cession d'une somme équivalente à trois années de loyers ou fermages non échus » (art. 2, n° 5). — Ainsi que le fait remarquer M. Flandin, de la Transcript., n° 533, le payement ou la cession de loyers ou fermages non échus est presque toujours un indice de fraude. Mais, en supposant même qu'ils aient eu lieu de bonne foi, les tiers ont le plus grand intérêt à la transcription. Sans cela, un acquéreur, obligé par l'art. 1743 c. nap. d'entretenir les baux qui ont acquis date certaine avant la vente, serait privé de revenus sur lesquels il avait compté; des créanciers hypothécaires, au profit de qui sont immobilisés les loyers et fermages, à partir de la transcription de la saisie de l'immeuble (c. pr. 685), seraient frustrés des fruits de leur gage.

347. Un membre du corps législatif, M. Duclos, voulait aller plus loin : il pensait qu'on aurait dû, conformément, disait-il, à l'avis émis par les cours souveraines dans l'enquête faite en 1841 (V. les Docum. relatifs aux rég. hyp., t. 1, p. 116 et s.), soumettre à la transcription toute quittance de loyers anticipés, pour une durée de *plus d'une année* (procès-verbal de la discussion, *suprà*, p. 681 et s., note, n° 2 et 6).—Nous avons dit, v° Priv. et hyp., n° 1765, qu'on admettait, en effet, sous l'ancienne législation, comme moyen de prévenir la fraude, que le payement anticipé des loyers et fermages ne pouvait valoir, respectivement aux tiers, que pour *un an*, et qu'on avait proposé d'introduire une disposition semblable dans le code de procédure ; mais que la proposition fut repoussée, parce qu'une telle disposition, dit Locré, « aurait trop gêné les transactions et l'usage de la propriété. » L'opinion de M. Duclos a, de même, été rejetée, comme excessive, par les auteurs de la loi du 23 mars 1855, et l'on s'est arrêté au terme de trois ans. « Au-dessous de trois ans, dit M. Troplong, de la Transcript., n° 122, la loi ne s'inquiète pas des payements anticipés et des cessions : elle considère qu'ils peuvent rentrer dans le cercle d'une bonne administration, et elle les laisse sou° l'empire du droit commun. Mais, quand la quittance et la cession sont d'une somme équivalente à trois années, la chose acquiert l'importance d'un démembrement de la propriété. La transcription est donc nécessaire, quelle que soit la durée du bail : faute de l'avoir opérée, les payements et les cessions sont sans effet à l'égard des tiers. »

348. On doit, néanmoins, appliquer ici ce que nous avons dit *suprà*, n° 345, pour les baux de dix-huit ans et au-dessous : c'est que, bien que les quittances ou cessions de sommes équivalentes à trois années de loyers ou fermages non échus opposables aux tiers, créanciers hypothécaires ou tiers acquéreurs, sans transcription, ceux-ci ne sont pas, pour cela, privés du droit de les faire annuler, en vertu de l'art. 1167 c. nap., s'ils sont le résultat d'une fraude concertée entre leur débiteur et le preneur ou cessionnaire (Conf. M. Flandin, n° 535).

349. Quoique la loi ne parle que des quittances ou cessions *d'une somme* équivalente à trois années de loyers ou fermages non échus, il est manifeste qu'on devrait également soumettre à la transcription la cession que ferait le bailleur des droits résultant, à son profit, d'un bail de trois années ou au-dessus. « Le préjudice, disent très-bien MM. Rivière et Huguet, Quest., n° 155, sera le même pour les tiers qui acquerront des droits sur l'immeuble » (Conf. M. Flandin, *loc. cit.*, n° 536).

350. Nous reviendrons sur cette matière, lorsque nous aurons à parler des effets de la transcription relativement aux baux et aux payements anticipés de loyers ou fermages (V. n° 632 et s.).

Sect. 7.—*De la transcription des jugements, et de leur mention en marge de la transcription d'un autre acte.*

§ 1. — De la transcription des jugements.

351. En principe, les jugements ne sont pas soumis à la transcription, parce qu'ils ne sont pas attributifs, mais seulement déclaratifs de propriété.

352. Il est, toutefois, des exceptions, que mentionnent les art. 1 et 2 de la loi du 23 mars 1855. Ce sont, d'abord, les jugements qui déclarent l'existence d'une convention verbale de nature à être transcrite (art. 1 et 2, n° 3), et, en second lieu, les jugements d'adjudication d'immeubles, autres que ceux rendus, sur licitation, au profit d'un cohéritier ou d'un copartageant (art. 1, n° 4).—Ce ne sont point là, à proprement parler, des exceptions, puisque les jugements dont il s'agit ayant le caractère translatif, tombent directement sous l'application de la loi du 23 mars.

353. Suivant M. Lesenne, Comment., n° 30, 31, 33, 46, 47, il faut même comprendre, dans cette expression (*jugement*), les actes judiciaires qui, sans être des jugements, constatent l'existence d'une convention de la même nature (c'est-à-dire sujette à transcription), comme est *un acte de reconnaissance d'écriture privée faite en justice.*—En un mot, dit-il, il y a lieu de transcrire toute décision judiciaire, déclarant ou constatant l'existence d'une convention verbale, qui, si elle eût été écrite, eût dû être transcrite; de même, toute décision judiciaire déclarant ou constatant l'existence ou la reconnaissance d'un écrit sujet à transcription, et non encore transcrit. » — Nous croyons, avec M. Flandin, Transcript., n° 541, cette interprétation erronée.— Lorsqu'il existe un *écrit*, dit ce magistrat, que cet écrit soit authentique ou sous seing privé ; que, dans ce dernier cas, l'écriture en ait été, ou n'en ait pas été vérifiée ou reconnue en justice ; c'est cet écrit, et non l'acte ou le jugement de reconnaissance, qui doit être transcrit. Ce cas rentre dans le n° 1 des art. 1 et 2 de la loi du 23 mars 1855, et non dans le n° 3 des mêmes articles.

354. Mais si l'acte, qui avait existé à l'origine, a été, depuis, détruit ou perdu, il est clair qu'on se trouve, alors, dans le même cas que si la convention eût été purement *verbale*, et le jugement qui intervient pour faire tenir lieu de l'acte perdu ou détruit, doit être transcrit (Conf. MM. Flandin, *loc. cit.*, n° 542; Mourlon, Rev. prat., t. 7, p. 165, n° 155).

355. À l'égard des *actes judiciaires*, il n'y a de soumis à la transcription que ceux qui sont réellement translatifs. — Par exemple, dit M. Flandin, Transcript., n° 544, Primus, prétendant avoir acheté verbalement de Secundus un immeuble, le fait citer en conciliation, sur la demande qu'il se propose de former contre lui en délivrance de cet immeuble. Si, devant le magistrat, les parties se mettent d'accord sur le fait de la vente, le procès-verbal qui en sera dressé par le juge de paix, conformément à l'art. 54 c. pr. civ., sera un acte judiciaire, qui, ayant force d'*obligation privée*, aux termes de ce même art. 54, devra être soumis à la transcription. C'est en ce sens, mais en ce sens seulement, que M. Flandin déclare adhérer à l'opinion de M. Lesenne sur la transcription des actes judiciaires.—On peut même dire, dans le cas particulier, ajoute ce magistrat, *loc. cit.*, que le procès-verbal de conciliation, qui renferme les conditions de la vente, et qui est signé des parties, tombe sous l'application directe du n° 1 de l'art. 1 de la loi du 23 mars 1855, concernant la transcription des *actes* translatifs de propriété.

356. Nous avons dit *suprà*, n° 343, qu'on doit transcrire le jugement qui constate l'existence d'une location verbale excédant dix-huit années. M. Bressolles, n° 32, fait également observer que, bien qu'il ne soit pas question, dans l'art. 2 de la loi du 23 mars, des jugements qui déclarent l'existence de locations verbales de plus de dix-huit ans, on ne doit pas moins appliquer ici le principe général de la loi, qui, en l'absence de conventions écrites, soumet à la transcription les jugements qui en tiennent lieu (Conf. M. Flandin, de la Trancript., n° 546).

357. La cession de biens judiciaire ne conférant point la propriété des biens abandonnés aux créanciers, mais leur donnant seulement le droit de faire vendre ces biens à leur profit, et d'en percevoir les revenus jusqu'à la vente (c. nap. 1269; c. pr. 904; V. Obligat., n° 2340), il en résulte qu'il ne peut y avoir lieu à transcription du jugement qui admet le débiteur au bénéfice de cession, puisqu'il n'y a pas mutation (Conf. MM. Rivière et Huguet, Quest., n° 39; Mourlon, Rev. prat., t. 3, p. 132 et suiv.; Gauthier, Résumé, etc., n° 52; Flandin, de la Transcr., n° 169. V. également *suprà*, n° 131 et s., ce qui est dit de la cession de biens volontaire).

358. La transcription étant une mesure conservatoire (V. *suprà*, n° 91), on ne doit pas attendre, pour faire transcrire, que le jugement ait acquis l'autorité de la chose jugée. Le moindre retard, au contraire, dans l'accomplissement de la formalité, pourrait devenir très-préjudiciable, puisqu'il permettrait aux tiers d'acquérir sur l'immeuble des droits préférables à ceux conférés par le jugement (Conf. MM. Mourlon, *loc. cit.*, n° 155; Flandin, n° 548).

359. Lorsque le jugement de première instance, soit contradictoire, soit par défaut, aura été transcrit, s'il est maintenu sur l'opposition ou confirmé en appel, il ne sera pas nécessaire de faire transcrire, soit le jugement de débouté d'opposition, soit l'arrêt confirmatif, qui n'apprendrait aux tiers rien de plus que la transcription déjà faite. — La loi n'exige même pas qu'il soit fait mention de l'arrêt confirmatif en marge de la transcription du jugement confirmé. Cette mention n'est requise, par l'art. 4 de la loi du 23 mars, que pour les jugements qui prononcent la résolution, nullité ou rescision d'un acte transcrit (Conf. MM. Mourlon, n° 156; Flandin, n° 549).

360. Toutefois, si l'arrêt confirmatif modifiait la décision dans quelque point essentiel que les tiers eussent intérêt à connaître, il y aurait lieu, comme le fait remarquer M. Flandin, *loc. cit.*, n° 550, de faire transcrire cet arrêt.

361. Si le jugement était infirmé, en ce sens que la convention qui a donné lieu à la transcription dût être considérée comme non avenue, la transcription resterait sans effet; mais le droit perçu ne serait pas restituable (arg. art. 60, L. 22 frim., tit. 7. V. v° Enreg., n° 5352 et suiv.; V. aussi *infrà* sous le chap. 6; Conf. M. Flandin, n° 551).

362. Les sentences arbitrales sont de véritables jugements; mais elles ne produisent cet effet qu'après qu'elles ont été rendues exécutoires par une ordonnance du président du tribunal civil (c. pr. 1020; V. Arbitrage, n° 1163 et s.). — On peut demander, dès lors, si elles peuvent être présentées à la transcription avant d'avoir été revêtues de la formule d'*exequatur?* — L'affirmative ne nous paraît pas douteuse, dès que la transcription, ainsi que nous l'avons dit *suprà*, n° 358, est une mesure conservatoire qu'il y aurait péril à différer. La jurisprudence a consacré le même principe, en matière d'appel ou de recours en cassation (V. les arrêts rapportés v° Arbitrage, n° 1164). Nous avons cité *eod. v°*, n° 1069, une décision du ministre des finances, rendue en 1808, décision suivant laquelle le jugement arbitral, non-

seulement peut, mais doit être présenté à l'enregistrement, avant d'être revêtu de la formule exécutoire. Or, d'après les art. 52 et 54 de la loi du 28 avr. 1816, le droit de transcription est aujourd'hui perçu en même temps que le droit d'enregistrement (Conf. M. Flandin, n° 554 et suiv.).

363. Les jugements d'adjudication ne sont pas, à proprement parler, des jugements, mais des actes du juge qui, comme ceux des notaires, appartiennent à la juridiction volontaire. Ils font, comme le dit M. Troplong, de la Transcript., n° 100, l'office d'actes de vente, et devaient, à ce titre, être soumis à la transcription (L. 23 mars 1855, art. 1, n° 4).

364. L'article excepte, toutefois, de la formalité, les *jugements rendus, sur licitation, au profit d'un cohéritier ou d'un copartageant*, parce que ce sont de véritables partages (c. nap. 883), et que les partages sont dispensés de la transcription (*suprà*, n° 50, 145 et s.).

365. Appliquez ici ce que nous avons dit *suprà*, n° 145 et s., qu'il faut que le jugement rendu, sur licitation, au profit d'un cohéritier ou d'un copartageant, ait le caractère de partage, qu'il fasse cesser complétement l'indivision : autrement, le jugement d'adjudication ayant le caractère translatif, comme lorsque la licitation a lieu au profit d'un étranger, devrait être transcrit (Conf. M. Flandin, de la Transcript., n° 561).

366. Est-il dérogé, par la loi du 23 mars 1855, à l'art. 2189 c. nap., d'après lequel « l'acquéreur ou le donataire qui conserve l'immeuble mis aux enchères (dans le cas de purge), en se rendant dernier enchérisseur, *n'est pas tenu de faire transcrire le jugement d'adjudication*? » — Nous ne le pensons pas, et c'est l'opinion de MM. les commissaires du gouvernement qui ont émise devant la commission du sénat. — « Quel est, dit M. le rapporteur, le motif qui fait affranchir de la transcription les jugements d'adjudication obtenus par des cohéritiers ou des copartageants? C'est qu'ils n'opèrent point mutation. Le cohéritier est la continuation de la personne du défunt; il est censé, dit le code, avoir succédé seul et immédiatement à tous les biens compris dans son lot, ou qui lui sont échus par licitation. — Quant au partage, il est déclaratif et non translatif de propriété. — Le même motif justifie, à plus forte raison, l'art. 2189, puisque l'immeuble adjugé reste le même entre les mêmes mains, et que l'acquéreur et le donataire ont, chacun, un autre titre qui doit déjà avoir été transcrit. — Cet article sera maintenu. — Cet avis de MM. les commissaires du gouvernement : c'est aussi le nôtre. — Nous regrettons qu'il ne nous soit point permis de rectifier la rédaction du projet. Il est toujours fâcheux, en sanctionnant une loi, de laisser, dans les mots, une contradiction qui n'est point dans les choses. Du moins ces explications pourront servir de guide à la jurisprudence » (rapp. de M. de Casabianca sur la loi du 23 mars 1855, Impressions du sénat, session de 1855, n° 27, p. 12; Conf. MM. Troplong, de la Transcript., n° 101; Flandin, *ibid.*, n° 562; Rivière et Huguet, n° 117; Bressolles, n° 33; Ducruet, Études sur la transcr., n° 7; Gauthier, n° 113 et 114; Fons, n° 23; Grosse, Comment., n° 62). — M. Mourlon, qui avait émis un autre sentiment dans son Appendice sur la transcription, n° 335, est revenu à l'opinion commune dans la Revue pratique, t. 4, p. 336, n° 78.

367. Il faut appliquer la même solution au tiers détenteur qui reprend l'immeuble, ou s'en rend adjudicataire, après délaissement (c. nap. 2172 et suiv.). — « Le délaissement hypothécaire, dit un arrêt, n'a pas pour effet de rendre le créancier hypothécaire propriétaire de l'immeuble, quoi a été abandonné. Tous les auteurs s'accordent à enseigner que celui qui délaisse l'héritage pour les hypothèques, n'en cède pas absolument la propriété et la possession, comme en déguerpissement, mais seulement la détention et occupation » (Req. 14 nov. 1826, aff. Fouignet, v° Priv. et hyp., n° 1830). Cela est si vrai que l'art. 2174 veut « qu'il soit créé à l'immeuble délaissé un curateur, sur lequel la vente de l'immeuble est poursuivie, dans les formes prescrites pour les expropriations », et que, d'après l'art. 2173, le délaissant reste le maître, jusqu'à l'adjudication, de reprendre l'immeuble, en payant toute la dette et les frais (V. Priv. et hyp., n° 1882 et s.). — Il est évident, d'après cela, que le tiers détenteur (acquéreur, donataire ou légataire, il n'importe), qui se rend adjudicataire de l'immeuble après l'avoir délaissé, n'est pas obligé de faire transcrire, puisqu'il n'y a pas mutation (Conf. MM. Mourlon, Rev. prat., t. 4, p. 353, n°° 80 et 81; Flandin, de la Transcr., n°° 565 et 566).

368. On peut objecter, à l'égard du légataire, qu'il n'y a pas de titre antérieur transcrit, puisque les testaments sont dispensés de la formalité (*suprà*, n° 42) : d'où il suit qu'il ne peut y avoir double emploi entre la transcription du jugement d'adjudication et la transcription du titre originaire. « Ce raisonnement, quoique spécieux, dit M. Mourlon, Revue prat., *loc. cit.*, ne nous touche point. Il serait, sans doute, fort utile d'apprendre aux tiers que tel immeuble, laissé par un défunt, n'appartient point à ses héritiers légitimes. Mais, du moment que la loi a cru devoir, à tort ou à raison, attribuer aux legs un effet absolu, indépendant de toute condition de publicité, ce serait la mettre en contradiction avec elle-même que de supposer qu'un legs, confirmé sur adjudication, ne sera opposable aux tiers qu'à partir du jour où il aura été transcrit. Dès que le testateur est mort, le legs qu'il a fait est réputé connu, et, par conséquent, légalement tenu pour public. Cette présomption de publicité suppléant la formalité de la transcription, les choses doivent se passer comme si le legs avait été réellement transcrit » (Conf. M. Flandin, de la Transcription, n° 567).

369. Mais la transcription, fait observer M. Flandin, n° 568, serait nécessaire, si l'adjudication avait lieu au profit d'un autre que le tiers détenteur, quoique cet adjudicataire, ainsi que nous l'avons dit v° Privil. et hyp., n° 2029, ne fût pas obligé de recommencer la purge. Il y a, dans ce cas, transmission de propriété du premier acquéreur à un second; ce qui rend applicable le n° 4 de l'art. 1 de la loi du 23 mars 1855 (Conf. MM. Rivière et Huguet, Quest., n° 116; Mourlon, *loc. cit.*, n° 84).

370. Par une raison semblable, on doit dire que l'adjudicataire sur expropriation forcée est obligé de faire transcrire le jugement d'adjudication, bien que l'expropriation forcée purge, *ipso facto*, tous privilèges et hypothèques antérieurs à l'adjudication (V. Priv. et hyp., n° 2023 ; Vente publ. d'imm., n° 1816 et s.), et même, depuis la loi du 21 mai 1858, les hypothèques légales, non inscrites, des femmes, des mineurs et des interdits (art. 1 de la loi précitée).— Au dire de M. Lemarcis, cependant, cette formalité serait inutile. « ...Quant aux adjudications sur saisie immobilière, dit cet auteur, Comment., sect. 2, n° 6, il nous semble que le droit de l'adjudicataire ne saurait avoir rien à craindre (du défaut de transcription). Car le saisi, qui, dès la transcription de la saisie, a perdu le droit d'aliéner, au détriment des créanciers inscrits et du saisissant, ne recouvrera pas ce droit, sans doute, après l'adjudication. Le résultat contraire serait par trop bizarre ; et, certes! l'intention de la loi n'a pas été de la consacrer. Dans ce cas donc, la loi manquera de sanction...»—Mais il suffit, répond M. Flandin, n° 578, que le saisi ne soit pas dépouillé, par la poursuite, du droit de constituer des hypothèques sur l'immeuble (V. Priv. et hyp., n° 1777), sans parler même des actes d'aliénation qu'il aurait pu consentir, lui ou ses auteurs, antérieurement à la transcription de la saisie, et qui seraient valables, pour montrer l'intérêt qu'a l'adjudicataire à faire transcrire le jugement d'adjudication... La question, au reste, comme le fait remarquer ce magistrat, si c'en était une, serait implicitement tranchée par la loi précitée du 21 mai 1858, dont l'art. 1 porte, à son paragraphe final : « Le jugement d'adjudication, *dûment transcrit*, purge toutes les hypothèques ; et les créanciers n'ont plus d'action que sur le prix. — Les créanciers à hypothèques légales, qui n'ont pas fait inscrire leur hypothèque *avant la transcription du jugement d'adjudication*, ne conservent de droit de préférence sur le prix qu'à la condition de produire, etc. » (Conf. MM. Rivière et François, Explic., etc., n° 16; Rivière et Huguet, Quest., n°° 124, 351 et 352; Lesenne, Comment., n° 56 ; Mourlon, Revue prat., t. 4, p. 344, n° 79 ; Gauthier, Résumé, etc., n° 111).

371. Le jugement d'adjudication sur folle enchère doit-il être transcrit ? — Les auteurs sont partagés sur le point de savoir si, dans les ventes forcées, le payement du prix forme une condition *suspensive* ou une condition *résolutoire* de l'adjudication (V. Vente pub. d'imm., n° 1906). Mais quelle que soit la solution à donner à cette question, il n'y en a pas moins, par l'effet de la revente, transmission de propriété d'une personne à une autre,

et matière, par conséquent, à transcription (Conf. MM. Troplong, de la Transcript., n° 221; Flandin, *ibid.*, n° 562; Gauthier, n° 111; Bressolles, n°° 55 et 56; Mourlon, Revue prat., t. 4, p. 578, n° 86).

372. L'héritier bénéficiaire, adjudicataire des biens de la succession, est dans une position semblable à celle du tiers détenteur qui se rend adjudicataire de l'immeuble délaissé ou surenchéri (*suprà*, n°° 366 et 567) : l'adjudication, prononcée à son profit, ne fait que confirmer la propriété qu'il tenait déjà de son titre héréditaire. C'est pour cela, dit Pothier (Introd. à la cout. d'Orléans, tit. des Fiefs, n° 126), que « l'adjudication, faite à un héritier bénéficiaire, d'un héritage de la succession, sur la saisie réelle des créanciers, ne donnait pas lieu au profit de vente, » et qu'aujourd'hui elle ne donne pas davantage ouverture au droit proportionnel de mutation (V. Enreg., n° 2390). Elle doit, par la même raison, être dispensée de la transcription. — Tel est également le sentiment de M. Troplong, Transcript., n° 102. « Le texte relatif aux jugements d'adjudication, dit-il, est sans doute général ; mais il doit se combiner avec le § 1, qui pose une règle plus générale encore ; et il n'envisage que les jugements d'adjudication translatifs de propriété... Pourquoi, d'ailleurs, ajoute ce magistrat, ce jugement (le jugement d'adjudication au profit de l'héritier bénéficiaire) serait-il publié ? Il n'apprendrait rien d'utile aux tiers. La mutation par décès s'est opérée sans transcription ; elle a rendu l'héritier propriétaire à l'égard de tout le monde. Le jugement d'adjudication, même non transcrit, le laisse au moins dans la position où il était. Or, il avait le droit de revendiquer la chose envers et contre tous, et personne ne pouvait lui contester sa propriété. Donc, à supposer que l'adjudication survenue dût être transcrite, il n'y aurait personne qui pût opposer à l'héritier adjudicataire le défaut de transcription du jugement. Disons, par conséquent, conclut M. Troplong, que la transcription est à la fois contraire aux principes et parfaitement inutile » (Conf. MM. Flandin, *ibid.*, n° 585; Rivière et Huguet, n°° 118 et suiv.; Gauthier, n° 115; Fons, n° 24; trib. civ. de la Seine, 4 juill. 1857, aff. Delacroix ; trib. civ. de Dijon, 31 mars 1858, aff. de Pradier, D. P. 58. 3. 7 et 56).

373. M. Mourlon, Rev. prat., t. 4, p. 360, n° 83, est d'opinion contraire. —« La condition d'un héritier bénéficiaire, dit-il, est d'une nature mixte... Dans ses rapports avec toutes personnes autres que les créanciers et les légataires, l'héritier, même bénéficiaire, représente le défunt... A l'égard des créanciers héréditaires, le défunt est, par l'effet du bénéfice d'inventaire, réputé vivant, sa succession le représente. C'est en lui, en sa personne fictive, que réside la propriété des biens qu'il a laissés... S'il (l'héritier bénéficiaire) était propriétaire des biens, il serait personnellement tenu des dettes ; car ces deux idées sont corrélatives par essence. Les dettes lui sont personnellement étrangères ; il est donc personnellement étranger à la propriété des biens... N'est-il pas vrai, conclut de là M. Mourlon, qu'une fois admise cette idée, que la propriété des biens héréditaires réside en la personne fictive du défunt, on est forcé de reconnaître que le bien adjugé à l'héritier passe du domaine de la succession dans le sien propre, ou qu'ainsi, cette adjudication opère une véritable mutation de propriété. L'héritier bénéficiaire, qui se rend adjudicataire des biens de la succession, est donc un acheteur, au même titre que le serait un adjudicataire étranger... »

M. Flandin, n°° 585 et suiv., s'est attaché à réfuter cette opinion de M. Mourlon. Il prouve très-bien que Pothier et Lebrun, invoqués par l'auteur à l'appui de sa thèse, s'ils disent que « l'effet du bénéfice d'inventaire est de faire considérer l'héritier bénéficiaire, vis-à-vis des créanciers de la succession, plutôt comme un administrateur des biens de la succession que comme le vrai héritier et le vrai propriétaire de ses biens » (Pothier, des Success., chap. 3, sect. 3, art. 2, § 6), ils ne se disent que dans un sens particulier et restreint, puisqu'ils ajoutent, quelques lignes plus bas, que l'héritier qui a accepté sous bénéfice d'inventaire, est pareillement réputé, comme l'héritier pur et simple, saisi de la succession, dès l'instant qu'elle a été ouverte ; qu'il est vrai héritier, *vrai propriétaire des biens de la succession*...; d'où il suit que, lorsqu'il se rend adjudicataire des biens de la succession bénéficiaire, **il retient plutôt qu'il n'acquiert**,

et, par conséquent, ne doit point de profit. » (Pothier, loc. cit.).
Merlin, Rép., v° Bénéf. d'invent., n° 20, n'est pas moins explicite: « Dans quel sens, dit-il, et sous quel rapport, l'héritier bénéficiaire est-il (comme le disait Pothier) administrateur des biens de la succession? Dans quel sens, et sous quel rapport, est-il tenu, envers les créanciers et légataires, au même compte que le serait un tuteur, un mandataire, un curateur à une succession vacante? Très-certainement, l'héritier bénéficiaire est propriétaire des biens qu'il recueille à ce titre; et il ne l'est pas seulement à l'égard de ses cohéritiers, il l'est encore à l'égard des créanciers et des légataires; car, s'il ne l'était pas à leur égard, à qui donc, à leur égard, la propriété serait-elle censée appartenir? Ce ne serait pas à eux, puisqu'ils n'ont sur les biens du défunt, que des actions personnelles ou hypothécaires. Ce ne serait pas à l'hérédité, considérée comme être moral, puisqu'elle n'est pas vacante. Il faut donc, de deux choses l'une, ou dire que la propriété ne réside sur la tête de personne, ce qui serait absurde, ou convenir qu'elle réside sur la tête de l'héritier bénéficiaire... (V. également notre traité des Success., n° 813). — — On ne pouvait, dit M. Flandin, condamner, en termes plus exprès, la doctrine de M. Mourlon.

Enfin, l'héritier bénéficiaire est si bien regardé, par le Code, comme propriétaire des biens de la succession que l'art. 802 l'autorise à en faire l'abandon aux créanciers et légataires, pour se décharger du payement des dettes : « abandon, dit la cour de cassation dans un arrêt, qui, dans l'esprit de la loi, ne peut pas nuire aux droits que lui donne la qualité d'héritier, attendu qu'il ne fait cet abandon que comme propriétaire des biens abandonnés, et sans donner aux créanciers et légataires, au profit desquels il est fait, plus de droit qu'ils n'en ont sur lesdits biens, à raison de leurs créances ou de leurs legs... » (Cass. 1er fév. 1850, aff. hér. Lagarde, v° Enreg., n° 4020).

374. L'abandon, fait par l'héritier bénéficiaire aux créanciers et aux légataires, est une véritable cession judiciaire, qui ne confère pas à ceux-ci la propriété des biens, mais leur donne seulement le droit de les faire vendre judiciairement, comme le déclare l'art. 1269 c. nap. : « en sorte, dit M. Duranton, t. 7, n° 45, que l'héritier peut toujours les reprendre, tant qu'ils ne sont pas vendus, en payant les dettes ; et, s'ils ont été vendus, et que le produit net de leur prix surpasse le montant des dettes et des legs, l'excédant revient à l'héritier : les créanciers et les légataires le retiendraient sine causâ. » — Il en résulte que cet acte d'abandon ne serait point passible de la transcription, ainsi qu'en l'a vu supra, n° 557 (Conf. M. Flandin, n° 592).

375. Il faut, par conséquent, décider, avec MM. Rivière et Huguet (Quest., n°s 121 et 122), que l'héritier bénéficiaire qui, après l'abandon aux créanciers et aux légataires de tous les biens de la succession, ne rend adjudicataire de ces mêmes biens, ne doit pas faire transcrire, ainsi que nous l'avons dit supra, n° 312, pour un cas analogue, le jugement d'adjudication (Conf. M. Flandin, n° 590).

376. Mais si l'abandon était fait par l'héritier bénéficiaire, non pas à tous les créanciers et légataires indistinctement, mais à un ou plusieurs des créanciers, pour les remplir de leur créance ; ou si c'était tel immeuble déterminé qui fût abandonné à ces créanciers, la transcription de l'acte d'abandon serait nécessaire ; car ce ne serait plus là, comme le dit encore M. Duranton, t. 7, n° 42, l'abandon autorisé par la loi, mais un acte de disposition, dans l'emploi des formalités requises, et qui aurait pour résultat de faire déclarer l'héritier déchu du bénéfice d'inventaire, conformément aux art. 988 et 989 c. pr. civ. (Conf. M. Flandin, n° 593).

377. Il a été décidé, dans le même sens, par la régie de l'enregistrement, que l'abandon, fait par l'héritier bénéficiaire, de tous les biens de la succession au seul créancier apparent, à la charge, par ce dernier, de désintéresser tous les autres créanciers et légataires, s'il en existait, et de garantir l'héritier de toutes poursuites, et sous la réserve, de la part du créancier, de ses droits et hypothèques sur les biens abandonnés, opère une transmission de propriété, sujette au droit proportionnel de vente (délib. du 29 juin 1838, v° Enreg., n° 331).

378. Il est hors de contestation que le jugement, qui prononce l'envoi en possession provisoire des biens d'un absent au profit de ses héritiers présomptifs (c. nap. 120), n'est point sujet à transcription, puisqu'il n'est pas translatif de propriété. L'art. 125 dit, en effet, que « la possession provisoire ne sera qu'un dépôt, qui donnera à ceux qui l'obtiendront l'administration des biens de l'absent, et qui les rendra comptables envers lui, en cas qu'il reparaisse ou qu'on ait de ses nouvelles. »

379. Il en est de même, dit M. Flandin, Transcr., n° 597, mais par une autre raison, du jugement d'envoi en possession définitive (c. nap. 129). Ce jugement, à la vérité, est translatif de propriété (c. nap. 132); mais ceux qui ont été envoyés en possession définitive des biens de l'absent ne les possédant qu'à titre héréditaire, et les mutations par décès étant exemptes de la transcription (supra, n° 42), la conséquence doit être que le jugement d'envoi en possession définitive soit affranchi de cette formalité (Conf. M. Gauthier, Résumé, etc., n° 116).

380. La plupart des auteurs enseignent que la loi du 25 mars 1855 n'est pas applicable aux jugements d'expropriation pour cause d'utilité publique (V. MM. Rivière et Huguet, Quest., n° 553; Troplong, de la Transcript., n° 103; Bressolles, n° 34; Gauthier, n° 117; Ducruet, n° 8; Fons, n° 26). — Cette opinion a son principal appui dans une déclaration faite par MM. les commissaires du gouvernement à la commission du sénat, déclaration par laquelle il aurait été exprimé, dit le rapporteur de cette commission, « qu'il n'était nullement dérogé à la loi du 3 mai 1841 sur l'expropriation pour cause d'utilité publique; qu'ainsi les délais accordés par cette loi aux parties intéressées étaient intégralement maintenus » (rapport de M. de Casablanca, p. 17). — Cette opinion, qu'a développée M. Cabantous, professeur de droit administratif à la Faculté d'Aix, dans la Revue critique de législ. et de jurispr., année 1855, p. 92 et suiv., est fortement combattue par M. Flandin.

« Je crois, dit ce magistrat, de la Transcr., n° 599 et suiv., que cette opinion ne saurait être acceptée, dans ces termes absolus, et que, si elle est vraie à certains égards, elle cesse de l'être sous d'autres rapports que je vais indiquer. — Je fais remarquer, d'abord, que, ni dans l'exposé des motifs, ni dans le rapport de la commission au corps législatif, ni dans la discussion, il n'a été dit un seul mot de la loi du 3 mai 1841 sur l'expropriation pour cause d'utilité publique. C'est à la commission du sénat seulement qu'il aurait été déclaré, par MM. les commissaires du gouvernement, qu'il n'était pas dérogé à cette loi par celle du 23 mars 1855... Ou MM. les commissaires du gouvernement, en déclarant qu'il n'était pas dérogé à la loi du 3 mai 1841, n'ont voulu exprimer qu'une idée générale; et, dans ce cas, je n'ai rien à objecter à cette déclaration; ou il faut donner à cette déclaration la portée que lui a attribuée M. le rapporteur de la commission du sénat; et je reproduirai, alors, l'observation que j'ai faite supra, n° 345, pour un cas semblable (l'inapplicabilité de la loi sur la transcription aux actes administratifs); je dirai, avec toute la déférence qui est due à une opinion émise par MM. les commissaires du gouvernement, que ce n'est là, pourtant, qu'une opinion individuelle, à laquelle on ne saurait accorder la même autorité que si elle avait été exprimée, au cours de la discussion, dans le sein du corps législatif.... — Si donc, continue M. Flandin, au lieu de se renfermer dans une formule générale, et de demander si la loi du 25 mars 1855 est applicable aux jugements d'expropriation pour cause d'utilité publique, on précise la question, en demandant, comme le fait M. Troplong, « si ces jugements doivent être transcrits (dans le sens de la loi précitée); et si, jusqu'à ce qu'ils le soient, les particuliers, atteints par l'expropriation, auront le droit de constituer des hypothèques et d'aliéner, il faudra répondre, j'en demeure d'accord, négativement, parce que cette faculté serait en contradiction manifeste avec l'esprit de la loi du 3 mai 1841. — Quel est, en effet, l'objet de cette loi? D'affranchir l'immeuble exproprié du droit de suite des créanciers privilégiés et hypothécaires, de même que de toutes actions en résolution, en revendication ou autres, du chef du vendeur ou des tiers, en transportant l'exercice de ces actions ou de ces droits réels sur le prix. La pensée du législateur se résume tout entière dans les trois articles suivants (les art. 16, 17 et 18).... Il est manifeste, reprend l'auteur, que de pareilles dispositions rendent l'État, le département, la commune, au profit desquels l'expropriation est prononcée, propriétaires incommutables, aussi bien à l'égard des tiers qu'à l'égard du propriétaire vendeur de l'immeuble, sans le secours de la transcription, et que cette formalité, exigée par l'art. 18, en vue de la purge, n'a pas changé de caractère, en ce qui concerne l'expropriation pour cause d'utilité publique, depuis la loi du 23 mars 1855. C'est ce que fait mieux ressortir encore le dernier alinéa de l'art. 19.... Redisons donc, avec M. Troplong, que « le jugement qui prononce l'expropriation.... affranchit l'immeuble de toute action réelle ou en revendication; qu'il empêche, par conséquent, l'acquisition ultérieure, par un particulier, d'aucun droit nouveau sur l'immeuble exproprié. C'est cette opinion, ajoute-t-il en note, que j'ai entendu M. Suin, conseiller d'Etat, émettre au sénat, au nom du gouvernement. » — Si c'est là, je le répète, tout ce qu'ont dit MM. les commissaires du gouvernement à la commission du sénat, j'accepte cette doctrine.

« Mais la commission du sénat va bien plus loin que M. Troplong dans l'interprétation qu'elle a donnée des paroles prononcées par MM. les commissaires du gouvernement. Elle déclare, par l'organe de son rapporteur, que, nonobstant l'abrogation des art. 834 et 835 c. pr. par l'art. 6 de la loi du 23 mars 1855, ces articles continuent d'être en vigueur, lorsqu'il s'agit de l'application de la loi du 3 mai 1841... — Or, c'est là ce que je conteste... » —M. Flandin distingue, dans la loi du 3 mai 1841, les dispositions qui appartiennent au droit spécial de celles qui appartiennent au droit commun. Pour ces dernières, c'est le cas, dit-il, d'appliquer la règle : *Posteriores leges derogant prioribus.* — « Quelle est, poursuit l'honorable magistrat, l'économie de la loi du 3 mai 1841 ? — Une loi, un décret, ordonne l'exécution de certains travaux d'utilité publique qui exigent l'expropriation (art. 2). Un arrêté du préfet détermine les propriétés particulières à acquérir (art. 11). Si le propriétaire n'en consent pas la cession à l'amiable, on recourt au tribunal, qui prononce l'expropriation (art. 14). Le jugement est publié, affiché et notifié aux parties intéressées (art. 15). L'administration qui exproprie, ou le concessionnaire qui est à ses droits (art. 63), fait connaître son prix (art. 23); le propriétaire indique le sien (art. 24) ; et, si l'on ne peut tomber d'accord, un jury est convoqué pour fixer l'indemnité qui doit revenir au propriétaire ou autres intéressés (art. 28 et 38). — Voilà le droit spécial établi par la loi d'expropriation. — Que font ensuite les art. 16, 17 et 18 de la loi que j'ai transcrits plus haut? Ils s'occupent de l'intérêt des tiers qui ont des droits à faire valoir sur l'immeuble exproprié. Ici le droit spécial cesse, parce que l'administration publique est désintéressée dans la question, et l'on rentre dans le droit commun. Ce sont, en effet, des mesures de droit commun, des mesures empruntées au code Napoléon et au code de procédure, que prescrivent ces articles. — Le jugement d'expropriation rendu, publié et notifié, l'administration, ou la compagnie concessionnaire, le fera transcrire, dit l'art. 16, « conformément à l'art. 2181 c. civ., » et les créanciers hypothécaires ou privilégiés, non inscrits, devront prendre inscription, dans la quinzaine de la transcription, en exécution de l'art. 834 c. pr., à peine de déchéance, à l'exception pourtant des femmes, des mineurs et des interdits, qui, suivant une interprétation favorable, aujourd'hui consacrée par la loi du 21 mai 1858, pourront, quoique ne l'ayant pas fait inscrire dans la quinzaine, faire valoir leur hypothèque légale sur le montant de l'indemnité fixée par le jury, jusqu'à la clôture de l'ordre (art. 17). — L'art. 18 fait, en même temps, réserve de l'action résolutoire du vendeur, ainsi que de toutes autres actions réelles concernant l'immeuble exproprié, pour être exercées, non pas sur l'immeuble lui-même dont l'expropriation est consommée, mais sur le prix.

« A part le droit de surenchère, qui ne peut plus avoir d'objet en présence de l'indemnité réglée par le jury, et qui serait inconciliable, d'ailleurs, avec le droit de propriété incommutable conféré à l'Etat, au département, à la commune ou à la compagnie concessionnaire, les choses se passeraient-elles autrement s'il n'y avait pas d'expropriation? Qu'on suppose pour un moment la loi d'expropriation postérieure à la loi qui a fait de la transcription une condition essentielle de la transmission de propriété à l'égard des tiers, est-ce que le législateur aurait laissé aux

créanciers privilégiés ou hypothécaires, non inscrits avant la transcription, là faculté de s'inscrire dans la quinzaine de cette transcription? Est-ce qu'il ne les aurait pas déclarés forclos, faute d'une inscription antérieure, conformément au droit commun? Est-ce qu'il n'aurait pas prononcé la même déchéance contre les droits réels qui ne se seraient pas révélés au public avant cette transcription? Qu'importe à celui au profit de qui s'exerce l'expropriation de payer son prix à tel individu ou à tel autre? C'est un débat qui intéresse autrui, et qui ne le concerne pas. Eh quoi! des tiers ou des créanciers négligents auront perdu leurs droits sur l'immeuble, faute d'inscription ou de transcription faite en temps utile, si l'immeuble est aliéné dans les conditions ordinaires, et ces droits seront conservés parce que ce même immeuble aura été soumis à une expropriation pour cause d'utilité publique! Un tel résultat serait bien plus étrange que celui de voir la loi du 3 mai 1841 scindée, exécutée pour une partie et abrogée pour une autre ; chose toute naturelle et toute simple, et dont M. Cabantous a tort de s'étonner, lorsqu'il s'agit de dispositions, non point corrélatives, comme il le prétend, mais, au contraire, indépendantes les unes des autres, et régies par des principes différents... » — Nous déclarons adhérer à cette opinion de M. Flandin.

381. M. Mourlon, qui avait d'abord partagé le sentiment général sur la non-applicabilité de la loi du 23 mars 1855 à l'expropriation pour cause d'utilité publique (V. l'Append. sur la Transcr., n° 335), est revenu à une autre opinion dans la Rev. prat., t. 4, p. 379, n°88.— Toutefois, plus absolu que M. Flandin dans sa doctrine, M. Mourlon veut que la transcription s'applique à l'expropriation pour cause d'utilité publique, avec tous ses effets, c'est-à-dire que les tiers puissent, après l'expropriation, et tant que la partie qui a obtenu le jugement d'expropriation ne l'aura pas fait transcrire, acquérir valablement des hypothèques ou autres droits réels sur l'immeuble, sans que pour cela, dit-il, la marche de l'administration en soit entravée, puisque ces hypothèques ou droits réels, comme ceux *antérieurs* à l'expropriation, ne pourront s'exercer que sur le prix. — Mais, ainsi que le fait observer M. Flandin, n° 608, à la note, outre que l'esprit de la loi du 3 mai 1841 répugne, semble-t-il, à cette solution, il est un principe de droit qui empêcherait de l'adopter, c'est que, par l'expropriation, l'immeuble est retiré du commerce, et qu'il ne peut plus, dès lors, être l'objet de transactions privées.

382. Les cessions amiables que consentent les propriétaires soumis à l'expropriation étant régies par les mêmes règles que les jugements d'expropriation, ainsi que l'exprime l'art. 19 de la loi du 3 mai 1841, il en résulte, comme le fait remarquer encore M. Flandin, n° 608, que la transcription ne sera pas plus nécessaire, dans un cas que dans l'autre, pour rendre définitive, à l'égard des tiers, la transmission de propriété (Conf. MM. Bressolles, n° 27 ; Troplong, de la Transcr., n° 104; Ducruet, n° 8; Cabantous, *loc. cit.*). — Mais, dès que la transcription aura été faite, il ne sera plus permis à aucun créancier hypothécaire ou privilégié antérieur, non inscrit et non dispensé d'inscription, à l'exception du vendeur et du copartageant, de s'inscrire utilement sur l'immeuble (L. 23 mars 1855, art. 6, V. n°* 522 ets.).

§ 2.—*De la mention des jugements en marge de la transcription d'un autre acte.*

383. Aux termes de l'art. 4 de la loi du 23 mars 1855, « tout jugement, prononçant la résolution, nullité ou rescision d'un acte transcrit, doit, dans le mois, à dater du jour où il a acquis l'autorité de la chose jugée, être mentionné en marge de la transcription faite sur le registre. » C'est l'avoué, qui a obtenu le jugement, qui est chargé de faire opérer cette mention, sous peine de 100 fr. d'amende (même article).—La mention, prescrite par cet article n'est pas ici le caractère, ni les effets de la transcription. « La mesure imposée par l'art. 5 (aujourd'hui l'art. 4), dit l'exposé des motifs, est un avertissement utile à donner aux tiers que la transcription d'un acte pourrait tromper sur son existence apparente. Cependant, comme aucun péril ne menace le bénéficiaire du jugement, il fallait assurer l'exécution de la mesure par une pénalité contre l'officier ministériel qui négligerait de donner cette publicité, d'autant plus nécessaire qu'elle doit détruire et effacer une publicité contraire précédemment donnée. C'est à l'assemblée législative que revient l'honneur de cette proposition. Elle fut insérée, sous le n° 2143, dans les articles déjà adoptés, et qui devaient être soumis à la troisième lecture » (D. P. 55. 4. 27, n° 8. V. également le rapport de M. A. Debelleyme, *eod.*, p. 29, n° 34).

Il suit de ces expressions : *comme aucun péril ne menace le bénéficiaire du jugement*, que, dans la pensée des auteurs de la loi, l'absence de la mention n'empêcherait pas le jugement de produire tous ses effets, non-seulement entre les parties, mais respectivement aux tiers, de la même manière que si cette mention avait en lieu. Le législateur n'a voulu attacher d'autre sanction à la mesure prescrite que la peine de 100 fr. d'amende contre l'avoué qui a obtenu le jugement et qui a négligé de le publier dans la forme indiquée (Conf. MM. Rivière et Huguet, Quest., n°° 303 et s.; Rivière, Rev. crit. de lég., année 1855, p. 524; Bressolles, n° 63; Troplong, de la Transcr., n°° 213, 232 et s.; Fons, n° 33; Mourlon, Examen crit., etc., Appendice, n° 367, et Rev. prat., t. 2, p. 322; Flandin, n°° 609 et 610).

384. M. Duvergier (Collect. des lois, année 1855, p. 67, note 2) est d'un autre sentiment. « Qu'on ait substitué, dit-il, une simple mention à la transcription : très-bien ! Mais que celui qui a négligé de faire faire la mention soit à l'abri de toute inquiétude, et qu'il puisse exercer les droits résultant du jugement contre les tiers de bonne foi, qui ont traité dans l'ignorance de ces droits, c'est ce qui ne se comprend pas, et ce qui n'est pas certainement en harmonie avec l'esprit général de la loi nouvelle. La raison, donnée par M. le rapporteur, que les jugements dont parle l'article ne sont pas translatifs de propriété, est inexacte, en droit, et indifférente, en fait. Certainement le vendeur, qui fait résoudre la vente, pour défaut de payement du prix, acquiert la propriété qu'il avait transmise à l'acheteur, et qui a temporairement résidé dans la main de celui-ci ; la vente n'est pas nulle *ab initio*; le jugement est donc réellement translatif de propriété... » M. Duvergier se trompe : le jugement qui prononce la résolution d'une vente , pour défaut de payement du prix, a un effet rétroactif qui fait considérer la vente comme n'ayant jamais existé. Le vendeur est réputé n'avoir jamais cessé d'être propriétaire, et l'acquéreur ne l'avoir jamais été : le jugement n'est donc pas translatif. C'est ce que nous avons établi *suprà*, n°° 225 et suiv. (V. aussi v° Privil. et hyp., n° 1743; Vente, n°° 1230, 1364 et suiv.; V. encore Cass. 26 août 1839, aff. Charrier, v° Enreg., n° 6002).

385. Mais les tiers, qui ont eu à souffrir du défaut de mention, ont-ils une action en responsabilité contre l'avoué qui a négligé de faire opérer cette mention ? — Cette question peut paraître délicate, quoique tous les commentateurs de la loi du 23 mars 1855 la résolvent négativement. — « Si le bénéficiaire du jugement, disent MM. Rivière et Huguet, Quest., n° 310, était privé de ses droits, faute de la mention; si, par conséquent, c'était à l'égard de ce bénéficiaire que l'on examinât la responsabilité de l'officier ministériel, on pourrait peut-être invoquer des raisons puissantes pour faire triompher contre lui l'action en dommages-intérêts. L'avoué, en effet, qui a occupé, qui est le mandataire du demandeur, et qui n'a pas rempli les formalités que la loi lui imposait, dans l'intérêt de son client, serait, sans doute, rendu responsable des conséquences de sa faute, de sa négligence. Mais, dans notre système, ce ne serait qu'en faveur des tiers qui ont acquis des droits postérieurement au mois, à partir du jour où le jugement a eu l'autorité de la chose jugée, que les dommages-intérêts pourraient être demandés aux tribunaux. Or, l'avoué n'est pas leur mandataire; les tiers ne pourraient donc pas agir contre lui en vertu des principes du mandat. — Il est vrai, ajoutent les auteurs, que l'avoué est en faute. Mais, comme la loi ne fait mention que d'une amende de 100 fr., et ne réserve pas, par une disposition expresse, l'action en dommages-intérêts au profit des tiers, nous pensons qu'il ne peut être tenu vis-à-vis d'eux. Une autre solution nous paraîtrait bien rigoureuse. »

Ces raisons, fait observer M. Flandin, de la Transcr., n° 611, toutes considérables qu'elles soient, ne sont, cependant, pas entièrement concluantes. On peut répondre, d'abord, qu'il importe

peu, pour la responsabilité de l'avoué vis-à-vis des tiers, qu'il ne soit pas leur mandataire, parce que le principe de cette responsabilité est puisé ailleurs que dans les règles du mandat, qu'il découle de l'art. 1382 c. nap.—On peut répondre, ensuite, quant à la raison tirée du silence de la loi sur les dommages-intérêts, qu'en principe, la peine d'amende, lorsqu'elle est prononcée contre l'officier public négligent, n'est pas exclusive de l'action en dommages-intérêts (V. les art. 1031 c. pr., 2202 et 2203 c. nap.); que, dans ces articles, à la vérité, il est fait une mention spéciale des dommages-intérêts, mais que ce n'est pas une raison pour les rejeter dans le cas particulier, la loi devant être présumée s'en être référée au principe général de l'art. 1382.

« Mais, ce qui me détermine, dit M. Flandin, à me rallier à l'opinion générale (qui est aussi la nôtre), c'est, d'une part, qu'à principe, les jugements de résolution dont il est fait mention dans l'art. 4 du 23 mars 1855, n'étant pas translatifs de propriété, le législateur n'avait aucune mesure à prescrire, en dehors du droit commun, pour sauvegarder l'intérêt des tiers, et qu'ainsi la mention qu'il a ordonnée a le caractère d'une disposition exceptionnelle à laquelle il serait exorbitant de vouloir ajouter une autre sanction que celle qu'il a lui-même établie. — C'est, d'autre part, qu'il y aurait, pour les magistrats, une difficulté extrême à reconnaître s'il est résulté du défaut de mention, pour celui qui se prétend lésé, un préjudice réel, et quelle est la mesure de ce préjudice... » (Conf. MM. Rivière et François, n° 70; Rivière, Rev. crit. de lég., *loc. cit.*; Troplong, de la Transcr., n° 240; Mourlon, Examen crit., etc., Append., n° 367; Fons, n° 34; Lesenne, n° 98; Sellier, n° 284).

386. C'est seulement aux jugements qui prononcent la résolution, la nullité, ou la rescision d'un acte transcrit que s'applique l'art. 4 de la loi du 23 mars 1855. — Il y a, comme on l'a vu *suprà*, n° 220 et suiv., des résolutions qui ont lieu de plein droit, en vertu de la seule disposition de la loi, comme dans le cas de l'art. 960 c. nap.; d'autres qui s'opèrent par l'autorité du juge, lorsqu'une des deux parties, par exemple, ne satisfait point à son engagement (c. nap. 1184).

387. Suivant MM. Rivière et Huguet, Quest., n° 260, la disposition de l'art. 4 précité ne serait pas applicable, lorsque la résolution a lieu de plein droit, comme dans le cas de l'art. 960. Dans ce cas, prétendent-ils, on ne saurait dire que ce soit le jugement qui *prononce* la résolution; et, comme il s'agit d'une matière pénale, non susceptible d'extension, il suffit qu'on ne soit plus dans les termes de la loi pour que l'avoué négligent ne puisse être condamné à l'amende. — Mais c'est, comme le fait observer M. Troplong, de la Transcr., n° 214, s'attacher trop minutieusement à la lettre. « Les tiers, dit ce magistrat, ont-ils donc moins d'intérêt à connaître une résolution opérée de plein droit qu'une résolution opérée par justice? N'est-ce pas l'effet de la résolution qui rend la publicité nécessaire; et l'effet de la résolution n'est-il pas le même dans les deux hypothèses? Celui que le contrat a rendu propriétaire, et que la transcription présente comme tel, ne pourra-t-il pas abuser de cette apparence, si elle subsiste après la résolution du contrat, de quelque manière que cette résolution se soit opérée? Tous les motifs de la loi ont la même force, dans un cas aussi bien dans l'autre. Le mot *prononcer* n'a rien d'assez restrictif pour nous faire exclure les résolutions de plein droit... » (Conf. MM. Bressolles, n° 64; Mourlon, Examen critique, etc., Append., n° 363; Flandin, de la Transcr., n° 613).

388. Lorsque les parties s'entendent sur le fait de la résolution, et qu'il n'y a pas lieu de recourir à la justice, il n'y a pas de mention à faire, puisqu'il n'y a pas de jugement à publier. MM. Rivière et Huguet, Quest., n° 23, sont également d'avis que, lorsqu'un droit réel immobilier est résolu, annulé ou rescindé par l'effet d'une transaction intervenue entre les parties, il n'y a lieu, ni à transcription, parce qu'il n'y a pas mutation (*suprà*, n°° 196 et suiv.), ni à mention, parce qu'une transaction n'est pas un jugement, quoiqu'elle en ait les effets (c. nap. 2052). « Quelle serait, disent-ils, la personne chargée de faire opérer cette formalité? Quand il s'agit d'un jugement, c'est à l'avoué que la loi confie cette mission. Or, dans l'espèce, il n'y a pas d'avoué. La partie elle-même ne peut en être tenue; car nulle part la loi ne lui impose cette obligation. — Nous devons en conclure que, non-seulement il ne sera pas nécessaire de faire transcrire la transaction, mais qu'on ne devra pas même remplir la formalité de la mention. » —V. aussi *suprà*, n° 226.

389. Les résolutions dont il est parlé dans l'art. 4 de la loi du 23 mars 1855 sont exclusivement celles qui procèdent d'une cause inhérente au contrat, et dont l'effet est d'anéantir ce contrat pour le passé comme pour l'avenir, en faisant tomber, avec lui, tous les droits réels que le nouveau possesseur, acquéreur ou donataire, a pu conférer sur l'immeuble (V. *suprà*, n° 220).

— Pour celles qui procèdent d'une cause postérieure au contrat, qui laissent subsister ce contrat pour le passé, et ne portent, par conséquent, aucune atteinte aux droits que les tiers ont légitimement acquis dans l'intervalle, une simple mention du jugement ne suffirait pas, il faut la transcription de ce jugement, parce que, ainsi que le fait observer M. Flandin, de la Transcr., n° 617, la résolution prononcée dans ce cas équivaut à une rétrocession, opère une véritable mutation de propriété.—« L'art. 4, il est vrai, ajoute ce magistrat, ne le dit pas expressément, et l'on peut même arguer de son texte pour prétendre que, ne faisant aucune distinction, il doit s'appliquer à un cas comme à l'autre. Mais raisonner ainsi, ce serait, à mon avis, tuer l'esprit par la lettre. L'art. 4 de la loi a posé, comme règle fondamentale, que tout acte entre-vifs, translatif de propriété immobilière, doit être transcrit ; la même règle a été appliquée aux jugements qui ont le caractère translatif ; et l'art. 4, loin de faire exception à cette règle, renchérit même sur l'art. 1, en soumettant à un mode spécial de publicité ceux de ces jugements qui n'ont pas le caractère translatif. Il y aurait donc inconséquence, contradiction dans la loi, si elle se contentait d'une simple mention là où la transcription, d'après son principe, est nécessaire... »

390. Nous concluons de là qu'il ne faut pas se contenter de faire mentionner, mais qu'il faut faire transcrire le jugement qui prononce l'extinction de l'usufruit, pour abus de jouissance de l'usufruitier (c. nap. 618), parce que, comme le dit Proudhon, Usufr., n° 2476 et suiv., « la déchéance, ainsi prononcée comme une peine personnellement encourue par le délinquant, ne peut avoir, à l'égard des créanciers, que *l'effet d'un transport ou d'une mutation de propriété entre le débiteur déchu et le propriétaire rentré en jouissance...* » (V. aussi v° Privil. et hypoth., n°s 807 et 808.— Conf. M. Flandin, Transcript., n°s 618 et s.).

391. D'après MM. Rivière et Huguet, Quest., n° 262 et suiv., l'avoué ne serait même pas obligé de faire mentionner ce jugement. Ils en donnent pour raison que l'art. 618 ne dit pas que l'usufruit peut être *résolu*, mais qu'il *cesse* par l'abus que l'usufruitier fait de sa jouissance ; ce qui ne rentre pas dans les termes de l'art. 4, qui n'exige la mention que pour les jugements prononçant la résolution, nullité ou rescision des actes transcrits. — Quant à M. Mourlon, il hésite sur la question. « Peut-être, pourtant, dit-il, Examen crit., etc., Append., n° 359, pourra-t-on le faire rentrer (le jugement) dans la première des hypothèses prévues et réglées par l'art. 4... L'usufruitier n'a, en effet, été investi de son droit qu'à la charge d'en jouir en bon père de famille ; et, lorsqu'un droit est constitué, sous une certaine charge, il est tacitement entendu entre les parties que le droit transmis pourra être révoqué ou résolu, si l'obligation qu'il entraîne reste inexécutée. Le jugement, qui le déclare éteint pour cette cause, est donc véritablement un jugement de résolution, auquel, par conséquent, doit s'appliquer la règle déposée dans l'article que j'ai cité. »

Si nous avions intérêt à discuter ce point, nous prouverions facilement l'argument de texte, invoqué par MM. Rivière et Huguet, n'est qu'un sophisme. Mais nous en sommes dispensé par l'opinion que nous avons émise au numéro précédent.

392. On serait obligé de même, de faire transcrire le jugement qui prononce la révocation d'une donation, pour cause d'ingratitude du donataire, si l'art. 958 c. nap. n'avait pourvu, d'une manière plus efficace encore, à l'intérêt des tiers, en prescrivant l'inscription d'un extrait de la demande en révocation en marge de la transcription de l'acte de donation. « Mais comme cette formalité, dit M. Troplong, n° 219, précède le jugement dont il s'agit, dans l'art. 4 (de la loi du 23 mars 1855), d'une formalité qui le suit, nous serions portés à croire que l'un n'empêche pas l'autre, et que l'avoué doit mentionner,

en marge de la transcription de la donation, la révocation prononcée par le juge. Sans doute, l'art. 958 a beaucoup fait pour avertir les tiers ; mais l'art. 4 de la loi du 23 mars 1855 fait quelque chose de plus, et qui n'est pas un double emploi. Les tiers ont été avertis qu'il y a une demande en révocation : il reste à leur faire savoir que cette demande a réussi. C'est là un devoir nouveau qui s'ajoute aux combinaisons de l'art. 958, sans y déroger, et l'avoué ne doit pas, ce semble, s'en dispenser. » M. Flandin, de la Transcr., n° 622, ne partage pas ce sentiment. «J'aurais de la peine, dit-il, à me rendre à cette opinion, par une double raison : la première, parce que le but de la loi, qui est de sauvegarder l'intérêt des tiers, est atteint par l'inscription de la demande de révocation en marge de la transcription de la donation, et que c'est à eux à s'enquérir, avant de traiter avec le donataire, du résultat qu'a eu cette demande. La seconde raison est la principale, c'est qu'en principe, ainsi que je viens de le dire, ce ne serait pas une simple mention du jugement de révocation, mais sa transcription, qu'il faudrait exiger, si l'art. 958 n'y avait suppléé » (Conf. MM. Rivière et Huguet, Quest., n° 261). — Ces raisons données par M. Flandin nous paraissent tout à fait concluantes.

393. On peut demander, d'ailleurs, si l'art. 4 de la loi du 23 mars 1855 est applicable aux donations ? — Le doute peut venir de ce que la loi nouvelle n'a pas eu à s'occuper des actes à titre gratuit, l'art. 11 déclarant « qu'il n'est point dérogé aux dispositions du code Napoléon relatives à la transcription des actes portant donation, ou contenant des dispositions à charge de rendre, (lesquelles) continueront à recevoir leur exécution. » — Mais nous pensons, avec M. Troplong, de la Transcr., n° 217, qu'on ne doit s'arrêter à cette objection. « Le code, dit-il, ne s'est point occupé de la publicité des jugements qui prononcent la résolution, la nullité ou la rescision d'une donation : ce n'est donc pas y déroger que d'ordonner cette publicité, qui est une addition à son système, mais non pas une dérogation. L'art. 4 prescrit une mesure d'ordre dont les donateurs profiteront. Il n'y aurait pas de raison pour faire, en ce qui les concerne, une exception qui jetterait du trouble dans notre loi » (Conf. MM. Rivière et Huguet, Quest., n° 259 ; Mourlon, Examen crit., etc., Append., n° 363 ; Flandin, de la Transcr., n° 628).

394. On compte, en droit, plusieurs espèces de nullités : il y a les nullités absolues et les nullités relatives ; les nullités substantielles et les nullités secondaires, etc. (V. v° Nullité, n°s 2 et s. ; Obligat., n°s 2862 et s.). — En prenant les mots dans leur sens le plus étroit, dit M. Troplong, de la Transcr., n° 215, la justice reconnaît la nullité absolue d'un contrat, et prononce la nullité relative : dans le premier cas, le contrat a toujours été inexistant ; dans le second, le contrat existe et produit ses effets jusqu'à ce qu'il soit annulé. Mais la formalité de la mention est tout aussi applicable au jugement qui constate la nullité radicale d'un contrat qu'à celui qui en prononce l'annulation. Les raisons que nous donnions tout à l'heure, poursuit M. Troplong (V. *suprà*, n° 327), militent ici dans toute leur force.

Tel est également le sentiment de M. Flandin, de la Transcr., n°s 624, 625. « Pour quelque motif, dit-il, que la nullité d'un acte soit prononcée, que ce soit pour vice de forme, incapacité de la personne qui l'a consenti, défaut de consentement valable, absence de cause ou cause illicite, etc., l'acte est considéré comme non avenu, et les choses sont remises en leur premier état. Supposez une donation faite par acte sous seing privé (c. nap. 931) ; une vente d'immeubles appartenant à un mineur ou à une femme mariée faite sans le concours du conseil de famille, du mari ou de la justice (c. nap. 217, 457 et 458) ; ou bien une vente d'immeubles faite par un majeur dont le consentement aurait été surpris par dol, ou arraché par la violence : dans tous ces cas et autres semblables, si l'acte est annulé, le jugement qui prononce l'annulation remonte, pour ses effets, au contrat annulé qu'il fait disparaître. Ce n'est donc pas une seconde mutation qui s'opère, mais la première qui s'évanouit. Le jugement, conséquemment, ne doit pas être transcrit ; mais il doit être mentionné en marge de la transcription de l'acte primitif, pour avertir les tiers que cet acte ne peut plus avoir aucun effet, ni pour le passé, ni pour l'avenir. »

395. La rescision et la résolution, quoique avant des effets semblables, ne sont pas tout à fait la même chose, dit M. Toullier, t. 7, n° 551. « On rescinde les contrats nuls pour une cause intrinsèque qui remonte à leur naissance, comme les contrats infectés de dol, erreur, violence, etc. ; on résout les contrats intrinsèquement valables dans leur origine, mais que des causes postérieures anéantissent... » — Lorsque la rescision se rattache à une cause ancienne et inhérente au contrat, elle a, comme la résolution, un effet rétroactif qui fait tomber toutes les hypothèques ou autres charges réelles établies sur l'immeuble par le nouveau propriétaire (Toullier, *loc. cit.*, n° 543). Ainsi parle l'art. 2125 c. nap. : « Ceux qui n'ont sur l'immeuble qu'un droit suspendu par une condition, ou résoluble dans certains cas, ou *sujet à rescision*, ne peuvent consentir qu'une hypothèque soumise aux mêmes conditions ou à la même rescision. » La transcription du jugement, qui prononce la rescision d'un acte pour cause intrinsèque remontant, comme dit Toullier, à la naissance de cet acte, n'est, par conséquent, pas nécessaire, et la mention de ce jugement en marge de la transcription dudit acte suffit (Conf. M. Flandin, de la Transcr., n° 627).

396. Lorsqu'une donation excède la quotité disponible, le jugement qui en prononce la réduction, conformément à l'art. 920 c. nap., n'a pas le caractère translatif, puisque, aux termes de l'art. 929, « les immeubles à recouvrer par l'effet de la réduction le seront sans charge des dettes ou hypothèques créées par le donataire » : ce jugement ne doit donc pas être transcrit. Mais doit-il être mentionné en marge de la transcription de la donation ? — MM. Rivière et Huguet, Quest., n°s 267, 268, conviennent qu'il y aurait, dans ce cas, même raison d'exiger la mention que dans le cas de résolution, nullité ou rescision ; et néanmoins ils décident que le jugement de réduction n'y est pas assujetti. « Autre chose, disent-ils, est un jugement, soit de résolution, soit de nullité ou rescision, autre chose est un jugement de réduction. La réduction diffère de la résolution, nullité ou rescision, par sa cause et dans quelques-uns de ses effets importants. La loi n'a pas soumis à la formalité de la mention les jugements prononçant la réduction ; cela nous suffit pour les en dispenser. Nous sommes, d'ailleurs, dans une matière pénale; on ne peut raisonner ici par voie d'analogie. »

Je crois, au contraire, dit M. Flandin, *loc. cit.*, n° 629, l'article de tous points applicable ; car la réduction, qu'est-elle autre chose qu'une résolution partielle ? — M. Troplong est du même avis, et c'est aussi le nôtre. « S'il en était autrement, dit-il, de la Transcr., n° 216, on laisserait, dans la loi, une inexplicable incohérence. Il y a eu, dans l'origine, un acte apparent, translatif de propriété ; cet acte a été transcrit, comme dans le cas précis de l'art. 4 : faudra-t-il donc que les tiers, qui traitent avec le donataire dépossédé, soient exposés à considérer comme siens des immeubles dont il a pu être dépouillé, en tout ou en partie ? Pourquoi l'avoué ne ferait-il pas, en pareil cas, ce qu'il est tenu de faire, en cas de résolution proprement dite. »

397. Le même système d'interprétation restrictive de l'art. 4 de la loi du 23 mars conduit MM. Rivière et Huguet, Quest., n°s 269, 270, à dispenser de la mention le jugement qui, sur l'action révocatoire des créanciers, annulerait une vente d'immeubles faite par leur débiteur en fraude de leurs droits (c. nap. 1167). « L'acte, disent-ils, n'est ni résolu, ni rescindé ou annulé ; il est révoqué. L'action en révocation diffère de l'action en nullité ou en rescision. Dans cette dernière action, c'est la partie elle-même qui revient contre son propre fait, et qui demande à être restituée contre son engagement... Les raisons d'interprétation rigoureuse, qui nous ont fait décider que la mention n'est pas exigée pour les jugements prononçant la réduction d'une donation, se présentent donc ici avec la même force et nous portent à donner la même solution... » — Mais n'est-ce pas là jouer sur les mots ? L'action *quæ in fraudem*, qu'est-ce autre chose qu'une action en nullité ? Littéralement donc, elle rentre dans les termes de l'art. 4. — Et, quant à cette raison mise en avant par MM. Rivière et Huguet, que ce sont les créanciers qui demandent l'annulation de l'acte, et non le débiteur lui-même qui demande à être restitué contre son propre engagement, cette circonstance, tout accidentelle, ne nous semble pas de nature à modifier le droit (Conf. MM Troplong, de la Transcript., n° 220 ; Flandin, *ibid.*, n° 630).

398. L'assemblée nationale, en 1850, avait également soumis à la formalité de la mention le jugement qui statue sur une demande en revendication d'immeuble. « Tout jugement, portait l'art. 2143 du projet adopté à la seconde lecture, passé en force de chose jugée, qui prononcera l'annulation, la résolution, ou la rescision d'une aliénation transcrite, sera, dans les deux mois, à dater du jour où il aura acquis ce caractère, mentionné en marge de l'extrait déposé, conformément à l'art. 2154, pour la transcription... *La même règle s'applique aux jugements qui admettent une action en revendication contre une personne possédant en vertu d'un titre transcrit.* » — Une rédaction plus large encore avait même été préparée pour la troisième lecture : « La même règle, disait le projet de la commission, s'applique à tout jugement qui, sur une action en revendication, prononce contre une partie ayant un titre transcrit. » Cette nouvelle rédaction était ainsi justifiée par le rapporteur : « La commission pense qu'on doit mentionner le jugement qui statue sur une action en revendication, non-seulement lorsqu'il admet l'action en revendication contre une personne qui possède en vertu d'un titre transcrit, mais encore lorsqu'il rejette l'action en revendication qu'une partie, ayant un titre transcrit, a formée contre un possesseur quelconque... » — Les auteurs de la loi nouvelle, en reproduisant seulement la première disposition de l'art. 2143, ont fait voir qu'ils n'admettaient pas le principe qui avait motivé la seconde. Et, en effet, on ne se trouve plus ici dans les termes de l'art. 4, puisque le jugement qui accueille une demande en revendication ne résout, n'annule, ni ne rescinde un acte transcrit (Conf. M. Flandin, n°s 631 et 632).

399. D'après l'art. 4 précité, le jugement portant résolution, nullité ou rescision d'un acte transcrit, doit être mentionné en marge de la transcription de cet acte. On a supposé le cas de plusieurs ventes successives, toutes également transcrites, et dont la première vente a été résolue. La résolution de cette première vente entraînant forcément la résolution des ventes subséquentes, on a demandé si l'avoué, qui a obtenu le jugement de résolution, sera obligé de le faire mentionner, non-seulement en marge de la transcription de l'acte résolu, mais en marge des autres ventes transcrites? Evidemment non, répond M. Flandin, de la Transcript., n° 636 ; ce serait ajouter, arbitrairement, aux pénalités de l'article. Comment, d'ailleurs, l'avoué pourrait-il connaître ces diverses transmissions? — Tel est également l'avis de M. Troplong, de la Transcript., n° 222. « Toute personne prudente, dit-il, avant de regarder quelqu'un comme propriétaire, doit remonter de mutation en mutation, pendant une période de trente ans, et examiner si aucune d'elles n'a été anéantie, de manière à entraîner dans sa chute celles qui ont suivi. Une seule mention suffit pour signaler ce danger. »

400. Il est manifeste que, si l'acte rescindé, annulé ou résolu n'avait pas été transcrit, il n'y aurait aucune obligation, pour l'avoué, de faire mentionner le jugement de résolution. Indépendamment de ce que l'article, qui prescrit de faire cette mention en marge de la transcription de l'acte annulé ou résolu, serait inexécutable, à quoi servirait, dit M. Flandin, de la Transcript., n° 639, une formalité qui n'a d'autre objet, lorsque la transcription a été effectuée, que d'en paralyser les effets? (Conf. M. Troplong, *ibid.*, n° 223).

401. C'est dans le mois, *à dater du jour où le jugement de résolution a acquis l'autorité de la chose jugée*, que doit être faite la mention, prescrite par l'art. 4 de la loi du 23 mars 1855. — Des auteurs ont prétendu (V. notamment Marcadé sur l'art. 1351 c. nap., n° 1) qu'un jugement, soit contradictoire, soit par défaut, quoique rendu en premier ressort, a l'autorité de la chose jugée, lorsqu'il n'est pas frappé d'opposition ou d'appel. Mais c'est là une erreur que nous avons réfutée v° Priv. et hyp., n° 2725. Un jugement, avons-nous dit, à l'endroit cité, n'a l'autorité de la chose jugée, lorsqu'il n'est plus susceptible d'être attaqué par les voies ordinaires de l'opposition ou de l'appel, quoiqu'il puisse l'être par les voies extraordinaires, telles que la tierce opposition, la requête civile ou la cassation (Conf. MM. Rivière et Huguet, Quest., n°s 286 et suiv.; Troplong, de la Transcript., n°s 229 et 230 ; Mourlon, Examen crit., etc., append., n° 365; Flandin, de la Transcript., n° 642 et suiv.).

402. Qu'arrivera-t-il, si le jugement qui a prononcé la résolution, après avoir été mentionné en marge de l'acte transcrit, est cassé, et que la cour impériale de renvoi maintienne l'acte attaqué? « Par exemple, dit M. Troplong, de la Transcript., n° 231, Primus obtient un jugement qui révoque la donation de l'immeuble A faite à Secundus. Cette décision est mentionnée en marge de la donation transcrite, et les tiers sont avertis que Secundus a cessé d'être propriétaire. Mais, Secundus s'étant pourvu en cassation, l'arrêt portant résolution est cassé, et la donation est maintenue par la cour de renvoi. — Ce sera donc désormais, fait observer l'auteur, une erreur des registres de mentionner comme résolue une donation définitivement confirmée. Or, qui se chargera d'éclairer ceux qui seront disposés à traiter avec Primus...? Fions-nous, dit-il, à l'intérêt particulier de Secundus : il saura faire ce qui est nécessaire pour le rétablissement de son droit... Secundus, qui a intérêt à conserver son crédit, fera rayer la mention. C'est ainsi, ajoute M. Troplong, qu'un débiteur, qui est libéré, a le droit de faire disparaître l'inscription hypothécaire dont son immeuble était grevé. —Quant à l'avoué, il n'aura pas à mentionner, sur les registres du conservateur, le jugement qui, après cassation ou sur requête civile, repoussera la demande en résolution ou nullité : la loi ne lui impose rien de pareil » (Conf. MM. Flandin, *ibid.*, n° 645 ; Rivière et Huguet, Quest., n°s 271 et suiv.).

403. M. Mourlon (Exam. crit. et append., n° 366), n'est pas de cet avis. Il distingue entre le cas où le jugement est cassé, et celui où il a été rétracté sur requête civile. Il n'exige pas la mention, dans le premier cas, parce que c'est l'avoué, dit-il, qui est chargé de remplir cette formalité, et qu'il n'y a pas d'avoués près la cour de cassation. Mais il l'exige, dans le cas de requête civile, parce qu'il y a un avoué, et qu'ainsi rien ne s'oppose à ce que le jugement de rétractation soit mentionné. — « Si la raison donnée par M. Mourlon pour le cas de requête civile était bonne, dit M. Flandin, n° 646, elle le serait également pour le cas de cassation ; car ce ne serait pas l'arrêt de la cour de cassation qui devrait être mentionné sur le registre du conservateur, mais bien l'arrêt de la cour de renvoi, qui seule statue au fond. Mais il ne faut pas perdre de vue, ainsi que l'expriment MM. Rivière et Huguet, qu'il s'agit, dans l'art. 4 de la loi du 23 mars 1855, de formalité à remplir, de pénalité à appliquer, et que l'article, sous ce double rapport, n'est pas susceptible d'une interprétation extensive... » Cette opinion nous semble la seule juridique.

404. Si le jugement qui prononce la résolution d'un acte transcrit est frappé d'appel, et que ce jugement soit confirmé, qui, de l'avoué de première instance ou de la cour, devra faire la mention? Ce sera l'avoué d'appel, car lui seul, ainsi que le fait observer M. Troplong, n° 256, connaît le point de départ du délai dans lequel la mention doit être opérée (Conf. MM. Rivière et François, Explic., n° 73; Rivière et Huguet, quest., n°s 278 et suiv.; Fons, n° 32; Bressolles, n° 65 ; Flandin, n°s 648 et 649).

405. M. Mourlon, Append., n° 368 *bis*, est encore ici en opposition avec le sentiment commun. Il argumente de l'art. 472 c. proc. civ., d'après lequel, « si le jugement est confirmé, l'exécution appartient au tribunal dont est appel, » pour établir que c'est l'avoué de première instance qui est chargé de faire faire la mention. — Mais l'art. 472 se réfère aux difficultés qui peuvent survenir sur l'exécution d'un jugement, et ici il s'agit d'une simple formalité à remplir, d'un acte purement matériel, et qui n'a et ne peut avoir en soi rien de litigieux.

406. M. Troplong, *loc. cit.*, veut que, dans le cas de confirmation du jugement de résolution, on mentionne le jugement et l'arrêt. — C'est également l'avis de M. Bressolles, Exp., etc., n° 65. — Mais, ainsi qu'à M. Flandin, de la Transcr., n° 651, l'utilité que peut avoir la mention du jugement nous échappe. « Il ne s'agit pas ici, dit ce magistrat, comme au cas de transcription, de copie littérale, mais de simple mention. Les tiers, par la mention de l'arrêt, connaîtront donc tout ce qu'ils ont intérêt à connaître » (Conf. MM. Rivière et Huguet, n° 276; Mourlon, *loc. cit.*).

407. Avec MM. Rivière et Huguet, quest., n° 89, nous dirons que, si la partie qui a obtenu le jugement de résolution d'un acte transcrit renonçait au bénéfice de ce jugement, avant l'expiration du mois accordé à l'avoué pour en faire opérer la mention, cette

mention deviendrait inutile. — Mais nous ajouterons, avec eux, que, si la renonciation n'intervenait qu'après le mois expiré, l'avoué ne pourrait éviter l'amende, en se prévalant, après coup, de l'inutilité de la mention, parce qu'il aurait commis une faute qu'aucune excuse ne saurait plus couvrir (Conf. M. Flandin, n°s 652 et 653).

408. Si l'avoué, à qui incombe l'obligation de faire opérer la mention, décédait avant l'expiration du mois, ses héritiers ne seraient point tenus de faire remplir la formalité, à son défaut, parce que c'est là une obligation de sa charge, laquelle ne passe point à ses héritiers (Conf. MM. Rivière et Huguet, n° 282; Flandin, n° 654).

409. On devrait, selon nous, décider de même à l'égard du successeur à l'office, nommé avant l'expiration du mois, parce que l'amende a un caractère pénal qui la rend essentiellement personnelle (Conf. MM. Rivière et Huguet, *loc. cit.* ; Troplong, de la Transcr., n° 237 ; Flandin, n° 655; Mourlon, Exam. crit., etc., Append., n° 368).

410. Si l'avoué destitué ou se démettait de ses fonctions avant d'avoir rempli la formalité, mais étant encore dans le délai utile pour le faire, serait-il passible de l'amende? — Les auteurs distinguent entre l'avoué destitué et l'avoué démissionnaire. — L'avoué destitué, comme le fait observer M. Troplong, de la Transcr., n° 239, ne peut plus, à partir de sa destitution, faire aucun acte de ses fonctions; et, comme le délai n'est pas expiré, il n'est pas encore en faute; on ne peut donc le condamner à l'amende pour s'être abstenu de faire un acte pour lequel il n'avait plus qualité (Conf. MM. Rivière et Huguet, et Mourlon, *loc. cit.* ; Flandin, n° 656).

411. Il en est autrement de l'avoué démissionnaire. Il a à s'imputer de n'avoir pas rempli ses obligations avant de résigner son office (Conf. les auteurs précités).

CHAP. 3. — DES FORMES DE LA TRANSCRIPTION ET DE LA MENTION, ET DES PERSONNES QUI DOIVENT LES FAIRE OPÉRER.

412. Nous divisons ce chapitre en deux sections. Il sera question, dans la première, des formes de la transcription et de celles de la mention des jugements prononçant la résolution, nullité ou rescision d'un acte transcrit en marge de la transcription de cet acte, conformément à l'art. 4 de la loi du 23 mars 1855 ; —et, dans la seconde, des personnes à qui incombe l'obligation de remplir l'une ou l'autre formalité.

SECT. 1. — *Des formes de la transcription et de la mention.*

413. Le projet de loi sur la transcription, soumis au corps législatif, contenait un art. 3 ainsi conçu : « Pour opérer la transcription, une copie entière de l'acte du jugement est déposée au bureau de la conservation des hypothèques : — Elle est signée par le notaire, si l'acte est authentique ; par la partie qui requiert la transcription, s'il est sous seing privé ; s'il s'agit d'un jugement, par l'avoué qui l'a obtenu : Le conservateur en donne récépissé au déposant : il classe les copies par ordre de date, et transcrit, par extrait, sur un registre à ce destiné, les noms, prénoms et domiciles des parties, la date de l'acte et du jugement, la nature et la situation de l'immeuble, la nature des droits transmis ou reconnus par l'acte ou le jugement, le jour et l'heure du dépôt... » — Ce mode de transcription, par *extrait*, n'a pas prévalu, et on lui a préféré la transcription intégrale et littérale du titre. « Cette double formalité (de la copie de l'acte transcrit et de l'inscription, par extrait, sur le registre du conservateur) produisait, a dit M. le rapporteur, une complication, sans amener une économie de temps; elle remplaçait la copie *littérale* du titre par un simple *extrait*, qui n'offrait ni les mêmes garanties, ni les mêmes avantages. Enfin la transcription n'était pas mentionnée sur l'original du titre. A ces divers points de vue, elle offrait des inconvénients et des dangers.... » (Rapport de M. Debelleyme, D. P. 55. 4. 29, n° 31. V. également le rapport de M. de Casabianca, fait au nom de la commission du sénat, p. 10, Impressions du Sénat, n° 27, session de 1855).

414. Nous ne pouvons adopter l'opinion de M. Sellier, Comment., n° 148, d'après lequel il serait indifférent qu'on ne présentât au conservateur qu'un extrait analytique de l'acte à transcrire, parce que, dit-il, si l'extrait est insuffisant, c'est la partie, chargée de faire transcrire, qui en supportera les conséquences. En présence des prescriptions formelles de la loi, telles qu'elles résultent du passage du rapport que nous venons de citer, et de la suppression de l'art. 3 du projet de loi, le conservateur refuserait, assurément, l'extrait analytique qui lui serait présenté, et il ne ferait, en cela, que se conformer aux instructions de la régie (V. l'Instr. gén., n° 1569, rapportée v° Priv. et hyp., n° 2718). Une autre instruction de la régie, du 24 nov. 1855, faite spécialement pour l'exécution de la loi du 23 mars, sur la transcription hypothécaire, déclare que « la formalité de la transcription sera donnée aux actes énoncés dans les deux premiers articles (de la loi du 23 mars 1855), selon le mode suivi actuellement. » Or, l'art. 2181 c. nap. exige la transcription *en entier* (Conf. M. Flandin, de la transcr., n° 775).

415. Toutefois, la loi doit être appliquée judicieusement. « Ainsi, dit M. Flandin, *loc. cit.*, n° 776, un procès-verbal d'adjudication d'immeubles aux enchères publiques est un acte complexe, qui renferme autant de ventes séparées qu'il y a de lots divers mis en vente. On ne saurait donc imposer à celui des adjudicataires qui veut transcrire, dans son unique intérêt, l'obligation de faire transcrire ce procès-verbal tout entier, et, par suite, d'acquitter les droits de transcription et de mutation pour des immeubles qui ne le regardent pas. Il ne sera tenu de soumettre à la transcription que la partie du procès-verbal qui le concerne, à l'exception, toutefois, du cahier des charges qui, contenant les conditions de la vente, doit être transcrit en entier... » Nous avons émis la même doctrine, v° Enreg., n° 6043, et v° Priv. et hyp., n° 1726 et 1727 (V. les auteurs et les arrêts cités *eod. Adde* Bressolles, Exp., etc., n° 37 ; Orléans, 7 juin 1839, aff. Zer..., v° Priv. et hyp., n° 2061. V. aussi l'Instr. gén. précitée, n° 1569, *eod.*, n° 2716).

416. Mais nous avons ajouté, *eod.*, n° 1728, que, s'il s'agissait, non plus d'une vente faite aux enchères et en détail, mais de la vente de plusieurs immeubles, faite, par le même acte, à un seul acquéreur, ou même à plusieurs, l'acte ne pourrait être scindé, et qu'il faudrait le faire transcrire en entier. Nous en avons donné cette raison, qu'il n'y a réellement, dans ce cas, qu'un seul et même acte, lequel contient des conventions dispositions distinctes ; ce qui rend nécessaire l'application littérale de l'art. 2181 c. nap. (Conf. MM. Persil, Rég. hyp., sur les art. 2181 et 2182, n° 15 ; Duranton, t. 20, n° 349 ; Flandin, de la Transcript., n° 777. — *Contrà*, MM. Grenier, Privil. et hyp., t. 2, n° 369 ; Troplong, *ibid.*, t. 4, n° 911 ; Pont, Rev. crit., t. 4, p. 174). — Au surplus, ainsi que le dit M. Flandin, n° 778, « il n'y aura jamais là qu'une question de fait, et les tribunaux auront à examiner si la transcription, telle qu'elle a été faite, était, ou non, de nature à préjudicier aux tiers ; en d'autres termes, si elle leur fournissait des indications suffisantes. »

417. Nous admettons encore, avec le même auteur, n° 781, que, « lorsqu'un acte contient des stipulations de diverse nature et indépendantes les unes des autres, dont les unes sont sujettes à la transcription, les autres non, on peut se dispenser de faire transcrire l'acte entier, et qu'il doit suffire de le soumettre à la formalité *in parte quâ*... » Telle était la disposition de l'art. 24 de l'ord. de 1731 : « Sera tenu, à l'avenir, dans chaque bailliage ou sénéchaussée royale, portait cet article, un registre particulier..., dans lequel registre sera transcrit en entier l'acte de donation, si elle est faite par un acte séparé, *sinon, la partie de l'acte qui contiendra la donation, sans en rien omettre...* » (Conf. MM. Rivière et François, Expl., etc., n° 33 ; Rivière et Huguet, Quest., n° 250, à la note ; Bressolles, Exp., etc., n° 37. V. également l'Inst. gén. de la régie de l'enreg., n° 1569, citée *supra*, n°° 414 et 415). — Nous citerons notamment les contrats de mariage, à l'égard desquels on a fait observer, avec raison, qu'ils renferment souvent des clauses, des stipulations, que les familles peuvent désirer tenir secrètes (Conf. MM. Rivière et Huguet, n° 147 ; Troplong, de la Transcript., n°° 89 et 125 ; Flandin, *ibid.*, n° 356). — Nous citerons encore les actes de liquidation et partage, qui sont dispensés de la transcription (*supra*,

n°° 48 et suiv.). Ces actes peuvent, cependant, contenir des conventions sujettes à la formalité : par exemple, l'établissement de servitudes au profit d'un lot sur un autre (M. Ducruet, Étud. sur la transcr., n° 10). « Il serait déraisonnable, en pareil cas, dit M. Flandin, n° 782, d'exiger la transcription de l'acte entier : les tiers n'y ont aucun intérêt ; ce seraient des frais frustratoires pour les parties, et cela encombrerait inutilement les registres. »

418. Lorsqu'un acte de vente porte, tout à la fois, sur des immeubles et sur des objets mobiliers, doit-on transcrire l'acte en entier ? — Nous croyons, avec MM. Bressolles, n° 37, et Mourlon, Rev. prat., t. 2, p. 197, n° 40, qu'il faut distinguer : si la ventilation a été faite par l'acte, et que dès prix différents aient été convenus pour les meubles et pour les immeubles, on pourra se borner à ne faire transcrire que la partie de l'acte concernant les immeubles (Conf. M. Flandin, *loc. cit.*, n° 783).

419. Mais il en serait autrement, selon les mêmes auteurs, si l'acte portait un seul et même prix, ou même, avec des prix distincts, des conditions communes aux meubles et aux immeubles. L'acte, alors, devrait être transcrit en entier. — « Seulement, dans ce dernier cas, ajoute M. Flandin, n° 784, les prix étant distincts, il ne devrait être perçu, à l'enregistrement, pour les meubles, que le droit de vente mobilière. »

420. Si les immeubles faisant partie de la vente, quoique dépendant d'une même exploitation, sont situés dans différents arrondissements, il est évident que l'acte devra être transcrit dans les différents bureaux de la situation de ces immeubles. C'est ce qu'énonce, en termes exprès, l'art. 1 de la loi du 23 mars 1855 : « Sont transcrits au bureau des hypothèques de la *situation des biens* : 1° tout acte, etc. » (Conf. MM. Troplong, de la Transcr., n° 133 ; Flandin, n° 785).

421. S'il s'agissait d'un contrat d'échange, et que les immeubles échangés fussent situés dans deux arrondissements différents, nous pensons, avec M. Flandin, n° 786, que celui des copermutants qui veut faire transcrire dans son unique intérêt, n'est pas obligé de remplir la formalité dans l'un et l'autre arrondissement. Comme il n'a intérêt, dit ce magistrat, à faire transcrire que relativement à l'immeuble qu'il a acquis, c'est seulement dans le bureau de la situation de cet immeuble qu'il devra présenter l'acte à la formalité. Ce sera à l'autre copermutant, s'il le juge utile à ses intérêts, à faire transcrire, à son tour, pour l'immeuble qu'il a reçu en contre échange, dans le bureau de la situation de cet immeuble. Cette solution nous paraît d'autant moins contestable que, la transcription étant de pure faculté (*supra*, n° 76), l'un des copermutants ne saurait se constituer, d'office, le mandataire de l'autre.

422. Mais, chaque copermutant, en se bornant à faire transcrire dans son unique intérêt, n'en sera pas moins obligé de faire transcrire l'acte entier, et nous ne pouvons admettre, avec Grenier, *loc. cit.*, que l'acte d'échange, quoique contenant deux ventes réciproques, puisse être scindé. C'est l'observation que nous avons déjà faite, v° Priv. et hyp., n° 1729 (Conf. MM. Persil, Rég. hyp., sur les art. 2181 et 2182, n° 16 ; Bressolles, Exp., etc., n° 37 ; Flandin, de la Transcr., n° 779).

423. M. Lemarcis, Comment., chap. 1, sect. 1, n° 3, veut, dans le cas d'échange, qu'il soit opéré une double transcription sur la tête des deux copermutants. La loi n'a rien dit de pareil ; et, s'il s'agit d'augmenter les frais de transcription ; et, dans une matière qui est de droit étroit, il ne saurait être permis d'ajouter à la loi. C'est au conservateur, dit M. Flandin, *loc. cit.*, n° 780, à faire, sur ses registres, les annotations nécessaires pour retrouver facilement, quand des renseignements lui seront demandés à ce sujet, la trace de la double mutation effectuée (Conf. MM. Rivière et Huguet, Quest., n°° 112 et 113).

424. Nous avons dit *supra*, n°° 150 et 151, que la vente de droits successifs par un héritier à son cohéritier, lorsqu'elle ne fait pas cesser l'indivision, ou par un des héritiers à un étranger, est sujette à transcription, lorsque la succession comprend des immeubles, et que l'intérêt du cessionnaire ne peut pas attendre, pour faire opérer cette transcription, le résultat du partage. Il est manifeste que, dans ce cas, la transcription doit être opérée aux divers bureaux de la situation de ces immeubles. Et, si la succession comprenait, en même temps, des droits incorporels sujets à transcription, comme un droit d'usu-fruit, d'antichrèse, de servitude, etc., c'est au bureau de la situation des immeubles sur lesquels portent les droits incorporels que la transcription devrait être faite, puisque ces droits n'ont, par eux-mêmes, aucune assiette (Conf. MM. Mourlon, Rev. prat., t. 6, p. 497, n° 133; Flandin, de la Transcr., n° 787).

425. Pour les actions immobilisées de la banque de France et des canaux dont la cession donne également lieu à transcription (supra, n° 36), cette transcription doit être faite à Paris, où se trouvent le siége de la banque de France et celui de l'administration des canaux en question (Conf. MM. Rivière et Huguet, Quest., n° 133; Flandin, loc. cit., n° 788).

426. Les conservateurs ne sont pas juges, avons-nous dit, v° Priv. et hyp.; n° 1463, de la régularité ou de la validité des actes présentés à la transcription : ils doivent les transcrire tels qu'ils leur sont présentés (Gass., 11 mars 1829, aff. Ridault, v° Enreg., n° 5572). Ce principe est implicitement sanctionné par l'art. 2199 c. nap. portant que, « dans aucun cas, les conservateurs ne peuvent refuser, ni retarder la transcription des actes de mutation… ; à l'effet de quoi, ajoute l'article, procès-verbaux des refus ou retardements seront, à la diligence des requérants, dressés sur-le-champ, soit par un juge de paix, soit par un huissier audiencier du tribunal, soit par un autre huissier ou un notaire assisté de deux témoins. » Mais, ainsi que le font observer MM. Rivière et Huguet, Quest., n° 167, cela doit, toutefois, être entendu avec les tempéraments que la raison commande. Il a été jugé ainsi que les conservateurs des hypothèques peuvent, lorsque le droit hypothécaire, dont l'inscription leur est demandée, leur paraît n'être évidemment pas fondée en droit (lorsqu'il s'agit, par exemple, d'inscrire un privilége de copartageant, alors qu'il n'y a pas encore de partage), refuser, sous leur responsabilité personnelle, d'en opérer l'inscription (Agen, 6 août 1852, et, sur pourvoi, Req. 3 janv. 1853, aff. Cornède de Miramont, D. P. 53. 2. 27 et 1. 14). Un conservateur devrait également refuser la transcription d'une vente d'objets mobiliers que, par une erreur de droit, on présenterait à la formalité (Conf. M. Flandin, de la Transcr., n° 791).

427. Ainsi que le disent MM. Rivière et Huguet, Quest., n° 168, les conservateurs pourraient refuser de transcrire un acte sous seing privé qui n'aurait pas été soumis à la formalité de l'enregistrement, et cela, lors même qu'on serait encore dans les délais pour le faire enregistrer, sans encourir le double droit. Nous avons fait la même observation v° Priv. et hyp., n° 1752. Non-seulement, comme le remarque M. Flandin, loc. cit., n° 792, ce ne serait pas là contrevenir à la loi, mais l'exécuter, au contraire, puisque l'art. 52 de la loi du 28 avr. 1816 exige que le droit proportionnel de transcription, pour les ventes d'immeubles, soit payé en même temps que le droit d'enregistrement, ou plutôt à confondu ces deux droits en un… (Conf. MM. Rivière et François, Explic., etc., n° 31; Troplong, de la Transcript., n° 136). Toutefois, ajoutent MM. Rivière et Huguet, loc. cit., « Si l'acte était enregistré, et que le receveur eût omis de percevoir le droit additionnel de transcription, nous ne pensons pas que le conservateur pût refuser d'opérer la formalité. Le droit de transcription est aujourd'hui un droit d'enregistrement; c'est au receveur seul qu'il appartient de percevoir ce droit, et le conservateur ne peut s'immiscer dans la perception qui a eu lieu. » — Ajoutons, avec M. Flandin, n° 794, que les intérêts de la régie ne peuvent en souffrir, au moyen des renvois qui se font de bureau à bureau, lorsqu'une perception a été omise, ou irrégulièrement faite.

428. Mais, à supposer que, par un motif ou par un autre, l'acte fût transcrit avant d'avoir été enregistré, la transcription n'en serait pas moins efficace, au regard des tiers. Cette transcription suffirait pour donner à l'acte une date certaine. — Il a été jugé, dans ce sens, « qu'un procès-verbal de saisie et l'exploit de dénonciation ont saisi existant par eux-mêmes, indépendamment de la formalité extrinsèque de l'enregistrement, prescrite dans un intérêt fiscal, le conservateur des hypothèques a pu en opérer la transcription, pendant le délai accordé pour les faire enregistrer, sans que cette transcription soit frappée d'une nullité qui n'est prononcée, en ce cas, par aucune loi, et

dont le sort doit être le même que celui des actes transcrits » (Caen, 1er mai 1858, aff. Gobard, D. P. 58. 2. 161. — Conf. MM. Rivière et Huguet, Quest., n° 169; Troplong, de la Transcript., n° 137; Flandin, ibid., n° 793).

429. Pour opérer la transcription, la partie doit présenter au conservateur une expédition de l'acte ou du jugement à transcrire, si cet acte a été passé dans la forme authentique, ou un des doubles de l'acte, s'il est sous seing privé (arg. art. 2148 c. nap.). — Dans la rédaction primitive du projet de loi, on se contentait d'une copie de l'acte sous seing privé, faite et signée par la partie. — « Pour opérer la transcription, portait l'art. 3 de ce projet, une copie entière de l'acte ou du jugement est déposée au bureau de la conservation des hypothèques. — Elle est signée par le notaire, si l'acte est authentique ; par la partie qui requiert la transcription, s'il est sous seing privé ; s'il s'agit d'un jugement, par l'avoué qui l'a obtenu… » Mais cet article ayant été supprimé, et un autre mode de transcription ayant prévalu (supra, n° 413), il est certain qu'aujourd'hui le conservateur n'est pas obligé de se contenter d'une copie certifiée de l'acte sous seing privé, mais qu'il doit exiger qu'on lui représente un des doubles de l'acte. Sa responsabilité ne serait pas à couvert, s'il faisait la transcription sur une simple copie, et que cette copie ne fût pas conforme à l'original (Conf. M. Flandin, de la Transcript., n° 795).

430. Mais si la copie était conforme au titre, la transcription obtiendrait tout son effet, puisque personne n'aurait à s'en plaindre. C'est ce qui a été plusieurs fois jugé, en matière hypothécaire (Liége, 17 nov. 1810, aff. Crassier; Cass. 18 juin 1823, aff. Duquerny; Rej. 19 juin 1833, aff. Barsalou, v° Priv. et hyp., n° 1433. V. également les auteurs cités, eod. Conf. M. Flandin, n° 796. —Contrà, Delvincourt, t. 3, p. 166, note 3).

431. La loi a prévu qu'il serait, dans la plupart des cas, matériellement impossible aux conservateurs d'opérer immédiatement, en dans la même journée, la transcription de tous les actes qui leur sont présentés pour être transcrits, et, en conséquence, l'art. 2200 c. nap. leur enjoint « d'avoir un registre sur lequel ils inscriront, jour par jour et par ordre numérique, les remises qui leur sont faites d'actes de mutation pour être transcrits… Ils donneront au requérant une reconnaissance, sur papier timbré, qui rappellera le numéro du registre sur lequel la remise aura été inscrite, et ils ne pourront transcrire les actes de mutation… qu'à la date et dans l'ordre des remises qui leur en auront été faites. » La loi du 23 mars 1855 n'a pas reproduit cette disposition ; mais elle s'y réfère évidemment (Instr. gén. de la régie de l'enreg., du 24 nov. 1855).

432. Les règlements prescrivent aux conservateurs de tenir leurs bureaux fermés les jours de dimanche et de fête légale (décis. min. des 22 déc. 1807, 29 juill. 1808 et 24 juill. 1810, citées v° Priv. et hyp., n° 1653). — Il s'est présenté la question de savoir si une transcription est nulle, pour avoir été faite un jour férié ? La négative a été jugée, par le motif qu'aucune loi ne prononce cette nullité, et que l'art. 5 de la loi du 17 therm. an 6, qui annule certains actes faits un jour de décade, ne s'applique pas nommément aux transcriptions (Req. 18 fév. 1808, aff. Guillot, v° Enreg., n° 5965 Conf. MM. Rivière et François, Explic., etc., n° 37). — Il faut dire, toutefois, que si la transcription ne doit pas être considérée comme nulle, pour avoir été faite un jour férié, elle ne doit, cependant, valoir, comme il a été décidé par le ministre de la justice, à propos d'une inscription hypothécaire, qu'à la date du lendemain. D'où il suit que, si un acquéreur, premier en date, se conformant aux règlements, ne se présentait au bureau, pour faire transcrire son contrat, que le lendemain d'un jour férié, il n'en devrait pas moins être préféré au second acquéreur qui aurait indûment obtenu de la complaisance du conservateur, qu'il la date du lendemain, la veille. Il faut, avons-nous dit, v° Priv. et hyp., n° 1733, que les conditions soient égales pour tous, et il ne saurait être permis au conservateur de favoriser les uns au détriment des autres (Conf. M. Flandin, n° 798).

433. Il peut arriver que des erreurs, des omissions, se rencontrent dans la transcription opérée par le conservateur, soit que ces erreurs ou omissions proviennent de son fait, soit qu'on doive les attribuer à l'irrégularité de la copie qui lui a été remise : la transcription, dans ce cas, devra-t-elle être considérée comme nulle et non avenue? — Nous pensons, avec M. Flandin, de la Transcr., n° 799, qu'il faut appliquer à ce cas les principes qui prévalent, en jurisprudence, en matière d'inscription hypothécaire (V. Priv. et hyp., n°° 1472 et 1473), et décider que la transcription ne sera inefficace que lorsqu'elle contiendra des erreurs ou omissions de nature à porter préjudice aux tiers. Telle est également la doctrine de M. Troplong, de la Transcr., n° 191.

« Ainsi, dit-il, une erreur dans la désignation de la personne du vendeur, si elle est telle que le vendeur ne soit pas reconnaissable, entraînera la nullité de la transcription à l'égard de ceux qui contracteront avec lui, le croyant encore propriétaire. Mais, si cette erreur n'est pas de nature à égarer les tiers et à leur faire prendre le change, il vaudra mieux ne pas s'y arrêter. — Une exagération, dit-il encore, dans l'indication de la portion du prix payée comptant, diminuera seulement le privilège du vendeur à l'égard des créanciers de l'acheteur. Telle sera sa seule peine : il n'y aurait pas de raison pour prononcer la nullité. » (Conf. MM. Rivière et Huguet, Quest., n°° 251 et suiv. ; Bressolles, Exposé, etc., n° 57 ; Mourlon, Rev. prat., t. 7, p. 161.)

434. Il est certain, ainsi que le disent MM. Rivière et Huguet, Quest., n° 254, que les irrégularités existant dans une transcription peuvent être rectifiées, sans qu'il soit besoin d'un jugement préalable. La rectification se fait au moyen d'une nouvelle transcription portée sur le registre, à la date courante. — Et, si l'irrégularité provenait du fait du conservateur, il pourrait la rectifier d'office, en ayant soin, ajoutent MM. Rivière et Huguet, n° 256, de relater l'ancienne transcription en marge de la transcription rectifiée, et dans les états qu'il en délivrera (Conf. M. Flandin, n°° 800 et 801).

435. Avec les mêmes auteurs, il faut dire que la rectification ne peut avoir d'effet que pour l'avenir, et que les tiers, qui acquerraient des droits sur l'immeuble, dans l'intervalle d'une transcription à l'autre, seraient fondés à se prévaloir de l'irrégularité, s'ils avaient fait transcrire leur titre ou pris inscription avant que la rectification fût opérée.

436. Il n'en est pas de la formalité de la transcription comme de l'inscription hypothécaire, laquelle se périme par dix années, si elle n'a été renouvelée (c. nap. 2154). La loi du 23 mars 1855 ne contient aucune disposition qui permette d'appliquer à la transcription la déchéance attachée par cet article, au défaut de renouvellement de l'inscription dans les dix années de sa date (Conf. M. Flandin, de la Transcr., n° 803 ; Agen, 5 mai 1858, aff. v° Viałès, D. P. 52. 2. 68).

437. *Mention des jugements prononçant la résolution, nullité ou rescision d'un acte transcrit.* — Pour opérer la mention prescrite par l'art. 4 de la loi du 23 mars 1855, l'avoué, qui a obtenu le jugement, doit remettre un bordereau, *rédigé et signé par lui*, au conservateur, qui lui en donne récépissé (art. 4 précité). — Que doit contenir ce bordereau? L'article ne le dit pas ; mais il est facile de suppléer à son silence. « La loi, fait observer M. Troplong, de la Transcr., n° 241…, s'adresse à l'officier ministériel, dont l'expérience et l'aptitude sont pour elle une garantie. Sans se croire obligée de le dire expressément, elle suppose que le bordereau résumera fidèlement le dispositif de l'arrêt ou du jugement ; qu'il contiendra le nom et les prénoms des parties, la désignation exacte et précise de l'immeuble ; en un mot, que l'avoué y introduira tout ce qu'il jugera utile pour en faire le miroir abrégé de la décision. »

438. La loi du 23 mars n'exige pas, comme l'art. 2148 c. nap., qu'avec le bordereau, il soit remis au conservateur une expédition du jugement, destinée à lui servir de contrôle. La mention dont il est parlé dans l'art. 4 n'a pas, ainsi que le fait remarquer M. Flandin, de la Transcr., n° 825, l'importance d'un bordereau d'inscription hypothécaire, puisqu'aucune déchéance n'est attachée au défaut de mention (*suprà*, n° 383 ; conf. M. Troplong, de la Transc., n° 242).

439. Ce même art. 4 n'exige non plus la remise au conservateur que d'un seul bordereau, au lieu des deux bordereaux exigés par l'art. 2148 pour l'inscription hypothécaire. — On avait déjà mis en doute, sous le code, l'utilité des deux bordereaux. « L'expérience, disait M. Persil dans son rapport à M. le garde des sceaux, sur le projet de réforme hypothécaire, p. 156, l'expérience avait

fait remarquer l'inutilité du second bordereau, qui n'était pièce probante, ni justificative pour personne, pas plus pour le conservateur que pour les requérants, auxquels le bordereau remis, avec mention de l'inscription, suffisait pleinement. »

Il ne semble pas, toutefois, que cette disposition de l'art. 4 soit prise à la lettre par la règle de l'enregistrement ; car l'Instruction générale du 24 nov. 1855 s'exprime comme si c'était deux bordereaux, et non pas un seul, que dût fournir l'avoué. — « Pour l'exécution de cette disposition (celle de l'art. 4 précité), porte cette instruction, les conservateurs constateront d'abord, par un enregistrement au registre de dépôt, la remise *des* bordereaux de l'espèce, et ils opéreront, ensuite, à la date du dépôt, la mention prescrite par la loi… »

440. On peut demander si le bordereau, fourni par l'avoué, doit rester aux mains du conservateur pour sa décharge, dans le cas où l'on viendrait à prétendre ultérieurement que la mention n'est pas conforme au bordereau. — Voici de quelle manière l'instruction générale précitée statue à cet égard : « Les bordereaux resteront déposés au bureau : ils seront classés par ordre de date et annotés du numéro de la transcription, en marge de laquelle la mention aura été faite. S'ils sont remis en double, le conservateur constatera l'accomplissement de la formalité et donnera quittance, tant du droit de timbre du registre de dépôt que du salaire, sur l'un des doubles qu'il remettra à l'avoué. *En cas de production d'un seul bordereau*, il sera délivré un récépissé portant quittance du droit de timbre et du salaire. — Les bordereaux et récépissés devront être écrits sur papier timbré. » — S'il n'est produit qu'un seul bordereau, ce bordereau doit rester au conservateur, puisqu'il est remplacé par un récépissé portant quittance du droit de timbre et du salaire, et contenant ainsi la preuve que la mention a été faite.

SECT. 2. — *Des personnes chargées de faire opérer la transcription et la mention.*

441. L'obligation de faire transcrire incombe naturellement à celui qui doit profiter de la transcription : au donataire, lorsqu'il s'agit de donation ; à l'acquéreur, lorsqu'il s'agit de vente. — Le vendeur, comme le donateur, peuvent y faire procéder eux-mêmes, lorsqu'ils y ont intérêt : le vendeur, par exemple, pour la conservation de son privilège (c. nap., 2108 et 2155). — Mais il aurait son recours contre l'acquéreur pour le remboursement des frais, qui sont à la charge de ce dernier (c. nap. 2155).

442. Lorsqu'il y a plusieurs intéressés dans un même acte, le même recours doit être accordé à celui qui a fait transcrire dans un intérêt commun. Dès que, d'après la loi, l'acte à transcrire doit l'être en son entier, il est évident que la transcription, faite par un des intéressés, profite à tous les autres, et que celui-ci, par conséquent, doit être rendu indemne des frais qu'il a faits, au prorata de la part de chacun, d'après cette règle de droit : *nemo jacturâ alterius locupletari debet* (Conf. MM. Fons, Précis sur la transcr., n° 38 ; Bressolles, Exp., etc., n° 55 ; Flandin, de la Transcr., n° 807).

443. D'après l'art. 940, 2e alin., c. nap. « Lorsque la donation sera faite à des mineurs, à des interdits, ou à des établissements publics, la transcription sera faite à la diligence des tuteurs, curateurs ou administrateurs. » Il est évident que cette disposition doit être appliquée, par analogie, à la transcription des actes à titre onéreux, lorsque ces actes concernent des incapables (Conf. MM. Bressolles, *loc. cit.*, et Flandin, n° 808).

444. La transcription, par sa nature, n'est qu'une mesure conservatoire. Il suit de là, comme le disent MM. Rivière et Huguet, Quest., n° 157, que « la femme mariée, le mineur non émancipé, l'interdit, peuvent la faire opérer, sans aucune autorisation du mari ou du tuteur. » L'art. 940 c. nap. le dit, en termes exprès, pour la femme mariée : « Si le mari ne remplit pas cette formalité (la transcription), porte cet article, la femme pourra y faire procéder, sans autorisation. » — Il faut ajouter, avec MM. Rivière et Huguet, par argument des art. 2159 et 2194 c. nap., que les parents de la femme (ou ses amis, V. Priv. et hyp., n° 1586), les parents ou amis du mineur et de l'interdit, ont également qualité pour opérer cette transcription. C'est déjà l'observation que nous avons faite, pour la donation, v° Disp. entre-vifs et test., n° 1582, et ce qui est enseigné par divers auteurs cités au même numéro. — La même faculté appartiendrait, à plus forte raison, à toute partie intéressée, tel qu'un créancier, ou tout autre successeur à titre singulier (Conf. M. Flandin, n° 810).

445. Doit-on appliquer, en matière de vente, comme en matière de donation, la disposition de l'art. 940 c. nap., qui charge le mari, sous sa responsabilité personnelle (art. 942), de faire transcrire pour sa femme, lorsque des biens ont été donnés à celle-ci? — Pour la femme mariée en communauté, il ne peut y avoir difficulté, puisque le mari, sous ce régime, a l'administration des biens personnels de sa femme (c. nap. 1428). — La même raison existe pour la femme mariée sans communauté (c. nap. 1531), et pour la femme mariée sous le régime dotal, lorsqu'il s'agit de ses biens dotaux (1549), puisque l'administration des biens propres de la femme appartient, dans les deux cas, au mari (Conf. M. Flandin, de la Transcr., n°ˢ 812 et 813).

446. Mais faut-il décider de même à l'égard de la femme séparée de biens, soit judiciairement, soit par contrat, et de la femme mariée sous le régime dotal, relativement à ses paraphernaux? — L'affirmative peut faire difficulté, puisque, dans les deux cas, le mari n'a pas l'administration des biens de la femme (c. nap. 1449, 1536 et 1576). L'opinion contraire est, en effet, embrassée par MM. Rivière et Huguet, qui enseignent, Quest., n° 158, que le mari n'est pas obligé de faire transcrire pour sa femme, lorsque, par suite du régime sous lequel les époux sont mariés, il n'est point l'administrateur des biens de celle-ci ». C'est également l'avis de Ricard, pour la femme séparée de biens (Donat., 1ʳᵉ part., n° 1243). — Mais l'art. 28 de l'ordonnance de 1731 en avait disposé autrement, et il accordait à la femme séparée de biens, à qui le défaut d'insinuation de la donation était opposé, son recours contre le mari ou ses héritiers. Toutefois, ce recours n'avait pas lieu pour les biens paraphernaux de la femme, d'après l'art. 29 de la même ordonnance, à moins que le mari n'en eût la jouissance, du consentement exprès ou tacite de la femme. — M. Flandin, de la Transcr., n° 733, explique la diversité de ces dispositions, en disant que, « suivant le droit romain, et, par suite, dans la majeure partie des pays de droit écrit, la femme était maîtresse absolue de ses biens paraphernaux et pouvait les aliéner, sans le consentement de son mari (L. 6, C., De révoc. donat.; LL. 8 et 11, C., De pact conv.); ce qui n'avait pas lieu pour la femme séparée de biens (Rép. v° Paraphernal, sect. 1, § 3, et Quest. de droit, eod.). » Mais, dans notre droit, il n'y a, sous ce rapport aucune différence entre la femme mariée sous le régime de la séparation de biens et la femme mariée sous le régime dotal, quant à ses paraphernaux (c. nap. 1538 et 1576), et la solution de notre question doit, par conséquent, être la même pour les deux cas.—Suivant M. Flandin, loc. cit., n°ˢ 731 et s., et n° 814, la raison de décider contre l'opinion de MM Rivière et Huguet serait, d'une part, que l'art. 940, qui impose au mari l'obligation de faire transcrire pour sa femme, ne distingue pas entre les divers régimes; et, en second lieu, que, la femme ne pouvant, dans les deux cas spécifiés, disposer de ses immeubles, sans le consentement de son mari, celui-ci doit veiller, lorsque la femme acquiert un immeuble, à ce que la formalité de la transcription soit remplie, le défaut de transcription pouvant aboutir à une véritable aliénation de cet immeuble. — Nous avons, non sans quelque hésitation, adopté le même sentiment, pour le cas de donation (V. Disp. entre-vifs et test., n° 1583), et le principe ne peut être différent, comme le fait observer M. Flandin, pour les actes à titre onéreux.

447. Le mari est-il également obligé de faire transcrire pour la femme, lorsque celle-ci n'a agi, au refus du mari, qu'avec l'autorisation de la justice? — Nous avons examiné cette question, au point de vue des actes à titre gratuit, v° Dispos. entre-vifs et test., n° 1584, et nous l'avons tranchée par l'affirmative, contrairement à l'avis de Ricard et de Furgole, dans l'ancien droit, de MM. Marcadé, Coin-Delisle et Saintespès-Lescot, dans le nouveau. Il n'y a pas de raison pour qu'il en soit autrement, lorsqu'il s'agit d'actes à titre onéreux. L'autorisation de la

justice, avons-nous dit, loc. cit., prouve que l'acte est avantageux à la femme, et que la résistance du mari n'était que du mauvais vouloir à l'égard de celle-ci : on ne peut, dès lors, admettre que le mari puisse se faire un titre de cette résistance pour échapper à l'obligation que lui impose sa qualité de tuteur né des intérêts de sa femme (contrà, M. Flandin, de la Transcr., n°ˢ 729 et 815).

448. Le mineur, ni la femme ne peuvent se faire restituer contre le défaut de transcription. Il est évident qu'il faut appliquer aux actes de transmission, à titre onéreux, la disposition de l'art. 942 c. nap. portant que « les mineurs, les interdits, les femmes mariées, ne seront point restitués contre le défaut de transcription des donations, sauf leur recours contre leurs tuteurs ou maris, s'il y échet, et sans que la restitution puisse avoir lieu, dans le cas même où lesdits tuteurs et maris se trouveraient insolvables » (Conf. MM. Rivière et François, Explic., etc., n° 58; Rivière et Huguet, Quest., n° 156; Troplong, de la Transcr., n° 196; Flandin, ibid., n° 816).

449. Nous avons dit, v° Disp. entre-vifs et test., n° 1588, que le tuteur est responsable du défaut de transcription, non-seulement lorsque la donation a été faite au mineur par un tiers, mais encore lorsque c'est le tuteur lui-même qui a donné au mineur. Du moment, en effet, que la donation a été acceptée, pour le mineur, soit par un tuteur ou un curateur ad hoc, soit par le subrogé tuteur, dont les fonctions consistent, aux termes de l'art. 420 c. nap., à agir pour les intérêts du mineur, lorsqu'ils sont en opposition avec ceux du tuteur (loc. cit., n° 1488), les biens donnés font partie du patrimoine du mineur donataire, et le tuteur, qui, conformément à l'art. 450 c. nap., doit administrer les biens de son pupille et en être père de famille, contreviendrait à cette obligation, s'il négligeait de faire transcrire. — Ces principes sont applicables de tous points à la vente que ferait le tuteur de ses immeubles au mineur, représenté dans l'acte par son subrogé tuteur. — « Ce serait en vain, fait observer M. Flandin, de la Transcr., n° 818, que le tuteur dirait que, comme vendeur, il n'est pas chargé de la transcription; que cette formalité regarde uniquement le subrogé tuteur, qui représente le mineur pour ce cas spécial (c. nap. 420) : on lui répondrait qu'il a une double qualité, celle de vendeur, sans doute, dispensé, à ce titre, d'opérer la transcription, mais aussi celle de tuteur, obligé de veiller aux intérêts de son pupille; et que rien n'empêche, ainsi que le dit Ricard, sur une question analogue (Donat., 1ʳᵉ part., n° 1242), qu'une même personne ne soit considérée en deux qualités, et qu'elle ne soit, en conséquence, tenue, en vertu de l'une, de ce à quoi l'autre ne l'avait pas assujettie » (Conf. MM. Rivière et Huguet, Quest., n° 164).

450. Mais le subrogé tuteur ne serait-il pas obligé lui-même de veiller à ce que la transcription fût opérée, et responsable, envers le mineur, du défaut de transcription? — Nous avons adopté l'affirmative pour la donation, v° Disp. entre-vifs et test., n° 1588, en faisant remarquer que la transcription n'est qu'une suite et un complément de l'acceptation, et que le subrogé tuteur, étant obligé, dans le cas particulier, par ses fonctions mêmes, d'accepter la donation pour le mineur, se trouve, par là même, obligé de faire transcrire. — On peut ajouter, avec M. Flandin, n° 735, « que le subrogé tuteur est tenu, sous sa responsabilité personnelle, et sous peine de tous dommages-intérêts, de faire inscrire l'hypothèque légale du mineur sur les biens du tuteur (c. nap. 2137), et qu'il y a là un puissant argument d'analogie pour le faire déclarer également tenu d'opérer la transcription. »

Il y a même raison de décider pour la vente que pour la donation. — « On objectera, dit M. Flandin, que la responsabilité du subrogé tuteur fait double emploi avec celle du tuteur. — Mais il n'y a, entre les deux situations, rien d'incompatible : l'une a un devoir général, l'autre un devoir particulier à remplir; et la loi ne saurait voir d'un mauvais œil que le mineur ait deux garanties au lieu d'une. » Il est vrai que l'art. 942 ne fait pas mention du subrogé tuteur comme pouvant être l'objet d'un recours, de la part du mineur, pour défaut de transcription; et il ne l'est pas, en effet, en thèse générale; mais c'est ici un cas particulier, et la loi ne statue que pour les cas ordinaires : *Ea his quæ plerumque fiunt jura constituuntur.*

451. A l'égard du mandataire, qui aurait été chargé par un majeur d'acheter un immeuble en son nom, nous pensons, avec MM. Rivière et Huguet, Quest., n° 159, que, si la procuration ne renferme que le pouvoir d'acheter, et ne contient aucune clause relative à la transcription, le mandataire n'est pas tenu de la faire opérer. « La transcription, en effet, dit M. Flandin, n° 820, est une formalité extrinsèque à la vente : elle en est bien une suite, un complément, une bonne nn complément utile, puisqu'elle seule rend l'acquéreur propriétaire au regard des tiers; mais elle n'en est pas, après tout, un complément nécessaire, puisque l'acquéreur a la faculté de faire transcrire ou de ne pas faire transcrire, à son choix. S'il entrait dans ses intentions que la formalité fût remplie par le mandataire, c'était à lui de s'en expliquer... »

452. Mais, ajoutent MM. Rivière et Huguet, n° 160 : « Si la procuration, outre le mandat d'acheter, renfermait, d'une manière expresse, le mandat de payer, il faudrait donner une solution différente. Le mandat d'acheter et de payer renferme implicitement celui de faire opérer la transcription, et le mandataire, qui l'accepte, doit être tenu de la faire effectuer. » —Telle est également la doctrine de M. Flandin, n° 821, qui fait observer, avec raison, que le mandataire, qui payerait avant la transcription, commettrait une grave imprudence, pour laquelle il y aurait lieu à l'application de l'art. 1382 c. nap., puisqu'il exposerait son mandant à être évincé par un autre acquéreur, postérieur à celui-ci, mais qui aurait fait transcrire avant lui.

453. Le notaire n'est pas le mandataire des parties. Lors donc qu'il reçoit un acte de nature à faire transcrire, ce n'est pas lui qui demeure chargé d'en faire opérer la transcription. « Ce n'est pas là, dit M. Flandin, n° 822, un acte direct de son ministère, et dont l'omission puisse engager sa responsabilité, à moins qu'il n'en ait reçu et accepté le mandat exprès ou implicite de son client. C'est à la partie intéressée à veiller elle-même à l'accomplissement de la formalité. Les obligations qui dérivent, pour les notaires, de la loi de leur institution, sont résumées dans l'art. 1 de la loi du 25 vent. an 11, qui déclare que « les notaires sont les fonctionnaires publics établis pour recevoir tous les actes et contrats auxquels les parties doivent ou veulent faire donner le caractère d'authenticité attaché aux actes de l'autorité publique, et pour en assurer la date, en conserver le dépôt, en délivrer des grosses et expéditions. » La transcription, il faut le répéter, est une formalité extrinsèque de l'acte, qui n'est point essentielle à sa validité, qui, de plus, est de simple faculté pour les parties : à tous ces titres, elle ne peut rentrer dans le cercle des devoirs imposés au notaire... » (Conf. MM. Troplong, de la Transcr., n° 138; Rivière et Huguet, Quest., n° 162). — La doctrine a été consacrée par de nombreux arrêts (V. v° Responsab., n° 368).

454. Ce que nous venons de dire du notaire s'applique également à l'avoué. Son ministère est borné aux actes de postulation qui ont pour objet l'obtention du jugement, sa levée et sa signification, pour lui faire acquérir l'autorité de la chose jugée. « Mais là, dit M. Troplong, de la Transcr., n° 141, s'arrête son mandat ordinaire. De même qu'il n'a pas qualité afin de poursuivre l'exécution du jugement, de même il n'est pas tenu, de plein droit, de le faire transcrire, lorsque ce jugement constate ou opère une mutation » (Conf. M. Flandin, ibid., n° 824).

455. Toutefois, une exception a été faite par l'art. 4 de la loi du 23 mars 1855. C'est l'avoué qui a obtenu le jugement prononçant la résolution, nullité ou rescision d'un acte transcrit, qui est chargé, par la loi, d'en faire opérer la mention, en marge de la transcription de cet acte, sous peine de 100 fr. d'amende. —Mais, s'il négligeait de le faire, la partie intéressée, demande M. Flandin, de la Transcr., n° 832, ne pourrait-elle pas y faire procéder à sa place? Et le conservateur pourrait-il se refuser à faire cette mention, d'après un bordereau rédigé et signé par la partie elle-même ? —« J'ai peine à croire, répond ce magistrat, que la question puisse jamais se présenter; car la partie aurait plus facilement raison de l'incurie de son avoué, en lui faisant donner une injonction par le président du tribunal, que du refus du conservateur, avec lequel il lui faudrait entrer en procès...» M. Mourlon, néanmoins, Exam., crit., etc., App., n° 367, pose

la question, et la résout, en disant que la partie pourra requérir elle-même la mention.—MM. Rivière et Huguet, Quest., n° 280, combattent l'opinion de M. Mourlon : « C'est dans l'intérêt des tiers, disent-ils, et dans le but de leur faire connaître le changement qui s'est opéré, par suite du jugement, dans les droits des parties, que la loi a chargé l'officier ministériel du soin de rédiger lui-même le bordereau. Il pourrait bien se faire que toutes les énonciations que doit renfermer cet acte ne fussent pas aussi complètes, s'il était rédigé par la partie elle-même...» « Mais quoi ! réplique M. Flandin, vaudrait-il mieux pour les tiers qu'il ne fût pas fait de mention du tout? Car c'est, qu'on le remarque, au défaut de l'avoué, que la partie se présente pour requérir elle-même la mention. » Nous sommes, avec M. Flandin, contre MM. Rivière et Huguet, de l'avis de M. Mourlon.

456. Suivant M. Fons, Précis sur la transcr., n° 32, « l'avoué a droit : 1° à un émolument pour la rédaction de l'extrait, basé, par analogie, sur le § 26 de l'art. 92 du décret du 16 fév. 1807; 2° à une vacation au dépôt de l'extrait, aussi par analogie de ce qui a lieu, lorsqu'il provoque, en conformité de l'art. 716 c. proc., la mention sommaire du jugement d'adjudication en marge de la transcription de la saisie (ord. 10 oct. 1841, art. 7, § 5). » — Suivant M. Flandin, de la Transcr., n° 831, il ne serait dû qu'un seul droit à l'avoué, pour la rédaction et le dépôt du bordereau contenant l'extrait du jugement. — « En effet, dit ce magistrat, soit qu'on applique les §§ 25, 26, 29 ou 31 de l'art. 92 du premier décret du 16 fév. 1807, relatifs à la publication du jugement de séparation de corps ou de biens (c. pr. 872 et 880), du jugement d'interdiction ou de nomination de conseil judiciaire (Ib. 501), ou du jugement qui admet à la cession de biens (Ib. 903); — soit qu'on applique le § 5 de l'art. 7 de l'ord. 10 oct. 1841, relatif à la mention sommaire du jugement d'adjudication sur saisie-immobilière, en marge de la transcription de la saisie (l'émolument, dans les deux cas, est le même), le décret, comme l'ordonnance, n'accordent qu'un seul et même droit pour la rédaction de l'extrait et la vacation à le déposer. » — La loi du 23 mars 1855, dans son art. 12, déclare que, « jusqu'à ce qu'une loi spéciale détermine les droits à percevoir, la transcription des actes ou jugements, qui n'étaient pas soumis à cette formalité avant la présente loi, est faite moyennant le droit fixe d'un franc. » Mais cette disposition n'est applicable qu'aux droits à percevoir par le trésor; et, pour les émoluments dus à l'avoué, en attendant le nouveau tarif annoncé, c'est au tarif des frais et dépens devant les tribunaux qu'il faut recourir, pour y chercher les points d'analogie.

457. C'est aux frais de la partie contre laquelle a été obtenu le jugement que doit être accomplie la formalité de la mention. « C'est là, disent très-bien MM. Rivière et François, n° 74, une conséquence du jugement prononçant la résolution, nullité ou rescision d'un acte transcrit. Cette formalité devient nécessaire par la faute du propriétaire dépossédé, et c'est cette faute qui a motivé sa condamnation entraînant la peine des dépens. Il semble donc naturel de lui faire supporter les frais de mention. » Du reste, ajoutent ces auteurs, on fera bien, pour éviter toute difficulté ultérieure, de comprendre les frais de la mention dans la demande de condamnation aux dépens (Conf. MM. Rivière et Huguet, n° 285; Troplong, de la Transcr., n° 243; Flandin, ibid., n° 833; Fons, n° 32; Sellier, Comment., n° 286).

CHAP. 4. — DES EFFETS DE LA TRANSCRIPTION.

458. Ce chapitre est divisé en quatre sections : — Dans la première, nous traiterons des effets de la transcription, relativement aux actes translatifs de propriété immobilière ou de droits réels; — dans la seconde, des effets de la transcription, relativement aux privilèges et hypothèques antérieurs non inscrits; — dans la troisième, des effets de la transcription, relativement à l'action résolutoire du vendeur; — et, dans la quatrième, des effets de la transcription, relativement aux baux et aux quittances ou cessions de loyers ou fermages non échus.

SECT. 1. — Des effets de la transcription, relativement aux actes translatifs de propriété immobilière ou de droits réels.

459. Entre les parties, il n'y a rien de changé, par la loi du 23 mars 1855, au régime du code Napoléon : la vente, comme la donation, ces deux types des actes translatifs de propriété, reçoivent leur perfection du seul consentement des parties (c. nap. 938 et 1583) : ce n'est que respectivement aux tiers, que la transcription est exigée pour dessaisir le vendeur ou le donateur. C'est ce qu'énonce l'art. 3 de la loi précitée, qui ne fait que reproduire les termes de l'art. 26 de la loi du 11 brum. an 7 : « Jusqu'à la transcription, porte cet art. 3, les droits résultant des actes et jugements énoncés aux articles précédents ne peuvent être opposés aux tiers qui ont des droits, sur l'immeuble, et qui les ont conservés, en se conformant aux lois... »

460. Quel est le sens du mot *tiers*, employé dans cet article? C'est ce qu'il importe de préciser.

Il est évident que ce mot ne peut convenir ni au vendeur, ni à l'acheteur : au vendeur, parce qu'il doit la garantie à l'acheteur; à l'acheteur, parce que la transcription est toute dans son intérêt. C'est pour cela que l'art. 941 déclare que « le défaut de transcription pourra être opposé par toutes personnes ayant intérêt, *excepté, toutefois, celles qui sont chargées de faire faire la transcription,* ou leurs ayants cause, *et le donateur* : » disposition qui renferme un principe de droit commun.

461. Faut-il comprendre parmi les *tiers* les héritiers ou successeurs universels, ou à titre universel, du vendeur ou de l'acquéreur? L'héritier est le continuateur de la personne du défunt; *succedit in universum jus :* il succède à toutes ses obligations, et dès lors ne peut, pas plus que son auteur, opposer le défaut de transcription (Conf. MM. Troplong, de la Transcript., n°s 145 et 158; Flandin, *ibid.*, t. 2, n° 840).

La question, cependant, est controversée, en ce qui touche les héritiers du donateur, parce qu'on sait que l'art. 27 de l'ordonnance de 1731, qui a servi de type à notre art. 941, désignait nommément les héritiers du donateur comme pouvant opposer le défaut de transcription (V. v° Disposit. entre-vifs et test., n°s 1574 et suiv.).

462. Faut-il distinguer entre l'héritier pur et simple et l'héritier bénéficiaire? Et, quant au premier, privé qu'il est, comme représentant, à titre universel, de son auteur, du droit d'opposer le défaut de transcription, n'en est-il privé que pour sa part et portion virile, et a-t-il le droit de se prévaloir de l'exception pour le surplus?

Cette question a été examinée par M. Duranton, tome 8, n°s 520 et suiv. « Paul, dit-il, héritier de Pierre, tuteur de Jean, donataire (et qui a négligé de faire transcrire pour son pupille), a acheté du donateur les biens donnés, postérieurement à la donation non transcrite, avant ou après la mort de Pierre, n'importe, et il s'est porté héritier pur et simple de Pierre. — Il est possible, dit l'auteur, de la revendication du donataire, sans pouvoir opposer le défaut de transcription. — Mais toutefois, ajoute-t-il, il n'est privé du droit de l'opposer que pour une part en rapport avec celle pour laquelle il est héritier : pour le surplus, il le peut, parce qu'il ne représente son auteur que pour cette part, sauf, au donataire, son recours, s'il y a lieu, contre les autres héritiers, pour l'indemnité qui pourrait lui être due. »

M. Duranton cite, à l'appui de cette opinion, un arrêt de la cour de Paris, du 10 janvier (et non février, comme il l'indique à tort) 1814 (V. v° Disp. entre-vifs et test., n° 1598), lequel a jugé, sous l'ord. de 1731, qu'une mère, ayant des enfants majeurs et mineurs, auxquels il avait été fait conjointement une donation à son préjudice, ne pouvait pas opposer aux majeurs le défaut d'insinuation, bien qu'elle n'ait pu la faire, à l'égard des mineurs dont elle était tutrice, et qu'elle devait garantir, à ce titre, de l'inexécution de la formalité. « Ce qui prouve, dit l'auteur, que cette obligation de garantie est divisible : à plus forte raison, l'est-elle entre les héritiers de celui qui en était tenu. » Mais M. Flandin, de la Transcript., n° 843, fait observer, avec raison, que c'est une tout autre question que la cour de Paris a jugée; que la mère ne devait aucune garantie à ses enfants majeurs pour le défaut d'insinuation, et qu'ainsi l'arrêt n'a point eu à décider si l'obligation de garantie est divisible, ou ne l'est pas; que la cour a, tout simplement, fait application, dans l'espèce, et qu'elle l'a fait à bon droit, du principe : *minor, in dividuis, majorem non relevat.*

« Et si Paul, ajoute M. Duranton, n'avait accepté la succession de Pierre que sous bénéfice d'inventaire, il pourrait se prévaloir du défaut de transcription, sauf à répondre de la négligence de son auteur jusqu'à concurrence de son émolument dans la succession, mais pas au delà; car le bénéfice d'inventaire a empêché la confusion des personnes et des patrimoines (art. 802), et l'héritier n'est garant des faits du défunt que jusqu'à concurrence seulement de ce dont il profite dans sa succession. — C'est une maxime certaine que, si même le défunt avait vendu l'héritage de celui qui s'est porté son héritier bénéficiaire, ce dernier pourrait le revendiquer, à la charge de rendre compte de l'état de la succession pour les dommages-intérêts de l'acheteur. Par une raison au moins égale, peut-il se prévaloir du défaut de transcription. »

M. Flandin, de la Transcr., *loc. cit.*, relève ces dernières expressions de l'auteur. « *Par une raison au moins égale,* dit-il! Mais combien est grande, au contraire, la différence entre les deux cas! Lorsque l'héritier bénéficiaire revendique l'immeuble à lui appartenant, et qui a été indûment vendu par son auteur, il agit, non comme l'ayant cause de ce dernier, mais en vertu d'un droit personnel; ce qu'il revendique, c'est sa propre chose, dont il n'a pu être dépouillé malgré lui; et sa cause est, assurément, bien favorable. Celle de l'acquéreur s'est beaucoup moins; car il a fait un contrat nul, en achetant, même de bonne foi, la chose d'autrui; et si, à raison de cette bonne foi, il lui est dû des dommages-intérêts (c. nap. 1599), il est certain que ces dommages-intérêts sont une chose divisible dont l'héritier bénéficiaire ne saurait être tenu que pour sa portion virile, et jusqu'à concurrence seulement de l'émolument qu'il retire de la succession. — Cependant, même dans ce cas, loin qu'il soit de *maxime certaine,* comme le prétend M. Duranton, que l'action en revendication doive être admise, le droit rigoureux, semble-t-il, devrait, au contraire, la faire rejeter, parce que l'action en dommages-intérêts n'est que subsidiaire à l'exception de garantie, laquelle, selon nous, est indivisible. — En quoi consiste, en effet, la garantie qui est due par le vendeur à l'acheteur? Dans le payement d'une somme d'argent, à titre de dommages-intérêts? Non, mais dans l'obligation où est le premier d'assurer au second la paisible possession de l'immeuble, *ut præstet rem habere licere;* obligation qui ne peut être exécutée partiellement et qui, par conséquent, est indivisible (c. nap. 1218). »

M. Flandin cite à ce propos, un passage de notre traité de la Vente, n°s 943 et 944, dans lequel nous avons, en effet, soutenu, contre des auteurs fort accrédités de l'ancien et du nouveau droit, la thèse de l'indivisibilité de l'exception de garantie. — L'honorable magistrat tire de cette indivisibilité même la conséquence « que, si l'héritier bénéficiaire avait acquis de son auteur, à titre singulier, un immeuble antérieurement vendu par ce dernier à un tiers, qui n'aurait pas fait transcrire, il ne pourrait opposer à ce premier acquéreur, pour se faire préférer à lui, le défaut de transcription, quoiqu'il eût transcrit lui-même. Ce premier acquéreur lui objecterait, en effet, dit-il, qu'étant le représentant, à titre universel, de son vendeur, il est tenu, comme celui-ci, de lui délivrer la chose vendue ou de lui en garantir la paisible possession (c. nap. 1603). — Et vainement l'héritier bénéficiaire dirait-il qu'acquéreur lui-même de l'immeuble contesté, il a une action contre l'hérédité ou contre tout possesseur, pour obtenir la délivrance, ou se faire maintenir dans la possession de cet immeuble, dont la transcription l'a rendu propriétaire incommutable; que l'art. 802 c. nap., l'autorise à ne pas confondre *ses biens personnels* avec ceux de la succession, et lui permet de réclamer contre elle *le payement de ses créances;* qu'il répondrait par la maxime : *quem de evictione tenet actio, eumdem agentem repellit exceptio.* — Il y a, continue M. Flandin, dans l'application que veut faire l'héritier bénéficiaire, au cas présent, de l'art. 802, une confusion. Il n'est pas exact de dire, comme il le fait, que la transcription l'a rendu propriétaire incommutable de l'immeuble; puisqu'il a fait de cet immeuble sa chose propre; que le premier acquéreur n'a à faire valoir, contre la succession, qu'une action en dommages-intérêts, à raison de l'éviction qu'il souffre (c. nap. 1630), et que lui ne doit, comme héritier bénéficiaire, contribuer dans cette action que pour sa part, et jusqu'à concurrence seulement de l'émolument qu'il recueillera. — Cela serait vrai, s'il pouvait opposer au premier acquéreur le défaut de transcription; mais, comme sa qualité d'héritier bénéficiaire l'en empêche, ce n'est pas lui, c'est, au contraire, l'acquéreur, premier en date, qui est propriétaire de l'immeuble en question; et lui n'a que l'action en dommages-intérêts contre la succession, qu'il fera valoir ainsi que le dit l'art. 802 » (de la Transcr., t. 2, n° 842).

462. Nous avions, dans notre traité des Disp. entre-vifs et test., n°° 1596 et 1597, suivi la doctrine de M. Duranton, en disant « que l'héritier pur et simple du responsable (dans le cas où c'est un mari ou un tuteur qui a négligé de faire transcrire la donation faite à sa femme ou à son pupille) n'est privé du droit d'opposer le défaut de transcription que pour sa part héréditaire; et que l'héritier bénéficiaire peut également se prévaloir du défaut de transcription, sauf à répondre de la négligence de son auteur jusqu'à concurrence de son émolument. » Mais, à l'époque où nous énoncions ce sentiment, nous n'avions point encore pris parti sur la difficile question de divisibilité ou d'indivisibilité de l'exception de garantie. Nous étant séparé, depuis, sur cette question, de M. Duranton, qui se prononce, t. 11, n° 265, et t. 16, n° 255, pour la divisibilité, nous devons, pour rester conséquent avec nous-même, nous rallier, sur la difficulté présentement agitée, à l'opinion de M. Flandin.

463. Devons-nous le faire, cependant, aussi bien à l'égard de l'héritier bénéficiaire qu'à l'égard de l'héritier pur et simple? — Dans notre traité de la Vente, précédemment cité par M. Flandin, nous avons dit, au n° 941, que, l'héritier bénéficiaire ne confondant pas ses droits avec ceux de la succession, l'exception de garantie ne peut être opposée à l'action en revendication qu'il exerce de son chef; que seulement l'acquéreur, évincé par cet héritier personnellement, pourra former contre lui, en sa qualité d'héritier bénéficiaire, une demande en dommages-intérêts, laquelle, toutefois, ne pourra recevoir d'exécution que jusqu'à concurrence de l'émolument qu'il retire de la succession (Conf. Pothier, de la Vente, n° 174; MM. Troplong, de la Vente, n° 447; Duvergier, ibid., n° 350). — M. Flandin nous répond « qu'il peut paraître difficile, dans le cas particulier, de séparer, dans l'héritier bénéficiaire, la qualité de propriétaire revendiquant, en laquelle il agit, de celle d'héritier du vendeur, qui l'oblige à la garantie; et que, quoiqu'il ne soit héritier que pour partie, il semblerait, d'après les principes que viennent d'être développés, qu'il suffit que l'exception de garantie, qui lui est opposée, soit indivisible, pour qu'il en soit tenu au même titre qu'un héritier pur et simple. »

Quoi qu'il en soit de cette question, et tout en persistant dans l'opinion que nous avons émise sur l'effet de l'indivisibilité de l'exception de garantie, par rapport à l'héritier bénéficiaire, nous croyons, avec M. Flandin, que la question, agitée en ce moment, doit se résoudre par des principes spéciaux et indépendants des règles de l'indivisibilité. « En effet, dit l'honorable magistrat, lorsque l'héritier bénéficiaire vient réclamer un immeuble qu'il a acheté de son auteur, lequel avait antérieurement vendu ce même immeuble à un autre, la situation est inverse de la précédente; l'héritier revendique l'immeuble à lui appartenant, et qui a été indûment vendu par son auteur; le véritable propriétaire de l'immeuble, c'est celui qui a acquis le premier; ce n'est pas l'héritier bénéficiaire. — La situation diffère donc, en fait. — Elle diffère également, en droit; car, rigoureusement, il n'est pas nécessaire, pour décider que l'héritier bénéficiaire n'est pas fondé à se prévaloir du défaut de transcription, de s'appuyer sur la maxime : *quem de evictione, etc.*; il suffit d'invoquer contre lui le principe posé dans les art. 941 et 1072 c. nap., d'après lequel le défaut de transcription n'est pas opposable par l'auteur de la disposition, ni par ses héritiers ou successeurs universels, ou à titre universel, sans que la loi distingue s'il y a, ou s'il n'y a pas plusieurs héritiers, et sans qu'elle dise qu'au cas où il y aura plusieurs héritiers, ceux-ci ne sont privés de la faculté d'opposer le défaut de transcription que pour partie, et proportionnellement à la part qu'ils prennent dans la succession. Qu'on veuille bien remarquer, enfin, que la transcription est une formalité exigée uniquement dans l'intérêt des *tiers*, qualité qui ne peut appartenir à l'héritier pur et simple, ni même, dans le cas dont il

s'agit, à l'héritier bénéficiaire; car si, à certains égards, l'art. 802 permet de le traiter comme un tiers, ici, c'est sa qualité d'héritier qui est surtout à considérer, puisque nous sommes en droit spécial, et qu'il est de règle que je particulier déroge au général : *In toto jure, generi per speciem derogatur, et illud potissimum habetur quod ad speciem directum est* » (L. 80. D., *De reg. jur.*).

465. Telle paraît être également l'opinion de M. Troplong; car, bien que le savant magistrat enseigne, avec Dumoulin et Pothier, que l'exception de garantie est divisible, il n'hésite pas, comme on l'a vu *suprà*, n° 461, à ranger l'héritier bénéficiaire parmi ceux qui ne peuvent se prévaloir du défaut de transcription. — Pothier dit aussi, dans son Traité des substitutions, sect. 1, § 6, que, « si le tiers acquéreur devient héritier du grevé, cette qualité, qui l'oblige personnellement à la restitution des biens compris en la substitution, l'empêche de pouvoir opposer le défaut d'insinuation qu'il aurait pu opposer, en sa qualité d'acquéreur. » — Pothier n'ajoute pas qu'il pourra opposer le défaut d'insinuation pour tout ce qui excède sa portion virile dans la succession du grevé.

466. Au nombre des personnes qui ne peuvent opposer le défaut de transcription, il faut évidemment placer celles qui sont chargées de faire transcrire pour les incapables, tels que les maris, tuteurs, etc. Telle est la disposition de l'art. 941 c. nap. : « Le défaut de transcription ne sera opposé que toutes personnes ayant intérêt, *excepté, toutefois, celles qui sont chargées de faire faire la transcription*, ou leurs ayants cause, et le donateur; » et cette disposition convient aux actes à titre onéreux, comme aux actes à titre gratuit (Conf. MM. Troplong, de la Transcript., n° 186; Flandin, *ibid.*, n° 844).

467. *Excepté*, dit l'article, *celles qui sont chargées de faire faire la transcription*, OU LEURS AYANTS CAUSE; à qui doivent s'appliquer ces dernières expressions? — Bien certainement aux héritiers et successeurs universels, ou à titre universel, des tuteurs, maris, etc. Mais s'appliquent-elles également à l'acquéreur à titre particulier, ou au créancier hypothécaire de ces mêmes tuteurs, maris, etc.? — L'affirmative est généralement enseignée pour les donations; et telle est également l'opinion que nous avons adoptée v° Disp. entre-vifs et testam., n°° 1595 et 1594 (Conf. M. Flandin, de la Transcript., t. 2). — On a vu, cependant, au même mot, que la jurisprudence avait varié sur la question, et que les arrêts les plus récents de la cour de cassation ont été rendus dans un sens opposé (loc. cit., n° 1595). — « Le crédit privé, dit M. Troplong (Donat., t. 2, n° 1187) s'accommode mieux de cette seconde solution. »

468. Mais, si la question a pu, et peut encore être considérée comme douteuse, malgré les termes de l'art. 941, par rapport aux actes à titre gratuit, elle nous semble tranchée, mais dans le sens inverse à celui que nous avons adopté pour ces actes, par les termes de l'art. 3 de la loi du 23 mars 1855, en ce qui concerne les actes à titre onéreux.—Que dit, en effet, cet art. 3? Que, « jusqu'à la transcription, les droits résultant des actes et jugements énoncés aux articles précédents, ne peuvent être opposés *aux tiers* qui ont des droits sur l'immeuble, et qui les ont conservés, en se conformant aux lois, » Et, par ce mot *tiers*, il faut entendre évidemment les créanciers hypothécaires et les tiers acquéreurs, quoique, sous un autre point de vue, ils soient des ayants cause de celui qui leur a transmis des droits sur l'immeuble. « Le texte si général de cet article, dit M. Flandin, de la Transcript., n° 847, la pensée qui a inspiré la nouvelle loi, et qui a eu particulièrement en vue les intérêts du crédit foncier, doivent conduire à faire adopter, sans hésitation, pour les actes à titre onéreux, la dernière jurisprudence de la cour de cassation, qui déclare que le créancier hypothécaire d'un donateur, chargé, comme mari, de faire transcrire la donation qu'il a faite à sa femme; que l'acquéreur, qui a acheté de ce même donateur un immeuble, ne sont pas des ayants cause du mari donateur, dans le sens de l'art. 941, mais, au contraire, des tiers; et que, par suite, ils le sont recevables à opposer à la femme le défaut de transcription » (V. Cass. 4 janv. 1830, aff. Lefaucheux, et 10 mars 1840, aff. Bordier, v° Disp. entre-vifs et testam., n° 1595).

469. Les créanciers chirographaires du vendeur sont-ils des *tiers*, dans le sens de ce même art. 37 — Nous avons établi la négative, par rapport aux donations, dans notre Traité des disposit. entre-vifs et testam., n° 1568, quoique la question soit très-controversée (Conf. M. Flandin, de la Transcript., t. 2). — Mais au moins elle ne peut l'être, relativement aux actes à titre onéreux; car elle a été législativement résolue par les auteurs de la loi du 23 mars 1855, comme nous l'apprend M. Debelleyme dans son rapport (D. P. 55. 4. 29, n° 33). — C'est ce qu'a répété l'un des commissaires du gouvernement, M. Rouher, dans la discussion. Les créanciers chirographaires, a-t-il dit, sont exclus du droit d'opposer le défaut de transcription, *parce qu'ils n'ont pas de droits sur l'immeuble* (V. *suprà*, p. 683, note de l'art. 3, n° 18). — « Il est facile, dit M. Flandin, de la Transcript., n° 848, d'expliquer cette exclusion prononcée contre les créanciers chirographaires. Quel a été le but de la loi du 23 mars 1855? C'est de protéger l'acquéreur, ou le créancier hypothécaire, contre la fraude dont ils eussent pu être victimes, en achetant, ou en recevant en garantie, un immeuble sorti du patrimoine de celui qui le vend, ou qui l'hypothèque, par une aliénation antérieure restée occulte. Mais cette considération est inapplicable au créancier chirographaire, qui a suivi la foi de son débiteur, qui n'a pris avec lui aucune sûreté, qui lui a laissé la faculté de disposer de tous ses immeubles, et qui, dès lors, n'a dû compter positivement sur la garantie d'aucun d'eux. »

470. La solution qui précède est indépendante de la saisie que des créanciers chirographaires du vendeur auraient pratiquée sur l'immeuble précédemment vendu par un acte non transcrit antérieurement au procès-verbal de saisie. — « La saisie, comme le fait remarquer M. Troplong, de la Transcript., n° 147, ne donne pas au créancier qui la pratique un *droit réel* sur le bien saisi; le créancier chirographaire doit accepter les choses dans l'état où la volonté de son débiteur les a mises. Il n'a la faculté de saisir que ce dont son débiteur a le droit de se dire propriétaire, et il faut qu'il respecte les contrats par lesquels le patrimoine de celui-ci est légalement diminué » (Conf. MM. Rivière et Huguet, Quest., n° 174; Mourlon, Examen crit., etc., Appendice, n° 352, 357, 358, et Rev. prat., t. 1, p. 472 et s.; Sellier, Comment., n° 302; Flandin, de la Transcript., t. 2, n° 850 et s.). C'est la thèse que nous avons soutenue contre M. Bertauld, professeur à la Faculté de droit de Caen, dans notre Recueil périodique, à propos d'un arrêt de la cour de Caen, du 1er mai 1858, aff. Gobard (Voy. D. P. 58. 2. 161).

Entre un acquéreur et son créancier saisissant, même simple chirographaire, dit M. Bertauld, la préférence est due à celui qui le premier a fait transcrire. Par la transcription de la saisie, le créancier devient un *tiers*; il acquiert, à son profit et au profit de tous les créanciers inscrits, le droit de poursuivre la conversion en deniers du gage commun; et, si la transcription ne lui assure aucun droit de préférence, à l'encontre même des autres créanciers chirographaires, elle l'abrite du moins contre les conséquences de toute vente volontaire ultérieure. Il obtient la garantie *réelle* que le prix de l'immeuble sera affecté au payement des dettes du saisi. S'il en était autrement, on arriverait, dans certains cas, à un singulier résultat. Supposons, en effet, poursuit M. Bertauld, qu'un immeuble soit l'objet d'une saisie et de deux ventes successives, l'une antérieure à la transcription du procès-verbal de saisie, mais non transcrite; l'autre postérieure à la transcription de ce procès-verbal, mais transcrite. Dans cette hypothèse, la première vente sera préférée à la saisie; mais elle cédera le pas à la seconde vente : d'un autre côté, cependant, la seconde vente ne sera préférée à la saisie; mais elle cédera le pas à la seconde vente : d'un autre côté, cependant, la seconde vente ne sera préférée à la saisie que dans certains cas, à un singulier résultat. Comment sortir de cette difficulté? Et auquel de ces trois intérêts accorder la préférence?

Nous ne pouvons admettre que la transcription du procès-verbal de saisie ait l'effet que lui attribue M. Bertauld; qu'elle transforme le droit du saisissant en un droit *réel*. Nous concevons parfaitement qu'un droit, qui par lui-même est réel, reçoive de la transcription le complément dont il a besoin pour être opposable aux tiers; mais que la transcription, qui n'est qu'une formalité, ait la puissance de changer la nature d'un droit, de convertir un droit personnel en un droit réel, cela nous paraît difficile à soutenir. — On objecte l'art.

686 c. pr. — Mais, si cet article annule les ventes faites par le saisi après la transcription du procès-verbal de saisie, ce n'est pas parce que le saisissant possède alors un droit réel sur l'immeuble, mais seulement parce que la publicité donnée à la saisie fait planer sur la vente postérieure une présomption de fraude. Et il ne faut voir, dans cette disposition, autre chose qu'une application du principe posé dans l'art. 1167 c. nap. — Or, si le droit du créancier saisissant reste, après la transcription, ce qu'il était avant; s'il ne s'est pas transformé en un droit réel, distinct et indépendant du droit du saisi, on doit en conclure que ce créancier ne peut invoquer l'art. 3 de la loi de 1855, qui ne dispose qu'en faveur des *tiers ayant des droits sur l'immeuble.* — Relativement à la difficulté que fait naître M. Bertauld du prétendu conflit d'une saisie transcrite avec deux ventes successives, dont la dernière, postérieure à la transcription du procès-verbal de saisie, aurait seule été transcrite, cette difficulté est purement imaginaire. Il semble, suivant M. Bertauld, qu'on se trouve, alors, enfermé dans un cercle vicieux, et que chacun des trois actes qui se trouvent en présence ne soit, un moment, victorieux de l'un des deux autres que pour être immédiatement vaincu par le troisième. Mais, s'il est vrai, comme nous venons de le dire, que la saisie ne puisse porter préjudice à la vente faite antérieurement à cette saisie, ou même non transcrite, mais antérieurement à la transcription du procès-verbal de saisie (c. pr. 686), il faut éliminer l'un des éléments du conflit, c'est-à-dire la saisie. Elle tombe, en présence de la vente, même non transcrite, qui a été faite avant la transcription du procès-verbal de saisie. Dès lors, la lutte s'établit seulement entre les deux ventes, et c'est la première transcrite qui l'emporte.

471. Il a été jugé, conformément à notre opinion, que, nonobstant la saisie d'un immeuble, pratiquée à la requête d'un créancier chirographaire, la vente consentie, dans l'intervalle entre cette saisie et la transcription du procès-verbal de saisie, doit prévaloir, à quelque époque qu'elle ait été transcrite elle-même, le saisissant n'acquérant, par la transcription du procès-verbal de saisie, aucun droit réel sur l'immeuble (trib. de Nancy, 8 déc. 1856, aff. Antoine, D. P. 58. 3. 61.— *Contrà*, Amiens, 3 août 1844, aff. Gayet, v° Disp. entre-vifs et test., n° 1568).

472. Il n'y a, suivant nous, aucune distinction à faire, pour la solution de la question qui précède, entre les créanciers hypothécaires saisissants et les simples chirographaires. On objecte que le créancier hypothécaire a un droit réel sur l'immeuble; qu'il est bien véritablement un de ces *tiers* au profit desquels dispose l'art. 3 de la loi de 1855; qu'il est fondé, par conséquent, en vertu de cet article, à prétendre que la vente, faite par le propriétaire avant la transcription du procès-verbal de saisie, mais qui n'a été transcrite que postérieurement, ne peut lui être opposée. Cette doctrine est soutenue par MM. Mourlon, Rev. prat. de dr. franç., t. 1, p. 472 et suiv.; Huguet, dans une consultation insérée dans la Rev. prat., t. 4, p. 524; Godoffre, dans le Journal des avoués, t. 82, p. 89, art. 2385, et t. 83, p. 346, art. 3022.—Mais cette distinction entre le créancier chirographaire et le créancier hypothécaire, quant aux effets de la saisie vis-à-vis de l'acquéreur, est combattue par d'autres jurisconsultes. Elle l'a été, notamment, dans la Jurisprud. des cours imp. de Caen et de Rouen, par M. Léon Bidard, l'un des rédacteurs en chef de ce recueil. Et d'abord, dit M. Bidard, l'art. 686 c. pr., qui reconnaît au propriétaire saisi le droit d'aliéner utilement son immeuble jusqu'à la transcription de la saisie, ne fait aucune distinction; il dispose aussi bien pour le cas où le saisissant est un créancier hypothécaire que pour le cas où il est simplement créancier chirographaire. Ainsi, dans la première hypothèse, comme dans la seconde, la vente, faite après la saisie, mais avant la transcription du procès-verbal de saisie, produit tout son effet, et la saisie est réputée non avenue. Toute la différence entre les deux cas, c'est que, dans le premier, le saisissant conserve son droit hypothécaire et la faculté de surenchérir du dixième, tandis que, dans le second, il reste simplement chirographaire, et n'a pas même la ressource de la surenchère. — Il s'agit de savoir si la loi du 23 mars 1855 a dérogé à cet article et a introduit, sur le point qui nous occupe, un droit nouveau. Or, l'art. 3 de la loi du 23 mars 1855 porte simplement que, jusqu'à sa transcription, un acte de vente, pour ne parler que de l'espèce qui nous sert d'exemple, « ne peut être opposé aux tiers qui ont des droits sur l'immeuble, et qui les ont conservés, en se conformant aux lois. » Et il n'y a rien là qui implique l'idée que l'on puisse ranger parmi les tiers le créancier hypothécaire qui a fait pratiquer et transcrire une saisie immobilière, pour lui accorder plus de droits que ne lui en donne son droit hypothécaire.

Ainsi, d'après l'opinion de M. Bidard, il est bien vrai que le créancier hypothécaire inscrit a, sur l'immeuble, un droit réel, et que la vente, non transcrite avant son inscription, ne pourra lui être opposée, mais en ce sens seulement que cette vente ne portera aucune atteinte à son droit hypothécaire, et qu'ainsi il pourra faire saisir l'immeuble entre les mains de tout tiers détenteur, le faire vendre et se faire payer sur le prix. Mais là s'arrête son droit ; il ne va pas jusqu'à mettre obstacle à la disponibilité de l'immeuble entre les mains du débiteur : celui-ci peut donc le vendre, même après la saisie opérée par le créancier hypothécaire ; et, pourvu que la vente ait date certaine antérieure à la transcription du procès-verbal de saisie, elle produira tous ses effets, sauf le droit du créancier hypothécaire sur le prix, et sauf le droit qu'il a aussi de surenchérir du dixième. —C'est cette opinion que nous avons adoptée, dans notre recueil périodique, à l'endroit cité, et dans laquelle nous persistons. Indépendamment des raisons qui viennent d'être présentées, le motif, qui particulièrement nous a déterminé, c'est que, s'il est incontestable que le créancier hypothécaire a, sur l'immeuble, un droit réel, ce n'est pas, néanmoins, en vertu de ce droit qu'il a procédé à la saisie. L'hypothèque n'est utile que vis-à-vis des autres créanciers, contre lesquels elle donne le droit de préférence, et vis-à-vis des tiers, contre lesquels elle donne le droit de suite. Mais vis-à-vis du débiteur lui-même, et tant que l'immeuble reste dans ses mains, elle n'ajoute rien aux droits qui résultent de la simple qualité de créancier. Le créancier hypothécaire n'a pas besoin, pour saisir, de faire appel à son droit réel, à son droit spécial ; et, lorsqu'il saisit, ce n'est pas comme créancier hypothécaire, c'est comme simple créancier. Si donc il survient une vente avant la transcription du procès-verbal de saisie, sa saisie tombe, comme tomberait celle d'un créancier chirographaire ; seulement il conserve et peut exercer, contre l'acquéreur, tous les droits inhérents à son hypothèque.—Ainsi, pour en revenir à l'art. 3 de la loi du 23 mars 1855, le créancier hypothécaire est bien *un tiers ayant des droits sur l'immeuble, et les ayant conservés, en se conformant aux lois ;* mais ces droits, quels sont-ils ? C'est l'hypothèque et les droits qui en dépendent : ce n'est pas la faculté de poursuivre et de mener à fin la vente, faculté qui est distincte et indépendante de l'hypothèque.

473. Il a été jugé, conformément à cette opinion, que la vente d'un immeuble, faite sans fraude, et par acte ayant date certaine, doit prévaloir sur la saisie du même immeuble, opérée par un créancier hypothécaire, par cela seul qu'elle a été consentie avant la transcription de la saisie, encore bien que ce ne soit qu'après cette transcription qu'elle ait été elle-même transcrite (Angers, 1er déc. 1858, aff. Taranne et Renard; D. P. 59. 2. 33, et, sur pourvoi, Req. 13 juin 1860, D. P. 60.1.352; trib. de Dôle, 10 mars 1858, aff. Chattot, D. P. 58. 3. 61). — Ce dernier jugement a été infirmé en appel (V. au numéro suivant).

474. Il a été jugé, au contraire, qu'une vente d'immeubles, bien que faite par acte authentique (c'est-à-dire ayant date certaine), ne peut prévaloir contre la saisie de ces immeubles, opérée, le même jour, à la requête d'un créancier hypothécaire, si elle n'a été transcrite qu'après la transcription du procès-verbal de saisie (Caen, 1er mai 1858, aff. Gobard, D. P. 58. 2. 161; Besançon, 1er nov. 1858, aff. Cellard et Thiébault, D. P. 59. 2. 33; trib. d'Altkirch, ... 1856, aff. Hertzog; 18 mai 1858, aff. Guilhot, D. P. 58. 3. 61; trib. civ. de Draguignan, 19 août 1859, aff. Gandiol; trib. civ. de Saverne, 30 mars 1860, aff. Hausser, D. P. 61, 3e partie).

475. Si un commerçant, disent MM. Rivière et Huguet, Quest., nos 189 et suiv., a vendu ou donné un immeuble à une époque où il pouvait valablement vendre ou donner, et qu'il soit, ensuite, déclaré en faillite avant la transcription de l'acte d'a-

liénation, la transcription, faite après le jugement déclaratif de la faillite, sera-t-elle opposable à la masse?—Nous nous sommes déjà occupés de cette question, au point de vue de la donation, vo Dispos. entre-vifs et test., no 279, mais sans lui donner tous les développements qu'elle comporte : nous allons l'examiner de nouveau, au point de vue de la vente, et, en général, des actes à titre onéreux.

Plusieurs opinions ont été émises sur la question. — Il y en a une que nous croyons pouvoir écarter tout d'abord, c'est celle qui, confondant la transcription avec l'acte même sujet à transcription, regarde cette formalité comme inefficace, lorsqu'elle intervient après le jugement déclaratif, mais depuis l'époque à laquelle le tribunal de commerce a fait remonter l'ouverture de la faillite, ou dans les dix jours qui ont précédé (c. com. 446), quoique l'acte sujet à transcription fût antérieur (Montpellier, 2 avr. 1840, aff. Ricard, vo Dispos. entre-vifs et test., no 1557). —Nous avons critiqué cet arrêt *loc. cit.* Il est évident, en effet, qu'aujourd'hui c'est le jugement déclaratif de la faillite qui opère seul, et *à partir de sa date*, le dessaisissement du failli (c.com. 443) : il en résulte, par conséquent, qu'avant ce jugement, les créanciers chirographaires de la faillite, qui n'ont aucun *droit réel* à exercer sur les immeubles du failli, sont sans qualité, aux termes de l'art. 3 de la loi du 23 mars 1855, pour opposer le défaut de transcription (Conf. Grenoble, 17 juin 1822, aff. Dossat, vo Disposit. entre-vifs et test., no 1568 ; Montpellier, 4 juin 1844, et, sur pourvoi, Req. 26 nov. 1845, aff. Vassal, D. P. 43. 2. 121, et 46. 1. 53; Amiens, 3 août 1844, et, sur pourvoi, Req. 26 nov. 1845, aff. Duchauffour, D. P. 46. 1. 53; Bourges, 9 août 1847, et, sur pourvoi, Req. 24 mai 1848, aff. Comitis, D. P. 48. 1. 172; Rouen, 17 avr. 1856, rapp. avec Req. 23 nov. 1859, aff. Havey, D. P. 59. 1. 481; MM. Coin-Delisle, sur l'art. 941, no 14; Troplong, Donat., nos 1158 et s. ; Saintespès-Lescot, Donat., no 723; Massé et Vergé, sur Zachariæ, t. 3, § 480 , note 11; Rivière et François, Explic., etc., 1er app., no 17; Flandin, de la Transcription, t. 2, no 855. — *Contrà*, MM. Bayle-Mouillard sur Grenier, Donat., t. 2, no 168 *bis*. note *a*, 4e éd. ; Esnault, des Faillites, t. 1, no 194).

476. Une seconde opinion consiste à dire que, le jugement déclaratif de faillite opérant dessaisissement du failli au profit de ses créanciers, aucune transcription ne saurait plus être faite utilement, à partir de cette époque. Telle est, notamment, la doctrine enseignée par M. Troplong. « Toute la question, dit l'honorable magistrat, de la Transcript., no 148, est de savoir si, par le jugement déclaratif de faillite, les créanciers acquièrent un droit réel sur les biens de leur débiteur failli; car, s'ils acquièrent un droit réel, ils passent dans la catégorie des tiers, et peuvent invoquer le défaut de transcription contre l'acheteur. Si, au contraire, ils restent simplement créanciers chirographaires ; si, quoique ayant pris l'administration des biens du failli, ils n'ont sur ces biens aucun droit de propriété ou d'hypothèque, ils doivent subir un contrat d'aliénation certainement antérieur à la déclaration de faillite, comme leur débiteur lui-même serait tenu de l'exécuter. »

Quel est ce droit réel dont entend parler M. Troplong? Ce ne peut être, ce le dit lui-même, qu'un droit de *propriété* ou d'*hypothèque*. Le jugement déclaratif de faillite confère-t-il aux créanciers un droit de *propriété* sur les biens du failli? Évidemment non. Le jugement déclaratif de faillite opère dessaisissement du failli, mais dessaisissement de quoi? De l'*administration* seulement (c. com. 443), non de la propriété (V. vo Faillite, no 182). M. Troplong ne le conteste pas. « Sans doute, dit-il, le débiteur reste propriétaire; sans doute, il n'est que dessaisi, et non encore exproprié. Mais est-ce que la justice ne l'a pas dessaisi pour que ses créanciers se payent sur cet actif exclusivement affecté à leur droit? Est-ce que, quoique propriétaire, il peut diminuer le gage que la justice a mis entre les mains des créanciers, et qui doit leur servir de payement...? » — Non, certainement, répondrons-nous, avec M. Flandin, de la Transcript., t. 2, no 856 : une fois la faillite déclarée, le débiteur failli ne peut plus aliéner. Mais telle n'est pas la question, puisque l'acte d'aliénation dont il s'agit est antérieur au jugement déclaratif de faillite. L'effet du dessaisissement, opéré par ce jugement, ne peut pas être mieux comparé qu'à celui d'une saisie. Or, nous venons de dire (V. au n° 470), et c'est également l'opinion de M. Troplong, que la transcription, quoique faite postérieurement à la saisie, est valable à l'égard des créanciers saisissants. Cette analogie entre les effets du dessaisissement et ceux de la saisie, que nous avons déjà signalée à propos de l'art. 1328 (V. Obligat., n° 3992), a pareillement été relevée par MM. Rivière et Huguet. « Les créanciers, disent-ils, Quest., n° 192, sont, vis-à-vis de celui qui a acquis avant la faillite, dans une position à peu près semblable à celle où se trouveraient des créanciers chirographaires saisissants vis-à-vis de celui qui aurait acquis du saisi, avant la transcription de la saisie, et qui ne ferait transcrire son acte d'acquisition qu'après la transcription de la saisie. L'acquéreur aurait, évidemment, le droit de former une demande en distraction de l'immeuble, quoique la transcription de la saisie empêche le saisi de pouvoir aliéner (c. pr. 686). L'acquéreur, si les créanciers saisissants s'opposaient à sa demande, répondrait, avec juste raison : j'ai acquis dans un temps où le saisi avait le droit d'aliéner ; et quoique je n'aie pas transcrit avant la transcription de la saisie, vous ne pouvez pas, vous, simples créanciers chirographaires, vous prévaloir du défaut de transcription. La saisie et la transcription de cette saisie ne vous ont conféré aucun droit réel sur l'immeuble. Or, le même langage peut être tenu par l'acquéreur aux créanciers de la masse : si les biens de la faillite sont frappés d'indisponibilité entre les mains du failli, par suite du jugement déclaratif, les créanciers n'acquièrent, cependant, aucun droit particulier sur les immeubles, dont la propriété continue toujours de résider sur la tête du failli.... »

477. Voilà notre réponse, quant au droit de propriété. — Relativement au droit d'hypothèque, on pensait assez généralement, sous l'ancien code de commerce, que l'inscription que les syndics sont chargés de prendre, au profit de la masse, sur les immeubles du failli, conformément à l'art. 490 du nouveau code (ancien art. 500), n'avait d'autre objet que de rendre plus notoire l'état de faillite, mais qu'elle ne conférait aucun droit hypothécaire à la masse sur les immeubles du failli. Nous avons établi, v° Faillite, n° 494, qu'il en est autrement sous la loi actuelle, d'après les art. 490 et 517 combinés du nouveau code. Nous tenons donc pour certain, quoique la question soit controversée, qu'aujourd'hui le jugement déclaratif de faillite emporte hypothèque au profit de la masse. C'est l'opinion que nous avons émise, v° Priv. et hyp., n° 1095 ; c'est aussi la doctrine de M. Renouard, en son Traité des faill. et banq., sur l'art. 490, n° 4, et de M. Esnault, ibid., t. 2, n°° 350 et suiv. — Contra, MM. Bédarride, des Faill. et banq., t. 1, n° 414 ; Boileux sur Boulay-Paty, ibid., t. 1, n° 377. Cette hypothèque est un droit réel ; elle confère, par conséquent, aux créanciers chirographaires de la faillite le droit de se prévaloir contre l'acquéreur, qui n'a pas fait transcrire, du défaut de transcription. — « Mais à quelle condition et à quel moment, demande M. Flandin, de la Transcr., t. 2, n° 857, peuvent-ils exercer cette faculté ? Ce ne peut être, répond-il, qu'à la condition que cette hypothèque soit inscrite, et à dater seulement de l'inscription. Il est incontestable, en effet, que, bien que l'hypothèque et l'inscription soient deux choses complétement distinctes, l'hypothèque cependant n'a d'existence, à l'égard des tiers, que par l'inscription, lorsque la loi, comme dans le cas particulier, ne l'en a pas dispensée (V. v° Privil. et hypothèq., n° 1370). Admettrait-on, par exemple, un créancier ayant hypothèque sur un immeuble, et qui aurait négligé de faire inscrire cette hypothèque, à exciper, contre l'acquéreur du même immeuble, du défaut de transcription ? Certainement non, et l'acquéreur lui opposerait victorieusement les termes de l'art. 3 de la loi du 23 mars 1855, qui n'autorise à faire valoir cette exception que ceux « qui ont des droits sur l'immeuble, et qui les ont conservés, en se conformant aux lois, » c'est-à-dire en transcrivant, lorsqu'il s'agit d'un acquéreur ; en prenant inscription, lorsqu'il s'agit d'un créancier hypothécaire. Il n'y a pas de raison, me semble-t-il, pour qu'il en soit autrement des créanciers chirographaires de la faillite, relativement à l'hypothèque de l'art. 490.—M. Troplong objecte qu'il faut aller chercher la solution de la question, non dans la loi du 23 mars 1855, mais uniquement dans le code de commerce. « La faillite, dit-il, au n° 149, a été organisé par une loi spé-

ciale ; elle forme un système complet, qui ne doit pas être dérangé par une loi étrangère. Or, d'après le code de commerce, le dessaisissement du débiteur date du jugement déclaratif de faillite, et non de l'inscription prise en vertu de ce jugement. Une fois la faillite judiciairement déclarée, tous les droits sont fixés et arrêtés ; les hypothèques elles-mêmes, quoique valablement acquises, ne peuvent plus être inscrites (art. 448 c. com.), tant il est vrai que le jugement déclaratif de la faillite est un moment décisif et suprême d'où résulte une ligne de séparation infranchissable ! Et où en serait-on, s'écrie l'auteur, si la faculté pour un tiers acquéreur de transcrire son contrat n'était pas paralysée en même temps que la faculté pour un créancier d'inscrire son hypothèque ? Que deviendrait l'harmonie de la loi, et combien son unité ne serait-elle pas brisée, sans motif raisonnable ? Le dessaisissement du débiteur ne serait pas complet ; les intérêts de la masse pourraient être compromis par la négligence des syndics à requérir inscription. »

« Mais que M. Troplong me permette de répondre, reprend M. Flandin, qu'il me semble impossible, dans une question de transcription, d'exclure la loi du 23 mars 1855. Et à quelle autre loi faut-il aller demander la solution de cette question, puisque l'acquéreur, avant cette loi, et sous l'empire du code de commerce, n'était pas soumis à la transcription ?—« Le dessaisissement du débiteur, dit M. Troplong, date du jugement déclaratif de faillite, et non de l'inscription prise en vertu de ce jugement ! » Cela est vrai ; mais ce n'est pas de ce dessaisissement, selon moi, que naît pour les créanciers chirographaires le droit d'opposer à un acquéreur, dont le titre est antérieur à la faillite, la non-transcription de son contrat ; ce droit, ils ne le puisent que dans l'hypothèque que la loi leur concède sur les immeubles du failli, hypothèque qui se rattache, à la vérité, au dessaisissement qui en est la conséquence, mais qu'il ne faut pas confondre pour cela avec le dessaisissement, lequel ne fait autre chose, comme le déclare l'art. 443 c. com., que dépouiller le failli de l'administration de ses biens pour la transporter à ses créanciers. — M. Troplong invoque, comme argument d'analogie, l'art. 448 c. com., aux termes duquel les droits d'hypothèque et de privilége, valablement acquis, ne peuvent être inscrits que jusqu'au jour du jugement déclaratif de la faillite. — Mais on peut répondre d'abord, avec MM. Rivière et Huguet, que la disposition ne concerne nommément que le privilége et l'hypothèque, et qu'en matière de déchéance, tout raisonnement par analogie doit être rigoureusement interdit. Il faut ajouter ensuite, ce qui vaut mieux, que les raisons ne sont pas les mêmes pour les deux cas. La faillite est un naufrage commun, et l'on conçoit que des créanciers, qui ont négligé d'assurer leurs droits avant la faillite, ne puissent se faire, après la faillite déclarée, un sort meilleur aux dépens des autres. Mais la situation d'un acquéreur qui n'a pas fait transcrire est différente ; ce n'est pas lui qui veut appauvrir la faillite pour en profiter ; c'est, au contraire, la faillite qui veut s'enrichir à ses dépens. La cause de cet acquéreur est donc favorable ; et, dès qu'il se trouve protégé par les principes qui régissent la transcription, ce sont ces principes qu'on doit lui appliquer, non ceux qui regardent l'hypothèque » (Conf. MM. Coin-Delisle, sur l'art. 941, n° 14 ; Rivière et François, Explic., etc., n° 60 ; Rivière et Huguet, Quest., n° 189 et suiv. ; Lesenne, Comment., n° 68. — Contra, MM. Troplong, loc. cit., et aussi Donat, § 2, n°° 1159 et suiv. ; Zachariæ, t. 5, § 704, note 18, éd. Aubry et Rau ; Sellier, Comment., n° 309 et 310).

478. La jurisprudence n'a point encore eu à se prononcer directement sur la question, et les arrêts cités supra, n° 429, quoique ayant du rapport avec cette question, ne peuvent cependant être invoqués dans un sens ni dans l'autre. MM. Rivière et Huguet, Quest., n° 196, rapportent un arrêt de la cour de Paris, du 28 juin 1855, aff. faill. Godillot, lequel aurait jugé « que la disposition de l'art. 443 c. com., qui dessaisit le failli, du jour de la faillite, de l'administration de ses biens, pour l'attribuer à des syndics, dans l'intérêt de la masse de ses créanciers, opère une véritable mainmise sur les biens du failli au profit de cette masse, qui est ainsi comprise sous la dénomination de tiers, portée en l'art. 1690 c. nap. ; qu'en conséquence, la cession d'une créance faite par un individu tombé depuis en faillite, n'est pas opposable à la masse de ce dernier, si elle n'a été enregistrée et signifiée au débiteur cédé que postérieurement au jugement déclaratif de la faillite (V., dans le même sens, un arrêt de la ch. civ., du 4 janv. 1847, aff. Laurent, D. P. 47. 1. 130). **Mais MM.** Rivière et Huguet déclinent l'autorité de cet arrêt pour deux raisons : la première, parce que la cession n'ayant été enregistrée qu'après le jugement déclaratif de la faillite, manquait de date certaine; la seconde, parce que les termes de l'art. 3 de la loi du 23 mars 1855 ne *sont* pas les mêmes que ceux de l'art. 1690 c. nap. D'après cette dernière disposition, disent-ils, ce sont les tiers, en général, qui peuvent se prévaloir du défaut de notification; tandis que, d'après celle de l'art. 3 de la loi du 23 mars, il n'y a que les tiers, *ayant des droits sur l'immeuble*, qui aient le droit d'opposer le défaut de transcription. — Cette réponse est, en effet, péremptoire (Conf. **M.** Flandin, de la Transcr., t. 2, n° 858).

479. L'opinion de M. Mourlon est encore plus favorable à l'acquéreur. Cet auteur refuse, d'une façon absolue, aux créanciers chirographaires de la faillite, le droit d'exciper du défaut de transcription. — Mais cette opinion, ainsi que le fait observer **M.** Flandin, n° 859, ne pourrait se soutenir qu'en admettant que l'inscription à prendre au nom de la masse, sur les immeubles du failli, n'a pour objet que de donner une plus grande publicité à la faillite, sans conférer à la masse aucun droit hypothécaire; opinion qui n'est point la nôtre (*suprà*, n° 431).

480. Si le failli obtient un concordat, il est remis à la tête de ses affaires; mais l'acquéreur, antérieur à la faillite, qui n'aura fait transcrire la vente qu'après l'inscription prise au nom de la masse, par les syndics, n'en restera pas moins sous le coup de cette inscription, obligé, par conséquent, de subir les effets de l'hypothèque sur l'immeuble par lui acquis, puisque l'art. 517 c. com. déclare que le jugement d'homologation du concordat conserve à chacun des créanciers, sur les immeubles du failli, l'hypothèque inscrite en vertu de l'art. 490, à moins qu'il n'en ait été décidé autrement par le concordat (Conf. MM. Troplong, de la Transcr., n° 150 ; Flandin, *ibid.*, n° 861).

481. Lorsqu'un même immeuble a été vendu à deux acquéreurs successivement et que ni l'un ni l'autre de ces acquéreurs n'a fait transcrire, on retombe dans la règle : *prior tempore, potior jure.* — Vainement le second acquéreur dirait-il au premier que, s'il avait fait transcrire son contrat, cette transcription l'eût mis en garde contre la fraude du vendeur; qu'il a donc commis une faute, en ne transcrivant pas; que, pour cette faute, il lui doit des dommages-intérêts, et que l'équivalent de ces dommages-intérêts, c'est qu'il ne puisse revendiquer l'immeuble. — Celui-ci répondra que la transcription était pour lui de simple faculté (*suprà*, n° 76); que rien ne l'obligeait à remplir la formalité, s'il voulait en courir les risques ; et que c'est au second acquéreur à s'imputer sa propre négligence, puisque, si lui-même avait fait transcrire, il pourrait se prévaloir de la disposition de l'art. 3 de la loi du 23 mars 1855, et, par ce moyen, se faire préférer dans la propriété de l'immeuble (Conf. MM. Bressolles, Exposé, etc., n° 42 ; Troplong, de la Transcr., n° 151; Flandin, *ibid.*, n° 862).

482. Le second acquéreur, évincé, a son recours, tel que de droit, contre son vendeur (c. nap. 1626 et suiv.) ; et il pourra même obtenir contre ce dernier la contrainte par corps, à raison du stellionat qu'il a commis, en vendant successivement la même chose à deux personnes (2059), s'il a été lui-même de bonne foi (1599) (Conf. MM. Troplong, de la Transcr., n°° 198 et 199 ; Flandin, *ibid.*, n° 863).

483. Si c'était le second acquéreur qui eût fait transcrire le premier, il serait préférable, et le premier acquéreur ne pourrait pas lui opposer la règle : *nemo plus juris ad alium transferre potest quàm ipse haberet* (L. 54, D., *De reg. jur.*); car c'est précisément à cette règle que déroge la loi du 23 mars 1855, lorsqu'il s'agit de l'intérêt des tiers. « Dans l'état actuel des choses, disait M. A. Debelleyme, dans son rapport au corps législatif, rien ne révèle, d'une manière certaine et publique, quel est le propriétaire d'un immeuble : il n'existe aucun moyen de s'assurer de la vérité à cet égard; et, en traitant avec celui qui a toutes les apparences du droit de propriété, on n'est jamais sûr de traiter avec le véritable propriétaire... Un acquéreur de bonne foi, malgré l'authenticité et la publicité de son acte, de sa mise

en possession, et le payement régulier de son prix, n'est jamais sûr de ne pas être évincé, même au bout de plusieurs années, par un acquéreur précédent qui s'est laissé ignorer, et dont l'acte sous seing privé, tenu secret, aura acquis date certaine par un enregistrement clandestin, opéré à deux cents lieues peut-être du domicile du vendeur ou de la situation de l'immeuble... Tous ces dangers disparaîtraient, si l'existence du droit de propriété était révélée au public par un signe positif et certain... Rien ne peut donner un signalement plus exact et plus certain du droit de propriété que la transcription sur un registre public de toutes les mutations de la propriété, de ses démembrements et de ses charges ; et c'est ainsi que la transcription se justifie et qu'elle se présente comme le correctif efficace du vice de la loi... » (D. P. 55. 4. 29, n°° 19, 20 et 21).

484. Le premier acquéreur, ainsi évincé par le second, a pareillement une action personnelle contre son vendeur, à raison de la garantie qui lui est due par ce dernier (*suprà*, n° 436), puisque, entre les parties, la validité du contrat est indépendante de la transcription (*suprà*, n° 413).

485. Il a été jugé, par suite du même principe, que lorsque, à raison du défaut de transcription d'une donation entre-vifs d'immeubles par le donataire, la vente de ces mêmes immeubles, consentie postérieurement à un autre par le donateur, doit recevoir effet, celui-ci est tenu d'indemniser le donataire du préjudice que lui cause cette vente (Montpellier, 4 juin 1855, aff. Dejean, D. P. 56. 2. 126). — La même doctrine a été établie v° Dispos. entre-vifs et test., n° 1566.

486. Si, au lieu de deux acquéreurs, c'était entre un acquéreur et un donataire que le concours se trouvât établi, et que ce dernier seul eût fait transcrire, pourrait-il opposer à l'acquéreur, premier en date, le défaut de transcription ? Cette question se lie à une autre question, fort controversée, que nous avons examinée dans notre traité des Dispos. entre-vifs et test., n° 1579, et qui consiste à savoir si, de donataire à donataire, l'exception de non-transcription est opposable ? — Pour ceux qui, comme M. Troplong, des Donat., n°° 1179 et 2290, n'admettent pas le donataire postérieur, qui a fait transcrire, à opposer à un donataire antérieur le défaut de transcription, « il est évident que, si ce donataire est impuissant en face d'un donataire, premier en date, qui n'a pas transcrit, il est encore plus faible en présence d'un acheteur dont le titre n'a pas été publié ; car entre deux contendants, dont l'un *certat de lucro captando*, tandis que l'autre *certat de damno vitando*, le litige n'est pas difficile à vider en faveur du second... » (M. Troplong, de la Transcr., n° 156). — Mais nous avons émis l'opinion, avec la majorité des auteurs et des arrêts (V. au n° 1579 précité), qu'il n'y avait aucune distinction à faire, parce que l'art. 941 c. nap. n'en faisait aucune entre le titre gratuit et le titre onéreux ; qu'ainsi le donataire particulier, qui avait fait transcrire, pouvait, tout comme l'acquéreur, se prévaloir, contre un donataire antérieur à lui, qui n'avait pas rempli la même formalité, du défaut de transcription. — Ici, à la vérité, l'argument *a fortiori*, que tout à l'heure faisait valoir M. Troplong à l'appui de sa doctrine, favorable à l'acquéreur placé en face du donataire, nous manque; et de ce que, dans notre opinion, le second donataire, qui a fait transcrire son titre, doit l'emporter sur le premier, qui n'a pas fait transcrire le sien, il n'en résulte pas rigoureusement qu'il doive également l'emporter sur un premier acquéreur qui a négligé de faire transcrire ; car ce dernier, qui a acquis à titre onéreux, mérite plus de faveur que le donataire, qui a acquis à titre gratuit ; et la loi qui a rétabli la transcription, peut-on dire, avec M. Troplong, de la Transcr., n° 154, n'a eu en vue que « de favoriser le crédit foncier et de protéger ceux qui ont traité à titre onéreux. » — Mais, d'un autre côté, répondrons-nous à M. Troplong, que tel ait été l'objet principal de la loi du 23 mars 1855, on ne saurait contester, non plus, que l'art. 3 de cette loi n'a fait aucune distinction entre le titre gratuit et le titre onéreux; qu'il a, au contraire, généralisé son principe, en disant que, jusqu'à la transcription, les droits résultant des actes et jugements antérieurs aux articles précédents (c'est-à-dire susceptibles d'être transcrits) ne peuvent être opposés *aux tiers qui ont des droits sur l'immeuble*, et qui les ont conservés, en se conformant aux lois. « Est-ce que, d'ailleurs, comme le fait observer M. Flandin, de la Transcr., t. 2

n° 868, le donataire, qui, après s'être conformé à la loi, a dû compter sur un titre incommutable, qui a fait entrer l'immeuble dans ses biens, qui l'a augmenté, qui l'a amélioré, qui l'a donné en établissement à l'un de ses enfants, ou qui l'a aliéné et en a, de bonne foi, consommé le prix, ne mérite pas autant la protection de la loi qu'un acquéreur négligent, qui s'est volontairement exposé à tous les risques pouvant résulter de l'improbité de son vendeur... ? »

Telle est également l'opinion exprimée par MM. Rivière et Huguet, Quest., n° 177 *et* suiv. : « Lorsqu'il s'agit d'un prêt, disentils, la question de crédit foncier se trouve directement et immédiatement engagée dans celle de savoir si la formalité de la transcription sera ou ne sera pas exigée. Mais, quand une vente est consentie, la question de crédit n'existe que médiatement ; c'est-à-dire qu'il est important d'exiger la transcription, d'abord dans l'intérêt de l'acquéreur, et ensuite dans celui des créanciers qui pourront prêter à l'acquéreur, et qui courraient la chance d'être évincés si, la transcription n'étant pas nécessaire pour saisir un premier acquéreur, le second avait acheté l'immeuble sur lequel il a emprunté, alors que cet immeuble aurait déjà été l'objet d'une première vente. Or, le donataire ne peut-il pas, lui aussi, emprunter et consentir des hypothèques sur le bien qui lui a été donné, et ses créanciers hypothécaires ne seraient-ils pas exposés aux mêmes évictions? La considération tirée du crédit foncier n'a donc elle-même aucune force. Elle ne pourrait, d'ailleurs, seule suffire pour lutter contre un texte qui, par sa formule expresse et énergique, résiste à toute considération » (Conf. MM. Rivière et François, Explic., etc., n° 45 ; Lesenne, Comm., n° 69. — *Contrà*, MM. Troplong, *loc. cit.* ; Lemarcis, Comment., p. 24, n° 6 ; Sellier, *ibid.*, n° 305).

487. Mais, dit M. Troplong, au n° 150, que gagnerait le donataire à opposer le défaut de transcription? L'acheteur aurait toujours contre lui l'action paulienne, pour faire tomber une donation faite en fraude de ses droits, sans qu'il y eût à s'inquiéter de la complicité du donataire. Victorieux par l'exception de non-transcription, le donataire serait vaincu par l'action paulienne, et ce serait le cas de lui appliquer la règle : *Quem ab evictione tenet actio, eumdem agentem repellit exceptio.* — Nous répondons, avec M. Flandin, de la Transcr., t. 2, n° 869, que c'est là une autre question ; que, d'ailleurs, s'il est vrai que les créanciers puissent faire annuler une donation faite en fraude de leurs droits, sans avoir besoin de prouver que le donataire ait participé à la fraude (V. v° Obligation, n° 954 et suiv.), cela ne peut pas se dire de toute espèce de donations, des constitutions dotales par exemple, qui sont les plus communes, et qui sont toujours réputées, au moins à l'égard du mari, faites à titre onéreux (L. 25, § 1, D., *Quæ in fraud. cred.* ; V. v° Contrat de mar., n° 3170 ; Disp. entre-vifs et test., n°° 2239 et suiv. ; Oblig., n° 982 et suiv.) ; que, d'un autre côté, la donation n'est réputée faite en fraude des créanciers que si le donateur était insolvable, au moment de la donation, *si solvendo non sit*, disent les lois romaines (V. L. 6, §§ 11 et 12 ; L. 15 ; L. 17, § 1, D., *Quæ in fraud. cred.*).

488. Nous avons, cependant, fait, v° Disp. entre-vifs et test., n° 1581, une distinction entre le donataire et le légataire, à titre singulier. Nous avons refusé à ce dernier la faculté d'opposer à un donataire (et, à plus forte raison, à un acquéreur) antérieur à lui, le défaut de transcription. Nous en avons puisé la raison dans les termes de l'art. 26 de la loi du 11 brum. an 7, qui n'admet à se prévaloir du défaut de transcription que les tiers « qui auraient *contracté* avec le vendeur, et qui se seraient conformés aux dispositions de la présente. » L'art. 3 de la loi du 23 mars 1855, à la vérité, s'exprime différemment : il a remplacé les mots : *qui auraient contracté avec le vendeur*, par ceux-ci : *qui ont des droits sur l'immeuble* ; mais nous avons déjà dit que l'esprit des deux dispositions est le même (*Contrà*, **M.** Flandin, de la Transcr., t. 2).

489. On a vu *suprà*, n° 160, que l'apport que fait l'un des associés d'un immeuble en société, rend celle-ci propriétaire audit immeuble ; d'où il résulte que la société, comme le fait observer M. Lesenne, Comment., n° 61, « est un tiers, relativement à un acheteur du même immeuble, qui aurait un titre antérieur ou même postérieur au sien ; que cet acheteur, par

conséquent, ne primera la société qu'à la condition d'avoir fait transcrire son acte d'achat avant la transcription de l'acte de société » (Conf. M. Flandin, de la Transcr., t. 2, n° 866).

490. Il résulte des art. 942 et 1070 c. nap. que le défaut de transcription peut être opposé aux femmes mariées, aux mineurs, aux interdits et autres incapables, sauf le recours de ces derniers contre leurs maris, tuteurs, curateurs ou administrateurs : le principe est le même pour les actes à titre onéreux que pour les actes à titre gratuit (Conf. MM. Flandin, de **la** Transcr., t. 2, n° 870 ; Lesenne, Comment., n° 82).

491. On a vu, *suprà*, n° 437, qu'entre deux acquéreurs d'un même immeuble, qui l'ont acheté successivement du même propriétaire, c'est celui qui a fait transcrire le premier qui doit être préféré, quoique son titre soit le moins ancien. Mais faut-il, pour qu'il soit ainsi, que le second acquéreur ait ignoré, au moment de son acquisition, la vente antérieure faite au premier ? — Nous avons déjà traité cette question, par rapport aux donations, v° Disp. entre-vifs et test., n° 1570. Nous avons cité ou rapporté, au même numéro, un assez grand nombre d'arrêts qui l'ont décidée dans le sens de la négative, et c'est dans le même sens que se sont prononcés, on peut dire, tous les auteurs modernes. Nous nous sommes rangé à cette doctrine, que nous avons dit être celle de Pothier, de Ricard, dans l'ancien droit, quoiqu'elle fût autre, paraît-il, dans les pays de nantissement (V. au Rép., v° Nantissement, § 1, n° 2) ; doctrine qui a été consacrée par l'art. 1071 c. nap., ainsi conçu : « Le défaut de transcription ne pourra être suppléé ni regardé comme couvert par la connaissance que les créanciers ou les tiers acquéreurs pourraient avoir eue de la disposition (la disposition à charge de rendre), par d'autres voies que celle de la transcription. » — On ne trouve rien, dans la loi du 23 mars 1855, qui soit contraire à cette solution ; et le silence qu'elle garde sur ce point doit faire présumer qu'elle en a adopté le principe.

« On lit cependant, dit M. Flandin, de la Transcr., t. 2, n°° 878 et suiv., dans l'exposé des motifs, cette phrase : « Mais il est de principe que, s'il avait été fait, par le même propriétaire, deux ou plusieurs aliénations du même immeuble ou des mêmes droits réels, celle qui aurait été transcrite la première exclurait toutes les autres, *à moins que celui qui, le premier, a rempli cette formalité n'eût participé à la fraude* » (D. P. 55. 4. 27, n° 7). — Le propriétaire d'un immeuble, dira-t-on, qui, après l'avoir vendu à un premier acquéreur, le revend à un second, commet une fraude manifeste ; et ce deuxième acquéreur, qui, nonobstant la connaissance qu'il a de la première vente, ne se fait pas scrupule, parce que cette vente n'aura pas été transcrite, de traiter avec le vendeur comme s'il était encore propriétaire, se rend nécessairement complice de la fraude (Furgole, sur l'art. 23 de l'ord. de 1731).—Mais ce n'est pas de cette manière qu'il faut entendre le passage cité. On n'est pas coupable de fraude quand on ne fait qu'user de son droit : *Nullus videtur dolo facere qui suo jure utitur* (L. 55, D., *De reg. jur.*). Et c'est en partant de cette règle que la cour de cassation a jugé, sous la loi du 11 brum. an 7, que la connaissance que pouvait avoir eue le second acquéreur de l'existence d'une première vente, non transcrite, ne l'empêchait pas de se prévaloir du défaut de transcription (Rej. 3 therm. an 13, aff. Girard, v° Vente, n° 163). — On a appliqué le même principe, en matière d'hypothèque, en jugeant que la connaissance que peut avoir un créancier hypothécaire, au moment où il traite avec le débiteur, de l'hypothèque acquise par un autre créancier antérieurement à lui, ne suffit pas pour le faire primer par ce créancier, si ce dernier n'a pas pris inscription (Paris, 21 juill. 1807, aff. Mauduit ; Bruxelles, 6 juin 1809, aff. Deloos ; Turin, 16 mars 1811, aff. Berutti ; v° Priv. et hyp., n°° 1370 et 2071) ; que, de même, le tiers acquéreur a qualité et intérêt pour contester la régularité d'une inscription hypothécaire, bien que l'existence de cette inscription lui ait été déclarée lors de la vente (Rej. 27 mars 1849, aff. Lejeune, D. P. 49. 1. 168 ; V. aussi v° Priv. et hyp., n° 1405).—Que faut-il donc, continue M. Flandin, pour constituer le second acquéreur en mauvaise foi? Des faits directs et personnels, annonçant, de la part de ce dernier, une fraude concertée entre le vendeur et lui pour déposséder le premier acheteur. C'est également l'opinion qu'exprime M. Troplong : « Mais si le second

acheteur, dit-il (de la Transcr., n° 190), avait participé à une fraude machinée par le vendeur pour tromper le premier acheteur; si celui-ci avait été victime, moins de sa négligence que d'une manœuvre concertée par le vendeur, de complicité avec le second acheteur; dans ce cas, il serait impossible de laisser la transcription couvrir un acte de la plus insigne mauvaise foi. Cette opinion a été celle du gouvernement quand il a proposé la nouvelle loi... » — Un autre passage de la discussion, reprend M. Flandin, peut servir à mieux éclaircir encore la pensée déposée dans l'exposé des motifs, et l'on ne peut choisir assurément de meilleur interprète de cette pensée que le conseiller d'Etat même (M. Suin), auteur de cet exposé.—Un orateur, M. Rigaud, combattant l'art. 6 du projet de loi au point de vue de l'abrogation des art. 834 et 835 c. pr., avait présenté l'hypothèse suivante :
« Une personne fait un emprunt et consent, au profit du prêteur, une hypothèque sur un immeuble ; mais à l'instant même, cet emprunteur, dans une intention frauduleuse, se hâte de vendre son immeuble : l'acquéreur, usant d'une extrême diligence, fait transcrire son contrat ; le prêteur, disait M. Rigaud, s'il n'arrive qu'après la transcription, perdra son argent» (V. *suprà*, p. 685, note de l'art. 6, n°s 27 et 28). — M. Rouland, l'un des commissaires du gouvernement, avait repoussé l'argument, en disant « qu'il n'est pas bon d'attaquer une loi qui repose sur un principe général, par des principes tirés de faits exceptionnels. » Il reconnaissait, toutefois, que l'inconvénient signalé pourrait exister, mais il ajoutait qu'il serait facile d'y remédier dans la pratique. « Le prêteur, disait-il, déposera ses fonds chez le notaire, et ils ne seront délivrés à l'emprunteur que s'il est reconnu qu'avant l'inscription il n'existait pas de transcription faite dans une intention frauduleuse. C'est ce qui se fait constamment aujourd'hui, ·jusqu'à ce qu'on soit certain qu'il n'y a pas d'inscription prise au préjudice du prêteur... » —Mais M. Suin allait plus loin, en disant « qu'une pareille manœuvre constituerait un dol et une fraude dont les magistrats feraient nécessairement justice » (V. *suprà*, p. 686, note de l'art. 6, n° 30).—Il est évident qu'en s'exprimant ainsi, dit, en terminant, M. Flandin, M. Suin supposait chez le second acquéreur autre chose que la connaissance qu'il pouvait avoir de l'existence d'une vente antérieure à la sienne; qu'il supposait une participation active et directe de cet acquéreur à la fraude du vendeur (Conf. MM. Duvergier, sur l'art. 3 de la loi du 23 mars 1855, Coll. des lois, etc., année 1855, p. 67, note 1 ; Bressolles, Exposé, etc., n° 43 ; Lesenne, Comment., n° 81; Lemarcis, Comment., p. 22, n° 2 ; Rivière et François, Explic., etc., n°s 48 et 49, et 1er app., n° 23).

492. C'est dans ce dernier sens qu'il a été jugé que la règle, suivant laquelle, entre deux acquéreurs successifs d'un même immeuble, la priorité est déterminée par la date respective de la transcription de l'une et de l'autre acquisition, sans égard pour les dates de ces acquisitions elles-mêmes, reçoit exception, lorsque l'acquéreur porteur de l'acte le plus récent, mais transcrit le premier, avait connaissance de la vente antérieure, et s'est rendu le complice du stellionat commis par le vendeur (Rennes, 25 mars 1858, et, sur pourvoi, Req. 8 déc. 1858, aff. Hunant, D. P. 59. 1. 184).

493. Une autre question, très-controversée, consiste à savoir si, en cas de plusieurs ventes successives d'un même immeuble, la transcription du dernier contrat suffit pour affranchir cet immeuble de tous droits réels créés antérieurement et qui n'auraient pas été rendus publics avant cette transcription? Nous avons consacré, dans notre traité des Priv. et hyp., n°s 2064 et suiv., à l'examen de cette question, envisagée au point de vue de la purge, d'assez longs développements : nous y revenons pour l'examiner de nouveau, au point de vue de la loi du 23 mars 1855.

Reprenons, d'abord, en quelques mots, l'hypothèse que nous avons posée, à l'endroit cité, et la solution que nous en avons donnée. L'hypothèse était celle-ci : Primus vend une maison à Secundus, qui, lui-même, la revend à Tertius. Cette maison est grevée d'hypothèques, tant du chef de Primus que du chef de Secundus, qui n'a point fait transcrire. La transcription, faite par Tertius, de son propre contrat suffira-t-elle pour purger cet immeuble de ces hypothèques? — Aujourd'hui, avons-nous dit, que les art. 834 et 835 c. pr. sont abrogés, il faut décider que la seule transcription du dernier contrat de vente, alors même

qu'il ne contiendrait pas les noms des anciens propriétaires, purgera toutes les hypothèques conférées par ceux-ci, et qui ne seraient pas inscrites au moment de la transcription. Cela nous semble découler virtuellement des art. 3 et 6 de la loi du 23 mars 1855. — En effet, en établissant que la vente ne serait translative de propriété, au regard des tiers, que par la transcription, et que, jusqu'à cette transcription, l'ancien propriétaire ne serait pas réputé dépossédé; qu'il pourrait faire une nouvelle vente de l'immeuble, le grever d'hypothèques, au mépris des droits précédemment conférés sur cet immeuble, et cela, pour que les tiers ne fussent pas victimes de l'ignorance où les aurait tenus le défaut de publicité donnée à cette mutation, la loi nouvelle avertissait l'acquéreur du danger que lui ferait courir sa négligence à faire transcrire. Mais aussi elle devait, par une juste réciprocité, pourvoir à la sûreté de cet acquéreur, en le mettant à l'abri de toute recherche de la part des tiers qui, ayant des droits sur l'immeuble, ne les auraient pas, de leur côté, rendus notoires avant la transcription. Et c'est précisément cette corrélation de droits et d'obligations qui se trouve consacrée par les art. 3 et 6 précités de la loi du 23 mars 1855. — M. Ducruet, Etudes sur la transcr., n° 14, conteste cette solution, en disant que les acquéreurs intermédiaires, qui n'ont pas transcrit, n'ont eu qu'un droit relatif sur la chose; qu'ils n'ont pas dessaisi le vendeur originaire, lequel a pu, dès lors, conférer des droits à des tiers; que la transcription du dernier contrat ne saurait avoir d'influence sur la situation du premier vendeur, ou de ceux qui sont à ses droits, parce que, si la transcription porte sur le même immeuble, elle ne porte pas sur les mêmes parties, et qu'au bureau des hypothèques il n'y a de tables que pour les personnes, qu'il n'y en a pas pour les immeubles. — Nous avons répondu que la transcription a aujourd'hui un tout autre objet que sous le code de procédure; qu'elle n'est plus, comme alors, une simple mise en demeure des créanciers en retard de s'inscrire, mais qu'elle crée, entre eux, une déchéance ; et qu'alors de deux choses l'une : ou leurs hypothèques étaient inscrites, lors de la transcription, auquel cas elles ne pourraient être purgées que par les notifications que prescrit l'art. 2183 c. nap. (Rej. 13 déc. 1813, aff. Allhaud, v° Priv. et hyp., n° 2065); ou elles ne l'étaient pas; et, dans ce cas, la loi les frappe de déchéance.

494. Voilà les principes : descendons maintenant aux applications. Une première hypothèse est posée par M. Troplong : « Le 1er mai 1855, dit-il, Pierre vend l'immeuble B à Primus, qui ne fait pas transcrire. Primus le revend à Secundus, qui se contente de faire transcrire son propre titre. Pierre, le vendeur originaire, vend une seconde fois le même immeuble à Tertius, qui, lorsqu'il veut transcrire, trouve la transcription opérée par Secundus. On demande lequel doit être préféré, de Secundus ou de Tertius?

M. Troplong fait une première distinction entre le cas où l'acquisition de Tertius est antérieure à la transcription opérée par Secundus et celui où elle est postérieure. Dans le premier cas, il donne la préférence à Secundus. — Dans l'intérêt de Tertius, on peut objecter, dit-il, de la Transcr., n° 166, que Secundus n'est que l'ayant cause de Primus, et qu'il ne peut avoir plus de droits que lui... Or, la transcription, faite par Tertius, serait opposable à Primus, qui n'a pas fait transcrire ; elle doit donc, à plus forte raison, pouvoir être opposée à Secundus ; mais il faut répondre, dit M. Troplong, que «si Tertius avait fait transcrire son contrat comme il le devait, Secundus aurait été averti et n'aurait pas acheté, dans la croyance que la propriété était libre de tout droit réel. Secundus a consulté les registres : il n'a ·vu, ni la transcription, ni l'inscription d'aucun droit réel ; il a été fondé à ne redouter aucune rivalité ; il a acquis en toute sécurité. Or, serait-il juste, serait-il raisonnable que cette sécurité, que la loi lui donnait, fût troublée par Tertius dont l'inaction l'a fait naître ; N'est-ce pas tant pis pour Tertius, s'il a laissé former des droits contraires au sien, et si, par son silence, il a autorisé la croyance dans la liberté de l'immeuble? — Pourquoi, d'ailleurs, ajoute M. Troplong, Secundus, qui a transcrit son traité avec Primus, serait-il également tenu de transcrire le contrat de Primus avec Pierre ?... Que peut faire aux tiers que ce soit l'acte de Primus plutôt que l'acte de Secundus qui soit transcrit? Que leur aurait appris cette transcription, à eux qui ont traité auparavant et indépendamment d'elle? »

Ces raisons, données par M. Troplong, sont concluantes ; mais le texte de la loi suffit, disons-nous, avec M. Flandin, de la Transcr., t. 2, n° 887, pour faire écarter les prétentions de Tertius. Que porte, en effet, l'art. 3 de cette loi? Que, *jusqu'à la transcription*, les droits résultant des actes et jugements énoncés aux articles précédents ne peuvent être opposés aux tiers *qui ont des droits sur l'immeuble, et qui les ont conservés, en se conformant aux lois.* » — Secundus a-t-il des droits sur l'immeuble? Évidemment ; ces droits il les tient de Primus, qui tenait les siens du véritable propriétaire. A-t-il conservé ces droits, en se conformant aux lois? Évidemment encore, puisqu'il a fait transcrire. Donc Secundus peut dire à Tertius, en invoquant la disposition précitée: Je vous suis préférable, puisque j'ai transcrit avant vous. — Dira-t-on que Secundus n'a rempli que la moitié de sa tâche, et qu'en faisant transcrire son titre, il devait faire transcrire également ceux des propriétaires antérieurs à lui? Mais où trouve-t-on, dans la loi, qu'une pareille obligation lui ait été imposée?— A l'égard de l'objection tirée de ce que Secundus ne serait que l'ayant cause de Primus, et que la transcription opérée par Tertius, opposable à Primus, serait, à plus forte raison, opposable à son ayant cause, on la fait tomber d'un mot, ajoute M. Flandin, en faisant remarquer que, dans l'esprit de la loi du 23 mars 1855, Secundus n'est pas, au regard de Tertius, l'ayant cause de Primus, mais un tiers (Conf. MM. Rivière et François, Expl., etc., n° 52; Rivière et Huguet, Quest., n° 212; Mourlon, Examen crit., etc., Append., n° 344; Lemarcis, Comment., p. 53, n° 8 ; Pont, des Priv. et hyp., n° 265. — Contrà, Ducruet, loc. cit. ; Lesenne, Comment., n° 64 ; Fons, Précis sur la transcr., n° 43).

495. Supposons maintenant, dit M. Troplong, au n° 167, que Tertius n'achète de Pierre que lorsque déjà Secundus avait transcrit la vente que Primus lui a faite : il y a de nouveau à distinguer, suivant ce magistrat, si cette transcription contient, ou non, l'indication des précédents vendeurs. Dans le premier cas, M. Troplong estime que la transcription est suffisante, et qu'il est inutile d'imposer les frais de transcriptions multiples. « Quand Tertius, dit-il, est venu traiter avec Pierre, il a consulté l'état de la propriété, et il a pu voir ce qui s'était passé. Il a donc acheté en connaissance de cause, et il ne saurait se plaindre d'une surprise. » Cela est-il bien vrai? Et M. Troplong ne confond-il pas, d'abord, deux choses très-différentes : les effets de la transcription en ce qui touche la purge des hypothèques et les effets de la transcription, en ce qui touche la transmission de propriété? Sur le premier point, on peut consulter ce que nous avons dit dans notre traité des Priv. et hyp., n°s 2067 et suiv. (V. aussi eod., n°s 650 et suiv.].

Mais, sur le second point, «Comment, dit M. Flandin, de la Transcr., t. 2, n° 889, comment, en se plaçant dans l'hypothèse de M. Troplong, Tertius, lorsqu'il traite avec Pierre, qui se dit encore propriétaire de l'immeuble qu'il a vendu à Primus, pourra-t-il savoir si Primus n'a pas fait transcrire son acte, quoique Secundus ait fait transcrire le sien et que, dans l'acte de Secundus, il soit fait mention de Pierre comme auteur de Primus, comment, dis-je, Tertius pourra-t-il savoir que Pierre n'est plus propriétaire, et qu'il n'y a aucune sécurité à traiter avec lui? Tertius ira au bureau des hypothèques, et demandera l'état de situation hypothécaire de Pierre. Comme la transcription, faite par Secundus, a porté sur Primus et non sur Pierre, et que, malgré les indications fournies par l'acte transcrit, relativement à cet dernier, indications que le conservateur n'était point obligé de relever, les registres ne contiendront la mention d'aucune transcription d'aucune inscription s'appliquant à Pierre, le conservateur délivrera un certificat négatif, et Tertius, par conséquent, ne recevra, de ce côté, aucun renseignement propre à l'éclairer sur l'aliénation antérieurement consentie par Pierre à Primus. — Est-ce bien ainsi qu'en pratique les choses se passent? Écoutons là-dessus un ancien conservateur des hypothèques, M. Baudot, des Formal. hyp., t. 2, n° 1053: «Nous pensons, dit-il, que l'énonciation des ventes antérieures dans le dernier contrat transcrit suffit envers les créanciers *déjà inscrits* lors de la transcription, mais qu'elle est insuffisante pour mettre en demeure les créanciers non inscrits

des précédents vendeurs. Le délai de quinzaine, à leur égard, ne peut courir que de la transcription entière du titre, et non de la simple mention du précédent propriétaire. S'il en est autrement, comment les créanciers du premier vendeur pourront-ils s'assurer de la vente de l'immeuble affecté hypothécairement à leur créance, s'il suffit de la transcription du deuxième ou du troisième arrière-contrat ? En effet, sur les registres des conservations, on ne constate pas les diverses mutations désignées dans l'origine de la propriété. On inscrit la vente et l'acquisition seulement aux chapitres des parties contractantes dans l'acte, c'est-à-dire du vendeur et de l'acquéreur ; par conséquent, il ne reste aucune trace des ventes antérieures, si elles n'ont pas été transcrites. La transcription du troisième contrat, sous les noms de Secundus et de Tertius, ne peut donc rien m'apprendre par rapport à Primus, premier vendeur et mon débiteur. Si je demande, au bureau des hypothèques, si Primus a vendu tel immeuble, on certifiera qu'il ne résulte d'aucun acte transcrit que cette vente ait eu lieu... » (Conf. MM. Ducruet et Lesenne, loc. cit.; Bressolles, Exposé, etc., n° 86). — La distinction que fait M. Troplong, reprend M. Flandin, semble donc devoir être écartée.»

496. Reste à examiner, en thèse, si la circonstance, que Tertius n'aurait acheté de Pierre que postérieurement à la transcription faite par Secundus, est de nature, dans le cas même où cette transcription ne ferait pas mention des précédents propriétaires, à modifier la solution que nous avons donnée précédemment (n° 494)? — Nous ne le pensons pas. — M. Troplong reprend, pour cette hypothèse, l'objection qu'il mettait dans la bouche de Tertius, au numéro précité. Tertius, dit-il, au n° 169, peut faire le raisonnement suivant : « Secundus est au lieu et place de Primus; il n'a pas plus de droits que lui. Or, Primus n'aurait eu, contre moi, l'exercice utile du droit de propriété que s'il avait transcrit son contrat ; ce qu'il n'a pas fait. — D'un autre côté, il n'a transmis la propriété à Secundus que sous la condition de la rendre efficace à mon égard, comme il aurait dû le faire lui-même. Donc, en ne transcrivant pas le contrat de son auteur, Secundus a lui-même infirmé le principe et le fondement de son droit. » — Mais, si le raisonnement est bon dans ce cas-ci, dit très-justement M. Flandin, loc. cit., n° 890, il était bon également dans l'autre cas. Et cependant, on a vu que l'objection, dans le cas précédent, n'avait point arrêté M. Troplong. Nous avons montré que le vice de ce raisonnement consistait à considérer Secundus, relativement à Tertius, comme l'ayant cause de Primus, au lieu de le considérer comme un tiers. — L'autre raison donnée par M. Troplong, « que Primus n'a transmis la propriété à Secundus que sous la condition de la rendre efficace à l'égard de Tertius, comme aurait dû le faire Primus lui-même, » ne nous touche pas davantage, parce que rien n'obligeait Primus à faire transcrire, si ce n'est son propre intérêt, et, par conséquent, qu'il n'a pu en transmettre l'obligation à Secundus. — L'argument le plus considérable que fasse valoir M. Troplong, pour établir que Secundus aurait dû faire transcrire le contrat de Primus en même temps que le sien, consiste à dire que Tertius n'avait pas d'autre moyen de connaître la vente que Pierre avait faite à Primus. « C'est bien là un inconvénient, sans doute, fait observer M. Flandin, n° 891; mais, comme le dit ailleurs M. Troplong, si la loi, qui a soumis à la publicité les actes translatifs de propriété, a beaucoup fait pour la sécurité des tiers, elle n'a pas tout fait, et elle ne dispense pas les parties intéressées de recourir aux moyens d'investigation, de prendre les mesures de prudence qui peuvent le mieux garantir leurs intérêts. Or, un certificat négatif de transcription, par rapport à Pierre, ne pouvait suffire pour rassurer pleinement Tertius ; car, en supposant que Pierre fût resté en possession de l'immeuble, et que cette possession eût toutes les apparences de la propriété, cette propriété pouvait reposer sur un titre nul, ou sur un titre précaire, comme s'il avait acheté à vil prix, ou sous condition de réméré, ou d'un autre que le véritable propriétaire. C'était donc à Tertius à prendre ses renseignements; et, en y apportant du soin, il eût très-certainement acquis la connaissance des diverses aliénations dont l'immeuble avait été l'objet, et aurait été, ainsi, mis sur la trace de la transcription opérée par Secundus. Quant à ce dernier, il n'y a réellement aucun reproche à lui faire en ne faisant transcrire que son titre, il s'est littéralement conformé à la loi, qui ne lui imposait pas l'obligation de faire transcrire, avec son titre, celui de tous les propriétaires antérieurs. Et comment eût-elle pu lui imposer cette obligation? On ne fait donc pas attention à la difficulté qu'il y aurait, pour le dernier acquéreur, à se procurer tous les actes de vente antérieurs au sien! On oublie donc que ces actes, ou la plupart d'entre eux, peuvent être des actes sous seing privé non enregistrés; et que, pour les faire transcrire, ce ne serait pas un simple droit fixe qu'il y aurait à acquitter, mais un droit proportionnel de 6 fr. 05 c. p. 100, par chaque acte, indépendamment des autres frais de transcription! Eût-il été juste de mettre à la charge du nouveau propriétaire le payement ou, tout au moins, l'avance de frais aussi considérables, sans aucune certitude, pour lui, d'en être remboursé par les véritables débiteurs? » (Conf. M. Bressoles, Exposé, etc., n° 46, et les auteurs cités *suprà*, n° 448. — *Contrà*, MM. Ducruet, Etudes sur la transcr., t. 2, n° 24 ; Lesenne, Comment., n° 64 ; Fons, Précis, etc., n° 43; Sellier, Comment., n°* 314 à 329.)

497. La solution serait la même, si Pierre, au lieu de vendre à Tertius l'immeuble par lui déjà vendu à Primus, et par ce dernier à Secundus, qui seul a fait transcrire, avait conféré à Tertius, sur cet immeuble, une hypothèque (Conf. M. Flandin, de la Transcript., t. 2, n° 892. — *Contrà*, MM. Lesenne, Comment., n° 65 ; Bressoles, Exposé, etc., n° 47).

498. Mais faudrait-il encore décider de même, si Primus, quoique n'ayant pas fait transcrire son contrat, avait, non pas vendu, mais donné l'immeuble en hypothèque à Secundus, et que ce dernier eût pris inscription avant que Tertius, créancier hypothécaire de Pierre, eût pris inscription de son côté? — Il semble, au premier abord, que 'affirmative soit la conséquence des principes qui viennent d'être développés ; et tel est, en effet, le sentiment de M. Troplong, de la Transcript., n° 168 (Conf. MM. Bressoles, n° 48 et 86 ; Flandin, n° 894). — Telle est également la décision de deux arrêts (Req. 13 brum. an 14, aff. Lambert ; Grenoble, 9 mars 1831, aff. Monnier, Ponthot, v° Privil. et hypoth., n° 1722). — Mais nous avons adopté l'opinion contraire, v° Privil. et hyp., à l'endroit cité, où la question a été par nous examinée avec des développements qui nous dispensent d'y revenir. Nous reproduirons seulement, pour justifier cette opinion et son apparente contrariété avec les solutions qui précèdent, la principale raison sur laquelle nous l'avons fondée. — Les créanciers hypothécaires du vendeur, avons-nous dit, sont des *tiers*, vis-à-vis de l'acquéreur, de même que les acquéreurs successifs sont des *tiers*, en tant par rapport aux autres, quoique ayant tous le vendeur pour auteur commun : c'est la loi elle-même qui le déclare. Les premiers ont donc le droit de tenir au créancier hypothécaire de l'acquéreur, inscrit avant eux, ce langage : tant que votre auteur n'a pas transcrit, il n'est pas réputé, *à notre égard*, propriétaire. L'hypothèque qu'il vous a conférée est donc, *respectivement à nous*, une hypothèque concédée sur la chose d'autrui ; elle est nulle, par conséquent, non pas d'une nullité absolue, mais d'une nullité relative ; c'est-à-dire qu'elle ne saurait nous préjudicier (Conf. MM. Fons, Précis, etc, n° 44 ; Lesenne, Comment., n° 66 ; Sellier, Comment., *loc. cit.*).— Vainement dit-on que l'art. 3 de la loi du 23 mars 1855 ne fait pas cette distinction; qu'il n'exige de tout possesseur de droit réel sur un immeuble, pour qu'il puisse l'invoquer utilement contre les tiers, rien autre chose, si ce n'est que ce droit réel ait été rendu public antérieurement à toute transcription ou inscription de la part de ces derniers; que tel est le cas de Secundus, dont l'hypothèque était inscrite ayant que Tertius, acquéreur de Pierre, ou son créancier hypothécaire, eût fait transcrire son acte d'acquisition, ou inscrire son hypothèque. — Il faut répondre que la loi, pour être sainement entendue, doit être logiquement interprétée ; et que, Primus, quoique antérieur à Tertius, ne pouvant opposer à ce dernier son contrat d'acquisition, puisqu'il n'a pas été transcrit, Secundus, l'ayant tenu de Primus, et qui ne prétend pas pour lui-même à la propriété de l'immeuble, ne saurait avoir plus de droits que lui.

M. Flandin fait, contre cette doctrine, une objection. « Remarquez, dit-il, où conduirait le raisonnement, dans ce système. Je suppose qu'avant Primus il y ait plusieurs acquéreurs successifs

qui, comme lui, n'aient pas fait transcrire : il faudrait donc, pour que Secundus pût faire valoir son hypothèque, qu'avant de prendre inscription, il fit transcrire, non-seulement le contrat de Primus, mais encore les contrats de tous les acquéreurs antérieurs à ce dernier : chose, ainsi que je l'ai dit *suprà*, véritablement exorbitante ! » — Mais l'objection de l'honorable magistrat ne s'adresse qu'à l'opinion de ceux qui, comme M. Ducruet (n° 493), ne veulent pas que le dernier sous-acquéreur soit investi de la propriété, tant qu'il n'a pas fait transcrire, avec son contrat, ceux de tous les acquéreurs qui le précédent. Pour nous, nous n'avons pas admis cette doctrine, qui nous a paru excessive, et nous avons dit, au numéro précité, que « la seule transcription du dernier contrat de vente, alors même qu'il ne contiendrait pas les noms des anciens propriétaires, purgera toutes les hypothèques conférées par ceux-ci, et qui ne seraient pas inscrites au moment de la transcription ». Secundus, dans notre hypothèse, n'aura donc d'autre contrat à faire transcrire, pour donner effet à son hypothèque, que celui de Primus.

499. La thèse qui précède est implicitement confirmée par un arrêt de la cour de Paris du 9 mess. an 12, lequel a jugé que, sous la loi du 11 brum. an 7, le contrat de vente était parfait, *entre les parties*, et translatif de propriété, du jour où il avait été formé; que ce n'était que pour transférer la propriété, *vis-à-vis des tiers*, que la transcription de ce contrat était exigée ; qu'ainsi, les créanciers personnels de l'acquéreur pouvaient prendre inscription sur l'immeuble avant la transcription, et que cette inscription devait avoir son effet, *dès qu'il ne se trouvaient pas en concours avec des créanciers de l'ancien propriétaire inscrits avant ladite transcription*, ou *avec un second acquéreur tenant ses droits du même propriétaire, mais qui aurait fait transcrire le premier*; que, par suite, il y a lieu à responsabilité, de la part du conservateur, envers le créancier personnel d'un premier acquéreur, dont l'inscription, quoique antérieure à la transcription, a été omise dans le certificat demandé par un autre acquéreur, tenant ses droits, non pas du vendeur originaire, mais du premier acquéreur, et qui n'a, d'ailleurs, fait transcrire qu'après celui-ci (Paris, 9 mess. an 12, aff. Dambremé, v° Priv. et hyp., n° 1725). — Et, ce qui a été jugé, sous la loi de brumaire, avons-nous dit, *eod. v°*, n° 2985, devrait encore être jugé aujourd'hui, puisque la loi du 23 mars 1855, qui a remis en vigueur le principe de la loi de brumaire sur la nécessité de la transcription pour donner effet à la transcription de propriété *vis-à-vis des tiers*, n'est pas conçue dans un autre esprit que cette dernière loi.

500. Toutefois, M. Flandin, n° 895, admet, avec nous, que si Tertius, au lieu d'être simplement un créancier hypothécaire de Pierre, avait acquis de ce dernier, soit avant, soit depuis la vente faite à Primus, l'immeuble sur lequel Primus, qui n'a pas fait transcrire, a conféré hypothèque à Secundus, celui-ci, quoique ayant pris inscription avant que Tertius ait fait transcrire son contrat, ne pourrait, sans avoir fait transcrire le titre de Primus, opposer à Tertius son hypothèque. — La raison qu'en donne l'honorable magistrat, c'est que Tertius, qui a fait transcrire son titre avant que Primus ait fait transcrire le sien, est, d'après les principes exposés *suprà*, n° 483, préférable à Primus ; qu'il est, par conséquent, le vrai propriétaire de l'immeuble, sur lequel, par suite, Primus est réputé n'avoir jamais eu aucun droit ; qu'avec le contrat de Primus, s'anéantit l'hypothèque de Secundus, d'après la règle : nemo plus juris, etc. (c. nap. 2125 et 2182), et qu'ainsi Secundus est sans droit pour exercer le droit de suite sur un immeuble qui n'a jamais appartenu à son débiteur.

501. Quelle que soit aujourd'hui l'importance de la transcription, par rapport à la transmission de la propriété immobilière, il ne faut pas croire, cependant, que la loi du 23 mars 1855 ait porté aucune atteinte au principe de l'art. 2182 c. nap., principe d'après lequel « le vendeur ne transmet à l'acquéreur que la propriété et les droits qu'il avait lui-même sur la chose vendue. » Telle était également la disposition de l'art. 28 de la loi du 11 brum. an 7. C'est à l'aide de ce principe que nous résoudrons plusieurs difficultés exposés que peut faire naître l'application de la loi nouvelle.

502. Il est évident, d'abord, que celui qui, au cours d'un procès en revendication d'un immeuble, intenté contre le possesseur par un tiers, achèterait de ce possesseur l'immeuble litigieux, et ferait immédiatement transcrire son acte d'acquisition, ne pourrait opposer cette transcription au revendiquant qui aurait ultérieurement fait condamner le possesseur à lui délaisser l'immeuble. — En effet, le jugement, quoique postérieur à la transcription faite par l'acquéreur, ne fait que déclarer les droits antérieurs du revendiquant; il remonte, pour ses effets, à la demande elle-même, et n'a pas même besoin d'être transcrit, puisqu'il n'est pas translatif de propriété (*suprà*, n° 551). — Il suit de là, comme le dit très-justement M. Troplong, de la Transcr., n° 159, qu'entre le revendiquant et l'acquéreur, il ne s'agit pas d'une question de transcription, mais uniquement d'une question de chose jugée, question étrangère à notre matière (Conf. MM. Rivière et Huguet, Quest., n° 208; Flandin, de la Transcr., t. 2, n° 898). — Nous rappellerons seulement, à cet égard, ce que nous avons dit, v° Chose jugée, n° 244, que, « dans les actions réelles, le jugement, rendu avec l'auteur (sauf le cas de fraude, *eod.*, n° 243), profite ou nuit à ceux qui lui ont succédé depuis, ou qui prétendent lui avoir succédé, à titre particulier, dans la chose à raison de laquelle le jugement est intervenu; qu'ils sont, par rapport à cette chose, les ayants cause de celui qui la leur a transmise qu'ainsi, le jugement rendu, relativement à un immeuble, pour ou contre celui qui, depuis, l'a vendu ou cédé en échange, ou hypothéqué, ou donné en payement, ou abandonné par transaction, ou transmis à titre gratuit, est censé avoir été rendu pour ou contre l'acquéreur, le coéchangiste, le créancier, le transactionnaire, le donataire, etc.; et cela, soit que le jugement ait eu pour objet la propriété de l'immeuble, soit qu'il ait seulement statué sur un droit de servitude ou autre droit réel prétendu sur cet immeuble : *Exceptio rei judicatæ nocebit ei qui in dominium successit ejus qui in judicio expertus est* (L. 28, D., *De except. rei jud.*). » — Ce sont là des principes certains (Conf. MM. Rivière et Huguet, et Troplong, *loc. cit.*).— Il y a dissidence seulement sur le point de savoir si l'exception de chose jugée est opposable à celui qui a acheté depuis le procès entamé, mais avant le jugement, comme à celui qui n'a acheté que depuis le jugement rendu, et si, en conséquence, l'acquéreur aura ou n'aura pas la voie de la tierce opposition contre ce jugement (V., à cet égard, v° Chose jugée, n° 247; Tierce opposit., n° 146). — Mais, nous le répétons, c'est là une question étrangère à la loi du 23 mars 1855.

503. Il en serait autrement dans l'hypothèse suivante : Primus vend un immeuble à Secundus, qui ne transcrit pas. Primus refusant d'exécuter le marché, Secundus l'actionne en délivrance de l'immeuble. Pendant l'instance, Primus revend ce même immeuble à Tertius, qui, ignorant le procès, achète de bonne foi et fait transcrire. « Qu'importe, contre Tertius, dit avec raison M. Troplong, au n° 162, le jugement qui interviendra au profit de Secundus? On ne conteste pas que Primus ne fût propriétaire, et qu'il n'eût vendu une première fois, quand il a revendu à Tertius. Mais, Secundus n'ayant pas transcrit, et n'ayant pas rompu, à l'égard des tiers, le lien qui unissait Primus à la chose, toute procédure qu'il a suivie est inutile, et la transcription réglera le sort des deux acquisitions bien plus que le jugement, lequel n'est que déclaratif de points reconnus, du reste, et avoués »(Conf. M. Flandin, de la Transcr., t. 2, n° 900).

504. On lit, dans un arrêt de la chambre des requêtes, que « la transcription d'un acte ne saurait couvrir les vices de fraude et de simulation qui peuvent en opérer l'annulation » (Req. 19 niv. an 12, aff. Kushne, v° Vente, n° 140). Développant la même pensée, Merlin disait, dans ses conclusions sur cet arrêt (Quest. de dr., v° Expropr. forcée, § 2, n° 2; V. aussi au même §, n° 1) : « la transcription... ne change point le contrat; elle en dérive, une différence entre le contrat radicalement nul et le contrat qui n'est que simulé; mais cette différence ne peut être en est la cause, mais elle ne peut subsister sans lui; en un mot, elle le confirme, mais elle n'y ajoute rien; elle assure son exécution, quand il est valable par lui-même, mais elle n'en purge pas les vices intrinsèques; et c'est ici qu'on peut appliquer, dans toute son étendue, la célèbre maxime de Dumoulin : *Qui confirmat nihil dat, nihil novi juris confert*. Si donc le contrat de vente est simulé, la transcription ne rendra pas propriétaire, à l'égard des ayants droit du vendeur, le prétendu acquéreur, qui ne devient pas propriétaire à

l'égard du vendeur même ; le vice de la simulation du contrat se communiquera à la transcription, et la transcription se trouvera nécessairement simulée comme le contrat... Vouloir que la transcription purge le contrat du vice de la simulation, c'est vouloir qu'elle le purge aussi des nullités radicales dont il pourrait être infecté. Sans doute, il y a, par rapport aux résultats de la transcription, une différence entre le contrat radicalement nul et le contrat qui n'est que simulé; mais cette différence ne peut être relative qu'aux tiers acquéreurs ou créanciers hypothécaires. Un tiers, qui, de bonne foi, aura acquis, soit des droits de propriété, soit des droits hypothécaires, sur des biens aliénés par un acte radicalement nul, ne sera pas à couvert de l'éviction par la transcription de cet acte au bureau des hypothèques; au lieu qu'il le serait, dans le cas d'un acte extérieurement valable et qui serait seulement simulé. Mais, relativement à celui dont le nom figure dans le contrat frauduleux, la fraude a le même effet que la nullité radicale, parce qu'à son égard, un contrat qui n'existe réellement pas est absolument la même chose qu'un contrat radicalement nul... »

505. La chambre des requêtes a fait une nouvelle application de ces principes, en jugeant, sous la loi du 11 brum. an 7, que, dans le concours de deux ventes, la première faite sous seing privé et non transcrite, la seconde consentie par acte public et transcrite, les juges ont pu, en déclarant la seconde vente simulée, accorder la préférence au titre antérieur en date, quoique non transcrit (Req. 17 prair. an 13, aff. Bondil, v° Vente, n° 173).

506. La cour de Nîmes a aussi jugé que la transcription d'une donation n'empêche pas les créanciers, même non hypothécaires du donateur, de faire annuler cette donation, lorsqu'ils prouvent qu'elle a été faite en fraude de leurs droits (Nîmes, 20 frim. an 14, aff. Hours, v° Dispos. entre-vifs et test., n° 1728). — Merlin, dans les conclusions précitées (aff. Kushne, n° 504), voyait, cependant, quelque difficulté à une pareille décision, en matière de vente. « Il y aurait peut-être, dit-il, dans cette hypothèse un peu plus de difficulté à établir que l'action paulienne peut encore, de la part d'un créancier non hypothécaire, être exercée après la transcription du titre de la vente prétendue faite en fraude de ses droits... » — La fraude, comme le fait observer M. Flandin, de la Transcr., t. 2, n° 902, pourrait être plus difficile à établir; en fait, pour un contrat de vente que pour une donation; mais, en droit, il nous semble que le principe est le même, et que la transcription ne peut avoir aucune influence sur la décision.

507. Nous avons dit *supra*, n° 470, que la saisie de l'immeuble par des créanciers chirographaires du vendeur, ne conférait pas à ces derniers le droit d'opposer à l'acquéreur, dont l'acquisition, quoique non transcrite, est antérieure à la transcription du procès-verbal de saisie, le défaut de transcription. Mais, aux termes de l'art. 686 c. pr., « la partie saisie ne peut, à compter du jour de la transcription de la saisie, aliéner les immeubles saisis, à peine de nullité, et sans qu'il soit besoin de la faire prononcer. » Il en résulte que l'acquéreur, qui aurait acquis postérieurement à cette époque, et qui aurait fait transcrire son contrat avant l'adjudication, n'en serait pas moins évincé par l'adjudicataire, auquel il ne pourrait opposer qu'il a fait transcrire avant lui, puisque ainsi que le disait Merlin, dans les conclusions déjà citées (aff. Kushne), la transcription ne peut pas rendre efficace un contrat radicalement nul (Conf. MM. Troplong, de la Transcr., n° 189; Bressolles, Exposé, etc., n° 44; Mourlon, Examen crit., etc., Append., n° 357; Flandin, de la Transcr., t. 2, n° 903).

508. D'après l'art. 2180 c. nap., la prescription de l'hypothèque, « dans le cas où la prescription suppose un titre, ne commence à courir que du jour où il a été transcrit sur les registres du conservateur. » La loi du 23 mars 1855 faisant aujourd'hui dépendre de la transcription toute transmission de la propriété immobilière à l'égard des tiers, on peut demander si, pour la prescription décennale ou vicennale, qui requiert le juste titre et la bonne foi (c. nap. 2265), la transcription du titre, qui sert de fondement à cette prescription, est nécessaire ? — L'affirmative nous semble être une conséquence virtuelle des dispositions de cette loi (Conf. MM. Troplong, Transcr., n°° 177 et s.,

...

Flandin, *ibid.*, t. 2, n°° 105 et s.). — Nous avions déjà touché un mot de cette question, v° Prescr. civ., n° 886, mais sans la résoudre, et en en faisant seulement ressortir la difficulté.

MM. Rivière et François, qui expriment une opinion contraire, **la** fondent sur les raisons suivantes : « Suivant les principes du code Napoléon, disent-ils, au n° 391, il suffit de la bonne foi ou d'un juste titre pour prescrire par dix ou vingt ans, quand la possession, toutefois, réunit toutes les conditions exigées. Or, les rédacteurs de la loi de 1855 ont répété souvent qu'elle ne devait porter aucune atteinte aux principes du code. La transcription est prescrite, à l'égard des tiers, dans le cas où il existe un acte qui est par lui-même translatif de propriété. Dans notre espèce (celle d'un acheteur qui a acquis l'immeuble *à non domino*), ce n'est pas le titre qui est translatif, c'est la prescription. — ....Vainement dirait-on que l'art. 2180 c. nap. exige la transcription pour la prescription des droits hypothécaires, et qu'il devrait, *à fortiori*, en être de même quand il s'agit de la perte, bien autrement importante, du droit de propriété. Cela peut être vrai ; mais il faut, cependant, convenir que le point de départ, fixé par l'art. 2265 c. nap., n'est pas le même que celui de l'art. 2180 » (Conf. Rivière et Huguet, Quest., n°° 238 et suiv.; Lesenne, Comment., n°° 40 et 51).—Le second argument de **MM.** Rivière et François a seul quelque chose de spécieux. Le défaut de transcription du titre, prétendent-ils, n'est pas opposable, attendu que « ce n'est pas le titre qui est translatif, c'est la prescription. » — Mais M. Flandin, de la Transcript., *loc. cit.*, fait observer, avec raison, que ce n'est là qu'une pétition de principe, parce que la prescription de dix ou de vingt ans n'est pas, comme la prescription trentenaire, fondée sur la possession seule, mais sur la possession accompagnée d'un juste titre, c'est-à-dire d'un titre qui ne soit pas nul pour vice de forme (c. nap. 2267), ou, ce qui est la même chose, qui ne soit pas affecté d'un vice devant le faire considérer comme non avenu, à l'égard de ceux à qui l'exception de prescription est opposée (V. aussi v° Prescript. civ., n° 900).

509. La question s'est présentée, avant la loi du 23 mars 1855, devant la cour de Lyon et devant la cour d'Agen, et elle y a été résolue dans un sens opposé. — Dans l'espèce jugée par la cour de Lyon, la vente avait eu lieu sous la loi de l'an 7, et n'avait pas été transcrite ; mais l'acquéreur, qui se prévalait de la prescription décennale, prétendait que la publication du code civil avait valu transcription. —Ce moyen ne fut pas admis par l'arrêt, qui, « considérant que le titre des héritiers Deschelus a été passé sous la loi de brum. an 7, qui exigeait la transcription pour opérer la transmission de la propriété à l'égard des ti°rs ; que ce titre n'a jamais été transcrit ; qu'ainsi, un tel titre ne peut servir de base à la prescription de dix et vingt ans ; que le code civil ne vaut transcription que cet égard, et ne vaut pas transcription pour les actes passés antérieurement à sa promulgation ; confirme » (Lyon, 17 fév. 1854, aff. Deschelus, v° Prescript. civ., n° 900-4°. — Conf. en matière de donation, Bordeaux, 26 fév. 1851, aff. Desmond, D. P. 52. 2. 52).

L'arrêt de la cour d'Agen a été rendu dans une espèce régie par le code Napoléon, mais où il s'agissait de donation. L'arrêt reconnaît, en principe, que, « sous l'empire de la loi du 11 brum. an 7, ni la vente, ni la donation, n'opérant la transmission définitive de la propriété immobilière que par la transcription, il est évident que ni l'acheteur, ni le donataire, ne pouvaient prescrire la propriété par dix ans, sans transcription, puisqu'ils n'étaient pas investis définitivement de cette propriété. » Mais il ajoute « qu'il est incontestable que ce système de législation a entièrement changé par la disposition du code civil ; qu'en effet, d'après l'art. 938 de ce code, la donation, dûment acceptée, est parfaite par le seul consentement des parties, et la propriété des objets donnés est transférée au donataire, sans qu'il soit besoin d'aucune tradition ; qu'il en est de même de la vente, puisque ¹·rt. 1583 dispose qu'elle est parfaite entre les parties, et la propriété acquise, de droit, à l'acheteur, à l'égard du vendeur, dès qu'on est convenu de la chose et du prix, quoique la chose n'ait pas encore été livrée, ni le prix payé... » — Nous faisons remarquer avec M. Flandin, de la Transcript., t. 2, n° 906, que la cour d'Agen est dans l'erreur, lorsqu'elle paraît croire que, **sous** la loi de brumaire, la propriété n'était pas transférée, du

donateur au donataire, du vendeur à l'acheteur, par le seul effet de la convention, sans tradition, ni transcription. — Il n'y avait, sous ce rapport, aucune différence entre la loi de brumaire et le code Napoléon : cela résulte des termes mêmes de l'art. 26 de cette loi, d'après lesquels, « jusqu'à la transcription, les actes translatifs de biens et droits susceptibles d'hypothèques ne peuvent être opposés *aux tiers* qui auraient contracté avec le vendeur, et qui se seraient conformés aux dispositions de la présente » (V. v° Priv. et hyp., n°° 1700 et 1723).

L'arrêt continue : « La transcription ne donne, ni ne peut donner aucun droit à la propriété ; le défaut de transcription peut exposer, sans doute, le propriétaire à des recours fâcheux contre lui ; mais il n'altère nullement son droit de propriété... Pour tous autres que pour ceux qui se prétendent propriétaires, la loi a sagement prévu que les biens susceptibles d'hypothèque doivent être transcrits, pour pouvoir être opposés à des tiers, parce que, ceux-ci n'ayant que des droits à exercer contre la propriété, ils devaient pouvoir poursuivre ces mêmes droits, en quelques mains que ces biens passassent, jusqu'à la transcription, parce que, jusque-là, ils étaient censés ignorer les mutations ; tandis que celui qui se prétend propriétaire, et qui laisse posséder et jouir, pendant dix ans ou plus, un autre avec un juste titre, ne peut être censé dans l'ignorance son droit et d'une possession publique contraire à ses intérêts D'où suit que la loi, en déclarant que la donation des biens susceptibles d'hypothèque ne pourrait être opposée aux personnes ayant intérêt, si elle n'était transcrite, n'a eu et n'a pu avoir pour objet que les actions dirigées contre ces mêmes biens, c'est-à-dire les actions hypothécaires, puisqu'elles seules peuvent être purgées au moyen de la transcription, tandis que la transcription ne saurait porter atteinte à la propriété, ni lui servir de secours... » (Agen, 24 nov. 1842, aff. Lavieille, v° Prescript. civ., n° 886).

— Cet arrêt, dit encore M. Flandin, *loc. cit.*, fait, par rapport au défaut de transcription, entre le propriétaire dépossédé, qui revendique son immeuble contre le donataire ou l'acheteur de bonne foi qui n'a pas fait transcrire, et des créanciers hypothécaires exerçant le droit de suite, une distinction tout arbitraire, et qui n'a de base, ni dans les termes de l'art. 941 c. nap., ni dans ceux de l'art. 3 de la loi du 23 mars 1855. Pour être autorisé à faire valoir le défaut de transcription, il suffit d'y avoir *intérêt*, d'après l'art. 941 c. nap., ou d'être un *tiers*, d'après l'art. 3 de la nouvelle loi. Le propriétaire, qui exerce l'action en revendication contre le possesseur qui a juste titre et bonne foi, remplit l'une et l'autre condition : il a intérêt, et il est un *tiers*, car il n'est l'ayant cause ni du donateur ou du vendeur, ni de l'acquéreur ou du donataire. — Il est, d'ailleurs, un argument qui nous paraît décisif sur la question, c'est la disposition de l'art. 25 de la seconde loi du 11 brum. an 7, sur les expropriations forcées. « L'adjudication définitive, portait cet article, ne transmet à l'adjudicataire d'autres droits à la propriété que ceux qu'avait le saisi. — L'action en revendication, soit de la propriété, soit de l'usufruit des biens adjugés, se prescrira uniformément par le laps de dix années, *à compter du jour de la transcription du jugement d'adjudication au bureau des hypothèques*, et de la première perception des fruits... » Ce principe, dit M. Flandin, véritable corollaire de l'art. 26 de la loi du 11 brum. an 7 sur le régime hypothécaire, ne ressort pas, avec moins d'évidence, de l'art. 3 de la loi du 23 mars 1855, conçu, on l'a déjà vu, dans le même esprit, et à peu près dans les mêmes termes que l'art. 26 de la loi de brumaire.—MM. Rivière et Huguet, *loc. cit.*, repoussent cet argument, en disant que «la disposition de l'art. 25 de la loi du 11 brum. an 7, sur les expropriations forcées, n'a été renouvelée, ni par le code Napoléon, ni par la loi de procédure civile, et que les rédacteurs de la loi du 23 mars ont laissé subsister les anciens principes sur la prescription, sans penser à les modifier, dans le sens des règles nouvelles qu'ils décrétaient. » Ils conviennent, pourtant, « que la nécessité de la transcription du titre eût été plus en harmonie avec le principe de publicité consacré par la loi actuelle. »

510. MM. Rivière et François, qui n'admettent pas, comme on l'a vu *suprà*, n° 462, que la transcription soit nécessaire, lorsque celui qui oppose la prescription décennale a acquis *à non domino*, exigent cette transcription, lorsqu'il a acquis **du**

véritable propriétaire, et qu'il se trouve en concours avec un second acquéreur qui a fait transcrire. — « Nous avons dit, il est vrai, font observer ces auteurs, n° 54, que, dans le cas d'une acquisition *à non domino*, le possesseur, qui n'aurait pas transcrit, pourrait prescrire par dix ou vingt ans; et il peut paraitre contradictoire de décider que celui qui a acheté du vrai propriétaire ne prescrira que par trente ans. Mais il nous semble que cette dernière solution est une conséquence du principe de la loi nouvelle, avec lequel on aurait dû mettre en harmonie les règles du code Napoléon sur la prescription. » — M. Bressolles, n° 54, fait la même distinction : « Nous convenons, dit-il, que l'acquéreur, premier en date, ne pourrait se prévaloir, contre un acquéreur postérieur qui a transcrit, de la prescription de dix ou vingt ans, pour remplacer la transcription de son propre titre. Il s'agit, en effet, dans ce cas, de s'appuyer sur un titre qui n'est pas émané *à non domino*, comme le suppose l'art. 2265 pour le juste titre qui sert de base à la prescription de dix ans, mais qui, émané du vrai propriétaire, ne peut produire d'effet contre les tiers qu'à charge de transcription (L. 23 mars 1855, art. 3). — *Peut-être même*, ajoute l'auteur, que, désormais, le délai de cette prescription, dans les cas où elle est applicable, ne courra que de la transcription du juste titre... » —Mais, ainsi que M. Flandin, de la Transcript., t. 2, n° 909, nous n'apercevons aucun motif à cette distinction, et il nous semble plus rationnel de dire que la loi du 23 mars 1855 a implicitement modifié l'art. 2265 c. nap., comme elle a modifié l'art. 1585.

511. Il faut faire attention, pourtant, que, lorsque nous disons que l'acquéreur, pour se prévaloir de la prescription décennale, doit avoir un titre transcrit, ce n'est que dans le cas où celui qui oppose le défaut de transcription, a fait transcrire lui-même; car, si ni l'un ni l'autre des prétendants à la propriété n'a fait transcrire, on retombe dans le droit commun, et l'on applique l'art. 2265 c. nap. C'est ce qui résulte des termes mêmes de l'art. 3 de la loi du 23 mars 1855, qui ne permet qu'à ceux qui ont des droits sur l'immeuble, et qui ont conservés, *en se conformant aux lois*, de se prévaloir du défaut de transcription (Conf. MM. Troplong, de la Transcript., n°s 180 et 181; Flandin, *ibid.*, n° 910).

512. Mais, si le revendiquant basait sa réclamation sur un titre qui ne fût pas sujet à la formalité; par exemple, s'il revendiquait l'immeuble comme lui étant échu, à titre de succession, de legs, ou de partage; comme, dans ces divers cas, la transcription n'est pas requise, pour la transmission de la propriété (*supra*, n°s 42 et s.), il est indubitable qu'il serait admis, sans avoir transcrit lui-même, à exciper, contre celui qui se prévaut de la prescription décennale, et qui n'a pas un titre transcrit, du défaut de transcription (Conf. M. Flandin, n° 911).

513. Relativement à la prescription trentenaire, il est évident que celui qui aurait possédé utilement pendant trente ans ne pourrait pas être repoussé par l'exception de non-transcription de son titre, puisque la prescription qu'il invoque serait appuyée, non sur le titre, mais uniquement sur la possession (Conf. MM. Bressolles, Exposé, etc., n°s 14 et 54 ; Rivière et François, Expl., etc., n° 55; Rivière et Huguet, Quest., n°s 241 et s.; Troplong, Transcript., n°s 182 et 185; Flandin, n° 912).

514. Celui qui possède un immeuble, sans titre, n'a pas qualité, tant que la prescription trentenaire n'est pas accomplie à son profit, pour repousser l'acquéreur qui revendique cet immeuble, mais qui n'a pas fait transcrire son contrat, le défaut de transcription. Comment, en effet, pourrait-il se prévaloir du défaut de transcription, puisqu'il ne peut prétendre à aucun droit sur l'immeuble, tant que la prescription ne lui est pas acquise? — Conf. MM. Troplong, n° 152; Mourlon, Exam., etc., append., n° 343, à la note; Flandin, t. 2, n° 913.

515. Suivant l'art. 2235 c. nap., « on peut, pour compléter la prescription, joindre à sa possession celle de son auteur, de quelque manière qu'on lui ait succédé, soit à titre universel ou particulier, soit à titre lucratif ou onéreux. » Mais il résulte du principe que nous avons admis, pour la prescription décennale, que le prescrivant ne pourrait pas se servir de la possession de son auteur, si ce dernier n'avait pas fait transcrire, quoique lui-même eût fait transcrire son propre contrat. — « Par exemple,

dit M. Flandin, de la Transcript., n° 914, Pierre vend un immeuble à Paul, qui ne fait pas transcrire. Après cinq ans de possession, Paul revend cet immeuble à Jacques, qui ne fait pas transcrire non plus. Trois ans après, Jacques revend le même immeuble à Jean, qui, lui, fait transcrire. Mais Pierre n'était qu'un usurpateur, et l'immeuble appartenait, en réalité, à Joseph, qui l'avait transmis, par succession, à son fils. Ce dernier intente une action en revendication contre Jean. Jean, qui a acheté de bonne foi, mais qui a acheté *à non domino*, ne peut se faire maintenir dans la possession de l'immeuble qu'à l'aide de la prescription. Mais il a moins de dix ans de possession, et il veut ajouter à sa possession, pour compléter les dix ans, celles de Jacques et de Paul, ses auteurs, qui, l'un et l'autre, ont aussi acheté de bonne foi. Il ne le pourra pas, parce que, ces derniers n'ayant pas transcrit, aucune possession utile contre les tiers n'a pu courir à leur profit. Il ne pourra pas non plus opposer au revendiquant que ce dernier, n'ayant pas transcrit lui-même, demeure, à son égard, dans les termes du droit commun, parce que le droit de propriété du revendiquant s'appuie sur un titre successif, lequel est dispensé de transcription » (V. n° 514).

516. Il a été jugé que le défaut de transcription de la donation ne peut être opposé par des créanciers hypothécaires du donateur à celui qui a acquis du donataire, et qui, avant que ces créanciers aient pris inscription sur l'immeuble donné, en a prescrit la propriété par une possession de dix ans, fondée sur l'acte de vente, et non sur l'acte de donation (Req. 5 mai 1851, aff. Convreux, D. P. 51. 1. 261). — Jeannin, l'acquéreur, avait acheté en 1828, et il avait possédé pendant douze ans, c'est-à-dire pendant un temps plus que suffisant pour prescrire, avant que les créanciers hypothécaires des époux Barrault, les donateurs, eussent acquis aucun droit sur l'immeuble. Il pouvait donc invoquer une prescription accomplie de son chef, sans transcription de son titre d'acquisition, puisqu'à cette époque, la transcription n'était pas exigée pour les actes translatifs à titre onéreux, et sans avoir besoin de joindre à sa possession celle des époux Forest, les donataires, ses auteurs.

« Mais aurait-on pu juger de même, dit M. Flandin, de la Transcript., n° 915, si Jeannin avait eu moins de dix ans de possession, en 1840, 1841 et 1842, époques où les droits des créanciers Barrault avaient pris naissance? Jeannin aurait-il pu alors joindre à sa possession celle des époux Forest (donataires)? La négative s'induit du considérant ci-après de l'arrêt de la chambre des requêtes : « Attendu, porte cet arrêt, que, si la prescription est, à l'égard des tiers, un élément essentiel de la perfection des actes contenant donation entre-vifs de biens susceptibles d'hypothèque, cette règle ne peut être invoquée, dans l'espèce, où *ce n'est pas à raison de la possession résultant de la donation du 16 juill.* 1822, mais à raison de la possession fondée sur l'acte du 20 déc. 1828, que la prescription a été déclarée acquise aux consorts Jeannin, possesseurs, avec juste titre et bonne foi, depuis plus de dix ans entre présents, etc. » — Et faisons remarquer, en passant, que c'est bien à tort que MM. Rivière et Huguet, Quest., n° 246, invoquent cet arrêt à l'appui de leur opinion, que l'acquéreur, ayant juste titre et bonne foi, prescrit par le laps de dix ou de vingt ans, sans transcription. Cet arrêt est antérieur à la loi du 23 mars 1855; et, loin qu'il fournisse un argument pour leur thèse, on vient de voir qu'il préjuge la question dans un sens contraire (Conf. M. Flandin, *loc. cit.*).

517. Ce que nous venons de dire pour la prescription, il faudrait l'appliquer également à l'action possessoire. « En thèse générale, dit Merlin, Quest. de dr., v° Complainte, § 2, il n'est pas douteux que la possession du vendeur ne doive profiter à l'acheteur, soit pour prescrire, soit pour intenter complainte. » Et entre deux acquéreurs d'un même bien, demandeurs en complainte l'un contre l'autre, la préférence est due à celui dont le titre d'acquisition a été enregistré et transcrit le premier, quoique le titre de l'autre soit antérieur en date. Merlin cite en ce sens un arrêt de la chambre des requêtes du 12 fruct. an 10, aff. Thomas (v° Action possessoire, n° 774), bien que ce principe ne ressorte pas très-nettement de l'arrêt. — C'est également ce qu'enseigne M. Troplong. « Supposons, dit-il, de la Transcript., n° 185, que deux acheteurs successifs se disputent la possession de la chose achetée. Chacun d'eux a quelques faits de possession en sa faveur; mais ils n'ont possédé, ni l'un ni l'autre, pendant une année entière. Qui des deux pourra invoquer la possession du vendeur, et, par là, triompher de son adversaire dans l'action en complainte? Ce sera celui dont le titre aura été le premier transcrit, et qui, par cette formalité, aura succédé le premier, au regard de tous, aux avantages de droit et de fait de son vendeur. Cette difficulté s'est présentée sous la loi de brumaire, et elle a été résolue, comme nous venons de le faire, par la cour de cassation. » Et M. Troplong cite l'arrêt du 12 fruct. an 10 (Conf. MM. Rivière et Huguet, Quest., n° 248; Flandin, de la Transcript., t. 2, n° 918).

518. Mais, s'il ne s'agissait que d'apprécier des faits de possession, à l'effet de décider, entre deux acquéreurs d'un même immeuble plaidant au possessoire, lequel des deux a la possession annale, il faudrait dire, avec MM. Rivière et Huguet, Quest., n° 247, que « la formalité de la transcription ne peut avoir aucune influence sur le jugement rendu au possessoire.... Peu importe quel est celui qui a fait transcrire le premier son titre; le juge ne doit s'enquérir que du point de savoir quel est celui des deux qui a la possession annale » (Conf. M. Flandin, de la Transcript., n° 919).

519. Lorsque deux acquéreurs successifs d'un même immeuble ont transcrit le même jour, auquel des deux accorder la préférence? — L'art. 2147 c. nap. a prévu le cas, pour deux inscriptions faites le même jour, et il décide que « tous les créanciers, inscrits le même jour, exercent, en concurrence, une hypothèque de la même date, sans distinction entre l'inscription du matin et celle du soir, quand cette différence serait marquée par le conservateur. » — Mais il n'en peut être ainsi, en matière de transcription: la concurrence n'est pas possible entre deux actes qui s'excluent. On ne saurait davantage appliquer l'art. 679 c. pr., d'après lequel, « si le conservateur ne peut procéder à la transcription de la saisie, à l'instant où elle lui est présentée, il fera mention, sur l'original qui lui sera laissé, des heure, jour, mois et an auxquels il aura été remis; et, en cas de concurrence, le premier présenté sera transcrit. » — La loi n'exige pas, pour les transcriptions, comme pour les saisies, que le conservateur mentionne, sur la copie déposée entre ses mains, l'heure du dépôt qui lui en a été fait. — On doit, il nous semble, recourir, pour la transcription, à la disposition de l'art. 2200 c. nap., ainsi conçu : « Les conservateurs seront tenus d'avoir un registre sur lequel ils inscriront, jour par jour, et par ordre numérique, les remises qui leur seront faites d'actes de mutation pour être transcrits, ou de bordereaux pour être inscrits : ils donneront au requérant une reconnaissance sur papier timbré, qui rappellera le numéro du registre sur lequel la remise aura été inscrite, et ils ne pourront transcrire les actes de mutation, ni inscrire les bordereaux sur les registres à ce destinés, qu'à la date et dans l'ordre des remises qui leur en auront été faites. »

« L'unique objection qu'on peut faire à l'application de cet article, dit M. Flandin, de la Transcript., t. 2, n° 920, c'est que les auteurs du code Napoléon n'ont vu, dans cette disposition, qu'une mesure d'ordre, contre laquelle a prévalu l'art. 2147, qui fait concourir les inscriptions prises le même jour. Est-ce une pensée de défiance contre le conservateur, la crainte d'une collusion avec celle des parties qu'il aurait le désir de favoriser, qui ont dicté la disposition de l'art. 2147? Il n'est pas permis de le supposer. Mais une erreur dans le classement des demandes d'inscription, au milieu d'occupations nombreuses et dans la confusion, souvent inévitable, d'un travail précipité, a semblé possible; et l'inconvénient a paru moindre de faire concourir deux créanciers, inscrits le même jour, que de baser la préférence à accorder à l'un d'eux sur la priorité d'un numéro d'ordre. Mais, puisque, en matière de transcription, l'application de l'art. 2147 n'est pas possible, il faut trouver un moyen de trancher la question de préférence entre deux acquéreurs qui ont fait transcrire le même jour. — A défaut d'autre règle, il est raisonnable de s'en référer aux indications fournies par le registre de dépôt du conservateur. Le caractère de ce fonctionnaire, ses habitudes d'ordre et de régularité, la responsabilité qu'il encourt et les pénalités que la loi lui inflige pour le plus léger manquement à ses devoirs (c. nap. 2199, 2202 et 2203), sont autant de garanties de son exactitude. La manière, d'ailleurs, dont se

constate le dépôt des actes présentés à la transcription laisse bien peu de place à l'erreur. Au fur et à mesure que les actes lui sont remis, le conservateur les mentionne sur son registre, en leur donnant un numéro d'ordre; puis, il délivre au requérant une reconnaissance qui rappelle ce numéro, et qui devient ainsi le contrôle de la mention portée au registre. Enfin, la loi prescrit au conservateur de faire la transcription des actes à la date et dans l'ordre où la remise lui en a été faite. — Je n'entends pas dire, ajoute M. Flandin, n° 921, qu'il ne sera pas permis de combattre les inductions à tirer, en faveur de l'un des acquéreurs, de la priorité du numéro d'ordre; de prouver qu'elle est le résultat de l'erreur, ou même de la fraude; mais ce sera à celui qui alléguera l'erreur ou la fraude à les démontrer : jusque-là, le premier inscrit sur le registre devra être réputé avoir présenté, le premier, son acte à la transcription » (Conf. MM. Ducruet, Étud. sur la transcript., n° 14 bis; Fons, Précis, etc., n° 45; Sellier, Comment., n° 170).

Telle est également, on peut dire, l'opinion de M. Troplong, de la Transcript., n° 192; et il n'y a, entre la doctrine des deux honorables magistrats, d'autre nuance que celle-ci : c'est que, suivant M. Flandin (loc. cit., n° 922), les énonciations du registre de dépôt forment, pour celui qui les invoque, une preuve complète, qui ne peut être détruite que par la preuve contraire, laquelle reste à la charge de l'adversaire; tandis que, suivant M. Troplong, elles forment seulement une présomption, un indice, à prendre en considération par le juge, sans que l'acte présenté le premier, dans le même jour, l'emporte nécessairement et absolument sur l'autre... « Encore une fois, dit M. Troplong, le fait du conservateur ne forme pas une présomption juris et de jure; on peut la discuter et le réfuter; le champ de la controverse est ouvert sur ce terrain, et le juge ne s'arrêtera à cet élément de conviction qu'autant que rien, dans son esprit, ne sera de nature à l'infirmer.... » — Nous nous rangeons, de préférence, au sentiment exprimé par M. Flandin, et nous disons, avec lui : Optima lex, quæ minimum relinquit arbitrio judicis; optimus judex, qui minimum sibi Aph. de Bacon, nomb. 46).

MM. Rivière et Huguet, Quest., n°s 203 et 204, ont émis, sur la question, un avis différent. On doit préférer, d'après eux, l'acquéreur dont le titre est le plus ancien, suivant les règles tracées par les art. 1319 et 1328 c. nap. N'y ayant aucune raison de préférer une des transcriptions à l'autre, on rentre dans la règle : prior tempore, potior jure. — Si les contrats sont de même date, ce sera celui des acquéreurs qui aura été mis en possession qui devra obtenir la préférence, d'après la maxime : in pari causâ, melior est causa possidentis. — Mais, si l'un ni l'autre n'avaient été mis en possession, la difficulté paraît à MM. Rivière et Huguet juridiquement insoluble (Conf. MM. Rivière et François, Explic., etc., n° 50; Bressolles, Exposé, etc., n° 45).

M. Mourlon n'adopte ni la solution de M. Troplong, ni celle de MM. Rivière et Huguet. « Il suffit, dit-il, Rev. prat., année 1856, t. 1, p. 479, pour les faire écarter, d'une observation bien simple. MM. Rivière et Huguet, puis M. Troplong, d'après eux, sont partis de cette idée, que la loi ne règle point le conflit dont il s'agit. Or, rien n'est plus inexact. N'est-il pas vrai, en effet, qu'entre deux actes en conflit, et tous deux soumis à la formalité de la transcription, celui-là est préférable d'autre part à l'autre qui a été transcrit le premier (L. 23 mars 1855, art. 3)? Dès lors, qu'importe que les deux transcriptions aient été effectuées le même jour? Cette circonstance ne fait naître aucune idée de priorité des unes opérées l'une plus l'autre, et qu'ainsi il n'y ait entre elles un ordre d'antériorité. Et, puisque celle des deux qui occupe la première place sur le registre est nécessairement celle qui a été effectuée la première, il va de soi qu'elle l'emporte sur celle qui la suit. Ainsi le veulent, à la fin, le texte et l'esprit de la loi... » — M. Flandin, n° 923 bis, réplique à M. Mourlon « qu'il est, sans doute, dans l'esprit de l'art. 3 précité qu'entre deux transcriptions, de dates différentes, la première soit préférée à la seconde; mais que l'article ne dit pas qu'entre deux transcriptions du même jour, on doive donner la priorité à celle qui occupe matériellement la première place sur le registre. Il en sera presque toujours ainsi; mais pourquoi? C'est parce que l'art. 2200 c. nap., après avoir dit que « les conservateurs seront tenus d'avoir un registre sur lequel ils inscriront, jour par jour, et par ordre numérique, les remises qui leur seront faites d'actes de mutation pour être transcrits, ou de bordereaux pour être inscrits, » ajoute « qu'ils ne pourront transcrire les actes de mutation, ni inscrire les bordereaux sur les registres à ce destinés, qu'*à la date et dans l'ordre des remises qui leur en auront été faites...* La thèse de M. Mourlon rentre donc, en définitive, dans celle de MM. Flandin et Troplong.

« Mais si, presque par impossible, ajoute M. Flandin, il arrivait que, par une erreur, par une inadvertance du conservateur, il y eût interversion des actes sur le registre de transcription, de façon que l'ordre matériel d'inscription ne concordât plus avec l'ordre numérique du registre de dépôt, c'est à ce dernier, je le répète, qu'on devrait donner la préférence, parce que, l'inscription sur ce registre se faisant au moment même de la présentation des actes, il y a moins de chance d'erreur pour ce cas que pour l'autre. — M. Mourlon objecte que ce registre (le registre de dépôt) n'a de valeur que dans les rapports du conservateur avec ceux auxquels appartiennent les actes qui lui ont été remis pour être transcrits ; qu'en ce qui touche *les tiers,* il n'y a d'autre registre, de registre légal et faisant preuve, que le registre *des transcriptions ;* que c'est par lui que leur est révélée l'existence des actes qu'ils ont intérêt à connaître ; que c'est sur sa foi qu'ils contractent ; que ce n'est donc que par lui, et par lui seul, que peuvent être réglés les conflits dans lesquels leur droit se trouve engagé...—Oui, cela est vrai pour toutes les questions que suffit à résoudre le registre seul des transcriptions ; mais, pour le cas que j'examine, celui de deux actes transcrits à la même date, à moins d'admettre le système de M. Mourlon, c'est-à-dire de prendre pour règle *l'ordre matériel* d'inscription, il faut bien chercher, en dehors de ce registre, des raisons de préférence. »

520. La même difficulté existe pour le cas où un acquéreur et un créancier hypothécaire auraient transcrit et pris inscription le même jour : lequel des deux devra obtenir la préférence ? — « Dira-t-on, font remarquer MM. Rivière et Huguet, Quest., n° 202, que, l'esprit général de la loi du 23 mars étant le dégrèvement de la propriété foncière, il faut, pour être en harmonie avec l'esprit de cette loi, décider que l'acquéreur devra être préféré au créancier hypothécaire (c'est l'opinion de M. Bressoles, Exp., art., n° 85)? — Ou bien, dans la perte à supporter, établira-t-on une contribution proportionnelle entre le montant de la créance et le prix de la vente? — Toutes ces combinaisons, répondent-ils, ne reposeraient sur rien de solide, et il vaut mieux avouer que l'on se trouve en face de l'une de ces impossibilités contre lesquelles toute lutte doit rester sans résultat, à raison de l'impuissance où l'on est de constater matériellement si l'inscription du créancier a précédé la transcription du contrat d'acquisition, et réciproquement. » — M. Fons, Précis sur la transcrip., n° 54, donne la préférence à l'inscription. « En l'absence, dit-il, de tout document relatant l'antériorité de la remise au conservateur du bordereau d'inscription et de l'acte à transcrire, on a voulu que la date des titres fût consultée, et l'on a donné, ainsi, la préférence à l'inscription... » (Conf. trib. civ. de Bagnères-de-Bigore, 24 fév. 1859, aff. N..., Journ. des avoués, t. 84, année 1859, art. 3377, p. 614 ; V. aussi, comme analogie, Riom, 17 janv. 1824, aff. Faure, v° Priv. et hyp., n° 1164-3° ; Sellier, Comment., n° 225). — Telle paraît être également l'opinion de M. Ducruet, Étude sur la transcr., n° 14 *bis :* « La raison de décider, dit-il, n'est pas la même que dans le cas précédent : deux ventes du même objet ne peuvent recevoir conjointement leur effet. Il en est autrement de l'inscription, qui peut très-bien se concilier avec la vente, et produire effet sur le produit de cette vente. Le principe de la concurrence étant établi par l'art. 2147 c. nap., à l'égard des créanciers qui font inscrire le même jour, ne doit-il pas être admis en faveur du créancier en concours avec un acquéreur?..... Ce sont là, ajoute-t-il, des questions très-douteuses, dont il est à regretter que la solution soit renvoyée aux tribunaux, qui, très-probablement, seront divisés d'opinion pendant longtemps. » — M. Flandin, *loc. cit.,* n° 925, déclare ne pouvoir accepter aucune de ces solutions. « Pour la préférence à donner au créancier

hypothécaire, dit ce magistrat, on pourrait l'admettre, s'il n'y avait quelquefois, pour l'acquéreur, un grand intérêt à repousser l'inscription ; dans le cas, par exemple, où il a payé son prix au vendeur ; ou bien lorsqu'il a des compensations à lui opposer. Les autres créanciers, d'ailleurs, ont également intérêt, pour écarter un concurrent, à établir que l'inscription n'a pas été prise en temps utile. — Sur cette question comme sur la précédente, j'estime que la préférence devra être réglée par les indications que fournira le registre de dépôt, c'est-à-dire par le numéro d'ordre » (Conf. trib. civ. d'Arras, 5 juill. 1860, aff. Bruguet, Journal des avoués, t. 85, année 1860, art. 96-2°, p. 464. V. aussi les observations du rédacteur dans le même sens).

521. Quelle devrait être la solution, demande M. Ducruet, *loc. cit.,* dans le cas où, à l'ouverture du bureau, deux acquéreurs se présenteraient ensemble pour faire transcrire? — L'auteur se borne à poser la question, sans la résoudre. « Mais il est manifeste, dirons-nous, avec M. Flandin, de la Transcript., n° 926, que, dans ce cas, la priorité devrait appartenir à l'acquéreur premier en date ; ou, si les actes étaient du même jour, à l'acquéreur mis le premier en possession ; ou, si aucune prise de possession n'avait encore eu lieu, à celui des deux acquéreurs qui, en fait (fait pour lequel la preuve testimoniale serait admise), aurait traité le premier avec le vendeur. Le cas, au reste, devra se présenter si rarement, que ce n'est vraiment pas une difficulté à prévoir. »

Sect. 2. — *Des effets de la transcription, relativement aux priviléges et hypothèques antérieurs non inscrits.*

522. Nous avons expliqué, dans notre traité des Privil. et hypoth., n°° 1700 et suiv., par quelles phases diverses avait passé, sous la loi du 11 brum. an 7, sous le code Napoléon, et sous le code de procédure civile, le principe de la transcription, considérée comme moyen de consolider la propriété immobilière, dans les mains du nouveau possesseur (V. également *supra,* n°° 15 et suiv.). Nous n'y revenons point, pour ne pas nous répéter. — Nous constatons seulement que le dernier état de la législation, avant la loi du 23 mars 1855, était que la vente opérait, *ipso jure* et sans transcription, la transmission de la propriété immobilière, à l'égard de toute personne ; en sorte qu'il n'était plus possible à l'ancien propriétaire, soit de vendre de nouveau l'immeuble à un autre, soit de le grever d'hypothèques (c. nap. 1583); mais que, cependant, tout privilége existant, ou toute hypothèque régulièrement constituée sur l'immeuble avant la vente, quoique non inscrits, pouvaient encore l'être, tant que l'acquéreur ne s'était pas mis en devoir de purger, et, au plus tard, dans la quinzaine de la transcription de l'acte de vente, lorsqu'il s'agissait d'aliénation volontaire (c. pr. 834 et 835).

523. Au moment où l'on remettait en vigueur le principe de la transcription, tel qu'il existait sous la loi du 11 brum. an 7, il s'est élevé, dans le sein du corps législatif, de grands débats sur le point de savoir si l'on maintiendrait les art. 834 et 835 c. pr. civ., qui n'avaient rien d'incompatible, il faut bien le dire, avec l'existence de ce principe. Renouveler ces débats serait oiseux : l'abrogation des art. 834 et 835 a été prononcée, et le jurisconsulte n'a plus qu'à tirer les conséquences de cette abrogation. — Le lecteur peut, néanmoins, se remettre sous les yeux tous les éléments du débat, en se reportant au procès-verbal de discussion du projet de loi que nous avons textuellement rapporté *supra,* p. 685, n°° 27 et suiv.

524. Sans autre préambule, nous allons examiner les effets que produit la transcription, par rapport aux priviléges et hypothèques antérieurs non inscrits. — Voyons, d'abord, ce qui concerne les hypothèques.

525. HYPOTHÈQUES. — L'art. 6 de la loi du 23 mars 1855 est ainsi conçu : « A partir de la transcription, les créanciers privilégiés ou ayant hypothèque, aux termes des art. 2125, 2127 et 2128 c. nap., ne peuvent prendre utilement inscription sur le précédent propriétaire... Les art. 834 et 835 c. pr. civ. sont abrogés. »—L'art. 6, en renvoyant seulement aux art. 2125, 2127 et 2128 c. nap., c'est-à-dire aux hypothèques judiciaires et conventionnelles, a-t-il entendu excepter les hypothèques gales de sa disposition?—Voilà une première question qui se présente, mais qui n'en est pas une, en réalité. Il n'y a pas eu de renvoi à l'art. 2121, parce qu'il est question, dans cet article, des hypothèques légales des femmes mariées, des mineurs et des interdits, qui, subsistant indépendamment de l'inscription (c. nap. 2135), ne sont pas comprises, en effet, dans la disposition de l'art. 6 précité. — Mais il y a d'autres hypothèques légales que celles des femmes mariées, des mineurs et des interdits : ce sont celles de l'État, des communes et des établissements publics sur les biens des receveurs et administrateurs comptables (c. nap. 2121); celles du légataire sur les immeubles de la succession (1017); celles de la masse des créanciers de la faillite sur les immeubles du failli, concordataire ou non (c. com. 490 et 517; V. notre traité des Priv. et hyp., n° 1095) : toutes ces hypothèques sont assujetties à l'inscription, et elles tombent, par conséquent, sinon en vertu du texte de l'art. 6, du moins en conformité de son esprit, sous l'application de cet article. C'est là une opinion qui n'est contredite par personne. L'art. 834 c. pr. ne renvoyait, non plus, qu'aux art. 2125, 2127 et 2128 c. nap., et l'on n'a jamais douté qu'il ne s'appliquât aux hypothèques légales non dispensées d'inscription (V. v° Priv. et hyp., n° 1709. — Conf. MM. Rivière et François, Expl., n° 97; Mourlon, Comment., etc., Append., n° 389; Rivière et Huguet, Quest., n° 330; Troplong, de la Transcr., n° 271; Pont, des Priv. et hyp., n° 1120; Flandin, de la Transcr., t. 2, chap. 4, sect. 3).

526. Nous venons de dire que l'art. 6 de la loi du 23 mars 1855 ne s'applique point aux hypothèques légales des femmes, des mineurs et des interdits, parce que l'art. 2135 c. nap. les a dispensées de l'inscription. Mais c'est ici le lieu de rappeler l'importante dérogation apportée à cet art. 2135, par l'art. 8 de la loi précitée, qui dispose de la manière suivante : « Si la veuve, le mineur devenu majeur, l'interdit relevé de l'interdiction, leurs héritiers ou ayants cause, n'ont pas pris inscription dans l'année qui suit la dissolution du mariage, ou la cessation de la tutelle, leur hypothèque ne date, à l'égard des tiers, que du jour des inscriptions prises ultérieurement. »

527. Il suit de cette disposition que si un immeuble du mari, ou du tuteur, est vendu dans l'année qui suit la dissolution du mariage ou la cessation de la tutelle, la veuve et le pupille, devenu majeur, ou leurs héritiers, conserveront le droit, nonobstant la transcription opérée, de prendre inscription jusqu'à l'expiration du délai : cela ne peut faire doute pour personne. S'il en était autrement; si le tiers acquéreur pouvait leur dire que le privilège doit cesser avec sa cause; que c'est, par conséquent, du jour où le mariage est dissous, du jour où la tutelle a pris fin, que commence pour eux l'obligation de s'inscrire, et que l'inscription est tardive, d'après l'art. 6, lorsqu'elle n'a pas précédé la transcription; si le tiers acquéreur, disons-nous, pouvait leur tenir ce langage, il s'ensuivrait que la femme devenue veuve, le mineur devenu majeur, l'interdit relevé de l'interdiction, ne jouiraient pas de l'intégralité du délai que la loi leur donne pour inscrire leur hypothèque (Conf. MM. Troplong, de la Transcr., n° 313; Rivière et Huguet, Quest., n° 328; Flandin, de la Transcr., t. 2, ch. 4, sect. 3).

528. Mais, si les personnes prénommées ont la faculté de s'inscrire, jusqu'à l'expiration de l'année, nonobstant la transcription opérée par l'acquéreur, y a-t-il pour elles, demande M. Troplong, obligation de le faire, à peine de déchéance? — M. Troplong, n° 314 et suiv., examine la question, au point de vue du tiers acquéreur, et au point de vue des créanciers hypothécaires.

En ce qui concerne le tiers acquéreur, voici les objections qu'il met dans la bouche de la veuve, ou du mineur sorti de tutelle : « Notre droit, lui disent-ils, a marqué son empreinte sur l'immeuble par vous acquis ; vous l'avez reçu avec la charge de ce droit, bien qu'il fût occulte; vous devez donc en subir les conséquences et purger..... Quelle serait pour vous l'utilité de l'inscription? Notre hypothèque est assise sur votre immeuble ; elle l'a frappé entre vos mains; nous avons donc un droit acquis, un droit qui ne peut être éliminé que par le purgement. Purgez donc; et c'est alors seulement que nous serons forcés de nous montrer... » — Mais il faut répondre, avec l'auteur, que

l'art. 8 de la loi du 23 mars 1855, en obligeant la veuve, le mineur devenu majeur, l'interdit relevé de l'interdiction, leurs héritiers ou ayants cause, à prendre inscription, dans l'année de la dissolution du mariage ou de la cessation de la tutelle, ne distingue point entre le tiers acquéreur et les créanciers hypothécaires; qu'il serait arbitraire, par conséquent, d'admettre une distinction que l'article ne comporte pas.

« Et pourquoi cette distinction? ajouterons-nous avec M. Flandin. Est-ce qu'elle ne serait pas en désaccord avec l'esprit de la loi nouvelle? Cette loi abroge l'art. 834 c. pr., qui permettait aux créanciers hypothécaires, antérieurs à l'aliénation, de s'inscrire dans la quinzaine après la transcription. Dans quel intérêt le fait-elle, si ce n'est dans l'intérêt du tiers acquéreur, pour qu'il obtienne plus tôt l'affranchissement de son immeuble? La dispense d'inscription est contraire au principe de publicité de l'hypothèque : la faveur due aux incapables commandait une exception; et, cette exception, la loi l'a faite; mais elle se hâte de rentrer dans la règle, dès que l'exception ne lui paraît plus nécessaire. Elle dit à la femme devenue veuve, au mineur devenu majeur, à l'interdit relevé de l'interdiction : votre incapacité légale, qui motivait l'exception a cessé; vous n'êtes plus, à mes yeux, que des créanciers hypothécaires comme les autres, obligés, comme eux, à prendre inscription. Néanmoins, je vous donne un an pour prendre cette inscription ; faute de quoi, votre hypothèque ne datera, à l'égard des tiers, que du jour des inscriptions prises ultérieurement. À l'égard des tiers : si la loi n'avait entendu comprendre, sous cette expression, les tiers acquéreurs, elle ne serait servie d'une locution moins générale. » — Prétendrait-on, continue M. Flandin, que ces mots de l'art. 8 : « leur hypothèque ne date, à l'égard des tiers, que du jour des inscriptions prises ultérieurement, » indiquent un concours, un ordre à observer entre divers créanciers; choses tout à fait étrangères au tiers acquéreur? que ces expressions peuvent d'autant moins s'appliquer à lui que, s'il était vrai que la déchéance fût encourue, à son égard, par la veuve ou par le mineur devenu majeur, faute d'inscription dans l'année, ce ne serait pas seulement la date primitive de leur hypothèque que serait perdue, mais leur hypothèque elle-même, puisqu'aux termes de l'art. 6, l'hypothèque ne peut plus être inscrite après la transcription?— Il est facile de répondre que l'art. 8 a employé et devait employer une formule générale, qui pût s'appliquer à tous les cas, et respectivement à toutes personnes; que ces mots : « leur hypothèque ne date, à l'égard des tiers, que du jour des inscriptions prises ultérieurement, » ne signifient autre chose, si ce n'est que la veuve, le mineur devenu majeur, affranchis jusque-là de la formalité de l'inscription, y sont assujettis pour l'avenir, comme les autres créanciers hypothécaires; qu'ils ont un an pour prendre cette inscription, avec effet rétroactif à la date primitive de leur hypothèque; mais que, l'année expirée sans inscription de leur part, quoique le principe de leur hypothèque subsiste, comme il subsiste pour les autres créanciers, leur hypothèque, cependant, ne datera, comme pour ces autres créanciers, que du jour de l'inscription ultérieurement prise. En un mot, ce que veut dire et ce que dit l'art. 8, c'est que, si les personnes, dénommées dans cet article, laissent passer l'année de grâce qui leur est accordée pour prendre inscription, sans remplir cette formalité, leur position, vis-à-vis des tiers, ne sera plus que celle de tout autre créancier hypothécaire non inscrit, lequel peut encore prendre inscription sur les biens sortis des mains de son débiteur, tant que l'acquéreur n'a pas fait transcrire, mais ne le peut plus, dès que la transcription a été opérée (de la Transcr., t. 2, ch. 4, sect. 3). »

Concluons donc, avec les auteurs précités, que les hypothèques légales de la femme mariée devenue veuve, du mineur devenu majeur, de l'interdit relevé de l'interdiction, doivent être inscrites dans l'année de la dissolution du mariage ou de la cessation de la tutelle; sinon, qu'elles sont sans effet, vis-à-vis du tiers acquéreur qui a transcrit, ou que l'immeuble en est virtuellement purgé (Conf. MM. Rivière et François, Expl., n° 127; Rivière et Huguet, Quest., n° 329).

529. M. Troplong admet, pourtant, une exception à cette déchéance : c'est, dit-il, au n° 316, lorsque « le tiers détenteur commence, dans l'année même, la procédure du purgement édictée par l'art. 2194 c. nap. Il ne pourra pas se plaindre que la veuve ou le mineur s'inscrivent dans les délais propres à cette procédure ; car cet acquéreur aura fait lui-même sa condition ; il aura traité la veuve et le mineur comme le code Napoléon veut qu'on les traite ; il n'aura rien à dire, s'ils répondent à l'appel qu'il leur fait.... »

Nous ne pouvons nous ranger à cette opinion. M. Troplong convient que, si l'acquéreur, « se plaçant au point de vue de l'art. 8 de la loi du 23 mars 1855, attend les inscriptions, et qu'il n'en voie pas venir, alors il n'aura pas de purge à faire ; que l'expiration de l'année l'aura dégagé de plein droit.... » N'en doit-on pas conclure que, si l'acquéreur n'a pas attendu l'expiration de l'année pour commencer sa purge, lorsqu'il restait moins de deux mois à s'écouler, c'est, ou qu'il ignorait la date précise de la dissolution du mariage ou de la cessation de la tutelle, et, par suite, le peu de temps qui restait à courir pour l'accomplissement du délai, ou bien qu'il aura voulu gagner du temps : l'acquéreur, en effet, qui trouve son avantage à avancer sa libération, pour se décharger des intérêts de son prix, agit dans la limite de son droit, lorsqu'il provoque la veuve ou le mineur à prendre inscription. Ne restât-il qu'un mois, ne restât-il que quinze jours à s'écouler du délai qui leur est imparti pour cette inscription, il n'est pas obligé d'attendre jusque-là. Il a même intérêt à ne pas attendre jusque-là ; car, si le lendemain de la notification faite à la veuve, conformément à l'art. 2194 c. nap., du dépôt au greffe de son contrat, celle-ci prend inscription, il sera en mesure de provoquer immédiatement l'ouverture de l'ordre ; ce qu'il n'aurait pu faire qu'un mois, ou quinze jours plus tard, s'il eût attendu l'expiration de l'année, et que la veuve ne se fût inscrite que le dernier jour du délai. On voit donc qu'indépendamment du principe, que nul ne doit être facilement présumé renoncer à ses droits, il y a toute raison, au contraire, de penser qu'en agissant comme il l'a fait, l'acquéreur n'a nullement entendu se désister du droit d'opposer ultérieurement à la veuve la déchéance qu'elle aurait encourue, faute d'inscription de son hypothèque légale dans l'année de la viduité. — Il y a mieux, c'est que les autres créanciers hypothécaires, qui ne pourraient, en tout cas, être liés par les actes de l'acquéreur, seraient fondés, comme nous le dirons tout à l'heure (V. au numéro suivant), à opposer cette déchéance à la veuve qui ne se serait inscrite qu'après l'année, quoique dans les deux mois du dépôt (Conf. M. Flandin, de la Transcr., t. 2, ch. 4, sect. 3).

530. A l'égard des créanciers hypothécaires (et c'est la seconde face de la question posée par M. Troplong), « il n'est pas moins manifeste, dit-il, au n° 317, que c'est seulement, par une inscription prise dans l'année, que la veuve, ou le mineur, devenu majeur, peuvent rivaliser avec eux. » — Nous venons, en effet, de l'établir par les développements qui précèdent.

531. Mais M. Troplong ajoute, *loc. cit.* : « S'ils laissent écouler l'année, et qu'ils ne s'inscrivent qu'après, leur hypothèque (pour me servir des termes de notre article) ne datera que du jour des inscriptions prises ultérieurement. » — Il semblerait résulter de ces dernières expressions que la veuve ou le mineur, devenu majeur, quoique n'ayant pas pris inscription dans l'année, auraient encore la faculté de s'inscrire, nonobstant la transcription opérée par l'acquéreur ; car c'est l'hypothèse dans laquelle s'est placé M. Troplong pour l'examen de la question susénoncée.—Mais nous ne croyons pas que ce soit là ce que l'auteur a voulu dire. On a vu, en effet, que lorsqu'il discute la question, par rapport à l'acquéreur, M. Troplong déclare nettement « que les hypothèques légales dont il s'agit doivent être inscrites dans l'année ; sinon, qu'elles sont sans effet, et que l'immeuble en est virtuellement purgé. » Si l'immeuble en est purgé, elles ne peuvent donc plus être inscrites. Il est plus naturel de penser que M. Troplong, qui a commencé par examiner la question, au point de vue de l'acquéreur, qu'il supposait avoir fait transcrire, a raisonné dans l'hypothèse inverse, lorsqu'il est venu à parler des créanciers hypothécaires en concours avec les hypothèques légales de la veuve ou du mineur. Ce ne peut être, en effet, qu'au cas où l'acquéreur n'a pas fait transcrire, que la veuve ou le mineur lorsqu'ils ont négligé de prendre inscription dans l'année de la viduité ou de la cessation de la tutelle, peuvent encore

faire inscrire leur hypothèque. Ils sont, alors, dans une situation analogue à celle des créanciers privilégiés dont fait mention l'art. 2113 c. nap., lesquels, après qu'ils ont perdu leur privilége, faute d'inscription en temps utile, n'en conservent pas moins une créance hypothécaire susceptible d'être inscrite, mais qui, toutefois, n'aura de rang qu'à la date de l'inscription ultérieurement prise.— Mais, lorsque l'acquéreur a fait transcrire, et que la veuve ou le mineur ont laissé passer le délai de grâce, sans prendre inscription, ils ne sont plus, comme nous l'avons établi précédemment, que des créanciers hypothécaires ordinaires, lesquels, aux termes de l'art. 6 de la loi du 23 mars 1855, ne peuvent plus prendre utilement inscription sur le précédent propriétaire (Conf. M. Flandin, de la Transcr., t. 2, chap. 4, sect. 3).

532. M. Troplong, en déclarant déchus de leur hypothèque légale, aussi bien vis-à-vis du tiers acquéreur que vis-à-vis des créanciers hypothécaires de ce dernier, la femme ou le mineur qui ont négligé de prendre inscription dans l'année de la dissolution du mariage ou de la cessation de la tutelle, a raisonné pour le cas où l'acquéreur a acheté et fait transcrire dans l'année qui suit les époques susénoncées. La solution serait encore la même, si l'acquéreur avait acheté avant la dissolution du mariage, et qu'il n'eût fait transcrire que depuis le décès du mari ; la déchéance, faute d'inscription dans l'année, serait encourue par la veuve, tant vis-à-vis de cet acquéreur que vis-à-vis des créanciers hypothécaires de son mari.—On dirait en vain que cet défaut d'inscription n'a pu nuire, ni au tiers acquéreur, ni aux créanciers hypothécaires, puisque leurs droits sur l'immeuble sont d'une date antérieure à la dissolution du mariage.—La réponse est dans les termes de l'art. 8 de la loi du 23 mars 1855, aux termes duquel, « si la veuve, le mineur devenu majeur, l'interdit relevé de l'interdiction, leurs héritiers ou ayants cause, n'ont pas pris inscription dans l'année qui suit la dissolution du mariage ou la cessation de la tutelle, leur hypothèque ne date, *à l'égard des tiers*, que du jour des inscriptions prises ultérieurement. » *A l'égard des tiers* : l'article ne fait aucune distinction : . sa disposition embrasse donc aussi bien les acquéreurs qui ont acheté avant, que ceux qui ont acquis depuis la dissolution du mariage ou la cessation de la tutelle, les créanciers hypothécaires du mari ou tuteur aussi bien que ceux du tiers acquéreur. « Il est, d'ailleurs, dit M. Flandin, de la Transcr., t. 2, ch. 4, sect. 3, facile de justifier cette disposition. C'est par une raison de faveur que l'hypothèque légale des incapables a été dispensée d'inscription : il n'en résulte pas moins un véritable péril pour les tiers qui peuvent avoir contracté avec le tuteur ou le mari, dans l'ignorance de cette hypothèque. Aussi voit-on, par les précautions multipliées que prend la loi pour la faire inscrire (c. nap. 2136 et suiv.), qu'elle cherche à diminuer le péril autant que possible. — Il était donc tout simple que, le motif de cette faveur venant à cesser, la loi fit aussi cesser l'exception ; et que, tout en laissant à l'incapable, devenu maître de ses droits, un délai suffisant pour prendre inscription, si l'inscription n'avait pas encore été faite, elle le fit rentrer dans le droit commun, s'il laissait expirer le délai de grâce sans que la formalité eût été remplie. N'est-ce pas que ici arrive, dans le cas de purge, qui n'est aussi qu'une mise en demeure de s'inscrire, adressée à la femme ou au mineur ? « Pourront les acquéreurs d'immeubles, appartenant à des maris ou à des tuteurs, portent les art. 2193 et 2194 c. nap., lorsqu'il n'existera pas d'inscription sur lesdits immeubles, à raison de la gestion du tuteur ou des dot, reprises et conventions matrimoniales de la femme, purger les hypothèques qui existeraient sur les biens par eux acquis.—A cet effet, ils déposeront copie, dûment collationnée, du contrat translatif de propriété au greffe du tribunal civil du lieu de la situation des biens.... Extrait de ce contrat.... sera et restera affiché, pendant deux mois, dans l'auditoire du tribunal ; pendant lequel temps, les femmes, les *maris*, *tuteurs*, *subrogés tuteurs*, mineurs, interdits, parents ou amis, et le procureur impérial, seront reçus à requérir, s'il y a lieu, et à faire faire, au bureau du conservateur des hypothèques, des inscriptions sur l'immeuble aliéné, *qui auront le même effet que si elles avaient été prises le jour du contrat de mariage, ou le jour de l'entrée en gestion du tuteur....* » Ces dispositions regardent bien évidemment les acquéreurs qui ont acheté avant la dissolution du mariage ou la cessation de la tutelle. Or que dit l'art. 2195?

Que, « si, dans le cours des deux mois de l'exposition du contrat, il n'a pas été fait d'inscription, du chef des femmes, mineurs ou interdits, sur les immeubles vendus, ils passent à l'acquéreur sans aucune charge, à raison des dot, reprises et conventions matrimoniales de la femme, ou de la gestion du tuteur.... » Et la jurisprudence décidait, avant la loi du 21 mai 1858, que l'hypothèque légale se trouvait purgée, non-seulement à l'égard de l'acquéreur ou de l'adjudicataire, mais encore à l'égard des autres créanciers (V. v° Privil. et hyp., n°s 2202 et suiv.). Cette jurisprudence, à la vérité, était contestée, et une opinion, plus favorable aux incapables, leur réservait le droit de se présenter à l'ordre, tant que la clôture n'en avait pas été prononcée, pour s'y faire colloquer, à leur rang. Une disposition, ajoutée par la loi précitée du 21 mai 1858 à l'art. 717 c. pr., a consacré législativement cette opinion ; mais cette disposition n'a trait qu'aux hypothèques légales, non inscrites, des incapables qui sont encore dans les liens de l'incapacité ; elle ne pourrait s'appliquer, sans être détournée de son esprit, à la veuve ou au mineur, devenu majeur, qui ont négligé de prendre inscription dans l'année, conformément à l'art. 8 de la loi du 23 mars 1855, et qui n'ont aucun droit à une faveur, basée uniquement sur un état d'incapacité qui, à leur égard, n'existe plus. C'est ce que prouve, du reste, le nouvel art. 772 c. pr., dont le dernier alinéa porte : « Les créanciers à hypothèques légales, *qui n'ont pas fait inscrire leurs hypothèques, dans le délai fixée par l'art. 2195 c. nap.*, ne peuvent exercer de droit de préférence sur le prix qu'autant qu'un ordre est ouvert dans les trois mois qui suivent l'expiration de ce délai, et sous les conditions déterminées par la dernière disposition de l'art. 717.» Ce n'est qu'aux hypothèques légales non inscrites, mais dispensées d'inscription, que s'applique le mode de purge tracé dans les art. 2193 et suiv. c. nap. ; ce n'est que pour ces hypothèques que le droit de préférence est conservé sur le prix, nonobstant le défaut d'inscription ; il ne l'est même qu'à une condition, c'est que l'ordre s'ouvre dans les trois mois ; cette condition non remplie, le droit de préférence disparaît avec le droit de suite (V. l'Exposé des motifs de la loi du 21 mai 1858, D. P. 58. 4. 44, n° 9, et le Rapport, *ib.*, p. 49, n°s 60 et suiv.). Or telle n'est pas la situation de la veuve ou du mineur qui ont négligé de s'inscrire dans l'année de la viduité ou de la majorité acquise : à leur égard, il n'y a pas lieu de recourir à la purge, et le droit de préférence, par conséquent, n'a pu survivre au droit de suite » (Conf. MM. Rivière et Huguet, Quest., n° 377).

533. Il importe peu, d'ailleurs, que la tutelle prenne fin par le décès du mineur ou par sa majorité. Dans le premier cas, l'obligation de prendre inscription dans l'année regardera ses héritiers ; dans le second cas, c'est par lui-même qu'elle devra être remplie (Conf. MM. Rivière et François, Explic., etc., n° 121; Rivière et Huguet, Quest., n°s 378 et 379; Mourlon, Examen crit., etc., Append., v° Transcr.; Troplong, de la Transcr., n° 310; Flandin, *ibid.*, chap. 4, sect. 3).

534. La question, cependant, s'est présentée devant la cour de Bordeaux, à l'égard de l'hypothèque légale de la femme. On a prétendu que l'art. 8 de la loi du 23 mars 1855 n'ayant parlé que de la *veuve* et de ses héritiers ou ayants cause, la disposition ne devrait pas s'appliquer aux héritiers de la femme décédée avant son mari. Mais cette prétention a été justement repoussée.—Il a, ainsi, été jugé que la nécessité d'inscrire l'hypothèque légale de la femme, dans l'année qui suit la dissolution du mariage, à peine de déchéance, conformément à l'art. 8 de la loi du 23 mars 1855, s'applique au cas où la femme est décédée avant son mari, comme au cas où elle lui a survécu (Bordeaux, 12 mars 1860, aff. Fourgeaud, D. P. 61. 2. 67).

535. ...Encore bien que les héritiers de la femme, décédée avant son mari, seraient ses propres enfants mineurs, placés sous la tutelle de leur père (Grenoble, 29 avr. 1858, aff. Aubert, D. P. 61. 2. 68). — M. Flandin, de la Transcr., t. 2, chap. 4, sect. 3, fait, sur ce dernier arrêt, les réflexions suivantes auxquelles nous nous associons. « La décision, dit-il, est juridique, au point de vue de l'hypothèque légale de la femme, et dans le cas où les mineurs, héritiers de celle-ci, en réclame-

raient l'effet, à la date du mariage de leur mère. Mais, au décès de la femme, sa créance hypothécaire sur les immeubles de son mari, pour raison de sa dot et de ses conventions matrimoniales, se transforme ; elle devient une créance pupillaire des enfants contre leur père tuteur ; créance garantie par une hypothèque légale, dispensée d'inscription, sur les immeubles de celui-ci, et remontant, non plus au jour du mariage, mais au jour de l'acceptation de la tutelle (c. nap. 2135). C'est, au reste, ce que dit l'arrêt lui-même, dans la première partie de ses motifs. En effet, cette hypothèque légale, qui est donnée au mineur contre son tuteur, lui est donnée *à raison de la gestion* de ce dernier : elle s'applique, par conséquent, à tout ce que le tuteur peut devoir au mineur, soit pour recettes effectuées, soit pour celles que, par négligence ou par tout autre motif, il n'aurait pas faites ; soit pour dommages-intérêts, à raison des fautes qu'il aurait commises dans sa gestion (V. Priv. et hyp., n°s 1047 et suiv.). Or, une des obligations du père tuteur, au décès de sa femme, était de prendre, au nom de ses enfants mineurs, héritiers de celle-ci, inscription sur lui-même, pour la conservation de l'hypothèque légale de leur mère (c. nap. 2136) : *Quod adversùs alium præstare debuit pupillo suo*, dit Ulpien, *id adversùs se quoque præstare debet ; fortassis et plus : adversùs alios enim experiri, sine actione, non potuit, adversùs se potuit* (L. 9, § 3, D., *De admin. et per. tut.*). Sa négligence, si elle a été dommageable aux mineurs, donnera donc lieu contre lui à une action en indemnité, qui sera l'équivalent du préjudice éprouvé par ces mineurs par la perte de l'hypothèque de leur mère, faute d'inscription dans l'année de la dissolution du mariage ; et cette action en indemnité sera garantie par l'hypothèque légale, puisque c'est un fait de gestion... »

536. Un arrêt de la cour de Grenoble, du 28 janv. 1818, aff. Persot, rapporté v° Priv. et hypoth., n° 1633, a plutôt confirmé que contredit ces principes (V. ce que nous avons dit sur cet arrêt à l'endroit cité).

537. Sauf la réserve que nous avons faite, au n° 536, sur l'arrêt de la cour de Grenoble du 29 avr. 1858, nous pensons, avec cet arrêt et avec celui de la cour de Bordeaux du 12 mars 1860, que la minorité des héritiers de la femme ou du mineur ne proroge pas, en leur faveur, le délai d'une année fixé par l'art. 8 de la loi du 23 mars 1855, pour l'inscription de l'hypothèque légale dans le cas spécifié audit article. S'il est dit, dans l'art. 2252 c. nap., que « la prescription ne court pas contre les mineurs et les interdits », l'article ajoute : « sauf ce qui est dit à l'art. 2278, et à l'exception des autres cas déterminés par la loi. » Suivant ce dernier article, les prescriptions de courte durée, comme celle dont il est parlé dans l'art. 8 de la loi du 23 mars, « courent contre les mineurs et les interdits, sauf leur recours contre leurs tuteurs. » D'ailleurs, c'est moins de prescription qu'il s'agit, dans l'art. 8, que de déchéance : or, il est de principe, comme le disent MM. Rivière et Huguet, Quest., n° 380 (V. aussi Prescript. civ., n° 690), « que le temps, à l'expiration duquel une déchéance a lieu, court contre toutes personnes, même contre les mineurs. » M. Troplong, de la Transcription, n° 311, donne, pour le cas particulier, une raison qui n'est pas moins concluante. « Le tuteur, dit-il, ne sera pas détourné, par son intérêt personnel, de prendre inscription sur les biens du mari ou du tuteur de l'incapable défunt, puisque l'inscription frappera sur les immeubles d'autrui, et nullement sur les siens propres. » Et, si cette raison n'est pas applicable au cas dont il est parlé dans l'arrêt de la cour de Grenoble du 29 avr. 1858, c'est-à-dire lorsque l'inscription à prendre, au nom du mineur héritier de la femme, doit porter sur les immeubles du tuteur, il faut dire, avec cet arrêt, que les intérêts du mineur sont suffisamment protégés par l'obligation imposée au subrogé tuteur, sous sa responsabilité personnelle, de prendre cette inscription (c. nap. 2127; conf. M. Flandin, de la Transcr., chap. 4, sect. 3;—*Contra*, MM. Pont, Privil. et hyp., n° 809; Nicollet, Rev. crit., année 1858, t. 13, p. 548).

538. Ainsi que le déclare le l'art. 8 de la loi précitée, c'est *dans l'année* qui suit la dissolution du mariage ou la cessation de la tutelle, que doit être prise l'inscription de la veuve ou du mineur, devenu majeur. Il suit de cette locution que le dernier jour du terme, *dies ad quem*, est compris dans le délai; mais que le jour qui en est le point de départ, *dies à quo*, n'en fait pas partie (arg. art. 2261 c. nap. : V. notre traité des Priv. et hypoth., n°s 1645 et suiv., et aussi v° Délai, n°s 25 et suiv. — Conf. MM. Troplong, de la Transcript., n° 312; Flandin, *ibid.*, t. 2, chap. 4, art. 3).

539. L'art. 834 c. pr., dont la loi du 23 mars 1855 a prononcé l'abrogation, n'était, comme on sait, relatif qu'aux *aliénations volontaires* (V. notre traité des Priv. et hyp., n° 1710). A l'égard des expropriations forcées, elles étaient restées sous l'empire du code Napoléon, dont le principe était que la vente purgeait, *ipso facto*, toute hypothèque antérieure non inscrite, ou non dispensée d'inscription (*loc. cit.*, n°s 2023 et suiv.). — « Il résultait de là, dit M. Flandin, de la Transcr., t. 2, ch. 4, sect. 3, une bigarrure et des difficultés. Une bigarrure, en ce que, lorsqu'il s'agissait d'une vente amiable, le droit de prendre inscription, pour le créancier hypothécaire antérieur à la vente, se prolongeait indéfiniment, puisqu'il subsistait tant que l'acquéreur ne manifestait pas l'intention de purger; au lieu que, si l'immeuble hypothéqué était l'objet d'une saisie, le créancier ne conservait cette faculté que jusqu'à l'adjudication. — Quant aux difficultés, elles prenaient leur source dans l'incertitude où 'on pouvait être sur le point de savoir s'il fallait ranger dans la classe des aliénations volontaires, relativement à la purge, les ventes faites en justice, autres que celles sur saisie-immobilière, ou les assimiler, en ce point, aux expropriations forcées (*loc. cit.*, n°s 2034 et suiv.)? — Ces difficultés ont disparu par l'effet de l'art. 6 de la loi du 23 mars, qui pose, comme règle uniforme, applicable aux ventes amiables ainsi qu'aux ventes forcées (*loc. cit.*, n° 2023), que, jusqu'à la transcription, on peut prendre utilement inscription sur le précédent propriétaire, mais qu'on ne le peut plus à partir de cette époque. »

540. Quel est l'effet de la transcription effectuée par un acquéreur qui se trouve dépossédé par le résultat d'une surenchère ? La nouvelle adjudication, qui opère la résolution de son contrat, efface-t-elle la transcription de telle sorte que les créanciers hypothécaires ou privilégiés, qui se trouvaient déchus de leurs privilèges ou de leurs hypothèques, faute d'avoir pris inscription dans la quinzaine de cette transcription, conformément à l'art. 834 c. pr., recouvrent ce droit d'inscription jusqu'à la transcription du nouvel adjudicataire?—Nous avons rapporté, dans notre traité des Privil. et hyp., n°s 2027 et 2028, trois arrêts qui se sont prononcés pour l'affirmative (Paris, 3 avr. 1812, aff. hér. de Lécluze, n° 2027; Bordeaux, 24 avr. 1845, aff. Theulier-Saint-Germain, D. P. 46. 2. 50; Besançon, 13 juin 1848, aff. Cart, D. P. 51. 2. 42); ces deux derniers arrêts rendus par application du même principe, quoique dans des espèces différentes. La même doctrine a été soutenue par MM. Delvincourt, t. 3, p. 374, note 8; Duranton, t. 20, n° 356; Carré, Procéd., sur l'art. 834; Thomine-Desmazures, *eod.*; — Mais nous l'avons combattue, avec MM. Grenier, des Hyp., t. 2, n° 472; Troplong, *ibid.*, n° 965.

541. La question s'est représentée récemment, et elle avait été jugée, dans le même sens, par la cour de Riom; mais son arrêt a été cassé, et il a été décidé, au contraire, par la cour suprême, que la transcription d'une vente emporte déchéance de tous droits d'hypothèque ou de privilège, non inscrits dans la quinzaine de cette transcription, sous l'empire de l'art. 834 c. pr., alors même que la vente se trouverait résolue par la survenance d'une surenchère, ou par l'effet d'un partage ou d'une licitation (Cass. 7 mai 1860, aff. Sève, D. P. 60. 1. 234; Conf. Rej. 23 fév. 1857, aff. Marmillod, D. P. 57. 1. 88; Req. 1er juin 1859, aff. Florent, D. P. 60. 1. 381).

542. La question est de nature à se reproduire sous la loi du 23 mars 1855, et elle devrait être jugée de même. — Nous avons dit, à la vérité, *suprà*, n° 369, que le nouvel adjudicataire, quoique succédant à un acquéreur qui a transcrit, n'est pas dispensé, pour cela, de transcrire pour son propre compte, parce qu'aujourd'hui la transcription a un tout autre objet que celui de préparer la purge; mais nous ne l'avons pas dit en ce sens qu'il ne doive rien subsister, dans le passé, de la transcription effectuée par cet acquéreur, puisque nous admettons, au contraire, que la résolution du premier contrat, opérée par

l'effet de la surenchère, ne porte aucune atteinte aux hypothèques constituées par ce même acquéreur sur l'immeuble, pendant sa jouissance (Conf. M. Flandin, de la Transcr., t. 2, ch. 4, sect. 3).

543. Nous verrons tout à l'heure ce qui concerne les privilèges; mais nous pouvons faire observer, dès à présent, que l'art. 6 de la loi du 23 mars 1855, s'applique à ceux de ces privilèges qui, assujettis à l'inscription dans un certain délai, avec effet rétroactif à la date de la créance, n'ont pas été inscrits dans ce délai, et qui, par suite, dégénèrent en hypothèque, laquelle ne prend rang que du jour de l'inscription (c. nap. 2113).

544. Nous avons déjà dit, qu'il n'y a de soumis à la transcription, dans les principes de la loi du 23 mars, que les mutations entre-vifs, soit à titre gratuit, soit à titre onéreux, et que les mutations par décès en sont exemptes (V. *suprà*, n°s 42 et suiv.).—Il suit de là, dit M. Troplong, de la Transcr., n° 273, « que, pour les mutations à cause de mort, comme les legs, auxquels le code de procédure ne s'applique plus, et auxquels la loi nouvelle est inapplicable, la transmission, qui s'opère du testateur au légataire, purge, même sans transcription, les hypothèques non inscrites. Or, le légataire particulier d'un immeuble étant saisi de la propriété, à la mort du testateur, c'est l'époque de ce décès qui arrêtera toutes les inscriptions du chef du précédent propriétaire. Sous l'empire des art. 834 et 835 c. pr. civ., les choses se passaient autrement : le légataire était tenu de purger, s'il voulait affranchir sa propriété; il faisait, en conséquence, transcrire son titre; et les inscriptions, qui se produisaient dans la quinzaine, étaient valablement prises. Mais aujourd'hui, les art. 834 et 835 étant abrogés, on se trouve forcément placé sous l'empire du code Napoléon, d'après lequel l'aliénation purge virtuellement les hypothèques non inscrites. —Cette conséquence, ajoute l'auteur, est peut-être à regretter : la mort, qui ouvre le droit du légataire et met fin à la faculté de s'inscrire, est un événement parfois si soudain, tellement inopiné, qu'un délai pour le créancier, qui n'a pas pris inscription, se justifierait mieux ici que dans tout autre cas. Mais il est impossible d'échapper à ce texte, en présence de ces mots si formels : *les art. 834 et 835 c. pr. civ. sont abrogés*. » — Nous ne pouvons partager le regret de M. Troplong. Ainsi que le dit M. Flandin, de la Transcr., t. 2, ch. 4, sect. 3 : « Dès qu'on se décidait à prononcer l'abrogation des art. 834 et 835 c. pr., on n'aurait pu réserver, pour le cas particulier indiqué par M. Troplong, le principe que consacre l'art. 834, sans créer de nouvelles anomalies, qu'on doit s'attacher à éviter, à moins qu'on n'y soit contraint par un intérêt plus grand encore que le désir de maintenir l'uniformité de la règle. Or, le défaut d'inscription, dans le cas dont il s'agit, ne fait courir au créancier d'autre risque que celui auquel il aurait été exposé, si la succession se fût ouverte *ab intestat*, et qu'elle eût été acceptée sous bénéfice d'inventaire. L'acceptation bénéficiaire, en effet, l'eût privé comme le legs, de la faculté de prendre inscription sur l'immeuble hypothéqué (c. nap. 2146 ; V. notre traité des Priv. et hyp., n°s 1431 et suiv.). Mais ce défaut d'inscription ne lui fait perdre qu'un droit de préférence sur les autres créanciers de la succession, car au légataire, même à titre particulier, il opposera la règle : *nemo liberalis, nisi liberatus*. Il n'aura, pour cela, qu'une question à remplir, ce sera de demander la séparation des patrimoines » (V. notre traité des Dispos. entre-vifs et test., n°s 4003 et suiv.).

545. On a vu *suprà*, n° 43, que les testaments, sous la loi du 11 brum. an 7, étaient, comme les autres actes translatifs de propriété, assujettis à la transcription, et nous avons rapporté un arrêt de la cour de Nîmes, du 11 fév. 1807, qui l'a implicitement ainsi jugé.

546. Nous avons vu *suprà*, n° 380, contre l'opinion commune, que la loi du 23 mars 1855 est applicable aux jugements d'expropriation pour cause d'utilité publique, non pas, en ce sens, que les propriétaires, atteints par l'expropriation, auront le droit de constituer des hypothèques ou d'aliéner, postérieurement au jugement qui prononce l'expropriation, et jusqu'à la transcription de ce jugement, mais en ce sens seulement que tous les droits réels, antérieurs au jugement d'expropriation, seront frappés de déchéance, conformément à l'art. 6 de la loi du 23 mars, s'ils n'ont pas été rendus publics avant la transcription dudit jugement : en un mot, que l'abrogation des art. 834 et 835 c. pr., édictée par cet art. 6, est absolue, et qu'elle peut être invoquée, en matière d'expropriation pour cause d'utilité publique, comme en toute autre.

547. PRIVILÉGES. — *Priviléges du vendeur et du copartageant*. — Le désir de maintenir dans la loi l'unité de dispositions avait porté le conseil d'Etat à faire du principe posé dans l'art. 6 une règle générale et sans exception, pour tous les actes soumis à la transcription. En conséquence, l'art. 8 du projet de loi (correspondant à l'art. 6), ne contenait que les dispositions suivantes, que nous avons déjà citées : « A partir de la transcription, les créanciers privilégiés ou ayant hypothèque, aux termes des art. 2123, 2127 et 2128 c. nap., ne peuvent prendre utilement inscription sur le précédent propriétaire. — Les art. 834 et 835 c. pr. civ. sont abrogés. » — Mais la commission s'alarma, dans l'intérêt du vendeur non payé de son prix, de cette rigueur, et elle demanda, pour lui, le maintien des art. 834 et 835 c. pr., en portant à soixante jours le délai de quinzaine accordé par ces articles (V. rapport de M. Debelleyme, D. P. 55. 4. 31, n° 37).

548. Le conseil d'Etat, déférant à ce vœu, accorda au vendeur, et étendit au copartageant, pour la conservation de leur privilége, le délai d'un mois, au lieu de celui de soixante jours qui était demandé par la commission.—Mais ce délai fut trouvé insuffisant, lors de la discussion du projet de loi devant le corps législatif. Le président de la commission, M. Delapalme, maintint, avec énergie, que le délai de soixante jours était indispensable; et, après d'assez longs débats, on finit par un compromis qui fut de porter le délai à 45 jours (V. *suprà*, p. 684, n°° 24, 25 et 26). — En conséquence, on intercala, dans l'art. 8 du projet, devenu l'art. 6, la disposition suivante : « Néanmoins, le vendeur ou le copartageant peuvent utilement inscrire les priviléges à eux conférés par les art. 2108 et 2109 c. nap., dans les quarante-cinq jours de l'acte de vente ou de partage, nonobstant toute transcription d'actes faits ce délai. »

549. Le délai de quarante-cinq jours court, non pas, comme sous le code de procédure, du jour seulement où un sous-acquéreur ferait transcrire son propre contrat, la première vente n'ayant point été transcrite, mais du jour de cette première vente, quoique non transcrite : les termes de l'article sont formels. « C'est là, dit M. Troplong, de la Transcr., n° 278, ce qui rend cette exception très-peu dommageable aux tiers acquéreur. Il suffit que, depuis la mutation antérieure à la sienne, il ait la certitude que quarante-cinq jours sont écoulés, pour que, dès le jour de sa transcription, il ait une sécurité complète » (Conf. MM. Rivière et François, Explic., n° 100; Rivière et Huguet, Quest., n° 332; Flandin, de la Transcr., t. 2, ch. 4, sect. 3).

550. Mais, ajoute M. Troplong, n° 279, « si les quarante-cinq jours s'écoulent, sans qu'une seconde vente soit transcrite, le vendeur sera toujours à temps d'inscrire son privilége. Les choses sont, en effet, entières, dit-il, et les quarante-cinq jours ne sont un délai fatal que lorsqu'il est survenu une transcription, soit *medio tempore*, soit après leur expiration, sans inscription de privilége. » — Telle est aussi l'opinion de MM. Rivière et Huguet, Quest., n° 365 : « Lorsque l'immeuble, disent ces auteurs, est encore la propriété du premier acquéreur, la péremption de l'inscription n'éteint pas le privilége, et cela, lors même que la transcription de l'acte de vente n'aurait pas eu lieu; le vendeur peut toujours renouveler son inscription, *et primer les créanciers hypothécaires de l'acquéreur* (art. 2108 c. nap.); il pourra aussi exercer, à leur préjudice, son action résolutoire » (Conf. MM. Rivière et François, Explic., etc., n°° 114 et 116).

Tel n'est pas le sentiment de M. Flandin, ni le nôtre. « Il faut combiner, dit ce magistrat, *loc. cit.*, l'art. 6 de la loi du 23 mars 1855, avec l'art. 2113 c. nap., qu'elle n'a point abrogé. L'art. 2113 porte que « toutes créances privilégiées, soumises à la formalité de l'inscription, *à l'égard desquelles les conditions ci-dessus prescrites pour conserver le privilége n'ont pas été accomplies*, ne cessent pas, néanmoins, d'être hypothécaires; mais l'hypothèque ne date, à l'égard des tiers, que de l'époque des inscriptions qui auront dû être faites, ainsi qu'il sera ci-

après expliqué. » La condition imposée au vendeur par l'art. 6 de la loi du 23 mars 1855 pour conserver son privilége, c'est de prendre inscription dans les quarante-cinq jours de l'acte de vente : s'il ne le fait pas, la peine de sa négligence doit être la perte de son privilége, conformément à l'art. 2113. Il lui restera, à la vérité, une hypothèque, qu'il pourra faire inscrire, tant que le sous-acquéreur n'aura pas fait transcrire son contrat; mais cette hypothèque ne datera, comme le veut ce même art. 2113, que du jour de l'inscription, au lieu de remonter, comme le privilége, au jour de la vente. — Sous le code Napoléon, aucun délai fatal n'avait été prescrit au vendeur pour l'inscription de son privilége : on en avait conclu que l'inscription pouvait être prise, tant que l'immeuble se trouvait aux mains de l'acquéreur. Et, lorsque l'art. 834 c. pr. eut été promulgué, le vendeur eut, pour inscrire son privilége, en cas de revente de l'immeuble, jusqu'à l'expiration de la quinzaine qui suivait la transcription opérée par le sous-acquéreur. Telles étaient les décisions de la jurisprudence, avant la loi du 23 mars 1855 (V. notre traité des Priv. et hyp., n°° 668 et suiv.). Cette loi est conçue dans un autre esprit : elle veut, dans l'intérêt des tiers, la publicité la plus complète et la plus immédiate : c'est pourquoi elle a abrogé l'art 834 c. pr., et fixé au vendeur un délai pour l'inscription de son privilége. — A ne consulter que le premier alinéa de l'art. 6, il semblerait que le vendeur a jusqu'à la transcription pour inscrire son privilége; d'où l'on veut induire qu'aucun délai ne court contre lui, tant que cette transcription n'est pas intervenue. Mais tel ne peut être, on va s'en convaincre, le sens de l'article. Pour l'interpréter sainement, il ne faut pas séparer le premier alinéa du second : *Incivile est*, dit la loi 24, D., *De legib., nisi totâ lege perspectâ, unâ aliquâ particulâ ejus propositâ, judicare, vel respondere*. Or, il est à remarquer, d'abord, que le premier alinéa de l'art. 6 ne s'applique qu'au cas de revente. Voici ses termes : « A partir de la transcription, les créanciers privilégiés, ou ayant hypothèque, ne peuvent prendre utilement inscription *sur le précédent propriétaire*. » Il ne décide donc rien pour le cas où l'immeuble est encore dans les mains du premier acquéreur. Puis, de ce qu'il est dit que les créanciers privilégiés ne peuvent, à partir de la transcription, s'inscrire utilement sur le précédent propriétaire, il ne s'ensuit nullement qu'ils puissent s'inscrire jusqu'à la transcription, s'ils ne sont plus dans les mains de cet acquéreur. Il faut se défier, comme on sait, de l'argument *à contrario*. — Que porte maintenant, le deuxième alinéa? « Néanmoins, le vendeur ou le copartageant peuvent utilement inscrire les priviléges à eux conférés par les art. 2108 et 2109 c. nap., *dans les quarante-cinq jours de l'acte de vente ou de partage*, nonobstant toute transcription d'actes faits ce délai. » Cette disposition est plus générale que la précédente. Par sa relation avec le premier alinéa, elle s'applique, sans aucun doute, au cas de revente; mais elle embrasse aussi implicitement le cas où l'immeuble n'est pas sorti des mains du premier acquéreur, puisqu'elle fait courir le délai imparti au vendeur pour inscrire son privilége, non pas, comme l'art. 834 c. pr., du jour de la transcription opérée par le sous-acquéreur, mais du jour de *l'acte de vente*. S'il en était autrement, il y aurait donc deux délais pour l'inscription du privilége du vendeur : un délai de quarante-cinq jours, courant, en cas de revente de l'immeuble et de transcription par le sous-acquéreur, du jour de la première vente; et un délai indéfini, ou plutôt absence complète de délai, lorsqu'il n'y aurait pas eu de seconde vente. Et l'on arriverait, ainsi, à ce résultat, au moins singulier, de faire dépendre le sort des hypothèques conférées par un premier acquéreur du fait de la revente et de sa transcription. Par exemple : Primus vend, moyennant 10,000 fr., l'immeuble A à Secundus, qui ne fait pas transcrire, et qui constitue sur cet immeuble une hypothèque à Seius, lequel prend inscription. Ultérieurement, mais après les quarante-cinq jours depuis la vente, Primus fait inscrire son privilége. Si l'on décide que le deuxième alinéa de l'art. 6 de la loi du 23 mars 1855 n'est point applicable à ce cas, qui demeure régi par le code Napoléon, Primus sera préférable à Seius, et ce dernier perdra sa première hypothèque. — Mais Secundus, avant toute poursuite hypothécaire, revend l'immeuble, moyennant pareille somme de 10,000 fr., à Tertius, qui fait transcrire, et fait aux créanciers inscrits l'offre de son prix. Les choses vont changer de face pour ces derniers : Seius, s'armant de la disposition de l'art. 6 précité, se fera colloquer avant Primus, qui n'a plus de privilége, mais une simple hypothèque, et c'est ce dernier qui perdra sa créance.—— Ainsi Primus, dont la position était la même à l'égard de Seius, dans les deux cas ; Primus, qui a été négligent, qui pouvait prendre inscription dans les quarante-cinq jours de la vente faite par lui à Secundus, et qui ne l'a pas fait ; Primus aurait à porter la peine de cette négligence, dans le cas où Secundus aurait revendu, et en serait déchargé dans le cas contraire. Une situation identique pour les deux cas peut-elle produire des résultats aussi opposés, sans faire taxer la loi d'inconséquence ?

« Dans quelle hypothèse, poursuit M. Flandin, statue le deuxième alinéa de l'art. 6 ? Dans l'hypothèse de deux ventes successives, dont la première n'a pas été transcrite, mais serait séparée de la seconde par un si court intervalle qu'il serait à craindre que le vendeur originaire n'eût pas le temps de faire inscrire son privilége avant la transcription du sous-acquéreur. C'est ce danger que signalait M. A. Debelleyme, dans son rapport » (Voy. D. P. 55. 4. 29, n° 37). — C'est pour parer à ce danger que l'art. 6 permet, exceptionnellement, au vendeur et au copartageant d'inscrire leur privilége dans les quarante-cinq jours de l'acte de vente ou de partage, *nonobstant toute transcription d'actes faits dans ce délai.* Mais, en statuant pour cette hypothèse, le législateur entend bien généraliser sa disposition, et l'appliquer au cas d'une seule vente non transcrite, comme à celui de deux ventes successives, dont la dernière seule aurait été soumise à la formalité. Autrement, il aurait suffi, comme on l'a déjà dit, de faire courir le délai du jour de la transcription de la seconde vente, au lieu de le faire rétroagir à la date du premier acte de vente. — Cela a été ainsi entendu par tout le monde dans la discussion. « L'argument qu'on voudrait tirer, disait le président de la commission, M. Delapalme, lorsqu'il insistait pour que le délai d'un mois, primitivement accordé par le conseil d'État, fût porté à soixante jours, l'argument qu'on voudrait tirer de ce que la loi, aujourd'hui existante, ne donne que quinze jours pour la transcription, doit être écarté. Il faut remarquer, en effet, que l'art. 834 c. pr. accorde au vendeur, pour faire inscrire son privilége, un délai de quinze jours, *à partir de la transcription de la vente,* tandis que l'art. 6 du projet, qui abroge l'art. 834, aurait eu résultat que, si l'acquéreur ne faisait pas transcrire son contrat, *dans les trente jours de sa date,* le privilége du vendeur pourrait périr... »—M. Suin, commissaire du gouvernement, disait également : « Mais le délai de quarante-cinq jours, qui va être introduit dans le projet, diffère essentiellement du délai de quinze jours dont il s'agit dans les art. 834 et 835 c. pr. civ. Ce dernier délai a pour point de départ, non pas le jour du contrat, mais le jour de la transcription; et le prêteur peut toujours se garantir, en ne délivrant ses fonds que lorsqu'il a fait inscrire son hypothèque. Pour le vendeur, au contraire, le délai de quarante-cinq jours court *du jour du contrat,* c'est-à-dire du jour où il est dépossédé » (V. *suprà,* p. 686, n° 30, *in fine*).

« L'art. 7, dit, en terminant, M. Flandin, fournit, enfin, un argument qui me semble décisif pour mon opinion. Il porte que «l'action résolutoire, établie par l'art. 1654 c. nap., ne peut être exercée, après l'expiration du privilége du vendeur, *au préjudice des tiers qui ont acquis des droits sur l'immeuble du chef de l'acquéreur, et qui se sont conformés aux lois pour les conserver.* » Ici, manifestement, la loi ne s'occupe pas seulement des intérêts du sous-acquéreur, mais de ceux des créanciers hypothécaires régulièrement inscrits. Or que dit l'article ? Que l'action résolutoire ne peut être exercée par le vendeur, *après l'extinction de son privilége,* au préjudice des droits acquis par ces créanciers. L'extinction du privilége, c'est le défaut d'inscription (ou de transcription) par le vendeur, dans les quarante-cinq jours de l'acte de vente, conformément à l'art. 6. L'art. 7 a une relation nécessaire avec cet art. 6; les deux dispositions se complètent l'une par l'autre; et, si la première s'occupe plus spécialement du cas de revente, la seconde s'applique directement aux créanciers hypothécaires, qu'il y ait eu revente ou non. »

551. Quelle que soit l'opinion qu'on adopte sur la question précédente, il nous paraît, du moins, qu'on ne pourrait appliquer au privilége du cohéritier ou copartageant la doctrine qu'enseignent M. Troplong et MM. Rivière et Huguet, relativement au privilége du vendeur. A l'égard du cohéritier ou copartageant, le point de départ des quarante-cinq jours ne peut, en aucun cas, être autre que la date même du partage ou du jugement d'adjudication sur licitation. L'art. 2109 c. nap. s'exprimait, à cet égard, dans les termes les plus explicites : « Le cohéritier ou copartageant, dit-il, conserve son privilége sur les biens de chaque lot, ou sur le bien licité, pour les soulte et retour de lots, ou pour le prix de la licitation, par l'inscription faite, à sa diligence, dans soixante jours (aujourd'hui quarante-cinq jours), à dater de l'acte de partage ou de l'adjudication par licitation : durant lequel temps, aucune hypothèque ne peut avoir lieu sur le bien chargé de soulte, ou adjugé par licitation, au préjudice du créancier de la soulte ou du prix » (Conf. M. Flandin, de la Transcript., t. 2, chap. 4, sect. 3).

552. Le point de départ des quarante-cinq jours est donc, comme nous venons de le dire, la date de l'acte de vente ou de partage. Mais la pratique a fait surgir, sur ce point, plusieurs difficultés, qui sont de nature à se produire sous la loi nouvelle, comme sous l'ancienne loi : nous les avons examinées v° Priv. et hyp., n°⁵ 687 et suiv., et il suffit d'y renvoyer.

553. L'art. 6 de la loi du 23 mars 1855 ne parle que de l'acte *de partage*; mais il faut prendre cette expression dans le sens général, et l'appliquer à la licitation, qui n'est qu'un mode de partage; et, plus généralement encore, à tout acte quelconque qui fait cesser l'indivision (c. nap. 883 et 888 ; V. notre Traité des priv. et hyp., n°⁵ 684 et suiv.). — C'est, d'ailleurs, ce qui résulte, en termes exprès, de l'art. 2109, qui attribue privilége au cohéritier ou copartageant, « sur les biens de chaque lot, ou *sur le bien licité,* pour les soulte et retour de lots, ou *pour le prix de la licitation,* par l'inscription faite, à sa diligence, dans soixante jours, à dater de l'acte de partage ou de *l'adjudication sur licitation,* etc. » On a substitué le délai de quarante-cinq jours à celui de soixante jours, voilà tout.

554. Nous avons déjà fait observer, v° Priv. et hypoth., n°⁵ 681 et 682, que, bien que, dans l'art. 2109 c. nap., où sont réglées les formalités à suivre pour la conservation du privilége des cohéritiers ou copartageants, il ne fût question nommément que de la garantie à laquelle ces derniers sont tenus, les uns à l'égard des autres, pour les soulte ou retour de lots, ou pour le prix de la licitation, il n'en fallait pas moins compléter cet art. 2109 par l'art. 2103, qui étend le privilége à la garantie que se doivent ces mêmes cohéritiers ou copartageants, à raison de l'éviction des immeubles échus au lot de chacun d'eux.

555. Nous avons dit également, *eod. v°,* n° 687, qu'il n'y avait point à distinguer entre le partage fait par acte authentique et celui qui n'aurait eu lieu que par acte sous seing privé; que le copartageant pouvait, comme le vendeur (*loc. cit.*, n° 656), prendre inscription, pour la conservation de son privilége, en vertu d'un titre sous signature privée. On a vu *suprà,* n° 51, que les actes de cette dernière nature sont, comme les actes authentiques, admis à la transcription.

556. Il faut remarquer, d'ailleurs, que l'art. 6 de la loi du 23 mars 1855 ne déroge pas à l'art 2108 c. nap., aux termes duquel, « le vendeur privilégié conserve son privilége par la transcription du titre qui a transféré la propriété à l'acquéreur, et qui constate que la totalité ou partie du prix lui est due; à l'effet de quoi, ajoute l'article, la transcription du contrat, faite par l'acquéreur, vaudra *inscription* pour le vendeur et pour le prêteur qui lui aura fourni les deniers payés, et qui sera subrogé aux droits du vendeur par le même contrat... » Ainsi, lorsque l'acquéreur aura fait transcrire, pourvu que ce soit dans le délai de quarante-cinq jours, le vendeur ou le bailleur de fonds, seront dispensés de prendre inscription : la transcription qui a la même publicité que l'inscription, suffit, en effet, pour avertir les tiers. — On ne peut douter que ce ne soit là l'esprit de la loi nouvelle; car elle a été ainsi expliquée par M. Rouher, vice-président du conseil d'État, l'un des commissaires chargés par le gouvernement de soutenir la discussion du projet de loi devant le corps législatif. « L'art 2108, disait M. Rouher, à la séance du 17 janv. 1855 (V. *suprà,* p. 686, n° 32), confère d'abord an privilége, pour le payement du prix, sur la valeur de l'immeuble. Lorsque l'acquéreur fait transcrire son contrat, le vendeur n'a rien à faire, et le conservateur des hypothèques est obligé d'inscrire, d'office, ce privilége. — Cependant, il pourrait arriver que l'acquéreur, avant d'avoir transcrit, vendît à une autre personne, et que cette dernière vente fût transcrite avant la première : dans ce cas, la jurisprudence a admis que la mention des noms des anciens propriétaires dans un contrat transcrit suffit pour purger à leur égard (sur cette question, V. suprà, n°ˢ 493 et s., et notre Traité des Priv. et hyp., n°ˢ 2064 et suiv.). — Le premier vendeur peut donc être exposé à perdre son privilége, s'il ne l'a pas fait inscrire (dans la quinzaine de la transcription faite par le sous-acquéreur, conformément à l'art. 834 c. pr.)... Pour éviter cet inconvénient, le projet, ajoutant à la disposition de l'art. 2108, qui, en cas de non-transcription par l'acquéreur, a autorisé le vendeur à faire transcrire son privilége, lui accorde, avec un délai suffisant, le droit de faire transcrire lui-même... » — Il y a, dans ces dernières paroles de M. Rouher, fait remarquer M. Flandin, si elles sont rapportées fidèlement, une légère interposition dans les dispositions de l'art. 2108 c. nap., suivant lequel le vendeur et le prêteur des deniers « pourront faire faire, si elle ne l'a été, la transcription du contrat de vente, à l'effet d'acquérir l'inscription de ce qui leur est dû sur le prix, » et celles de l'art. 6 portant que « le vendeur ou le copartageant peuvent utilement inscrire les priviléges à eux conférés par les art. 2108 et 2109 c. nap., dans les quarante-cinq jours de l'acte de vente ou de partage, nonobstant toute transcription d'actes faits ce délai. » — Mais cela ne change rien à la déduction que nous avons tirée de l'opinion exprimée par M. Rouher, et qui n'a été contredite par personne (Conf. MM. Rivière et Huguet, Quest. n°ˢ 333 et 335; Troplong, de la Transcr., n° 280; Pont, des Priv. et hyp., n° 262; Flandin, de la Transcr., t. 2, ch. 4, sect. 3).

557. Il y a, toutefois, par rapport au bailleur de fonds, une observation à faire. L'art. 2103, n° 2, c. nap. lui accorde un privilége de même nature que celui du vendeur, ou plutôt le subroge dans le privilége de ce dernier, lorsque telle a été la condition de l'emprunt (c. nap. 1250 et 2108). Mais, pour qu'il puisse réclamer ce privilége, il faut, « qu'il soit authentiquement constaté, par l'acte d'emprunt, que la somme était destinée à cet emploi, et, par la quittance du vendeur, que ce payement a été fait des deniers empruntés. » — Nous avons tiré de là la conséquence, v° Priv. et hyp., n° 657, que, si l'acte de vente était sous seing privé, et que l'emploi des deniers ne fût constaté que par cet acte, la transcription ne pourrait profiter au prêteur, la subrogation, dans ce cas, ne pouvant avoir lieu. — Mais nous avons ajouté que comme l'emprunt, sa destination et son emploi peuvent être constatés par des actes autres que l'acte de vente, si ces actes étaient passés dans la forme authentique, la transcription du contrat de vente sous seing privé profiterait, dans ce dernier cas, au prêteur, en ce sens que cette transcription conserverait le privilége aux droits duquel le prêteur se trouve subrogé. — A plus forte raison, avons-nous dit encore (loc. cit., n° 658), ce prêteur pourrait-il conserver son privilége, en prenant une inscription directe, en vertu de l'acte authentique de subrogation.

558. Inutile de faire remarquer encore que la transcription, faite par l'acquéreur, du contrat de vente, et qui vaut inscription pour le vendeur ou le bailleur de fonds, ne dispense pas le conservateur des hypothèques, comme l'a encore exprimé M. Rouher, dans le passage ci-dessus transcrit, de faire l'inscription d'office, conformément à l'art. 2109 précité. Mais, ainsi que l'énoncent MM. Rivière et Huguet, Quest., n° 334, cette formalité étant prescrite dans l'intérêt des tiers, son omission n'a d'autre effet que d'engager la responsabilité du conservateur vis-à-vis d'eux, et la transcription, effectuée à la requête, soit de l'acquéreur, soit du vendeur ou du bailleur de fonds, suffit seule pour conserver le privilége de ces derniers, lors même que le conservateur négligerait de faire l'inscription d'office. C'est, en effet, ce qui résulte des termes de l'art. 2109 : « Sera, néanmoins, le conservateur des hypothèques tenu, sous peine de tous dommages-intérêts envers les tiers, de faire, d'office, l'inscription, sur son registre, des créances résultant de l'acte translatif

de propriété, tant en faveur du vendeur qu'on faveur des prêteurs, etc. » (Conf. MM. Mourlon, Exam. crit., n° 263.; App., n° 377; Troplong, de la Transcr., n° 280; Pont, des Priv. et hyp., n°ˢ 268 et 271; Flandin, de la Transcr., t. 2, ch. 4, sect. 3). — V. aussi v° Priv. et hyp., n°ˢ 661 et suiv.

559. Nous n'avons pas à nous occuper ici des points de savoir dans quel délai doit être prise l'inscription d'office; si elle est sujette, ou non, au renouvellement décennal; si, à défaut de renouvellement, le vendeur est, ou non, déchu de son privilége? Ce sont là des questions qui tiennent à la matière des priviléges, et sur lesquelles nous nous sommes expliqués dans notre traité des Priv. et hyp., n°ˢ 666 et suiv.

560. Faisons remarquer seulement, relativement au dernier point, que, la transcription conservant, à elle seule, et sans le secours d'aucune inscription, le privilége du vendeur, et la transcription n'étant pas, comme l'inscription, assujettie à la loi du renouvellement, puisque, d'une part, l'art. 2154 c. nap. ne s'applique qu'à l'inscription, et que, d'autre part, la loi du 23 mars 1855 ne contient aucune disposition qui étende le principe de l'art. 2154 à la formalité de la transcription, on doit en conclure, avec M. Pont, n° 274, que, « le contrat de vente une fois transcrit, le privilége du vendeur subsiste et se maintient, sauf les causes d'extinction énumérées dans l'art. 2180, et au nombre desquelles ne se trouve pas le défaut de renouvellement. » — Nous ne sommes nullement touché de la raison qu'on donne pour l'opinion contraire, et qui consiste à dire que, d'après les termes mêmes de l'art. 2108 c. nap., la transcription ne vaut que comme inscription, pour le vendeur ou le prêteur de deniers, et qu'elle vaudrait davantage, si on la dispensait du renouvellement décennal. « Evidemment, dit très-bien M. Pont, loc. cit., c'est équivoquer sur les mots que s'arrêter à cette mention de l'art. 2108, que la transcription vaut inscription, pour en conclure que la transcription est soumise à la règle du renouvellement, sans quoi elle vaudrait plus que l'inscription. La loi se borne là à comparer deux formalités, au point de vue de l'effet commun qu'elles produisent; mais elle laisse à chacune d'elles le caractère qui lui est propre, et n'étend pas la règle de l'art. 2154, qui prescrit le renouvellement, à la transcription dont cet article ne parle pas, et dont il n'avait pas à parler, puisque la transcription, une fois faite, n'a pas à être renouvelée... » — D'ailleurs, ainsi que le fait observer M. Flandin, de la Transcript., t. 2, chap. 4, sect. 3, le motif qui a déterminé le législateur à exiger que l'inscription fût renouvelée, au bout de dix ans, c'est la crainte que le conservateur, après un si long temps, ne pût se reconnaître au milieu du grand nombre d'inscriptions qui, durant cet intervalle, auraient été portées sur ses registres : or, ce motif n'a plus la même valeur, appliqué à la transcription, dont le nombre, quoique considérable encore, est infiniment moindre que celui des inscriptions (Conf. MM. Rivière et Huguet, Quest., n° 367. — Contrà, M. Troplong, des Priv. et hyp., n°ˢ 286 bis et ter, et de la Transcript., n° 294; Bruxelles, 16 avril 1823, aff. Delcourt; 15 oct. 1822 et 5 nov. 1823; Req. 27 avr. 1826, aff. Pierrot; Toulouse, 23 mars 1829, aff. Guibert, v° Priv. et hyp., n° 669).—V. n° 598.

561. Dans l'opinion de M. Pont, opinion que nous avons adoptée dans notre traité des Priv. et hyp., n° 653, mais sans la développer, non-seulement la transcription du contrat de vente dispense le vendeur de prendre inscription, pour la conservation de son privilége; mais l'auteur n'admet pas que « le vendeur puisse suppléer à la transcription par une simple inscription, par une inscription directe qu'il prendrait sur l'immeuble par lui aliéné... Une inscription par le vendeur, dit-il, des Priv. et hyp., n°ˢ 263 et 264, serait sans objet, après la transcription; et avant, toute inscription est impossible. Comment donc le vendeur s'inscrirait-il? La vente n'existe pas, au regard des tiers, tant qu'elle n'est pas transcrite, et le vendeur reste propriétaire de l'immeuble. Le privilége n'a donc pas sa raison d'être; et, d'ailleurs, on ne prend pas inscription sur soi-même. La publicité du privilége, dans le système de la loi, est la publicité de la vente elle-même; et, puisque la vente ne peut être rendue publique que à la condition de la transcription, la théorie même de la loi ne permet plus aujourd'hui au vendeur de pourvoir à la conservation de son privilége par une inscrip-

tion directe, et de substituer cette inscription à la transcription.
— Mais il a le moyen de la transcription; car il a qualité pour
la requérir, non moins que l'acquéreur lui-même... »
Cette opinion est combattue par M. Flandin, de la Transcript.,
t. 2, chap. 4, sect. 3. « A mon sens, dit-il, l'opinion de M. Pont
est condamnée par les termes mêmes de l'art. 6 de la loi du 23
mars 1855 : néanmoins, le vendeur ou le copartageant peuvent
utilement *inscrire* les priviléges à eux conférés, etc. »—M. Pont
restreint cette disposition au cas où le vendeur primitif, se trouvant en présence d'un sous-acquéreur qui aurait fait transcrire
son contrat, aurait besoin, pour conserver son privilége, le premier acquéreur n'ayant pas fait transcrire, de prendre inscription, afin de pouvoir exercer le droit de suite. « Ce n'est plus
sur lui-même, dit M. Pont, *loc. cit.*, n° 1124, que le vendeur primitif inscrirait son privilége; c'est, en réalité, contre le
sous-acquéreur, sur la tête duquel la propriété est consolidée
par la transcription qu'il a opérée. Il n'y a donc rien d'anormal
à admettre le vendeur primitif, dont la vente n'a pas été transcrite, à prendre, pour conserver le privilége, à ce point de vue
du droit de suite, l'inscription, qui est précisément la formalité
indiquée par la loi de 1855; et il y doit être admis, pourvu que
quarante-cinq jours ne se soient pas écoulés depuis la date
de son contrat. » — « Mais cette restriction, reprend M. Flandin, est arbitraire, et mon savant collègue introduit, dans l'article 6, une distinction qu'il n'y est pas. La raison qu'il donne,
à l'appui de son système, c'est que le vendeur, tant que la
transcription n'est pas opérée, est réputé propriétaire, à l'é-
gard des tiers, et *qu'on ne prend pas inscription sur soi-même*.
— Cette raison, selon moi, n'est que spécieuse. Si, jusqu'à la
transcription, le vendeur reste propriétaire, respectivement aux
tiers, il ne l'est plus, du jour de la vente, respectivement à
l'acquéreur, et cela suffit pour que l'on ne puisse pas dire que
l'inscription qu'il prend, pour conserver son privilége, dont
l'existence suppose précisément qu'il n'est plus propriétaire, est
une inscription prise sur lui-même. — L'argument de M. Pont,
d'ailleurs, à le pousser dans ses conséquences, dépasserait la
portée qu'il veut lui donner. Si le vendeur ne peut prendre inscription, tant que la transcription n'est pas opérée, parce que
ce serait prendre inscription sur soi-même, il s'ensuit qu'il devra attendre, pour inscrire son privilége, que le sous-acquéreur
ait fait transcrire. Mais si, alors, plus de quarante-cinq jours se
sont écoulés, depuis la vente primitive, il aura perdu son privilége. Ainsi, d'une part, la loi aurait dit au vendeur : Vous pren-
drez inscription dans les quarante-cinq jours de la vente, ou vous
serez exposé à perdre votre privilége; et, de l'autre, elle lui aurait
lié les mains, en ne lui permettant pas de prendre cette inscription avant que le sous-acquéreur eût fait transcrire son titre.
Une telle contradiction, de la part du législateur, est-elle possible? — Il est vrai que le seul moyen de sortir de cette
impasse, c'est de faire transcrire la première vente, au lieu et
place de l'acquéreur, qui a négligé de le faire. Mais, alors, il n'a
plus le choix entre la transcription et l'inscription. Et, chose
singulière! quand l'art. 2108 c. nap. n'a admis la transcription,
comme moyen de conserver le privilége du vendeur, qu'exceptionnellement, et en déclarant que la transcription *vaudra inscription* pour ce dernier; quand l'art. 6 de la loi du 23 mars
1855 ne parle, dans le même cas, que *d'inscription* à prendre
par le vendeur, voici une doctrine qui, renversant l'économie de
la loi, fait de l'exception la règle, et réduit presque à l'état de
lettre morte l'art. 6 précité de la loi de 1855! Et dans quel but
cette interdiction au vendeur? L'inscription n'est-elle pas pour
lui le mode le plus simple, le plus facile et le plus économique à
la fois, de conserver son privilége? N'a-t-elle pas, en outre, l'a-
vantage de laisser le vendeur dans les termes du droit commun
et de répondre, ainsi, d'autant mieux à la pensée de la loi, qui
n'a pas trouvé, apparemment, que la transcription fût une sauvegarde suffisante pour les intérêts des tiers, puisque, indépendamment de ce moyen de publicité, elle a exigé que le privilége
fût *inscrit*, d'office, par le conservateur? — Je soumets ces réflexions au judicieux esprit de l'honorable magistrat, dont je
combats les opinions qu'avec une grande hésitation, à cause de sa
science juridique et de la juste autorité qu'elle lui donne » (Conf.
M. Mourlon, Rev. prat., t. 2, p. 499, 515, 526 et suiv.).

562. M. Flandin, *loc. cit.*, combat une autre opinion émise
par M. Pont, au n° 270, et qui consiste à dire qu'au point de
vue du droit de préférence, les prescriptions de la loi, relativement à l'inscription d'office, ne peuvent ni profiter au vendeur,
ni lui préjudicier. — Ainsi, dit M. Pont, s'il était possible d'admettre que le conservateur, suppléant aux lacunes de l'acte transcrit, fît, dans son inscription d'office, l'évaluation de la créance
résultant de l'acte de vente, laquelle y serait indéterminée, il
faudrait dire que le vendeur ne pourrait pas se prévaloir de
l'inscription d'office, en vertu du privilége que la transcription,
avec les lacunes que nous supposons, ne lui conserverait pas...
« Que l'inscription d'office, répond M. Flandin, si elle contient
des irrégularités ou des inexactitudes qui soient de nature à préjudicier aux tiers, et à en faire prononcer la nullité, ne puisse
nuire au vendeur, lorsque la transcription, qui *vaut inscription*
pour ce dernier (c. nap. 2108), a été régulièrement faite, cela
se conçoit, puisque, comme le fait très-justement remarquer
M. Pont, cette transcription suffit, à elle seule, pour la conservation du privilége du vendeur. Mais pourquoi, s'il s'était glissé
quelques omissions, quelques irrégularités dans la transcription,
le conservateur ne pourrait-il pas les suppléer ou les corriger
dans l'inscription d'office? Il est établi, en principe, que la loi
admettant les *tiers* à prendre inscription pour le créancier (c.
nap. 2148), le conservateur est tout aussi recevable qu'un autre
à procéder, de son chef, à cette inscription (V. rej. 13 juill.
1841, aff. Chagot, v° Priv. et hyp., n° 1458). Mais ici, c'est
bien mieux : c'est la loi elle-même qui impose au conservateur
l'obligation de prendre inscription, au nom du vendeur. Et cette
obligation lui est imposée, non pas dans l'intérêt du vendeur, à
qui la transcription du contrat suffit, mais dans l'intérêt des tiers,
pour assurer d'autant mieux la publicité du privilége. Or la loi,
en exigeant du conservateur qu'il prît inscription pour le vendeur, a voulu, sans doute, qu'il fît une chose utile, profitable
aux tiers; elle a entendu, par conséquent, que cette inscription
devrait contenir toutes les énonciations propres à en assurer
la parfaite régularité. Et, s'il en est ainsi, le conservateur,
s'apercevant que certaines omissions ont été faites dans la transcription du contrat de vente, omissions qui ne peuvent plus être
réparées, à moins de faire une autre transcription, à la date
courante du registre (V. Priv. et hyp., n° 1460 et 1461); si le
conservateur, dis-je, a fait disparaître ces irrégularités dans
l'inscription d'office, à quel titre, les tiers, qui ont dû consulter
cette inscription, et qui ont connu, par elle, tout ce qu'ils
avaient intérêt à connaître, viendront-ils opposer au vendeur
que cette inscription ne doit pas lui profiter? Mais à qui cette
inscription profiterait-elle donc, si elle ne profitait pas au vendeur, puisqu'elle n'a d'autre objet que de donner la vie à son
privilége? » — Nous ne voyons aucune raison sérieuse à opposer
à cette argumentation de M. Flandin.

563. Une question plus grave est celle de savoir si l'art. 6
de la loi du 23 mars 1855, en exigeant que le privilége du vendeur ou du copartageant fût inscrit, à peine de déchéance, dans
les quarante-cinq jours de l'acte de vente ou de partage, a statué
seulement, au point de vue du droit de suite, ou tout à la fois
au point de vue du droit de suite et du droit de préférence? —
Nous avons examiné cette question sous v° Priv. et hyp., n° 674,
pour le privilége du vendeur, et n° 693 et suiv., pour le privilége du copartageant. A l'égard du premier, nous avons dit que,
sous l'empire du code de procédure, le vendeur, qui avait négligé de s'inscrire dans la quinzaine de la transcription de la
vente faite par le premier acquéreur, était déchu de son privilége, non-seulement vis-à-vis du sous-acquéreur, mais encore
vis-à-vis des créanciers : en d'autres termes, que la déchéance
s'appliquait au droit de préférence comme au droit de suite.
Nous en avons donné pour raison qu'aucun délai n'ayant été fixé,
à l'égard du vendeur, pour l'inscription de son privilége, par
l'art. 2108 c. nap., il était impossible de penser que le législateur, voulant suppléer à cette lacune par l'art. 834 c. pr., eût
pu avoir l'intention d'établir une distinction entre les créanciers
et les tiers acquéreurs. Et l'on a vu, à l'endroit cité, que telles
étaient, en effet, les décisions de la jurisprudence.   Or, si l'on
jugeait ainsi sous le code de procédure, il n'y a pas de raison
pour qu'il en soit autrement sous la loi du 23 mars 1855, rela-

tivement au délai de quarante-cinq jours, qui a remplacé, pour le vendeur, le délai de quinzaine.

564. Mais nous avons adopté une autre solution pour le privilége du copartageant, par la raison inverse que, l'art. 2109 c. nap. ayant fixé au copartageant un délai de soixante jours pour l'inscription de son privilége, et l'art. 834 c. pr. lui faisant réserve des *autres droits* résultant, à son profit, de cet art. 2109, si l'on eût enlevé à ce dernier la prérogative de s'inscrire utilement, à l'égard des créanciers, après la quinzaine, on n'aurait pu s'expliquer quels sont les droits que l'art. 834 c. pr. avait entendu lui conserver. — Et, appliquant les mêmes principes sous la loi de 1855, nous avons dit que le copartageant, s'il perd le droit de suite, à défaut d'inscription dans les quarante cinq jours qui suivent le partage, n'en aura pas moins le droit de s'inscrire, et, par là, de conserver son *droit de préférence*, tant qu'il restera quelque chose à courir des soixante jours que l'art. 2109 lui a accordés (Conf. M. Pont, des Priv. et hyp., nᵒˢ 318 et 1124).

M. Flandin n'est pas du même avis. « La loi du 23 mars 1855, dit-il, de la Transcr., t. 2, ch. 4, sect. 3, a abrogé l'art. 834 c. pr., et il n'y a plus aujourd'hui à arguer de ses dispositions pour maintenir, comme le veut M. Pont, le délai de soixante jours accordé au copartageant, par l'art. 2109 c. nap., pour l'inscription de son privilége, *à l'égard des créanciers.* M. Pont regarde comme fondamentale, au point de vue de l'inscription des priviléges et des hypothèques, la distinction qu'il établit entre le droit de suite et le droit de préférence. Et l'on voit, en effet, qu'il en fait la base de sa discussion, dans toutes les questions où le droit de préférence se trouve engagé. J'ai examiné ailleurs, continue M. Flandin, quelle est la valeur de cette distinction, constamment repoussée par la cour de cassation, dans un cas, celui de l'hypothèque légale des femmes et des mineurs, où il eût été le plus désirable de la voir prévaloir (V. Priv. et hyp., nᵒˢ 2202 et suiv.), et où elle a été effectivement consacrée par la loi du 21 mai 1858 (V. vᵒ Ordre).— Elle a été législativement établie dans une autre cas, celui de l'expropriation pour cause d'utilité publique (L. 3 mai 1841, art. 17; V. Expr. publ., nᵒˢ 337 et s.; V. aussi *suprà*, nᵒ 380), et je l'ai admise doctrinalement pour les hypothèques de l'art. 2101 (V. au nᵒ suivant). Mais, dans tous ces cas, qu'on le remarque, il s'agit d'hypothèques ou de priviléges dispensés par la loi de la formalité de l'inscription, et il ne faut voir là, par conséquent, que des exceptions à la règle qui rattache, d'une manière indivisible, à l'inscription, le double effet que produisent l'hypothèque et le privilége, à savoir, le droit de préférence et le droit de suite... Quoi qu'il en soit, au reste, poursuit M. Flandin, de la législation antérieure et de l'art. 23 mars 1855, et de la difficulté qu'on éprouvait, sous l'empire de cette législation, à concilier les dispositions du code Napoléon avec celles des art. 834 et 835 c. pr., cet état de choses n'existe plus, ou du moins il a été profondément modifié par la loi précitée du 23 mars 1855. Le cohéritier ou copartageant ne jouit plus aujourd'hui d'un double délai pour la conservation de son privilége : du délai de quinzaine, à l'égard de l'acquéreur, et du délai de soixante jours, à l'égard des créanciers; l'art. 6 de la loi nouvelle a confondu les deux délais en un seul, celui de quarante-cinq jours, qui court de l'acte de partage, comme de l'acte de vente, à l'égard du vendeur. Et ce délai de quarante-cinq jours, qu'on le remarque encore, n'a été qu'une concession du législateur : le projet de loi, plus radical dans sa pensée d'attacher au seul fait de la transcription, la déchéance de tout privilége ou de toute hypothèque non inscrite, à l'exception des hypothèques légales, dispensées d'inscription, ne concédait aucun délai de faveur; le vendeur et le copartageant étaient placés sous la loi commune. » — Pour dernière considération, M. Flandin fait valoir que, sous le code de procédure, lorsque le copartageant n'avait que le délai de quinzaine pour conserver son privilége vis-à-vis de l'acquéreur, il y avait un véritable intérêt pour lui à avoir quarante-cinq jours de plus pour le conserver vis-à-vis des créanciers; mais que, sous la loi nouvelle, l'intérêt serait à peine appréciable, et que c'est une raison de penser que les auteurs de cette loi n'ont pas eu l'intention de cumuler le délai de l'art. 2109 c. nap. avec celui de l'art. 6 de la loi du 23 mars

1855.—Nous avons reproduit, *in extenso*, l'opinion de M. Flandin, pour mettre en regard, dans cette grave et difficile question, les raisons pour et contre.

565. *Priviléges de l'art. 2101 c. nap.* — L'art. 6 de la loi du 23 mars 1855 n'ayant fait d'exception que pour le vendeur et le copartageant au principe, qu'à partir de la transcription, il ne peut plus être pris d'inscription utile sur le précédent propriétaire, il en résulte que ce principe est applicable à tous créanciers privilégiés autres que le vendeur et le copartageant, privilégiés sur les immeubles (c. nap. 2103). Ces priviléges, quoique dispensés d'inscription, en tombent pas moins, comme nous l'avons expliqué vᵒ Priv. et hyp., nᵒˢ 628 et 2022ᵉ sous le coup du principe général énoncé au premier alinéa de l'art. 6 de la loi de 1855, puisque cet article ne fait aucune distinction. Il en résulte, par conséquent, que, si la transcription intervient avant qu'ils aient été inscrits, l'acquéreur se trouvera, en ce qui le concerne, à l'abri de l'action hypothécaire. Mais, en perdant le droit de suite, les créanciers, ainsi que nous l'avons dit, loc. cit., n'en conserveront pas moins le droit de se présenter à l'ordre, tant que le prix n'aura pas été distribué. Il ne serait pas juste qu'il en fût autrement (Conf. MM. Rivière et Huguet, Quest., nᵒ 318; Troplong, de la Transcript., nᵒ 283; Pont, des Priv. et hyp., nᵒˢ 313 et 1122).

« Il faut convenir, dit à cet égard, M. Flandin, de la Transcript., t. 2, ch. 4, sect. 3, § 2, que la loi s'est montrée, par rapport à ces créanciers, quelque peu illogique. On a affranchi leurs priviléges de la formalité de l'inscription, comme on en a affranchi l'hypothèque légale des femmes et des mineurs : il eût fallu, dès lors, établir pour ces priviléges, comme pour l'hypothèque légale, un mode particulier de les purger, ou laisser au moins, comme l'avait fait le code de procédure, aux créanciers un délai pour s'inscrire, à peine de déchéance. Au lieu de cela, on déclare ces créanciers, sans mise en demeure préalable, déchus de leurs priviléges (au moins vis-à-vis de l'acquéreur), faute d'inscription! On leur impose ainsi, la peine d'une négligence qu'ils n'ont pas commise ! — On en donne pour raison que la transcription a changé de nature ; qu'elle est, aujourd'hui, plus qu'une simple mise en demeure, plus qu'une menace de déchéance, puisqu'la déchéance est le résultat immédiat du défaut de transcription. — C'est à merveille, pour les créanciers qui sont en faute, qui avaient à remplir, pour la conservation de leur privilége ou de leur hypothèque, une formalité qu'ils n'ont pas remplie ; mais pour les créanciers privilégiés de l'art. 2101, qu'a-t-on à leur reprocher ? Ne seraient-ils pas fondés à dire que la loi leur a tendu un piége dans l'art. 2107, qui les dispense de prendre inscription? Il n'y a, déclare M. Flandin, d'autre moyen de justifier la disposition qu'en faisant remarquer, avec M. Troplong, de la Transcr., nᵒ 203, que les créances privilégiées de l'art. 2101 sont, en général d'une faible importance, et qu'il est rare que, pour ces créances modiques, et qui viennent en première ligne sur les immeubles (c. nap. 2105), le droit de suite, c'est-à-dire le droit de saisir ou de surenchérir sur un tiers acquéreur, soit exercé ; il n'est donc pas très-nuisible à ces créanciers de perdre, faute d'inscription, leur droit de suite, puisque le droit de préférence leur reste. »

566. *Priviléges du constructeur et du bailleur de fonds.* — Le premier alinéa de l'art. 6 de la loi du 23 mars 1855 s'applique encore au privilége du constructeur, mentionné au nᵒ 4 de l'art. 2103 c. nap., et de ceux qui ont prêté les deniers pour payer ou rembourser ce constructeur (ib. nᵒ 5).— D'après l'art. 2110 du même code, ce privilége ne peut être conservé que par la double inscription : 1ᵒ du procès-verbal qui constate l'état des lieux, au moment où vont commencer les travaux; 2ᵒ du procès-verbal de réception de ces travaux ; et il remonte à la date de l'inscription du premier procès-verbal.

567. En cas de vente de l'immeuble assujetti au privilége, si la transcription, opérée par l'acquéreur, est postérieure à cette double inscription, il ne peut y avoir de difficulté : le privilége a été dûment inscrit, et la transcription, conséquemment, ne saurait y préjudicier.

568. Le constructeur, au contraire, n'a-t-il pris aucune inscription avant la transcription faite par l'acquéreur? il est déchu de son privilége. Ce dernier cas ne peut pas présenter plus de doute que le premier (Conf. MM. Pont, des Privil. et hyp., n°s 315 et 1123 ; Flandin, de la Transcr., t. 2, chap. 4, sect. 3).

569. Mais que décider, si la transcription intervient entre l'inscription du premier et celle du second procès-verbal? Nous avons dit, v° Priv. et hyp., n° 700, en nous plaçant sous l'empire du code de procédure, que le constructeur, qui avait fait inscrire le premier procès-verbal, avait pu ne faire inscrire le second que dans le délai de l'art. 834 dudit code, et que, par cette inscription, faite dans la quinzaine de la transcription de l'acte de vente, il conservait son privilége, au préjudice de tous les créanciers à qui le propriétaire pouvait avoir concédé des hypothèques depuis l'inscription du premier procès-verbal. — On ne pourrait aujourd'hui décider de même, puisque l'art. 834 est abrogé. Mais ne doit-on pas conclure de cette abrogation qu'il suffit que l'inscription du premier procès-verbal ait précédé la transcription, pour qu'on ne doive pas se préoccuper de l'époque à laquelle intervient l'inscription du second procès-verbal, pourvu qu'elle ait lieu avant la clôture de l'ordre? — Cela, de prime abord, semblerait assez rationnel. « La première inscription, dit M. Troplong, de la Transcr., n° 284, avertit les tiers de l'existence du privilége. Sans doute, elle ne précise pas le montant de ce qui sera dû; mais elle fait savoir à l'acquéreur qu'il ne doit pas payer son prix au vendeur; elle le met en garde contre tout préjudice, aussi bien qu'une inscription d'hypothèque légale, qui n'évalue pas les droits indéterminés du créancier. »

Mais, avec M. Flandin, loc. cit., nous disons que, décider ainsi, ce serait se mettre en dehors des termes de l'art. 6 de la nouvelle loi. Si le code, pour la conservation du privilége du constructeur, se fût contenté, comme pour l'hypothèque légale indéterminée, d'une seule inscription, celle-ci indiquant des travaux à faire, on serait dans la lettre de l'art. 6, puisque cette inscription serait antérieure à la transcription. Mais les exigences de la loi vont plus loin : elle subordonne l'existence du privilége à une double inscription; et celle du procès-verbal de réception des travaux est la plus utile pour les tiers, puisqu'elle seule fait connaître l'importance des travaux exécutés, et, par suite, la plus-value qui en est résultée. Or, c'est à cette plus-value que, d'après l'art. 2103 c. nap., se réduit le montant du privilége. En ne trouvant pas cette dernière inscription sur les registres du conservateur, les tiers ne sont-ils pas fondés à en induire que les travaux ont été soldés, et qu'ainsi les causes de la première inscription ne subsistent plus?

570. Toutefois, nous ajoutons, avec M. Flandin, que la loi doit être appliquée raisonnablement. Il peut se faire, par exemple, que l'aliénation et la transcription aient lieu pendant le cours des travaux. De deux choses l'une alors : « ou l'acheteur, dit M. Troplong, n° 285, fait continuer les travaux pour son compte, et l'entrepreneur, acceptant ce nouveau débiteur, ne fait pas constater l'état des constructions et régler ses mémoires au moment de la vente. Dans ce cas, l'entrepreneur n'a pas plus de droits que si les travaux avaient été commencés par ordre de l'acheteur; il n'a plus le vendeur pour obligé, et il ne peut s'opposer au payement du prix entre les mains de ce dernier. — Ou bien les travaux sont discontinués, soit par la volonté de l'acheteur, soit par la volonté de l'entrepreneur, qui, pour conserver ses droits, fait constater, par expert, les ouvrages qu'il a exécutés, et ce qui lui est dû. Il est naturel, alors, d'accorder à l'entrepreneur les six mois fixés par le code pour une semblable expertise, après l'achèvement normal des travaux. Le privilége, régularisé dans ce délai (par l'inscription du second procès-verbal), s'exercera sur la portion du prix qui représentera la valeur des travaux faits avant l'aliénation. » — Nous avons, croyons-nous, complété la pensée de M. Troplong, en ajoutant les mots : par l'inscription du second procès-verbal; car il ne suffirait pas, selon nous, si la transcription n'était pas suivie immédiatement de la purge, que le constructeur se bornât, pour la régularisation de son privilége, à faire constater, par expert, le montant de la plus-value résultant des travaux par lui exécutés, sans faire inscrire le procès-verbal de réception de ces travaux.

Autrement, les tiers, qui viendraient à contracter, par suite, avec l'acquéreur, et à recevoir de lui l'immeuble en hypothèque, seraient exposés, comme nous l'avons dit au numéro précédent, à être trompés; car, en ne trouvant pas cette inscription sur les registres, ils seraient fondés à croire que le constructeur a été payé (Conf. M. Flandin, de la Transcr., t. 2, ch. 4, sect. 3. — Contrà, MM. Rivière et Huguet, Quest., n° 320, qui pensent que l'inscription du premier procès-verbal suffit).

571. On peut encore admettre que la vente et la transcription aient lieu après l'achèvement des travaux, mais avant leur réception et l'expiration du délai de six mois accordé pour le travail de l'expert. Dans ce second cas, comme dans le premier, le constructeur n'est pas en faute, et il y a nécessité, comme le dit encore M. Troplong, n° 286, « que « la fin de ce délai soit accordée au constructeur pour faire recevoir ses travaux, régler le montant de sa créance et prendre la seconde inscription » (Conf. M. Flandin, loc. cit.). — MM. Rivière et Huguet qui sont, au fond, du même avis, paraissent, à tort, supposer que le procès-verbal de réception des travaux doit suivre immédiatement leur achèvement. Voici, en effet, ce qu'ils disent, au n° 321 : « Il y a certains cas dans lesquels la déchéance, à notre avis, ne devrait pas plus être admise que dans l'hypothèse précédente (celle où la transcription a eu lieu pendant le cours des travaux) : si, par exemple, la transcription avait été effectuée le jour même que les travaux ont été achevés ou le lendemain. Les juges auront donc encore, sur ce point, un certain pouvoir d'appréciation; et s'ils reconnaissent qu'il y a eu en fait, une impossibilité matérielle de faire inscrire le procès-verbal de réception, en raison du court intervalle qui a séparé l'achèvement des travaux de la transcription de l'acte d'aliénation, ils ne prononceront pas une déchéance imméritée... » — M. Pont, des Priv, et hyp., n° 1123, s'exprime de la même manière : « Sous l'empire du code de procédure, dit-il, quand la transcription était une mise en demeure, qui donnait au créancier un délai de quinze jours, on pouvait, à tout prendre, décider que l'ouvrier ou l'entrepreneur, qui, au cas proposé, ne s'était pas mis en mesure, dans le délai de quinzaine, encourait, par cela même, la déchéance (M. Troplong, des Priv. et hyp., n° 321). Mais aujourd'hui que la transcription, au lieu d'être une mise en demeure, est l'acte qui arrête le cours des inscriptions, il serait équitable de maintenir le privilége, dans tous les cas où l'achèvement des travaux serait séparé de la transcription du contrat de vente par un intervalle trop court pour que l'ouvrier ou l'entrepreneur eût pu faire recevoir ses travaux et inscrire le procès-verbal de réception. »

Nous disons, avec M. Flandin, loc. cit., que ce n'est ni vingt-quatre, ni quarante-huit heures, à partir de l'achèvement des travaux, qu'il faut donner au constructeur pour l'inscription du second procès-verbal, mais les six mois qui lui sont octroyés, par l'art. 2103 c. nap., pour faire dresser par un expert ce procès-verbal. — Et, quant aux intérêts du tiers acquéreur, ajoute M. Flandin, ils sont sauvegardés par l'inscription qui a été faite du premier procès-verbal, laquelle, étant antérieure à la vente, a averti ce tiers acquéreur qu'il ne devait pas payer son prix, au mépris de cette inscription. — M. Troplong, dans son Commentaire sur la loi du 23 mars 1855, a très-judicieusement modifié, sur ce point, l'opinion qu'il avait émise dans son commentaire du art. 18 du liv. 3 c. nap., au numéro cité par M. Pont. — Et c'est dans ce sens que la question a été résolue, sous l'empire du code de procédure (Lyon, 13 mars 1830, aff. Richard, v° Priv. et hyp., n° 701).

572. Mais si les travaux étaient déjà achevés et reçus, au moment de la vente et de la transcription, et que le procès-verbal de réception ne fût inscrit qu'après, le privilége serait perdu; car on retomberait alors, comme nous l'avons énoncé suprà, n° 568, sous l'application de l'art. 6 de la loi du 23 mars 1855 (Conf. MM. Rivière et Huguet, Quest., n° 319; Troplong, de la Transcr., n° 287; Flandin, ibid., t. 2, ch. 4, sect. 5).

573. L'art. 2110 accorde au prêteur des deniers qui ont servi à payer le constructeur, la même privilége qu'à ce dernier. Nous avons dit plus haut, n° 557, à propos du privilége du vendeur, de quelle manière la créance du bailleur de fonds devait être établie pour jouir de cette faveur. Et comme ce privilége, par l'effet de la subrogation sur laquelle il est fondé, se confond avec celui du constructeur, les règles applicables à celui-ci, pour la conservation de son privilége, sont également applicables à celui-là. De là nous avons tiré la conséquence (v° Priv. et hyp., n° 699), que le bailleur de fonds pouvait se dispenser de faire inscrire l'acte authentique qui certifie la destination et l'emploi des sommes prêtées. L'art. 2110, en effet, n'exige, pour le prêteur de deniers comme pour le constructeur, que la double inscription des procès-verbaux mentionnés en cet article. Nous en avons donné la raison, c'est que cette double inscription suffit pour révéler aux tiers l'existence et l'étendue du privilége grevant l'immeuble, et que, si elle les laisse dans l'ignorance des droits du prêteur, ils n'ont, en réalité, aucun intérêt à les connaître, puisqu'il leur importe peu que le privilége existe au profit du constructeur, ou au profit du bailleur de fonds, subrogé à ce dernier.

574. *Privilége des créanciers et légataires.*— A l'égard du privilége que l'art. 2111 c. nap. accorde aux créanciers et légataires qui demandent la séparation des patrimoines, la loi du 23 mars 1855 y est étrangère, s'il est vrai que la transcription, opérée par l'acquéreur à qui l'héritier a vendu des immeubles héréditaires, ne puisse rien changer au droit de préférence qui appartient aux créanciers et légataires sur les immeubles de la succession, ou sur le prix en tenant lieu, à l'encontre des créanciers des héritiers ou représentants du défunt, en vertu des inscriptions qu'ils auront faites sur chacun de ces biens, dans les six mois à compter de l'ouverture de la succession. — Or que décidait-on, sous le code de procédure, à cet égard? Que, si l'héritier avait vendu des immeubles de la succession, avant l'expiration des six mois, les créanciers ou légataires étaient, à la vérité, tenus de prendre inscription dans la quinzaine de la transcription faite par l'acquéreur, conformément à l'art. 834 dudit code, quand bien même les six mois ne seraient pas encore expirés; mais que cette obligation ne leur était imposée que vis-à-vis de l'acquéreur; en sorte que, s'ils avaient négligé de s'inscrire dans la quinzaine, ils n'en conservaient pas moins le droit de réclamer, contre les créanciers personnels de l'héritier, leur préférence sur le prix non encore distribué, s'ils avaient pris inscription avant les six mois.(V. v° Priv. et hyp., n° 706).— M. Troplong, à la vérité, des Priv. et hyp., n°s 327 et 327 bis, n'admettait pas que l'art. 834 c. pr. eût dérogé à l'art. 880 c. nap., aux termes duquel l'action en séparation des patrimoines ne peut être exercée, à l'égard des immeubles, que *tant qu'ils existent dans la main de l'héritier*; et, en conséquence, il était d'avis qu'il n'y avait aucune nécessité, le privilége étant éteint, au point de vue du droit de suite, par la seule aliénation que l'héritier fait des biens de la succession, d'obliger le demandeur en séparation à prendre inscription, dans la quinzaine de la transcription de la vente faite par cet héritier. Mais le dissentiment de M. Troplong sur ce point ne serait qu'un argument de plus pour établir que la loi du 23 mars 1855 n'a, en aucune façon, modifié l'art. 2111 c. nap., qui reste, après cette loi, ce qu'il était auparavant, abstraction faite des art. 834 et 835 c. pr., qui sont aujourd'hui abrogés. C'est pourquoi M. Troplong fait remarquer, dans son Commentaire sur la loi du 23 mars 1855, n° 288, que les auteurs de cette loi n'ont pas dû parler de la séparation des patrimoines, parce qu'ils n'avaient à s'occuper que des intérêts du tiers acquéreur, qui fait transcrire, et que les créanciers du défunt ne peuvent pas inquiéter, dès qu'ils ne pourraient pas surenchérir, par cause de purge. Mais la transcription, ajoute M. Troplong, ne prive pas ces créanciers du droit de s'inscrire; et, s'ils le font dans les six mois du décès, ils empêcheront la confusion du prix de l'immeuble avec les biens propres de l'héritier de leur débiteur. — C'est dans le même sens que nous nous sommes expliqués, v° Priv. et hyp., au n° 706 précité (Conf. MM. Pont, des Priv. et hyp., n°s 314 et 1125; Mourlon, Examen crit., etc., App., n° 388).

575. Nous avons ajouté, eod. v°, n° 707, que, si l'aliénation avait été faite par l'héritier, avant les six mois depuis l'ouverture de la succession, les créanciers du défunt, quoique non inscrits, pourraient encore, en vertu de l'hypothèque qui leur est accordée par l'art. 2113 c. nap. (lequel fait dégénérer en

hypothèque, ne prenant rang que du jour de sa date, le privilége qui n'a pas été inscrit dans le délai), s'inscrire utilement dans la quinzaine de la transcription. Mais nous ne nous exprimions ainsi qu'en nous plaçant sous l'empire de l'art. 834 c. pr. Aujourd'hui, la transcription, faite par l'acquéreur, serait un obstacle à l'inscription de cette hypothèque : ainsi le déclare l'art. 6 de la loi du 23 mars 1855. Mais l'inscription peut être prise jusqu'à la transcription.

576. M. Flandin, de la Transcr., t. 2, ch. 4, sect. 3, interprète autrement que nous la loi du 23 mars 1855. « L'art. 6 de cette loi, dit-il, s'exprime dans les termes les plus généraux, les plus absolus. Il déclare que, « à partir de la transcription, les créanciers *privilégiés* ou ayant hypothèque, aux termes des art. 2123, 2127 et 2128 c. nap., ne peuvent prendre utilement inscription sur le précédent propriétaire. » Il excepte seulement le vendeur et le copartageant, à qui un délai de quarante-cinq jours est accordé pour prendre inscription. Tous les autres priviléges, assujettis à la formalité de l'inscription, celui de l'art. 2111 par conséquent, se trouvent ainsi compris dans la disposition, d'après la règle : *Exceptio confirmat regulam in casibus non exceptis.* — On a dit que la séparation des patrimoines n'était pas un véritable privilége (M. Troplong, des Priv. et hyp., n° 323, et de la Transcr., n° 288). C'est un privilége, en effet, qui diffère, à certains égards, des autres priviléges, lesquels sont individuels, tandis que celui-ci est collectif. Mais cela importe peu; et il suffit qu'il soit qualifié de *privilége* par l'art. 2111 c. nap. pour que l'art. 6 de la loi du 23 mars 1855 lui soit applicable. — La loi de 1855, continue M. Flandin, en vue d'ajouter aux garanties du prêt hypothécaire, a été conçue dans le système le plus large de publicité des charges qui peuvent grever la propriété foncière. Et la sollicitude du gouvernement, sur ce point, avait été poussée si loin que le projet de loi, on se le rappelle, avait attaché à la seule transcription l'effet d'arrêter immédiatement le cours des inscriptions, sans en excepter même le privilége du vendeur. Il était donc bien dans les intentions du projet de loi de frapper de déchéance, indistinctement, tout privilége dont l'inscription n'avait pas précédé la transcription de l'acte d'aliénation de l'immeuble assujetti; et cela, comme je l'ai établi plus haut (V. n° 564), aussi bien au point de vue du droit de préférence qu'au point de vue du droit de suite. Or, il n'a été fait d'exception à la règle qu'en faveur du vendeur et du copartageant ; donc la règle subsiste pour les créanciers et légataires de la succession qui se sont laissé devancer par l'acquéreur. — Et il faut remarquer que, dans la discussion, l'intention du législateur avait été appelée sur le privilége de l'art. 2111 c. nap. Un orateur, M. Duclos, en se plaignant de la brièveté du délai de trente jours, concédé par le conseil d'Etat pour l'inscription du privilége du vendeur et du copartageant, avait demandé, en outre, « qu'une disposition fût insérée dans la loi pour garantir, dans un délai convenable, l'exercice du droit résultant de l'art. 2111 c. nap., relatif à la séparation des patrimoines. » Mais, quoique le rapporteur de la loi eût pris la parole après lui, sans observation, sur ce point, demeura sans réponse. Et, dans toute la suite de la discussion, il ne fut question que de la durée du délai à accorder au vendeur ou au copartageant. — M. Troplong (au n° 288 précité) explique ce silence, en disant qu'il n'y avait pas lieu de faire droit à la demande de l'honorable député, parce que la loi du 23 mars 1855 doit rester sans influence sur le privilége dont il s'agit. — Or, c'est précisément là la question... Aux termes de l'art. 880 c. nap., le privilége de séparation des patrimoines cesse, à l'égard des immeubles, quand ils ne sont plus dans la main de l'héritier, c'est-à-dire lorsqu'il les a aliénés. Il résulte de cette disposition, si l'on fait abstraction de l'art. 834 c. pr., que, sous le code Napoléon, les créanciers et légataires qui n'avaient pas inscrit leur privilége, ou, à défaut de leur privilége, leur hypothèque dérivant de l'art. 2113, avant l'aliénation consommée par l'héritier, l'acquéreur, qu'il fit transcrire ou non, c'est-à-dire qu'il se mît, ou non, en devoir de purger, se trouvait affranchi de l'action hypothécaire.

» En sera-t-il de même aujourd'hui, par suite de l'abrogation des art. 834 et 835 c. pr., si l'acquéreur ne fait pas transcrire? Non; car, à raison du caractère nouveau de la transcription, tant que cette formalité n'a pas été remplie, l'héritier, vendeur, n'est pas dessaisi à l'égard des tiers ; les immeubles aliénés sont réputés, par conséquent, exister toujours dans ses mains, et les créanciers et légataires conservent ainsi, jusqu'à la transcription, la faculté d'inscrire, soit leur privilége, soit leur hypothèque, suivant qu'ils prennent inscription avant ou après l'expiration des six mois. — Voilà donc déjà une première modification apportée, par la loi du 23 mars 1855, aux dispositions du code Napoléon. — Si l'acquéreur, au contraire, a fait transcrire, avant qu'aucune inscription ait été prise par les créanciers ou légataires, il n'aura rien à redouter ni du privilége, ni de l'hypothèque ; il est affranchi du droit de suite, et il peut, dès lors, valablement payer son prix entre les mains de l'héritier, son vendeur.

» Mais, si le prix est encore dû ; s'il n'a pas été distribué, ou régulièrement cédé par l'héritier, en un mot, si les choses sont entières, au moment où la séparation des patrimoines est demandée, les créanciers ou légataires auront-ils encore la faculté de prendre inscription, dans les six mois, pour la conservation de leur privilége sur ce prix? — Comment le pourraient-ils, puisque les immeubles ne sont plus dans les mains de l'héritier, et qu'ils sont affranchis du droit de suite? Ce serait prendre inscription sur la chose d'autrui… A quoi bon, d'ailleurs, cette inscription? L'art. 2111 ne l'exige qu'à l'égard des immeubles de la succession, et pour sauvegarder le droit de préférence des créanciers et légataires du défunt, qui veulent user du bénéfice de séparation des patrimoines, contre les hypothèques qui pourraient être ultérieurement conférées sur ces immeubles. Mais un prix de vente, qui consiste en une somme d'argent, est chose mobilière, de sa nature. Il ne représente l'immeuble, et ne prend, accidentellement, le caractère immobilier que lorsque des créanciers hypothécaires se trouvent en concours pour la distribution de ce prix. Or ici, rien de pareil. L'héritier, propriétaire de ce prix, ne peut en faire une chose susceptible d'hypothèque. Ce même prix ne constitue donc, dans sa main, qu'une valeur mobilière, à laquelle s'applique, dès lors, l'art. 880 c. nap., qui déclare que l'action en séparation des patrimoines, relativement aux meubles, ne se prescrit que par le laps de trois ans… »

577. Nous avons encore, pour épuiser ce qui concerne les priviléges du code Napoléon, à faire mention de la disposition de l'art. 2112, d'après laquelle, « les cessionnaires de diverses créances privilégiées exercent tous les mêmes droits que les cédants, en leur lieu et place. » — Quel peut être l'effet de cette disposition, au point de vue de la loi du 23 mars 1855? — Lorsqu'il s'agit de la cession, par la femme mariée, de son hypothèque légale, l'art. 9 de la loi précitée dispose, d'une part, que cette cession doit être faite par acte authentique, et, de l'autre, que « les cessionnaires n'en sont saisis, à l'égard des tiers, que par l'inscription de cette hypothèque prise à leur profit, ou par la mention de la subrogation en marge de l'inscription préexistante. » — Mais cette disposition ne regarde en rien le tiers acquéreur, à qui il importe peu que ce soit la femme, ou ses cessionnaires, qui exercent l'action hypothécaire : la disposition n'est relative qu'aux cessionnaires entre eux, et pour marquer le rang suivant lequel ils feront valoir les droits cédés. C'est ce qu'exprime le paragraphe final de l'article : « Les dates des inscriptions ou mentions déterminent l'ordre dans lequel ceux qui ont obtenu des cessions ou renonciations exercent les droits hypothécaires de la femme. » — Nous avons, d'ailleurs, exprimé l'opinion, v° Priv. et hyp., nos 1497 et suiv., que la disposition de l'art. 9 de la loi du 23 mars 1855 est spéciale à l'hypothèque légale de la femme, et que le cessionnaire de tout autre titre de créance inscrit profiterait de l'inscription prise par son cédant, sans être obligé de faire inscrire son acte de cession ; de même qu'il pouvait prendre inscription, soit en son nom personnel, soit au nom de son cédant, si celui-ci avait négligé de le faire.— On voit, d'après cela, que, soit qu'il s'agisse de l'hypothèque légale de la femme, soit qu'il s'agisse de tout autre privilége ou hypothèque, l'existence d'un cessionnaire des droits du créancier originaire n'apporte aucun changement dans la position de l'acquéreur de l'immeuble assujetti, lequel est soumis au privilége et à l'hypothèque, ou en demeure affranchi, suivant que la transcription a précédé ou suivi l'inscription, con-

formément aux règles que nous avons données pour les divers cas que nous avons successivement examinés (Conf. M. Flandin, de la Transcr., t. 2, ch. 4, sect. 3).

578. *Priviléges spéciaux.*—Indépendamment des priviléges mentionnés aux art. 2108, 2109, 2110 et 2111 c. nap., il en est d'autres, également assujettis à l'inscription, qui résultent de lois spéciales : ce sont, notamment, les priviléges que deux lois du même jour, 5 sept. 1807 (V. Privil. et hyp., p. 47), ont établis, au profit du trésor public, sur les biens des comptables, à raison de leur débet, et sur les biens des condamnés, pour le recouvrement des frais de justice, en matière criminelle, correctionnelle et de police. — Le premier de ces priviléges a été étendu, par un avis du conseil d'Etat des 13-25 fév. 1808, au trésor de la couronne (V. *eod.*, p. 48). — Ces priviléges ont cela de commun avec ceux de l'art. 2101 c. nap. qu'ils affectent la généralité des meubles et tout ou partie des immeubles du débiteur ; mais ils en diffèrent en ce qu'ils ne sont pas, comme les priviléges de l'art. 2101, affranchis, quant aux immeubles, de la formalité de l'inscription.

579. Aux termes de l'art. 4 de la première de ces lois, le privilége du trésor public, quant aux immeubles, est limité aux immeubles acquis, à titre onéreux, par les comptables, postérieurement à leur nomination, et à ceux acquis, au même titre, et depuis cette nomination, par leurs femmes, même séparées de biens, à moins qu'elles ne justifient que les deniers, employés à l'acquisition, leur appartenaient. — Et, d'après l'art. 5, ce privilége n'existe, conformément à l'art. 2106, et sauf l'application de l'art. 2113 c. nap., qu'à la condition d'être inscrit, dans les deux mois de l'enregistrement de l'acte translatif de propriété. — Mais, comme l'article ajoute « qu'en aucun cas, il ne peut préjudicier : 1° aux créanciers privilégiés, désignés dans l'art. 2103 c. civ., lorsqu'ils ont rempli les conditions prescrites pour obtenir privilége ; 2° aux créanciers désignés aux art. 2101, 2104 et 2105 c. civ., dans le cas prévu par le dernier de ces articles ; 3° aux créanciers du précédent propriétaire qui auraient, sur les biens acquis, des hypothèques légales existantes indépendamment de l'inscription, ou toute autre hypothèque valablement inscrite, » on aperçoit que ce privilége n'a que des effets extrêmement restreints.

580. Suivant l'art. 3 de la seconde de ces lois, « le privilége du trésor public sur les biens immeubles des condamnés n'aura lieu qu'à la charge de l'inscription, dans les deux mois, à dater du jour du jugement de condamnation, passé lequel délai, les droits du trésor public ne pourront s'exercer qu'en conformité de l'art. 2113 c. civ. » — Et, comme pour le privilége du trésor sur certains immeubles des comptables, le privilége sur les biens des condamnés, d'après l'art. 4 de la même loi, ne s'exerce qu'après les priviléges de l'art. 2101 c. nap., les priviléges de l'art. 2103, les hypothèques légales, dispensées d'inscriptions antérieures au mandat d'arrêt, ou au jugement de condamnation, et les autres hypothèques inscrites avant lui, pourvu qu'elles résultent d'actes ou aient une date certaine antérieure audit mandat d'arrêt ou jugement de condamnation.

581. De ces dispositions il résulte bien (et cela, d'ailleurs, est conforme aux principes suivis en matière de privilége) que, prise dans le délai, à quelque époque que ce soit, l'inscription, comme le dit M. Pont, des Priv. et hyp., n° 303, fera remonter le privilége à la date même où il a pris naissance ; mais que, prise après l'expiration des délais, elle conservera au trésor une hypothèque qui prendra rang seulement à la date du jour où elle aura été inscrite.

582. Nous avons à nous demander, maintenant, ce qu'on doit décider, dans le cas où, soit le condamné, soit le comptable, viendrait à vendre, au cours des deux mois, et avant l'inscription du privilége, les immeubles grevés du privilége du trésor ? — La solution, d'après les principes que nous avons développés plus haut, devient facile. Sous le code de procédure, on décidait que l'inscription du trésor, respectivement à l'acquéreur, devait être faite dans la quinzaine de la transcription de l'acte de vente. Mais, aujourd'hui que l'art. 834 c. pr. est abrogé, il faut dire, ainsi que nous en avons déjà fait l'observation v° Priv. et hyp., n° 715, que, par le seul fait de la transcription, la propriété passerait, franche et libre, aux mains du nouveau possesseur.

583. L'art. 121 c. inst. crim. établit un autre privilége, en faveur du trésor public et de la partie civile, sur les immeubles donnés en cautionnement par ou pour le prévenu qui a obtenu sa mise en liberté provisoire. Ce privilége, affecté au payement des réparations civiles et des frais avancés par la partie civile, ainsi qu'aux amendes, doit être inscrit par les soins du procureur impérial ou de la partie civile, sans attendre le jugement définitif; et l'inscription, prise à la requête de l'un ou de l'autre, profite à tous les deux. — Nous avons fait remarquer, loc. cit., n° 717, qu'on ne pourrait, sans étendre la loi du 5 sept. 1807, qui a eu exclusivement en vue le privilége du trésor public pour le recouvrement des frais de justice, appliquer au privilége de l'art. 121 c. inst. crim. l'art. 3 de la loi précitée, qui concède un délai de deux mois, à partir du jugement de condamnation, pour prendre inscription, avec effet rétroactif au jour où le privilége a pris naissance. Dans le cas de l'art. 121, le procureur impérial et la partie civile, avons-nous dit, ont pu prendre inscription, sans attendre le jugement définitif : c'est une faute, s'ils ont négligé de le faire, et l'inscription qu'ils auront prise devra être régie par la règle générale de l'art. 2106 c. nap., et non point par la disposition tout exceptionnelle de la loi de 1807. On voit, d'après cela, que le privilége dont il s'agit n'a de privilége que le nom, et que ses effets ne diffèrent pas, en réalité, de ceux d'une simple hypothèque. C'est une raison de plus pour dire qu'en cas de vente des biens affectés au cautionnement, le privilége sera frappé de déchéance, si l'acquéreur fait transcrire avant qu'aucune inscription ait été prise pour la conservation de ce privilége.

584. L'art. 23 de la loi du 16 sept. 1807, relative au desséchement des marais, porte : « Les indemnités dues aux concessionnaires ou au gouvernement, à raison de la plus-value résultant des desséchements, auront privilége sur toute ladite plus-value, à la charge seulement de faire transcrire l'acte de concession, ou le décret qui ordonnera le desséchement au compte de l'Etat, dans le bureau ou dans les bureaux des hypothèques de l'arrondissement ou des arrondissements de la situation des marais desséchés. — L'hypothèque, ajoute l'article, de tout individu inscrit avant le desséchement sera restreinte, au moyen de la transcription ci-dessus ordonnée, sur une portion de propriété égale en valeur à la première valeur estimative des terrains desséchés. » La transcription, ordonnée par cet article, tient lieu de l'inscription du privilége, lequel, comme on vient de le voir, porte seulement sur la plus-value. Ce cas rentre, par conséquent, dans celui de l'art. 2103, n° 4, c. nap., relatif au privilége des architectes, entrepreneurs, maçons et autres ouvriers; si ce n'est que la loi de 1807 n'exige pas, comme l'art. 2110 c. nap., l'inscription d'un double procès-verbal : le premier, constatant l'état des lieux, avant le commencement des travaux; le second, le montant de la plus-value; que la seule transcription de l'acte de concession, ou du décret ordonnant le desséchement, suffit, par conséquent, pour la conservation du privilége. — Mais, ainsi que nous l'avons dit supra, n° 568, en cas de vente des terrains desséchés, la transcription, faite par l'acquéreur, de son contrat avant celle de l'acte de concession, ou du décret qui ordonne le desséchement, ferait perdre aux concessionnaires ou au trésor public, leur privilége.

585. Il est encore accordé, par l'art. 20 de la loi du 21 avr. 1810, concernant les mines, un privilége sur la mine concédée, en faveur de ceux qui, par acte public et sans fraude, justifient avoir fourni des fonds pour la recherche de la mine, ainsi que pour les travaux de construction ou confection de machines nécessaires à son exploitation, à la charge de se conformer aux art. 2103 et autres du code Napoléon, relatifs aux priviléges. — La loi spéciale renvoyant au code Napoléon pour le mode de constitution et de conservation de ce privilége, il faut se reporter, pour la solution des difficultés que peut faire naître l'application, à ce cas particulier, de l'art. 6 de la loi du 23 mars 1855, à ce que nous avons dit supra, n°s 557 et 572 pour des cas analogues.

586. Enfin, la loi du 17 juill. 1856, sur le drainage, établit, par son art. 3, au profit du trésor public (auquel a été substituée, par une autre loi du 28 mai 1858, la société du crédit foncier), pour le recouvrement des prêts faits aux propriétaires sur la somme de 100 millions affectée à cet usage par la loi précitée du 17 juill. 1856, un privilége sur les terrains drainés, qui prend rang, dit la loi, avant tout autre. — Le même privilége est accordé, par l'art. 4 : 1° aux syndicats, pour le recouvrement de la taxe d'entretien et des prêts ou avances faits par eux; 2° aux prêteurs, pour le remboursement des prêts faits à des syndicats; 3° aux entrepreneurs, pour le prix du montant des travaux de drainage par eux exécutés; 4° à ceux qui ont prêté des deniers pour payer ou rembourser les entrepreneurs, en se conformant aux dispositions du § 5 de l'art. 2103 c. nap.

587. Ce privilége, d'après l'art. 5, lorsqu'il se trouve en concours avec une créance privilégiée ou hypothécaire antérieure, ne porte que sur la plus-value existant à l'époque de l'aliénation de l'immeuble, et résultant des travaux de drainage. — Il n'est acquis, conformément à l'art. 6, par le trésor public (auquel est substituée la société du crédit foncier), par les syndicats, les prêteurs et les entrepreneurs, que « sous la condition d'avoir, préalablement, fait dresser un procès-verbal, à l'effet de constater l'état de chacun des terrains à drainer, relativement aux travaux de drainage projetés, d'en déterminer le périmètre, et d'en estimer la valeur actuelle, d'après les produits. » — Et il n'est conservé, aux termes de l'art. 7, que « par une inscription prise : pour le trésor public (la société du crédit foncier) et pour les prêteurs, dans les deux mois de l'acte de prêt; pour les syndicats, dans les deux mois de l'arrêté qui les constitue; pour les entrepreneurs, dans les deux mois du procès-verbal prescrit par le premier paragraphe de l'art. 6... »

588. Toutefois, lorsque les entrepreneurs ont exécuté des travaux de drainage pour des propriétaires non constitués en syndicat, la loi exige un second procès-verbal, qui doit contenir la vérification de la valeur de ces travaux, dans les deux mois de leur exécution. Le montant du privilége, dans ce cas, ne peut pas excéder la valeur constatée par ce second procès-verbal, et il doit être fait mention de ce même procès-verbal en marge de l'inscription (art. 6 et 7 précités).

589. Nous avons déjà fait remarquer, v° Priv. et hyp., n° 465, les similitudes et les différences que présentent ces dispositions avec celles qui règlent, au code Napoléon, un privilége analogue, celui des architectes et entrepreneurs (c. nap. 2103, n° 4, et 2110; V. aussi dans notre Recueil périodique, 56. 4. 99, n° 43, 48 et 49, divers passages de l'exposé des motifs, dans lesquels ces similitudes et ces dissemblances sont également signalées). — Il suit des diverses dispositions que nous venons d'analyser : 1° que, dans les cas où l'inscription d'un seul procès-verbal est exigée pour la conservation du privilége, il suffit, lorsqu'il y a vente de l'immeuble assujetti, que l'inscription précède la transcription du contrat de vente opérée par l'acquéreur, pourvu que cette inscription ait été prise dans les deux mois déterminés par l'art. 7 de la loi du 17 juill. 1856; à défaut de quoi, le privilége dégénérerait en hypothèque, conformément à l'art. 2113 c. nap., hypothèque qui, à son tour, n'aurait d'effet qu'autant qu'elle aurait été inscrite avant la transcription de l'acte de vente; — 2° Mais que, dans le cas, au contraire, ou la condition d'un double procès-verbal est imposée, le privilége ne peut être maintenu qu'autant que l'inscription du second procès-verbal, ou plutôt la mention de ce second procès-verbal en marge de la première inscription, est antérieure à la transcription; à moins que l'aliénation et la transcription n'aient lieu pendant l'exécution des travaux de drainage; auquel cas on appliquera les diverses solutions que nous avons indiquées supra, n°s 569 et suiv., pour le privilége des architectes, maçons et autres constructeurs.

590. La loi du 17 juill. 1856 a, comme les art. 2103, 2108 et 2110 c. nap., une disposition qui étend aux prêteurs des deniers qui ont servi au remboursement d'une créance privilégiée le privilége attaché à cette créance. Nous nous sommes déjà expliqués supra, n°s 557 et 573, sur des cas analogues, et nous y renvoyons, pour ne pas nous répéter inutilement.

SECT. 3. — Des effets de la transcription, relativement à l'action résolutoire du vendeur.

591. L'art. 7 de la loi du 23 mars 1855 a apporté une notable modification à l'art. 1654 c. nap. Cet article avait dit, d'une manière absolue et sans condition, que, « si l'acheteur ne paye pas le prix, le vendeur peut demander la résolution de la vente. » L'action en résolution étant une action réelle, dont l'effet est de permettre au vendeur non payé de ressaisir l'immeuble entre les mains du tiers détenteur, et de faire évanouir tous les droits d'hypothèque, ou autres, que des acquéreurs successifs ont pu constituer sur cet immeuble, sans que les tiers aient aucun moyen de se défendre contre cette action, il en résultait, il faut bien le dire, pour ces derniers, les plus graves périls, et la sûreté des transactions s'en trouvait considérablement diminuée.

592. La loi du 2 juin 1841, sur la saisie immobilière, avait déjà cherché à remédier à cet inconvénient; et l'art. 717 du nouveau c. de pr., emprunté à cette loi, après avoir reproduit le principe que « l'adjudication ne transmet à l'adjudicataire d'autres droits à la propriété que ceux appartenant au saisi, » ajoute : « Néanmoins, l'adjudicataire ne pourra être troublé dans sa propriété par aucune demande en résolution, fondée sur le défaut de payement du prix des anciennes aliénations, à moins qu'avant l'adjudication, la demande n'ait été notifiée au greffe du tribunal où se poursuit la vente. » La demande notifiée en temps utile, il est accordé, par le tribunal, un délai pour la faire juger, et il est sursis, pendant ce délai, à l'adjudication. — Ce délai peut être prorogé pour des causes graves.—Mais, continue l'article, « si, faute, par le vendeur, de se conformer aux prescriptions du tribunal, l'adjudication avait eu lieu avant le jugement de la demande en résolution, l'adjudicataire ne pourrait être poursuivi à raison des droits des anciens vendeurs, sauf à ceux-ci à faire valoir, s'il y avait lieu, leurs titres de créance dans l'ordre et distribution du prix de l'adjudication. » Cette disposition a été déclarée commune à la procédure de surenchère, en matière d'aliénation volontaire, par l'art. 838 du nouveau c. de pr., également emprunté à la loi du 2 juin 1841.

593. La loi du 23 mars 1855 est allée plus loin, dans l'intérêt des tiers, et l'art. 7 de cette loi décide que « l'action résolutoire, établie par l'art. 1654 c. nap., ne peut être exercée, après l'extinction du privilége du vendeur, au préjudice des tiers qui ont acquis des droits sur l'immeuble, du chef de l'acquéreur, et qui se sont conformés aux lois pour les conserver. »

594. Une première observation à faire sur l'art. 7 précité, c'est que l'exercice de l'action résolutoire du vendeur n'a été modifié que respectivement « aux tiers qui ont acquis des droits sur l'immeuble, et qui se sont conformés aux lois pour les conserver (en faisant transcrire, ou en prenant inscription) »; que cette action subsiste, par conséquent, avec tous ses effets, nonobstant l'extinction du privilége, contre l'acheteur, ses héritiers ou autres représentants à titre universel, ses créanciers chirographaires et toutes autres personnes qui ne seraient pas des tiers, mais de simples ayants cause de l'acheteur. Il en est ici, comme dans le cas de l'art. 1583 c. nap., qui déclare « la vente parfaite, à l'égard des parties, et la propriété acquise, de droit, à l'égard du vendeur, dès qu'on est convenu de la chose et du prix », disposition à laquelle il n'a été dérogé, par la loi du 23 mars 1855, que relativement aux tiers. (V. *suprà*, n° 459. —Conf. MM. Rivière et Huguet, quest., n° 354 ; Troplong, de la Transcr., n° 290 ; Flandin, *ibid.*, t. 2, ch. 4, sect. 4.)

595. De quelque manière, du reste, que le privilége du vendeur ait cessé d'exister, l'extinction du privilége entraîne la perte de l'action résolutoire. L'article ne distingue pas, et nous ne pouvons pas plus distinguer que lui. C'est ce qu'exprimait M. Rouher, à l'assemblée législative, en développant sa proposition : « Quand j'aurai aliéné ma propriété, si je néglige de conserver mon privilége, si j'en donne mainlevée, je perdrai, par voie de conséquence forcée, le bénéfice de mon action résolutoire. Quand je ne pourrai pas exercer mon privilége, je ne pourrai pas exercer mon action résolutoire ; de telle sorte que la publicité du privilége lui-même constitue la publicité de l'action résolutoire... » (Conf. MM. Rivière et François, Expl., n°s 112 et 115; Rivière et Huguet, Quest., n°s 362 et 363; Troplong, de la Transcr., n° 291 ; Flandin, *ibid.*, *loc. cit.* — *Contrà*, M. Mourlon, Examen crit., etc., App., n° 376).

596. Le vendeur, ajoute M. Troplong, *loc. cit.*, stipulerait en vain qu'il se réserve son action résolutoire, tout en faisant remise de son privilége : ce serait à peu près là, dit-il, ce qu'on appelle *protestatio contrà factum*. — Cette réserve, en effet, qui ne serait pas connue des tiers, aurait tous les inconvénients de la clandestinité, inconvénients auxquels ajouterait encore la radiation de l'inscription d'office, par suite de la mainlevée donnée par le vendeur de son privilége, puisque cette radiation doit faire penser aux tiers que le vendeur est payé (Conf. M. Flandin, *loc. cit.*).

597. Si le vendeur, après avoir pris inscription pour la conservation de son privilége, dans les termes de l'art. 6 de la loi du 23 mars 1855, laissait périr cette inscription, en ne la renouvelant pas dans les dix ans, il perdrait son privilége, et, avec le privilége, l'action résolutoire. Nous avons vu, au art. v° Priv. et hyp., n° 667, que l'inscription, prise par le vendeur pour la conservation de son privilége, lorsque l'acquéreur n'a pas fait transcrire, est soumise, comme toute autre inscription, au renouvellement décennal (Conf. M. Flandin, *loc. cit.*).

598. Nous ajoutons ces mots : *lorsque l'acquéreur n'a pas fait transcrire;* car, ainsi que nous l'avons dit *suprà*, n° 560, en combattant le sentiment contraire de M. Troplong et la doctrine de plusieurs arrêts, lorsque la transcription a été faite en temps utile, elle conserve indéfiniment le privilége du vendeur, sans être atteinte par la péremption de dix ans (Conf. Agen, 5 mai 1858, aff. Vialès, D. P. 59. 2. 66).

599. Suivant le même auteur, de la Transcr., n° 292, si le vendeur, quoiqu'il ait laissé périmer son inscription, a encore la faculté de s'inscrire, l'action résolutoire revivra, en même temps que le privilége, par une nouvelle inscription. Le vendeur conserve la faculté de s'inscrire jusqu'à la transcription : par conséquent, si, le premier acquéreur n'ayant pas fait transcrire, l'immeuble a été revendu par lui, et qu'avant que le sous-acquéreur ait fait transcrire, le vendeur, dont la première inscription est périmée, en ait pris une nouvelle, son privilége revivra, d'après M. Troplong, et, avec le privilége, l'action résolutoire. — Par exemple : Primus vend l'immeuble A à Secundus, et, celui-ci ne faisant pas transcrire, Primus prend inscription pour conserver son privilége. Dix ans s'écoulent, et Primus ne prend pas soin de renouveler son inscription. Secundus revend l'immeuble à Tertius. Si ce dernier fait transcrire, il est indubitable, comme le dit M. Troplong, au n° 293, que l'inscription de Primus étant périmée, au moment de cette inscription, ne peut revivre, au préjudice des droits acquis par le second acheteur. Primus, par conséquent, aura perdu l'action résolutoire en même temps que son privilége. Mais si, avant que Tertius ait fait transcrire, Primus a pris une nouvelle inscription, M. Troplong décide que le privilége revivra, et, avec lui, l'action résolutoire.

Nous avons combattu *suprà*, n° 550, le principe de cette solution. D'après nous, et d'après M. Flandin, si le privilége n'a pas été inscrit dans les quarante-cinq jours de l'acte de vente, le privilége est éteint et ne saurait plus revivre. Il ne reste au vendeur qu'une hypothèque, et c'est cette hypothèque seulement qu'il peut faire inscrire, lorsqu'aucune transcription n'est encore survenue. « En effet, dit M. Flandin, de la Transcr., t. 2, ch. 4, sect. 4, lorsque le vendeur, qui avait dûment inscrit son privilége, a laissé périmer son inscription, c'est absolument comme si ce privilége n'avait pas été inscrit, et l'inscription nouvelle que prend le vendeur, s'il est encore à temps de la faire, ne peut s'appliquer qu'à l'hypothèque qui a survécu au privilége. S'il en est ainsi, comment peut-on dire que l'action résolutoire, qui a péri avec le privilége, se trouve révivifiée par cette nouvelle inscription? Il semble, au contraire, que le vendeur, en pareil cas, ne peut échapper au texte précis de l'art. 7 de la loi du 23 mars 1855. »

600. Aux termes de l'art. 448 c. com., les droits de privilége et d'hypothèque, quoique valablement acquis, ne peuvent être inscrits postérieurement au jugement déclaratif de la faillite du débiteur. — L'inscription est pareillement sans effet, lorsqu'elle est prise depuis l'ouverture de la succession, si cette succession n'a été acceptée que sous bénéfice d'inventaire (c. nap. 2146), ou si elle est déclarée vacante (V. v° Priv. et hyp., n° 1444). — Nous avons appliqué le même principe à l'inscription prise postérieurement au jugement qui admet le débiteur à la cession de biens, ou postérieurement à l'acceptation des créanciers, si la cession est volontaire (c. nap. 1265 et suiv. ; v° Priv. et hyp., n° 1429).— Nous avons dit, toutefois, eod. v°, n°° 1417 et 1439, que ces dispositions ne concernent que l'inscription prise à l'effet d'acquérir le privilége ou l'hypothèque; mais qu'elles ne s'appliquent pas à l'inscription qui a pour objet de les conserver, c'est-à-dire qui est prise en renouvellement d'une inscription antérieure, faite en temps utile et non périmée.—Ces règles sont certainement applicables au privilége du vendeur (V. Priv. et hyp., n°° 1410 et suiv.; V. aussi les arrêts cités eod., n° 673.—Conf. MM. Rivière et Huguet, Quest., n° 370; Troplong, de la Transcr., n° 282; Mourlon, Exam. crit., etc., App., n° 379 ; Flandin, de la Transcr., loc. cit.).

601. Le vendeur ne pourrait même pas, disent avec raison MM. Rivière et Huguet, n° 371, faire transcrire la vente, à l'effet de conserver son privilége, bien que les art. 448 et 2146 précités ne parlent que de l'inscription. La raison en est que, pour le vendeur, la transcription ne fait que remplacer l'inscription. Si donc, comme le font remarquer ces auteurs, l'inscription, prise après le jugement déclaratif de faillite, ou l'ouverture de la succession bénéficiaire, est nulle, la même nullité doit affecter, au regard du vendeur, l'acte qui en tient lieu (Conf. MM. Troplong, Priv. et hyp., t. 3, n° 650, in fine; Mourlon, loc. cit.; Flandin, ibid.).

602. Mais le vendeur, qui ne peut plus prendre inscription pour la conservation de son privilége, sera-t-il en même temps déchu de l'action résolutoire ? — « Cette question, dit M. Troplong, de la Transcr., n° 295, est grave et controversée. Pour écarter l'art. 7, on peut dire que la masse des créanciers, qui profitent de l'état de faillite ou de déconfiture, et qui ont le droit d'en invoquer les effets, se compose de créanciers chirographaires, et que la loi, dans notre article, n'arrête l'exercice de l'action résolutoire que relativement aux tiers ayant des droits réels.... » — M. Troplong n'est point touché de cette objection. Il lui oppose, d'une part, la solidarité du privilége et de l'action résolutoire ; de l'autre, le dessaisissement du failli, qui opère, au profit de la masse, un droit de saisine rentrant, selon lui, dans l'esprit de cet article. Dans l'idée de M. Rouher, dit-il, à qui a été empruntée la disposition qui est devenue l'art. 7 de la loi du 23 mars 1855, la clause résolutoire ne devait avoir d'effet entre les tiers qu'autant qu'elle était publique, et elle n'était publique que par la publicité du privilége lui-même. L'argument tiré de la publicité se confond avec celui tiré du dessaisissement; car nous avons dit suprà, n° 594, avec le texte même de l'article, que l'exercice de l'action résolutoire n'est modifié que respectivement aux tiers qui ont acquis des droits sur l'immeuble, et qui se sont conformés aux lois pour les conserver ; mais que cette action subsiste, avec tous ses effets, contre l'acheteur ou ses créanciers purement chirographaires. — Reste donc à voir si la faillite place ces derniers dans une position identique à ceux qui ont des droits sur l'immeuble. — Nous avons déjà discuté ce point, à propos d'une autre question (V. suprà, n°° 475 et s.), et nous avons fait remarquer que, le dessaisissement important hypothèque, au profit de la masse, sur les immeubles du failli, les créanciers chirographaires de ce dernier sont bien réellement des tiers ayant des droits sur l'immeuble, dans le sens de la loi du 23 mars 1855. Ils sont donc littéralement dans les termes de l'art. 7 de cette loi, mais à une condition, c'est que l'inscription aura été prise par les syndics, conformément à l'art. 490 c. com.; car l'inscription, nous l'avons dit encore, peut seule donner la vie à l'hypothèque. Et c'est, d'ailleurs, la condition exigée par cet art. 7, puisqu'en parlant des tiers qui ont acquis des droits sur l'immeuble, il ajoute : et qui se sont conformés aux lois pour les conserver.— Nous pensons donc, avec M. Troplong, et avec M. Mourlon, Ex. crit., etc., App., n° 379, que la survenance de la faillite, en même temps qu'elle fait perdre au vendeur non inscrit son privilége, lui enlève, du même coup, l'action résolutoire pourvu que l'inscription ait été prise par les créanciers, conformément à l'art. 490 c. com. (V. n° 609 ; Conf. MM. Flandin, de la Transcr., t. 2, chap. 4, sect. 4; Sellier, Comm., n° 239.—Contrà, MM. Rivière et Huguet, Quest., n°° 372 et suiv.; Dumolard, Revue prat., année 1861, t. 11, p. 401).—Il peut paraître rigoureux, comme

le font remarquer MM. Rivière et Huguet, n° 376, que l'événement de la faillite, qui prive le vendeur, sans qu'il y ait aucune négligence à lui reprocher, du droit d'inscrire son privilége, le prive également de son action résolutoire. « Mais, dès que la loi nouvelle, dit M. Flandin, dans un but de publicité et de sécurité pour les tiers, rattachait l'existence de l'action ré-solutoire à l'existence du privilége, la conséquence était forcée. »

603. Il a été jugé, au contraire : 1° Que le privilége du vendeur ne peut être réputé éteint, dans le sens de l'art. 7 de la loi du 23 mars 1855, par cela seul qu'il n'a pas été inscrit avant la faillite de l'acheteur; qu'en conséquence, le vendeur conserve, malgré ce défaut d'inscription, le droit d'exercer l'action résolutoire contre les créanciers, même utilement inscrits, de ce dernier (Bordeaux, 15 juill. 1857, et, sur pourvoi, Rej. 1er mai 1860, aff. Lavauzelle, D. P. 57. 2. 185, et 60. 1. 236; — 2° Que, d'ailleurs, les créanciers hypothécaires, même utilement inscrits, d'un acquéreur qui n'a pas fait transcrire son contrat, ne sont pas, vis-à-vis du vendeur, au nombre des tiers dont parle l'art. 7 de la loi du 23 mars 1855; et, par suite, qu'ils restent soumis à l'action résolutoire de ce dernier (arrêt précité de la cour de Bordeaux. Conf. trib. civ. de la Seine, 21 mars 1860, aff. Nampon, D. P. 61. 3...).—La cour de Bordeaux, dans son arrêt, s'est placée, comme l'expriment les deux propositions qui précèdent, à un double point de vue : celui de l'extinction du privilége, et, par suite, de l'action résolutoire, par la survenance de la faillite avant que le privilége fût inscrit ; et celui des droits qui peuvent compéter aux créanciers, inscrits ou non, d'un acquéreur failli ou non failli, qui n'a pas fait transcrire, vis-à-vis de l'ancien propriétaire non payé. — Ce dernier point est le premier, dans l'ordre des moyens développés par l'arrêt, et il est facile de voir que c'est celui auquel la cour de Bordeaux attache le plus de confiance. C'est donc à celui-là, d'abord, que nous allons à répondre.

A cet égard, que dit l'arrêt ? « Que les effets de la transcription peuvent être envisagés par rapport à ceux qui tiennent leurs droits du vendeur, et par rapport à ceux qui les tiennent de l'acheteur; qu'à l'égard des premiers, l'art. 3 de la loi déclare que la vente, non transcrite, ne peut leur être opposée, s'ils ont eux-mêmes rendu leurs droits publics, conformément à la loi...; que, quant à ceux qui tiennent leurs droits de l'acquéreur, ils ne peuvent avoir plus de droits que lui ; qu'on peut leur opposer toutes les exceptions dont il serait lui-même passible; qu'ils sont sous l'empire de la maxime : resoluto jure dantis, resolvitur jus accipientis; qu'il impliquerait que le vendeur ne fût pas, à l'égard des tiers, dessaisi avant la transcription, qu'il pût valablement disposer, à leur égard, de la propriété, et que l'acquéreur eût le même droit;... qu'ainsi, le vendeur n'étant pas dessaisi, avant la transcription, vis-à-vis de ceux qui tiennent leurs droits de l'acquéreur, ceux-ci ne peuvent pas se dire des tiers...; qu'il y a bien un cas, lequel ceux qui ont traité avec l'acquéreur doivent être considérés comme tiers, et cessent d'être soumis aux mêmes conditions que lui, à savoir, lorsque, ayant acquis des droits par un acte sujet à la transcription, ils ont fait opérer la transcription de cet acte ; que cela résulte de l'art. 6 de la loi ; mais que l'inscription d'une hypothèque ne peut avoir cet effet que la loi n'a attaché qu'à la transcription ; que ceux qui tiennent leurs droits de l'acquéreur, qui n'a pas transcrit, n'étant pas des tiers, à l'égard du vendeur, et étant passibles des mêmes actions, ne peuvent donc être un obstacle à l'action en résolution. »

Ainsi, la cour de Bordeaux reconnaît au vendeur, même dans l'hypothèse où il aurait perdu son privilége par l'événement de la faillite, le droit d'exercer l'action résolutoire contre les créanciers de l'acheteur, non pas en argumentant de l'état de faillite de ce dernier, et en considérant ces créanciers comme de simples chirographaires, mais en s'arrêtant à cette idée générale, que les créanciers, même inscrits, de l'acheteur ne peuvent être considérés comme des tiers, par rapport au vendeur, du moins tant que la vente n'est pas transcrite; que, par conséquent, jusqu'à cette transcription, ils ne peuvent invoquer le bénéfice de l'art. 7 de la loi de 1855, qui ne dispose qu'en faveur des tiers ayant acquis des droits sur l'immeuble. — La thèse générale, que les créanciers, même inscrits, d'un acquéreur qui n'a pas fait transcrire, ne sont pas des *tiers*, au regard de ceux qui tiennent leurs droits du vendeur ; qu'ils ne sont que les ayants cause de l'acquéreur, soumis aux mêmes exceptions que lui ; cette thèse nous a paru vraie, et nous l'avons soutenue, v° Priv. et hyp., n° 1722, et aussi *suprà*, n° 498. Mais, si elle est exacte, par rapport à ceux qui tiennent leurs droits du vendeur, à ses créanciers hypothécaires, par exemple, elle ne l'est plus, quand il s'agit du vendeur lui-même. C'est ce que nous avons également établi *suprà, eod.* Entre le vendeur et son acquéreur immédiat, avons-nous dit, la vente est parfaite par le seul accord des parties, et la propriété est transférée à ce dernier, sans autre condition (c. nap. 1583). Il en résulte que les hypothèques que l'acquéreur a constituées sur l'immeuble, avant la transcription, doivent obtenir, à l'égard du vendeur, tout leur effet. Et c'est pour cette raison que l'art. 7 de la loi du 11 brum. an 7, l'acquéreur, qui n'avait point transcrit, ne pouvait conférer hypothèque à ses créanciers, au préjudice du vendeur, encore que celui-ci n'eût pas requis l'inscription de son privilége (Rouen, 7 déc. 1809, aff. Bourcy ; Nîmes, 20 fév. 1808, aff. Blanc) ; s'il a également été jugé que le premier vendeur, dans le cas d'une vente et d'une revente, consenties sous l'empire de la même loi, et non transcrites, a pu, même après la promulgation du code Napoléon, exercer son privilége, quoique non inscrit, par préférence à des créanciers du second acquéreur qui avaient pris inscription sur l'immeuble (Rouen, 24 fév. 1812, aff. Damour) ; c'est, ainsi que nous l'avons établi *suprà*, n° 550, que la loi de brumaire (non plus que le code Napoléon), n'ayant prescrit aucun délai fatal au vendeur d'un immeuble pour l'inscription de son privilége, l'inscription de ce dernier, à quelque époque qu'elle fût prise, primait les inscriptions antérieures des créanciers de l'acquéreur (Turin, 24 janv. 1810, aff. hér. Borra ; Nîmes, 12 déc. 1811, aff. Fouard, v° Priv. et hyp., n° 638) ; tandis qu'aujourd'hui, comme nous l'avons dit encore *suprà*, n° 599, le privilége du vendeur, qui n'a point été inscrit dans les quarante-cinq jours de l'acte de vente, transcrit ou non, dégénère en simple hypothèque, ne prenant rang que du jour de sa date, et ne pouvant primer, par conséquent, les hypothèques, du chef de l'acquéreur, inscrites avant elles.— Mais, ainsi que l'énonce la cour de Bordeaux, dans son arrêt, on jugeait, sous la loi du 11 brum. an 7, et l'on devrait juger de même, sous la loi du 23 mars 1855, que la transcription, faite par le sous-acquéreur, purge l'immeuble du privilége de l'ancien propriétaire, qui n'a pas été régulièrement inscrit avant la transcription, alors même que l'acquéreur intermédiaire n'aurait pas fait transcrire son titre (Req. 28 mai 1807, aff. Robineau), et que le second acquéreur aurait eu connaissance du privilége de l'ancien propriétaire existant sur l'immeuble (Turin, 16 mars 1811, aff. Berutti, v° Priv. et hyp., n° 639. — Sur ce dernier point, V. *suprà*, n° 491).

605. M. le conseiller Bayle-Mouillard, dans son rapport sur le pourvoi dirigé contre l'arrêt de la cour de Bordeaux (D. P. 60. 1. 236), adopte, sur la première question tranchée par l'arrêt attaqué, la doctrine de cet arrêt. « Pas de transcription, dit-il, pas de dessaisissement du vendeur. Aucun créancier de l'acheteur n'a pu acquérir utilement des droits sur cet immeuble dont cet acheteur n'était pas saisi. Aucune inscription, aucun privilége n'a pu être inscrit de son chef. Aucun tiers, dès lors, n'ayant pu acquérir de droits sur l'immeuble, ne peut s'opposer à l'exercice de l'action résolutoire en vertu de l'art. 7. Qu'on ne dise pas que le vendeur n'a rempli aucune formalité, qu'il 'na pris aucune mesure conservatoire. Il n'a rien à conserver, tant que la transcription n'est pas faite ; car, jusqu'à l'accomplissement de cet acte, il n'a pas cessé d'être saisi, il est toujours propriétaire à l'égard des tiers, et n'a besoin ni d'action résolutoire, ni de privilége. L'état de faillite n'y fait rien. Les

syndics ou la masse ne peuvent avoir plus de droits que les créanciers isolés : séparés ou réunis, ils sont nécessairement tiers ou ayants cause ; comme ayants cause, ils seront exposés à l'action résolutoire personnelle, qui n'a pas cessé de peser sur leur débiteur ; comme tiers, ils ne pourront, ainsi que nous venons de le dire, échapper, avant la transcription, à l'action résolutoire réelle ; car leur débiteur, qui n'était pas saisi, n'a pu leur transférer aucun droit... » Mais la cour a refusé de suivre M. le conseiller-rapporteur sur ce terrain ; et, en évitant de se prononcer sur ce moyen, elle a suffisamment indiqué, dit M. Flandin, *loc. cit.*, qu'elle n'était pas convaincue de la vérité de la théorie exposée par M. Bayle-Mouillard.

606. L'autre moyen, sur lequel est basé l'arrêt de la cour de Bordeaux, consiste à dire « que l'art. 7 de la loi, qui refuse l'action en résolution, lorsque le privilége du vendeur n'est inscrit, a été fait dans la présupposition que la vente aurait été transcrite, et, par conséquent, le privilége inscrit, et pour le cas où le vendeur aurait laissé perdre son privilége, soit à défaut de renouvellement de l'inscription, soit à défaut de production dans un ordre... » Il n'y a pas trace, dans l'article, fait observer M. Flandin, de cette restriction : la disposition, au contraire, est générale, et s'applique à tous les cas où le privilége du vendeur ne peut plus être exercé, par une cause quelconque. L'arrêt continue : « Attendu que la faillite met obstacle à l'inscription, mais qu'elle ne purge pas le privilége ; que, si le syndic de la faillite voulait aujourd'hui consolider la propriété, il serait tenu de faire transcrire la vente ; que le privilége serait inscrit d'office et aurait tout son effet ; que l'on ne peut (donc) dire qu'il se soit éteint, dans le sens de l'art. 7 de la loi... » — Toutes ces propositions nous semblent, comme à M. Flandin, autant d'erreurs. — *La faillite met obstacle à l'inscription ; mais elle ne purge pas le privilége...!* Qu'est-ce qu'un privilége, soumis à l'inscription, et qui ne peut plus être inscrit? C'est le néant. — *Si le syndic de la faillite voulait aujourd'hui consolider la propriété, il serait tenu de faire transcrire la vente ; le privilége serait inscrit d'office et aurait tout son effet...!* Nous avons dit, au contraire, que la transcription, utile, en effet, pour empêcher le vendeur d'aliéner une seconde fois la propriété au profit d'un autre, n'aurait pas pour résultat, dans le cas particulier, de conserver le privilége du vendeur, parce que, pour lui, la transcription ne peut remplacer l'inscription, inscription que ne lui permet plus de prendre la déclaration de la faillite (V. *suprà*, n° 603).

C'est, cependant, ce moyen qui a triomphé devant la chambre civile, et qui a fait rejeter le pourvoi. « Attendu, dit la cour de cassation..., qu'aux termes des art. 2146 c. nap. et 448 c. com., l'inscription d'un privilége ou d'une hypothèque, prise après un jugement de déclaration de faillite, est sans effet entre les créanciers de la faillite, ou relativement à la masse, comme le dit aussi l'art. 446 c. com. ; qu'il résulte de ces expressions que cette disposition, protectrice du droit de ces créanciers, ne peut être invoquée que par eux, et non par le failli, ni par les tiers détenteurs, ni par les créanciers postérieurs à la faillite ; qu'ayant pour cause unique la faillite, elle devrait cesser d'être applicable, si la faillite venait à être complétement effacée ; qu'en cet état, le privilége n'est plus opposable, en tout temps et à toutes personnes, mais qu'il n'a pas cessé d'exister ; que l'inefficacité de l'inscription, relative, et, en certains cas, temporaire, provenant d'ailleurs d'un événement que le vendeur n'avait pu prévoir, ne peut être considérée comme satisfaisant à la première condition exigée par l'art. 7 de la loi sur la transcription, qui exige l'extinction du privilége, c'est-à-dire, une annulation complète, absolue, ineffaçable ; qu'en employant une expression aussi énergique, le législateur a manifesté clairement sa volonté de ne pas faire dépendre de la suspension des effets de l'inscription, ou d'une nullité relative, la conservation ou la perte d'un droit qui est la dernière ressource du vendeur non payé... »

« Toutes ces considérations, puisées dans l'intérêt qu'inspire le vendeur, exposé, par la faillite, à perdre tout à la fois et l'immeuble et le prix, ne sauraient prévaloir, dit M. Flandin, contre le texte de l'art. 7, qui rend solidaires l'action résolutoire et le privilége. On ne nie pas que l'état de la faillite empêche l'inscription du privilége ; que ce privilége, par conséquent, *est sans effet entre les créanciers de la faillite, ou relativement à la masse*; donc l'action résolutoire *ne peut être exercée, aux termes de cet art. 7, au préjudice de ces mêmes créanciers, qui sont des tiers ayant acquis des droits sur l'immeuble, du chef de l'acquéreur, et qui se sont conformés aux lois pour les conserver* (V. *suprà*, n° 602). Qu'importe que l'extinction du privilége, due à l'état de faillite, ne soit pas absolue; que l'exception *ne puisse être invoquée, ni par le failli, ni par les tiers détenteurs, ni par les créanciers postérieurs à la faillite*, si ceux qui l'invoquent ont qualité pour le faire? Et, dès que, par rapport à eux, le privilége est anéanti, faute d'inscription, il en est de même de l'action résolutoire, qui ne peut subsister, sans le privilége...»

607. Il a, toutefois, été jugé que, bien que le privilége du vendeur ne puisse être inscrit après la faillite de l'acheteur, l'action résolutoire, antérieure à la mise à exécution de la loi du 23 mars 1855, a pu, cependant, être valablement inscrite dans les six premiers mois de l'année 1856, en vertu de l'art. 11 de la loi précitée, bien qu'à ce moment, l'acheteur se trouvât en faillite (Grenoble, 13 mars 1858, aff. Girard, D. P. 58. 2. 176). — « Attendu, avait dit le jugement, que, si le privilége est éteint, faute d'inscription en temps utile, l'action résolutoire pourrait être exercée, puisqu'elle a été inscrite le 30 juin 1856, selon le vœu de la loi sur la transcription ; que cette inscription, exigée par une loi spéciale sur la conservation des actions résolutoires, antérieures à sa promulgation, doit sortir tout son effet, nonobstant l'état de faillite du débiteur et les dispositions de l'art. 448 c. com., qui sont sans application à cette espèce. » Et la cour, ajoutant à ce motif, qu'elle adopte, déclare « que (si) la loi de 1855, art. 7, déroge, en cela, au code Napoléon, dispose que l'action résolutoire ne peut être exercée au préjudice des tiers, après l'*extinction* du privilége du vendeur, l'art. 11 a pour objet d'excepter de cette disposition les actions résolutoires qui, avant le 1er janv. 1856, date de la mise à exécution de la loi, formaient un droit acquis et indépendant du privilége, à la charge de les rendre publiques par l'inscription dans un délai de six mois; que cette exception ou mesure transitoire doit s'appliquer à l'action résolutoire, dans le cas de coexistence, comme dans celui d'extinction du privilége au 1er janv. 1856; qu'autrement, le but du législateur, celui de ne pas frapper rétroactivement des droits acquis, n'aurait pas été atteint; qu'en effet, si l'on donnait un sens limitatif à ces termes de l'art. 11 : *le vendeur dont le privilége serait éteint*, etc., il pourrait arriver que des vendeurs, dont le privilége n'aurait disparu qu'un jour après la mise à exécution de la loi nouvelle, seraient définitivement déchus de leur action résolutoire, bien qu'ils n'eussent pas eu plus de moyens de conservation que d'antres, non moins négligents, qui, ayant laissé périr leur privilége un jour plus tôt, échapperaient, par cela même, à l'extinction absolue de leur droit de résolution; qu'une telle anomalie n'a pu être dans la volonté du législateur... »

608. Il a aussi été jugé qu'en cas de faillite de l'acheteur, le vendeur, s'il a fait opérer, ne fût-ce que dans les dix jours qui ont précédé la déclaration de faillite, la transcription de la vente, à l'effet de conserver son privilége, peut exercer contre les créanciers l'action résolutoire, pour défaut de payement du prix; et que ceux-ci ne pourraient s'y opposer, comme ayant sur l'immeuble des droits acquis du chef de leur débiteur, qu'autant qu'antérieurement à l'accomplissement des formalités destinées à assurer la conservation du privilége, le syndic aurait pris, dans l'intérêt de la masse, l'inscription prescrite par l'art. 490 c. com. (Riom, 1er juin 1859, aff. Maigne, D. P. 59. 2. 124).— Cette décision est conforme à l'opinion exprimée par MM. Rivière et Huguet, qui, après avoir soutenu, aux n°s 373 et 374, que l'état de faillite de l'acheteur n'a pas pour effet de priver le vendeur, qui n'a pas fait transcrire ou pris inscription, avant la faillite, de son action résolutoire, s'expriment, cependant, au n° 375, de la manière suivante : « Peut-être pourrait-on dire que, dans l'hypothèse de la faillite, dès que l'inscription de l'hypothèque accordée à la masse serait prise par les syndics, le vendeur n'aurait plus le droit d'intenter son action en résolution, au préjudice des créanciers de la faillite ; car on se trouverait alors dans les termes de l'art. 7. Mais, jusque-là, le droit de résolution du vendeur doit rester entier, et l'action qu'il intenterait, même après le jugement déclaratif, devrait triompher. »

609. En fait, l'arrêt de la cour de Riom pourrait se défendre ; car, dans l'espèce, la vente était antérieure d'un an à la mise en faillite de l'acheteur, et le vendeur avait fait transcrire, pour la conservation de son privilége, cinq jours avant le jugement déclaratif de la faillite ; or, l'art. 448 c. com. a modifié l'art. 2146 c. nap. : il porte que « les droits d'hypothèque et de privilége, valablement acquis, peuvent être inscrits jusqu'au jour du jugement déclaratif de la faillite. » Il est vrai que l'article ajoute, à l'alinéa suivant : « Néanmoins, les inscriptions prises après l'époque de la cessation de payements, ou dans les dix jours qui précèdent, pourront être déclarées nulles, s'il s'est écoulé plus de quinze jours entre la date de l'acte constitutif de l'hypothèque ou du privilége et celle de l'inscription. » Mais cette annulation est facultative pour les tribunaux (V. Faillite, n° 334, et Priv. et hyp., n° 1416). — Toutefois, c'est en droit, non en fait, qu'a jugé la cour de Riom : « Attendu, dit-elle, que les créanciers de la faillite Liandier n'auraient pu se prévaloir des dispositions de l'art. 7 de la loi du 23 mars 1855, et s'opposer à l'action résolutoire exercée par les époux Maigne, que dans le cas où ils auraient pris l'inscription autorisée et prescrite par l'art. 470 c. com., avant que les époux Maigne eussent rempli les formalités nécessaires pour conserver leur privilége de vendeur.... » — C'est, comme on le voit, la doctrine de MM. Rivière et Huguet ; mais nous ne pouvons adhérer à cette doctrine. Nous avons dit, à la vérité, plus haut, n° 602, que, si les créanciers chirographaires de la faillite peuvent opposer au vendeur la déchéance de son action résolutoire, par suite de la perte de son privilége, c'est à la condition que l'inscription, prescrite dans l'intérêt de la masse, sera prise par les syndics ; mais il n'est nullement nécessaire que cette inscription précède celle du vendeur, dès que celle-ci ne peut plus être utilement prise. En un mot, l'action résolutoire, nous ne saurions trop le répéter, est intimement liée à l'existence du privilége ; et, dès que celui-ci, par une cause quelconque, a péri, sa chute entraîne forcément celle de l'action résolutoire.

610. M. Mourlon, Ex. crit., etc., App., n° 380, et M. Troplong, de la Transcr., n° 295, indiquent au vendeur une précaution à prendre pour le garantir du danger que peut lui faire courir l'insolvabilité, non soupçonnée, de l'acquéreur ; c'est de stipuler « que la vente ne sera parfaite, et la propriété transférée, qu'autant que la transcription aura été effectuée d'une manière utile ; sinon, qu'elle sera comme non avenue. » Ce procédé, déjà indiqué dans la discussion du projet de loi, nous semble, comme à M. Flandin, *loc. cit.*, peu praticable. La précaution paraîtrait injurieuse à l'acquéreur, et ne faciliterait assurément pas la conclusion du marché. Or, ce n'est pas, d'ordinaire, l'acheteur qui reçoit la loi du vendeur.—Il se fait, d'ailleurs, beaucoup de ventes sous seing privé ; et, comme le faisait remarquer un membre du corps législatif, M. Delapalme, « les rédacteurs les plus ordinaires de ces actes, c'est-à-dire les maîtres d'école et les écrivains de village, ne s'aviseraient probablement pas de cet expédient... » — V. *suprà*, p. 684, n° 24.

611. Ce que nous avons dit de la faillite doit se dire également de la succession bénéficiaire ou de la succession vacante. On a vu, en effet, v° Succession, n° 785, que l'acceptation d'une succession, sous bénéfice d'inventaire, opère, de plein droit, la séparation des patrimoines, et donne lieu au privilége que l'art. 2111 c. nap. établit, au profit des créanciers de la faillite, sur les immeubles de la succession, sans même que ces créanciers et légataires aient besoin, dans ce cas, de prendre inscription (V. aussi *loc. cit.*, n° 1483, par rapport à la succession vacante). Ce privilége est un droit réel, au préjudice duquel, conformément à l'art. 7, l'action résolutoire du vendeur, quand son privilége a péri, ne peut plus être exercée (Conf. M. Flandin, de la Transcr., t. 2, ch. 4, sect. 4).

612. Il a été jugé, au contraire, que l'art. 7 de la loi du 23 mars 1855, d'après lequel le vendeur, déchu de son privilége, perd le droit d'exercer son action résolutoire à l'égard « des tiers qui ont acquis des droits sur l'immeuble, du chef de l'acquéreur, et qui se sont conformés aux lois pour les conserver,» ne peut être invoqué que par ceux qui sont investis de droits réels sur l'immeuble vendu ; qu'ainsi, le vendeur conserve son action résolutoire contre les créanciers chirographaires de la succession bénéficiaire de l'acheteur, quoiqu'il ait perdu son privilége, faute de renouvellement de l'inscription d'office prise par le conservateur, en vertu de l'art. 2108 c. nap., ces créanciers n'étant pas des tiers nantis de droits réels, dans le sens de l'art. 7 de la loi de 1855 (Montpellier, 6 avr. 1859, aff. N..., D. P. 59. 2. 113).—Le seul argument de droit que fasse valoir l'arrêt est celui-ci : « Attendu qu'aux termes de l'art. 7 de la loi du 23 mars 1855, la déchéance de l'action résolutoire du vendeur ne profite qu'aux tiers qui ont acquis des droits sur les immeubles vendus et ont conservé ces droits ; — Que les droits dont parle l'art. 7 précité ne peuvent être que des droits réels, puisqu'il s'agit de droits sur les immeubles susceptibles d'être conservés ; — Que si, par l'effet d'une acceptation bénéficiaire, les créanciers obtiennent le droit d'empêcher d'acquérir des droits réels sur les immeubles de l'hérédité, ils n'en acquièrent aucun pour eux-mêmes ;... » —Nous avons répondu, à l'avance, à ce moyen, en faisant observer que l'acceptation bénéficiaire vaut séparation de patrimoines pour les créanciers et les légataires de la succession, et, par suite, crée à leur profit le privilége dont il est fait mention dans l'art. 2111 c. nap.—M. Troplong, sans invoquer la même raison, est, au fond, du même sentiment, et repousse, en ces termes, la doctrine derrière laquelle s'abrite l'arrêt de Montpellier. « On oppose, dit-il, de la Transcr., n° 295, que la loi de 1855, ne se préoccupe que des tiers nantis de droits réels, et que les créanciers de la faillite (il faut suppléer, pour compléter la pensée de l'auteur, *ou de la succession bénéficiaire*, ainsi qu'il l'exprime, du reste, au commencement du n° précité), ne sont que des chirographaires, dans l'intérêt desquels l'art. 7 n'a pas été édicté. Nous répondons que les expressions de l'art. 7, loin de se prêter à cette objection, l'écartent, au contraire, formellement. « L'action résolutoire, dit cet article, ne peut être exercée, après l'extinction du privilége du vendeur, au préjudice des tiers qui ont acquis des droits sur l'immeuble, du chef de l'acquéreur, et qui se sont conformés aux lois pour les conserver. » Eh quoi ! l'on pourrait soutenir que, par le jugement déclaratif de la faillite, les créanciers, à qui la chose a été remise en gage pour l'administrer et s'en faire payer ensuite, n'ont pas acquis sur cette chose un de ces droits de saisine que la loi protége !... » — Nous avons dit également, dans nos observations critiques sur l'arrêt de Montpellier (Rec. pér., *loc. cit.*), que « lorsque la loi interdit au vendeur d'inscrire son privilége, c'est que le vendeur est en présence d'un droit contraire, devant lequel doit disparaître toute cause de préférence non régulièrement manifestée ou conservée. Si ce droit, et notamment, si le droit des créanciers d'une succession bénéficiaire est d'une telle énergie qu'il fasse obstacle au privilége du vendeur, comment lui dénier la puissance de faire également obstacle à l'action résolutoire? Ainsi entendue, la disposition de l'art. 7 devient très-simple. Toutes les fois que le privilége du vendeur rencontre un droit rival, il en empêche l'inscription et en paralyse l'exercice, l'action résolutoire vient aussi se briser contre le même droit. En d'autres termes, il faut que le privilége soit susceptible d'être inscrit, que la résolution de la vente, faute de payement du prix, soit susceptible d'être demandée. Les tiers, dans l'intérêt desquels la créance privilégiée du vendeur se transforme en une créance purement chirographaire, sont donc les mêmes que ceux qui ne doivent pas souffrir de l'action résolutoire ; et la cour de Montpellier nous semble avoir divisé, à tort, la protection que leur a assurée l'art. 7 de la loi de 1855 » (Conf. M. Sellier, Comm., n° 239).

613. Mais il a été jugé, et nous croyons, avec raison, que l'art. 7 de la loi du 23 mars 1855 n'est pas applicable, en matière de vente publique volontaire d'immeubles, au droit de poursuivre la revente sur folle enchère, pour inexécution des clauses du cahier des charges ; que le vendeur non payé, dont l'immeuble a été vendu aux enchères, et qui ne peut plus, par suite de l'extinction de son privilége, exercer l'action résolutoire, au détriment de l'inscription prise dans l'intérêt des créanciers de son acquéreur tombé en faillite, peut encore, si les clauses et conditions de la vente mettaient à la charge de celui-ci la transcription destinée à assurer la conservation du privilége du vendeur, user, à l'encontre de la faillite, du droit de faire revendre l'immeuble sur folle enchère (Besançon, 1re ch.,

16 déc. 1857, aff. Défeux, D. P. 59. 2. 148. — Conf. Besançon, 2e ch., 30 juill. 1859, aff. Friedler ; Bordeaux, 2 avr. 1860, aff. hér. Giraud, D. P. 61. 2. 66).—Le tribunal de Dôle, dont le jugement a été infirmé par l'arrêt du 16 déc. 1857, avait considéré « que la poursuite en folle enchère, lorsque, comme dans l'espèce, elle serait exercée par le premier vendeur, et dans son intérêt exclusif, n'est, en réalité, qu'une action résolutoire, ne différant, quant à ses effets, de l'action résolutoire ordinaire qu'en ce sens qu'elle ne fait arriver dans les mains du vendeur que le prix de la deuxième adjudication, au lieu d'y faire rentrer la propriété elle-même ; qu'elle doit donc être assimilée à cette dernière action... ». — Mais, en pareille matière, nous l'avons déjà dit, il n'est pas permis de raisonner par analogie, et la cour de Besançon a, d'ailleurs, parfaitement fait ressortir les différences qui existent entre la poursuite de folle enchère et l'action résolutoire proprement dite : « Considérant, dit-elle, que la procédure de folle enchère n'est qu'un incident à la poursuite de surenchère ; que la folle enchère peut être suivie, non-seulement pour défaut de payement, mais encore pour inexécution des clauses de l'adjudication, et par toutes personnes intéressées ; que cette voie de folle enchère ne peut pas être assimilée à l'action en résolution de l'art. 1654 c. nap., applicable seulement à une vente définitive, et au profit du vendeur ; que la vente sur surenchère est faite sous la condition suspensive de l'acquittement des charges et conditions de l'adjudication, et que, si ces charges et conditions ne sont pas accomplies, la vente est réputée n'avoir jamais existé. » (Conf. M. Flandin, de la Transcr., *loc. cit.*)

614. Il a aussi été jugé que l'art. 6 de la loi du 23 mars 1855, qui ne permet plus au vendeur d'un immeuble d'inscrire son privilége, après la transcription de la revente d'un même immeuble, lorsqu'il ne se trouve plus dans les quarante-cinq jours de son contrat, est inapplicable au cas où cette revente et sa transcription ont eu lieu dans le but, frauduleusement concerté entre les deux parties, de faire encourir au vendeur primitif la déchéance prononcée par cet article ; qu'en conséquence, le vendeur conserve son action, son privilége, et, sur pourvoi, action résolutoire (Montpellier, 10 nov. 1857, et, sur pourvoi, Req., 14 mars 1859, aff. Toureil, D. P. 59. 1. 500). — A cette raison de fait, tirée de l'existence de la fraude, la cour de Montpellier avait ajouté une raison de droit : « Attendu, porte son arrêt, que l'action résolutoire de l'intimé était intentée avant la vente consentie par Toureil à sa femme, et avant l'échéance des délais impartis au vendeur pour conserver son privilége... » — Dans l'espèce, la vente, faite par Fabry à Toureil, était du 6 mai 1846, antérieure, par conséquent, à la loi du 23 mars 1855 ; mais elle n'avait pas été transcrite, et aucune inscription n'avait été prise par le vendeur, pour la conservation de son privilége, soit avant, soit depuis la loi précitée. Le 3 avr. 1856, Fabry, n'étant pas payé de son prix, avait formé, contre Toureil, une demande en désistat des immeubles vendus. — Sous le coup de cette demande, Toureil, le 3 juin 1856, avait revendu ces immeubles à sa femme, qui venait de faire prononcer sa séparation de biens ; et celle-ci s'était hâtée de faire transcrire la vente. Puis, elle était intervenue dans l'instance en désistat, opposant à Fabry qu'il avait perdu son action résolutoire, faute d'inscription de son privilége avant la revente. — Tout moyen de fraude à part, la cause présentait à juger la question de savoir si l'art. 11 de la loi du 23 mars 1855, d'après lequel « le vendeur, dont le privilége serait éteint à l'époque où la présente loi deviendra exécutoire (c'est-à-dire le 1er janv. 1856, art. 10), pourra conserver, vis-à-vis des tiers, l'action résolutoire qui lui appartient, aux termes de l'art. 1654 c. nap., en faisant inscrire son action au bureau des hypothèques, *dans le délai de six mois*, à partir de la même époque », était applicable, dans l'espèce, où le privilége de Fabry n'était pas éteint au 1er janv. 1856, aucune revente n'ayant encore été faite à cette date, et où une demande en désistat avait été formée par le vendeur non payé, avant l'expiration des six mois? — C'est cette question que la cour de Montpellier avait tranchée par la négative, et que la chambre des requêtes n'a pas jugé à propos de résoudre, le moyen tiré de la fraude lui paraissant suffisant pour justifier l'arrêt attaqué. « Attendu, porte l'arrêt de la chambre des requêtes, qu'à supposer que les dispositions de la loi du 23 mars 1855 pussent être invoquées dans la cause, la fraude fait exception à toutes les règles du droit... »

615. La question s'est représentée devant la cour de Limoges, et elle y a été résolue, sur un point, dans un sens contraire à la solution donnée par la cour de Montpellier. Il a été jugé, ainsi, que le vendeur, dont le privilége s'était trouvé éteint, au moment où la loi du 23 mars 1855 est devenue exécutoire, c'est-à-dire au 1er janv. 1856, est, en outre, déchu, vis-à-vis des tiers, de son action résolutoire pour non-payement du prix, s'il ne l'a pas fait inscrire dans le délai de six mois, à partir de la même époque, bien que, dans ce délai, il ait formé son action en résolution (Limoges, 23 août 1860, aff. Legrand, D. P. 61. 2. 6). — Le même arrêt décide que les créanciers hypothécaires cessent d'être les ayants cause de leur débiteur et d'être représentés par lui en justice, lorsqu'ils exercent des droits qui leur sont personnels et que seuls ils peuvent invoquer : par exemple, lorsqu'il s'agit d'une action résolutoire que le vendeur a négligé de conserver régulièrement vis-à-vis des tiers ; qu'ainsi, le jugement qui, nonobstant l'extinction de l'action, a prononcé la résolution contre l'acquéreur, n'a pas force de chose jugée à l'égard des créanciers auxquels celui-ci avait conféré hypothèque sur l'immeuble? V., dans le même sens, v° Chose jugée, n° 251; M. Larombière, Théor. et prat. des oblig., sur l'art. 1351, n° 126.

616. Mais, ainsi que le décide la même cour de Limoges, la disposition du § 4 de l'art. 11 de la loi du 23 mars 1855 n'est applicable qu'au vendeur, dont le privilége était éteint au jour où la loi précitée est devenue exécutoire, c'est-à-dire au 1er janv. 1856 (Limoges, 13 juill. 1859, aff. Montagnac, D. P. 61. 2e partie). — Dans l'espèce, Montagnac, le vendeur, quoique l'inscription d'office, prise à son profit le 30 nov. 1843, fût périmée, faute de renouvellement dans les dix ans, avait pris une autre inscription, le 23 fév. 1854, pour la conservation de son privilége, antérieurement à la revente, opérée par l'acquéreur le 14 janv. 1853. Cette inscription subsistait au 1er janv. 1856, et la cour de Limoges, par conséquent, a dû admettre que la péremption de l'inscription d'office du 30 nov. 1843, à défaut de renouvellement, ne pouvait paralyser l'effet de l'inscription du 23 fév. 1854, qui n'avait nul besoin, pour sa validité, de se rattacher à l'inscription d'office, et qui valait elle-même comme ayant été prise à une époque où le droit du vendeur était encore entier : » d'où l'arrêt a justement conclu «que, le privilége de vendeur de Montagnac étant en vigueur quand la loi du 23 mars 1855 est devenue exécutoire, c'est à tort que les premiers juges ont réputé éteinte son action résolutoire, faute par lui de s'être conformé aux prescriptions de cette loi. »

617. La cour de Riom a jugé un pas de plus, et elle a décidé que l'art. 7 et le § 4 de l'art. 11 de la loi du 23 mars 1855 ne sont pas opposables au vendeur qui avait pris, avant le 1er janv. 1856, une inscription dont la péremption a eu lieu depuis, mais pendant le cours d'une instance en résolution qu'il avait intentée antérieurement à cette même date du 1er janv. 1856 (Riom, 7 juin 1859, aff. Michard, D. P. 61. 2e partie).—L'arrêt considère « qu'au moment où Bousset a formé sa demande en résolution de la vente, son privilége subsistait incontestablement, l'inscription qui garantissait ce privilége étant alors en pleine vigueur ; que son action était donc autorisée par les termes mêmes de l'art. 7 de la loi du 23 mars 1855; qu'il importe peu que le privilége du vendeur ait péri, plus tard, par le défaut de renouvellement de l'inscription d'office; que cette déchéance ne peut entraîner rétroactivement celle de l'action résolutoire déjà formée, et qui l'a été en temps utile et dans les conditions où la loi en autorisait l'exercice ; que ce serait exagérer les garanties que la loi du 23 mars 1855 a voulu accorder aux tiers intéressés, que d'obliger le vendeur non payé, après qu'il a formé une demande en résolution de la vente, à renouveler l'inscription de son privilége, qui, par l'effet même de la résolution, doit disparaître et devenir sans objet; que les termes de l'art. 1 de ladite loi n'emportent point cette obligation... »

618. Cet arrêt n'est pas en opposition avec l'arrêt de la cour de Limoges, du 23 août 1860, cité suprà, n° 615, puisque, dans celui-ci, le privilége du vendeur était éteint, au moment où ce dernier avait formé sa demande en résolution de la vente, et

qu'aucune inscription n'avait été prise, pour la conservation de l'action résolutoire, dans les six mois, à dater du 1er janv. 1856. Mais, quoique, dans l'espèce jugée par la cour de Riom, le privilége subsistât encore, lorsque le vendeur avait saisi le tribunal de sa demande de résolution, il était arrivé cependant qu'avant qu'il eût été statué sur cette demande, l'inscription, qui maintenait le privilége, était tombée en péremption. « Or, on peut objecter, dit M. Flandin, de la Transcr., t. 2, ch. 4, sect. 4, qu'une inscription périmée est considérée comme non avenue; qu'avec cette inscription a péri le privilége, si une autre inscription n'a pas été prise en temps utile, et que l'extinction du privilége a entraîné, par voie de conséquence, l'extinction de l'action résolutoire. — Vainement la cour de Riom dit-elle que, « pour apprécier la légitimité d'une action, il faut se reporter à l'époque où elle a été intentée; que le jugement, quelle qu'ait été la durée de l'instance, rétroagit au jour de la demande et se traduit en une déclaration que la demande était bien ou mal fondée, au moment où elle a été formée; qu'il serait contraire à la justice que le défendeur pût bénéficier des retards que sa résistance illégitime a apportés à la reconnaissance du droit du demandeur.» — Cela est vrai, mais entre les parties seulement. Quant aux tiers, à qui l'acquéreur, pendant l'instance en résolution, aura pu conférer des droits sur l'immeuble, qui auront été tenus dans l'ignorance de cette instance, et qui, ne trouvant, sur les registres du conservateur, aucune inscription périmée, auront cru pouvoir traiter, avec sécurité, avec cet acquéreur, ce n'est pas à eux à souffrir de la faute que le vendeur a commise, en ne renouvelant pas, à temps, cette inscription. — Mais, dit la cour de Riom, « les tiers ont d'autant moins à se plaindre que, d'une part, l'inscription du privilége les avait avertis de l'existence de l'action résolutoire, et que, d'autre part, la publicité d'une action portée devant un tribunal peut être encore pour eux un nouvel avertissement. » — Je réponds, avec les considérants de l'arrêt précité de la cour de Limoges : « Qu'il importe peu que le vendeur ait exercé son action en résolution, dans les six mois, à partir du 1er janv. 1856, si, dans le même délai, il ne l'a pas fait inscrire; qu'en effet, l'exercice de cette action ne saurait tenir lieu de l'inscription exigée par la loi; que l'introduction d'une demande en justice ne contient la manifestation du droit prétendu que par rapport aux parties en cause, et qu'elle ne présente aucun des caractères, ni aucune des garanties qui sont attachés au mode de publicité légale exclusivement déterminé par la loi; qu'il ne suffit point que l'action soit placée sous la protection de la justice qui s'en trouve saisie, si, au moment même où il s'agit de le consacrer, le droit, qui lui sert de fondement, est venu à périr, faute, par la partie, d'avoir accompli la seule formalité de laquelle la loi, qui le réglemente, fait dépendre sa conservation; que la loi de 1855 a si peu entendu laisser l'action résolutoire transitoirement soumise aux anciennes règles du code Napoléon, du 1er janv. au 1er juill. 1856, qu'elle exige qu'une inscription soit prise dans ce délai, sous peine de déchéance à l'égard des tiers, et que, par son art. 11, elle est déclarée seulement inapplicable aux actes ayant acquis date certaine et aux jugements rendus avant le 1er janv. 1856; que, si ces actes et jugements doivent, quant à leurs effets, être réglés par la législation sous l'empire de laquelle ils sont intervenus, l'action résolutoire, intentée depuis la promulgation de la nouvelle loi, à quelque époque que ce soit, doit, au contraire, être réglée par les dispositions dont le caractère général et absolu ne permet d'établir aucune distinction qui serait fondée sur le temps où la demande aurait été introduite en justice; que, dans tous les cas, la conservation du droit, à l'égard des tiers, est subordonnée à l'accomplissement de la formalité particulière qui seule est constitutive de la publicité légale et efficacement protectrice du crédit public.... »

619. Toutefois, ajoute M. Flandin, loc. cit., l'arrêt de la cour de Riom peut se justifier, en fait, par une raison que la cour n'a pas donnée. L'acte de vente avait été transcrit antérieurement à la loi du 23 mars 1855, puisque c'est l'inscription d'office que l'arrêt déclare avoir péri par le défaut de renouvellement. En décidant que la péremption de cette inscription a entraîné l'extinction du privilége, la cour de Riom a suivi la doctrine de M. Troplong, suivant laquelle la transcription de l'acte de vente ne vaut, pour la conservation du privilége du vendeur, que ce que vaut une inscription, c'est-à-dire, que son effet cesse, si elle n'a pas été renouvelée, conformément à l'art. 2154 c. nap., avant l'expiration des dix années (Conf. Paris, 30 nov. 1860, aff. hér. Jacquillon, D. P. 61. 2. 75; trib. civ. de Mâcon, 22 déc. 1858, aff. Colland, D. P. 61. 3ᵉ partie). Nous avons dit, au contraire, *suprà*, nᵒ 598, que la transcription, faite en temps utile, conserve indéfiniment le privilége du vendeur, et n'est pas soumise au renouvellement décennal. Il suit de là, comme le fait observer M. Flandin, que la péremption de l'inscription d'office, dans l'espèce, était sans influence sur l'existence du privilége, et, par suite, de l'action résolutoire.

620. Il a, du reste, été jugé, par la cour de cassation, contrairement à la doctrine d'un arrêt de la cour de Montpellier (l'arrêt du 10 nov. 1857, cité *suprà*, nᵒ 614), que la disposition de l'art. 7 de la loi du 23 mars 1855, qui subordonne l'existence de l'action résolutoire du vendeur à la conservation de son privilége, est applicable aux ventes ayant acquis date certaine avant le 1ᵉʳ janv. 1856, comme à celles qui sont postérieures à cette date, quoique les premières ne soient pas soumises à la nécessité de la transcription, pour opérer la transmission de la propriété à l'égard des tiers (Cass. 1ᵉʳ mai 1860, aff. Lavauzelle, D. P. 60. 1. 236). — Les motifs donnés par la cour de cassation nous paraissent péremptoires : « Attendu, dit-elle, que la loi peut, sans rétroagir, soumettre à des formalités nouvelles la conservation d'un droit ancien, pourvu que la partie contractante, à qui les formalités sont imposées, ait la possibilité de les accomplir ; que telle a été l'intention exprimée par le législateur ; que l'art. 10 de la loi dit, en effet, que cette loi sera exécutoire à partir du 1ᵉʳ janv. 1856 ; que le § 1ᵉʳ de l'art. 11 ajoute, par exception, que les art. 1, 2, 3, 4 et 9 ne sont pas applicables aux actes ayant acquis date certaine avant le 1ᵉʳ janv. 1856 ; qu'il en résulte que l'art. 7 est applicable à ces actes ; que cela est rendu plus évident encore par le § 4 du même article 11, qui accorde un délai, pour inscrire leur privilége et sauvegarder ainsi leur action résolutoire, aux anciens vendeurs dont le privilége serait éteint, au moment où la la loi deviendrait exécutoire ; que cette mesure transitoire aurait été complétement inutile, et qu'il aurait été superflu de venir au secours de ces anciens vendeurs, si l'art. 7 de la loi de 1855 n'avait pas été applicable aux ventes anciennes... » (Conf. Paris, 3ᵉ ch., 30 nov. 1860, aff. hér. Jacquillon, D. P. 61. 2. 75).

621. L'art. 7 de la loi du 23 mars 1855 ne renvoie qu'à l'art. 1654 c. nap. ; faut-il en conclure qu'il ne s'appliquera pas au cas prévu par l'art. 1656 ? — Un membre du corps législatif, M. Millet, qui combattait le principe de l'art. 7, tirait, en effet, du défaut de renvoi à l'art. 1656, cette conséquence : « Il y a, dans le code Napoléon, disait-il, deux dispositions dont le but est de protéger le droit du propriétaire qui vend à crédit. L'une est celle de l'art. 1654 : si l'art. 7 du projet de loi est voté, cette sauvegarde disparaîtra, puisque l'art 7 en propose l'abrogation expresse. Mais il y a une autre disposition du code dont le projet ne dit rien ; c'est celle de l'art. 1656, dont voici le texte : « S'il a été stipulé, lors de la vente d'immeubles, que, faute de payement du prix dans le terme convenu, la vente serait résolue de plein droit, l'acquéreur peut néanmoins payer, après l'expiration du délai, tant qu'il n'a pas été mis en demeure par une sommation ; mais, après cette sommation, le juge ne peut plus lui accorder de délai. » Cette disposition, ajoutait l'orateur, puisque l'abrogation n'en est pas proposée, suffira pour sauvegarder complètement les droits que j'ai défendus » (V. *suprà*, p. 687, nᵒ 34, *in fine*). M. Troplong, de la Transcr., nᵒ 301 et suiv., réfute cette argumentation, en disant que « l'action en résolution, dont s'occupe l'art. 1656, n'est qu'une variété de l'action résolutoire instituée, en général, par l'art. 1654. Quand le vendeur exerce la résolution, en vertu de l'art. 1656, il use implicitement de l'art. 1654 ; il met en pratique le principe, que le vendeur, non payé, peut demander la résolution de la vente. Ce principe peut être invoqué dans des conditions différentes : c'est ce dont s'occupent les art. 1655 et 1656 ; mais l'art. 1656, comme l'art. 1655, n'est que l'organisation de la règle écrite dans l'art. 1654.» — L'esprit de la loi nouvelle, comme le dit encore M. Troplong, « c'est qu'une vente d'immeuble ne soit

pas résolue, au préjudice des tiers, pour défaut du payement du prix, lorsque ceux-ci ont pu croire à l'extinction de la créance du vendeur... Qu'importe que la résolution s'obtienne, au moyen d'une sommation (comme dans le cas de l'art. 1656), ou au moyen d'une demande en justice (comme dans le cas de l'art. 1655) ? Le résultat est toujours le même ; il ne s'agit pas moins de résolution ; et la négligence du vendeur à s'inscrire a induit les tiers dans une erreur qui leur serait tout aussi préjudiciable, si la résolution réagissait contre eux... La loi serait donc imparfaite, si elle n'embrassait pas cette hypothèse... » (Conf. MM. Lesenne, Comment., nᵒ 129; Flandin, de la Transcr., t, 2, ch. 4. sect. 4).

622. Ce même art. 7 ne concerne que la vente volontaire ; le cas de vente forcée, comme le fait observer M. Troplong, nᵒ 297, demeure régi par l'art. 717 c. pr. Aux termes de cet article, et sur la sommation qui doit lui être faite, conformément à l'art. 692 du même code, modifié par l'art. 1 de la loi du 21 mai 1858, sur la procédure d'ordre, le vendeur de l'immeuble saisi est tenu de former sa demande en résolution, fondée sur défaut de payement du prix, et de la notifier au greffe du tribunal où se poursuit la vente, avant l'adjudication ; faute de quoi, il sera définitivement déchu, à l'égard de l'adjudicataire, du droit de la faire prononcer. Mais son privilége lui reste, s'il l'a fait inscrire en temps utile, c'est-à-dire dans les quarante-cinq jours de son acte de vente. (V. *suprà*, nᵒˢ 592 et s.). « Ainsi, dit très-justement l'auteur, l'action résolutoire est perdue, quoique le privilége reste debout. C'est l'inverse de notre article qui veut que la perte du privilége n'aille jamais sans la perte de l'action résolutoire. On voit qu'il n'y a pas parité entre les deux actions » (Conf. MM. Fons, Précis, etc., nᵒ 69 ; Flandin, *loc. cit.*).

623. On remarquera que l'art. 7 de la loi du 23 mars 1855 ne parle que de l'action résolutoire *du vendeur*, et qu'il est muet sur celles du copermutant et du donateur dont faisait mention le projet de la commission de l'assemblée législative sur la réforme hypothécaire. Voici dans quels termes avait été conçue la première rédaction de l'art. 2105 de ce projet, correspondant à l'art 2110 du projet du gouvernement : « L'action résolutoire de la vente, établie par l'art 1654 c. nap., et l'action en reprise de l'objet échangé, établie par l'art. 1705 du même code, ne peuvent être exercées au préjudice ni des créanciers inscrits sur l'acheteur ou l'échangiste, ni des sous-acquéreurs, ni des individus auxquels des droits réels auraient été concédés, pourvu que l'inscription ou la transcription faite par les tiers, soit antérieure à la mention de la demande en résolution ou en reprise qui aurait été faite en marge de la transcription de la vente ou de l'échange. — La même règle s'applique à l'action en révocation de la donation pour cause d'inexécution des conditions, lorsqu'il résulte de ces conditions une créance privilégiée, conformément à l'article précédent » (V. le rapport de M. de Vatimesnil fait à la séance du 25 avril 1850, p. 133). — Cette disposition fut modifiée, lorsque M. Rouher, alors garde des sceaux, eût fait décider, en le rattachant à l'existence du privilége, le maintien de l'action résolutoire du vendeur, dont l'article de la commission prononçait ainsi la suppression, respectivement aux tiers. L'art. 2105, devenu l'art. 2103 dans la rédaction préparée pour la troisième lecture, fut, en conséquence, rédigé comme suit : « Après l'extinction ou la déchéance du privilége déterminé par les nᵒˢ 1 et 2 de l'article précédent, (le privilége du vendeur et du copermutant), l'action résolutoire, soit de la vente, soit de l'échange, ne peut être exercée au préjudice des tiers que si son titre a été conformé aux dispositions du présent titre... Les mêmes règles s'appliquent à l'action en révocation de la donation, lorsque cette action est fondée sur l'inexécution des conditions qui comportent privilége, aux termes du nᵒ 3 de l'article précédent. » On peut demander, dès lors, si l'art. 7 de la loi du 23 mars 1855, évidemment emprunté à cet art. 2103, doit s'appliquer à l'action résolutoire du copermutant et du donateur, pour le cas d'inexécution des conditions de la donation? Pour qu'il pût en être ainsi, il faudrait, d'abord, décider que le copermutant et le donateur jouissent d'un privilége semblable à celui du vendeur.

624. A l'égard du copermutant, il faut distinguer. — Lorsqu'un échange d'immeubles a lieu sans soulte, et que l'un des copermutants est évincé de la chose qu'il a reçue en échange de la sienne, il a le choix, aux termes de l'art. 1705 c. nap., de conclure à ·les dommages-intérêts, ou de répéter sa chose. Ces dommages-intérêts étant une somme d'argent, on pourrait avoir la pensée de les assimiler à un prix de vente (M. Mourlon, Exam. crit., etc., n° 147), et, par suite, d'y rattacher le privilège. Mais cela ne nous paraît pas possible; et M. Mourlon lui-même reconnaît qu'il y a quelque subtilité à considérer ces dommages-intérêts comme le prix de l'immeuble que le coéchangiste évincé laisse entre les mains de son coéchangiste, tandis qu'il ne représente, en réalité, que la valeur de l'immeuble dont lui-même a subi l'éviction, ce qui est exclusif du privilège. Et c'est dans ce dernier sens que la question a été, en effet, résolue par la cour de Turin, 10 juill. 1813, aff. hér. Tribaudino, v° Priv. et hyp., n° 429. V. encore Paris, 20 janv. 1834, aff. Mallet; v° Echange, n° 45; Cass. 26 juill. 1852, aff. Grémillion, D. P. 52. 1. 196. (Conf. MM. Rivière et François, Expl., etc., n° 117; Rivière et Huguet, Quest., n° 355; Ducruet, Etud. sur la transcr., n° 27; Flandin, de la Transcr., t. 2, ch. 4, sect. 4).

625. Si le coéchangiste évincé préfère répéter sa chose, il y a encore moins lieu à privilège, puisque c'est la chose elle-même qui est reprise en nature (Conf. M. Flandin, loc cit.).

626. Mais, si l'échange a été fait avec soulte, le coéchangiste, à qui la soulte est due, a-t-il, sur l'immeuble par lui donné en échange, un privilège pour le payement de cette soulte? Nous avons adopté l'affirmative, v° Priv. et hyp., n° 429; et c'est l'opinion généralement reçue (V. les auteurs cités eod. — Adde Ducruet, Etud. sur la transcr., n° 27; Limoges, 23 août 1860, aff. Legrand, D. P. 61. 2. 6, cité suprà, n° 615). En effet, l'art. 1707 c. nap., après une disposition, celle de l'art. 1706, énonçant que la rescision, pour cause de lésion, n'a pas lieu dans le contrat d'échange, déclare que «toutes les autres règles, prescrites pour le contrat de vente, s'appliquent, d'ailleurs, à l'échange. » Il s'agit, bien entendu, des règles qui ne répugnent pas à la nature de ce dernier contrat. Or, quoi de plus rationnel que d'accorder au coéchangiste le privilège de vendeur pour la soulte stipulée à son profit? Cette soulte, à la bien prendre, n'est-elle pas, pour le propriétaire de l'un des fonds échangés, un véritable prix de vente, puisqu'elle représente la portion de son fonds dont la valeur était en excès sur la valeur de celui qu'il a reçu en contre-échange?

627. Nous ne croyons pas, à cet égard, qu'il faille distinguer, comme le font MM. Mourlon, loc. cit., n° 148 et suiv., et Rivière et Huguet, Quest., n° 356 et 357, entre le cas où la soulte est de beaucoup inférieure à la valeur de l'immeuble aliéné par le coéchangiste, déclare que la soulte, et celui où elle est d'une valeur à peu près égale, ou de beaucoup supérieure. Nous ne répudions pas la doctrine de Pothier, dont l'autorité est invoquée par ces auteurs, et qui enseigne, en son Traité de la communauté, n° 197, que, «lorsque le conjoint, par le contrat d'échange qu'il a fait durant la communauté, a payé un retour en deniers pour l'héritage qu'il a reçu en contre-échange de son héritage propre, l'héritage qu'il a reçu en contre-échange ne laissera pas d'être propre pour le total..., » par la raison que « la soulte n'est qu'un accessoire du contrat, qui n'en doit pas changer la nature; que ce contrat, nonobstant la soulte, est principalement un contrat d'échange que le conjoint a fait de son héritage propre contre un autre héritage, lequel rend propre le subrogation à l'héritage reçu en contre-échange. » Que si néanmoins, ajoute Pothier, le conjoint, pour acquérir l'héritage qu'il a reçu en contre-échange, avait donné une somme de deniers égale à peu près à la valeur de l'héritage qu'il a donné en échange, ou même qui la surpassât, on ne pourrait se dispenser de considérer le contrat comme un contrat mixte, mêlé de vente et d'échange, et, en conséquence, l'héritage acquis en contrat comme conquêt, au prorata de la somme de deniers donnés pour l'acquérir, est propre de subrogation pour le surplus seulement. » Nous avons adopté cette théorie dans notre Traité de l'échange, n° 8 et 9, en la subordonnant, toutefois, aux nécessités de la pratique, qui forcera souvent un juge à se prononcer pour l'unité du contrat, en lui donnant la qualification de vente ou d'échange, suivant le caractère dominant de l'acte. Mais, pour admettre le privilège, lorsque l'échange a été fait avec soulte, nous n'avons nul besoin de distinguer si la soulte est inférieure,

égale ou supérieure à la valeur de l'immeuble auquel elle sert d'appoint, et si le caractère prédominant de l'acte est, en conséquence, celui de la vente ou de l'échange, puisque nous appliquons au contrat d'échange, conformément à l'art. 1707, toutes les règles de la vente qui ne sont pas incompatibles avec la nature de ce contrat (Conf. MM. Pont, des Priv. et hyp., n° 187; Troplong, de la Transcr., n° 299; Flandin, ibid., loc. cit.).

628. Mais de ce que le privilège existe, au profit du coper-mutant, pour la soulte qui lui est due, s'ensuit-il qu'en cas d'extinction du privilège, il doive, par voie de conséquence et par application de l'art. 7 de la loi du 23 mars 1855, être considéré, dans tous les cas, comme déchu de l'action résolutoire? — Nous laissons parler, à cet égard, M. Flandin : — « Si l'on ne peut arguer, dit-il, loc. cit., du silence que garde l'art. 7, à l'égard du copermutant, pour en conclure que cet article ne lui est pas applicable, il n'y a rien à inférer, non plus, de ce que, dans le système du projet de la commission sur la réforme hypothécaire, amendé par M. Rouher, l'existence de l'action résolutoire, en matière d'échange, était, comme en matière de vente, subordonnée à l'existence du privilège. — Une discussion assez grave, disait M. de Vastimesnil dans son rapport, p. 62, s'est élevée, dans le sein de la commission, sur la question de savoir si l'action en reprise de l'objet échangé devait, comme l'action résolutoire, en matière de vente, être supprimée (la suppression, quel que fût le sort du privilège, était dans les intentions primitives de la commission), en tant qu'elle porterait préjudice à des tiers? — Pour combattre cette suppression, on disait que l'échangiste évincé est dans une situation beaucoup plus favorable que le vendeur non payé; que celui-ci peut exercer son privilège, s'il ne l'a pas laissé périr; et que, dans le cas où il l'a laissé périr, il y a, de sa part, une négligence dont il doit supporter l'effet; que le copermutant, au contraire, n'a pas de privilège, ou du moins n'en a que dans le cas où il est créancier d'une soulte et jusqu'à concurrence de cette soulte; qu'ainsi, en lui enlevant l'action en reprise, on le laisserait complétement désarmé. — Ces raisons n'ont pas prévalu. — La commission a pensé que, dans l'intérêt du crédit hypothécaire, il était aussi nécessaire de supprimer l'action en reprise de l'objet échangé que l'action résolutoire de la vente sur laquelle nous nous sommes expliqués ci-dessus (p. 37, 38 et 39); que, si l'un des copermutants recevait un objet grevé d'hypothèques, ou dont la propriété fût incertaine, il pourrait stipuler, dans l'acte, des dommages-intérêts pour le cas d'éviction résultant, soit de l'action hypothécaire des créanciers, soit d'une action en revendication; qu'alors il aurait, sur l'immeuble par lui donné en contre-échange, privilège sur la somme ainsi stipulée. — L'art. 2104, ajoutait le rapporteur, est rédigé dans le sens qui vient d'être indiqué; et l'art. 2105 supprime l'action en reprise de l'échangiste, de même que l'action résolutoire de la vente, en tant que l'une et l'autre porteraient préjudice à un tiers. »

« L'art. 2105, reprend M. Flandin, fut modifié dans la discussion, sur la proposition de M. Rouher, en ce sens que l'action résolutoire du vendeur et l'action en reprise de l'objet échangé furent maintenues, concurremment avec le privilège; mais l'esprit de la disposition subsista; et l'art. 2103, substitué à l'art. 2105 pour le troisième lecture, déclara qu'après l'extinction ou la déchéance du privilège, l'action résolutoire, soit de la vente, soit de l'échange, ne pourrait être exercée au préjudice des tiers. — On dira, poursuit M. Flandin, que l'esprit de cette disposition a passé dans l'art. 7 de la loi du 23 mars 1855, rédigé presque dans les mêmes termes, et que l'art. 2103 est, par conséquent, la meilleure interprétation à donner de cet art. 7. — Mais il faut faire attention que l'art. 2102, correspondant à l'art. 2104 du projet primitif, contenait une disposition qui était la sauvegarde des intérêts du copermutant, et qui empêchait que ces intérêts ne fussent gravement affectés de l'adoption du principe qui faisait coïncider la perte de l'action résolutoire avec l'extinction du privilège. Cette disposition était la suivante : « Les créanciers privilégiés sur les immeubles sont :... 2° le copermutant sur l'immeuble par lui donné en échange, pour le payement de la soulte, et aussi pour celui de la somme qui aurait été déterminée par l'acte, à titre de dommages et intérêts, en cas d'éviction. » Dès que le privilège ne s'étendait pas seulement à la soulte, mais aux dommages-intérêts que le copermutant était le maître de stipuler pour le cas d'éviction, il n'y avait plus aucune injustice à lui faire perdre son action en reprise de l'objet échangé, en même temps que son privilége, puisque, s'il avait négligé d'inscrire ce privilége en temps utile, il ne pouvait imputer le dommage qui en résulterait pour lui qu'à sa propre négligence. — Mais, dans le système du code, en supposant, comme le disent les arrêts (Turin, 10 juill. 1813 ; Paris, 20 jan. 1834, Cass. 26 juill. 1852, cités *suprà*, n° 624), que l'échangiste ait le même privilége que le vendeur, ce privilége ne lui est accordé que pour la soulte qui lui est due, et que l'on assimile à un prix de vente ; il lui est refusé pour les dommages-intérêts auxquels il a droit, conformément à l'art. 2103, en cas d'éviction (V. *suprà*, n° 624). L'action résolutoire, dans ce dernier cas, n'a donc pas son équivalent dans le privilége ; et l'on ne pourrait pas dire à l'échangiste, comme dans le cas où il voudrait exercer son action en reprise, pour défaut de payement de la soulte, que, *s'il a laissé périr son privilége, il y a, de sa part, une négligence dont il doit supporter l'effet* (Rapport de M. de Vatimesnil, cité *suprà*). Il serait vrai, au contraire, que *le copermutant n'ayant pas de privilége, ou du moins n'en ayant que jusqu'à concurrence de la soulte, en lui enlevant l'action en reprise, on le laisserait complétement désarmé.* (Ib.)... »

629. Nous venons de parler du copermutant : pour ce qui regarde le donateur, nous avons établi, v° Priv. et hyp, n° 434, qu'il n'avait aucun privilége sur l'immeuble donné, pour l'exécution des conditions imposées au donataire. Cette solution est conforme à l'opinion générale et à la jurisprudence (V. les auteurs et les arrêts cités au même numéro) ; elle n'est contredite que par M. Pont, des Priv. et hyp., n° 188. — Ce dernier auteur combat l'unique motif qui soit donné, dit-il, à l'appui de cette solution, c'est que l'art. 954 c. nap. assure au donateur, pour le cas d'inexécution des conditions de la donation, une action en résolution, qui lui est au moins aussi avantageuse que le privilége. — « Mais qu'est-ce à dire, s'écrie M. Pont? Est-ce que le vendeur ne trouve pas aussi cette même ressource de l'action en résolution dans l'art. 1654 c. nap? Le vendeur n'en a-t-il pas moins un privilége, indépendamment de cette action ! Pourquoi en serait-il autrement du donateur ? Et, parce que la loi dit à celui-ci : « Vous aurez l'action résolutoire, » est-il logique d'en induire que, par cela seul, elle a élevé contre lui une espèce de fin de non-recevoir, au point de vue du privilége?» — Mais M. Pont a bien senti qu'il y avait un autre argument à lui opposer que celui tiré de l'art. 954, c'est celui qui découle de l'art. 2103, qui n'accorde le privilége qu'au vendeur, *pour le payement du prix*. Peut-on dire que les charges imposées au donateur soient *un prix*? Et peut-il être permis de créer des priviléges par analogie ? — Nous l'avons bien fait, dira-t-on, pour l'échange, au cas de soulte ! — Mais c'est que l'échange, comme la vente, est un contrat à titre onéreux ; c'est que la soulte équivaut à un prix de vente, qu'elle en a tous les caractères ; c'est, enfin et surtout, que l'art. 1707 déclare applicables à l'échange « toutes les règles prescrites pour le contrat de vente, » hors celle qui est relative à la rescision pour cause de lésion (Conf. MM. Flandin, de la Transcr., *loc. cit.*; Rivière et François, Expl. etc., n° 117 ; Rivière et Huguet, Quest., n° 335 ; Troplong, de la Transcr., n° 300).

630. Cependant, si les charges imposées en argent au donataire étaient de telle importance que la donation n'eût d'une donation que le nom, et qu'elle ne fût, en réalité, qu'une vente déguisée sous la forme de donation, il faudrait appliquer à ce cas les principes de la vente (V. Disp. entre-vifs et test., n° 1291 et suiv.), et, par suite, la disposition de l'art. 7 précité (Conf. MM. Rivière et Huguet, Quest., n° 358; Flandin, *loc. cit.*).

631. La dation d'un immeuble en payement par un débiteur à son créancier, est assimilée à la vente, à tous les caractères de la vente (*suprà*, n° 126); elle en produit les effets, et doit être soumise aux mêmes règles. — L'art. 7 de la loi du 23 mars 1855 est donc applicable à ce cas, comme à celui de la vente proprement dite.

Mais il faut voir dans quelle circonstance : « Par exemple, dit M. Flandin, de la Transcr., *loc. cit.*, Pierre, se croyant débiteur, envers Paul, d'une somme de 10,000 fr., lui abandonne

en payement un immeuble de pareille valeur, et Paul constitue sur cet immeuble des hypothèques. Plus tard, Pierre fait juger qu'il n'était pas le débiteur de Paul, et fait condamner celui-ci à lui remettre son immeuble (c. nap. 1379). Il n'y a pas là, évidemment, matière à l'application de l'art. 7 précité. — D'abord, il ne s'agit pas, dans l'hypothèse, d'une action en résolution, mais de la répétition de l'indû, *conditio indebiti*, action toute différente. — Puis, voulût-on assimiler cette dernière action à une action résolutoire, parce qu'elle en a les effets, qu'il faudrait dire encore que la créance éventuelle de Pierre, fondée sur l'art. 1379 c. nap., n'étant pas garantie par un privilége, parce qu'elle n'avait pas pour objet le *payement d'un prix de vente*, les créanciers hypothécaires inscrits, du chef de Paul, sur l'immeuble revendiqué, n'ont pas à exciper de l'extinction d'un privilége qui n'existait pas, pour s'opposer à la revendication. »

Sect. 4. — *Des effets de la transcription relativement aux baux et aux quittances ou cessions de loyers ou fermages non échus.*

632. *Baux.* — Le deuxième alinéa de l'art. 3 de la loi du 23 mars 1855 porte que « les baux, qui n'ont point été transcrits, ne peuvent jamais leur être opposés (aux tiers qui ont des droits sur l'immeuble, et qui les ont conservés en se conformant aux lois) pour une durée de plus de dix-huit ans. » — La loi, dans cette disposition, a eu particulièrement en vue, soit les créanciers hypothécaires, soit les acquéreurs, qui ont contracté avec le propriétaire de l'immeuble depuis le bail. Les baux à long terme ont pour effet de diminuer la valeur vénale de la propriété ; il y avait donc lieu, dans l'intérêt du crédit foncier de les soumettre à la transcription, et de déclarer qu'ils ne pourraient être opposés aux tiers, lorsqu'ils n'auraient pas été transcrits, ou lorsqu'ils ne l'auraient été que postérieurement aux droits acquis et conservés par ces tiers sur la chose.

633. Mais la même raison n'est plus applicable aux créanciers hypothécaires, inscrits antérieurement au bail. Ils n'ont pu être trompés par l'existence d'un bail ignoré d'eux, puisque leur hypothèque est antérieure à ce bail. De quelle utilité peut donc leur être la transcription du bail? Dès lors, il semble que la disposition précitée ne doit pas les concerner, à leur égard, les choses restent ce qu'elles étaient avant la loi du 23 mars 1855.

634. La question, cependant, a été soulevée, dans leur intérêt, lors de la discussion de cette loi. Un membre du corps législatif, M. Duclos, disait : « Le projet semble rendre obligatoire, pour tous les tiers sans distinction, les baux et les quittances de loyers dont la transcription a eu lieu. Quelle sera, alors, par exemple, la position du créancier inscrit vis-à-vis d'un débiteur qui aurait consenti, depuis le prêt, un bail à long terme et pour plusieurs années de loyers d'avance? Les juges peuvent-ils, *malgré le texte de la loi*, prononcer la nullité de ces baux et de ces payements anticipés?... Ces baux, dit plus loin M. Duclos, auxquels le projet donne une existence légale par la transcription, pourront-ils être opposés à tous les tiers et même aux créanciers inscrits avant cette transcription? S'il en doit être ainsi, il n'y aura plus de prêt possible ; et le crédit hypothécaire, que l'on veut développer, se trouvera anéanti... » (V. *suprà* p. 683 n° 14). — A ces questions, un autre membre du corps législatif, M. Allart, a répondu que, « si le bail ou la quittance anticipée sont postérieurs à la transcription du contrat de vente ou à l'inscription de l'hypothèque, il est évident qu'ils ne peuvent avoir aucun effet » (V. p. 684, n° 23). — Il faut voir ce qu'il y a de fondé dans cette réponse. Nous ne nous occupons, en ce moment, que des baux ; il sera parlé ultérieurement des anticipations de loyers. — V. *infrà*, n° 652.

635. L'objection que se faisait M. Duclos était celle-ci : L'art. 3 déclare inopposables aux tiers, sans distinction, aux créanciers hypothécaires antérieurs au bail, par conséquent, comme aux créanciers hypothécaires postérieurs, les baux d'une durée de plus de dix-huit ans non transcrits : donc, par argument *à contrario*, ces baux pourront leur être opposés, s'ils ont été transcrits. — Mais, indépendamment de ce que l'argument *à contrario* n'est pas toujours un argument concluant, le raisonnement, en lui-même, n'était pas exact. Supposez deux acquéreurs successifs d'un même immeuble : si le second, quoique postérieur en date, a fait transcrire avant le premier, il lui sera préférable. Mais si, au contraire, il n'a fait transcrire qu'après, est-ce que sa transcription pourra nuire au premier acquéreur? Evidemment non. Il en est absolument de même du preneur qui a fait transcrire vis-à-vis du créancier hypothécaire qui est inscrit antérieurement. — M. Duclos, comme on voit, avait donc tort de supposer qu'il serait contraire au texte de la loi de prononcer, au regard des créanciers hypothécaires antérieurs, la nullité du bail.

636. Mais est-il vrai, comme le disait M. Allart, que, par rapport à ces mêmes créanciers, le bail ne devrait avoir aucun effet? — Nous avons examiné cette question, au point de vue du code Napoléon, v° Priv. et hyp., n°ˢ 1764 et suiv., et nous avons rapporté les décisions diverses de la jurisprudence sur ce point. — Sans reproduire ici cette discussion, notre conclusion a été qu'aujourd'hui et depuis la loi du 23 mars 1855, on devrait considérer comme des actes de nature à nuire aux créanciers inscrits, et par conséquent comme étant sans efficacité vis-à-vis d'eux, les baux excédant dix-huit ans (*loc. cit.*, n° 1771). Mais il faut ajouter, et c'est une restriction nécessaire de la proposition trop générale de M. Allart, qu'ils ne seraient sans efficacité que pour la période excédant dix-huit années. La constitution d'hypothèque, eneffet, avons-nous dit, au n° 1764 précité, n'enlève pas au débiteur la jouissance et l'administration de ses biens; il a donc le droit de les donner à bail, pourvu que le bail soit fait sans fraude, et que la durée n'excède pas les bornes de l'administration. Mais quelle durée doit avoir le bail, pour qu'il ne soit plus possible de le considérer comme un acte de simple administration ? Le code Napoléon, malgré les inductions à tirer des art. 481, 595 et 1429, n'avait donné aucune règle à cet égard, et la question, sous ce code, était du domaine des tribunaux (*loc. cit.*, n° 1772). Mais il en est autrement depuis la loi de 1855, et l'on doit regarder aujourd'hui comme excédant les pouvoirs du débiteur les baux d'une durée de plus de dix-huit années, puisque cette loi les soumet à la transcription. — Toutefois, il ne résulte pas de là que, si le bail consenti par le débiteur excède dix-huit ans, les créanciers hypothécaires antérieurs auront le droit de le faire annuler pour le tout; il suffit à leur intérêt, si le bail, d'ailleurs, ne présente pas de traces de fraude, et le prix de location, par exemple, est en rapport avec les produits de l'immeuble, et qu'il n'y ait pas anticipation des loyers, il suffit qu'il soit réduit à ce terme de dix-huit années.

637. Telle est aussi l'opinion de M. Troplong, Transcription n° 202. Après avoir expliqué, comme nous venons de le faire, la disposition finale de l'art. 3 de la loi du 23 mars 1855, il résume ainsi sa discussion : « Ainsi, dit-il, l'économie de la loi nouvelle est bien simple : En principe, le bail de plus de 18 ans doit être transcrit, parce qu'il frappe la propriété d'une sorte d'indisponibilité, parce qu'il enlève au propriétaire, dans une mesure excessive, la faculté de changer la destination de la chose, et qu'ainsi il influe sur la valeur vénale de l'immeuble ; il faut donc que le bail soit transcrit de ceux qui seraient disposés à faire crédit à la propriété. Or, quand l'hypothèque est déjà constituée, il ne saurait être permis au débiteur de diminuer la valeur de l'immeuble, et d'imposer à la propriété une chaîne qui effrayera les enchérisseurs. La loi du 23 mars 1855 n'a pas été assez contraire à elle-même pour vouloir que les baux de plus de 18 ans, passés et transcrits après les inscriptions hypothécaires, pussent militer contre ces inscriptions antérieures et leur porter préjudice : elle renverserait son propre système. Consentir un bail de plus de 18 ans, c'est aller au delà des limites de l'administration; c'est faire un acte qui pèse sur le sort de la propriété; c'est aliéner un droit réel, et le fond des droits réels se règle par la date des transcriptions. Mais, puisque le bail n'appartient à la catégorie des démembrements de propriété que parce qu'il dépasse 18 ans ; puisque les créanciers ne sont lésés que par sa durée excessive, il s'ensuit qu'il sera satisfait à leurs justes exigences, en le réduisant à 18 ans. Par là, on évitera les rigueurs inutiles, et l'on conciliera le droit du propriétaire, qui administre, avec ceux des créanciers, qui ont droit un réel préférable. »

638. MM. Rivière et François, Expl., n° 51, et MM. Rivière et Huguet, Quest., n°ˢ 219 à 230, vont bien plus loin, ils pensent

« que les baux (de plus de 18 ans), passés et transcrits après l'inscription, pourraient être opposés, pour toute leur durée, aux créanciers inscrits » (Conf. M. Pont, Rev. crit., t. 10, p. 402 et suiv.) — Ces auteurs ajoutent, n° 229, « que l'on doit rester sous l'empire de la disposition de l'art. 684 c. pr., qui maintient le bail consenti avant le commandement, et qui donne simplement aux juges la faculté de l'annuler, lorsqu'il est passé après cette époque. » — MM. Rivière et Huguet ont raison de dire qu'il ne s'agit pas ici d'une question de transcription : nous l'avons dit nous-mêmes *supra*, n° 633. Mais en vain ils invoquent le principe qu'en matière de déchéance, on ne peut raisonner par voie d'analogie, et qu'il faut plutôt restreindre qu'étendre l'interprétation ; il nous paraît impossible qu'ils trouvent quelque chose à répondre à l'argument suivant que M. Duvergier, Collect. des lois, etc., année 1855, p. 65, note 1 : « Des baux de plus de 18 ans seraient faits, dit-il ; ils auraient date certaine ; ils seraient notariés ; mais on négligerait de les transcrire. Le propriétaire emprunterait et donnerait hypothèque sur les biens affermés ; le prêteur prendrait inscription avant la transcription des baux : ces baux, quoique antérieurs à l'hypothèque, ne pourraient être opposés au créancier hypothécaire. C'est la loi elle-même qui le dit ; il n'y a pas de discussion possible à cet égard. — Il est bien évident, *à fortiori*, que, si l'inscription hypothécaire est antérieure, non-seulement à la transcription des baux, mais même à leur date, ces baux ne peuvent être opposés au créancier » (Conf. MM. Mourlon, Exam. crit., etc., app., n° 350; Gauthier, Rés., etc., n° 187; Flandin, de la Transcr., t. 2, ch. 4, sect 5).

639. M. Duclos, devant le corps législatif, avait soulevé une autre question à laquelle il n'a pas été répondu. — « Le § 2 de l'art. 3. disait-il, porte que les baux non transcrits pourront être opposés aux tiers que dans le cas... Mais à partir de quelle époque ? Est-ce du jour où l'acte sous seing privé aura été signé entre les parties ? du jour où cet acte aura acquis date certaine ? ou bien de celui où il sera opposé aux tiers ? Le projet ne s'explique pas sur ce point si important, d'où peuvent sortir tant de contestations et de procès » (V. *supra*, p. 683, n° 15). — Il convient d'examiner la question, par rapport à un tiers acquéreur, d'abord, et ensuite par rapport aux créanciers inscrits.

640. En ce qui concerne le tiers acquéreur, trois opinions se sont produites : la première, qui fait courir les 18 années du jour seulement où le bail a fait transcrire son acte d'acquisition (M. Mourlon, Exam. crit., etc., app., n° 348);—La seconde, qui prend pour point de départ la date même de l'acte de vente (MM. Lemarcis, Comm., p. 25, n° 9 ; Rivière et Huguet, Quest., n°ˢ 232 et suiv.) ; — Et la troisième, qui n'accorde au preneur que le droit d'achever la période de 18 ans qui courra au moment de la transcription de la vente (MM. Lesenne, comm., n° 73; Pont, Rev. crit., t. 10, p. 407 et suiv. ; Troplong, Transcr., n°ˢ 203 et 204 ; Flandin, *ibid.*, t. 2, ch. 4, sect. 5). — C'est à cette dernière opinion que nous nous railions.

M. Troplong pose cet exemple : Le 1ᵉʳ janv. 1855, Primus loue, par acte authentique, et pour 36 ans, son immeuble à Secundus, qui ne fait pas transcrire. — Le 1ᵉʳ janv. 1856, Primus vend ce même immeuble à Tertius, qui fait transcrire le 1ᵉʳ janv. 1857. — Tertius, dit-il, le tiers acquéreur, subira le bail pour la fin de la période de 18 ans qui courra au moment de la transcription de la vente. — Si l'on suppose, ajoute-t-il, que la transcription n'ait lieu qu'au moment où 16 ans sont déjà écoulés sur la première période, le transcrivant n'aura à supporter le bail que pour deux ans.—Enfin, si, au moment de la transcription de l'acte de vente, la seconde période de 18 ans était ouverte, continue l'auteur, comme si le bail, après une première période écoulée, avait été renouvelé, et le preneur achèvera le temps restant à courir de cette période. « Obliger l'acquéreur, dit M. Troplong, à subir le bail non transcrit, dans tous les cas, jusqu'à concurrence de 18 ans, ce serait se montrer favorable au preneur qui est en faute, et ce serait trop ménager les intérêts du nouveau propriétaire. Il est juste que celui-ci soit rendu à la liberté de la jouissance, après un nombre d'années variant suivant les circonstances, mais qui sera le même que si le bail avait été réellement consenti pour 18 ans ou pour moindre durée. Le tiers acquéreur n'a-t-il pas été autorisé à penser qu'il en était ainsi par l'absence de transcription?... » — C'est de cette façon que la question est résolue, dans un cas analogue, par l'art. 1429 c. nap.; et, « quand la loi est muette, dit encore M. Troplong, il faut l'interpréter par des textes qui ont du rapport avec elle, au lieu de se jeter dans des systèmes nouveaux et souvent capricieux. » Ajoutons que la loi belge, qui exige, comme la nôtre, la transcription des baux excédant 9 (et non pas 18) années, n'a pas trouvé, non plus, de meilleure solution à la question que ce renvoi à l'art 1429 : « Si ces baux n'ont pas été transcrits, porte l'art. 1 de la loi du 16 déc. 1851, la durée en sera réduite conformément à l'art. 1429 c. civ. »

641. Le principe doit être le même, à l'égard des créanciers inscrits. Mais le moment pour eux de l'invoquer ne peut être que celui de l'exercice de l'action hypothécaire. Le point de départ, comme le dit encore M. Troplong, de la Transcr., n° 205, ne peut pas être l'inscription de l'hypothèque, parce que le débiteur conserve le droit de louer son immeuble et de renouveler les baux antérieurs : ce sera donc le jour du commandement de payer fait au débiteur et tendant à la saisie immobilière. Du jour du commandement, en effet, le débiteur, poursuivi en expropriation, ne peut plus faire de nouveau bail, puisqu'aux termes de l'art. 684 c. pr., « les baux, qui n'ont pas acquis date certaine avant le commandement, peuvent être annulés, si le créancier ou l'adjudicataire le demandent. » Mais, pour les baux antérieurs au commandement, et qui ont date certaine, quoique non transcrits, ils doivent être exécutés, mais dans la mesure seulement où ils peuvent avoir effet, d'après la loi de 1855, c'est-à-dire, ainsi que nous l'avons établi au numéro précédent, pour ce qui reste à courir de la première ou de la seconde période de dix-huit années (Conf. M. Flandin, *loc. cit.*).—M. Mourlon, Exam. crit., etc., app., n° 349, hésite sur la question. « Sur ce point, dit-il, j'avoue mon embarras ; et, si je réponds que les dix-huit années se compteront du jour de l'adjudication, ce n'est qu'en prenant soin de prier le lecteur de ne voir, dans ma réponse, qu'une simple présomption. J'indique cette époque, parce que, à ce qu'il me semble, les dix-huit années ne doivent commencer de courir, contre les créanciers, qu'à partir du jour où le bail peut leur faire préjudice, et il ne commence à leur devenir nuisible qu'au moment où il peut entraver la transformation de l'immeuble en argent. »

642. Il est à peine besoin de dire, fait observer M. Flandin, *loc. cit.*, que la réduction à dix-huit ans d'un bail de plus longue durée n'est admise, par la loi du 23 mars 1855, que dans l'intérêt des tiers acquéreurs et des créanciers hypothécaires ; qu'il dépend d'eux, par conséquent, de la demander ou de ne pas la demander, et que le preneur, qui n'a pas fait transcrire son bail, ne peut se prévaloir de cette circonstance pour se refuser à l'exécuter. Il est trop évident que la formalité de la transcription, qui n'a en vue que l'intérêt des tiers, ne peut pas être rétorquée contre eux. Le principe, d'ailleurs, se trouve établi par ces mots de l'art. 684 c. pr. : *si les créanciers ou l'adjudicataire le demandent* (Conf. M. Troplong, Transcript., n° 206).

643. M. Lesenne, n° 74 à 79, résume les conséquences qui ressortent de la combinaison de la disposition finale de l'art. 3 de la loi de 1855 avec les art. 1743 c. nap. et 684 c. pr., dans les six propositions suivantes, auxquelles nous donnons notre adhésion : 1° « Lorsque le propriétaire d'un immeuble, dit-il, après l'avoir loué par bail non transcrit, mais ayant date certaine, le vend, l'hypothèque ou le grève d'un droit réel, par un acte qui est inscrit ou transcrit, le bail n'est obligatoire pour l'acheteur, le créancier hypothécaire, ou le concessionnaire, que pendant dix-huit ans, à compter de son point de départ (art. 3, L. nouv.) » Conf. M. Mourlon, Examen crit., etc., App., n° 346.— 2° « Dans la même hypothèse, si l'acte de vente ou d'hypothèque n'est ni transcrit, ni inscrit, le bail est obligatoire pour l'acheteur ou le créancier hypothécaire, pendant toute sa durée, fût-elle de plus de dix-huit ans, lors même que la vente ou l'hypothèque viendrait à être inscrite plus tard (art. 1743 c. nap.) » — L'auteur veut dire, sans doute, postérieurement à la transcription du bail : le cas autrement rentrerait dans le précédent (Conf. M. Mourlon, *loc. cit.*).— 3° « Si le propriétaire d'un immeuble, après l'avoir loué par bail sans date certaine, et par conséquent non transcrit, le grève d'une hypothèque qui est inscrite, ce bail,

quelle que soit sa durée, peut être annulé, à la demande du créancier hypothécaire, s'il n'a pas acquis date certaine avant le commandement tendant à saisie immobilière (art. 684 c. pr.). »
— 4° « Si le propriétaire d'un immeuble, après l'avoir loué par bail sans date certaine, l'aliène, ou le grève d'un droit réel, par acte transcrit ou non transcrit, le bail n'est point obligatoire pour l'acheteur ou concessionnaire, qui, dans ce cas, peut expulser le fermier ou locataire (art. 1750 c. nap.). » — 5° « Lorsque le propriétaire d'un immeuble, après l'avoir loué par bail transcrit, vient à l'aliéner ou à l'hypothéquer, la transcription ou l'inscription de l'acte de vente, d'antichrèse ou d'hypothèque, n'empêche pas que le bail puisse être opposé à l'acheteur ou au créancier pendant sa durée entière, fût-elle de plus de dix-huit années (art. 3, L. nouv.). » Conf. M. Mourlon n° 346 précité. 6° « Enfin, quand le propriétaire d'un immeuble, après l'avoir vendu, échangé, hypothéqué, etc., vient à le louer par un bail qui est transcrit avant la transcription ou l'inscription de la vente ou de l'hypothèque, ce bail est obligatoire vis-à-vis de l'acheteur et du créancier hypothécaire, pour toute sa durée, fût-elle de plus de dix-huit ans, lors même que la vente ou l'hypothèque serait inscrite plus tard (art. 3, L. nouv.). »

644. M. Mourlon, *loc. cit.*, n° 347, conteste cette dernière proposition. Il pose l'hypothèse suivante : « Vente d'un immeuble. Postérieurement à la vente, bail du même immeuble. — Point de difficulté, dit-il, si la transcription de la vente précède celle du bail : le droit du preneur restera complétement nul à l'égard de l'acheteur. — Mais l'acheteur le devra-t-il subir, au contraire, s'il n'a fait transcrire son titre qu'après que le preneur avait déjà fait transcrire le sien ? » — A première vue, il semble bien que l'affirmative est parfaitement fondée. Cependant, cela ne va pas tout seul. Il est bien vrai que la vente n'est pas opposable aux tiers qui, avant qu'elle eût été transcrite, avaient acquis et conservé, conformément aux lois, *des droits sur l'immeuble*; mais, à l'égard du vendeur et de ceux de ses ayants cause qui n'ont point de droits acquis et conservés sur l'immeuble, tels que les créanciers chirographaires (V. *suprà*, n° 423), elle produit, *quoique non transcrite*, tous les effets qui lui sont propres. Or, peut-on dire que le preneur a un droit acquis sur l'immeuble ? Toute la question est là. Lui reconnaît-on un droit *réel* ? La vente ne lui étant pas opposable alors, son bail reste entier. N'a-t-il qu'un droit *personnel* ? Quoique non transcrite, la vente conserve tout son effet contre lui... Pour nous, ajoute M. Mourlon, qui ne reconnaissons pas la réalité du droit du preneur (V. Répétitions écrites, sur l'art. 1743), nous ne pensons point qu'il puisse, dans l'espèce, mettre son bail sous la protection de la loi nouvelle » (Conf. M. Bressolles, Exposé, etc., n° 50).

Nous avons discuté, v° Louage, n° 486, la question de personnalité ou de réalité du droit du preneur ; et, sans reconnaître à ce dernier un droit réel absolu sur la chose, nous lui avons accordé un droit réel d'une nature particulière, et qui suffirait, à nos yeux, pour qu'il pût exciper, contre un acheteur qui n'a pas fait transcrire, du défaut de transcription. Mais, quand bien même on admettrait, avec la majorité des auteurs, et avec le rapporteur de la loi du 23 mars 1855 (Voy. D. P. 55. 4. 30, n° 27 et 28), que le droit du preneur est purement personnel, il suffit que les baux d'une certaine durée soient mis, par cette loi, au nombre des actes qui doivent être transcrits pour que les dispositions de l'art. 3 ladite loi leur soient applicables. Que porte, en effet, cet art. 3 ? Que, jusqu'à la transcription, les droits résultant des actes et jugements énoncés aux articles précédents (parmi lesquels sont les baux de plus de dix-huit années), ne peuvent être opposés aux tiers qui ont des droits sur l'immeuble, et qui les ont conservés, en se conformant aux lois. — « Nous ne nous sommes pas dissimulé, disait M. A. Debelleyme dans son rapport, que la publicité, donnée aux baux et aux quittances de loyer, était une invasion faite dans le domaine des *droits personnels;*... mais elle nous a paru justifiée et absolument nécessaire. Nous l'avons donc acceptée comme une condition indispensable du but que nous le proposons... » Ainsi, dans le système de publicité organisé par la loi du 23 mars 1855, les droits personnels d'une certaine nature, tels que les baux à long terme, ont été mis sur la même ligne que les droits réels proprement dits; ils ont été assujettis à la transcription. « Serait-il équitable dit M. Flandin, de la Transcr., t. 2, ch. 4, sect. 5, que le preneur à long bail eût les charges sans jouir des avantages de la loi? qu'un acheteur pût l'évincer, nonobstant la date certaine de son bail, par dérogation à l'art. 1743 c. nap., en lui opposant le **défaut de transcription**, et qu'il ne pût, à son tour, se prévaloir, contre un acheteur négligent, de l'omission de la même formalité? Car, enfin, le péril est le même pour le preneur que pour l'acheteur ; si ce dernier ne fait pas transcrire, le premier a juste sujet de croire que le vendeur est encore propriétaire, et qu'il peut, avec sécurité, traiter avec lui... » (Conf. MM. Rivière et Huguet, Quest., n°* 216 et suiv.).

645. Nous n'avons parlé, jusqu'ici, de la transcription des baux que par rapport aux tiers acquéreurs ou aux créanciers hypothécaires. Mais le même immeuble peut avoir été loué successivement à deux personnes pour plus de dix-huit années : lequel des deux preneurs aura la préférence sur l'autre? — Ce sera, dans les principes de la loi de 1855, celui qui aura transcrit le premier (Conf. MM. Sellier, Comment., n° 301 *bis* ; Flandin, de la Transcr., t. 2, ch. 4, sect. 5. — *Contrà*, M. Bressolles, Exposé, etc., n° 51). Nous n'en donnerons pas pour raison, comme M. Troplong, Transcr., n° 207, que le bail confère au preneur un *droit réel* sur la chose, puisque la réalité du droit du preneur est contestée (V. au numéro précédent) ; mais nous venons d'établir péremptoirement, il nous semble, que la disposition, qui soumet à la transcription les baux d'une durée de plus de dix-huit années, doit être entendue avec tous les effets qu'a attachés au défaut de transcription l'art. 3 de la loi précitée, par les autres actes assujettis à la même formalité. D'ailleurs, les locataires entre eux doivent être considérés comme des tiers, ainsi que nous l'avons établi v° Obligat., n° 3954 ; Tierce opposit., n° 127. — On en jugeait ainsi, dans les pays de nantissement, au moins dans les coutumes où il était d'usage de nantir les baux, comme nous l'apprend le Répertoire, v° Mise de fait, § 4, n° 3, et v° Nantissement, § 1, n° 2. — Il est vrai que l'auteur y apporte cette restriction, c'est que le locataire, premier nanti, fût de bonne foi, c'est-à-dire qu'il ignorât l'existence du bail consenti antérieurement à un autre. Mais, sur cette dernière question, V. *suprà*, n° 491.

646. Si le bail de plus de dix-huit ans se trouvait en concours avec un bail de moindre durée, on ne pourrait plus, fait très-justement observer M. Troplong, Transcr., n° 208, prendre la transcription comme règle de la préférence entre les deux. On ne peut, en effet, reprocher aucune négligence à celui qui a un bail de dix-huit ans ou au-dessous, puisque la loi ne l'assujettissait pas à faire transcrire. La préférence, dans ce cas, se réglerait par l'antériorité des baux (Conf. MM. Sellier et Flandin, *loc. cit.*), et les locataires dans ce cas, pourraient se prévaloir de l'art. 1328 c. nap. (V. Louage, n° 490 ; Obligat., n° 3954).

647. *Loyers ou fermages non échus.* — Pour ce qui regarde l'anticipation des loyers ou fermages, il faut suivre les principes que nous venons de développer, relativement aux baux de plus de dix-huit ans. La disposition finale de l'art. 2 de la loi du 23 mars 1855 soumet à la transcription « tout acte ou jugement constatant, même pour bail de moindre durée (c'est-à-dire de dix-huit ans ou au-dessous), quittance ou cession d'une somme équivalente à trois années de loyers ou fermages non échus. » Et l'art. 3 déclare que, « jusqu'à la transcription, les droits résultant des actes et jugement énoncés aux articles précédents (par conséquent de ces quittances ou cessions), ne peuvent être opposés aux tiers qui ont des droits sur l'immeuble, et les ont conservés, en se conformant aux lois (c'est-à-dire, comme nous l'avons déjà dit, par l'inscription ou par la transcription).» Ces dispositions sont si claires qu'elles ne semblent pouvoir donner lieu à aucune difficulté.

648. M. Troplong dit, cependant, au n° 209 : « Notre article (l'art. 3) ne s'explique pas, comme il le fait pour les baux, sur l'effet des cessions ou quittances de trois ans de loyers qui n'ont pas été transcrites ; mais, par cela seul, ajoute-t-il, que ces cessions ou quittances sont assujetties à la transcription, elles ne sont pas opposables aux tiers, si cette formalité n'a pas été remplie. » Il nous paraît que l'article le dit très-nettement, au contraire, et c'est pour cette raison que nous en avons rapproché le texte de la disposition finale de l'art. 2, qui est relative aux anticipations de loyers. — Quoi qu'il en soit de cette difficulté,

en quelque sorte grammaticale, il n'est pas douteux que toute quittance ou cession d'une somme équivalente à trois années de loyers ou fermages non échus, qui n'aura pas été transcrite, ne pourra être opposée aux tiers qui auront des droits acquis, et légalement conservés, sur l'immeuble (Conf. M. Flandin, de la Transcr., t. 2, chap. 4, sect. 5).

649. Mais ici se présente une question. «La loi, dit M. Flandin, de la Transcr., *loc. cit.*, n'assujettit à la transcription que les quittances ou cessions de trois années, au moins, de loyers ou fermages non échus : au-dessous de trois années, la transcription n'a pas été jugée nécessaire, et l'on reste, à cet égard, dans le droit commun. Le fermier, locataire, ou cessionnaire, qui excipe d'un acte accusant le payement anticipé de quatre années, par exemple, de loyers, et à qui l'on oppose le défaut de transcription, pourra-t-il au moins prétendre, si le payement a été fait de bonne foi, que l'acte vaut pour moitié? » — La négative est enseignée par M. Troplong, au n° 209 précité. « Elles (ces cessions ou quittances) ne sont pas même réductibles, dit-il, à moins de trois ans, parce que, bien différentes des longs baux, qui ne sont, tout au plus, qu'une gêne, elles sont présumées suspectes. Aussi l'art. 3, après avoir dit que les longs baux, non transcrits, ne pourront jamais être opposés pour une durée de plus de dix-huit ans, se garde-t-il bien de dire, pour les cessions ou remises de trois ans et plus, non transcrites, qu'on les réduira au-dessous de ce temps. Ce silence n'est pas l'effet d'un oubli ; il est, au contraire, le résultat d'une sage prévision du législateur. L'acte, ayant un caractère suspect pour le tout, ne saurait être maintenu pour partie, sans une évidente contradiction » (Conf. M. Sellier, Comment., n° 92).

650. M. Flandin fait à cette opinion les objections suivantes : « On ne trouve, dit-il, ni dans l'exposé des motifs, ni dans le rapport, ni dans la discussion du projet de loi sur la transcription hypothécaire, rien qui témoigne de la pensée qu'aurait eue le législateur d'annuler, pour le tout, respectivement aux tiers, les quittances ou cessions anticipées de loyers, de trois années de loyers ou au delà. » — Un orateur, M. Duclos, avait exprimé l'avis « qu'on avait mal à propos exempté de la nécessité de la transcription les quittances de loyers anticipés pour une durée moindre de trois années. » Il aurait voulu « que, conformément à l'avis émis par les cours souveraines dans une enquête faite en 1841, toute quittance de loyers anticipés, pour une durée de plus d'une année, fût soumise à la transcription. » Il demandait, en conséquence, « qu'il fût bien entendu, dans tous les cas, que les tribunaux resteront toujours maîtres, comme par le passé, d'apprécier les circonstances dans lesquelles les payements anticipés auraient eu lieu au préjudice des créanciers » (V. *suprà*, p. 681, note, n° 2).— Mais M. A. Debelleyme avait répondu, d'avance, dans son rapport, que « la fixation de la durée des baux et de l'étendue des anticipations de loyers soumis à la transcription avait nécessairement quelque chose d'arbitraire, et que la commission avait cherché, d'accord avec le conseil d'État, à concilier les exigences du crédit immobilier avec le respect dû aux engagements et à la liberté des conventions privées (Voy. D. P. 55. 4. 30, n° 28).—Ainsi, poursuit M. Flandin, ce n'est pas, généralement parlant du moins, parce qu'ils sont frappés de suspicion que les payements anticipés, lorsqu'ils atteignent ou dépassent trois années de loyers, ont été assujettis à la transcription ; mais c'est parce que « l'existence de pareils actes, comme le dit M. A. Debelleyme, affecte la valeur de la propriété, son utilité, son produit, de telle sorte qu'il y a, pour l'acheteur ou le prêteur sur hypothèque, un véritable et légitime intérêt à les connaître » (*loc. cit.*, n° 27). Tombe, dès lors, il me semble, le principal argument de M. Troplong : que les cessions ou quittances de trois ans de loyers, qui n'ont pas été transcrites, ne sont pas réductibles à moins de trois ans, mais sont inopposables aux tiers pour le tout, *parce qu'elles sont présumées suspectes.* — Qu'importe, après cela, qu'on ne trouve pas, dans la loi du 23 mars 1852 pour les payements anticipés, comme pour les baux, une disposition qui déclare « qu'ils ne pourront être opposés aux tiers lorsqu'ils n'auront pas été transcrits, *pour plus de trois ans*? L'argument : *qui de uno dicit, negat de altero*, n'est pas toujours, on le sait, bien concluant. On a pu croire qu'il pouvait être utile, pour prévoir toute contestation sur ce point, de dire, dans une disposition expresse, le paragraphe final de l'art. 3, que les baux, non transcrits, ne pourraient être opposés aux tiers pour une durée de plus de dix-huit ans. Mais, ne l'eût-on pas dit, que cela ne serait pas moins résulté du premier alinéa de cet article, de sa combinaison avec le n° 4 de l'art. 2. La preuve en est que cette disposition additionnelle, relative aux baux, n'existait pas dans le projet de loi (art. 4, correspondant à l'art. 3 de la loi du 23 mars 1855). De ce que la disposition n'a point été répétée pour les payements anticipés, on n'en saurait conclure que le législateur a admis, pour ceux-ci, un autre principe ; car il a pu lui paraître suffisant que la règle ait été posée pour les baux, sans qu'il fût nécessaire de la reproduire pour un cas analogue, moins important-d'ailleurs, et qui se présente plus rarement dans la pratique. Ce qu'il faut consulter, avant tout, c'est l'esprit de la loi. Or, elle a jugé que les payements anticipés, faits de bonne foi, pour une somme inférieure au montant de trois années de loyers ou fermages, ne sont pas une entrave assez grande au crédit immobilier pour qu'il n'y ait pas plus d'inconvénient que d'avantage à les soumettre à la formalité rigoureuse de la transcription, et elle les a laissés dans le droit commun. La conséquence logique de cette disposition, c'est donc qu'une quittance, ou un acte de cession, de plus de trois années de loyers ou fermages non échus, de quatre ou cinq années, par exemple, doit valoir, sans transcription, pour trois années, moins un jour, de ces mêmes loyers ou fermages, puisque la règle est que les fruits civils, au nombre desquels sont les loyers des maisons et le prix des baux à ferme, sont réputés s'acquérir jour par jour (c. nap. 586). » — Nous donnons la préférence à l'opinion de M. Flandin sur celle de M. Troplong (Conf. M. Lesenne, Comm., n° 80).

651. Mais, ainsi que le dit M. Flandin, *loc. cit.*, ni la transcription de l'acte constatant un payement ou une cession anticipée de loyers ou fermages, ni la circonstance, que cette cession ou ce payement anticipés seraient inférieurs à trois années de loyers, ce qui le dispenserait de la transcription, n'empêcheraient les tiers, créanciers inscrits ou acquéreurs, ayant des droits sur les immeubles loués, de faire annuler ces actes de cession ou de payement comme faits au mépris de leurs droits, en établissant qu'ils ont été le résultat d'un concert frauduleux entre le bailleur, ou son cessionnaire, et le preneur. Nous avons suffisamment développé ce point, v° Priv. et hyp., n°s 1765 et suiv.

652. Suivant MM. Rivière et Huguet, Quest., n° 231, il suffirait que l'acte constatant quittance ou cession d'une somme équivalant à trois années, ou plus, de loyers ou fermages non échus, lorsqu'il est postérieur aux hypothèques constituées sur les immeubles loués, eût été transcrit, pour qu'il fût opposable aux créanciers inscrits sur ces immeubles. Le principe de cette solution, qui découle pour eux de l'interprétation restrictive qu'ils donnent de la disposition finale de l'art. 3 de la loi du 23 mars 1855, relative aux baux, disposition qui ne s'appliquerait, à leur avis, qu'aux baux qui ont précédé, et non aux baux qui ont suivi la constitution d'hypothèque ou l'inscription, ce principe a déjà été combattu par nous, *suprà*, n°s 634 et suiv. Sans revenir ici sur les raisons que nous avons données pour démontrer l'erreur dans laquelle sont tombés MM. Rivière et Huguet, relativement aux baux postérieurs aux inscriptions, qu'ils déclarent opposables aux créanciers inscrits, pendant toute leur durée, dès qu'ils ont été transcrits, « il suffit, dit M. Flandin, de la Transcr., t. 2. ch. 4, sect. 5, en ce qui touche spécialement les anticipations de loyers, d'exagérer leur principe et d'en faire voir les conséquences, pour le faire rejeter immédiatement. — Supposé donc un immeuble grevé de plusieurs hypothèques dûment inscrites. Le propriétaire donne cet immeuble à bail pour vingt ans, et se fait payer, d'avance, tous les fermages. Le preneur fait transcrire sa quittance. Plus tard, ce propriétaire, qui était fort solvable à l'époque où le bail a été passé, et de qui l'on devait raisonnablement espérer qu'il éteindrait facilement les hypothèques constituées sur l'immeuble, tombe en déconfiture, lorsque cinq années seulement du bail sont écoulées. L'immeuble est saisi et vendu. — Si l'on accorde au preneur la faculté de faire valoir, à l'encontre des créanciers inscrits, le payement anticipé

qu'il a fait, par le motif qu'il a fait transcrire sa quittance, qui voudra se rendre adjudicataire de l'immeuble pour être quinze ans sans toucher aucun fermage? Personne assurément, ou l'immeuble sera vendu à vil prix, et les créanciers hypothécaires se verront ainsi frustrés de leur gage. — Avant la loi du 23 mars 1855, un pareil résultat n'aurait pu être évité qu'en prouvant qu'un bail, fait dans de telles conditions, était un bail frauduleux (V. v° Priv. et hyp., n° 1765 et suiv.). La fraude eût été facilement présumée, sans doute, mais, enfin, il aurait fallu l'établir. Eh bien! c'est pour empêcher de telles conséquences de se produire que la loi nouvelle a assujetti à la transcription les quittances ou cessions de sommes équivalentes à trois années de loyers ou fermages non échus, comme elle y a assujetti les baux d'une durée de plus de dix-huit ans ; montrant ainsi par là que de tels actes et de tels baux dépassent les pouvoirs d'administration du débiteur et qu'elle les assimile à des charges réelles constituées sur la propriété, lesquelles, transcrites ou non, ne peuvent, ainsi qu'on l'a vu (*suprà*, n°s 630 et suiv.), être opposées aux tiers qui ont des droits *antérieurement* acquis, et dûment conservés, sur la chose. »

653. M. Troplong, quoiqu'il ait émis, ainsi qu'on l'a vu *suprà*, n° 635, une opinion contraire à celle de MM. Rivière et Huguet, par rapport au bail de plus de dix-huit ans, postérieur à l'inscription d'une hypothèque, et que ces derniers déclarent opposable au créancier inscrit pour toute sa durée, par cela seul qu'il aurait été transcrit, M. Troplong ne paraît pas rester fidèle à sa doctrine, lorsqu'il s'agit d'anticipation de loyers. Voici, en effet, de quelle manière il s'exprime, au n° 210 : « Ce que nous avons dit précédemment, n° 205, des baux de plus de dix-huit ans postérieurs à une inscription hypothécaire, s'applique également aux quittances de loyers de trois ans et plus, payés par anticipation. C'est pourquoi, à partir du commandement de payer fait par les créanciers inscrits au propriétaire de la chose, et tendant à saisie, le locataire ne pourra faire apparaître des payements de trois ans de loyers faits par avance. *On ne tiendra compte que des quittances transcrites avant cette époque* : Tout terrier, qui viendra dire aux saisissants qu'il a payé, par avance, trois années et plus de loyers, ne sera pas écouté, *si la quittance n'est pas transcrite*. Il est vrai que, sous l'empire du code Napoléon, nous avons dit qu'un créancier hypothécaire antérieur ne pouvait faire annuler les quittances de loyers anticipées, sans prouver la fraude (Priv. et hyp., n° 777 *ter*). Mais la loi du 23 mars 1855 met dans la question un élément nouveau ; et, d'après son texte, les créanciers hypothécaires sont autorisés à considérer comme suspectes les quittances dont il s'agit, *quand ils ne les trouvent pas transcrites au moment décisif.* »

CHAP. 5. — DES DEVOIRS ET DE LA RESPONSABILITÉ DU CONSERVATEUR DES HYPOTHÈQUES, CHARGÉ D'OPÉRER LA TRANSCRIPTION.

654. On sait que le conservateur des hypothèques est, aux termes de l'art. 3 de la loi du 21 vent. an 7, un préposé de la régie de l'enregistrement spécialement chargé : « 1° De l'exécution des formalités civiles prescrites pour la conservation des hypothèques et la consolidation des mutations de propriétés immobilières; 2° de la perception des droits établis, au profit du trésor public, pour chacune de ces formalités. » — Nous avons consacré, dans notre Traité des privilèges et hypothèques, un chapitre tout entier (le chap. 10, n°s 2817 à 3029), au développement des principes qui régissent l'institution des conservateurs, leurs attributions, leurs devoirs et leur responsabilité. Nous ne reprenons ici, de cette matière, que ce qui touche à la transcription des actes ou des jugements que la loi du 23 mars 1855 a assujettis à cette formalité.

655. Aux termes de l'art. 5 de la loi du 23 mars 1855, « le conservateur, lorsqu'il en est requis, délivre, sous sa responsabilité, l'état spécial ou général des transcriptions et mentions prescrites par les articles précédents. » — Cet article consacre de nouveau, ou plutôt il rappelle le principe de la publicité des registres hypothécaires, écrit dans l'art. 2196 c. nap. : « Les conservateurs des hypothèques sont tenus de délivrer, à tous ceux qui le requièrent, copie des actes transcrits sur leurs registres, etc. » (Sur la publicité des registres hypothé-

€aires et leur tenue, V. v° Priv. et hyp., n°* 2880 et suiv.).
656. Il faut remarquer ces mots de l'art. 5 : l'*état spécial
ou général* : le mot *spécial* n'existait pas dans l'art. 6 du projet,
correspondant à l'art. 5; c'est la commission qui l'y a ajouté.
« Cette addition, dit M. A. Debelleyme, dans son rapport, a
pour but de faire comprendre que l'on a le droit de désigner
aux conservateurs des hypothèques la transcription dont on désire avoir la copie, à l'exclusion de toutes les autres qui auraient
pu avoir lieu relativement au même immeuble. — Les conservateurs délivreront donc, sur la réquisition des parties, des
états relatifs à telle ou telle aliénation précisée, et n'obligeront
pas les parties à lever, en toutes circonstances, des états généraux de toutes les transcriptions qui peuvent exister du chef de
l'immeuble » (D. P. 55. 4. 29, n° 35). — La commission a
senti le besoin de consacrer législativement ce droit pour les
parties, droit que leur avaient dénié des conservateurs, par une
crainte exagérée d'engager leur responsabilité (V. v° Priv. et
hyp., n°* 2907 et suiv.). — Ainsi, l'immeuble A, ayant appartenu originairement à Primus, a été vendu par lui à Secundus,
lequel l'a revendu à Tertius. Celui-ci, à son tour, le revend à
Quartus. Ce dernier veut savoir uniquement si son vendeur
immédiat a transcrit, et il demande au conservateur, non pas
un état général des transcriptions se référant aux anciens propriétaires de l'immeuble A, mais un état limité à Tertius, son
vendeur. Il le peut; et le conservateur n'est pas en droit de
faire figurer, dans son état, la transcription opérée par Secundus, sous prétexte que l'omission de cette transcription, par une
conservé le privilège de Primus, à qui le prix de vente peut
encore être dû, pourrait l'exposer à un recours de la part de ce
dernier, conformément à l'art. 2198 c. nap. La cour de Caen,
sur une question analogue, avait dit déjà que « rien, dans la loi,
ne s'oppose à ce qu'un acquéreur, qui ne veut pas se faire délivrer l'état général de toutes les inscriptions existant sur l'immeuble par lui acquis, puisse obtenir, à ses risques et périls,
que le certificat qu'il réclame soit limité à telle catégorie de
charges qu'il indique ; qu'il est le maître de courir les chances
auxquelles peut l'exposer la délivrance d'un certificat ainsi limité, et que ce n'est point au conservateur à s'en inquiéter,
attendu que sa responsabilité se trouve dégagée par les termes
mêmes de la demande restrictive qui lui est faite. » (Caen, 26
déc. 1848, aff. Vallet, D. P. 49. 2. 48.)
657. Il a été jugé, dans le même sens, que le conservateur
des hypothèques, auquel l'acquéreur d'un immeuble demande,
en requérant la transcription de son contrat, l'état des inscriptions existantes du chef de quelques-uns seulement des anciens
propriétaires, est tenu, aussi bien que lorsque la réquisition
porte sur toutes les charges de l'immeuble vendu, de délivrer
à cet acquéreur un *état sur transcription*, faisant mention de la
transcription requise, au lieu d'y substituer un *état individuel*
d'inscriptions, ou un *certificat négatif*, n'énonçant pas la transcription qui a été opérée ; sous prétexte qu'un état sur transcription doit nécessairement être complet, qu'autrement il engagerait la responsabilité du conservateur, à raison des omissions
qu'il pourrait contenir (Orléans, 2 déc. 1858, et, sur pourvoi, Req. 26 juill. 1859, aff. Guiet, D. P. 59. 1. 469). — On
disait, dans l'intérêt du conservateur que l'état d'inscription requis *sur transcription* fait foi de la situation hypothécaire de
l'immeuble pour l'acquéreur, qui le requiert afin de purger;
que toute inscription, non comprise dans cet état, est réputée
ne pas exister. — On ajoutait que, sans doute, l'acquéreur peut
ne demander qu'un état des inscriptions existantes du chef
d'une personne déterminée; mais que le certificat a, en ce cas,
le caractère nécessaire d'un *certificat individuel* (sur le sens de
ces mots : *état sur transcription, état* ou *certificat individuel*,
V. Priv. et hyp., n°* 2903 et suiv.); que le conservateur ne
saurait être contraint de lui donner une qualification qui, im-
pliquant forcément la délivrance d'un état complet, aurait iné-
vitablement pour résultat de devenir, pour les tiers, une cause
d'erreur, et, contre le conservateur, la source d'une action en
dommages-intérêts. — Mais la chambre des requêtes a très-
justement répondu « que.... le devoir du conservateur est de se
conformer à la réquisition qui lui est faite, alors que cette réquisition n'a rien de contraire à la loi, et que l'acquéreur peut

tout aussi bien requérir un certificat sur transcription, limité à
certaines charges, qu'un certificat les comprenant toutes; que,
dans ce cas, la responsabilité du conservateur n'est nullement
compromise, puisque, d'après les termes des art. 2197, 2198
c. nap., il n'est responsable que des fautes ou omissions qu'il
aurait commises, et qu'il n'a aucune faute ou omission à se reprocher, lorsqu'il s'est exactement conformé à la demande qui
lui était adressée; que l'acquéreur, dans ce cas, court seul les
chances que peuvent faire naître sa réquisition et la délivrance
d'un état ainsi limité, et *qu'il suffit au conservateur de transcrire
la réquisition en tête du certificat pour avertir les tiers intéressés.*»
L'arrêt ajoute que « la distinction entre les états généraux et les
états spéciaux est expressément admise par l'art. 5 de la loi du 23
mars 1855 sur la transcription, et qu'il y a les mêmes raisons
pour l'appliquer aux certificats d'inscriptions dont il est question dans l'art. 2196 c. nap... » — C'est, comme on voit, la
confirmation de la doctrine de l'arrêt de la cour de Caen, cité au
numéro précédent; doctrine à laquelle nous avions adhéré, v°
Priv. et hyp., n° 2909 (Conf. Angers, 23 août 1856, D. P. 56.
2. 270, arrêt rendu dans la même affaire, et cassé pour vice de
forme; MM. Pont, Rev. crit., année 1859, p. 193 et suiv.;
Massé et Vergé sur Zachariæ, t. 3, § 805, note 8; Flandin, de
la Transcr., t. 2, ch. 5. — *Contrà*, trib. civ. de Rouen, 19 juill.
1847, aff. V..., D. P. 48. 3. 15).
658. Mais Quartus, dans l'hypothèse prévue au n° 656, qui
peut n'avoir aucun intérêt à connaître, en son entier, la teneur
de l'acte d'acquisition de son auteur, peut-il obliger le conservateur à lui donner, au lieu d'une copie littérale de l'acte transcrit, un simple extrait de cet acte?—Quelquefois, dit M.Troplong,
de la Transcr., n° 253, il suffira aux parties d'avoir un relevé
sommaire des transcriptions; par exemple, un extrait du répertoire, où les transcriptions sont brièvement indiquées. En effet,
elles peuvent désirer savoir si un acte a été transcrit, sans
avoir besoin de la copie entière de cet acte. Aussi quelques
conservateurs satisfont à ce désir en délivrant, moyennant un
franc, un certificat constatant simplement qu'un acte contenant
vente, par un tel à un tel, de tel immeuble, a été transcrit à
leur bureau, à telle date. Cependant, ajoute-t-il, en citant
M. Alban d'Hauthuille, de la Révis. du Rég. hyp., p. 107,
cette utile pratique ne paraît pas conforme aux instructions
actuelles de l'Administration...» — Une solution de la Régie
du 1er fév. 1847 (D. P. 47. 3. 174), dit, en effet, que les
saisies immobilières, transcrites sur les registres des hypothèques, ne peuvent être considérées comme des inscriptions hypothécaires que les conservateurs puissent, à moins
d'une réquisition expresse et spéciale, comprendre dans l'état
d'inscriptions qui leur est demandé, en face, dans le cas où cette
réquisition existe, ce n'est pas un simple extrait, mais une
copie entière et dûment collationnée de la saisie qui doit être
délivrée pour eux au requérant. Voici les motifs donnés par la
régie à l'appui de cette solution : « L'art. 2196 c. civ., dit-elle,
est formel; il énonce un principe général et absolu; il veut que
les conservateurs ne puissent délivrer que la copie des actes
transcrits sur leurs registres et la copie des inscriptions, et
cette copie doit être littérale et entière (Instr. n° 649). On comprend, en effet, tout le danger qu'il y aurait à laisser aux conservateurs le soin de délivrer, sous une forme analytique, des
extraits qui ne reproduiraient pas fidèlement les véritables stipulations et qui pourraient varier à l'infini... » — Ce motif nous
semble péremptoire, et doit faire approuver la sage réserve
imposée par l'administration à ses agents.
659. C'est ce même motif qui a fait rejeter, par la commission, lors de la discussion de la loi du 23 mars 1855, l'art. 3 du
projet du gouvernement, qui se consentait, pour la transcription,
du dépôt d'une copie de l'acte ou du jugement au bureau de la
conservation des hypothèques et la reproduction de cet acte,
sur le registre, *par extrait*, indiquant «les noms, prénoms et
domiciles des parties, la date de l'acte et du jugement, la nature
et la situation de l'immeuble, la nature des droits transmis ou
reconnus par l'acte ou le jugement, le jour et l'heure du dépôt»
(V. *suprà*, n°* 413 et s.). On a substitué à ce système le mode plus
dispendieux, mais moins compromettant pour le conservateur,
de la transcription littérale. — Tout en approuvant la substitu-

tion, un membre du Corps législatif, M. Duclos, aurait voulu, «comme l'a demandé, dit-il, M. le premier président Troplong, que le conservateur fût obligé de faire, sur un registre spécial, un extrait de l'acte, en forme d'inscription d'office. Les tiers, qui n'auraient besoin que de connaître sommairement les transcriptions, pourraient se contenter de demander un état de ces inscriptions d'office, au lieu de se faire délivrer, à grands frais, la copie littérale de tous les actes qui intéressent leur débiteur...» (V. *suprà*, p. 682, n° 4). — M. Troplong a reproduit son idée dans son Commentaire de la loi du 23 mars 1855, au n° 235 précité : « il dépend de l'administration supérieure, dit-il, à propos de l'art. 5 du projet du gouvernement, de conserver ce qu'il renfermait d'avantageux; de faire compléter, dans ce but, les mentions portées sur le répertoire et d'autoriser à délivrer aux parties, suivant leur demande, soit une copie intégrale de la transcription, soit un extrait du répertoire.» — Cela serait très-bien si, comme le dit la régie, dans la solution que nous avons citée, la responsabilité du conservateur ne se trouvait pas engagée par la délivrance de cet extrait analytique qui peut être plus ou moins exact; mais on n'obtiendra jamais de l'administration, à cause de cela, et peut-être aussi à cause de la perte qu'en éprouverait le trésor, qu'elle autorise ses préposés à entrer dans la voie indiquée. «Les extraits ne sont pas tarifés, dit la régie, dans la solution précitée, en indiquant le tarif annexé au décret du 21 septembre 1810 (V. ce tarif, v° Priv. et hypot., p. 902), les extraits ne sont pas tarifés parce qu'ils sont défendus. Les copies, au contraire, tant des inscriptions que des actes transcrits, sont expressément exigées par la loi, par les instructions, et sont nommément et spécialement prévues par le tarif (art. 6 et 9)» (Conf. M. Baudot, Tr. des form. hyp., t. 2, n° 1783).

660. L'esprit de ces instructions se retrouve dans celle de M. le directeur général de l'enregistrement du 24 nov. 1855, relative à l'exécution de la loi du 23 mars 1855. Après avoir rappelé l'article 5 de cette loi, et le passage du rapport de M. A. Debelleyme qui s'y réfère, M. le directeur général ajoute : « il résulte de cette explication, conforme, d'ailleurs, au texte de l'art. 2196 c. nap., que les conservateurs devront continuer à délivrer les *copies*, qui leur seront demandées, des actes transcrits sur leurs registres et des mentions inscrites en marge des transcriptions. » — M. Pont, traité des Priv. et hyp., n° 269, critique cette instruction, et s'élève contre les exigences de l'administration de l'enregistrement, qui conduisent, en quelque sorte, dit-il, à une impossibilité. « En effet, poursuit l'auteur, prenant texte de l'art. 2196 c. nap., elle avait prescrit aux conservateurs, par ses anciennes instructions, et elle leur prescrit encore par l'instruction du 24 nov. 1855, rédigée en vue de l'exécution de la loi récente sur la transcription, de délivrer à qui veut connaître les transcriptions, non pas un extrait, mais une *copie entière* des actes transcrits. Or, cela implique une telle avance de frais qu'il en résulte un obstacle véritable. Et cet obstacle devient insurmontable à peu près, si, même sans exagérer les suppositions, on imagine des situations compliquées par des changements successifs de la propriété...» M. Pont rappelle, alors, la disposition de l'art. 5 du projet de loi, dont il regrette la suppression. « A côté de cet article, dit-il..., venait, dans le projet, un autre article, qui subsiste encore dans la loi, où il porte le n° 5... Or, il résultait invinciblement de la combinaison de ces textes que les tiers pouvaient se faire délivrer l'état (des transcriptions et mentions), par extraits, tels qu'ils devaient être faits et portés par le conservateur sur le registre dont il était question à l'art. 5; et il est évident que, ce même droit, les tiers l'auraient encore, si les deux articles coexistaient dans la loi. Mais l'art. 5 a été supprimé; l'art. 5 est resté seul. Est-ce que les rédacteurs de la loi auraient abandonné la pensée des extraits? Auraient-ils voulu dire que, désormais, les tiers, auxquels un extrait de l'acte pourrait suffire, et auxquels suffiront, presque dans tous les cas, les énonciations qui étaient indiquées par l'art. 5, seront, néanmoins, tenus de prendre la *copie entière* de l'acte? — En aucune façon. On a substitué la transcription au dépôt des copies, uniquement parce que le mode a paru meilleur pour rendre le privilége public, et nullement pour exclure la faculté de demander et d'ob-

tenir la délivrance, par le conservateur, d'états par extraits... » Et M. Pont s'appuie de l'opinion, que nous avons déjà citée, d'un membre de la commission du corps législatif, M. Duclos. « L'article du projet du gouvernement, disait M. Duclos, qui prescrivait au conservateur de faire les inscriptions d'office, sous forme d'extrait, et sur un registre spécial, répondait à un besoin sérieux. *Nous n'avons pas entendu proscrire ce mode d'exécution.* Au moins, en ce qui me concerne, je n'ai pas ainsi compris la suppression de l'art. 5. Le rapport qui vous est soumis pouvait présenter, à cause de son laconisme, quelques doutes à ce sujet : j'ai voulu les indiquer, afin qu'ils fussent levés par la discussion. J'aurais préféré que ce principe important fût posé dans la loi. Il n'y est pas. Je ne veux pas en faire un motif de rejet pour cette loi; mais je demande, au moins, que cette formalité d'un extrait, sous forme d'inscription d'office sur un registre spécial, soit prescrite par le règlement d'administration publique qui sera fait pour l'exécution de la loi. Sans cela, les tiers ne pourront jamais connaître l'état véritable des transcriptions et de la propriété. » — Pas une voix, dit M. Pont, ne s'est élevée contre ces justes observations. Il en faut conclure que, dans la pensée des rédacteurs de la loi, les exigences de l'administration de l'enregistrement ne sont pas justifiées... » (Conf. M. Lesenne, Comment., n° 102).

Ainsi, M. Pont irait plus loin que M. Troplong : Il pense que la partie, qui requiert un état des transcriptions, pourrait *contraindre* le conservateur à lui délivrer de simples extraits, au lieu de copies entières, de telles ou telles transcriptions indiquées. Il invoque, à cet égard, non pas précisément le texte de la loi du 23 mars 1855, mais la pensée du législateur, telle qu'elle ressort des explications données par un membre de la commission. Mais ce membre de la commission, M. Duclos, convenait lui-même que le *principe n'était pas dans la loi,* et il exprimait seulement le désir que le règlement d'administration publique, qui serait fait pour l'exécution de la loi, le formulât. Nous avons exposé nos raisons de douter que l'administration y consentît, dans l'intérêt du trésor et de ses préposés (Conf. MM. Flandin, Transcription, t. 2, chap. 5; Fons, Précis, Comment., n° 40).

661. Il ne faut rien exagérer, cependant; et si, au lieu de réclamer du conservateur un extrait analytique de l'acte transcrit, on se bornait à lui demander un certificat constatant simplement que la transcription a été faite, et qu'il consentît à le délivrer, nous ne pensons pas que ce certificat engageât sa responsabilité autrement que sur le fait de transcription lui-même. Ce certificat n'aurait pas plus de portée que ces communications verbales, que nous avons été d'avis que l'administration autorisât, moyennant une rétribution modérée (V. v° Priv. et hyp., n° 2895 et 2901). — M. Bressolles, Exp., etc., n° 70, dit également : « D'après l'art. 5, le conservateur, lorsqu'il en est requis, délivre, sous sa responsabilité, l'*état spécial* ou *général* des transcriptions et mentions prescrites par les articles précédents. Le mot *état* de cet article semble indiquer que le requérant peut se borner à réclamer l'*indication énumérative* de tout ou partie des transcriptions et mentions, sans être obligé de recevoir copie de tels ou tels actes lesquels il veut savoir seulement s'ils ont été transcrits» (Conf. MM. Flandin, *loc. cit.*; Sellier, Comment., p. 10, à la note, et n° 291). — Mais, ajoute M. Bressolles, « il peut, s'il le désire, réclamer copie à ses frais, soit entière, soit par extrait, de tous actes transcrits (2196 c. civ.). » — Ceci est contraire, comme nous venons de le voir, aux instructions de la régie.

662. Lorsqu'on demande au conservateur un état de transcription sur un immeuble, ce n'est pas, il faut le remarquer, l'immeuble qu'on doit désigner, mais son propriétaire; et, si l'on veut un état général des transcriptions, il faut désigner successivement, et en remontant la chaîne des mutations, chacun des propriétaires qui l'ont possédé. Nous avons déjà dit, v° Priv. et hyp., n° 2069, qu'il n'existe pas, dans les bureaux d'hypothèque, en France, comme cela est pratiqué en Allemagne, et comme cela a été établi plus récemment à Genève (M. Ducruet, Études sur la Transcr., p. 17, n° 14), de tables pour les immeubles, sur lesquelles soient portées toutes les transcriptions, se référant au même immeuble : ces tables n'existent que pour

les personnes. En sorte, dit M. Troplong, de la Transcr., n° 252, que, « s'il y a eu une transmission de l'immeuble par succession *ab intestat* ou par testament (non assujettie à la transcription, comme nous l'avons vu *suprà*, n°s 42 et s.), la chaîne sera rompue en cet endroit, et il faudra que la partie intéressée comble la lacune, et s'enquière des noms des personnes entre lesquelles cette mutation a eu lieu, pour que le conservateur puisse continuer les recherches sur ses registres. » — V. aussi *suprà*, n°s 337, 493 et suiv.

663. Les copies des transcriptions se délivrent sur du papier timbré, à 1 fr. 25 la feuille (déc. min. des fin. du 10 fév. 1807). — Elles sont dispensées, de même que les certificats de non transcription, de la formalité de l'enregistrement. On peut en faire usage en justice et les déposer, sans être obligé de les soumettre à cette formalité (Décis. du 21 mars 1809 ; Instr., n° 433).

664. Nous avons dit, v° Priv. et hyp., n° 2902, que les réquisitions, adressées aux conservateurs pour avoir copie d'un acte transcrit, doivent, aux termes des instructions, être faites par écrit (et sur timbre ; circ. du 17 janv. 1811) ; sauf le cas où la partie requérante déclare ne savoir signer. Dans ce dernier cas, le conservateur transcrit, en tête de la copie ou du certificat de non-transcription, les termes de la demande verbale.

665. *Responsabilité du conservateur.* — Le conservateur est responsable de toutes négligences, omissions ou erreurs qu'il peut commettre dans la transcription des actes sur ses registres, et dans les états ou certificats qu'il délivre ; à moins que ces erreurs ou omissions ne soient le fait des parties. Le principe de cette responsabilité, qui existait dans l'art. 2197 c. nap., a été de nouveau énoncé dans l'art. 3 de la loi du 23 mars 1855. — Nous avons parlé, v° Priv. et hyp., n°s 2960 à 3029, de la responsabilité du conservateur avec assez d'étendue pour que nous soyons dispensé d'y revenir ici.

666. Nous ferons remarquer seulement que l'art. 2198 c. nap., aux termes duquel l'immeuble est affranchi, dans les mains du nouveau possesseur, et sauf la responsabilité du conservateur, de toutes charges inscrites, omises par ce dernier dans son certificat, pourvu que ce certificat ait été requis depuis la transcription, ne pourrait trouver ici son application. L'article, en effet, quoiqu'il se serve du mot *charges*, n'est relatif qu'aux créances hypothécaires dont l'acquéreur a toujours le droit de purger son immeuble : c'est ce que rend manifeste le surplus de la disposition : « Sans préjudice, néanmoins, est-il dit, du droit des créanciers de se faire colloquer, suivant l'ordre qui leur appartient, tant que le prix n'a pas été payé par l'acquéreur, ou tant que l'ordre fait entre les créanciers n'a pas été homologué. » L'article ne parle, d'ailleurs, comme le fait observer M. Flandin, de la Transcr., t. 2, ch. 3, « que de charges *inscrites*; et il n'y a de soumis à la formalité de l'*inscription* que les privilèges et les hypothèques. Les droits d'antichrèse, de servitude, d'usage et d'habitation, mentionnés dans l'art. 2 de la loi du 23 mars 1855, sont bien des *charges*, mais des charges qui doivent être rendues publiques par la voie de la *transcription*, et non par celle de l'inscription ; des charges auxquelles le nouveau propriétaire ne peut songer à purger. 2198, puisque le code Napoléon ne les assujettissait pas à la publicité ; des charges, enfin, qui ne représentent pas, comme l'hypothèque, une créance dont le nouveau propriétaire puisse affranchir son immeuble, en recourant à la purge. — Toutes ces raisons, ajoute M. Flandin, doivent donc nous faire dire, avec M. Troplong (de la Transcr., n° 257), que, si l'omission d'une transcription, dans un état délivré à un tiers, nuit à celui qui a requis cet état, c'est envers ce tiers que le conservateur est responsable ; mais que, quant au droit transcrit, cette omission ne lui porte aucun préjudice » (Conf. MM. Rivière et Huguet, Quest., n° 314 ; Gauthier, Rés., etc., n° 265 ; Sellier, Comment., n°s 297 et 298).

667. Il faut ajouter, avec MM. Rivière et Huguet, *loc. cit.*, que, « si l'omission était relative à une mention, le conservateur serait responsable vis-à-vis des tiers qui, dans l'ignorance du jugement prononçant la résolution, nullité ou rescision, auraient contracté avec celui qui a été dépouillé de la propriété de l'immeuble par suite de ce jugement. »

CHAP. 6. — Des droits a percevoir pour la transcription et la mention des actes ou des jugements.

668. La loi du 23 mars 1855, en soumettant à la formalité de la transcription des actes qui n'y étaient point assujettis par le code Napoléon ; formalité qui n'est pas et qui ne saurait être gratuite ; en faisant de cette formalité une condition de la transmission des immeubles, à l'égard des tiers, a imposé de nouvelles charges à la propriété. Pour rassurer les esprits qui s'en étaient alarmés (V. le discours de M. André au corps législatif, à la séance du 17 janv. 1855, *suprà*, p. 687, n° 37), l'art. 12 déclare que, « jusqu'à ce qu'une loi spéciale détermine les droits à percevoir, la transcription des actes ou jugements, qui n'étaient pas soumis à cette formalité avant la présente loi, est faite moyennant le droit fixé d'un franc. » — La loi promise n'a point encore été rendue. Le gouvernement juge prudent, sans doute, de laisser fonctionner la loi du 23 mars pendant un certain temps, afin de s'assurer si, par l'augmentation du nombre des actes présentés à la transcription, il peut, sans risquer de trop affaiblir les recettes du trésor, abaisser les tarifs actuels.

669. Le décret du 24 nov. 1855 a déjà fait un pas dans cette voie, en réduisant à 50 cent., à partir du 1er janv. 1856, date de la mise à exécution de la loi, le salaire de 1 fr. par rôle d'écriture de vingt-cinq lignes à la page et de dix-huit syllabes à la ligne, alloué au conservateur par le n° 7 du tarif annexé au décret du 21 sept. 1810, pour la transcription des actes de mutation (V. ce décret v° Priv. et hyp., n° 2862). — Nous rappelons qu'une ord. du 1er mai 1816 avait attribué au trésor la moitié de ce salaire, comme conséquence de la disposition de la loi du 28 avr. de la même année, qui transportait des conservateurs des hypothèques aux receveurs de l'enregistrement la perception du droit proportionnel de transcription. C'est la portion revenant au trésor que le gouvernement, par le décret précité du 24 nov. 1855, a abandonnée. « Dans la vue de faciliter, dit la régie, l'exécution de la loi sur la transcription hypothécaire du 23 mars 1855, insérée dans l'instruction n° 2051, le gouvernement a jugé convenable de diminuer les frais de cette formalité. En conséquence, l'art. 1 du décr. du 24 nov. a réduit de moitié, à compter du 1er janv. 1856, le salaire établi, pour la transcription des actes de mutation, par le décr. du 21 sept. 1810. Mais cette réduction, d'après l'art. 2 du nouveau décret, porte exclusivement sur la moitié attribuée au trésor par l'ord. du 1er mai 1816 : de sorte que le salaire revenant aux conservateurs des hypothèques reste fixé, comme le passé, à 70 cent. par rôle de registre contenant trente-cinq lignes à la page (Instr. gén., 10 déc. 1855).

670. Mais ce premier pas n'est pas suffisant, et c'est principalement sur le droit proportionnel que doit porter la réduction. Ce droit proportionnel est aujourd'hui de 1 1/2 p. 100; et, ajouté au droit de mutation, qui est de 4 p. 100, il forme, avec le décime de guerre, un total de 6 fr. 05 c. p. 100; droit véritablement exorbitant, quand on songe à toutes les autres charges qu'a à supporter la propriété. — C'est, au reste, la pensée qui a été exprimée par M. Rouher, alors vice-président du conseil d'Etat, en répondant au discours de M. André. « Je n'hésite pas à dire, déclarait M. le commissaire du gouvernement, que, si la loi nouvelle, en augmentant le nombre des transcriptions, élevait considérablement le chiffre des recettes, il y aurait, sans doute, lieu d'entrer dans un système qui réduirait le *droit proportionnel* de 1816 ; et cela surtout dans l'intérêt de la petite propriété. Mais ces modifications de tarif ne peuvent s'improviser ; il faut attendre qu'on ait fait l'expérience de la loi, qu'on ait recueilli les explications des directeurs de l'enregistrement et des conservateurs des hypothèques. Si c'est un vœu que l'honorable membre (M. André) a voulu exprimer, je m'empresse de m'y associer » (V. *suprà*, p. 688, note, n° 38; Conf. M. Flandin, de la Transcr., Rés. hist., t. 1, p. 41 et suiv.).

671. Le droit proportionnel de transcription, établi au profit du trésor public, n'a point varié depuis la loi du 9 vend. an 6 qui l'a constitué. L'art. 62 de cette loi portait : « Il sera établi, au profit du trésor public, et perçu par les receveurs de l'enregistrement : 1°... 2° un autre droit proportionnel de 1 et 1/2 p. 100 sur le prix intégral des mutations que 'es nouveaux possesseurs voudront purger d'hypothèques. » La perception de ce droit fut confiée aux conservateurs des hypothèques, après leur institution, par la loi du 21 vent. an 7 (art. 3). —« A cette époque, dit M. Flandin, de la Transcr., t. 2, ch. 6, le droit était facultatif : il n'était imposé qu'aux nouveaux possesseurs qui avaient recours à la purge pour l'affranchissement de leurs immeubles. Il resta tel jusqu'à la loi du 28 avr. 1816. Seulement, sous la loi du 11 brum. an 7, qui avait fait, de la transcription (comme aujourd'hui la loi du 23 mars 1855), une condition de la transmission de la propriété immobilière à l'égard des tiers, la formalité, tout en continuant de rester facultative, eut un double objet : l'affranchissement des immeubles par la purge, et la consolidation de la propriété dans les mains du nouveau possesseur. Les transcriptions devinrent ainsi plus fréquentes, et les recettes du trésor, par suite, s'en augmentèrent. Mais elles diminuèrent, sous le code Napoléon, lorsque la transcription eût été ramenée à n'être plus que le premier acte de la purge, malgré l'intérêt que trouvaient les propriétaires à faire transcrire, pour arrêter le cours des inscriptions (c. pr. 834).— La loi du 28 avr. 1816, dans un double but, l'intérêt du fisc, en première ligne, et dans un ordre secondaire, celui de la propriété elle-même, que le nouveau propriétaire a toujours intérêt à purger, rendit la transcription, en quelque sorte, obligatoire, en réunissant le droit proportionnel de transcription au droit d'enregistrement. Voici ce que portent, à cet égard, les art. 52 et 54 de cette loi : art. 52. « Le droit d'enregistrement des ventes d'immeubles est fixé à 5 1/2 p. 100; mais la formalité de la transcription au bureau de la conservation des hypothèques ne donnera plus lieu à aucun droit proportionnel. » — Art. 54. « Dans tous les cas où les actes seront de nature à être transcrits au bureau des hypothèques, le droit sera augmenté de 1 et 1/2 p. 100, et la transcription ne donnera plus lieu à aucun droit proportionnel. » — On avait espéré qu'en ôtant aux propriétaires, par la perception simultanée de l'un et de l'autre droit, tout prétexte de différer la transcription, ceux-ci s'empresseraient de transcrire, n'ayant plus à payer, pour cette formalité, qu'un simple droit fixe (loi précitée, art. 61). Mais cet espoir ne fut pas complètement réalisé. Il résulte, en effet, des documents recueillis et publiés en 1844, par M. le garde des sceaux, sur le régime hypothécaire, qu'en 1841, sur 1,059,441 contrats de vente présentés à l'enregistrement, 231,777 seulement ont été transcrits, c'est-à-dire 21,87 p. 100, ou un peu plus du cinquième (Docum. relatifs au Rég. hyp., t. 3, p. 524 et 528). Et combien d'actes, à raison de l'élévation de ce droit de 6 fr. 05 c. p. 100, auquel sont soumises, le décime compris, les ventes d'immeubles, sont soustraits à l'enregistrement, et, par suite, à la transcription!... »

672. La loi du 16 juin 1824, art. 3, a fait, en ce qui concerne les partages d'ascendants, une exception à l'art. 54 de loi du 28 avr. 1816 : cet art. 3 porte que « le droit de 1 et 1/2 p. 100, ajouté au droit d'enregistrement par l'art. 54 de la loi du 28 avr. 1816, ne sera perçu, pour lesdites donations (les donations portant partage, faites conformément aux art. 1075 et 1076 c. nap.), que *lorsque la transcription en sera requise au bureau des hypothèques.* » — Nous avons traité des partages d'ascendants, au point de vue de la transcription, v° Dispos. entre-vifs et 4542 et 4543, et de la perception du droit, v° Enreg., n°s 3889 et suiv. — Constatons seulement ici que la loi de finances du 18-22 mai 1850 a réparé une omission de la loi du 16 juin 1824, « en rendant entière, disait à l'assemblée nationale le rapporteur de la commission, l'assimilation qu'elle établit; c'est-à-dire en soumettant les partages, contenus dans les démissions de biens, aux mêmes règles de perception concernant les soultes imposées aux partages d'une succession. L'identité de ces deux cas une fois admise, il est juste effectivement qu'elle existe dans la perception de tous ses droits qui la frappent. C'est pour réparer cette omission qu'est rédigé l'art. 1 (devenu l'art. 5) du projet de loi... » (Rapp. de M. Gouin, D. P. 50. 4. 88, n° 1). Cet art. 5 est ainsi conçu : « Conformément à l'art. 3 de la loi du 16 juin 1824, les donations portant partage, faites par actes entre-vifs par le père et mère et autres ascendants, ne donneront ouverture qu'aux droits établis pour les successions en ligne directe; mais les règles de perception

concernant les soultes de partage leur seront applicables, ainsi qu'aux partages testamentaires également autorisés par les art. 1075 et 1076 c. civ. »

673. Une autre exception avait été faite, par l'art. 7 de la loi du 16 juin 1824, dans l'intérêt des communes, hospices et autres établissements d'utilité publique. Cet article disposait ainsi : « Les départements, arrondissements, communes, hospices, séminaires, fabriques, congrégations religieuses, consistoires, et généralement tous établissements publics, légalement autorisés, payeront 10 fr., pour droit fixe d'enregistrement et de *transcription hypothécaire,* sur les actes d'acquisition qu'ils feront, et sur les donations ou legs qu'ils recueilleront, lorsque les immeubles acquis ou donnés devront recevoir une destination d'utilité publique, et ne pas produire de revenus; sans préjudice des exceptions déjà existantes en faveur de quelques-uns de ces établissements.— Le droit de 10 fr., fixé par le présent article, sera réduit à 1 fr., toutes les fois que la valeur des immeubles acquis ou donnés n'excédera pas 500 fr. en principal. » —Mais cette exception a été abolie par une loi du 18 avr. 1831, dont l'art. 17, abrogeant l'art. 7 de la loi du 16 juin 1824, déclare que « ces acquisitions, donations et legs, seront soumis aux droits proportionnels d'enregistrement et de transcriptions établis par les lois existantes. » — V. v° Enregistr., n°s 3664 et suiv.

674. La même loi du 16 juin 1824 contient, relativement à l'échange, une disposition ainsi conçue : « Les droits sur les échanges de biens immeubles, porte l'art. 2 de cette loi, sont modérés ainsi qu'il suit : — Les échanges d'immeubles ruraux ne payeront que 1 fr. fixe, pour tous droits d'enregistrement et de transcription, lorsque l'un des immeubles échangés sera contigu aux propriétés de celui des échangistes qui le recevra (cette disposition a été rapportée par l'art. 16 de la loi de finances du 24 mai-1er juin 1834). — A l'égard de tous les autres échanges de biens immeubles, continue l'article, quelle que soit leur nature, le droit de 2 p. 100, fixé par l'art. 69 de la loi du 12 déc. 1798 (22 frim. an 7), est réduit à 1 p. 100. Il sera perçu, comme par le passé, sur la valeur d'une des parts seulement; et celui de 1 1/2 p. 100, fixé par l'art. 54 de la loi du 28 avr. 1816, n'aura lieu également que sur la valeur d'une des parts. — Dans tous les cas, le droit réglé par l'art. 52 de la même loi sera perçu sur le montant de la soulte ou de la plus-value. » — V. v° Enreg., n°s 3181 et suiv.

675. La loi du 7 mai 1841, sur l'expropriation pour cause d'utilité publique, exempte, par son art. 58, du droit proportionnel de transcription les acquisitions d'immeubles, faites en vue de travaux d'utilité publique. Et l'article ajoute « que les droits perçus sur les acquisitions amiables, faites antérieurement aux arrêtés des préfets (qui déterminent, conformément aux art. 2, 11 et 12, les propriétés particulières auxquelles l'expropriation est applicable), seront restitués, lorsque, dans le délai de deux ans, à partir de la perception, il sera justifié que les immeubles acquis sont compris dans ces arrêtés. (Toutefois) la restitution des droits ne pourra s'appliquer qu'à la portion des immeubles qui aura été reconnue nécessaire à l'exécution des travaux. »

676. Mais l'exemption est limitée au droit de transcription, et ne porte pas sur le salaire du conservateur; si ce n'est, pourtant, sur la portion de ce salaire que l'ord. du 1er mai 1816 (aujourd'hui abrogée, V. *suprà,* n° 669) attribuait à l'État (ass. 25 fév. 1846, aff. chemin de fer de Paris à Rouen, D. P. 46. 1. 119; V. aussi v° Priv. et hyp., n° 2876).

677. Parmi les actes que la loi du 23 mars 1855 déclare passibles de la transcription, il y a une distinction à faire entre ceux qui y étaient assujettis, avant cette loi, et ceux qui, n'y étant pas soumis par le code Napoléon, y sont assujettis par la loi nouvelle. Les premiers seuls doivent acquitter le droit proportionnel ; les autres, aux termes de l'art. 12 dont nous avons ci-devant rapporté les termes (V. n° 668), ne sont frappés que du droit fixe d'un franc.

678. La distinction, du reste, semble assez facile. Les actes que l'ancienne loi soumettait à la transcription étaient les actes ou jugements translatifs de propriété immobilière ou de droits réels susceptibles d'hypothèque, et les actes portant renonciation à ces mêmes droits, puisque c'étaient les seuls pour lesquels la purge fût nécessaire (art. 62 précité de la loi du 9 vend. an 6; L. 11 brum. an 7, art. 26; 21 vent. an 7, art. 25; c. nap. art. 2118; L. 28 av. 1816, art. 52 et 54 ; 23 mars 1855, art. 1).—Nous avons expliqué *suprà*, n°ˢ 234 et suiv. (V. aussi v° Priv. et hyp., n°ˢ 820 et suiv.), quels sont, indépendamment de l'usufruit, les autres droits réels qu'on doit considérer comme susceptibles de l'affectation hypothécaire, et dont la transmission, par conséquent, peut donner lieu au droit proportionnel de transcription. Nous avons indiqué, notamment, les droits d'emphytéose et de superficie.

679. Il a été jugé, par suite, et avec raison, que lorsque, dans un testament, sont institués quatre légataires universels conjoints, avec droit d'accroissement, chacun d'eux ayant droit, suivant les termes du testament, à un quart en nue-propriété et à l'usufruit du quart attribué à un autre des légataires conjoints, la renonciation à l'usufruit, faite par les légataires postérieurement à l'acceptation des legs et à leur envoi en possession, dans les termes du testament, les rend passibles du droit proportionnel de transcription sur cet usufruit, ces actes de renonciation à un droit constituant d'hypothèque, étant, d'après l'art. 54 de la loi du 28 avril 1816, *de nature à être transcrits* : « Attendu, dit l'arrêt..., que ces usufruits, en tant qu'ils portaient sur les immeubles de la succession, étaient dans leurs mains (des légataires) des *immeubles*, aux termes de l'art. 526 c. civ., susceptibles, suivant l'art. 2118, d'être grevés, par eux, d'hypothèques, pendant que leur saisine avait duré; que les hypothèques, lors de la réunion de l'usufruit à la nue-propriété, au terme fixé par le testament, c'est-à-dire à la mort des usufruitiers, se seraient, il est vrai, résolues de plein droit par la résolution même du droit de ceux-ci ; mais que, dans l'espèce, la réunion ayant eu lieu avant le terme, et par l'effet des actes de renonciation précités, ces actes ont constitué de véritables abandons et aliénations desdits usufruits, qui ne pouvaient être purgés desdites hypothèques que par la transcription, suivant l'art. 2181 c. civ.; qu'ainsi, ces actes de renonciation étaient *nature à être transcrits*, et, à ce titre, passibles du droit de 1 fr. 50 c. p. 100 fixé par l'art. 54 de la loi du 28 avr. 1816...» (Rej. 18 nov. 1851, aff. Colbert, 2ᵉ espèce, D. P. 51. 1. 308).

680. Les actes, non soumis à la transcription avant la loi du 23 mars 1855, et que cette loi y assujettit, sont les actes constitutifs d'antichrèse ; les actes portant renonciation à ces mêmes droits ; les jugements qui en déclarent l'existence en vertu d'une convention verbale; les baux d'une durée de plus de dix-huit années ; les actes ou jugements constatant, même pour un bail de moindre durée, quittance ou cession d'une somme équivalente à trois années de loyers ou fermages non échus (L. 23 mars 1855, art. 2); les jugements prononçant la résolution, nullité ou rescision d'un acte *non transcrit*, mais ayant date certaine avant le 1ᵉʳ janv. 1856 (art. 11 de la loi précitée).

681. Le droit d'antichrèse est un droit purement mobilier : c'est assez dire qu'il ne peut être donné en hypothèque, et que, par conséquent, il ne pouvait être, sous le code, la matière du droit proportionnel de transcription (V. v° Nantissement, n° 250; V. aussi, Rej., 21 juin 1809, aff. Moreau-Gorenflot, v° Priv. et hyp., n° 1823; Conf. MM. Rolland de Villargues, Rép. du not., vᵒˢ Antichrèse, n° 34 et suiv.; Hyp., n° 121 ; Transcript., n° 30, 2ᵉ éd. ; Mourlon, Rev. prat., année 1860, t. 9, p. 456, n°ˢ 285 et 286 ; Flandin, de la Transcr., t. 2, ch. 6).

682. Nous avons également établi, v° Priv. et hyp., n° 821, que le bail à longues années (qu'il ne faut pas confondre avec le bail emphytéotique), quand même on le considérerait comme constituant, au profit du preneur, un droit réel immobilier, ne peut non plus être mis au rang des droits réels susceptibles d'hypothèque. Il ne pouvait, par conséquent, être davantage passible du droit proportionnel de transcription.

683. Toutefois, la loi de l'enregistrement considère comme de véritables aliénations, soit de la propriété, soit de l'usufruit, « les baux à rente perpétuelle de biens immeubles, les baux à vie et ceux dont la durée est illimitée, et les soumet au droit proportionnel de 4 p. 100, calculé, « pour les baux à rente perpétuelle et ceux dont la durée est illimitée, par un capital formé de vingt fois la rente ou le prix annuel, et les charges aussi annuelles... ; pour les baux à vie, sans distinction de ceux faits

sur une ou plusieurs têtes, par un capital formé de dix fois le prix et les charges annuelles...» (L. 22 frim. an 7, art. 15, n°ˢ 2 et 3, et art. 69, § 7, n° 2).—Il en résulte que ces sortes de baux étaient passibles, avant la loi du 23 mars 1855, et sont, par conséquent, encore passibles aujourd'hui du droit additionnel de 1 1/2 p. 100, pour transcription (V. Enreg., n°ˢ 6014 et suiv.; V. aussi *eod.* v°, n°ˢ 3000 et suiv. Conf. MM. Rivière et François, Explic., etc., n° 157; Flandin, de la Transcr., t. 2, ch. 6).

684. Les droits de servitude, d'usage et d'habitation sont bien des droits réels immobiliers; mais ils ne sont pas, en eux-mêmes et pris isolément, susceptibles d'hypothèque (V. Priv. et hyp., n°ˢ 816 et 819) : il semblerait donc que, pour cette raison, on dût les considérer comme affranchis, sous le code, du droit proportionnel de transcription (V. en ce sens M. Rolland de Villargues, v° Transcript. aux hyp., n° 37, 2ᵉ éd.). Mais la régie en décidait autrement; et une instruction générale du 20 mars 1827, n° 1205, rapportée v° Enreg., n° 2272, déclare « qu'il résulte de l'art. 526 c. civ. que les servitudes ou services fonciers sont immeubles par l'objet auquel ils s'appliquent; qu'ainsi, les transmissions de servitudes sont sujettes aux mêmes droits d'enregistrement que celles des immeubles. » Ce principe avait déjà été appliqué par deux solutions des 27 sept. et 4 oct. 1826 que mentionnent l'instruction précitée. — Nous avons également mentionné, *loc. cit.*, une délibération de la régie, du 22 oct. 1817, aux termes de laquelle est déclaré passible des droits de mutation et de transcription l'acte par lequel un particulier, pour ne plus recevoir, dans sa cour, les eaux provenant de la maison d'un voisin, consent à construire, à ses frais, un puisard dans la cour de ce dernier. — Et, plus anciennement, le ministre des finances avait également décidé que la concession, pour un temps limité, d'un droit de passage, d'une prise d'eau, de l'eau provenant d'une pompe à feu, est susceptible de transcriptions (Décis. min. des fin. du 29 nov. 1809. Conf. MM. Pardessus, Des servit., n° 245; Rolland de Villargues, Rép. du not., v° Transcr., n° 42, 1ʳᵉ éd. — *Contra*, MM. Championnière et Rigaud, Droits d'enreg., t. 4, n°ˢ 3583 et suiv.; Mourlon, Rev. prat., année 1861, t. 11, p. 325, n°ˢ 328 et suiv.).— Nous avons tiré la même induction d'un arrêt de la cour de cassation, d'après lequel une concession d'eau, faite pour un temps illimité, moyennant une redevance annuelle, *lorsque le concédant s'est réservé la faculté de retirer l'eau, quand il le croira convenable*, ne peut être considérée que comme une concession purement mobilière et précaire, qui n'affecte le terrain qui fournit cette eau, d'aucune servitude, ne donne, par conséquent, ouverture qu'au droit proportionnel de 2 p. 100 (Rej. 18 fév. 1811, aff. Hautpoix, v° Enreg., n° 2270). Il résulte, en effet, des motifs mêmes de l'arrêt que le droit de vente immobilière, et par conséquent le droit proportionnel de transcription, aurait été dû, si la concession avait transféré un droit réel et foncier au concessionnaire.

685. Bien qu'un droit de servitude, un droit d'usage et d'habitation, ne soient pas, en eux-mêmes, ainsi que nous venons de le dire, susceptibles d'hypothèque, toutes ces décisions pouvaient, néanmoins, se justifier, puisque nous avons établi, v° Priv. et hyp., n°ˢ 1774 et 1775, avec MM. Delvincourt et Persil, qu'un droit de cette nature, établi sur un immeuble précédemment hypothéqué, ne peut être purgé de l'hypothèque qu'au moyen de la transcription et des notifications prescrites par l'art. 2183 c. nap. — Telle est également l'opinion de MM. Rivière et Huguet, Quest., n° 443 : « C'est une question assez grave, disent-ils, que celle de savoir si, avant la loi du 23 mars, ces droits (de servitude réelle, d'usage et d'habitation) étaient, ou non, soumis au droit additionnel de transcription? — On pourrait très-bien soutenir qu'ils n'y étaient pas assujettis. La loi du 29 vend. an 6 portait qu'il serait établi « un droit de 1 1/2 p. 100 sur le prix intégral *des mutations que les nouveaux possesseurs voudraient purger d'hypothèques...*» Or, on pourrait dire : il n'y a que les ventes de la pleine propriété ou de l'usufruit qui soient passibles du droit additionnel... puisque ce sont les seules qu'on puisse considérer comme mutations de propriétés immobilières susceptibles d'hypothèques. Les servitudes réelles, l'usage et l'habitation n'en sont pas susceptibles. — Cependant l'administration a une autre doctrine... Les termes de l'art. 52 de la loi du 28 avril 1816 semblent, du reste, de nature à justifier le système de la régie. Cette disposition veut qu'on perçoive le droit de 5 1/2 p. 100 sur les *ventes d'immeubles* : or, ces expressions paraissent bien embrasser, dans leur généralité, les servitudes, l'usage et l'habitation, aussi bien que l'usufruit. — Si cette solution est adoptée, il en résultera que les actes constitutifs de servitudes réelles, d'usage et d'habitation, continueront d'être soumis aux mêmes droits que par le passé, et ne seront pas assujettis au droit fixe d'un franc seulement » (V., dans le même sens, une Délib. de la rég. des 23 oct. 1834-3 janv. 1835, v° Enregistr., n° 2268 ; Caen, 19 mai 1853, aff. Huvel, cité *supra*, n° 273. Conf. MM. Lesenne, Comment., n° 174; Flandin, de la Transcr., t. 2, ch. 6. — *Contrà*, MM. Ducruet, Etud. sur la transcr., n° 57; Mourlon, Rev. prat., *loc. cit.*).

686. A l'égard des jugements qui prononcent la résolution, nullité ou rescision d'un acte transcrit, et dont, aux termes de l'art. 4 de la loi du 23 mars 1855, il doit être fait mention, à la diligence des avoués qui les ont obtenus, en marge de la transcription de cet acte, nous avons vu, *supra*, n° 389 et suiv., qu'il y a une distinction à faire entre ceux qui prononcent la résolution, nullité ou rescision de l'acte pour une cause ou un vice inhérent à cet acte, *ex causâ antiquâ* et *necessariâ*, et ceux qui ne prononcent la résolution, nullité ou rescision dudit acte que pour une cause postérieure au contrat, *ex causâ novâ* et *voluntariâ*. — Nous avons dit, relativement à ces derniers, qu'ils opèrent une véritable mutation de propriété; que, dans ce cas, une simple mention du jugement en marge de la transcription ne suffirait pas ; qu'il faut la transcription du jugement lui-même. Ce n'est donc pas le droit fixe qui serait dû dans ce dernier cas, mais le droit proportionnel, le jugement étant de ceux que la loi ancienne assujettissait à la transcription (Instr. gén. de la régie, du 11 sept. 1806, n°. 316, citée v° Enreg., n°˙ 6012).

687. Mais que décider à l'égard des premiers? Sont-ils assujettis, indépendamment du droit fixe à payer pour leur transcription, dans le cas prévu par l'art. 11 de la loi du 23 mars 1855, ou pour leur mention, conformément à l'art. 4 de la même loi, au droit proportionnel, comme étant des *actes de nature à être transcrits* ? — Aujourd'hui, comme on l'a dit, le droit proportionnel de transcription est perçu, au moment de la présentation de l'acte à l'enregistrement, que la transcription se fasse ou ne se fasse pas. La question a donc un intérêt pratique. — Nous l'avons examinée v° Enreg., n° 6051. Mais, à l'époque où nous avons publié ce traité (en 1850), la loi du 23 mars 1855 n'existait pas encore, et elle apporte, nous semble-t-il, un élément nouveau dans la discussion. Cet élément nouveau, c'est qu'elle a exigé, dans un intérêt autre que l'intérêt fiscal, que ces jugements fussent portés à la connaissance des tiers par une transcription ou par une mention faite, à la diligence de l'avoué, sur le registre des hypothèques. Si elle eût jugé que ces jugements fussent dans la catégorie des *actes de nature à être transcrits*, elle aurait prescrit cette transcription, et elle en aurait laissé le soin aux parties intéressées, comme elle le fait pour les actes de mutation, ou autres, qu'elle assujettit à cette formalité. — Les principes, du reste, comme nous l'avons établi *loc. cit.*, conduisent à cette solution. Dès que la résolution d'un acte, prononcée pour une cause ancienne et se rattachant à l'acte lui-même, fait évanouir les priviléges et hypothèques consentis par le nouveau possesseur, durant sa possession momentanée (c. nap. 954 et 2125), aucune purge n'est nécessaire à l'ancien propriétaire qui rentre dans son immeuble; et l'acte, par conséquent, qui n'opère pas mutation, puisque les choses sont remises dans l'état où elles étaient avant la résolution (c. nap. 1183), ne saurait être considéré comme *étant de nature à être transcrit* (Conf. M. Flandin, de la Transcr., t. 2, ch. 6.) — Cependant, comme le raisonnement est absolument le même, dans le cas de partage ou de licitation, qui, au moyen de la fiction légale de l'art. 883, fait considérer le copartageant auquel l'immeuble est échu, ou le colicitant adjudicataire, comme seul propriétaire *ab initio*, en effaçant les priviléges ou hypothèques qui auraient pris naissance, du chef des autres copartageants ou colicitants, pendant l'indivision; et que, malgré

cela, comme on le verra plus bas (n°˙ 698 et s.), la cour de cassation a décidé que le droit proportionnel de transcription n'en est pas moins dû, sous prétexte qu'il peut y avoir des hypothèques, du chef des *précédents propriétaires*, qui rendent la purge nécessaire, il est à craindre que la régie, répudiant la doctrine émise dans une décision ministérielle du 7 nov. 1825, que nous avons citée, v° Enreg., *loc. cit.*, ne veuille appliquer au cas particulier la jurisprudence de la cour de cassation en matière de partage. — Reste à savoir si la cour suprême, dont les tendances fiscales sont peu douteuses, ainsi qu'on a pu le voir dans notre traité de l'Enregistrement, ne sera pas arrêtée, dans cette nouvelle extension à donner à l'art. 54 de la loi du 28 avr. 1816, par l'argument que nous avons tiré de la loi du 23 mars 1855.

688. Quoi qu'il en soit de cette question, le droit fixe à percevoir, aux termes de l'art. 12 de la loi du 23 mars 1855, pour la mention des jugements (ou leur transcription, dans le cas prévu par le 3ᵉ alinéa de l'art. 11), est ainsi déterminé par la régie : « Les conservateurs, dit l'instruction du 24 nov. 1855, que nous avons déjà citée, ne percevront, pour l'enregistrement d'ordre au registre de dépôt et la mention du jugement en marge de la transcription, qu'un seul salaire, qui sera de 1 fr. comme pour les mentions prévues aux art. 693, 716 et 748 c. proc. (Inst., n° 1651). »

689. Une autre observation à faire, relativement au droit de transcription, c'est que, bien qu'il n'y ait d'assujetti à la transcription, d'après la loi du 23 mars 1855, que les actes *entre-vifs*, et que les testaments n'y soient pas soumis (V. *supra*, n°˙ 42 et suiv.), on ne doit être entendu, cependant, qu'au égard à l'objet que s'est proposé la loi précitée, et qui a été de faire de la transcription une condition indispensable de la transmission de la propriété à l'égard des tiers. — Mais il y a à se demander si les testaments, qui contiennent des legs d'immeubles, soit à titre universel, soit à titre particulier, par cela même qu'ils sont des actes translatifs, ou, pour emprunter la locution de l'art. 54 de la loi du 28 avr. 1816, *des actes de nature à être transcrits*, ne doivent pas, au moment où ils sont présentés à l'enregistrement, acquitter le droit proportionnel de transcription ? — On doit dire que, jusqu'ici, la régie n'a réclamé le droit proportionnel de transcription que lorsque le testament contient une substitution fidéicommissaire, laquelle, aux termes de l'art. 1069 c. nap., rend nécessaire la transcription du testament (V. v° Enreg., n°˙ 5978 et suiv.). Mais, lorsque le legs d'immeubles n'est point accompagné de la charge de rendre, on tient que le droit proportionnel de transcription n'est pas dû, à l'enregistrement du testament, nonobstant la disposition de l'art. 54 de la loi du 28 avr. 1816, aux termes duquel, comme on l'a vu, « dans tous les cas des actes seront de nature à être transcrits au bureau des hypothèques, *le droit sera augmenté d'un et demi pour cent*, et la transcription ne donnera plus lieu à aucun droit proportionnel. » La raison pour qu'il en soit ainsi, c'est que, comme nous l'avons dit, v° Enreg., n° 4080, l'acte qui contient l'expression de la volonté du testateur se distingue, en droit fiscal, de la transmission qui s'opère du défunt au légataire. Considéré, en effet, comme acte distinct, le testament est soumis, par l'art. 45, n° 4, de la loi du 28 avr. 1816, à un simple droit fixe de 3 fr., lequel doit être perçu indépendamment du droit proportionnel qui est dû pour la mutation. On voit ainsi que la loi fiscale rattache la perception du droit proportionnel de mutation, non pas au testament, mais à la déclaration que le légataire est tenu de faire, conformément à l'art. 14, n° 8, de la loi du 22 frim. an 7; ce qui rend inapplicable l'art. 54 précité de la loi du 28 avr. 1816 (V. encore v° Enreg., n°˙ 4193 et 5983).— « L'art. 3 de la loi du 16 juin 1824, relatif aux partages d'ascendants, ajoute M. Flandin, de la Transcr., *loc. cit.*, peut aussi fournir un argument en faveur de cette solution. On sait, en effet, qu'aux termes de l'art. 1076 c. nap., ces partages peuvent être faits par actes entre-vifs ou testamentaires. Or, l'art. 3 précité, qui déclare que le droit de 1 1/2 pour 100 ajouté au droit d'enregistrement par l'art. 54 de la loi du 28 avr. 1816, ne sera perçu, pour lesdites *donations* (formant partage), que lorsque la transcription en sera requise au bureau des hypothèques,» ne paraît littéralement s'appliquer, comme il résulte de ce mot *donations*, qu'aux partages d'ascendants faits dans cette forme : l'article ne parle pas des partages faits dans le forme *testamentaire*. Pourquoi cela? si ce n'est parce qu'en principe, la disposition de l'art. 54 est étrangère aux testaments. L'intention de la loi, évidemment, n'a pu être, pour deux cas absolument semblables, de statuer, pour l'un, d'une façon, et pour l'autre, d'une façon différente. »

690. Il a, toutefois, été jugé que l'acte constatant l'emploi en acquisition d'immeubles des capitaux compris dans une substitution, est assujetti à la transcription par l'art. 1069 c. nap., aussi bien que l'acte constitutif de la substitution ; — Et spécialement, que le testament, par lequel l'usufruitier des biens frappés de substitution lègue, en exécution de la volonté du constituant, divers immeubles au nu-propriétaire, pour lui tenir lieu des capitaux substitués, doit être transcrit, comme formant un emploi de ces capitaux en biens immobiliers ; — Qu'en conséquence ce testament est passible du droit proportionnel de transcription (Cass., 10 août 1852, aff. Gaillard, D. P. 52. 1. 212.); — Et que le refus, fait par le nu-propriétaire, d'accepter l'emploi, en renonçant au legs sous la forme duquel cet emploi a été fait, ne donne pas lieu à la restitution du droit antérieurement perçu, sur la présentation volontaire du testament à l'enregistrement par le notaire qui l'a reçu (même arrêt). — Sur cette dernière question, V., comme analogies, Cass., 2 janv. 1850, aff. d'Argence ; *Rej.* 15 janv. 1850, aff. Clairet, D. P. 50, 1. 11 et 12. V. aussi v. Enreg., n°* 5341 et suiv.

691. Il est manifeste, ainsi que le fait observer M. Flandin, *loc. cit.*, que, si le légataire tenu par l'action hypothécaire envers les créanciers (c. nap. 1024), et voulant s'y soustraire par la purge, recourait de lui-même à la transcription, en exécution de l'art. 2181, il serait obligé d'acquitter le droit proportionnel de transcription. — C'est là, du reste, comme nous le dirons *infrà*, n°* 728 et s., un principe général applicable à tous les cas dans lesquels, à tort ou à raison, la transcription est requise.

692. Il y a quelquefois d'assez grandes difficultés pour reconnaître si un acte est, ou non, translatif de propriété ; ou même, dans le cas où il serait simplement déclaratif, s'il n'est pas dans la catégorie des actes *qui sont de nature à être transcrits* comme s'exprime l'art 54 de la loi du 28 avril 1816 ; ce qui suffit, d'après la jurisprudence de la cour de cassation, pour les soumettre au droit proportionnel de transcription (V. v° Enreg., n°* 6021 et suiv.). Nous n'avons point à revenir ici sur ces questions : nous sommes entré, à cet égard, dans tous les développements désirables, dans notre traité de l'Enregistrement, n°* 5963 à 6057.— Nous indiquerons seulement les arrêts intervenus sur la matière depuis l'impression de ce traité.

693. Ainsi, il a été jugé : 1° que le droit de transcription, exigible sur le jugement d'adjudication d'un immeuble indivis, prononcé au profit de plusieurs cohéritiers indivisément, frappe la valeur intégrale de cet immeuble, sans déduction de la portion appartenant aux héritiers adjudicataires ; que cette déduction ne doit être faite que lorsqu'il s'agit du calcul du droit de mutation (Cass., 16 avr. 1850, aff. Blanchon ; *id.* aff. veuve Chaumée ; *id.*, aff. hér. Durckeim, D. P. 50. 1. 119 ; 10 juin 1850, aff. Chuart, D. P. 50. 1. 185 ; 26 août 1850, aff. Juguet, D. P. 50. 1. 278 ; 2 déc. 1850, aff. Fourcade, D. P. 50. 1. 342 ; 2 déc. 1851, aff. Lallier, D. P. 51. 1. 323 ; 22 nov. 1853, aff. Blech, D. P. 53, 1. 344 ; 23 nov. 1853, aff. Chevalier, *eod.*; Req., 18 mai 1858, aff. Huet Legros-Saint-Germain, D. P. 58. 1. 400 ; V. encore *infrà*, n° 701. Conf. MM. Rivière et François, Expl., etc., n° 155. — *Contrà*, MM. Championnière et Rigaud, Droit d'enregistrem., t. 3, n° 2669, et t. 4, n° 4032 ; Mourlon, Revue prat., année 1860, t. 10, p. 73, n° 302) ; — 2° Et qu'il est indifférent que l'acte de partage et l'acte de liquidation aient été présentés ensemble à l'enregistrement ; qu'il en résulte seulement que le partage détermine la part revenant, dans l'immeuble, au colicitant acquéreur, et fixe la portion du prix passible du droit de mutation ; mais que la licitation n'en est pas moins, à raison de l'indivision subsistante, soumise au droit de transcription, droit distinct du premier, et qui doit être perçu sur le prix intégral de la licitation (Cass. 26 fév. 1851, aff. Chevrinais, D. P. 51. 1. 44 ; Conf. Cass. 10 avr. 1848, aff. Bayard, D. P. 48. 1. 90. V. cependant Cass. 31 janv. 1860, aff. Pouret-Bretteville, D. P. 60 1. 82).

694. C'est par application du même principe qu'il a été jugé que, lorsque les biens donnés dans un même acte, à plusieurs codonataires, sont des biens indivis, la transcription réclamée par l'un d'eux, dans son intérêt personnel, doit porter nécessairement sur la totalité de l'acte ; et par suite, que ce codonataire, auquel seul, en cas pareil, le payement du droit peut être demandé, doit l'acquitter, non-seulement à raison de la mutation qui le concerne, mais à raison de l'ensemble des mutations; — et ce, bien que les codonataires (il s'agissait, dans l'espèce, d'une donation faite par un père à ses quatre enfants), usant du bénéfice de la loi du 16 juin 1824 (V. *suprà*, n° 672), aient pu se dispenser de faire transcrire l'acte de donation (Trib. de Vesoul, 2 juill. 1855, aff. Guillaume, D. P. 55. 3. 69. — Arrêts conf., v° Enreg., n° 6028 ; V. aussi, *eod.* , n° 6043).

695. La cour de cassation, sur le point de savoir si, en cas d'adjudication à plusieurs colicitants de l'immeuble indivis, le droit de transcription est dû, et s'il doit porter sur la totalité du prix, ou sur une portion de ce prix seulement, déduction faite de la portion de ce même prix, afférente aux parts des colicitants adjudicataires, a une jurisprudence bien affirmée (V. v° Enreg., n°* 6024 et s.). — La cour de cassation, pour décider que le droit est dû, et qu'il doit être perçu sur le montant entier du prix, se fonde : 1° sur ce que « l'adjudication, prononcée au profit de plusieurs colicitants indivisément, ne constitue pas un acte de partage, mais un acte de vente; que, dès lors, c'est un acte de nature à être transcrit pour amener la purge des hypothèques qui peuvent grever l'immeuble, du chef du cohéritier vendeur ; » — 2° sur ce que « le droit de transcription est indépendant du droit dû pour la mutation de propriété, et peut être payé séparément; que, si l'art. 30 du 21 vent. an 7 dit que le droit de transcription sera perçu sur le prix intégral, *suivant qu'il aura été réglé à l'enregistrement*, cette disposition a eu pour but seulement de rendre communes au droit de transcription les bases posées par la loi du 22 frim. an 7 pour la liquidation du prix relativement au droit d'enregistrement; mais qu'il ne résulte pas de la que le droit de transcription ne puisse être perçu que sur la somme soumise au droit d'enregistrement; que la loi du 28 avril 1816, relative au mode de perception de ces droits, n'a rien changé à leur nature, et ne les a pas subordonnés l'un à l'autre ; que, si les héritiers colicitants, qui se rendent adjudicataires d'une chose commune, n'ont pas à payer le droit d'enregistrement sur les parts qui leur appartenaient avant l'adjudication, parce qu'à cet égard, il n'y a pas mutation de propriété, ils n'en doivent pas moins le droit de transcription sur la totalité du prix, parce que le droit de transcription est indivisible, comme l'hypothèque dont la transcription est destinée à opérer la purge » (motifs de l'arrêt du 10 juin 1850, cité *suprà*, n° 693-1°).—La régie avait déjà dit antérieurement, dans deux délibérations, que, la transcription étant indivisible dans ses effets, la même indivisibilité doit exister dans la perception des droits (Délib. des 19 mars 1825 et 28 mars 1827 citées par MM. Rivière et François, Explic., etc., n° 153).

696. Nous avons vu, malgré cela, qu'un grand nombre de tribunaux luttaient encore contre cette jurisprudence (V. v°Enreg., n° 6024). — Il a été jugé, dans ce dernier sens, que lorsque plusieurs cohéritiers acquièrent conjointement, sur licitation, un immeuble indivis entre eux et d'autres cohéritiers, le procès-verbal de l'adjudication, prononcée à leur profit, est un acte *de nature à être transcrit*, dans le sens de l'art. 54 de la loi du 28 avr. 1816, et conséquemment passible, à l'enregistrement, de l'augmentation du droit de 1 1/2 p. 100 établie par cet article ; mais que ce droit additionnel, participant de la nature de celui auquel il accède et qu'il complète, doit être liquidé, comme le droit lui-même, sur la part réellement acquise par les colicitants adjudicataires, et non sur l'intégralité du prix de l'immeuble licité (Trib. de Chateaudun, 28 nov. 1851, aff. Martin, D. P. 53. 3. 71). — Mais ce jugement a été cassé par arrêt du 23 nov. 1853, D. P. 53. 1. 344.

697. M. Ducruet, Etud. sur la transcr., n° 2, va plus loin que cette décision. Il conteste que le droit de transcription puisse être exigé, dans le cas spécifié. « Si le partage ou la licitation, dit-il, laisse subsister une indivision partielle et particulière, y aura-t-il lieu à transcription? La négative paraîtrait la réponse la plus logique, par la raison que, si deux cohéritiers se réunissent pour posséder en commun un immeuble, qui forme leurs parts dans la succession, ils ne tiennent leurs droits que de l'auteur de la succession, et qu'ils succèdent, en réalité, à l'immeuble qui leur est adjugé. Dans ce cas, la licitation ou le partage n'a qu'un caractère déclaratif (Conf. M. Mourlon, Rev. prat., ann. 1861, t. 2, p. 147, n° 325). — Néanmoins, ajoute l'auteur, en présence de la jurisprudence de la cour de cassation, la question dont paraître douteuse, et il sera plus prudent de faire transcrire, surtout quand il s'agira de licitation, et non de partage. »

698. La cour de cassation a poussé plus loin sa doctrine.— Dans les arrêts qui précèdent, et dont nous avons, *suprà*, n° 695, analysé les motifs, le droit de transcription est rattaché à cette circonstance que l'adjudication de l'immeuble indivis est faite à plusieurs des colicitants, entre lesquels l'indivision continue. Il est, en effet, de jurisprudence que, dans ce cas, l'acte n'a pas les caractères d'un partage (V. *suprà*, n° 150, et v° Priv. et hyp., n° 939); que, dès lors, il s'opère, entre ceux qui sortent d'indivision et ceux qui y demeurent, une véritable mutation de propriété, qui laisse subsister les charges créées par les premiers; d'où résulte la nécessité de la purge et de la transcription, et, par suite, l'exigibilité du droit. — Mais, lorsque l'adjudication est prononcée au profit d'un seul des colicitants, et qu'ainsi l'indivision prend fin d'une manière complète, ce jugement a un effet déclaratif qui efface toute hypothèque provenant du chef des autres colicitants (v° Priv. et hyp., n° 1207), et rend, par conséquent, inutiles la purge et la transcription. — On peut objecter, il est vrai, que la fiction de l'art. 883 c. nap. ne met pas obstacle à la perception du droit d'enregistrement sur les parts acquises par le colicitant adjudicataire, puisque telle est la disposition de l'art. 69, § 7, n° 4, de la loi du 22 frim. an 7. Mais on répond qu'il n'existe pas de semblable disposition pour le droit de transcription, dont l'art. 19 de la loi du 21 vent. an 7 limite l'application aux *actes emportant mutation de propriété immobilière* (V., dans ce sens, Req. 22 fév. 1827, aff. Bouzenot, v° Enreg., n° 6026; Cass. 6 nov. 1827, aff. Imbault, *ibid.*, n° 6025, et plusieurs jugements cités *eod.* n° 6026. Conf. MM. Ducruet, Etud. sur la transcr., n° 1; Lesenne, Comment., n° 18; Mourlon, Rev. prat., *loc. cit.*, n° 326).

La cour de cassation, quoi qu'il en soit, ne semble pas admettre la distinction; et, dans un arrêt du 7 nov. 1849, rendu, à la vérité, dans une espèce où l'adjudication de l'immeuble indivis avait eu lieu au profit de plusieurs des colicitants, et n'avait, par conséquent, pas fait cesser l'indivision, elle a posé, comme principe absolu, « qu'il suffit, aux termes des art. 25 de la loi du 21 vent. an 7 et 54 de celle du 28 avr. 1816, que l'acte soit de nature à être transcrit aux hypothèques, pour que cette formalité soit perçue sur l'intégralité du prix; qu'il est évident que l'acte d'adjudication dont il s'agit était de nature à être transcrit au bureau des hypothèques, puisque la transcription est toujours nécessaire pour purger les hypothèques dont les biens pourraient être grevés antérieurement, soit du chef de l'autre cohéritier, soit du chef *des précédents propriétaires* des immeubles, autres même que les auteurs des adjudicataires » (Cass. 7 nov. 1849, aff. Duval, D. P. 49. 1. 289. V. d'autres arrêts, dans le même sens, v° Enreg., n° 6027).

699. Ce n'est donc pas, disions-nous, dans les observations que nous avons présentées sur cet arrêt, en le recueillant, uniquement en prévision de la purge des droits créés par les cohéritiers, et par conséquent en vue d'une cessation partielle d'indivision, que le droit de transcription est valablement perçu; mais c'est aussi à raison de la nécessité de purger l'immeuble des droits existants du chef des *précédents propriétaires*. Or, sous ce point de vue, la purge serait utile pour le cohéritier, resté seul adjudicataire par l'effet d'une licitation valant partage, comme pour ceux qui se sont rendus indivisément adjudicataires; car, si, à la différence de ces derniers, il n'a point à purger les droits nés du chef des autres héritiers, droits éteints par suite de la fiction de l'art. 883, il peut avoir à purger les créances provenant des anciens propriétaires. — On sent la gravité d'une doctrine qui tendrait ainsi à frapper toute adjudication sur licitation du droit de transcription. — Sans doute, il se peut que l'héritier, déclaré seul adjudicataire par suite d'une licitation va-

lant partage, ait intérêt à purger son immeuble et à faire transcrire le jugement d'adjudication. C'est ce qui a lieu, quand l'héritier a accepté la succession bénéficiairement (V. v° Enreg., n° 6024)... La transcription présente, parfois aussi, de l'utilité pour l'héritier pur et simple, qui voudrait purger les hypothèques provenant de ceux qui ont transmis l'immeuble au défunt, et que celui-ci a négligé d'éteindre. Mais, on le voit, la nécessité de la purge et de la transcription ne dérive pas, dans ces divers cas, du jugement d'adjudication; elle découle du titre originaire, de celui qui a constitué la propriété commune. Or, suffit-il que la transcription ne soit ainsi qu'accidentellement utile pour autoriser la régie à percevoir, d'office, le droit de transcription?... La régie n'est-elle pas tenue d'attendre qu'une réquisition de transcription fasse connaître si l'héritier a intérêt à purger, dès que cet intérêt ne découle pas, *ipso jure*, de l'adjudication? N'est-ce pas précisément ce non d'une situation de ce genre que la jurisprudence (v° Enreg., n°s 6039 et suiv.; V. aussi *infrà*, n°s 728 et suiv.) a si souvent validé la perception, en se fondant, non sur la nature de l'acte transcrit, mais sur cette unique circonstance, que la formalité était requise?... (D. P. 49. 1. 289, note 1).

700. Ces doutes que nous émettions alors, et que nous avons reproduits v° Enreg., n° 6021 et suiv., nous leur avons donné une expression plus nette, une forme plus précise, dans une note qui se trouve au bas d'un arrêt de rejet du 27 janv. 1857, aff. veuve Mesplès, D. P. 57. 1. 5. Nous y renvoyons le lecteur. — Notre sentiment a pu d'autant mieux librement s'exprimer que l'arrêt du 7 nov. 1849, d'où s'induit une doctrine contraire, ne l'a énoncée qu'en passant, et par un mot, hors des besoins de la cause; qu'ainsi, cet arrêt ne peut avoir, sur ce point, la même autorité que s'il eût eu à statuer directement sur la question.

701. Cependant, il a été jugé, depuis, que l'acte, par lequel l'un des copropriétaires d'un immeuble indivis se rend acquéreur de la part de l'autre, pour sortir d'indivision, moyennant l'abandon, à titre d'échange, d'un immeuble qui lui est propre, et le payement d'une somme d'argent, est passible du droit établi sur les actes d'échange avec soulte, c'est-à-dire du droit de 2 1/2 p. 100, sur la valeur de l'immeuble donné en échange, et de 5 1/2 p. 100 sur le montant de la soulte; que cette soulte ne doit pas être frappée seulement du droit de 4 p. 100, applicable aux acquisitions de parts indivises ;... qu'en tout cas, le droit de transcription, dû sur la valeur de l'immeuble propre cédé en échange, s'étend à la soulte, à raison de l'indivisibilité de ce droit (Cass. 17 juin 1850, aff. Thiry, D. P. 50. 1. 282; V. aussi *suprà*, n° 693). — Le tribunal de Nancy, dont le jugement a été cassé, faisait valoir que « le caractère dominant de l'acte était celui d'un partage entre cohéritiers qui veulent sortir de l'indivision ; et que, si, dans ce partage, un échange et une soulte avaient été stipulés, ce n'avait été que comme moyens de le faciliter, et même de le rendre possible, sans lésion pour les copartageants ; que, dès lors, son caractère de partage ne doit jamais être perdu de vue, et qu'il doit dominer toutes les appréciations auxquelles l'acte peut être soumis ;... que le partage étant déclaratif, et non translatif de propriété, et l'hypothèque, que, pendant l'indivision, un héritier aurait pu conférer sur un immeuble de la succession, s'évanouissant lorsque l'immeuble ne tombe pas dans son lot, puisqu'il est censé n'en avoir jamais été propriétaire, il en résulte que la dame Thiry est, par suite des principes et de la fiction établie par l'art. 883 c. nap. réputée avoir toujours été seule propriétaire de la forêt de Richecourt (indivise entre elle et son frère, et leur provenant de la succession de la douairière de Massa, leur mère) ; d'où la conséquence qu'il n'y avait pas lieu, pour elle, de purger les hypothèques, ni sur le sieur Massa, son frère, ni sur la douairière de Massa, sa mère, décédée; et qu'enfin, la transcription étant inutile, le droit de transcription n'était pas dû sur la soulte stipulée... » — L'arrêt de la cour de cassation, sans combattre directement ces principes, insiste particulièrement sur le caractère d'échange qui appartient à l'acte intervenu entre les parties : « Attendu, dit-il, que de la qualification que les parties ont donnée à cet acte, de son ensemble et des stipulations particulières qu'il contient, il résulte que cet acte renferme un véritable contrat d'échange; que ce contrat ne perd pas son caractère par cela que l'une des parties reçoit, en contre-échange, une portion d'immeubles dont elle était copropriétaire par indivis ; que les parties, après avoir présenté l'acte du 10 mars comme un acte d'échange, pour ne payer, sur la valeur des biens propres à la dame Thiry et cédés par elle, que le droit de 2 1/2 p. 100, au lieu du droit de 5 1/2 p. 100 exigé pour toute transmission d'immeubles, ne peuvent donner à ce même acte un autre caractère, lorsqu'il s'agit du droit dû pour le montant de la soulte; que le contrat ne peut être divisé; que, dès qu'il contient un échange, il est, dans toutes ses parties, soumis aux dispositions de la loi du 16 juin 1824... »

702. Il a été jugé, de même, que lorsqu'un héritier cède à son cohéritier les droits lui appartenant dans la succession de l'auteur commun, moyennant un prix, dont une portion déterminée est appliquée à des immeubles indivis entre les parties, et l'autre à des immeubles indivis entre elles et des tiers, l'acte est soumis au droit de transcription pour le prix intégral qui y est porté, sans qu'il y ait à en déduire la première portion du prix, sous prétexte que, pour cette portion, la cession, faisant entièrement cesser l'indivision, n'emporterait pas de mutation passible du droit de transcription (Cass. 7 juill. 1852, aff. Rigault-Vion, D. P. 52. 1. 205);.. — Et que le droit proportionnel de transcription, perçu sur un acte par lequel un héritier cède à son cohéritier, moyennant un prix unique, tous ses droits successifs, tant dans les immeubles que dans les meubles de la succession, doit être calculé d'après ce prix total, encore que l'acte spécifierait la portion du prix applicable aux immeubles et celle applicable aux meubles; alors, d'ailleurs, que les meubles n'ont point été désignés et estimés, article par article, dans le contrat (même arrêt). — L'arrêt ne relève pas cette dernière circonstance ; mais nous pensons qu'il faut la suppléer. Le droit de transcription, en effet, n'atteignant que les actes emportant mutation d'*immeubles*, la portion du prix, afférente aux objets mobiliers, eût nécessairement échappé à ce droit de transcription, si l'on eût pris la précaution de les désigner et les estimer dans l'acte, article par article. Telle est, pour la perception du droit d'enregistrement, la disposition de l'art. 9 de la loi du 22 frim., an 7, ainsi conçu : « Lorsqu'un acte translatif comprend des meubles et des immeubles, le droit d'enregistrement est perçu, pour la totalité du prix, au taux réglé pour les immeubles, à moins qu'il ne soit stipulé un prix particulier pour les objets mobiliers, et qu'ils ne soient désignés et estimés, article par article, dans le contrat. »

703. Disons, pourtant, que la solution contenue dans ces derniers arrêts n'est pas une conséquence rigoureuse et nécessaire du principe posé dans l'arrêt du 7 nov. 1849, dont il a été parlé plus haut. Dans les espèces, en effet, sur lesquelles ces arrêts ont eu à statuer, les actes, soumis aux droits de transcription, étaient des actes mixtes, c'est-à-dire des actes ayant tout à la fois le caractère déclaratif et le caractère translatif : cette circonstance a pu suffire pour motiver, aux yeux de la cour de cassation, l'application du droit proportionnel de transcription, et l'extension de ce droit à l'intégralité du prix, sans distinction, à raison de son indivisibilité. — C'est, en effet, ce que dit le premier de ces arrêts : « Attendu, d'ailleurs, que l'acte du 10 mars, contenant cession de biens propres à la dame Thiry, était de nature à être transcrit ; que la transcription a eu lieu; que la transcription est un acte indivisible, etc. » — Il pourrait donc encore y avoir place pour l'opinion que nous avons exprimée, et qui consiste à dire que le droit de transcription n'est pas dû, toutes les fois que l'acte de licitation ou de partage a le caractère purement déclaratif, et qu'il résout les hypothèques constituées pendant l'indivision. — Il est bien vrai qu'on trouve également énoncé, dans l'arrêt précité du 27 janv. 1857, ce principe : « qu'il résulte des lois spéciales sur l'enregistrement que les dispositions de l'art. 883 c. nap. ne sont pas applicables dans les matières que ces lois régissent.» Mais nous avons fait observer, dans la note jointe à cet arrêt, qu'il ne fallait pas prendre ces expressions dans un sens absolu ; et que, si une exception a été faite à la règle de l'art. 883 par l'art. 69, §7, n° 4, de la loi du 22 frim. seu ce qui concerne le droit de mutation, auquel sont assujéties « les parts et portions indivises de biens immeubles acquises par licitation », il n'en

est pas ainsi du droit de transcription; dans tous les cas où la transcription n'est pas nécessaire pour la purge des hypothèques créées pendant l'indivision (Conf. M. Flandin, de la Transcr., t. 2, ch. 6).

704. Toutefois, nous avons admis que, bien qu'aux termes de cet arrêt du 27 janv. 1857, l'adjudication sur licitation, d'un immeuble indivis, prononcée au profit d'un tiers, cessionnaire par acte antérieur, de la part indivise de l'un des héritiers, ait le caractère de partage, absolument comme si elle avait eu lieu au profit d'un cohéritier, et qu'ainsi, l'immeuble adjugé se trouve affranchi, entre les mains de ce cessionnaire, des hypothèques créées du chef des autres cohéritiers, cependant le droit de transcription est dû par ce dernier. — On sait qu'avant cet arrêt, la cour de cassation décidait que l'adjudication, faite dans ces conditions, avait le caractère de vente, et était passible, à ce titre, du droit proportionnel de mutation et de transcription (V. les arrêts cités dans la note susdite; V. aussi V° Enreg., n° 6027). Elle en donnait pour motif que, si cet adjudicataire se trouvait, au moment de l'adjudication, copropriétaire de l'immeuble indivis, il ne l'était pas *au même titre* que les autres colicitants, ceux-ci possédaient en vertu de leur droit héréditaire, et celui-là en vertu de la vente qui lui avait été précédemment consentie par les cohéritiers. La cour de cassation jugeant aujourd'hui que cette circonstance est indifférente, «parce qu'aucune disposition de loi n'exige, pour l'application de ce principe (celui des art. 883, 1476 et 1872 c. nap.), que les cohéritiers ou associés le soient devenus au même titre;.... qu'il serait impossible d'admettre, sans violer le principe d'égalité qui doit régner dans les partages, que les immeubles compris dans le lot du cessionnaire fussent grevés des hypothèques créées par ses copartageants, avant l'indivision, pendant que les immeubles échus à des derniers seraient libres de toutes hypothèques de même nature....» (arrêt précité du 27 janvier 1857), il semblerait naturel d'en conclure que le droit de transcription n'est pas dû. Voici, cependant, les motifs qui nous ont fait adopter une autre opinion : « Le cessionnaire, devenu adjudicataire, avons-nous dit, est, à la vérité, affranchi des droits hypothécaires provenant de ses colicitants ; à ce point de vue, il doit être assimilé à un cohéritier. Mais la nature du titre qui a créé pour lui l'état d'indivision lui donne, vis-à-vis du défunt, la qualité de *tiers détenteur*. Il a donc intérêt à purger les hypothèques existantes, sinon du chef des colicitants, du moins du chef de ce défunt. Sous ce rapport, l'acte d'adjudication est donc de nature à être transcrit, comme si l'adjudicataire était un étranger; et, conséquemment, cet acte devient passible du droit de transcription...»

705. Mais il n'en devrait être ainsi qu'autant que le droit de transcription n'aurait pas déjà été acquitté sur l'acte de vente qui l'a rendu le propriétaire de l'immeuble, puisque c'est cet acte, ainsi que nous venons de le dire, qui lui donne, vis-à-vis du défunt, la qualité de tiers détenteur. — Il a été jugé, au contraire, et sans distinction, que l'acte par lequel l'acquéreur de la part indivise de plusieurs cohéritiers dans un immeuble de la succession se rend ensuite adjudicataire, sur licitation, des parts des autres cohéritiers dans le même immeuble, est de nature à être transcrit (trib. civ. de Montmorillon, 5 avril 1859, aff. Dorvan, D. P. 59. 3. 69)...., et que le droit, dû dans ce cas, quoique indivisible, doit, à la différence du droit de mutation, être perçu sur la totalité du prix de l'adjudication (même jugement). —Conf. trib. civ. de la Seine, 22 juillet 1859, aff. Holbig, D. P. 60. 3. 59; V. *suprà*, n°® 652 et 701). — Dans l'espèce, le droit de transcription avait été acquitté sur la première vente, et l'adjudicataire, sur licitation, à qui la régie réclamait un nouveau droit de transcription sur le prix entier de l'adjudication, demandait que le droit de transcription qu'il avait acquitté sur la première vente lui fût restitué.

706. A plus forte raison a-t-on dû décider que le droit proportionnel de transcription est dû sur un acte, par lequel des héritiers cèdent à leur cohéritier (ou aux héritiers de celui-ci), moyennant un prix déterminé, tous leurs droits dans la succession de l'auteur commun, avec réserve expresse, et sous la seule garantie de leur qualité d'héritiers, tant du privilège de vendeur que de l'action résolutoire, un tel acte constituant, soit dans sa forme, soit au fond, non un partage, mais une vente de droits successifs, encore bien qu'il exprime qu'il a pour objet de faire cesser l'indivision entre les copartageants (Req. 29 juillet 1857, aff. Denjoy, D. P. 57. 1. 443). — Cette décision, qui semble contraire à un autre arrêt de la chambre des requêtes du 5 nov. 1822, aff. Sourcil, v° Enreg., n° 2696, arrêt qui a jugé que tout acte qui intervient entre cohéritiers, pour faire cesser l'indivision, est réputé acte de partage, quelque dénomination qu'on lui donne ; qu'ainsi doit être considéré comme tel, et par conséquent comme exempt du droit proportionnel de transcription, l'acte qualifié de *vente à forfait*, par lequel un cohéritier abandonne à son cohéritier, moyennant un certain prix, mais à *ses risques et périls*, tous ses droits à la succession commune (V. nos observations conformes, *loc. cit.*); cette décision, disons-nous, est dans le sens d'un arrêt de cassation du 4 fév. 1822, aff. d'Espinchal, v° Enreg., n° 2695, et dans l'esprit général de la jurisprudence (V. Req. 25 juin 1845, aff. Prothon, 1re et 2e espèce, et 18 août 1845, aff. Duputel, D. P. 45. 1. 355, 376 et 377; Montpellier, 19 déc. 1855, rapp. avec Req. 12 août 1856, aff. Pagès, D. P. 57. 1. 8; *Contrà*, M. Dutruc, du Partage de succ., n°s 39 et 609).—V. aussi v° Successions, n°s 2128 et s.

707. Relativement à l'héritier bénéficiaire, la cour de cassation a constamment jugé, avant la loi du 23 mars 1855, que l'adjudication des biens héréditaires, faite au profit de l'héritier bénéficiaire, qu'il s'agisse, ou non, de mineurs, et qu'il existe, ou non, des hypothèques inscrites sur les biens adjugés, est un acte de nature à être transcrit, lequel, par conséquent, est soumis au droit proportionnel de transcription.—V. v° Enreg., n° 6024.

708. Il a été jugé, dans ce sens, même depuis la loi du 23 mars 1855, que l'adjudication, sur licitation, au profit de l'héritier bénéficiaire, est sujette au droit proportionnel de transcription (trib. civ. de la Seine, 4 juill. 1857, aff. Delacroix, D. P. 58. 3. 7). — Il est bien vrai, dit le jugement, que l'art. 1 de la loi du 23 mars 1855 affranchit de la transcription le jugement d'adjudication, rendu sur licitation, au profit d'un cohéritier ou copartageant; mais si l'héritier bénéficiaire n'est pas obligé de faire transcrire, *pour la consolidation de sa propriété*, *à l'encontre des tiers* (V. *suprà*, n° 372), il n'en reste pas moins la question de savoir si l'on ne doit pas considérer, pour la perception du droit, comme un *acte de nature à être transcrit*, le jugement d'adjudication, sur licitation, rendu au profit d'un héritier bénéficiaire. Or, c'est là, dit le tribunal, un acte de nature à être transcrit, ne fût-ce que pour la purge des hypothèques, purge à laquelle il peut avoir, à la différence de l'héritier pur et simple, un intérêt réel, à raison de sa position spéciale, qui l'assimile à un tiers détenteur étranger vis-à-vis des créanciers, dans les termes de l'art. 802 c. nap.; et, de la combinaison de l'art. 12 de la loi du 23 mars 1855 avec l'art. 54 de celle du 28 avril 1816, il résulte que tout acte, qui, étant, sous le code, de nature à être transcrit, subissait, outre l'impôt de l'enregistrement, un droit de transcription d'un et demi, continue à y être soumis. » — Les auteurs du Journal de l'enreg., art. 16755, approuvent cette décision (Conf. trib. civ. de la Seine, 22 juill. 1859, aff. Holbig, D. P. 60. 3. 59; Mourlon, Rev. prat., ann. 1860, t. 10, p. 416, n° 313).

709. Il a été jugé, au contraire (et c'est la doctrine que nous avons suivie, v° Enreg., n° 6036), que l'adjudication sur licitation, au profit de l'héritier bénéficiaire (un mineur), n'est pas sujette, sous l'empire de la loi du 23 mars 1855, au droit de transcription (trib. civ. de Dijon, 31 mars 1858, aff. de Pradier d'Agrain, D. P. 58. 3. 56). — Le tribunal, examinant d'abord la question en principe, déclare que « l'art. 54 de la loi du 28 av. 1816 ne peut être invoqué, avec succès, en faveur de la prétention élevée par l'administration de l'enregistrement; qu'on est forcé de reconnaître, si l'on consulte les lois et les principes de la matière, leur ensemble, leur esprit, et leur véritable portée, que l'article cité, qui se combine avec ceux qui le précèdent, a eu surtout pour but de rendre le droit de transcription, lorsqu'il est dû, exigible en même temps que celui de mutation de propriété; mais qu'il n'introduit pas d'innovation en matière de transcription, et qu'il ne soumet pas à cette formalité, notamment un acte déclaratif et non translatif de propriété, et qui, comme dans l'espèce, où il s'agit d'une succession opulente, exempte de toute charge hypothécaire, ne saurait entraîner l'accomplisse-

ment des formalités de purge, puisque rien n'est à purger ; que les lois des 11 brum. et 21 vent. an 7 n'assujettissent à la transcription que les actes translatifs de propriété de biens et droits immobiliers susceptibles d'hypothèque et emportant mutation de propriété immobilière; qu'aucune disposition législative ne déclare de nature à être transcrits, et susceptibles d'un supplément de droit principal de 1 1/2 p. 100, des actes autres que ceux translatifs de propriété immobilière; que jamais, avant la loi de 1816, et même longtemps après la promulgation de cette loi, un acte d'adjudication, sur licitation, entre cohéritiers, au profit d'un des copartageants, n'a été considéré comme pouvant, en certains cas, devenir un acte translatif de propriété de nature à être transcrit, et passible du droit proportionnel de transcription. » — Ce n'est, en effet, que depuis 1849, comme nous l'avons dit *suprà*, n° 695, qu'on voit apparaître une jurisprudence contraire de la cour de cassation. — Examinant ensuite la question spéciale relative à l'héritier bénéficiaire, au point de vue de la loi nouvelle, le jugement continue : « Considérant que, d'un côté, qu'en présence de la loi nouvelle, élaborée et discutée alors que la jurisprudence de la cour de cassation semblait ne pas laisser douter de la solution à donner à la question soumise au tribunal, on ne peut soutenir que l'acte dont il s'agit au cas particulier, et qui est simplement déclaratif de propriété, soit du nombre de ceux qui, en principe, doivent être transcrits; qu'en effet, si le législateur avait eu l'intention de confirmer cette jurisprudence, il n'aurait pas manqué de s'en expliquer, lorsqu'il a modifié le projet primitif (qui assujettissait à la transcription tout jugement d'adjudication, sans distinction); — Considérant que l'héritier mineur est forcément héritier bénéficiaire; que la loi, qui a attaché cette qualité des avantages tout spéciaux, n'a pas voulu le soumettre à des charges purement fiscales et sans aucun intérêt pour celui qui en est revêtu;... que l'héritier bénéficiaire, comme l'héritier pur et simple, représente et continue la personne du défunt; qu'ainsi, et sous tous les rapports, la prétention de la régie ne peut qu'être repoussée. »

710. Telle est également l'opinion de M. Ducruet, Études sur la transcription, n° 58 : « Les termes de l'art. 1 (de la loi du 23 mars 1855), dit-il, peuvent soulever un doute grave sur la perception du droit proportionnel de transcription, lors de l'enregistrement des adjudications, sur licitation, au profit d'un cohéritier. Le n° 4 de l'art. 1 soumet à la transcription tout jugement d'adjudication, autre que celui rendu, sur licitation, au profit d'un cohéritier ou d'un copartageant. La lettre de cet article ne distingue pas les héritiers purs et simples des héritiers bénéficiaires : faut-il en conclure que l'adjudication, tranchée au profit d'un cohéritier bénéficiaire, ne sera pas de nature à être transcrite; que le droit proportionnel ne devra plus être perçu, lors de l'enregistrement, conformément à l'instruction générale, n° 1446, et à la jurisprudence de la cour de cassation, antérieure au 1er janv. 1856; que ce droit ne sera désormais exigible que lorsque l'adjudication sera présentée pour recevoir la formalité de la transcription?... L'on peut justifier, poursuit l'auteur, sa dispense de transcription en faveur de l'héritier bénéficiaire par les motifs suivants : — Il succède réellement et directement au défunt ; il est soumis en raison de sa parenté avec lui ; il est, dans toute la force du terme, propriétaire à titre de succession ; l'adjudication ne lui confère pas un droit de propriété qu'il n'avait pas ; elle fixe seulement, relativement aux créanciers, la valeur de la propriété recueillie. — L'héritier bénéficiaire n'a pas à craindre, comme un acquéreur à titre onéreux, qu'après l'adjudication et jusqu'à la transcription, des droits puissent être conférés à des tiers. D'une part, il est le représentant de la solution à donner à la question soumise au défunt ; d'autre part, l'acceptation bénéficiaire suffit pour arrêter le cours des inscriptions, même du chef du précédent propriétaire, suivant l'art. 2146 c. nap. L'adjudication est la forme employée pour réaliser l'effet du bénéfice d'inventaire prévu par l'art. 802, c'est-à-dire pour déterminer la valeur des biens recueillis par l'héritier bénéficiaire à l'égard des créanciers ; il y a donc parité dans le titre de l'héritier pur et simple et celui de l'héritier bénéficiaire. Tous deux recueillent à titre de succession. C'est le bénéfice d'inventaire, et non l'adjudication, qui donne à l'héritier bénéficiaire l'avantage de n'être tenu au payement des dettes que jusqu'à concurrence de la valeur des biens recueillis... De tout ce qui précède il est permis de conclure que, pour l'héritier bénéficiaire, la transcription n'est pas nécessaire pour la transmission de la propriété (V. *suprà*, n° 372); que le n° 4 de l'art. 1 l'en dispense expressément ; et que, si, dans certains cas, il juge convenable d'user de la faculté qu'il a de faire transcrire, le droit proportionnel ne deviendra exigible que lorsqu'il requerra cette formalité, et qu'il n'y a plus lieu à le percevoir, lors de l'enregistrement de l'adjudication » (Conf. Contrôleur de l'enreg., art. 7708 et 11240; MM. Garnier, Rép. pér. de l'enreg., art. 1000; Championnière et Rigaud, Droits d'enreg., n°° 2693 et suiv.; Suppl., par les mêmes et M. Pont, n° 604 ; Flandin, de la Transcript., t. 2, chap. 6; V. aussi les jugements cités v° Enreg., n° 6024, *in fine*).

711. Il a aussi été jugé que l'adjudication sur licitation, au profit d'un cohéritier, n'est point de nature à être transcrite, alors même que celui-ci a été qualifié d'héritier bénéficiaire dans le jugement d'adjudication, si, dans l'intervalle de ce jugement à son enregistrement, il déclare que l'acceptation sous bénéfice d'inventaire n'a été faite que parce qu'il était en état de minorité, mais qu'il y a renoncé, depuis sa majorité, pour accepter purement et simplement la succession : « Attendu, dit le tribunal, que la transcription du jugement dont il s'agit n'était nécessaire qu'à cause de l'acceptation sous bénéfice d'inventaire, faite par l'héritier devenu adjudicataire ; — Mais attendu que le sieur Benoist a renoncé à cette qualité, et qu'avant l'enregistrement, il a fait signifier un acte dans lequel il prend la qualité d'héritier pur et simple; que la loi n'a prescrit aucune forme à l'acte emportant renonciation au bénéfice d'inventaire, et que cette renonciation et l'addition pure et simple de la succession est d'une conséquence trop grave pour qu'on puisse supposer qu'elle n'eût eu lieu que dans l'intention d'éluder le droit de transcription ; — Attendu qu'en qualité d'héritier pur et simple, le sieur Benoist est tenu au payement de toutes les dettes de la succession; qu'ainsi la transcription, qui serait faite de son jugement d'adjudication, ne pourrait fixer sa position envers les créanciers, et qu'elle serait purement frustratoire; le tribunal ordonne la restitution, etc. » (trib. civ. de la Seine, du 19 juill. 1838, aff. Benoist). — La régie, par délibération du 12 octobre suivant, a acquiescé à ce jugement, mais sans tirer à conséquence, et en déclarant que le jugement contraire du tribunal de Castres, du 18 août 1838 (v° Enreg., n° 6024), devait être pris pour règle dans les cas analogues à celui où il avait été rendu (V. *infrà*, n° 739).

712. Il a été jugé que, lorsque, par une licitation intervenue entre le mari survivant et les héritiers de la femme, le mari est devenu propriétaire de la totalité d'un immeuble dont il avait acquis une portion pendant la communauté, et qui, pour le surplus, appartenait à sa femme, à titre successif, cette licitation n'est point un acte simplement déclaratif, comme au cas de l'art. 883 c. nap.; que c'est un acte *de nature à être transcrit*, dans le sens de l'art. 34 L. 28 avr. 1816, sur lequel, par conséquent, le droit de transcription doit être perçu; et que l'option, laissée, dans ce cas, à la femme ou à ses héritiers par l'art. 1408 c. nap., d'abandonner l'immeuble à la communauté, ou de le retirer, en remboursant à la communauté le prix de l'acquisition, n'est point, quoiqu'elle n'ait pas encore été exercée, un obstacle à la perception du droit de transcription, puisque, de quelque manière que cette option s'exerce, la licitation restera toujours un titre translatif, soit pour l'immeuble entier, soit du moins pour une portion de cet immeuble (Cass. 9 janv. 1854, aff. Limousin, D. P. 54. 1. 54).—Cette décision, rendue sous l'impression de l'ancienne jurisprudence de la cour de cassation, qui attribuait le caractère et les effets de la vente à l'acte par lequel le cessionnaire de la part indivise de l'un des cohéritiers dans divers immeubles de la succession acquérait, ensuite, les parts des autres cohéritiers dans ces mêmes immeubles, devrait aujourd'hui être modifiée, dans le sens de l'arrêt du 27 janv. 1857, cité au n° 704. Mais elle n'en devrait pas moins être maintenue, au point de vue du droit de transcription, comme nous l'avons dit, à l'endroit cité, sous la réserve, toutefois, que nous faisons au numéro suivant.

713. Une question, qui se rattache à la précédente, est celle

de savoir si le droit proportionnel de transcription est dû sur l'acte par lequel le mari abandonne à sa femme des immeubles de la communauté, ou de la société d'acquêts, en remploi de ses propres aliénés. — Nous avons dit, v° Enreg., n°° 3477 et 3478, qu'un pareil acte était ou n'était pas soumis au droit proportionnel de mutation, suivant le parti que prenait ultérieurement la femme relativement à la communauté ou à la société d'acquêts. Anciennement, en effet, comme nous l'apprend Bosquet, v° Remploi, n° 4, le remploi, fait sur les conquêts, n'était considéré que comme un partage anticipé des biens de la communauté. Si la femme acceptait la communauté, le droit de centième denier n'était pas dû, parce qu'il n'y avait pas mutation; il était dû, dans le cas contraire, parce que la renonciation de la femme, fait observer l'auteur, la rend étrangère aux acquêts faits pendant le mariage, lesquels ne peuvent lui être transmis, sans qu'il y ait une mutation effective de propriété.—Ces mêmes principes, avons-nous dit, servent de règle encore aujourd'hui. Et nous avons cité, en effet, plusieurs décisions de la régie conformes à cette doctrine.

714. Mais c'est une question controversée, avons-nous ajouté, que celle de savoir si la cession, lorsqu'elle est affranchie du droit de mutation, est, ou non, passible du droit de transcription ? — Sur ce point, il faut le dire, la jurisprudence de la cour de cassation ne varie pas. Sans parler de deux arrêts, des 6 mai 1840 et 13 mai 1844 (ce dernier rendu en chambres réunies), que nous avons rapportés v° Enreg., n°° 5969, 2° espèce, et 6024-8°, arrêts qui ne peuvent être d'une grande autorité dans la question, parce qu'en fait, l'acte avait été présenté à la transcription par les parties elles-mêmes; sans parler, disons-nous, de ces deux arrêts, il en a été rendu, depuis, plusieurs autres qui ont décidé que l'acte étant un *acte de nature à être transcrit*, était, par cela même, passible du droit proportionnel de transcription. — Il est dit, dans le premier de ces arrêts (celui du 3 juill. 1850, aff. Saphary, V. au numéro suivant), «que le mari, qui, pendant le cours d'une communauté ou d'une société d'acquêts, abandonne à sa femme un immeuble, dépendant de la communauté ou de la société d'acquêts, en remploi d'un propre ou d'un bien dotal aliéné, dispose de cet immeuble comme de sa propre chose, l'aliène et le fait sortir irrévocablement de la communauté ou de la société d'acquêts pour en attribuer la propriété à la femme ; — Que celle-ci reçoit l'immeuble, ainsi donné en remploi, avec le caractère de propre ou de dotal, non à titre de commune ou d'associée et en vertu d'une sorte de partage anticipé, mais à titre d'acquisition et en vertu d'un droit privatif... » — On voit que la cour de cassation n'accepte pas la théorie du partage anticipé, qui faisait décider autrefois, suivant le témoignage de Bosquet, cité plus haut, que la femme, en cas d'acceptation de la communauté, ne devait pas le droit de centième denier (aujourd'hui le droit de mutation) sur l'immeuble à la communauté qui lui était cédé, à titre de remploi. L'arrêt continue : « qu'elle (la femme) n'est point tenue personnellement des obligations contractées par la communauté ou la société d'acquêts, à l'occasion de cet immeuble ; qu'elle n'en saurait être tenue qu'en qualité de tiers détenteur et hypothécairement; que, pour consolider la propriété dans ses mains et s'assurer de l'efficacité du remploi, elle doit nécessairement purger les hypothèques dont l'immeuble aurait été grevé, du chef de son mari ou des précédents propriétaires; qu'ainsi l'acte de remploi, en pareil cas, est de nature à être transcrit, et passible, par conséquent, du droit de transcription.... » — Cette conséquence est, en effet, logiquement déduite du principe posé que, dans l'abandon fait par le mari à sa femme, il n'y a pas un partage anticipé, mais une véritable aliénation. — Mais on peut ajouter, il nous semble, avec M. Flandin, de la Transcr., t. 2, ch. 6, « qu'en admettant même l'hypothèse, toute favorable à la femme, du partage anticipé, celle-ci n'en serait pas moins tenue, comme tiers détenteur, des hypothèques créées par le mari sur l'immeuble abandonné, durant l'existence de la communauté ou de la société d'acquêts, puisque celui-ci, aux termes des art. 1421 et 1581 c. nap., est tellement le maître des biens de la communauté qu'il peut « les vendre, aliéner et hypothéquer, sans le concours de la femme ; » ce que ne peuvent pas faire le cohéritier ou le copropriétaire pendant l'indivision. Il y a donc ici toute raison de dire que, pour consolider la propriété dans ses mains et s'assurer de l'efficacité du remploi, la femme est obligée de purger. » — Et il n'est pas exact de prétendre, au moins dans notre opinion, comme le faisait le tribunal d'Aurillac, dans l'espèce sur laquelle est intervenu l'arrêt que nous analysons, « qu'il est de principe certain que celui-là seul peut purger qui n'est point personnellement obligé, d'après l'art. 2181 c. civ., et qu'il est aussi de principe que les dettes de la communauté sont, pour moitié, à la charge des époux ; qu'il suit de là que la transcription ne pourrait conduire au but voulu par la loi, puisque la dame Saphary étant propriétaire, pour moitié, des héritages compris dans la déclaration de remploi, ne pourrait pas les purger de l'hypothèque qu'elle pourrait avoir ; qu'ainsi la transcription serait évidemment inutile et frustratoire. » — Nous avons établi, au contraire, v° Priv. et hyp., n° 2015, que celui-là, qui n'est tenu de la dette que pour partie, peut, après avoir acquitté sa part, affranchir l'immeuble de l'hypothèque du créancier, en recourant à la purge (V. aussi eod., les n° 1821, 1822 et 1833). — Le tribunal d'Aurillac arguait encore, pour conclure à l'inutilité de la transcription, de ce qu'en fait, il n'existait, sur l'immeuble abandonné à la femme par le mari, ni privilége, ni hypothèque, du chef de l'ancien propriétaire. — Mais la cour de cassation lui répond, avec juste raison, « que la loi rattache la nécessité de la transcription, et la perception du droit auquel elle donne lieu, à la nature même de l'acte à transcrire, et ne les subordonne point à la question de savoir si, en fait, il existe, ou non, des priviléges ou hypothèques, soit conventionnelles, soit légales, sur l'immeuble dont la propriété est transférée par l'acte assujetti à la formalité de la transcription. »—Enfin, à l'argument tiré de ce que l'acte de remploi n'est point assujetti, par la loi de l'enregistrement, au droit proportionnel de mutation (V. les art. 68, § 1er, n° 23, de la loi du 22 frim. an 7 et 43, n° 9, de celle du 28 avr. 1816), et qu'il en doit être de même, par analogie, du droit proportionnel de transcription, la cour de cassation réplique que, « s'il est dans l'esprit de la loi sur l'enregistrement de dispenser un pareil acte du droit proportionnel de mutation, en vue de favoriser les époux et de faciliter les arrangements de famille, il n'en saurait résulter, comme conséquence, l'affranchissement du droit de transcription ; qu'il n'existe point, en effet, de corrélation nécessaire entre ces deux droits, lesquels diffèrent par leur nature, comme par leur objet, et sont indépendants l'un de l'autre. »

715. Il a été jugé, ainsi : 1° que l'acte par lequel le mari abandonne à sa femme un immeuble, dépendant de la communauté, en remploi de ses propres aliénés, est, quoique non soumis au droit proportionnel de mutation, un acte de nature à être transcrit, et passible du droit proportionnel de transcription (Cass. 3 juill. 1850, aff. Saphary, D. P. 50. 1. 283 ; 18 avr. 1853, aff. de Saint-Pardoux, D. P. 53. 1. 145 ; 7 juin 1853, aff. Brey, D. P. 53. 1. 204);— 2° Que, lorsque le remploi, en vue duquel le mari a déclaré acheter un immeuble, n'est pas accepté, dans l'acte même d'acquisition, par sa femme mariée sous le régime dotal, le droit de transcription est exigible sur l'acte séparé dans lequel a lieu l'acceptation, un tel acte étant nécessairement de nature à être transcrit (tribunal d'Abbeville, 22 mars 1852, aff. Mercier, D. P. 54. 3. 16). — Lorsqu'il y a lieu à remploi de l'immeuble dotal aliéné, il ne suffit pas, comme le dit très-bien le tribunal, que le mari ait déclaré, dans l'acte d'acquisition d'un immeuble, qu'il acquiert cet immeuble pour servir de remploi à sa femme, à moins qu'il n'ait agi en vertu de la procuration de celle-ci : il faut, pour que le remploi soit consommé, que la femme l'ait accepté. Jusqu'à cette acceptation, l'immeuble repose donc sur la tête du mari ; et, dans l'intervalle qui s'écoule entre l'acquisition et l'acceptation de la femme, cet immeuble peut se trouver grevé, du chef du mari, de priviléges et hypothèques ; ce qui suffit pour que l'acte d'acceptation doive être considéré comme étant de nature à être transcrit, et soit passible, par conséquent, du droit proportionnel de transcription. — La conséquence rigoureuse de ceci, c'est, ainsi que nous en avons fait la remarque, en rapportant ce jugement, qu'il pourra y avoir lieu à la perception de deux droits proportionnels de transcription : le premier, sur l'acquisition du mari ; le second,

sur la transmission du mari à la femme (V. aussi supra, n° 192); — 3° Que, pareillement, l'immeuble, acquis par le mari pour servir à sa femme de remploi de propres non encore aliénés, n'est, en réalité, qu'un acquêt de communauté ; en sorte que l'acte ultérieur, par lequel la femme, après aliénation de ses propres, accepte le remploi offert, est passible du droit de transcription (trib. de Saint-Quentin, 21 fév. 1855, aff. Cliche, D. P. 55. 3. 79).

716. Une autre question, longtemps controversée, est celle de savoir si les apports d'immeubles en société sont passibles du droit proportionnel de transcription ? — Nous avons établi supra, n° 160, que les actes de société, d'où résultent, de la part d'un ou de plusieurs des associés, des apports en immeubles, sont dans la catégorie des actes auxquels s'applique la loi du 23 mars 1855, par la raison que, par ces apports, la société, être moral, est constituée propriétaire des immeubles ; qu'elle en acquiert la libre disposition, et que la transcription est, pour elle, le seul moyen d'empêcher l'associé, qui a fait l'apport, de disposer de ces mêmes immeubles, comme s'il en était encore le maître, au préjudice des droits qu'il a transmis à la société.

717. Mais la chose a été envisagée d'une autre manière, au point de vue du droit fiscal ; et la cour de cassation, qui, d'abord, avait décidé que l'apport d'un immeuble en société, est passible du droit proportionnel de transcription, lorsque les clauses et conditions de cet apport constituent une transmission actuelle et immédiate de l'immeuble au profit de la société, en ce que, par exemple, il a été stipulé que l'immeuble serait purgé des hypothèques dont il pourrait être grevé (V. les arrêts cités v° Enreg., n° 6050); la cour de cassation décide aujourd'hui le contraire.

718. Il a été jugé, ainsi, que l'acte, qui constate l'apport d'un immeuble en société, n'est pas soumis au droit proportionnel de transcription, bien que l'associé, qui a fait cet apport, se soit engagé à livrer l'immeuble libre de tous priviléges et hypothèques, et que la société ait stipulé la faculté de purger (Rej. 5 fév. 1850, aff. Blanc, D. P. 50. 1. 41); — ... Alors, d'ailleurs, que la transcription n'est pas requise ; cas auquel le droit serait dû (même arrêt); — ... Et qu'il en est ainsi, alors qu'il s'agirait d'une société anonyme, dont les statuts rendraient la purge obligatoire, sous peine de révocation de l'autorisation (même arrêt).— Quels sont les motifs de cette nouvelle jurisprudence? Les voici, d'après l'arrêt : La cour considère « que la stipulation expresse de garantie en général, ou l'obligation formelle de justifier de l'affranchissement des priviléges et hypothèques et de purger lesdits priviléges et hypothèques, n'ajoutent rien aux obligations légales, soit de celui qui a apporté un immeuble en société, soit de la société dans laquelle il a été apporté ; qu'en effet, en l'absence de stipulations particulières à cet égard, la loi stipule pour celui qui fait un apport immobilier ; qu'il doit garantir à la société le libre disposition de cet apport, et, par suite, la propriété de l'immeuble mis en société, et sa libération des priviléges et hypothèques ; que c'est ce qui résulte de la nature du contrat de société et du texte précis de l'art. 1845 c. civ., portant que l'associé est garant, envers la société, du corps certain par lui mis en société, de la même manière qu'un vendeur l'est envers son acheteur ; que la nécessité ou l'utilité, pour la société, de purger les priviléges et hypothèques sur la même, soit qu'elle résulte de la loi, soit qu'elle ait été rappelée par les conventions sociales... »

719. Maintenant, et ce point établi, comment la cour de cassation arrive-t-elle à décider que les apports d'immeubles en société ne sont point passibles du droit proportionnel de transcription? « C'est qu'un tel apport, dit l'arrêt, a pour effet de mettre en commun l'immeuble, dans la vue du bénéfice à recueillir de l'entreprise sociale, et d'obliger, en conséquence, l'associé à en garantir à la société la libre disposition ; mais que, d'une part, l'art. 25 de la loi du 21 vent. an 7 n'a établi le droit proportionnel de transcription qu'à l'égard des actes emportant mutation de propriétés immobilières, et, de l'autre, que l'art. 68, § 3, n° 4, de la loi du 22 frim. an 7, en matière d'actes de société, ne considère comme mutation donnant ouverture au droit proportionnels que les stipulations relatives à un ou plusieurs des associés entre eux ou autres personnes, et non pas aux associés à l'égard de la société : »

d'où l'arrêt conclut que « les dispositions législatives concernant la perception d'un droit proportionnel de transcription ne sauraient s'appliquer à la clause d'apport en société d'immeubles qui, par l'effet du partage, s'ils tombent dans la lot de l'associé qui les a apportés, sont réputés n'avoir jamais cessé d'être la propriété de celui-ci (art. 883 et 1872 c. civ.). »—Ce dernier motif est à remarquer, de même que celui qui se fonde sur l'art. 25 de la loi du 21 vent. an 7, lequel, dit l'arrêt, « n'a établi le droit proportionnel de transcription qu'à l'égard des actes emportant mutation de propriétés immobilières. » Ces deux motifs, fait observer M. Flandin, de la Transcr., t. 2, ch. 6, tendraient à infirmer la doctrine, qui paraîtrait avoir été admise, jusqu'ici, par la cour de cassation, en matière de vente ou de licitation, entre copropriétaires, d'un immeuble indivis, lorsque la licitation ou la vente font cesser complétement l'indivision, et qu'elles n'ont bien réellement que le caractère de partage. On a vu suprà, n° 698, que, nonobstant le caractère purement déclaratif du partage, la cour de cassation n'en regarde pas moins l'acte, par lequel l'immeuble est vendu ou adjugé à un seul des copropriétaires, comme étant de nature à être transcrit, et qu'elle le soumet au droit proportionnel de transcription.

720. Et, ce que l'arrêt décide pour les apports d'immeubles en société, il le décide également, et à plus forte raison, pour le cas où, après la dissolution de la société, les immeubles retourneraient, par l'effet du partage ou de la licitation, à leurs anciens propriétaires. C'est même là l'argument que la cour emploie pour établir que les apports sociaux immobiliers ne sont point passibles du droit proportionnel de mutation : « Attendu, dit-elle, que les dispositions législatives, concernant la perception d'un droit proportionnel de transcription, ne sauraient s'appliquer à la clause d'apport en société d'immeubles, qui, par l'effet du partage, s'ils tombent dans le lot de l'associé qui les a apportés, sont réputés n'avoir jamais cessé d'être la propriété de celui-ci. » Si, par la fiction légale de l'art. 883 c. nap., ils sont réputés n'avoir jamais cessé d'appartenir à l'associé qui en a fait l'apport, celui-ci, qui ne fait que reprendre sa chose, ne peut avoir ni droit de mutation, ni droit de transcription à payer. — La régie elle-même l'avait décidé ainsi par une délibération du 11 fév. 1834 que nous avons rapportée v° Enreg., n° 6031. —Il a été jugé, à la vérité, depuis, qu'en cas de licitation d'immeubles dépendant d'une société, et adjugés indivisément à d'anciens associés et à un tiers, le droit de transcription est exigible sur la totalité du prix des immeubles adjugés, sans égard pour les portions échues aux anciens associés qui en étaient primitivement propriétaires (Cass. 13 avril 1847, aff. Roques, D. P. 47. 1. 230). Mais cette décision n'infirmerait pas précisément le principe posé ci-dessus, parce qu'il y avait lieu à transcription, dans l'espèce, à raison de la portion des immeubles licités qui avait été adjugée à un tiers (V. les arrêts cités v° Enregistrement, n°° 3387 et suiv., et notamment un arrêt des chambres réunies du 6 juin 1842, aff. Véron), et que la cour de cassation décide invariablement que le droit de transcription, lorsqu'il est dû, doit être perçu sur l'intégralité du prix, bien qu'une portion de ce prix échappe au droit de mutation (V. suprà, n° 695).

721. Ainsi que M. Flandin, de la Transcr., loc. cit., nous éprouvons quelque hésitation à nous montrer défenseur plus rigide des droits du fisc que la cour de cassation ; mais notre attachement aux principes nous oblige à nous écarter, sur les deux points dont il vient d'être parlé, de la doctrine de l'arrêt du 5 fév. 1850. — Nous pensons donc que, pour le cas où des immeubles apportés en société par l'un des associés, comme pour celui où, après la dissolution de société, le partage ou la licitation font rentrer ces immeubles aux mains de leur ancien propriétaire, le droit proportionnel de transcription est dû : dans le premier cas, parce que cet apport, conférant à la société le droit de disposer librement de ces immeubles, la place dans la situation d'un tiers détenteur, qui a intérêt à transcrire pour purger les privilèges et hypothèques dont ces mêmes immeubles peuvent être grevés ; — dans le second cas, parce que l'associé, qui reprend sa chose par l'effet du partage ou de la licitation, la reprend avec les hypothèques dont elle a pu être chargée par

la société, et qu'il a également intérêt à faire transcrire pour la purger de ces mêmes hypothèques.

On conçoit que, par interprétation de l'art. 68, § 3, n° 4, de la loi du 22 frim. an 7, on décide que le droit de mutation n'est dû ni dans l'un, ni dans l'autre cas, parce que la loi fiscale aurait soumis à une sorte d'effet suspensif la mutation qui devrait être la conséquence immédiate de l'apport de l'immeuble en société. Mais, ainsi que le disait M. le procureur général Dupin, dans ses conclusions, lors de l'arrêt des ch. réun. du 6 juin 1842, « à la rigueur, le droit de mutation serait dû (parce que) l'apport de chaque associé rend la société propriétaire de l'objet, meuble ou immeuble, qui constitue cet apport ; et, s'il n'est pas payé à cet instant, c'est faveur, c'est rémittence. » Mais l'art. 68 précité ne s'occupe que du droit d'enregistrement ; il ne dit rien du droit de transcription : ces deux droits, comme le déclare constamment la cour de cassation, sont indépendants l'un de l'autre (suprà, n° 695) ; et il suffit, pour qu'il y ait lieu à la perception du dernier, que l'acte soit de nature à être transcrit, c'est-à-dire qu'il puisse y avoir des hypothèques à purger, quand même il n'en existerait pas en effet (V. suprà, n° 714).

722. M. Mourlon, Rev. prat., année 1860, t. 10, p. 72, n° 301, quoiqu'il critique la dernière jurisprudence de la cour de cassation, estime, cependant, que l'acte de société qui contient apport d'immeubles, ni l'acte de liquidation ou de partage qui intervient après la dissolution de la société, ne sont passibles du droit proportionnel de transcription. « Le partage, dit-il, qui suit la dissolution de la société, et l'acte de dissolution, ne sont point passibles du droit proportionnel de mutation. La loi les exonère également du l'un et l'autre du droit proportionnel de transcription : le premier, parce qu'il n'est point translatif de la propriété ; le second, parce qu'il n'est pas de nature à être transcrit. — Quant à l'acte de société, il échappe lui-même, soit qu'on l'envisage à l'époque de sa formation, soit qu'on le considère au moment du partage, au droit proportionnel de mutation. Il devrait, au contraire, à supposer que l'art. 54 de la loi du 28 avr. 1816 eût l'étendue que lui attribue la jurisprudence, subir, au moment même de son enregistrement, le droit proportionnel de transcription ; car, d'une part, il est translatif de propriété et de nature à être transcrit, c'est-à-dire qu'aucune disposition de la loi ne l'a, sous ce rapport, placé dans une condition exceptionnelle ; mais nous avons établi que l'article ci-dessus cité (l'art. 54 de la loi du 28 avr. 1816) n'a aucun trait aux mutations à titre onéreux. La société, dès lors, échappe à son empire. Le receveur, qui l'enregistre, n'a, par conséquent, à percevoir qu'un seul droit ; le droit fixe de 5 fr. » — Mais, ajoute M. Mourlon, si les parties jugent à propos de la faire transcrire, un droit de transcription sera alors, mais alors seulement, exigible, conformément à l'art. 25 de la loi du 21 vent. an 7 (V. suprà, n° 671).

723. Nous dirons la même chose pour la clause d'ameublissement contenue dans un contrat de mariage.—A la vérité, l'art. 68, § 3, n° 1, de la loi du 22 frim. an 7 n'assujettit les contrats de mariage, comme les actes de société, qu'à un simple droit fixe, « lorsqu'ils ne contiennent d'autres dispositions que des déclarations de la part des futurs, de ce qu'ils apportent eux-mêmes en mariage et se constituent, sans aucune stipulation avantageuse entre eux. » Et l'on décide, en conséquence, que la clause d'ameublissement (qu'il s'agisse d'un ameublissement déterminé ou indéterminé, et quoique le premier ait pour effet de transporter à la communauté la propriété de l'objet ameubli (c. nap. 1507 ; V. suprà, n°° 168 et suiv.), on décide que la clause d'ameublissement, n'étant autre chose qu'une convention matrimoniale, ne donne pas lieu au droit de mutation (V. v° Enreg., n°° 3406 et suiv.). — Mais nous venons de dire, en ce qui concerne les apports sociaux, que l'exception du droit de mutation n'est pas une raison pour nous affranchir du droit de transcription ; et nous reproduirons le motif que nous en avons donné, c'est qu'il peut y avoir des hypothèques à purger, soit par le mari, au moment où la communauté devient propriétaire des immeubles dont sa femme a consenti l'ameublissement, soit par la femme ou ses héritiers, lorsque les immeubles ameublis échoient à celle-ci, après la dissolution du mariage, et qu'il faut les affranchir des hypothèques dont le mari a eu le droit de les grever, pendant l'existence de la communauté (c. nap. 1507 et 1508; Conf. M. Flandin, de la Transcr., t. 2, ch. 6).

724. La régie de l'enregistrement a exprimé une opinion contraire dans une délibération du 15 déc. 1843, rapportée V° Enreg., n° 6050, et dont nous rappelons seulement les termes essentiels : « ...Une communauté, dit la régie, n'est pas une véritable société : elle est bien nommée association conjugale, parce que les époux concourent à la prospérité et au partage des bénéfices; mais elle ne constitue pas un compte entre les deux époux (*Contrà*, *suprà*, n° 167) : le mari en a l'administration la plus illimitée (art. 1421 c. civ.); mais il en est si peu le maître qu'il ne peut en disposer à titre gratuit (art. 1422), et qu'après la dissolution, elle ne lui appartient que par moitié. Les biens qui ont été mis en communauté ne cessent donc pas d'appartenir aux époux qui les apportent. Cela est si vrai que les créanciers personnels de la femme, pour dettes antérieures au mariage, pourraient saisir et vendre l'immeuble ainsi mis en communauté, pourvu que leur créance fût constatée par acte authentique (art. 1410). Or, s'il n'y a pas mutation, s'il n'y a pas même d'immeubles enlevés à l'action des créanciers, il est impossible qu'il y ait lieu à la transcription. »

725. Il a été jugé que le droit de transcription est dû sur l'acte par lequel, à la dissolution d'une société contractée, pour l'exploitation d'un domaine, entre le propriétaire de la superficie et celui du fond, l'un des associés se rend adjudicataire de l'apport de son coassocié; qu'on assimilerait, à tort, ce cas à celui où un associé deviendrait, par l'effet du partage, seul propriétaire d'un immeuble acquis par la société (trib. civ. de la Seine, 30 août 1854, aff. de Galliera, D. P. 55. 3. 11). — On a vu *suprà*, n° 698, que, dans le cas même où le partage et la licitation ont un caractère purement déclaratif, la cour de cassation décide qu'il y a lieu à la perception du droit proportionnel de transcription. La distinction, que semble vouloir établir le jugement précité, serait donc contraire à cette jurisprudence. — Mais, d'ailleurs, l'exemple serait mal choisi pour la distinction invoquée par le tribunal. Dans le cas, en effet, d'un immeuble acquis par la société, l'attribution de cet immeuble, après la liquidation, à un seul des associés, n'aurait pas pour résultat de résoudre les hypothèques que la société aurait pu conférer sur cet immeuble, comme le fait le partage ou la licitation pour les hypothèques constituées, pendant l'indivision, par un des copropriétaires. Or, c'est là, comme nous venons de le dire (*suprà*, n° 721), ce qui rend, pour le nouveau propriétaire, la purge nécessaire, et ce qui, par suite, donne lieu au droit de transcription.

726. Il a été jugé, dans le même sens : 1° qu'il y a transmission et obligation entre associés, par conséquent matière au droit proportionnel (L. 22 frim. an 7, art. 68, § 3, n° 4, et 69, § 7, n° 1), dans l'acte constitutif d'une société qui se forme pour l'exploitation d'un immeuble appartenant à l'un des associés, et dont ses coassociés s'obligent à payer le prix (encore dû par lui), à sa décharge, pour toute la portion de l'immeuble (les deux tiers) qui excède l'apport de cet associé; — qu'en conséquence, il n'y a lieu qu'à la perception du droit fixe (art. 68, § 3, n° 4) sur l'acte de dissolution et liquidation de cette société, dans lequel une part virile de cet immeuble, formant à lui seul tout le fonds social, est attribuée à l'un de ses coassociés, la mutation ne s'opérant point alors, mais s'étant opérée lors de la formation de la société (Cass. 5 janv. 1853, aff. de Prémorvand, D. P. 55. 1. 73); — 2° Que l'acte intervenu entre associés, et par lequel l'un d'eux cède à l'autre sa part indivise dans l'immeuble qui fait l'objet de l'association, constitue, alors même qu'il ferait cesser complètement l'indivision, une vente, et non une licitation équivalant à partage, s'il est établi que, lors de la formation de la société, l'immeuble n'a pas été intégré à cette société, mais est demeuré, pour des *parts distinctes*, la propriété personnelle de chaque associé; — et spécialement, que, lorsque l'acquéreur d'un immeuble a contracté, pour l'exploitation et la revente de cet immeuble, une société en participation, dont l'effet a été, non de rendre la société elle-même propriétaire de l'immeuble qui en était l'objet, mais d'investir chaque associé de la propriété distincte de sa part, en ce que, notamment, ceux avec lesquels l'association a été formée, se sont engagés à payer

le prix de la portion qui leur était transmise, l'acte, par lequel l'un des associés cède à l'autre, déjà cessionnaire des autres parts, la portion lui appartenant ainsi personnellement et distinctement, constitue une vente et non une licitation; — que, par suite, cet acte étant sujet à transcription, est passible du droit de 5 fr. 50 p. 100, et non de celui de 4 fr. p. 100, applicable aux licitations (Req. 2 mars 1858, aff. de Prémorvant, D. P. 58. 1. 319). — En fait, de Montburon, adjudicataire d'une maison à Paris dont le prix était encore dû, avait formé une société en participation, pour l'exploitation ou la revente de cette maison, avec Bernard et la dame de Prémorvant. Il était dit, dans l'acte, que chacun des associés pourrait disposer de sa portion dans la société en faveur d'une ou de plusieurs personnes, tenues de se faire représenter par une seule. — Après la dissolution de la société, Bernard vendit son tiers à la dame de Prémorvant, qui, postérieurement, et par acte du 17 déc. 1855, acquit également le tiers de Montburon, et se trouva, ainsi, propriétaire de la totalité de l'immeuble. — La régie demandait, pour ce dernier acte, le droit de 5 1/2, au lieu de 4 p. 100. — Le jugement attaqué avait admis la prétention de la régie, par le motif que « l'acte du 17 déc. 1855 ne renfermait pas une licitation ; que, pour y trouver ce dernier caractère, il faudrait supposer une propriété originairement commune *au même titre*; ce qui ne se rencontrait pas dans l'espèce....» — Le pourvoi contre le jugement, fut rejeté : « Attendu, dit la chambre des requêtes, d'une part, que Bernard et la demanderesse (la dame de Prémorvant) n'ont pas figuré dans l'acte d'adjudication de cet immeuble, acquis par de Montburon en son seul nom ; que, d'une autre part, il est souverainement jugé, par l'arrêt de cass. du 5 janv. 1853 (c'est le précédent), que cet immeuble n'a pas été transmis à la société en participation constituée par l'acte du 23 oct. 1854, mais personnellement et distinctement aux deux associés que s'est donnés de Montburon, chacun pour un tiers; que chacun d'eux, simple participant, est demeuré propriétaire de son tiers jusqu'au jour où Bernard, par l'acte du 4 juin 1848, et de Montburon, par l'acte du 17 déc. 1855, ont transmis, chacun son tiers, à la demanderesse ; que, jusqu'à ce moment, chacun des propriétaires a eu le droit de grever son tiers de charges hypothécaires, dont la demanderesse ne pourrait s'affranchir que par l'accomplissement des formalités de la purge....» — Les circonstances particulières de cette affaire en font un arrêt d'espèce qui ne contrarie aucun des principes que nous avons précédemment exposés, et dont la solution se justifie pleinement par le dernier motif de l'arrêt.

727. Il n'est pas douteux, au reste, que, si l'apport d'un immeuble en société avait été fait par l'associé propriétaire de cet immeuble, sous la condition que la valeur lui en serait immédiatement remboursée par la société, le droit de transcription ne fût dû. La doctrine qui s'infère d'un arrêt de cassation du 30 janvier 1850, lequel a jugé que l'apport, fait par un associé, d'un fonds de commerce, dont la valeur doit lui être remboursée en argent, avec intérêts, sur les premiers fonds provenant du placement des actions de la société, constitue, non pas un apport social, exempt du droit proportionnel, mais une cession mobilière, passible du droit de 2 p. 100 ; encore qu'il serait stipulé que le remboursement pourra être fait en actions sociales, ce mode de payement facultatif ne changeant pas le caractère de la convention (Cass. 30 janv. 1850, aff. Chollet, D. P. 50. 1. 60). — Cet arrêt, comme on le voit, statue sur un cas différent de celui qui fait l'objet de la proposition sus-énoncée; mais les motifs peuvent en être invoqués, par voie d'analogie, pour la solution de la question de transcription. Voici, en effet, comment manière s'exprime un des considérants de l'arrêt : « Attendu que cette convention a constitué, non pas un apport destiné à composer l'actif de la société, mais une véritable vente, moyennant laquelle la société est devenue propriétaire de l'objet vendu et débitrice du prix; tandis que Chollet, devenu créancier du prix, a été complétement dessaisi de son droit de propriété. » Que l'apport consiste, comme dans l'espèce, dans un fonds de commerce, objet mobilier, ou dans un immeuble, le principe est exactement le même (Conf. M. Flandin, de la Transcr., *loc. cit.*).

728. Mais, lorsqu'un acte, non sujet au droit, quoique étant de nature à être transcrit, est volontairement présenté à la transcription, le droit proportionnel doit nécessairement être acquitté. Cela était de jurisprudence constante, avant la loi du 23 mars 1855 (V. v° Enreg., n°° 5967 et s., 6039 et s.; V. également l'arrêt précité du 5 fév. 1850, *suprà*, n° 718. Conf. MM. Rivière et François, Explic., etc., n° 152). « Il suffit, disent les arrêts, qu'une partie ait, dans son intérêt bien ou mal entendu, requis cette transcription, pour que la régie de l'enregistrement soit autorisée à exiger d'elle le droit que la loi du 21 vent. an 7 applique à cette formalité, parce que le préposé de la régie, auquel la transcription d'un acte est demandée, loin de pouvoir se permettre d'apprécier les motifs de cette demande, et de se rendre juge de l'utilité ou de l'inutilité de la transcription requise, est tenu de déférer à cette réquisition, sous les peines portées en l'art. 2199 c. civ.; ce qu'il ne peut faire sans percevoir le droit que la loi attache à cette formalité... » (Motifs d'un arrêt de cassation du 25 juillet 1827, aff. Decrès, v° Enreg., n° 6039).

728. Il a été jugé, par suite : 1° que la transcription volontaire d'un acte de société donne ouverture au droit proportionnel de transcription (Cass. 30 janv. 1850, aff. Chollet, D. P. 50. 1. 60). — Dans l'espèce, la transcription était imposée par une stipulation expresse de l'acte de société; mais l'arrêt ne dit pas s'il avait été fait, par l'un ou l'autre des associés, un apport d'immeubles qui rendit nécessaire cette stipulation relative à la transcription de l'acte. Il n'est question, dans l'arrêt, que de l'apport, par Chollet, l'un des associés, d'un fonds de commerce de vins, objet mobilier, pour lequel il n'y avait pas lieu à transcription. Mais il avait été fait, par le même associé, d'autres apports, ainsi qu'il appert de ce motif de l'arrêt : « Attendu, en fait, que Chollet, *indépendamment de ses autres apports sociaux* dans la compagnie anonyme des docks d'Ablon-sur-Seine, a apporté et mis en société son fonds de commerce de vins, etc. » Seulement l'arrêt ne nous fait pas connaître si ces autres apports étaient de nature mobilière ou immobilière. Or, il nous paraît que c'est dans ce dernier cas seulement que le droit proportionnel eût dû être perçu (V. *infrà*, n° 733. Conf. M. Flandin, de la Transcr., t. 2, ch.6);—2° Et que le droit de transcription perçu, au moment de l'enregistrement, sur un acte de société constatant un apport d'immeubles, n'est pas sujet à restitution, encore que la perception aurait été indûment faite, si ultérieurement cet acte a été présenté à la transcription (Cass. 21 août 1850, aff. Fossone-Allegro, D. P. 50. 1. 278. — Conf. Cass. 26 mars 1849, aff. Puylaroque, v° Enreg., n° 6047, et D. P. 49. 1. 96); — 3° Que tout acte, présenté volontairement à la transcription, est passible, quelle qu'en soit la nature, du droit proportionnel de transcription ; — Et, spécialement, que l'acte, dans lequel une femme, en vendant un de ses propres, déclare affecter au remploi des deniers provenant de la vente un immeuble par elle antérieurement acquis, avec clause que le prix en serait payé de ces deniers, est légalement frappé du droit proportionnel de transcription, en cas de réquisition volontaire de la formalité : on objecterait vainement, en présence de cette réquisition volontaire, qu'un pareil acte ne renferme aucune acquisition de propriété, mais qu'il se borne à constater la consommation du remploi anticipé résultant d'une acquisition antérieure (Cass. 21 déc. 1852, aff. Angerville, D. P. 53. 1. 175). — Il paraît certain qu'un acte, portant simplement déclaration de l'existence d'un remploi fait par anticipation, n'a pas le caractère d'une véritable acquisition, le remploi étant déjà consommé : un tel acte doit être rangé dans la catégorie des *déclarations pures et simples*, que l'art. 68, § 1, n° 23, assujettit au simple droit fixe. Mais là n'était pas la question. La transcription avait été requise ; le conservateur n'avait pas été le maître de la refuser, et partant le droit proportionnel était dû, puisqu'il s'agissait d'immeubles.

730. Ce droit, avant la loi du 23 mars 1855, était nécessairement le droit proportionnel de 1 1/2 p. 100, et non le simple droit fixe de 1 fr. mentionné à l'art. 61 de la loi du 28 avril 1816 : « Attendu, dit un autre arrêt de cassation, que l'art. 61 de ladite loi de 1816 n'a réduit à 1 fr. le droit exigible pour la transcription hypothécaire que lorsque le droit de 1 1/2 p. 100 a été acquitté, par anticipation, lors de l'enregistrement des actes, conformément aux art. 52 et 54 de la même loi » (Cass. 9 mai 1837, aff. Giraudeau, v° Enreg., n° 5967). Ce sont, en

effet, les termes de cet art. 61; et l'on a vu *suprà*, n° 671, que l'art. 62 de la loi du 9 vend. an 6, qui a établi le droit de transcription sur les actes emportant mutation d'immeubles, l'a porté à 1 1/2 p. 100 du prix intégral des mutations (Conf. MM. Flandin, de la Transcr., t. 2, ch. 6; Mourlon, Rev. prat., année 1860, t. 9, p. 452, n° 282, et t. 10, p. 72, n° 301).

731. Mais en doit-il être ainsi, depuis la loi du 23 mars 1855? Le droit à percevoir, dans le cas spécifié, ne doit-il pas être le simple droit fixe de 1 fr., conformément à l'art. 12 de cette loi, qui porte que, « jusqu'à ce qu'une loi spéciale détermine les droits à percevoir, la transcription des actes ou jugements, qui n'étaient pas soumis à cette formalité, avant la présente loi, est faite moyennant le droit fixe de 1 fr.? »—M. Gabriel Demante, Exp. des princip. de l'enregistrem., n° 143, conclut à cette disposition que la jurisprudence précitée de la cour de cassation doit être considérée comme abandonnée. Après avoir rappelé cette jurisprudence, et la solution qu'elle avait consacrée, M. Gabriel Demante ajoute : « Aujourd'hui, il n'en est plus ainsi. Toutes les fois que la transcription est requise, en vertu des dispositions novatrices de la loi de 1855, le droit fixe de 1 fr. (outre le salaire) est seul encouru. Lors donc que les parties surabondamment, par erreur de droit, requièrent la transcription d'un acte pour lequel cette formalité est inutile, on ne peut plus dire, comme autrefois, que la perception du droit proportionnel soit le préalable nécessaire de la formalité. Ainsi, désormais, le fondement de la jurisprudence vient à manquer ; et, par cela seul que, en droit, l'acte n'est pas de nature à être transcrit, la transcription qui est requise, en fait, doit avoir lieu pour le droit fixe de 1 fr. » — M. Ducruet, Études sur la transcr., n° 57, dit également que « le partage et l'adjudication, sur licitation, au profit d'un cohéritier, lorsqu'ils constitueront une servitude, seront transcrits, moyennant un droit fixe, *lors même qu'avant la loi nouvelle, la transcription aurait motivé la perception du droit proportionnel*. La différence vient, suivant l'auteur, de ce qu'avant cette loi, le partage et la licitation au profit d'un cohéritier n'étaient pas de nature à être transcrits ; que, si leur transcription était requise, le droit de transcription était exigible suivant le tarif des actes de nature à être transcrits. L'art. 12, établissant une règle différente et spéciale, ne permettra plus l'assimilation. Les actes entre-vifs translatifs de propriété ou de droits réels susceptibles d'hypothèque, et les jugements qui en déclareront l'existence, seront seuls soumis à l'ancien tarif. » — Mais la chambre des requêtes n'a pas admis cette interprétation.

732. Il a été jugé, en effet, que la transcription, volontairement requise, d'un acte qui, tel qu'un acte de partage, n'est pas soumis, de plein droit, à la formalité de la transcription, mais que les parties ont pensé utile à leurs intérêts de faire transcrire, est passible du droit proportionnel de transcription, c'est-à-dire, du droit de 1 et 1/2 p. 100, et non du droit fixe de 1 fr.; et qu'il en est ainsi, même depuis la loi du 23 mars 1855, qui porte, dans son art. 12, que la transcription des actes et jugements non soumis à la transcription avant cette loi, sera faite moyennant le droit fixe de 1 fr., jusqu'à ce qu'une loi spéciale détermine le droit à percevoir, cette disposition transitoire ne s'appliquant qu'aux actes devenus sujets à la transcription, en vertu de la loi nouvelle, et non à ceux qui ont été restés affranchis, et qui ne se trouvent transcrits que sur la réquisition volontaire des parties (Req. 9 août 1860, aff. Legendre, D. P. 60. 1. 451).— On faisait, dans l'espèce, un raisonnement qui a quelque chose de spécieux. La loi du 23 mars 1855, disait-on, a eu pour objet de soumettre à la publicité l'établissement de la propriété immobilière. Elle exige, dans ce but, que la plupart des actes, qui sont de nature à la modifier, soient transcrits au bureau des hypothèques, sous peine de ne pas produire effet à l'égard des tiers. Le projet de loi avait compris le partage au nombre de ceux dont la transcription était obligatoire. — Cet article fut écarté par la commission, d'accord avec le gouvernement, par le motif que, les partages étant déclaratifs et non attributifs, il n'y avait pas un intérêt assez puissant pour les assujettir à la publicité. — Il est encore d'autres actes qui, tels que le testament, et bien que celui-ci soit translatif, échappent à la nécessité de la transcription.— Mais il est certainement dans l'esprit

100

et dans le vœu de la loi que tout acte susceptible d'influer sur l'établissement et la propriété, et qu'il peut être utile aux tiers de connaître, soit rendu public. C'est, sans doute, pour ce motif que l'art. 12 n'a établi que le droit fixe de 1 fr. pour tous les actes, indistinctement, dont la transcription n'était pas obligatoire avant la nouvelle loi. Or, il est certain que les partages n'ont jamais été assujettis à la transcription. Cela est si vrai que, d'une part, le droit proportionnel n'aurait pu être perçu au moment de l'enregistrement, aux termes de l'art. 54 de la loi de 1816, et que, d'une autre part, la régie ne prétend à la perception de ce droit qu'au cas de présentation volontaire. Ils rentrent donc dans les termes de l'art. 12 de la loi de 1855. Si le projet de loi, qui avait compris les partages au nombre des actes qui devaient être transcrits, avait été maintenu, il ne, serait pas douteux que l'art. 12 ne leur fût applicable. Or, comment l'abandon d'une disposition qui n'a porté aucune atteinte à leur nature, qui n'en a changé ni le caractère ni les effets, aurait-il pu avoir pour résultat de substituer le droit proportionnel au droit fixe? il est assez difficile de comprendre que le même acte, qui n'aurait donné lieu qu'au droit fixe, si la transcription en eût été rendue obligatoire, se soit trouvé assujetti au droit proportionnel parce qu'il a été exempté de la formalité. — Enfin le motif qui était autrefois invoqué pour soumettre au droit proportionnel les actes qui étaient volontairement présentés à la transcription, n'existe plus aujourd'hui. L'administration disait : « Le droit de transcription est un droit proportionnel, et non pas un droit fixe. Établi par les art. 62, tit. 4, de la loi du 9 vend. an 6 et 19 de la loi du 21 vent. an 7, ce droit a été fixé, par l'art. 25 de cette dernière loi, à 1 fr. 50 c. p. 100 de la valeur des biens faisant l'objet de la transcription. Nul acte ne peut donc être transcrit, sans supporter le droit de 1 fr. 50 c. p. 100, et c'est seulement lorsque ce droit proportionnel a été perçu, par anticipation, sur l'enregistrement de l'acte, en vertu des art. 52 et 54 de la loi du 28 avr. 1816, que la formalité de la transcription est donnée pour le droit fixe de 1 fr. » — Ce raisonnement est vicieux, en ce qu'il suppose que le droit de transcription est dû, toutes les fois que la formalité a été remplie, tandis que la loi n'autorise, indépendamment du fait lui-même, qu'eu égard à la nature des actes. Mais, en l'admettant comme vrai, on ne saurait plus en induire, depuis la loi de 1855, qu'il y a lieu à la perception d'un droit proportionnel ; car, sous l'empire de cette loi, il existe deux droits de transcription : l'un proportionnel et l'autre fixe. A supposer que toute transcription volontaire d'un acte, non soumis à la formalité, doive donner lieu au droit de transcription, il est clair que, ce droit pouvant être fixe ou proportionnel, on ne peut plus dire que c'est ce dernier qui doit être perçu. Le principe d'où l'on part ne conduit qu'à l'application du droit fixe, puisque la loi ne prescrit aucune des deux perceptions, et que, dans le concours de deux impôts également applicables, le choix ne peut logiquement porter que sur le moindre. On doit d'autant plus le décider ainsi que la loi de 1855 n'a soumis qu'au droit fixe les actes dont elle a exigé la transcription : ce qui prouve, à fortiori, que ceux dont la transcription n'est pas exigée, ne peuvent être soumis à un droit plus élevé, lorsqu'ils sont volontairement présentés à la formalité. — On objecte encore que les conservateurs ne sont pas juges de l'utilité ou de l'inutilité des transcriptions requises à leur bureau ; qu'ils n'ont pas le droit de discuter les motifs des réquisitions, qu'ils doivent toujours y déférer, sauf à percevoir le droit de 1 fr. 50 c. p. 100 auquel la loi a assujetti la transcription des actes au bureau des hypothèques (V. suprà, n° 728). — L'objection pourrait être prise en considération, si le conservateur des hypothèques, qui transcrit, était obligé de percevoir le droit proportionnel. Or, il n'en est pas ainsi. La loi du 21 vent. ordonne deux sortes de perceptions : 1° celle d'un droit fixe, qui est le prix de la formalité, et qu'elle appelle salaire; 2° celle d'un droit proportionnel. Si la nature de l'acte résiste à la seconde perception, la transcription donnera lieu seulement à la première. La réquisition d'une transcription n'implique donc pas, forcément, l'exigibilité du droit proportionnel; cette exigibilité demeure subordonnée au caractère de l'acte à transcrire, alors même que les parties l'auraient volontairement, et sans y être légalement obligées, présenté à la formalité.

Mais la chambre des requêtes a répondu « que, si l'art. 12 de

la loi des 23-26 mars 1855 porte que, jusqu'à ce qu'une loi spéciale détermine les droits à percevoir, la transcription des actes ou jugements qui n'étaient pas soumis à cette formalité, avant ladite loi, sera faite moyennant le droit fixe de 1 fr., cette disposition transitoire n'est applicable qu'aux actes qui, exempts jusque-là de la transcription, n'ont été soumis par la loi nouvelle; mais qu'elle ne peut s'appliquer aux actes de partage, qui ne sont pas plus soumis, sous l'empire de cette loi, que sous l'empire de la législation antérieure, à la formalité de la transcription ; qu'à leur égard, aujourd'hui comme par le passé, le droit de transcription n'est exigible qu'autant qu'il y aura présentation volontaire de l'acte, et que, cette condition se réalisant, c'est toujours le même droit de 1 fr. 50 c. p. 100 qui doit être perçu... » — Ce dernier motif nous semble décisif (Conf. M. Flandin, de la Transcr., t. 2, ch. 6).

733. Quand nous disons que le droit proportionnel de transcription doit être acquitté, toutes les fois que l'acte est volontairement présenté à la formalité, il est bien entendu (et c'est la restriction que nous y avons mise) qu'il faut que l'acte soit, de sa nature, transcriptible. Ainsi, il n'y a d'assujetti, par la loi, à la transcription que les mutations d'immeubles : si, par erreur, on présentait à la transcription une vente d'objets purement mobiliers (V. suprà, n° 426), et que, par inadvertance, ou s'y croyant obligé, le conservateur perçût sur l'acte le droit proportionnel de transcription, ce droit serait, il nous semble, restituable ; car il n'aurait pas été perçu régulièrement (arg. à contrario de l'art. 60, L. 22 frim. an 7; V. infrà, n° 741. V. aussi v° Enreg., n° 5415. — Conf. M. Flandin, loc. cit.).

734. Il a, toutefois, été jugé que le contribuable n'est pas fondé à réclamer, lors de la restitution des droits dus à raison d'une donation de sommes, faite par contrat de mariage, droits dont la quotité est, d'après la loi du 15 mai 1850, assimilée à celle établie pour la transmission d'immeubles de la même espèce, la déduction d'une quotité de 1 fr. 50 c. p. 100, sous prétexte que cette quotité représenterait le droit de transcription auquel les transmissions de meubles ne sont pas assujetties (trib. civ. de la Seine, 26 mars 1851, et, sur pourvoi, Req. 17 nov. 1851, aff. Hogendorp, D. P. 51. 3. 71, et 52. 1. 7). — Le motif donné par le tribunal, et accepté par la chambre des requêtes, c'est que, à l'instar de ce qui avait été fait, pour les ventes d'immeubles, par l'art. 52 de la loi du 28 avr. 1816, l'art. 33 de la loi de finances du 21 avr. 1832 assujettit les donations d'immeubles entre-vifs par contrat de mariage, ou hors contrat de mariage, entre collatéraux, ou entre personnes non parentes, de même que les mutations d'immeubles par décès, soit par succession, soit par testament, ou autres actes de libéralité à cause de mort, à un droit d'enregistrement unique et incomplexe, lequel ne se décompose pas, comme sous les lois des 22 frim. et 21 vent. an 7, en droit d'enregistrement et droit de transcription. Or, l'art. 10 de la loi de finances du 15 mai 1850 ayant assujetti « les transmissions de biens meubles, à titre gratuit, entre-vifs, et celles qui s'effectuent par décès, aux diverses quotités de droit établies pour les transmissions d'immeubles de la même espèce, » le tribunal en conclut que, pour ces transmissions mobilières, il n'y a aucune déduction à faire, sur le droit total, de la quotité représentant le droit de transcription. — « Cela est rigoureux, dirons-nous avec M. Flandin, de la Transcr., t. 2, ch. 6 ; mais cela est conforme au texte de la loi, seul à considérer, en matière fiscale. Il est difficile, en effet, de résister à l'argument que tire le tribunal de la complète assimilation que fait la loi du 15 mai 1850, par rapport à la quotité du droit, entre les donations entre-vifs et les mutations par décès : « Attendu, dit-il, que, d'après ce même art. 33, les donations entre-vifs hors contrat de mariage et les mutations par décès sont soumises à des droits égaux; que cette assimilation serait inexplicable, si le législateur avait entendu maintenir le droit de transcription sous une nouvelle dénomination, puisque, les mutations par décès n'étant pas de nature à être transcrites, le droit de succession pourrait dû être nécessairement inférieur de 1 fr. 50 c. p. 100 au droit perçu sur les donations entre-vifs... » Mais le fisc ne se pique pas de logique ; et, quand les besoins du trésor sont grands, les principes sont facilement mis en oubli. La loi du 21 avr. 1832, celle du 15 mai 1850, sont des lois portant règlement du budget : dans ces lois, on n'a en vue que l'impôt, et l'on ne s'inquiète guère de les mettre en harmonie avec la législation générale. Les députés jurisconsultes y prennent peu de part ; elles sont entièrement abandonnées aux hommes spéciaux, en matière de finances ; et il arrive que, lorsque les magistrats ont à appliquer ces dispositions improvisées, il leur faut accepter des contradictions choquantes, soit avec les principes du droit, soit avec d'autres lois en vigueur. »

735. Il est à observer que, lorsque le même acte donne lieu à transcription dans plusieurs bureaux, le droit doit être acquitté, en totalité, dans le premier bureau ; et chacune des autres transcriptions ne doit que le salaire du préposé. C'est ce qui résulte de l'art. 26 de la loi du 21 vent. an 7, ainsi conçu : « Si le même acte donne lieu à transcription dans plusieurs bureaux, le droit sera acquitté ainsi qu'il est porté à l'art. 22 ci-dessus pour les inscriptions. » Et cet art. 22 dispose que, « s'il y a lieu à inscription d'une même créance dans plusieurs bureaux, le droit sera acquitté, en totalité, dans le premier bureau, et qu'il ne sera payé, pour chacune des autres inscriptions, que le simple salaire du préposé, sur la représentation de la quittance constatant le payement entier du droit, lors de la première inscription... »

736. C'est un principe certain, en matière d'enregistrement, que les vices dont un acte peut être infecté, et qui le rendent annulable, n'empêchent pas la perception du droit auquel, par sa nature, cet acte est soumis (V. v° Enreg., nos 208 et suiv. — V., toutefois, eod., n° 240, la distinction que nous avons faite, quoiqu'elle soit contestée, entre l'acte radicalement nul et l'acte simplement annulable). Ce principe a été rappelé dans un arrêt de rejet du 15 fév. 1854, cité plus bas (V. au n° 738). « Attendu, dit l'arrêt, que la régie a toujours repoussé, et avec raison, la prétention, élevée par les contribuables, et qu'il ne sera payé, pour chacune des autres inscriptions, que le simple salaire du préposé, sur la représentation de la quittance constatant le payement entier du droit, lors de la première inscription... »

qu'il ne sera payé, pour chacune des autres inscriptions, que le simple salaire du préposé, sur la représentation de la quittance constatant le payement entier du droit, lors de la première inscription... »

737. Il a été jugé, dans ce sens, que la condition de substitution, apposée à un legs au profit des enfants à naître du légataire, bien qu'elle soit nulle, aux termes de l'art. 896 c. nap., n'en donne pas moins lieu à la perception du droit de transcription, lors de la présentation du testament à l'enregistrement, le receveur n'ayant pas à se préoccuper du point de savoir si cette nullité pouvait être invoquée (trib. civ. de Dreux, 9 mai 1855, aff. Badier, D. P. 55. 5. 185) ; — Et que, dans le cas où la perception de ce droit a été omise, au moment de l'enregistrement, il peut être ultérieurement exigé, nonobstant la convention, intervenue depuis, entre le bénéficiaire du legs et le légataire universel, dans l'acte de délivrance de ce legs, que la condition de substitution serait tenue pour non existante (même décision).

738. Il a été jugé, par réciprocité, que l'administration de l'enregistrement, dont la mission est purement fiscale, n'a point qualité pour discuter la validité des actes ; qu'elle doit, sauf le cas de fraude ou de simulation, les admettre tels qu'ils se présentent, avec leur caractère et leurs effets apparents ; — Qu'en conséquence, lorsqu'un légataire universel, chargé d'acquitter des legs particuliers, n'en a pas contesté la validité, et, au contraire, en a consenti la délivrance, l'administration ne peut prétendre, par le motif que ces legs particuliers seraient nuls comme entachés de substitution, que les biens qui en sont l'objet n'ont pas cessé d'être la propriété du légataire universel, et que, faute, par celui-ci, de les avoir compris dans sa déclaration, il est passible du droit et du double droit (Rej. 15 fév. 1854, aff. Boudent, D. P. 54. 1. 51) ; — Que l'administration n'est pas, non plus, fondée à soutenir que la délivrance, consentie par le légataire universel, a opéré, au profit des légataires particuliers, une transmission de propriété à titre gratuit, soumise au droit de donation (même arrêt). — Si la régie, comme le dit l'arrêt, ne permet pas aux parties, et avec raison, de soustraire les actes, sous prétexte de leur nullité, aux perceptions qui doivent les frapper, « elle ne peut pas réclamer pour elle un droit justement refusé aux parties».

739. Un principe, non moins certain, c'est que le droit, régulièrement perçu, n'est pas restituable, quels que soient les événements ultérieurs. Ce principe, posé par l'art. 60 de la loi

du 22 frim. an 7 pour le droit d'enregistrement, est évidemment applicable au droit de transcription (V. Enreg., nos 6045 et suiv.) — Nous rappelons ici quelques-unes des décisions rendues en conformité de ce principe : — Il a été jugé, dans ce sens : 1° que le droit de transcription, auquel donne lieu l'adjudication, au profit d'un héritier bénéficiaire, d'un immeuble de la succession (V. suprà, nos 707 et suiv.), n'est pas restituable, par suite de la renonciation au bénéfice d'inventaire et de l'acceptation pure et simple de l'hérédité faite particulièrement par l'héritier adjudicataire (Cass. 12 août 1839, aff. Crepon, v° Enregistr., n° 6024. V. aussi suprà, n° 711) ; — 2° Que le droit proportionnel de transcription, perçu, lors de l'enregistrement d'un acte de société, sur un apport d'immeubles fait avec promesse de purge (V. suprà, nos 716 et suiv.), n'est pas sujet à restitution, lorsque la transcription a été, plus tard, volontairement requise (Cass. 26 mars 1849, aff. Puylaroque, D. P. 49. 1. 96).

740. Cette restitution n'est admise que dans un seul cas, celui où une adjudication d'immeubles, faite en justice (après saisie immobilière), vient à être annulée par les voies légales (avis cons. d'Et. 22 oct. 1808, v° Enreg., n° 5345), c'est-à-dire pour un vice intrinsèque. Nous en avons conclu, au n° 6049, qu'il en doit être de même, en pareil cas (mais en ce cas seulement), du droit de transcription, qui ne peut être le prix que d'une mutation de propriété, laquelle n'existe plus, dès que la nullité de l'adjudication a été prononcée pour un vice radical (Conf. décis. min. du 21 oct. 1806).

741. Toutefois, nous avons dit suprà, n° 733, que si, par erreur, on présentait à la transcription une vente d'objets purement mobiliers, et que, par inadvertance ou par un scrupule exagéré de sa responsabilité, le conservateur admît cet acte à la transcription et le soumît au droit proportionnel, ce droit serait restituable, parce qu'il n'aurait pas été régulièrement perçu. — On peut opposer à cette solution un arrêt de la cour de cassation, par lequel il a été décidé que le droit proportionnel de transcription, perçu sur la cession ou adjudication d'un bail emphytéotique, n'est pas restituable, sous prétexte que, la jouissance emphytéotique ne constituant qu'un droit mobilier, non susceptible d'hypothèque, l'acte qui en opère la transmission n'est pas un acte de nature à être transcrit (Cass. 11 mars 1829, aff. Bidault, v° Enreg., n° 5372). Mais cette espèce diffère, de tous points, du cas que nous avons supposé, et qui est celui où le droit a été perçu par une erreur évidente. Dans l'espèce de l'arrêt du 11 mars 1829, il n'était rien moins que certain que l'acte dont il s'agit ne fût pas un acte de nature à être transcrit, puisque nous avons établi, au contraire (v° Priv. et hyp., n° 820), avec la jurisprudence de la cour de cassation, que la jouissance à titre d'emphytéose est, à meilleur droit encore que l'usufruit, susceptible d'hypothèque. D'un autre côté, une clause spéciale du cahier des charges portait que l'adjudicataire serait tenu de faire transcrire le jugement d'adjudication. Dans un pareil cas, fait observer M. Flandin, de la Transcr., t. 2, ch. 6, la cour de cassation a donc eu raison de dire que, sans examiner si le jugement d'adjudication du 11 nov. 1820 était, ou non, de nature à être transcrit pour purger les hypothèques dont pouvait être grevée la jouissance emphytéotique que ce jugement transférait aux demandeurs, il a suffi que les défendeurs aient, dans leur intérêt, bien ou mal entendu, requis cette transcription, pour que la régie de l'enregistrement fût autorisée à exiger d'eux le droit que la loi du 21 vent. an 7 et celle du 28 avril 1816 appliquent à cette formalité ; que le préposé de la régie, loin de pouvoir se permettre d'apprécier les motifs de cette demande, et de se rendre juge de l'utilité ou de l'inutilité de la transcription, était tenu de déférer à cette réquisition, sous les peines portées en l'art. 2199 c. civ.; ce qu'il ne peut faire sans percevoir le droit que la loi applique à cette formalité....»

742. C'est dans le même sens qu'il a été décidé, par la régie, que si la réquisition de transcription a été le résultat d'une erreur manifeste ; lorsque, par exemple, la formalité a été requise sur une adjudication de biens faite au profit d'un copropriétaire, à titre commun, de ces biens (un colégataire), et que l'erreur a été aussitôt reconnue, les droits, bien que déjà consignés, doivent être restitués, si, d'ailleurs, la transcription n'a pas encore été faite (délib 17 déc. 1844, aff. Lemarchadour, D. P. 46. 3. 8.).

743. On a vu *suprà*, n° 225, que, lorsque la résolution d'un acte emportant mutation procède d'une cause inhérente à cet acte, elle efface le contrat primitif, et fait rentrer les biens, objet de la mutation, aux mains de leur ancien propriétaire, comme s'ils n'avaient jamais été aliénés par lui, — Il y a à se demander si, dans ce cas, le droit de transcription, perçu sur le contrat originaire, doit être restitué ? Une jurisprudence, aujourd'hui bien affermie, décide que non, ce cas ne rentrant pas dans l'exception dont il est parlé *suprà*, n° 740 (V. v° Enreg., n°° 5365 et suiv.).

744. Mais l'acte ou le jugement qui prononce la résolution, pour une cause inhérente au contrat, *ex causâ antiquâ et necessariâ*, est-il lui-même passible du droit de transcription? Nous avons traité cette question, v° Enreg., n°° 6051 et 6052, et nous y renvoyons (V. aussi *suprà*, n°° 222 et suiv.). — Il a été jugé, d'ailleurs, et cela est conforme aux principes que nous avons développés, *loc. cit.*, que le jugement, qui prononce la résolution d'une vente d'immeubles au profit, non du vendeur seul, mais du vendeur et des créanciers subrogés à ses droits, opère mutation au profit de ces derniers; que, par suite, il est de nature à être transcrit, et est soumis au droit proportionnel de transcription (Cass. 6 mars 1855, aff. Merle du Bourg, D. P. 55. 1. 83. V. aussi v° Enreg., n°° 2421 et suiv. ; Priv. et hyp., n°° 1743.)

745. La loi du 22 frim. an 7, assujettit la revente sur folle enchère à un simple droit fixe, lorsque le prix n'est pas supérieur à celui de la précédente adjudication (art. 68, § 1, n° 8), ou à un droit proportionnel, calculé seulement sur l'excédant, lorsque ce prix est supérieur (art. 69, § 7, n° 1.) Le tribunal civil de Montpellier avait interprété la disposition en ce sens que le droit, dont l'adjudication, frappée de folle enchère, avait été l'objet, se trouvait ainsi implicitement restitué par la régie, et était fictivement reporté sur l'adjudication intervenue à la suite de la folle enchère: d'où il tirait la conséquence que le droit, perçu sur une revente faite par le fol enchérisseur, devait pareillement être restitué. — Mais ce jugement a été cassé, et il a, au contraire, été décidé que le droit, perçu sur le prix d'une revente émanée d'un fol enchérisseur et résolue, comme l'adjudication frappée de folle enchère, n'est point restituable; et qu'il en est de même du droit perçu sur l'adjudication frappée de folle enchère, sauf l'application des dispositions précitées de la loi du 22 frim. an 7 (Cass. 24 nov. 1858, aff Bonnet, D. P. 58. 1. 460). Voici, sur ce point, les motifs de l'arrêt : « Attendu... que si, d'après le § 1, n° 8, de l'art. 68 et le § 7 de l'art 69 de la loi du 22 frim. an 7, les adjudications sur folle enchère ne sont soumises qu'à un droit fixe, il résulte des termes mêmes de ces articles qu'ils ne disposent que sous la réserve que, même au cas de folle enchère, le principe de la non-restitution des droits déjà perçus ne cesse pas de recevoir son application; que, s'il en est ainsi, lorsqu'il s'agit du droit perçu à l'occasion de l'adjudication sur laquelle il y a eu revente par voie de folle enchère, il ne saurait en être autrement, lorsqu'il s'agit d'un droit perçu sur une adjudication intermédiaire; que, dans un cas comme dans l'autre, en effet, la régularité de la perception du droit est également incontestable ; et que, dès lors, sauf une exception directe et précise, qui n'existe pas pour les adjudications intermédiaires, les conséquences légales du principe général et absolu de la non-restitution leur sont nécessairement applicables.... »

746. Le même principe avait déjà été appliqué antérieurement par la Cour de cassation; et un arrêt a décidé que, dans le cas où la vente sur folle enchère produit un prix inférieur à celui de la première adjudication, loin que le droit, perçu sur la première adjudication, soit restituable, le fol enchérisseur est tenu de payer à la régie le droit de mutation sur la différence qui existe entre les deux prix : « Attendu, dit l'arrêt, ...que, d'après l'art. 60 de la loi du 22 frim. an 7, l'obligation de l'adjudicataire de payer les droits ne peut être anéantie, ni diminuée par aucun événement postérieur; que la folle enchère étant la conséquence et la punition du refus de l'adjudicataire de remplir ses engagements, on ne peut faire dépendre de sa volonté sa libération, soit envers l'État, soit envers les créanciers de l'immeuble ad-

jugé; que la folle enchère, qui est poursuivie d'après l'art. 737 c. pr., et qui aboutit à une adjudication nouvelle au profit d'un tiers, fait tomber, par voie rétroactive, la translation de propriété opéré par la précédente adjudication, mais ne dégage pas le précédent adjudicataire vis-à-vis de l'État, à qui les droits d'enregistrement restent dus pour la portion de son prix qui excède celui de l'adjudication nouvelle... » (Cass. 24 août 1853, aff. Pupat, D. P. 53. 1. 231.)

747. Nous rappelons ici que le droit de transcription, soit fixe, soit proportionnel, est indépendant des remises et salaires dus au conservateur pour l'accomplissement de la formalité. C'est ce qu'énonce l'art. 61 de la loi du 28 avr. 1816 : « Les actes de transmission d'immeubles et droits immobiliers, susceptibles de transcription, porte cet article, ne seront assujettis à cette formalité que pour un droit fixe d'un franc, *outre le droit du conservateur*, lorsque les droits en auront été acquittés de la manière prescrite par les art. 52 et 54 de la présente loi. » Le premier de ces droits (le droit de transcription) est perçu par le fisc, à titre d'impôt ; les autres ne sont que la rémunération du travail du conservateur, et le prix du risque auquel l'expose sa responsabilité envers les particuliers, pour les erreurs, omissions ou négligences qu'il peut commettre. — Nous avons exposé, v° Enregist., n°° 6052 et suiv., les règles relatives à la perception du droit fiscal. — Ce qui regarde les remises et salaires du conservateur se trouve v° Priv. et hyp., n°° 2859 et suiv.

CHAP. 7. — DES EFFETS TRANSITOIRES DE LA LOI DU 23 MARS 1855; ET, INCIDEMMENT, DE L'INSCRIPTION DE L'HYPOTHÈQUE LÉGALE, APRÈS LA DISSOLUTION DU MARIAGE OU LA CESSATION DE LA TUTELLE, ET DE L'INSCRIPTION DE LA SUBROGATION A L'HYPOTHÈQUE LÉGALE DE LA FEMME.

748. La loi du 23 mars 1855 est devenue exécutoire seulement à partir du 1er janv. 1856 (art. 10 de la loi précitée). — Elle ne peut donc régir, conformément à l'art. 2 c. nap., que les actes et les jugements postérieurs à cette époque. C'est ce que déclare l'art. 11, et en ces termes : «Les art. 1, 2, 3, 4 et 9 ci-dessus ne sont pas applicables aux actes ayant acquis date certaine, et aux jugements rendus avant le 1er janv. 1856 : leur effet est réglé par la législation sous l'empire de laquelle ils sont intervenus... » — On n'aurait pu, comme le voulaient quelques esprits (M. Josseau, Gaz. des Trib. du 15 mars 1854), déclarer les effets de la loi dans le passé, sans jeter la plus grande perturbation dans les intérêts privés. — « Il se fait, dit M. Troplong, dans la Transcr., n° 346, en analysant un document émané de l'administration de l'enregistrement, et publié par M. le garde des sceaux, au 3° vol. des documents relatifs au régime hypothécaire, p. 509, il se fait environ 1,100,000 ventes d'immeubles par an. Sur ces ventes, 220 à 230,000 seulement sont transcrites, d'après la législation du code Napoléon. Il en reste, par conséquent, 870,000 à régulariser. Ajoutons à ce nombre tous les actes que la loi nouvelle ordonne de transcrire, et qu'on peut évaluer à 500,000 ; et nous sommes en présence de 1,300 à 1,400,000 actes annuels, dont la transcription, jusque-là négligée ou inutile, devient nécessaire, aux termes de la loi du 23 mars 1855. Or, pour être logique, il aurait fallu faire transcrire tous les actes qui, n'ayant pas plus de trente ans, peuvent encore produire des effets. On serait arrivé au total effrayant de 34 millions d'actes à transcrire, dans l'espace d'une ou de deux années. Quelle charge imposée, tout d'un coup, à la propriété foncière ! Quelle difficulté n'aurait-on pas rencontrée dans l'exécution matérielle...» (V. aussi, dans la Rev. crit., t. 4, p. 172, un article de M. Pont, dans le même sens). — Du reste, comme le font observer MM. Rivière et Huguet, Quest. n° 412, c'est autant le respect qu'a toujours professé le législateur pour les *droits acquis*, que la crainte de se jeter dans des embarras et ces difficultés, qui a dicté la disposition de l'art. 11. On en trouve la preuve dans le passage suivant de l'exposé des motifs : « La nécessité de pourvoir, y est-il dit, à l'exécution de la nouvelle loi, pour la préparation des registres nécessaires et les instructions à donner aux conservateurs ; enfin le *respect des droits acquis*, justifient suffisamment les dispositions transitoires qui terminent ce premier projet » (D. P. 55. 4. 27, n° 16).

749. Les art. 1, 2, 3, 4 et 9 de la loi du 23 mars 1855, que l'art. 11 de cette loi déclare « n'être pas applicables aux actes ayant acquis date certaine et aux jugements rendus avant le 1er janv. 1856, » embrassent toutes les transactions que la loi nouvelle soumet au régime de la publicité : actes entre-vifs translatifs de propriété immobilière ou de droits réels susceptibles d'hypothèque ; actes constitutifs d'antichrèse, de servitude, d'usage et d'habitation ; baux de plus de dix-huit ans ; quittances ou cessions de loyers ou fermages non échus ; jugements ayant le caractère translatif, ou prononçant la résolution, nullité ou rescision d'un acte transcrit ; subrogations à l'hypothèque légale de la femme : tous ces actes et jugements, lorsqu'ils seront antérieurs à la loi nouvelle, ne seront pas soumis aux conditions de publicité de cette loi ; « leur effet est réglé par la législation sous l'empire de laquelle ils sont intervenus. » — Il en est autrement des actes sous-seing privé, quoique antérieurs au 1er janv. 1856, s'ils n'avaient pas acquis date certaine, avant cette époque, par l'un des moyens énoncés en l'art. 1328 c. nap. « L'acquéreur, comme le dit très-bien M. Bressolles, Exp., etc., n° 108, 1re règle, 1°, ne sera, dès lors, en sûreté qu'après avoir non-seulement fait *enregistrer* son acte après le 1er janvier, mais encore après l'avoir fait *transcrire*. »

750. Il a été rendu, le 29 sept. 1855, un décret qui, en vue d'atténuer les effets de la législation nouvelle sur les actes sous-seings privés translatifs d'immeubles ou de droits réels immobiliers, qu'on aurait négligé, jusque-là, d'établir sur timbre ou de faire enregistrer, a fait remise aux contrevenants des amendes et doubles droits encourus, sous la condition de régulariser ces actes avant le 1er janv. 1856. Mais ce décret n'a plus aujourd'hui d'objet. Nous l'avons rapporté D. P. 55. 4. 99.

751. Il faut dire, avec M. Troplong, de la Transc., n° 350, qu'un acte, infecté d'un vice susceptible de le faire annuler, et qui aurait besoin, pour sa validité, d'une confirmation postérieure, ne tomberait pas, pour cela, s'il était antérieur au 1er janv. 1856, sous les prescriptions de la loi nouvelle. Un contrat annulable, dit-il très-justement, n'existe pas moins ; il n'en produit pas moins ses effets. La confirmation ne crée pas un droit nouveau ; elle consolide seulement le droit ancien : *confirmatio nihil novi juris addit*; elle remonte, pour ses effets, au jour de la convention première, laquelle est considérée comme valable dès le principe (c. nap. 1338). V. *suprà*, n° 99 et suiv. Conf. MM. Rivière et Huguet, Quest., n° 414 ; Gauthier, Rés., etc., n° 271 ; Flandin, de la Transcr., t. 2, ch. 7 ; Sellier, Comment., n° 343).

752. Il en serait autrement, suivant MM. Rivière et Huguet, n° 413, d'un acte par lequel un individu, ayant vendu porté fort pour un tiers (c. nap. 1120). Prenant pour exemple une vente, consentie par un *negotiorum gestor* dans un acte ayant date certaine avant le 1er janv. 1856, mais ratifiée par le propriétaire de l'immeuble après cette époque, on devra, disent-ils, faire transcrire et l'acte de vente et l'acte de ratification, ou l'acte de ratification seul, s'il peut être le titre de la convention pour l'acheteur. La raison qu'ils en donnent, c'est que « la vente a bien une date certaine antérieure au 1er janv. 1856, mais qu'il n'y avait encore aucune aliénation opérée, aucun droit de propriété transmis, que l'acquéreur n'avait, avant le 1er janv. 1856, qu'une simple action en dommages-intérêts contre celui qui s'est porté fort pour le propriétaire, que c'est la ratification seule qui lui transfère le droit » (V. *suprà*, n° 106 et suiv. Conf. M. Flandin, de la Transcr., *loc. cit.* — *Contrà*, M. Gauthier, Rés., etc., n° 272).

753. Si la vente avait été consentie par un mandataire, il n'y aurait pas de difficulté : le mandant contracte par la personne du mandataire et est tenu d'exécuter les engagements pris par ce dernier, dans les limites du mandat, comme si ces engagements étaient émanés de lui directement (c. nap., 1998 ; V. encore *suprà*, n° 103 et suiv. Conf. MM. Troplong, de la Transc., n° 351 ; Flandin, *ibid.*).

754. Il en devait être des jugements comme des actes : on ne pouvait assujettir à la transcription que ceux d'une date postérieure au 1er janv. 1856. « Pour ces derniers même, dit M. Flandin, *loc. cit.*, une observation est nécessaire. — Le jugement, qui statue sur l'exécution d'un acte translatif, ayant date certaine antérieure au 1er janv. 1856, mais non transcrit, ce

jugement, quoique rendu postérieurement à cette date, ne sera pas sujet à transcription. C'est la conséquence du principe, que les jugements n'ont qu'un effet déclaratif. Et c'est aussi pour cette raison que les jugements, qui se réfèrent à un acte antérieur, quoique translatif de propriété, ne sont pas mentionnés dans les art. 1 et 2 de la loi du 23 mars 1855. C'est l'acte, et non le jugement, qui doit être soumis à la formalité : y soumettre le jugement après l'acte, serait une chose frustratoire, puisqu'il n'y a pas deux mutations, mais une seule (V. *suprà*, n° 353). — Mais il en doit être autrement, ajoute M. Flandin, pour les jugements qui constatent l'existence d'une convention *verbale*, de nature translative, quoique antérieure au 1er janv. 1856, parce que le jugement, dans ce cas, supplée à l'absence de l'acte, et que c'est ce jugement qui doit être transcrit » (V. *suprà*, n° 87 et suiv. Conf. MM. Rivière et Huguet, Quest., n° 415 ; Mourlon, App., n° 336 ; Gauthier, n° 273 ; Bressoles, exp., etc., n° 108, 1re règle, 3°).

755. L'art. 4 de la loi du 23 mars 1855, dans un but de protection pour les tiers (V. *suprà*, n° 383 et s.), a voulu que tout jugement, prononçant la résolution, nullité ou rescision d'un acte transcrit, fût mentionné en marge de la transcription de cet acte. L'art. 11, dans le même esprit, statue que les jugements, prononçant la résolution, nullité ou rescision d'un acte non transcrit, mais ayant date certaine avant le 1er janv. 1856, seront transcrits, conformément audit art. 4. Cette transcription, quoique se référant à un acte non transcrit, mais qui n'avait pas besoin de l'être, parce qu'il est antérieur à la loi nouvelle, cette transcription a son utilité ; car elle avertira les tiers que celui qui était devenu propriétaire, en vertu de l'acte résoluble ou annulable, a cessé de l'être par suite du jugement qui a prononcé l'annulation ou la résolution de cet acte.

756. Il est bien entendu, d'ailleurs, que les jugements dont il s'agit ici sont des jugements rendus postérieurement à la mise à exécution de la loi du 23 mars, c'est-à-dire depuis le 1er janvier 1856 ; car, pour ceux rendus antérieurement à cette date, l'article déclare que « leur effet est réglé par la législation sous l'empire de laquelle ils sont intervenus » (Conf. MM. Rivière et Huguet, Quest., n° 422 ; Mourlon, Examen crit., etc., App., n° 400 ; Bressolles, Exposé, etc., n° 108, 2e règle ; Troplong, de la Transcr., n° 358 ; Flandin, *loc. cit.*).

757. Faut-il ajouter, avec M. Lesenne, Comment., n° 149, que le jugement de résolution, antérieur au 1er janvier 1856, est dispensé de la mention marginale prescrite par l'art. 4 de la loi du 23 mars, « quand même l'arrêt sur l'appel serait rendu depuis le 1er janvier 1856 ? » — Nous ne le pensons pas ; car il y a autant de raison, dit M. Flandin, de la Transcr., t. 2, ch. 7, de faire mentionner l'arrêt, lorsqu'il est intervenu après le 1er janvier 1856, qu'il y en aurait de le faire mentionner le jugement, s'il eût été postérieur à cette date : d'autant mieux que, l'appel remettant toutes choses en état, le jugement est considéré comme non avenu ; ce qui m'a fait dire *suprà*, n° 648 et 651, contre l'avis de M. Mourlon, que, lorsque le jugement de résolution d'un acte transcrit a été frappé d'appel, et qu'il intervient un arrêt confirmatif, c'est l'avoué d'appel, et non celui de 1re instance, qui doit faire opérer la mention, et que la mention de l'arrêt suffit, sans qu'il soit besoin d'y joindre celle du jugement. » — V. plus haut n° 404 et suiv.

758. On remarquera que l'art. 11, à la différence de l'art 4, qui n'exige qu'une simple *mention* du jugement en marge de la transcription de l'acte annulé ou résolu, veut que ce jugement soit *transcrit*. Cette différence de rédaction tient à ce que, dans l'art. 4, il s'agit de jugement intervenu sur un *acte transcrit*; cas dans lequel une simple mention du jugement peut suffire, puisque la teneur de l'acte est connue par la transcription même qui en a été faite ; tandis que, dans l'art. 11, il est question de jugement rendu sur un acte non transcrit, et dont les stipulations ne peuvent être connues que par la *transcription* du jugement qui se réfère à cet acte.

759. De là résulte une conséquence importante. La transcription, nous l'avons déjà dit (V. *suprà*, n° 413 et s.), c'est la relation *textuelle et intégrale* de la pièce sur le registre du conservateur ; la mention, au contraire, se fait par analyse de la pièce. Puisque l'art. 11 exige, non pas une simple mention de jugement, mais sa transcription, il s'ensuit que ce jugement doit être copié en entier sur le registre destiné à le recevoir, et que la loi, par conséquent, serait incomplétement exécutée, s'il n'y était reproduit que par extrait (Conf. M. Flandin, *loc. cit.*).

760. Mais il faut entendre la loi raisonnablement. Ce qui constitue le jugement; ce ne sont pas seulement ses motifs et son dispositif, mais, avec les motifs et le dispositif, l'exposé sommaire du point de fait et de droit et les conclusions des parties. C'est ce qu'on appelle les *qualités* du jugement (c. pr. 141 et 142). » Or, il y a, dans un jugement, comme le dit M. Troplong, de la Transcr., n° 361, une foule de détails et de développements qui, s'ils intéressent les parties plaidantes, sont tout à fait indifférents pour les tiers : la copie intégrale deviendrait très-onéreuse, sans utilité. L'avoué, continue l'auteur, rédigera donc un bordereau, dans lequel il indiquera les faits essentiels, avec moins de brièveté seulement qu'à l'ordinaire, parce qu'il n'y aura pas d'acte d'acquisition déjà transcrit et auquel on puisse se référer. *C'est ce bordereau, et non ce jugement, qui sera transcrit sur les registres.* »

M. Troplong nous semble aller trop loin. Nous admettons, avec lui, que l'avoué pourra et devra même abréger les qualités, et les réduire à ce qu'il y a d'essentiel à connaître pour les tiers ; mais nous ne pensons pas qu'il puisse se contenter de remettre au conservateur un simple bordereau, qui ne contiendrait qu'une analyse, plus ou moins fidèle, du jugement, sans même en reproduire textuellement les motifs et le dispositif. Ce n'est pas là ce que le législateur a voulu : il a parlé de *transcription* dans l'art. 11, et il faut prendre cette expression dans son sens précis, dans celui qui lui a été assigné dans le rapport de M. Debelleyme (V. *suprà*, n° 413). MM. Rivière et Huguet, Quest., n° 424, disent également que le jugement doit être transcrit *en entier* (Conf. M. Gauthier, Rés., n° 277). — Il est vrai que l'art. 11, après avoir dit que « les jugements... doivent être transcrits, » ajoute : « *conformément à l'art. 4 de la présente loi,* » lequel n'exige la remise au conservateur que d'un *bordereau rédigé par l'avoué*. Mais ce renvoi à l'art. 4 n'a d'autre objet que d'indiquer que c'est par les soins de l'avoué, et non de la partie elle-même, que la transcription du jugement doit être opérée : il ne porte pas sur la *forme* dans laquelle la transcription doit avoir lieu. Le mode spécifié par M. Troplong équivaudrait à une simple *mention* du jugement, et nous venons de dire pourquoi la loi n'a pas dû s'en contenter, comme dans le cas de l'art. 4 (Conf. M. Flandin, de la Transcription, *loc. cit.*).

761. Toutefois, ainsi que le font observer MM. Rivière et Huguet, Quest., n° 424, et, après eux, M. Troplong, de la Transcr., n° 360, si l'acte antérieur ou le jugement, quoique non sujet à transcription, avait été transcrit, par exemple, pour la purge des hypothèques, la transcription du jugement prononçant la nullité ou la résolution de cet acte deviendrait inutile, et une simple mention du jugement en marge de l'acte transcrit suffirait, comme dans le cas de l'art. 4 (Conf. MM. Flandin, *loc. cit.*; Sellier, Comment., n° 357).

762. C'est dans le mois, à compter du jour où le jugement de résolution a acquis l'autorité de la chose jugée, que ce jugement doit être transcrit, ainsi qu'il est dit dans l'art. 4, par les soins de l'avoué, soit de première instance, soit d'appel, suivant que la contestation a été portée, ou non, au second degré de juridiction.

763. Nous avons déjà dit, en parlant de ce même art. 4 (V. *suprà*, n° 383), que l'unique pénalité attachée au défaut de mention du jugement qui prononce la résolution, nullité ou rescision d'un acte transcrit, est une amende de 100 fr. contre l'avoué chargé de faire opérer cette mention; mais le jugement n'en obtient pas moins, quoique non publié, tout son effet à l'égard des tiers. — Il faut dire la même chose du défaut de transcription du jugement, dans le cas de l'art. 11 : L'analogie entre les deux cas est complète, et doit être reconnue par le législateur lui-même, puisque l'art. 11 renvoie à l'art. 4 (Conf. MM. Rivière et Huguet, Quest., n° 425 ; Troplong, de la Transc., n° 362 ; Flandin, *ibid.*, *loc. cit.*; Ducruet, Études sur la transc., n° 56.)

764. L'art. 6 de la loi du 23 mars 1855 n'est pas au nombre des articles que cette loi déclare être inapplicables aux actes

ayant acquis date certaine avant le 1er janv. 1856. De :à sont nées plusieurs difficultés.

On peut demander d'abord si, en supposant une vente d'immeubles faite et transcrite postérieurement au 1er janv. 1856, les hypothèques, non dispensées d'inscription, constituées sur ces immeubles antérieurement à cette date, mais non inscrites avant la transcription de l'acte de vente, sont virtuellement purgées par cette transcription? « L'affirmative est évidente, répond M. Flandin, de la Transc., t. 2, ch. 7. En vertu de quelle disposition, en effet, les créanciers, qui ont négligé de s'inscrire avant la vente, pourraient-ils prétendre avoir encore le droit de le faire postérieurement? En vertu de l'art. 834 c. pr., qui leur accordait la faculté de s'inscrire jusqu'à la transcription, et même dans un délai de quinzaine après cette transcription? Mais l'art. 6 de la loi du 23 mars 1855 a abrogé cet art. 834: ils ne sauraient donc plus l'invoquer, puisqu'il s'agit d'une vente et d'une transcription effectuées postérieurement à la loi de 1855, régies, par conséquent, par cette loi. — Vainement le créancier hypothécaire alléguerait-il que son droit d'hypothèque est né avant la loi du 23 mars, et qu'il constitue pour lui un *droit acquis* que la loi nouvelle n'a pu lui ravir. On lui répondrait que l'hypothèque n'a d'existence, au regard des tiers, que par l'inscription (V. v° Priv. et hyp., n° 1370) ; « Qu'il suit de là, pour emprunter les termes d'un arrêt de la cour de Rennes, du 12 août 1814, aff. Arnous (*eod.*, n° 1012), que si, avant que cette formalité ait été remplie, l'immeuble a été transféré par le débiteur à un tiers, il a passé libre entre les mains de ce dernier et ne peut plus, par conséquent, être affecté au payement des dettes du précédent propriétaire, auquel il est devenu absolument étranger. » Il s'agissait, dans l'espèce, d'une hypothèque ancienne, non inscrite dans le délai de trois mois, conformément à l'art. 39 de la loi du 11 brum. an 7 (Conf. MM. Rivière et François, Expl., etc., n° 145; Rivière et Huguet, Quest., n° 416; Gauthier, Rés., etc., n° 270; Bressolles, Exposé, etc., n° 108, 3e règle, 1°; Lesenne, Comment., n° 152.)

765. Supposons, maintenant, que l'hypothèque et l'acte de vente soient antérieurs au 1er janv. 1856, mais que la transcription n'ait eu lieu que depuis le 1er janv. : le créancier hypothécaire pourra-t-il dire que, si l'art. 11 de la loi du 23 mars 1855, les effets des actes antérieurs au 1er janv. 1856 devant être réglés par la législation sous l'empire de laquelle ils sont intervenus, il a quinze jours, à partir de la transcription, pour s'inscrire, conformément à l'art. 834 du c. pr.? — M. Troplong, de la Transc., n° 354, se prononce pour la négative. « La vente, il est vrai, dit-il, est antérieure au 1er janv. 1856; mais qu'importe cette antériorité? Ce n'est pas de la vente qu'il s'agit ici, c'est de la transcription pratiquée par l'acquéreur, transcription qui s'opère sous la loi nouvelle.... La procédure se règle par la loi du temps où elle se fait. Je transcris sous la loi du 23 mars 1855; c'est, apparemment, pour profiter des avantages attachés par cette loi à la transcription. — Ce n'est pas tout, ajoute l'auteur: notre texte déclare que l'art. 6 est du nombre de ceux qui sont entrés en voie d'exécution, à partir du 1er janv. 1856. Or cet article dispose qu'à partir de la transcription, les créanciers hypothécaires ne peuvent prendre inscription sur le précédent propriétaire.... » C'est là, suivant M. Flandin, de la Transc., *loc. cit.*, et suivant nous, l'argument décisif. Et M. Troplong a raison de dire qu'il n'y a pas à distinguer si la transcription, faite en 1856, procède d'un acte antérieur ou postérieur au 1er janvier; qu'il suffit qu'elle soit opérée depuis la mise en vigueur de la loi, parce que, à partir de ce moment, tous les effets de cette même loi lui sont acquis (Conf. MM. Rivière et Huguet, Quest., n° 418; Gauthier, Rés., etc., n° 275; Bressolles, *loc.*, *cit.*; Sellier, Comment., n°s 347 et 348).

766. Il en serait autrement si, au lieu d'avoir affaire à un créancier hypothécaire, l'acquéreur, qui a fait transcrire depuis le 1er janv. 1856, se trouvait en face d'un autre acquéreur du même immeuble, antérieur à lui, ayant acheté avant la mise en vigueur de la loi du 23 mars 1855, mais n'ayant pas fait transcrire, ou n'ayant fait transcrire qu'après le second acquéreur. Celui-ci ne pourrait pas se prévaloir de sa transcription, pour évincer le premier acquéreur. « Il y a cette différence entre l'acquéreur et le créancier, dit très-bien M. Gauthier, *loc cit.*, que le droit du premier était complet et indépendant de toute formalité ultérieure, du jour même du contrat, tandis que l'hypothèque du second ne prend date et n'a d'effet que par l'inscription. Or, c'est à la loi en vigueur au moment où cette inscription est prise, que son efficacité est subordonnée » (Conf. MM. Troplong, n° 355 ; Flandin, *Ibid.*, *loc cit.*).

767. Supposons, enfin, que, non-seulement l'hypothèque et a vente, mais la transcription, soient antérieures au 1er janv. 1856 ; que, toutefois, la transcription ait été opérée moins de quinze jours avant le 1er janv., le 25 déc. 1855, par exemple. « Il est clair, dans ce cas, dit M. Troplong, de la Transcr., n° 353, que les créanciers hypothécaires, mis en demeure, pourront s'inscrire après le 1er janv. jusqu'à l'expiration du délai de quinzaine » (Conf. M. Gauthier, Rés., etc., n° 274 ; Fons, Précis etc., n° 50 ; Bressolles, *loc cit.*).—Mais tel n'est pas l'avis de MM. Rivière et Huguet, Quest., n° 417. « Dès que la loi sera devenue exécutoire, disent-ils, c'est-à-dire le 1er janv. 1856, le créancier qui n'aura pas pris inscription, verra son hypothèque purgée par la transcription qui aura été effectuée. — En vain dirait-il que, cette transcription ayant eu lieu avant le 1er janv. 1856 et sous l'empire du code de procédure, il doit avoir quinze jours pour s'inscrire, tandis que nous ne lui en accordons que six, dans l'espèce (du 25 déc. au 1er janv.). — On lui répondra, avec juste raison, que l'art. 11 ne renvoie pas à l'art. 6 et que cet article est devenu exécutoire dès le 1er janv. 1856. Peu importe à quelle époque la vente a été consentie ; peu importe aussi que la transcription ait été opérée avant le 1er janv. : dès qu'elle existe, elle doit, à dater du 1er janv., produire son effet au regard des créanciers hypothécaires non dispensés d'inscription, et qui n'en ont pas encore pris une. A compter du 1er janv. 1856, les art. 834 et 835 c. pr. sont abrogés (art. 6 *in fine*); et le créancier hypothécaire, qui dans notre hypothèse n'avait aucun droit acquis, ne peut, à partir de ce moment, invoquer des dispositions qui n'existent plus. »

768. La question paraît délicate à M. Flandin, de la Transcr., *loc. cit.* « Ce qui fait la difficulté, dit ce magistrat, c'est que l'art. 6, dont la disposition est relative au créancier hypothécaire, n'est pas mis, par l'art. 11, au nombre de ceux qui ne doivent pas être appliqués aux actes du passé. C'est, d'un autre côté, que l'art. 834, ou ceux, invoqué par le créancier sur lequel il base son droit, n'a plus, au moment où il l'invoque, force de loi. Dans le doute, j'estime qu'il faut se prononcer en faveur du créancier, parce qu'il s'agit de déchéance et que les déchéances sont de droit étroit. — On peut répondre, d'ailleurs, aux deux arguments de texte que font valoir MM. Rivière et Huguet. — Il est bien vrai que l'art. 6 porte : « qu'à partir de la transcription, les créanciers privilégiés ou ayant hypothèque... ne peuvent prendre utilement inscription que le précédent propriétaire ». Mais de quelle transcription parle cet article? D'une transcription effectuée postérieurement au 1er janv. 1856, puisqu'elle seule a pour effet d'arrêter le cours des inscriptions. Or, la transcription, dans notre hypothèse, est supposée faite antérieurement à cette date. Nous ne sommes donc pas dans les termes de l'article ; l'article par conséquent n'est point opposable ; s'il n'est point opposable, on ne saurait exciper, contre le créancier, de l'abrogation, par cet article, de la disposition de l'art. 834 c. pr. Cette disposition n'est abolie que pour l'avenir, et elle reste debout, dès qu'il s'agit de l'appliquer à un cas qui n'est point régi par la loi nouvelle. — Ajoutons une considération : le créancier, mis en demeure de s'inscrire par la transcription opérée le 25 déc. 1855, sait qu'il a quinze jours pour le faire : n'appartient-il à la loi de lui enlever une fraction de ce délai, sans rétroagir ? On conçoit qu'elle puisse, à la rigueur, et sans rétroactivité, lui prescrire, pour la conservation de son droit d'hypothèque, l'accomplissement d'une formalité, telle que l'inscription, en lui donnant pour cela un certain délai, comme l'avait fait la loi de brumaire, et comme le fait la loi du 23 mars 1855 (art. 11), à l'égard du vendeur, pour la conservation de son action résolutoire : c'est une gêne qu'elle lui impose ; mais ce n'est pas un droit dont elle le prive, puisqu'il dépend de lui de le conserver. Mais il semble qu'il en doive être autrement, lorsque la loi nouvelle intervient, non pas pour modifier seulement l'exercice du droit, mais pour

l'anéantir ou pour le restreindre. C'est déjà beaucoup; qu'enchaîné par le texte de l'art. 6, combiné avec l'art. 11; on ne puisse permettre au créancier, ayant une hypothèque antérieure à la transcription opérée depuis la mise à exécution de la loi du 23 mars (V. *suprà*, n° 765), sans qu'on ajoute à cette rigueur, dans l'hypothèse actuelle, en prononçant contre lui une déchéance qui n'est pas imposée par le texte de loi et qui répugne à l'équité ».

769. MM. Rivière et Huguet, au n° 420, examinent deux autres cas qui ne sauraient présenter la même difficulté. — Pierre vend un immeuble à Paul le 1er sept. 1855. Paul ne transcrit pas, et Pierre ne prend pas d'inscription. Paul revend à Jacques un autre immeuble, le 1er déc., et ce dernier ne fait transcrire son contrat que le 16 fév. 1856. — Ou bien encore, un partage d'immeuble a eu lieu, le 1er sept. 1855, entre deux cohéritiers. L'un d'eux a aliéné, le 1er déc., son lot frappé du privilège de son copartageant, et l'acquéreur n'a transcrit que le 16 fév. 1856. — « Avant la loi du 23 mars, disent MM. Rivière et Huguet, le vendeur et le copartageant avaient le droit de s'inscrire, tant que la transcription n'avait pas eu lieu, et même dans la quinzaine après la transcription (V. *suprà*, n° 522 et s.). D'après l'art. 6, 2° alinéa, de cette loi, dès que quarante-cinq jours, depuis la première vente ou depuis l'acte de partage, sont expirés, le vendeur originaire et le copartageant ne peuvent plus prendre utilement une inscription. Mais cet article a trait aux ventes et aux partages passés postérieurement au jour où la loi sera devenue exécutoire. Les actes de vente ou de partage, dans l'espèce, ont eu lieu antérieurement à la loi. — D'un autre côté, l'art. 11 énumère pas l'art. au nombre de ceux qui ne sont pas applicables, lorsque les actes ont une date certaine avant le 1er janv. 1856. — Que faut-il en conclure? C'est que, jusqu'à cette époque, le vendeur et le copartageant avaient le droit de prendre inscription, tant que la transcription n'avait pas eu lieu, et même dans la quinzaine après l'accomplissement de cette formalité. Mais, une fois la loi devenue exécutoire, le vendeur et le copartageant se trouvent régis par le principe formulé dans le second alinéa de l'art. 6. Par conséquent, quand quarante-cinq jours depuis le 1er janv. 1856 seront expirés, le vendeur et le copartageant, qui n'auront pas rendu publics leurs priviléges, en seront déchus... »

Nous ne voyons pas comment il pourrait en être autrement.— On objecterait en vain que, tout en déclarant applicable à ce cas l'art. 6 de la loi du 23 mars 1855, nous ne l'appliquons, cependant, qu'en partie, puisque ledit article n'accorde que quarante-cinq jours, depuis l'*acte de vente ou de partage*, pour inscrire le privilège, tandis que nous, nous accordons un plus long délai, en faisant courir ces quarante-cinq jours seulement du 1er janv. 1856. — Il faut répondre, avec MM. Rivière et Huguet, que « peu importe le temps qui s'est écoulé avant que loi soit devenue exécutoire ; qu'on ne peut faire courir le délai à dater de l'acte de vente ou de partage, puisque c'est seulement à partir du 1er janv. 1856 que les droits des créanciers dont il s'agit se trouvent régis par le principe de la loi » (Conf. MM. Flandin, de la Transcr., *loc. cit*, ; Bressolles, Exp., etc., n° 108, 3° règle, 2° ; Lesenne, Comment., n° 153).

770. Suppose que le sous-acquéreur, ou celui qui a acheté du cohéritier le 1er déc. 1855, ait fait transcrire avant le 1er janv. 1856, mais moins de quinze jours avant cette époque, faudra-t-il dire, demandent MM. Rivière et Huguet, n° 421, qu'aussitôt la quinzaine expirée depuis la transcription, sans que le vendeur originaire ou le copartageant aient pris inscription, ils ne seront plus à temps de s'inscrire. — Avec eux, nous répondons négativement, parce que, à la date du 1er janv. 1856, le vendeur ou le copartageant n'étaient pas encore forclos du droit de prendre inscription ; que, l'art. 834 se trouvant abrogé à compter du 1er janv., cet article ne pouvait plus être invoqué contre eux, et qu'il y avait nécessité, dès lors, de les faire bénéficier du délai imparti par la loi nouvelle : *favores ampliandi* (Conf. M. Flandin, *loc. cit*; Bressolles, *loc. cit.*).

771. Il ne nous paraît pas, toutefois, que la faveur dût aller jusqu'à ne tenir aucun compte des jours écoulés, pour ne faire partir les quarante-cinq jours que du 1er janv. 1856. Le délai pour prendre inscription avait commencé à courir du jour de la transcription opérée par l'acquéreur : on ne pourrait, sans injustice, priver celui-ci de la fraction de ce délai qui lui est acquise ; et c'est assez faire pour le créancier privilégié que de lui permettre d'ajouter à cette fraction le nombre de jours nécessaire pour compléter le délai de quarante-cinq jours (Conf. M. Flandin, *loc. cit.*).

772. Il est bien évident que, si la quinzaine tout entière s'était écoulée depuis la transcription, et antérieurement au 1er janv. 1856, par exemple, si l'acquéreur avait fait transcrire avant le 15 décembre, le privilège du premier vendeur se trouverait complètement éteint, puisqu'on était encore sous l'empire de l'art. 834.—Il en serait de même du privilège du copartageant, au moins en ce qui touche le droit de suite (V. *suprà*, n° 564). — Il n'y a, comme le disent MM. Rivière et Huguet, n° 419, aucune difficulté dans ces deux hypothèses, puisqu'il s'agit simplement de faire l'application de la législation antérieure à la loi du 23 mars 1855 (Conf. M. Flandin, *loc. cit.*).

Toutes ces questions, au reste, ainsi que le fait observer M. Flandin, ont peu d'intérêt aujourd'hui que plusieurs années se sont déjà écoulées depuis la mise en activité de la loi du 23 mars 1855.

773. Une des dispositions de l'art. 11 porte que « le vendeur, dont le privilège serait éteint au moment où la présente loi deviendra exécutoire, pourra conserver, vis-à-vis des tiers, l'action résolutoire qui lui appartient, aux termes de l'art. 1654 c. nap., en faisant inscrire son action au bureau des hypothèques, dans le délai de six mois, à partir de la même époque. » —On a vu *suprà*, n° 595, que l'art. 7 de la nouvelle loi établit une solidarité étroite entre le privilège du vendeur et son action résolutoire ; en sorte que l'extinction de l'un entraîne la perte de l'autre. « Cette disposition, dit M. Flandin, *loc. cit.*, n'aurait pu, sans injustice, aller frapper le vendeur dans le passé ; car celui-ci a pu très-bien, en se confiant dans l'effet de son action résolutoire, négliger les précautions à prendre pour la conservation de son privilège. Mais, ainsi que je viens de le dire, il n'y a qu'un instant (V. *suprà*, n° 768), ce n'est pas manquer au principe de non-rétroactivité que de subordonner, dans l'avenir, l'exercice du droit du créancier à l'accomplissement d'une formalité pour laquelle il lui est donné un délai suffisant. C'est ce que fait notre article, en imposant au vendeur, dont le privilège se trouvait éteint, au 1er janv. 1856, l'obligation d'inscrire son action résolutoire dans le délai de six mois, à partir de cette date. La loi du 23 mars 1855 étant une loi de protection pour les tiers, le législateur avait hâte d'en assurer à ceux-ci le bienfait par une disposition favorable au crédit, et qui ne compromet en rien les intérêts du vendeur impayé, intérêts non moins dignes, si ce n'est plus dignes encore, de sa sollicitude. »

774. Suivant M. Bressolles, Exposé, etc., n° 108, 4e règle, « cette inscription, dont la loi n'indique pas la forme, aura lieu, le plus souvent, sur production d'un ou de deux bordereaux, et selon le mode ordinaire. Mais, ajoute-t-il, cela n'est pas absolument nécessaire : la réquisition, *même verbale* (V. *infrà*, n° 794), et accompagnée de la représentation de l'acte de vente, pourra être consignée sur le registre de dépôt, et puis le conservateur fera l'inscription à sa date. » — Ainsi que M. Flandin, de la Transcr., t. 2, ch. 7, nous doutons que le conservateur consente à faire l'inscription, sur la seule production de l'acte : il y a là un travail d'analyse dont il n'est pas chargé, et qui engagerait sa responsabilité, si l'inscription ne contenait pas tous les renseignements que la loi exige en droit d'exiger. Il est bien plus simple de s'en référer à l'art. 2148 c. nap., auquel les auteurs de la loi du 23 mars 1855 se sont tacitement reportés, en n'indiquant pas la forme dans laquelle serait rédigée cette inscription.

775. Un autre paragraphe de l'art. 11, conçu dans le même esprit que le précédent, complète la pensée de l'art. 8 : « L'inscription, porte ce paragraphe, exigée par l'art. 8, doit être prise dans l'année, à compter du jour où la loi est exécutoire : à défaut d'inscription dans ce délai, l'hypothèque légale ne prend rang que du jour où elle est ultérieurement inscrite. » — L'art. 8 est relatif, comme on l'a vu, à l'obligation imposée par la nouvelle loi, à la femme devenue veuve, au mineur devenu majeur,

à l'interdit relevé de l'interdiction, à leurs héritiers ou ayants cause, de prendre inscription, pour la conservation de leur hypothèque légale, dans l'année qui suit la dissolution du mariage ou la cessation de la tutelle (V. *suprà*, n° 526). La loi suppose, dans l'art. 11, que la dissolution du mariage ou la cessation de la tutelle sont des faits accomplis antérieurement au 1er janv. 1856 ; mais que les droits de la veuve ou du mineur, devenu majeur, ne sont pas encore réalisés ; que l'hypothèque légale, par conséquent, n'a pas encore produit son effet. Et puisque le législateur a pensé, dans l'art. 8, que l'état de viduité ou de majorité devait faire cesser désormais le privilège établi en faveur de l'incapable, et l'obliger à prendre inscription dans le délai d'une année, depuis que son incapacité a cessé, la conséquence naturelle de cette disposition devait être d'imposer la même obligation à la femme devenue veuve, au mineur devenu majeur antérieurement au 1er janv. 1856, ou à leurs héritiers et ayants cause, en leur donnant, pour s'inscrire, ce même délai d'une année, à partir de la mise en vigueur de la loi nouvelle.

776. Il a, par suite, été jugé que la disposition de l'art. 8 de la loi du 23 mars 1855, relative à l'inscription des hypothèques légales de la femme devenue veuve, ou du mineur devenu majeur, est applicable au cas où la dissolution du mariage, ou la cessation de la tutelle, ont eu lieu sous l'ancienne loi, à moins que l'hypothèque légale n'eût produit tous ses effets, par la réalisation du gage, avant la mise à exécution de la loi nouvelle, c'est-à-dire avant le 1er janv. 1856 ; — Qu'en conséquence, l'inscription, prise par les héritiers d'une femme, devenue veuve avant cette date, hors du délai prescrit par l'art. 11 de la loi précitée, c'est-à-dire postérieurement au 1er janv. 1856, et même postérieurement à la transcription faite par l'acquéreur sous son titre, est tardive ; et ce, nonobstant que cet acquéreur eût consigné son prix, dès avant le 1er janv. 1856, et qu'il ait, dans le courant de la même année, purgé les hypothèques *inscrites*, cette consignation ne pouvant, par elle-même, opérer la purge des hypothèques, ni la suppléer, et la purge des hypothèques *inscrites* ne pouvant tenir lieu de celle des hypothèques légales dispensées d'inscription, et à l'égard desquelles aucune des formalités prescrites par la loi pour en opérer la purge n'a été remplie (Limoges, 14 juin 1860, aff. Desvalois, D. P. 60. 2. 222).

777. Il a été jugé, dans le même sens, que l'adjudication seule opère la réalisation du gage hypothécaire au profit des créanciers ; que, jusqu'à cet acte final de la saisie, qui met le prix de l'immeuble en distribution entre les ayants droit, il n'est pas vrai de dire que l'hypothèque ait produit tout son effet ; qu'en conséquence, la femme, devenue veuve avant la mise à exécution de la loi du 23 mars 1855, n'est pas dispensée d'inscrire son hypothèque légale dans le délai imparti par l'art. 8 de ladite loi (combiné avec l'art. 11, § 5), même dans le cas où ses droits, ouverts sous la loi ancienne, auraient été liquidés et cette liquidation suivie de la saisie des immeubles du mari, avant l'expiration de ce délai ; — Qu'ainsi, l'acquéreur d'un immeuble du mari, en vertu d'un acte antérieur à la loi du 23 mars 1855, peut se prévaloir de la transcription qu'il a faite avant cette loi, pour s'opposer à ce que la femme, devenue veuve, inscrive, après le délai fixé par l'art. 8 (combiné avec l'art. 11), son hypothèque légale sur l'immeuble dont il est détenteur (Agen, 5 mai 1858, aff. Vialès, D. P. 59. 2. 66).

778. Il a été jugé encore que la déchéance, prononcée par les art. 8 et 11 de la loi du 23 mars 1855 contre l'hypothèque légale qui n'a pas été inscrite dans le délai fixé par ces articles, est encourue, dans le cas même où l'ordre, ouvert sur le prix des biens qui en étaient grevés, a été clos antérieurement à la loi du 23 mars 1855 : on ne peut pas dire que l'hypothèque légale avait produit tout son effet avant ladite loi, alors, d'ailleurs, qu'elle n'avait pas même été mentionnée dans l'ordre, et que rien n'avait manifesté son existence à l'égard des tiers (Grenoble, 29 avril 1858, aff. Aubert, D. P. 61. 2. 68).

779. Il était de jurisprudence, avant la loi du 23 mars 1855, que le rang entre les créanciers, successivement subrogés à l'hypothèque légale de la femme, se déterminait par la date respective de chacune des subrogations, inscrites ou non (V. v° Priv.

et hyp., n°° 987 et s.). L'art. 9 de la loi de 1855 a changé cette règle : « Dans le cas, porte cet article, où les femmes peuvent céder leur hypothèque légale ou y renoncer, cette cession ou renonciation doit être faite par acte authentique, et les cessionnaires n'en sont saisis, à l'égard des tiers, que par l'inscription de cette hypothèque prise à leur profit, ou par la mention de la subrogation en marge de l'inscription préexistante. — Les dates des inscriptions ou mentions déterminent l'ordre dans lequel ceux qui ont obtenu des cessions ou renonciations exercent les droits hypothécaires de la femme. » — « Le cessionnaire, disait M. Suin, dans l'exposé des motifs de la loi, le cessionnaire du droit de la femme n'est protégé, quant à lui, par aucune des considérations qui peuvent empêcher la femme de prendre inscription contre son mari : il ne doit donc pas jouir de la même exemption, et l'intérêt des tiers se présente, alors, entier pour réclamer une publicité d'hypothèque si nécessaire à la sécurité des transactions... » (D. P. 55. 4. 29, n° 14). — Ainsi, la loi de 1855 ne se préoccupe plus de la date des subrogations; elle les soumet à la publicité; et c'est seulement à partir du jour où cette publicité a été donnée à la subrogation par l'inscription de l'hypothèque qui en est l'objet, ou par la mention de cette subrogation en marge de l'inscription préexistante, que le créancier subrogé prend rang vis-à-vis des autres subrogés.

780. Cette disposition est-elle applicable aux subrogations consenties sous l'empire du code Napoléon? La négative est certaine : « La loi, dit M. Troplong, Transcr., n° 357, a trouvé la cession complète; elle a trouvé le cessionnaire saisi conformément à la loi existante; elle a respecté cet état de choses. Partant de là, les cessions, consenties par la femme avant le 1er janv. 1856, sont affranchies de l'observation de la loi » (Conf. MM. Rivière et François, Explic., etc., n° 144; Bressolles, Exposé, etc., n° 108, 6e règle, 2° et 3°; Flandin, de la Transcr., t. 2, ch. 7.—V. Priv. et hyp., n° 987).

781. Il a été jugé, dans le même sens, que l'art. 9 de la loi du 23 mars 1855, suivant lequel le rang des créanciers subrogés à l'hypothèque légale de la femme, est déterminé par la date de l'inscription de cette hypothèque, ou les dates des mentions de subrogation faites en marge de l'inscription préexistante, est inapplicable aux subrogations antérieures à l'époque où la loi de 1855 est devenue exécutoire, alors même que l'hypothèque légale n'aurait été inscrite que depuis cette époque, et en conformité de l'art. 8 de la loi de 1855 : — Qu'en conséquence, l'ordre entre ces diverses subrogations doit être réglé d'après la date des subrogations elles-mêmes, conformément à la législation antérieure à la loi de 1855; et que l'inscription de l'hypothèque légale, prise par l'un des subrogés postérieurement à cette loi, ne peut lui assurer un droit de priorité sur les autres subrogés (Rej., 9 mai 1860, aff. Daumy-Saulnier, D. P. 60. 1. 217. Conf. Rennes, 21 juill. 1858, aff. Gélis, D. P. 59. 2. 67).

782. La question de savoir si la loi du 23 mars 1855 est applicable au créancier subrogé dans l'hypothèque légale de la femme, antérieurement à cette loi, s'est présentée à un autre point de vue. L'art. 8, ainsi que nous l'avons dit, oblige la femme, devenue veuve, ou ses ayants cause, à faire inscrire son hypothèque légale dans l'année qui suit la dissolution du mariage, sous peine de ne prendre rang que du jour de l'inscription ultérieure. Et l'art. 11, § 5, pour le cas où le mariage a été dissous antérieurement à la mise à exécution de la nouvelle loi, exige, sous la même peine, que l'hypothèque légale soit inscrite dans l'année, à compter du jour où le loi est devenue exécutoire.— Le créancier, subrogé antérieurement, est-il astreint à prendre cette inscription? Ici, comme on le voit, le débat intéresse, non pas comme dans la question précédente, le rang respectif des subrogés à l'hypothèque légale, mais l'effet même de cette hypothèque vis-à-vis des créanciers du mari ou des tiers. Un arrêt de la 4e chambre de la cour de Paris, du 8 janv. 1859, aff. Foigne-Marécat (D. P. 59. 2. 657), a décidé que, « si, aux termes de l'art. 8 de la loi du 23 mars 1855, les héritiers ou ayants cause de la veuve Duteille devaient, à peine de déchéance, faire inscrire son hypothèque légale, dans le délai imparti par ladite loi, Foigne-Marécat, comme cessionnaire subrogé (antérieurement à la loi de 1855), était expressément dispensé de l'accomplissement de cette formalité par l'art. 11 de la même loi. »

M. Flandin, de la Transcript., t. 2, chap. 7, cite un autre arrêt de la même chambre, du 4 janv. 1861, aff. Pilon, inédit, rendu contre son avis, et qui a de nouveau résolu la question dans les mêmes termes.—Nous avons, dans nos annotatations sur l'arrêt de 1859 (D. P., loc. cit.), critiqué la jurisprudence de la cour de Paris, et notre opinion, conforme, du reste, à celle des commentateurs de la loi du 23 mars 1855, a, depuis, été confirmée par un arrêt de la cour de Bourges. Sans reproduire toutes nos observations, nous les résumons ainsi : Le créancier subrogé, avons-nous dit, qui a été substitué, sous la loi de 1855, dans l'hypothèque légale de la femme, est tenu, si elle n'est point inscrite, de la faire inscrire, pour éviter deux dangers : 1° il n'aura plus à craindre que la femme subrogeante dispose ultérieurement de l'hypothèque à son détriment, puisque son rang, par rapport à tous autres subrogés, est réglé par la date de son inscription ;—2° Il sauvegardera l'hypothèque contre la déchéance de rang dont les art. 8 et 11 la frappent, faute d'inscription, après dissolution du mariage, dans les délais fixés par ces articles. — Au premier point de vue, l'inscription protège le subrogé contre les subrogés postérieurs à l'hypothèque de la femme. Au second point de vue, elle maintient le rang de cette hypothèque contre les autres créanciers hypothécaires du mari. C'est là le double objet de l'art. 9 et des art. 8 et 11, § 5, de la loi de 1855. — Maintenant, il est facile de saisir la portée des deux premiers paragraphes de l'art. 11, relatifs aux subrogations déjà existantes lorsque la loi de 1855 est devenue exécutoire. Ces deux paragraphes dispensent les subrogés antérieurs à la loi de 1855 de l'observation de l'art. 9 : il n'y est pas question de l'art 8. Quelle en est la conséquence? C'est que les subrogés dont il s'agit ne sont pas tenus, pour assurer leur rang de priorité contre des subrogés postérieurs en date, de prendre l'inscription exigée par l'art. 9, pas plus qu'ils ne seraient obligés de faire, en marge de l'inscription qui aurait déjà été prise, mention de la subrogation. Mais il ne s'ensuit nullement que l'hypothèque légale soit dispensée, au profit de ces subrogés, de l'inscription à laquelle les art. 8 et 11, § 5, subordonnent, en cas de dissolution du mariage, la conservation, pour la femme et ses ayants cause, du rang fixé par l'art. 2135, à l'égard des autres créanciers hypothécaires du mari. Le but des deux inscriptions est entièrement différent. L'une règle le rang des créanciers appelés successivement à recueillir le bénéfice de l'hypothèque légale; l'autre a pour objet d'autoriser l'exercice de cette hypothèque, par la femme ou ses subrogés, à la date résultant de l'art. 2135. N'est-il pas manifeste que, si la loi de 1855 avait entendu affranchir de l'inscription prescrite par l'art. 8, aussi bien que de celle prescrite par l'art. 9, les subrogations ayant acquis une date certaine avant le 1er janv. 1856, elle s'en serait expliquée? (Conf. MM. Troplong, de la Transcr., n° 358 ; Ducrnet, Études sur la transcript., n°° 51 et 54; Sellier, Comment., n°° 352 et 353; Bressolles, Exp., etc.. n° 108, 6e règle, 2°; Pont, Priv. et hyp., sur l'art. 2135, n°°817 et suiv., et 837 ; Clerc., A. Dalloz et Vergé, Formul. du not., t. 2, p. 560, 4e éd. ; Flandin, de la Transcript., loc, cit.; trib. civ. de Dôle, 20 mai 1857, aff. Grusse, D. P. 57. 3. 36; Bourges, 20 août 1859, aff. Ramon, D. P. 60. 2. 89.)

783. Mais nous n'admettons pas, avec M. Pont, loc. cit., que le créancier subrogé, dont l'acte de subrogation est antérieur à la loi du 23 mars 1855, soit tenu personnellement de prendre l'inscription exigée par l'art. 8, quoique, de son côté, la femme ait eu le soin de la requérir elle-même dans le délai qui lui était imparti. « Les diligences faites par la femme, dit l'honorable magistrat, au n° 837, ne conservent pas le droit personnel du créancier subrogé, qui est tenu personnellement de rendre ce droit public, pour qu'il puisse l'opposer aux tiers, et qui, ne l'ayant pas rendu public dans le délai, tombe sous le coup de l'art. 8 de loi nouvelle, d'après lequel, si la femme ou ses ayants cause n'ont pas pris inscription dans l'année, leur hypothèque ne date, à l'égard des tiers, que du jour des inscriptions prises ultérieurement ». Cette doctrine nous semble aller au delà des exigences de la loi. C'est l'art. 9 qui impose au créancier subrogé l'obligation de rendre publique sa subrogation, soit par l'inscription de l'hypothèque légale de la femme, faite à son profit, soit par ↘

mention de cette subrogation en marge de l'inscription préexistante. Or, cet art. 9 est du nombre de ceux que le § 1er de
l'art. 11, déclare inapplicables aux actes antérieurs à la mise à
exécution de la loi nouvelle. Quant à l'inscription à faire en vertu
de l'art. 8, elle est imposée aux créanciers subrogés, comme
ayants cause de la femme, de la même manière qu'elle le serait à
ses héritiers. Ils ne peuvent donc avoir à la prendre, au lieu et
place de leur auteur, qu'autant que la femme ne l'a pas prise
elle-même ; et ils profitent, comme le décide l'arrêt précité du
9 mai 1860 (*suprà*, n° 781), de l'inscription prise par la femme,
ou par un de ses cessionnaires, suivant les dates de leurs subrogations, l'art. 9 de la loi de 1855 restant inapplicable à cette
hypothèse (Conf. M. Flandin, de la Transcr., *loc cit.*).

784. Toutefois, lorsque l'inscription de l'hypothèque légale
a été prise, non par la femme, mais par un des créanciers subrogés (antérieurs à la loi du 23 mars 1855), les autres subrogés
n'en doivent profiter, selon nous, qu'à la condition que l'inscription prise l'ait été d'une manière générale, pour la conservation
des droits de la femme, et non pas d'une manière privative et
dans l'intérêt exclusif du créancier qui l'a requise. C'est ce qu'a
décidé, en principe, et dans un cas analogue à celui dont il est
question au numéro précédent, un arrêt de la ch. civ. du 4 fév.
1856, aff. de Clausel (D. P. 56. 1. 61), dont nous avons adopté
la doctrine (V. v° Priv. et hyp., n° 998. Conf. Paris, 27 fév.
1857, aff. Curabeth, D. P. 58. 2. 22; MM. Pont, Priv. et hyp.,
n° 799; Fons, Précis, etc., n° 90. — *Contrà*, M. Delsol, Journ.
des conserv. des hyp., t. 15, année 1859, n°s 1442, 1446). Et,
quoique l'arrêt précité du 9 mai 1860 contienne ce considérant :
« Que l'inscription, prise par la femme, *ou par un de ses cessionnaires agissant à sa place*, conservait l'intégralité des droits des
divers subrogés, selon l'ordre des dates de leurs subrogations, »
on ne peut pas en conclure qu'il y ait, de la part de la chambre
civile, un retour sur sa jurisprudence, puisque, dans les faits
de la cause, rien n'indique que l'inscription de l'hypothèque légale, qui avait été prise par l'un des créanciers subrogés, le
sieur Daumy-Saulnier, l'eût été dans son intérêt exclusif. — Bien
plus, la chambre civile, dans un arrêt récent, a très-explicite-
ment confirmé sa doctrine de 1856, en décidant que l'inscription
de l'hypothèque légale d'une femme mariée, prise par un créancier subrogé dans cette hypothèque, ne conserve que le droit du
créancier qui l'a requise, lorsqu'elle a été prise, par ce créancier,
*à son profit exclusif, jusqu'à concurrence de sa créance, avec
déclaration expresse qu'elle pourrait être rayée sur sa simple
mainlevée, comme devant profiter à lui seul, et non à la femme*;
qu'en conséquence, le conservateur est tenu d'en opérer la radiation, sur la seule mainlevée de ce créancier, sans qu'il lui
soit permis d'en conserver les effets au profit de la femme, sous
prétexte que l'inscription ne pourrait être rayée, vis-à-vis de
celle-ci, sans le son consentement (Rej. 5 fév. 1861, aff. Chon-
teau, D. P. 61. 1. 65). — Et cette décision n'est pas en désaccord avec un arrêt de la ch. des req. du 2 juin 1858, aff. Riquier
(D. P. 58. 1. 249), ni avec l'opinion que nous avons émise, v°
Priv. et hyp., n° 2712, l'arrêt de la chambre des requêtes, qui
fait profiter la femme de l'inscription prise par le créancier
subrogé, motivant sa décision sur ce que l'inscription, requise
par ce créancier, l'avait été, *sans distinction entre ses droits et
ceux pouvant appartenir à sa débitrice.* Dans son inscription,
en effet, le créancier subrogé énonçait qu'il « requérait *l'inscription de l'hypothèque légale de ladite dame Riquier* sur tous les
biens présents et à venir de son mari. »—Mais nous ne pouvons
aller aussi loin que M. Pont (Rev. crit., t. 11, p. 25 et suiv., et
Priv. et hyp., n° 800), qui, pour faire profiter la femme de l'inscription, exige que l'inscription ait été prise, non-seulement au
profit de celle-ci, mais encore *en son nom*.

785. La solution qui précède suggère à M. Ducruet, Études
sur la transcr., n° 54, une observation très-juste, et qui doit
fixer l'attention des notaires. « L'art. 9, dit-il, indique deux
modes d'inscription : le premier consiste à faire inscrire l'hypothèque légale *au profit du subrogé*; le deuxième à la faire inscrire au profit de la femme elle-même, avec mention de la subrogation. Dans ce dernier cas, il ne peut être douteux que l'inscription
profite, et à la femme et à tous ses ayants droit, au nombre
desquels figurent les subrogés antérieurs au 1er janv. 1856.

Mais, dans le premier cas, l'inscription n'étant requise qu'au
profit du subrogé postérieur au 1er janv., et pour la conservation
de ses droits, à quel titre le subrogé antérieur pourrait-il
profiter de cette inscription, non-seulement pour couvrir sa négligence, mais encore pour nuire au subrogé postérieur, et pour
se faire une arme, contre lui, de la formalité destinée à le protéger? — Cette considération, dit l'auteur, doit engager à ne pas
user du second mode indiqué par l'art. 9, et à employer préféra-
blement le premier, c'est-à-dire à faire inscrire l'hypothèque légale au profit du subrogé seulement, et dans son intérêt exclusif... »

786. Nous n'avons point à traiter ici de la subrogation à
l'hypothèque légale de la femme, d'abord, parce que c'est une
matière qui appartient au régime hypothécaire, et, ensuite, parce
que nous en avons amplement parlé dans notre traité des Priv.
et hyp., n°s 949 à 1006 (V. aussi, *eod.*, n° 2370 et suiv.).
Ce n'est que transitoirement, et parce que la loi du 23 mars 1855
contient une disposition relative aux subrogations d'hypothèque
légale de la femme, que nous sommes conduit à en parler de
nouveau.

787. Deux conditions sont exigées, par l'art. 9, pour que les
cessionnaires des droits de la femme soient saisis à l'égard des
tiers : l'authenticité de l'acte de subrogation et sa publicité. L'une
de ces conditions était la raison déterminante de l'autre. « L'acte
de subrogation, dit l'exposé des motifs, doit être authentique,
puisqu'il doit servir de première base à l'inscription qui ne
peut se fonder que sur un acte solennel »(D.P. 54. 4. 29, n° 14).

788. Suivant MM. Rivière et Huguet, Quest., n°s 393 et s.,
si la femme, au lieu de céder seulement ses droits d'antériorité,
cédait sa créance elle-même, les formalités de l'art. 9 ne seraient
pas applicables. « Ces formalités, disent-ils, n'ont trait, d'après
les termes mêmes de cet article, qu'à la *cession de l'hypothèque*.
Celles qui sont prescrites, pour la *cession de la créance*, par la
disposition de l'art. 1690 c. nap. continueront d'être observées.
Ainsi, la femme subroge-t-elle ou renonce-t-elle à son hypothèque
légale, il faudra que le cessionnaire ou subrogé ait sa faveur
un titre authentique et prenne ou une inscription à son profit, ou
fasse faire une mention en marge de l'inscription existante, pour
être saisi vis-à-vis des tiers. La femme cède-t-elle sa créance
hypothécaire, il suffira d'un acte sous seing privé et d'une notification, ou d'une acceptation par acte authentique. La loi du
23 mars n'a pas abrogé les principes du code Napoléon sur ce
dernier point (Conf. MM. Rivière et François, Explic., etc.,
n° 137; Bressolles, Exposé, etc., n° 100). — M. Mourlon, Examen crit., etc., App., n° 392, dit, au contraire : « Bien que la
loi ne le dise pas expressément, il n'est point douteux que la
cession de la créance hypothécaire ne soit soumise aux mêmes
règles que la cession de l'hypothèque; car, céder sa créance,
c'est céder en même temps son hypothèque, et c'est par conséquent faire, en même temps qu'un autre acte, celui que la loi a
pris soin de régler » (Conf. MM. Troplong, de la Transcription,
n°s 334 et suiv.; Flandin, *ibid.*, t. 2, chap. 9; Ducruet, Étud.
sur la transcr., n° 40). — Nous préférons cette dernière opinion
à celle de MM. Rivière et Huguet, qui ont bien senti l'objection
victorieuse qu'on peut leur faire, c'est que les cessionnaires,
dans ce cas, courraient le même risque d'être trompés qu'avant
la loi du 23 mars, puisque la notification, prescrite par l'art.
1690 c. nap., ne peut pas les renseigner sur les cessions antérieures. — Ces estimables auteurs en conviennent : « Mais ces
considérations, disent-ils, ne sont pas assez puissantes pour
lutter contre des textes et des principes qui nous paraissent formels. » Cela serait vrai, si le texte était aussi formel qu'ils le
prétendent; mais il n'en est rien. « Il y a deux manières de céder son hypothèque légale, dit M. Troplong, au n° 336 : on peut
la céder seule, et abstraction faite de la créance; on peut aussi
la céder avec la créance principale. Eh bien! l'art. 9 embrasse
ces deux cas; et il n'est pas possible de trouver, dans son texte,
quoi que ce soit qui le restreigne au premier, en excluant le
second. »

789. L'art. 9 parle « *des femmes qui peuvent céder leur
hypothèque légale ou y renoncer* » : il est évident que la disposition s'applique aux veuves, comme aux femmes qui sont encore
dans les liens du mariage. « Il est vrai, dit M. Troplong, au

n° 337, qu'il n'y a plus autant de raisons d'exiger un acte authentique et la présence d'un officier public, puisque la femme n'est plus sous l'influence de son mari; mais on ne peut pas diviser l'art. 9, et n'appliquer qu'une des parties sans l'autre. »
Il y a à ajouter, avec M. Flandin, de la Transc., t. 2, loc. cit., que l'authenticité de l'acte de subrogation n'est, comme on l'a vu suprà, n° 779, d'après l'exposé des motifs, que la conséquence du principe de publicité, et que cette publicité n'est pas exigée dans l'intérêt de la femme, mais dans l'intérêt des tiers subrogés postérieurement (Conf. MM. Mourlon, Examen crit., etc., App., n° 396, p. 1098 et 1099, à la note; Rivière et Huguet, Quest., n°² 404 et suiv.).

790. Le premier subrogé dans l'hypothèque légale de la femme, pour maintenir son antériorité vis-à-vis des tiers, a, dit M. Troplong, n° 340, deux formalités à remplir : l'une, qui est d'inscrire, à son profit, l'hypothèque légale de la femme, et l'autre de mentionner la cession en marge de l'inscription. — Il nous semble que les deux formalités se confondent en une seule; car, de deux choses l'une : ou l'hypothèque de la femme est inscrite, et le créancier subrogé n'a qu'à faire opérer la mention de sa subrogation en marge de ladite inscription, ou elle ne l'est pas; et, en faisant inscrire cette hypothèque, à son profit, comme le veut l'art. 8, c'est dans cette inscription même qu'il mentionne la subrogation qui lui a été consentie par la femme (Conf. M. Flandin, loc. cit.).

791. Avant la loi du 23 mars 1855, des arrêts avaient regardé comme suffisante, pour l'inscription de l'hypothèque légale de la femme, lorsque cette inscription, comme dans le cas de purge, était devenue nécessaire, la mention de la subrogation faite par le créancier dans l'inscription de sa propre hypothèque (Paris, 30 juin 1853, aff. Guiffrey, et 31 août 1854, aff. Bernard, D. P. 55. 2. 336 et 337, et v° Priv. et hyp., n° 2209; Req. 13 nov. 1854, aff. Coste, D. P. 55. 1.113).—Mais d'autres arrêts en plus grand nombre, et notamment deux arrêts de la chambre civile des 15 déc. 1829, aff. Wischer, v° Priv. et hyp., n° 1684-3°, 4 févr. 1856, aff. de Clansel, D. P. 56. † 61, avaient, au contraire, décidé que la mention de la subrogation à l'hypothèque légale de la femme, dans l'inscription conventionnelle du créancier subrogé, n'équivalant pas à l'inscription de l'hypothèque légale elle-même, et que, dès lors, cette inscription légale est éteinte, si elle n'a pas été inscrite, conformément à l'art. 2195 c. nap., dans le délai de la purge, et nous avons adhéré à cette doctrine, v° Priv. et hyp., n° 2210.

792. Toutefois, nous avons ajouté, loc. cit., n° 2211, avec plusieurs arrêts, que, si la mention de la subrogation, faite par le créancier subrogé dans sa propre inscription, contenait toutes les énonciations prescrites par l'art. 2153 c. nap. pour l'inscription de cette hypothèque, cette mention équivalait à l'inscription que la femme eût prise elle-même (Angers, 3 avr. 1835, aff. Hatton; Paris, 24 août 1840, aff. Dumont, v° Priv. et hyp., loc. cit.). — Il a été jugé, dans le même sens, que l'inscription spéciale de l'hypothèque légale de la femme est valablement suppléée, dans l'intérêt du créancier qui y est subrogé, par la mention, faite au bas de l'inscription de l'hypothèque conventionnelle que lui a constituée le mari, de la subrogation qui lui a été, en même temps, consentie par la femme dans l'effet de son hypothèque légale, encore que cette inscription ne contienne pas élection de domicile, pour la femme, dans l'arrondissement du bureau, alors, d'ailleurs, qu'elle désigne suffisamment la cause et la nature des droits de la femme, leur valeur, la personne du débiteur et celle du créancier (Bourges, 20 août 1859, aff. Ramon, D. P. 60. 2. 80).

793. Nous pensons qu'on devrait encore juger de même, sous la loi du 23 mars 1855. — Et telle est aussi l'opinion exprimée par M. Troplong, de la Transcr., n° 343 : « La pratique n'est pas fixée, dit-il, sur la manière d'appliquer l'art. 9, lorsque la subrogation dans l'hypothèque légale d'une femme mariée est consentie à propos d'une créance garantie en même temps par une hypothèque conventionnelle. L'inscription de la subrogation doit-elle être faite d'une manière distincte? Peut-on, au contraire, la requérir cumulativement avec l'inscription de l'hypothèque conventionnelle? Puis, subsidiairement, faut-il présenter au conservateur des bordereaux séparés, contenant, cha-

cun, les mentions propres à l'inscription qu'il s'agit de requérir?... Nous croyons, dit l'éminent magistrat, qu'on pourra requérir cumulativement l'inscription de l'hypothèque conventionnelle et de l'hypothèque légale, à la condition, bien entendu, que cette inscription unique contienne, pour chacun des droits inscrits, les indications prescrites par le code Napoléon : à savoir, celles qui sont énumérées dans l'art. 2148, en ce qui concerne l'hypothèque conventionnelle, et celles qui sont énumérées dans l'art. 2153, en ce qui concerne l'hypothèque légale. Ces formalités sont substantielles ; rien ne saurait en dispenser ; et c'est parce qu'elles n'avaient pas été remplies qu'un arrêt de la cour de cassation, en date du 4 fév. 1856 (V. suprà, n° 784), rendu sous l'empire du code Napoléon et par application de l'art. 2194, a décidé que « la simple mention de la subrogation dans l'hypothèque légale de la femme, accessoirement à l'inscription d'une hypothèque conventionnelle, ne présentant pas toutes les conditions voulues par la loi pour l'inscription de l'hypothèque légale elle-même, ne saurait équipolter à cette inscription et la remplacer... » Ce qui détermine notre solution, ajoute M. Troplong, c'est qu'elle donne une complète satisfaction à l'intérêt des tiers, à un intérêt de publicité que la loi du 23 mars 1855 a eu en vue de sauvegarder. Les tiers, en consultant les registres, y trouveront tout ce qu'il leur importe de connaître, tout ce que l'art. 2153 c. nap. prescrit de leur faire savoir. Dès lors, une double inscription entraînerait des frais inutiles. — Il est à peine besoin d'ajouter que, si une seule inscription suffit, il serait superflu de présenter au conservateur des bordereaux distincts » (Conf. MM. Mourlon, Rev. prat., t. 1, p. 89 ; Sellier, Comment., n° 211 ; Ducruet, Étud. sur la transcr., n° 42; Flandin, de la Transc., loc. cit.).

M. Fons, Précis sur la transcr., n° 86, a exprimé une opinion contraire. « Aujourd'hui, dit-il, plus de difficulté : la lacune qui pouvait exister, d'après la cour de Paris, dans la législation antérieure se trouve remplie par l'art. 9 de la loi nouvelle, qui dispose, en termes formels, que le cessionnaire de l'hypothèque n'en sera saisi, à l'égard des tiers, que par l'inscription de cette hypothèque prise à son profit, à défaut d'inscription préexistante. Il s'ensuit qu'on ne peut plus procéder, comme par le passé, par une simple mention, mais l'inscription conventionnelle, de la subrogation à l'hypothèque légale de la femme. La loi nouvelle exige, en effet, impérativement l'inscription de l'hypothèque légale ; ce qui suppose, non pas seulement une mention dans l'inscription de l'hypothèque conventionnelle, mais une inscription spéciale. Il faut donc prendre deux inscriptions... »

794. M. Fons ne nous paraît pas conséquent avec son système, lorsqu'il ajoute qu'il n'est pas rigoureusement nécessaire de requérir ces deux inscriptions par deux bordereaux distincts. « Rien, en effet, dans la loi, dit-il, ne défend au créancier subrogé de formuler, dans un seul et même bordereau, la double inscription de l'hypothèque conventionnelle et de l'hypothèque légale, pourvu que ces deux inscriptions, ainsi cumulativement acquises, contiennent : la première, tout ce qu'exige l'art. 2148 c. nap.; la seconde, toutes les énonciations prescrites par l'art. 2153. Le vœu de la loi du 23 mars, qui a eu en vue de sauvegarder la publicité, est complètement satisfait ; et les tiers, en consultant les registres, peuvent y trouver tout ce qu'il leur importe de connaître. » — Mais « comment, demande M. Flandin, M. Fons l'entend-il? Il cite les propres paroles de M. Troplong, qui parle d'une seule inscription à prendre, tandis que M. Fons en exige deux. Si l'on ne remet au conservateur qu'un seul bordereau pour la double inscription de l'hypothèque conventionnelle et de l'hypothèque légale, il n'y aura qu'une seule inscription, puisque, ce qui est transcrit sur les registres du conservateur, c'est le contenu aux bordereaux (c. nap. 2150), et qu'on ne peut exiger de ce fonctionnaire, ainsi que je l'ai dit suprà (V. n° 774), qu'il décompose ce bordereau unique pour en extraire les éléments propres à l'une et à l'autre inscription. »

795. Lorsque l'hypothèque légale de la femme est inscrite, quoique le créancier subrogé ait le choix, d'après l'art. 9 de la loi du 23 mars, ou de faire inscrire de nouveau cette hypothèque à son profit, en indiquant, dans l'inscription, la subrogation qui lui a été consentie, ou de requérir la mention de sa subrogation en marge de l'inscription préexistante, c'est évidemment ce dernier parti qu'il préférera comme le plus simple et le plus économique.— « Il ne paraît pas, dit M. Flandin, *loc. cit.*, que, pour cette mention, qui n'est pas une inscription, à proprement parler, il y ait lieu, par le créancier, de fournir au conservateur les deux bordereaux exigés par l'art. 2148 c. nap., ou même un seul bordereau comme il est prescrit par l'art. 4 de la loi du 2% mars 1855, pour la mention des jugements et résolution d'un acte transcrit. C'est au moins ce qui s'induit du passage suivant de l'instruction générale de la régie du 24 nov. 1855 : « Afin d'assurer, porte cette instruction, selon le vœu de cette disposition (l'art. 9), le rang de chaque cessionnaire, les conservateurs feront enregistrement au registre de dépôt, comme pour les inscriptions, des *demandes de mention de subrogation.* Pour cet enregistrement d'ordre et la mention en marge de l'inscription préexistante, ils n'exigeront que le salaire de 50 cent. fixé par le n° 4 du décret du 21 sept. 1810 (V. ce décret, v° Enreg., n° 5914, note 2 ; V. aussi v° Priv. et hyp , n° 2862, note 1, le nouveau tableau des salaires des conservat., n° 4), indépendamment du prix du papier timbré du registre de dépôt» (Conf. M. Fons, Précis, etc., n° 88).— M. Bressolles exprime la

même opinion, Exposé sur la Transcr., n° 104 : « La loi, dit-il, n'indique pas la marche à suivre pour faire opérer les simples mentions dont parle l'art. 9. On pourra déposer son bordereau, comme pour la mention exigée par l'art. 4 ci-dessus ; mais rien ne l'exige : il suffirait légalement de se présenter à la conservation, porteur de l'acte de cession, et de former, *même verbalement,* une demande qui serait enregistrée sur le registre de dépôt. » — Nous doutons, pourtant, que le conservateur se contentât d'une simple demande *verbale.*

796. L'art. 9 de la loi du 23 mars 1855 ne s'applique, cela est manifeste, qu'aux subrogations relatives à l'hypothèque légale de la femme, et on ne saurait l'étendre, sous prétexte d'analogie, aux subrogations que consentirait tout autre créancier hypothécaire ou privilégié, même un mineur devenu majeur, dit M. Mourlon, Exam. crit., etc., App., n° 396. Pour ces subrogations, on reste dans le droit commun. « Le silence du législateur, à cet égard, s'explique, dit M. Troplong, de la Transcr., n° 544, par la rareté des cessions d'hypothèques ordinaires, faites sans la cession simultanée de la créance.... » (Conf. MM. Rivière et Huguet, Quest., n° 408 ; Flandin, de la Transcr., t. 2, ch. 9.—*Contrà,* M. Ducruet, Etudes sur la transcript., n° 41).

Table sommaire des matières.

l'arbitrage d'un tiers 95 s. ; — à semère 90, 361 s. ; renonciat.) 522;	—à terme 92; — avecdéclarationde command 115 s ; — conditionnelle	90 s.;—mobilière (mines, carrières) 242; — par mandataire 105 s.;	pour autrui 106. ‖ Vente publique (lots distincts, trans- cription distincte)	413 s. Vente successive(ac- tion possessoire) 517 s. ; (résolu-	tion, mention en marge)399;(trans- cription du der- nier contrat) 495	s. ; (transcription du même jour) 519 s. Vente verbale 87 s.	Vérification d'écri- ture 555. Vest 2.

Table des articles des codes Napoléon, de procédure, de commerce et de la loi du 23 mars 1855.

CODE NAPOLÉON							
Art. 126. 66.	182.	—1267. 151 s.	—1549. 255 s.	—2076. 274 s.	—2180. 508 s.	—854. 522 s., 539	—2-4°.241s.,329s
—139. 379.	—920 396.	—1269. 132, 557, 374.	—1552. 259.	—2085. 153.	—2181. 414 s.	541 s., 547 s., 565.	—3. 107.
—384. 240.	—929. 525.	—1271. 339.	—1562. 256 s.	—2087. 327.	—2182. 500 s,	—855. 522 s., 544 s. 547 s.	—3-1°. 107,459s., 495 s.
—420. 449 s.	—930. 525.	—1275 339.	—1583. 76, 459, 522 s.	—2101. 565.	—2189. 366.	—904. 337.	—5-2° 529 s., 632 s., 647 s.
—430. 449 s.	—958. 76, 459.	—1304. 98, 306.	—1590. 85 s.	—2103-2e. 557.	—2195. 532 s.	—1020. 562.	—4. 583 s.,437 s., 155, 468 s., 686 s.,755s.
—522. 70.	—939. 272.	—1321. 123 s.	—1592. 93 s.	—2103-4e. 566 s	—2194. 444, 532 s.	CODE DE COM.	—5. 635 s
—555. 62.	—940. 445 s.	—1358. 99, 516, 751.	—1595. 127 s.	—2105. 624 s.	—2195. 532 s.	Art. 448. 600 s.	—5-1° at 5°. 495 s., 535 s.
—599. 63.	—941. 76, 460, 464 s., 509.	—1401. 236 s.	—1699. 482.	—2108. 441, 556, 565.	—2196. 655s.,666.	—490. 525.	—6-2°et 3°. 547 s., 764 s.
—617. 306.	—942. 445 s., 448, 490.	—1403. 236 s.	—1626. 482.	—2109. 551s.,558, 565.	—2197. 665 s.	—517. 525.	—7. 591 s.,775 s.
—618. 390.	—954. 629 s.	—1408. 212 s.	—1654.325,591 s.	—2110.566 s.,575.	—2199. 426.	L. 23 MARS 1855.	—8. 526 s., 775 s.
—623. 306.	—958. 592.	—1409.170, 2 56 s	—1656. 325, 621.	—2111.574 s.,611.	—2200. 431, 519.	Art. 1. 41 s.	—9. 779 s., 787 s.
—639. 278.	—960 386 s.	—1422. 339, 846.	—1696. 53.	—2113. 577.	—2220. 507.	—1-1°. 78 s., 126 s., 154 s., 143 s., 158 s., 198 s., 257 s.	—10. 748.
—640. 278.	—1017. 523.	—1430. 551.	—1675. 90.	—2115. 531, 545, 550.	—2223. 507.	—1-2°.220s.,289s.	—11-1°. 748 s.
—651. 278.	—1043 297.	—1433. 189 s.	—1690. 261, 266, 788 s.	—2121. 525.	—2233. 512 s.	—1-3°.238s.,532s.	—11-2°. 748 s.
—661. 281.	—1070. 490.	—1471 178 s.	—1699. 219.	—2135. 91, 395, 500.	—2239. 537.	—1-4°.143s.,352s.	—11-3°. 687 s., 755 s.,
—682. 282.	—1071. 76,491.	—1472. 187.	—1706. 626 s.	—2135. 525 s.	—2265. 508 s.	—2. 254 s.	—11-4°. 616 s.,, 775 s.
—690. 285.	—1072. 464 s	—1492. 184.	—1707. 134 s., 626 s.	—2137. 450.		—2-1°.269s.,278s.	—11-5°. 775 s.
—691. 284.	—1120. 106, 752. 397, 470.	—1495. 128.	—1717. 335.	—2139. 444.	CODE DE PROC.	—2-2°. 289 s.	—11-6°. 272.
—692. 279 s.	—1167. 343, 548,	—1505 168 s.	—1745. 645.	—2146. 600 s.	Art. 54. 355.	—2-5°. 352 s.	—12. 668 s.
—695. 279 s.	—1168. 96.	—1506. 175.	—1750. 645.	—2147. 519 s.	—141. 760.		
—706. 306.	—1179. 91.	—1507.172,174s., 725 s.	—1765. 533.	—2148. 429,458 s.	—142. 760.		
—780. 300.	—1182. 91, 96.	—1508. 174s.,725s	—1845. 160 s.	—2154. 436, 560.	—472. 405.		
—785. 296.	—1183. 90.	—1514. 177.	—1851. 165. .	—2155. 441.	—679. 519.		
—841. 208 s.	—1184. 222s.,386,	—1530. 256 s.	—1998. 753.	—2172. 567.	—684. 638, 641 s.		
—852. 50.	—1185. 92.	—1533. 256 s.	—2059. 482.		—686. 470, 507.		
—885. 364 s.	—1266. 131 s.				—747. 592 s., 622.		
—888.135 s., 145,					—772. 532 s.		

Table chronologique des lois, décrets, arrêts, etc.

1792. 13 mai 203.	—18 fév. 684 c.	—50 août 222 c.	1841 3 mai 380 s.; 675.	—50 janv. 727 c., 729-1° c.	—24 août 746 c.	—4 juill. 572 c., 708 c.	1859. 8 janv. 782c.
An 7. 22 frim. 161, 689.	—16 mars 491 c.; 604 c.	—6 nov. 155 c., 698 c.	—5 mai 149 c.	—5 fév. 718 c., 728 c.	—29 nov. 695-1°c.	—15 juill. 605-1 c., 2° c.	—24 fév. 520 c.
An10.12 frue.517c.	—12 déc. 604 c.	1829. 11 mars 426 c., 741 c.	—13 juill. 562 c.	—16 avr. 695-1°c.,	—23 nov. 695-1°c., 696 c.	—29 juill. 706 c.	—14 mars 614 c.
An12.19 niv.504 c.	1812. 24 fév. 604 c.	—12 mars 222 c.	1842. 25 mai 275 c.	—18 mai 672.	1854. 9 janv. 712c.	—20 août 245 c.	—5 avr. 705 c.
—27 niv. 104	—27 mars 101 c.	—23 mars 560 c.	—6 juin 720 c.	—25 août 695-1°, 695 c.	—15 fév. 756 c., 758 c.	—10 nov. 614 c.	—6 avr. 612 c.
—21 germ. 262 c.	—5 avr. 560 c.	—5 août 156 c.	—29 nov. 509 c.	—17 juin 142 c., 701 c., 705 c.	—29 mars 152 c.	—15 déc. 542 c.	—1er juin 541 c., 608 c. 609 c.
—9 mess. 499 c.	—27 août V. 27 mars 1812.	—14 déc. 741 c.	1845.11 janv. 71 c.	—7 juill. 704 c. 715-1° c.	—50 août 725 c.	—16 déc. 615 c.	—7 juin 617 c.
An 15. 17 prair. 505 c.	1815.10 juill.524c.,	1850.4 janv. 468 c.	1844.13 mai 714 c.	—21 août 729-2° c.	—51 août 791 c.	1858. 16 janv. 128 c.	—15 juill 616 c.
—5 therm. 491 c.	1814. 18 déc. 574	—1er fév 575 c.	—4 juin 475 c.	—26 août 695-1° c.	—55 août 791 c.	—51 janv. 791 c.	—22 juill. 705 c., 708 c.
An 14. 13 brum.	—1er fév 575 c.	—15 mars 571 c.	—5 août 471 c., 475 c.	—2 déc. 695-1° c., 695-2° c.	1855. 51 fév. 715-5° c.	—6 fév. 715 s.	—26 juill. 657 c.
—29 frim. 506 c.	—15 mars 571 c.	1851. 9 mars 498 c.	—17 déc. 742 c.	—26 mars 754 c.	—6 mars 744 c.	—2 mars 726-2° c.	—50 juill. 613 c.
1806. 5 août 962 c.	1814.12 août 764c.	1855. 19 juin 450c.	1845.24 avr. 640 c.	—5 mai 516 c.	—9 mai 737 c.	—10 mars 475 c.	—19 août 474.
—11 sept. 686 c.	—51 août 155 c.	—12 août 71 c.	—25 juin 706 c.	—17 nov. 754 c.	—1 juin 485 c.	—15 mars 607 c.	—20 août 782 c., 792 s.
—21 oct. 740.	1816. 19 mars 71 c.	1854. 20 janv. 624 c., 626 c.	—18 août 706 c.	—18 nov. 679 c.	—28 juin 478 c.	—25 mars 492 c.	—25 nov. 475 c.
1807. 10 fév. 665.	—28 avr.670, 689.	—17 fév. 506 c.	—26 nov. 475 c.	—28 nov. 696 c.	—23 juill. 694 c.	—51 mars 572 c., 709 c.	1860. 51 janv. 695-2° c.
—11 fév. 45, 545 c.	—1er mai 669.	—25 oct. 685 c.	1846. 25 fév. 676 c.	—2 déc. 695-1° c.	—24 nov. 414,451, 459, 660, 669, 688.	—29 avr. 555 c., 557 c., 778 c.	—12 mars 554 c.
—21 juill. 491 c.	—26 déc. 119 c.	1855. 5 janv. V.25 oct. 1834.	—25 mars 161 c.	1852. 22 mars 715-2° c.	—10 déc. 669.	—1er mai 428 c., 470 c., 474 c.	—21 mars 605-2°c.
—5 sept. 578 c.	1818.28janv.556c.	1856.10 mars 222 c.	1847. 4 août 471 c.	—11 juill. 702 c.	—19 déc. 706 c.	—5 mai 456 c.,598 c., 777 c.	—50 mars 474 c.
—16 sept. 584.	1822. 4 fév. 706 c.	—8 août 157 c.	—1er fév. 658 c.	—26 juill. 624 c., 640 c.	—4 fév. 784 c.,791 c., 792 c.	—11 mai 150 c., 474 c.,605-1° c.	—1er mai 605-1°c., 620 c.
—22 déc. 452 c.	—17 juin 475 c.	—5 déc. 215 c.	—15 avr. 720 c.	—10 août 690 c.	—17 avr. 475 c.	—28 mai 586 s.	—7 mai 541 c.
1808.13 fév. 578 c.	—5 août. V. 3 août 1829.	1857. 8 mars 214 c.	—19 juill. 657 c.	—21 déc. 729-2°c.	—11 juill. 586 s.	—2 juill 155 c., 154 c., 781 c.	—9 mai 781 c.,785 c.
—18 fév. 452 c.	—15 déc. 550 c.	—9 mai 750 c.	—9 août 475 c.	1853. 5 janv. 426c.	—13 août 706 c.	—5 août 185c.,188 c.	—15 juin 475 c.
—20 fév. 604 c.	—13 nov. 706 c.	1858.29 juin577 c.	—29 déc. 282 c.	—12fév.222c.,274c 704 c.	—25 août 657 s.	—15 nov. 501 c.	—1 juin 776 c.
—29 juill. 452 c.	1824.16 avr.560 c.	—19 juill. 741.	1848. 10 avr. 695-2° c.	—19 mai 261 c., 273 c., 695 s.	—25 nov. 517 c.	—20 nov. 745 c.	—5 juill. 520 c.
—11 août 112 c.	—13 juin 450 c.	1859.31 janv. 149c.	—24 mai 475 c.	—7 juin 715-1° c.	1855. 8 janv. 426c.	—29 nov. 474 c.	—6 août 615 c.,
—23 oct. 740 c.	—17 nov. 687 c.	—7 juin 415 c.	—15 nov. 69 c.	—50 juin 791 c.	1857. 27 janv. 155 c., 700 c.,705 c.	—1er déc. 475 c.	—9 août 752 c.
1809. 21 mars 665.	1824.17janv.520c.,	—12 août 739 c.	—26 déc. 665 c.		—15 fév. 715-1 c.	—2 déc. 657 c.	—25 août 615 c., 626 c.
—6 juin 491 c.	—16 juin 137 c., 672 s., 689.	—26 août 262 c., 384 c.	1849. 15 janv. 69 c.		—26 janv. 542 c.	—5 déc. 492 c.	—50 nov. 619 c., 620 c.
—21 juin 681 c.	1825.19 mars 695 c.	—2 déc. 300 c.	—26 mars 729-2°c., 733-2° c.		—25 fév. 541 c.	—22 déc. 619 c.	1861 4 janv. 782c.
—29 nov. 684.	1826. 27 avr. 560 c.	1840.10mars468c.	—27 mars 491 c.		—27 fév. 784 c.		—5 fév. 784 c.
—7 déc. 604 c.	—14 nov. 367 c.	—27 avr. 475 c.	—7 nov. 698 c., 703 c.		—20 mai 782 c.		
1810.24 juin.604 c.	1827. 22 fév. 698 c.	—6 mai 714 c.	1850. 2 janv. 690 c.				
—21 avr. 585.	—20 mars 684 c.	—24 août 792 c.	—15 janv. 690 c.				
—24 juill. 452 c.	—28 mars 695 c.						
—17 nov. 450 c.	—25 juill. 728 c.						
1811. 17 janv.684.							

TRANSCRIPTION (DROITS DE). — Droits à percevoir sur les actes transcrits ou qui doivent être transcrits au bureau de la conservation des hypothèques. — V. Enregistrem., nos 5963 et suiv.; Transcript., nos 668 et suiv.

TRANSCRIPTION DES ACTES SUR LES REGISTRES PUBLICS. — Cette transcription peut, en certains cas et sous certaines conditions, suppléer, comme preuve, le titre original adiré. — V. Obligation, nos 4599 et suiv., 4928.

TRANSCRIPTION D'ACTES DE L'ÉTAT CIVIL. — Les actes de l'état civil passés en pays étrangers peuvent-ils être transcrits sur les registres français, bien que cette transcription ne soit pas exigée pour leur validité? V. Acte de l'ét. civ., n° 550.
— Mais, doivent être transcrits, les actes des militaires reçus hors de France par les agents militaires, les actes reçus sur mer, ou aux lazarets. — V. eod., nos 377, 446.

TRANSCRIPTION DES DONATIONS. — Formalité à laquelle sont soumises les donations de biens susceptibles d'hypothèque (c. nap. 939), et qui consiste dans la copie littérale de la donation sur les registres du conservateur (V. Disposit. entre-vifs et test., n°° 1559 et suiv.). — La loi du 23 mars 1855 sur la transcription des actes translatifs de propriété a-t-elle dérogé à la disposition du code Napoléon, relative à la transcription des donations? — V. Transcription, n° 272.

TRANSCRIPTION DES JUGEMENTS. — V. Transcript., n°° 351 et suiv.; V. aussi v°° Acte de l'état civil, n°° 24, 473; Cassation, n° 67; Compét. civ. des trib. d'arr., n° 14.

TRANSCRIPTION DE LA SAISIE IMMOBILIÈRE. — Formalité de la saisie immobilière qui opère le dessaisissement du débiteur (c. pr. 678 à 687).—V. Vente publ. d'imm., n°° 625 et suiv.

TRANSFÈREMENT DES DÉTENUS. — C'est le transport d'un lieu dans un autre des individus placés sous la main de la justice. — V. Frais et dép., n°° 1048 et suiv., 1147 et suiv.; Prison, n°° 56, 74, 103, 106.

TRANSFERT. — Ce mot, dans un sens général, est synonyme de transport ou de cession et pourrait s'appliquer, par conséquent, à tout acte par lequel on transporte, on cède une chose ou un droit à un tiers; mais, dans l'usage, il s'emploie particulièrement pour exprimer le transport d'une rente inscrite au grand-livre de la dette publique ou d'une action industrielle (V. Trésor public; V. aussi Banque, n° 110; Bourse de com., n°° 220, 251 et suiv., 292, 315, 369 et suiv.; Enregistrem., n°° 4926 et suiv.; Responsabilité, n° 264; Société de crédit fonc., n° 93). — On l'applique quelquefois aussi soit à la cession des marchandises placées sous le régime de l'entrepôt (V. Douanes, n°° 468 et suiv.), soit, en cas de cession d'un établissement commercial, au transport de la patente du cédant au cessionnaire (V. Patente, n°° 404 et suiv.).

TRANSFUGE. — Se dit de celui qui abandonne son parti, son corps à la guerre, pour passer à l'ennemi et lui apporter ses services.—V. Crimes contre la sûreté de l'État, Organisat. milit.

TRANSIT. — On désigne par ce nom une faveur ou sorte de privilége accordé au commerce, au moyen duquel des denrées ou marchandises soumises à l'impôt peuvent, sans acquitter les droits, traverser les pays, les localités où ces droits sont exigibles. — V. Douanes, n°° 81, 256, 306, 384 et suiv., 534 et s.; Impôts. ind., n°° 92, 134; Octroi.

TRANSLATION D'HYPOTHÈQUE. — Transport de l'hypothèque d'un immeuble sur un autre. — V. Privil. et hypoth., n° 2620.

TRANSLATION DES LEGS. — C'est une disposition par laquelle le testateur qui avait fait un legs au profit d'une personne le transfère à un autre. — V. Disposit. entre-vifs et test., n°° 4154 et 4196 et suiv.

TRANSMISSIBILITÉ DES ACTIONS.—V. Action, n°° 70, 111.

TRANSMISSION. — C'est l'action de faire passer sa possession, ses droits, ses actions à un autre.—V. les mots qui suivent.

TRANSMISSION (DROIT DE). — **1.** L'impôt établi sous le nom de droit de transmission, et dont l'origine est toute récente, est spécial aux valeurs mobilières, c'est-à-dire aux actions et obligations dans les sociétés, compagnies ou entreprises de finances, d'industrie ou de commerce. Quelques explications suffiront pour faire connaître les circonstances qui ont amené la création de cet impôt.

2. Les cessions d'actions étaient passibles, sous l'empire de la loi du 22 frim. an 7, d'un droit de 50 cent. pour 100 fr. (art. 69, § 2, n° 6). Ce droit, d'après la jurisprudence, concernait exclusivement les cessions à titre onéreux; dans la pratique il n'était perçu qu'à l'occasion des cessions constatées par actes présentés à l'enregistrement.

3. En 1850, c'est-à-dire à une époque où de vives critiques étaient dirigées contre la répartition inégale de l'impôt entre les valeurs immobilières et les valeurs mobilières, et où quelques économistes insistaient pour l'établissement de l'impôt sur le revenu (V. Economie politique, n° 117), une première satisfaction fut donnée à ceux qui se plaignaient de voir les valeurs mobilières productives d'un revenu souvent supérieur à celui des immeubles, échapper à peu près à l'impôt. La perception du droit de timbre sur les actions et obligations, qui jusque-là n'avait pu être effectué régulièrement, fut l'objet de mesures nouvelles qui élevèrent le chiffre de cet impôt et le transformèrent en une sorte de taxe périodique (V. Timbre, n°° 110 et suiv.). Comme compensation, il fut décidé que, « au moyen du droit nouveau, les cessions de titre ou de certificat d'action seraient exemptes de tout droit et de toute formalité d'enregistrement » (L. 5 juin 1850, art. 15).

4. L'établissement du droit de transmission fut un nouveau pas vers la réalisation de la même idée. « Il faut, disait le rapporteur, que l'impôt apparaisse, non comme le résultat d'une lutte entre la propriété immobilière et la propriété mobilière, mais bien comme la consécration du grand principe de la répartition égale et proportionnelle des charges de l'État. » Pour démontrer que cette répartition n'était pas égale, le rapporteur disait éloquemment : « C'est à la terre que l'on s'adresse dès que les temps deviennent difficiles ; toujours à portée, toujours saisissable, elle supporte le poids des crises, des guerres et des révolutions. Les aggravations d'impôts l'atteignent presque toujours et souvent seule. Elle acquitte la plus grande partie des charges locales, qui ne contribuent pas toutes à son amélioration. Une portion des impôts de consommation grèvent indirectement ses produits. Son revenu est modeste, son accroissement lent, sa transmission difficile, entravée de formalités et de droits considérables ; ses emprunts toujours si onéreux, sont devenus presque impossibles.... » (V. ce rapport, D. P. 57. 4. 93, n° 12) On peut ajouter que la propriété immobilière difficilement partageable, oblige les héritiers à substituer au partage des cessions ou arrangements qui ont pour effet d'accroître, dans une proportion notable, les droits dus sur la succession. — Le nouveau droit établi sur la circulation des actions, était donc présenté comme un moyen de faire cesser un privilége vivement attaqué. « L'immense accroissement et la prospérité des entreprises financières et industrielles, disait encore le rapporteur, ne permettaient pas de taxer ce droit d'exagération. L'État réclamait ainsi l'indemnité dont on n'a jamais contesté le principe, et qui lui revient en échange de la protection qu'il accorde » (V. loc. cit., n° 18). C'est sous l'influence de ces considérations que fut votée, après plusieurs remaniements, le 23 mai 1857, et sanctionnée, le 23 juin suivant, une série de dispositions relatives au nouvel impôt, dispositions insérées, conformément à l'usage, dans la loi de finances soumise au corps législatif, mais que nous en détachons et reproduisons ci-dessous pour faciliter l'intelligence de notre travail (1), V. l'exposé des motifs et le rapport, D. P. 57. 4. 91. — La loi du 23 juin 1857 a été suivie d'un décret, en date du 17 juill. 1857 (D. P. 57. 4. 111), rendu pour sa mise à exécution.

5. Quel est le caractère du nouvel impôt? Cette question a donné lieu à une déclaration du rapporteur qu'il est intéressant de consigner : « S'agit-il d'un impôt sur le revenu, a dit l'organe de la commission? nous ne le croyons pas, et nous n'hésitons pas à dire que si nous l'avions pensé, nous l'aurions rejeté nettement. La pensée du gouvernement, comme la nôtre, est de ne point aborder cette nature d'impôts qui devrait modifier tout à fait le système de nos autres impôts et dont les inconvénients sont dans tous les esprits. Ce n'est pas lorsqu'un pays voisin semble près d'y renoncer que nous établirions chez nous un système de taxe qui ne se présente qu'entouré du cortége inquiétant de l'arbitraire et de la vexation » (V. le rapport précité, n° 18). Des déclarations également hostiles à toute création d'un impôt sur le revenu ont été faites plus tard, à l'occasion de la discussion du budget de 1862, dans la séance du corps législatif du 5 juin 1861 (Monit. de 1861, p. 817).— Le nouvel impôt a soulevé, depuis son application, d'assez vives critiques (V. notamment les observations de M. le député Ravinel dans la discussion du budget de 1861, D. P. 60.4. 107, note 4); les mêmes critiques avaient été adressées à l'impôt du timbre établi sur les actions par la loi du 5 juin 1860 (V. le n° 24 du rapport reproduit en note de cette loi, D. P. 50. 4. 114). C'est le sort de toute taxe nouvelle dont la perception n'est pas encore entrée dans les habitudes des contribuables.

6. Nous avons à traiter brièvement : 1° du droit de transmission en général ; 2° du mode de perception de ce droit lorsque les titres sont nominatifs; 3° du mode de perception lorsque les titres sont au porteur; 4° de la liquidation et du payement du droit; 5° des contraventions.

7. *Du droit de transmission en général.* — Le droit de transmission ne pouvait être perçu à l'occasion de chaque cession, à cause de la diversité des titres d'actions, dont les uns sont nominatifs et transmissibles au moyen d'un transfert opéré sur les registres de la compagnie, et les autres au porteur et transmissibles sans formalité. Cette situation a déterminé le législateur à n'exiger le droit proprement dit que des actionnaires obligés de faire opérer le transfert au siége social, et à convertir ce droit en une taxe annuelle pour les possesseurs d'actions au porteur, taxe qui est avancée par la compagnie et moyennant le payement de laquelle les titres peuvent circuler indéfiniment (L. 23 juin 1857, art. 6 et 7). — Les actions et obligations émises par les sociétés, compagnies ou entreprises étrangères ont été déclarées passibles, en France, du droit de transmission ou du moins d'un droit équivalent (même loi, art. 9); à leur égard la distinction entre les titres nominatifs et les titres au porteur n'a pas paru praticable, et c'est la taxe annuelle qui a été exigée pour les unes comme pour les autres (décr. du 17 juill. 1857, art. 10).

8. Un point capital qu'il ne faut pas perdre de vue, c'est que le droit de transmission n'a été établi que sur les cessions *à titre onéreux*; quant aux transmissions par décès ou à titre gratuit entre vifs, elles restent soumises à la législation antérieure, à laquelle il n'est pas dérogé à cet égard. La distinction entre les cessions à titre onéreux, et les transmissions par voie de libéralité et de succession existait déjà dans la législation antérieure; il a été jugé, en effet, que la taxe de 50 cent. par 100 fr. établie par l'art. 69, § 2, n° 6 de la loi du 22 frim. an 7, n'est applicable qu'aux cessions d'actions à titre onéreux, et que les droits ordinaires sur les donations de valeurs mobilières entre vifs et les transmissions par décès de ces mêmes valeurs doivent être perçus à l'occasion des donations, legs et transmissions d'actions

par décès (trib. de Valenciennes, 16 juin 1857, aff. Norman, D. P. 57. 3. 78; et sur le pourvoi contre ce jugement, civ. rej., 23 mai 1859, D. P. 59. 1. 215). — Le même principe a été rappelé, en ce qui concerne l'application de la loi du 23 juin 1857, dans les motifs d'un jugement du tribunal de la Seine du 20 août 1858 (aff. Maimbourg, D. P. 59. 3. 32); il a été, de plus, appliqué formellement : 1° par un jugement décidant que la taxe annuelle des biens de mainmorte payée par les sociétés anonymes à raison des immeubles qu'elles possèdent, n'affranchit pas leurs actions industrielles, dans la proportion pour laquelle ces actions représentent l'actif immobilier, des droits de mutation exigibles des actionnaires en cas de transmission à titre gratuit entre vifs ou par décès (trib. de Carcassonne, 10 janv. 1860, aff. Cuin, D. P. 61. 3. 23); — 2° Par un jugement duquel il résulte qu'en matière de mutation par décès les registres d'une compagnie font foi contre les héritiers, jusqu'à preuve contraire, de la propriété et de la transmission des actions appartenant au défunt dans cette compagnie; qu'ainsi lorsque les registres de la compagnie établissent que le défunt possédait un plus grand nombre d'actions que celles déclarées et que ces actions ont été également recueillies par ses héritiers à titre de partage, il n'y a lieu de s'arrêter à l'allégation des héritiers que les actions non déclarées auraient été l'objet d'un transfert onéreux antérieurement au décès, si la preuve de l'existence d'un tel transfert n'est pas rapportée (trib. de Cambrai, 22 déc. 1859, aff. Bery, D. P. 60. 3. 38).

9. Si la loi du 23 juin 1857 ne s'applique qu'aux cessions d'actions à titre onéreux, s'applique-t-elle du moins à toutes les cessions à titre onéreux, quel que soit le mode de constatation? — Sur ce point l'administration de l'enregistrement a prétendu faire une distinction entre les cessions faites à la bourse ou verbalement, et les cessions constatées authentiquement par acte notarié ou par jugement. Voici comment elle a raisonné : « La loi du 5 juin 1850, comme compensation au droit de timbre dont elle assurait la perception, déclarait dans son art. 15 les cessions d'actions exemptes de tout droit et de toutes formalités d'enregistrement et, par suite, abrogeait l'art. 69, § 2, n° 6, de la loi du 22 frim. an 7. Mais cet article 15 de la loi du 5 juin 1850, a été abrogé à son tour, par l'art. 11 de la loi du 23 juin 1857, qui a établi le droit de transmission ; il en résulte, a dit l'administration, que la disposition de la loi de frimaire an 7 qui frappait les cessions d'actions d'un droit de 50 cent. par 100 fr., revit pour celles de ces cessions constatées par actes qui doivent être présentés à l'enregistrement. » — Ce système qui ne trouvait son fondement ni dans un texte précis, ni dans aucune des déclarations faites à l'occasion de la discussion de la loi, était évidemment le résultat d'une confusion. La loi du 23 juin 1857, mettant fin à l'exemption qu'établissait la loi du 5 juin 1850, a dû, pour éviter une contradiction évidente, supprimer la disposition où cette exemption était mentionnée. Ce motif suffit pour expliquer l'abrogation de l'art. 15 de cette dernière loi ; s'il avait été dans la pensée du législateur d'établir deux droits différents sur les cessions d'actions à titre onéreux, système assez difficile à justifier, il l'eût certainement déclaré par une disposition expresse (Conf. Journ. de l'enreg., art. 16,826).—L'interprétation de l'administration n'a pas été consacrée par la jurisprudence. — Il a été jugé que les cessions d'actions contenues dans des actes sous seing privé ou notariés, ou constatées par jugement, ne donnent lieu, comme celles faites à la bourse, qu'à la perception du droit spécial de transmission établi par la loi du 23 juin

---

mettre au receveur de l'enregistrement du siége social le relevé des transferts et des conversions, ainsi que l'état des actions et obligations soumises à la taxe annuelle.

8. Dans les sociétés qui admettent le titre au porteur, tout propriétaire d'actions et d'obligations a toujours la faculté de convertir ses titres au porteur en titres nominatifs, et réciproquement.

Dans l'un et l'autre cas, la conversion donne lieu à la perception du droit de transmission.

Néanmoins, pendant un délai de trois mois à partir de la mise à exécution de la présente loi, la conversion des actions et obligations au porteur en actions et obligations nominatives sera affranchie de tout droit.

9. Les actions et obligations émises par les sociétés, compagnies ou entreprises étrangères sont soumises, en France, à des droits équiva-

lents à ceux qui sont établis par la présente loi et par celle du 5 juin 1850, sur les valeurs françaises; elles ne pourront être cotées et négociées en France qu'en se soumettant à l'acquittement de ces droits.

Un règlement d'administration publique fixera le mode d'établissement et de perception de ces droits, dont l'assiette pourra reposer sur une quotité déterminée du capital social.

Le même règlement déterminera toutes les mesures nécessaires pour l'exécution de la présente loi.

10. Toute contravention aux précédentes dispositions, et à celles des règlements qui seront faits pour leur exécution, est punie d'une amende de 100 fr. à 5,000 fr., sans préjudice des peines portées par l'art. 52 de la loi du 22 frimaire an 7, pour omission ou insuffisance de déclaration.

1857, et non à la perception du droit de 50 cent. par 100 fr. établi par la loi du 22 frim. an 7 (trib. de la Seine, 23 juin 1860, aff. Demontry, D. P. 60. 3. 61; trib. de Bordeaux, 21 mars 1860, aff. Furne, et, sur le pourvoi contre ce jugement, Req. 12 fév. 1861, D. P. 61, 1re partie); et que l'acte présenté à l'enregistrement est soumis seulement à un droit fixe de 2 fr. comme simple droit de formalité (trib. de la Seine, 20 août 1858, aff. Mainbourg, D. P. 59. 3. 32). Cette solution s'applique aux deux classes d'actions, même aux actions dont la circulation est assurée par le payement d'une taxe annuelle.

10. Il ne faut pas confondre avec la cession à titre onéreux le transfert fait à titre de garantie et n'emportant pas transmission de propriété; aux termes de l'art. 4 du décret du 17 juill. 1857, il ne doit pas être tenu compte des transferts de cette dernière sorte dans la liquidation des droits, dont l'avance doit être faite par le gérant de la société.

11. Après avoir fait connaître à quelles transmissions s'applique la loi du 23 juin 1857, il nous reste à définir ce que cette loi comprend dans la désignation d'*actions*. La même question se présentait déjà sous l'empire de la loi de frimaire an 7; il y avait intérêt, sous cette loi, dans les cas où les droits cédés étaient susceptibles de plusieurs qualifications, à faire considérer le contrat comme cession d'actions, plutôt que comme cession de droits immobiliers ou comme vente d'objets mobiliers. Nous nous sommes occupés de cette question avec développements, dans notre Traité de l'enregistrement, nos 1769 et suiv., où nous avons dû exposer et apprécier les décisions intervenues. Dans son dernier état la jurisprudence refusait de limiter la désignation d'*actions* aux titres cessibles par voie d'endossement; il lui suffisait que le capital social eût été divisé en fractions sous telle ou telle dénomination, pour que la cession faite, même par acte particulier, par un actionnaire ou intéressé fût déclarée passible seulement du droit de cession d'actions (V. *loc. cit.*, 1776 et suiv.), mais elle n'étendait pas cette solution aux cessions de parts d'intérêt dans une société dont le capital n'avait pas été divisé en fractions (*eod.*, nos 1786 et suiv.; et Civ. cass. 23 mai 1853, aff. Oppenheim, D. P. 53. 1. 337).

12. Les décisions rendues depuis la loi du 23 juin 1857, ont maintenu la distinction que nous venons de rappeler. Ainsi il a été jugé: 1° que les parts d'intérêt dans une société en commandite ne sont passibles du droit de transmission, créé par la loi du 23 juin 1857, que lorsqu'elles sont constituées au moyen d'actions ou de titres individuels qui, étant d'abord soumis au timbre de proportionnalité, peuvent être négociés et mis en circulation;... qu'il en est autrement des parts d'intérêt dont le titre est dans l'acte de société lui-même et qui doivent par suite rester nécessairement en dehors du mouvement industriel; et que, dès lors, la société en commandite dont le capital est divisé en parts d'intérêt de cette dernière sorte, ne peut être tenu d'acquitter la taxe annuelle représentative du droit de transmission (trib. de la Seine 16 mars 1860, aff. Société le Casino, D. P. 60. 3. 48; Conf. Journ. Enreg., art. 16829, n° 3);— 2° que, lorsqu'une mine est exploitée en société, les portions indivises des concessionnaires associés doivent être considérées non comme des portions de la propriété de la mine elle-même, mais comme de simples *parts d'intérêts* dans la société; en sorte que les cessions qui en sont faites, quelle que soit la qualification donnée par les parties aux actes qui les renferment, sont assujetties au droit de vente mobilière (Cass. 6 fév. 1860, aff. Dardenne, D. P. 60. 1. 88).

13. Les actions et obligations non encore libérées supportent le droit de transmission, sans déduction des sommes restant à verser (décr. 17 juill. 1857, art. 6; Instr. gén., n° 2104, du 18 août 1857). Quant aux actions dont le capital nominal a été remboursé par la compagnie, mais qui participent à la répartition des dividendes, elles continuent à être soumises au droit de transmission proprement dit, soit à la taxe annuelle qui en tient lieu (Instr. gén., n° 2104, du 18 août 1857, V. *infrà*, n° 20).— Il a été jugé que la mise en liquidation d'une société par actions, ne fait pas obstacle, contrairement à ce qui a lieu pour les droits de timbre (V. Timbre, nos 120, 121), à la continuation de la perception, soit des droits de transmission relatifs au transfert des actions, soit de la taxe annuelle en laquelle ces droits peuvent être convertis; cette perception ne cesse, pour les actions, qu'au

jour du partage et pour les obligations qu'au jour du payement ou de la clôture de la liquidation (trib. de la Seine, 13 août 1858, aff. Comptoir du clergé, D. P. 59. 3. 24). La circonstance que les actions seraient tombées en discrédit, dit fort bien le tribunal, pourra avoir son influence sur la déclaration estimative que devra faire le gérant, mais elle ne le dispense pas de la passer.

14. Il n'existe pas d'exemption en cette matière, pour ce qui concerne les transmissions des actions et obligations des entreprises privées. Les actions des compagnies anonymes, dont les immeubles supportent la taxe des biens de mainmorte, ne peuvent pas plus échapper au droit de transmission qu'aux droits de mutation par décès (V. *suprà* n° 8-2°). Une dispense temporaire a seulement été accordée pour les conversions de titres effectués pendant trois mois, à partir de la mise à exécution de la loi, conversions qui, en principe, sont déclarées passibles du droit de transmission (V. n° 16). — Mais, ainsi que l'a rappelé l'administration, les obligations souscrites par les départements, les communes et les établissements publics ne sont pas comprises parmi celles que la nouvelle loi assujettit au droit de transmission, et d'après le rapport de la commission du corps législatif, les obligations émises par la société du crédit foncier sont aussi exemptes de ce droit (Instr. gén., n° 2104, du 18 août 1857).

15. *De la perception du droit lorsque les titres sont nominatifs.* — Le droit à percevoir sur les transferts des actions et obligations nominatives est de 20 centimes par 100 fr.; c'est la valeur négociée ou en d'autres termes, le prix du transfert qui sert de base à la perception du droit (L. 23 juin 1857, art. 6).

16. Le droit de 20 centimes pour 100 fr. est encore perçu à l'occasion de toute conversion de titres au porteur en titres nominatifs ou réciproquement. La faculté d'effectuer cette conversion à toute époque est reconnue aux actionnaires par l'art. 8 de la loi du 23 juin 1857; « et de cette faculté, a dit M. de Parieu, commissaire du gouvernement, en réponse à une question de M. le député Ed. Dalloz, résulte pour les compagnies une obligation. Dès qu'une conversion de titre sera demandée, elle devra avoir lieu aussitôt » (V. D. P. 57. 4. 91, note 4). — La loi du 23 juin 1857 n'indiquait pas à l'égard des titres convertis la base de la perception. Cette omission a été réparée dans l'art. 3 du décr. du 17 juillet, aux termes duquel l'évaluation doit se faire : pour les actions et obligations cotées à la bourse, d'après le dernier cours moyen constaté avant le jour de la conversion, et, pour les autres, conformément à l'art. 16 de la loi du 22 frim an 7.

17. *Perception du droit quand les titres sont au porteur.* — Le droit de 20 centimes dont il a été parlé plus haut, est converti, pour les titres au porteur et pour ceux dont la transmission peut s'opérer sans un transfert sur les registres de la société, en une taxe annuelle et obligatoire de 12 centimes par 100 fr. (L. 23 juin 1857, art. 6, § 2). Il faut remarquer que, dès que le titre est au porteur ou à ordre, et qu'il peut être transmis à la volonté du possesseur, il n'y a pas à avoir égard aux formalités de visa ou mention des transferts que les compagnies imposent aux actionnaires dans un intérêt d'ordre intérieur. Par *transfert sur le registre*, la loi entend ici exclusivement la formalité qui consomme la transmission.—Il a été jugé, en ce sens, que les actions dont les titres sont à ordre et aliénables par la voie de l'endossement, doivent, même dans le cas où le cessionnaire est tenu pour l'exercice de ses droits, de faire viser et transcrire le transfert sur les registres de la société, supporter la taxe annuelle de 12 centimes par 100 fr., alors surtout qu'aucun délai n'est imposé au cessionnaire pour l'accomplissement desdites formalités de visa et de transcription (trib. de la Seine 13 août 1859, aff. houillères de l'Aveyron, D. P. 60. 3. 8; et, sur le pourvoi contre ce jugement, Req. 4 avr, 1860, P. D. 60. 1. 280; trib. de la Seine 16 mars 1860, Journ. le Figaro, D. P. 60. 3. 86).

18. La taxe de 12 cent. par 100 fr. est établie sur le capital des actions et obligations évalué par le cours moyen pendant l'année précédente et, à défaut de cours moyen dans cette année, selon les règles déterminées par les lois sur l'enregistrement (L. 23 juin 1857, art. 6, § 2), c'est-à-dire, d'après une déclaration estimative (instr. gén., n° 2,104, du 18 août 1857, *infrà*, n° **20**). « Le cours moyen s'établit en divisant la somme des cours moyens de chacun des jours de l'année par le nombre de ces cours. — A l'égard des valeurs cotées dans les bourses des départements et à la bourse de Paris, il est tenu compte exclusivement des cotes de cette dernière bourse pour la formation du cours moyen » (décr. du 17 juill. 1857, art. 7).

19. La taxe, dit la loi nouvelle, est réglée par le cours moyen de l'*année précédente*. Le décret du 17 juill. 1857, dans son art. 8, en a tiré cette conséquence que « les titres au porteur des sociétés nouvellement formées ne doivent supporter la taxe, dans le courant de la première année de leur constitution, que d'après une déclaration estimative, faite par ces sociétés, de la valeur de leurs titres, conformément à l'art. 16 de la loi du 22 frim. an 7. »

20. *Liquidation et payement du droit.* — C'est aux compagnies que le payement du droit de transmission est demandé. Pour assurer ce payement, le décret du 17 juill. 1857, impose aux compagnies 1° l'obligation de faire, au bureau de l'enregistrement du lieu où se trouve leur établissement principal, une déclaration dont l'objet est de faire connaître le nombre et la nature des titres soumis à l'impôt; 2° l'obligation des relevés trimestriels de transfert et des états mentionnant les indications qui doivent servir de base à la liquidation du droit. Ces formalités, tracées avec précision, n'ont donné lieu jusqu'ici à aucune difficulté judiciaire. Nous ne pouvons que renvoyer aux articles du décret, et aux prescriptions que l'administration a données à ses préposés pour en assurer l'exécution (1). Pour les sociétés dont le siège est à Paris, les déclarations prescrites doivent être faits à l'hôtel de la direction de l'enregistrement (instr., n° 2102, du 22 juill. 1857).

21. Divers dispositions ont été édictées pour assurer la perception du droit de transmission. Des amendes sont prononcées contre les contrevenants; de plus l'art. 9 du décret du 17 juill dispose que « les dépositaires des registres à souche et des registres des transferts et conversions de titres de sociétés, compagnies et entreprises, seront tenus de communiquer sans déplacement, ainsi que toutes les pièces et documents relatifs auxdits transferts et conversions, aux préposés de l'enregistrement, à toute réquisition, et de leur laisser prendre, sans frais, les renseignements, extraits et copies qui seront nécessaires, dans l'intérêt du trésor public, à peine de l'amende prononcée par l'art. 10 de la loi du 23 juin 1857, pour chaque refus. » Il est recommandé aux préposés d'apporter dans les investigations autorisées par cet article tous les ménagements conciliables avec les devoirs qu'ils ont à remplir pour sauvegarder les droits

de l'État. Ils ne doivent pas perdre de vue qu'ils ne peuvent demander communication que des registres et documents spécifiés dans la disposition ci-dessus transcrite (instr., n° 2104, du 18 août 1857, V. *suprà*, n° 20).

22. *Des contraventions.* — Une amende de 100 à 5,000 fr. peut être prononcée contre toute contravention aux dispositions de la loi du 23 juin 1857 et du décret du 17 juillet rendu pour sa mise à exécution, sans préjudice des peines portées par l'art. 39 de la loi du 22 frim. au 7, pour omission ou insuffisance de déclaration (L. 23 juin 1857, art. 8). — Le refus de se prêter aux communications prescrites pour le contrôle des déclarations, est établi, jusqu'à inscription de faux, par le procès-verbal du préposé, affirmé dans les vingt-quatre heures (décr. 17 juill. 1857, art. 9).

23. La mise en liquidation d'une société constituée par actions ne faisant pas obstacle à l'émission et la circulation des actions (V. n° 13), il a été jugé, comme conséquence, que le fait du gérant d'avoir cessé, après la mise en liquidation, la remise des relevés trimestriels prescrits par le décret du 17 juin 1857, constituait une contravention passible de l'amende prononcée par l'art. 8 de la loi du 23 juin (trib. de la Seine 10 juin 1859, aff. Gauthier, D. P. 60. 3. 62).

Table sommaire des matières.

Actes authentiques ou privés 9.	Insuffisance de la législation. 1.
Actions (caract.)11;	Liquidation du droit 20 s.
—non libérées15.	Mainmorte 8, 14.
—remboursées15	Mention des transferts 17.
Amendes 21.	Départements 14.	
Biens de mainmorte 8, 14.	Dispense temporaire 14.	Mines 12-2°.
		Obligations 17; —non libérées 15.
Caractère 5.	Dispositions entre-vifs 8.	
Cession d'actions 5;		Parts d'intérêts 11.
—à titre onéreux 8 s.;—verbale ou à la bourse 2.	Droit de transmission (création) 4.	Paris (transferts) 18.
		Payement du droit 20 s.
Communes 14.	Enregistrement 9.	
Communication des registres 21 s.	Établissements publics 14.	Perception du droit (titres au porteur) 17 s.; (titres nominatifs) 15 s.
Contravention 22.	Exemption 14.	
Conversion de titres 14, 16.	Garantie 10.	Preuve contraire 8.
	Impôt sur le revenu 5, 5.	Propriété immobi-

lière (charges) 4.
Registres (preuve)9.
Société (liquidation) 15, 25;—anonyme 8, 14; —en commandite 12;—de crédit foncier 14;—étrangère 7.
Timbre 5.
Titre nominatif 1 4.;—à ordre 17 —au porteur 7, 17 s.
Transfert 7, 15 s., 17 s.
Transmissions par décès 8.
Visa 17.

Table chronologique des lois, arrêts, etc.

1853. 23 mai 11 c.	1858. 13 août 15c.	—22 déc. 8 c.
1857. 16 juin 8 c.	—20 août 8 c.,	—6 fév. 12 c.
—22 juill. 20.	1859. 25 mai 5 c.	—6 fév. 12 c.
—18 août 15 c.,18 c., 20, 21 c.	—10 juin 25 c.	—16 mars12c.,17c.
	—15 août 17 c.	
		—21 mars 9 c.
		—4 avr. 17 c.
		—23 juin 17 c.
		1861. 12 fév. 9 c.

(1) Ces prescriptions ont été transcrites dans une instruction que nous avons plusieurs fois citée, et dont nous reproduisons un extrait :

« Suivant les art. 7 et 8 de la loi du 23 juin 1857, le droit, pour les titres transférés et pour les titres dont la conversion est demandée, doit être versé, au moment du transfert ou de la conversion, à la caisse de la société qui en est constituée débitrice envers l'État par le fait du transfert ou de la conversion. — Les compagnies étant chargées de la perception de ce droit pour le compte du trésor, doivent le faire de la manière indiquée par les lois sur l'enregistrement. Ainsi, 1° la perception suivra, pour chaque transfert ou conversion, les sommes et valeurs de 20 fr. en 20 fr., inclusivement et sans fraction; 2° il ne pourra être perçu moins de 25 c. pour un transfert ou une conversion dont les sommes et valeurs ne produiraient pas 20 fr., ce droit proportionnel (art. 2 et 3 de la loi du 27 vent. an 9).—Quant à la taxe annuelle de 12 c. par 100 fr. établie sur les titres au porteur, les sociétés, compagnies et entreprises sont tenues, d'après le même art. 7 de la nouvelle loi, d'en faire l'avance, sauf leur recours contre les porteurs des titres.

» Aux termes de l'art. 2 du décret, le droit de 20 c. et la taxe de 12 c. doivent être versés dans les caisses du trésor après l'expiration de chaque trimestre et dans les vingt premiers jours du trimestre suivant. Le premier payement par les sociétés actuellement existantes aura lieu du 1er au 20 du mois d'octobre prochain. Relativement aux sociétés qui seront créées, à l'avenir, après l'ouverture d'un trimestre, le dernier paragraphe de l'art. 6 du décret dispose que la taxe de 12 c. par 100 fr. ne sera liquidée, pour la première fois, que proportionnellement au nombre de jours écoulés depuis la constitution de ces sociétés. — Le droit de transmission sur les actions et obligations sera payé entre les mains du receveur chargé de la perception des droits de mutation par décès. Il sera porté en recette sur le registre des actes sous signature privée, et mention de chaque payement sera faite en marge de l'article

ouvert au sommier des droits certains, conformément à ce qui est recommandé au n° 1.

» En versant les sommes dues au trésor, le directeur ou le gérant de la société remettra au receveur de l'enregistrement. un relevé des transferts et des conversions effectués pendant le trimestre précédent, lequel relevé renfermera toutes les indications énumérées dans l'art. 2 du décret du 17 juill. Il déposera également au bureau, conformément aux art. 4 et 5 du même décret : 1° un état spécial des transferts faits à titre de garantie et non assujettis au droit; 2° un état de toutes les actions et obligations au porteur existantes au dernier jour du trimestre et qui sont passibles, pour le trimestre entier, de la taxe de 12 c. par 100 fr. — Ce dernier état mentionnera, pour les titres cotés à la bourse, le cours moyen pendant l'année précédente, et, pour ceux non cotés dans le cours de la même année, il contiendra une déclaration estimative. Les actions dont le capital nominal a été remboursé, mais qui donnent droit à des dividendes, y seront portées distinctement.—Les préposés tiendront la main à ce que tous les états et relevés soient remis, signés et certifiés par les directeurs et gérants des sociétés, compagnies et entreprises, ainsi que le prescrit l'art. 6 du décret du 17 juill. 1857.

» Aux termes de l'art. 3 de ce décret, les sociétés doivent déposer au bureau de l'enregistrement du siège social, dans les vingt jours qui suivront l'expiration du délai de trois mois accordé par l'art. 8 de la loi du 23 juin, un état indicatif du nombre des titres convertis pendant ce délai sans payement de droit. Cet état sera rapproché de ceux fournis en exécution de l'art. 7 de la même loi, dans le but de reconnaître si le droit de transmission est payé sur toutes les valeurs qui en sont passibles.

» L'indication du cours moyen dans les états des compagnies sera vérifiée par les préposés au moyen d'un relevé qui sera remis par le syndic des agents de change au directeur de l'enregistrement de sa résidence, le 1er octobre prochain et le 1er avril de chacune des anné-

TRANSMISSION DE JOUISSANCE. — V. Enregistrem., nᵒˢ 2262, 2996 et suiv., 4533 et suiv.

TRANSMISSION DES MINUTES. — V. Notaire, nᵒˢ 568 et suiv.

TRANSMISSION DE LA POSSESSION. — V. Action possess., nᵒˢ 237, 263 et suiv.; Prescription civile, nᵒˢ 381 et suiv.; Transcription, nᵒˢ 515 et suiv.

TRANSMISSION DE PROPRIÉTÉ. — V. Absent, nᵒˢ 230, 243; Domaine apanager, nᵒˢ 61 et suiv.; Échange, nᵒ 24; Economie polit., nᵒ 32; Enregistrem. (V. les renvois à la table); Exproprial. publ., nᵒˢ 325 et suiv.; Impôt dir., nᵒ 149; Majorat, nᵒˢ 13 et suiv.; Obligat. nᵒˢ 22, 694 et suiv., 1331; Transcription, nᵒˢ 37 et suiv.; Vente, nᵒˢ 11 et suiv., 40, 157 et suiv., 320 et suiv., 634.

TRANSPORT. — **1:** Ce mot est pris en droit dans plusieurs sens. — D'une part, il exprime l'action de *porter* des choses, des personnes d'un lieu dans un autre. — Sur les entreprises de transports par terre et par eau, V. Commissionnaire, nᵒˢ 298 et suiv.; V. aussi vᵗᵉ Acte de comm., nᵒˢ 174 et suiv.; Compét. comm., nᵒ 64; Louage d'ouvrage, nᵒˢ 70 et suiv. — Ces entreprises ont pour objet tantôt le transport des marchandises (V. Commission., nᵒˢ 298 et suiv.; Responsab., nᵒˢ 553 et suiv.; Voitures publ.), tantôt le transport des personnes (V. Commissionn., nᵒˢ 299, 301; Industrie, nᵒ 424; Responsabil., nᵒˢ 544 et suiv.; Voitures publ.). — Sur le transport des passagers à bord des navires de commerce, V. Droit marit., nᵒˢ 1041 et suiv. — Sur le transport des émigrants, V. ci-après, vᵒ Transport des émigrants. — Sur le transport des détenus, V. Frais et dépens, nᵒˢ 1048 et suiv, 1147 et suiv.; Prison, nᵒˢ 56, 74, 103, 106. — Sur le transport des lettres, V. Postes; — Des pièces de procédure, V. Frais et dép., nᵒˢ 1048, 1147 et suiv.; Postes, nᵒˢ 83 et suiv.; — Des journaux, V. Postes, nᵒˢ 40 et suiv., 110 et s.; Presse-outr., nᵒˢ 397 et suiv.; — Des récoltes, V. Voitures publiques; V. aussi Impôts indir., nᵒˢ 42 et suiv. — Le transport de certains objets et marchandises est interdit, les uns d'une manière absolue comme le transport des lettres, des journaux, par d'autres personnes que les agents de l'administration des postes (V. Postes, nᵒˢ 49 et suiv., 78 et suiv.); — D'autres pendant cer-'aines époques de l'année seulement, comme le gibier (V. Chasse, nᵒˢ 208 et suiv.); — D'autres, sous l'accomplissement de certaines formalités, comme les denrées et marchandises soumises aux droits de douane (V. Douanes) ou de contributions indirectes, les vins, les tabacs (V. Impôts indir., nᵒˢ 31 et suiv., 573 et suiv.; Procès-verb., nᵒˢ 47-4ᵒ), ou d'octroi (V. ce mot). — Enfin, sur le transport des corps par les pompes funèbres, V. Culte, nᵒˢ 771, 780 et suiv.

2. Dans un autre sens, qui se rapproche du précédent, le mot *transport* exprime l'action de se *rendre* dans un lieu désigné. — Sur le transport des magistrats, V. Descente sur les lieux; Frais et dép., nᵒˢ 4121 et suiv. — Sur le transport des huissiers, V. Frais et dép., nᵒˢ 331 et suiv., 1081 et suiv.; Huissier, nᵒˢ 23 et suiv.; Témoins, nᵒˢ 293 et suiv.

3. Enfin, dans une dernière acception, le mot *transport* est synonyme de *cession* : il s'entend de l'acte par lequel une personne cède juridiquement une créance ou autre droit à un tiers. — V. Vente, nᵒˢ 1676 et suiv.; V. aussi, vᵗᵉ Acte de comm., nᵒˢ 47 et suiv., 145; Appel civil, nᵒ 551; Compte cour., nᵒˢ 13, 57 et suiv.; Contr. par corps, nᵒˢ 330 et suiv., 532, 564 et suiv., 724, 749, 945; Contr. de mar., nᵒˢ 1139, 1144; Domicile élu, nᵒ 72; Droit civil, nᵒ 278; Droit marit., nᵒ 2196 et suiv.; Effets de comm., nᵒˢ 183, 372 et suiv., 597, 931; Enregistr., nᵒˢ 91, 1102 et suiv., 1130, 1659 et suiv., 1727 et suiv., 2026, 6222 et suiv; Except., nᵒ 171-4ᵒ; Exploit., nᵒ 79; Faillite, nᵒ 343-9ᵒ et suiv., 615 et suiv.; Faux incid., nᵒ123; Huissier, nᵒ 25; Jugem., nᵒ 382; Louage à dom. cong., nᵒ 25; Marché de fournit., nᵒ 71-1ᵒ; Minorité, nᵒˢ 572 et suiv.; Nantissem., nᵒˢ 55, 74, 100 et suiv.; Obligations, nᵒˢ 22, 535 et suiv., 1824 et suiv.,

1840, 1948, 1975, 1983, 1995, 2493, 2605 et suiv., 2750, 2795; Papier-monnaie, nᵒ 52; Postes, nᵒ 36; Privil et byp., nᵒ 2294; Récusat., nᵒ 50; Rétention, nᵒ 64; Saisie-arrêt, nᵒˢ 142 et suiv., 332, 356, 411, 425 et suiv., 445 et suiv.; Saisie-exécution, nᵒ 15; Saisie des rentes, nᵒ 42; Scellés, nᵒ 112; Significat., nᵒˢ 10, 25, 34, 39, 51, 61, 80; Société, nᵒˢ 1147, 1165, 1172, 1197, 1471; Surenchère, nᵒˢ 56 et suiv.; Vente publ. d'imm., nᵒˢ 142 et suiv., 379 et suiv., 382 et suiv. — Et spécialement sur le transport d'une action ou part sociale, V. Acte de com., nᵒ 48; Arbitr., nᵒˢ 206 et suiv.; Enregistrem., nᵒˢ 1769 et suiv.; Mines, nᵒ 93; Société, nᵒˢ 1147 et suiv., 1164 et suiv., 1197, 1255, 1269 et suiv., 1535; Transcript., nᵒˢ 59 et suiv., 67, 164 et suiv., 425; Transmission (droit de), nᵒ 3; — D'un bail, V. Louage, nᵒˢ 422 et suiv.; — De l'action civile, V. Instr. crim., nᵒ 114; — D'un brevet d'invention, V. Brevet d'invent., nᵒˢ 191 et suiv., 200 et suiv.; Industrie, nᵒˢ 264 et suiv. — D'un cautionnement de titulaire, V. Caut. de fonct., nᵒ 106, 111 et suiv., 122; — Du droit à l'assurance, V. Assur. terr., nᵒˢ 232, 255, 269; — De droits litigieux, V. Vente, nᵒˢ 1978 et suiv. V. aussi vᵗᵉ Avocat, nᵒˢ 337 et suiv.; Avoué, nᵒ 107; Minist. publ., nᵒˢ 79, 96-2ᵒ; — De droits successifs, V. Vente, nᵒˢ 1914 et suiv. V. aussi Emigré, nᵒˢ 229 et suiv., 249 et suiv.; Enreg., nᵒˢ 307, 323, 2639 et suiv., 2694 et suiv. 6028; Priv. et hyp., nᵒ 939; Succession, nᵒˢ 1865 et suiv.; — Du droit de rechercher les mines, V. Mines, nᵒˢ 143 et suiv. ; — De l'exploitation d'une minière, V. Mines, nᵒˢ 626 et suiv.; — D'un livret de caisse d'épargne, V. Établissem. d'épargne, nᵒˢ 139 et suiv.; — D'un marché, V. Enregist., nᵒˢ 1990 et suiv.; — D'un nom commercial, d'une propriété industrielle, V. Industrie, nᵒˢ 264 et suiv. ; — De pension, V. Pension, nᵒ 98; Vente, nᵒ 1798; — De rentes, V. Enregistrem., nᵒˢ 1851 et suiv.; Rentes constit., nᵒ 42.

TRANSPORT DES ÉMIGRANTS. — **1.** Depuis un certain nombre d'années déjà, l'Europe présente un spectacle bien remarquable et bien digne de l'attention des économistes et des hommes d'État. Des populations considérables, des villages entiers quittent le sol natal pour aller demander à des terres lointaines une nouvelle existence : il semble que la vie errante des anciens temps recommence. Sans doute à toutes les époques de l'histoire, on a constaté de nombreuses émigrations provoquées soit par les orages politiques, soit par l'intolérance religieuse, soit aussi par l'esprit de conquête ; mais le mouvement n'a jamais été aussi impétueux, aussi régulier dans ses effets. De 1847 à 1854, il a été dans une progression continuelle; dans cette dernière année, il a atteint le chiffre de 460,697. Mais depuis il a été en décroissance : voici, d'après le rapport de M. Ancel au corps législatif sur la loi du 18 juill. 1860 (V. nᵒ 14), le chiffre de l'émigration européenne depuis 1854 : En 1855, 207,085; en 1856, 279,242; en 1857, 341,809; en 1858, 185,059; le chiffre de 1859 n'était pas connu au juste, mais on présumait qu'il n'aurait pas dépassé 150,000.

2. L'Angleterre et l'Allemagne sont les deux pays qui fournissent le plus à l'émigration. Depuis 1840, le nombre d'émigrants partis d'Angleterre, était de 90,000; en 1846, il atteignit 129,000; en 1853, il s'était élevé jusqu'à 329,000. Si l'on remonte à 1815 et si l'on prend l'ensemble des émigrants sortis depuis cette époque jusqu'en 1853 des ports de la Grande-Bretagne, on arrive à un chiffre total de 3,723,529. L'émigration allemande est moins considérable ; il est, du reste, difficile d'en donner exactement le chiffre, attendu la diversité des ports par lesquels elle s'écoule. Le mouvement, en tous cas, est d'une importance réelle, car à Hambourg seulement, il a été embarqué pendant les sept années de 1846 à 1852, 725,144 émigrants allemands; à Brême en 1853, 58,000; au Havre pendant la même année, 54,000 environ (V. le rapport de M. Heurtier au ministre de l'agriculture et du commerce, au nom de la commission chargée d'étudier les différentes questions qui se rattachent à l'émigration européenne, Monit. 17 janv. 1855). — Depuis 1855, la diminution est extrêmement sensible dans l'émigration allemande ; mais elle est bien plus faible en Angleterre : on remarque même

suivantes. Ce relevé présentera, pour chaque valeur, le cours moyen officiel établi selon le mode tracé par l'art. 7 du décret. Le directeur en adressera, ar ‑‑‑‑‑eveur char‑‑é de la perception du droit, des extraits

qui seront conservés au bureau et représentés aux employés supérieurs avec les états fournis par les compagnies. »

Du 18 août 1857. — Instr. gén., nᵒ 2104.

qu'en 1857 elle s'est relevée au-dessus du chiffre de 1854 (V. le rapport précité de M. Ancel).

3. La France figure pour un chiffre relativement insignifiant dans le grand mouvement de l'émigration européenne. A l'exception des populations de l'Alsace qui fournissent un certain nombre d'émigrants à l'Amérique du Nord, et de celle des pays basques, que d'anciennes traditions appellent vers l'Amérique du Sud, les habitants de la France restent en quelque sorte étrangers à l'entraînement qui se manifeste autour d'eux. L'exposé des motifs de la loi du 18 juill. 1860, de laquelle nous parlerons plus loin, constate que le nombre des émigrants en France atteint à peine le chiffre de 20,000 par an, et encore dans ce nombre on compte ceux qui se rendent en Algérie et qui sont bien plutôt des colons que des émigrants.

4. Les causes qui donnent lieu à ce vaste déplacement de population sont multiples et difficilement appréciables. Les difficultés de la vie dans le pays natal, soit par suite d'un excès de population qui n'est pas en rapport avec les moyens de production, soit à raison des institutions politiques et économiques du pays, de la concurrence qui avilit le salaire, constituent sans doute le principal mobile de l'émigration ; mais ce n'est pas et ce ne peut être le seul, car on évalue en moyenne le pécule de chaque émigrant à la somme de 1,000 à 1,100 fr., ce qui suppose chez plusieurs d'entre eux un capital d'une certaine importance. Aussi a-t-on cherché d'autres causes : le désir si naturel à l'homme civilisé de se rendre acquéreur du sol qu'il cultive, désir que la législation territoriale de certains pays rend impossible à réaliser ; un besoin d'indépendance qui n'est peut-être pas toujours respectable dans ses aspirations ; la foi religieuse contrariée par les gouvernements locaux, tels sont aussi les motifs, par lesquels on a pensé pouvoir expliquer cet entraînement si impétueux des populations. La propriété territoriale, l'égalité, la liberté religieuse, voilà ce qu'elles vont demander aux solitudes du nouveau monde, sans s'effrayer des fatigues, des misères qui les attendent, et des désastres qui ont frappé leurs devanciers.

5. Pendant bien des années, le transport des émigrants a été librement exercé par l'industrie privée, sans aucune espèce de surveillance de la part des gouvernements : les malheureux émigrants, abandonnés à l'âpre cupidité de recruteurs, de capitalistes déhontés qui ne craignaient pas de spéculer sur leur ignorance et leur simplicité, voyaient leur petit pécule disparaître avant d'avoir atteint même le port d'embarquement. Echappés à ce danger, ils partaient ; mais à quelles misères ils étaient encore destinés ! La faim d'abord les attendait sur le navire où ils mettaient le pied : chargés de pourvoir eux-mêmes à leur subsistance pendant toute la durée du voyage en mer, ils n'achetaient, par économie, que la quantité de vivres nécessaire pour la traversée, ou, croyant faire acte de prudence suffisante, pour quelques jours de plus seulement. Mais pour peu que les hasards de la mer contrariassent leur route, ils se voyaient bientôt livrés à toutes les horreurs de la faim. On cite un navire qui a porté pendant dix jours sa triste population sans avoir un morceau de pain à lui donner. — Mais ce n'était pas tout : la foule, malxourrie, sale, entassée sous les entreponts, vivait au milieu des miasmes pestilentiels. Par les gros temps, tout était fermé à bord du navire, et alors les malheureux émigrants, serrés les uns contre les autres, étouffaient à demi dans un air corrompu. Combien ne voyaient pas la fin de leur voyage !

6. Ceux qui échappaient aux périls d'une pareille traversée pouvaient-ils au moins se croire à l'abri de nouvelles misères ? Loin de là : arrivés dans un pays inconnu dont ils ignoraient la langue, la loi et les usages, isolés, abandonnés à leurs propres forces, quelquefois hardis à contre-temps comme tous les êtres bornés, méprisant tout conseil, ils étaient volés, escroqués par des fripons qui abusaient facilement de leur inexpérience, et ne tardaient pas à tomber dans une misère plus sombre et plus terrible que celle qu'ils avaient fuie si loin de leur patrie, la misère sur le sol étranger ! — Les lois, les pouvoirs mêmes des pays auxquels ils demandaient l'hospitalité se tournaient encore contre eux. Le gouvernement du nouveau monde, notamment, peu soucieux d'assurer l'existence des nouveaux venus, les considérait à peu près comme des nègres et ne songeait qu'à tirer d'eux le plus de profit possible (V. un article de M. Arthur de Gobineau sur les

émigrations des Allemands, inséré dans la Revue nouvelle, année 1845, t. 2, p. 1 et suiv.)

7. Avant les gouvernements, de simples particuliers se sont émus de cette situation. Vers l'année 1842, une société formée d'Allemands et de consuls étrangers s'est établie à New-York pour veiller sur les premiers pas des émigrants. On cite un négociant nommé Astor qui a consacré 15,000 dollars à cette bonne œuvre. Un agent de la société, établi au port d'arrivée, est chargé de recevoir gratuitement les demandes des émigrants ; leur sert de guide, leur indique les endroits où ils doivent loger ; leur fait connaître le prix des denrées, les formalités que la loi exige pour l'achat des terres, ainsi que les Etats de l'Union qui présentent le plus d'avantages pour un établissement ; il cherche à leur épargner d'inutiles dépenses en veillant à ce que les affaires des émigrants ne les retiennent pas plus que de raison. Quant à ceux qui n'ont pas le moyen d'acheter des terres, il s'entremet pour leur procurer du travail.— La société fait plus encore : elle fait visiter par ses membres les navires chargés d'émigrants ; s'intéressant aux plus pauvres, se chargeant des malades, elle avance de l'argent aux uns et fait transporter les autres dans les hôpitaux (V. l'article cité, de M. Arthur de Gobineau).

8. Mais ce n'était là qu'une œuvre individuelle qui ne touchait qu'à une des misères de l'émigration. Il fallait une intervention plus efficace. Les gouvernements ne pouvaient plus fermer les yeux sur un mal devenu si grand, si visible. Plus que tout autre, les gouvernements de l'Allemagne étaient intéressés dans la question. Ce fut dans la première chambre des Etats de Hesse-Darmstadt que le pouvoir manifesta pour la première fois l'intention de se mêler des affaires des émigrants ; les chambres bavaroises suivirent cet exemple. — Mais une difficulté grave se présentait. Jusqu'à quelle limite devait s'étendre la protection des gouvernements sur ceux qui fuyaient ainsi la mère patrie ? Que l'autorité intervienne entre l'émigrant et le spéculateur pour protéger celui-là contre celui-ci ; qu'elle règle les conditions d'embarquement, de traversée, etc., on en conçoit. Mais les gouvernements pouvaient-ils suivre l'émigrant sur la terre étrangère et lui continuer leur protection, alors qu'il cessait d'être soumis à leur domination ? ne devaient-ils pas craindre de se trouver en conflit avec les autorités du pays que l'émigrant adoptait pour sa nouvelle patrie ? Et d'ailleurs n'était-ce pas une situation qui devait paraître singulière aux yeux des gouvernements que celle d'aider eux-mêmes leurs sujets à se soustraire à leur empire, et de reconnaître en quelque sorte leur impuissance à les satisfaire ? Cependant le mal était pressant, il fallait tenter quelque chose. Voici le biais qui a été imaginé. Une société s'est formée entre plusieurs princes allemands et gentilshommes de haut rang, dans le but de régulariser l'émigration. Cette société, composée de trente-sept membres et dont le siège est à Dusseldorf, s'est placée sous le patronage de l'union allemande et plus particulièrement de la Prusse. Faciliter l'établissement des colons, veiller à ce que les circonstances fussent favorables, réunir sur un seul point les forces des émigrants au lieu de les laisser se disséminer, et enfin provoquer la négociation de traités de commerce entre le Zollverein et les puissances chez lesquelles elle établissait ses colonies, afin de leur conserver toujours des liens avec la mère patrie et qu'elles n'en perdissent jamais le souvenir, tel fut le but élevé et philanthropique de la société. Le Texas fut choisi pour le premier théâtre de ses efforts de colonisation.

9. Mais ce que le mouvement de l'émigration exigeait plus impérieusement encore, et ce qui rentrait complètement dans les devoirs et les attributions des gouvernements, c'étaient des règlements protecteurs de la vie et de la fortune des émigrants contre les abus de la spéculation, soit à leur départ, soit pendant leur voyage. L'intérêt commercial et maritime de chaque puissance était aussi pour chacune d'elles une forte excitation à réglementer ce service, afin d'attirer sur son territoire le courant de l'émigration et recueillir les bénéfices que répand sur son passage cette masse énorme de population. On évalue en effet à 20 millions par an, indépendamment du produit de l'affrètement de 200 navires, le résultat financier du transit de l'émigration pour la France (V. exposé des motifs de la loi d

18 juill. 1860, D. P. 60. 4. 92, note, n° 1). — Dans le même exposé de motifs, on estime à 210 millions le mouvement de capitaux produit en 1854 dans les divers pays de l'Europe par l'émigration.

10. Le gouvernement belge paraît être le premier qui soit entré dans cette voie. Il commença par porter plus d'attention à faire exécuter des motifs, on estime les règlements qui étaient tombés en désuétude, puis des actes royaux de 1843 et 1850 ont posé les bases d'une législation spéciale sur la matière. Il institua ensuite une commission d'inspection des émigrants qui, sous les ordres du gouverneur de la province, a accumulé toutes les mesures, toutes les garanties qui doivent protéger l'émigrant contre les abus dont il pourrait être victime. Peut-être même cette commission a-t-elle poussé jusqu'à l'exagération les prescriptions réglementaires, qui n'ont pas oublié même la carte de chaque jour.

11. La Belgique s'était contentée de règlements purement administratifs; l'Angleterre a pensé qu'il fallait davantage : elle s'est adressée au pouvoir législatif lui-même. Son gouvernement n'est pas entré à demi dans la voie des règlements : donnant au monde le spectacle d'une contradiction frappante entre ses principes économiques de liberté et la réglementation minutieuse et impérative du service de l'émigration dans tous ses détails, il a, par deux actes successifs du parlement de 1852 et de 1855, témoigné sa vive sollicitude pour les émigrants, en poussant aussi loin que possible sa prévoyance sur un sujet qui touchait si éminemment aux intérêts et à la vie même de ses nationaux.

12. Le sénat de Brême, le grand conseil de Hambourg ont aussi rendu des règlements sur la matière. Dans ces villes, une commission sénatoriale veille à l'exécution des lois et contrats, et statue sans délai sur les difficultés qui s'élèvent entre les agences et les émigrants. A Brême, une immense hôtellerie municipale leur fournit, à bon compte, le gîte et la nourriture jusqu'au jour d'embarquement. Enfin, les administrations des chemins de fer allemands accordent aux émigrants un tarif de faveur, pour seconder les efforts des deux villes anséatiques, rivales ardentes du Havre dans le trafic de l'émigration (V. exposé des motifs de la loi de 1860, *loc. cit.*, n° 1). — En Espagne aussi, deux ordres royaux statuent sur la police de l'émigration. — Les pays de destination montrent un égal empressement. Aux Etats-Unis, la matière est régie par six actes fédéraux auxquels se joignent ceux émanés des législatures des différents Etats.

13. La France a quelque peu tardé à suivre les autres nations dans cette voie. Elle y était, du reste, moins directement intéressée que les autres, à raison du petit nombre d'individus que la population française fournit à l'émigration. D'ailleurs, c'était bien moins contre les expéditeurs de nos ports que des plaintes amères avaient retenti que contre les expéditeurs de l'Angleterre, la Belgique et de la Hollande. Cependant les gouvernements étrangers, intéressés à seconder leurs agences, avaient mis pour ainsi dire les ports français à l'index de l'émigration. « Il ne peut être accordé de concession, disait une circulaire du gouvernement prussien du 6 sept. 1853, que pour les transports d'outre-mer dont l'embarquement doit avoir lieu dans les ports allemands ou belges; le transport par les ports *français* ou néerlandais ne sera autorisé que lorsqu'il sera rendu régulier et sûr par l'adoption de mesures efficaces dans ces deux pays. » —Intéressée à ne pas perdre le transit de l'émigration, la France se trouvait ainsi mise en demeure. — En 1854, une commission a été instituée pour préparer la solution des difficultés qui se rattachent à l'émigration européenne. Les travaux de cette commission ont été résumés dans un remarquable rapport au ministre de l'agriculture et du commerce par M. Heurtier, conseiller d'Etat, directeur général de l'agriculture et du commerce, président et rapporteur de cette commission, dans lequel nous avons puisé la plupart des renseignements qui précèdent (V. Monit. du 17 janv. 1855). La commission proposait à l'approbation de l'empereur un projet de règlement délibéré par elle sur le service de l'émigration européenne. Ce projet a été adopté et est devenu le décret du 15 janv. 1855 (D. P. 55. 4. 13), qui a été modifié ensuite dans ses art. 10 et 11 par le décret du 28 avril même année (D. P. 55. 4. 66). « Ce décret, dit l'exposé des motifs de la loi du 18 juill. 1860 (V. ci-après, n° 14), dont les dispositions ont été mises, autant que possible, en rapport avec les législations étrangères, a rendu des services. L'établissement de commissaires spéciaux (nommés commissaires de l'émigration), chargés, sous l'autorité du ministre de l'intérieur, de surveiller les mouvements de l'émigration française et étrangère, une responsabilité sérieuse imposée aux entreprises de recrutement, au moyen d'une autorisation préalable et d'un cautionnement, la visite de tous les navires affectés au service de l'émigration, quelle que soit leur nationalité, la vérification des approvisionnements, les soins d'hygiène prescrits à bord, etc., sont des mesures dont la sagesse est attestée aujourd'hui par une expérience de quatre années » (V. pour plus de détails l'exposé des motifs dont nous venons d'extraire ce passage, D. P. 60. 4. 92, note, n° 2).

14. Quels que fussent les résultats bienfaisants du décret de 1855, la concurrence n'était pas encore satisfaite. On disait que le décret du 15 janv. était révocable et temporaire comme un acte émané de la seule volonté du souverain; qu'il consacrait un monopole contraire aux lois générales du pays; enfin, qu'il était dépourvu de sanction pénale. — Ces critiques intéressées et dénuées de bonne foi trouvaient leur réfutation dans les faits eux-mêmes; toutefois, elles rendaient une loi nécessaire. Tel fut l'origine et l'objet de la loi des 18-23 juill. 1860, sur l'émigration (D. P. 60. 4. 91), laquelle, tout en respectant l'économie du décret de 1855, établit des pénalités graduées suivant la gravité des infractions, y ajoute quelques dispositions dont la pratique journalière a révélé l'utilité, et enfin institue une juridiction qui couvre l'émigrant d'une protection efficace, depuis son départ du port français jusqu'au lieu le plus lointain de sa destination.

15. Aux termes de l'art. 1 de la loi du 18 juill. 1860, « nul ne peut entreprendre les opérations d'engagement ou de transport des émigrants sans l'autorisation du ministre de l'agriculture, du commerce et des travaux publics. » — L'autorisation préalable exigée par cette disposition ne constitue-t-elle pas une dérogation au principe de la liberté du commerce? La commission chargée de préparer le règlement de 1855 s'était proposé cette objection et l'a aisément réfutée : la nécessité d'une autorisation préalable pour l'exercice d'une profession, d'une industrie, n'est pas nouvelle dans notre législation qui offre de nombreux exemples de restrictions apportées à la liberté professionnelle; il suffit de citer les imprimeurs, les colporteurs, les établissements dangereux et insalubres, les bureaux de placement, marchands de vins, cafetiers, etc. Là où il y a pour le gouvernement responsabilité morale quant à la surveillance, il doit y avoir aussi un droit d'intervention directe, à titre préventif, soit dans le choix des personnes que l'on livre à l'industrie qui appelle cette surveillance, soit dans les conditions à prescrire pour empêcher les abus. On ne saurait, sans faire violence à la nature des choses, assimiler à un commerce ordinaire les relations qui s'établissent entre les émigrants et les personnes qui leur procurent des moyens de transport. La dérogation au droit commun, dans le cas particulier, se justifiait donc par des considérations supérieures d'ordre et de morale, en même temps que par la force des plus frappantes analogies (V. Monit. 17 janv. 1855). — L'autorisation, d'ailleurs, est également exigée dans les pays étrangers, notamment en Angleterre et en Allemagne.

16. Les conditions auxquelles est accordée l'autorisation, le taux et le mode du cautionnement à imposer, le cas où l'autorisation peut être retirée, et enfin les obligations auxquelles sont soumises les agences d'émigration, doivent, suivant l'art. 2 de la loi du 18 juillet, être déterminés par un règlement d'administration publique. —De même aussi, d'après l'art. 3, c'est à des décrets impériaux qu'on laisse le soin de déterminer l'emplacement réservé à chaque passager sur les navires affectés au transport des émigrants, les conditions d'emménagement et d'approvisionnement, le mode de visite des navires avant le départ. — Tous ces points ont été réglés par le décret des 9 mars-6 avr. 1861, relatif aux conditions auxquelles peut être accordée l'autorisation et qui fixe le taux du cautionnement, et celui des 15 mars-6 avril 1861 rendu pour l'exécution de la loi du 18 juill. 1860 (D. P. 61. 4 45), et qui remplacent l'un et l'autre le décret de 1855, sans l'abroger cependant; car le décret du 9 mars porte, dans son art. 10, la formule ordinaire et si gênante dans l'aplication : « Sont maintenues les dispositions de notre décret du 15 janv. 1855 qui ne sont point contraires au présent règlement.»

17. De l'art. 2 que l'on vient de retracer, il résulte que l'autorisation accordée aux agences d'émigrants pourra être retirée. Cette règle est empruntée au règlement de 1855 : « L'autorisation, disait l'art. 4, § 2, de ce règlement, sera toujours révocable par le ministre, en cas d'abus. » Mais la loi de 1860 ne fixe pas les cas dans lesquels pourra avoir lieu la révocation de l'autorisation ; elle laisse le soin de les déterminer au règlement à intervenir. — L'art. 3 du décret du 9 mars 1861 se borne à dire : « L'autorisation sera toujours révocable en cas d'abus grave. » L'administration est donc seule juge des cas d'abus donnant lieu au retrait de l'autorisation.

18. Les vacations des experts chargés de la visite à bord des navires français et étrangers, ainsi que les honoraires des médecins chargés de la visite médicale et les autres frais accessoires, sont fixés par arrêtés ministériels et demeurent à la charge du navire (art. 3).

19. Il est à remarquer que d'après ce même art. 3, la visite à bord des navires dont on vient de parler, tient lieu, pour les navires français, de celle qui est prescrite par l'art. 225 c. com. (V. Droit marit., nᵒˢ 382 et s.). — Quant au mode de visite, V. l'art. 15 du décret du 15 mars 1861.

20. Aucun navire affecté au service de l'émigration ne peut sortir du port sans que le capitaine ou l'armateur soit muni d'un certificat constatant que toutes les prescriptions imposées, soit par la présente loi, soit par les décrets et arrêtés ministériels rendus en exécution de ladite loi dans l'intérêt de la police et des émigrants, ont été remplies (art. 4). — Le décret de 1855, art. 20, 21, avait enjoint aux agences d'aviser le commissaire de l'émigration de la mise en armement du navire d'émigrants et avait conféré au commissaire le droit de s'opposer, s'il y avait lieu, à l'embarquement. L'art. 4 précité de la loi de 1860 a eu pour objet de simplifier ce système, qui avait paru un peu compliqué dans la pratique et qui n'avait offert aucun bon résultat. L'accomplissement de la formalité qu'il prescrit est assuré par la disposition pénale établie par l'art. 10 de la loi (V. ci-après).

21. Les émigrants ont le droit d'être reçus à bord la veille du jour fixé pour le départ. — Ils ont également le droit de demeurer à bord pendant les quarante-huit heures qui suivent le mouillage au port de destination, à moins que le navire ne soit obligé de repartir immédiatement (art. 5). — Cette disposition n'est qu'une mesure d'humanité qui donne à l'émigrant le temps nécessaire pour préparer son installation à bord, et pour trouver un abri au lieu de débarquement : elle protège efficacement les émigrants contre des abus odieux dont ils avaient été souvent victimes, et améliore le décret de 1855 qui n'accordait à l'émigrant que vingt-quatre heures de séjour sur le navire au lieu d'arrivée.

22. Tout émigrant, empêché de partir pour cause de maladie grave ou contagieuse, régulièrement constatée, a droit à la restitution du prix payé pour son passage. Le prix de passage est également restitué aux membres de sa famille qui restent à terre avec lui (art. 6). — La commission du corps législatif avait proposé de mettre les frais de la visite médicale, en cas de maladie contagieuse, à la charge du gouvernement : l'amendement n'a pas été adopté par le conseil d'État, et avec raison. Les règles du droit commun suffisent, ainsi que le fait remarquer M. Duvergier, sur la loi du 18 juill. 1860, année 1860, p. 290. Si l'entrepreneur reconnaît lui-même l'état de maladie de l'émigrant et adhère à sa demande de résiliation du contrat, il n'y a pas de visite de médecin, et par conséquent pas de frais à payer. Si l'entrepreneur conteste, et que la visite médicale devienne nécessaire, les honoraires du médecin seront à la charge de celui dont la prétention n'est pas fondée, de l'entrepreneur, par exemple, si l'état de maladie est constaté, de l'émigrant au cas contraire. Enfin, les mêmes principes seront applicables, si c'est l'administration qui s'oppose au départ de l'émigrant (Conf. M. Duvergier, loc. cit.).

23. Si le navire ne quitte pas le port au jour fixé par le contrat, l'agence responsable est tenue de payer à chaque émigrant, par chaque jour de retard, pour les dépenses à terre, une indemnité dont le taux est fixé par un décret (art. 7, § 1) — Si le délai dépasse dix jours, et si, dans l'intervalle, l'agence n'a pas pourvu au départ de l'émigrant sur un autre navire, et aux conditions fixées par le contrat, l'émigrant a le droit de renoncer au contrat par une simple déclaration faite devant le commissaire d'émigration, sans préjudice des dommages-intérêts qui pourront être alloués à l'émigrant (même article, § 2).—Toutefois, si les retards sont produits par des causes de force majeure, constatées et appréciées par le commissaire de l'émigration, l'émigrant ne peut renoncer au contrat, ni réclamer l'indemnité de séjour à terre, pourvu qu'il soit logé et nourri, soit à bord, soit à terre, aux frais de l'agence ou de ses représentants (même article, § 3). — Il était souvent arrivé, et c'était là un des graves reproches que l'on avait adressés aux agences, que le navire sur lequel les émigrants devaient s'embarquer ne partait pas au jour indiqué ; il restait quelquefois des semaines entières avant d'appareiller. De là pour les malheureux émigrants un surcroît de dépenses qui consommait inutilement leurs ressources, et qui les réduisait quelquefois à la mendicité. La disposition précitée qui reproduit, sauf quelques modifications, l'art. 24 du décret de 1855, a pour objet de prévenir cet abus : elle constitue une protection très-efficace pour l'émigrant. L'exposé des motifs constate en effet que, dans l'année 1857, au Havre, une somme de 45,000 fr. a été payée aux émigrants pour indemnité de séjour à terre. — Le principe de l'indemnité, dans les cas prévus par l'art. 7, est admis dans tous les États de l'Allemagne ; elle y est même plus élevée qu'en France. Le décret de 1855, art. 25, fixe l'indemnité à payer par l'armateur à 1 fr. 50 c. par jour : ce chiffre a été maintenu par le décret du 15 mars 1861, art. 17.

24. L'art. 7 précité de la loi de 1860 prévoit trois hypothèses différentes : Si le retard apporté au départ du navire est de moins de dix jours, l'émigrant a droit qu'à l'indemnité de 1 fr. 50 c. par jour, conformément à l'art. 17 du décret du 15 mars 1861. — Si le retard est de plus de dix jours, l'émigrant peut renoncer au contrat, et cela sans être obligé d'agir par voie judiciaire ; il lui suffit de faire sa déclaration devant le commissaire d'émigration ; en outre, il a le droit à des dommages-intérêts. — Si le retard provient d'une force majeure, l'émigrant ne peut résilier le contrat et ne peut réclamer de dommages-intérêts, quelle que soit la durée du retard : seulement il est nourri et logé aux frais de l'agence. — Dans ce dernier cas, il est juste que l'agence ne soit pas soumise à une demande d'indemnité, puisqu'aucune faute ne lui est imputable. Les principes voudraient même qu'elle en fût absolument irresponsable, et qu'aucune des dépenses de l'émigrant motivée par le retard ne fût mise à sa charge ; mais la raison d'humanité a prévalu.—La constatation et l'appréciation de la force majeure appartient, dans l'espèce, non aux tribunaux, mais au commissaire de l'émigration.

25. Autant que possible, la loi cherche à éviter l'intervention de la justice dans les contestations qui s'élèvent entre les agences et les émigrants ; c'est pour cela que l'on a donné au commissaire de l'émigration le droit de constater et d'apprécier la force majeure dans le cas prévu par le § 3 de l'art. 7, et que la loi a même institué une juridiction nouvelle dont nous parlerons infrà, nᵒ 27. Mais, dans l'hypothèse prévue par le § 2 du même article, la demande en dommages-intérêts ne peut être jugée que par la juridiction ordinaire. Il y a là un inconvénient que la commission avait aperçu. « En fait, disait le rapporteur, l'émigrant ne pourra pas profiter du droit commun de recourir aux tribunaux, qu'il possède et qui lui est confirmé. Les réclamations qu'il peut avoir à faire valoir surgissent deux ou trois jours, quelquefois un jour seulement avant le départ, suivant la prolongation volontaire ou forcée du séjour du navire dans le port. Le tribunal de commerce ne peut pas même, dans les formes les plus expéditives, être saisi d'une affaire aussi immédiate et la juger. D'un autre côté, l'émigrant qui, pour suivre son procès, manquerait le départ, éprouverait un préjudice bien autrement grave que celui dont il demanderait la réparation. — Votre commission aurait désiré qu'une disposition législative pût mettre l'émigrant à même d'obtenir la justice qui lui est due. Mais elle a compris les objections sérieuses qu'ont opposées MM. les commissaires du gouvernement à l'introduction d'une dispostion sortant entièrement des formes ordinaires de la procédure judiciaire. Il faut dire, d'ailleurs, que l'art. 11 du projet donne aux commissaires d'émigration la qualité d'officier de police auxiliaire du procureur impérial, ce qui leur conférera des pouvoirs nouveaux et les moyens de prêter aux réclamations des émigrants un appui plus efficace que par le passé. »

26. L'agence est responsable du transport de l'émigrant au lieu de destination fixé par le contrat. — Le transport doit être direct, à moins de stipulations contraires. — En cas de relâche volontaire ou forcée du navire, les émigrants sont logés et nourris à bord, au compte du navire, pendant toute la durée de la relâche, ou indemnisés de leurs dépenses à terre. — En cas de naufrage ou de tout autre accident de mer qui empêcherait le navire de poursuivre sa route, l'agence est tenue de pourvoir, à ses frais, au transport de l'émigrant, jusqu'au lieu de destination fixé par le contrat (art. 8). — La commission qui avait préparé le projet de décret de 1855 signalait avec quel dédain on traitait parfois les pauvres émigrants, auxquels on imposait des parcours onéreux, ni plus ni moins que s'il s'agissait de colis à lester le navire, ou de la marchandise la plus vulgaire. Toutefois elle n'avait assujetti l'agence à une indemnité envers l'émigrant qu'au cas de relâche *volontaire.* Telle était, en effet, la disposition de l'art. 26 du décret de 1855. La loi de 1860 va plus loin, elle assimile la relâche forcée à la relâche volontaire, et elle oblige, en outre, l'agence, en cas de naufrage ou d'accident de mer, à pourvoir, à ses frais, au transport de l'émigrant jusqu'au lieu de sa destination. Cette obligation, qui peut paraître dure aux agences, est conforme aux législations étrangères (V. exp. des mot., D. P. 60. 4. 93, n° 12). — Du reste, on peut considérer le contrat passé entre l'agence et l'émigrant comme un *contrat aléatoire,* par lequel l'agence prend à sa charge toutes les chances de la navigation.

27. Dans le cas où les agences d'émigration n'auraient pas rempli, depuis le départ du navire, leurs engagements vis-à-vis des émigrants, le ministre de l'agriculture, du commerce et des travaux publics procède au règlement et à la liquidation des indemnités, sauf recours au conseil d'État. — Le recouvrement de ces indemnités, réglées et liquidées, est fait à la diligence du ministre des finances (art. 9). — Cet article est digne de remarque, en ce qu'il déroge au droit commun en matière d'ordre de juridiction. Il attribue, en effet, à l'autorité administrative, et non pas même à l'autorité administrative contentieuse, mais au ministre, le droit de statuer sur des intérêts privés. Cette dérogation est justifiée par de graves raisons d'humanité. — A qui s'adresserait l'émigrant arrivé au lieu de sa destination, si l'agence n'a pas rempli ses obligations envers lui durant la traversée ? Les consuls n'ont pas de juridiction à cet égard. Tout ce qu'ils pourraient faire, ce serait de recevoir les plaintes, de consulter les faits, et d'assister les émigrants de leurs conseils et de leur influence auprès des autorités locales. Mais un procès en pays étranger eût été une chose bien grave pour l'émigrant. Pour éviter des pertes de temps ou d'argent, la loi de 1860 attribue au ministre de l'agriculture et du commerce le droit de rendre justice à la partie lésée, sauf recours au conseil d'État. C'est là une légitime et puissante protection accordée à l'émigrant, et les agences loyales d'émigration ne sauraient s'en plaindre, puisqu'il s'agit, après tout, que d'assurer l'exécution des contrats (V. exp. des mot., *loc. cit.,* n° 13).

28. Il semblerait résulter du rapport de M. Ancel au corps législatif que le règlement de l'indemnité appartiendrait aux consuls et que les ministre des finances, de l'agriculture et du commerce auraient seulement à pourvoir à l'exécution des décisions qui lui seraient transmises. C'est là une inexactitude : les consuls n'ont pas juridiction à cet égard, comme le remarquait fort bien l'exposé des motifs ; ils doivent se borner à recevoir les règlements et à les transmettre au ministre du commerce, qui statue au fond (Conf. M. Duvergier, *loc. cit.,* p. 292, note 2).

29. Du reste, la disposition de l'art. 7, comme M. Duvergier, *loc. cit.,* le fait également observer, est restrictive ; elle ne saurait s'étendre à d'autres contestations. Ainsi, l'entrepreneur qui aurait des réclamations à faire contre l'émigrant, à raison de sa conduite pendant le voyage, devrait agir par les voies ordinaires.

30. Toute infraction aux dispositions des art. 1 et 4 de la présente loi est punie d'une amende de 50 fr. à 5,000 fr. En cas de récidive dans l'année, l'amende est portée au double. Toute contravention aux règlements d'administration publique, aux décrets impériaux et aux arrêtés ministériels pris pour l'exécution desdits règlements et décrets, en ce qui concerne la police de l'émigration, est punie des peines portées dans l'art. 471 c. pén. Telles sont les dispositions de l'art. 10 de la loi du 18 juill. 1860, qui a pour objet de remplir la lacune qu'on avait reproché au règlement de 1855. — Le projet de loi fixait le minimum de l'amende à 16 fr. et le maximum à 5,000 fr. La commission du corps législatif n'a pas cru que l'on devait rester dans ces limites. L'importance des mesures prescrites par la loi a exiger une élévation du chiffre de l'amende, qui, au surplus, reste encore très-inférieur à celui de la législation anglaise. — Dans le texte imprimé au Bulletin des lois, l'art. 10 renvoie, dans la disposition finale, à l'art. 470 c. pén. Cette erreur se trouvait déjà dans le projet, où elle avait été signalée au corps législatif, elle n'en était pas moins restée dans le texte définitif ; elle a été rectifiée par un erratum publié dans le Bulletin des lois (Voy. D. P. 60. 4. 153).

31. Les délits et contraventions peuvent être constatés : 1° en France, par les commissaires d'émigration, en la qualité d'officiers de police auxiliaires du procureur impérial, par tous officiers de police judiciaire, et par les fonctionnaires ou agents qu'un arrêté ministériel aura investis, soit à titre définitif, soit temporairement, des attributions du commissaire de l'émigration ; 2° à bord des navires français dans les ports étrangers, par les consuls assistés, s'il y a lieu, de tels hommes de l'art qu'ils jugeront à propos de désigner. Les procès-verbaux font foi jusqu'à preuve contraire. Ils sont visés pour timbre et enregistrés en débet (art. 11). — Les commissaires de l'émigration dont la création remonte, comme nous l'avons déjà dit, au décret de 1855, reçoivent par l'art. 11 de la loi de 1860 une attribution importante : cette loi leur confère la qualité d'officiers de police judiciaire. « Il est indispensable, disait l'exposé des motifs (D. P., *loc. cit.,* n° 15), que, dans le cas de flagrant délit, ces fonctionnaires puissent, de même que les commissaires de police, commencer l'instruction sans délai ; car autrement, les délinquants, favorisés par le départ des navires et par l'éloignement des plaignants et des témoins à charge, pourraient échapper trop aisément à l'action répressive. — En outre, continue l'exposé des motifs, comme il ne serait point possible d'établir dans tous les ports des commissaires spéciaux pour l'émigration, l'art. 11 donne aux fonctionnaires ou agents, qui seront désignés par arrêtés ministériels pour assurer l'exécution des règlements sur la matière, le droit de dresser procès-verbal. — En l'état actuel, ce sont les capitaines de port qui, dans les localités maritimes où il n'existe point de commissaire de l'émigration, sont chargés de veiller à l'exécution du décret de 1855 ; — A l'étranger, la constatation des délits et contraventions est attribuée aux consuls. »

32. L'art. 11 a donné lieu à une observation de la part du rapporteur au corps législatif qu'il nous paraît utile de rappeler : « L'émigration, disait-il, ayant bien souvent lieu des ports de France par des *navires étrangers,* nous avions pensé qu'il serait possible d'étendre ces navires la juridiction de nos consuls, et nous proposions, en conséquence, de supprimer dans l'article ces mots : *à bord des navires français.* Il nous semblait que quand une agence d'émigration a expédié des émigrants par un navire étranger, elle n'est pas moins responsable des stipulations du contrat et soumise aux prescriptions de la loi ; c'est pour obéir à la loi française que le capitaine d'un navire étranger a pris, soit personnellement, soit par l'intermédiaire de l'agence, l'engagement de conduire les émigrants directement à destination, de maintenir les emménagements en bon état et de distribuer équitablement les vivres : pourquoi, dès lors, le consul français n'aurait-il pas le droit de constater les délits et contraventions en toute occasion, quelle que soit la nationalité du navire porteur des émigrants? — Le conseil d'État, tout en appréciant les motifs de notre proposition, a cru qu'elle pourrait soulever dans la pratique, des difficultés internationales ; nous avons dû y renoncer. »

Table sommaire des matières.

TRANSPORTS MILITAIRES. — On désigne sous ce nom le service qui consiste à fournir des voitures, chevaux, barques, etc., pour transporter les militaires ou les menus bagages des corps et détachements. — V. Acte de comm., n° 178; Marché de fourn., n°s 48-16°, 50-4° et suiv., 64-5°, 149-13°, 158-2° et suiv.; Organisat. milit.

TRANSPORTATION. — Bannissement dans un lieu déterminé. La transportation n'est pas une peine reconnue par nos lois pénales; elle a été seulement appliquée comme mesure de sûreté générale lors des événements de juin 1848, juin 1849 et déc. 1851. — V. Peine, n°s 30 et suiv., 603 et suiv., 620, 711, 713; Prison, n° 13; Tranquillité et sûreté publiques, n° 20.

TRAQUEUR. — On appelle ainsi, en termes de chasse, ceux qui sont chargés d'entourer un bois, puis d'y pénétrer en se rapprochant les uns des autres, de manière à rabattre le gibier vers le chasseur. — V. Chasse, n°s 125 et suiv., 182, 234.

TRAVAIL. — V. Economie politique, n°s 17, 21, 30 et suiv., 38 et suiv., 79, 110; V. aussi Abus de confiance, n°s 167 et suiv.; Associat., Commune, n°s 1344 et suiv.; Droit marit., n°s 2102 et suiv.; Jour férié, n°s 9 et suiv., 54 et suiv.; Hospice, n° 12; Impôt dir., n°s 42 et suiv.; Industrie, n°s 61 et suiv., 97, 125 et suiv., 153, 171, 231 et suiv., 401 et suiv., 413 et suiv.; Louage d'ouvrage; Propriété, n°s 9 et suiv.; Secours publics, n°s 107 et suiv.

TRAVAIL (DROIT AU). — V. Droit constit., n° 67; Economie polit., n°s 28, et D. P. 48. 4. 206, note 15.

TRAVAIL (LIBERTÉ DU). — V. Economie polit., n°s 54 et suiv.; Industrie, n°s 157 et suiv., 381 et suiv.

TRAVAIL DES ENFANTS. — V. Commune, n° 163; Industrie, n°s 97 et suiv. — Sur le travail des enfants dans les manufactures, V. Industrie, n°s 428 et suiv., où l'on a expliqué la loi du 22 mai 1841. — Depuis l'impression de notre travail, il a été publié une longue circulaire du ministre de l'intérieur explicative de cette loi, et qui en détermine avec soin les règles d'application (circ. min. int. 25 sept. 1854, D. P. 55. 3. 15). — Il a été rendu ainsi quelques arrêts qui ont décidé : 1° que la mention de l'âge que doit contenir le livret d'un enfant admis dans une manufacture, est régulièrement faite par l'indication des années et fractions d'année révolues : on exigerait à tort l'indication même du jour de la naissance (Crim. rej. 26 mai 1855, aff. Chartier, D. P. 55, 1. 254; V. toutefois la circulaire précitée, § 5, n° 1); — 2° Que le chef d'un établissement manufacturier dans lequel des enfants au-dessous de seize ans sont employés, ne peut être déclaré en contravention à la loi du 22 mars 1841, par cela seul qu'il n'a pu justifier à l'inspecteur que ces enfants suivaient une école de la localité, ou qu'ils se trouvaient dans le cas de dispense prévu par l'art. 5 de cette loi (Crim. rej. 26 mai 1855, aff. Chartier, D. P. 55. 1. 254), ou que pour cela seul que les enfants ne constatait pas qu'ils remplissaient ces conditions d'admission (Crim. rej. 26 mai 1855, aff. Demézières, eod.) : il est encore recevable à faire cette justification devant le tribunal de police, seul compétent pour reconnaître l'existence de la contravention (mêmes arrêts; V. Industrie, n° 453); — 3° Qu'il n'appartient pas aux préfets de déterminer pour leur département, à défaut de dispositions à cet égard dans les règlements d'administration publique, pris en exécution des art. 7 et 8 de la loi du 22 mars 1841, les conditions de forme et de vérification préalable auxquelles peut être assujettie la délivrance, par le maire, du certificat d'instruction nécessaire à l'enfant de douze à seize ans admis dans une manufacture, pour qu'il soit dispensé de suivre une école de la localité; — Par suite, dans le cas où un chef d'atelier ou de manufacture qui emploie des enfants de douze à seize ans, est poursuivi pour avoir négligé de leur faire suivre une école de la localité, il suffit que les certificats qu'il produit, et les explications fournies à l'appui, paraissent au juge de simple police, dont l'appréciation sur ce point est souveraine, établir que les enfants avaient reçu une instruction élémentaire suffisante pour que le renvoi prononcé sur cette justification soit à l'abri de toute censure (L. 22 mars 1841, art. 5); — ... Et il en est ainsi, bien qu'un même certificat fût commun à plusieurs enfants (Crim. rej. 26 mai 1855, aff. Chartier, D. P. 55. 1. 254).

TRAVAIL DANS LES PRISONS. — V. Peine, n°s 58, 84, 638 et suiv., 894, 897; Prison, n°s 36, 86 et suiv.; Saisie-arrêt, n°s 160 et suiv. — Dans les dépôts de mendicité. — V. Vagabond, n°s 52, 63 et suiv.

TRAVAUX COMMUNAUX. — V. Commune, n°s 2541 et suiv.; Expropriation publique, n°s 167 et suiv.; Travaux publics.

TRAVAUX CONFORTATIFS. — V. Voirie; V. aussi Responsabil., n° 165-1°.

TRAVAUX DÉFENSIFS. — V. Eaux, n°s 84 et suiv., 449-7°; Travaux publics.

TRAVAUX DÉPARTEMENTAUX. — V. Organ. admin. Privil. et hyp., n° 520; Travaux publics.

TRAVAUX FORCÉS. — V. Peine, n°s 52 et suiv., 588 et suiv., 894; Prisons, n° 103.

TRAVAUX MILITAIRES. — V. Expropr. publ., n°s 724 et suiv.; Travaux publics.

FIN DE LA PREMIÈRE PARTIE DU QUARANTE-DEUXIÈME VOLUME.

www.ingramcontent.com/pod-product-compliance
Lightning Source LLC
Chambersburg PA
CBHW061940220326
41599CB00014BA/1709